■COMPACT■

DICTIONNAIRE
DE LA
LANGUE FRANÇAISE

GW00367063

LAROUSSE

17 Rue du Montparnasse 75298 Paris cedex 06

DIRECTION

Claude Kannas

RÉDACTION

Patrick Bacry ; Hélène Houssemaine-Florent, Patricia Maire,
Dorine Morel, Gérard Petit, Nicole Rein-Nikolaev, Magali
Rouquier, Dominique Vaquié et Christophe Andreau

LECTURE-CORRECTION

Annick Valade ; Pierre Aristide, Monique Bagaïni, Claude
Dhorbais, Joëlle Guyon-Vernier, Françoise Mousnier, Bruno
Vandenbroucque, Édith Zha

SUIVI TECHNIQUE

Claudine Ridouard, Michel Vizet

© **Larousse, 1995**

Distributeur exclusif au Canada : les Éditions Françaises Inc.

ISBN 2-03-320153-8

PRÉSENTATION DU DICTIONNAIRE

Entre les 20 000 mots d'un dictionnaire pour débutants et les 58 000 mots d'un dictionnaire comme le *Petit Larousse*, ce dictionnaire présente, avec ses 38 000 entrées, la langue courante et la langue spécialisée, la langue soutenue et littéraire, de nombreux mots de la francophonie, autant de registres de vocabulaire nécessaires à l'« honnête homme » d'aujourd'hui. Les termes rares, désuets, marginaux ou trop pointus dans les domaines scientifique et technique ont été exclus, laissant ainsi la place aux approfondissements sur les mots, leur origine, leurs emplois, indispensables lorsque l'on veut compléter sa connaissance de la langue.

Un soin particulier a été apporté à la structure des articles, amenant le lecteur à passer du sens général au sens particulier, du sens propre au sens figuré, du mot à la locution, de la locution au syntagme figé proche du mot composé.

La prononciation

Elle est systématiquement donnée pour les mots de la langue, dans l'alphabet phonétique international. Très utile pour celui dont le français n'est pas la langue maternelle, indispensable pour les mots présentant des difficultés, l'indication de la prononciation est nécessaire aussi à celui qui souhaite approfondir sa connaissance du français en comparant orthographe et prononciation.

L'étymologie

Elle permet de s'initier à l'histoire de la langue, de comprendre les grands principes de la constitution du lexique français. Évolution, dérivation, composition, emprunt, mot forgé, siglaison, acronyme, etc., tous ces procédés apparaissent dans les notices étymologiques. L'étymologie est indiquée pour chaque mot, sauf s'il est issu d'une dérivation ou d'une composition évidente.

L'astérisque devant l'étymon caractérise une forme non attestée (latin populaire, par ex.).

L'orthographe, la syntaxe et la grammaire

• Pour les noms et les adjectifs, les **pluriels irréguliers** ou difficiles (en particulier ceux des mots composés) sont donnés.

• Pour les verbes, un **numéro de conjugaison** invite le lecteur à se reporter au tableau des conjugaisons figurant en tête d'ouvrage. Ces numéros de conjugaison sont systématiquement donnés, à l'exception des verbes réguliers du premier groupe en *-er* (modèle : *chanter*).

• De nombreuses **remarques d'emploi** explicitent les difficultés orthographiques et grammaticales susceptibles d'être rencontrées.

• Les **prépositions** demandées par certains verbes (en particulier transitifs indirects) sont systématiquement données. Elles se trouvent soit avant les sens lorsqu'elles valent pour tous les sens, soit après chacun des numéros de sens lorsqu'elles varient selon le sens : ex. **songer** [à], **tenir** [à] et **tenir** [de].

Les variantes

• Lorsque, pour un mot, l'usage varie entre deux ou trois graphies, l'article est traité à l'ordre alphabétique de la graphie standard, la **variante graphique** étant alors précédée de *ou* : ex. **canyon** ou **cañon** n.m.

• Il arrive aussi que deux mots, morphologiquement distincts, puissent être employés pour désigner le même être ou la même chose. La **variante lexicale** est alors précédée de *et* : ex. **yaourt** et **yoghourt** n.m.

• Les **termes recommandés** parus au *Journal officiel*, destinés à se substituer aux anglicismes, sont systématiquement proposés : ex. *baladeur* pour *Walkman*.

Régionalismes et mots de la francophonie

Les termes spécifiques à certaines régions ou à certains pays francophones ont été introduits dans la mesure où ils participaient d'une meilleure communication entre francophones (certains mots du vocabulaire courant, mais aussi dénominations administratives, termes des systèmes d'enseignement : ex. *cégep* au Québec, *athénée* en Belgique, *maturité* en Suisse).

Niveaux de langue et domaines terminologiques

Nous avons exclu la marque POP. (populaire), encore présente dans de nombreux dictionnaires, la jugeant inadaptée au français d'aujourd'hui. Cependant, nous avons introduit une gradation dans le registre familier FAM. et T.FAM. (très familier) - qui nous paraît plus pertinente pour guider le lecteur dans son usage de la langue. Inversement, à côté de la langue dite littéraire, nous avons introduit le niveau SOUT. (langue soutenue), qui rend compte d'une langue maîtrisée et choisie, à l'oral ou à l'écrit. La marque ARG. (terme d'argot) reste affectée aux mots des différents argots (scolaires, professionnels, etc.).

D'une manière générale, les mots familiers ou argotiques retenus dans cet ouvrage sont ceux qui font partie du vocabulaire courant. Il nous a semblé nécessaire de ne pas les exclure, afin, là encore, d'aider le lecteur à prendre conscience de la langue qu'il emploie ou qu'il entend, et, par là même, à mieux maîtriser son usage.

Les autres marques de niveaux de langue sont traditionnelles et se trouvent dans la liste des abréviations.

Les domaines terminologiques sont précisés par des rubriques (ANAT., BIOL., etc.) dont on trouvera la liste en début d'ouvrage.

Synonymes, contraires et équivalents

Il y a très peu de vrais synonymes dans la langue, car il n'y a que rarement superposition exacte de mots et de sens (nuances, contextes et domaines d'emploi des mots, registres de la langue, etc., sont autant de critères qui particularisent l'emploi d'un mot). Cependant, d'une manière pragmatique, un synonyme, c'est avant tout un mot que l'on cherche pour l'employer à la place d'un autre dans une phrase.

C'est pourquoi nous avons le plus souvent choisi de présenter les synonymes, précédés de l'abréviation syn. après le contexte d'emploi d'un mot plutôt que de les regrouper en fin d'article ou de définition.

En général, nous avons pris pour principe que le synonyme donné après un exemple pouvait se substituer au mot employé dans l'exemple. Dans les autres cas, nous avons choisi de proposer un équivalent, précédé du signe =. Ce signe = permet aussi d'introduire des paraphrases explicatives de l'emploi précis d'un mot.

Les antonymes sont indiqués de la même façon après l'exemple et précédés de l'abréviation contr.

Les synonymes, les équivalents et les contraires constituent des sortes de renvois à d'autres articles du dictionnaire. Cette organisation permet d'aider efficacement le lecteur à choisir le mot juste.

Locutions, expressions et syntagmes figés

Les locutions et expressions sont définies en fin d'article et classées par ordre alphabétique. Pour faciliter la lecture et le repérage, ces locutions apparaissent en gras ; elles sont réparties en locutions de langue et locutions spécialisées (avec une rubrique). Certaines d'entre elles, syntagmes figés proches du mot composé, sont isolées des précédentes et séparées de leur définition par un point (ex. comparer **Prendre au collet**, expression et **Collet monté**. syntagme figé).

Préfixes et suffixes

Les préfixes français productifs (*dé-, in-*, etc.) figurent à leur ordre dans la nomenclature, contrairement aux éléments savants de composition (*bio-, psycho-*, etc.), qui sont répertoriés au début de l'ouvrage.

Les renvois

Ils sont de plusieurs types :
• *Dans la nomenclature*, il s'agit le plus souvent de variantes graphiques : une flèche précède le mot d'entrée auquel il faut se reporter.
• *Dans le corps d'un article*, le même principe, une flèche, indiquera qu'une locution est traitée à un autre mot.
• *Dans les étymologies*, l'abréviation v. invite à se reporter à l'étymologie d'un autre mot pour un complément d'information.

PLURIEL DES NOMS

Le pluriel des noms communs

RÈGLE GÉNÉRALE : le pluriel des noms communs se forme en ajoutant un *s* au singulier,	Un *ennui,* Un *lit,*	des *ennuis.* des *lits.*
Le pluriel et le singulier sont semblables dans les noms terminés par *-s, -x, -z.*	Un *bois,* Une *noix,* Un *nez,*	des *bois.* des *noix.* des *nez.*
Les noms en -AL ont le pluriel en -AUX. Mais *bal, carnaval, cérémonial, chacal, choral, festival, nopal, pal, récital, régal, santal,* etc., suivent la règle générale.	Un *journal,* Un *chacal,*	des *journaux.* des *chacals.*
Le pluriel des noms terminés en -EAU, -AU, -EU se forme en ajoutant un *x* au singulier. Font notamment exception : *landau, sarrau, bleu* et ses composés, *émeu, emposieu, feu* (adj.), *lieu* (le poisson), *pneu* et ses composés, *richelieu,* qui prennent un *s* au pluriel.	Un *veau,* Un *étau,* Un *pieu,* Un *pneu,*	des *veaux.* des *étaux.* des *pieux.* des *pneus.*
Le pluriel des noms terminés par -OU est en général en -OUS. Font exception : *bijou, caillou, chou, genou, hibou, joujou, pou,* qui prennent un *x* au pluriel.	Un *cou,* Un *chou,*	des *cous.* des *choux.*
Les noms terminés au singulier par -AIL ont un pluriel régulier en -AILS. Font exception : *bail, corail, émail, soupirail, travail, vantail, vitrail,* qui ont le pluriel en -AUX.	Un *rail,* Un *émail,*	des *rails.* des *émaux.*
Les noms AÏEUL, CIEL et ŒIL ont des pluriels irréguliers ; mais on dit BISAÏEULS, TRISAÏEULS et AÏEULS dans le sens de « grands-parents », CIELS dans CIELS DE LIT et ŒILS dans ŒILS-DE-BŒUF, etc.	L'*aïeul,* Le *ciel,* L'*œil,*	les *aïeux.* les *cieux.* les *yeux.*

Le pluriel des noms composés

1. Les noms composés écrits en un seul mot forment leur pluriel comme des noms simples.	Un *entresol,* Un *gendarme,*	des *entresols.* des *gendarmes.*
REMARQUE : toutefois, on dit *gentilshommes, bonshommes, messieurs, mesdames, mesdemoiselles, messeigneurs,* pluriels de *gentilhomme, bonhomme, monsieur, madame, mademoiselle, monseigneur.*		
2. Les noms composés écrits en plusieurs mots : a) s'ils sont formés d'un adjectif et d'un nom, tous deux prennent la marque du pluriel.	Un *coffre-fort,* Une *basse-cour,*	des *coffres-forts.* des *basses-cours.*
b) S'ils sont formés de deux noms en apposition, tous deux prennent la marque du pluriel.	Un *chou-fleur,* Un *chef-lieu,*	des *choux-fleurs.* des *chefs-lieux.*
c) S'ils sont formés d'un nom et de son complément introduit ou non par une préposition, le premier nom seul prend la marque du pluriel.	Un *chef-d'œuvre,* Un *timbre-poste,*	des *chefs-d'œuvre.* des *timbres-poste.*

d) S'ils sont formés d'un mot invariable et d'un nom, le nom seul prend la marque du pluriel.	Un *avant-poste*, Un *en-tête*,	des *avant-postes*. des *en-têtes*.
e) S'ils sont formés de deux verbes ou d'une expression, tous les mots restent invariables.	Un *va-et-vient*, Un *tête-à-tête*,	des *va-et-vient*. des *tête-à-tête*.
f) S'ils sont composés d'un verbe et de son complément, le verbe reste invariable, le nom conserve en général la même forme qu'au singulier (ainsi dans tous les composés de ABAT-, PRESSE-). Toutefois, dans un certain nombre de noms composés de cette sorte, le nom prend la marque du pluriel.	Un *abat-jour*, Un *presse-purée*, Un *chauffe-bain*, Un *tire-bouchon*,	des *abat-jour*. des *presse-purée*. des *chauffe-bains*. des *tire-bouchons*.
g) Dans les noms composés avec le mot **garde**, celui-ci peut être un nom ou un verbe. S'il est un nom, il prend la marque du pluriel ; s'il est un verbe, il reste invariable. Dans les deux cas, le nom qui suit peut prendre ou non la marque du pluriel.	Un *garde-voie*, (*Garde* est un nom qui désigne la personne chargée de la garde de la voie.) Un *garde-boue*, (Ici *garde* est un verbe. Objet qui garde, protège de la boue.)	des *gardes-voie[s]*. des *garde-boue*.
h) Dans les noms composés avec l'adjectif **grand**, celui-ci reste ou non invariable s'il accompagne un nom féminin. Exception : une GRANDE-DUCHESSE, des GRANDES-DUCHESSES.	Une *grand-mère*, Un *grand-père*,	des *grand-mères* ou des *grands-mères*. des *grands-pères*.

Le pluriel des noms communs étrangers

Le pluriel des noms étrangers est formé comme le pluriel des noms communs.	Un *maximum*,	des *maximums* ou des *maxima*.
Certains de ces noms ont conservé le pluriel d'origine étrangère à côté du pluriel français ; toutefois, ce dernier tend à devenir le plus fréquent.	Un *match*,	des *matchs* ou des *matches*.

Le pluriel des noms propres

Le pluriel des noms géographiques est formé comme celui des noms communs.	Une *Antille*,	les *Antilles*.
Les noms de personne prennent régulièrement la marque du pluriel : quand ils désignent les familles royales ou illustres françaises ; quand ils sont pris comme **modèles** ou **types**. Ils restent invariables quand ils sont pris dans un sens emphatique, grandiloquent et précédés de l'article.	Les *Condés*, Les *Hugos*, Les *Molière* et les *Racine* sont l'image de leur temps.	les *Bourbons*. les *Pasteurs*.
Quand ils désignent les **œuvres artistiques** par le nom de l'auteur, ils restent invariables ou prennent la marque du pluriel.	Des *Watteau*,	des *Renoirs*.

ACCORD DU PARTICIPE

Accord du participe présent

Quand le participe présent exprime une action ou un état (il est alors le plus souvent suivi d'un complément d'objet ou d'un complément circonstanciel), il reste invariable : *des enfants* OBÉISSANT *à leurs parents.* Quand le participe présent exprime une qualité et joue le rôle d'adjectif, il s'accorde en genre et en nombre avec le nom auquel il se rapporte : *des enfants très* OBÉISSANTS.

Accord du participe passé

I. Participe passé employé sans auxiliaire.
Le participe passé employé sans auxiliaire s'accorde (comme l'adjectif) en genre et en nombre avec le nom ou le pronom auquel il se rapporte : *des fleurs* PARFUMÉES.

II. Participe passé employé avec « être ».
Le participe passé des verbes passifs et de certains verbes intransitifs conjugués avec l'auxiliaire *être* s'accorde en genre et en nombre avec le sujet du verbe : *l'Amérique a été* DÉCOUVERTE *par Christophe Colomb ; nos amis sont* VENUS *hier.*

III. Participe passé employé avec « avoir ».
Le participe passé conjugué avec l'auxiliaire *avoir* s'accorde en genre et en nombre avec le complément d'objet direct du verbe, quand ce complément le précède : *je me rappelle l'*HISTOIRE *que j'ai* LUE.
Le participe reste invariable :
1° si le complément direct suit le verbe : *nous avons* LU *une* HISTOIRE ; *elle a* REÇU *de bonnes* NOUVELLES ;
2° s'il n'a pas de complément d'objet direct (cas des verbes transitifs employés intransitivement, des verbes intransitifs et des verbes transitifs indirects) : *ils ont* LU ; *elle a* ABDIQUÉ ; *ces histoires nous ont* PLU ; *les enfants vous ont-ils* OBÉI ? ; *ils nous ont* SUCCÉDÉ.
REMARQUE. Dans les phrases : *les nuits qu'ils ont* DORMI, *les mois qu'il a* VÉCU, les participes passés *dormi, vécu* sont invariables ; en effet, *que* représente un complément circonstanciel : *les nuits* PENDANT LESQUELLES *ils ont dormi ; les mois* PENDANT LESQUELS *il a vécu.*
Toutefois, des verbes intransitifs avec un complément de prix, de quantité, de distance, etc., comme *coûter, valoir, peser, courir, vivre,* etc., peuvent devenir transitifs dans un autre sens et

être précédés alors d'un complément d'objet direct : *les efforts* QUE *ce travail m'a* COÛTÉS ; *la gloire* QUE *cette action lui a* VALUE ; *les dangers* QUE *j'ai* COURUS ; *les jours heureux* QU'*elle a* VÉCUS *ici.*

Cas particuliers

Participe passé suivi d'un infinitif.
1. Le participe passé suivi d'un infinitif est variable s'il a pour complément d'objet direct le pronom qui précède ; ce pronom est alors le sujet de l'action marquée par l'infinitif : *les fruits* QUE *j'ai* VUS *mûrir.*
On peut dire : *les fruits que j'ai vus mûrissant.* C'étaient les fruits qui mûrissaient. *Que,* mis pour *fruits,* faisant l'action de mûrir, est complément direct de *ai vus.*
2. Le participe passé est invariable s'il a pour complément d'objet direct l'infinitif ; le pronom est alors complément d'objet direct de l'infinitif et non du verbe principal : *les fruits que j'ai* VU *cueillir.*
On ne peut pas dire : *les fruits que j'ai vus cueillant.* Ce n'étaient pas les fruits qui cueillaient. *Que,* mis pour *fruits,* ne faisant pas l'action de cueillir, est complément direct de *cueillir* et non de *vu.*
REMARQUE. Les participes qui ont pour complément d'objet direct un infinitif sous-entendu ou une proposition sous-entendue sont toujours invariables : *il n'a pas payé toutes les sommes qu'il aurait* DÛ (sous-entendu *payer*) ; *je lui ai rendu tous les services que j'ai* PU (sous-entendu *lui rendre*) ; *je lui ai chanté tous les morceaux qu'il a* VOULU (sous-entendu *que je lui chante*).
Le participe passé *fait* suivi d'un infinitif est toujours invariable : *la maison que j'ai* FAIT BÂTIR.

Participe passé des verbes pronominaux.
Les verbes pronominaux se conjuguent dans leurs temps composés avec l'auxiliaire *être* ; mais cet auxiliaire *être* peut être remplacé dans l'analyse par l'auxiliaire *avoir* : *je me* SUIS *consolé* est équivalent de *j'*AI *consolé moi.* Le participe passé d'un verbe pronominal réfléchi ou réciproque s'accorde avec son complément d'objet direct si ce complément le précède : *les lettres* QUE *Paul et Pierre se sont* ÉCRITES *sont aimables.*
Il reste invariable si le complément d'objet direct le suit ou s'il n'a pas de complément d'objet direct : *Paul et Pierre se sont* ÉCRIT *des* LETTRES *aimables ; Paul et Pierre se sont* ÉCRIT. *Le*

participe passé d'un verbe toujours pronominal (*s'enfuir, s'emparer,* etc.) s'accorde avec le sujet du verbe : *ils se sont* EMPARÉS *de la ville.*

REMARQUE. Les participes passés des verbes transitifs indirects employés pronominalement restent toujours invariables : *ils* SE SONT RI *de mes efforts ; ils* SE SONT PLU *à me tourmenter.*

Participe passé des verbes impersonnels.
Le participe passé des verbes impersonnels est toujours invariable : *les inondations qu'il y a* EU. Les verbes *faire, avoir* sont transitifs par nature, mais ils deviennent impersonnels quand ils sont précédés du pronom neutre *il : les chaleurs qu'*IL A FAIT.

Participe passé et les pronoms « le », « en ».
Le participe passé conjugué avec *avoir* et précédé de *le (l'),* complément d'objet direct représentant toute une proposition, reste invariable : *la chose est plus sérieuse que nous ne* L'*avions* PENSÉ *d'abord* (c'est-à-dire *que nous n'avions pensé* CELA, *qu'elle était sérieuse*).

Le participe passé précédé de *en* reste invariable : *tout le monde m'a offert des services, mais personne ne m'*EN A RENDU. Cependant, le participe varie si le pronom *en* est précédé d'un adverbe de quantité, *plus, combien, autant,* etc. : *autant d'ennemis il a attaqués,* AUTANT *il* EN *a* VAINCUS. Mais le participe passé reste invariable si l'adverbe suit le pronom *en* au lieu de le précéder : *quant aux belles villes, j'*EN *ai* TANT VISITÉ...

Participe passé précédé d'une locution collective.
Lorsque le participe passé a pour complément d'objet direct une locution collective (adverbe de quantité précédé d'un article indéfini ou mot collectif suivi d'un complément), il s'accorde soit avec l'adverbe ou le mot collectif, soit avec le mot complément, selon que l'on attache plus d'importance à l'un ou à l'autre : *le grand* NOMBRE *de* SUCCÈS *que vous avez* REMPORTÉ (OU REMPORTÉS) ; *le* PEU *d'*ATTENTION *que vous avez* APPORTÉ (OU APPORTÉE) *à cette affaire.*

Formes graphiques	Prononciation	Participes

15 créer

cré- ex. je crée ; ils, elles créent je créais ; je créerai	• [kʀe-]/[kʀɛ-] + e muet final [kʀe] ; [kʀɛ] [kʀee] ; [kʀeʀe]	créant créé, créée

16 avancer

• avanc-/avanç- (+ a, o) ex. j'avance ; ns avançons j'avançais ; ns avancions	[avɑ̃s-] [avɑ̃s] ; [avɑ̃sɔ̃] [avɑ̃sɛ] ; [avɑ̃sjɔ̃]	avançant avancé, ée

17 manger

• mang-/mange- (+ a, o) ex. je mange ; ns mangeons je mangeais ; ns mangions	[mɑ̃ʒ-] [mɑ̃ʒ] ; [mɑ̃ʒɔ̃] [mɑ̃ʒɛ] ; [mɑ̃ʒjɔ̃]	mangeant mangé, ée

18 céder

• céd-/cèd- (+ e muet final) ex. je cède ; ils, elles cèdent ns cédons • Ind. futur je céderai ou cèderai	[sed-]/[sɛd-] [sɛd] [sedɔ̃] [sedʀe]	cédant cédé, ée

19 semer

• sem-/sèm- (+ e muet) ex. je sème ; je sèmerai ns semons	[s(ə)m-]/[sɛm-] [sɛm] ; [sɛmʀe] [səmɔ̃] ou [smɔ̃]	semant semé, ée

20 rapiécer

• rapiéc-/rapiéç- (+ a, o)/ rapièc- (+ e muet final) ex. je rapièce ; ils, elles rapiècent ns rapiéçons ; je rapiéçais • Ind. futur je rapiécerai	• [ʀapjes-]/ [ʀapjɛs-] + e muet [ʀapjɛs] [ʀapjesɔ̃] ; [ʀapjesjɛ] • [ʀapjɛsʀe]	rapiéçant rapiécé, ée

21 acquiescer

• acquiesc-/acquiesç- (+ a, o) ex. j'acquiesce ; j'acquiescerai ns acquiesçons ; j'acquiesçais	[akjes-]/[akjɛs-] + e muet [akjɛs] ; [akjɛsʀe] [akjesɔ̃] ; [akjesɛ]	acquiesçant acquiescé, ée

22 siéger

• siég-/siége- (+ a, o)/sièg- (+ e muet) ex. je siège ; ils, elles siègent ns siégeons ; je siégeais je siégerai	• [sjeʒ-]/[sjɛʒ-] + e muet [sjɛʒ] [sjeʒɔ̃] ; [sjeʒɛ] • [sjeʒʀe]	siégeant siégé

23 déneiger

• déneig-/déneige- (+ a, o) ex. je déneige ; je déneigerai ns déneigeons ; je déneigeais	• [deneʒ-]/[denɛʒ-] + e muet [denɛʒ] ; [denɛʒʀe] [deneʒɔ̃] ; [deneʒɛ]	déneigeant déneigé ; ée

24 appeler

appel-/appell- (+ e muet) ex. j'appelle ; j'appellerai ns appelons ; j'appelais	[apl-]/[apɛl-] [apɛl] ; [apɛlʀe] [aplɔ̃] ; [aplɛ]	appelant appelé, ée

Formes graphiques	Prononciation	Participes

25 peler

• pel-/pèl- (+ *e* muet) même modèle que 19 **semer**	[pəl-]/[pɛl-]	pelant pelé, ée

26 interpeller

interpell- ex. j'interpelle ; j'interpellerai ns interpellons ; j'interpellais	• [ɛ̃tɛʀpəl-]/[ɛ̃tɛʀpɛl-] + *e* muet [ɛ̃tɛʀpɛl] ; [ɛ̃tɛʀpɛlʀe] [ɛ̃tɛʀpəlɔ̃] ; [ɛ̃tɛʀpəlɛ]	interpellant interpellé, ée

27 jeter

• jet-/jett- (+ *e* muet) ex. je jette ; je jetterai ns jetons ; je jetais	[ʒət-]/[ʒɛt-] + *e* muet [ʒɛt] ; [ʒɛtʀe] [ʒətɔ̃] ; [ʒəte]	jetant jeté, ée

28 acheter

• achet-/achèt- (+ *e* muet) ex. j'achète ; j'achèterai ns achetons ; j'achetais	[aʃt-]/[aʃɛt-] + *e* muet [aʃɛt] ; [aʃɛtʀe] [aʃtɔ̃] ; [aʃte]	achetant acheté, ée

29 dépecer

• dépec-/depeç- (+ *a*, *o*)/dépèc- (+ *e* muet)	[depəs-]/[depɛs-] + *e* muet	dépeçant dépecé, ée
ex. je dépèce ; je dépecerai ns dépeçons ; ns dépecions	[depɛs] ; [depɛsʀe] [depəsɔ̃] ; [depəsjɔ̃]	

30 envoyer

• envoy-/envoi- (+ *e* muet)/ enver- ex. j'envoie ; ns envoyons • **Ind. futur** j'enverrai • **Cond. prés.** j'enverrais	[ãvwaj-]/[ãvwa-]/ [ãveʀ-] [ãvwa] ; [ãvwajɔ̃] [ãveʀe] [ãveʀɛ]	envoyant envoyé, ée

31 aller

• all-/aill-/-v-/-i-		p.pr. allant	p.p. allé, ée
Ind. pr.	je vais, tu vas, il va ns allons ; vs allez, ils vont	**Subj. pr.** q. j'	aille ; il aille ns allions ; ils aillent
p.s.	j' allai ; il alla ns allâmes ; ils allèrent	imp. q. j'	allasse ; il allât ns allassions ; ils allassent
fut.	j' irai ; ns irons	**Cond. pr.** j'	irais ; ns irions
imp.	j' allais ; ns allions	**Impér. pr.**	va ; allons ; allez

Deuxième groupe : verbes en -ir, participe présent -issant

32 finir fin-

p.pr finissant   p.p. fini, ie

INDICATIF				SUBJONCTIF			
Présent		**Passé composé**		**Présent**		**Passé**	
je finis	j' ai	fini		q. je finisse	q. j' aie	fini	
tu finis	tu as	fini		tu finisses	tu aies	fini	
il finit	il a	fini		il finisse	il ait	fini	
ns finissons	ns avons	fini		ns finissions	ns ayons	fini	
vs finissez	vs avez	fini		vs finissiez	vs ayez	fini	
ils finissent	ils ont	fini		ils finissent	ils aient	fini	

Passé simple		**Passé antérieur**			**Imparfait**		**Plus-que-parfait**	
je	finis	j'	eus	fini	q. je finisse		q. j' eusse	fini
tu	finis	tu	eus	fini	tu finisses		tu eusses	fini
il	finit	il	eut	fini	il finît		il eût	fini
ns	finîmes	ns	eûmes	fini	ns finissions		ns eussions	fini
vs	finîtes	vs	eûtes	fini	vs finissiez		vs eussiez	fini
ils	finirent	ils	eurent	fini	ils finissent		ils eussent	fini

Futur simple		**Futur antérieur**		
je	finirai	j'	aurai	fini
tu	finiras	tu	auras	fini
il	finira	il	aura	fini
ns	finirons	ns	aurons	fini
vs	finirez	vs	aurez	fini
ils	finiront	ils	auront	fini

——————— CONDITIONNEL ———————

Présent		**Passé**		
je	finirais	j'	aurais	fini
tu	finirais	tu	aurais	fini
il	finirait	il	aurait	fini
ns	finirions	ns	aurions	fini
vs	finiriez	vs	auriez	fini
ils	finiraient	ils	auraient	fini

Imparfait		**Plus-que-parfait**		
je	finissais	j'	avais	fini
tu	finissais	tu	avais	fini
il	finissait	il	avait	fini
ns	finissions	ns	avions	fini
vs	finissiez	vs	aviez	fini
ils	finissaient	ils	avaient	fini

——————— IMPÉRATIF ———————

Présent	**Passé**	
finis	aie	fini
finissons	ayons	fini
finissez	ayez	fini

---

33 haïr

ha-i/ha-i   **p.pr.** haïssant   **p.p.** haï, ie

• **haïr** se conjugue partout avec un tréma, sauf aux personnes du sing. du présent de l'indicatif : je hais ; tu hais ; il, elle hait et de l'impératif : hais.
• Subj. imp. qu'il haït.

Troisième groupe
a) verbes en ir, participe présent -ant.

---

34 ouvrir

ouvr-/ouv-   **p.pr.** ouvrant   **p.p.** ouvert, erte

Ind. pr.	j' ouvre ; il ouvre	**Subj. pr.**	q. j' ouvre ; il ouvre
	ns ouvrons ; ils ouvrent		ns ouvrions ; ils ouvrent
p.s.	j' ouvris ; ils ouvrirent	**imp.**	q. j' ouvrisse ; il ouvrît
fut.	j' ouvrirai ; ns ouvrirons	**Cond. pr.**	j' ouvrirais ;
			ns ouvririons
imp.	j' ouvrais ; ns ouvrions	**Impér. pr.**	ouvre ; ouvrons ;
			ouvrez

---

35 fuir

fui-/fuy-/fu-   **p.pr.** fuyant   **p.p.** fui, ie

Ind. pr.	je fuis ; il fuit	**Subj. pr.**	q. je fuie ; il fuie
	ns fuyons ; ils fuient		ns fuyions ; ils fuient
p.s.	il fuit ; ils fuirent	**imp.**	q. je fuisse ; il fuît
fut.	je fuirai ; ns fuirons	**Cond. pr.**	je fuirais ; ns fuirions
imp.	je fuyais ; ns fuyions	**Impér. pr.**	fuis ; fuyons ; fuyez

36 **endormir**

endorm-/endor-		p.pr. endormant	p.p. endormi, ie

Ind. pr.	j'	endors ; il endort	**Subj. pr.**	q. j'	endorme ; il endorme
	ns	endormons ; ils endorment		ns	endormions ; ils endorment
p.s.	il	endormit ; ils endormirent	**imp.**	q. j'	endormisse ; il endormît
fut.	j'	endormirai ; ns endormirons	**Cond. pr.**	j'	endormirais
				ns	endormirions
imp.	j'	endormais ; ns endormions	**Impér. pr.**		endors ; endormons ; endormez

37 **démentir**

dément-/démen-	p.pr. démentant	p.p. démenti, ie

même modèle que 36 **endormir** ; le radical perd sa consonne finale au singulier du présent de l'ind. et de l'impér. : je démens, tu démens, il dément ; démens.

38 **servir**

serv-/ser-	p.pr. servant	p.p. servi, ie

même modèle que 36 **endormir** ; le radical perd sa consonne finale au singulier du présent de l'ind. et de l'impér. : je sers, tu sers, il sert ; sers.

39 **acquérir**

acquér-/acquer-/acquier-/acquièr-/acqu-		p.pr. acquérant	p.p. acquis, ise

Ind. pr.	j'	acquiers ; il acquiert	**Subj. pr.**	q. j'	acquière ; il acquière
	ns	acquérons ; ils acquièrent		ns	acquérions ; ils acquièrent
p.s.	il	acquit ; ils acquirent	**imp.**	q. j'	acquisse ; il acquît
fut.	j'	acquerrai ; ns acquerrons	**Cond. pr.**	j'	acquerrais ; ns acquerrions
imp.	j'	acquérais ; ns acquérions	**Impér. pr.**		acquiers ; acquérons ; acquérez

40 **venir**

ven-/vien-/vienn-/viend-/v-		p.pr. venant	p.p. venu, ue

Ind. pr.	je	viens ; il vient	**Subj. pr.**	q. je	vienne ; il vienne
	ns	venons ; ils viennent		ns	venions ; ils viennent
p.s.	il	vint ; ils vinrent	**imp.**	q. je	vinsse ; il vînt
fut.	je	viendrai ; ns viendrons	**Cond. pr.**	je	viendrais ; ns viendrions
imp.	je	venais ; ns venions	**Impér. pr.**		viens ; venons ; venez

41 **cueillir**

cueill-		p.pr. cueillant	p.p. cueilli, ie

Ind. pr.	je	cueille ; il cueille	**Subj. pr.**	q. je	cueille ; il cueille
	ns	cueillons ; ils cueillent		ns	cueillions ; ils cueillent
p.s.	il	cueillit ; ils cueillirent	**imp.**	q. je	cueillisse ; il cueillît
fut.	je	cueillerai ; ns cueillerons	**Cond. pr.**	je	cueillerais ; ns cueillerions
imp.	je	cueillais ; ns cueillions	**Impér. pr.**		cueille ; cueillons ; cueillez

42 mourir

mour-/meur-/mor-

			p.pr. mourant	**p.p.** mort, te
Ind. pr.	je	meurs ; il meurt	**Subj. pr.** q. je	meure ; il meure
	ns	mourons ; ils meurent	ns	mourions ; ils meurent
p.s.	il	mourut ; ils moururent	**imp.** q. je	mourusse ; il mourût
fut.	je	mourrai ; ns mourrons	**Cond. pr.** je	mourrais ;
				ns mourrions
imp.	je	mourais ; ns mourions	**Impér. pr.**	meurs ; mourons ;
				mourez

43 partir

part-/par-

p.pr. partant   **p.p.** parti, ie

même modèle que 36 **endormir** ; le radical perd sa consonne finale au singulier du présent de l'ind. et de l'impér. : je pars, tu pars, il part ; pars.

44 revêtir

revêt-

			p.pr. revêtant	**p.p.** revêtu, ue
Ind. pr.	je	revêts ; il revêt	**Subj. pr.** q. je	revête ; il revête
	ns	revêtons ; ils revêtent	ns	revêtions ; ils revêtent
p.s.	il	revêtit ; ils revêtirent	**imp.** q. je	revêtisse ; il revêtît
fut.	je	revêtirai ; ns revêtirons	**Cond. pr.** je	revêtirais ; ns revêtirions
imp.	je	revêtais ; ns revêtions	**Impér. pr.**	revêts ; revêtons ;
				revêtez

45 courir

cour-

			p.pr. courant	**p.p.** couru, ue
Ind. pr.	je	cours ; il court	**Subj. pr.** q. je	coure ; il coure
	ns	courons ; ils courent	ns	courions ; ils courent
p.s.	il	courut ; ils coururent	**imp.** q. je	courusse ; il courût
fut.	je	courrai ; ns courrons	**Cond. pr.** je	courrais ; ns courrions
imp.	je	courais ; ns courions	**Impér. pr.**	cours ; courons ;
				courez

46 faillir

faill-/failliss- ou fau-/faud-/faill-

			p.pr. faillissant ou faillant	**p.p.** failli, ie
Ind. pr.	je	faillis ou faux	**Subj. pr.** q. je	faillisse ou faille
	il	faillit ou faut	il	faillisse ou faille
	ns	faillissons ou faillons	ns	faillissions ou faillions
	ils	faillissent ou faillent	ils	faillissent ou faillent
p.s.	il	faillit ; ils faillirent	**imp.** q. je	faillisse ; il faillît
fut.	je	faillirai ou faudrai	**Cond. pr.** je	faillirais ou faudrais
	ns	faillirons ou faudrons	ns	faillirions ou faudrions
imp.	je	faillissais ou faillais	**Impér. pr.**	faillis ou faux
	ns	faillissions ou faillions		faillissons ou faillons
				faillissez ou faillez

47 défaillir

défaill-

p.pr. défaillant   **p.p.** défailli, ie

même modèle que 41 **cueillir** mais *défaillir* connaît 2 formes à l'ind. fut. et au cond. présent : je défaillerai ou défaillirai ; je défaillerais ou défaillirais.

48 bouillir

bouill-/bou-

p.pr. bouillant   **p.p.** bouilli, ie

même modèle que 36 **endormir** ; le radical perd la séquence finale -ill- [j] au singulier du présent de l'ind. et de l'impér. : je bous, tu bous, il bout ; bous.

49 gésir

| gis-/gi- | **p.pr.** gisant | **p.p.** *inusité* |

Ind. pr. je gis ; tu gis ; il gît ; ns gisons ; vs gisez ; ils gisent.
    imp. je gisais ; il gisait ; ns gisions ; ils gisaient.
• *Gésir* est défectif aux autres temps et modes.

50 saillir

| saill- | **p.pr.** saillant | **p.p.** sailli, ie |

même modèle que 41 **cueillir** au sens de « faire saillie »
• *saillir* n'est guère usité qu'aux 3ᵉ personnes et à l'infinitif
• dans le sens de « jaillir » ou de « s'accoupler avec », *saillir* se conjugue sur le modèle de 32 **finir**.

51 ouïr

| ou-ï/ouï-/ouïss- ou oi-/oy-/or- | **p.pr.** oyant | **p.p.** ouï, ïe |

Ind. pr.	j'	ouïs ou ois ;	**Subj. pr.** q.	j'	ouïsse ou oie ;
	il	ouït ou oit		il	ouïsse ou oie
	ns	ouïssons ou oyons		ns	ouïssions ou oyions
	ils	ouïssent ou oient		ils	ouïssent ou oient
p.s.	j'	ouïs ; il ouït	**imp.** q.	j'	ouïsse ; il ouït
	ns	ouïmes ; ils ouïrent		ns	ouïssions ; ils ouïssent
fut.	j'	ouïrai ou orrai	**Cond. pr.**	j'	ouïrais ou orrais
	ns	ouïrons ou orrons		ns	ouïrions ou orrions
imp.	j'	ouïssais ou oyais	**Impér. pr.**		ouïs ou ois ;
	ns	ouïssions ou oyions			ouïssons ou oyons ;
					ouïssez ou oyez

b) verbes en -oir.

52 recevoir

| recev-/reçoiv-/reçoi-/reç- | **p.pr.** recevant | **p.p.** reçu, ue |

Ind. pr.	je	reçois ; il reçoit	**Subj. pr.** q.	je	reçoive ; il reçoive
	ns	recevons ; ils reçoivent		ns	recevions ;
					ils reçoivent
p.s.	il	reçut ; ils reçurent	**imp.** q.	je	reçusse ; il reçût
fut.	je	recevrai ; ns recevrons	**Cond. pr.**	je	recevrais ;
					ns recevrions
imp.	je	recevais ; ns recevions	**Impér. pr.**		reçois ; recevons ;
					recevez

53 devoir

| dev-/doiv-/doi-/d- | **p.pr.** devant | **p.p.** dû, dus, due, dues |

même modèle que 52 **recevoir**, mais
• le participe passé masculin singulier est *dû*.

54 mouvoir

| mouv-/meuv-/meu-/m- | **p.pr.** mouvant | **p.p.** mû, mus, mue, mues |

même modèle que 55 **émouvoir**, mais
• le participe passé masculin singulier est *mû*.

55 émouvoir

émouv-/émeuv-/émeu-/em-

			p.pr. émouvant	**p.p.** ému, ue
Ind. pr.	j'	émeus ; il émeut	**Subj. pr.** q. j'	émeuve ; il émeuve
	ns	émouvons ; ils émeuvent	ns	émouvions ; ils émeuvent
p.s.	il	émut ; ils émurent	**imp.** q. j'	émusse ; il émût
fut.	j'	émouvrai ; ns émouvrons	**Cond. pr.** j'	émouvrais ; ns émouvrions
imp.	j'	émouvais ; ns émouvions	**Impér. pr.**	émeus ; émouvons ; émouvez

56 promouvoir

promouv-/promeuv-/promeu-/promm-

p.pr. promouvant **p.p.** promu, ue

même modèle que 55 **émouvoir**

57 vouloir

voul-/veul-/veu-/voud-/veuill-

			p.pr. voulant	**p.p.** voulu, ue
Ind. pr.	je	veux ; il veut	**Subj. pr.** q. je	veuille ; il veuille
	ns	voulons ; ils veulent	ns	voulions ; ils veuillent
p.s.	il	voulut ; ils voulurent	**imp.** q. je	voulusse ; il voulût
fut.	je	voudrai ; ns voudrons	**Cond. pr.** je	voudrais ; ns voudrions
imp.	je	voulais ; ns voulions	**Impér. pr.**	veux ou veuille voulons ou veuillons voulez ou veuillez

58 pouvoir

pouv-/peuv-/peu-/pour-/pui-/puiss-/p-

			p.pr. pouvant	**p.p.** pu
Ind. pr.	je	peux ou puis ; il peut	**Subj. pr.** q. je	puisse ; il puisse
	ns	pouvons ; ils peuvent	ns	puissions ; ils puissent
p.s.	je	pus ; il put ; ils purent	**imp.** q. je	pusse ; il pût
fut.	je	pourrai ; ns pourrons	**Cond. pr.** je	pourrais ; ns pourrions
imp.	je	pouvais ; ns pouvions	**Impér.**	*inusité*

59 savoir

sav-/sai-/sau-/sach-/s-

			p.pr. sachant	**p.p.** su, ue
Ind. pr.	je	sais ; il sait	**Subj. pr.** q. je	sache ; il sache
	ns	savons ; ils savent	ns	sachions ; ils sachent
p.s.	il	sut ; ils surent	**imp.** q. je	susse ; il sût
fut.	je	saurai ; ns saurons	**Cond. pr.** je	saurais ; ns saurions
imp.	je	savais ; ns savions	**Impér. pr.**	sache ; sachons ; sachez

60 valoir

val-/vau-/vaud-/vaill-

			p.pr. valant	**p.p.** valu, ue
Ind. pr.	je	vaux ; il vaut	**Subj. pr.** q. je	vaille ; il vaille
	ns	valons ; ils valent	ns	valions ; ils vaillent
p.s.	il	valut ; ils valurent	**imp.** q. je	valusse ; il valût
fut.	je	vaudrai ; ns vaudrons	**Cond. pr.** je	vaudrais ; ns vaudrions
imp.	je	valais ; ns valions	**Impér. pr.**	vaux ; valons ; valez

61 prévaloir

préval-/prévau-/prévaud-

p.pr. prévalant **p.p.** prévalu, ue

même modèle que 60 **valoir**, sauf
• **Subj. pr.** que je prévale ; il prévale ; ils prévalent.

62 voir

voi-/voy-/ver-/v-

p.pr. voyant | **p.p.** vu, ue

Ind. pr.	je **vois** ; il **voit**	**Subj. pr.** q. je **voie** ; il **voie**
	ns **voyons** ; ils **voient**	ns **voyions** ; ils **voient**
p.s.	il **vit** ; ils **virent**	**imp. q.** je **visse** ; il **vît**
fut.	je **verrai** ; ns **verrons**	**Cond. pr.** je **verrais** ; ns **verrions**
imp.	je **voyais** ; ns **voyions**	**Impér. pr.** **vois** ; **voyons** ; **voyez**

63 prévoir

prévoi-/prévoy-/prév-

p.pr. prévoyant | **p.p.** prévu, ue

Ind. pr.	je **prévois** ; il **prévoit**	**Subj. pr.** q. je **prévoie** ; il **prévoie**
	ns **prévoyons** ; ils **prévoient**	ns **prévoyions** ; il **prévoient**
p.s.	il **prévit** ; ils **prévirent**	**imp. q.** je **prévisse** ; il **prévît**
fut.	je **prévoirai** ; ns **prévoirons**	**Cond. pr.** je **prévoirais** ; ns **prévoirions**
imp.	je **prévoyais** ; ns **prévoyions**	**Impér. pr.** **prévois** ; **prévoyons** ; **prévoyez**

64 pourvoir

pourvoi-/pourvoy-/pourv-

p.pr. pourvoyant | **p.p.** pourvu, ue

Ind. pr.	je **pourvois** ; il **pourvoit**	**Subj. pr.** q. je **pourvoie** ; il **pourvoie**
	ns **pourvoyons** ; ils **pourvoient**	ns **pourvoyions** ; ils **pourvoient**
p.s.	il **pourvut** ; ils **pourvurent**	**imp. q.** je **pourvusse** ; il **pourvût**
fut.	je **pourvoirai** ; ns **pourvoirons**	**Cond. pr.** je **pourvoirais** ; ns **pourvoirions**
imp.	je **pourvoyais** ; ns **pourvoyions**	**Impér. pr.** **pourvois** ; **pourvoyons** ; **pourvoyez**

65 asseoir

assie-/assié-/assey-
ou assoi-/assoy-/ass-

p.pr. asseyant
ou assoyant | **p.p.** assis, ise

Ind. pr.	j' **assieds** ou **assois**	**Subj. pr.** q. j' **asseye** ou **assoie**
	il **assied** ou **assoit**	il **asseye** ou **assoie**
	ns **asseyons** ou **assoyons**	ns **asseyions** ou **assoyions**
	ils **asseyent** ou **assoient**	ils **asseyent** ou **assoient**
p.s.	il **assit** ; ils **assirent**	**imp. q.** j' **assisse** ; il **assît**
fut.	j' **assiérai** ou **assoirai**	**Cond. pr.** j' **assiérais** ou **assoirais**
	ns **assiérons** ou **assoirons**	ns **assiérions** ou **assoirions**
imp.	j' **asseyais** ou **assoyais**	**impér. pr.** **assieds** ou **assois**
	ns **asseyions** ou **assoyions**	**asseyons** ou **assoyons**
		asseyez ou **assoyez**

66 surseoir

surseoi-/sursoi-/sursoy-/surs-

p.pr. sursoyant | **p.p.** sursis, ise

Ind. pr.	je **sursois** ; il **sursoit**	**Subj. pr.** q. je **sursoie** ; il **sursoie**
	ns **sursoyons** ; ils **sursoient**	ns **sursoyions** ; ils **sursoient**
p.s.	il **sursit** ; ils **sursirent**	**imp. q.** je **sursisse** ; il **sursît**
fut.	je **surseoirai** ; ns **surseoirons**	**Cond. pr.** je **surseoirais** ; ns **surseoirions**
imp.	je **sursoyais** ; ns **sursoyions**	**Impér. pr.** **sursois** ; **sursoyons** ; **sursoyez**

67 seoir

sie-/sié-/sey-

		p.pr. seyant	p.p. *inusité*
Ind. pr.	il, elle sied ; ils, elles siéent	**Subj. pr.** q. il, elle siée ; ils, elles siéent	
fut.	il, elle siéra ; ils, elles siéront	**Cond. pr.** il, elle siérait ;	
		ils, elles siéraient	
imp.	il, elle seyait ; ils, elles seyaient		

• inusité aux autres temps et formes.

68 pleuvoir

pleuv-/pleu-/pl-

		p.pr. pleuvant	p.p. plu
Ind. pr.	il pleut	**Subj. pr.** qu'il pleuve	
p.s.	il plut	**imp.** qu'il plût	
fut.	il pleuvra	**Cond. pr.** il pleuvrait	
imp.	il pleuvait		

• la 3e pers. du plur. est possible au fig. : *les injures pleuvaient.*

69 falloir

fall-/fau-/faud-/faill-

		p.pr. *inusité*	p.p. fallu
Ind. pr.	il faut	**Subj. pr.** qu'il faille	
p.s.	il fallut	**imp.** qu'il fallût	
fut.	il faudra	**Cond. pr.** il faudrait	
imp.	il fallait		

70 échoir

échoi-/échoy-/éché-/écher-/éch-

		p.pr. échéant	p.p. échu, ue
Ind. pr.	il, elle échoit ; ils, elles échoient	**Subj. pr.** qu'il, elle échoie ;	
		ils, elles échoient	
p.s.	il, elle échut ; ils, elles échurent	**imp.** qu'il, elle échût ;	
		ils, elles échussent	
fut.	il, elle échoira ou écherra	**Cond. pr.** il, elle échoirait	
		ou écherrait	
	ils, elles échoiront ou écherront	ils, elles échoiraient	
		ou écherraient	
imp.	il, elle échoyait	**Impér. pr.** *inusité*	
	ils, elles échoyaient		

71 déchoir

déchoi-/déchoy-/déch-

		p.pr. *inusité*	p.p. déchu, ue
Ind. pr.	je déchois, il déchoit	**Subj. pr.** q. je déchoie ; il déchoie	
	ns déchoyons ; ils déchoient	ns déchoyions ;	
		ils déchoient	
p.s.	il déchut ; ils déchurent	**imp.** q. je déchusse ; il déchût	
fut.	je déchoirai ; ns déchoirons	**Cond. pr.** je déchoirais ;	
		ns déchoirions	
imp.	*inusité*	**Impér. pr.** *inusité*	

72 choir

choi-/cher-/ch-

		p.pr. *inusité*	p.p. chu, ue
Ind. pr.	je chois ; tu chois ; il choit	**Subj. pr.** *inusité*	
	ns, vs *inusité* ; ils choient		
p.s.	je chus ; tu chus ; il chut	**imp.** qu'il chût	
	ns chûmes ; vs chûtes ; ils	(*inusité* aux autres pers.)	
	churent		
fut.	je choirai ou cherrai	**Cond. pr.** je choirais ou cherrais	
	ns choirons ou cherrons	ns choirions ou cherrions	
imp.	*inusité*	**Impér. pr.** *inusité*	

• *choir* se conjugue à tous les temps composés avec l'aux. *être.*

C) verbes en -re

73 vendre

vend-			p.pr. vendant	p.p. vendu, ue
Ind. pr.	je	vends ; il vend	**Subj. pr.** q. je	vende ; il vende
	ns	vendons ; ils vendent	ns	vendions ; ils vendent
p.s.	il	vendit ; ils vendirent	imp. q. je	vendisse ; il vendît
fut.	je	vendrai ; ns vendrons	**Cond. pr.** je	vendrais ; ns vendrions
imp.	je	vendais ; ns vendions	**Impér. pr.**	vends ; vendons ; vendez

74 répandre

répand-
même modèle que 73 **vendre**

p.pr. répandant

p.p. répandu, ue

75 répondre

répond-
même modèle que 73 **vendre**

p.pr. répondant

p.p. répondu, ue

76 mordre

mord-
même modèle que 73 **vendre**

p.pr. mordant

p.p. mordu, ue

77 perdre

perd-
même modèle que 73 **vendre**

p.pr. perdant

p.p. perdu, ue

78 rompre

romp-
même modèle que 73 **vendre**, sauf

p.pr. rompant

p.p. rompu, ue

• + *t* à la 3e pers. du sing. de l'ind. pr. : il, elle rompt.

79 prendre

prend-/pren-/prenn-/pr-			p.pr. prenant	p.p. pris, se
Ind. pr.	je	prends ; il prend	**Subj. pr.** q. je	prenne ; il prenne
	ns	prenons ; ils prennent	ns	prenions ; ils prennent
p.s.	il	prit ; ils prirent	imp. q. je	prisse ; il prît
fut.	je	prendrai ; ns prendrons	**Cond. pr.** je	prendrais ; ns prendrions
imp.	je	prenais ; ns prenions	**Impér. pr.**	prends ; prenons ; prenez

80 craindre

craind-/crain-/craign-			p.pr. craignant	p.p. craint, te
Ind. pr.	je	crains ; il craint	**Subj. pr.** q. je	craigne ; il craigne
	ns	craignons ; ils craignent	ns	craignions ; ils craignent
p.s.	il	craignit ; ils craignirent	imp. q. je	craignisse ; il craignît
fut.	je	craindrai ; ns craindrons	**Cond. pr.** je	craindrais ; ns craindrions
imp.	je	craignais ; ns craignions	**Impér. pr.**	crains ; craignons ; craignez

81 peindre

peind-/pein-/peign-
même modèle que 80 **craindre**.

p.pr. peignant

p.p. peint, te

82 joindre

joind-/join-/joign- même modèle que 80 **craindre**.	**p.pr.** joignant	**p.p.** joint, te

83 battre

batt-/bat-

			p.pr. battant				**p.p.** battu, ue
Ind. pr.	je	bats ; il bat		**Subj.**	**pr.**	q. je	batte ; il batte
	ns	battons ; ils battent				ns	battions ; ils battent
p.s.	il	battit ; ils battirent			**imp. q.**	je	battisse ; il battît
fut.	je	battrai ; ns battrons		**Cond.**	**pr.**	je	battrais ; ns battrions
imp.	je	battais ; ns battions		**Impér. pr.**			bats ; battons ; battez

84 mettre

mett-/met-/m-

			p.pr. mettant				**p.p.** mis, ise
Ind. pr.	je	mets ; il met		**Subj.**	**pr.**	q. je	mette ; il mette
	ns	mettons ; ils mettent				ns	mettions ; ils mettent
p.s.	il	mit ; ils mirent			**imp. q.**	je	misse ; il mît
fut.	je	mettrai ; ns mettrons		**Cond.**	**pr.**	je	mettrais ; ns mettrions
imp.	je	mettais ; ns mettions		**Impér. pr.**			mets ; mettons ; mettez

85 moudre

moud-/moul-

			p.pr. moulant				**p.p.** moulu, ue
Ind. pr.	je	mouds ; il moud		**Subj.**	**pr.**	q. je	moule ; il moule
	ns	moulons ; ils moulent				ns	moulions ; ils moulent
p.s.	il	moulut ; ils moulurent			**imp. q.**	je	moulusse ; il moulût
fut.	je	moudrai ; ns moudrons		**Cond.**	**pr.**	je	moudrais ; ns moudrions
imp.	je	moulais ; ns moulions		**Impér. pr.**			mouds ; moulons ; moulez

86 coudre

coud-/cous-

			p.pr. cousant				**p.p.** cousu, ue
Ind. pr.	je	couds ; il coud		**Subj.**	**pr.**	q. je	couse ; il couse
	ns	cousons ; ils cousent				ns	cousions ; ils cousent
p.s.	il	cousit ; ils cousirent			**imp. q.**	je	cousisse ; il cousît
fut.	je	coudrai ; ns coudrons		**Cond.**	**pr.**	je	coudrais ; ns coudrions
imp.	je	cousais ; ns cousions		**Impér. pr.**			couds ; cousons ; cousez

87 absoudre

absoud-/absou-/absolv-/absol-

			p.pr. absolvant				**p.p.** absous, te
Ind. pr.	j'	absous ; il absout		**Subj.**	**pr.**	q. j'	absolve ; il absolve
	ns	absolvons ; ils absolvent				ns	absolvions ; ils absolvent
p.s.	il	absolut ; ils absolurent			**imp. q.**	j'	absolusse ; ils absolût
fut.	j'	absoudrai ; ns absoudrons		**Cond.**	**pr.**	j'	absoudrais ; ns absoudrions
imp.	j'	absolvais ; ns absolvions		**Impér. pr.**			absous ; absolvons ; absolvez

88 résoudre

résoud-/résou-/résolv-/résol- même modèle que 36 **absoudre**, sauf • participe passé : *résolu, ue*.	**p.pr.** résolvant	**p.p.** résolu, ue

89 suivre

| suiv-/sui- | | | p.pr. suivant | p.p. suivi, ie |

même modèle que 36 **endormir** ; le radical perd sa consonne finale au singulier du présent de l'ind. et de l'impér. : je suis, tu suis, il suit ; suis.

90 vivre

viv-/vi-/véc-				p.pr. vivant	p.p. vécu, ue
Ind. pr.	je	vis ; il vit	**Subj. pr.** q. je	vive ; il vive	
	ns	vivons ; ils vivent	ns	vivions ; ils vivent	
p.s.	il	vécut ; ils vécurent	**imp.** q. je	vécusse ; il vécût	
fut.	je	vivrai ; ns vivrons	**Cond. pr.** je	vivrais ; ns vivrions	
imp.	je	vivais ; ns vivions	**Impér. pr.**	vis ; vivons ; vivez	

91 paraître

paraît-/parai-/paraiss-/par-			p.pr. paraissant	p.p. paru, ue
Ind. pr.	je	parais ; il paraît	**Subj. pr.** q. je	paraisse ; il paraisse
	ns	paraissons ; ils paraissent	ns	paraissions ; ils paraissent
p.s.	il	parut ; ils parurent	**imp.** q. je	parusse ; il parût
fut.	je	paraîtrai ; ns paraîtrons	**Cond. pr.** je	paraîtrais ; ns paraîtrions
imp.	je	paraissais ; ns paraissions	**Impér. pr.**	parais ; paraissons ; paraissez

• *î* devant *t*.

92 naître

naît-/nai-/naiss-/naqu-/n-			p.pr. naissant	p.p. né, née
Ind. pr.	je	nais ; il naît	**Subj. pr.** q. je	naisse ; il naisse
	ns	naissons ; ils naissent	ns	naissions ; ils naissent
p.s.	il	naquit ; ils naquirent	**imp.** q. je	naquisse ; il naquît
fut.	je	naîtrai ; ns naîtrons	**Cond. pr.** je	naîtrais ; ns naîtrions
imp.	je	naissais ; ns naissions	**Impér. pr.**	nais ; naissons ; naissez

• *î* devant *t*. *Naître* se conjugue aux temps composés avec l'aux. *être*.

93 croître

| croît-/croî-/croiss-/cr- | | p.pr. croissant | p.p. crû, crus |

même modèle que 94 **accroître**, mais
• accent circonflexe devant *t*, ainsi que dans les formes conjuguées qui peuvent être confondues avec celles du verbe *croire* : **Ind. pr.** je croîs, tu croîs ; **p.s.** je crûs, tu crûs, ils crûrent ; **Subj. imp.** q. je crûsse, tu crûsses, ns crûssions, vs crûssiez, ils crûssent ; **Impér.** croîs.

94 accroître

accroît-/accroi-/accroiss-/accr-			p.pr. accroissant	p.p. accru, ue
Ind. pr.	j'	accrois ; il accroît	**Subj. pr.** q. j'	accroisse ; il accroisse
	ns	accroissons ; ils accroissent	ns	accroissions ; ils accroissent
p.s.	il	accrut ; ils accrurent	**imp.** q. j'	accrusse ; il accrût
fut.	j'	accroîtrai ; ns accroîtrons	**Cond. pr.** j'	accroîtrais ; ns accroîtrions
imp.	j'	accroissais ; ns accroissions	**Impér. pr.**	accrois ; accroissons ; accroissez

• *î* devant *t*.
• *recroître* se conjugue ainsi, mais son participe passé est *recrû, recrus, recrue, recrues*.

95 **rire**

ri-/r-		p.pr. riant	p.p. ri
Ind. pr.	je ris ; il rit	**Subj. pr.** q. je	rie ; il rie
	ns rions ; ils rient	ns	riions ; ils rient
p.s.	il rit ; ils rirent	**imp.** q. je	risse ; il rît
fut.	je rirai ; ns rirons	**Cond. pr.** je	rirais ; ns ririons
imp.	je riais ; ns riions	**Impér. pr.**	ris ; rions ; riez

96 **conclure**

conclu-/concl-		p.pr. concluant	p.p. conclu, ue
Ind. pr.	je conclus ; il conclut	**Subj. pr.** q. je	conclue ; il conclue
	ns concluons ; ils concluent	ns	concluions ; ils concluent
p.s.	il conclut ; ils conclurent	**imp.** q. je	conclusse ; il conclût
fut.	je conclurai ; ns conclurons	**Cond. pr.** je	conclurais ; ns conclurions
imp.	je concluais ; ns concluions	**Impér. pr.**	conclus ; concluons ; concluez

97 **nuire**

nui-/nuis-/nu-   p.pr. nuisant   p.p. nui

même modèle que 98 **conduire,** mais
• le participe passé est *nui*
• **luire** et **reluire** connaissent une autre forme de passé simple : je luis et je reluis.

98 **conduire**

condui-/conduis-		p.pr. conduisant	p.p. conduit, te
Ind. pr.	je conduis ; il conduit	**Subj. pr.** q. je	conduise ; il conduise
	ns conduisons ; ils conduisent	ns	conduisions ; ils conduisent
p.s.	il conduisit ; ils conduisirent	**imp.** q. je	conduisisse ; il conduisît
fut.	je conduirai ; ns conduirons	**Cond. pr.** je	conduirais ; ns conduirions
imp.	je conduisais ; ns conduisions	**Impér. pr.**	conduis ; conduisions ; conduisez

99 **écrire**

écri-/écriv-   p.pr. écrivant   p.p. écrit, te

même modèle que 98 **conduire**.

100 **suffire**

suffi-/suffis-/suff-		p.pr. suffisant	p.p. suffi
Ind. pr.	je suffis ; il suffit	**Subj. pr.** q. je	suffise ; il suffise
	ns suffisons ; ils suffisent	ns	suffisions ; ils suffisent
p.s.	il suffit ; ils suffirent	**imp.** q. je	suffisse ; il suffît
fut.	je suffirai ; ns suffirons	**Cond. pr.** je	suffirais ; ns suffirions
imp.	je suffisais ; ns suffisions	**Impér. pr.**	suffis ; suffisons ; suffisez

101 confire

confi-/confis-/conf-		p.pr. confisant	p.p. confit, te
Ind. pr.	je confis ; il confit ns confisons ; ils confisent	**Subj. pr.** q. je ns	confise ; il confise confisions ; ils confisent
p.s.	il confit ; ils confirent	imp. q. je	confisse ; il confît
fut.	je confirai ; ns confirons	**Cond. pr.** je	confirais ; ns confirions
imp.	je confisais ; ns confisions	**Impér. pr.**	confis ; confisons ; confisez

• **Circoncire** a la même conjugaison, sauf au participe passé : *circoncis, se.*

102 dire

di-/dis-/d-	p.pr. disant	p.p. dit, te
même modèle que 101 **confire**, mais		
• **Ind. pr.** vs dites.	**Impér. pr.**	dis, disons, dites.

103 contredire

contredi-/contredis-/contred-	p.pr. contredisant	p.p. contredit, te
même modèle que 101 **confire**.		

104 maudire

maudi-/maudiss-/maud-		p.pr. maudissant	p.p. maudit, te
Ind. pr.	je maudis ; il maudit ns maudissons ; ils maudissent	**Subj. pr.** q. je ns	maudisse ; il maudisse maudissions ; ils maudissent
p.s.	il maudit ; ils maudirent	imp. q. je	maudisse ; il maudît
fut.	je maudirai ; ns maudirons	**Cond. pr.** je	maudirais ; ns maudirions
imp.	je maudissais ; ns maudissions	**Impér. pr.**	maudis ; maudissons ; maudissez

105 bruire

brui-/bruy-		p.pr. *inusité*	p.p. bruit
Ind. pr.	je bruis ; tu bruis ; il bruit *inusité* aux pers. du pl.	**Subj. pr.**	*inusité*
p.s.	*inusité*	imp.	*inusité*
fut.	je bruirai ; ns bruirons	**Cond. pr.** je	bruirais ; ns bruirions
imp.	je bruyais ; ns bruyions	**Impér. pr.**	*inusité*

106 lire

li-/lis-/l-		p.pr. lisant	p.p. lu, ue
Ind. pr.	je lis ; il lit ns lisons ; ils lisent	**Subj. pr.** q. je ns	lise ; il lise lisions ; ils lisent
p.s.	il lut ; ils lurent	imp. q. je	lusse ; il lût
fut.	je lirai ; ns lirons	**Cond. pr.** je	lirais ; ns lirions
imp.	je lisais ; ns lisions	**Impér. pr.**	lis, lisons ; lisez

107 croire

croi-/croy-/cr-		p.pr. croyant	p.p. cru, ue
Ind. pr.	je crois ; il croit ns croyons ; ils croient	**Subj. pr.** q. je ns	croie ; il croie croyions ; ils croient
p.s.	il crut ; ils crurent	imp. q. je	crusse ; il crût
fut.	je croirai ; ns croirons	**Cond. pr.** je	croirais ; ns croirions
imp.	je croyais ; ns croyions	**Impér. pr.**	crois ; croyons ; croyez

108 **boire**

boi-/boiv-/buv-/b-		p.pr. buvant		p.p. bu, ue	
Ind. pr.	je bois ; il boit	**Subj. pr.**	q. je boive ; il boive		
	ns buvons ; ils boivent			ns buvions ; ils boivent	
p.s.	il but ; ils burent	imp.	q. je busse ; il bût		
fut.	je boirai ; ns boirons	**Cond. pr.**	je boirais ; ns boirions		
imp.	je buvais ; ns buvions	**Impér. pr.**	bois ; buvons ; buvez		

109 **faire**

fai-/fais-/fe-/fass-/f-		p.pr. faisant		p.p. fait, te	
Ind. pr.	je fais ; il fait	**Subj. pr.**	q. je fasse ; il fasse		
	ns faisons ; vs faites ; ils font			ns fassions ; ils fassent	
p.s.	il fit ; ils firent	imp.	q. je fisse ; il fît		
fut.	je ferai ; ns ferons	**Cond. pr.**	je ferais ; ns ferions		
imp.	je faisais ; ns faisions	**Impér. pr.**	fais ; faisons ; faites		

110 **plaire**

plai- (î devant t)/plais-/pl-		p.pr. plaisant		p.p. plu	
Ind. pr.	je plais ; il plaît	**Subj. pr.**	q. je plaise ; il plaise		
	ns plaisons ; ils plaisent			ns plaisions ; ils plaisent	
p.s.	il plut ; ils plurent	imp.	q. je plusse ; il plût		
fut.	je plairai ; ns plairons	**Cond. pr.**	plairais ; ns plairions		
imp.	je plaisais ; ns plaisions	**Impér. pr.**	plais ; plaisons ; plaisez		

111 **taire**

tai-/tais-/t-	p.pr. taisant	p.p. tu, ue

même modèle que 110 **plaire**, mais
• sans accent circonflexe devant t.

112 **extraire**

extrai-/extray-		p.pr. extrayant		p.p. extrait, te	
Ind. pr.	j' extrais ; il extrait	**Subj. pr.**	q. j' extraie ; il extraie		
	ns extrayons ; ils extraient			ns extrayions ; ils extraient	
p.s.	*inusité*	imp.	*inusité*		
fut.	j' extrairai ; ns extrairons	**Cond. pr.**	j' extrairais ; ns extrairions		
Imp.	j' extrayais ; ns extrayions	**Impér. pr.**	extrais ; extrayons ; extrayez		

113 **clore**

clo- (ô devant t)/clos-		p.pr. closant		p.p. clos, se	
ind. pr.	je clos ; il clôt	**Sub. pr.**	q. je close ; il close		
	ns closons ; ils closent			ns closions ; ils closent	
p.s.	*inusité*	imp.	*inusité*		
fut.	je clorai ; ns clorons	**Cond. pr.**	je clorais ; ns clorions		
imp.	*inusité*	**Impér. pr.**	clos (*inusité* aux autres pers.)		

• **enclore** connaît un impératif complet : *enclos, enclosons, enclosez*.

114 **vaincre**

vainc-/vainqu-

			p.pr. vainquant		p.p. vaincu, ue
Ind. pr.	je	vaincs ; il vainc	**Subj. pr.**	q. je	vainque ; il vainque
	ns	vainquons ; ils vainquent		ns	vainquions ; ils vainquent
p.s.	il	vainquit ; ils vainquirent	**imp.**	q. je	vainquisse ; il vainquît
fut.	je	vaincrai ; ns vaincrons	**Cond. pr.**	je	vaincrais ; ns vaincrions
imp.	je	vainquais ; ns vainquions	**Impér. pr.**		vaincs ; vainquons ; vainquez

115 **frire**

fri-

			p.pr. *inusité*		p.p. frit, te
Ind. pr.	je	fris ; tu fris ; il frit (*inusité* aux pers. du pl.)	**Subj. pr.**		*inusité*
p.s.		*inusité*	**imp.**		*inusité*
fut.	je	frirai ; ns frirons	**Cond. pr.**	je	frirais ; ns fririons
imp.		*inusité*	**Impér. pr.**		fris (*inusité* aux pers. du pl.)

PRÉFIXES ET SUFFIXES

I. Préfixes d'origine grecque ou mots grecs entrant dans la composition de mots français

PRÉFIXES	SENS	EXEMPLES	PRÉFIXES	SENS	EXEMPLES
acro-	élevé, à l'extrémité	acronyme	cata-	de haut en bas	catatonie
actino-	rayon	actinide	céphalo-	tête	céphalalgie
adéno-	glande	adénoïde			céphalopode
aéro-	air	aéronaute	chalco-	cuivre	chalcographie
		aérophagie	cheiro-, ou	main	cheiroptères
agro-	champ	agronome	chiro-		chiromancie
allo-	autre	allopathie	chloro-	vert	chlorophylle
		allotropie	cholé-	bile	cholémie
amphi-	1. autour	amphithéâtre	chromato-	couleur	chromatique
	2. doublement	amphibie	chromo-		chromosome
		amphibologie	chrono-	temps	chronomètre
ana-	en arrière à rebours	anachronisme	chryso-	or	chrysanthème
			cinémato-	mouvement	cinématographe
andro-	homme	androgyne	cinémo-		cinémomètre
anémo-	vent	anémomètre	copro-	excrément	coprophage
angéio-, ou	vaisseau	angéiologie	cosmo-	monde	cosmogonie
angio-	capsule	angiosperme			cosmopolite
antho-	fleur	anthologie	cryo-	froid	cryogène
anthraco-	charbon	anthracite	crypto-	caché	cryptogame
anthropo-	homme	anthropologie	cyclo-	cercle	cyclothymie
apo-	loin de	apogée	cyto-	cellule	cytologie
	négation	apomixie	dactylo-	doigt	dactylographie
archéo-	ancien	archéologie	démo-	peuple	démographie
arithmo-	nombre	arithmétique	dermo-, ou	peau	dermique
artério-	artère	artériosclérose	dermato-		dermatologie
arthro-	articulation	arthrite	di-	deux	dièdre
		arthropode	dia-	séparé de, à travers	diacritique
astéro-, ou	astre, étoile	astéroïde			diapositive
astro-		astronaute	diplo-	double	diploïde
bactério-	bâton (d'où bactérie)	bactéricide	dodéca-	douze	dodécagone
		bactériologie	dolicho-	long	dolichocéphale
baro-	pesant	baromètre	dynamo-	force	dynamite
bary-	lourd	barycentre			dynamomètre
biblio-	livre	bibliographie	dys-	difficulté, mauvais état	dyspepsie
		bibliothèque			dysfonc-tionnement
bio-	vie	biologie	échino-	hérisson	échinoderme
		biographie	ecto-	en dehors	ectoplasme
blasto-	germe	blastoderme	électro-	ambre jaune (d'où électricité)	électrochoc
brachy-	court	brachycéphale			
brady-	lent	bradycardie			
broncho-	bronches	broncho-pneumonie	embryo-	fœtus	embryologie
			encéphalo-	cerveau	encé-phalogramme
bryo-	mousse	bryologie			
caco-, cach-	mauvais	cacophonie cachexie	endo-	à l'intérieur	endocarde endocrine
calli-	beau	calligraphie	entéro-	entrailles	entérite
carcino-	cancer	carcinome	entomo-	insecte	entomologiste
cardio-	cœur	cardialgie cardiogramme	épi-	sur	épiderme épitaphe

PRÉFIXES	SENS	EXEMPLES	PRÉFIXES	SENS	EXEMPLES
ergo-	action, travail	ergonomie	méta-	après	métaphysique
ethno-	peuple	ethnologie		changement	métamorphose
étho-	caractère	éthologie	métro-	mesure	métronome
	mœurs		micro-	petit	microbe
eu-	bien	euphémisme			microcosme
		euphonie	miso-	haine	misogyne
exo-	au-dehors	exotisme	mnémo-	mémoire	mné-
galacto-	lait	galactose			motechnique
gamo-	mariage	gamopétale	mono-	seul	monogramme
	union				monolithe
gastro-	ventre	gastropode	morpho-	forme	morphologie
	estomac	gastrite	myo-	muscle	myocarde
géo-	terre	géologie	myco-	champignon	mycologie
géronto-	vieillard	gérontocratie	myélo-	moelle	myéline
glosso-	langue	glossolalie	mytho-	légende	mythomane
gluco-, ou	doux, sucré	glucose	nécro-	mort	nécrologie
glyco-,		glycogène	néo-	nouveau	néologisme
glycéro-		glycérine			néophyte
grapho-	écrire	graphologie	néphro-	rein	néphropathie
gynéco-	femme	gynécologie	neuro-, ou	nerf	neurologie
gyro-	cercle	gyroscope	névro-		névropathe
haplo-	simple	haploïde	noso-	maladie	nosographie
hélio-	soleil	héliothérapie	octa-, ou	huit	octaèdre
hémato-	sang	hématose	octo-		octogone
hémo-		hémophile	odonto-	dent	odontologie
hémi-	demi, moitié	hémicycle	oligo-	peu nombreux	oligoélément
		hémisphère	oniro-	songe	oniromancie
hépato-	foie	hépatopancréas	ophtalmo-	œil	ophtalmologie
hepta-	sept	heptasyllabe	ornitho-	oiseau	ornithologiste
hétéro-	autre	hétérogène	oro-	montagne	orographie
hexa-	six	hexagone	ortho-	droit	orthographe
hiéro-	sacré	hiéroglyphe			orthopédie
hippo-	cheval	hippodrome	ostéo-	os	ostéite
histo-	tissu	histologie			ostéomyélite
holo-	entier	hologramme	oto-	oreille	oto-rhino-
homéo-, ou	semblable	homéopathie			laryngologie
homo-		homosexuel			otite
horo-	heure	horodateur	oxy-	aigu, acide	oxyton
hydro-	eau	hydravion			oxygène
		hydrologie	pachy-	épais	pachyderme
hygro-	humide	hygromètre	paléo-	ancien	paléographie
hypno-	sommeil	hypnose			paléolithique
		hypnotisme	pan-, ou	tout	panthéisme ;
hystéro-	utérus	hystérographie	panto-		pantographe
icono-	image	iconoclaste	para-	voisin de	paramilitaire
idéo-	idée	idéogramme	patho-	souffrance	pathogène
		idéologie			pathologie
idio-	particulier	idiolecte	pédo-	enfant	pédiatrie
iso-	égal	isomorphe			pédophile
laryngo-	gorge	laryngotomie	penta-	cinq	pentagone
leuco-	blanc	leucocyte	péri-	autour	périphérie
litho-	pierre	lithographie			périphrase
logo-	discours	logomachie	phago-	manger	phagocyte
	science		pharmaco-	médicament	pharmacopée
macro-	grand	macrocosme			pharmaceutique
méga-, ou	grand	mégalithe	pharyngo-	gosier	pharyngite
mégalo-		mégalomane	phéno-	apparaître	phénotype
mélo-	chant	mélodrame		briller	
méso-	milieu	mésosphère	philo-	aimer	philanthrope

PRÉFIXES	SENS	EXEMPLES	PRÉFIXES	SENS	EXEMPLES
phono-	voix, son	phonographe	stéréo-	solide	stéréoscope
		phonologie	stomato-	bouche	stomatologie
photo-	lumière	photographe	syn-	avec	synthèse
phyllo-	feuille	phylloxéra	sym-	ensemble	sympathie
physio-	nature	physiocrate	tachy-	rapide	tachymètre
phyto-	plante	phytophage	tauto-	le même	tautologie
plouto-	richesse	ploutocratie	taxi-	arrangement	taxidermie
pneumo-	poumon	pneumonie			taxinomie
podo-	pied	podomètre	techno-	art, science	technique
poly-	nombreux	polyèdre			technologie
		polygone	télé-	de loin	télépathie
proto-	premier	prototype		à distance	téléphone
psycho-	âme	psychologue	tétra-	quatre	tétraèdre
ptéro-	aile	ptérodactyle	thalasso-	mer	thalasso-
pyro-	feu	pyrotechnie			thérapie
rhéo-	couler	rhéologie	théo-	dieu	théologie
		rhéostat	thermo-	chaleur	thermomètre
rhino-	nez	rhinocéros	topo-	lieu	topographie
rhizo-	racine	rhizopode			toponymie
rhodo-	rose	rhododendron	typo-	caractère	typographie
sarco-	chair	sarcophage			typologie
schizo-	fendre	schizophrénie	uro-	urine	urémie
séma-	signe	sémaphore			urologue
sidéro-	fer	sidérurgie	xéno-	étranger	xénophobe
somato-	corps	somatique	xéro-	sec	xérophile
spéléo-	caverne	spéléologie	xylo-	bois	xylophone
sphéro-	globe	sphérique	zoo-	animal	zoologie

II. Préfixes d'origine latine ou mots latins entrant dans la composition de mots français

PRÉFIXES	SENS	EXEMPLES	PRÉFIXES	SENS	EXEMPLES
ab-, abs-	loin de	abduction	infra-	en dessous	infrastructure
	séparé de	abstinence	juxta-	auprès de	juxtalinéaire
ad-	vers, ajouté à	adhérence			juxtaposer
		adventice	multi-	nombreux	multicolore
ambi-	les deux,	ambidextre			multiforme
	de part	ambivalence	omni-	tout	omniscient
	et d'autre				omnivore
bi-, bis-	deux	biplan,	para-	protection	parapluie
		bisannuel			parachute
circon-	autour	circonlocution	péné-	presque	pénéplaine
circum-		circumna-	pluri-	plusieurs	pluridis-
		vigation			ciplinaire
cis-	en deçà de	cisalpin	quadri-, ou	quatre	quadriphonie
col-, com-	avec	collection	quadru-		quadrumane
		compère	radio-	rayon	radiographie
con-, cor-		concitoyen	rétro-	en retour,	rétroactif
		corrélatif		en arrière	rétrograder
dis-	séparé de	disjoindre	simili-	semblable	similigravure
	négation	dissymétrie	supra-	au-dessus	supranational
en-, em-	dans,	emprisonner	sus-	au-dessus	susnommé
	transformation	enlaidir	tri-	trois	triathlon
ex-	hors de	expatrier			tricéphale
		exporter	uni-	un	uniforme
in-, im-	dans	infiltrer			
		immerger			

III. Suffixes d'origine grecque

SUFFIXES	SENS	EXEMPLES	SUFFIXES	SENS	EXEMPLES
-algie	douleur	névralgie	-nomie	art	astronomie
-archie	commandement	hiérarchie		de mesurer	
-arque	qui commande	monarque		étude	agronomie
-bare	pression	isobare	-oïde	qui a la forme,	sinusoïde
-bole	qui lance	discobole		les propriétés	corticoïde
-carpe	fruit	péricarpe	-ome	maladie,	angiome
-cène	récent	éocène		tumeur	fibrome
-céphale	tête	microcéphale	-onyme	qui porte	patronyme
-coque	graine	gonocoque		le nom	
-cosme	monde	macrocosme	-ose	maladie	arthrose
-crate	qui commande	aristocrate		non	
-cratie	exercice	ploutocratie		inflammatoire	
	du pouvoir		-pathe	malade de	névropathe
-cycle	roue	tricycle	-pathie	maladie	myopathie
-cyte	cellule	leucocyte	-pédie	éducation	encyclopédie
-dactyle	doigt	ptérodactyle	-phage	qui mange	anthropophage
-derme	peau	ectoderme	-phagie	absorption	aérophagie
-doxe	opinion	paradoxe	-phane	qui brille	diaphane
-drome	course	hippodrome	-phile	qui aime	anglophile
-ectomie	amputation	vasectomie	-philie	amour	francophilie
-èdre	face, base	dodécaèdre	-phobe	qui craint	claustrophobe
-émie	sang	urémie	-phobie	crainte	agoraphobie
-game	qui engendre	cryptogame	-phone, ou	voix, son	microphone
-gamie	union	polygamie	-phonie		téléphonie
-gène	qui engendre	hydrogène	-phore	qui porte	sémaphore
		pathogène	-phyte	plante	saprophyte
-gone	angle	polygone	-pithèque	singe	cercopithèque
-gramme	lettre, écrit	télégramme	-pode	pied	myriapode
-graphe	qui écrit	dactylographe	-pole	ville	métropole
-graphie	art d'écrire	sténographie	-ptère	aile	hélicoptère
-gyne	femme	misogyne	-rrhée	écoulement	leucorrhée
-hydre	eau	anhydre	-saure	lézard	dinosaure
-iatre	qui soigne	pédiatre	-scope, ou	voir, vision	télescope
-iatrie	soin	gériatrie	-scopie		radioscopie
-ite	inflammation	gastrite	-sphère	globe	stratosphère
-lithe	pierre	monolithe	-taphe	tombeau	cénotaphe
-logie	1. science,	psychologie	-technie	science	pyrotechnie
	étude			art	
	2. parole	scatologie	-thèque	armoire	bibliothèque
-logue, ou	qui étudie,	astrologue		boîte	
-logiste	spécialiste	biologiste	-thérapie	traitement	héliothérapie
-mancie	divination	cartomancie		médical	radiothérapie
-mane	qui a	kleptomane	-therme, ou	chaleur	isotherme
	la passion,		-thermie		géothermie
	la manie de		-tomie	action	trachéotomie
-manie	passion,	anglomanie		de couper	
	obsession		-trope, ou	changement	héliotrope
-mètre	qui mesure	anémomètre	-tropie	de direction	isotropie
-métrie	mesure	audiométrie	-type, ou	impression	contretype
-morphe	forme	dimorphe	-typie		linotypie
-nome	qui règle	métronome	-urie	urine	albuminurie
	qui étudie	agronome			

IV. Suffixes d'origine latine

SUFFIXES	SENS	EXEMPLES	SUFFIXES	SENS	EXEMPLES
-cide	qui tue	infanticide	-forme	qui a	cunéiforme
-cole	1. relatif	vinicole		la forme de	filiforme
	à la culture,	ostréicole	-fuge	qui fuit	transfuge
	à l'élevage			ou fait fuir	vermifuge
	2. relatif	cavernicole	-grade	qui marche	plantigrade
	à l'habitat		-lingue	langue	bilingue
-culteur,	qui cultive,	agriculteur	-pare	qui enfante	ovipare
	élève	cuniculiculteur	-pède	pied	bipède
-culture	culture,	horticulture			quadrupède
	élevage	mytiliculture	-vore	qui se nourrit	carnivore
-fère	qui porte	mammifère			herbivore
-fique	qui produit	frigorifique			

V. Dérivation suffixale en français
Suffixes servant à former des noms

SUFFIXES	SENS	EXEMPLES	SUFFIXES	SENS	EXEMPLES
-ace, ou	péjoratif	populace	-er, -ier, ou	agent	boucher
-asse		filasse	-ière		épicier
-ade	action,	bravade			cigarière
	collectif	citronnade	-erie	local,	charcuterie
-age	action, collectif	balayage		qualité,	pruderie
		pelage		collectif, etc.	buffleterie
-aie	plantation	pineraie	-esse	qualité	maladresse
	de végétaux	roseraie			sagesse
-ail	instrument	éventail	-et, -ette	diminutif	garçonnet
		soupirail			fillette
-aille	péjoratif	ferraille	-(e)té, -ité	qualité	propreté
	collectif				humanité
-aine	collectif	centaine	-eur, ou	agent	rôdeur
		dizaine	-ateur		dessinateur
-aire	agent	commis-	-ie	état	envie jalousie
		sionnaire	-ien, -en	profession	chirurgien
		incendiaire		origine	lycéen
-aison, ou	action	livraison	-ille, ou	diminutif	brindille
-oison, ou		pâmoison	-illon		aiguillon
-(i)son		guérison	-is	résultat	fouillis
-ance	résultat	appartenance		d'une action,	gâchis
	de l'action	espérance		état	hachis taillis
-ard	péjoratif	chauffard	-ise	défaut, qualité	gourmandise
		fuyard			franchise
-at	profession, état	internat	-isme	doctrine, école	communisme
		rectorat			existentialisme
-ation	action	palpation	-iste	qui exerce	bouquiniste
-âtre	péjoratif	bellâtre		un métier	dentiste
		marâtre		adepte	socialiste
-ature, ou	action,	armature		d'une doctrine	
-ure	instrument	peinture	-itude	qualité	exactitude
-aud	péjoratif	lourdaud			négritude
-cule, ou	diminutif	animalcule	-oir,	instrument	perchoir
-ule		globule	-oire		baignoire
-eau, ou	diminutif	chevreau	-ole	diminutif	bestiole
-elle		radicelle			carriole
-ée	contenu	assiettée	-on,	diminutif	aiglon
		maisonnée	-eron		chaton
-ement, ou	action	renouvellement			moucheron
-ment		stationnement	-ot	diminutif	chariot ; îlot

Suffixes servant à former des adjectifs

SUFFIXES	SENS	EXEMPLES	SUFFIXES	SENS	EXEMPLES
-able, -ible, ou -uble	possibilité	aimable audible soluble	-et, ou -elet	diminutif	propret aigrelet
-ain	habitant	lorrain	-eux	qualité	peureux neigeux
-ais	habitant	japonais	-ien, -en	habitant	indien
-al	qualité	glacial vital			guadeloupéen
-an	origine	persan	-ier	qualité	altier hospitalier
-ard	péjoratif	richard vantard	-if	qualité	maladif
-asse	péjoratif	blondasse fadasse	-ile	possibilité	fissile rétractile
-âtre	péjoratif	bleuâtre ; douceâtre	-in	diminutif ou péjoratif	ballotin libertin
-aud	péjoratif	noiraud rustaud	-ique, ou -iste	relatif à	nitrique réaliste
-é	état	bosselé dentelé	-issime	superlatif	illustrissime
-el	qui provoque	accidentel mortel	-ois	habitant	chinois
			-ot	diminutif ou péjoratif	pâlot vieillot
-esque	qualité	pédantesque romanesque	-u	qualité	barbu charnu

Suffixes servant à former des verbes

SUFFIXES	SENS	EXEMPLES	SUFFIXES	SENS	EXEMPLES
-ailler	péjoratif	rimailler	-ir	transformation	grandir noircir rougir verdir
-asser	péjoratif	rapetasser rêvasser			
-eler	mise en action	écarteler renouveler	-iser	transformation	angliciser ridiculiser
-er	mise en action	destiner exploiter	-ocher	souvent péjoratif	effilocher rabibocher amocher
-eter	diminutif	tacheter voleter			
-(i)fier	transformation	pétrifier cocufier	-onner	diminutif ou péjoratif	chantonner mâchonner
-iller	diminutif ou péjoratif	fendiller roupiller	-oter	péjoratif	vivoter
-iner	mouvement répété et rapide	piétiner trottiner	-oyer	transformation	nettoyer poudroyer

VI. Quelques préfixes territoriaux et/ou linguistiques

PRÉFIXES	SENS	PRÉFIXES	SENS	PRÉFIXES	SENS
africano-	africain	franco-	français	italo-	italien
américano-	américain	germano-	allemand	mexicano-	mexicain
anglo-	anglais	gréco-	grec	nippo-	japonais
arabo-	arabe	hispano-	espagnol	russo-	russe
canado-	canadien	indo-	indien	sino-	chinois
égypto-	égyptien	israélo-	israélien	soviéto-	soviétique
euro-	européen				

VII. Les préfixes multiplicatifs

PRÉFIXES	SENS		PRÉFIXES	SENS
déca-	dix (10^1)		déci-	un dixième (10^{-1})
hecto-	cent (10^2)		centi-	un centième (10^{-2})
kilo-	mille (10^3)		milli-	un millième (10^{-3})
méga-	un million (10^6)		micro-	un millionième (10^{-6})
giga-	un milliard (10^9)		nano-	un milliardième (10^{-9})
téra-	10^{12}		pico-	10^{-12}
péta-	10^{15}		femto-	10^{-15}
exa-	10^{18}		atto-	10^{-18}
sesqui-	une fois et demie			

PRINCIPAUX NOMS D'HABITANTS

Abyssinie	abyssin, ine	Bhoutan	bhoutanais, e
Acadie	acadien, enne	Biarritz	biarrot, e
Afghanistan	afghan, e	Biélorussie	biélorusse
Afrique	africain, e	Birmanie	birman, e
Afrique du Sud	sud-africain, e	Bohême	bohémien, enne
Aix-en-Provence	aixois, e	Bolivie	bolivien, enne
Ajaccio	ajaccien, enne	Bordeaux	bordelais, e
Albanie	albanais, e	Bosnie	bosnien, enne et
Albi	albigeois, e		bosniaque
Alexandrie	alexandrin, e	Botswana	botswanais, e
Alger	algérois, e	Bourgogne	bourguignon, onne
Algérie	algérien, enne	Brabant	brabançon, onne
Allemagne	allemand, e	Brésil	brésilien, enne
Alsace	alsacien, enne	Brest	brestois, e
Amérique	américain, e	Bretagne	breton, onne
Amérique centrale	centraméricain, e	Brie	briard, e
Amérique du Nord	nord-américain, e	Bruxelles	bruxellois, e
Amérique du Sud	sud-américain, e	Bulgarie	bulgare
Amérique latine	latino-américain, e	Burkina	burkinais, e
Andalousie	andalou, se		et burkinabé
Andorre	andorran, e	Caire (Le)	cairote
Angleterre	anglais, e	Calabre	calabrais, e
Angola	angolais, e	Californie	californien, enne
Antilles	antillais, e	Camargue	camarguais, e
Aquitaine	aquitain, e	Cambodge	cambodgien, enne
arabes (pays)	arabe	Cameroun	camerounais, e
Arabie saoudite	saoudien, enne	Canada	canadien, enne
Aragon	aragonais, e	Canton	cantonais, e
Ardennes	ardennais, e	Cap-Vert (îles du)	capverdien, enne
Argentine	argentin, e	Caraïbe (la)	caraïbe
Arles	arlésien, enne	Caraïbes	caribéen, enne
Arménie	arménien, enne	Castille	castillan, e
Asie	asiatique	Catalogne	catalan, e
Athènes	athénien, enne	Causses	caussenard, e
Australie	australien, enne	Caux (pays de)	cauchois, e
Autriche	autrichien, enne	Cévennes	cévenol, e
Auvergne	auvergnat, e	Ceylan	ceylanais, e
Azerbaïdjan	azerbaïdjanais, e	Champagne	champenois, e
Baltes (pays)	balte	Charolais	charolais, e
Bangladesh	bangladais, e	Chili	chilien, enne
	et bangladeshi	Chine	chinois, e
Barcelone	barcelonais, e	Chypre	chypriote ou cypriote
basque (Pays)	basque	Colombie	colombien, enne
Bavière	bavarois, e	Comores	comorien, enne
Béarn	béarnais, e	Congo	congolais, e
Beauce	beauceron, onne	Corée du Nord	nord-coréen, enne
Belgique	belge	Corée du Sud	sud-coréen, enne
Bengale	bengali	Corinthe	corinthien, enne
Bénin	béninois, e	Costa Rica	costaricain, e
Béotie	béotien, enne		ou costaricien, enne
Berlin	berlinois, e	Côte d'Ivoire	ivoirien, enne
Berne	bernois, e	Crète	crétois, e
Berry	berrichon, onne	Croatie	croate
Béziers	biterrois, e	Cuba	cubain, e

Dalmatie	dalmate	Japon	japonais, e ;
Danemark	danois, e		nippon, onne
Dauphiné	dauphinois, e	Jordanie	jordanien, enne
Djibouti	djiboutien, enne	Kabylie	kabyle
Écosse	écossais, e	Kazakhstan	kazakh, e
Égypte	égyptien, enne	Kenya	kenyan, e
Équateur	équatorien, enne	Kirghizistan	kirghiz, e
Érythrée	érythréen, enne	Koweït	koweïtien, enne
Espagne	espagnol, e	Kurdistan	kurde
Estonie	estonien, enne	Languedoc	languedocien, enne
États-Unis	étasunien, enne	Laos	laotien, enne
Éthiopie	éthiopien, enne	Laponie	lapon, onne
Eurasie	eurasien, enne	Lettonie	letton, onne
Europe	européen, enne	Liban	libanais, e
Féroé (îles)	féroïen, enne	Liberia	libérien, enne
	ou féringien, enne	Libye	libyen, enne
Finlande	finlandais, e	Ligurie	ligure
Flandre	flamand, e		ou ligurien, enne
Florence	florentin, e	Lille	lillois, e
France	français, e	Limousin	limousin, e
France (Île-de-)	francilien, enne	Lisbonne	lisbonnais, e
Franche-Comté	franc-comtois, e	Lituanie	lituanien, enne
Gabon	gabonais, e	Lombardie	lombard, e
Galice	galicien, enne	Londres	londonien, enne
Galles (pays de)	gallois, e	Lorraine	lorrain, e
Gambie	gambien, enne	Lusitanie	lusitanien, enne
Gascogne	gascon, onne	(Portugal)	ou lusitain, e
Gênes	génois, e	Luxembourg	luxembourgeois, e
Genève	genevois, e	Lyon	lyonnais, e
Géorgie	géorgien, enne	Macao	macanéen, enne
Ghana	ghanéen, enne	Macédoine	macédonien, enne
Grande-Bretagne	britannique	Mâcon	mâconnais, e
Grèce	grec, grecque	Madagascar	malgache
Guadeloupe	guadeloupéen, enne	Madrid	madrilène
Guatemala	guatémaltèque	Maghreb	maghrébin, e
Guinée	guinéen, enne	Malaisie	malais, e
Guyane	guyanais, e	Mali	malien, enne
Haïti	haïtien, enne	Malte	maltais, e
Havane (La)	havanais, e	Mandchourie	mandchou, e
Hawaii	hawaiien, enne	Maroc	marocain, e
Helvétie (Suisse)	helvète ou helvétique	Marseille	marseillais, e
Hesse	hessois, e	Martinique	martiniquais, e
Hollande	hollandais, e	Maurice (île)	mauricien, enne
Honduras	hondurien, enne	Mauritanie	mauritanien, enne
Hongkong	hongkongais, e	Méditerranée	méditerranéen,
Hongrie	hongrois, e ;		enne
	magyar, e	Mélanésie	mélanésien, enne
Illyrie	illyrien, enne	Metz	messin, e
Inde	indien, enne	Mexique	mexicain, e
Indochine	indochinois, e	Micronésie	micronésien, enne
Indonésie	indonésien, enne	Milan	milanais, e
Irak ou Iraq	irakien, enne	Moldavie	moldave
	ou iraqien, enne	Monaco	monégasque
Iran	iranien, enne	Mongolie	mongol, e
Irlande	irlandais, e	Monténégro	monténégrin, e
Islande	islandais, e	Montréal	montréalais, e
Israël	israélien, enne	Moravie	morave
Italie	italien, enne	Morvan	morvandiau
Jamaïque	jamaïquain, e	Moscou	moscovite
	ou jamaïcain, e	Mozambique	mozambicain, e

Munich	munichois, e	Réunion (la)	réunionnais, e
Namibie	namibien, enne	Rio de Janeiro	carioca
Nancy	nancéien, enne	Rome	romain, e
Nantes	nantais, e	Roumanie	roumain, e
Naples	napolitain, e	Roussillon	roussillonnais, e
Nauru (îles)	nauruan, e	Russie	russe
Navarre	navarrais, e	Rwanda	rwandais, e
Népal	népalais, e	Sahara	saharien, enne ;
New York	new-yorkais, e		sahraoui, e
Nicaragua	nicaraguayen, enne	Salvador	salvadorien, enne
		Samoa (îles)	samoan, e
Nice	niçois, e	São Paulo	pauliste
Niger	nigérien, enne	Sardaigne	sarde
Nigeria	nigérian, e	Sarre	sarrois, e
Nivernais	nivernais, e	Scandinavie	scandinave
Normandie	normand, e	Sénégal	sénégalais, e
Norvège	norvégien, enne	Serbie	serbe
Nouvelle-Calédonie	néo-calédonien, enne	Séville	sévillan, e
		Seychelles (les)	seychellois, e
Nouvelles-Hébrides	néo-hébridais, e	Sibérie	sibérien, enne
Nouvelle-Zélande	néo-zélandais, e	Sicile	sicilien, enne
Nubie	nubien, enne	Silésie	silésien, enne
Océanie	océanien, enne	Slovaquie	slovaque
Oman	omanais, e	Slovénie	slovène
Ombrie	ombrien, enne	Sologne	solognot, e
Oran	oranais, e	Somalie	somali, e
Orléans	orléanais, e		ou somalien, enne
Ouganda	ougandais, e	Soudan	soudanais, e
Ouzbékistan	ouzbek		ou soudanien, enne
Pakistan	pakistanais, e	Sri Lanka	srilankais, e
Palestine	palestinien, enne	Strasbourg	strasbourgeois, e
Panamá	panaméen, enne	Suède	suédois, e
	ou panamien, enne	Suisse	suisse
Papouasie-Nlle Guinée	papouan-néoguinéen, enne	Syrie	syrien, enne
		Tadjikistan	tadjik
Paraguay	paraguayen, enne	Tahiti	tahitien, enne
		Taïwan	taïwanais, e
Paris	parisien, enne	Tanzanie	tanzanien, enne
Pays-Bas	néerlandais, e	Tchad	tchadien, enne
Pékin	pékinois, e	Terre-Neuve	terre-neuvien, enne
Périgord	périgourdin, e	Texas	texan, e
Pérou	péruvien, enne	Thaïlande	thaïlandais, e
Philippines	philippin, e	Thessalie	thessalien, enne
Picardie	picard, e	Thrace	thrace
Piémont	piémontais, e	Tibet	tibétain, e
Poitou	poitevin, e	Togo	togolais, e
Pologne	polonais, e	Tokyo	tokyoïte
Polynésie	polynésien, enne	Tonkin	tonkinois, e
Porto Rico	portoricain, e	Toscane	toscan, e
Portugal	portugais, e	Toulouse	toulousain, e
Prague	pragois, e	Transylvanie	transylvanien, enne
	ou praguois, e	Tunis	tunisois, e
Provence	provençal, e, aux	Tunisie	tunisien, enne
Prusse	prussien, enne	Turkménistan	turkmène
Qatar	qatariote	Turquie	turc, turque
Québec	québécois, e	Tyrol	tyrolien, enne
Reims	rémois, e	Ukraine	ukrainien, enne
Rép. centrafricaine	centrafricain, e	Uruguay	uruguayen, enne
Rép. dominicaine	dominicain, e	Valais	valaisan, anne
Rép. tchèque	tchèque	Varsovie	varsovien, enne

Vaud	vaudois, e	Yémen	yéménite
Venezuela	vénézuélien, enne	Yougoslavie	yougoslave
Venise	vénitien, enne	Zaïre	zaïrois, e
Vienne	viennois, e	Zambie	zambien, enne
Viêt Nam	vietnamien, enne	Zimbabwe	zimbabwéen, enne
Wallonie	wallon, onne	Zurich	zurichois, e

PRONONCIATION DU FRANÇAIS

Afin que nos lecteurs étrangers puissent, aussi bien que les
lecteurs français, lire ces prononciations, nous avons suivi le
tableau des sons du français de l'Association phonétique
internationale, en le simplifiant.

consonnes

[p]	*p*	dans *p*as, dé*p*asser, ca*p*
[t]	*t*	dans *t*u, é*t*aler, lu*tt*e
[k]	*c, k, qu*	dans *c*aste, a*cc*ueillir, *k*épi, *qu*e
[b]	*b*	dans *b*eau, a*b*îmer, clu*b*
[d]	*d*	dans *d*ur, bro*d*er, ble*d*
[g]	*g*	dans *g*are, va*g*ue, zig*z*ag
[f]	*f*	dans *f*ou, a*ff*reux, che*f*
[v]	*v*	dans *v*ite, ou*v*rir
[s]	*s*	dans *s*ouffler, cha*ss*e, héla*s* !
[z]	*z* ou *s*	dans *z*one, ga*z*, rai*s*on
[ʃ]	*ch*	dans *ch*eval, mâ*ch*er, Au*ch*
[ʒ]	*j* ou *g*	dans *j*ambe, â*g*é, pa*g*e
[l]	*l*	dans *l*arge, mo*ll*esse, ma*l*
[ʀ]	*r*	dans *r*ude, ma*r*i, ouv*r*i*r*
[m]	*m*	dans *m*aison, a*m*ener, blê*m*e
[n]	*n*	dans *n*ourrir, fa*n*al, dolme*n*
[ɲ]	*gn*	dans a*gn*eau, bai*gn*er
[x]	*j*	espagnol dans *j*ota
[ŋ]	*ng*	anglais dans planni*ng*, ri*ng*

voyelles orales

[i]	*i*	dans *i*l, hab*i*t, dî*n*er
[e]	*é*	dans th*é*, d*é*
[ɛ]	*è*	dans *ê*tre, procè*s*, da*is*
[a]	*a*	dans *a*voir, P*a*ris, p*a*tte
[ɑ]	*a*	dans *â*ne, p*â*te, m*â*t
[ɔ]	*o*	dans *o*r, r*o*be
[o]	*o*	dans d*o*s, chev*aux*
[u]	*ou*	dans *ou*vrir, c*ou*vert, l*ou*p
[y]	*u*	dans *u*ser, t*u*, s*û*r
[œ]	*eu*	dans c*œu*r, p*eu*r, n*eu*f
[ø]	*eu*	dans f*eu*, j*eu*, p*eu*
[ə]	*e*	dans l*e*, prem*ie*r

voyelles nasales

[ɛ̃]	*in*	dans *in*térêt, pa*in*, s*ein*
[œ̃]	*un*	dans al*un*, parf*um*
[ɑ̃]	*an, en*	dans bl*an*c, *en*trer
[ɔ̃]	*on*	dans *on*dée, b*on*, h*on*te

semi-voyelles ou semi-consonnes

[j]	*y*	+ voyelle dans *y*eux, l*i*eu
[ɥ]	*u*	+ voyelle dans h*ui*le, l*u*i
[w]	*ou*	+ voyelle dans *ou*i, L*ou*is

REM. Le *h* initial dit « aspiré » empêche les liaisons. Il est précédé d'un astérisque [*] dans le
dictionnaire.

ABRÉVIATIONS UTILISÉES DANS L'OUVRAGE

abrév.	abréviation	DIALECT.	dialectal
absol.	absolument	DIDACT.	didactique (mot
Acad.	Académie française		employé le plus
adj.	adjectif ;		fréquemment dans
	adjectivement		des situations
adv.	adverbe ; adverbial ;		de communication
	adverbialement		impliquant
AFR.	africanisme		la transmission
all.	allemand		d'un savoir)
alphab.	alphabétique	dimin.	diminutif
altér.	altération	dir.	direct ;
amér.	américain		en construction directe
anc.	ancien ; anciennement	ecclés.	ecclésiastique
anc. fr.	ancien français	ellipt.	elliptique ; elliptiquement
angl.	anglais	empr.	emprunt du ; emprunté à
anglic.	anglicisme	en partic.	en particulier
appos.	apposition	env.	environ
apr.	après	esp.	espagnol
apr. J.-C.	après Jésus-Christ	étym.	étymologie
ar.	arabe	ex.	exemple
ARG.	argot ; argotique	exclam.	exclamation ; exclamatif
art.	article	express.	expression
au fig.	au figuré	f., fém.	féminin
augment.	augmentatif	FAM.	familier ; familièrement
auj.	aujourd'hui	fr.	français
autref.	autrefois	frq.	francique
auxil.	auxiliaire	gaul.	gaulois
av.	avant	génér.	général ; généralement
av. J.-C.	avant Jésus-Christ	germ.	germanique
BELG.	belgicisme	gr.	grec
c.-à-d.	c'est-à-dire	haut.	hauteur
CAN.	canadianisme	hébr.	hébreu
card.	cardinal (adj. num. card.)	HELV.	helvétisme
cath.	catholique	hongr.	hongrois
celt.	celtique	imp.	imparfait (temps)
cf.	confer ; voir aussi,	impér.	impératif (mode)
	se reporter à	impers.	impersonnel (verbe)
chin.	chinois	impropr.	improprement
chrét.	chrétien, ienne	incert.	incertain
class.	classique	ind.	indicatif (mode)
collect.	collectif	indéf.	indéfini
compl.	complément	indir.	indirect ;
cond.	conditionnel		en construction indirecte
conj.	conjonction ; conjonctif	inf.	infinitif
contr.	contraire	infl.	influence
coord.	coordination	interj.	interjection ; interjectif
	(conj. coord.)	interr.	interrogation ;
cour.	courant ; couramment		interrogatif
CRÉOL.	créolisme	intr.	intransitif ;
dan.	danois		intransitivement
d'apr.	d'après	inv.	invariable
déf.	défini	irland.	irlandais
dém.	démonstratif	iron.	ironique ; ironiquement
dér.	dérivé	island.	islandais

it., ital.	italien
jap.	japonais
lat.	latin
LITT.	littéraire (mot que l'on rencontre surtout dans les textes écrits)
loc.	locution
long.	longueur
m., masc.	masculin
max.	maximal
médiév.	médiéval
mod.	moderne
mythol.	mythologique
n.	nom
n°	numéro
néerl.	néerlandais
norvég.	norvégien
notamm.	notamment
n.pr.	nom propre
num.	numéral
obsc.	obscur
onomat.	onomatopée ; onomatopéique
ord.	ordinal (adj. num. ord.)
orig.	origine
par ex.	par exemple
par ext.	par extension
par opp. à	par opposition à
par plais.	par plaisanterie
partic.	particulièrement
pass.	passif ; forme passive
p.-ê.	peut-être
péjor.	péjoratif
pers.	personne ; personnel
pl.	pluriel
poét.	poétique
polon.	polonais
pop.	populaire (lat. pop.)
port.	portugais
poss.	possessif
p. passé	participe passé
p. présent	participe présent
précéd.	précédemment
préf.	préfixe
prép.	préposition ; prépositif
princ.	principal ; principalement
priv.	privatif
probabl.	probablement
pron.	pronom ; pronominal
propr.	proprement
prov.	provençal
qqch	quelque chose
qqn	quelqu'un
rac.	racine

rad.	radical
recomm. off.	recommandation officielle
RÉGION.	régionalisme ; régional
relat.	relatif
rem.	remarque
roum.	roumain
s.	siècle
scand.	scandinave
scientif.	scientifique
scol.	scolaire
scolast.	scolastique
seul.	seulement
signif.	signifiant
sing.	singulier
soc.	social
SOUT.	soutenu
spécial.	spécialement
sub.	subordination (conj. sub.)
subj.	subjonctif (mode)
subst.	substantif ; substantivement
suéd.	suédois
suiv.	suivant
symb.	symbole
syn.	synonyme
T. FAM.	très familier
trans.	transitif ; transitivement
v.	verbe ; vers
V.	voir (se reporter à)
var.	variante
verb.	verbal
v. i.	verbe intransitif
VIEILLI	vieilli (mot qui tend à sortir de l'usage, mais qui reste compris de la plupart des locuteurs natifs.) Voir vx.
v. pr.	verbe pronominal
v. t.	verbe transitif
v. t. ind.	verbe transitif indirect
VULG.	vulgaire
VX	vieux (mot qui n'est généralement plus compris ni employé). Voir VIEILLI.
*	se reporter au terme suivi de l'astérisque (dans les textes) ; placé devant un mot, dans l'étymologie, l'astérisque indique une forme non attestée.
→	se reporter à

Dans la lettre H du dictionnaire, l'*h* aspiré est indiqué par un astérisque à l'initiale.

RUBRIQUES UTILISÉES DANS L'OUVRAGE

ACOUST.	acoustique
ADMIN.	administration
AÉRON.	aéronautique
AGRIC.	agriculture
ALG.	algèbre
ALP.	alpinisme
ANAT.	anatomie
ANTHROP.	anthropologie sociale
ANTHROP. PHYS.	anthropologie physique
ANTIQ.	Antiquité
ANTIQ. GR.	Antiquité grecque
ANTIQ. ROM.	Antiquité romaine
APIC.	apiculture
ARBOR.	arboriculture
ARCHÉOL.	archéologie
ARCHIT.	architecture
ARM.	armement
ART CONTEMP.	art contemporain
ARTS DÉC.	arts décoratifs
ARTS GRAPH.	arts graphiques
ASTROL.	astrologie
ASTRON.	astronomie
ASTRONAUT.	astronautique
AUTOM.	automobile
AVIAT.	aviation
AVIC.	aviculture
BACTÉR.	bactériologie
BANQUE	terme particulier au vocabulaire de la banque
BIOCHIM.	biochimie
BIOL.	biologie
BOT.	botanique
BOUCH.	boucherie
BOURSE	terme particulier au vocabulaire de la Bourse
BOXE	terme particulier au vocabulaire de la boxe
BROD.	broderie
BX-A.	beaux-arts
CATH.	catholicisme
CHASSE	terme particulier au vocabulaire de la chasse
CH. DE F.	chemin de fer
CHIM.	chimie
CHIM. ORG.	chimie organique
CHIR.	chirurgie
CHORÉGR.	chorégraphie
CIN.	cinéma
COMM.	commerce
COMPTAB.	comptabilité
CONSTR.	terme technique de la construction
COUT.	couture
CUIS.	cuisine, art culinaire
CYBERN.	cybernétique
CYTOL.	cytologie
DÉF.	défense
DÉMOGR.	démographie
DR.	droit
DR. ADM.	droit administratif
DR. ANC.	droit ancien
DR. CAN.	droit canon
DR. CIV.	droit civil
DR. COMM.	droit commercial
DR. CONSTIT.	droit constitutionnel
DR. COUTUM.	droit coutumier
DR. FÉOD.	droit féodal
DR. FISC.	droit fiscal
DR. INTERN.	droit international
DR. MAR.	droit maritime
DR. PÉN.	droit pénal
DR. ROM.	droit romain
ÉCOL.	écologie
ÉCON.	économie
ÉLECTR.	électricité
ÉLECTRON.	électronique
EMBRYOL.	embryologie
ENTOMOL.	entomologie
ÉQUIT.	équitation
ESCR.	escrime
ETHNOGR.	ethnographie
ETHNOL.	ethnologie
ÉTHOL.	éthologie
FAUC.	fauconnerie
FÉOD.	féodalité
FIN.	finances
FORTIF.	fortifications
GÉNÉT.	génétique
GÉOGR.	géographie
GÉOL.	géologie
GÉOM.	géométrie
GÉOMORPH.	géomorphologie
GÉOPHYS.	géophysique
GRAMM.	grammaire
GRAV.	gravure
HÉRALD.	héraldique
HIST.	histoire
HISTOL.	histologie
HORTIC.	horticulture
HYDROGR.	hydrographie
HYDROL.	hydrologie
IMPR.	imprimerie
IND.	industrie
INFORM.	informatique

JEUX	terme particulier au vocabulaire des jeux	PHYS. NUCL.	physique nucléaire
		PHYSIOL.	physiologie
LING.	linguistique	POLIT.	politique
LITTÉR.	littéraire (terme particulier au vocabulaire technique de la littérature, de la critique littéraire)	PRÉHIST.	préhistoire
		PRESSE	terme particulier au vocabulaire de la presse
		PROCÉD.	procédure
LOG.	logique	PSYCHAN.	psychanalyse
MAR.	marine	PSYCHIATRIE	terme particulier au vocabulaire de la psychiatrie
MAR. ANC.	marine ancienne		
MATH.	mathématiques		
MÉCAN.	mécanique	PSYCHOL.	psychologie
MÉD.	médecine	PSYCHOPATH.	psychopathologie
MENUIS.	menuiserie	RADIOL.	radiologie
MÉTALL.	métallurgie	RADIOTECHN.	radiotechnique
MÉTÉOR.	météorologie	REL.	reliure
MÉTR.	métrique	RELIG.	religion
MÉTR. ANC.	métrique ancienne	RELIG. CHRÉT.	religion chrétienne
MÉTROL.	métrologie	RHÉT.	rhétorique
MIL.	terme particulier au vocabulaire militaire	SC.	sciences
		SCULPT.	sculpture
MIN.	mines	SERRURERIE	terme particulier au vocabulaire de la serrurerie
MINÉR.	minéralogie		
MONN.	monnaie		
MUS.	musique	SOCIOL.	sociologie
MYTH.	mythologie	SPÉLÉOL.	spéléologie
NEUROL.	neurologie	SPORTS	terme particulier au vocabulaire sportif
NUMISM.	numismatique		
OCÉANOGR.	océanographie	STAT.	statistique
OPT.	optique	SYLV.	sylviculture
ORFÈV.	orfèvrerie	TECHN.	technique
ORNITH.	ornithologie	TECHNOL.	technologie
PALÉOGR.	paléographie	TÉLÉCOMM.	télécommunications
PALÉONT.	paléontologie	TÉLÉV.	télévision
PAPET.	papeterie	TEXT.	textile
PATHOL.	pathologie	THÉÂTRE	théâtre
PÊCHE	terme particulier au vocabulaire de la pêche	THÉOL.	théologie
		TOPOGR.	topographie
PÉDOL.	pédologie	TR. PUBL.	travaux publics
PEINT.	peinture	TURF	terme particulier au vocabulaire hippique
PÉTR.	industrie du pétrole		
PHARM.	pharmacie	VÉN.	vénerie
PHILOS.	philosophie	VERR.	verrerie
PHON.	phonétique	VÉTÉR.	art vétérinaire
PHOT.	photographie	VITIC.	viticulture
PHYS.	physique	ZOOL.	zoologie

a [a] n.m. inv. - **1.** Première lettre (voyelle) de l'alphabet. - **2.** MUS. A, la note *la,* dans le système de notation en usage dans les pays anglo-saxons et germaniques. - **3.** Bombe A, bombe nucléaire de fission. ‖ De A à Z, du début à la fin. ‖ **Prouver par a + b,** démontrer rigoureusement : *Elle m'a prouvé par a + b que j'avais tort.*

à [a] prép. (lat. *ad* "vers") [Cette prép. se combine avec les art. *le, les* en *au, aux*]. - **I.** Indique : - **1.** Le lieu : *Être à la maison. Aller au marché.* - **2.** Le temps : *Arriver à 6 heures. Partir au bon moment.* - **3.** La distribution, la répartition : *Faire du cent à l'heure. Être payé au mois.* - **4.** L'appartenance, la possession : *C'est un ami à moi. Ce livre est à lui.* - **5.** La caractéristique, la destination, etc. : *Un avion à réaction. Une pompe à essence. Une tasse à thé.* - **6.** Le moyen, la manière, etc. : *Pêcher à la ligne. Marcher au pas.* - **II.** Introduit : - **1.** Des compléments d'objet indirects : *Obéir à ses parents. Parler à un ami.* - **2.** Des compléments d'adjectifs : *Être fidèle à sa parole.* - **3.** Certains attributs dans des locutions : *Je vous prends à témoin de ma sincérité.*

a-, préfixe, dit *a* priv., de l'élément gr. *a,* prenant la forme *an-* devant voyelle ou *h* muet et exprimant l'absence, la privation, la négation *(analphabète, aphone, amoral).*

abaissant, e [abɛsɑ̃, -ɑ̃t] adj. Qui abaisse moralement.

abaisse [abɛs] n.f. (de *abaisser*). Morceau de pâte aminci au rouleau servant à foncer un moule, en pâtisserie, en cuisine.

abaisse-langue [abɛslɑ̃ɡ] n.m. (pl. *abaisse-langues* ou inv.). Spatule avec laquelle on appuie sur la langue pour examiner la bouche et la gorge.

abaissement [abɛsmɑ̃] n.m. - **1.** Action d'abaisser : *L'abaissement du pouvoir d'achat* (syn. baisse, diminution). - **2.** SOUT. Fait de s'abaisser, de s'avilir : *Tant d'abaissement m'indigne.*

abaisser [abese] v.t. (de *baisser*). - **1.** Faire descendre ; mettre à un niveau plus bas : *Abaisser une manette.* - **2.** Diminuer l'importance, la valeur de : *Abaisser ses prix* (syn. baisser, diminuer). - **3.** Avilir ; rabaisser : *La douleur abaisse plus qu'elle ne grandit l'homme.* - **4.** Abaisser une perpendiculaire, mener une perpendiculaire d'un point à une droite ou à un plan. ◆ **s'abaisser** v.pr. [à]. Perdre de sa dignité ; se compromettre : *Tu ne vas pas t'abaisser à lui adresser la parole après ce qu'il t'a fait.*

abajoue [abaʒu] n.f. (de *ba[lèvre]* "grosse lèvre" et *joue*). Poche de la joue de certains mammifères (notamm. le hamster, certains singes) servant de réserve à aliments.

abandon [abɑ̃dɔ̃] n.m. (de l'anc. fr. [*mettre*] *a bandon* "[réduire] à la merci de", de *bandon,* mot d'orig. germ.). - **1.** Action d'abandonner, de quitter, de cesser d'occuper : *Abandon de poste* (= désertion). *Abandon d'un projet* (syn. renonciation à). - **2.** Fait de renoncer à poursuivre une compétition. - **3.** Fait de s'abandonner ; laisser-aller ou absence de réserve : *Attitude pleine d'abandon* (syn. nonchalance). - **4.** À l'abandon, laissé sans soin, en désordre : *Laisser sa maison à l'abandon.*

abandonner [abɑ̃dɔne] v.t. - **1.** Se retirer définitivement d'un lieu ; cesser d'occuper : *Abandonner sa maison* (syn. quitter, s'en aller de). - **2.** Renoncer à : *Abandonner ses études* (syn. arrêter). *Abandonner la lutte* (= capituler). - **3.** Laisser volontairement qqch ou qqn sans plus s'en soucier : *Abandonner femme et enfant* (syn. quitter). - **4.** Laisser au pouvoir de qqn : *Abandonner aux autres le soin de décider* *pour soi* (syn. laisser). - **5.** Faire défaut à qqn ; cesser de soutenir : *Ses forces l'ont abandonné* (syn. trahir). *Abandonner un ami dans le besoin* (syn. délaisser). ◆ **s'abandonner** v.pr. [à]. Se laisser aller à : *S'abandonner au désespoir* (syn. se livrer).

abandonnique [abɑ̃dɔnik] adj. et n. PSYCHOL. Qui vit dans la crainte d'être abandonné : *Enfant abandonnique.*

abaque [abak] n.m. (lat. *abacus*, du gr.). - **1.** Diagramme, graphique donnant par simple lecture la solution approchée d'un problème numérique. - **2.** Table qui servait autrefois à calculer ; boulier compteur. - **3.** Tablette plus ou moins saillante qui couronne un chapiteau (syn. tailloir).

abasourdir [abazuʀdiʀ] v.t. (de l'anc. v. arg. *basourdir* "tuer") [conj. 32]. - **1.** Jeter dans la stupéfaction ; dérouter : *Sa réponse m'a abasourdi* (syn. sidérer, stupéfier). - **2.** Étourdir par un grand bruit : *Le bruit des marteaux piqueurs dans la rue m'abasourdit* (syn. assommer, étourdir).

abasourdissant, e [abazuʀdisɑ̃, -ɑ̃t] adj. Qui abasourdit : *Un bruit abasourdissant* (syn. abrutissant). *Une nouvelle abasourdissante* (syn. sidérant).

abâtardir [abataʀdiʀ] v.t. (de *bâtard*) [conj. 32]. - **1.** Faire perdre les qualités de sa race à : *Abâtardir une race d'animaux.* - **2.** Faire perdre ses qualités originelles, sa vigueur : *La servitude abâtardit l'homme* (syn. avilir, rabaisser). ◆ **s'abâtardir** v.pr. Perdre ses qualités originelles : *Doctrine, principe qui s'abâtardit* (syn. dégénérer).

abâtardissement [abataʀdismɑ̃] n.m. État de ce qui est abâtardi : *Abâtardissement d'une race bovine.*

abat-jour [abaʒuʀ] n.m. inv. Dispositif fixé autour d'une lampe et destiné à diriger la lumière tout en protégeant les yeux de l'éblouissement.

abats [aba] n.m. pl. (de *abattre*). Parties comestibles des animaux de boucherie qui ne consistent pas en chair, en muscles, telles que les rognons, le foie, le mou, etc.

abattage [abataʒ] n.m. - **1.** Action d'abattre : *Abattage des arbres.* - **2.** Action de tuer un animal de boucherie. - **3.** Action de détacher le charbon, le minerai d'un gisement. - **4.** Avoir de l'abattage, avoir de l'allant, de l'entrain.

abattant [abatɑ̃] n.m. Partie mobile d'un meuble, qu'on peut lever ou rabattre : *L'abattant d'un secrétaire.*

abattée [abate] n.f. (de *abattre*). Mouvement d'un navire qui change de route.

abattement [abatmɑ̃] n.m. - **1.** Fait d'être abattu ; affaiblissement physique ou moral :

Abattement dû à la maladie (syn. épuisement). *La mort de son fils l'a jetée dans un grand abattement* (syn. accablement, dépression). - **2.** Déduction faite sur une somme à payer : *Consentir un abattement de dix pour cent.*

abattis [abati] n.m. Coupe faite dans un bois. ◆ pl. - **1.** Abats de volaille. - **2.** FAM. Numéroter ses abattis, s'assurer qu'on est indemne après une lutte.

abattoir [abatwaʀ] n.m. Établissement où l'on abat et où l'on prépare les animaux de boucherie.

abattre [abatʀ] v.t. (bas lat. *°abbattuere*) [conj. 83]. - **1.** Faire tomber : *Abattre un arbre* (syn. couper). *Abattre un mur* (syn. démolir). - **2.** Tuer un animal. - **3.** Ôter ses forces physiques ou morales à : *La fièvre l'a abattu* (syn. épuiser). *Se laisser abattre par un échec* (syn. décourager, démoraliser). - **4.** Abattre de la besogne, du travail, exécuter rapidement, efficacement, des tâches nombreuses. ‖ Abattre qqn, tuer qqn avec une arme à feu. ‖ Abattre ses cartes, son jeu, déposer ses cartes en les montrant, étaler son jeu ; au fig., dévoiler son plan à l'adversaire. ◆ v.i. MAR. Exécuter une abattée. ◆ **s'abattre** v.pr. Tomber ; se laisser tomber : *La grêle s'est abattue sur la région.* *L'aigle s'abat sur sa proie.*

abattu, e [abaty] adj. Découragé ; prostré : *Depuis cet accident, il est très abattu* (syn. déprimé).

abbatial, e, aux [abatsjal, -o] adj. (lat. ecclés. *abbatialis*, de *abbas* ; v. *abbé*). - **1.** De l'abbaye. - **2.** De l'abbé ou de l'abbesse. ◆ **abbatiale** n.f. Église d'une abbaye.

abbaye [abei] n.f. (lat. ecclés. *abbatia*, de *abbas* ; v. *abbé*). - **1.** Couvent, gouverné par un abbé, une abbesse, et comportant au moins douze moines ou moniales. - **2.** Ensemble des bâtiments abritant ces moines ou moniales.

abbé [abe] n.m. (lat. ecclés. *abbas*, de l'araméen *abba* "père"). - **1.** Supérieur d'une abbaye. - **2.** Prêtre séculier.

abbesse [abɛs] n.f. Supérieure d'une abbaye.

abc [abese] n.m. inv. Base d'un art, d'une science : *L'abc du métier* (syn. b.a.-ba, rudiments).

abcès [apsɛ] n.m. (lat. *abcessus* "corruption"). - **1.** Amas de pus dans une partie du corps. - **2.** Crever, vider l'abcès, dénouer avec énergie une situation confuse et malsaine. - **3.** Abcès de fixation. Ce qui permet de circonscrire un phénomène néfaste ou dangereux, de limiter son extension.

abdication [abdikasjɔ̃] n.f. Action d'abdiquer.

abdiquer [abdike] v.t. (lat. *abdicare*). Renoncer à une fonction, un pouvoir, en partic., renoncer à l'autorité souveraine : *Abdiquer la couronne.* ◆ v.i. - **1.** Renoncer au pouvoir : *Le roi a abdiqué.* - **2.** Renoncer à agir ; abandonner : *Abdiquer devant les difficultés* (syn. capituler).

abdomen [abdɔmɛn] n.m. (mot lat.). - **1.** Région inférieure du tronc de l'homme et des mammifères, séparée du thorax par le diaphragme et limitée en bas par le bassin (syn. usuel ventre). - **2.** Partie postérieure du corps des arthropodes : *L'abdomen de la guêpe contient le dard.*

abdominal, e, aux [abdɔminal, -o] adj. De l'abdomen : *Douleurs abdominales.* ◆ **abdominaux** n.m. pl. - **1.** Muscles constituant les parois antérieures et latérales de l'abdomen. - **2.** Exercices de gymnastique destinés à renforcer ces muscles : *Faire des abdominaux.*

abducteur [abdyktœʀ] adj.m. et n.m. (du lat. *abducere* "emmener"). - **1.** ANAT. Qui produit l'abduction, en parlant d'un muscle (par opp. à *adducteur*). - **2.** CHIM. Tube abducteur, qui recueille les gaz dans une réaction chimique.

abduction [abdyksjɔ̃] n.f. (lat. *abductio* "action d'emmener"). PHYSIOL. Mouvement qui écarte un membre du plan médian du corps.

abécédaire [abesedɛʀ] n.m. (bas lat. *abecedarius*, de *ABCD*). Livre illustré qui servait pour l'apprentissage de l'alphabet, de la lecture.

abeille [abɛj] n.f. (prov. *abelha*, lat. *apicula*, dimin. de *apis*). Insecte social vivant dans une ruche et produisant le miel et la cire : *Essaim d'abeilles.* ◻ Ordre des hyménoptères.

abélien, enne [abeljɛ̃, -ɛn] adj. (du n. du mathématicien *Abel*). MATH. Groupe abélien, groupe dont la loi de composition est commutative.

aber [abɛʀ] n.m. (mot celt. "estuaire"). En Bretagne, basse vallée d'un cours d'eau envahie par la mer, formant un estuaire profond et découpé (syn. ria).

aberrance [abeʀɑ̃s] n.f. STAT. Caractère d'une grandeur qui s'écarte notablement de la valeur moyenne.

aberrant, e [abeʀɑ̃, -ɑ̃t] adj. (du lat. *aberrare* "s'écarter"). Qui s'écarte du bon sens, des règles, des normes : *Une idée aberrante* (syn. absurde, insensé).

aberration [abeʀasjɔ̃] n.f. (lat. *aberratio* "action de s'écarter"). - **1.** Erreur de jugement ; idée absurde : *C'est une aberration de prendre la route par ce temps* (syn. folie, absurdité). - **2.** OPT. Défaut de l'image donnée par un système optique due à la constitution même de ce système. - **3.** GÉNÉT. Aberration chromosomique, anomalie de nombre ou

de structure touchant un ou plusieurs chromosomes, cause de diverses maladies génétiques. ◻ L'aberration chromosomique la plus fréquente est une aberration de nombre touchant la 21ᵉ paire : c'est la trisomie 21, ou mongolisme.

abêtir [abetiʀ] v.t. [conj. 32]. Rendre bête, stupide : *Émission télévisée qui finit par abêtir le public* (syn. abrutir). ◆ **s'abêtir** v.pr. Devenir stupide.

abêtissant, e [abetisɑ̃, -ɑ̃t] adj. Qui abêtit : *Distraction abêtissante* (syn. abrutissant).

abêtissement [abetismɑ̃] n.m. Action d'abêtir ; fait d'être abêti.

abhorrer [abɔʀe] v.t. (lat. *abhorrere*). LITT. Avoir en horreur : *Abhorrer toute forme de violence* (syn. exécrer).

abîme [abim] n.m. (lat. ecclés. *abyssus,* altéré en *abismus,* gr. *abussos* "sans fond"). - **1.** Gouffre très profond. - **2.** SOUT. Ce qui divise, sépare profondément : *Abîme entre les générations.* - **3.** Symbole, image du désastre : *Être au fond de l'abîme après un revers de fortune* (syn. gouffre).

abîmé, e [abime] adj. Endommagé ; détérioré : *Objets abîmés vendus en solde.*

abîmer [abime] v.t. (de *abîme*). Mettre en mauvais état : *L'humidité a abîmé le papier peint* (syn. détériorer, endommager). ◆ **s'abîmer** v.pr. - **1.** Se détériorer, se gâter : *Un tissu fragile qui s'abîme facilement. Ces fruits vont s'abîmer* (syn. pourrir). - **2.** LITT. Se perdre ; sombrer : *Le navire s'abîma dans la mer* (syn. s'engloutir). *S'abîmer dans des méditations sans fin* (syn. se plonger).

abject, e [abʒɛkt] adj. (lat. *abjectus* "rejeté"). Qui suscite le mépris par sa bassesse : *Avoir une conduite abjecte* (syn. ignoble, infâme). *Un être abject* (syn. répugnant).

abjection [abʒɛksjɔ̃] n.f. (lat. *abjectio* "rejet"). Abaissement moral qui entraîne le mépris de l'autre : *Individu dont l'abjection fait horreur* (syn. ignominie, infamie).

abjuration [abʒyʀasjɔ̃] n.f. Action d'abjurer.

abjurer [abʒyʀe] v.t. (lat. *abjurare* "nier par serment"). Renoncer solennellement à une religion, une opinion : *Abjurer sa foi* (syn. renier).

ablatif [ablatif] n.m. (lat. *ablativus,* de *ablatus* "emporté au loin"). GRAMM. Cas exprimant la séparation, l'éloignement, l'origine dans les langues à déclinaison.

ablation [ablasjɔ̃] n.f. (bas lat. *ablatio* "enlèvement"). CHIR. Action d'enlever totalement ou partiellement un organe, une tumeur (syn. exérèse).

ablette [ablɛt] n.f. (dimin. de *able,* lat. *albula,* de *albulus* "blanchâtre"). Poisson d'eau douce, à dos vert métallique et à ventre argenté, abondant dans les lacs alpins. □ Famille des cyprinidés ; long. 15 cm.

ablution [ablysjɔ̃] n.f. (lat. *ablutio*, de *abluere* "laver"). - **1.** Toilette purificatrice rituelle prescrite par de nombreuses religions. - **2.** Rite de purification du calice, dans la messe catholique. - **3.** LITT. OU PAR PLAIS. (Génér. au pl.). Action de faire sa toilette : *Ablutions matinales.*

abnégation [abnegasjɔ̃] n.f. (lat. ecclés. *abnegatio* "refus", puis "renoncement"). Sacrifice de soi : *Faire preuve d'abnégation* (syn. renoncement).

aboi [abwa] n.m. (de *aboyer*). VÉN. Cri du chien courant devant l'animal arrêté. ◆ **abois** n.m. pl. Être aux abois, être dans une situation désespérée. ‖ VÉN. Bête aux abois, bête réduite à faire face aux chiens qui aboient.

aboiement [abwamɑ̃] n.m. Cri du chien.

abolir [abɔliʀ] v.t. (lat. *abolere* "détruire") [conj. 32]. Annuler ; supprimer : *Abolir un décret* (syn. abroger).

abolition [abɔlisjɔ̃] n.f. Annulation ; abrogation : *Abolition de la peine de mort* (syn. suppression).

abolitionnisme [abɔlisjɔnism] n.m. Doctrine tendant à l'abolition d'une loi, d'un usage, notamm. de l'esclavage, de la peine de mort. ◆ **abolitionniste** adj. et n. De l'abolitionnisme ; partisan de l'abolition d'une loi, d'un usage : *Campagne abolitionniste.*

abominable [abɔminabl] adj. (lat. ecclés. *abominabilis* ; v. *abominer*). - **1.** Qui provoque l'aversion, l'horreur : *Un crime abominable* (syn. atroce, monstrueux). - **2.** Très mauvais : *Quel temps abominable !* (syn. détestable, exécrable).

abominablement [abɔminabləmɑ̃] adv. - **1.** De façon abominable : *Chanter abominablement* (= très mal). - **2.** Très ; extrêmement : *Coûter abominablement cher.*

abomination [abɔminasjɔ̃] n.f. (lat. ecclés. *abominatio* ; v. *abominer*). - **1.** Irrésistible dégoût, horreur qu'inspire qqch, qqn : *Avoir qqch en abomination* (= détester). - **2.** Ce qui inspire le dégoût, l'horreur : *Ce crime est une abomination !*

abominer [abɔmine] v.t. (lat. *abominari* "repousser comme un mauvais présage", de *omen* "présage"). LITT. Avoir en horreur : *Abominer l'hypocrisie* (syn. abhorrer).

abondamment [abɔ̃damɑ̃] adv. De manière abondante : *Un buffet abondamment garni* (syn. copieusement).

abondance [abɔ̃dɑ̃s] n.f. (lat. *abundantia* ; v. *abonder*). - **1.** Grande quantité : *Il y a une*

abondance des légumes sur le marché (syn. profusion ; contr. pénurie). - **2.** Ressources considérables, supérieures au nécessaire : *Vivre dans l'abondance* (syn. richesse, opulence). - **3.** Corne d'abondance, corne débordant de fleurs et de fruits, emblème de l'abondance. ‖ **En abondance**, en grande quantité : *Trouver des erreurs en abondance dans une copie.*

abondant, e [abɔ̃dɑ̃, -ɑ̃t] adj. Qui abonde ; qui existe en grande quantité : *Pluie, récolte abondante.*

abonder [abɔ̃de] v.i. (lat. *abundare* "affluer", de *unda* "flot"). - **1.** Exister en grande quantité : *Le gibier abonde ici* (syn. pulluler). *Les métaphores abondent dans ses écrits* (syn. foisonner). - **2.** Abonder dans le sens de qqn, approuver pleinement les paroles de qqn. ‖ Abonder en, posséder en grande quantité ; regorger de.

abonné, e [abɔne] adj. et n. - **1.** Titulaire d'un abonnement : *Une mesure concernant tous les abonnés du téléphone.* - **2.** FAM. Coutumier de qqch : *Conducteur abonné aux contraventions.*

abonnement [abɔnmɑ̃] n.m. Convention ou marché, souvent à forfait, pour la fourniture régulière d'un produit ou l'usage habituel d'un service : *Prendre un abonnement à un journal. Carte d'abonnement de train.*

abonner [abɔne] v.t. (anc. fr. *aboner*, de *bonne* "borne"). Prendre un abonnement pour qqn : *Abonner un ami à une revue.* ◆ **s'abonner** v.pr. Souscrire un abonnement pour soi-même : *S'abonner à une revue.*

abord [abɔʀ] n.m. (de *aborder*). - **1.** Manière d'être de qqn vis-à-vis de celui qu'il accueille : *Être d'un abord facile* (syn. contact). - **2.** Manière dont le contenu d'un ouvrage, d'une œuvre est appréhendé, perçu par celui qui l'aborde : *Roman d'un abord difficile* (syn. accès). - **3.** Au premier abord ou LITT. de prime abord, à première vue, sur le coup : *Au premier abord, elle m'a semblé sympathique.* ‖ D'abord, tout d'abord, avant tout, pour commencer : *Il s'est d'abord énervé, puis il s'est calmé* (= en premier lieu). ◆ **abords** n.m. pl. Alentours, accès immédiats d'un lieu : *Encombrements aux abords de Paris* (syn. environs).

abordable [abɔʀdabl] adj. - **1.** Où l'on peut aborder : *Rivage difficilement abordable* (syn. accessible). - **2.** Qui est d'un abord, d'un accès facile : *Un texte tout à fait abordable.* - **3.** Que l'on peut payer ; dont le prix n'est pas trop élevé : *Cette jupe est vendue à un prix abordable* (syn. raisonnable). *Les fruits sont abordables en cette saison* (contr. cher).

abordage [abɔʀdaʒ] n.m. - **1.** Assaut donné à un navire ennemi : *Monter à l'abordage.*

- **2.** Collision accidentelle entre deux navires : *Les risques d'abordage sont importants par temps de brouillard*. - **3.** Action d'atteindre un rivage, d'aborder : *L'abordage est difficile au milieu des rochers.*

aborder [abɔʀde] v.i. (de *bord*). Arriver au rivage ; atteindre la terre : *Aborder sur la côte bretonne.* ◆ v.t. - **1.** S'approcher de qqn et lui parler : *Un étranger m'a abordé pour me demander son chemin* (syn. accoster). - **2.** Arriver à un lieu, un passage que l'on doit emprunter : *Les coureurs abordent la ligne droite.* - **3.** Commencer à entreprendre, à traiter, à étudier : *Aborder une profession avec enthousiasme.* - **4.** Venir bord contre bord avec un autre navire pour l'attaquer ou en le heurtant accidentellement.

aborigène [abɔʀiʒɛn] adj. et n. (lat. *aborigenes*, de *origo*, *-inis* "origine"). Qui habite depuis les origines le pays où il vit : *Les aborigènes d'Australie* (syn. autochtone, indigène). ◆ adj. Originaire du pays où il se trouve : *Plante aborigène.*

abortif, ive [abɔʀtif, -iv] adj. (lat. *abortivus*). - **1.** Destiné à provoquer l'avortement : *Manœuvres abortives. Pilule abortive.* - **2.** MÉD. Qui s'arrête avant le terme normal de son évolution : *Éruption abortive.* ◆ **abortif** n.m. Substance qui provoque l'avortement.

abouchement [abuʃmɑ̃] n.m. Action d'aboucher : *L'abouchement de deux tuyaux, deux vaisseaux sanguins.*

aboucher [abuʃe] v.t. (de *bouche*). - **1.** Appliquer l'un contre l'autre des conduits par leurs ouvertures : *Aboucher deux tuyaux* (syn. abouter). - **2.** Mettre en rapport des personnes : *Aboucher deux personnes* (syn. rapprocher). ◆ **s'aboucher** v.pr. [avec] Se mettre en rapport avec (péjor.) : *S'aboucher avec un personnage peu recommandable* (syn. s'acoquiner).

aboulie [abuli] n.f. (gr. *aboulia* "irréflexion"). Incapacité pathologique à agir, à prendre une décision.

aboulique [abulik] adj. et n. Atteint d'aboulie.

abouter [abute] v.t. (de *bout*). Joindre par les bouts : *Abouter deux tuyaux* (syn. aboucher).

abouti, e [abuti] adj. Qui a été mené à bien : *Un projet abouti.*

aboutir [abutiʀ] v.t. ind. [à] (de *bout*) [conj. 32]. - **1.** Toucher par une extrémité à : *Ce sentier aboutit au village* (syn. finir à. mener à). - **2.** Avoir pour résultat, pour conséquence : *Sa démarche a abouti à un échec* (syn. s'achever par, conduire à). ◆ v.i. Avoir une issue favorable : *Les pourparlers ont abouti* (syn. réussir ; contr. échouer).

aboutissant [abutisɑ̃] n.m. (de *aboutir*). Les tenants et les aboutissants → **tenant.**

aboutissement [abutismɑ̃] n.m. Fait d'aboutir, de terminer : *Ce travail est l'aboutissement de dix années de recherche* (syn. résultat).

aboyer [abwaje] v.i. (du rad. onomat. *bai/bau*, exprimant l'aboiement) [conj. 13]. - **1.** Émettre des aboiements, en parlant du chien. - **2.** FAM. Crier, hurler, en parlant de qqn : *Inutile d'aboyer comme ça, j'ai compris !* ◆ v.t. ind. [à, après, contre]. Invectiver : *Aboyer après qqn, qqch.*

abracadabrant, e [abʀakadabʀɑ̃, -ɑ̃t] adj. (de *abracadabra*, mot d'orig. obsc., qui était considéré comme magique). Qui provoque l'étonnement par son étrangeté ou son incohérence : *Une idée abracadabrante* (syn. bizarre, extravagant). *Une histoire abracadabrante* (syn. invraisemblable).

abraser [abʀaze] v.t. (du lat. *abradere* "enlever en grattant"). TECHN. User par frottement : *Abraser un rail pour rectifier son profil.*

abrasif, ive [abʀazif, -iv] adj. Se dit d'une substance susceptible d'abraser, de polir par frottement : *Poudre abrasive.* ◆ **abrasif** n.m. Substance minérale capable d'arracher par frottement des particules d'un matériau.

abrasion [abʀazjɔ̃] n.f. Action, fait d'abraser ; usure par frottement contre un corps dur.

abrégé [abʀeʒe] n.m. - **1.** Forme réduite d'un texte plus long : *Ces pages ne sont qu'un abrégé de son discours* (syn. résumé). - **2.** Ouvrage contenant le résumé d'une science, d'une technique, etc. : *Un abrégé d'histoire* (syn. précis). - **3.** En abrégé, en peu de mots ; en employant des abréviations : *Voilà, en abrégé, ce qui s'est passé* (= brièvement, sommairement). *Écrire en abrégé.*

abrègement [abʀɛʒmɑ̃] n.m. Action d'abréger ; fait d'être abrégé : *L'abrègement des vacances scolaires* (syn. raccourcissement ; contr. allongement).

abréger [abʀeʒe] v.t. (bas lat. *abbreviare*, de *brevis* "bref") [conj. 22]. - **1.** Diminuer la durée de : *Le mauvais temps a abrégé notre séjour à la montagne* (syn. écourter). - **2.** Diminuer la longueur d'un texte, etc. : *Abréger un récit trop long* (syn. raccourcir ; contr. développer). *Version abrégée d'un film* (contr. intégral). - **3.** Raccourcir un mot par suppression d'une partie des lettres ou des syllabes.

abreuver [abʀœve] v.t. (lat. pop. *abbiberare*, du class. *bibere* "boire"). - **1.** Faire boire un animal domestique. - **2.** Mouiller abondamment : *Terre, sols abreuvés d'eau* (syn. imbiber, imprégner). - **3.** SOUT. Abreuver de, donner en très grande quantité : *Ses adversaires l'ont abreuvé d'injures.* ◆ **s'abreuver** v.pr. - **1.** Boire, en parlant d'un animal. - **2.** FAM. Boire, en parlant d'une personne.

abreuvoir [abʀœvwaʀ] n.m. (de *abreuver*). Lieu, installation (auge, etc.) où boivent les animaux d'élevage.

abréviatif, ive [abʀevjatif, -iv] adj. Qui sert à noter par abréviation : *Signes abréviatifs.*

abréviation [abʀevjasjɔ̃] n.f. (bas lat. *abbreviatio*). Réduction graphique d'un mot ou d'une suite de mots ; mot ou suite de lettres qui en résulte : *« Prép. » est l'abréviation de préposition.*

abri [abʀi] n.m. (de l'anc. fr. *abrier,* lat. *apricari* "s'exposer au soleil"). - **1.** Lieu où l'on peut se mettre à couvert des intempéries, du soleil, du danger, etc. ; installation construite à cet effet : *Gagner un abri en montagne* (syn. refuge). *Un abri d'autobus.* - **2.** À l'abri (de), à couvert (de) ; protégé d'un risque, d'un danger ; en sûreté : *Rester à l'abri du soleil. Être à l'abri du besoin* (= avoir de quoi vivre). *Personne n'est à l'abri d'une erreur. Mettre ses économies à l'abri* (= en lieu sûr).

Abribus [abʀibys] n.m. (nom déposé). Édicule destiné à servir d'abri aux voyageurs à un point d'arrêt d'autobus, comportant génér. des panneaux publicitaires et, souvent, un téléphone public.

abricot [abʀiko] n.m. (esp. *albaricoque,* ar. *albarquq*). Fruit comestible de l'abricotier, à noyau lisse, à peau et chair jaunes. ◆ adj. inv. D'une couleur tirant sur le jaune-orangé.

abricotier [abʀikɔtje] n.m. Arbre à fleurs blanches ou roses, cultivé pour ses fruits, les abricots. □ Famille des rosacées.

abrité, e [abʀite] adj. Qui est à l'abri du vent : *Une vallée bien abritée* (contr. exposé).

abriter [abʀite] v.t. (de *abri*). - **1.** Protéger du soleil, des intempéries, d'un danger : *Abriter un passant de la pluie.* - **2.** Recevoir des occupants, en parlant d'un local : *Cet immeuble abrite une dizaine de familles* (syn. héberger, loger). ◆ **s'abriter** v.pr. Se mettre à l'abri : *Nous nous sommes abrités de l'averse sous un porche* (syn. se protéger).

abrogatif, ive [abʀɔɡatif, -iv] et **abrogatoire** [abʀɔɡatwaʀ] adj. DR. Qui abroge : *Clause abrogatoire.*

abrogation [abʀɔɡasjɔ̃] n.f. DR. Action d'abroger une loi, un décret : *Voter l'abrogation d'une loi* (syn. annulation).

abrogatoire adj. → **abrogatif.**

abroger [abʀɔʒe] v.t. (lat. *abrogare* "supprimer") [conj. 17]. DR. Annuler une loi, un décret, etc. : *Abroger certaines dispositions d'une loi* (syn. abolir, supprimer).

abrupt, e [abʀypt] adj. (lat. *abruptus* "escarpé"). - **1.** Dont la pente est raide : *Un sentier abrupt* (syn. escarpé). - **2.** Rude et entier, en parlant de qqn, de son comportement : *Elle a une manière abrupte de recevoir les gens* (syn. brusque, brutal). ◆ **abrupt** n.m. Pente très raide, à-pic.

abruptement [abʀyptəmɑ̃] adv. De façon abrupte : *Quitter quelqu'un abruptement* (syn. brusquement, subitement).

abruti, e [abʀyti] adj. et n. Qui est complètement stupide (terme d'injure) : *Espèce d'abruti !* (syn. idiot).

abrutir [abʀytiʀ] v.t. (de *brute*) [conj. 32]. Mettre dans un état de torpeur ou d'accablement : *La chaleur nous a abrutis* (syn. hébéter). ◆ **s'abrutir** v.pr. Devenir stupide : *À regarder tout le temps la télévision, tu vas finir par t'abrutir.*

abrutissant, e [abʀytisɑ̃, -ɑ̃t] adj. Qui abrutit : *Un travail abrutissant.*

abrutissement [abʀytismɑ̃] n.m. Action d'abrutir ; fait d'être abruti : *Après tant d'heures de travail, il était dans un état d'abrutissement total.*

ABS, sigle, de l'all. *Antiblockiersystem,* désignant un système qui évite le blocage des roues d'un véhicule en cours de freinage. **Rem.** Ce mot est fréquemment utilisé, de façon redondante, en appos. dans l'expression *système ABS.*

abscisse [apsis] n.f. (du lat. *abscissa* [*linea*] "[ligne] coupée"). - **1.** MATH. Nombre associé à la position d'un point, sur une droite graduée et orientée. - **2.** Première coordonnée cartésienne d'un point, par opp. à *ordonnée* (la deuxième, dans le plan), à *cote* (la troisième, dans l'espace) : *Axe horizontal des abscisses.*

abscons, e [apskɔ̃s] adj. (lat. *absconsus* "caché"). LITT. Difficile à comprendre : *Langage, raisonnement abscons* (syn. abstrus, inintelligible ; contr. clair).

absence [apsɑ̃s] n.f. - **1.** Fait de n'être pas présent : *Signaler l'absence d'un élève.* - **2.** Inexistence, manque de qqch : *Son absence de goût est totale* (syn. manque). - **3.** Moment d'inattention ; brève perte de mémoire ou de conscience : *Depuis son accident, elle a souvent des absences.*

absent, e [apsɑ̃, -ɑ̃t] adj. et n. (lat. *absens, -entis* "qui n'est pas là"). - **1.** Qui n'est pas présent : *Le directeur est absent pour la journée. Elle est absente de Paris.* - **2.** Qui fait défaut, qui manque : *L'exactitude est regrettablement absente de cette monographie.* ◆ adj. LITT. Distrait : *Avoir l'air absent.*

absentéisme [apsɑ̃teism] n.m. (angl. *absenteeism,* de *to absent* "s'absenter"). Fait d'être fréquemment absent du lieu de travail, de l'école : *L'absentéisme à l'école le samedi matin* (contr. assiduité).

absentéiste [apsɑ̃teist] adj. et n. Qui est fréquemment absent ; qui pratique l'absentéisme.

s'absenter [apsɑ̃te] v.pr. **[de]** (*lat. absentare* "rendre absent"). S'éloigner momentanément, sortir d'un lieu : *Il s'est absenté de la réunion* (syn. quitter). *Demander la permission de s'absenter* (syn. sortir).

abside [apsid] n.f. (bas lat. *absidia*). Extrémité, en demi-cercle ou polygonale, du chœur d'une église.

absinthe [apsɛ̃t] n.f. (lat. *absinthium*, du gr.). **- 1.** Plante aromatique des lieux incultes, contenant une essence amère et toxique. □ Famille des composées ; genre artemisia ; haut. 50 cm env. **- 2.** Liqueur alcoolique aromatisée avec cette plante. □ La fabrication de cette liqueur est interdite par la loi, en France.

absolu, e [apsɔly] adj. (lat. *absolutus* "achevé"). **- 1.** Total ; sans réserves : *J'ai en lui une confiance absolue* (syn. entier, plein). **- 2.** Sans nuances ni concessions : *Ordre absolu* (syn. formel, impérieux). *Caractère absolu* (syn. intransigeant). **- 3.** Qui tient de soi-même sa propre justification ; sans limitation : *Pouvoir absolu*. **- 4.** MATH. Valeur absolue d'un nombre réel *a*, valeur positive correspondant à ce nombre, indépendamment de son signe (notée |*a*| elle s'identifie à *a* si ce nombre est positif, à son opposé s'il est négatif). ◆ **absolu** n.m. **- 1.** Ce qui existe indépendamment de toute condition (par opp. à *relatif*). **- 2.** Ce qui atteint un haut degré d'achèvement : *Soif d'absolu* (syn. perfection). **- 3.** Dans l'absolu, sans tenir compte des contingences : *Dans l'absolu tu as raison, mais tu dois tenir compte des circonstances* (= en théorie).

absolument [apsɔlymɑ̃] adv. **- 1.** Complètement : *C'est absolument faux* (syn. entièrement, totalement). **- 2.** Sans restriction ni réserve : *Je dois absolument partir* (= à tout prix). **- 3.** LING. Verbe transitif employé absolument, verbe transitif employé sans complément.

absolution [apsɔlysjɔ̃] n.f. (lat. *absolutio*, de *absolvere* ; v. *absoudre*). **- 1.** CATH. Pardon, rémission des péchés, accordés par un prêtre : *Donner l'absolution*. **- 2.** DR. Action d'absoudre juridiquement l'auteur d'une infraction : *L'absolution n'est pas un acquittement.*

absolutisme [apsɔlytism] n.m. Régime politique dans lequel tous les pouvoirs sont sous l'autorité du seul chef de l'État (syn. autocratie). ◆ **absolutiste** adj. et n. Relatif à l'absolutisme ; qui en est partisan.

absorbant, e [apsɔrbɑ̃, -ɑ̃t] adj. **- 1.** Qui absorbe les liquides : *Tissu absorbant*. **- 2.** Qui occupe l'esprit, le temps disponible : *Travail absorbant* (syn. prenant).

absorber [apsɔrbe] v.t. (lat. *absorbere* "avaler"). **- 1.** Faire pénétrer ou laisser pénétrer par imprégnation : *L'éponge absorbe l'eau* (syn. s'imbiber de). **- 2.** Consommer, se nourrir de ; ingérer : *Absorber une grande quantité de chocolat* (syn. manger). **- 3.** Faire disparaître en neutralisant ou en utilisant : *Une entreprise qui en absorbe une autre* (syn. intégrer). *L'achat de cet appartement a absorbé toutes leurs économies* (syn. engloutir). **- 4.** Occuper tout le temps de qqn : *La musique l'absorbe complètement* (syn. accaparer). ◆ **s'absorber** v.pr. **[dans]**. Être occupé entièrement par : *S'absorber dans la lecture d'un roman.*

absorption [apsɔrpsjɔ̃] n.f. **- 1.** Action d'absorber : *L'absorption d'une dose massive de somnifère.* **- 2.** PHYS. Phénomène par lequel une partie de l'énergie de rayonnements électromagnétiques ou corpusculaires est dissipée dans un milieu matériel. **- 3.** ÉCON. Disparition d'une société par apport de son actif et de son passif à une autre société. **- 4.** Absorption intestinale, passage des substances nutritives de l'intestin dans le sang.

absoudre [apsudʀ] v.t. (lat. *absolvere* "acquitter") [conj. 87]. **- 1.** DR. Exempter de peine l'auteur d'une infraction : *La prescription permet d'absoudre un coupable.* **- 2.** RELIG. CHRÉT. Pardonner ses péchés à un pénitent.

absoute [apsut] n.f. (de *absoudre*). CATH. Prières dites autour du cercueil, après l'office des morts : *Donner l'absoute.*

s'abstenir [apstənir] v.pr. **[de]** (lat. *abstinere*, refait d'apr. *tenir*) [conj. 40]. **- 1.** Renoncer à ; s'interdire de : *S'abstenir de parler* (syn. se garder de). **- 2.** Se priver volontairement de : *S'abstenir d'alcool*. **- 3.** (Absol.). Renoncer à agir : *Dans le doute, abstiens-toi.* **- 4.** (Absol.). Ne pas prendre part à un vote.

abstention [apstɑ̃sjɔ̃] n.f. (lat. *abstentio* "action de retenir"). **- 1.** Action de s'abstenir de faire qqch. **- 2.** Fait de ne pas participer à un vote : *Taux d'abstention aux régionales.*

abstentionnisme [apstɑ̃sjɔnism] n.m. Non-participation délibérée à un vote. ◆ **abstentionniste** n. et adj. Partisan de l'abstention à une élection.

abstinence [apstinɑ̃s] n.f. (lat. *abstinentia* "action de s'abstenir"). Action de s'interdire certains aliments, certains plaisirs, soit pour obéir aux prescriptions de l'Église, soit par un choix personnel.

abstinent, e [apstinɑ̃, -ɑ̃t] adj. et n. Qui pratique l'abstinence, notamm. en ce qui concerne l'alcool.

abstraction [apstʀaksjɔ̃] n.f. (bas lat. *abstractio*). **- 1.** Opération intellectuelle qui consiste à isoler par la pensée l'un des caractères d'un objet, et à le considérer indépendamment des autres caractères de cet objet : *À quel âge un enfant est-il capable d'abstraction ?*

-2. Idée découlant de cette opération : *Le concept de bonté est une abstraction.* **-3.** Être ou chose imaginaire, sans rapport avec la réalité : *Pour eux, la guerre n'est qu'une abstraction* (= vue de l'esprit). **-4.** Art abstrait : *Les divers courants de l'abstraction.* **-5.** Faire abstraction de qqch, ne pas en tenir compte : *Faire abstraction de ses préférences personnelles.*

abstraire [apstrɛr] v.t. (lat. *abstrahere* "tirer de") [conj. 112]. Opérer une abstraction ; isoler par la pensée l'un des caractères de qqch : *Abstraire d'une expérience la notion d'injustice.* ◆ **s'abstraire** v.pr. **-1.** S'isoler mentalement pour réfléchir : *Impossible de s'abstraire dans un tel vacarme.* **-2.** S'abstraire de qqch, laisser momentanément de côté qqch de préoccupant : *S'abstraire de ses soucis quotidiens.*

abstrait, e [apstrɛ, -ɛt] adj. **-1.** Qui résulte d'une abstraction ; qui procède de l'abstraction : *La bonté et la haine sont des idées abstraites. Blancheur et politesse sont des noms abstraits* (contr. concret). **-2.** Privé de références à des éléments matériels ; difficile à comprendre parce que trop éloigné du réel (souvent péjor.) : *Votre raisonnement est vraiment abstrait* (syn. hermétique). **-3.** Se dit d'un courant artistique qui rejette la représentation de la réalité tangible : *Peinture abstraite* (contr. figuratif).

abstraitement [apstrɛtmɑ̃] adv. De façon abstraite : *Raisonner abstraitement* (contr. concrètement).

abstrus, e [apstry, -yz] adj. (lat. *abstrusus* "caché"). LITT. Difficile à comprendre : *Sonnet abstrus* (syn. obscur).

absurde [apsyrd] adj. (lat. *absurdus* "discordant", de *surdus* "sourd"). **-1.** Contraire à la logique, à la raison : *Tenir des raisonnements absurdes* (syn. aberrant ; contr. logique). *C'est absurde de prendre la route par ce temps* (syn. déraisonnable). **-2.** PHILOS. Caractérisé par l'absence de sens préétabli, de finalité donnée, chez les existentialistes. ◆ n.m. **-1.** Ce qui est absurde. **-2.** PHILOS. LITTÉR. (Précédé de l'art. déf.). Absurdité du monde et de la destinée humaine, qui ne semble justifiée par rien, chez certains auteurs contemporains. □ La philosophie de l'absurde est illustrée en France par Sartre et par Camus ; le théâtre de l'absurde, par Beckett, Pinter, Ionesco, etc. **-3.** Raisonnement par l'absurde, raisonnement qui valide une proposition en montrant que sa négation conduit à une contradiction, à une impossibilité.

absurdité [apsyrdite] n.f. **-1.** Caractère de ce qui est absurde, contraire au sens commun : *L'absurdité de sa conduite me désespère* (syn. incohérence, stupidité). **-2.** Action ou parole absurde : (syn. idiotie, ineptie).

abus [aby] n.m. (lat. *abusus*, de *abuti* "faire dévier par son usage"). **-1.** Usage injustifié ou excessif de qqch : *L'abus d'alcool est dangereux pour la santé* (syn. excès). **-2.** Injustice causée par le mauvais usage qui est fait d'un droit, d'un pouvoir : *Ce règlement a donné lieu à de nombreux abus.* **-3.** FAM. Il y a de l'abus, cela est exagéré, passe les bornes. ‖ DR. Abus de confiance, délit consistant à tromper la confiance d'autrui, et notamm. à détourner des objets ou des valeurs qui ont été confiés à l'exercice de son pouvoir. ‖ DR. Abus de pouvoir, d'autorité, abus commis par une personnne, en partic. par un fonctionnaire, qui outrepasse les limites assignées à l'exercice de son pouvoir.

abuser [abyze] v.t. ind. [de] (de *abus*). **-1.** Faire un usage mauvais ou excessif de : *Abuser du tabac. Il abuse de la situation pour imposer ses conditions* (syn. profiter). **-2.** (Absol.). Dépasser la mesure : *Je suis patiente mais il ne faut pas abuser* (syn. exagérer). **-3.** Abuser d'une femme, la violer. ◆ v.t. LITT. Tromper qqn en profitant de sa crédulité : *Tes mensonges ne l'ont pas abusé longtemps* (syn. berner, duper). ◆ **s'abuser** v.pr. Se tromper soi-même : *Il s'abuse sur ses capacités* (syn. se leurrer). *Si je ne m'abuse* (= si je ne me fais pas erreur).

abusif, ive [abyzif, -iv] adj. **-1.** Qui constitue un abus : *Privilège abusif.* **-2.** Qui, abusant de liens affectifs, maintient qqn dans une relation d'étroite dépendance : *Parents abusifs.* **-3.** Emploi abusif d'un mot, emploi d'un mot dans un sens qu'il n'a pas selon la norme.

abusivement [abyzivmɑ̃] adv. De façon abusive : *Mot employé abusivement.*

en abyme [abim] loc. adj. et adv. (var. de *abîme*). Se dit d'une œuvre citée et emboîtée à l'intérieur d'une autre de même nature, telle qu'un récit à l'intérieur d'un récit, un tableau à l'intérieur d'un tableau, etc. (On trouve aussi, rarement, la graphie *en abîme*.)

abyssal, e, aux [abisal, -o] adj. Des abysses ; propre aux abysses : *Faune abyssale.*

abysse [abis] n.m. (du gr. *abussos* "sans fond"). Fond océanique situé à plus de 2 000 m de profondeur.

acabit [akabi] n.m. (orig. obsc.). LITT. De cet acabit, du même acabit, de cette sorte, de même sorte (péjor.) : *Elle refuse de fréquenter des gens de cet acabit.*

acacia [akasja] n.m. (lat. *acacia*, du gr.). **-1.** BOT. Arbre ou arbrisseau souvent épineux, à feuilles génér. persistantes, dont un grand nombre d'espèces sont cultivées, sous le nom impropre de *mimosa*, pour leurs fleurs jaunes odorantes. **-2.** Nom usuel et abusif du robinier.

académicien, enne [akademisjɛ̃, -ɛn] n. Membre de l'Académie française.

académie [akademi] n.f. (lat. *Academia*, n. gr. du jardin d'*Akadēmos*, où enseignait Platon). **- 1.** Société de gens de lettres, de savants ou d'artistes : *L'Académie des sciences morales et politiques*. **- 2.** Circonscription administrative de l'enseignement, en France. **- 3.** Lieu où l'on s'exerce à la pratique d'un art, d'un jeu, etc. : *Une académie de dessin, de danse.* **- 4.** BX-A. Figure dessinée, peinte ou sculptée, d'après un modèle vivant et nu. **- 5.** (Avec une majuscule). L'Académie française : *Être reçu à l'Académie.*

académique [akademik] adj. **- 1.** Propre à, relatif à une académie : *Danse académique* (= classique). **- 2.** Conventionnel ; sans originalité : *Un roman d'un style académique.* **- 3.** BELG. et HELV. Universitaire ; CAN. Scolaire : *Année académique.*

académisme [akademism] n.m. (de *académie*). Imitation sans originalité de règles et de modèles traditionnels.

acadien, enne [akadjɛ̃, -ɛn] adj. et n. D'Acadie. ◆ **acadien** n.m. Parler franco-canadien utilisé dans l'est du Canada.

acajou [akaʒu] n.m. (port. *acaju*, du tupi-guarani). **- 1.** Arbre des régions tropicales dont il existe plusieurs espèces appartenant à des genres différents, en Afrique *(khaya)* et en Amérique *(swietenia)*. □ Famille des méliacées. **- 2.** Bois de cet arbre, d'une teinte rougeâtre, très employé en menuiserie et en ébénisterie.

acanthe [akɑ̃t] n.f. (gr. *akantha* "épine"). **- 1.** Plante ornementale à feuilles longues, très découpées, recourbées, d'un beau vert, cultivée dans le midi de la France. □ Long. 50 cm env. **- 2.** Feuille d'acanthe, ornement d'architecture imité de la feuille de cette plante et caractéristique du chapiteau corinthien (on dit aussi *une acanthe*).

a capella ou **a cappella** [akapela] loc. adv. et loc. adj. (loc. it. "à chapelle"). **- 1.** Se dit des œuvres musicales religieuses de style polyphonique, exécutées dans les chapelles n'admettant pas les instruments. **- 2.** Chanter a cappella, chanter sans accompagnement instrumental, en parlant d'un soliste ou d'un chœur.

acariâtre [akaʁjɑtʁ] adj. (de [*mal*] *aquariastre* "mal qui rend fou", p.-ê. de saint Acaire, qui passait au VIIᵉ s. pour guérir les fous). D'une humeur difficile à supporter : *Depuis qu'il est à la retraite, il est devenu acariâtre* (syn. grincheux).

acarien [akaʁjɛ̃] n.m. (du lat. *acarus*, gr. *akari* "mite"). *Acariens*, ordre d'arachnides représenté par de nombreuses espèces, dont certaines, comme le sarcopte de la gale, l'aoûtat ou la tique sont parasites. □ Long. quelques millimètres au plus.

acaule [akol] adj. (gr. *akaulos*). BOT. Se dit d'une plante dont la tige n'est pas apparente.

accablant, e [akablɑ̃, -ɑ̃t] adj. Qui accable : *Des preuves accablantes* (syn. écrasant). *Chaleur accablante* (syn. étouffant, oppressant).

accablement [akabləmɑ̃] n.m. État d'une personne très abattue, physiquement ou moralement : *Son accablement depuis la mort de sa femme fait peine à voir* (syn. abattement).

accabler [akable] v.t. (de l'anc. fr. dialect. *caable* "catapulte", gr. *katabolē*). **- 1.** Imposer à qqn qqch de pénible, de difficile à supporter : *Accabler qqn de travail* (syn. surcharger). *Accabler de reproches* (syn. abreuver). **- 2.** Prouver la culpabilité de : *Ce témoignage l'accable* (syn. accuser). **- 3.** (Absol.). Peser sur qqn : *Chaleur qui accable* (syn. écraser). *Nouvelle qui accable* (syn. consterner).

accalmie [akalmi] n.f. (de *calmir*). **- 1.** Calme momentané du vent ou de la mer : (syn. éclaircie, embellie). **- 2.** Diminution ou cessation momentanée d'une activité particulièrement intense, d'un état d'agitation : *Période d'accalmie dans le travail* (syn. répit).

accaparement [akapaʁmɑ̃] n.m. Action d'accaparer ; fait d'être accaparé : *Commerçant condamné pour accaparement de denrées* (syn. monopolisation).

accaparer [akapaʁe] v.t. (anc. it. *accaparrare*, de *caparra* "arrhes"). **- 1.** Amasser et stocker un bien de consommation afin d'en provoquer la rareté et de le vendre au plus haut prix (syn. monopoliser). **- 2.** S'emparer de qqch à son seul profit ; se réserver l'usage de : *Accaparer le pouvoir, la conversation* (syn. monopoliser). **- 3.** Accaparer qqn, occuper complètement le temps, la pensée de qqn ; retenir qqn près de soi : *Son travail l'accapare complètement* (syn. absorber). *Accaparer un ami pendant une soirée.*

accapareur, euse [akapaʁœʁ, -øz] n. et adj. Personne qui accapare, en partic., qui accapare des denrées.

accastillage [akastijaʒ] n.m. Ensemble des superstructures d'un navire.

accastiller [akastije] v.t. (esp. *acastillar*, de *castillo* "château"). Garnir un navire de son accastillage.

accéder [aksede] v.t. ind. [à] (lat. *accedere* "s'approcher") [conj. 18]. **- 1.** Avoir accès à un lieu : *Voici la porte par laquelle on accède au jardin* (syn. entrer dans). **- 2.** SOUT. Permettre de pénétrer dans un lieu : *Ce souterrain accédait aux appartements de la reine* (syn.

déboucher sur). - **3.** Atteindre un état, une situation, etc. : *Accéder à de hautes fonctions* (syn. parvenir à). - **4.** Répondre favorablement à un désir, une demande, etc. : *Merci d'avoir accédé à ma requête* (syn. acquiescer, consentir).

accelerando [akselerãdo] adv. (mot it.). MUS. En accélérant progressivement le mouvement.

1. accélérateur, trice [akseleratœr, -tris] adj. (de *accélérer*). Qui accélère qqch, en parlant d'une force, d'un dispositif.

2. accélérateur [akseleratœr] n.m. (de *1. accélérateur*). - **1.** Organe (en génér. pédale ou poignée) commandant l'admission du mélange gazeux dans le moteur d'un véhicule et qui permet de faire varier la vitesse de celui-ci : *Appuyer à fond sur l'accélérateur.* - **2.** PHYS. Appareil permettant de communiquer des vitesses très élevées à des particules chargées, destiné à l'étude des structures de la matière : *Accélérateur de particules.*

accélération [akselerasjõ] n.f. - **1.** Accroissement de la vitesse, à un moment donné ou pendant un temps donné, d'un corps en mouvement : *L'accélération de la voiture fut très brutale.* - **2.** Rapidité accrue d'exécution : *Accélération des travaux* (contr. ralentissement).

accéléré [akselere] n.m. CIN. Effet spécial, réalisé le plus souvent à la prise de vues, donnant l'illusion de mouvements plus rapides que dans la réalité.

accélérer [akselere] v.t. (lat. *accelerare,* de *celer* "rapide") [conj. 18]. Accroître la vitesse de : *Accélérer l'allure, le mouvement* (syn. hâter, presser). ◆ v.i. Aller plus vite : *Le train accélère* (contr. ralentir). ◆ **s'accélérer** v.pr. Devenir plus rapide : *Son pouls s'accélère* (contr. ralentir).

accent [aksã] n.m. (lat. *accentus* "intonation"). - **1.** Prononciation, intonation, rythme propres à l'élocution dans une région, un milieu : *L'accent du Midi.* - **2.** PHON. Mise en relief d'une syllabe, d'un mot ou d'un groupe de mots dans la chaîne parlée : *Accent tonique. Accent de hauteur, d'intensité.* - **3.** Inflexion, intonation expressives de la voix : *Un accent de sincérité.* - **4.** Signe graphique placé sur une voyelle pour noter un fait phonétique ou grammatical : *Accent aigu (´), grave (`), circonflexe (^).* - **5.** Mettre l'accent sur, mettre en relief ; attirer l'attention sur : *Mettre l'accent sur les difficultés d'une entreprise.*

accentuation [aksãtɥasjõ] n.f. - **1.** Action d'accentuer ; fait de s'accentuer : *Une accentuation alarmante de l'inflation.* - **2.** Action d'accentuer une syllabe ou un mot : *L'accentuation de ce mot est défectueuse.* - **3.** Action d'affecter d'accents certaines voyelles.

accentué, e [aksãtɥe] adj. - **1.** Marqué : *Visage aux traits accentués.* - **2.** Qui porte un accent : *Voyelle accentuée.*

accentuel, elle [aksãtɥɛl] adj. PHON. Qui porte l'accent ; relatif à l'accent.

accentuer [aksãtɥe] v.t. [conj. 7]. - **1.** Renforcer ; intensifier : *Accentuer un effort* (syn. accroître). *Maquillage qui accentue le regard* (syn. souligner). - **2.** Prononcer une syllabe, un mot en les marquant d'un accent. - **3.** Placer un accent sur une voyelle : *Élève qui n'accentue pas les é.* ◆ **s'accentuer** v.pr. Devenir plus intense, plus fort : *Le froid s'est accentué* (syn. augmenter ; contr. s'atténuer).

acceptabilité [akseptabilite] n.f. LING. Fait pour un énoncé, pour une phrase, d'être accepté, compris ou naturellement émis par les locuteurs d'une langue.

acceptable [akseptabl] adj. Qui peut être accepté, toléré : *Offre acceptable* (syn. satisfaisant, valable). *Travail acceptable* (syn. honnête, passable).

acceptation [akseptasjõ] n.f. Fait d'accepter qqch, de consentir à : *Donner son acceptation à une proposition* (syn. consentement).

accepter [aksepte] v.t. (lat. *acceptare* "recevoir") [conj. 4]. - **1.** Consentir à prendre, à recevoir, à admettre : *Accepter un cadeau* (contr. refuser). *Elle a été acceptée dans la famille de son fiancé* (syn. adopter). - **2.** DR. Accepter une lettre de change, une traite, s'engager à la payer à l'échéance.

acception [aksɛpsjõ] n.f. (lat. *acceptio* "fait de recevoir" ; v. *accepter*). - **1.** Sens particulier dans lequel un mot est employé : *Le mot « cher » a plusieurs acceptions, il signifie à prix élevé ou tendrement aimé* (syn. signification). - **2.** LITT. Sans acception de, sans faire de faveur ; sans accorder de préférence à : *Rendre la justice sans acception de personne.*

accès [aksɛ] n.m. (lat. *accessus,* de *accedere* "s'approcher"). - **1.** Facilité plus ou moins grande d'atteindre un lieu, d'y pénétrer : *Île d'accès difficile* (syn. abord). *L'accès de mon bureau vous est interdit* (syn. entrée). - **2.** Période de manifestation intense d'un état physique, mental ou affectif : *Accès de fièvre* (syn. poussée). *Accès de colère, de jalousie* (syn. bouffée, crise). - **3.** Facilité plus ou moins grande de comprendre qqch : *Cet essai de philosophie est d'accès facile* (syn. compréhension). - **4.** Avoir accès à, pouvoir obtenir : *Ne pas avoir accès à des informations confidentielles.* ‖ Donner accès à, offrir le moyen, le droit de : *Ce diplôme vous donne accès à la carrière d'ingénieur.*

accessible [aksesibl] adj. - **1.** Se dit d'un lieu qu'on peut atteindre : *Sommet accessible même à des débutants.* - **2.** Se dit de qqn que l'on peut facilement aborder, rencontrer : *Personne avenante et accessible* (syn. abordable). - **3.** Se dit de qqch qu'on peut comprendre :

Exposé accessible à tous (syn. compréhensible, intelligible).

accession [aksesjɔ̃] n.f. (lat. *accessio* "action d'approcher"). Action d'accéder à qqch, d'y parvenir : *Accession à la propriété. L'accession à l'indépendance de jeunes pays.*

accessit [aksesit] n.m. (mot lat. "il s'est approché"). Distinction honorifique accordée à ceux qui sont les plus proches des lauréats d'un prix : *Obtenir un accessit de géographie.*

1. accessoire [akseswaʀ] adj. (lat. médiév. *accessorius,* de *accedere* "ajouter"). Qui suit ou qui accompagne une chose principale : *Supprimer les idées accessoires d'un discours* (syn. secondaire). *Prévoir des dépenses accessoires* (syn. supplémentaire).

2. accessoire [akseswaʀ] n.m. - **1.** Ce qui est accessoire : *Distinguer l'accessoire de l'essentiel.* - **2.** Pièce destinée à compléter un élément principal ou à aider à son fonctionnement : *Le cric et la manivelle sont des accessoires d'automobile.* - **3.** Élément qui s'ajoute à la toilette (sac, ceinture, etc.) et avec laquelle il s'harmonise par la couleur, la matière, etc. - **4.** Objet, élément du décor, des costumes, dans la mise en scène d'une pièce de théâtre, d'un film.

accessoirement [akseswaʀmɑ̃] adv. De façon accessoire, secondaire (contr. principalement).

accessoiriste [akseswarist] n. Personne qui s'occupe des accessoires, dans un théâtre, un studio de cinéma ou de télévision.

accident [aksidɑ̃] n.m. (du lat. *accidens* "qui survient"). - **1.** Événement imprévu malheureux ou dommageable : *Cela arrive de casser un verre, ce n'est qu'un petit accident.* - **2.** Événement imprévu et soudain entraînant des dégâts, des blessures, etc. : *Accident de chemin de fer. Accident du travail* (= qui survient pendant le travail ou à cause du travail). - **3.** Événement qui modifie ou interrompt fortuitement le cours de qqch : *Les accidents d'une longue carrière* (syn. incident, vicissitude). - **4.** MUS. Altération d'une phrase musicale (dièse, bémol, bécarre), non indiquée à la clé. - **5.** PHILOS. Attribut non nécessaire, qualité relative et contingente (par opp. à *substance, essence*). - **6.** Accident de terrain, inégalité du relief. ‖ Par accident, par hasard : *Si, par accident, tu le rencontres, fais-lui mes amitiés* (= d'aventure).

accidenté, e [aksidɑ̃te] adj. Qui présente des accidents, des inégalités : *Terrain accidenté* (syn. inégal). ◆ adj. et n. Qui a subi un accident : *Voiture accidentée. Les accidentés du travail.*

accidentel, elle [aksidɑ̃tɛl] adj. - **1.** Dû à un accident : *Mort accidentelle* (contr. naturel).

- **2.** Dû au hasard : *Rencontre accidentelle* (syn. fortuit). - **3.** PHILOS. De l'accident (par opp. à *substantiel*).

accidentellement [aksidɑ̃tɛlmɑ̃] adv. De façon accidentelle : *Je suis tombée sur ce livre accidentellement* (= par hasard ; syn. fortuitement).

accidenter [aksidɑ̃te] v.t. - **1.** Causer un accident, un dommage à qqn : *Accidenter un cycliste.* - **2.** LITT. Rompre dans son uniformité le déroulement de : *Bien des péripéties ont accidenté ce voyage* (syn. troubler).

acclamation [aklamasjɔ̃] n.f. - **1.** Cri de joie ou d'enthousiasme collectif : *La chanteuse est sortie sous les acclamations du public* (syn. bravo). *Être accueilli par une acclamation* (syn. ovation). - **2.** Par acclamation, unanimement ou massivement, sans recourir à un scrutin : *Être élu par acclamation.*

acclamer [aklame] v.t. (lat. *acclamare,* de *clamare* "appeler"). Saluer par des cris d'enthousiasme : *La foule acclame les vainqueurs du match* (syn. ovationner).

acclimatable [aklimatabl] adj. Qui peut être acclimaté : *Espèce acclimatable.*

acclimatation [aklimatasjɔ̃] n.f. Action d'acclimater un être vivant à un nouveau milieu : *Réussir l'acclimatation de plantes tropicales sur le pourtour méditerranéen.*

acclimatement [aklimatmɑ̃] n.m. Adaptation d'un être vivant à un nouvel environnement, à un nouveau climat, etc. : *L'acclimatement à l'altitude* (syn. accoutumance).

acclimater [aklimate] v.t. (de *climat*). - **1.** Adapter, habituer un animal, un végétal à un nouveau climat. - **2.** Habituer qqn à un nouveau milieu : *Acclimater des nomades à un habitat sédentaire* (syn. accoutumer). ◆ **s'acclimater** v.pr. [à]. S'adapter à un nouveau milieu : *Ces oiseaux ne se sont pas acclimatés à notre pays. Il a du mal à s'acclimater à la ville* (syn. s'adapter).

accointances [akwɛ̃tɑ̃s] n.f. pl. (de *s'accointer*). Relations ; fréquentations (péjor.) : *Avoir des accointances avec des individus peu recommandables.*

s' accointer [akwɛ̃te] v.pr. **[avec]**. FAM. Se lier avec qqn (péjor.) : *S'accointer avec un escroc* (syn. s'acoquiner).

accolade [akɔlad] n.f. (de *accoler*). - **1.** Fait de serrer qqn entre ses bras en signe d'affection, d'amitié ou lors d'une remise de décoration : *Donner, recevoir l'accolade.* - **2.** Signe typographique (})pour réunir des mots, des lignes, etc.

accolement [akɔlmɑ̃] n.m. Action d'accoler, de réunir : *L'accolement de son nom à celui d'un escroc* (syn. association).

accoler [akɔle] v.t. (de *col*). - **1.** Réunir par un trait, par une accolade : *Accoler deux paragraphes.* - **2.** Joindre ; réunir : *Accoler une particule à son nom* (syn. ajouter).

accommodant, e [akɔmɔdɑ̃, -ɑ̃t] adj. Qui est conciliant : *Il s'est montré très accommodant dans cette affaire* (syn. arrangeant).

accommodation [akɔmɔdasjɔ̃] n.f. - **1.** Action d'accommoder qqch à un usage ; fait de s'accommoder : *L'accommodation à une nouvelle technique* (syn. adaptation). - **2.** BIOL. Ensemble des modifications morphologiques et physiologiques non héréditaires par lesquelles un être vivant s'adapte à un nouveau milieu et peut y survivre. - **3.** PHYSIOL. Modification de la courbure du cristallin de l'œil, qui permet la formation d'images nettes sur la rétine.

accommodement [akɔmɔdmɑ̃] n.m. Arrangement à l'amiable : *Trouver un accommodement dans une affaire délicate* (syn. compromis).

accommoder [akɔmɔde] v.t. (lat. *accommodare*, de *commodus* "convenable"). - **1.** Apprêter un mets : *Accommoder du veau en ragoût* (syn. cuisiner). - **2.** Adapter : *Accommoder ses paroles aux circonstances* (syn. ajuster). ◆ v.i. Réaliser l'accommodation, en parlant de l'œil. ◆ **s'accommoder** v.pr. [de]. Trouver qqch à sa convenance, accepter qqch : *Elle est facile à vivre, elle s'accommode de tout.*

accompagnateur, trice [akɔ̃paɲatœr, -tris] n. - **1.** MUS. Personne qui accompagne la partie principale avec un instrument ou avec la voix. - **2.** Personne qui accompagne et guide qqn : *Dix enfants et une accompagnatrice.*

accompagnement [akɔ̃paɲmɑ̃] n.m. - **1.** Action, fait d'accompagner : *L'accompagnement des enfants est assuré par un moniteur.* - **2.** Ce qui accompagne : *Glace avec accompagnement de petits fours.* - **3.** MUS. Partie, ensemble des parties vocales ou instrumentales secondaires soutenant la partie principale.

accompagner [akɔ̃paɲe] v.t. (de l'anc. fr. *compain* "compagnon"). - **1.** Aller quelque part avec qqn : *Il l'a accompagnée à la gare* (syn. conduire, escorter). - **2.** Soutenir par un accompagnement musical : *Accompagner au piano un chanteur, un violoniste.* - **3.** Ajouter à ; joindre à : *Accompagner ses paroles d'un geste de menace* (syn. assortir). - **4.** Aller avec ; être joint à : *Une lettre accompagne le paquet. Choisir un bon vin pour accompagner un repas.*

accompli, e [akɔ̃pli] adj. - **1.** Entièrement achevé : *Dix ans accomplis* (syn. révolu). - **2.** Parfait dans son genre : *Un diplomate accompli* (syn. consommé). - **3.** Fait accompli, ce sur quoi il n'est plus possible de revenir : *Mettre qqn devant le fait accompli.* ◆ adj. et n.m. LING. Syn. de perfectif.

accomplir [akɔ̃plir] v.t. (lat. *complere, complire* "remplir") [conj. 32]. - **1.** Faire ; exécuter : *Accomplir son devoir* (syn. s'acquitter de). *Elle a accompli de grandes choses* (syn. réaliser). - **2.** Réaliser entièrement : *Accomplir son service militaire* (syn. faire). ◆ **s'accomplir** v.pr. - **1.** Se produire : *Une transformation totale s'est accomplie* (= avoir lieu). - **2.** Trouver son épanouissement dans qqch : *S'accomplir dans son travail* (syn. s'épanouir).

accomplissement [akɔ̃plismɑ̃] n.m. Action d'accomplir ; fait d'être accompli : *Œuvrer à l'accomplissement d'un projet* (syn. exécution, réalisation).

accord [akɔr] n.m. (de *accorder*). - **1.** Harmonie entre des personnes proches par leurs idées, leurs sentiments : *L'accord ne règne pas au sein de leur ménage* (syn. concorde). - **2.** Assentiment ; acceptation : *Demander l'accord de ses supérieurs* (syn. autorisation). - **3.** Arrangement, convention entre plusieurs parties : *Les syndicats et le patronat ont signé un accord* (syn. convention). *Accord entre deux grandes puissances* (syn. pacte, traité). - **4.** MUS. Ensemble d'au moins trois sons musicaux émis simultanément : *Accord dissonant.* - **5.** Action d'accorder un instrument de musique ; son résultat. - **6.** GRAMM. Rapport entre des mots, des formes dont l'une régit l'autre ou les autres : *Accord en genre de l'adjectif avec le nom qualifié.* - **7.** Correspondance entre plusieurs choses : *Des accords de couleurs inattendus* (syn. harmonie). - **8.** D'accord, v. à son ordre alphabétique. ‖ D'un commun accord, avec le consentement de tous. ◆ MUS. Accord parfait, accord superposant, à partir de la tonique, un accord de tierce et un accord de quinte.

accordailles [akɔrdaj] n.f. pl. (de *accorder*). vx. Conventions préliminaires à un mariage (syn. fiançailles).

accordéon [akɔrdeɔ̃] n.m. (all. *Akkordion*, de *Akkord* "accord"). Instrument de musique portatif, à touches ou à boutons, dont les anches de métal sont mises en vibration par un soufflet.

accordéoniste [akɔrdeɔnist] n. Personne qui joue de l'accordéon.

accorder [akɔrde] v.t. (lat. pop. *accordare*, du class. *cor, cordis* "cœur"). - **1.** Consentir à donner ; octroyer à qqn : *Je t'accorde une heure pour terminer.* - **2.** Admettre une chose ; reconnaître qqch pour vrai : *Je vous accorde que vous avez raison* (syn. concéder). - **3.** Régler la justesse d'un instrument de musique ; mettre des instruments au même diapason. - **4.** GRAMM. Appliquer à un mot les règles de l'accord. ◆ **s'accorder** v.pr. - **1.** Se mettre d'accord : *S'accorder pour accuser qqn* (syn. s'unir). - **2.** GRAMM. Être en accord grammatical avec un autre mot : *L'adjectif s'accorde avec le nom.*

accordeur, euse [akɔʀdœʀ, -øz] n. Personne qui accorde des instruments de musique : *Accordeur de pianos.*

accort, e [akɔʀ, -ɔʀt] adj. (it. *accorto* "avisé"). LITT. (Surtout au fém.). D'un abord gracieux et aimable : *Une accorte servante* (syn. avenant).

accostage [akɔstaʒ] n.m. Action d'accoster : *Les manœuvres d'accostage d'un paquebot.*

accoster [akɔste] v.t. (de l'anc. fr. *coste* "côté"). - **1.** S'approcher, se ranger bord à bord avec, en parlant d'un navire : *Accoster le quai, un chalutier en détresse.* - **2.** Aller près de qqn pour lui parler : *Accoster un passant dans la rue pour lui demander l'heure* (syn. aborder).

accotement [akɔtmɑ̃] n.m. (de *accoter*). Partie d'une route comprise entre la chaussée et le fossé : *Il est interdit de stationner sur les accotements* (syn. bas-côté).

accoter [akɔte] v.t. (bas lat. *accubitare*, du class. *cubitus* "coude", avec infl. de *accoster*). Appuyer d'un côté : *Accoter une échelle contre un arbre.* ◆ **s'accoter** v.pr. S'appuyer : *S'accoter à, contre un mur.*

accotoir [akɔtwaʀ] n.m. (de *accoter*). Appui pour les bras sur les côtés d'un siège (syn. accoudoir, bras).

accouchée [akuʃe] n.f. Femme qui vient d'accoucher.

accouchement [akuʃmɑ̃] n.m. - **1.** Action d'accoucher : *Accouchement naturel, dirigé, multiple.* - **2.** Accouchement sans douleur, accouchement auquel la parturiente a été préparée par un entraînement destiné à atténuer les sensations pénibles et à permettre une relaxation maximale pendant le travail.

accoucher [akuʃe] v.t. ind. **[de]** (de *coucher*). - **1.** Mettre au monde : *Accoucher d'une fille.* - **2.** (Absol.). Mettre un enfant au monde : *Elle doit accoucher la semaine prochaine.* - **3.** FAM. Accouche !, parle, explique-toi. ◆ v.t. Aider une femme à mettre au monde : *C'est une sage-femme qui l'a accouchée.*

accoucheur, euse [akuʃœʀ, -øz] n. Médecin spécialiste des accouchements.

s' accouder [akude] v.pr. **[à, sur]**. Poser les coudes sur qqch dont on se sert comme appui : *S'accouder au parapet d'un pont, sur la table.*

accoudoir [akudwaʀ] n.m. Partie latérale d'un siège ou partie mobile d'un siège d'automobile sur laquelle on peut s'accouder (syn. accotoir).

accouplement [akupləmɑ̃] n.m. - **1.** Union sexuelle du mâle et de la femelle d'une espèce identique ou de deux espèces voisines, assurant la reproduction. - **2.** Action d'accoupler, de réunir des animaux deux par deux : *L'accouplement de chevaux pour tirer une charrette.* - **3.** Jonction de deux ou de plusieurs éléments mécaniques ; dispositif assurant cette fonction : *Accouplement de deux wagons.*

accoupler [akuple] v.t. (de *couple*). - **1.** Joindre, réunir (deux choses) ; rendre solidaire dans le fonctionnement : *Accoupler des roues, des moteurs électriques.* - **2.** Réunir des animaux par deux : *Accoupler des bœufs pour tirer une charrue.* - **3.** Unir pour la reproduction le mâle et la femelle d'une même espèce ou de deux espèces voisines. ◆ **s'accoupler** v.pr. S'unir pour la reproduction.

accourir [akuʀiʀ] v.i. (lat. *accurrere*) [conj. 45 ; auxil. *avoir* ou *être*]. Venir en hâte : *Accourir au chevet de qqn* (syn. se précipiter).

accoutrement [akutʀəmɑ̃] n.m. Habillement bizarre ou ridicule (syn. défroque).

accoutrer [akutʀe] v.t. (lat. pop. *acconsuturare*, du class. *consutura* "couture"). Habiller d'une manière bizarre ou ridicule : *Elle a accoutré sa fille d'une jupe ridicule* (syn. affubler). ◆ **s'accoutrer** v.pr. S'habiller bizarrement.

accoutumance [akutymɑ̃s] n.f. - **1.** Fait de s'accoutumer, de s'habituer progressivement à qqch : *Accoutumance à un climat chaud et humide* (syn. acclimatement, adaptation). - **2.** Adaptation permettant aux êtres vivants de supporter des doses croissantes de substances actives ou toxiques : *Accoutumance aux stupéfiants.*

accoutumé, e [akutyme] adj. - **1.** Dont on a l'habitude : *Se retrouver à l'heure accoutumée* (syn. habituel, ordinaire). - **2.** À l'accoutumée, à l'ordinaire, d'habitude : *Elle a été très accueillante, comme à l'accoutumée.*

accoutumer [akutyme] v.t. (de *coutume*). Disposer qqn à supporter, à faire qqch : *Accoutumer qqn à un mode de vie, à se lever tôt* (syn. habituer). ◆ **s'accoutumer** v.pr. **[à]**. Prendre l'habitude de : *S'accoutumer au froid.*

accréditation [akʀeditasjɔ̃] n.f. - **1.** Action d'accréditer ; fait d'être accrédité. - **2.** Document qui accrédite : *Montrer son accréditation aux organisateurs du festival.*

accréditer [akʀedite] v.t. (de *crédit*). - **1.** Rendre croyable, vraisemblable : *Des incidents de frontière tendent à accréditer les rumeurs de guerre* (contr. contredire, démentir). - **2.** Donner l'autorité nécessaire en tant que représentant d'un pays à : *Accréditer un ambassadeur.* - **3.** Pour une administration, une institution, etc., délivrer une autorisation d'accès, spécial. à un journaliste, un photographe. ◆ **s'accréditer** v.pr. Devenir plus crédible : *Le bruit de sa démission s'accrédite peu à peu* (syn. se confirmer).

accréditif, ive [akʀeditif, -iv] adj. et n.m. Se dit d'un document qui permet d'ouvrir un crédit auprès d'une banque.

accroc [akʀo] n.m. (de *accrocher*). - **1.** Déchirure faite dans un tissu par un objet qui accroche : *Faire un accroc à sa jupe* (syn. trou). - **2.** Incident malheureux : *Un voyage sans accroc* (syn. anicroche).

accrochage [akʀɔʃaʒ] n.m. - **1.** Action d'accrocher qqch : *L'accrochage d'un tableau.* - **2.** Action de heurter qqch, de se disputer avec qqn : *Un accrochage entre un bus et une voiture* (syn. collision). *Ils ont parfois de sérieux accrochages* (syn. querelle). - **3.** MIL. Bref engagement entre détachements adverses de faible effectif (syn. escarmouche).

accroche [akʀɔʃ] n.f. (de *accrocher*). Partie d'un texte publicitaire ou journalistique spécial, conçue pour attirer l'attention : *Trouver une bonne accroche à un article.*

accroche-cœur [akʀɔʃkœʀ] n.m. (pl. *accroche-cœurs* ou inv.). Mèche de cheveux aplatie en boucle sur le front ou la tempe (syn. guiche).

accrocher [akʀɔʃe] v.t. (de *croc*). - **1.** Suspendre à un crochet, à un clou, etc. : *Accrocher un tableau au mur* (syn. fixer). - **2.** Faire un accroc à : *Accrocher un bas.* - **3.** Heurter légèrement, en parlant d'un véhicule ou de son conducteur : *Il a accroché un cycliste.* - **4.** FAM. Retenir l'attention de : *Accrocher un client.* - **5.** Aborder qqn en l'arrêtant dans sa marche : *Il m'a accroché dans le couloir.* ◆ **s'accrocher** v.pr. - **1.** Se cramponner, se retenir avec force : *S'accrocher à la vie.* - **2.** FAM. Persévérer ; être tenace : *Il va falloir s'accrocher pour suivre son rythme.* - **3.** FAM. Se disputer. - **4.** MIL. Engager brièvement le combat : *Deux patrouilles se sont accrochées.*

accrocheur, euse [akʀɔʃœʀ, -øz] adj. Qui retient l'attention : *Titre accrocheur. Sourire accrocheur* (syn. aguicheur). ◆ adj. et n. FAM. Qui montre de la ténacité dans ce qu'il entreprend : *C'est un garçon accrocheur que l'échec ne décourage pas* (syn. opiniâtre, tenace).

accroire [akʀwaʀ] v.t. (lat. *accredere*, de *credere* "croire"). [Usité seul. à l'inf., avec les v. *faire* et *laisser*]. LITT. En faire accroire à qqn, tromper qqn, abuser de sa confiance ou de sa crédulité : *Vous voudriez m'en faire accroire, mais je ne suis pas dupe de vos manigances.*

accroissement [akʀwasmɑ̃] n.m. Action d'accroître ; fait de s'accroître : *Accroissement des investissements* (syn. augmentation ; contr. diminution).

accroître [akʀwatʀ] v.t. (lat. *accrescere*, de *crescere* "croître") [conj. 94]. Augmenter l'importance ou l'intensité de : *Accroître la richesse d'un pays* (syn. développer). *Cela ne fait qu'accroître mon anxiété* (syn. amplifier, intensifier). ◆ **s'accroître** v.pr. Devenir plus étendu, plus important : *Sa popularité*

s'accroît de jour en jour (syn. croître, se renforcer).

s'accroupir [akʀupiʀ] v.pr. (de *croupe*) [conj. 32]. S'asseoir sur les talons : *S'accroupir pour saisir qqch à terre.*

accru, e [akʀy] adj. (p. passé de *accroître*). Plus grand : *Des responsabilités accrues.*

accueil [akœj] n.m. - **1.** Action, manière d'accueillir : *Un accueil très chaleureux.* - **2.** Espace, bureau où, dans un lieu public, on accueille les visiteurs (syn. réception).

accueillant, e [akœjɑ̃, -ɑ̃t] adj. Qui fait bon accueil : *Une famille accueillante. Un pays accueillant* (syn. hospitalier).

accueillir [akœjiʀ] v.t. (lat. pop. *accolligere*, du class. *colligere* "rassembler") [conj. 41]. - **1.** Recevoir qqn d'une certaine manière : *Accueillir qqn à bras ouverts, froidement.* - **2.** Donner l'hospitalité à qqn : *Nous vous accueillerons pour la durée des vacances* (syn. héberger). - **3.** Ménager un accueil, bon ou mauvais à qqch : *Comment a-t-il accueilli la nouvelle ?* (syn. prendre, recevoir).

acculée [akyle] n.f. (de *acculer*). MAR. Court mouvement en arrière d'un bateau, causé en général par la houle.

acculer [akyle] v.t. (de *cul*). - **1.** Pousser contre un obstacle qui empêche de reculer ou dans un lieu sans issue : *Ils l'avaient acculé au fond de l'impasse.* - **2.** Mettre dans l'impossibilité de se soustraire à une situation fâcheuse : *Ses créanciers l'ont acculé à la faillite* (syn. réduire).

acculturation [akyltyʀasjɔ̃] n.f. (mot anglo-amér., du lat. *ad* "vers" et *cultura* "culture"). SOCIOL. Processus par lequel un groupe ou un individu entre en contact avec une culture différente de la sienne et l'assimile totalement ou en partie : *L'acculturation des immigrés.*

acculturer [akyltyʀe] v.t. (de *acculturation*). Adapter à une nouvelle culture un individu, un groupe.

accumulateur [akymylatœʀ] n.m. - **1.** Dispositif susceptible d'emmagasiner de l'énergie électrique sous forme chimique et de la restituer : *Batterie d'accumulateurs d'une automobile.* - **2.** Accumulateur électrique, appareil emmagasinant de l'énergie sous forme chimique pour la restituer sous forme électrique (abrév. fam. *accu*).

accumulation [akymylasjɔ̃] n.f. - **1.** Action d'accumuler ; fait de s'accumuler : *L'accumulation des marchandises dans un entrepôt* (syn. amoncellement, entassement). - **2.** Chauffage à, par accumulation, dispositif de chauffage électrique utilisant le courant pendant les heures creuses, à tarif réduit, et restituant à la demande, pendant les heures de pointe, la chaleur ainsi accumulée.

accumuler [akymyle] v.t. (lat. *accumulare*, de *cumulus* "amas"). Mettre ensemble en grande quantité : *Accumuler des notes en vue de la rédaction d'un ouvrage* (syn. amasser, réunir). ◆ **s'accumuler** v.pr. S'entasser : *La neige poussée par le vent s'accumule en congères* (syn. s'amonceler).

accusateur, trice [akyzatœʀ, -tʀis] adj. Qui accuse : *Un regard accusateur.*

accusatif [akyzatif] n.m. (lat. *accusativus*, de *accusare* "faire apparaître"). GRAMM. Cas exprimant la relation entre le verbe et le complément le plus directement affecté par l'action verbale, dans les langues à déclinaison.

accusation [akyzasjɔ̃] n.f. - **1.** Action d'accuser, de signaler comme coupable ; fait d'être accusé : *Être l'objet d'une accusation infamante* (syn. blâme, imputation). - **2.** DR. Fait de déférer à une juridiction répressive la connaissance d'un crime : *L'arrêt de mise en accusation renvoie l'inculpé devant la cour d'assises.* - **3.** (Précédé de l'art. déf.). Le ministère public (par opp. à *la défense*).

accusatoire [akyzatwaʀ] adj. DR. Système accusatoire, système de procédure pénale dans lequel le rôle assigné au juge est celui d'un arbitre entre l'accusation et la défense (par opp. à *système inquisitoire*).

accusé, e [akyze] n. Personne à qui l'on impute une infraction ; personne renvoyée par la chambre d'accusation devant la cour d'assises : *L'accusé a été acquitté* (syn. inculpé, prévenu). ◆ **accusé** n.m. Accusé de réception, avis informant l'expéditeur que l'objet qu'il a envoyé a été reçu par le destinataire.

accuser [akyze] v.t. (lat. *accusare*, de *causa* "affaire judiciaire"). - **1.** Présenter qqn comme coupable : *On l'a accusé de négligence* (syn. incriminer). - **2.** Déférer en justice pour un délit ou un crime : *Il reproche au juge d'instruction de l'avoir injustement accusé* (syn. inculper). - **3.** Mettre en évidence, relief : *Un maquillage qui accuse les traits* (syn. accentuer). - **4.** Laisser apparaître ; montrer : *Son visage accuse la fatigue* (syn. indiquer). - **5.** FAM. Accuser le coup, montrer qu'on en est affecté, touché. ‖ Accuser réception, faire savoir qu'on a reçu un envoi.

ace [es] n.m. (mot angl., "as"). Balle de service que l'adversaire ne peut toucher, au tennis.

acéphale [asefal] adj. (gr. *akephalos*). Sans tête : *Statue acéphale.* ◆ **acéphales** n.m. pl. Classe de mollusques bivalves.

acéracée [aseʀase] n.f. (du lat. *acer* "érable"). Acéracées, famille de plantes dicotylédones dont le type est l'*érable.*

acerbe [asɛʀb] adj. (lat. *acerbus* "aigre"). Agressif, mordant : *Des critiques acerbes* (syn. incisif).

acéré, e [aseʀe] adj. (de *acer,* forme anc. de *acier*). - **1.** Tranchant ; aigu : *Griffes acérées.* - **2.** LITT. D'une vivacité blessante : *Critique acérée* (syn. acerbe, mordant).

acériculture [aseʀikyltyʀ] n.f. (du lat. *acer* "érable" et de *culture*). Exploitation industrielle des érablières. ◆ **acériculteur, trice** n. Nom de l'exploitant.

acétabule [asetabyl] n.f. (lat. *acetabulum,* "vase à vinaigre", de *acetum* "vinaigre"). ANAT. Cavité articulaire de l'os iliaque, recevant la tête du fémur.

acétate [asetat] n.m. (de *acét[ique]*). - **1.** CHIM. Sel ou ester de l'acide acétique : *Acétate d'aluminium.* - **2.** Acétate de cellulose, constituant des fibres textiles, de matières plastiques, de films, etc.

acétimètre [asetimɛtʀ] et **acétomètre** [asetɔmɛtʀ] n.m. Appareil pour déterminer la quantité d'acide acétique contenue dans un liquide.

acétique [asetik] adj. (du lat. *acetum* "vinaigre"). Acide acétique, acide auquel le vinaigre doit sa saveur. □ Formule : CH_3CO_2H. ‖ Fermentation acétique, fermentation qui donne naissance au vinaigre.

acétone [asetɔn] n.f. (de *acét[ique]*). Liquide incolore, volatil, inflammable, d'odeur éthérée, utilisé comme solvant. □ Formule : CH_3COCH_3.

acétyle [asetil] n.m. (de *acét[ique]* et du gr. *hulê* "matière"). Radical univalent CH_3CO- dérivant de l'acide acétique.

acétylène [asetilɛn] n.m. Hydrocarbure non saturé gazeux, obtenu notamm. en traitant le carbure de calcium par l'eau. □ Formule : $HC\equiv CH$.

acétylsalicylique [asetilsalisilik] adj. Acide acétylsalicylique → aspirine.

achalandé, e [aʃalɑ̃de] adj. (de *chaland*). - **1.** (Emploi critiqué mais cour.). Fourni en marchandises, approvisionné : *Boutique bien achalandée.* - **2.** CAN. (Vx en France). Qui a des clients.

acharné, e [aʃaʀne] adj. - **1.** Qui est fait avec fougue, ardeur : *Une lutte acharnée.* - **2.** Qui est obstiné dans ce qu'il entreprend : *Un travailleur acharné* (syn. tenace).

acharnement [aʃaʀnəmɑ̃] n.m. - **1.** Fait de s'acharner : *S'entraîner avec acharnement* (syn. obstination, ténacité). - **2.** Acharnement thérapeutique, fait de chercher à maintenir en vie, par tous les moyens thérapeutiques possibles, une personne dont l'état est jugé désespéré.

s' acharner [aʃaʀne] v.pr. (de l'anc. fr. *charn* "chair" ; v. *chair*). **- 1.** Mettre beaucoup de ténacité, de fougue dans ce qu'on entreprend ou employer toute son énergie pour obtenir qqch : *Il n'a pas encore réussi, mais il s'acharne* (syn. s'obstiner). **- 2.** S'acharner sur, contre qqn, poursuivre qqn avec violence, hostilité : *S'acharner sur un pauvre garçon* (= le persécuter). *Le sort s'acharne contre cette famille.*

achat [aʃa] n.m. (de *acheter*, var. anc. de *acheter*). **- 1.** Action d'acheter : *L'achat d'une sculpture* (syn. acquisition). **- 2.** Ce qui est acheté : *Déballer ses achats* (syn. emplette).

acheminement [aʃminmã] n.m. Action d'acheminer, de s'acheminer : *L'acheminement du courrier.*

acheminer [aʃmine] v.t. (de *chemin*). Diriger qqn, qqch vers un lieu : *Acheminer des médicaments par avion* (syn. transporter). ◆ **s'acheminer** v.pr. **- 1.** Se diriger vers un lieu : *S'acheminer vers le centre de la ville* (syn. aller). **- 2.** Avancer, tendre vers l'aboutissement de qqch : *Les pourparlers s'acheminent vers un résultat positif* (syn. progresser).

acheter [aʃte] v.t. (lat. pop. *accaptare* "chercher à prendre", du class. *captare* "saisir") [conj. 28]. **- 1.** Obtenir, se procurer en payant : *Acheter du pain. Acheter une voiture* (syn. acquérir). **- 2.** Payer la complicité, de qqn : *Acheter un témoin* (syn. soudoyer). **- 3.** Obtenir avec effort, avec peine : *Acheter très cher sa liberté* (syn. payer).

acheteur, euse [aʃtœʀ, -øz] n. **- 1.** Personne qui achète qqch pour son compte personnel : *Les acheteurs se bousculaient pour profiter des soldes* (syn. client). **- 2.** Personne chargée de faire les achats de marchandises pour une entreprise (grand magasin, en partic.).

acheuléen, enne [aʃøleɛ̃, -ɛn] adj. et n.m. (de *Saint-Acheul*, localité de la Somme). Se dit d'un faciès culturel du paléolithique inférieur, caractérisé par des bifaces réguliers. □ Comparées aux autres faciès, les industries acheuléennes ont connu la plus longue durée de mise en œuvre (de 650 000 à 80 000).

achevé, e [aʃve] adj. Qui est parfait en son genre, en bonne ou mauvaise part : *C'est le type achevé de l'élégante. C'est d'un ridicule achevé* (syn. complet).

achèvement [aʃɛvmã] n.m. Action de mener à son terme, de finir : *L'achèvement des travaux* (syn. réalisation).

achever [aʃve] v.t. (de l'anc. fr. *a chief* [venir de] "[venir à] bout de" ; v. *chef*) [conj. 19]. **- 1.** Finir ce qui est commencé : *Achever rapidement son repas* (syn. terminer). **- 2.** Donner le dernier coup qui tue à un animal, à qqn : *Achever un cheval* (syn. abattre). **- 3.** Finir d'accabler : *Ce dernier malheur l'a achevé* (syn. anéantir).

achillée [akile] n.f. (gr. *akhilleios*, du n. d'Achille, qui guérit Télèphe avec cette herbe). Plante à feuilles très découpées, dont l'espèce la plus commune est la millefeuille. □ Famille des composées.

achoppement [aʃɔpmã] n.m. Pierre d'achoppement, difficulté ; cause d'échec : *La question des tarifs agricoles est la pierre d'achoppement des négociations* (syn. obstacle).

achopper [aʃɔpe] v.i. (de *chopper* "buter", d'orig. onomat.). **- 1.** LITT. Buter du pied contre qqch (syn. trébucher). **- 2.** Être arrêté par une difficulté : *Achopper sur un mot difficile à prononcer* (syn. buter sur).

achromatique [akʀɔmatik] adj. (du gr. *khrôma, -atos* "couleur"). Qui laisse passer la lumière blanche sans la décomposer, sans produire d'irisation.

aciculaire [asikylɛʀ] adj. (du lat. *acicula* "petite aiguille"). BOT. Qui se termine en pointe.

acide [asid] adj. (lat. *acidus*). **- 1.** Qui a une saveur piquante : *Boisson trop acide* (syn. aigre). **- 2.** Désagréable ; blessant : *Paroles acides* (syn. caustique, mordant). **- 3.** CHIM. Qui a les propriétés d'un acide : *Une solution acide*. **- 4.** GÉOL. Roche endogène contenant plus de 65 % de silice. ‖PÉDOL. Sol acide, dont le pH est inférieur à 6,5. ◆ n.m. CHIM. Corps hydrogéné dont la solution dans l'eau fournit des ions H_3O^+, qui agit sur les bases et les métaux en formant des sels, et qui fait virer au rouge la teinture bleue de tournesol.

acidifiant, e [asidifjã, -ãt] adj. et n.m. Se dit d'une substance qui a la propriété de transformer en acide, de rendre acide.

acidification [asidifikasjɔ̃] n.f. CHIM. Fait de transformer ou d'être transformé en acide.

acidifier [asidifje] v.t. (conj. 9]. **- 1.** Rendre plus acide : *Acidifier du vin*. **- 2.** CHIM. Transformer en acide.

acidimètre [asidimɛtʀ] n.m. Appareil pour doser les acides ou déterminer l'acidité du lait et du vin.

acidité [asidite] n.f. **- 1.** Saveur acide, aigre : *L'acidité d'un citron*. **- 2.** Caractère mordant : *L'acidité d'un propos* (syn. causticité). **- 3.** CHIM. Caractère acide d'un corps.

acido-basique [asidobazik] adj. (pl. *acidobasiques*). Équilibre acido-basique, rapport constant entre les acides et les bases présents dans l'organisme, qui se traduit par la stabilité du pH sanguin.

acidose [asidoz] n.f. (de *acide*). PATHOL. État du sang qui présente une acidité excessive : *Acidose respiratoire.*

acidulé, e [asidyle] adj. De saveur légèrement acide : *Bonbon acidulé.*

acier [asje] n.m. (bas lat. *aciarium,* du class. *acies* "pointe"). Alliage de fer et de carbone (moins de 1,8 %) susceptible d'acquérir par traitement mécanique et thermique des propriétés très variées : *Structures en acier. Acier inoxydable.* ◆ adj. inv. D'un gris mat, métallique.

aciérage [asjeraʒ] n.m. Opération consistant à donner à un métal la dureté de l'acier.

aciéré, e [asjere] adj. Qui contient de l'acier ; recouvert d'acier : *Fonte aciérée.*

aciérie [asjeri] n.f. Usine où l'on fabrique de l'acier.

acmé [akme] n.m. ou f. (gr. *akmê* "pointe"). LITT. Point culminant ; apogée : *L'acmé de l'action dans une pièce de théâtre.*

acné [akne] n.f. (lat. scientif. *acne,* transcription erronée du gr. *akmê* "pointe"). Dermatose caractérisée par des boutons ou pustules, développés aux dépens du follicule pileux, siégeant princ. au visage : *Acné juvénile.*

acolyte [akɔlit] n.m. (gr. *akolouthos* "serviteur"). - **1.** Aide et compagnon de qqn à qui il est subordonné (péjor.) : *Un mafioso et ses acolytes* (syn. complice). - **2.** CATH. Servant du prêtre à l'autel.

acompte [akɔ̃t] n.m. (de *compte*). Paiement partiel à valoir sur le montant d'une somme à payer : *Vous devrez verser un acompte à la commande* (syn. arrhes, provision). *Demander un acompte sur son salaire* (syn. avance).

aconit [akɔnit] n.m. (gr. *akoniton*). Plante vénéneuse des régions montagneuses, souvent cultivée dans les jardins, à feuilles vert sombre, possédant un pétale supérieur en forme de casque. □ Famille des renonculacées ; haut. 1 m.

a contrario [akɔ̃trarjo] loc. adj. et loc. adv. (loc. lat. "par le contraire"). Se dit d'un raisonnement qui considère que, si l'on part d'hypothèses inverses, on aboutit à des conclusions inverses.

s'acoquiner [akɔkine] v.pr. (de *coquin*). Se lier avec une, des personnes peu recommandables (péjor.) : *Il s'était acoquiné avec un homme d'affaires véreux* (syn. s'aboucher).

à-côté [akote] n.m. (pl. *à-côtés*). - **1.** Ce qui ne se rapporte que de loin au sujet principal : *Vous vous perdez dans les à-côtés de la question.* - **2.** Ce qu'on gagne en plus de son salaire habituel ; dépenses qui viennent en supplément : *Se faire des petits à-côtés en travaillant le week-end. Les petits à-côtés imprévus dans un voyage.*

à-coup [aku] n.m. (pl. *à-coups*). - **1.** Arrêt brusque immédiatement suivi d'une reprise ; rupture dans la continuité d'un mouvement ; saccade : *Le moteur eut quelques à-coups puis s'arrêta* (syn. raté). - **2.** Par à-coups, de façon intermittente, irrégulière : *Tu ne réussiras pas si tu travailles par à-coups.* ‖ Sans à-coups, sans changement de vitesse, de rythme ; sans incident important : *Rétrograder sans à-coups. Le voyage s'est déroulé sans anicroche.*

acouphène [akufɛn] n.m. (du gr. *akouein* "entendre" et *phainein* "apparaître"). Sensation auditive perçue en l'absence de tout stimulus extérieur : *Les bourdonnements et sifflements d'oreille sont des acouphènes.*

acousticien, enne [akustisjɛ̃, -ɛn] n. Spécialiste d'acoustique.

acoustique [akustik] adj. (gr. *akoustikos,* de *akouein* "entendre"). Relatif à la perception des sons ; qui relève de l'audition : *Un phénomène acoustique.* ◆ n.f. - **1.** Partie de la physique qui étudie les sons. - **2.** Qualité d'un lieu du point de vue de la propagation des sons : *L'acoustique du nouveau théâtre est excellente.*

acquéreur [akerœr] n.m. Personne qui acquiert un objet représentant un certain investissement financier : *L'État s'est rendu acquéreur du tableau.* **Rem.** Le féminin *acquéreuse* est rare.

acquérir [akerir] v.t. (lat. *acquirere*) [conj. 39]. - **1.** Devenir propriétaire d'un bien, d'un droit, par achat, échange, succession : *Acquérir une maison de campagne* (syn. acheter). *Acquérir une terre par voie d'héritage.* - **2.** Arriver à avoir, obtenir grâce à un effort, à l'expérience, au temps : *Acquérir de l'habileté, de l'assurance.* - **3.** Faire avoir, procurer : *Ses services lui ont acquis notre reconnaissance.*

acquêt [akɛ] n.m. Bien acquis par l'un des époux à titre onéreux et qui entre dans la masse commune, dans le régime de la communauté légale (par opp. à *bien propre*) : *Ils sont mariés sous le régime de la communauté réduite aux acquêts.*

acquiescement [akjɛsmã] n.m. Action d'acquiescer à une proposition, une idée : *Faire un signe d'acquiescement* (syn. agrément, assentiment).

acquiescer [akjese] v.i. (lat. *acquiescere* "se reposer") [conj. 21]. LITT. Se ranger à l'avis de son interlocuteur : *Acquiescer d'un signe de tête* (syn. accepter, approuver). ◆ v.t. ind. [à]. Donner son accord, son approbation à : *Il a acquiescé à toutes nos propositions* (syn. souscrire à ; contr. s'opposer à).

acquis, e [aki, akiz] adj. (p. passé de *acquérir*). - **1.** Qui est obtenu par la recherche, le travail, l'habitude : *Les caractères acquis de l'individu* (contr. héréditaire). - **2.** Qui a été

obtenu, reconnu une fois pour toutes et ne peut être contesté : *Fait acquis. Droits, avantages acquis.* -**3.** Acquis à, entièrement gagné, dévoué à une idée, à qqn ; partisan de : *Etre acquis à une cause. Je vous suis tout acquis.*
◆ **acquis** n.m. -**1.** Ensemble de privilèges, d'avantages, de droits, obtenus par une action, une lutte syndicale ou politique : *Le droit de grève fut un acquis considérable.* -**2.** Savoir obtenu par l'étude ou l'expérience : *Vivre sur ses acquis* (syn. bagage).

acquisition [akizisjɔ̃] n.f. -**1.** Action d'acquérir un bien : *Faire l'acquisition d'un domaine* (syn. achat). -**2.** Action d'acquérir un savoir : *L'acquisition du langage.* -**3.** Ce que l'on a acheté ; chose acquise : *Montre-moi ta dernière acquisition* (syn. achat).

acquit [aki] n.m. (de *acquitter*). -**1.** Reconnaissance écrite d'un paiement (syn. quittance, reçu). -**2. Par acquit de conscience,** pour éviter ensuite un remords : *Je passerai la voir par acquit de conscience.* ‖ **Pour acquit,** formule écrite au verso d'un chèque, au bas d'un billet, pour certifier qu'ils ont été payés.

acquittement [akitmã] n.m. -**1.** Action de payer ce qui est dû : *Acquittement d'une dette* (syn. paiement, remboursement). -**2.** Action de déclarer innocent par une décision judiciaire : *L'acquittement d'un accusé* (contr. condamnation).

acquitter [akite] v.t. (de *quitte*). -**1.** Payer ce qu'on doit : *Acquitter ses impôts, une facture* (syn. payer, régler). -**2.** Déclarer non coupable : *Acquitter un accusé* (syn. disculper, innocenter). ◆ **s'acquitter** v.pr. **[de].** Faire ce qu'on doit, ce à quoi on s'est engagé : *Elle s'est parfaitement acquittée de sa tâche* (syn. accomplir). *S'acquitter de ses dettes envers qqn* (syn. se libérer, rembourser). *S'acquitter de ses obligations militaires* (= faire son service).

acra [akʀa] n.m. (orig. obsc.). Boulette de morue pilée ou de pulpe de légume mêlée de pâte à beignet, frite à l'huile bouillante. □ Cuisine créole.

acre [akʀ] n.f. (mot anglo-normand). Anc. mesure agraire variable d'un pays à l'autre. □ Elle valait en France 52 ares env.

âcre [akʀ] adj. (lat. *acer*). Dont la saveur ou l'odeur est forte et irritante : *L'odeur âcre de la fumée* (syn. piquant). *Ces fruits verts sont âcres* (syn. amer, âpre).

âcreté [akʀəte] n.f. Caractère de ce qui est âcre : *L'âcreté d'un fruit qui n'est pas mûr* (syn. amertume, âpreté).

acridien [akʀidjɛ̃] n.m. (du gr. *akris, -idos* "sauterelle"). Acridiens, famille d'insectes orthoptères comprenant environ 10 000 espèces parmi lesquelles les criquets et les locustes.

acrimonie [akʀimɔni] n.f. (lat. *acrimonia,* de *acer* "âcre"). LITT. Mauvaise humeur qui se manifeste par un ton mordant, des propos acerbes : *Exprimer ses griefs sans acrimonie* (syn. agressivité, aigreur, hargne).

acrimonieux, euse [akʀimɔnjø, -øz] adj. LITT. Qui a, qui manifeste de l'acrimonie : *Ton, propos acrimonieux* (syn. acerbe, agressif, aigre).

acrobate [akʀɔbat] n. (du gr. *akrobatein* "aller sur la pointe des pieds"). -**1.** Artiste qui exécute des exercices d'agilité, d'adresse ou de force dans un cirque, un music-hall : *Un numéro d'acrobate.* -**2.** Personne habile qui recourt à des procédés compliqués souvent fantaisistes ou périlleux : *Un acrobate de la politique.*

acrobatie [akʀɔbasi] n.f. -**1.** Exercice d'acrobate, difficile ou périlleux : *Les acrobaties comiques des clowns.* -**2.** Comportement, procédé habile et ingénieux, mais souvent dangereux ou discutable ; virtuosité périlleuse : *Il s'est livré à quelques acrobaties pour rétablir son budget* (= tour de passe-passe). -**3.** Acrobatie aérienne, voltige.

acrobatique [akʀɔbatik] adj. -**1.** Qui tient de l'acrobatie : *Un saut acrobatique.* -**2.** D'une virtuosité périlleuse : *Un redressement financier acrobatique.*

acronyme [akʀɔnim] n.m. (de *acro-* et *-onyme*). Sigle qui peut être prononcé comme un mot ordinaire : *C. A. P. E. S., qui signifie « Certificat d'aptitude au professorat de l'enseignement du second degré » et que l'on prononce* [kapɛs], *est un acronyme.*

acropole [akʀɔpɔl] n.f. (gr. *akropolis,* de *akros* "élevé" et *polis* "ville"). -**1.** Partie la plus élevée des cités grecques, servant de citadelle. -**2.** (Avec une majuscule). L'Acropole d'Athènes.

acrostiche [akʀɔstiʃ] n.m. (gr. *akrostikhos,* de *akros* "extrême" et *stikhos* "vers"). Pièce de vers composée de telle sorte qu'en lisant dans le sens vertical la première lettre de chaque vers on trouve le mot pris pour thème, le nom de l'auteur, celui du dédicataire, etc.

acrylique [akʀilik] adj. et n.m. (du lat. *acer* "âcre, acide" et du gr. *hulê* "matière"). Se dit d'une fibre textile synthétique, obtenue par polymérisation : *Chandail en fibre acrylique, en acrylique.* ◆ adj. **Peinture acrylique,** peinture obtenue par la dispersion de pigments dans un latex résultant d'une polymérisation.

1. acte [akt] n.m. (lat. *actum,* de *agere* "agir"). -**1.** Manifestation concrète de l'activité de qqn, considérée en tant que fait objectif et accompli : *Il y a loin de la parole aux actes* (syn.

action). - **2.** Action humaine adaptée à une fin, de caractère volontaire ou involontaire : *Acte instinctif. Un acte de vandalisme, de terrorisme.* - **3.** DR. Écrit constatant une opération ou une situation juridique : *Les actes de l'état civil sont les actes de naissance, de mariage, de décès. Acte de vente. Le greffier a lu l'acte d'accusation.* - **4.** Dont acte, bonne note est prise. ‖ Faire acte de, témoigner de, donner la preuve de : *Faire acte de bonne volonté. Elle tenait à faire acte d'autorité.* ‖ Prendre acte de, déclarer qu'on se prévaudra par la suite du fait constaté : *Je prends acte que vous acceptez aujourd'hui l'ensemble de nos propositions.* - **5.** PSYCHAN. **Acte manqué.** Acte par lequel un sujet substitue involontairement, à un projet ou à une intention qu'il vise délibérément, une action ou une conduite totalement imprévues. ‖ PSYCHOL. **Passage à l'acte.** Réalisation d'une tendance, d'un désir impulsif jusque-là contenu.

2. **acte** [akt] n.m. (lat. *actus* "représentation scénique"). Chacune des grandes divisions d'une pièce de théâtre : *Une tragédie classique en cinq actes.*

acteur, trice [aktœʀ, -tʀis] n. (lat. *actor*, de *agere* "agir"). - **1.** Artiste qui joue dans une pièce de théâtre ou dans un film : *L'acteur le plus célèbre de sa génération* (syn. comédien). - **2.** Personne qui prend une part déterminante dans une action : *Les acteurs d'un complot* (syn. protagoniste ; contr. spectateur, témoin).

1. **actif, ive** [aktif, -iv] adj. (du lat. *actum* ; v. *acte*). - **1.** Qui agit, qui manifeste de l'activité, de l'énergie ; qui implique de l'activité : *Rester actif malgré l'âge* (syn. énergique, entreprenant). *Des recherches actives.* - **2.** Qui joue un rôle effectif ; qui est en exercice, en activité : *La population active* (= partie de la population susceptible d'avoir une activité laborieuse). *Membre actif d'un club.* - **3.** Qui agit efficacement : *Remède actif* (syn. efficace). - **4.** D'active, se dit d'un membre de *l'armée active*, des forces armées permanentes d'une nation (par opp. à *de réserve*) : *Un officier d'active.* ‖ Vie active, période de la vie où l'on exerce une activité professionnelle : *Entrer dans la vie active.* ‖ GRAMM. Voix active, forme du verbe qui, aux temps simples, n'a pas d'auxiliaire et qui présente l'action comme faite par le sujet (par opp. à *voix passive*).

2. **actif** [aktif] n.m. (de 1. *actif*). - **1.** COMPTAB. Ce qui, dans un bilan, figure l'ensemble des biens matériels et immatériels détenus par une entreprise : *L'actif de la société se compose d'immeubles et d'actions* (contr. passif). - **2.** GRAMM. Voix active. - **3.** Avoir qqch à son actif, compter au nombre de ses succès, de ses avantages, de ses actions : *Il a à son actif l'élaboration de plusieurs projets de loi.*

actinide [aktinid] n.m. (de *actinium*, n. d'un métal radioactif). Nom générique d'un groupe d'éléments chimiques radioactifs, naturels ou artificiels, de numéro atomique compris entre 89 et 103.

actinie [aktini] n.f. (du gr. *aktis, -inos* "rayon"). ZOOL. Polype mou à nombreux tentacules, fixé aux rochers littoraux (nom usuel : *anémone de mer*). □ Embranchement des cnidaires ; classe des anthozoaires.

1. **action** [aksjɔ̃] n.f. (lat. *actio*, de *agere* "agir"). - **1.** Fait, faculté d'agir, de manifester sa volonté en accomplissant qqch : *Être porté à l'action* (syn. activité ; contr. réflexion). *Homme, femme d'action.* - **2.** Ce que l'on fait ; manifestation concrète de la volonté de qqn, d'un groupe : *Le mobile d'une action* (syn. acte). *Action d'éclat.* - **3.** Effet produit par qqch ou qqn agissant d'une manière déterminée ; manière d'agir : *L'action de l'acide sur le métal* (syn. effet). *L'action du gouvernement sur les prix. Un remède à action lente.* - **4.** Mouvement collectif organisé en vue d'un effet particulier : *Action revendicative.* - **5.** Engagement militaire limité dans sa durée et dans ses objectifs ; coup de main : *Cérémonie à la mémoire des soldats tombés pendant l'action* (syn. combat). - **6.** Ensemble des événements qui constituent la trame d'un récit, d'un drame ; progression dramatique, péripéties d'une œuvre littéraire : *L'action de la pièce se passe au Moyen Âge. Unité d'action. Roman qui manque d'action* - **7.** Exercice d'un droit en justice : *Intenter une action* (= porter plainte). *Introduire une action en justice.* - **8.** Mettre en action, réaliser ce qui n'était encore qu'une idée, qu'une intention. ‖ Verbe d'action, verbe exprimant une action (par opp. à *verbe d'état*).

2. **action** [aksjɔ̃] n.f. (orig. incert., p.-ê. de 1. *action*, avec influence de 2. *actif*). Titre représentant une part d'associé dans certaines sociétés et donnant droit à une part des bénéfices : *Acheter, vendre des actions. Actions et obligations.*

actionnaire [aksjɔnɛʀ] n. Personne qui possède des actions dans une société : *Assemblée générale des actionnaires.*

actionnariat [aksjɔnaʀja] n.m. - **1.** Division en actions du capital des entreprises. - **2.** Fait d'être actionnaire : *Actionnariat des salariés.* - **3.** Ensemble des actionnaires.

actionner [aksjɔne] v.t. Faire fonctionner ; mettre en mouvement : *Actionner un mécanisme.*

activation [aktivasjɔ̃] n.f. - **1.** Action d'activer : *Le maire exige l'activation des travaux de rénovation* (syn. accélération). - **2.** CHIM. Augmentation de la réactivité d'un corps, notamm. par absorption de radiations : *Activation nucléaire.*

activé, e [aktive] adj. PHYS., CHIM. Rendu plus apte à agir par un procédé d'activation : *Charbon activé.*

activement [aktivmɑ̃] adv. De façon active : *Il s'est occupé activement de nos intérêts* (syn. énergiquement ; contr. mollement).

activer [aktive] v.t. (de *1. actif*). - **1.** Rendre plus vif, plus actif : *Le vent violent activait l'incendie.* - **2.** Rendre plus rapide : *Il faudrait activer les préparatifs de départ* (syn. accélérer ; contr. ralentir). - **3.** CHIM. Soumettre à l'activation. ◆ **s'activer** v.pr. Travailler avec diligence, avec ardeur : *Les ouvriers s'activent sur le chantier* (syn. s'affairer ; contr. traîner).

activisme [aktivism] n.m. (de *actif*). - **1.** Attitude politique qui préconise l'action directe, la propagande active. - **2.** Attitude morale qui insiste sur les nécessités de la vie et de l'action, plus que sur les principes théoriques. ◆ **activiste** n. Partisan de l'activisme.

activité [aktivite] n.f. (du lat. *actum* ; v. *acte*). - **1.** Ensemble des phénomènes par lesquels se manifestent certaines formes de vie, un processus, un fonctionnement : *Activité physique, intellectuelle.* - **2.** Vivacité et énergie dans l'action de qqn ; dynamisme : *Elle fait preuve d'une activité débordante* (syn. énergie ; contr. apathie). - **3.** Action d'une personne, d'une entreprise, d'une nation dans un domaine défini ; domaine dans lequel s'exerce cette action : *Avoir de nombreuses activités* (syn. occupation). *Reprendre son activité professionnelle après une maladie. Usine qui étend son activité à de nouveaux secteurs.* - **4.** En activité, en exercice, en service (par opp. à *en disponibilité, en retraite*) ; en fonctionnement : *Un employé en activité au-delà de la limite d'âge. Volcan en activité* (= susceptible d'entrer en éruption). - **5.** Activité solaire, ensemble de phénomènes (taches, éruptions, sursauts, etc.) qui affectent certaines régions du Soleil suivant un cycle d'environ onze ans.

actualisation [aktɥalizasjɔ̃] n.f. - **1.** Action d'actualiser ; fait d'être actualisé : *L'actualisation d'une encyclopédie* (= mise à jour). - **2.** PHILOS., LING. Action d'actualiser, rendre effectif, actuel.

actualiser [aktɥalize] v.t. - **1.** Rendre actuel ; adapter à l'époque présente ; mettre à jour : *Actualiser les programmes scolaires.* - **2.** PHILOS. Faire passer de la puissance à l'acte, de la virtualité à la réalité. - **3.** LING. Mettre en œuvre les éléments virtuels de la langue dans des énoncés effectifs.

actualité [aktɥalite] n.f. - **1.** Caractère de ce qui appartient ou convient au moment présent : *L'actualité d'un roman. Les problèmes agricoles sont un sujet d'actualité.* - **2.** Ensemble des événements, des faits actuels, récents : *L'actualité médicale, littéraire.* ◆ **actualités** n.f. pl. Journal filmé d'informations politiques et générales.

actuariel, elle [aktɥarjɛl] adj. (du lat. *actuarius* "comptable", de *actum* ; v. *acte*). Taux actuariel, taux de rendement produit par un capital dont les intérêts et le remboursement sont assurés par une série de versements échelonnés dans le temps.

actuel, elle [aktɥɛl] adj. (bas lat. *actualis*, du class. *actum* ; v. *acte*). - **1.** Qui existe dans le moment présent, l'époque présente : *Les circonstances actuelles nous imposent d'économiser l'énergie* (syn. présent). - **2.** PHILOS. Qui existe en acte, conçu comme réel, effectif (par opp. à *virtuel*).

actuellement [aktɥɛlmɑ̃] adv. Dans la période présente ; en ce moment : *Ma voiture est actuellement en réparation* (syn. présentement). *Actuellement, la télévision concurrence le cinéma* (= de nos jours ; syn. aujourd'hui).

acuité [akɥite] n.f. (bas lat. *acuitos*, du class. *acutus* "aigu"). - **1.** Caractère de ce qui est aigu, vif : *Acuité d'un son, d'une douleur* (syn. intensité). - **2.** Pouvoir de discrimination d'un organe des sens ; puissance de pénétration : *Acuité visuelle. Intelligence d'une grande acuité* (syn. finesse).

acupuncteur, trice ou **acuponcteur, trice** [akypɔ̃ktœʀ, -tʀis] n. Médecin spécialiste de l'acupuncture.

acupuncture ou **acuponcture** [akypɔ̃ktyʀ] n.f. Traitement médical d'origine chinoise qui consiste à piquer des aiguilles en certains points du corps, selon des « lignes de force » vitales.

acyle [asil] n.m. (de *ac[ide]* et du gr. *hulê* "matière"). Radical monovalent constitué d'un groupe hydrocarboné, d'un atome de carbone et d'un atome d'oxygène. □ Formule : RCO—.

1. adage [adaʒ] n.m. (lat. *adagium*). Maxime ancienne et populaire empruntée au droit coutumier ou écrit : « *Nul n'est censé ignorer la loi* » *est un adage.*

2. adage [adaʒ] n.m. (it. *adagio*). CHORÉGR. Exercices lents destinés à parfaire l'équilibre des danseurs et la ligne de leurs mouvements. Première partie d'un pas de deux.

adagio [adadʒjo] adv. (mot it.). MUS. Lentement. ◆ n.m. Morceau de musique exécuté adagio.

adamantin, e [adamɑ̃tɛ̃, -in] adj. (gr. *adamantinos* "dur"). LITT. Qui a la dureté, l'éclat du diamant.

adaptabilité [adaptabilite] n.f. Capacité de s'adapter à de nouvelles situations, à de nouveaux milieux : *Une nouvelle variété de pommier d'une grande adaptabilité.*

adaptable [adaptabl] adj. Qui peut être adapté : *Accessoire adaptable sur tous nos modèles.*

1. adaptateur [adaptatœr] n.m. Instrument, dispositif permettant d'adapter un objet à une utilisation pour laquelle il n'est pas directement conçu : *Adaptateur pour prises de courant.*

2. adaptateur, trice [adaptatœr, -tris] n. Personne qui adapte une œuvre littéraire au cinéma, au théâtre.

adaptation [adaptasjɔ̃] n.f. Action d'adapter, de s'adapter ; son résultat : *L'adaptation du plan à la conjoncture économique. L'adaptation d'un roman au cinéma* (syn. transposition). *Faciliter l'adaptation d'animaux à un nouveau milieu* (syn. acclimatation, acclimatement).

adapter [adapte] v.t. (lat. *adaptare,* de *aptus* "apte"). - **1.** Réaliser la jonction d'une chose avec une autre dans un certain but : *Adapter un robinet à un tuyau* (syn. ajuster). - **2.** Mettre en accord avec : *Adapter les moyens au but* (syn. approprier). - **3.** Arranger une œuvre littéraire pour la rendre conforme au goût du jour ou la transposer dans un autre mode d'expression, théâtre, cinéma, télévision : *Plusieurs romans de Balzac ont été adaptés au cinéma* (syn. transposer). ◆ **s'adapter** v.pr. [à]. Se plier, se conformer à : *S'adapter aux circonstances. Elle doit s'adapter à sa nouvelle existence* (syn. se faire).

addenda [adɛ̃da] n.m. inv. (mot lat. "choses à ajouter"). Ensemble d'articles, de notes que l'on ajoute à un ouvrage pour le compléter (syn. appendice, supplément).

additif [aditif] n.m. - **1.** Produit qu'on ajoute à un autre pour en améliorer les caractéristiques, les propriétés : *Les additifs utilisés dans l'industrie alimentaire.* - **2.** Addition faite à un texte : *Soumettre au Parlement un additif à une loi.*

addition [adisjɔ̃] n.f. (lat. *additio,* de *addere* "ajouter"). - **1.** Action d'ajouter ; ce qu'on ajoute : *L'addition d'un « s » au pluriel des noms* (syn. adjonction). *Faire une addition de quelques lignes à un article* (syn. ajout). - **2.** MATH. Première des quatre opérations fondamentales de l'arithmétique, symbolisée par le signe + (plus) : *Vérifier le total d'une addition.* - **3.** Note de dépenses au café, au restaurant : *Garçon, l'addition, s'il vous plaît !* (syn. note).

additionnel, elle [adisjɔnɛl] adj. Qui est ajouté : *Un article additionnel a été voté par l'Assemblée nationale.*

additionner [adisjɔne] v.t. - **1.** Faire l'addition de deux ou plusieurs quantités, de deux ou plusieurs nombres : *Additionner les chiffres d'une colonne* (syn. totaliser). - **2.** Modifier une substance en y ajoutant un élément d'une autre nature : *Additionner son vin d'un peu d'eau* (syn. étendre).

additionneur [adisjɔnœr] n.m. INFORM. Organe de calcul analogique ou numérique permettant d'effectuer la somme de deux nombres.

additivé, e [aditive] adj. Carburant additivé, carburant contenant des additifs qui accroissent l'indice d'octane.

adducteur [adyktœr] adj.m. et n.m. Canal adducteur, qui amène les eaux d'une source à un réservoir. ‖ Muscle adducteur, qui produit une adduction.

adduction [adyksjɔ̃] n.f. (bas lat. *adductio,* du class. *adducere* "amener"). - **1.** ANAT. Mouvement qui rapproche un membre de l'axe du corps. - **2.** Action de dériver et de conduire un fluide à l'endroit où il est utilisé, consommé : *Travaux d'adduction d'eau, de gaz.*

adénite [adenit] n.f. (du gr. *adên* "glande"). Inflammation des ganglions lymphatiques.

adénoïde [adenɔid] adj. (du gr. *adên* "glande", et de *-oïde*). Qui se rapporte au tissu glandulaire.

adénome [adenom] n.m. (du gr. *adên* "glande", et de *-ome*). Tumeur bénigne qui se développe dans une glande.

adepte [adɛpt] n. (du lat. *adeptus* "qui a obtenu"). - **1.** Membre d'un mouvement, d'un groupement demandant un engagement personnel : *Les adeptes d'une secte* (syn. membre). - **2.** Partisan convaincu d'une doctrine ou de son promoteur : *Une théorie qui a de nombreux adeptes* (syn. défenseur, partisan). - **3.** Personne qui privilégie et pratique telle activité : *Une adepte du ski.*

adéquat, e [adekwa, -at] adj. (lat. *adaequatus,* de *aequus* "égal"). Qui correspond parfaitement à son objet, à ce qu'on attend : *Trouver l'expression adéquate* (syn. ad hoc, approprié, idoine).

adéquatement [adekwatmɑ̃] adv. De façon adéquate : *Il n'a pas réussi à exprimer adéquatement notre idée* (syn. convenablement, exactement).

adéquation [adekwasjɔ̃] n.f. Conformité de l'idée au but visé, à l'objet : *L'adéquation de l'expression à la pensée* (syn. accord, concordance).

adhérence [aderɑ̃s] n.f. - **1.** État d'une chose qui tient à une autre, qui est fortement attachée, collée : *Vérifier l'adhérence d'un timbre à une enveloppe. Par temps de pluie, l'adhérence des pneus à la route diminue.* - **2.** ANAT. PATHOL. Accolement normal ou pathologique de deux organes ou tissus : *Adhérence des deux feuillets de la plèvre.*

1. adhérent, e [aderɑ̃, -ɑ̃t] adj. - **1.** Fortement attaché : *Branche adhérente au tronc.* - **2.** Qui colle fortement : *La poix est une substance adhérente* (syn. collant).

2. adhérent, e [aderɑ̃, -ɑ̃t] n. et adj. Membre d'une association, d'un parti politique, d'une organisation : *Chaque adhérent reçoit une carte* (syn. affilié, membre).

adhérer [adere] v.t. ind. [à] (lat. *adhaerere*) [conj. 18]. - **1.** Être fortement attaché à : *Papier qui adhère mal au mur* (syn. coller). - **2.** S'inscrire, être inscrit à un parti, une association : *Il voulait me faire adhérer à son syndicat* (syn. s'affilier). - **3.** Se ranger à un avis ; partager une opinion : *J'adhère à ce que vous avez dit* (syn. approuver, souscrire à).

adhésif, ive [adezif, -iv] adj. Se dit d'un papier, d'une toile, d'un ruban dont une des faces est enduite d'une substance qui permet l'adhérence à une surface : *Un pansement adhésif* (syn. collant). ◆ **adhésif** n.m. - **1.** Substance synthétique capable de fixer deux surfaces entre elles. - **2.** Ruban, papier adhésif.

adhésion [adezjɔ̃] n.f. (lat. *adhaesio*, de *adhaerere* "adhérer"). - **1.** Action de souscrire à une idée ou à une doctrine, de s'inscrire à un parti, à une association : *Remplir son bulletin d'adhésion* (syn. inscription). *Son adhésion date des années soixante* (syn. affiliation). *Elle a donné son adhésion à notre proposition* (syn. accord, approbation). - **2.** DR. INTERN. Déclaration par laquelle un État s'engage à respecter les termes d'une convention dont il n'a pas été initialement signataire : *L'adhésion de la France au traité de non-prolifération des armes nucléaires.*

adhésivité [adezivite] n.f. Aptitude d'un matériau à adhérer à un autre : *L'adhésivité de la glu.*

ad hoc [adɔk] loc. adj. inv. (loc. lat. "pour cela"). Qui convient à la situation, au sujet : *Trouver les arguments ad hoc* (syn. adéquat, approprié).

adieu [adjø] interj. et n.m. (de *à* et *Dieu*). - **1.** Formule de salut employée quand on quitte qqn pour un temps assez long ou définitivement : *Tout est fini entre nous, adieu ! Des adieux déchirants.* - **2.** Dire adieu à qqch, y renoncer : *Si tu acceptes ce travail, tu peux dire adieu à ta tranquillité !*

adipeux, euse [adipø, -øz] adj. (du lat. *adeps, adipis* "graisse"). - **1.** Qui a les caractères de la graisse ; qui renferme de la graisse : *Tissu adipeux* (syn. graisseux). - **2.** Bouffi de graisse : *Homme adipeux* (syn. empâté, gras ; contr. maigre).

adiposité [adipozite] n.f. Accumulation de graisse dans les tissus (syn. embonpoint ; contr. maigreur).

adjacent, e [adʒasɑ̃, -ɑ̃t] adj. (lat. *adjacens* "situé auprès"). - **1.** Situé auprès de : *Le boulevard et les rues adjacentes* (syn. attenant, voisin). - **2.** Angles adjacents, angles ayant même sommet, un côté commun, et situés de part et d'autre de ce côté.

1. adjectif [adʒɛktif] n.m. (du lat. *adjectivum* [nomen] "[nom] qui s'ajoute"). - **1.** Mot qui qualifie ou détermine le substantif auquel il est joint : *Adjectif qualificatif, démonstratif, possessif.* - **2.** Adjectif verbal, adjectif issu du participe présent du verbe. □ Il s'accorde en genre et en nombre : *des enfants obéissants,* alors que le participe présent est invariable : *des enfants obéissant à leurs parents.*

2. adjectif, ive [adʒɛktif, -iv] et **adjectival, e, aux** [adʒɛktival, -o] adj. Qui a le caractère de l'adjectif : *Locution adjective, adjectivale.*

adjectivé, e [adʒɛktive] adj. Transformé en adjectif ; utilisé comme adjectif : *Le nom « monstre » est adjectivé dans la phrase « il a eu un succès monstre ».*

adjectivement [adʒɛktivmɑ̃] adv. Avec la valeur d'un adjectif : *Dans « une école pilote », le nom « pilote » est employé adjectivement.*

adjoindre [adʒwɛ̃dʀ] v.t. (lat. *adjungere*) [conj. 82]. - **1.** Associer, joindre une chose à une autre : *Document qu'il faut adjoindre à un dossier.* - **2.** Associer une personne à une autre : *On lui a adjoint une secrétaire chargée du courrier.* ◆ **s'adjoindre** v.pr. S'adjoindre qqn, s'en faire aider : *S'adjoindre une collaboratrice* (syn. engager).

adjoint, e [adʒwɛ̃, -ɛ̃t] n. et adj. (p. passé de *adjoindre*). - **1.** Personne associée à une autre pour la seconder : *Elle nous a présenté son adjointe* (syn. assistant, second). - **2.** Adjoint au maire, conseiller municipal qui assiste le maire dans ses fonctions.

adjonction [adʒɔ̃ksjɔ̃] n.f. (lat. *adjunctio*, de *adjungere* "adjoindre"). Action, fait d'adjoindre : *L'adjonction d'un étage à une maison* (syn. addition, ajout).

adjudant [adʒydɑ̃] n.m. (esp. *ayudante*). Sous-officier d'un grade immédiatement supérieur à celui de sergent-chef. ◆ **adjudant-chef** (pl. *adjudants-chefs*). Sous-officier d'un grade intermédiaire entre ceux d'adjudant et de major.

adjudicataire [adʒydikatɛʀ] n. Bénéficiaire d'une adjudication.

adjudicateur, trice [adʒydikatœʀ, -tʀis] n. Personne qui met en adjudication un bien ou un marché.

adjudication [adʒydikasjɔ̃] n.f. DR. Attribution d'un marché public ou, dans une vente aux enchères, d'un bien, à la personne qui offre le meilleur prix : *La commune met en adjudication la réfection de l'éclairage public.*

adjuger [adʒyʒe] v.t. (lat. *adjudicare*) [conj. 17]. - **1.** Concéder par adjudication : *Adjuger un tableau au plus offrant.* - **2.** Attribuer une récompense : *Le prix lui a été adjugé à l'unanimité* (syn. décerner). ◆ **s'adjuger** v.pr. S'adjuger qqch, s'en emparer de façon arbitraire : *S'adjuger la meilleure part* (syn. s'approprier).

adjuration [adʒyRasjɔ̃] n.f. - **1.** Action d'adjurer : *Céder aux adjurations de sa famille* (syn. prière, supplication). - **2.** CATH. Formule d'exorcisme.

adjurer [adʒyRe] v.t. (lat. *adjurare*). Prier instamment : *Je vous adjure de dire la vérité* (syn. conjurer, supplier).

adjuvant, e [adʒyvɑ̃, -ɑ̃t] adj. (du lat. *adjuvare* "aider"). - **1.** Se dit de ce qui renforce ou complète les effets de la médication principale : *Médicament, traitement adjuvant.* - **2.** Se dit d'un produit que l'on ajoute à un autre pour en améliorer les caractéristiques. ◆ **adjuvant** n.m. Produit adjuvant : *Les adjuvants du béton.*

ad libitum [adlibitɔm] loc. adv. (loc. lat.). À volonté ; au choix : *Pour ce qui est de l'ordre des opérations, nous pouvons procéder ad libitum.* (Abrév. *ad lib.*)

admettre [admɛtR] v.t. (lat. *admittere*) [conj. 84]. - **1.** Laisser entrer dans un lieu, un groupe : *Ne pas admettre les chiens dans un magasin.* - **2.** Considérer comme ayant satisfait aux exigences d'une épreuve d'examen : *Vingt candidats ont été admis à ce concours* (syn. recevoir ; contr. ajourner, éliminer). *Admettre une élève dans la classe supérieure.* - **3.** Laisser la possibilité d'exister à : *Affaire qui n'admet aucun retard* (syn. souffrir). *Le règlement n'admet aucune exception* (syn. permettre). - **4.** Reconnaître pour vrai : *Admettre le bien-fondé d'une remarque* (syn. accepter).

administrateur, trice [administRatœR, -tRis] n. - **1.** Personne qui gère les biens, les affaires d'un particulier, d'une société, de l'État : *Des qualités d'administrateur* (syn. gestionnaire). - **2.** Membre d'un conseil d'administration : *Décision soumise à l'approbation des administrateurs.* - **3.** Administrateur de biens, mandataire effectuant des opérations d'administration et de gestion et des transactions sur des biens immobiliers.

administratif, ive [administRatif, -iv] adj. Qui relève de l'administration : *Services administratifs.*

administration [administRasjɔ̃] n.f. - **1.** Action d'administrer : *On a confié l'administration de l'entreprise à une nouvelle directrice* (syn. gestion). - **2.** Service public : *L'administration des douanes.* - **3.** (Avec une majuscule). L'ensemble des services de l'État : *Les rouages de l'Administration.*

administré, e [administRe] n. Personne dépendant d'une administration : *Le maire a recueilli les doléances de ses administrés.*

administrer [administRe] v.t. (lat. *admistrare* "servir", de *minister* "serviteur"). - **1.** Gérer les affaires publiques ou privées : *Administrer une grande entreprise* (syn. gérer). *Administrer un pays* (syn. diriger, gouverner). - **2.** Fournir à qqn ce dont il a besoin : *Le médecin lui a administré un calmant* (syn. donner). - **3.** RELIG. CHRÉT. Conférer un sacrement : *Administrer le baptême.* - **4.** FAM. Infliger : *Administrer une correction.*

admirable [admiRabl] adj. - **1.** Qui suscite l'admiration : *Un courage admirable. Des paysages admirables* (syn. magnifique, splendide, superbe). - **2.** De très grande qualité : *Un discours, un livre admirable* (syn. excellent).

admirablement [admiRabləmɑ̃] adv. Très bien : *Des fresques admirablement conservées* (syn. parfaitement).

admirateur, trice [admiRatœR, -tRis] adj. et n. Qui admire : *Il lui lança un regard admirateur. La star signa des autographes à ses admirateurs* (syn. fan).

admiratif, ive [admiRatif, -iv] adj. Qui marque l'admiration : *Un murmure admiratif.*

admiration [admiRasjɔ̃] n.f. - **1.** Sentiment éprouvé devant qqch, le beau, le bien : *Avoir de l'admiration pour le courage de qqn* (contr. mépris). - **2.** Sentiment de ravissement éprouvé devant qqch, qqn : *Être en admiration devant un paysage, devant qqn.* - **3.** Objet d'admiration : *Ce poète fit l'admiration de plusieurs générations d'adolescents.*

admirativement [admiRativmɑ̃] adv. Avec admiration : *Contempler qqn admirativement* (= avec ravissement).

admirer [admiRe] v.t. (lat. *admirari* "s'étonner de"). - **1.** Éprouver un sentiment d'admiration à l'égard de qqn, qqch : *Admirer un écrivain, son œuvre.* - **2.** Regarder avec admiration : *Les touristes s'arrêtent pour admirer le portail de la cathédrale.* - **3.** Trouver étrange, blâmable (iron.) : *J'admire ses prétentions* (= je les juge excessives). *J'admire que vous restiez impassible devant tant de sottise* (syn. s'étonner).

admissibilité [admisibilite] n.f. Fait d'être admissible à un examen, un concours.

admissible [admisibl] adj. (du lat. *admissus*, de *admettre* "admettre"). Considéré comme possible, valable : *Une excuse admissible* (syn. acceptable, recevable). ◆ adj. et n. Qui est admis à se présenter aux épreuves orales d'un examen, d'un concours après en avoir subi les épreuves écrites avec succès : *La liste des admissibles, des étudiants admissibles a été affichée.*

admission [admisjɔ̃] n.f. (lat. *admissio*, de *admittere* "admettre"). - **1.** Action d'admet-

tre ; son résultat : *L'admission à un concours.*
L'admission d'un pays nouvellement indépen-
dant à l'O.N.U. (syn. entrée). *Bureau des*
admissions dans un hôpital. - **2.** Entrée des gaz
dans le cylindre ou dans la chambre de
combustion d'un moteur : *Soupape d'admis-*
sion.

admonestation [admɔnɛstasjɔ̃] n.f. LITT.
Réprimande sévère ; avertissement solennel : *Il ignore totalement les admonestations*
paternelles (syn. réprimande, semonce).

admonester [admɔnɛste] v.t. (orig. incert.,
p.-ê du lat. *admonitus* "avertir", croisé avec
molestus "pénible"). LITT. Faire une sévère
remontrance à : *Le juge a admonesté le prévenu*
(syn. morigéner, tancer).

admonition [admɔnisjɔ̃] n.f. (du lat. *admo-*
nere "avertir"). LITT. Avertissement fait à qqn
sur sa conduite : *Les admonitions de sa mère ne*
l'ont pas assagi (syn. observation, remontrance).

A.D.N., sigle de *acide désoxyribonucléique,* désignant le constituant essentiel, support matériel de l'hérédité, des chromosomes du
noyau cellulaire.

adolescence [adɔlesɑ̃s] n.f. Période de la vie
entre la puberté et l'âge adulte : *La période*
difficile de l'adolescence.

adolescent, e [adɔlesɑ̃, -ɑ̃t] n. (lat. *adoles-*
cens). Celui, celle qui est dans l'adolescence :
Un séjour linguistique pour adolescents. (Abrév.
ado.)

adonis [adɔnis] n.m. (de *Adonis,* célèbre par sa
beauté). LITT. Jeune homme d'une beauté
remarquable.

s' adonner [adɔne] v.pr. [à] (lat. pop. *addo-*
nare, du class. *donare* ; v. *donner*). - **1.** Se livrer,
s'attacher entièrement à qqch : *Maintenant*
qu'il est à la retraite il peut s'adonner à son
passe-temps favori (syn. se consacrer). - **2.** Se
laisser aller à un penchant (souvent péjor.) :
Depuis la mort de sa femme, il s'adonne à la
boisson (syn. s'abandonner).

adoptant, e [adɔptɑ̃, -ɑ̃t] adj. et n. Qui
adopte : *Les familles adoptantes* (syn. adoptif).

adopté, e [adɔpte] adj. et n. Qui a fait l'objet
d'une adoption : *Un enfant adopté.*

adopter [adɔpte] v.t. (lat. *adoptare* "choisir").
- **1.** Prendre légalement pour fils ou pour
fille : *Adopter un enfant.* - **2.** Faire sien, admettre ou prendre par choix, par décision : *J'ai*
adopté votre point de vue (syn. se rallier à, se
ranger à). *Adopter les mesures exceptionnelles*
(syn. prendre). - **3.** En parlant d'une loi,
approuver par un vote : *La motion a été*
adoptée à main levée (syn. voter).

adoptif, ive [adɔptif, -iv] adj. - **1.** Qui a été
adopté : *Fille adoptive.* - **2.** Qui adopte : *Père*
adoptif. Famille adoptive (syn. adoptant).

adoption [adɔpsjɔ̃] n.f. - **1.** Action d'adopter
un enfant : *Entamer des démarches en vue d'une*
adoption. - **2.** Adoption simple, où les liens
avec la famille d'origine ne sont pas rompus
(par opp. à *adoption plénière*). ‖ D'adoption,
qu'on a choisi sans en être originaire, en
parlant d'un pays, d'un milieu, etc. : *La*
France est sa patrie d'adoption.

adorable [adɔrabl] adj. Dont le charme,
l'agrément est extrême : *Un enfant adorable*
(syn. charmant ; contr. insupportable). *Elle a un*
nez adorable (syn. ravissant ; contr. laid).

adorablement [adɔrabləmɑ̃] adv. De façon
exquise : *Leur salon est adorablement décoré*
(syn. délicieusement).

adorateur, trice [adɔratœr, -tris] n. - **1.** Personne qui rend un culte à une divinité, à un
objet divinisé : *Les adorateurs du Soleil, du veau*
d'or. - **2.** Personne qui éprouve une grande
affection, une grande admiration pour qqn :
Femme entourée de ses adorateurs (syn. soupirant).

adoration [adɔrasjɔ̃] n.f. Action d'adorer ;
amour ardent pour qqn : *Ils vouent une sorte*
d'adoration à leur capitaine (syn. attachement,
dévotion). *L'adoration d'une mère pour son*
enfant (syn. adulation, amour, idolâtrie). *Il est en*
adoration devant elle (syn. extase).

adorer [adɔre] v.t. (lat. *adorare* "prier").
- **1.** Honorer d'un culte divin : *Adorer le Soleil,*
Dieu. - **2.** Aimer passionnément : *Elle adore*
son mari, son enfant (syn. chérir, idolâtrer).
- **3.** Apprécier beaucoup qqn, qqch : *Adorer le*
chocolat (syn. aimer).

adossé, e [adose] adj. ARCHIT. Qui est solidaire
d'un support vertical par un de ses côtés, en
parlant d'un élément de construction : *Un*
appentis adossé au mur sud.

adosser [adose] v.t. Appuyer contre un support en faisant porter le dos ou la face
arrière : *Adosser une maison à une colline.*
➭ **s'adosser** v.pr. [à, contre]. S'appuyer,
être appuyé contre qqch : *Il s'adossa au mur*
et la regarda approcher.

adoubement [adubmɑ̃] n.m. Cérémonie au
cours de laquelle un homme était armé
chevalier, au Moyen Âge.

adouber [adube] v.t. (probabl. du frq. *dub-*
ban "frapper"). Armer chevalier par l'adoubement, au Moyen Âge.

adoucir [adusir] v.t. [conj. 32]. - **1.** Rendre plus
doux à la vue, au toucher, etc. : *Savon qui*
adoucit la peau. Mettre du sucre pour adoucir
l'amertume d'un sirop (syn. atténuer). - **2.** Rendre moins pénible, moins rude : *Adoucir une*
peine trop sévère (syn. diminuer ; contr. aggraver). *J'ai tout fait pour adoucir son chagrin* (syn.
alléger, atténuer). - **3.** Adoucir l'eau, en éliminer les sels de calcium et de magnésium.

◆ **s'adoucir** v.pr. Devenir plus doux : *La température s'adoucit* (syn. se radoucir). *Il s'est adouci quand j'ai présenté mes excuses* (contr. se durcir).

adoucissant, e [adusisɑ̃, -ɑ̃t] adj. - **1.** Qui calme les irritations de la peau ; qui rend la peau plus douce : *Lait adoucissant.* - **2.** Qui adoucit l'eau. - **3.** Qui adoucit les textiles. ◆ **adoucissant** n.m. Produit adoucissant.

adoucissement [adusismɑ̃] n.m. Action d'adoucir ; fait de s'adoucir : *Adoucissement de la température* (syn. radoucissement ; contr. refroidissement).

adoucisseur [adusisœr] n.m. Appareil servant à adoucir l'eau.

ad patres [adpatrɛs] loc. adv. (mots lat. "vers les ancêtres"). FAM. Envoyer qqn ad patres, tuer qqn.

adragante [adragɑ̃t] adj.f. (du gr. *tragakantha*, de *tragos* "bouc", et *akantha* "épine"). Gomme adragante, gomme végétale extraite d'un arbrisseau, l'astragale, et qui sert comme colle dans la préparation des étoffes, papiers, cuirs. □ On l'emploie aussi en pharmacie et en pâtisserie.

adrénaline [adrenalin] n.f. (du lat. *ad* "vers" et *ren* "rein"). Hormone sécrétée par la portion médullaire des glandes surrénales, qui accélère le rythme cardiaque, augmente la pression artérielle, dilate les bronches et les pupilles, élève la glycémie.

adressage [adrɛsaʒ] n.m. INFORM. Action d'adresser.

1. adresse [adrɛs] n.f. (de *adresser*). - **1.** Indication précise du domicile de qqn : *Carnet d'adresses.* - **2.** Écrit présenté par une assemblée au chef de l'État : *Le maire lut une adresse du conseil municipal au président.* - **3.** INFORM. Localisation codée d'une information dans une mémoire électronique.

2. adresse [adrɛs] n.f. (de *1. adresse*, avec infl. de *adroit*). Habileté physique ou intellectuelle : *Ce jeu exige de l'adresse* (syn. dextérité). *L'adresse avec laquelle elle élude les questions embarrassantes* (syn. finesse, intelligence).

adresser [adrese] v.t. (de *dresser*). - **1.** Faire parvenir à qqn : *Adresser une lettre à son fils* (syn. envoyer, expédier). - **2.** Dire, proférer à l'intention de qqn : *Adresser la parole à qqn* (= lui parler). *Adresser des reproches à qqn.* - **3.** Demander à qqn de se rendre quelque part, d'avoir recours à qqn : *C'est mon médecin qui m'a adressé à vous* (syn. recommander). - **4.** INFORM. Pourvoir une information d'une adresse. ◆ **s'adresser** v.pr. [à]. - **1.** Adresser la parole à : « *Ceci ne me plaît pas* », *dit-il en s'adressant à son fils.* - **2.** Avoir recours à qqn, qqch : *Adressez-vous au concierge* (syn. questionner). *Il faut vous adresser*

directement au ministère. - **3.** Être destiné à qqn : *Cette remarque ne s'adresse pas à vous* (syn. concerner).

adret [adrɛ] n.m. (mot du Sud-Est, de *droit*). Versant d'une vallée exposé au soleil dans les pays montagneux (par opp. à *ubac*).

adroit, e [adrwa, -at] adj. (de *droit*). - **1.** Qui fait preuve d'adresse, d'habileté : *Un diplomate adroit* (syn. fin, habile). - **2.** Qui marque de l'intelligence, de l'habileté : *Un adroit stratagème* (syn. ingénieux, habile).

adroitement [adrwatmɑ̃] adv. Avec adresse, habileté : *Il a adroitement évité le piège* (syn. habilement).

adsorber [adsɔrbe] v.t. (d'après *absorber*, par changement de préfixe). PHYS. Fixer par adsorption.

adsorption [adsɔrpsjɔ̃] n.f. PHYS. Pénétration superficielle d'un gaz ou d'un liquide dans un solide, dans un autre liquide.

adulateur, trice [adylatœr, -tris] adj. et n. LITT. Qui flatte bassement, souvent dans un but intéressé : *Des discours adulateurs* (syn. flagorneur, flatteur). *Entourée de ses adulateurs* (syn. courtisan, thuriféraire).

adulation [adylasjɔ̃] n.f. LITT. Flatterie, admiration excessive : *Se comporter sans adulation* (syn. flagornerie).

aduler [adyle] v.t. (lat. *adulari*). Témoigner une admiration passionnée à : *Une vedette que le public adule* (syn. chérir, idolâtrer).

adulte [adylt] adj. (lat. *adultus* "qui a grandi"). Parvenu au terme de sa croissance, de sa formation : *Animal, plante adulte.* ◆ n. Personne parvenue à sa maturité physique, intellectuelle et affective (par opp. à *enfant, adolescent*) : *Film réservé aux adultes* (= grandes personnes).

adultération [adylterasjɔ̃] n.f. Action d'adultérer, de falsifier : *L'adultération de denrées alimentaires* (syn. altération).

1. adultère [adyltɛr] n.m. (lat. *adulterium*). Violation du devoir de fidélité entre les époux : *Pris en flagrant délit d'adultère* (syn. infidélité, trahison).

2. adultère [adyltɛr] adj. (lat. *adulter*). Qui se livre à l'adultère ; qui relève de l'adultère : *Des époux adultères* (syn. infidèle). *Des relations adultères.*

adultérer [adyltere] v.t. (lat. *adulterare* "falsifier") [conj. 18]. Introduire dans qqch des éléments qui en faussent la nature, la pureté : *Adultérer du vin* (syn. altérer, frelater). *Adultérer un texte* (syn. dénaturer, fausser).

adultérin, e [adylterɛ̃, -in] adj. Enfant adultérin, enfant né hors du mariage.

advenir [advənir] v.i. (lat. *advenire*) [conj. 40 ; auxil. *être* ; usité seul. aux 3ᵉs pers., au p. passé et à l'inf.]. - **1.** Arriver par hasard, sans qu'on s'y attende : *Voici ce qu'il advint* (= eut lieu ; syn. se produire, se passer). *Quoi qu'il advienne* (syn. survenir). - **2.** Advienne que pourra, peu importent les conséquences.

adventice [advãtis] adj. (lat. *adventicius* "supplémentaire"). - **1.** DIDACT. Qui s'ajoute accessoirement, incidemment : *Circonstances adventices* (syn. accessoire, secondaire). - **2.** BOT. Qui croît sur un terrain cultivé sans avoir été semé : *Le chiendent et l'ivraie sont des plantes adventices.*

adventif, ive [advãtif, -iv] adj. (du lat. *adventicius* "supplémentaire"). - **1.** BOT. Se dit d'un organe végétal qui se développe là où normalement on n'en trouve aucun de même nature : *Les racines nées sur la tige sont des racines adventives.* - **2.** GÉOGR. Cône adventif, cône volcanique annexe édifié par une nouvelle éruption.

adventiste [advãtist] n. et adj. (anglo-amér. *adventist*, du lat. *adventus* "arrivée"). Membre d'un mouvement évangélique qui attend un second avènement du Messie.

adverbe [adverb] n.m. GRAMM. Mot invariable dont la fonction est de modifier le sens d'un verbe, d'un adjectif ou d'un autre adverbe (ex. : *beaucoup* dans *travailler beaucoup*).

adverbial, e, aux [adverbjal, -o] adj. Qui a le caractère de l'adverbe : *Locution adverbiale.*

adverbialement [adverbjalmã] adv. Avec la valeur d'un adverbe, en fonction d'adverbe (ex. : *haut* dans *parler haut*).

adversaire [adverser] n. Personne qu'on affronte dans un conflit, un combat, un jeu : *Il a vaincu son adversaire* (syn. antagoniste, ennemi ; contr. allié). *Devancer ses adversaires dans la conquête d'un marché* (syn. compétiteur, concurrent ; contr. partenaire).

adverse [advers] adj. (lat. *adversus* "qui est en face"). - **1.** Contraire ; opposé : *Les forces adverses* (syn. ennemi ; contr. allié, ami). *Pays divisé en deux blocs adverses* (syn. antagoniste, hostile). - **2.** DR. Partie adverse, partie contre laquelle on plaide.

adversité [adversite] n.f. LITT. Sort contraire ; infortune : *Il m'a soutenue dans l'adversité* (syn. malheur).

aède [aed] n.m. (gr. *aoidos* "chanteur"). Poète grec de l'époque primitive, qui chantait ou récitait en s'accompagnant sur la lyre.

aérateur [aeratœr] n.m. Appareil, dispositif augmentant l'aération naturelle d'une pièce. □ L'un des plus employés est l'*aérateur* à paile, placé à la partie supérieure d'une fenêtre.

aération [aerasjɔ̃] n.f. Action d'aérer ; son résultat : *Un conduit d'aération* (= qui amène de l'air depuis l'extérieur).

aéré, e [aere] adj. - **1.** Dont l'air est renouvelé : *Un local bien aéré.* - **2.** Centre aéré. Organisme qui propose des activités de plein air pour les enfants des classes maternelles et primaires pendant les vacances.

aérer [aere] v.t. (du lat. *aer* "air") [conj. 18]. - **1.** Renouveler l'air dans un espace clos : *Il faut aérer ta chambre* (syn. ventiler). - **2.** Exposer à l'air : *Aérer des draps, du linge.* - **3.** Rendre moins massif, moins épais, moins lourd : *Aérer un texte en espaçant les paragraphes* (contr. alourdir).

aérien, enne [aerjɛ̃, -ɛn] adj. - **1.** Qui se trouve dans l'air, à l'air : *Câble aérien. Métro aérien* (contr. souterrain). - **2.** De l'air ; constitué d'air : *Courants aériens* (= ceux qui sont dans l'atmosphère). - **3.** Qui semble léger, insaisissable comme l'air : *Une grâce aérienne* (syn. éthéré). - **4.** BOT. Qui se développe normalement dans l'air : *Racines aériennes.* - **5.** Relatif aux avions, à l'aviation : *Attaque aérienne* (contr. maritime, terrestre). *Ligne aérienne.* - **6.** Espace aérien d'un pays, au-dessus de son territoire national : *Plusieurs avions étrangers ont violé notre espace aérien.*

aérobic [aerobik] n.m. (anglo-amér. *aerobics*, de même formation que le fr. *aérobie*). Gymnastique qui active la respiration et l'oxygénation des tissus par des mouvements rapides exécutés en musique.

aérobie [aerɔbi] adj. et n.m. (de *aéro-* et du gr. *bios* "vie"). BIOL. Se dit de micro-organismes qui ne peuvent se développer qu'en présence d'air ou d'oxygène (par opp. à *anaérobie*).

aéro-club [aeroklœb] n.m. (pl. *aéro-clubs*). Club dont les membres pratiquent en amateur des activités aéronautiques et, notamm. le vol à moteur et le vol à voile.

aérodrome [aerodrom] n.m. (de *aéro-* et *-drome*). Terrain pourvu des installations et des équipements nécessaires pour le décollage et l'atterrissage des avions et pour assurer la maintenance de ceux-ci.

aérodynamique [aerodinamik] adj. - **1.** Qui est spécialement conçu, dessiné pour offrir peu de résistance à l'air : *Carrosserie aérodynamique.* - **2.** Qui a trait à la résistance de l'air. - **3.** Relatif à l'aérodynamique, à ses applications. ◆ n.f. Science des phénomènes liés au mouvement relatif des solides par rapport à l'air.

aérodynamisme [aerodinamism] n.m. Caractère aérodynamique d'un véhicule.

aérofrein [aerofrɛ̃] n.m. Sur un avion, volet augmentant le freinage par la résistance de l'air.

aérogare [aerogar] n.f. - **1.** Ensemble des bâtiments d'un aéroport réservés aux voyageurs et aux marchandises. - **2.** Lieu de départ et d'arrivée des services d'autocars assurant la liaison avec l'aéroport, dans une ville.

aéroglisseur [aeʀɔglisœʀ] n.m. Véhicule de transport dont la sustentation est assurée par un coussin d'air de faible hauteur injecté sous lui (syn. hovercraft).

aérogramme [aeʀɔgʀam] n.m. (de *aéro-* et *-gramme*). Papier pour la correspondance vendu affranchi à un tarif forfaitaire permettant de l'envoyer par avion et qui, rabattu sur lui-même, forme un pli ne nécessitant pas d'enveloppe.

aérolithe ou **aérolite** [aeʀɔlit] n.m. (de *aéro-* et *-lithe*). VIEILLI. Météorite.

aéromodélisme [aeʀɔmɔdelism] n.m. Technique de la construction et de l'utilisation des modèles réduits d'avions.

aéronaute [aeʀɔnot] n. (de *aéro-* et du gr. *nautês* "matelot"). Membre de l'équipage d'un aérostat.

aéronautique [aeʀɔnotik] adj. Qui a rapport à la navigation aérienne. ◆ n.f. - **1.** Science de la navigation aérienne, de la technique qu'elle met en œuvre. - **2.** L'aéronautique navale, les forces aériennes d'une marine militaire.

aéronaval, e, als [aeʀɔnaval] adj. Relatif à la fois à la marine et à l'aviation. ◆ **aéronavale** n.f. L'aéronavale, l'aéronautique navale, en France.

aéronef [aeʀɔnɛf] n.m. (de *aéro-* et *nef* "navire"). Tout appareil capable de s'élever ou de circuler dans les airs (en partic. dans le langage administratif).

aérophagie [aeʀɔfaʒi] n.f. (de *aéro-* et *-phagie*). MÉD. Déglutition involontaire d'air qui, en s'accumulant dans l'estomac, en provoque la distension.

aéroplane [aeʀɔplan] n.m. (de *aéro-* et *planer*). VIEILLI OU PAR PLAIS. Avion.

aéroport [aeʀɔpɔʀ] n.m. Ensemble des bâtiments et des équipements nécessaires au trafic aérien, desservant généralement une ville ; organisme qui gère un tel ensemble.

aéroporté, e [aeʀɔpɔʀte] adj. Transporté par voie aérienne et parachuté sur l'objectif : *Troupes aéroportées.*

aéroportuaire [aeʀɔpɔʀtɥeʀ] adj. D'un aéroport des aéroports : *Trafic aéroportuaire.*

aéropostal, e, aux [aeʀɔpɔstal, -o] adj. Relatif à la poste aérienne : *La flotte aéropostale.*

aérosol [aeʀɔsɔl] n.m. (de *aéro-* et *sol*, terme de chimie pour *solution*). - **1.** Suspension de particules très fines, solides ou, plus souvent, liquides, dans un gaz : *Les aérosols constituent un mode d'administration de certains médicaments.* - **2.** Conditionnement permet-

tant de projeter cette suspension : *Mousse à raser vendue en aérosol* (syn. bombe).

aérospatial, e, aux [aeʀɔspasjal, -o] adj. Relatif à la fois à l'aéronautique et à l'astronautique. ◆ **aérospatiale** n.f. L'aérospatiale, la construction, les techniques aérospatiales.

aérostat [aeʀɔsta] n.m. (de *aéro-* et du grec *statos* "qui se tient"). Tout appareil dont la sustentation est assurée par un gaz plus léger que l'air ambiant : *Les ballons et les dirigeables sont des aérostats.*

aérostatique [aeʀɔstatik] n.f. Théorie de l'équilibre des gaz (on dit aussi *statique des gaz*).

aérotransporté, e [aeʀɔtʀɑ̃spɔʀte] adj. Transporté par voie aérienne et déposé au sol : *Troupes aérotransportées.*

æschne [ɛskn] n.f. (orig. obsc.). Grande libellule à abdomen brun ou bleu. □ Envergure 7,5 cm.

affabilité [afabilite] n.f. Qualité, attitude d'une personne affable : *Il nous a reçus avec affabilité* (syn. courtoisie, politesse ; contr. impolitesse).

affable [afabl] adj. (lat. *affabilis* "d'un abord facile"). Qui manifeste de la politesse, de la bienveillance dans son comportement avec autrui : *Elle est toujours affable* (syn. accueillant, aimable ; contr. revêche).

affablement [afabləmɑ̃] adv. LITT. Avec affabilité : *Ils sont affablement venus à ma rencontre* (syn. courtoisement).

affabulation [afabylasjɔ̃] n.f. - **1.** Arrangement de faits imaginaires ; invention plus ou moins mensongère : *Il ne s'est rien passé de tel, tout ceci n'est qu'affabulation* (syn. fabulation, invention). - **2.** Trame, organisation du récit dans une œuvre de fiction : *Le travail d'affabulation d'un romancier* (syn. création, imagination).

affabuler [afabyle] v.i. (du lat. *fabula* ; v. *fable*). Présenter des faits de manière fantaisiste ou même mensongère : *Je n'ai pas dit ça, elle affabule* (syn. fabuler).

affadir [afadiʀ] v.t. (conj. 32). - **1.** Rendre fade ; faire perdre sa saveur à : *Affadir une sauce en y ajoutant trop d'eau* (contr. relever). - **2.** LITT. Affaiblir la vigueur de : *Affadir un récit par de longues digressions.*

affadissement [afadismɑ̃] n.m. Fait de devenir fade ; perte de saveur.

affaiblir [afebliʀ] v.t. (conj. 32). Rendre faible : *La maladie l'a beaucoup affaibli* (syn. diminuer). *Affaiblir une monnaie* (contr. renforcer). ◆ **s'affaiblir** v.pr. Devenir faible : *Sa vue s'affaiblit* (syn. baisser, décliner).

affaiblissement [afeblismɑ̃] n.m. Fait de s'affaiblir ; état qui en résulte : *L'affaiblisse-*

ment d'un malade (syn. baisse, déclin). *L'affaiblissement du pouvoir d'une armée, d'un gouvernement* (contr. consolidation).

affaire [afɛʀ] n.f. (de *faire*). - **1.** Ce que l'on a à faire : *Vaquer à ses affaires* (syn. obligation, occupation). - **2.** Entreprise industrielle ou commerciale : *Une affaire de textiles* (syn. firme, usine). - **3.** Suite d'opérations financières, commerciales : *Traiter une affaire.* - **4.** Transaction commerciale ; transaction avantageuse : *Affaire conclue* (syn. marché). *Nous avons fait affaire avec lui. À ce prix-là, c'est une affaire.* - **5.** Ensemble de faits, souvent à caractère plus ou mieux délictueux, qui vient à la connaissance du public : *Une affaire de fausses factures* (syn. scandale). *Le tribunal a été saisi de l'affaire. L'affaire Dreyfus.* - **6.** Situation périlleuse, embarrassante : *Allons, ce n'est pas une affaire, tout va s'arranger ! Se tirer, être hors d'affaire.* - **7.** Chose qui concerne qqn en particulier ; intérêt personnel : *C'est son affaire, pas la mienne* (syn. problème). *La mécanique, c'est son affaire* (syn. spécialité). - **8.** Situation indéfinie impliquant plusieurs personnes : *C'est une affaire délicate* (syn. histoire, question). *Racontez-moi votre affaire. Voilà l'affaire.* - **9.** **Avoir affaire à qqn,** l'avoir comme interlocuteur ; être en rapport avec lui : *Avoir affaire à forte partie. Nous avons eu affaire au consul lui-même.* ‖ **C'est l'affaire d'un instant,** cela peut être réglé très vite. ‖ **C'est une affaire de,** cela dépend de : *La peinture c'est une affaire de goût, de mode.* ‖ **Être à son affaire,** se plaire à ce que l'on fait : *Devant son ordinateur, elle est à son affaire.* ‖ **Faire l'affaire,** convenir : *Ce tournevis fera l'affaire.* ‖ **Faire son affaire de qqch,** s'en charger personnellement et y veiller avec une attention particulière : *Son appui à notre proposition, j'en fais mon affaire.* ◆ **affaires** n.f. pl. - **1.** Ensemble des activités économiques et financières : *Être dans les affaires. Un banquier dur en affaires.* - **2.** Gestion des intérêts de l'État et des collectivités publiques : *Les affaires municipales. Les Affaires étrangères* (= les relations extérieures d'un pays). - **3.** FAM. Situation matérielle ou psychologique de qqn : *Ceci n'arrange pas mes affaires.* - **4.** Effets, objets personnels : *Mettez vos affaires dans la penderie.* - **5.** **Homme, femme d'affaires,** qui pratique les affaires ; qui a le sens des affaires. ‖ **Les affaires sont les affaires,** les transactions commerciales ou financières se passent de considération morale. ‖ **Revenir aux affaires,** à la direction de l'État.

affairé, e [afeʀe] adj. Qui a beaucoup d'occupations, d'activités : *La vendeuse était très affairée* (syn. occupé).

affairement [afeʀmɑ̃] n.m. Fait d'être affairé : *L'affairement des marchands de jouets au moment des fêtes* (syn. agitation, fièvre).

s' affairer [afeʀe] v.pr. Montrer une grande activité : *Les infirmiers s'affairaient auprès du blessé* (syn. s'activer).

affairisme [afeʀism] n.m. Activités, comportement des affairistes (péjor.).

affairiste [afeʀist] n. Personne qui a la passion des affaires, qui subordonne tout à la spéculation, fût-elle malhonnête (péjor.).

affaissement [afɛsmɑ̃] n.m. Fait de s'affaisser, d'être affaissé : *Affaissement de terrain* (syn. éboulement).

affaisser [afese] v.t. (de *faix*). Faire fléchir, baisser sous le poids ; provoquer l'effondrement de : *La pluie a affaissé la route.* ◆ **s'affaisser** v.pr. - **1.** Plier, s'enfoncer : *Le plancher s'est affaissé* (syn. s'effondrer). - **2.** Ne plus tenir debout ; tomber sans force sous son propre poids : *Prise d'un malaise, elle s'affaissa sur le trottoir* (syn. s'écrouler).

affaler [afale] v.t. (néerl. *afhalen*). MAR. Faire descendre : *Affaler une voile.* ◆ **s'affaler** v.pr. Se laisser tomber lourdement : *S'affaler dans un fauteuil* (syn. s'effondrer).

affamé, e [afame] adj. et n. - **1.** Qui a une très grande faim : *Les enfants affamés se ruèrent sur le goûter.* - **2.** **Affamé de,** avide de : *Être affamé d'honneurs* (syn. assoiffé).

affamer [afame] v.t. Faire souffrir de la faim ; priver de nourriture : *L'armée tentait d'affamer les assiégés* (contr. alimenter, nourrir).

affameur, euse [afamœʀ, -øz] n. Personne qui affame autrui, notamm. en créant une situation de disette (péjor.).

affect [afɛkt] n.m. (lat. *affectus* "disposition de l'âme", par l'all.). PSYCHOL. Impression élémentaire d'attraction ou de répulsion qui est à la base de l'affectivité.

1. affectation [afɛktasjɔ̃] n.f. (de *1. affecter*). - **1.** Destination à un usage déterminé : *Affectation d'une salle à une réunion* (syn. attribution). *Affectation d'une somme à la rénovation d'une école* (syn. imputation). - **2.** Désignation à une fonction, un poste, une formation militaire : *Recevoir sa nouvelle affectation* (syn. nomination).

2. affectation [afɛktasjɔ̃] n.f. (de *2. affecter*). Manque de naturel dans la manière d'agir : *Il y a de l'affectation dans tout ce qu'elle fait* (syn. pose, recherche ; contr. naturel).

affecté, e [afɛkte] adj. Qui n'est pas naturel : *Langage affecté* (syn. recherché ; contr. naturel, simple).

1. affecter [afɛkte] v.t. (anc. fr. *afaitier* "préparer"). - **1.** Destiner à un usage déterminé : *Affecter des fonds à une dépense* (syn. consacrer, imputer). - **2.** Attacher qqn à un service, à une formation militaire, etc. : *Affecter un professeur à un poste* (syn. désigner, nommer). - **3.** Accompagner une variable d'un signe, en partic. pour en modifier le sens, la valeur : *Affecter un nombre du signe moins, du coefficient 5.*

2. affecter [afɛkte] v.t. (lat. *affectare* "feindre"). - **1.** Montrer des sentiments que l'on n'éprouve pas : *Elle affecte une joie qui dissimule mal son dépit* (syn. afficher, simuler). *Il affecte d'être désolé* (= il fait semblant). - **2.** Avoir, prendre telle ou telle forme : *Cristaux qui affectent la forme de cônes.*

3. affecter [afɛkte] v.t. (du lat. *affectus* ; v. *affect*). - **1.** Causer une douleur morale, une émotion pénible à : *Cette nouvelle l'a beaucoup affecté* (syn. affliger, peiner). - **2.** Causer une altération physique à : *Cette maladie affecte surtout les reins* (syn. atteindre). ◆ **s'affecter** v.pr. [de]. S'affliger de : *S'affecter de la misère qui règne dans le monde.*

affectif, ive [afɛktif, -iv] adj. Qui relève des affects, de la sensibilité, des sentiments en général : *Réaction affective* (syn. émotionnel ; contr. rationnel).

affection [afɛksjɔ̃] n.f. (lat. *affectio*, de *afficere* "disposer"). - **1.** Attachement que l'on éprouve pour qqn : *Donner à qqn des marques d'affection* (syn. tendresse). *Gagner l'affection de tous* (syn. amitié, sympathie). - **2.** MÉD. Altération de la santé : *Une affection nerveuse* (syn. maladie).

affectionné, e [afɛksjɔne] adj. Qui a de l'affection : *Votre neveu affectionné* (syn. dévoué). **Rem.** S'emploie suivi de la signature, à la fin d'une lettre.

affectionner [afɛksjɔne] v.t. Marquer de l'amitié pour qqn, du goût pour qqch : *Elle affectionne sa marraine* (syn. aimer, chérir). *J'affectionne particulièrement les romans policiers* (syn. aimer, raffoler de ; contr. détester).

affectivité [afɛktivite] n.f. PSYCHOL. Ensemble des phénomènes affectifs, comme les émotions, les sentiments, les passions, etc. (syn. sensibilité).

affectueusement [afɛktɥøzmɑ̃] adv. De façon affectueuse : *Il regardait affectueusement son enfant* (syn. tendrement ; contr. froidement).

affectueux, euse [afɛktɥø, -øz] adj. (du lat. *affectus* ; v. *affect*). Qui éprouve, manifeste de l'affection : *Un enfant affectueux* (syn. aimant).

afférent, e [aferɑ̃, -ɑ̃t] adj. (lat. *afferens* "qui apporte"). - **1.** Qui revient à qqn : *La part afférente à un héritier. Les devoirs afférents à sa charge.* - **2.** ANAT. Se dit d'un vaisseau sanguin qui se jette dans un autre, qui arrive à un organe.

affermage [afɛrmaʒ] n.m. Location à ferme ou à bail.

affermer [afɛrme] v.t. Louer à ferme ou à bail.

affermir [afɛrmir] v.t. (du lat. *firmus* "ferme") [conj. 32]. Rendre solide, stable : *Affermir la paix par un accord de désarmement* (syn. consolider ; contr. affaiblir). *Ces difficultés ont affermi sa résolution* (syn. renforcer ; contr. ébranler).

affermissement [afɛrmismɑ̃] n.m. Action d'affermir ; son résultat : *L'affermissement du pouvoir de l'État* (syn. consolidation ; contr. affaiblissement).

afféterie [afetri] ou **affèterie** [afɛtri] n.f. (du lat. pop. *affectare* ; v. **2.** *affecter*). LITT. Affectation, recherche excessive ou prétentieuse dans les manières, le langage : *Après mille afféteries, elle accepta* (syn. minauderie, simagrées).

affichage [afiʃaʒ] n.m. - **1.** Action d'afficher ; son résultat : *L'affichage est interdit sur les bâtiments publics.* - **2.** Visualisation de données, de mesures par divers procédés : *Affichage numérique, analogique.*

affiche [afiʃ] n.f. - **1.** Feuille imprimée, souvent illustrée, portant un avis officiel, publicitaire, etc., placardée dans un lieu public : *Des affiches ont été posées à la mairie* (syn. placard). - **2.** Être à l'affiche, se trouver en période de représentation, en parlant d'un spectacle : *Ce film est actuellement à l'affiche.* ‖ Être la tête d'affiche, jouer le rôle principal dans un spectacle. ‖ Mettre à l'affiche, annoncer un spectacle par voie d'affiches. ‖ Quitter l'affiche, cesser d'être représenté, en parlant d'un spectacle. ‖ Tenir l'affiche, être représenté longtemps, en parlant d'un spectacle : *Cette pièce a tenu l'affiche deux ans.*

afficher [afiʃe] v.t. (de *fiche*). - **1.** Apposer une affiche : *Afficher un avis imprimé* (syn. placarder, poser). - **2.** Annoncer par voie d'affiches : *Afficher une vente publique.* - **3.** Annoncer au moyen d'un panneau d'affichage, d'un écran cathodique, etc. : *Afficher des résultats, un score.* - **4.** Montrer avec ostentation un sentiment, une opinion, etc. : *Afficher son mépris* (syn. étaler, exhiber). ◆ **s'afficher** v.pr. Se montrer ostensiblement avec : *S'afficher avec un chanteur célèbre* (syn. parader).

affichette [afiʃɛt] n.f. Petite affiche.

afficheur, euse [afiʃœr, -øz] n. - **1.** Personne qui pose des affiches. - **2.** Professionnel qui fait poser des affiches publicitaires ; annonceur qui utilise l'affiche comme support.

affichiste [afiʃist] n. Artiste spécialisé dans la création d'affiches.

affidé, e [afide] n. et adj. (du lat. *affidare* "promettre"). LITT. Personne à qui l'on se fie pour commettre une action répréhensible : *Réunir ses affidés* (syn. acolyte, complice).

affilage [afilaʒ] n.m. Action d'affiler : *L'affilage d'une lame de faux* (syn. affûtage, aiguisage).

affilé, e [afile] adj. - **1.** Aiguisé : *Un couteau bien affilé* (syn. coupant, tranchant). - **2.** Avoir la langue bien affilée, avoir de la repartie ; être bavard et médisant.

d' affilée [afile] loc. adv. (de *file*). Sans arrêt ; sans interruption : *Il a parlé deux heures d'affilée*.

affiler [afile] v.t. (du lat. *filum* "fil"). Donner du fil à un instrument tranchant : *Affiler une lame* (syn. affûter, aiguiser).

affiliation [afiljasjɔ̃] n.f. Action d'affilier, de s'affilier ; fait d'être affilié : *Son affiliation au club lui donne certains avantages* (syn. adhésion, inscription).

affilié, e [afilje] adj. et n. Qui appartient à une association, à un organisme, etc. : *La liste des personnes affiliées, des affiliés* (syn. adhérent).

affilier [afilje] v.t. (lat. *affiliare*, de *filius* "fils") [conj. 9]. Faire entrer dans un parti, un groupement, etc. : *Affilier un syndicat à une confédération européenne.* ◆ **s'affilier** v.pr. [à]. S'inscrire en tant que membre dans une organisation : *S'affilier à un parti* (syn. adhérer, entrer).

affinage [afinaʒ] n.m. Action d'affiner ; opération par laquelle on affine : *L'affinage de l'acier, du fromage*.

affine [afin] adj. (du lat. *affinis* "limitrophe, voisin"). MATH. Fonction **affine,** fonction réelle de la variable réelle *x* de la forme $x f(x) = ax + b$, *a* et *b* étant réels. ‖ Géométrie **affine,** géométrie des propriétés invariantes par des transformations du premier degré. ‖ Repère **affine,** repère formé, sur une droite, par deux points distincts ; dans un plan, par trois points non alignés ; dans l'espace, par quatre points n'appartenant pas à un même plan.

affiner [afine] v.t. (de 2. *fin*). - **1.** Rendre plus pur en éliminant les impuretés, les éléments étrangers : *Affiner des métaux* (syn. épurer, purifier). - **2.** Rendre plus fin ; faire paraître plus fin : *Coiffure qui affine le visage*. - **3.** Rendre plus précis ou plus subtil : *Affiner une méthode de calcul* (syn. peaufiner). *Affiner le goût* (syn. cultiver, éduquer). - **4.** En parlant du fromage, lui faire achever sa maturation. ◆ **s'affiner** v.pr. - **1.** Devenir plus fin : *Sa taille s'est affinée. Il s'est affiné à leur contact* (= il est devenu plus raffiné). - **2.** Achever sa maturation : *Le fromage s'affine*.

affinité [afinite] n.f. (lat. *affinitas* "voisinage"). - **1.** Ressemblance entre plusieurs choses : *Affinité entre deux langues* (syn. ana-

logie, parenté). - **2.** Conformité naturelle de goûts, de sentiments entre des personnes : *Affinité de caractères* (syn. accord, harmonie ; contr. antagonisme).

affirmatif, ive [afiʀmatif, -iv] adj. - **1.** Qui affirme, contient une affirmation : *Un ton affirmatif. Une réponse affirmative* (négatif). - **2.** Qui affirme, soutient qqch. : *Il s'est montré tout à fait affirmatif* (contr. évasif). ◆ **affirmatif** adv. FAM. Oui : *M'entendez-vous ? Affirmatif !*

affirmation [afiʀmasjɔ̃] n.f. Action d'affirmer ; énoncé par lequel on affirme : *Ses affirmations n'ont convaincu personne* (syn. assertion). *Son discours renferme une nouvelle affirmation de son désir de paix* (syn. proclamation).

affirmative [afiʀmativ] n.f. Réponse par laquelle on assure que qqch est vrai, est approuvé : *Répondre par l'affirmative* (= en disant oui). *Dans l'affirmative, renvoyez immédiatement votre dossier* (= en cas d'acceptation).

affirmativement [afiʀmativmɑ̃] adv. De façon affirmative : *Répondre affirmativement* (contr. négativement).

affirmer [afiʀme] v.t. (lat. *affirmare*, de *firmus* "solide"). - **1.** Dire très fermement qu'une chose est vraie : *J'affirme que j'ignore tout de l'affaire* (syn. assurer, soutenir). *Elle affirme que c'est vrai* (syn. certifier, garantir). - **2.** Manifester clairement : *Affirmer son autorité* (syn. montrer, prouver). ◆ **s'affirmer** v.pr. Devenir plus manifeste, plus fort : *Sa personnalité s'affirme de jour en jour* (syn. s'affermir).

affixe [afiks] n.m. (lat. *affixus* "attaché"). LING. Élément qui se place au début (préfixe), à l'intérieur (infixe) ou à la fin (suffixe) d'un mot, d'un radical pour former un mot, un radical nouveau : *Dans « enterrement », « en-» et « -ment » sont des affixes adjoints au mot « terre »*.

affleurement [aflœʀmɑ̃] n.m. - **1.** Action de mettre deux surfaces de niveau ; son résultat : *L'affleurement des lames d'un parquet*. - **2.** GÉOL. Point où la roche constituant le sous-sol apparaît à la surface : *L'affleurement des rochers*.

affleurer [aflœʀe] v.t. (de à *fleur* [de]). - **1.** Mettre de niveau deux choses contiguës : *Affleurer les battants d'une porte*. - **2.** Arriver au niveau de : *La rivière affleure les quais.* ◆ v.i. Apparaître à la surface : *Filon qui affleure*.

affliction [afliksjɔ̃] n.f. (bas lat. *afflictio*, de *affligere* ; v. *affliger*). Grand chagrin ; douleur profonde : *Sa mort nous a plongés dans l'affliction* (syn. désespoir, détresse).

affligeant, e [afliʒɑ̃, -ɑ̃t] adj. Qui afflige : *Cette nouvelle est affligeante* (syn. attristant, désolant). *Son dernier film est affligeant* (syn. consternant, lamentable).

affliger [afliʒe] v.t. (lat. *affligere* "abattre") [conj. 17]. Causer une profonde douleur morale, un grand chagrin à qqn : *L'échec de son fils l'afflige* (syn. désoler, peiner). *Le spectacle de sa déchéance afflige sa famille* (syn. atterrer, consterner). ◆ **s'affliger** v.pr. [de]. Éprouver un grand chagrin, de l'affliction du fait de qqch : *Je m'afflige de ne pouvoir vous aider* (= cela me désole).

affluence [aflyɑ̃s] n.f. Arrivée ou présence de nombreuses personnes en un même lieu : *Il y a eu affluence pour visiter l'exposition* (syn. foule). *Prendre le métro aux heures d'affluence* (syn. pointe).

affluent, e [aflyɑ̃, -ɑ̃t] adj. (du lat. *affluere* "couler vers"). Se dit d'un cours d'eau qui se jette dans un autre : *Rivière affluente.* ◆ **affluent** n.m. Cours d'eau affluent : *L'Allier est un affluent de la Loire.*

affluer [aflye] v.i. (lat. *affluere*). -1. Couler abondamment vers : *Le sang afflua à son visage.* -2. Arriver en grand nombre, en abondance en un lieu : *Les manifestants affluaient sur la place* (syn. confluer, converger).

afflux [afly] n.m. (du lat. *affluere* "couler vers"). -1. Brusque arrivée d'un liquide organique, en partic. du sang dans une partie du corps : *Afflux de sang à la tête.* -2. Arrivée en un même lieu d'un grand nombre de personnes : *Un afflux de touristes* (syn. déferlement).

affolant, e [afɔlɑ̃, -ɑ̃t] adj. Qui affole, provoque une vive émotion : *L'augmentation des prix devient affolante* (syn. alarmant, inquiétant).

affolé, e [afɔle] adj. -1. Rendu comme fou par une émotion violente ; qui manifeste un grand trouble : *Les spectateurs affolés cherchaient à sortir de la salle en feu* (syn. terrifié, terrorisé). -2. Qui montre des déviations subites et irrégulières sous l'action des perturbations du champ magnétique, en parlant d'une aiguille aimantée : *La boussole affolée n'indiquait plus rien.*

affolement [afɔlmɑ̃] n.m. -1. Fait de s'affoler ; état d'une personne affolée : *L'affolement gagnait le public* (syn. panique). -2. État d'une aiguille aimantée affolée.

affoler [afɔle] v.t. (de *fou, fol*). Faire perdre son sang-froid à qqn, un animal, le rendre comme fou : *Les cris de la foule affolèrent les chevaux* (syn. effrayer, épouvanter). *Sa façon de conduire affole sa mère* (syn. terrifier). ◆ **s'affoler** v.pr. Être saisi par la peur ; perdre son sang-froid : *Elle s'affola à la vue du sang. Ne vous affolez pas, nous allons retrouver ce document* (syn. s'inquiéter, se tourmenter).

affouage [afwaʒ] n.m. (de l'anc. fr. *affouer* "chauffer", du lat. *focus* "feu"). DR. Droit de prendre du bois de chauffage ou de participer au produit de l'exploitation du bois dans les forêts appartenant à l'État ou aux communes ; la part de bois revenant à chacun.

affouragement [afuraʒmɑ̃] n.m. Approvisionnement en fourrage du bétail, d'une exploitation agricole : *L'affouragement est difficile les années de sécheresse.*

affourager [afuraʒe] v.t. [conj. 17]. Approvisionner en fourrage.

affranchi, e [afrɑ̃ʃi] adj. et n. -1. HIST. Libéré de la servitude : *Esclave affranchi* (syn. libre). -2. Libéré de tout préjugé ; détaché de toute convention intellectuelle, sociale ou morale : *Esprit affranchi* (syn. émancipé).

affranchir [afrɑ̃ʃiʀ] v.t. (de 2. *franc*) [conj. 32]. -1. Rendre libre, indépendant : *Affranchir de la domination, de la misère, de la crainte* (syn. libérer). -2. HIST. Donner la liberté à un esclave. -3. Exempter d'une charge, d'une hypothèque, de taxes : *Les revenus de cet emprunt d'État sont affranchis de toute taxe* (syn. exonérer). -4. Payer le port d'une lettre, d'un paquet, etc., afin qu'il soit acheminé vers son destinataire : *Affranchir une lettre au tarif en vigueur.* -5. ARG. Confier une information qui aurait dû rester secrète : *Tu n'as pas l'air au courant, je vais t'affranchir* (syn. informer, renseigner). ◆ **s'affranchir** v.pr. [de]. Se libérer : *S'affranchir de sa timidité* (syn. se débarrasser).

affranchissement [afrɑ̃ʃismɑ̃] n.m. -1. Action de rendre libre, indépendant : *L'affranchissement des anciennes colonies* (syn. libération). -2. Action de payer le port d'une lettre, d'un paquet pour qu'ils soient acheminés : *Quel est le tarif d'affranchissement d'une lettre pour le Canada ?*

affres [afʀ] n.f. pl. (probabl. de l'anc. prov. *affre* "effroi", p.-ê. en rapport avec *effarer*). LITT. Très grande angoisse ; tourments physiques, intellectuels, moraux : *Les affres du doute* (syn. torture, transe).

affrètement [afʀɛtmɑ̃] n.m. Louage d'un navire, d'un avion.

affréter [afʀete] v.t. (de *fret*) [conj. 18]. Prendre un navire, un avion en louage.

affréteur [afʀetœʀ] n.m. Celui qui prend en location un navire, un avion (par opp. à *fréteur*).

affreusement [afʀøzmɑ̃] adv. -1. De façon affreuse : *Elle a été affreusement défigurée* (syn. atrocement, horriblement). -2. Extrêmement : *Je me suis couché affreusement tard* (syn. très).

affreux, euse [afʀø, -øz] adj. (de *affres*). -1. Qui provoque la peur, la douleur, le dégoût : *Son visage brûlé est affreux à voir* (syn.

hideux, horrible). *Un affreux accident* (syn. atroce, effroyable). *Un affreux personnage* (syn. répugnant). **- 2.** Très laid : *Une robe, une coiffure affreuse.* **- 3.** Qui cause un vif désagrément : *Quel temps affreux !* (syn. épouvantable, exécrable).

affriolant, e [afʀijɔlɑ̃, -ɑ̃t] adj. **- 1.** Qui tente ; qui attire : *Des promesses affriolantes* (syn. alléchant). **- 2.** Qui excite le désir : *Un décolleté affriolant* (syn. émoustillant). *Je la trouve très affriolante* (syn. désirable).

affrioler [afʀijɔle] v.t. (du moyen fr. *frioler* "frire, être avide"). Exciter le désir de : *La perspective de gagner une grosse somme l'affriole* (syn. tenter).

affriquée [afʀike] n.f. et adj.f. (du lat. *affricare*, "frotter contre"). PHON. Consonne affriquée, consonne occlusive au début de son émission et constrictive à la fin : [ts] *est une consonne affriquée.* (On dit aussi *une affriquée.*)

affront [afʀɔ̃] n.m. (de *affronter*). Marque publique de mépris : *Infliger, subir un affront* (syn. camouflet, humiliation).

affrontement [afʀɔ̃tmɑ̃] n.m. Action d'affronter ; fait de s'affronter : *L'affrontement de deux idéologies* (syn. heurt).

affronter [afʀɔ̃te] v.t. (de *front*). **- 1.** Aborder résolument de front ; aller avec courage au-devant de : *Affronter l'ennemi* (syn. braver, défier). *Elle a dû affronter un grave problème avec ses enfants* (= faire face à). **- 2.** Mettre de front, de niveau : *Affronter deux panneaux* (syn. aligner). ◆ **s'affronter** v.pr. Lutter l'un contre l'autre : *Les deux armées s'affrontèrent au petit matin* (syn. se battre). *Deux thèses s'affrontent au sein du parti* (syn. s'opposer).

affubler [afyble] v.t. (lat. pop. **affibulare* "vêtir", du class. *fibula* "agrafe"). **- 1.** Vêtir d'une manière ridicule : *Sa mère l'avait affublé d'une culotte courte* (syn. accoutrer). **- 2.** Attribuer qqch de ridicule à qqn : *Ses élèves l'ont affublé d'un sobriquet.* ◆ **s'affubler** v.pr. [de]. S'habiller bizarrement : *S'affubler toujours de vêtements voyants* (syn. s'accoutrer).

affût [afy] n.m. (de *affûter*). **- 1.** Support du canon d'une bouche à feu, qui sert à la pointer, à le déplacer. **- 2.** CHASSE Endroit où l'on se poste pour guetter le gibier : *Choisir un affût pour tirer des faisans.* **- 3.** Être à l'affût de, guetter le moment favorable pour s'emparer de qqch ; guetter l'apparition de : *Journaliste toujours à l'affût d'une nouvelle sensationnelle.* ǁ Se mettre à l'affût, attendre qqn en se dissimulant : *Les policiers se sont mis à l'affût sous un porche voisin.*

affûtage [afytaʒ] n.m. Action d'affûter, d'aiguiser ; son résultat (syn. affilage, aiguisage).

affûter [afyte] v.t. (de *fut* "pièce de bois", en raison du sens premier de "ajuster un

canon"). Donner du tranchant à : *Le boucher affûte ses couteaux* (syn. affiler, aiguiser).

affûteur [afytœʀ] n.m. Ouvrier qui aiguise les outils, en partic. ceux des machines-outils.

afghan, e [afgɑ̃, -an] adj. et n. **- 1.** De l'Afghanistan. **- 2.** Lévrier afghan, lévrier à poil long. ◆ **afghan** n.m. Pachto.

aficionado [afisjɔnado] n.m. (mot esp., de *afición* "goût, passion"). **- 1.** Amateur de courses de taureaux. **- 2.** Passionné de : *Les aficionados du football* (syn. fanatique).

afin de [afɛ̃də] loc. prép., **afin que** [afɛ̃kə] loc. conj. (de *à* et *1. fin*). Indique l'intention qui guide l'action, le but recherché (*afin de* + inf. ; *afin que* + subj.) : *Je vais répéter afin de me faire bien comprendre* (syn. pour). *Elle a fait cela afin que tout le monde soit informé* (syn. pour que).

a fortiori [afɔʀsjɔʀi] loc. adv. (du lat. scolast. *a fortiori* [*causa*] "par [une raison] plus forte"). À plus forte raison : *Je ne peux m'engager pour la réunion de demain, a fortiori pour celle de la semaine prochaine.*

africain, e [afʀikɛ̃, -ɛn] adj. et n. D'Afrique.

africanisme [afʀikanism] n.m. Mot, expression, tournure particuliers au français parlé en Afrique noire.

africaniste [afʀikanist] n. Spécialiste des langues et des civilisations africaines.

afrikaans [afʀikɑ̃s] n.m. (mot néerl.). Langue néerlandaise parlée en Afrique du Sud. ▢ C'est l'une des langues officielles de ce pays.

afrikaner [afʀikanɛʀ] et **afrikaander** [afʀikɑ̃dɛʀ] n. Personne d'origine néerlandaise parlant l'afrikaans, en Afrique du Sud.

afro-cubain, e [afʀɔkybɛ̃, -ɛn] adj. et n. (pl. *afro-cubains, es*). Qui est d'origine africaine, à Cuba : *Musique afro-cubaine.*

after-shave [aftœʀʃɛv] n.m. inv. (mots angl., de *after* "après" et *to shave* "raser"). Syn. de après-rasage.

agaçant, e [agasɑ̃, -ɑ̃t] adj. Qui agace, irrite : *Son rire perçant est agaçant* (syn. énervant).

agacement [agasmɑ̃] n.m. Action d'agacer ; fait d'être agacé : *Plus tu parlais, moins il pouvait cacher son agacement* (syn. énervement, exaspération). *Elle ne put retenir un geste d'agacement* (syn. impatience, irritation).

agacer [agase] v.t. (de l'anc. fr. *aacier* "rendre aigre" [du lat. *acidus* "acide"], probabl. croisé avec *agace*, n. de la *pie*) [conj. 16]. **- 1.** Causer de l'irritation à : *Bruit continuel qui agace* (syn. énerver, exaspérer). *Cesse d'agacer ton petit frère* (syn. taquiner). **- 2.** Produire une sensation désagréable sur : *Le citron agace les dents* (syn. irriter).

agacerie [agasʀi] n.f. VIEILLI. Mine, parole, regard destinés à provoquer, à aguicher : *Multiplier les agaceries pour attirer l'attention* (syn. coquetterie, minauderie).

agami [agami] n.m. (mot caraïbe). Oiseau d'Amérique du Sud, de la taille d'un coq, à plumage noir aux reflets métalliques bleu et vert, appelé aussi *oiseau-trompette* à cause du cri éclatant du mâle. □ Ordre des ralliformes.

agape [agap] n.f. (gr. *agapê* "amour"). Repas pris en commun des premiers chrétiens. ◆ **agapes** n.f. pl. Repas copieux et gai entre amis : *Célébrer son anniversaire par de joyeuses agapes* (syn. banquet, festin).

agar-agar [agaʀagaʀ] n.m. (mot malais) [pl. *agars-agars*]. Mucilage obtenu à partir d'une algue des mers extrême-orientales, utilisé en bactériologie comme milieu de culture, dans l'industrie comme produit d'encollage, en pharmacie comme laxatif et en cuisine pour la préparation des gelées.

agaric [agaʀik] n.m. (lat. *agaricum*, du gr.). Champignon comestible à chapeau et à lamelles, dont le type est le champignon de couche, ou *psalliote des champs*. □ Famille des agaricacées ; classe des basidiomycètes.

agate [agat] n.f. (du gr. *Akhatês*, n. d'une riv. de Sicile). Roche siliceuse, variété de calcédoine, divisée en zones concentriques de colorations diverses.

agave [agav] n.m. (mot du lat. scientif., du gr. *agauos* "admirable"). Plante originaire d'Amérique centrale, cultivée dans les régions chaudes, restant plusieurs dizaines d'années à l'état végétatif pour fleurir une seule fois en donnant une inflorescence d'env. 10 m de haut, et dont les feuilles fournissent des fibres textiles. **Rem.** L'agave est souvent appelé, à tort, *aloès*. □ Famille des amaryllidacées.

âge [ɑʒ] n.m. (lat. pop. *actaticum*, du class. *aetas, -atis*). - **1.** Durée écoulée depuis la naissance : *Cacher son âge. Un homme entre deux âges* (= ni jeune ni vieux). *Une femme sans âge* (= dont on ne peut deviner l'âge). - **2.** Période de la vie correspondant à une phase de l'évolution de l'être humain : *Un sport praticable à tout âge.* - **3.** Période de l'évolution du monde, de l'humanité : *L'âge de la pierre taillée.* - **4.** La vieillesse : *Les effets de l'âge. Elle est vieille avant l'âge.* - **5.** **Âge légal,** âge fixé par la loi pour l'exercice de certains droits civils ou politiques. ‖ **Âge mental,** niveau de développement intellectuel d'un enfant tel qu'il est mesuré par certains tests ; par ext., niveau de maturité intellectuelle d'une personne, quel que soit son âge. ‖ **Classe d'âge,** groupe d'individus ayant approximativement le même âge. ‖ **Quatrième âge,** période

suivant le troisième âge, où la plupart des activités deviennent impossibles, et qui correspond à la grande vieillesse. ‖ **Troisième âge,** période qui suit l'âge adulte et où cessent les activités professionnelles.

âgé, e [ɑʒe] adj. - **1.** D'un âge avancé : *Places réservées aux personnes âgées. Il est très âgé* (syn. vieux). - **2.** Âgé de, qui a tel âge : *Âgé de vingt ans.* ‖ **Plus, moins âgé (que),** qui compte plus, moins d'années que : *Elle est bien plus âgée que moi.*

agence [aʒɑ̃s] n.f. (it. *agenzia,* du lat. *agere* "agir"). - **1.** Entreprise commerciale proposant en général des services d'intermédiaire entre les professionnels d'une branche d'activité et leurs clients : *Agence de voyages. Agence immobilière.* - **2.** Organisme administratif chargé d'une mission d'information et de coordination dans un domaine déterminé : *Agence nationale pour l'emploi.* - **3.** Succursale d'une banque : *Ouverture d'une agence dans votre quartier.* - **4.** Ensemble des bureaux, des locaux occupés par une agence : *Faire moderniser son agence.*

agencement [aʒɑ̃smɑ̃] n.m. Action d'agencer ; état de ce qui est agencé : *L'agencement des pièces d'un appartement* (syn. disposition, distribution). *L'agencement des mots dans une phrase* (syn. ordonnancement).

agencer [aʒɑ̃se] v.t. (de l'anc. fr. *gent* "beau") [conj. 16]. Disposer selon un ordre ; déterminer les éléments de : *Une phrase mal agencée* (syn. ordonnancer). *Leur appartement est bien agencé* (syn. concevoir).

agenda [aʒɛ̃da] n.m. (mot lat. "ce qui doit être fait"). Carnet permettant d'inscrire jour par jour ce qu'on a à faire : *Noter un rendez-vous sur son agenda.*

agenouillement [aʒnujmɑ̃] n.m. Action de s'agenouiller ; fait d'être agenouillé : *L'agenouillement des fidèles durant l'office.*

s' agenouiller [aʒnuje] v.pr. - **1.** Se mettre à genoux : *Elle s'agenouilla pour éponger le liquide renversé. Les fidèles s'agenouillent pour prier.* - **2.** Prendre une attitude de soumission devant qqn, qqch : *Le peuple refusa de s'agenouiller devant l'occupant* (syn. se soumettre).

agenouilloir [aʒnujwaʀ] n.m. Petit escabeau sur lequel on s'agenouille (syn. prie-Dieu).

agent [aʒɑ̃] n.m. (lat. *agens,* de *agere* "agir"). - **1.** Tout phénomène physique qui a une action déterminante : *Les agents d'érosion. Agents pathogènes.* - **2.** GRAMM. Être ou objet qui accomplit l'action exprimée par le verbe (ex. : *vent* dans *le vent a déraciné le vieux pommier*). - **3.** Personne chargée d'une mission par une société, un gouvernement ; personne qui a la charge d'administrer pour le compte d'autrui : *Un agent d'assurances.*

Agent d'une compagnie maritime. - **4.** Complément d'agent, complément d'un verbe passif, introduit par les prép. *par* ou *de*, et représentant le sujet de la phrase active correspondante (ex. : *chat* dans *la souris a été mangée par le chat*). ‖ **Agent économique**, personne ou groupement participant à l'activité économique. - **5.** Agent de change. Officier ministériel chargé de la négociation des valeurs mobilières. □ Les agents de change ont été remplacés en 1988 par les sociétés de Bourse*. ‖ **Agent de maîtrise.** Salarié dont le statut se situe entre celui de l'ouvrier et celui du cadre. ‖ **Agent (de police).** Fonctionnaire subalterne, génér. en uniforme, chargé de la police de la voie publique : *Demandons plutôt notre chemin à l'agent.*

agglomérat [aglɔmera] n.m. - **1.** Dépôt détritique de substances minérales. - **2.** Assemblage de personnes ou de choses, plus ou moins hétéroclites ou disparates : *Un agglomérat d'universitaires de divers horizons* (syn. agrégat).

agglomération [aglɔmerasjɔ̃] n.f. - **1.** Action d'agglomérer ; amas ainsi constitué : *Une agglomération de graviers, de sables, de pierres.* - **2.** Ensemble urbain formé par une ville et sa banlieue : *L'agglomération lyonnaise.* - **3.** Groupe d'habitations : *Le train traverse plusieurs agglomérations avant d'arriver à Bordeaux* (syn. cité, ville). [→ urbanisation.]

aggloméré [aglɔmeRe] n.m. - **1.** Bois reconstitué, obtenu par l'agglomération sous forte pression de copeaux, de sciure, etc., mêlés de colle : *Des étagères en aggloméré.* - **2.** Matériau de construction moulé résultant de la prise et du durcissement du mélange d'un liant et de matériaux inertes : *Les cloisons du pavillon sont faites avec des panneaux d'aggloméré.*

agglomérer [aglɔmeRe] v.t. (lat. *agglomerare*, de *glomus, eris* "pelote") [conj. 18]. Réunir en une seule masse compacte des éléments auparavant distincts : *Agglomérer du sable et du ciment* (syn. mélanger, mêler). ◆ **s'agglomérer** v.pr. Se réunir en un tas, une masse compacte : *Les enfants s'aggloméraient autour du clown* (syn. se grouper, s'agglutiner).

agglutinant, e [aglytinɑ̃, -ɑ̃t] adj. - **1.** Qui agglutine ; qui réunit en collant : *Substances agglutinantes utilisées en pharmacie.* - **2.** LING. Langue agglutinante, langue qui exprime les rapports syntaxiques par l'agglutination : *Le turc et le finnois sont des langues agglutinantes.*

agglutination [aglytinasjɔ̃] n.f. - **1.** Action d'agglutiner ; fait de s'agglutiner : *Une agglutination de guêpes sur les bords d'un pot de confitures.* - **2.** LING. Juxtaposition au radical d'affixes distincts pour exprimer les rapports syntaxiques, caractéristique des langues agglutinantes. - **3.** PHON. Formation d'un mot par la réunion de deux ou plusieurs mots distincts à l'origine : « *Au jour d'hui* » *est devenu* « *aujourd'hui* » *par agglutination.*

agglutiner [aglytine] v.t. (lat. *agglutinare*, de *gluten, -inis* "colle"). Unir, joindre en collant, en formant une masse : *L'humidité a agglutiné les bonbons dans le sachet* (syn. coller, souder). ◆ **s'agglutiner** v.pr. Se réunir en une masse compacte : *Les badauds s'agglutinaient autour du camelot* (syn. s'agglomérer, se grouper).

aggravant, e [agravɑ̃, -ɑ̃t] adj. Circonstances aggravantes, circonstances qui augmentent la gravité d'une faute, notamm. d'un délit (par opp. à *circonstances atténuantes*).

aggravation [agravasjɔ̃] n.f. Action d'aggraver ; fait de s'aggraver : *On prévoit une aggravation du chômage* (syn. accroissement). *L'aggravation du conflit paraît inéluctable* (syn. intensification).

aggraver [agrave] v.t. (lat. *aggravare*, de *gravis* "lourd"). Rendre plus grave, plus difficile à supporter : *Tes mauvaises excuses ne feraient qu'aggraver sa colère* (syn. accroître ; contr. apaiser). *La cour d'appel a aggravé la peine qui lui avait été infligée* (syn. alourdir ; contr. alléger). ◆ **s'aggraver** v.pr. Devenir plus grave : *L'état du malade s'est brusquement aggravé* (syn. empirer ; contr. améliorer). *La situation s'est aggravée* (syn. se détériorer).

agile [aʒil] adj. (lat. *agilis*, de *agere* "agir"). - **1.** Qui a de l'aisance et de la promptitude dans les mouvements du corps : *Marcher d'un pas agile* (syn. alerte, vif ; contr. pesant). *Je ne suis plus aussi agile qu'à vingt ans* (syn. leste, souple). - **2.** Qui comprend vite : *Esprit agile* (syn. alerte, vif ; contr. lent).

agilement [aʒilmɑ̃] adv. Avec agilité : *Elle enjamba agilement le muret.*

agilité [aʒilite] n.f. - **1.** Aptitude à se mouvoir avec aisance et promptitude : *L'agilité d'un danseur* (syn. légèreté, souplesse). - **2.** Vivacité intellectuelle : *Agilité d'esprit* (syn. rapidité ; contr. lenteur, lourdeur).

agio [aʒjo] n.m. (it. *aggio*, probabl. de *agio* "aise"). Ensemble des frais qui grèvent une opération bancaire : *Payer des agios après un découvert bancaire* (syn. intérêts).

a giorno [adʒjɔRno] loc. adv. et adj. inv. (loc. it. "par [la lumière] du jour"). Éclairage, éclairé a giorno, se dit d'un éclairage comparable à la lumière du jour, d'un lieu ainsi éclairé.

agiotage [aʒjɔtaʒ] n.m. (de *agio*). FIN. Spéculation sur les fonds publics, les changes, les valeurs mobilières.

agir [aʒiR] v.i. (lat. *agere*) [conj. 32]. - **1.** Entrer ou être en action ; faire qqch : *Ne restez pas* là à ne rien faire, agissez ! - **2.** Produire un effet : *Le médicament n'a pas agi* (syn. opérer). - **3.** Se manifester de telle ou telle façon par ses actions : *Agir en homme d'honneur* (syn. se comporter). *Vous avez mal agi* (syn. se conduire). ◆ **s'agir** v.pr. impers. Il s'agit de (+ n.), il est question de : *C'est de vous qu'il s'agit. De quoi s'agit-il ?* ‖ Il s'agit de (+ inf.), il convient de, il est nécessaire de : *Il s'agit de se décider : êtes-vous pour ou contre ?* (= il faut).

agissant, e [aʒisɑ̃, -ɑ̃t] adj. Qui a une action puissante, une grande activité : *Les minorités agissantes* (syn. actif, entreprenant). *Un remède agissant* (syn. efficace).

agissements [aʒismɑ̃] n.m. pl. Actions coupables ou blâmables : *Nous condamnons les agissements qui ont abouti à son éviction* (syn. manigance, manœuvre). *La police surveille ses agissements* (syn. manège, menées).

agitateur, trice [aʒitatœʀ, -tʀis] n. Personne qui provoque ou entretient des troubles sociaux, politiques, qui suscite l'agitation : *Plusieurs agitateurs ont été arrêtés* (syn. factieux, meneur).

agitation [aʒitasjɔ̃] n.f. - **1.** État de ce qui est animé de mouvements continuels et irréguliers : *L'agitation de la mer* (syn. turbulence). - **2.** État de trouble et d'anxiété, se traduisant souvent par des mouvements désordonnés et sans but ; ces mouvements : *Calmer l'agitation d'un malade* (syn. excitation, fébrilité). - **3.** État de mécontentement d'ordre politique ou social, se traduisant par l'expression de revendications, par des manifestations ou par des troubles publics : *L'agitation s'amplifie dans le nord du pays* (syn. effervescence, troubles).

agité, e [aʒite] adj. et n. Qui manifeste de l'agitation ; qui est en proie à l'agitation : *Cet enfant est très agité* (syn. excité, remuant, turbulent). *Malade agité* (syn. fébrile, tourmenté). ◆ adj. - **1.** Remué vivement en tous sens : *Une mer agitée.* - **2.** Troublé par des mouvements continuels : *Un sommeil agité.*

agiter [aʒite] v.t. (lat. *agitare* "pousser"). - **1.** Remuer vivement en tous sens : *Agitez le flacon avant de verser le liquide* (syn. secouer). - **2.** Présenter qqch comme un danger imminent : *Il agita la menace de sa démission* (syn. brandir). - **3.** Causer une vive émotion à : *Une violente colère l'agitait* (syn. transporter). *Des discours agitent la population* (syn. exciter). - **4.** Agiter une question, l'examiner, en débattre avec d'autres : *On a agité la question de sa candidature* (syn. soulever). ◆ **s'agiter** v.pr. Remuer vivement en tous sens : *Cesse de t'agiter sur ta chaise* (syn. se trémousser). *Les couches populaires s'agitent* (syn. se soulever).

agneau [aɲo] n.m. (bas lat. *agnellus* dimin. du class. *agnus*). - **1.** Petit de la brebis : *Agneau*

femelle (on dit aussi *agnelle*). - **2.** Chair comestible de cet animal : *De l'agneau rôti.* - **3.** Fourrure, cuir de cet animal : *Une toque en agneau.* - **4.** Doux comme un agneau, d'une douceur extrême. - **5.** Agneau pascal. Agneau immolé chaque année par les Juifs pour commémorer la sortie d'Égypte. ‖ L'Agneau de Dieu. Jésus-Christ.

agnelage [aɲlaʒ] n.m. Mise bas, chez la brebis ; époque de l'année où elle se produit.

agneler [aɲle] v.i. [conj. 24]. Mettre bas, en parlant de la brebis.

agnelet [aɲlɛ] n.m. Petit agneau.

agnosie [agnozi] n.f. (gr. *agnôsia* "ignorance"). PATHOL. Trouble de la reconnaissance des informations sensorielles, dû à une lésion localisée du cortex cérébral, sans atteinte des perceptions élémentaires.

agnosticisme [agnɔstisism] n.m. Doctrine philosophique qui considère que l'absolu est inaccessible à l'esprit humain et qui préconise le refus de toute solution aux problèmes concernant la nature intime, l'origine et la destinée des choses.

agnostique [agnɔstik] adj. (angl. *agnostic,* du gr. *agnôstos* "inconnaissable"). De l'agnosticisme : *Les théories agnostiques.* ◆ n. Personne qui professe l'agnosticisme.

Agnus Dei [agnysdei] n.m. inv. (mots lat. "agneau de Dieu"). CATH. Prière de la messe commençant par ces mots ; musique composée sur cette prière. ◆ **agnus-Dei** n.m. inv. Médaillon de cire blanche portant l'image d'un agneau, bénit par le pape.

agonie [agɔni] n.f. (gr. *agônia* "lutte"). - **1.** Moment de la vie qui précède immédiatement la mort ; état de ralentissement, d'affaiblissement des fonctions vitales qui caractérise ce moment : *Malade à l'agonie.* - **2.** Déclin progressif : *L'agonie d'un régime politique.*

agonir [agɔniʀ] v.t. (croisement de l'anc. fr. *ahonnir* "déshonorer, insulter" et de *agonie,* avec infl. de *agoniser*) [conj. 32]. Agonir qqn d'injures, l'accabler, le couvrir d'injures.

agonisant, e [agɔnizɑ̃, -ɑ̃t] adj. et n. Qui est à l'agonie : *Les râles d'un agonisant* (syn. moribond, mourant).

agoniser [agɔnize] v.i. (lat. ecclés. *agonizare* "lutter", du gr. *agôn* "lutte"). - **1.** Être à l'agonie : *Des soldats qui agonisent sur le champ de bataille.* - **2.** Être sur son déclin ; être sur le point de disparaître : *Une petite industrie qui agonise* (syn. décliner).

agora [agɔʀa] n.f. - **1.** Place bordée d'édifices publics, centre de la vie politique, religieuse et économique de la cité, dans l'Antiquité grecque. - **2.** Espace piétonnier dans une ville nouvelle.

agoraphobie [agɔʀafɔbi] n.f. (de *agora* et *-phobie*). Crainte pathologique des espaces découverts, des lieux publics.

agrafage [agʀafaʒ] n.m. Action d'agrafer ; son résultat.

agrafe [agʀaf] n.f. (de l'anc. fr. *grafe* "crochet", germ. *krappa*). - **1.** Pièce de métal, de matière plastique, etc., permettant d'attacher plusieurs papiers ensemble : *Agrafe de bureau.* - **2.** Crochet servant à réunir les bords opposés d'un vêtement ; broche servant à cet usage ou à la parure : *Agrafe de brillants.* - **3.** Petite lame de métal à deux pointes servant à suturer les plaies.

agrafer [agʀafe] v.t. - **1.** Attacher avec une agrafe ; assembler à l'aide d'agrafes. - **2.** FAM. Retenir qqn pour lui parler : *Agrafer un voisin au passage.*

agrafeuse [agʀaføz] n.f. Appareil à poser des agrafes.

agraire [agʀɛʀ] adj. (lat. *agrarius*, de *ager*, *agri* "champ"). - **1.** Relatif aux terres cultivées, à l'agriculture : *Surfaces et mesures agraires. Civilisation agraire.* - **2.** Réforme agraire, ensemble de lois visant à modifier la répartition des terres en faveur des non-possédants et des petits propriétaires. ⎮ ANTIQ. ROM. Lois agraires, lois admettant les plébéiens au partage des terres appartenant à l'État.

agrammatical, e, aux [agʀamatikal,-o] adj. LING. Qui ne répond pas aux critères de la grammaticalité : *Phrase agrammaticale.*

agrandir [agʀɑ̃diʀ] v.t. (32). Rendre plus grand ou plus important : *Agrandir une maison. Agrandir le cercle de ses connaissances* (syn. accroître, étendre ; contr. restreindre). ◆ **s'agrandir** v.pr. Devenir plus grand : *Ville qui s'agrandit* (syn. s'étendre). *Commerçant qui s'agrandit* (= qui développe son affaire, qui agrandit son magasin).

agrandissement [agʀɑ̃dismɑ̃] n.m. - **1.** Action d'agrandir, de s'agrandir : *Les agrandissements successifs de l'Empire romain* (syn. accroissement). *Travaux d'agrandissement d'un magasin* (syn. extension). - **2.** PHOT. Épreuve agrandie d'une photographie : *Tirer un agrandissement.*

agrandisseur [agʀɑ̃disœʀ] n.m. PHOT. Appareil pour exécuter les agrandissements.

agréable [agʀeabl] adj. (de *agréer*). Qui plaît, qui satisfait, qui charme : *Passer un moment agréable* (syn. plaisant ; contr. ennuyeux). *Un garçon agréable* (syn. charmant).

agréablement [agʀeabləmɑ̃] adv. De façon agréable : *La soirée s'est passée agréablement. Cette nouvelle me surprend agréablement.*

agréer [agʀee] v.t. (de *gré*) [conj. 15]. Recevoir favorablement, accepter : *Agréer une demande*

(syn. admettre). *Veuillez agréer mes salutations distinguées* (formule de politesse). ◆ v.t. ind. [à]. LITT. Convenir à : *Le projet agréait à tous.*

agrégat [agʀega] n.m. (lat. *aggregatum*, de *aggregare* ; v. *agréger*). Substance, masse formée d'éléments primitivement distincts, unis intimement et solidement entre eux : *Le sol est un agrégat de particules minérales et de ciments colloïdaux.*

agrégatif, ive [agʀegatif, -iv] n. et adj. (de *agrégation*). Étudiant, étudiante qui prépare le concours de l'agrégation.

agrégation [agʀegasjɔ̃] n.f. (bas lat. *aggregatio*, de *aggregare* ; v. *agréger*). - **1.** Assemblage d'éléments distincts formant un tout homogène. - **2.** En France, concours de recrutement des professeurs de lycée ou, dans certaines disciplines (droit et sciences économiques, médecine, pharmacie), des professeurs d'université ; grade que confère la réussite à ce concours.

agrégé, e [agʀeʒe] n. et adj. Personne reçue à l'agrégation.

agréger [agʀeʒe] v.t. (lat. *aggregare* "rassembler", de *grex*, *gregis* "troupeau") [conj. 22]. - **1.** Réunir en un tout, une masse : *La chaleur a agrégé les morceaux de métal.* - **2.** Admettre qqn dans un groupe constitué : *Agréger quelques éléments jeunes à la direction d'un parti* (syn. intégrer). ◆ **s'agréger** v.pr. [à]. Se joindre, s'associer à : *S'agréger à un groupe.*

agrément [agʀemɑ̃] n.m. - **1.** Fait d'agréer, de consentir à qqch : *Décider, sans l'agrément de ses supérieurs* (syn. consentement, accord). *Agrément d'un projet par un pouvoir officiel* (syn. acceptation). - **2.** Qualité par laquelle qqn ou qqch plaît, est agréable : *Sa compagnie est pleine d'agrément. Les agréments d'une maison de campagne.* - **3.** D'agrément, destiné au seul plaisir, qui n'a pas de destination utilitaire : *Jardin, voyage d'agrément.*

agrémenter [agʀemɑ̃te] v.t. (de *agrément*). Rendre plus attrayant, plus agréable par des éléments ajoutés : *Agrémenter un récit de détails piquants* (syn. enjoliver).

agrès [agʀɛ] n.m. pl. (du scand. *greida* "équiper"). - **1.** Appareils utilisés en gymnastique sportive (anneaux, barre, poutre, etc.), en éducation physique (corde à grimper), au cirque (trapèze). - **2.** LITT. ou VX. Éléments du gréement d'un navire (poulies, voiles, vergues, cordages, etc.).

agresser [agʀese] v.t. - **1.** Commettre une agression sur qqn : *Agresser un passant* (syn. attaquer). - **2.** Provoquer, choquer qqn, notamm. par la parole : *Agresser son interlocuteur.* - **3.** Constituer une agression, une nuisance pour : *Pluies acides agressant la couverture forestière.*

agresseur [agrɛsœr] adj.m. et n.m. Qui commet une agression ; qui attaque sans avoir été provoqué : *Pays agresseur. Il n'a pas identifié ses agresseurs.*

agressif, ive [agresif, -iv] adj. - **1.** Qui cherche à agresser, à attaquer : *Un enfant agressif* (syn. querelleur). *Un discours agressif* (syn. violent). - **2.** Qui a un caractère d'agression : *Mesures agressives.* - **3.** Qui heurte les sens, l'imagination : *Couleur agressive* (syn. criard). *Publicité agressive* (syn. provocant).

agression [agresjɔ̃] n.f. (lat. *agressio* "attaque"). - **1.** Attaque non provoquée et brutale : *Être victime d'une agression.* - **2.** Atteinte à l'intégrité psychologique ou physiologique des personnes, due à l'environnement visuel, sonore, etc. : *Les agressions de la vie urbaine.*

agressivement [agresivmɑ̃] adv. De façon agressive.

agressivité [agresivite] n.f. Caractère agressif de qqn, de qqch ; dispositions agressives.

agreste [agrɛst] adj. (lat. *agrestis*, de *ager*, *agri* "champ"). LITT. Rustique, champêtre : *Site agreste.*

agricole [agrikɔl] adj. (lat. *agricola* "cultivateur", de *ager*, *agri* "champ" et *colere* "cultiver"). Qui relève de l'agriculture ; qui concerne l'agriculture : *Population agricole. Produits agricoles. Enseignement agricole.*

agriculteur, trice [agrikyltœr, -tris] n. (lat. *agricultor* ; v. *agricole*). Personne qui cultive la terre ; personne dont l'activité professionnelle a pour objet de mettre en valeur une exploitation agricole.

agriculture [agrikyltyr] n.f. (lat. *agricultura* ; v. *agricole*). Activité économique ayant pour objet la transformation et la mise en valeur du milieu naturel afin d'obtenir les produits végétaux et animaux utiles à l'homme, en partic. ceux destinés à son alimentation.

agripper [agripe] v.t. (de *gripper* "saisir"). Prendre, saisir vivement en serrant avec les doigts, en s'accrochant : *Le voleur agrippa le sac de la passante et s'enfuit.* ◆ **s'agripper** v.pr. [à]. S'accrocher fermement ; se cramponner : *Elle avait le vertige et s'agrippait à la rambarde.*

agroalimentaire [agroalimɑ̃ter] adj. Relatif à l'élaboration, à la transformation et au conditionnement des produits d'origine princ. agricole destinés à la consommation humaine et animale : *Industries agroalimentaires.* ◆ n.m. Ensemble des industries agroalimentaires : *Travailler dans l'agroalimentaire.*

agrochimie [agroʃimi] n.f. Ensemble des activités de l'industrie chimique fournissant des produits pour l'agriculture (engrais et pesticides notamm.).

agrologie [agrɔlɔʒi] n.f. Partie de l'agronomie qui a pour objet l'étude des terres cultivables.

agronome [agrɔnɔm] n. - **1.** Spécialiste de l'agronomie. - **2.** Ingénieur agronome, diplômé des écoles nationales supérieures d'agronomie.

agronomie [agrɔnɔmi] n.f. Étude scientifique des relations entre les plantes cultivées, le milieu (sol, climat) et les techniques agricoles.

agronomique [agrɔnɔmik] adj. Relatif à l'agronomie.

agrume [agrym] n.m. (mot it., du lat. médiév. *acrumen* "substance aigre", du class. *acer* "aigre"). **Les agrumes**, le citron et les fruits voisins : orange, mandarine, cédrat, pamplemousse, etc.

aguerrir [agerir] v.t. (de *guerre*) [conj. 32]. - **1.** VX. Habituer aux fatigues, aux périls de la guerre. - **2.** Habituer aux choses pénibles : *Ces âpres discussions l'ont aguerri* (syn. endurcir). ◆ **s'aguerrir** v.pr. S'endurcir : *Il s'est aguerri à, contre la douleur.*

aguets [age] n.m. pl. (de *agaitier*, forme anc. de *guetter*). **Aux aguets**, qui guette, qui est attentif, pour surprendre ou n'être pas surpris : *Chasseur qui reste aux aguets derrière une haie* (syn. à l'affût).

aguichant, e [agiʃɑ̃, -ɑ̃t] adj. Qui aguiche : *Un sourire aguichant* (syn. provocant, racoleur).

aguicher [agiʃe] v.t. (de l'anc. fr. *guiche* "courroie"). Provoquer, chercher à séduire par la coquetterie, l'artifice : *Elle aguiche ses collègues de bureau* (syn. émoustiller).

aguicheur, euse [agiʃœr, -øz] adj. et n. Qui aguiche : *Attitude aguicheuse. C'est une aguicheuse.*

ah [a] interj. (onomat.). Sert à accentuer l'expression d'un sentiment, d'une idée, etc. : *Ah ! que c'est beau ! Ah ! non, tu ne me feras pas croire cela !*

ahuri, e [ayri] adj. et n. (de *hure* "tête hérissée"). Étonné au point d'en paraître stupide : *Prendre un air ahuri* (syn. hébété, stupide). *Quel ahuri, celui-là !* (syn. idiot).

ahurir [ayrir] v.t. [conj. 32]. LITT. Rendre ahuri : *Une telle réponse a de quoi vous ahurir* (syn. abasourdir, effarer).

ahurissant, e [ayrisɑ̃, -ɑ̃t] adj. Qui ahurit : *Une histoire ahurissante* (syn. incroyable, stupéfiant).

ahurissement [ayrismɑ̃] n.m. État d'une personne ahurie : *Elle le regarda avec ahurissement* (syn. stupéfaction, ébahissement).

aï [ai] n.m. (mot du tupi-guarani). Mammifère arboricole de l'Amérique du Sud, que ses mouvements très lents font également appeler *paresseux* ou *bradype* (propr. « pied lent »). □ Ordre des édentés ; long. 60 cm env.

1. **aide** [ɛd] n.f. - **1.** Action d'aider ; assistance, secours apporté par qqn ou par qqch : *Offrir son aide à qqn* (syn. appui, concours). *Venir en aide à qqn. Appeler à l'aide* (= au secours). - **2.** Subvention ; secours financier : *Aide à la reconversion des entreprises. Aide sociale* (= secours apporté à des personnes en difficulté). - **3.** À l'aide de, grâce à, au moyen de : *Marcher à l'aide d'une canne.* ◆ **aides** n.f. pl. ÉQUIT. Moyens dont dispose le cavalier pour guider le cheval.

2. **aide** [ɛd] n. - **1.** (Souvent précisé par un terme apposé ou joint par un trait d'union). Personne qui aide, qui seconde qqn dans un travail, une fonction : *Entourée de ses aides, elle surveille l'expérience. Une aide anesthésiste. Des aides-comptables. Aide familiale.* - **2.** Aide de camp, officier attaché à la personne d'un chef d'État, d'un général, etc.

aide-mémoire [ɛdmemwaʀ] n.m. inv. Abrégé de l'essentiel d'une matière, d'un programme d'examen, etc. ; recueil de dates, de formules.

aider [ede] v.t. (lat. *adjutare*). Fournir une aide, une assistance à : *Aider ses amis* (syn. secourir). *Aider qqn dans son travail* (syn. seconder, épauler). *Les entreprises ont dû être aidées par l'État* (syn. subventionner, soutenir). ◆ v.t. ind. [à]. Faciliter, favoriser : *Aider au succès d'une entreprise* (syn. contribuer). ◆ **s'aider** v.pr. [de]. Se servir, tirer parti de : *Monter sur le toit en s'aidant d'une échelle.*

aide-soignant, e [ɛdswaɲɑ̃, -ɑ̃t] n. (pl. *aides-soignants, es*). Personne chargée de donner des soins aux malades mais qui ne possède pas le diplôme d'infirmier ou d'infirmière.

aïe [aj] interj. (onomat.). Exprime la douleur, l'inquiétude, etc. : *Aïe ! Ça fait mal !*

aïeul, e [ajœl] n. (lat. pop. **aviolus,* dimin. du class. *avus*). [pl. *aïeuls, aïeules*]. LITT. Grand-père, grand-mère.

aïeux [ajø] n.m. pl. (de *aïeul*). LITT. Ancêtres.

aigle [ɛgl] n.m. (anc. prov. *aigla,* lat. *aquila*). - **1.** Oiseau rapace diurne de grande taille construisant son aire dans les hautes montagnes. □ Ordre des falconiformes ; envergure 2,50 m. L'aigle glatit. - **2.** Emblème, décoration figurant un aigle : *L'aigle noir de Prusse.* - **3.** Ce n'est pas un aigle, se dit d'un homme à l'intelligence médiocre. ‖ Yeux, regard d'aigle, yeux vifs, très perçante. ◆ n.f. Aigle femelle. ◆ **aigles** n.f. pl. Enseigne nationale ou militaire surmontée d'un aigle : *Les aigles romaines.*

aiglefin n.m. → **églefin.**

aiglon, onne [ɛglɔ̃, -ɔn] n. Petit de l'aigle.

aigre [ɛgʀ] adj. (bas lat. *acrus,* class. *acer*). - **1.** Qui a une acidité piquante ; désagréable au goût : *Des fruits aigres* (syn. âcre ; contr. doux, sucré). - **2.** Criard, aigu : *Une voix aigre.* - **3.** Désagréable, blessant : *Une remarque aigre.* ◆ n.m. Tourner à l'aigre, devenir aigre ; s'envenimer : *Conversation qui tourne à l'aigre.*

aigre-doux, -douce [ɛgʀədu, -us] adj. (pl. *aigres-doux, -douces*). - **1.** D'un goût à la fois acide et sucré : *Porc à la sauce aigre-douce. Cerises aigres-douces.* - **2.** Désagréable ou blessant en dépit d'une apparente douceur : *Réflexions aigres-douces. Propos aigres-doux.*

aigrefin [ɛgʀəfɛ̃] n.m. (croisement probable de *aigre* et de *aiglefin,* en raison de l'apparente voracité de ce poisson). Personne qui vit de procédés indélicats ; escroc.

aigrelet, ette [ɛgʀəlɛ, -ɛt] adj. Légèrement aigre : *Groseilles aigrelettes. Voix aigrelette.*

aigrement [ɛgʀəmɑ̃] adv. Avec aigreur.

aigrette [ɛgʀɛt] n.f. (prov. *aigreta,* de *aigron,* forme dialect. de "héron"). - **1.** Faisceau de plumes qui surmonte la tête de certains oiseaux. - **2.** Bouquet de plumes ornant certaines coiffures : *Aigrette d'un casque.* - **3.** Ornement de pierres fines ou précieuses montées en faisceau. - **4.** Grand héron blanc et gris perle des pays chauds, portant au moment de la reproduction de longues plumes recherchées pour la parure.

aigreur [ɛgʀœʀ] n.f. - **1.** Fait d'être aigre ; caractère de ce qui est aigre : *L'aigreur des fruits verts* (syn. acidité). *L'aigreur d'une réflexion* (syn. amertume, animosité). - **2.** (Surtout au pl.). Sensations aigres ou amères dans la bouche ou l'estomac.

aigri, e [ɛgʀi] adj. et n. Rendu amer et irritable par des déceptions, des échecs, des épreuves.

aigrir [ɛgʀiʀ] v.t. [conj. 32]. Rendre amer et irritable : *Les déceptions l'ont aigri.* ◆ v.i. Devenir aigre : *Le lait a aigri* (syn. tourner). ◆ **s'aigrir** v.pr. Devenir irritable et amer : *Il s'est aigri avec l'âge.*

aigu, uë [egy] adj. (lat. *acutus,* avec infl. probable de "aiguiser"). - **1.** Terminé en pointe : *Lame aiguë d'un poignard* (syn. effilé). - **2.** Haut, d'une fréquence élevée, en parlant d'un son, d'une voix, etc. : *Voix aiguë* (contr. grave). - **3.** D'une grande acuité ; d'une grande lucidité : *Une intelligence aiguë* (syn. fin, pénétrant). *Un sens aigu des responsabilités* (syn. profond). - **4.** Qui s'élève d'un coup à son paroxysme : *Douleur aiguë* (syn. violent, vif). *Maladie aiguë* (contr. chronique). - **5.** Accent aigu, accent incliné de droite à gauche. ‖ Angle aigu, angle plus petit que l'angle droit (contr. obtus). ◆ **aigu** n.m. Son aigu ; registre aigu : *Chanteur à l'aise dans l'aigu.*

aigue-marine [ɛgmaʀin] n.f. (prov. *aiga marina* "eau de mer") [pl. *aigues-marines*]. Pierre fine, variété de béryl dont la transparence et la couleur bleu clair nuancé de vert évoquent l'eau de mer.

aiguière [egjɛʀ] n.f. (prov. *aiguiera*, lat. pop. *aquaria*, du class. *aqua* "eau"). Vase à pied, muni d'un bec et d'une anse, destiné à contenir de l'eau.

aiguillage [egɥijaʒ] n.m. - **1.** CH. DE F. Dispositif constitué essentiellement de rails mobiles (aiguilles), permettant de faire passer les véhicules ferroviaires d'une voie sur une autre ; manœuvre d'un tel dispositif : *Poste, centre d'aiguillage.* - **2.** Action d'orienter qqn, une action dans une certaine direction : *Être victime d'une erreur d'aiguillage* (= d'une mauvaise orientation).

aiguille [egɥij] n.f. (bas lat. *acucula*, du class. *acus*). - **1.** Petite tige d'acier trempé et poli, dont une extrémité est pointue et l'autre percée d'un trou pour passer le fil : *Aiguilles à coudre, à broder. Le chas d'une aiguille.* - **2.** Tige rigide servant à divers usages : *Des aiguilles à tricoter. Les aiguilles d'une montre. L'aiguille d'une seringue.* - **3.** BOT. Feuille rigide et aiguë des conifères : *Aiguilles de pin.* - **4.** GÉOGR. Sommet pointu d'une montagne : *L'aiguille du Midi* (syn. pic). - **5.** CH. DE F. Portion de rail mobile d'un aiguillage. - **6.** De fil en aiguille, en passant progressivement d'une idée, d'une parole, d'un acte à l'autre.

aiguillée [egɥije] n.f. Longueur de fil enfilée sur une aiguille.

aiguiller [egɥije] v.t. (de *aiguille*). - **1.** Diriger un véhicule ferroviaire, un convoi en manœuvrant un aiguillage. - **2.** Orienter dans une direction précise : *À la fin de ses études, on l'a aiguillé vers les métiers de la banque* (syn. diriger). *Aiguiller ses recherches.*

aiguilleté, e [egɥijte] adj. (de *aiguille*). Fabriqué selon une technique consistant à entremêler des fibres textiles à l'aide d'aiguilles crochetées : *Moquette aiguilletée.*

aiguillette [egɥijɛt] n.f. (de *aiguille*). - **1.** Partie du rumsteck. - **2.** Mince tranche de chair prélevée sur l'estomac d'une volaille, d'une pièce de gibier à plumes. ◆ **aiguillettes** n.f. pl. Ornement d'uniforme militaire fait de cordons tressés.

aiguilleur [egɥijœʀ] n.m. - **1.** Agent du chemin de fer chargé de la manœuvre des aiguillages. - **2.** Aiguilleur du ciel. Contrôleur de la navigation aérienne.

aiguillon [egɥijɔ̃] n.m. (lat. pop. *aculeo*, class. *aculeus*). - **1.** Dard de certains insectes (abeilles, guêpes, etc.). - **2.** SOUT. Ce qui stimule, incite à l'action : *L'argent est le seul aiguillon de son activité.*

aiguillonner [egɥijɔne] v.t. (Souvent au pass.). Inciter à l'action : *Elle est aiguillonnée par la curiosité* (syn. stimuler).

aiguisage [egiza ʒ] et **aiguisement** [egizmã] n.m. Action d'aiguiser : *L'aiguisage d'un outil.*

aiguiser [egize] v.t. (lat. pop. *acutiare*, du class. *acutus* "aigu"). - **1.** Rendre tranchant : *Aiguiser un couteau, une faux* (syn. affûter, repasser). - **2.** Exciter ; activer : *La marche a aiguisé son appétit* (syn. stimuler).

aiguiseur, euse [egizœʀ, -øz] n. Personne dont le métier est d'aiguiser les instruments tranchants, les outils, etc.

aiguisoir [egizwaʀ] n.m. Instrument servant à aiguiser.

aïkido [aikido] n.m. (mot jap.). Art martial d'origine japonaise, combat pratiqué essentiellement à mains nues et fondé sur la neutralisation de la force de l'adversaire par des mouvements de rotation et d'esquive, et l'utilisation de clés aux articulations.

ail [aj] n.m. (lat. *allium*) [pl. *ails* ou, plus rare, *aulx*]. Plante potagère à bulbe dont les gousses, à l'odeur forte et au goût piquant, sont utilisées en cuisine.

aile [ɛl] n.f. (lat. *ala*). - **1.** Membre mobile assurant le vol, chez les oiseaux, les chauves-souris, les insectes : *L'aile déploie ses ailes. Manger une aile de poulet* (= la partie charnue de ce membre). - **2.** Chacun des principaux plans de sustentation d'un avion. - **3.** Ce qui occupe une position latérale par rapport à une partie centrale : *L'aile droite d'un château. Les ailes du nez. Attaquer une armée sur son aile gauche.* - **4.** Partie de la carrosserie d'une automobile qui recouvre et entoure la roue. - **5.** Chacun des châssis mobiles garnis de toile qui meuvent le mécanisme d'un moulin à vent. - **6.** SPORTS. Extrémité de la ligne d'attaque d'une équipe de football, de rugby, etc. - **7.** Avoir des ailes, se sentir léger, insouciant ; se mouvoir facilement. ‖ Battre de l'aile, être en difficulté ; aller mal. ‖ D'un coup d'aile, sans s'arrêter ; rapidement. ‖ Voler de ses propres ailes, agir seul, sans l'aide d'autrui. - **8.** Aile libre. Engin servant au vol libre et constitué essentiellement d'une carcasse légère tendue d'une voilure et d'un harnais auquel on se suspend. ‖ Aile volante. Avion dont le fuselage est plus ou moins intégré dans l'épaisseur de l'aile.

ailé, e [ele] adj. Pourvu d'ailes : *Insecte ailé.*

aileron [ɛlʀɔ̃] n.m. (de *aile*). - **1.** Extrémité de l'aile d'un oiseau. - **2.** Nageoire de certains poissons : *Ailerons de requin.* - **3.** AÉRON. Volet articulé placé à l'arrière d'une aile d'avion, et dont la manœuvre permet à celui-ci de virer.

ailette [elɛt] n.f. Pièce en forme de petite aile : *Bombe à ailettes. Radiateur à ailettes.*

ailier, ère [elje, -ɛʀ] n. (de *aile*). Joueur, joueuse qui se trouve placé(e) aux extrémités de la ligne d'attaque d'une équipe de football, de rugby, etc.

ailler [aje] v.t. Garnir ou frotter d'ail : *Ailler un gigot.*

ailleurs [ajœʀ] adv. (du lat. *[in]* aliore *[loco]* "[dans] un autre [lieu]"). - **1.** Indique un autre lieu que celui où l'on est, que celui dont il vient d'être question : *Nulle part ailleurs vous ne trouverez des prix aussi bas.* - **2.** Indique une autre origine, une autre cause que celle dont il est question : *C'est ailleurs qu'il faut chercher le mobile du crime.* ◆ **d'ailleurs** adv. Sert à ajouter une nouvelle considération à celles qu'on a déjà présentées : *Il avait manifestement tort ; d'ailleurs, il n'a pas osé insister.* ◆ **par ailleurs** loc. adv. Sert à ajouter une information ou un argument nouveaux : *Cet homme austère est par ailleurs un père de famille adorable. Je l'ai trouvé très abattu et par ailleurs très irrité de l'agitation qui l'entourait* (syn. en outre, de plus).

ailloli n.m. → **aïoli.**

aimable [emabl] adj. (lat. *amabilis*, de *amare* "aimer"). Qui cherche à faire plaisir, à être agréable : *Un homme aimable* (syn. affable, sociable). *Des paroles aimables.*

aimablement [emabləmɑ̃] adv. Avec amabilité : *Répondre aimablement* (syn. poliment, courtoisement).

1. **aimant, e** [emɑ̃, -ɑ̃t] adj. Porté à aimer : *Une nature aimante* (syn. affectueux, tendre).

2. **aimant** [emɑ̃] n.m. (lat. *adamas, -antis*, "fer, diamant", mot gr.). Minéral, oxyde de fer qui attire naturellement le fer et quelques autres métaux. (On disait aussi autref. *pierre d'aimant.*)

aimantation [emɑ̃tasjɔ̃] n.f. Action d'aimanter ; fait d'être aimanté.

aimanter [emɑ̃te] v.t. Communiquer la propriété de l'aimant à un corps : *L'aiguille aimantée d'une boussole indique le nord.*

aimer [eme] v.t. (lat. *amare*). - **1.** Éprouver une profonde affection, un attachement très vif pour qqn : *Aimer ses enfants, ses parents* (syn. chérir ; contr. détester, haïr). - **2.** Éprouver une inclination très vive fondée à la fois sur la tendresse et l'attirance physique ; être amoureux de : *Il l'a follement aimée.* - **3.** Avoir un penchant, du goût, de l'intérêt pour : *Aimer la danse, la lecture* (syn. goûter, apprécier). *Aimer danser, lire. Il aime qu'on le flatte.* - **4.** Se développer, croître particulièrement bien dans tel lieu, tel environnement : *La betterave aime les terres profondes. Plante qui aime la lumière, l'humidité* (= elle s'y plaît). - **5.** Aimer mieux, préférer : *J'aime mieux la voiture que le train.*

aine [ɛn] n.f. (lat. *inguen, -inis*). Partie du corps entre le haut de la cuisse et le bas-ventre : *Pli de l'aine* (= pli de flexion de la cuisse sur l'abdomen).

aîné, e [ene] n. et adj. (de l'anc. fr. *ainz* "avant" [lat. pop. *antius*, comparatif du class. *ante*] et *né*). - **1.** Le premier-né (par opp. à *cadet*) : *Fils aîné.* - **2.** Personne plus âgée qu'une autre : *Il est mon aîné de trois ans.*

aînesse [enɛs] n.f. (de *aîné*). - **1.** Priorité d'âge entre frères et sœurs. - **2.** Droit d'aînesse, droit qui, avant la Révolution, réservait à l'aîné une part prépondérante dans l'héritage, au détriment des autres enfants.

ainsi [ɛ̃si] adv. (de *si*, lat. *sic*, et d'un premier élément obscur). - **1.** Fait référence à la façon dont un événement se produit : *Ça s'est passé ainsi. Ne me parle pas ainsi* (= de cette façon). - **2.** Introduit un développement : *Elle commença à parler ainsi : « Messieurs, [...] »* (= en ces termes). *Abordons le problème ainsi : tout d'abord les objectifs, puis les méthodes* (= de la manière suivante). - **3.** Introduit le second terme d'une comparaison en résumant la première proposition (souvent introduite par *comme*) : *Comme un baume adoucit une blessure, ainsi ces paroles apaisèrent sa douleur* (= de même façon). - **4.** Parfois renforcé par *donc*, introduit une conclusion : *Ainsi, je conclus que... Ainsi donc, tu as changé d'avis ?* - **5.** Ainsi soit-il, formule qui termine les prières chrétiennes. ‖ Pour ainsi dire, presque, à peu près : *Après ce but malheureux, notre équipe s'est pour ainsi dire effondrée.* ‖ Puisqu'il en est ainsi, dans ces conditions. ◆ **ainsi que** loc. conj. - **1.** En tant que conj. sub., indique la comparaison ou la conformité : *Tout s'est passé ainsi que je l'avais prévu* (syn. comme). - **2.** En tant que conj. coord., exprime une addition, un ajout : *Il a amené sa femme ainsi que quelques amis* (syn. et).

aïoli ou **ailloli** [ajɔli] n.m. (mot prov., de *ai* "ail", et *oli* "huile"). - **1.** Coulis d'ail pilé avec de l'huile d'olive. - **2.** Plat de morue et de légumes pochés servi avec cette sauce.

1. **air** [ɛʀ] n.m. (lat. *aer*, mot gr.). - **1.** Mélange de plusieurs gaz (azote et oxygène, princ.) qui forme l'atmosphère ; ce mélange gazeux, en tant que milieu de vie : *Le bon air. Respirer l'air pur des montagnes. Ouvrez la fenêtre, on manque d'air ici.* - **2.** Espace qu'occupe l'air : *Avion qui s'élève dans l'air, dans les airs* (syn. atmosphère). - **3.** Vent léger ; souffle : *Il fait de l'air. Courant d'air.* - **4.** Air comprimé, air dont on réduit le volume par compression en vue d'utiliser l'énergie de la détente. ‖ Air liquide, air liquéfié par détentes et compressions successives, et utilisé dans l'industrie, en partic. l'industrie chimique. ‖ Donner de l'air, aérer. ‖ En l'air, en

haut, au-dessus de la tête ; sans fondement : *Regarder en l'air* (contr. par terre). *Paroles en l'air.* ‖ **En plein air**, à l'extérieur ; dans la nature : *Les campeurs aiment la vie en plein air.* ‖ **Être dans l'air**, faire l'objet de nombreuses conversations, de discussions ; être imminent : *Ces idées sont dans l'air. Il y a de l'orage dans l'air.* ‖ **Être, mettre en l'air**, en désordre. ‖ FAM. **Ficher, fiche en l'air**, jeter ; détruire. ‖ **Prendre l'air**, se promener, sortir de chez soi ; s'envoler, en parlant d'un avion, d'un aérostat, etc. - **5.** L'air. L'aviation. L'aéronautique, les transports aériens : *Hôtesse de l'air. Armée de l'air. Mal de l'air.* ‖ **Le grand air**. La nature ; les grands espaces : *Le grand air lui fera du bien. Vivre au grand air.*

2. air [ɛʀ] n.m. (de *1. air*). - **1.** Manière d'être, apparence d'une personne : *Un air modeste, hautain.* - **2.** Avoir un air de famille, présenter une certaine ressemblance souvent due à la parenté. ‖ Avoir l'air, paraître. **Rem.** L'accord de l'adj. attribut se fait avec le sujet quand il s'agit de nom de choses : *cette poire a l'air bonne.* S'il s'agit de personnes, l'accord se fait avec le sujet ou avec le mot *air* : *cette femme a l'air intelligente* ou *intelligent.* ‖ N'avoir l'air de rien, donner l'impression fausse d'être insignifiant, facile ou sans valeur. ◆ **airs** n.m.pl. Prendre des airs, de grands airs, affecter la supériorité.

3. air [ɛʀ] n.m. (it. *aria*). - **1.** Mélodie instrumentale : *Un air de flûte.* - **2.** Pièce musicale chantée : *Air à boire* (syn. chanson). *Air d'opéra.*

airain [eʀɛ̃] n.m. (lat. pop. **aramen*, du class. *aes, aeris*). - **1.** VX ou LITT. Bronze, alliage à base de cuivre. - **2.** LITT. D'airain, implacable, impitoyable : *Cœur d'airain.*

aire [ɛʀ] n.f. (lat. *area* "emplacement"). - **1.** Terrain délimité et aménagé pour une activité, une fonction : *Aire de jeu, de stationnement, d'atterrissage, de lancement.* - **2.** Zone, secteur où se produit un fait observable : *Aire d'influence, d'activité* (syn. domaine, sphère). *Aire culturelle, linguistique.* - **3.** Surface sur laquelle les oiseaux de proie construisent leur nid ; ce nid. - **4.** MATH. Nombre mesurant une surface ; cette surface : *Aire d'un losange. Aire d'un bassin.*

airelle [eʀɛl] n.f. (du prov. *aire*, lat. *atra* "noire"). Petit arbrisseau montagnard à baies rouges ou noires rafraîchissantes ; son fruit. □ Famille des éricacées ; genre vaccinium ; haut. de 20 à 50 cm.

aisance [ezɑ̃s] n.f. (lat. *adjacentia* "environs" puis "bonnes dispositions"). - **1.** Facilité dans les actions, les manières, le langage : *S'exprimer avec aisance.* - **2.** Situation de fortune qui permet le bien-être : *Vivre dans l'aisance.* - **3.** VIEILLI. D'aisances, destiné à la satisfaction des besoins naturels : *Lieux, cabinets d'aisances* (= toilettes).

1. aise [ɛz] n.f. (lat. pop. **adjacens* "situé auprès"). À l'aise, à mon (ton, etc.) aise, sans gêne ni contrainte : *Je suis à l'aise, à mon aise dans ces vieux vêtements. Elle est à l'aise dans tous les milieux* (contr. emprunté, gauche). *Mettre qqn à l'aise* (= faire en sorte qu'il perde son embarras, sa timidité). ‖ À l'aise, sans gêne financière : *Cet héritage leur permet de vivre à l'aise* (= dans l'aisance). ‖ D'aise, de joie, de contentement : *Soupirer d'aise.* ‖ En prendre à son aise, agir avec désinvolture. ‖ Mal à l'aise, mal à son aise, avec un sentiment de gêne : *Être, se sentir mal à son aise. Une ambiance qui met mal à l'aise.* ◆ **aises** n.f. pl. Confort ; bien-être : *Aimer ses aises. Prendre ses aises.*

2. aise [ɛz] adj. (de *1. aise*). LITT. Être bien aise de, que, être content, satisfait de, que.

aisé, e [eze] adj. (de l'anc. fr. *aisier* "mettre à l'aise", de *1. aise*). - **1.** Que l'on fait sans peine : *La manœuvre de ce bateau est aisée* (syn. facile ; contr. difficile). - **2.** Qui n'a rien de gêné ; qui ne marque aucun embarras : *Elle parle d'un ton aisé* (syn. naturel). *Style aisé* (syn. coulant, simple). - **3.** Qui a une certaine fortune : *Un commerçant aisé.*

aisément [ezemɑ̃] adv. De façon aisée : *Cela se comprend aisément* (syn. facilement). *Cet héritage lui permet de vivre aisément* (syn. confortablement).

aisseau [eso] n.m. (de *ais* "planchette", lat. *axis*). Planchette mince utilisée dans la couverture des toits (syn. bardeau).

aisselle [esɛl] n.f. (lat. *axilla*). Cavité située sous l'épaule, à la jonction du bras avec le thorax : *Soulever un malade par les aisselles.*

ajonc [aʒɔ̃] n.m. (de *ajou*, mot de l'Ouest). Arbrisseau à feuilles épineuses et à fleurs jaunes, croissant sur les sols siliceux. □ Famille des papilionacées ; genre ulex ; haut. de 1 à 4 m.

ajourer [aʒuʀe] v.t. Orner avec des jours, des ouvertures : *Ajourer un napperon, une balustrade. Des draps ajourés.*

ajournement [aʒuʀnəmɑ̃] n.m. Action d'ajourner ; fait d'être ajourné : *L'ajournement du procès est inattendu* (syn. renvoi).

ajourner [aʒuʀne] v.t. - **1.** Renvoyer à un autre jour : *On a ajourné la décision touchant l'augmentation des salaires* (syn. différer, retarder). *Ajourner un rendez-vous* (syn. remettre, reporter). - **2.** Ajourner un candidat, le renvoyer à une autre session d'examen.

ajout [aʒu] n.m. Ce qui est ajouté : *La nouvelle édition comporte quelques ajouts* (syn. addition ; contr. suppression).

ajouter [aʒute] v.t. (de *jouter* ; v. aussi *jouxter*). - **1.** Joindre une chose à une autre ; mettre en plus : *Ajouter une rallonge à une table. Ajouter* *du sel aux légumes.* -**2.** Dire en plus : *Ajouter quelques mots.* - **3.** Ajouter foi à qqch, y croire. ◆ v.t. ind. **[à]**. Augmenter l'importance, la quantité de : *Le mauvais temps ajoute encore aux difficultés de la circulation* (= il les aggrave). ◆ **s'ajouter** v.pr. **[à]**. Venir en plus de : *Les frais de port s'ajoutent au prix de la marchandise.*

ajustage [aʒystaʒ] n.m. Action d'ajuster des pièces mécaniques ; résultat de cette action.

ajusté, e [aʒyste] adj. Serré au buste et à la taille par des pinces : *Une veste ajustée* (contr. ample, vague).

ajustement [aʒystəmɑ̃] n.m. Action d'ajuster ; fait d'être ajusté : *Ajustement des tarifs, d'un vêtement.*

ajuster [aʒyste] v.t. (de *juste*). -**1.** Adapter parfaitement une chose à une autre ; mettre plusieurs choses en harmonie : *Ajuster un vêtement. Ajuster un couvercle sur une boîte. Ajuster une théorie aux faits* (syn. accorder). -**2.** MÉCAN. Donner à une pièce la dimension exacte qu'elle doit avoir pour s'assembler avec une autre. -**3.** Rendre juste, conforme à une norme ; rendre précis : *Ajuster une balance, les prix. Ajuster un tir.* -**4.** Arranger avec soin : *Ajuster sa cravate, sa coiffure.* -**5.** Prendre pour cible : *Ajuster un lièvre.* ◆ **s'ajuster** v.pr. Être adapté, avoir une taille, une forme permettant un assemblage : *Pièces qui s'ajustent mal.*

ajusteur, euse [aʒystœr, -øz] n. Ouvrier, ouvrière qui ajuste des pièces mécaniques.

ajutage [aʒytaʒ] n.m. (de *ajuster*). TECHN. Orifice percé dans la paroi d'un réservoir ou d'une canalisation pour permettre l'écoulement d'un fluide.

akène [akɛn] n.m. (de *a-* priv., et du gr. *khainein* "ouvrir"). BOT. Fruit sec, au péricarpe non soudé à la graine (gland, noisette).

alabastrite [alabastrit] n.f. (du lat. *alabastrum* "albâtre", du gr.). Albâtre gypseux, très blanc, employé pour faire des vases, des statuettes, etc.

alacrité [alakrite] n.f. (lat. *alacritas*). LITT. Vivacité gaie : *Un ton plein d'alacrité* (syn. enjouement).

alaise ou **alèse** [alɛz] n.f. (de *la laize*, par fausse coupe). Pièce de tissu, souvent imperméable, placée sous le drap de dessous pour protéger le matelas.

alambic [alɑ̃bik] n.m. (ar. *al'inbīq*, du gr. *ambix* "vase"). Appareil pour distiller, en partic. l'alcool : *Alambic de bouilleur de cru.*

alambiqué, e [alɑ̃bike] adj. (de *alambic*). Raffiné jusqu'à être obscur, très compliqué : *Phrase alambiquée* (syn. contourné ; contr. simple).

alanguir [alɑ̃gir] v.t. (de *languir*) [conj. 32]. Abattre l'énergie ; rendre mou : *Cette chaleur nous alanguit* (syn. amollir). Être alangui par la fièvre.

alanguissement [alɑ̃gismɑ̃] n.m. Fait d'être alangui : *La chaleur la plonge dans une sorte d'alanguissement* (syn. langueur, engourdissement).

alarmant, e [alarmɑ̃, -ɑ̃t] adj. Qui alarme, effraie, inquiète : *Nouvelles alarmantes.* (contr. rassurant.)

alarme [alarm] n.f. (de l'it. *all'arme* ! "aux armes !"). -**1.** Appareil, dispositif destiné à prévenir d'un danger : *Alarme sonore. Signal d'alarme.* -**2.** Émotion, frayeur due à un danger, réel ou supposé : *Une épidémie de typhoïde jeta l'alarme dans la cité* (syn. effroi, inquiétude). -**3.** Donner, sonner l'alarme, prévenir d'un danger ; alerter.

alarmer [alarme] v.t. (de *alarme*). Causer de l'inquiétude, de la peur : *La rupture des négociations alarma l'opinion publique* (syn. émouvoir, inquiéter). ◆ **s'alarmer** v.pr. S'inquiéter devant un danger, réel ou supposé : *Je me suis alarmée inutilement de son retard.*

alarmiste [alarmist] n. et adj. Personne qui répand des propos, des bruits alarmants, souvent imaginaires. ◆ adj. De nature à alarmer : *Nouvelles alarmistes.*

albanais, e [albanɛ, -ɛz] adj. et n. D'Albanie. ◆ **albanais** n.m. Langue indo-européenne parlée en Albanie.

albâtre [albɑtr] n.m. (lat. *alabastrum*, du gr.). -**1.** Gypse très blanc, appelé également *alabastrite* ou *albâtre gypseux.* -**2.** Carbonate de calcium translucide, de teinte variable, appelé également *albâtre calcaire.* -**3.** Objet, sculpture d'albâtre. -**4.** D'albâtre, qui a la blancheur éclatante de l'albâtre gypseux : *Un cou d'albâtre.*

albatros [albatros] n.m. (probabl. de *alcatraz* "pélican noir" [mot port.], avec infl. du lat. *albus* "blanc"). Oiseau palmipède des mers australes, bon voilier, très vorace. □ Ordre des procellariiformes ; envergure 3 m env.

albinisme [albinism] n.m. (de *albinos*). Anomalie congénitale et héréditaire due au défaut d'un pigment, la mélanine, et caractérisée par une peau très blanche, des cheveux blancs ou blond paille, un iris rosé : *L'albinisme se rencontre chez l'homme et chez certains animaux.*

albinos [albinos] adj. et n. (esp. *albino*, de *albo* "blanc", lat. *albus*). Atteint d'albinisme.

album [albɔm] n.m. (mot lat. "tableau blanc" puis "liste", de *albus* "blanc"). -**1.** Cahier cartonné destiné à recevoir des photographies, des dessins, etc. : *Album de timbres.*

- **2.** Grand livre abondamment illustré : *Album consacré aux impressionnistes.* - **3.** Disque de variété comprenant un assez grand nombre de morceaux (par opp. à *single,* qui n'en comporte qu'un ou deux) : *Chanteur qui vient de sortir un nouvel album.*

albumen [albymεn] n.m. (mot du bas lat.). - **1.** Blanc d'un œuf. - **2.** BOT. Tissu riche en réserves nutritives, qui entoure l'embryon de la plante chez certaines graines.

albumine [albymin] n.f. (du bas lat. *albumen, -inis* "blanc d'œuf"). Substance organique azotée, visqueuse, soluble dans l'eau, coagulable par la chaleur, contenue dans le blanc d'œuf, le plasma, le lait.

albuminé, e [albymine] adj. BOT. Qui contient un albumen : *Graines albuminées.*

albuminurie [albyminyʀi] n.f. (de *albumine* et *-urie*). Présence d'albumine dans l'urine.

alcade [alkad] n.m. (esp. *alcalde,* ar. *al-qāḍī* "le juge"). Maire, en Espagne.

alcali [alkali] n.m. (ar. *al-qily* "la soude"). - **1.** CHIM. Nom générique des hydroxydes de métaux alcalins et de l'hydroxyde d'ammonium. - **2.** Alcali volatil, ammoniaque.

alcalimétrie [alkalimetʀi] n.f. (de *alcali* et *-métrie*). Détermination du titre d'une solution basique.

alcalin, e [alkalɛ̃, -in] adj. (de *alcali*). - **1.** CHIM. Relatif aux alcalis ; d'un alcali : *Saveur alcaline.* - **2.** Qui contient une base ; qui en a les propriétés basiques : *Solution alcaline.* - **3.** Métal alcalin, métal dont l'oxydation produit un alcali : *Le lithium, le sodium, le potassium sont des métaux alcalins.* ‖ MÉD. Médicament alcalin, médicament qui a des propriétés antiacides (on dit aussi *un alcalin*).

alcalinité [alkalinite] n.f. Caractère d'une substance alcaline.

alcaloïde [alkalɔid] n.m. (de *alcali*). CHIM., PHARM. Nom générique des composés organiques azotés et basiques tirés de végétaux : *La morphine, la quinine, la strychnine sont des alcaloïdes.*

alcazar [alkazaʀ] n.m. (mot esp., ar. *al-qasr* "palais"). Palais fortifié des souverains maures d'Espagne ou de leurs successeurs chrétiens.

alchimie [alʃimi] n.f. (lat. médiév. *alchimia,* ar. *al-kīmīya',* mot d'orig. gr. ou copte). - **1.** Science ésotérique ayant pour objet la découverte d'un remède universel (élixir, panacée, pierre philosophale) capable d'opérer une transmutation de l'être, de la matière et, notamm., la transmutation des métaux en or : *L'alchimie connut un grand développement du XIIᵉ au XVIIIᵉ s.* - **2.** Suite complexe de réactions et de transformations : *La mystérieuse alchimie de la vie.*

alchimique [alʃimik] adj. Relatif à l'alchimie.

alchimiste [alʃimist] n.m. Celui qui s'occupait d'alchimie.

alcool [alkɔl] n.m. (lat. des alchimistes *alkohol,* ar. *al-kuhl* "antimoine pulvérisé"). - **1.** Liquide incolore, qui bout à 78 °C et se solidifie à - 112 °C, obtenu notamm. par la distillation du vin ou de jus sucrés fermentés (on dit aussi *alcool éthylique* ; syn. **éthanol**) : *L'alcool rectifié est vendu en pharmacie comme antiseptique. Alcool absolu* (= chimiquement pur). □ Formule : C_2H_5OH. - **2.** Toute boisson contenant de l'alcool ; et en part. boisson à fort titre en alcool : *Boire un alcool de prune.* - **3.** CHIM. Nom générique des composés organiques oxygénés de formule générale $C_nH_{2n+1}OH$. - **4.** Alcool à brûler. Forme commerciale de l'éthanol destinée à un usage domestique et rendue impropre à la consommation.

alcoolat [alkɔla] n.m. Liquide obtenu par distillation de l'alcool sur une substance aromatique : *L'eau de Cologne est un alcoolat.*

alcoolémie [alkɔlemi] n.f. (de *alcool* et *-émie*). Présence d'alcool dans le sang : *Le taux d'alcoolémie pour les conducteurs ne doit pas excéder, en France, 0,70 g/l.*

alcoolique [alkɔlik] adj. - **1.** Qui par nature contient de l'alcool : *Boisson, solution alcoolique.* - **2.** Relatif à l'alcool, partic. à l'alcool éthylique : *Fermentation alcoolique.* - **3.** Qui résulte de l'alcoolisme : *Délire alcoolique.* ◆ adj. et n. Qui s'adonne à l'alcoolisme.

alcoolisation [alkɔlizasjɔ̃] n.f. - **1.** Action d'alcooliser ; fait d'être alcoolisé. - **2.** MÉD. Imprégnation alcoolique due à l'alcoolisme.

alcoolisé, e [alkɔlize] adj. Qui contient de l'alcool ; à quoi l'on a ajouté de l'alcool : *Boisson alcoolisée.*

alcoolisme [alkɔlism] n.m. Abus de boissons alcooliques ; dépendance qui en résulte : *Lutte contre l'alcoolisme.*

alcoologie [alkɔlɔʒi] n.f. Discipline médicale qui étudie l'alcoolisme et sa prévention. ◆ **alcoologue** n. Nom du spécialiste.

alcoolomanie [alkɔlɔmani] n.f. PSYCHIATRIE. Dépendance toxicomaniaque à l'égard des boissons alcooliques.

alcoomètre [alkɔmεtʀ] n.m. Aréomètre pour mesurer la teneur en alcool des vins, des liqueurs, etc. (syn. **pèse-alcool**).

alcoométrie [alkɔmetʀi] n.f. Ensemble des procédés employés pour la détermination de la richesse en alcool des vins, des liqueurs, etc.

Alcotest [alkɔtεst] n.m. (nom déposé). Appareil portatif permettant de déceler et d'évaluer l'alcoolémie d'une personne par la mesure de la teneur en alcool de l'air expiré.

alcôve [alkov] n.f. (esp. *alcoba,* ar. *al-qubba* "la petite chambre"). - **1.** Renfoncement ménagé dans une chambre pour recevoir un, des lits. - **2.** D'alcôve, relatif à la vie galante, intime : *Secret d'alcôve.*

alcoyle n.m. → **alkyle.**

alcyon [alsjɔ̃] n.m. (gr. *alkuôn*). - **1.** Oiseau fabuleux qui passait pour ne faire son nid que sur une mer calme et dont la rencontre était tenue pour un heureux présage. - **2.** Animal marin formant des colonies massives de polypes. □ Embranchement des cnidaires ; ordre des octocoralliaires.

aldéhyde [aldeid] n.m. (du lat. scientif. *al*[*cool*] *dehyd*[*rogenatum*] "alcool déshydrogéné [c.-à-d. duquel on a retranché un atome d'hydrogène]"). Nom générique des composés organiques contenant un groupe — CH = O.

al dente [aldɛnte] loc. adv. et adj. inv. (it. "à la dent"). Se dit d'un aliment cuit de façon à rester ferme sous la dent : *Des pâtes cuites al dente.*

aldostérone [aldɔsteRɔn] n.f. (de *ald*[*éhyde*] et *stéro*[*l*]). Hormone corticosurrénale qui agit au niveau du rein, provoquant la rétention du sodium et favorisant l'élimination du potassium.

aléa [alea] n.m. (lat. *alea* "dé, jeu, chance"). [Surtout au pl.]. Événement dépendant du hasard ; éventualité presque toujours défavorable : *Cette affaire présente bien des aléas* (syn. risque, incertitude).

aléatoire [aleatwaR] adj. (lat. *aleatorius* "relatif au jeu", de *alea* "dé, jeu"). - **1.** Qui relève du hasard ; qui dépend d'un événement incertain : *Bénéfices aléatoires* (syn. hasardeux). - **2.** Musique aléatoire, musique dont la forme ou l'exécution inclut une part d'indétermination laissée aux interprètes. ‖ MATH. Variable aléatoire, variable dont la variation dépend d'une loi de probabilité.

alémanique [alemanik] adj. et n. (bas lat. *alamanicus,* du n. des Alamans). Qui appartient à la Suisse de langue allemande.

alêne [alɛn] n.f. (germ. **alisna*). Poinçon servant à percer le cuir.

alentour [alɑ̃tuR] adv. (de *à l'entour* "dans le voisinage"). Dans la région avoisinante : *Un château et les bois alentour. Les rochers d'alentour.*

alentours [alɑ̃tuR] n.m. pl. (de *alentour*). - **1.** Lieux qui environnent un espace, un lieu : *Les alentours d'une ville* (syn. abords, environs). - **2.** Aux alentours (de), aux environs (de).

aleph [alɛf] n.m. inv. (mot hébreu). Première lettre de l'alphabet hébreu.

1. alerte [alɛRt] n.f. (de l'it. *all'erta !* "sur la hauteur !", cri d'appel des gardes). - **1.** Appel, signal qui prévient de la menace d'un danger, invite à prendre les mesures pour y faire face : *Alerte aérienne. Alerte à la bombe, au feu.* - **2.** Cette menace même : *Il s'inquiète à la moindre alerte.* - **3.** En état d'alerte, en alerte, prêt à intervenir. ◆ interj. Alerte !, sert à prévenir de l'imminence d'un danger.

2. alerte [alɛRt] adj. (de *1. alerte*). Prompt dans ses mouvements ; agile : *Une démarche alerte. Un vieillard encore alerte* (syn. vif).

alertement [alɛRtəmɑ̃] adv. De façon alerte.

alerter [alɛRte] v.t. - **1.** Avertir d'un danger : *Alerter la population sur les risques* (ou *des risques) de pollution.* - **2.** Mettre en éveil ; attirer l'attention de : *Le bruit m'a alerté.*

alésage [alezaʒ] n.m. - **1.** MÉCAN. Usinage très précis de la surface intérieure d'une pièce de révolution. - **2.** Alésage d'un cylindre de moteur, son diamètre intérieur.

alèse n.f. → **alaise.**

aléser [aleze] v.t. (anc. fr. *alaisier* "élargir", du lat. *latus* "large") [conj. 18]. Effectuer un alésage.

aleurone [aløRɔn] n.f. (gr. *aleuron* "farine"). Substance protéique de réserve qui forme des graines microscopiques dans les cotylédons ou l'albumen de certaines graines.

alevin [alvɛ̃] n.m. (lat. pop. **allevamen,* de *allevare* "élever", [class. "alléger"]). Très jeune poisson servant à repeupler les étangs, les rivières.

alevinage [alvinaʒ] n.m. Action de peupler les étangs, les rivières avec des alevins.

aleviner [alvine] v.t. Peupler d'alevins.

alexandrin [alɛksɑ̃drɛ̃] n.m. (du *Roman d'Alexandre,* poème du XIIᵉ s.). Vers de douze syllabes *(dodécasyllabe),* dans la poésie française.

alexandrinisme [alɛksɑ̃drinism] n.m. (de *alexandrin* "d'Alexandrie"). Ensemble des courants artistiques, littéraires et philosophiques qui caractérisent la civilisation grecque d'Alexandrie (IIIᵉ s. av. J.-C.-IIIᵉ s. apr. J.-C.).

alezan, e [alzɑ̃, -an] adj. et n. (esp. *alazán,* ar. *al-hisan*). Se dit d'un cheval dont la robe et les crins sont jaune rougeâtre : *Jument alezane. Un alezan.*

alfa [alfa] n.m. (ar. *halfâ*). Plante herbacée d'Afrique du Nord et d'Espagne, appelée aussi *spart* ou *sparte,* employée à la fabrication des cordages, des espadrilles, des papiers d'imprimerie, etc. □ Famille des graminées.

algarade [algaRad] n.f. (esp. *algarada,* ar. *al-ghara* "attaque à main armée"). Altercation vive et inattendue.

algèbre [alʒɛbʀ] n.f. (ar. *al-djabr* "réduction"). - **1.** Théorie des équations et des propriétés générales des opérations. - **2.** Étude des structures abstraites telles que les groupes, les anneaux, les corps. - **3.** FAM. Chose difficile à comprendre : *C'est de l'algèbre pour moi.* - **4.** Algèbre de Boole ou algèbre de la logique, structure algébrique appliquée à l'étude des relations logiques, et dans laquelle les opérations de réunion, d'intersection et de complémentation expriment respectivement la disjonction, la conjonction, la négation logiques.

algébrique [alʒebʀik] adj. - **1.** Qui appartient à l'algèbre : *Formule algébrique.* - **2.** Équation algébrique, équation de la forme $P(x) = 0$ où P est un polynôme. ‖ Nombre algébrique, nombre racine d'une équation algébrique à coefficients entiers.

algie [alʒi] n.f. (du gr. *algos* "douleur"). MÉD. Douleur physique, quels qu'en soient la cause, le siège, le caractère.

algol [algɔl] n.m. (mot angl., de *alg*[*orithmic*] *o*[*riented*] *l*[*language*] "langage destiné aux algorithmes"). INFORM. L'un des premiers langages utilisés pour la programmation des problèmes scientifiques ou techniques.

algonquin, e [algɔ̃kɛ̃, -in] adj. Des Algonquins (on écrit aussi *algonkin, e*). ◆ **algonquin** n.m. Famille de langues indiennes d'Amérique du Nord.

algorithme [algɔʀitm] n.m. (lat. médiév. *algorithmus*, de *al-khārezmi*, surnom d'un mathématicien arabe). MATH. et INFORM. Suite finie d'opérations élémentaires constituant un schéma de calcul ou de résolution d'un problème.

algorithmique [algɔʀitmik] adj. De la nature de l'algorithme. ◆ n.f. Science des algorithmes, utilisés notamm. en informatique.

algue [alg] n.f. (lat. *alga*). Végétal chlorophyllien sans racines ni vaisseaux, génér. aquatique. □ Embranchement des thallophytes.

alias [aljas] adv. (mot lat. "dans d'autres circonstances"). Autrement dit ; nommé : *Poquelin, alias Molière.*

alibi [alibi] n.m. (mot lat. "ailleurs"). - **1.** Moyen de défense par lequel un suspect prouve sa présence, au moment d'un crime, d'un délit, en un autre lieu que celui où ceux-ci ont été commis. - **2.** Ce qui sert de prétexte, d'excuse : *Un travail à finir est un bon alibi pour échapper à ce dîner.*

aliénable [aljenabl] adj. Qui peut être aliéné : *Une propriété aliénable* (syn. cessible).

aliénant, e [aljenã, -ãt] adj. Qui soumet à des contraintes qui rend esclave : *Un travail aliénant.*

aliénation [aljenasjɔ̃] n.f. - **1.** DR. Transmission à autrui d'un bien ou d'un droit :

Aliénation d'une propriété. - **2.** Abandon ou perte d'un droit naturel. - **3.** PHILOS. État d'asservissement, de frustration où se trouve un individu lorsqu'il est dépossédé du fruit de son travail et soumis à des conditions de vie qu'il ne peut modifier : *Le travail à la chaîne engendre l'aliénation des ouvriers.* - **4.** Aliénation mentale, trouble mental entraînant une inaptitude à vivre en société.

aliéné, e [aljene] n. VX. Malade mental dont l'état justifie l'internement.

aliéner [aljene] v.t. (lat. *alienare*, de *alienus* "étranger") [conj. 18]. - **1.** Transmettre à autrui la propriété d'un bien, d'un droit : *Aliéner une terre.* - **2.** Abandonner volontairement, renoncer à : *Aliéner son indépendance.* - **3.** Éloigner, détourner de qqn : *Cette manière d'agir lui a aliéné tout le monde.* - **4.** PHILOS. Entraîner l'aliénation de. ◆ s'**aliéner** v.pr. S'aliéner qqn, qqch, les faire, sans le vouloir, s'éloigner de soi : *Par maladresse, il s'est aliéné toutes les sympathies* (syn. perdre).

aliéniste [aljenist] n. et adj. VX. Psychiatre.

alignement [alinəmã] n.m. - **1.** Action d'aligner, de s'aligner ; fait d'être aligné : *L'alignement parfait des allées. À Paris, le Carrousel, l'Obélisque et l'Arc de triomphe sont dans le même alignement.* - **2.** Ensemble de choses alignées, rangées : *Les alignements de Carnac.* - **3.** Détermination, par l'autorité administrative, des limites d'une voie publique ; servitude qui en résulte pour les riverains : *Maison frappée d'alignement.*

aligner [aline] v.t. - **1.** Ranger, présenter sur une ligne droite : *Aligner des élèves.* - **2.** Présenter en ordre, en liste, faire se succéder : *Aligner des chiffres, des faits, des preuves.* - **3.** Faire coïncider une chose avec une autre : *Aligner le cours du franc sur celui du Mark.* ◆ s'**aligner** v.pr. - **1.** Se ranger, être rangé sur une même ligne. - **2.** S'adapter, se conformer : *S'aligner sur la position officielle d'un parti.*

aliment [alimã] n.m. (lat. *alimentum*, de *alere* "nourrir"). - **1.** Ce qui sert de nourriture à un être vivant : *Digestion des aliments. Les aliments pour bétail.* - **2.** Ce qui sert à entretenir, à fortifier qqch : *Voilà qui donnera encore un aliment à sa mauvaise humeur.* ◆ **aliments** n.m.pl. DR. Ce qui est nécessaire à l'entretien d'une personne (logement, nourriture, etc.) : *Les aliments sont fixés en fonction des besoins de celui qui les réclame et des moyens de celui qui les doit.*

alimentaire [alimãtɛʀ] adj. - **1.** Propre à servir d'aliment : *Denrées alimentaires.* - **2.** Relatif à l'alimentation : *Régime alimentaire.* - **3.** Qui est fait dans un but purement lucratif : *Ce peintre exerce un métier alimentaire à côté de son* *art. Littérature alimentaire.* - **4.** DR. Obligation alimentaire, obligation légale de fournir les aliments aux proches parents, de subvenir à leurs besoins essentiels. ‖ DR. **Pension alimentaire,** pension versée en exécution d'une obligation alimentaire.

alimentation [alimɑ̃tasjɔ̃] n.f. - **1.** Action d'alimenter : *L'alimentation du bétail. Avoir une alimentation équilibrée* (syn. nourriture). - **2.** Produits servant à alimenter ; commerce de ces produits : *Les magasins d'alimentation sont ouverts le lundi.* - **3.** Approvisionnement ; fourniture : *L'alimentation d'un poêle à charbon. L'alimentation d'une ville en électricité.*

alimenter [alimɑ̃te] v.t. - **1.** Fournir des aliments à : *Alimenter un malade avec du bouillon* (syn. nourrir). - **2.** Pourvoir de ce qui est nécessaire au fonctionnement de qqch : *Le barrage alimente la ville en électricité* (syn. fournir). *Alimenter un feu* (syn. entretenir). *Elle cherchait que dire pour alimenter la conversation qui languissait.*

alinéa [alinea] n.m. (du lat. médiév. *a linea* "en s'écartant de la ligne"). Retrait d'une ligne annonçant un nouveau paragraphe, dans un texte ; passage compris entre deux retraits.

alisier [alizje] n.m. (du gaul. **alisa* "aulne"). Arbre du groupe des sorbiers à feuilles lobées et à fleurs blanches, dont le bois est utilisé en ébénisterie, produisant un fruit rouge aigrelet, l'*alise.* (On écrit aussi *alizier,* et *alize* pour le fruit.) □ Famille des rosacées ; haut. de 10 à 20 m.

alitement [alitmɑ̃] n.m. Fait d'être alité.

aliter [alite] v.t. Faire garder le lit à : *Aliter un malade. Il est resté alité un mois* (= au lit).

alizé [alize] adj.m. et n.m. (orig. incert., p.-ê. en rapport avec *lisse*). Se dit de vents réguliers qui soufflent constamment sur près du tiers de la surface du globe, des hautes pressions subtropicales vers les basses pressions équatoriales. □ L'alizé de l'hémisphère Nord souffle du nord-est vers le sud-ouest, l'alizé de l'hémisphère Sud, du sud-est vers le nord-ouest.

alkyle [alkil] et **alcoyle** [alkɔil] n.m. (de *alkali* [var. de *alcali*] ou de *alcool,* et du gr. *hulê* "matière"). Radical hydrocarboné monovalent. □ Formule générale : C_nH_{2n+1}.

allaitement [alɛtmɑ̃] n.m. Action d'allaiter ; alimentation en lait : *Allaitement artificiel* (= au biberon).

allaiter [alete] v.t. Nourrir de lait, de son lait : *Allaiter un agneau au biberon. Allaiter son bébé* (= lui donner le sein).

allant, e [alɑ̃, -ɑ̃t] adj. (p. prés. de *aller*). LITT. Qui a de l'entrain. ◆ **allant** n.m. Entrain ; ardeur : *Perdre son allant.*

alléchant, e [aleʃɑ̃, -ɑ̃t] adj. - **1.** Appétissant : *Un dessert alléchant.* - **2.** Attirant ; séduisant : *Une proposition alléchante.*

allécher [aleʃe] v.t. (lat. pop. **allecticare,* class. *allectare*) [conj. 18]. - **1.** Faire envie en flattant le goût, l'odorat : « *Maître Renard par l'odeur alléché...* » (La Fontaine) [syn. attirer]. - **2.** Attirer par l'espérance de qqch d'agréable, de profitable : *Allécher qqn par de belles promesses* (syn. tenter).

allée [ale] n.f. (de *aller*). - **1.** Voie bordée d'arbres, de haies, de plates-bandes : *Les allées d'un parc, d'un jardin. Une allée de tilleuls mène à la villa.* - **2.** Passage entre des rangées de chaises, de bancs : *S'avancer dans l'allée centrale.* - **3.** Allées et venues, déplacements de personnes qui vont et viennent : *J'ai perdu la matinée en allées et venues pour obtenir mon passeport* (syn. démarches).

allégation [alegasjɔ̃] n.f. (lat. *allegatio* ; v. *alléguer*). Citation d'un fait : *Les allégations du prévenu seront vérifiées* (syn. dire, déclaration). *Ses allégations se sont révélées fausses* (syn. affirmation, assertion).

allégé, e [aleʒe] adj. Se dit d'un produit alimentaire débarrassé de tout ou partie de ses graisses ou de ses sucres : *Fromage allégé.*

allégeance [aleʒɑ̃s] n.f. (angl. *allegiance,* anc. fr. *lijance, liejance* "état d'un homme ou d'une terre liges"). - **1.** HIST. Obligation de fidélité et d'obéissance à un souverain, une nation. - **2.** Manifestation de soutien, de soumission : *Faire allégeance à un parti politique.*

allègement ou **allégement** [aleʒmɑ̃] n.m. Diminution de poids, de charge.

alléger [aleʒe] v.t. (bas lat. *alleviare,* du class. *levis* "léger") [conj. 22]. Rendre moins lourd, moins pénible : *Alléger les programmes scolaires, les taxes.*

allégorie [alegɔri] n.f. (lat. *allegoria,* du gr. *allegorein* "parler par images"). - **1.** Représentation, expression d'une idée par une figure dotée d'attributs symboliques (art) ou par une métaphore développée (littérature). - **2.** Œuvre littéraire ou plastique utilisant cette forme d'expression.

allégorique [alegɔrik] adj. Qui a rapport à l'allégorie, qui y appartient : *Figure allégorique.*

allègre [alɛgr] adj. (lat. pop. **alecrus,* class. *alacer* "vif"). Plein d'un entrain joyeux : *Marcher d'un pas allègre.*

allègrement ou **allégrement** [alɛgrəmɑ̃] adv. De façon allègre (souvent iron.) : *Il va allègrement sur ses 90 ans !*

allégresse [alegrɛs] n.f. Joie très vive qui se manifeste souvent par des démonstrations collectives : *Les retrouvailles ont eu lieu dans l'allégresse générale.*

allegretto [alegʀeto] adv. (mot it., dimin. de *allegro*). MUS. Dans un mouvement gai et léger, mais pas trop rapide.

allégretto [alegʀeto] n.m. Morceau de musique exécuté allegretto.

allegro [alegʀo] adv. (mot it. "vif, enjoué"). MUS. Vivement et gaiement.

allégro [alegʀo] n.m. Morceau de musique exécuté allegro ; en partic., premier mouvement de la forme sonate.

alléguer [alege] v.t. (lat. *allegare*) [conj. 18]. Mettre en avant pour servir de justification : *Alléguer un témoignage* (syn. se prévaloir de, invoquer).

allèle [alɛl] adj. et n.m. (gr. *allêlôn* "les uns les autres"). BIOL. Se dit de chacun des deux gènes situés au même niveau sur deux chromosomes d'une même paire.

alléluia [aleluja] interj. (mot hébreu "louez l'Éternel"). Exclamation d'allégresse, dans la liturgie juive et chrétienne. ◆ n.m. - **1.** Chant d'allégresse ; cri de joie. - **2.** Plante de la famille des oxalidées, qui fleurit à Pâques.

allemand, e [almã, -ãd] adj. et n. (du n. des *Alamans*). D'Allemagne. ◆ **allemand** n.m. Langue indo-européenne du groupe germanique, parlée princ. en Allemagne et en Autriche. □ Le haut allemand est représenté aujourd'hui par l'allemand classique. Le bas allemand a donné naissance au néerlandais et aux dialectes du nord de l'Allemagne. ◆ **allemande** n.f. MUS. Danse de cour d'origine germanique, de caractère grave et de rythme lent, composant souvent l'un des mouvements d'une suite.

1. **aller** [ale] v.i. (issu de trois verbes latins de sens voisins : *ambulare, ire* et *vadere*) [conj. 31 ; auxil. *être*]. - **I.** Au sens plein. - **1.** Se déplacer d'un lieu à un autre : *Aller à Paris. Aller à pied.* - **2.** Conduire, mener d'un lieu à un autre : *Ce chemin va au village.* - **3.** Agir ; se comporter : *Aller vite dans son travail.* - **4.** Se porter : *Comment allez-vous ?* - **5.** Convenir, être adapté à : *Cette robe vous va bien* (= elle vous sied). *Ces couleurs vont bien ensemble* (syn. s'accorder). - **6.** Marcher ; fonctionner : *Le commerce va mal en ce moment. Tout va bien.* - **7.** Aller de soi, être évident. ‖ Allons ! Allez ! Va !, interj. servant à marquer la stimulation, l'incrédulité, l'impatience, etc. : *Allez ! Fais un effort. Allons donc ! Tu plaisantes !* ‖ Il en va de (suivi d'une comparaison), la situation est à ce point de vue comparable : *Il en va de cette affaire comme de l'autre.* ‖ Il y va de, il s'agit de : *Il y va de ton avenir* (= ton avenir est en jeu). ‖ Se laisser aller à, laisser libre cours à : *Se laisser aller à la colère* (syn. s'abandonner à). ‖ Y aller (+ adv.), agir, parler

d'une certaine manière : *Allez-y doucement, elle est sensible. Il y va fort* (= il exagère). ‖ FAM. Y aller de qqch, engager qqch, le produire comme contribution : *Y aller de sa bourse. Elle y va de sa petite chanson à la fin du repas.* - **II.** Semi-auxiliaire. - **1.** (+ inf.). Sert à former le futur proche : *Je vais partir. Il allait se fâcher quand je suis intervenue.* - **2.** (+ inf.). Sert à renforcer un impératif négatif, un souhait négatif : *N'allez pas croire cela ! Pourvu qu'il n'aille pas imaginer une chose pareille !* - **3.** (+ gérondif ou p. présent). Sert à exprimer la progression : *Son travail va en s'améliorant. Le bruit va croissant.* ◆ **s'en aller** v.pr. - **1.** Quitter un lieu : *Je m'en irai quand j'aurai fini mon travail* (syn. partir). - **2.** Mourir : *Le malade s'en va doucement.* - **3.** (Choses). Disparaître ; s'effacer : *La tache s'en ira au lavage* (syn. partir).

2. **aller** [ale] n.m. - **1.** Trajet d'un endroit à un autre (par opp. à *retour*) : *À l'aller, j'ai pris le bus.* - **2.** Billet qui permet de faire ce trajet : *Un aller pour Paris.*

allergène [alɛʀʒɛn] n.m. (de *allergie* et *-gène*). Substance responsable d'une réaction de type allergique : *Le pollen est un allergène.*

allergie [alɛʀʒi] n.f. (all. *Allergie*, du gr. *allos* "autre" et *ergon* "action"). - **1.** Réaction anormale, excessive de l'organisme à un agent, dit *allergène*, auquel il est particulièrement sensible. - **2.** Incapacité à supporter qqn ou qqch ; hostilité instinctive : *L'allergie à toute nouveauté* (syn. aversion).

allergique [alɛʀʒik] adj. - **1.** Relatif à l'allergie : *Réaction allergique.* - **2.** Être allergique (à qqch), souffrir d'une allergie ou, au fig., mal supporter qqch, y être réfractaire : *Être allergique au pollen. Il est allergique à la musique contemporaine.*

allergisant, e [alɛʀʒizã, -ãt] adj. Susceptible de provoquer une allergie.

allergologie [alɛʀɡɔlɔʒi] n.f. Partie de la médecine qui étudie les mécanismes de l'allergie et les maladies allergiques. ◆ **allergologiste** et **allergologue** n. Nom du spécialiste.

alleu [aløø] n.m. (frq. *alôd* "propriété complète") [pl. *alleux*]. FÉOD. Terre libre ne relevant d'aucun seigneur et exempte de toute redevance.

alliacé, e [aljase] adj. (du lat. *allium* "ail"). Qui tient de l'ail, évoque l'ail.

alliage [aljaʒ] n.m. (de *allier*). Produit de caractère métallique résultant de l'incorporation d'un ou de plusieurs éléments, métalliques ou non, à un métal : *Les alliages légers, à base d'aluminium ou de magnésium, entrent dans la fabrication des avions.*

alliance [aljãs] n.f. (de *allier*). - **1.** Union contractée entre souverains, entre États :

Traité d'alliance (syn. entente, accord). - **2.** Accord entre des personnes, des groupes : *Il a fait alliance avec mes pires ennemis.* - **3.** Union par le mariage ; parenté qui en résulte : *Elle est ma tante par alliance.* - **4.** Anneau de mariage : *Porter une alliance.* - **5.** Combinaison de choses différentes : *Une alliance d'autorité et de douceur.* - **6.** RHÉT. Alliance de mots, rapprochement de mots en apparence contradictoires (ex. : Il n'*entend* que le *silence*) [syn. oxymore].

allié, e [alje] adj. et n. - **1.** Uni par traité : *Les pays alliés. L'armée des alliés.* - **2.** Uni par mariage : *Parents et alliés.* - **3.** Qui aide : *J'ai trouvé en elle une alliée sûre.*

allier [alje] v.t. (lat. *alligare* "lier") [conj. 9]. - **1.** Combiner des métaux : *Allier le fer et le cuivre.* - **2.** Réunir en un tout ; associer étroitement : *Elle allie la beauté à de grandes qualités de cœur* (syn. joindre). *Il sait allier la fermeté à une bienveillance souriante* (syn. marier, mêler, unir). ◆ **s'allier** v.pr. [à, avec]. S'unir (par le mariage, par un accord) : *Il s'est allié à des des plus anciennes familles de la ville. Ils se sont alliés contre moi.*

alligator [aligatɔʀ] n.m. (mot angl., de l'esp. *el lagarto* "le lézard"). Crocodile d'Amérique, qui atteint jusqu'à 5 m de long.

allitération [aliteʀasjɔ̃] n.f. (lat. *ad* "vers", et *littera* "lettre"). Répétition d'une consonne ou d'un groupe de consonnes, dans des mots qui se suivent, produisant un effet d'harmonie imitative ou suggestive (ex. : *Pour qui sont ces serpents qui sifflent sur vos têtes ?*).

allô [alo] interj. (anglo-amér. *hallo, hello*, onomat.). Sert conventionnellement d'appel dans les conversations téléphoniques : *Allô ! Qui est à l'appareil ?*

allocataire [alɔkatɛʀ] n. - **1.** Personne qui perçoit une allocation. - **2.** Personne à qui est reconnu le droit aux prestations familiales.

allocation [alɔkasjɔ̃] n.f. (lat. médiév. *allocatio* ; v. *allouer*). - **1.** Action d'allouer qqch à qqn : *L'allocation de devises aux voyageurs.* - **2.** Somme, chose allouée : *Verser une allocation aux personnes âgées.* - **3.** Allocations familiales, en France, prestation assurée aux familles ayant au moins deux enfants à charge.

allocutaire [alɔkytɛʀ] n. (du lat. *alloqui* ; v. *allocution*). LING. Personne à qui s'adresse le locuteur.

allocution [alɔkysjɔ̃] n.f. (lat. *allocutio*, de *alloqui* "s'adresser à qqn, haranguer"). Discours assez court, de caractère officiel : *L'allocution télévisée du chef de l'État.*

allogène [alɔʒɛn] adj. et n. (de *allo-* et *-gène*). Se dit d'une population récemment arrivée dans un pays (par opp. à *autochtone, indigène*).

allonge [alɔ̃ʒ] n.f. - **1.** Pièce pour allonger : *Mettre une allonge à une corde, à une table* (syn. rallonge). - **2.** Crochet de boucherie. - **3.** SPORTS. Longueur des bras chez un boxeur : *Avoir une bonne allonge.*

allongé, e [alɔ̃ʒe] adj. - **1.** Étiré, étendu en longueur : *Une écriture allongée.* - **2.** Mine, figure allongée, qui exprime la déconvenue.

allongement [alɔ̃ʒmɑ̃] n.m. Action d'augmenter en longueur ou en durée : *Allongement des vacances.*

allonger [alɔ̃ʒe] v.t. [conj. 17]. - **1.** Rendre plus long : *Allonger une robe* (syn. rallonger). *Elle allongeait inutilement l'entrevue* (syn. prolonger ; contr. écourter). - **2.** Faire paraître plus long : *Un vêtement qui allonge la silhouette.* - **3.** Étendre : *Allonger un blessé sur le sol. Allonger ses jambes.* - **4.** Rendre plus liquide, moins consistant ; ajouter du liquide à : *Allonger une sauce. Du sirop allongé d'eau.* - **5.** Allonger le pas, se hâter en marchant. ‖ FAM. Allonger un coup, asséner un coup qui suppose l'extension d'un membre. ‖ FAM. Allonger une somme, la verser, la donner : *Allonger un pourboire au serveur.* ◆ v.i. Les jours, les nuits allongent, leur durée s'accroît (contr. raccourcir). ◆ **s'allonger** v.pr. - **1.** S'étendre : *S'allonger par terre.* - **2.** Devenir ou paraître plus long : *La conversation s'allongeait interminablement.*

allopathie [alɔpati] n.f. (de *allo-* et *-pathie*). MÉD. Méthode de traitement qui emploie des médicaments produisant des effets contraires à ceux de la maladie à combattre, (par opp. à l'*homéopathie*).

allopathique [alɔpatik] adj. Relatif à l'allopathie.

allophone [alɔfɔn] adj. et n. (de *allo-* et *-phone*). Se dit d'une personne dont la langue maternelle n'est pas celle de la communauté dans laquelle elle se trouve ; en partic. au Canada, se dit de qqn dont la langue maternelle est autre que le français ou l'anglais (par opp., dans ce cas, à *francophone* et *anglophone*).

allotropie [alɔtʀɔpi] n.f. (de *allo-* et *-tropie*). Propriété de certains corps, comme le carbone, le phosphore, le soufre, de se présenter sous plusieurs formes ayant des propriétés physiques différentes.

allotropique [alɔtʀɔpik] adj. Relatif à l'allotropie.

allouer [alwe] v.t. (bas lat. *allocare* "placer"). Accorder ; attribuer : *Allouer une indemnité, des crédits, du temps.*

allumage [alymaʒ] n.m. - **1.** Action d'allumer : *L'allumage d'une lampe, du chauffage.* - **2.** Inflammation du mélange gazeux dans un moteur à explosion ; dispositif assurant cette inflammation : *Panne d'allumage.*

allume-cigare ou **allume-cigares** [alymsigaʀ] n.m. (pl. *allume-cigares*). Dispositif pour allumer les cigarettes, les cigares, notamm. dans une automobile.

allume-feu [alymfø] n.m. (pl. *allume-feux* ou inv.). Préparation très inflammable servant à allumer le feu.

allume-gaz [alymgaz] n.m. inv. Petit appareil pour allumer le gaz par échauffement d'un filament ou par production d'étincelles.

allumer [alyme] v.t. (lat. pop. **alluminare*, class. *luminare* "éclairer"). - **1.** Mettre le feu à ; produire un feu : *Allumer une allumette. Allumer un incendie.* - **2.** Rendre lumineux ; donner, répandre de la lumière : *Allumer une lampe, des phares. Voulez-vous allumer dans l'entrée ? Sa chambre est allumée.* - **3.** FAM. Faire fonctionner un appareil en établissant un contact électrique : *Allumer le chauffage, la télévision.* - **4.** LITT. Susciter ; exalter : *Allumer un désir, une passion. Allumer l'imagination* (syn. enflammer, embraser) - **5.** T.FAM. Allumer qqn, provoquer son désir, l'aguicher.
◆ **s'allumer** v. pr. - **1.** Prendre feu : *Le bois humide s'allume mal.* - **2.** Devenir lumineux : *La lampe s'allume quand on ouvre la porte du réfrigérateur.* - **3.** Devenir brillant : *Ses yeux s'allument de convoitise.*

allumette [alymɛt] n.f. (de *allumer*). - **1.** Petit brin de bois, de carton, ou petite mèche enduite de cire, dont l'une des extrémités est imprégnée d'une composition inflammable par frottement : *Craquer une allumette.* - **2.** Gâteau feuilleté long et mince.

allumeur [alymœʀ] n.m. - **1.** Dispositif qui sert à l'allumage d'un moteur à explosion. - **2.** Dispositif qui provoque la déflagration d'une charge explosive. - **3.** VIEILLI. Allumeur de réverbères, autref., préposé à l'allumage et à l'extinction des appareils d'éclairage public.

allumeuse [alymøz] n.f. (de *allumer*). FAM. Femme qui cherche à aguicher les hommes (péjor.)

allure [alyʀ] n.f. (de *aller*). - **1.** Façon plus ou moins rapide de se déplacer, de se mouvoir : *Les principales allures d'un cheval sont le pas, le trot, le galop. Il est parti à toute allure* (= très vite). - **2.** MAR. Direction que suit un bateau à voiles par rapport au vent. - **3.** Manière de marcher, de se conduire, de se présenter ; aspect de qqch : *Une allure digne. Une devanture de belle allure.* - **4.** Avoir de l'allure, avoir de la distinction, de l'élégance.

allusif, ive [alyzif, -iv] adj. Qui contient une allusion ; qui procède par allusion : *Propos allusif. Style allusif.*

allusion [alyzjɔ̃] n.f. (bas lat. *allusio*, de *alludere* "badiner"). Mot, phrase qui évoque une personne, une chose sans la nommer : *Il n'a pas saisi votre allusion* (syn. sous-entendu). *À quoi fait-il allusion ?*

allusivement [alyzivmã] adv. De façon allusive : *S'exprimer allusivement* (contr. explicitement).

alluvial, e, aux [alyvjal, -o] adj. Produit, constitué par des alluvions : *Plaine alluviale.*

alluvion [alyvjɔ̃] n.f. (lat. *alluvio*, de *alluere* "baigner"). (Surtout au pl.). Dépôts de sédiments (boues, sables, graviers, cailloux) abandonnés par un cours d'eau quand la pente ou le débit sont devenus insuffisants.

alluvionnaire [alyvjɔnɛʀ] adj. Relatif aux alluvions.

almanach [almana] n.m. (lat. médiév. *almanachus*, ar. *al-manâkh*, probabl. du syriaque *l-manhaï* "l'an prochain"). Calendrier, souvent illustré, comportant des indications astronomiques, météorologiques, ainsi que des renseignements divers (médecine, cuisine, astrologie).

aloès [alɔɛs] n.m. (gr. *aloê*). Plante d'Afrique, cultivée aussi en Asie et en Amérique, et dont les feuilles charnues fournissent une résine amère, employée comme purgatif et en teinturerie. □ Famille des liliacées.

aloi [alwa] n.m. (de l'anc. v. *aloyer*, var. de *allier*). - **1.** VX. Titre d'un alliage. - **2.** De bon, de mauvais aloi, de bonne ou de mauvaise nature ou qualité : *Une plaisanterie de mauvais aloi. Un succès de bon aloi.*

alopécie [alɔpesi] n.f. (gr. *alôpekia*, de *alôpêx* "renard" [qui perd ses poils chaque année]). Chute ou absence, partielle ou généralisée, des cheveux ou des poils.

alors [alɔʀ] adv. (de *à* et *lors*). - **1.** Indique un moment précis dans le temps : *Elle avait alors vingt ans.* - **2.** Introduit l'expression de la conséquence : *Si vous êtes d'accord, alors vous pouvez signer* (= en ce cas). - **3.** Après *ou*, souligne une alternative : *Il doit être malade, ou alors il a raté son train.* - **4.** FAM. Marque l'étonnement, l'impatience, l'indignation, l'indifférence : *Ça alors ! Alors, ça vient ? Alors là, ça dépasse les bornes. Et alors, ça ne va pas changer la face du monde. Alors quoi, ce n'est pas si grave !* - **5.** FAM. S'emploie pour relier très librement des éléments d'un récit : *Alors moi, ça m'a paru bizarre.* ◆ **alors que** loc. conj. - **1.** Marque une opposition : *Ici on grelotte alors que là-bas on étouffe.* - **2.** LITT. Suivi de l'imp., marque un rapport de temps : *Alors qu'il était encore enfant, il jouait déjà des saynètes.*

alose [aloz] n.f. (bas lat. *alausa*, du gaul.). Poisson voisin de la sardine, appelé aussi *allache*, à chair estimée, se développant dans la mer et venant pondre dans les cours d'eau au printemps. □ Famille des clupéidés ; long. max. 80 cm.

alouate [alwat] n.m. (mot de Guyane). Autre nom du *hurleur*, ou *singe hurleur*.

alouette [alwɛt] n.f. (lat. *alauda*, du gaul.). Oiseau passereau à plumage brunâtre, commun dans les champs, ne perchant pas sur les arbres. □ Famille des alaudidés ; long. de 17,5 cm à 19,5 cm. L'alouette grisolle.

alourdir [aluʀdiʀ] v.t. [conj. 32]. Rendre lourd, plus lourd : *Alourdir sa valise d'objets inutiles. Ces nouvelles dépenses vont alourdir les charges de l'État.*

alourdissement [aluʀdismɑ̃] n.m. Fait d'alourdir, d'être alourdi : *L'alourdissement des impôts* (syn. augmentation).

aloyau [alwajo] n.m. (probabl. de l'anc. fr. *aloel* "alouette") [pl. *aloyaux*]. BOUCH. Morceau de bœuf correspondant à la région du rein et de la croupe et renfermant le filet, le contre-filet et le romsteck.

alpaga [alpaga] n.m. (esp. *alpaca*, mot d'une langue indienne du Pérou). - **1.** Ruminant voisin du lama, domestiqué en Amérique du Sud pour sa longue fourrure laineuse. - **2.** Fibre textile douce et soyeuse faite de la fourrure de cet animal. - **3.** Tissu en armure toile composée de fibres naturelles ou artificielles et de fibres d'alpaga.

alpage [alpaʒ] n.m. (de *Alpes*). Pâturage d'été, en haute montagne.

alpaguer [alpage] v.t. (de l'arg. *alpague* "manteau", de *alpaga*). ARG. Appréhender ; arrêter : *Il s'est fait alpaguer en sortant de chez lui.*

alpestre [alpɛstʀ] adj. (mot it.). Propre aux Alpes : *La végétation alpestre.*

alpha [alfa] n.m. inv. (mot gr.). - **1.** Première lettre de l'alphabet grec (A, α). - **2.** L'alpha et l'oméga, le commencement et la fin. ‖ Rayon alpha, rayonnement constitué de noyaux d'hélium émis par des corps radioactifs.

alphabet [alfabɛ] n.m. (de *alpha* et *bêta*, noms des deux premières lettres de l'alphabet grec). Liste de toutes les lettres servant à transcrire les sons d'une langue et énumérées selon un ordre conventionnel.

alphabétique [alfabetik] adj. - **1.** Qui utilise un alphabet : *Écritures alphabétiques et écritures idéographiques.* - **2.** Qui suit l'ordre des lettres de l'alphabet : *Index alphabétique.*

alphabétiquement [alfabetikmɑ̃] adv. Selon l'ordre alphabétique.

alphabétisation [alfabetizasjɔ̃] n.f. Action d'alphabétiser ; son résultat.

alphabétisé, e [alfabetize] adj. et n. Se dit de qqn qui a appris à lire et à écrire à l'âge adulte.

alphabétiser [alfabetize] v.t. Apprendre à lire et à écrire à un individu, un groupe social.

alphanumérique [alfanymeʀik] adj. (de *alpha*[*bétique*] et *numérique*). Qui comporte à la fois des chiffres et des caractères alphabétiques : *Clavier alphanumérique.*

alpin, e [alpɛ̃, -in] adj. - **1.** Des Alpes ou de la haute montagne : *Régions alpines. Ski alpin.* - **2.** Qui concerne l'alpinisme : *Club alpin.* - **3.** Relatif aux mouvements orogéniques du tertiaire et aux formes de relief qu'ils ont engendrées : *Plissement alpin.* - **4.** Chasseur alpin. Fantassin spécialisé dans le combat de montagne.

alpinisme [alpinism] n.m. (de *alpin*). Sport des ascensions en montagne. ◆ **alpiniste** n. Personne qui pratique l'alpinisme.

alsacien, enne [alzasjɛ̃, -ɛn] adj. et n. D'Alsace. ◆ **alsacien** n.m. Dialecte germanique parlé en Alsace.

altaïque [altaik] adj. - **1.** Des monts Altaï. - **2.** Langues altaïques, famille de langues turques et mongoles.

altérabilité [alteʀabilite] n.f. Caractère de ce qui peut être altéré : *L'altérabilité des couleurs.*

altérable [alteʀabl] adj. Qui peut être altéré : *Un produit altérable à l'air.*

altération [alteʀasjɔ̃] n.f. - **1.** Action d'altérer, de changer la nature de qqch : *Le texte a subi des altérations* (syn. modification, changement). *L'altération des traits du visage* (syn. bouleversement). - **2.** GÉOL. Modification chimique superficielle d'une roche, due notamm. aux agents atmosphériques. - **3.** MUS. Signe conventionnel qui modifie le son de la note à laquelle il est affecté et qui se place à la clé ou au cours du morceau. □ Les altérations sont le *dièse* (♯), qui élève la note d'un demi-ton, le *bémol* (♭), qui abaisse la note d'un demi-ton, le *bécarre* (♮), qui annule tout dièse ou bémol précédent.

altercation [alteʀkasjɔ̃] n.f. (lat. *altercatio*). Vive discussion ; querelle : *Une altercation s'éleva entre des consommateurs.*

altéré, e [alteʀe] adj. - **1.** Faussé ; dénaturé. - **2.** Assoiffé : *Le promeneur altéré s'est assis à la terrasse d'un café.*

alter ego [alteʀego] n.m. inv. (mots lat. "autre moi-même"). Personne envers qui on a des sentiments fraternels, à qui on se fie totalement et que l'on charge éventuellement d'agir à sa place : *Son secrétaire est son alter ego.*

altérer [alteʀe] v.t. (bas lat. *alterare* "changer", de *alter* "autre") [conj. 18]. - **1.** Changer, modifier en mal la forme ou la nature de qqch : *L'humidité altère les plâtres du mur* (syn. abîmer, détériorer). *Ce témoignage altère grave-*

ment la vérité (syn. dénaturer, défigurer). *Rien n'a pu altérer l'amitié que je lui porte* (syn. affecter). - **2.** Donner soif à : *Cette longue marche au soleil nous a altérés.*

altérité [alterite] n.f. (du lat. *alter* "autre"). Caractère de ce qui est autre.

alternance [alternɑ̃s] n.f. - **1.** Fait d'alterner, de se succéder, régulièrement ou pas, dans le temps, en parlant de deux ou plusieurs choses ; action d'alterner deux ou plusieurs choses dans le temps ou l'espace : *Alternance des saisons. Alternance de lignes bleues et vertes.* - **2.** Succession au pouvoir de partis politiques différents : *Un régime politique qui ne permet pas l'alternance.* - **3.** PHYS. Demi-période d'un phénomène alternatif. - **4.** LING. Changement subi par une voyelle ou une consonne à l'intérieur d'un système morphologique (ex. : *Je meurs / nous mourons*).

alternant, e [alternɑ̃, -ɑ̃t] adj. - **1.** Qui alterne : *Périodes alternantes.* - **2.** Pouls alternant, pouls caractérisé par des pulsations tantôt normales, tantôt faibles.

alternateur [alternatœr] n.m. Générateur de tensions et de courants électriques alternatifs.

alternatif, ive [alternatif, -iv] adj. - **1.** Qui se répète à des moments plus ou moins espacés : *Le mouvement alternatif d'un pendule.* - **2.** Qui propose une alternative. - **3.** Courant alternatif, courant électrique qui change périodiquement de sens (par opp. à *continu*). ‖ Mouvement alternatif, mouvement sociopolitique qui se propose de mettre en place un mode de production, des circuits de consommation jugés plus adaptés à l'individu que ceux de la société industrielle.

alternative [alternativ] n.f. - **1.** Choix entre deux possibilités : *Se trouver devant une alternative très embarrassante.* - **2.** (Calque de l'angl. *alternative* ; emploi critiqué). Solution de remplacement : *L'alternative démocratique.* - **3.** Succession de phénomènes ou d'états opposés : *Alternatives de chaud et de froid.*

alternativement [alternativmɑ̃] adv. Tour à tour : *La vice-présidence revient alternativement aux divers groupes de l'Assemblée* (= à tour de rôle).

alterne [altern] adj. (lat. *alternus,* de *alter* "autre"). - **1.** BOT. Se dit de feuilles, de fleurs disposées une à une, en spirale, le long de la tige. - **2.** MATH. Se dit des angles situés de part et d'autre de la sécante coupant deux droites : *Angles alternes externes* (= situés à l'extérieur des deux droites). *Angles alternes internes* (= situés à l'intérieur des deux droites).

alterné, e [alterne] adj. - **1.** MATH. Se dit d'une application linéaire qui change de signe

quand on échange deux variables. - **2.** Série alternée, série numérique dont les termes, à partir d'un certain rang, sont alternativement positifs et négatifs.

alterner [alterne] v.t. ind. [**avec**] (lat. *alternare,* de *alter* "autre"). Se succéder plus ou moins régulièrement, en parlant de deux ou de plusieurs choses qui s'opposent ou forment contraste : *La joie alternait avec le désespoir dans son regard. Pair et impair alternent.* ◆ v.t. Faire se succéder régulièrement : *Alterner le blanc et le noir.*

altesse [altɛs] n.f. (it. *altezza* ou esp. *alteza,* du lat. *altus* "haut"). Titre d'honneur donné aux princes, aux princesses.

altier, ère [altje, -ɛr] adj. (it. *altiero,* du lat. *altus* "haut"). LITT. Qui a ou qui manifeste de l'orgueil, de la fierté : *Un port de tête altier.*

altimètre [altimɛtr] n.m. (du lat. *altus* "haut", et de -*mètre*). Appareil pour mesurer l'altitude.

altiport [altipɔr] n.m. (de *alti*[*tude*] et [*aéro*]*port*). Terrain d'atterrissage aménagé en haute montagne près de stations de sports d'hiver.

altiste [altist] n. Personne qui joue de l'alto.

altitude [altityd] n.f. (lat. *altitudo,* de *altus* "haut"). - **1.** Élévation au-dessus du sol : *Avion qui prend, perd de l'altitude.* - **2.** Élévation verticale d'un point, d'une région au-dessus du niveau de la mer : *Un village à 1 500 m d'altitude.* - **3.** Mal de l'altitude, malaise causé par la raréfaction de l'oxygène en altitude.

alto [alto] n.m. (mot it., du lat. *altus* "haut"). - **1.** Voix de femme la plus grave. (On dit aussi *contralto.*) - **2.** Instrument à quatre cordes accordé à la quinte grave du violon et de facture identique. ◆ adj. et n.m. Se dit d'un instrument de musique dont l'échelle sonore correspond approximativement à celle de la voix d'alto : *Saxophone alto.* ◆ n.f. ou n.m. Chanteuse qui possède la voix d'alto.

altocumulus [altɔkymylys] n.m. (du lat. *altus* "haut", et de *cumulus*). Nuage d'altitude moyenne (v. 4 000 m), formé de gros flocons aux contours assez nets et disposés en groupes ou en files : *Les altocumulus donnent un ciel pommelé.*

altruisme [altruism] n.m. (de *autrui,* refait sur le lat. *alter,* pour s'opposer à *égoïsme*). LITT. Tendance à s'intéresser aux autres, à se montrer généreux et désintéressé : *Faire preuve d'altruisme* (syn. générosité ; contr. égoïsme).

altruiste [altruist] adj. et n. LITT. Qui manifeste de l'altruisme ; qui se soucie des autres : *Sentiments altruistes* (syn. généreux ; contr. égoïste).

Altuglas [altyglas] n.m. (nom déposé). Matière synthétique très résistante, translucide ou colorée, aux nombreux usages : *Meubles en Altuglas.*

alumine [alymin] n.f. (lat. *alumen, -inis* "alun"). CHIM. Oxyde d'aluminium qui, diversement coloré, constitue un certain nombre de pierres précieuses (rubis, saphir, etc.) : *La bauxite contient surtout de l'alumine hydratée.* □ Formule : Al_2O_3.

aluminisation [alyminizasjɔ̃] n.f. Opération de dépôt d'aluminium sur le verre des miroirs. (On dit aussi *aluminiage, aluminure.*)

aluminium [alyminjɔm] n.m. (mot angl., du lat *alumen, -inis* "alun"). Métal blanc brillant, léger, ductile et malléable, s'altérant peu à l'air et fondant à 660 °C. □ Symb. Al ; densité 2,7.

alun [alœ̃] n.m. (lat. *alumen, -inis*). Sulfate double d'aluminium et de potassium, ou composé analogue aux propriétés astringentes : *L'alun aide à fixer les teintures.*

alunir [alynir] v.i. (conj. 32). Se poser sur la Lune (terme condamné par l'Académie des sciences et par l'Académie française, qui recommandent *atterrir sur la Lune*).

alunissage [alynisaʒ] n.m. Action d'alunir. (Recomm. off. *atterrissage sur la Lune.*)

alunite [alynit] n.f. (de *alun*). Sulfate naturel d'aluminium et de potassium.

alvéolaire [alveɔlɛr] adj. **- 1.** Relatif aux alvéoles ; en forme d'alvéole. **- 2.** PHON. Consonne alvéolaire, consonne articulée avec la pointe de la langue au niveau des alvéoles des dents : *Le s et le z sont des consonnes alvéolaires.* (On dit aussi *une alvéolaire*.)

alvéole [alveɔl] n.f. ou n.m. (lat. *alveolus, de alveus* "cavité de ruche"). **- 1.** Cavité des rayons d'une ruche. **- 2.** Cavité creusée dans le tissu du lobule pulmonaire, où s'effectuent les échanges respiratoires. **- 3.** Cavité des os maxillaires où est enchâssée une dent. **- 4.** GÉOMORPH. Petite cavité dans une roche homogène, due à l'érosion chimique ou mécanique.

alvéolé, e [alveɔle] adj. Qui présente, qui a des alvéoles.

alvéolite [alveɔlit] n.f. Inflammation des alvéoles pulmonaires ou dentaires.

Alzheimer (maladie d'), démence présénile caractérisée par une détérioration intellectuelle profonde, accompagnée de la conscience du trouble.

amabilité [amabilite] n.f. **- 1.** Caractère d'une personne aimable : *Répondre avec amabilité* (syn. courtoisie, affabilité). **- 2.** (Souvent au pl.). Marque de politesse, de prévenance : *Faire des amabilités à qqn.*

amadou [amadu] n.m. (orig. incert., p.-ê. prov. *amadou* "amoureux" [du lat. *amare* "aimer"], parce que cette substance s'enflamme facilement). Substance spongieuse provenant d'un champignon du chêne, l'*amadouvier*, et préparée pour prendre feu facilement : *Briquet à amadou.*

amadouer [amadwe] v.t. (de *amadou*). Adoucir, apaiser en flattant, en se montrant aimable : *Chercher à amadouer qqn par de bonnes paroles.*

amaigri, e [amegri] adj. Devenu maigre, plus maigre : *Visage amaigri.*

amaigrir [amegrir] v.t. (conj. 32). Rendre maigre : *Sa maladie l'a considérablement amaigri.* ◆ **s'amaigrir** v.pr. Devenir maigre : *Il s'est amaigri en vieillissant.*

amaigrissant, e [amegrisɑ̃, -ɑ̃t] adj. Qui fait maigrir : *Régime amaigrissant.*

amaigrissement [amegrismɑ̃] n.m. Fait de maigrir : *Un amaigrissement inquiétant.*

amalgame [amalgam] n.m. (lat. médiév. *amalgama*, métathèse de l'ar. *al-madjma* "fusion"). **- 1.** Alliage du mercure et d'un autre métal : *L'amalgame d'étain sert à étamer les glaces.* **- 2.** Alliage d'argent et d'étain employé pour les obturations dentaires. **- 3.** Mélange de choses ou de personnes très différentes : *Un amalgame de couleurs.* **- 4.** Assimilation abusive à des fins polémiques, notamm. en politique : *Faire un fâcheux amalgame* (syn. confusion).

amalgamer [amalgame] v.t. Faire un amalgame : *Amalgamer des métaux. L'auteur a amalgamé plusieurs légendes en un seul récit* (syn. combiner, fondre). ◆ **s'amalgamer** v.pr. S'unir, se fondre en un tout.

aman [amɑ̃] n.m. (ar. *amān*). **- 1.** En pays musulman, octroi de la vie sauve à un ennemi vaincu. **- 2.** VX. Demander l'aman, faire sa soumission.

amande [amɑ̃d] n.f. (du bas lat. *amandula*, altér. du class. *amygdala*, du gr.). **- 1.** Graine comestible de l'amandier, riche en substances grasses et glucidiques : *Huile d'amande douce.* **- 2.** Graine contenue dans un noyau : *L'amande d'un noyau de pêche.* **- 3.** En amande, dont la forme oblongue rappelle celle de l'amande : *Yeux en amande.*

amandier [amɑ̃dje] n.m. Arbre originaire d'Asie, cultivé pour ses graines, les amandes. □ Famille des rosacées ; haut. 7 m env.

amanite [amanit] n.f. (gr. *amanitês*). **- 1.** Champignon à lames, ayant un anneau et une volve, très commun dans les forêts : *Certaines amanites sont comestibles, d'autres, dangereuses ou mortelles.* **- 2.** Amanite des Césars. Oronge vraie. ‖ Amanite tue-mouches. Fausse oronge.

amant, e [amã, -ãt] n. (lat. *amans, -antis*, p. présent de *amare* "aimer"). vx. Celui, celle qui éprouve un amour partagé pour une personne de l'autre sexe. ◆ **amant** n.m. Homme qui a des relations sexuelles avec une femme qui n'est pas son épouse.

amarante [amarãt] n.f. (lat. *amarantus*, du gr. *amarantos* "qui ne flétrit pas"). -**1.** Plante ornementale aux fleurs rouges groupées en longues grappes, appelée aussi *queue-de-renard* ou *passe-velours*. □ Famille des amarantacées ; haut. 1 m env. -**2.** Bois d'amarante, acajou de Cayenne, rouge vineux. ◆ adj. inv. D'une couleur rouge bordeaux velouté : *Une robe de soie amarante.*

amareyeur, euse [amarɛjœr, -øz] n. (de *mareyeur*). Personne qui s'occupe de l'entretien des parcs à huîtres.

amarinage [amarinaʒ] n.m. Action d'amariner ; fait de s'amariner.

amariner [amarine] v.t. (de *marin*). -**1.** MAR. Habituer un équipage à la mer, aux manœuvres, au régime de bord : *Amariner des matelots.* -**2.** Faire occuper par un équipage un navire pris à l'ennemi. ◆ **s'amariner** v.pr. S'habituer à la mer.

amarrage [amaraʒ] n.m. -**1.** Action d'amarrer ; fait d'être amarré : *L'amarrage de skis sur le toit d'une voiture.* -**2.** ASTRONAUT. Opération au cours de laquelle deux véhicules spatiaux établissent entre eux une liaison rigide.

amarre [amar] n.f. (de *amarrer*). Câble, cordage pour maintenir en place un navire : *Dans la tempête, le navire a rompu ses amarres.*

amarrer [amare] v.t. (néerl. *aanmarren*). -**1.** Maintenir, attacher avec des amarres, des cordes, des câbles, etc. : *Amarrer un cargo. Amarrer une malle sur un porte-bagages* (syn. arrimer, fixer). -**2.** MAR. Fixer une amarre, une manœuvre par un nœud, des tours.

amaryllis [amarilis] n.f. (n. d'une bergère, personnage de Virgile). Plante bulbeuse à grandes fleurs d'un rouge éclatant, d'odeur suave, dite *lis Saint-Jacques.*

amas [ama] n.m. (de *amasser*). -**1.** Accumulation de choses réunies de façon désordonnée : *Un amas de ferraille, de paperasses* (syn. monceau, tas). -**2.** ASTRON. Concentration d'étoiles ou de galaxies appartenant à un même système. -**3.** Amas globulaire, amas très concentré de plusieurs centaines de milliers d'étoiles. ‖ Amas ouvert, amas peu serré comprenant seulement quelques centaines d'étoiles.

amasser [amase] v.t. (de *masse*). Réunir en une masse importante : *Amasser de l'argent* (syn. entasser). *Amasser des connaissances* (syn. accumuler).

amateur [amatœr] n. et adj. (lat. *amator*, de *amare* "aimer"). -**1.** Personne qui pratique un sport, qui s'adonne à un art, etc., pour son agrément, sans en faire profession : *Quelques musiciens amateurs formaient l'orchestre* (contr. professionnel). -**2.** Personne qui a du goût, une attirance particulière pour qqch : *Elle est grand amateur de peinture.* -**3.** FAM. Personne disposée à acheter qqch : *Si tu n'achètes pas ce tableau, moi je suis amateur* (syn. acheteur). ◆ n. Personne qui manque de zèle ou de compétence : *Cet étudiant suit ses cours en amateur* (syn. dilettante, fantaisiste). *Du travail d'amateur* (= du travail mal fait). **Rem.** Le féminin *amatrice* tend à se répandre, en partic. au Canada.

amateurisme [amatœrism] n.m. -**1.** Qualité d'une personne qui pratique un sport, un art, etc., en amateur : *L'amateurisme est de règle en athlétisme* (contr. professionnalisme). -**2.** Défaut d'une personne qui manque de zèle, qui ne s'engage pas vraiment dans ce qu'elle fait : *La direction critique beaucoup son amateurisme* (syn. dilettantisme).

amazone [amazon] n.f. (de *Amazones*). -**1.** Femme qui monte à cheval (syn. cavalière). -**2.** Longue jupe portée par une femme quand elle monte à cheval. -**3.** Monter en amazone, monter un cheval en ayant les deux jambes du même côté.

amazonien, enne [amazɔnjɛ̃, -ɛn] adj. et n. De l'Amazone ou de l'Amazonie.

ambages [ɑ̃baʒ] n.f. pl. (lat. *ambages* "détours"). Sans ambages, d'une manière directe, sans détour : *Parler sans ambages* (= franchement).

ambassade [ɑ̃basad] n.f. (it. *ambasciata*, d'un rad. gaul.). -**1.** Mission, fonction d'un ambassadeur : *Envoyer qqn en ambassade à Moscou.* -**2.** Ensemble du personnel diplomatique, des agents et des services assurant cette mission ; bâtiment qui les abrite : *Il y aura une réception à l'ambassade demain soir.*

ambassadeur, drice [ɑ̃basadœr, -dris] n. -**1.** Représentant(e) permanent(e) d'un État auprès d'un État étranger : *Il a été nommé ambassadeur auprès du Saint-Siège.* -**2.** Personne qui, dans un domaine donné, représente son pays à l'étranger de manière non officielle : *L'ambassadrice de la chanson française au Japon.* ◆ **ambassadrice** n.f. Épouse d'un ambassadeur.

ambiance [ɑ̃bjɑ̃s] n.f. (de *ambiant*). -**1.** Atmosphère qui existe autour de qqn, dans un lieu, dans une réunion : *Une bonne ambiance* (syn. climat). -**2.** Humeur gaie : *Elle met de l'ambiance partout !* (syn. entrain, gaieté).

ambiant, e [ɑ̃bjɑ̃, -ɑ̃t] adj. (lat. *ambire* "entourer"). -**1.** Se dit du milieu physique et matériel dans lequel on vit : *La température ambiante est douce. Ouvrir les fenêtres pour* *renouveler l'air ambiant.* -**2.** Se dit des influences intellectuelles ou morales du milieu dans lequel on vit : *Il est très marqué par les idées ambiantes.*

ambidextre [ãbidɛkstʀ] adj. et n. (bas lat. *ambidexter,* du class. *ambo* "deux", et *dexter* "droit"). Qui se sert avec autant d'habileté de chacune de ses deux mains (par opp. à *droitier* et à *gaucher*) : *Un joueur de tennis ambidextre.*

ambigu, uë [ãbigy] adj. (lat. *ambiguus*). Dont le sens n'est pas précis ; qui laisse dans le doute, dans l'incertitude, volontairement ou non : *Elle m'a répondu en termes ambigus* (syn. énigmatique, sibyllin). *Dans cette affaire, sa conduite est restée ambiguë* (syn. équivoque).

ambiguïté [ãbigɥite] n.f. Caractère de ce qui est ambigu ; ce qui est ambigu : *L'ambiguïté d'une situation* (syn. équivoque, obscurité ; contr. clarté). *S'exprimer sans ambiguïté* (contr. netteté).

ambitieusement [ãbisjøzmã] adv. De façon ambitieuse : *Il a ambitieusement baptisé son ouvrage « Panorama des connaissances contemporaines ».*

ambitieux, euse [ãbisjø, -øz] adj. et n. Qui a, qui témoigne de l'ambition : *Un homme ambitieux* (syn. arriviste). *Voilà un souhait bien ambitieux* (syn. présomptueux, prétentieux). *Une entreprise ambitieuse* (syn. audacieux).

ambition [ãbisjɔ̃] n.f. (lat. *ambitio*). -**1.** Désir ardent de réussite, de fortune, de gloire, d'honneurs : *Elle est dévorée d'ambition. Il a de grandes ambitions pour son fils* (syn. prétention, visées). -**2.** Fait de se fixer, d'afficher un but intellectuel ou moral élevé : *De nobles ambitions.* -**3.** Désir profond de qqch : *Sa seule ambition est d'être heureux* (syn. aspiration, but, vœu).

ambitionner [ãbisjɔne] v.t. Rechercher vivement qqch que l'on juge avantageux, supérieur : *Il ambitionne le poste de directeur* (syn. viser).

ambivalence [ãbivalãs] n.f. (de *ambi-* et du lat. *valere* "valoir"). -**1.** Caractère de ce qui a deux aspects radicalement différents ou opposés. -**2.** PSYCHOL. Disposition d'un sujet qui éprouve simultanément deux sentiments contradictoires vis-à-vis d'un même objet (amour et haine, etc.).

ambivalent, e [ãbivalã, -ãt] adj. Qui présente de l'ambivalence ; qui paraît avoir un sens double.

amble [ãbl] n.m. (du lat. *ambulare* "marcher"). Trot d'un cheval qui lève en même temps les deux jambes du même côté : *Aller l'amble.*

amblyope [ãblijɔp] adj. et n. Dont l'acuité visuelle est très diminuée.

amblyopie [ãblijɔpi] n.f. (du gr. *amblus* "faible" et *ôps* "vue"). Diminution de l'acuité visuelle sans altération organique de l'œil.

ambre [ãbʀ] n.m. (ar. *al-'anbar*). Ambre jaune, résine fossile jaune ou rouge, récoltée dans les terrains oligocènes des rivages de la Baltique, mêlée au lignite, l'un et l'autre provenant des vastes forêts de pins de cette période. Il est utilisé en ébénisterie, en bijouterie, etc. ‖ **Ambre gris,** concrétion intestinale fournie par le cachalot et entrant dans la composition de parfums. ◆ adj. inv. D'une couleur jaune doré ou rougeâtre.

ambré, e [ãbʀe] adj. -**1.** Parfumé à l'ambre gris : *Eau de toilette ambrée.* -**2.** De la couleur de l'ambre jaune : *Vin ambré.*

ambrer [ãbʀe] v.t. Parfumer à l'ambre gris.

ambroisie [ãbʀwazi] n.f. (gr. *ambrosia* "nourriture des dieux"). Nourriture procurant l'immortalité, selon les anciens Grecs : *Les dieux de l'Olympe, buveurs de nectar et mangeurs d'ambroisie.*

ambulance [ãbylãs] n.f. (de *ambulant*). Véhicule pour le transport des malades ou des blessés.

ambulancier, ère [ãbylãsje, -ɛʀ] n. Personne attachée au service d'une ambulance.

ambulant, e [ãbylã, -ãt] adj. (du lat. *ambulare* "marcher"). Qui se déplace selon les besoins de sa profession ou d'une activité : *Marchand ambulant.* ◆ n. et adj. Agent du tri, dans un wagon-poste.

ambulatoire [ãbylatwaʀ] adj. (lat. *ambulatorius,* de *ambulare* "marcher"). -**1.** MÉD. Qui n'interrompt pas les activités habituelles d'un malade : *Soin, traitement ambulatoire.* -**2.** DR. Qui n'a pas de siège fixe : *Le parlement fut d'abord ambulatoire.*

âme [am] n.f. (lat. *anima* "souffle, vie"). -**1.** Sur le plan religieux, principe de vie et de pensée de l'homme : *Croire en l'immortalité de l'âme.* -**2.** SOUT. Individu, considéré du point de vue moral, intellectuel, etc. : *En perdant cet homme nous avons perdu une âme noble et généreuse.* -**3.** Personne qui anime, qui dirige : *Cet homme était l'âme du complot* (syn. agent, animateur, moteur). -**4.** LITT. Habitant : *Une ville de 900 000 âmes.* -**5.** MUS. Petite baguette de bois placée dans un instrument à cordes et qui communique les vibrations à toutes ses parties. -**6.** BX-A. Noyau porteur du revêtement externe d'une sculpture (dans l'art médiéval, notamm.). -**7.** ARM. Évidement intérieur d'une bouche à feu. -**8.** Fil, toron ou cordage axial d'un câble. -**9.** Âme sœur, personne que ses sentiments, ses inclinations rapprochent d'une autre : *Trouver l'âme sœur.* ‖ Bonne âme, personne compatissante et vertueuse (souvent iron.) : *Les bonnes âmes* *n'ont pas manqué de lui révéler son infortune* (= les personnes malveillantes, faussement sincères). ‖ **En son âme et conscience**, en toute honnêteté, pureté de sentiments ; en se laissant guider par la seule justice : *Les jurés se prononcent en leur âme et conscience.* ‖ **État d'âme**, impression ressentie, sentiment éprouvé ; au plur., disposition d'esprit jugée déplacée (péjor.) : *Nous ne sommes pas là pour écouter vos états d'âme.* ‖ **Rendre l'âme**, mourir.

améliorable [ameljɔʀabl] adj. Qui peut être amélioré : *Votre style est intéressant mais encore améliorable* (syn. perfectible).

amélioration [ameljɔʀasjɔ̃] n.f. - **1.** Action d'améliorer ; son résultat : *Les améliorations apportées dans la circulation de l'information* (syn. perfectionnement, progrès ; contr. dégradation). - **2.** Fait de s'améliorer : *L'amélioration notable du temps.*

améliorer [ameljɔʀe] v.t. (du lat. *melior* "meilleur"). Rendre meilleur ; changer en mieux : *Améliorer des résultats. Il faudrait améliorer les circuits de distribution* (syn. perfectionner ; contr. dégrader). ◆ **s'améliorer** v.pr. Devenir meilleur : *Le climat international s'est amélioré après la signature du traité* (contr. se dégrader). *Son caractère ne s'améliore guère* (syn. s'arranger).

amen [amɛn] n.m. inv. (mot hébreu "ainsi soit-il"). - **1.** Mot qui sert de terminaison à une prière (= ainsi soit-il). - **2.** FAM. **Dire amen**, marquer par son attitude ou ses paroles qu'on approuve entièrement ce qui est dit ou fait : *Elle dit amen à tout ce qu'il propose.*

aménageable [amenaʒabl] adj. Qui peut être aménagé : *Les dépendances de la ferme sont aménageables.*

aménagement [amenaʒmɑ̃] n.m. - **1.** Action d'aménager un lieu, qqch. ; résultat de cette action : *L'aménagement de cette petite pièce en salle de bains est possible* (syn. agencement, transformation). *Aménagements fiscaux. Aménagements d'une loi.* - **2.** **Aménagement du territoire**, meilleure répartition géographique des activités économiques en fonction des ressources naturelles et humaines.

aménager [amenaʒe] v.t. (de *ménage*) [conj. 17]. - **1.** Arranger un lieu, un local, le modifier pour le rendre plus pratique, plus agréable : *Ils ont fini d'aménager leur appartement* (syn. agencer, installer). - **2.** Apporter des modifications en vue d'une meilleure adaptation : *Il faudrait aménager la législation concernant cette question* (syn. corriger, modifier). *Aménager les horaires de travail.*

amende [amɑ̃d] n.f. (de *amender*). - **1.** Sanction ou peine pécuniaire : *Il a été condamné à payer une amende de 600 francs.* - **2.** Faire

amende honorable, reconnaître publiquement ses torts et s'en excuser. ‖ **Mettre qqn à l'amende**, lui infliger une petite punition pour une légère infraction à des règles librement admises, comme celles d'un jeu.

amendement [amɑ̃dmɑ̃] n.m. (de *amender*). - **1.** Modification apportée à un projet ou à une proposition de loi par une assemblée législative : *Les amendements proposés ont été rejetés par l'Assemblée.* - **2.** Substance incorporée au sol pour le rendre plus fertile : *La marne est un amendement calcaire.*

amender [amɑ̃de] v.t. (lat. *emendare* "rectifier"). - **1.** Modifier un texte par amendement : *Les députés ont amendé le projet de loi.* - **2.** Rendre qqn, qqch meilleur : *Amender la terre* (syn. bonifier, fertiliser). *La prison ne l'a guère amendé* (syn. améliorer, corriger). ◆ **s'amender** v.pr. LITT. Devenir meilleur : *Plusieurs élèves se sont amendés au cours du troisième trimestre* (syn. s'améliorer, se corriger).

amène [amɛn] adj. (lat. *amœnus* "agréable"). LITT. D'une courtoisie aimable (parfois iron.) : *Échanger quelques propos amènes* (= peu gracieux).

amenée [amne] n.f. Action d'amener de l'eau : *Canal d'amenée.*

amener [amne] v.t. (de *mener*) [conj. 19]. - **1.** Faire venir qqn avec soi : *Puis-je amener un ami à votre soirée ?* - **2.** Porter, transporter qqn, qqch vers un lieu : *Le taxi vous amènera directement à l'aéroport* (syn. conduire). *Le train amène le charbon jusqu'à l'usine* (syn. acheminer). - **3.** Pousser, entraîner qqn à faire qqch : *Son métier l'amène à voyager beaucoup.* - **4.** Avoir pour conséquences : *La grêle amène bien des dégâts* (syn. causer, provoquer). - **5.** MAR. **Abaisser** : *Amener les voiles.* - **6.** **Amener les couleurs**, abaisser le pavillon d'un navire en signe de reddition. ‖ **Bien amené**, se dit d'un thème adroitement introduit dans une conversation, dans un écrit : *Une comparaison bien amenée.* ◆ **s'amener** v.pr. FAM. Venir : *Tu t'amènes ?* (syn. arriver).

aménité [amenite] n.f. (lat. *amœnitas*, de *amœnus* ; v. amène). Comportement affable et doux : *Il traite ses subordonnés sans aménité* (= avec rudesse). ◆ **aménités** n.f. pl. Paroles blessantes (par iron.) : *Se dire des aménités.*

aménorrhée [amenɔʀe] n.f. (du gr. *mên* "mois" et de *-rrhée*). MÉD. Absence de menstruation.

amentale [amɑ̃tal] n.f. et **amentifère** [amɑ̃tifɛʀ] n.m. (du lat. *amentum* "courroie"). Amentales, amentifères, superordre d'arbres à chatons tels que le saule, le noyer, le hêtre.

amenuisement [amənɥizmɑ̃] n.m. Fait de s'amenuiser : *L'amenuisement progressif de nos bénéfices* (syn. effritement).

amenuiser [amǝnɥize] v.t. (de *menuiser* au sens anc. de "rendre menu"). Rendre qqch plus petit : *Chaque jour qui passe amenuise nos chances de les sauver* (syn. diminuer, réduire). ◆ **s'amenuiser** v.pr. Devenir moins important : *Tes chances de réussir s'amenuisent* (syn. diminuer).

1. **amer, ère** [amɛʀ] adj. (lat. *amarus*). - **1.** Qui a une saveur aigre, rude et désagréable : *Le café est amer* (syn. âpre). - **2.** Qui blesse par sa méchanceté ; qui cause ou dénote de la tristesse : *Reproches amers* (syn. dur, sarcastique). *J'ai subi une amère déconvenue* (syn. cruel, douloureux). *Elle garde de cette époque d'amers souvenirs* (syn. pénible, triste).

2. **amer** [amɛʀ] n.m. (du néerl. *merk* "limite"). MAR. Objet, bâtiment fixe et visible situé sur une côte et servant de point de repère pour la navigation.

amèrement [amɛʀmɑ̃] adv. Avec amertume, tristesse : *Je regrette amèrement de lui avoir fait confiance.*

américain, e [amerikɛ̃, -ɛn] adj. et n. - **1.** Des États-Unis d'Amérique : *New York est la ville américaine la plus peuplée. L'entrée en guerre des Américains.* - **2.** D'Amérique : *Le continent américain.* - **3.** CIN. Nuit américaine. Effet spécial permettant de filmer de jour une scène censée se dérouler la nuit. ‖ Vedette américaine. Artiste qui passe sur une scène de music-hall juste avant la vedette principale.

américanisation [amerikanizasjɔ̃] n.f. Fait de s'américaniser : *L'américanisation des grandes villes européennes.*

américaniser [amerikanize] v.t. Donner le caractère américain à : *Américaniser une société.* ◆ **s'américaniser** v.pr. Prendre l'aspect, les manières des Américains du Nord, leur mode de vie.

américanisme [amerikanism] n.m. - **1.** Mot, expression, tournure particuliers à l'anglais parlé en Amérique du Nord. - **2.** Tendance à s'inspirer de ce qui se fait aux États-Unis.

amérindien, enne [amerɛ̃djɛ̃, -ɛn] adj. et n. Propre aux Indiens d'Amérique : *Le tupi est une langue amérindienne du Brésil.*

amerrir [ameriʀ] v.i. (conj. 32). Se poser sur la mer, sur l'eau, en parlant d'un hydravion ou d'un vaisseau spatial : *La capsule spatiale a amerri à l'endroit prévu.*

amerrissage [amerisaʒ] n.m. Action d'amerrir : *L'avion a été contraint à un amerrissage forcé non loin de la côte.*

amertume [amɛʀtym] n.f. (lat. *amaritudo, -inis,* de *amarus* "amer"). - **1.** Saveur amère : *Le sucre atténuera l'amertume de ce médicament.* - **2.** Ressentiment mêlé de tristesse et de déception : *Il constatait avec amertume l'ingratitude de son protégé* (syn. déception, tristesse).

améthyste [ametist] n.f. (gr. *amethustos* "pierre qui préserve de l'ivresse"). Pierre fine, variété violette de quartz.

amétrope [ametʀɔp] adj. et n. Atteint d'amétropie.

amétropie [ametʀɔpi] n.f. (de *a-* priv., et du gr. *metron* "mesure" et ôps "vue"). Anomalie de la réfraction oculaire : *La myopie, l'hypermétropie et l'astigmatisme sont des formes d'amétropie.*

ameublement [amœblǝmɑ̃] n.m. (de 3. *meuble*). Ensemble des meubles et des objets qui garnissent et décorent une habitation : *Une chaise et une table complétaient l'ameublement de sa petite chambre. Tissu d'ameublement.*

ameublir [amœbliʀ] v.t. (de 1. *meuble*) [conj. 32]. - **1.** Rendre une terre plus meuble, plus légère. - **2.** DR. Faire d'un immeuble un bien mobilier.

ameuter [amøte] v.t. (de *meute*). Rassembler en faisant du bruit, du scandale : *Ses cris finirent par ameuter tout le voisinage.*

amharique [amaʀik] n.m. (de *Amhara,* n. d'une province éthiopienne). Langue sémitique parlée en Éthiopie, où elle a le statut de langue officielle.

ami, e [ami] n. et adj. (lat. *amicus*). - **1.** Personne pour laquelle on a de l'amitié, de l'affection, ou avec laquelle on a des affinités : *Un vieil ami* (syn. camarade). *Ils ont peu d'amis.* - **2.** Personne qui a du goût pour qqch : *Les amis de la nature.* - **3.** Faux ami. Terme d'une langue qui présente une forte ressemblance avec un terme d'une autre langue, mais qui n'a pas le même sens (par ex. le mot anglais *library,* qui signifie *bibliothèque*). ‖ Petit ami, petite amie. Personne qui est liée à une autre par un sentiment tendre, par l'amour ; flirt ou amant, maîtresse : *Elle vit depuis deux ans chez son petit ami* (syn. compagnon). ◆ adj. - **1.** Lié par l'affection, la tendresse, les goûts, les intérêts : *Il est très ami avec mon frère. Les peuples amis* (syn. allié ; contr. ennemi). - **2.** Accueillant, favorable : *Elle a été reçue dans une maison amie. Des visages amis.*

amiable [amjabl] adj. (du bas lat. *amicabilis,* du class. *amicus* "ami"). - **1.** Qui concilie des intérêts opposés : *Conclure un accord amiable.* - **2.** À l'amiable, en se mettant d'accord de gré à gré, sans intervention de la justice : *Ils n'ont pas fait de constat d'accident et se sont arrangés à l'amiable.*

amiante [amjɑ̃t] n.m. (gr. *amiantos* "incorruptible"). Silicate naturel hydraté de calcium et de magnésium, à contexture fibreuse, résistant à l'action du feu et utilisé pour fabriquer des matériaux, des tissus incombustibles.

amibe [amib] n.f. (gr. *amoibê* "transformation"). Animal unicellulaire des eaux douces ou salées, des sols humides, se déplaçant par pseudopodes, et dont une espèce parasite l'intestin de l'homme. □ Taille entre 30 et 500 micromètres ; embranchement des rhizopodes.

amibiase [amibjaz] n.f. Affection intestinale causée par les amibes et s'étendant parfois au foie, aux reins et au cerveau.

amibien, enne [amibjɛ̃, -ɛn] adj. Causé par une amibe : *Dysenterie amibienne.* ◆ **amibien** n.m. Amibiens, classe de protozoaires ayant les caractères généraux des amibes.

amical, e, aux [amikal, -o] adj. - **1.** Inspiré par l'amitié : *Un geste très amical* (syn. cordial ; contr. hostile). - **2.** Qui ne comporte pas d'enjeu, en parlant d'une rencontre sportive : *Un match amical.*

amicale [amikal] n.f. Association de personnes de la même profession, de la même école, pratiquant le même sport, etc. : *L'amicale des anciens élèves.*

amicalement [amikalmɑ̃] adv. De façon amicale : *Il m'a écouté amicalement* (= avec bienveillance).

amide [amid] n.m. (du rad. de *ammoniac*). CHIM. Nom générique de composés organiques dérivés de l'ammoniac par remplacement d'un ou de plusieurs atomes d'hydrogène par un radical acyle.

amidon [amidɔ̃] n.m. (lat. *amylum*, du gr. *amulos* "non moulu"). - **1.** Substance organique de réserve qui s'accumule dans certaines parties des végétaux : *L'amidon abonde dans les tubercules de pommes de terre.* - **2.** Solution colloïdale de cette substance dans l'eau, utilisée pour empeser le linge.

amidonnage [amidɔnaʒ] n.m. Action d'amidonner ; fait d'être amidonné : *L'amidonnage d'un plastron de chemise* (syn. empesage).

amidonner [amidɔne] v.t. Enduire, imprégner d'amidon : *Amidonner des napperons* (syn. empeser).

amincir [amɛ̃siʀ] v.t. [conj. 32]. Rendre ou faire paraître plus mince, moins épais : *La maladie a aminci son visage* (syn. amaigrir). *Ce pull t'amincit.* ◆ **s'amincir** v.pr. Devenir plus mince : *La tige s'amincit à son extrémité.*

amincissant, e [amɛ̃sisɑ̃, -ɑ̃t] adj. Qui amincit : *Une crème amincissante.*

amincissement [amɛ̃sismɑ̃] n.m. Action d'amincir, de s'amincir ; son résultat : *Procéder à l'amincissement d'une lame de métal* (contr. épaississement).

amine [amin] n.f. (du rad. de *ammoniac*). Nom générique de composés organiques dérivés de l'ammoniac par remplacement d'un ou de plusieurs atomes d'hydrogène par un radical alkyle.

aminé, e [amine] adj. Acide aminé, aminoacide.

aminoacide [aminɔasid] n.m. Substance organique ayant une fonction amine, constituant fondamental des protéines. (On dit aussi *acide aminé.*)

amiral [amiʀal] n.m. (ar. *amīr al-baḥr* "prince de la mer") [pl. *amiraux*]. - **1.** Officier général d'une marine militaire. - **2.** Amiral de France, dignité équivalente à celle de *maréchal de France.* □ *Contre-amiral, vice-amiral, vice-amiral d'escadre, amiral,* échelons successifs de la hiérarchie des amiraux, en France. ◆ adj.m. Bâtiment amiral, navire ayant à son bord un amiral commandant une force navale.

amirauté [amiʀote] n.f. - **1.** Corps des amiraux ; haut commandement de la marine militaire. - **2.** Siège du commandement d'un amiral. - **3.** L'Amirauté, le ministère de la Marine britannique, naguère.

amitié [amitje] n.f. (lat. pop. *amicitas,* class. *amicitia*). - **1.** Sentiment d'affection, de sympathie qu'une personne éprouve pour une autre ; ce lien, généralement réciproque : *Leur amitié date de l'école* (syn. camaraderie). *Se prendre d'amitié pour qqn* (= commencer à éprouver de la sympathie pour lui). - **2.** Amitié particulière, liaison homosexuelle, notamm. entre deux adolescents, deux adolescentes. ◆ **amitiés** n.f. pl. Témoignages d'affection : *Fais-leur mes amitiés.*

ammoniac [amɔnjak] n.m. (lat. *ammoniacum,* du gr.). Composé gazeux d'azote et d'hydrogène, à l'odeur très piquante. □ Formule NH_3.

ammoniacal, e, aux [amɔnjakal, -o] adj. Qui contient de l'ammoniac ; qui en a les propriétés : *Sels ammoniacaux.*

ammoniaque [amɔnjak] n.f. Solution aqueuse de gaz ammoniac. (On dit aussi *alcali volatil.*)

ammonite [amɔnit] n.f. (du lat. *Ammonis cornu* "corne d'Amon [dieu égyptien]"). Mollusque fossile à coquille cloisonnée et enroulée, caractéristique de l'ère secondaire. □ Classe des céphalopodes.

amnésie [amnezi] n.f. (gr. *amnêsia*). Diminution ou perte totale de la mémoire due à des causes pathologiques.

amnésique [amnezik] adj. et n. Atteint d'amnésie partielle ou totale, temporaire ou définitive : *Un choc émotionnel peut parfois rendre la mémoire à un amnésique.*

amniocentèse [amnjɔsɛ̃tɛz] n.f. (de *amnios,* et du gr. *kentêsis* "action de piquer"). Ponction de la cavité utérine pendant la grossesse pour prélever du liquide amniotique aux fins d'analyse.

amnios [amnjos] n.m. (gr. *amnion*). Membrane interne qui enveloppe le fœtus, chez les mammifères, les oiseaux et les reptiles.

amnioscopie [amnjɔskɔpi] n.f. (de *amnios*). Examen endoscopique du liquide amniotique.

amniotique [amnjɔtik] adj. (de *amnios*). Liquide amniotique, liquide qui remplit la poche de l'amnios et dans lequel baigne le fœtus.

amnistiable [amnistjabl] adj. Qui peut être amnistié : *Les crimes contre l'humanité ne sont pas amnistiables.*

amnistie [amnisti] n.f. (gr. *amnêstia*, de *amnêstos* "oublié"). Loi qui fait disparaître le caractère d'infraction d'un fait punissable en effaçant la condamnation ou en empêchant ou arrêtant les poursuites ; effet juridique d'une telle loi : *Voter l'amnistie. Faits couverts par l'amnistie.*

amnistié, e [amnistje] adj. et n. Qui est, qui a été l'objet d'une amnistie : *Les amnistiés purent rentrer dans leur pays.*

amnistier [amnistje] v.t. (conj. 9). Accorder une amnistie à : *Le président a amnistié ces infractions. Les communards furent amnistiés neuf ans après les événements.*

amocher [amɔʃe] (de *moche* "écheveau de fil non tordu"). FAM. - **1.** Détériorer qqch : *J'ai amoché l'avant de ma voiture* (syn. abîmer, endommager). - **2.** Blesser qqn : *Il l'a amoché pendant la bagarre.*

amodiation [amɔdjasjɔ̃] n.f. (lat. médiév. *admodiatio*, du class. *modios* "boisseau"). Exploitation d'une terre ou d'une mine moyennant une redevance périodique. □ Celui qui prend une terre ou une mine à bail s'appelle l'*amodiataire ;* celui qui les donne à bail s'appelle l'*amodiateur.*

amoindrir [amwɛ̃dʀiʀ] v.t. (conj. 32). Diminuer la force ou la valeur de : *Son accident l'a beaucoup amoindri* (syn. affaiblir, diminuer). *Ces échecs répétés ont amoindri son autorité* (syn. réduire ; contr. accroître). ◆ **s'amoindrir** v.pr. Devenir moindre ; perdre de ses forces : *Son énergie s'amoindrit avec l'âge* (syn. décroître, diminuer).

amoindrissement [amwɛ̃dʀismɑ̃] n.m. Action d'amoindrir ; fait de s'amoindrir : *Constater un amoindrissement des ressources* (syn. diminution). *L'amoindrissement de ses facultés intellectuelles est sensible* (syn. affaiblissement).

amollir [amɔliʀ] v.t. (conj. 32). Rendre mou : *La chaleur amollit le bitume* (syn. ramollir). *L'inactivité a amolli son énergie* (syn. affaiblir, émousser ; contr. fortifier). ◆ **s'amollir** v.pr.

Devenir mou : *Sous le coup de l'émotion, j'ai senti mes jambes s'amollir* (syn. faiblir, fléchir).

amollissant, e [amɔlisɑ̃, -ɑ̃t] adj. Qui amollit : *Cette chaleur est amollissante* (syn. débilitant ; contr. tonique).

amollissement [amɔlismɑ̃] n.m. Action d'amollir, de s'amollir ; son résultat : *L'amollissement de la neige provoque des avalanches* (syn. ramollissement ; contr. durcissement).

amonceler [amɔ̃sle] v.t. (de *monceau*) [conj. 24]. Réunir en monceau, en tas : *Elle amoncelle les journaux sur un coin de son bureau* (syn. empiler, entasser). ◆ **s'amonceler** v.pr. Former un tas ; s'accumuler : *Les papiers s'amoncellent sur ma table* (syn. s'entasser).

amoncellement [amɔ̃sɛlmɑ̃] n.m. Entassement de choses : *Un amoncellement de rochers. Un amoncellement de preuves* (syn. accumulation).

amont [amɔ̃] n.m. sing. (du lat. *ad* "vers" et *mons* "montagne"). - **1.** Partie d'un cours d'eau qui est du côté de la source, par rapport à un point considéré (par opp. à *aval*). - **2.** Début d'un processus de production : *L'industrie du bois se situe à l'amont de la production du papier.* - **3.** En amont de, plus près de la source, par rapport à un point considéré : *Orléans est en amont de Tours sur la Loire.* ◆ adj. inv. Qui est du côté de la montagne, en parlant du ski ou du skieur.

amoral, e, aux [amɔʀal, -o] adj. Qui est indifférent aux règles de la morale ou qui les ignore : *Un écrivain amoral. Un enseignement amoral.*

amoralité [amɔʀalite] n.f. Caractère de ce qui est amoral ; conduite amorale : *Il est d'une amoralité choquante.*

amorçage [amɔʀsaʒ] n.m. - **1.** Action d'amorcer qqch, de commencer à faire qqch : *Amorçage d'une pompe. L'amorçage d'une négociation.* - **2.** Dispositif provoquant l'éclatement d'un obus, d'une charge explosive.

amorce [amɔʀs] n.f. (de l'anc. fr. *amordre* "mordre"). - **1.** Phase initiale de qqch : *Ce n'est que l'amorce d'un roman* (syn. ébauche). - **2.** Petite masse d'explosif dont la détonation enflamme la charge d'une cartouche ou d'une mine. - **3.** Produit jeté dans l'eau pour attirer le poisson.

amorcer [amɔʀse] v.t. (de *amorce*) [conj. 16]. - **1.** Commencer à exécuter, à réaliser qqch : *Il amorça un geste de refus puis s'arrêta* (syn. ébaucher, esquisser). *Amorcer un virage.* - **2.** Mettre en état de fonctionner : *Amorcer une pompe, un siphon.* - **3.** Garnir d'une amorce : *Amorcer un hameçon.* - **4.** (Absol.). Chercher à attirer le poisson par de l'amorce : *Amorcer en jetant du pain.*

amorphe [amɔʀf] adj. (gr. *amorphos* "sans forme"). - **1.** Qui est ou paraît sans énergie, mou, inactif : *Un gros garçon amorphe* (syn. apathique, indolent ; contr. vif). **- 2.** CHIM. Se dit des substances qui n'ont pas de forme cristallisée propre.

amorti [amɔʀti] n.m. Action de diminuer ou de supprimer le rebond d'une balle, d'un ballon, dans certains sports.

amortir [amɔʀtiʀ] v.t. (lat. pop. *admortire* "tuer", du class. *mors, mortis* "mort" [conj. 32]). **- 1.** Diminuer l'effet, la force de qqch : *Le capitonnage de la porte amortit les bruits* (syn. affaiblir, atténuer). **- 2.** Reconstituer progressivement le capital employé à une acquisition grâce aux bénéfices tirés de celle-ci : *Nous amortirons l'achat de la nouvelle machine sous deux ans.* **- 3.** DR. Rembourser un emprunt à termes échelonnés. ◆ **s'amortir** v.pr. Perdre de sa force : *Le bruit s'amortit* (syn. s'affaiblir).

amortissable [amɔʀtisabl] adj. DR. Qui peut être amorti : *Obligations amortissables en quinze ans.*

amortissement [amɔʀtismɑ̃] n.m. **- 1.** Action d'amortir ou de s'amortir : *Amortissement d'un choc* (syn. atténuation). **- 2.** ÉCON. Prélèvement sur les résultats d'exploitation d'une entreprise, destiné à compenser la dépréciation subie par certains éléments de son actif. **- 3.** DR. Remboursement d'un emprunt par tranches successives : *L'amortissement de notre appartement durera des années.*

amortisseur [amɔʀtisœʀ] n.m. Dispositif qui amortit la violence d'un choc, les vibrations d'une machine, etc. : *Changer les amortisseurs d'une voiture.*

amour [amuʀ] n.m. (lat. *amor*). **- 1.** Sentiment très intense, attachement englobant la tendresse et l'attirance physique, entre deux personnes : *Éprouver de l'amour pour qqn* (syn. attachement). *C'est une vraie histoire d'amour. Elle a fait naître en moi un amour fou* (syn. passion). **- 2.** Relation impliquée par ce sentiment, relation amoureuse : *Ils ont vécu un amour idyllique.* **- 3.** Personne qui est aimée, l'objet de ce sentiment : *Rencontrer un amour de jeunesse.* **- 4.** Sentiment d'affection qui unit les membres d'une même famille : *Amour maternel, paternel, filial.* **- 5.** Mouvement de dévotion, de dévouement qui porte vers qqn, une divinité, un idéal : *L'amour de Dieu, de la vérité.* **- 6.** Goût très marqué, intérêt pour qqch : *L'amour des pierres, des bateaux.* **- 7.** Représentation symbolique de l'amour, souvent sous la forme d'un enfant armé d'un arc : *De petits amours joufflus ornaient le plafond de la salle.* **- 8.** Faire l'amour, avoir des relations sexuelles avec qqn. ‖ **Pour l'amour de qqn**, en raison de l'amour qu'on lui porte : *Pour l'amour de vos enfants, n'accomplissez pas ce geste* (= par égard à). ‖ FAM. **Un amour de**

(+ n), qqch ou qqn de charmant, d'adorable : *Un amour de petite fille.* **- 9. Amour blanc.** Poisson originaire de Chine, importé en Europe pour nettoyer les voies d'eau dont il mange les plantes. □ Famille des cyprinidés. ◆ **amours** n.f. pl. LITT. Relation amoureuse : *De belles amours.*

s' amouracher [amuʀaʃe] v.pr. **[de].** Éprouver pour qqn un amour soudain et passager : *Il s'est amouraché de sa secrétaire* (syn. s'enticher).

amourette [amuʀɛt] n.f. Amour passager, sans profondeur (syn. aventure, flirt, passade).

amourettes [amuʀɛt] n.f. pl. (anc. prov. *amoretas* "testicules de coq", de *amor* "amour"). Morceau de moelle épinière des animaux de boucherie.

amoureusement [amuʀøzmɑ̃] adv. Avec amour : *Elle regardait amoureusement son fiancé.*

amoureux, euse [amuʀø, -øz] adj. et n. Qui éprouve de l'amour pour qqn, qui a un goût très vif pour qqch : *Être, tomber amoureux de qqn. Un mari très amoureux* (syn. épris). *C'est un amoureux des vieilles pierres.* ◆ adj. Qui manifeste de l'amour : *Des regards amoureux* (syn. passionné).

amour-propre [amuʀpʀɔpʀ] n.m. (pl. *amours-propres*). Sentiment de sa propre valeur, de sa dignité : *Il a été atteint dans son amour-propre* (syn. fierté, dignité).

amovible [amɔvibl] adj. (du lat. *amovere* "déplacer"). **- 1.** Qui peut être enlevé, séparé d'un ensemble : *Un imperméable à doublure amovible* (syn. détachable). **- 2.** Qui peut être destitué ou déplacé, en parlant de certains fonctionnaires.

ampélopsis [ɑ̃pelɔpsis] n.m. (du gr. *ampelos* "vigne" et *opsis* "apparence"). Arbrisseau grimpant souvent ornemental, cour. appelé vigne vierge. □ Famille des ampélidacées.

ampérage [ɑ̃peʀaʒ] n.m. (Emploi critiqué). Intensité d'un courant électrique.

ampère [ɑ̃peʀ] n.m. (de *Ampère*). **- 1.** ÉLECTR. Unité de mesure d'intensité de courant électrique, équivalant à l'intensité d'un courant constant qui, maintenu dans deux conducteurs parallèles, rectilignes, de longueur infinie, de section circulaire négligeable et placés à une distance de 1 mètre l'un de l'autre, dans le vide, produirait entre ces conducteurs une force de 2.10^{-7} newton par mètre de longueur : *L'ampère est l'une des sept unités de base du système international d'unités.* □ Symb. A. **- 2. Ampère par mètre.** Unité de mesure de champ magnétique, équivalant à l'intensité de champ magnétique produite dans le vide le long d'un cercle de 1 m de circonférence par un courant électrique d'intensité 1 ampère. □ Symb. A/m.

ampère-heure [ɑ̃pɛʀœʀ] n.m. (pl. *ampères-heures*). Unité de mesure de quantité d'électricité, équivalant à la quantité d'électricité transportée en 1 heure par un courant de 1 ampère : *1 ampère-heure vaut 3 600 coulombs.* □ Symb. Ah.

ampèremètre [ɑ̃pɛʀmɛtʀ] n.m. Appareil étalonné en ampères, destiné à mesurer l'intensité d'un courant électrique.

amphétamine [ɑ̃fetamin] n.f. Substance médicamenteuse qui stimule l'activité cérébrale, diminue le sommeil et la faim.

amphi [ɑ̃fi] n.m. Abrév. de *amphithéâtre*.

amphibie [ɑ̃fibi] adj. et n.m. (gr. *amphibios*, de *amphi-* "des deux côtés" et *bios* "vie"). - **1.** Qui peut vivre à l'air et dans l'eau, en parlant d'un animal ou d'une plante : *La grenouille est un animal amphibie.* - **2.** Qui peut se mouvoir sur terre et sur l'eau : *Voiture amphibie.* - **3.** Opération amphibie, opération militaire menée conjointement par des forces navales et terrestres, notamm. lors d'un débarquement.

amphibien [ɑ̃fibjɛ̃] n.m. Amphibiens, classe de vertébrés à larve aquatique munie de branchies, à peau nue et à température variable, et comprenant trois ordres : les urodèles, les anoures et les apodes (syn. anc. batracien).

amphibole [ɑ̃fibɔl] n.f. (gr. *amphibolos* "équivoque"). Minéral noir, brun ou vert, des roches éruptives et métamorphiques : *Les amphiboles sont des silicates de fer et de magnésium.*

amphibologie [ɑ̃fibɔlɔʒi] n.f. (bas lat. *amphibologia*, du gr. *amphibolos* "équivoque"). Double sens présenté par une phrase en raison de sa construction ou du choix de certains mots : *La phrase « les magistrats jugent les enfants coupables » recèle une amphibologie* (= on peut comprendre « les enfants qui sont coupables » ou « que les enfants sont coupables » ; syn. ambiguïté, équivoque).

amphibologique [ɑ̃fibɔlɔʒik] adj. À double sens, ambigu : *Une tournure amphibologique* (syn. équivoque).

amphigouri [ɑ̃figuʀi] n.m. (orig. obsc.). LITT. Écrit ou discours inintelligible : *Le compliment de Thomas Diafoirus dans « le Malade imaginaire » de Molière est un amphigouri* (syn. galimatias).

amphigourique [ɑ̃figuʀik] adj. LITT. Qui présente les caractères de l'amphigouri (syn. confus, nébuleux).

amphimixie [ɑ̃fimiksi] n.f. (du gr. *amphi-* "des deux côtés" et *mixis* "mélange"). Fusion des noyaux mâle et femelle, constituant la phase essentielle de la fécondation.

amphithéâtre [ɑ̃fiteatʀ] n.m. (lat. *amphitheatrum*, du gr. *amphi* "autour" et *theatron* "théâtre"). - **1.** ANTIQ. Vaste édifice à gradins, de plan souvent elliptique, élevé par les Romains pour les combats de gladiateurs, les chasses, etc. - **2.** Grande salle de cours à gradins : *Cours magistral en amphithéâtre* (abrév. fam. *amphi*). - **3.** Ensemble des places situées au-dessus des balcons et des galeries, dans un théâtre. - **4.** Amphithéâtre morainique, rempart de moraines disposé en arc de cercle, situé sur l'emplacement du front d'un ancien glacier.

amphitryon [ɑ̃fitʀijɔ̃] n.m. (de *Amphitryon*, n. d'un personnage sous l'identité duquel Jupiter lance une invitation à dîner, dans la comédie de Molière du même nom). LITT. Personne chez qui l'on mange : *Notre amphitryon nous a reçus somptueusement* (syn. hôte).

amphore [ɑ̃fɔʀ] n.f. (lat. *amphora*, du gr.). ANTIQ. Vase à deux anses symétriques, au col rétréci, avec ou sans pied, servant à conserver et à transporter les aliments.

ample [ɑ̃pl] adj. (lat. *amplus*). - **1.** Long et large dans des proportions qui dépassent l'ordinaire : *Cette veste est un peu trop ample* (syn. grand, vaste). - **2.** Qui donne une impression d'étendue, de force, de profondeur : *Une voix ample* (syn. plein, riche).

amplement [ɑ̃pləmɑ̃] adv. D'une manière importante : *Ce sera amplement suffisant* (syn. largement, grandement).

ampleur [ɑ̃plœʀ] n.f. - **1.** Caractère de ce qui est ample, large : *La veste manque d'ampleur aux épaules* (syn. largeur). - **2.** Importance, portée de qqch : *L'ampleur d'un désastre. Manifestation d'une ampleur exceptionnelle* (syn. importance).

ampliatif, ive [ɑ̃plijatif, -iv] adj. DR. Qui ajoute à ce qui a été dit dans un acte précédent.

ampliation [ɑ̃plijasjɔ̃] n.f. (du lat. *ampliare* "agrandir"). - **1.** DR. Double authentique d'un acte administratif (syn. copie, duplicata). - **2.** Acte ajoutant à ce qui a été dit dans un acte précédent. - **3.** MÉD. Ampliation thoracique, augmentation du volume de la cage thoracique pendant l'inspiration.

amplifiant, e [ɑ̃plifjɑ̃, -ɑ̃t] adj. Qui amplifie : *Une loupe a un pouvoir amplifiant* (syn. grossissant).

amplificateur, trice [ɑ̃plifikatœʀ, -tʀis] adj. et n. Qui amplifie qqch ; qui exagère l'effet de qqch : *Plusieurs journaux ont publié des articles amplificateurs sur l'affaire* (= qui lui donnaient plus d'importance qu'elle n'en avait). ◆ **amplificateur** n.m. - **1.** Dispositif permettant d'accroître l'amplitude d'une grandeur physique (partic. d'un signal électrique) sans introduire de distorsion notable. - **2.** Ce dispositif, installé avant les haut-parleurs, sur une chaîne électroacoustique (abrév. fam. *ampli*).

amplification [ãplifikasjõ] n.f. Action d'amplifier ; son résultat : *On a noté cette année-là une amplification des mouvements revendicatifs* (syn. développement, extension).

amplifier [ãplifje] v.t. (lat. *amplificare*, de *amplus* "ample") [conj. 9]. Accroître le volume, l'étendue ou l'importance de : *Amplifier les échanges commerciaux entre deux pays* (syn. accroître ; contr. restreindre). *Les journaux ont amplifié le scandale* (syn. grossir ; contr. étouffer). ◆ **s'amplifier** v.pr. Augmenter en quantité, en importance, en force : *La baisse des valeurs boursières s'amplifie* (syn. s'accentuer).

amplitude [ãplityd] n.f. (lat. *amplitudo*, de *amplus* "ample"). - **1.** Valeur de l'écart maximal d'une grandeur qui varie périodiquement : *L'amplitude d'une oscillation. Amplitude moyenne annuelle* (= écart entre la moyenne de température du mois le plus froid et celle du mois le plus chaud). - **2.** Différence entre la plus grande et la plus petite valeur d'une distribution statistique.

ampli-tuner [ãplitynɛʀ] n.m. (pl. *amplis-tuners*). Élément d'une chaîne haute-fidélité regroupant un amplificateur, un préamplificateur et un tuner.

ampoule [ãpul] n.f. (lat. *ampulla* "petit flacon"). - **1.** Enveloppe de verre d'une lampe électrique ; cette lampe : *L'ampoule est grillée.* - **2.** Petite tuméfaction sous l'épiderme, pleine de sérosité et due à des frottements trop prolongés : *Il s'est fait des ampoules aux mains en bêchant le jardin* (syn. cloque). - **3.** Tube de verre renflé et fermé à la flamme, après introduction d'un médicament liquide ; contenu de ce tube : *Une ampoule de calcium.* - **4.** La sainte ampoule, vase qui contenait le saint chrême pour sacrer les rois de France.

ampoulé, e [ãpule] adj. (de *ampoule*). Plein d'emphase, sans profondeur : *Un prédicateur au style ampoulé* (syn. grandiloquent, pompeux.).

amputation [ãpytasjõ] n.f. Action d'amputer : *L'amputation d'une jambe.*

amputé, e [ãpyte] adj. et n. Qui a été amputé : *Un amputé de guerre.*

amputer [ãpyte] v.t. (lat. *amputare* "tailler"). - **1.** Enlever un membre, une partie d'un membre par une opération chirurgicale : *Amputer une main* (syn. couper). *Amputer un blessé.* - **2.** Entamer l'intégrité de qqch en en retranchant une partie : *Amputer un texte en supprimant un passage.*

s' amuïr [amɥiʀ] v.pr. (lat. pop. *admutire*, du class. *mutus* "muet") [conj. 32]. PHON. Devenir muet, ne plus être prononcé : *Dans le mot « prompt », les deux consonnes finales se sont amuïes.*

amuïssement [amɥismã] n.m. PHON. Fait de s'amuïr : *L'amuïssement du « s » final en français.*

amulette [amylɛt] n.f. (lat. *amuletum*). Objet qu'on porte sur soi et auquel on accorde des vertus de protection : *Un collier d'amulettes* (syn. gri-gri, porte-bonheur, talisman).

amure [amyʀ] n.f. (de *amurer* "fixer l'amure d'une voile", esp. *amurar*, probabl. de *muro* "mur"). - **1.** Naviguer bâbord amures, tribord amures, naviguer en recevant le vent par bâbord, par tribord. - **2.** Point d'amure, angle inférieur avant d'une voile trapézoïdale ou triangulaire.

amusant, e [amyzã, -ãt] adj. Qui amuse, divertit : *Un jeu très amusant* (syn. distrayant). *C'est un garçon très amusant* (syn. gai, spirituel). *Le plus amusant de tout ça, c'est qu'elle ne s'apercevait de rien* (syn. comique, drôle).

amuse-gueule [amyzgœl] n.m. (pl. *amuse-gueules* ou inv.). FAM. Petit gâteau salé, canapé, olive, etc., servis avec l'apéritif.

amusement [amyzmã] n.m. - **1.** Action d'amuser ; fait de s'amuser : *Les chutes du clown faisaient l'amusement des enfants* (syn. hilarité, joie). - **2.** Divertissement : *Trouver des amusements pour les jours de pluie* (syn. distraction).

amuser [amyze] v.t. (de *muser*). - **1.** Distraire agréablement : *Ce dessin animé m'a bien amusé* (syn. divertir). - **2.** Retarder ou tromper par des moyens dilatoires, des artifices : *Amuser l'adversaire par une diversion* (syn. endormir). ◆ **s'amuser** v.pr. - **1.** Se distraire ; passer le temps agréablement : *Les enfants s'amusent dans le jardin* (syn. jouer). - **2.** S'amuser à (+ n. ou inf.), perdre son temps : *S'amuser à des riens, à traîner en chemin.* ‖ S'amuser de qqch, y trouver de l'amusement : *Il s'amuse du premier gadget venu.*

amuseur, euse [amyzœʀ, -øz] n. Personne qui amuse : *Ce n'est pas un auteur comique, tout au plus un amuseur* (syn. bouffon).

amygdale [amidal] n.f. (lat. *amygdala* "amande", du gr.). - **1.** Chacun des deux corps glanduleux placés de part et d'autre de la gorge : *Une ablation des amygdales.* - **2.** Amygdale pharyngée, située sur la paroi postérieure du rhino-pharynx : *L'hypertrophie de l'amygdale pharyngée constitue les végétations adénoïdes.*

amygdalectomie [amidalɛktɔmi] n.f. (de *amygdale* et *-ectomie*). Ablation chirurgicale des amygdales.

amygdalite [amidalit] n.f. Inflammation des amygdales.

amylacé, e [amilase] adj. (du lat. *amylum* "amidon", du gr.). De la nature de l'amidon.

amyotrophie [amjɔtʀɔfi] n.f. (de *a-* et du gr. *mus* "muscle"). Atrophie des muscles, en partic. des muscles striés.

an [ɑ̃] n.m. (lat. *annus*). **- 1.** Durée conventionnelle voisine de la période de révolution de la Terre autour du Soleil (syn. année). **- 2.** (Précédé d'un adj. num. card.). Unité de mesure de l'âge : *Jeune homme de vingt ans.* **- 3.** Durée de douze mois complets : *Elle devra faire un stage de deux ans.* **- 4.** Espace de temps légal compris entre le 1er janvier et le 31 décembre, dans le calendrier grégorien : *L'an dernier, l'an prochain* (syn. année). **- 5.** Bon an mal an, compensation faite des bonnes et des mauvaises années. ‖ Le jour de l'an, le nouvel an, le premier de l'an, le premier jour de l'année.

an- → **a-**.

anabaptisme [anabatism] n.m. (du gr. *ana* "de nouveau" et *baptizein* "baptiser"). Doctrine issue de la Réforme (XVIe s.), qui déniait toute valeur au baptême des enfants et réclamait un second baptême à l'âge adulte.

anabaptiste [anabatist] adj. et n. Qui s'inspire de l'anabaptisme ; qui le professe.

anabolisant, e [anabɔlizɑ̃, -ɑ̃t] adj. et n.m. Se dit d'une substance qui favorise l'anabolisme.

anabolisme [anabɔlism] n.m. (du gr. *anabolê* "hauteur, action de monter"). PHYSIOL. Ensemble des phénomènes d'assimilation chez les êtres vivants.

anacarde [anakaʀd] n.m. (lat. médiév. *anacardus*, du gr. *ana-* "de bas en haut" et *kardia* "cœur"). Fruit de l'anacardier, à graine oléagineuse et comestible, cour. appelé *noix de cajou*.

anacardier [anakaʀdje] n.m. Arbre de l'Amérique tropicale dont une espèce, appelée *acajou à pommes*, est cultivée pour ses fruits, appelés *anacardes* ou *noix de cajou*. □ Famille des térébinthacées.

anachorète [anakɔʀɛt] n.m. (lat. ecclés. *anachoreta*, du gr. *anakhôrein* "s'éloigner"). **- 1.** Moine, ermite vivant dans la solitude (par opp. à *cénobite*). **- 2.** LITT. Personne qui mène une vie retirée (syn. ermite, solitaire).

anachronique [anakʀɔnik] adj. **- 1.** Entaché d'anachronisme ; qui confond les époques : *Des expressions anachroniques dans un dialogue de film.* **- 2.** Vieilli, démodé : *Des idées anachroniques* (syn. désuet, périmé).

anachronisme [anakʀɔnism] n.m. (du gr. *ana-* "de bas en haut" et *khronos* "temps"). **- 1.** Erreur qui consiste à ne pas remettre un événement à sa date ou dans son époque ; confusion entre des époques différentes : *Un téléphone à touches dans un western, quel anachronisme !* **- 2.** Caractère de ce qui est anachronique : *L'anachronisme de certaines méthodes.* **- 3.** Habitude, manière d'agir surannée : *Le port du monocle est un anachronisme.*

anacoluthe [anakɔlyt] n.f. (gr. *anakolouthos* "sans suite"). Rupture dans la construction syntaxique d'une phrase (ex. : *Rentré chez lui, sa femme était malade*).

anaconda [anakɔ̃da] n.m. (orig. incert., probabl. du *cinghalais*). Grand serpent de l'Amérique du Sud se nourrissant d'oiseaux et de mammifères. □ Long. 8 m ; ordre des ophidiens.

anaérobie [anaeʀɔbi] adj. et n.m. BIOL. Qui peut se développer en l'absence d'air et d'oxygène, en parlant d'un micro-organisme (par opp. à *aérobie*).

anaglyphe [anaglif] n.m. (bas lat. *anaglyphus*, du gr. *anagluphos* "ciselé"). **- 1.** Ouvrage sculpté ou ciselé en bas relief. **- 2.** Photographie ou projection stéréoscopique en deux couleurs complémentaires, restituant l'impression du relief.

anaglyptique [anagliptik] adj. et n.f. (bas lat. *anaglypticus* "ciselé" ; v. *anaglyphe*). Se dit d'une écriture ou d'une impression en relief à l'usage des aveugles : *Écriture anaglyptique.*

anagramme [anagʀam] n.f. (du gr. *anagrammatismos*). Mot formé des lettres d'un autre mot disposées dans un ordre différent : *« Gare » est l'anagramme de « rage ».*

anal, e, aux [anal, -o] adj. **- 1.** De l'anus ; relatif à l'anus. **- 2.** PSYCHAN. Stade anal, deuxième stade du développement libidinal de l'enfant (entre deux et quatre ans), s'organisant autour de la zone anale (on dit aussi *stade sadique-anal*).

analeptique [analɛptik] adj. et n.m. (bas lat. *analepticus*, du gr.). Se dit d'une substance qui stimule, redonne des forces.

analgésie [analʒezi] n.f. (gr. *analgêsia* "insensibilité à la douleur"). Suppression spontanée ou thérapeutique de la sensibilité à la douleur.

analgésique [analʒezik] adj. et n.m. Se dit d'une substance, d'un médicament qui produit l'analgésie (syn. antalgique, sédatif).

anallergique [analɛʀʒik] adj. Qui ne provoque pas de réaction allergique : *Produits de beauté anallergiques.*

analogie [analɔʒi] n.f. (lat. *analogia*, mot gr.). **- 1.** Rapport de ressemblance que présentent deux ou plusieurs choses ou personnes : *Les deux cambriolages présentent des analogies* (syn.

ressemblance, similitude). - **2.** Par analogie, d'après les rapports de ressemblance constatés entre deux choses : *Les montants d'une table s'appellent des pieds par analogie avec le pied de l'homme.*

analogique [analɔʒik] adj. - **1.** Fondé sur l'analogie : *Raisonnement analogique. Dictionnaire analogique* (= qui regroupe les mots en fonction des relations sémantiques qu'ils entretiennent entre eux). - **2.** TECHN. Qui représente, traite ou transmet des données sous la forme de variations continues d'une grandeur physique (par opp. à *numérique*) : *Signal, calculateur analogique.*

analogue [analɔg] adj. Qui offre une ressemblance, des rapports de similitude avec autre chose : *Il a des vues analogues aux vôtres* (syn. comparable, semblable). *Remplacez les mots soulignés par d'autres de sens analogue* (syn. proche, voisin ; contr. contraire). ◆ n.m. Ce qui se rapproche de, ressemble à : *Son style n'a pas d'analogue dans la littérature contemporaine* (syn. équivalent).

analphabète [analfabɛt] adj. et n. (it. *analfabeto* "illettré", gr. *analphabētos* "qui ne sait ni A ni B"). Qui ne sait ni lire ni écrire.

analphabétisme [analfabetism] n.m. État d'une personne, d'une population analphabète.

analysable [analizabl] adj. Que l'on peut analyser.

analysant, e [analizɑ̃, -ɑ̃t] n. Personne qui se soumet à une cure psychanalytique.

analyse [analiz] n.f. (gr. *analusis* "décomposition"). - **1.** Décomposition d'une substance en ses éléments constitutifs : *Analyse de l'air, de sang.* - **2.** Étude faite en vue de discerner les différentes parties d'un tout, de déterminer ou d'expliquer les rapports qu'elles entretiennent les unes avec les autres : *Analyse d'une œuvre littéraire. Faire l'analyse de la situation économique d'un pays.* - **3.** INFORM. Ensemble des travaux comprenant l'étude détaillée d'un problème, la conception d'une méthode permettant de le résoudre et la définition précise du traitement correspondant sur ordinateur. - **4.** MATH. Partie des mathématiques relative aux structures et aux calculs liés aux notions de limite et de continuité. - **5.** PSYCHAN. Cure psychanalytique (syn. psychanalyse). - **6.** En dernière analyse, après avoir tout bien examiné ; en définitive. - **7.** Analyse grammaticale. Étude de la nature et de la fonction des mots dans une proposition. ‖ **Analyse logique.** Étude de la nature et de la fonction des propositions dans une phrase.

analysé, e [analize] n. Personne ayant entrepris une cure psychanalytique.

analyser [analize] v.t. - **1.** Soumettre à une analyse ; étudier par l'analyse : *Analyser une substance. Analyser les résultats d'un vote* (syn. étudier, examiner). - **2.** Soumettre à une psychanalyse : *Les personnes que Freud a analysées* (syn. psychanalyser).

analyseur [analizœʀ] n.m. - **1.** Appareil permettant de faire une analyse. - **2.** INFORM. Programme permettant de faire une analyse syntaxique.

analyste [analist] n. - **1.** Spécialiste de l'analyse (mathématique, informatique, financière, etc.). - **2.** Psychanalyste.

analytique [analitik] adj. - **1.** Qui envisage les choses dans leurs éléments constitutifs et non dans leur ensemble : *Un esprit analytique. Une démonstration analytique* (contr. synthétique). - **2.** Qui comprend une analyse ou qui en résulte : *Compte-rendu analytique.* - **3.** Syn. de *psychanalytique.*

anamorphose [anamɔʀfoz] n.f. (du gr. *anamorphoun* "transformer"). - **1.** Image déformée d'un objet donnée par certains systèmes optiques, les miroirs courbes, notamm. - **2.** BX-A. Représentation peinte ou dessinée, volontairement déformée d'un objet, dont l'apparence réelle ne peut être distinguée qu'en regardant l'image sous un angle particulier ou dans un miroir courbe.

ananas [anana] ou [ananas] n.m. (mot du tupi-guarani). Plante originaire de l'Amérique tropicale, cultivée pour son gros fruit composé, à pulpe sucrée et savoureuse ; ce fruit. □ Famille des broméliacées.

anapeste [anapɛst] n.m. (gr. *anapaistos* "frappé à rebours"). MÉTR. ANC. Pied composé de deux syllabes brèves et d'une syllabe longue.

anaphore [anafɔʀ] n.f. (gr. *anaphora* "action d'élever"). RHÉT. Reprise d'un mot ou d'un groupe de mots au début de phrases successives, produisant un effet de renforcement, de symétrie.

anaphorique [anafɔʀik] adj. et n.m. LING. Se dit d'un terme qui renvoie à un mot ou à une phrase apparu antérieurement dans le discours : *Les pronoms sont des mots anaphoriques.*

anaphylactique [anafilaktik] adj. Propre à l'anaphylaxie : *État, choc anaphylactique.*

anaphylaxie [anafilaksi] n.f. (du gr. *ana-* "en arrière, en sens contraire" et *phulaxis* "protection"). MÉD. Sensibilité accrue de l'organisme à l'égard d'une substance donnée, déterminée par la pénétration dans le corps, par ingestion ou injection, d'une dose minime de cette substance.

anarchie [anaʀʃi] n.f. (gr. *anarkhia* "absence de chef"). - **1.** Anarchisme. - **2.** État de trouble, de désordre dû à l'absence d'autorité politique, à la carence des lois : *Pays en proie à l'anarchie*. - **3.** Désordre, confusion dans un domaine quelconque : *L'anarchie qui règne dans les circuits de distribution* (syn. chaos, confusion).

anarchique [anaʀʃik] adj. - **1.** Qui tient de l'anarchie : *Situation anarchique*. - **2.** Qui n'obéit à aucune règle : *Le développement anarchique d'un secteur industriel.*

anarchiquement [anaʀʃikmã] adv. De façon anarchique ; sans obéir à une règle : *Certaines villes nouvelles se sont développées anarchiquement.*

anarchisant, e [anaʀʃizã, -ãt] adj. et n. Qui tend vers l'anarchisme ; qui a des sympathies pour l'anarchisme : *Une conception anarchisante de l'État.*

anarchisme [anaʀʃism] n.m. Doctrine politique qui préconise la suppression de l'État et de toute contrainte sociale sur l'individu (syn. anarchie). ◆ **anarchiste** n. et adj. Partisan de l'anarchisme (abrév. fam. *anar*) ; qui en relève.

anastigmatique [anastigmatik] adj. m. Se dit d'un système optique corrigé de l'astigmatisme.

anastomose [anastɔmoz] n.f. (gr. *anastomôsis* "ouverture"). - **1.** ANAT. Accolement sur une certaine longueur de deux vaisseaux sanguins, de deux nerfs ou de deux fibres musculaires. - **2.** CHIR. Abouchement chirurgical de deux conduits, canaux ou cavités.

anastomoser [anastɔmoze] v.t. CHIR. Réunir deux conduits par anastomose. ◆ **s'anastomoser** v.pr. Se joindre en formant une anastomose.

anathématiser [anatematize] v.t. - **1.** RELIG. Frapper d'anathème. - **2.** Jeter l'anathème sur ; blâmer publiquement et solennellement.

anathème [anatɛm] n.m. (gr. *anathêma* "malédiction"). - **1.** RELIG. Excommunication majeure prononcée contre un hérétique. - **2.** Condamnation publique, blâme sévère, qui marquent une totale réprobation d'un acte, d'une idée : *Jeter l'anathème sur la pornographie.*

anatomie [anatɔmi] n.f. (bas lat. *anatomia*, du gr. *anatomê* "dissection"). - **1.** Étude scientifique de la forme, de la disposition et la structure des organes de l'homme, des animaux et des plantes : *Anatomie humaine, animale, végétale*. - **2.** Structure d'un être organisé : *Étudier l'anatomie d'un ver*. - **3.** FAM. Forme extérieure du corps humain : *Une belle anatomie.*

anatomique [anatɔmik] adj. - **1.** Qui a un rapport à l'anatomie : *Étude anatomique de la grenouille*. - **2.** Qui est spécialement adapté à l'anatomie du corps humain : *Un siège anatomique.*

anatomiste [anatɔmist] n. Spécialiste d'anatomie.

anatomopathologie [anatɔmɔpatɔlɔʒi] n.f. (de *anatomie* et *pathologie*). Étude des modifications de forme ou de structure provoquées par la maladie, et notamm. des altérations tissulaires microscopiques. ◆ **anatomopathologiste** n. Nom du spécialiste.

anatoxine [anatɔksin] n.f. (du gr. *ana-* "en arrière, en sens contraire", et de *toxine*). Toxine microbienne ayant perdu son pouvoir toxique, et capable de conférer l'immunité : *La vaccination par les anatoxines diphtérique et tétanique.*

ancestral, e, aux [ãsɛstʀal, -o] adj. - **1.** Qui vient des ancêtres ; qui appartient aux ancêtres : *Les vertus ancestrales*. - **2.** Qui remonte à un passé très lointain : *Une contrée où survivent des coutumes ancestrales* (syn. ancien, séculaire ; contr. récent).

ancêtre [ãsɛtʀ] n. (lat. *antecessor* "prédécesseur"). - **1.** Personne de qui qqn descend, ascendant, génér. plus éloigné que le grand-père : *Nous avons un ancêtre commun* (syn. aïeul). - **2.** Initiateur lointain d'une idée, d'une doctrine : *On peut dire que Buffon est l'ancêtre des évolutionnistes*. - **3.** Première forme d'un objet qui a subi ensuite de profondes transformations : *L'ancêtre de la bicyclette*. ◆ **ancêtres** n.m. pl. - **1.** Ensemble de ceux dont on descend : *Mes ancêtres sont originaires de la Picardie* (syn. aïeux). - **2.** Ceux qui ont vécu avant nous : *Nos ancêtres les Gaulois.*

anche [ãʃ] n.f. (frq. *ankja* "canal de l'os"). Languette dont les vibrations produisent les sons dans certains instruments à vent : *Les clarinettes, hautbois, saxophones et certains tuyaux de l'orgue sont munis d'anches.*

anchois [ãʃwa] n.m. (anc. prov. *anchoia*, probabl. du gr. *aphuê* par le lat. pop.). Petit poisson, commun en Méditerranée, qui est le plus souvent conservé dans la saumure ou dans l'huile. □ Long. 15 à 20 cm ; famille des engraulidés.

ancien, enne [ãsjɛ̃, -ɛn] adj. (lat. pop. *antianu*, du class. *ante* "avant"). - **1.** Qui existe depuis longtemps ; qui date de longtemps : *Le château contient beaucoup de meubles anciens*. - **2.** Qui a existé autrefois ; qui appartient à une époque révolue : *Les langues anciennes. Dans l'ancien temps*. - **3.** Qui n'est plus en fonction : *Un ancien ministre*. - **4.** Ancien français, état premier de la langue française, telle qu'elle fut utilisée au Moyen Âge (jusqu'au XIVᵉ s.). ◆ **n.** Personne qui en a précédé d'autres dans une fonction : *Demander conseil à une ancienne.* ◆ **ancien** n.m. - **1.** Meuble, objet appartenant au style d'une époque révolue : *Se meubler en ancien* (contr. moderne). - **2.** Immeubles anciens : *Acheter un appartement dans de l'ancien* (contr. neuf). - **3.** (Avec une majuscule). Personnage ou écrivain de l'Antiquité gréco-romaine : *La vie des Anciens.*

anciennement [ɑ̃sjɛnmɑ̃] adv. Dans une époque reculée : *Paris, anciennement Lutèce* (syn. autrefois, jadis).

ancienneté [ɑ̃sjɛnte] n.f. - **1.** Caractère de ce qui est ancien : *L'ancienneté d'une coutume.* - **2.** Temps passé dans une fonction, un emploi, à partir du jour de la nomination : *Avoir 10 ans d'ancienneté dans une entreprise.*

ancillaire [ɑ̃silɛʀ] adj. (lat. *ancillaris,* de *ancilla* "servante"). LITT. - **1.** Qui a rapport au métier de servante : *Un petit tablier blanc, accessoire obligatoire de la tenue ancillaire.* - **2.** Qui a pour objet une servante, partic. dans une relation galante : *Amours ancillaires.*

ancolie [ɑ̃kɔli] n.f. (bas lat. *aquileia,* p.-ê. du class. *aquilegus* "qui recueille l'eau"). Plante vivace dont les fleurs de couleurs variées présentent cinq éperons. ◆ Famille des renonculacées.

ancrage [ɑ̃kʀaʒ] n.m. - **1.** Action d'ancrer : *L'ancrage d'un bateau.* - **2.** Endroit convenable pour mouiller un navire : *Le bateau est resté à l'ancrage.* - **3.** Action d'ancrer qqch, en partic. un élément de construction (poutre, câble, etc.), à un point fixe ; dispositif assurant une telle fixation. - **4.** Action d'ancrer une opinion, un sentiment, des idées : *L'ancrage d'un parti dans la vie politique* (syn. enracinement). - **5.** Point d'ancrage. Endroit de l'habitacle d'une voiture où est fixée une ceinture de sécurité ; au fig., point, élément fondamental autour duquel s'organise un ensemble : *Le point d'ancrage d'une politique.*

ancre [ɑ̃kʀ] n.f. (lat. *ancora,* du gr.). - **1.** Pièce d'acier ou de fer, génér. à deux pattes formant becs, reliée à une chaîne et servant à immobiliser un navire en s'accrochant au fond de l'eau : *Navire qui jette l'ancre pour s'immobiliser. Navire qui lève l'ancre pour quitter le port.* - **2.** Pièce d'horlogerie qui régularise le mouvement du balancier. - **3.** FAM. Lever l'ancre, partir : *Il est tard, je lève l'ancre.*

ancrer [ɑ̃kʀe] v.t. - **1.** Immobiliser au moyen d'une ancre : *Ancrer un navire à l'entrée d'une baie.* - **2.** Assujettir solidement à un point fixe : *Ancrer un câble.* - **3.** Fixer profondément dans l'esprit de qqn : *Qui vous a ancré ces préjugés dans la tête ?* (syn. inculquer). ◆ **s'ancrer** v.pr. S'établir fermement et durablement : *Il ne faut pas laisser de telles idées s'ancrer dans la tête des gens* (syn. s'enraciner).

andante [ɑ̃dɑ̃te] ou [ɑ̃dɑ̃t] adv. (mot it., de *andare* "aller"). MUS. Dans un mouvement modéré. ◆ n.m. Morceau exécuté dans ce mouvement (spécial. deuxième mouvement de la forme sonate).

andantino [ɑ̃dɑ̃tino] adv. (mot it., dimin. de *andante*). MUS. Dans un mouvement un peu plus vif qu'andante. ◆ n.m. Morceau exécuté dans ce mouvement.

andésite [ɑ̃dezit] n.f. (de *Andes*). Roche volcanique, noire ou grise.

andin, e [ɑ̃dɛ̃, ɑ̃din] adj. et n. Des Andes.

andouille [ɑ̃duj] n.f. (probabl. bas lat. *inductilia,* du class. *inducere* "faire entrer dans"). - **1.** Produit de charcuterie cuite, emballé en boyau noir, constitué principalement du tube digestif des animaux de boucherie, en particulier du porc, et qui se mange froid. - **2.** FAM. Personne sotte et maladroite : *Espèce d'andouille !* (syn. imbécile).

andouiller [ɑ̃duje] n.m. (lat. pop. *anteoculare[cornu]* "[bois] qui est devant les yeux"). Ramification des bois du cerf et des animaux de la même famille. □ Le nombre des andouillers augmente de un chaque année, jusqu'à l'âge de dix ans environ.

andouillette [ɑ̃dujɛt] n.f. (dimin. de *andouille*). Charcuterie cuite, emballée en boyau, faite princ. d'intestins de porc, parfois de veau, et qui se mange grillée.

andrinople [ɑ̃dʀinɔpl] n.f. (de *Andrinople*). Étoffe de coton bon marché, le plus souvent rouge.

androgène [ɑ̃dʀɔʒɛn] adj. et n.m. (de *andro-* et *-gène*). Se dit d'une substance hormonale qui provoque le développement des caractères sexuels mâles.

androgyne [ɑ̃dʀɔʒin] adj. (gr. *androgunos,* de *anêr, andros* "homme" et *gunê* "femme"). - **1.** Se dit d'un individu qui tient des deux sexes (syn. hermaphrodite). - **2.** Se dit des plantes qui portent à la fois des fleurs mâles et des fleurs femelles, comme le noyer (syn. monoïque). ◆ n.m. Être androgyne.

androïde [ɑ̃dʀɔid] n.m. (de *andr[o]-* et *-oïde*). Automate à figure humaine.

andropause [ɑ̃dʀɔpoz] n.f. (de *andro-,* sur le modèle de *ménopause*). Diminution de l'activité génitale chez l'homme, à partir d'un certain âge.

androstérone [ɑ̃dʀɔsteʀɔn] n.f. (de *andro-, stér[ol]* et *[horm]one*). Hormone sexuelle mâle.

âne [an] n.m. (lat. *asinus*). - **1.** Mammifère voisin du cheval, à longues oreilles et au pelage génér. gris. □ Famille des équidés. L'âne brait. - **2.** Personne ignorante, à l'esprit borné (syn. idiot, imbécile).

anéantir [aneɑ̃tiʀ] v.t. (de *néant*) [conj. 32].
- **1.** Détruire entièrement : *La grêle a anéanti
les récoltes.* - **2.** Ôter ses forces physiques ou
morales à : *Cette marche en plein soleil m'a
anéanti* (syn. épuiser). *Ces mauvaises nouvelles
l'ont anéanti* (syn. abattre). ◆ **s'anéantir** v.pr.
Être réduit à rien : *Nos espoirs se sont anéantis*
(syn. s'écrouler).

anéantissement [aneɑ̃tismɑ̃] n.m. - **1.** Fait
d'être anéanti ; destruction totale : *Son échec
est l'anéantissement de nos espérances* (syn.
écroulement, ruine). - **2.** État de profond
désespoir : *La mort de sa mère l'a plongé dans
un anéantissement inquiétant* (syn. abattement,
prostration).

anecdote [anɛkdɔt] n.f. (lat. *anecdota*, gr.
anekdota "choses inédites", titre d'un
ouvrage de Procope). Récit succinct d'un
fait piquant, curieux ou peu connu : *Un livre
de souvenirs émaillé d'anecdotes* (syn. historiette).

anecdotique [anɛkdɔtik] adj. - **1.** Qui tient de
l'anecdote : *Une chronique anecdotique.*
- **2.** Qui ne touche pas à l'essentiel : *Détail
purement anecdotique.*

anémie [anemi] n.f. (gr. *anaimia* "manque de
sang"). - **1.** MÉD. État maladif provoqué par
une diminution de la concentration en
hémoglobine du sang (au-dessous de
0,13 g/ml chez l'homme et de 0,12 g/ml
chez la femme). - **2.** Abaissement en quantité ou en qualité : *L'anémie de la production*
(syn. affaiblissement, baisse).

anémié, e [anemje] adj. - **1.** Qui tend vers
l'anémie ; atteint d'anémie : *Organisme anémié.* - **2.** Affaibli, pâle : *Teint anémié.*

anémier [anemje] v.t. [conj. 9]. Rendre anémique : *Ce régime trop sévère l'a anémiée.*

anémique [anemik] adj. et n. Relatif à l'anémie ; atteint d'anémie : *État anémique.
Enfants anémiques.*

anémomètre [anemɔmɛtʀ] n.m. (de *anémo-*
et *-mètre*). Instrument qui sert à mesurer la
vitesse d'écoulement d'un fluide gazeux, en
partic. la vitesse du vent.

anémone [anemɔn] n.f. (lat. *anemona*, gr.
anemônê, de *anemos* "vent"). - **1.** Plante herbacée dont plusieurs espèces sont cultivées
pour leurs fleurs décoratives. □ Famille des
renonculacées. - **2.** Anémone de mer. Nom
usuel de l'*actinie*.

ânerie [anʀi] n.f. (de *âne*). Parole ou acte stupide : *Dire
des âneries* (syn. bêtise, ineptie). *Ils ont fait une
ânerie en ne l'invitant pas* (syn. imbécillité,
sottise).

anéroïde [aneʀɔid] adj. (de *an-* priv., et du gr.
aeroeidês "aérien"). Baromètre anéroïde,
baromètre fonctionnant par déformation
élastique d'une capsule ou d'un tube métallique.

ânesse [anɛs] n.f. Femelle de l'âne.

anesthésiant, e [anɛstezjɑ̃, -ɑ̃t] adj. Qui
anesthésie, rend insensible. ◆ adj. et n.m
Anesthésique.

anesthésie [anɛstezi] n.f. (gr. *anaisthêsia*
"insensibilité"). Perte plus ou moins complète de la sensibilité d'une région du corps
(anesthésie locale ou régionale) ou du corps
tout entier (anesthésie générale), entraînée
par une maladie ou produite par un agent
anesthésique.

anesthésier [anɛstezje] v.t. [conj. 9]. - **1.** Pratiquer une anesthésie sur : *Anesthésier un
patient* (syn. endormir). *Anesthésier la gencive de
qqn* (syn. insensibiliser). - **2.** Rendre insensible,
faire perdre tout capacité de réaction :
Anesthésier l'opinion publique.

anesthésique [anɛstezik] n.m. Substance qui
produit l'anesthésie par inhalation ou par
injection intraveineuse : *Le chloroforme est un
anesthésique* (syn. anesthésiant). ◆ adj. Qui se
rapporte à l'anesthésie ; qui la provoque.

anesthésiste [anɛstezist] n. Médecin qui pratique l'anesthésie.

aneth [anɛt] n.m. (lat. *anethum*, du gr.). Plante
aromatique à feuilles vert foncé, communément appelée *faux anis, fenouil bâtard*. □ Famille des ombellifères.

anévrysme ou **anévrisme** [anevʀism] n.m.
(gr. *aneurusma* "dilatation"). MÉD. Poche qui
se forme sur le trajet d'une artère, du fait de
la dilatation des parois : *Une rupture d'anévrysme entraîne la mort.*

anfractuosité [ɑ̃fʀaktɥozite] n.f. (du bas lat.
anfractuosus "tortueux"). Cavité profonde et
irrégulière dans une roche (syn. crevasse,
renfoncement).

ange [ɑ̃ʒ] n.m. (lat. *angelus*, gr. *aggelos* "messager"). - **1.** Être spirituel, intermédiaire
entre Dieu et l'homme. - **2.** Personne parfaite ou douée de telle éminente qualité : *Tu
es un ange ! Un ange de bonté.* - **3.** Être aux
anges, être au comble de la joie. ‖ *Un ange
passe,* se dit lorsqu'une conversation est
interrompue par un long silence embarrassé. ‖ *Une patience d'ange,* patience exemplaire. - **4.** Ange gardien. Ange attaché à la
personne de chaque chrétien pour le protéger, dans le catholicisme ; au fig., personne
qui exerce sur une autre une surveillance
vigilante.

angéiologie [ɑ̃ʒejɔlɔʒi] et **angiologie**
[ɑ̃ʒjɔlɔʒi] n.f. (de *angéio-, angio-* et *-logie*).
Partie de l'anatomie qui étudie les systèmes
circulatoires sanguin et lymphatique.
◆ **angéiologue** et **angiologue** n. Nom du
spécialiste.

1. **angélique** [ɑ̃ʒelik] adj. - **1.** De la nature de
l'ange : *La pureté angélique.* - **2.** Qui évoque les

qualités traditionnellement attachées à l'ange : *Visage, douceur angélique.*

2. angélique [ãʒelik] n.f. (de *1. angélique,* pour des raisons obsc.). - **1.** Plante aromatique cultivée pour ses tiges et ses pétioles que l'on consomme confits. □ Famille des ombellifères. - **2.** Tige confite de cette plante.

angéliquement [ãʒelikmã] adv. De façon angélique : *Une personne angéliquement bonne.*

angélisme [aʒelism] n.m. (de *ange*). Refus des réalités charnelles, matérielles, par désir de pureté extrême.

angelot [ãʒlo] n.m. Petit ange, surtout dans l'iconographie religieuse.

angélus [ãʒelys] n.m. (lat. *angelus* ; v. *ange*). - **1.** CATH. (Avec une majuscule). Prière en latin, commençant par ce mot, récitée ou chantée le matin, à midi et le soir. - **2.** Sonnerie de cloche annonçant cette prière.

angevin, e [ãʒvɛ̃, -in] adj. et n. D'Angers ou de l'Anjou.

angine [ãʒin] n.f. (lat. *angina,* de *angere* "serrer"). - **1.** Inflammation des muqueuses de l'isthme du gosier et du pharynx. - **2.** Angine de poitrine. Affection qui se traduit par des douleurs dans la région cardiaque et une sensation d'étouffement et d'angoisse.

angineux, euse [ãʒinø, -øz] adj. et n. - **1.** Accompagné d'angine ; relatif à l'angine ou à l'angine de poitrine. - **2.** Qui souffre d'angine, y est sujet.

angiocardiographie [ãʒjɔkaʀdjɔgʀafi] n.f. (de *angio-* et *cardiographie*). Radiographie des cavités du cœur et des gros vaisseaux qui s'y abouchent.

angiographie [ãʒjɔgʀafi] n.f. (de *angio-* et *-graphie*). Radiographie des vaisseaux après injection d'une substance opaque aux rayons X.

angiologie n.f., **angiologue** n. → angéiologie, angéiologue.

angiome [ãʒjom] n.m. (de *angi[o]-* et *-ome*). Tumeur vasculaire bénigne, le plus souvent congénitale.

angiosperme [ãʒjɔspɛʀm] n.f. (de *angio-,* et du gr. *sperma* "graine"). Angiospermes, sous-embranchement de plantes phanérogames dont les graines sont enfermées dans un fruit, comprenant près de 300 000 espèces. □ Les angiospermes se divisent en *monocotylédones* et *dicotylédones.*

anglais, e [ãglɛ, -ɛz] adj. et n. (du n. des Angles). D'Angleterre : *Un groupe anglais de rock. Les Anglais ont gagné.* ◆ **anglais** n.m. Langue indo-européenne du groupe germanique, parlée principalement en Grande-Bretagne et aux États-Unis : *Apprendre l'anglais.*

anglaise [ãglɛz] n.f. (de *anglais*). - **1.** Écriture cursive, penchée à droite. - **2.** Boucle de cheveux longue et roulée en spirale. *Filer à l'anglaise,* quitter une soirée, une réunion sans prendre congé. - **4.** CUIS. *Pommes à l'anglaise.* Pommes de terre cuites à la vapeur.

angle [ãgl] n.m. (lat. *angulus*). - **1.** MATH. Portion de plan délimitée par deux demi-droites sécantes, ou *côtés ;* portion d'espace délimitée par deux demi-plans sécants, ou *faces* (dièdre) : *Un angle aigu, droit, obtus, plat.* - **2.** Forme analogue constituée par l'intersection de deux lignes ou de deux surfaces : *L'épicerie est à l'angle de la rue* (syn. coin). *Il y a des sièges dans les angles de la pièce* (syn. encoignure). *Le mur du parc fait un angle* (syn. coude). - **3.** Arrondir les angles, concilier les gens ; aplanir les difficultés. ‖ *Sous l'angle de,* du point de vue de : *Vue sous l'angle du bénéfice, sous cet angle, l'affaire est intéressante.* - **4.** Angle mort. Partie de la route dont l'observation dans le rétroviseur est inaccessible au conducteur.

anglican, e [ãglikã, -an] adj. et n. (angl. *anglican,* lat. médiév. *anglicanus* ; v. *anglais*). - **1.** De l'anglicanisme. - **2.** Qui professe cette religion.

anglicanisme [ãglikanism] n.m. Église officielle de l'Angleterre, reconnaissant pour son chef le souverain du royaume, depuis la rupture d'Henri VIII avec Rome (1534) ; sa doctrine, ses institutions.

angliciser [ãglisize] v.t. Donner un air, un accent anglais à : *Angliciser ses manières, un mot.* ◆ **s'angliciser** v.pr. Prendre le caractère anglais ; spécial., en parlant d'une langue, emprunter de plus en plus de mots à l'anglais : *Le vocabulaire technique s'anglicise depuis plusieurs années.*

anglicisme [ãglisism] n.m. - **1.** Expression, tournure particulière à la langue anglaise. - **2.** Emprunt à l'anglais : *« Football » et « pullover » sont des anglicismes.*

angliciste [ãglisist] n. Spécialiste de la langue ou de la civilisation anglaises.

anglo-américain, e [ãglɔameʀikɛ̃, -ɛn] adj. et n. (pl. *anglo-américains, es*). - **1.** Commun à l'Angleterre et aux États-Unis d'Amérique. - **2.** Des Américains de souche anglo-saxonne. ◆ **anglo-américain** n.m. Anglais parlé aux États-Unis.

anglo-arabe [ãglɔaʀab] adj. et n.m. (pl. *anglo-arabes*). Se dit d'une race de chevaux qui provient de croisements entre le pur-sang et l'arabe.

anglo-normand, e [ãglɔnɔʀmã, -ãd] adj. et n. (pl. *anglo-normands, es*). Appartenant à la culture française (normande, angevine) établie en Angleterre après la conquête normande (1066). ◆ **anglo-normand** n.m. Dialecte de langue d'oïl parlé des deux côtés de la Manche entre 1066 et la fin du XIV⁰ s.

anglophilie [ãglɔfili] n.f. Sympathie pour l'Angleterre, les Anglais. ◆ **anglophile** adj. et n. Qui manifeste ce sentiment.

anglophobie [ãglɔfɔbi] n.f. Aversion pour l'Angleterre, les Anglais. ◆ **anglophobe** adj. et n. Qui manifeste ce sentiment.

anglophone [ãglɔfɔn] adj. et n. De langue anglaise ; qui parle l'anglais : *L'Afrique anglophone.*

anglo-saxon, onne [ãglɔsaksɔ̃, -ɔn] adj. et n. (pl. *anglo-saxons, onnes*). **-1.** De civilisation britannique. **-2.** Des peuples germaniques (Angles, Jutes, Saxons) qui envahirent l'Angleterre au V⁰ s. ◆ **anglo-saxon** n.m. LING. Anglais ancien.

angoissant, e [ãgwasã, -ãt] adj. Qui cause de l'angoisse : *Une situation angoissante* (syn. alarmant, inquiétant).

angoisse [ãgwas] n.f. (lat. *angustia* "resserrement", de *angere* "serrer"). Inquiétude profonde née d'un sentiment de menace imminente et accompagnée d'un malaise physique (oppression, palpitations, etc.) : *Elle a passé une nuit d'angoisse à son chevet. Attendre un résultat avec angoisse* (syn. anxiété ; contr. sérénité). *L'angoisse devant la mort* (syn. peur).

angoissé, e [ãgwase] adj. et n. Qui éprouve de l'angoisse, qui est sujet à l'angoisse : *C'est une angoissée.* ◆ adj. Qui révèle de l'angoisse : *Un cri angoissé.*

angoisser [ãgwase] v.t. Causer de l'angoisse à : *Cette longue attente m'angoisse* (syn. effrayer, inquiéter). ◆ **s'angoisser** v.pr. Devenir anxieux, se laisser gagner par l'angoisse, l'inquiétude : *S'angoisser pour un rien.*

angora [ãgɔra] adj. et n. (du n. de la ville d'*Angora*, auj. Ankara). **-1.** Qui présente des poils longs et soyeux, en parlant de certains animaux : *Un lapin angora. Une chèvre angora. Un chat angora, un angora.* **-2.** Fait de poil de chèvre ou de lapin angora : *Laine angora* (syn. mohair).

angström ou **angstroem** [ãgstrœm] n.m. (de *Ångström*). Unité de mesure de longueur d'onde et des dimensions atomiques, valant un dix-milliardième de mètre (10^{-10} m). □ Symb. Å.

anguille [ãgij] n.f. (lat. *anguilla*, dimin. de *anguis* "serpent"). **-1.** Poisson osseux à chair délicate, à corps allongé et à nageoires réduites, à peau glissante, vivant dans les cours d'eau, mais dont la ponte a lieu dans la mer des Sargasses. □ Les larves, ou leptocéphales traversent l'Atlantique pour gagner les fleuves d'Europe ; famille des anguillidés ; long. 1 m. **-2.** Il y a anguille sous roche, il y a qqch qui se prépare et que l'on cherche à dissimuler.

angulaire [ãgylɛr] adj. **-1.** Qui forme un angle. **-2.** Situé à un angle. **-3.** Distance angulaire de deux points, angle formé par les rayons visuels qui joignent l'œil de l'observateur à ces deux points. **-4.** Pierre angulaire. Pierre fondamentale formant l'angle d'un bâtiment ; au fig., base, fondement d'une chose.

anguleux, euse [ãgylø, -øz] adj. **-1.** Qui présente des angles, des arêtes vives : *Des rochers anguleux.* **-2.** Visage anguleux, dont les traits sont fortement prononcés.

anhydre [anidr] adj. (gr. *anudros* "sans eau"). CHIM. Qui ne contient pas d'eau : *Sel anhydre.*

anhydride [anidrid] n.m. (de *anhydre* et [*ac*]*ide*). Corps qui peut donner naissance à un acide en se combinant avec l'eau.

anicroche [anikrɔʃ] n.f. (de *croche* "crochet" et d'un premier élément d'orig. obsc.). FAM. Petit obstacle ou ennui qui gêne ou retarde la réalisation de qqch : *La réunion s'est déroulée sans anicroche* (syn. incident).

aniline [anilin] n.f. (du port. *anil* "indigo"). Amine cyclique dérivée du benzène, base de nombreux colorants synthétiques, obtenue autrefois par distillation de l'indigo et extraite aujourd'hui de la houille. □ Formule : $C_6H_5-NH_2$.

1. **animal** [animal] n.m. (lat. *animal*) [pl. *animaux*]. **-1.** Être vivant, organisé, doué de mobilité, de sensibilité et se nourrissant de substances organiques (par opp. à *minéral, végétal*). **-2.** Être animé, dépourvu du langage (par opp. à un *humain*) : *Les animaux domestiques, sauvages.* **-3.** Personne stupide, grossière ou brutale : *Cet animal n'a salué personne !*

2. **animal, e, aux** [animal, -o] adj. (lat. *animalis* "animé"). **-1.** Propre aux animaux (par opp. à ce qui est *végétal* ou *minéral*) : *Le règne animal.* **-2.** Propre à l'animal, aux animaux (par opp. à ce qui est *humain*) : *La vie animale.* **-3.** Qui évoque un animal, le comportement des animaux : *Avoir une confiance animale en qqn.* **-4.** Chaleur animale, chaleur dégagée par le corps de l'homme et de certains animaux, comme les mammifères ou les oiseaux.

animalcule [animalkyl] n.m. (de *animal* et *-cule*, suffixe dimin. d'orig. lat.). Animal très petit, visible seul. au microscope.

animalerie [animalri] n.f. **-1.** Lieu où se trouvent, dans un laboratoire, les animaux destinés aux expériences. **-2.** Magasin spécialisé dans la vente d'animaux de compagnie.

animalier, ère [animalje, -ɛr] adj. **-1.** Qui se rapporte à la représentation des animaux :

Sculpture animalière. Peintre animalier. -**2.** Parc animalier, parc où les animaux vivent en liberté. ◆ n. -**1.** Artiste qui représente des animaux. -**2.** Personne qui soigne les animaux dans un laboratoire, un zoo.

animalité [animalite] n.f. Ensemble des caractères propres à l'animal.

animateur, trice [animatœr, -tris] n. -**1.** Personne qui mène, une réunion, un spectacle, etc. -**2.** Personne chargée d'organiser et d'encadrer des activités dans une collectivité : *Les animateurs sportifs de la cité.*

animation [animasjɔ̃] n.f. -**1.** Action de mettre de la vivacité, de l'entrain : *Mettre de l'animation dans un dîner* (syn. gaieté). -**2.** Ardeur, passion mise dans une action, un comportement : *Discuter avec animation* (syn. fougue, vivacité). -**3.** Mouvement, grande activité : *L'animation des rues le samedi après-midi.* -**4.** Méthodes et moyens mis en œuvre pour faire participer les membres d'une collectivité à la vie du groupe : *L'animation culturelle d'une cité.* -**5.** CIN. Technique consistant à filmer image par image des dessins, des marionnettes, etc., que leur projection à 24 images par seconde fera paraître animés : *Film d'animation.*

animé, e [anime] adj. -**1.** Plein d'animation : *Une rue animée.* -**2.** Être animé. Être vivant.

animer [anime] v.t. (lat. *animare,* de *anima* "souffle, vie"). -**1.** Donner du mouvement, de la vie à : *Le moteur anime la turbine d'un mouvement rapide.* -**2.** Donner de l'entrain, du dynamisme à : *Animer la conversation, la soirée.* -**3.** Pousser à agir : *L'idéal qui l'anime. Il était animé d'une colère terrible.* -**4.** Être l'animateur de : *Animer un débat.* ◆ **s'animer** v.pr. Devenir vif, vivant, rempli d'animation : *Les rues s'animent à l'heure du déjeuner.*

animisme [animism] n.m. (du lat. *anima* "âme"). Religion, croyance qui attribue une âme aux animaux, aux phénomènes et aux objets naturels. ◆ **animiste** adj. et n. Qui appartient à l'animisme ; qui en est l'adepte.

animosité [animozite] n.f. (lat. *animositas,* de *animosus* "courageux"). Antipathie, désir de nuire qui se manifeste souvent par l'emportement : *Je n'ai aucune animosité à son égard* (syn. hostilité ; contr. bienveillance). *Répliquer avec animosité* (syn. virulence).

anion [anjɔ̃] n.m. (de *an*[ode] et *ion*). Ion de charge négative (par opp. à *cation*) : *Dans l'électrolyse, l'anion se dirige vers l'anode.*

anis [ani] ou [anis] n.m. (lat. *anisum,* du gr.). Nom commun à la badiane (*anis étoilé*) et à plusieurs ombellifères (pimprenelle, cumin, fenouil) cultivées pour leurs fruits utilisés dans la préparation de tisanes et pour parfumer diverses boissons alcoolisées.

aniser [anize] v.t. Aromatiser avec de l'anis.

anisette [anizɛt] n.f. Liqueur composée avec des graines d'anis, de l'alcool, de l'eau et du sucre.

anisotrope [anizɔtrɔp] adj. (de *an-* priv. et *isotrope*). PHYS. Relatif aux corps et aux milieux dont les propriétés diffèrent selon la direction considérée.

anisotropie [anizɔtrɔpi] n.f. PHYS. Caractère des corps ou des milieux anisotropes.

ankylose [ākiloz] n.f. (gr. *ankulôsis* "courbure"). Disparition complète ou partielle de la mobilité d'une articulation : *Cette pommade soulagera l'ankylose de votre genou.*

ankylosé, e [ākiloze] adj. Atteint d'ankylose ; engourdi : *Je suis resté accroupi et j'ai les jambes ankylosées.*

ankyloser [ākiloze] v.t. Causer l'ankylose de : *Le rhumatisme a ankylosé son épaule.* ◆ **s'ankyloser** v.pr. -**1.** Être atteint d'ankylose : *Mon genou s'ankylose.* -**2.** Perdre son dynamisme : *S'ankyloser dans la routine* (syn. se scléroser).

annal, e, aux [anal, -o] adj. (lat. *annalis,* de *annus* "année"). DR. Qui dure un an : *Un bail annal.*

annales [anal] n.f. pl. (lat. *annales,* pl. de *annalis ; v. annal*). -**1.** Ouvrage qui rapporte les événements année par année. -**2.** LITT. Histoire : *Les annales du crime.*

annaliste [analist] n. Auteur d'annales.

anneau [ano] n.m. (lat. *annellus*). -**1.** Cercle de matière, génér. dure, auquel on peut attacher ou suspendre qqch : *Anneaux de rideau.* -**2.** Cercle, souvent de métal précieux, bijou sans pierre que l'on porte au doigt : *Anneau nuptial.* -**3.** Ce qui évoque la forme d'un cercle : *Anneau routier.* -**4.** MATH. Ensemble pourvu de deux lois de composition interne, la première lui conférant la structure de groupe commutatif, la seconde étant associative et distributive par rapport à la première : *L'anneau est commutatif lorsque la seconde loi est commutative.* -**5.** ASTRON. Zone circulaire de matière entourant certaines planètes, formée d'une multitude de fragments solides de petites dimensions, se déplaçant chacun avec sa vitesse propre : *Anneaux de Jupiter, de Saturne et d'Uranus.* -**6.** ZOOL. Chacune des subdivisions externes d'animaux segmentés, comme les annélides ou les arthropodes. -**7.** Anneau de stockage, dispositif comportant un (*anneau de collisions*) ou deux (*anneaux d'intersection*) anneaux destinés à faire se croiser deux faisceaux de particules élémentaires d'énergie élevée, circulant en sens inverse. ‖ Anneau épiscopal ou pastoral, porté par les prélats chrétiens. ◆ **anneaux** n.m. pl.

Agrès mobile de gymnastique, composé essentiellement de deux cercles métalliques fixés aux extrémités de cordes accrochées à un portique.

année [ane] n.f. (de *an*). - **1.** Période de douze mois, correspondant conventionnellement à la durée de la révolution de la Terre autour du Soleil (syn. an). - **2.** Période de douze mois : *Nous avons eu trois années de sécheresse. Nos difficultés s'accroissent d'année en année.* - **3.** Période de douze mois commençant le 1ᵉʳ janvier et se terminant le 31 décembre : *En quelle année êtes-vous né ? L'année dernière, l'année prochaine* (syn. an). *Entrer dans sa vingtième année.* - **4.** Temps que met une planète à faire sa révolution autour du Soleil : *Année martienne.* - **5.** Année civile, du 1ᵉʳ janvier au 31 décembre. ∥ Année de lumière, unité de longueur équivalant à la distance parcourue en un an par la lumière dans le vide, soit $9,461 \times 10^{12}$ km. □ Symb. al. ∥ Année scolaire, de la rentrée des classes aux vacances d'été. ∥ Année sidérale, intervalle séparant deux passages consécutifs du Soleil par le même point de son orbite apparente. ∥ Les Années folles, la période de l'entre-deux-guerres qui précède la grande crise et la « montée des périls » (de 1919 à 1929 env.). ∥ Les années 20, 30, etc., la décennie partant de 1920, 1930, etc. ∥ Souhaiter la bonne année, adresser ses vœux à l'occasion du 1ᵉʳ janvier.

année-lumière [anelymjɛʀ] n.f. (pl. *années-lumière*). Année* de lumière.

annelé, e [anle] adj. - **1.** BOT., ZOOL. Qui présente une succession d'anneaux : *Des vers annelés.* - **2.** ARCHIT. Syn. de bagué.

annélide [anelid] n.f. Annélides, embranchement de vers annelés, formés d'une suite de segments sans pattes, comme le lombric, la sangsue et de nombreuses formes marines comme la néréide.

annexe [anɛks] adj. (lat. *annexus* "attaché"). Qui se rattache, qui est lié à une chose principale : *Un document annexe. Les inscriptions se feront à la mairie annexe.* ◆ n.f. Bâtiment, service annexe : *Loger dans l'annexe de l'hôtel.*

annexer [anɛkse] v.t. - **1.** Faire entrer dans un groupe, un ensemble ; joindre à qqch de principal : *Annexer un document à un dossier.* - **2.** Faire passer tout ou partie d'un territoire sous la souveraineté d'un autre État. ◆ s'annexer v.pr. S'attribuer qqch de façon exclusive : *Il s'est annexé la meilleure chambre.*

annexion [anɛksjɔ̃] n.f. Action d'annexer, de rattacher, en partic. un territoire ; le territoire ainsi annexé : *L'annexion de la Savoie à la France eut lieu en 1860.*

annexionnisme [anɛksjɔnism] n.m. Politique visant à l'annexion d'un ou de plusieurs pays à un autre.

annexionniste [anɛksjɔnist] adj. et n. Qui vise à l'annexion d'un pays à un autre ; partisan de l'annexionnisme.

annihilation [aniilasjɔ̃] n.f. - **1.** Action d'annihiler ; son résultat : *L'annihilation de ses espoirs* (syn. anéantissement, ruine). - **2.** PHYS. Réaction entre une particule et son antiparticule, au cours de laquelle elles disparaissent pour se transformer en un ensemble d'autres particules, génér. plus légères.

annihiler [aniile] v.t. (bas lat. *adnihilare*, du class. *nihil* "rien"). Réduire à rien ; détruire complètement : *Annihiler la résistance ennemie* (syn. écraser). *Sa mauvaise gestion a annihilé tous les efforts que nous avions faits* (syn. ruiner).

anniversaire [anivɛʀsɛʀ] adj. et n.m. (lat. *anniversarius* "qui revient tous les ans", de *annus* "année" et *vertere* "revenir"). Qui rappelle un événement arrivé à pareil jour une ou plusieurs années auparavant : *Jour anniversaire de l'armistice.* ◆ n.m. Retour annuel d'un jour marqué par un événement, en partic. du jour de la naissance ; la fête, la cérémonie qui accompagne ce jour : *Mon anniversaire tombe un dimanche. Gâteau d'anniversaire.*

annonce [anɔ̃s] n.f. - **1.** Action de faire savoir, de faire connaître : *L'annonce de son départ nous a surpris* (syn. nouvelle). *Crise politique déclenchée par l'annonce de la démission du président* (syn. notification). - **2.** Ce qui laisse prévoir un événement : *Cette matinée radieuse est l'annonce du printemps* (syn. prélude, présage). - **3.** Message écrit ou verbal par lequel on porte qqch à la connaissance du public : *Mettre une annonce chez les commerçants pour retrouver son chat.* - **4.** Déclaration d'intention faite avant le début du jeu, dans une partie de cartes. - **5.** Petite annonce. Annonce par laquelle un particulier, une société, etc., offre ou demande un emploi, un logement, etc. : *Éplucher les petites annonces.*

annoncer [anɔ̃se] v.t. (lat. *adnuntiare*, de *nuntius* "messager") [conj. 16]. - **1.** Faire savoir ; rendre public : *J'ai une bonne, une mauvaise nouvelle à vous annoncer* (syn. apprendre). *On annonce la démission du Premier ministre* (syn. signaler). - **2.** Être le signe certain de : *Silence qui annonce un désaccord* (syn. indiquer). *De gros nuages annoncent la pluie* (syn. présager). - **3.** Annoncer qqn, faire savoir qu'il est arrivé et demande à être reçu : *Veuillez m'annoncer au directeur.* ◆ s'annoncer v.pr. Commencer de telle ou telle façon : *La saison touristique s'annonce bien, mal.*

annonceur, euse [anɔ̃sœʀ, -øz] n. Personne qui présente les programmes à la radio, à la

télévision (syn. speaker, speakerine).
◆ **annonceur** n.m. Personne, société qui fait passer une annonce publicitaire dans un média.

annonciateur, trice [anɔ̃sjatœʀ, -tʀis] adj. Qui annonce : *Les signes annonciateurs de l'hiver* (syn. avant-coureur).

Annonciation [anɔ̃sjasjɔ̃] n.f. - **1.** RELIG. CHRÉT. Message de l'ange Gabriel à la Vierge Marie lui annonçant qu'elle mettra le Messie au monde ; fête commémorant cet événement. - **2.** BX-A. Représentation de cette scène.

annoncier, ère [anɔ̃sje, -ɛʀ] n. Personne chargée de la composition et de la mise en pages des annonces et des petites annonces d'un journal.

annotateur, trice [anɔtatœʀ, -tʀis] n. Personne qui fait des annotations : *Les annotateurs des textes anciens.*

annotation [anɔtasjɔ̃] n.f. Action d'annoter un ouvrage, un devoir d'élève ; le commentaire ainsi porté : *Les annotations portées en marge sont illisibles* (syn. glose).

annoter [anɔte] v.t. (lat. *adnotare* "noter", de *nota* "signe, note"). Faire par écrit des remarques, des commentaires sur un texte, un ouvrage : *Montaigne a beaucoup annoté les Anciens* (syn. commenter).

annuaire [anɥɛʀ] n.m. (du lat. *annuus* "annuel"). Ouvrage publié chaque année, donnant la liste des membres d'une profession, des abonnés à un service, etc. : *Annuaire du téléphone.*

annualisation [anɥalizasjɔ̃] n.f. Action d'annualiser ; son résultat : *L'annualisation d'une cérémonie.*

annualiser [anɥalize] v.t. - **1.** Donner une périodicité annuelle à qqch : *Annualiser un festival de cinéma.* - **2.** Établir qqch en prenant l'année pour base : *Annualiser un budget.*

annualité [anɥalite] n.f. Caractère de ce qui est annuel : *L'annualité de l'impôt.*

annuel, elle [anɥɛl] adj. (bas lat. *annualis*). - **1.** Qui dure un an : *Dans certains pays, la charge de magistrat est annuelle.* - **2.** Qui revient chaque année : *La fête annuelle de l'école.* - **3.** Plante annuelle, plante qui fleurit, fructifie et meurt l'année même où elle germe.

annuellement [anɥɛlmɑ̃] adv. Par an ; chaque année : *Annuellement, la France importe des tonnes de fruits.*

annuité [anɥite] n.f. (du lat. *annus* "année"). - **1.** DR. Paiement annuel, au moyen duquel un emprunteur se libère progressivement d'une dette, capital et intérêts : *Ils remboursent leur emprunt par annuités.* - **2.** Équivalence d'une année de service pour le calcul des droits à une pension, à la retraite, etc.

annulable [anylabl] adj. Qui peut être annulé : *Après une semaine, le contrat n'est plus annulable* (syn. résiliable).

1. **annulaire** [anylɛʀ] adj. (lat. *anularius,* de *anulus* "anneau"). - **1.** Qui a la forme d'un anneau : *Un atoll annulaire.* - **2.** Éclipse annulaire de Soleil, éclipse durant laquelle le Soleil déborde autour du disque de la Lune comme un anneau lumineux.

2. **annulaire** [anylɛʀ] n.m. (du bas lat. *anularis* [*digitus*] "[doigt] qui porte l'anneau"). Le quatrième doigt de la main, qui porte ordinairement l'anneau nuptial, l'alliance.

annulation [anylasjɔ̃] n.f. - **1.** Action d'annuler ; son résultat : *L'annulation d'un contrat* (syn. résiliation). *L'annulation d'une élection* (syn. invalidation). - **2.** PSYCHAN. Processus névrotique par lequel le sujet s'efforce de faire croire et de croire que tel ou tel événement désagréable n'est pas intervenu pour lui-même.

annuler [anyle] v.t. Rendre, déclarer nul, sans effet : *Annuler une élection* (syn. invalider). *Le docteur a dû annuler tous ses rendez-vous* (syn. décommander). ◆ **s'annuler** v.pr. Donner un résultat nul : *Deux forces contraires et égales s'annulent.*

anoblir [anɔbliʀ] v.t. [conj. 32]. Accorder, conférer un titre de noblesse à : *Napoléon Iᵉʳ anoblissait parfois les maréchaux de son armée.*

anoblissement [anɔblismɑ̃] n.m. Action d'anoblir ; résultat de cette action.

anode [anɔd] n.f. (gr. *anodos* "route vers le haut"). Électrode positive, par laquelle le courant arrive dans un électrolyte (par opp. à *cathode*).

anodin, e [anɔdɛ̃, -in] adj. (gr. *anôdunos* "sans douleur"). - **1.** Sans danger ; sans gravité : *Une blessure anodine* (syn. bénin, léger ; contr. grave). - **2.** Qui n'a pas de portée, d'importance : *Une critique anodine* (syn. insignifiant). - **3.** Sans personnalité ; sans originalité : *C'est un personnage anodin* (syn. falot).

anodisation [anɔdizasjɔ̃] n.f. (de *anode*). Oxydation superficielle d'une pièce métallique prise comme anode dans une électrolyse, afin d'en améliorer le poli et la résistance à la corrosion.

anomal, e, aux [anɔmal, -o] adj. (bas lat. *anomalus* "irrégulier", du gr.). Qui s'écarte de la norme, de la règle générale : *Une conjugaison anomale* (contr. régulier).

anomalie [anɔmali] n.f. (lat. *anomalia* "irrégularité", du gr.). - **1.** Écart par rapport à une norme, à un modèle : *Les animaux en captivité peuvent présenter des anomalies de comportement* (syn. bizarrerie ; contr. normalité). - **2.** BIOL. Déviation du type normal : *Le daltonisme est une anomalie.*

ânon [anɔ̃] n.m. Petit de l'âne.

anonacée [anɔnase] n.f. (du tupi-guarani). Anonacées, famille d'arbres ou d'arbrisseaux des pays chauds dont le type, l'*anone*, donne un fruit comestible, la *pomme cannelle*.

ânonnement [anɔnmɑ̃] n.m. Action d'ânonner : *Les ânonnements d'un enfant qui apprend à lire.*

ânonner [anɔne] v.t. (de *ânon*). Lire, réciter avec peine et en hésitant : *Ils ont ânonné leur récitation.* ◆ v.i. Parler avec peine et sans intonation expressive.

anonymat [anɔnima] n.m. -1. État de qqn dont le nom n'est pas connu, de qqch dont l'auteur n'est pas connu : *Publier un livre sous l'anonymat. L'anonymat de certains écrits du Moyen Âge.* -2. Garder l'anonymat, ne pas se déclarer l'auteur d'un acte, d'un écrit (= garder l'incognito). ‖ Sortir de l'anonymat, se déclarer l'auteur d'un acte, d'un écrit ; devenir célèbre.

anonyme [anɔnim] adj. et n. (gr. *anônumos* "sans nom"). -1. Dont l'auteur est inconnu : *Lettre anonyme.* -2. Dont le nom est inconnu : *Poètes anonymes de l'Antiquité.* -3. Sans particularité ; sans originalité : *Un appartement anonyme, dépourvu d'âme.* -4. Société anonyme, → *société.* ◆ n. Personne anonyme : *Don d'un anonyme.*

anonymement [anɔnimmɑ̃] adv. En gardant l'anonymat : *Répondre anonymement à un questionnaire.*

anophèle [anɔfɛl] n.m. (gr. *anôphelês* "nuisible"). Moustique dont la femelle peut transmettre le paludisme. □ Famille des culicidés.

anorak [anɔrak] n.m. (mot inuit, de *anoré* "vent"). Veste de sport, imperméable et chaude, avec ou sans capuchon.

anorexie [anɔrɛksi] n.f. (gr. *anorexia*). -1. MÉD. Perte de l'appétit, organique ou fonctionnelle. -2. Anorexie mentale, refus de s'alimenter, surtout chez le nourrisson et l'adolescente, qui traduit un conflit psychique.

anorexigène [anɔrɛksiʒɛn] adj. et n.m. (de *anorexie* et de *-gène*). Se dit d'une substance qui provoque une diminution de l'appétit.

anorexique [anɔrɛksik] adj. et n. Atteint d'anorexie.

anormal, e, aux [anɔrmal, -o] adj. (du lat. *norma* "équerre", avec infl. de *anomalus* ; v. *anomal*). -1. Contraire à l'ordre habituel des choses, à la norme : *Je n'ai rien remarqué d'anormal* (syn. insolite, surprenant). *Températures anormales pour la saison* (syn. exceptionnel, inhabituel). -2. Contraire à l'ordre juste des choses : *Il est anormal qu'elle ait été invitée et pas nous* (syn. injuste). ◆ adj. et n. Se dit d'une personne dont le développement

intellectuel, mental, physiologique a été perturbé : *Un enfant anormal. Seul un anormal a pu faire ça* (syn. déséquilibré, fou).

anormalement [anɔrmalmɑ̃] adv. De façon anormale : *Température anormalement basse.*

anoure [anur] n.m. (de *an-* priv., et du gr. *oura* "queue"). Anoures, ordre d'amphibiens dépourvus de queue à l'âge adulte : *La grenouille, le crapaud, la rainette sont des anoures.*

anoxie [anɔksi] n.f. (de *an-* priv. et de *ox[ygène]*). PATHOL. Diminution ou suppression de l'oxygène dans les tissus anatomiques.

anse [ɑ̃s] n.f. (lat. *ansa*). -1. Partie recourbée en arc, en anneau par laquelle on prend un récipient : *L'anse d'une tasse, d'un vase, d'un panier.* -2. GÉOGR. Petite baie peu profonde.

antagonique [ɑ̃tagɔnik] adj. Qui est en opposition : *Forces antagoniques* (syn. opposé).

antagonisme [ɑ̃tagɔnism] n.m. Lutte, opposition entre les personnes, des groupes sociaux, des doctrines : *L'antagonisme qui dressait les grandes puissances l'une contre l'autre* (syn. conflit, lutte). *L'antagonisme de deux caractères.*

antagoniste [ɑ̃tagɔnist] n. (gr. *antagônistês*). Personne en lutte avec une autre, en opposition : *La police est intervenue pour séparer les antagonistes* (syn. adversaire). ◆ adj. -1. Contraire ; opposé : *Des tendances antagonistes au sein d'un parti* (syn. rival). -2. Qui agit dans un sens opposé : *Muscles antagonistes.*

antalgique [ɑ̃talʒik] adj. et n.m. (de *-algie*). MÉD. Se dit d'une substance propre à calmer la douleur.

d'antan [ɑ̃tɑ̃] loc. adj. (du lat. *ante annum* "l'année d'avant"). LITT. Du temps passé : *Le Paris d'antan* (= d'autrefois ; contr. actuel).

antarctique [ɑ̃tarktik] adj. (gr. *antarktikos*, de *anta* "en face" et *arktikos* "arctique"). Relatif au pôle Sud et aux régions environnantes : *La faune antarctique* (syn. austral).

anté-, préfixe, du lat. *ante* « avant », marquant l'antériorité spatiale (*antéposé*) ou temporelle (*antédiluvien*).

antécédence [ɑ̃tesedɑ̃s] n.f. GÉOGR. Caractère d'un cours d'eau maintenant son tracé, malgré les déformations tectoniques.

antécédent, e [ɑ̃tesedɑ̃, -ɑ̃t] adj. (lat. *antecedens*). Qui vient avant dans le temps : *Les générations antécédentes* (syn. antérieur, précédent). ◆ **antécédent** n.m. -1. Fait antérieur auquel on se réfère : *L'avocat a trouvé un antécédent dans la jurisprudence.* -2. LING. Mot auquel le pronom relatif se substitue dans la formation d'une proposition relative (ex. : *gâteau* dans *le gâteau que tu as mangé*).

◆ **antécédents** n.m. pl. Circonstances particulières du passé de qqn permettant de comprendre, de juger sa conduite actuelle : *Avoir de bons antécédents.*

antéchrist [ãteknist] n.m. (lat. médiév. *antechristus,* où *ante-* est une déformation de *anti-* "contre", du gr.). Adversaire du Christ qui, d'après saint Jean, doit venir quelque temps avant la fin du monde pour s'opposer à l'établissement du Royaume de Dieu.

antédiluvien, enne [ãtedilyvjẽ, -ɛn] adj. (du lat. *diluvium* "déluge"). - **1.** Qui a précédé le Déluge : *Des fossiles datant de l'époque antédiluvienne.* - **2.** Très ancien et démodé : *Ils roulent dans une voiture antédiluvienne* (syn. antique).

antenne [ãtɛn] n.f. (lat. *antemna*). - **1.** Organe allongé, mobile et pair, situé sur la tête des insectes et des crustacés, siège de fonctions sensorielles : *Les antennes d'un moustique, d'une langouste.* - **2.** Élément du dispositif d'émission ou de réception des ondes radioélectriques : *Toits d'immeubles hérissés d'antennes de télévision.* - **3.** Connexion qui permet le passage en direct d'une émission de radio, de télévision : *Vous êtes à l'antenne, parlez ! Garder, rendre l'antenne.* - **4.** Lieu, service dépendant d'un organisme, d'un établissement principal : *Une antenne du commissariat, de la mairie.* - **5.** Antenne chirurgicale, unité mobile destinée au ramassage des blessés et aux interventions de première urgence. ◆ **antennes** n.f. pl. FAM. Moyen d'information plus ou moins secret : *Il a des antennes à la préfecture.*

antépénultième [ãtepenyltjɛm] adj. Qui vient immédiatement avant l'avant-dernier. ◆ Syllabe qui précède l'avant-dernière syllabe d'un mot (ex. : *po* dans *napolitain*).

antéposé, e [ãtepoze] adj. LING. Se dit d'un mot, d'un morphème placé avant un autre : *Dans « un grand homme », l'adjectif « grand » est antéposé.*

antérieur, e [ãtekjœk] adj. (lat. *anterior*). - **1.** Qui est placé avant dans le temps : *Ces faits sont antérieurs à mon entrée dans l'entreprise* (contr. postérieur). *Il est impossible de revenir à la situation antérieure* (syn. ancien, précédent). - **2.** Qui est situé à l'avant de : *Salon situé à la partie antérieure du navire* (syn. avant ; contr. arrière). *Les pattes antérieures d'un chien* (contr. postérieur). - **3.** PHON. Se dit d'une voyelle ou d'une consonne dont l'articulation se situe dans la partie avant de la cavité buccale. - **4.** GRAMM. Se dit des temps des verbes qui indiquent l'antériorité d'une action : *Futur, passé antérieur.*

antérieurement [ãtekjœkmã] adv. À une époque antérieure : *La décision a été prise antérieurement à sa nomination* (syn. avant ; contr. après, ultérieurement).

antériorité [ãtekjɔkite] n.f. Existence d'une chose avant une autre : *L'antériorité du romantisme sur le réalisme.*

anthémis [ãtemis] n.f. (lat. *anthemis,* mot gr., de *anthos* "fleur"). Plante herbacée aromatique, dont plusieurs espèces sont appelées *camomille.* ◻ Famille des composées.

anthère [ãtɛk] n.f. (gr. *antheros* "fleuri", de *anthos* "fleur"). BOT. Partie supérieure de l'étamine des plantes à fleurs, dans laquelle se forment les grains de pollen et qui s'ouvre à maturité pour laisser échapper ceux-ci.

anthérozoïde [ãtekɔzɔid] n.m. (du gr. *antheros* [v. anthère], sur le modèle de *spermatozoïde*). BOT. Gamète mâle, chez les végétaux (syn. spermatozoïde).

anthologie [ãtɔlɔʒi] n.f. (du gr. *anthos* "fleur", et de *-logie*). - **1.** Recueil de morceaux choisis d'œuvres littéraires ou musicales : *Une anthologie des poètes français du XIXᵉ siècle.* - **2.** Morceau d'anthologie, action si remarquable qu'elle mérite de passer à la postérité : *La plaidoirie de l'avocat a été un morceau d'anthologie.*

anthracite [ãtkasit] n.m. (gr. *anthrax, -akos* "charbon"). Charbon de très faible teneur en matières volatiles (moins de 6 à 8 %) qui brûle avec une courte flamme bleu pâle, sans fumée, en dégageant beaucoup de chaleur. ◆ adj. inv. Gris foncé : *Des manteaux anthracite.*

anthracose [ãtkakoz] n.f. (du gr. *anthrax, -akos* "charbon"). Maladie professionnelle due à la présence de poussières de charbon dans les poumons.

anthrax [ãtkaks] n.m. (gr. *anthrax* "charbon" puis "ulcère"). PATHOL. Accumulation de furoncles accompagnée d'une infection du tissu sous-cutané due à un staphylocoque.

anthropien, enne [ãtkɔpjẽ, -ɛn] n. et adj. (du gr. *anthrôpos* "homme"). Hominidé présentant des caractères physiques propres au type humain, fossile et actuel.

anthropocentrique [ãtkɔpɔsãtkik] adj. Propre à l'anthropocentrisme.

anthropocentrisme [ãtkɔpɔsãtkism] n.m. Conception, attitude qui rapporte toute chose de l'Univers à l'homme.

anthropoïde [ãtkɔpɔid] n. et adj. Singe ressemblant le plus à l'homme, caractérisé notamm. par l'absence de queue : *L'orangoutan, le chimpanzé sont des anthropoïdes.*

anthropologie [ãtkɔpɔlɔʒi] n.f. Étude de l'homme et des groupes humains. ◆ **anthropologue** et **anthropologiste** n. Noms du spécialiste.

anthropologique [ãtkɔpɔlɔʒik] adj. Qui relève de l'anthropologie : *Les sciences anthropologiques.*

anthropométrie [ɑ̃tʀɔpɔmetʀi] n.f. - **1.** Branche de l'anthropologie physique ayant pour objet tout ce qui, dans l'organisme humain, peut être mesuré (poids des organes, pression artérielle, etc.). - **2.** Anthropométrie judiciaire, méthode d'identification des criminels fondée essentiellement, de nos jours, sur l'étude des empreintes digitales.

anthropométrique [ɑ̃tʀɔpɔmetʀik] adj. Fondé sur l'anthropométrie : *Les fiches anthropométriques de la police judiciaire.*

anthropomorphe [ɑ̃tʀɔpɔmɔʀf] adj. Dont la forme rappelle celle de l'homme.

anthropomorphique [ɑ̃tʀɔpɔmɔʀfik] adj. Qui relève de l'anthropomorphisme.

anthropomorphisme [ɑ̃tʀɔpɔmɔʀfism] n.m. Tendance à attribuer aux objets naturels, aux animaux et aux créations mythiques des caractères propres à l'homme : *L'anthropomorphisme dans les fables de La Fontaine.*

anthropophage [ɑ̃tʀɔpɔfaʒ] adj. et n. Se dit des hommes qui pratiquent l'anthropophagie : *Robinson Crusoé arracha Vendredi aux anthropophages* (syn. cannibale).

anthropophagie [ɑ̃tʀɔpɔfaʒi] n.f. Comportement des hommes qui mangent de la chair humaine (syn. cannibalisme).

anthurium [ɑ̃tyʀjɔm] n.m. (mot du lat. scientif., du gr. *anthos* "fleur"). Plante ornementale à belles feuilles, originaire d'Amérique tropicale. □ Famille des aracées.

anti-, préfixe, du gr. *anti* « contre », exprimant l'hostilité, l'opposition (*antifasciste, antiparlementarisme*) ou la défense contre (*antigel, antirouille*).

antiadhésif, ive [ɑ̃tiadezif, -iv] adj. Se dit d'un revêtement qui empêche les adhérences, notamm. sur les récipients destinés à la cuisson. ◆ **antiadhésif** n.m. Revêtement antiadhésif.

antiaérien, enne [ɑ̃tiaeʀjɛ̃, -ɛn] adj. Qui s'oppose à l'action des avions ou des engins aériens ; qui protège de leurs effets : *Abri, missile antiaérien.*

antialcoolique [ɑ̃tialkɔlik] adj. Qui combat ou aide à combattre l'alcoolisme : *Une campagne antialcoolique.*

antiamaril, e [ɑ̃tiamaʀil] adj. (de l'esp. [*fiebre*] *amarilla* "[fièvre] jaune"). Vaccination antiamarile, vaccination contre la fièvre jaune.

antiatomique [ɑ̃tiatɔmik] adj. Qui s'oppose aux effets d'une explosion nucléaire : *Combinaison, abri antiatomique.*

antibiogramme [ɑ̃tibjɔgʀam] n.m. (de *antibio*[*tique*] et *gramme*). Examen bactériologique permettant d'apprécier la sensibilité d'une bactérie vis-à-vis de divers antibiotiques.

antibiothérapie [ɑ̃tibjɔteʀapi] n.f. (de *antibio*[*tique*] et *-thérapie*). Traitement par les antibiotiques.

antibiotique [ɑ̃tibjɔtik] n.m. et adj. (du gr. *biôtikos* "qui sert à la vie"). Substance naturelle (produite surtout par les champignons inférieurs et par certaines bactéries) ou synthétique, ayant la propriété d'empêcher la croissance des micro-organismes ou de les détruire : *Un médicament antibiotique. Être sous antibiotiques.*

antibrouillard [ɑ̃tibʀujaʀ] adj. inv. et n.m. Propre à percer le brouillard : *Phares antibrouillard.*

antibruit [ɑ̃tibʀɥi] adj. inv. Destiné à protéger du bruit : *Les murs antibruit le long du périphérique.*

anticancéreux, euse [ɑ̃tikɑ̃seʀø, -øz] adj. Qui est employé dans la prévention ou le traitement du cancer : *Les thérapeutiques anticancéreuses.*

antichambre [ɑ̃tiʃɑ̃bʀ] n.f. (it. *anticamera* "chambre de devant"). - **1.** Vestibule dans un appartement. - **2.** Pièce qui sert de salle d'attente dans un bureau, un édifice public : *Les antichambres ministérielles.* - **3.** Faire antichambre, attendre, souvent longtemps, pour être reçu par qqn.

antichar [ɑ̃tiʃaʀ] adj. Qui s'oppose à l'action des chars, des blindés : *Des canons antichars.*

antichoc [ɑ̃tiʃɔk] adj. Qui permet d'amortir, d'éviter les chocs : *Casque antichoc.*

anticipation [ɑ̃tisipasjɔ̃] n.f. - **1.** Action de faire qqch avant le moment prévu ou fixé : *Une anticipation de paiement.* - **2.** Action de prévoir, d'imaginer des situations, des événements futurs : *Gardons-nous de toute anticipation dans ce domaine* (syn. conjecture). - **3.** D'anticipation, se dit d'une œuvre dont l'action se passe dans l'avenir, dans un monde futur : *Roman, film d'anticipation* (= de science-fiction). ‖ **Par anticipation**, avant terme : *Rembourser une dette par anticipation* (= par avance).

anticipé, e [ɑ̃tisipe] adj. - **1.** Qui se produit avant la date prévue : *Pourquoi ce retour anticipé ? Une retraite anticipée* (syn. précoce, prématuré). - **2.** Remerciements anticipés, formule de politesse employée dans une lettre pour remercier par avance du service demandé.

anticiper [ɑ̃tisipe] v.t. (lat. *anticipare* "devancer"). Accomplir, exécuter avant la date prévue ou fixée : *Anticiper un paiement.* ◆ v.i. Considérer des événements comme ayant eu lieu avant qu'ils ne se produisent : *Elle*

sera certainement reçue, mais n'anticipons pas.
◆ v.t. ind. **[sur]**. - **1.** Agir comme si l'on disposait de qqch que l'on n'a pas encore : *Il a anticipé sur l'héritage de son oncle* (= il l'a entamé avant de l'avoir reçu). - **2.** Supposer que qqch va arriver et adapter sa conduite à cette supposition : *Il anticipe sur le résultat des élections et se voit déjà ministre.*

anticlérical, e, aux [ɑ̃tiklerikal, -o] adj. et n. Opposé à l'influence ou à l'ingérence du clergé dans les affaires publiques.

anticléricalisme [ɑ̃tiklerikalism] n.m. Attitude, politique anticléricale.

anticlinal, e, aux [ɑ̃tiklinal, -o] adj. et n.m. (du gr. *antiklinein* "pencher en sens contraire"). GÉOL. Se dit d'un pli dont la convexité est tournée vers le haut (par opp. à *synclinal*).

anticoagulant, e [ɑ̃tikɔagylɑ̃, -ɑ̃t] adj. MÉD. Se dit de ce qui empêche ou retarde la coagulation du sang. ◆ **anticoagulant** n.m. Substance anticoagulante : *Un surdosage d'anticoagulants peut entraîner une hémorragie.*

anticolonialisme [ɑ̃tikɔlɔnjalism] n.m. Attitude politique d'opposition au colonialisme. ◆ **anticolonialiste** adj. et n. Qui est opposé au colonialisme : *Un écrivain farouchement anticolonialiste.*

anticommunisme [ɑ̃tikɔmynism] n.m. Attitude d'hostilité à l'égard du communisme. ◆ **anticommuniste** adj. et n. Qui fait preuve d'anticommunisme.

anticonceptionnel, elle [ɑ̃tikɔ̃sɛpsjɔnɛl] adj. Destiné à empêcher la fécondation lors des rapports sexuels : *Les moyens anticonceptionnels modernes* (syn. contraceptif).

anticonformisme [ɑ̃tikɔ̃fɔrmism] n.m. Opposition aux usages établis, aux traditions.

anticonformiste [ɑ̃tikɔ̃fɔrmist] adj. et n. Qui ne se conforme pas aux usages établis.

anticonstitutionnel, elle [ɑ̃tikɔ̃stitysjɔnɛl] adj. Contraire à la Constitution : *Le projet de loi a été déclaré anticonstitutionnel.*

anticonstitutionnellement [ɑ̃tikɔ̃stitysjɔnɛlmɑ̃] adv. Contrairement à la Constitution.

anticorps [ɑ̃tikɔr] n.m. Substance (immunoglobuline) engendrée par l'organisme à la suite de l'introduction dans celui-ci d'un antigène, et concourant au mécanisme de l'immunité.

anticyclonal, e, aux [ɑ̃tisiklɔnal, -o] et **anticyclonique** [ɑ̃tisiklɔnik] adj. Relatif à un anticyclone.

anticyclone [ɑ̃tisiklon] n.m. MÉTÉOR. Centre de hautes pressions atmosphériques (par opp. à *dépression*).

antidater [ɑ̃tidate] v.t. (du lat. *anti-*, forme de *ante* "avant", et de *dater*). Apposer sur un document une date antérieure à la date réelle de sa rédaction : *Antidater un contrat.*

antidémocratique [ɑ̃tidemɔkratik] adj. Opposé à la démocratie, à ses principes : *Une politique antidémocratique.*

antidépresseur [ɑ̃tideprɛsœr] adj.m. et n.m. Se dit d'un médicament employé pour traiter les états dépressifs.

antidérapant, e [ɑ̃tiderapɑ̃, -ɑ̃t] adj. Se dit d'un matériau qui empêche de déraper : *Pneu antidérapant.*

antidiphtérique [ɑ̃tidifterik] adj. Qui combat ou prévient la diphtérie : *Vaccination antidiphtérique.*

antidopage [ɑ̃tidɔpaʒ] et **antidoping** [ɑ̃tidɔpiŋ] adj. inv. Qui s'oppose à la pratique du dopage dans les sports : *Coureur disqualifié après un contrôle antidopage positif.*

antidote [ɑ̃tidɔt] n.m. (lat. *antidotum*, du gr. *antidotos* "donné contre"). - **1.** Substance propre à combattre les effets d'un poison (syn. contrepoison). - **2.** Remède contre un mal moral, psychologique : *Le cinéma est un bon antidote contre l'ennui* (syn. dérivatif, exutoire).

antiémétique [ɑ̃tiemetik] adj. et n.m. (de *émétique*). Se dit d'un médicament propre à combattre les vomissements.

antienne [ɑ̃tjɛn] n.f. (lat. ecclés. *antiphona,* du gr. *antiphônos* "qui répond"). - **1.** RELIG. CHRÉT. Refrain chanté avant et après un psaume. - **2.** SOUT. Discours répété sans cesse, d'une manière lassante : *Ma mère reprenait tous les soirs la même antienne* (syn. leitmotiv, refrain).

antiépileptique [ɑ̃tiepileptik] adj. et n.m. Se dit d'un médicament destiné à combattre l'épilepsie.

antiesclavagiste [ɑ̃tiɛsklavaʒist] adj. et n. Opposé à l'esclavage : *Les États antiesclavagistes du Nord, pendant la guerre de Sécession* (syn. abolitionniste).

antifasciste [ɑ̃tifaʃist] adj. et n. Opposé au fascisme.

antifongique [ɑ̃tifɔ̃ʒik] adj. et n.m. (de *fongique*). Se dit d'un médicament qui agit contre les affections provoquées par les champignons ou les levures parasites de l'homme ou des animaux (syn. antimycosique).

anti-g [ɑ̃tiʒe] adj. inv. Qui atténue les effets de la pesanteur : *Combinaison anti-g des pilotes de chasse.*

antigang [ɑ̃tigɑ̃g] adj. *Brigade antigang,* unité de police constituée spécialement pour la lutte contre la grande criminalité.

antigel [ɑ̃tiʒɛl] adj. et n.m. Se dit d'un produit qui, ajouté à un liquide, en abaisse le point de congélation.

antigène [ɑ̃tiʒɛn] n.m. MÉD. Agent (bactérie, virus, substance chimique ou organique) qui, introduit dans l'organisme, provoque la formation d'un anticorps.

antigivrant, e [ɑ̃tiʒivrɑ̃, -ɑ̃t] adj. Propre à empêcher la formation de givre : *Dispositifs antigivrants d'un avion.*

antiglisse [ɑ̃tiglis] adj. inv. Se dit d'un vêtement de ski fait dans un tissu qui accroche la neige et empêche de glisser en cas de chute : *Combinaison antiglisse.*

antigouvernemental, e, aux [ɑ̃tiguvɛrnəmɑ̃tal, -o] adj. Opposé au gouvernement, à sa politique : *Campagne de presse antigouvernementale.*

antihéros [ɑ̃tiero] n.m. Personnage de fiction ne présentant pas les caractères convenus du héros traditionnel : *Les antihéros du théâtre de l'absurde.*

antihistaminique [ɑ̃tiistaminik] adj. et n.m. Se dit d'une substance qui s'oppose à l'action de l'histamine.

anti-inflammatoire [ɑ̃tiɛ̃flamatwar] adj. et n.m. (pl. *anti-inflammatoires*). MÉD. Se dit d'un médicament propre à combattre l'inflammation.

anti-inflationniste [ɑ̃tiɛ̃flasjɔnist] adj. (pl. *anti-inflationnistes*). Propre à lutter contre l'inflation.

antillais, e [ɑ̃tijɛ, -ɛz] adj. et n. Des Antilles : *Les Antillais de Paris. La cuisine antillaise.*

antilope [ɑ̃tilɔp] n.f. (lat. médiév. *antolopus*, du gr.). Mammifère ruminant sauvage d'Afrique ou d'Asie. □ Famille des bovidés.

antimatière [ɑ̃timatjɛr] n.f. Forme de la matière constituée d'antiparticules, par opp. à la matière ordinaire, constituée de particules.

antimilitarisme [ɑ̃timilitarism] n.m. Hostilité à l'égard des institutions et de l'esprit militaires.

antimilitariste [ɑ̃timilitarist] adj. et n. Relatif à l'antimilitarisme ; qui en est partisan.

antimissile [ɑ̃timisil] adj. inv. Destiné à neutraliser l'action de missiles assaillants : *Arme, dispositif antimissile.*

antimite [ɑ̃timit] adj. inv. et n.m. Se dit d'un produit qui protège les lainages, les fourrures, etc., contre les mites : *Des boules antimite. Mettre de l'antimite dans les armoires.*

antimitotique [ɑ̃timitɔtik] adj. et n.m. (de *mitotique*). Se dit d'une substance capable de s'opposer à la mitose, et employée entre autres dans le traitement du cancer.

antimoine [ɑ̃timwan] n.m. (lat. *antimonium*, p.-ê. de l'ar. *ithmid*). Corps simple solide d'un blanc bleuâtre, cassant, fondant vers 630 °C, et qui se rapproche de l'arsenic. □ Symb. Sb ; densité 6,7 env.

antimycosique [ɑ̃timikɔzik] adj. et n.m. (de *mycosique*). Syn. de *antifongique.*

antineutron [ɑ̃tinøtrɔ̃] n.m. Antiparticule du neutron.

antinomie [ɑ̃tinɔmi] n.f. (lat. *antinomia*, mot gr. ; de *nomos* "loi"). Contradiction entre deux idées, deux principes, deux propositions : *Il y a antinomie, une antinomie entre le matérialisme et l'idéalisme* (syn. opposition ; contr. accord).

antinomique [ɑ̃tinɔmik] adj. Caractérisé par une antinomie ; opposé sur le plan logique : *Deux attitudes antinomiques* (syn. contradictoire ; contr. concordant).

antinucléaire [ɑ̃tinykleɛr] adj. et n. Hostile à l'emploi de l'énergie nucléaire : *Une manifestation antinucléaire.*

antioxydant [ɑ̃tiɔksidɑ̃] n.m. Agent qui ralentit la dégradation des aliments due aux effets de l'oxydation.

antipaludéen, enne [ɑ̃tipalydeɛ̃, -ɛn] adj. Se dit d'un médicament qui traite ou prévient le paludisme.

antipape [ɑ̃tipap] n.m. Pape élu irrégulièrement et non reconnu par l'Église romaine.

antiparasite [ɑ̃tiparazit] adj. inv. et n.m. Se dit d'un dispositif qui diminue la production ou l'action des perturbations affectant la réception de sons ou d'images.

antiparlementarisme [ɑ̃tiparləmɑ̃tarism] n.m. Opposition au régime parlementaire.

antiparticule [ɑ̃tipartikyl] n.f. Particule élémentaire (positron, antiproton, antineutron), de masse égale, mais de propriétés électromagnétiques et de charges opposées à celles d'une particule ordinaire.

antipathie [ɑ̃tipati] n.f. (lat. *antipathia*, mot gr., de *pathos* "passion"). Hostilité instinctive à l'égard de qqn ou de qqch : *Éprouver une profonde antipathie pour qqn* (syn. aversion, inimitié).

antipathique [ɑ̃tipatik] adj. Qui inspire de l'antipathie : *Trouver qqn antipathique* (syn. déplaisant ; contr. sympathique).

antipatriotique [ɑ̃tipatriɔtik] adj. Contraire au patriotisme.

antipelliculaire [ɑ̃tipelikylɛr] adj. Se dit d'un produit qui agit contre les pellicules du cuir chevelu : *Lotion antipelliculaire.*

antiphonaire [ɑ̃tifɔnɛr] n.m. (lat. médiév. *antiphonarius*, du gr. *antiphônos* ; v. *antienne*). RELIG. CHRÉT. Livre liturgique contenant l'ensemble des chants exécutés par le chœur à l'office ou à la messe.

antiphrase [ɑ̃tifraz] n.f. (gr. *antiphrasis*, de *phrasis* "élocution, langage"). RHÉT. Manière de s'exprimer qui consiste à dire le contraire de ce qu'on pense, par ironie ou par euphémisme. (Ex. : « J'admire ton courage », en parlant à qqn de peureux.)

antipode [ɑ̃tipɔd] n.m. (lat. *antipodes*, gr. *antipous, de pous, podos* "pied"). **- 1.** Lieu de la Terre diamétralement opposé à un autre lieu : *La Nouvelle-Zélande est à l'antipode, aux antipodes de la France.* **- 2.** Être à l'antipode, aux antipodes de, être à l'opposé de : *Votre raisonnement est à l'antipode du bon sens.*

antipodiste [ɑ̃tipɔdist] n. (de *antipode*). Acrobate qui, couché sur le dos, exécute des tours d'adresse avec les pieds.

antipoison [ɑ̃tipwazɔ̃] adj. inv. Centre antipoison, centre médical spécialisé dans la prévention et le traitement des intoxications.

antipoliomyélitique [ɑ̃tipɔljɔmjelitik] adj. Qui combat ou prévient la poliomyélite : *Vaccin antipoliomyélitique.*

antipollution [ɑ̃tipɔlysjɔ̃] adj. inv. Destiné à éviter ou à diminuer la pollution : *Cheminée d'usine équipée de filtres antipollution.*

antiproton [ɑ̃tiprɔtɔ̃] n.m. Antiparticule du proton, de charge négative.

antiprurigineux, euse [ɑ̃tipryriʒinø, -øz] adj. et n.m. Se dit d'un médicament qui combat le prurit, calme les démangeaisons.

antipsychiatrie [ɑ̃tipsikjatri] n.f. Mouvement de remise en question de la psychiatrie traditionnelle et de la notion de maladie mentale sur laquelle celle-ci s'appuie.

antiputride [ɑ̃tipytrid] adj. Qui empêche la putréfaction des matières organiques.

antipyrétique [ɑ̃tipiretik] adj. et n.m. (du gr. *puretikos* "fébrile"). Qui combat la fièvre : *Les bains froids ont une action antipyrétique* (syn. fébrifuge).

antiquaille [ɑ̃tikaj] n.f. (it. *anticaglia*, de *antico* "ancien"). Objet ancien de peu de valeur (péjor.) : *Salon encombré d'antiquailles* (syn. vieillerie).

antiquaire [ɑ̃tikɛr] n. (du lat. *antiquarius* "relatif à l'Antiquité" ; v. *antique*). Personne spécialisée dans la vente et l'achat de meubles et d'objets d'art anciens.

antique [ɑ̃tik] adj. (lat. *antiquus* "ancien"). **- 1.** Qui appartient à l'Antiquité : *Mettre au jour des vases antiques. La mythologie antique.* **- 2.** Qui date d'une époque reculée ; qui existe depuis très longtemps : *Une antique croyance* (syn. séculaire). **- 3.** Passé de mode : *Une antique guimbarde* (syn. démodé, vétuste). ◆ n.m. Ensemble des productions artistiques de l'Antiquité : *Copier l'antique* (= l'art antique).

antiquisant, e [ɑ̃tikizɑ̃, -ɑ̃t] adj. Se dit d'un artiste, d'une œuvre qui s'inspire de l'antique.

antiquité [ɑ̃tikite] n.f. **- 1.** (Avec une majuscule). Période de l'histoire que l'on situe des origines des temps historiques à la chute de l'Empire romain : *L'Antiquité égyptienne.* **- 2.** (Avec une majuscule). La civilisation gréco-romaine : *Le XVIIᵉ siècle prit l'Antiquité comme modèle.* **- 3.** Caractère de ce qui est très ancien : *L'antiquité d'une coutume* (syn. ancienneté). *De toute antiquité* (= depuis toujours). ◆ **antiquités** n.f. pl. **- 1.** Œuvres d'art de l'Antiquité : *Musée des antiquités.* **- 2.** Objets anciens : *Magasin d'antiquités.*

antirabique [ɑ̃tirabik] adj. (de *rabique*). Qui combat ou prévient la rage : *Vaccin antirabique.*

antirachitique [ɑ̃tiraʃitik] adj. MÉD. Qui combat ou prévient le rachitisme.

antiraciste [ɑ̃tirasist] adj. et n. Opposé au racisme : *De nouvelles lois antiracistes.*

antiradar [ɑ̃tiradar] adj. inv. MIL. Destiné à neutraliser les radars ennemis : *Dispositifs antiradar.*

antireflet [ɑ̃tirəflɛ] adj. inv. Qui supprime la lumière réfléchie par la surface des verres d'optique : *Traitement, verres antireflet.*

antiréglementaire [ɑ̃tirɛɡləmɑ̃tɛr] adj. Contraire au règlement.

antireligieux, euse [ɑ̃tirəliʒjø, -øz] adj. Hostile à la religion : *Pamphlet antireligieux.*

antirépublicain, e [ɑ̃tirepyblikɛ̃, -ɛn] adj. et n. Hostile au régime républicain.

antirides [ɑ̃tirid] adj. et n.m. Se dit d'un cosmétique destiné à prévenir la formation des rides ou à les atténuer.

antiroman [ɑ̃tirɔmɑ̃] n.m. Forme de la littérature romanesque apparue en France dans les années 50, qui prend le contrepied des règles du roman traditionnel (rejet de l'intrigue, effacement du héros, flou temporel, refus de l'analyse psychologique), et qui met en scène un monde absurde que l'homme ne parvient pas à interpréter.

antirouille [ɑ̃tiruj] adj. inv. et n.m. Se dit d'une substance propre à préserver de la rouille ou à la faire disparaître.

antiroulis [ɑ̃tiruli] adj. Se dit d'un dispositif qui s'oppose à l'apparition du roulis d'un véhicule dans un virage ou, sur un bateau, tend à le diminuer.

antiscientifique [ɑ̃tisjɑ̃tifik] adj. Contraire à la science, à l'esprit scientifique.

antiscorbutique [ɑ̃tiskɔrbytik] adj. Qui combat ou prévient le scorbut.

antisèche [ɑ̃tisɛʃ] n.f. (de *sécher* "ne pas pouvoir répondre"). FAM. Ensemble de notes qu'un élève compte utiliser en fraude à un examen.

antisémite [ɑ̃tisemit] adj. et n. (de *sémite*). Hostile aux Juifs : *Condamné pour avoir tenu des propos antisémites.*

antisémitisme [ɑ̃tisemitism] n.m. Doctrine ou attitude d'hostilité systématique à l'égard des Juifs.

antisepsie [ɑ̃tisɛpsi] n.f. (du gr. *sêpsis* "putréfaction"). Ensemble des méthodes qui préservent contre les infections en détruisant les bactéries : *L'antisepsie se fait par la chaleur, les radiations ou des agents chimiques.*

antiseptique [ɑ̃tisɛptik] adj. et n.m. Se dit d'un agent, d'un médicament qui détruit les agents infectieux ou s'oppose à leur prolifération : *Appliquer un antiseptique sur une plaie* (syn. désinfectant).

antisismique [ɑ̃tisismik] adj. Conçu pour résister aux séismes : *Immeubles antisismiques.*

antisocial, e, aux [ɑ̃tisɔsjal, -o] adj. - **1.** Qui porte atteinte à l'ordre social ; qui est hostile à la société : *Attitude, théorie antisociale.* - **2.** Contraire aux intérêts des travailleurs : *Mesure antisociale.*

antispasmodique [ɑ̃tispasmɔdik] adj. et n.m. Se dit d'un médicament destiné à calmer les spasmes.

antistatique [ɑ̃tistatik] adj. et n.m. Se dit d'un produit qui empêche ou limite la formation de l'électricité statique : *Shampooing qui contient un antistatique.*

antisymétrique [ɑ̃tisimetʀik] adj. MATH. Relation antisymétrique, relation binaire sur un ensemble telle que, si l'énoncé « *a* est en relation avec *b* » est vrai, l'énoncé « *b* est en relation avec *a* » est faux pour tout couple (*a, b*) d'éléments de l'ensemble : *La relation numérique « être inférieur à » est antisymétrique.*

antitabac [ɑ̃titaba] adj. inv. Qui lutte contre l'usage du tabac : *Campagnes antitabac.*

antiterroriste [ɑ̃titɛʀɔʀist] adj. Relatif à la lutte contre le terrorisme ; qui combat le terrorisme.

antitétanique [ɑ̃titetanik] adj. Qui combat ou prévient le tétanos : *Vaccination antitétanique.*

antithèse [ɑ̃titɛz] n.f. (gr. *antithesis*, de *thesis* ; v. *thèse*). - **1.** RHÉT. Figure de style faisant voisiner dans une phrase deux mots ou expressions correspondant à des notions opposées afin de souligner une idée par effet de contraste : *Dans la phrase « la nature est grande dans les petites choses », l'antithèse est constituée par le rapprochement de « grand » et de « petit ».* - **2.** Idée, proposition qui forme le second terme d'une antinomie ou d'une contradiction de type dialectique : *Thèse, antithèse, synthèse.* - **3.** SOUT. Être l'antithèse de, être l'opposé, l'inverse de : *Elle est vraiment l'antithèse de sa sœur* (syn. contraire).

antithétique [ɑ̃titetik] adj. Qui constitue une antithèse : *Vos positions respectives sont antithétiques* (syn. opposé).

antitoxine [ɑ̃titɔksin] n.f. Anticorps élaboré par l'organisme et qui neutralise une toxine.

antituberculeux, euse [ɑ̃titybɛʀkylø, -øz] adj. Qui combat ou prévient la tuberculose : *Le vaccin antituberculeux est le B. C. G.*

antitussif, ive [ɑ̃titysif, -iv] adj. (du lat. *tussis* "toux"). Se dit d'un médicament qui calme ou supprime la toux : *Prendre un sirop antitussif.*

antivariolique [ɑ̃tivaʀjɔlik] adj. Qui combat ou prévient la variole : *Vaccin antivariolique.*

antivenimeux, euse [ɑ̃tivənimø, -øz] adj. Qui combat l'effet toxique des venins : *Sérum antivenimeux.*

antiviral, e, aux [ɑ̃tiviʀal, -o] adj. Se dit d'une substance active contre les virus.

antivol [ɑ̃tivɔl] adj. inv. et n.m. Se dit d'un dispositif de sécurité destiné à empêcher le vol : *Une chaîne antivol pour moto.*

antonomase [ɑ̃tɔnɔmaz] n.f. (lat. *antonomasia*, mot gr., de *anti* "à la place de" et *onoma* "nom"). RHÉT. Figure de style consistant à désigner une personne ou un type de personnes à l'aide du nom d'un personnage célèbre, qui est considéré comme le modèle : *Par antonomase, on peut dire « c'est un Harpagon » pour « c'est un avare ».*

antonyme [ɑ̃tɔnim] n.m. (de *ant[i]*- et -*onyme*). LING. Mot qui a un sens opposé à celui d'un autre de la même classe grammaticale : *« Laideur » et « beauté » sont des antonymes* (syn. contraire ; contr. synonyme).

antre [ɑ̃tʀ] n.m. (lat. *antrum* "creux"). - **1.** LITT. Excavation, grotte qui peut servir d'abri ou de repaire à une bête sauvage : *L'antre du lion* (syn. tanière). - **2.** Lieu mystérieux et inquiétant habité par qqn : *L'antre des conspirateurs.*

anus [anys] n.m. (mot lat.). Orifice extérieur du rectum.

anxiété [ɑ̃ksjete] n.f. Vive inquiétude née de l'incertitude d'une situation, de l'appréhension d'un événement : *Ses mains tremblantes trahissaient son anxiété* (syn. angoisse).

anxieusement [ɑ̃ksjøzmɑ̃] adv. Avec anxiété : *Rester anxieusement à l'écoute des dernières nouvelles.*

anxieux, euse [ɑ̃ksjø, -øz] adj. et n. (lat. *anxius*, de *angere* "serrer"). Qui éprouve ou manifeste de l'anxiété : *Plus la nuit tombait, plus nous étions anxieux* (syn. angoissé ; contr. confiant). *C'est un anxieux qu'il faut sans cesse rassurer* (syn. inquiet). ◆ adj. Être anxieux de (+ inf.), être très impatient de : *Je suis anxieuse de le revoir après cette longue séparation.*

anxiogène [ɑ̃ksjɔʒɛn] adj. (de *anxieux* et -*gène*). PSYCHOL. Qui suscite l'anxiété ou l'angoisse.

anxiolytique [ɑ̃ksjɔlitik] adj. et n.m. (de *anxieux* et du gr. *lutikos*, de *luein* "délier, dissoudre"). Se dit d'un médicament qui apaise l'anxiété (syn. tranquillisant).

aoriste [aɔʁist] n.m. (gr. *aoristos*, proprement "indéterminé"). GRAMM. Temps de la conjugaison en grec, en sanskrit, etc., qui exprime une action présente ou passée d'aspect indéfini : *L'aoriste dit « gnomique » exprime une vérité intemporelle.*

aorte [aɔʁt] n.f. (gr. *aortê*). Artère qui naît à la base du ventricule gauche du cœur et qui est le tronc commun des artères portant le sang oxygéné dans toutes les parties du corps.

aortique [aɔʁtik] adj. Relatif à l'aorte.

août [u] ou [ut] n.m. (lat. *augustus* "mois consacré à Auguste"). - **1.** Huitième mois de l'année. - **2.** Le 15-Août, fête légale de l'Assomption.

aoûtat [auta] n.m. (de *août*). Larve d'un acarien (le trombidion), dont la piqûre entraîne de vives démangeaisons. □ Long. 1 mm env.

aoûtien, enne [ausjɛ̃, -ɛn] n. Personne qui prend ses vacances au mois d'août.

apaisant, e [apezɑ̃, -ɑ̃t] adj. Qui apaise : *Des paroles apaisantes.*

apaisement [apezmɑ̃] n.m. - **1.** Action d'apaiser ; fait de s'apaiser : *Éprouver un sentiment d'apaisement* (syn. soulagement). - **2.** Donner des apaisements à qqn, lui promettre qqch pour le rassurer.

apaiser [apeze] v.t. (de *paix*). - **1.** Ramener au calme, à des sentiments de paix ; mettre fin à un trouble : *Au plus fort de la dispute, elle chercha à m'apaiser. Apaiser une personne en colère. Apaiser un malade, une douleur* (syn. calmer). - **2.** Satisfaire un besoin, un sentiment, un désir : *Apaiser sa soif* (syn. étancher). ◆ **s'apaiser** v.pr. Revenir au calme : *Sa colère s'est apaisée* (syn. se calmer).

apanage [apanaʒ] n.m. (du lat. *apanare* "donner du pain, nourrir"). - **1.** HIST. Portion du domaine royal dévolue aux frères ou aux fils puînés du roi jusqu'à extinction de sa lignée mâle. - **2.** SOUT. Avoir l'apanage de qqch, avoir l'exclusivité de : *Vous n'avez pas l'apanage de la clairvoyance.* ‖ Être l'apanage de, appartenir en propre à : *L'insouciance est l'apanage de la jeunesse.*

aparté [apaʁte] n.m. (du lat. *a parte* "à part"). - **1.** Ce qu'un acteur dit à part soi, sur la scène, et qui, selon les conventions théâtrales, n'est entendu que des spectateurs. - **2.** Paroles échangées à l'écart, au cours d'une réunion : *Ils n'ont cessé de faire des apartés.* - **3.** En aparté, en évitant d'être entendu des autres : *Il m'a dit en aparté qu'il désapprouvait cette décision.*

apartheid [apaʁtɛd] n.m. (mot afrikaans "séparation"). Ségrégation systématique des populations non blanches, en Afrique du Sud.

apathie [apati] n.f. (gr. *apatheia* "insensibilité"). État, caractère d'une personne apathique : *Il faut secouer votre apathie* (syn. mollesse, nonchalance ; contr. dynamisme).

apathique [apatik] adj. Qui est particulièrement inactif ou insensible ; qui paraît sans volonté, sans énergie : *Un élève apathique* (syn. indolent, mou ; contr. dynamique). *Un caractère apathique* (syn. lymphatique ; contr. passionné).

apatride [apatʁid] adj. et n. (du gr. *patris, -idos* "patrie"). Sans nationalité légale.

apercevoir [apɛʁsəvwaʁ] v.t. (de *percevoir*) [conj. 52]. - **1.** Voir qqch plus ou moins nettement, après un certain effort : *On apercevait, dans la vallée, les lumières d'un village* (syn. discerner, distinguer). - **2.** Voir de façon fugitive : *Je l'ai aperçu dans la foule* (syn. entrevoir). ◆ **s'apercevoir** v.pr. [de]. Prendre conscience de ; se rendre compte de : *Elle s'est aperçue de votre absence, que vous étiez absent* (syn. découvrir, remarquer).

aperçu [apɛʁsy] n.m. (du p. passé de *apercevoir*). Vue d'ensemble, souvent sommaire : *Donner un aperçu d'une question* (syn. idée, notion).

apéritif, ive [apeʁitif, -iv] adj. (bas lat. *aperitivus*, du class. *aperire* "ouvrir"). VX. Qui ouvre, stimule l'appétit : *Boisson apéritive.* ◆ **apéritif** n.m. - **1.** Boisson, souvent alcoolisée, qu'on prend avant le repas (abrév. fam. *apéro*). - **2.** Réception où sont servies des boissons alcoolisées ou non, des mets, etc. : *Ils m'ont invité à un apéritif* (syn. cocktail).

aperture [apɛʁtyʁ] n.f. (lat. *apertura*, de *aperire* "ouvrir"). PHON. Ouverture de la bouche lors de l'articulation d'un phonème.

apesanteur [apəzɑ̃tœʁ] n.f. Disparition des effets de la pesanteur terrestre, notamm. à l'intérieur d'un engin spatial : *Spationautes en état d'apesanteur* (on dit aussi *impesanteur*).

apétale [apetal] adj. Qui n'a pas de pétales. ◆ n.f. Apétales, sous-classe de plantes dicotylédones dont les fleurs sont dépourvues de corolle : *Le chêne, le gui, le saule, l'ortie, la betterave sont des apétales.*

à-peu-près [apøpʁɛ] n.m. inv. Ce qui est incomplet, superficiel, approximatif : *Il se contente d'à-peu-près et ne va jamais au fond des choses* (syn. approximation).

apeuré, e [apœʁe] adj. Saisi d'une peur très vive ; qui manifeste la peur : *Geste, regard apeuré* (syn. craintif).

apex [apɛks] n.m. (mot lat. "sommet"). DIDACT. Pointe, sommet d'un organe animal (langue en partic.) ou végétal (racine, tige).

aphasie [afazi] n.f. (gr. *aphasia* "impuissance à parler"). Perte de la parole ou de la compréhension du langage à la suite d'une lésion corticale de l'hémisphère cérébral dominant (gauche chez les droitiers, droit chez les gauchers).

aphasique [afazik] adj. et n. Atteint d'aphasie ; qui concerne l'aphasie : *Enfant aphasique. Troubles aphasiques.*

aphélie [afeli] n.m. (du gr. *apo* "loin" et *hêlios* "soleil"). ASTRON. Point de l'orbite d'une planète ou d'une comète le plus éloigné du Soleil (par opp. à *périhélie*).

aphérèse [afeʀɛz] n.f. (gr. *aphairesis* "action d'enlever"). PHON. Chute d'un ou de plusieurs phonèmes au début d'un mot (par opp. à *apocope*) : *On dit « bus » pour « autobus » par aphérèse.*

aphone [afɔn] adj. (gr. *aphônos* "sans voix"). Qui est privé de l'usage de la voix ou dont la voix est affaiblie : *L'angine l'a rendu aphone.*

aphonie [afɔni] n.f. (du gr. ; v. *aphone*). Extinction de voix.

aphorisme [afɔʀism] n.m. (bas lat. *aphorismus*, du gr.). Formule brève exprimant une idée de manière souvent lapidaire : *Certaines pensées de Pascal sont des aphorismes.*

aphrodisiaque [afʀɔdizjak] adj. et n.m. (gr. *aphrodisiakos*, de *Aphroditê* [Aphrodite]). Se dit d'une substance qui est censée créer, stimuler le désir sexuel.

aphte [aft] n.m. (gr. *aphthê*, de *haptein* "faire brûler"). Ulcération superficielle des muqueuses buccales ou génitales.

aphteux, euse [aftø, -øz] adj. - 1. Caractérisé par la présence d'aphtes : *Angine aphteuse.* - 2. Fièvre aphteuse, maladie épizootique due à un virus et atteignant le bœuf, le mouton, le porc.

api [api] n.m. (du n. de *Appius*, qui, le premier, aurait cultivé des pommes de ce genre). Pomme d'api, petite pomme rouge et blanche.

à-pic [apik] n.m. inv. Versant d'une montagne, d'une falaise dont la pente est proche de la verticale.

apical, e, aux [apikal, -o] adj. (du lat. *apex, -icis* ; v. *apex*). PHON. Consonne apicale, consonne réalisée par une mise en contact de la pointe de la langue (*apex*) avec le palais dur, les alvéoles ou les dents : *Le « r » roulé est une consonne apicale.* (On dit aussi une *apicale.*)

apicole [apikɔl] adj. (du lat. *apis* "abeille", et de -*cole*). Qui concerne l'élevage des abeilles.

apiculture [apikyltyʀ] n.f. (du lat. *apis* "abeille"). Élevage des abeilles pour leur miel. ◆ **apiculteur, trice** n. Nom du spécialiste.

apitoiement [apitwamɑ̃] n.m. Fait de s'apitoyer : *Une mendiante qui suscite l'apitoiement des passants* (syn. pitié, compassion).

apitoyer [apitwaje] v.t. (de *pitié*) [conj. 13]. Susciter la pitié, la compassion de qqn : *J'ai essayé de l'apitoyer sur le sort des malheureux* (syn. attendrir, émouvoir). ◆ **s'apitoyer** v.pr. [sur]. Être pris d'un sentiment de pitié pour qqn, qqch : *L'opinion s'est apitoyée sur le sort des réfugiés.*

aplanétique [aplanetik] adj. (du gr. *aplanêtos* "qui ne dévie pas"). OPT. Se dit d'un système optique qui ne présente pas d'aberration géométrique pour un point objet situé à faible distance de l'axe de l'instrument : *Lentille aplanétique.*

aplanir [aplaniʀ] v.t. (de 2. *plan*) [conj. 32]. - 1. Rendre plan, uni ce qui est inégal, raboteux : *Aplanir un terrain* (syn. niveler). - 2. Faire disparaître ce qui fait obstacle ou crée un désaccord : *La négociation a permis d'aplanir le différend* (syn. régler). ◆ **s'aplanir** v.pr. Devenir plus aisé à surmonter : *Après cette discussion, les difficultés se sont aplanies.*

aplanissement [aplanismɑ̃] n.m. Action d'aplanir ; fait d'être aplani : *L'aplanissement de toutes les difficultés.*

aplasie [aplazi] n.f. (de *a-* priv. et du gr. *plasis* "façonnage"). MÉD. Absence de développement d'un tissu, d'un organe : *Aplasie osseuse* (syn. atrophie).

aplat ou **à-plat** [apla] n.m. (pl. *à-plats*). Surface de couleur uniforme, dans une peinture, une impression.

aplati, e [aplati] adj. Dont la courbure est peu accentuée ou nulle : *Un nez aplati.* (V. aussi *aplatir.*)

aplatir [aplatiʀ] v.t. [conj. 32]. - 1. Rendre plat, plus plat ; écraser qqch : *Aplatir une barre de fer à coups de marteau* (syn. écraser). - 2. FAM. Réduire qqn par la force : *Les adversaires ont été aplatis* (syn. vaincre). ◆ **s'aplatir** v.pr. - 1. Prendre une forme aplatie : *La Terre s'aplatit aux pôles.* - 2. Tomber, s'allonger sur le sol : *S'aplatir derrière un muret pour ne pas être vu* (syn. se plaquer). - 3. FAM. Prendre une attitude servile devant qqn : *S'aplatir devant ses supérieurs* (syn. s'abaisser, s'humilier).

aplatissement [aplatismɑ̃] n.m. Action d'aplatir ; fait d'être aplati, de s'aplatir : *L'aplatissement d'une tôle.*

aplomb [aplɔ̃] n.m. (de la loc. *à plomb* "à la verticale"). - 1. Verticalité donnée par le fil à plomb : *Vérifier l'aplomb d'une cloison.* - 2. Stabilité, équilibre d'un objet placé dans la position verticale : *Cette statue manque d'aplomb.* - 3. Confiance absolue en soi allant parfois jusqu'à l'effronterie : *Avoir de l'aplomb. Ne pas manquer d'aplomb* (syn. assurance ; contr. timidité). - **4.** D'aplomb, vertical et stable : *L'armoire n'est pas d'aplomb.* ‖ Se sentir, être d'aplomb, remettre qqn d'aplomb, être en bonne santé, rétablir qqn : *Ce mois à la campagne vous remettra d'aplomb.*

aplomber [aplɔbe] v.t. CAN. Mettre d'aplomb ; caler. ◆ **s'aplomber** v.pr. CAN. S'installer correctement, se redresser.

apnée [apne] n.f. (gr. *apnoia*, de *pnein* "respirer"). Suspension, volontaire ou non, de la respiration : *Plonger en apnée* (= sans bouteille).

apocalypse [apɔkalips] n.f. (gr. *apokalupsis* "fait de dévoiler, révélation"). - **1.** Catastrophe épouvantable dont l'étendue et la gravité sont comparables à la fin du monde : *Vision, paysage d'apocalypse.* - **2.** (Avec une majuscule). Dernier livre du Nouveau Testament.

apocalyptique [apɔkaliptik] adj. Qui évoque la fin du monde : *Le spectacle apocalyptique d'une ville dévastée par une bombe atomique* (syn. épouvantable).

apocope [apɔkɔp] n.f. (gr. *apokopê*, propr. "fait de retrancher"). PHON. Chute d'un ou de plusieurs phonèmes à la fin d'un mot (par opp. à *aphérèse*) : *Les abréviations « ciné », « métro » sont des exemples d'apocope.*

apocryphe [apɔkrif] adj. (gr. *apokruphos* "tenu secret"). Se dit d'un texte, d'une citation, faussement attribués à un auteur : *Certains dialogues de Platon sont apocryphes* (contr. authentique).

apode [apɔd] adj. (de *a-* priv., et du gr. *pous, podos* "pied"). Qui n'a pas de pieds, de pattes, de nageoires. ◆ n.m. Apodes, ordre de poissons téléostéens nageant par ondulation du corps entier (anguille, murène, congre, etc.).

apogée [apɔʒe] n.m. (du gr. *apo* "loin de", et *gê* "terre"). - **1.** ASTRON. Point de l'orbite d'un corps gravitant autour de la Terre où ce corps se trouve à sa plus grande distance de la Terre (par opp. à *périgée*). - **2.** Le plus haut degré que qqn, qqch puisse atteindre : *Il était alors à l'apogée de sa gloire* (syn. faîte, sommet).

apolitique [apɔlitik] adj. et n. Qui se place en dehors de la politique : *Un syndicat apolitique.*

apollinien, enne [apɔlinjɛ̃, -ɛn] adj. Relatif à Apollon.

apollon [apɔlɔ̃] n.m. (de *Apollon*). Jeune homme d'une grande beauté (syn. adonis).

apologétique [apɔlɔʒetik] adj. Qui contient une apologie : *Discours apologétique* (contr. critique).

apologie [apɔlɔʒi] n.f. (gr. *apologia* "défense"). Discours ou écrit visant à défendre, justifier qqn, qqch : *Faire l'apologie d'un homme d'État, d'une politique* (syn. éloge ; contr. critique).

apologiste [apɔlɔʒist] n. Personne qui fait l'apologie de qqn, de qqch : *Se faire l'apologiste d'une cause* (syn. avocat, défenseur ; contr. dénigreur).

apologue [apɔlɔg] n.m. (gr. *apologos* "récit fictif"). Court récit comportant un enseignement de caractère souvent moral : *Les fables de La Fontaine sont des apologues.*

apomixie [apɔmiksi] n.f. (du gr. *apo* "hors de" et *mixis* "union"). BOT. Reproduction sexuée sans fécondation, observable chez certaines plantes supérieures.

aponévrose [apɔnevroz] n.f. (gr. *aponeurôsis*). ANAT. Membrane conjonctive qui enveloppe les muscles et dont les prolongements fixent les muscles aux os.

apophtegme [apɔftɛgm] n.m. (gr. *apophthegma* "sentence"). LITT. Parole, sentence mémorable exprimée de façon concise et claire (syn. aphorisme, maxime).

apophyse [apɔfiz] n.f. (lat. *apophysis*, mot gr., de *apo* "hors de" et *phusis* "croissance"). ANAT. Excroissance naturelle de la surface d'un os.

apoplectique [apɔplɛktik] adj. et n. Prédisposé à l'apoplexie : *Cet homme rougeaud est un apoplectique.* ◆ adj. Relatif à l'apoplexie.

apoplexie [apɔplɛksi] n.f. (bas lat. *apoplexia* ; mot gr., de *apoplêssein* "renverser"). Perte de connaissance brutale due à un accident circulatoire : *Être frappé d'apoplexie.*

aporie [apɔri] n.f. (gr. *aporia* "difficulté"). PHILOS. Contradiction insurmontable dans un raisonnement.

apostasie [apɔstazi] n.f. (gr. *apostasis* "abandon"). - **1.** Abandon public et volontaire d'une religion, partic. de la foi chrétienne : *L'apostasie d'un prêtre* (syn. abjuration). - **2.** LITT. Abandon d'un parti, d'une doctrine : *L'apostasie de ses idéaux d'adolescent* (syn. reniement).

apostasier [apɔstazje] v.t. et v.i. (conj. 9). Faire acte d'apostasie.

apostat, e [apɔsta, -at] adj. et n. (du gr. *apostatês* "qui fait défection"). Qui fait acte d'apostasie : *Un prêtre apostat.*

a posteriori [apɔsterjɔri] loc. adv. (loc. lat. "en partant de ce qui vient après"). En se fondant sur l'expérience, sur les faits constatés (par opp. à *a priori*) : *Nous établirons la méthode a posteriori* (= après coup). ◆ loc. adj. inv. Acquis par l'expérience : *Jugement, notions a posteriori.*

apostille [apɔstij] n.f. (de l'anc. fr. *postille* "annotation", du lat. *post illa* "après cela"). DR. Addition faite en marge d'un acte.

apostolat [apɔstɔla] n.m. (lat. *apostolatus*, de *apostolus* ; v. *apôtre*). - **1.** Mission d'un ou des apôtres. - **2.** Activité de propagation de la foi chrétienne : *Exercer son apostolat en Afrique* (syn. mission). - **3.** Activité désintéressée à laquelle on s'adonne avec abnégation : *L'enseignement est pour lui un apostolat* (syn. sacerdoce, vocation).

apostolique [apɔstɔlik] adj. (lat. *apostolicus*, de *apostolus* ; v. *apôtre*). - **1.** Qui relève des apôtres ; qui est conforme à leur mission : *La tradition apostolique*. - **2.** CATH. Qui émane du Saint-Siège, le représente : *Nonce apostolique*.

1. apostrophe [apɔstrɔf] n.f. (gr. *apostrophê* "action de se retourner"). - **1.** Interpellation brusque et discourtoise : *Orateur interrompu par des apostrophes ironiques*. - **2.** Fonction grammaticale du mot qui désigne l'être animé ou la chose personnifiée à qui on s'adresse : *Mot mis en apostrophe*. « *Toi* », dans « *Toi, viens ici !* », est une apostrophe.

2. apostrophe [apɔstrɔf] n.f. (lat. *apostropha*, du gr.). Signe (') servant à indiquer une élision.

apostropher [apɔstrɔfe] v.t. S'adresser à qqn avec brusquerie et brutalité : *Apostropher les passants.*

apothéose [apɔteoz] n.f. (lat. *apotheosis* ; mot gr., de *apo-*, marquant l'achèvement, et *theos* "Dieu"). - **1.** Dernière partie, la plus brillante, d'une manifestation artistique, sportive, etc. : *Ce concert a été l'apothéose du festival* (syn. bouquet). - **2.** ANTIQ. Déification d'un héros, d'un souverain après sa mort. - **3.** Honneur extraordinaire rendu à qqn : *Son élection à l'Académie française fut l'apothéose de sa carrière* (syn. consécration, triomphe).

apothicaire [apɔtikɛr] n.m. (bas lat. *apothecarius*, du gr. *apothêkê* "boutique"). - **1.** VX. Pharmacien. - **2.** Compte d'apothicaire, compte compliqué et minutieux, qui est difficilement vérifiable et laisse supposer qu'il a été majoré.

apôtre [apotr] n.m. (lat. *apostolus*, gr. *apostolos* "envoyé de Dieu"). - **1.** Chacun des douze disciples choisis par Jésus-Christ ; nom donné à ceux qui ont porté les premiers l'Évangile dans un pays. - **2.** Personne qui se met au service d'une cause, d'une idée : *Se faire l'apôtre du pacifisme* (syn. défenseur). - **3.** Faire le bon apôtre, jouer la comédie de la bonté et de la probité pour duper qqn.

appalachien, enne [apalaʃjɛ̃, -ɛn] adj. - **1.** Des Appalaches. - **2.** GÉOMORPH. Relief appalachien, relief caractérisé par des lignes de hauteurs parallèles, d'altitudes voisines, séparées par des dépressions allongées, et résultant d'une reprise d'érosion.

apparaître [aparɛtr] v.i. (lat. pop. *apparescere*, du class. *apparere*) [conj. 91 ; auxil. *être*]. - **1.** Commencer à exister ; se manifester : *La vie est apparue sur la Terre il y a environ 5 milliards d'années* (syn. naître ; contr. disparaître). *Des difficultés sont apparues* (syn. surgir). - **2.** Devenir visible : *La première lueur de l'aube apparaît à l'horizon* (syn. poindre). *Soudain, elle apparut dans l'encadrement de la porte* (syn. paraître). - **3.** Se faire jour ; devenir manifeste : *La vérité apparaîtra un jour ou l'autre* (syn. se manifester, transparaître). - **4.** (Suivi d'un adj.). Se présenter à la vue, à l'esprit de telle manière : *Le projet lui apparaissait impossible* (syn. paraître, sembler). - **5.** Il apparaît que, on constate que : *Il apparaît que vos soupçons étaient fondés* (= il s'avère que).

apparat [apara] n.m. (lat. *apparatus* "préparatif"). - **1.** Éclat, faste qui accompagne une cérémonie, une manifestation : *Recevoir qqn avec apparat, en grand apparat* (= avec solennité, avec éclat). *Être en tenue d'apparat* (= de cérémonie). - **2.** Apparat critique, notes savantes accompagnant l'édition d'un texte.

apparatchik [aparatʃik] n.m. (mot russe). Membre de l'appareil d'un parti (partic. d'un parti communiste), d'un syndicat (péjor.).

apparaux [aparo] n.m. pl. (pl. ancien de *appareil*). MAR. Matériel d'ancrage, de levage, etc., équipant un navire.

appareil [aparɛj] n.m. (lat. pop. *appariculum*, du class. *apparare* "préparer"). - **1.** Objet, machine, dispositif formé d'un assemblage de pièces et destiné à produire un certain résultat : *Les appareils électroménagers*. *Appareil photographique*. - **2.** Combiné téléphonique : *Qui est à l'appareil ?* - **3.** Avion : *Appareil moyen-courrier*. - **4.** Prothèse dentaire amovible : *Porter un appareil*. - **5.** ANAT. Ensemble des organes qui concourent à une même fonction : *L'appareil respiratoire, circulatoire* (syn. système). - **6.** ARCHIT. Type de taille et agencement des éléments d'une maçonnerie : *Appareil cyclopéen*. - **7.** Ensemble des organismes assurant la direction et l'administration d'un parti, d'un syndicat, etc. : *C'est un homme d'appareil*. - **8.** FAM. Dans le plus simple appareil, entièrement nu.

1. appareillage [aparejaʒ] n.m. (de *1. appareiller*). Ensemble d'appareils et d'accessoires : *L'appareillage électrique d'une usine.*

2. appareillage [aparejaʒ] n.m. (de *2. appareiller*). MAR. Manœuvre de départ d'un navire ; ce départ.

1. appareiller [apareje] v.t. (bas lat. *appariculare*, du class. *apparare* "préparer"). - **1.** Tailler des pierres en vue de leur assemblage. - **2.** Munir d'un appareil de prothèse : *Appareiller le bras d'un blessé.*

2. appareiller [apaʀeje] v.i. (de *1. appareiller* "faire des préparatifs"). MAR. Quitter le port, se mouiller.

3. appareiller [apaʀeje] v.t. (de *pareil*). Grouper des choses semblables pour former un ensemble : *Appareiller des couverts* (syn. assortir ; contr. désappareiller).

apparemment [apaʀamɑ̃] adv. En s'en tenant aux apparences : *Apparemment, aucun objet n'a été déplacé* (= à première vue).

apparence [apaʀɑ̃s] n.f. (bas lat. *apparentia*, du class. *apparere* "apparaître"). **- 1.** Aspect extérieur d'une chose ou d'une personne : *Une villa de belle apparence* (syn. extérieur). *Un enfant d'apparence chétive* (syn. allure, mine). **- 2.** PHILOS. Aspect sensible des choses, des êtres, par opp. à la réalité en soi. **- 3.** Contre toute apparence, contrairement à ce qui a été vu, pensé. ‖ En apparence, extérieurement, d'après ce qu'on voit : *En apparence, il n'est pas ému* (syn. apparemment ; contr. en fait, en réalité). ‖ Sauver les apparences, ne pas laisser paraître, dissimuler ce qui pourrait nuire à la réputation ou aller contre les convenances : *Elle a assisté à la cérémonie pour sauver les apparences* (= sauver la face). ‖ Selon toute apparence, d'après ce qu'on voit, ce qu'on sait.

apparent, e [apaʀɑ̃, -ɑ̃t] adj. **- 1.** Qui apparaît clairement aux yeux ou à l'esprit : *Les traces d'effraction sont encore apparentes* (syn. visible, perceptible). *La différence est tout à fait apparente* (syn. manifeste, évident). **- 2.** Qui n'a pas de réalité : *Danger plus apparent que réel* (syn. illusoire). **- 3.** Tel qu'on le perçoit par l'observation : *Mouvement apparent du Soleil autour de la Terre.*

apparenté, e [apaʀɑ̃te] adj. **- 1.** Allié par le mariage : *Familles apparentées.* **- 2.** Qui présente des traits communs avec qqch : *Son style est nettement apparenté à celui de Flaubert.* ◆ adj. et n. Se dit de personnes, de groupes liés par un accord électoral : *Les députés apparentés au parti ont voté la loi.*

apparentement [apaʀɑ̃tmɑ̃] n.m. (de *s'apparenter*). Dans certains systèmes électoraux, faculté offerte à des listes de candidats de se grouper pour le décompte des votes, afin de remporter des sièges sur des adversaires communs.

s' apparenter [apaʀɑ̃te] v.pr. [à]. **- 1.** S'allier par mariage : *Ils se sont apparentés à une vieille famille italienne.* **- 2.** Avoir des traits communs avec qqn, qqch : *Cette séparation s'apparente à une rupture* (syn. ressembler). **- 3.** Pratiquer l'apparentement dans une élection.

appariement [apaʀimɑ̃] n.m. Action d'apparier ; fait d'être apparié : *L'appariement de deux candélabres* (syn. assortiment).

apparier [apaʀje] v.t. (de l'anc. fr. *pairier*, de *pair*) [conj. 9]. **- 1.** Assortir par paires : *Apparier des gants.* **- 2.** Accoupler le mâle et la femelle pour la reproduction, notamm. en parlant des oiseaux. ◆ **s'apparier** v.pr. Se réunir en couples reproducteurs, notamm. en parlant des oiseaux.

appariteur [apaʀitœʀ] n.m. (lat. *apparitor*, de *apparere* "apparaître"). Huissier, dans une université, dans un service administratif.

apparition [apaʀisjɔ̃] n.f. (lat. *apparitio*, de *apparere* "apparaître"). **- 1.** Fait d'apparaître, de commencer à exister, de devenir visible : *Appliquer la pommade dès l'apparition de rougeurs* (syn. manifestation ; contr. disparition). **- 2.** Action de se montrer dans un lieu, en parlant de qqn : *Les apparitions de la star étaient saluées par le public* (syn. arrivée, entrée). *Ne faire qu'une apparition* (= n'entrer qu'un instant). **- 3.** Manifestation d'un être surnaturel ; cet être lui-même : *L'apparition de la Vierge. Les apparitions s'évanouirent à leur approche* (syn. spectre).

appartement [apaʀtəmɑ̃] n.m. (it. *appartamento*, de *appartare* "déparer"). **- 1.** Ensemble de pièces destiné à l'habitation, dans un immeuble : *Appartement à louer* (syn. logement). **- 2.** (Souvent au pl.) Ensemble de pièces habitées par un haut personnage : *Les appartements du roi.* **- 3.** Appartement témoin, appartement fini et décoré qu'on fait visiter à d'éventuels acheteurs.

appartenance [apaʀtənɑ̃s] n.f. **- 1.** Fait d'être membre d'une collectivité : *On devine aisément son appartenance politique* (syn. affiliation). **- 2.** MATH. Propriété d'être un élément d'un ensemble : *Relation d'appartenance* (notée ∈).

appartenir [apaʀtəniʀ] v.t. ind. [à] (lat. *adpertinere* "être attenant") [conj. 40]. **- 1.** Être la propriété de qqn : *Ce livre m'appartient* (= il est à moi). **- 2.** Être à la disposition de qqn : *Le monde appartient aux audacieux.* **- 3.** Se rattacher à ; faire partie de : *Appartenir au corps des fonctionnaires.* **- 4.** Il appartient (à qqn) de, il est du devoir, dans les attributions de qqn de : *Il vous appartient de veiller au bon déroulement du débat* (= il vous incombe de). ◆ **s'appartenir** v.pr. Ne plus s'appartenir, ne plus être libre d'agir comme on l'entend : *J'ai trop de travail, je ne m'appartiens plus.*

appas [apɑ] n.m. pl. (de *appâter*). LITT. Charmes physiques d'une femme (syn. sex-appeal).

appât [apɑ] n.m. (de *appâter*). **- 1.** Nourriture placée dans un piège ou fixée à un hameçon : *Pêcher avec des asticots comme appât.* **- 2.** L'appât de qqch, l'attrait pour qqch, l'attirance qu'exerce qqch : *L'appât du gain les incite à miser de grosses sommes* (syn. désir).

appâter [apate] v.t. (de l'anc. fr. *past* "nourriture", lat. *pastus*). - **1.** Attirer avec un appât : *Appâter des poissons* (syn. amorcer). - **2.** Attirer par qqch d'alléchant : *Ils l'ont appâté par des promesses mirifiques* (syn. allécher, séduire).

appauvrir [apovʀiʀ] v.t. [conj. 32]. - **1.** Rendre pauvre ; priver qqn de l'argent nécessaire pour subvenir à ses besoins : *Toutes ces dépenses l'ont appauvri* (syn. ruiner ; contr. enrichir). - **2.** Diminuer la production, l'énergie, la fertilité de : *Ce mode de culture intensive a appauvri la terre* (syn. épuiser). *La guerre a appauvri le pays* (syn. ruiner). ◆ **s'appauvrir** v.pr. Devenir pauvre ; perdre de sa richesse : *La région s'est appauvrie depuis la fermeture des usines. Si l'on refuse tout néologisme, la langue s'appauvrit.*

appauvrissement [apovʀismɑ̃] n.m. Fait de s'appauvrir ; état de ce qui est appauvri : *L'appauvrissement d'un pays, d'une langue. L'appauvrissement des sols dû à l'érosion* (syn. épuisement).

appeau [apo] n.m. (var. de *appel*). Petit instrument avec lequel on imite le cri des animaux, notamm. des oiseaux, pour les attirer et les capturer ou les tuer à la chasse.

appel [apɛl] n.m. (de *appeler*). - **1.** Action d'inviter à venir ou à agir : *Le chien répond à l'appel de son maître. Appel au secours* (syn. cri). *Appel à l'insurrection* (syn. exhortation, incitation). - **2.** Action d'attirer qqn vers un lieu, un état : *L'appel de la mer* (syn. attirance, fascination). - **3.** Action de nommer successivement toutes les personnes d'un groupe pour vérifier leur présence : *Faire l'appel dans une classe. Répondre à l'appel.* - **4.** Action de téléphoner à qqn : *Il y a eu trois appels (téléphoniques) pour vous* (= coup de téléphone). - **5.** DR. Recours devant une juridiction supérieure ; voie de recours : *Faire appel d'un jugement. Juger sans appel. Cour d'appel.* - **6.** MIL. Convocation des jeunes gens d'un contingent au service national : *Devancer l'appel* (syn. incorporation, mobilisation). - **7.** MIL. Batterie ou sonnerie prescrivant le rassemblement des militaires : *Battre, sonner l'appel.* - **8.** SPORTS. Appui d'un pied sur le sol, au terme de la course d'élan, et qui amorce le saut en hauteur, en longueur : *Pied, jambe d'appel. Prendre son appel.* - **9.** Appel d'air, aspiration d'air qui facilite la combustion dans un foyer. ‖ FAM. **Appel du pied,** avance ou invite implicite : *Le discours du Premier ministre est un appel du pied aux centristes.* ‖ **Faire appel à qqn, qqch,** demander l'aide, l'appui, le concours de : *N'hésitez pas à faire appel à notre conseillère* (= solliciter). ‖ **Sans appel,** se dit d'une décision sur laquelle on ne peut revenir : *Un jugement sans appel* (syn. irrévocable).

appelé [aple] n.m. Jeune homme accomplissant son service national.

appeler [aple] v.t. (lat. *appellare*) [conj. 24]. - **1.** Inviter à venir, à faire qqch : *Appelle ta sœur, on va se mettre à table. Appeler un témoin à comparaître devant le tribunal* (syn. citer, convoquer). *Être appelé sous les drapeaux* (= être mobilisé). *Appeler au secours* (syn. crier). *Appeler les travailleurs à la grève* (syn. inciter, exhorter). - **2.** Entrer en communication téléphonique avec qqn : *Appelez-moi vers cinq heures* (syn. téléphoner). - **3.** Rendre souhaitable, nécessaire : *La situation appelle des mesures d'urgence* (syn. nécessiter, réclamer). *La violence appelle la violence* (syn. entraîner). - **4.** Désigner par un prénom, un nom : *Appeler un enfant Pierre* (syn. prénommer, nommer). *J'appelle cela de la franchise* (syn. qualifier). *Comment appelle-t-on les myrtilles au Canada ?* (syn. désigner). - **5.** INFORM. Commander l'exécution d'une séquence d'instructions considérée comme un sous-ensemble autonome d'un programme. - **6.** Appeler les choses par leur nom, ne pas chercher à atténuer la réalité. ‖ **Appeler qqn à une fonction, à un poste,** l'y nommer, l'y désigner : *Être appelé à prendre la direction d'une entreprise.* ◆ v.t. ind. - **1.** En appeler à, s'en remettre à : *J'en appelle à votre discrétion. En appeler à l'amitié de qqn* (syn. invoquer). - **2.** Appeler d'un jugement, refuser de l'admettre comme définitif ; faire appel : *J'en appelle de la condamnation prononcée* (syn. contester, refuser). ◆ **s'appeler** v.pr. - **1.** (Suivi d'un attribut). Avoir pour nom, pour prénom : *Il s'appelle Pierre X* (syn. nommer). *Elle s'appelle Patricia* (syn. se prénommer). - **2.** Voilà qui s'appelle parler, c'est exactement ce qu'il fallait dire, la façon dont il fallait le dire.

appellatif, ive [apelatif, -iv] n.m. et adj. LING. Terme utilisé pour interpeller l'interlocuteur : « *Monsieur* » est un appellatif.

appellation [apelasjɔ̃] n.f. - **1.** Façon d'appeler, de nommer : *Une appellation injurieuse* (syn. épithète, qualificatif). *Choisir une appellation pour un nouveau produit* (syn. dénomination). - **2.** Appellation d'origine contrôlée (A. O. C.), désignation qui garantit le lieu de récolte d'un vin.

appendice [apɛ̃dis] n.m. (lat. *appendix, -icis* "ce qui pend"). - **1.** Partie qui complète, prolonge une partie principale : *Le hangar forme un appendice à la ferme.* - **2.** Ensemble de notes, de notices, de documents à la fin d'un ouvrage ; complément. - **3.** Expansion du corps des insectes, des crustacés (pattes, antennes, pièces buccales). - **4.** Diverticule creux, en forme de doigt de gant, abouché au cæcum.

appendicectomie [apɛ̃disɛktɔmi] n.f. (de *appendice* et *-ectomie*). CHIR. Ablation de l'appendice (dite cour. et abusivement *opération de l'appendicite*).

appendicite [apɛ̃disit] n.f. Inflammation de l'appendice abouché au cæcum : *Une crise d'appendicite.*

appentis [apɑ̃ti] n.m. (du lat. *appendere* "suspendre"). - **1.** Toit à une seule pente, dont le faîte s'appuie à un mur. - **2.** Petit bâtiment adossé à un grand.

appesantir [apəzɑ̃tiʀ] v.t. (de *pesant*) [conj. 32]. - **1.** Rendre plus lourd, moins vif : *L'âge appesantit sa démarche* (syn. alourdir). - **2.** Rendre plus dur, plus accablant : *Appesantir sa domination* (syn. accentuer). ◆ **s'appesantir** v.pr. - **1.** Se faire plus lourd : *Ses paupières s'appesantissent sous l'effet du sommeil* (syn. s'alourdir). - **2.** S'appesantir sur qqch, insister sur qqch : *Elle s'appesantit trop sur les détails.*

appétence [apetɑ̃s] n.f. (lat. *appetentia,* de *appetere* "chercher à atteindre"). LITT. Désir qui porte vers tout objet propre à satisfaire un besoin physique, et notamm. vers la nourriture.

appétissant, e [apetisɑ̃, -ɑ̃t] adj. - **1.** Qui excite l'appétit, l'envie de manger : *Cette tarte est très appétissante* (syn. alléchant ; contr. dégoûtant). - **2.** Qui suscite le désir : *Une femme appétissante* (syn. attirant, séduisant).

appétit [apeti] n.m. (lat. *appetitus* "désir"). - **1.** Désir de manger : *La promenade m'a ouvert l'appétit. Ce spectacle lui a coupé l'appétit. Bon appétit !* - **2.** Désir de qqch pour la satisfaction des sens : *Un appétit de richesse* (syn. convoitise, désir). - **3.** Appétit d'oiseau, petit appétit. ‖ Mettre en appétit, donner envie de manger ; susciter l'envie ou la curiosité : *Ce qu'on m'a dit de ce film m'a mise en appétit.*

applaudir [aplodiʀ] v.i. (lat. *applaudere*) [conj. 32]. Battre des mains en signe d'approbation, de contentement : *Applaudir à tout rompre* (contr. siffler). ◆ v.t. - **1.** Louer, approuver qqn, qqch en battant des mains : *L'assemblée a longuement applaudi le ministre* (syn. acclamer ; contr. huer). - **2.** Applaudir à qqch, applaudir qqch, l'approuver entièrement : *La presse a applaudi à cette initiative.* ◆ **s'applaudir** v.pr. [de]. Se féliciter, se réjouir de qqch.

applaudissement [aplodismɑ̃] n.m. (Surtout au pl.). Action d'applaudir ; cri d'approbation : *Un tonnerre d'applaudissements a retenti* (syn. acclamation, ovation).

applicable [aplikabl] adj. Susceptible d'être appliqué : *La loi est applicable à tous.*

applicateur [aplikatœʀ] adj.m. et n.m. Se dit d'un conditionnement qui permet d'appli-

quer directement un produit : *Un tube de cirage avec bouchon applicateur.*

application [aplikasjɔ̃] n.f. - **1.** Action d'appliquer qqch sur un objet, une surface : *L'application d'un enduit sur un mur* (syn. pose). - **2.** Mise en œuvre ; mise en pratique : *Application d'une théorie.* - **3.** Soin, peine que l'on prend à la réalisation d'une tâche : *Travailler avec application* (syn. attention, concentration). - **4.** MATH. Opération qui consiste à faire correspondre à tout élément d'un ensemble A un élément d'un ensemble B et un seul.

applique [aplik] n.f. (de *appliquer*). Appareil d'éclairage fixé directement au mur.

appliqué, e [aplike] adj. - **1.** Attentif à son travail : *Un élève appliqué* (syn. studieux, travailleur ; contr. négligent). - **2.** Se dit de tout domaine où les études théoriques débouchent sur des applications pratiques : *Recherche appliquée. Langues étrangères appliquées.* - **3.** Arts appliqués → arts décoratifs*.

appliquer [aplike] v.t. (lat. *applicare*). - **1.** Mettre une chose sur une autre de façon qu'elle adhère : *Appliquer des couleurs sur une toile* (syn. étendre). - **2.** Mettre en œuvre, en pratique : *Appliquer une théorie* (syn. utiliser). *Appliquer la loi.* - **3.** Faire porter une action sur : *Appliquer une peine sévère à un coupable* (syn. infliger). ◆ **s'appliquer** v.pr. [à]. - **1.** Convenir, s'adapter à qqch : *Cette réflexion s'applique bien à la situation* (syn. correspondre). - **2.** Apporter beaucoup de soin, d'attention à : *S'appliquer à son travail.* - **3.** S'appliquer à (+ inf.), s'employer, s'efforcer de faire qqch : *S'appliquer à laisser son bureau en ordre.*

appoggiature [apɔdʒjatyʀ] n.f. (it. *appoggiatura,* de *appoggiare* "appuyer"). MUS. Note d'ornement qui précède la note réelle à un intervalle de seconde et qui est écrite en caractères plus petits. (On a aussi écrit *appogiature.*)

appoint [apwɛ̃] n.m. (de *1. appointer*). - **1.** Petite monnaie qu'on ajoute à une somme ronde pour atteindre un montant exact ; somme exacte due lors d'un achat : *Avez-vous l'appoint ? Les clients sont priés de faire l'appoint.* - **2.** Ce qui s'ajoute à qqch pour le compléter : *Chauffage d'appoint.*

appointements [apwɛ̃tmɑ̃] n.m. pl. (de *1. appointer*). Salaire déterminé accordé en échange d'un travail régulier : *Les appointements d'un professeur* (syn. paie, traitement).

1. appointer [apwɛ̃te] v.t. (sens anc. "mettre au point", de *point*). Verser des appointements à qqn : *Être appointé au mois* (syn. payer, rémunérer).

2. appointer [apwɛ̃te] v.t. (de *pointe*). Tailler en pointe : *Appointer un crayon.*

appontage [apɔ̃taʒ] n.m. Action d'apponter.

appontement [apɔ̃tmɑ̃] n.m. (de *pont*). Plate-forme fixe le long de laquelle un navire vient s'amarrer pour le chargement ou le déchargement.

apponter [apɔ̃te] v.i. (de *pont*). En parlant d'un avion, entrer en contact avec le pont d'un bâtiment porteur.

apport [apɔʀ] n.m. - **1.** Action d'apporter : *L'apport d'alluvions par les eaux.* - **2.** DR. Biens, capitaux que l'on apporte : *Les apports des actionnaires à une entreprise.* - **3.** Ce qui est apporté : *L'apport de la civilisation grecque à l'art* (syn. contribution).

apporter [apɔʀte] v.t. (lat. *apportare*). - **1.** Porter à qqn ; porter avec soi en un lieu : *Apportez-moi ce livre. Le mécanicien a apporté sa trousse à outils* (syn. prendre). - **2.** Mettre à la disposition de qqn, d'un groupe : *Apporter des capitaux dans une affaire. Il n'apporte aucune preuve* (syn. fournir). - **3.** Produire un effet, un résultat : *Ces cachets ont apporté un soulagement au malade* (syn. procurer).

apposer [apoze] v.t. (de *poser*). - **1.** Mettre une chose sur une autre : *Apposer une affiche* (syn. coller, poser). *Apposer sa signature au bas d'une lettre* (syn. inscrire). - **2.** DR. *Apposer une clause à un acte*, l'y insérer.

apposition [apozisjɔ̃] n.f. - **1.** Action d'apposer : *L'apposition de la signature des témoins est obligatoire.* - **2.** GRAMM. Construction qui juxtapose un terme (nom, adj.) ou une proposition à un nom ou un pronom pour qualifier ces derniers ; le mot ou la proposition ainsi juxtaposés : *Dans « Paris, capitale de la France », « capitale de la France » est mis en apposition.*

appréciable [apʀesjabl] adj. - **1.** Qui peut être apprécié, évalué : *La quantité de nitrates dans les nappes phréatiques est appréciable* (syn. mesurable). - **2.** Assez important : *Ce nouveau travail présente des avantages appréciables* (syn. notable, substantiel ; contr. insignifiant).

appréciateur, trice [apʀesjatœʀ, -tʀis] n. Personne qui apprécie, estime la valeur de qqch, de qqn : *Un grand appréciateur de vin* (syn. connaisseur, expert).

appréciatif, ive [apʀesjatif, -iv] adj. Qui marque une appréciation quantitative : *Faire un état appréciatif d'un stock* (syn. estimatif).

appréciation [apʀesjasjɔ̃] n.f. - **1.** Action de déterminer la valeur de qqch : *Faire l'appréciation des marchandises* (syn. estimation, évaluation). - **2.** Jugement qui résulte d'un examen critique : *Les appréciations d'un professeur sur le travail d'un élève* (syn. avis, observation).

apprécier [apʀesje] v.t. (lat. *appretiare*, de *pretium* "prix") [conj. 9]. - **1.** Estimer, déterminer la valeur, l'importance de qqch : *Apprécier une distance* (syn. évaluer). *Apprécier les conséquences d'un acte* (syn. calculer, mesurer). - **2.** Juger bon, agréable ; faire cas de : *Apprécier l'aide de qqn. Je n'apprécie pas ce genre de plaisanterie.* ◆ **s'apprécier** v.pr. Prendre de la valeur (par opp. à *se déprécier*) : *Le Mark s'est apprécié par rapport au dollar.*

appréhender [apʀeɑ̃de] v.t. (lat. *apprehendere* "saisir"). - **1.** Procéder à l'arrestation de qqn : *Appréhender un malfaiteur* (syn. arrêter ; contr. relâcher). - **2.** S'inquiéter par avance d'un danger ou d'un malheur possible : *J'appréhende cet entretien* (syn. redouter). *J'appréhende de le revoir.* - **3.** SOUT. Saisir intellectuellement : *Appréhender un problème dans toute sa complexité* (syn. comprendre).

appréhension [apʀeɑ̃sjɔ̃] n.f. Crainte vague d'un possible danger, d'un échec, etc. : *Envisager l'avenir avec appréhension* (syn. inquiétude).

apprendre [apʀɑ̃dʀ] v.t. (lat. pop. *apprendere*, class. *apprehendere* "saisir") [conj. 79]. - **1.** Acquérir la connaissance, la pratique de qqch : *Apprendre les mathématiques* (syn. étudier). *Apprendre à utiliser l'ordinateur* (= s'initier à). - **2.** Faire acquérir la connaissance, la pratique de ; communiquer un savoir, une information : *Apprendre le dessin à un enfant* (syn. enseigner). *Il m'a appris la nouvelle* (syn. communiquer). *Il m'a appris qu'il était marié* (syn. révéler).

apprenti, e [apʀɑ̃ti] n. (lat. pop. *apprenditicius*, de *apprendere* ; v. *apprendre*). - **1.** Personne qui apprend un métier, qui est en apprentissage : *Une apprentie coiffeuse.* - **2.** Personne encore peu habile, inexpérimentée : *C'est du travail d'apprenti* (syn. novice, débutant). - **3.** *Jouer les apprentis sorciers*, déchaîner des forces qu'on ne peut plus contrôler.

apprentissage [apʀɑ̃tisaʒ] n.m. - **1.** Action d'apprendre un métier manuel ou intellectuel ; formation professionnelle des apprentis ; état d'apprenti : *L'apprentissage du métier d'architecte. Être en apprentissage. Un apprentissage de deux ans.* - **2.** *Faire l'apprentissage de qqch*, en acquérir la connaissance ; y être confronté : *Faire l'apprentissage du métier de comédien dans une troupe* (= apprendre). *Faire très tôt l'apprentissage du malheur.* ‖ *Taxe d'apprentissage*, taxe imposée aux employeurs, qui permet un financement partiel de l'apprentissage.

apprêt [apʀɛ] n.m. (de *apprêter*). - **1.** TECHN. Traitement qu'on fait subir à certaines matières premières (cuirs, tissus, fils, etc.) avant de les travailler ou de les livrer au commerce ; matière utilisée pour ce traitement. - **2.** Préparation, enduit qu'on applique sur une surface avant de la peindre.

- **3.** LITT. Affectation, recherche : *Style plein d'apprêt* (syn. afféterie, maniérisme).

apprêté, e [apʀete] adj. LITT. Dépourvu de simplicité, de naturel : *Un langage apprêté* (syn. affecté, maniéré).

apprêter [apʀete] v.t. (lat. pop. **apprestare*, du class. *praesto* "à la portée de"). - **1.** SOUT. Mettre en état d'être utilisé : *Apprêter une chambre* (syn. préparer). - **2.** TECHN. Donner de l'apprêt à : *Apprêter un cuir, une étoffe.* ◆ **s'apprêter** v.pr. - **1.** Faire sa toilette ; s'habiller avec soin : *S'apprêter pour le dîner* (syn. se parer). - **2.** S'apprêter à (+ inf.), être sur le point de : *S'apprêter à partir* (syn. se disposer à).

apprivoisement [apʀivwazmɑ̃] n.m. Action d'apprivoiser ; fait d'être apprivoisé (syn. dressage, domestication).

apprivoiser [apʀivwaze] v.t. (lat. pop. **apprivitiare*, du class. *privatus* "domestique"). - **1.** Rendre un animal moins sauvage, moins farouche : *Apprivoiser un lion* (syn. dresser, domestiquer). - **2.** Rendre qqn plus sociable, plus docile : *Apprivoiser un caractère difficile* (syn. adoucir, humaniser). ◆ **s'apprivoiser** v.pr. Devenir moins sauvage : *L'ours s'est vite apprivoisé.*

approbateur, trice [apʀɔbatœʀ, -tʀis] adj. et n. (lat. *approbator* ; v. approuver). Qui approuve : *Un sourire approbateur* (syn. favorable ; contr. réprobateur).

approbatif, ive [apʀɔbatif, -iv] adj. Qui marque l'approbation : *Murmures approbatifs.*

approbation [apʀɔbasjɔ̃] n.f. (lat. *approbatio* ; v. approuver). Action d'approuver, de consentir à qqch : *Les mineurs doivent avoir l'approbation de leurs parents pour se marier* (syn. accord, autorisation, consentement).

approchable [apʀɔʃabl] adj. Se dit de qqn qu'on peut aborder aisément (surtout en tournure nég.) : *Aujourd'hui, elle est de mauvaise humeur, elle n'est pas approchable* (syn. accessible, abordable).

approchant, e [apʀɔʃɑ̃, -ɑ̃t] adj. Quelque chose d'approchant, quelque chose d'analogue, de semblable : *1% d'augmentation ou quelque chose d'approchant* (syn. équivalent). ‖ **Rien d'approchant,** rien d'analogue, de semblable.

approche [apʀɔʃ] n.f. - **1.** Action d'approcher ; mouvement par lequel on approche de qqch, qqn : *À l'approche du policier, les voleurs s'enfuirent* (syn. arrivée). - **2.** Proximité d'un événement, d'un moment : *L'approche du danger. À l'approche de la nuit, les clients sont partis* (syn. venue). - **3.** Manière d'aborder un sujet : *L'approche historique d'un roman.* - **4.** Travaux d'approche, ensemble de démarches, de procédés mis en œuvre pour arriver à un but : *Faire des travaux d'approche pour obtenir un poste.* ◆ **approches** n.f.pl. SOUT. Abords d'un lieu : *Les approches de la ville sont verdoyantes* (syn. alentours, environs).

approché, e [apʀɔʃe] adj. À peu près exact : *Voici une estimation approchée de ce que cela coûtera* (syn. approximatif ; contr. précis).

approcher [apʀɔʃe] v.t. (bas lat. *appropiare*, du class. *propre* "près"). - **1.** Mettre près ou plus près de qqn, de qqch : *Approcher une chaise* (syn. rapprocher ; contr. éloigner). - **2.** Venir auprès de qqn ; avoir accès à qqn : *Ne l'approche pas, elle est contagieuse. C'est un homme qu'on ne peut approcher* (syn aborder). ◆ v.t. ind. [de]. Être près d'atteindre qqch dans l'espace ou dans le temps : *Nous approchons de Paris. J'approche de la trentaine.* ◆ v.i. - **1.** Être proche dans le temps : *L'hiver approche* (syn. venir). - **2.** Venir près, plus près de qqn : *Approchez, je voudrais vous parler.* ◆ **s'approcher** v.pr. [de]. Venir, être près de qqn, de qqch : *Le navire s'approcha de la côte* (syn. se rapprocher). *Elle s'est approchée pour me saluer* (syn. s'avancer).

approfondir [apʀɔfɔ̃diʀ] v.t. (conj. 32]. - **1.** Examiner plus avant : *Approfondir une question* (syn. étudier, fouiller). - **2.** Rendre plus profond : *Approfondir un canal* (syn. creuser).

approfondissement [apʀɔfɔ̃disismɑ̃] n.m. Action d'approfondir, d'examiner plus avant : *Je vous proposerai demain un approfondissement de cette première étude.*

appropriation [apʀɔpʀijasjɔ̃] n.f. Action de s'approprier, de se rendre possesseur de qqch : *L'appropriation des moyens de production par la collectivité.*

approprié, e [apʀɔpʀije] adj. Qui convient : *Trouver un traitement approprié* (syn. adéquat, convenable).

approprier [apʀɔpʀije] v.t. (bas lat. *appropriare*, du class. *proprius* "propre") [conj. 10]. Rendre adéquat à un emploi, à une destination : *Approprier un local à un usage commercial* (syn. adapter). *Approprier son discours aux circonstances* (syn. accorder, conformer). ◆ **s'approprier** v.pr. S'attribuer la propriété de qqch : *Il s'est approprié la meilleure chambre* (syn. s'adjuger, s'octroyer).

approuver [apʀuve] v.t. (lat. *approbare*, de *proba* "preuve"). - **1.** Considérer qqch comme juste, louable, convenable : *J'approuve votre prudence* (contr. critiquer). *Il a approuvé notre choix* (syn. souscrire à). - **2.** Donner raison à qqn ; être du même avis que lui : *Je vous approuve de les avoir aidés* (syn. féliciter, louer ; contr. blâmer). - **3.** Autoriser par décision administrative : *Le Sénat a approuvé le budget* (syn. voter ; contr. repousser). - **4.** Lu et approuvé, formule dont le signataire fait précéder sa signature au bas d'un acte, pour en approuver les termes.

approvisionnement [apʀɔvizjɔnmɑ̃] n.m. Action d'approvisionner : *La sécheresse compromet l'approvisionnement en eau de la capitale* (syn. alimentation, ravitaillement).

approvisionner [apʀɔvizjɔne] v.t. - **1.** Munir de provisions, de choses nécessaires à la subsistance, au fonctionnement : *Approvisionner un marché en fruits* (syn. pourvoir, ravitailler). *Alimenter un compte en banque* (= y déposer de l'argent). - **2.** Placer une cartouche, un chargeur dans le magasin d'une arme à feu : *Approvisionner une mitrailleuse.* ◆ **s'approvisionner** v.pr. Faire des provisions, des achats : *S'approvisionner dans tel magasin* (syn. se fournir).

approximatif, ive [apʀɔksimatif, -iv] adj. - **1.** Qui résulte d'une approximation : *Voici un devis approximatif* (syn. approché ; contr. exact). - **2.** Qui n'approche que de loin la réalité : *Sa traduction est très approximative* (syn. imprécis, vague).

approximation [apʀɔksimasjɔ̃] n.f. (du lat. *proximus* "très proche"). - **1.** Évaluation approchée d'un chiffre, d'une grandeur : *Une approximation des dépenses* (syn. aperçu, estimation). - **2.** Ce qui est vague, peu rigoureux : *Ce raisonnement plein d'approximations n'est pas très convaincant.* - **3.** MATH. Calcul par approximations successives, algorithme permettant d'obtenir une solution approchée de plus en plus précise d'un problème numérique.

approximativement [apʀɔksimativmɑ̃] adv. De manière approximative : *La réunion durera approximativement deux heures* (= à peu près ; syn. environ).

appui [apɥi] n.m. (de *appuyer*). - **1.** Ce qui sert à soutenir ou à maintenir la solidité, la stabilité : *Avoir besoin d'un appui pour marcher* (syn. soutien, support). *Barre d'appui d'une fenêtre. Construire un mur d'appui* (syn. soutènement). - **2.** Aide accordée à qqn : *Je compte sur votre appui* (syn. assistance, concours). *Il a des appuis solides* (syn. soutien, protection). - **3.** MIL. Aide fournie par une unité, par une arme à une autre : *Appui aérien, naval.* - **4.** À l'appui (de), pour servir de confirmation : *Voici mes conclusions, preuves à l'appui. À l'appui de ses dires, il a présenté des documents très convaincants.*

appui-bras ou **appuie-bras** [apɥibʀa] n.m. (pl. *appuis-bras, appuie-bras*). Dans un véhicule, support, souvent mobile, permettant d'appuyer le bras (syn. accoudoir, accotoir).

appui-tête ou **appuie-tête** [apɥitɛt] n.m. (pl. *appuis-tête, appuie-tête*). Dispositif adapté au dossier d'un siège et destiné à soutenir la tête, à protéger la nuque en cas de choc (syn. repose-tête).

appuyer [apɥije] v.t. (lat. médiév. *appodiare*, du class. *podium* "base") [conj. 14]. - **1.** Faire reposer une chose sur une autre qui lui sert de support : *Appuyer une échelle contre un mur* (syn. adosser). *Appuie ta tête sur mon épaule* (syn. poser). - **2.** Aider, soutenir qqn, son action par son influence, son autorité, etc. : *Appuyer un candidat auprès de la direction* (syn. patronner, recommander). - **3.** MIL. Apporter une aide, un appui à une troupe, une unité : *Les chars appuient l'infanterie.* ◆ v.t. ind. - **1. [sur, contre]**. Peser plus ou moins fortement, exercer une pression sur qqch : *Appuyer sur une pédale.* - **2.** Se porter vers : *Appuyer sur la droite, à droite.* - **3.** Apporter une importance particulière à qqch : *Il a appuyé sur le mot « indispensable »* (syn. insister sur). *N'appuyez pas trop sur les erreurs* (syn. souligner). ◆ **s'appuyer** v. pr. - **1. [à, sur, contre]**. Prendre appui sur qqch : *S'appuyer à une balustrade.* - **2. [sur]**. Trouver un soutien moral, intellectuel : *S'appuyer sur des témoignages* (syn. se fonder sur). *S'appuyer sur ses parents pour réussir* (syn. se reposer sur). - **3.** FAM. S'appuyer qqch, faire qqch contre son gré : *J'ai dû m'appuyer la vaisselle.*

âpre [apʀ] adj. (lat. *asper*). - **1.** Désagréable au goût : *Fruit âpre* (syn. âcre). - **2.** Qui produit une sensation pénible par la rudesse de son contact, de sa sonorité : *Vent âpre* (syn. perçant). *Voix âpre* (syn. aigre). - **3.** Qui manifeste de la violence, de la dureté : *La lutte entre les factions a été âpre* (syn. brutal, farouche). - **4.** Âpre au gain, avide de faire des bénéfices, des profits ; cupide.

âprement [apʀəmɑ̃] adv. Avec âpreté : *Défendre âprement ses droits* (syn. farouchement).

après [apʀɛ] prép. et adv. (bas lat. *ad pressum*, du class. *pressus* "serré"). - **1.** Indique une relation de postériorité dans le temps : *Je passerai vous voir après les vacances. Je termine avec cette dame, je suis à vous après* (syn. ensuite). - **2.** Indique une relation de postériorité dans l'espace : *Le cinéma est après la mairie. Vous allez jusqu'à l'église, vous tournerez après sur la droite.* - **3.** Indique un degré inférieur dans une hiérarchie, une échelle de valeurs : *Parmi les officiers, le lieutenant vient après le capitaine. L'amusement passe après le travail.* - **4.** Après certains verbes, indique l'hostilité ou le désir : *Les chiens aboient après le facteur. Le concierge crie après tout le monde. Il court après les femmes.* - **5.** S'emploie en composition pour indiquer la postériorité temporelle : *Après-demain. L'après-guerre. L'après-midi.* - **6.** Après cela, ensuite, à la suite de ce qui vient d'être dit ou fait : *Après cela, il nous a fait ses adieux.* | Après quoi, ensuite.

‖ Après tout, tout bien considéré : *Après tout, vous l'avez bien mérité.* ‖ FAM. Être après qqch, s'en occuper activement : *Il est après ce dossier depuis plusieurs semaines.* ‖ FAM. Être après qqn, le harceler : *Il est sans arrêt après moi.* ◆ **après** prép., après que, loc. conj. Marque la postériorité de l'action principale (*après* + inf. ; *après que* + ind.) : *Après avoir tout examiné, ils se retirèrent. Bien des années après qu'ils furent partis, on reconstruisit la maison.* **Rem.** Influencée par celle de *avant que*, la construction *après que* + *subj.*, bien qu'ayant tendance à se répandre, reste considérée comme fautive. ◆ **d'après** prép. - **1.** Selon les propos de ; en se rapportant à : *D'après le témoin, il y aurait eu quatre coups de feu* (syn. selon). - **2.** En prenant pour modèle, pour référence : *Peindre d'après nature.*

après-demain [apʀɛdmɛ̃] adv. Au second jour après celui où l'on est : *C'est mardi, je reviendrai après-demain jeudi.*

après-guerre [apʀɛgɛʀ] n.m. ou f. (pl. *après-guerres*). Époque qui suit la guerre.

après-midi [apʀɛmidi] n.m. ou f. inv. Partie de la journée comprise entre midi et le soir : *Passer ses après-midi au cinéma.*

après-rasage [apʀɛʀazaʒ] adj. inv. et n.m. (pl. *après-rasages*). Se dit d'une lotion, d'un baume que les hommes appliquent sur la peau pour calmer le feu du rasoir : *Acheter un après-rasage* (syn. after-shave).

après-ski [apʀɛski] n.m. (pl. *après-skis*). Chaussure fourrée, bottillon que l'on porte par temps de neige, à la montagne, lorsqu'on ne skie pas.

après-soleil [apʀɛsɔlɛj] n.m. (pl. *après-soleils*). Produit cosmétique hydratant la peau après l'exposition au soleil.

après-vente [apʀɛvɑ̃t] adj. inv. Service après-vente, dans une entreprise, service qui assure la mise en marche, l'entretien et la réparation des produits vendus.

âpreté [ɑpʀəte] n.f. - **1.** Caractère de ce qui est âpre : *L'âpreté d'un fruit* (syn. âcreté). *L'âpreté de l'hiver* (syn. rigueur). - **2.** Caractère d'actes ou de paroles rudes ou brutaux : *Se défendre avec âpreté* (syn. acharnement).

a priori [apʀijɔʀi] loc. adv. (loc. lat. "en partant de ce qui précède"). En se fondant sur des données admises avant toute expérience (par opp. à *a posteriori*) : *A priori, je ne vois pas d'objection* (= à première vue). ◆ loc. adj. inv. Admis avant toute expérience : *Jugements a priori.* ◆ n.m. inv. Préjugé qui ne tient pas compte des réalités : *Avoir des a priori.*

à-propos [apʀɔpo] n.m. inv. Justesse et rapidité d'une réaction, d'une repartie : *Répondre avec à-propos* (syn. pertinence). *Faire preuve d'à-propos* (= présence d'esprit).

apte [apt] adj. [à] (lat. *aptus*). Qui a les qualités nécessaires pour : *Être déclaré apte au service militaire.*

aptère [aptɛʀ] adj. (gr. *apteros*, de *a-* priv. et de *pteron* "aile"). - **1.** ZOOL. Sans ailes : *La puce, le pou sont des insectes aptères.* - **2.** ANTIQ. Victoire aptère, statue allégorique de la victoire, représentée sans ailes (pour qu'elle reste à Athènes). ‖ ARCHIT. Temple aptère, temple sans colonnes sur les faces latérales.

aptéryx [apteʀiks] n.m. (de *a-* priv. et du gr. *pterux* "aile"). Oiseau de Nouvelle-Zélande dont les ailes sont presque inexistantes et dont les plumes, brunâtres, ressemblent à des crins (nom usuel *kiwi*). □ Sous-classe des ratites ; haut. 30 cm environ.

aptitude [aptityd] n.f. (bas lat. *aptitudo*, du class. *aptus* "apte"). - **1.** Disposition naturelle ou acquise permettant à qqn de faire qqch : *Avoir une grande aptitude à s'adapter à n'importe quel milieu* (syn. capacité). *Cette élève a des aptitudes pour la science* (syn. prédisposition). - **2.** Fait d'être apte au service militaire. - **3.** DR. Capacité ; habilitation : *Aptitude à recevoir un legs.*

apurement [apyʀmɑ̃] n.m. DR. Opérations par lesquelles on vérifie un compte, on prouve qu'il peut être soldé et le comptable reconnu quitte.

apurer [apyʀe] v.t. (de *pur*). DR. Procéder à l'apurement d'un compte.

aquaculture [akwakyltyʀ] et **aquiculture** [akɥikyltyʀ] n.f. (du lat. *aqua* "eau" et de *culture*). Élevage des animaux aquatiques ; culture des plantes aquatiques dans un but commercial. ◆ **aquaculteur, trice** et **aquiculteur, trice** n. Noms de l'éleveur.

aquafortiste [akwafɔʀtist] n. (de l'it. *acquaforte* "eau-forte"). Graveur à l'eau-forte.

aquaplaning [akwaplaniŋ] et **aquaplanage** [akwaplanaʒ] n.m. (du lat. *aqua* "eau", de *planer*). Perte d'adhérence d'un véhicule automobile, due à la présence d'une mince pellicule d'eau entre la chaussée et les pneus.

aquarelle [akwaʀɛl] n.f. (it. *acquarella* "couleur détrempée", de *acqua* "eau"). - **1.** Peinture délayée à l'eau, légère, transparente, appliquée le plus souvent sur du papier blanc : *Peindre à l'aquarelle.* - **2.** Œuvre exécutée selon ce procédé : *Les aquarelles de Delacroix.*

aquarelliste [akwaʀelist] n. Personne qui peint à l'aquarelle.

aquariophilie [akwaʀjɔfili] n.f. (de *aquarium* et *-philie*). Élevage en aquarium de poissons d'ornement. ◆ **aquariophile** n. Nom du spécialiste.

aquarium [akwaʀjɔm] n.m. (mot lat. "réservoir", de *aqua* "eau"). - **1.** Réservoir transparent dans lequel on élève des animaux, des plantes aquatiques. - **2.** Établissement où sont élevés et exposés des animaux d'aquarium : *L'aquarium de La Rochelle.*

aquatinte [akwatɛ̃t] n.f. (it. *acqua tinta* "eau teintée"). Gravure à l'eau-forte imitant le lavis.

aquatique [akwatik] adj. (lat. *aquaticus*, de *aqua* "eau"). - **1.** Qui croît, qui vit dans l'eau ou près de l'eau : *Plante, insecte aquatique.* - **2.** Où il y a de l'eau : *Paysage aquatique.*

aqueduc [akdyk] n.m. (lat. *aquaeductus*, de *aqua* "eau" et *ductus* "conduite"). - **1.** Canal d'adduction d'eau, aérien ou souterrain. - **2.** Pont supportant un canal, une conduite d'adduction d'eau.

aqueux, euse [akø, -øz] adj. (lat *acquosus*, de *aqua* "eau"). - **1.** Qui est de la nature de l'eau ; qui ressemble à de l'eau : *Des vapeurs aqueuses.* - **2.** Qui contient de l'eau, trop d'eau : *Fruit aqueux.* - **3.** Humeur aqueuse, liquide contenu dans la chambre antérieure de l'œil. ‖ Solution aqueuse, solution dont l'eau est le solvant.

aquicole → aquacole.

aquiculteur, trice n., **aquiculture** n.f. → aquaculture.

aquifère [akɥifɛʀ] adj. (du lat. *aqua* "eau" et de -*fère*). Qui contient de l'eau en grande quantité : *Nappe aquifère.*

aquilin [akilɛ̃] adj.m. (lat. *aquilinus*, de *aquila* "aigle"). Nez aquilin, ressemblant à un bec d'aigle.

aquilon [akilɔ̃] n.m. (lat. *aquilo, -onis*, en raison de la rapidité d'aigle [*aquila*] de ce vent). POÉT. Vent du nord.

aquitain, e [akitɛ̃, -ɛn] adj. et n. D'Aquitaine.

ara [aʀa] n.m. (mot du tupi-guarani). Grand perroquet d'Amérique latine, à longue queue et au plumage vivement coloré.

arabe [aʀab] adj. et n. (lat. *arabus*, du gr.). - **1.** Relatif aux peuples parlant l'arabe. - **2.** Chiffres arabes, ensemble de dix signes (de 0 à 9) utilisés pour représenter les nombres (par opp. à *chiffres romains*). ◆ n.m. Langue sémitique parlée principalement dans le nord de l'Afrique et au Moyen-Orient.

arabesque [aʀabɛsk] n.f. (it. *arabesco* "arabe"). - **1.** Ornement peint ou sculpté fondé sur la répétition symétrique de motifs végétaux très stylisés : *Les arabesques des médaillons coraniques.* - **2.** Ligne sinueuse, formée de courbes : *La fumée de sa cigarette dessine des arabesques.* - **3.** Figure d'équilibre de la danse académique.

arabique [aʀabik] adj. - **1.** De l'Arabie. - **2.** Gomme arabique → gomme.

arabisant, e [aʀabizã, -ãt] n. et adj. Spécialiste de la langue ou de la civilisation arabe.

arabisation [aʀabizasjɔ̃] n.f. Action d'arabiser ; fait d'être arabisé.

arabiser [aʀabize] v.t. Donner un caractère arabe à : *Arabiser l'enseignement* (= l'assurer en langue arabe).

arable [aʀabl] adj. (lat. *arabilis*, de *arare* "labourer"). Se dit d'un sol propre à la culture : *Les terres arables de la plaine littorale* (syn. cultivable).

arabophone [aʀabɔfɔn] adj. et n. (de *arabe* et -*phone*). De langue arabe ; qui parle l'arabe : *Pays arabophones.*

arachide [aʀaʃid] n.f. (lat. *arachidna*, du gr.). Légumineuse annuelle, originaire d'Amérique du Sud, cultivée dans les pays chauds et dont la graine, la cacahuète, fournit de l'huile par pression ou est consommée après torréfaction. □ Famille des papilionacées.

arachnéen, enne [aʀaknéɛ̃, -ɛn] adj. (du gr. *arakhnê* "araignée"). - **1.** Propre à l'araignée. - **2.** Qui a la légèreté, la finesse de la toile d'araignée : *Dentelle arachnéenne.*

arachnide [aʀaknid] n.m. (du gr. *arakhnê* "araignée"). Arachnides, classe d'arthropodes terrestres, sans antennes ni mandibules, comprenant les araignées, les scorpions, les acariens, les faucheux.

arachnoïde [aʀaknɔid] n.f. (gr. *arachnoeidês* "semblable à une toile d'araignée"). ANAT. Une des trois méninges, située entre la pie-mère et la dure-mère.

araignée [aʀeɲe] n.f. (lat. *aranea*). - **1.** Animal articulé à quatre paires de pattes et à abdomen non segmenté. □ Classe des arachnides ; sous-classe des aranéides. - **2.** BOUCH. Morceau de bœuf constitué des muscles de la paroi abdominale. - **3.** PÊCHE. Filet ténu à mailles carrées. - **4.** TECHNOL. Crochet de fer à plusieurs branches. - **5.** FAM. Avoir une araignée au plafond, avoir l'esprit dérangé. - **6.** Araignée de mer. Grand crabe comestible aux longues pattes.

araire [aʀɛʀ] n.m. (lat. *aratrum*, de *arare* "labourer"). Instrument de labour qui rejette la terre de part et d'autre du sillon (à la différence de la charrue, qui la retourne).

araméen, enne [aʀameɛ̃, -ɛn] adj. Qui appartient aux Araméens. ◆ araméen n.m. Langue sémitique parlée princ. pendant l'Antiquité dans tout le Proche-Orient.

arasement [aʀazmã] n.m. Action d'araser ; fait d'être arasé.

araser [aʀaze] v.t. (du lat. *radere* "raser"). - **1.** User un relief, une surface jusqu'à disparition des saillies : *Massif arasé par l'érosion* (syn. aplanir). - **2.** Mettre de niveau : *Araser la dernière assise d'un mur* (syn. niveler).

aratoire [aratwar] adj. (du lat. *arare* "labourer"). Qui concerne le travail de la terre, des champs : *Les instruments aratoires.*

araucaria [arokarja] n.m. (de *Arauco*, n. d'une ville du Chili). Arbre d'Amérique du Sud et d'Océanie, souvent cultivé dans les parcs européens. □ Famille des pinacées.

arbalète [arbalɛt] n.f. (bas lat. *arcuballista*, du class. *arcus* "arc" et *ballista* "baliste"). Arme de trait composée d'un arc d'acier, bandé à la main ou par un mécanisme.

arbalétrier [arbaletrije] n.m. Soldat armé d'une arbalète.

arbitrage [arbitraʒ] n.m. -**1.** Action de régler un litige en tant qu'arbitre ; sentence ainsi rendue : *Avoir recours à l'arbitrage de l'inspecteur du travail* (syn. médiation). -**2.** Action de contrôler la régularité d'une compétition sportive en tant qu'arbitre : *L'arbitrage d'un match de football.*

arbitraire [arbitrɛr] adj. (lat. *arbitrarius*, de *arbiter*, "maître"). Qui dépend de la seule volonté, du libre choix, souvent aux dépens de la justice ou de la raison : *Donner à « X » une valeur arbitraire* (syn. conventionnel). *Arrestation arbitraire* (syn. injustifié).
◆ n.m. -**1.** Caractère de ce qui est arbitraire ; pouvoir despotique : *Le règne de l'arbitraire* (syn. autoritarisme). -**2.** LING. Arbitraire du signe, absence de relation de nécessité entre la forme et le contenu du signe (le signifiant et le signifié).

arbitrairement [arbitrɛrmɑ̃] adv. De façon arbitraire : *Un symbole choisi arbitrairement.*

1. arbitre [arbitr] n.m. (lat. *arbiter*). -**1.** Personne choisie par les parties intéressées pour trancher un différend : *Ils ont choisi le maire comme arbitre* (syn. médiateur). -**2.** Personne, groupe possédant un poids suffisant pour imposer sa volonté : *Être l'arbitre d'une crise politique* (= l'élément qui peut faire pencher la balance d'un côté ou de l'autre). -**3.** Personne chargée de diriger une rencontre sportive ou un jeu dans le respect des règlements.

2. arbitre [arbitr] n.m. (lat. *arbitrium*, de *arbiter* "arbitre, maître"). **Libre arbitre**, faculté de se déterminer par la seule volonté, hors de toute sollicitation extérieure : *User de son libre arbitre* (= agir hors de toute contrainte).

arbitrer [arbitre] v.t. Juger ou contrôler en qualité d'arbitre : *Arbitrer un match, un litige.*

arboré, e [arbɔre] adj. Planté d'arbres.

arborer [arbɔre] v.t. (it. *arborare* "dresser comme un arbre"). -**1.** Élever au bout d'une hampe : *Arborer un étendard. Arborer les couleurs* (syn. hisser). -**2.** Porter avec ostentation : *Arborer un insigne à sa boutonnière* (syn. exhiber). -**3.** Montrer ouvertement pour attirer l'attention : *Arborer un sourire de circonstance* (syn. afficher).

arborescence [arbɔresɑ̃s] n.f. -**1.** État d'un végétal arborescent. -**2.** Partie arborescente d'un végétal. -**3.** Forme arborescente : *Les arborescences du givre.*

arborescent, e [arbɔresɑ̃, -ɑ̃t] adj. (lat. *arborescens*, de *arbor* "arbre"). Qui a la forme d'un arbre : *Fougères arborescentes.*

arboretum [arbɔretɔm] n.m. (mot lat.). Plantation d'arbres de nombreuses espèces sur un même terrain, en vue de leur étude botanique.

arboricole [arbɔrikɔl] adj. -**1.** Qui vit sur les arbres, en parlant d'un animal. -**2.** Qui concerne l'arboriculture.

arboriculture [arbɔrikyltyr] n.f. (du lat. *arbor* "arbre", et de *culture*). Culture des arbres et, en partic., des arbres fruitiers.
◆ **arboriculteur, trice** n. Nom du spécialiste.

arborisation [arbɔrizasjɔ̃] n.f. (du lat. *arbor* "arbre"). Dessin naturel évoquant des ramifications : *Les arborisations du givre, de l'agate.*

arbouse [arbuz] n.f. (prov. *arbousso*, du lat. *arbutum*). Fruit de l'arbousier, dont on fait une liqueur.

arbousier [arbuzje] n.m. Arbrisseau du Midi, à feuilles rappelant celles du laurier, dont le fruit, comestible, est l'arbouse. □ Famille des éricacées ; haut. max. 5 m.

arbre [arbr] n.m. (lat. *arbor*). -**1.** Végétal ligneux vivace dont la tige, ou tronc, fixée au sol par des racines, n'est chargée de branches et de feuilles qu'à partir d'une certaine hauteur : *Arbres fruitiers.* -**2.** MÉCAN. Axe qui transmet un mouvement ou le transforme : *Arbre à cames.* -**3.** Objet, représentation dont la forme évoque les ramifications d'un arbre : *L'arbre syntaxique d'une phrase.* -**4.** Arbre de Judée, dont les fleurs roses apparaissent, au printemps, avant les feuilles. ‖ Arbre généalogique, représentation graphique en forme d'arbre dont les ramifications figurent la filiation des membres d'une famille. -**5.** ANAT. Arbre de vie. Arborisation que forme la substance blanche du cervelet en se découpant sur la substance grise.

arbrisseau [arbriso] n.m. (lat. pop. *arboriscellus*, du class. *arbor* "arbre"). Végétal ligneux à tige ramifiée dès la base, qui ne s'élève qu'à une faible hauteur (1 à 4 m) ; petit arbre très touffu, souvent en buisson. □ Les botanistes établissent une distinction entre l'*arbrisseau* (tige ramifiée dès la base ; haut. 1 à 4 m) et l'*arbuste* (tronc non ramifié à sa base ; haut. jusqu'à 10 m).

arbuste [aʀbyst] n.m. (lat. *arbustum*). Végétal ligneux dont la tige n'est pas ramifiée dès la base et dont la hauteur ne dépasse pas 10 m ; arbre de petite taille.

arbustif, ive [aʀbystif, -iv] adj. - **1.** Relatif à l'arbuste ; composé d'arbustes : *Végétation arbustive.* - **2.** De la taille d'un arbuste : *Plantes arbustives.*

arc [aʀk] n.m. (lat. *arcus*). - **1.** Arme formée d'une tige flexible dont les extrémités sont reliées par une corde que l'on tend fortement pour lancer des flèches : *Tir à l'arc.* - **2.** Objet, forme, ligne dont la courbure rappelle celle d'un arc : *L'arc des sourcils.* - **3.** Partie, portion courbe de certains organes : *Arc du côlon, de l'aorte.* - **4.** ARCHIT Partie d'un édifice franchissant un espace en dessinant une ou plusieurs courbes : *Arc en plein cintre.* - **5.** Arc de triomphe, monument commémoratif formant une grande arcade ornée de bas-reliefs, d'inscriptions, etc. ‖ GÉOM Arc de cercle, ensemble des points d'un cercle situés d'un même côté d'une corde ; au fig., courbe quelconque : *La route décrit un arc de cercle.* ‖ PHYS Arc électrique, conduction gazeuse qui s'établit entre deux conducteurs, accompagnée d'une température et d'une lumière intenses. ‖ PHYSIOL Arc réflexe, trajet parcouru par l'influx nerveux provoquant un réflexe.

1. arcade [aʀkad] n.f. (it. *arcata*, de *arco* "arc"). - **1.** Ouverture faite d'un arc reposant sur deux piédroits, piliers ou colonnes. - **2.** (Au pl.). Galerie à arcades : *Les arcades de la rue de Rivoli, à Paris.* - **3.** ANAT Organe, partie du corps en forme d'arc : *Arcade dentaire. Arcade sourcilière.*

2. arcade [aʀkad] n.f. (angl. *arcade* "galerie marchande"). - **1.** HELV. Local commercial. - **2.** Jeu d'arcade, jeu vidéo payant installé dans un lieu public.

arcane [aʀkan] n.m. (lat. *arcanum* "secret"). - **1.** Dans le langage des alchimistes, opération mystérieuse dont le secret est connu des seuls initiés. - **2.** LITT. (Au pl. ; vieilli au sing.) Toute chose mystérieuse, spécial. pour le profane : *Les arcanes de la politique* (syn. mystère, secret).

arc-boutant [aʀkbutɑ̃] n.m. (de *arc* et *bouter* "pousser") [pl. *arcs-boutants*]. Maçonnerie en arc élevée à l'extérieur d'un édifice pour soutenir un mur en reportant la poussée des voûtes sur une culée, caractéristique de l'architecture gothique.

arc-bouter [aʀkbute] v.t. Soutenir une construction au moyen d'un arc-boutant : *Arc-bouter une voûte.* ◆ **s'arc-bouter** v.pr. [contre, à, sur]. Prendre fortement appui sur une partie du corps pour exercer un effort de résistance : *S'arc-bouter contre une porte pour la maintenir fermée.*

arceau [aʀso] n.m. (lat. pop. **arcellus*, du class. *arcus* "arc"). - **1.** ARCHIT Partie cintrée d'une voûte ou d'une ouverture, comprenant au plus un quart de cercle. - **2.** Objet en forme de petit arc : *Les arceaux d'un jeu de croquet.*

arc-en-ciel [aʀkɑ̃sjɛl] n.m. (pl. *arcs-en-ciel*). Arc lumineux coloré parfois visible dans le ciel, à l'opposé du soleil, pendant une averse. ◆ adj. inv. Qui présente les couleurs de l'arc-en-ciel : *Un foulard arc-en-ciel* (syn. multicolore).

archaïque [aʀkaik] adj. (v. *archaïsme*). - **1.** Qui appartient à une époque passée ; qui n'est plus en usage : *Tournure archaïque* (syn. désuet, démodé). - **2.** BX-A Antérieur aux époques classiques ; primitif : *Style archaïque.*

archaïsant, e [aʀkaizɑ̃, -ɑ̃t] adj. et n. Qui a les caractères de l'archaïsme : *Tournure archaïsante.*

archaïsme [aʀkaism] n.m. (gr. *arkhaismos*, de *arkhaios* "ancien"). - **1.** Caractère de ce qui est très ancien, de ce qui est périmé : *L'archaïsme d'un procédé de fabrication* (contr. modernité). - **2.** Forme, tournure langagière qui n'est plus en usage : *« S'éjouir », « aucuns » sont deux archaïsmes pour « se réjouir » et « quelques-uns ».*

archange [aʀkɑ̃ʒ] n.m. (gr. *arkhangelos*). Ange d'un ordre supérieur : *Les archanges Gabriel, Michel et Raphaël.*

1. arche [aʀʃ] n.f. (lat. *arcus*). - **1.** Partie d'un pont formée de la voûte prenant appui sur les deux piles qui la portent. - **2.** Petite voûte en berceau percée dans une construction de peu d'épaisseur. - **3.** Four pour recuire le verre.

2. arche [aʀʃ] n.f. (lat. *arca* "coffre"). - **1.** Vaisseau que, selon la Bible, Noé construisit sur l'ordre de Dieu pour sauver du Déluge sa famille et les espèces animales. - **2.** Arche d'alliance, coffre où les Hébreux gardaient les Tables de la Loi ; de nos jours, armoire où est enfermé le rouleau de la Torah.

archéologie [aʀkeɔlɔʒi] n.f. (de *archéo-* et *-logie*). Étude scientifique des civilisations qui se sont succédé depuis l'apparition de l'homme, notamm. par l'analyse des vestiges matériels mis au jour par les fouilles. ◆ **archéologue** n. Nom du spécialiste.

archéologique [aʀkeɔlɔʒik] adj. Propre à l'archéologie : *Des fouilles archéologiques.*

archéoptéryx [aʀkeɔpteʀiks] n.m. (de *archéo-*, et du gr. *pterux* "aile"). Oiseau fossile du jurassique présentant des caractères reptiliens.

archer [aʀʃe] n.m. Tireur à l'arc.

archerie [aʀʃəʀi] n.f. - **1.** Technique du tir à l'arc. - **2.** Matériel du tireur à l'arc.

archet [aʁʃɛ] n.m. (de *arc*). Baguette souple tendue de crins, qui sert à faire vibrer, par frottement, les cordes de certains instruments (violon, violoncelle, etc.).

archétype [aʁketip] n.m. (gr. *arkhetupon* "modèle primitif"). - 1. Modèle original ou idéal d'après lequel sont bâtis un ouvrage, une œuvre : « *Œdipe roi* » *est l'archétype des tragédies antiques.* - 2. PSYCHAN. Chez Jung, élément universel issu de l'inconscient collectif et se manifestant spécial. dans la structure des mythes de l'humanité : *Le dragon, archétype du monstre légendaire.* - 3. PHILOS. Idée, forme du monde intelligible sur laquelle sont construits les objets du monde sensible, chez Platon ; idée qui sert de modèle à une autre, pour les empiristes.

archevêché [aʁʃəveʃe] n.m. Étendue de la juridiction d'un archevêque ; sa résidence.

archevêque [aʁʃəvɛk] n.m. (lat. *archiepiscopus* ; v. *évêque*). Évêque d'une province ecclésiastique qui comprend plusieurs diocèses.

archi-, préfixe, de l'élément gr. *archi-*, de *arkhein* " commander ", exprimant un superlatif, une intensité extrême (*archi-faux, archiconnu*) ou indiquant un rang hiérarchique supérieur (*archiduc, archiphonème*).

archidiacre [aʁʃidjakʁ] n.m. Prélat responsable de l'administration d'une partie du diocèse, sous l'autorité de l'évêque.

archiduc [aʁʃidyk] n.m. Prince de la maison d'Autriche.

archiduchesse [aʁʃidyʃɛs] n.f. - 1. Princesse de la maison d'Autriche. - 2. Épouse, fille d'un archiduc.

archiépiscopat [aʁʃiepiskɔpa] n.m. (v. *archevêque*). Dignité d'archevêque ; durée de sa fonction.

archimandrite [aʁʃimɑ̃dʁit] n.m. (lat. *archimandrita*, mot gr., de *mandra* "enclos"). Titre porté par les supérieurs de certains monastères importants dans les Églises orientales.

archipel [aʁʃipɛl] n.m. (it. *acipelago*, du gr. *pelagos* "mer"). Groupe d'îles : *L'archipel des Cyclades.*

archiphonème [aʁʃifɔnɛm] n.m. LING. Phonème dont les traits pertinents sont communs à deux autres phonèmes qui ne peuvent se distinguer dans une position donnée : /e/ *et* /œ/ *ne peuvent s'opposer à l'initiale de* « *ergot* », *où apparaît l'archiphonème* /E/.

architecte [aʁʃitɛkt] n. (gr. *arkhitektôn* "maître constructeur"). - 1. Personne qui conçoit le projet et la réalisation d'un édifice, d'un bâtiment, etc., et qui en contrôle l'exécution. - 2. LITT. Personne qui conçoit un ensemble, une organisation complexe et qui participe à sa réalisation : *Homme politique*

qui a été l'architecte d'une importante réforme (le maître d'œuvre). - 3. Architecte naval, ingénieur en construction navale chargé de la conception d'un navire, d'une plate-forme marine, etc.

architectonique [aʁʃitɛktɔnik] n.f. Ensemble des règles techniques propres à l'architecture. ◆ adj. Relatif à l'architectonique.

architectural, e, aux [aʁʃitɛktyʁal, -o] adj. Relatif à l'architecture ; qui évoque une œuvre d'architecture : *La structure architecturale d'un tableau.*

architecture [aʁʃitɛktyʁ] n.f. - 1. Art de concevoir et de construire un bâtiment selon des règles techniques et des canons esthétiques déterminés ; science de l'architecte. - 2. LITT. Structure, organisation : *L'architecture d'un roman.*

architecturer [aʁʃitɛktyʁe] v.t. Construire, agencer une œuvre avec rigueur.

architrave [aʁʃitʁav] n.f. (it. *architrave*, du lat. *trabes* "poutre"). ARCHIT. Partie inférieure (linteau ou plate-bande) d'un entablement, reposant directement sur les supports.

archivage [aʁʃivaʒ] n.m. Action d'archiver ; fait d'être archivé.

archiver [aʁʃive] v.t. Recueillir et classer dans des archives des documents : *Archiver des contrats.*

archives [aʁʃiv] n.f. pl. (bas lat. *archivum*, gr. *arkheion* "ce qui est ancien"). - 1. Ensemble des documents relatifs à l'histoire d'une ville, d'une famille, etc., propres à une entreprise, à une administration, etc. : *Les archives royales.* - 2. Lieu où sont conservés de tels documents : *Aller aux archives.*

archiviste [aʁʃivist] n. Spécialiste de la conservation, du classement, de l'étude des archives.

archivolte [aʁʃivɔlt] n.f. (it. *archivolto* "voûte maîtresse"). ARCHIT. Face verticale à moulures d'un arc.

archonte [aʁkɔ̃t] n.m. (gr. *arkhôn, -ontos*, de *arkhein* "commander"). Haut magistrat, dans diverses cités grecques anciennes.

arçon [aʁsɔ̃] n.m. (lat. pop. *arcio*, class. *arcus* "arc"). - 1. Armature de la selle, formée de deux arcades, du pommeau et de la partie postérieure : *Vider les arçons* (= tomber de cheval). *Rester ferme sur ses arçons* (= se tenir bien en selle). - 2. Sarment de vigne, rameau d'arbre fruitier que l'on courbe en arc pour lui faire produire plus de fruits.

arctique [aʁktik] adj. (gr. *arktikos*). Du pôle Nord et des régions environnantes.

ardemment [aʁdamɑ̃] adv. Avec ardeur : *Je souhaite ardemment votre retour.*

ardent, e [aʁdɑ̃, -ɑ̃t] adj. (lat. *ardens* "brûlant"). - 1. Qui brûle, chauffe fortement :

Soleil ardent (syn. **brûlant**). - **2.** Passionné, impétueux, en parlant d'un sentiment, d'un comportement : *Mener une lutte ardente contre les abus* (syn. **acharné**). *Une discussion ardente* (syn. **vif**). *Une ardente conviction* (syn. **profond**). - **3.** Plein de fougue ; empressé : *Tempérament ardent. Il est ardent au travail.* - **4.** **Chapelle ardente**, chambre mortuaire éclairée de cierges.

ardeur [aʀdœʀ] n.f. (lat. *ardor*, de *ardere* "brûler"). - **1.** Force qui pousse à faire qqch ; force que l'on met à faire qqch : *Montrer de l'ardeur au travail* (syn. **empressement**, **zèle**). *L'ardeur des combattants* (syn. **impétuosité**). - **2.** LITT. Chaleur extrême : *L'ardeur du soleil.*

ardillon [aʀdijɔ̃] n.m. (de l'anc. fr. *hart* "corde", du germ.). Pointe métallique d'une boucle de ceinture, de courroie.

ardoise [aʀdwaz] n.f. (orig. incert., p.-ê celtique *ard* "haut"). - **1.** Roche schisteuse, gris foncé, se divisant facilement en plaques minces et servant notamm. à couvrir les toits. - **2.** Tablette, naguère faite d'ardoise, sur laquelle on peut écrire à la craie ou avec un crayon spécial (dit *crayon d'ardoise*). - **3.** FAM. Somme due, crédit ouvert chez un commerçant : *Avoir une ardoise chez le boucher.*

ardoisé, e [aʀdwaze] adj. De la couleur grise de l'ardoise.

ardoisier, ère [aʀdwazje, -ɛʀ] adj. - **1.** De la nature de l'ardoise. - **2.** Relatif à l'ardoise : *Industrie ardoisière.*

ardoisière [aʀdwazjɛʀ] n.f. Carrière d'ardoise.

ardu, e [aʀdy] adj. (lat. *arduus*). Difficile à mener à bien, à comprendre, à résoudre : *Un travail ardu* (syn. **pénible**). *Une question ardue* (syn. **compliqué**).

are [aʀ] n.m. (lat. *area* 'surface'). Unité de mesure des surfaces agraires. □ Symb. a ; l'are vaut 100 mètres carrés.

arec [aʀɛk] et **aréquier** [aʀekje] n.m. (port. *areca*). Palmier à tige élancée de l'Asie du Sud-Est, dont le fruit est la *noix d'arec.*

aréique [aʀeik] adj. (de *a*- priv., et du gr. *rhein* 'couler'). Privé d'écoulement régulier des eaux, en parlant d'une région, d'un sol : *Le Sahara est une région aréique.*

arène [aʀɛn] n.f. (lat. *arena* "sable"). - **1.** ANTIQ. ROM. Espace sablé d'un cirque, d'un amphithéâtre où se déroulaient les jeux. - **2.** Aire sablée sur laquelle ont lieu les courses de taureaux. - **3.** Espace public où s'affrontent les partis, les courants d'idées, etc. : *L'arène politique.* - **4.** GÉOL. Sable de texture grossière, résultant de la désagrégation de roches cristallines. ◆ **arènes** n.f. pl. Édifice où se déroulaient les jeux, où ont lieu les courses de taureaux : *Les arènes de Nîmes.*

arénicole [aʀenikɔl] adj. (de *arène* et *-cole*). Qui vit dans le sable, en parlant d'un animal, d'une plante.

aréole [aʀeɔl] n.f. (lat. *areola*, dimin. de *area* "aire"). - **1.** ANAT. Cercle pigmenté qui entoure le mamelon du sein. - **2.** PATHOL. Zone rougeâtre qui entoure un point inflammatoire.

aréomètre [aʀeɔmɛtʀ] n.m. (du gr. *araios* "peu dense", et de *-mètre*). Instrument servant à déterminer la densité d'un liquide (on dit aussi *densimètre*).

aréopage [aʀeɔpaʒ] n.m. (lat. *areopagus*, du gr. *Areios pagos* "colline d'Arès"). - **1.** ANTIQ. L'Aréopage, tribunal d'Athènes qui siégeait sur la colline consacrée à Arès et qui surveillait les magistrats, interprétait les lois et jugeait les meurtres. - **2.** LITT. Assemblée de personnes compétentes, savantes : *Un aréopage de critiques littéraires.*

aréquier n.m. → **arec**.

arête [aʀɛt] n.f. (lat. *arista* "épi"). - **1.** Os du squelette des poissons. - **2.** ANAT. Ligne osseuse saillante : *Arête du nez.* - **3.** Angle saillant formé par la rencontre de deux surfaces : *Arête d'un mur.* - **4.** Barbe de l'épi de certaines graminées (orge, seigle, etc.). - **5.** MATH. Droite commune à deux plans sécants : *Un cube à douze arêtes.* - **6.** GÉOGR. Ligne qui sépare les deux versants d'une montagne : *Une arête rocheuse.*

arêtier [aʀetje] n.m. CONSTR. Pièce de charpente formant l'arête saillante d'un toit.

argent [aʀʒɑ̃] n.m. (lat. *argentum*). - **1.** Métal précieux blanc, brillant, très ductile. □ Symb. Ag. - **2.** Monnaie, en pièces ou en billets ; richesse qu'elle représente : *Peux-tu me prêter de l'argent ? Avoir de l'argent sur son compte en banque.* - **3.** **Argent de poche**, somme destinée à de petites dépenses personnelles. ‖ **En avoir, en vouloir pour son argent**, en proportion de ce qu'on a déboursé ; au fig., suivant l'importance de l'effort entrepris. ‖ **Faire de l'argent**, s'enrichir. ‖ **Homme, femme d'argent**, qui aime l'argent, qui sait le faire fructifier.

argentan [aʀʒɑ̃tɑ̃] et **argenton** [aʀʒɑ̃tɔ̃] n.m. Alliage de nickel, de cuivre et de zinc, dont la couleur blanche rappelle celle de l'argent.

argenté, e [aʀʒɑ̃te] adj. - **1.** Recouvert d'argent : *Cuillère en métal argenté.* - **2.** LITT. Qui évoque l'argent, par sa couleur ou son éclat : *Flots argentés.* - **3.** FAM. Qui a de l'argent : *Il n'est pas très argenté* (syn. **fortuné**).

argenterie [aʀʒɑ̃tʀi] n.f. Vaisselle et accessoires de table en argent.

argentier [aʀʒɑ̃tje] n.m. - **1.** HIST. Officier de la maison du roi chargé de l'ameublement et de l'habillement. - **2.** FAM. **Grand argentier**, ministre des Finances.

argentifère [aʀʒɑ̃tifɛʀ] adj. Qui renferme de l'argent, en parlant d'un minerai : *Du plomb argentifère.*

argentin, e [aʀʒɑ̃tɛ̃, -in] adj. Dont le son clair évoque celui de l'argent : *Tintement argentin d'un carillon.*

argenton n.m. → **argentan.**

argenture [aʀʒɑ̃tyʀ] n.f. Dépôt d'une couche d'argent à la surface d'une pièce.

argile [aʀʒil] n.f. (lat. *argilla*). -**1.** Roche sédimentaire meuble, imperméable, grasse au toucher, et qui, imbibée d'eau, peut être façonnée : *Vase en argile.* -**2.** Argile à silex, argile brune, avec des rognons durs de silex résultant de la dissolution sur place des calcaires à silex. ‖ **Argile rouge**, dépôt argileux marin des grandes profondeurs.

argileux, euse [aʀʒilø, -øz] adj. Qui contient de l'argile : *Une terre argileuse.*

argon [aʀgɔ̃] n.m. (du gr. *argos* "inactif"). Gaz inerte, incolore, constituant environ le centième de l'atmosphère terrestre. □ Symb. Ar.

argonaute [aʀgɔnot] n.m. (gr. *Argonautês,* n. mythol.). Mollusque des mers chaudes, dont la femelle fabrique une coquille calcaire blanche pour abriter sa ponte. □ Classe des céphalopodes ; long. 60 cm env.

argot [aʀgo] n.m. (orig. obsc.). -**1.** Langage des malfaiteurs, du milieu. -**2.** Vocabulaire particulier à un groupe social, à une profession : *Argot scolaire.*

argotique [aʀgɔtik] adj. Qui appartient à l'argot : *Vocabulaire argotique.*

argotisme [aʀgɔtism] n.m. Mot, expression argotique.

arguer [aʀgɥe] v.t. (lat. *arguere* "prouver") [conj. 8]. -**1.** Tirer comme conséquence : *Que peut-on arguer de ce témoignage ?* (syn. déduire, conclure). -**2.** Prétexter : *Il a argué qu'il avait oublié l'heure.* ◆ v.t. ind. [de]. Se servir comme argument, comme prétexte de qqch : *Arguer de son ignorance* (syn. se prévaloir de).

argument [aʀgymɑ̃] n.m. (lat. *argumentum* ; v. *arguer*). -**1.** Preuve, raison qui vient à l'appui d'une affirmation, d'une thèse, d'une demande : *Ses arguments ne sont pas très convaincants.* -**2.** Résumé du sujet d'une œuvre littéraire : *L'argument d'une pièce de théâtre.* -**3.** LOG. Proposition ou assemblée de propositions dont on cherche à tirer une conséquence. -**4.** MATH. Argument d'une fonction, variable correspondant à un élément de l'ensemble de départ de la fonction.

argumentaire [aʀgymɑ̃tɛʀ] n.m. -**1.** Ensemble d'arguments à l'appui d'une opinion. -**2.** Liste d'arguments de vente à l'usage du vendeur.

argumentation [aʀgymɑ̃tasjɔ̃] n.f. Action d'argumenter ; ensemble d'arguments : *Être sensible à la force d'une argumentation.*

argumenter [aʀgymɑ̃te] v.i. -**1.** Présenter des arguments sur, contre qqn, qqch : *Argumenter avec ses contradicteurs* (syn. discuter). -**2.** LOG. Tirer des conséquences. ◆ v.t. Justifier, appuyer par des arguments un discours, un exposé, etc. : *Argumenter avec soin une démonstration.*

argus [aʀgys] n.m. (lat. *Argus,* n. d'un géant aux cent yeux). Publication spécialisée, donnant des informations précises et chiffrées, notamm. sur certaines transactions : *L'argus de l'automobile.*

argutie [aʀgysi] n.f. (lat. *argutia* "subtilité"). Raisonnement d'une subtilité excessive : *Des arguties juridiques.*

aria [aʀja] n.f. (mot it.). -**1.** MUS. Mélodie vocale ou instrumentale, avec accompagnement. -**2.** Grand air chanté par un soliste, dans un opéra.

arianisme [aʀjanism] n.m. (du n. d'*Arius*). Hérésie d'Arius et de ses adeptes.

aride [aʀid] adj. (lat. *aridus*). -**1.** Sec, privé d'humidité : *Climat aride.* -**2.** Difficile et dépourvu d'attrait : *Sujet, travail aride* (syn. ingrat). -**3.** LITT. Insensible, sans générosité ni imagination : *Cœur aride.*

aridité [aʀidite] n.f. État de ce qui est aride : *L'aridité d'un sol. L'aridité d'un travail* (syn. austérité).

arien, enne [aʀjɛ̃, -ɛn] adj. et n. De l'arianisme ; adepte de l'arianisme. **Rem.** À distinguer de *aryen, enne.*

ariette [aʀjɛt] n.f. (it. *arietta*). MUS. Courte mélodie de caractère gracieux.

ariser ou **arriser** [aʀize] v.t. (de 2. *ris*). MAR. Diminuer la surface d'une voile en prenant des ris.

aristocrate [aʀistɔkʀat] n. et adj. Membre de l'aristocratie.

aristocratie [aʀistɔkʀasi] n.f. (du gr. *aristos* "excellent", et de *-cratie*). -**1.** Classe des nobles (syn. noblesse). -**2.** Gouvernement exercé par cette classe. -**3.** LITT. Petit nombre de personnes qui se distinguent dans un domaine quelconque ; élite : *L'aristocratie du talent.*

aristocratique [aʀistɔkʀatik] adj. -**1.** De l'aristocratie : *Un gouvernement aristocratique.* -**2.** Digne d'un aristocrate : *Des manières aristocratiques* (syn. distingué, raffiné).

aristoloche [aʀistɔlɔʃ] n.f. (gr. *aristolokhia,* de *aristos* "très propre à" et *lokheia* "accouchement", cette plante étant connue pour faciliter les accouchements). Plante grimpante, à fleurs jaunes en tube. □ Groupe des apétales.

aristotélicien, enne [aʀistɔtelisjɛ̃, -ɛn] adj. et n. Relatif à l'aristotélisme ; adepte de cette philosophie.

aristotélisme [aʀistɔtelism] n.m. - **1.** Philosophie d'Aristote. - **2.** Courant philosophique médiéval, qui interprétait l'œuvre d'Aristote à partir des théologies chrétienne et musulmane.

1. arithmétique [aʀitmetik] adj. - **1.** Qui relève de l'arithmétique : *Opération arithmétique.* - **2.** Moyenne, progression arithmétique → moyenne, progression.

2. arithmétique [aʀitmetik] n.f. (gr. *arithmêtikê* "science des nombres"). - **1.** (Sens class.). Partie des mathématiques qui étudie les propriétés élémentaires des nombres entiers et rationnels. - **2.** (Sens mod.). Théorie des nombres mettant en jeu les méthodes de la géométrie algébrique et la théorie des groupes.

arlequin [aʀlǝkɛ̃] n.m. (anc. fr. *Hellequin*, n. d'un diable). - **1.** Personnage dont le vêtement bariolé imite celui d'Arlequin. - **2.** LITT. Habit d'arlequin, ensemble composé de parties disparates.

armada [aʀmada] n.f. (de l'*Invincible Armada*). LITT. Grande quantité de personnes ou de choses : *Une armada de camions. Une armada de clients* (syn. foule).

armagnac [aʀmaɲak] n.m. Eau-de-vie de vin produite dans l'Armagnac.

armateur [aʀmatœʀ] n.m. Personne qui arme, exploite un navire dont elle est propriétaire ou locataire.

armature [aʀmatyʀ] n.f. (lat. *armatura* "armure"). - **1.** Assemblage de pièces, génér. métalliques, formant l'ossature, la charpente d'un objet, d'un ouvrage, etc., ou destiné à le renforcer, à le soutenir : *L'armature d'un abat-jour.* - **2.** Partie rigide qui soutend un bonnet de soutien-gorge. - **3.** Base d'un projet, d'une organisation ; ce qui soutient, maintient en place : *L'armature d'un système politique.* - **4.** MUS. Ensemble des altérations (dièses, bémols) qui constituent la tonalité d'une pièce musicale, placée après la clé et avant le chiffre de mesure (syn. armure).

arme [aʀm] n.f. (lat. *arma* "armes"). - **1.** Objet, appareil, engin servant à attaquer ou à défendre : *Quelle est l'arme du crime ?* - **2.** Moyen quelconque d'attaque : *Avoir pour seule arme son éloquence.* - **3.** Élément de l'armée de terre chargé d'une mission particulière au combat (infanterie, artillerie, blindés). - **4.** Arme à feu, qui emploie la force

explosive de la poudre. ‖ **Arme blanche,** arme de main dont l'action résulte d'une partie en métal (poignard, par ex.). ‖ **Armes spéciales,** armes nucléaires, biologiques ou chimiques par opp. aux *armes classiques* ou *conventionnelles.* ‖ FAM. Passer l'arme à gauche, mourir. ◆ **armes** n.f. pl. - **1.** (Précédé de l'art. déf.). Carrière militaire. - **2.** Pratique de l'épée, du fleuret, du sabre ; pratique de l'escrime : *Salle, maître d'armes.* - **3.** HÉRALD. Armoiries : *Les armes de Paris.* - **4.** Faire ses premières armes, débuter dans la carrière militaire ; au fig., débuter dans une carrière, une entreprise : *Elle a fait ses premières armes dans la publicité.* ‖ Fait d'armes, exploit militaire, acte de bravoure. ‖ Passer qqn par les armes, le fusiller. ‖ Prendre les armes, se soulever, combattre. ‖ Prise d'armes, cérémonie militaire rassemblant les troupes.

armé, e [aʀme] adj. - **1.** Muni d'une arme : *Des bandes armées.* - **2.** Pourvu d'une armature interne de métal ou d'une enveloppe protectrice : *Béton armé.*

armée [aʀme] n.f. (de *armer*). - **1.** Ensemble des forces militaires d'un État : *Armée de l'air, de mer.* - **2.** HIST. Ensemble des hommes réunis sous un commandement militaire unique en vue d'opérations déterminées : *L'armée d'Italie.* - **3.** Grande unité terrestre groupant plusieurs divisions : *Général d'armée.* - **4.** Grande quantité de personnes : *Une armée de supporters* (syn. foule). - **5.** Grande Armée, commandée par Napoléon Ier de 1805 à 1814.

armement [aʀmǝmã] n.m. - **1.** Action d'armer un soldat, un lieu, etc., de donner les moyens d'attaquer ou de se défendre : *Procéder à l'armement des recrues.* - **2.** Ensemble des armes dont est équipé qqn, qqch : *Armement d'une compagnie.* - **3.** (Souvent au pl.). Ensemble des moyens dont dispose un État pour assurer sa sécurité : *Course aux armements.* - **4.** MAR. Action de munir un navire de ce qui est nécessaire à son fonctionnement et à sa sécurité.

arménien, enne [aʀmenjɛ̃, -ɛn] adj. et n. D'Arménie. ◆ **arménien** n.m. Langue indo-européenne de la région caucasienne.

armer [aʀme] v.t. (lat. *armare*). - **1.** Pourvoir d'armes qqn, un lieu : *Armer des volontaires. Armer une forteresse.* - **2.** Lever et équiper des troupes : *Armer cent mille hommes.* - **3.** Donner à qqn les moyens d'affronter une situation : *Ses études l'ont bien armée pour le métier.* - **4.** MAR. Procéder à l'armement d'un navire. - **5.** Mettre une arme, un mécanisme, etc., en état de fonctionner (souvent, par tension d'un ressort) : *Armer un appareil photo.* ◆ **s'armer** v.pr. [de]. Faire provision de, se munir de : *S'armer de patience.*

armistice [aʀmistis] n.m. (du lat. *arma* "armes" et *sistere* "s'arrêter"). Convention par laquelle des chefs militaires suspendent les hostilités sans mettre fin à l'état de guerre.

armoire [aʀmwaʀ] n.f. (lat. *armarium*). - **1.** Meuble de rangement, à tablettes, fermé par des portes. - **2.** FAM. Armoire à glace, personne de forte carrure.

armoiries [aʀmwaʀi] n.f. pl. (de l'anc. fr. *armoyer* "orner d'armes héraldiques"). Ensemble des signes, devises et ornements de l'écu d'un État, d'une ville, d'une famille, etc. (syn. armes).

armoise [aʀmwaz] n.f. (lat. *artemisia* "plante d'Artémis"). Plante aromatique représentée par plusieurs espèces dont l'absinthe, le génépi et l'estragon. □ Famille des composées.

armorial [aʀmɔʀjal] n.m. (pl. *armoriaux*). Recueil d'armoiries : *L'armorial de la France*.

armoricain, e [aʀmɔʀikɛ̃, -ɛn] adj. et n. De l'Armorique.

armorier [aʀmɔʀje] v.t. [9]. Orner d'armoiries : *Armorier de la vaisselle*.

armure [aʀmyʀ] n.f. (lat. *armatura*). - **1.** Ensemble des défenses métalliques qui protégeaient le corps de l'homme d'armes au Moyen Âge. - **2.** Mode d'entrecroisement des fils de chaîne et de trame d'un tissu : *Armure toile*. - **3.** MUS. Armature.

armurerie [aʀmyʀʀi] n.f. Atelier, magasin d'armurier.

armurier [aʀmyʀje] n.m. - **1.** Personne qui fabrique, répare ou vend des armes. - **2.** MIL. Personne chargée de l'entretien des armes.

A. R. N., sigle de *acide ribonucléique,* désignant un constituant du cytoplasme et du noyau cellulaire qui joue un grand rôle dans le transport du message génétique et la synthèse des protéines.

arnaque [aʀnak] n.f. FAM. Escroquerie, tromperie.

arnaquer [aʀnake] v.t. (var. de *harnacher*). - **1.** Tromper qqn en s'emparant d'une partie de son dû : *Arnaquer un client* (syn. escroquer, duper). - **2.** Arrêter, appréhender : *Se faire arnaquer par la police.*

arnaqueur [aʀnakœʀ] n.m. FAM. Escroc, filou.

arnica [aʀnika] n.m. ou f. (gr. *ptarmika* "[plantes] sternutatoires"). - **1.** Plante vivace des montagnes, à fleurs jaunes. □ Famille des composées ; haut. 50 cm. - **2.** Teinture extraite de cette plante, utilisée contre les contusions.

aromate [aʀɔmat] n.m. (du lat. *aroma, -atis,* mot gr.). Substance végétale odoriférante

utilisée en médecine, en parfumerie ou en cuisine.

aromatique [aʀɔmatik] adj. - **1.** De la nature des aromates ; qui en a le parfum, odoriférant. - **2.** CHIM. Se dit d'un composé dont la molécule renferme au moins un noyau benzénique : *Hydrocarbures aromatiques.*

aromatiser [aʀɔmatize] v.t. (Surtout au p. passé). Parfumer avec une substance aromatique : *Chocolat aromatisé.*

arôme [aʀom] n.m. (gr. *arôma* "parfum"). Émanation odorante dont s'exhale de certaines substances végétales ou animales : *L'arôme d'un vin* (syn. bouquet).

aronde [aʀɔ̃d] n.f. (lat. *hirundo*). - **1.** vx. Hirondelle. - **2.** Assemblage à queue d'aronde, assemblage à mortaise en forme de queue d'hirondelle.

arpège [aʀpɛʒ] n.m. (it. *arpeggio*). MUS. Accord dont on égrène rapidement les notes.

arpéger [aʀpeʒe] v.t. [conj. 22]. MUS. Exécuter, jouer en arpège : *Arpéger un accord.*

arpent [aʀpɑ̃] n.m. (gaul. *arepennis*). Ancienne mesure agraire pour les bois et les vignes (de 35 à 50 ares).

arpentage [aʀpɑ̃taʒ] n.m. Évaluation de la superficie des terres selon les techniques de l'arpenteur.

arpenter [aʀpɑ̃te] v.t. - **1.** Mesurer la superficie d'un terrain. - **2.** Parcourir à grands pas : *Il arpentait la cour de long en large.*

arpenteur [aʀpɑ̃tœʀ] n.m. Professionnel spécialiste des levés de terrain et des calculs de surface.

arqué, e [aʀke] adj. Courbé en arc : *Jambes arquées.*

arquebuse [aʀkəbyz] n.f. (néerl. *Hakebusse* "mousquet à crochet"). Anc. arme d'épaule (en usage en France de la fin du XVe s. au début du XVIIe), dont la mise à feu se faisait au moyen d'une mèche ou d'un rouet.

arquebusier [aʀkəbyzje] n.m. Soldat armé d'une arquebuse.

arquer [aʀke] v.t. (de *arc*). Courber en arc : *Arquer une pièce de bois.*

arrachage [aʀaʃaʒ] n.m. Action d'arracher qqch.

arraché [aʀaʃe] n.m. - **1.** SPORTS. Exercice d'haltérophilie consistant à soulever la barre d'un seul mouvement continu au-dessus de la tête au bout d'un ou des deux bras tendus. - **2.** FAM. À l'arraché, grâce à un effort violent, et souvent de justesse : *Victoire remportée à l'arraché.*

arrachement [aʀaʃmɑ̃] n.m. - **1.** Action d'arracher, de détacher par un effort violent : *L'arrachement d'une dent.* - **2.** Séparation brutale, moralement douloureuse : *Cette* *séparation a été un arrachement* (syn. déchirement).

d'arrache-pied [aʀaʃpje] loc. adv. Avec acharnement et persévérance : *Travailler d'arrache-pied.*

arracher [aʀaʃe] v.t. (du lat. *eradicare* "déraciner"). - **1.** Enlever de terre : *Arracher des mauvaises herbes.* - **2.** Enlever de force : *Il lui arracha son arme.* - **3.** Obtenir avec peine, de force ou par ruse : *Arracher un aveu* (syn. soutirer). *Arracher la victoire* (syn. enlever). - **4.** Détacher, séparer, soustraire par la force ou avec peine : *Arracher une affiche. Arracher une dent* (syn. extraire). ◆ **s'arracher** v.pr. [de, à]. - **1.** S'éloigner ; quitter à regret : *S'arracher d'un lieu.* - **2.** S'arracher les cheveux, être désespéré. ‖ S'arracher qqn, se disputer sa présence.

arracheur [aʀaʃœʀ] n.m. FAM. Mentir comme un arracheur de dents, mentir effrontément.

arraisonnement [aʀɛzɔnmã] n.m. Action d'arraisonner un navire, un avion.

arraisonner [aʀɛzɔne] v.t. (du lat. *ratio* "compte"). - **1.** Arrêter en mer un navire et contrôler son état sanitaire, sa cargaison, l'identité de son équipage, etc. - **2.** Contrôler en vol un avion.

arrangeant, e [aʀãʒã, -ãt] adj. Avec qui on s'arrange facilement : *Il n'est pas très arrangeant* (syn. conciliant).

arrangement [aʀãʒmã] n.m. - **1.** Action d'arranger ; manière dont une chose, des choses sont arrangées, disposées, agencées : *Modifier l'arrangement d'un local* (syn. agencement). - **2.** Accord amiable conclu entre deux parties : *Trouver un arrangement* (syn. compromis). - **3.** MUS. Transformation d'une œuvre en vue de son exécution par des voix, des instruments ou des ensembles différents. - **4.** MATH. Arrangement de *p* éléments d'un ensemble de *n* éléments, tout groupement ordonné de *p* éléments pris parmi les *n* éléments de l'ensemble.

arranger [aʀãʒe] v.t. (de *ranger*) [conj. 17]. - **1.** Mettre en ordre, disposer harmonieusement : *Arranger des fleurs en bouquet* (syn. disposer). - **2.** Mettre ou remettre en ordre, en place, en état : *Arranger une montre* (syn. réparer). *Arranger sa coiffure.* - **3.** Modifier pour adapter à sa destination : *Arranger un vêtement. Arranger une nouvelle pour la télévision.* - **4.** MUS. Procéder à l'arrangement d'une œuvre musicale. - **5.** Régler de manière satisfaisante : *Arranger un différend.* - **6.** Préparer, organiser : *Arranger un rendez-vous entre deux personnes* (syn. ménager). - **7.** Convenir à qqn, satisfaire : *Ce changement de date m'arrange bien.* ◆ **s'arranger** v.pr. - **1.** Se mettre d'accord ; s'entendre : *Ils se sont arrangés à l'amiable.* - **2.** Finir bien ; évoluer favorable-

ment : *Tout peut encore s'arranger.* - **3.** S'arranger de, se contenter de qqch, malgré les inconvénients : *La pièce est petite, mais on s'en arrangera.* ‖ S'arranger pour (+ inf.), prendre ses dispositions pour : *S'arranger pour arriver à l'heure.*

arrangeur, euse [aʀãʒœʀ, -øz] n. Personne qui fait un arrangement musical.

arrérages [aʀeʀaʒ] n.m. pl. (de *arrière*). DR. - **1.** Intérêts versés au titulaire d'une rente ou d'une pension. - **2.** Ce qui reste dû d'une rente, d'un revenu quelconque.

arrestation [aʀɛstasjɔ̃] n.f. Action d'arrêter qqn par autorité de justice ou de police ; résultat, durée de cette action : *L'arrestation d'un criminel. Être en état d'arrestation.*

arrêt [aʀɛ] n.m. - **1.** Action d'arrêter, de s'arrêter : *L'arrêt des véhicules au feu rouge. Un arrêt de travail* (= une grève). *L'arrêt des hostilités* (syn. interruption). - **2.** Endroit où s'arrête un véhicule de transport en commun : *Arrêt d'autobus* (syn. station). - **3.** Pièce, dispositif destinés à arrêter, à bloquer un élément mobile : *Un couteau à cran d'arrêt.* - **4.** Décision rendue par une juridiction supérieure : *Arrêt de la Cour de cassation* (syn. jugement). - **5.** Chien d'arrêt, chien de chasse qui s'immobilise quand il sent le gibier (par opp. *à chien courant*). ‖ Coup d'arrêt, interruption brutale imposée à un mouvement, à un processus : *La guerre a été un coup d'arrêt au développement du pays.* ‖ Être, tomber en arrêt devant qqch, rester immobile sous l'effet de la surprise, de l'intérêt, de la convoitise, etc. ‖ Maison d'arrêt, prison réservée aux personnes soumises à la détention provisoire et aux condamnés à une courte peine. ‖ Sans arrêt, continuellement : *Il parle sans arrêt.* ◆ **arrêts** n.m. pl. Punition infligée à un militaire, l'astreignant à rester en dehors du service en un lieu déterminé : *Être, mettre aux arrêts.*

1. **arrêté** [aʀete] n.m. Décision exécutoire de certaines autorités administratives : *Un arrêté préfectoral, ministériel.*

2. **arrêté, e** [aʀete] adj. Définitif ; irrévocable : *Avoir une idée arrêtée sur la question.*

arrêter [aʀete] v.t. (du lat. *restare* "s'arrêter"). - **1.** Empêcher d'avancer, d'agir ; interrompre le mouvement, la marche, le fonctionnement, le déroulement de : *Arrêter une voiture* (syn. stopper, immobiliser). *Arrêter un passant pour lui demander l'heure* (syn. aborder, retenir). - **2.** Appréhender qqn et le retenir prisonnier : *Arrêter un malfaiteur.* - **3.** COUT. Nouer les fils ou, maintenir au moyen d'un point ou d'une série de points : *Arrêter une couture, les mailles d'un tricot.* - **4.** Déterminer de façon définitive : *Arrêter une date* (syn. fixer). - **5.** Arrêter son regard, sa pensée sur

qqn, qqch, s'y attarder, y prêter attention.
- **6.** Arrêter de (+ inf.), s'interrompre dans une activité : *Elle a arrêté d'écrire* (syn. cesser). ‖ Ne pas arrêter de (+ inf.), faire qqch de manière systématique, répétitive : *Il n'arrête pas de parler d'elle.* ◆ v.i. - **1.** Cesser d'avancer, de faire qqch : *Demander au chauffeur d'arrêter* (syn. stopper). - **2.** CHASSE. Se tenir immobile, en parlant d'un chien qui a senti le gibier. ◆ **s'arrêter** v.pr. - **1.** Cesser d'avancer, de parler, d'agir, de fonctionner : *S'arrêter au café. Ma montre s'est arrêtée.* - **2.** Ne pas aller au-delà d'un certain point, se terminer : *Le chemin s'arrête ici.* - **3.** S'arrêter à qqch, s'y maintenir après réflexion ; y prêter attention : *S'arrêter au projet le plus économique. S'arrêter à des détails.*

arrhes [aʀ] n.f. pl. (lat. *arrha* "gage"). Somme d'argent qu'une partie verse à la conclusion d'un contrat pour en assurer l'exécution : *Demander, verser des arrhes.*

arriération [aʀjeʀasjɔ̃] n.f. Arriération mentale, grave déficit intellectuel congénital.

1. **arrière** [aʀjɛʀ] adv. (lat. pop. *ad retro,* renforcement par la prép. *ad* du class. *retro* "en arrière"). - **1.** Dans des locutions (souvent nominalisées), indique la direction opposée à celle de la marche, de la progression : *La marche arrière d'un véhicule* (= qui permet de reculer). *Naviguer vent arrière* (= avec le vent en poupe). *Arrière toute !* (= faites machine arrière [sur un bateau]). - **2.** S'emploie en composition avec certains noms pour indiquer l'antériorité spatiale (réelle ou figurée), l'antériorité temporelle, un certain degré d'éloignement dans une relation : *L'arrière-pays. Une arrière-pensée. L'arrière-grand-mère.* - **3.** Faire machine arrière, sur un bateau, inverser le sens de la marche de façon à reculer ; au fig., se rétracter après avoir avancé ou proposé qqch. ◆ interj. S'emploie pour s'écarter qqn de qqch : *Allons, arrière, les badauds !* ◆ adj. inv. Situé à l'arrière (par opp. à *avant*) : *Roues arrière d'un véhicule.* ◆ **en arrière** loc. adv. Indique un point de l'espace situé dans la direction opposée à celle de la marche, du regard ; indique un moment du passé : *Plusieurs traînards sont restés en arrière* (syn. derrière). *Revenir en arrière* (= se reporter, par la pensée, à une période antérieure).

2. **arrière** [aʀjɛʀ] n.m. - **1.** Partie postérieure (par opp. à *avant*) : *L'arrière d'un véhicule, d'un navire. Les bagages sont à l'arrière.* - **2.** Zone en dehors des combats en temps de guerre (par opp. à *front*). ◆ n. Joueur, joueuse placé(e) près du but de son équipe et ayant essentiellement un rôle de défenseur, dans les sports collectifs. ◆ **arrières** n.m. pl. MIL. Zone située derrière la ligne de front et par laquelle une armée assure son ravitaillement et ses communications.

arriéré, e [aʀjeʀe] adj. - **1.** Se dit d'une dette demeurée impayée. - **2.** Qui appartient à une époque révolue : *Idées arriérées* (syn. démodé). - **3.** Qui n'a que fort peu été touché par le progrès : *Pays arriéré.* ◆ adj. et n. Qui souffre d'arriération mentale. ◆ **arriéré** n.m. Somme qui n'a pas été payée à la date convenue : *Acquitter un arriéré.*

arrière-ban [aʀjɛʀbɑ̃] n.m. (pl. *arrière-bans*). Convoquer, lever le ban et l'arrière-ban → ban.

arrière-boutique [aʀjɛʀbutik] n.f. (pl. *arrière-boutiques*). Pièce située derrière une boutique.

arrière-cour [aʀjɛʀkur] n.f. (pl. *arrière-cours*). Cour située à l'arrière d'un bâtiment et servant de dégagement.

arrière-garde [aʀjɛʀgaʀd] n.f. (pl. *arrière-gardes*). - **1.** Détachement de sûreté agissant en arrière d'une troupe en marche pour la couvrir et la renseigner. - **2.** Mener un combat d'arrière-garde, mener un combat pour retarder des changements inévitables.

arrière-gorge [aʀjɛʀgɔʀʒ] n.f. (pl. *arrière-gorges*). Partie du pharynx située derrière les amygdales.

arrière-goût [aʀjɛʀgu] n.m. (pl. *arrière-goûts*). - **1.** Goût que laisse dans la bouche un mets, une boisson, et qui diffère de ce qu'on avait d'abord senti : *Un arrière-goût de brûlé.* - **2.** Sentiment qui subsiste après le fait qui l'a provoqué : *Un arrière-goût d'amertume.*

arrière-grand-mère [aʀjɛʀgʀɑ̃mɛʀ] n.f. (pl. *arrière-grands-mères*). Mère du grand-père ou de la grand-mère.

arrière-grand-père [aʀjɛʀgʀɑ̃pɛʀ] n.m. (pl. *arrière-grands-pères*). Père du grand-père ou de la grand-mère.

arrière-grands-parents [aʀjɛʀgʀɑ̃paʀɑ̃] n.m. pl. Le père et la mère des grands-parents.

arrière-pays [aʀjɛʀpei] n.m. inv. Région située en arrière des côtes ; l'intérieur (par opp. à *littoral*).

arrière-pensée [aʀjɛʀpɑ̃se] n.f. (pl. *arrière-pensées*). Pensée, intention qu'on ne manifeste pas : *Agir sans arrière-pensée* (syn. calcul).

arrière-petit-fils [aʀjɛʀpətifis] n.m., **arrière-petite-fille** [aʀjɛʀpətitfij] n.f. (pl. *arrière-petits-fils, arrière-petites-filles*). Fils, fille du petit-fils ou de la petite-fille.

arrière-petits-enfants [aʀjɛʀpətizɑ̃fɑ̃] n.m. pl. Enfants du petit-fils, de la petite-fille.

arrière-plan [aʀjɛʀplɑ̃] n.m. (pl. *arrière-plans*). - **1.** Plan du fond, dans une perspective (par opp. à *premier plan*). - **2.** À l'arrière-plan, dans une position secondaire : *Reléguer qqn à l'arrière-plan.*

arrière-saison [aʀjɛʀsɛzɔ̃] n.f. (pl. *arrière-saisons*). Période qui termine la belle saison ; fin de l'automne.

arrière-salle [aʀjɛʀsal] n.f. (pl. *arrière-salles*). Salle située derrière la salle principale.

arrière-train [aʀjɛʀtʀɛ̃] n.m. (pl. *arrière-trains*). Partie postérieure du corps d'un quadrupède.

arrimage [aʀimaʒ] n.m. Action d'arrimer : *L'arrimage d'un navire.*

arrimer [aʀime] v.t. (du moyen angl. *rimen* "arranger"). Disposer méthodiquement et fixer solidement le chargement d'un navire, d'un véhicule, d'un avion.

arriser v.t. → **ariser**.

arrivage [aʀivaʒ] n.m. Arrivée de marchandises, de matériel, par un moyen de transport quelconque ; ces marchandises elles-mêmes : *Un arrivage tardif de légumes.*

arrivant, e [aʀivɑ̃, -ɑ̃t] n. Personne qui arrive quelque part : *Accueillir les nouveaux arrivants.*

arrivé, e [aʀive] adj. et n. Qui est arrivé, parvenu quelque part : *Les premiers arrivés ont eu les meilleures places.* ◆ adj. Qui a réussi socialement. *Aujourd'hui, elle considère qu'elle est arrivée.*

arrivée [aʀive] n.f. - 1. Action d'arriver ; moment où cette action se produit : *L'arrivée du train. L'arrivée des voyageurs. Franchir l'arrivée.* - 2. Arrivée d'air, d'essence, etc., alimentation en air, en essence, etc. ; canalisation, ouverture par laquelle se fait cette alimentation.

arriver [aʀive] v.i. (lat. pop. *arripare* "accoster", du class. *ripa* "rive") [auxil. *être*]. - 1. Parvenir à destination, au terme de sa route : *Le train arrive à 16 heures. Les invités sont arrivés.* - 2. Venir de quelque part ; approcher : *Arriver de l'étranger. L'hiver arrive.* - 3. Parvenir à une situation jugée supérieure sur le plan social : *Vouloir arriver à tout prix* (syn. réussir). - 4. Se produire, avoir lieu : *Tout peut arriver* (syn. advenir, survenir). ◆ v.t.ind. [à]. - 1. Atteindre un état ; aborder une étape : *Arriver à un âge avancé. Arriver à la conclusion.* - 2. Atteindre une certaine taille, un certain niveau, etc. : *Il lui arrive à l'épaule.* - 3. Réussir à obtenir qqch : *Arriver à convaincre qqn* (syn. parvenir). - 4. En arriver à (+ n.), aborder un nouveau point dans l'examen de qqch : *J'en arrive à la nuit du crime* (syn. en venir à). ‖ En arriver à (+ inf.), aboutir à tel comportement : *J'en suis arrivé à me méfier de lui.* ◆ v. impers. - 1. Se produire, survenir : *Qu'est-il arrivé ici ?* - 2. Se produire parfois, faire partie des éventualités : *Il arrive que je sorte. Il m'arrive de sortir.*

arrivisme [aʀivism] n.m. État d'esprit, comportement de l'arriviste.

arriviste [aʀivist] n. et adj. (de *arriver*). Personne qui veut réussir à tout prix : *Un politicien arriviste.*

arrogance [aʀɔgɑ̃s] n.f. Orgueil qui se manifeste par des manières hautaines, méprisantes (syn. morgue).

arrogant, e [aʀɔgɑ̃, -ɑ̃t] adj. et n. (lat. *arrogans* "qui revendique"). Qui témoigne de l'arrogance : *Parler d'un ton arrogant* (syn. hautain).

s' arroger [aʀɔʒe] v.pr. (lat. *arrogare* "demander pour soi") [conj. 17]. S'attribuer indûment : *Ils se sont arrogé des pouvoirs excessifs* (syn. s'approprier).

arroi [aʀwa] n.m. (de l'anc. fr. *arroyer* "arranger", du germ. *red* "moyen"). LITT. Équipage, appareil entourant un grand personnage : *Arriver en grand arroi.*

arrondi, e [aʀɔ̃di] adj. et n.f. PHON. Se dit d'une voyelle articulée avec les lèvres projetées en avant. ◆ **arrondi** n.m. Partie, ligne arrondie : *L'arrondi d'une jupe.*

arrondir [aʀɔ̃diʀ] v.t. [conj. 32]. - 1. Donner une forme ronde, courbe à : *Arrondir ses lettres en écrivant. Arrondir l'ourlet d'une jupe* (= l'égaliser). - 2. Agrandir, étendre qqch pour constituer un ensemble plus important : *Arrondir sa fortune* (syn. augmenter). - 3. Substituer, à la valeur numérique, une valeur approchée, sans décimale ou avec un nombre entier de dizaines, de centaines, etc. : *Arrondir un résultat. Arrondir au franc supérieur.* - 4. Arrondir les angles → angle. ◆ **s'arrondir** v.pr. Prendre de l'embonpoint : *Ma taille s'arrondit.*

1. **arrondissement** [aʀɔ̃dismɑ̃] n.m. (de *arrondir*). Subdivision administrative des départements et de certaines grandes villes : *Paris est divisé en vingt arrondissements.*

2. **arrondissement** [aʀɔ̃dismɑ̃] n.m. Action d'arrondir une valeur numérique pour obtenir un chiffre rond : *L'arrondissement au franc inférieur.*

arrosage [aʀozaʒ] n.m. Action d'arroser : *Tuyau d'arrosage.*

arrosé, e [aʀoze] adj. - 1. Qui reçoit de l'eau, des précipitations : *La Normandie est une région très arrosée.* - 2. Irrigué : *Régions arrosées par la Seine.* - 3. FAM. Accompagné de vin, d'alcool : *Repas bien arrosé.*

arroser [aʀoze] v.t. (lat. pop. *arrosare*, du class. *ros* "rosée"). - 1. Mouiller en répandant de l'eau ou un liquide ; asperger : *Arroser des plantes. Les enfants s'amusent à nous arroser. Arroser un rôti.* - 2. Couler à travers ; irriguer : *La Loire arrose Tours.* - 3. Répandre abondamment qqch sur ; inonder : *Des projecteurs arrosent le château d'une vive lumière.* - 4. Bombarder longuement et méthodiquement : *Arroser les lignes ennemies.* - 5. Servir avec du vin, de l'alcool : *Arroser copieusement un repas.* - 6. Inviter à boire à l'occasion d'un événement : *Arroser sa promotion* (syn. fêter).

- **7.** FAM. Verser de l'argent à qqn pour obtenir une faveur : *Arroser un personnage influent* (syn. corrompre).

arroseur [aʀozœʀ] n.m. -**1.** Personne qui arrose. -**2.** Appareil, dispositif pour arroser. -**3.** FAM. L'arroseur arrosé, celui qui est victime de ses propres machinations.

arroseuse [aʀozøz] n.f. Véhicule destiné à l'arrosage des rues.

arrosoir [aʀozwaʀ] n.m. Récipient portatif servant à l'arrosage des plantes.

arsenal [aʀsənal] n.m. (it. *arsenale,* de l'ar.). [pl. *arsenaux*]. -**1.** Centre de construction et d'entretien des navires de guerre : *L'arsenal de Toulon.* -**2.** Anc. Fabrique d'armes et de matériel militaire. -**3.** Grande quantité d'armes : *La police a découvert un arsenal clandestin.* -**4.** Ensemble de moyens d'action, de lutte : *L'arsenal des lois.* -**5.** Équipement, matériel compliqué : *L'arsenal d'un photographe.*

arsenic [aʀsənik] n.m. (lat. *arsenicum,* du gr. *arsenikos* "mâle"). Corps simple de couleur grise, à l'éclat métallique. □ Symb. As. Son oxyde appelé *arsenic blanc* est très toxique.

arsenical, e, aux [aʀsənikal, -o] et **arsénié, e** [aʀsenje] adj. Qui contient de l'arsenic.

art [aʀ] n.m. (lat. *ars, artis*). -**1.** Aptitude, habileté à faire qqch : *Avoir l'art de plaire, d'émouvoir.* -**2.** Ensemble des moyens, des procédés, des règles intéressant une activité, une profession : *Art culinaire. Faire qqch dans les règles de l'art.* -**3.** Ouvrage contenant les préceptes, les règles d'une discipline : « *L'Art poétique »,* de Boileau. -**4.** Expression, à travers les formes les plus variées, de la notion idéale de beau ; ensemble des activités humaines créatrices qui traduisent cette expression ; ensemble des œuvres artistiques d'une aire culturelle, d'une époque : *Amateur d'art. L'art chinois. L'art roman.* -**5.** Manière de faire qui manifeste un goût, une recherche, un sens esthétique : *Disposer un bouquet avec art.* -**6.** Chacun des domaines où s'exerce la création esthétique, artistique : *L'enluminure, art du Moyen Âge.* -**7.** Art nouveau, arts décoratifs, arts plastiques → nouveau, décoratif, plastique. ‖ Homme de l'art, spécialiste d'une discipline ; médecin. ‖ L'art pour l'art, doctrine littéraire qui fait de la perfection formelle le but ultime de l'art. ‖ Le septième art, le cinéma. ◆ **arts** n.m. pl. Ensemble de disciplines artistiques, notamm. celles qui sont consacrées à la beauté des lignes et des formes, appelées aussi *beaux-arts.*

artefact [aʀtefakt] n.m. (mot angl., du lat. *artis facta* "effets de l'art"). DIDACT. Phénomène d'origine artificielle ou accidentelle,

rencontré au cours d'une observation ou d'une expérience.

artère [aʀtɛʀ] n.f. (lat. *arteria,* mot gr.). -**1.** Vaisseau qui porte le sang du cœur aux organes : *Artère pulmonaire.* -**2.** Voie de communication urbaine : *Ces deux avenues sont les principales artères de la ville.*

artériel, elle [aʀteʀjɛl] adj. Des artères : *Pression artérielle.*

artériographie [aʀteʀjɔgʀafi] n.f. Radiographie des artères et de leurs branches après injection directe d'un produit opaque aux rayons X.

artériole [aʀteʀjɔl] n.f. ANAT. Petite artère.

artériosclérose [aʀteʀjɔskleʀoz] n.f. (de *artère* et *sclérose*). Maladie de la paroi des artères, aboutissant à leur durcissement : *L'artériosclérose accompagne souvent l'hypertension.*

artérite [aʀteʀit] n.f. MÉD. Inflammation d'une artère.

artésien, enne [aʀtezjɛ̃, -ɛn] adj. et n. -**1.** De l'Artois. -**2.** Puits artésien, puits qui donne une eau, un liquide jaillissant.

arthrite [aʀtʀit] n.f. (du gr. *arthron* "articulation"). MÉD. Inflammation d'une articulation.

arthritique [aʀtʀitik] adj. et n. De l'arthrite ; atteint d'arthrite.

arthropode [aʀtʀɔpɔd] n.m. (de *arthro-* et *-pode*). Arthropodes, embranchement d'animaux invertébrés, à squelette externe constitué de chitine, dont le corps est annelé et les membres ou appendices composés d'articles, et comprenant plus de la moitié des espèces du règne animal (crustacés, myriapodes, insectes, arachnides) [syn. articulé].

arthrose [aʀtʀoz] n.f. (du gr. *arthron* "articulation"). MÉD. Affection non inflammatoire des articulations.

artichaut [aʀtiʃo] n.m. (ital. dialect. *articiocco,* de l'ar.). -**1.** Plante potagère cultivée pour ses *têtes.* -**2.** Cœur d'artichaut, partie centrale de l'artichaut constituée par ses feuilles les plus tendres dont on mange le réceptacle (appelé aussi *fond*) et la base des bractées (ou *feuilles*). □ Famille des composées ; genre cynara. -**3.** Avoir un cœur d'artichaut, être inconstant en amour, volage.

article [aʀtikl] n.m. (lat. *articulus* "articulation"). -**1.** Division, génér. numérotée, d'un traité, d'une loi, d'un contrat, d'un compte, d'un chapitre budgétaire, etc. : *Les articles du budget. Reprendre article par article les points d'un exposé.* -**2.** Écrit formant un tout distinct dans un journal, une publication : *L'article de fond d'un quotidien* (syn. éditorial). *Écrire les* *articles politiques d'un hebdomadaire* (syn. chronique). - **3.** Sujet traité ; point : *Ne pas transiger sur un article.* - **4.** Objet proposé à la vente : *Article de sport.* - **5.** LING. Déterminant du nom, placé avant celui-ci, marquant sa valeur définie ou indéfinie, le nombre et souvent le genre de celui-ci : *Articles définis, indéfinis, partitifs.* - **6.** ZOOL. Partie d'un membre, d'un appendice qui s'articule à une autre, chez les arthropodes. - **7.** À l'**article** de la mort, sur le point de mourir. ‖ **Article de foi**, vérité fondamentale de la foi, contenue dans les symboles ou les définitions des conciles ; au fig., opinion, croyance inébranlable. ‖ **Faire l'article**, faire valoir une marchandise.

articulaire [aʀtikylɛʀ] adj. Relatif aux articulations des membres : *Rhumatisme articulaire.*

articulation [aʀtikylasjɔ̃] n.f. - **1.** Liaison, jonction de deux os, deux pièces anatomiques dures leur assurant une mobilité relative ; partie anatomique où se fait cette liaison : *L'articulation du genou.* - **2.** ZOOL. Région du tégument des arthropodes où la chitine s'amincit, permettant les mouvements des segments. - **3.** Lien non rigide entre deux pièces mécaniques, autorisant des mouvements de rotation de l'une par rapport à l'autre. - **4.** Liaison entre les parties d'un discours, d'un livre, etc. : *L'articulation d'un raisonnement* (syn. enchaînement). - **5.** DR. Énumération point par point de faits devant être introduits en justice. - **6.** Action, manière d'articuler les sons d'une langue : *Avoir une mauvaise articulation.*

articulatoire [aʀtikylatwaʀ] adj. LING. Qui concerne l'articulation des sons du langage : *Phonétique articulatoire.*

articulé, e [aʀtikyle] adj. - **1.** Qui comporte une, des articulations. - **2.** Énoncé, exprimé nettement ; audible : *Mot bien, mal articulé.*
◆ **articulé** n.m. Syn. de arthropode.

articuler [aʀtikyle] v.t. (lat. *articulare*, de *articulus* "articulation"). - **1.** Émettre les sons du langage : *Il ne peut articuler une seule parole* (syn. prononcer). - **2.** Prononcer un, des mots distinctement, de façon audible : *Je ne comprends rien de ce que tu me dis, articule !* - **3.** Faire l'articulation d'un discours, d'un livre, etc. : *Articuler les différentes parties d'un exposé.* - **4.** MÉCAN. Réaliser l'articulation de pièces mécaniques. ◆ **s'articuler** v.pr. - **1.** Former une articulation anatomique : *Le tibia s'articule sur le fémur.* - **2.** Former un ensemble organisé, cohérent : *Une démonstration dont les parties s'articulent bien.*

artifice [aʀtifis] n.m. (lat. *artificium* "art, métier, ruse", de *ars, artis* "habileté, art", et *facere* "faire"). - **1.** LITT. Procédé ingénieux, habile pour tromper ou corriger la réalité : *User d'artifices pour cacher la vérité* (syn. ruse).

Les artifices d'une mise en scène. - **2.** TECHN., MIL. Composition fulminante pouvant déclencher une action explosive. - **3.** **Feu d'artifice**, tir détonant à effet lumineux, pour une fête en plein air, etc. ; au fig., succession rapide de traits d'esprit, de répliques brillantes.

artificiel, elle [aʀtifisjɛl] adj. - **1.** Produit par une technique humaine, et non par la nature ; qui se substitue à un élément naturel : *Fleurs artificielles. Lac artificiel* (contr. naturel). - **2.** Qui ne paraît pas naturel : *Enjouement artificiel* (syn. affecté, factice).

artificiellement [aʀtifisjɛlmɑ̃] adv. De façon artificielle.

artificier [aʀtifisje] n.m. - **1.** Personne qui tire des feux d'artifice. - **2.** Militaire chargé de la mise en œuvre des artifices.

artificieux, euse [aʀtifisjø, -øz] adj. LITT. Qui use d'artifices ; rusé : *Des paroles artificieuses* (syn. hypocrite).

artillerie [aʀtijʀi] n.f. (de l'anc. fr. *artillier* "munir d'armes", du germ.). - **1.** Ensemble des armes à feu non portatives, de leurs munitions et de leur matériel de transport : *Pièce d'artillerie.* - **2.** Partie de l'armée affectée à leur service : *Artillerie navale, nucléaire.* - **3.** **Grosse artillerie, artillerie lourde**, moyens militaires puissants ; au fig., arguments percutants, dénués de finesse.

artilleur [aʀtijœʀ] n.m. Militaire qui sert dans l'artillerie.

artimon [aʀtimɔ̃] n.m. (it. *artimone*, lat. *artemo, -onis,* du gr.). MAR. Mât arrière d'un voilier qui en comporte deux ou davantage ; voile que porte ce mât.

artiodactyle [aʀtjɔdaktil] n.m. (du gr. *artios* "pair", et *-dactyle*). ZOOL. **Artiodactyles**, sous-ordre d'ongulés ayant un nombre pair de doigts à chaque patte, comprenant notamm. les ruminants, les porcins, les camélidés.

artisan, e [aʀtizɑ̃, -an] n. (it. *artigiano,* de *arte* "art"). - **1.** Travailleur qui exerce à son compte un métier manuel, souvent à caractère traditionnel, seul ou avec l'aide de quelques personnes (compagnons, apprentis, etc.). - **2.** Être l'**artisan** de, l'auteur, le responsable de qqch : *Il a été l'artisan d'un changement de politique important.*

artisanal, e, aux [aʀtizanal, -o] adj. - **1.** Propre à l'artisan, à l'artisanat (par opp. à *industriel*) : *Un travail artisanal. Une poterie artisanale.* - **2.** Qui est fait manuellement ou avec des moyens rudimentaires : *Une réparation artisanale.*

artisanalement [aʀtizanalmɑ̃] adv. De manière artisanale.

artisanat [aʀtizana] n.m. Métier, activité, technique de l'artisan ; ensemble des artisans : *Artisanat local.*

artiste [aʀtist] n. (lat. médiév. *artista*, du class. *ars, artis* "art"). - **1.** Personne qui pratique un des beaux-arts, en partic. un art plastique : *Un artiste peintre.* - **2.** Interprète d'une œuvre théâtrale, musicale, cinématographique, etc. : *Artiste dramatique* (= acteur, comédien). - **3.** Personne qui, pratiquant ou non un art, aime la vie de bohème, le non-conformisme : *C'est un artiste, il n'a pas d'heure.* - **4.** Travail d'artiste, travail très habile. ◆ adj. LITT. Qui a le goût des arts : *Il vit dans un milieu artiste.*

artistement [aʀtistəmɑ̃] adv. LITT. Avec art, avec un goût artistique certain : *Un salon artistement décoré.*

artistique [aʀtistik] adj. - **1.** Relatif aux arts, en partic. aux beaux-arts : *Les richesses artistiques d'un pays.* - **2.** Fait, présenté avec art : *Disposition artistique.*

artistiquement [aʀtistikmɑ̃] adv. De façon artistique : *Un plat artistiquement présenté.*

arum [aʀɔm] n.m. (gr. *aron*). Plante herbacée monocotylédone dont les fleurs sont entourées d'un cornet de couleur blanche ou verte. □ Famille des aracées.

aruspice n.m. → **haruspice.**

aryen, enne [aʀjɛ̃, -ɛn] adj. et n. (du sanskr. *ārya* "noble"). - **1.** Relatif aux Aryens. - **2.** Relatif à la « race » blanche « pure » dans les doctrines racistes d'inspiration nazie.

arythmie [aʀitmi] n.f. Irrégularité et inégalité des contractions cardiaques.

as [as] n.m. (lat. *as*, n. d'une unité de monnaie). - **1.** Face du dé, moitié du domino ou carte à jouer (gén. la plus forte) marquée d'un seul point. - **2.** Le numéro un, au tiercé, au loto, etc. - **3.** Personne qui excelle dans une activité : *As du volant.* - **4.** HIST. Unité de poids, de monnaie, de mesure, chez les anciens Romains. - **5.** FAM. Être plein aux as, avoir beaucoup d'argent. ‖ FAM. Passer à l'as, être oublié, escamoté : *Ce point du débat est passé à l'as.*

ascaris [askaʀis] et **ascaride** [askaʀid] n.m. (gr. *askaris*). Ver parasite de l'intestin grêle de l'homme, du cheval, du porc, etc. □ Classe des nématodes ; long. 15 à 25 cm.

ascendance [asɑ̃dɑ̃s] n.f. - **1.** Ensemble des ascendants, des générations dont est issue une personne : *Une ascendance paysanne* (syn. origine). - **2.** MÉTÉOR. Courant aérien dirigé de bas en haut.

ascendant, e [asɑ̃dɑ̃, -ɑ̃t] adj. (du lat. *ascendere* "monter"). Qui va en montant : *Des vents ascendants.* *Un mouvement ascendant* (syn. ascensionnel ; contr. descendant). ◆ **ascendant** n.m. - **1.** Attrait intellectuel, autorité morale qu'une personne exerce sur qqn, sur un groupe : *Avoir, prendre de l'ascen-*

dant sur qqn (syn. influence). - **2.** ASTROL. Point de l'écliptique qui se lève à l'horizon au moment de la naissance d'un individu. - **3.** (Surtout au pl.). Parent dont qqn est issu.

ascenseur [asɑ̃sœʀ] n.m. (du lat. *ascendere* "monter"). - **1.** Installation, appareil permettant de transporter des personnes dans une cabine qui se déplace verticalement : *Monter par l'ascenseur.* - **2.** FAM. Renvoyer l'ascenseur, répondre à une complaisance, un service par une action comparable.

ascension [asɑ̃sjɔ̃] n.f. (lat. *ascensio*, de *ascendere* "monter"). - **1.** Fait de s'élever, d'aller vers le haut : *L'ascension d'un ballon dans les airs.* - **2.** Action de monter, de gravir : *Faire l'ascension d'une montagne.* - **3.** Fait de s'élever socialement : *Ascension professionnelle.* - **4.** RELIG. CHRÉT. (Avec une majuscule). Montée au ciel du Christ, quarante jours après Pâques ; fête commémorant cet événement. - **5.** BX-A. (Avec une majuscule). Représentation de cette scène.

ascensionnel, elle [asɑ̃sjɔnɛl] adj. - **1.** Qui tend à monter ou à faire monter : *Le mouvement ascensionnel de l'air chaud* (syn. ascendant). - **2.** Parachutisme ascensionnel, sport consistant à se faire tirer en parachute par un véhicule ou un bateau à moteur.

ascèse [asɛz] n.f. (gr. *askêsis* "méditation", de *askein* "s'exercer"). Effort visant à la perfection spirituelle par une discipline constante de vie : *L'ascèse des moines.*

ascète [asɛt] n. - **1.** Personne qui pratique l'ascèse. - **2.** Personne qui soumet sa vie à une discipline stricte, austère : *Mener une vie d'ascète.*

ascétique [asetik] adj. D'ascète ; propre à l'ascèse : *Une discipline ascétique.*

ascétisme [asetism] n.m. - **1.** Caractère de ce qui est conforme à l'ascèse : *L'ascétisme d'une vie d'ermite* (syn. austérité). - **2.** Pratique de l'ascèse.

ascidie [asidi] n.f. (gr. *askidion* "petite outre"). - **1.** BOT. Organe en forme d'urne de certaines plantes carnivores. - **2.** ZOOL. Ascidies, classe d'animaux marins vivant fixés aux rochers. □ Sous-embranchement des tuniciers ; haut. 15 cm env.

ASCII [aski] **(code)** [sigle de l'angl. *American Standard Code for Information Interchange*], code informatique standardisé de représentation utilisant des mots de 7 bits, et qui permet de codifier 128 caractères différents.

ascite [asit] n.f. (lat. *ascitus*, du gr. *askos* "outre"). PATHOL. Épanchement d'un liquide séreux dans la cavité du péritoine, provoquant une distension de l'abdomen.

ascomycète [askɔmisɛt] n.m. (du gr. *askos* "outre" et *mukês*, -*êtos* "champignon"). Ascomycètes, classe de champignons supérieurs, comprenant notamm. le pénicillium, la morille, la truffe.

ascorbique [askɔrbik] adj. (de *a-* priv. et *scorbut*). Acide ascorbique, vitamine C (anti-scorbutique).

asémantique [asemɑ̃tik] adj. LING. Phrase asémantique, phrase qui n'a pas de sens tout en pouvant être grammaticalement correcte : « *La lampe pense à son frère* » *est une phrase asémantique*.

asepsie [asɛpsi] n.f. (de *a* priv., et du gr. *sêpsis* "infection"). - **1.** Méthode, technique visant à protéger l'organisme de toute contamination microbienne, en partic. dans les salles d'opération. - **2.** Absence de tout germe infectieux.

aseptique [asɛptik] adj. - **1.** Exempt de tout germe : *Un pansement aseptique*. - **2.** Relatif à l'asepsie.

aseptisé, e [asɛptize] adj. - **1.** Stérilisé : *Une salle aseptisée*. - **2.** Privé d'originalité ; impersonnel : *Un film aseptisé*.

aseptiser [asɛptize] v.t. Réaliser l'asepsie de : *Aseptiser une plaie. Aseptiser des instruments chirurgicaux* (syn. stériliser).

asexué, e [asɛksɥe] adj. - **1.** Qui n'a pas de sexe. - **2.** BOT. Multiplication asexuée, multiplication qui s'effectue sans l'intermédiaire de cellules reproductrices (par bouture, drageon, etc.). [On dit aussi *multiplication végétative*.]

ashkénaze [aʃkenaz] n. et adj. (mot hébr.). Juif originaire des pays germaniques et slaves (par opp. à *séfarade*).

ashram [aʃram] n.m. (mot sanskr.). Lieu de retraite où un gourou dispense un enseignement spirituel à ses adeptes, en Inde.

asiatique [azjatik] adj. et n. D'Asie.

asilaire [azilɛr] adj. Relatif à l'asile psychiatrique (souvent péjor.).

asile [azil] n.m. (lat. *asylum*, gr. *asulon* "lieu inviolable"). - **1.** Lieu où l'on peut trouver un abri, une protection : *Trouver asile à l'étranger* (syn. refuge). *Donner asile à qqn.* - **2.** Endroit où l'on peut se reposer, trouver le calme : *Cette maison est un asile de paix* (syn. litt. havre). - **3.** VIEILLI. Établissement psychiatrique. - **4.** Droit d'asile, protection accordée par un État à des réfugiés politiques.

asocial, e, aux [asɔsjal, -o] adj. et n. Qui montre ou marque une incapacité à s'adapter à la vie sociale : *Un comportement asocial*.

asparagus [asparagys] n.m. (mot lat.). Plante voisine de l'asperge, utilisée par les fleuristes pour ses feuilles délicates. □ Famille des liliacées.

aspartame ou **aspartam** [aspartam] n.m. (de *asparagine*, n. d'un composé chimique).

Succédané hypocalorique du sucre utilisé dans l'industrie agroalimentaire.

aspect [aspɛ] n.m. (lat. *aspectus*, de *aspicere* "regarder"). - **1.** Manière dont qqn ou qqch se présente à la vue, à l'esprit : *Un homme jeune d'aspect* (syn. allure). *Son projet prend un aspect plus réaliste* (syn. tournure). - **2.** Chacune des faces sous lesquelles peut être examinée une question : *Étudier un problème sous tous ses aspects* (= point de vue ; syn. angle). - **3.** LING. Expression de l'action verbale dans sa durée, son déroulement, son achèvement, etc. ; ensemble des procédés grammaticaux que cette expression met en œuvre : *Aspect perfectif, imperfectif*.

asperge [aspɛrʒ] n.f. (lat. *asparagus*, du gr.). Plante potagère dont on mange les pousses, appelées *turions*. □ Famille des liliacées.

asperger [aspɛrʒe] v.t. (lat. *aspergere* "arroser") [conj. 17]. Mouiller qqn, qqch en projetant de l'eau, un liquide : *La voiture m'a aspergé en passant dans une flaque d'eau* (syn. arroser). *Asperger les couloirs d'un produit désinfectant*.

aspérité [asperite] n.f. (lat. *asperitas*, de *asper* "rugueux"). (Souvent au pl.). Saillie, inégalité d'une surface : *Les aspérités d'un sol*.

aspersion [aspɛrsjɔ̃] n.f. - **1.** Action d'asperger. - **2.** CATH. Action de projeter de l'eau bénite.

asphalte [asfalt] n.m. (bas lat. *asphaltus* "bitume", du gr.). - **1.** Calcaire imprégné de bitume qui sert au revêtement des trottoirs, des chaussées, etc. - **2.** Bitume naturel.

asphalter [asfalte] v.t. Couvrir d'asphalte : *Asphalter un trottoir*.

asphodèle [asfɔdɛl] n.m. (lat *asphodelus*, du gr.). Plante bulbeuse à fleurs blanches dont une espèce est ornementale. □ Famille des liliacées.

asphyxiant, e [asfiksjɑ̃, -ɑ̃t] adj. Qui asphyxie : *Un gaz asphyxiant. Une atmosphère asphyxiante* (syn. étouffant).

asphyxie [asfiksi] n.f. (gr. *asphuxia* "arrêt du pouls"). - **1.** Trouble grave d'un organisme qui manque d'oxygène, qui est en état de détresse respiratoire. - **2.** Blocage, arrêt d'une activité, d'une fonction essentielle : *La crise économique a provoqué l'asphyxie du pays* (syn. paralysie).

asphyxier [asfiksje] v.t. (conj. 9). Causer l'asphyxie de : *Il a été asphyxié par le gaz.* ◆ **s'asphyxier** v.pr. Souffrir d'asphyxie ; mourir d'asphyxie.

1. aspic [aspik] n.m. (lat. *aspis*, mot gr.). Vipère des lieux secs et pierreux, au museau retroussé, l'une des deux espèces vivant en France.

2. aspic [aspik] n.m. (orig. obsc.). CUIS. Préparation enrobée de gelée : *Aspic de volaille, de poisson.*

1. aspirant, e [aspirã, -ãt] adj. Qui aspire : *Hotte aspirante* (= qui aspire les fumées).

2. aspirant [aspirã] n.m. (de *aspirant*). -**1.** MIL. Grade précédant celui de sous-lieutenant. -**2.** MAR. Enseigne de vaisseau de deuxième classe.

aspirateur [aspiratœr] n.m. -**1.** Appareil qui aspire des fluides, des matières pulvérulentes, etc. : *Aspirateur de sciure d'une machine à bois.* -**2.** Appareil ménager servant à aspirer les poussières, les menus déchets.

aspiration [aspirasjõ] n.f. -**1.** Action d'aspirer ; inspiration d'air. -**2.** TECHN. Opération consistant à aspirer des matières en suspension, des fluides, etc. -**3.** PHON. Souffle perceptible combiné à un son : *L'aspiration n'existe pas en français.* -**4.** Mouvement, élan vers un idéal, un but : *L'aspiration d'un peuple à la liberté.*

aspiré, e [aspire] adj. Consonne aspirée, consonne qui s'accompagne d'une aspiration (on dit aussi *une aspirée*). ‖ H aspiré, marquant l'interdiction d'une liaison, en français.

aspirer [aspire] v.t. (lat. *aspirare* "souffler vers"). -**1.** Faire entrer l'air dans ses poumons : *Aspirez ! soufflez !* (syn. inspirer). *Ouvrir la fenêtre pour aspirer un peu d'air frais* (syn. respirer). -**2.** Attirer un liquide, un fluide, des poussières, etc., en créant un vide partiel : *Les pompes aspirent l'eau des cales du navire* (syn. pomper). ◆ v.t. ind. [**à**]. Porter son désir vers ; prétendre à : *Aspirer à de hautes fonctions.*

aspirine [aspirin] n.f. (all. *Aspirin* ; nom déposé dans certains pays). Médicament analgésique et antipyrétique, constitué d'acide acétylsalicylique.

assagir [asaʒir] v.t. [conj. 32]. Rendre sage ; calmer : *Ses échecs successifs l'ont beaucoup assagi* (syn. modérer). ◆ **s'assagir** v.pr. Devenir sage : *Il s'est assagi avec l'âge* (syn. se ranger).

assagissement [asaʒismã] n.m. Fait de s'assagir.

assaillant, e [asajã, -ãt] adj. et n. Qui assaille : *Les forces assaillantes. Repousser les assaillants.*

assaillir [asajir] v.t. (lat. pop *assalire*, de *salire* "sauter") [conj. 47]. -**1.** Se jeter sur qqn ; attaquer : *Elle a été assaillie dans une rue déserte.* -**2.** Importuner ; tourmenter : *On l'a assailli de questions* (syn. harceler).

assainir [asenir] v.t. [conj. 32]. -**1.** Rendre sain : *Assainir un marais. Assainir l'eau* (syn. purifier). -**2.** Ramener à la normale : *Assainir une situation, un budget.*

assainissement [asenismã] n.m. -**1.** Action d'assainir ; fait d'être assaini : *L'assainissement du marché financier.* -**2.** Ensemble de techniques d'évacuation et de traitement des eaux usées et résidus boueux.

assaisonnement [asezɔnmã] n.m. -**1.** Mélange d'ingrédients (sel, épices, aromates, etc.) utilisé en faible proportion pour relever le goût d'un mets. -**2.** Action d'assaisonner ; manière dont les mets sont assaisonnés : *Faire l'assaisonnement d'une salade.*

assaisonner [asezɔne] v.t. (de *saison*). -**1.** Incorporer un assaisonnement à un mets : *Assaisonner des poireaux à la vinaigrette* (syn. accommoder). -**2.** Rehausser un style, un propos, d'éléments vigoureux, crus : *Assaisonner un discours de quelques traits d'esprit* (syn. relever). -**3.** FAM. Réprimander, maltraiter qqn : *Il s'est fait assaisonner par la critique.*

1. assassin [asasɛ̃] n.m. (it. *assassino*, ar. *hachchâchî* "fumeur de haschisch"). Personne qui commet un meurtre avec préméditation : *La police recherche l'assassin* (syn. meurtrier, criminel).

2. assassin, e [asasɛ̃, -in] adj. LITT. -**1.** Se dit d'un geste qui tue, qui est malfaisant, funeste : *Main assassine.* -**2.** Se dit d'une attitude qui est capable d'inspirer une grande passion : *Œillade assassine.*

assassinat [asasina] n.m. Meurtre commis avec préméditation.

assassiner [asasine] v.t. Tuer avec préméditation : *Un commerçant a été assassiné* (syn. abattre).

assaut [aso] n.m. (lat. pop. *assaltus*, du class. *saltus* "saut"). -**1.** Attaque vive et violente, à plusieurs : *Donner l'assaut à une forteresse* (= l'attaquer). -**2.** Attaque verbale, critique exprimée avec vigueur : *Subir l'assaut des journalistes.* -**3.** Combat ou exercice d'escrime. -**4.** Faire assaut de (+ n.), rivaliser de : *Ils ont fait assaut de générosité.* ‖ Prendre d'assaut, s'emparer par la force de ; se précipiter dans un lieu en grand nombre : *La foule a pris d'assaut les guichets du stade.*

assèchement [aseʃmã] n.m. Action d'assécher ; fait d'être asséché : *L'assèchement d'un marais.*

assécher [aseʃe] v.t. (du lat. *siccare* "sécher") [conj. 18]. Ôter l'eau de ; mettre à sec : *Assécher un étang.*

assemblage [asãblaʒ] n.m. -**1.** Action d'assembler des éléments formant un tout ; ensemble qui en résulte : *Procéder à l'assemblage d'une charpente.* -**2.** Réunion d'éléments divers ou hétéroclites : *Un assemblage de mots* (syn. combinaison). -**3.** BX-A. Œuvre à trois dimensions tirant effet de la réunion d'objets divers, dans l'art moderne. -**4.** IN-

FORM. Langage d'assemblage, syn. de *assembleur*.

assemblée [asable] n.f. - **1.** Réunion de personnes dans un même lieu : *Elle a parlé en présence d'une nombreuse assemblée* (syn. public, assistance, auditoire). - **2.** Ensemble institutionnel ou statutaire de personnes formant un corps constitué, une société ; lieu ; séance qui les réunit : *L'assemblée des actionnaires. Les couloirs de l'assemblée* - **3.** La Haute Assemblée, le Sénat, en France.

assembler [asable] v.t. (lat. pop. *assimulare* "mettre ensemble", du class. *simul* "ensemble"). - **1.** Mettre des choses ensemble pour former un tout cohérent : *Assembler les pièces d'un puzzle* (syn. réunir ; contr. disperser). - **2.** INFORM. Réunir des éléments, en parlant d'un assembleur. ◆ **s'assembler** v.pr. Se réunir ; tenir séance : *La foule s'est assemblée devant la mairie.*

assembleur [asāblœr] n.m. INFORM. - **1.** Langage de programmation utilisant des formes symboliques et non numériques pour représenter les instructions directement exécutables par un ordinateur (syn. langage d'assemblage). - **2.** Programme traduisant en langage machine un programme écrit en langage d'assemblage.

assener ou **asséner** [asene] v.t. (de l'anc. fr. *sen*, "direction", du frq.) [conj. 19 ou 18] . Asséner un coup, le porter avec violence.

assentiment [asātimā] n.m. (du lat. *assentire* "donner son accord"). Consentement ; approbation ; accord : *Donner son assentiment à un projet.*

asseoir [aswar] v.t. (lat. *assidere*) [conj. 65]. - **1.** Installer qqn sur un siège, etc. : *Asseoir un malade sur son lit.* - **2.** Poser sur qqch de solide : *Asseoir une statue sur son socle.* - **3.** Établir de manière stable : *Asseoir un gouvernement, sa réputation.* - **4.** Asseoir l'impôt, en établir l'assiette, fixer les bases de l'imposition. ‖ FAM. En rester assis, être stupéfait, déconcerté. ◆ **s'asseoir** v.pr. Se mettre sur un siège, sur son séant : *S'asseoir à table* (= s'attabler).

assermenté, e [asɛrmāte] adj. et n. Qui a prêté serment devant un tribunal ou pour l'exercice d'une fonction, d'une profession : *Un gardien assermenté. Prêtre assermenté, sous la Révolution.*

assertion [asɛrsjɔ̃] n.f. (lat. *assertio*). - **1.** Proposition donnée comme vraie : *Cette assertion est sans fondement* (syn. affirmation). - **2.** LOG. Opération qui consiste à poser la vérité d'une proposition, génér. symbolisée par le signe H devant la proposition.

asservir [asɛrvir] v.t. (de *serf*) [conj. 32]. - **1.** Réduire à un état de dépendance absolue :

Asservir la presse. Asservir un peuple (syn. assujettir, soumettre ; contr. affranchir). - **2.** TECHN. Relier deux grandeurs physiques de manière que l'une obéisse aux variations de l'autre.

asservissement [asɛrvismā] n.m. - **1.** Action d'asservir ; état de celui, de ce qui est asservi : *L'asservissement au travail* (syn. assujettissement). - **2.** TECHN. Action d'asservir une grandeur physique à une autre ; système automatique dont le fonctionnement tend à annuler l'écart entre une grandeur commandée et une grandeur de commande.

assesseur [asesœr] n.m. (lat. *assessor* "qui s'assoit à côté", de *assidere* "être assis"). DR Juge qui assiste le président d'un tribunal.

assez [ase] adv. (lat. pop. *adsatis*, renforcement par la prép. *ad* du class. *satis* "suffisamment"). - **1.** Indique une quantité, une intensité suffisante : *J'ai assez mangé* (syn. suffisamment). *Il ne parle pas assez fort pour qu'on l'entende.* - **2.** Marque une intensité modérée ou élevée : *Elle est assez jolie* (syn. relativement). *J'aime assez ce fromage* (syn. bien). - **3.** Assez de, une quantité, un nombre suffisant de : *Il a assez d'argent pour bien vivre. Nous avons assez d'élèves dans cette classe.* ‖ En avoir assez de qqn, de qqch (+ inf.), ne plus pouvoir supporter qqn, qqch : *Elle en a assez de travailler avec toi. J'en ai assez de vous et de votre vacarme.*

assidu, e [asidy] adj. (lat. *assiduus*, de *assidere* "être assis auprès"). - **1.** Qui est continuellement auprès de qqn : *Il est très assidu auprès de cette fille* (syn. empressé). - **2.** Qui manifeste de la constance, de l'application ; qui s'adonne sans discontinuité à une occupation : *C'est un élève assidu* (syn. appliqué, zélé). *Présence assidue aux cours* (syn. constante). *Fournir un travail assidu* (syn. régulier).

assiduité [asidɥite] n.f. Exactitude à se trouver là où l'on doit être : *Contrôle d'assiduité* (syn. ponctualité, régularité). ◆ **assiduités** n.f. pl. Empressement auprès d'une femme : *Il poursuivait de ses assiduités sa voisine de table.*

assidûment [asidymā] adv. Avec assiduité : *Il fréquentait assidûment le même café.*

assiégé, e [asjeʒe] adj. Dont on fait le siège : *Ville assiégée.* ◆ adj. et n. Qui se trouve dans la place au moment d'un siège : *Les assiégés ont tenté une sortie. La population assiégée.*

assiégeant, e [asjeʒā, -āt] adj. et n. Qui assiège.

assiéger [asjeʒe] v.t. (de *siège*) [conj. 22]. - **1.** Faire le siège d'un lieu : *Assiéger une forteresse, le guichet d'une gare.* - **2.** Harceler qqn de sollicitations, de demandes inopportunes : *Être assiégé de questions par les journalistes* (syn. assaillir).

assiette [asjɛt] n.f. (lat. pop. *assedita* "manière d'être assis"). - **1.** Pièce de vaisselle à fond plat et à bord incliné ; son contenu : *Une assiette creuse, plate. Une assiette de soupe.* - **2.** Manière d'être assis à cheval. - **3.** Stabilité d'une chose posée sur une autre : *L'assiette d'un bateau. L'assiette d'une statue.* - **4.** DR. Base de calcul d'une cotisation, d'un impôt. - **5.** FAM. Ne pas être dans son assiette, être mal à son aise. - **6.** Assiette anglaise. Assortiment de viandes froides.

assiettée [asjete] n.f. Contenu d'une assiette : *Une assiettée de potage.*

assignat [asiɲa] n.m. (de *assigner*). Papier-monnaie créé sous la Révolution française, et dont la valeur était remboursable sur la vente des biens du clergé.

assignation [asiɲasjɔ̃] n.f. - **1.** Action d'assigner qqch à qqn : *L'assignation d'une mission à un collaborateur.* - **2.** DR. Citation à comparaître en justice. - **3.** DR. Assignation à résidence, obligation faite à qqn de résider en un lieu précis.

assigner [asiɲe] v.t. (lat. *assignare*). - **1.** Attribuer, prescrire qqch à qqn : *Assigner un objectif de production* (syn. déterminer). - **2.** DR. Citer qqn en justice. - **3.** DR. Assigner qqn à résidence, l'astreindre à résider en un lieu déterminé.

assimilable [asimilabl] adj. Qui peut être assimilé : *Un aliment assimilable.*

assimilation [asimilasjɔ̃] n.f. - **1.** Action d'assimiler, de considérer comme semblable : *Mener une politique d'assimilation des immigrés à la population locale* (syn. intégration). - **2.** PHON. Modification apportée à l'articulation d'un phonème par les phonèmes environnants : *Le mot « absurde » se prononce* [apsyrd] *par assimilation.* - **3.** PHYSIOL. Processus par lequel les êtres vivants reconstituent leur propre substance à partir d'éléments puisés dans le milieu environnant et transformés par la digestion. - **4.** Assimilation chlorophyllienne, syn. de *photosynthèse.*

assimilé [asimile] n.m. Personne qui a le statut d'une catégorie donnée sans en avoir le titre : *Fonctionnaires et assimilés.*

assimiler [asimile] v.t. (lat. *assimilare*, de *similis* "semblable"). - **1.** Rendre semblable ; considérer comme semblable : *Assimiler un cas à un autre* (syn. comparer, rapprocher de). - **2.** Intégrer des personnes à un groupe social : *Assimiler des immigrants.* - **3.** PHYSIOL. Transformer, convertir en sa propre substance : *Assimiler des aliments.* - **4.** Assimiler des connaissances, des idées, etc., les comprendre, les intégrer. ◆ **s'assimiler** v.pr. - **1.** Se transformer : *Aliments qui s'assimilent.* - **2.** S'intégrer : *Des étrangers qui se sont assimilés.*

assis, e [asi, -iz] adj. (p. passé de *asseoir*). - **1.** Installé sur un siège ; appuyé sur son séant : *Rester assis.* - **2.** Solidement fondé, établi sur : *Régime assis sur des bases solides.* - **3.** Magistrature assise, ensemble des magistrats qui siègent au tribunal *(magistrats du siège),* par opp. aux magistrats du parquet *(magistrature debout).* ‖ Place assise, où l'on peut s'asseoir.

assise [asiz] n.f. (de *asseoir*). - **1.** Base qui donne de la stabilité, de la solidité : *Les assises d'un pont. Établir un pouvoir sur des assises solides* (syn. fondement). - **2.** Rang d'éléments accolés (pierres, briques), de même hauteur, dans une construction.

assises [asiz] n.f. pl. (de *asseoir*). - **1.** Congrès d'un mouvement, d'un parti politique, d'un syndicat, etc. - **2.** Cour d'assises, juridiction chargée de juger les crimes : *Procès jugé en cour d'assises.* (On dit aussi par abrév. les assises.)

assistance [asistɑ̃s] n.f. - **1.** Action d'assister, d'être présent à une réunion, une cérémonie, etc. : *Assistance irrégulière aux cours* (syn. présence, fréquentation). - **2.** Ensemble des personnes présentes à une réunion, une cérémonie, etc. : *L'assistance applaudit* (syn. assemblée, auditoire, public). - **3.** Action d'assister qqn, de lui venir en aide : *Prêter assistance à qqn. Elle m'a promis son assistance* (syn. soutien, aide, appui). - **4.** Assistance publique, autref., administration chargée de venir en aide aux personnes les plus défavorisées. □ On dit aujourd'hui *aide sociale,* mais l'*Assistance publique* subsiste sous cette dénomination à Paris et à Marseille, où elle est chargée de la gestion des hôpitaux.

assistant, e [asistɑ̃, -ɑ̃t] n. - **1.** Personne qui assiste qqn, le seconde : *L'assistante d'un directeur.* - **2.** Assistant social, personne chargée de remplir un rôle d'assistance (morale, médicale ou matérielle) auprès des individus ou des familles. ◆ **assistants** n.m. pl. Personnes présentes en un lieu, qui assistent à qqch ; assistance.

assisté, e [asiste] n. et adj. Personne qui bénéficie d'une assistance, notamm. financière. ◆ adj. - **1.** TECHN. Pourvu d'un dispositif sur lequel l'effort exercé par l'utilisateur est amplifié grâce à un apport extérieur d'énergie : *Automobile à direction assistée.* - **2.** Assisté par ordinateur, se dit d'une activité dans laquelle l'ordinateur apporte une aide : *Conception assistée par ordinateur.*

assister [asiste] v.t. (lat. *assistere* "se tenir auprès"). Seconder qqn, lui porter aide ou secours : *Elle s'est fait assister par une secrétaire* (syn. aider). *Sa fille l'assista dans ses derniers moments.* ◆ v.t. ind. **[à]**. Être présent à ; participer à : *Assister à un spectacle.*

associatif, ive [asɔsjatif, -iv] adj. - **1.** Relatif à une association de personnes : *Vie associative.* - **2.** MATH. Relatif à l'associativité ; qui présente cette propriété : *L'addition des entiers est associative, pas la soustraction.*

association [asɔsjasjɔ̃] n.f. - **1.** Action d'associer, de s'associer : *Travailler en association avec un ami.* - **2.** Groupement de personnes réunies dans un dessein commun, non lucratif : *Association professionnelle.* - **3.** Action d'associer qqn à qqch, des choses diverses entre elles : *Association de couleurs* (syn. combinaison). - **4.** **Association d'idées,** processus psychologique par lequel une idée ou une image en évoque une autre. ‖ PSYCHAN. **Association libre,** méthode par laquelle le sujet est invité à exprimer tout ce qui lui vient à l'esprit.

associativité [asɔsjativite] n.f. MATH. Propriété d'une loi de composition interne dans laquelle on peut remplacer la succession de certains éléments par le résultat de l'opération effectuée sur eux sans affecter le résultat global.

associé, e [asɔsje] n. Personne liée à d'autres par des intérêts communs : *Les associés d'une entreprise.*

associer [asɔsje] v.t. (bas lat. *associare,* du class. *socius* "compagnon") [conj. 9]. - **1.** Mettre ensemble, réunir : *Associer des idées. Associer des partis* (syn. grouper, unir). - **2.** Faire participer qqn à une chose : *Il nous a associés à son projet.* ◆ **s'associer** v.pr. - **1.** Participer à qqch : *S'associer à un projet.* - **2.** Former un ensemble harmonieux avec : *L'élégance s'associe à la beauté.* - **3.** S'associer à qqn, avec qqn, s'entendre avec lui en vue d'une entreprise commune.

assoiffé, e [aswafe] adj. - **1.** Qui a soif : *Bétail assoiffé.* - **2.** Assoiffé de, avide de : *Être assoiffé de richesses.*

assoiffer [aswafe] v.t. Donner soif à qqn : *Cette chaleur m'a assoiffé.*

assolement [asɔlmɑ̃] n.m. (de *assoler*). Répartition des cultures entre les parcelles, ou *soles,* d'une exploitation.

assoler [asɔle] v.t. (de *sole* "parcelle de terre"). Réaliser l'assolement de : *Assoler une propriété.*

assombrir [asɔ̃bʀiʀ] v.t. - **1.** Rendre obscur : *Ce store assombrit la pièce* (syn. obscurcir ; contr. éclaircir). - **2.** Rendre triste : *La mort de son fils a assombri ses dernières années.* ◆ **s'assombrir** v.pr. Devenir sombre ; devenir menaçant : *Le temps s'assombrit. La situation internationale s'assombrit.*

assommant, e [asɔmɑ̃, -ɑ̃t] adj. FAM. Fatigant, ennuyeux à l'excès : *Un travail assommant.*

assommer [asɔme] v.t. (en anc. fr. "endormir", de *somme*). - **1.** Frapper d'un coup qui

renverse, étourdit, tue : *Il l'a assommé avec un gourdin.* - **2.** FAM. Ennuyer fortement : *Il m'assomme toute la journée avec ses questions.*

assommoir [asɔmwaʀ] n.m. vx. Débit de boissons de dernière catégorie.

Assomption [asɔ̃psjɔ̃] n.f. (lat. *assumptio,* de *assumere* "élever"). RELIG. CHRÉT. Élévation miraculeuse et présence corporelle de la Vierge au ciel après sa mort ; fête commémorant cet événement (15 août). □ Le dogme de l'Assomption a été défini par Pie XII le 1er novembre 1950.

assonance [asɔnɑ̃s] n.f. (du lat. *assonare* "faire écho", de *sonus* "son"). - **1.** Répétition d'un même son vocalique dans une phrase. - **2.** Rime réduite à l'identité de la dernière voyelle accentuée, dans la versification (ex. : *sombre, tondre ; peintre, feindre ; âme, âge,* etc.).

assonancé, e [asɔnɑ̃se] adj. Caractérisé par l'assonance : *Vers assonancés.*

assorti, e [asɔʀti] adj. - **1.** Qui est en accord, en harmonie : *Époux bien assortis. Cravate assortie à la veste.* - **2.** Magasin, rayon bien assorti, pourvu d'un grand choix d'articles.

assortiment [asɔʀtimɑ̃] n.m. - **1.** Série de choses formant un ensemble : *Un assortiment de couleurs* (syn. alliance, mélange, variété). - **2.** Collection de marchandises de même genre, chez un commerçant. - **3.** CUIS. Présentation d'aliments variés mais appartenant à une même catégorie : *Un assortiment de charcuterie, de crudités.*

assortir [asɔʀtiʀ] v.t. (de *sorte*) [conj. 32]. - **1.** Réunir des personnes, des choses qui conviennent, s'harmonisent : *Assortir des convives, des étoffes, des fleurs* (syn. accorder). - **2.** Accompagner qqch d'un complément, d'un élément accessoire : *Assortir un contrat d'une clause particulière* (syn. accompagner). - **3.** Approvisionner en marchandises : *Assortir un magasin.* ◆ **s'assortir** v.pr. - **1.** Être en accord, en harmonie avec qqch : *Le manteau s'assortit à la robe.* - **2.** S'assortir de, s'accompagner de, être complété par : *Traité qui s'assortit d'un préambule.*

assoupi, e [asupi] adj. - **1.** À demi endormi. - **2.** LITT. Atténué, affaibli : *Une rancune assoupie.*

assoupir [asupiʀ] v.t. (réfection de *assouvir* d'après le lat. *sopire* "endormir") [conj. 32]. - **1.** Endormir à demi : *La chaleur m'a assoupi.* - **2.** LITT. Atténuer, calmer : *Médicament qui assoupit la douleur.* ◆ **s'assoupir** v.pr. S'endormir doucement, à demi.

assoupissement [asupismɑ̃] n.m. Fait de s'assoupir ; engourdissement, demi-sommeil.

assouplir [asupliʀ] v.t. [conj. 32]. - **1.** Rendre plus souple : *Assouplir une étoffe* (contr. raidir).

- **2.** Rendre moins rigoureux : *Assouplir des règlements* (syn. atténuer ; contr. durcir).
◆ **s'assouplir** v.pr. Devenir plus souple.

assouplissement [asuplismɑ̃] n.m. Action d'assouplir ; fait de s'assouplir : *L'assouplissement du règlement* (syn. adoucissement).

assourdir [asuʀdiʀ] v.t. (de *sourd*) [conj. 32]. - **1.** Rendre comme sourd par l'excès de bruit : *Le sifflement des réacteurs nous assourdissait.* - **2.** Rendre moins sonore : *La neige assourdit les bruits.*

assourdissant, e [asuʀdisɑ̃, -ɑ̃t] adj. Qui assourdit : *Un vacarme assourdissant.*

assourdissement [asuʀdismɑ̃] n.m. Action d'assourdir ; fait d'être assourdi.

assouvir [asuviʀ] v.t. (lat. pop. *assopire* "calmer", du class. *sopire* "endormir") [conj. 32]. LITT. Satisfaire, apaiser un besoin, une envie, un sentiment : *Assouvir sa faim.*

assouvissement [asuvismɑ̃] n.m. Action d'assouvir : *L'assouvissement d'un désir* (syn. satisfaction).

assuétude [asɥetyd] n.f. (lat. *assuetudo* "habitude"). MÉD. Dépendance envers une drogue.

assujetti, e [asyʒeti] n. et adj. Personne tenue par la loi de verser un impôt, ou de s'affilier à un organisme.

assujettir [asyʒetiʀ] v.t. (de *sujet*) [conj. 32]. - **1.** Placer sous sa domination un peuple, une nation : *Un conquérant qui a assujetti tous ses voisins* (syn. asservir). - **2.** Soumettre qqn à une obligation stricte : *Être assujetti à l'impôt.* - **3.** Fixer une chose de manière qu'elle soit stable : *Assujettir les volets avec une barre de fer.*

assujettissement [asyʒetismɑ̃] n.m. Action d'assujettir ; fait d'être assujetti : *Assujettissement à l'impôt.*

assumer [asyme] v.t. (lat. *assumere* "prendre sur soi", de *sumere* "prendre"). Prendre en charge une fonction ; accepter les conséquences de : *J'assumerai mes responsabilités. Assumer de hautes fonctions.* ◆ **s'assumer** v.pr. Se prendre en charge ; s'accepter tel.

assurance [asyʀɑ̃s] n.f. - **1.** Certitude, garantie formelle : *Donner des assurances de sa bonne foi* (syn. preuve). - **2.** Confiance en soi : *Parler avec beaucoup d'assurance* (syn. aisance, aplomb). - **3.** Garantie accordée par un assureur à un assuré de l'indemniser d'éventuels dommages, moyennant une prime ou une cotisation ; le document attestant cette garantie : *Une police d'assurance. Compagnie d'assurance.* - **4.** Assurances sociales, assurances constituées en vue de garantir les personnes contre la maladie, l'invalidité, la vieillesse, etc. (on dit auj. *Sécurité sociale*).

1. **assuré, e** [asyʀe] adj. - **1.** Se dit d'un comportement plein de fermeté : *Regard assuré* (syn. ferme, décidé). - **2.** Certain : *Succès assuré.*

2. **assuré, e** [asyʀe] n. - **1.** Personne garantie par un contrat d'assurance. - **2.** Assuré social, personne affiliée à un régime d'assurances sociales.

assurément [asyʀemɑ̃] adv. Certainement ; sûrement : *L'avion est assurément le moyen de transport le plus rapide* (syn. indiscutablement, incontestablement).

assurer [asyʀe] v.t. (lat. pop. *assecurare* "rendre sûr", de *securus* "sûr"). - **1.** Donner comme sûr : *Il m'assure qu'il a dit la vérité. Il nous a assurés de sa sincérité* (syn. garantir, certifier). - **2.** Rendre plus stable, plus durable, plus solide : *Assurer la paix* (syn. garantir). *Assurer ses arrières* (syn. préserver, protéger). - **3.** Rendre sûr dans son fonctionnement, sa régularité, garantir la réalisation de qqch : *Assurer le ravitaillement* (syn. pourvoir à). *Assurer son service.* - **4.** ALP. SPÉLÉOL. Garantir d'une chute par un dispositif approprié (corde, piton, etc.). - **5.** Garantir, faire garantir par un contrat d'assurance : *Assurer une récolte.* ◆ v.i. FAM. Se montrer à la hauteur de sa responsabilité, de sa tâche : *Ce gars-là, il assure vraiment.* ◆ **s'assurer** v.pr. - **1.** Rechercher la confirmation de qqch : *Il s'est assuré qu'il n'y avait pas de danger.* - **2.** Se garantir le concours de qqn, l'usage de qqch : *S'assurer des collaborateurs compétents. S'assurer des revenus réguliers.* - **3.** Se protéger contre qqch ; passer un contrat d'assurance : *S'assurer contre l'incendie.*

assureur [asyʀœʀ] n.m. Professionnel qui s'engage à couvrir un risque moyennant le paiement d'une somme déterminée par contrat.

aster [asteʀ] n.m. (lat. *aster* "étoilé", mot gr.). Plante souvent cultivée pour ses fleurs décoratives aux coloris variés. □ Famille des composées.

astérie [asteʀi] n.f. (du lat. *aster ;* v. *aster*). ZOOL. Étoile de mer. □ Classe des astérides.

astérisque [asteʀisk] n.m. (lat. *astericus* "petite étoile", gr. *asteriskos*). Signe typographique en forme d'étoile (*), indiquant génér. un renvoi.

astéroïde [asteʀoid] n.m. (de *astér*[o]- et *-oïde*). Petite planète ; petit corps céleste.

asthénie [asteni] n.f. (du gr. *sthenos* "force"). MÉD. État de fatigue et d'épuisement.

asthénique [astenik] adj. et n. Relatif à l'asthénie ; qui souffre d'asthénie.

asthmatique [asmatik] adj. et n. Atteint d'asthme.

asthme [asm] n.m. (gr. *asthma* "respiration difficile"). Affection caractérisée par des accès de dyspnée expiratoire, surtout nocturnes.

asticot [astiko] n.m. (orig. obsc.). Larve de la mouche à viande, utilisée pour la pêche à la ligne.

asticoter [astikɔte] v.t. FAM. Contrarier qqn pour des bagatelles : *Arrête de m'asticoter !* (syn. taquiner, agacer).

astigmate [astigmat] adj. et n. Atteint d'astigmatisme : *Des lunettes pour astigmate.*

astigmatisme [astigmatism] n.m. (du gr. *stigma* "point"). - **1.** Anomalie de la vision, due à des inégalités de courbure de la cornée ou à un manque d'homogénéité dans la réfringence des milieux transparents de l'œil. - **2.** Défaut d'un instrument d'optique ne donnant pas d'un point une image ponctuelle.

astiquer [astike] v.t. (frq. *stikjan* "ficher"). Faire briller en frottant : *Astiquer des chaussures.*

astragale [astragal] n.m. (gr. *astragalos* "osselet"). - **1.** ANAT. Os du tarse qui s'articule avec le tibia et le péroné. - **2.** ARCHIT. Moulure située à la jonction du fût et du chapiteau d'une colonne. - **3.** BOT. Plante dont une espèce d'Orient fournit la gomme adragante. □ Famille des légumineuses.

astrakan [astrakɑ̃] n.m. (de *Astrakhan*). Fourrure de jeune agneau d'Asie, à poil frisé : *Un manteau en astrakan.*

astral, e, aux [astral, -o] adj. Relatif aux astres : *Faire faire son thème astral par un astrologue.*

astre [astR] n.m. (lat. *astrum,* du gr.). - **1.** Corps céleste naturel. - **2.** Corps céleste en tant qu'il est supposé exercer une influence sur la vie des hommes.

astreignant, e [astRɛɲɑ̃, -ɑ̃t] adj. Qui astreint, tient sans cesse occupé : *Un travail, un horaire astreignant* (syn. contraignant).

astreindre [astRɛ̃dR] v.t. (lat. *astringere* "serrer") [conj. 81]. Soumettre qqn à une obligation stricte : *Le médecin l'a astreint à un régime sévère* (syn. contraindre). ◆ **s'astreindre** v.pr. [à]. S'obliger à : *Il s'est astreint à une discipline de fer.*

astreinte [astRɛ̃t] n.f. (de *astreindre*). - **1.** DR. Obligation faite à un débiteur de payer une certaine somme par jour de retard : *Payer mille francs d'astreinte par jour.* - **2.** LITT. Contrainte : *La ponctualité est pour lui une véritable astreinte.*

astringent, e [astRɛ̃ʒɑ̃, -ɑ̃t] adj. et n.m. (lat. *astringens, -entis* "serrant"). MÉD. Se dit d'une substance qui resserre les tissus ou diminue la sécrétion : *Une pommade astringente.*

astrolabe [astRɔlab] n.m. (gr. *astrolabos,* de *astron* "astre" et rad. de *lambanein* "prendre"). - **1.** Anc. Instrument permettant d'obtenir, pour une latitude donnée, une représentation plane simplifiée du ciel à une date quelconque. - **2.** Instrument servant à

observer l'instant où une étoile atteint une hauteur déterminée.

astrologie [astRɔlɔʒi] n.f. (lat. *astrologia,* mot gr.). Art divinatoire fondé sur l'observation des astres, qui cherche à déterminer leur influence présumée sur les événements terrestres, sur la destinée humaine. ◆ **astrologue** n. Personne qui pratique l'astrologie.

astrologique [astRɔlɔʒik] adj. De l'astrologie.

astrométrie [astRɔmetRi] n.f. (de *astro-* et *-métrie*). Partie de l'astronomie ayant pour objet la mesure de la position des astres et la détermination de leurs mouvements.

astronaute [astRɔnot] n. (de *astronautique*). Pilote ou passager d'un engin spatial (syn. cosmonaute, spationaute).

astronautique [astRɔnotik] n.f. (de *astro-,* et du gr. *nautikē* "navigation"). Science et technique de la navigation dans l'espace.

astronef [astRɔnɛf] n.m. (de *astro-* et *nef*). Véhicule spatial.

astronomie [astRɔnɔmi] n.f. (lat. *astronomia,* mot gr.). Science qui étudie la position, les mouvements, la structure et l'évolution des corps célestes. ◆ **astronome** n. Nom du spécialiste.

astronomique [astRɔnɔmik] adj. - **1.** Relatif à l'astronomie : *Observation astronomique.* - **2.** FAM. Très élevé, excessif : *Prix astronomiques.*

astrophotographie [astRɔfɔtɔgRafi] n.f. Photographie des astres.

astrophysique [astRɔfizik] n.f. Partie de l'astronomie qui étudie la constitution, les propriétés physiques et l'évolution des astres. ◆ **astrophysicien, enne** n. Nom du spécialiste.

astuce [astys] n.f. (lat. *astutia* "ruse"). - **1.** Manière d'agir, de parler, qui dénote de l'habileté, de la finesse : *Faire preuve d'astuce* (syn. ingéniosité). - **2.** Plaisanterie ; jeu de mots : *Lancer une astuce dans une conversation.*

astucieusement [astysjøzmɑ̃] adv. De façon astucieuse.

astucieux, euse [astysjø, -øz] adj. - **1.** Qui a de l'astuce ; habile, ingénieux. - **2.** Qui dénote du savoir-faire, de l'adresse ou de la ruse : *Projet astucieux.*

asymétrie [asimetRi] n.f. Défaut, absence de symétrie.

asymétrique [asimetRik] adj. Sans symétrie.

asymptote [asɛ̃ptɔt] n.f. (gr. *asumptôtos,* de *a-* priv. et de *sumptôsis* "rencontre"). MATH. Droite telle que la distance d'un point d'une courbe à cette droite tend vers zéro quand le point s'éloigne à l'infini de la courbe.

asynchrone [asɛ̃kRɔn] adj. - **1.** Qui n'est pas synchrone, simultané. - **2.** Machine asyn-

chrone, moteur ou générateur électrique à courant alternatif dont la fréquence des forces électromotrices induites n'est pas dans un rapport constant avec la vitesse.

asyndète [asɛ̃dɛt] n.f. (gr. *asundeton* "absence de liaison"). LING. Suppression des mots de liaison (conjonctions, adverbes) dans une phrase ou entre deux phrases, afin de produire un effet stylistique.

ataraxie [ataʀaksi] n.f. (gr. *ataraxia* "absence de trouble"). PHILOS. Quiétude absolue de l'âme (principe du bonheur selon l'épicurisme et le stoïcisme).

atavisme [atavism] n.m. (du lat. *atavus* "ancêtre"). - 1. Réapparition, chez un sujet, de certains caractères ancestraux disparus depuis une ou plusieurs générations. - 2. Instincts héréditaires, habitudes ancestrales : *Conserver un vieil atavisme paysan.*

atèle [atɛl] n.m. (du gr. *atelés* "incomplet"). Singe de l'Amérique du Sud, dit *singe-araignée* à cause de la très grande longueur de ses membres.

atelier [atəlje] n.m. (de l'anc. fr. *astelle* "éclat de bois", lat. *astula*). - 1. Lieu, local où travaillent des artisans, des ouvriers ; ensemble des personnes qui travaillent dans ce lieu : *Un atelier de couture. Chef d'atelier.* - 2. Lieu où travaille un artiste-peintre, un sculpteur, etc. - 3. Groupe de travail : *Atelier d'informatique, de vidéo.* - 4. BX-A. Ensemble des élèves ou des collaborateurs d'un même maître. - 5. Loge des francs-maçons ; local où ils se réunissent. - 6. TÉLÉV. Atelier de production, subdivision d'une unité de programme chargée de la gestion d'un certain nombre d'émissions.

a tempo [atɛmpo] loc. adv. (mots it. "au temps"). MUS. En reprenant la vitesse d'exécution initiale du morceau.

atemporel, elle [atɑ̃pɔʀɛl] adj. Qui n'est pas concerné par le temps.

atermoiement [atɛʀmwamɑ̃] n.m. DR. Délai accordé à un débiteur pour l'exécution de ses engagements. ◆ **atermoiements** n.m. pl. Action de différer, de remettre à plus tard un choix, une décision ; délais, faux-fuyants : *Chercher des atermoiements.*

atermoyer [atɛʀmwaje] v.i. (de l'anc. fr. *termoyer* "vendre à terme") [conj. 13]. Remettre à plus tard, chercher à gagner du temps : *Un gouvernement qui ne cesse d'atermoyer* (syn. tergiverser).

athée [ate] adj. et n. (gr. *atheos*, de *theos* "dieu"). Qui nie l'existence de Dieu, de toute divinité (syn. incroyant).

athéisme [ateism] n.m. Attitude, doctrine d'une personne qui nie l'existence de Dieu, de la divinité.

athénée [atene] n.m. (gr. *athênaion* "temple d'Athéna"). En Belgique, établissement d'enseignement secondaire.

athermique [atɛʀmik] adj. PHYS. Qui ne dégage ni n'absorbe de chaleur : *Réaction athermique.*

athérosclérose [ateʀɔskleʀoz] n.f. (de *athérome*, n. désignant un dépôt graisseux dans les artères, et *sclérose*). PATHOL. Sclérose d'une paroi artérielle présentant des dépôts de cholestérol et de sels de calcium.

athlète [atlɛt] n. (gr. *athlêtês*). - 1. Personne pratiquant un sport (en génér. individuel) et ayant acquis un niveau élevé de performance. - 2. Personne ayant une musculature très développée : *Déménageur à la carrure d'athlète.*

athlétique [atletik] adj. D'athlète ; relatif à l'athlétisme.

athlétisme [atletism] n.m. Ensemble des sports individuels comprenant des courses de plat et d'obstacles ainsi que des concours de saut et de lancer.

atlante [atlɑ̃t] n.m. (mot it., du n. du géant mythol. *Atlas*). Statue d'homme soutenant un entablement.

atlantique [atlɑ̃tik] adj. (lat. *atlanticus*, gr. *atlantikos*, de *Atlas* n. géogr.). De l'océan Atlantique ou des pays qui le bordent.

atlas [atlas] n.m. (n. du géant mythol.). - 1. Recueil, ensemble de cartes géographiques, historiques, etc. - 2. Première vertèbre du cou.

atmosphère [atmɔsfɛʀ] n.f. (du gr. *atmos* "vapeur" et *sphaira* "sphère"). - 1. Enveloppe gazeuse entourant une planète. - 2. Partie de la couche gazeuse qui enveloppe la Terre, dans laquelle se déroulent les phénomènes météorologiques. - 3. Air que l'on respire en un lieu : *Atmosphère surchauffée, malsaine.* - 4. Milieu environnant, ambiance particulière à un lieu et dont on subit l'influence : *Une atmosphère tendue.*

atmosphérique [atmɔsfeʀik] adj. - 1. Relatif à l'atmosphère : *Conditions atmosphériques.* - 2. Moteur atmosphérique, moteur dont les cylindres sont alimentés en air à la pression atmosphérique, sans surpression ni alimentation forcée.

atoca [atɔka] n.m. (mot amérindien). Au Canada, arbuste à baies rouges comestibles, appelé aussi *airelle canneberge.*

atocatière [atɔkatjɛʀ] n.f. Au Canada, terrain où pousse l'atoca.

atoll [atɔl] n.m. (mot des îles Maldives). Île des mers tropicales, formée de récifs coralliens qui entourent une lagune centrale, dite *lagon.*

atome [atɔm] (lat. *atomus,* gr. *atomos* "insécable"). - **1.** Constituant élémentaire de la matière ; assemblage de particules fondamentales : *Un corps constitué d'atomes identiques est un corps simple.* - **2.** Parcelle, très petite quantité de qqch : *Il n'y a pas un atome de bon sens.* - **3.** FAM. **Atomes crochus.** Sympathie, entente entre des personnes.

atomicité [atɔmisite] n.f. CHIM. Nombre d'atomes contenus dans une molécule.

atomique [atɔmik] adj. - **1.** Relatif aux atomes. - **2.** **Arme atomique,** arme utilisant les réactions de fission du plutonium ou de l'uranium, employée pour la première fois en 1945. ‖ **Énergie atomique,** énergie libérée par des réactions nucléaires. ‖ **Masse atomique,** rapport de la masse de l'atome d'un élément chimique au douzième de la masse du carbone 12. ‖ **Numéro, nombre atomique,** numéro d'ordre d'un élément dans la classification périodique, égal au nombre de ses électrons et à celui de ses protons.

atomisation [atɔmizasjɔ̃] n.f. Action d'atomiser ; fait d'être atomisé.

atomisé, e [atɔmize] adj. et n. Qui a subi les effets des radiations nucléaires.

atomiser [atɔmize] v.t. (de *atome*). - **1.** Désagréger, diviser un groupe, un ensemble cohérent, etc. - **2.** Détruire avec des armes atomiques. - **3.** Réduire un corps en fines particules, à partir de son état liquide.

atomiseur [atɔmizœʀ] n.m. Appareil servant à disperser finement des liquides, solutions ou suspensions.

atomiste [atɔmist] n. et adj. Spécialiste de physique atomique.

atonal, e, als ou **aux** [atɔnal, -o] adj. MUS. Écrit suivant les principes de l'atonalité.

atonalité [atɔnalite] n.f. Écriture musicale contemporaine caractérisée en partic. par l'abandon des règles classiques de la tonalité et utilisant les douze degrés de la gamme chromatique.

atone [atɔn] adj. (gr. *atonos* "relâché"). - **1.** Qui est ou paraît sans vitalité, sans vigueur ; qui manque de dynamisme : *Un regard atone* (syn. morne). - **2.** Qui ne porte pas d'accent tonique, en parlant d'une voyelle ou d'une syllabe.

atonie [atɔni] n.f. (lat. *atonia,* mot gr. "relâchement"). Caractère de ce qui est atone ; manque de force, de vitalité.

atours [atuʀ] n.m. pl. (de l'anc. fr. *atourner* "préparer, orner"). LITT. Ensemble des vêtements, de la parure d'une femme : *Être dans ses plus beaux atours.*

atout [atu] n.m. (de *à* et *tout*). - **1.** Couleur choisie ou prise au hasard et qui l'emporte sur les autres, aux jeux de cartes. - **2.** Avantage : *Votre connaissance parfaite de l'anglais est un sérieux atout pour votre travail.*

A. T. P., sigle de *adénosine triphosphate,* désignant une molécule organique formée d'une base azotée *(adénine),* d'un sucre et de phosphates, et dont l'hydrolyse libère de l'énergie.

atrabilaire [atʀabilɛʀ] adj. et n. (de *atrabile* "bile noire", du lat. *ater* "noir" et *bilis* "bile"). LITT. Facilement irritable ; sombre : *Un caractère atrabilaire* (syn. désagréable, aigre).

âtre [ɑtʀ] n.m. (lat. pop. **astrakus* "carrelage"). LITT. Partie de la cheminée où l'on fait le feu ; la cheminée elle-même.

atrium [atʀijɔm] n.m. (mot lat.). - **1.** Pièce principale qui commandait la distribution de la maison romaine, avec une ouverture carrée au centre du toit pour recueillir les eaux de pluie. - **2.** Cour bordée de portiques, devant la façade de certaines églises primitives.

atroce [atʀɔs] adj. (lat. *atrox, -ocis*). - **1.** Qui provoque de la répulsion, qui est horrible, insoutenable à cause de sa cruauté, de sa dureté ou de sa laideur : *Un crime atroce* (syn. abominable, révoltant). - **2.** Insupportable, très pénible à endurer : *Des souffrances atroces.*

atrocement [atʀɔsmã] adv. De manière atroce.

atrocité [atʀɔsite] n.f. - **1.** Caractère de ce qui est atroce : *L'atrocité de la guerre* (syn. horreur). - **2.** Action cruelle, crime : *Ils ont commis des atrocités* (syn. monstruosité).

atrophie [atʀɔfi] n.f. (gr. *atrophia* "privation de nourriture"). MÉD. Diminution de volume et mauvais fonctionnement d'un tissu, d'un organe, d'un organisme : *L'atrophie d'un muscle.*

s'atrophier [atʀɔfje] v.pr. (de *atrophie*) [conj. 9]. - **1.** MÉD. Diminuer de volume, en parlant d'un membre ou d'un organe : *Muscle atrophié.* - **2.** Perdre de sa vigueur ; se dégrader : *Ses facultés mentales se sont atrophiées* (syn. s'affaiblir).

atropine [atʀɔpin] n.f. (du lat. *atropa* "belladone"). Alcaloïde extrait de la belladone, utilisé pour dilater la pupille et combattre les spasmes.

s' attabler [atable] v.pr. S'asseoir à table pour manger.

attachant, e [ataʃã, -ãt] adj. Qui émeut, qui touche ; qui suscite de l'intérêt : *C'est un personnage attachant.*

attache [ataʃ] n.f. - **1.** Ce qui sert à attacher (syn. lien, courroie). - **2.** Partie du corps où est fixé un muscle, un ligament : *Elle a des attaches très fines* (= les poignets, les chevilles). - **3.** Relations, rapports amicaux ou familiaux : *J'ai toutes mes attaches dans cette ville.* - **4.** Port d'attache, port où un navire est immatriculé ; au fig., lieu où l'on revient habituellement après une série de déplacements.

attaché, e [ataʃe] n. - **1.** Membre d'une ambassade, d'un cabinet ministériel, etc. : *Attaché culturel.* - **2.** Attaché(e) de presse. Personne chargée d'assurer les relations avec les médias, dans une entreprise publique ou privée.

attaché-case [ataʃekɛz] n.m. (loc. angl., de *attaché,* mot fr., et de *case* "valise, boîte") [pl. *attachés-cases*]. Mallette plate et rigide servant de porte-documents.

attachement [ataʃmɑ̃] n.m. - **1.** Sentiment d'affection ou de sympathie éprouvé pour qqn ou un animal : *Avoir de l'attachement pour son chien.* - **2.** Relevé journalier des travaux et des dépenses d'un entrepreneur.

attacher [ataʃe] v.t. (anc. fr. *estachier* "fixer", de *estache* "poteau", du frq.). - **1.** Fixer une personne, un animal, une chose à qqch : *Les ravisseurs ont attaché leur victime sur une chaise* (syn. ligoter). *Attacher une plante à un tuteur* (syn. lier). - **2.** Réunir par un lien, un ensemble de choses : *Attacher des cheveux avec un ruban, des photocopies avec une agrafe* (syn. lier, assembler). - **3.** Fermer un vêtement, nouer des lacets de chaussures : *Attacher sa veste* (syn. boutonner). *Attacher ses chaussures* (syn. lacer). - **4.** Unir durablement : *Attacher son nom à un procédé.* - **5.** Donner, attribuer (dans certaines expressions) : *Attacher de l'importance à des détails.* ◆ v.i. - **1.** Coller au fond d'un récipient pendant la cuisson, en parlant des aliments : *Les pâtes ont attaché.* - **2.** En parlant d'un ustensile de cuisson, provoquer l'adhérence des aliments : *Cette poêle attache.* ◆ **s'attacher** v.pr. - **1.** Se fixer, se fermer par tel moyen : *Cette robe s'attache sur le devant.* - **2.** S'attacher à, aller de pair avec : *Les avantages qui s'attachent à ce titre sont nombreux.* - **3.** S'attacher à qqn, à qqch, devenir proche de qqn, l'apprécier ; s'intéresser à qqch.

attaquable [atakabl] adj. Qui peut être attaqué.

attaquant, e [atakɑ̃, -ɑ̃t] adj. et n. Qui attaque.

attaque [atak] n.f. - **1.** Action d'attaquer : *Attaque à main armée* (syn. agression). - **2.** Critique violente, accusation : *Il ne réagit même plus à ses attaques.* - **3.** Action militaire pour conquérir un objectif ou pour détruire des forces ennemies (syn. offensive, assaut). - **4.** SPORTS. Action offensive ; ensemble des joueurs participant à cette action, dans les sports d'équipe. - **5.** Accès subit d'une maladie ; en partic. crise nerveuse ou hémorragie cérébrale. - **6.** FAM. Être d'attaque, être en forme.

attaquer [atake] v.t. (it. *attaccare* "attacher", puis "commencer [la bataille]"). - **1.** Agresser physiquement ; assaillir : *Attaquer qqn, un pays.* - **2.** Incriminer, critiquer avec une certaine violence, verbalement ou par écrit : *Attaquer les institutions.* - **3.** Entamer ; corroder : *La rouille attaque le fer* (syn. ronger). - **4.** Commencer qqch ; commencer à manger : *Attaquer un roman* (syn. entreprendre). *On attaque le gâteau ?* - **5.** Attaquer qqn, un organisme en justice, intenter une action judiciaire contre lui. ◆ **s'attaquer** v.pr. [à]. Affronter qqn, qqch sans hésiter ; entreprendre qqch de périlleux : *S'attaquer à un projet gigantesque.*

attardé, e [atarde] adj. et n. - **1.** Dont l'intelligence s'est peu développée : *Un attardé mental* (syn. arriéré). - **2.** En retard sur son époque, périmé : *Des conceptions attardées* (syn. désuet).

s'attarder [atarde] v.pr. (de *tard*). - **1.** Rester trop longtemps quelque part ; se mettre en retard : *S'attarder à bavarder chez des amis.* - **2.** Passer trop de temps à faire qqch : *S'attarder à des détails.*

atteindre [atɛ̃dʀ] v.t. (lat. pop. *attangere*, du class. *attingere*, de *tangere* "toucher") [conj. 81]. - **1.** Parvenir à : *Atteindre son but. Nous avons atteint le chalet en fin de soirée.* - **2.** Réussir à joindre, à rencontrer : *Il est difficile à atteindre.* - **3.** Toucher en blessant, avec un projectile : *Une balle perdue l'avait atteint au genou.* - **4.** Troubler profondément : *Vos paroles l'ont atteint* (syn. toucher, bouleverser). ◆ v.t. ind. [à] SOUT. Parvenir à : *Atteindre à la perfection.*

atteinte [atɛ̃t] n.f. SOUT. - **1.** Action, fait d'atteindre : *L'atteinte d'un objectif* (syn. réalisation). - **2.** Dommage, préjudice : *Atteinte à la liberté.* - **3.** Douleur physique (surtout au pl.) : *Résister aux atteintes du froid.* - **4.** Atteinte à la sûreté de l'État, infraction contre les intérêts du pays, la défense nationale, etc. ‖ Hors d'atteinte, qui ne peut être touché : *Il est hors d'atteinte des projectiles* (syn. à l'abri de). *Sa réputation est hors d'atteinte* (= inattaquable).

attelage [atlaʒ] n.m. - **1.** Action ou manière d'atteler ou de plusieurs animaux ; ensemble des animaux attelés : *L'attelage avance.* - **2.** Dispositif d'accrochage de plusieurs véhicules entre eux : *Vérifier l'attelage d'un wagon.*

atteler [atle] v.t. (lat. pop. *attelare*, du class. [pro]*telum* "attelage de bœufs") [conj. 24]. - **1.** Attacher des animaux à une voiture ou à une machine agricole. - **2.** Relier un véhicule, une machine agricole à un autre véhicule pour le tracter. - **3.** CH. DE F. Accrocher ensemble des voitures, des wagons. - **4.** FAM. Faire entreprendre à qqn une tâche pénible et génér. de longue haleine : *Je l'ai attelé au dépouillement de ces documents.* ◆ **s'atteler** v.pr. [à]. Entreprendre un travail long et difficile : *S'atteler à une thèse de 300 pages.*

attelle [atɛl] n.f. (lat. pop. *astella*, class. *astula*, de *assis* "planche"). Petite pièce de bois ou de métal pour maintenir des os fracturés (syn. éclisse).

attenant, e [atnɑ̃, -ɑ̃t] adj. (de l'anc. v. *attenir* "tenir à"). Qui est contigu à un lieu, qui le touche : *Un bois attenant à la propriété.*

attendre [atɑ̃dʀ] v.t. et v.i. (lat. *attendere* "être attentif") [conj. 73]. - **1.** Demeurer, rester quelque part jusqu'à ce que qqn arrive ou que qqch arrive ou soit prêt ; (sans compl.) patienter : *Je t'attends depuis une heure. Attendre un taxi. Elle n'aime pas attendre.* - **2.** Rester dans le même état, en parlant d'une chose : *Ce travail peut attendre* (= n'est pas urgent). - **3.** Être prêt pour qqn, en parlant d'une chose : *Le dîner nous attend.* - **4.** Compter sur, prévoir, espérer : *Attendre une lettre, une réponse. J'attends beaucoup de sa visite.* - **5.** En attendant, pendant ce temps : *En attendant, tu peux habiter chez moi* (syn. provisoirement) ; quoi qu'il en soit : *Il a peut-être raison, en attendant il aurait mieux fait de se tenir tranquille* (toujours est-il que...). ◆ v.t. ind. [après]. Compter sur qqn, qqch avec impatience, en avoir besoin : *Il attend après cette somme.* ◆ **s'attendre** v.pr. [à]. Prévoir, imaginer : *Elle ne s'attend pas à cette surprise.*

attendrir [atɑ̃dʀiʀ] v.t. (de *1. tendre*) [conj. 32]. - **1.** Émouvoir, fléchir qqn : *Ses larmes l'avaient attendri* (syn. toucher). - **2.** Rendre moins dur : *Attendrir de la viande.* ◆ **s'attendrir** v.pr. Être ému.

attendrissant, e [atɑ̃dʀisɑ̃, -ɑ̃t] adj. Qui attendrit, qui émeut.

attendrissement [atɑ̃dʀismɑ̃] n.m. Fait de s'attendrir sur qqn ou qqch, d'être attendri.

attendrisseur [atɑ̃dʀisœʀ] n.m. Appareil de boucherie pour attendrir la viande.

1. attendu [atɑ̃dy] prép. (de *attendre*). SOUT. Vu, en raison de : *Attendu les événements* (= étant donné). ◆ **attendu que** loc. conj. Vu que, puisque : *Ne te fie pas à ces résultats, attendu que les calculs sont faux* (= étant donné que).

2. attendu [atɑ̃dy] n.m. (de *attendre*). DR. (Surtout au pl.). Alinéa qui énonce les arguments sur lesquels sont fondés une requête, un jugement, etc.

attentat [atɑ̃ta] n.m. (lat. *attentatum* ; v. *attenter*). - **1.** Attaque criminelle ou illégale contre les personnes, les droits, les biens, etc. - **2.** DR. Attentat à la pudeur, acte contraire aux mœurs commis par une personne sur un tiers.

attentatoire [atɑ̃tatwaʀ] adj. (de *attenter*). Qui porte atteinte à qqch : *Mesure attentatoire à la liberté.*

attente [atɑ̃t] n.f. - **1.** Action d'attendre qqn ou qqch ; temps pendant lequel on attend : *Salle d'attente.* - **2.** Espérance, souhait : *Répondre à l'attente de ses admirateurs* (syn. désir). - **3.** Contre toute attente, contrairement à ce qu'on attendait : *Contre toute attente, il n'est pas venu.*

attenter [atɑ̃te] v.t. ind. [à] (lat. *attentare* "porter la main sur"). - **1.** Commettre un attentat contre : *Attenter à la liberté d'un peuple. Attenter à la vie de qqn.* - **2.** Attenter à ses jours, à sa vie, se suicider ; tenter de se suicider.

attentif, ive [atɑ̃tif, -iv] adj. (lat. *attentivus*, de *attendere* "être attentif"). - **1.** Qui porte attention à qqn, à qqch : *Un auditoire attentif* (contr. distrait). - **2.** Plein d'attentions, vigilant : *Des soins attentifs.* - **3.** Attentif à, soucieux de : *Être attentif à ne blesser personne.*

attention [atɑ̃sjɔ̃] n.f. (lat. *attentio*, de *attendere* "être attentif"). - **1.** Action de se concentrer sur qqch ou sur qqn, de s'appliquer ; vigilance : *Regarder qqch avec attention* (syn. intérêt ; contr. distraction, indifférence). - **2.** Marque d'affection, d'intérêt ; égard : *Une délicate attention de sa part* (syn. prévenance). - **3.** Attirer l'attention de qqn, lui faire remarquer qqch, qqn ; se faire remarquer de lui. ‖ Faire attention à qqn, qqch, remarquer qqn, qqch ; se méfier de qqn, qqch. ‖ Prêter attention à qqn, qqch, remarquer qqn, qqch, en tenir compte. ‖ Retenir l'attention de qqn, être spécial. remarqué par qqn. ◆ interj. Attention !, sert à mettre qqn en garde : *Attention ! vous allez vous faire mal* (= prenez garde !).

attentionné, e [atɑ̃sjɔne] adj. Plein d'attentions, de gentillesse.

attentisme [atɑ̃tism] n.m. Tendance à attendre les événements avant d'agir, de parler ; opportunisme. ◆ **attentiste** adj. et n. Qui pratique l'attentisme.

attentivement [atɑ̃tivmɑ̃] adv. D'une façon attentive.

atténuant, e [atenɥɑ̃, -ɑ̃t] adj. Circonstances atténuantes, faits particuliers qui accompagnent une infraction et dont les juges tiennent compte pour diminuer la peine prévue par la loi (par opp. à *circonstances aggravantes*).

atténuation [atenɥasjɔ̃] n.f. Action d'atténuer ; fait de s'atténuer ; adoucissement :

Atténuation de la souffrance à l'aide d'un calmant (syn. diminution).

atténuer [atenɥe] v.t. (lat. *attenuare* "amoindrir", de *tenuis* "mince") [conj. 7]. Rendre moins intense, moins grave : *Atténuer un son.* ◆ **s'atténuer** v.pr. Devenir moindre : *Sa douleur s'atténue peu à peu* (syn. diminuer).

atterrant, e [ateʀɑ̃, -ɑ̃t] adj. (de *atterrer*). Consternant, accablant : *Une nouvelle atterrante.*

atterrer [ateʀe] v.t. (de *terre*). Jeter dans la stupéfaction ; consterner, accabler.

atterrir [ateʀiʀ] v.i. (de *terre*) [conj. 32]. - **1.** Prendre contact avec le sol, en parlant d'un avion, d'un engin spatial, etc. - **2.** Toucher terre, en parlant du navire. - **3.** FAM. Arriver, se trouver quelque part inopinément : *Comment ce livre a-t-il atterri sur ma table ?*

atterrissage [ateʀisaʒ] n.m. Action d'atterrir ; son résultat.

attestation [atɛstasjɔ̃] n.f. (lat. *attestatio* ; v. *attester*). Déclaration verbale ou écrite qui témoigne de la véracité d'un fait, certifie : *Attestation de domicile.*

attesté, e [atɛste] adj. Connu par un emploi daté, en parlant d'un mot, d'une forme de la langue.

attester [atɛste] v.t. (lat. *attestari*, de *testis* "témoin"). - **1.** Certifier la vérité ou l'authenticité de : *J'atteste que cet homme est innocent.* - **2.** Prouver, témoigner : *Cette lettre atteste sa bonne foi.* - **3.** LITT. Prendre à témoin : *Attester le ciel.*

attiédir [atjediʀ] v.t. [conj. 32]. LITT. Rendre tiède.

attifer [atife] v.t. (de l'anc. fr. *tifer* "parer", du germ.). FAM. Habiller, parer avec mauvais goût ou d'une manière un peu ridicule : *Elle attife son fils d'une manière invraisemblable.* ◆ **s'attifer** v.pr. FAM. S'habiller d'une manière bizarre.

attique [atik] adj. Relatif à l'Attique, à Athènes et à leurs habitants : *L'art attique.* ◆ n.m. Dialecte ionien qui était la langue de l'Athènes antique.

attirail [atiʀaj] n.m. (de l'anc. fr. *atirer* "disposer", de *tirer*). Ensemble d'objets divers, génér. encombrants, destiné à un usage bien précis : *Attirail de pêcheur à la ligne.*

attirance [atiʀɑ̃s] n.f. Action d'attirer ou fait d'être attiré ; séduction excercée par qqn ou qqch.

attirant, e [atiʀɑ̃, -ɑ̃t] adj. Qui attire, séduit.

attirer [atiʀe] v.t. (de *tirer*). - **1.** Tirer, amener à soi : *L'aimant attire le fer.* - **2.** Faire venir en exerçant un attrait, en éveillant l'intérêt : *Cet homme l'attire beaucoup* (syn. plaire). - **3.** Appeler vers soi un événement heureux ou malheureux : *Son attitude va lui attirer des ennuis* (syn. occasionner).

attiser [atize] v.t. (lat. pop. *attitiare*, du class. *titio* "tison"). - **1.** Aviver, ranimer le feu, les flammes : *Attiser un feu.* - **2.** LITT. Exciter, entretenir : *Attiser la haine* (syn. aviver).

attitré, e [atitʀe] adj. - **1.** Qui est chargé en titre d'un emploi, d'un rôle : *L'humoriste attitré d'un journal.* - **2.** Que l'on se réserve exclusivement ; dont on a l'habitude, que l'on préfère : *Avoir sa place attitrée.*

attitude [atityd] n.f. (it. *attitudine* "posture", lat. *aptitudo* "aptitude"). - **1.** Manière de tenir son corps : *Une mauvaise attitude* (syn. posture). - **2.** Manière dont se comporte avec les autres : *Son attitude a été odieuse* (syn. comportement). - **3.** CHORÉGR. Pose de la danse classique dans laquelle les bras et l'une des jambes sont levés.

attorney [atɔʀnɛ] n.m. (mot angl., de l'anc. fr. *atorné* "préposé à", de 2. *tour*). Homme de loi, dans les pays anglo-saxons.

attouchement [atuʃmɑ̃] n.m. Action de toucher légèrement, en partic. avec la main.

attractif, ive [atʀaktif, -iv] adj. (bas lat. *attractivus* ; v. *attraction*). - **1.** Qui a la propriété d'attirer : *La force attractive d'un aimant.* - **2.** (Emploi critiqué). Attrayant : *Des prix particulièrement attractifs* (syn. intéressant).

attraction [atʀaksjɔ̃] n.f. (lat. *attractio*, de *attrahere* "tirer à soi"). - **1.** Force en vertu de laquelle un corps est attiré par un autre : *L'attraction terrestre.* - **2.** Ce qui attire, séduit : *Une secrète attraction le portait vers elle* (syn. attirance). - **3.** Distraction mise à la disposition du public dans certains lieux ou à l'occasion de manifestations, de réjouissances collectives : *Parc d'attractions.* - **4.** Numéro de cirque, de variétés qui passe en intermède d'un spectacle plus important. - **5.** Loi de l'attraction universelle, loi, énoncée par Newton, selon laquelle deux masses s'attirent mutuellement en raison directe de leurs masses, en raison inverse du carré de leurs distances et selon la droite qui les joint.

attrait [atʀɛ] n.m. (du lat. *attrahere* "tirer à soi"). Qualité par laquelle une personne ou une chose attire, plaît.

attrape [atʀap] n.f. (de *attraper*). - **1.** Objet destiné à tromper par jeu, par plaisanterie : *Magasin de farces et attrapes.* - **2.** Tromperie faite pour plaisanter : *Les attrapes du 1ᵉʳ avril* (syn. farce).

attrape-nigaud [atʀapnigo] n.m. (pl. *attrape-nigauds*). Ruse grossière.

attraper [atʀape] v.t. (de *trappe* "piège"). - **1.** Saisir, prendre, atteindre qqn ou qqch : *Attraper un ballon, un bus.* - **2.** Prendre au piège : *Attraper une souris*. - **3.** FAM. Contracter une maladie : *Attraper un rhume*. - **4.** FAM. Faire des reproches à ; réprimander : *Attraper un enfant* (syn. gronder). - **5.** Se laisser attraper, se laisser tromper, abuser : *Se laisser attraper par des flatteries.*

attrayant, e [atʀɛjɑ̃, -ɑ̃t] adj. (du lat. *attrahere* "tirer à soi"). Attirant, séduisant.

attribuer [atʀibɥe] v.t. (lat. *attribuere*, de *tribuere* "accorder en partage") [conj. 7]. - **1.** Accorder comme avantage, donner : *Attribuer des fonds à un organisme*. - **2.** Considérer qqn comme auteur, qqch comme cause : *Attribuer un échec à la fatigue* (syn. imputer). ◆ **s'attribuer** v.pr. S'attribuer qqch, se l'approprier, le faire sien : *S'attribuer un titre.*

attribut [atʀiby] n.m. (lat. médiév. *attributum* "chose attribuée"). - **1.** Ce qui appartient, ce qui est inhérent à qqn ou à qqch : *La parole est un attribut de l'homme*. - **2.** Symbole attaché à une fonction : *La balance est l'attribut de la justice*. - **3.** GRAMM. Terme (adjectif, nom, etc.) qualifiant le sujet ou le complément d'objet direct par l'intermédiaire d'un verbe (*être, devenir, paraître*, etc., pour l'attribut du sujet ; *rendre, nommer*, etc., pour l'attribut de l'objet).

attribution [atʀibysjɔ̃] n.f. - **1.** Action d'attribuer : *Attribution d'un prix*. - **2.** GRAMM. Complément d'attribution, nom ou pronom qui désigne la personne ou la chose à laquelle s'adresse un don, un ordre, un discours, etc., ou à laquelle appartient un être ou une chose (ex. : *amie* dans *donner un livre à une amie*). ◆ **attributions** n.f. pl. Pouvoirs attribués, fonction impartie à qqn : *Cela n'entre pas dans mes attributions.*

attristant, e [atʀistɑ̃, -ɑ̃t] adj. Qui rend triste, déçoit.

attrister [atʀiste] v.t. Rendre triste : *Cette mort subite l'a beaucoup attristée*. ◆ **s'attrister** v.pr. Devenir triste.

attroupement [atʀupmɑ̃] n.m. Rassemblement plus ou moins tumultueux de personnes sur la voie publique.

attrouper [atʀupe] v.t. (de *troupe*). Rassembler des personnes, grouper. ◆ **s'attrouper** v.pr. Se réunir en foule : *Des badauds commençaient à s'attrouper.*

atypique [atipik] adj. (de *typique*). Qui diffère du type habituel ; que l'on peut difficilement classer.

au, aux art. ⟶ le.

aubade [obad] n.f. (prov. *aubada*). LITT. Concert donné à l'aube, le matin, sous les fenêtres de qqn.

aubaine [obɛn] n.f. (de l'anc. adj. *aubain* "étranger", du lat. *alibi* "ailleurs"). - **1.** Terme désignant autref. un étranger non naturalisé dont la succession, par le droit de l'*aubaine*, pouvait revenir au souverain. - **2.** Avantage, profit inespéré : *Profite de l'aubaine !* (syn. occasion).

1. aube [ob] n.f. (lat. *alba*, de *albus* "blanc"). - **1.** LITT. Première lueur du jour. - **2.** À l'aube de, au commencement de : *Nous sommes à l'aube d'un monde nouveau.*

2. aube [ob] n.f. (du lat. *albus* "blanc"). CATH. Longue robe de tissu blanc portée par les prêtres et les enfants de chœur pendant les offices ainsi que par les premiers communiants.

3. aube [ob] n.f. (lat. *alapa* "soufflet"). - **1.** TECHN. Partie d'une roue hydraulique sur laquelle s'exerce l'action du fluide moteur. - **2.** Partie d'une turbomachine servant à canaliser un fluide.

aubépine [obepin] n.f. (lat. pop. *albispina*, du class. *alba spina* "épine blanche"). Arbre ou arbrisseau épineux à fleurs blanches ou roses, à baies rouges. □ Famille des rosacées ; genre *cratægus*.

auberge [obɛʀʒ] n.f. (prov. *aubergo*, anc. fr. *herberge*). - **1.** Autref., établissement simple et sans luxe situé à la campagne et offrant le gîte et le couvert pour une somme modique. - **2.** Restaurant ou hôtel-restaurant au cadre intime et chaleureux, génér. situé à la campagne. - **3.** Auberge espagnole, lieu où l'on ne trouve que ce qu'on apporte. | FAM. On n'est pas sortis de l'auberge, on est loin d'en avoir fini avec les difficultés.

aubergine [obɛʀʒin] n.f. (catalan *alberginia*, de l'ar.). Fruit comestible, génér. violet, produit par une solanacée annuelle originaire de l'Inde. ◆ adj. inv. De la couleur violet sombre de l'aubergine.

aubergiste [obɛʀʒist] n. Personne qui tient une auberge.

aubier [obje] n.m. (lat. *alburnum*, de *albus* "blanc"). Partie jeune du tronc et des branches d'un arbre, située à la périphérie, sous l'écorce, constituée par les dernières couches annuelles et de teinte plus claire que le cœur.

auburn [obœʀn] adj. inv. (mot angl., de l'anc. fr. *auborne* "blond", du lat. *albus*). D'un brun tirant légèrement sur le roux, en parlant des cheveux.

aucuba [okyba] n.m. (jap. *aokiba*). Arbrisseau venant du Japon, à feuilles coriaces vertes et jaunes, souvent cultivé dans les jardins. □ Famille des cornacées ; haut. 2 m env.

aucun, e [okœ̃, -yn] adj. et pron. indéf. (lat. pop. *aliquunus*, du class. *aliquis* "quelqu'un" et *unus* "un seul"). - **1.** (En corrélation avec *ne* ou précédé de *sans*). Indique l'absence totale : *Vous n'avez aucune raison d'abandonner ce projet* (= pas une seule). *Il a agi sans aucun scrupule. Aucun n'a été capable de répondre* (syn. sout. nul). **Rem.** L'adj. indéf. ne s'emploie au pl. que devant un nom sans sing. : *Aucuns frais supplémentaires ne sont à prévoir.* - **2.** LITT. D'aucuns, quelques-uns : *D'aucuns pensent que son dernier discours était très mauvais* (syn. certains).

aucunement [okynmɑ̃] adv. (de *aucun*). Pas du tout.

audace [odas] n.f. (lat. *audacia*, de *audere* "oser"). - **1.** Courage, hardiesse : *Manquer d'audace.* - **2.** Insolence, effronterie : *Quelle audace !* (syn. impertinence).

audacieusement [odasjøzmɑ̃] adv. Avec audace.

audacieux, euse [odasjø, -øz] adj. et n. Qui a de l'audace ; décidé, téméraire.

au-dedans (de) [odədɑ̃] adv. ou loc. prép. À l'intérieur (de) : *Il paraît calme, mais au-dedans il est bouleversé.*

au-dehors (de) [odəɔʀ] adv. ou loc. prép. À l'extérieur (de) : *Ici il fait bon, mais au-dehors il gèle.*

au-delà (de) [odəla] adv. ou loc. prép. Plus loin (que) : *N'allez pas au-delà.* ◆ **au-delà** n.m. inv. L'au-delà, ce qui vient après la vie terrestre : *L'angoisse de l'au-delà.*

au-dessous (de) [odəsu] adv. ou loc. prép. À un point inférieur : *Remplissez ce papier et signez au-dessous* (= plus bas).

au-dessus (de) [odəsy] adv. ou loc. prép. À un point supérieur : *Il neige au-dessus de 900 m* (= plus haut que).

au-devant [odəvɑ̃] adv. En avant : *Restez ici, je vais aller au-devant.* ◆ **au-devant de** loc. prép. À la rencontre de ; en direction de : *Aller au-devant des problèmes.*

audible [odibl] adj. (lat. *audibilis*, de *audire* "entendre"). - **1.** Perceptible à l'oreille : *Son message sur le répondeur était à peine audible.* - **2.** Qui peut être entendu sans déplaisir : *Ce disque est trop usé, il n'est pas audible.*

audience [odjɑ̃s] n.f. (lat. *audientia* "attention accordée à des paroles"). - **1.** Entretien accordé par un supérieur, une personnalité : *Solliciter une audience.* - **2.** Attention, intérêt plus ou moins grand que qqn ou qqch suscite auprès du public : *Ce projet a rencontré une audience favorable.* - **3.** DR. Séance au cours de laquelle le tribunal interroge les parties, entend les plaidoiries et rend sa décision.

Audimat [odimat] n.m. (nom déposé). Audimètre très répandu en France.

audimètre [odimɛtʀ] n.m. (du lat. *audire* "entendre", et de *-mètre*). Dispositif adapté à un récepteur de radio ou de télévision, utilisé en audimétrie.

audimétrie [odimetʀi] n.f. (de *audimètre*). Mesure de l'audience d'une émission de télévision ou de radio.

audio [odjo] adj. inv. (du lat. *audire* "entendre"). Qui concerne l'enregistrement ou la transmission des sons (par opp. à *vidéo*) : *Une cassette audio.*

audiogramme [odjɔgʀam] n.m. (du lat. *audire* "entendre", et de *-gramme*). - **1.** Courbe caractéristique de la sensibilité de l'oreille aux sons. - **2.** Disque ou cassette audio (par opp. à *vidéogramme*).

audiomètre [odjɔmɛtʀ] n.m. (du lat. *audire* "entendre", et de *-mètre*). Appareil permettant de mesurer l'acuité auditive.

audionumérique [odjɔnymeʀik] adj. (du lat. *audire* "entendre", et de *numérique*). Disque audionumérique, sur lequel les sons sont enregistrés sous forme de signaux numériques et lus par un système à laser (on dit communément *Compact Disc*, disque compact, ou, par abrév., *CD*).

audiovisuel, elle [odjɔvizɥɛl] adj. et n. m. (du lat. *audire* "entendre" et de *visuel*). Qui appartient aux méthodes d'information, de communication ou d'enseignement associant l'image et le son.

audit [odit] n.m. (mot angl., de *Internal Auditor* "contrôleur financier"). - **1.** Procédure de contrôle de la comptabilité et de la gestion d'une entreprise. - **2.** Personne chargée de cette mission (syn. auditeur).

auditeur, trice [oditœʀ, -tʀis] n. (lat. *auditor*, de *audire* "entendre"). - **1.** Personne qui écoute un cours, un concert, une émission radiophonique, etc. - **2.** Personne chargée d'un audit. - **3.** DR. Fonctionnaire qui débute au Conseil d'État ou à la Cour des comptes.

auditif, ive [oditif, -iv] adj. (du lat. *auditus*, de *audire* "entendre"). Qui concerne l'ouïe ou l'oreille en tant qu'organe de l'ouïe : *Troubles auditifs. Nerf auditif.*

audition [odisjɔ̃] n.f. (du lat. *auditio*, de *audire* "entendre"). - **1.** Fonction du sens de l'ouïe : *Trouble de l'audition.* - **2.** Action d'entendre, d'écouter : *L'audition des témoins.* - **3.** Présentation par un artiste de son répertoire ou d'un extrait de son répertoire en vue d'obtenir un engagement : *Passer une audition.*

auditionner [odisjɔne] v.t. Écouter un acteur, un chanteur présenter son répertoire, son tour de chant, lui faire passer une audition : *Le jury a auditionné cinq candidats.* ◆ v.i. En parlant d'un acteur, d'un chanteur, présenter son répertoire en vue d'obtenir un engagement : *Elle auditionne demain pour obtenir un rôle dans la nouvelle revue.*

auditoire [oditwaʀ] n.m. (lat. *auditorium* "lieu où l'on s'assemble pour écouter").

Ensemble des personnes qui écoutent un discours, une émission radiophonique, assistent à un cours, etc. : *Un auditoire très attentif* (syn. public).

auditorium [oditɔrjɔm] n.m. (mot lat.). Salle aménagée pour l'audition des œuvres musicales ou théâtrales, pour les émissions de radio ou de télévision et pour les enregistrements sonores.

auge [oʒ] n.f. (lat. *alveus* "cavité", de *alvus* "ventre"). - **1.** Récipient dans lequel boivent et mangent les animaux domestiques. - **2.** Récipient dans lequel les ouvriers du bâtiment délaient le plâtre, le mortier, etc. - **3.** Rigole qui conduit l'eau à un réservoir ou à la roue d'un moulin. - **4.** Vide entre les branches du maxillaire inférieur du cheval. - **5.** GÉOGR. Vallée à fond plat et à versants raides, génér. d'origine glaciaire.

augment [ɔgmã] n.m. (lat. *augmentum*). LING. Affixe préposé à la racine verbale dans la conjugaison de certaines formes du passé (en grec, par ex.).

augmentatif, ive [ɔgmãtatif, -iv] adj. et n.m. LING. Se dit d'un préfixe (ex. : *archi-, super-*, etc.) ou d'un suffixe (ex. : *-issime*) servant à renforcer le sens d'un mot.

augmentation [ɔgmãtasjɔ̃] n.f. - **1.** Accroissement en quantité, en nombre, en valeur, etc. : *Augmentation des prix, du nombre des chômeurs.* - **2.** Quantité, somme qui vient s'ajouter à une autre : *Donner une augmentation à un ouvrier.* - **3.** Ajout d'une ou de plusieurs mailles sur un rang de tricot. - **4.** Augmentation de capital, accroissement du capital d'une société par apport d'argent ou par incorporation des réserves figurant au bilan.

augmenter [ɔgmãte] v.t. (lat. *augmentare*, du class. *augere* "croître"). - **1.** Rendre plus grand, plus important : *Augmenter sa fortune* (syn. accroître ; contr. diminuer). - **2.** Accroître le prix de : *Augmenter l'essence.* - **3.** Faire bénéficier d'une rémunération plus élevée : *Augmenter qqn de dix pour cent.* ◆ v.i. - **1.** Devenir plus grand, croître en quantité, en intensité, etc : *Les prix augmentent. Sa peur augmente* (contr. diminuer). - **2.** Hausser de prix, devenir plus cher : *Les légumes augmentent en hiver* (contr. baisser).

1. **augure** [ogyʀ] n.m. (lat. *augur* ; v. *augurer*). ANTIQ. ROM. Prêtre chargé d'interpréter les présages tirés du vol, du chant des oiseaux, etc.

2. **augure** [ogyʀ] n.m. (lat. *augurium* ; v. *augurer*). - **1.** Présage tiré d'un signe céleste. - **2.** Présage, signe qui semble annoncer l'avenir. - **3.** Être de bon, de mauvais augure, présager une issue heureuse, malheureuse.

augurer [ogyʀe] v.t. (lat. *augurare* "tirer un présage du vol des oiseaux"). - **1.** LITT. Tirer un présage, un pressentiment, une conjecture de. - **2.** Augurer bien, mal de qqch, prévoir que l'issue en sera favorable ou non.

auguste [ogyst] adj. (lat. *augustus*). LITT. Qui inspire le respect, la vénération : *Il jeta un auguste regard.* ◆ n.m. HIST. (Avec une majuscule). Titre des empereurs romains.

aujourd'hui [oʒuʀdɥi] adv. (de *au, jour,* et de l'anc. adv. *hui* "aujourd'hui" [lat. *hodie*]). - **1.** Au jour où l'on est ; ce jour : *Il arrive aujourd'hui.* - **2.** Au temps où nous vivons ; maintenant : *La France d'aujourd'hui.*

aulnaie [onɛ] ou **aunaie** [onɛ] n.f. Lieu planté d'aulnes.

aulne [on] ou **aune** [on] n.m. (lat. *alnus*). BOT. Arbre du bord des eaux, voisin du bouleau, dont l'espèce la plus courante est le vergne (ou *verne*).

aulx n.m. pl. → **ail**.

aumône [omon] n.f. (lat. pop. *alemosina*, gr. *eleêmosunê* "compassion"). - **1.** Don fait aux pauvres : *Demander, faire l'aumône.* - **2.** Faveur, grâce : *Faire, accorder à qqn l'aumône d'un sourire.*

aumônerie [omonʀi] n.f. - **1.** Charge d'aumônier. - **2.** Lieu où un aumônier reçoit, a ses bureaux : *L'aumônerie d'un lycée.*

aumônier [omonje] n.m. (de *aumône*). - **1.** Ecclésiastique attaché à un corps ou à un établissement. - **2.** HIST. Grand aumônier de France, titre du premier aumônier de la cour.

aunaie n.f., **aune** n.m. → **aulnaie, aulne**.

aune [on] n.f. (frq. *alina* "avant-bras"). - **1.** Ancienne mesure de longueur, utilisée surtout pour les étoffes et valant env. 1,20 m. - **2.** LITT. Juger, mesurer à l'aune de, estimer qqn, qqch en le comparant à qqn, qqch d'autre.

auparavant [oparavã] adv. (de *au, par* et *avant*). Avant dans le temps ; d'abord.

auprès de [opʀɛdə] loc. prép. (de *au* et *près*). - **1.** Tout près de, à côté : *Venez auprès de moi.* - **2.** En s'adressant à : *Faire une demande auprès du ministre.* - **3.** En comparaison de : *Mon mal n'est rien auprès du sien.* - **4.** SOUT. Dans l'opinion de : *Il passe pour un goujat auprès d'elle.* ◆ **auprès** adv. LITT. Dans le voisinage : *Les maisons bâties auprès.*

auquel pron. relat. et interr. → **lequel**.

aura [ɔʀa] n.f. (mot lat. "souffle"). - **1.** LITT. Atmosphère spirituelle qui enveloppe un être ou une chose : *Une aura de mystère.* - **2.** Auréole, halo visible aux seuls initiés, dans les sciences occultes.

auréole [ɔʀeɔl] n.f. (du lat. [*corona*] *aureola* "[couronne] d'or", de *aurum* "or"). - **1.** Cercle dont les peintres, les sculpteurs entourent la tête des saints (syn. nimbe). - **2.** Gloire, prestige : *L'auréole du martyre.* - **3.** Cercle lumineux autour d'un astre, d'un objet ; halo. - **4.** Tache en anneau laissée par un liquide, un corps gras sur du papier, du tissu, etc.

auréoler [ɔʀeɔle] v.t. - **1.** LITT. Entourer qqn, qqch d'une auréole : *Sa chevelure auréolait son visage.* - **2.** Être auréolé de, être paré de : *Être auréolé de prestige, de gloire.*

auriculaire [ɔʀikylɛʀ] adj. (lat. *auricularius,* du lat. *auricula,* dimin. de *auris* "oreille"). - **1.** De l'oreille. - **2.** Des oreillettes du cœur : *Artères auriculaires.* - **3.** Témoin auriculaire, témoin qui a entendu de ses propres oreilles ce qu'il rapporte. ◆ n. m. Cinquième doigt de la main, petit doigt.

aurifère [ɔʀifɛʀ] adj. (du lat. *aurum* "or", et de -*fère*). Qui contient de l'or : *Sable aurifère.*

aurifier [ɔʀifje] v.t. (du lat. *aurum* "or", et de -*fier*) [conj. 9]. Obturer ou reconstituer une dent avec de l'or.

aurignacien, enne [ɔʀiɲasjɛ̃, -ɛn] adj. et n.m. (de *Aurignac,* localité de la Haute-Garonne). Se dit d'un faciès du paléolithique supérieur caractérisé par un outillage lithique (lames notamm.) ou osseux, et qui est marqué par l'apparition de l'art figuratif. □ Vers 33000-26000 avant notre ère.

aurochs [ɔʀɔk] n.m. (all. *Auerochs*). Bœuf sauvage noir de grande taille, dont l'espèce est éteinte.

aurore [ɔʀɔʀ] n.f. (lat. *aurora*). - **1.** Lueur qui précède le lever du soleil ; moment où le soleil va se lever : *Partir à l'aurore* (syn. aube). - **2.** Commencement d'une époque : *L'aurore d'une ère nouvelle.* - **3.** Aurore polaire, boréale ou australe, phénomène lumineux fréquent dans le ciel des régions polaires, luminescence de la haute atmosphère sous l'action de particules électrisées issues du Soleil.

auscultation [ɔskyltasjɔ̃] n.f. Action d'écouter les bruits produits par les organes pour faire un diagnostic.

ausculter [ɔskylte] v.t. (lat. *auscultare* "écouter"). Pratiquer l'auscultation de : *Ausculter un malade. Ausculter le thorax.*

auspice [ɔspis] n.m. (lat. *auspicium,* de *avis* "oiseau" et *spicere* "examiner"). [Surtout au pl.]. - **1.** ANTIQ. Présage tiré du vol, du chant, du comportement des oiseaux : *Prendre les auspices.* - **2.** LITT. Signe, augure : *Sous d'heureux, de funestes auspices.* - **3.** LITT. Sous les auspices de qqn, sous la protection, avec l'appui de qqn.

aussi [osi] adv. (du lat. pop. **ale,* class. *aliud* "autre chose", et de *si*). - **I.** Marquant une intensité. - **1.** Exprime une équivalence, une identité : *Toi aussi* (syn. de même ; contr. non

plus). *Je le crois aussi* (syn. également). - **2.** Introduit un ajout : *Beaucoup d'enfants étaient là, et aussi quelques parents. Il y avait aussi des journalistes étrangers* (= en outre). - **3.** Marque une intensité relative : *Nous ne le savions pas aussi riche* (syn. si). - **4.** En corrélation avec *que,* exprime le comparatif d'égalité : *Il est aussi bavard que son frère.* - **5.** En corrélation avec *que,* ou avec inversion du sujet, exprime un rapport de concession (suivi du subj.) : *Aussi surprenant que cela paraisse* (syn. si... que). - **II.** Marquant une articulation logique : - **1.** Exprime la conséquence : *Aussi ai-je immédiatement fait appel à ses services.* - **2.** Parfois précédé de *mais,* introduit une explication, une objection ou une justification : *Personne n'a songé à l'inviter, (mais) aussi il aurait dû téléphoner. Mais aussi, pourquoi vous êtes-vous tues ?* - **3.** LITT. Aussi bien, introduit une raison accessoire ou supplémentaire : *Tous les efforts sont restés inutiles : aussi bien était-il trop tard.*

aussière [osjɛʀ] n.f. (lat. pop. **helciaria,* du class. *helcium* "collier de trait"). Gros cordage employé pour l'amarrage, le touage des navires et pour les manœuvres de force (on trouve parfois la graphie *haussière*).

aussitôt [osito] adv. (de *aussi* et *tôt*). - **1.** Indique la postériorité temporelle immédiate : *Je l'ai appelé et il est aussitôt accouru* (syn. immédiatement). - **2.** Aussitôt dit, aussitôt fait, exprime le fait qu'on est passé directement d'une idée à son exécution. ◆ **aussitôt que** loc. conj. Marque la postériorité immédiate : *Nous partirons aussitôt que tu seras prêt* (syn. dès que).

austère [ostɛʀ] adj. (lat. *austerus* "âpre au goût"). - **1.** Sévère, rigide dans ses principes, son comportement : *Une vie austère* (syn. strict). *Un air austère* (syn. glacial). - **2.** Dépouillé de tout ornement : *Une bâtisse austère.*

austérité [osteʀite] n.f. (lat. *austeritas ;* v. *austère*). - **1.** Sévérité, rigorisme de principes, de comportement : *L'austérité d'une vie tout entière adonnée au travail.* - **2.** Absence de tout ornement, de toute fantaisie : *L'austérité d'un style* (syn. dépouillement). - **3.** ÉCON. Politique d'austérité, politique visant à la diminution des dépenses de consommation.

austral, e, als ou **aux** [ostʀal, -o] adj. (lat. *australis,* de *auster* "vent du midi"). De la moitié sud du globe terrestre, ou de la sphère céleste, d'un astre (par opp. à *boréal*).

australopithèque [ostʀalɔpitɛk] n.m. (de *austral* et de -*pithèque*). Hominidé reconnu en Afrique australe, auteur des premiers outils taillés il y a 3 millions d'années (appelé aussi *australanthropien*).

austronésien, enne [ostʀonezjɛ̃, -ɛn] adj. et n.m. (de *austral* et du gr. *nêsos* "île", sur le modèle de *polynésien*). Qui appartient à une famille de langues parlées dans les îles de l'océan Indien et du Pacifique et comprenant notamment l'indonésien et le polynésien (syn. malayo-polynésien).

autan [otɑ̃] n.m. (mot prov., lat. *altanus* "vent de la haute mer", de *altus* "haut"). Vent violent, chaud et sec, soufflant du sud-est sur l'Aquitaine (on dit aussi *vent d'autan*).

autant [otɑ̃] adv. (lat. pop. *ale*, du class. *aliud* "autre chose", et de *tant*). - **1.** Marque une intensité relative : *Travaille-t-elle toujours autant ?* - **2.** Suivi de l'inf., indique une équivalence ; une conduite à suivre : *Autant nous résigner* (= cela équivaut à nous résigner). *Autant dire qu'il est perdu. Autant lui annoncer à présent la vérité* (= il vaudrait mieux...). - **3.** En corrélation avec *que*, exprime un comparatif d'égalité : *Il mange autant que vous.* - **4.** Autant... autant, marque une opposition : *Autant l'histoire le passionne, autant la géographie l'ennuie.* ‖ Autant de, un aussi grand nombre, une aussi grande quantité de : *J'ignorais qu'il y avait autant de monde ici* (syn. tant de). *Elle a autant d'atouts que lui.* ‖ Autant que possible, sert à nuancer un ordre, une attente : *J'aimerais autant que possible que cela soit terminé demain* (= dans la mesure du possible). ‖ D'autant plus, moins, mieux... que (+ ind.), ou, absol., d'autant, dans une relation causale, indique une proportion équivalente : *Il est d'autant plus content qu'il n'attendait plus sa venue. Si tu prépares le plat maintenant, tu seras libéré d'autant ce soir.* ‖ D'autant que, dans une relation causale, introduit une considération supplémentaire : *Je ne comprends pas que cet accident ait eu lieu, d'autant que la machine était neuve* (syn. dans la mesure où). ‖ Pour autant, dans un contraste, une opposition : *Il a beaucoup travaillé mais il n'a pas réussi pour autant* (syn. cependant). ‖ Pour autant que (+ subj.), exprime la proportion ou la restriction : *Elle semble ne rien savoir, pour autant que son étonnement soit sincère. Pour autant que je sache, le dossier a été transmis.*

autarcie [otaʀsi] n.f. (gr. *autarkeia* "qui se suffit à soi-même"). - **1.** Régime économique d'un pays qui tend à se suffire à lui-même. - **2.** Doctrine préconisant ce régime.

autarcique [otaʀsik] adj. Fondé sur l'autarcie.

autel [otɛl] n.m. (lat. *altare*, de *altus* "haut"). - **1.** Table, construction destinée à la réception des offrandes, à la célébration des sacrifices à la divinité. - **2.** RELIG. CHRÉT. Table où l'on célèbre l'eucharistie.

auteur [otœʀ] n.m. (lat. *auctor* "celui qui augmente la confiance, garant, auteur", de *augere* "augmenter"). - **1.** Créateur, réalisa-

teur d'une chose, responsable d'un acte : *L'auteur d'une découverte, d'un accident.* - **2.** Écrivain, créateur d'une œuvre littéraire, artistique, etc. : *Un auteur à succès. L'auteur d'un film.*

authenticité [otɑ̃tisite] n.f. Caractère de ce qui est authentique, vrai.

authentification [otɑ̃tifikasjɔ̃] n.f. Action d'authentifier ; fait d'être authentifié.

authentifier [otɑ̃tifje] v.t. (de *authentique*, et de *-fier*). - **1.** Certifier la vérité, l'exactitude de qqch. - **2.** Rendre authentique, légaliser : *Authentifier une signature.*

authentique [otɑ̃tik] adj. (lat. *authenticus*, gr. *authentikos* "qui agit de sa propre autorité"). - **1.** Dont l'exactitude, l'origine est incontestable : *Un manuscrit authentique.* - **2.** D'une sincérité totale : *Une émotion authentique* (syn. naturel, sincère). - **3.** DR. Revêtu des formes légales.

authentiquement [otɑ̃tikmɑ̃] adv. De façon authentique.

autisme [otism] n.m. (all. *Autismus*, du gr. *autos* "soi-même"). PSYCHIATRIE. Repli pathologique sur soi accompagné de la perte du contact avec le monde extérieur.

autiste [otist] adj. et n. Atteint d'autisme.

auto n.f. → 2. automobile.

auto-, préfixe, du gr. *autos*, signifiant « soi-même, lui-même » (*autobiographie, autocensure, autodidacte*).

autoadhésif, ive [otoadezif, -iv] adj. Autocollant : *Une vignette autoadhésive.*

autoallumage [otoalymaʒ] n.m. Allumage spontané et accidentel du mélange détonant dans un moteur à explosion.

autobiographie [otobjɔgrafi] n.f. Biographie d'une personne écrite par elle-même.

autobiographique [otobjɔgrafik] adj. Qui concerne la vie même d'un auteur : *Un roman autobiographique.*

autobronzant, e [otobʀɔ̃zɑ̃, -ɑ̃t] adj. et n.m. Se dit d'un produit cosmétique permettant de bronzer sans soleil.

autobus [otobys] n.m. (de *1. auto*[mobile] et [omni]*bus*). Grand véhicule automobile de transport en commun urbain et suburbain.

autocar [otokaʀ] n.m. (mot angl., de *car* "voiture"). Grand véhicule automobile de transport en commun, routier ou touristique.

auto-caravane [otokaʀavan] n.f. (pl. *autos-caravanes*). Recomm. off. pour *camping-car*.

autocassable [otokasabl] adj. Qui peut se casser sans lime, en parlant d'une ampoule de verre contenant un médicament, un produit cosmétique, etc.

autocensure [otosɑ̃syʀ] n.f. Censure effectuée par qqn sur ses propres écrits, ses propres paroles.

s' autocensurer [otosɑ̃syʀe] v.pr. Pratiquer une autocensure sur ses œuvres, ses propos.

autochtone [otɔktɔn] adj. et n. (gr. *autokhthôn*, de *khthôn* "terre"). Originaire, par voie ancestrale, du pays qu'il habite (syn. indigène). ◆ adj. GÉOL. Se dit d'un terrain qui n'a pas subi de déplacement latéral et sur lequel se sont avancées les nappes de charriage.

autoclave [otoklav] adj. et n.m. (de *auto-* et du lat. *clavis* "clef"). Se dit d'un récipient à parois épaisses et à fermeture hermétique servant à réaliser sous pression soit une réaction industrielle, soit la cuisson ou la stérilisation à la vapeur.

autocollant, e [otɔkɔlɑ̃, -ɑ̃t] adj. Qui adhère à une surface sans être humecté (syn. auto-adhésif). ◆ **autocollant** n.m. Image, vignette autocollante.

autocouchette, autocouchettes ou **autos-couchettes** [otɔkuʃɛt] adj. inv. (de 2. *auto* [*mobile*] et *couchette*). Qui permet le transport simultané de voyageurs en couchettes et de leur voiture : *Train autocouchettes*.

autocrate [otɔkʀat] n.m. (gr. *autokratês* "qui gouverne lui-même"). Monarque, chef absolu.

autocratie [otɔkʀasi] n.f. (gr. *autokrateia* ; v. *autocrate*). Système politique dominé par un monarque absolu ; exercice d'un pouvoir absolu.

autocratique [otɔkʀatik] adj. Qui relève de l'autocratie.

autocritique [otɔkʀitik] n.f. Critique de sa propre conduite, notamm. dans le domaine politique.

autocuiseur [otɔkyizœʀ] n.m. (de *cuiseur* "récipient pour faire cuire"). Récipient métallique à fermeture hermétique, destiné à la cuisson des aliments à la vapeur sous pression.

autodafé [otɔdafe] n.m. (du port. *auto da fe* "acte de foi"). - **1.** HIST. Proclamation solennelle d'un jugement de l'Inquisition, en Espagne et dans l'Empire espagnol ; exécution du coupable (surtout par le feu). - **2.** Destruction par le feu : *Un autodafé de livres*.

autodéfense [otɔdefɑ̃s] n.f. - **1.** Action de se défendre soi-même par ses seuls moyens. - **2.** MÉD. Réaction d'un organisme contre un agent pathogène.

autodétermination [otɔdetɛʀminasjɔ̃] n.f. - **1.** Libre choix du statut politique d'un pays par ses habitants. - **2.** Action de se déterminer par soi-même.

autodictée [otɔdikte] n.f. Exercice scolaire consistant à retranscrire, de mémoire, un texte de quelques lignes.

autodidacte [otɔdidakt] adj. et n. (du gr. *didaskein* "enseigner"). Qui s'est instruit par lui-même, sans professeur.

autodiscipline [otɔdisiplin] n.f. Discipline que s'impose volontairement un individu ou un groupe.

auto-école [otoekɔl] n.f. (de 2. *auto*[*mobile*] et *école*) [pl. *auto-écoles*]. École où l'on enseigne la conduite automobile.

autoélévateur, trice [otoelevatœʀ, -tʀis] adj. - **1.** Se dit d'un engin, d'un dispositif susceptible de modifier une de ses dimensions verticales par coulissement, déplacement de certains de ses éléments. - **2.** Plate-forme autoélévatrice, support de travail en mer reposant sur des piles qu'on peut hisser pour le déplacer par flottaison.

autofécondation [otɔfekɔ̃dasjɔ̃] n.f. BIOL. Union de deux éléments de sexe différent (gamètes) produits par le même individu (animal) ou par la même fleur.

autofinancement [otɔfinɑ̃smɑ̃] n.m. Financement des investissements d'une entreprise au moyen d'un prélèvement sur les bénéfices réalisés.

autofocus [otɔfɔkys] adj. (mot angl., de *to focus* "mettre au point"). Se dit d'un système de mise au point automatique équipant un appareil photo, une caméra, un projecteur, etc. ◆ n.m. Appareil équipé selon ce système.

autogène [otɔʒɛn] adj. (de *auto-* et *-gène*). Soudage autogène, soudage de deux pièces d'un même métal sans utilisation d'un métal d'apport.

autogéré, e [otɔʒeʀe] adj. Soumis à l'autogestion.

autogestion [otɔʒɛstjɔ̃] n.f. - **1.** Gestion d'une entreprise par les travailleurs eux-mêmes. - **2.** Système de gestion collective en économie socialiste.

autographe [otɔgʀaf] adj. (gr. *autographos*, de *graphein* "écrire"). Écrit de la main même de l'auteur : *Lettre autographe de Napoléon*. ◆ n.m. Écrit ou signature autographe d'un personnage célèbre : *Chasseur d'autographes*.

autogreffe [otɔgʀɛf] n.f. MÉD. Greffe à partir d'un greffon prélevé sur le sujet lui-même.

autoguidé, e [otɔgide] adj. Se dit d'un missile, d'un aéronef muni d'un système lui permettant de diriger lui-même son mouvement vers le but assigné.

auto-immun, e [otoimœ̃, -yn] adj. Dû à l'auto-immunité, en parlant d'un processus, d'une maladie.

auto-immunitaire [otɔimynitɛʀ] adj. (pl. *auto-immunitaires*). Propre à l'auto-immunité.

auto-immunité [otɔimynite] et **auto-immunisation** [otɔimynizasjɔ̃] n.f. (pl. *auto-immunités, -immunisations*). Production par un organisme d'anticorps dirigés contre ses propres constituants.

autolyse [otɔliz] n.f. (du gr. *lusis* "dissolution"). - **1.** BIOL. Destruction d'un tissu animal ou végétal par ses propres enzymes : *Le blettissement des fruits est une autolyse.* - **2.** PSYCHIATRIE. Suicide : *Tentative d'autolyse.*

automate [otɔmat] n.m. (du gr. *automatos* "qui se meut par lui-même"). - **1.** Jouet, objet figurant un personnage, un animal, etc., dont il simule les mouvements grâce à un mécanisme ; personne qui agit comme une machine : *Les automates de Vaucanson. Agir, obéir en automate.* - **2.** Dispositif assurant un enchaînement automatique et continu d'opérations arithmétiques et logiques. - **3.** Machine, mécanisme automatique ; robot industriel. - **4.** HELV. Distributeur automatique.

automatique [otɔmatik] adj. (de *automate*). - **1.** Qui opère, fonctionne sans intervention humaine : *Fermeture automatique des portes.* - **2.** Fait sans que la pensée consciente intervienne : *Geste, mouvement automatique* (syn. machinal). - **3.** Qui se produit régulièrement ou en vertu de règles préétablies : *Reconduction automatique d'un contrat.* - **4.** Arme automatique, arme à feu pouvant tirer plusieurs coups sans être rechargée. ‖ LITTÉR. Écriture automatique, technique d'écriture spontanée, sans sujet préconçu et sans contrôle rationnel, qui est à la base du surréalisme.

automatiquement [otɔmatikmɑ̃] adv. De façon automatique.

automatisation [otɔmatizasjɔ̃] n.f. - **1.** Fait d'automatiser l'exécution d'une tâche, d'une suite d'opérations. - **2.** Exécution totale ou partielle de tâches techniques par des machines fonctionnant sans intervention humaine.

automatiser [otɔmatize] v.t. Rendre automatique un processus, un fonctionnement ; procéder à l'automatisation de.

automatisme [otɔmatism] n.m. - **1.** Caractère de ce qui est automatique ; mécanisme, système automatique. - **2.** Acte, geste accompli sans réfléchir, par habitude ou après apprentissage.

automédication [otɔmedikasjɔ̃] n.f. Choix et prise de médicaments sans avis médical.

automitrailleuse [otɔmitʀajøz] n.f. Véhicule blindé, rapide, à roues, armé d'un canon ou de mitrailleuses.

automnal, e, aux [otɔnal, -o] adj. De l'automne.

automne [otɔn] n.m. (lat. *autumnus*). - **1.** Saison qui succède à l'été et précède l'hiver et qui, dans l'hémisphère boréal, commence le 22 ou le 23 septembre et finit le 21 ou le 22 décembre. - **2.** LITT. À l'automne de la vie, au déclin de la vie.

1. automobile [otɔmɔbil] adj. (du lat. *mobilis* "qui se meut"). - **1.** Relatif à l'automobile : *Industrie automobile.* - **2.** Qui possède son propre moteur de propulsion : *Canot automobile.*

2. automobile [otɔmɔbil] et **auto** [oto] n.f. Véhicule routier léger, à moteur, génér. à quatre roues, pour le transport des personnes : *Monter en auto* (syn. voiture).

automobiliste [otɔmɔbilist] n. Personne qui conduit une automobile.

automoteur, trice [otɔmɔtœʀ, -tʀis] adj. Capable de se déplacer par ses propres moyens sans être tracté ou poussé, en parlant d'un véhicule, d'un bateau, d'une pièce d'artillerie, etc. ◆ **automotrice** n.f. Véhicule à propulsion électrique se déplaçant sur rails par ses propres moyens.

autoneige [otɔnɛʒ] n.f. CAN. Gros véhicule automobile équipé de chenilles pour circuler sur la neige.

autonettoyant, e [otɔnetwajɑ̃, -ɑ̃t] adj. Qui assure son nettoyage par son propre fonctionnement : *Four autonettoyant, par catalyse ou pyrolyse.*

autonome [otɔnɔm] adj. (gr. *autonomos* "qui se gouverne par ses propres lois", de *nomos* "loi"). - **1.** Qui jouit de l'autonomie : *Région autonome.* - **2.** Gestion autonome, organisation d'une entreprise telle que chaque service, chaque atelier est indépendant des autres. ◆ adj. et n. Se dit de certains contestataires, génér. de la mouvance d'extrême gauche, qui rejettent toute organisation politique.

autonomie [otɔnɔmi] n.f. (gr. *autonomia* ; v. *autonome*). - **1.** Indépendance, possibilité de décider, pour un organisme, pour un individu, par rapport à un pouvoir central, à une hiérarchie, à une autorité : *L'autonomie des universités.* - **2.** Distance que peut parcourir un véhicule à moteur sans nouvel apport de carburant ; temps nécessaire à ce véhicule pour parcourir cette distance : *Cette voiture a une autonomie de 300 km.*

autonomiste [otɔnɔmist] n. et adj. Partisan de l'autonomie politique d'un territoire : *Les autonomistes basques, bretons.*

autoportrait [otɔpɔʀtʀɛ] n.m. Portrait d'un artiste par lui-même.

autopropulsé, e [otɔpʀɔpylse] adj. - **1.** Qui assure sa propre propulsion. - **2.** Projectile autopropulsé, dont la poussée est obtenue par la détente des gaz résultant de la combustion (= missile).

autopsie [otɔpsi] n.f. (gr. *autopsia* "action de voir de ses propres yeux"). Dissection et examen d'un cadavre, en vue de déterminer les causes de la mort.

autopsier [otɔpsje] v.t. Pratiquer une autopsie.

autoradio [otɔradjo] n.m. (de *2. auto*[*mobile*] et *radio*). Appareil récepteur de radiodiffusion destiné à fonctionner dans une automobile.

autorail [otɔraj] n.m. (de *1. auto*[*mobile*], et *rail*). Voiture automotrice, à moteur thermique, sur rails, pour le transport des voyageurs.

autoreverse [otɔrivɛrs] adj. et n.m. (mot angl.). Se dit de tout lecteur de bande magnétique muni d'un dispositif permettant le retournement automatique de la bande en fin de course.

autorisation [otɔrizasjɔ̃] n.f. - **1.** Action d'autoriser ; fait d'être autorisé : *Nous avons obtenu l'autorisation de camper dans ce pré* (syn. permission). - **2.** Document qui autorise : *Montrer son autorisation de sortie du territoire*.

autorisé, e [otɔrize] adj. - **1.** Qui est permis. - **2.** Qui fait autorité : *Avis autorisé*. - **3.** Personne autorisée, personne qui a l'autorité pour déclarer, faire qqch.

autoriser [otɔrize] v.t. (lat. médiév. *auctorizare*, du class. *auctor* "garant"). - **1.** Donner à qqn la permission, le pouvoir ou le droit de faire qqch : *Il m'a autorisé à m'absenter* (syn. permettre de). - **2.** Rendre qqch possible : *La situation autorise une hausse des prix.* ◆ **s'autoriser** v.pr. [de]. LITT. S'appuyer sur : *Il s'autorise de sa confiance* (syn. se prévaloir de, se recommander de).

autoritaire [otɔritɛr] adj. Qui impose, fait sentir son autorité d'une manière absolue, sans tolérer la contradiction : *Régime autoritaire* (syn. dictatorial, totalitaire). *Ton autoritaire* (syn. impérieux).

autoritairement [otɔritɛrmɑ̃] adv. Avec autorité.

autoritarisme [otɔritarism] n.m. Caractère autoritaire de qqn, de qqch.

autorité [otɔrite] n.f. (lat. *auctoritas*, de *auctor* "garant"). - **1.** Droit, pouvoir de commander, de prendre des décisions, de se faire obéir : *En vertu de l'autorité du chef de l'État. L'autorité d'un directeur d'école* (syn. pouvoir). - **2.** Personne, organisme qui exerce cette autorité : *Décision de l'autorité compétente.* - **3.** Qualité, ascendant par lesquels qqn se fait obéir : *Avoir de l'autorité. Imposer, perdre son autorité.* - **4.** Personne, ouvrage, etc.,

auquel on se réfère, qu'on peut invoquer pour justifier qqch : *C'est une autorité en la matière* (syn. référence). - **5.** DR. Autorité de la chose jugée, effet attribué par la loi aux décisions de justice et qui interdit de remettre en discussion ce qui a fait l'objet d'un jugement définitif. ‖ Autorité parentale, autorité exercée en commun par les père et mère, ou à défaut par l'un des deux, jusqu'à la majorité ou l'émancipation d'un mineur. ‖ D'autorité, de sa propre autorité, sans consulter quiconque ; de manière impérative. ◆ **autorités** n.f. pl. Représentants de la puissance publique, hauts fonctionnaires : *Les autorités militaires.*

autoroute [otɔrut] n.f. (de *2. auto*[*mobile*] et *route*). Route à deux chaussées séparées, conçue pour une circulation automobile rapide et sûre, aux accès spécial. aménagés et sans croisement à niveau.

autoroutier, ère [otɔrutje, -ɛr] adj. Relatif à une autoroute, aux autoroutes.

autosatisfaction [otɔsatisfaksjɔ̃] n.f. Contentement de soi.

autos-couchettes adj. inv. → **autocouchette.**

auto-stop [otɔstɔp] n.m. sing. (de *2. auto*[*mobile*], et de l'angl. *to stop* "arrêter"). Pratique consistant, pour un piéton, à faire signe à un automobiliste de s'arrêter et à se faire transporter gratuitement (syn. fam. stop).

auto-stoppeur, euse [otɔstɔpœr, -øz] n. (pl. *auto-stoppeurs, euses*). Personne qui pratique l'auto-stop (syn. fam. stoppeur).

autosuggestion [otɔsygʒɛstjɔ̃] n.f. Fait, pour un sujet, de se persuader lui-même de qqch.

autotracté, e [otɔtrakte] adj. Se dit d'un engin à traction autonome.

autotransfusion [otɔtrɑ̃sfyzjɔ̃] n.f. Injection à un sujet de son propre sang préalablement prélevé.

1. autour [otur] n.m. (lat. *accipiter* "épervier", devenu *acceptor*, puis confondu avec *auceptor* "oiseleur"). Oiseau de proie diurne, se nourrissant d'oiseaux, notamm. de corvidés, et de petits mammifères, très apprécié en fauconnerie. □ Type de la famille des accipitridés.

2. autour [otur] adv. (de *au* et *tour*). Parfois renforcé par *tout,* indique ce qui entoure, l'espace environnant : *Mettez un ruban autour. Il y avait des forêts tout autour.* ◆ **autour de** loc. prép. Introduit : - **1.** Ce qu'on entoure ; ce dont on fait le tour : *Elle mit un foulard autour de son cou. La Terre tourne autour du Soleil.* - **2.** Ce qui est inclus dans un milieu environnant : *Autour du château, il y a des jardins à la française. Je ne connais personne autour de moi qui puisse vous aider.* - **3.** Ce qui constitue un centre d'attention : *Organiser un débat autour d'un livre.* - **4.** Une grandeur, une quantité approximative : *Le sac pesait autour de dix kilos.*

autovaccin [otovaksɛ̃] n.m. Vaccin obtenu à partir de germes prélevés sur le malade lui-même.

autre [otʀ] adj. et pron. indéf. (lat. *alter*). - **1.** Différent, distinct : *C'est un tout autre problème. Sa première œuvre était très sombre, celle-ci est tout autre.* - **2.** Supplémentaire : *Il a réalisé depuis lors un autre film. Délicieux ces biscuits, j'en prendrais bien un autre. Si vous ne vous débarrassez pas de cette souris, d'autres viendront. Il a tué un lièvre et en a raté deux autres.* - **3.** Précédé de l'art. déf. ou de l'adj. poss., indique ce qui complète un premier élément ou une série pour constituer un tout : *Les premiers sont là, les autres ont prévenu qu'ils seraient en retard. J'aime bien son aînée mais son autre fille est trop turbulente.* - **4.** S'emploie sans aucun déterminant dans quelques expressions : *D'autre part* (= en outre). *De part et d'autre* (= des deux côtés). *De temps à autre* (= de temps en temps). *C'est (tout) autre chose* (= c'est différent, mieux, meilleur). - **5.** S'emploie en combinaison ou en corrélation avec *l'un, les uns* : *L'un et l'autre. Ni l'un ni l'autre. L'un ou l'autre. L'un... l'autre... Les uns les autres* → **2. un.** - **6.** FAM. À **d'autres**, exprime l'incrédulité : *Vous voulez me faire croire ça ? À d'autres* (= racontez-le à d'autres). ‖ **Entre autres**, sert à présenter ce qu'on veut distinguer d'un ensemble, sert à introduire des exemples : *Ce magasin vend entre autres des articles de sport.* ‖ **L'autre fois, l'autre jour**, sert à situer de manière imprécise dans un passé relativement proche : *L'autre jour, elle m'a paru en forme.* - **7.** Autre chose. Qqch d'autre : *Désirez-vous autre chose ?* ‖ Autre part. Ailleurs : *Je ne le trouve pas, cherchons autre part.*

autrefois [otʀəfwa] adv. (de *autre* et *fois*). Dans un passé lointain : *Les légendes d'autrefois. Il a été autrefois très beau.*

autrement [otʀəmɑ̃] adv. - **1.** Dans le cas contraire ; sinon, sans quoi : *Partez vite, autrement vous serez en retard.* - **2.** De façon différente : *Il parle autrement qu'il ne pense.* - **3.** Autrement dit, d'autres termes.

autruche [otʀyʃ] n.f. (lat. pop. *avis struthio*, du class. *avis* "oiseau" et du gr. *strouthos* "autruche"). - **1.** Oiseau de grande taille vivant en bandes, aux ailes impropres au vol, pouvant courir très vite. □ Sous-classe des ratites ; haut. 2,60 m env. ; poids 100 kg env. ; longévité 50 ans env. - **2.** FAM. Estomac d'autruche, estomac qui digère tout. ‖ Politique de l'autruche, refus de prendre un danger, une menace en considération.

autrui [otʀɥi] pron. indéf. (forme de *autre* en anc. fr.). LITT. L'autre, le prochain par rapport à soi ; les autres en général : *Ne convoite pas le bien d'autrui.*

auvent [ovɑ̃] n.m. (lat. pop. *antevannum*, p.-ê. d'orig. gaul.). Petit toit génér. en appentis couvrant un espace à l'air libre devant une baie, une façade, un mur : *Espaliers plantés à l'abri d'un auvent.*

auvergnat, e [ovɛʀɲa, -at] adj. et n. D'Auvergne.

aux art. → **le.**

1. auxiliaire [ɔksiljɛʀ] adj. (lat. *auxiliaris*, de *auxilium* "secours"). Qui aide, temporairement ou accessoirement : *Maître auxiliaire. Moteur auxiliaire.*

2. auxiliaire [ɔksiljɛʀ] n. - **1.** Personne, chose qui fournit une aide, momentanée ou accessoire. - **2.** Personne recrutée pour un emploi à titre provisoire. - **3.** Fonctionnaire non titulaire de l'Administration dont le statut, comme celui des contractuels et des vacataires, offre une moindre garantie de l'emploi. - **4.** Auxiliaire de justice, homme de loi qui concourt à l'administration de la justice (avocat, expert, huissier, etc.). ‖ Auxiliaire médical, qui traite les malades par délégation du médecin (infirmier, kinésithérapeute, orthophoniste, etc.). ◆ n.m. GRAMM. Verbe auxiliaire, qui, perdant sa signification propre, sert à former les temps composés ou le passif des autres verbes (*j'ai aimé, je suis parti, j'ai été bousculé*) ; verbe (dit plus précisément *semi-auxiliaire*) qui sert à exprimer certains aspects, certaines modalités de l'action verbale (*il va partir, il vient de partir, il doit partir*).

auxquels, auxquelles pron. relat. et interr. → **lequel.**

s' avachir [avaʃiʀ] v.pr. (orig. incert. p.-ê. du frq. *waikjan* "rendre mou") [conj. 32]. - **1.** Perdre sa forme, sa fermeté : *Costume qui s'avachit.* - **2.** Perdre son énergie, se laisser aller.

avachissement [avaʃismɑ̃] n.m. Action de s'avachir ; fait d'être avachi.

1. aval [aval] n.m. sing. (de *à* et *val*). - **1.** Partie d'un cours d'eau comprise entre un point quelconque et l'embouchure ou le confluent (par opp. à *amont*). - **2.** Ce qui, dans un processus quelconque, est plus près du point d'aboutissement : *L'aciérie est à l'aval du haut-fourneau.* - **3.** En aval, plus près de l'embouchure : *Nantes est en aval de Tours sur la Loire.* ◆ adj. inv. Qui est du côté de la vallée, en parlant du ski ou du skieur.

2. aval [aval] n.m. (it. *avallo*, de l'ar. *al-walā* "mandat") [pl. *avals*]. - **1.** Garantie donnée sur un effet de commerce, ou lors de l'octroi d'un prêt, par un tiers qui s'engage à en payer le montant si celui-ci n'est pas acquitté par le signataire ou le bénéficiaire. - **2.** Donner son aval, garantir, cautionner.

avalanche [avalɑ̃ʃ] n.f. (croisement de *1. aval* et du terme alpin *lavanche,* du lat. *labina* "éboulement", de *labi* "glisser"). - **1.** Importante masse de neige qui dévale les flancs d'une montagne à grande vitesse, souvent en entraînant des boues, des pierres, etc. - **2.** Masse, grande quantité de choses : *Une avalanche de dossiers. Une avalanche d'ennuis.*

avaler [avale] v.t. (de *1. aval*). - **1.** Absorber, faire descendre par le gosier : *Avaler sa salive.* - **2.** FAM. Admettre, supporter : *C'est dur à avaler.* - **3.** FAM. Faire avaler qqch à qqn, lui faire croire qqch en abusant de sa crédulité.

avaleur, euse [avalœʀ, -øz] n. - **1.** FAM. Personne, animal qui avale gloutonnement. - **2.** Avaleur de sabres, saltimbanque qui fait pénétrer un sabre par le gosier jusque dans l'estomac.

avaliser [avalize] v.t. (de *2. aval*). - **1.** DR. Revêtir un effet de commerce d'un aval. - **2.** Appuyer en donnant sa caution : *Avaliser une décision.*

à-valoir [avalwaʀ] n.m. inv. Somme à imputer sur une créance.

avance [avɑ̃s] n.f. - **1.** Action d'avancer, de progresser ; gain, notamm. de temps ou de distance, acquis par cette action : *Prendre de l'avance dans un travail* (contr. retard). - **2.** Paiement anticipé de tout ou partie d'une somme due ; prêt consenti dans des conditions déterminées : *Demander une avance sur salaire* (syn. acompte). *La banque fit l'avance de fonds nécessaire.* - **3.** MÉCAN. Déplacement relatif d'un outil et de la pièce usinée dans le sens de l'effort de coupe. - **4.** À l'avance, d'avance, par avance, par anticipation, avant l'événement, avant le temps fixé ou prévu : *Prévenir à l'avance. Chambre payable d'avance. Je vous remercie par avance.* ‖ En avance, avant l'heure, la date ; avant le moment considéré comme normal dans une évolution, en partic. dans un cursus scolaire : *Elle est arrivée en avance. Cet élève est en avance d'un an.* ◆ **avances** n.f. pl. Tentatives, premières démarches faites en vue de nouer ou de renouer des relations et, en partic., tentatives pour séduire qqn : *Faire des avances à qqn.*

avancé, e [avɑ̃se] adj. - **1.** Loin du début, qui a commencé depuis longtemps : *Stade avancé d'une maladie. Âge avancé* (= vieillesse). - **2.** En avance sur son âge, son temps : *Un enfant avancé pour son âge. Une civilisation avancée.* - **3.** Qui est situé en avant d'autre chose : *Position, place forte avancée.* - **4.** Progressiste ; d'avant-garde : *Des idées avancées.* - **5.** Près de se gâter, en parlant de certaines denrées : *Viande avancée.* - **6.** Heure avancée, heure tardive.

avancée [avɑ̃se] n.f. - **1.** Progression, marche en avant : *L'avancée d'une monnaie.* - **2.** Partie qui avance, fait saillie : *L'avancée d'un toit.*

avancement [avɑ̃smɑ̃] n.m. - **1.** Action d'avancer, de progresser : *L'avancement des travaux.* - **2.** Promotion dans une carrière : *Obtenir de l'avancement.*

avancer [avɑ̃se] v.t. (lat. pop. *abantiare,* du bas lat. *abante* ; v. *avant*) [conj. 16]. - **1.** Porter, pousser en avant dans l'espace : *Avancer le bras. Avancez-lui une chaise.* - **2.** Faire en sorte qu'un événement ait lieu avant le moment, la date prévus : *Avancer son départ* (contr. retarder). - **3.** FAM. Faire progresser qqch : *J'ai bien avancé mes devoirs pour demain.* - **4.** FAM. Faire gagner du temps à qqn : *Je suis allé lui chercher des documents pour l'avancer.* - **5.** Prêter de l'argent ; payer à l'avance : *Il lui a avancé une forte somme.* - **6.** Avancer une idée, une hypothèse, mettre en avant, proposer une idée, une hypothèse. ◆ v.i. - **1.** Aller vers l'avant : *Avance, tu gênes la circulation.* - **2.** Faire des progrès, approcher du terme : *Avancer dans ses études.* - **3.** Indiquer une heure plus tardive que l'heure réelle : *Montre qui avance.* - **4.** Faire saillie. ◆ **s'avancer** v.pr. - **1.** Se porter en avant, progresser : *Il s'avançait à pas de loup.* - **2.** Émettre une hypothèse hardie, sortir de sa réserve, se hasarder à dire, à faire : *Je ne me suis pas avancé en prévoyant qu'il accepterait.* - **3.** Prendre de l'avance dans la réalisation d'une tâche : *Avance-toi dans ton travail.*

avanie [avani] n.f. (it. *avania* "vexation", du gr. médiév. *abania* "occupation calomnieuse", de l'ar. *hawān* "traite"). LITT. Affront public, humiliation : *Essuyer une avanie.*

1. avant [avɑ̃] prép. et adv. (bas lat. *abante,* renforcement, par la prép. *ab* "en venant de", du class. *ante*). - **1.** Indique une relation d'antériorité dans le temps : *Avant son opération, il était extrêmement vigoureux. Je passerai vous voir avant.* - **2.** Indique une relation d'antériorité dans l'espace : *Vous vous arrêterez avant le pont. N'allez surtout pas jusqu'à la place, vous garerez votre voiture avant.* - **3.** Indique un degré supérieur dans une hiérarchie, sur une échelle de valeurs : *Faire passer ses problèmes personnels avant ceux de la collectivité.* - **4.** S'emploie en composition pour indiquer l'antériorité spatiale ou temporelle : *L'avant-bras. L'avant-garde. Avant-hier.* - **5.** Avant peu, dans peu de temps. ‖ Avant tout, avant toute chose, principalement, d'abord : *Considérons avant tout les conséquences de cette décision. Avant toute chose, portons un*

toast. ❘ En avant !, commandement ou exhortation invitant à avancer. ❘ Mettre qqn, qqch en avant, attirer l'attention sur qqn, qqch.
◆ adj. inv. Situé à l'avant ou dirigé vers l'avant : *Les pneus avant.* ◆ **en avant** loc. adv. Vers l'avant : *Se pencher en avant.*
◆ **avant de** loc. prép., **avant que** loc. conj. Marque l'antériorité de l'action principale (*avant de* est suivi de l'inf. ; *avant que* est suivi du subj. et parfois d'un *ne* explétif) : *Réfléchis avant de te décider. Intervenez avant qu'il ne soit trop tard.*

2. **avant** [avã] n.m. - **1.** Partie antérieure : *L'avant d'un véhicule.* - **2.** SPORTS. Joueur, joueuse de la ligne d'attaque, dans les sports collectifs. - **3.** Zone de combats ; front. - **4.** Aller de l'avant, progresser rapidement, avec fougue. ❘ D'avant, antérieur, précédent : *L'année d'avant.*

avantage [avãtaʒ] n.m. (de *1. avant*). - **1.** Profit, gain : *Les horaires souples sont un avantage.* - **2.** DR. Gain résultant d'un acte juridique ou d'une disposition légale. - **3.** SPORTS. Au tennis, point marqué par un des joueurs lorsque ceux-ci se trouvent en avoir chacun 40. - **4.** Profiter de son avantage, de sa supériorité actuelle. ❘ Tirer avantage de, tirer profit de. ◆ **avantages** n.m. pl. Avantages en nature, éléments de rémunération fournis par l'employeur à un salarié et qui ne sont pas versés en argent (logement, nourriture, etc.).

avantager [avãtaʒe] v.t. (conj. 17). - **1.** Donner un, des avantages à qqn : *Testament qui avantage un enfant* (syn. favoriser). - **2.** Mettre en valeur : *Cette tenue l'avantage.*

avantageusement [avãtaʒøzmã] adv. De façon avantageuse, favorablement.

avantageux, euse [avãtaʒø, -øz] adj. - **1.** Qui procure un avantage, un profit : *Marché avantageux.* - **2.** Économique, intéressant : *Un article avantageux.* - **3.** Sûr de soi, suffisant : *Air, ton avantageux.*

avant-bras [avãbra] n.m. inv. - **1.** Partie du membre supérieur comprise entre le coude et le poignet. - **2.** Région du membre antérieur comprise entre le coude et le genou, chez le cheval.

avant-centre [avãsãtʀ] n. (pl. *avants-centres*). Au football, joueur, joueuse placé(e) au centre de la ligne d'attaque.

avant-corps [avãkɔʀ] n.m. inv. CONSTR. Partie d'un bâtiment en avancée sur l'alignement de la façade, correspondant ou non à un corps de bâtiment distinct.

avant-coureur [avãkuʀœʀ] adj.m. (pl. *avant-coureurs*). Qui annonce un événement prochain : *Signes avant-coureurs* (syn. précurseur, annonciateur).

avant-dernier, ère [avãdɛʀnje, -ɛʀ] adj. et n. (pl. *avant-derniers, ères*). Situé immédiatement avant le dernier.

avant-garde [avãgaʀd] n.f. (pl. *avant-gardes*). - **1.** MIL. Détachement de sûreté rapprochée précédant une force terrestre ou navale. - **2.** Groupe, mouvement artistique novateur, souvent en rupture avec ce qui l'a précédé : *Les avant-gardes littéraires.* - **3.** D'avant-garde, en avance sur son temps par son audace. ❘ Être à l'avant-garde, être à la pointe de qqch.

avant-gardiste [avãgaʀdist] adj. et n. (pl. *avant-gardistes*). Qui concerne l'avant-garde ; qui prend des positions d'avant-garde.

avant-goût [avãgu] n.m. (pl. *avant-goûts*). Première impression, agréable ou désagréable, que procure l'idée d'un bien, d'un mal futur.

avant-guerre [avãgɛʀ] n.m. ou n.f. (pl. *avant-guerres*). Période ayant précédé une guerre, spécial. la Seconde Guerre mondiale : *Un film d'avant-guerre.* ◆ adv. Pendant une telle période : *Ça s'est passé avant-guerre.*

avant-hier [avãtjɛʀ] adv. Avant-veille du jour où l'on est.

avant-midi [avãmidi] n.m. ou n.f. inv. BELG., CAN. Matinée.

avant-port [avãpɔʀ] n.m. (pl. *avant-ports*). - **1.** Partie d'un port entre la passe d'entrée et les bassins. - **2.** Port situé en aval d'un port primitif, génér. sur un estuaire.

avant-poste [avãpɔst] n.m. (pl. *avant-postes*). Détachement de sûreté disposé en avant d'une troupe en station.

avant-première [avãpʀəmjɛʀ] n.f. (pl. *avant-premières*). Présentation d'un spectacle, d'un film à des journalistes avant la première représentation, la première projection publique.

avant-projet [avãpʀɔʒe] n.m. (pl. *avant-projets*). Étude préparatoire d'un projet.

avant-propos [avãpʀopo] n.m. inv. Préface, introduction destinée notamm. à présenter le livre qui suit.

avant-scène [avãsɛn] n.f. (pl. *avant-scènes*). - **1.** Partie de la scène en avant du rideau (syn. proscenium). - **2.** Loge placée sur le côté de la scène.

avant-veille [avãvɛj] n.f. (pl. *avant-veilles*). Jour qui précède la veille.

avare [avaʀ] adj. et n. (lat. *avarus*, de *avere* "désirer vivement"). - **1.** Qui aime à amasser des richesses, de l'argent et craint de dépenser. - **2.** Avare de, qui ne prodigue pas telle chose, économe de : *Avare de paroles, de son temps.*

avarice [avaʀis] n.f. (lat. *avaritia* ; v. *avare*). Attachement excessif aux richesses et désir de les accumuler (syn. parcimonie).

avaricieux, euse [avaʀisjø, -øz] adj. et n. LITT. Qui montre de l'avarice dans les plus petites choses.

avarie [avaʀi] n.f. (it. *avaria*, ar. *awārîyâ* "biens avariés"). Dommage survenu à un navire, à un véhicule ou à leur cargaison.

avarié, e [avaʀje] adj. (de *avarie*). Endommagé, gâté : *Des fruits avariés.*

avatar [avataʀ] n.m. (sanskrit *avatâra* "descente sur la terre d'une divinité"). -**1.** Chacune des incarnations de Viṣṇu, dans la religion hindoue. -**2.** Transformation, changement dans le sort de qqn, de qqch : *Le projet de Constitution est passé par bien des avatars avant de venir en discussion.* -**3.** (Abusif). Événement fâcheux, accident.

avec [avɛk] prép. (lat. pop. *apud hoc*, du class. *apud* "auprès de" et *hoc* "ceci"). Introduit des compl. marquant : -**1.** L'accompagnement : *Elle est venue avec son mari.* -**2.** Le fait d'être muni de qqch : *Il est arrivé avec une énorme valise. Un appartement avec balcon.* -**3.** Le moyen, l'instrument : *Enfoncer un clou avec un marteau.* -**4.** La manière : *Avancer avec peine.* -**5.** La relation à, la réunion : *Il est d'accord avec les déclarations faites à la presse. Elle est aimable avec tout le monde. Il s'est marié avec Élisabeth.* -**6.** La simultanéité : *Il se lève avec le jour* (= en même temps que). -**7.** FAM. La cause : *Avec cette grève des transports, j'ai mis deux heures pour arriver ici.* ◆ adv. FAM. Indique le moyen ; l'accompagnement : *Elle a pris son vélo et est partie avec.* ◆ **d'avec** loc. prép. Exprime la séparation, la distinction : *Distinguer l'ami d'avec le flatteur. Divorcer d'avec sa femme.*

aveline [avlin] n.f. (du lat. [*nux*] *abellana* "noisette d'Abella [ville de Campanie]"). Grosse noisette, fruit d'un noisetier appelé *avelinier.*

Ave Maria [avemaʀja] et **Ave** [ave] n.m. inv. (mots lat., "salut, Marie"). CATH. Prière catholique à la Vierge.

aven [aven] n.m. (mot du Rouergue, d'orig. probabl. celtique). Puits naturel qui se forme en région calcaire, soit par dissolution, soit par effondrement de la voûte de cavités karstiques.

1. avenant [avnɑ̃] n.m. (de l'anc. fr. *avenir* "convenir" lat. *advenire* "arriver"). DR. Acte écrit qui modifie les clauses primitives d'un contrat.

2. avenant, e [avnɑ̃, -ɑ̃t] adj. (v. *1. avenant*). Qui plaît par son air, sa bonne grâce : *Des manières avenantes* (syn. plaisant, agréable). ◆ n.m. À l'avenant, en accord, en harmonie avec ce qui précède ; pareillement : *De jolis yeux, et un teint à l'avenant.*

avènement [avɛnmɑ̃] n.m. (de l'anc. fr. *avenir* "arriver", lat. *advenire*). -**1.** Accession, élévation à une dignité suprême : *Avènement d'un roi. Avènement à la papauté.* -**2.** Arrivée, établissement de qqch d'important : *Avènement d'une ère de prospérité.* -**3.** RELIG. L'avènement du Christ, sa venue sur terre.

avenir [avniʀ] n.m. (du lat. *advenire* "arriver"). -**1.** Temps futur ; ce qui adviendra dans les temps futurs : *Se tourner vers l'avenir. Prévoir l'avenir* (syn. futur). -**2.** Situation, sort futur de qqn, de qqch ; réussite future : *Compromettre, assurer son avenir.* -**3.** La postérité, les générations futures : *L'avenir lui rendra justice.* -**4.** À l'avenir, à partir de maintenant : *À l'avenir, préviens-moi de ton arrivée* (syn. désormais, dorénavant). ‖ D'avenir, qui doit se développer, s'imposer dans le futur : *Métiers, techniques d'avenir.*

avent [avɑ̃] n.m. (lat. *adventus* "arrivée"). RELIG. CHRÉT. Période de quatre semaines de l'année liturgique, qui précède et prépare la fête de Noël : *Calendrier de l'avent.*

aventure [avɑ̃tyʀ] n.f. (lat. *adventura* "choses qui doivent arriver"). -**1.** Événement imprévu, surprenant : *Un roman plein d'aventures étranges.* -**2.** Entreprise hasardeuse : *Entraîner qqn dans une aventure.* -**3.** Intrigue amoureuse passagère et sans profondeur : *Avoir une aventure avec qqn* (syn. liaison). -**4.** À l'aventure, sans dessein, sans but fixé : *Partir à l'aventure.* ‖ LITT. D'aventure, par aventure, par hasard. ‖ Dire la bonne aventure, prédire l'avenir.

aventurer [avɑ̃tyʀe] v.t. -**1.** Exposer à des risques, hasarder : *Aventurer sa vie, sa réputation* (syn. risquer). -**2.** Émettre une opinion, un avis hasardeux ; formuler sans grande conviction : *Aventurer une hypothèse.* ◆ **s'aventurer** v.pr. Courir un risque ; se hasarder : *S'aventurer dans les ruelles obscures* (syn. se risquer).

aventureux, euse [avɑ̃tyʀø, -øz] adj. -**1.** Qui aime l'aventure, qui hasarde : *Esprit aventureux* (syn. audacieux, hardi). -**2.** Plein d'aventures, de risques : *Existence aventureuse* (syn. périlleux, dangereux).

aventurier, ère [avɑ̃tyʀje, -ɛʀ] n. -**1.** Personne qui recherche l'aventure, les aventures. -**2.** Personne sans scrupule, intrigant.

aventurisme [avɑ̃tyʀism] n.m. Tendance à prendre des décisions hâtives et irréfléchies. ◆ **aventuriste** adj. et n. Qui fait preuve d'aventurisme.

avenu, e [avny] adj. (de l'anc. fr. *avenir* "arriver", lat. *advenire*). Nul et non avenu, considéré comme sans effet et n'ayant jamais existé.

avenue [avny] n.f. (de l'anc. fr. *avenir* "arriver", lat. *advenire*). **-1.** Grande voie urbaine, souvent bordée d'arbres. **-2.** SOUT. Ce qui conduit à un but : *Les avenues du pouvoir.*

avéré, e [avere] adj. Reconnu vrai : *Fait avéré* (syn. véridique, authentique, incontestable).

s' avérer [avere] v.pr. (anc. fr. *avoirer*, de *voir* "vrai", lat. *verus*) [conj. 18]. Se révéler, apparaître : *L'entreprise s'avéra difficile.*

avers [avɛʀ] n.m. (du lat. *adversus* "qui est en face"). Côté face d'une monnaie, d'une médaille, qui contient l'élément principal (par opp. à *revers*).

averse [avɛʀs] n.f. (de l'express. *pleuvoir à verse*). Pluie subite et abondante, de courte durée.

aversion [avɛʀsjɔ̃] n.f. (lat. *aversio* "action de se détourner", de *vertere* "se tourner"). Répugnance extrême, répulsion : *Avoir de l'aversion pour qqn, qqch.*

averti, e [avɛʀti] adj. **-1.** Instruit, prévenu : *Un homme averti en vaut deux* (syn. avisé, informé). **-2.** Expert, connaisseur : *Un critique averti* (syn. compétent).

avertir [avɛʀtiʀ] v.t. (lat. pop. *advertire*, class. *advertere* "faire attention") [conj. 32]. Informer, attirer l'attention de : *Avertir qqn d'un danger* (syn. prévenir).

avertissement [avɛʀtismɑ̃] n.m. **-1.** Action d'avertir, de faire savoir : *Il est parti sans le moindre avertissement.* **-2.** Appel à l'attention ou à la prudence : *Un avertissement salutaire* (syn. mise en garde). **-3.** Réprimande, remontrance : *Recevoir un avertissement* (syn. blâme, admonestation). **-4.** Courte préface en tête d'un livre. **-5.** Avis au contribuable pour le paiement de l'impôt.

avertisseur [avɛʀtisœʀ] n.m. (de *avertir*). Dispositif destiné à donner un signal : *Avertisseur sonore.*

aveu [avø] n.m. (de *avouer*). **-1.** Déclaration par laquelle on avoue, révèle ou reconnaît qqch : *Faire l'aveu de ses fautes, de son amour.* **-2.** FÉOD. Acte par lequel un seigneur reconnaissait qqn pour son vassal et réciproquement. **-3.** De l'aveu de, au témoignage de. ‖ Passer aux aveux, avouer sa culpabilité.

aveuglant, e [avœglɑ̃, -ɑ̃t] adj. Qui aveugle, éblouit : *Une lumière aveuglante. Une preuve aveuglante* (syn. éclatant).

aveugle [avœgl] adj. (du lat. médic. *ab oculis*, calqué sur le gr. *ap'ommatôn* "privé d'yeux"). **-1.** Privé de la vue : *Il est devenu aveugle après son accident.* **-2.** Privé de clairvoyance, de lucidité sous l'influence d'une passion ; qui suit sa propre impulsion : *La colère rend aveugle. Haine aveugle.* **-3.** Qui exclut la réflexion, l'esprit critique : *Confiance aveugle* (syn. absolu). **-4.** LITT. Qui frappe au hasard, sans discernement : *Destin aveugle.* **-5.** Qui ne reçoit pas la lumière du jour : *Pièce aveugle.* **-6.** Fenêtre, arcade aveugle, simulée, obstruée. ‖ ANAT. Point aveugle, zone de la rétine dépourvue de cellules visuelles, en face du nerf optique. ◆ n. Personne privée de la vue (syn. non-voyant).

aveuglement [avœgləmɑ̃] n.m. Manque de discernement par passion, obstination.

aveuglément [avœglemɑ̃] adv. Sans discernement, sans réflexion : *Obéir aveuglément.*

aveugler [avœgle] v.t. (conj. 5). **-1.** Éblouir : *Les phares m'ont aveuglé.* **-2.** Priver de discernement, de lucidité : *La colère l'aveugle.* **-3.** Boucher, colmater : *Aveugler une fenêtre, une voie d'eau.* ◆ **s'aveugler** v.pr. [sur]. Manquer de discernement, se tromper : *Elle s'aveugle sur ses propres capacités.*

à l'aveuglette [avœglɛt] loc. adv. **-1.** À tâtons, sans y voir : *Marcher à l'aveuglette.* **-2.** Au hasard : *Agir à l'aveuglette.*

aviateur, trice [avjatœʀ, -tʀis] n. (du rad. de *avion*). Personne qui pilote un avion.

aviation [avjasjɔ̃] n.f. (du rad. de *avion*). **-1.** Navigation aérienne au moyen d'avions ; ensemble des avions et des installations servant à la navigation aérienne. **-2.** Technique de la construction des avions. **-3.** AFR. Aéroport ou aérodrome. **-4.** Aviation commerciale, assurant le transport des passagers et des marchandises. ‖ Aviation militaire, conçue et employée à des fins militaires ; armée de l'air.

avicole [avikɔl] adj. (du lat. *avis* "oiseau", et de *-cole*). De l'aviculture.

aviculture [avikyltyʀ] n.f. (du lat. *avis* "oiseau", et de *-culture*). Élevage des oiseaux, des volailles. ◆ **aviculteur, trice** n. Nom de l'éleveur.

avide [avid] adj. (lat. *avidus*, de *avere* ; v. *avare*). **-1.** Qui exprime l'avidité : *Des yeux avides* (syn. ardent). **-2.** Qui désire qqch avec force, violence, passion : *Avide d'apprendre* (syn. impatient). *Avide d'argent.*

avidement [avidmɑ̃] adv. Avec avidité.

avidité [avidite] n.f. (lat. *aviditas* ; v. *avide*). Désir ardent et immodéré de qqch.

avilir [aviliʀ] v.t. (de *vil*) [conj. 32]. Abaisser jusqu'à rendre méprisable ; dégrader, déshonorer. ◆ **s'avilir** v.pr. S'abaisser, se déshonorer, se dégrader.

avilissant, e [avilisɑ̃, -ɑ̃t] adj. Qui avilit, déshonore.

avilissement [avilismɑ̃] n.m. Action d'avilir, de s'avilir ; dégradation.

aviné, e [avine] adj. Ivre de vin ; qui dénote l'ivresse : *Brutes avinées. Voix, haleine avinée.*

avion [avjɔ̃] n.m. (n. de l'appareil inventé par Clément Ader, du lat. *avis* "oiseau"). **- 1.** Appareil de navigation aérienne plus lourd que l'air, se déplaçant dans l'atmosphère à l'aide de moteurs à hélice ou à réaction et dont la sustentation est assurée par des ailes. **- 2.** Avion spatial, petit véhicule spatial piloté, placé en orbite basse autour de la Terre par une fusée et qui revient au sol en vol plané hypersonique.

avionnerie [avjɔnʀi] n.f. CAN. Usine de construction aéronautique.

aviron [aviʀɔ̃] n.m. (de l'anc. fr. *viron* "tour", de *virer*). **- 1.** MAR. Rame. **- 2.** Sport du canotage, pratiqué à bord d'embarcations spécial. construites, souvent sur des plans d'eau aménagés.

avis [avi] n.m. (de l'anc. loc. *ce m'est à vis,* calque du lat. pop. *`mihi est visum,* du class. *videri* "sembler" "il me semble"). **- 1.** Ce que l'on pense d'un sujet, que l'on exprime dans une discussion ou à la demande de qqn : *Donner son avis* (syn. opinion, point de vue, sentiment). **- 2.** Information, nouvelle diffusée auprès du public, notamm. par voie d'affiche : *Avis à la population.* **- 3.** Point de vue exprimé officiellement par un organisme, une assemblée, après délibération, et n'ayant pas force de décision : *Avis du Conseil d'État.* **- 4.** Avis au lecteur, courte préface en tête d'un livre. ‖ Être d'avis de, que, penser, estimer que.

avisé, e [avize] adj. (de *avis*). Qui a un jugement réfléchi et agit en conséquence, avec prudence et sagacité : *Un conseiller avisé* (syn. sage, sensé).

1. aviser [avize] v.t. (de *viser*). LITT. Apercevoir : *Aviser qqn dans la foule.* ◆ v.i. LITT. Réfléchir pour décider de ce que l'on doit faire : *Je préfère ne pas vous répondre tout de suite, j'aviserai.* ◆ **s'aviser** v.pr. [de]. **- 1.** S'apercevoir, prendre conscience : *Il s'est avisé de ma présence* (syn. se rendre compte de). **- 2.** Se mettre en tête l'idée de ; oser témérairement : *Ne t'avise pas de le déranger !* (syn. tenter de).

2. aviser [avize] v.t. (de *avis*). Avertir, informer : *Aviser qqn de son départ.*

aviso [avizo] n.m. (de l'esp. *barca de aviso* "barque pour porter des avis"). **- 1.** Petit bâtiment rapide qui portait le courrier. **- 2.** Bâtiment léger conçu pour les missions lointaines, l'escorte, la protection des côtes et la lutte anti-sous-marine.

avitaminose [avitaminoz] n.f. (de *a-* priv. et *vitamine*). MÉD. Phénomène pathologique produit par un manque de vitamines.

aviver [avive] v.t. (lat. pop. *`advivare,* du class. *vivus* "ardent"). **- 1.** Donner de l'éclat, de la vivacité à : *Aviver une couleur, le teint.* **- 2.** Rendre plus vif, augmenter : *Aviver des regrets.* **- 3.** CHIR. Mettre à nu les parties saines d'une plaie en faisant disparaître les parties nécrosées : *Aviver les bords d'une escarre.* **- 4.** TECHN. Couper à vive arête : *Aviver une poutre.* **- 5.** Décaper et polir ; donner du brillant à : *Aviver une pièce métallique, un marbre.*

1. avocat, e [avɔka, -at] n. (lat. *advocatus ;* v. *avoué*). **- 1.** Auxiliaire de justice qui conseille et représente les parties, pour lesquelles il plaide. **- 2.** Celui qui intercède pour un autre : *Se faire l'avocat d'une cause, d'un projet* (syn. défenseur, champion). **- 3.** Avocat du diable, ecclésiastique qui intervient contradictoirement dans un procès de canonisation ; au fig., celui qui présente des arguments en faveur d'une cause qu'il juge lui-même mauvaise. **- 4.** Avocat général, Membre du ministère public assistant le procureur général, notamm. auprès de la Cour de cassation et des cours d'appel.

2. avocat [avɔka] n.m. (esp. *avocado,* du caraïbe). Fruit comestible de l'avocatier, en forme de poire.

avocatier [avɔkatje] n.m. Arbre originaire d'Amérique, cultivé pour ses fruits, les avocats. □ Famille des lauracées.

Avogadro (nombre d') [avɔgadʀo] nombre d'entités élémentaires (atomes, ions ou molécules) contenues dans une mole de matière, dont la valeur actuellement admise est de $6,022\ 1 \cdot 10^{23}$ mol⁻¹.

avoine [avwan] n.f. (lat. *avena*). **- 1.** Céréale dont les grains, portés par des grappes lâches, servent surtout à l'alimentation des chevaux. □ Famille des graminées. **- 2.** Folle avoine, avoine sauvage commune dans les champs, les lieux incultes.

1. avoir [avwaʀ] v.t. (lat. *habere*) [conj. 1]. **- I.** Auxiliaire. **- 1.** Suivi d'un p. passé, forme les temps composés des verbes transitifs, de la plupart des verbes impersonnels et de certains transitifs : *J'ai fait un gâteau. Il a fallu revenir. J'ai couru.* **- 2.** Avoir à (+ inf.), devoir : *J'ai à régler quelques détails.* **- II.** Avoir plein. **- 1.** Posséder, disposer de : *Il a une maison.* **- 2.** Être en relation avec des personnes : *Il a de nombreux amis. Elle a des collègues charmants.* **- 3.** Présenter une caractéristique quelconque : *Cet appartement a deux pièces* (syn. comporter). *On a tous les trois la grippe* (= on est atteints de). *Il a vingt ans* (= il est âgé de). *Cette table a 1,50 m de long* (syn. mesurer). *Elle a beaucoup d'esprit* (= elle est spirituelle). *Il a de la patience* (= il est patient). **- 4.** FAM. Duper qqn, lui jouer un tour : *Elle m'a bien eu. Je ne me ferai pas avoir deux fois.* **- III.** Loc. verbales :

Avoir faim, avoir peur, avoir confiance. Avoir l'air (= sembler, paraître). ◆ **il y a** loc. verb. impers. Indique la présence ou l'existence : *Il y a quelqu'un à la porte. Il y a des mammifères qui pondent des œufs* (= il existe). [V. aussi à son ordre alphab.]

2. **avoir** [avwar] n.m. (de *1. avoir*). - **1.** Ensemble des biens qu'on possède : *Voilà tout mon avoir* (syn. bien). - **2.** Partie d'un compte où l'on porte les sommes dues à qqn (par opp. à *doit*) ; crédit dont un client dispose chez un commerçant. - **3.** Avoir fiscal, dégrèvement fiscal dont bénéficient les actionnaires ayant touché des dividendes au cours de l'année (on dit aussi *crédit d'impôt*).

avoisinant, e [avwazinã, -ãt] adj. Qui avoisine : *L'inondation a gagné les rues avoisinantes* (syn. voisine, proche).

avoisiner [avwazine] v.t. Être voisin, proche de : *La propriété avoisine la rivière* (syn. litt. jouxter). *Les dégâts avoisinent le million* (syn. approcher de).

avorté, e [avɔrte] adj. Qui a échoué avant d'atteindre son plein développement : *Une tentative avortée.*

avortement [avɔrtəmã] n.m. - **1.** Interruption naturelle ou provoquée d'une grossesse. - **2.** Échec : *L'avortement d'un projet* (syn. insuccès, faillite).

avorter [avɔrte] v.i. (lat. *abortare*). - **1.** Expulser un embryon ou un fœtus avant le moment où il devient viable. - **2.** Ne pas aboutir : *La conspiration a avorté* (syn. échouer). ◆ v.t. Provoquer l'avortement chez une femme.

avorton [avɔrtɔ̃] n.m. (de *avorter*). - **1.** Être chétif et mal fait. - **2.** Plante ou animal qui n'a pas atteint un développement normal.

avouable [avwabl] adj. Qui peut être avoué sans honte : *Motif avouable* (syn. honorable, honnête).

avoué [avwe] n.m. (lat. *advocatus* "appelé auprès, défenseur"). Officier ministériel seul compétent pour représenter les parties devant les cours d'appel.

avouer [avwe] v.t. (lat. *advocare* "appeler auprès, recourir à") [conj. 6]. - **1.** Reconnaître qu'on est l'auteur, le responsable de qqch de blâmable : *Avouer ses fautes, un crime.* - **2.** (Absol.). Reconnaître sa culpabilité : *Il a avoué devant le juge d'instruction.* - **3.** Reconnaître comme vrai, réel : *Avouer son ignorance* (syn. confesser). *Avouez qu'il a raison* (syn. admettre). *Avouer son amour* (syn. déclarer). ◆ **s'avouer** v.pr. Se reconnaître comme : *S'avouer vaincu.*

avril [avril] n.m. (lat. *aprilis*). - **1.** Le quatrième mois de l'année. - **2.** Poisson d'avril, attrape, plaisanterie traditionnelle du 1ᵉʳ avril.

avunculat [avɔ̃kyla] n.m. (du lat. *avunculus* "oncle maternel"). ANTHROP. Système d'organisation sociale propre aux sociétés matrilinéaires et dans lequel l'éducation de l'enfant est assumée par l'oncle maternel.

AWACS [awaks] n.m. (sigle de l'angl. *airborne warning and control system*). Système de surveillance électronique utilisant des radars embarqués à bord d'avions spécialisés ; avion ainsi équipé.

axe [aks] n.m. (lat. *axis* "essieu"). - **1.** TECHN. Pièce autour de laquelle tournent un ou plusieurs éléments : *Axe de rotation. Axe d'une poulie* (syn. pivot). - **2.** Ligne réelle ou fictive qui divise qqch en deux parties en principe symétriques : *Axe de symétrie. Axe du corps.* - **3.** Droite autour de laquelle s'effectue une rotation : *Axe de la Terre. On appelle axe du monde celui qui joint les pôles de la sphère céleste.* - **4.** MATH. Droite orientée munie d'une origine et d'une unité : *Les deux axes (dits de référence) d'un repère cartésien.* - **5.** Grande voie de communication : *Les axes routiers, ferroviaires d'un pays.* - **6.** Direction générale : *Les grands axes de la politique gouvernementale* (syn. orientation). - **7.** ANAT. Axe cérébro-spinal, formé par la moelle épinière et l'encéphale. ‖ MATH. Axe de révolution, droite fixe autour de laquelle tourne une courbe donnée engendrant une surface de révolution. ‖ MATH. Axe de symétrie d'une figure, axe d'une symétrie dans laquelle la figure est globalement invariante. ‖ MATH. Axe d'une rotation, droite de l'espace dont les points restent invariants dans une rotation. ‖ MATH. Axe d'une symétrie, droite du plan dont les points restent invariants dans une symétrie axiale.

axel [aksɛl] n.m. (du n. du patineur suédois *Axel Polsen*). En patinage artistique, saut consistant en une rotation d'un tour et demi avec appel sur la jambe avant et changement de jambe : *Triple axel.*

axer [akse] v.t. - **1.** Orienter suivant un axe. - **2.** Organiser autour d'un thème, d'une idée essentiels : *Axer un roman sur des problèmes sociaux* (syn. centrer).

axial, e, aux [aksjal, -o] adj. - **1.** Disposé suivant un axe ; relatif à un axe : *Éclairage axial.* - **2.** Symétrie axiale, transformation ponctuelle du plan telle que le segment joignant un point quelconque et son image ait pour médiatrice une droite donnée, l'axe de symétrie (on dit aussi *symétrie orthogonale*).

axiomatique [aksjɔmatik] adj. Qui concerne les axiomes ; qui se fonde sur des axiomes. ◆ n.f. Ensemble de notions premières *(axiomes)* admises sans démonstration et formant la base d'une branche des mathématiques, le contenu de cette branche se déduisant de l'ensemble par le raisonnement.

axiomatisation [aksjɔmatizasjɔ̃] n.f. Procédé qui consiste à poser en principes indémontrables les primitives dont sont déduits les théorèmes d'une théorie déductive.

axiome [aksjom] n.m. (gr. *axiôma* "estime", puis "principe évident"). - **1.** Vérité, proposition admise comme évidente par tous : *Les axiomes de la vie en société.* - **2.** Principe essentiel sur lequel on fonde ses opinions, son attitude : *Toute sa vie s'inspire d'un seul axiome.* - **3.** MATH., LOG. Proposition première, vérité admise sans démonstration et sur laquelle se fonde une science ; principe posé de manière hypothétique à la base d'une théorie déductive.

axis [aksis] n.m. (mot lat. "axe"). ANAT. Deuxième vertèbre cervicale.

axolotl [aksɔlɔtl] n.m. (mot mexicain). Vertébré amphibien urodèle des lacs mexicains, capable de se reproduire à l'état larvaire (phénomène de *néoténie*) et qui prend rarement la forme adulte.

axone [aksɔn] n.m. (gr. *axôn* "axe"). Long prolongement du neurone parcouru par l'influx nerveux.

ayant droit [ɛjɑ̃dʀwa] n.m. (pl. *ayants droit*). DR. Personne qui a des droits à qqch.

ayatollah [ajatɔla] n.m. (ar. *āyāt allāh* "signes d'Allāh"). Titre donné aux principaux chefs religieux de l'islam chiite.

aymara [ajmaʀa] n.m. Famille de langues indiennes de l'Amérique du Sud.

azalée [azale] n.f. (du gr. *azaleos* "sec"). Arbuste originaire des montagnes d'Asie, dont on cultive diverses variétés pour la beauté de leurs fleurs. □ Famille des éricacées.

azéotrope [azeɔtʀɔp] n.m. (de *a-* priv., du gr. *zein* "bouillir" et de *-trope*). PHYS. Mélange de deux liquides qui bout à température constante.

azilien, enne [aziljɛ̃, -ɛn] adj. et n.m. (du *Mas-d'Azil,* comm. de l'Ariège). Se dit d'un faciès épipaléolithique (période située entre le paléolithique et le néolithique) caractérisé par des grattoirs courts et des canifs en segment de cercle. □ Ce faciès succède au magdalénien vers le VIIIᵉ millénaire.

azimut [azimyt] n.m. (ar. *al-samt* "le droit chemin"). - **1.** Angle que fait le plan vertical passant par un point donné avec le plan méridien du lieu considéré. - **2.** FAM. Tous azimuts, dans toutes les directions : *Publicité tous azimuts.*

azoïque [azɔik] adj. (de *a-* priv., et du gr. *zôon* "animal"). BIOL. Milieu, couche azoïque, milieu, couche où il n'y a pas de trace de vie animale.

azote [azɔt] n.m. (de *a-* priv., et du gr. *zôê* "vie"). CHIM. Corps simple et gazeux, incolore et inodore. □ Symb. N.

azoté, e [azɔte] adj. CHIM. Qui contient de l'azote.

azoteux, euse [azɔtø, -øz] adj. Se dit de l'acide HNO_2.

aztèque [aztɛk] adj. Relatif aux Aztèques, à leur civilisation : *L'art aztèque.*

azur [azyʀ] n.m. (ar. *lāzaward,* persan *lâdjourd* "lapis-lazuli"). - **1.** SOUT. Bleu clair et intense, notamm. celui du ciel. - **2.** LITT. Le ciel lui-même : *L'oiseau disparut dans l'azur.* - **3.** Verre ou émail coloré en bleu par l'oxyde de cobalt. - **4.** HÉRALD. La couleur bleue.

azurant [azyʀɑ̃] n.m. Colorant bleu ou violet, utilisé au cours du blanchiment d'un tissu, d'un papier, d'un linge pour en aviver l'éclat.

azuré, e [azyre] adj. LITT. De couleur azur.

azyme [azim] adj. et n.m. (gr. *azumos,* de *zumê* "levain"). - **1.** Qui est cuit sans levain, en parlant du pain. - **2.** Pain azyme. Pain non levé, se présentant sous la forme d'une galette, utilisé pour la Pâque juive *(fête des Azymes);* pain à hostie.

b [be] n.m. inv. - **1.** Deuxième lettre (consonne) de l'alphabet. - **2.** MUS. B, la note *si* bémol, dans le système de notation germanique ; la note *si* dans le système anglo-saxon.

B.A. [bea] n.f. (sigle de *bonne action*). Action charitable, généreuse (parfois iron.) : *Faire sa B.A.*

b.a.-ba [beaba] n.m. inv. Connaissance élémentaire, premiers rudiments : *Apprendre le b.a.-ba de l'informatique.*

ba ba [baba] n.m. (mot polon.). Gâteau fait avec une pâte levée mélangée de raisins secs, et imbibé, après cuisson, de rhum ou de kirsch.

babeurre [babœr] n.m. (de *bas* et *beurre*). Résidu liquide de la fabrication du beurre, de goût aigre.

babil [babil] n.m. (de *babiller*). - **1.** Bavardage continuel, enfantin ou futile. - **2.** Vocalisations spontanées émises par les nourrissons (syn. lallation).

babillage [babijaʒ] n.m. - **1.** Action de babiller : *Un babillage incessant* (syn. bavardage, jacassement). - **2.** Émissions vocales spontanées des nourrissons (syn. lallation, babil).

babiller [babije] v.i. (d'une onomat. *bab,* indiquant le mouvement des lèvres). Parler beaucoup et à propos de rien : *Babiller gaiement* (syn. bavarder, caqueter).

babine [babin] n.f. (d'une onomat. *bab* ; v. *babiller*). - **1.** (Surtout au pl.). Lèvre pendante de certains mammifères (chameau, singe, par ex.). - **2.** FAM. (Surtout au pl.). Lèvres : *S'essuyer les babines.* - **3.** Se lécher, se pourlécher les babines, se délecter à l'avance de qqch.

babiole [babjɔl] n.f. (it. *babbola*). Objet sans valeur ; chose sans importance : *Acheter des babioles* (syn. bricole). *Se disputer pour des babioles* (syn. vétille, broutille).

babiroussa [babirusa] n.m. (du malais *babi* "porc" et *rusa* "cerf"). Porc sauvage de Célèbes, à canines supérieures très recourbées. □ Famille des suidés ; haut. au garrot 50 cm env.

bâbord [babɔr] n.m. (néerl. *bakboord* "bord du dos", parce que le pilote manœuvrait en tournant le dos au côté gauche). Côté gauche d'un navire, en regardant vers l'avant (par opp. à *tribord*).

babouche [babuʃ] n.f. (ar. *bābūch,* du persan). Chaussure, pantoufle de cuir sans quartier ni talon.

babouin [babwɛ̃] n.m. (de *babine*). Singe d'Afrique, du genre cynocéphale, vivant en troupes nombreuses.

baby-boom [bebibum] n.m. (de l'angl. *baby* "bébé" et *boom* "explosion") [pl. *baby-booms*]. Augmentation brutale de la natalité : *Le baby-boom de l'après-guerre.*

baby-foot [babifut] n.m. inv. (de l'angl. *baby* "bébé" et *foot[ball]*). Football de table comportant des figurines que l'on actionne à l'aide de tiges mobiles.

baby-sitter [bebisitœr] ou [babi-] n. (mot angl., de *baby* "bébé" et *to sit* "s'asseoir") [pl. *baby-sitters*]. Personne payée pour garder un, des enfants en l'absence de leurs parents.

baby-sitting [bebisitiŋ] ou [babi-] n.m. (pl. *baby-sittings*). Activité d'un, d'une baby-sitter.

bac [bak] n.m. (lat. pop. *baccus* "récipient"). - **1.** Bateau large et plat assurant la traversée d'un cours d'eau, d'un lac, pour les voyageurs, les véhicules, etc. - **2.** Récipient, souvent de forme rectangulaire, servant à divers usages : *Laver son linge dans un bac* (syn. cuve, bassin). *Bac à légumes d'un réfrigérateur. Bac de teinture.* - **3.** Bac à glace, dans un réfrigérateur, récipient cloisonné utilisé pour permettre la formation des cubes de glace.

baccalauréat [bakaloʀea] n.m. (lat. médiév. *baccalaureatus*, de *baccalarius* "bachelier", refait d'après *bacca lauri* "baie de laurier"). Examen sanctionné par un diplôme qui marque le terme des études secondaires (abrév. *bac* ; FAM. et VIEILLI *bachot*).

baccara [bakaʀa] n.m. (orig. obsc.). Jeu de cartes qui se joue entre un banquier et des joueurs appelés *pontes*.

baccarat [bakaʀa] n.m. Cristal de la manufacture de Baccarat, en France : *Des verres en baccarat.*

bacchanale [bakanal] n.f. (lat. *Bacchanalia,* du gr. *Bakkhos* "Bacchus"). VIEILLI, LITT. Fête tournant à la débauche, à l'orgie. ◆ **bacchanales** n.f. pl. ANTIQ. Fêtes en l'honneur de Bacchus ; mystères dionysiaques.

bacchante [bakɑ̃t] n.f. (lat. *bacchans, -antes*). Prêtresse du culte de Bacchus.

bâche [baʃ] n.f. (anc. fr. *baschoe,* du lat. *bascauda* "baquet"). - **1.** Toile épaisse et imperméabilisée ; pièce formée de cette toile servant à protéger des intempéries : *Mettre une bâche sur sa voiture en hiver.* - **2.** Caisse à châssis vitrés, abritant de jeunes plantes.

bachelier, ère [baʃəlje, -ɛʀ] n. (lat. médiév. *baccalarius*). Personne qui a obtenu le baccalauréat.

bâcher [baʃe] v.t. Couvrir d'une bâche.

bachique [baʃik] adj. - **1.** Relatif à Bacchus, à son culte : *Fête bachique.* - **2.** LITT. Qui évoque une bacchanale ; qui célèbre le vin, l'ivresse : *Poème bachique.*

bachotage [baʃɔtaʒ] n.m. FAM. Action de bachoter.

bachoter [baʃɔte] v.i. (de *bachot,* abrév. fam. de *baccalauréat*). FAM. Préparer le programme d'un examen (baccalauréat, notamm.) ou d'un concours intensivement, dans le seul souci d'être reçu, sans viser à une formation de fond.

bacillaire [basilɛʀ] adj. Relatif aux bacilles, spécial. à leur morphologie. ◆ adj. et n. Se dit d'un malade atteint de tuberculose pulmonaire, pendant la phase contagieuse de la maladie.

bacille [basil] n.m. (lat. *bacillus* "bâtonnet"). - **1.** Bactérie, le plus souvent pathogène, ayant la forme d'un bâtonnet (simple ou articulé) : *Le bacille de Koch.* - **2.** Insecte herbivore du midi de la France ressemblant à une brindille. ◻ Long. 10 cm env. ; c'est le seul phasme d'Europe.

bâcler [bɑkle] v.t. (lat. pop. **bacculare,* du class. *baculum* "bâton"). Faire à la hâte et sans précaution : *Bâcler un travail* (syn. expédier ; contr. soigner).

bacon [bekɔn] n.m. (mot angl., "lard", de l'anc. fr.). - **1.** Pièce de carcasse de porc désossée, salée et fumée, débitée en tranches minces, en Grande-Bretagne. - **2.** Filet (noix) de porc salé et fumé, découpé en tranches minces, en France.

bactérie [bakteʀi] n.f. (gr. *baktêria* "bâton"). Être unicellulaire saprophyte ou parasite, à noyau diffus, se reproduisant par scissiparité, et dont il existe de nombreuses variétés (bacilles, vibrions, spirilles, etc.).

bactérien, enne [bakteʀjɛ̃, -ɛn] adj. Relatif aux bactéries ; dû aux bactéries : *Contamination bactérienne.*

bactériologie [bakteʀjɔlɔʒi] n.f. Partie de la microbiologie qui étudie les bactéries. ◆ **bactériologiste** n. Nom du spécialiste.

bactériologique [bakteʀjɔlɔʒik] adj. - **1.** Relatif à la bactériologie : *Analyse bactériologique.* - **2.** Arme, guerre bactériologique, arme, guerre qui utilise les bactéries vectrices de maladies contagieuses.

badaud, e [bado, -od] n. et adj. (prov. *badau,* de *badar* "regarder bouche bée"). Passant, promeneur dont la curiosité est facilement séduite par un spectacle improvisé, un événement plus ou moins important de la rue.

baderne [badɛʀn] n.f. (orig. obsc.). FAM. Baderne, vieille baderne, homme (spécial., militaire) borné et rétrograde.

badge [badʒ] n.m. (mot angl. "insigne"). - **1.** Insigne distinctif muni d'une inscription ou d'un dessin et porté en broche. - **2.** INFORM. Document d'identité codé, lisible par des appareils spéciaux appelés *lecteurs de badge.*

badiane [badjan] n.f. (persan *bâdyân* "anis"). Arbuste originaire du Viêt Nam, dont le fruit, appelé *anis étoilé,* contient une essence odorante utilisée pour la fabrication de boissons anisées. ◻ Famille des magnoliacées.

badigeon [badiʒɔ̃] n.m. (orig. obsc.). Enduit à base de lait de chaux, souvent coloré, pour le revêtement des murs, des façades, etc.

badigeonner [badiʒɔne] v.t. - **1.** Peindre avec du badigeon : *Badigeonner un mur.* - **2.** Enduire d'une préparation pharmaceutique : *Badigeonner la gorge d'un patient.*

badin, e [badɛ̃, -in] adj. (mot prov. "sot", de *badar* "regarder bouche bée"). LITT. Qui aime à rire, à plaisanter ; d'une gaieté légère : *Un ton badin* (syn. léger).

badinage [badinaʒ] n.m. LITT. Action de badiner ; propos badin, attitude badine : *Un badinage galant* (= marivaudage).

badine [badin] n.f. (orig. obsc.). Baguette mince et flexible qu'on tient à la main.

badiner [badine] v.i. (de *badin*). Prendre les choses légèrement ; plaisanter : *Il aime badiner* (syn. blaguer). ◆ v.t. ind. **[avec, sur]** (Surtout en tournure nég.). Plaisanter à propos de qqch ; prendre qqch à la légère : « *On ne badine pas avec l'amour* », pièce d'Alfred de Musset.

badminton [badmintɔn] n.m. (mot angl.). Jeu de volant pratiqué sur un court, apparenté au tennis.

baffe [baf] n.f. (d'un rad. onomat. *baf* exprimant l'idée de *boursouflure*). FAM. Gifle.

baffle [bafl] n.m. (mot angl. "écran"). **- 1.** TECHN. Écran rigide, monté sur un haut-parleur, limitant les effets d'interférence sonore entre les deux faces de la membrane. **- 2.** Enceinte acoustique.

bafouer [bafwe] v.t. (de l'onomat. *baf* ; v. *baffe*) [conj. 6]. Se moquer avec une intention outrageante : *Il m'a bafoué devant tous* (syn. outrager). *Bafouer l'autorité publique.*

bafouillage [bafujaʒ] n.m. FAM. Action de bafouiller ; élocution embrouillée, confuse : *Le bafouillage d'un orateur.*

bafouiller [bafuje] v.i. et v.t. (orig. incert., p.-ê. de l'onomat. *baf* ; v. *baffe*). FAM. Parler d'une manière inintelligible, embarrassée : *Bafouiller des excuses* (syn. balbutier, bredouiller). *Un timide qui bafouille.*

bâfrer v.i., se **bâfrer** v.pr. (de l'onomat. *baf* ; v. *baffe*). FAM. Manger avidement et avec excès : *Pendant les fêtes, nous n'avons fait que bâfrer* (syn. se gaver, s'empiffrer).

bâfreur, euse [bɑfʀœʀ, -øz] n. FAM. Personne qui aime bâfrer ; glouton.

bagage [bagaʒ] n.m. (de l'angl. *bag* "sac" ou du scand. *baggi* "paquets"). **- 1.** Sac, valise contenant les affaires qu'on emporte avec soi en voyage : *Bagage à main.* **- 2.** (Surtout au pl.). Ensemble des affaires, des objets que l'on emporte avec soi en voyage : *Préparer, faire ses bagages.* **- 3.** Ensemble des connaissances acquises dans un domaine : *Bagage littéraire.* ◆ *Partir avec armes et bagages,* partir en emportant tout. ‖ FAM. *Plier bagage,* partir rapidement : *La pluie menace, plions bagage.*

bagagiste [bagaʒist] n.m. **- 1.** Employé dans un hôtel, une gare, un aéroport, chargé de porter les bagages. **- 2.** Industriel fabriquant des bagages.

bagarre [bagaʀ] n.f. (prov. *bagarro* "tumulte"). **- 1.** Querelle violente accompagnée de coups, entre plusieurs personnes : *Un ivrogne a provoqué une bagarre au café* (syn. altercation, rixe). **- 2.** Vive compétition, lutte : *Bagarre politique* (syn. combat, bataille). **- 3.** Chercher la bagarre, aller au-devant des coups ; chercher querelle.

bagarrer [bagaʀe] v.i. FAM. Lutter pour atteindre un but : *Elle a beaucoup bagarré pour obtenir ce rôle* (syn. se battre). ◆ se **bagarrer** v.pr. **- 1.** Prendre une part active dans une bagarre ; se battre : *Mon fils s'est encore bagarré à la récréation.* **- 2.** Déployer de l'énergie, lutter pour qqch : *Elle s'est bagarrée pour avoir gain de cause.*

bagarreur, euse [bagaʀœʀ, -øz] adj. et n. FAM. Qui aime la bagarre ; combatif : *Il est bagarreur* (syn. batailleur).

bagatelle [bagatɛl] n.f. (it. *bagatella* "tour de bateleur"). **- 1.** Chose, objet de peu de valeur : *Acheter des bagatelles* (syn. babiole). *Puni pour une bagatelle* (syn. broutille, vétille). **- 2.** FAM. La bagatelle, l'amour physique : *Être porté sur la bagatelle.* **- 3.** La bagatelle de, somme (souvent iron., en parlant d'une somme importante) : *Toucher la bagatelle de 100 000 F.*

bagnard [baɲaʀ] n.m. Personne purgeant une peine de bagne (syn. forçat).

bagne [baɲ] n.m. (it. *bagno* "bain", d'après un établissement de bains où l'on détenait, à Constantinople, les chrétiens destinés aux galères). **- 1.** Établissement, lieu où était subie la peine des travaux forcés ou de la relégation ; la peine elle-même : *Bagne de Toulon* (syn. pénitencier). *Vingt ans de bagne.* □ Les bagnes coloniaux ont été définitivement supprimés en 1942 et les travaux forcés remplacés par la réclusion. **- 2.** Lieu où l'on est astreint à un travail, et une activité très pénible : *Cette usine, c'est le bagne !*

bagnole [baɲɔl] n.f. (de *banne* "tombereau", avec influence de *carriole*). FAM. Automobile.

bagout [bagu] n.m. (de *bagouler* "parler inconsidérément"). FAM. Grande facilité de parole : *Avoir du bagout.*

baguage [bagaʒ] n.m. Opération consistant à baguer un oiseau, un arbre, un axe de machine.

bague [bag] n.f. (néerl. *bagge* "anneau"). **- 1.** Anneau, orné ou non d'une pierre, que l'on porte au doigt : *Une bague de fiançailles.* **- 2.** Objet en forme d'anneau : *Bague de cigare.* **- 3.** MÉCAN. Pièce annulaire assurant la fixation, le serrage, etc., génér. autour d'un axe : *Bague de roulement.* **- 4.** ORNITH. Anneau fixé sur la patte d'un oiseau, notamm. pour étudier ses déplacements. **- 5.** FAM. Avoir la bague au doigt, être marié. ‖ MÉD. **Bague tuberculinique**, bague munie de fines pointes servant à pratiquer une cuti-réaction.

bagué, e [bage] adj. -**1.** Garni d'une bague, d'un anneau : *Doigts bagués d'or.* -**2.** ARCHIT. Colonne **baguée**, dont le fût est orné de bandes circulaires en saillie (syn. annelé).

baguenauder [bagnode] v.i. (du prov. *baganaudo* "niaiserie"). FAM. Se promener en perdant son temps : *Passer sa vie à baguenauder* (syn. flâner). ◆ **se baguenauder** v.pr. FAM. Se promener sans but : *Elle est partie se baguenauder.*

baguer [bage] v.t. -**1.** Garnir d'une bague : *Un cigare bagué d'or.* -**2.** Identifier, marquer un oiseau au moyen d'une bague fixée à l'une des pattes. -**3.** HORTIC. Faire une incision annulaire à une plante pour arrêter la descente de la sève.

baguette [baget] n.f. (it. *bacchetta*, dimin. de *bacchio*, "bâton", lat. *baculum*). -**1.** Petit bâton mince, plus ou moins long et flexible : *Baguette de chef d'orchestre. Frapper un animal avec un baguette* (syn. badine). *Baguettes de tambour* (syn. mailloche). -**2.** Pain long d'environ 250 g. -**3.** Bâton, souvent de coudrier, avec lequel les sourciers, les radiesthésistes prétendent découvrir des sources, des objets perdus ou cachés. -**4.** ARCHIT., MENUIS. Petite moulure, souvent arrondie, servant à décorer, masquer un joint, etc. -**5.** FAM. **Cheveux en baguettes de tambour**, cheveux raides. ‖ **D'un coup de baguette magique**, comme par enchantement : *Le travail ne se fera pas d'un coup de baguette magique.* ‖ **Marcher à la baguette**, obéir sans discussion. ‖ **Mener, faire marcher qqn à la baguette**, diriger qqn avec une autorité intraitable.

bah [ba] interj. (onomat.). Exprime l'étonnement, le doute, l'indifférence : *Bah ! ne pleure pas, ce n'est rien !*

bahut [bay] n.m. (orig. obsc.). -**1.** Buffet rustique long et bas. -**2.** Coffre de voyage, au Moyen Âge. -**3.** ARG. SCOL. Lycée, collège.

bai, baie [bɛ] adj. (lat. *badius* "brun"). Dont la robe est brun roussâtre et dont les crins et l'extrémité des membres sont noirs, en parlant d'un cheval. ◆ n.m. Cheval bai.

1. baie [bɛ] n.f. (de *bayer*). Échancrure du littoral plus ou moins ouverte ; grand golfe : *Baie d'Hudson, au Canada.*

2. baie [bɛ] n.f. (lat. *baca*). Fruit charnu sans noyau, à graines ou à pépins : *Les raisins, les groseilles sont des baies.*

3. baie [bɛ] n.f. (de *bayer*). Ouverture, fermée ou non, d'une façade (arcade, fenêtre, porte) : *Baie vitrée.*

baignade [beɲad] n.f. -**1.** Action de se baigner : *Baignade interdite.* -**2.** Endroit d'une rivière où l'on peut se baigner : *Aménager une baignade.*

baigner [beɲe] v.t. (bas lat. *balneare*, du class. *balneum* "bain"). -**1.** Plonger et tenir totalement ou partiellement dans l'eau, un liquide, notamm. pour laver, soigner : *Baigner un enfant. Baigner son doigt dans l'eau salée* (syn. tremper). -**2.** Humecter, mouiller : *Baigner ses tempes d'eau fraîche.* -**3.** Border de ses eaux : *La Méditerranée baigne la Provence.* -**4.** LITT. Envelopper, imprégner : *Lumière qui baigne un paysage.* ◆ v.i. -**1.** Être immergé dans, être mouillé par un liquide : *Un rôti baignant dans son jus.* -**2.** Être enveloppé par, imprégné de : *Depuis ce succès, elle baigne dans la joie* (syn. nager). -**3.** Baigner dans son sang, être couvert du sang de ses blessures. ‖ FAM. Ça baigne, tout baigne, ça va, ça marche bien. ◆ **se baigner** v.pr. Prendre un bain.

baigneur, euse [beɲœʀ, -øz] n. Personne qui se baigne. ◆ **baigneur** n.m. Jouet d'enfant figurant un bébé (syn. poupon).

baignoire [beɲwaʀ] n.f. -**1.** Appareil sanitaire dans lequel on prend des bains. -**2.** Loge de rez-de-chaussée, dans un théâtre. -**3.** MAR. Partie supérieure d'un kiosque de sous-marin, qui sert de passerelle.

bail [baj] n.m. (de *bailler*) [pl. *baux*]. -**1.** Convention par laquelle un bailleur donne la jouissance d'un bien meuble ou immeuble à qqn pour un prix et un temps déterminés ; contrat qui constate le bail : *Signer un bail.* -**2.** Bail commercial, bail d'un local à usage artisanal, commercial ou industriel. ‖ FAM. Ça fait, il y a un bail, il y a longtemps.

bâillement [bajmā] n.m. -**1.** Action de bâiller : *Réprimer un bâillement.* -**2.** Fait de bâiller, d'être entrouvert ; ouverture d'une chose qui bâille : *Bâillement d'un col de chemise.*

bailler [baje] v.t. (lat. *bajulare*, "porter sur le dos", donner"). -**1.** VX. Donner. -**2.** La bailler bonne, la bailler belle à qqn, lui en faire accroire.

bâiller [baje] v.i. (lat. pop. *bataculare*, de *batare* ; v. *béer*). -**1.** Ouvrir largement et involontairement la bouche, de sommeil, de faim, d'ennui ou de fatigue. -**2.** Présenter une ouverture ; être mal fermé, mal ajusté : *Porte qui bâille.*

bailleur, eresse [bajœʀ, bajʀɛs] n. -**1.** DR. Personne qui donne à bail (par opp. à *preneur*). -**2.** Bailleur de fonds, celui qui fournit de l'argent pour une entreprise.

bâilleur, euse [bajœʀ, -øz] n. Personne qui bâille.

bailli [baji] n.m. (anc. fr. *baillir* "administrer"). HIST. Agent du roi qui était chargé de fonctions administratives et judiciaires. □ À partir du XIVᵉ s., les pouvoirs des baillis s'amenuisèrent.

bailliage [bajaʒ] n.m. HIST. - **1.** Circonscription administrative et judiciaire d'un bailli. - **2.** Tribunal du bailli.

bâillon [bajɔ̃] n.m. (de *bâiller*). Bandeau, tissu, objet qu'on met sur ou dans la bouche de qqn pour l'empêcher de crier.

bâillonnement [bajɔnmɑ̃] n.m. Action de bâillonner.

bâillonner [bajɔne] v.t. - **1.** Mettre un bâillon à : *Bâillonner un prisonnier.* - **2.** Mettre dans l'impossibilité de s'exprimer : *Bâillonner la presse* (syn. museler).

bain [bɛ̃] n.m. (lat. pop. *baneum*, class. *balneum*). - **1.** Action de se baigner, de baigner qqn, qqch : *Prendre un bain. Produits pour le bain.* - **2.** Eau, liquide dans lesquels on se baigne, on baigne qqn, qqch, une partie du corps, etc. : *Faire couler un bain. Bain de mousse.* - **3.** Solution, préparation dans laquelle on immerge qqch pour le soumettre à une opération quelconque ; récipient contenant cette solution : *Bain colorant. Bain de fixage en photographie.* - **4.** Exposition, immersion dans un milieu quelconque : *Bain de soleil. Bain de boue.* - **5.** Partie d'une piscine désignée selon la profondeur : *Petit bain. Grand bain* (syn. bassin). - **6.** Bain de bouche, solution antiseptique pour les soins de la bouche. ‖ Bain de foule, contact direct avec un grand nombre de personnes. ‖ Être, mettre qqn dans le bain, être initié, initier qqn à un travail, à une affaire ; être compromis, compromettre qqn. ‖ Se remettre dans le bain, reprendre contact avec qqch, un milieu, etc. ◆ **bains** n.m. pl. Établissement public où l'on prend des bains, des douches.

bain-marie [bɛ̃maʀi] n.m. (terme d'alchimie, de *Marie*, sœur de Moïse, considérée comme une alchimiste) [pl. *bains-marie*]. - **1.** Eau bouillante dans laquelle on plonge un récipient contenant un aliment, une préparation à chauffer doucement, sans contact direct avec le feu : *Cuisson au bain-marie.* - **2.** Récipient à deux compartiments concentriques pour la cuisson au bain-marie.

baïonnette [bajɔnɛt] n.f. (de *Bayonne*, où cette arme fut mise au point). - **1.** Lame effilée qui s'adapte au bout d'un fusil. - **2.** Dispositif de fixation qui évoque celui d'une baïonnette : *Douille à baïonnette d'une lampe.*

baisemain [bɛzmɛ̃] n.m. Geste de respect ou de civilité consistant à effleurer d'un baiser la main d'une femme ou d'un souverain.

baisement [bɛzmɑ̃] n.m. RELIG. Baiser rituel envers un objet sacré.

1. baiser [beze] v.t. (lat. *basiare*). - **1.** Donner un baiser, poser ses lèvres sur : *Baiser le front de qqn* (syn. embrasser). - **2.** T. FAM. Avoir des relations sexuelles avec qqn. - **3.** T. FAM. Duper, tromper ou surprendre. *Il s'est fait baiser* (syn. avoir, rouler).

2. baiser [beze] n.m. - **1.** Action de poser ses lèvres sur qqn, qqch en signe d'amour, d'affection, de respect, etc. ; mouvement des lèvres résultant de cette action ou l'imitant : *Couvrir qqn de baisers. Envoyer des baisers.* - **2.** Baiser de Judas, démonstration d'affection hypocrite.

baisse [bɛs] n.f. Action, fait de baisser, de descendre : *Baisse des prix* (syn. diminution ; contr. augmentation, hausse). *Baisse du pouvoir d'achat* (syn. abaissement).

baisser [bese] v.t. (lat. pop. *bassiare*, de *bassus* "bas"). - **1.** Mettre, faire descendre plus bas : *Baisser un store.* - **2.** Diriger vers le bas une partie du corps : *Baisser la tête* (syn. incliner). *Baisser les yeux.* - **3.** Diminuer la force, l'intensité, la hauteur, la valeur de qqch : *Baisser la voix.* ◆ v.i. - **1.** Venir à un point inférieur : *Le niveau de la rivière baisse en été* (syn. décroître). - **2.** Diminuer de valeur, de prix, d'intensité : *Les actions baissent* (contr. monter). *Les prix baissent* (contr. augmenter). - **3.** S'affaiblir : *Ses facultés intellectuelles baissent* (syn. décliner, faiblir). ◆ **se baisser** v.pr. S'incliner, se courber : *Se baisser pour ramasser qqch* (syn. se pencher).

baissier, ère [besje, -ɛʀ] n. Personne qui, à la Bourse, spécule sur la baisse (par opp. à haussier). ◆ adj. Relatif à la baisse des cours : *Tendance baissière.*

bajoue [baʒu] n.f. (de *bas* et *joue*). - **1.** Partie latérale de la tête de certains animaux (veau, cochon), qui s'étend de l'œil à la mâchoire. - **2.** FAM. Joue humaine flasque et pendante.

bakchich [bakʃiʃ] n.m. (mot persan "don"). FAM. Pourboire, pot-de-vin.

Bakélite [bakelit] n.f. (nom déposé). Résine synthétique obtenue par condensation d'un phénol avec l'aldéhyde formique et employée comme succédané de l'ambre, de l'écaille, etc.

bal [bal] n.m. (de *baller* "danser", du bas lat. *ballare*) [pl. *bals*]. - **1.** Réunion où l'on danse ; lieu où se tient cette réunion : *Donner un bal. Aller au bal.* - **2.** Bal de têtes, bal où les danseurs sont grimés ou masqués.

balade [balad] n.f. (de *se balader*). FAM. Promenade : *Faire une balade en forêt. Être en balade.*

balader [balade] v.t. (de *balade*). FAM. Promener ; traîner avec soi : *Balader des enfants.*

Elle balade sa valise partout avec elle. ◆ v.i.
Envoyer balader qqn, qqch, éconduire vivement qqn ; rejeter qqn, qqch : *Envoyer balader un importun.* ◆ **se balader** v. pr. FAM. Se promener.

1. baladeur, euse [baladœʀ, -øz] adj. - **1.** FAM. Qui aime à se balader, à se promener. - **2. Micro baladeur,** micro muni d'un long fil qui permet de le déplacer.

2. baladeur [baladœʀ] n.m. Lecteur de cassettes portatif, muni d'écouteurs (recomm. off. pour l'angl. *Walkman*).

baladeuse [baladøz] n.f. Lampe électrique munie d'un long fil qui permet de la déplacer.

baladin [baladɛ̃] n.m. (p.-ê. mot prov., du *ballar* "danser" ; v. *bal*). VIEILLI et LITT. Saltimbanque, bateleur qui se produit dans des spectacles de rues.

balafon [balafɔ̃] n.m. (mot mandingue). Instrument à percussion de l'Afrique noire comparable au xylophone.

balafre [balafʀ] n.f. (probabl. de *balèvre* "grosse lèvre", croisé avec l'anc. fr. *leffre* "lèvre"). Longue entaille faite par une arme ou un instrument tranchant, partic. au visage ; cicatrice qu'elle laisse.

balafré, e [balafʀe] adj. et n. Qui présente une ou plusieurs balafres : *Joue balafrée.*

balafrer [balafʀe] v.t. Faire une balafre à.

balai [balɛ] n.m. (orig. incert., p.-ê. gaulois *balatno* "genêt"). - **1.** Ustensile employé pour le nettoyage des sols et composé essentiellement d'un long manche auquel sont fixés une brosse ou un faisceau de branchettes, de fibres animales ou végétales, etc. : *Donner un coup de balai* (= enlever rapidement la poussière). - **2.** Queue des oiseaux de proie. - **3.** Pièce conductrice destinée à assurer, par contact glissant, la liaison électrique d'un organe mobile avec un contact fixe. - **4.** ARG. Année d'âge : *Avoir trente balais.* - **5.** Balai d'essuie-glace, raclette qui se déplace sur la partie vitrée d'un véhicule pour la nettoyer. ‖ **Balai mécanique,** à brosses roulantes montées sur un petit chariot. ‖ FAM. **Du balai,** dehors, à la porte. ‖ **Manche à balai,** levier actionnant les organes de commande longitudinale et latérale d'un avion.

balai-brosse [balɛbʀɔs] n.m. (pl. *balais-brosses*). Brosse très dure montée sur un manche à balai.

balalaïka [balalaika] n.f. (mot russe). Instrument de la famille du luth, à caisse triangulaire, à trois cordes, en usage en Russie.

balance [balɑ̃s] n.f. (lat. pop. *bilancia* "à deux plateaux", du class. *bis* "deux fois" et *lanx* "plateau"). - **1.** Instrument servant à peser, à

comparer des masses, et qui possède, dans sa forme ordinaire, deux plateaux fixés aux extrémités d'un fléau reposant sur un couteau : *Balance automatique. Balance romaine* (= sur laquelle on déplace un poids sur le bras du fléau). - **2.** Symbole de la justice, figuré par deux plateaux suspendus à un fléau. - **3.** Équilibre ; état d'équilibre : *La balance des forces.* - **4.** COMPTAB. Montant représentant la différence entre la somme du débit et la somme du crédit et que l'on ajoute à la plus faible des deux pour équilibrer les totaux. - **5.** Filet dont la forme évoque un plateau de balance et qu'on utilise pour la pêche de la crevette et de l'écrevisse. - **6.** Dispositif de réglage de l'équilibre sonore entre les deux voies d'une chaîne stéréophonique. - **7.** Faire pencher la balance en faveur, du côté de qqn, qqch, avantager qqn, faire prévaloir qqch. ‖ **Jeter qqch dans la balance,** faire ou dire qqch de décisif. ‖ **Mettre en balance,** peser le pour et le contre : *Elle a mis en balance les avantages et les inconvénients de l'opération* (syn. comparer). ‖ **Peser dans la balance,** être d'une grande importance : *Ses arguments n'ont pas pesé lourd dans la balance.* ‖ **Tenir la balance égale** (entre deux personnes, entre deux choses), ne privilégier aucune des personnes ou des choses comparées. ‖ ÉCON. **Balance commerciale,** solde des importations et des exportations d'un pays. ‖ ÉCON. **Balance des paiements,** document comptable retraçant l'ensemble des règlements entre un pays et un autre ou plusieurs autres pays. ◆ n. inv. et adj. inv. Personne née sous le signe de la balance : *Elles sont balance.* ◆ **balances** n.f. pl. Avoirs étrangers en une monnaie donnée : *Balances dollars.*

balancé, e [balɑ̃se] adj. - **1.** Équilibré, harmonieux : *Une phrase bien balancée.* - **2.** FAM. **Bien balancé,** bien bâti, en parlant d'une personne, de son corps.

balancelle [balɑ̃sɛl] n.f. Siège de jardin, à plusieurs places, suspendu à une structure fixe et permettant de se balancer.

balancement [balɑ̃smɑ̃] n.m. - **1.** Mouvement par lequel un corps, un objet penche alternativement d'un côté puis de l'autre de son centre d'équilibre : *Balancement d'une barque.* - **2.** État de ce qui paraît harmonieux, en équilibre : *Le balancement d'une phrase* (syn. équilibre).

balancer [balɑ̃se] v.t. (de *balance*) [conj. 16]. - **1.** Mouvoir alternativement d'un côté puis de l'autre : *Balancer les bras.* - **2.** FAM. Jeter au loin, se débarrasser de qqch, de qqn : *Balancer des papiers.* - **3.** FAM. Asséner, appliquer ; dire sans ménagement : *Balancer une gifle.* ◆ v.i - **1.** Osciller : *Lampe qui balance.*

-2. LITT. Être indécis : *Balancer entre deux décisions* (syn. hésiter). ◆ **se balancer** v.pr. -1. Se mouvoir d'un côté et d'un autre d'un point fixe. -2. Faire de la balançoire. -3. FAM. S'en balancer, s'en moquer.

balancier [balɑ̃sje] n.m. (de *balancer*). -1. Pièce, organe mobile autour d'un axe et qui sert à régulariser ou à stabiliser un mouvement ; pièce animée d'un mouvement d'oscillation, qui règle la marche d'une machine : *Le balancier d'une horloge.* -2. Autref., machine servant à frapper les monnaies. -3. ZOOL Organe stabilisateur des diptères, qui remplace chez ces insectes les ailes postérieures. -4. Longue perche avec laquelle les funambules, les acrobates assurent leur équilibre.

balançoire [balɑ̃swaʀ] n.f. -1. Siège suspendu par deux cordes à un portique ou tout autre support et sur lequel on se balance. -2. Longue pièce de bois, de métal, etc., mise en équilibre sur un point d'appui et sur laquelle basculent alternativement deux personnes assises chacune à un bout (syn. bascule).

balayage [baleja3] n.m. Action de balayer.

balayer [baleje] v.t. (conj. 11). -1. Nettoyer avec un balai : *Balayer une chambre.* -2. Pousser, écarter au moyen d'un balai : *Balayer de la neige, des épluchures.* -3. Chasser, disperser ; faire disparaître : *Le vent balaie les nuages. Balayer l'ennemi* (syn. repousser). *Contretemps qui balaie nos projets* (syn. ruiner, anéantir). -4. Parcourir un espace, une surface : *Balayer une zone au radar* (syn. explorer).

balayette [balejɛt] n.f. Petit balai, petite brosse.

balayeur, euse [balejœʀ, -øz] n. Personne préposée au balayage des rues.

balayeuse [balejøz] n.f. Machine à balayer.

balayures [balejyʀ] n.f. pl. Ordures ramassées avec le balai.

balbutiant, e [balbysjɑ̃, -ɑ̃t] adj. Qui balbutie.

balbutiement [balbysimɑ̃] n.m. -1. Action de balbutier ; paroles indistinctes : *Les balbutiements d'un enfant* (syn. bredouillement). -2. (Surtout au pl.). Débuts incertains, premiers essais : *Les balbutiements de l'aviation.*

balbutier [balbysje] v.i. (lat. *balbutire*, de *balbus* "bègue") [conj. 9]. -1. Articuler avec hésitation : *L'émotion fait balbutier* (syn. bredouiller). -2. En être seulement à ses débuts : *Vers 1900, le cinéma balbutiait.* ◆ v.t. Prononcer en bredouillant : *Balbutier un compliment.*

balbuzard [balbyzaʀ] n.m. (angl. *baldbuzzard*, de *bald* "chauve" et *buzzard* "rapace"). Oiseau de proie piscivore qu'on rencontre sur les côtes et les étangs. □ Ordre des falconiformes ; envergure 160 cm env.

balcon [balkɔ̃] n.m. (it. *balcone*, du germ. *balko* "poutre"). -1. Plate-forme de faible largeur munie de garde-corps, en saillie sur une façade, devant une ou plusieurs baies vitrées. -2. Chacune des galeries au-dessus de l'orchestre, dans les salles de spectacle. *Rem.* Le balcon inférieur est, le cas échéant, dit *corbeille* ou *mezzanine.*

baldaquin [baldakɛ̃] n.m. (it. *baldacchino*, "étoffe de *Baldacco* [Bagdad]"). -1. Ouvrage de tapisserie, tenture dressée au-dessus d'un lit, d'un trône, etc. -2. ARCHIT. Dais à colonnes au-dessus d'un autel, d'un trône, etc.

baleine [balɛn] n.f. (lat. *balaena*). -1. Mammifère marin, le plus grand des animaux. □ Ordre des cétacés. Long. 30 m env. ; poids 150 t env. -2. Lame ou tige flexible en métal, en matière plastique, etc., pour tendre un tissu, renforcer une armature, etc. : *Baleine de parapluie.* -3. FAM. Rire, rigoler comme une baleine, rire en ouvrant grand la bouche ; rire sans retenue.

baleineau [baleno] n.m. Petit de la baleine.

baleinier [balenje] n.m. -1. Navire équipé pour la chasse à la baleine. -2. Marin travaillant sur un tel navire.

baleinière [balenjɛʀ] n.f. -1. Embarcation légère et pointue aux deux extrémités, servant autref. à la chasse à la baleine. -2. Canot de forme analogue dont sont génér. équipés les bateaux de gros tonnage.

balénoptère ou **baleinoptère** [balenɔptɛʀ] n.m. (de *baleine* et *-ptère*). Mammifère marin voisin de la baleine, à face ventrale striée et possédant une nageoire dorsale. □ La plus grande espèce, le rorqual bleu, atteint 33 m de longueur.

balisage [baliza3] n.m. -1. Action de disposer des balises : *Le balisage d'une passe.* -2. Ensemble des balises et autres signaux disposés pour signaler des dangers à éviter, indiquer la route à suivre : *Balisage d'un aérodrome.*

balise [baliz] n.f. (orig. obsc.). -1. Marque, objet indiquant le tracé d'une voie (canal, chemin de fer, etc.). -2. Dispositif destiné à signaler un danger ou à délimiter une voie de circulation maritime ou aérienne.

baliser [balize] v.t. Munir de balises : *Baliser un chenal.* ◆ v.i. FAM. Avoir peur.

balisier [balizje] n.m. (orig. obsc.). Plante monocotylédone originaire de l'Inde et cultivée dans les régions chaudes pour son rhizome, riche en féculents. (On dit aussi *canna.*) □ Famille des cannacées. Certaines espèces ont des fleurs décoratives.

baliste [balist] n.f. (lat. *ballista*, du gr. *ballein* "lancer"). ANTIQ. ROM. Machine de guerre servant à lancer des projectiles, des traits.

balistique [balistik] adj. (de *baliste*). De la balistique ; qui relève de la balistique : *Missile, engin balistique.* ◆ n.f. Science qui étudie les mouvements des corps lancés dans l'espace et plus spécial. des projectiles.

balivage [balivaʒ] n.m. Choix et marquage des baliveaux.

baliveau [balivo] n.m. (de l'anc. fr. *baif* "qui regarde attentivement", le baliveau servant au bûcheron de point de repère dans son travail). Arbre réservé dans la coupe d'un bois taillis pour qu'il puisse croître en futaie.

baliverne [balivɛʀn] n.f. (orig. obsc.). [Souvent au pl.]. Propos futile, souvent sans fondement ou erroné : *Dire des balivernes* (syn. sornette, fadaise).

balkanique [balkanik] adj. Des Balkans.

balkanisation [balkanizasjɔ̃] n.f. (de *Balkans*). Processus qui aboutit à la fragmentation en de nombreux États de ce qui constituait auparavant une entité territoriale et politique.

ballade [balad] n.f. (anc. prov. *ballada* "danse", de *bal[l]ar* "danser" ; v. *bal*). - **1.** LITTÉR. Poème à forme fixe (constituée au XIVᵉ s.), composé génér. de trois strophes suivies d'un envoi d'une demi-strophe. - **2.** (Fin du XVIIIᵉ s.). Poème narratif en strophes inspiré d'une légende ou d'une tradition historique : *« Odes et ballades »*, *recueil de Victor Hugo.* - **3.** MUS. Autref., chanson de danse. - **4.** Pièce vocale ou instrumentale inspirée par une ballade littéraire ou qui en reflète l'atmosphère.

ballant, e [balɑ̃, -ɑ̃t] adj. (de *baller* ; v. *bal*). Qui se balance, qui pend, en parlant d'une partie du corps : *Aller les bras ballants.* ◆ **ballant** n.m. Mouvement d'oscillation, balancement d'un objet : *Véhicule qui a du ballant.*

ballast [balast] n.m. (angl. *ballast* "lest pour navires"). - **1.** Couche de pierres concassées qui maintiennent les traverses d'une voie ferrée et les assujettissent ; matériau que constituent ces pierres concassées. - **2.** MAR. Compartiment étanche servant au transport de l'eau douce ; compartiment servant au lestage et à l'équilibrage d'un navire. - **3.** Compartiment de remplissage d'un sous-marin.

1. balle [bal] n.f. (it. *palla*). - **1.** Pelote servant à divers jeux ou sports : *Balle de tennis, de golf.* - **2.** Projectile des armes à feu portatives. - **3.** FAM. Franc : *T'as pas cent balles ?* - **4.** La balle est dans mon, ton, son, etc., camp, c'est à moi, à toi, à lui, etc., de faire des propositions, de prendre des initiatives. ‖ Prendre, saisir la balle au bond, saisir immédiatement l'occasion. ‖ Renvoyer la balle, répliquer, riposter vivement. ‖ Se ren-

voyer la balle, se rejeter mutuellement une responsabilité. - **5.** Enfant de la balle. Personne qui continue le métier d'artiste de ses parents (comédien, acrobate, etc.).

2. balle [bal] n.f. (orig. incert., p.-ê. gaulois *balu*). Enveloppe du grain des céréales (on trouve parfois la graphie *bale*).

3. balle [bal] n.f. (frq. *balla* "ballot"). Gros paquet de marchandises.

ballerine [balʀin] n.f. (it. *ballerina*, de *ballare* "danser" ; v. *bal*). - **1.** Danseuse de ballet. - **2.** Chaussure de femme, légère et plate, qui rappelle un chausson de danse.

ballet [balɛ] n.m. (it. *balletto*, dimin. de *ballo* "bal"). - **1.** Spectacle chorégraphique interprété par un ou par plusieurs danseurs : *Le chorégraphe règle le ballet.* - **2.** Troupe donnant des spectacles chorégraphiques, surtout classiques (on dit aussi *compagnie de ballet*). - **3.** Suite musicale accompagnant un ballet. - **4.** Allées et venues, mouvements, en partic. de diplomates, d'hommes politiques, lors de négociations : *Ballet diplomatique.* - **5.** Ballet blanc ou **ballet romantique,** ballet d'inspiration romantique dansé en tutu blanc. ‖ Ballet de cour, ballet dansé par les rois et leurs courtisans (fin du XVIᵉ s.-XVIIᵉ s.). ‖ Corps de ballet, ensemble des danseurs d'un théâtre qui ne sont ni solistes ni étoiles. ‖ Maître de ballet, technicien qui fait répéter les danseurs et assume la réalisation des œuvres dansées par un corps de ballet.

1. ballon [balɔ̃] n.m. (it. dialect. *ballone*, de l'it. *pallone* "grosse balle"). - **1.** Grosse balle à jouer, ronde ou ovale, génér. formée d'une vessie de caoutchouc gonflée d'air et recouverte de cuir : *Ballon de football, de basket.* - **2.** Vessie de baudruche ou de caoutchouc léger, souvent colorée, gonflée d'air ou de gaz et qui peut s'envoler : *Le ballon a crevé.* - **3.** Aérostat de taille variable, utilisé à des fins scientifiques, sportives ou militaires : *Ascension en ballon.* - **4.** CHIM. Récipient de verre sphérique. - **5.** Verre à boire de forme sphérique ; son contenu : *Un ballon de rouge.* - **6.** Ballon d'eau chaude, appareil électrique de production d'eau chaude à réservoir (on dit aussi *ballon réchauffeur*). ‖ Ballon dirigeable → dirigeable. ‖ Ballon d'oxygène, réservoir contenant de l'oxygène, pour les malades ; au fig., ce qui a un effet tonique, bienfaisant : *Cette subvention a été un véritable ballon d'oxygène.* - **7.** Ballon d'essai. Expérience faite dans le but de sonder le terrain, l'opinion.

2. ballon [balɔ̃] n.m. (calque de l'all. *Belchen*, confondu avec *Bällchen* "petite balle"). Sommet arrondi, dans les Vosges.

ballonné, e [balɔne] adj. Gonflé, distendu : *Ventre ballonné.*

ballonnement [balɔnmã] n.m. Distension, gonflement, du ventre par des gaz (syn. flatulence).

ballonner [balɔne] v.t. (de *ballon*). Ballonner le ventre, l'estomac, enfler, distendre le ventre, l'estomac par l'accumulation de gaz.
◆ **se ballonner** v.pr. S'enfler, se distendre, en parlant d'une partie du corps.

ballonnet [balɔnɛ] n.m. Petit ballon.

ballon-sonde [balɔ̃sɔ̃d] n.m. (pl. *ballons-sondes*). Ballon muni d'appareils enregistreurs destinés à l'exploration météorologique de la haute atmosphère.

ballot [balo] n.m. (de 3. *balles*). - **1.** Paquet de marchandises. - **2.** FAM. Personne maladroite, sotte : *Quel ballot !*

ballotin [balɔtɛ̃] n.m. (de *ballot*). Emballage en carton pour les confiseries.

ballottage [balɔtaʒ] n.m. (de *ballotter*). - **1.** Situation dans laquelle aucun des candidats n'a réuni au premier tour la majorité requise, dans un scrutin majoritaire à deux tours : *Candidats en ballottage*. - **2.** Scrutin de ballottage, second, pour lequel la majorité relative suffit.

ballottement [balɔtmã] n.m. Mouvement de ce qui ballotte, est ballotté : *Le ballottement d'un navire* (syn. cahotement).

ballotter [balɔte] v.t. (de l'anc. fr. *ballotte* "petite balle"). - **1.** Balancer dans divers sens : *La tempête ballotte les navires* (syn. agiter, secouer). - **2.** Faire passer qqn d'un sentiment à un autre (surtout au passif) : *Être ballotté entre la peur et la curiosité* (syn. tirailler). ◆ v.i. Remuer ou être secoué en tous sens : *Violon qui ballotte dans son étui.*

ballottine [balɔtin] n.f. (de l'anc. fr. *ballotte* "petite balle"). Petite galantine roulée, composée de volaille et de farce.

ball-trap [baltrap] n.m. (angl. *ball trap*, de *ball* "balle" et *trap* "ressort") [pl. *ball-traps*]. Appareil à ressort lançant en l'air des disques d'argile servant de cibles pour le tir au fusil ; tir pratiqué avec cet appareil.

balluchon ou **baluchon** [balyʃɔ̃] n.m. (de 3. *balle*). - **1.** FAM. Paquet de vêtements, de linge ; petit ballot. - **2.** Faire son baluchon, se préparer à partir ; partir.

balnéaire [balneɛr] adj. (lat. *balnearius*, de *balneum* "bain"). Établissement, station balnéaire, lieu de séjour situé au bord de la mer et aménagé pour l'accueil des vacanciers.

balourd, e [balur, -urd] adj. et n. (it. *balordo*). Dépourvu de finesse, de tact : *C'est un gros balourd* (syn. lourdaud).

balourdise [balurdiz] n.f. Caractère d'une personne balourde ; parole, action sans esprit et mal à propos : *Commettre une balourdise* (syn. maladresse, gaffe).

balsa [balza] n.m. (mot esp.). Bois très léger provenant de l'Amérique centrale, et utilisé notamm. dans la construction des modèles réduits.

balsamine [balzamin] n.f. (du lat. *balsamum* "baume"). Plante des bois montagneux, à fleurs jaunes, appelée aussi *impatiente*, et dont le fruit, à maturité, éclate au moindre contact en projetant des graines.

balsamique [balzamik] adj. (du lat. *balsamum* "baume"). LITT. Qui a les propriétés et, en partic., l'odeur du baume : *Senteurs balsamiques*.

balte [balt] adj. et n. Se dit des pays Baltes et de leurs habitants. ◆ n.m. Groupe de langues indo-européennes comprenant le *lituanien* et le *lette* (ou *letton*).

baltique [baltik] adj. De la mer Baltique ou des pays qui la bordent.

baluchon n.m. → **balluchon**.

balustrade [balystrad] n.f. (it. *balaustrata*). ARCHIT. - **1.** Rangée de colonnettes ou de courts piliers renflés et moulurés, couronnée d'une tablette. - **2.** Garde-corps diversement ajouré : *S'accouder à la balustrade* (syn. garde-fou).

balzacien, enne [balzasjɛ̃, -ɛn] adj. - **1.** Relatif à Balzac, à son œuvre. - **2.** Qui évoque le style, l'atmosphère des romans de Balzac : *Une intrigue balzacienne.*

balzan, e [balzã, -an] adj. (it. *balzano*). Qui a des taches de poils blancs aux pieds, en parlant d'un cheval.

bambin [bãbɛ̃] n.m. (it. *bambino* "petit enfant"). FAM. Petit enfant.

bambou [bãbu] n.m. (port. *bambu*, mot malais). - **1.** Plante des pays chauds, à tige cylindrique ligneuse aux nœuds proéminents, dont il existe environ vingt-cinq genres. □ Graminées arborescentes. - **2.** Canne faite d'une tige de bambou. - **3.** FAM. Coup de bambou, fatigue extrême et soudaine.

bamboula [bãbula] n.f. (du bantou). FAM. Faire la bamboula, faire la noce, la fête.

ban [bã] n.m. (frq. **ban* "proclamation d'un ordre"). - **1.** VX. Proclamation officielle, publique de qqch. - **2.** Sonnerie de clairon ou roulement de tambour commençant ou clôturant une cérémonie militaire. - **3.** Applaudissements rythmés en l'honneur de qqn : *Un ban pour l'orateur !* - **4.** FÉOD. Ensemble des vassaux tenus, envers le roi ou le seigneur, au service militaire. - **5.** VX. Condamnation à l'exil, au bannissement. - **6.** Convoquer, lever le ban et l'arrière-ban, convoquer les vassaux directs et indirects ; au fig., convoquer tous les membres d'une famille, d'une communauté ou toutes les ressources possibles en hommes. ‖ **Être en rupture de ban**, vivre en état de rupture avec la société, la famille. ‖ **Mettre qqn au ban de la société**, déclarer qqn indigne, le condamner devant l'opinion publique. ◆ **bans** n.m. pl. Annonce de mariage affichée à la mairie ou à l'église : *Publier les bans.*

1. **banal, e, aux** [banal, -o] adj. (de *ban*). FÉOD. Se disait d'un lieu appartenant au seigneur et dont l'usage public était obligatoire et payant : *Fours, moulins banaux.*

2. **banal, e, als** [banal] adj. (de *ban*). Commun ; dépourvu d'originalité : *Un drame banal* (syn. courant, ordinaire). *Mener une vie banale* (syn. insipide, insignifiant).

banalement [banalmɑ̃] adv. De façon banale.

banalisation [banalizasjɔ̃] n.f. Action, fait de banaliser ; son résultat.

banaliser [banalize] v.t. **-1.** Rendre banal, ordinaire, commun. **-2.** Placer des locaux, des bâtiments, etc., sous le droit commun. **-3.** Supprimer les signes distinctifs d'un véhicule particulier : *Voiture de police banalisée.*

banalité [banalite] n.f. **-1.** Caractère de ce qui est banal : *La banalité d'un récit* (syn. platitude, pauvreté). *Dire des banalités.* **-2.** FÉOD. Servitude concernant l'usage des biens banaux.

banane [banan] n.f. (port. *banana*, mot bantou). **-1.** Fruit comestible du bananier, oblong, à peau jaune, à pulpe riche en amidon. **-2.** FAM. Mèche frontale gonflée à la brosse en un mouvement souple d'avant en arrière, dans une coiffure masculine. **-3.** AÉRON. Grand hélicoptère à deux rotors. **-4.** ÉLECTR. Fiche banane, fiche mâle à lames cintrées.

bananeraie [bananRɛ] n.f. Plantation de bananiers.

bananier [bananje] n.m. **-1.** Plante à feuilles longues cultivée dans les régions chaudes pour ses fruits, les bananes, groupés en régimes. □ Famille des musacées. **-2.** Cargo aménagé pour le transport des bananes.

banc [bɑ̃] n.m. (germ. *banki*). **-1.** Siège avec ou sans dossier, étroit et long, où peuvent s'asseoir plusieurs personnes ; ce siège, réservé à certaines personnes dans une assemblée, un tribunal, etc. : *Banc d'écolier. Être assis au banc des accusés.* **-2.** Bâti en bois ou en métal, installation réservée à un usage déterminé (artisanal, technique, etc.). **-3.** Établi : *Banc de tourneur, de menuisier.* **-4.** Élévation du fond de la mer ou d'un cours d'eau. **-5.** CAN. Banc de neige, amas de neige entassée par le vent. ‖ **Banc de poissons**, réunion en nombre de poissons d'une

même espèce. ‖ **Banc de sable, d'argile, etc.**, amas de sable, d'argile, etc., formant un dépôt, une couche ou constituant un obstacle : *Un banc de brume masque l'horizon.* **-6.** **Banc d'essai**. Installation permettant de déterminer les caractéristiques d'un moteur, d'une machine ; au fig., ce qui permet d'éprouver les capacités de qqn, de qqch et, par ext., première production d'un artiste, d'un écrivain.

bancaire [bɑ̃kɛR] adj. Relatif à la banque.

bancal, e, als [bɑ̃kal] adj. (de *banc*). **-1.** FAM. Qui a les jambes torses, qui boite fortement (syn. boiteux). **-2.** Qui ne repose pas sur des bases solides : *Raisonnement bancal* (syn. aberrant, incorrect). **-3.** Se dit d'un meuble qui a des pieds de hauteur inégale : *Table, chaise bancale.*

1. **banco** [bɑ̃ko] n.m. (mot it. "comptoir de banque"). Faire banco, tenir seul l'enjeu contre le banquier, à certains jeux. ◆ FAM. Banco ! D'accord, allons-y !

2. **banco** [bɑ̃ko] n.m. (d'une langue d'Afrique). AFR. Matériau de construction traditionnel, sorte de pisé.

banc-titre [bɑ̃titR] n.m. (pl. *bancs-titres*). CIN., TÉLÉV. Dispositif constitué par une caméra fonctionnant image par image, et les documents plans à filmer (génériques, sous-titres, etc.) ; procédé consistant en l'utilisation de ce dispositif.

bandage [bɑ̃daʒ] n.m. **-1.** Action de bander une partie du corps ; la ou les bandes ainsi placées : *Resserrer un bandage.* **-2.** Cercle métallique ou bande de caoutchouc entourant la jante d'une roue.

1. **bande** [bɑ̃d] n.f. (frq. *binda* "lien"). **-1.** Morceau d'étoffe, de papier, etc., long et étroit, servant à lier, serrer, couvrir, protéger, orner qqch : *Mettre une bande autour du genou d'un blessé* (syn. bandage). *Une bande de velours vert.* **-2.** Objet, élément étroit destiné à des usages spécifiques et servant génér. de support : *Enregistrer sur bande. Une bande magnétique.* **-3.** Ce qui s'étend en longueur et entoure, borde qqch, le délimite : *Bande de terre, de terrain.* **-4.** Rebord élastique qui entoure le tapis d'un billard. **-5.** Dispositif d'assemblage de cartouches pour alimenter les armes automatiques. **-6.** ÉLECTRON., TÉLÉ-COMM. Ensemble des fréquences comprises entre deux limites. **-7.** MATH. Région d'un plan limitée par deux droites parallèles. **-8.** Bande de roulement, partie d'un pneumatique en contact avec le sol. ‖ **Bande passante**, intervalle de fréquences transmises par un filtre sans distorsion notable. ‖ **Bande perforée**, bande de papier ou de plastique où sont enregistrés des chiffres et

des lettres sous forme de perforations. ‖ **Bande sonore**, partie de la pellicule cinématographique où est enregistré le son (syn. bande-son). - **9.** FAM. **Par la bande**, indirectement : *Apprendre quelque chose par la bande.* - **10. Bande dessinée.** Histoire racontée par une série de dessins et où les paroles, les bruits sont génér. inscrits dans des bulles (abrév. *B. D.*).

2. **bande** [bɑ̃d] n.f. (anc. prov. *banda* "troupe", du germ.). - **1.** Groupe de personnes réunies par affinités ou pour faire qqch ensemble : *Une bande d'amis* (syn. groupe). *Faire partie d'une bande* (syn. troupe, équipe). - **2.** FAM. **Faire bande à part**, se tenir à l'écart, ne pas vouloir se mélanger à un groupe.

3. **bande** [bɑ̃d] n.f. (anc. prov. *banda* "côté", du germ.). MAR. Inclinaison que prend un navire sous l'effet du vent ou du poids d'une cargaison mal répartie : *Bateau qui donne de la bande.*

bande-annonce [bɑ̃danɔ̃s] n.f. (pl. *bandes-annonces*). Montage d'extraits d'un film de long métrage, projeté à des fins publicitaires avant la sortie de celui-ci.

bandeau [bɑ̃do] n.m. - **1.** Bande longue et étroite (de tissu, etc.) pour entourer la tête, serrer le front, tenir les cheveux, mettre devant les yeux, etc. - **2.** Petite frise (texte ou illustration) en tête d'un chapitre ou d'un article. - **3.** PRESSE. Titre placé au-dessus de la manchette d'un journal. - **4.** ARCHIT. Large moulure plate ou bombée. - **5.** **Avoir un bandeau sur les yeux**, ne pas voir la réalité telle qu'elle est, s'aveugler volontairement.

bandelette [bɑ̃dlɛt] n.f. - **1.** Petite bande. - **2.** Petite moulure plate (syn. listel).

bander [bɑ̃de] v.t. - **1.** Entourer et serrer avec une bande : *Bander une blessure.* - **2.** Couvrir d'un bandeau : *Bander les yeux de qqn.* - **3.** Raidir en tendant : *Bander un arc.* ◆ v.i. FAM. Avoir une érection.

banderille [bɑ̃drij] n.f. (esp. *banderilla*, dimin. de *bandera* "bannière"). Dard orné de rubans que le torero plante par paires sur le garrot des taureaux.

banderole [bɑ̃drɔl] n.f. (it. *banderuola*, dimin. de *bandiera* "bannière"). Bande d'étoffe longue et étroite, attachée à un mât ou à une hampe et qui porte souvent des dessins ou des inscriptions : *Les manifestants déploient une banderole.*

bande-son [bɑ̃dsɔ̃] n.f. (pl. *bandes-son*). Bande sonore.

bandit [bɑ̃di] n.m. (it. *bandito* "banni"). - **1.** Personne qui pratique le vol, l'attaque à main armée. - **2.** FAM. Personne sans scrupule, malhonnête : *Ce commerçant est un bandit* (syn. fripouille, voleur).

banditisme [bɑ̃ditism] n.m. Ensemble des actions criminelles commises : *Lutter contre le banditisme* (syn. criminalité).

bandonéon [bɑ̃dɔneɔ̃] n.m. (de *Heinrich Band*, n. de l'inventeur, croisé avec [accord]*éon*). Petit accordéon hexagonal, utilisé notamm. dans les orchestres de tango.

bandoulière [bɑ̃duljɛr] n.f. (esp. *bandolera*, de *banda* "écharpe"). - **1.** Bande de cuir, d'étoffe portée en diagonale sur la poitrine pour soutenir une arme, un objet quelconque (sac, etc.). - **2.** **En bandoulière**, porté en écharpe de l'épaule à la hanche opposée : *Porter son fusil en bandoulière.*

banjo [bɑ̃ʒo] ou [bɑ̃dʒo] n.m. (mot anglo-amér., esp. *bandurria*). Instrument de la famille du luth, à caisse ronde, dont la table d'harmonie est formée d'une membrane.

banlieue [bɑ̃ljø] n.f. (de *ban* et *lieue*, le mot désignant d'abord un territoire d'une lieue autour d'une ville où s'exerçait le droit de ban). Ensemble des localités qui entourent une grande ville et qui, tout en étant administrativement autonomes, sont en relation étroite avec elle : *Petite, grande banlieue.*

banlieusard, e [bɑ̃ljøzar, -ard] n. Personne qui habite la banlieue d'une grande ville, notamm. de Paris.

banne [ban] n.f. (lat. *benna*, du gaulois). - **1.** Bâche, toile protégeant des intempéries, au-dessus de la devanture d'un magasin. - **2.** Panier d'osier.

banni, e [bani] adj. et n. Proscrit, exilé de sa patrie.

bannière [banjɛr] n.f. (probabl. de *ban*). - **1.** Étendard d'une confrérie, d'une corporation, etc. - **2.** HIST. Enseigne sous laquelle se rangeaient les vassaux d'un seigneur pour aller à la guerre. - **3.** FAM. **C'est la croix et la bannière**, c'est difficile, compliqué, ennuyeux. ‖ **Combattre, se ranger sous la bannière de qqn**, marcher aux côtés de qqn dans la lutte qu'il a entreprise, être de son parti.

bannir [banir] v.t. (frq. *bannjan* "donner un signal, proclamer") [conj. 32]. - **1.** SOUT. Exclure, écarter définitivement : *Bannir un mot de son vocabulaire* (syn. ôter, rayer). - **2.** Condamner au bannissement.

bannissement [banismɑ̃] n.m. Peine interdisant à un citoyen de séjourner dans son pays (syn. exil). □ Le bannissement, temporaire en France (de 5 à 10 ans), est tombé en désuétude.

banque [bɑ̃k] n.f. (it. *banca* "banc, table de changeur"). - **1.** Établissement privé ou public qui facilite les paiements des particuliers et des entreprises, avance et reçoit des fonds, et gère des moyens de paiement ;

siège local de cette entreprise : *Succursale d'une banque. Ouvrir un compte dans une banque.* - **2.** Branche de l'activité économique constituée par les banques et les établissements de même nature : *Travailler dans la banque.* - **3.** Fonds d'argent remis à celui qui tient le jeu et destiné à payer ceux qui gagnent, à certains jeux : *Tenir la banque. Faire sauter la banque* (= gagner tout l'argent que la banque a mis en jeu). - **4.** Banque du sang, des yeux, des organes, du sperme, service public ou privé qui recueille, conserve et distribue du sang, etc. ‖ INFORM. Banque de données, ensemble de données relatives à un domaine, organisées par traitement informatique, accessibles en ligne et à distance.

banqueroute [bãkrut] n.f. (it. *banca rotta* "banc rompu du changeur insolvable"). - **1.** Délit commis par un commerçant qui, à la suite d'agissements irréguliers ou frauduleux, est en état de cessation de paiements : *Faire banqueroute.* - **2.** Échec total : *La banqueroute d'un parti aux élections* (syn. déconfiture, faillite).

banqueroutier, ère [bãkrutje, -ɛr] n. Personne qui fait banqueroute.

banquet [bãkɛ] n.m. (it. *banchetto* "petit banc", en raison des bancs disposés autour des tables). Grand repas, festin organisé pour fêter un événement important : *Banquet de noces.*

banqueter [bãkte] v.i. (conj. 27). - **1.** Prendre part à un banquet. - **2.** Faire bonne chère : *Nous avons bien banqueté pendant les fêtes* (syn. festoyer).

banquette [bãkɛt] n.f. (languedocien *banqueta* "petit banc"). - **1.** Banc rembourré ou canné. - **2.** Siège d'un seul tenant, prenant toute la largeur d'une automobile : *Banquette arrière.* - **3.** Siège à dossier en forme de banc, dans le métro, le train, etc. - **4.** ARCHIT. Banc de pierre dans l'embrasure d'une fenêtre. - **5.** Chemin pratiqué sur le talus d'une voie ferrée, d'un canal ; épaulement conservé dans les talus des remblais pour leur donner plus de stabilité.

banquier [bãkje] n.m. - **1.** Directeur d'une banque. - **2.** Personne qui tient la banque, dans un jeu. **Rem.** Le fém. *banquière* est peu usité.

banquise [bãkiz] n.f. (scand. *pakis*, de *pakke* "paquet", et *is* "glace", influencé par *banc* [*de glace*]). Couche de glace formée par la congélation de l'eau de mer dans les régions polaires.

bantou, e [bãtu] adj. Des Bantous, des peuples de ce groupe. ◆ **bantou** n.m. Groupe de langues africaines parlées dans toute la moitié sud du continent africain.

bantoustan [bãtustã] n.m. Territoire délimité, « foyer national » que l'on attribue à un peuple, à un groupe de peuples noirs, bantous, en Afrique du Sud.

baobab [baɔbab] n.m. (ar. *bū ḥibab*). Arbre des régions tropicales (Afrique, Australie) dont le tronc peut atteindre 20 m de circonférence. ◻ Famille des bombacacées.

baptême [batɛm] n.m. (lat. chrét. *baptisma*, du gr. *baptizein* "immerger"). - **1.** Sacrement de la religion chrétienne, qui constitue le signe juridique et sacral de l'insertion dans l'Église ; cette cérémonie. - **2.** Baptême de l'air, premier vol en avion. ‖ Baptême du feu, premier combat d'un soldat. ‖ Baptême d'une cloche, d'un navire, etc., bénédiction solennelle d'une cloche, etc. ‖ Nom de baptême, prénom qu'on reçoit au moment du baptême.

baptiser [batize] v.t. (lat. chrét. *baptizare*, du gr. *baptizein* "immerger"). - **1.** Administrer le sacrement du baptême à qqn : *Baptiser un enfant.* - **2.** Donner un nom de baptême à qqn, à qqch : *Baptiser une rue du nom d'un homme politique.* - **3.** FAM. Salir pour la première fois qqch de neuf avec un liquide : *Il a baptisé la nappe avec du vin.* - **4.** FAM. Baptiser du vin, du lait, ajouter de l'eau à du vin, à du lait.

baptismal, e, aux [batismal, -o] adj. (lat. chrét. *baptisma* ; v. *baptême*). Qui se rapporte au baptême : *Fonts baptismaux.*

baptisme [batism] n.m. (lat. chrét. *baptisma* "baptême"). Doctrine religieuse protestante (XVIIᵉ s.) selon laquelle le baptême ne doit être administré qu'à des adultes professant foi et repentir. ◆ **baptiste** adj. et n. Relatif au baptisme ; qui le professe.

baptistère [batistɛr] n.m. (lat. chrét. *baptisterium*, du gr. ; v. *baptême*). Bâtiment annexe ou chapelle d'une église destinés à l'administration du baptême.

baquet [bakɛ] n.m. (de *bac*). - **1.** Petite cuve de bois. - **2.** Siège bas d'une voiture de sport.

1. bar [bar] n.m. (néerl. *baers*). Poisson marin à chair estimée, voisin de la perche, appelé aussi *loup.* ◻ Famille des serranidés ; long. 0,50 à 1 m.

2. bar [bar] n.m. (angl. *bar* "barre du comptoir" puis "bar"). - **1.** Débit de boissons, dont une partie est aménagée pour consommer debout ou assis sur des tabourets hauts devant un comptoir. - **2.** Comptoir où l'on peut consommer.

3. bar [bar] n.m. (gr. *baros* "pesanteur"). Unité de mesure de pression valant 105 pascals, utilisée pour mesurer la pression atmosphérique. ◻ Symb. bar.

baragouin [baragwɛ̃] n.m. (du breton *bara* "pain", et *gwin* "vin", ou *gwen* "blanc"). FAM.

Langage incompréhensible : *Je ne comprends rien à ce baragouin* (syn. charabia).

baragouinage [baʀagwinaʒ] n.m. FAM. Manière de parler embrouillée, difficile à comprendre.

baragouiner [baʀagwine] v.t. et v.i. - **1.** FAM. Parler mal une langue : *Baragouiner l'anglais.* - **2.** Dire qqch d'une manière incompréhensible *Qu'est-ce que tu baragouines ?*

baraka [baʀaka] n.f. (mot ar. "bénédiction"). ARG. Chance : *Avoir la baraka* (= être chanceux).

baraque [baʀak] n.f. (it. *baracca*, esp. *barraca* "hutte"). - **1.** Construction légère en planches. - **2.** FAM. Maison au confort rudimentaire ou mal tenue.

baraqué, e [baʀake] adj. (de *baraque*). FAM. De forte carrure.

baraquement [baʀakmɑ̃] n.m. Construction, ensemble de constructions rudimentaires destinés à l'accueil ou au logement provisoire de personnes.

baratin [baʀatɛ̃] n.m. (anc. fr. *barater* "tromper"). FAM. Bavardage destiné à séduire ou à tromper : *Arrête ton baratin* (syn. boniment).

baratiner [baʀatine] v.i. et v.t. Faire du baratin, raconter des boniments.

baratineur, euse [baʀatinœʀ, -øz] adj. et n. Qui sait baratiner.

barattage [baʀataʒ] n.m. Brassage de la crème du lait pour obtenir le beurre.

baratte [baʀat] n.f. (anc. fr. *barate* "agitation", du scand. *barâtta* "combat"). Appareil pour faire le barattage.

baratter [baʀate] v.t. (de *baratte*). Faire le barattage.

barbant, e [baʀbɑ̃, -ɑ̃t] adj. (de *barber*). FAM. Ennuyeux : *Ce qu'il est barbant avec ses histoires !* (syn. assommant).

barbare [baʀbaʀ] adj. et n. (lat. *barbarus*, gr. *barbaros* "non-Grec, étranger"). - **1.** Inhumain, d'une grande cruauté : *Répression barbare* (syn. cruel, impitoyable). - **2.** ANTIQ. Étranger, pour les Grecs et les Romains : *Les grandes invasions barbares.* **Rem.** Le nom prend une majuscule. ◆ adj. - **1.** Contraire à l'usage ou au bon goût : *Musique barbare* (syn. grossier). - **2.** Contraire aux normes de la langue, aux habitudes de ses usagers : *Terme barbare* (syn. incorrect).

barbarie [baʀbaʀi] n.f. - **1.** Cruauté, férocité : *Commettre un acte de barbarie* (syn. sauvagerie). - **2.** Manque de civilisation ; déshumanisation. *Retomber dans la barbarie.*

barbarisme [baʀbaʀism] n.m. (lat. *barbarismus*, du gr. ; v. *barbare*). Faute consistant à employer un mot inexistant ou déformé ;

mot ainsi employé : *Le passé simple « cousut » au lieu de « cousit » est un barbarisme.*

1. barbe [baʀb] n.f. (lat. *barba*). - **1.** Poil qui pousse sur le menton, les joues de l'homme. - **2.** Touffe des poils sous la mâchoire de certains animaux : *Barbe de singe, de bouc.* - **3.** Chacun des filaments finement ramifiés implantés dans le tuyau d'une plume d'oiseau. - **4.** Pointe des épis de céréales : *Des barbes de seigle.* - **5.** FAM. Ennui : *Quelle barbe ce type !* - **6.** À la barbe de qqn, sous ses yeux, malgré lui. ‖ Barbe à papa, confiserie faite de filaments de sucre enroulés sur un bâtonnet. ‖ Parler dans sa barbe, parler bas, trop bas, de façon inintelligible. ‖ Rire dans sa barbe, rire pour soi-même. ◆ interj. FAM. Marquant l'impatience, l'agacement : *Ah, la barbe !* (= ça suffit).

2. barbe [baʀb] n.m. et adj. (it. *barbero*, de *Barberia* "Barbarie"). Cheval de selle originaire d'Afrique du Nord très répandu au Maroc.

barbeau [baʀbo] n.m. (lat. pop. *barbellus*, du class. *barba* "barbe", en raison des barbillons qu'il porte). - **1.** Poisson d'eau douce à chair estimée mais dont les œufs peuvent être toxiques. □ Famille des cyprinidés. - **2.** FAM. Souteneur. ◆ adj. inv. Bleu barbeau, bleu clair.

barbecue [baʀbəkju] n.m. (mot anglo-amér., de l'esp. *barbacoa*, d'orig. haïtienne). Dispositif de cuisson à l'air libre, fonctionnant au charbon de bois, servant à griller la viande ou le poisson.

barbe-de-capucin [baʀbədəkapysɛ̃] n.f. (pl. *barbes-de-capucin*). Chicorée sauvage amère qu'on mange en salade (syn. frisée).

barbelé, e [baʀbəle] adj. (anc. fr. *barbel* "pointe", du lat. *barbellum*, dimin. de *barba* "barbe"). - **1.** Garni de dents et de pointes : *Flèche barbelée.* - **2.** Fil de fer barbelé, fil de fer muni de pointes, servant de clôture ou de moyen de défense (on dit aussi *du barbelé*).

barber [baʀbe] v.t. (de *[raser la] barbe*). FAM. Ennuyer. ◆ **se barber** v.pr. FAM. S'ennuyer.

barbiche [baʀbiʃ] n.f. Touffe de barbe au menton.

barbichette [baʀbiʃɛt] n.f. FAM. Petite barbiche.

barbichu, e [baʀbiʃy] adj. et n. FAM. Qui porte une petite barbe, une barbiche.

barbier [baʀbje] n.m. Celui dont le métier, autref., était de faire la barbe, de raser le visage.

barbillon [baʀbijɔ̃] n.m. (de *barbe*). - **1.** Filament olfactif ou gustatif placé aux deux côtés de la bouche, chez certains poissons. - **2.** Repli de la peau situé sous la langue du bœuf ou du cheval.

barbiturique [baʀbityʀik] adj. (all. *Barbitur-säure* "acide barbiturique" et de *urique*). Se dit d'un radical chimique qui est à la base de nombreux hypnotiques et sédatifs du système nerveux. ◆ n.m. Médicament comportant ce radical, utilisé dans le traitement de l'épilepsie et, naguère, de l'insomnie.

barbon [baʀbɔ̃] n.m. (it. *barbone* "grande barbe"). LITT. Homme d'un âge avancé (péjor.).

barboter [baʀbɔte] v.i. (p.-ê de l'anc. fr. *barbeter*, var. de *bourbeter*, de *bourbe*). - **1.** S'agiter dans l'eau ou la boue : *Les canards barbotent dans la mare.* - **2.** CHIM. Traverser un liquide, en parlant d'un gaz. ◆ v.t. FAM. Voler : *Il a encore barboté un livre* (syn. chiper, faucher).

barboteuse [baʀbɔtøz] n.f. (de *barboter*). Vêtement d'enfant d'une seule pièce formant une culotte courte légèrement bouffante.

barbouillage [baʀbujaʒ] et **barbouillis** [baʀbuji] n.m. Action de barbouiller ; résultat de cette action : *Mur couvert de barbouillages* (syn. gribouillage, gribouillis).

barbouiller [baʀbuje] v.t. (probabl. de *barboter* croisé avec *brouiller*). - **1.** Salir, tacher : *Visage barbouillé de crème.* - **2.** Peindre grossièrement : *Barbouiller une toile* (syn. peinturlurer). - **3.** Avoir l'estomac barbouillé, avoir la nausée. ‖ FAM. Barbouiller du papier, rédiger, écrire sans talent.

barbouilleur, euse [baʀbujœʀ, -øz] n. Personne qui barbouille.

barbouze [baʀbuz] n.m. ou n.f. (de *1. barbe*, à cause de la fausse barbe servant de déguisement). FAM. Agent d'un service secret de police ou de renseignements.

barbu, e [baʀby] adj. et n. Qui a de la barbe.

barbue [baʀby] n.f. (de *barbu*, en raison des barbillons qu'elle porte). Poisson marin à chair estimée, voisin du turbot. □ Long. 60 cm env.

barcarolle [baʀkaʀɔl] n.f. (it. *barcarolo* "gondolier"). - **1.** Chanson des gondoliers vénitiens. - **2.** Pièce vocale ou instrumentale au rythme ternaire, dans le style de ces chansons.

barda [baʀda] n.m. (ar. *barda'a* "bât d'âne"). FAM. Bagage, équipement encombrant qu'on emporte avec soi : *Tu pars avec tout ce barda !* (syn. chargement).

1. barde [baʀd] n.m. (lat. *bardus*, du gaul.). - **1.** Poète et chanteur celte. - **2.** Poète lyrique.

2. barde [baʀd] n.f. (esp. *barde*, de l'ar. *barda'a* ; v. *barda*). - **1.** CUIS. Tranche de lard dont on enveloppe un morceau de viande ou une volaille. - **2.** Armure du cheval de guerre (XIIIᵉ-XVIᵉ s.).

bardeau [baʀdo] n.m. (orig. incert., p.-ê. de *2. barde*). CONSTR. - **1.** Planchette en forme de tuile, servant à couvrir une toiture ou une façade, notamm. en montagne (syn. aisseau). - **2.** Planchette fixée sur les solives d'un plancher et formant une aire pour recevoir un carrelage ou un parquet.

1. barder [baʀde] v.t. (de *2. barde*). - **1.** CUIS. Envelopper d'une barde un morceau de viande ou une volaille. - **2.** Couvrir d'une armure : *Barder de fer un chevalier.* - **3.** Être bardé de, être couvert, abondamment pourvu de : *Être bardé de décorations, de diplômes.*

2. barder [baʀde] v. impers. (orig. incert., p.-ê. de *bard* "civière pour transporter des fardeaux"). FAM. Être ou devenir violent, dangereux : *Ça va barder !* (syn. chauffer).

bardot [baʀdo] n.m. (it. *bardotto* "bête qui porte le bât"). Hybride produit par l'accouplement d'un cheval et d'une ânesse (on trouve parfois la graphie *bardeau*).

barefoot [baʀfut] n.m. (mot angl. "pied nu"). Sport comparable au ski nautique mais dans lequel la surface porteuse est constituée par la plante des pieds nus.

barème [baʀɛm] n.m. (de Fr. *Barrême*, mathématicien du XVIIᵉ s.). - **1.** Table ou répertoire des tarifs : *Barème des salaires.* - **2.** Livre de comptes tout faits : *Barème des intérêts.*

baréter [baʀete] v.i. (de *barrir*) [conj. 18]. Pousser son cri, en parlant de l'éléphant (syn. barrir).

barge [baʀʒ] n.f. (bas lat. *barca*). - **1.** Grande péniche largement ouverte à la partie supérieure pour les transports de vrac. - **2.** Bateau à fond plat, gréé d'une voile carrée. - **3.** Meule de foin rectangulaire.

barguigner [baʀgiɲe] v.i. (orig. incert., p.-ê. frq. *borganjan*). VIEILLI ou LITT. Sans barguigner, sans hésiter, sans rechigner : *Accepter sans barguigner.*

baril [baʀil] n.m. (orig. incert., p.-ê. lat. pop. *barriculus*). - **1.** Petit tonneau ; son contenu : *Baril de poudre.* - **2.** Mesure de capacité valant env. 159 litres, utilisée pour les produits pétroliers. □ Symb. bbl.

barillet [baʀijɛ] n.m. (de *baril*). - **1.** Petit baril. - **2.** Magasin cylindrique et mobile d'un revolver, destiné à recevoir les cartouches. - **3.** Partie cylindrique d'un bloc de sûreté, dans une serrure. - **4.** Boîte cylindrique contenant le ressort d'entraînement d'une montre, d'une pendule.

bariolage [baʀjɔlaʒ] n.m. Assemblage disparate de couleurs : *Un bariolage de couleurs vives* (syn. bigarrure).

bariolé, e [baʀjɔle] adj. (croisement de l'anc. fr. *barré* et *riolé* [du lat. *regula* "règle"]), tous deux de même sens, "rayé, bigarré"). Recouvert, marqué de taches ou de bandes de couleurs vives et, souvent, s'harmonisant mal entre elles : *Une robe bariolée* (syn. bigarré).

barioler [baʀjɔle] v.t. (de *bariolé*). Peindre de couleurs vives et mal harmonisées : *Barioler un mur* (syn. peinturlurer).

barmaid [baʀmɛd] n.f. (mot angl., de *bar* "bar" et *maid* "servante"). Serveuse de bar.

barman [baʀman] n.m. (mot angl., de *bar* "bar" et *man* "homme") [pl. *barmans* ou *barmen*]. Serveur de bar qui ne sert qu'au comptoir les boissons qu'il prépare.

bar-mitsva [baʀmitsva] n.m. inv. (mot hébreu "fils des commandements"). Garçon juif de treize ans qui fête sa majorité religieuse. ◆ n.f. Cérémonie au cours de laquelle le bar-mitsva accède à sa majorité religieuse.

baromètre [baʀɔmɛtʀ] n.m. (de *baro-* et *-mètre*). - **1.** Instrument qui sert à mesurer la pression atmosphérique : *Baromètre anéroïde*. - **2.** Ce qui est sensible à certaines variations, les exprime : *Les sondages, baromètres politiques*.

barométrique [baʀɔmetʀik] adj. Qui se rapporte au baromètre : *Pression barométrique* (= indiqué par le baromètre).

baron [baʀɔ̃] n.m. (frq. **baro* "homme libre"). - **1.** En France, titre de noblesse situé entre ceux de chevalier et de vicomte. - **2.** Personnage qui occupe une position importante dans un domaine quelconque, notamm. économique : *Un baron de la finance* (syn. magnat).

baronet ou **baronnet** [baʀɔnɛ] n.m. En Angleterre, titre nobiliaire situé entre ceux de baron et de chevalier.

baronne [baʀɔn] n.f. - **1.** Épouse d'un baron. - **2.** Femme possédant une baronnie.

baronnie [baʀɔni] n.f. - **1.** HIST. Seigneurie, terres auxquelles le titre de baron était attaché. - **2.** Titre de baron.

1. baroque [baʀɔk] n.m. (port. *barroco* "perle irrégulière"). Style artistique et littéraire né en Italie à la faveur de la Contre-Réforme et qui a régné sur une grande partie de l'Europe et de l'Amérique latine aux XVIIe et XVIIIe s.

2. baroque [baʀɔk] adj. - **1.** Qui appartient au baroque : *Une église baroque*. - **2.** Qui est inattendu, étrange : *Une idée baroque* (syn. bizarre, saugrenu). *Un personnage baroque* (syn. excentrique, fantasque).

baroud [baʀud] n.m. (mot ar. du Maroc). - **1.** ARG. MIL. Combat. - **2.** Baroud d'honneur, combat désespéré livré seulement pour l'honneur.

baroudeur [baʀudœʀ] n.m. (de *baroud*). FAM. Celui qui a beaucoup combattu ou qui aime à se battre.

barque [baʀk] n.f. (it. *barca*, mot du bas lat.). - **1.** Petit bateau doté de voiles, de rames ou d'un moteur : *Des barques de pêcheurs* (syn. embarcation, esquif). - **2.** Bien, mal mener sa barque, bien, mal conduire ses affaires : *Elle mène bien sa barque et sera bientôt à la tête de l'entreprise*.

barquette [baʀkɛt] n.f. - **1.** Petite barque. - **2.** Petite pâtisserie en forme de barque. - **3.** Récipient léger et rigide utilisé dans le commerce et l'industrie pour le conditionnement des denrées alimentaires, des plats cuisinés ; son contenu : *Viande en barquette*.

barracuda [baʀakuda] n.m. (mot angl., probabl. de l'esp.). Grand poisson marin, carnassier. □ Famille des sphyrénidés ; long. 2 m env.

barrage [baʀaʒ] n.m. (de *barrer*). - **1.** Action de barrer le passage, de faire obstacle ; l'obstacle lui-même : *Le barrage d'une rue. Un barrage de police*. - **2.** TR. PUBL. Ouvrage artificiel coupant le lit d'un cours d'eau et servant soit à en assurer la régulation, soit à pourvoir à l'alimentation en eau des villes ou à l'irrigation des cultures, ou bien à produire de l'énergie. - **3.** Tir de barrage, tir d'artillerie destiné à briser une offensive ennemie ; au fig., opposition systématique et nourrie de multiples arguments à une idée, un projet, etc. : *Opposer un tir de barrage à une proposition*. - **4.** SPORTS. Match de barrage, match destiné à départager des équipes ou des concurrents à égalité.

barragiste [baʀaʒist] n. SPORTS. Équipe, concurrent disputant un match de barrage.

barre [baʀ] n.f. (lat. pop. **barra*, rapproché du gaul. **barro* "extrémité, sommet"). - **1.** Longue et étroite pièce de bois, de métal ou de toute autre matière rigide et droite : *Barre de fer. Barre de chocolat*. - **2.** Lingot : *Barre d'or, de platine*. - **3.** Barrière devant laquelle les témoins prêtent serment et où plaident les avocats : *Appeler un témoin à la barre*. - **4.** Trait graphique droit : *Barre de soustraction. La barre de mesure est la ligne verticale qui sépare les mesures sur une partition*. - **5.** CHORÉGR. Tringle de bois horizontale, fixée au mur, servant notamm. aux exercices des danseurs ; ces exercices eux-mêmes : *Faire de la barre pour s'échauffer. La barre à terre* (= exercices d'assouplissement pratiqués au sol). - **6.** SPORTS. Traverse horizontale fixant le niveau à franchir au saut en hauteur et à la perche. - **7.** Crête rocheuse aiguë. - **8.** Haut-fond formé à l'embouchure d'un fleuve par le contact des eaux fluviales et marines ; déferlement violent des vagues sur ces

hauts-fonds : *Les barres entravent la navigation.*
- **9.** MAR. Organe de commande du gouvernail : *Le timonier tient la barre.* - **10.** *Avoir barre(s) sur qqn,* le dominer, avoir prise sur lui : *Il ira dans notre sens puisque nous avons barre sur lui.* ‖ **C'est de l'or en barre,** c'est une valeur sûre, qqn ou qqch de précieux : *Un placement qui est de l'or en barre.* ‖ FAM. **Coup de barre,** fatigue soudaine ; prix excessif demandé : *Avoir un coup de barre. Dans ce restaurant, c'est le coup de barre* (= c'est très cher). ‖ **Placer haut la barre,** fixer, se fixer des objectifs ambitieux : *Il a échoué car il avait placé trop haut la barre.* ‖ **Prendre, tenir la barre,** prendre, avoir la direction de qqch : *Depuis qu'elle a pris la barre, les affaires reprennent.* - **11.** MUS. **Barre d'harmonie,** petite tige de bois collée sous la table des instruments à cordes pour en soutenir la pression. ‖ SPORTS. **Barres asymétriques,** agrès composé de deux barres fixes parallèles reposant chacune sur des montants de hauteurs différentes. ‖ SPORTS. **Barre fixe,** agrès formé d'une traverse horizontale soutenue par deux montants verticaux. ‖ SPORTS. **Barres parallèles,** agrès composé de deux barres fixées parallèlement et à la même hauteur sur des montants verticaux. ◆ **barres** n.f. pl. Espace entre les incisives et les molaires chez le cheval (où on place le mors), le bœuf, le lapin.

1. **barré, e** [baʀe] adj. - **1.** Fermé à la circulation : *Route barrée.* - **2.** SPORTS. En aviron, se dit d'une embarcation, d'un équipage dont la cadence de nage est rythmée par le barreur. - **3.** **Chèque barré,** chèque rayé en diagonale par un double trait de telle sorte que son bénéficiaire ne peut le toucher que par l'intermédiaire de l'établissement où il est titulaire d'un compte. ‖ CHIR. **Dent barrée,** dent dont la racine déviée rend l'extraction malaisée. (Autres sens : v. *barrer.*)

2. **barré** [baʀe] n.m. (de *barre*). MUS. Appui simultané d'un doigt, plus rarement de deux, sur plusieurs cordes, à la guitare, au luth, au banjo, etc.

barreau [baʀo] n.m. - **1.** Petite barre de bois, de métal, etc., qui sert de soutien, de fermeture : *Les barreaux d'une fenêtre.* - **2.** Place réservée aux avocats dans un prétoire et qui était autref. délimitée par une barre de bois ou de fer. - **3.** Ensemble des avocats établis auprès d'un même tribunal de grande instance : *Le barreau de Paris.*

barrer [baʀe] v.t. (de *barre*). - **1.** Fermer un passage au moyen d'une barrière, d'un obstacle : *Des éboulements barrent le chemin* (syn. obstruer). *Elle lui barre le passage* (syn. boucher). - **2.** Fermer une voie à la circulation : *La gendarmerie a barré la route.* - **3.** Marquer d'une ou de plusieurs barres : *Vous barrez mal vos t.* - **4.** Rayer un texte écrit pour le supprimer : *Barrer un paragraphe* (syn. raturer, biffer). - **5.** MAR. (Souvent absol.). Tenir la barre d'une embarcation pour gouverner : *C'est à ton tour de barrer.* - **6.** CAN. Fermer à clef ; verrouiller : *Barrer un portail.* - **7.** *Barrer la route à qqn,* empêcher qqn d'arriver à ses fins : *Barrer la route à un intrigant.* ◆ **se barrer** v.pr. FAM. S'en aller.

1. **barrette** [baʀɛt] n.f. (it. *barretta,* du bas lat. *birrum* "capote à capuche"). - **1.** Bonnet plat et carré : *Barrette à cornes des ecclésiastiques.* - **2.** Recevoir la barrette, être nommé cardinal.

2. **barrette** [baʀɛt] n.f. (dimin. de *barre*). - **1.** Petite barre. - **2.** Pince à fermoir pour les cheveux : *Elle utilise des barrettes pour attacher ses cheveux.* - **3.** Bijou allongé et étroit : *Barrette de saphirs* (syn. agrafe, broche). - **4.** Ruban monté sur un support : *La barrette du Mérite national.*

barreur, euse [baʀœʀ, -øz] n. - **1.** Personne qui manœuvre la barre d'une embarcation. - **2.** Personne qui rythme la cadence des avirons.

barricade [baʀikad] n.f. (de *barrique*, en raison de l'usage qu'on en faisait pour édifier les barricades). - **1.** Obstacle fait de matériaux divers entassés en travers d'une rue pour se protéger lors de combats : *Dresser des barricades.* - **2.** *Être, passer de l'autre côté de la barricade,* être, devenir du parti adverse.

barricader [baʀikade] v.t. - **1.** Fermer par des barricades : *Les insurgés barricadent la rue avec des voitures.* - **2.** Fermer solidement : *Barricader portes et fenêtres.* ◆ **se barricader** v.pr. - **1.** S'abriter derrière une barricade. - **2.** S'enfermer avec soin dans un lieu : *Le forcené s'est barricadé chez lui.*

barrière [baʀjɛʀ] n.f. (de *barre*). - **1.** Assemblage de pièces de bois, de métal, etc., qui ferme un passage et forme clôture : *Ouvrir, fermer les* * *barrières d'un passage à niveau.* - **2.** Obstacle naturel : *Barrière de feu* (syn. haie). - **3.** Obstacle qui sépare deux personnes, deux groupes, qui empêche la réalisation de qqch : *Barrières sociales, culturelles. Les barrières douanières* (= les droits de douane). - **4.** *Barrière de dégel,* interdiction signalée aux véhicules lourds de circuler sur une voie donnée pendant le dégel. ‖ PHYS. NUCL. **Barrière de confinement,** enceinte destinée à empêcher la dissémination des produits radioactifs dans l'environnement d'une installation nucléaire.

barrique [baʀik] n.f. (prov. *barrica,* du même rad. que *baril*). Tonneau d'une capacité d'env. 200 litres ; son contenu.

barrir [baʀiʀ] v.i. (lat. *barrire*) [conj. 32]. Émettre un barrissement, en parlant de l'éléphant ou du rhinocéros (syn. baréter).

barrissement [baʀismɑ̃] n.m. Cri de l'éléphant ou du rhinocéros.

bartavelle [baʀtavɛl] n.f. (prov. *bartavèlo* "loquet" [en raison du cri de cet oiseau], lat. pop. *vertabella*, de *vertere* "tourner"). Perdrix des montagnes qui a trois bandes noires sur le corps et une gorge blanche.

barycentre [baʀisɑ̃tʀ] n.m. (de *bary-* et *centre*). Centre de gravité.

baryte [baʀit] n.f. MINÉR. Hydroxyde de baryum. □ Symb. Ba(OH)$_2$.

baryton [baʀitɔ̃] n.m. (gr. *barutonos* "qui a un son grave"). - **1.** Voix d'homme intermédiaire entre le ténor et la basse ; chanteur qui possède cette voix : *Un baryton hors pair.* - **2.** Tout instrument baryton. ◆ adj. Se dit d'un instrument de musique, et notamm. d'un instrument à vent, dont l'échelle sonore correspond approximativement à celle de la voix de baryton : *Saxophone baryton.*

baryum [baʀjɔm] n.m. (du gr. *barus* "lourd"). Métal analogue au calcium, blanc argenté, qui décompose l'eau à la température ordinaire. □ Symb. Ba.

barzoï [baʀzɔj] n.m. (mot russe). Lévrier russe à poil long.

1. bas, basse [ba, bas] adj. (bas. lat. *bassus* "obèse"). - **1.** Qui est peu élevé, qui a une faible hauteur : *Table basse. Appartement bas de plafond* (contr. haut). - **2.** Dont le niveau, l'altitude est faible : *Marée basse* (contr. haut). *Les nuages sont bas.* - **3.** Qui est incliné vers le bas : *Marcher la tête basse* (contr. haut, droit). - **4.** Se dit d'un son grave : *Note basse* (contr. aigu). - **5.** Qui est faible en valeur : *Bas salaires* (contr. haut). *Vendre à bas prix* (syn. vil, modéré ; contr. élevé, excessif). - **6.** Qui occupe une position inférieure dans une hiérarchie : *Les basses classes.* - **7.** Qui est dépourvu d'élévation morale : *L'envie est un sentiment bas* (syn. abject, vil ; contr. noble). *Basse besogne* (syn. avilissant, dégradant). - **8.** Qui vient après dans le temps : *Le bas Moyen Âge* (= celui qui est le plus près de nous ; contr. haut). - **9.** Avoir la vue basse, avoir une mauvaise vue. ‖ À voix basse, sans élever la voix, doucement : *Parler à voix basse.* ‖ Bas âge, petite enfance : *Un enfant en bas âge.* ‖ Bas morceaux, en boucherie, les parties de troisième catégorie, celles qui sont les moins chères. ‖ Basses eaux, niveau d'un cours d'eau à l'époque de l'année où le débit est le plus faible. ‖ Ciel bas, ciel couvert de nuages situés à peu de hauteur. ‖ En ce bas monde, sur la terre (par opp. à *au ciel*) : *En*

ce bas monde rien ne dure (= ici-bas). ◆ **bas** adv. - **1.** À faible, moindre hauteur : *L'avion vole bas* (= à faible altitude). *Sa maison se trouve une rue plus bas.* - **2.** D'une voix retenue : *Parler tout bas* (syn. doucement). - **3.** FAM. Bas les mains, bas les pattes !, ne me touchez pas, lâchez-moi. ‖ Être, tomber bien, très, etc., bas, être dans un mauvais état physique ou moral : *Depuis cet échec, il est tombé bien bas.* ‖ Mettre bas, mettre au monde des petits, en parlant d'une femelle.

2. bas [ba] n.m. - **1.** Partie inférieure : *Le bas du visage.* - **2.** Des hauts et des bas, des périodes heureuses et malheureuses, des périodes fastes et néfastes : *J'ai eu des hauts et des bas cette année.* - **3.** À bas !, cri d'hostilité à l'égard de qqn ou de qqch dont on souhaite la disparition : *À bas les despotes !* ‖ En bas, vers le bas ; au-dessous : *Regarder en bas. J'habite en bas* (= à un étage inférieur). ‖ En bas de, dans la partie inférieure de : *Sa maison est en bas de la rue.*

3. bas [ba] n.m. (de *bas[-de-chausses]* "partie inférieure des chausses"). - **1.** Pièce de vêtement féminin destinée à couvrir le pied et la jambe jusqu'au haut de la cuisse : *Porter des bas en Nylon, en soie.* - **2.** FAM. Bas de laine, cachette où la tradition veut que les gens simples mettent leurs économies ; sommes économisées : *Mettre ses étrennes dans son bas de laine* (= les mettre de côté).

basal, e, aux [bazal, -o] adj. Qui constitue la base de qqch ; fondamental : *Métabolisme basal, ou de base.*

basalte [bazalt] n.m. (lat. *basanites*, écrit fautivement *basaltes*, du gr. *basanos* "pierre de touche"). Roche volcanique basique, de couleur sombre, formant des coulées étendues, dotée souvent d'une structure prismatique (orgues).

basaltique [bazaltik] adj. Formé de basalte.

basane [bazan] n.f. (prov. *bazana*, ar. *bitana* "doublure de vêtement"). - **1.** Peau de mouton tannée dont on se sert en sellerie, maroquinerie, chaussure et reliure. - **2.** Peau souple qui garnit en partie les pantalons des cavaliers.

basané, e [bazane] adj. (de *basane*). Bronzé par le soleil, le grand air : *Un teint basané.*

bas-bleu [bablø] n.m. (calque de l'angl. *bluestocking*) [pl. *bas-bleus*]. VIEILLI. Femme pédante à prétentions littéraires.

bas-côté [bakote] n.m. (pl. *bas-côtés*). - **1.** Nef latérale d'une église. - **2.** Partie de l'accotement d'une route accessible aux piétons.

bascule [baskyl] n.f. (réfection, d'après *bas*, de l'anc. fr. *baculer* "frapper le derrière contre terre", de *bas* et *cul*). - **1.** Fait de basculer, de tomber ; alternance de mouvements en sens opposés : *Faire la bascule. Donner un mouvement de bascule à sa chaise.* **- 2.** Appareil de pesage à l'aide duquel on mesure la masse de lourds fardeaux tels qu'une voiture, un wagon, des bagages, etc. **- 3.** Balançoire dont l'une des extrémités s'abaisse quand l'autre s'élève. **- 4.** ÉLECTRON. Dispositif à deux positions d'équilibre, capable de basculer alternativement de l'une à l'autre sous l'action d'excitations successives. **- 5.** À bascule, qui bascule, qui permet de basculer : *Cheval, fauteuil à bascule.*

basculement [baskylmɑ̃] n.m. Action, fait de basculer : *Le basculement d'un parti de la majorité dans l'opposition.*

basculer [baskyle] v.i. (de *bascule*). **- 1.** Perdre sa position d'équilibre : *Voiture qui bascule dans le ravin* (syn. tomber, FAM., dégringoler). **- 2.** Changer brutalement de position, d'orientation : *Basculer dans le camp adverse* (syn. passer). *La discussion a soudain basculé* (syn. dégénérer). ◆ v. t. **- 1.** Faire tomber qqch : *Basculer un wagonnet* (syn. renverser, culbuter). **- 2.** Faire changer de direction, de destination : *Basculer un appel téléphonique d'un poste sur l'autre.*

base [baz] n.f. (lat. *basis*, mot gr. "action de marcher" puis "point d'appui"). **- 1.** Partie inférieure d'un objet sur laquelle il repose : *Base d'un édifice* (syn. fondation, assise). *La base d'une colonne* (syn. pied). *La statue oscille sur sa base* (syn. socle, soubassement). **- 2.** Partie inférieure : *La base d'une montagne* (contr. cime, sommet). *Base du nez.* **- 3.** GÉOM. Côté d'un triangle ou face d'un polyèdre, d'un cône ; chacun des côtés parallèles d'un trapèze. **- 4.** En géodésie, distance mesurée sur le terrain et sur laquelle reposent les opérations de triangulation et d'arpentage. **- 5.** Ensemble des militants d'un parti, d'un syndicat, par rapport aux dirigeants : *Consulter la base.* **- 6.** Ce qui est à l'origine de qqch, principe fondamental sur lequel repose un raisonnement, un système, etc. : *Être à la base d'une réalisation* (syn. source). *Établir les bases d'un accord* (syn. condition). *Les bases d'une théorie* (syn. fondement, assise). *Raisonnement qui pêche par la base* (= qui repose sur de faux principes). *Les négociations ont été reprises sur la base de nouvelles propositions* (= en prenant comme point de départ). **- 7.** Principal composant d'un produit : *Médicament à base de pénicilline.* **- 8.** LING. En diachronie, élément original, racine d'un mot ; en synchronie, élément essentiel, radical ou thème du mot : *Le verbe « finir » au présent possède deux bases, « fini » et « finiss ».* **- 9.** MATH. Nombre d'unités numériques d'un certain ordre pour former une unité de l'ordre immédiatement supérieur : *Calcul en base 3.* **- 10.** MATH. Famille de vecteurs telle que tout

vecteur de l'espace peut être écrit, d'une manière unique, comme combinaison des vecteurs de la famille. **- 11.** MIL. Lieu de rassemblement des troupes et des moyens nécessaires à la conduite d'opérations militaires : *Les avions rentrent à la base. Base navale.* **- 12.** CHIM. Corps capable de neutraliser les acides en se combinant à eux. **- 13.** ÉLECTRON. Électrode de commande d'un transistor. **- 14.** ASTRONAUT. Base de lancement, lieu où sont réunies les installations nécessaires à la préparation, au lancement et au contrôle en vol des engins spatiaux. ‖ INFORM. Base de données, ensemble de données évolutives, organisé pour être utilisé par des programmes multiples, eux-mêmes évolutifs.

base-ball [bɛzbol] n.m. (mot anglo-amér. "balle au point de départ") [pl. *base-balls*]. Sport dérivé du cricket, très populaire aux États-Unis.

baser [baze] v.t. (de *base*). **- 1.** Établir, faire reposer : *Baser son raisonnement sur une hypothèse* (syn. appuyer, asseoir, fonder). **- 2.** Établir sous la forme d'une base militaire : *Unité de chars basée dans une ville frontière.* ◆ **se baser** v.pr. [sur]. Fonder son opinion sur qqch : *Sur quoi vous basez-vous pour affirmer cela ?* (syn. s'appuyer, se fonder).

bas-fond [bafɔ̃] n.m. (pl. *bas-fonds*). **- 1.** Endroit de la mer ou d'une rivière où l'eau est peu profonde. **- 2.** Terrain en contrebas des terrains voisins. ◆ **bas-fonds** n.m. pl. Quartiers misérables ou malfamés d'une ville ; la population qui y vit : *Les bas-fonds de la société* (syn. litt. lie ; contr. élite).

BASIC [bazik] n.m. (sigle de l'angl. *Beginner's All purpose Symbolic Instruction Code*). INFORM. Langage de programmation conçu pour l'utilisation interactive de terminaux ou de micro-ordinateurs.

basicité [bazisite] n.f. (de *1. basique*). **- 1.** CHIM. Propriété qu'a un corps de jouer le rôle de base. **- 2.** Qualité d'un milieu dont le pH est supérieur à 7.

basidiomycète [bazidjɔmisɛt] n.m. (de *baside* [v. *ci-dessous*] et du gr. *mukês, -êtos* "champignon"). Basidiomycètes, classe de champignons dont les spores mûrissent à l'extérieur de l'expansion microscopique *(baside)* qui les a produits et dans laquelle on range les champignons à lames (amanite, agaric, russule, lactaire, etc.), à spores (bolet) et certaines formes parasites de végétaux (charbon des céréales).

basilic [bazilik] n.m. (bas lat. *basilicum*, gr. *basilikon* "plante royale", de *basileus* "roi"). Plante originaire de l'Inde, employée comme aromate et comme condiment.

basilique [bazilik] n.f. (lat. *basilica*, du gr. *basilikê* [*stoa*] "portique royal", de *basileus* "roi"). - **1.** ANTIQ. ROM. Édifice rectangulaire, génér. divisé en nefs et terminé par une abside, qui abritait diverses activités publiques. - **2.** ARCHIT. Église chrétienne bâtie sur le plan des basiliques romaines. - **3.** RELIG. CATH. Église dotée par le pape d'une dignité particulière : *Basilique Saint-Pierre de Rome.*

1. **basique** [bazik] adj. CHIM. Qui a les propriétés d'une base.

2. **basique** [bazik] adj. (de l'anglo-amér. *basic,* sigle de *British American Scientific International Commercial*). Fondamental, de base : *Vocabulaire basique d'une langue.*

basket [baskɛt] n. f. (de *basket*[*-ball*]). Chaussure de sport à tige haute, en toile renforcée et à semelle antidérapante.

basket-ball [baskɛtbol] ou **basket** [baskɛt] n.m. (mot anglo-amér. "balle au panier") [pl. *basket-balls, baskets*]. Sport qui oppose deux équipes de cinq joueurs chacune qui doivent lancer un ballon dans le panier suspendu de l'équipe adverse.

basketteur, euse [baskɛtœr, -øz] n. Joueur, joueuse de basket-ball.

1. **basque** [bask] n.f. (altér., sous l'infl. de *basquine* "jupe basque", de *baste,* prov. *basta* "pli faufilé"). Chacun des deux pans ouverts de la jaquette. - **2.** FAM. **Être pendu aux basques de qqn,** suivre qqn partout et par là même l'importuner.

2. **basque** [bask] adj. et n. (lat. *Vasco*). Du Pays basque : *Fromage basque.* ◆ n.m. - **1.** Langue non indo-européenne parlée au Pays basque. - **2.** Tambour de basque, petit tambour plat garni d'une seule peau et muni de disques métalliques rendant un son de grelots ; tambourin.

bas-relief [barəljɛf] n.m. (calque de l'it. *basso rilievo*) [pl. *bas-reliefs*]. Sculpture adhérant à un fond, sur lequel elle se détache avec une faible saillie (par opp. à *haut-relief*) : *Les bas-reliefs des frontons des temples grecs.*

basse [bas] n.f. (it. *basso* "bas"). - **1.** Partie la plus grave d'une composition instrumentale ou vocale. - **2.** Voix masculine la plus grave ; chanteur qui a cette voix : *Un rôle qui doit être chanté par une basse.* - **3.** Celui des instruments d'une famille instrumentale dont l'échelle sonore correspond approximativement à l'échelle sonore de la voix de basse (parfois en appos.) : *La basse de viole est aujourd'hui remplacée par le violoncelle. Basse d'orchestre de jazz* (= contrebasse). *La basse d'un groupe de rock n'a que quatre cordes* (= basse guitare). *Trombone basse.* - **4.** ACOUST. Son grave : *Des enceintes qui rendent bien les basses.*

basse-cour [baskur] n.f. (pl. *basses-cours*). Cour, bâtiment d'une ferme où l'on élève la volaille et les lapins ; l'ensemble des animaux qui y vivent.

basse-fosse [basfos] n.f. (pl. *basses-fosses*). Cachot profond, humide et obscur.

bassement [basmɑ̃] adv. De façon basse, vile : *Il est bassement intéressé* (syn. indignement ; contr. noblement).

bassesse [bases] n.f. - **1.** Manque d'élévation morale : *Faire preuve de bassesse* (syn. indignité, servilité ; contr. noblesse). - **2.** Action vile, déshonorante : *Commettre une bassesse en dénonçant qqn* (syn. ignominie, infamie).

basset [basɛ] n.m. (de *1. bas*). Chien courant, aux pattes courtes et parfois torses.

bassin [basɛ̃] n.m. (lat. pop. *baccinus,* de *baccus* "récipient", du gaul.). - **1.** Récipient portatif large et peu profond ; spécial. vase plat destiné à recevoir les déjections d'un malade alité. - **2.** Pièce d'eau servant d'ornement ou de réservoir ; réceptacle des eaux d'une fontaine : *Les bassins du château de Versailles.* - **3.** Piscine et, spécial., chacune des parties d'une piscine de profondeur variable : *Petit, grand bassin.* - **4.** Plan d'eau aménagé pour différents usages : *Bassin de pisciculture.* - **5.** MAR. Partie d'un port limitée par des quais et des digues : *Les bassins permettent aux navires d'embarquer leurs cargaisons à l'abri de la houle. Bassin à flot* (= qui communique librement avec la mer). - **6.** GÉOGR. Région drainée par un fleuve et ses affluents : *Bassin hydrographique.* - **7.** GÉOL. Vaste dépression naturelle qui, au cours d'une certaine période géologique, s'est remplie de sédiments : *Le Bassin parisien.* - **8.** MIN. Vaste gisement sédimentaire formant une unité géographique et géologique : *Bassin houiller, minier.* - **9.** ANAT. Ceinture osseuse circonscrite à la base du tronc par le sacrum, le coccyx et les deux os iliaques (os du bassin). - **10.** Bassin océanique, dépression étalée du fond océanique.

bassine [basin] n.f. (de *bassin*). Bassin large et profond à usages domestiques ou industriels ; son contenu : *Faire de la confiture dans une bassine en cuivre.*

bassiner [basine] v.t. (de *bassin*). - **1.** Humecter légèrement une partie du corps : *Bassiner les tempes avec de l'eau fraîche.* - **2.** Chauffer un lit avec une bassinoire. - **3.** FAM. Ennuyer qqn par ses propos : *Il me bassine avec ses histoires de famille* (syn. fatiguer, assommer).

bassinet [basinɛ] n.m. - **1.** Petit bassin, cuvette. - **2.** ANAT. Organe en forme d'entonnoir, qui s'ouvre dans la concavité du rein, dont il collecte l'urine et se continue par l'uretère. - **3.** Casque en usage aux XIIIe et XIVe s. - **4.** FAM. Cracher au bassinet, donner de l'argent de mauvais gré.

bassinoire [basinwaʀ] n.f. (de *bassiner*). Bassin à long manche et couvercle ajouré qui, rempli de braises, servait à chauffer les lits.

bassiste [basist] n. Dans un orchestre de jazz, contrebassiste ; dans un groupe de rock, joueur, joueuse de guitare basse.

basson [basɔ̃] n.m. (it. *bassone* "grosse basse"). Instrument de musique en bois, à vent et à anche double, constituant la basse de l'orchestre la basse de la famille des hautbois.

bassoniste [basɔnist] n. Joueur, joueuse de basson (on dit aussi *un basson*).

basta [basta] interj. (de l'it. *bastare* "suffire"). FAM. Interjection qui marque l'impatience ou la lassitude (on dit aussi *baste*) : *Basta ! n'en parlons plus* (= assez ! ça suffit !).

bastide [bastid] n.f. (prov. *bastido*, de *bastir* "bâtir"). - **1.** Au Moyen Âge, ouvrage de fortification provisoire ; ville neuve fortifiée, dans le sud-ouest de la France. - **2.** Maison de campagne, en Provence : *Une bastide plus large que haute* (syn. mas).

bastille [bastij] n.f. (altér. de *bastide*). - **1.** FORTIF. Ouvrage de défense qui était situé à l'entrée d'une ville ; château fort. - **2.** (Avec une majuscule). Forteresse parisienne et qui a longtemps servi de prison d'État.

bastingage [bastɛ̃gaʒ] n.m. (du prov. *bastengo* "toile matelassée", de *bastir* "apprêter"). MAR. Parapet destiné à empêcher de tomber d'un pont : *Passagers accoudés au bastingage* (syn. garde-corps, garde-fou).

bastion [bastjɔ̃] n.m. (var. de *bastillon*, dimin. de *bastille*). - **1.** FORTIF. Ouvrage dessinant un angle saillant, destiné à renforcer une enceinte fortifiée : *Château fort pourvu de nombreux bastions.* - **2.** Ce qui constitue le centre de résistance inébranlable d'une doctrine, d'un courant de pensée, etc. ; ce qui les soutient efficacement : *La Vendée, bastion de la monarchie pendant la Révolution* (syn. rempart). *Région qui est le bastion d'un parti politique* (syn. fief).

bastonnade [bastɔnad] n.f. (it. *bastonata*, de *bastone* "bâton"). Volée de coups de bâton.

bastringue [bastʀɛ̃g] n.m. (orig. obsc.). FAM. - **1.** VIEILLI Bal populaire ; orchestre médiocre et bruyant. - **2.** Vacarme : *Faire un bastringue de tous les diables* (syn. tapage, tintamarre). - **3.** Ensemble d'objets hétéroclites : *Ranger tout son bastringue* (syn. bazar).

bas-ventre [bavɑ̃tʀ] n.m. (pl. *bas-ventres*). Partie inférieure du ventre : *Frapper qqn au bas-ventre.*

bât [bɑ] n.m. (lat. pop. *bastum*, de *bastare* "porter"). - **1.** Selle en bois placée sur le dos des bêtes de somme pour le transport des fardeaux. - **2.** C'est là que le bât blesse, c'est là qu'un problème surgit ; c'est là que qqn est vulnérable : *Ce voyage l'intéresse, mais il n'a pas d'argent, c'est là que le bât blesse. Elle est très susceptible, c'est là que le bât blesse* (= c'est son point faible).

bataclan [bataklɑ̃] n.m. (onomat.). FAM. - **1.** Attirail embarrassant. - **2.** Et tout le bataclan, et tout le reste : *Il me faut un marteau, des clous et tout le bataclan.*

bataille [bataj] n.f. (bas lat. *batualia* "escrime", du class. *battuere* "battre"). - **1.** Combat de quelque importance entre deux groupes armés : *La bataille d'Austerlitz. Les troupes ont livré bataille* (= ont combattu). - **2.** Lutte, combat entre deux ou plusieurs personnes : *Bataille de polochons, de boules de neige. La police est intervenue pour mettre fin à une bataille* (syn. bagarre, rixe). - **3.** Lutte qui oppose des partis, des doctrines ; combat livré contre des obstacles, des difficultés : *Bataille électorale. Mener une bataille contre le racisme.* - **4.** Jeu de cartes qui consiste à prendre une carte avec une carte plus forte : *Jouer à la bataille.* - **5.** Bataille navale, jeu dans lequel chacun des deux joueurs doit repérer et couler la flotte adverse, dessinée en secret sur les cases d'un papier quadrillé. ‖ Cheval de bataille, cheval dressé pour la guerre ; au fig., sujet, argument favori : *S'il enfourche son cheval de bataille, il sera intarissable.* ‖ En bataille, de travers, en désordre : *Il est arrivé les cheveux en bataille.*

batailler [bataje] v.i. (de *bataille*). - **1.** Lutter sans relâche : *Batailler pour vivre, pour une cause* (syn. se battre). - **2.** Discuter avec ardeur ; se quereller : *Batailler contre les tenants de la thèse adverse* (syn. polémiquer, argumenter).

batailleur, euse [batajœʀ, -øz] adj. et n. Qui est porté à batailler, à contester : *Tempérament batailleur qu'aucun obstacle n'arrête* (syn. combatif). *Un naturel batailleur qui se plaît à polémiquer* (syn. belliqueux, querelleur).

bataillon [batajɔ̃] n.m. (it. *battaglione*, de *battaglia* "corps de troupe"). - **1.** MIL. Unité militaire composée de plusieurs compagnies. - **2.** Groupe nombreux : *Un bataillon de touristes* (syn. troupe, multitude ; LITT. essaim).

bâtard, e [bɑtaʀ, -aʀd] n. et adj. (orig. incert., p.-ê. de [*fils de*] *bast* "fils engendré sur un bât, ou du germ. *bansti* "grange"). - **1.** Né hors du mariage : *Un enfant bâtard* (syn. adultérin, naturel, illégitime ; contr. légitime). - **2.** Qui n'est pas de race pure, en parlant d'un animal : *Un bâtard de cocker et d'épagneul* (syn. corniaud). ◆ adj. - **1.** Qui tient de deux espèces différentes ; qui n'est pas nettement défini : *Une solution bâtarde* (syn. hybride). - **2.** CONSTR. Mortier bâtard, mortier fait d'eau, de sable et d'un mélange de chaux grasse et de ciment. ◆ **bâtard** n.m. Pain d'une demi-livre, plus court que la baguette. ◆ **bâtarde** n.f. Écriture qui tient de la ronde et de l'anglaise.

bâtardise [batardiz] n.f. État d'une personne, d'un animal bâtard ; caractère de ce qui est hybride : *Bâtardise du style d'un écrivain.*

batavia [batavja] n.f. (du lat. *Batavi* "Hollandais"). Laitue à feuilles dentées et croquantes.

bâté, e [bate] adj. (de *bât*). Âne bâté, personne sotte ou ignorante.

bateau [bato] (de l'anc. angl. *bât* [mod. *boat*] "bateau"). **- 1.** Terme générique désignant toutes sortes d'embarcations : *Bateau de pêche. Bateau à voiles* (= voilier). *Bateau de guerre* (syn. bâtiment, navire). *Bateau pneumatique* (syn. canot). □ Le *bateau-citerne* sert au transport des liquides. Le *bateau-pompe* est utilisé dans la lutte contre les incendies en zone portuaire. **- 2.** Dénivellation d'un trottoir devant une porte cochère, un garage : *Il est interdit de se garer le long d'un bateau.* **- 3.** (En appos.). En forme de bateau : *Col bateau. Lit bateau.* **- 4.** FAM. **Monter un bateau à qqn** ou **mener qqn en bateau,** forger une histoire de toutes pièces pour tromper qqn : *Je lui ai monté un bateau et il a marché.* ◆ adj. inv. FAM. Qui ne sort pas de l'ordinaire : *Examinateur qui pose des questions bateau* (syn. banal ; contr. inattendu, déroutant). *Roman qui a un sujet bateau* (syn. rebattu, éculé ; contr. inédit, surprenant).

bateau-mouche [batomuʃ] n.m. (pl. *bateaux-mouches*). Bateau qui assure un service de promenade d'agrément sur la Seine, à Paris : *Faire un tour en bateau-mouche.*

bateleur, euse [batlœr, -øz] n. (de l'anc. fr. *baastel* "tour d'escamoteur", d'orig. obsc.). VIEILLI. Personne qui fait des tours d'acrobatie, de force, d'adresse sur les places publiques (syn. baladin, saltimbanque).

batelier, ère [batəlje, -ɛʀ] n. (de l'anc. fr. *batel*, forme de *bateau*). Personne dont le métier est de conduire un bateau sur les cours d'eau, les canaux : *Les péniches sont conduites par des bateliers* (syn. marinier).

batellerie [batɛlʀi] n.f. (v. *batelier*). **- 1.** Industrie du transport fluvial. **- 2.** Ensemble des bateaux de navigation intérieure.

bâter [bate] v.t. Mettre un bât sur une bête de somme.

bat-flanc [baflɑ̃] n.m. inv. (de *battre* et *flanc*). **- 1.** Pièce de bois qui sépare deux chevaux dans une écurie. **- 2.** Cloison en bois entre deux lits dans un dortoir, une chambrée. **- 3.** Planche rabattable qui peut servir de lit dans les prisons, les casernes, etc. : *Coucher sur un bat-flanc.*

bathymétrie [batimetʀi] n.f. (du gr. *bathus* "profond", et de *-métrie*). Mesure, par sondage, des profondeurs marines.

bathymétrique [batimetʀik] adj. Relatif à la bathymétrie.

bathyscaphe [batiskaf] n.m. (du gr. *bathus* "profond" et *skaphê* "barque"). Engin de plongée à grande profondeur, autonome et habitable.

1. bâti, e [bati] adj. **- 1.** Propriété, terrain bâtis, propriété, terrain qui comportent une construction. **- 2.** Bien, mal bâti, dont le corps est bien, mal proportionné : *Une femme grande et mince, bien bâtie* (= bien faite).

2. bâti [bati] n.m. **- 1.** Assemblage de pièces de menuiserie ou de charpente. **- 2.** Ouvrage dormant qui reçoit les vantaux d'une porte ou d'une fenêtre : *Bâti dormant.* **- 3.** Support qui maintient ensemble les diverses pièces d'une machine (syn. châssis). **- 4.** Couture provisoire à grands points : *Faire un ourlet en suivant le bâti* (syn. faufil).

batifoler [batifole] v.i. (orig. incert., p.-ê. de l'anc. prov. *batifol,* "moulin à battre les draps, l'écorce"). FAM. S'amuser à des choses futiles ; rechercher les aventures galantes : *Des oisifs qui ne songent qu'à batifoler* (syn. folâtrer). *Un mari fidèle qui ne songerait jamais à batifoler.*

batik [batik] n.m. (mot malais). Tissu teint en masquant certaines parties d'un enduit de cire ; ce procédé, d'origine extrême-orientale.

bâtiment [batimɑ̃] n.m. (de *bâtir*). **- 1.** Construction d'une certaine importance destinée à servir d'abri : *L'usine comporte plusieurs bâtiments* (syn. bâtisse). *Le ravalement des bâtiments publics* (syn. édifice). *Transformer en logements des bâtiments désaffectés* (syn. immeuble). **- 2.** Ensemble des métiers et industries qui concernent la construction : *Travailler dans le bâtiment.* **- 3.** Terme générique désignant les bateaux de toutes sortes et, en partic., les bateaux de fort tonnage : *Bâtiment de guerre* (syn. navire, vaisseau).

bâtir [batiʀ] v.t. (frq. **bastjan*, de *basta* "fil de chanvre") [conj. 32]. **- 1.** Élever une construction sur le sol avec des pierres, du ciment, des matériaux divers : *Bâtir un pont sur une rivière* (syn. construire). *Bâtir de nouveaux lycées* (syn. édifier ; contr. démolir). *Faire bâtir sa maison.* **- 2.** Établir, fonder : *Bâtir une théorie sur des faits contestables* (syn. échafauder, édifier). **- 3.** Combiner les éléments d'un ensemble : *Bâtir une coiffure. Bâtir correctement une phrase* (syn. agencer). **- 4.** Coudre à grands points et provisoirement des pièces de tissu : *Bâtir un vêtement avant essayage.*

bâtisse [bɑtis] n.f. (de *bâtir*). - **1.** Partie en maçonnerie d'une construction. - **2.** Bâtiment de grandes dimensions, souvent dépourvu de caractère : *Une grande bâtisse sans âme* (syn. édifice, maison).

bâtisseur, euse [bɑtisœʀ, -øz] n. - **1.** Personne qui bâtit ou fait bâtir de nombreux édifices : *Le Corbusier est un bâtisseur de villes nouvelles* (syn. architecte). - **2.** Personne qui fonde qqch : *Alexandre, Napoléon sont des bâtisseurs d'empire* (syn. fondateur).

batiste [batist] n.f. (du nom du premier fabricant, *Baptiste de Cambrai*). Toile de lin très fine et très serrée utilisée en lingerie : *Mouchoir de batiste.*

bâton [bɑtɔ̃] n.m. (bas lat. *bastum*, de *°bastare* "porter"). - **1.** Branche d'arbre, tige d'arbuste taillée que l'on tient à la main et que l'on peut utiliser comme outil, comme arme, comme appui, etc. : *Marcher en s'appuyant sur un bâton* (syn. canne). *Se servir d'un bâton pour faire tomber les fruits d'un arbre* (syn. perche). *Recevoir une volée de coups de bâton* (= une bastonnade). - **2.** Tige d'acier sur laquelle le skieur s'appuie : *Bâton de ski.* - **3.** Objet en forme de petit bâton et constitué d'une matière consistante : *Bâton de craie. Bâton de rouge à lèvres* (syn. stick). - **4.** FAM. Un million de centimes : *Gagner trois bâtons au Loto.* - **5.** Bâton de maréchal, insigne de commandement du maréchal ; au fig., situation la plus haute à laquelle qqn ambitionne de parvenir : *Obtenir son bâton de maréchal.* ‖ Bâton de vieillesse, celui, celle qui est le soutien matériel et moral d'une personne âgée : *Sa fille est son bâton de vieillesse.* ‖ Mettre des bâtons dans les roues à qqn, susciter des difficultés, des obstacles à qqn : *Par vengeance, il lui a mis des bâtons dans les roues.* ‖ Parler à bâtons rompus, parler de manière peu suivie, discontinue. ‖ Parquet à bâtons rompus, parquet composé de lames d'égales dimensions disposées perpendiculairement l'une à l'autre et formant un dessin évoquant les arêtes d'un poisson.

bâtonnet [bɑtɔnɛ] n.m. - **1.** Petit bâton : *Bâtonnet d'encens.* - **2.** Élément en forme de petit bâton caractéristique de certaines cellules de la rétine et qui joue un rôle important dans la vision nocturne : *Les bâtonnets et les cônes.*

bâtonnier [bɑtɔnje] n.m. (de *bâton*). En France, président, élu par ses confrères, du conseil de l'ordre des avocats d'un barreau : *Le bâtonnier est élu pour une année.*

batracien [batʀasjɛ̃] n.m. (du gr. *batrakhos* "grenouille"). Batraciens, autre nom de la classe des amphibiens : *Les grenouilles et les crapauds sont des batraciens.*

battage [bataʒ] n.m. - **1.** Action de battre certains objets, certains produits pour les nettoyer : *Le battage des tapis.* - **2.** AGRIC. Action de battre les légumineuses, les céréales, etc., pour séparer leurs grains de leurs épis, de leurs gousses : *Le battage du blé est assuré par des moissonneuses-batteuses.* - **3.** FAM. Publicité tapageuse : *Faire un battage monstre autour d'un film.* - **4.** TR. PUBL. Action d'enfoncer un pieu, un pilotis, etc., en frappant sur sa tête : *Battage de pilotis.* - **5.** MÉTALL. Martelage d'un métal : *Battage de l'or.*

1. battant, e [batɑ̃, -ɑ̃t] adj. (de *battre*). Le cœur battant, le cœur palpitant sous l'effet d'une émotion : *Attendre le cœur battant les résultats.* ‖ Pluie battante, pluie qui tombe avec violence : *Partir sous une pluie battante* (= sous une pluie torrentielle). ‖ Porte battante, porte dont le ou les battants sont libres, qui peut s'ouvrir dans les deux sens et qui se ferme automatiquement : *Porte battante des cuisines d'un restaurant.* ◆ n. Personne combative et énergique : *Elle a un tempérament de battante* (syn. gagneur).

2. battant [batɑ̃] n.m. (de *battre*). - **1.** Pièce métallique suspendue à l'intérieur d'une cloche dont elle vient frapper la paroi. - **2.** Partie d'une porte, d'une fenêtre, d'un meuble, mobile autour de gonds : *Armoire, fenêtre à deux battants* (syn. vantail).

batte [bat] n.f. (de *battre*). - **1.** Outil servant à battre, à tasser, à écraser, etc., de forme variable en fonction de sa destination : *Batte pour le beurre. Batte de maçon.* - **2.** Au cricket et au base-ball, bâton renflé à une extrémité servant à frapper la balle.

battement [batmɑ̃] n.m. (de *battre*). - **1.** Choc dont la répétition, rythmée ou non, entraîne un bruit correspondant : *Le battement d'un volet contre un mur* (syn. heurt). *Battements de mains* (= applaudissements). - **2.** PHYSIOL. Pulsation rythmique du cœur et du système circulatoire : *Battement du cœur, du pouls.* - **3.** Mouvement alternatif rapide : *Battement d'ailes, de cils.* - **4.** CHORÉGR. Passage d'une jambe d'une position à une autre avec retour à la première position, le reste du corps demeurant immobile. - **5.** Intervalle de temps disponible : *Disposer d'un battement de cinq minutes entre les cours* (syn. interclasse). - **6.** PHYS. Variation périodique de l'amplitude d'une oscillation résultant de la superposition de deux vibrations de fréquences voisines.

batterie [batʀi] n.f. (de *battre*). - **1.** Réunion d'éléments de même nature destinés à fonctionner ensemble, ou d'éléments qui se complètent : *Batterie de projecteurs. Batterie de cuisine* (= ensemble des ustensiles nécessaires à la préparation et à la cuisson des aliments). *Batterie de tests* (= série de tests psychologiques). - **2.** ÉLECTR. Groupement d'appareils de même type, générateurs de courant électrique : *Batterie d'accumulateurs, de piles.* - **3.** MIL. Réunion de pièces d'artillerie et du matériel nécessaire à leur fonctionnement ; lieu, ouvrage fortifié où ces pièces sont disposées : *Avoir recours aux batteries de la défense aérienne. Batteries de côte.* - **4.** MIL. Unité élémentaire d'un régiment d'artillerie. - **5.** MUS. Ensemble des instruments à percussion d'un orchestre. - **6.** Instrument composé de plusieurs percussions dont joue un seul musicien : *Une batterie de jazz comporte généralement des cymbales, une caisse claire, une grosse caisse.* - **7.** CHORÉGR. Croisement rapide ou choc des jambes au cours d'un pas ou d'un saut ; ensemble des sauts ou des pas battus à fin de virtuosité. ◆ **batteries** n.f. pl. Plan d'action, moyens que l'on se donne pour réussir une entreprise : *Dévoiler ses batteries* (= ses intentions).

1. **batteur, euse** [batœʀ, -øz] n. - **1.** Personne qui effectue le battage des céréales, des métaux, etc. - **2.** MUS. Joueur, joueuse de batterie. - **3.** Au cricket, au base-ball, joueur qui renvoie la balle avec une batte.

2. **batteur** [batœʀ] n.m. - **1.** Appareil ménager servant à battre, à mélanger des substances pour en faire des préparations culinaires : *Monter des blancs en neige avec un batteur.* - **2.** TEXT. Machine de filature qui élimine certaines impuretés, notamm. du coton.

battoir [batwaʀ] n.m. (de *battre*). Palette de bois autref. utilisée pour essorer le linge : *Les battoirs des lavandières.*

battre [batʀ] v.t. (lat. *battere,* var. pop. de *battuere*) [conj. 83]. - **1.** Donner des coups à une personne, à un animal : *Ne bats pas ton petit frère* (syn. frapper, taper). *Il bat régulièrement son chien* (syn. rosser). *Battre qqn comme plâtre* (= le frapper violemment). - **2.** Remporter la victoire sur des ennemis, un adversaire : *Les Alliés ont battu l'Allemagne nazie* (syn. vaincre, triompher de). *L'Espagne a battu l'Angleterre par trois à zéro* (= l'a emporté sur). *Battre à plate couture son adversaire aux échecs* (= lui infliger une défaite totale, l'écraser). - **3.** Frapper qqch dans un but précis : *Battre un tapis pour le dépoussiérer. Battre le blé pour en séparer les grains.* - **4.** Agiter pour mélanger : *Battre des œufs avec un fouet.* - **5.** Heurter fréquemment et violemment contre qqch : *La pluie bat les fenêtres* (syn. fouetter, cingler). - **6.** Parcourir en tous sens une étendue de terrain : *Battre la région pour retrouver un enfant.* - **7.** *Battre la campagne,* la parcourir en tous sens à la recherche de qqn ou de qqch ; au fig., déraisonner, divaguer : *Ne l'écoute pas, le malheureux bat la campagne.* ‖ *Battre le fer pendant qu'il est chaud,* profiter sans tarder d'une occasion favorable. ‖ *Battre le pavé,* errer sans but. ‖ *Battre les cartes,* les mêler. ◆ v.i. - **1.** Frapper à coups répétés contre qqch : *Une branche bat contre la vitre* (syn. frapper, cogner). - **2.** Produire des mouvements rapides et répétés : *Son cœur bat fort* (= palpite). *Battre des mains* (= applaudir). - **3.** *Battre en retraite,* se retirer d'un combat, fuir ; au fig., cesser de soutenir une opinion : *Battre en retraite devant les troupes ennemies. C'est un argument qui l'obligera à battre en retraite.* ◆ **se battre** v. pr. [contre, avec]. - **1.** Combattre contre qqn : *Il s'est battu en duel avec lui. Elle se bat comme une forcenée contre ses agresseurs* (syn. se débattre, lutter). - **2.** Combattre mutuellement ; se disputer : *Des enfants qui se battent comme des chiffonniers. Elles se sont battues les unes contre* (ou *avec*) *les autres* (syn. se bagarrer). *Ne vous battez pas, il y en aura pour tout le monde* (syn. se quereller ; FAM. se chamailler). - **3.** Se battre contre, pour qqch, qqn, lutter énergiquement contre, en faveur de qqch, de qqn : *Se battre contre les tyrans, pour la liberté* (syn. militer). *Il s'est battu pour toi.*

battu, e [baty] adj. (p. passé de *battre*). - **1.** Qui a reçu de nombreux coups : *Enfants battus.* - **2.** *Avoir, prendre l'air d'un chien battu,* avoir un air humble et craintif. ‖ *Sentiers battus,* usages établis, idées sans originalité : *Suivre les sentiers battus. Sortir des sentiers battus.* ‖ *Terre, sol battus,* terre, sol durcis par une pression répétée : *Court de tennis en terre battue.* ‖ *Yeux battus,* yeux cernés ou gonflés par suite de fatigue, de chagrin : *Avoir les yeux battus.* ‖ CHORÉGR. *Pas, saut battu,* pas, saut qui s'accompagne d'un ou de plusieurs croisements rapides de jambes.

battue [baty] n.f. Action de battre les bois, les taillis, les champs pour en faire sortir le gibier, pour retrouver qqn : *Organiser une battue pour capturer un prisonnier évadé.*

bature [batyʀ] n.f. (de *battre*). CAN. Partie du rivage découverte à marée basse.

baud [bo] n.m. (du n. de *Émile Baudot,* ingénieur français). En télégraphie, en informatique, unité de rapidité de modulation valant une impulsion par seconde.

baudelairien, enne [bodlɛʀjɛ̃, -ɛn] adj. Relatif à Baudelaire, à son œuvre : *Le spleen baudelairien.*

baudet [bodɛ] n.m. (de l'anc. fr. *bald, baud* "hardi", du frq.). - **1.** Âne reproducteur. - **2.** FAM. Âne.

baudrier [bodʀije] n.m. (anc. fr. *baldrei,* p.-ê. de la racine germ. **balt,* lat. *balteus* "bande"). Bande de cuir ou d'étoffe portée en écharpe et qui soutient une arme, un tambour, un ceinturon : *Ceindre son baudrier et y attacher son épée.*

baudroie [bodʀwa] n.f. (prov. *baudroi,* d'orig. obsc.). Poisson comestible des fonds marins, à tête énorme, couverte d'appendices et d'épines (nom usuel *lotte de mer*). □ Famille des lophiidés ; long. max. 1,50 m.

baudruche [bodʀyʃ] n.f. (orig. obsc.). -**1.** Pellicule fabriquée avec le gros intestin du bœuf ou du mouton et dont on faisait autrefois les ballons. -**2.** Pellicule de caoutchouc dont on fait des ballons très légers ; ballon de cette sorte : *Un marchand de baudruches.* -**3.** Personne insignifiante ; idée inconsistante : *Crever une baudruche* (= dissiper une illusion).

bauge [boʒ] n.f. (gaul. **balcos* "le fort"). -**1.** Gîte boueux du sanglier. -**2.** Nid de l'écureuil. -**3.** Lieu très sale : *Vivre dans une bauge* (syn. bouge, taudis).

baume [bom] n.m. (lat. *balsamum*, du gr.). -**1.** Substance résineuse et odorante sécrétée par certaines plantes, d'usage souvent pharmaceutique ou industriel : *Le baume du Pérou est utilisé en dermatologie. Le baume du Canada sert à coller les lentilles optiques.* -**2.** Onguent analgésique et cicatrisant. -**3.** Verser, mettre **du baume au cœur**, procurer un allègement à la peine de qqn : *Ta sollicitude m'a mis du baume au cœur* (= m'a réconforté).

baux n.m. pl. → **bail.**

bauxite [boksit] n.f. (du n. des *Baux-de-Provence*). Roche sédimentaire de couleur rougeâtre, composée surtout d'alumine, à laquelle s'adjoignent de l'oxyde de fer et de la silice, et qui est exploitée comme minerai d'aluminium.

bavard, e [bavaʀ, -aʀd] adj. et n. (de *bave* "babil"). -**1.** Qui parle beaucoup, souvent inutilement : *Un bavard impénitent* (syn. discoureur). *Un conférencier bavard et prétentieux* (syn. prolixe, verbeux). *Elle est bavarde comme une pie* (= très bavarde). *Elle n'est pas très bavarde* (syn. loquace, volubile ; contr. silencieux, taciturne). -**2.** Incapable de garder un secret : *Méfie-toi, il est bavard* (contr. discret).

bavardage [bavaʀdaʒ] n.m. -**1.** Action de bavarder : *Son bavardage incessant m'exaspère* (syn. babillage). -**2.** (Surtout au pl.). Propos futiles, médisants ou indiscrets : *Perdre son temps en bavardages* (syn. jacasserie). *N'en crois rien, ce ne sont que bavardages* (syn. commérage, racontar).

bavarder [bavaʀde] v.i. (de *bavard*). -**1.** Parler beaucoup et futilement : *Perdre son temps à bavarder* (syn. jacasser). -**2.** S'entretenir familièrement et à loisir avec qqn : *Viens me voir et nous bavarderons* (syn. converser, discuter, causer). -**3.** Révéler ce qui aurait dû rester secret : *Qui a pu bavarder ?* (syn. parler, jaser ; contr. se taire).

bave [bav] n.f. (lat. pop. **baba*, onomat. désignant le babil des enfants). -**1.** Salive qui s'écoule de la bouche d'une personne ou de la gueule d'un animal : *La bave d'un chien enragé.* -**2.** Liquide visqueux sécrété par certains mollusques : *La traînée de bave d'un escargot.* -**3.** LITT. Propos ou écrits malveillants, haineux : *La bave des diffamateurs* (syn. venin).

baver [bave] v.i. -**1.** Laisser couler de la bave. -**2.** En parlant d'un liquide, s'étaler en produisant des souillures : *Encre qui bave.* -**3.** **Baver de**, manifester sans pouvoir s'en empêcher le très vif sentiment que l'on éprouve : *Baver d'admiration. Son succès fait baver d'envie* ou *baver ses rivaux* (= les fait enrager). ‖ FAM. **Baver sur qqn, sur qqch,** dire du mal de qqn, de qqch : *Baver sur un homme politique* (syn. calomnier, dénigrer ; contr. vanter). ‖ FAM. **En baver,** souffrir ; se donner beaucoup de mal : *Un enfant qui en fait baver à ses parents. J'en ai bavé pour terminer à temps.*

bavette [bavɛt] n.f. (de *bave*). -**1.** Pièce de tissu ou de plastique qui s'attache au cou de qqn : *Mettre une bavette à un bébé* (syn. bavoir). -**2.** Partie d'un tablier qui couvre la poitrine : *Tablier à bavette.* -**3.** BOUCH. Morceau du bœuf situé dans la région abdominale. -**4.** FAM. **Tailler une bavette avec qqn,** bavarder, causer avec qqn.

baveux, euse [bavø, -øz] adj. -**1.** Qui bave : *Chien baveux. Bouche baveuse.* -**2.** **Omelette baveuse,** omelette peu cuite, dont l'intérieur est resté liquide.

bavoir [bavwaʀ] n.m. (de *bave*). Pièce de tissu ou de plastique qui protège la poitrine des bébés (syn. bavette).

bavure [bavyʀ] n.f. (de *baver*). -**1.** Trace de métal laissée par les joints d'un moule. -**2.** Trace d'encre qui empâte les lettres d'un texte, une épreuve d'imprimerie. -**3.** Erreur regrettable, faute grave commise dans l'accomplissement d'une action ; conséquence fâcheuse qui en découle : *Bavure policière.* -**4.** FAM. **Sans bavure(s),** d'une manière irréprochable, impeccable : *Un travail net et sans bavure* (= parfait).

bayadère [bajadɛʀ] n.f. (port. *bailadeira* "danseuse", de *bailar* "danser"). Danseuse sacrée de l'Inde.

bayer [baje] v.i. (var. de *béer*). **Bayer aux corneilles,** regarder niaisement en l'air, bouche bée ; rêvasser : *Plutôt que de bayer aux corneilles, prends un livre.*

bayou [baju] n.m. (de *bayouk*, terme du dialecte des Choctaws, Indiens du Mississippi) [pl. *bayous*]. Bras secondaire du Mississippi ou méandre abandonné.

bazar [bazaʀ] n.m. (persan *bāzār*). -**1.** Marché public en Orient et en Afrique du Nord. -**2.** Magasin où l'on vend toutes sortes d'arti-

cles : *Trouver tout ce dont on a besoin au bazar.*
- **3.** FAM. Lieu où règne le désordre ; ensemble d'objets hétéroclites en désordre : *Quel bazar, ici !* (syn. capharnaüm). *Il a un bazar invraisemblable dans son cartable* (syn. bric-à-brac).

bazarder [bazaʀde] v.t. (de *bazar*). Se débarrasser de qqch : *Bazarder ses vieilles frusques* (contr. conserver).

bazooka [bazuka] n.m. (mot anglo-amér., d'abord surnom donné à un instrument de musique en forme de tuyau de poêle). Lance-roquettes portable, utilisé notamm. contre les chars.

B. C. B. G. [besebeʒe] adj. inv. (sigle de *bon chic bon genre*). FAM. Conforme à la tradition bourgeoise ; classique, de bon ton : *Une fille, une tenue très B.C.B.G.*

B. C. G. [beseʒe] n.m. (nom déposé ; sigle de [*bacille*] *bilié* [obtenu dans un milieu contenant de la bile] *de Calmette et Guérin*). Vaccin contre la tuberculose.

B. D. [bede] n.f. inv. Sigle de *bande* dessinée.

béance [beɑ̃s] n.f. LITT. ou DIDACT. État de ce qui est béant : *Béance d'un ravin. Béance du col de l'utérus.*

béant, e [beɑ̃, -ɑ̃t] adj. (de *béer*). Largement ouvert : *Plaie béante.*

béarnais, e [beaʀnɛ, -ɛz] adj. et n. - **1.** Du Béarn. - **2.** Sauce béarnaise, sauce à base de jaune d'œuf et de beurre fondu (on dit aussi *une béarnaise*). □ Cette sauce accompagne les viandes et les poissons grillés.

béat, e [bea, -at] adj. (lat. *beatus* "heureux"). - **1.** Bienheureux et paisible : *Une vie sans heurt, béate* (syn. calme, serein ; contr. agité). - **2.** Qui manifeste un contentement un peu niais, une absence d'esprit critique : *Un sourire béat* (syn. idiot, imbécile). *Témoigner d'une admiration béate à l'égard de qqn* (syn. excessif, inconsidéré).

béatement [beatmɑ̃] adv. D'un air, de façon béate : *Contempler béatement ses enfants.*

béatification [beatifikasjɔ̃] n.f. CATH. Acte solennel par lequel le pape met une personne défunte au rang des bienheureux : *La béatification autorise qu'un culte soit rendu à celui qui en est l'objet.*

béatifier [beatifje] v.t. (lat. ecclés. *beatificare*, du class. *beatus* "heureux") [conj. 9]. CATH. Mettre au rang des bienheureux par l'acte de la béatification : *Être béatifié.*

béatifique [beatifik] adj. (lat. ecclés. *beatificus*, du class. *beatus* "heureux"). RELIG. CHRÉT. Qui procure la béatitude : *Après leur mort, les élus jouiront de la vision béatifique de Dieu.*

béatitude [beatityd] n.f. (lat. ecclés. *beatitudo*, du class. *beatus* "heureux"). - **1.** RELIG.

CHRÉT. Félicité céleste des élus. - **2.** Bonheur parfait : *Jouir d'une béatitude sans égale* (syn. félicité ; contr. malheur).

beatnik [bitnik] n. et adj. (de l'anglo-amér. *Beat generation*, de *beat* "foutu"). Adepte d'un mouvement social et littéraire américain né dans les années 50 en réaction contre les valeurs, le mode de vie des États-Unis et la société industrielle moderne : *Les beatniks et les hippies s'érigeaient contre la société de consommation.*

1. **beau, bel** (devant une voyelle ou un *h* muet), **belle** [bo, bɛl] adj. (lat. *bellus* "joli, gracieux"). - **1.** Qui procure un plaisir esthétique : *Un bel homme* (syn. superbe, séduisant ; contr. disgracieux, laid, repoussant). *Un très beau tableau* (syn. admirable, sublime ; contr. affreux, hideux). *Une belle vue* (syn. splendide, magnifique). - **2.** Qui est agréable : *Nous avons eu beau temps* (syn. radieux ; contr. épouvantable). *Faire un beau voyage* (syn. merveilleux ; contr. décevant). - **3.** Qui suscite l'admiration par sa supériorité intellectuelle ou morale : *Un beau talent* (syn. réel, grand ; contr. médiocre). *C'est un beau geste qu'elle a accompli en venant en aide à sa rivale* (syn. admirable, sublime). *La clémence est un beau sentiment* (syn. élevé, noble ; contr. bas, vil). *Ce n'est pas beau de mentir* (= ce n'est pas bien ; syn. moral ; contr. blâmable). - **4.** Qui est satisfaisant, qui convient : *Avoir un beau jeu* (= avoir les cartes qui permettent de gagner). *Une belle santé* (syn. excellent, bon ; contr. mauvais). - **5.** Qui est remarquable par son importance : *Amasser une belle fortune* (syn. considérable, gros ; contr. modeste, petit). *Tu nous as fait une belle peur* (syn. fameux, immense). - **6.** Par ironie, qualifie qqch, qqn que l'on juge hypocrite, mauvais au plus haut point : *Il nous berce de belles paroles* (syn. trompeur ; contr. sincère). *Un beau menteur* (syn. parfait). - **7.** En composition devant des noms auxquels il est relié par un trait d'union, indique une relation de parenté indirecte : *Belle-sœur, belle-famille.* - **8.** De plus belle, plus fort qu'avant : *La pluie recommence à tomber de plus belle.* ‖ Le bel âge, la jeunesse : *Vingt ans, c'est le bel âge, on peut tout entreprendre.* ‖ Le plus beau, ce qu'il y a de plus étonnant : *Le plus beau de l'histoire, c'est que tout le monde était au courant sauf lui.* ‖ Un beau jour, un beau matin, inopinément : *Et puis un beau jour il est parti* (= sans que l'on s'y attende). ◆ **beau, bel** adv. Avoir beau (+ inf.), s'efforcer en vain de : *Vous aurez beau faire, il ne changera pas d'avis* (= quoi que vous fassiez). ‖ Bel et bien, réellement, effectivement : *Elle s'est bel et bien trompée* (= incontestablement). ‖ Il fait beau, il fait beau temps, le ciel est dégagé, le soleil brille. ‖ SOUT. Il ferait beau voir, il serait scandaleux de voir cela, la riposte ne se

ferait pas attendre : *Il ferait beau voir qu'ils ne respectent pas le règlement.* ‖ **Tout beau !**, doucement, du calme : *Tout beau ! je plaisante.*

2. **beau** [bo] n.m. -**1.** Ce qui suscite un plaisir esthétique, de l'admiration : *Le goût du beau* (syn. beauté). -**2.** **C'est du beau !**, il n'y a pas de quoi être fier : *C'est du beau de frapper un plus petit que soi* (= c'est honteux). ‖ **Faire le beau**, en parlant d'un chien, se tenir dressé en levant ses pattes de devant ; en parlant de qqn, se pavaner. **Vieux beau**, homme âgé qui cherche encore à plaire : *Un vieux beau qui se teint les cheveux.*

beaucoup [boku] adv. (de *beau* et *coup*). -**1.** Employé avec un verbe, exprime la quantité, l'intensité, la fréquence : *Boire, manger beaucoup. J'aime beaucoup ce livre* (syn. énormément). *Il sort beaucoup en ce moment* (syn. souvent). -**2.** Suivi d'un comparatif ou de *trop*, sert à renforcer : *Il est beaucoup plus grand que toi. Tu conduis beaucoup trop vite.* -**3.** En fonction de pronom indéfini sujet, suivi d'un verbe au pl., désigne un grand nombre de personnes, de choses : *Beaucoup ont réussi à survivre.* -**4.** **Beaucoup de**, un grand nombre de, une grande quantité de : *Il a beaucoup de frères et sœurs* (= de nombreux). *Beaucoup de monde.* ‖ SOUT. **De beaucoup**, sert à renforcer un superlatif relatif : *C'est de beaucoup le plus âgé* (= de loin).

beau-fils [bofis] n.m. (pl. *beaux-fils*). -**1.** Fils que la personne que l'on épouse a eu d'un précédent mariage. -**2.** Gendre.

Beaufort (échelle de), échelle utilisée pour mesurer la force du vent, cotée de 0 à 12 degrés.

beau-frère [bofrɛr] n.m. (pl. *beaux-frères*). -**1.** Mari de la sœur ou de la belle-sœur. -**2.** Frère du conjoint.

beaujolais [boʒɔlɛ] n.m. Vin produit dans la région du Beaujolais : *Boire le beaujolais nouveau en novembre.*

beau-père [bopɛr] n.m. (pl. *beaux-pères*). -**1.** Père de la femme. -**2.** Second mari de la mère, par rapport aux enfants issus d'un premier mariage.

beaupré [bopre] n.m. (néerl. *boegspriet*, "mât de proue"). Mât placé plus ou moins obliquement à l'avant d'un voilier. (On dit aussi *mât de beaupré*.)

beauté [bote] n.f. (lat. pop. *bellitas*, du class. *bellus* "joli"). -**1.** Caractère de qqch, de qqn qui est beau, conforme à un idéal esthétique : *La beauté d'une statue, d'un poème, d'un paysage* (syn. splendeur ; contr. laideur). *La beauté d'un visage* (syn. harmonie, grâce, charme). *Un homme d'une grande beauté* (= qui est très séduisant). -**2.** Caractère de ce qui est

intellectuellement ou moralement digne d'admiration : *La beauté d'un geste désintéressé* (syn. noblesse ; contr. bassesse). -**3.** **En beauté**, d'une façon brillante, très réussie : *Terminer un discours en beauté* (= très bien ; syn. magnifiquement ; contr. mal). ‖ **Être en beauté**, paraître plus beau, plus belle que d'habitude : *Elle est très en beauté avec cette robe* (= elle est très à son avantage). ‖ FAM. **Se faire, se refaire une beauté**, s'apprêter, rectifier son maquillage, sa coiffure : *Se refaire une beauté avant de sortir.* ‖ **Soins de beauté**, ensemble des soins qui entretiennent et embellissent le visage et le corps : *Soins de beauté donnés par un esthéticienne.* ‖ **Une beauté**, une personne, et notamm. une femme, très belle, séduisante : *Ce n'est pas une beauté, mais elle est charmante.* ◆ **beautés** n.f. pl. Les choses belles : *Les beautés de la Grèce* (= les trésors).

beaux-arts [bozar] n.m. pl. Nom donné à l'architecture et aux arts plastiques et graphiques (sculpture, peinture, gravure), parfois à la musique et à la danse : *Étudier les arts plastiques à l'École des beaux-arts de Paris.*

beaux-parents [boparã] n.m. pl. Père et mère du conjoint.

bébé [bebe] n.m. (du rad. onomat. *bab.* [v. *babiller*], avec infl. probable de l'angl. *baby*). -**1.** Enfant en bas âge : *Les soins à apporter aux bébés* (syn. nourrisson, nouveau-né). *Attendre un bébé* (syn. enfant). -**2.** FAM. Enfant ou adulte dont la conduite est puérile, qui manque de maturité : *C'est un vrai bébé qui fuit ses responsabilités.* -**3.** Animal très jeune : *Bébé phoque.* -**4.** FAM. Tâche délicate, problème épineux : *Refiler le bébé à qqn. Hériter du bébé.*

be-bop n.m. → **bop.**

bec [bɛk] n.m. (lat. *beccus*, d'orig. gaul.). -**1.** Organe corné à bords tranchants, qui constitue une partie de la tête des oiseaux et recouvre leurs mâchoires : *La forme du bec de chaque espèce d'oiseau est adaptée à son régime alimentaire.* -**2.** FAM. Bouche : *Avoir sans cesse la cigarette au bec. Clouer le bec à qqn* (= le réduire au silence). -**3.** Extrémité effilée ou en pointe d'un objet, d'un récipient : *Le bec d'une plume, d'une cruche.* -**4.** Extrémité effilée et en biseau de certains instruments à air, qu'on tient entre les lèvres : *Le bec d'une clarinette. Une flûte à bec.* -**5.** Pointe de terre au confluent de deux cours d'eau. -**6.** CAN., FAM. Baiser : *Donne-moi un bec.* -**7.** FAM. **Avoir une prise de bec avec qqn**, se disputer avec qqn : *On a eu une prise de bec à propos du permis de conduire* (= une altercation). ‖ **Bec de gaz**, lampadaire alimenté au gaz qui servait autrefois à l'éclairage public au gaz. ‖ FAM. **Rester le bec dans l'eau**, être frustré dans ses espérances ; ne pas trouver d'issue à la situation dans laquelle on est : *Il n'a pas tenu ses promesses et je suis resté le bec dans l'eau.* ‖ Se **défendre bec et ongles**, se défendre avec acharnement. ‖ FAM. VIEILLI. **Tomber sur un bec**, rencontrer une difficulté, un obstacle imprévus.

bécane [bekan] n.f. (orig. incert., p.-ê. de l'argot *bécant* ou *bécan* "oiseau", en raison des grincements produits). - **1.** FAM. Bicyclette, cyclomoteur ou moto : *Réparer sa bécane.* - **2.** FAM. Toute machine sur laquelle qqn travaille (machine-outil, micro-ordinateur, etc.) : *Une bécane performante.*

bécarre [bekaʀ] n.m. (it. *bequadro* "b carré [où *b* représente la note *si*]"). MUS. Signe d'altération (♮) qui ramène à sa hauteur première une note précédemment modifiée par un dièse ou un bémol. ◆ adj. Affecté d'un bécarre : *Fa bécarre.*

bécasse [bekas] n.f. (de *bec*). - **1.** Oiseau échassier migrateur à bec long, mince et flexible. □ Famille des scolopacidés. Taille max. 50 cm. La bécasse croule. - **2.** FAM. Femme, fille sotte : *Quelle bécasse je suis !* (syn. idiote, imbécile).

bécassine [bekasin] n.f. Oiseau échassier voisin de la bécasse, mais plus petit. □ Long. max. 30 cm.

bec-de-cane [bekdəkan] n.m. (de *bec* et *cane*, par anal. de forme) [pl. *becs-de-cane*]. - **1.** Serrure fonctionnant sans clé, au moyen d'un bouton ou d'une poignée. - **2.** Cette poignée elle-même, dont la forme évoque un bec de cane : *Appuyer sur le bec-de-cane pour ouvrir la porte* (syn. béquille).

bec-de-lièvre [bekdəljɛvʀ] n.m. (de *bec* et *lièvre*, par anal. de forme avec la lèvre supérieure du lièvre) [pl. *becs-de-lièvre*]. Malformation congénitale consistant en une fente plus ou moins étendue de la lèvre supérieure : *Aujourd'hui, la chirurgie plastique peut supprimer un bec-de-lièvre.*

bêchage [beʃaʒ] n.m. Action de bêcher : *Le bêchage d'un carré de terrain.*

béchamel [beʃamɛl] n.f. (du n. de *Louis de Béchamel*, qui aurait créé cette sauce). Sauce blanche composée à partir d'un roux additionné de lait : *Faire une béchamel.*

bêche [bɛʃ] n.f. (orig. incert., p.-ê. lat. pop. **bissa* ou **bessica*, "houe à double pointe"). Outil composé d'une large lame de métal, plate et tranchante, adaptée à un long manche, qui permet de retourner la terre.

1. bêcher [beʃe] v.t. Retourner la terre avec une bêche : *Bêcher son jardin avant de semer.*

2. bêcher [beʃe] (orig. incert., p.-ê. de *1. bêcher*, ou d'orig. dialect., *bêcher*, *béguer*, signif. "frapper du bec" en Poitou, en Normandie). FAM. Se montrer hautain et quelque peu méprisant envers qqn : *Depuis qu'il a ses entrées dans le monde, il nous bêche* (syn. snober).

bêcheur, euse [beʃœʀ, -øz] n. (de *2. bêcher*). FAM. Personne prétentieuse, méprisante : *Quel bêcheur !* (syn. snob).

bécot [beko] n.m. (de *bec*). FAM. Petit baiser.

bécoter [bekɔte] v.t. FAM. Donner de petits baisers : *Il la bécote tant et plus.* ◆ **se bécoter** v.pr. Se donner des bécots : *Amoureux qui se bécotent* (syn. s'embrasser).

becquée ou **béquée** [beke] n.f. Quantité de nourriture qu'un oiseau prend dans son bec pour la donner à ses petits : *Donner la becquée à ses oisillons.*

becquerel [bekʀɛl] n.m. (du n. de *Henri Becquerel*). Unité de mesure d'activité d'une source radioactive. □ Symb. Bq.

becqueter ou **béqueter** [bekte] v.t. (conj. 27 ou 28). Piquer, attraper avec le bec, en parlant d'un oiseau : *Pigeon qui becquette* (ou *béquète*) *des morceaux de pain.*

bedaine [bədɛn] n.f. (altér. de l'anc. fr. *boudine* "nombril", de même rad. que *boudin*). FAM. Gros ventre : *Il a pris de la bedaine* (= du ventre).

bédane [bedan] n.m. (de l'anc. fr. *bec d'âne* "bec de canard"). Ciseau en acier trempé, étroit et plus épais que large : *Le bédane d'un serrurier.*

bedeau [bədo] n.m. (frq. **bidal*). Employé laïque d'une église, chargé de veiller au bon déroulement des offices, des cérémonies : *Le bedeau fait sonner les cloches.*

bedon [bədɔ̃] n.m. (altér. de l'anc. fr. *boudine* "nombril" ; v. *bedaine*). FAM. Ventre rebondi : *Avoir un bon petit bedon.*

bedonnant, e [bədɔnɑ̃] adj. FAM. Qui a du ventre : *Un homme d'affaires bedonnant* (syn. ventripotent, ventru).

bedonner [bədɔne] v.i. (de *bedon*). FAM. Prendre du ventre.

bédouin, e [bedwɛ̃, -in] adj. (ar. *badwî*). Relatif aux Bédouins : *Campement bédouin.*

bée [be] adj. f. (de *béer*). **Être, rester bouche bée**, être, rester frappé d'admiration, d'étonnement : *Quand il l'a vue, il est resté bouche bée* (= il est resté stupéfait).

béer [bee] v.i. (lat. pop. **batare*, p.-ê. onomat. d'après le bruit que fait la bouche en s'ouvrant) [conj. 15]. LITT. Être grand ouvert : *La porte bée.*

beffroi [befʀwa] n.m. (haut all. *bergfrid* "ce qui garde la paix"). - **1.** Tour d'une ville, souvent munie d'une horloge : *Les beffrois du nord de la France.* - **2.** Tour de guet, dans une ville, servant autref. à sonner l'alarme pour rassembler les hommes d'armes de la commune. **-3.** HIST. Tour en bois montée sur roues, utilisée dans les attaques de remparts.

bégaiement [begemɑ̃] n.m. Trouble de la parole caractérisé par le fait de répéter involontairement ou de ne pas pouvoir prononcer certaines syllabes.

bégayer [begeje] v.i. (de *bègue*) [conj. 11]. Être affecté d'un bégaiement : *Les bègues ne bégaient pas en chantant.* ◆ v.t. Exprimer avec embarras : *Bégayer des excuses* (syn. bredouiller, balbutier).

bégonia [begɔnja] n.m. (du n. de *Bégon*, intendant général de Saint-Domingue). Plante originaire de l'Amérique du Sud, cultivée pour son feuillage décoratif et ses fleurs vivement colorées. ▢ Famille des bégoniacées.

bègue [bɛg] adj. et n. (anc. fr. *béguer*, d'orig. obsc.). Atteint de bégaiement : *Il est bègue. Un bègue.*

bégueter [begte] v.i. (de *bègue*) [conj. 28]. Pousser son cri, en parlant de la chèvre (syn. bêler).

bégueule [begœl] adj. et n. (de *bée gueule*). FAM. Qui témoigne d'une pudibonderie excessive ou affectée : *Il n'est pas bégueule du tout* (syn. prude ; contr. dévergondé, libertin). *Une bégueule* (syn. sainte-nitouche).

béguin n.m. (de *béguine*). **-1.** Coiffe à capuchon portée par les béguines. **-2.** Bonnet d'enfant noué sous le menton. **-3.** FAM. Penchant amoureux passager, passion sans lendemain ; personne qui en est l'objet : *Avoir le béguin pour qqn* (= être entiché de qqn). *Son dernier béguin l'a plaqué* (syn. amoureux, flirt).

béguinage [begina3] n.m. Communauté de béguines ; ensemble des bâtiments abritant une telle communauté.

béguine [begin] n.f. (probabl. du néerl. *beggaert* "moine mendiant"). Femme qui appartient à une communauté religieuse où l'on entre sans prononcer de vœux perpétuels, notamm. aux Pays-Bas et en Belgique.

bégum [begɔm] n.f. (du hindi *beg* "seigneur"). Titre donné aux mères, sœurs ou veuves des princes indiens.

béhaviorisme [beavjɔrism] n.m. (de l'anglo-amér. *behavior* "comportement"). Courant de la psychologie scientifique qui s'assigne le comportement comme objet d'étude et l'observation comme méthode, et qui exclut de son champ, comme invérifiables par nature, les données de l'introspection (on dit aussi *comportementalisme*). ◆ **béhavioriste** adj. et n. Relatif au béhaviorisme ; adepte de ce courant.

beige [bɛ3] n.m. et adj. (orig. obsc.). Brun clair proche du jaune : *Des vestes beiges.*

1. **beigne** [bɛɲ] n.f. (probabl. du celt., d'abord "bosse"). T. FAM. Gifle : *Flanquer une beigne* (syn. claque).

2. **beigne** [bɛɲ] n.m. (de *1. beigne*). CAN. Anneau de pâte sucrée frite : *Manger des beignes* (syn. beignet).

beignet [bɛɲɛ] n.m. (de *1. beigne*). Préparation composée d'une pâte plus épaisse que la pâte à crêpe, qui enrobe souvent un fruit, un morceau de viande, de poisson, etc., et que l'on fait frire à grande friture : *Des beignets aux pommes. Des beignets de fruits de mer.*

béké [beke] n. (mot du créole antillais, d'orig. obsc.). CRÉOL. Créole martiniquais ou guadeloupéen descendant d'immigrés blancs.

bel adj. → **beau.**

bel canto [bɛlkɑ̃to] n. m. inv. (mots it. "beau chant"). Style de chant fondé sur la beauté du son et la recherche de la virtuosité : *Cantatrice qui pratique le bel canto.*

bêlement [bɛlmɑ̃] n.m. (de *bêler*). **-1.** Cri des ovins et des chèvres. **-2.** Voix chevrotante ; cri plaintif, lamentation : *Les bêlements d'un chanteur* (syn. chevrotement).

bélemnite [belɛmnit] n.f. (gr. *belemnitês* "pierre en forme de flèche"). Céphalopode fossile, caractéristique de l'ère secondaire, voisin des calamars actuels.

bêler [bele] v.i. (lat. *belare* ou *balare*, d'orig. onomat.). **-1.** Émettre un bêlement, en parlant des ovins, de la chèvre : *Des chèvres qui bêlent* (syn. bégueter). **-2.** Parler, chanter d'une voix tremblotante et geignarde : *Cesse de bêler* (syn. geindre). *Chanteur qui bêle* (syn. chevroter).

belette [bəlɛt] n.f. (dimin. de *belle*). Petit mammifère carnivore au pelage fauve sur le dos et au ventre blanc. ▢ Famille des mustélidés ; long. 17 cm env.

belge [bɛl3] adj. et n. (lat. *Belgae*). De Belgique.

belgicisme [bɛl3isism] n.m. Mot, expression, tournure particuliers au français parlé en Belgique.

bélier [belje] n.m. (de l'anc. fr. *belin*, du néerl. *belhamel*). **-1.** Mouton mâle. ▢ Le bélier blatère. **-2.** HIST. Machine de guerre, forte poutre terminée par une masse métallique souvent façonnée en tête de bélier, pour renverser les murs, les portes d'un lieu assiégé. **-3.** Coup de bélier, choc violent qui ébranle ; coup porté à une autorité, à un ordre établi pour en saper les fondements : *Coups de bélier des soixante-huitards contre les mœurs de l'époque* (= l'offensive qu'ils menaient contre elles). ‖ TECHN. Coup de bélier, onde de pression provoquée dans une conduite d'eau par la manœuvre brutale d'une vanne. ◆ n. inv. et adj. inv. Personne née sous le signe du Bélier : *Elles sont bélier.*

bélître [belitʀ] n.m. (orig. incert., p.-ê. du haut all. *betelaere*). vx. Terme d'injure désignant un homme de rien ; faquin.

belladone [belladɔn] n.f. (it. *belladonna* "belle dame"). Plante herbacée des taillis et décombres, à baies noires de la taille d'une cerise, très vénéneuse, dont un alcaloïde, l'*atropine*, est employé médicalement à très faible dose. □ Famille des solanacées.

bellâtre [belɑtʀ] n.m. et adj. (de *bel*). Homme d'une beauté fade, imbu de sa personne : *Un bellâtre sans intérêt.*

1. **belle** adj. → **beau**.

2. **belle** [bɛl] n.f. (de *1. belle*). - **1.** Partie qui départage deux joueurs, deux équipes qui sont à égalité : *Faire, jouer la belle.* - **2.** FAM. Se faire la belle, s'évader de prison.

belle-de-jour [bɛldəʒuʀ] n.f. (pl. *belles-de-jour*). Liseron dont les fleurs ne s'épanouissent que le jour.

belle-de-nuit [bɛldənɥi] n.f. (pl. *belles-de-nuit*). Mirabilis dont les fleurs ne s'ouvrent qu'à la tombée de la nuit.

belle-famille [bɛlfamij] n.f. (pl. *belles-familles*). Famille du conjoint.

belle-fille [bɛlfij] n.f. (pl. *belles-filles*). - **1.** Fille que la personne que l'on épouse a eue d'un précédent mariage. - **2.** Épouse du fils (syn. bru).

belle-mère [bɛlmɛʀ] n.f. (pl. *belles-mères*). - **1.** Mère du conjoint. - **2.** Seconde femme du père par rapport aux enfants issus d'un premier mariage.

belles-lettres [bɛlletʀ] n.f. pl. Arts littéraires et poétiques : *Une femme cultivée, qui a le goût des belles-lettres.*

belle-sœur [bɛlsœʀ] n.f. (pl. *belles-sœurs*). - **1.** Épouse du frère ou du beau-frère. - **2.** Sœur du conjoint.

bellicisme [belisism] n.m. (du lat. *bellicus* "belliqueux", de *bellum* "guerre"). Tendance à préconiser l'emploi de la force pour régler les différends internationaux : *Bellicisme qui conduit immanquablement à la guerre* (contr. pacifisme, neutralité). ◆ **belliciste** adj. et n. Relatif au bellicisme ; qui en est partisan : *Un ardent belliciste* (contr. pacifiste).

belligérance [beliʒeʀɑ̃s] n.f. Situation d'un pays, d'un peuple, etc., en état de guerre (par opp. à *neutralité*).

belligérant, e [beliʒeʀɑ̃, -ɑ̃t] adj. et n. (du lat. *belligerare* "faire la guerre", de *bellum* "guerre" et *gerere* "faire"). - **1.** Se dit d'un pays qui participe à une guerre : *Les puissances belligérantes* (contr. neutre, non-belligérant). - **2.** Se dit d'un combattant qui

appartient aux forces armées d'un pays en état de guerre : *Les droits des belligérants sont reconnus par des conventions internationales.*

belliqueux, euse [belikø, -øz] adj. (lat. *bellicosus*, de *bellum* "guerre"). - **1.** Qui aime la guerre, qui excite au combat : *Politicien belliqueux* (syn. belliciste, guerrier ; contr. pacifiste). *Tenir des discours belliqueux.* - **2.** Qui aime les querelles : *Tempérament belliqueux* (syn. batailleur, querelleur ; contr. pacifique, paisible).

belluaire [belɥɛʀ] n.m. (du lat. *bellua* "bête fauve"). HIST. ROM. Gladiateur qui combattait les bêtes féroces : *Dans l'arène d'un cirque un belluaire tua un lion* (syn. bestiaire).

belon [bəlɔ̃] n.f. (de *Belon*, fl. côtier de Bretagne). Huître d'une variété plate et ronde, à chair brune.

belote [bəlɔt] n.f. (du n. de F. *Belot*, Français qui perfectionna ce jeu d'orig. hollandaise). Jeu qui se joue avec trente-deux cartes entre 2, 3 ou 4 joueurs : *Belote sans atout ou tout atout.*

béluga [belyga] n.m. (russe *bieluha*). - **1.** Cétacé des mers arctiques, proche du narval, de couleur blanche. □ Long. 3 à 4 m env. - **2.** En Bretagne, dauphin.

belvédère [bɛlvedɛʀ] n.m. (it. *belvedere*, de *bello* "beau" et *vedere* "voir"). Pavillon ou terrasse situés au sommet d'un édifice ou sur un tertre d'où la vue est bonne.

bémol [bemɔl] n.m. (it. *b molle*, "b mou" [où *b* représente la note *si*"]). - **1.** MUS. Signe d'altération (♭) qui baisse d'un demi-ton la note qu'il précède : *Le double bémol baisse la note d'un ton entier.* - **2.** FAM. Mettre un bémol, baisser le ton ; atténuer la violence de ses propos, de ses demandes : *Mettre un bémol à ses exigences* (= les modérer). ◆ adj. Affecté d'un bémol : *Mi bémol.*

bénard, e [benaʀ, -aʀd] adj. et n.f. (de l'anc. fr. *bernard* "niais" [du n. de l'âne du *Roman de Renart*], ce type de serrure étant jugé de mauvaise qualité). Se dit d'une serrure, d'un verrou s'actionnant des deux côtés par une clé à tige pleine dite *clé bénarde.*

bénédicité [benedisite] n.m. (du lat. *benedicite* "bénissez") [pl. *bénédicités*]. RELIG. CATH. Prière qui se récite avant le repas et dont le premier mot, en latin, est *benedicite* : *Dire le bénédicité afin que le dîner soit béni.*

bénédictin, e [benediktɛ̃, -in] n. (du lat. *Benedictus* [Benoît]). - **1.** Religieux de l'ordre fondé, v. 529, par saint Benoît de Nursie et dont le monastère du Mont-Cassin, en Italie, fut le berceau. - **2.** Travail de bénédictin, travail long et minutieux, qui exige de patientes recherches : *Se livrer à un travail de bénédictin* (= à un travail de fourmi).

bénédiction [benediksjɔ̃] n.f. (lat. ecclés. *benedictio ;* v. *bénir*). **- 1.** Prière, cérémonie par laquelle un religieux bénit qqn, qqch : *Donner, recevoir la bénédiction. Bénédiction « urbi et orbi »* (= que le pape donne à la ville de Rome et au monde). **- 2.** Vœu de réussite que l'on fait pour qqn, approbation pleine et entière : *C'est une bonne idée, je vous donne ma bénédiction. Faire qqch avec la bénédiction de qqn* (syn. assentiment, accord ; contr. désapprobation). **- 3.** C'est une bénédiction, c'est un bienfait, qqch qui arrive au bon moment : *C'est une bénédiction que tu sois venu.*

bénéfice [benefis] n.m. (lat. *beneficium* "bienfait"). **- 1.** Profit financier que l'on retire d'une opération commerciale et qui est constitué par la différence entre le prix de vente d'un produit et son prix de revient : *Société qui intéresse ses employés aux bénéfices qu'elle réalise* (syn. gain, excédent ; contr. perte, déficit). **- 2.** Avantage, bienfait tiré de qqch : *Perdre le bénéfice de ses efforts* (syn. fruit, profit). **- 3.** PSYCHAN. Avantage inconscient qu'un sujet tire des symptômes causés par un conflit psychique et qui consiste en une réduction des tensions que celui-ci génère : *Bénéfice secondaire.* **- 4.** Dignité ou charge ecclésiastique dotée d'un revenu. **- 5.** Au bénéfice de, grâce à ; au profit de : *Obtenir l'acquittement au bénéfice du doute. Spectacle organisé au bénéfice d'une association humanitaire.* ǁ Sous bénéfice d'inventaire, sous réserve de vérification : *Accorder foi aux propos de qqn sous bénéfice d'inventaire.* ǁ DR. **Bénéfice d'inventaire,** prérogative accordée par la loi permettant à l'héritier qui choisit de faire dresser l'inventaire d'une succession de n'en payer les dettes qu'à concurrence de l'actif qu'il recueille.

bénéficiaire [benefisjɛʀ] adj. et n. Qui profite d'un bénéfice, d'un avantage, etc. : *Les bénéficiaires d'une mesure gouvernementale.* ◆ adj. Qui concerne le bénéfice ; qui produit un bénéfice : *Marge bénéficiaire. Opération commerciale bénéficiaire* (syn. rentable, lucratif ; contr. déficitaire).

bénéficier [benefisje] v.t. ind. [**de**]. **- 1.** Tirer un profit, un avantage de : *Bénéficier de la bonne réputation de sa famille* (syn. profiter ; contr. pâtir, souffrir). **- 2.** Obtenir le bénéfice de qqch ; jouir de qqch : *Elle a bénéficié des circonstances atténuantes. Bénéficier du droit d'asile.*

bénéfique [benefik] adj. (lat. *beneficus* "bienfaisant"). Qui est favorable, bienfaisant : *Mesure qui a un effet bénéfique sur l'économie* (syn. salutaire ; contr. désastreux, fâcheux). *Son séjour à la campagne lui a été très bénéfique* (syn. profitable, salutaire ; contr. néfaste).

benêt [bənɛ] adj. et n.m. (de *benoît* "béni"). Niais, sot : *Un grand benêt* (syn. dadais).

bénévolat [benevɔla] n.m. Service assuré par une personne bénévole : *Encourager le bénévolat* (contr. salariat).

bénévole [benevɔl] adj. et n. (lat. *benevolus* "bienveillant"). Qui fait qqch sans être rémunéré, sans y être tenu : *Animateur bénévole* (contr. payé, rétribué). ◆ adj. Fait sans obligation ni rétribution : *Aide bénévole* (syn. gracieux, désintéressé).

bénévolement [benevɔlmã] adv. De façon bénévole : *Travailler bénévolement* (syn. gratuitement).

1. bengali [bɛ̃gali] adj. et n. inv. en genre (mot hindi). Du Bengale : *Littérature bengali.* ◆ n.m. Langue indo-aryenne parlée au Bengale.

2. bengali [bɛ̃gali] n.m. (de *1. bengali*). Petit passereau à plumage brun tacheté de couleurs vives, originaire de l'Afrique tropicale, souvent élevé en volière. □ Famille des plocéidés.

bénignité [beniɲite] n.f. (lat. *benignitas* "bienveillance"). Caractère de ce qui est bénin : *Bénignité d'un remède.*

bénin, igne [benɛ̃, -iɲ] adj. (lat. *benignus* "bienveillant"). Sans conséquences fâcheuses, sans gravité : *Médicament bénin* (syn. inoffensif ; contr. dangereux). *Tumeur bénigne* (contr. malin). *Erreur bénigne* (syn. léger ; contr. lourd).

bénir [beniʀ] v.t. (lat. *benedicere* "dire du bien, glorifier") [conj. 32]. **- 1.** Appeler la protection de Dieu sur qqn, qqch : *Le pape bénit les fidèles. Prêtre qui bénit un bateau.* **- 2.** Louer qqn ; se féliciter de qqch : *Je la bénis de m'avoir tiré d'embarras* (contr. maudire). *Elle a béni notre intervention, qui l'a sauvée* (syn. applaudir à, se réjouir de). **Rem.** Le participe passé de *bénir* a deux formes : *béni, e* et *bénit, e.*

bénit, e [beni, -it] adj. (p. passé de *bénir*). **- 1.** Qui a fait l'objet d'une bénédiction : *Eau bénite. Pain bénit.* **- 2.** FAM. C'est pain bénit, c'est une aubaine.

bénitier [benitje] n.m. (de l'anc. fr. *eaubenoitier,* de *eau bénite*). **- 1.** Vase, bassin à eau bénite qui se trouve près de l'entrée de l'église. **- 2.** Mollusque, parfois de très grande taille et dont une des valves peut être utilisée comme bénitier. **- 3.** FAM. **Grenouille de bénitier,** personne d'une dévotion excessive ; bigot.

benjamin, e [bɛ̃ʒamɛ̃, -in] n. (de *Benjamin,* le plus jeune fils de Jacob). **- 1.** Le plus jeune enfant d'une famille, d'un groupe : *Le benjamin de l'Assemblée nationale* (contr. aîné, doyen). **- 2.** Jeune sportif entre 11 et 13 ans : *Appartenir à la catégorie des benjamins.*

benjoin [bɛ̃ʒwɛ̃] n.m. (catalan *benjuí,* ar. *lubandjaāwa* "encens de Java"). Résine aromatique tirée du tronc d'un *styrax*, arbre de l'Asie méridionale, et utilisée en médecine comme balsamique et antiseptique.

benne [bɛn] n.f. (var. de *banne*). - **1.** Caisson, intégré ou non à un camion, à un chariot, utilisé pour le transport : *Les bennes à ordures. Camion à benne basculante.* - **2.** Appareil génér. dépendant d'une grue et qui sert à déplacer des matériaux : *La benne preneuse est une sorte de grappin à l'extrémité d'un bras de grue.* - **3.** Cabine de certains transporteurs aériens sur câbles : *Benne d'un téléphérique.*

benoît, e [bənwa, -wat] adj. (anc. p. passé de *bénir*, éliminé au XVIIᵉ s. par *bénit*). LITT. - **1.** Doux, bienveillant. - **2.** Qui affecte un air bienveillant : *Un personnage très benoît et doucereux.*

benzène [bɛzɛn] n.m. (du lat. scientif. *benzoe*, latinisation de *benjoin*). Liquide incolore, volatil, combustible, obtenu à partir du pétrole ou de la houille. □ Formule C_6H_6.

benzénique [bɛzenik] adj. Du benzène, apparenté au benzène.

benzine [bɛzin] n.f. (du rad. de *benzène*). Mélange d'hydrocarbures provenant de la rectification du benzol, utilisé comme solvant et détachant.

benzol [bɛzɔl] n.m. (du rad. de *benzène*). Mélange de benzène et de toluène, extrait des goudrons de houille.

béotien, enne [beɔsjɛ̃, -ɛn] adj. et n. - **1.** De Béotie. - **2.** Qui manque de culture, de goût ; qui est profane en une matière : *Un individu des plus béotiens* (syn. inculte, fruste ; contr. cultivé, fin). *Quel béotien tout de même !* (syn. ignorant, rustre). *Je suis béotien en ce domaine* (contr. expert, spécialiste).

B. E. P. [beəpe] n.m. (sigle de *brevet d'études professionnelles*). Diplôme français sanctionnant une formation d'ouvrier ou d'employé qualifié.

béquée n.f., **béqueter** v.t. → **becquée, becqueter.**

béquille [bekij] n.f. (de *bec*, p.-ê. sous l'infl. de l'anc. fr. *anille*, "béquille", lat. pop. *anaticula* "petit canard"). - **1.** Canne surmontée d'une petite traverse, sur laquelle s'appuient les personnes infirmes ou blessées : *Marcher avec des béquilles.* - **2.** Support pour maintenir à l'arrêt un véhicule à deux roues : *Mettre son scooter sur sa béquille.* - **3.** MAR. Étai, pièce de bois, de métal, etc., qui permet de maintenir droit un navire échoué. - **4.** ARM. Dispositif d'appui de certaines armes : *Béquille d'un fusil-mitrailleur.* - **5.** Organe de manœuvre d'une serrure ; bec-de-cane.

ber [bɛr] n.m. (lat. pop. *bertium* ou *bercium*, probabl. gaul.). Charpente, épousant la forme de la coque, sur laquelle repose un navire de faible tonnage en construction, en réparation, etc.

berbère [bɛrbɛr] adj. et n. (ar. *barbar, berber*, p.-ê. du lat. *barbarus* [v. *barbare*]). Relatif aux Berbères, peuple d'Afrique du Nord. ◆ n.m. Langue de la famille afro-asiatique parlée par les Berbères. □ Le berbère est la plus ancienne langue connue en Afrique du Nord.

bercail [bɛrkaj] n.m. (lat. pop. *berbicale*, du class. *vervex* ou *berbex* "brebis"). FAM. Foyer familial ; pays natal : *Rentrer au bercail* (= rentrer chez soi).

berçante [bɛrsãt] et **berceuse** [bɛrsøz] n.f. (de *bercer*). CAN. Fauteuil à bascule.

berce [bɛrs] n.f. (de *berceau*). BELG. Berceau.

berceau [bɛrso] n.m. (de *ber*). - **1.** Lit d'un tout jeune enfant, souvent conçu de façon à pouvoir l'y bercer : *Un bébé qui dort dans un berceau.* - **2.** Lieu de naissance, d'origine : *La Grèce, berceau de la civilisation occidentale.* - **3.** Outil de graveur qui permet d'obtenir un pointillé. - **4.** MAR. Syn. de *ber*. - **5.** MÉCAN. Support d'un moteur. - **6.** Au berceau, dès le berceau, dès la prime enfance ; très jeune : *Au berceau déjà, il était enclin à contester.* ‖ ARCHIT. Voûte en berceau, voûte en arc de cercle qui repose sur deux murs parallèles. (On dit aussi *un berceau*.)

bercement [bɛrsəmã] n.m. Action de bercer ; fait d'être bercé : *Le bercement du bateau* (syn. tangage, balancement).

bercer [bɛrse] v.t. (de *ber*) [conj. 16]. - **1.** Balancer d'un mouvement doux et régulier : *Bercer un bébé dans ses bras. Se laisser bercer par les flots.* - **2.** Procurer un sentiment de bien-être, de calme en détournant de la réalité : *La musique berce les esprits accablés* (syn. apaiser, consoler). *Son enfance a été bercée de récits féeriques* (syn. imprégner, nourrir). - **3.** Pousser à de vains espoirs par des paroles trompeuses : *Un homme politique qui berce l'opinion de promesses fallacieuses* (syn. berner, endormir ; contr. détromper). ◆ **se bercer** v.pr. [de]. Se tromper soi-même en nourrissant des espérances sans fondement : *Se bercer d'illusions.*

berceuse [bɛrsøz] n.f. (de *bercer*). - **1.** Chanson au rythme lent destinée à endormir les enfants ; pièce musicale dans le même style. - **2.** CAN. v. **berçante.**

béret [bɛre] n.m. (béarnais *berret*, du lat. *birrum* "capote à capuchon", p.-ê. d'orig. gaul.). Coiffure souple, sans visière ni bords, dont la calotte ronde et plate est resserrée autour de la tête sur une lisière intérieure : *Béret basque.*

bergamote [bɛrgamɔt] n.f. (it. *bergamotta*, du turc *begarmadé* "poire du seigneur"). Fruit d'un arbre voisin de l'oranger, le *bergamotier*, et dont on extrait une essence odoriférante : *Thé à la bergamote.*

1. berge [bɛrʒ] n.f. (p.-ê. lat. pop. *barica*, d'orig. celt.). - **1.** Bord d'un cours d'eau : *Se* *promener sur la berge d'une rivière* (syn. **rive**). - **2.** Voie sur berge, voie à grande circulation, aménagée le long d'un cours d'eau et distincte du quai : *Emprunter les voies sur berge.*

2. berge [bɛʀʒ] n.f. (mot tsigane). FAM. Année, dans l'expression de l'âge : *Il a quarante berges* (syn. **an**).

1. berger, ère [bɛʀʒe, -ɛʀ] n. (lat. pop. *berbicarius,* du class. *vervex* ou *berbex*). - **1.** Personne qui garde un troupeau de moutons. - **2.** LITT. Conducteur d'hommes, guide : *Bon, mauvais berger du peuple* (syn. **chef, pasteur**). - **3.** Étoile du berger, la planète Vénus.

2. berger [bɛʀʒe] n.m. Chien de berger : *Berger allemand, berger belge, berger des Pyrénées.*

bergère [bɛʀʒɛʀ] n.f. (de *berger,* probabl. en raison des scènes qui décoraient ce type de siège). Large fauteuil à dossier rembourré, avec joues pleines et coussin sur le siège.

bergerie [bɛʀʒəʀi] n.f. (de *berger*). - **1.** Bâtiment où l'on loge et soigne les moutons : *Traire les brebis dans la bergerie.* - **2.** Poème souvent galant, qui évoque des amours pastorales (syn. **églogue**). - **3.** Enfermer le loup dans la bergerie, introduire sans méfiance qqn dans un lieu où il peut nuire.

bergeronnette [bɛʀʒəʀɔnɛt] n.f. (de *bergère,* cet oiseau fréquentant les bergeries). Oiseau passereau habitant au bord des eaux, insectivore, qui marche en remuant sa longue queue (on dit aussi *hochequeue, lavandière*). □ Famille des motacillidés ; long. 15 à 20 cm.

béribéri [beʀibeʀi] n.m. (du malais). Maladie due à une carence en vitamine B1, caractérisée par des œdèmes et des troubles cardiaques et nerveux : *Le béribéri sévit en Extrême-Orient, où il frappe les mangeurs de riz décortiqué.*

berk [bɛʀk] et **beurk** [bœʀk] interj. FAM. (onomat.). Exprime le dégoût, l'écœurement : *Beurk ! C'est infect* (syn. **pouah**).

berline [bɛʀlin] n.f. (de *Berlin,* ville où cette voiture fut mise à la mode). - **1.** Voiture à cheval, suspendue, à quatre roues, recouverte d'une capote. - **2.** Automobile dont la carrosserie comporte quatre portes et quatre glaces latérales : *Rouler en berline.* - **3.** Benne, wagonnet de mine.

berlingot [bɛʀlɛ̃go] n.m. (it. *berlingozzo* "bonbon fait sur une table", de *berlingo* "table"). - **1.** Bonbon aromatisé à quatre faces triangulaires, aux minces filets colorés : *Sucer des berlingots aux fruits.* - **2.** Emballage commercial utilisé pour les liquides et qui a généralement la forme d'un tétraèdre ; son contenu : *Lessive en berlingot. Prendre un berlingot de lait concentré pour son goûter.*

berlue [bɛʀly] n.f. (p.-ê de l'anc. fr. *belluer* "éblouir"). FAM. Avoir la berlue, avoir une mauvaise vue, une vue trouble ; au fig., être le jouet d'une illusion, d'une erreur de jugement : *J'ai la berlue ou c'est Michel ?* (= je me trompe).

bermuda [bɛʀmyda] n.m. (mot anglo-amér., des îles *Bermudes*). Short long s'arrêtant un peu au-dessus du genou : *Elle porte un bermuda rayé.*

bernardin, e [bɛʀnaʀdɛ̃, -in] n. Religieux, religieuse de la branche de l'ordre de saint Benoît ayant été réformée à Cîteaux par saint Bernard de Clairvaux : *Moniale bernardine* (syn. **cistercien**).

bernard-l'ermite ou **bernard-l'hermite** [bɛʀnaʀlɛʀmit] n.m. inv. (mot d'orig. languedocienne, de *Bernard,* n. pr. à valeur péjor. [v. *bénarde*], et de *ermite,* ce crustacé se logeant dans une coquille vide). Nom usuel du *pagure.*

berne [bɛʀn] n.f. (orig. incert., p.-ê. du néerl. *berm* "repli"). Drapeau, pavillon en berne, drapeau roulé autour de la hampe, pavillon hissé à la moitié de la drisse en signe de deuil : *Navire de guerre qui met son pavillon en berne.*

berner [bɛʀne] v.t. (orig. incert., p.-ê. de l'anc. fr. *bren* "son", *berner* signif. sans doute d'abord "vanner le blé"). Tromper qqn en lui mentant, jouer un mauvais tour à qqn : *Il s'est laissé berner* (syn. **duper ;** LITT. **abuser**).

1. bernique [bɛʀnik] et **bernicle** [bɛʀnikl] n.f. (breton *bernic*). Nom usuel de la *patelle.*

2. bernique [bɛʀnik] interj. (terme dialect. normand ou picard, probabl. de *bren* "excrément"). VX. Marque la déception ou appuie un refus : *Il n'a rien eu, bernique !*

berrichon, onne [bɛʀiʃɔ̃, -ɔn] adj. et n. - **1.** Du Berry, province française constituée des départements du Cher et de l'Indre. - **2.** Dialecte de langue d'oïl parlé dans le Berry.

béryl [beʀil] n.m. (lat. *beryllus,* du gr.). Gemme constituée de silicate naturel d'aluminium et de béryllium. □ La variété rose du béryl s'appelle la *morganite,* la jaune, l'*héliodore,* la verte, l'*émeraude* et le béryl bleu-vert porte le nom d'*aigue-marine.*

béryllium [beʀiljɔm] n.m. (de *béryl*). Métal léger, gris, utilisé dans les réacteurs nucléaires et l'industrie aérospatiale. □ Symb. Be.

besace [bəzas] n.f. (bas lat. *bisaccium,* du class. *bis* "deux fois" et *saccus* "sac"). Long sac s'ouvrant en son milieu et dont les extrémités forment des poches : *La besace se porte sur l'épaule, une poche devant, une poche derrière.*

bésicles [bezikl] ou **besicles** [bəzikl] n.f. pl. (anc. fr. *béricles,* de *béryl,* pierre fine dont on

faisait des loupes). - **1.** vx. Lunettes rondes.
- **2.** Chausser ses bésicles, mettre ses lunettes (par plais.).

besogne [bəzɔɲ] n.f. (forme fém. de *besoin*).
- **1.** Tâche imposée à qqn dans le cadre de sa profession ou par les circonstances : *Achever sa besogne quotidienne* (syn. travail). *Abattre de la besogne* (= travailler beaucoup et rapidement). - **2.** Aller vite en besogne, travailler vite ; aller trop vite, brûler les étapes : *C'est aller peut-être un peu vite en besogne que d'affirmer cela aussi péremptoirement.*

besogner [bəzɔɲe] v.i. (de *besogne*). sout. Faire un travail difficile, pénible ; travailler avec peine pour un piètre résultat : *Besogner pour faire vivre sa famille* (syn. peiner).

besogneux, euse [bəzɔɲø, -øz] adj. et n. (de *besogne*). Qui fait un travail pénible ou mal rétribué ; qui manque d'aisance : *Un journaliste besogneux. Une famille besogneuse* (syn. démuni, nécessiteux ; contr. riche).

besoin [bəzwɛ̃] n.m. (frq. *bisunnia*, représentant le rad. de *soin* et le préf. germ. *bi-* "auprès"). - **1.** Sentiment que fait défaut qqn ou qqch que l'on juge indispensable, état d'insatisfaction qui pousse à accomplir des actes capables d'y remédier : *Le besoin vital de boire et de manger. Éprouver le besoin de lire* (syn. envie, désir). - **2.** Ce qui est nécessaire ou indispensable pour vivre, satisfaire un désir personnel, pour répondre à une nécessité sociale : *Subvenir aux besoins de qqn* (= l'entretenir). *Les séjours à la mer sont pour elle un besoin* (syn. nécessité). *Les besoins en main-d'œuvre qualifiée se sont accrus. C'est le besoin d'argent qui le conduit à accepter ce travail* (syn. manque). - **3.** Au besoin, si besoin est, si nécessaire : *Au besoin, nous dormirons sur place* (= le cas échéant). *Si besoin est, je lui en toucherai un mot* (= s'il le faut). Avoir besoin de (+ inf.), que (+ subj.), être dans la nécessité de, que : *J'ai besoin de savoir* (= il faut que je sache). *Elle a besoin que vous lui donniez vite votre réponse.* Avoir besoin de qqn, de qqch, éprouver la nécessité de qqn, de qqch : *Je n'ai pas besoin de toi pour vivre.* Être dans le besoin, manquer d'argent : *Venir en aide à qqn qui est dans le besoin.* ◆ **besoins** n.m. pl. - **1.** Excréments, déjections naturelles : *Faire ses besoins* (= uriner, déféquer). - **2.** Pour les besoins de la cause, dans le seul but de démontrer ce que l'on dit ; pour se justifier : *Forger une excuse pour les besoins de la cause* (= pour la circonstance).

bessemer [bɛsmɛr] n.m. (du n. de l'inventeur, sir *Henry Bessemer*). Convertisseur pour transformer la fonte en acier par insufflation d'air sous pression.

1. **bestiaire** [bɛstjɛr] n.m. (lat. *bestiarius*, de *bestia* "bête"). Gladiateur qui combattait les bêtes féroces, à Rome (syn. belluaire).

2. **bestiaire** [bɛstjɛr] n.m. (lat. *bestiarium*, de *bestia* "bête"). - **1.** Traité ou recueil d'images concernant les animaux réels ou imaginaires, au Moyen Âge : *Un bestiaire illustré.* - **2.** Recueil de poèmes ou de fables sur les animaux.

bestial, e, aux [bɛstjal, -o] adj. (lat. *bestialis*, de *bestia* "bête"). Qui tient de la bête, qui fait ressembler l'homme à la bête : *Comportement bestial* (syn. brutal, grossier ; contr. délicat, raffiné).

bestialement [bɛstjalmã] adv. De façon bestiale : *Se jeter bestialement sur la nourriture* (syn. sauvagement).

bestialité [bɛstjalite] n.f. - **1.** Caractère de qqn, de qqch qui est bestial : *La bestialité de ce crime nous a horrifiés* (syn. sauvagerie, barbarie, cruauté). - **2.** Zoophilie.

bestiau [bɛstjo] n.m. (anc. fr. *bestial*, lat. *bestia*). fam. Animal quelconque : *Il y a un bestiau dans la salade* (syn. bête, bestiole). ◆ **bestiaux** n.m. pl. Animaux domestiques élevés en troupeaux : *Marchand de bestiaux* (syn. bétail).

bestiole [bɛstjɔl] n.f. (lat. *bestiola*, dimin. de *bestia* "bête"). Petite bête ; spécial. insecte : *Un rosier plein de bestioles.*

best-seller [bɛstsɛlœr] n.m. (mot angl., de *the best* "le meilleur" et *to sell* "vendre") [pl. *best-sellers*]. Livre qui se vend très bien : *Ce roman ne fera peut-être pas un best-seller, mais il est de grand succès de librairie* (= un succès de librairie).

1. **bêta** [beta] n.m. inv. - **1.** Deuxième lettre de l'alphabet grec (β) - **2.** Rayons bêta, flux d'électrons ou de positrons émis par certains éléments radioactifs.

2. **bêta, asse** [beta, -as] adj. et n. (de *bête*). - **1.** fam. Qui est d'une naïveté ridicule : *Il est un peu bêta mais gentil* (syn. benêt, nigaud ; contr. futé, malin). - **2.** Gros bêta, terme affectueux : *Mais non, gros bêta, je ne partirai pas !*

bêtabloquant, e [betablɔkã, -ãt] adj. et n.m. (de *1. bêta*, n. donné à certains récepteurs biochimiques, et *bloquer*). méd., pharm. Se dit d'une substance qui inhibe certains récepteurs du système nerveux sympathique.

bétail [betaj] n.m. sing. (de *bête*). - **1.** Ensemble des animaux d'élevage d'une ferme, à l'exception des volailles : *Foire au bétail* (syn. bestiaux). - **2.** Gros bétail, chevaux, ânes, mulets et bovins. ‖ Petit bétail, moutons, chèvres et porcs. ‖ Traité comme du bétail, traité sans aucun égard, sans ménagement : *Ce rustre nous a traités comme du bétail.*

bétaillère [betajɛr] n.f. Véhicule à claire-voie, remorque qui sert au transport du bétail.

1. **bête** [bɛt] n.f. (lat. pop. *besta*, class. *bestia*). - **1.** Tout être animé autre que l'homme : *Le lion, le tigre sont des bêtes fauves* (= des fauves).

Les ânes, les mulets sont des bêtes de somme (= animaux auxquels on fait porter des fardeaux). *Les bêtes à cornes* (= bœufs, vaches, chèvres). **- 2.** Animalité de l'homme : *Dompter la bête en soi* (= ses mauvais instincts). **- 3.** Bête à bon Dieu, coccinelle. ‖ FAM. **Bête à concours,** personne qui réussit brillamment dans ses études en raison, notamm., d'une grande capacité de travail : *Une bête à concours qui collectionne titres et diplômes.* ‖ FAM. **Bête de scène,** artiste qui a une très grande présence sur scène, qui y déploie toute son énergie : *Une bête de scène qui électrise son public.* ‖ FAM. **Brave bête,** personne gentille mais un peu sotte : *C'est une brave bête, qui ne ferait pas de mal à une mouche.* ‖ **Chercher la petite bête,** s'évertuer à découvrir un défaut sans importance qui permettra de déprécier qqn ou qqch : *Un critique qui pinaille, cherche la petite bête* (= qui ergote). ‖ **La bête noire de qqn,** personne, chose qui inspire un tracas continuel, une profonde aversion : *La correction des copies, c'est sa bête noire. Être la bête noire de qqn.* ‖ FAM. **Malade comme une bête,** très malade : *Elle a été malade comme une bête la nuit dernière.* ‖ **Regarder qqn comme une bête curieuse,** regarder qqn avec étonnement et insistance. ‖ FAM. **Sale bête,** personne malveillante, méprisable : *Ah la sale bête ! Il a encore été dire du mal de moi !* ◆ **bêtes** n.f. pl. **- 1.** Le bétail : *Mener les bêtes au pré* (syn. bestiaux). **- 2.** Vermine, vers, insectes, etc.

2. **bête** [bɛt] adj. (de *1. bête*). **- 1.** Dépourvu d'intelligence, sot : *Il est trop bête pour saisir la nuance* (syn. stupide ; contr. intelligent, fin, subtil). *Prendre un air bête* (syn. idiot ; contr. entendu). *Faire une critique on ne peut plus bête* (syn. inepte ; contr. pertinent). **- 2.** Distrait, irréfléchi : *Mais que je suis bête ! J'ai encore oublié ma clef !* (syn. écervelé, étourdi). **- 3.** Malencontreux : *C'est bête que tu ne viennes pas* (syn. malheureux, regrettable ; contr. heureux). *C'est vraiment bête à pleurer ce qui vous est arrivé* (= désolant). **- 4.** FAM. **Bête comme chou,** facile à comprendre ou à faire : *Un exercice bête comme chou* (= enfantin). ‖ FAM. **Bête comme ses pieds, bête à manger du foin,** se dit d'une personne totalement stupide. ‖ **En rester tout bête,** être déconcerté, surpris au point d'en rester interdit : *Quand je lui ai dit ton âge, elle en est restée tout bête.*

bétel [betɛl] n.m. (port. *betel,* mot dravidien). **- 1.** Poivrier grimpant originaire de Malaisie. □ Famille des pipéracées. **- 2.** Mélange masticatoire d'Inde et d'Extrême-Orient comprenant de la noix d'arec saupoudrée de chaux et enveloppée d'une feuille de bétel : *Mâcher du bétel.*

bêtement [bɛtmɑ̃] adv. **- 1.** De manière bête : *Agir bêtement* (syn. sottement, stupidement ; contr. intelligemment). **- 2.** Tout bêtement,

tout simplement : *J'ai tout bêtement trouvé votre adresse dans l'annuaire.*

bêtifiant, e [betifjɑ̃, -ɑ̃t] adj. Qui bêtifie ; stupide : *Un ton bêtifiant.*

bêtifier [betifje] v.i. (de *bête* et *-fier*) [conj. 9]. FAM. Affecter la niaiserie, s'exprimer d'une façon puérile : *Il bêtifie avec son enfant.*

bêtise [betiz] n.f. **- 1.** Caractère de qqn, de qqch de bête : *Sa bêtise risque de tout compromettre* (syn. imbécillité, balourdise ; contr. finesse, intelligence). *Une remarque d'une bêtise innommable* (syn. idiotie ; contr. subtilité, pertinence). *J'ai eu la bêtise de lui faire part de mes doutes* (= j'ai fait l'erreur ; syn. imprudence). **- 2.** Parole, action dénuée d'intelligence : *J'ai fait une bêtise* (syn. ânerie, bourde). *Dire des bêtises* (syn. sottise, balourdise). *Elle a commis une grosse bêtise qui a failli la mener en prison* (= un acte répréhensible). **- 3.** Chose sans importance : *Se disputer pour une bêtise* (syn. broutille, vétille). *Acheter des bêtises* (syn. babiole). **- 4.** Bêtise de Cambrai, bonbon à la menthe, spécialité de la ville de Cambrai.

bêtisier [betizje] n.m. Recueil plaisant de bêtises dites ou écrites involontairement : *Un bêtisier qui rapporte les imbécillités dites par les hommes politiques* (syn. sottisier).

béton [betɔ̃] n.m. (lat. *bitumen* "bitume"). **- 1.** Matériau de construction fait de cailloux, de graviers, de sable, de ciment et d'eau : *Un immeuble en béton.* **- 2.** Béton armé, coulé sur une armature métallique permettant de réaliser des constructions très solides : *Un pont en béton armé.* ‖ **Béton précontraint,** béton armé dans lequel sont tendus des fils d'acier qui, mettant en compression le matériau, lui confèrent une grande résistance. ‖ FAM. **En béton,** très solide, inattaquable : *Argument en béton.* ‖ **Faire, jouer le béton,** regrouper un maximum de joueurs en défense, au football.

bétonnage [betɔnaʒ] n.m. Action de bétonner ; maçonnerie faite avec du béton : *Un bétonnage résistant.*

bétonner [betɔne] v.t. Construire avec du béton ; recouvrir de béton : *Bétonner le sol d'une cave.* ◆ v.i. Jouer le béton, au football.

bétonnière [betɔnjɛʀ] n.f. Machine employée pour le malaxage du béton, dont la partie essentielle est une cuve tournante recevant les matériaux et l'eau (on dit parfois et impropr. *bétonneuse*).

bette [bɛt] et **blette** [blɛt] n.f. (lat. *beta* et *blitum*). Légume cultivé pour ses feuilles et ses pétioles aplatis, appelés *côtes* ou *cardes*. □ Famille des chénopodiacées ; sous-espèce de la betterave.

betterave [bɛtʀav] n.f. (de *bette* et *rave*). **- 1.** BOT. Plante à racine charnue dont il existe de nombreuses espèces sauvages et quatre sous-espèces cultivées (bette, betterave potagère, betterave fourragère, betterave sucrière). □ Famille des chénopodiacées. La *betterave fourragère* sert à l'alimentation du bétail ; de la racine de la *betterave sucrière*, on extrait du sucre. **- 2.** Variété potagère de cette plante, appelée aussi *betterave rouge*.

betteravier, ère [bɛtʀavje, -ɛʀ] adj. Qui se rapporte à la production ou à l'utilisation de la betterave : *L'industrie betteravière du nord de la France.* ◆ **betteravier** n. m. Producteur de betteraves.

beuglement [bøgləmɑ̃] n.m. **- 1.** Cri des bovins : *Le beuglement d'une vache, d'un bœuf* (syn. meuglement). **- 2.** Son assourdissant, désagréable : *Les beuglements d'une sirène* (syn. mugissement, hurlement).

beugler [bøgle] v.i. (de l'anc. fr. *bugle* "bœuf", lat. *buculus* "jeune bœuf"). **- 1.** Pousser des beuglements : *Taureau qui beugle* (syn. meugler, mugir). **- 2.** FAM. Pousser de grands cris, émettre un son violent et désagréable : *Ivrogne qui beugle* (syn. brailler). *La radio des voisins beugle* (syn. hurler). ◆ v.t. FAM. Hurler qqch, crier à tue-tête : *Beugler des insultes* (syn. vociférer).

beur [bœʀ] n. (*arabe* en verlan). FAM. Jeune personne d'origine maghrébine née en France de parents immigrés.

beurre [bœʀ] n.m. (lat. *butyrum*, gr. *bouturon*, de *bous* "bœuf" et *buros* "fromage"). **- 1.** Matière grasse alimentaire fabriquée à partir de la crème de lait de vache : *Étaler du beurre sur sa tartine.* **- 2.** Matière grasse alimentaire extraite d'un végétal : *Beurre de cacao, de cacahouète.* **- 3.** Purée d'aliments écrasés dans du beurre : *Beurre d'anchois, d'écrevisse.* **- 4.** Beurre blanc, sauce obtenue à partir d'une réduction de vinaigre et d'échalotes additionnée de beurre cru : *Truite au beurre blanc.* ‖ Beurre frais, jaune très pâle : *Un costume beurre frais.* ‖ Beurre noir, cuit jusqu'à ce qu'il devienne brun et auquel on ajoute alors vinaigre et persil : *Raie au beurre noir.* ‖ FAM. Compter pour du beurre, être considéré comme une quantité négligeable : *Et moi alors, je compte pour du beurre ?* ‖ FAM. Faire son beurre, gagner beaucoup d'argent en usant de procédés contestables : *Faire son beurre en boursicotant.* ‖ FAM. Œil au beurre noir, œil meurtri par un coup.

beurrée [bœʀe] n.f. RÉGION. Tartine de beurre.

beurrer [bœʀe] v.t. Recouvrir d'une couche de beurre : *Beurrer un moule à tarte. Beurrer des toasts.*

beurrier [bœʀje] n.m. Récipient dans lequel on conserve, on sert du beurre.

beuverie [bœvʀi] n.f. (du rad. *buv-* de *boire*). Réunion où l'on boit beaucoup, jusqu'à l'ivresse : *Une beuverie entre amis* (syn. soûlerie).

bévue [bevy] n.f. (de *bé-*, préf. péjor., et *vue*). Méprise, grossière erreur due à l'ignorance ou à la maladresse : *Commettre une bévue* (syn. balourdise, impair ; FAM. bourde).

bey [bɛ] n.m. (mot turc "seigneur"). **- 1.** HIST. Souverain vassal du sultan : *Le bey de Tunis.* **- 2.** HIST. Haut fonctionnaire, officier supérieur, dans l'Empire ottoman.

bi-, préfixe (du lat. *bis* « deux fois », prenant la forme *bis-* devant voyelle ou *h* muet et indiquant le redoublement (*bisannuel*) ou la présence de deux éléments (*biréacteur*).

1. biais [bjɛ] n.m. **- 1.** Ligne, direction oblique : *Le biais d'un mur* (syn. obliquité). **- 2.** Moyen détourné, habile de résoudre une difficulté, d'atteindre un but : *Trouver un biais pour échapper à une corvée* (syn. subterfuge, ruse). **- 3.** Côté d'un caractère ; manière de considérer une chose : *Ne pas savoir par quel biais prendre qqn* (= par quel bout prendre qqn). **- 4.** COUT. Diagonale d'un tissu par rapport à sa chaîne et à sa trame : *Vêtement taillé dans le biais.* **- 5.** De biais, en biais, obliquement, de travers : *Marcher de biais. Tailler une haie en biais* (= en diagonale). ‖ Par le biais de, par le moyen indirect, l'intermédiaire de : *J'ai eu de ses nouvelles par le biais de sa sœur* (= par l'entremise). ‖ Regarder de biais, regarder obliquement, à la dérobée.

2. biais, e [bjɛ, bjɛz] adj. Qui est oblique par rapport à un autre objet : *Pont biais* (= qui n'est pas tout à fait perpendiculaire aux rives).

biaiser [bjeze] v.i. **- 1.** Être de biais, aller en biais : *Porte qui biaise un peu.* **- 2.** User de moyens détournés, de détours : *Inutile de biaiser avec lui* (syn. louvoyer, tergiverser).

biathlon [biatlɔ̃] n.m. (du gr. *athlon* "combat"). Épreuve de ski nordique comportant une course de fond et une épreuve de tir au fusil. □ Le biathlon est une discipline olympique pour les hommes depuis 1960 et pour les femmes depuis 1992.

bibelot [biblo] n.m. (d'un rad. onomat. désignant de menus objets). Petit objet décoratif : *Une table basse encombrée de bibelots de toutes sortes* (syn. babiole).

biberon [bibʀɔ̃] n.m. (du lat. *bibere* "boire"). Petite bouteille munie d'une tétine et servant à l'allaitement artificiel des nouveaunés : *Élever un enfant au biberon. Donner, boire un biberon.*

1. bibi [bibi] n.m. (probabl. formé sur le même rad. onomat. que *bibelot*). FAM., VIEILLI. Petit chapeau de femme : *Porter un bibi orné d'une voilette.*

2. bibi [bibi] pron. (orig. incert., p.-ê. du même rad. onomat. que *bibelot*). FAM. Désigne la personne qui parle : *C'est toujours bibi qui trinque.*

bibine [bibin] n.f. (du rad. de *biberon*). FAM. Boisson alcoolisée, partic. bière de mauvaise qualité : *N'achète plus ce vin, c'est de la vraie bibine.*

bible n.f. (lat. *biblia* "livres sacrés", du gr.). **- 1.** (Avec une majuscule) Ensemble des textes saints retenus comme canoniques par le judaïsme et par les diverses branches du christianisme. Pour ce dernier, elle comprend deux parties, l'Ancien et le Nouveau Testament. **- 2.** Livre de référence, ouvrage fondamental souvent consulté.

bibliobus [biblibys] n.m. (de *biblio[thèque]* et [*auto*]*bus*). Bibliothèque itinérante installée dans un véhicule automobile : *Un bibliobus qui sillonne les campagnes.*

bibliographe [bibliɔgraf] n. **- 1.** Personne versée dans la science des livres et des éditions : *Faire expertiser sa bibliothèque par un bibliographe.* **- 2.** Auteur de bibliographie(s).

bibliographie [bibliɔgrafi] n.f. (de *biblio-* et *-graphie*). Liste des ouvrages cités dans un livre ; répertoire des écrits (livres, articles) traitant d'une question, concernant un auteur : *Essayiste qui établit sa bibliographie.*

bibliographique [bibliɔgrafik] adj. Relatif à la bibliographie : *La notice bibliographique d'une thèse.*

bibliophilie [biblijɔfili] n.f. (de *biblio-* et *-philie*). Amour, recherche des livres, en partic. des livres rares et précieux. ◆ **bibliophile** n. Nom de l'amateur.

bibliothécaire [biblijɔtekɛr] n. Personne préposée à la direction ou à la gestion d'une bibliothèque.

bibliothèque [biblijɔtɛk] n.f. (gr. *bibliothêkê*, de *biblion* "livre" et *thêkê* "armoire"). **- 1.** Lieu, bâtiment où est conservée une collection de documents écrits (livres, périodiques, manuscrits, etc.) qui peuvent être consultés sur place et parfois empruntés : *Bibliothèque d'entreprise. Travailler en bibliothèque.* **- 2.** Meuble à rayonnages dans lequel on peut ranger des livres : *Avoir une grande bibliothèque dans son salon.* **- 3.** Collection de livres répertoriés et classés appartenant à un particulier, à une collectivité, à un organisme public : *Une bibliothèque de livres du XVIIᵉ siècle.*

biblique [biblik] adj. Relatif à la Bible : *Études bibliques.*

bicamérisme [bikamerism] et **bicaméralisme** [bikameralism] n.m. (du lat. *camera* "chambre"). Système politique comportant deux assemblées délibérantes : *Le système français repose sur le bicamérisme.*

bicarbonate [bikarbɔnat] n.m. (de *carbonate*). **- 1.** CHIM. Carbonate acide. **- 2.** Bicarbonate de soude, sel de sodium, utilisé pour le traitement de l'acidité gastrique. □ Formule $NaHCO_3$.

bicarbonaté, e [bikarbɔnate] adj. Qui contient un bicarbonate, partic. du bicarbonate de soude.

bicentenaire [bisɑ̃tnɛr] adj. Qui a atteint deux cents ans : *Un arbre bicentenaire.* ◆ n.m. Anniversaire d'un événement qui a eu lieu deux cents ans auparavant : *En 1991, on a célébré le bicentenaire de la mort de Mozart.*

bicéphale [bisefal] adj. (du gr. *kephalê* "tête"). **- 1.** Qui a deux têtes : *Avoir pour emblème un aigle bicéphale.* **- 2.** Qui est partagé entre deux chefs : *Direction bicéphale.*

biceps [bisɛps] n.m. et adj. (mot lat. "qui a deux têtes"). **- 1.** Muscle dont une extrémité est fixée par deux tendons d'insertion : *Biceps brachial, crural.* **- 2.** Nom donné cour. au biceps brachial, qui fléchit l'avant-bras sur le bras. **- 3.** Avoir des biceps, avoir une grande force physique.

biche [biʃ] n.f. (lat. *bestia* "bête"). **- 1.** Femelle du cerf. **- 2.** Femelle des cervidés. **- 3.** En Afrique, nom donné à la gazelle et à l'antilope.

bicher [biʃe] v.i. (forme région. de *bécher* "piquer du *bec*", fam., "mordre à l'hameçon"). FAM. Se réjouir : *J'ai une nouvelle qui va te faire bicher.*

bichon, onne [biʃɔ̃, -ɔn] n. (de *barbichon* "petit barbet [chien d'arrêt]", de *barbe*). Petit chien à poil long.

bichonner [biʃɔne] v.t. (de *bichon*). FAM. Parer qqn avec soin et recherche ou l'entourer de soins attentifs : *Bichonner un enfant* (syn. choyer). ◆ **se bichonner** v.pr. FAM. Se préparer avec recherche et coquetterie (syn. se pomponner).

bicolore [bikɔlɔr] adj. Qui a deux couleurs : *Drapeau bicolore.*

biconcave [bikɔ̃kav] adj. Qui présente deux faces concaves opposées : *Une lentille de verre biconcave est divergente.*

biconvexe [bikɔ̃vɛks] adj. Qui présente deux faces convexes opposées : *Une lentille de verre biconvexe est convergente.*

bicoque [bikɔk] n.f. (it. *bicocca* "petit fort"). **- 1.** Maison de médiocre apparence. **- 2.** FAM. Toute maison.

bicorne [bikɔrn] n.m. (lat. *bicornis* "à deux cornes"). Chapeau d'uniforme à deux pointes : *Le bicorne des académiciens et des polytechniciens français.*

bicross [bikrɔs] n.m. (de *bi[cyclette]* et *cross*). **- 1.** Vélo tout terrain (V.T.T.*). **- 2.** Sport pratiqué avec ce vélo sur un parcours accidenté.

bicycle [bisikl] n.m. (de *cycle*). Vélocipède à deux roues de diamètres différents, dont la roue avant, la plus grande, est motrice. □ Le bicycle a été en usage à la fin du XIXe s.

bicyclette [bisiklɛt] n.f. (dimin. de *bicycle*). Véhicule à deux roues d'égal diamètre, dont la roue arrière est actionnée par un système de pédales agissant sur une chaîne : *Faire de la bicyclette* (syn. *vélo*).

bidasse [bidas] n.m. (de *Bidasse*, n. d'un personnage de chanson). FAM. Simple soldat.

bide [bid] n.m. (de *bidon*). FAM. - **1.** Ventre : *Avoir, prendre du bide* (syn. *bedaine*). - **2.** Échec, insuccès : *Son intervention fut un bide* (syn. *fiasco*).

bidet [bidɛ] n.m. (de l'anc. fr. *bider* "trotter", d'orig. obsc.). - **1.** Petit cheval de selle ou de trait léger. - **2.** Appareil sanitaire bas, à cuvette oblongue pour la toilette intime.

1. **bidon** [bidɔ̃] n.m. (orig. incert., p.-ê. de l'anc. nordique *bida* "vase"). - **1.** Récipient portatif destiné à contenir un liquide : *Bidon d'huile.* - **2.** FAM. Ventre : *Avoir du bidon.*

2. **bidon** [bidɔ̃] adj. inv. (de *1. bidon*, ce mot ayant désigné une pièce de drap pliée de manière à gonfler et à tromper l'acheteur). FAM. - **1.** Faux ; maquillé : *Des élections bidon* (syn. *truqué*). - **2.** Peu sérieux ; factice : *Monter une entreprise bidon.* ◆ n.m. *Du bidon*, c'est un mensonge, une invention : *Ne l'écoute pas, son histoire, c'est du bidon.*

se bidonner [bidɔne] v.pr. (de *1. bidon*). FAM. Rire : *Arrête de te bidonner.*

bidonville [bidɔ̃vil] n.m. (de *1. bidon* et *ville*). Agglomération d'abris de fortune, de constructions sommaires réalisés à partir de matériaux de récupération (bidons, tôles, etc.) et située à la périphérie des grandes villes.

bidouillage [bidujaʒ] n.m. FAM. Action de bidouiller ; état de ce qui est bidouillé.

bidouiller [biduje] v.t. (probabl. de *bidule*, avec suff. de *magouiller*). FAM. Bricoler, notamm. en électronique et en informatique : *Bidouiller un programme.*

bidule [bidyl] n.m. (orig. obsc.). FAM. Objet quelconque ; personne dont on ne précise pas le nom : *À quoi ça sert, ce bidule ? J'ai rencontré bidule l'autre jour* (syn. *machin*).

bief [bjɛf] n.m. (gaul. *bedu* "canal"). - **1.** Section de canal ou de cours d'eau comprise entre deux écluses ou entre deux chutes, deux rapides. - **2.** Canal de dérivation amenant l'eau à une machine hydraulique.

bielle [bjɛl] n.f. (orig. obsc.). - **1.** Barre, élément dont les extrémités sont articulées à deux pièces mobiles et qui assure la transmission, la transformation d'un mouvement. - **2.** CH. DE F. Bielle d'accouplement, sur une locomotive, bielle répartissant l'effort entre deux essieux moteurs accouplés.

biélorusse [bjelɔrys] adj. et n. De la Biélorussie. ◆ n.m. Langue slave parlée en Biélorussie.

1. **bien** [bjɛ̃] adv. (lat. *bene*). - **I.** Marque une manière. - **1.** Conformément à une loi morale, à l'idée qu'on se fait de ce qui est juste : *Elle a bien agi* (syn. *convenablement*). - **2.** De manière satisfaisante ; de façon avantageuse : *Il a bien parlé. Elle a bien vendu son appartement* (syn. *avantageusement*). *Aller bien* (= être en bonne santé). *Vous arrivez bien* (= au moment opportun). *Cette robe lui va bien* (= lui sied). *Pour bien faire, il faudrait prendre une personne de plus* (= pour que la situation soit bonne). - **3.** Beaucoup ; très ; tout à fait : *Merci bien. Je suis bien content de vous voir* (syn. *extrêmement*). *Je vous approuve ; bien plus, je vous soutiens.* - **4.** En composition, forme des adjectifs ou des noms : *Bien-pensant, bien-être.* - **II.** Souligne la réalité d'un fait. - **1.** Assurément, réellement (parfois en corrélation avec *mais* pour souligner une opposition) : *Il habite bien ici. Nous sommes bien 15 ? Je sais bien que vos chances sont faibles* (= je suis persuadé). *J'ai bien téléphoné mais vous étiez absent.* - **2.** Au moins ; approximativement : *Elle a bien cinquante ans. Vous en aurez bien pour mille francs* (= au bas mot). - **3.** Marque l'approbation ; entérine ce qui vient d'être dit ou fait : *Vous avez compris ? Très bien. Bien, maintenant passons à l'étape suivante.* - **4.** Marque une articulation logique, de cause liée à une comparaison : *Tu y es bien arrivée, toi ; pourquoi pas moi ? Il y en a bien qui décident de tout laisser.* - **III.** Forme des locutions. *Bien de, bien des,* beaucoup de : *Je me suis fait bien du souci. Bien des gens pensent comme vous.* ‖ *C'est bien fait,* c'est mérité. ‖ *Faire bien,* faire bon effet, être de bon ton. ‖ *Faire bien de* (+ inf.), avoir raison de : *Tu fais bien de me prévenir.* ◆ **bien que** loc.conj. Suivi du subj. ou du part. présent, marque la concession : *Bien que je n'approuve pas entièrement sa démarche, je le soutiendrai* (syn. *quoique, encore que*). *Bien qu'étant fatigué (ou bien que fatigué), j'accepte de t'accompagner.* ◆ **si bien que** loc. conj. Suivi de l'ind., marque la conséquence : *Il n'a pas suffisamment réfléchi, si bien que son projet n'a pas abouti* (syn. *de sorte que*). ◆ **eh bien !** interj. Marque l'étonnement, la surprise, une hésitation dans la réponse : *Eh bien ! Pour tout dire, je n'avais pas pensé à cette solution.*

2. **bien** [bjɛ̃] adj. inv. - **1.** Conforme à l'idée qu'on se fait du bien, de la justice, de la morale : *Il a été très bien* (= il s'est comporté

comme il le fallait). *Un garçon bien* (syn. droit, honnête). - **2.** Satisfaisant ; correct : *C'est bien, très bien.* - **3.** Beau ; agréable : *Elle est bien de sa personne.* - **4.** Distingué ; chic : *Une femme bien.* - **5.** Être bien, se trouver dans un état de confort physique ou psychologique. ‖ Être bien avec qqn, être en bons termes avec lui. ‖ N'être pas bien, ne pas se sentir bien, être dans un état de malaise physique ; être malade. ‖ Nous voilà bien, nous sommes dans une situation difficile, embarrassante.

3. bien [bjɛ̃] n.m. - **1.** Ce qui est conforme à un idéal, à la morale, à la justice : *Un homme de bien. Discerner le bien du mal.* - **2.** Ce qui est utile, avantageux ; ce qui procure un plaisir, un profit : *C'est pour ton bien que je te dis cela* (= c'est dans ton intérêt). *Ce médicament me fait du bien* (= soulage ma douleur). *Dire du bien, parler en bien de qqn* (= en parler favorablement). *Le bien public* (= l'intérêt général). - **3.** (Souvent au pl.). Ce dont on dispose en toute propriété ; ce qui vous appartient : *Dilapider son bien* (syn. capital, richesse, fortune). *Avoir du bien, des biens. Bien mal acquis ne profite jamais* (proverbe). - **4.** ÉCON. Ce qui est créé par le travail, correspond à un besoin et est disponible à cet effet : *Les biens de production (usine, outillage, etc.) et les biens de consommation (nourriture, vêtements). Les biens et les services.* - **5.** En tout bien tout honneur, avec des intentions louables et honnêtes : *Il l'a invitée à dîner en tout bien tout honneur.* ‖ Grand bien lui (te) fasse !, se dit quand qqn s'intéresse à une chose que soi-même on dédaigne (iron.). ‖ HIST. Biens nationaux. Ensemble des biens confisqués par l'État pendant la Révolution et revendus à de nouveaux propriétaires. ◻ La vente des biens nationaux aboutit à un transfert massif des propriétés de la noblesse vers la bourgeoisie.

bien-aimé, e [bjɛ̃neme] adj. et n. (pl. *bien-aimés, es*). VIEILLI. Qui est aimé d'une tendre affection : *Mon fils bien-aimé* (syn. chéri). *Il est avec sa bien-aimée.*

bien-être [bjɛ̃nɛtʁ] n.m. inv. - **1.** Fait d'être bien, satisfait dans ses besoins, ou exempt de besoins, d'inquiétudes ; sentiment agréable qui en résulte : *Éprouver une sensation de bien-être* (syn. quiétude ; contr. malaise). - **2.** Aisance matérielle ou financière : *La recherche individuelle du bien-être a marqué les années 80* (syn. confort).

bienfaisance [bjɛ̃fəzɑ̃s] n.f. De bienfaisance, dont l'objet est de faire du bien, notamm. d'un point de vue social : *Bureau de bienfaisance* (auj. *bureau d'aide sociale*).

bienfaisant, e [bjɛ̃fəzɑ̃, -ɑ̃t] adj. (de *bien* et *faire*). Qui a un effet positif, salutaire : *Les effets bienfaisants d'un massage* (syn. bénéfique).

bienfait [bjɛ̃fɛ] n.m. (du p. passé de l'anc. fr. *bienfaire*, *de bien et faire*). - **1.** Acte de générosité ; faveur : *Un bienfait n'est jamais perdu* (proverbe). *Combler qqn de bienfaits.* - **2.** (Surtout au pl.). Conséquences salutaires, bénéfiques de qqch : *Les bienfaits d'un séjour à la campagne.*

bienfaiteur, trice [bjɛ̃fɛtœʁ, -tʁis] n. - **1.** Personne qui accomplit, a accompli un, des bienfaits : *Les savants sont les bienfaiteurs de l'humanité.* - **2.** Membre bienfaiteur, membre d'une association lui apportant un soutien financier non négligeable.

bien-fondé [bjɛ̃fɔ̃de] n.m. (pl. *bien-fondés*). Le bien-fondé de qqch, son caractère légitime, conforme au droit : *S'interroger sur le bien-fondé d'une demande.*

bien-fonds [bjɛ̃fɔ̃] n.m. (pl. *biens-fonds*). DR. Immeuble, terre ou maison.

bienheureux, euse [bjɛ̃nœʁø, -øz] adj. LITT. Qui est rempli de bonheur ; qui rend heureux : *Bienheureux celui qui peut m'envie. Un hasard bienheureux.* ◆ n. CATH. Personne dont l'Église catholique a reconnu les mérites et les vertus par la béatification.

biennal, e, aux [bjennal, -o] adj. (bas lat. *biennalis* "de deux ans"). - **1.** Qui dure deux ans : *Charge biennale.* - **2.** Qui revient tous les deux ans : *Rencontres biennales* (syn. bisannuel).

biennale [bjennal] n.f. (de *biennal*). Exposition, festival organisés tous les deux ans : *La biennale de Venise.*

bien-pensant, e [bjɛ̃pɑ̃sɑ̃, -ɑ̃t] adj. et n. (pl. *bien-pensants, es*). Dont les convictions sont jugées traditionnelles et conservatrices (souvent péjor.) : *Trouver des électeurs dans les milieux bien-pensants.*

bienséance [bjɛ̃seɑ̃s] n.f. SOUT. Ce qu'il convient de dire ou de faire : *Ne pas connaître les règles de la bienséance* (syn. savoir-vivre).

bienséant, e [bjɛ̃seɑ̃, -ɑ̃t] adj. (de *bien* et *seoir*). SOUT. Il est bienséant de (+ inf.), il conforme aux usages de faire, de dire telle chose : *Il n'est pas bienséant d'interrompre ainsi une personne qui parle* (syn. correct, poli, convenable).

bientôt [bjɛ̃to] adv. (de *bien* et *tôt*). - **1.** Dans un avenir proche, dans peu de temps : *Je reviens bientôt.* - **2.** LITT. Rapidement : *Cela fut bientôt fait.* - **3.** À bientôt !, à très bientôt !, formules pour prendre congé de qqn qu'on espère revoir prochainement.

bienveillance [bjɛ̃vejɑ̃s] n.f. Disposition favorable envers qqn : *Témoigner de la bienveillance à l'égard de ses collègues* (syn. gentillesse ; contr. hostilité). *Je vous suis reconnaissant de votre bienveillance* (syn. obligeance).

bienveillant, e [bjɛ̃vejɑ̃, -ɑ̃t] adj. (de *bien* et de l'anc. fr. *veuillant* "voulant"). - **1.** Qui montre de la bienveillance : *Elle est bienveillante envers ses subordonnés* (syn. bon). - **2.** Qui exprime la bienveillance : *Sourire bienveillant* (syn. aimable).

bienvenu, e [bjɛ̃vny] adj. (de l'anc. fr. *bienvenir* "accueillir favorablement"). - **1.** Accueilli avec plaisir : *Une invitation bienvenue.* - **2.** (En fonction d'attribut). Qui arrive à point nommé, à propos : *Une augmentation serait bienvenue.* ◆ n. Le bienvenu, la bienvenue, personne, chose accueillie avec faveur : *Soyez les bienvenus.*

bienvenue [bjɛ̃vny] n.f. (de *bienvenu*). - **1.** Formule de courtoisie pour accueillir qqn : *Bienvenue à bord.* - **2.** De bienvenue, pour marquer spécialement la venue de qqn : *Cadeau, discours de bienvenue.* ‖ Souhaiter la bienvenue à qqn, l'accueillir par cette formule.

1. bière [bjɛʀ] n.f. (néerl. *bier*). - **1.** Boisson fermentée légèrement alcoolisée, préparée à partir de céréales germées, principalement de l'orge, et parfumée avec du houblon : *Bière, blonde, brune.* - **2.** FAM. Ce n'est pas la petite bière, ce n'est pas rien : *Reprendre des études à son âge, ce n'est pas de la petite bière.*

2. bière [bjɛʀ] n.f. (frq. **bera* "civière"). Cercueil : *Mise en bière.*

biface [bifas] n.m. PRÉHIST. Outil de pierre taillé sur les deux faces.

biffer [bife] v.t. (de l'anc. fr. *biffe* "étoffe rayée"). Rayer ce qui est écrit : *Biffer un nom* (syn. barrer).

biffure [bifyʀ] n.f. Trait par lequel on biffe un mot, des lettres.

bifide [bifid] adj. (lat. *bifidus*, de *findere* "fendre"). BIOL. Fendu en deux parties : *Langue bifide des serpents.*

bifidus [bifidys] n.m. (mot lat. "partagé en deux" [v. *bifide*], cette bactérie ayant deux flagelles). Bactérie utilisée comme additif alimentaire dans certains produits laitiers : *Yaourt au bifidus.*

bifocal, e, aux [bifɔkal, -o] adj. (de *focal*). OPT. Qui a deux foyers, en parlant d'une lentille, d'une optique : *Verres bifocaux* (= à double foyer).

bifteck [biftɛk] n.m. (de l'angl. *beef* "bœuf" et *steak* "tranche"). - **1.** Tranche de bœuf à griller (syn. steak). - **2.** Défendre son bifteck, défendre ses intérêts, son emploi. ‖ FAM. Gagner son bifteck, gagner sa vie.

bifurcation [bifyʀkasjɔ̃] n.f. Division en deux branches, en deux voies : *La bifurcation d'une artère* (syn. fourche).

bifurquer [bifyʀke] v.i. (du lat. *bifurcus* "fourchu"). - **1.** (Sujet qqch). Se diviser en deux :

La voie ferrée bifurque à cet endroit. - **2.** (Sujet qqn, qqch). Prendre une autre direction : *Bifurquer sur une voie de garage, vers la gauche.* - **3.** (Sujet qqn). Prendre une autre orientation : *Elle a bifurqué vers la politique* (syn. s'orienter).

bigame [bigam] adj. et n. (lat. ecclés. *bigamus* "veuf remarié", du gr. *gamos* "mariage"). Qui est marié à deux personnes en même temps.

bigamie [bigami] n.f. État d'une personne bigame.

bigarade [bigaʀad] n.f. (prov. *bigarrado* "bigarré"). Orange amère utilisée en confiserie et dans la fabrication du curaçao.

bigaradier [bigaʀadje] n.m. Oranger produisant la bigarade et dont les fleurs, par distillation, fournissent une essence parfumée et l'eau de fleur d'oranger.

bigarré, e [bigaʀe] adj. (de l'anc. fr. *garre* "bigarré", d'orig. obsc.). - **1.** Aux couleurs variées : *Une étoffe bigarrée* (syn. bariolé). - **2.** LITT. Composé d'éléments divers et disparates : *Une foule bigarrée.*

bigarreau [bigaʀo] n.m. (de *bigarré*). Cerise rouge et blanc, à chair très ferme et sucrée.

bigarrure [bigaʀyʀ] n.f. (de *bigarré*). - **1.** Assemblage de couleurs, de dessins très variés : *Les bigarrures d'un dessin d'enfant* (syn. bariolage). - **2.** LITT. Réunion d'éléments disparates : *Les bigarrures d'un style* (syn. variété).

big band [bigbɑ̃d] n.m. (mots angl.) [pl. *big bands*]. Grand orchestre de jazz : *Le big band de Count Basie.*

big-bang ou **big bang** [bigbɑ̃g] n.m. sing. (mot anglo-amér., de *big* "grand" et *bang*, onomat.). Explosion, survenue il y a près de 15 milliards d'années, qui aurait marqué le commencement de l'expansion de l'Univers.

bigler [bigle] v.i. (lat. pop. **bisoculare* "loucher", du class. *oculus* "œil"). Loucher ; avoir les yeux de travers. ◆ v.t. et v.t.ind. [**sur**]. FAM. Jeter sur qqn, sur qqch un regard d'envie : *Bigle un peu la moto !* (syn. regarder). *Il est toujours en train de bigler sur sa voisine.*

bigleux, euse [biglø, -øz] adj. et n. FAM. Qui a la vue basse ; qui louche.

bigorneau [bigɔʀno] n.m. (de *bigorne* "objet à deux pointes", var. de *bicorne*). Petit coquillage comestible appelé aussi *vigneau*, *escargot de mer*. □ Classe des gastropodes ; long. 1 à 3 cm.

bigot, e [bigo, -ɔt] adj. et n. (orig. incert., p.-ê. du vieil angl. *bi god* "par Dieu"). Qui fait preuve de bigoterie : *Une femme bigote. Un bigot.*

bigoterie [bigɔtʀi] n.f. et **bigotisme** [bigɔtism] n.m. Pratique étroite et bornée de

la dévotion ; caractère du bigot : *Sa bigoterie
confine à la superstition.*

bigouden [biɡudɛ̃, au fém. biɡudɛn] adj. et n.
(mot breton "pointe de la coiffe"). De la
région de Pont-l'Abbé (Finistère). **Rem.** On
trouve parfois le féminin *bigoudène.*

bigoudi [biɡudi] n.m. (orig. obsc.). Petit rouleau sur lequel on enroule les mèches de
cheveux pour les boucler.

bigre [biɡʀ] interj. (de *bougre*). FAM. Exprime
l'étonnement, la surprise : *Bigre ! L'affaire est
d'importance.*

bigrement [biɡʀəmɑ̃] adv. (de *bigre*). FAM.
Beaucoup ; très : *Il a bigrement changé. Il fait
bigrement froid.*

bigue [biɡ] n.f. (prov. *biga* "poutre"). TECHN.
Appareil de levage d'inclinaison variable.

biguine [biɡin] n.f. (mot du créole antillais).
Danse des Antilles opposant le balancement des hanches à l'immobilité des épaules.

bihebdomadaire [biɛbdɔmadɛʀ] adj. Qui a
lieu, qui paraît deux fois par semaine :
Réunions bihebdomadaires.

bijectif, ive [biʒɛktif, -iv] adj. (de *bijection*).
MATH. **Application bijective,** application d'un
ensemble A dans un ensemble B telle que
deux éléments distincts de A aient deux
images distinctes dans B (application injective) et que tout élément de B ait un
antécédent et un seul dans A (application
surjective).

bijection [biʒɛksjɔ̃] n.f. (de [*in*]*jection*). MATH.
Application bijective.

bijou [biʒu] n.m. (breton *bizou* "anneau") [pl.
bijoux]. - **1.** Objet de parure, d'une matière
ou d'un travail précieux. - **2.** Ce qui est petit
et joli et d'une facture, d'une finition particulièrement soignée : *Ce studio est un bijou.*

bijouterie [biʒutʀi] n.f. - **1.** Fabrication et
commerce des bijoux. - **2.** Magasin, boutique où l'on vend des bijoux. - **3.** Ensemble
des objets fabriqués par le bijoutier.

bijoutier, ère [biʒutje, -ɛʀ] n. Personne qui
fabrique ou vend des bijoux.

Bikini [bikini] n.m. (nom déposé). Maillot de
bain formé d'un slip et d'un soutien-gorge
de dimensions très réduites.

bilabial, e, aux [bilabjal, -o] adj. (de *labial*).
PHON. **Consonne bilabiale,** consonne réalisée avec la participation des deux lèvres : [*p*],
[*b*], [*m*] *sont des consonnes bilabiales.* (On dit
aussi *une bilabiale.*)

bilame [bilam] n.m. (de *lame*). TECHN. Bande
métallique double, formée de deux lames
minces et étroites de métaux inégalement
dilatables, soudés par laminage, et qui
s'incurve sous l'effet d'une variation de

température : *Bilame d'un thermostat, d'un
disjoncteur.*

bilan [bilɑ̃] n.m. (it. *bilancio*, de *bilanciare*
"peser"). - **1.** Tableau représentant l'actif et
le passif d'un commerce, d'une entreprise à
une date donnée : *Établir un bilan.* - **2.** Résultat positif ou négatif d'une opération quelconque : *Faire le bilan d'une campagne de
publicité.* - **3. Bilan de santé,** examen médical
complet d'une personne (syn. check-up).
‖ **Bilan social,** document qui récapitule en
chiffres la politique sociale et salariale d'une
entreprise.

bilatéral, e, aux [bilateral, -o] adj. - **1.** Qui a
deux côtés, se rapporte aux deux côtés, aux
deux faces d'une chose, d'un organisme :
Stationnement bilatéral (= des deux côtés
d'une rue). - **2.** Qui engage les deux parties
contractantes : *Convention bilatérale* (syn.
réciproque).

bilboquet [bilbɔkɛ] n.m. (de l'anc. fr. *biller*
'jouer à la bille' et *bouquet* "petit bouc").
Jouet formé d'une boule percée d'un trou et
reliée par une cordelette à un petit bâton
pointu, sur lequel il faut enfiler cette boule.

bile [bil] n.f. (lat. *bilis*). - **1.** Liquide jaunâtre et
âcre sécrété par le foie et accumulé dans la
vésicule biliaire, d'où il est déversé dans le
duodénum au moment de la digestion.
- **2.** VIEILLI. **Échauffer la bile de qqn,** le mettre
en colère. ‖ FAM. **Se faire de la bile,** se faire du
souci.

bileux, euse [bilø, -øz] adj. FAM. Qui se fait de
la bile, s'inquiète facilement (syn. soucieux).

bilharzie [bilaʀzi] n.f. (du n. de *T. Bilharz*).
Ver parasite du système circulatoire de
l'homme, qui provoque de l'hématurie.
□ Classe des trématodes ; long. 2 cm env.

bilharziose [bilaʀzjoz] n.f. Maladie provoquée par les bilharzies et transmise par leurs
œufs.

biliaire [biljɛʀ] adj. - **1.** Relatif à la bile : *Voies
biliaires. Calcul biliaire.* - **2. Vésicule biliaire,**
réservoir où la bile s'accumule entre les
digestions (jusqu'à 50 cm³).

bilieux, euse [biljø, -øz] adj. - **1.** Qui résulte
d'un excès de bile, dénote une mauvaise
santé : *Teint bilieux.* ◆ adj. et n. Enclin à la
colère, à la mauvaise humeur : *C'est un
tempérament bilieux.*

bilingue [bilɛ̃ɡ] adj. (du lat. *lingua* "langue").
- **1.** Qui est en deux langues : *Inscription
bilingue. Dictionnaire bilingue.* - **2.** Où l'on
parle deux langues : *Pays bilingue.* ◆ adj. et
n. Qui parle, connaît deux langues : *Secrétaire bilingue.*

bilinguisme [bilɛ̃ɡɥism] n.m. Situation d'une
personne parlant cour. deux langues ou
d'une communauté, d'un pays où se pratiquent concurremment deux langues.

bilirubine [bilirybin] n.f. (de *bile*, et du lat. *rubens* "rouge"). Pigment de la bile.

billard [bijaʀ] n.m. (de 2. *bille* "pièce de bois"). - **1.** Jeu qui se pratique avec des boules, appelées *billes*, qu'on pousse avec un bâton droit appelé *queue* sur une table spéciale : *Billard français, américain.* - **2.** Table rectangulaire, à rebords (ou *bandes*) élastiques, recouverte d'un tapis vert, servant à jouer au billard. - **3.** Lieu, salle où l'on joue au billard : *Aller au billard.* - **4.** FAM. Table d'opération chirurgicale : *Passer sur le billard.* - **5.** Billard électrique, flipper. ‖ FAM. C'est du billard, c'est très facile, ça va tout seul.

2. **bille** [bij] n.f. (lat. pop. **bilia*, mot gaul.). SYLV. Tronçon de bois découpé dans une grume.

billet [bijɛ] n.m. (de *billesse*, altér. de l'anc. fr. *bullesse*, de 1. *bulle*). - **1.** VIEILLI. Bref écrit qu'on adresse à qqn : *Billet d'invitation.* - **2.** Imprimé ou écrit constatant un droit ou une convention : *Billet de spectacle, de chemin de fer, de loterie.* - **3.** Petit article de journal souvent polémique ou satirique. - **4.** VIEILLI. Billet doux, billet d'amour. ‖ FAM. Je te (vous) fiche mon billet que, je vous garantis que : *Je te fiche mon billet qu'il le regrettera.* ‖ DR. COMM. Billet à ordre, billet que le souscripteur s'engage à payer à une date donnée au bénéficiaire ou à la personne désignée par lui. - **5.** Billet de banque. Monnaie en papier.

billetterie [bijɛtʀi] n.f. - **1.** Ensemble des opérations ayant trait à l'émission et à la délivrance de billets (transports, spectacles, etc.) ; lieu où les billets sont délivrés. - **2.** Distributeur automatique de billets de banque fonctionnant avec une carte de crédit.

billevesée [bilvəze] n.f. (orig. incert., probabl. de l'anc. fr. *vesé* "ventru"). LITT. (Surtout au pl.). Propos vide de sens : *Dire, écrire des billevesées* (syn. baliverne, sornette).

billion [biljɔ̃] n.m. (de *million*). Un million de millions (10^{12}).

billot [bijo] n.m. (de 2. *bille*). - **1.** Tronc de bois gros et court sur lequel on coupe la viande, le bois, etc. - **2.** Pièce de bois sur laquelle on décapitait les condamnés.

bimbeloterie [bɛ̃blɔtʀi] n.f. (de *bimbelot*, var. de *bibelot*). Fabrication ou commerce de bibelots ; ces objets.

bimensuel, elle [bimɑ̃sɥɛl] adj. Qui se produit, paraît deux fois par mois : *Revue bimensuelle.* ◆ **bimensuel** n.m. Périodique bimensuel.

bimestre [bimɛstʀ] n.m. (lat. *bimestris*). Durée de deux mois : *Le bimestre sert de base à certaines facturations.*

bimestriel, elle [bimɛstʀijɛl] adj. (lat. *bimenstris*). Qui se produit, paraît tous les deux mois. ◆ **bimestriel** n.m. Périodique bimestriel.

bimétallique [bimetalik] adj. Composé de deux métaux.

bimétallisme [bimetalism] n.m. ÉCON. Système monétaire établi sur un double étalon (or et argent).

bimoteur [bimɔtœʀ] adj. m. et n.m. Se dit d'un avion muni de deux moteurs.

binage [binaʒ] n.m. Action de biner.

binaire [binɛʀ] adj. (lat. *binarius*, de *bini* "deux par deux"). - **1.** Qui met en jeu deux éléments : *Division binaire. Rythme binaire.* - **2.** MATH. Numération binaire, système de numération qui a pour base 2 et qui fait appel aux seuls chiffres 0 et 1 pour écrire tous les nombres. - **3.** MUS. Mesure binaire, mesure dont chaque temps, contrairement à ceux d'une mesure *ternaire*, est divisible par deux (on dit aussi *mesure simple*) : *La mesure à 3/4, qui comporte trois temps dont chacun correspond à deux croches, est binaire.*

biner [bine] v.t. (prov. *binar*, lat. *binare*, de *bini*, "deux par deux"). AGRIC. Donner une seconde façon à la terre ; ameublir le sol, sarcler avec la binette.

1. **binette** [binɛt] n.f. (de *biner*). Outil de jardinier servant au binage ou au sarclage.

2. **binette** [binɛt] n.f. (orig. incert., p.-ê. de *trombine*). FAM. Visage : *Il a une drôle de binette* (syn. tête).

biniou [binju] n.m. (mot breton). Cornemuse bretonne.

binocle [binɔkl] n.m. (du lat. *bini* "deux par deux" et *oculus* "œil"). Lunettes sans branches se fixant sur le nez. ◆ **binocles** n.m.pl. FAM. Lunettes.

binoculaire [binɔkylɛʀ] adj. (du lat. *bini* "deux par deux", et de *oculaire*). - **1.** Relatif aux deux yeux : *Vision binoculaire.* - **2.** Se dit d'un appareil d'optique à deux oculaires : *Télescope, microscope binoculaire.*

binôme [binom] n.m. (lat. médiév. *binomium*, du class. *bis* "deux fois" et *nomen* "nom, terme"). - **1.** MATH. Somme algébrique à deux termes où figurent une ou plusieurs variables (ex. : $b^2 + 4\,ac$). - **2.** Ensemble de deux éléments considérés en bloc : *Le binôme droite-gauche de l'échiquier politique.*

binomial, e, aux [binɔmjal, -o] adj. MATH. Relatif au binôme.

biochimie [bjɔʃimi] n.f. Étude des constituants de la matière vivante et de leurs réactions chimiques. ◆ **biochimiste** n. Nom du spécialiste.

biochimique [bjɔʃimik] adj. Relatif à la biochimie.

biodégradable [bjɔdegʀadabl] adj. Qui peut être détruit par les bactéries ou d'autres agents biologiques : *Emballage, lessive biodé-gradables.*

biodégradation [bjɔdegradasjɔ̃] n.f. Décomposition d'un produit biodégradable.

bioénergie [bjɔenɛrʒi] n.f. - **1.** Énergie renouvelable obtenue par la transformation chimique de la biomasse. - **2.** PSYCHOL. Pratique inspirée des théories de W. Reich et visant à restaurer l'équilibre psychosomatique par la libération des flux énergétiques (libido, etc.).

bioéthique [bjɔetik] n.f. Ensemble des problèmes engageant la responsabilité morale des médecins et des biologistes dans leurs recherches, dans les applications de celles-ci. (On dit aussi *éthique médicale*.)

biogenèse [bjɔʒənɛz] n.f. - **1.** Première étape de l'évolution du vivant, jusqu'à l'apparition de la cellule dite *eucaryote*, où noyau et cytoplasme sont nettement séparés. - **2.** Apparition de la vie sur la Terre.

biogéographie [bjɔʒeɔgrafi] n.f. Étude de la répartition des espèces vivantes (végétales et animales) et des causes de cette répartition.

biographie [bjɔgrafi] n.f. (de *bio-* et *graphie*). Histoire écrite de la vie d'une personnalité ; cet écrit lui-même : *Écrire la biographie d'un homme politique.* ◆ **biographe** n. Auteur de biographie(s).

biographique [bjɔgrafik] adj. Relatif à la biographie : *Faire une recherche biographique.*

biologie [bjɔlɔʒi] n.f. (de *bio-* et *logie*). - **1.** Science de la vie et, plus spécial., étude du cycle reproductif des espèces vivantes : *Biologie animale, végétale.* - **2.** Biologie moléculaire, étude des molécules et macromolécules constitutives des organites cellulaires (chromosome, ribosome, etc.). ◆ **biologiste** n. Nom de spécialiste.

biologique [bjɔlɔʒik] adj. - **1.** Relatif à la biologie : *Rythme biologique.* - **2.** Qui est produit sans engrais ni pesticides chimiques : *Pain biologique.* - **3.** Arme biologique, arme utilisant des organismes vivants ou leurs toxines.

bioluminescence [bjɔlyminesɑ̃s] n.f. Émission de signaux lumineux par certaines espèces animales, utile à la capture des proies ou à la rencontre des sexes : *On observe le phénomène de la bioluminescence chez le lampyre.*

biomasse [bjɔmas] n.f. Masse totale des êtres vivants subsistant en équilibre sur une surface donnée du sol ou dans un volume donné d'eau océanique ou douce. ◻ La biomasse d'une forêt comprend aussi bien les arbres, leurs oiseaux et leurs insectes que le sous-bois et la faune microscopique du sol.

biophysique [bjɔfizik] n.f. Étude des phénomènes biologiques par les méthodes de la physique : *La production de chaleur, de lumière, de sons constitue une partie de la biophysique.* ◆ **biophysicien** n. Nom du spécialiste.

biopsie [bjɔpsi] n.f. (de *bio-* et du gr. *opsis* "vue"). Prélèvement d'un fragment de tissu sur un être vivant pour son examen histologique.

biorythme [bjɔritm] n.m. Variation périodique régulière d'un phénomène physiologique : *Biorythme respiratoire.*

biosciences [bjɔsjɑ̃s] n.f. pl. Ensemble des sciences de la vie.

biosphère [bjɔsfɛr] n.f. Couche idéale formée par l'ensemble des êtres vivant à la surface du globe terrestre et dans les océans.

biotechnologie [bjɔtɛknɔlɔʒi] et **biotechnique** [bjɔtɛknik] n.f. Technique visant à provoquer et à diriger, en laboratoire, des transformations organiques par l'action des micro-organismes, en vue d'une utilisation industrielle.

biotope [bjɔtɔp] n.m. (de *bio-* et du gr. *topos* "lieu"). ÉCOL. Aire géographique de dimensions variables, souvent très petites, offrant des conditions constantes ou cycliques aux espèces animales et végétales qui la peuplent de manière équilibrée.

bip [bip] n.m. (angl. *beep*, onomat.). - **1.** Signal acoustique bref et répété émis par un appareil. - **2.** Appareil émettant ce signal.

bipale [bipal] adj. Qui a deux pales.

biparti, e [biparti] et (aux deux genres) **bipartite** [bipartit] adj. (de l'anc. fr. *partir* "partager"). - **1.** Divisé en deux sur plus de la moitié de sa longueur : *Feuille bipartite.* - **2.** Constitué par l'association de deux partis politiques : *Gouvernement biparti.*

bipartisme [bipartism] n.m. (de *biparti*). Organisation de la vie politique d'un État en fonction de deux partis ou de deux coalitions de partis qui alternent au pouvoir.

bipartition [bipartisjɔ̃] n.f. (de *partition*). - **1.** Division en deux parties. - **2.** BIOL. Partage d'une cellule vivante en deux cellules filles identiques.

bipasse [bipas] n.m. et **by-pass** [bajpas] n.m. inv. (angl. *by-pass*, de *by* "à côté" et *to pass* "passer"). Circuit d'évitement, de contournement d'un appareil, d'un dispositif, etc., réalisé sur le trajet d'un fluide.

bipède [biped] n. et adj. (lat. *bipes*, de *pes, pedis* "pied"). Animal qui marche sur deux pieds : *Les oiseaux sont des bipèdes.*

bipenné, e [bipene] adj. (du lat. *penna* "plume"). ZOOL. Qui a deux ailes.

biphasé, e [bifaze] adj. (de *phase*). ÉLECTR. Se dit d'un système polyphasé sinusoïdal dont les deux phases fournissent des tensions égales et de signe contraire.

biplace [biplas] adj. et n.m. Se dit d'un véhicule et partic. d'un avion à deux places.

biplan [biplɑ̃] n.m. Avion utilisant deux plans de sustentation placés l'un au-dessus de l'autre.

bipoint [bipwɛ̃] n.m. MATH. Couple de points.

bipolaire [bipɔlɛʀ] adj. - 1. Qui a deux pôles : *Aimant bipolaire.* - 2. Coordonnées bipolaires, système de coordonnées dans lequel un point est déterminé par ses distances à deux points fixes.

bipolarisation [bipɔlaʀizasjɔ̃] n.f. Situation dans laquelle la vie politique s'articule en fonction de deux partis ou de deux coalitions de partis.

bique [bik] n.f. (orig. incert., p.-ê. de *biche*, par croisement avec *bouc*). FAM. Chèvre : *Berger vêtu d'une peau de bique.*

biquet, ette [bikɛ, -ɛt] n. - 1. FAM. Petit de la chèvre, de la bique (syn. chevreau, chevrette). - 2. Terme d'affection : *Mon biquet, ma biquette.*

biquotidien, enne [bikɔtidjɛ̃, -ɛn] adj. Qui a lieu deux fois par jour : *Distribution biquotidienne du courrier.*

biréacteur [biʀeaktœʀ] n.m. Avion à deux turboréacteurs.

biréfringent, e [biʀefʀɛ̃ʒɑ̃, -ɑ̃t] adj. OPT. Qui produit une double réfraction : *Certains cristaux sont biréfringents.*

birman, e [biʀmɑ̃, -an] adj. et n. De la Birmanie. ◆ **birman** n.m. Langue officielle de la Birmanie, du même groupe que le tibétain.

1. bis, e [bi, biz] adj. (orig. obsc.). - 1. Gris foncé ou gris-brun : *Toile bise.* - 2. Pain bis, pain qui contient du son.

2. bis [bis] adv. (mot lat. "deux fois"). Désigne un numéro répété une seconde fois : *Numéro 20 bis.* ◆ interj. et n.m. Cri que l'on adresse à un artiste pour qu'il redonne le passage qu'il vient d'interpréter.

bisaïeul, e [bizajœl] n. (pl. *bisaïeuls, bisaïeules*). LITT. Père, mère des aïeuls.

bisannuel, elle [bizanɥɛl] adj. - 1. Qui revient tous les deux ans : *Conférence bisannuelle* (syn. biennal). - 2. BOT. Plante bisannuelle, plante dont le cycle vital est de deux ans : *La carotte et la betterave sont des plantes bisannuelles.*

bisbille [bisbij] n.f. (it. *bisbiglio* "murmure", d'orig. onomat.). FAM. Querelle de peu d'importance *Être en bisbille avec qqn* (= avoir un différend ; syn. désaccord).

biscornu, e [biskɔʀny] adj. (réfection d'un anc. *biscornu*, de *cornu*, d'après le lat. *bis* "deux fois"). - 1. De forme irrégulière : *Construction biscornue.* - 2. FAM. Bizarre ; extravagant : *Avoir des idées biscornues* (syn. farfelu).

biscotte n.f. (it. *biscotto*, "cuit deux fois" puis "biscuit"). Tranche de pain de mie séchée et grillée au four.

biscuit [biskɥi] n.m. (de *bis*, var. de *bi-*, et *cuit*). - 1. Pâtisserie faite de farine, d'œufs et de sucre ; gâteau sec. - 2. Pâte céramique, notamm. porcelaine cuite deux fois et non émaillée, imitant le marbre. - 3. Objet (figurine, statuette, etc.) fait en cette matière. - 4. Biscuit de marin, de soldat, galette très dure constituant autref. un aliment de réserve pour les troupes.

biscuiterie [biskɥitʀi] n.f. - 1. Fabrication ; commerce des biscuits. - 2. Fabrique de biscuits.

1. bise [biz] n.f. (frq. **bisa*). Vent froid soufflant du nord ou du nord-est.

2. bise [biz] n.f. (de *biser* "embrasser", var. de *baiser*). FAM. Baiser : *Faire la bise à qqn* (= l'embrasser).

biseau [bizo] n.m. (orig. incert., probabl. de *biais*). - 1. Bord taillé obliquement au lieu de former arête à angle droit. - 2. En biseau, taillé obliquement : *Miroir taillé en biseau.*

biseauter [bizote] v.t. - 1. Tailler en biseau. - 2. Marquer des cartes à jouer sur la tranche pour pouvoir les reconnaître et tricher.

biset [bizɛ] n.m. (de *1. bis*). Pigeon sauvage, gris bleuté.

bisexualité [bisɛksɥalite] n.f. - 1. Caractère des plantes et des animaux bisexués. - 2. PSYCHAN. Coexistence, dans le psychisme, de deux potentialités sexuelles, l'une féminine et l'autre masculine. - 3. Pratique sexuelle indifféremment homosexuelle ou hétérosexuelle.

bisexué, e [bisɛksɥe] adj. Se dit d'un être vivant qui possède les organes reproducteurs de deux sexes (syn. hermaphrodite).

bisexuel, elle [bisɛksɥɛl] adj. et n. Qui pratique la bisexualité.

bismuth [bismyt] n.m. (all. *Wismut*). Métal d'un blanc gris rougeâtre, fondant à 270 °C en diminuant de volume, cassant et facile à réduire en poudre et dont certains composés sont utilisés comme médicaments. □ Symb. Bi ; densité 9,8.

bison [bizɔ̃] n.m. (lat. *bison, -ontis*). Grand bovidé sauvage, caractérisé par son cou bossu et son grand collier de fourrure laineuse. □ Le bison, d'Amérique ou d'Europe, ne subsiste plus que dans les réserves ou en captivité. Haut. au garrot 1,80 m env. ; longévité en captivité 30 ans environ.

bisou [bizu] n.m. (de *2. bise*). FAM. Baiser.

bisque [bisk] n.f. (orig. incert., probabl. du n. de la province espagnole de *Biscaye*). Potage fait d'un coulis de crustacés : *Bisque d'écrevisses, de homard.*

bisquer [biske] v.i. FAM. Faire bisquer qqn, lui faire éprouver du dépit, l'agacer.

bissecteur, trice [bisɛktœr, -tris] adj. (de *secteur*). MATH. - **1.** Qui divise en deux parties égales. - **2. Plan bissecteur,** demi-plan mené par l'arête d'un angle dièdre et divisant cet angle en deux angles dièdres égaux. ◆ **bissectrice** n.f. Demi-droite issue du sommet d'un angle et le divisant en deux angles égaux.

bisser [bise] v.t. (de 2. *bis*). Répéter ou faire répéter une fois par des applaudissements : *Bisser un refrain, un acteur.*

bissextile [bisɛkstil] adj. f. (bas lat. *bissextilis*, "qui a deux fois le sixième jour"). **Année bissextile,** année qui comporte un jour de plus en février, soit 366 jours, et qui revient tous les quatre ans. □ Pour être bissextile, une année doit avoir son millésime divisible par 4. Toutefois, les années séculaires ne sont bissextiles que si leurs deux premiers chiffres sont divisibles par 4, comme 1600, 2000, 2400, 2800, etc.

bistouri [bisturi] n.m. (it. *bistorino*, altér. de *pistorino* "poignard de Pistoia [v. d'Italie]". - **1.** Instrument chirurgical à lame courte et tranchante servant à faire des incisions dans les chairs. - **2. Bistouri électrique,** bistouri à pointe utilisant les courants de haute fréquence et servant à la section ou à la coagulation des tissus.

bistre [bistR] n.m. (orig. incert., probabl. de *1. bis*). Préparation de couleur brun noirâtre obtenue à partir de la suie et utilisée jadis pour le lavis. ◆ adj. inv. Gris jaunâtre : *Un teint bistre.*

bistré, e [bistRe] adj. Qui a la couleur du bistre.

bistrot ou **bistro** [bistRo] n.m. (orig. obsc.). - **1.** FAM. Débit de boissons, café. - **2.** Petit restaurant d'habitués. - **3.** Style bistrot, style de meubles, d'objets des bistrots du début du siècle, remis à la mode vers 1960.

bit [bit] n.m. (mot anglo-amér., de *bi*[*nary*][*digi*]*t* "chiffre binaire"). INFORM. Unité élémentaire d'information ne pouvant prendre que deux valeurs distinctes (notées 1 et 0).

bitension [bitɑ̃sjɔ̃] n.f. Caractère d'un appareil électrique pouvant être utilisé sous deux tensions différentes.

bitoniau [bitɔnjo] n.m. (probabl. de *bitton* "petite bitte"). FAM. Petit objet et, en partic., petite partie d'un dispositif mécanique (bouton, vis, etc.).

bitord [bitɔR] n.m. (de *tordre*). MAR. Cordage composé de fils de caret tortillés ensemble.

bitte [bit] n.f. (anc. nordique *biti* "poutre"). Pièce de bois ou d'acier, cylindrique, fixée verticalement sur le pont d'un navire pour enrouler les amarres.

bitumage [bitymaʒ] n.m. Action de bitumer ; état de ce qui est bitumé.

bitume [bitym] n.m. (lat. *bitumen*). Matière organique naturelle ou provenant de la distillation du pétrole, à base d'hydrocarbures, foncée, très visqueuse ou solide, utilisée dans le bâtiment et les travaux publics, notamm. pour le revêtement des routes (syn. usuels asphalte, goudron).

bitumer [bityme] v.t. Enduire, recouvrir de bitume.

bitumeux, euse [bitymø, -øz] adj. Fait avec du bitume : *Revêtement bitumeux.*

bitumineux, euse [bityminø, -øz] adj. Qui contient du bitume ou du goudron, ou qui en produit à la distillation : *Schiste bitumineux.*

biunivoque [biynivɔk] adj. MATH. **Correspondance biunivoque,** correspondance entre deux ensembles telle qu'à chaque élément de l'un corresponde un élément et un seul de l'autre.

bivalent, e [bivalɑ̃, -ɑ̃t] adj. (de *valence*). - **1.** Qui a deux significations ; qui remplit deux fonctions : *Directeur bivalent.* - **2.** CHIM. Qui possède la valence 2, en parlant d'un corps. - **3. Logique bivalente,** logique qui ne considère que deux valeurs de vérité, le vrai et le faux.

bivalve [bivalv] adj. Qui a deux valves : *Une coquille bivalve.* ◆ n.m. *Bivalves,* mollusques lamellibranches, à coquille bivalve, comprenant les moules, les huîtres, les coques. □ Les bivalves forment une classe.

bivouac [bivwak] n.m. (suisse all. *Biwacht* "service de garde supplémentaire"). - **1.** Campement léger et provisoire en plein air. - **2.** Lieu de ce campement.

bivouaquer [bivwake] v.i. Camper en plein air ; installer un bivouac.

bizarre [bizar] adj. (it. *bizzarro* "coléreux"). Qui s'écarte de l'usage commun, de ce qui est considéré comme normal : *Elle est vraiment bizarre !* (syn. étrange). *Avoir des idées bizarres* (syn. extravagant). *Elle était affublée d'un vêtement bizarre* (syn. cocasse).

bizarrement [bizarmɑ̃] adv. De façon bizarre : *Et, bizarrement, tout le monde se mit à rire.*

bizarrerie [bizarri] n.f. - **1.** Caractère de ce qui est bizarre, étrange : *Singulière bizarrerie de l'orthographe !* - **2.** Chose ou action bizarre, surprenante : *Encore une de ses bizarreries !* (syn. extravagance, excentricité).

bizarroïde [bizarɔid] adj. FAM. Bizarre, insolite, en parlant de qqch : *Qu'est-ce que c'est, cet objet bizarroïde ?*

bizut ou **bizuth** [bizy] n.m. (orig. obsc.). - 1. ARG. SCOL. Élève de première année, notamm. dans une grande école et dans les classes des lycées qui y préparent. - 2. FAM. Novice ; débutant.

bizutage [bizytaʒ] n.m. ARG. SCOL. Action de bizuter.

bizuter [bizyte] v.t. ARG. SCOL. Faire subir des brimades à un bizut à titre d'initiation.

bla-bla [blabla] et **bla-bla-bla** [blablabla] n.m. inv. (onomat.). FAM. Discours vide, sans intérêt ; verbiage.

blackbouler [blakbule] v.t. (angl. *to blackball* "rejeter avec une boule noire"). - 1. FAM. Évincer qqn, lui infliger un échec. - 2. Repousser par un vote : *Il a été blackboulé aux dernières élections* (syn. battre).

black-out [blakaut] n.m. inv. (de l'angl. *black* "noir" et *out* "dehors"). - 1. Mesure de défense antiaérienne, qui consiste à plonger une ville dans l'obscurité totale. - 2. Faire le black-out, faire le silence complet sur une information.

black-rot [blakrɔt] n.m. (mot angl. "pourriture noire") [pl. *black-rots*]. Maladie de la vigne due à un champignon microscopique, formant des taches noires sur les feuilles.

blafard, e [blafar] adj. (moyen haut all. *bleichvar*). Pâle ; d'un blanc terne : *Teint blafard* (syn. blème). *Lumière blafarde*.

blaff [blaf] n.m. (mot du créole antillais). Poisson cuit dans un court-bouillon à la tomate : *Un blaff de requin*. □ Cuisine antillaise.

1. **blague** [blag] n.f. (orig. incert., p.-ê. du néerl. *blagen* "se boursoufler"). Petit sac à tabac.

2. **blague** [blag] n.f. (de *1. blague*, en raison du sens de "gonflé", donc "mensonger"). FAM. - 1. Histoire imaginée pour faire rire ou pour tromper : *Ne raconte pas de blague, dis la vérité.* - 2. Faute commise par légèreté, par distraction : *Il a fait des blagues dans sa jeunesse* (syn. erreur).

blaguer [blage] v.i. FAM. Dire des blagues. ◆ v.t. FAM. Railler sans méchanceté : *On l'a un peu blaguée sur son nouveau chapeau* (syn. taquiner).

blagueur, euse [blagœr, -øz] adj. et n. FAM. Qui dit des blagues ; qui aime blaguer : *Ton fils est un sacré blagueur* (syn. plaisantin).

blaireau [blero] n.m. (de l'anc. fr. *bler* "tacheté", d'orig. gaul.). - 1. Mammifère carnassier, plantigrade, omnivore, commun dans les bois d'Europe occidentale, où il creuse des terriers. □ Famille des mustélidés ; long. 70 cm ; poids 20 kg. - 2. Gros pinceau, à l'origine en poils de blaireau pour savonner la barbe.

blairer [blere] (de *blair*, arg. pour "nez", de *blaireau*). FAM. (Surtout en tournure nég.). Supporter : *Ne pas pouvoir blairer qqn* (= le détester).

blâmable [blamabl] adj. Qui mérite le blâme : *Une conduite, un acte blâmables* (syn. condamnable ; contr. louable).

blâme [blam] n.m. (de *blâmer*). - 1. Sanction disciplinaire consistant en une réprimande officielle : *Infliger un blâme à un employé.* - 2. Jugement condamnant la conduite ou les paroles de qqn : *Ce silence du public constitue pour lui un blâme sévère* (syn. désapprobation).

blâmer [blame] v.t. (lat. pop. *blastemare*, class. *blasphemare* ; v. blasphémer). - 1. Désapprouver, réprouver : *Blâmer la conduite de qqn* (syn. critiquer ; contr. louer). *Il faut le plaindre et non le blâmer* (syn. réprimander ; contr. complimenter). - 2. Infliger un blâme à qqn : *Blâmer un élève.*

2. **blanc, blanche** [blɑ̃, blɑ̃ʃ] n. - 1. (Avec une majuscule). Personne appartenant à la race blanche, race (dite aussi *leucoderme*) caractérisée par une pigmentation très légère de la peau (par opp. à *Noir, Jaune*) : *Des Blancs ont ouvert un magasin dans le quartier noir*. - 2. HIST. Les Blancs, les partisans du tsar de Russie, pendant la guerre civile, de 1917 à 1922 (par opp. aux *Rouges*) ; les partisans de la monarchie, pendant la Révolution française. ◆ adj. - 1. Qui appartient à la race blanche, qui relève de la race blanche : *Un saxophoniste blanc. La colonisation blanche.* - 2. Relatif aux Blancs, en Russie ; relatif aux Blancs pendant la Révolution française : *Les Russes blancs. La Terreur blanche.*

3. **blanc** [blɑ̃] n.m. - 1. Couleur blanche résultant de la combinaison de toutes les couleurs du spectre solaire : *Il a les dents d'un blanc éclatant. Un blanc mat.* - 2. Matière colorante blanche : *Un tube de blanc.* - 3. Partie blanche de qqch : *Blanc de poulet. Blanc d'œuf. Blanc de l'œil.* - 4. Vin blanc : *Acheter deux bouteilles de blanc.* - 5. Vêtement de couleur blanche ; linge de maison : *Elle s'est mariée en blanc. Exposition de blanc.* - 6. Partie d'une page où rien n'est écrit ni imprimé : *Laisser un blanc entre deux paragraphes.* - 7. Silence dans un débat, une conversation ; lacune dans un récit : *Il y a des blancs dans votre histoire.* - 8. Blanc de baleine, substance huileuse contenue dans la tête du cachalot et utilisée en cosmétique (syn. spermaceti). ‖ Blanc de champignon, mycélium du champignon de couche servant à sa multiplication dans les champignonnières. ‖ Chauffer un métal à blanc, le chauffer au point de le rendre blanc. ‖ Regarder qqn dans le blanc des yeux, le regarder en face et avec fermeté. ‖ Signer en blanc, apposer sa signature sur un

papier en laissant la place pour écrire qqch dont on assume par avance la responsabilité : *Signer un chèque en blanc.* ‖ **Tir à blanc,** tirer à blanc, tir d'exercice avec une cartouche dite *à blanc,* sans projectile ; tirer avec une telle cartouche.

blanchaille [blɑ̃ʃaj] n.f. PÊCHE. Menus poissons blancs (ablette, gardon, etc.) que l'on pêche à la ligne ou qui servent d'appât.

blanchâtre [blɑ̃ʃɑtʀ] adj. D'une couleur qui tire sur le blanc : *Des nuages blanchâtres.*

blanche [blɑ̃ʃ] n.f. MUS. Note valant la moitié d'une ronde.

blancheur [blɑ̃ʃœʀ] n.f. Caractère de ce qui est blanc ; fait d'être blanc : *Teint d'une blancheur maladive.*

blanchiment [blɑ̃ʃimɑ̃] n.m. **-1.** Action de blanchir ; fait d'être blanchi : *Le blanchiment d'une paroi.* **-2.** TECHN. Action de décolorer certaines matières (pâte à papier, fibres textiles, etc.) en utilisant des solutions chimiques. **-3.** Action de blanchir de l'argent.

blanchissage [blɑ̃ʃisaʒ] n.m. **-1.** Action de blanchir le linge. **-2.** Action de raffiner le sucre.

blanchissant, e [blɑ̃ʃisɑ̃, -ɑ̃t] adj. **-1.** Qui rend blanc : *Produit blanchissant.* **-2.** Qui commence à blanchir : *Chevelure blanchissante.*

blanchissement [blɑ̃ʃismɑ̃] n.m. Fait de blanchir, de devenir blanc.

blanchisserie [blɑ̃ʃisʀi] n.f. **-1.** Entreprise ou magasin qui se charge du lavage et du repassage du linge. **-2.** Métier de blanchisseur : *Travailler dans la blanchisserie.*

blanchisseur, euse [blɑ̃ʃisœʀ, -øz] n. Personne dont le métier est de laver et de repasser le linge.

blanchon [blɑ̃ʃɔ̃] n.m. CAN. Petit du phoque, à fourrure blanche.

blanc-seing [blɑ̃sɛ̃] n.m. (pl. *blancs-seings*). **-1.** Feuille blanche au bas de laquelle on appose sa signature et que l'on confie à qqn pour qu'il la remplisse à son gré. **-2.** Liberté d'action : *Donner un blanc-seing à un subordonné.*

blanquette [blɑ̃kɛt] n.f. (de *blanc*). Ragoût de viande blanche (veau, agneau, volaille, etc.).

blasé, e [blɑze] adj. et n. Qui ne s'intéresse plus à rien, ne s'enthousiasme plus pour rien (syn. désenchanté).

blaser [blɑze] v.t. (orig. incert., probabl. du néerl. *blasen* "gonfler"). Rendre qqn indifférent, incapable d'émotions : *Ses nombreux voyages l'ont blasé. Je suis blasé de ce genre de film* (syn. lasser).

blason [blɑzɔ̃] n.m. (orig. incert., probabl. du frq. **blasjan* "enflammer"). **-1.** Ensemble des armoiries qui composent un écu : *Les fleurs*

de lis du blason de la maison de France. **-2.** Court poème en vogue au XVIᵉ s., décrivant qqn ou qqch sous forme d'éloge ou de satire.

blasphémateur, trice [blasfematœʀ, -tʀis] n. et adj. Personne qui blasphème : *Un écrivain blasphémateur.*

blasphématoire [blasfematwaʀ] adj. Qui contient ou qui constitue un blasphème : *Une attaque blasphématoire* (syn. sacrilège, impie).

blasphème [blasfɛm] n.m. (lat. *blasphemia*, mot gr. "parole impie"). Parole, discours qui insulte violemment la divinité, la religion ou ce qui est considéré comme sacré et respectable : *Proférer des blasphèmes* (syn. juron).

blasphémer [blasfeme] v.t. et v.i. (lat. *blasphemare*, du gr. *blasphêmein* "outrager") [conj. 18]. Proférer des blasphèmes contre qqn, qqch : *Blasphémer le nom de Dieu. Blasphémer contre la religion.*

blastoderme [blastɔdɛʀm] n.m. (du gr. *blastos* "bourgeon" et *derma* "peau"). BIOL. Ensemble de cellules de l'œuf qui formeront l'embryon animal.

blatérer [blateʀe] v.i. (lat. *blaterare*) [conj. 18]. Émettre un cri, en parlant du chameau, du bélier.

blatte [blat] n.f. (lat. *blatta*). Insecte aplati, de mœurs nocturnes, appelé aussi *cafard* ou *cancrelat,* et que l'on trouve surtout dans les lieux obscurs et chauds. □ Ordre des dictyoptères.

blazer [blazœʀ] ou [blazɛʀ] n.m. (mot angl., de *to blaze* "flamboyer"). Veste croisée ou droite, le plus souvent en flanelle grise ou bleu marine.

blé [ble] n.m. (frq. **blad* "produit de la terre"). **-1.** Plante herbacée annuelle qui produit le grain (caryopse) dont on tire la farine pour faire notamm. le pain et les pâtes alimentaires. □ Famille des graminées. **-2.** Blé noir, sarrasin. ‖ *Manger son blé en herbe,* dépenser d'avance son revenu.

bled [blɛd] n.m. (mot ar. "pays, région"). **-1.** Intérieur des terres, en Afrique du Nord. **-2.** FAM. Village, localité isolés.

blême [blɛm] adj. (de *blêmir*). **-1.** Très pâle, en parlant du visage, du teint de qqn : *En apprenant la nouvelle, il devint blême* (syn. livide). *Être blême de rage* (syn. blanc). **-2.** D'un blanc mat et terne : *Petit matin blême* (syn. blafard).

blêmir [blemiʀ] v.i. (frq. **blesmjan,* de **blasmi* "couleur pâle") [conj. 32]. Devenir blême : *Blêmir de froid.*

blêmissement [blemismɑ̃] n.m. Fait de blêmir.

blende [blɛ̃d] n.f. (mot all.). Sulfure naturel de zinc, principal minerai de ce métal. □ Symb. ZnS.

blennorragie [blenɔraʒi] n.f. (du gr. *blenna* "mucus" et *rhagê*, "éruption"). Infection des organes génito-urinaires, due au gonocoque. □ La blennorragie est une maladie sexuellement transmissible qu'on traite par les antibiotiques.

blessant, e [blesɑ̃, -ɑ̃t] adj. Qui blesse moralement : *Paroles, critiques blessantes* (syn. offensant, vexant). *Elle s'est montrée blessante* (syn. cassant, arrogant).

blessé, e [blese] adj. et n. - 1. Qui a reçu une, des blessures ; mutilé : *Blessés légers. Blessés graves ou grands blessés. Un blessé de guerre.* - 2. Qui a été offensé : *Profondément blessé dans son amour-propre, il garda le silence.*

blesser [blese] v.t. (anc. fr. *blecier*, frq. *blettjan* "meurtrir"). - 1. Frapper ou percuter en faisant une plaie, une contusion, une fracture, etc. : *Blesser qqn avec un couteau.* - 2. Causer une douleur plus ou moins vive à qqn : *Ces chaussures neuves me blessent.* - 3. Causer une sensation désagréable, insupportable sur un organe des sens : *Sons aigus qui blessent l'oreille* (syn. écorcher). - 4. Faire souffrir, atteindre qqn moralement : *Il l'a blessé sans le vouloir* (syn. offenser, froisser). - 5. LITT. Porter préjudice à qqn : *Cette clause blesse vos intérêts* (syn. léser). ◆ **se blesser** v.pr. - 1. Se faire une blessure : *Il s'est blessé avec un tournevis.* - 2. Ressentir une douleur morale à la suite d'une offense : *Tu te blesses pour peu de chose* (syn. se vexer, se formaliser).

blessure [blesyʀ] n.f. (de *blesser*). - 1. Lésion de l'organisme produite par un choc, un coup, un objet piquant ou tranchant, une arme à feu, etc. : *Ses blessures sont superficielles. Être condamné pour coups et blessures.* - 2. Souffrance morale ou psychologique : *Blessure d'amour-propre. Cette visite a ravivé d'anciennes blessures.*

blet, blette [blɛ, blɛt] adj. (de l'anc. fr. *blecier* ; v. *blesser*). Trop mûr et altéré, en parlant d'un fruit : *Poire blette.*

blette n.f. → **bette**.

blettir [bletiʀ] v.i. [conj. 32]. Devenir blet.

1. bleu, e [blø] adj. (frq. *blao*) [pl. *bleus, bleues*]. - 1. De la couleur du ciel sans nuages, de l'azur : *De beaux yeux bleus. Un ruban bleu ciel. Une jupe bleu marine.* - 2. Se dit de la peau, d'une partie du corps qui présente une couleur bleuâtre sous l'effet du froid, d'une contusion ou d'une émotion : *Elle avait les pieds bleus de froid.* - 3. Se dit d'une viande grillée très peu cuite, très saignante : *Manger un steak bleu.* - 4. Colère bleue, peur bleue, colère très violente, peur très intense : *Il a une peur bleue des interventions chirurgicales.* ‖ Maladie bleue, malformation du cœur entraînant une coloration bleue de la peau par insuffisance d'oxygénation du sang : *On appelle « enfant bleu » un enfant atteint de maladie bleue.* ‖ Sang bleu, sang noble : *Avoir du sang bleu dans les veines.*

2. bleu [blø] n.m. (pl. *bleus*). - 1. Couleur bleue : *Bleu ciel. Bleu lavande. Bleu nuit. Bleu électrique* (= bleu vif et très lumineux). *Bleu pétrole* (= bleu soutenu qui tire sur le vert). *Bleu de Prusse* (= bleu foncé mêlé de vert). *Bleu roi* (= bleu soutenu ; couleur du drapeau français). - 2. Matière colorante bleue : *Passer une couche de bleu sur un mur.* - 3. Ecchymose : *Se faire un bleu au genou.* - 4. Vêtement de travail en grosse toile bleue : *Bleu de travail, de chauffe.* - 5. Fromage à moisissures bleues : *Bleu d'Auvergne, de Bresse.* - 6. FAM. Jeune soldat ; nouveau venu : *Il est nouveau dans le métier, c'est encore un bleu.* - 7. Au bleu, se dit d'un mode de cuisson de certains poissons qui sont jetés vivants dans un court-bouillon additionné de vinaigre. ‖ HIST. Les bleus, nom donné aux soldats de la République, vêtus d'un uniforme bleu, par les vendéens, pendant la période révolutionnaire.

bleuâtre [bløɑtʀ] adj. D'une couleur qui tire sur le bleu : *Une lueur bleuâtre.*

bleuet [bløɛ] n.m. - 1. Plante à fleurs bleues, très commune dans les blés. □ Famille des composées ; genre des centaurées. - 2. CAN. Petite baie bleue, comestible, proche de la myrtille.

bleuir [bløiʀ] v.t. [conj. 32]. Rendre bleu ; faire paraître bleu : *Le froid bleuissait ses mains.* ◆ v.i. Devenir bleu : *Le sommet des montagnes bleuit.*

bleuissement [bløismɑ̃] n.m. Fait de devenir bleu ; état de ce qui bleuit : *Le bleuissement des lèvres.*

bleuté, e [bløte] adj. Légèrement bleu : *Des paupières bleutées.*

blindage [blɛ̃daʒ] n.m. - 1. Action de blinder : *Procéder au blindage d'une porte.* - 2. Revêtement métallique de protection contre les effets des projectiles. - 3. Plaque de métal installée derrière une porte pour la renforcer, empêcher l'effraction. - 4. Dispositif de protection contre les rayonnements électromagnétiques et nucléaires.

1. blindé, e [blɛ̃de] adj. - 1. Recouvert d'un blindage : *Porte blindée.* - 2. Protégé contre les phénomènes magnétiques extérieurs, en parlant d'un appareil électrique. - 3. Division blindée, grande unité composée surtout d'engins blindés (abrév. *D. B.*).

2. blindé [blɛ̃de] n.m. Véhicule de combat pourvu d'un blindage d'acier (automitrailleuse, char).

blinder [blɛ̃de] v.t. (all. *blenden* "aveugler"). - 1. Protéger par un blindage : *Blinder un* *navire, une porte.* **- 2.** Rendre moins vulnérable : *Les épreuves l'ont blindé* (syn. **endurcir**).

blini [blini] n.m. (russe *blin*). Petite crêpe chaude épaisse servie avec certains hors-d'œuvre. □ Cuisine russe.

blister [blistɛʀ] n.m. (mot angl. "cloque, boursouflure"). Emballage constitué d'une coque de plastique transparent collée sur du carton, pour présenter des marchandises de petite taille : *Cassettes, vis vendues sous blister.*

blizzard [blizaʀ] n.m. (orig. obsc.). Vent du nord glacial, accompagné de tempêtes de neige, qui souffle sur le Canada et le nord des États-Unis en hiver et au printemps.

bloc [blɔk] n.m. (mot néerl. "tronc d'arbre abattu"). **- 1.** Masse compacte et pesante : *Un bloc de granite.* **- 2.** Ensemble solide, compact : *Bloc d'immeubles. Ces propositions forment un bloc qu'on ne peut dissocier* (= un tout). **- 3.** Ensemble de feuilles collées les unes aux autres et facilement détachables ; bloc-notes : *Bloc de papier à lettres.* **- 4.** Union, groupement de partis, d'États, dont les intérêts ou les idéaux sont communs : *Bloc occidental. Le Bloc des gauches* (= coalition des socialistes et des radicaux français, de 1899 à 1904). **- 5.** ARG. Prison civile ou militaire : *Aller au bloc.* **- 6.** À **bloc**, à fond : *Serrer un écrou à bloc.* ‖ **En bloc**, en totalité, sans faire le détail : *Il a tout acheté en bloc. Rejeter une théorie en bloc.* ‖ **Faire bloc**, s'unir de manière étroite avec qqn, un groupe, pour résister, lutter ou s'imposer. ‖ **Bloc (opératoire)**, ensemble des installations servant aux opérations chirurgicales.

blocage [blɔkaʒ] n.m. **- 1.** Action de bloquer ; fait d'être bloqué : *Blocage des freins. Blocage des prix, des salaires.* **- 2.** Impossibilité d'agir ou de réagir intellectuellement dans une situation donnée : *Avoir, faire un blocage en mathématiques.* **- 3.** Maçonnerie formée de matériaux divers, irréguliers, jetés dans un mortier.

bloc-cylindres [blɔksilɛ̃dʀ] n.m. (pl. *blocs-cylindres*). Ensemble des cylindres d'un moteur en une seule pièce venue de fonderie.

bloc-évier [blɔkevje] n.m. (pl. *blocs-éviers*). Élément de cuisine préfabriqué comprenant une ou plusieurs cuves et une ou plusieurs paillasses.

blockhaus [blɔkos] n.m. (mot all., de *Block* "bloc" et *Haus* "maison"). **- 1.** Ouvrage fortifié ou blindé, pour la défense. **- 2.** Poste de commandement blindé des grands navires militaires modernes.

bloc-moteur [blɔkmɔtœʀ] n.m. (pl. *blocs-moteurs*). Ensemble du moteur, de l'embrayage et de la boîte de vitesses d'une automobile ou d'un camion.

bloc-notes [blɔknɔt] n.m. (pl. *blocs-notes*). Ensemble de feuilles de papier détachables sur lesquelles on prend des notes ; bloc.

blocus [blɔkys] n.m. (néerl. *blochuus* "fortin"). **- 1.** Investissement d'une ville, d'un port, d'un pays tout entier pour l'empêcher de communiquer avec l'extérieur et de se ravitailler. **- 2.** Blocus économique, ensemble des mesures prises contre un pays pour le priver de toute relation commerciale.

blond, e [blɔ̃, -ɔ̃d] adj. (germ. **blund*). **- 1.** Entre le châtain clair et le doré : *Barbe blonde.* **- 2.** Bière blonde, bière fabriquée à partir de malts de couleur claire : *Boire une bière blonde* (on dit aussi *une blonde*). ‖ **Tabac blond**, tabac dont la fermentation a été arrêtée au stade du jaunissement de la feuille (par opp. à *tabac brun*). ◆ adj. et n. Qui a des cheveux blonds : *Une blonde aux yeux verts.* ◆ **blond** n.m. Couleur blonde : *Blond platiné. Blond vénitien.*

blondasse [blɔ̃das] adj. D'un blond fade.

blonde [blɔ̃d] n.f. **- 1.** Cigarette de tabac blond : *Fumer des blondes.* **- 2.** CAN. Petite amie ; compagne : *Je te présente ma blonde.* **- 3.** Dentelle aux fuseaux, faite tout d'abord en soie écrue. (v. aussi *blond*.)

blondeur [blɔ̃dœʀ] n.f. Qualité de ce qui est blond : *Sa robe noire faisait ressortir sa blondeur.*

blondinet, ette [blɔ̃dinɛ, -ɛt] adj. et n. Qui a les cheveux blonds, en parlant d'un enfant, d'une personne très jeune.

blondir [blɔ̃diʀ] v.i. [conj. 32] Devenir blond : *Ses cheveux blondissent au soleil.* ◆ v.t. Rendre blond ou plus blond : *Un produit qui blondit les cheveux.*

bloquer [blɔke] v.t. (de *bloc*). **- 1.** Empêcher qqch de bouger, de se déplacer : *Bloquer une porte. Bloquer une roue avec une cale* (syn. **immobiliser**). **- 2.** Retenir qqn en un lieu : *Être bloqué chez soi à cause d'un rendez-vous* (syn. **coincer**). **- 3.** Serrer au maximum : *Bloquer des freins, un écrou.* **- 4.** Rendre un accès, une voie impraticables : *La voie ferrée est bloquée par des éboulements* (syn. **obstruer**). **- 5.** Interdire tout mouvement à qqn, à un véhicule : *Un accident nous a bloqués sur le périphérique.* **- 6.** Consacrer une certaine période de temps à qqch ; rassembler des choses à faire dans cette période : *Bloquer une journée pour des examens médicaux. Bloquer tous ses rendez-vous en début de semaine.* **- 7.** Suspendre la libre disposition de biens ; empêcher tout mouvement d'augmentation : *Bloquer 6 000 F sur son compte. Bloquer les crédits, les salaires* (syn. **geler**). **- 8.** Empêcher qqn de poursuivre son action : *Le manque de documents me bloque dans ma rédaction.* **- 9.** Provoquer un blocage psychologique chez qqn : *La hantise de l'échec* *la bloque.* - **10.** Bloquer un ballon, l'arrêter net dans sa course.

se blottir [blɔtiʀ] v.pr. (probabl. du bas all. *blotten* "écraser") [conj. 32]. Se recroqueviller, se replier sur soi-même ; se réfugier contre qqch : *Se blottir dans un coin. Se blottir contre l'épaule de sa mère* (syn. se pelotonner).

blousant, e [bluzɑ̃, -ɑ̃t] adj. Qui blouse, en parlant d'un vêtement ; bouffant : *Chemisier blousant.*

blouse [bluz] n.f. (orig. obsc.). - **1.** Vêtement de travail porté pour se protéger, pour protéger ses vêtements : *Blouse d'infirmière.* - **2.** Corsage de femme de forme ample (syn. chemisier).

1. blouser [bluze] v.t. (de *blouse* "trou aux coins d'un billard", d'orig. obsc.). FAM. Induire qqn en erreur : *Il s'est fait blouser* (syn. tromper, abuser).

2. blouser [bluze] v.i. (de *blouse*). Avoir de l'ampleur donnée par des fronces, en parlant d'un vêtement.

blouson [bluzɔ̃] n.m. (de *blouse*). - **1.** Veste d'allure sportive, courte et ample, serrée à la taille par une bande qui la fait blouser : *Un blouson en daim.* - **2.** VIEILLI. Blouson noir, jeune voyou vêtu d'un blouson de cuir noir dans la décennie 1955-1965 ; jeune délinquant.

blue-jean [bludʒin] ou **blue-jeans** [bludʒins] n.m. (mot anglo-amér. "treillis bleu") [pl. *blue-jeans*]. Syn. de *jean.*

blues [bluz] n.m. (mot anglo-amér., de la loc. *blue devils* "idées noires"). - **1.** Complainte du folklore noir américain, caractérisée par une formule harmonique constante et un rythme à quatre temps, dont le style a influencé le jazz dans son ensemble. - **2.** FAM. Avoir le blues, être triste, mélancolique.

bluette [blɥɛt] n.f. (p.-ê. de l'anc. fr. *belluer* ; v. *berlue*). Historiette sentimentale sans prétention.

bluff [blœf] n.m. (mot anglo-amér.). - **1.** Procédé pratiqué surtout au poker et qui consiste à miser gros sans avoir un bon jeu, pour que l'adversaire renonce à jouer. - **2.** Attitude, action destinée à faire illusion, à donner le change : *Ne t'engage pas dans cette affaire, c'est du bluff.*

bluffer [blœfe] v.t. et v.i. - **1.** Faire un bluff, au poker. - **2.** Donner le change en essayant de cacher sa situation réelle ou ses intentions : *Il bluffe pour faire reculer son adversaire.*

bluffeur, euse [blœfœʀ, -øz] n. et adj. Personne qui bluffe, qui a l'habitude de bluffer.

blutage [blytaʒ] n.m. Action de bluter.

bluter [blyte] v.t. (néerl. *biutelen*). Faire passer la farine à travers un tamis pour la séparer du son.

blutoir [blytwaʀ] n.m. Grand tamis pour bluter la farine.

boa [bɔa] n.m. (mot lat. "serpent d'eau"). - **1.** Serpent d'Amérique tropicale, non venimeux, se nourrissant d'animaux qu'il étouffe. □ Famille des boïdés ; long. max. 6 m. - **2.** Rouleau de plumes ou de fourrure, évoquant un serpent par sa forme, que les femmes portaient autour du cou vers 1900.

boat people [botpipəl] n. inv. (mots angl. "gens des bateaux"). Réfugié fuyant son pays sur une embarcation de fortune.

bob [bɔb] n.m. (de l'anglo-amér. *Bob* [dimin. de *Robert*], qui désignait les soldats américains, porteurs de tels chapeaux). Chapeau d'été en toile, en forme de cloche et dont on peut relever les bords.

bobard [bɔbaʀ] n.m. (probabl. d'un rad. onomat., *bob*, exprimant le mouvement des lèvres, la moue). FAM. Fausse nouvelle (syn. mensonge).

bobèche [bɔbɛʃ] n.f. (probabl. du même rad. onomat. que *bobine*). Disque de verre ou de métal adapté à un bougeoir pour arrêter les coulures de bougie fondue.

bobinage [bɔbinaʒ] n.m. - **1.** Action de bobiner ; état de ce qui est bobiné. - **2.** ÉLECTR. Enroulement de conducteurs formant, sur une machine ou un appareil, un même circuit électrique.

bobine [bɔbin] (probabl. d'un rad. onomat. *bob*, exprimant le mouvement des lèvres, d'où le gonflement). - **1.** Petit cylindre en bois, en métal ou en plastique, autour duquel on enroule du fil, de la ficelle, des rubans, des pellicules photographiques, etc. - **2.** Le cylindre et la matière enroulée : *Une bobine de fil bleu.* - **3.** ÉLECTR. Ensemble de spires conductrices, généralement coaxiales, connectées en série. - **4.** FAM. Visage ; expression du visage : *Tu fais une de ces bobines, aujourd'hui !* (= tu as l'air de mauvaise humeur). - **5.** Bobine d'allumage, petite bobine parcourue par un courant périodiquement interrompu, servant à allumer le mélange d'un moteur à explosion.

bobineau n.m. → **bobinot.**

bobiner [bɔbine] v.t. Enrouler du fil, de la ficelle, une pellicule, etc., sur une bobine.

bobinot ou **bobineau** [bɔbino] n.m. - **1.** Support autour duquel on bobine les fibres textiles. - **2.** Film ou bande vidéo en rouleau utilisés dans les studios de télévision.

bobo [bɔbo] n.m. (onomat.). Douleur ou blessure légère (surtout dans le langage enfantin).

bobsleigh [bɔbslɛg] n.m. (mot angl., de *to bob* "être ballotté" et *sleigh* "traîneau"). Traîneau sur lequel peuvent prendre place plusieurs personnes pour effectuer des glissades sur des pistes de glace ; sport pratiqué avec cet engin. (Abrév. *bob.*) □ Le bobsleigh est une discipline olympique depuis 1924.

bocage [bɔkaʒ] n.m. (mot normand, de l'anc. fr. *bosc,* var. de *bois*). Région où les champs et les prés sont enclos par des levées de terre portant des haies ou des rangées d'arbres et où l'habitat est dispersé en fermes et en hameaux.

bocager, ère [bɔkaʒe, -ɛr] adj. Du bocage : *Région bocagère.*

bocal [bɔkal] n.m. (it. *boccale,* bas lat. *baucalis* "vase à rafraîchir", du gr.) [pl. *bocaux*]. Récipient en verre à large ouverture à col très court.

bock [bɔk] n.m. (de l'all. *Bockbier,* n. d'une bière). **-1.** Verre à bière d'une contenance d'un quart de litre. **-2.** Récipient muni d'un tube souple auquel est adaptée une canule pour les lavements.

body [bɔdi] n.m. (angl. *body* "corps"). Vêtement moulant, porté à même la peau, qui combine un haut et un slip ouvert à l'entrejambe.

body-building [bɔdibildiŋ] n.m. (mots angl., de *body* "corps" et to *build* "construire") [pl. *body-buildings*]. Syn. de *culturisme.*

boette [bwat] n.f. (breton *boet* "nourriture"). Appât que l'on met à l'hameçon pour la pêche en mer. **Rem.** On trouve plusieurs variantes graphiques, dont *boëtte* et *boitte.*

bœuf [bœf], au pl. [bø] n.m. (lat. *bos, bovis*). **-1.** Mâle de la famille des bovidés (bison, yack, buffle, zébu). **-2.** Mâle châtré adulte de l'espèce bovine. □ Le bœuf beugle, mugit ou meugle. **-3.** Viande de cet animal. **-4.** MUS. Réunion de musiciens de jazz jouant pour leur seul plaisir : *Faire un bœuf.* **-5.** Être fort comme un bœuf, être très robuste, très vigoureux. ‖ FAM. Souffler comme un bœuf, être très essoufflé ; souffler bruyamment. ◆ adj. inv. FAM. Très étonnant, inattendu : *Faire un effet bœuf.*

bof [bɔf] interj. (onomat.). Exprime un doute moqueur, l'ironie ou l'indifférence : *Bof ! Ça ne m'étonne pas d'elle.*

bogie ou **boggie** [bɔʒi] n.m. (angl. *bogie*). Châssis à deux, parfois trois essieux portant l'extrémité d'un véhicule ferroviaire et relié au châssis principal par une articulation à pivot.

1. **bogue** [bɔg] n.f. (breton *bolc'h*). Enveloppe du marron, de la châtaigne, recouverte de piquants.

2. **bogue** [bɔg] n.m. (angl. *bug* "bestiole" puis "défaut"). INFORM. Recomm. off. pour *bug.*

bohème [bɔɛm] adj. et n. (de *Bohême*). VIEILLI. Non-conformiste, dont les habitudes de vie sont irrégulières : *Il est très bohème. Allure bohème* (syn. fantaisiste, artiste). ◆ n.f. La *bohème,* le milieu des artistes, des écrivains, etc., qui mènent une vie au jour le jour, en marge du conformisme social et de la respectabilité ; ce genre de vie.

bohémien, enne [bɔemjɛ̃, -ɛn] n. (de *Bohême*). **-1.** VIEILLI. Tsigane : *Campement de bohémiens.* **-2.** Nomade, vagabond (péjor.). ◆ adj. Relatif aux bohémiens, aux Tsiganes.

1. **boire** [bwar] v.t. (lat. *bibere*) [conj. 108]. **-1.** Avaler un liquide ; se désaltérer, se rafraîchir : *Boire du thé. Boire un verre d'eau.* **-2.** Absorber un liquide, en parlant de qqch : *Papier qui boit l'encre.* **-3.** Boire les paroles de qqn, l'écouter très attentivement, avec admiration. ‖ Il y a à boire et à manger, il y a dans cette affaire des avantages et des inconvénients, du vrai et du faux. ◆ v.i. Absorber de l'alcool avec excès : *Son mari boit* (= c'est un alcoolique).

2. **boire** [bwar] n.m. Fait de boire : *En perdre le boire et le manger* (= être si absorbé par qqch qu'on en oublie les nécessités de la vie).

bois [bwa] n.m. (lat. médiév. *boscus,* frq. *bosk* "buisson"). **-1.** Lieu, terrain couvert ou planté d'arbres : *Un bois de châtaigniers. Le bois de Boulogne.* **-2.** Matière compacte, plus ou moins dure et recouverte d'écorce, constituant l'essentiel du tronc, des racines et des branches des arbres : *Bois de menuiserie, de charpente. Bois blanc* (= hêtre, sapin, peuplier). **-3.** Objet ou partie d'un objet en bois : *Le bois d'une hache.* **-4.** FAM. Avoir la gueule de bois, avoir mal à la tête et la langue pâteuse après des excès d'alcool. ‖ Faire feu ou faire flèche de tout bois, utiliser toutes les ressources possibles pour atteindre un but. ‖ N'être pas de bois, être vulnérable aux tentations d'ordre érotique. ‖ Toucher du bois, conjurer le mauvais sort en touchant un objet en bois. ◆ n.m.pl. **-1.** Famille des instruments à vent, en bois (hautbois, clarinette, cor anglais, basson) ou dont le timbre est comparable à celui des instruments en bois (flûte, saxophone). **-2.** Cornes caduques des cervidés.

boisage [bwazaʒ] n.m. MENUIS. Action de boiser ; fait d'être boisé, et spécial. ensemble des éléments de soutènement (en bois ou en métal) des chantiers d'exploitation et des galeries d'une mine.

boisé, e [bwaze] adj. Couvert d'arbres : *Pays boisé.*

boisement [bwazmɑ̃] n.m. Plantation d'arbres forestiers.

boiser [bwaze] v.t. **-1.** Planter un lieu d'arbres : *Boiser une montagne.* **-2.** MENUIS. Renforcer, étayer, soutenir par un boisage.

boiserie [bwazʀi] n.f. Ouvrage de menuiserie dont on revêt les murs intérieurs d'une habitation ; lambris.

boisseau [bwaso] n.m. (lat. pop. *buxitellum*, du class. *buxida* "boîte"). **- 1.** Ancienne mesure de capacité pour les grains et les matières analogues, restée en usage dans les pays anglo-saxons pour les céréales ; récipient, instrument de mesure de cette capacité. □ Le boisseau de Paris contenait environ 12,5 l. **- 2.** Mettre, garder, cacher qqch sous le boisseau, mentir, dissimuler qqch.

boisson [bwasɔ̃] n.f. (bas lat. *bibitio*, du class. *bibere* "boire"). **- 1.** Liquide qu'on boit : *Prendre une boisson glacée.* **- 2.** Liquide alcoolisé destiné à la consommation : *Impôt sur les boissons.* **- 3.** La boisson, l'alcoolisme : *S'adonner à la boisson.* ‖ Être pris de boisson, être en état d'ivresse.

boîte [bwat] n.f. (lat. *buxis, -idis,* gr. *puxis*). **- 1.** Contenant en matière rigide (bois, métal, carton, plastique, etc.), avec ou sans couvercle : *Boîte à outils. Boîte d'allumettes.* **- 2.** Contenu d'une boîte : *Manger une boîte de chocolats.* **- 3.** FAM. Lieu de travail : *Tu travailles toujours dan la même boîte ?* (syn. entreprise). **- 4.** Boîte à gants, aménagement souvent muni d'une porte, situé à l'avant d'une automobile et utilisé pour le rangement d'objets divers. ‖ Boîte à idées, boîte placée dans un lieu public, une entreprise pour recueillir les suggestions des usagers, du personnel, etc. ‖ FAM. Mettre qqn en boîte, plaisanter qqn, se moquer de lui. **- 5.** Boîte aux lettres ou boîte à lettres. Réceptacle muni d'une fente dans lequel sont déposées les lettres à expédier. ‖ Boîte crânienne. Partie du crâne contenant l'encéphale. ‖ Boîte de nuit. Établissement où l'on peut écouter de la musique, danser et boire. ‖ Boîte de vitesses. Organe renfermant les trains d'engrenages du changement de vitesses. ‖ Boîte noire. Appareil enregistreur placé à bord d'un avion, d'un camion, etc., qui permet de connaître les conditions de déroulement d'un trajet, les circonstances d'un accident.

boitement [bwatmɑ̃] n.m. Action de boiter.

boiter [bwate] v.i. (p.-ê. de [*pied*] *bot*). **- 1.** Marcher en inclinant le corps d'un côté plus que de l'autre (à cause d'une infirmité, d'une blessure, d'une gêne momentanée) : *Depuis son accident, elle boite légèrement* (syn. litt. claudiquer). **- 2.** Manquer d'aplomb, d'équilibre : *Chaise qui boite.* **- 3.** Manquer de cohérence : *Cette phrase boite.*

boiteux, euse [bwatø, -øz] adj. et n. **- 1.** Se dit de qqn qui boite : *Talleyrand était surnommé « le Diable boiteux ». Un boiteux mendiait devant l'église.* ◆ adj. Se dit de qqch qui manque d'équilibre : *Chaise boiteuse* (syn. bancal, branlant). *Raisonnement boiteux* (syn. bancal).

boîtier [bwatje] n.m. **- 1.** Boîte, coffre à compartiments : *Fournitures de dessin rangées dans un boîtier.* **- 2.** Boîte renfermant un mécanisme, une pile, etc. : *Boîtier de lampe de poche, de montre.* **- 3.** Corps d'un appareil photographique, sur lequel s'adapte l'objectif.

boitillement [bwatijmɑ̃] n.m. Boitement léger.

boitiller [bwatije] v.i. Boiter légèrement.

boit-sans-soif [bwasɑ̃swaf] n.inv. FAM. Personne qui boit de l'alcool avec excès ; ivrogne.

1. bol [bɔl] n.m. (angl. *biwk* "jatte"). **- 1.** Récipient hémisphérique, sans anse, qui sert à contenir certaines boissons ; son contenu. *Un bol de lait. Boire un bol de chocolat.* **- 2.** FAM. Chance : *Avoir du bol. Manquer de bol.*

2. bol [bɔl] n.m. (gr. *bôlos* "motte"). Bol alimentaire, masse d'aliments correspondant à une déglutition.

bolchevique ou **bolchevik** [bɔlʃevik] ou [bɔlʃəvik] adj. et n. (mot russe "de la majorité", de *bolche* "plus grand"). HIST. De la fraction du parti ouvrier social-démocrate russe qui suivit Lénine après la scission avec les *mencheviks* (1903) ; du parti communiste de Russie, puis d'U. R. S. S.

bolchevisme [bɔlʃevism] ou [bɔlʃəvism] n.m. Courant politique issu de l'Internationale socialiste et dominé par la personnalité et les théories de Lénine.

bolduc [bɔldyk] n.m. (de *Bois-le-Duc,* n. d'une ville des Pays-Bas). Ruban plat pour ficeler, décorer les paquets.

bolée [bɔle] n.f. Contenu d'un bol : *Une bolée de cidre.*

boléro [bɔleʀo] n.m. (esp. *bolero* "danseur", de *bola,* "boule" en raison du chapeau rond du danseur). **- 1.** Danse d'origine andalouse, à trois temps, au rythme accentué ; air sur lequel elle se danse. **- 2.** Veste droite de femme, non boutonnée, s'arrêtant à la taille.

bolet [bɔlɛ] n.m. (lat. *boletus*). Champignon basidiomycète charnu, à spores contenues dans des tubes, dont certaines espèces sont comestibles. □ Plusieurs espèces sont dénommées *cèpes.*

bolide [bɔlid] n.m. (lat. *bolis, -idis* "trait", du gr.). **- 1.** Véhicule très rapide : *Les bolides de formule 1.* **- 2.** Comme un bolide, très vite : *Elle est passée comme un bolide.*

bombance [bɔ̃bɑ̃s] n.f. (anc. fr. *bobance,* d'un rad. onomat. *bob ;* v. bobine). FAM., VIEILLI.

- **1.** Repas copieux, festin, banquet. - **2.** Faire bombance, manger beaucoup.

bombarde [bɔ̃baʀd] n.f. (lat. médiév. *bombarda* "instrument à vent", du class. *bombus* "bruit sourd"). - **1.** Instrument à vent en bois à anche double, de tonalité grave. - **2.** Bouche à feu primitive tirant des boulets de pierre (xive-xvie s.).

bombardement [bɔ̃baʀdəmɑ̃] n.m. - **1.** Action de bombarder ; attaque d'un objectif avec des bombes, des projectiles explosifs : *Bombardement stratégique et bombardement tactique.* - **2.** PHYS. Projection sur une cible de particules émises par une substance radioactive ou accélérées par des appareils spéciaux (cyclotron, etc.).

bombarder [bɔ̃baʀde] v.t. (de *bombarde*). - **1.** Attaquer un objectif avec des bombes, des projectiles explosifs : *Bombarder une usine.* - **2.** Lancer en grand nombre des projectiles sur qqn : *On les a bombardés de confettis.* - **3.** Accabler ; harceler : *Bombarder qqn de compliments, de questions.* - **4.** FAM. Nommer soudainement qqn à un poste de responsabilité : *On l'a bombardé préfet.* - **5.** PHYS. Projeter des particules, animées de très grandes vitesses, sur une cible.

bombardier [bɔ̃baʀdje] n.m. - **1.** Avion de bombardement. - **2.** Membre de l'équipage d'un bombardier, chargé du largage des bombes.

1. **bombe** [bɔ̃b] n.f. (it. *bomba,* lat. *bombus* "bruit sourd"). - **1.** Projectile creux chargé de matière explosive ou incendiaire, génér. largué par voie aérienne ; tout projectile explosif : *Bombe à retardement. Bombe incendiaire. Attentat à la bombe.* - **2.** Récipient métallique contenant un liquide sous pression destiné à être vaporisé ; aérosol : *Bombe de laque, de peinture.* - **3.** Coiffure hémisphérique rigide, à visière, que portent les cavaliers. - **4.** Bombe volcanique, morceau de lave projetée par un volcan et qui se solidifie dans l'air. ‖ FAM. Faire l'effet d'une bombe, provoquer la stupéfaction, le scandale : *Sa nomination a fait l'effet d'une bombe.* - **5.** Bombe glacée. Entremets de glace en forme de demi-sphère ou de cône.

2. **bombe** [bɔ̃b] n.f. (de *bombance*). FAM. Faire la bombe, festoyer : *On a fait la bombe toute la nuit* (= on a fait la fête).

bombé, e [bɔ̃be] adj. De forme convexe : *Avoir le front bombé* (syn. arrondi, renflé).

bombement [bɔ̃bmɑ̃] n.m. Fait d'être bombé : *Le bombement d'une chaussée* (syn. convexité, renflement).

1. **bomber** [bɔ̃be] v.t. (de 1. *bombe*). - **1.** Rendre convexe une partie du corps : *Bomber la poitrine* (syn. gonfler). - **2.** Cintrer, donner une

forme convexe à qqch : *Bomber du verre.* - **3.** Bomber le torse, se rengorger. ◆ v.i. - **1.** Présenter une convexité : *Mur qui bombe.* - **2.** FAM. Aller très vite : *Pour arriver à temps, il a fallu bomber.*

2. **bomber** [bɔ̃be] v.t. (de 1. *bombe*). Tracer, dessiner avec de la peinture en bombe : *Bomber un slogan.*

bombyx [bɔ̃biks] n.m. (gr. *bombux* "ver à soie"). Genre de papillon dont l'espèce la plus connue, le *bombyx du mûrier,* a pour chenille le ver à soie.

bôme [bom] n.f. (néerl. *boom* "arbre, mât"). MAR. Espar horizontal sur lequel est fixée la partie basse d'une voile aurique ou triangulaire.

1. **bon, bonne** [bɔ̃, bɔn] adj. (lat. *bonus*). - **1.** Qui est de qualité, qui ne présente pas de défaut : *Une bonne terre* (contr. mauvais). *Il parle un bon français* (syn. correct). *Il a une bonne mémoire.* - **2.** Qui convient, qui est approprié au but poursuivi : *Donner une bonne réponse* (syn. exact). *Donne-moi une bonne raison de te croire* (syn. convaincant). *Arriver au bon moment* (syn. favorable, opportun). *Donner de bons conseils* (syn. avisé, judicieux). *La balle est bonne* (= elle est tombée dans les limites du terrain). *Médicament bon pour le foie* (syn. efficace). - **3.** Qui possède les qualités requises : *Un bon acteur* (syn. talentueux). *Un bon avocat* (syn. compétent). *Elle est bonne en math* (syn. doué, fort). - **4.** Dont les conséquences, les résultats sont satisfaisants : *Bonne récolte* (syn. abondant). *Faire une bonne affaire* (syn. avantageux). - **5.** Qui procure de l'agrément, du plaisir ; qui suscite l'approbation : *Un bon spectacle* (syn. agréable). *Ce gâteau est très bon* (syn. délicieux). *La journée a été bonne.* - **6.** Dont l'effet est bénéfique : *Prendre une bonne douche, une bonne tisane* (syn. réconfortant). *Recevoir une bonne leçon* (syn. salutaire). - **7.** Qui fait le bien, qui fait preuve de qualités morales ; qui manifeste de la bonté : *C'est quelqu'un de foncièrement bon* (syn. bienveillant, charitable). *Vous êtes bien bon de l'héberger* (syn. gentil). *Un bon fils* (syn. dévoué, obligeant). *Il a de bonnes intentions.* - **8.** En accord avec la morale, la justice : *Bonne conduite.* - **9.** Qui marque un degré important, une intensité élevée : *Avoir une bonne grippe* (syn. fort). *Il a fait deux bons kilomètres avant de trouver une station-service.* - **10.** S'emploie dans des formules de souhait : *Bonne nuit ! Bonne chasse ! Bonne année !* - **11.** À quoi bon ?, à quoi cela servirait-il ? : *À quoi bon discuter ?* (= c'est inutile). ‖ Avoir qqn à la bonne, l'estimer, le considérer avec sympathie : *Tu peux lui demander ce que tu veux, il t'a à la bonne.* ‖ Bon à (+ inf.), dans les conditions voulues pour : *Ces fruits sont bons à jeter.* ‖ Bon pour, formule

dont on fait précéder sa signature sur un acte unilatéral que l'on n'a pas écrit en entier de sa main : *Bon pour accord.* ‖ C'est bon, c'est suffisant ; d'accord : *C'est bon ! N'en parlons plus* (= cela suffit). *C'est bon, viens, je t'emmène.* ‖ Elle est bien bonne !, se dit d'une histoire qu'on trouve drôle ou d'une nouvelle inattendue, incroyable. ‖ En dire, en avoir une, des (bien) bonne(s), raconter, avoir à raconter une (des) histoire(s) drôle(s). ‖ Tu en as (il en a, etc.) de bonnes, se dit à qqn ou de qqn qui considère comme aisé qqch qu'on trouve soi-même difficile : *Partir tout de suite, vous en avez de bonnes !* (= c'est impossible). ◆ **bon** n.m. - **1.** (Surtout au masc. pl.) Personne juste, vertueuse, qui jouit de l'estime générale : *Les bons et les méchants* (syn. gentil). - **2.** Ce qui est bon, agréable : *En toutes choses il y a du bon et du mauvais* (= du plaisir, des avantages). - **3.** Pour de bon, réellement, sérieusement : *Il s'est mis en colère pour de bon.* ‖ LITT. Tout de bon, effectivement. ◆ **bon** adv. - **1.** Il fait bon, le temps est doux, agréable. ‖ Sentir bon, avoir une odeur agréable. ‖ Tenir bon, ne pas lâcher prise ; résister. ◆ **bon** interj. - **1.** Marque une approbation, une conclusion, une constatation : *Bon ! Passons à autre chose* (syn. bien). - **2.** Ah bon, exprime le soulagement, l'étonnement : *Ah bon ! Tu me rassures. Ah bon ? Tu es sûre de l'avoir vu ?*

2. **bon** [bɔ̃] n.m. (de l'express. *bon* [*pour*]). Document qui autorise à recevoir qqch, à toucher de l'argent, à obtenir une prestation : *Bon d'alimentation. Bons d'essence. Bon du Trésor* (= titre émis par l'État représentant un emprunt à court terme).

bonace [bɔnas] n.f. (lat. pop. **bonacia*, d'après le class. *malacia* "calme de la mer" [du gr. *malakos* "mou"] sous l'infl. de *bonus* "bon"). VIEILLI. Calme plat, en mer.

bonapartisme [bɔnapartism] n.m. - **1.** Attachement à la dynastie de Napoléon Bonaparte. - **2.** Forme de gouvernement autoritaire et plébiscitaire, ratifiée par le suffrage universel. ◆ **bonapartiste** adj. et n. Relatif au bonapartisme ; partisan du bonapartisme.

bonasse [bɔnas] adj. (de *bonace*). Qui fait preuve d'une bonté excessive, par faiblesse ou naïveté.

bonbon [bɔ̃bɔ̃] n.m. (redoublement de *1. bon*). Confiserie, friandise, plus ou moins dure, sucrée et aromatisée.

bonbonne [bɔ̃bɔn] n.f. (prov. *boumbouno*, du fr. *bombe*). Bouteille de contenance variable, souvent de forme renflée. **Rem.** On a écrit autref. *bombonne.*

bonbonnière [bɔ̃bɔnjɛr] n.f. (de *bonbon*). - **1.** Boîte à bonbons. - **2.** Petit appartement ravissant.

bond [bɔ̃] n.m. (de *bondir*). - **1.** Mouvement brusque de détente des membres inférieurs ou arrière par lequel une personne ou un animal s'élance vers l'avant ou vers le haut : *Il a fait un bond de deux mètres* (syn. saut). - **2.** Rebondissement : *Bonds et rebonds d'une balle élastique.* - **3.** Progrès brusque et important : *Bond en avant de l'industrie.* - **4.** Faire faux bond à qqn, manquer à un engagement qu'on a pris envers lui.

bonde [bɔ̃d] n.f. (gaul. **bunda*). - **1.** Pièce métallique scellée à l'orifice d'écoulement d'un évier, d'un appareil sanitaire. - **2.** Trou rond dans une des douves d'un tonneau, pour le remplir ; bouchon qui ferme ce trou. - **3.** Fermeture du trou d'écoulement des eaux d'un étang.

bondé, e [bɔ̃de] adj. (de *bonde*). Rempli de personnes autant qu'il est possible : *Train bondé* (syn. comble).

bondieuserie [bɔ̃djøzri] n.f. (de *bon Dieu*). FAM. et péjor. - **1.** Dévotion démonstrative et superficielle. - **2.** Objet de piété de mauvais goût.

bondir [bɔ̃dir] v.i. (lat. pop. **bombitire*, du class. *bombire*, "faire du bruit") [conj. 32]. - **1.** Faire un ou plusieurs bonds, sauter : *Le tigre bondit sur sa proie* (syn. s'élancer). *Il a bondi de sa chaise.* - **2.** Sursauter sous le coup d'une émotion violente : *L'injustice la fait bondir* (= la révolte).

bon enfant [bɔnɑ̃fɑ̃] adj. inv. D'une gentillesse pleine de bienveillance : *Elle est assez bon enfant. Un air bon enfant* (syn. bonhomme, débonnaire).

bonheur [bɔnœr] n.m. (de *1. bon* et *heur*). - **1.** État de complète satisfaction, de plénitude : *Cet incident est venu troubler leur bonheur* (syn. litt. félicité). - **2.** Chance ; circonstance favorable : *Quel bonheur de vous voir en bonne santé !* (syn. joie, plaisir). - **3.** Au petit bonheur (la chance), au hasard, n'importe comment : *Il répond à vos questions au petit bonheur.* ‖ Par bonheur, par un heureux concours de circonstances : *Par bonheur, il ne m'a pas vue.*

bonhomie [bɔnɔmi] n.f. Caractère d'une personne bonhomme, de ses manières.

1. **bonhomme** [bɔnɔm] n.m., **bonne femme** [bɔnfam] n.f. (pl. *bonshommes* [bɔ̃zɔm], *bonnes femmes*). - **1.** FAM. Personne, individu (jugé sympathique ou, au contraire, inspirant la réserve ou la méfiance) : *Ce bonhomme me fait peur* (syn. homme). *C'est une sacrée bonne femme* (= elle est hors du commun). - **2.** (Au masc.) Représentation humaine grossièrement dessinée ou façonnée : *Dessiner des bonshommes. Faire un bonhomme de neige.* - **3.** Aller son petit bonhomme de chemin, poursuivre une action sans hâte exces-

sive. ‖ **Un grand bonhomme,** qqn qu'on admire, qu'on respecte.

2. bonhomme [bɔnɔm] adj. Qui exprime la bonté, la simplicité : *Un air bonhomme* (syn. débonnaire).

boni [bɔni] n.m. (du lat. [*aliquid*] *boni* "[quelque chose] de bon") [pl. *bonis*]. Excédent d'une somme affectée à une dépense sur les sommes réellement dépensées ; bénéfice, excédent : *Avoir deux cents francs de boni.*

bonification [bɔnifikasjɔ̃] n.f. - **1.** Action de bonifier, de rendre meilleur un produit et, en partic., action d'améliorer le rendement d'une terre. - **2.** Avantage, points supplémentaires accordés à un concurrent dans une épreuve sportive.

bonifié, e [bɔnifje] adj. Taux bonifié, taux inférieur à ceux qui sont pratiqués sur le marché.

bonifier [bɔnifje] v.t. (it. *bonificare*, mot du lat. médiév., du class. *bonus* "bon") [conj. 9]. LITT. Améliorer la qualité de ; rendre meilleur : *Bonifier des terres.* ◆ **se bonifier** v.pr. Devenir meilleur : *Le vin se bonifie en vieillissant.*

boniment [bɔnimɑ̃] n.m. (de l'arg. *bon[n]ir* "en dire de bonnes"). Discours habile et trompeur pour flatter, séduire ou convaincre (péjor.) : *Allons, ne raconte pas de boniments, tu n'es jamais allé en Afrique* (syn. sornettes).

bonimenteur, euse [bɔnimɑ̃tœr, -øz] n. Personne qui fait du boniment, raconte des boniments.

bonite [bɔnit] n.f. (esp. *bonito*). Thon de la Méditerranée. □ Long. 0,60 à 1 m.

bonjour [bɔ̃ʒur] n.m. - **1.** Terme de salutation utilisé lorsqu'on rencontre qqn dans la journée : *Bonjour, comment allez-vous ? Dire bonjour* (= saluer). - **2.** Donner le bonjour à qqn, transmettre une salutation à qqn.

bon marché [bɔ̃marʃe] adj. inv. Que l'on peut acquérir pour peu d'argent : *Des denrées bon marché* (contr. cher).

bonne [bɔn] n.f. - **1.** Employée de maison chargée des travaux de ménage. - **2.** Bonne à tout faire, domestique qui fait le ménage, la cuisine, les courses ; au fig., larbin (péjor.) : *Il la prend vraiment pour sa bonne à tout faire.* (V. aussi *1. bon.*)

bonnement [bɔnmɑ̃] adv. Tout bonnement, tout simplement ; réellement : *Il est tout bonnement insupportable.*

bonnet [bɔnɛ] n.m. (du lat. médiév. *abonnis*, p.-ê d'orig. germ.). - **1.** Coiffure, masculine ou féminine, souple et sans bords, qui emboîte la tête : *Bonnet de ski.* - **2.** Chacune des poches d'un soutien-gorge. - **3.** ZOOL.

Seconde poche de l'estomac des ruminants. - **4.** FAM. Avoir la tête près du bonnet, se mettre facilement en colère. ‖ Bonnet à poil, coiffure militaire, portée notamm. par la Garde napoléonienne. ‖ **Bonnet de nuit,** bonnet porté autref. pour dormir ; au fig., personne triste et ennuyeuse. ‖ **C'est bonnet blanc et blanc bonnet,** c'est la même chose ; le résultat est le même. ‖ **Deux têtes sous un même bonnet,** deux personnes liées par amitié ou l'intérêt, toujours du même avis. ‖ **Gros bonnet.** Personnage important ou influent.

bonneteau [bɔnto] n.m. (de *bonnet*). Jeu d'argent dans lequel le parieur doit repérer une carte parmi trois présentées, retournées puis interverties par un manipulateur.

bonneterie [bɔnɛtri] ou [bɔntri] n.f. (de *bonnet*). - **1.** Industrie, commerce des articles d'habillement en étoffe à mailles. - **2.** Ces articles eux-mêmes : *Les bas, chaussettes, slips et maillots sont des articles de bonneterie.*

bonnetier, ère [bɔntje, -ɛr] n. Fabricant, marchand de bonneterie, d'articles en tricot et de lingerie.

bonnetière [bɔntjɛr] n.f. (de *bonnetier*). Étroite et haute armoire à coiffes, auj. à linge.

bonnette [bɔnɛt] n.f. (de *bonnet*). - **1.** PHOT. Lentille dont on coiffe un objectif pour en modifier la distance focale. - **2.** MAR. Petite voile carrée supplémentaire, en toile légère, installée au vent arrière de part et d'autre des voiles principales pour augmenter la surface de la voilure.

bonsaï [bɔ̃zaj] n.m. (mot jap. "arbre en pot"). Arbre nain obtenu par la taille des racines et des rameaux et la ligature des tiges.

bonsoir [bɔ̃swar] n.m. Terme de salutation utilisé lorsqu'on rencontre ou que l'on quitte qqn en fin d'après-midi ou le soir : *Dire bonsoir avant d'aller au lit.*

bonté [bɔ̃te] n.f. (lat. *bonitas*). Caractère d'une personne bonne : *Traiter qqn avec bonté* (syn. générosité, bienveillance). *Ayez la bonté de me poster cette lettre* (syn. gentillesse, obligeance). ◆ **bontés** n.f. pl. Manifestations de bienveillance : *Vos bontés me touchent.*

bonus [bɔnys] n.m. (mot lat. "bon"). - **1.** Réduction de la prime d'assurance automobile accordée par l'assureur aux assurés qui ne déclarent pas de sinistre (par opp. à *malus*.) - **2.** Ce qui vient en plus ou en mieux dans un montant, un résultat : *Toucher un bonus* (syn. prime).

bonze, bonzesse [bɔ̃z, -ɛs] n. (port. *bonzo*, du jap. *bozu* "prêtre"). Religieux, religieuse bouddhiste. ◆ **bonze** n.m. SOUT. Personne qui aime à donner des leçons.

boogie-woogie [bugiwugi] n.m. (mot anglo-amér., d'orig. obsc.) [pl. *boogie-woogies*]. Style de jazz, né vers 1930 aux États-Unis, d'abord au piano puis à l'orchestre, qui donna naissance à une danse très rythmée, sur des airs de ce style.

bookmaker [bukmɛkœʀ] n.m. (mot angl., de *book* "livre" et *to make* "faire"). Professionnel recevant les paris sur les champs de courses. □ Cette activité est interdite aux particuliers en France, où elle est le monopole du P.M.U.

booléen, enne [buleɛ̃, -ɛn] adj. - **1.** Relatif à l'algèbre de Boole : *Une expression booléenne.* - **2.** INFORM. **Variable booléenne**, variable susceptible de prendre deux valeurs s'excluant mutuellement, par ex. 0 et 1 (on dit aussi *un booléen*).

boom [bum] n.m. (mot anglo-amér. "détonation"). Hausse soudaine, développement rapide, partic. des valeurs en Bourse : *Un boom économique* (syn. expansion).

boomer [bumœʀ] n.m. (mot angl.). Haut-parleur de graves. (Anglic. déconseillé.)

boomerang [bumʀɑ̃g] n.m. (mot angl., d'une langue indigène d'Australie). - **1.** Arme de jet des aborigènes d'Australie, faite d'une lame étroite de bois coudée, capable en tournant sur elle-même de revenir à son point de départ. - **2.** Engin pour le jeu et le sport analogue à cette arme. - **3.** Faire **boomerang**, en parlant d'une action hostile, se retourner contre son auteur.

booster [bustœʀ] n.m. (mot anglo-amér. "accélérateur"). - **1.** ASTRONAUT. Propulseur auxiliaire destiné à accroître la poussée d'une fusée, notamm. au décollage. (Recomm. off. *propulseur auxiliaire, pousseur.*) - **2.** Amplificateur additionnel destiné à accroître la puissance d'un autoradio. (Recomm. off. *suramplificateur.*)

boots [buts] n.m. pl. (mot angl. "bottes"). Bottes courtes s'arrêtant au-dessus des chevilles, génér. portées avec un pantalon.

bop [bɔp] et **be-bop** [bibɔp] n.m. (mot anglo-amér., onomat.). Style de jazz, né à New York vers 1944, caractérisé par le développement de la section rythmique et l'apparition d'harmonies dissonantes et chromatiques.

boqueteau [bɔkto] n.m. (de *boquet*, var. région. de l'anc. fr. *boscet*, de *bosc* "bois"). Petit bois, bouquet d'arbres isolé.

borate [bɔʀat] n.m. (de *borax*). Sel de l'acide borique.

borax [bɔʀaks] n.m. (mot du lat. médiév., ar. *bawraq*, d'orig. persane). Borate hydraté de sodium. □ Formule : Na$_2$ B$_4$O$_7$,10H$_2$O.

borborygme [bɔʀbɔʀigm] n.m. (gr. *borborugmos*). - **1.** Bruit causé par le déplacement des gaz et des liquides dans le tube digestif (syn. gargouillis). - **2.** (Surtout au pl.) Parole incompréhensible ; son qu'on ne peut identifier : *Émettre quelques borborygmes en guise d'excuses.*

bord [bɔʀ] n.m. (frq. **bord* "bord de vaisseau"). - **1.** Partie qui borde, forme le pourtour, la limite d'une surface, d'un objet : *Assiettes à bords dorés* (syn. bordure). *Ne le pose pas au bord de la table* (syn. rebord). *Nettoyer les bords d'une plaie* (syn. lèvre). *Les bords de la Seine* (syn. berge, rive). *Voiture arrêtée sur le bord de la route* (= sur le bas-côté). - **2.** Côté d'un bateau considéré par rapport au vent : *Prendre la de gîte sur un bord puis sur l'autre.* - **3.** Le bateau lui-même : *Les hommes du bord.* - **4.** À bord (de), dans (un véhicule maritime, terrestre ou aérien) : *Les passagers sont invités à monter à bord. Rester à bord d'un avion pendant une escale.* ‖ Bord à bord, se dit de deux objets placés de manière à se toucher sans se chevaucher. ‖ Être au bord, sur le bord de, sur le point de, proche de : *Être au bord des larmes, sur le bord de la crise de nerfs.* ‖ Être du bord de qqn, du même bord que qqn, de son avis. ‖ FAM. Sur les bords, légèrement ou, iron., beaucoup : *Il est un peu ivre sur les bords* (= il est complètement ivre). ‖ Virer de bord, changer d'amure ; au fig., changer d'opinion, de parti.

bordage [bɔʀdaʒ] n.m. (de *bord*). MAR. Chacune des planches ou des tôles longitudinales recouvrant la charpente d'un navire et qui forme, avec d'autres, le *bordé.*

bordeaux [bɔʀdo] n.m. Vin produit dans le Bordelais. ◆ adj. inv. et n.m. D'une couleur rouge foncé.

bordée [bɔʀde] n.f. (de *bord*). - **1.** MAR. Distance parcourue entre deux virements de bord pour un navire qui louvoie : *Courir, tirer une bordée* (syn. bord). - **2.** Chacune des deux parties d'un équipage. - **3.** Décharge simultanée des canons d'une même batterie. - **4.** CAN. **Bordée de neige**, chute de neige très abondante. ‖ FAM. Tirer une bordée, descendre à terre pour boire et s'amuser, en parlant des marins. ‖ FAM. Une bordée d'injures, d'insultes, des injures, des insultes nombreuses et violentes.

bordel [bɔʀdɛl] n.m. (frq. **borda* "cabane"). - **1.** FAM. Maison de prostitution. - **2.** T. FAM. Grand désordre.

border [bɔʀde] v.t. - **1.** Garnir le bord de ; faire une bordure à : *Border de dentelle le col d'une robe. Border de tulipes une pelouse.* - **2.** Occuper le bord de, se tenir sur le bord de : *La route est bordée de maisons. Le sentier borde la rivière* (syn. longer). - **3.** Border un lit, qqn dans son lit, replier le bord des draps et des couvertures sous le matelas. ‖ MAR. **Border une voile**, raidir l'écoute ou les écoutes d'une voile.

bordereau [bɔʀdəʀo] n.m. (de *bord*). Document d'enregistrement, état récapitulatif d'opérations financières, commerciales, etc. : *Un bordereau de commande.*

bordier, ère [bɔʀdje, -ɛʀ] adj. (de *bord*). **Mer bordière,** mer située en bordure d'un continent.

bordure [bɔʀdyʀ] n.f. (de *bord*). **- 1.** Partie la plus excentrique d'une surface : *La bordure d'un bois* (syn. lisière). **- 2.** Ce qui garnit le bord de qqch ; ce qui marque le bord, la limite de qqch : *Bordure de fleurs. La bordure d'un trottoir.* **- 3.** MAR. Lisière inférieure d'une voile. **- 4.** **En bordure de,** situé immédiatement à l'extérieur, sur le bord d'un lieu : *Maison en bordure de route, de mer.*

bore [bɔʀ] n.m. (de *borax*). Corps solide, dur et noirâtre qui s'apparente au carbone ou au silicium. □ Symb. B ; densité 2,4.

boréal, e, als ou **aux** [bɔʀeal, -o] adj. (bas lat. *borealis* ; v. *borée*). De l'Arctique, du nord ; qui se situe au nord de l'équateur : *Hémisphère boréal* (par opp. à *austral*).

borée [bɔʀe] n.m. (lat. *boreas*, du gr. *Boreas*, n.pr. du vent du nord). LITT. Vent du nord.

borgne [bɔʀɲ] adj. et n. (orig. obsc.). Qui ne voit que d'un œil. ◆ adj. **- 1.** Bouché, obstrué : *Fenêtre borgne.* **- 2.** **Hôtel borgne,** hôtel mal famé, sordide.

borie [bɔʀi] n.f. (mot prov.). En Provence, construction traditionnelle en pierres sèches.

borique [bɔʀik] adj. **Acide borique,** acide oxygéné dérivé du bore. □ Formule H₃BO₃.

borne [bɔʀn] n.f. (lat. médiév. *bodina*, probabl. d'orig. gaul.). **- 1.** Pierre, maçonnerie destinée à matérialiser la limite d'un terrain, à barrer un passage, etc. : *Déplacer les bornes d'un champ. Chaîne tendue entre deux bornes.* **- 2.** FAM. Kilomètre : *Faire cinq bornes à pied.* **- 3.** Dispositif évoquant par sa forme une borne : *Borne d'incendie.* **- 4.** ÉLECTR. Point ou composant d'un circuit destiné à établir une connexion. **- 5.** **Borne kilométrique,** pierre indiquant sur les routes les distances entre les localités. ‖ MATH. **Borne supérieure (inférieure)** d'un ensemble ordonné A, le plus petit (le plus grand), s'il existe, des majorants (des minorants) de A. ◆ **bornes** n.f. pl. **- 1.** Limite : *Les bornes de la connaissance.* **- 2.** Dépasser, franchir les bornes, aller au-delà de ce qui est juste, permis, convenable. ‖ **Sans bornes,** illimité : *Une ambition sans bornes* (syn. démesuré). *Une patience sans bornes* (syn. infini).

borné, e [bɔʀne] adj. (p. passé de *borner*). **- 1.** De peu d'étendue ; qui a des limites : *Leur avenir est borné* (syn. limité). **- 2.** Limité intel-

lectuellement : *Un esprit borné* (syn. étroit, obtus ; contr. ouvert). **- 3.** MATH. Se dit d'un ensemble ayant une borne inférieure et une borne supérieure. (V. aussi *borner.*)

borne-fontaine [bɔʀnfɔ̃tɛn] n.f. (pl. *bornes-fontaines*). Petite fontaine en forme de borne, sur la voie publique.

borner [bɔʀne] v.t. **- 1.** Délimiter à l'aide de bornes ; marquer la limite de : *Borner un champ. Un sentier borne le jardin au sud* (syn. limiter). **- 2.** Restreindre, enfermer dans des limites : *Borner ses recherches à l'essentiel* (syn. limiter ; contr. étendre). *Borner une enquête aux familiers de la victime* (syn. circonscrire ; contr. élargir). ◆ **se borner** v.pr. [à]. S'en tenir à ; se limiter à : *Je me borne à vous rappeler vos engagements* (syn. se contenter de).

bortsch [bɔʀtʃ] n.m. (mot russe). Potage russe à base de chou, de betterave et de crème aigre. **Rem.** Nombreuses variantes graphiques, dont *borchtch.*

bosco [bɔsko] n.m. (altér. arg. de l'angl. *bosseman,* néerl. *boosman,* de *boot* "bateau" et *man* "homme"). MAR. Maître de manœuvre.

bosquet [bɔskɛ] n.m. (mot prov., de *bosc* "bois" ; v. *bois*). Groupe d'arbres ou d'arbustes ; petit bois.

boss [bɔs] n.m. (mot anglo-amér.). FAM. Chef d'entreprise.

bossage [bɔsaʒ] n.m. (de *bosse*). ARCHIT. Saillie en pierre laissée à dessein sur le nu d'un mur pour recevoir des sculptures ou servir d'ornement.

bossa-nova [bɔsanɔva] n.f. (mot port.) [pl. *bossas-novas*]. Musique de danse brésilienne proche de la samba ; cette danse.

bosse [bɔs] n.f. (orig. obsc.). **- 1.** Enflure qui apparaît à la suite d'un coup : *Se faire une bosse au front.* **- 2.** Grosseur anormale au dos ou à la poitrine, due à une déformation vertébrale. **- 3.** Protubérance naturelle sur le dos de certains animaux : *La bosse du dromadaire.* **- 4.** Relief naturel du crâne humain. **- 5.** Élévation, saillie arrondie : *Les creux et les bosses d'un terrain.* **- 6.** MAR. Cordage, filin court dont une extrémité tient à un point fixe du bateau et servant à divers usages : *Bosse d'amarrage, de remorque.* **- 7.** **Avoir la bosse de qqch,** avoir une disposition innée, des aptitudes pour cela (syn. don, génie). ‖ **Rouler sa bosse,** mener une vie aventureuse, voyager beaucoup.

bosselé, e [bɔsle] adj. Déformé par des bosses : *Gobelet d'argent tout bosselé.*

bosselure [bɔslyʀ] n.f. Ensemble des bosses d'une surface : *Les bosselures d'une marmite en cuivre.*

bosser [bɔse] v.i. (p.-ê. de *bosser* [*du dos*] "se courber sur un travail"). FAM. Travailler.

bosseur, euse [bɔsœʀ, -øz] adj. et n. (de *bosser*). FAM. Qui travaille beaucoup : *Un bosseur qui est arrivé à force de travail* (syn. travailleur).

bossoir [bɔswaʀ] n.m. (de *bosse*). Appareil de levage servant à hisser ou à mettre à l'eau une embarcation, ou à la manœuvre des ancres.

bossu, e [bɔsy] adj. et n. - **1.** Qui a une bosse, par suite d'une déformation de la colonne vertébrale ou du sternum. - **2.** FAM. *Rire comme un bossu*, rire beaucoup, à gorge déployée.

bot, e [bo, bɔt] adj. (germ. *"butta* "émoussé"). *Pied bot, main bote, pied, main* affectés d'une déformation congénitale due à la rétraction de certains muscles et à des malformations osseuses.

botanique [bɔtanik] n.f. (gr. *botanikos*, de *botanê* "herbe, plante"). Science qui étudie les végétaux. ◆ adj. Relatif à l'étude des végétaux : *Jardin botanique.*

botaniste [bɔtanist] n. Spécialiste de botanique.

1. botte [bɔt] n.f. (néerl. *bote* "poignée de lin"). Assemblage de végétaux de même nature liés ensemble : *Botte de paille. Botte de radis.*

2. botte [bɔt] n.f. (it. *botta* "coup", du fr. *bouter*). Coup de pointe donné avec le fleuret ou l'épée : *Botte secrète* (= coup dont l'adversaire ignore la parade).

3. botte [bɔt] n.f. (orig. incert., p.-ê. de *bot*). - **1.** Chaussure à tige montante qui enferme le pied et la jambe génér. jusqu'au genou : *Bottes de caoutchouc. Bottes de cavalier.* - **2.** *Être à la botte de qqn*, lui être entièrement dévoué ou soumis. ‖ *Sous la botte*, opprimé militairement : *Pays sous la botte de l'occupant.*

botteler [bɔtle] v.t. [conj. 24]. Lier en bottes : *Machine à botteler le foin.*

botter [bɔte] v.t. - **1.** Chausser de bottes. - **2.** FAM. Donner un coup de pied à : *Je vais lui botter les fesses.* - **3.** Au rugby, donner un coup de pied dans le ballon : *Botter en touche.* - **4.** T. FAM. Convenir, plaire : *Cela me botte.*

botteur [bɔtœʀ] n.m. (de *botter*). Joueur chargé de transformer les essais, de tirer les pénalités, au rugby.

bottier [bɔtje] n.m. Spécialiste de la confection de chaussures et de bottes sur mesure.

bottillon [bɔtijɔ̃] n.m. (de 3. *botte*). Chaussure à tige montante génér. fourrée.

Bottin [bɔtɛ̃] n.m. (nom déposé, du n. de S. *Bottin*, qui publia le premier annuaire en France). Annuaire téléphonique.

bottine [bɔtin] n.f. (de 3. *botte*). Chaussure montante très ajustée sur le pied : *Bottines à boutons, à lacets.*

botulisme [bɔtylism] n.m. (du lat. *botulus* "boudin"). Intoxication grave causée par des conserves mal stérilisées ou des viandes avariées.

boubou [bubu] n.m. (mot malinké [langue de Guinée], "singe" puis 'vêtement en peau de singe'). Longue tunique flottante portée en Afrique noire.

bouc [buk] n.m. (gaul. *"bucco*, confondu postérieurement avec *"buk*, mot germ. de même sens). - **1.** Mâle de la chèvre. - **2.** Barbiche : *Porter le bouc.* - **3.** *Bouc émissaire*. Personne rendue responsable de toutes les fautes, par allusion à la coutume biblique qui consistait à charger un bouc de tous les péchés d'Israël et à le chasser dans le désert.

boucan [bukã] n.m. (de *boucaner* "fréquenter les mauvais lieux", de *bouc* "homme lubrique"). FAM. Bruit, vacarme : *Quel boucan vous faites en jouant !* (syn. tapage).

boucanage [bukanaʒ] n.m. Action de boucaner.

boucaner [bukane] v.t. (de *boucan*, tupiguarani *mukem* "viande fumée"). Fumer de la viande, du poisson pour les conserver.

boucanier [bukanje] n.m. (de *boucaner*). - **1.** Aventurier qui chassait le bœuf sauvage aux Antilles pour boucaner la viande ou faire le commerce des peaux. - **2.** Pirate ; aventurier.

bouchage [buʃaʒ] n.m. Action de boucher : *Le bouchage des bouteilles.*

bouche [buʃ] n.f. (lat. *bucca*). - **1.** Cavité constituant le début du tube digestif de l'homme et de certains animaux, permettant l'ingestion des aliments et assurant notamm. des fonctions respiratoires et de phonation : *Porter un aliment à la bouche.* - **2.** Les lèvres : *Bouche fine, charnue.* - **3.** Personne à alimenter : *Elle a cinq bouches à nourrir.* - **4.** Orifice, ouverture d'une cavité, d'un conduit : *Bouche de métro. Bouche d'aération. Bouche d'égout.* - **5.** ARM. Partie du canon d'une arme à feu par où sort le projectile. - **6.** *De bouche à oreille*, de vive voix et directement : *La date de son départ circule de bouche à oreille.* ‖ *Faire la fine bouche*, faire le difficile, le dégoûté. ‖ *Faire venir, mettre l'eau à la bouche*, exciter l'appétit ; au fig., allécher. ‖ *Fermer la bouche à qqn*, faire taire qqn. ‖ *Fine bouche*, gourmet. ‖ *La bouche en cœur*, avec une naïveté ou une préciosité ridicules : *Elle m'a annoncé son départ la bouche en cœur* (= comme si de rien n'était). ‖ *Pour la bonne bouche*, pour la fin : *Garder une nouvelle pour la bonne bouche.* - **7.** *Bouche à feu*. Arme à feu non portative. ‖ *Bouche d'incendie.* Prise d'eau à l'usage des pompiers. ◆ **bouches** n.f. pl. - **1.** Embouchure d'un fleuve : *Les bouches du*

Rhône. - **2.** Entrée d'un golfe, d'un détroit : *Les bouches de Bonifacio.*

bouché, e [buʃe] adj. - **1.** Où l'écoulement ne se fait plus : *Tuyau, lavabo bouché* (syn. obstrué). - **2.** FAM. Qui comprend lentement, obtus : *Ne te fatigue pas à lui expliquer, il est bouché* (syn. borné). - **3.** Ciel, temps bouché, ciel, temps couvert, sans visibilité. ‖ Vin, cidre bouché, vin, cidre conservé en bouteilles fermées d'un bouchon de liège. (V. aussi *boucher.*)

bouche-à-bouche [buʃabuʃ] n.m. inv. Méthode de respiration artificielle fondée sur le principe d'une ventilation par l'air expiré du sauveteur.

bouchée [buʃe] n.f. (de *bouche*). - **1.** Quantité d'aliments portée à la bouche en une fois. - **2.** Croûte en pâte feuilletée garnie de compositions diverses : *Bouchée à la reine.* - **3.** Gros bonbon de chocolat fourré. - **4.** Mettre les bouchées doubles, se hâter dans l'exécution d'un travail. ‖ Ne faire qu'une bouchée de qqch, l'avaler gloutonnement. ‖ Ne faire qu'une bouchée de qqn, prendre facilement le dessus sur lui. ‖ Pour une bouchée de pain, pour un prix insignifiant.

1. boucher [buʃe] v.t. (de l'anc. fr. *bousche* "touffe de paille", lat. pop. **bosca,* frq. **bosk* "buisson"). - **1.** Fermer une ouverture : *Boucher une fente avec du mastic* (syn. obturer). *Boucher une bouteille. Boucher une voie d'eau* (syn. colmater). - **2.** Barrer une voie, s'opposer au passage de : *La foule bouchait la rue. Cheveux qui bouchent un tuyau d'écoulement* (syn. engorger). - **3.** Boucher la vue, faire écran. ‖ FAM. Ça m'en bouche un coin, ça m'épate.

2. boucher, ère [buʃe, -ɛʀ] n. (de *bouc,* en raison de l'abattage des boucs, dont le boucher était chargé). Personne qui prépare ou vend au détail de la viande de bœuf, de veau, de mouton et de cheval. ◆ **boucher** n.m. Homme cruel, sanguinaire.

boucherie [buʃʀi] n.f. (de 2. *boucher*). - **1.** Commerce de la viande. - **2.** Boutique où l'on vend de la viande. - **3.** Massacre, tuerie : *Cette bataille a été une véritable boucherie* (syn. carnage).

bouche-trou [buʃtʀu] n.m. (pl. *bouche-trous*). Personne ou objet qui ne sert qu'à combler une place vide, à figurer, à faire nombre : *Faire le bouche-trou dans une soirée.*

bouchon [buʃɔ̃] n.m. (de l'anc. fr. *bousche* ; v. 1. *boucher*). - **1.** Ce qui sert à boucher, à obturer un orifice ; pièce de liège ou d'une autre matière qui se loge dans le goulot d'une bouteille, d'un flacon : *Bouchon de réservoir d'essence. Bouchon de carafe.* - **2.** Ce qui obstrue, engorge un conduit ou une voie de circulation : *Bouchon de cérumen. Automobilistes retardés par un bouchon* (syn. encombrement, embouteillage). - **3.** Jeu consistant à renverser avec un palet un bouchon supportant des pièces de monnaie. - **4.** Flotteur d'une ligne de pêche. - **5.** Poignée de paille tortillée servant à bouchonner un animal.

bouchonné, e [buʃɔne] adj. Vin bouchonné, vin qui a un goût de bouchon.

bouchonner [buʃɔne] v.t. Frotter un animal avec un bouchon de paille ou une brosse, soit parce qu'il est sale, soit parce qu'il est en sueur. ◆ v.i. Ça bouchonne, il y a un embouteillage.

bouchot [buʃo] n.m. (mot poitevin, lat. médiév. *buccaudum,* du class. *bucca* "bouche"). Ensemble de pieux enfoncés dans la vase et souvent réunis par des claies, sur lesquels se fait l'élevage des moules.

bouclage [buklaʒ] n.m. - **1.** Action de boucler ; fait d'être bouclé : *Le bouclage d'un quartier par la police* (syn. encerclement). - **2.** Action de rassembler tous les articles d'un journal et d'en finir la mise en page : *L'heure de bouclage d'un quotidien.*

boucle [bukl] n.f. (lat. *buccula,* dimin. de *bucca* "bouche, joue"). - **1.** Système de fermeture constitué d'un anneau muni d'une traverse avec un ou plusieurs ardillons, servant à assujettir les deux extrémités d'une courroie, d'une ceinture, etc. ; objet d'ornement en forme d'anneau : *Boucle de ceinturon. Boucles de chaussures.* - **2.** Ce qui s'enroule en forme d'anneau ; ligne courbe qui se recoupe : *Faire une boucle avec une corde.* - **3.** Méandre accentué d'un cours d'eau : *Les boucles de la Seine.* - **4.** Itinéraire qui ramène au point de départ : *La grande boucle* (= le tour de France cycliste). - **5.** INFORM. Ensemble d'instructions d'un programme dont l'exécution est répétée jusqu'à la vérification d'un critère donné ou l'obtention d'un certain résultat. - **6.** CYBERN. Suite d'effets telle que le dernier de ces effets réagit sur le premier. ‖ Boucle (de cheveux), mèche de cheveux enroulée sur elle-même. ‖ SPORTS. Saut de boucle, en patinage artistique, saut dans la préparation duquel le patin du pied d'appel dessine une boucle sur la glace (on dit aussi, par abrév., *un boucle*). ‖ Boucles d'oreilles, bijoux que l'on porte aux oreilles.

bouclé, e [bukle] adj. Qui a des boucles : *Cheveux bouclés. Enfant bouclé.* (V. aussi *boucler.*)

boucler [bukle] v.t. - **1.** Serrer, assujettir avec une boucle : *Boucler sa ceinture.* - **2.** FAM. Fermer : *Boucler sa porte.* - **3.** FAM. Enfermer de façon contraignante : *Boucler qqn* (= le mettre en prison). - **4.** En parlant de forces militaires ou policières, encercler une zone

pour la contrôler : *La police boucle le quartier.*
- **5.** Donner la forme d'une boucle : *Boucler ses cheveux.* - **6.** Accomplir un parcours, une tâche : *Boucler un travail* (syn. terminer, achever). - **7.** VÉTÉR. Passer un anneau dans le nez d'un animal : *Boucler un taureau.* - **8.** Boucler la boucle, revenir à son point de départ. ‖ Boucler sa valise, ses bagages, fermer sa valise, ses bagages en vue du départ. ‖ Boucler son budget, équilibrer les recettes et les dépenses. ‖ Boucler un journal, une édition, terminer la composition ; insérer le dernier élément pour en assurer la fabrication. ‖ FAM. La boucler, se taire. ◆ v.i. - **1.** Former des boucles : *Ses cheveux bouclent naturellement* (syn. friser). - **2.** INFORM. Entrer dans un processus de calcul sans fin, génér. par suite d'une erreur de programmation.

bouclette [buklɛt] n.f. Petite boucle (syn. frisette).

bouclier [buklije] n.m. (de [*écu*] *bouclé* "[écu] garni d'une boucle"). - **1.** Arme défensive portée au bras pour parer les coups de l'adversaire. - **2.** Moyen de protection, défense : *Le bouclier atomique.* - **3.** GÉOL. Vaste surface constituée de terrains très anciens nivelés par l'érosion : *Le bouclier canadien.* - **4.** Bouclier thermique, blindage des cabines spatiales ou des ogives de missiles balistiques, qui les protège contre l'échauffement lors de la rentrée dans l'atmosphère. ‖ Levée de boucliers, protestation générale contre un projet, une mesure.

bouddha [buda] n.m. (sanskrit *Buddha* "illuminé, éveillé"). - **1.** Dans le bouddhisme, celui qui s'éveille à la connaissance parfaite de la vérité. - **2.** Statue, statuette religieuse représentant le Bouddha.

bouddhique [budik] adj. Relatif au bouddhisme.

bouddhisme [budism] n.m. Doctrine religieuse et philosophie orientale fondées par le Bouddha. ◆ **bouddhiste** adj. et n. Qui s'inspire du bouddhisme ; qui le professe.

bouder [bude] v.i. (d'un rad. onomat. *bod* exprimant le gonflement [ici, de la lèvre du boudeur]). Marquer du dépit, de la mauvaise humeur par une attitude renfrognée : *Bouder dans son coin* (= faire la tête). ◆ v.t. Montrer son mécontentement, son indifférence à l'égard de qqn, de qqch, en l'évitant : *Bouder un spectacle.*

bouderie [budʀi] n.f. Action de bouder : *Sa bouderie n'a pas duré.*

boudeur, euse [budœʀ, -øz] adj. et n. Qui boude : *Un enfant boudeur* (syn. maussade, grognon).

boudin [budɛ̃] n.m. (d'un rad. onomat. *bod* exprimant le gonflement). - **1.** Préparation de charcuterie cuite, à base de sang et de gras de porc, mise dans un boyau de porc. - **2.** Tout objet long et cylindrique : *Un boudin de toile arrête le courant d'air sous la porte.* - **3.** Boudin blanc, fait avec une farce à base de viande blanche maigre, princ. de volaille. - **4.** FAM. S'en aller, tourner en eau de boudin, finir par un échec. ‖ Ressort à boudin, constitué d'un fil métallique tourné en hélice.

boudiné, e [budine] adj. - **1.** Qui forme des bourrelets de graisse : *Des doigts boudinés* (syn. grassouillet). - **2.** Serré dans des vêtements étriqués (syn. engoncé).

boudoir [budwaʀ] n.m. (de *bouder*). - **1.** Petit salon élégant où une maîtresse de maison recevait ses intimes. - **2.** Biscuit allongé saupoudré de sucre.

boue [bu] n.f. (gaul. *bawa*). - **1.** Terre ou poussière détrempée d'eau : *La boue des chemins après la pluie* (syn. gadoue). - **2.** GÉOL. Dépôt des grands fonds océaniques. - **3.** LITT. État d'abjection ou de profonde misère : *Se vautrer dans la boue* (syn. litt. fange). - **4.** Traîner qqn dans la boue, accabler qqn de propos infamants.

bouée [bwe] n.f. (germ. *baukn* "signal"). - **1.** Corps flottant constitué le plus souvent d'un anneau gonflable en matière souple (caoutchouc, plastique, etc.), qui sert à maintenir une personne à la surface de l'eau : *Les enfants mettent leur bouée avant d'entrer dans l'eau.* - **2.** Corps flottant disposé en mer pour repérer un point, marquer un danger, supporter certains appareils de signalisation, etc. : *Bouée lumineuse.* - **3.** Bouée de sauvetage, appareil flottant destiné à être jeté à une personne tombée à l'eau ; au fig., ce qui peut tirer qqn d'une situation désespérée : *Ce chèque a été ma bouée de sauvetage.*

boueux, euse [bwø, -øz] adj. Couvert ou taché de boue, plein de boue : *Chemin boueux* (syn. bourbeux).

bouffant, e [bufɑ̃, -ɑ̃t] adj. - **1.** Qui bouffe, qui est comme gonflé : *Cheveux bouffants. Manche bouffante.* - **2.** Papier bouffant, papier sans apprêt, à l'aspect granuleux, utilisé dans l'édition.

bouffarde [bufaʀd] n.f. (de *bouffée*). FAM. Grosse pipe.

1. **bouffe** [buf] adj. (de l'it. *opera buffa* "opéra comique"). Opéra bouffe → opéra.

2. **bouffe** [buf] n.f. (de *bouffer*). FAM. Nourriture ; repas : *À la bouffe !* (= à table).

bouffée [bufe] n.f. (de *bouffer*). - **1.** Exhalaison ou inspiration par la bouche ou par le nez : *Aspirer, souffler une bouffée de fumée.* - **2.** Mouvement passager de l'air : *Bouffée d'air frais. Odeur qui arrive par bouffées* (syn. à-coup).

-**3.** Accès brusque et passager d'un état pathologique, d'un sentiment : *Bouffée de fièvre* (syn. poussée). *Bouffée de colère.* -**4.** Bouffée de chaleur, sensation d'échauffement du visage.

bouffer [bufe] v.i. (orig. onomat.). Se gonfler, prendre un certain volume : *Faire bouffer ses cheveux. Robe qui bouffe.* ◆ v.t. FAM. -**1.** Manger : *Il bouffe à la cantine.* -**2.** Consommer : *Une voiture qui bouffe beaucoup d'essence.* -**3.** Absorber : *Son travail la bouffe.* ◆ **se bouffer** v.pr. FAM. Se bouffer le nez, se disputer.

bouffi, e [bufi] adj. (p. passé de *bouffir*). -**1.** Qui a augmenté de volume : *Visage bouffi de graisse. Des yeux bouffis* (syn. boursouflé). -**2.** Bouffi d'orgueil, d'une grande vanité.

bouffir [bufiʀ] v.t. et v.i. (var. de *bouffer*) [conj. 32]. Enfler, devenir enflé : *Le sommeil bouffissait ses yeux* (syn. boursoufler). *Visage qui bouffit* (syn. gonfler).

bouffissure [bufisyʀ] n.f. (de *bouffir*). Enflure : *Des bouffissures sous les yeux* (syn. boursouflure, poche).

1. **bouffon** [bufɔ̃] n.m. (it. *buffone*, de *buffo* "comique"). -**1.** Personne dont les plaisanteries font rire : *Être le bouffon de la soirée* (syn. pitre). -**2.** Individu que sa conduite ridicule discrédite : *Sa vanité le fait passer pour un bouffon* (syn. pantin). -**3.** Personnage grotesque que les rois entretenaient auprès d'eux pour les divertir.

2. **bouffon, onne** [bufɔ̃, -ɔn] adj. (de 1. *bouffon*). Facétieux ; qui prête à rire : *Une scène bouffonne.*

bouffonnerie [bufɔnʀi] n.f. Action ou parole bouffonne ; caractère de ce qui est bouffon : *Ses bouffonneries sont des enfantillages* (syn. farce, pitrerie).

bougainvillée [bugɛ̃vile] n.f. et **bougainvillier** [bugɛ̃vilje] n.m. (de *L. A. de Bougainville*). Plante grimpante originaire d'Amérique, cultivée comme plante ornementale pour ses larges bractées d'un rouge violacé. □ Famille des nyctaginacées.

bouge [buʒ] n.m. (lat. *bulga* "sac, bourse", probabl. d'orig. gaul.). -**1.** Logement malpropre, misérable (syn. taudis). -**2.** Café, bar misérable et mal fréquenté.

bougé [buʒe] n.m. (de *bouger*). PHOT. Mouvement de l'appareil photo au moment du déclenchement, qui produit une image floue.

bougeoir [buʒwaʀ] n.m. (de *bougie*). Petit chandelier sans pied, muni d'un anneau ou d'un manche.

bougeotte [buʒɔt] n.f. (de *bouger*). FAM. Avoir la bougeotte, avoir la manie de bouger sans cesse ; avoir la manie ou l'envie de se déplacer, de voyager.

bouger [buʒe] v.i. (lat. pop. *bullicare*, du class. *bullire* "bouillir") [conj. 17]. -**1.** Faire un mouvement ; remuer : *Il bouge sans cesse* (syn. s'agiter). *Que personne ne bouge !* -**2.** Sortir de chez soi, d'un lieu ; changer de place : *Je n'ai pas bougé de la journée* (syn. sortir). -**3.** Se modifier ; s'altérer : *Les prix ne bougent pas. Tissu qui ne bouge pas au lavage.* -**4.** Agir, passer à l'action, notamm. pour protester : *Il est autoritaire et personne ne bouge devant lui* (syn. broncher). *Les syndicats bougent* (syn. s'agiter). ◆ v.t. FAM. -**1.** Transporter dans un autre endroit : *Bouger les meubles d'une pièce* (syn. déplacer). -**2.** Mouvoir une partie du corps : *Bouge ton bras* (syn. remuer). ◆ **se bouger** v.pr. FAM. Se remuer, agir : *Bouge-toi un peu et viens m'aider.*

bougie [buʒi] n.f. (de *Bougie*, v. d'Algérie d'où venait la cire). -**1.** Bâtonnet cylindrique de cire, de paraffine, etc., entourant une mèche qui, allumée, fournit une flamme qui éclaire. -**2.** Pièce d'allumage électrique d'un moteur à explosion.

bougnat [buɲa] n.m. (de *charbougna*, appellation plaisante construire sur le mot, *charbon* et parodiant le parler auvergnat). FAM., VIEILLI. Débitant de boissons et marchand de charbon, souvent d'origine auvergnate.

bougon, onne [bugɔ̃, -ɔn] adj. et n. (de *bougonner*). FAM. De mauvaise humeur ; renfrogné : *Quel bougon, jamais un sourire. Répondre sur un ton bougon* (syn. revêche).

bougonnement [bugɔnmɑ̃] n.m. Action de bougonner ; propos de qqn qui bougonne.

bougonner [bugɔne] v.t. et v.i. (orig. obsc.). Prononcer entre ses dents des paroles de protestation : *Il bougonne contre les gens bruyants* (syn. grommeler, marmonner).

bougre [bugʀ] n.m. (bas lat. *Bulgarus* "Bulgare", et péjor. "hérétique, personne pratiquant la sodomie"). FAM. -**1.** VIEILLI. Gaillard ; individu : *Ah ! C'est un pauvre bougre* (= un homme malheureux). -**2.** Bougre de, espèce de : *Bougre d'idiot.* Ce n'est pas un mauvais bougre, c'est un brave homme. ◆ interj. VIEILLI. Sert à exprimer la surprise, l'admiration : *Bougre ! Quelle belle femme !*

bougrement [bugʀəmɑ̃] adv. (de *bougre*). FAM. Extrêmement : *C'est bougrement bon* (syn. très). *Il a bougrement changé* (syn. énormément).

boui-boui [bwibwi] n.m. (orig. incert., p.-ê. en relation avec le mot bressan *boui* "local pour les oies, les canards") [pl. *bouis-bouis*]. FAM. Petit café ; restaurant de quartier (péjor.) : *Manger dans un boui-boui* (syn. gargote).

bouillabaisse [bujabɛs] n.f. (prov. *bouia-baisso*, de *bouie* "bouillir" et *abaissa* "abaisser"). Plat provençal préparé à partir de divers poissons cuits dans de l'eau ou du vin blanc et relevé d'ail, de safran, d'huile d'olive, etc.

bouillant, e [bujɑ̃, -ɑ̃t] adj. - **1.** Qui bout : *De l'eau bouillante.* - **2.** Très chaud : *Boire un thé bouillant.* - **3.** Emporté, ardent : *Caractère bouillant* (syn. fougueux).

bouille [buj] n.f. (p.-ê. lat. pop. *"buttula*, de *buttis* "tonneau"). FAM. Visage ; expression du visage : *Une bouille ronde* (syn. tête).

bouilleur [bujœʀ] n.m. (de *bouillir*). - **1.** Distillateur d'eau-de-vie. - **2.** Bouilleur de cru, propriétaire qui a le droit de distiller son propre marc, ses propres fruits.

bouilli [buji] n.m. Viande bouillie : *Bouilli de bœuf.*

bouillie [buji] n.f. (de *bouillir*). - **1.** Aliment plus ou moins pâteux composé de farine, de lait ou d'eau bouillis ensemble, notamm. pour les enfants en bas âge. - **2.** Pâte très fluide : *Le pain est resté sous la pluie, ce n'est plus qu'une bouillie.* - **3.** FAM. C'est de la bouillie pour les chats, c'est un récit, un texte confus, inintelligible. ‖ En bouillie, écrasé : *J'ai retrouvé les gâteaux en bouillie dans mon sac.*

bouillir [bujiʀ] v.i. (lat. *bullire* "faire des bulles") [conj. 48]. - **1.** En parlant d'un liquide, être agité sous l'effet de la chaleur, en dégageant des bulles de vapeur qui crèvent en surface : *L'eau pure bout à 100 °C à la pression atmosphérique normale.* - **2.** Être chauffé, cuit dans un liquide qui bout : *Les légumes bouillent.* - **3.** Faire bouillir qqch, le faire cuire dans un liquide en ébullition : *Faire bouillir du lait.* - **4.** Avoir le sang qui bout dans les veines, être plein d'énergie, de fougue. ‖ Bouillir de colère, d'impatience, être animé d'une violente colère, d'une grande impatience. ‖ FAM. Faire bouillir la marmite, assurer la subsistance de la maisonnée, de la famille. ‖ FAM. Faire bouillir qqn, provoquer son irritation (= exaspérer).

bouilloire [bujwaʀ] n.f. Récipient en métal pour faire bouillir de l'eau.

bouillon [bujɔ̃] n.m. (de *bouillir*). - **1.** Aliment liquide obtenu en faisant bouillir de la viande et des légumes dans de l'eau. - **2.** (Surtout au pl.). Bulle qui s'élève à la surface d'un liquide bouillant : *Cuire à gros bouillons.* - **3.** Flot d'un liquide, d'un courant qui s'écoule vivement : *Bouillons de l'eau provoqués par l'hélice d'un bateau.* - **4.** Ensemble des exemplaires invendus d'un journal ou d'une revue. - **5.** COUT. Pli bouffant d'une étoffe. - **6.** FAM. Boire un bouillon, avaler de l'eau en nageant ; au fig., essuyer un échec, un revers, souvent financier. - **7.** Bouillon de culture, liquide préparé comme milieu de culture bactériologique ; au fig., milieu favorable à qqch. ‖ FAM. Bouillon d'onze heures, breuvage empoisonné.

bouillon-blanc [bujɔ̃blɑ̃] n.m. (bas lat. *bugillo*, d'orig. gaul.) [pl. *bouillons-blancs*]. Plante couverte d'un duvet blanc, à fleurs jaunes, poussant dans les lieux incultes. □ Famille des verbascacées ; haut. jusqu'à 2 m.

bouillonnant, e [bujɔnɑ̃, -ɑ̃t] adj. Qui bouillonne : *L'eau bouillonnante de la fontaine. Pensées bouillonnantes* (syn. fébrile, tumultueux).

bouillonnement [bujɔnmɑ̃] n.m. État de ce qui bouillonne : *Le bouillonnement du vin qui fermente. Le bouillonnement des esprits* (syn. effervescence, tumulte).

bouillonner [bujɔne] v.i. (de *bouillon*). - **1.** Produire des bouillons, être en effervescence : *Le torrent bouillonne.* - **2.** S'agiter : *Mille pensées bouillonnent en lui. Bouillonner de colère* (syn. bouillir). - En parlant d'un journal, avoir beaucoup d'invendus.

bouillotte [bujɔt] n.f. (de *bouillir*). Récipient de grès ou de caoutchouc que l'on remplit d'eau bouillante et dont on se sert pour chauffer un lit ou se réchauffer.

boulange [bulɑ̃ʒ] n.f. FAM. Métier ou commerce de boulanger.

1. **boulanger** [bulɑ̃ʒe] v.i. et v.t. (de 2. *boulanger*) [conj. 17]. Faire du pain.

2. **boulanger, ère** [bulɑ̃ʒe, -ɛʀ] n. (du picard *boulenc* "faiseur de pain en boule"). Personne qui fait ou vend du pain. ◆ adj. - **1.** Relatif à la boulangerie. - **2.** Pommes boulangères, pommes de terre en tranches fines cuites au beurre, souvent avec des oignons.

boulangerie [bulɑ̃ʒʀi] n.f. - **1.** Boutique du boulanger. - **2.** Fabrication et commerce du pain : *Boulangerie industrielle.* - **3.** L'ensemble de ceux qui font le métier de boulanger : *Vif mécontentement dans la boulangerie parisienne.*

boule [bul] n.f. (lat. *bulla*). - **1.** Objet solide que sa forme sphérique destine à rouler : *Boules de croquet.* - **2.** Forme arrondie et de sphère : *Une boule à thé. Boules de cuivre aux quatre coins d'un lit.* - **3.** Objet façonné affectant grossièrement une forme sphérique : *Boules de neige. Boule de pain* (= miche de pain ronde). - **4.** FAM. Tête : *Avoir la boule à zéro* (= le crâne rasé). - **5.** Avoir une boule dans la gorge, avoir la gorge serrée par l'angoisse. ‖ Boule de loto, jeton, sphère utilisés au jeu de loto. ‖ Des yeux en boules de loto, ronds et proéminents. ‖ En boule, en forme de sphère : *Tailler un arbre en boule.* ‖ FAM. Être, se mettre en boule, être, se mettre en colère.

‖ **Faire boule de neige**, grossir, prendre de l'ampleur : *La rumeur a fait boule de neige.* ‖FAM. **Perdre la boule**, s'affoler ; devenir fou. ‖ **Se rouler en boule**, se ramasser sur soi-même : *Le chat s'est roulé en boule sur le lit.* ◆ **boules** n.f. pl. **-1.** Jeu qui se joue avec des boules (pétanque, boule lyonnaise, etc.). **-2.**T. FAM. **Avoir les boules**, être angoissé, déprimé ou exaspéré.

bouleau [bulo] n.m. (du lat. pop. *betullus*, class. *betula*, d'orig. gaul.). Arbre des pays froids et tempérés, à écorce blanche et à bois blanc utilisé en menuiserie et en papeterie. □ Famille des bétulacées ; haut. 30 m env.

boule-de-neige [buldənεʒ] n.f. (pl. *boules-de-neige*). Nom usuel de l'*obier*.

bouledogue [buldɔg] n.m. (angl. *bull-dog*, de *bull* "taureau" et *dog* "chien"). Chien de petite taille, à la tête carrée très forte, aux oreilles droites, apprécié comme animal de compagnie.

bouler [bule] v.i. **-1.** Rouler sur soi-même, comme une boule. **-2.**FAM. **Envoyer bouler**, repousser, éconduire.

boulet [bulε] n.m. (de *boule*). **-1.** Boule, projectile de pierre ou de métal dont on chargeait les canons (XIVᵉ-XIXᵉ s.). **-2.** Boule fixée à une chaîne qu'on attachait au pied des forçats. **-3.** Personne à charge, contrainte dont on ne peut se libérer : *Une famille est un boulet pour un artiste débutant* (syn. fardeau). **-4.** Aggloméré de charbon de forme ovoïde. **-5.** Articulation des membres des chevaux ou des ruminants, entre le canon et le paturon. **-6. Comme un boulet (de canon)**, très vite. ‖ **Tirer à boulets rouges sur qqn**, l'attaquer très violemment.

boulette [bulεt] n.f. **-1.** Petite boule : *Boulette de papier.* **-2.** Préparation façonnée en forme de petite boule, qu'on fait frire : *Boulette de viande.* **-3.**FAM. Erreur grossière, faute stupide : *Faire une boulette* (syn. bévue).

boulevard [bulvaʁ] n.m. (moyen néerl. *bolwerc* "ouvrage de fortification"). **-1.** Large rue, génér. plantée d'arbres (à l'origine sur l'emplacement d'anciens remparts). **-2.** Théâtre de boulevard, théâtre de caractère léger où dominent le vaudeville et la comédie.

boulevardier, ère [bulvaʁdje,-εʁ] adj. Propre au théâtre de boulevard.

bouleversant, e [bulvεʁsɑ̃, -ɑ̃t] adj. Qui bouleverse : *Spectacle bouleversant.*

bouleversement [bulvεʁsəmɑ̃] n.m. Action, fait de bouleverser ; état, situation, émotion qui en résulte : *La crise économique a entraîné un bouleversement politique* (syn. révolution). *Le bouleversement des valeurs* (syn. renversement).

bouleverser [bulvεʁse] v.t. (de *bouler* et *verser*). **-1.** Mettre sens dessus dessous ; mettre le désordre dans une organisation : *Il a bouleversé nos horaires en reportant son cours* (syn. perturber). **-2.** Renouveler totalement : *Cette découverte a bouleversé la science* (syn. révolutionner). **-3.** Provoquer une émotion violente : *La mort de sa femme l'a bouleversé* (syn. retourner, secouer).

boulier [bulje] n.m. (de *boule*). Appareil fait de boules coulissant sur des tiges et servant à compter.

boulimie [bulimi] n.f. (gr. *boulimia*, de *bous* "bœuf" et *limos* "faim"). **-1.** Besoin pathologique d'absorber de grandes quantités de nourriture (par opp. à *anorexie*). **-2.** Boulimie de qqch, désir ardent de qqch : *Boulimie de lecture.*

boulimique [bulimik] adj. et n. Relatif à la boulimie ; atteint de boulimie.

bouline [bulin] n.f. (angl. *bowline*, de *bow* "proue" et *line* "corde"). MAR. Autref., manœuvre halant sur l'avant une voile carrée.

boulingrin [bulɛ̃gʁɛ̃] n.m. (angl. *bowling-green* "gazon pour jouer aux boules"). Parterre de gazon limité par un talus, une bordure.

bouliste [bulist] et **boulomane** [bulɔman] n. Joueur, joueuse de boules.

boulocher [bulɔʃe] v.i. (de *boule*). En parlant d'un tricot, d'un tissu, former de petites boules pelucheuses sous l'effet de frottements.

boulodrome [bulɔdʁom] n.m. (de *boule* et *-drome*). Terrain pour le jeu de boules.

boulomane n. → **bouliste**.

boulon [bulɔ̃] n.m. (de *boule*). **-1.** Ensemble d'une vis et de l'écrou qui s'y adapte. **-2.**FAM. **Resserrer les boulons**, renforcer l'application des règlements, la discipline ; restreindre les dépenses, etc.

boulonnage [bulɔnaʒ] n.m. **-1.** Action de fixer avec des boulons ; son résultat. **-2.** Ensemble des boulons d'un assemblage.

boulonner [bulɔne] v.t. Maintenir avec un, des boulons. ◆ v.i. FAM. Travailler beaucoup ou durement.

boulonnerie [bulɔnʁi] n.f. Industrie et commerce des boulons et accessoires ; ces produits.

1. boulot, otte [bulo,-ɔt] adj. et n. (de *boule*). FAM. De petite taille et gros : *Elle est un peu boulotte.*

2. boulot [bulo] n.m. (orig. incert., p.-ê. de *boulotter* "mener une vie tranquille" puis travailler, de *boulot*). FAM. Travail ; emploi : *Faire le sale boulot* (syn. besogne). *Avoir un bon boulot* (syn. métier).

1. boum [bum] interj. (onomat.). Sert à exprimer le bruit sourd causé par une chute, une explosion : *Boum ! par terre !*

2. boum [bum] n.m. (de *1. boum*). FAM. - **1.** Développement considérable : *Boum commercial* (syn. essor). - **2.** En plein boum, en pleine activité.

3. boum [bum] n.f. (abrév. de *surboum*, de même sens). FAM. Surprise-partie.

boumer [bume] v.i. (de *2. boum*). FAM. Ça boume, ça va bien.

1. bouquet [bukɛ] n.m. (dimin. région. de l'anc. fr. *bosc* "bois"). - **1.** Fleurs qu'on assemble dans un but décoratif : *Bouquet de roses.* - **2.** Plantes ou fragments de plantes liés par leurs tiges : *Bouquet de persil.* - **3.** Arôme d'un vin, perçu lorsqu'on le boit : *Ce vin a du bouquet.* - **5.** Bouquet garni, assortiment de plantes aromatiques servant en cuisine. ‖ FAM. C'est le bouquet !, c'est le comble !

2. bouquet [bukɛ] n.m. (de *bouc*). Grosse crevette rose.

bouquetière [buktjɛr] n.f. Personne qui compose, vend des bouquets de fleurs dans les lieux publics.

bouquetin [buktɛ̃] n.m. (du prov. *boc estaign*, adaptation de l'all. *Steinbock* "bouc de rocher"). Chèvre sauvage des montagnes, à longues cornes incurvées et annelées. ◻ Famille des bovidés.

1. bouquin [bukɛ̃] n.m. (de *bouc*). - **1.** Vieux bouc. - **2.** CHASSE. Lièvre ou lapin mâle (on dit aussi *bouquet*).

2. bouquin [bukɛ̃] n.m. (néerl. *boeckin* "petit livre"). FAM. Livre : *Elle écrit son deuxième bouquin.*

bouquiner [bukine] v.i. et v.t. (de *2. bouquin*). FAM. Lire.

bouquiniste [bukinist] n. (de *2. bouquin*). Vendeur de livres d'occasion : *Les bouquinistes des quais de la Seine.*

bourbe [burb] n.f. (gaul. *borva*). Boue noire, épaisse qui se dépose au fond des eaux croupissantes (marais, étang).

bourbeux, euse [burbø, -øz] adj. Plein de bourbe ou d'une boue qui a la consistance de la bourbe : *Terrain bourbeux* (syn. fangeux, marécageux).

bourbier [burbje] n.m. (de *bourbe*). - **1.** Lieu très bourbeux, où l'on s'enlise : *Route transformée en bourbier par la pluie* (syn. fondrière). - **2.** Situation inextricable, affaire difficile : *Comment se tirer de ce bourbier ?*

bourbon [burbɔ̃] n.m. (du n. d'un comté du Kentucky). Whisky à base de maïs, fabriqué aux États-Unis.

bourbonien, enne [burbɔnjɛ̃, -ɛn] adj. - **1.** Relatif aux Bourbons. - **2.** Nez bourbonien, nez busqué.

bourdaine [burdɛn] n.f. (altér. de *borzaine*, d'orig. obsc.). Arbuste des bois de l'Europe occidentale, dont les tiges sont utilisées en vannerie et dont l'écorce est laxative. ◻ Famille des rhamnacées ; haut. 3 à 4 m.

bourde [burd] n.f. (de l'anc. fr. *bihurder* "plaisanter", frq. *bihurdan*). FAM. Erreur, méprise grossière : *Commettre, rattraper une bourde* (syn. bévue).

1. bourdon [burdɔ̃] n.m. (lat. pop. *burdo* "mulet"). Long bâton de pèlerin portant un ornement en forme de gourde.

2. bourdon [burdɔ̃] n.m. (orig. onomat.). - **1.** Insecte à corps velu et à abdomen annelé, voisin de l'abeille, vivant en groupes peu nombreux. ◻ Famille des apidés ; ordre des hyménoptères. - **2.** MUS. Grosse cloche à son grave : *Bourdon de cathédrale.* - **3.** Jeu de l'orgue, qui fait sonner des tuyaux bouchés rendant une sonorité douce et moelleuse. - **4.** FAM. Avoir le bourdon, être triste, mélancolique. - **5.** Faux bourdon. Abeille mâle.

bourdonnant, e [burdɔnɑ̃, -ɑ̃t] adj. Qui bourdonne : *Ruche bourdonnante.*

bourdonnement [burdɔnmɑ̃] n.m. (de *bourdonner*). - **1.** Bruit fait par un, des insectes qui battent des ailes : *Bourdonnement des abeilles dans une ruche.* - **2.** Bruit sourd et continu d'un moteur, d'une foule, etc. : *Le bourdonnement d'une machine* (syn. ronron). *Le bourdonnement des conversations.* - **3.** Illusion auditive accompagnant divers malaises : *Bourdonnement d'oreille* (syn. acouphène).

bourdonner [burdɔne] v.i. - **1.** Faire entendre un bruit sourd et continu : *Une mouche qui bourdonne. Les hélices des ventilateurs bourdonnent* (syn. vrombir, ronfler). - **2.** Percevoir un bourdonnement : *Mes oreilles bourdonnent.*

bourg [bur] n.m. (bas lat. *burgus* "château fort", du germ. *burgs*). - **1.** Grosse agglomération rurale où se tient le marché des villages voisins. - **2.** Agglomération centrale d'une commune, par opp. aux hameaux périphériques.

bourgade [burgad] n.f. Petit bourg.

bourgeois, e [burʒwa, -az] n. (de *bourg*). - **1.** Personne qui appartient à la bourgeoisie (par opp. à *ouvrier, paysan*) ou qui en a les manières. - **2.** HIST. Habitant d'un bourg, d'une ville jouissant, dans le cadre de la commune, de certains privilèges. - **3.** Épater le bourgeois, faire impression sur le public. ◆ adj. - **1.** De bourgeois ; de la bourgeoisie : *Les quartiers bourgeois d'une ville* (syn. résidentiel). - **2.** Relatif à la bourgeoisie, à sa manière de vivre, à ses goûts, à ses intérêts (péjor.) ; conservateur, bien-pensant : *Éducation bourgeoise. Il est devenu très bourgeois.* - **3.** Bien installé ; confortable : *Un appartement bourgeois* (syn. cossu). - **4.** Cuisine bourgeoise, cuisine simple et de bon goût.

bourgeoisement [buʀʒwazmɑ̃] adv. De façon bourgeoise ; dans l'aisance.

bourgeoisie [buʀʒwazi] n.f. (de *bourgeois*). **-1.** Ensemble des personnes qui n'exercent pas un travail manuel industriel ou agricole et dont les revenus sont relativement élevés et réguliers : *Haute, moyenne et petite bourgeoisie.* **-2.** Selon le marxisme, classe sociale détentrice des moyens de production et d'échange dans le régime capitaliste (par opp. à *prolétariat*).

bourgeon [buʀʒɔ̃] n.m. (lat. pop. *burrio*, du class. *burra* "bure"). **-1.** Petite formation végétale pointue, souvent renflée, constituant en un point d'une plante une ébauche d'organes se développant après son éclosion : *C'est le printemps, les bourgeons sortent.* **-2.** PATHOL. Bourgeon conjonctif, prolifération de tissu conjonctif compensant la perte de substance d'une plaie.

bourgeonnement [buʀʒɔnmɑ̃] n.m. **-1.** Fait de bourgeonner ; apparition des bourgeons. **-2.** ZOOL. Mode de reproduction asexuée de certains animaux aquatiques, à partir d'une formation analogue à un bourgeon.

bourgeonner [buʀʒɔne] v.i. **-1.** En parlant d'une plante, produire des bourgeons : *Les arbres bourgeonnent.* **-2.** En parlant de la peau, se couvrir de boutons : *Son nez bourgeonne.*

bourgmestre [buʀgmɛstʀ] n.m. (all. *Bürgermeister* "maître du bourg"). BELG., HELV. Premier magistrat d'une ville.

bourgogne [buʀgɔɲ] n.m. Vin produit en Bourgogne : *Bourgogne aligoté.*

bourguignon, onne [buʀgiɲɔ̃, -ɔn] adj. et n. De la Bourgogne. ◆ **bourguignon** n.m. Ragoût de bœuf aux oignons et au vin rouge.

bourlinguer [buʀlɛ̃ge] v.i. (p.-ê. de *boulingue* "petite voile", d'orig. obsc.). **-1.** MAR. Rouler bord sur bord par suite du mauvais temps, en parlant d'un navire. **-2.** FAM. Voyager beaucoup ; mener une vie aventureuse : *Il a bourlingué longtemps en Asie.*

bourlingueur, euse [buʀlɛ̃gœʀ, -øz] n. et adj. FAM. Personne qui bourlingue.

bourrache [buʀaʃ] n.f. (bas lat. *borrago*, de l'ar. *abū'araq* "père de la sueur"). Plante annuelle très velue, à grandes fleurs bleues, fréquente sur les décombres, employée en tisane comme diurétique et sudorifique. □ Famille des borraginacées.

bourrade [buʀad] n.f. (de *bourrer* "maltraiter"). Coup brusque donné pour pousser qqn ou comme marque d'amitié : *Une bourrade amicale.*

bourrage [buʀaʒ] n.m. **-1.** Action de bourrer ; son résultat : *Le bourrage d'un matelas avec de la laine.* **-2.** Matière servant à bourrer :

Le bourrage s'échappe du coussin éventré (syn. bourre). **-3.** Incident de fonctionnement d'une machine, d'un appareil qui bourre : *Le bourrage d'une photocopieuse.* **-4.** FAM. Bourrage de crâne, propagande intensive ; transmission intensive de connaissances.

bourrasque [buʀask] n.f. (it. *burasca*, du lat. *boreas* ; v. borée). Coup de vent bref et violent (syn. tornade).

bourratif, ive [buʀatif, -iv] adj. (de *bourrer*). FAM. qui rassasie vite, qui alourdit l'estomac, en parlant d'un aliment : *Tarte bourrative.*

bourre [buʀ] n.f. (lat. *burra* "bure"). **-1.** Amas de poils d'origine animale ou autre, pour la confection de feutre, de matériaux isolants, etc. **-2.** Ce qui reste d'une fibre après le peignage ou le dévidage des bobines : *Bourre de laine, de soie.* **-3.** Toute matière servant à bourrer, à rembourrer : *La bourre du capitonnage d'un fauteuil, d'une porte* (syn. bourrage). **-4.** Tampon qui maintient une charge explosive dans une cartouche. **-5.** Duvet d'un bourgeon. **-6.** T.FAM. De première bourre, de première qualité ; excellent. ‖ FAM. Être à la bourre, être pressé, en retard.

bourré, e [buʀe] adj. **-1.** FAM. Plein ou trop plein : *Le cinéma était bourré hier soir* (syn. bondé). **-2.** FAM. Ivre.

bourreau [buʀo] n.m. (de *bourrer* "maltraiter"). **-1.** Personne qui inflige les peines corporelles prononcées par une juridiction répressive, notamm. la peine de mort. **-2.** Personne qui maltraite qqn : *Les bourreaux des camps nazis* (syn. tortionnaire). *Bourreau d'enfants.* **-3.** FAM. Bourreau des cœurs, homme qui a un grand succès auprès des femmes (= séducteur). ‖ Bourreau de travail, personne qui travaille sans relâche.

bourrée [buʀe] n.f. (de *bourrer* "frapper"). **-1.** Danse et air à danser à deux temps (Berry et Bourbonnais) ou à trois temps (Auvergne et Limousin). **-2.** CHORÉGR. Pas de bourrée, marche accomplie sur trois pas (un à plat, les deux autres sur pointes ou demi-pointes).

bourrelé, e [buʀle] adj. (de *bourreau*). Bourrelé de remords, hanté, torturé par le remords.

bourrelet [buʀlɛ] n.m. (de *bourre*). **-1.** Gaine remplie de bourre, de matière élastique, etc., ou de bandelette isolante pour protéger des chocs, obstruer une ouverture, etc. **-2.** Partie saillante, arrondie, longeant ou faisant le tour de qqch : *Bourrelet d'une cartouche.* **-3.** Renflement adipeux à certains endroits du corps : *Avoir des bourrelets à la taille.*

bourrelier, ère [buʀəlje, -ɛʀ] n. (de l'anc. fr. *bourrel* "harnais", de *bourre*). Artisan qui fabrique et vend les pièces de harnais pour animaux de trait et, accessoirement, des articles de cuir (courroies, sacs, etc.).

bourrellerie [buʀɛlʀi] n.f. Profession, commerce du bourrelier.

bourrer [buʀe] v.t. (de *bourre*). - **1.** Garnir de bourre une pièce de literie, de mobilier. - **2.** Remplir qqch en tassant : *Bourrer sa pipe. Bourrer sa valise.* - **3.** Faire manger abondamment : *Bourrer un enfant de chocolats* (syn. gaver). - **4.** Faire acquérir des connaissances trop vite et en trop grande quantité par qqn : *Bourrer les élèves de mathématiques.* - **5.** FAM. Bourrer le crâne de qqn, l'intoxiquer de propagande ; le tromper, lui raconter des balivernes. ‖ Bourrer qqn de coups, frapper qqn de coups répétés, le battre violemment. ◆ v.i. - **1.** En parlant d'une machine dans laquelle circule du papier, un film, etc., être bloquée en un point du circuit par une accumulation de ces éléments. - **2.** FAM. Aller vite ; se hâter : *Ils ont bourré pour ne pas être en retard.* ◆ **se bourrer** v. pr. FAM. - **1.** Manger trop, avec excès. - **2.** S'enivrer.

bourriche [buʀiʃ] n.f. (orig. obscc.). Casier oblong, cageot fermé pour le transport du gibier, du poisson, etc. ; son contenu : *Bourriche d'huîtres.*

bourrichon [buʀiʃɔ̃] n.m. (de *bourriche*). FAM. Monter le bourrichon à qqn, exciter, exalter qqn en l'illusionnant ; lui monter la tête contre qqn, qqch. ‖ FAM. Se monter le bourrichon, se bercer d'espoirs, d'illusions.

bourricot [buʀiko] n.m. (esp. *borrico* ; v. *bourrique*). Petit âne.

bourrin [buʀɛ̃] n.m. (mot de l'Ouest, de *bourrique*). FAM. Cheval.

bourrique [buʀik] n.f. (esp. *borrico*, lat. *buricus* "petit cheval"). - **1.** Âne ; ânesse. - **2.** Personne têtue, stupide. - **3.** FAM. Faire tourner qqn en bourrique, exaspérer qqn à force de le taquiner, de le contredire.

bourru, e [buʀy] adj. (de *bourre*). - **1.** D'un abord rude et renfrogné : *Sous des dehors bourrus, il est très gentil* (syn. rude). - **2.** Vin bourru, vin en fin de fermentation, encore chargé en gaz carbonique et non clarifié.

1. **bourse** [buʀs] n.f. (bas lat. *bursa* "bourse", gr. *bursa* "cuir apprêté, outre"). - **1.** Petit sac en cuir, en tissu, etc., où on met les pièces de monnaie (syn. porte-monnaie). - **2.** Ressources pécuniaires : *Aider qqn de sa bourse.* - **3.** Pension accordée par l'État ou par une institution à un élève, à un étudiant ou à un chercheur pour l'aider à poursuivre ses études. - **4.** À la portée de toutes les bourses, bon marché. ‖ Sans bourse délier, sans qu'il en coûte rien. ‖ Tenir les cordons de la bourse, disposer de l'argent du ménage.

◆ **bourses** n.f. pl. Scrotum, enveloppe cutanée des testicules.

2. **Bourse** [buʀs] n.f. (du n. des *Van der Burse*, banquiers à Bruges). - **1.** Édifice, institution où est organisé le marché des valeurs mobilières ; ce marché : *Jouer en Bourse.* - **2.** Milieu des opérateurs en Bourse : *La Bourse s'affole.* - **3.** Bourse de commerce, marché sur lequel sont négociées des marchandises, des matières premières. ‖ Bourse du travail, établissement municipal mis à la disposition des syndicats ouvriers pour y tenir leurs réunions, y conserver leur documentation, etc. ‖ Société de Bourse, société anonyme ayant le monopole de négociation sur le marché des valeurs mobilières. □ Les sociétés de Bourse ont remplacé les agents de change en 1988.

boursicoter [buʀsikɔte] v.i. (de *boursicot* "petite bourse"). Jouer en Bourse.

boursicoteur, euse [buʀsikɔtœʀ, -øz] n. Personne qui boursicote.

1. **boursier, ère** [buʀsje, -ɛʀ] adj. et n. Qui bénéficie d'une bourse d'études : *Étudiant boursier.*

2. **boursier, ère** [buʀsje, -ɛʀ] adj. Relatif à la Bourse : *Transactions boursières.* ◆ n. Professionnel qui opère en Bourse.

boursouflage n.m. → **boursouflement**.

boursouflé, e [buʀsufle] adj. (d'un rad. onomat. *bod* exprimant le gonflement, et de *soufflé*). - **1.** Enflé, gonflé : *Un visage boursouflé* (syn. bouffi). - **2.** Vide et emphatique : *Discours boursouflé* (syn. ampoulé, pompeux).

boursouflement [buʀsuflǝmɑ̃] et **boursouflage** [buʀsufla ʒ] n.m. Fait de se boursoufler, d'être boursouflé : *Le boursouflement de la peau* (syn. bouffissure).

boursoufler [buʀsufle] v.t. (de *boursouflé*). Rendre boursouflé : *L'alcool a boursouflé son visage* (syn. gonfler, enfler). ◆ **se boursoufler** v.pr. Se gonfler, s'enfler : *Vernis, peinture qui se boursoufle* (syn. cloquer).

boursouflure [buʀsuflyʀ] n.f. - **1.** Partie boursouflée de qqch : *Une étrange boursouflure au coin de sa bouche* (syn. cloque, gonflement). - **2.** Grandiloquence : *Boursouflure du style* (syn. emphase).

bousculade [buskylad] n.f. - **1.** Agitation, désordre d'une foule où l'on se bouscule : *Être pris dans une bousculade à la sortie d'un cinéma.* - **2.** Hâte : *Dans la bousculade du départ, ils ont oublié une valise* (syn. précipitation).

bousculer [buskyle] v.t. (altér. de *bouteculer* "pousser au cul", de *bouter* et *cul*). - **1.** Heurter qqn, qqch en rompant son équilibre ; pousser, écarter violemment des personnes pour s'ouvrir un passage : *Il a bousculé une pile d'assiettes. Cessez de bousculer tout le monde.*

-**2.** Apporter un renouvellement brutal, un changement complet dans : *Bousculer les idées reçues.* -**3.** Inciter qqn à aller plus vite, presser qqn : *Il est paresseux, il faut le bousculer pour le faire travailler* (syn. harceler). ◆ **se bousculer** v.pr. -**1.** Se pousser mutuellement. -**2.** Se succéder de façon désordonnée : *Mes idées se bousculent.*

bouse [buz] n.f. (orig. obsc.). Excrément de bœuf, de vache.

bousier [buzje] n.m. Coléoptère qui façonne des boulettes de bouse pour la nourriture de ses larves : *Le scarabée sacré est un bousier.*

bousiller [buzije] v.t. (de *bouse*). -**1.** Exécuter grossièrement et très vite (un travail) [syn. bâcler]. -**2.** Détruire qqch : *Il a bousillé le moteur de sa voiture.* -**3.** Tuer qqn.

boussole [busɔl] n.f. (it. *bussola* "petite boîte", du lat. *buxis* ; v. *boîte*). -**1.** Appareil, boîte contenant une aiguille aimantée qui pivote librement et indique le nord magnétique. -**2.** FAM. **Perdre la boussole,** perdre la tête, s'affoler.

bout [bu] n.m. (de *bouter*). -**1.** Extrémité, partie extrême d'une chose, partic. d'un objet long : *Être placé au bout de la table.* -**2.** Limite visible d'un espace ; fin d'une durée, d'une action : *Le bout du chemin. Nous ne verrons jamais le bout de ce travail* (syn. fin). -**3.** Morceau, fragment de qqch : *Bout de papier.* -**4.** Limite des forces, des possibilités de qqn : *Il est arrivé au bout d'une heure.* ‖ **Bout à bout,** une extrémité touchant l'autre : *Placer deux tables bout à bout.* ‖ **En connaître un bout,** savoir beaucoup de choses. ‖ **Être à bout,** être épuisé. ‖ **Être à bout de qqch,** ne plus en avoir : *Être à bout d'arguments.* ‖ **Par le bon, le mauvais bout,** du bon, du mauvais côté ; de la bonne, de la mauvaise manière. ‖ **Petit bout de femme, d'homme,** terme d'affection désignant un enfant. ‖ **Pousser qqn à bout,** provoquer sa colère. ‖ **Tenir le bon bout,** être près de réussir. ‖ **Tirer à bout portant,** de très près. ‖ FAM. **Un bout de** (+ n.), sert à exprimer le tout pour souligner sa petitesse : *Posséder un bout de jardin.* ‖ **Venir à bout de,** terminer, réussir qqch ; triompher de qqn, de qqch : *Venir à bout d'un travail difficile.* -**6.** **Bout d'essai.** Séquence tournée pour apprécier un comédien.

boutade [butad] n.f. (de *bouter*). Mot d'esprit, vif et imprévu, qui touche au paradoxe : *Répondre à une attaque par une boutade* (syn. plaisanterie).

boute-en-train [butɑ̃trɛ̃] n.m. inv. (de *bouter* et *train*). -**1.** Personne qui a le don d'animer joyeusement une réunion, une fête : *On l'invite souvent car c'est un boute-en-train.* -**2.** ZOOL. Mâle utilisé pour détecter les femelles en chaleur (juments et brebis, en partic.).

bouteille [butɛj] n.f. (bas lat. *butticula,* dimin. du class. *buttis* "tonneau"). -**1.** Récipient de forme variable, à goulot étroit, en verre, en plastique, etc., destiné aux liquides, en partic. aux boissons ; son contenu : *Déboucher une bouteille. Boire une bouteille de limonade.* -**2.** Récipient de 70 à 75 cl, pour le vin d'appellation contrôlée et dont la forme varie selon les régions (par opp. à *litre*) : *Une bouteille de bordeaux.* -**3.** (Précédé de l'art. déf.). Le vin, les boissons alcoolisées : *Aimer la bouteille.* -**4.** PHYS. Récipient métallique destiné à contenir des gaz sous pression : *Bouteille de butane, de propane.* -**5.** **Avoir, prendre de la bouteille,** avoir, prendre de l'expérience ou de l'âge. ‖ **Bouteille isolante,** contenant à deux parois entre lesquelles on a fait le vide et placé dans une enveloppe métallique renfermant un isolant. ‖ FAM. **C'est la bouteille à l'encre,** une situation confuse, embrouillée.

bouter [bute] v.t. (frq. *°botan* "frapper"). **Bouter hors, dehors,** pousser hors ; chasser : *Jeanne d'Arc bouta les Anglais hors de France.*

boutique [butik] n.f. (prov. *botica,* gr. *apothêkê* "dépôt"). -**1.** Local où se tient un commerce de détail : *Boutiques fermées à l'heure du déjeuner* (syn. magasin). -**2.** Magasin où un grand couturier vend sous sa griffe des accessoires ou des articles de confection. -**3.** FAM. **Parler boutique,** s'entretenir de sujets professionnels. ‖ **Plier boutique,** démonter et rentrer ses étalages ; au fig., FAM. cesser une activité.

boutiquier, ère [butikje, -ɛʀ] n. Personne qui tient une boutique. ◆ adj. De boutique ; du boutiquier (péjor.).

boutoir [butwaʀ] n.m. (de *bouter*). -**1.** Ensemble formé par le groin et les canines du sanglier. -**2.** **Coup de boutoir,** attaque violente ; propos brusque et blessant.

bouton [butɔ̃] n.m. (de *bouter*). -**1.** Bourgeon dont l'éclosion donne une fleur : *Le rosier est en boutons.* -**2.** Petite papule, pustule ou vésicule sur la peau. -**3.** Petite pièce de matière dure servant à orner ou à fermer un vêtement : *Recoudre un bouton.* -**4.** Pièce mobile servant à actionner manuellement un mécanisme (serrure, ressort, etc.) ou un appareil électrique : *Bouton de porte* (syn. poignée). *Bouton d'ascenseur.*

bouton-d'or [butɔ̃dɔʀ] n.m. (pl. *boutons-d'or*). Renoncule à fleurs jaunes, dont il existe plusieurs espèces, notamm. la renoncule âcre.

boutonnage [butɔnaʒ] n.m. -**1.** Action de boutonner ; manière dont se boutonne un vêtement. -**2.** Ensemble des boutons et boutonnières servant à fermer.

boutonner [butɔne] v.t. Fermer par des boutons : *Boutonner sa veste.* ◆ v.i. BOT. Pousser

des boutons : *Le lilas commence à boutonner.*
◆ v.i. ou **se boutonner** v.pr. Se fermer par des boutons : *Jupe qui se boutonne à gauche.*

boutonneux, euse [butɔnø, -øz] adj. Qui a des boutons sur la peau : *Un adolescent boutonneux.*

boutonnière [butɔnjɛʀ] n.f. - **1.** Fente faite à un vêtement pour y passer un bouton. - **2.** CHIR. Petite incision.

bout-rimé [buʀime] n.m. (pl. *bouts-rimés*). Pièce de vers composée sur des rimes données.

bouturage [butyʀaʒ] n.m. Multiplication des végétaux par bouture.

bouture [butyʀ] n.f. (de *bouter*). Jeune pousse prélevée sur une plante et qui, placée en terre humide, se munit de racines adventives et est à l'origine d'un nouveau pied.

bouturer [butyʀe] v.i. Pousser des drageons, en parlant d'une plante. ◆ v.t. Reproduire une plante par boutures.

bouvet [buvɛ] n.m. (de *bœuf*). Rabot de menuisier servant à faire des rainures, des languettes.

bouvier, ère [buvje, -ɛʀ] n. (de *bœuf*). Personne qui conduit les bœufs et les garde.

bouvillon [buvijɔ̃] n.m. (de *bœuf*). Jeune bovin castré.

bouvreuil [buvʀœj] n.m. (probabl. de *bœuf*, en raison de l'aspect trapu de cet oiseau). Passereau des bois et des jardins, à tête et ailes noires, à dos gris et ventre rose (femelle) ou rouge (mâle), se nourrissant de fruits et de graines. □ Famille des fringillidés ; long. 18 cm.

bouzouki [buzuki] n.m. (mot du gr. mod., du turc). Instrument de la famille du luth, à long manche et à caisse bombée, utilisé dans la musique grecque moderne.

bovarysme [bɔvaʀism] n.m. (du n. de l'héroïne du roman de Flaubert *Madame Bovary*). SOUT. Comportement qui consiste à fuir dans le rêve l'insatisfaction éprouvée dans la vie.

bovidé [bɔvide] n.m. (du lat. *bos, bovis* "bœuf"). Bovidés, famille de mammifères ruminants aux cornes creuses : *Les bovins, les ovins, les caprins, les antilopes sont des bovidés.*

bovin, e [bɔvɛ̃, -in] adj. et n.m. (lat. *bovinus*). - **1.** Relatif au bœuf, à la vache : *Élevage bovin. Espèce bovine.* - **2.** Bovins, sous-famille de bovidés tels que le bœuf, la buffle, le bison, etc. ‖ **Regard bovin**, regard morne, sans intelligence.

bowling [bulin] ou [bɔlin] n.m. (mot angl., de *bowl* "boule"). Jeu de quilles d'origine américaine ; lieu où se pratique ce jeu.

bow-window [bowindo] n.m. (mot angl., de *bow* "arc" et *window* "fenêtre") [pl. *bow-windows*]. Fenêtre ou logette vitrée en saillie sur une façade.

1. box [bɔks] n.m. (mot angl. "boîte"). - **1.** Dans une écurie, logement individuel d'un cheval non attaché. - **2.** Compartiment cloisonné d'une salle commune (dortoir, prétoire, etc.) : *Le box des accusés.* - **3.** Emplacement de stationnement individuel et fermé dans le sous-sol d'un immeuble, dans un garage, etc. (Recomm. off. *stalle.*)

2. box [bɔks] n.m. (mot anglo-amér., du n. du bottier *J. Box*). Cuir de veau teint, tanné au chrome et lissé.

boxe [bɔks] n.f. (angl. *box* "coup"). Sport de combat où les deux adversaires s'affrontent à coups de poing, avec des gants spéciaux *(boxe anglaise)* ou à coups de poing et de pied *(boxe française, boxe américaine).*

1. boxer [bɔkse] v.i. Pratiquer la boxe : *Il boxe depuis deux ans comme professionnel.* ◆ v.t. FAM. Frapper à coups de poing : *Ôte-toi de là ou je te boxe.*

2. boxer [bɔksɛʀ] n.m. (mot all. "boxeur"). Chien de garde, voisin du dogue allemand et du bouledogue.

boxeur, euse [bɔksœʀ, -øz] n. Personne qui pratique la boxe.

box-office [bɔksɔfis] n.m. (mot anglo-amér. "guichet de théâtre") [pl. *box-offices*]. Cote de succès d'un spectacle, d'un acteur, etc., calculée selon le montant des recettes.

boy [bɔj] n.m. (mot angl. "garçon"). - **1.** Jeune serviteur indigène, dans les pays naguère colonisés. - **2.** Au music-hall, danseur faisant partie d'un ensemble.

boyard [bɔjaʀ] n.m. (mot russe). Autref., noble de haut rang des pays slaves et de Roumanie.

boyau [bwajo] n.m. (lat. *botellus* "petite saucisse") [pl. *boyaux*]. - **1.** Intestin d'animal : *Les boyaux de porc sont utilisés dans l'alimentation.* - **2.** Bandage pneumatique particulier aux bicyclettes de course, comportant une chambre solidaire de son enveloppe. - **3.** Passage, chemin étroit : *Un boyau de mine.* - **4.** Corde de boyau, corde faite avec l'intestin de certains animaux et servant à monter des raquettes ou à équiper des instruments de musique (on dit aussi *un boyau*). ◆ **boyaux** n.m.pl. FAM. Viscères de l'homme.

boycottage [bɔjkɔtaʒ] et **boycott** [bɔjkɔt] n.m. - **1.** Cessation volontaire de toutes relations avec un groupe, un pays afin d'exercer une pression ou par représailles. - **2.** Refus systématique de faire qqch : *Boycottage des produits étrangers* (= refus d'en acheter).

boycotter [bɔjkɔte] v.t. (du n. de Ch. C. *Boycott*, premier propriétaire anglais d'Irlande mis à l'index). Pratiquer le boy-cottage de ; mettre en quarantaine : *Boycotter les aérosols dangereux pour la couche d'ozone.*

boy-scout [bɔjskut] n.m. (mot angl. "garçon éclaireur") [pl. *boy-scouts*]. Syn. vieilli de *scout.*

bracelet [bʀaslɛ] n.m. (de *bras*). - **1.** Ornement tel qu'anneau ou chaîne que l'on porte au poignet, au bras, à la cheville. - **2.** Support de montre, de bijou portés en bracelet : *Changer le bracelet de sa montre.* - **3.** Pièce de cuir ou d'étoffe que certains travailleurs (ou sportifs) fixent autour du poignet pour le protéger.

bracelet-montre [bʀaslɛmɔ̃tʀ] n.m. (pl. *bracelets-montres*). VIEILLI. Montre portée au poignet et fixée à un bracelet.

brachial, e, aux [bʀakjal, -o] adj. (lat. *brachialis*, de *brachium* "bras"). ANAT. Relatif au bras.

brachycéphale [bʀakisefal] adj. et n. (de *brachy-* et *-céphale*). Qui a le crâne aussi large que long (par opp. à *dolichocéphale*).

braconnage [bʀakɔnaʒ] n.m. Action de braconner ; délit constitué par cette action. □ Le délit consiste à chasser ou à pêcher sans permis, en période de fermeture, en des endroits réservés ou avec des engins prohibés.

braconner [bʀakɔne] v.i. (de l'anc. prov. *bracon*, germ. *brakko* [cf. all. *Bracke*] "chien de chasse"). Chasser ou pêcher sans respecter la loi, les interdictions ; se rendre coupable de braconnage.

braconnier [bʀakɔnje] n.m. Celui qui braconne.

bractée [bʀakte] n.f. (lat. *bractea* "feuille de métal"). Petite feuille, différenciée, à la base du pédoncule floral.

brader [bʀade] v.t. (néerl. *braden* "rôtir, gaspiller"). - **1.** Se débarrasser de qqch à bas prix : *Magasin qui brade son stock* (syn. liquider). - **2.** Faire bon marché de ce qu'on a le devoir de sauvegarder : *Brader un territoire.*

braderie [bʀadʀi] n.f. (de *brader*). Vente publique de soldes, de marchandises d'occasion.

bradeur, euse [bʀadœʀ, -øz] n. Personne qui brade.

bradycardie [bʀadikaʀdi] n.f. (de *brady-* et du gr. *kardia* "cœur"). Rythme cardiaque lent normal ou pathologique (par opp. à *tachycardie*).

braguette [bʀagɛt] n.f. (dimin. de *brague* "culotte", lat. *braca* ; v. *braies*). Ouverture verticale sur le devant d'un pantalon.

brahmane [bʀaman] n.m. (sanskrit *brāhmana*). Membre de la caste sacerdotale, la première des castes hindoues.

brahmanisme [bʀamanism] n.m. Système religieux qui, dans l'hindouisme, représente le courant orthodoxe et auquel est liée une organisation sociale reposant sur une division en castes héréditaires.

braies [bʀɛ] n.f. pl. (lat. *bracæ*, pl. de *braca*, mot d'orig. gaul.). Pantalon ample des Gaulois, des Germains et de divers peuples de l'Europe septentrionale.

braillard, e [bʀajaʀ, -aʀd] et **brailleur, euse** [bʀajœʀ, -øz] adj. et n. Qui braille : *Un enfant braillard.*

braille [bʀaj] n.m. (de L. *Braille*, n. de l'inventeur). Écriture en relief à l'usage des aveugles.

braillement [bʀajmɑ̃] n.m. Action de brailler ; cri de celui qui braille : *Des braillements s'élevèrent dans le stade* (syn. hurlement, vociération).

brailler [bʀaje] v.t. et v.i. (lat. pop. *bragulare*, dimin. de *bragere* ; v. *braire*). Donner de la voix d'une manière assourdissante ; chanter mal et fort : *Un ivrogne qui braille au coin d'une rue* (syn. hurler, vociérer).

braiment [bʀɛmɑ̃] n.m. (de *braire*). Cri de l'âne.

brainstorming [bʀɛnstɔʀmiŋ] n.m. (mot anglo-amér., de *brain* "cerveau" et de *storming* "assaut"). Recherche d'idées originales dans un groupe par la libre expression, sur un sujet donné, de tout ce qui vient à l'esprit de chacun. (Recomm. off. *remue-méninges.*)

brain-trust [bʀɛntrœst] n.m. (mot anglo-amér., de *brain* "cerveau" et *trust* "confier") [pl. *brain-trusts*]. Équipe restreinte d'experts, de techniciens, etc., au service d'une direction (dans une entreprise, un ministère, etc.).

braire [bʀɛʀ] v.i. (lat. pop. *bragere*, probabl. d'orig. celt.) [conj. 112]. Émettre un braiment, en parlant de l'âne.

braise [bʀɛz] n.f. (germ. *brasa*). Résidu, ardent ou éteint, de la combustion du bois : *Cuire une viande sur la braise.*

braiser [bʀɛze] v.t. (de *braise*). Faire cuire à feu doux, à l'étouffée : *Braiser du bœuf.*

brame [bʀam] et **bramement** [bʀaməmɑ̃] n.m. (de *bramer*). Cri de rut du cerf et du daim.

bramer [bʀame] v.i. (prov. *bramar*, du germ. *brammôn*). Émettre un brame, en parlant du cerf et du daim.

brancard [bʀɑ̃kaʀ] n.m. (de *branque*, var. normande de *branche*). - **1.** Bras de civière ; la civière elle-même : *Allonger un blessé sur un brancard.* - **2.** Pièce longitudinale d'une brouette, d'une voiture à bras. - **3.** Chacune des deux pièces qui prolongent une voiture ou une machine agricole et entre lesquelles on attelle un animal de trait. - **4.** Ruer dans les brancards, regimber, se rebiffer.

brancarder [bʀɑ̃kaʀde] v.t. Transporter sur un brancard : *Brancarder un blessé.*

brancardier [bʀɑ̃kaʀdje] n.m. Porteur de brancard ; préposé au service des brancards pour blessés.

branchage [bʀɑ̃ʃaʒ] n.m. Ensemble des branches d'un arbre : *Le branchage touffu du tilleul* (syn. frondaison, ramure). ◆ **branchages** n.m. pl. Branches coupées : *Ramasser des branchages.*

branche [bʀɑ̃ʃ] n.f. (bas lat. *branca* "patte", p.-ê. d'orig. gaul.). - **1.** Ramification du tronc d'un arbre, d'un arbrisseau ou d'un arbuste. - **2.** Ramification ou division d'un élément principal formant axe ou centre : *Branches d'un chemin, d'un chandelier.* - **3.** Élément mobile de certains objets articulés : *Branche de compas, de lunettes.* - **4.** Activité particulière : *Il est fort dans sa branche* (syn. spécialité). - **5.** Division d'une science, d'une discipline, etc. : *Les différentes branches de l'enseignement* (syn. section). - **6.** Division d'un arbre généalogique : *La branche cadette d'une famille.* - **7.** FAM. Avoir de la branche, avoir de la race, de la distinction. ‖ FAM. Vieille branche, camarade, copain.

branché, e [bʀɑ̃ʃe] adj. et n. FAM. - **1.** Au courant, à la mode, dans le coup : *Adolescents branchés.* - **2.** Intéressé par : *Il est très branché (sur le) rock.*

branchement [bʀɑ̃ʃmɑ̃] n.m. - **1.** Action de brancher : *Le branchement d'un téléphone* (syn. installation). - **2.** Circuit secondaire partant d'une canalisation principale pour aboutir au point d'utilisation.

brancher [bʀɑ̃ʃe] v.t. (de *branche*). - **1.** Rattacher à une canalisation, à une conduite, à un circuit électrique et, par ext., mettre en marche un appareil : *Brancher l'eau, le gaz, l'électricité. Brancher un poste de radio.* - **2.** Orienter, diriger qqn vers qqch : *Je vais vous brancher sur une affaire intéressante* (syn. aiguiller). ◆ v.i. Percher sur les branches d'un arbre : *Les faisans branchent pour dormir.*

branchial, e, aux [bʀɑ̃ʃjal, -o] adj. Relatif aux branchies.

branchies [bʀɑ̃ʃi] n.f. pl. (lat. *branchiae*, du gr.). Organes respiratoires de nombreux animaux aquatiques qui absorbent l'oxygène dissous dans l'eau et rejettent le gaz carbonique : *Branchies des poissons, des crustacés.*

brandade [bʀɑ̃dad] n.f. (prov. *brandado*, de *branda* "remuer", du frq. **brand* "tison"). Préparation de morue à la provençale, pilée avec de l'huile d'olive, de l'ail, etc.

brandebourg [bʀɑ̃dbuʀ] n.m. (de *Brandebourg*). Passementerie, galon ornant une veste ou un manteau, entourant les boutonnières ou en tenant lieu.

brandir [bʀɑ̃diʀ] v.t. (de l'anc. fr. *brand* "épée", mot frq.) [conj. 32]. - **1.** Lever une arme, un objet d'un geste menaçant : *Brandir une épée.* - **2.** Agiter qqch en l'air : *Brandir un drapeau.* - **3.** Agiter la menace de : *Brandir sa démission.*

brandon [bʀɑ̃dɔ̃] n.m. (du frq. **brand* "tison"). - **1.** Débris enflammé d'une matière en combustion : *Le vent soulevait des brandons au-dessus de l'incendie.* - **2.** LITT. Brandon de discorde, cause de querelle, de conflit.

brandy [bʀɑ̃di] n.m. (mot angl., de *to brand* "brûler"). Eau-de-vie, en Angleterre.

branlant, e [bʀɑ̃lɑ̃, -ɑ̃t] adj. Qui branle, qui manque de stabilité : *Fauteuil branlant* (syn. bancal). *Un régime politique branlant* (syn. instable, chancelant).

branle [bʀɑ̃l] n.m. (de *branler*). - **1.** Mouvement d'oscillation, de va-et-vient : *Le branle d'une cloche.* - **2.** Impulsion initiale : *Ce scandale a donné le branle aux émeutes.* - **3.** Mettre, se mettre en branle, mettre, se mettre en mouvement, en action : *La justice se met lentement en branle.*

branle-bas [bʀɑ̃lba] n.m. inv. (de *mettre bas les branles* "déposer les hamacs des matelots" [en vue de la bataille"]). - **1.** Grande agitation, désordre qui précède une action : *C'est le branle-bas général avant le départ* (syn. remue-ménage). - **2.** Branle-bas de combat, préparation au combat d'un navire de guerre.

branler [bʀɑ̃le] v.i. (de l'anc. fr. *brandeler* "agiter, s'agiter", de *brandir*). Être instable, manquer d'équilibre : *Une chaise qui branle* (syn. vaciller). ◆ v.t. Branler la tête, la remuer (syn. hocher, balancer).

braquage [bʀakaʒ] n.m. - **1.** Action de braquer les roues d'une voiture, les parties orientables d'une machine : *Le rayon de braquage d'une voiture* (= l'amplitude maximale du changement de direction). - **2.** FAM. Attaque à main armée : *Le braquage d'une banque.*

braque [bʀak] n.m. (du germ. **brakko*, par l'it. ou l'anc. prov. ; v. *braconner*). Chien d'arrêt à poil ras et à oreilles pendantes.

braquer [bʀake] v.t. (p.-ê. du lat. pop. **brachitare*, du class. *bracchium* "bras"). - **1.** Diriger (une arme, un instrument d'optique) sur un objectif : *Braquer un revolver sur qqn* (syn. pointer). - **2.** Orienter les roues directrices d'un véhicule, la gouverne d'un avion, etc., dans la direction voulue : *Braquer (sa voiture) à gauche pour se garer.* - **3.** ARG. Menacer qqn avec une arme ; attaquer un établissement à main armée. - **4.** Amener qqn à manifester une opposition résolue contre qqn, qqch : *Elle cherche à le braquer contre nous par ses insinuations* (syn. dresser). - **5.** Fixer son regard sur : *Elle braquait ses yeux sur sa mère.* ◆ v.i. Avoir tel rayon de braquage : *Une automobile qui braque bien* (syn. tourner). ◆ **se braquer** v.pr. FAM. Avoir une attitude d'hostilité, de rejet systématiques : *Il se braque dès qu'on fait allusion à sa vie privée* (syn. se buter).

braquet [bʀakɛ] n.m. (abrév. de *braquemart* "épée courte et large", néerl. *breecmes* "couteau"). Rapport de démultiplication entre le pédalier et le pignon d'une bicyclette.

bras [bʀɑ] n.m. (lat. *bracchium,* du gr.). - **1.** Première partie du membre supérieur de l'homme, située entre l'épaule et le coude (par opp. à *avant-bras*) ; le membre supérieur en entier (par opp. à *jambe*). - **2.** ZOOL. Région du membre antérieur comprise entre l'épaule et le coude, chez le cheval ; tentacule des céphalopodes. - **3.** Objet, partie d'objet dont la forme évoque un bras : *Bras d'un électrophone.* - **4.** Accotoir : *Les bras d'un fauteuil.* - **5.** GÉOGR. Division d'un fleuve, d'une mer. || À bout de bras, avec ses seules forces. || À bras, mû par la force des bras : *Voiture à bras.* || À tour de bras, de toutes ses forces ; à profusion : *Frapper qqn à tour de bras. Envoyer des lettres de réclamation à tour de bras.* || Avoir le bras long, avoir de l'influence. || Avoir qqn, qqch sur les bras, avoir qqn à sa charge, être chargé de qqch. || Baisser les bras, renoncer, céder : *Baisser les bras devant l'ampleur de la tâche.* || Bras de levier, distance d'une force à son point d'appui, mesurée perpendiculairement à la direction de cette force. || Bras dessus, bras dessous, en se donnant le bras. || Couper bras et jambes, ôter toute force ; frapper d'étonnement. || FAM. Gros bras, personne qui étale sa force : *Jouer les gros bras.* || Le bras droit de qqn, le principal assistant de qqn. || Les bras m'en tombent, je suis stupéfait. || Recevoir qqn à bras ouverts, recevoir qqn avec chaleur, très cordialement. || Se croiser les bras, ne rien faire, refuser de travailler. || Tomber, se jeter sur qqn à bras raccourcis, tomber, se jeter sur qqn avec violence. - **7.** Bras de fer. Jeu où deux adversaires assis face à face, coudes en appui, mains empoignées, essaient chacun de rabattre le bras de l'autre sur la table ; au fig., épreuve de force. || Bras d'honneur. Geste de mépris, de dérision effectué avec l'avant-bras, qu'on replie en serrant le poing.

brasage [bʀazaʒ] n.m. Assemblage de deux pièces métalliques par brasure.

braser [bʀaze] v.t. (de *braise*). Souder par brasure.

brasero [bʀazeʀo] n.m. (esp. *brasero* "brasier"). Récipient métallique percé de trous et destiné au chauffage en plein air : *Les ouvriers du chantier se réchauffent autour du brasero.*

brasier [bʀazje] n.m. (de *braise*). Foyer de chaleur d'un feu de charbon, d'un incendie : *L'incendie a transformé l'usine en un immense brasier* (syn. fournaise).

à bras-le-corps [bʀalkɔʀ] loc. adv. - **1.** Par le milieu du corps : *Saisir qqn à bras-le-corps.* - **2.** Prendre un problème à bras-le-corps, s'y attaquer résolument.

brassage [bʀasaʒ] n.m. Action de brasser ; fait de se brasser ; son résultat : *Le brassage de l'air par des ventilateurs. Le brassage des populations* (syn. mélange).

brassard [bʀasaʀ] n.m. (altér. de *brassal,* mot prov., de *bras*). Bande d'étoffe, ruban, crêpe, etc., que l'on porte au bras comme signe distinctif : *Les membres du service d'ordre portaient un brassard.*

brasse [bʀas] n.f. (lat. pop. *bracchia* "étendue des deux bras"). - **1.** Nage ventrale où bras et jambes agissent symétriquement et donnent l'impulsion en avant par détente simultanée. - **2.** Ancienne mesure de longueur correspondant à l'envergure des bras.

brassée [bʀase] n.f. (de *bras,* avec infl. de *brasse*). Ce que peuvent contenir les deux bras : *Une brassée de fleurs.*

brasser [bʀase] v.t. (lat. pop. **braciare,* du class. *braces* [cf. anc. fr. *brais* "orge broyé"], avec infl. de *bras*). - **1.** Mêler en remuant : *Brasser de la pâte.* - **2.** Opérer le mélange du malt avec l'eau pour préparer la bière. - **3.** Brasser des affaires, traiter beaucoup d'affaires commerciales ou financières. ◆ **se brasser** v.pr. Se mêler en un tout : *Des peuples très divers se sont brassés en Amérique du Nord.*

brasserie [bʀasʀi] n.f. (de *brasser*). - **1.** Lieu où l'on fabrique la bière. - **2.** Industrie de la fabrication de la bière. - **3.** Établissement où l'on sert des boissons (surtout de la bière) et des repas vite préparés.

brasseur, euse [bʀasœʀ, -øz] n. (de *brasser*). - **1.** Personne qui fabrique de la bière, en vend en gros. - **2.** Brasseur d'affaires, homme qui traite de nombreuses affaires commerciales, financières.

brassière [bʀasjɛʀ] n.f. (de *bras*). - **1.** Chemise en tissu fin ou chandail en laine pour bébé, qui se ferme dans le dos. - **2.** CAN. Soutien-gorge.

brasure [bʀazyʀ] n.f. (de *braser*). - **1.** Soudure obtenue par interposition entre les pièces à joindre d'un alliage ou d'un métal fusible. - **2.** Métal ou alliage utilisé pour cette soudure.

bravache [bʀavaʃ] n.m. et adj. (it. *bravaccio*, dérivé péjor. de *bravo* ; v. *brave*). Personne qui affecte la bravoure : *Lâche qui prend des airs de bravache* (syn. fanfaron, matamore).

bravade [bʀavad] n.f. (it. *bravata*, de *bravare* "faire le brave"). Étalage de bravoure ; action, attitude de défi : *Par bravade, il a fait un pari stupide* (syn. fanfaronnade).

brave [bʀav] adj. et n. (it. *bravo*, lat. *barbarus* "barbare" puis "fier"). **- 1.** Qui ne craint pas le danger : *Homme brave* (syn. courageux, valeureux). **- 2.** Mon brave, s'emploie par condescendance à l'égard d'un inférieur ou présumé tel. ◆ adj. **- 1.** (Placé avant le n.). Bon ; honnête : *De braves gens.* **- 2.** Gentil, mais peu subtil : *Il est bien brave.*

bravement [bʀavmɑ̃] adv. Avec bravoure ; sans hésitation : *Affronter bravement l'ennemi* (syn. courageusement, vaillamment).

braver [bʀave] v.t. (de *brave*). Affronter sans peur ; défier, transgresser orgueilleusement : *Braver la mort* (syn. s'exposer à). *Braver l'opinion, la loi.*

bravo [bʀavo] interj. (mot it.). Exclamation pour approuver, applaudir, notamm. un spectacle : ◆ n.m. Cri d'approbation ; applaudissement : *La salle croulait sous les bravos.*

bravoure [bʀavuʀ] n.f. (it. *bravura*, de *bravo* ; v. *brave*). **- 1.** Courage, vaillance : *Faire preuve de bravoure* (contr. lâcheté). **- 2.** Morceau de bravoure, passage d'une œuvre artistique dont le style est particulièrement brillant et qui permet à un interprète de montrer sa virtuosité.

1. break [bʀɛk] n.m. (mot angl.). Automobile comportant à l'arrière un hayon relevable et une banquette amovible ou articulée que l'on peut replier.

2. break [bʀɛk] n.m. (mot angl. "interruption"). **- 1.** MUS. Courte interruption du jeu de l'orchestre, en termes de jazz. **- 2.** SPORTS. Écart creusé entre deux adversaires, deux équipes : *Faire le break au tennis.* **- 3.** FAM. Courte pause dans l'accomplissement d'une tâche : *Faire un break.*

brebis [bʀəbi] n.f. (lat. *berbix, -icis*, var. de *vervex* "mouton"). Mouton femelle. □ La brebis bêle.

brèche [bʀɛʃ] n.f. (anc. haut all. *brecha* "fracture" [cf. all. *brechen* "briser"]). **- 1.** Ouverture faite dans un mur, un rempart, une haie : *Ouvrir, colmater une brèche.* **- 2.** Brisure faite au tranchant d'une lame, au rebord d'un verre, d'une assiette, etc. **- 3.** Battre en brèche, attaquer vivement et systématiquement : *Battre en brèche une doctrine.* *Être toujours sur la brèche*, être toujours en action.

bréchet [bʀeʃɛ] n.m. (angl. *brisket* "hampe d'un animal", scand. *brjósk* "cartilage").

Crête médiane du sternum de la plupart des oiseaux, sur laquelle s'insèrent les muscles des ailes.

bredouillage [bʀədujaʒ], **bredouillement** [bʀədujmɑ̃] et **bredouillis** [bʀəduji] n.m. Fait de bredouiller ; paroles indistinctes : *Un bredouillage inintelligible.*

bredouille [bʀəduj] adj. (de *bredouiller*). Rentrer bredouille, en parlant d'un chasseur, revenir sans avoir rien pris ; au fig., n'avoir rien obtenu d'une démarche.

bredouillement n.m. → bredouillage.

bredouiller [bʀəduje] v.t. et v.i. (anc. fr. *bredeler*, probabl. du lat. *brittus* "breton" [cf. *bretter* "marmotter" et *bretonner* "bégayer, parler comme un Breton"]). Prononcer des paroles de manière confuse : *Bredouiller de vagues excuses* (syn. balbutier, marmonner).

bredouillis n.m. → bredouillage.

1. bref, brève [bʀɛf, bʀɛv] adj. (lat. *brevis* "court"). **- 1.** De courte durée : *Une brève entrevue* (syn. rapide). *Réponse brève* (syn. laconique). *Soyez bref !* (contr. bavard, prolixe). **- 2.** D'un ton bref, de façon sèche et tranchante : *Répondre d'un ton bref.* ‖ PHON. Voyelle brève → brève. ◆ bref adv. En un mot, enfin ; pour conclure : *Bref, je ne veux pas* (= en résumé).

2. bref [bʀɛf] n.m. (lat. *breve*, de *brevis* "court"). Lettre du pape, de moindre importance qu'une bulle et ne portant pas le sceau pontifical.

brelan [bʀəlɑ̃] n.m. (anc. haut all. *bretling* "petite planche" puis "table de jeu"). Réunion de trois cartes de même valeur, au poker : *Un brelan d'as.*

breloque [bʀəlɔk] n.f. **- 1.** Petit bijou, colifichet que l'on porte attaché à un bracelet, à une chaîne, etc. : *Une gourmette à breloques.* **- 2.** FAM. Battre la breloque, mal fonctionner ou battre irrégulièrement, en parlant d'un mécanisme, du cœur ; déraisonner, divaguer, en parlant de qqn : *Depuis son accident, il bat la breloque.*

brème [bʀɛm] n.f. (frq. *brahsima*). Poisson d'eau douce, au corps comprimé et plat. □ Famille des cyprinidés ; long. max. : 50 cm.

brésilien, enne [bʀeziljɛ̃, -ɛn] adj. et n. Du Brésil. ◆ **brésilien** n.m. Forme du portugais parlé au Brésil.

bressan, e [bʀesɑ̃, -an] adj. et n. De la Bresse.

bretelle [bʀətɛl] n.f. (anc. haut all. *brittil* "rêne"). **- 1.** Courroie passée sur les épaules pour porter un objet : *La bretelle d'une arme, d'un sac* (syn. bandoulière). **- 2.** Bande de tissu retenant aux épaules certains vêtements ou sous-vêtements : *Les bretelles d'une robe, d'un* *soutien-gorge.* - **3.** Raccordement entre une autoroute et une autre voie routière. - **4.** Ensemble d'appareils permettant la fonction dans les deux sens de deux voies de chemin de fer parallèles contiguës. ◆ **bretelles** n.f.pl. - **1.** Bandes élastiques qui, passées par-dessus les épaules, s'attachent au pantalon pour le maintenir. - **2.** FAM. Remonter les bretelles à qqn, faire des remontrances à qqn, le rappeler à l'ordre.

breton, onne [bʀətɔ̃, -ɔn] adj. et n. (lat. *Brito, -onis*). De la Bretagne : *Les Bretons de Paris.* ◆ **breton** n.m. Langue celtique parlée dans l'ouest de la Bretagne.

bretteur [bʀɛtœʀ] n.m. (de *brette* "épée de duel"). Homme qui aimait se battre à l'épée : *D'Artagnan fut un fameux bretteur.*

bretzel [bʀɛtzɛl] n.m. ou f. (mot alsacien, du lat. *bracchium* "bras" en raison de sa forme). Pâtisserie alsacienne en forme de huit, saupoudrée de sel et de graines de cumin.

breuvage [bʀœvaʒ] n.m. (de l'anc. fr. *beivre* "boire"). LITT. Boisson (parfois péjor.) : *Un infâme breuvage.*

brève [bʀɛv] n.f. (de *1. bref*). - **1.** PHON. Voyelle qui, dans un système phonétique, se distingue d'une voyelle de même timbre par la durée moins importante de son émission (par opp. à *longue*). - **2.** Courte information, de dernière heure ou peu importante.

brevet [bʀəvɛ] n.m. (dimin. de *2. bref*). - **1.** Diplôme ou certificat délivré après examen par l'État, sanctionnant certaines études, attestant certaines aptitudes et donnant certains droits ; spécial. examen sanctionnant le premier cycle de l'enseignement secondaire : *Passer le brevet à la fin de la troisième.* - **2.** En France, titre officiel délivré pour protéger une invention ou un procédé et pour en garantir à l'auteur l'exploitation exclusive pendant 20 ans (on dit aussi *brevet d'invention*) : *Déposer un brevet.* - **3.** Brevet d'études professionnelles → B. E. P. ‖ Brevet de technicien supérieur → B. T. S. ‖ DR. Acte en brevet, acte notarié dont l'original est remis à l'intéressé (par opp. à la *minute*, qui est conservée par le notaire).

breveté, e [bʀəvte] adj. et n. - **1.** Qui est titulaire d'un brevet : *Une technicienne brevetée* (syn. diplômé, qualifié). - **2.** Qui est garanti par un brevet : *Invention brevetée.*

breveter [bʀəvte] v.t. [conj. 27]. Protéger par un brevet d'invention : *Faire breveter un procédé.*

bréviaire [bʀevjɛʀ] n.m. (lat. ecclés. *breviarium*, du class. *brevis* "bref"). - **1.** Livre contenant les prières à lire chaque jour par les prêtres et les religieux catholiques ; l'ensemble de ces prières. - **2.** LITT. Livre auquel on se

réfère souvent et que l'on considère comme un guide, un modèle : *Il cite toujours ce roman qui est son bréviaire* (syn. bible).

briard [bʀijaʀ] n.m. (de *Brie*). Chien de berger français de la Brie, à poil long.

bribe [bʀib] n.f. (orig. onomat.). (Surtout au pl.). - **1.** Restes d'un repas ; petits morceaux d'un aliment : *Des bribes de gâteau* (syn. miettes). - **2.** Fragment d'un tout : *Saisir seulement des bribes de conversation.*

bric-à-brac [bʀikabʀak] n.m. inv. (de *bric*, onomat., et de sa var. *brac*). Amas d'objets divers, usagés ou en mauvais état, entassés n'importe comment : *Quel bric-à-brac dans cette maison !* (syn. capharnaüm).

de bric et de broc [bʀikedbʀɔk] loc. adv. (de *bric*, onomat., et de sa var. *broc*). Avec des éléments de toute provenance : *Construire une remise de bric et de broc.*

brick [bʀik] n.m. (angl. *brig*, abrév. de *brigantin* "petit navire à deux mâts"). Navire à deux mâts gréés à voiles carrées.

bricolage [bʀikɔlaʒ] n.m. - **1.** Action de bricoler ; son résultat : *Réserver une pièce pour le bricolage.* - **2.** Réparation provisoire : *C'est du bricolage, ça ne tiendra pas longtemps.*

bricole [bʀikɔl] n.f. (it. *briccola* "machine de guerre"). - **1.** FAM. Chose sans importance : *Acheter des bricoles en souvenir* (syn. babiole). *Se plaindre pour une bricole* (syn. bagatelle, broutille). - **2.** FAM. Ennui : *Si ça continue, il va t'arriver des bricoles.* - **3.** Besogne insignifiante ; petit travail discontinu : *Il fait des bricoles pour un garage.*

bricoler [bʀikɔle] v.i. (de *bricole*). - **1.** Faire des petites réparations, des aménagements de ses propres mains, chez soi ou à l'extérieur : *Ils passent leur dimanche à bricoler.* - **2.** FAM. Gagner sa vie à des travaux peu rentables ; s'occuper à des riens : *Hier soir, il n'a fait que bricoler.* ◆ v.t. FAM. Réparer sommairement : *Bricoler un moteur.*

bricoleur, euse [bʀikɔlœʀ, -øz] n. et adj. Personne qui bricole.

bride [bʀid] n.f. (anc. haut all. *brittil ; v. bretelle*). - **1.** Pièce de harnais placée sur la tête du cheval et comprenant le mors et les rênes : *Passer la bride à un cheval.* - **2.** COUT. Suite de points de chaînette formant une boutonnière ou réunissant les parties d'une broderie. - **3.** TECHN. Lien métallique en forme de collier pour unir ou consolider deux ou plusieurs pièces (syn. collerette). - **4.** À bride abattue, à toute bride, très vite. ‖ Avoir la bride sur le cou, pouvoir agir en toute liberté. ‖ Lâcher la bride à, donner toute liberté à. ‖ Tenir qqn, qqch en bride, contenir qqn, qqch : *Tenir ses instincts en bride* (= les réfréner). ‖ Tenir la bride à qqn, ne pas tout permettre à qqn : *Il tient la bride à ses enfants.* ‖ **Tourner bride,** faire demi-tour.

bridé, e [bʀide] adj. (p. passé de *brider*). Yeux bridés, yeux aux paupières étirées latéralement et à ouverture réduite.

brider [bʀide] v.t. -**1.** Passer la bride à (un cheval, un âne, etc.). -**2.** Empêcher de se manifester, réfréner : *Brider une imagination délirante* (syn. freiner). -**3.** Limiter la puissance d'un moteur, d'une machine. -**4.** Serrer trop : *Cette veste me bride un peu aux épaules.* -**5.** MAR. Réunir (plusieurs cordages) avec un filin. -**6.** Fixer deux ou plusieurs objets avec une bride métallique. -**7.** Brider une volaille, ficeler une volaille pour la faire cuire.

1. bridge [bʀidʒ] n.m. (mot anglo-amér., adaptation d'un mot levantin). Jeu de cartes qui se joue avec 52 cartes, entre deux équipes de deux joueurs : *Faire un bridge.*

2. bridge [bʀidʒ] n.m. (mot angl. "pont"). Appareil de prothèse dentaire en forme de pont entre deux dents saines pour remplacer des dents absentes ou consolider des dents mobiles.

bridger [bʀidʒe] v.i. [conj. 17]. Jouer au bridge.

bridgeur, euse [bʀidʒœʀ, -øz] n. Personne qui joue au bridge.

brie [bʀi] n.m. Fromage fermenté à pâte molle, fabriqué dans la Brie.

briefer [bʀife] v.t. (de *briefing*). FAM. Mettre au courant, renseigner par un bref exposé.

briefing [bʀifiŋ] n.m. (mot angl.). -**1.** Réunion d'information avant une mission aérienne pour donner aux équipages les dernières instructions. -**2.** Réunion d'un groupe de travail pour définir ses objectifs, ses méthodes.

brièvement [bʀijɛvmɑ̃] adv. (de *brief*, forme anc. de *1. bref*). En peu de mots ; de manière très succincte : *Racontez-moi brièvement ce qui s'est passé.*

brièveté [bʀijɛvte] n.f. (de *brief*, forme anc. de *1. bref*). Courte durée d'une action, d'un état : *Brièveté d'une visite.*

brigade [bʀigad] n.f. (it. *brigata* "troupe", de *briga* "bande, compagnie"). -**1.** Unité interarmes à prédominance de chars ou d'infanterie : *Brigade de chars.* -**2.** DR. Corps de police spécialisé dans un domaine particulier : *Brigade des mineurs. Brigade antigang.* -**3.** Équipe d'ouvriers, d'employés qui travaillent ensemble sous la surveillance d'un chef. -**4.** Brigade de gendarmerie, la plus petite unité de cette arme, installée dans chaque chef-lieu de canton.

brigadier [bʀigadje] n.m. (de *brigade*). -**1.** Général de brigade. -**2.** Autref., militaire qui avait le grade équivalant à celui de caporal. -**3.** Chef d'une brigade de gendarmerie. -**4.** Bâton pour frapper les trois coups au théâtre. ◆ **brigadier-chef** n.m. (pl. *brigadiers-chefs*). Militaire d'un grade intermédiaire entre ceux de brigadier et de maréchal des logis.

brigand [bʀigɑ̃] n.m. (it. *brigante* "qui va en troupe", de *briga* ; v. *brigade*). -**1.** Personne malhonnête, sans aucun scrupule : *Ce banquier est un brigand* (syn. voleur). -**2.** Autref., personne qui volait et pillait à main armée : *Des brigands attaquaient souvent les diligences* (syn. malandrin).

brigandage [bʀigɑ̃daʒ] n.m. Vol à main armée commis génér. par des bandes organisées : *Actes de brigandage.*

brigue [bʀig] n.f. (it. *briga* "lutte, querelle"). LITT. Manœuvre, ruse pour triompher d'un concurrent : *Obtenir une promotion à force de brigue* (syn. intrigue).

briguer [bʀige] v.t. (de *brigue*). Souhaiter ardemment ; chercher à obtenir : *Briguer un poste* (syn. convoiter).

brillamment [bʀijamɑ̃] adv. De façon brillante : *Être reçu brillamment à un concours.*

brillance [bʀijɑ̃s] n.f. -**1.** LITT. Qualité de ce qui brille ; éclat lumineux : *La brillance des cheveux d'un bébé.* -**2.** PHYS. Syn. anc. de *luminance*.

brillant, e [bʀijɑ̃, -ɑ̃t] adj. -**1.** Qui brille ; qui est lumineux : *La surface brillante d'un lac* (syn. miroitant). -**2.** Qui séduit, qui se fait remarquer par son intelligence, son aisance, etc. : *Une étudiante très brillante.* ◆ **brillant** n.m. -**1.** Qualité de ce qui brille : *Le brillant des chromes* (syn. éclat, lustre). -**2.** Diamant arrondi, taillé à 57 ou 58 facettes pour être monté en bijou.

brillantine [bʀijɑ̃tin] n.f. (de *brillant*). Gel parfumé pour donner une forme et du brillant aux cheveux.

briller [bʀije] v.i. (it. *brillare*, probabl. du lat. *beryllus* "béryl"). -**1.** Émettre ou réfléchir une vive lumière ; être lumineux : *La mer brille au soleil* (syn. scintiller). *Le diamant brille* (syn. étinceler). -**2.** Manifester, exprimer avec beaucoup d'intensité : *Des yeux qui brillent de joie* (syn. rayonner). -**3.** Se faire remarquer par une qualité particulière : *Elle brille par son intelligence.*

brimade [bʀimad] n.f. (de *brimer*). -**1.** Épreuve ou plaisanterie que les anciens imposent aux nouveaux dans certaines écoles, à l'armée, etc. -**2.** Mesure vexatoire provenant de qqn qui veut faire sentir son autorité : *Subir les brimades de son supérieur* (syn. vexation).

brimbaler [bʀɛ̃bale] v.t. et v.i. (formation expressive, p.-ê. d'un croisement de *brimbe,* anc. forme de *bribe,* et de *trimbaler*). Syn. vieilli de *bringuebaler*.

brimborion [bʀɛ̃bɔʀjɔ̃] n.m. (lat. ecclés. *breviarium* [prononcé *brébarion*] "bréviaire", avec infl. de *bribe*). SOUT. Petit objet de peu de valeur.

brimer [bʀime] v.t. (mot de l'Ouest, d'abord "geler", de *brime,* var. de *brume*). **- 1.** Soumettre à des brimades : *Les femmes sont souvent brimées dans le monde du travail* (syn. défavoriser). **-2.** Se sentir brimé, éprouver un sentiment d'injustice, de frustration, fondé ou non.

brin [bʀɛ̃] n.m. (orig. obsc.). **- 1.** Petite partie d'une chose mince et allongée ; petite tige : *Un brin de paille* (syn. fétu). *Un brin de muguet.* **-2.** Fil qui, tordu avec d'autres, forme un câble ou un cordage : *Une ficelle à trois brins.* **-3.** FAM. Un beau brin de fille, une belle fille. ‖ FAM. Un brin de, un brin (+ adj.), une petite quantité de ; un petit peu : *Faire un brin de toilette. Il est un brin dérangé.*

brindille [bʀɛ̃dij] n.f. (de *brin*). Branche très mince et légère ; morceau de branche sèche : *Un feu de brindilles.*

1. bringue [bʀɛ̃g] n.f. (var. région. de *brinde* "toast à la santé de qqn", de l'all. *ich bringe dir's* "je le porte à toi [le toast]"). FAM. Sortie entre amis pour s'amuser, manger, boire : *Faire une bringue à tout casser. Faire la bringue.*

2. bringue [bʀɛ̃g] n.f. (probabl. de *brin*). FAM. Grande bringue, fille ou femme grande et dégingandée.

bringuebaler [bʀɛ̃gbale] et **brinquebaler** [bʀɛ̃kbale] v.t. et v.i. (v. *brimbaler*). Secouer de droite à gauche ; se balancer : *Les valises bringuebalent à tous les cahots de l'autocar.*

brio [bʀijo] n.m. (mot it., d'orig. gaul.). **- 1.** Vivacité brillante, entrain : *Raconter une histoire avec brio* (syn. éclat, verve). **-2.** Technique, interprétation brillante : *Pianiste qui joue une sonate avec brio* (syn. virtuosité).

brioche [bʀijɔʃ] n.f. (de *brier,* var. normande de *broyer*). **- 1.** Pâtisserie légère, à base de farine, de levure, de beurre et d'œufs, le plus souvent en forme de boule surmontée d'une boule plus petite. **-2.** FAM. Ventre rebondi : *Il commence à avoir de la brioche.*

brioché, e [bʀijɔʃe] adj. Qui se rapproche de la brioche par son goût et sa consistance : *Pain brioché.*

brique [bʀik] n.f. (néerl. *bricke* [cf. all. *brechen* "briser"]). **- 1.** Matériau de construction à base d'argile, moulé mécaniquement et cuit au four, en forme de parallélépipède rectangle : *Brique pleine, creuse.* **-2.** Produit présenté sous la forme d'une brique : *Une brique de savon.* **-3.** FAM. Un million de centimes. **-4.** Brique de verre, pavé en verre épais.

◆ adj. inv. et n.m. De couleur rougeâtre : *Des gants brique.*

briquer [bʀike] v.t. (de *brique*). FAM. Nettoyer à fond, astiquer : *Briquer le plancher* (syn. fourbir, récurer).

briquet [bʀike] n.m. (de *brique* "morceau"). Petit appareil servant à produire du feu : *Briquet à gaz.*

briqueterie [bʀiktʀi] n.f. Usine où l'on fabrique des briques.

briquette [bʀiket] n.f. Brique faite avec de la tourbe ou des poussières de charbon agglomérées, servant de combustible.

bris [bʀi] n.m. (de *briser*). DR. Fracture illégale et intentionnelle d'une clôture, de scellés.

brisant [bʀizɑ̃] n.m. (de *briser*). Écueil sur lequel la houle déferle. ◆ **brisants** n.m. pl. Lames qui se brisent sur un écueil.

briscard [bʀiskaʀ] n.m. (de *brisque* "carte à jouer", d'orig. obsc.). **- 1.** HIST. Soldat chevronné. **-2.** FAM. Un vieux briscard, un homme d'expérience, astucieux et retors. ***Rem.*** On écrit parfois *brisquard.*

brise [bʀiz] n.f. (catalan *brisa,* d'orig. obsc.). Petit vent frais peu violent : *Une brise matinale.*

brisé, e [bʀize] adj. (p. passé de *briser*). **- 1.** Qui peut se replier sur lui-même, en parlant d'un volet ou d'un vantail de porte. **-2.** Ligne brisée, suite de segments de droites distinctes, telle que l'extrémité de l'un constitue l'origine du suivant. ‖ Pâte brisée, pâte faite d'un mélange de beurre et de farine. ‖ ARCHIT. Arc brisé, arc à deux branches concaves se rejoignant en pointe au faîte. ◆ **brisé** n.m. CHORÉGR. Glissade battue.

brisées [bʀize] n.f. pl. (de *brisé*). SOUT. Aller sur les brisées de qqn, rivaliser, entrer en concurrence avec lui.

brise-fer [bʀizfɛʀ] n.m. inv. FAM. Enfant turbulent et peu soigneux : *Ce brise-fer a tout cassé.*

brise-glace ou **brise-glaces** [bʀizglas] n.m. inv. **- 1.** Navire équipé d'une étrave renforcée pour briser la glace et frayer un passage dans les mers arctiques. **-2.** Construction en amont d'une pile de pont pour la protéger des glaces flottantes.

brise-jet [bʀizʒɛ] n.m (pl. *brise-jets* ou inv.). Embout que l'on adapte à un robinet pour atténuer la force du jet.

brise-lames [bʀizlam] n.m. inv. Ouvrage construit à l'entrée d'un port ou d'une rade pour les protéger contre la houle du large en cas de tempête.

brise-mottes [bʀizmɔt] n.m. inv. Rouleau à disques qui sert à écraser les mottes de terre.

briser [bʀize] v.t. (lat. pop. *brisare,* d'orig. gaul.). **- 1.** Mettre en pièces : *Briser une carafe* *en cristal* (syn. casser). - **2.** Venir à bout de ; faire céder : *Briser la résistance de l'ennemi* (syn. triompher de, vaincre). - **3.** Faire cesser subitement, mettre un terme à : *Briser la carrière d'un homme politique* (syn. détruire, ruiner). - **4.** Interrompre assez brutalement : *Briser un entretien* (syn. rompre). - **5.** Briser des chaussures, les assouplir quand elles sont neuves. ‖ Briser le cœur à qqn, lui faire une peine profonde. ‖ Briser une grève, la faire échouer en ne s'y associant pas ou en contraignant par acte d'autorité les grévistes à reprendre le travail. ◆ v.t. ind. Briser avec qqn, cesser toute relation avec lui, rompre. ‖ SOUT. Brisons là, mettons fin à cette discussion. ◆ **se briser** v.pr. - **1.** Être mis en pièces : *La vitrine se brisa sous le choc* (syn. se casser). - **2.** Se diviser en heurtant : *Les vagues se brisent sur les rochers.* - **3.** Être détruit : *Tous nos efforts se sont brisés sur son refus.*

brise-tout [bʀiztu] n. inv. FAM. Personne qui casse par maladresse tout ce qu'elle touche.

briseur, euse [bʀizœʀ, -øz] n. - **1.** LITT. Personne qui brise qqch : *Les briseurs de vitrines ont été appréhendés* (syn. casseur). - **2.** Briseur de grève, personne qui travaille dans une entreprise alors que les autres sont en grève (syn. jaune).

bristol [bʀistɔl] n.m. (de *Bristol,* v. d'Angleterre). - **1.** Carton plus ou moins épais, fortement satiné, de qualité supérieure. - **2.** VIEILLI. Carte de visite ou d'invitation.

brisure [bʀizyʀ] n.f. Fente, fêlure dans un objet brisé ; fragment d'objet brisé : *Les brisures d'une glace* (syn. éclat, morceau). ◆ **brisures** n.f. pl. Fragments de grains utilisés pour l'alimentation animale : *Des brisures de riz.*

britannique [bʀitanik] adj. et n. (lat. *britannicus*). De Grande-Bretagne : *Les intérêts britanniques dans le monde.*

broc [bʀo] n.m. (mot de l'anc. prov., du gr. *brokhis* "pot"). Récipient haut, à col resserré et à bec muni d'une anse latérale, pour le transport des liquides : *Un broc à eau.*

brocante [bʀɔkɑ̃t] n.f. - **1.** Commerce, métier de brocanteur : *Il vide les greniers pour son magasin de brocante.* - **2.** Ensemble d'objets d'occasion : *La foire à la brocante.*

brocanteur, euse [bʀɔkɑ̃tœʀ, -øz] n. (de *brocanter* "faire commerce d'objets anciens", probabl. de l'anc. haut all. *brocko* "morceau"). Personne qui achète et revend des objets usagés : *Acheter un coffre chez le brocanteuse.*

brocard [bʀɔkaʀ] n.m. (de *Burchardus,* n. d'un juriste du XIᵉ s.). LITT. Raillerie offensante : *Sa vanité l'expose aux brocards* (syn. moquerie, quolibet).

brocarder [bʀɔkaʀde] v.t. LITT. Couvrir de brocards : *Brocarder les passants* (syn. persifler, railler).

brocart [bʀɔkaʀ] n.m. (it. *broccato* "tissu broché"). Étoffe brochée de soie, d'or ou d'argent.

brochage [bʀɔʃaʒ] n.m. - **1.** Action de brocher les livres ; son résultat. - **2.** Procédé de tissage faisant apparaître sur un tissu de fond certains motifs décoratifs à l'aide de trames supplémentaires.

broche [bʀɔʃ] n.f. (lat. pop. *brocca* "pointe", du class. *brochus* "saillant"). - **1.** Bijou muni d'une épingle permettant de l'agrafer sur un vêtement, un foulard, etc. - **2.** Tige de fer pointue sur laquelle on enfile une viande pour la faire rôtir : *Un poulet cuit à la broche.* - **3.** Tige métallique recevant une bobine sur un métier à filer ; ensemble mécanique dont elle fait partie. - **4.** CHIR. Instrument pour maintenir les os fracturés. - **5.** ÉLECTR. Partie mâle d'une prise de courant, d'un culot de lampe, etc.

broché [bʀɔʃe] n.m. Étoffe tissée selon le procédé du brochage.

brocher [bʀɔʃe] v.t. (de *broche*). - **1.** Plier, assembler, coudre et couvrir les feuilles imprimées qui forment un livre. - **2.** Tisser une étoffe de fils d'or, de soie, etc., pour faire apparaître des dessins en relief sur le fond uni. - **3.** SOUT. Et, brochant sur le tout, se dit de ce qui s'ajoute à tout le reste pour mettre le comble à qqch de désagréable.

brochet [bʀɔʃɛ] n.m. (de *broche*, en raison de la forme de ses mâchoires). Poisson d'eau douce très vorace, aux mâchoires garnies de plusieurs centaines de dents. □ Famille des ésocidés ; il peut atteindre 1 m de long.

brochette [bʀɔʃɛt] n.f. - **1.** Petite broche sur laquelle on enfile des morceaux de viande, de poisson, d'oignon, etc., pour les faire griller : *Des brochettes d'agneau.* - **2.** Ce qui grille sur la brochette : *Manger des brochettes.* - **3.** FAM. Une brochette de (+ n. pl.), une rangée, un groupe de : *Une brochette de décorations. Une brochette de notables.*

brocheur, euse [bʀɔʃœʀ, -øz] n. Personne qui broche les livres.

brochure [bʀɔʃyʀ] n.f. - **1.** Livre, petit ouvrage broché : *Une brochure de poèmes* (syn. opuscule, plaquette). - **2.** Activité industrielle ou artisanale consistant à brocher les livres. - **3.** Dessin broché sur une étoffe.

brocoli [bʀɔkɔli] n.m. (de l'it. *broccolo*). Chou-fleur vert originaire du sud de l'Italie.

brodequin [bʀɔdkɛ̃] n.m. (de l'anc. fr. *broissequin* [n. d'une étoffe], d'orig. obsc., altéré sous l'infl. de *broder*). - **1.** Forte chaussure, à tige montant au-dessus de la cheville, pour le travail ou la marche. - **2.** ANTIQ. Chaussure des personnages de comédie.

broder [bʀɔde] v.t. (frq. *brozdôn*). - **1.** Orner de dessins, de motifs en relief, à l'aiguille ou à la machine : *Broder une nappe, des initiales sur un mouchoir.* - **2.** FAM. Donner plus d'ampleur à un récit en y ajoutant des détails : *Raconter ses vacances en brodant un peu* (syn. embellir, exagérer).

broderie [bʀɔdʀi] n.f. Art d'exécuter à l'aiguille ou à la machine des motifs ornementaux (dessins, lettres, etc.) sur une étoffe servant de support ; ces motifs : *Faire de la broderie. Un chemisier en broderie anglaise.*

brodeur, euse [bʀɔdœʀ, -øz] n. Personne qui brode.

brome [bʀom] n.m. (gr. *brômos* "puanteur"). CHIM. Non-métal liquide rouge foncé, analogue au chlore, bouillant vers 60 °C et donnant des vapeurs rouges et suffocantes. □ Symb. Br.

broméliacée [bʀɔmeljase] n.f. (du n. du botaniste suéd. *Bromel*). Broméliacées, famille de plantes monocotylédones des pays tropicaux, souvent épiphytes, comprenant notamment. l'ananas.

bromique [bʀɔmik] adj. Acide bromique, acide oxygéné du brome. □ Formule : $HBrO_3$.

bromure [bʀɔmyʀ] n.m. - **1.** Combinaison du brome avec un corps simple. □ Certains bromures ont des propriétés sédatives et hypnotiques. - **2.** Papier photographique au bromure d'argent ; épreuve de photogravure ou de photocomposition sur ce papier.

bronche [bʀɔ̃ʃ] n.f. (gr. *bronkhia*). Conduit faisant suite à la trachée et permettant à l'air de parvenir aux poumons : *Avoir les bronches fragiles, encombrées.*

broncher [bʀɔ̃ʃe] v.i. (lat. pop. *bruncare* "trébucher", d'orig. obsc.). - **1.** Manifester son désaccord, sa mauvaise humeur par des paroles ou des gestes : *Il a fait son travail sans broncher* (syn. murmurer). *Dans sa classe, personne n'ose broncher* (syn. bouger). - **2.** Faire un faux pas, en parlant d'un cheval (syn. trébucher).

bronchiole [bʀɔ̃ʃjɔl] n.f. Ramification terminale des bronches.

bronchique [bʀɔ̃ʃik] adj. Des bronches : *Les veines bronchiques.*

bronchite [bʀɔ̃ʃit] n.f. Inflammation des bronches.

bronchiteux, euse [bʀɔ̃ʃitø, -øz] adj. et n. Sujet à la bronchite.

bronchitique [bʀɔ̃ʃitik] adj. et n. Atteint de bronchite.

broncho-pneumonie [bʀɔ̃kɔpnømɔni] n.f. (pl. *broncho-pneumonies*). Grave infection

respiratoire atteignant les bronchioles et les alvéoles pulmonaires. □ La broncho-pneumonie, maladie infectieuse, est à distinguer des affections non infectieuses des bronches *(broncho-pneumopathies)*, dont l'asthme fait partie.

brontosaure [bʀɔ̃tozɔʀ] n.m. (du gr. *brontê* "tonnerre" et *saura* "lézard"). Reptile herbivore fossile du secondaire, de taille gigantesque. □ Groupe des dinosauriens ; long. 20 m.

bronzage [bʀɔ̃zaʒ] n.m. Action de faire bronzer son corps ; coloration brune de la peau qui en résulte : *Séance de bronzage. Un bronzage uniforme.*

bronzant, e [bʀɔ̃zɑ̃, -ɑ̃t] adj. Se dit d'un produit qui accélère le bronzage : *Crème, huile bronzante.*

bronze [bʀɔ̃z] n.m. (it. *bronzo*, d'orig. obsc.). - **1.** Alliage de cuivre et d'étain à forte proportion de cuivre : *Pendulette de bronze.* - **2.** Objet d'art en bronze : *Un bronze des années 30.* - **3.** Âge du bronze, période préhistorique au cours de laquelle s'est diffusée la métallurgie du bronze (IIIe millénaire), précédant l'âge du fer (v. 1000 av. J.-C.).

bronzé, e [bʀɔ̃ze] adj. et n. Dont la peau a été brunie par le soleil (syn. hâlé, tanné).

bronzer [bʀɔ̃ze] v.t. (de *bronze*). - **1.** Donner à la peau une coloration brune : *Le soleil avait bronzé son visage* (syn. brunir, hâler). - **2.** Donner l'aspect ou la couleur du bronze à un objet. ◆ v.i. Être, devenir brun de peau par exposition aux rayons ultraviolets naturels (soleil) ou artificiels.

brossage [bʀɔsaʒ] n.m. Action de brosser ; son résultat.

brosse [bʀɔs] n.f. (lat. pop. *bruscia*, du class. *bruscum* "nœud de l'érable"). - **1.** Ustensile formé d'une monture en bois, en plastique, etc., portant des poils, des filaments plus ou moins souples et utilisé pour nettoyer, polir, frotter, etc. : *Brosse à dents, à habits.* - **2.** Pinceau d'artiste peintre, plat et large, aux poils d'égale longueur. - **3.** Pinceau de peintre en bâtiment, rond et large, en fibres assez grosses et d'égale longueur. - **4.** Cheveux en brosse, cheveux coupés court et droit.

brosser [bʀɔse] v.t. - **1.** Frotter avec une brosse pour nettoyer, faire briller, enlever les poils, etc. : *Brosser des chaussures, un manteau.* - **2.** Peindre, ébaucher (un tableau) avec la brosse : *Brosser une toile, un paysage.* - **3.** Brosser un tableau, dépeindre à grands traits : *Il a brossé un tableau de la situation politique.* ◆ **se brosser** v.pr. - **1.** Frotter ses vêtements avec une brosse. - **2.** Frotter, nettoyer une partie de son corps : *Se brosser les dents.*

-3. FAM. Devoir se passer de qqch que l'on était sûr d'obtenir : *Il comptait sur une prime, il peut toujours se brosser !*

brosserie [bRɔsRi] n.f. Fabrication, commerce de brosses, de balais, de pinceaux, etc.

brou [bRu] n.m. (de *brout*, var. de l'anc. fr. *brost* ; v. *brouter*). **-1.** Enveloppe verte des fruits à écale. **-2.** Brou de noix, liquide brun tiré du brou de la noix : *Le brou de noix est utilisé en ébénisterie pour teinter les bois clairs.*

brouet [bRuε] n.m. (anc. haut all. *brod* "bouillon"). LITT. Aliment grossier, presque liquide.

brouette [bRuεt] n.f. (lat. *birota* "véhicule à deux roues"). Petite caisse évasée, montée sur une roue et munie de deux brancards, servant au transport, à bras d'homme, de petites charges : *Une brouette de jardinier.*

brouettée [bRuεte] n.f. Contenu d'une brouette : *Une brouettée de sable.*

brouetter [bRuεte] v.t. Transporter dans une brouette : *Nous avons brouetté les gravats jusqu'au camion.*

brouhaha [bRuaa] n.m. (onomat.). Bruit de voix confus et tumultueux émanant d'une foule : *Sur le quai de la gare résonnait un immense brouhaha* (syn. tapage).

brouillage [bRujaʒ] n.m. Superposition à un signal radio-électrique (une émission de radio, par ex.) de signaux différents qui le rendent inaudible.

brouillamini [bRujamini] n.m. (altér., sous l'infl. de *brouiller*, du bas lat. *boli armenii* "pilule d'Arménie"). FAM. Désordre ; confusion ; complication inextricable : *Démêler le brouillamini d'une affaire* (syn. imbroglio).

1. brouillard [bRujaR] n.m. (de l'anc. fr. *broue*, de même orig. que *brouet*). **-1.** Concentration, à proximité du sol, de fines gouttelettes d'eau en suspension formant un nuage qui limite la visibilité à moins de 1 km : *Le brouillard s'est dissipé.* **-2.** FAM. Être dans le brouillard, ne pas voir clairement la situation.

2. brouillard [bRujaR] n.m. (de *brouiller*). COMPTAB. Registre sur lequel on inscrit toute opération commerciale journalière. (On dit aussi *main courante*.)

brouillasse [bRujas] n.f. Brouillard qui tombe en gouttelettes fines (syn. bruine, crachin).

brouillasser [bRujase] v. impers. Se résoudre en petite pluie, en parlant du brouillard : *Il brouillasse* (syn. bruiner).

brouille [bRuj] n.f. (de *brouiller*). Altération des rapports entre des personnes : *Brouille entre deux familles* (syn. désunion).

brouillé, e [bRuje] adj. Œufs brouillés, œufs dont le jaune dilué dans le blanc est cuit,

additionné de beurre, à feu très doux. (V. aussi *brouiller*.)

brouiller [bRuje] v.t. (de l'anc. fr. *brou* "bouillon" ; v. *brouet*). **-1.** Mettre en désordre : *Brouiller des fiches* (syn. bouleverser). **-2.** Rendre trouble ; ternir : *Les larmes brouillaient sa vue* (syn. troubler). *Toutes vos explications ne font que brouiller nos idées* (syn. embrouiller). **-3.** Faire cesser la bonne entente qui régnait entre des personnes : *Brouiller deux amis* (syn. fâcher ; contr. réconcilier). **-4.** Rendre inaudible : *Brouiller une émission de radio* (syn. perturber). **-5.** Être brouillé avec qqch, ne pas avoir d'aptitude pour qqch : *Je suis brouillé avec les chiffres* (= je calcule très mal). ◆ **se brouiller** v.pr. **-1.** Devenir trouble, confus : *Les souvenirs se brouillent dans sa tête.* **-2.** Se brouiller avec qqn, cesser d'être en bons termes avec lui : *Se brouiller avec son père pour une histoire d'argent* (syn. se fâcher). **-3.** Le temps se brouille, devient gris, pluvieux.

brouillerie [bRujRi] n.f. FAM. Brouille passagère, sans gravité : *Leur brouillerie ne durera guère* (syn. fâcherie).

1. brouillon, onne [bRujɔ̃, -ɔn] adj. et n. (de *brouiller*). Qui manque d'ordre, de clarté : *Esprit brouillon* (syn. confus ; contr. clair, méthodique).

2. brouillon [bRujɔ̃] n.m. (de *brouiller*). Premier état d'un écrit avant sa remise au net : *Brouillon de lettre. Cahier de brouillon.*

broussaille [bRusaj] n.f. (de *brosse* "buisson"). **-1.** (Surtout au pl.). Végétation formée d'arbustes et de plantes épineuses, caractéristique des sous-bois et des terres incultes : *Se frayer un chemin à travers les broussailles.* **-2.** Cheveux, barbe, sourcils en broussaille, mal peignés, hirsutes.

broussailleux, euse [bRusajø, -øz] adj. **-1.** Couvert de broussailles : *Un jardin broussailleux.* **-2.** Épais et en désordre : *Barbe, sourcils broussailleux* (syn. hirsute).

brousse [bRus] n.f. (prov. *brousso* "broussaille"). **-1.** Végétation caractéristique des régions tropicales à saison sèche et composée d'arbrisseaux, d'arbustes. **-2.** Contrée sauvage couverte de cette végétation, à l'écart de toute civilisation : *Les villages de la brousse.* **-3.** FAM. Campagne isolée : *Leur maison est perdue dans la brousse.*

broutart ou **broutard** [bRutaR] n.m. Veau qui a brouté de l'herbe.

brouter [bRute] v.t. (de l'anc. fr. *brost* "pousse", du germ. *brustjan* "bourgeonner"). Manger l'herbe ou les jeunes pousses en les prélevant sur place, en parlant du bétail : *Les vaches broutent l'herbe dans la prairie* (syn. paître). ◆ v.i. Tourner, fonctionner avec des irrégularités, en parlant d'une machine : *Embrayage qui broute.*

broutille [bʀutij] n.f. (de l'anc. fr. *brost* ; v. *brouter*). Objet ou fait de peu d'importance, de peu de valeur : *Ils se disputent pour des broutilles* (syn. rien, vétille).

brownien [bʀonjɛ̃] adj.m. (du n. du botaniste R. *Brown*). PHYS. Mouvement brownien, mouvement incessant de particules microscopiques en suspension dans un liquide ou dans un gaz, dû à l'agitation thermique des molécules du fluide.

browning [bʀonin] n.m. (du n. de l'inventeur J. M. *Browning*). Pistolet automatique de 7,65 mm.

broyage [bʀwajaʒ] n.m. Action de broyer ; son résultat : *Le broyage des pierres dans un concasseur.*

broyer [bʀwaje] v.t. (germ. *brekan* "briser") [conj. 13]. - **1.** Réduire en miettes, écraser par choc ou par pression : *Broyer du poivre* (syn. concasser, piler). - **2.** Écraser par accident : *La machine lui a broyé la main.* - **3.** Broyer du noir, être déprimé, avoir des idées tristes, moroses.

broyeur, euse [bʀwajœʀ, -øz] adj. et n. - **1.** Qui broie : *Les dents broyeuses d'un concasseur.* - **2.** Insecte broyeur, qui coupe ou broie ses aliments grâce à ses mandibules. ◆ **broyeur** n.m. Machine à broyer : *Un broyeur d'ordures ménagères.*

bru [bʀy] n.f. (bas lat. *bruta* ou *brutis*, du gotique). Épouse du fils (syn. belle-fille).

bruant [bʀyɑ̃] n.m. (de *bruire*). Petit oiseau passereau des champs, des prés et des jardins. ☐ Famille des fringillidés.

brucelles [bʀysɛl] n.f. pl. (lat. médiév. *brucella*, d'orig. obsc.). Pince très fine à ressort pour saisir de très petits objets : *Des brucelles d'horloger, de philatéliste.*

brucellose [bʀyseloz] n.f. Groupe de maladies communes à l'homme (*fièvre de Malte*) et à certains animaux (ruminants, équidés, porcins), causées par un bacille court, Gram négatif (la *brucella*), et communiquées à l'homme par contagion animale directe ou par voie digestive, par la consommation de lait ou de fromage crus. ☐ Les brucelloses provoquent, notamm., des avortements chez les bovidés et, chez l'homme, une septicémie à la phase aiguë et des atteintes viscérales et osseuses à la phase de chronicité.

bruche [bʀyʃ] n.f. (lat. *bruchus*, du gr.). Coléoptère qui pond dans les fleurs du pois et dont la larve dévore les graines de cette plante.

brugnon [bʀynɔ̃] n.m. (prov. *brugnoun*, lat. pop. *prunea* "prune"). Hybride de pêche à peau lisse et à noyau adhérent.

bruine [bʀɥin] n.f. (lat. *pruina* "gelée blanche"). Petite pluie très fine (syn. brouillasse, crachin).

bruiner [bʀɥine] v. impers. Tomber, en parlant de la bruine : *Il bruine* (syn. brouillasser).

bruineux, euse [bʀɥinø, -øz] adj. Chargé de bruine : *Un temps bruineux.*

bruire [bʀɥiʀ] v.i. (lat. pop. *brugere* "bramer", croisement de *bragere* "braire" et du class. *rugire* "rugir") [conj. 105]. LITT. Faire entendre un son, un murmure confus : *Les arbres bruissent dans la brise.* **Rem.** On rencontre parfois, issus des formes en *-ss-* de *bruire* (*bruissent, bruissant*), un verbe *bruisser*, de même sens, de conjugaison régulière, lequel est critiqué par certains puristes.

bruissement [bʀɥismɑ̃] n.m. LITT. Bruit faible et confus : *Le bruissement de l'eau d'un ruisseau* (syn. murmure).

bruit [bʀɥi] n.m. (de *bruire*). - **1.** Ensemble des sons produits par des vibrations et perceptibles par l'ouïe : *Le bruit strident d'un sifflet* (syn. son). *Le bruit de la mer* (syn. rumeur). - **2.** Ensemble de sons sans harmonie : *Lutter contre le bruit. Faire trop de bruit* (syn. vacarme). - **3.** Nouvelle répandue dans le public ; retentissement qu'elle peut avoir : *C'est un bruit qui court* (syn. rumeur). *La presse a fait grand bruit autour de cette découverte* (= lui a donné un grand retentissement). *Répandre de faux bruits sur qqn.* - **4.** Perturbation indésirable qui se superpose au signal et aux données utiles dans un canal de transmission, dans un système de traitement de l'information.

bruitage [bʀɥitaʒ] n.m. Reconstitution artificielle au théâtre, au cinéma, à la radio, etc., des bruits qui accompagnent l'action.

bruiteur, euse [bʀɥitœʀ, -øz] n. Spécialiste du bruitage.

brûlage [bʀylaʒ] n.m. - **1.** Destruction par le feu des herbes et des broussailles. - **2.** Action de brûler la pointe des cheveux après coupe : *Se faire faire un brûlage chez le coiffeur.* - **3.** Opération consistant à attaquer à la flamme les vieilles peintures.

brûlant, e [bʀylɑ̃, -ɑ̃t] adj. - **1.** Qui donne une sensation de brûlure ou de grande chaleur : *Le café est brûlant* (= très chaud ; syn. bouillant). *Soleil brûlant* (syn. ardent). - **2.** Qui éprouve une sensation de forte chaleur ; qui est très chaud : *Avoir les mains brûlantes. Un enfant brûlant* (= qui a beaucoup de fièvre ; syn. fiévreux). - **3.** Qui témoigne de l'ardeur, de la passion : *Amour brûlant* (syn. passionné). - **4.** Qui est d'actualité ; qui soulève les passions : *C'est un terrain brûlant* (= où la discussion est risquée).

1. **brûlé, e** [bʀyle] adj. - **1.** Détruit ou trop grillé par le feu : *Les pinèdes brûlées du Midi*

(syn. incendié). *Mon rôti est brûlé* (syn. calciné, carbonisé). - **2.** FAM. Démasqué, en parlant de qqn qui se livrait à une activité clandestine ou de qqn qui joue un double jeu : *Il est brûlé auprès de ses collègues* (= il est devenu suspect à leurs yeux). - **3.** Cerveau brûlé, tête brûlée, personne exaltée prête à prendre tous les risques possibles. ◆ adj. et n. Qui souffre de brûlures : *Le service des grands brûlés d'un hôpital.*

2. **brûlé** [bʀyle] n.m. - **1.** Ce qui a subi l'action du feu, qui est brûlé : *Une odeur de brûlé.* - **2.** Sentir le brûlé, avoir l'odeur d'une chose qui brûle ; au fig., prendre mauvaise tournure, laisser présager un danger, une issue fâcheuse.

brûle-gueule [bʀylgœl] n.m. inv. Pipe à tuyau très court.

brûle-parfum ou **brûle-parfums** [bʀylpaʀfœ̃] n.m. (pl. *brûle-parfums*). Vase dans lequel on fait brûler des parfums (syn. cassolette).

à brûle-pourpoint [bʀylpuʀpwɛ̃] loc. adv. Sans ménagement : *« Vous nous cachez quelque chose » déclara-t-il à brûle-pourpoint* (syn. brusquement).

brûler [bʀyle] v.t. (du lat. *ustulare*, avec infl. probable de l'anc. fr. *bruir* "brûler", d'orig. frq.). - **1.** Détruire par le feu : *Brûler des vieux papiers. Le feu a brûlé entièrement la cabane* (syn. incendier). - **2.** Endommager, altérer par le feu ou des produits chimiques : *Produit acide qui brûle les tissus* (syn. corroder, ronger). *Brûler un gâteau* (syn. calciner, carboniser). - **3.** Causer une sensation de brûlure, de forte chaleur : *La fumée brûle les yeux* (syn. piquer). *Ce plat me brûle les doigts.* - **4.** Tuer par le supplice du feu : *Brûler les hérétiques.* - **5.** Consommer comme source d'énergie pour le chauffage, l'éclairage : *Brûler du charbon, de l'électricité* (syn. consumer). - **6.** LITT. Provoquer (chez qqn) une excitation intense, un sentiment violent : *La soif de l'aventure le brûle* (syn. dévorer). - **7.** Dépasser sans s'arrêter un signal d'arrêt : *Brûler un feu rouge, un stop.* - **8.** Brûler la cervelle à qqn, le tuer d'un coup de feu tiré de très près et dans la tête. ‖ LITT. Brûler la politesse à qqn, passer devant lui ou le quitter brusquement. ‖ Brûler les étapes, aller vite ou trop vite dans une action, un raisonnement, etc. : *Il est directeur à 40 ans, il a brûlé les étapes* (= il a eu une carrière rapide). ◆ v.i. - **1.** Se consumer sous l'action du feu : *Ces brindilles brûlent bien.* - **2.** Être détruit, endommagé par le feu : *La maison brûle. Le rôti a brûlé* (syn. se calciner). - **3.** Flamber : *Feu qui brûle dans la cheminée.* - **4.** Se consumer en éclairant : *La lampe brûle dans son bureau* (= elle est allumée). - **5.** Être très chaud, brûlant : *Attention, ça brûle !*

- **6.** Éprouver une sensation de brûlure, de chaleur excessive : *Brûler de fièvre* (= être brûlant). - **7.** [de]. Désirer ardemment ; éprouver un sentiment très vif : *Brûler d'impatience* (syn. griller). *Je brûle de vous le dire.* - **8.** Dans certains jeux, être sur le point de trouver l'objet caché, la solution, etc. ◆ se brûler v.pr. - **1.** Subir les effets du feu, d'une chaleur intense : *Se brûler avec de l'eau bouillante.* - **2.** Se brûler la cervelle, se tirer une balle dans la tête.

brûlerie [bʀylʀi] n.f. (de *brûler*). - **1.** Installation pour la torréfaction du café. - **2.** Distillerie d'eau-de-vie.

brûleur [bʀylœʀ] n.m. (de *brûler*). Appareil assurant le mélange d'un combustible solide, fluide ou pulvérulent et d'un comburant gazeux afin d'en permettre la combustion.

brûlis [bʀyli] n.m. Partie de forêt incendiée ou de champs dont les herbes ont été brûlées afin de préparer le sol à la culture.

brûloir [bʀylwaʀ] n.m. (de *brûler*). Appareil de torréfaction du café.

brûlot [bʀylo] n.m. (de *brûler*). - **1.** MAR. Petit bâtiment rempli de matières inflammables employé autref. pour incendier les vaisseaux ennemis. - **2.** Journal, tract, article violemment polémique : *Les brûlots qui circulaient sur la reine pendant la Révolution.*

brûlure [bʀylyʀ] n.f. - **1.** Lésion des tissus provoquée par la chaleur, des produits caustiques, l'électricité ou par des rayonnements : *Plusieurs blessés souffrent de brûlures au deuxième degré.* - **2.** Trace, trou fait par qqch qui a brûlé : *Une brûlure de cigarette sur le devant d'une chemise.* - **3.** Sensation de forte chaleur, d'irritation : *Des brûlures d'estomac.*

brumaire [bʀymɛʀ] n.m. (de *brume*). HIST. Deuxième mois du calendrier républicain, du 22, 23 ou 24 octobre au 20, 21 ou 22 novembre.

brume [bʀym] n.f. (lat. *bruma* "solstice d'hiver"). - **1.** Brouillard léger, qui permet la visibilité au-delà de 1 km : *La brume monte de la rivière.* - **2.** LITT. État confus ; manque de clarté de la pensée : *Les brumes de l'alcool.* - **3.** MAR. Brouillard de mer : *Banc de brume.*

brumeux, euse [bʀymø, -øz] adj. - **1.** Couvert, chargé de brume : *Temps, ciel brumeux.* - **2.** LITT. Qui manque de clarté : *Pensées brumeuses* (syn. obscur ; contr. clair).

Brumisateur [bʀymizatœʀ] n.m. (nom déposé). Atomiseur qui projette de l'eau en fines gouttelettes, utilisé en partic. pour les soins du visage.

brun, e [bʀœ̃, bʀyn] adj. (bas lat. *brunus* ; du germ.). - **1.** D'une couleur intermédiaire entre le roux et le noir : *Ses cheveux sont bruns.*

-**2.** Qui est bronzé, hâlé : *Avoir la peau brune* (syn. basané). -**3.** Bière brune, bière de couleur foncée fabriquée à partir de malts spéciaux : *Boire une bière brune* (ou *une brune*). ‖ **Sauce brune,** sauce à base d'un roux brun, coloré sur le feu, additionné de bouillon. ‖ **Sol brun,** sol fertile des régions tempérées, développé sur roche mère parfois calcaire, sous couvert forestier. ‖ **Tabac brun,** tabac dont les opérations de séchage ont lieu à l'air libre, avant maturation et fermentation (par opp. à *tabac blond*). ◆ adj. et n. Qui a les cheveux bruns : *Un brun aux yeux bleus.* ◆ **brun** n.m. Couleur brune : *Le brun appétissant d'un pain bien cuit.*

brunante [brynɑ̃t] n.f. (de *brun*). CAN. À la brunante, au crépuscule.

brunâtre [brynɑtr] adj. D'une couleur qui tire sur le brun.

brunch [brœnʃ] n.m. (mot angl., de *br[eakfast]* "petit déjeuner", et *[l]unch* "déjeuner") [pl. *brunches* ou *brunchs*]. Repas tardif pris dans la matinée, tenant lieu de petit déjeuner et de déjeuner.

brune [bryn] n.f. -**1.** Cigarette de tabac brun : *Fumer des brunes.* -**2.** LITT. À la brune, au crépuscule. (V. aussi *brun.*)

brunet, ette [brynɛ, -ɛt] adj. et n. Qui a les cheveux bruns : *Une jolie brunette.*

brunir [brynir] v.t. [conj. 32]. -**1.** Rendre brun : *Le soleil brunit la peau* (syn. bronzer, hâler). -**2.** Polir la surface des métaux, les rendre brillants. ◆ v.i. Devenir brun de peau : *Il brunit vite* (syn. bronzer).

brunissage [brynisaʒ] n.m. Action de brunir un métal.

brunissement [brynismɑ̃] n.m. Action de brunir la peau, de devenir brun.

brunissoir [bryniswar] n.m. Outil d'orfèvre, de doreur, de graveur pour brunir les ouvrages d'or, d'argent, les planches de cuivre, etc.

Brushing [brœʃiŋ] n.m. (nom déposé). Mise en forme des cheveux, mèche après mèche, à l'aide d'une brosse ronde et d'un séchoir à main.

brusque [brysk] adj. (it. *brusco* "âpre"). -**1.** Qui agit avec rudesse, sans ménagement ; qui manifeste une certaine brutalité : *Un homme brusque. Des gestes brusques* (syn. nerveux). -**2.** Qui arrive de façon soudaine : *Son brusque départ nous a surpris* (= son départ inopiné).

brusquement [bryskəmɑ̃] adv. D'une manière brusque, soudaine, brutale : *Il a arrêté la voiture trop brusquement* (syn. brutalement ; contr. doucement).

brusquer [bryske] v.t. (de *brusque*). -**1.** Traiter avec rudesse, sans ménagement : *Ne le*

brusquez pas, c'est un débutant (syn. rudoyer). -**2.** Hâter la fin, précipiter le cours de qqch : *Brusquer un départ* (syn. accélérer, précipiter).

brusquerie [bryskəri] n.f. -**1.** Comportement, manières brusques : *Elle les traite avec brusquerie* (syn. rudesse). -**2.** Caractère brusque, brutal de qqch : *La brusquerie d'un accès de fièvre* (syn. soudaineté).

brut, e [bryt] adj. (lat. *brutus* "pesant, stupide"). -**1.** Qui n'a pas été façonné, poli ; qui n'a pas subi de transformation : *Diamant brut. De la laine brute* (syn. naturel). -**2.** Qui n'a pas subi certaines déductions de frais, de taxes ou de retenues (par opp. à *net*) : *Salaire brut.* -**3.** Qui est brutal, sauvage : *Des manières brutes* (syn. rude). -**4.** La force brute (syn. barbare, sauvage). -**4.** Art brut, production spontanée et inventive d'œuvres échappant aux normes de l'« art » proprement dit. ‖ **Champagne brut,** champagne très sec, qui n'a pas subi la deuxième fermentation. ‖ **Pétrole brut,** pétrole non raffiné. ‖ **Poids brut,** poids de la marchandise et de son emballage, d'un véhicule avec son chargement. ◆ **brut** adv. Sans défalcation de poids ou de frais (par opp. à *net*) : *Ce cageot pèse 20 kilos brut.* ◆ **brut** n.m. -**1.** Salaire brut. -**2.** Pétrole brut. -**3.** Champagne brut.

brutal, e, aux [brytal, -o] adj. et n. (bas lat. *brutalis,* de *brutus* ; v. *brut*). Qui agit avec violence ; qui se comporte de manière grossière : *C'est un homme brutal, inaccessible à la pitié* (syn. dur, méchant ; contr. doux). ◆ adj. -**1.** Qui manifeste de la violence : *Un geste brutal* (syn. violent). -**2.** Qui est soudain, inattendu : *Mort brutale* (syn. subit).

brutalement [brytalmɑ̃] adv. De façon brutale : *Il nous parle brutalement* (syn. durement). *Une pluie d'orage s'abattit brutalement sur nous* (syn. violemment).

brutaliser [brytalize] v.t. Traiter de façon brutale : *Les gardiens ont brutalisé des prisonniers* (syn. molester).

brutalité [brytalite] n.f. -**1.** Caractère d'une personne brutale, violente : *Elle s'exprime souvent avec brutalité* (syn. rudesse ; contr. gentillesse). *Il tentait de s'opposer à la brutalité de son père.* -**2.** Caractère de ce qui est brusque, soudain : *La brutalité de l'orage* (syn. violence). -**3.** Acte brutal : *Exercer des brutalités* (syn. sévices).

brute [bryt] n.f. (de *brut*). -**1.** Personne grossière, inculte : *Agir comme une brute* (syn. sauvage). -**2.** Personne d'une violence excessive : *Méfie-toi, c'est une brute* (syn. violent).

bruyamment [brɥijamɑ̃] adv. Avec grand bruit : *Se moucher bruyamment* (contr. silencieusement).

bruyant, e [brɥijɑ̃, -ɑ̃t] adj. (anc. p. présent de *bruire*). -**1.** Qui fait beaucoup de bruit :

Nos voisins sont bruyants. - **2.** Où il y a beaucoup de bruit : *Appartement bruyant.*

bruyère [bʀyjɛʀ] ou [bʀɥijɛʀ] n.f. (lat. pop. *brucaria,* bas lat. *brucus,* d'orig. gaul.). - **1.** Plante à fleurs violettes ou roses poussant sur les sols siliceux, où elle forme les landes d'aspect caractéristique. □ Famille des éricacées. - **2.** Terre de bruyère, terre formée par la décomposition des feuilles de bruyère.

bryologie [bʀijɔlɔʒi] n.f. (du gr. *bruon* "mousse", et de *-logie*). BOT. Étude des mousses.

B. T. S. [beteɛs] n.m. (sigle de *brevet de technicien supérieur*). Diplôme préparé en deux ans dans les sections supérieures des lycées par les bacheliers ou par les personnes qui possèdent un titre de technicien ou d'agent technique.

buanderie [bɥɑ̃dʀi] n.f. (de *buandier*). Local qui, dans les dépendances d'une maison, est réservé à la lessive.

buandier, ère [bɥɑ̃dje, -ɛʀ] n. (de l'anc. fr. *buer* ; v. *buée*). - **1.** (Au fém.). Autref., femme qui lavait le linge. - **2.** Ouvrier, ouvrière chargés du lavage du linge dans une blanchisserie industrielle.

bubale [bybal] n.m. (lat. *bubalus,* du gr.). Antilope africaine à cornes en U ou en lyre. □ Haut. au garrot 1,30 m.

bubon [bybɔ̃] n.m. (gr. *boubôn*). Tuméfaction inflammatoire des ganglions lymphatiques de l'aine, du cou ou des aisselles, dans certaines maladies, comme la peste ou le chancre mou.

bubonique [bybɔnik] adj. Caractérisé par la présence de bubons : *Peste bubonique.*

buccal, e, aux [bykal, -o] adj. (du lat. *bucca* "bouche"). De la bouche : *Médicament à prendre par voie buccale* (syn. oral).

buccin [byksɛ̃] n.m. (lat. *buccinum*). - **1.** Trompette romaine en corne, bois ou airain. - **2.** Mollusque gastropode des côtes de l'Atlantique (syn. bulot).

bucco-dentaire [bykodɑ̃tɛʀ] adj. (du lat. *bucca* "bouche"). (pl. *bucco-dentaires*). Qui se rapporte à la bouche et aux dents : *Affections bucco-dentaires.*

bucco-génital, e, aux [bykoʒenital, -o] adj. (du lat. *bucca* "bouche"). Qui concerne la bouche et les organes génitaux : *Rapports bucco-génitaux.*

bûche [byʃ] n.f. (germ. *busk* "baguette"). - **1.** Gros morceau de bois de chauffage : *Remettre des bûches dans la cheminée* (syn. rondin). - **2.** FAM. Prendre, ramasser une bûche, tomber, faire une lourde chute. - **3.** Bûche de Noël. Gâteau traditionnel com-

posé d'une génoise fourrée de crème au beurre et nappée de moka, affectant la forme d'une bûche.

1. bûcher [byʃe] n.m. (de *bûche*). - **1.** Lieu où l'on empile le bois à brûler. - **2.** Amas de bois sur lequel on brûlait les personnes condamnées au supplice du feu ou les objets jugés subversifs ; ce supplice : *Être condamné au bûcher.*

2. bûcher [byʃe] v.t. (de *bûcher* "frapper, dégrossir une bûche"). FAM. Étudier qqch avec ardeur : *Bûcher les maths* (syn. apprendre). ◆ v.i. FAM. Travailler sans relâche : *Il a bûché toute la semaine* (syn. étudier).

bûcheron, onne [byʃʀɔ̃, -ɔn] n. (anc. fr. *boscheron,* de *bosc* "bois"). Personne dont le métier est d'abattre les arbres.

bûchette [byʃɛt] n.f. Menu morceau de bois sec.

bûcheur, euse [byʃœʀ, -øz] n. (de *2. bûcher*). FAM. Personne qui travaille, étudie avec ardeur : *C'est une grande bûcheuse* (syn. travailleur).

bucolique [bykɔlik] adj. (gr. *boukolikos,* de *boukolos* "bouvier"). Qui évoque la vie des bergers : *Une existence bucolique* (syn. pastoral, rustique). ◆ n.f. Poème pastoral.

budget [bydʒɛ] n.m. (mot angl., de l'anc. fr. *bougette* "petite bourse"). - **1.** Ensemble des comptes prévisionnels et annuels des ressources et des charges de l'État, des collectivités et établissements publics : *L'Assemblée nationale a voté le budget.* - **2.** Ensemble des recettes et des dépenses d'un particulier, d'une famille, d'un groupe ; somme dont on dispose : *Se fixer un budget pour les vacances.*

budgétaire [bydʒetɛʀ] adj. Du budget ; d'un budget : *L'année budgétaire. Contrôle budgétaire dans une entreprise.*

budgéter v.t. → **budgétiser.**

budgétisation [bydʒetizasjɔ̃] n.f. Inscription d'une somme au budget.

budgétiser [bydʒetize] [conj. 3] et **budgéter** [bydʒete] [conj. 18] v.t. Inscrire une dépense, une recette au budget.

buée [bɥe] n.f. (de l'anc. fr. *buer* "faire la lessive", frq. *bukon*). Vapeur d'eau et, spécial., vapeur d'eau condensée en fines gouttelettes : *Les vitres sont couvertes de buée.*

buffet [byfɛ] n.m. (orig. obsc.). - **1.** Meuble, souvent à deux corps superposés, où l'on range la vaisselle, les couverts, la verrerie, etc. : *Un buffet de cuisine.* - **2.** Table où sont servis les mets, les boissons, dans une réception ; l'ensemble de ces mets et boissons : *Les invités se ruèrent sur le buffet. Un buffet campagnard* (= constitué surtout de charcuterie et de vin). -**3.** Café, restaurant, dans une gare. -**4.** Ouvrage décoratif en menuiserie qui renferme le mécanisme d'un orgue et qui met en valeur sa tuyauterie. -**5.** ARCHIT. **Buffet d'eau.** Fontaine de jardin adossée, à vasques ou à bassins étagés.

buffle [byfl] n.m. (it. *bufalo,* du lat. ; v. *bubale*). Mammifère ruminant dont il existe plusieurs espèces en Europe méridionale, en Asie et en Afrique. □ Famille des bovidés.

buffleterie [byflətRi] ou [byflɛtRi] n.f. (de *buffle*). Partie de l'équipement militaire individuel (à l'origine en cuir de buffle) servant à soutenir les armes et les cartouches.

bug [bœg] n.m. (mot angl., propr. "bestiole, microbe"). INFORM. Défaut de conception ou de réalisation d'un programme, se manifestant par des anomalies de fonctionnement. (Recomm. off. *bogue.*)

buggy [bœgi] n.m. (mot angl.). Automobile tout terrain à moteur à l'arrière, à carrosserie simplifiée ouverte, à pneus très larges.

bugle [bygl] n.m. (mot angl., du lat. *buculus* "jeune bœuf"). Instrument à vent à pistons de la famille des saxhorns, proche du clairon.

building [bildiŋ] n.m. (mot anglo-amér., de *to build* "construire"). Grand immeuble à nombreux étages : *Quartier nouveau hérissé de buildings* (syn. tour).

buire [byiR] n.f. (anc. fr. *buie,* frq. **buk* "ventre"). Vase médiéval en forme de cruche, à col allongé surmonté d'un couvercle.

buis [byi] n.m. (lat. *buxus*). -**1.** Arbrisseau à feuilles persistantes, souvent utilisé dans les jardins et dont le bois, très dur, est employé pour le tournage et la sculpture. -**2.** **Buis bénit,** branche de buis que l'on bénit le jour des Rameaux.

buisson [byisɔ̃] n.m. (altér. de *boisson,* dimin. de *bois*). -**1.** Touffe d'arbrisseaux sauvages : *Le lièvre disparut dans un buisson* (syn. fourré, taillis). -**2.** CUIS. Plat composé d'éléments dressés en pyramide, dont la disposition évoque un buisson : *Buisson d'écrevisses.* -**3.** **Battre les buissons,** les frapper avec un bâton pour faire lever le gibier ; au fig., se livrer à une recherche approfondie.

buissonneux, euse [byisɔnø, -øz] adj. Couvert de buissons ou fait de buissons : *Une campagne buissonneuse* (syn. broussailleux).

buissonnier, ère [byisɔnje, -ɛR] adj. -**1.** Qui habite les buissons : *Lapin, oiseau buissonnier.* -**2.** **Faire l'école buissonnière,** se promener, flâner au lieu d'aller en classe.

bulbaire [bylbɛR] adj. D'un bulbe et, spécial., du bulbe rachidien.

bulbe [bylb] n.m. (lat. *bulbus* "oignon"). -**1.** Organe végétal souterrain rempli de réserves nutritives permettant à la plante de reformer chaque année ses parties aériennes : *Bulbe du lis, de la jacinthe* (syn. oignon). -**2.** ANAT. Partie renflée de certains organes : *Bulbe pileux.* -**3.** ARCHIT. Dôme, toiture à renflement bulbeux : *Les bulbes des églises russes.* -**4.** MAR. Renflement de la partie inférieure de l'étrave de certains navires ; aileron métallique supportant un lest constituant la quille de certains yachts à voile. -**5.** **Bulbe rachidien,** portion inférieure de l'encéphale, qui constitue un centre nerveux important.

bulbeux, euse [bylbø, -øz] adj. -**1.** Pourvu ou formé d'un bulbe : *Plante bulbeuse.* -**2.** En forme de bulbe : *Un clocher bulbeux.*

bulgare [bylgaR] adj. et n. De Bulgarie.
◆ n.m. Langue slave parlée en Bulgarie.

bulldozer [byldɔzɛR] ou [buldozœR] n.m. (mot anglo-amér.). Engin de terrassement sur tracteur à chenilles, très puissant. (Abrév. fam. *bull.*) [Recomm. off. *bouteur.*]

1. **bulle** [byl] n.f. (lat. *bulla* "bulle, médaillon, clou ornemental"). -**1.** HIST. Sceau de métal attaché à un acte pour l'authentifier. -**2.** Lettre apostolique portant le sceau du pape et qu'on désigne génér. par les premiers mots du texte.

2. **bulle** [byl] n.f. (lat. *bulla*). -**1.** Globule d'air, de gaz qui s'élève à la surface d'un liquide, d'une matière en fusion : *Bulles de savon.* -**2.** PATHOL. Grosse vésicule remplie de liquide qui fait une protubérance sur la peau (syn. ampoule, cloque). -**3.** Élément graphique qui sort de la bouche des personnages de bandes dessinées et qui renferme leurs paroles, leurs pensées (syn. phylactère). -**4.** MÉD. Enceinte stérile transparente dans laquelle vivent les « enfants bulle » atteints de déficience immunitaire aiguë.

3. **bulle** [byl] adj. inv. (orig. obsc.). Papier bulle. Papier grossier et jaunâtre.

buller [byle] v.i. -**1.** Présenter des cloques, des bulles : *Papier peint qui bulle* (syn. cloquer). -**2.** FAM. Rester oisif ; ne rien faire (syn. paresser).

bulletin [byltɛ̃] n.m. (de *1. bulle,* d'après l'it. *bolletino* "billet"). -**1.** Publication périodique de textes officiels ou d'annonces obligatoires : *Bulletin officiel.* -**2.** Rapport périodique des enseignants et de l'administration d'un établissement d'enseignement sur le travail d'un élève : *Son dernier bulletin scolaire est excellent.* -**3.** Écrit officiel ayant valeur d'attestation délivré à un usager : *Bulletin de retard, de bagages.* -**4.** **Bulletin de paie,** de salaire, document qui doit accompagner le paiement de la rémunération d'un salarié et comportant notamm. le montant du salaire et des différentes retenues (on dit aussi *feuille de paie, de salaire*) . ‖ **Bulletin de santé**, rapport périodique sur l'état de santé d'une personne, en partic. d'une personnalité. ‖ **Bulletin de vote**, billet ou feuille servant à exprimer un vote. ‖ **Bulletin d'informations**, résumé des nouvelles de la journée, à la radio, à la télévision.

bulletin-réponse [byltɛ̃repɔ̃s] n.m. (pl. *bulletins-réponse*). Imprimé à remplir et à renvoyer pour participer à un jeu, à un concours.

bull-terrier [bultɛʀje] n.m. (mot angl., de *bull*[*dog*] et *terrier* "terrier") [pl. *bull-terriers*]. Chien d'origine anglaise, bon chasseur de rats.

bulot [bylo] n.m. (orig. obsc.). Nom usuel du *buccin* (coquillage).

bungalow [bœ̃galo] n.m. (mot angl., du hindi). **- 1.** Habitation indienne à un étage, entourée de vérandas. **- 2.** Construction légère servant de résidence de vacances, en partic. à l'intérieur d'un camping, d'un ensemble hôtelier.

bunker [bunkœʀ] n.m. (mot all. "soute"). Casemate ; réduit fortifié.

Bunsen (bec), brûleur à gaz, employé dans les laboratoires.

bupreste [bypʀɛst] n.m. (gr. *bouprêstis* "qui gonfle les bœufs"). Coléoptère de coloration métallique dont la larve vit dans le bois des arbres les plus divers. □ Famille des buprestidés.

buraliste [byʀalist] n. (de *bureau*). **- 1.** Personne préposée à un bureau de paiement, de recette, de poste, etc. **- 2.** Personne qui tient un bureau de tabac.

bure [byʀ] n.f. (lat. *burra*). **- 1.** Grosse étoffe de laine brune. **- 2.** Vêtement fait de cette étoffe : *La bure du moine.*

bureau [byʀo] n.m. (de *bure*, laquelle servait à recouvrir les tables). **- 1.** Table, munie ou non de tiroirs de rangement, sur laquelle on écrit : *Le dossier est sur mon bureau.* **- 2.** Pièce où se trouve ce meuble : *Le soir, elle va lire dans son bureau.* **- 3.** Lieu de travail des employés d'une administration, d'une entreprise : *Se rendre à son bureau.* **- 4.** Personnel d'un bureau : *Tout le bureau s'est réjoui de sa promotion* (= ses collègues). **- 5.** Établissement assurant au public des services administratifs, commerciaux, etc. : *Bureau de poste, de vote, de tabac.* **- 6.** Service ou organisme chargé d'une fonction particulière : *Bureau commercial. Bureau d'état-major.* **- 7.** Organe dirigeant les travaux d'une assemblée délibérante, d'une commission, d'un parti politique, d'un syndicat : *Le bureau de l'Assemblée nationale. Le bureau politique d'un parti.* **- 8.** Deuxième bureau. Anc. nom du service de renseignements de l'armée française.

bureaucrate [byʀɔkʀat] n. **- 1.** Fonctionnaire imbu de l'importance de son rôle, dont il abuse auprès du public. **- 2.** Employé de bureau (péjor.) : *Un bureaucrate tatillon.*

bureaucratie [byʀɔkʀasi] n.f. (de *bureau* et *-cratie*). **- 1.** Pouvoir d'un appareil administratif d'État, d'un parti, d'une entreprise, etc. **- 2.** Ensemble des bureaucrates, envisagé dans sa puissance abusive, routinière (péjor.).

bureaucratique [byʀɔkʀatik] adj. Propre à la bureaucratie : *Un régime bureaucratique.*

bureaucratisation [byʀɔkʀatizasjɔ̃] n.f. Action de bureaucratiser : *La bureaucratisation de l'État.*

bureaucratiser [byʀɔkʀatize] v.t. Transformer en bureaucratie : *Bureaucratiser l'Administration.*

Bureautique [byʀɔtik] n.f. (nom déposé). Ensemble des techniques informatiques et téléinformatiques visant à l'automatisation des tâches administratives et de secrétariat, des travaux de bureau.

burette [byʀɛt] n.f. (de *buire*). **- 1.** Petit flacon à goulot long et étroit : *Les burettes d'un huilier.* **- 2.** CATH. Petit vase contenant l'eau ou le vin de la messe. **- 3.** Récipient métallique muni d'un tube effilé destiné à injecter de l'huile dans les rouages d'une machine. **- 4.** CHIM. Tube de verre gradué muni d'un robinet à sa partie inférieure.

burin [byʀɛ̃] n.m. (it. *burino*, d'orig. germ.). **- 1.** Ciseau d'acier servant à graver sur les métaux, le bois. **- 2.** Estampe, gravure obtenue au moyen d'une planche gravée au burin. **- 3.** Ce procédé de gravure (par opp. à l'*eau-forte*, à la *pointe sèche*, etc.). **- 4.** Ciseau percuté par un marteau ou mécaniquement et destiné à couper les métaux.

buriné, e [byʀine] adj. **- 1.** Gravé au burin. **- 2.** Visage buriné, visage marqué de sillons, de rides, comme travaillé au burin.

buriner [byʀine] v.t. **- 1.** Graver au burin : *Buriner une planche de cuivre.* **- 2.** Travailler une pièce de métal au burin.

burlesque [byʀlɛsk] adj. (it. *burlesco*, du lat. *burla* "farce"). **- 1.** D'un comique extravagant : *Une idée burlesque* (syn. cocasse, saugrenu). **- 2.** Qui relève du burlesque en tant que genre littéraire ou cinématographique : *Le genre, le style burlesque.* ◆ n.m. **- 1.** Caractère d'une chose, d'une personne ridicule, absurde : *Relever le burlesque d'une situation* (syn. cocasse, comique). **- 2.** Genre littéraire parodique traitant en style bas un sujet noble. **- 3.** Genre cinématographique caractérisé par un comique extravagant, plus ou moins absurde, et fondé sur une succession rapide de gags. **- 4.** Auteur qui pratique ce genre.

burnous [byʀnu] ou [byʀnus] n.m. (ar. *bur-nūs*). **- 1.** Manteau d'homme en laine, à capuchon, porté par les Arabes. **- 2.** Manteau ou cape à capuchon pour nourrissons.

1. bus [bys] n.m. (abrév.) FAM. Autobus.

2. bus [bys] n.m. (mot angl., de *omnibus*). INFORM. Dans un ordinateur, ensemble de conducteurs électriques transmettant des données.

busard [byzaʀ] n.m. (de *buse*). Oiseau rapace diurne vivant près des marais. □ Long. 50 cm ; famille des accipitridés.

1. buse [byz] n.f. (de l'anc. fr. *buson*, lat. *buteo*, *-onis*). Rapace diurne aux formes lourdes, au bec et aux serres faibles, se nourrissant de rongeurs, de reptiles, de petits oiseaux. □ Long. 50 à 60 cm ; famille des accipitridés.

2. buse [byz] n.f. (probabl. de l'anc. fr. *busel* "tuyau, conduit", du lat. *bucina* "trompette"). **- 1.** Tuyau, conduite génér. de fort diamètre, assurant l'écoulement d'un fluide : *Une buse en fonte.* **- 2.** Pièce raccordant un appareil de chauffage au conduit de fumée. **- 3.** Conduit d'aération d'un puits de mine. **- 4.** Pièce, en forme de tuyère, d'un carburateur, augmentant la vitesse de passage de l'air.

bush [buʃ] n.m. (mot angl. "broussailles") [pl. *bushes*]. Formation végétale adaptée à la sécheresse, constituée d'arbustes serrés et d'arbres bas. □ On trouve ce type de végétation en Afrique orientale, à Madagascar et en Australie.

business [biznɛs] n.m. (mot angl. "affaire", de *busy* "occupé"). FAM. Activité économique, commerciale ou financière : *Elle ne vit que pour le business.*

businessman [biznɛsman] n.m. (mot angl.) [pl. *businessmans* ou *businessmen*]. Homme d'affaires. **Rem.** On rencontre parfois le féminin *businesswoman* (pl. *businesswomans* ou *businesswomen*).

busqué, e [byske] adj. (de *busc* "lame recourbée", probabl. par croisement de l'it. *busto* "corset à baleines" et *busco* "brin"). De courbure convexe : *Nez busqué* (syn. arqué).

buste [byst] n.m. (it. *busto*). **- 1.** Partie supérieure du corps humain, de la taille au cou : *Il redressa fièrement le buste* (syn. torse). **- 2.** Poitrine de la femme : *Son décolleté révélait un buste splendide* (syn. gorge). **- 3.** Sculpture représentant la tête et le haut du buste d'une personne : *Un buste de Beethoven.*

bustier [bystje] n.m. (de *buste*). **- 1.** Soutien-gorge baleiné, sans bretelles, prolongé par un corselet de maintien. **- 2.** Corsage ajusté

but [by] ou [byt] n.m. (orig. incert., p.-ê. du frq. *but* "souche, billot"). **- 1.** Point matériel que l'on vise : *Mettre sa flèche dans le but* (syn. cible, objectif). **- 2.** Point où l'on doit parvenir : *Chaque jour, nous nous fixions un but de promenade* (syn. destination). **- 3.** Dans certains sports, espace délimité que doit franchir le ballon pour qu'un point soit marqué : *Mettre le ballon dans les buts.* **- 4.** Point ainsi obtenu : *Marquer un but.* **- 5.** Fin que l'on se propose d'atteindre ; ce à quoi on veut parvenir : *Son but était de nous faire réfléchir* (syn. intention). *Poursuivre un but* (syn. objectif). *Vous touchez au but* (= vous avez presque fini, presque réussi). **- 6.** Dans le but de (+ inf.), dans l'intention de, avec le dessein de : *Nous faisons cette enquête dans le but de recenser les familles dans le besoin.* **Rem.** Cette tournure est critiquée par certains puristes.

‖ De but en blanc, sans préparation, sans aucun ménagement : *Je lui ai demandé de but en blanc quelles étaient les raisons de son hostilité* (syn. à brûle-pourpoint).

butane [bytan] n.m. (de *butyrique*). Hydrocarbure gazeux saturé, employé comme combustible et vendu, liquéfié sous faible pression, dans des bouteilles métalliques. □ Formule : C_4H_{10}.

buté, e [byte] adj. (p. passé de *buter*). Qui manifeste une obstination irréductible (syn. entêté, obstiné, têtu).

butée [byte] n.f. (de *buter*). **- 1.** Massif de maçonnerie destiné à résister à une poussée, notamm. à celle d'une voûte, à celle des arches d'un pont (syn. culée). **- 2.** MÉCAN. Pièce servant à limiter la course d'un mécanisme en mouvement : *La butée d'embrayage est usée.*

buter [byte] v.t. ind. [**sur, contre**] (de *but*). **- 1.** Appuyer contre : *L'arc bute contre la voûte.* **- 2.** Heurter contre un obstacle : *J'ai buté contre une pierre* (syn. trébucher). **- 3.** Se trouver arrêté par une difficulté : *Il bute contre un problème* (syn. achopper sur). *Dans sa timidité, elle bute sur chaque mot* (syn. trébucher). ◆ v.t. **- 1.** Faire reposer qqch contre : *Buter un mur avec des poutres* (syn. étayer). **- 2.** Amener qqn à une attitude d'entêtement, de refus systématique : *Toutes ces maladresses ont réussi à le buter* (syn. cabrer). ◆ **se buter** v.pr. Prendre une attitude fermée, butée : *Il se bute facilement* (syn. s'entêter).

buteur, euse [bytœʀ, -øz] n. SPORTS. Joueur, joueuse qui marque des buts.

butin [bytɛ̃] n.m. (du moyen bas all. *bute* "partage"). **- 1.** Ce qu'on enlève à l'ennemi : *Les vainqueurs se sont emparés d'un énorme butin* (syn. prise). **- 2.** Produit d'un vol : *Les cambrioleurs ont dû abandonner leur butin.*

-**3.** Produit d'une recherche : *Le butin d'un botaniste* (syn. récolte).

butiner [bytine] v.i. et v.t. (de *butin*). Aller de fleur en fleur en amassant du pollen ou du nectar, en parlant de certains insectes et en partic. des abeilles : *Les abeilles butinent sur les fleurs, butinent le pollen.*

butineur, euse [bytinœʀ, -øz] adj. et n.f. Qui butine ; dont le rôle est de butiner : *Une abeille butineuse. La tâche des butineuses est de récolter le pollen et le nectar sur les fleurs.*

butoir [bytwaʀ] n.m. (de *buter*). -**1.** Obstacle artificiel placé à l'extrémité d'une voie ferrée (syn. heurtoir). -**2.** TECHN. Pièce métallique contre laquelle vient buter l'organe mobile d'un mécanisme : *Les butoirs d'une porte cochère.* -**3.** Limite stricte fixée à l'avance : *La fin du mois est le butoir, la date butoir pour la remise de ce rapport.*

butor [bytɔʀ] n.m. (du lat. *butio* "butor" et probabl. *taurus* "taureau"). -**1.** Oiseau échassier voisin du héron, à plumage fauve tacheté de noir, nichant dans les roseaux. □ Long. 70 cm ; famille des ardéidés. -**2.** Homme grossier et stupide : *Quel butor, il m'a bousculée !* (syn. mufle).

butte [byt] n.f. (de *but*). -**1.** Légère élévation de terrain ; petite colline : *Escalader une butte* (syn. monticule, tertre). -**2.** HORTIC. Masse de terre accumulée au pied d'une plante ou sur un rang de culture. -**3.** Être en butte à qqch, être exposé à, menacé par qqch : *Ministre en butte aux attaques de la presse.*

butter [byte] v.t. HORTIC. Entourer une plante, un rang de culture d'une butte de terre : *Butter des pommes de terre.*

butyrique [bytiʀik] adj. (du lat. *butyrum* ; v. *beurre*). -**1.** Relatif à la matière grasse du lait, au beurre. -**2.** CHIM. Acide butyrique, acide organique dérivé du butane, contenu dans de nombreuses matières grasses.

buvable [byvabl] adj. (du rad. *buv-*, de *boire*). -**1.** Qui n'est pas désagréable à boire : *Ce petit vin de pays est tout à fait buvable.* -**2.** FAM. (Surtout en tournure nég.). Qui peut être accepté, supporté : *Ce garçon n'est vraiment pas buvable* (syn. supportable). -**3.** PHARM. Dont le contenu doit être absorbé par la bouche : *Ampoules buvables.*

buvard [byvaʀ] n.m. (du rad. *buv-*, de *boire*). -**1.** Papier propre à absorber l'encre fraîche ; feuille de ce papier : *Un buvard. Du papier buvard.* -**2.** Sous-main recouvert d'un buvard.

buvette [byvet] n.f. (du rad. *buv-*, de *boire*). -**1.** Petit local, comptoir où l'on sert des boissons et des aliments légers, dans une gare, un théâtre, etc. : *La buvette de l'Assemblée nationale* (syn. bar). -**2.** Dans un établissement thermal, endroit où l'on va boire les eaux.

buveur, euse [byvœʀ, -øz] n. (du rad. *buv-*, de *boire*). -**1.** Personne qui boit habituellement et avec excès du vin ou des boissons alcoolisées : *Quelques buveurs criaient dans la rue* (syn. ivrogne). -**2.** Personne qui est en train de boire : *Buveurs attablés à la terrasse d'un café* (syn. consommateur).

bye-bye [bajbaj] et **bye** [baj] interj. (de l'angl. [*good*] *bye*). Au revoir, adieu.

by-pass n.m. inv. → **bipasse**.

byzantin, e [bizɑ̃tɛ̃, -in] adj. et n. -**1.** De Byzance, de l'Empire byzantin : *L'architecture byzantine.* -**2.** Discussion byzantine, discussion oiseuse par ses excès de subtilité évoquant les débats des théologiens byzantins.

c [se] n.m. inv. - **1.** Troisième lettre (consonne) de l'alphabet. **Rem.** Devant les voyelles *a, o, u,* devant une consonne ou en fin de mot, *c* se prononce [k] ; marqué d'une cédille (*ç*) ou devant *e, i* et *y,* il se prononce [s]. - **2.** C, chiffre romain valant cent. - **3.** MUS. C, la note *do,* dans le système de notation en usage dans les pays anglo-saxons et germaniques.

1. ça [sa] pron. dém. (de *cela*). - **1.** FAM. Remplace *cela, cette chose-là : Donnez-moi ça.* - **2.** Renforce une interrogation : *Qui ça ? Comment ça ?* - **3.** S'emploie comme sujet indéterminé dans des constructions impersonnelles : *Si ça se trouve, elle est arrivée avant nous* (= il n'est pas impossible qu'elle soit arrivée...).

2. ça [sa] n.m. inv. (calque du pron. neutre substantivé all. *Es*). PSYCHAN. Chez Freud, l'une des trois instances psychiques, constituant le réservoir des pulsions et du refoulé et à partir de laquelle se différencient génétiquement le moi et le surmoi. **Rem.** On écrit *le ça* ou *le Ça.*

çà [sa] adv. (lat. pop. *ecce hac,* renforcement par *ecce* "voici" de *hac* "par ici"). Çà et là, de côté et d'autre : *Errer çà et là.* ◆ interj. Marque l'étonnement, l'impatience : *Ah çà ! Je ne m'y attendais pas !*

cabale [kabal] n.f. (hébr. *qabbalah* "tradition"). - **1.** V. *Kabbale.* - **2.** Science occulte tendant à la communication avec le monde surnaturel. - **3.** Ensemble de menées secrètes, d'intrigues dirigées contre qqn, qqch ; groupe des participants à une cabale : *Monter une cabale* (syn. complot, intrigue). *La cabale des envieux* (syn. clan).

cabalistique [kabalistik] adj. (de *cabale*). Qui présente un aspect obscur, énigmatique : *Langue cabalistique* (syn. mystérieux).

caban [kabā] n.m. (it. sicilien *cabbanu,* de l'ar. *qabā*). - **1.** Manteau court, avec ou sans capuchon, en gros drap imperméabilisé, en usage dans la marine. - **2.** Longue veste de tissu épais.

cabane [kaban] n.f. (prov. *cabana,* bas lat. *capanna,* d'orig. obsc.). - **1.** Petite construction rudimentaire faite de matériaux grossiers : *Cabane à outils.* - **2.** Abri destiné aux animaux : *Cabane à lapins* (= clapier). - **3.** ARG. **En cabane,** en prison. - **4.** CAN. Cabane à sucre. Bâtiment où l'on fabrique le sucre et le sirop d'érable.

cabanon [kabanɔ̃] n.m. - **1.** Petite cabane. - **2.** En Provence, petite maison campagnarde. - **3.** Cellule où l'on enfermait autrefois les malades mentaux très agités.

cabaret [kabarɛ] n.m. (mot néerl., du picard *camberete* "petite chambre"). - **1.** VX. Débit de boissons (syn. estaminet). - **2.** Établissement où l'on peut consommer des boissons, dîner, danser ou assister à des spectacles de variétés.

cabaretier, ère [kabaʁtje, -ɛʁ] n. VX. Personne qui tenait un cabaret, un débit de boissons.

cabas [kaba] n.m. (mot prov., p.-ê. du lat. *copax* "qui contient"). Sac à provisions souple, en paille tressée.

cabestan [kabɛstɑ̃] n.m. (mot prov., d'orig. obsc.). Treuil à axe vertical, employé pour toutes les manœuvres exigeant de gros efforts.

cabiai [kabjɛ] n.m. (mot zgalibi [langue indienne de Guyane]). Rongeur d'Amérique du Sud, végétarien, vivant près des fleuves. □ C'est le plus gros des rongeurs ; long. max. 1,20 m ; famille des hydrochœridés.

cabillaud [kabijo] n.m. (néerl. *kabeljau*). - **1.** Églefin. - **2.** Morue non séchée.

cabillot [kabijo] n.m. (prov. *cabilhot*, de *cabilha* "cheville"). MAR. Cheville en bois ou en métal autour de laquelle on enroule les manœuvres à bord d'un navire.

cabine [kabin] n.f. (du même rad. que *cabane*). - **1.** Petite chambre à bord d'un navire. - **2.** Réduit isolé, petite construction à usage déterminé : *Une cabine de douche, d'essayage. Cabine téléphonique.* - **3.** Habitacle d'un ascenseur, d'un téléphérique. - **4.** Espace aménagé pour le conducteur sur un camion, un engin de travaux publics, une motrice de chemin de fer ou pour l'équipage d'un avion. - **5.** Sur les avions de transport, partie du fuselage réservée aux passagers. - **6.** Cabine de projection, local qui abrite les appareils de projection d'une salle de cinéma. - **7.** Cabine spatiale, habitacle d'un vaisseau spatial piloté.

cabinet [kabinɛ] n.m. (de *cabine*). - **1.** Petite pièce, servant de dépendance ou de complément à une pièce principale : *Cabinet de toilette* (= petite salle d'eau attenante à une chambre). - **2.** Pièce réservée à l'étude : *Cabinet de travail* (= bureau). - **3.** Pièce où qqn exerce une profession libérale ; locaux et clientèle d'une personne exerçant une telle profession : *Le médecin nous a reçus dans son cabinet.* - **4.** Ensemble des membres du gouvernement d'un État ; ensemble des collaborateurs d'un ministre, d'un préfet : *Former un nouveau cabinet. Le chef de cabinet d'un ministre* (= le premier de ses collaborateurs). - **5.** Département spécialisé d'un musée, d'une bibliothèque : *Cabinet des estampes.* - **6.** VIEILLI. Cabinet de cire, musée où sont exposées des reproductions en cire d'hommes et de scènes célèbres. ◆ **cabinets** n.m. pl. Lieu réservé aux besoins naturels : *Aller aux cabinets* (syn. toilettes, waters, w.-c.).

câblage [kablaʒ] n.m. - **1.** Installation d'un réseau de communication vidéo par câbles : *Le câblage de notre quartier est en cours.* - **2.** Ensemble des connexions d'un dispositif électrique.

câble [kabl] n.m. (bas lat. *copulum* "espèce de corde"). - **1.** Gros cordage en fibres textiles ou synthétiques ou en fils métalliques : *Câble d'un téléphérique.* - **2.** Faisceau de fils conducteurs protégés par des gaines isolantes, assurant le transport et la distribution de l'énergie électrique ainsi que les liaisons par télécommunications : *Liaisons téléphoniques intercontinentales assurées par câble sous-marin.* - **3.** Message par câble : *Envoyer un câble* (syn. dépêche, télégramme). - **4.** Télévision par câble, télédistribution.

câbler [kable] v.t. - **1.** Tordre ensemble plusieurs cordes pour former un câble : *Câbler des brins de chanvre.* - **2.** Équiper d'un réseau de communication vidéo par câbles : *Câbler un quartier.* - **3.** Établir les connexions d'un appareil électrique ou électronique. - **4.** Transmettre par câble : *Câbler la nouvelle d'une catastrophe* (syn. télégraphier).

cabochard, e [kabɔʃar, -ard] adj. et n. (de *caboche*). FAM. Qui n'en fait qu'à sa tête : *C'est une cabocharde* (syn. entêté, têtu).

caboche [kabɔʃ] n.f. (de *ca-*, préf. péjor., et de *bosse*). - **1.** FAM. Tête. - **2.** Clou à tête large et ronde, utilisé notamm. en cordonnerie.

cabochon [kabɔʃɔ̃] n.m. (de *caboche*). - **1.** Pierre fine arrondie et polie, non taillée à facettes. - **2.** Clou à tête décorative. - **3.** Pièce de protection du système optique d'un véhicule automobile : *Cabochon de clignotant.*

cabosser [kabɔse] v.t. (de *bosse* ; v. *caboche*). Déformer par des bosses ou des creux : *Un choc a cabossé l'aile* (syn. froisser).

1. cabot [kabo] n.m. (abrév.). FAM. Cabotin.

2. cabot [kabo] n.m. (normand *cabot* "têtard"). - **1.** FAM. Chien. - **2.** Poisson commun en Méditerranée, à chair estimée, du genre muge. □ Long. 50 cm env.

cabotage [kabotaʒ] n.m. Navigation marchande le long des côtes, en espèc. entre les ports d'un même pays (par opp. à *navigation au long cours*).

caboter [kabote] v.i. (probabl. de *cap*). Faire du cabotage.

caboteur [kabotœr] n.m. Navire qui pratique le cabotage.

cabotin, e [kabotɛ̃, -in] n. et adj. (orig. incert., p.-ê. du n. d'un comédien du XVIIe s.). - **1.** Acteur médiocre qui a une haute opinion de lui-même. - **2.** Personne au comportement affecté : *Une enfant très cabotine* (syn. comédien).

cabotinage [kabotinaʒ] n.m. Comportement, attitude du cabotin.

cabotiner [kabotine] v.i. Se faire remarquer, se conduire en cabotin : *On cabotine beaucoup dans ces milieux.*

caboulot [kabulo] n.m. (mot franc-comtois "petit local pour animaux", croisement probable de *boulot* [même sens], d'orig. celt., avec *cabane*). VIEILLI. Petit café à clientèle populaire (syn. cabaret, estaminet).

cabrer [kabre] v.t. (de l'anc. prov. *cabra*, lat. *capra* "chèvre"). - **1.** Faire dresser un animal, en partic. un cheval, sur les membres postérieurs : *Cavalier qui cabre sa monture.* - **2.** Amener qqn à une attitude d'opposition, de révolte : *Cette sévérité n'a fait que le cabrer* (syn. buter). - **3.** Cabrer un avion, lui faire adopter brusquement une direction de vol verticale pour qu'il prenne de l'altitude.

◆ **se cabrer** v.pr. - **1.** Se dresser sur ses membres postérieurs, en partic. en parlant d'un cheval. - **2.** S'opposer avec vigueur ou violence à : *Il va se cabrer devant vos exigences* (syn. fam. se braquer).

cabri [kabʀi] n.m. (prov. *cabrit*, du lat. *capra* "chèvre"). Chevreau.

cabriole [kabʀijɔl] n.f. (it. *capriola*, du lat. *capra* "chèvre"). - **1.** Demi-tour exécuté en sautant légèrement ; bond agile : *Les enfants faisaient des cabrioles sur la pelouse* (syn. gambade). - **2.** CHORÉGR. Grand pas sauté dans lequel le danseur réunit les jambes dans l'espace. - **3.** ÉQUIT. Figure de haute école exécutée sur un cheval qui se cabre puis rue avant que ses membres antérieurs ne touchent le sol.

cabrioler [kabʀijɔle] v.i. Faire des cabrioles.

cabriolet [kabʀijɔlɛ] n.m. (de *cabrioler*). - **1.** Automobile décapotable. - **2.** Ancienne voiture hippomobile légère à deux roues, génér. à capote.

C. A. C. 40 (indice), nom déposé d'un indice établi à partir du cours de quarante valeurs mobilières et servant de référence à la Bourse française.

caca [kaka] n.m. (du lat. *cacare* "déféquer"). - **1.** (Langage enfantin). Excrément : *Faire caca* (= déféquer). - **2.** Caca d'oie. D'une couleur jaune verdâtre.

cacahouète ou **cacahuète** [kakawɛt] n.f. (esp. *cacahuate*, du nahuatl). Fruit ou graine de l'arachide, dont on extrait 45 % d'huile ou que l'on consomme torréfiés.

cacao [kakao] n.m. (mot esp., du nahuatl). Graine du cacaoyer, d'où l'on extrait des matières grasses, comme le beurre de cacao, et la poudre de cacao, pour préparer le chocolat.

cacaoté, e [kakaɔte] adj. Qui contient du cacao : *Une boisson cacaotée.*

cacaoyer [kakaɔje] et **cacaotier** [kakaɔtje] n.m. Petit arbre originaire de l'Amérique du Sud et cultivé pour la production du cacao, princ. en Afrique. □ Famille des sterculiacées.

cacarder [kakaʀde] v.i. (orig. onomat.). Émettre un cri, en parlant de l'oie.

cacatoès ou **kakatoès** [kakatɔɛs] n.m. (mot malais). Oiseau d'Océanie et de l'Asie du Sud-Est, au plumage coloré et à huppe érectile. □ Famille des psittacidés.

cacatois [kakatwa] n.m. (de *cacatoès*, le *cacatois* se trouvant au-dessus de la voile appelée *perroquet*). MAR. - **1.** Voile carrée placée au-dessus du perroquet. - **2.** Mât supportant cette voile.

cachalot [kaʃalo] n.m. (port. *cachalote*, de *cachola* "grosse tête"). Mammifère cétacé de

grande taille, aux dents fixées à la mâchoire inférieure, vivant dans les mers chaudes.

1. **cache** [kaʃ] n.f. Lieu secret pour cacher qqch ou pour se cacher : *Trouver une cache pour un butin* (syn. cachette).

2. **cache** [kaʃ] n.m. Feuille de carton, de papier, etc., destinée à cacher certaines parties d'un cliché photographique, ou d'un film, qui ne doivent pas apparaître au tirage.

cache-cache [kaʃkaʃ] n.m. inv. Jeu d'enfants dans lequel tous les joueurs se cachent à l'exception d'un seul, qui cherche à découvrir les autres : *Jouer à cache-cache.*

cache-col [kaʃkɔl] n.m. (pl. *cache-cols* ou inv.). Écharpe courte et étroite.

cachectique [kaʃɛktik] adj. et n. De la cachexie ; atteint de cachexie.

cachemire [kaʃmiʀ] n.m. - **1.** Tissu fin fait avec le poil de chèvres du Cachemire ; vêtement fait de ce tissu, avec cette laine. - **2.** Motif coloré et sinueux, à l'origine celui des châles de cachemire, imprimé sur un tissu.

cache-nez [kaʃne] n.m. inv. Longue écharpe de laine protégeant du froid le cou et le bas du visage.

cache-pot [kaʃpo] n.m. (pl. *cache-pots* ou inv.). Vase décoratif qui sert à dissimuler un pot de fleurs.

cache-prise [kaʃpʀiz] n.m. (pl. *cache-prises* ou inv.). ÉLECTR. Dispositif de sécurité qu'on enfonce dans les alvéoles d'une prise de courant pour rendre ses contacts inaccessibles.

cacher [kaʃe] v.t. (lat. pop. *coacticare* "serrer", du class. *coactare* "contraindre"). - **1.** Mettre, placer dans un lieu secret, pour soustraire à la vue, aux recherches : *Les paysans cachaient les maquisards. Cacher des papiers personnels.* - **2.** Dissimuler ; ne pas exprimer : *Cacher sa joie* (syn. taire). - **3.** Empêcher de voir : *Ces immeubles nous cachent la mer* (syn. masquer). - **4.** Être l'indice de, laisser présager : *Son amabilité cache une mauvaise intention* (syn. dissimuler). - **5.** Cacher son jeu, ses cartes, laisser ignorer ses intentions. ◆ **se cacher** v.pr. - **1.** Se soustraire aux regards, aux recherches : *Il se cache car il est recherché par la police.* - **2.** Se cacher de qqch, de (+ inf.), ne pas convenir de (surtout en tournure nég.) : *Il ne se cache pas de son rôle dans cette affaire, d'avoir joué un rôle important.* ‖ Se cacher de qqn, lui cacher ce qu'on fait : *Fumer en se cachant de ses parents* (= en cachette de).

cachère adj. inv. → **kasher.**

cache-sexe [kaʃsɛks] n.m. (pl. *cache-sexes* ou inv.). Triangle de tissu couvrant le sexe.

cachet [kaʃɛ] n.m. (de *cacher* "presser"). - **1.** Tampon en métal ou en caoutchouc

portant en relief le nom, la raison sociale, etc., de son possesseur ; empreinte apposée à l'aide de ce tampon (syn. timbre). *Le cachet de la poste porte le lieu, l'heure et la date du dépôt.* - **2.** Sceau gravé, destiné à imprimer sur la cire les armes, les initiales, le signe de la personne ou de la société qui l'utilisent ; empreinte laissée par ce sceau : *Le cachet du bijoutier qui scellait le paquet est intact.* - **3.** Marque distinctive, aspect particulier qui retient l'attention : *Cette maison a du cachet* (syn. originalité). - **4.** Médicament en poudre contenu dans une enveloppe assimilable par l'organisme (s'emploie abusivement pour *pilule, comprimé*) : *Cachet d'aspirine.* - **5.** Rétribution perçue pour une collaboration à un spectacle, une émission : *Toucher un cachet.* - **6.** Lettre de cachet, lettre fermée d'un cachet du roi, donnant ordre d'emprisonner qqn.

cachetage [kaʃtaʒ] n.m. Action de cacheter ; son résultat : *Le cachetage du paquet est intact.*

cacheter [kaʃte] v.t. (de *cachet*) [conj. 27]. - **1.** Fermer une enveloppe en la collant (contr. décacheter). - **2.** Sceller avec de la cire, marquée ou non d'un cachet. - **3.** Vin cacheté, vin en bouteille dont le bouchon est recouvert de cire ; vin fin.

cachette [kaʃɛt] n.f. - **1.** Lieu propre à cacher ou à se cacher : *La police a découvert la cachette des bandits* (syn. cache). - **2.** En cachette, en secret, à la dérobée : *On l'a trouvé lisant un illustré en cachette* (contr. ouvertement). *Agir en cachette de ses parents* (= à leur insu).

cachexie [kaʃɛksi] n.f. (gr. *kakhexia*, de *kakos* "mauvais" et *hexis* "constitution"). État d'affaiblissement, d'amaigrissement extrême du corps, constituant la phase terminale de certaines maladies ou infections chroniques.

cachot [kaʃo] n.m. (de *cacher*). Cellule où un prisonnier est mis à l'isolement : *Mettre, envoyer qqn au cachot.*

cachotterie [kaʃɔtʀi] n.f. (de *cacher*). FAM. (Souvent au pl.). Secret de peu d'importance : *Faire des cachotteries* (syn. mystère).

cachottier, ère [kaʃɔtje, -ɛʀ] adj. et n. FAM. Qui aime à faire des cachotteries : *Quelle cachottière, elle n'a rien dit !*

cachou [kaʃu] n.m. (port. *cacho*, tamoul *kāśu*) [pl. *cachous*]. Substance astringente extraite de la noix d'arec ; pastille aromatique parfumée avec cette substance.

cacique [kasik] n.m. (mot esp., d'une langue amérindienne). - **1.** Notable local, en Espagne et en Amérique espagnole. - **2.** Chef de certaines tribus indiennes d'Amérique. - **3.** ARG. SCOL. Premier à un concours, en particulier à celui de l'École normale supérieure.

cacochyme [kakɔʃim] adj. et n. (gr. *kakokhumos*, de *kakos* "mauvais" et *khumos* "humeur"). LITT. (Souvent par plais.). Faible, en mauvaise santé, en partic. en parlant d'un vieillard.

cacophonie [kakɔfɔni] n.f. (gr. *kakophônia*, de *kakos* "mauvais" et *phônê* "voix"). Ensemble de sons, de bruits discordants, peu harmonieux : *Ils jouent tous faux, quelle cacophonie !* (syn. tintamarre, vacarme).

cacophonique [kakɔfɔnik] adj. Qui tient de la cacophonie : *Des clameurs cacophoniques.*

cactacée [kaktase] et **cactée** [kakte] n.f. (de *cactus*). Plante grasse dicotylédone originaire du Mexique, adaptée à la sécheresse par ses tiges charnues, ses aiguillons et son type particulier d'assimilation chlorophyllienne. □ Les cactacées, ou cactées, forment une famille comprenant notamm. le figuier d'Inde et le cierge.

cactus [kaktys] n.m. (gr. *kaktos* "artichaut épineux"). Plante de la famille des cactacées ; plante grasse épineuse.

cadastral, e, aux [kadastʀal, -o] adj. Du cadastre : *Plan cadastral.*

cadastre [kadastʀ] n.m. (mot prov., gr. *katastichon* "registre"). - **1.** Ensemble des documents sur lesquels sont enregistrés le découpage d'un territoire en propriétés et en cultures ainsi que le nom des propriétaires des parcelles. - **2.** Administration qui a la charge d'établir et de conserver ces documents.

cadastrer [kadastʀe] v.t. Soumettre à l'établissement du cadastre : *Cadastrer une commune.*

cadavéreux, euse [kadaveʀø, -øz] adj. Qui rappelle un cadavre : *Teint cadavéreux* (syn. cadavérique, livide).

cadavérique [kadaveʀik] adj. - **1.** Propre à un cadavre : *La rigidité cadavérique* (= le durcissement des muscles après la mort). - **2.** Qui rappelle un cadavre : *Elle est d'une pâleur cadavérique* (syn. cadavéreux, livide).

cadavre [kadavʀ] n.m. (lat. *cadaver*). - **1.** Corps d'un être humain ou d'un animal morts : *Le cadavre a été découvert plusieurs jours après le crime* (syn. corps). - **2.** FAM. Bouteille dont on a bu le contenu. - **3.** FAM. **Cadavre ambulant**, personne pâle et très maigre. - **4.** LITTÉR. **Cadavre exquis**, jeu collectif consistant à composer des phrases à partir de mots que chacun écrit à son tour en ignorant ce qu'a écrit le joueur précédent : « *Le cadavre exquis a bu le vin nouveau* » *est une des premières phrases créées par les surréalistes, qui pratiquèrent beaucoup ce jeu.*

1. **Caddie** [kadi] n.m. (nom déposé). Petit chariot utilisé en libre-service par les clients d'un magasin, les voyageurs d'une gare ou d'un aéroport.

2. **caddie** ou **caddy** [kadi] n.m. (mot angl., du fr. *cadet*). Celui qui porte les clubs d'un joueur de golf.

cade [kad] n.m. (mot prov., d'orig. obsc.). - **1.** Genévrier du Midi. - **2.** Huile de cade, goudron obtenu par distillation du bois de cet arbuste, utilisé en dermatologie.

cadeau [kado] n.m. (prov. *capdel* "capitaine" puis, probabl., "lettre capitale ornementale", du lat. *caput, -itis* "tête"). - **1.** Chose qu'on offre à qqn pour lui faire plaisir : *Offrir un cadeau à qqn pour son anniversaire* (syn. présent). - **2.** FAM. Ne pas faire de cadeau à qqn, n'accepter aucune erreur de sa part ; ne pas le ménager.

cadenas [kadna] n.m. (prov. *cadenat*, lat. *catenatus* "enchaîné", de *catena* "chaîne"). Petite serrure mobile, munie d'un arceau métallique destiné à passer dans des pitons fermés ou dans les maillons d'une chaîne.

cadenasser [kadnase] v.t. Fermer avec un cadenas : *Cadenasser une porte, une malle.*

cadence [kadãs] n.f. (it. *cadenza*, du lat. *cadere* "tomber" et "se terminer [en parlant d'un mot]"). - **1.** Rythme régulier et mesuré d'une succession de sons, de mouvements, d'actions, créant souvent un effet de répétition : *Les danseurs suivent la cadence de la musique* (syn. mouvement, rythme). *La troupe marche en cadence.* - **2.** Rythme d'exécution d'une tâche : *Cadences de travail d'un atelier.* - **3.** MUS. Enchaînement d'accords lors de la suspension ou de la conclusion d'une phrase musicale. - **4.** Rythme produit par l'arrangement des mots, la disposition des accents et des pauses, en prose et surtout en poésie : *La cadence d'un vers.* - **5.** Cadence de tir d'une arme, nombre de coups qu'elle peut tirer en une minute.

cadencer [kadãse] v.t. (de *cadence*) [conj. 16]. - **1.** Donner un rythme régulier à : *Cadencer ses phrases* (syn. rythmer). - **2.** Pas cadencé, dont le rythme est régulier et marqué : *Les troupes ont défilé au pas cadencé.*

cadet, ette [kadɛ, -ɛt] n. et adj. (gascon *capdet*, correspondant au prov. *capdel* ; v. *cadeau*). - **1.** Enfant qui vient après l'aîné ou qui est plus jeune qu'un ou plusieurs enfants de la même famille : *Frères cadets* (contr. aîné). - **2.** Personne moins âgée et sans relation de parenté : *Cet ami était mon cadet d'un an* (= il avait un an de moins que moi). - **3.** Jeune sportif, jeune sportive âgés de treize à seize ans. - **4.** FAM. C'est le cadet de mes soucis, c'est ce qui me préoccupe le moins : *Ce*

qu'elle en pense, c'est le cadet de mes soucis. ◆ adj. Branche cadette, lignée, famille issue du cadet des enfants. ◆ **cadet** n.m. - **1.** ANC. Jeune gentilhomme destiné à la carrière militaire. - **2.** Élève officier : *Les cadets de Saumur.*

cadi [kadi] n.m. (ar. *qāḍī*). Juge musulman dont la compétence s'étend aux questions en rapport avec la religion.

cadmie [kadmi] n.f. (lat. *cadmea* "calamine", oxyde de zinc", du gr.). Mélange de suie et d'oxydes métalliques qui s'accumule dans le gueulard des hauts-fourneaux.

cadmium [kadmjɔm] n.m. (de *cadmie*). Métal mou, blanc bleuâtre, fusible à 320 °C, utilisé pour protéger l'acier, employé en alliages (plomb, étain, zinc) et sous forme de sels, qui fournissent notamm. divers pigments pour la peinture fine. □ Symb. Cd ; densité 8,6.

cadrage [kadʀaʒ] n.m. - **1.** Mise en place du sujet par rapport au cadre du viseur d'un appareil photographique ou cinématographique. - **2.** Détermination des dimensions et de l'échelle de reproduction d'un document sur une épreuve d'imprimerie, de photocomposition.

cadran [kadʀã] n.m. (lat. *quadrans* "quart"). - **1.** Surface portant les divisions d'une grandeur (temps, pression, vitesse, etc.) et devant laquelle se déplace une aiguille qui indique la valeur de cette grandeur : *Cadran d'une montre, d'un baromètre.* - **2.** Dispositif manuel d'appel d'un téléphone : *Composer un numéro sur le cadran.* - **3.** FAM. Faire le tour du cadran, dormir pendant douze heures d'affilée. - **4.** Cadran solaire. Surface portant des divisions correspondant aux heures du jour et qui, d'après la projection de l'ombre d'une tige plantée en son milieu et éclairée par le Soleil, indique l'heure.

1. **cadre** [kadʀ] n.m. (it. *quadro* "carré", lat. *quadrum*). - **1.** Bordure en bois, en métal, etc., d'une glace, d'un tableau, etc. : *Le cadre met en valeur cette aquarelle* (syn. encadrement). - **2.** Assemblage de pièces rigides constituant l'armature de certains objets : *Un écran de toile monté sur un cadre de bois* (syn. bâti, châssis). *Le cadre d'une bicyclette. Le cadre d'une porte* (syn. chambranle). - **3.** Ce qui borne, limite l'action de qqn, de qqch ; ce qui circonscrit un sujet : *Respecter le cadre de la légalité. Sans sortir du cadre de mon exposé* (syn. champ, domaine). - **4.** Ce qui entoure un objet, un lieu, une personne : *Un cadre plaisant* (syn. décor). *J'ai passé ma jeunesse dans un cadre austère* (syn. entourage, milieu). - **5.** Caisse de grandes dimensions, à toit ouvrant ou à portes, pour le transport des marchandises par chemin de fer (syn. container, conteneur).

- **6.** Châssis de bois placé dans une ruche afin que les abeilles établissent leurs rayons. - **7.** Dans le cadre de qqch, dans les limites de, dans les dispositions générales de : *Un accord conclu dans le cadre d'un plan économique.*

2. **cadre** [kadʀ] n.m. (de *1. cadre*). - **1.** Salarié, salariée exerçant génér. une fonction de direction, de conception ou de contrôle dans une entreprise et bénéficiant d'un statut particulier : *Cadre moyen, supérieur. Les cadres* (= le personnel d'encadrement). - **2.** Chacune des catégories de personnel de la fonction publique, définie par son statut. - **3.** MIL. Cadre de réserve, catégorie d'officiers généraux qui, cessant d'être pourvus d'un emploi, restent à la disposition du ministre. - **4.** Cadre noir. Corps des officiers et sous-officiers militaires chargé de l'enseignement de l'équitation, notamm. à Saumur.

cadrer [kadʀe] v.i. [avec] (lat. *quadrare*, de *quadrum* "carré"). Être en rapport avec, s'accorder avec : *Ce résultat ne cadre pas avec nos calculs* (syn. concorder, correspondre à). ◆ v.t. PHOT., CIN., TÉLÉV. Effectuer un cadrage : *Photo mal cadrée.*

cadreur, euse [kadʀœʀ, -øz] n. (de *cadrer*). CIN., TÉLÉV. Technicien chargé du maniement d'une caméra et de la détermination du champ de prise de vues pour composer l'image, sous les ordres du responsable de la photographie ou du réalisateur (syn. cameraman [anglic. déconseillé]).

caduc, caduque [kadyk] adj. (lat. *caducus*, de *cadere* "tomber"). - **1.** BOT. Qui tombe chaque année : *Le hêtre est un arbre à feuilles caduques* (contr. persistant). - **2.** Qui n'a plus cours, qui n'est plus en usage : *Cette théorie scientifique est caduque* (syn. abandonné).

caducée [kadyse] n.m. (lat. *caduceus*, n. de l'attribut de Mercure, des hérauts). - **1.** Principal attribut d'Hermès, formé d'une baguette de laurier ou d'olivier surmontée de deux ailes et entourée de deux serpents entrelacés. - **2.** Emblème du corps médical, composé d'un faisceau de baguettes autour duquel s'enroule le serpent d'Épidaure et que surmonte le miroir de la Prudence.

caducifolié, e [kadysifɔlje] adj. (du lat. *caducus* "qui tombe" et *foliatus* "garni de feuilles"). BOT. Qui perd ses feuilles en hiver, ou à la saison sèche sous les tropiques.

caducité [kadysite] n.f. (de *caduc*). DR. État d'un acte juridique qu'un fait postérieur rend inefficace : *La caducité d'une donation, d'un legs.*

cæcal, e, aux [sekal, -o] adj. Du cæcum : *L'appendice cæcal.*

cæcum [sekɔm] n.m. (du lat. *caecus* "aveugle"). Cul-de-sac formé par la partie initiale du gros intestin et portant l'appendice vermiculaire.

1. **cafard, e** [kafaʀ, -aʀd] n. et adj. (ar. *kâfir* "renégat"). - **1.** LITT. Personne hypocrite, spécial. qui affecte la dévotion : *Les cafards se dirent choqués* (syn. tartufe). - **2.** FAM., VIEILLI. Personne qui dénonce : *À cause de ce cafard nous avons été punis* (syn. rapporteur). **Rem.** Rare au fém.

2. **cafard** [kafaʀ] n.m. (de *1. cafard*). - **1.** Nom courant de la *blatte* (syn. cancrelat). - **2.** FAM. Découragement, idées noires : *Avoir le cafard* (= être mélancolique, triste).

cafarder [kafaʀde] v.i. et v.t. (de *cafard*). FAM. Faire le délateur : *Ne lui dites rien, il nous a déjà cafardés* (syn. dénoncer). ◆ v.i. Avoir le cafard : *Dès que l'hiver arrive, elle commence à cafarder.*

cafardeux, euse [kafaʀdø, -øz] adj. Qui exprime ou qui cause du cafard, de la mélancolie : *Je suis cafardeuse à l'idée de repartir* (syn. triste, déprimé). *Quel temps cafardeux !* (syn. lugubre, maussade, morne).

café [kafe] n.m. (it. *caffè*, ar. *qahwa*). - **1.** Graine du caféier, contenant un alcaloïde et un principe aromatique. - **2.** Denrée constituée par les graines torréfiées du caféier : *Un paquet de café.* - **3.** Boisson obtenue à partir de cette denrée : *Café au lait. Café turc.* - **4.** Établissement où l'on sert des boissons, de la restauration légère, etc. : *Allons prendre l'apéritif au café du coin* (syn. bar). - **5.** FAM. C'est un peu fort de café, c'est incroyable ; c'est inadmissible. ◆ adj. inv. Brun presque noir : *Écharpes café.*

café-concert [kafekɔ̃sɛʀ] n.m. (pl. *cafés-concerts*). Théâtre où l'on pouvait boire et fumer en assistant à des numéros de music-hall, jusqu'en 1914 env. (abrév. fam. : *caf' conc'*).

caféier [kafeje] n.m. Arbrisseau qui produit le café. □ Haut. 3 m env. dans les plantations, jusqu'à 10 m dans la nature ; famille des rubiacées.

caféine [kafein] n.f. Alcaloïde du café, présent aussi dans le thé et le kola, utilisé comme tonique.

cafetan ou **caftan** [kaftɑ̃] n.m. (ar. *qaftân*). Robe d'apparat, longue, avec ou sans manches, souvent richement brodée, portée dans les pays musulmans.

cafétéria [kafeterja] n.f. (mot esp. "magasin de café"). Établissement génér. implanté dans un lieu de passage (centre commercial ou administratif, etc.), où l'on sert des boissons, des repas légers.

café-théâtre [kafeteatʀ] n.m. (pl. *cafés-théâtres*). Café, petite salle où se donnent des pièces courtes, des spectacles souvent en marge des circuits traditionnels.

cafetier [kaftje] n.m. VIEILLI. Patron d'un café (syn. cabaretier).

cafetière [kaftjɛʀ] n.f. Récipient ou appareil ménager pour préparer le café : *Une cafetière électrique.*

cafouillage [kafujaʒ] et **cafouillis** [kafuji] n.m. (de *cafouiller*). FAM. Fonctionnement défectueux, déroulement confus de qqch : *Il y a eu un certain cafouillage pendant la réunion* (syn. confusion, désordre).

cafouiller [kafuje] v.i. (mot picard, de *ca-*, préf. péjor., et *fouiller*). FAM. - **1.** Mal fonctionner : *Le moteur cafouille quand il fait froid.* - **2.** Agir d'une manière désordonnée, inefficace et confuse : *Il a dû cafouiller dans ses calculs* (syn. s'embrouiller, s'empêtrer).

caftan n.m. → **cafetan.**

cage [kaʒ] n.f. (lat. *cavea*). - **1.** Espace clos par des barreaux ou du grillage pour enfermer des oiseaux, des animaux, etc. : *La cage aux lions.* - **2.** Cage d'escalier, d'ascenseur, espace ménagé à l'intérieur d'un bâtiment pour recevoir un escalier, un ascenseur ; l'ascenseur lui-même. ‖ Cage thoracique, partie du squelette thoracique (vertèbres dorsales, côtes et sternum) enserrant le cœur et les poumons. - **3.** PHYS. Cage de Faraday. Dispositif à paroi conductrice, permettant d'isoler électriquement les corps placés à l'intérieur.

cageot [kaʒo] n.m. et **cagette** [kaʒɛt] n.f. (de *cage*). Emballage léger, à claire-voie, fait de lattes de bois et destiné au transport de fruits, de légumes, de volailles.

cagibi [kaʒibi] n.m. (mot de l'Ouest, de *cabas* "meubles à jeter"). FAM. Pièce servant de remise ou de débarras : *Cagibi aménagé sous l'escalier* (syn. débarras, réduit).

cagneux, euse [kaɲø, -øz] adj. et n. (de l'anc. fr. *cagne* "chienne"). - **1.** Qui a les jambes rapprochées à la hauteur des genoux et écartées près des pieds ; tordu, en parlant des jambes, des genoux. - **2.** ZOOL. Dont les pieds sont tournés en dedans, en parlant notamm. du cheval.

cagnotte [kaɲɔt] n.f. (prov. *cagnoto* "petite cuve", probabl. de *cagne* "chien"). - **1.** Caisse commune des membres d'une association, d'un groupe ; somme recueillie dans cette caisse : *Mettre de l'argent dans la cagnotte. La cagnotte commence à être rondelette.* - **2.** Dans certains jeux de hasard, somme d'argent qui s'accumule au fil des tirages et que qqn peut gagner dans sa totalité : *Cagnotte de trois millions de francs pour le tirage de Noël.*

cagot, e [kago, -ɔt] n. et adj. (mot béarnais "lépreux", d'orig. obsc.). LITT. Faux dévot ; qui affecte une dévotion outrée et hypocrite (syn. bigot, tartufe).

cagoule [kagul] n.f. (lat. *cucullus* "capuchon"). - **1.** Passe-montagne en laine encadrant de très près le visage et se prolongeant autour du cou, porté surtout par les enfants. - **2.** Capuchon percé à l'endroit des yeux : *Les membres du Ku Klux Klan portent des cagoules.* - **3.** Manteau de moine, sans manches, surmonté d'un capuchon.

cahier [kaje] n.m. (du lat. *quaterni* "quatre à quatre"). - **1.** Assemblage de feuilles de papier cousues ou attachées ensemble, pour écrire, dessiner, etc. : *Cahier d'écolier. Cahier de dessins.* - **2.** IMPR. Grande feuille imprimée, pliée, découpée au format et assemblée, constituant une partie d'un livre, d'un magazine, etc. : *Cahier de 16, 24, 32 pages.* - **3.** Cahier des charges. Document qui établit les obligations réciproques d'un fournisseur et d'un client, notamm. en ce qui concerne les caractéristiques techniques du produit, du projet à fournir. ◆ **cahiers** n.m. pl. HIST. Cahiers de doléances, documents dans lesquels les assemblées qui préparaient les états généraux consignaient les réclamations et les vœux que leurs représentants devaient faire valoir.

cahin-caha [kaɛ̃kaa] adv. (onomat.). FAM. Tant bien que mal : *L'affaire se poursuit cahin-caha* (syn. péniblement).

cahot [kao] n.m. (de *cahoter*). Rebond, soubresaut que fait un véhicule sur une route inégale : *Les cahots de l'autobus nous jetaient les uns contre les autres* (syn. secousse).

cahotant, e [kaɔtɑ̃, -ɑ̃t] adj. - **1.** Qui cahote : *Une guimbarde cahotante.* - **2.** Irrégulier : *Écriture cahotante.*

cahotement [kaɔtmɑ̃] n.m. Fait de cahoter, d'être cahoté : *Les cahotements de la voiture me gênent* (syn. secousse).

cahoter [kaɔte] v.t. (orig. obsc.). Secouer par des cahots : *Le tramway cahote les voyageurs* (syn. ballotter, secouer). ◆ v.i. Être secoué, ballotté : *Voiture qui cahote dans les ornières* (syn. bringuebaler).

cahoteux, euse [kaɔtø, -øz] adj. Qui provoque des cahots : *Chemin cahoteux* (syn. inégal, raboteux).

cahute [kayt] n.f. (de *hutte*, par croisement avec *cabane* ou adjonction du préf. péjor. *ca-*). Petite habitation misérable : *Loger dans une cahute insalubre* (syn. baraque, bicoque).

caïd [kaid] n.m. (ar. *qā'id*). - **1.** Autref. chef militaire, dans les pays arabes. - **2.** FAM. Chef ; chef de bande : *Arrestation d'un caïd de la drogue.*

caillasse [kajas] n.f. (de *caillou*). - **1.** FAM. Cailloux, pierraille. - **2.** Pierre dure, d'un gris blanchâtre, pour la construction des murs et l'empierrement.

caille [kaj] n.f. (bas lat. *quaccula*, d'orig. onomat.). Oiseau voisin de la perdrix, migrateur, habitant les champs et les prairies des plaines. □ Famille des phasianidés ; long. 18 cm env. ; la caille margote ou carcaille.

caillé [kaje] n.m. - **1.** Lait caillé. - **2.** Partie du lait obtenue par coagulation et servant à fabriquer le fromage.

caillebotis [kajbɔti] n.m. (de *caillebotter* "cailler", de *cailler* et *botter* "s'agglomérer"). Treillis de bois, de métal, etc., servant de plancher amovible dans les endroits humides ou boueux, ou employé comme grille d'aération.

cailler [kaje] v.t. (lat. *coagulare*). Transformer en une masse consistante : *La présure caille le lait.* ◆ v.i. ou se cailler v.pr. - **1.** Se transformer en caillots : *Le sang caille, se caille.* - **2.** FAM. Avoir froid : *On caille, on se caille ici* (syn. geler, se geler). - **3.** FAM. (En usage impers.). *Ça caille, il fait froid.*

caillette [kajɛt] n.f. (dimin. de l'anc. fr. *cail*, lat. *coagulum* "présure"). Dernière poche de l'estomac des ruminants, qui sécrète le suc gastrique.

caillot [kajo] n.m. (de *cailler*). Masse semisolide provenant d'une substance coagulée : *Un caillot de sang.*

caillou [kaju] n.m. (gaul. *calvajo*) [pl. *cailloux*]. - **1.** Fragment de pierre de petite dimension : *Trébucher sur les cailloux du chemin* (syn. pierre). - **2.** FAM. N'avoir plus un poil sur le caillou, n'avoir plus un cheveu sur le crâne.

caillouter [kajute] v.t. Garnir de cailloux : *Caillouter un chemin, une voie ferrée* (syn. empierrer).

caillouteux, euse [kajutø, -øz] adj. Plein de cailloux : *Terrain caillouteux difficile à cultiver.*

caïman [kaimɑ̃] n.m. (esp. *caimán*, du caraïbe). Crocodile de l'Amérique centrale et méridionale à museau court et large, et dont le cuir est recherché en maroquinerie. □ Long. de la plus grande espèce : 6 m.

cairn [kɛʀn] n.m. (mot irland.). - **1.** Tumulus de terre et de pierres recouvrant les sépultures mégalithiques. - **2.** Monticule de pierres édifié par des explorateurs, des alpinistes pour marquer un repère, indiquer un passage.

caisse [kɛs] n.f. (prov. *caissa*, lat. *capsa* "boîte"). - **1.** Coffre génér. de bois servant à divers usages, notamm. à l'emballage et au transport des marchandises : *Caisse d'oranges. Caisse à outils.* - **2.** Boîte qui renferme un mécanisme ou protège un ensemble délicat : *Caisse d'un piano.* - **3.** Carrosserie d'un véhicule : *La caisse de ma voiture est rouillée.* - **4.** ARG. Automobile : *Sa caisse ne tire plus très bien* (syn. voiture). - **5.** MUS. Cylindre de certains instruments à percussion ; l'instrument lui-

même : *La caisse d'un tambour. Jouer de la grosse caisse.* - **6.** Meuble, coffre, tiroir, etc., où un commerçant range sa recette ; la recette elle-même : *Caisse enregistreuse. L'employé puisait dans la caisse* (= il prenait de l'argent qui y était gardé). - **7.** Comptoir d'un magasin où sont payés les achats : *Allez régler à la caisse et revenez chercher votre paquet.* - **8.** Guichet d'une administration où se font les paiements ; les fonds qui y sont déposés : *Présentez-vous à la caisse pour toucher ce chèque.* - **9.** Organisme financier ou administratif qui reçoit des fonds en dépôt pour les administrer : *Caisse des dépôts et consignations. Caisse d'épargne.* - **10.** Organisme de gestion d'un régime de sécurité sociale, de retraite, etc. : *Caisses de sécurité sociale, de mutualité agricole.* - **11.** Livre de caisse, registre où sont inscrits les mouvements de fonds d'un établissement commercial ou bancaire.

caissette [kesɛt] n.f. Petite caisse.

caissier, ère [kesje, -ɛʀ] n. Personne qui tient la caisse d'un établissement commercial.

caisson [kesɔ̃] n.m. (de *caisse*). - **1.** TR. PUBL. Enceinte étanche permettant de travailler au-dessous du niveau de l'eau. - **2.** MAR. Compartiment étanche d'un navire faisant partie de la coque et assurant sa flottabilité. - **3.** ARCHIT. Compartiment creux d'un plafond, orné de moulures, de peintures : *Les magnifiques caissons du château de Blois.* - **4.** FAM. Se faire sauter le caisson, se tuer d'une balle dans la tête. - **5.** Maladie des caissons. Affection qui touche les personnes soumises à des compressions et à des décompressions trop rapides et qui est due à la libération d'azote gazeux dans le sang.

cajoler [kaʒole] v.t. (orig. incert., p.-ê. du moyen fr. *gayoler* "caqueter" [du rad. de *geôle*], sous l'infl. de *cage*). Entourer qqn d'attentions affectueuses, de paroles tendres pour lui témoigner son affection ou le séduire : *Une mère qui cajole son bébé* (syn. câliner, caresser). *L'enfant cajolait son grandpère pour qu'il l'emmène au cinéma* (syn. enjôler).

cajolerie [kaʒolʀi] n.f. (de *cajoler*). Parole, manières caressantes : *Faire mille cajoleries* (syn. flatterie).

cajoleur, euse [kaʒolœʀ, -øz] adj. et n. Qui cajole : *Un enfant cajoleur* (syn. caressant, tendre). *Ne t'y fie pas, c'est une cajoleuse* (syn. enjôleur).

cajou [kaʒu] n.m. (tupi-guarani *cajú*) [pl. *cajous*]. Noix de cajou, nom usuel de l'anacarde.

cajun [kaʒœ̃] adj. et n. inv. en genre (déformation de *acadien*). Se dit des francophones de Louisiane, de leur parler, de leur culture, etc. : *Le parler cajun. La cuisine cajun.*

cake [kɛk] n.m. (mot angl.). Gâteau constitué d'une pâte aux œufs levée, dans laquelle on incorpore des fruits confits et des raisins secs imbibés de rhum.

cal [kal] n.m. (lat. *callum*) [pl. *cals*]. - **1.** Durillon qui se forme sur la peau à l'endroit d'un frottement. - **2.** Cicatrice d'un os fracturé.

calage [kalaʒ] n.m. - **1.** Action de caler qqch : *Procéder au calage d'une armoire.* - **2.** IMPR. Placement de la forme d'impression sur la machine à imprimer.

calamar n.m. → **calmar**.

calamine [kalamin] n.f. (lat. médiév. *calamina,* déformation du class. *cadmea*). - **1.** Résidu de la combustion d'un carburant qui encrasse les cylindres d'un moteur à explosion. - **2.** Oxyde qui apparaît à la surface d'une pièce métallique fortement chauffée.

se calaminer [kalamine] v.pr. Se couvrir de calamine.

calamistré, e [kalamistre] adj. (lat. *calamistratus* "frisé", de *calamus* "roseau"). Cheveux calamistrés, frisés, ondulés au fer ; recouverts de brillantine, gominés.

calamité [kalamite] n.f. (lat. *calamitas*). Malheur public qui frappe une multitude de gens : *La guerre et son cortège de calamités* (syn. catastrophe, épreuve). *La famine est une calamité* (syn. fléau).

calamiteux, euse [kalamitø, -øz] adj. LITT. - **1.** Qui abonde en calamités ; qui a le caractère d'une calamité : *L'époque calamiteuse de l'Occupation* (syn. désastreux, funeste). - **2.** Qui semble frappé par une calamité : *Un vieillard calamiteux* (syn. pitoyable, misérable).

calandre [kalɑ̃dr] n.f. (bas lat. *calendra,* gr. *kulindros* "cylindre"). - **1.** TECHN. Machine à cylindres pour lisser, lustrer ou glacer les étoffes, le papier, etc. - **2.** Garniture, le plus souvent en matière plastique ou en métal, placée devant le radiateur d'une automobile.

calanque [kalɑ̃k] n.f. (prov. *calanco*). Crique étroite et profonde, aux parois rocheuses escarpées, en Méditerranée.

calao [kalao] n.m. (mot malais). Oiseau d'Asie, d'Insulinde et d'Afrique, caractérisé par un énorme bec surmonté d'un casque. □ Ordre des coraciadiformes.

calcaire [kalkɛr] adj. (lat. *calcarius,* de *calx, calcis* "chaux"). - **1.** Qui contient du carbonate de calcium : *Roche, terrain calcaires.* - **2.** Relief calcaire → relief karstique. ◆ n.m. Roche sédimentaire formée princ. de carbonate de calcium.

calcédoine [kalsedwan] n.f. (de *Chalcédoine,* v. de Bithynie). Silice translucide cristallisée, très utilisée en joaillerie dans l'Antiquité pour les bijoux et les cachets. □ La calcédoine rouge-orangé est la *cornaline,* la brune la *sardoine,* la verte la *chrysoprase,* la noire l'*onyx.*

calcémie [kalsemi] n.f. (de *calc[ium]* et *-émie*). MÉD. Taux de calcium contenu dans le sang. □ Ce taux est normalement de 0,100 g par litre.

calcéolaire [kalseɔlɛr] n.f. (lat. *calceolus* "petit soulier", de *calx, calcis* "talon"). Plante ornementale, originaire de l'Amérique du Sud et dont les fleurs globuleuses ressemblent à des sabots. □ Famille des scrofulariacées.

calcification [kalsifikasjɔ̃] n.f. (de *calcifié*). Apport et fixation de sels de calcium dans les tissus organiques.

calcifié, e [kalsifje] adj. (de *calci[um]* et *-fier*). Converti en sels de calcium insolubles.

calcination [kalsinasjɔ̃] n.f. Action de calciner ; fait de se calciner : *La chaux s'obtient par calcination du calcaire.*

calciner [kalsine] v.t. (du lat. *calx, calcis* "chaux"). - **1.** Transformer des pierres calcaires en chaux par chauffage intense. - **2.** Détruire par le feu : *L'incendie a calciné toute la maison.* - **3.** Dessécher, brûler une viande en la soumettant à une température trop élevée : *Un rôti calciné* (syn. carboniser).

calcique [kalsik] adj. Qui renferme du calcium : *Les amendements calciques sont utilisés pour corriger l'acidité des sols.*

calcite [kalsit] n.f. Carbonate naturel de calcium cristallisé, qui constitue la gangue de nombreux filons. □ Formule : $CaCO_3$.

calcium [kalsjɔm] n.m. (du lat. *calx, calcis* "chaux"). Métal blanc, mou, fusible à 810 °C, qui décompose par électrolyse de son chlorure et qui décompose l'eau à la température ordinaire. □ Symb. Ca ; densité 1,54.

1. calcul [kalkyl] n.m. (de *calculer*). - **1.** Mise en œuvre des règles élémentaires d'opérations (addition, soustraction, multiplication, division) sur les nombres : *Calcul juste, faux.* - **2.** Technique de la résolution des problèmes d'arithmétique élémentaire : *Être bon en calcul.* - **3.** Mise en œuvre de règles opératoires, quelle qu'en soit la nature : *Calcul différentiel, intégral, vectoriel.* - **4.** Action de calculer, d'évaluer la probabilité que qqch survienne ou réussisse : *Faire un bon, un mauvais calcul* (syn. estimation, supputation). *Mon calcul était juste* (syn. prévision). - **5.** Ensemble de mesures habilement combinées pour obtenir un résultat : *Un calcul sournois* (syn. dessein, manigance). *Agir par calcul* (syn. intérêt). - **6.** Calcul mental, opérations effectuées de tête, sans recours à l'écriture.

2. calcul [kalkyl] n.m. (lat. *calculus* "caillou"). MÉD. Concrétion pierreuse qui se forme dans les cavités des reins, la vessie, la vésicule biliaire, etc.

calculable [kalkylabl] adj. Qui peut être calculé.

1. calculateur, trice [kalkylatœr, -tris] adj. et n. - **1.** Qui effectue des calculs, qui sait calculer : *Un bon calculateur*. - **2.** Qui cherche à prévoir ; qui agit par calcul (péjor.) : *Une femme rusée et calculatrice.*

2. calculateur [kalkylatœr] n.m. Machine de traitement de l'information susceptible d'effectuer automatiquement des opérations numériques, logiques ou analogiques.

calculatrice [kalkylatris] n.f. Machine qui effectue des opérations numériques.

calculer [kalkyle] v.t. (bas lat. *calculare*, du class. *calculus* "caillou [servant à compter]"). - **1.** Déterminer par le calcul : *Calculer une distance. Calculer les dépenses de la semaine* (syn. chiffrer, compter). - **2.** Évaluer, déterminer par la pensée, le raisonnement, en fonction de certains facteurs : *Calculer ses chances de succès* (syn. estimer, peser, supputer). - **3.** Combiner en vue d'un but déterminé ; préparer habilement : *Acteur qui calcule ses effets.* ◆ v.i. - **1.** Faire des calculs : *Elle calcule très vite.* - **2.** Dépenser avec mesure ou parcimonie : *Ce n'est pas la gêne, mais il faut calculer* (syn. compter). - **3.** *Machine à calculer,* machine servant à faire automatiquement certains calculs.

calculette [kalkylɛt] n.f. Calculatrice électronique de poche.

caldoche [kaldɔʃ] n. et adj. (orig. incert., p.-ê. de *Calédonie*). Personne blanche établie en Nouvelle-Calédonie.

1. cale [kal] n.f. (all. *Keil*). Objet que l'on place sous ou contre un autre pour mettre celui-ci d'aplomb ou l'immobiliser : *Glisser un bout de papier plié comme cale sous le pied d'une table. Mets une cale derrière la roue de la voiture.*

2. cale [kal] n.f. (de *2. caler*). - **1.** Partie interne d'un navire, destinée à recevoir la cargaison : *Arrimer des caisses dans la cale.* - **2.** FAM. *Être à fond de cale,* sans argent, dénué de toutes ressources. - **3.** *Cale sèche.* Bassin que l'on peut mettre à sec pour y réparer un navire.

calé, e [kale] adj. (p. passé de *1. caler*). FAM. - **1.** Qui connaît beaucoup de choses : *Il est calé en histoire* (syn. fort, savant). - **2.** Difficile à comprendre ou à réaliser : *Un problème calé* (syn. ardu, compliqué, dur). - **3.** Rassasié : *Je ne pourrais plus rien avaler, je suis calé.*

calebasse [kalbas] n.f. (esp. *calabaza* "courge, citrouille"). Fruit de diverses courges (et, spécial., du *calebassier*) qui, vidé ou séché, sert de récipient.

calèche [kalɛʃ] n.f. (all. *Kalesche*). Anc. voiture hippomobile découverte, suspendue, à quatre roues, munie d'une capote à soufflet.

caleçon [kalsɔ̃] n.m. (it. *calzoni,* de *calza* "chausses"). - **1.** Sous-vêtement masculin : *Un caleçon long, court.* - **2.** Pantalon féminin très collant, génér. en maille.

calembour [kalɑ̃bur] n.m. (orig. obsc.). Jeu de mots fondé sur la différence de sens entre des mots qui se prononcent de la même façon : « *Une personnalité n'est pas forcément une personne alitée* » est un calembour.

calembredaine [kalɑ̃brədɛn] n.f. (orig. obsc.). Propos extravagant : *Elle ne sait que débiter des calembredaines* (syn. balivernes, fadaises, sornettes).

calendes [kalɑ̃d] n.f. pl. (lat. *calendae*). - **1.** Premier jour du mois chez les Romains. - **2.** *Renvoyer qqch aux calendes grecques,* remettre qqch à une date qui n'arrivera jamais, les mois grecs n'ayant pas de calendes.

calendrier [kalɑ̃drije] n.m. (lat. *calendarium* "registre de comptes", de *calendae* "calendes"). - **1.** Système de division du temps fondé sur les principaux phénomènes astronomiques, comme la révolution de la Terre autour du Soleil ou de la Lune autour de la Terre. - **2.** Tableau des jours de l'année, disposés en semaines et en mois, indiquant éventuellement la commémoration des saints, les fêtes liturgiques ou laïques, etc. - **3.** Programme des activités prévues, emploi du temps : *Calendrier des examens.* - **4.** *Calendrier républicain,* institué par la Convention nationale en 1793, en usage jusqu'en 1805. □ Le calendrier républicain commençait à l'équinoxe d'automne et comportait 12 mois : vendémiaire, brumaire, frimaire ; nivôse, pluviôse, ventôse ; germinal, floréal, prairial ; messidor, thermidor, fructidor.

cale-pied [kalpje] n.m. (pl. *cale-pieds*). Butoir retenant sur la pédale le pied du cycliste.

calepin [kalpɛ̃] n.m. (de *Calepino,* lexicographe ital.). Petit carnet : *Je vais le noter dans mon calepin* (syn. agenda).

1. caler [kale] v.t. (de *1. cale*). - **1.** Assujettir, immobiliser avec une ou plusieurs cales : *Caler un meuble.* - **2.** TECHN. Régler le fonctionnement d'une mécanique, d'un appareil : *Caler une soupape.* ◆ **se caler** v.pr. S'installer confortablement : *Se caler dans un fauteuil* (syn. se carrer).

2. caler [kale] v.t. (prov. *calar* "abaisser", gr. *khalan* "détendre"). MAR. Abaisser une voile, une vergue, un mât.

3. caler [kale] v.i. (de *2. caler,* le fait de caler une voile ralentissant ou immobilisant le bateau). - **1.** S'arrêter brusquement, en parlant d'un moteur, d'un véhicule : *La voiture a calé.* - **2.** FAM. Abandonner ce qu'on a entrepris ; ne pas pouvoir continuer : *Le* *problème de maths était trop dur, j'ai calé* (syn. renoncer). *Pas de dessert, je cale* (= je suis rassasié).

calfatage [kalfataʒ] n.m. Action de calfater.

calfater [kalfate] v.t. (anc. prov. *calafatar*, mot d'orig. ar., par le gr.). MAR. Rendre étanche (la coque, le pont d'un navire) en bourrant d'étoupe les fissures et en les recouvrant de mastic.

calfeutrage [kalføtraʒ] et **calfeutrement** [kalføtrəmã] n.m. Action de calfeutrer ; fait d'être calfeutré : *Le calfeutrage des fenêtres nous fait économiser de l'énergie.*

calfeutrer [kalføtre] v.t. (de *calfater*, sous l'infl. de *feutre*). Boucher les fentes d'une baie, d'une fenêtre, etc., afin d'empêcher l'air extérieur et le froid de pénétrer : *Calfeutrer portes et fenêtres avec des bourrelets.* ◆ **se calfeutrer** v.pr. Se tenir enfermé : *Elle se calfeutre chez elle par peur de la foule* (syn. se claquemurer, se cloîtrer).

calibrage [kalibraʒ] n.m. Action de calibrer : *Le calibrage d'un canon* (= sa mise au calibre voulu). *Le calibrage de fruits après la cueillette* (= leur tri en fonction de leur grosseur). *Le calibrage d'un texte* (= l'évaluation de sa longueur).

calibre [kalibʀ] n.m. (ar. *qālib* "forme de chaussure"). **- 1.** Diamètre intérieur d'un cylindre creux, d'un objet sphérique : *Le calibre d'un tuyau.* **- 2.** ARM. Diamètre intérieur de l'âme d'une bouche à feu : *Le calibre d'un fusil. Un revolver de gros calibre.* **- 3.** Diamètre d'un projectile : *Des balles de calibres différents ont été tirées.* **- 4.** TECHN. Instrument matérialisant une longueur et servant de comparaison pour le contrôle des fabrications mécaniques. **- 5.** De ce calibre, de cette importance, de cette nature : *Une erreur de ce calibre est irrattrapable* (syn. envergure, taille).

calibrer [kalibʀe] v.t. (de *calibre*). **- 1.** Classer, trier selon la grosseur : *Calibrer des œufs.* **- 2.** IMPR. Évaluer le nombre de signes d'un texte : *Calibre ton article avant de le faire composer.* **- 3.** TECHN. Mettre au calibre voulu : *Calibrer un obus.*

calice [kalis] n.m. (lat. *calix, -icis,* "coupe", gr.). **- 1.** ANTIQ. Coupe, vase à boire. **- 2.** CATH. Vase sacré dans lequel est consacré le vin, à la messe. **- 3.** BOT. Ensemble des sépales d'une fleur. **- 4.** LITT. Boire le calice jusqu'à la lie, endurer les pires vexations, les plus grands malheurs.

calicot [kaliko] n.m. (de *Calicut,* v. de l'Inde). **- 1.** Tissu de coton : *Un corsage en calicot.* **- 2.** Bande d'étoffe portant une inscription : *Les manifestants déployèrent leurs calicots* (syn. banderole).

califat ou **khalifat** [kalifa] n.m. **- 1.** Dignité de calife ; durée de son règne. **- 2.** Territoire soumis à l'autorité d'un calife.

calife ou **khalife** [kalif] n.m. (ar. *khalīfa*). Chef suprême de la communauté islamique, après la mort de Mahomet.

à califourchon [kalifuʀʃɔ̃] loc. adv. (orig. incert., de *fourche,* et p.-ê. du breton *kall* "testicules"). Jambe d'un côté, jambe de l'autre, comme si on était à cheval : *Il tourna la chaise s'y assit à califourchon.*

câlin, e [kalɛ̃, -in] adj. et n. Qui aime les câlins ; qui exprime une douce tendresse : *Sa voix câline* (syn. caressant). ◆ **câlin** n.m. Échange de gestes tendres, de caresses affectueuses : *Faire un câlin avec, à sa mère.*

câliner [kaline] v.t. (mot normand "se reposer à l'ombre", du lat. *calere* "faire chaud"). Faire des câlins à qqn : *Câliner un enfant* (syn. cajoler, caresser).

câlinerie [kalinri] n.f. Attitude, manière câline : *Ils se font des câlineries* (syn. caresse).

caliorne [kaljɔʀn] n.f. (prov. *caliourno,* p.-ê. du fr. *kalôs* "câble"). MAR. Gros palan à poulies triples.

calisson [kalisɔ̃] n.m. (prov. *calisson, canisson* "clayon de pâtissier", du lat. *canna* "roseau"). Petit-four en pâte d'amandes, au dessus glacé, spécialité d'Aix-en-Provence.

calleux, euse [kalø, -øz] adj. **- 1.** Qui présente des cals : *Mains calleuses.* **- 2.** ANAT. Corps calleux, lame épaisse de substance blanche, réunissant les hémisphères cérébraux.

call-girl [kolɡœʀl] n.f. (mots angl., de *call* "appel [téléphonique]" et *girl* "fille") [pl. *call-girls*]. Prostituée que l'on appelle chez elle par téléphone.

calligramme [kaligʀam] n.m. (de *Calligrammes,* titre d'un recueil de G. Apollinaire, de *calli*[*graphie*] et -*gramme*). Texte, le plus souvent poétique, dont les mots sont disposés de manière à représenter un objet qui constitue le thème du poème.

calligraphie [kaligʀafi] n.f. (gr. *kalligraphia,* de *kallos* "beauté" et *graphein* "écrire"). Art de former d'une façon élégante et ornée les caractères de l'écriture ; écriture ainsi formée. ◆ **calligraphe** n. Nom de l'artiste.

calligraphier [kaligʀafje] v.t. et v.i. (conj. 9). Écrire en calligraphie : *Calligraphier un texte.*

callosité [kalozite] n.f. (lat. *callositas,* de *callum* "cal"). Épaississement, induration de l'épiderme dus à des frottements répétés.

calmant, e [kalmã, -ãt] adj. Qui calme : *Boire une tisane calmante* (syn. lénifiant, sédatif). ◆ **calmant** n.m. Médicament qui calme la nervosité ou la douleur : *Prendre des calmants avant de se coucher* (syn. sédatif, tranquillisant).

calmar [kalmaʀ] et **calamar** [kalamaʀ] n.m. (it. *calamaro* propr. "écritoire", en raison de la poche d'encre du calmar, du lat. *calamus* "roseau pour écrire"). Mollusque marin voisin de la seiche, à coquille interne cornée (*plume*), très abondant sur les côtes méditerranéennes, recherché pour sa chair et parfois appelé *encornet*. □ Ordre des décapodes ; long. de 8 à 50 cm.

1. calme [kalm] n.m. (it. *calma*, gr. *kauma* "chaleur étouffante"). - **1.** Absence d'agitation ; tranquillité : *Le calme de la mer. Un peu de calme* (syn. tranquillité). *Être au calme.* - **2.** Maîtrise de soi ; absence de nervosité : *Garder son calme en toutes circonstances* (syn. placidité, sérénité). - **3.** Calmes équatoriaux. Zone de vents faibles correspondant à la région du globe où se produisent essentiellement d'importants mouvements ascendants.

2. calme [kalm] adj. (de *1. calme*). - **1.** Qui est sans agitation, sans animation vive : *Mener une vie calme* (syn. paisible, serein). *Nous habitons un quartier très calme* (syn. tranquille ; contr. bruyant). *La mer est calme* (contr. houleux). - **2.** Qui reste maître de soi ; tranquille : *Un homme calme* (syn. placide ; contr. emporté, violent). *Les enfants sont calmes aujourd'hui* (syn. sage ; contr. agité, turbulent).

calmement [kalməmɑ̃] adv. Avec calme : *Écoute ton père calmement* (= sans t'énerver). *La réunion s'est déroulée calmement* (= sans incident).

calmer [kalme] v.t. - **1.** Rendre plus calme : *L'orateur s'efforçait de calmer les manifestants* (syn. apaiser ; contr. exciter). - **2.** Rendre moins intense : *Calmer une douleur* (syn. atténuer, soulager). *Les paroles du directeur calmèrent l'inquiétude des parents* (syn. apaiser, tempérer). - **3.** FAM. Calmer le jeu, détendre une situation trop tendue, une ambiance trop agressive. ◆ **se calmer** v.pr. - **1.** Devenir moins intense : *La tempête se calme* (syn. s'apaiser, tomber). - **2.** Retrouver son sang-froid : *Il a eu un accès de colère, puis a fini par se calmer* (syn. se rasséréner).

calmir [kalmir] v.i. [conj. 32]. MAR. La mer, le vent calmit, se calme.

calomniateur, trice [kalɔmnjatœr, -tris] n. Personne qui calomnie (syn. détracteur, diffamateur).

calomnie [kalɔmni] n.f. (lat. *calumnia*). Fausse accusation qui blesse la réputation, l'honneur : *Les calomnies de ses adversaires l'ont tué* (syn. diffamation, médisance).

calomnier [kalɔmnje] v.t. [conj. 9]. Atteindre qqn dans sa réputation, dans son honneur, par des accusations que l'on sait fausses : *Ce journaliste m'a calomnié* (syn. diffamer).

calomnieux, euse [kalɔmnjø, -øz] adj. Qui constitue une calomnie ; qui contient des calomnies : *Propos, écrits calomnieux* (syn. diffamatoire).

calorie [kalɔri] n.f. (du lat. *calor* "chaleur"). - **1.** Unité de mesure de quantité de chaleur, équivalant à la quantité de chaleur nécessaire pour élever de 1 ºC la température de 1 gramme d'eau à 15 ºC sous la pression atmosphérique normale et valant 4, 185 5 joules. □ Symb. cal ; cette unité n'est plus légale en France. - **2.** (Avec une majuscule). Unité de mesure de la valeur énergétique des aliments, en diététique, valant 1 000 calories (soit une *grande calorie*).

calorifère [kalɔrifɛr] n.m. (du lat. *calor* "chaleur", et de *-fère*). VIEILLI. Appareil destiné au chauffage des maisons par air chaud.

calorifique [kalɔrifik] adj. (lat. *calorificus*). Qui produit des calories, de la chaleur : *Des rayons calorifiques.*

calorifuge [kalɔrifyʒ] adj. et n.m. (du lat. *calor* "chaleur", et de *-fuge*). Qui empêche la déperdition de chaleur : *L'amiante est calorifuge.*

calorifuger [kalɔrifyʒe] v.t. [conj. 17]. Recouvrir avec un matériau calorifuge : *Calorifuger les conduits d'eau chaude.*

calorimètre [kalɔrimɛtr] n.m. Instrument pour mesurer les quantités de chaleur fournies ou reçues par un corps.

calorimétrie [kalɔrimetri] n.f. Partie de la physique qui mesure des quantités de chaleur.

calorimétrique [kalɔrimetrik] adj. Relatif à la calorimétrie.

calorique [kalɔrik] adj. (du lat. *calor* "chaleur"). - **1.** De la chaleur ; relatif à la chaleur : *L'intensité calorique d'une source de chaleur.* - **2.** Ration calorique. Quantité de Calories nécessaires à un organisme, en diététique : *La ration calorique varie selon les individus.*

calot [kalo] n.m. (de l'anc. fr. *cale* "coiffure", d'orig. obsc.). Coiffure militaire à deux pointes, sans bords et sans visière ; bonnet de police.

calotin [kalɔtɛ̃] n.m. (de *calotte*). FAM. Catholique pratiquant ; partisan du cléricalisme (péjor.).

calotte [kalɔt] n.f. (anc. prov. *caloto*, probabl. de l'anc. fr. *cale* ; v. *calot*). - **1.** Petit bonnet rond ne couvrant que le sommet du crâne : *Calotte de chirurgien.* - **2.** Partie du chapeau qui emboîte le crâne. - **3.** Coiffure liturgique du clergé catholique : *Calotte blanche du pape, violette des évêques.* - **4.** FAM. Tape donnée sur la tête, sur la joue : *Arrête ou je te donne une calotte* (syn. claque, gifle). - **5.** FAM. La calotte, le clergé ; les calotins (péjor.). - **6.** ANAT. Calotte crânienne. Partie supérieure de la boîte crânienne. ‖ GÉOGR. Calotte glaciaire. Masse de neige et de glace recouvrant le sommet de certaines montagnes et les régions polaires.

‖ GÉOM. **Calotte sphérique.** Portion d'une sphère limitée par un plan ne passant pas par le centre de la sphère.

calque [kalk] n.m. (it. *calco*, de *calcare* ; v. *calquer*). - **1.** Reproduction d'un dessin obtenue en calquant : *Faire un calque de la carte de France* (syn. décalque). - **2.** Papier transparent permettant de calquer un dessin (syn. papier-calque). - **3.** Reproduction fidèle ou servile de qqch : *Son discours n'était qu'un calque du mien* (syn. imitation, plagiat). - **4.** LING. Transposition d'un mot, ou d'une construction, d'une langue dans une autre par traduction : *« Gratte-ciel » est un calque de l'anglo-américain « skyscraper ».*

calquer [kalke] v.t. (it. *calcare*, lat. *calcare* "presser, fouler"). - **1.** Reproduire un dessin sur un papier-calque qui le recouvre : *Calquer une carte* (syn. décalquer). - **2.** Imiter exactement ou servilement : *Elle calque sa conduite sur celle de sa mère* (syn. copier, démarquer).

calumet [kalymɛ] n.m. (forme normande de *chalumeau*). Pipe à long tuyau des Indiens de l'Amérique du Nord : *Fumer le calumet de la paix.*

calvados [kalvados] n.m. (de *Calvados*, n.pr.). Eau-de-vie de cidre. (Abrév. fam. calva.)

calvaire [kalvɛʀ] n.m. (lat. ecclés. *Calvarium*, du class. *calva* "crâne", calque de l'hébr. *Golgotha*, colline où Jésus-Christ fut crucifié). - **1.** Représentation peinte, sculptée, etc., de la passion du Christ sur la colline du Calvaire. - **2.** Croix en plein air, commémorant la passion du Christ. - **3.** Longue suite de souffrances : *Sa vie est un calvaire* (syn. martyre).

calvinisme [kalvinism] n.m. Doctrine religieuse protestante issue de la pensée de Calvin et de la Réforme. ◆ **calviniste** adj. et n. Relatif au calvinisme ; qui le professe.

calvitie [kalvisi] n.f. (lat. *calvities*, de *calvus* "chauve"). État d'une tête chauve ; absence de cheveux : *Calvitie précoce.*

camaïeu [kamajø] n.m. (p.-ê. de l'ar. *qamā'il*, pl. de *qum'ū* "bouton de fleur") [pl. *camaïeux*]. Peinture monochrome, utilisant différents tons d'une même couleur, du clair au foncé : *Un camaïeu de roses. Un camaïeu en gris* (syn. grisaille).

camarade [kamaʀad] n. (esp. *camarada* "chambrée", du lat. *camera* "chambre"). - **1.** Compagnon avec lequel on partage une activité commune : *Ma camarade de lycée* (syn. condisciple). *Un camarade d'atelier* (syn. collègue). - **2.** Appellation dont les membres des partis de gauche ou des syndicats ouvriers se servent pour désigner les autres membres du même parti, du même syndicat.

camaraderie [kamaʀadʀi] n.f. Familiarité, solidarité entre camarades : *Par esprit de camaraderie, il s'est tu.*

camard, e [kamaʀ, -aʀd] adj. et n. (de *camus*). - **1.** LITT. Se dit d'un visage au nez plat et comme écrasé ou de ce nez lui-même : *Le visage camard d'un boxeur* (syn. aplati). *Un nez camard* (syn. camus). - **2.** **La Camarde.** La Mort, représentée comme un squelette, donc sans nez.

cambiste [kɑ̃bist] n. et adj. (it. *cambista*, de *cambio* "change" ; v. *changer*). Personne, professionnel qui effectue des opérations de change.

cambodgien, enne [kɑ̃bɔdʒjɛ̃, -ɛn] adj. et n. Du Cambodge (syn. khmer). ◆ **cambodgien** n.m. Autre nom du *khmer.*

cambouis [kɑ̃bwi] n.m. (orig. obsc.). Huile ou graisse noircie par le frottement des organes d'une machine : *Garagiste aux mains couvertes de cambouis.*

cambré, e [kɑ̃bʀe] adj. Qui présente une cambrure : *Avoir les pieds cambrés* (contr. plat).

cambrer [kɑ̃bʀe] v.t. (du picard *cambre*, du lat. *camurum* "arqué"). Courber en forme d'arc : *Cambrer les reins.* ◆ **se cambrer** v.pr. Se redresser en bombant le torse : *Elle se cambra avant de répliquer.*

cambrien [kɑ̃bʀijɛ̃] n.m. (de *Cambria*, n. lat. du pays de Galles). GÉOL. Première période de l'ère primaire (paléozoïque inférieur).

cambriolage [kɑ̃bʀijɔlaʒ] n.m. Action de cambrioler : *Les deux cambriolages présentent des similitudes* (syn. vol).

cambrioler [kɑ̃bʀijɔle] v.t. (du prov. *cambro* "chambre"). Commettre un vol dans une maison, un appartement en s'y introduisant par effraction : *Leur pavillon a été cambriolé le mois dernier* (syn. dévaliser).

cambrioleur, euse [kɑ̃bʀijɔlœʀ, -øz] n. Personne qui cambriole : *Deux des cambrioleurs sont sous les verrous* (syn. malfaiteur, voleur).

cambrousse [kɑ̃bʀus] n.f. (prov. *cambrousso* "bouge, cambre", de *cambro* "chambre"). FAM. Campagne : *Ils vivent en pleine cambrousse.*

cambrure [kɑ̃bʀyʀ] n.f. - **1.** Courbure en arc ; état de ce qui est cambré : *Cambrure du dos.* - **2.** Pièce qui, dans une semelle, soutient la voûte plantaire.

cambuse [kɑ̃byz] n.f. (du néerl. *kombuis*). - **1.** MAR. Magasin d'un navire contenant les vivres et le vin. - **2.** FAM., VIEILLI. Chambre, maison sans confort : *Des familles pauvres entassées dans des cambuses* (syn. masure, taudis).

1. came [kam] n.f. (all. *Kamm* "peigne"). Pièce tournante, génér. disque non circulaire à saillie ou encoche, servant à transformer un mouvement de rotation en un mouvement de translation : *Arbre à cames*.

2. came [kam] n.f. (abrév. de *camelote*). - **1.** FAM. Marchandise de mauvaise qualité ou dont la vente est prohibée : *Il a réussi à écouler sa came* (syn. pacotille). - **2.** ARG. Drogue.

camé, e [kame] n. et adj. (p. passé de *se camer*). ARG. Drogué.

camée [kame] n.m. (it. *cameo*, p.-ê. de même orig. que *camaïeu*). Pierre fine ornée d'une figure en relief (par opp. à *intaille*) tirant génér. effet de la polychromie du matériau.

caméléon [kamele5] n.m. (gr. *khamaileón*, mot à mot "lion rampant"). - **1.** Lézard arboricole insectivore, qui a la propriété de changer de couleur selon l'environnement dans lequel il se trouve, vivant en Afrique et dans une partie de l'Asie. □ Long. de 4 à 60 cm ; ordre des lacertiliens. - **2.** Personne versatile : *Cet homme politique est un vrai caméléon* (syn. girouette).

camélia [kamelja] n.m. (lat. scientif. *camellia*, du n. du père *Camelli*). - **1.** Arbrisseau d'origine asiatique dont de nombreuses espèces ornementales. □ Famille des théacées. - **2.** Fleur de cet arbrisseau.

camélidé [kamelide] n.m. (du lat. *camelus* "chameau"). **Camélidés,** famille de ruminants des régions arides, sans cornes, pourvus de canines supérieures, aux sabots très larges et comprenant le chameau, le dromadaire, le lama.

camelot [kamlo] n.m. (de l'arg. *coesmelot* [dimin. de *coesme* "mercier", d'orig. obsc.], sous l'infl. de *camelot*, n. d'une étoffe, ar. *hamlât*). - **1.** Marchand ambulant vendant des objets de pacotille sur la voie publique : *Des badauds s'attroupèrent autour du camelot* (syn. colporteur). - **2.** HIST. Camelot du roi. Militant de l'Action française.

camelote [kamlɔt] n.f. (de *camelot*). FAM. Marchandise de qualité inférieure : *C'est de la camelote* (syn. pacotille, toc).

camembert [kamãbεr] n.m. (de *Camembert*, commune de l'Orne). - **1.** Fromage à pâte molle fabriqué à partir du lait de vache, princ. en Normandie. - **2.** FAM. Graphique rond divisé en secteurs : *Le camembert des élus à l'Assemblée nationale*.

se camer [kame] v.pr. (de *2. came*). ARG. Se droguer.

caméra [kamera] n.f. (de l'angl. [*movie*] *camera*, du lat. *camera* "chambre"). Appareil de prise de vues, pour le cinéma ou la télévision.

cameraman [kameraman] n.m. (mot angl., de *camera* "caméra" et *man* "homme") [pl.

cameramans ou *cameramen*]. (Anglic. déconseillé). Cadreur.

camériste [kamεrist] n.f. (esp. *camarista*, du lat. *camera* "chambre"). - **1.** HIST. Dame d'honneur des femmes de qualité, en Italie, en Espagne. - **2.** LITT. Femme de chambre.

camerlingue [kamεrlɛ̃g] n.m. (ital. *camerlingo* ; v. *chambellan*). Cardinal administrateur des biens pontificaux qui, pendant la vacance du Saint-Siège, a la charge de convoquer le conclave.

Caméscope [kameskɔp] n.m. (nom déposé). Caméra vidéo portative à magnétoscope intégré.

camion [kamjɔ̃] n.m. (orig. obsc.). - **1.** Gros véhicule automobile pour le transport de lourdes charges : *Un camion de six tonnes* (= pouvant transporter six tonnes de matériaux). - **2.** Seau à peinture, souvent de forme cylindrique.

camion-citerne [kamjɔ̃sitεrn] n.m. (pl. *camions-citernes*). Camion servant au transport en vrac de liquides ou de matières pulvérulentes.

camionnage [kamjɔnaʒ] n.m. Transport par camion.

camionner [kamjɔne] v.t. Transporter par camion : *Camionner du béton*.

camionnette [kamjɔnεt] n.f. Petit camion léger et rapide dont la charge utile ne dépasse pas 1 500 kg : *Louer une camionnette pour un déménagement* (syn. fourgonnette).

camionneur [kamjɔnœr] n.m. - **1.** Personne qui conduit un camion (syn. routier). - **2.** Entrepreneur en camionnage.

camisole [kamizɔl] n.f. (prov. *camisola*, dimin. de *camisa*, bas lat. *camisia* "chemise"). - **1.** Autref., chemise de nuit courte. - **2.** Camisole de force, blouse sans manches utilisée autref. pour maîtriser les malades mentaux agités. - **3.** Camisole chimique. Expression à nuance péjor., désignant les thérapeutiques médicamenteuses dont les effets sont comparables à la camisole de force.

camomille [kamɔmij] n.f. (gr. *khamaimêlon*, mot à mot "pomme rampante"). Plante odorante dont plusieurs espèces (*camomille romaine, camomille sauvage* ou *matricaire*) sont utilisées en infusion pour leurs propriétés apéritives, digestives et antispasmodiques. □ Famille des composées.

camouflage [kamuflaʒ] n.m. - **1.** Art de dissimuler du matériel de guerre, des troupes à l'observation ennemie : *Le camouflage des blindés*. - **2.** Technique de transmission codée où ne sont chiffrés que les mots et les noms propres essentiels. - **3.** Action de dissimuler ou de déguiser la réalité : *Camouflage de bénéfices* (syn. dissimulation).

camoufler [kamufle] v.t. (de *camouflet*, au sens anc. de "fumée"). - **1.** Rendre méconnaissable ou invisible : *Camoufler un crime en suicide* (syn. **déguiser, travestir**). - **2.** Rendre un véhicule de guerre difficilement visible : *Camoufler une automitrailleuse avec des branchages* (syn. **cacher, dissimuler**). ◆ **se camoufler** v.pr. Se cacher, se dissimuler.

camouflet [kamuflε] n.m. (de *moufle* "gros visage", d'orig. obscr., avec préf. péjor. *ca-*). LITT. Parole, action, situation qui humilie qqn : *Essuyer un camouflet* (syn. **affront, vexation**).

camp [kɑ̃] n.m. (mot picard ou prov., lat. *campus*). - **1.** Lieu aménagé pour le stationnement ou l'instruction d'une armée ; l'armée elle-même : *Un camp militaire destiné à la formation des recrues* (syn. **cantonnement**). *Le camp tout entier a participé aux manœuvres* (syn. **troupe**). - **2.** Lieu où l'on campe : *Camp scout* (syn. **bivouac, campement**). - **3.** Terrain sommairement équipé, où des personnes sont regroupées dans des conditions précaires : *Camp de réfugiés, de prisonniers.* - **4.** Dans certains sports ou jeux, terrain défendu par une équipe ; cette équipe : *Le ballon est dans le camp anglais. Marquer contre son camp* (syn. **équipe**). - **5.** Parti opposé à un autre : *Le pays est partagé en deux camps* (syn. **faction, parti**). *Elle a rejoint le camp des opposants* (syn. **clan, groupe**). - **6.** Camp retranché, ensemble formé par une place forte et des ouvrages avancés, destiné à défendre une position, à garder un passage. ‖ Camp volant, camp provisoire qu'on dresse à chaque étape. ‖ FAM. Ficher le camp, s'en aller (syn. **déguerpir**). ‖ LITT. Lever le camp, partir. - Camp de concentration, d'extermination → concentration, extermination.

campagnard, e [kɑ̃paɲaʀ, -aʀd] adj. et n. Qui est de la campagne : *Un gentilhomme campagnard.*

campagne [kɑ̃paɲ] n.f. (forme normande de l'anc. fr. *champaigne*, lat. *campania* "plaine"). - **1.** GÉOGR. Étendue de pays découvert et plat ou modérément accidenté (par opp. à *montagne, à bois*) : *Une campagne riante. Ce village est-il situé à la campagne, à la montagne ou au bord de la mer ?* - **2.** Les régions rurales (par opp. à *ville*) : *Habiter la campagne. Maison de campagne.* - **3.** Expédition militaire, ensemble d'opérations militaires menées sur un théâtre déterminé : *La campagne d'Italie.* - **4.** Entreprise exigeant un ensemble de travaux, de durée déterminée, pour atteindre un but : *Campagne de fouilles.* - **5.** Ensemble concerté d'actions destinées à exercer une influence sur l'opinion, sur certaines personnes, etc. : *Campagne de presse. Campagne électorale. Faire campagne pour l'abolition d'une loi.* - **6.** Entrer en campagne, commencer une entreprise quelconque. ‖ Se mettre en campagne, commencer à faire des démarches ou des recherches dans une intention déterminée : *Il s'est mis en campagne pour lui trouver un logement.*

campagnol [kɑ̃paɲɔl] n.m. (it. *campagnolo* "campagnard"). Petit rongeur terrestre ou nageur, à queue courte et velue, très nuisible à l'agriculture. □ Famille des muridés ; long. 10 cm env.

campanile [kɑ̃panil] n.m. (mot it., de *campana* "cloche", mot du bas lat.). - **1.** Clocher d'église isolé du corps du bâtiment, à la manière italienne. - **2.** Petit clocher à jour, formant édicule sur le faîte d'un bâtiment.

campanule [kɑ̃panyl] n.f. (lat. médiév. *campanula*, dimin. du bas lat. *campana* "cloche"). Plante des champs ou des montagnes, dont les fleurs ont la forme d'une cloche. □ Famille des campanulacées.

campement [kɑ̃pmɑ̃] n.m. (de *camper*). - **1.** Lieu équipé d'installations, d'abris provisoires : *Un campement de nomades à l'entrée de la ville.* - **2.** Ensemble des personnes vivant dans un campement : *Le campement tout entier s'agitait.* - **3.** Ensemble du matériel d'une troupe qui campe : *Ils ont fui en laissant sur place une partie du campement.*

camper [kɑ̃pe] v.i. (de *camp*). - **1.** Établir un camp militaire : *Camper à l'abri d'un bois* (syn. **bivouaquer**). - **2.** S'installer quelque part d'une manière provisoire : *Ils ont campé chez des amis pendant les travaux.* - **3.** Faire du camping : *Nous avons campé en Grèce.* - **4.** Camper sur ses positions, ne pas démordre d'une opinion. ◆ v.t. - **1.** VX. Installer un corps d'armée dans un camp (syn. **cantonner**). - **2.** Poser, placer qqch hardiment : *Camper son chapeau sur sa tête.* - **3.** Exprimer, représenter un personnage, une scène avec vigueur et précision : *Romancier qui excelle à camper des personnages burlesques* (syn. **croquer, saisir**). ◆ **se camper** v.pr. Prendre une pose solide, fière, décidée : *Se camper sur ses jambes.*

campeur, euse [kɑ̃pœʀ, -øz] n. Personne qui fait du camping.

camphre [kɑ̃fʀ] n.m. (lat. médiév. *camphora*, ar. *kâfūr*). - **1.** Substance aromatique cristallisée extraite du camphrier. - **2.** Camphre synthétique, poudre blanche, cristalline, aux propriétés comparables.

camphré, e [kɑ̃fʀe] adj. Qui contient du camphre.

camphrier [kɑ̃fʀije] n.m. Laurier de l'Asie orientale et d'Océanie, dont on extrait le camphre.

camping [kɑ̃piŋ] n.m. (mot angl., de *to camp* "camper"). - **1.** Activité de plein air consistant à vivre sous la tente avec un matériel adéquat : *Faire du camping. Terrain de camping.* - **2.** Lieu où les campeurs peuvent installer leurs tentes : *Le camping est au bord de la rivière.*

camping-car [kɑ̃piŋkaʀ] n.m. (mot angl., de *to camp* "camper" et *car* "voiture") [pl. *camping-cars*]. Fourgonnette aménagée pour faire du camping. (Recomm. off. *autocaravane*).

Camping-Gaz [kɑ̃piŋɡaz] n.m. inv. (nom déposé). Petit réchaud de camping à gaz butane.

campus [kɑ̃pys] n.m. (mot anglo-amér., du lat. *campus* "plaine"). Ensemble universitaire regroupant unités d'enseignement et résidences.

camus, e [kamy, -yz] adj. (de *museau,* avec préf. péjor. *ca-*). Qui a un nez court et plat ; se dit du nez lui-même : *Un nez camus* (syn. camard, épaté, aplati).

Canadair [kanadɛʀ] n.m. (nom déposé). Avion équipé de réservoirs à eau pour lutter contre les incendies de forêt.

canadianisme [kanadjanism] n.m. Mot, expression, tournure particuliers au français parlé au Canada.

canadien, enne [kanadjɛ̃, -ɛn] adj. et n. Du Canada : *Le Grand Nord canadien. Un Canadien français.*

canadienne [kanadjɛn] n.f. - **1.** Veste doublée de fourrure, à col enveloppant et à poches, inspirée de celle des trappeurs canadiens. - **2.** Canoë d'origine canadienne.

canaille [kanaj] n.f. (it. *canaglia,* de *cane* "chien"). - **1.** Individu méprisable, malhonnête : *Méfiez-vous de lui, c'est une canaille* (syn. gredin, scélérat, vaurien). - **2.** Enfant espiègle : *Cette petite canaille a volé les bonbons* (syn. coquin, polisson). - **3.** (Précédé de l'art. déf.). Ramassis de gens méprisables ou considérés comme tels : *Il boit et fréquente la canaille* (syn. pègre, racaille). ◆ adj. - **1.** Dont l'honnêteté est douteuse : *Il a la réputation d'être plutôt canaille* (syn. crapuleux). - **2.** Vulgaire : *Des intonations canailles* (syn. populacier).

canal [kanal] n.m. (lat. *canalis,* de *canna* "roseau, tuyau") [pl. *canaux*]. - **1.** Voie d'eau artificielle creusée pour la navigation : *Le canal de Suez a 168 km de Port-Saïd à Suez.* - **2.** Tranchée, conduit à ciel ouvert creusé pour permettre la circulation de l'eau : *Une région sillonnée par des canaux d'irrigation.* - **3.** Bras de mer : *Le canal de Mozambique* (syn. détroit). - **4.** Conduit pour le transport des liquides ou des gaz : *Des canaux transportant le pétrole* (syn. canalisation, conduite, oléoduc). *Canal qui conduit du gaz naturel* (syn. canalisation, conduite, gazoduc). - **5.** Conduit naturel permettant l'écoulement de liquides organiques autres que le sang : *Canal biliaire, cholédoque.* - **6.** ARCHIT. Petite moulure creuse, génér. de forme arrondie (syn. cannelure, sillon). - **7.** Partie du spectre radioélectrique destinée à être utilisée par un émetteur de radio ou de télévision. - **8.** Canal de distribution, filière suivie par un produit pour aller du producteur au consommateur. **|** Par le canal de, par l'intermédiaire, par l'entremise de : *Note transmise par le canal du chef de service.* **|** Canal de fuite, canal qui permet aux eaux d'une usine hydraulique ou d'une centrale nucléaire de s'évacuer.

canalisation [kanalizasjɔ̃] n.f. - **1.** Action de canaliser ; son résultat : *Effectuer la canalisation d'un fleuve.* - **2.** Conduite, tuyauterie assurant la circulation d'un fluide : *Canalisation d'eau, de gaz* (syn. tuyau). - **3.** ÉLECTR. Ensemble formé par plusieurs conducteurs (ou un seul) et par leurs éléments de protection et de fixation.

canaliser [kanalize] v.t. - **1.** Rendre navigable en aménageant comme un canal, en régularisant le débit : *Canaliser un cours d'eau.* - **2.** Acheminer dans une direction déterminée en empêchant l'éparpillement, la dispersion : *Canaliser une foule* (syn. orienter). *La secrétaire est chargée de canaliser les réclamations* (syn. centraliser, réunir).

canapé [kanape] n.m. (lat. *conopeum,* gr. *kônôpeion* "moustiquaire"). - **1.** Long siège à dossier et accotoirs, pour plusieurs personnes (syn. sofa). - **2.** Petite tranche de pain de mie garnie d'aliments variés : *Canapés au jambon.* - **3.** Tranche de pain frite au beurre sur laquelle on dresse certains mets (menu gibier à plume, en partic.) : *Bécasses sur canapé.*

canapé-lit [kanapeli] n.m. (pl. *canapés-lits*). Canapé transformable en lit (syn. convertible).

canaque adj. et n. → kanak.

canard [kanaʀ] n.m. (de l'anc. fr. *caner* "caqueter"). - **1.** Oiseau palmipède au vol puissant, migrateur à l'état sauvage, se nourrissant de particules végétales ou de petites proies trouvées dans l'eau et retenues par les lamelles du bec. □ Famille des anatidés ; le canard cancane, nasille. - **2.** Fausse note criarde : *Faire des canards* (syn. couac). - **3.** Morceau de sucre trempé dans le café, l'alcool, etc. - **4.** FAM. Fausse nouvelle : *Lancer des canards* (syn. rumeur). - **5.** FAM. Journal : *Où est le canard d'aujourd'hui ?* - **6.** Canard boiteux. Personne qui, au sein d'un groupe, fait preuve de moins d'aptitudes que les autres ou de difficultés à s'adapter ; entreprise que sa mauvaise gestion rend incapable de survivre : *C'est le canard boiteux de l'équipe, il n'arrive pas à prendre le rythme.*

canarder [kanaʀde] v.t. (de *canard*). FAM. Tirer sur qqn avec une arme à feu, en étant soi-même à l'abri : *Le tireur embusqué canardait les passants* (syn. mitrailler).

canari [kanaʀi] n.m. (esp. *canario*, du n. des îles *Canaries*). Serin des îles Canaries, de couleur jaune verdâtre, souche des races domestiques.

canasson [kanasɔ̃] n.m. (de *canard*). FAM. Cheval (péjor.) : *Un vieux canasson dans un pré* (syn. haridelle, rosse).

canasta [kanasta] n.f. (esp. *canasta* "corbeille", du lat. *canistrum* "panier"). Jeu qui se joue habituellement entre quatre joueurs avec deux jeux de 52 cartes et 4 jokers, et qui consiste à réaliser le plus grand nombre de séries de sept cartes de même valeur ; la série ainsi constituée.

1. cancan [kɑ̃kɑ̃] n.m. (du lat. *quamquam* "quoique"). FAM. Bavardage malveillant : *S'il fallait écouter tous les cancans du voisinage* (syn. bavardage, commérage).

2. cancan [kɑ̃kɑ̃] n.m. (du rad. de *canard*). - **1.** Danse excentrique, en vogue dans les bals publics vers 1830. - **2.** French cancan, danse faisant partie d'un spectacle de girls dans certains music-halls ou cabarets.

cancaner [kɑ̃kane] v.i. (de *1. cancan*). - **1.** Tenir, colporter des propos malveillants : *Tes collègues n'ont pas fini de cancaner !* (syn. bavarder, jaser). - **2.** Pousser son cri, en parlant du canard.

cancanier, ère [kɑ̃kanje, -ɛʀ] adj. et n. (de *1. cancan*). Qui a l'habitude des commérages : *Sa mère est très cancanière* (syn. bavard, médisant).

cancer [kɑ̃sɛʀ] n.m. (mot lat. "crabe"). - **1.** Tumeur maligne formée par la prolifération désordonnée des cellules d'un tissu ou d'un organe : *Un cancer du sein, du côlon.* - **2.** (Précédé de l'art. déf.). Toute prolifération anormale des cellules d'un tissu ou d'un organe ; état morbide, affection qui en résulte : *Le cancer n'épargne personne.* - **3.** Mal insidieux capable de gangréner un groupe : *La toxicomanie est le cancer de nos sociétés.* ◆ n. inv. et adj. inv. Personne née sous le signe du Cancer : *Ils sont cancer tous les deux.*

cancéreux, euse [kɑ̃seʀø, -øz] adj. Du cancer ; de la nature du cancer : *Tumeur cancéreuse.* ◆ adj. et n. Atteint d'un cancer : *Des soins adaptés aux enfants cancéreux.*

se cancériser [kɑ̃seʀize] v.pr. Se transformer en cancer : *La tumeur s'est cancérisée.*

cancérogène [kɑ̃seʀɔʒɛn] et **cancérigène** [kɑ̃seʀiʒɛn] adj. Qui peut provoquer l'apparition d'un cancer : *Virus, radiation cancérogènes* (syn. oncogène).

cancérologie [kɑ̃seʀɔlɔʒi] n.f. Discipline scientifique et médicale qui étudie et traite

le cancer (syn. oncologie). ◆ **cancérologue** n. Nom du spécialiste (syn. oncologue, oncologiste).

cancre [kɑ̃kʀ] n.m. (lat. *cancer* "crabe"). FAM. Élève paresseux et nul : *C'est le cancre de la classe.*

cancrelat [kɑ̃kʀəla] n.m. (néerl. *kakkerlak*). Nom usuel de la *blatte* (syn. cafard).

candela [kɑ̃dela] n.f. (mot lat. "chandelle"). Unité de mesure d'intensité lumineuse. □ Symb. cd.

candélabre [kɑ̃delabʀ] n.m. (lat. *candelabrum*, de *candela* "chandelle"). - **1.** Chandelier ou flambeau à plusieurs branches. - **2.** ARCHIT. Support ornementé au coin d'un édifice et destiné à supporter un développement d'éclairage.

candeur [kɑ̃dœʀ] n.f. (lat. *candor* "blancheur"). Ingénuité excessive (parfois péjor.) : *Dans sa candeur, elle l'a cru* (syn. crédulité, naïveté, simplicité).

candi, e [kɑ̃di] adj. (mot it., de l'ar. *qandī* "sucre cristallisé"). - **1.** Se dit d'un fruit enrobé de sucre candi : *Une orange candie.* - **2.** Sucre candi, sucre purifié et cristallisé.

candidat, e [kɑ̃dida, -at] n. (lat. *candidatus*, de *candidus* "blanc", les candidats aux fonctions publiques s'habillant de blanc dans la Rome antique). - **1.** Personne qui aspire à un titre, une dignité, une fonction élective : *Les candidats à l'élection présidentielle.* - **2.** Personne qui postule un emploi : *Le directeur a reçu tous les candidats* (syn. postulant). - **3.** Personne qui se présente à un examen, à un concours : *La liste des candidats admissibles sera affichée le 12 au soir.*

candidature [kɑ̃didatyʀ] n.f. Qualité de candidat ; action de se porter candidat : *Poser sa candidature aux élections.*

candide [kɑ̃did] adj. (lat. *candidus* "blanc"). Qui manifeste ou qui dénote de la candeur : *Âme candide* (syn. ingénu, pur). *Question candide* (syn. innocent, naïf).

candidement [kɑ̃didmɑ̃] adv. Avec candeur (syn. ingénument, naïvement).

candidose [kɑ̃didoz] n.f. Mycose provoquée par une levure appelée *candida*.

cane [kan] n.f. (de *canard*). Canard femelle.

caneton [kantɔ̃] n.m. (de *1. canette*). Jeune canard.

1. canette [kanɛt] n.f. Petite cane.

2. canette ou **cannette** [kanɛt] n.f. (de *canne* "tuyau"). - **1.** Petite bouteille à bière, soda, limonade, etc. ; son contenu. - **2.** Cylindre contenu dans la navette et autour duquel on enroule le fil de trame sur un métier à tisser et le fil à coudre ou à broder sur une machine à coudre.

canevas [kanva] n.m. (de l'anc. fr. *chenevas*, var. de *chanvre*). - **1.** Grosse toile claire à tissage peu serré sur laquelle on exécute la tapisserie ou la dentelle à l'aiguille ; travail de tapisserie effectué sur cette toile. **-2.** Ensemble des points principaux d'une figure, des points géodésiques servant à l'établissement d'une carte. **-3.** Ensemble des principaux points d'une œuvre littéraire, d'un exposé, d'un article ; disposition des parties : *Voici le canevas de mon discours* (syn. plan, trame).

caniche [kaniʃ] n.m. (de *cane,* ce chien aimant barboter). Chien d'agrément très répandu, à l'abondante toison bouclée : *Un caniche nain.*

caniculaire [kanikylɛʀ] adj. Qui relève de la canicule : *Jour caniculaire. Chaleur caniculaire* (syn. torride).

canicule [kanikyl] n.f. (lat. *canicula* "petite chienne", nom donné à l'étoile Sirius). **-1.** Période de très grande chaleur ; cette chaleur elle-même : *Pendant la canicule, l'eau est rationnée* (= les grosses chaleurs). **-2.** ASTRON. Époque où l'étoile Sirius se lève et se couche avec le Soleil et qui marquait jadis le début de l'été (à la latitude du Caire).

canidé [kanide] n.m. (du lat. *canis* "chien"). Canidés, famille de mammifères carnassiers aux molaires nombreuses, aux griffes non rétractiles, bon coureurs, à laquelle appartiennent le loup, le chien, le renard, le chacal.

canif [kanif] n.m. (frq. *°knif* "couteau"). Petit couteau de poche à une ou plusieurs lames repliables.

canin, e [kanɛ̃, -in] adj. (lat. *caninus*, de *canis* "chien"). Qui relève du chien : *L'espèce canine. Une exposition canine* (= où l'on peut voir des chiens de diverses races).

canine [kanin] n.f. (de *canin*). Dent souvent pointue, située entre les incisives et les prémolaires : *Les canines sont très développées chez les carnivores et les porcins.*

canisse n.f. → **cannisse.**

caniveau [kanivo] n.m. (orig. obsc.). **-1.** Canal d'évacuation des eaux, placé de chaque côté d'une chaussée : *L'eau court le long du caniveau jusqu'à la bouche d'égout* (syn. rigole). **-2.** Conduit dans lequel on fait passer des tuyaux, des câbles électriques pour les protéger.

canna [kana] n.m. (mot lat. "roseau"). BOT. Balisier.

cannabis [kanabis] n.m. (mot lat. "chanvre", du gr.). Chanvre indien.

cannage [kanaʒ] n.m. Action de canner un siège ; garniture cannée d'un siège : *Refaire le cannage d'un fauteuil.*

canne [kan] n.f. (lat. *canna* "roseau"). **-1.** Bâton sur lequel on s'appuie en marchant : *Depuis son accident, elle marche avec une* canne. **-2.** Nom usuel de certains roseaux ou bambous. **-3.** Long tube servant à souffler le verre. **-4.** Canne anglaise, munie d'un support pour l'avant-bras et d'une poignée pour la main. ‖ Canne blanche, canne d'aveugle. ‖ Canne à pêche, perche flexible à l'extrémité de laquelle s'attache la ligne. **-5.** Canne à sucre. Plante tropicale cultivée pour le sucre extrait de sa tige. □ Famille des graminées ; haut. 2 à 5 m.

canné, e [kane] adj. Garni d'un cannage de jonc, de rotin, etc. : *Siège canné.*

cannelé, e [kanle] adj. (de 2. *cannelle*). Orné de cannelures : *Colonnes cannelées des anciens temples grecs.*

cannelier [kanlje] n.m. Arbre du genre laurier, de l'Inde, de Ceylan, de Chine, dont l'écorce fournit la cannelle.

1. cannelle [kanɛl] n.f. (de *canne* "roseau, tuyau"). **-1.** Poudre de l'écorce du cannelier, obtenue par raclage et employée comme aromate : *Mettre de la cannelle dans un pudding.* **-2.** Pomme cannelle. Fruit comestible d'un arbre de la famille des anonacées. ◆ adj. inv. De la couleur brun clair de la cannelle : *Les tons cannelle lui vont bien.*

2. cannelle [kanɛl] n.f. (de *canne* "tuyau"). Robinet qu'on met à une cuve, un tonneau.

cannelloni [kaneloni] n.m. (mot it., de *canna* "roseau, tuyau") [pl. *cannellonis* ou inv.]. Pâte alimentaire roulée en cylindre et farcie.

cannelure [kanlyʀ] n.f. (de *cannelé*). **-1.** ARCHIT. Chacune des moulures verticales ou en hélice creusées sur le fût d'une colonne, le plat d'un pilastre, etc. **-2.** BOT. Strie longitudinale sur la tige de certaines plantes. **-3.** GÉOMORPH. Sillon rectiligne ou légèrement courbe creusé par l'érosion dans les roches nues.

canner [kane] v.t. (de *canne*). Garnir d'un treillis de jonc, de rotin, etc., le fond, le dossier d'un siège : *Canner des chaises.*

cannette n.f. → **2. canette.**

cannibale [kanibal] adj. et n. (esp. *canibal,* du caraïbe *caribe* "hardi", terme par lequel se désignent les Caraïbes). **-1.** Se dit de l'homme qui mange de la chair humaine (syn. anthropophage). **-2.** Qui dévore les animaux de sa propre espèce : *La mante religieuse est cannibale.*

cannibalisation [kanibalizasjɔ̃] n.f. Action de cannibaliser ; fait d'être cannibalisé : *La cannibalisation d'un produit.*

cannibaliser [kanibalize] v.t. (de *cannibale,* par l'angl.). **-1.** Récupérer les pièces détachées en bon état d'un objet, d'un appareil hors d'usage afin de les utiliser à réparer un objet du même type. **-2.** COMM. En parlant d'un produit, concurrencer un autre produit de la même maison, occuper progressivement sa place sur le marché.

cannibalisme [kanibalism] n.m. (de *cannibale*). Fait pour un homme, un animal de manger ses semblables : *Des tribus qui se livrent au cannibalisme* (syn. anthropophagie).

cannisse ou **canisse** [kanis] n.f. (prov. *canisso*, du lat. *canna* "roseau"). Tige de roseau dont l'assemblage en claies sert notamm. de coupe-vent (surtout dans le Midi).

canoë [kanɔe] n.m. (mot angl.). - **1.** Embarcation légère et portative, à fond plat, mue à la pagaie simple. - **2.** Sport pratiqué avec cette embarcation : *Une compétition de canoë.*

canoëiste [kanɔeist] n. Personne qui pratique le sport du canoë.

canoë-kayak [kanɔekajak] n.m. (pl. *canoës-kayaks*). Embarcation de sport affectant la forme d'un canoë et pontée comme un kayak.

1. canon [kanɔ̃] n.m. (it. *cannone*, de *canna* "tuyau"). - **1.** Pièce d'artillerie non portative servant à lancer des projectiles lourds : *Canon antichar. Le canon gronde, tonne au loin.* - **2.** Partie d'une arme à feu qui a la forme d'un tube et par laquelle passe le projectile : *Canon du revolver. Fusil à double canon.* - **3.** ZOOL. Chez les équidés, les ruminants, partie d'un membre comprise entre le jarret et le boulet ou bien entre le poignet et la cheville et les phalanges. - **4.** Canon à électrons, dispositif producteur d'un faisceau intense d'électrons. ‖ Canon à neige, appareil pour projeter de la neige artificielle sur les pistes.

2. canon [kanɔ̃] n.m. (lat. *canon*, gr. *kanôn* "règle"). - **1.** THÉOL. Décret, règle concernant la foi ou la discipline religieuse : *Les canons de l'Église.* - **2.** Ensemble des textes de la Bible tenus pour être d'inspiration divine. - **3.** RELIG. CHRÉT. Partie de la messe qui va de la Préface au Notre Père. - **4.** BX-A. Ensemble de règles servant à déterminer les proportions idéales du corps humain : *Le canon des sculpteurs grecs* (syn. idéal, modèle). - **5.** MUS. Composition à deux ou plusieurs voix répétant à intervalle et à distance fixes le même dessin mélodique : *« Frère Jacques » est un canon très connu.* ◆ adj. Droit canon ou **droit canonique**, droit ecclésiastique. □ Il est régi par un Code, mis en œuvre par Pie X en 1904 et promulgué par Benoît XV en 1917, et dont la réforme a été achevée en 1983.

cañon [kanjɔn] ou **canyon** [kanjɔ̃] n.m. (mot esp., altér. de *callon*, probabl. de *calle* "route", lat. *callis* "sentier"). - **1.** Vallée étroite et profonde aux parois verticales, parfois en surplomb. - **2.** Cañon sous-marin, dépression allongée et étroite, à versants escarpés, des fonds océaniques.

canonial, e, aux [kanɔnjal, -o] adj. - **1.** Réglé par les canons de l'Église. - **2.** Relatif aux chanoines.

canonique [kanɔnik] adj. - **1.** Conforme aux canons de l'Église. - **2.** Qui pose une règle, un ensemble de règles ; qui s'y conforme, y correspond : *Cette forme n'est pas canonique.* - **3.** Âge canonique, âge minimal de quarante ans imposé aux servantes des ecclésiastiques ; au fig., âge respectable. ‖ Droit canonique, droit canon*.

canonisation [kanɔnizasjɔ̃] n.f. Action de canoniser ; proclamation solennelle du pape et cérémonie par lesquelles un personnage est officiellement admis au nombre des saints : *Entamer un procès de canonisation.*

canoniser [kanɔnize] v.t. (de *2. canon*). Mettre au nombre des saints par un procès de canonisation : *Jeanne d'Arc a été canonisée en 1920.*

canonnade [kanɔnad] n.f. Échange ou succession de coups de canon : *La canonnade a duré toute la nuit.*

canonnier [kanɔnje] n.m. Militaire spécialisé dans le service des canons.

canonnière [kanɔnjɛr] n.f. - **1.** MAR. Bâtiment léger armé de canons et employé sur les fleuves et près des côtes. - **2.** VX. Meurtrière pour le tir d'un canon.

canot [kano] n.m. (esp. *canoa*, mot caraïbe). - **1.** Embarcation non pontée mue à la rame, à la voile ou au moteur : *Nous avons fait du canot sur le lac.* - **2.** Canot de sauvetage, embarcation munie de caissons insubmersibles et destinée à porter secours en mer aux passagers des navires en perdition. ‖ Canot pneumatique, en toile imperméabilisée, gonflé d'air ou d'un gaz inerte.

canotage [kanɔtaʒ] n.m. Action de canoter : *Faire du canotage.*

canoter [kanɔte] v.i. Manœuvrer un canot ; se promener en canot : *Tous les dimanches, il va canoter sur le plan d'eau.*

canotier [kanɔtje] n.m. - **1.** Rameur faisant partie de l'équipage d'un canot. - **2.** Chapeau de paille à calotte et bords plats.

cantabile [kɑ̃tabile] adv. (mot it. "chantant"). MUS. D'une manière expressive et mélancolique.

cantaloup [kɑ̃talu] n.m. (de *Cantalupo*, n. d'une anc. villa des papes). Melon à côtes rugueuses et à chair orange foncé.

cantate [kɑ̃tat] n.f. (it. *cantata*, de *cantare* "chanter"). Composition musicale écrite à une ou à plusieurs voix avec accompagnement instrumental.

cantatrice [kɑ̃tatris] n.f. (it. *cantatrice*, lat. *cantatrix*, de *cantare* "chanter"). Chanteuse professionnelle d'opéra ou de chant classique : *Cantatrice qui interprète le rôle d'Ysolde.*

cantharide [kɑ̃taʀid] n.f. (lat. *cantharis, -idis*, du gr.). Insecte coléoptère vert doré, fréquent sur les frênes. □ Long. 2 cm.

cantilène [kɑ̃tilɛn] n.f. (it. *cantilena*, mot lat. "chanson"). Au Moyen Âge, poème chanté à caractère épique, dérivant de séquences en latin.

cantine [kɑ̃tin] n.f. (it. *cantina* "cave", de *canto* "coin" ; v. 2. *chant*). - **1.** Service qui prépare les repas d'une collectivité ; réfectoire où sont pris ces repas : *Manger à la cantine.* - **2.** Petit coffre de voyage utilisé en particulier par les militaires.

cantinier, ère [kɑ̃tinje, -ɛʀ] n. Personne qui tient une cantine. ◆ **cantinière** n.f. Autref., femme qui tenait la cantine d'un régiment.

cantique [kɑ̃tik] n.m. (lat. ecclés. *canticum* "chant"). Chant d'action de grâces ; chant religieux en langue vulgaire : *Un cantique de Noël.*

canton [kɑ̃tɔ̃] n.m. (anc. prov. *canton* "coin" ; v. 2. *chant*). - **1.** En France, subdivision territoriale d'un arrondissement : *Le conseiller général est l'élu du canton.* - **2.** En Suisse, chacun des États qui composent la Confédération. - **3.** Au Luxembourg, chacune des principales divisions administratives. - **4.** Au Canada, division cadastrale de 100 milles carrés.

cantonade [kɑ̃tɔnad] n.f. (prov. *cantonada* "angle d'une construction" ; v. *canton*). - **1.** Autref., côté de la scène d'un théâtre où se tenaient les spectateurs privilégiés ; par ext., l'intérieur des coulisses. - **2.** Parler, crier à la cantonade, en s'adressant à un personnage qui n'est pas en scène ; assez haut pour être entendu par de nombreuses personnes et sans paraître s'adresser précisément à qqn.

cantonais, e [kɑ̃tɔnɛ, -ɛz] adj. et n. De Canton. ◆ **cantonais** n.m. Dialecte chinois parlé au Guangdong et au Guangxi.

cantonal, e, aux [kɑ̃tɔnal, -o] adj. - **1.** Relatif au canton. - **2.** Élections cantonales, en France, élections des conseillers généraux dans un canton (on dit aussi *les cantonales*).

cantonnement [kɑ̃tɔnmɑ̃] n.m. Établissement temporaire de troupes dans des lieux habités ; lieu où cantonne une troupe : *Cantonnement des troupes chez l'habitant* (syn. campement). *Les soldats restent dans leurs cantonnements.*

cantonner [kɑ̃tɔne] v.t. (de *canton*, au sens de "coin, région"). - **1.** Installer des troupes dans des cantonnements. - **2.** Mettre à l'écart : *Cantonner des bestiaux malades* (syn. isoler). ◆ v.i. S'installer, prendre ses quartiers : *Les troupes cantonneront près de la frontière.* ◆ **se cantonner** v.pr. Se tenir à l'écart ou dans certaines limites : *Se cantonner dans sa chambre* (syn. se claquemurer, se confiner). *Nous nous cantonnerons à cette période* (syn. se borner, se limiter).

cantonnier [kɑ̃tɔnje] n.m. (de *canton*, au sens de "partie [de route] d'un territoire"). - **1.** Ouvrier chargé du bon entretien des routes et chemins, des fossés et talus qui les bordent. - **2.** CH. DE F. Agent occupé à l'entretien et aux travaux de la voie.

cantor [kɑ̃tɔʀ] n.m. (all. *Kantor*, lat. médiév. *cantor*). Musicien chargé du chant liturgique ou de la direction de la chapelle, dans certaines grandes églises allemandes.

canular [kanylaʀ] n.m. (de *canule*). FAM. Action ou propos visant à abuser de la crédulité de qqn : *Monter un canular* (syn. farce, mystification).

canule [kanyl] n.f. (lat. *cannula*, dimin. de *canna* "roseau, tuyau"). Petit tuyau rigide ou semi-rigide, à être introduit dans un orifice (naturel ou non) de l'organisme.

canut, use [kany, -yz] n. (orig. incert., p.-ê. du rad. de 2. *canette*). Ouvrier, ouvrière spécialisés dans le tissage de la soie sur un métier à bras, à Lyon. □ Les canuts se révoltèrent en 1831 afin de faire respecter le tarif minimal qu'ils venaient d'obtenir. Une armée conduite par le duc d'Orléans et Soult écrasa leur mouvement.

canyon n.m. → **cañon.**

C. A. O., sigle de *conception* * assistée par ordinateur.

caoutchouc [kautʃu] n.m. (d'une langue de l'Amérique du Sud). - **1.** Substance élastique et résistante provenant de la coagulation du latex d'arbres tropicaux ou obtenue à partir de certains dérivés du pétrole : *Le caoutchouc naturel provient de l'hévéa, le caoutchouc synthétique est un dérivé du pétrole.* - **2.** Fil, bande ou feuille de cette matière : *Le paquet de fiches est maintenu par un caoutchouc* (syn. élastique). - **3.** VIEILLI. Chaussure, vêtement en caoutchouc ou imperméabilisé au caoutchouc. - **4.** Plante décorative d'appartement. □ Le nom scientifique de cette plante est *Ficus elastica.*

caoutchouter [kautʃute] v.t. Enduire, garnir de caoutchouc : *Caoutchouter une toile pour la rendre imperméable.*

caoutchouteux, euse [kautʃutø, -øz] adj. Qui a l'élasticité, la consistance ou l'aspect du caoutchouc : *Des feuilles caoutchouteuses. Cette viande est caoutchouteuse.*

cap [kap] n.m. (mot prov., lat. *caput* "tête"). - **1.** Pointe de terre qui s'avance dans la mer : *Le cap d'Antibes.* - **2.** Direction de l'axe d'un navire, de l'arrière à l'avant : *Le commandant demande de maintenir le cap, de changer de cap.* - **3.** De pied en cap, des pieds à la tête. ‖ Mettre le cap sur, se diriger vers : *Après Gênes, nous mettrons le cap sur la Sicile.*

C. A. P. [seape] n.m. (sigle de *certificat d'aptitude professionnelle*). En France, diplôme décerné à la fin des études de l'enseignement technique court.

capable [kapabl] adj. (bas lat. *capabilis*, du class. *capere* "prendre, contenir"). - **1.** (Absol.) Qui a les qualités requises par ses fonctions : *Un collaborateur très capable* (syn. compétent, qualifié). - **2.** DR. Qui est légalement apte à exercer certains droits. - **3.** Capable de, qui a le pouvoir de faire qqch, de manifester une qualité, de produire un effet : *Elle est capable de comprendre* (= à même de, apte à). *Être capable de dévouement. Certains sont capables de tout pour réussir* (= ne reculent devant rien). - **4.** MATH. Arc capable associé à un angle α et à deux points A et B, arc de cercle composé de tous les points à partir desquels le segment AB est vu sous un angle constant et égal à α.

capacité [kapasite] n.f. (lat. *capacitas*, de *capax, -acis* "qui peut contenir"). - **1.** Quantité que peut contenir un récipient : *La capacité de la cuve est de cent litres* (syn. contenance). - **2.** Aptitude à faire, à comprendre qqch : *Je commence à douter de sa capacité à nous faire cette réparation* (syn. aptitude, compétence). *Cette tâche est au-dessus de ses capacités* (syn. moyens, possibilités). - **3.** DR. Aptitude d'une personne à exercer ou à acquérir un droit : *Les mineurs ne jouissent pas de la capacité civile.* - **4.** ÉLECTR. Quantité d'électricité que peut restituer un accumulateur lors de sa décharge ; quotient de la charge d'un condensateur par la différence de potentiel entre ses armatures. - **5.** Capacité en droit, diplôme délivré par les facultés de droit aux élèves non bacheliers (après examen au bout de deux années d'études). ‖ Capacité thoracique ou vitale, la plus grande quantité d'air qu'on puisse faire entrer dans les poumons en partant de l'état d'expiration forcée. □ Elle est de 3,5 l en moyenne chez l'adulte. ‖ Mesure de capacité, récipient utilisé pour mesurer le volume des liquides et des matières sèches. ‖ INFORM. Capacité d'une mémoire électronique, quantité d'informations qu'elle peut contenir. ‖ PHYS. Capacité calorifique ou thermique, quantité de chaleur qu'il faut fournir à un corps pour augmenter sa température de 1 kelvin.

caparaçon [kapaʀasɔ̃] n.m. (esp. *caparazón*, p.-ê. de *capa* "manteau" ; v. *cape*). Housse d'ornement pour les chevaux, dans une cérémonie.

caparaçonner [kapaʀasɔne] v.t. - **1.** Couvrir un cheval d'un caparaçon : *Une jument caparaçonnée d'argent.* - **2.** Recouvrir entièrement qqn, une partie du corps, de qqch d'épais, qui protège : *Il est caparaçonné dans sa pelisse.*

cape [kap] n.f. (prov. *capa*, bas lat. *cappa* ; v. *chape*). - **1.** Manteau ample, plus ou moins long, porté sur les épaules, avec ou sans fentes pour passer les bras : *Une cape de fourrure.* - **2.** Feuille de tabac qui forme l'enveloppe, la robe d'un cigare. - **3.** Film, roman de cape et d'épée, film, roman d'aventures, qui met en scène des héros chevaleresques et batailleurs. ‖ Rire sous cape, rire à part soi, en cachette. ‖ MAR. Être, mettre à la cape, interrompre sa route pour parer le mauvais temps (et, pour cela, gréer une petite voile très solide appelée *voile de cape*).

capeline [kaplin] n.f. (it. *cappellina*, de *capello* "chapeau"). Chapeau de femme à grands bords souples.

C. A. P. E. S. [kapɛs] n.m. inv. (sigle de *certificat d'aptitude au professorat de l'enseignement du second degré*). Concours de recrutement des professeurs de l'enseignement secondaire français ; grade que confère la réussite à ce concours.

capésien, enne [kapezjɛ̃, -ɛn] n. Titulaire du C. A. P. E. S. (syn. certifié).

C. A. P. E. T. [kapɛt] n.m. (sigle de *certificat d'aptitude au professorat de l'enseignement technique*). Concours de recrutement des professeurs de l'enseignement technique français ; grade que confère la réussite à ce concours.

capétien, enne [kapesjɛ̃, -ɛn] adj. et n. Relatif à la dynastie des Capétiens.

capharnaüm [kafaʀnaɔm] n.m. (de *Capharnaüm*). Endroit très encombré et en désordre : *Cet appartement est un vrai capharnaüm !*

cap-hornier [kapɔʀnje] n.m. (pl. *cap-horniers*). - **1.** Autref., grand voilier qui suivait les routes doublant le cap Horn. - **2.** Marin, capitaine naviguant sur ces voiliers.

1. capillaire [kapilɛʀ] adj. (lat. *capillaris*, de *capillus* "cheveu"). - **1.** Qui se rapporte aux cheveux : *Soins capillaires.* - **2.** Fin comme un cheveu : *Tube capillaire.* - **3.** ANAT. Vaisseau capillaire, vaisseau filiforme à parois très fines, qui unit les artérioles aux veinules, permettant les échanges nutritifs et gazeux entre le sang et les cellules (on dit aussi *un capillaire*).

2. capillaire [kapilɛʀ] n.m. BOT. Fougère à pétioles noirs longs et fins, qui pousse dans les fentes de rochers et de murs. □ Haut. 10 à 20 cm ; famille des polypodiacées.

capillarité [kapilaʀite] n.f. Ensemble des phénomènes physiques (tension capillaire) qui se produisent à la surface d'un liquide, notamm. dans les tubes capillaires : *La capillarité joue un rôle dans la montée de la sève.*

capilotade [kapilɔtad] n.f. (esp. *capirotada* "ragoût", de *capirote* "capuchon", du même rad. que le fr. *chape*). FAM. **En capilotade,** en mauvais état à la suite d'efforts prolongés ou de mauvais traitements : *J'ai les pieds en capilotade après cette course.* ‖ **Mettre, être en capilotade,** réduire, être réduit en menus morceaux, en bouillie : *Les œufs étaient en capilotade au fond du panier. Des voyous lui ont mis le visage en capilotade.*

capitaine [kapitɛn] n.m. (bas lat. *capitaneus* "qui est en tête" puis "chef", du class. *caput, -itis* "tête"). **- 1.** Officier des armées de terre et de l'air dont le grade est situé entre celui de lieutenant et celui de commandant : *Capitaine de gendarmerie.* **-2.** Officier qui commande un navire de commerce. **-3.** Chef d'une équipe sportive : *Le capitaine du quinze de France.* **-4.** AFR. Poisson osseux apprécié pour sa chair. □ Famille des polynémidés. **-5.** Capitaine au long cours, officier de la marine marchande pouvant assurer le commandement des navires les plus importants. □ Le brevet de capitaine au long cours a cessé d'être délivré en 1981 ; il est remplacé par celui de capitaine de 1re classe de la navigation maritime. ‖ **Capitaine de corvette, de frégate, de vaisseau,** grades successifs des officiers supérieurs dans la marine militaire française.

capitainerie [kapitɛnʀi] n.f. **- 1.** Bureau d'un capitaine de port. **-2.** Circonscription administrative de l'Ancien Régime.

1. **capital, e, aux** [kapital, -o] adj. (lat. *capitalis,* de *caput, -itis* "tête"). **- 1.** Considéré comme essentiel ; qui prime tout le reste : *C'est capital pour lui d'avoir cet argent* (syn. essentiel, indispensable). *Tu as commis une erreur capitale* (syn. majeur ; contr. minime). *La question est capitale* (syn. primordial ; contr. secondaire). *Elle a joué un rôle capital dans la négociation* (syn. décisif ; contr. accessoire). **-2.** Exécution capitale, mise à mort d'un condamné. ‖ **Lettre capitale,** lettre majuscule (on dit aussi *une capitale*). ‖ **Péchés capitaux,** les sept péchés qui sont considérés comme source de tous les autres : *Les sept péchés capitaux sont l'orgueil, l'avarice, la luxure, l'envie, la gourmandise, la colère et la paresse.* ‖ **Peine capitale,** peine de mort.

2. **capital** [kapital] n.m. (de *1. capital*) [pl. *capitaux*]. **- 1.** Ensemble des biens, monétaires ou autres, possédés par une personne ou une entreprise, constituant un patrimoine et pouvant rapporter un revenu : *Leur capital n'est pas négligeable.* **-2.** Somme d'argent représentant l'élément principal d'une dette et produisant des intérêts : *Un capital rapportant cinq mille francs d'intérêt chaque année.* **-3.** Pour les marxistes, produit d'un travail collectif qui n'appartient pas à ceux qui le réalisent, mais au propriétaire des moyens de production. **-4.** Ensemble des biens intellectuels, spirituels, moraux : *Notre pays possède un riche capital artistique* (syn. patrimoine, trésor). **-5.** DR. Capital social, montant des sommes ou des biens apportés à une société et de leur accroissement ultérieur, et figurant au passif des bilans. ◆ **capitaux** n.m. pl. **- 1.** Actifs dont dispose une entreprise : *Des capitaux considérables ont été employés à la modernisation de l'entreprise* (syn. fonds). **-2.** ÉCON. Capitaux flottants ou fébriles, capitaux qui passent rapidement d'une place à une autre pour profiter des variations des taux d'intérêt.

capitale [kapital] n.f. (de [*ville*] *capitale* et [*lettre*] *capitale*). **- 1.** Ville où siège le gouvernement d'un État : *Madrid est la capitale de l'Espagne.* **-2.** Ville devenue un centre très actif d'industries, de services : *Milan, capitale économique de l'Italie.* **-3.** IMPR. Lettre majuscule : *Titre en capitales.*

capitalisable [kapitalizabl] adj. Qui peut être capitalisé.

capitalisation [kapitalizasjɔ̃] n.f. **- 1.** Action de capitaliser : *Capitalisation des intérêts.* **-2.** Capitalisation boursière, calcul de la valeur d'une société d'après le cours et le nombre de ses actions.

capitaliser [kapitalize] v.t. **- 1.** Ajouter au capital les intérêts qu'il produit : *Au lieu de dépenser les intérêts qu'il perçoit, il les capitalise* (syn. thésauriser). **-2.** Accumuler en vue d'un profit ultérieur : *Capitaliser des connaissances* (syn. amasser, emmagasiner). **-3.** Calculer un capital à partir du taux d'intérêt servi.

capitalisme [kapitalism] n.m. (de *2. capital*). **- 1.** Système économique et social fondé sur la propriété privée des moyens de production et d'échange. **-2.** Selon la théorie marxiste, régime économique, politique et social qui est régi par la recherche de la plus-value grâce à l'exploitation des travailleurs par ceux qui possèdent les moyens de production et d'échange.

capitaliste [kapitalist] n. et adj. (de *2. capital*). **- 1.** Personne qui possède des capitaux et les investit dans des entreprises. **-2.** FAM. Personne très riche (péjor.). ◆ adj. Qui se rapporte au capitalisme : *Régime capitaliste.*

capiteux, euse [kapitø, -øz] adj. (it. *capitoso,* du lat. *caput, -itis* "tête"). Qui porte à la tête et enivre : *Parfum capiteux* (syn. enivrant, grisant). *Vin capiteux.*

capiton [kapitɔ̃] n.m. (it. *capitone* "grosse tête", du lat. *caput, -itis* "tête"). - **1.** Bourre de soie ou de laine employée pour le capitonnage des sièges. - **2.** Garniture de siège, de lit, etc., à piqûres losangées et boutons (syn. capitonnage). - **3.** PHYSIOL. Épaississement du tissu adipeux sous-cutané.

capitonnage [kapitɔnaʒ] n.m. - **1.** Action de capitonner : *Le capitonnage d'un fauteuil.* - **2.** Rembourrage d'un siège, d'un lit, etc. : *Le capitonnage de la porte est déchiré* (syn. capiton).

capitonner [kapitɔne] v.t. Rembourrer avec du capiton ou une autre matière : *Faire capitonner sa porte d'entrée.*

capitulaire [kapitylɛʀ] adj. (lat. médiév. *capitularis*, du class. *capitulum* ; v. *chapitre*). Qui se rapporte à un chapitre de chanoines, de religieux : *Salle capitulaire.*

capitulation [kapitylasjɔ̃] n.f. - **1.** Action de capituler : *Capitulation sans conditions* (syn. reddition). - **2.** Convention réglant la reddition d'une place, des forces militaires d'un pays : *Des officiers des deux armées discutèrent les articles de la capitulation.* - **3.** Abandon d'une opinion, en totalité ou en partie, devant une force, un intérêt supérieurs : *Son silence équivaut à une capitulation* (syn. renoncement).

capitule [kapityl] n.m. (lat. *capitulum*, dimin. de *caput, -itis* "tête"). BOT. Inflorescence formée de petites fleurs serrées les unes contre les autres et insérées sur le pédoncule élargi en plateau : *Les capitules de la marguerite.*

capituler [kapityle] v.i. (lat. médiév. *capitulare*, du class. *capitulum* "article, clause", de *caput, -itis* "tête"). - **1.** Abandonner par force ou par raison une opinion, une position que l'on soutenait : *Ce cas est trop difficile, je capitule !* (syn. renoncer). *Je ne capitulerai pas devant leurs menaces* (syn. céder, s'incliner). - **2.** Se rendre à l'ennemi : *Bazaine capitula dans Metz en 1870* (syn. se rendre).

caporal [kapɔʀal] n.m. (it. *caporale*, de *capo* "tête") [pl. *caporaux*]. - **1.** Militaire d'un grade immédiatement supérieur à celui de soldat dans les armées de terre et de l'air. - **2.** Tabac à fumer de goût français. ◆ **caporal-chef** n.m. (pl. *caporaux-chefs*). Militaire dont le grade est situé entre celui de caporal et celui de sergent.

1. capot [kapo] n.m. (de *cape*). - **1.** Partie mobile de la carrosserie d'une automobile recouvrant et protégeant le moteur : *Ouvrir, fermer le capot.* - **2.** Couvercle amovible protégeant les parties fragiles ou dangereuses d'une machine : *Le capot d'une machine à écrire, d'une bétonnière.* - **3.** MAR. Pièce de toile protégeant les objets contre la pluie. - **4.** MAR. Trou à fermeture étanche par lequel on pénètre dans un sous-marin.

2. capot [kapo] adj. inv. (orig. incert., p.-ê. de *se caper, s'acaper*, mots de l'Ouest "se cacher, se renfrogner"*, de *cape*). Qui n'a fait aucune levée, en parlant d'un joueur de cartes : *Elle est capot chaque fois.*

capote [kapɔt] n.f. (de *cape*). - **1.** Toit mobile d'une voiture (cabriolet), d'un landau, etc., en matériau souple. - **2.** Manteau des troupes à pied. - **3.** FAM. Capote anglaise, préservatif masculin.

capoter [kapɔte] v.i. (probabl. du prov. [*faire*] *cabot* "saluer", de *cap* "tête" ; v. *cap*). - **1.** Chavirer, se renverser, en parlant d'un bateau. - **2.** Se retourner complètement, en parlant d'une voiture ou d'un avion : *L'auto a capoté dans le virage* (= faire un tonneau ; syn. culbuter). - **3.** Ne pas aboutir, en parlant d'un projet, d'une entreprise : *Ce nouveau retard va faire capoter le projet* (syn. échouer).

cappuccino [kaputʃino] n.m. (mot it. ; v. *capucin*). Café au lait mousseux.

câpre [kɑpʀ] n.f. (it. *cappero*, lat. *capparis*, du gr.). Bouton à fleur du câprier qui se confit dans le vinaigre et sert de condiment.

caprice [kapʀis] n.m. (it. *capriccio* "frisson", dérivé de *capo* "tête"). - **1.** Désir, exigence soudains et irréfléchis : *Faire des caprices. Céder aux caprices de qqn* (syn. fantaisie, lubie). - **2.** Amour très passager, peu sérieux ; amourette. - **3.** Changement auquel sont exposées certaines choses : *Les caprices de la mode* (syn. variation ; contr. constance). - **4.** Morceau instrumental ou vocal de forme libre.

capricieusement [kapʀisjøzmɑ̃] adv. De façon capricieuse, fantasque : *Cesse d'agir capricieusement.*

capricieux, euse [kapʀisjø, -øz] adj. et n. Qui agit par caprice : *Tu es trop capricieux !* (syn. fantasque, lunatique). ◆ adj. Sujet à des changements brusques, imprévus : *Un temps capricieux* (syn. changeant, irrégulier).

capricorne [kapʀikɔʀn] n.m. (lat. *capricornus*, de *caper, capri* "bouc" et *cornu* "corne"). Insecte coléoptère aux longues antennes. □ Famille des cérambycidés. ◆ n. inv. et adj. inv. Personne née sous le signe du Capricorne : *Ils sont capricorne.*

câprier [kɑpʀije] n.m. Arbuste épineux méditerranéen qui produit les câpres. □ Famille des capparidacées.

caprin, e [kapʀɛ̃, -in] adj. et n.m. (lat. *caprinus*, de *capra* "chèvre"). - **1.** Relatif à la chèvre : *Élevage caprin.* - **2.** Caprins, sous-famille de bovidés, aux cornes rabattues en arrière et marquées de côtes, tels que la chèvre, le bouquetin, etc.

capsule [kapsyl] n.f. (lat. *capsula*, dimin. de *capsa* "boîte"). - **1.** Petit couvercle en métal ou en plastique pour boucher une bouteille :

Enlever la capsule d'une bouteille d'eau minérale.
- **2.** ANAT. Membrane fibreuse ou élastique enveloppant un organe ou une articulation : *Capsule surrénale.* - **3.** Enveloppe soluble de certains médicaments de saveur désagréable. - **4.** BOT. Fruit sec qui s'ouvre par des fentes (œillet) ou des pores (pavot). - **5.** CHIM. Petit récipient hémisphérique pour porter les liquides à ébullition. - **6.** Capsule spatiale. Petit véhicule spatial récupérable.

capsule-congé [kapsylkɔ̃ʒe] n.f. (pl. *capsules-congés*). Attestation de paiement de droits sur les vins et alcools, sous forme de capsule à apposer sur chaque bouteille.

capsuler [kapsyle] v.t. Garnir d'une capsule une bouteille, son goulot : *Machine à capsuler.*

captation [kaptasjɔ̃] n.f. (de *capter*). DR. Fait de s'emparer d'une succession ou d'arracher une libéralité à qqn par des manœuvres répréhensibles : *Captation d'héritage.*

capter [kapte] v.t. (lat. *captare* "chercher à prendre"). - **1.** Recevoir au moyen d'appareils radioélectriques : *Capter une émission. Capter un message de l'ennemi* (syn. intercepter). - **2.** Recueillir une énergie, un fluide, etc., pour l'utiliser : *Capter le rayonnement solaire.* - **3.** Assurer le passage du courant électrique du réseau au moteur d'un véhicule (génér. ferroviaire). - **4.** Obtenir, gagner par ruse : *Il a su capter sa confiance* (syn. se concilier, gagner).

capteur [kaptœr] n.m. (de *capter*). - **1.** Dispositif qui délivre, à partir d'une grandeur physique, une autre grandeur, souvent électrique, fonction de la première et directement utilisable pour la mesure ou la commande. (On dit parfois *un senseur* [anglic. déconseillé].) - **2.** Capteur solaire. Dispositif recueillant l'énergie solaire pour la transformer en énergie thermique ou électrique.

captieux, euse [kapsjø, -øz] adj. (lat. *captiosus*, de *captio* "piège"). LITT. Qui vise à tromper par une apparence de vérité ou de raison : *Des arguments captieux* (syn. fallacieux, spécieux, trompeur).

captif, ive [kaptif, -iv] n. et adj. (lat. *captivus*, de *capere* "prendre"). LITT. Prisonnier de guerre : *Des généraux captifs marchaient en tête de la colonne. Tous les captifs furent enfermés.*

captivant, e [kaptivɑ̃, -ɑ̃t] adj. (de *captiver*). Qui captive : *Il a fait un récit captivant de son voyage* (syn. palpitant, prenant). *Un personnage captivant* (syn. passionnant).

captiver [kaptive] v.t. (bas lat. *captivare* "faire captif" ; v. *captif*). Attirer l'attention, tenir sous le charme : *Professeur qui sait captiver l'attention de ses élèves* (syn. conquérir, retenir). *Ce livre me captive* (syn. enchanter, passionner).

captivité [kaptivite] n.f. (lat. *captivitas* ; v. *captif*). État de prisonnier ; privation de liberté : *Sa longue captivité l'a épuisé* (syn. détention).

capture [kaptyr] n.f. (lat. *captura*, de *capere* "prendre"). - **1.** Action de capturer ; fait d'être capturé : *Dès la capture du sous-marin, l'équipage s'est rendu.* - **2.** Être ou chose capturé : *Après la pêche, il s'est fait photographier sa capture à la main* (syn. prise). - **3.** GÉOGR. Détournement d'une section d'un cours d'eau par une rivière voisine.

capturer [kaptyre] v.t. (de *capture*). S'emparer par la force d'un être vivant : *Capturer un voleur* (syn. arrêter). *Capturer un renard* (syn. attraper, prendre).

capuche [kapyʃ] n.f. (var. picarde de *capuce*, it. *cappuccio* "capuchon", du bas lat. *cappa* ; v. *chape*). Capuchon d'un vêtement.

capuchon [kapyʃɔ̃] n.m. (de *capuche*). - **1.** Partie d'un vêtement en forme de bonnet ample, qui recouvre la tête ou peut se rabattre dans le dos (syn. capuche). - **2.** Bouchon d'un stylo, d'un tube, etc. - **4.** ZOOL. Partie élargie du cou des najas en position de combat.

capucin, e [kapysɛ̃, -in] n. (it. *cappuccino*, dimin. de *cappuccio* "capuchon" ; v. *capuche*). Religieux, religieuse d'une branche réformée de l'ordre des Frères mineurs, créée au XVIe s.

capucine [kapysin] n.f. (de *capuce* "capuchon" ; v. *capuche*). Plante ornementale originaire d'Amérique du Sud, à feuilles rondes et à fleurs orangées. □ Famille des tropéolacées.

caque [kak] n.f. (du néerl. *caken* "couper les ouïes d'un poisson"). Barrique pour presser et conserver les harengs salés ou fumés.

caquelon [kaklɔ̃] n.m. (de *kakel*, mot alémanique et alsacien "casserole de terre"). Poêlon assez profond en terre ou en fonte : *Un caquelon à fondue.*

caquet [kakɛ] n.m. (de *caqueter*). - **1.** Cri, gloussement de la poule qui va pondre ou qui a pondu. - **2.** Bavardage indiscret : *Je ne pouvais plus supporter son caquet* (syn. verbiage). - **3.** Rabattre le caquet à qqn, le faire taire ; le remettre à sa place : *Cet argument lui a rabattu le caquet.*

caquetage [kaktaʒ] et **caquètement** [kakɛtmɑ̃] n.m. Cri de la poule sur le point de pondre ou qui vient de pondre.

caqueter [kakte] v.i. (orig. onomat.) [conj. 27]. - **1.** Émettre un caquetage, en parlant de la poule sur le point de pondre ou qui a pondu. - **2.** Bavarder, parler sans arrêt et de choses futiles : *Cessez de caqueter au fond de la classe !* (syn. jacasser).

1. car [kar] conj. coord. (lat. *quare*, "c'est pourquoi"). Dans une relation de causalité, introduit la raison, l'explication : *Il est parti car il était pressé* (syn. parce que).

2. car [kaʀ] n.m. (abrév.). Autocar.

carabe [kaʀab] n.m. (lat. *carabus* "langouste", du gr.). Insecte coléoptère à corps allongé et à longues pattes, qui dévore les insectes, les escargots, etc., d'où peut-être le nom de *jardinière* donné au carabe doré. □ Long. 2 cm ; famille des carabidés.

carabin [kaʀabɛ̃] n.m. (orig. incert., p.-ê. du moyen fr. *escarrabin* "qui ensevelit les pestiférés", à rapprocher de *escarbot*, n. d'un insecte fouisseur, du lat. *scarabeus* "scarabée"). FAM. Étudiant en médecine.

carabine [kaʀabin] n.f. (de *carabin*, au sens de "soldat de cavalerie"). Fusil léger, souvent court, à canon rayé, utilisé comme arme de guerre, de chasse ou de sport.

carabiné, e [kaʀabine] adj. (de [*brise*] *carabinée* "brise soufflant violemment", de *carabin* ; v. *carabine*). FAM. Très fort ; intense : *Une fièvre carabinée.*

carabinier [kaʀabinje] n.m. - **1.** Soldat à cheval ou à pied, armé d'une carabine (xviiᵉ-xixᵉ s.). - **2.** FAM. Arriver comme les carabiniers, arriver trop tard (par allusion à un refrain d'une opérette d'Offenbach).

caraco [kaʀako] n.m. (orig. obsc.). - **1.** Corsage droit, à manches et basques, flottant sur la jupe ou cintré, porté autref. par les femmes à la campagne. - **2.** Sous-vêtement féminin droit et court, couvrant le buste, souvent porté avec une culotte assortie.

caracoler [kaʀakɔle] v.i. (de l'esp. *caracol* "limaçon", d'orig. obsc.). - **1.** Sauter avec légèreté de divers côtés : *Le cheval du colonel se mit à caracoler.* - **2.** Occuper une place dominante, sans grand risque d'être concurrencé : *Caracoler en tête du peloton, des sondages.*

caractère [kaʀaktɛʀ] n.m. (lat. *character*, gr. *kharaktêr* "signe gravé"). - **1.** Manière habituelle de réagir propre à chaque personne : *Il a un caractère très passionné* (syn. personnalité, tempérament). *Caractère flegmatique* (syn. nature, naturel). - **2.** Affirmation plus ou moins forte de soi ; force d'âme : *Manquer de caractère* (syn. énergie, fermeté). - **3.** Ce qui donne à qqch son originalité : *Construction sans caractère* (syn. cachet, personnalité, style). - **4.** Marque distinctive de qqch ou de qqn ; état ou qualité propre de qqn, de qqch : *Un caractère d'authenticité* (syn. air, aspect). - **5.** BIOL. Signe distinctif qui exprime l'aspect remarquable de qqch : *Les caractères dominants de la race humaine* (syn. caractéristique). - **6.** Petite pièce de métal fondu dont l'empreinte forme le signe d'imprimerie. - **7.** Lettre ou signe d'un dessin ou d'un style

particulier servant à la composition ou à l'impression des textes : *Caractère gras, romain, italique.* - **8.** Élément, symbole d'une écriture : *Caractères arabes, chinois* (= signes graphiques). *Apprendre à tracer les caractères du français* (syn. lettre). - **9.** INFORM. Symbole (lettre, chiffre, etc.) pouvant faire l'objet d'un traitement. - **10.** INFORM. Quantité d'information (6 à 8 bits en génér.), considérée comme unité d'information à traiter par certains organes d'un ordinateur. - **11.** Caractère acquis, trait distinctif qui apparaît chez un individu sous l'influence de facteurs extérieurs. ‖ Caractère inné, particularité transmissible génétiquement et représentant un ou plusieurs gènes.

caractériel, elle [kaʀakteʀjɛl] n. et adj. Personne (en partic. enfant ou adolescent) dont l'intelligence est normale mais dont le comportement affectif et social est en rupture continuelle avec le milieu où elle vit. ◆ adj. Qui affecte le caractère : *Trouble caractériel.*

caractérisé, e [kaʀakteʀize] adj. Qui est nettement marqué : *Une insolence caractérisée* (syn. net ; contr. anodin).

caractériser [kaʀakteʀize] v.t. - **1.** Décrire par un caractère distinctif : *Je caractériserai ce spectacle en disant que c'est une imposture* (syn. définir). - **2.** Constituer le trait dominant de qqn, de qqch : *L'humour plus ou moins caractérise cet homme.* ◆ se caractériser v.pr. [par]. Avoir pour signe distinctif : *La rougeole se caractérise par une éruption.*

caractéristique [kaʀakteʀistik] adj. Qui caractérise : *Toux caractéristique de la grippe* (syn. typique). ◆ n.f. - **1.** Ce qui constitue le caractère distinctif de qqn ou de qqch : *Les caractéristiques d'une nouvelle moto.* - **2.** MATH. Partie entière d'un logarithme décimal.

caractérologie [kaʀakteʀɔlɔʒi] n.f. Étude psychologique des caractères individuels pour en élaborer des classifications en types et en tempéraments.

caracul n.m. → **karakul.**

carafe [kaʀaf] n.f. (it. *caraffa*, p.-ê. de l'ar. *garrafa*). - **1.** Bouteille à base large et à col étroit ; son contenu : *Une carafe en cristal. Une carafe de vin blanc.* - **2.** FAM. Être, rester en carafe, être laissé de côté ; être en panne, bloqué quelque part : *Ils sont tous partis, je suis restée en carafe.*

carafon [kaʀafɔ̃] n.m. Petite carafe.

caraïbe [kaʀaib] adj. et n. Relatif à la Caraïbe ; qui y vit, en est originaire. ◆ n.m. Groupe de langues indiennes de la Caraïbe.

carambolage [kaʀɑ̃bɔlaʒ] n.m. Fait de caramboler, se de caramboler : *Carambolage dû au verglas* (syn. collision).

caramboler [kaʀɑ̃bɔle] v.i. (de *carambole*, n. d'un fruit exotique rouge, puis "bille de

billard", du marathe par le port. et l'esp.).
Toucher avec une bille (les deux autres), au
billard. ◆ v.t. FAM. En parlant d'un véhicule
automobile, heurter plusieurs obstacles ou
d'autres véhicules : *La voiture a dérapé et en a
carambolé trois autres* (syn. tamponner, percuter).

carambouillage [kaʀɑ̃bujaʒ] n.m. et **carambouille** [kaʀɑ̃buj] n.f. (altér. de *carambole* ; v. *caramboler*). Escroquerie qui consiste à revendre au comptant une marchandise sans avoir fini de la payer.

caramel [kaʀamɛl] n.m. (mot esp., p.-ê. du bas lat. *calamellus*, dimin. du class. *calamus* "roseau", en raison de la forme du sucre durci). - **1.** Sucre fondu et roussi par l'action de la chaleur : *Un gâteau nappé de caramel.* - **2.** Bonbon fait avec du sucre, un corps gras (crème, lait) et un parfum : *Caramels mous, durs.* ◆ adj. inv. D'une couleur entre le beige et le roux : *Des foulards caramel.*

caramélisation [kaʀamelizasjɔ̃] n.f. Réduction du sucre en caramel sous l'effet de la chaleur.

caramélisé, e [kaʀamelize] adj. Additionné ou recouvert de caramel ; qui a le goût du caramel : *Crème caramélisée.*

caraméliser [kaʀamelize] v.i. Se transformer en caramel, en parlant du sucre. ◆ v.t. Recouvrir de caramel.

carapace [kaʀapas] n.f. (esp. *carapacho*, d'orig. obsc.). - **1.** Revêtement squelettique, dur et solide qui protège le corps de certains animaux (tortues, crustacés, etc.). - **2.** Ce qui isole qqn des contacts extérieurs, le met à l'abri des agressions de toutes sortes.

carassin [kaʀasɛ̃] n.m. (lat. scientif. *carassius*, d'orig. slave). Poisson d'eau douce voisin de la carpe : *Le carassin doré est appelé aussi « poisson rouge ».*

carat [kaʀa] n.m. (lat. médiév. *caratus*, ar. *qīrāt* "petit poids", du gr.). - **1.** Quantité d'or fin contenu dans un alliage, exprimée en vingt-quatrièmes de la masse totale : *L'or à vingt-quatre carats est de l'or pur.* - **2.** Unité de mesure de masse de 2 d, employée dans le commerce des diamants et des pierres précieuses. - **3.** FAM. Dernier carat, dernière limite : *Rendez-vous à 16 heures dernier carat.*

caravane [kaʀavan] n.f. (persan *kārwān*). - **1.** Roulotte de camping aménagée pour plusieurs personnes et tirée par une voiture. - **2.** Groupe de voyageurs, de nomades, de marchands qui traversent ensemble un désert, sur des bêtes de somme ou en voiture. - **3.** Groupe de personnes voyageant ensemble : *Caravane d'alpinistes.*

caravanier, ère [kaʀavanje, -ɛʀ] n. - **1.** Personne qui pratique le caravaning. - **2.** Per-

sonne conduisant des bêtes de somme dans une caravane ou faisant partie d'un groupe traversant des régions désertiques.

caravaning [kaʀavaniŋ] n.m. (mot angl.). Camping en caravane. (Recomm. off. *caravanage*.)

caravansérail [kaʀavɑ̃seʀaj] n.m. (persan *kārwnsarāy*, de *sarāy* "habitation"). vx. Hôtellerie pour les caravanes, en Orient.

caravelle [kaʀavɛl] n.f. (port. *caravela*, de *caravo*, bas lat. *carabus* "canot"). Navire rapide et de petit tonnage utilisé aux XVᵉ-XVIᵉ s., surtout pour le voyage de découverte.

carbochimie [kaʀbɔʃimi] n.f. (du lat. *carbo, -onis* "charbon"). Chimie industrielle des produits issus de la houille.

carbonarisme [kaʀbɔnaʀism] n.m. (de *carbonaro*). Mouvement politique dont les membres formaient une société secrète qui lutta contre la domination napoléonienne dans le royaume de Naples (1806-1815) puis contre les souverains italiens et qui se développa aussi en France après 1818.

carbonaro [kaʀbɔnaʀo] n.m. (mot it. "charbonnier") [pl. *carbonaros* ou *carbonari*]. Partisan du carbonarisme.

carbonate [kaʀbɔnat] n.m. Sel ou ester de l'acide carbonique.

carbone [kaʀbɔn] n.m. (lat. *carbo, -onis* "charbon"). - **1.** Corps simple non métallique, constituant l'élément essentiel des charbons et des composés organiques et se présentant sous forme cristallisée (diamant, graphite) ou amorphe (charbon de terre, houille, anthracite, lignite). - **2.** Carbone 14. Isotope radioactif du carbone prenant naissance dans l'atmosphère, et permettant la datation d'échantillons d'origine animale ou végétale. | Oxyde de carbone. Gaz très toxique produit lors d'une combustion incomplète. □ Symb. CO. | Papier carbone. Papier enduit d'une couche pigmentée que l'on peut transférer par pression, utilisé pour obtenir des copies d'un document (on dit aussi *un, du carbone*). - **3.** Cycle du carbone, suite des transformations et des combinaisons du carbone (atmosphère, plantes vertes, animaux, sol puis atmosphère).

1. **carbonifère** [kaʀbɔnifɛʀ] adj. (du lat. *carbo, -onis* "charbon", et de *-fère*). Qui contient du charbon : *Terrain carbonifère* (syn. houiller).

2. **carbonifère** [kaʀbɔnifɛʀ] n.m. (de 1. *carbonifère*). Période de l'ère primaire au cours de laquelle se sont formés les grands dépôts de houille.

carbonique [kaʀbɔnik] adj. **Anhydride** ou **gaz carbonique.** Gaz formé de deux volumes d'oxygène pour un volume de carbone, produit par la combustion des liquides, la respiration des animaux et des plantes (syn. dioxyde de carbone). □ Symb. CO_2.

carbonisation [kaʁbɔnizasjɔ̃] n.f. Transformation d'un corps en charbon, notamm. par combustion.

carboniser [kaʁbɔnize] v.t. (du lat. *carbo, -onis* "charbon"). - **1.** Brûler complètement : *Un gigot carbonisé* (syn. calciner). - **2.** Réduire en charbon : *Carboniser du bois.*

carburant [kaʁbyʁɑ̃] n.m. (de *carbure*). - **1.** Combustible qui alimente un moteur à explosion ou un moteur à combustion interne : *L'essence est un carburant.* - **2.** MÉTALL. Produit utilisé pour enrichir en carbone un métal ou un alliage. - **3.** Carburant additivé → additivé.

carburateur [kaʁbyʁatœʁ] n.m. (de *carbure*). Organe d'un moteur à explosion qui réalise le mélange gazeux d'essence et d'air : *Carburateur d'automobile, d'avion.*

carburation [kaʁbyʁasjɔ̃] n.f. (de *carbure*). - **1.** AUTOM. Formation, dans le carburateur, du mélange d'air et d'essence alimentant le moteur à explosion. - **2.** MÉTALL. Enrichissement du fer en carbone, dans la fabrication de l'acier.

carbure [kaʁbyʁ] n.m. (de *carbone*). - **1.** Combinaison de carbone et d'un autre corps simple : *Carbure d'hydrogène.* - **2.** Carbure de calcium, utilisé dans les lampes à acétylène. □ Symb. CaC_2.

carburé, e [kaʁbyʁe] adj. - **1.** Qui contient du carbure, du carbone. - **2.** Qui résulte du mélange d'air et de carburant : *Mélange carburé.*

carburer [kaʁbyʁe] v.t. (de *carbure*). - **1.** AUTOM. Mélanger un carburant à l'air pour produire la combustion, en parlant d'un moteur à explosion. - **2.** MÉTALL. Carburer le fer, l'enrichir en carbone. ◆ v.i. FAM. - **1.** Faire travailler son esprit : *Carbure un peu, tu trouveras la solution* (syn. réfléchir). - **2.** Carburer à, avoir besoin d'un stimulant pour travailler : *Carburer au whisky.* ‖ Ça carbure, ça va bien, vite, rondement.

carcan [kaʁkɑ̃] n.m. (lat. médiév. *carcannum*, d'orig. obsc.). - **1.** Collier de fer qui servait à attacher le criminel au poteau d'exposition. - **2.** Ce qui entrave la liberté, qui contraint, asservit : *Le carcan du règlement* (syn. joug).

carcasse [kaʁkas] n.f. (orig. obsc.). - **1.** Squelette d'un animal : *Carcasse du cheval. La carcasse du poulet est à la cuisine.* - **2.** FAM. Corps d'une personne : *Sauver sa carcasse* (= sauver sa vie). - **3.** Assemblage de pièces rigides qui assurent la cohésion d'un objet : *La carcasse d'un avion.*

carcéral, e, aux [kaʁseʁal, -o] adj. (du lat. *carcer* "prison"). De la prison ; relatif au régime pénitentiaire : *Un univers carcéral.*

carcinome [kaʁsinɔm] n.m. (gr. *karkinôma*, de *karkinos* "cancer"). Tumeur cancéreuse de la peau.

cardamome [kaʁdamɔm] n.f. (lat. *cardamomum*, du gr.). Plante d'Asie dont les graines odorantes et de saveur poivrée sont souvent employées, au Proche-Orient, pour parfumer le café. □ Famille des zingibéracées.

cardan [kaʁdɑ̃] n.m. (de *Cardan*). Mécanisme permettant la transmission d'un mouvement de rotation dans toutes les directions (appelé aussi *joint de cardan*). □ En automobile, ce mécanisme transmet aux roues motrices et directrices leur mouvement de rotation.

carde [kaʁd] n.f. (prov. *cardo*, lat. *cardus*). Côte comestible des feuilles de cardon et de bette.

carder [kaʁde] v.t. (prov. *cardar*, du rad. du lat. *cardus* "chardon"). Démêler des fibres textiles à l'aide d'un outil (la *carde*) ou d'une machine (la *cardeuse*) : *Laine cardée.*

cardia [kaʁdja] n.m. (gr. *kardia* "cœur"). Orifice supérieur de l'estomac, par lequel il communique avec l'œsophage.

cardial, e, aux [kaʁdjal, -o] adj. et n.m. (de *cardium*, n. d'un coquillage). Se dit d'un faciès porteur du courant néolithique méditerranéen qui amena la première agriculture en Europe occidentale et qui est caractérisé par sa céramique ornée des marques d'un coquillage (le *cardium*). □ Entre le VIIᵉ et le IVᵉ millénaire.

cardialgie [kaʁdjalʒi] n.f. Douleur siégeant dans la région du cœur ou dans la région du cardia.

cardiaque [kaʁdjak] adj. (gr. *kardiakos*, de *kardia* "cœur"). Du cœur : *Artère cardiaque. Malaise cardiaque.* ◆ adj. et n. Atteint d'une maladie du cœur : *Il est cardiaque.*

cardigan [kaʁdigɑ̃] n.m. (mot angl., d'après le n. du comte de *Cardigan*). Veste de tricot, à manches longues, sans col, qui se boutonne jusqu'au cou.

1. cardinal, e, aux [kaʁdinal, -o] adj. (lat. *cardinalis*, de *cardo, -inis* "pivot"). - **1.** Qui forme la partie essentielle ; qui constitue le point fondamental : *L'idée cardinale de son livre* (syn. capital, fondamental ; contr. secondaire). - **2.** Adjectif numéral cardinal, nombre cardinal, adjectif, nom qui exprime la quantité, le nombre précis, sans allusion au rang, à l'ordre (par opp. à *ordinal*) : *Un, deux, vingt, cent, mille, etc., sont des nombres cardinaux.* ‖ Points cardinaux, les quatre points de repère permettant de s'orienter : *Les points cardinaux sont le nord, l'est, le sud, l'ouest.* ‖ CATH. Vertus cardinales, vertus considérées comme fondamentales par la doctrine chrétienne et qui sont la justice, la prudence, la tempérance, la force (par opp. à *vertus théologales*). ◆ **cardinal** n.m. - **1.** Adjectif numéral cardinal : *Trente et cent sont des cardinaux.* - **2.** MATH. Cardinal d'un ensemble fini, nombre des éléments de cet ensemble.

2. **cardinal** [kardinal] n.m. (de *1. cardinal*) [pl. *cardinaux*]. - **1.** Chacun des prélats qui composent le Sacré Collège, lesquels élisent le pape et sont ses conseillers : *Les cardinaux réunis en conclave ont élu le nouveau pape.* □ Les cardinaux sont vêtus de rouge et portent le titre d'« éminence ». - **2.** Oiseau passereau d'Amérique, au plumage rouge écarlate. □ Famille des fringillidés.

cardinalat [kardinala] n.m. Dignité de cardinal.

cardinalice [kardinalis] adj. Des cardinaux : *Siège cardinalice. Revêtir la pourpre cardinalice* (= être nommé cardinal).

cardiographie [kardjɔgrafi] n.f. (de *cardio-* et *-graphie*). Étude et enregistrement graphique de l'activité cardiaque, en partic. des mouvements du cœur.

cardiologie [kardjɔlɔʒi] n.f. (de *cardio-* et *-logie*). Partie de la médecine qui traite du cœur et de ses maladies. ◆ **cardiologue** n. Nom du spécialiste.

cardiomyopathie [kardjɔmjɔpati] n.f. (de *cardio-* et *myopathie*). Affection du myocarde caractérisée par un dysfonctionnement du cœur et évoluant vers l'insuffisance cardiaque.

cardiopathie [kardjɔpati] n.f. (de *cardio-* et *-pathie*). Affection, maladie du cœur.

cardiotonique [kardjɔtɔnik] adj. et n.m. Se dit d'une substance qui stimule l'activité cardiaque (syn. tonicardiaque).

cardio-vasculaire [kardjovaskylɛr] adj. (pl. *cardio-vasculaires*). Qui concerne le cœur et les vaisseaux : *Maladies cardio-vasculaires.* □ L'infarctus du myocarde et l'angine de poitrine sont des maladies cardio-vasculaires.

cardon [kardɔ̃] n.m. (prov. *cardo*[n] ; v. *carde*). Plante potagère vivace, cultivée pour la base charnue (appelée *côte* ou *carde*) de ses feuilles étiolées.

carême [karɛm] n.m. (lat. pop. *quaresima*, du class. *quadragesima* [*dies*] "le quarantième jour"). - **1.** Pour les catholiques, les orthodoxes et les protestants, période de pénitence de quarante-six jours qui s'étend du mercredi des Cendres au jour de Pâques ; jeûne observé pendant cette période : *Faire carême. Rompre le carême.* □ Les restrictions alimentaires qui marquaient jadis le carême ont été limitées, en 1949, au jeûne du mercredi des Cendres et du vendredi saint. - **2.** Arriver comme mars en carême, arriver avec une régularité absolue, comme le mois de mars dans la période du carême. ‖ FAM. Face de carême, visage pâle et défait ou triste et maussade.

carénage [karenaʒ] n.m. (de *caréner*). MAR. - **1.** Action de réparer ou de nettoyer la carène d'un navire ; son résultat. - **2.** Partie d'un port où se fait cette opération. - **3.** Carrosserie aérodynamique recouvrant un organe d'un véhicule : *Le carénage d'un cyclomoteur protège des intempéries.*

carence [karɑ̃s] n.f. (bas. lat. *carencia*, du class. *carere* "manquer"). - **1.** Manque ou insuffisance importante de qqch : *Une carence de la volonté* (syn. défaut). - **2.** Fait pour une personne, une autorité de se dérober devant ses obligations ; situation qui en résulte : *Les carences du pouvoir* (syn. insuffisance). - **3.** MÉD. Absence ou insuffisance d'éléments indispensables à l'organisme : *Carence en vitamines* (syn. manque, déficience). - **4.** DR. Manque de ressources d'un débiteur ; insolvabilité. - **5.** Carence affective, absence ou insuffisance de relations affectives de l'enfant avec sa mère pendant la première enfance. ‖ DR. Délai de carence, période légale pendant laquelle une personne, notamm. un assuré social malade, n'est pas indemnisée.

carencer [karɑ̃se] v.t. (conj. 16). MÉD. Provoquer une carence chez une personne : *Être carencé en sucre.*

carène [karɛn] n.f. (lat. *carina* "coquille de noix", par l'it.). MAR. Partie immergée de la coque d'un navire.

caréner [karene] v.t. (conj. 18). - **1.** Nettoyer, réparer la carène d'un navire. - **2.** Donner une forme aérodynamique à une carrosserie ; pourvoir un véhicule d'un carénage : *Locomotive carénée.*

caressant, e [karesɑ̃, -ɑ̃t] adj. - **1.** Qui caresse, aime à caresser : *Un enfant caressant* (syn. affectueux). - **2.** Qui a la douceur d'une caresse : *Une voix caressante* (syn. douce, suave). *Un regard caressant* (syn. tendre ; contr. dur).

caresse [karɛs] n.f. (it. *carezza*, de *caro*, lat. *carus* "cher"). - **1.** Attouchement tendre, affectueux ou sensuel : *Il couvre son enfant de caresses* (syn. câlin, cajolerie). - **2.** LITT. Frôlement doux et agréable : *Les caresses de la brise.*

caresser [karese] v.t. - **1.** Faire des caresses à : *Caresser un enfant. Caresser un chien.* - **2.** LITT. Effleurer agréablement : *Un vent chaud qui caresse.* - **3.** Caresser une idée, un rêve, etc., en entretenir l'espoir avec complaisance : *Elle caresse le projet de partir depuis longtemps.*

caret [karɛ] n.m. (mot picard, dimin. de *car* "char"). Fil de caret, gros fil de fibres naturelles servant à fabriquer les cordages.

car-ferry [kaʀfeʀi] n.m. (mot angl., de *car* "voiture" et *ferry* "passage") [pl. *car-ferrys* ou *car-ferries*]. Navire qui assure le transport simultané de passagers et de véhicules motorisés ou non. (Recomm. off. *transbordeur* ou *navire transbordeur*.)

cargaison [kaʀɡɛzɔ̃] n.f. (prov. *cargazon*, de *cargar* "charger", lat. *carricare*). - **1.** Ensemble des marchandises transportées par un navire, un avion, un camion, etc. : *Une cargaison de bananes* (syn. chargement, fret). - **2.** FAM. Grande quantité : *Il est arrivé avec une cargaison de jouets.*

cargo [kaʀɡo] n.m. (angl. *cargo-boat* "bateau de charge"). - **1.** Navire réservé au transport des marchandises. - **2.** Cargo mixte, qui transporte quelques passagers en sus de son fret.

cargue [kaʀɡ] n.f. (de *carguer*). Cordage servant à replier ou à serrer une voile contre la vergue ou le mât.

carguer [kaʀɡe] v.t. (probabl. du prov. *cargar* "charger"). MAR. Replier, serrer une voile autour d'une vergue, d'une bôme, d'un mât à l'aide de cargues.

cari n.m. → curry.

cariatide n.f. → caryatide.

caribou [kaʀibu] n.m. (mot algonkin). Renne du Canada.

caricatural, e, aux [kaʀikatyʀal, -o] adj. - **1.** Qui tient de la caricature : *Portrait caricatural* (syn. burlesque). - **2.** Qui déforme la réalité, en insistant sur certains aspects défavorables : *Le compte-rendu caricatural d'un discours* (syn. outré ; contr. conforme, fidèle).

caricature [kaʀikatyʀ] n.f. (it. *caricatura*, de *caricare* "charger", lat. *caricare*). - **1.** Portrait peint ou dessiné de qqn exagérant certains traits du visage, certaines proportions de l'ensemble, dans une intention satirique : *La caricature d'un homme politique. Une caricature cruelle, spirituelle* (syn. charge). - **2.** Déformation satirique ou burlesque de la réalité dans une œuvre littéraire : *Roman qui présente la caricature de la société contemporaine.* - **3.** Représentation infidèle d'une réalité ; reproduction déformée de la réalité : *Ce compte-rendu est une caricature de la vérité* (syn. déformation). *La condamnation était décidée à l'avance, on n'a eu qu'une caricature de procès* (syn. parodie, simulacre). - **4.** FAM. Personne laide, ridiculement accoutrée ou maquillée.

caricaturer [kaʀikatyʀe] v.t. - **1.** Représenter sous forme de caricature : *Caricaturer un personnage public.* - **2.** Reproduire en déformant : *Arrêtez, vous caricaturez ma pensée* (syn. altérer, défigurer).

caricaturiste [kaʀikatyʀist] n. Dessinateur qui fait des caricatures.

carie [kaʀi] n.f. (lat. *caries* "pourriture"). - **1.** Maladie dentaire due à la dégradation progressive de l'émail et de la dentine, aboutissant à la formation d'une cavité. - **2.** Maladie du blé due à un champignon microscopique altérant les graines.

carier [kaʀje] v.t. [conj. 9]. Gâter par l'effet d'une carie : *Une dent malade peut en carier d'autres.* ◆ **se carier** v.pr. Être attaqué par une carie.

carillon [kaʀijɔ̃] n.m. (anc. fr. *quarregnon*, lat. pop. *quadrinio* "groupe de quatre cloches", altér. du bas lat. *quaternio* "groupe de quatre"). - **1.** Série de cloches fixes, frappées de l'extérieur, disposées de manière à fournir une ou plusieurs gammes permettant l'exécution de mélodies : *Le carillon de la cathédrale.* - **2.** Sonnerie de cloches, vive et gaie, du carillon : *Les carillons de Pâques* (par opp. à *glas, tocsin*). - **3.** Horloge sonnant les quarts et les demies, et faisant entendre un air pour marquer les heures.

carillonnement [kaʀijɔnmɑ̃] n.m. Action de carillonner ; son, mélodie produits par un carillon.

carillonner [kaʀijɔne] v.i. - **1.** Sonner en carillon : *Les cloches carillonnent.* - **2.** FAM. Appuyer vivement et longuement sur une sonnette : *Carillonner à une porte.* ◆ v.t. - **1.** Annoncer par un carillon : *Une fête carillonnée.* - **2.** Faire savoir avec bruit : *Carillonner une nouvelle* (syn. claironner).

carillonneur, euse [kaʀijɔnœʀ, -øz] n. Personne chargée du service d'un carillon.

cariste [kaʀist] n.m. (du rad. du lat. *carrus* "chariot"). Conducteur de chariots automoteurs de manutention dans une usine, un entrepôt, etc.

caritatif, ive [kaʀitatif, -iv] adj. (lat. médiév. *caritativus*, du class. *caritas, -atis* "charité"). - **1.** Relatif à la vertu chrétienne de charité. - **2.** Se dit d'associations qui ont pour objet de dispenser aux plus démunis une aide matérielle ou morale.

carlin [kaʀlɛ̃] n.m. (du n. de l'acteur it. *Carlo Bertinazzi*). Petit chien à poil ras et au museau aplati.

carlingue [kaʀlɛ̃ɡ] n.f. (scand. *kerling*). - **1.** Pièce longitudinale placée au fond d'un navire, parallèlement à la quille, pour renforcer la structure. - **2.** Partie du fuselage d'un avion occupée par l'équipage et les passagers.

carliste [kaʀlist] n. et adj. En Espagne, partisan de don Carlos, de ses descendants et du système politique (*carlisme*) qu'ils incarnaient.

carmagnole [kaʀmaɲɔl] n.f. (mot savoyard, du n. de *Carmagnola*, v. du Piémont).

- **1.** Veste courte portée pendant la Révolution. - **2.** (Avec une majuscule). Ronde chantée et dansée en farandole par les révolutionnaires.

carme [kaʀm] n.m. (du n. du mont *Carmel*, en Palestine). Religieux de l'ordre du Carmel, ordre contemplatif institué en Syrie au XIIᵉ s., rangé au XIIIᵉ s. parmi les ordres mendiants. ▢ On distingue les carmes chaussés, fidèles aux règles d'origine, des carmes déchaux ou déchaussés [pieds nus dans des sandales], adeptes de la réforme de saint Jean de la Croix, en 1593.

carmélite [kaʀmelit] n.f. (de *Carmel* ; v. *carme*). Religieuse de la branche féminine de l'ordre du Carmel, demeurée contemplative. ▢ Les carmélites déchaussées suivent la réforme instituée par sainte Thérèse d'Ávila.

carmin [kaʀmɛ̃] n.m. (de l'ar. *qirmiz* "cochenille"). Matière colorante d'un rouge légèrement violacé, tirée autref. de la femelle de la cochenille. ◆ adj. inv. et n.m. De la couleur du carmin.

carminé, e [kaʀmine] adj. Rouge vif.

carnage [kaʀnaʒ] n.m. (var. picarde de l'anc. fr. *charnage*, du rad. de *chair*, lat. *caro, carnis* "chair"). Massacre sanglant : *La prise d'otages s'est terminée par un carnage* (syn. tuerie).

carnassier, ère [kaʀnasje, -ɛʀ] adj. (du prov. *carnassie* "bourreau", de *car[n]* "chair", lat. *caro, carnis*). - **1.** Qui se nourrit de chair crue, de proies vivantes : *Animal carnassier* (syn. carnivore). - **2.** ZOOL. Dent carnassière, grosse molaire coupante des carnivores (on dit aussi une carnassière).

carnassière [kaʀnasjɛʀ] n.f. (prov. *carnassiero* ; v. *carnassier*). Sac pour mettre le gibier (syn. gibecière).

carnation [kaʀnasjɔ̃] n.f. (it. *carnagione*, de *carne* "chair", lat. *caro, carnis*). LITT. Coloration de la peau : *Une carnation délicate* (syn. teint).

carnaval [kaʀnaval] n.m. (it. *carnevale* "mardi gras", de *carne levare* "s'ôter la viande") [pl. *carnavals*]. - **1.** Réjouissances populaires, défilés de chars, se situant dans les jours qui précèdent le mardi gras : *Le carnaval de Nice se déroule en février*. - **2.** (Avec une majuscule). Mannequin grotesque personnifiant le carnaval, enterré ou brûlé le mercredi des Cendres : *Sa Majesté Carnaval*.

carnavalesque [kaʀnavalɛsk] adj. Relatif au carnaval ou qui a le caractère grotesque du carnaval : *Une tenue carnavalesque* (syn. extravagant, grotesque).

carne [kaʀn] n.f. (normand *carne* "charogne", lat. *caro, carnis* "chair"). T. FAM. - **1.** Viande dure. - **2.** Vieux cheval (syn. haridelle).

carné, e [kaʀne] adj. (du lat. *caro, carnis* "chair"). - **1.** Qui est d'une couleur chair : *Œillet carné*. - **2.** Qui se compose de viande : *Alimentation carnée*.

carnet [kaʀnɛ] n.m. (de l'anc. fr. *caer, caern*, bas lat. *quaternio* "groupe de quatre"). - **1.** Petit cahier de poche servant à inscrire des notes, des comptes, des adresses, etc. : *Noter un rendez-vous dans un carnet* (syn. agenda, calepin). - **2.** Assemblage d'imprimés, de tickets, de timbres, de billets, etc., détachables : *Carnet de chèques* (= chéquier). - **3.** Carnet de commandes, ensemble des commandes reçues par une entreprise et qui restent à exécuter ou à livrer : *Notre carnet de commandes est plein*.

carnivore [kaʀnivɔʀ] adj. et n. (lat. *carnivorus*, de *caro, carnis* "chair" et *vorare* "dévorer"). - **1.** Qui se nourrit de chair : *Un animal carnivore* (syn. carnassier). - **2.** Plante carnivore, plante possédant des organes capables de retenir ou de capturer des insectes pour s'en nourrir. ◆ n.m. **Carnivores**, ordre de mammifères terrestres munis de griffes, de fortes canines (*crocs*) et de molaires tranchantes (*carnassières*) adaptées à un régime surtout carné. ▢ On distingue plusieurs familles de carnivores : les canidés (chien, loup, renard), les félidés (chat, panthère, tigre), les viverridés (mangouste), les hyénidés (hyène), les procyonidés (raton laveur), les mustélidés (belette, hermine, putois) et les ursidés (ours).

carolingien, enne [kaʀɔlɛ̃ʒjɛ̃, -ɛn] adj. Des Carolingiens, de leur dynastie.

caroncule [kaʀɔ̃kyl] n.f. (lat. *caruncula*, dimin. de *caro* "chair"). - **1.** ANAT. Excroissance charnue : *Caroncule lacrymale*. - **2.** ZOOL. Excroissance charnue, rouge, ornant la tête et le cou de certains animaux comme le dindon, le coq, le pigeon, le casoar.

carotène [kaʀɔtɛn] n.m. (de *carotte*). BIOL. Pigment jaune ou rouge présent chez les végétaux (carotte surtout) et les animaux (corps jaune de l'ovaire, carapace des crustacés). ▢ Le carotène est utilisé comme colorant alimentaire dans les potages, sauces, charcuteries sous la numérotation E 160.

carotide [kaʀɔtid] n.f. (gr. *karôtis, -idos*, de *karoun* "assoupir"). ANAT. Chacune des artères conduisant le sang du cœur à la tête.

carotte [kaʀɔt] n.f. (lat. *carota*, gr. *karôton*). - **1.** Plante bisannuelle à racine pivotante. ▢ Famille des ombellifères. - **2.** Racine comestible de cette plante, riche en sucre : *Du veau aux carottes*. - **3.** Feuille de tabac à chiquer roulée en forme de carotte. - **4.** Enseigne des bureaux de tabac, évoquant la forme d'une carotte à chiquer. - **5.** Échantillon cylindrique de terrain prélevé en profondeur au moyen de la carotteuse. - **6.** La carotte et le bâton, l'alternance de promesses et de menaces. ‖ FAM. Les carottes sont cuites, le dénouement, génér. fâcheux ou fatal, est proche, inéluctable. ◆ adj. inv. De couleur rouge tirant sur le roux : *Cheveux carotte.*

carotter [kaʁɔte] v.t. (de *carotte,* au sens de "chose de peu de valeur"). - **1.** FAM. Soutirer qqch à qqn par ruse : *Il m'a carotté cent francs.* - **2.** Extraire du sol une carotte de terrain pour l'analyser.

carotteuse [kaʁɔtøz] n.f. et **carottier** [kaʁɔtje] n.m. (de *carotte*). Outil placé à l'extrémité d'une tige de forage et destiné à prélever des échantillons du sous-sol.

caroube [kaʁub] n.f. (lat. médiév. *carrubia,* de l'ar.). Fruit du caroubier, gousse à pulpe sucrée, comestible et active contre la diarrhée.

caroubier [kaʁubje] n.m. Grand arbre méditerranéen à feuilles persistantes, dont le fruit est la caroube. □ Famille des césalpiniacées ; haut. max. 12 m.

carpaccio [kaʁpatʃjo] n.m. (du n. de *Vittore Carpaccio*). Viande de bœuf crue, coupée en fines lamelles nappées d'huile d'olive et de citron.

carpatique [kaʁpatik] adj. Des Carpates.

1. carpe [kaʁp] n.f. (lat. *carpa*). - **1.** Poisson habitant les eaux profondes des rivières et des étangs. □ Famille des cyprinidés. - **2.** Muet comme une carpe, se dit de qqn qui ne dit mot.

2. carpe [kaʁp] n.m. (gr. *karpos* "jointure"). ANAT. Partie du squelette de la main, articulée entre l'avant-bras et le métacarpe.

carpelle [kaʁpɛl] n.m. ou n.f. (du gr. *karpos* "fruit"). BOT. Chacune des pièces florales dont l'ensemble soudé forme le pistil des fleurs.

carpette [kaʁpɛt] n.f. (angl. *carpet,* de l'anc. fr. *carpite,* it. *carpita,* du lat. *carpere* "déchirer"). - **1.** Petit tapis, souvent rectangulaire : *Carpette servant de descente de lit.* - **2.** FAM. Personne servile : *Devant son chef c'est une carpette.*

carpien, enne [kaʁpjɛ̃, -ɛn] adj. ANAT. Du carpe : *Os carpien.*

carquois [kaʁkwa] n.m. (gr. médiév. *tarkasion,* persan *terkech*). Étui à flèches.

carre [kaʁ] n.f. (de *carrer*). - **1.** Angle que forme une face d'un objet avec une des autres faces. - **2.** Épaisseur d'un objet plat coupé à angle droit. - **3.** Baguette d'acier bordant la semelle d'un ski. - **4.** Tranchant de l'arête d'un patin à glace.

1. carré, e [kaʁe] adj. (lat. *quadratus,* de *quadrare* "rendre carré"). - **1.** En parlant d'une surface, qui a quatre angles droits et quatre côtés rectilignes et égaux : *Une table carrée.* - **2.** En parlant d'un solide, dont la base est carrée ou dont un élément dominant est de surface carrée : *La pendulette était emballée dans une boîte carrée* (syn. cubique). - **3.** Qui a des angles plus ou moins nettement marqués : *Épaules carrées* (contr. tombant). *Un visage carré* (contr. allongé, ovale). - **4.** Sans hésitation ni ambiguïté : *Une réponse carrée* (= sans détour ; syn. net ; contr. hésitant). - **5.** Qui fait preuve de franchise et de décision : *Elle est carrée en affaires* (syn. droit, loyal ; contr. fuyant). - **6.** Mètre carré, décimètre carré, mesure de surface équivalant à un carré qui aurait un mètre, un décimètre de côté : *Un appartement de quatre-vingts mètres carrés.* □ On écrit m^2, dm^2. ‖ Racine carrée → racine. ‖ MAR. Voile carrée, rectangulaire, fixée à la vergue horizontalement.

2. carré [kaʁe] n.m. (de *1. carré*). - **1.** Quadrilatère qui a quatre angles droits et quatre côtés égaux : *Calculer la surface d'un carré. Tracer un carré.* □ On obtient l'aire d'un carré en multipliant la mesure de son côté par elle-même. - **2.** MATH. Produit d'un nombre par lui-même : *9 est le carré de 3. Élever un nombre au carré.* □ Tout carré est positif ou nul. - **3.** Figure, surface, objet ayant une forme carrée : *Un carré de ciel bleu. Un carré de papier, de carton.* - **4.** Partie de jardin où l'on cultive une même plante : *Carré de basilic.* - **5.** Foulard court : *Carré de soie* (syn. fichu). - **6.** BOUCH. Ensemble des côtelettes de mouton, de porc : *Un carré d'agneau rôti.* - **7.** Pièce servant de salon, de salle à manger aux officiers d'un navire. - **8.** Ancienne disposition d'une armée faisant front des quatre faces : *La Garde impériale se forma en carré.* - **9.** Réunion de quatre cartes à jouer de même valeur : *Carré d'as.* - **10.** ARG. SCOL. Élève de deuxième année d'une classe préparatoire. - **11.** Carré du transept, croisée d'une église. ‖ MATH. Carré parfait, nombre entier qui est le carré d'un entier.

carreau [kaʁo] n.m. (lat. pop. *quadrellus,* du class. *quadrus* "carré"). - **1.** Petite plaque, génér. carrée, de céramique, de marbre, etc., utilisée en assemblage comme revêtement : *Les murs des toilettes sont recouverts de carreaux de faïence.* - **2.** Sol pavé de carreaux : *Laver le carreau de la cuisine* (syn. carrelage). - **3.** Plaque de verre de fenêtre, de porte. - **4.** Grosse flèche d'arbalète munie d'un fer à quatre faces. - **5.** Dessin de forme carrée servant de motif décoratif : *Étoffe à carreaux verts et noirs.* - **6.** JEUX. Une des quatre couleurs du jeu de cartes français, dont la marque est un losange rouge ; carte de cette couleur : *Il me reste deux carreaux.* - **7.** Coussin sur lequel travaillent les dentellières. - **8.** Carreau des

Halles, à Paris, emplacement qui était situé à l'extérieur des pavillons des anciennes Halles, et où se faisaient les ventes non officielles. ‖ **Carreau d'une mine,** terrain regroupant l'ensemble des installations de surface d'une mine. **- 9.** Mettre au carreau, tracer sur un modèle (dessin, carton) un quadrillage permettant de le reproduire à une échelle différente. ‖ FAM. **Se tenir à carreau,** être sur ses gardes. ‖ FAM. **Sur le carreau,** à terre, assommé ou tué ; éliminé.

carrefour [kaʀfuʀ] n.m. (bas lat. *quadrifurcus* "endroit fourchu en quatre"). **- 1.** Lieu où se croisent plusieurs routes ou rues : *Après le carrefour, vous tournerez à droite* (syn. croisement, embranchement). **- 2.** Situation, circonstance où se présentent diverses lignes de conduite entre lesquelles on doit choisir : *Le voilà arrivé à un carrefour de sa vie.* **- 3.** Lieu où se rencontrent et se confrontent des idées opposées : *Cette revue se veut un carrefour d'opinions.* **- 4.** Rencontre organisée en vue d'une discussion, d'une confrontation d'idées.

carrelage [kaʀlaʒ] n.m. **- 1.** Action de carreler : *Le carrelage de la salle de bains a pris deux jours.* **- 2.** Pavage ou revêtement de carreaux : *Poser un carrelage.*

carreler [kaʀle] v.t. (de *carrel,* forme anc. de *carreau*) [conj. 24]. Revêtir une surface de carreaux : *Carreler un sol.*

carrelet [kaʀlɛ] n.m. (de *carrel,* forme anc. de *carreau*). **- 1.** Poisson marin plat, comestible (syn. plie). □ Famille des pleuronectes ; long. max. 40 cm. **- 2.** Filet de pêche carré monté sur une armature et tenu au bout d'une perche, servant à pêcher le menu poisson.

carreleur [kaʀlœʀ] n.m. Ouvrier qui pose des carrelages.

carrément [kaʀemã] adv. (de *carré*). Avec franchise, sans détour : *Il le lui a dit carrément.*

se carrer [kaʀe] v.pr. (lat. *quadrare* ; v. *carré*). S'installer à l'aise : *Se carrer dans un fauteuil.*

carrier [kaʀje] n.m. (de *2. carrière*). Exploitant, ouvrier d'une carrière.

1. carrière [kaʀjɛʀ] n.f. (anc. prov. *carriera* "chemin de chars", du lat. *carrus* "chariot"). **- 1.** Profession à laquelle on consacre sa vie et comportant des étapes : *Une brochure présentant les carrières de l'enseignement* (syn. métier). *La carrière des armes.* **- 2.** La Carrière, la diplomatie. **- 3.** Grand manège d'équitation en terrain découvert. **- 4.** SOUT. Donner, laisser (libre) carrière à qqch, laisser libre cours à : *Donner libre carrière à sa colère.* ‖ Faire carrière, gravir les échelons d'une hiérarchie.

2. carrière [kaʀjɛʀ] n.f. (lat. pop. **quadraria,* du class. *quadrus* "[pierre] carrée"). Endroit où l'on exploite des produits minéraux non

métalliques ni carbonifères et, en partic., des roches propres à la construction : *Une carrière de sable* (= une sablière).

carriérisme [kaʀjeʀism] n.m. Comportement, état d'esprit d'un carriériste (péjor.).

carriériste [kaʀjeʀist] n. (de *1. carrière*). Personne qui mène une carrière et qui ne cherche par celle-ci qu'à satisfaire son ambition personnelle, souvent sans s'embarrasser de scrupules (péjor.).

carriole [kaʀjɔl] n.f. (anc. prov. *carriola,* du lat. *carrus* "chariot"). Charrette campagnarde à deux roues, parfois recouverte d'une bâche.

carrossable [kaʀɔsabl] adj. (de *carrosse*). Où les voitures peuvent rouler : *Chemin carrossable* (syn. praticable).

carrosse [kaʀɔs] n.m. (it. *carrozza,* du lat. *carrus* "chariot"). **- 1.** Voiture de grand luxe, tirée par des chevaux, à quatre roues, couverte et suspendue : *Le carrosse de la reine d'Angleterre.* **- 2.** La cinquième roue du carrosse, personne peu utile ou considérée comme telle.

carrosser [kaʀɔse] v.t. (de *carrosse*). Munir d'une carrosserie : *Voiture carrossée à l'italienne.*

carrosserie [kaʀɔsʀi] n.f. (de *carrosse*). **- 1.** Revêtement, le plus souvent de tôle, qui habille le châssis d'un véhicule : *La carrosserie a été endommagée par le choc.* **- 2.** Ensemble des industries qui concourent à la fabrication des carrosseries d'automobiles. **- 3.** Habillage d'un appareil ménager.

carrossier [kaʀɔsje] n.m. (de *carrosse*). **- 1.** Professionnel spécialisé dans la tôlerie automobile, qui répare les voitures accidentées. **- 2.** Concepteur, constructeur de carrosseries automobiles.

carrousel [kaʀuzɛl] n.m. (it. *carosela,* d'orig. obsc.). **- 1.** Parade au cours de laquelle les cavaliers exécutent des figures convenues ; lieu où se tient cette parade. **- 2.** Circulation intense ; succession rapide : *Le carrousel des voitures sur la place de la Concorde.* **- 3.** Manège forain. **- 4.** Récipient, dispositif rond et mobile servant à divers usages : *Carrousel pour diapositives.*

carrure [kaʀyʀ] n.f. (de *carré*). **- 1.** Largeur du dos d'une épaule à l'autre : *Homme de forte carrure.* **- 2.** Largeur d'un vêtement entre les épaules. **- 3.** Forte personnalité de qqn : *Homme d'une carrure exceptionnelle* (syn. envergure).

cartable [kaʀtabl] n.m. (du rad. du lat. *charta* "papier"). Sac pour porter des livres, des cahiers, etc. : *Cartable d'écolier.*

carte [kaʀt] n.f. (lat. *charta* "papier"). **- 1.** Document imprimé officiel constatant l'identité de qqn, son appartenance à un groupement, son inscription sur une liste, etc. : *Carte d'électeur. Carte de membre d'un club. Carte d'identité.* - **2.** Carré ou rectangle de bristol portant une inscription : *Carte d'invitation* (syn. bristol). *Carte de visite.* - **3.** Liste des plats ou des boissons qu'on peut choisir dans un restaurant, avec l'indication des prix correspondants (par opp. à *menu*) : *Repas à la carte. La carte des vins.* - **4.** Carton sur lequel sont fixés des petits objets de même nature qui se vendent ensemble : *Carte de boutons.* - **5.** Petit carton fin et rectangulaire, portant sur une face une figure de couleur, avec lequel on joue à divers jeux : *Un jeu de trente-deux cartes. Jouer aux cartes.* - **6.** Représentation conventionnelle, génér. plane, de la répartition dans l'espace de phénomènes concrets ou abstraits : *Carte géographique, géologique. Carte du ciel. Carte sanitaire d'un pays.* - **7.** Petit morceau de matière magnétisée comportant un microprocesseur : *Carte de paiement. Carte à mémoire.* - **8.** INFORM. Matériel pouvant se brancher sur un micro-ordinateur pour en étendre les capacités : *Carte d'extension mémoire.* - **9.** À la carte, selon un libre choix : *Horaires à la carte.* ‖ Brouiller les cartes, créer volontairement la confusion, compliquer une situation. ‖ Carte maîtresse, au jeu, celle qui permet de faire une levée ; au fig., principal moyen de succès : *L'avocat sortit sa carte maîtresse, un témoignage qui fournissait un alibi à l'accusé.* ‖ Donner, laisser carte blanche à qqn, lui accorder l'autorisation, le pouvoir d'agir à sa guise. ‖ Jouer la carte de, s'engager à fond dans une option, un choix : *Jouer la carte de la concertation* (= parier sur). ‖ Jouer sa dernière carte, mettre en œuvre le dernier moyen dont on dispose (= tenter sa dernière chance). ‖ Le dessous des cartes, ce qu'on dissimule d'une affaire, d'un événement, etc. ‖ Mettre, jouer cartes sur table, ne dissimuler aucun élément, aucune information sur qqch. - **10.** INFORM. Carte perforée. Carte assez rigide, de format normalisé, sur laquelle des perforations en forme de petits rectangles codent des informations à traiter en mécanographie. - **11.** Carte (postale). Carte souple et rectangulaire dont le recto présente une photo, un dessin imprimé et dont le verso est destiné à la correspondance ainsi qu'à l'adresse et à l'affranchissement : *As-tu reçu ma carte de Nice ?*

cartel [kaʀtɛl] n.m. (all. *Kartell,* moyen fr. *cartel* "lettre de défi", it. *cartello* "avis écrit", du lat. *charta* "papier"). - **1.** Entente réalisée entre des entreprises indépendantes d'une même branche industrielle afin de limiter ou de supprimer la concurrence (syn. consortium). - **2.** Entente réalisée entre des groupe-

ments professionnels, politiques, etc., en vue d'une action commune : *Le « Cartel des gauches », coalition des partis de gauche qui fut au pouvoir en France de 1924 à 1926.*

carte-lettre [kaʀtəlɛtʀ] n.f. (pl. *cartes-lettres*). Carte mince, pliée en deux, se fermant par des bords gommés, tarifée comme une lettre.

carter [kaʀtɛʀ] n.m. (mot angl., de *Carter,* n. de l'inventeur). Enveloppe protectrice des organes d'un mécanisme, en partic. de la boîte de vitesses d'une automobile.

carte-réponse [kaʀtʀepɔ̃s] n.f. (pl. *cartes-réponses*). Carte, imprimé à remplir pour répondre à un questionnaire.

cartésianisme [kaʀtezjanism] n.m. (de *cartésien*). - **1.** Philosophie de Descartes. - **2.** Tendance, pour un philosophe, à se réclamer de la pensée de Descartes.

cartésien, enne [kaʀtezjɛ̃, -ɛn] adj. et n. (de *Cartesius,* n. lat. de Descartes). - **1.** De Descartes ; relatif à la philosophie, aux œuvres de Descartes. - **2.** Méthodique et rationnel : *Esprit cartésien.* - **3.** MATH. Produit cartésien de deux ensembles E et F, ensemble, noté E × F, des couples (x, y) où $x \in$ E et $y \in$ F. ‖ MATH. Repère cartésien , triplet $(O, \vec{i}, \vec{j})$ ou quadruplet $(O, \vec{i}, \vec{j}, \vec{k})$ formé d'un point O et d'une base de vecteurs $(\vec{i}, \vec{j})$ ou $(\vec{i}, \vec{j}, \vec{k})$ du plan ou de l'espace.

cartilage [kaʀtilaʒ] n.m. (lat. *cartilago*). Tissu résistant et élastique formant le squelette de l'embryon avant l'apparition de l'os et persistant chez l'adulte dans le pavillon de l'oreille, dans le nez, à l'extrémité des côtes. □ Certains poissons (dits *cartilagineux*) comme l'esturgeon, la raie, le requin ont un squelette qui reste à l'état de cartilage.

cartilagineux, euse [kaʀtilaʒinø, -øz] adj. De la nature du cartilage.

cartographie [kaʀtɔgʀafi] n.f. (de *carte* et *-graphie*). - **1.** Ensemble des opérations d'élaboration, de dessin et d'édition des cartes. - **2.** Cartographie automatique, cartographie assistée par ordinateur, faisant appel aux techniques informatiques. ◆ **cartographe** n. Nom du spécialiste.

cartographique [kaʀtɔgʀafik] adj. Relatif à la cartographie.

cartomancie [kaʀtɔmɑ̃si] n.f. (de *carte* et *-mancie*). Procédé de divination fondé sur les combinaisons qu'offrent les cartes.

cartomancien, enne [kaʀtɔmɑ̃sjɛ̃, -ɛn] n. Personne qui pratique la cartomancie.

carton [kaʀtɔ̃] n.m. (it. *cartone,* de *carta* "papier", lat. *charta*). - **1.** Feuille rigide, faite de pâte à papier, mais plus épaisse qu'une feuille de papier : *Morceau de carton.* - **2.** Objet, emballage fabriqué dans cette matière : *Carton à chaussures* (syn. boîte). *Les déménageurs déchargent les cartons.* - **3.** Papier fort sur lequel un artiste trace le dessin devant servir de modèle pour l'exécution d'une fresque, d'un vitrail, d'une tapisserie. - **4.** Feuille de carton servant de cible pour le tir d'entraînement. - **5.** SPORTS. Carton jaune, au football, carton montré par l'arbitre à un joueur pour lui infliger un avertissement à la suite d'une faute. ‖ Carton rouge, au football, carton montré par l'arbitre à un joueur pour lui infliger une expulsion immédiate et définitive du terrain à la suite d'une faute grave. - **6.** Carton à dessin, grand portefeuille en carton pour ranger ou transporter des dessins, des gravures, etc. ‖ Carton ondulé, carton constitué d'un papier cannelé collé sur une ou deux faces avec un papier de couverture et utilisé pour la confection de boîtes et d'emballages. ‖ FAM. Faire un carton, tirer sur la cible ; tirer sur qqn et l'atteindre ; en sport, infliger une défaite sévère. ‖ FAM. Prendre, ramasser un carton, subir une défaite sévère.

cartonnage [kaʁtɔnaʒ] n.m. - **1.** Fabrication, commerce des objets en carton. - **2.** Boîte, emballage en carton : *Le téléviseur était emballé dans un cartonnage épais.* - **3.** Procédé de reliure dans lequel la couverture, formée de papier ou de carton, est ensuite emboîtée au corps d'ouvrage.

cartonner [kaʁtɔne] v.t. Garnir, couvrir de carton, en partic. un livre : *Reliure cartonnée.*

carton-pâte [kaʁtɔpat] n.m. (pl. *cartons-pâtes*). - **1.** Carton fabriqué à partir de déchets de papier et de colle, susceptible d'être moulé. - **2.** En carton-pâte, factice : *Un décor de cinéma, de théâtre en carton-pâte.*

cartophilie [kaʁtɔfili] n.f. (de *carte* et *-philie*). Fait de collectionner les cartes postales.
◆ **cartophile** et **cartophiliste** n. Noms du collectionneur.

1. **cartouche** [kaʁtuʃ] n.f. (it. *cartuccia* ; lat. *charta* "papier"). - **1.** Ensemble constitué par le projectile (balle, obus, plomb), la douille ou étui (contenant la charge de poudre) et l'appareil d'amorçage d'une arme à feu : *Une cartouche pour fusil de chasse.* - **2.** Charge d'explosif ou de poudre prête au tir : *Une cartouche de dynamite.* - **3.** Recharge, d'encre pour un stylo, de gaz pour un briquet, etc., dont la forme évoque une cartouche. - **4.** Emballage groupant plusieurs paquets de cigarettes, boîtes d'allumettes, etc.

2. **cartouche** [kaʁtuʃ] n.m. (it. *cartoccio* ; v. *1. cartouche*). - **1.** Ornement, le plus souvent en forme de feuille de papier à demi déroulée servant de support et d'encadrement à une inscription. - **2.** Emplacement réservé au titre, dans un dessin, une carte

géographique, etc. - **3.** ARCHÉOL. Boucle ovale enserrant le prénom et le nom du pharaon dans l'écriture hiéroglyphique.

cartoucherie [kaʁtuʃʁi] n.f. Usine, atelier où l'on fabrique des cartouches d'armes légères.

cartouchière [kaʁtuʃjɛʁ] n.f. Ceinture à compartiments cylindriques où le chasseur introduit ses cartouches.

carvi [kaʁvi] n.m. (ar. *karawïya*, du gr. *karon*). - **1.** Plante des prairies dont les fruits aromatiques sont utilisés en assaisonnement. □ Famille des ombellifères. - **2.** Le fruit lui-même : *Fromage au carvi.*

caryatide ou **cariatide** [kaʁjatid] n.f. (gr. *karuatidés*). En architecture, colonne en forme de statue de femme.

caryopse [kaʁjɔps] n.m. (du gr. *karuon* "noyau" et *opsis* "apparence"). BOT. Fruit sec, indéhiscent, soudé à la graine unique qu'il contient.

caryotype [kaʁjɔtip] n.m. (du gr. *karuon* "noyau", et *-type*). BIOL. - **1.** Représentation photographique des chromosomes d'une cellule après que ceux-ci ont été réunis par paires de chromosomes identiques et classés par dimensions. - **2.** L'ensemble des chromosomes lui-même.

1. **cas** [ka] n.m. (lat. *casus* "chute" puis "accident, conjoncture", de *cadere* "tomber"). - **1.** Fait, circonstance : *Que faire en pareil cas ?* (syn. situation). *Si le cas se présente, je me rendrai en Bretagne* (syn. éventualité). - **2.** Situation particulière de qqn ou de qqch résultant d'un concours de circonstances : *Cas de légitime défense. Expliquer son cas à l'inspecteur des impôts* (syn. condition, situation). - **3.** Manifestation d'une maladie chez qqn ; le malade lui-même : *Cas de grippe. Conduisez-le à l'hôpital, c'est un cas très urgent.* - **4.** Personne qui se singularise par son caractère, son comportement : *Sa fille est un cas.* - **5.** Au cas où, dans le cas où, dans l'hypothèse où, à supposer que. ‖ Cas de conscience, fait, situation difficile à juger, à résoudre ; dilemme intellectuel. ‖ Cas de figure, situation envisagée par hypothèse. ‖ Cas social, personne, enfant en partic., vivant dans un milieu psychologique ou socialement défavorable. ‖ En ce cas, alors, dans ces conditions. ‖ En tout cas, quoi qu'il en soit. ‖ Faire cas, grand cas de, attacher de l'importance à, prendre en considération.

2. **cas** [ka] n.m. (lat. *casus* "chute" puis "dérivation, cas" ; v. *1. cas*). Dans les langues à déclinaisons, chacune des formes d'un substantif, d'un adjectif, d'un participe ou d'un pronom qui correspondent à des fonctions déterminées dans la phrase : *Le latin a six cas.*

le nominatif, le vocatif, l'accusatif, le génitif, le datif et l'ablatif.

casanier, ère [kazanje, -ɛʀ] adj. et n. (de l'it. *casaniere* "prêteur d'argent" [de l'ar. *klazìma* "trésor"], avec infl. de *1. cage* "maison"). Qui aime à rester chez soi ; qui dénote ce caractère : *Homme casanier* (syn. sédentaire). *Habitudes casanières.*

casaque [kazak] n.f. (persan *kazāgand* "jaquette"). - **1.** Veste des jockeys. - **2.** FAM. Tourner casaque, changer de parti, d'opinion.

casbah [kazba] n.f. (mot ar.). Citadelle ou palais d'un chef, en Afrique du Nord ; quartier entourant ce palais.

cascade [kaskad] n.f. (it. *cascata*, de *cascare* "tomber" ; v. *casquer*). - **1.** Chute d'eau naturelle ou artificielle. - **2.** Acrobatie exécutée par un cascadeur, au cirque, au cinéma, etc. - **3.** En cascade, en série et rapidement ; en une suite d'événements dont chacun est la conséquence du précédent : *Il a eu des malheurs en cascade.*

cascadeur, euse [kaskadœʀ, -øz] n. (de *cascade*). - **1.** Au cirque, acrobate spécialiste des chutes volontaires, des sauts dangereux. - **2.** Artiste spécialisé qui joue les scènes dangereuses dans les films comme doublure des comédiens.

1. case [kaz] n.f. (lat. *casa* "chaumière"). Habitation en paille, en branches d'arbres, etc., dans les pays tropicaux.

2. case [kaz] n.f. (esp. *casa* [1ᵉʳ sens : "maison"], du lat. ; v. *1. case*). - **1.** Espace délimité par le croisement de lignes horizontales et verticales sur une surface quelconque : *Les cases d'un damier.* - **2.** Compartiment d'un meuble, d'un tiroir, etc. : *Les cases d'une boîte à bijoux.* - **3.** FAM. Avoir une case en moins, une case vide, être un peu fou. | FAM. Revenir, retourner à la case départ, se retrouver au point de départ, au même point.

caséine [kazein] n.f. (du lat. *caseus* "fromage"). - **1.** Substance protéique constituant la majeure partie des protides du lait. - **2.** Caséine végétale, protéine extraite des tourteaux.

casemate [kazmat] n.f. (it. *casamatta*, p.-ê. du gr. *khasma, -atos* "gouffre"). - **1.** Abri enterré d'un fort, destiné à loger les troupes ou les munitions. - **2.** Petit ouvrage fortifié.

caser [kaze] v.t. (de *2. case*). - **1.** Parvenir à mettre qqn, qqch dans un espace souvent réduit : *Où caser ces livres ? On a casé tous les invités dans la maison.* - **2.** FAM. Procurer un emploi, une situation à qqn : *Il a réussi à caser son frère dans son entreprise.* ◆ **se caser** v.pr. FAM. Se marier ; trouver une situation.

caserne [kazɛʀn] n.f. (prov. *cazerna* "groupe de quatre personnes", lat. *quaterna* "choses allant par quatre"). Bâtiment affecté au logement des militaires ; ensemble des militaires qui y sont logés.

casernement [kazɛʀnəmã] n.m. - **1.** Installation de militaires dans une caserne. - **2.** Ensemble des bâtiments d'une caserne.

cash [kaʃ] adv. (mot angl.). Comptant : *Payer cash.* ◆ n.m. FAM. Argent liquide : *Avoir du cash sur soi.*

cash and carry [kaʃɛndkaʀi] n.m. inv. (loc. angl., de *to cash* "encaisser" et *to carry* "emporter"). Libre-service où les détaillants peuvent s'approvisionner en gros. □ Recomm. off. *payer-prendre.*

casier [kazje] n.m. (croisement de *2. case* et du lat. médiév. *casearia* "lieu où l'on prépare le fromage" ; v. *caséine*). - **1.** Meuble comprenant une série de compartiments ouverts par-devant : *Un casier à bouteilles, à disques.* - **2.** Compartiment, case de ce meuble. - **3.** Nasse d'osier ou de grillage métallique servant à pêcher les gros crustacés. - **4.** Casier judiciaire, lieu où sont centralisés et classés les bulletins constatant les antécédents judiciaires de qqn ; le bulletin lui-même.

casino [kazino] n.m. (mot it. "maison de plaisance", de *casa* ; v. *1. case*). Établissement comprenant des salles de jeux, un restaurant et, souvent, une salle de spectacle.

casoar [kazɔaʀ] n.m. (malais *kasouari*). - **1.** Oiseau coureur d'Australie, au plumage semblable à du crin, au « casque » osseux coloré sur le dessus de la tête. □ Haut. 1,50 m env. - **2.** Plumet rouge et blanc ornant le shako des élèves de l'école de Saint-Cyr.

casque [kask] n.m. (esp. *casco* "tesson", puis "crâne" et "casque", de *casar* "briser", lat. pop. *quassicare*, du class. *quassare* ; v. *casser*). - **1.** Coiffure en métal, cuir, etc., pour protéger la tête : *Casque de moto. Casque de chantier.* - **2.** Appareil de réception individuel des ondes radiophoniques, téléphoniques, etc., constitué essentiellement de deux écouteurs montés sur un support formant serre-tête : *Casque d'un baladeur.* - **3.** Appareil électrique pour sécher les cheveux par ventilation d'air chaud. - **4.** Mollusque gastropode des mers chaudes, à coquille ventrue. - **5.** BOT. Sépale postérieur des fleurs de certaines plantes comme l'orchidée, la sauge. - **6.** Casque bleu, membre de la force militaire internationale de l'O. N. U., depuis 1956.

casqué, e [kaske] adj. Coiffé d'un casque : *Soldats casqués.*

casquer [kaske] v.i. et v.t. (it. *cascare* "tomber" [dans un piège], lat. pop. *casicare*, du class.

casus "tombé"). FAM. Payer, génér. une somme importante : *Il a casqué sans rechigner.*

casquette [kaskɛt] n.f. (de *casque*). - **1.** Coiffure à calotte plate, munie d'une visière. - **2.** FAM. Fonction sociale, en tant qu'elle donne autorité pour qqch, sur qqch : *Parler sous la double casquette de maire et de ministre.*

cassable [kasabl] adj. Qui peut se casser, être cassé.

cassant, e [kasɑ̃, -ɑ̃t] adj. - **1.** Qui se casse facilement : *Matière cassante.* - **2.** Qui manifeste une raideur tranchante : *Parler d'une voix cassante* (syn. tranchant, péremptoire).

cassate [kasat] n.f. (it. *cassata*). Crème glacée faite de tranches diversement parfumées et garnie de fruits confits.

cassation [kasasjɔ̃] n.f. (de *casser*). DR. Annulation, par une cour suprême, d'une décision (jugement, arrêt) rendue en dernier ressort par une juridiction inférieure. ◻ En France, la Cour de cassation et le Conseil d'État remplissent ce rôle.

1. casse [kas] n.f. - **1.** Action de casser ; fait de se casser ; objets cassés : *Bruit de casse. Payer la casse.* - **2.** FAM. Dégâts corporels et matériels résultant d'une rixe : *Il va y avoir de la casse.* - **3.** FAM. Mettre, envoyer qqch à la casse, le mettre au rebut, à la ferraille.

2. casse [kas] n.f. (lat. *cassia*, du gr.). Laxatif extrait du fruit de certaines espèces de cassiers.

3. casse [kas] n.f. (it. *cassa* "caisse", lat. *capsa*). Boîte plate divisée en compartiments de taille inégale, contenant les caractères employés pour la composition typographique. ◻ On distingue les lettres du haut de casse, ou capitales, ou majuscules, et les lettres du bas de casse (ou *bas-de-casse*), ou minuscules.

4. casse [kas] n.m. (de *casser*). ARG. Cambriolage avec effraction.

cassé, e [kase] adj. - **1.** Voûté, courbé, en parlant d'une personne âgée. - **2.** Blanc cassé, tirant légèrement sur le gris ou le jaune. ‖ Voix cassée, voix éraillée, tremblante.

casse-cou [kasku] n. inv. et adj. inv. Personne qui prend des risques, qui n'a pas peur du danger.

casse-croûte [kaskrut] n.m. (pl. *casse-croûtes* ou inv.). FAM. Sandwich, collation légère absorbée rapidement.

casse-noisettes [kasnwazɛt] n.m. inv. Pince pour casser les noisettes.

casse-noix [kasnwa] n.m. inv. - **1.** Pince pour casser les noix. - **2.** Oiseau vert et brun moucheté de blanc, voisin du corbeau.

casse-pieds [kaspje] n. inv. et adj. inv. FAM. Importun, gêneur. ◆ adj. inv. Ennuyeux : *Quel travail casse-pieds !*

casse-pipe ou **casse-pipes** [kaspip] n.m. (pl. *casse-pipes* ou inv.). FAM. Le casse-pipe, la guerre ; la zone des combats, le front : *Aller au casse-pipe.*

casser [kase] v.t. (lat. *quassare* "secouer fortement, endommager"). - **1.** Mettre en morceaux, sous l'action d'un choc, d'un coup : *Casser un verre* (syn. briser). *Les pompiers ont dû casser la porte pour entrer* (syn. enfoncer). - **2.** Causer une fracture à un membre, à un os : *Tu vas me casser le bras !* (syn. fracturer). - **3.** Mettre hors d'usage un appareil : *Le choc a cassé ma montre.* - **4.** Briser la coquille, la coque de : *Casser une noix.* - **5.** Interrompre le cours de qqch : *Casser des relations* (syn. rompre). - **6.** Annuler une décision juridictionnelle rendue en dernier ressort : *Casser un jugement.* - **7.** Faire perdre sa situation à un fonctionnaire ; faire perdre son grade à un militaire : *Casser un officier* (syn. destituer, révoquer). - **8.** FAM. À tout casser, extraordinaire, inoubliable ; au maximum, en parlant d'une quantité : *Une fête à tout casser. Ce pull vaut cent francs à tout casser.* ‖ Casser la croûte, la graine, manger. ‖ FAM. Casser la tête, les oreilles, fatiguer par trop de bruit, de paroles. ‖ FAM. Casser les pieds, importuner, agacer. ‖ Casser les prix, baisser fortement les prix. ‖ FAM. Ne rien casser, être sans originalité, sans intérêt particulier. ◆ v.i. se casser v. pr. Se briser, se rompre : *La corde a cassé, s'est cassée.* ◆ se casser v.pr. - **1.** ARG. S'en aller. - **2.** FAM. Ne pas se casser, ne pas se fatiguer. ‖ FAM. Se casser le nez, trouver porte close ; échouer. ‖ FAM. Se casser la tête, se tourmenter pour résoudre une difficulté.

casserole [kasrɔl] n.f. (de *casse* "récipient", anc. prov. *cassa* "grande cuiller", lat. médiév. *cassia*, du gr.). - **1.** Ustensile de cuisine cylindrique, à fond plat et à manche, pour faire cuire ; son contenu : *Une casserole de riz.* - **2.** FAM. Son, voix, instrument de musique discordant, peu mélodieux : *Ce piano est une vraie casserole.* - **3.** FAM. Passer à la casserole, être tué ; subir une épreuve pénible.

casse-tête [kastɛt] n.m. (pl. *casse-têtes* ou inv.). - **1.** Massue rudimentaire dont une extrémité porte ou forme une protubérance. - **2.** Arme portative à extrémité plombée ou garnie de clous. - **3.** Bruit assourdissant, pénible à supporter. - **4.** Problème difficile à résoudre ; travail qui demande une grande application. - **5.** Casse-tête (chinois). Jeu de patience dans lequel il s'agit de reconstituer des formes en en combinant les divers éléments.

cassette [kasɛt] n.f. (de l'anc. fr. *casse* "caisse" ; v. 3. *casse*). - **1.** Boîtier hermétique contenant une bande magnétique, destiné à l'enregistrement, à la reproduction du son, d'images, de données : *Mettre une cassette dans le baladeur.* - **2.** Coffret où l'on conserve des objets précieux.

casseur, euse [kasœr, -øz] n. (de *casser*). - **1.** Personne qui fait le commerce des pièces détachées des voitures mises à la casse. - **2.** Personne qui se livre, au cours d'une manifestation, à des déprédations sur la voie publique. - **3.** ARG. Cambrioleur. - **4.** Casseur de pierres, autref., ouvrier qui brisait les pierres destinées à la confection des routes.

cassier [kasje] n.m. et **cassie** [kasi] n.f. Arbre antillais qui fournit la casse. □ Famille des césalpiniacées.

1. **cassis** [kasis] n.m. (mot poitevin, de 2. *casse*). - **1.** Arbuste voisin du groseillier, produisant des baies noires, comestibles, dont on fait une liqueur ; le fruit lui-même. □ Haut. 1 à 2 m. - **2.** Liqueur obtenue à partir du fruit.

2. **cassis** [kasi] n.m. (de *casser*). Brusque dénivellation sur la chaussée d'une route (par opp. à *dos-d'âne*).

cassolette [kasɔlɛt] n.f. (anc. prov. *casoleta*, dimin. de *cassa* ; v. *casserole*). - **1.** Petit récipient pouvant aller au four ; mets préparé en cassolette : *Une cassolette de haricots.* - **2.** Vase brûle-parfum.

cassonade [kasɔnad] n.f. (de *casson* "sucre brut", de *casser*). Sucre roux qui n'a été raffiné qu'une fois.

cassoulet [kasulɛ] n.m. (mot du Languedoc, de *casso* "poêlon", correspondant à l'anc. prov. *cassa* ; v. *casserole*). Ragoût de haricots blancs et de viande d'oie, de canard, de mouton, de porc.

cassure [kasyr] n.f. - **1.** Endroit où un objet est cassé : *La cassure est très nette.* - **2.** Pli d'un tissu, d'une draperie : *Cassure d'un pantalon.* - **3.** Rupture, interruption : *Cassure dans une amitié.*

castagnettes [kastanɛt] n.f. pl. (esp. *castañeta* "petite châtaigne" ; v. *châtaigne*). Instrument de percussion typique du flamenco, composé de deux petits éléments creusés en bois, en plastique, etc., qu'on fait résonner en les frappant l'un contre l'autre dans la main.

caste [kast] n.f. (du port. *casta* "chaste", lat. *castus*). - **1.** Groupe social qui se distingue par des privilèges et son esprit d'exclusion pour toute personne qui lui est étrangère : *Se marier avec qqn de sa caste* (syn. milieu, classe). - **2.** Groupe social, héréditaire et endogame, composé d'individus exerçant génér. une activité commune, surtout professionnelle, caractéristique de la société indienne : *La caste des prêtres.* - **3.** Ensemble des individus adultes assurant les mêmes fonctions chez les insectes sociaux : reines et ouvrières chez les abeilles, soldats chez les termites.

castel [kastɛl] n.m. (mot prov., du lat. *castellum* ; v. *château*). LITT. Maison ressemblant à un château ; petit château.

castillan, e [kastijɑ̃, -an] adj. et n. De la Castille. ◆ **castillan** n.m. L'espagnol parlé en Espagne, par opp. soit aux autres langues ibériques (portugais, catalan, etc.), soit à l'espagnol latino-américain.

casting [kastiŋ] n.m. (mot angl., de *to cast* "distribuer les rôles"). Sélection des acteurs pour un spectacle, un film, une émission de radio ou de télévision (syn. distribution).

castor [kastɔr] n.m. (mot lat., du gr.). - **1.** Mammifère rongeur de l'Amérique du Nord et d'Europe, à pattes postérieures palmées et à queue aplatie. - **2.** Fourrure de cet animal.

castrat [kastra] n.m. (it. *castrato*, de *castrare* ; v. *castrer, châtrer*). - **1.** Chanteur masculin dont la voix d'enfant a été conservée par castration : *Une voix de castrat.* - **2.** Individu mâle qui a subi la castration.

castrateur, trice [kastratœr, -tris] adj. - **1.** PSYCHAN. Qui provoque ou qui est susceptible de provoquer un complexe de castration. - **2.** Qui empêche qqn de s'épanouir : *Des remarques castratrices.*

castration [kastrasjɔ̃] n.f. (de *castrer*). - **1.** Ablation ou destruction d'un organe nécessaire à la génération, pour les deux sexes (employé plus cour. pour les individus mâles). - **2.** PSYCHAN. Complexe de castration, réponse fantasmatique aux questions que suscite chez le jeune enfant la différence anatomique des sexes.

castrer [kastre] v.t. (lat. *castrare* "châtrer"). Pratiquer la castration sur (syn. châtrer).

castrisme [kastrism] n.m. Doctrine ou pratique politique qui s'inspire des idées de Fidel Castro. ◆ **castriste** adj. et n. Relatif au castrisme ; qui en est partisan.

casuiste [kazɥist] n.m. (esp. *casuista*, du lat. scolast. *casus* "cas de conscience"). Théologien spécialiste de la casuistique.

casuistique [kazɥistik] n.f. (de *casuiste*). - **1.** Partie de la théologie morale qui s'attache à résoudre les cas de conscience. - **2.** LITT. Tendance à argumenter avec une subtilité excessive, notamm. sur les problèmes de morale.

casus belli [kazysbeli] n.m. inv. (mots lat., "cas de guerre"). Acte de nature à provoquer une déclaration de guerre entre deux États.

C. A. T. [seate] n.m. (sigle de *centre d'aide par le travail*). Établissement médico-social fournissant du travail aux handicapés.

cataclysmal, e, aux [kataklismal, -o] et **cataclysmique** [kataklismik] adj. De la nature d'un cataclysme.

cataclysme [kataklism] n.m. (lat. *cataclysmos*, gr. *kataklusmos* "inondation"). Grand bouleversement, destruction causée par un tremblement de terre, un cyclone, etc. : *La rupture du barrage a entraîné un cataclysme dans la vallée.*

catacombe [katakɔ̃b] n.f. (bas lat. *catacumba*, de *tumba* "tombe", et du gr. *kata* "en bas"). [Surtout au pl.]. Vaste souterrain ayant servi de sépulture ou d'ossuaire : *Les catacombes de Paris, anciennes carrières aménagées en ossuaires.*

catadioptre [katadjɔptr] n.m. (croisement de *dioptre* et du rad. du gr. *katophron* "miroir"). Dispositif optique permettant de réfléchir les rayons lumineux vers leur source d'émission. ◻ Il est utilisé en circulation routière pour la signalisation d'obstacles ou de véhicules.

catafalque [katafalk] n.m. (it. *catafalco*, lat. pop. *catafalicum* ; v. *échafaud*). Estrade décorative élevée pour recevoir un cercueil, lors d'une cérémonie funéraire.

catalan, e [katalɑ̃, -an] adj. et n. De la Catalogne. ◆ **catalan** n.m. Langue romane parlée en Catalogne.

catalepsie [katalɛpsi] n.f. (bas lat. *catalepsia*, gr. *katalêpsis* "attaque"). PATHOL. Perte momentanée de l'initiative motrice avec conservation des attitudes.

cataleptique [katalɛptik] adj. et n. De la nature de la catalepsie ; atteint de catalepsie : *Un sommeil cataleptique.*

catalogne [katalɔɲ] n.f. (de *Catalogne*, n. pr.). CAN. Étoffe tissée artisanalement, utilisant en trame des bandes de tissu.

catalogue [katalɔg] n.m. (bas lat. *catalogus*, gr. *katalogos* "liste"). - **1.** Liste énumératrice : *Catalogue d'une bibliothèque* (syn. répertoire). - **2.** Livre, brochure contenant une liste d'articles, de produits proposés à la vente : *Catalogue d'une maison de vente par correspondance.*

cataloguer [katalɔge] v.t. - **1.** Classer selon un certain ordre ; dresser le catalogue de : *Cataloguer des plantes. Cataloguer un musée* (syn. inventorier, répertorier). - **2.** Classer définitivement dans une catégorie : *Cataloguer qqn comme une bonne pâte, une mauvaise langue.*

catalpa [katalpa] n.m. (mot angl., d'orig. amérindienne). Arbre à très grandes feuilles et à fleurs en grosses grappes, originaire de l'Amérique du Nord. ◻ Famille des bignoniacées ; haut. 15 m.

catalyse [kataliz] n.f. (angl. *catalysis*, gr. *katalusis* "dissolution"). CHIM. Action par laquelle un corps (appelé *catalyseur*) provoque ou accélère une réaction chimique sans être lui-même modifié par cette action.

catalyser [katalize] v.t. - **1.** CHIM. Opérer une catalyse. - **2.** Provoquer ou accélérer une réaction psychologique, en parlant d'une personne, d'un événement : *Chanteur qui catalyse l'enthousiasme du public.*

catalyseur [katalizœr] n.m. - **1.** CHIM. Corps qui catalyse. - **2.** Élément qui provoque une réaction par sa seule existence : *La crise économique a servi de catalyseur à la révolution.*

catalytique [katalitik] adj. - **1.** CHIM. Relatif à la catalyse. - **2.** Pot catalytique, pot d'échappement antipollution utilisant la catalyse.

catamaran [katamarɑ̃] n.m. (mot angl., du tamoul *kattu* "lien" et *maram* "bois"). MAR. Embarcation à voiles, faite de deux coques accouplées.

Cataphote [katafɔt] n.m. (nom déposé). Catadioptre.

cataplasme [kataplasm] n.m. (lat. *cataplasma*, du gr.). Bouillie médicamenteuse qu'on applique, entre deux linges, sur une partie du corps pour combattre une inflammation.

catapulte [katapylt] n.f. (lat. *catapulta*, gr. *katapeltês*). - **1.** Machine de guerre utilisée autref. pour lancer des projectiles. - **2.** Catapulte (à vapeur), dispositif utilisant la force d'expansion de la vapeur pour le lancement des avions, à bord des porte-avions.

catapulter [katapylte] v.t. - **1.** Lancer avec une catapulte : *Catapulter un avion.* - **2.** Lancer avec force ou violence et loin ; projeter. - **3.** FAM. Placer soudainement qqn dans un poste, une situation sociale élevés : *Il a été catapulté directeur du service informatique.*

cataracte [katarakt] n.f. (lat. *cataracta*, gr. *kataraktês*). - **1.** Chute d'eau importante sur un fleuve. - **2.** MÉD. Opacité du cristallin ou de ses membranes produisant une cécité partielle ou totale : *Une opération de la cataracte.*

catarrhe [katar] n.m. (lat. *catarrhus*, gr. *katarrhos* "écoulement"). MÉD. Inflammation aiguë ou chronique des muqueuses, avec une sécrétion supérieure à la normale.

catastrophe [katastrɔf] n.f. (lat. *catastropha*, gr. *katastrophê* "renversement"). - **1.** Événement subit qui cause un bouleversement, pouvant entraîner des destructions, des morts : *Catastrophe aérienne. Courir à la catastrophe.* - **2.** Événement considéré comme grave par celui qui le subit ; détérioration brutale d'une situation : *Son échec à l'examen est pour elle une véritable catastrophe* (syn. désastre). - **3.** En catastrophe, en dernier recours ; en hâte : *Le pilote a posé l'avion en catastrophe dans un champ.* ‖ Film catastrophe, film à suspense qui relate un grave accident mettant en péril la vie de nombreuses personnes. ‖ MATH. **Théorie des catastrophes**, théorie mathématique issue des travaux de René Thom, visant à décrire des phénomènes discontinus à l'aide de modèles continus simples.

catastropher [katastʀɔfe] v.t. FAM. Jeter dans un grand abattement : *Sa mort m'a catastrophé* (syn. consterner).

catastrophique [katastʀɔfik] adj. Qui a le caractère d'une catastrophe : *Un bilan économique catastrophique* (syn. désastreux).

catatonie [katatɔni] n.f. (all. *Katatonie*, du gr. *kata* "en bas" et *tonos* "tension"). NEUROL. Syndrome de certaines formes de schizophrénie, caractérisé notamm. par le négativisme, la catalepsie et des stéréotypes gestuels.

catatonique [katatɔnik] adj. et n. Relatif à la catatonie ; atteint de catatonie.

catch [katʃ] n.m. (de l'angl. *catch [as catch can]* "attrape [comme tu peux]"). Lutte libre, très spectaculaire, admettant presque toutes les prises.

catcher [katʃe] v.i. Pratiquer le catch.

catcheur, euse [katʃœʀ, -øz] n. Personne qui pratique le catch.

catéchèse [kateʃɛz] n.f. (lat. ecclés. *catechesis*, du gr. ; v. *catéchisme*). Instruction religieuse.

catéchiser [kateʃize] v.t. (lat. ecclés. *catechizare*, du gr. ; v. *catéchisme*). - **1.** Initier à la religion chrétienne. - **2.** Endoctriner, faire la leçon à qqn : *Catéchiser des militants politiques.*

catéchisme [kateʃism] n.m. (lat. ecclés. *catechismus*, gr. *katêchismos*, de *katêkhein* "instruire oralement"). - **1.** Enseignement de la foi et de la morale chrétiennes ; livre qui contient cet enseignement ; cours où il est dispensé : *Aller au catéchisme.* - **2.** Résumé dogmatique des principes fondamentaux d'une doctrine : *Ce livre a été longtemps le catéchisme des révolutionnaires.*

catéchiste [kateʃist] n. Personne qui enseigne le catéchisme.

catéchumène [katekymɛn] n. (lat. ecclés. *catechumenus*). Personne que l'on instruit pour la disposer à recevoir le baptême.

catégorie [kategɔʀi] n.f. (lat. *categoria*, gr. *katêgoria*, de *katêgorein* "énoncer"). - **1.** Ensemble de personnes ou de choses de même nature : *Établir différentes catégories d'objets* (syn. classe, espèce, famille). *Boxeur de la catégorie des poids légers. Il est de la catégorie de gens qui doutent de tout.* - **2.** PHILOS. Chez Aristote, chacun des genres les plus généraux de l'être, irréductibles les uns aux autres (substance, quantité, qualité, relation, lieu,

temps, position, avoir, agir, subir). - **3.** Catégories grammaticales, classes, appelées aussi *parties du discours*, entre lesquelles sont répartis les éléments du vocabulaire selon la fonction qu'ils remplissent dans la phrase (on dit aussi *classe grammaticale*) : *Catégorie nominale, verbale.*

catégoriel, elle [kategɔʀjɛl] adj. Qui concerne une ou plusieurs catégories de personnes ; qui est limité à une catégorie, à quelques catégories : *Revendications catégorielles.*

catégorique [kategɔʀik] adj. (bas lat. *categoricus* ; v. *catégorie*). - **1.** Se dit de ce qui ne laisse aucune possibilité de doute, d'équivoque : *Refus catégorique* (syn. absolu). - **2.** Se dit d'une personne qui exprime un avis, une opinion d'une manière nette et sans réplique : *Elle a été tout à fait catégorique : elle n'y était pas.*

catégoriquement [kategɔʀikmɑ̃] adv. De façon catégorique : *Répondre catégoriquement.*

catégorisation [kategɔʀizasjɔ̃] n.f. Classement par catégories en vue d'une étude statistique : *Catégorisation de la population.*

catégoriser [kategɔʀize] v.t. Classer par catégories.

caténaire [katenɛʀ] adj. (lat. *catenarius* "de la chaîne", de *catena* "chaîne"). CH. DE F. Suspension caténaire, système de suspension du fil d'alimentation en énergie électrique des locomotives ou des tramways (on dit aussi *une caténaire*).

catgut [katgyt] n.m. (mot angl. "boyau de chat"). Lien utilisé en chirurgie pour la suture des plaies. □ Le catgut se résorbe spontanément en quelques jours.

cathare [kataʀ] n. et adj. (gr. *katharos* "pur"). Adepte d'une secte religieuse manichéenne du Moyen Âge répandue notamm. dans le sud-ouest de la France. □ Les cathares rejetaient les dogmes de l'Église catholique et prêchaient un retour à la pauvreté évangélique. L'Église condamna leur doctrine (*catharisme*) comme hérétique et la combattit au cours de la *croisade des albigeois**.

catharsis [kataʀsis] n.f. (gr. *katharsis* "purification" ; v. *cathare*). - **1.** « Purification » produite chez les spectateurs par une représentation dramatique, selon Aristote. - **2.** Méthode de psychothérapie reposant sur la décharge émotionnelle liée à l'extériorisation du souvenir d'événements traumatisants et refoulés.

cathédrale [katedʀal] n.f. (du lat. médiév. *cathedralis*, de *cathedra* "siège épiscopal"). Église épiscopale d'un diocèse : *La cathédrale de Reims.*

cathéter [katetɛʀ] n.m. (gr. *kathetêr* "sonde"). MÉD. Tige creuse que l'on introduit dans un canal naturel.

cathode [katɔd] n.f. (gr. *cathodos* "route vers le bas"). Électrode négative par laquelle le courant sort d'un électrolyte (par opp. à *anode*).

cathodique [katɔdik] adj. - **1.** Relatif à la cathode. - **2.** Rayons cathodiques, faisceau d'électrons émis par la cathode d'un tube à vide parcouru par un courant. ‖ Tube cathodique (ou *à rayons cathodiques*), tube à vide dans lequel les rayons cathodiques sont dirigés sur une surface fluorescente (*écran cathodique*) où leur impact produit une image visible. □ Le tube cathodique constitue l'élément essentiel des récepteurs de télévision et des consoles de visualisation d'ordinateurs.

catholicisme [katɔlisism] n.m. Religion des chrétiens qui reconnaissent l'autorité du pape en matière de dogme et de morale.

catholicité [katɔlisite] n.f. - **1.** Conformité à la doctrine de l'Église catholique. - **2.** Ensemble des Églises chrétiennes unies à l'Église de Rome.

catholique [katɔlik] n. et adj. (lat. ecclés. *catholicus*, gr. *katholikos* 'universel'). Personne qui professe le catholicisme : *Il y a environ 800 millions de catholiques dans le monde.* ◆ adj. - **1.** Qui appartient au catholicisme : *L'Église catholique, apostolique et romaine.* - **2.** (Surtout en tournure nég.). FAM. Conforme à la règle, à la morale : *Ne pas avoir un air très catholique* (syn. honnête).

en catimini [katimini] loc. adv. (du gr. *katamênia* "menstrues"). En cachette, discrètement : *Prévenir qqn en catimini.*

catin [katɛ̃] n.f. FAM., VIEILLI. Femme de mauvaises mœurs.

cation [katjɔ̃] n.m. (de *cat[hode]* et *ion*). /pxbal- :dentlon de charge positive (par opp. à *anion*) : *Dans l'électrolyse, le cation se dirige vers la cathode.*

catogan [katɔgɑ̃] n.m. (du n. du général angl. *Cadogan*). - **1.** Nœud retenant les cheveux sur la nuque. - **2.** Chignon bas sur la nuque.

caucasien, enne [kokazjɛ̃, -ɛn] et **caucasique** [kokazik] adj. et n. - **1.** Du Caucase. - **2.** Langues caucasiennes ou caucasiques, famille de langues de la région du Caucase, à laquelle appartient le géorgien.

cauchemar [koʃmar] n.m. (mot picard, de *cauchier* "fouler" [lat. *calcare*] et *mare* "fantôme" [mot néerl.]). - **1.** Rêve pénible, angoissant. - **2.** Idée, chose ou personne qui importune, tourmente : *Cette secrétaire est notre cauchemar.*

cauchemardesque [koʃmardɛsk] adj. Qui produit une impression analogue à celle d'un cauchemar : *Une vision cauchemardesque.*

caudal, e, aux [kodal, -o] adj. (du lat. *cauda* "queue"). - **1.** De la queue : *Plumes caudales.*

- **2.** Nageoire caudale, nageoire terminant la queue des cétacés, des poissons, des crustacés (on dit aussi *une caudale*).

caudillo [kawdijo] n.m. (mot. esp. "capitaine, chef"). Titre porté par le général Franco à partir de 1931.

causal, e, als ou **aux** [kozal, -o] adj. (lat. *causalis*). - **1.** Qui annonce un rapport de cause à effet : *Discerner un lien causal entre deux événements.* - **2.** GRAMM. Proposition causale, proposition donnant la raison ou le motif de l'action exprimée par le verbe principal (on dit aussi *une causale*).

causalité [kozalite] n.f. (bas lat. *causalitas*). - **1.** Rapport qui unit la cause à l'effet. - **2.** PHILOS. Principe de causalité, principe selon lequel tout fait a une cause, les mêmes causes dans les mêmes conditions produisant les mêmes effets.

causant, e [kozɑ̃, -ɑ̃t] adj. (de 2. *causer*). FAM. Qui parle volontiers : *Il est très causant d'habitude* (syn. communicatif).

cause [koz] n.f. (lat. *causa*). - **1.** Ce par quoi une chose existe ; ce qui produit qqch : *Connaître la cause d'un phénomène* (syn. origine). *Les causes économiques d'une guerre* (syn. source ; contr. conséquence). - **2.** Ce pourquoi on fait qqch : *J'ignore la cause de son départ* (syn. motif, raison). *Les causes qui l'ont déterminé à agir sont d'ordre personnel* (syn. mobile). - **3.** Affaire pour laquelle qqn comparaît en justice : *Perdre une cause* (syn. procès). *L'avocat a étudié la cause de son client* (syn. cas, dossier). - **4.** Ensemble d'intérêts, d'idées que l'on se propose de soutenir : *La cause de la paix.* - **5.** À cause de, en raison de ; en considération de ; par la faute de. ‖ En connaissance de cause, en connaissant les faits. ‖ En tout état de cause, de toute manière. ‖ Être cause de, la cause de, être responsable de, être la raison de ; causer, occasionner. ‖ Être en cause, faire l'objet d'un débat ; être incriminé, compromis : *De gros intérêts sont en cause dans cette affaire* (= en jeu). *Des personnages haut placés sont en cause* (= sont accusés). ‖ Être hors de cause, être lavé de tout soupçon. ‖ Faire cause commune avec qqn, unir ses intérêts aux siens. ‖ La bonne cause, celle qu'on considère comme juste (souvent iron.). ‖ La cause est entendue, l'affaire est jugée. ‖ Mettre en cause, incriminer. ‖ Pour cause de, en raison de : *Le magasin est fermé pour cause de décès.* ‖ Prendre fait et cause pour qqn, prendre son parti, le soutenir sans réserve.

1. **causer** [koze] v.t. (de *cause*). Être la cause de qqch ; produire : *Les pluies de cette nuit ont causé des inondations* (syn. déclencher, provoquer). *Cette décision va vous causer des ennuis* (syn. occasionner, attirer).

2. causer [koze] v.t. ind. (lat. *causari* "faire un procès" puis "alléguer des raisons"). - **1.** [avec]. Échanger familièrement des paroles avec : *Causer de politique avec une amie* (syn. discuter, parler). *Nous avons causé un grand moment ensemble* (syn. bavarder, deviser). - **2.** FAM. [à]. Adresser la parole à (emploi critiqué) : *Ce n'est pas à vous que je cause* (syn. parler). - **3.** Parler de qqn avec malveillance : *Il boit trop, les gens commencent à causer* (syn. jaser).

causerie [kozʀi] n.f. (de 2. *causer*). Petite conférence sans prétention : *Il fera une causerie sur son voyage en Chine.*

causette [kozɛt] n.f. (de 2. *causer*). FAM. Conversation familière : *Faire la causette, un brin de causette.*

causeur, euse [kozœʀ, -øz] n. et adj. (de 2. *causer*). Personne qui possède l'art de parler : *Un brillant causeur.*

causeuse [kozøz] n.f. (de 2. *causer*). Petit canapé à deux places.

causse [kos] n.m. (mot prov., du lat. *calx, calcis* "chaux"). Plateau calcaire du Massif central *(Grands Causses)* et du bassin d'Aquitaine (Quercy).

causticité [kostisite] n.f. - **1.** Caractère de ce qui est caustique, corrosif : *La causticité d'un acide.* - **2.** LITT. Esprit mordant, incisif : *La causticité d'un critique, d'une satire.*

caustique [kostik] adj. et n.m. (lat. *causticus*, gr. *kaustikos* "brûlant"). Qui attaque les tissus organiques : *La soude est un caustique.* ◆ adj. Mordant, incisif dans la moquerie, la satire : *On redoute son esprit caustique.*

cauteleux, euse [kotlø, -øz] adj. (du lat. *cautela* "prudence"). LITT. Qui manifeste à la fois de la méfiance et de la ruse : *Des paroles cauteleuses. Un homme cauteleux* (syn. sournois).

cautère [kotɛʀ] n.m. (gr. *kautêrion* "brûlure"). - **1.** MÉD. Tige métallique chauffée ou substance chimique utilisée pour brûler un tissu organique en vue de détruire des parties malades ou d'arrêter une hémorragie. - **2.** FAM. **Un cautère sur une jambe de bois,** un remède inutile, un moyen inefficace.

cautérisation [koterizasjɔ̃] n.f. Action de cautériser ; fait d'être cautérisé.

cautériser [koterize] v.t. Brûler avec un cautère : *Cautériser une plaie.*

caution [kosjɔ̃] n.f. (lat. *cautio* "précaution", de *cavere* "prendre garde"). - **1.** Garantie morale donnée par qqn jouissant d'un grand crédit ; cette personne : *Agir avec la caution d'un ministre* (syn. soutien, appui). - **2.** Garantie d'un engagement pris pour soi-même ou pour un autre ; somme que l'on verse pour servir de garantie : *Verser une* caution correspondant à deux mois de loyer. Mise en liberté sous caution. - **3.** Engagement de faire face à une dette contractée par autrui ; personne qui prend cet engagement : *Se porter caution pour qqn.* - **4.** **Sujet à caution,** dont la vérité n'est pas établie ; suspect, douteux : *Nouvelle sujette à caution. Témoin sujet à caution.*

cautionnement [kosjɔnmã] n.m. DR. - **1.** Contrat par lequel qqn se porte caution auprès d'un créancier. - **2.** Dépôt de fonds exigé par la loi pour la candidature à une élection, la soumission d'une offre de services à l'État, l'exercice d'une profession (comptable public, par ex.).

cautionner [kosjɔne] v.t. - **1.** Se porter caution pour : *Cautionner un ami.* - **2.** Donner son appui, son approbation à : *Il a refusé de cautionner cette nouvelle orientation politique* (syn. soutenir ; contr. désavouer).

cavalcade [kavalkad] n.f. (it. *cavalcata*, de *cavalcare* ; v. *chevaucher*). - **1.** VX. Défilé d'une troupe de cavaliers, notamm. de soldats. - **2.** FAM. Course agitée et bruyante d'un groupe de personnes ; ce groupe.

cavale [kaval] n.f. (de *cavaler*). ARG. - **1.** Évasion d'une prison : *Ils ont préparé leur cavale minutieusement* (syn. fuite). - **2.** En cavale, en fuite : *Il est en cavale depuis huit jours.*

cavaler [kavale] v.i. (de *cavale* "jument"). T. FAM. - **1.** Courir ; fuir. - **2.** Rechercher les aventures amoureuses.

cavalerie [kavalʀi] n.f. (it. *cavalleria* ; v. *cavalier*). - **1.** Troupe à cheval. - **2.** Corps d'armée constitué à l'orig. par des troupes à cheval, puis motorisées : *Régiment de cavalerie.*

cavaleur, euse [kavalœʀ, -øz] adj. et n. FAM. Qui recherche les aventures amoureuses.

1. cavalier, ère [kavalje, -ɛʀ] n. (it. *cavaliere* ; v. *chevalier*). - **1.** Personne à cheval. - **2.** Celui, celle avec qui on forme un couple, dans une réception, un bal. - **3.** Faire cavalier seul, distancer ses concurrents, dans une course ; au fig., agir isolément. ◆ **cavalier** n.m. - **1.** Militaire servant à cheval. - **2.** Pièce du jeu d'échecs. - **3.** Carte du tarot entre la dame et le valet. - **4.** Clou en U. - **5.** Pièce adaptable servant au classement des fiches.

2. cavalier, ère [kavalje, -ɛʀ] adj. (de *1. cavalier*). - **1.** Désinvolte jusqu'à la grossièreté ; sans gêne : *Il s'est montré très cavalier dans ses remarques.* - **2.** Allée, piste cavalière, allée, piste aménagée pour les promenades à cheval.

cavalièrement [kavaljɛʀmã] adv. De façon cavalière : *Il est parti très cavalièrement, sans prendre congé.*

1. cave [kav] n.f. (bas lat. *cava* "fossé", de *cavus* "creux"). - **1.** Local souterrain, souvent voûté ; pièce en sous-sol d'un bâtiment, servant de débarras, de cellier, etc. : *Descendre à la cave.* - **2.** Réserve souterraine ou non où l'on conserve le vin ; la réserve elle-même : *Avoir une belle cave.* - **3.** Coffret à compartiment où l'on met divers produits : *Cave à cigares.* - **4.** Dancing, boîte de nuit en sous-sol.

2. **cave** [kav] n.f. (de *caver* "miser", it. *cavare* "creuser" et "tirer de sa poche", lat. *cavare*, de *cavus* "creux") Somme que chaque joueur place devant lui pour payer ses enjeux, partic. au poker.

3. **cave** [kav] adj. (lat. *cavus*). - **1.** vx. Creux : *Joues caves.* - **2.** Veines caves, les deux grosses veines (*veine cave supérieure* et *veine cave inférieure*) qui collectent le sang de la circulation générale et aboutissent à l'oreillette droite du cœur.

caveau [kavo] n.m. (de *1. cave*). - **1.** Construction, fosse aménagée en sépulture sous un édifice, dans un cimetière : *Caveau familial.* - **2.** HIST. Cabaret où se réunissaient des poètes, des chansonniers (XVIIIe-XIXe s.).

caverne [kavɛʀn] n.f. (lat. *caverna*, de *cavus* "creux"). - **1.** Cavité naturelle assez vaste, dans une zone rocheuse. - **2.** MÉD. Cavité pathologique dans certaines maladies : *Caverne du poumon dans la tuberculose.* - **3.** L'âge, l'homme des cavernes, de la préhistoire.

caverneux, euse [kavɛʀnø, -øz] adj. (de *caverne*). Voix caverneuse, voix grave, qui semble sortir des entrailles.

cavernicole [kavɛʀnikɔl] n.m. et adj. (de *caverne* et -*cole*). Animal qui supporte l'obscurité et vit dans une grotte. □ Beaucoup d'entre eux sont aveugles et décolorés.

caviar [kavjaʀ] n.m. (it. *caviaro*, var. dialect. de *caviale*, turc *khāviār*). Œufs d'esturgeon pressés et marinés.

caviste [kavist] n. Personne ayant la charge d'une cave à vins, chez un producteur, un restaurateur.

cavité [kavite] n.f. (bas lat. *cavitas*, du class. *cavus* "creux"). Partie creuse, vide d'un objet matériel, organique : *Cavités d'un rocher* (syn. excavation). *Cavités du cœur.*

C. B. [sibi] n.f. (sigle). - **1.** Citizen band. - **2.** Appareil émetteur-récepteur pour le citizen band.

C. C. P. [sesepe] n.m. Sigle de *compte* courant postal.*

CD [sede] n.m. inv. (sigle). Compact Disc.

CD-ROM [sedeʀɔm] n.m. (sigle de l'angl. *compact disc read only memory* "disque compact à mémoire morte"). Disque compact à lecture laser, à grande capacité de mémoire et qui stocke à la fois des textes, des images

et des sons. (Recomm. off. *disque optique compact.*)

1. **ce** [sə] , **cet** [sɛt] , **cette** [sɛt] , **ces** [sɛ] adj. dém. (lat. pop. *ecce istum,* du class. *ecce* "voici" et *iste* "cela"). - **1.** Déterminant d'un groupe nominal, désignant qqn, qqch que l'on peut montrer ou dont il a été question : *Prends donc ce parapluie. Cette conférence était particulièrement intéressante.* **Rem.** *Ce* se transforme en *cet* devant un mot commençant par une voyelle ou un *h* muet : *Cet arbre. Cet homme.* - **2.** Devant un nom à contenu temporel, indique que la période considérée se situe dans le moment présent ou qu'elle en est très proche : *Ce matin* (= aujourd'hui). *Ce soir* (= le soir qui vient). *Cette année* (= l'année présente).

2. **ce** [sə] pron. dém. (lat. pop. *ecce hoc,* du class. *ecce* "voici" et *hoc* "cela"). [Lorsqu'il n'est pas inversé, *ce* s'élide en *c'* devant les formes du verbe *être* commençant par *e* et en *ç'* devant l'auxiliaire *avoir*]. - **1.** Construit avec le v. *être,* assure une fonction de sujet : *Ce sera bien. Qui est-ce ? Est-ce à toi ? C'était l'année dernière. Ç'a été difficile.* - **2.** Construit avec un pron. relat. (*ce qui, ce que, ce dont,* etc.), assure une fonction de sujet, d'attribut ou de complément : *Ce qui s'occupe est très compliqué. Leur logiciel reste ce qui se fait de mieux dans le domaine. Elle peut dire tout ce qu'elle voudra. Voilà ce pour quoi nous nous sommes battus.* - **3.** Ce faisant, par là même : *Il n'est pas venu, ce faisant, il s'est déconsidéré.* ∥ FAM. Ce que, exprime l'emphase : *Ce qu'on s'amuse !* ∥ C'est... qui, que, dont, etc., servent à mettre en relief un mot quelconque de la phrase : *C'est elle qui paie. C'est là qu'il habite. C'est le livre dont je t'ai parlé.* ∥ Et ce, sert à rappeler une affirmation : *Il a reporté la réunion, et ce, sans même avertir les participants.* ∥ SOUT. Pour ce faire, pour faire cela : *Il veut réussir et pour ce faire il est prêt à tout.* ∥ FAM. Sur ce, sur ces entrefaites : *Sur ce, elle a tourné les talons.*

céans [seɑ̃] adv. (de *çà,* et de l'anc. fr. *enz* "dedans", lat. *intus*). - **1.** vx. Ici, en ces lieux. - **2.** LITT. ou par plais. Le maître de céans, le maître des lieux.

ceci [səsi] pron. dém. (de *ce* et *ci*). Désigne : - **1.** Qqch qu'on montre : *Ceci est un échantillon de notre production.* - **2.** Ce dont on va parler : *Notez bien ceci : le témoin n'a pas vu lui-même l'accusé.* - **3.** Ce dont il est question : *Tout ceci ne nous avance pas à grand-chose.* **Rem.** *Ceci* désigne parfois, dans la langue sout., ce qui est le plus proche, par opp. à *cela,* désignant le plus lointain : *Préférer ceci à cela.*

cécité [sesite] n.f. (lat. *caecitas,* de *caecus* "aveugle"). Fait d'être aveugle : *Être atteint de cécité.*

céder [sede] v.t. (lat. *cedere* "s'en aller") [conj. 18]. - **1.** Renoncer à qqch qu'on a, qu'on occupe, au profit de qqn : *Céder sa place. Céder la parole* (syn. abandonner, laisser). - **2.** Vendre : *Céder un bail, une créance.* - **3.** LITT. **Céder le pas à qqn,** s'effacer devant lui ; au fig., reconnaître sa supériorité. ‖ **Ne le céder en rien à,** rivaliser avec, être l'égal de. ◆ v.i. et v.t. ind. [à]. - **1.** Se laisser fléchir par qqn, se plier à sa volonté : *Elle cède toujours à ses caprices.* - **2.** Ne pas résister : *Céder à la tentation* (syn. succomber). ◆ v.i. - **1.** Ne pas résister à une force, une action ; se rompre : *Le câble cède sous la charge. La poignée de la valise a cédé.* - **2.** Cesser d'opposer une résistance physique ou morale : *Ils se sont disputés, mais aucun des deux n'a voulu céder. Nos troupes ont cédé devant l'ennemi.*

cédille [sedij] n.f. (esp. *cedilla* "petit c"). Signe graphique qui se place, en français, sous la lettre c devant a, o, u pour lui donner le son de s [s] (ex. : *façade, leçon, reçu*).

cédrat [sedʀa] n.m. (it. *cedrato, de cedro,* lat. *citrus* "citron"). Fruit du cédratier, de plus grande taille et à peau plus épaisse que le citron, utilisé surtout en pâtisserie, en confiserie et en parfumerie.

cédratier [sedʀatje] n.m. Arbre des régions chaudes, dont le fruit est le cédrat. □ Famille des aurantiacées ; genre *citrus.*

cèdre [sɛdʀ] n.m. (lat. *cedrus,* du gr.). - **1.** Grand arbre d'Asie et d'Afrique, à branches étalées horizontalement en plans superposés. □ Ordre des conifères ; haut. 40 m env. - **2.** CAN. Arbre du genre thuya.

cédrière [sedʀijeʀ] n.f. CAN. Terrain planté de cèdres.

cégep [seʒɛp] n.m. (sigle). CAN. Collège d'enseignement général et professionnel situé entre le secondaire et l'université.

cégépien, enne [seʒepjɛ̃, -ɛn] n. CAN. Élève d'un cégep.

ceindre [sɛ̃dʀ] v.t. (lat. *cingere*) [conj. 81]. LITT. Entourer sa tête, une partie de son corps : *Ceindre sa tête d'un bandeau, sa poitrine de l'écharpe tricolore.*

ceinture [sɛ̃tyʀ] n.f. (lat. *cinctura,* de *cingere* "ceindre"). - **1.** Accessoire fait d'une bande de cuir, d'étoffe, etc., porté pour fixer un vêtement autour de la taille ou comme ornement. - **2.** Partie fixe d'un vêtement qui maintient celui-ci autour de la taille. - **3.** Taille, partie du corps où se place la ceinture : *Nu jusqu'à la ceinture.* - **4.** ANAT. Partie du squelette où s'articulent les membres au tronc : *Ceinture scapulaire* (= omoplates, clavicules). *Ceinture pelvienne* (= bassin). - **5.** Ce qui entoure un lieu : *Ceinture de fortifications.* - **6.** Bande de tissu dont la couleur symbolise un grade, un dan, au judo : *Elle est ceinture verte.* - **7.** Ceinture de sécurité, bande coulissante, destinée à maintenir une personne sur le siège d'un véhi-

cule, en cas de choc, d'accident. ‖ **Ceinture verte,** espaces verts aménagés autour d'une agglomération. ‖ FAM. **Se mettre, se serrer la ceinture,** ne pas manger à sa faim ; renoncer à qqch.

ceinturer [sɛ̃tyʀe] v.t. (de *ceinture*). - **1.** Saisir par le milieu du corps en vue de maîtriser : *Ceinturer un adversaire.* - **2.** Entourer qqch, un lieu, un espace : *Les remparts ceinturent la ville.*

ceinturon [sɛ̃tyʀɔ̃] n.m. Ceinture très solide, partic. d'un uniforme, sur laquelle on peut fixer des accessoires.

cela [səla] pron. dém. (de *ce* et *là*). - **1.** Désigne qqch qu'on montre : *Remettez-lui cela en main propre. Regardez-moi cela !* - **2.** Désigne ce dont on a parlé : *Je n'ai pas dit cela.* - **3.** Renforce une interrogation : *Pourquoi cela ?* - **4.** Cela dit, cela étant, introduit une restriction (on dit aussi *ceci dit, ceci étant*) : *Votre conclusion est trop brève ; cela étant, votre mémoire est intéressant.* ‖ **En cela,** de ce point de vue, sur ce point : *Elle t'a reproché ton mutisme, et en cela elle avait raison.* **Rem.** 1. *Cela* désigne parfois, dans la langue sout., ce qui est le plus lointain, par opp. à *ceci,* désignant le plus proche : *Ceci vaut mieux que cela.* 2. *Cela* est souvent remplacé par *ça* dans la langue cour. : *Tu as vu ça ?*

céladon [seladɔ̃] adj. inv. (du n. d'un personnage du roman « l'Astrée »). Couleur vert pâle. ◆ n.m. Porcelaine d'Extrême-Orient de cette couleur.

célébration [selebʀasjɔ̃] n.f. Action de célébrer : *La célébration de Noël.*

célèbre [selɛbʀ] adj. (lat. *celeber, -bris* "fréquenté, fêté par une foule nombreuse"). Connu de tous : *Un écrivain célèbre* (syn. illustre ; contr. inconnu).

célébrer [selebʀe] v.t. (lat. *celebrare* ; v. *célèbre*) [conj. 18]. - **1.** Marquer une date, un événement par une cérémonie, une fête : *Célébrer un anniversaire.* - **2.** Accomplir un office liturgique : *Célébrer la messe.* - **3.** LITT. Faire publiquement l'éloge de qqn : *Nous allons célébrer ce héros* (syn. louer).

célébrité [selebʀite] n.f. (lat. *celebritas* ; v. *célèbre*). - **1.** Grande réputation, gloire, renom : *Acquérir de la célébrité* (syn. renommée). - **2.** Personne célèbre : *C'est une célébrité locale.*

celer [səle] v.t. (lat. *celare*) [conj. 25]. LITT. Cacher ; ne pas révéler.

céleri [sɛlʀi] n.m. (it. dialect. *seleri,* bas lat. *selimon,* mot gr.). Plante potagère qui existe sous deux formes : le *céleri-rave,* dont on consomme la racine, et le *céleri à côtes,* dont les pétioles sont comestibles. □ Famille des ombellifères ; genre *apium.*

célérité [seleʀite] n.f. (lat. *celeritas,* de *celer* "rapide"). LITT. Rapidité, promptitude dans une action : *Enquête menée avec célérité* (syn. diligence ; contr. lenteur).

célesta [selɛsta] n.m. (de *céleste*). Instrument à percussion, pourvu d'un clavier actionnant des marteaux qui frappent des lames d'acier et de cuivre.

céleste [selɛst] adj. (lat. *caelestis*, de *caelum* "ciel"). -**1.** Du firmament : *Corps céleste* (= astre). -**2.** Relatif au ciel en tant que séjour divin : *Les puissances célestes. Bonté céleste* (syn. divin). -**3.** Qui évoque le divin, les dieux : *Musique céleste.* -**4.** Globe céleste, sphère céleste → globe, sphère.

célibat [seliba] n.m. (lat. *caelibatus*, de *caelebs, -ibis* "célibataire"). État d'une personne non mariée.

célibataire [selibatɛʀ] adj. et n. (de *célibat*). Qui n'est pas marié.

celle, celles pron. dém. → celui.

celle-ci, celles-ci, celle-là, celles-là pron. dém. → celui-ci, celui-là.

cellier [selje] n.m. (lat. *cellarium* "magasin, grenier", de *cella*). Pièce, lieu frais où l'on entrepose le vin et d'autres provisions.

Cellophane [selɔfan] n.f. (nom déposé). Pellicule transparente, fabriquée à partir d'hydrate de cellulose et utilisée pour l'emballage : *Viande vendue sous Cellophane.*

cellulaire [selylɛʀ] adj. -**1.** Relatif aux cellules des organismes végétaux ou animaux : *Biologie cellulaire.* -**2.** Relatif aux cellules des prisonniers. -**3.** Fourgon cellulaire, voiture pour le transport des prisonniers. ‖ BIOL. Membrane cellulaire, syn. de membrane plasmique. ‖ Tissu cellulaire, tissu conjonctif sous-cutané, fibreux et lâche.

cellule [selyl] n.f. (lat. *cellula*, dimin. de *cella* "chambre"). -**1.** Pièce, chambre, génér. individuelle, où l'on vit isolé, partic. dans un monastère, une prison : *Ramener un prisonnier dans sa cellule.* -**2.** Alvéole des rayons de cire où les abeilles déposent les couvains et la nourriture. -**3.** BIOL. Élément constitutif fondamental de tout être vivant. -**4.** Élément constitutif fondamental d'un ensemble : *Cellule familiale.* -**5.** Groupement de base d'un parti politique, notamm. du parti communiste. -**6.** TECHN. Tête de lecture d'un lecteur de disques audio. -**7.** Cellule photoélectrique, appareil transformant l'énergie lumineuse en énergie électrique.

cellulite [selylit] n.f. (de *cellule*). Envahissement graisseux du tissu cellulaire sous-cutané qui donne à certains endroits un aspect grenu.

Celluloïd [selylɔid] n.m. (nom déposé). Matière plastique très malléable à chaud mais très inflammable.

cellulose [selyloz] n.f. (de *cellule*). Substance organique du groupe des glucides, contenue dans les membranes des cellules végétales : *Le coton hydrophile est de la cellulose presque pure.* □ Formule : $(C_6H_{10}O_5)_n$.

cellulosique [selylozik] adj. Qui a la nature de la cellulose ; qui en contient : *Colle cellulosique.*

celtique [sɛltik] adj. Des Celtes (on dit aussi *celte*). ◆ n.m. Langue indo-européenne parlée par les anciens Celtes.

celui [səlɥi], **celle** [sɛl], **ceux** [sø], **celles** [sɛl] pron. dém. (lat. pop. *ecce illui*, du class. *ecce* "voici" et *ille* "celui-là"). Désigne qqn, qqch dont il est question : *Celui dont je t'ai parlé habite ici. Ce n'est pas ma veste, c'est celle de ma sœur. Je repars avec ceux qui attendent.*

celui-ci [səlɥisi], **celle-ci** [sɛlsi], **celui-là** [səlɥila], **celle-là** [sɛlla] pron. dém. [pl. *ceux-ci, celles-ci ; ceux-là, celles-là*]. -**1.** Désigne qqn, qqch que l'on peut montrer ou dont il est question : *Celui-là fera l'affaire. Si vous voulez des chaussures confortables, je vous conseille celles-ci.* **Rem.** Celui-ci désigne parfois, dans la langue parlée, la personne ou la chose la plus proche, par opp. à *celui-là*, désignant le plus lointain. -**2.** Celui-ci... celui-là, l'un... l'autre : *Aucun de ces deux modèles ne me va, celui-ci est trop court et celui-là me serre.*

cément [semã] n.m. (lat. *caementum* "moellon"). -**1.** ANAT. Tissu dur recouvrant l'ivoire de la racine des dents. -**2.** MÉTALL. Matière utilisée dans la cémentation.

cémentation [semãtasjɔ̃] n.f. (de *cémenter*). MÉTALL. Chauffage d'une pièce métallique au contact d'un cément qui, en diffusant dans sa masse ou à sa surface, lui permet d'acquérir des propriétés particulières de dureté, de ductilité.

cémenter [semãte] v.t. (de *cément*). Soumettre à la cémentation.

cénacle [senakl] n.m. (lat. *cenaculum* "salle à manger"). -**1.** RELIG. CHRÉT. Salle où eut lieu la Cène, puis la Pentecôte. -**2.** LITT. Cercle restreint de personnes animées par des idées communes : *Cénacle littéraire.*

cendre [sɑ̃dʀ] n.f. (lat. *cinis, -eris*). -**1.** Résidu solide produit par la combustion d'une substance. -**2.** GÉOL. Matière pulvérulente que rejette un volcan en éruption. -**3.** Couver sous la cendre, se développer sourdement avant d'éclater au grand jour. ◆ cendres n.f. pl. -**1.** LITT. Ruines de ce qui a été brûlé, dévasté. -**2.** Restes des morts : *Le retour des cendres de Napoléon.* -**3.** CATH. Symbole de la pénitence dans le rite d'imposition des cendres sur le front des fidèles : *Mercredi des Cendres.* -**4.** Réduit en cendres, anéanti. ‖ Renaître de ses cendres, prendre un nouvel essor, comme le phénix.

cendré, e [sɑ̃dʀe] adj. LITT. Qui tire sur la couleur grise ou bleutée de la cendre : *Cheveux blond cendré.*

cendrier [sɑ̃dʀije] n.m. **-1.** Récipient destiné à recevoir les cendres de tabac. **-2.** Partie d'un fourneau, d'un poêle où tombe la cendre.

cène [sɛn] n.f. (lat. *cena* "repas du soir"). RELIG. CHRÉT. La Cène, le dernier repas de Jésus-Christ avec ses apôtres, la veille de sa Passion, au cours duquel il institua l'eucharistie. ∥ La sainte cène, communion sous les deux espèces (pain et vin), dans le culte protestant.

cenellier [sənelje] n.m. (de *cenelle*, n. du fruit, d'orig. obsc.). RÉGION., CAN. Aubépine.

cénobite [senɔbit] n.m. (lat. ecclés. *coenobita*, *coenobium* "monastère", gr. *koinobion*, de *koinos* "commun" et *bios* "vie"). Moine qui vit en communauté (par opp. à *anachorète*).

cénotaphe [senɔtaf] n.m. (bas lat. *cenotaphium*, gr. *kenotaphion*, de *kenos* "vide" et *taphos* "tombeau"). Monument élevé à la mémoire d'un mort et qui ne contient pas ses restes.

cénozoïque [senɔzɔik] n.m. (du gr. *kainos* "récent" et *zôikos* "relatif aux animaux"). Ère géologique englobant le tertiaire et le quaternaire.

cens [sɑ̃s] n.m. (lat. *census* "recensement"). **-1.** HIST. Montant, quotité d'imposition nécessaire pour être électeur ou éligible, dans le suffrage censitaire. **-2.** FÉOD. Redevance due par des tenanciers au seigneur du fief. **-3.** ANTIQ. ROM. Recensement qui servait notamm. au recrutement de l'armée, au recouvrement de l'impôt.

censé, e [sɑ̃se] adj. (lat. *censere* "estimer"). Supposé, considéré comme : *Vous n'êtes pas censé le savoir. Nul n'est censé ignorer la loi.*

censément [sɑ̃semɑ̃] adv. (de *censé*). D'après ce qu'on peut supposer ; vraisemblablement.

censeur [sɑ̃sœʀ] n.m. (lat. *censor*, de *censere* "estimer"). **-1.** ANTIQ. ROM. Magistrat chargé de faire le cens et de réprimer les fautes contre les mœurs, dans la Rome républicaine. **-2.** ADMIN. Membre d'une commission de censure. **-3.** Fonctionnaire responsable de la discipline générale, dans un lycée : *Madame le censeur vous attend dans son bureau.* **-4.** LITT. Personne qui s'érige en juge intransigeant d'autrui : *Son dernier ouvrage a déchaîné les censeurs.*

censitaire [sɑ̃sitɛʀ] adj. Suffrage censitaire, système dans lequel le droit de vote est réservé aux contribuables versant un montant minimal (*cens*) d'impôts, contribuables eux-mêmes appelés *les censitaires.* □ En France, le système censitaire, établi en 1791, a été remplacé par le suffrage universel en 1848.

censure [sɑ̃syʀ] n.f. (lat. *censura* "charge de censeur" puis "jugement sévère"). **-1.** Contrôle exercé par un gouvernement, une autorité, sur la presse, les spectacles, etc., destinés au public ; examen décidant des autorisations, des interdictions : *Visa de censure d'un film.* **-2.** Dans une assemblée parlementaire, vote hostile à la politique générale du gouvernement : *Motion de censure. Voter la censure.*

censurer [sɑ̃syʀe] v.t. **-1.** Pratiquer la censure contre : *Censurer un livre* (syn. interdire). **-2.** Voter la censure : *Censurer le gouvernement.*

1. cent [sɑ̃] adj. num. card. (lat. *centum*). [N'est variable que s'il n'est suivi d'aucun autre adj. num. card.] **-1.** Dix fois dix : *Une pièce de cent francs. Trois cents mètres. Deux cent mille.* **-2.** (Inv., en fonction d'ord.). De rang numéro cent, centième : *La page deux cent.* **-3.** Un grand nombre de : *Il y a cent moyens d'y arriver.* **-4.** Cent fois, très souvent ; tout à fait : *Je te l'ai répété cent fois. Avoir cent fois raison.* ◆ n.m. **-1.** (Inv.). Le nombre qui suit quatre-vingt-dix-neuf dans la série des entiers naturels : *Cinquante et cinquante font cent.* **-2.** (Variable). Centaine : *Deux cents d'huîtres.* **-3.** FAM. À cent pour cent, tout à fait : *Sûr à cent pour cent.* ∥ Cent pour cent, entièrement : *Jupe cent pour cent coton.* ∥ ... pour cent (précédé d'un adj. num.), exprime la proportion par rapport à une quantité de cent unités (symb. %) : *Douze pour cent (12 %).*

2. cent [sɛnt] n.m. (mot anglo-amér., du lat. *centum* "cent"). Centième partie de l'unité monétaire principale de divers pays (Australie, Canada, États-Unis, Pays-Bas, etc.).

centaine [sɑ̃tɛn] n.f. **-1.** Groupe de cent unités. **-2.** Groupe d'environ cent unités. **-3.** Par centaines, en grand nombre.

centaure [sɑ̃tɔʀ] n.m. (lat. *centaurus*, du gr.). Être fabuleux, au buste et au visage d'homme, au corps de cheval, dans la mythologie grecque.

centaurée [sɑ̃tɔʀe] n.f. (lat. *centaurea*, gr. *kentauriê* "plante de centaure"). Plante herbacée aux nombreuses espèces, dont le bleuet. □ Famille des composées.

centenaire [sɑ̃tnɛʀ] adj. et n. Qui a atteint cent ans : *Une institution centenaire.* ◆ n.m. Anniversaire des cent ans : *Centenaire de la mort de Victor Hugo. Le cinquième centenaire de la découverte de l'Amérique* (= l'anniversaire des cinq cents ans).

centésimal, e, aux [sɑ̃tezimal, -o] adj. (du lat. *centesimus*). Se dit de fractions de dénominateur cent, de divisions ou de graduations par centièmes : *Échelle centésimale* (= graduée en cent parties égales).

centième [sɑ̃tjɛm] adj. num. ord. et n. (lat. *centesimus*). - **1.** De rang numéro cent : *C'est la centième de la liste.* - **2.** Pour la centième fois, une nouvelle fois après beaucoup d'autres : *Je te le répète pour la centième fois.* ◆ adj. et n.m. Qui correspond à la division d'un tout en cent parties égales : *La centième partie d'une somme. Le centième des recettes.*

centigrade [sɑ̃tigrad] n.m. - **1.** Centième partie du grade, unité d'angle. □ Symb. cgr. - **2.** Thermomètre centigrade, degré centigrade, procédant d'une échelle de température à cent degrés *(l'échelle Celsius).* □ Terme abandonné, en sciences, depuis 1948.

centigramme [sɑ̃tigram] n.m. Centième partie du gramme. □ Symb. cg.

centilitre [sɑ̃tilitr] n.m. Centième partie du litre. □ Symb. cl.

centime [sɑ̃tim] n.m. (lat. *centesimus* "centième"). - **1.** Centième partie du franc. - **2.** (Surtout en tournure nég.). La plus petite somme d'argent : *Je n'ai plus un centime en poche.*

centimètre [sɑ̃timɛtr] n.m. - **1.** Centième partie du mètre. □ Symb. cm. - **2.** Ruban souple de métal ou de plastique divisé en centimètres : *Centimètre de couturière.*

centrage [sɑ̃traʒ] n.m. - **1.** Action de centrer qqch, un objet : *Le centrage d'une photo.* - **2.** Détermination du centre géométrique, de gravité, etc. - **3.** En mécanique, opération qui a pour but de déterminer le centre d'une figure de pièce.

1. **central, e, aux** [sɑ̃tral, -o] adj. - **1.** Qui est au centre, près du centre ; du centre : *Europe centrale. Quartier central* (contr. périphérique). - **2.** Qui constitue le centre, le pivot d'un ensemble organisé ; qui centralise : *Fichier central. Pouvoir central.* - **3.** Qui constitue le point principal, essentiel : *L'idée centrale du livre* (syn. essentiel). - **4.** Maison, prison centrale, prison pour les détenus condamnés à des peines de plus d'un an (on dit aussi *une centrale*).

2. **central** [sɑ̃tral] n.m. - **1.** Court principal d'un stade de tennis. - **2.** Central téléphonique, lieu où aboutissent les lignes du réseau public de téléphone.

centrale [sɑ̃tral] n.f. (de 1. *central*). - **1.** Usine génératrice d'énergie électrique : *Centrale hydroélectrique. Centrale nucléaire.* - **2.** Confédération nationale de syndicats de salariés : *Centrale syndicale.* - **3.** Prison centrale. - **4.** Centrale d'achats, organisme commercial gérant les commandes d'approvisionnement des magasins qui lui sont affiliés.

centralisateur, trice [sɑ̃tralizatœr, -tris] adj. Qui centralise : *Un organisme centralisateur.*

centralisation [sɑ̃tralizasjɔ̃] n.f. - **1.** Action de centraliser ; fait d'être centralisé : *La centralisation des informations.* - **2.** Type d'organisation étatique confiant la plupart des pouvoirs à une autorité centrale, dont dépendent entièrement les autorités locales.

centralisé, e [sɑ̃tralize] adj. Dont l'organisation administrative, politique, etc., repose sur la centralisation : *Pays fortement centralisé.*

centraliser [sɑ̃tralize] v.t. Rassembler en un centre unique ; faire dépendre d'un organisme, d'un pouvoir central : *Centraliser des fonds, des services.*

centralisme [sɑ̃tralism] n.m. Système d'organisation qui entraîne la centralisation des décisions et de l'action.

centre [sɑ̃tr] n.m. (lat. *centrum*, gr. *kentron* "pointe"). - **1.** MATH. Point situé à égale distance de tous les points d'un cercle ou d'une sphère, ou situé à l'intersection des axes de symétrie d'une figure : *Le centre du cercle.* - **2.** Espace situé à distance précisément ou approximativement égale des bords d'une surface quelconque : *Le centre du terrain. Le centre de la pièce* (syn. milieu). - **3.** Localité caractérisée par l'importance de sa population ou de l'activité qui s'y déploie : *Un centre industriel, touristique.* - **4.** Partie d'une ville où sont concentrées les activités de commerce, de loisir : *Je vais dans le centre faire des achats* (syn. centre-ville). - **5.** Lieu où sont rassemblées des personnes : *Centre d'apprentissage. Centre hospitalier. Centre d'accueil.* - **6.** Bureau, organisme centralisateur : *Centre d'achats. Centre de documentation.* - **7.** Point de convergence, de rayonnement de diverses forces : *Paris, centre de la vie culturelle.* - **8.** Point principal, essentiel : *Le centre de la question* (syn. cœur). - **9.** Sur le plan politique, position, parti qui se situent entre la droite et la gauche. - **10.** SPORTS. Dans certains sports d'équipe, joueur qui se trouve au milieu de la ligne d'attaque. - **11.** SPORTS. Action de centrer dans les jeux de ballon. - **12.** Être le centre des regards, de l'attention, etc., être la personne vers laquelle convergent l'attention, l'intérêt. - **13.** Centre commercial, ensemble regroupant des magasins de détail et divers services (banque, poste, etc.). ‖ Centre d'aide par le travail → C. A. T. ‖ Centre de gravité → gravité. ‖ MATH. Centre de symétrie d'une figure, point, s'il existe, tel que tous les points de la figure soient deux à deux symétriques par rapport à lui.

centrer [sɑ̃tre] v.t. - **1.** Ramener au centre, placer au milieu : *Centrer un titre dans une page.* - **2.** Donner une direction, une orienta tion précise : *La discussion était centrée sur les problèmes sociaux* (syn. orienter, axer). - **3.** TECHN. Déterminer l'axe d'une pièce ou fixer une pièce en son centre. - **4.** SPORTS. Envoyer le ballon vers le grand axe d'un terrain.

centre-ville [sɑ̃tʀəvil] n.m. (pl. *centres-villes*). Quartier central d'une ville, le plus animé ou le plus ancien.

centrifugation [sɑ̃tʀifygasjɔ̃] n.f. Séparation des constituants d'un mélange par la force centrifuge.

centrifuge [sɑ̃tʀifyʒ] adj. (de *centre* et *-fuge*). Qui tend à éloigner du centre (par opp. à *centripète*) : *Force centrifuge.*

centrifuger [sɑ̃tʀifyʒe] v.t. [conj. 17]. Soumettre à l'action de la force centrifuge ; passer à la centrifugeuse.

centrifugeuse [sɑ̃tʀifyʒøz] n.f. et **centrifugeur** [sɑ̃tʀifyʒœʀ] n.m. - **1.** Appareil qui effectue la centrifugation. - **2.** Appareil ménager électrique destiné à produire du jus de fruits ou de légumes.

centripète [sɑ̃tʀipɛt] adj. (de *centre,* et du lat. *petere* "se diriger vers"). Qui tend à rapprocher du centre (par opp. à *centrifuge*) : *Force centripète.*

centrisme [sɑ̃tʀism] n.m. Attitude, conception politique fondée sur le refus des extrêmes.

centriste [sɑ̃tʀist] adj. et n. Du centre, en politique.

centuple [sɑ̃typl] adj. et n.m. (lat. *centuplus*). - **1.** Qui vaut cent fois autant : *Je l'ai payé le centuple de son prix.* - **2.** Au centuple, cent fois plus ; au fig., en quantité beaucoup plus grande : *J'ai été récompensé au centuple.*

centupler [sɑ̃typle] v.t. et v.i. - **1.** Multiplier, être multiplié par cent. - **2.** Augmenter considérablement : *Il faudrait centupler les efforts pour obtenir un résultat. Les prix ont centuplé.*

centurie [sɑ̃tyʀi] n.f. (lat. *centuria*). ANTIQ. ROM. Unité politique, administrative et militaire formée de cent citoyens.

centurion [sɑ̃tyʀjɔ̃] n.m. (lat. *centurio*). Officier commandant une centurie, dans la légion romaine.

cep [sɛp] n.m. (lat. *cippus* "pieu"). Pied de vigne.

cépage [sepaʒ] n.m. (de *cep*). Plant de vigne, considéré dans sa spécificité ; variété de vigne dont on tire un vin déterminé : *Les cépages de Bourgogne.*

cèpe [sɛp] n.m. (gascon *cep* "tronc"). Bolet d'une variété comestible.

cépée [sepe] n.f. (de *cep*). SYLV. Touffe de tiges ou rejets de bois sortant du même tronc.

cependant [səpɑ̃dɑ̃] adv. (de *ce* et *pendant*). - **1.** (Marquant une articulation logique). Exprime une opposition, une restriction (parfois combiné à *et*) : *Cette histoire invraisemblable est cependant véridique* (syn. néanmoins, toutefois). *Il a fini par accepter ; et cependant, il s'était juré de ne pas céder* (syn. pourtant). - **2.** LITT. Exprime une concomitance d'une certaine durée: *Elle travaillait dans sa chambre ; cependant la nuit s'avançait* (= pendant ce temps). ◆ **cependant que** loc. conj. Exprime une concomitance : *Cependant qu'il parlait, tout le monde le regardait* (syn. pendant que, tandis que).

céphalée [sefale] et **céphalalgie** [sefalalʒi] n.f. (du gr. *kephalê* "tête" [et *-algie*]). MÉD. Mal de tête.

céphalopode [sefalɔpɔd] n.m. (de *céphalo-* et *-pode*). Céphalopodes, classe de mollusques marins, carnivores et nageurs, dont la tête porte des tentacules munis de ventouses et qui se propulsent en expulsant de l'eau par un siphon. □ La seiche, le calmar, la pieuvre, le nautile sont des céphalopodes.

céphalo-rachidien, enne [sefaloʀaʃidjɛ̃, -ɛn] adj. (pl. *céphalo-rachidiens, ennes*). - **1.** Relatif à l'encéphale et au rachis (syn. cérébrospinal). - **2.** Liquide céphalo-rachidien, liquide clair circulant entre les méninges.

céphalothorax [sefalotɔʀaks] n.m. (de *céphalo-* et *thorax*). Région antérieure du corps de certains invertébrés comme les crustacés, les arachnides, qui comprend la tête et le thorax soudés.

cérame [seʀam] adj. (gr. *keramos* "argile"). Grès cérame, grès vitrifié dans la masse.

céramique [seʀamik] adj. (gr. *keramikos ;* v. *cérame*). Qui concerne la fabrication des poteries et autres pièces de terre cuite (y compris faïence, grès, porcelaine). ◆ n.f. - **1.** Art de fabriquer les poteries et autres objets de terre cuite, de faïence, de porcelaine : *Initier ses élèves à la céramique.* - **2.** Objet en terre cuite : *Un vase en céramique.* - **3.** Matériau céramique.

céramiste [seʀamist] n. Personne qui fabrique ou décore de la céramique.

céraste [seʀast] n.m. (gr. *kerastês* "cornu", de *keras* "corne"). Serpent venimeux d'Afrique et d'Asie, dit aussi *vipère à cornes*. □ Long. 75 cm.

cerbère [seʀbɛʀ] n.m. (lat. *Cerberus,* gr. *Kerberos,* n. du chien à trois têtes gardien des Enfers). LITT. Portier, gardien sévère, intraitable.

cerceau [seʀso] n.m. (bas lat. *circellus,* du class. *circus* "cercle"). - **1.** Cercle léger en bois, en plastique, etc., que les enfants poussent devant eux avec un bâton, une baguette.

-2. Cercle ou arceau de bois, de métal, servant d'armature, de support : *Cerceaux d'une robe, d'une bâche.* **-3.** Cercle de bois ou de métal servant à maintenir les douves d'un tonneau, d'un baquet.

cerclage [sɛʁklaʒ] n.m. Action de cercler ; fait d'être cerclé : *Cerclage du châtaignier.*

cercle [sɛʁkl] n.m. (lat. *circulus,* de *circus*). **-1.** Courbe plane fermée dont tous les points sont à égale distance d'un point fixe, le centre : *Tracer un cercle au compas.* **-2.** Figure, dessin, surface, objet ayant approximativement cette forme : *Entourer d'un cercle les numéros choisis* (syn. rond). *Un cercle de métal.* **-3.** Réunion de personnes, ensemble de choses disposées en rond : *Un cercle d'enfants.* **-4.** Groupement de personnes réunies pour un but particulier ; local où elles se réunissent : *Cercle d'études. Cercle de jeu. Cercle militaire.* **-5.** Ensemble des personnes qu'on fréquente, des choses constituant un domaine d'activités, de connaissance : *Il a élargi le cercle de ses amis, de ses activités.* **-6.** Cercle de famille, la proche famille réunie. ‖ GÉOM. Grand cercle d'une sphère, section de la sphère par un plan passant par son centre. ‖ LOG. Cercle vicieux, raisonnement défectueux où l'on donne pour preuve ce qu'il faut démontrer ; au fig., situation dans laquelle on se trouve enfermé : *C'est un cercle vicieux, il emprunte de l'argent pour rembourser ses dettes.*

cercler [sɛʁkle] v.t. Garnir, entourer d'un cercle, de cercles : *Cercler un tonneau, les roues d'une charrette.*

cercopithèque [sɛʁkɔpitɛk] n.m. (du gr. *kerkos* "queue" et *pithêkos* "singe"). Singe à longue queue, dont il existe en Afrique plusieurs espèces.

cercueil [sɛʁkœj] n.m. (gr. *sarkophagos* "qui mange la chair"). Long coffre dans lequel on enferme le corps d'un mort (syn. bière).

céréale [seʁeal] n.f. (lat. *cerealis,* de *Cérès,* déesse des Moissons). Plante cultivée, génér. de la famille des graminées, dont les grains, surtout réduits en farine, servent à la nourriture de l'homme et des animaux domestiques.

céréalier, ère [seʁealje, -ɛʁ] adj. Relatif aux céréales : *Une culture, une alimentation céréalière.* ◆ **céréalier** n.m. **-1.** Producteur de céréales. **-2.** Navire de charge spécialisé dans le transport des grains en vrac.

cérébral, e, aux [seʁebʁal, -o] adj. (du lat. *cerebrum* "cerveau"). **-1.** Qui concerne le cerveau : *Les deux moitiés du cerveau s'appellent les hémisphères cérébraux.* **-2.** Qui concerne l'esprit, la pensée : *Son travail est plus cérébral que manuel.* ◆ n. Personne qui vit surtout par la pensée.

cérébro-spinal, e, aux [seʁebʁɔspinal, -o] adj. (de *cérébral* et *spinal*). Qui concerne l'encéphale et la moelle épinière (syn. céphalo-rachidien).

cérémonial [seʁemɔnjal] n.m. (pl. *cérémonials*). **-1.** Ensemble des règles qui président aux cérémonies civiles, militaires ou religieuses : *La réception s'est déroulée avec tout le cérémonial d'usage* (syn. protocole, étiquette). **-2.** Livre contenant les règles liturgiques des cérémonies du culte.

cérémonie [seʁemɔni] n.f. (lat. *caeremonia* "caractère sacré"). **-1.** Forme extérieure et régulière d'un culte, d'un événement de la vie sociale : *Les cérémonies du baptême, du 14-Juillet.* **-2.** Marque de civilité ; excès de politesse : *Il a fait beaucoup de cérémonies avant de venir* (syn. manière, façon). **-3.** Sans cérémonie, sans façon, en toute simplicité.

cérémonieusement [seʁemɔnjøzmɑ̃] adv. De façon cérémonieuse.

cérémonieux, euse [seʁemɔnjø, -øz] adj. Qui fait trop de cérémonies ; qui exprime une politesse excessive.

cerf [sɛʁ] n.m. (lat. *cervus*). Ruminant de la famille des cervidés, des forêts d'Europe, d'Asie et d'Amérique, atteignant 1,50 m de haut et vivant en troupeau appelé *harde.* ◻ Le mâle porte des bois d'autant plus développés et ramifiés qu'il est âgé ; à un an, c'est un daguet, vers six ans un dix-cors. Le cerf brame.

cerfeuil [sɛʁfœj] n.m. (lat. *cerefolium,* du gr.). Plante aromatique cultivée comme condiment. ◻ Famille des ombellifères.

cerf-volant [sɛʁvɔlɑ̃] n.m. (pl. *cerfs-volants*). **-1.** Carcasse légère sur laquelle on tend un papier fort ou une étoffe et que l'on fait voler dans le vent au bout d'une longue ficelle : *Jouer au cerf-volant.* **-2.** Nom usuel du lucane.

cerisaie [səʁizɛ] n.f. Lieu planté de cerisiers.

cerise [səʁiz] n.f. (lat. pop. **cerasia,* class. *cerasium,* du gr.). Fruit comestible du cerisier. ◆ adj. inv. De couleur rouge vif.

cerisier [səʁizje] n.m. Arbre cultivé pour ses fruits, les cerises. ◻ Famille des rosacées. Les cerisiers dérivent de deux espèces : le merisier, qui donne les variétés de bigarreaux et de guignes ; le griottier, d'où proviennent les variétés de cerises acides.

cerne [sɛʁn] n.m. (lat. *circinus* "compas, cerclé", de *circus* "cercle"). **-1.** Cercle bleuâtre autour des yeux, ou autour d'une plaie : *La fatigue lui donne des cernes.* **-2.** Couche concentrique d'un arbre coupé en travers. ◻ Le nombre des cernes permet de connaître l'âge d'un arbre. **-3.** Contour épais, accusé, dans un dessin, une peinture. **-4.** Tache circulaire laissée par un détachant ; auréole.

cerné, e [sɛʀne] adj. Yeux cernés, yeux entourés d'un cerne.

cerneau [sɛʀno] n.m. (de *cerner* [*des noix*]). - **1.** Chair des noix vertes. - **2.** La noix même, avant sa complète maturité.

cerner [sɛʀne] v.t. (lat. *circinare*, de *circus* "cercle"). - **1.** Former un cercle autour de : *Les montagnes cernent la ville* (syn. entourer). - **2.** Entourer un lieu, pour empêcher les personnes qui s'y trouvent de s'enfuir : *La police cerne le quartier* (syn. boucler, encercler). - **3.** Marquer le contour d'une figure d'un trait appuyé : *Cerner une silhouette d'un trait noir.* - **4.** Enlever un anneau d'écorce par une incision circulaire : *Cerner une branche.* - **5.** Séparer une noix de sa coque. - **6.** Cerner un problème, une question, etc., les délimiter nettement : *La discussion a permis de cerner le problème.*

1. certain, e [sɛʀtɛ̃, -ɛn] adj. (lat. pop. *certanus*, du class. *certus* "assuré"). - **1.** Tenu pour sûr, inévitable : *Avec lui, l'échec est certain* (syn. assuré). *Cet élève fait des progrès certains* (syn. indiscutable, incontestable). - **2.** Qui n'a aucun doute : *Témoin certain de ce qu'il a vu* (syn. sûr). - **3.** Assez grand : *Il a une certaine popularité.*

2. certain, e [sɛʀtɛ̃, -ɛn] adj. indéf. (de *1. certain*). - **1.** (Au sing.). Précédé de l'art. indéf. (ou, LITT., sans autre déterminant), indique une détermination sans grande précision : *À un certain moment, on a pu croire le pire. Un certain Michel a téléphoné.* - **2.** (Au pl.). Sans autre déterminant, indique un nombre limité : *Certaines difficultés subsistent* (= quelques difficultés). ◆ **certains, certaines**, pron. indéf. pl. - **1.** Plusieurs, quelques-uns : *J'ai assisté à certaines de ses pièces.* - **2.** (Au masc.). Quelques personnes ; des gens : *Certains prétendent avoir observé ce phénomène.*

certainement [sɛʀtɛnmɑ̃] adv. - **1.** Très probablement : *Il est certainement parti* (= sans doute). - **2.** Assurément, certes : *Es-tu content ? Certainement. Certainement pas.*

certes [sɛʀt] adv. (lat. pop. *certas*, du class. *certus* "assuré"). SOUT. - **1.** Sert à affirmer ou à souligner une affirmation ou une dénégation : *Êtes-vous convaincue ? Certes* (syn. assurément). *Certes non* (= certainement pas, bien sûr que non). - **2.** Souvent en corrélation avec *mais*, sert à marquer une opposition, à présenter ce que l'on concède : *Certes, je suis venu, mais je ne suis toujours pas d'accord avec vous* (= bien que je sois venu...).

certificat [sɛʀtifika] n.m. (lat. médiév. *certificatum* ; v. certifier). - **1.** Écrit officiel, ou dûment signé d'une personne compétente, qui atteste un fait : *Un certificat d'arrêt de travail, de nationalité.* - **2.** Certificat d'aptitude professionnelle → C. A. P. ‖ Certificat d'aptitude au professorat de l'enseignement

du second degré, certificat d'aptitude au professorat de l'enseignement technique → C. A. P. E. S., C. A. P. E. T.

certifié, e [sɛʀtifje] n. et adj. Professeur titulaire du C. A. P. E. S. ou du C. A. P. E. T.

certifier [sɛʀtifje] v.t. (lat. médiév. *certificare*, du class. *certus* "assuré") [conj. 9]. - **1.** Affirmer qqch à qqn ; assurer que qqch est vrai : *Il m'a certifié qu'il était absent ce jour-là* (syn. soutenir). - **2.** DR. Copie certifiée conforme, copie attestée conforme au document original par l'autorité compétente.

certitude [sɛʀtityd] n.f. (lat. *certitudo*, de *certus* "assuré"). - **1.** Sentiment qu'on a de la réalité d'un fait, de la vérité de qqch : *J'ai la certitude de t'avoir donné cette liste* (syn. assurance, conviction). - **2.** Ce qui est certain : *Ce n'est pas une hypothèse, c'est une certitude.*

cérumen [sɛʀymɛn] n.m. (lat. médiév. *cerumen*, de *cera* "cire"). Substance grasse, jaune brun, formée du conduit auditif externe par les glandes sébacées qui le tapissent.

céruse [seʀyz] n.f. (lat. *cerussa*). Carbonate basique de plomb, appelé aussi *blanc de céruse* ou *blanc d'argent* et que l'on employait pour la peinture. □ La céruse est un poison ; son usage est interdit en France depuis 1915.

cerveau [sɛʀvo] n.m. (lat. *cerebellum* "cervelle", de *cerebrum* "cerveau"). - **1.** Partie antérieure de l'encéphale des vertébrés, formée des hémisphères cérébraux et des structures qui les unissent. - **2.** Encéphale, totalité de la masse nerveuse contenue dans la boîte crânienne. - **3.** Siège des facultés mentales : *Il a le cerveau un peu dérangé* (= il est un peu fou ; syn. cervelle). - **4.** Centre de direction, d'organisation ; personne qui a conçu, préparé un coup, une affaire : *Le cerveau d'un hold-up.* - **5.** Personne exceptionnellement intelligente : *Cette fille, c'est un véritable cerveau.*

cervelas [sɛʀvəla] n.m. (it. *cervellato*, de *cervello* "cervelle"). Saucisson cuit, dont il existe différentes variétés régionales.

cervelet [sɛʀvəlɛ] n.m. (de *cervelle*). Partie postérieure et inférieure de l'encéphale, située en arrière du tronc cérébral. □ Le cervelet intervient dans le contrôle des contractions musculaires et dans l'équilibration.

cervelle [sɛʀvɛl] n.f. (lat. *cerebella*, plur. de *cerebellum* "cervelle"). - **1.** Substance qui constitue le cerveau. - **2.** Siège des facultés intellectuelles : *Il n'a rien dans la cervelle* (syn. cerveau). - **3.** Cerveau de certains animaux, destiné à l'alimentation : *Cervelle d'agneau.* - **4.** Cela lui trotte dans la cervelle, cela le préoccupe. ‖ Sans cervelle, étourdi.

cervical, e, aux [sɛʀvikal, -o] adj. (du lat. *cervix, -icis,* "cou"). - **1.** Relatif au cou : *Vertèbre cervicale.* - **2.** Relatif au col de l'utérus : *Glaire cervicale.*

cervidé [sɛʀvide] n.m. (du lat. *cervus* "cerf"). Cervidés, famille de ruminants comprenant le cerf, le chevreuil, le daim, l'élan, le renne et qui portent des cornes pleines, ramifiées, caduques, appelées *bois.*

cervoise [sɛʀvwaz] n.f. (gaul. *cervesia*). Bière faite avec de l'orge ou d'autres céréales, et consommée dans l'Antiquité et au Moyen Âge.

ces adj. dém. → **ce.**

C. E. S. [seəɛs] n.m. (sigle). En France, collège d'enseignement secondaire.

1. césar [sezaʀ] n.m. (du lat. [*Caius Julius*] *Caesar,* nom de Jules César). - **1.** Titre affecté aux successeurs de Jules César puis, à partir d'Hadrien (117-138), à l'héritier du trône. - **2.** Empereur germanique.

2. césar [sezaʀ] n.m. (du n. de *César,* artiste qui sculpta la statuette accompagnant le prix). Récompense cinématographique décernée annuellement en France : *Le césar du meilleur acteur.*

césarienne [sezaʀjɛn] n.f. (du lat. *caesar* "enfant tiré du sein de sa mère par incision", de *caedere* "couper"). Opération chirurgicale qui consiste à extraire le fœtus par incision de la paroi de l'utérus, quand l'accouchement est impossible par les voies naturelles.

césium [sezjɔm] n.m. (du lat. *caesius* "bleu"). Métal alcalin, mou, jaune pâle. □ Symb. Cs.

cessant, e [sesɑ̃, -ɑ̃t] adj. Toute(s) affaire(s) cessante(s), avant de rien faire d'autre : *Toutes affaires cessantes, je vais lui téléphoner.*

cessation [sesasjɔ̃] n.f. - **1.** Fait de cesser : *La cessation des hostilités. Cessation de travail* (syn. arrêt, suspension). - **2.** Cessation de paiements, situation d'un commerçant, d'une entreprise qui ne peut exécuter ses engagements par défaut d'actif disponible, entraînant le dépôt de bilan.

cesse [sɛs] n.f. (de *cesser*). LITT. N'avoir (pas, point) de cesse que (+ subj.), ne pas s'arrêter avant que : *Elle n'a eu de cesse que tout fût en ordre.* ‖ Sans cesse, de manière continue ou répétitive : *La production s'accroît sans cesse.*

cesser [sese] v.t. (lat. *cessare,* de *cedere* "tarder, s'interrompre"). - **1.** Mettre fin à, interrompre : *Les employés ont cessé le travail à cinq heures* (syn. arrêter ; contr. continuer). - **2.** SOUT. Cesser de (+ inf.), arrêter de. ‖ SOUT. Ne cesser de (+ inf.), faire sans cesse la même chose : *Il ne cesse de se lamenter* (= il n'arrête pas de...). ◆ v.i. Prendre fin : *L'orage a cessé.*

cessez-le-feu [seselfø] n.m. inv. Cessation des hostilités.

cessible [sesibl] adj. (lat. *cessibilis,* de *cedere* ; v. *céder*). DR. Qui peut ou qui doit être cédé.

cession [sesjɔ̃] n.f. (lat. *cessio,* de *cedere* ; v. *céder*). DR. Transmission à un autre de la chose ou du droit dont on est propriétaire ou titulaire : *Cession de parts.*

c'est-à-dire [setadiʀ] conj. coord. - **1.** Introduit une explication, une définition, une précision : *Il souffrait de céphalées, c'est-à-dire de maux de tête* (= autrement dit, en d'autres termes). *Elle part tous les matins très tôt, c'est-à-dire vers huit heures* (abrév. écrite c.-à-d.). - **2.** C'est-à-dire que, introduit une explication, un refus poli : *Vous venez avec nous dimanche ? C'est-à-dire que j'ai promis d'aller voir une amie* (= je suis désolé, mais...).

césure [sezyʀ] n.f. (lat. *caesura,* de *caedere* "couper"). Repos ménagé dans un vers après une syllabe accentuée. □ La césure coupe l'alexandrin en deux hémistiches.

cet adj. dém. → **ce.**

cétacé [setase] n.m. (du gr. *kêtos* "gros poisson de mer"). Cétacés, ordre de mammifères marins adaptés à la vie aquatique par leur corps pisciforme et par leurs bras transformés en nageoires, tels que la baleine, le cachalot, le dauphin.

cétoine [setwan] n.f. (orig. obsc.). Insecte vert doré, de l'ordre des coléoptères, qui se nourrit de fleurs.

cétone [setɔn] n.f. (de [a]*cétone*). Nom générique de dérivés de formule générale R—CO—R', R et R' étant deux radicaux hydrocarbonés.

cétonique [setɔnik] adj. Qui a trait aux cétones ; qui a la fonction cétone : *Acide cétonique.*

cette adj. dém. → **ce.**

ceux pron. dém. → **celui.**

ceux-ci, ceux-là pron. dém. → **celui-ci, celui-là.**

cévenol, e [sevnɔl] adj. et n. Des Cévennes. ◆ **cévenol** n.m. Dialecte des Cévennes.

C. F. A. (franc) [sigle de *Communauté financière africaine*]. Unité monétaire principale de nombreux pays d'Afrique.

C. F. C., sigle de *chlorofluorocarbure*.

chabot [ʃabo] n.m. (prov. *cabotz,* lat. pop. *capocius* "qui a une grosse tête"). Poisson à grosse tête et à large bouche. □ Famille des cottidés ; long. 10 à 30 cm.

chacal [ʃakal] n.m. (turc *tchaqal,* du persan *chagâl*) [pl. *chacals*]. Mammifère carnassier d'Asie et d'Afrique, de la taille d'un renard, se nourrissant de charognes. □ Le chacal jappe.

cha-cha-cha [ʃaʃaʃa] n.m. inv. (onomat.). Danse d'origine mexicaine dérivée de la rumba.

chaconne ou **chacone** [ʃakɔn] n.f. (esp. *cha-cona*). MUS. Danse lente apparue en Espagne au XVIe s. ; pièce instrumentale de même rythme.

chacun, e [ʃakœ̃, -yn] pron. indéf. (lat. pop. *cascanum*, croisement du class. *quisque* [*unus*] "chaque un" et du bas lat. [*unum*] *cata unum* "un à un"). - **1.** Toute personne, toute chose considérée individuellement dans un ensemble : *Chacun d'entre nous. Elles valent chacune trois cents francs.* - **2.** Toute personne en général : *Chacun le dit.* ◆ **chacun** n.m. FAM. Chacun avec sa chacune, chaque homme avec sa compagne. ‖ Tout un chacun, tout le monde.

chafouin, e [ʃafwɛ̃, -in] adj. (de *chat* et *fouin* [masc. de *fouine*] "putois"). Sournois et rusé : *Un visage chafouin.*

1. **chagrin, e** [ʃagrɛ̃, -in] adj. (de *chagriner*). LITT. - **1.** Qui éprouve de la tristesse, du déplaisir : *Elle paraissait chagrine* (syn. triste). - **2.** Qui est enclin à la tristesse, à la mauvaise humeur : *Un esprit chagrin.*

2. **chagrin** [ʃagrɛ̃] n.m. (de *1. chagrin*). Souffrance morale, tristesse : *Avoir du chagrin.*

3. **chagrin** [ʃagrɛ̃] n.m. (turc *çàgri*, croisé avec *grain*). - **1.** Cuir grenu, en peau de chèvre ou de mouton, utilisé en reliure. - **2.** Une peau de chagrin, une chose qui se rétrécit, diminue sans cesse (par allusion au roman de Balzac) : *Ses ambitions se sont réduites comme une peau de chagrin.*

chagriner [ʃagrine] v.t. (p.-ê. de *chat*, et de *grigner* "être maussade"). Causer du chagrin, de la peine à : *Son refus m'a chagriné* (syn. attrister, peiner).

chah ou **shah** [ʃa] n.m. (mot persan "roi"). Titre porté par des souverains du Moyen-Orient (Iran), de l'Asie centrale et de l'Inde.

chahut [ʃay] n.m. (de *chahuter*). Agitation, tapage organisés pendant un cours, dans un lieu public, pour gêner ou pour protester contre qqch, contre qqn : *Il règne dans cette classe un chahut insupportable.*

chahuter [ʃayte] v.i. (de *chat-huant*). Faire du chahut : *Chahuter dans le couloir.* ◆ v.t. Malmener, traiter sans ménagement : *Le conférencier s'est fait chahuter par l'assistance.*

chahuteur, euse [ʃaytœr, -øz] adj. et n. Qui chahute.

chai [ʃɛ] n.m. (gaul. *caio*). Lieu où sont emmagasinés les vins en fûts et les eaux-de-vie.

chaîne [ʃɛn] n.f. (lat. *catena*). - **1.** Succession d'anneaux en métal, en plastique, etc., engagés les uns dans les autres, pour lier ou maintenir qqch, interdire un accès, servir d'ornement, etc. : *Une chaîne d'ancre. Chaîne en or.* - **2.** Lien flexible fait de maillons métalliques articulés, servant à transmettre sans glissement un mouvement de rotation : *Chaîne de vélo.* - **3.** Ensemble de montagnes rattachées entre elles : *La chaîne des Alpes.* - **4.** Série, succession de faits : *La chaîne des événements.* - **5.** Méthode d'action utilisant successivement une série de personnes volontaires : *Chaîne de solidarité.* - **6.** Ensemble d'établissements commerciaux appartenant à la même organisation : *Une chaîne d'hôtels, de journaux.* - **7.** Réseau d'émetteurs de radiodiffusion ou de télévision diffusant simultanément le même programme ; organisme responsable de la programmation sur un tel réseau : *Chaîne généraliste, sportive, musicale.* - **8.** Appareil de reproduction du son comprenant une source (magnétophone, lecteur de Compact Disc, etc.), un élément amplificateur et des éléments reproducteurs (baffles) : *Chaîne haute-fidélité. Chaîne stéréo.* - **9.** Ensemble des fils parallèles disposés dans le sens de la longueur d'un tissu, entre lesquels passe la trame. - **10.** CHIM. Suite d'atomes de carbone. □ Leur disposition en *chaîne ouverte* s'appelle une *série grasse* ; en *chaîne fermée*, une *série cyclique*. - **11.** Chaîne alimentaire, ensemble d'espèces vivantes dont chacune se nourrit de la précédente. □ L'herbivore se nourrit de végétaux, le carnivore se nourrit d'herbivores ou de carnivores. ‖ Chaîne d'arpenteur, chaîne de 10 m pour mesurer les longueurs sur le terrain. ‖ Chaîne de fabrication ou de montage, ensemble de postes de travail, conçu pour réduire les temps morts et les manutentions dans la fabrication d'un produit. ‖ Chaîne du froid, ensemble des moyens successivement mis en œuvre pour la conservation frigorifique des denrées périssables : *La chaîne du froid a été rompue pendant le transport.* ‖ Faire la chaîne, être à la suite les uns des autres pour se passer qqch : *Les sauveteurs faisaient la chaîne, se passant les seaux d'eau.* ‖ Réaction en chaîne, réaction chimique ou nucléaire qui, en se déclenchant, produit les corps ou l'énergie nécessaires à sa propagation ; au fig., suite de phénomènes déclenchés les uns par les autres : *Ces revendications catégorielles ont déclenché une réaction en chaîne dans la fonction publique.* ‖ Travail à la chaîne, organisation du travail dans laquelle le produit à fabriquer se déplace devant les ouvriers chargés d'une seule et même opération, selon une cadence constante. ‖INFORM. Chaîne de caractères, suite linéaire de lettres, de chiffres pouvant faire l'objet d'un traitement. ‖ LING. Chaîne parlée, succession dans le temps d'unités linguistiques formant des énoncés.

◆ **chaînes** n.f. pl. - **1.** État de dépendance, de servitude : *Un peuple opprimé qui brise ses chaînes* (syn. liens). - **2.** Dispositif adapté aux pneus d'une voiture pour rouler sur la neige ou la glace.

chaînette [ʃenɛt] n.f. Petite chaîne.

chaînon [ʃenɔ̃] n.m. - **1.** Anneau d'une chaîne (syn. maillon). - **2.** Élément d'une série, indispensable pour établir une continuité ou une suite logique : *Reconstituer le chaînon manquant d'une généalogie* (syn. maillon). - **3.** Partie d'une chaîne de montagnes.

chair [ʃɛr] n.f. (lat. *caro, carnis*). - **1.** Tissu musculaire et conjonctif du corps humain et animal, recouvert par la peau. *Avoir une chair bien ferme.* - **2.** LITT. Enveloppe corporelle, charnelle, par opp. à l'esprit, à l'âme : *Mortification de la chair.* - **3.** Ensemble des désirs, des appétits physiques ; instinct sexuel : *Les plaisirs de la chair. La chair est faible.* - **4.** Viande animale hachée servant à la préparation de certains aliments : *Chair à saucisse.* - **5.** Pulpe des fruits : *Une pêche à la chair juteuse.* - **6.** Bien en chair, grassouillet. ‖ Couleur chair, couleur rose très pâle ; de cette couleur : *Un collant couleur chair.* ‖ En chair et en os, en personne : *Il était là, en chair et en os.* ‖ Ni chair ni poisson, d'une nature mal définie.

chaire [ʃɛr] n.f. (lat. *cathedra*). - **1.** Tribune, estrade d'où un professeur ou un prédicateur parle à son auditoire. - **2.** Poste de professeur d'université : *Elle a obtenu la chaire de poésie médiévale.* - **3.** Siège apostolique, papauté : *La chaire de saint Pierre.* - **4.** Siège liturgique d'un évêque dans sa cathédrale (on l'appelle aussi la *cathèdre*). - **5.** VX. Siège de bois à haut dossier et accoudoirs pleins, en usage au Moyen Âge et à la Renaissance.

chaise [ʃɛz] n.f. (lat. *cathedra*). - **1.** Siège à dossier, sans accoudoirs : *Chaise de bistrot. Chaise Louis XV.* - **2.** Entre deux chaises, dans une position instable, dans une situation incertaine. ‖ Mener une vie de bâton de chaise, vivre de façon agitée, déréglée. ‖ Nœud de chaise, nœud marin utilisé notamm. pour pratiquer une boucle temporaire à l'extrémité d'un cordage. - **3.** Chaise à porteurs. Anc. moyen de locomotion, constitué d'un siège fermé et couvert, dans lequel on se faisait porter par deux personnes. ‖ Chaise électrique. Instrument pour l'électrocution des condamnés à mort, constitué d'un siège muni d'électrodes, dans certains États des États-Unis. ‖ Chaise longue. Fauteuil pliable, génér. en toile, comportant une partie pour allonger les jambes. ‖ Chaise percée. Autref., siège aménagé pour satisfaire les besoins naturels.

chaisier, ère [ʃezje, -ɛr] n. - **1.** Personne qui perçoit le prix d'occupation des chaises dans un jardin public, une église, etc. - **2.** Personne qui fabrique des chaises.

1. **chaland** [ʃalɑ̃] n.m. (gr. byzantin *khelandion*). Bateau non ponté, à fond plat, pour transporter des marchandises sur les cours d'eau et dans les ports.

2. **chaland, e** [ʃalɑ̃, -ɑ̃d] n. (de *chaloir*). VIEILLI. Client d'une boutique.

chalcolithique [kalkɔlitik] adj. (du gr. *khalkos* "cuivre" et *lithos*, "pierre"). Période chalcolithique, période de transition entre le néolithique et l'âge du bronze, où apparaissent les premiers objets en cuivre. (On dit aussi le *chalcolithique*.)

châle [ʃal] n.m. (hindi *shal*, mot d'orig. persane). Grand morceau d'étoffe que l'on porte sur les épaules.

chalet [ʃalɛ] n.m. (mot de Suisse romande, du lat. *cala* "abri"). Maison de haute montagne, faite princ. de bois, au toit très pentu.

chaleur [ʃalœr] n.f. (lat. *calor*). - **1.** Qualité de ce qui est chaud ; température élevée d'un corps, d'un lieu, etc. : *La chaleur du soleil.* - **2.** Une des formes de l'énergie qui élève la température, dilate, fait fondre ou décompose les corps, etc. - **3.** Élévation de la température normale du corps, qui s'accompagne d'une sensation de malaise, de fatigue : *Une bouffée de chaleur.* - **4.** Ardeur, fougue manifestée dans les sentiments : *Dans la chaleur de la discussion, il a promis monts et merveilles.* - **5.** Être en chaleur, rechercher le mâle en vue de l'accouplement, en parlant des femelles des mammifères.
◆ **chaleurs** n.f. pl. - **1.** Période de l'année où il fait très chaud : *Les premières, les grandes chaleurs.* - **2.** Période où les femelles des mammifères sont en chaleur.

chaleureusement [ʃalœrøzmɑ̃] adv. De façon chaleureuse : *Il m'a remercié chaleureusement.*

chaleureux, euse [ʃalœrø, -øz] adj. Qui manifeste de l'enthousiasme, de la chaleur : *Accueil chaleureux* (syn. cordial).

châlit [ʃali] n.m. (lat. pop. *catalectus*, du class. *lectus* "lit"). Bois de lit ou armature métallique d'un lit.

challenge [ʃalɑ̃ʒ] n.m. (mot angl. *défi*). - **1.** Épreuve sportive, tournoi, disputés en dehors des championnats. - **2.** Entreprise difficile dans laquelle on s'engage comme pour relever un défi : *Un challenge commercial.*

challenger [ʃalɛnʒœr ou ʃalɑ̃ʒœr] n.m. (mot angl.). Athlète défiant officiellement le tenant d'un titre.

chaloir [ʃalwar] v. impers. (lat. *calere* "avoir chaud"). LITT. Peu me (ou **m'en**) **chaut**, peu m'importe.

chaloupe [ʃalup] n.f. (anc. fr. *eschalope* "coquille de noix"). Grand canot à rames ou à moteur, embarqué sur les navires pour transporter les passagers jusqu'à la côte ou pour les évacuer en cas de naufrage.

chaloupé, e [ʃalupe] adj. (de *chaloupe*). Danse, démarche chaloupée, très balancée, du fait qu'on remue les épaules et les hanches.

chalumeau [ʃalymo] n.m. (bas lat. *calamellus*, du class. *calamus* "roseau"). - **1.** Appareil produisant une flamme très chaude par combustion d'un gaz et qu'on utilise pour souder et découper les métaux. - **2.** Petit tuyau de matière plastique (autref. de paille, de roseau) permettant d'aspirer un liquide (syn. paille). - **3.** VX. Petit instrument à vent, à anche simple, ancêtre de la clarinette.

chalut [ʃaly] n.m. (orig. obsc.). Filet de pêche en forme de poche, traîné sur le fond de la mer ou entre deux eaux par un chalutier.

chalutier [ʃalytje] n.m. - **1.** Bateau de pêche qui traîne le chalut. - **2.** Pêcheur qui se sert du chalut.

chamade [ʃamad] n.f. (it. *chiamata* "appel"). - **1.** VX. Batterie de tambour ou sonnerie qui annonçait l'intention de capituler dans une ville assiégée. - **2.** Cœur qui bat la chamade, cœur dont le rythme s'accélère sous l'effet d'une violente émotion.

se chamailler [ʃamaje] v.pr. (anc. fr. *chapeler* "couper" et *mailler* "frapper"). FAM. Se disputer pour des raisons futiles : *Des écoliers qui se chamaillent pendant la récréation* (syn. se quereller).

chamaillerie [ʃamajʀi] n.f. FAM. Dispute, querelle peu sérieuse : *Vous me cassez la tête avec vos chamailleries.*

chamailleur, euse [ʃamajœʀ, -øz] adj. et n. FAM. Qui aime à se chamailler : *Un garçon chamailleur* (syn. querelleur).

chamarré, e [ʃamaʀe] adj. (de l'esp. *zamarra* "vêtement en peau de mouton"). - **1.** Orné de galons, de passementeries, etc. : *Un uniforme chamarré de décorations.* - **2.** Se dit d'un tissu, d'un vêtement bariolé : *Un pull chamarré.*

chamarrure [ʃamaʀyʀ] n.f. (de *chamarré*). Ensemble d'ornements voyants.

chambardement [ʃābaʀdəmā] n.m. FAM. Changement, bouleversement total : *Le grand chambardement* (= la guerre, la révolution).

chambarder [ʃābaʀde] v.t. (orig. obsc.). FAM. - **1.** Bouleverser de fond en comble : *Les cambrioleurs ont chambardé l'appartement* (syn. saccager). - **2.** Déranger : *Ces incidents ont chambardé mes projets.*

chambellan [ʃābelā] n.m. (frq. *kamerling*, du lat. *camera* ; v. *chambre*). Officier qui était chargé de tout ce qui concernait le service intérieur de la chambre d'un souverain : *Le grand chambellan.*

chamboulement [ʃābulmā] n.m. FAM. Action de chambouler : *Le chamboulement de mes projets.*

chambouler [ʃābule] v.t. (de *bouler* "tomber" avec un premier élément d'orig. obsc.). FAM. Mettre sens dessus dessous : *J'ai chamboulé tout l'appartement pour retrouver ce dossier.*

chambranle [ʃābʀāl] n.m. (croisement de *branler* et de *chambrande*, du lat. *camerare* "voûter"). Encadrement d'une porte, d'une fenêtre, d'une cheminée.

chambre [ʃābʀ] n.f. (lat. *camera* "plafond voûté"). - **1.** Pièce d'une habitation où l'on dort : *Chambre à coucher. Chambre d'hôtel. Chambre d'amis.* - **2.** Assemblée parlementaire : *La Chambre des députés.* - **3.** Organisme qui représente et défend les intérêts d'une profession : *La Chambre de commerce et d'industrie.* - **4.** Section d'une juridiction : *Chambre criminelle.* - **5.** Partie du canon d'une arme à feu recevant la cartouche ou la charge. - **6. Femme, valet de chambre,** domestiques travaillant pour des particuliers ou dans un hôtel. ‖ **Faire chambre à part,** coucher séparément, en parlant d'un couple. ‖ **Garder la chambre,** rester chez soi parce qu'on est fatigué ou malade. - **7. Chambre à air.** Tube de caoutchouc placé à l'intérieur d'un pneu et gonflé à l'air comprimé. ‖ **Chambre de combustion.** Partie d'une turbine à gaz où se produit la combustion du carburant. ‖ **Chambre forte.** Pièce blindée où sont placés les coffres, dans une banque. ‖ **Chambre froide** ou **frigorifique.** Local spécial. équipé pour conserver les denrées périssables. ‖ ANAT. **Chambre de l'œil** ou **chambre antérieure.** Cavité de l'œil entre la cornée et l'iris, occupée par l'humeur aqueuse. ‖ HIST. **Chambre à gaz.** Salle alimentée en gaz toxique qui, dans certains des camps d'extermination créés par le Reich hitlérien, servait à donner la mort aux déportés. ‖ OPT. **Chambre claire.** Appareil comportant un miroir percé d'un trou, ou bien un prisme, qui permet de superposer une vue directe et une vue par réflexion. ‖ OPT. **Chambre noire.** Enceinte obscure d'un appareil photographique, recevant la surface sensible ; local obscur d'un laboratoire pour le traitement et le tirage des photographies.

chambrée [ʃābʀe] n.f. Ensemble de personnes, plus partic. de soldats, couchant dans une même chambre ; cette chambre.

chambrer [ʃābʀe] v.t. (de *chambre*). - **1.** Amener du vin en bouteille à une température appropriée à sa consommation en le laissant quelque temps dans une pièce tempérée. - **2.** FAM. **Chambrer qqn,** se moquer de lui en sa présence.

chambrette [ʃɑ̃bʀɛt] n.f. Petite chambre.

chameau [ʃamo] n.m. (gr. *kamêlos*). - **1.** Mammifère ruminant d'Asie centrale, à deux bosses graisseuses sur le dos, adapté à la vie dans les régions arides où il sert de monture et d'animal de trait. □ Famille des camélidés. Le petit du chameau s'appelle chamelon. Le chameau blatère. - **2.** FAM. Personne méchante ou acariâtre : *Quel chameau !*

chamelier [ʃaməlje] n.m. Conducteur de chameaux ou de dromadaires.

chamelle [ʃamɛl] n.f. Chameau femelle.

chamito-sémitique [kamitosemitik] adj. et n.m. (de *Chamites* [ancien n. de populations africaines supposées issues de Cham, deuxième fils de Noé] et *sémitique*) [pl. *chamito-sémitiques*]. Se dit d'une famille de langues comprenant le sémitique, l'égyptien, le berbère, les langues éthiopiennes et les langues tchadiennes.

chamois [ʃamwa] n.m. (bas lat. *camox*). - **1.** Mammifère ruminant aux cornes droites et recourbées vers l'arrière au sommet, qui vit dans les hautes montagnes d'Europe et du Proche-Orient. □ Famille des bovidés ; haut. au garrot 65 cm. - **2.** Épreuve test de niveau à skis consistant en un slalom spécial à effectuer en un temps donné : *Chamois d'or, d'argent, de bronze.* - **3.** Chamois des Pyrénées, isard. - **4.** Peau de chamois. Peau tannée par un traitement aux huiles de poisson, utilisée pour nettoyer les vitres, les chromes, etc. ◆ adj. inv. Jaune clair : *Des gants chamois.*

champ [ʃɑ̃] n.m. (lat. *campus*). - **1.** Étendue de terre cultivable : *Champ de blé. Labourer un champ.* - **2.** Domaine dans lequel se situe une activité, une recherche, etc. : *Le champ de la sociologie.* - **3.** Surface d'un tableau, d'une médaille, etc., sur laquelle se détache un motif, une inscription, etc. - **4.** Portion d'espace qu'embrasse l'œil, un objectif photographique, un instrument d'optique, etc. : *Être en dehors du champ de la caméra. Profondeur de champ.* - **5.** FAM. À tout bout de champ, à tout propos, à tout moment : *Ne me dérange pas à tout bout de champ !* À travers champs, en traversant les champs, les prés. ‖ vx. Champ clos, lieu où s'affrontaient des adversaires en combat singulier. ‖ Champ d'action, domaine où peut s'exercer l'activité ou le pouvoir de qqn : *Son champ d'action est très limité.* ‖ Champ de bataille, endroit où a lieu une bataille. ‖ Champ de courses, terrain destiné aux courses de chevaux (= hippodrome). ‖ Champ de manœuvre, terrain pour l'instruction des troupes. ‖ Champ de mines, terrain semé de mines. ‖ Champ de tir, terrain militaire où sont exécutés les tirs d'exercice ; base de lance-

ment et d'expérimentation de missiles ; zone de l'espace dans laquelle une arme peut tirer. ‖ LITT. Champ d'honneur, champ de bataille : *Il est mort au champ d'honneur.* ‖ Champ opératoire, région du corps délimitée, sur laquelle porte une intervention chirurgicale ; compresse stérile pour border cette région : *Délimiter un champ opératoire.* ‖ Champ visuel, l'espace qu'on peut percevoir en gardant les yeux immobiles. ‖ Prendre du champ, prendre du recul. ‖ Laisser le champ libre à qqn, avoir le champ libre, lui laisser toute liberté d'action, avoir tout pouvoir d'agir à son gré (= laisser, avoir toute latitude). ‖ PHYS. Champ (magnétique), modification des propriétés de l'espace due à la présence d'un aimant ou de particules chargées en mouvement ; zone où cette modification se fait ressentir. ‖ PSYCHOL. Effets de champ, interaction des éléments simultanément perçus, entraînant une interprétation globale de la perception. □ Les effets de champ suscitent notamm. certaines illusions optiques. ◆ champs n.m. pl. Terres cultivées, pâturages.

champagne [ʃɑ̃paɲ] n.m. Vin blanc mousseux que l'on prépare en Champagne : *Une coupe de champagne.*

champagnisation [ʃɑ̃paɲizasjɔ̃] n.f. Transformation que l'on fait subir à un vin pour le rendre mousseux, selon la méthode utilisée en Champagne.

champagniser [ʃɑ̃paɲize] v.t. Faire subir la champagnisation à un vin.

champenois, e [ʃɑ̃pənwa, -az] adj. et n. De la Champagne.

champêtre [ʃɑ̃pɛtʀ] adj. (lat. *campestris*). LITT. Qui se rapporte à la campagne ; qui évoque la vie à la campagne : *Un décor champêtre.*

champignon [ʃɑ̃piɲɔ̃] n.m. (anc. fr. *champegnuel*, du lat. pop. **campania*, du class. *campus* "champ"). - **1.** Végétal sans chlorophylle, dont certaines espèces sont comestibles, et qui pousse dans les lieux humides. - **2.** FAM. Pédale d'accélérateur : *Appuyer sur le champignon.* - **3.** Champignon de couche ou champignon de Paris, champignon comestible des champs, à chapeau et à lamelles, cultivé dans les champignonnières. ‖ Pousser comme un champignon, grandir très vite : *Cette ville nouvelle a poussé comme un champignon.*

champignonnière [ʃɑ̃piɲɔnjɛʀ] n.f. Endroit, le plus souvent souterrain, où l'on cultive les champignons de couche.

champignonniste [ʃɑ̃piɲɔnist] n. Personne qui cultive des champignons.

champion, onne [ʃɑ̃pjɔ̃, -ɔn] n. (germ. **kampjo*). - **1.** (Au masc.). Personne qui combattait en champ clos pour défendre sa cause ou celle d'un autre. - **2.** Vainqueur d'un championnat, en sports, dans un jeu : *Championne de saut en longueur.* - **3.** Personne qui parvient à se distinguer (en bien ou en mal) dans un domaine quelconque : *C'est le champion de la bévue.* - **4.** Personne prenant la défense de qqch avec ardeur : *Se faire le champion d'une cause.*

championnat [ʃɑ̃pjɔna] n.m. Compétition où le vainqueur, un individu ou une équipe, reçoit le titre de champion : *Remporter un championnat.*

champlever [ʃɑ̃ləve] v.t. (de *champ* et *lever*) [conj. 19]. - **1.** Creuser une surface unie. - **2.** GRAV. Enlever les parties qui doivent donner les blancs, dans la gravure en relief.

chamsin n.m. → **khamsin.**

chance [ʃɑ̃s] n.f. (lat. pop. *cadentia* "ce qui arrive", du class. *cadere* "tomber"). - **1.** Sort favorable ; part d'imprévu heureux inhérent aux événements : *Elle a toujours eu beaucoup de chance* (contr. malchance). - **2.** (Surtout au pl.). Probabilité que qqch se produise : *Il a toutes les chances de s'en tirer. Il y a de fortes chances que ça réussisse* (syn. probabilité). - **3.** Bonne chance !, souhait de succès adressé à qqn. ‖ Donner sa chance à qqn, lui donner la possibilité de réussir.

chancelant, e [ʃɑ̃slɑ̃, -ɑ̃t] adj. Qui chancelle : *Un pas chancelant. Une santé chancelante.*

chanceler [ʃɑ̃sle] v.i. (lat. *cancellare* "disposer une grille") [conj. 24]. - **1.** Perdre l'équilibre : *Chanceler sous l'effet d'un choc* (syn. vaciller, tituber). - **2.** Faiblir, manquer de fermeté : *Courage qui chancelle.*

chancelier [ʃɑ̃səlje] n.m. (lat. *cancellarius* "huissier"). - **1.** Dignitaire qui a la garde des sceaux dans un consulat, un corps, une administration. - **2.** Chef du gouvernement en Allemagne fédérale et en Autriche. - **3.** Chef suprême de la justice sous l'Ancien Régime.

chancellerie [ʃɑ̃sɛlʁi] n.f. - **1.** Administration, ensemble des services qui dépendent d'un chancelier. - **2.** Administration centrale du ministère de la Justice.

chanceux, euse [ʃɑ̃sø, -øz] adj. et n. Qui semble favorisé par la chance.

chancre [ʃɑ̃kʁ] n.m. (lat. *cancer*). - **1.** Ulcération vénérienne de la peau et des muqueuses. - **2.** BOT. Maladie des rameaux et du tronc des arbres. - **3.** Chancre induré ou chancre syphilitique, lésion initiale de la syphilis. ‖ Chancre mou, maladie vénérienne d'évolution bénigne.

chandail [ʃɑ̃daj] n.m. (n. donné au tricot porté par les vendeurs de légumes aux Halles de Paris, de *marchand d'ail*). Syn. de pull.

Chandeleur [ʃɑ̃dlœʁ] n.f. (lat. *festa candelarum* "fête des chandelles"). CATH. Fête de la Présentation de Jésus au Temple et de la Purification de la Vierge (2 févr.).

chandelier [ʃɑ̃dəlje] n.m. (lat. pop. *candelarium,* class. *candelabrum*). - **1.** Support muni d'une pointe, pour les bougies, les cierges, les chandelles : *Un chandelier d'argent.* - **2.** Personne qui fabrique ou vend des chandelles.

chandelle [ʃɑ̃dɛl] n.f. (lat. *candela*). - **1.** Tige de suif, de résine ou d'une autre matière inflammable entourant une mèche, utilisée autref. pour l'éclairage : *Faire un dîner aux chandelles.* - **2.** Figure de voltige aérienne consistant à monter rapidement à la verticale. - **3.** Brûler la chandelle par les deux bouts, ne pas être économe de son argent ou de sa santé. ‖ Devoir une fière chandelle à qqn, lui être redevable de qqch de très important. ‖ Économie de bouts de chandelle, économie réalisée sur de trop petites choses pour être vraiment utile. ‖ FAM. En voir trente-six chandelles, éprouver un éblouissement après un choc violent, un coup. ‖ Le jeu n'en vaut pas la chandelle, le résultat ne vaut pas le mal qu'on se donne. ‖ Tenir la chandelle, être complaisamment en tiers dans une aventure amoureuse.

1. chanfrein n.m. (lat. *caput* "tête" et *frenare* "freiner"). - **1.** Partie antérieure de la tête du cheval et de certains mammifères, de la base du front au nez. - **2.** Pièce d'armure qui protégeait la tête du cheval.

2. chanfrein [ʃɑ̃fʁɛ̃] n.m. (de l'anc. fr. *chant* "côté" et *fraindre* "briser"). Surface obtenue en abattant l'arête d'une pierre, d'une pièce de bois, de métal, etc.

chanfreiner [ʃɑ̃fʁene] v.t. (de 2. *chanfrein*). Tailler en chanfrein.

change [ʃɑ̃ʒ] n.m. (de *changer*). - **1.** Opération qui consiste à vendre ou à échanger des valeurs, notamm. la monnaie d'un pays contre celle d'un autre pays ; taux auquel se fait cette opération : *Cours des changes.* - **2.** VÉN. Ruse d'un animal poursuivi qui détourne les chiens vers une autre proie. - **3.** Change (complet), couche-culotte. ‖ Contrôle des changes, intervention de l'État qui régularise les opérations de change sur les devises étrangères. ‖ Donner le change à qqn, arriver à lui cacher parfaitement ses intentions : *Il a pris un air détaché pour nous donner le change.* ‖ Marché des changes, marché où se font les offres et les demandes de devises étrangères. ‖ Perdre, gagner au change, être désavantagé ou avantagé par un échange, un changement : *On a gagné au change avec ce déménagement.* - **4.** Lettre de change. Effet de commerce transmissible par lequel un créancier donne l'ordre à son débiteur de payer à une date déterminée la somme qu'il lui doit, à l'ordre de lui-même ou d'un tiers (syn. traite).

changeant, e [ʃɑ̃ʒɑ̃, -ɑ̃t] adj. - **1.** Qui est sujet à changer : *Humeur changeante* (syn. inconstant). *Il est très changeant dans ses opinions* (syn. instable, versatile). *En mars, le temps est changeant* (syn. variable, incertain). - **2.** Dont la couleur varie selon la lumière : *Des reflets changeants.*

changement [ʃɑ̃ʒmɑ̃] n.m. - **1.** Action, fait de changer, en parlant de qqn ou qqch : *La radio a annoncé un changement de température* (syn. variation). *Cet incident a provoqué un changement de programme* (syn. modification). *Des changements importants ont eu lieu dans ce village* (syn. transformation). *Proposer des changements* (syn. innovation). - **2.** Changement de vitesse, mécanisme constitué d'un levier et d'une boîte de vitesses qui transmet, avec des vitesses différentes, le mouvement du moteur aux roues motrices d'un véhicule.

changer [ʃɑ̃ʒe] v.t. (bas lat. *cambiare*) [conj. 17]. - **1.** Remplacer qqn ou qqch par qqn ou qqch d'autre : *Changer l'acteur d'un film. Changer les ampoules.* - **2.** Faire passer d'un état à un autre : *Le verglas a changé la rue en patinoire* (syn. transformer). - **3.** Convertir une monnaie en une autre monnaie : *Changer trois cents francs en dollars.* - **4.** Modifier qqn, qqch : *Cette rencontre l'a complètement changé. Changer le sens d'une phrase en inversant l'ordre des mots.* - **5.** Changer un bébé, lui mettre des couches propres. ◆ v.i. Passer d'un état à un autre : *Le temps est en train de changer.* ◆ v.t. ind. [de]. - **1.** Remplacer par qqn ou qqch d'autre : *Changer de place, de voiture.* - **2.** Changer d'air, partir, s'éloigner d'un lieu provisoirement ou définitivement. ‖ Changer de visage, se troubler sous le coup d'une émotion et le montrer en pâlissant ou en rougissant. ◆ se changer v.pr. Changer de vêtements : *Se changer pour sortir le soir.*

changeur [ʃɑ̃ʒœr] n.m. - **1.** Appareil dans lequel on introduit une pièce ou un billet pour avoir de la monnaie ou des jetons. - **2.** Commerçant faisant des opérations de change.

chanoine [ʃanwan] n.m. (lat. *canonicus,* du gr. *kanôn* "règle"). Ecclésiastique siégeant au chapitre de la cathédrale ou de l'église collégiale.

chanoinesse [ʃanwanɛs] n.f. Fille qui, sans faire de vœux, vivait dans une communauté religieuse.

chanson [ʃɑ̃sɔ̃] n.f. (lat. *cantio*). - **1.** Composition musicale divisée en couplets et destinée à être chantée. - **2.** Propos sans importance, répété sans cesse : *On connaît la chanson* (syn. refrain, rengaine). - **3.** Chanson de geste → **2.** geste.

chansonnette [ʃɑ̃sɔnɛt] n.f. Petite chanson sur un sujet léger.

chansonnier, ère [ʃɑ̃sɔnje, -ɛr] n. Artiste qui compose et interprète des textes ou des chansons satiriques.

1. chant [ʃɑ̃] n.m. (de *chanter*). - **1.** Action, art de chanter : *Le chant choral. Suivre des cours de chant.* - **2.** Suite de sons modulés émis par la voix. - **3.** Ramage, cris de certains oiseaux : *Le chant de l'hirondelle.* - **4.** Division d'un poème épique ou didactique : *« L'Iliade » d'Homère comprend vingt-quatre chants.*

2. chant [ʃɑ̃] n.m. (lat. *canthus* "bord"). - **1.** Côté le plus petit de la section d'une pièce équarrie. - **2.** De chant, sur chant, dans le sens de la longueur et sur la face la plus étroite, dans un plan vertical : *Poser une brique de chant.*

chantage [ʃɑ̃taʒ] n.m. (de *faire chanter*). - **1.** Délit qui consiste à extorquer de l'argent à qqn en le menaçant de révélations ou d'imputations diffamatoires. - **2.** Utilisation de moyens de pression psychologique pour obtenir de qqn qqch qu'il refuse : *Faire un chantage au suicide.*

chantant, e [ʃɑ̃tɑ̃, -ɑ̃t] adj. - **1.** Qui a des intonations mélodieuses, musicales : *Un accent chantant.* - **2.** Qui se pr/ête et se retient facilement : *Une mélodie très chantante.*

chanter [ʃɑ̃te] v.i. et v.t. (lat. *cantare*). - **1.** Produire avec la voix des sons mélodieux ; faire entendre une chanson, un chant : *Apprendre à chanter. Chanter faux, juste.* - **2.** Faire chanter qqn, exercer un chantage sur lui. ◆ v.t. FAM. Qu'est-ce que tu me (nous) chantes ?, tu me (nous) racontes des sottises ? ◆ v.t. ind. [à]. FAM. Si ça vous (lui, etc.) chante, si ça vous plaît : *Venez dimanche si ça vous chante.*

1. chanterelle [ʃɑ̃tRɛl] n.f. (de *chanter*). - **1.** Corde la plus aiguë d'un instrument à cordes et à manche : *La chanterelle du violon.* - **2.** Oiseau que l'on enferme dans une cage pour qu'il attire par son chant les oiseaux de son espèce.

2. chanterelle [ʃɑ̃tRɛl] n.f. (du gr. *cantharos* "coupe"). Champignon comestible à chapeau jaune d'or, commun l'été dans les bois, appelé aussi *girolle*. □ Classe des basidiomycètes.

chanteur, euse [ʃɑ̃tœr, -øz] n. (lat. *cantor*). - **1.** Personne qui chante en amateur ou en professionnel : *Une chanteuse d'opéra, de jazz.* - **2.** Chanteur de charme, qui chante surtout des chansons tendres et sentimentales. ‖ Maître chanteur, personne qui exerce un chantage sur qqn. ◆ adj. Se dit d'un animal, notamm. d'un oiseau, doué de la faculté de chanter.

chantier [ʃɑ̃tje] n.m. (lat. *cantherius* "support"). - **1.** Lieu, terrain où ont lieu des travaux de construction, de réparation : *Entourer un chantier de palissades. Chantier naval.* - **2.** Endroit, clôturé ou non, où sont entassés des matériaux de construction, des combustibles, etc. - **3.** FAM. Lieu où règne un grand désordre : *Ta chambre est un vrai chantier !* - **4.** En chantier, en travaux : *Son appartement est en chantier.* ‖ Mettre, avoir qqch en chantier, en commencer l'exécution, être en train de le réaliser.

chantilly [ʃɑ̃tiji] n.f. (de *Chantilly*). Crème fraîche fortement émulsionnée et sucrée. (On dit aussi *crème Chantilly*.)

chantonner [ʃɑ̃tɔne] v.t. et v.i. Chanter à mi-voix : *Chantonner un air à la mode* (syn. fredonner).

chantourner [ʃɑ̃tuʀne] v.t. (de *2. chant* et *tourner*). - **1.** Découper une pièce de bois ou de métal suivant un profil donné. - **2.** ARTS DÉC. Donner à un motif un contour complexe de courbes et de contre-courbes.

chantre [ʃɑ̃tʀ] n.m. (lat. *cantor*). - **1.** Celui qui chante aux offices religieux. - **2.** LITT. Personne qui glorifie, loue qqn ou qqch : *Il s'est fait le chantre du pouvoir* (syn. laudateur).

chanvre [ʃɑ̃vʀ] n.m. (altér. du lat. *cannabis*, du gr.). - **1.** Plante annuelle à feuilles palmées, cultivée pour sa tige, qui fournit une excellente fibre textile, et pour ses graines, dont on fait de l'huile. □ Famille des cannabinacées. - **2.** Filasse retirée du chanvre par les opérations de rouissage et de broyage ; textile fait de cette matière. - **3.** Chanvre indien, variété de chanvre dont on extrait le haschisch et la marijuana (syn. cannabis).

chaos [kao] n.m. (gr. *khaos*). - **1.** PHILOS. Confusion générale des éléments de la matière, avant la création du monde. - **2.** GÉOMORPH. Entassement de blocs qui se forme dans certains types de roches comme le grès, la granite sous l'action de l'érosion. - **3.** Désordre épouvantable, confusion générale : *Plonger le pays dans le chaos.*

chaotique [kaɔtik] adj. Qui tient du chaos : *Le spectacle chaotique d'une ville sinistrée.*

chaparder [ʃapaʀde] v.t. (de l'arg. *choper*). FAM. Voler des choses qui ont peu de valeur : *Chaparder des bonbons.*

chapardeur, euse [ʃapaʀdœʀ, -øz] n. et adj. FAM. Personne qui chaparde.

chape [ʃap] n.f. (bas lat. *cappa* "capuchon" puis "manteau"). - **1.** Enduit imperméable constitué de ciment ou d'asphalte, destiné à empêcher les infiltrations d'eau. - **2.** Partie extérieure d'un pneu, constituant la bande de roulement. - **3.** Monture métallique portant l'axe d'une poulie, d'une pièce qui peut pivoter, etc. - **4.** Vêtement liturgique en forme de grande cape.

chapeau [ʃapo] n.m. (lat. *cappa* "capuchon"). - **1.** Coiffure d'homme ou de femme, de forme variable, composé d'une calotte souple ou rigide, avec ou sans bord : *Chapeau melon. Chapeau de paille.* - **2.** Partie supérieure charnue portée par le pied des champignons basidiomycètes. - **3.** Partie supérieure ou terminale de certaines pièces mécaniques : *Chapeau de roue.* - **4.** Courte introduction en tête d'un article de journal ou de revue. - **5.** FAM. **Chapeau !**, exclamation qui exprime la considération, l'admiration (syn bravo). ‖ **Coup de chapeau**, salut donné en soulevant légèrement son chapeau ; au fig., témoignage d'admiration, d'estime. ‖ FAM. **Porter le chapeau**, être rendu responsable d'un échec. ‖ FAM. **Sur les chapeaux de roue**, à très grande vitesse : *Démarrer sur les chapeaux de roue.* ‖ FAM. **Travailler du chapeau**, être un peu fou.

chapeauté, e [ʃapote] adj. Coiffé d'un chapeau.

chapeauter [ʃapote] v.t. (de *chapeau*). Avoir une supériorité hiérarchique : *Chapeauter le service informatique.*

chapelain [ʃaplɛ̃] n.m. (de *chapelle*). Prêtre qui dessert une chapelle privée.

chapelet [ʃaplɛ] n.m. (dimin. de *chapeau*). - **1.** Objet de piété qui a la forme d'un collier à plusieurs grains enfilés et de grosseurs différentes, qu'on fait glisser entre les doigts en récitant des prières ; ensemble des prières récitées : *Chapelet bouddhique, musulman. Dire son chapelet.* - **2.** Succession, suite d'objets ou de paroles : *Un chapelet d'îlots. Débiter un chapelet d'injures.*

chapelier, ère [ʃapəlje, -ɛʀ] n. et adj. Personne qui fabrique ou vend des chapeaux d'homme.

chapelle [ʃapɛl] n.f. (lat. pop. **cappella*, désignant d'abord la relique que constituait la chape de saint Martin ; v. *chape*). - **1.** Petit édifice religieux ayant génér. un autel, construit dans un domaine privé, un hospice, etc. : *La chapelle d'un hôpital, d'un château.* - **2.** Partie annexe d'une église comportant un autel. - **3.** Petit groupe très fermé : *Chapelle littéraire.* - **4.** Chapelle ardente → ardent. ‖ **Maître de chapelle**, celui, celle qui dirige les chanteurs et les musiciens dans une église.

chapellerie [ʃapɛlʀi] n.f. Industrie, commerce du chapelier.

chapelure [ʃaplyʀ] n.f. (de *chapeler*, bas lat. *capulare* "couper"). Pain séché au four, écrasé ou râpé, dont on enrobe certains aliments avant de les faire frire ou gratiner : *Passer des escalopes dans la chapelure avant de les faire frire* (syn. panure).

chaperon [ʃapʀɔ̃] n.m. (de *chape*). - **1.** Capuchon qui couvrait autref. la tête et les épaules. - **2.** Femme âgée qui accompagnait une jeune fille ou une jeune femme dans le monde ; personne qui sort avec qqn pour le surveiller. - **3.** CONSTR. Couronnement d'un mur, en forme de toit, pour faciliter l'écoulement des eaux de pluie.

chaperonner [ʃapʀɔne] v.t. Accompagner qqn en qualité de chaperon : *Elle est chaperonnée par sa gouvernante.*

chapiteau [ʃapito] n.m. (lat. *capitellum,* de *caput, -itis* "tête"). - **1.** ARCHIT. Élément élargi qui forme le sommet d'une colonne, d'un pilier. - **2.** Tente de cirque.

chapitre [ʃapitʀ] n.m. (lat. *capitulum,* de *caput, -itis* "tête"). - **1.** Division d'un livre, d'un traité, d'un code, etc. : *Livre en neuf chapitres.* - **2.** Assemblée tenue par des chanoines ou des religieux, des religieuses. - **3.** Au chapitre de, sur le chapitre de, en ce qui concerne, à propos de. ‖ Avoir voix au chapitre, avoir le droit de prendre la parole et de donner son avis dans une assemblée. ‖ Chapitre du budget, subdivision du budget d'un ministère.

chapitrer [ʃapitʀe] v.t. (de *chapitre,* la réprimande s'adressant, à l'origine, publiquement à un religieux). Réprimander sévèrement : *On a beau le chapitrer, il ne s'assagit pas* (syn. sermonner).

chapka [ʃapka] n.f. (mot russe). Bonnet de fourrure qui protège les oreilles, le front et la nuque.

chapon [ʃapɔ̃] n.m. (lat. *capo*). - **1.** Coq castré engraissé pour la table. - **2.** Croûte de pain frottée d'ail.

chaptalisation [ʃaptalizasjɔ̃] n.f. Action de chaptaliser.

chaptaliser [ʃaptalize] v.t. (du n. de *Jean Chaptal,* inventeur du procédé). Augmenter la teneur en alcool d'un vin en ajoutant du sucre au moût de raisin.

chaque [ʃak] adj. indéf. (de *chacun,* sur le modèle de *quelque/quelqu'un*). Indique : - **1.** La répartition élément par élément à l'intérieur d'un ensemble : *Un omnibus s'arrête à chaque station* (= à toutes les stations). *Chaque membre de la famille donne son avis.* - **2.** La distribution, la répétition : *Chaque année, aux vacances, elle se rend dans les Alpes. Chaque fois qu'il venait, nous buvions un café.*

char [ʃaʀ] n.m. (lat. *carrus* "voiture à quatre roues", du gaul.). - **1.** ANTIQ. Voiture à deux roues utilisée pour les combats, les jeux, etc. - **2.** Grande voiture décorée où prennent place des personnages masqués ou symboliques, lors de certaines fêtes publiques : *Les chars fleuris du carnaval de Nice.* - **3.** CAN., FAM. Automobile. - **4.** Char de combat, char

d'assaut, véhicule blindé muni de chenilles, armé de mitrailleuses, de canons, de missiles, etc. ‖ Char à voile, engin muni de voiles et monté sur roues ou sur patins à glace, que l'on fait avancer avec la seule force du vent sur des étendues plates (sable dur, anciennes pistes d'aérodromes, etc.). ‖ LITT. Char funèbre, corbillard.

charabia [ʃaʀabja] n.m. (mot prov., esp. *algarabía* "la langue arabe"). FAM. Langage, style très confus ou incorrect : *Je ne comprends rien à ce charabia administratif.*

charade [ʃaʀad] n.f. (prov. *charrado* "causerie"). Énigme où l'on doit retrouver un mot de plusieurs syllabes à partir de la définition d'un homonyme de chacune d'entre elles et de la définition du mot entier.

charançon [ʃaʀɑ̃sɔ̃] n.m. (orig. obsc.). Insecte coléoptère à tête prolongée en bec, nuisible aux graines. □ Famille des curculionidés.

charbon [ʃaʀbɔ̃] n.m. (lat. *carbo*). - **1.** Matière combustible solide, de couleur noire, d'origine végétale qui renferme une forte proportion de carbone : *Mine de charbon. Se chauffer au charbon.* - **2.** VIEILLI. Crayon de fusain : *Un dessin au charbon.* - **3.** Maladie des végétaux, produite par des champignons parasites et nécessitant la désinfection des semences : *Charbon du blé, de l'avoine.* - **4.** Maladie infectieuse septicémique, due à un bacille, atteignant certains animaux domestiques (ruminants, chevaux, porcins), et l'homme. - **5.** FAM. Aller au charbon, s'astreindre à faire qqch de pénible. ‖ Charbon à coke, charbon qui donne par distillation un coke dur utilisé dans la sidérurgie. ‖ Charbon actif, charbon de bois ou de tourbe spécial. traité pour accroître ses propriétés d'adsorption des gaz (on dit aussi *charbon activé*). ‖ Charbon animal, produit qui résulte de la calcination des os en vase clos et qu'on utilise comme décolorant (on dit aussi *noir animal*). ‖ Charbon de bois, résidu solide de la carbonisation du bois vers 300-400 °C. ‖ Être sur des charbons ardents, être très impatient ou inquiet.

charbonnage [ʃaʀbɔnaʒ] n.m. (Surtout au pl.). Ensemble des mines de charbon exploitées dans une région.

charbonner [ʃaʀbɔne] v.t. Noircir en écrivant ou en dessinant avec du charbon : *Charbonner les murs.* ◆ v.i. Produire une fumée, une suie épaisse : *Le poêle charbonne.*

charbonneux, euse [ʃaʀbɔnø, -øz] adj. - **1.** Qui est noir comme du charbon : *Des murs charbonneux.* - **2.** Qui se rapporte à la maladie du charbon : *Pustule charbonneuse.*

charbonnier, ère [ʃaʀbɔnje, -ɛʀ] n. Personne qui fabrique du charbon de bois et en fait le commerce. ◆ adj. Qui se rapporte à la vente ou à la fabrication du charbon : *L'industrie charbonnière.*

charcutage [ʃaʀkytaʒ] n.m. FAM. Action de charcuter ; fait d'être charcuté.

charcuter [ʃaʀkyte] v.t. (de *charcutier*). FAM. - **1.** Opérer qqn de façon maladroite, brutale, en parlant d'un chirurgien. - **2.** Remanier profondément en découpant, supprimant : *Charcuter un texte.*

charcuterie [ʃaʀkytʀi] n.f. - **1.** Produit à base de viande de porc cuite ou salée, comme le jambon, le saucisson, les rillettes, etc. : *Une assiette de charcuterie.* - **2.** Boutique de charcutier. - **3.** Activité, commerce de charcutier.

charcutier, ère [ʃaʀkytje, -ɛʀ] n. (de *chair cuite*). Personne qui prépare ou vend de la charcuterie. ◆ adj. Relatif à la charcuterie : *Industrie charcutière.*

chardon [ʃaʀdɔ̃] n.m. (bas lat. *cardo*, class. *cardus*). - **1.** Plante à feuilles et tiges épineuses. □ Famille des composées ou des ombellifères. - **2.** Ensemble de pointes de fer courbées destiné à empêcher l'escalade d'un mur ou d'une grille.

chardonneret [ʃaʀdɔnʀɛ] n.m. (de *chardon*). Oiseau passereau chanteur à plumage rouge, noir, jaune et blanc, qui se nourrit notamm. de graines de chardon. □ Famille des fringillidés.

charentais, e [ʃaʀɑ̃tɛ, -ɛz] adj. et n. Des Charentes. ◆ **charentaise** n.f. Pantoufle chaude et confortable.

charge [ʃaʀʒ] n.f. (de *charger*). - **1.** Ce que porte ou peut porter qqn, un animal, un véhicule, qqch : *Plier sous la charge* (syn. fardeau). *La charge maximale de cette camionnette est d'une tonne.* - **2.** Dépense, obligation onéreuse : *Les charges locatives de l'appartement. Elle doit faire face à de grosses charges familiales* (syn. frais). - **3.** Indice ou présomption pouvant faire croire à la culpabilité de qqn : *Ce mensonge constitue une nouvelle charge contre lui.* - **4.** Mission ou responsabilité confiée à qqn : *On lui a confié la charge d'organiser la publicité.* - **5.** Fonction publique transmissible exercée dans le cadre d'un office ministériel ; l'office lui-même : *Une charge de notaire, d'avoué.* - **6.** Portrait exagérant certains traits ; récit critique et le plus souvent comique de qqch : *Ce roman est une charge de la bourgeoisie de province* (syn. caricature, satire). - **7.** Attaque d'une troupe contre une autre : *Charge à la baïonnette. Charge de cavalerie. La charge de la police contre les manifestants.* - **8.** Batterie de tambour, sonnerie de clairon, de trompette qui donnait le signal de l'assaut : *Sonner la charge.* - **9.** Quantité d'explosif contenue dans un projectile ou

une mine : *Une charge de plastic.* - **10.** ÉLECTR. Quantité d'électricité portée par un corps. - **11.** Action de charger un accumulateur. - **12.** HYDROGR. Ensemble des matériaux transportés par un cours d'eau. - **13.** À charge pour qqn de (+ inf.), à condition de : *Je te prête la voiture, à charge pour toi de l'entretenir.* ‖ À charge de revanche, à cette condition qu'on paiera le service rendu par un autre équivalent. ‖ Avoir qqn à charge, à sa charge, subvenir à ses besoins : *Il a trois enfants à charge.* ‖ Charges sociales, ensemble des dépenses incombant à un employeur pour assurer la protection sociale des travailleurs. ‖ Être à la charge de qqn, dépendre totalement de qqn pour les besoins matériels ; en parlant d'une dépense, devoir être payée par qqn : *Sa mère est complètement à sa charge depuis un an. L'entretien de l'appartement est à la charge du locataire.* ‖ Femme de charge, femme qui s'occupe de toute l'organisation d'une maison. ‖ Prendre en charge qqn, qqch, s'engager à l'entretenir financièrement, à s'en occuper pendant une durée plus ou moins longue : *Prendre en charge un orphelin, le suivi d'un dossier.* ‖ Prise en charge, acceptation par la Sécurité sociale de payer ou de rembourser les frais de traitement de l'assuré. ‖ Revenir à la charge, insister à plusieurs reprises pour obtenir qqch. ‖ Témoin à charge, personne qui dépose contre un accusé. ‖ PSYCHOL. Charge affective, contenu émotionnel d'une représentation, d'un objet, pour une personne donnée. ‖ TECHN. Charge de rupture, effort de traction sur lequel se rompt une barre dans les essais de métaux ou de matériaux de construction.

1. chargé, e [ʃaʀʒe] n. Chargé d'affaires, diplomate représentant son gouvernement auprès d'un chef d'État étranger en l'absence ou à défaut d'ambassadeur. ‖ Chargé de cours, professeur non titulaire de la chaire où il enseigne. ‖ Chargé de mission, fonctionnaire ou membre d'un cabinet ministériel responsable d'une étude déterminée ou d'une activité.

2. chargé, e [ʃaʀʒe] adj. Estomac chargé, qui a du mal à digérer les aliments absorbés. ‖ Langue chargée, recouverte d'un dépôt blanchâtre. ‖ Temps, ciel chargé, couvert de nuages. (V. aussi *charger.*)

chargement [ʃaʀʒəmɑ̃] n.m. - **1.** Action de charger ; son résultat : *Chargement d'un navire.* - **2.** Ensemble des marchandises chargées : *Le camion a perdu son chargement.*

charger [ʃaʀʒe] v.t. (lat. pop. *carricare*, de *carrus* "char") [conj. 17]. - **1.** Mettre qqch de pesant sur un véhicule, un navire, etc. : *Charger les bagages sur une voiture. Charger un colis sur ses épaules.* - **2.** Prendre qqn ou qqch en charge pour le transporter : *Taxi qui charge des clients.* - **3.** Introduire une cartouche dans la chambre d'une arme : *Charger un revolver.* - **4.** Munir un appareil de ce qui est nécessaire à son fonctionnement : *Charger un appareil photographique, un fusil.* - **5.** Fournir de l'énergie à un dispositif qui l'emmagasine : *Charger une batterie.* - **6.** Donner à qqn une responsabilité, une mission : *Il m'a chargé de tout organiser.* - **7.** Faire un témoignage contre : *Charger un accusé.* - **8.** Se précipiter violemment sur, attaquer : *Un sanglier qui charge les chiens.* - **9.** Couvrir, recouvrir abondamment de qqch (surtout au p. passé) : *Un poignet chargé de bracelets.* - **10.** Charger un portrait, en accentuer les traits. ◆ **se charger** v.pr. [de]. Prendre sur soi la responsabilité de qqn ou de qqch : *Il s'est chargé de toutes les démarches.*

chargeur [ʃaʀʒœʀ] n.m. - **1.** Dispositif pour introduire successivement plusieurs cartouches dans une arme à répétition : *Le chargeur d'un fusil de chasse.* - **2.** Boîte étanche à la lumière, contenant une certaine quantité de pellicule photographique et permettant de charger en plein jour un appareil de prise de vues. - **3.** Appareil pour recharger une batterie d'accumulateurs. - **4.** Négociant qui affrète un navire, y fait charger des marchandises et les expédie.

charia [ʃaʀja] n.f. (mot ar.). Loi canonique islamique régissant la vie religieuse, politique, sociale et individuelle, en vigueur dans certains États musulmans.

chariot [ʃaʀjo] n.m. (de *charrier*). - **1.** Voiture à quatre roues utilisée pour déplacer et parfois lever des charges sur de faibles distances : *Chariot élévateur.* - **2.** CIN. Plate-forme mobile roulant sur des rails et portant la caméra et l'opérateur pour effectuer les travellings. - **3.** Partie d'une machine à écrire comportant le rouleau pour le papier et se déplaçant à chaque frappe. - **4.** MÉCAN. Pièce mobile d'une machine-outil où est fixé l'outil ou la pièce à usiner : *Tour à chariot.*

chariotage [ʃaʀjɔtaʒ] n.m. Usinage d'une pièce à l'aide du tour à chariot.

charismatique [kaʀismatik] adj. - **1.** RELIG. CHRÉT. Se dit d'une communauté de chrétiens caractérisée par une grande ferveur et une intense vie de prière. - **2.** Se dit d'une personnalité qui sait séduire les foules, qui jouit d'un grand prestige auprès d'elles : *Leader charismatique.* - **3.** RELIG. CHRÉT. Mouvement charismatique, courant de pensée qui considère que le charisme doit se manifester par l'action concrète et immédiate, notamment dans les communautés les plus déshéritées.

charisme [kaʀism] n.m. (gr. *kharisma* "grâce, faveur"). - **1.** RELIG. CHRÉT. Ensemble des dons

spirituels extraordinaires (prophéties, miracles, etc.) octroyés par Dieu à des individus ou à des groupes. - **2.** Grand prestige d'une personnalité exceptionnelle, ascendant qu'elle exerce sur autrui.

charitable [ʃaʀitabl] adj. Qui agit par charité ; qui dénote de la charité : *Une personne charitable. Des paroles charitables.*

charitablement [ʃaʀitabləmɑ̃] adv. De façon charitable : *On lui a charitablement offert de l'aider.*

charité [ʃaʀite] n.f. (lat. *caritas*). - **1.** Vertu qui porte à vouloir et à faire du bien aux autres. - **2.** Acte fait dans cet esprit ; secours apporté à qqn : *Il vit des charités des villageois* (syn. aumône). - **3.** RELIG. CHRÉT. Amour de Dieu et du prochain. □ La charité est une vertu théologale. - **4.** Vente de charité, vente dont tout le bénéfice est versé à une œuvre.

charivari [ʃaʀivaʀi] n.m. (orig. incert., p.-ê. du lat. *caribaria* "mal de tête", du gr.). Bruit assourdissant : *Le charivari des haut-parleurs, des cris d'enfants* (syn. vacarme, tumulte).

charlatan [ʃaʀlatɑ̃] n.m. (it. *ciarlatano*, croisement de *cerratano* "habitant de Cerreto [village d'Italie]" et de *ciarlare* "parler avec emphase"). - **1.** Personne qui sait exploiter la crédulité des gens pour vanter ses produits, sa science, etc. : *Des boniments de charlatan.* - **2.** Personne qui vendait autref. des drogues sur les places publiques.

charlatanisme [ʃaʀlatanism] n.m. Procédé, comportement de charlatan.

charleston [ʃaʀlɛstɔn] n.m. (de *Charleston*, v. de Caroline du Sud). Danse d'origine américaine, en vogue vers 1925 et remise à la mode dans les années 70.

charlotte [ʃaʀlɔt] n.f. (du prénom *Charlotte*). Entremets composé de fruits ou de crème, qu'on entoure avec des tranches de pain de mie, de brioche ou des biscuits.

charmant, e [ʃaʀmɑ̃, -ɑ̃t] adj. - **1.** Qui plaît, qui séduit ; agréable à regarder : *Elle est charmante. Un petit coin charmant* (syn. séduisant). - **2.** Extrêmement désagréable, en parlant de qqn, de qqch (iron.) : *Il pleut encore, c'est charmant !*

1. charme [ʃaʀm] n.m. (lat. *carmen* "formule magique"). - **1.** Attrait exercé sur qqn par qqn ou qqch : *Il a beaucoup de charme* (syn. séduction). *Cette demeure a un charme étrange.* - **2.** Qualité de qqn ou de qqch qui charme, qui est gracieux : *Un tableau plein de charme.* - **3.** LITT. Enchantement magique : *Charmes et sortilèges.* - **4.** Faire du charme à qqn, chercher à le séduire. ‖ Rompre le charme, faire cesser l'illusion, reprendre conscience de la réalité. ‖ Se porter comme un charme, être en très bonne santé. ‖ Sous le charme, comme sous l'effet d'un enchantement.

2. **charme** [ʃaʀm] n.m. (lat. *carpinus*). Arbre très répandu dans les forêts tempérées, à bois blanc et dense. □ Famille des bétulacées ; haut. 25 m.

charmé, e [ʃaʀme] adj. Être charmé de (+ inf.), avoir plaisir à, être heureux de (souvent utilisé comme formule de politesse) : *Je suis charmé de vous connaître* (= j'en suis enchanté, ravi). [V. aussi *charmer*.]

charmer [ʃaʀme] v.t. (de 1. *charme*). Tenir qqn sous le charme : *Son sourire l'avait charmé* (syn. séduire).

charmeur, euse [ʃaʀmœʀ, -øz] n. Personne qui charme : *Quelle charmeuse !* (syn. séducteur). ◆ adj. Qui plaît, qui séduit : *Un regard charmeur.*

charmille [ʃaʀmij] n.f. (de 2. *charme*). Allée de charmes.

charnel, elle [ʃaʀnɛl] adj. (lat. *carnalis*, de *caro*, *carnis* "chair"). Qui se rapporte au corps, à la chair, aux plaisirs des sens : *Liens, désirs charnels.*

charnellement [ʃaʀnɛlmɑ̃] adv. D'une façon charnelle.

charnier [ʃaʀnje] n.m. (lat. *carnarium* "lieu pour conserver la viande", de *caro*, *carnis* "chair"). - **1.** Fosse où sont entassés des cadavres en grand nombre. - **2.** Lieu couvert où l'on déposait autrefois les morts.

charnière [ʃaʀnjɛʀ] n.f. (de l'anc. fr. *charne*, lat. *cardo, -inis* "gond"). - **1.** Ferrure de rotation composée de deux lames rectangulaires, l'une fixe, l'autre mobile, articulées au moyen d'une broche. - **2.** (En appos.). Se dit de ce qui sert de transition entre deux périodes, deux domaines : *Une œuvre, une époque charnière.* - **3.** Petit coin de papier gommé pour fixer les timbres-poste de collection sur un album. - **4.** GÉOL. Région où se raccordent les deux flancs d'un pli.

charnu, e [ʃaʀny] adj. (lat. pop. *carnutus*, du class. *caro, carnis* "chair"). - **1.** Qui a une chair abondante : *Lèvres charnues.* - **2.** Formé de chair : *Les parties charnues du corps.* - **3.** Fruit charnu, fruit à pulpe épaisse et consistante.

charognard [ʃaʀɔɲaʀ] n.m. - **1.** Animal qui se nourrit de charognes, comme le vautour, l'hyène ou le chacal. - **2.** FAM. Personne qui tire profit du malheur des autres.

charogne [ʃaʀɔɲ] n.f. (lat. pop. *caronia*, du class. *caro, carnis* "chair"). Corps d'un animal mort, abandonné et déjà en putréfaction.

charolais, e [ʃaʀɔlɛ, -ɛz] adj. et n. - **1.** Du Charolais. - **2.** Race charolaise, race française de bovins à robe blanche fournissant une viande de grande qualité.

charpente [ʃaʀpɑ̃t] n.f. (lat. *carpentum*). - **1.** Assemblage de pièces de bois, de métal, de béton armé, constituant ou soutenant les diverses parties d'une construction : *La charpente d'un toit.* - **2.** Squelette d'un être vivant : *Une charpente solide* (syn. ossature). - **3.** Ensemble des branches principales d'un arbre fruitier. - **4.** Bois de charpente, bois propre à la construction.

charpenté, e [ʃaʀpɑ̃te] adj. - **1.** Pourvu d'une forte charpente osseuse : *Il est petit mais bien charpenté.* - **2.** Bien structuré : *Son roman est bien charpenté.*

charpentier [ʃaʀpɑ̃tje] n.m. - **1.** Ouvrier spécialisé dans les travaux de charpente. - **2.** Entrepreneur de travaux de charpente.

charpie [ʃaʀpi] n.f. (de l'anc. fr. *charpir* "déchirer", lat. pop. *carpire*, class. *carpere* "cueillir"). - **1.** Produit obtenu par effilage ou râpage de la toile usée, qu'on utilisait autref. pour panser les plaies. - **2.** Mettre, réduire qqch en charpie, le déchirer en menus morceaux ; le déchiqueter.

charretée [ʃaʀte] n.f. Contenu d'une charrette : *Une charretée de foin.*

charretier, ère [ʃaʀtje, -ɛʀ] n. - **1.** Personne qui conduit une charrette. - **2.** Jurer comme un charretier, proférer des jurons très grossiers à tout propos.

charrette [ʃaʀɛt] n.f. (de *char*). - **1.** Voiture à deux roues, munie d'un brancard simple ou double et de deux ridelles ; son contenu : *Charrette tirée par des bœufs. Une charrette de pommes de terre.* - **2.** FAM. Ensemble de personnes licenciées d'une entreprise, exclues d'une organisation, expulsées d'un pays : *Faire partie de la dernière charrette.* - **3.** FAM. Travail intensif effectué pour remettre à temps un travail.

charriage [ʃaʀjaʒ] n.m. - **1.** Action de charrier : *Le charriage des pierres par les torrents.* - **2.** GÉOL. Poussée latérale provoquant le déplacement de masses de terrains (ou nappes de charriage) loin de leur lieu d'origine.

charrier [ʃaʀje] v.t. (de *char*) [conj. 9]. - **1.** Entraîner, emporter dans son cours : *Le fleuve charrie des troncs d'arbres.* - **2.** Transporter qqch en charrette : *Charrier du foin.* - **3.** FAM. Se moquer de qqn : *Elle n'arrête pas de le charrier.* ◆ v.i. FAM. Exagérer, aller trop loin : *Tu charries !*

charroi [ʃaʀwa] n.m. (de *char*). Transport par chariot ou par charrette.

charron [ʃaʀɔ̃] n.m. (de *char*). Personne qui fabrique et répare des véhicules à traction animale.

charrue [ʃaʀy] n.f. (lat. *carruca* "char", mot d'orig. gaul.). - **1.** Instrument agricole pour labourer, qui travaille d'une manière dissymétrique en rejetant et en retournant la terre d'un seul côté. - **2.** Unité de surface sous l'Ancien Régime, correspondant à ce que pouvait labourer une charrue en une année. - **3.** Mettre la charrue avant les bœufs, commencer par où l'on devrait finir.

charte [ʃaʀt] n.f. (lat. *charta*, gr. *khartês* "feuille de papyrus"). - **1.** Loi, règle fondamentale : *La charte des droits de l'homme.* - **2.** Ensemble des lois constitutionnelles d'un État : *La Grande Charte d'Angleterre de 1215.* - **3.** Titre qui consignait des droits, des privilèges, ou qui réglait des intérêts, au Moyen Âge.

charter [ʃaʀtɛʀ] n.m. (mot angl.). Avion affrété par une compagnie de tourisme ou par un groupe de personnes, sur lequel le prix du billet est très avantageux.

chartiste [ʃaʀtist] n. Élève ou ancien élève de l'École nationale des chartes (établissement d'enseignement supérieur qui forme les spécialistes de la science des archives et de la paléographie).

chartreuse [ʃaʀtʀøz] n.f. - **1.** Couvent de chartreux. - **2.** Liqueur aromatique fabriquée au couvent de la Grande-Chartreuse.

1. **chartreux, euse** [ʃaʀtʀø, -øz] n. (de *Chartreuse*, n. du massif où saint Bruno fonda en 1084 son premier monastère). Religieux, religieuse de l'ordre contemplatif de Saint-Bruno.

2. **chartreux** [ʃaʀtʀø] n.m. (de *1. chartreux*). Chat à poil gris cendré.

chas [ʃa] n.m. (p.-ê. du lat. *capsus* "sorte de cage"). Trou d'une aiguille, par où passe le fil.

chasse [ʃas] n.f. (de *chasser*). - **1.** Action de chasser, de guetter et de poursuivre les animaux pour les capturer ou les tuer : *Aller à la chasse. Chasse à courre.* - **2.** Espace de terrain réservé pour la chasse : *Chasse gardée.* - **3.** Gibier capturé ou tué : *La chasse est abondante.* - **4.** Action de chercher, de poursuivre qqn ou qqch pour s'en emparer : *Chasse à l'homme. Chasse au trésor. Donner la chasse à un voleur.* - **5.** Inclinaison vers l'arrière des pivots des roues directrices d'une voiture ou de la direction d'une motocyclette ou d'une bicyclette. - **6.** IMPR. Encombrement latéral d'un caractère typographique. - **7.** Aviation de chasse, corps de l'armée de l'air équipé d'avions légers et rapides, dits *avions de chasse, chasseurs* ou *intercepteurs,* capables de détruire les appareils ennemis en vol (on dit aussi *la chasse*). ‖ **Chasse aérienne,** action menée par ces avions. ‖ **Chasse d'eau,** appareil à écoulement d'eau rapide pour vidanger une cuvette de W.-C. ‖ **Chasse photographique,** approche d'animaux dans leur milieu naturel, pour les photographier. ‖ **Être en chasse,** poursuivre le gibier, en parlant des chiens ; être en

chaleur, en parlant des animaux femelles. ‖ **Prendre en chasse,** poursuivre : *Il a été pris en chasse par la police.*

châsse [ʃas] n.f. (lat. *capsa* "boîte"). - **1.** Reliquaire en forme de sarcophage muni d'un couvercle à deux pentes, dans lequel on conserve les restes d'un saint ou d'une sainte. - **2.** TECHN. Monture, encadrement pour recevoir et maintenir une pièce : *La châsse d'un verre de lunette.*

chassé [ʃase] n.m. CHORÉGR. Pas de danse dans lequel le pied qui exécute un mouvement glissant semble chassé par l'autre, qui se rapproche de lui.

chassé-croisé [ʃasekʀwaze] n.m. (pl. *chassés-croisés*). - **1.** Final des anciens quadrilles, où les deux danseurs passent alternativement l'un devant l'autre. - **2.** Suite de mouvements, d'échanges n'aboutissant à aucun résultat : *Un chassé-croisé de démarches.*

chasse-neige [ʃasnɛʒ] n.m. inv. - **1.** Engin conçu pour déblayer la neige sur une route ou une voie ferrée. - **2.** Position des skis obtenue en écartant les talons, qu'on utilise notamm. pour freiner ; descente dans cette position.

chasser [ʃase] v.t. (lat. pop. *captiare,* class. *captare* "s'emparer de"). - **1.** Guetter, poursuivre un animal pour le capturer ou le tuer : *Chasser le lièvre.* - **2.** Faire partir qqn d'un lieu avec violence : *Chasser qqn de sa maison* (syn. expulser). *Chasser qqn de son emploi* (syn. congédier). - **3.** Faire disparaître qqch : *Chasser un clou. Chasser des idées noires* (syn. dissiper). ◆ v.i. - **1.** Glisser de côté par suite d'une adhérence insuffisante au sol : *Les roues chassent sur le verglas* (syn. déraper). - **2.** En cyclisme, se lancer à la poursuite des concurrents. - **3.** Être poussé, entraîné dans une certaine direction : *Les nuages chassent vers l'ouest.* - **4.** IMPR. Espacer la composition de façon à augmenter le nombre de lignes.

chasseresse [ʃasʀɛs] n.f. et adj.f. - **1.** LITT. Femme qui chasse, chasseuse. - **2.** MYTH. Diane chasseresse, déesse de la Chasse.

chasseur, euse [ʃasœʀ, -øz] n. - **1.** Personne qui chasse, qui a l'habitude de chasser. - **2.** FAM. Chasseur de têtes, professionnel spécialisé dans le recrutement des cadres de haut niveau. ‖ **Chasseur d'images,** amateur qui recherche les lieux ou les objets originaux qu'il filme ou photographie. ◆ **chasseur** n.m. - **1.** Employé en livrée d'un restaurant, d'un hôtel faisant les menues courses (syn. groom). - **2.** Soldat de certains corps d'infanterie et de cavalerie : *Chasseurs alpins.* - **3.** Appareil de l'aviation de chasse ; pilote de cet appareil. - **4.** Navire ou véhicule conçu pour une mission particulière : *Chasseur de mines.* - **5.** Chasseur bombardier, d'assaut, avion spécialisé dans l'attaque d'objectifs terrestres ou maritimes.

chasseur-cueilleur [ʃasœʀkœjœʀ] n.m. (pl. *chasseurs-cueilleurs*). ANTHROP. Membre d'une société qui fonde sa subsistance sur la chasse et la cueillette.

chassie [ʃasi] n.f. (lat. pop. *caccita*, du class. *cacare* "aller à la selle"). Substance visqueuse et jaunâtre qui se dépose sur le bord des paupières.

chassieux, euse [ʃasjø, -øz] adj. et n. Qui a de la chassie : *Des yeux chassieux.*

châssis [ʃasi] n.m. (de *châsse*). - **1.** Cadre fixe ou mobile, en bois ou en métal, qui entoure ou supporte qqch : *Le châssis d'une fenêtre.* - **2.** Cadre de menuiserie sur lequel est tendue la toile d'un tableau. - **3.** Assemblage rectangulaire qui supporte le moteur et la carrosserie d'un véhicule, la caisse d'un wagon ou l'affût de certains canons. - **4.** Accessoire contenant le film ou la plaque sensible d'un appareil photographique.

chaste [ʃast] adj. (lat. *castus* "pur"). - **1.** Qui respecte les règles de la pudeur, de la décence : *Un baiser chaste.* - **2.** Qui exclut les rapports sexuels : *Un amour chaste.*

chastement [ʃastəmɑ̃] adv. Avec chasteté.

chasteté [ʃastəte] n.f. (lat. *castitas* "pureté"). Fait de s'abstenir des plaisirs charnels, par conformité à une morale : *Faire vœu de chasteté.*

chasuble [ʃazybl] n.f. (bas lat. *casubla*, altér. du class. *casula* "manteau à capuchon"). - **1.** Vêtement liturgique ayant la forme d'un manteau sans manches, que le prêtre met pour célébrer la messe. - **2.** Robe chasuble, robe échancrée sans manches.

chat, chatte [ʃa, ʃat] n. (lat. *cattus*). - **1.** Mammifère carnivore au museau court et arrondi, aux griffes rétractiles, dont il existe des espèces domestiques et des espèces sauvages. □ Famille des félidés. Le chat miaule. - **2.** Acheter chat en poche, acheter sans regarder la marchandise. ‖ Appeler un chat un chat, dire les choses telles qu'elles sont. ‖ FAM. Avoir d'autres chats à fouetter, avoir des préoccupations plus sérieuses. ‖ Avoir un chat dans la gorge, être enroué. ‖ Donner sa langue au chat, s'avouer incapable de répondre à une question. ‖ Il n'y a pas de quoi fouetter un chat, ça n'est pas très grave. ‖ FAM. Il n'y a pas un chat, il n'y a personne. ‖ Jouer à chat, jouer à un jeu de poursuite dans lequel un des joueurs, le chat, poursuit et touche un autre joueur, qui devient chat à son tour.

châtaigne [ʃatɛɲ] n.f. (lat. *castanea*, du gr.). - **1.** Fruit du châtaignier, riche en amidon, appelé *marron* lorsque l'amande est entière

à l'intérieur de la même enveloppe. - **2.** FAM. Coup de poing : *Recevoir une châtaigne.*

châtaigneraie [ʃatɛɲʀɛ] n.f. Lieu planté de châtaigniers.

châtaignier [ʃatɛɲe] n.m. Arbre à feuilles dentées, dont les fruits, les châtaignes, sont entourés d'une cupule épineuse (la *bogue*) et qui peut vivre plusieurs siècles. □ Famille des fagacées ; haut. jusqu'à 35 m.

châtain [ʃatɛ̃] adj. inv. en genre et n.m. (de *châtaigne*). D'une couleur brun clair, en parlant des cheveux.

château [ʃato] n.m. (lat. *castellum*). - **1.** Demeure féodale fortifiée, au Moyen Âge. (On dit aussi *château fort*.) - **2.** Résidence seigneuriale ou royale, entourée de jardins ou de parcs : *Le château de Versailles.* - **3.** Grande demeure somptueuse à la campagne, avec ou sans domaine. - **4.** Superstructure placée au milieu d'un navire, sur toute sa largeur, pour le logement des passagers et de l'équipage. - **5.** Bâtir des châteaux en Espagne, faire des projets chimériques. ‖ Château d'eau, réservoir d'eau élevé. ‖ Château de cartes, construction qu'on fait avec des cartes ; au fig., chose précaire, fragile. ‖ Une vie de château, une existence passée dans le luxe et l'oisiveté.

chateaubriand ou **châteaubriant** [ʃatobʀijɑ̃] n.m. (du nom de *F.R. de Chateaubriand*, dont le cuisinier aurait inventé cette grillade). Épaisse tranche de filet de bœuf grillé.

châtelain, e [ʃatlɛ̃, -ɛn] n. (lat. *castellanus*, de *castellum* "château"). - **1.** HIST. Seigneur qui possédait un château et les terres qui en dépendaient. - **2.** Propriétaire ou locataire d'un château.

chat-huant [ʃayɑ̃] n.m. (réfection, d'après *chat* et *huer*, du bas lat. *cavannus*) [pl. *chats-huants*]. Nom usuel de la hulotte.

châtier [ʃatje] v.t. (lat. *castigare*, de *castus* "pur") [conj. 9]. LITT. - **1.** Sanctionner sévèrement, corriger : *Châtier les responsables* (syn. punir). - **2.** Châtier son style, son langage, lui donner le maximum de correction, de pureté.

chatière [ʃatjɛʀ] n.f. (de *chat*). - **1.** Petite ouverture au bas d'une porte pour laisser passer les chats. - **2.** Trou d'aération dans les combles.

châtiment [ʃatimɑ̃] n.m. Action de châtier ; sanction sévère frappant un coupable ou punissant une faute grave : *Infliger un châtiment à qqn* (syn. punition).

chatoiement [ʃatwamɑ̃] n.m. (de *chatoyer*). Reflet brillant et changeant d'une pierre précieuse, d'une étoffe, etc. : *Le chatoiement de la soie dans la lumière.*

1. chaton [ʃatɔ̃] n.m. Jeune chat.

2. chaton [ʃatɔ̃] n.m. - **1.** Inflorescence ou épi composé de très petites fleurs, dont la forme rappelle la queue d'un chat : *Les fleurs mâles du châtaignier, du noisetier sont des chatons.* - **2.** Amas laineux de poussière.

3. chaton [ʃatɔ̃] n.m. (frq. *kasto* "caisse"). Partie centrale d'une bague où est enchâssée une pierre ou une perle.

chatouille [ʃatuj] n.f. (de *chatouiller*). FAM. Toucher léger qui chatouille : *Craindre les chatouilles* (syn. chatouillement).

chatouillement [ʃatujmɑ̃] n.m. - **1.** Action de chatouiller ; sensation qui en résulte. - **2.** Léger picotement en certaines parties du corps : *Sentir des chatouillements dans la gorge.*

chatouiller [ʃatuje] v.t. - **1.** Causer, par un attouchement léger de la peau, une réaction de rire ou d'agacement : *Chatouiller qqn dans le cou.* - **2.** FAM. Exciter, énerver pour provoquer des réactions : *Chatouiller l'adversaire.* - **3.** Flatter agréablement : *Chatouiller l'amour-propre de qqn.*

chatouilleux, euse [ʃatujø, -øz] adj. - **1.** Sensible au chatouillement. - **2.** Qui se vexe ou s'irrite facilement : *Il est très chatouilleux sur ses prérogatives.*

chatouillis [ʃatuji] n.m. FAM. Léger chatouillement.

chatoyant, e [ʃatwajɑ̃, -ɑ̃t] adj. Qui chatoie : *Une étoffe chatoyante.*

chatoyer [ʃatwaje] v.i. (de *chat*, en raison des yeux changeants de cet animal) [conj. 13]. Avoir des reflets qui changent suivant les jeux de la lumière, en parlant de pierres précieuses, d'étoffes brillantes, etc.

châtrer [ʃɑtʀe] v.t. (lat. *castrare*). - **1.** Syn. de castrer. - **2.** Supprimer les étamines d'une fleur ou certaines parties d'un végétal pour hâter la maturation des fruits.

chatterie [ʃatʀi] n.f. (de *chat, chatte*). - **1.** Friandise très délicate. - **2.** (Surtout au pl.). Caresse câline, insinuante et hypocrite : *Faire des chatteries à qqn.*

chatterton [ʃatɛʀtɔn] n.m. (du n. de son inventeur). Ruban isolant et adhésif, employé par les électriciens pour isoler les fils conducteurs.

1. chaud, e [ʃo, ʃod] adj. (lat. *calidus*). - **1.** Qui a ou donne de la chaleur ; qui est d'une température élevée par rapport à celle du corps humain : *Mettre un vêtement chaud. Le soleil est très chaud à midi. Boire un café chaud* (contr. froid). - **2.** Vif, animé : *La bataille a été chaude.* - **3.** Qui est passionné, ardent, enthousiaste : *Elle n'est pas très chaude pour signer ce contrat.* - **4.** Marqué par une forte agitation : *Le printemps sera chaud, on s'attend*

à des grèves. - **5.** Avoir la tête chaude, s'emporter ou se battre facilement. ‖ Couleurs chaudes, couleurs du spectre dont la longueur d'onde est plus proche du rouge que du bleu : *L'orangé est une couleur chaude.* ‖ Pleurer à chaudes larmes, pleurer abondamment. ‖ GÉOL. Point chaud, émergence, génér. insulaire, à la surface d'une plaque, d'un magma originaire de la partie profonde du manteau ; au fig., ce qui provoque une violente contestation, ou lieu sur lequel il risque de se produire un conflit. ◆ **chaud** adv. Cela ne me fait ni chaud ni froid, cela m'est indifférent. ‖ Il fait chaud, la température ambiante est élevée. ‖ Manger, boire chaud, manger un plat chaud, absorber une boisson chaude.

2. chaud [ʃo] n.m. - **1.** Chaleur : *Elle endure mieux le chaud que le froid.* - **2.** Sensation que fait éprouver la chaleur : *Avoir chaud.* - **3.** Au chaud, dans un lieu où la température est suffisamment élevée pour qu'il n'y ait pas de refroidissement ou sensation de froid : *Se mettre au chaud. Mettre le gigot au chaud.* ‖ FAM. J'ai eu chaud, j'ai eu peur, je l'ai échappé belle. ‖ Opérer à chaud, pratiquer une intervention chirurgicale pendant une poussée inflammatoire. ‖ Un chaud et froid, un refroidissement soudain qui provoque un rhume ou une bronchite.

chaudement [ʃodmɑ̃] adv. - **1.** De manière à avoir ou à donner chaud : *Habille-toi chaudement, il fait froid !* - **2.** Avec vivacité, ardeur : *Ils l'ont chaudement encouragé.*

chaudière [ʃodjɛʀ] n.f. (lat. *caldaria* "étuve"). Générateur de vapeur d'eau ou d'eau chaude (parfois d'un autre fluide) servant au chauffage, à la production d'énergie : *Chaudière à gaz, à mazout. La chaudière d'une locomotive.*

chaudron [ʃodʀɔ̃] n.m. (du rad. de *chaudière*). Récipient cylindrique profond, en cuivre ou en fonte, à anse mobile, destiné à aller sur le feu.

chaudronnerie [ʃodʀɔnʀi] n.f. - **1.** Profession, marchandises, usine du chaudronnier. - **2.** Travail de façonnage de métaux en feuilles ; fabrication industrielle des pièces métalliques rivées, embouties ou estampées.

chaudronnier, ère [ʃodʀɔnje, -ɛʀ] n. - **1.** Artisan qui fabrique, vend, répare des chaudrons, des objets en cuivre. - **2.** Ouvrier qui travaille les métaux en feuilles.

chauffage [ʃofaʒ] n.m. - **1.** Action de chauffer, de se chauffer ; manière de chauffer : *Le chauffage de cette maison n'est pas suffisant. Ils ont choisi le chauffage au gaz.* - **2.** Appareil, installation servant à procurer de la chaleur : *Le chauffage est en panne.* - **3.** Bois de chauf-

fage, bois destiné à être brûlé pour le chauffage. ‖ **Chauffage central**, distribution de chaleur dans les appartements d'un immeuble ou dans les pièces d'une maison à partir d'une source unique. ‖ **Chauffage urbain**, chauffage des immeubles par des centrales alimentant des zones urbaines entières.

chauffagiste [ʃofaʒist] n.m. Spécialiste de l'installation et de l'entretien du chauffage central.

chauffant, e [ʃofɑ̃, -ɑ̃t] adj. Qui produit de la chaleur : *Une couverture chauffante.*

chauffard [ʃofaʀ] n.m. (de *chauffeur*). FAM. Conducteur d'automobile d'une imprudence dangereuse.

chauffe [ʃof] n.f. (de *chauffer*). - **1.** Opération qui consiste à produire par combustion la chaleur nécessaire à un chauffage industriel ou domestique ou à conduire cette combustion : *Deux employés sont chargés de la chauffe de l'immeuble.* - **2.** Durée de cette opération : *La période de chauffe va de novembre à mai.* - **3.** Chambre de chauffe, dans un bateau, local réservé aux chaudières. ‖ **Surface de chauffe**, surface de transmission de la chaleur dans un appareil de chauffage industriel ou domestique.

chauffe-assiette ou **chauffe-assiettes** [ʃofasjɛt] n.m. (pl. *chauffe-assiettes*). Appareil électrique pour chauffer les assiettes.

chauffe-biberon [ʃofbibʀɔ̃] n.m. (pl. *chauffe-biberons*). Appareil électrique pour chauffer les biberons.

chauffe-eau [ʃofo] n.m. inv. Appareil produisant de l'eau chaude à usage domestique à partir du gaz, de l'électricité, de l'énergie solaire, etc.

chauffe-plat [ʃofpla] n.m. (pl. *chauffe-plats*). Réchaud pour tenir les plats au chaud sur la table.

chauffer [ʃofe] v.t. (lat. pop. *calefare*, class. *calefacere*). - **1.** Rendre chaud ou plus chaud : *Chauffer de l'eau* (= la faire chauffer). *Ce petit radiateur chauffe toute la pièce.* - **2.** Rendre ardent, enthousiaste : *Chauffer le public* (syn. animer, enflammer). - **3.** Préparer un élève à un examen, un sportif à une compétition en les faisant travailler de façon intensive (syn. entraîner, exercer). ◆ v.i. - **1.** Devenir chaud : *L'eau chauffe sur la cuisinière.* - **2.** Atteindre une température excessive : *Le moteur chauffe.* - **3.** Produire de la chaleur : *Le soleil chauffe.* - **4.** FAM. Prendre une tournure animée, parfois violente : *Ça va chauffer !* - **5.** Faire chauffer qqch, le faire chauffer : *Faire chauffer un biberon.* ◆ **se chauffer** v.pr. - **1.** S'exposer à une source de chaleur : *Va te chauffer près du feu !* - **2.** Chauffer l'endroit où

l'on vit : *Se chauffer au gaz.* - **3.** Montrer (à qqn) de quel bois on se chauffe, traiter qqn sans ménagement.

chaufferette [ʃofʀɛt] n.f. Boîte à couvercle percé de trous, contenant de la braise pour se chauffer les pieds ; petit appareil (à réservoir d'eau chaude, électrique, etc.) pour se chauffer les mains, les pieds.

chaufferie [ʃofʀi] n.f. (de *chauffer*). Local renfermant les appareils de production de chaleur, dans un immeuble, une usine, un navire, etc.

chauffeur [ʃofœʀ] n.m. (de *chauffer*, le chauffeur entretenant à l'origine la chauffe de la machine). - **1.** Conducteur professionnel d'une automobile ou d'un camion ; personne qui conduit un véhicule automobile : *Chauffeur de taxi. Sa fille est un très bon chauffeur* (= elle conduit bien, prudemment). - **2.** Ouvrier chargé de la conduite et de la surveillance d'un feu, d'un four, d'une chaudière.

chauffeuse [ʃoføz] n.f. (de *chauffer*). - **1.** Autref., chaise basse à haut dossier pour s'asseoir auprès du feu. - **2.** Siège bas et confortable, sans accoudoirs.

chaufournier [ʃofuʀnje] n.m. (de *chaufour* "four à chaud"). Ouvrier d'un four à chaux.

chauler [ʃole] v.t. - **1.** Amender un sol avec de la chaux pour lutter contre l'acidité. - **2.** Passer au lait de chaux (les murs, le sol, les arbres, etc.) pour détruire les parasites.

chaume [ʃom] n.m. (lat. *calamus* "roseau"). - **1.** Tige creuse des graminées. - **2.** Partie de la tige des céréales qui reste sur le champ après la moisson (syn. éteule). - **3.** Paille longue dont on a enlevé le grain, utilisée jadis pour recouvrir les habitations dans certaines régions : *Des toits de chaume.* ◆ **chaumes** n.m. pl. Pâturages dénudés.

chaumière [ʃomjɛʀ] n.f. - **1.** Maison couverte d'un toit de chaume ; petite maison rustique. - **2.** FAM. Dans les chaumières, au sein des familles : *Cette histoire va faire pleurer dans les chaumières.*

chaussée [ʃose] n.f. (du lat. pop. *calciata* [*via*], p.-ê. "[voie] recouverte de chaux"). Partie d'une rue ou d'une route réservée à la circulation des véhicules (par opp. à trottoir, à bas-côté) : *Attention, la chaussée est glissante.*

chausse-pied [ʃospje] n.m. (pl. *chausse-pieds*). Lame incurvée en corne, en matière plastique ou en métal facilitant l'entrée du pied dans une chaussure.

chausser [ʃose] v.t. (lat. *calceare*, de *calceus* "chaussure"). - **1.** Mettre des chaussures, des skis, etc., à ses pieds, aux pieds de qqn : *Il chaussa ses bottes* (syn. enfiler, mettre). *Chausser un bébé.* - **2.** Fournir en chaussures ; faire

des chaussures : *Ce magasin chausse les stars.*
- **3.** Aller à qqn, en parlant de chaussures :
Ces mocassins vous chaussent très bien. - **4.** FAM.
Chausser ses lunettes, les ajuster sur son
nez. ◆ v.i. (suivi d'un compl. de qualité ou
d'un adv.). - **1.** S'ajuster au pied de telle
manière : *Bottes qui chaussent grand.* - **2.** Avoir
telle pointure : *Elle chausse du 37.*

chausses [ʃos] n.f. pl. (lat. pop. *calcia, du
class. *calceus* "chaussure"). Culotte en tissu,
portée de la fin du Moyen Âge jusqu'au
XVIIe s., qui couvrait le corps de la ceinture
jusqu'aux genoux *(haut-de-chausses)* ou
jusqu'aux pieds *(bas-de-chausses).*

chausse-trape ou **chausse-trappe** [ʃostʀap]
n.f. (de l'anc. fr. *chaucier* "fouler" et *traper*
"sauter", ou de *trappe*) [pl. *chausse-trap(p)es*].
- **1.** Piège fait d'un trou camouflé pour prendre les animaux sauvages. - **2.** Piège insidieux
pour tromper qqn : *Éviter habilement les
chausse-trapes de son adversaire* (syn. embûche,
guet-apens, traquenard). - **3.** Autref., moyen
de défense constitué par un pieu camouflé
ou un assemblage de pointes de fer.

chaussette [ʃosɛt] n.f. (de *chausses*). Pièce
d'habillement tricotée qui monte jusqu'à
mi-mollet ou jusqu'au genou.

chausseur [ʃosœʀ] n.m. Fabricant, marchand
de chaussures.

chausson [ʃosɔ̃] n.m. (de *chausses*). - **1.** Chaussure souple d'intérieur à talon bas (syn.
pantoufle). - **2.** Chaussure de danse souple et
plate : *Chausson de demi-pointe.* - **3.** Pâtisserie
faite de pâte feuilletée fourrée de compote
de pommes, de confiture ou de crème
pâtissière.

chaussure [ʃosyʀ] n.f. (de *chausser*). - **1.** Article
d'habillement en cuir ou en matières synthétiques, qui protège et recouvre le pied :
Des chaussures à talons, de marche, de ski.
- **2.** FAM. Trouver chaussure à son pied, trouver la personne ou la chose qui convient
exactement.

chaut → **chaloir.**

chauve [ʃov] adj. et n. (lat. *calvus*). Qui n'a plus
ou presque plus de cheveux : *Un crâne
complètement chauve.*

chauve-souris [ʃovsuʀi] n.f. (pl. *chauves-
souris*). Mammifère insectivore volant, qui
se dirige par écholocation, hiverne dans des
grottes, et dont il existe 200 espèces. □ Ordre des chiroptères.

chauvin, e [ʃovɛ̃, -in] adj. et n. (du n. de
Nicolas Chauvin, type de soldat enthousiaste
du premier Empire). Qui manifeste un
patriotisme excessif, souvent agressif ; qui
admire de façon trop exclusive sa ville ou sa
région : *Ne sois pas chauvin, il n'y a pas qu'en
France qu'on mange bien.*

chauvinisme [ʃovinism] n.m. (de *chauvin*).
Patriotisme, nationalisme exagéré et souvent agressif.

chaux [ʃo] n.f. (lat. *calx, calcis* "pierre").
- **1.** Oxyde de calcium obtenu par la calcination de calcaires : *Le marbre et la craie
contiennent de la chaux.* - **2.** Chaux éteinte,
chaux hydratée, obtenue par action de l'eau
sur la chaux vive. □ Formule : $Ca(OH)_2$.
‖ Chaux vive, oxyde de calcium anhydre
obtenu directement par la cuisson de calcaires. ‖ Lait de chaux, suspension de chaux
dans de l'eau, utilisée surtout comme badigeon.

chavirement [ʃaviʀmɑ̃] n.m. Fait de chavirer.

chavirer [ʃaviʀe] v.i. (prov. *capvira* "tourner la
tête en bas"). Se renverser, se retourner sens
dessus dessous, notamm. en parlant d'un
bateau : *La barque a chaviré dans la tempête. Le
camion mal chargé menaçait de chavirer* (syn.
basculer, verser). ◆ v.t. - **1.** Retourner qqch
sens dessus dessous : *Une grosse vague a
chaviré l'embarcation* (syn. renverser).
- **2.** Émouvoir, troubler profondément : *Cette
nouvelle m'a chaviré* (syn. ébranler, retourner).
Visage chaviré par la douleur (syn. bouleverser,
ravager).

chéchia [ʃeʃja] n.f. (ar. *châchiya*). Coiffure
cylindrique ou tronconique de certaines
populations d'Afrique.

check-list [ʃɛklist] n.f. (mot angl.) [pl. *check-
lists*]. AÉRON. Liste d'opérations permettant
de vérifier le fonctionnement de tous les
organes et dispositifs d'un avion, d'une
fusée avant son envol. (Recomm. off. *liste de
vérification*).

check-up [tʃɛkœp] ou [ʃɛkœp] n.m. inv. (mot
angl., de *to check* "vérifier"). - **1.** Examen
médical complet d'une personne ; bilan de
santé. (Recomm. off. *examen de santé*.)
- **2.** Bilan complet du fonctionnement de
qqch : *Check-up d'une voiture* (syn. révision).

chef [ʃɛf] n.m. (lat. *caput* "tête"). - **1.** Personne
qui commande, qui exerce une autorité, une
influence déterminante : *Chef d'État. Chef de
famille. Chef d'entreprise* (syn. directeur,
patron). *Chef de gare. Chef d'orchestre. Chef de
bataillon, de service.* - **2.** Responsable d'un secteur donné, en partic. au sein d'une entreprise : *Chef de produit. Chef des ventes.* - **3.** (En
appos.). Précise en genre : *Médecin-chef.
Caporal-chef.* - **4.** Celui qui possède au plus
haut degré l'aptitude au commandement :
Avoir les qualités d'un chef (syn. leader).
- **5.** FAM. Personne remarquable, extrêmement compétente : *Elle s'est débrouillée comme
un chef* (syn. as, champion). - **6.** Celui qui dirige
la cuisine d'un restaurant. - **7.** HÉRALD. Partie
supérieure de l'écu. - **8.** Au premier chef, au
plus haut point ; avant tout : *Cela nous*

intéresse au premier chef. ‖ **De son chef, de son propre chef,** de sa propre autorité : *Elle a décidé de son propre chef qu'il en serait ainsi.* ‖ **En chef,** en qualité de chef : *Ingénieur en chef. Il commandait en chef les troupes alliées.* **- 9. Chef d'accusation.** Point capital sur lequel porte l'accusation.

chef-d'œuvre [ʃɛdœvʀ] n.m. (pl. *chefs-d'œuvre*). **- 1.** Œuvre la plus admirable dans un genre donné : *« Phèdre » passe pour le chef-d'œuvre de Racine. Le musée de la ville contient des chefs-d'œuvre.* **- 2.** Ce qui est parfait en son genre : *Un chef-d'œuvre d'humour.*

chefferie [ʃɛfʀi] n.f. **- 1.** ANTHROP. Autorité politique, souvent jointe à des fonctions religieuses et judiciaires, détenue de façon permanente par un individu dans un groupe. **- 2.** AFR. Qualité, charge de chef traditionnel ; territoire régi par un chef coutumier.

chef-lieu [ʃɛfljø] n.m. (pl. *chefs-lieux*). Centre d'une division administrative : *Chef-lieu de canton. Chef-lieu de département* (= préfecture).

cheftaine [ʃɛftɛn] n.f. (de l'angl. *chieftain* "chef de clan", anc. fr. *chevetain* "capitaine"). Jeune fille responsable d'un groupe dans une association de scoutisme.

cheikh [ʃɛk] n.m. (ar. *chaikh* "vieillard"). **- 1.** Chef de tribu arabe. **- 2.** Titre donné à tout musulman respectable par son âge, sa fonction, etc. (on trouve d'autres graphies, dont *cheik, scheik*).

chéiroptère n.m. → chiroptère.

chelem [ʃlɛm] n.m. (angl. *slam* "écrasement"). **- 1.** Au whist, au bridge, réunion de toutes les levées dans un camp (on dit aussi *grand chelem*). **- 2.** Faire, réussir le grand chelem, dans divers sports (rugby, tennis, etc.), remporter la totalité d'une série définie de compétitions : *Le quinze de France a réussi le grand chelem.* ‖ **Petit chelem,** au whist, au bridge, toutes les levées moins une. **Rem.** On a aussi écrit *schelem.*

chélonien [ʃelɔnjɛ̃] n.m. (du gr. *khelônê* "tortue"). Chéloniens, ordre de reptiles cour. appelés *tortues.*

chemin [ʃəmɛ̃] n.m. (lat. pop. **camminus,* du gaul.). **- 1.** Voie de terre aménagée pour aller d'un point à un autre, sur un plan local et génér. à la campagne : *Chemin forestier* (syn. sentier, litt. sente). *Se frayer un chemin dans les ronces* (syn. passage). **- 2.** Direction à suivre pour aller quelque part : *La ligne droite est le plus court chemin d'un point à un autre* (syn. trajet). *Demander son chemin à un passant* (syn. itinéraire). *J'ai fini par retrouver mon chemin* (syn. direction, route). **- 3.** Espace à parcourir pour aller d'un point à un autre : *Nous ferons*

le chemin à pied (syn. parcours). **- 4.** Ligne de conduite, moyen pour arriver à ses fins : *Prendre le chemin qui mène à la réussite* (syn. route, voie). *Elle m'a trouvé sur son chemin* (= je me suis opposé à elle). **- 5.** Longue bande décorative ou protectrice : *Chemin de table, d'escalier.* **- 6.** Faire du chemin, parcourir un long trajet ; au fig., progresser : *Nous avons fait du chemin aujourd'hui* (= parcouru beaucoup de kilomètres). *Il a fait du chemin depuis qu'il est entré dans l'entreprise* (= il s'est élevé dans la hiérarchie). ‖ **Faire son chemin,** réussir dans la vie. ‖ **Ouvrir, montrer, tracer le chemin,** donner l'exemple de. **- 7. Chemin de croix.** Suite des quatorze tableaux représentant les scènes de la Passion. ‖ **Chemin de ronde.** Passage établi derrière ou sur une muraille fortifiée.

chemin de fer [ʃəmɛ̃dfɛʀ] n.m. (calque de l'angl. *railway*) [pl. *chemins de fer*]. **- 1.** VIEILLI. Voie ferrée constituée de deux rails parallèles sur lesquels roulent les trains : *L'arrivée du chemin de fer dans les campagnes isolées* (syn. train). **- 2.** Moyen de transport utilisant la voie ferrée : *Voyager par chemin de fer.* **- 3.** (Souvent au pl.). Entreprise, administration qui gère ce moyen de transport.

chemineau [ʃəmino] n.m. VX ou LITT. Vagabond qui parcourt les chemins.

cheminée [ʃəmine] n.f. (bas lat. *caminata,* du class. *caminus* "four"). **- 1.** Ouvrage, génér. de maçonnerie, permettant de faire du feu, comprenant un foyer et un conduit par où s'échappe la fumée : *Cheminée qui tire bien.* **- 2.** Encadrement du foyer qui fait saillie dans une pièce : *Cheminée de marbre.* **- 3.** Conduit par où s'échappe la fumée ; extrémité de ce conduit visible au-dessus d'un toit : *Cheminées d'usines.* **- 4.** Conduit, génér. cylindrique, pour la ventilation, l'aération : *Cheminée d'aération.* **- 5.** GÉOL. Canal par lequel montent les laves et projections volcaniques. **- 6.** ALP. Couloir étroit, presque vertical dans un mur rocheux ou glaciaire.

cheminement [ʃəminmɑ̃] n.m. **- 1.** Action de cheminer : *Le cheminement de la colonne de secours* (syn. marche, progression). **- 2.** Lents progrès : *Suivre le cheminement de la pensée d'un auteur* (syn. évolution, progression).

cheminer [ʃəmine] v.i. **- 1.** Suivre lentement et régulièrement un chemin souvent long : *J'ai cheminé plusieurs heures avant d'arriver à un village* (syn. marcher). **- 2.** S'étendre selon un certain tracé, en parlant d'une voie : *Sentier qui chemine dans la montagne* (syn. s'allonger, s'étirer). **- 3.** Évoluer lentement, régulièrement : *Laisser une idée cheminer dans les esprits* (syn. progresser).

cheminot [ʃəmino] n.m. Employé des chemins de fer.

chemise [ʃəmiz] n.f. (bas lat. *camisia*). - **1.** Vêtement masculin qui couvre le buste et les bras, comportant le plus souvent un col et un boutonnage devant : *Chemise à manches courtes, longues*. - **2.** Dossier fait d'un cartonnage léger plié en deux, servant à classer des papiers. - **3.** Enveloppe intérieure ou extérieure d'une pièce mécanique, d'un projectile, etc. : *Chemise d'un cylindre de moteur. La chemise d'une balle de fusil*. - **4.** Chemise de nuit, vêtement de nuit en forme de robe. - **5.** Chemises brunes. Formations paramilitaires nazies (1925). ‖ Chemises noires. Milices fascistes italiennes (créées en 1919). ‖ Chemises rouges. Volontaires qui combattirent aux côtés de Garibaldi.

chemiser [ʃəmize] v.t. MÉCAN. Garnir d'une chemise, d'un revêtement protecteur : *Chemiser un tuyau, un obus*.

chemiserie [ʃəmizʀi] n.f. Fabrique, magasin de chemises.

chemisette [ʃəmizɛt] n.f. Chemise d'homme à manches courtes ; corsage de femme à manches courtes.

1. chemisier, ère [ʃəmizje, -ɛʀ] n. Personne qui fait ou vend des chemises.

2. chemisier [ʃəmizje] n.m. Corsage de femme dont le col et les poignets sont inspirés de ceux des chemises d'homme.

chênaie [ʃɛnɛ] n.f. Lieu planté de chênes.

chenal [ʃənal] n.m. (lat. *canalis*) [pl. **chenaux**]. MAR. Passage resserré, naturel ou artificiel, permettant la navigation entre des îles, des écueils, des bancs, et donnant accès à un port ou à la haute mer.

chenapan [ʃənapɑ̃] n.m. (all. *Schnapphahn* "maraudeur"). Individu sans moralité (syn. gredin, vaurien).

chêne [ʃɛn] n.m. (lat. pop. *cassanus*, du gaul.). - **1.** Grand arbre commun dans les forêts d'Europe et caractérisé par son écorce crevassée, ses branches tordues, ses feuilles lobées, et par ses fruits à cupule, les glands. □ Famille des fagacées. - **2.** Chêne vert, chêne d'une espèce à feuillage persistant des régions méditerranéennes (syn. yeuse).

chéneau [ʃeno] n.m. (de *chenal*). CONSTR. Rigole ménagée à la base d'un toit et conduisant les eaux de pluie au tuyau de descente.

chêne-liège [ʃɛnljɛʒ] n.m. (pl. *chênes-lièges*). Chêne des régions méditerranéennes au feuillage persistant, dont l'écorce fournit le liège, que l'on détache par larges plaques tous les dix ans environ.

chenet [ʃənɛ] n.m. (de *chien*). Chacun des deux supports métalliques sur lesquels on place les bûches dans le foyer d'une cheminée, afin de permettre le tirage.

chenil [ʃənil] ou [ʃəni] n.m. (de *chien*). - **1.** Local destiné à loger les chiens. - **2.** Établissement qui pratique l'élevage, la vente et le gardiennage des chiens.

chenille [ʃənij] n.f. (lat. *canicula*, dimin. de *canis* "chien", en raison de la forme de la tête d'une chenille). - **1.** Larve de papillon, au corps mou formé d'anneaux et génér. velu, se nourrissant de végétaux, et, de ce fait, souvent très nuisible. □ Une seule espèce est utile et domestique : le ver à soie, chenille du bombyx du mûrier. - **2.** Bande sans fin, faite de patins articulés, interposée entre le sol et les roues d'un véhicule, lui permettant de se déplacer sur tous les terrains : *Engin de travaux publics équipé de chenilles*.

chenu, e [ʃəny] adj. (bas lat. *canutus*, du class. *canus* "blanc"). LITT. Blanchi par l'âge : *Un vieillard chenu*.

cheptel [ʃɛptɛl] n.m. (lat. *capitale* "le principal d'un bien"). Ensemble du bétail d'une exploitation agricole, d'une région, d'un pays (on dit aussi cheptel vif) : *Le cheptel ovin français*.

chèque [ʃɛk] n.m. (angl. *check*, de *to check* "contrôler", de l'anc. fr. *eschec* "échec"). - **1.** Écrit par lequel une personne, titulaire d'un compte dans un établissement de crédit, effectue, à son profit ou au profit d'un tiers, le retrait ou le virement de tout ou partie des fonds portés à son crédit : *Chèque bancaire, postal. Payer qqch par chèque. Un carnet de chèques*. - **2.** Chèque de voyage, chèque à l'usage des touristes, émis par une banque et payable par l'un quelconque de ses correspondants (syn. traveller's cheque). ‖ Chèque en blanc, signé par le tireur sans indication de somme ; au fig., autorisation donnée à qqn d'agir à sa guise, de décider par lui-même. ‖ Chèque sans provision, qui ne peut être payé faute d'un dépôt suffisant.

chéquier [ʃekje] n.m. Carnet de chèques.

cher, ère [ʃɛʀ] adj. (lat. *carus*). - **1.** Qui est l'objet d'une vive affection, d'un grand attachement : *Pleurer un être cher* (syn. aimé, chéri). - **2.** Auquel on attache du prix, de l'importance : *C'est une idée qui lui est chère* (syn. précieux). - **3.** (Avant le n. ou sans n.). Comme formule de politesse ou comme terme d'amitié ou de familiarité, marque une sympathie souvent assez vague : *Cher Monsieur. Mes chers amis. Mais, ma chère, vous n'y pensez pas*. - **4.** D'un prix élevé ; qui exige de fortes dépenses : *Un tissu cher* (syn. coûteux, onéreux ; contr. avantageux). *Le chauffage électrique est trop cher* (syn. dispendieux ; contr. économique). *Lutter contre la vie chère*. - **5.** Qui vend à des prix élevés : *Commerçant cher. Un restaurant pas cher* (= bon marché).

◆ **cher** adv. - **1.** À haut prix : *Ces denrées*

coûtent cher. - **2.** Au prix de sacrifices : *Peuple qui a payé cher son indépendance. Je lui ferai payer cher son insolence.* - **3.** FAM. **Il ne vaut pas cher,** c'est un individu peu recommandable, d'une moralité douteuse.

chercher [ʃɛRʃe] v.t. (bas lat. *circare* "faire le tour de"). - **1.** S'efforcer de trouver, de retrouver, de découvrir : *Chercher qqn dans la foule* (syn. rechercher). *Chercher la solution d'une énigme.* - **2.** S'efforcer de se procurer ; viser à, avoir en vue : *Chercher son intérêt.* - **3.** S'exposer volontairement ou imprudemment : *Tu cherches vraiment l'accident en conduisant aussi vite.* - **4.** FAM. **Aller chercher,** atteindre approximativement la somme, le total de ; au fig., entraîner des conséquences plus ou moins graves : *Une réparation de ce genre, ça va chercher dans les mille francs.* ‖ **Aller chercher qqn, qqch,** aller pour prendre et ramener, emporter qqn, qqch : *Je vais chercher les enfants à l'école. Aller chercher de l'argent à la banque.* ‖ **Chercher à** (+ inf.), s'efforcer, tâcher de : *Chercher à plaire* (syn. essayer de, tenter de). ‖ FAM. **Chercher qqn,** l'agacer, l'irriter par des provocations continuelles.

chercheur, euse [ʃɛRʃœR, -øz] n. - **1.** Personne qui cherche : *Chercheur d'or.* - **2.** Personne qui se consacre à la recherche scientifique : *Les chercheurs du C. N. R. S.* ◆ adj. **Tête chercheuse,** partie antérieure d'un missile dotée d'un dispositif électronique permettant de diriger sa trajectoire sur l'objectif.

chère [ʃɛR] n.f. (bas lat. *cara* "tête", du gr.). LITT. Nourriture : *Aimer la bonne chère.*

chèrement [ʃɛRmɑ̃] adv. - **1.** Au prix de gros sacrifices : *Victoire chèrement payée.* - **2.** LITT. Avec affection et tendresse : *Aimer chèrement qqn* (syn. tendrement). - **3.** **Vendre chèrement sa vie,** se défendre vaillamment jusqu'à la mort.

chéri, e [ʃeRi] adj. et n. Tendrement aimé : *Mes enfants chéris. Je t'attends, ma chérie.*

chérir [ʃeRiR] v.t. (de *cher*) [conj. 32]. Aimer tendrement ; être profondément attaché à qqn, à qqch : *Une mère chérit ses enfants* (syn. adorer). *Chérir la liberté* (syn. priser).

cherry [ʃeRi] n.m. (mot angl. "cerise") [pl. *cherrys* ou *cherries*]. Liqueur de cerise.

cherté [ʃɛRte] n.f. Prix élevé : *La cherté de la vie.*

chérubin [ʃeRybɛ̃] n.m. (hébr. *keroûbîm* "anges"). - **1.** RELIG. CHRÉT. Ange du second rang de la première hiérarchie. - **2.** BX-A. Tête ou buste d'enfant porté par deux ailes. - **3.** FAM. Enfant gracieux ; angelot.

chétif, ive [ʃetif, -iv] adj. (lat. pop. *cactivus,* croisement du class. *captivus* "prisonnier" et du gaul. *cactos,* probabl. "serviteur"). - **1.** De faible constitution : *Un enfant chétif* (syn. fluet, malingre ; contr. robuste). - **2.** LITT. Qui

manque d'ampleur, d'importance : *Une chétive récolte* (syn. insuffisant, pauvre). *Une existence chétive* (syn. effacé, modeste).

chevaine ou **chevesne** [ʃəvɛn]n.m. (lat. pop. *capito, -inis* "grosse tête"). Poisson d'eau douce à dos brun verdâtre et à ventre argenté, appelé aussi *meunier.* □ Famille des cyprinidés ; long. entre 30 et 50 centimètres.

cheval [ʃəval] n.m. (lat. *caballus* "mauvais cheval", du gaul.) [pl. *chevaux*]. - **1.** Grand mammifère domestique caractérisé par la longueur des membres, l'existence d'un seul doigt à chaque jambe, ce qui fait de lui un coureur remarquable et une monture d'usage presque universel : *Savoir monter à cheval.* □ Ordre des ongulés ; famille des équidés ; longévité jusqu'à 30 ans. Le cheval hennit. La femelle du cheval est la jument ; son petit est le poulain. [v. *équestre.*] - **2.** Équitation : *Faire du cheval.* - **3.** Viande de cheval : *Un rôti de cheval.* - **4.** FAM. Femme d'allure peu féminine : *Sa femme est un grand cheval à la voix rude* (syn. dragon). - **5.** (Abrév., surtout au pl.). Cheval-vapeur : *Un moteur de trois cents chevaux.* - **6.** À cheval, monté sur un cheval : *J'ai vu passer deux femmes à cheval.* ‖ **À cheval sur,** chevauchant qqch : *Assis à cheval sur une branche* (= à califourchon). *Notre propriété est à cheval sur deux communes.* ‖ FAM. **Avoir mangé du cheval,** faire preuve d'une énergie inaccoutumée. ‖ **Cheval de bois,** jouet d'enfant figurant un cheval, qui peut avoir des roulettes ou être à bascule. ‖ FAM. **Cheval de retour,** récidiviste. ‖ **Chevaux de bois,** figures d'un manège pour enfants ; le manège lui-même. ‖ **Être à cheval sur qqch,** être très strict en ce qui concerne qqch : *Elle est très à cheval sur les principes* (= elle ne tolère aucun manquement dans ce domaine). ‖ **Monter sur ses grands chevaux,** s'emporter. ‖ FAM. **Ne pas être un mauvais cheval,** être plutôt gentil. ‖ **Petits chevaux,** jeu de société se jouant avec des figurines ayant une tête de cheval. ‖ **Remède de cheval,** remède très énergique. - **7.** **Cheval fiscal.** Unité de mesure de cylindrée par laquelle on détermine le montant notamm. de la vignette et des primes d'assurance pour les véhicules automobiles (abrév. CV) : *Version 7 CV d'un modèle.* ‖ **Cheval de bois.** Pièce de bois défensive hérissée de fils barbelés. ‖ LITTÉR. **Cheval de Troie.** Gigantesque cheval de bois grâce auquel une poignée de guerriers grecs, cachés à l'intérieur, réussirent à pénétrer dans Troie et à s'emparer de la ville. ‖ SPORTS. **Cheval de saut.** Agrès sur lequel les gymnastes prennent appui, après une course d'élan, pour effectuer un saut.

cheval-d'arçons [ʃəvaldaRsɔ̃] n.m. (pl. inv. ou *chevaux-d'arçons*). Agrès de gymnastique reposant sur des pieds et muni de deux arceaux permettant la voltige.

chevaleresque [ʃəvalʀɛsk] adj. (it. *cavalleresco*). Qui manifeste des sentiments nobles et généreux évoquant l'idéal du chevalier : *Il a agi de manière chevaleresque en retirant sa candidature* (syn. magnanime, noble).

chevalerie [ʃəvalʀi] n.f. (de *chevalier*). - **1.** Classe de guerriers nobles qui, au Moyen Âge, associaient à la foi religieuse un idéal de courage, de loyauté, de courtoisie, etc. - **2.** Cet idéal : *Faire preuve de chevalerie* (syn. grandeur, noblesse). - **3.** HIST. Rang de chevalier : *Accéder à la chevalerie par l'adoubement.*

chevalet [ʃəvalɛ] n.m. (dimin. de *cheval*). - **1.** Support en bois sur lequel un peintre pose un tableau en cours d'exécution ; support sur lequel on expose un tableau achevé. - **2.** Support des cordes d'un instrument de musique transmettant leurs vibrations à la table d'harmonie : *Le chevalet d'un violon.* - **3.** Ancien instrument de torture.

chevalier [ʃəvalje] n.m. (bas lat. *caballarius* ; v. *cheval*). - **1.** Guerrier pouvant se doter de l'armement du cavalier, admis en chevalerie par l'adoubement et disposant d'un fief. - **2.** En France, titre de noblesse inférieur à celui de baron sous l'Ancien Régime. - **3.** Premier grade de certains ordres honorifiques : *Chevalier de la Légion d'honneur.* - **4.** Oiseau échassier européen, voisin du bécasseau, commun près des étangs et des côtes. ▫ Ordre des charadriidés ; long. 20 à 35 cm. - **5.** LITT. **Chevalier d'industrie.** Individu sans scrupules, qui vit d'escroqueries (péjor.). ‖ **Chevalier servant.** Homme empressé à satisfaire les moindres désirs d'une femme.

chevalière [ʃəvaljɛʀ] n.f. (de *bague à la chevalière*). Bague dont le dessus en plateau s'orne habituellement d'initiales ou d'armoiries gravées.

chevalin, e [ʃəvalɛ̃, -in] adj. - **1.** Relatif au cheval : *L'amélioration de la race chevaline.* - **2.** Qui évoque un cheval : *Figure chevaline.* - **3.** **Boucherie chevaline**, boucherie où l'on vend de la viande de cheval (syn. hippophagique).

cheval-vapeur [ʃəvalvapœʀ] n.m. (pl. *chevaux-vapeur*). Unité de puissance valant env. 736 watts (on dit cour. *un cheval*). ▫ Symb. ch.

chevauchée [ʃəvoʃe] n.f. (de *chevaucher*). Course, expédition à cheval : *Une chevauchée dans la forêt.*

chevauchement [ʃəvoʃmã] n.m. Fait de se chevaucher : *Le chevauchement d'une tuile sur une autre.*

chevaucher [ʃəvoʃe] v.t. (bas lat. *caballicare* ; v. *cheval*). - **1.** Être à cheval sur une monture : *Les contrebandiers chevauchaient des mules* (syn. monter). - **2.** Être à califourchon sur qqch : *Enfant qui s'amuse à chevaucher un manche à balai.* - **3.** Se superposer en partie à qqch : *Chaque lé de papier peint doit chevaucher le précédent.* ◆ v.i. Aller à cheval ; faire une chevauchée : *Les écuyers chevauchent autour de la piste du cirque.* ◆ **se chevaucher** v.pr. Empiéter l'un sur l'autre : *Les attributions des deux ministères se chevauchent* (syn. mordre sur).

chevau-léger [ʃəvoleʒe] n.m. (pl. *chevau-légers*). Soldat d'un corps de cavalerie légère (en France, du XVIᵉ au XIXᵉ s.).

chevêche [ʃəvɛʃ] n.f. (probabl. du rad. du bas lat. *cavannus* "chat-huant"). Chouette de petite taille, commune dans les bois. ▫ Long. 25 cm.

chevelu, e [ʃəvly] adj. - **1.** Qui a beaucoup de cheveux ou de longs cheveux : *Ils n'aiment pas beaucoup les jeunes gens chevelus.* - **2.** Qui évoque une chevelure : *L'épi chevelu du maïs.* - **3.** **Cuir chevelu** → cuir.

chevelure [ʃəvlyʀ] n.f. - **1.** Ensemble des cheveux, surtout s'ils sont abondants : *Sa chevelure tombait en ondulant sur ses épaules* (syn. toison). - **2.** ASTRON. Partie nébuleuse d'une comète, entourant le noyau au voisinage du Soleil.

chevesne n.m. → **chevaine**.

chevet [ʃəvɛ] n.m. (lat. *capitium*, de *caput* "tête"). - **1.** Partie du lit où l'on pose la tête ; panneau vertical qui en forme la limite : *Un chevet capitonné de soie bleue* (syn. tête). *Lampe, table de chevet* (= qui sont placées à côté de la tête du lit). - **2.** Partie postérieure, externe, du chœur d'une église. - **3.** **Être au chevet de** qqn, rester auprès de son lit pour le soigner ou le veiller. ‖ **Livre de chevet**, livre de prédilection auquel on revient constamment.

cheveu [ʃəvø] n.m. (lat. *capillus*) [pl. *cheveux*]. - **1.** Poil qui pousse sur la tête de l'homme : *Avoir des cheveux blancs.* - **2.** **Avoir un cheveu sur la langue**, zozoter. ‖ FAM. **Avoir mal aux cheveux**, avoir mal à la tête au lendemain d'une beuverie. ‖ FAM. **Comme un cheveu sur la soupe**, totalement hors de propos : *Sa remarque est arrivée comme un cheveu sur la soupe.* ‖ **Couper les cheveux en quatre**, se livrer à des subtilités excessives. ‖ **Être tiré par les cheveux**, se dit d'une explication qui manque de solidité, de logique. ‖ **Faire dresser les cheveux sur la tête**, faire peur, horreur. ‖ **Il s'en est fallu d'un cheveu**, cela a failli arriver : *Il s'en est fallu d'un cheveu que la voiture ne bascule dans le ravin.* ‖ **Ne tenir qu'à un cheveu**, dépendre de très peu de chose : *Sa victoire n'a tenu qu'à un cheveu.* ‖ FAM. **Se faire des cheveux (blancs)**, se faire du souci. ‖ **Toucher un cheveu de la tête de**

qqn, lui causer le plus petit dommage : *Ne touchez pas un cheveu de la tête de cet enfant, sinon vous aurez affaire à moi.* **- 3.** **Cheveu d'ange.** Fine guirlande d'arbre de Noël ; vermicelle très fin.

cheville [ʃəvij] n.f. (lat. pop. *cavicula*, class. *clavicula* "petite clé"). **- 1.** Partie en saillie entre la jambe et le pied, formée par les malléoles du tibia et du péroné. **- 2.** Pièce de bois fixant un assemblage de charpentes, de menuiserie. **- 3.** Petite pièce qui consolide la fixation d'une vis dans un trou. **- 4.** Petit axe qui sert à régler la tension des cordes d'un instrument de musique. **- 5.** Mot de remplissage qui ne sert que pour la rime ou la mesure, dans un poème. **- 6.** FAM. **Avoir les chevilles qui enflent,** se dit de qqn qui tire trop de fierté d'un succès. ‖ FAM. **Être en cheville avec qqn,** être de connivence avec lui, lui être associé. ‖ FAM. **Ne pas arriver à la cheville de qqn,** lui être très inférieur. **- 7.** **Cheville ouvrière.** Grosse cheville formant l'axe d'avant-train d'une charrue, d'un chariot, etc. ; au fig., personne jouant un rôle essentiel dans une organisation : *Il a été la cheville ouvrière du syndicat.*

cheviller [ʃəvije] v.t. **- 1.** TECHN. Fixer les pièces d'un assemblage avec une cheville. **- 2.** **Avoir l'âme chevillée au corps,** avoir la vie dure, être résistant.

chèvre [ʃɛvʀ] n.f. (lat. *capra*). **- 1.** Petit ruminant à cornes arquées en arrière, au menton barbu. □ Ordre des ongulés ; sous-ordre des artiodactyles. La chèvre bêguète, bêle, chevrote. Le mâle de la chèvre est le bouc, son petit est le chevreau. **- 2.** Fourrure de cet animal. **- 3.** Femelle du chevreuil ou du chamois. **- 4.** FAM. **Devenir chèvre,** s'énerver, s'impatienter. ‖ **Ménager la chèvre et le chou,** ne pas prendre position entre deux partis adverses, les ménager. ◆ n.m. Fromage au lait de chèvre : *Acheter un chèvre. Manger du chèvre.*

chevreau [ʃəvʀo] n.m. **- 1.** Petit de la chèvre. **- 2.** Peau tannée de chèvre ou de chevreau : *Des gants en chevreau.*

chèvrefeuille [ʃɛvʀəfœj] n.m. (bas lat. *caprifolium*, proprement "feuille de chèvre"). Liane aux fleurs odorantes et ornementales. □ Famille des caprifoliacées.

chevrette [ʃəvʀɛt] n.f. Petite chèvre.

chevreuil [ʃəvʀœj] n.m. (lat. *capreolus*, de *capra* "chèvre"). Ruminant sauvage des forêts d'Europe et d'Asie, dont les bois sont verticaux. □ Famille des cervidés ; haut. au garrot 70 cm ; longévité 15 ans. Le chevreuil brame, rée. Il a pour femelle la chèvre, pour petit le faon.

chevrier, ère [ʃəvʀije, -ɛʀ] n. Personne qui garde les chèvres.

chevron [ʃəvʀɔ̃] n.m. (lat. pop. *caprio* ou *capro*, du class. *capra* "chèvre"). **- 1.** Pièce de bois équarrie supportant les lattes sur lesquelles sont fixées les ardoises ou les tuiles d'un toit. **- 2.** Galon d'ancienneté en V renversé, porté naguère sur la manche de certains uniformes militaires. **- 3.** Tissu à chevrons, tissu croisé présentant des côtes en zigzag (on dit aussi *du chevron*).

chevronné, e [ʃəvʀɔne] adj. (de *chevron*). Qui a fait ses preuves depuis longtemps dans une activité, un métier : *C'est une conductrice chevronnée* (syn. expérimenté, expert ; contr. débutant, novice).

chevrotant, e [ʃəvʀɔtɑ̃, -ɑ̃t] adj. Voix chevrotante, voix mal assurée, qui chevrote (syn. tremblotant).

chevrotement [ʃəvʀɔtmɑ̃] n.m. Tremblement dans la voix : *Il répondit par un chevrotement incompréhensible.*

chevroter [ʃəvʀɔte] v.i. **- 1.** Émettre un cri, en parlant de la chèvre (syn. bêler). **- 2.** Chanter, parler avec des chevrotements dans la voix : *Sa voix chevrotait en reprenant le refrain* (syn. trembler).

chevrotine [ʃəvʀɔtin] n.f. (de *chevrotin* "petit du chevreuil"). Gros plomb ou petite balle sphérique pour la chasse du chevreuil ou du gros gibier : *Une décharge de chevrotines. Une cartouche à chevrotines.*

chewing-gum [ʃwiŋɡɔm] n.m. (mot angl., de *to chew* "mâcher" et *gum* "gomme") [pl. *chewing-gums*]. Pâte à mâcher aromatisée à base de gomme.

chez [ʃe] prép. (du lat. *casa* "maison"). **- 1.** Dans la demeure, le logis de ; dans le local professionnel de : *Rester chez soi. Je suis garé devant chez elle. Aller chez le boucher.* **- 2.** Dans telle espèce de personnes ou d'animaux : *Chez les Aztèques, le soleil était une divinité.* **- 3.** Dans le caractère, le comportement de : *C'est devenu chez lui une obsession.* **- 4.** Dans l'œuvre de : *Il y a chez Proust des passages désopilants* (syn. dans). **- 5.** FAM. **Bien de chez nous,** typique, représentatif du pays auquel on appartient : *Un petit vin bien de chez nous.* ‖ **Faites comme chez vous,** installez-vous confortablement, mettez-vous à votre aise.

chez-soi [ʃeswa], **chez-moi** [ʃemwa], **chez-toi** [ʃetwa] n.m. inv. FAM. Domicile personnel : *J'ai enfin mon chez-moi.*

chialer [ʃjale] v.i. (de *chier*). FAM. Pleurer : *Arrête de chialer* (syn. larmoyer, pleurnicher ; contr. rire).

chiant, e [ʃjɑ̃, -ɑ̃t] adj. (de *chier*). T. FAM. et VULG. Très ennuyeux : *Qu'est-ce qu'elle est chiante !* (syn. agaçant, tuant). *Un livre chiant* (syn. rébarbatif).

chianti [kjɑ̃ti] n.m. Vin rouge, légèrement piquant, produit dans le Chianti en Italie.

chiasme [kjasm] n.m. (gr. *khiasma* "croisement"). RHÉT. Figure de style qui consiste à placer les éléments de deux groupes successifs (lesquels forment génér. une antithèse) dans un ordre inverse les uns par rapport aux autres (ex : *un roi chantait en bas, en haut mourait un dieu*).

chic [ʃik] n.m. (de l'all. *Schick* "ce qui convient"). - **1.** FAM. Allure élégante, distinguée de qqn ; aspect gracieux de qqch : *Elle a beaucoup de chic dans cette tenue* (syn. élégance). *Tout le chic de ce canapé est dans son style anglais* (syn. caractère). - **2.** Avoir le chic pour, être très habile à, réussir pleinement à (parfois iron.) : *Tu as vraiment le chic pour être absent quand on a besoin de toi !* ◆ adj. inv. en genre. - **1.** Qui a de l'élégance, de la distinction ; qui suscite une certaine admiration : *Deux messieurs chics discutaient dans un coin de la pièce* (syn. élégant). *Un milieu chic.* - **2.** FAM. Agréable : *Quelle chic soirée c'était* (syn. plaisant). - **3.** FAM. Qui fait preuve de bienveillance ou de serviabilité : *Il a été très chic, il nous a prêté sa maison* (syn. gentil, serviable). *C'est une chic fille* (syn. aimable, sympathique). ◆ interj. Indique le contentement, la satisfaction : *Chic ! on part !* (= quelle chance !, quel bonheur ! ; syn. chouette !).

chicane [ʃikan] n.f. (de *chicaner*). - **1.** Artifice dans une procédure : *L'art d'accumuler les chicanes* (syn. chicanerie). - **2.** LITT. La chicane, la procédure, dans ce qu'elle a de compliqué ; le goût des procès : *Il se complaît dans la chicane et cite tous ses voisins en justice.* - **3.** Querelle de mauvaise foi, portant sur des détails : *Chercher chicane* (= chercher querelle). - **4.** Série d'obstacles disposés sur une voie afin d'imposer un parcours en zigzag.

chicaner [ʃikane] v.i. (croisement probable de *ricaner* avec un rad. onomat. *chich-* ; v. *chiche*). Se livrer à des chicanes, des chicaneries : *Il chicane sur tout* (syn. discuter, ergoter). ◆ v.t. Faire à qqn des reproches mal fondés ou portant sur des vétilles : *Elle nous chicane à tout propos.*

chicanerie [ʃikanri] n.f. Difficulté suscitée par esprit de chicane : *Ces chicaneries n'en finiront donc jamais !* (syn. argutie, chamaillerie, chicane).

chicaneur, euse [ʃikanœr, -øz] et **chicanier, ère** [ʃikanje, -ɛr] adj. et n. Qui aime chicaner : *Je suis en butte aux tracasseries d'une administration chicaneuse* (syn. tracassier).

1. chiche [ʃiʃ] adj. (d'un rad. onomat. *chich* exprimant l'idée de petitesse). Qui répugne à dépenser ; qui témoigne de cet esprit : *Sa tante est très chiche* (syn. avare, regardant). *Un repas bien chiche* (syn. maigre, pauvre).

2. chiche [ʃiʃ] adj.m. (réfection, d'après *1. chiche*, de l'anc. fr. *cice*, lat. *cicer* "pois"). Pois chiche. Gros pois gris.

3. chiche [ʃiʃ] interj. (de *1. chiche*). FAM. - **1.** Exprime un défi que l'on lance : *Chiche que je bois tout !* - **2.** En réponse à un défi que l'on accepte : « *Tu n'iras pas.* - *Chiche !* » ◆ adj. FAM. Être chiche de, être capable de, assez hardi pour : *Tu n'es pas chiche de l'interrompre dans son discours.*

chiche-kebab [ʃiʃkebab] n.m. (turc *şişkebap*) [pl. *chiches-kebabs*]. Plat à base de brochettes de mouton ; ces brochettes.

chichement [ʃiʃmɑ̃] adv. En se montrant chiche, avec parcimonie : *Ils vivent très chichement* (syn. modestement, parcimonieusement).

chichi [ʃiʃi] n.m. (onomat. ; v. *chiche*). FAM. (Surtout au pl.). Façons maniérées : *Faire des chichis* (syn. manières, simagrées).

chicorée [ʃikɔre] n.f. (lat. *cichoreum*, du gr.). - **1.** Plante herbacée dont on consomme en salade les feuilles de plusieurs variétés comme la chicorée frisée, la barbe-de-capucin ou l'endive. □ Famille des composées. - **2.** Racine torréfiée d'une espèce de chicorée que l'on mélange parfois au café.

chicot [ʃiko] n.m. (d'un rad. onomat. *chich-* ; v. *chiche*). - **1.** Souche d'un arbre coupé ou rompu ; reste d'une branche coupée ou brisée. - **2.** FAM. Partie d'une dent cassée ou cariée qui reste dans la gencive.

chicotin [ʃikɔtɛ̃] n.m. (de *socotrin* "aloès de Socotora [île de la mer Rouge]"). - **1.** VX. Suc amer extrait de l'aloès, de la coloquinte. - **2.** Amer comme chicotin, très amer.

chien, chienne [ʃjɛ̃, ʃjɛn] n. (lat. *canis*). - **1.** Mammifère domestique dont il existe un grand nombre de races : *Chiens de chasse, de garde, d'agrément. Chien de traîneau* (= apte à la traction de traîneaux). □ Ordre des carnivores ; famille des canidés ; longévité jusqu'à 20 ans. Le chien aboie, jappe. Le petit du chien est le chiot. - **2.** Charme piquant, port attrayant (surtout d'une femme) : *Avoir du chien* (syn. sex-appeal). - **3.** Pièce d'une arme à feu qui autref. portait le silex ; pièce coudée de certaines armes à feu, qui guide le percuteur. - **4.** Personne bassement servile ou réduite à une domesticité honteuse (on dit aussi *chien couchant*). - **5.** Individu âpre, dur, méprisable (terme injurieux) : *Le chien !* (syn. infâme, misérable). - **6.** À la chien, à la manière des chiens : *Nager à la chien* (= en ne se servant que des bras). Avec une frange sur le front : *Coiffure à la chien.* ‖ Comme chien et chat, en se disputant continuellement. ‖ Comme un chien, très gravement : *J'ai été malade comme un chien ;*

ignominieusement : *Il est mort comme un chien* (= dans un total abandon) ; avec mépris : *Il la traite comme un chien* (= sans le moindre égard). ‖ **Comme un chien dans un jeu de quilles**, inopportunément ; à un très mauvais moment ; sans aucune aménité : *On m'a reçu comme un chien dans un jeu de quilles* (= je me suis fait rabrouer). ‖ **De chien**, très pénible, très désagréable : *Il a mené une vie de chien* (= dure et misérable ; on dit aussi *une chienne de vie*). *Nous avons eu un temps de chien pendant les vacances* (= épouvantable ; on dit aussi *un temps à ne pas mettre un chien dehors*). ‖ **En chien de fusil**, sur le côté, en repliant les jambes : *Dormir en chien de fusil.* ‖ **Entre chien et loup**, à la tombée de la nuit, au moment où on ne distingue plus les détails. ‖ FAM. **Garder à qqn un chien de sa chienne**, jurer de se venger de lui. ‖ **Ne pas être fait pour les chiens**, pouvoir être d'un grand secours : *Pourquoi te lancer dans les embouteillages ? Le métro n'est pas fait pour les chiens !* ‖ **Nom d'un chien !**, juron familier indiquant la surprise, le dépit. ‖ **Se regarder en chiens de faïence**, se dévisager froidement et avec hostilité. ‖ **Un mal de chien**, une grande douleur ; une difficulté extrême : *Cette entorse me fait un mal de chien. J'ai eu un mal de chien à la convaincre de venir.* - **7.** FAM. **Chiens écrasés**. Faits divers formant la matière d'articles de journaux. ‖ **Chien de garde**. Personne défendant avec ardeur, les intérêts de qqn, d'un groupe : *C'est le chien de garde du patron.* ‖ **Chien de mer**. Nom usuel de la *roussette*, squale de petite taille des côtes d'Europe. ‖ **Chien de prairie**. Rongeur d'Amérique du Nord, construisant des villages de terriers. ‖ MAR. **Coup de chien**. Coup de vent brutal, tempête subite. ◆ **chien** adj. inv. en genre. Avare ; âpre en affaires.

chien-assis [ʃjɛ̃asi] n.m. (pl. *chiens-assis*). Petite lucarne en charpente servant seulement à aérer et à éclairer un comble.

chiendent [ʃjɛ̃dɑ̃] n.m. (de *chien* et *dent*). - **1.** Petite herbe à rhizomes, vivace et nuisible aux cultures, dont il existe plusieurs genres. □ Famille des graminées. - **2.** **Brosse de, en chiendent**, brosse faite avec la racine séchée du chiendent.

chienlit [ʃjɑ̃li] n.f. (de *chier, en* et *lit*). Anarchie sociale ou politique : *La chienlit s'installe dans le pays* (syn. désordre, pagaille).

chien-loup [ʃjɛ̃lu] n.m. (pl. *chiens-loups*). Berger allemand.

chier [ʃje] v.i. (lat. *cacare*) [conj. 9]. T. FAM. et VULG. - **1.** Évacuer les excréments (syn. déféquer). - **2.** *Ça va chier*, ça va faire du bruit, du scandale. ‖ **Faire chier**, importuner vivement. ‖ **Se faire chier**, s'ennuyer ; peiner sur, à.

chiffe [ʃif] n.f. (anc. angl. *chip* "petit morceau"). - **1.** VX. Lambeau de vieille étoffe (syn. chiffon). - **2.** *Chiffe molle*, personne sans énergie (on dit aussi *mou comme une chiffe*).

chiffon [ʃifɔ̃] n.m. (de *chiffe*). - **1.** Lambeau de vieux linge, de tissu servant à essuyer, à nettoyer, à frotter : *Un chiffon à poussière, à chaussures.* - **2.** *Chiffon de papier*, contrat, pacte, traité considéré comme sans valeur. ‖ *Papier chiffon*, papier de luxe fait avec du chiffon. ◆ **chiffons** n.m. pl. Vêtements, toilettes (partic. féminins) : *Parler chiffons.*

chiffonné, e [ʃifɔne] adj. *Visage chiffonné*, visage fatigué, aux traits tirés ou fripés.

chiffonner [ʃifɔne] v.t. - **1.** Froisser, mettre en chiffon : *Chiffonner un pantalon.* - **2.** FAM. Contrarier ; préoccuper : *Ça me chiffonne* (syn. ennuyer, tracasser).

1. chiffonnier, ère [ʃifɔnje, -ɛʀ] n. - **1.** Personne qui ramasse les chiffons ou les vieux objets pour les revendre. - **2.** FAM. *Se battre, se disputer comme des chiffonniers*, avec acharnement, sans aucune retenue.

2. chiffonnier [ʃifɔnje] n.m. (de *chiffon*). Petit meuble étroit et haut à tiroirs superposés.

chiffrable [ʃifʀabl] adj. Qui peut être chiffré : *Le montant des dépenses est difficilement chiffrable* (syn. calculable).

chiffrage [ʃifʀaʒ] n.m. - **1.** Action d'évaluer par un calcul ; son résultat : *Le chiffrage d'un prix de revient.* - **2.** Action de coder un texte pour qu'il devienne inintelligible aux non-initiés : *Il est chargé du chiffrage des messages* (syn. codage). - **3.** MUS. Ensemble des chiffres d'une basse chiffrée.

chiffre [ʃifʀ] n.m. (it. *cifra*, ar. *ṣifr* "zéro"). - **1.** Chacun des caractères servant à représenter les nombres : *Un nombre de trois chiffres. Chiffres arabes, romains.* - **2.** Montant d'une somme ; total d'une évaluation : *Le total des frais atteint un chiffre important. Le chiffre de la population rurale.* - **3.** Code secret, système d'écriture utilisé pour transmettre des messages qui ne doivent pas être divulgués ; service d'un ministère spécial, chargé de chiffrer et de déchiffrer les messages : *Nous vous communiquerons le message en chiffre* (syn. code). *Officier, service du chiffre.* - **4.** Combinaison de signes qui permet d'ouvrir une serrure, un coffre. - **5.** Entrelacs formé des initiales d'un ou de plusieurs noms : *Linge brodé à son chiffre.* - **6.** *Chiffre d'affaires*, montant des ventes cumulées entre deux bilans.

chiffré, e [ʃifʀe] adj. - **1.** Qui utilise un code secret : *Langage chiffré.* - **2.** MUS. *Basse chiffrée*, partie de basse dont certaines notes (notes chiffrées) sont surmontées d'un chiffre signifiant un accord à exécuter.

chiffrer [ʃifʀe] v.t. - **1.** Affecter d'un numéro d'ordre : *Chiffrer les pages d'un registre* (syn.

numéroter). - **2.** Évaluer par des calculs : *Chiffrer le montant de ses impôts* (syn. calculer). - **3.** Transcrire un message en langage chiffré : *Chiffrer une dépêche* (syn. coder). ◆ v.i. FAM. Atteindre un montant important : *Ces réparations commencent à chiffrer.* ◆ **se chiffrer** v.pr. - **1.** [à]. Atteindre le montant de : *Sa fortune se chiffre à un million* (syn. se monter). - **2.** [par, en]. Se compter en : *Les victimes se chiffrent par centaines de milliers.*

chignole [ʃiɲɔl] n.f. (lat. pop. *ciconiola* "petite cigogne"). Perceuse portative, à main ou électrique.

chignon [ʃiɲɔ̃] n.m. (lat. pop. *catenio* "chaîne des vertèbres, nuque", du class. *catena* "chaîne"). Chevelure rassemblée et torsadée au sommet de la tête ou sur la nuque.

chihuahua [ʃiwawa] n.m. (n. d'une v. du Mexique). Petit chien d'agrément à poil ras.

chiisme [ʃiism] n.m. (de l'ar. *chī`a* "parti"). Mouvement né du schisme de musulmans qui contestèrent la succession d'Abu Bakr à Ali ; ensemble doctrinal commun aux différentes religions qui en dérivent.

chiite [ʃiit] adj. et n. Relatif au chiisme ; adepte du chiisme.

chimère [ʃimɛʀ] n.f. (lat. *chimaera*, du gr.). - **1.** Dans la mythologie, monstre fabuleux, ayant la tête et le poitrail d'un lion, le ventre d'une chèvre et la queue d'un dragon. - **2.** Vaine imagination ; projet irréalisable : *Sans capitaux, son projet n'est qu'une chimère* (syn. rêve, utopie). *Elle se berce de chimères* (syn. illusion).

chimérique [ʃimeʀik] adj. - **1.** Qui se complaît dans les chimères : *Esprit chimérique* (syn. utopiste). - **2.** Qui a le caractère irréel d'une chimère : *Des projets chimériques* (syn. irréalisable, utopique).

chimie [ʃimi] n.f. (de [*al*]chimie). - **1.** Science qui étudie la constitution atomique et moléculaire des corps ainsi que leurs interactions. - **2.** Chimie appliquée, ensemble des disciplines portant sur les applications de la chimie dans l'industrie, la pharmacie, etc. ‖ Chimie d'un élément, étude chimique de cet élément : *Chimie du carbone, du brome.* ‖ Chimie générale, développement des théories physiques fondamentales en chimie (ex. : *chimie nucléaire* [des composés radioactifs], *photochimie*). ‖ Chimie organique, étude des composés du carbone présents dans tous les êtres vivants (par opp. à *chimie minérale* ou *inorganique* [étude de tous les autres corps]).

chimiothérapie [ʃimjɔteʀapi] n.f. Traitement des maladies et en partic. des cancers par des substances chimiques.

chimique [ʃimik] adj. - **1.** Relatif à la chimie, aux phénomènes qu'elle étudie : *Analyse*

chimique d'un élément. - **2.** Qui procède d'une application de la chimie ; qui en résulte : *Industrie chimique. Produit chimique. Arme chimique.*

chimiquement [ʃimikmɑ̃] adv. D'après les lois, les procédés de la chimie.

chimiste [ʃimist] n. Spécialiste de la chimie.

chimpanzé [ʃɛ̃pɑ̃ze] n.m. (mot d'une langue d'Afrique). Singe anthropoïde de l'Afrique équatoriale, arboricole, sociable et s'apprivoisant facilement. □ Haut. 1,40 m ; poids 75 kg ; longévité jusqu'à 50 ans, en liberté.

chinchilla [ʃɛ̃ʃila] n.m. (mot esp., de *chinche* "punaise"). - **1.** Rongeur de l'Amérique du Sud, élevé pour sa fourrure gris perle de grande valeur. □ Long. 25 cm sans la queue. - **2.** Sa fourrure : *Une toque de chinchilla.*

chiné, e [ʃine] adj. (de *Chine*). Se dit d'un fil de plusieurs couleurs et d'un tissu fait de ce fil : *De la laine chinée. Un pull chiné.*

chiner [ʃine] v.i. (de s'*échiner*). FAM. Chercher des occasions chez les brocanteurs, les antiquaires. ◆ v.t. VIEILLI. Taquiner, critiquer.

chineur, euse [ʃinœʀ, -øz] n. (de *chiner*). FAM. Personne qui aime visiter les magasins de brocante, d'antiquités.

1. **chinois, e** [ʃinwa, -az] adj. et n. De Chine. ◆ adj. FAM. Qui aime les subtilités excessives : *Ils sont vraiment chinois dans ce service* (syn. ergoteur). ◆ **chinois** n.m. - **1.** Langue parlée en Chine, aux nombreuses formes dialectales qui s'écrivent grâce à un même système idéographique. - **2.** FAM. C'est du chinois, c'est incompréhensible.

2. **chinois** [ʃinwa] n.m. (de *1. chinois*, en raison de la forme du chapeau chinois). Petite passoire fine, à fond pointu, utilisée en cuisine.

chinoiser [ʃinwaze] v.i. (de *1. chinois*). Chercher des complications : *Un employé qui chinoise* (syn. ergoter, chicaner).

chinoiserie [ʃinwazʀi] n.f. Bibelot, objet de luxe ou de fantaisie venu de Chine ou de goût chinois (mis à la mode à partir du XVIIIᵉ s.). ◆ **chinoiseries** n.f. pl. FAM. Exigences inutiles et compliquées : *Les chinoiseries d'un syndic* (syn. tracasserie).

chiot [ʃjo] n.m. (forme dialect. de l'anc. fr. *chael*, lat. *catellus*). Jeune chien.

chiper [ʃipe] v.t. (de l'anc. fr. *chipe* "chiffon"). FAM. Dérober : *Elle m'a chipé mon stylo* (syn. prendre, voler).

chipie [ʃipi] n.f. (p.-ê. croisement de *chiper* et de *pie*). FAM. Femme, fille désagréable, au caractère insupportable : *Cette chipie a tout raconté à la directrice* (syn. peste).

chipolata [ʃipɔlata] n.f. (it. *cipollata*, de *cipolla* "oignon"). Saucisse de porc dans un boyau de mouton.

chipoter [ʃipɔte] v.i. (de l'anc. fr. *chipe* "chiffon"). - **1.** FAM. Faire des difficultés pour des vétilles : *Vous n'allez pas chipoter pour trois francs !* (syn. chicaner, ergoter). - **2.** FAM. Faire le difficile pour manger : *Chipoter sur tous les plats.*

chips [ʃips] n.f. (mot angl. "copeaux"). Mince rondelle de pomme de terre frite et salée (on dit aussi une *pomme chips*).

chique [ʃik] n.f. (d'un rad. onomat. *chich-* ; v. *chiche*). - **1.** Morceau de tabac à mâcher. - **2.** Puce des pays tropicaux qui s'introduit sous la peau. - **3.** FAM. Couper la chique à qqn, l'interrompre brutalement, le réduire au silence ou l'estomaquer.

chiqué [ʃike] n.m. (de *chic*). - **1.** FAM. Attitude prétentieuse : *On ne va pas faire du chiqué en famille* (= faire des manières ; syn. embarras). - **2.** FAM. C'est du chiqué, du bluff pour en imposer : *C'est du chiqué, en fait il n'a pas un sou.*

chiquenaude [ʃiknod] n.f. (orig. obsc.). Coup donné avec un doigt plié et raidi contre le pouce et détendu brusquement : *Elle lui donna une chiquenaude sur la joue.*

chiquer [ʃike] v.t. et v.i. (de *chique*). Mâcher du tabac : *Un vieux marin qui chique. Tabac à chiquer.*

chiromancie [kirɔmɑ̃si] n.f. (de *chiro-* et *-mancie*). Procédé de divination fondé sur l'étude de la main (forme, lignes).

chiromancien, enne [kirɔmɑ̃sjɛ̃, -ɛn] n. Personne qui pratique la chiromancie.

chiropracteur [kirɔpraktœr] n.m. Personne qui exerce la chiropractie. (Recomm. off. *chiropraticien*, terme usuel au Canada, où il est cour. abrégé en *chiro*.)

chiropractie ou **chiropraxie** [kirɔpraksi] n.f. (angl. *chiropracty*, du gr. *kheir* "main" et *praktikos* "mis en action"). Méthode thérapeutique consistant en des manipulations des vertèbres. (Au Canada, on dit *la chiropratique*.)

chiroptère [kirɔptɛr] et **chéiroptère** [keirɔptɛr] n.m. (de *ch[e]iro-* et *-ptère*). Chiroptères, ordre de mammifères adaptés au vol, caractérisés par le grand développement des doigts des membres antérieurs, qui soutiennent des membranes tenant lieu d'ailes (syn. usuel chauve-souris).

chirurgical, e, aux [ʃiryrʒikal, -o] adj. Relatif à la chirurgie : *Subir une intervention chirurgicale.*

chirurgie [ʃiryrʒi] n.f. (gr. *kheirourgia* "opération manuelle"). Discipline médicale qui consiste à faire, manuellement et à l'aide d'instruments, des actes opératoires sur un corps vivant, ses parties internes : *Chirurgie dentaire.*

chirurgien, enne [ʃiryrʒjɛ̃, -ɛn] n. (Rare au féminin). Médecin spécialiste en chirurgie.

chirurgien-dentiste [ʃiryrʒjɛ̃dɑ̃tist] n.m. (pl. *chirurgiens-dentistes*). Praticien diplômé spécialisé dans les soins de la bouche et des dents.

chistera [ʃistera] n.m. (mot basque). Accessoire en osier, long et recourbé, fixé au poignet pour envoyer la balle contre le fronton, à la pelote basque.

chitine [kitin] n.f. (du gr. *khitôn* "tunique"). Substance organique azotée de la cuticule des insectes et autres arthropodes.

chiure [ʃjyr] n.f. (de *chier*). Excrément d'insectes, notamm. de mouches.

chlamydia [klamidja] n.f. (du gr. *khlamus, -udos* "manteau") [pl. *chlamydiae*]. BIOL. Bactérie Gram négatif responsable chez l'homme d'infections le plus souvent respiratoires ou maladies sexuellement transmissibles.

chlorate [klɔrat] n.m. Sel de l'acide chlorique.

chlore [klɔr] n.m. (gr. *khlôros* "vert"). Gaz toxique jaune verdâtre, d'odeur suffocante, qu'on extrait des chlorures naturels et qu'on utilise en solution comme désinfectant et décolorant. □ Symb. Cl ; famille des halogènes.

chloré, e [klɔre] adj. Qui contient du chlore comme élément ou comme corps simple : *Un dérivé chloré.*

chlorhydrique [klɔridrik] adj. Acide chlorhydrique, solution acide dans l'eau de gaz chlorhydrique, utilisée dans le traitement des métaux, la production de matières plastiques, etc. ‖ Gaz chlorhydrique, chlorure d'hydrogène, gaz incolore d'odeur piquante. □ Symb. HCl.

chlorofluorocarbure [klɔrɔflyɔrɔkarbyr] n.m. (de *chlore*, *fluor* et *carbone*). Gaz utilisé notamm. dans les bombes aérosols, les isolants, les réfrigérants et dont la libération provoque la dissociation des molécules d'ozone de la haute atmosphère (abrév. cour. *C. F. C.* ; l'appellation *chlorofluorocarbone* est fréquente mais moins rigoureuse) : *Les C.F.C. constituent une menace pour la couche d'ozone.*

chloroforme [klɔrɔfɔrm] n.m. (de *chlore* et [*acide*] *formique*). Liquide incolore, d'une odeur éthérée, résultant de l'action du chlore sur l'alcool et utilisé naguère comme anesthésique. □ Symb. CHCl$_3$.

chloroformer [klɔrɔfɔrme] v.t. Anesthésier au chloroforme.

chlorophylle [klɔrɔfil] n.f. (du gr. *khlôros* "vert" et *phullon* "feuille"). Pigment vert des végétaux dont le rôle est essentiel dans la photosynthèse.

chlorophyllien, enne [klɔʀɔfiljɛ̃, -ɛn] adj. De la chlorophylle : *L'assimilation chlorophyllienne* (= la photosynthèse).

chlorure [klɔʀyʀ] n.m. Combinaison du chlore avec un corps autre que l'oxygène : *Le chlorure de sodium, ou sel marin, est tiré des eaux de la mer.*

choc [ʃɔk] n.m. (de *choquer*). - **1.** Contact brusque, plus ou moins violent, entre deux ou plusieurs objets ou personnes : *Sous le choc, la conductrice a eu les jambes fracturées* (= dans la collision). *Transportez ce vase avec précaution, le moindre choc pourrait le casser* (syn. coup, heurt). - **2.** Affrontement entre deux armées : *Au premier choc, les divisions ennemies cédèrent du terrain* (syn. assaut, attaque). - **3.** Rencontre plus ou moins brutale d'éléments opposés : *Le choc des idées* (syn. confrontation). *Pendant la campagne électorale, le choc des opinions est inévitable* (syn. affrontement). - **4.** Émotion violente et brusque, blessure morale : *Le décès de son père a été pour elle un véritable choc* (syn. bouleversement, ébranlement). - **5.** Événement qui produit un bouleversement : *Le premier choc pétrolier.* - **6.** Choc opératoire, anesthésique, consécutif à une opération, à une anesthésie. ‖ De choc, se dit de troupes, de militants spécialement entraînés au combat offensif ; se dit d'une doctrine présentée avec dynamisme, d'un système, d'une action choisis pour leur grande efficacité : *Un patron de choc. Christianisme de choc. Traitement de choc.* ‖ MÉTÉOR. Choc en retour, effet produit par la foudre en un lieu qu'elle ne frappe pas directement ; au fig., conséquence d'un acte qui atteint, de façon inattendue, l'auteur de cet acte. ‖ PATHOL. État de choc, état aigu et grave résultant d'une insuffisance circulatoire (accident, opération, etc.) ; abattement physique dû à un traumatisme : *Vous ne pouvez l'interroger, elle est en état de choc.* ◆ adj. inv. en genre. (Postposé, parfois avec un trait d'union). Qui produit de l'effet, est efficace : *Une photo choc. Des mesures-chocs. Commerçant qui pratique des prix chocs* (= des prix défiant toute concurrence).

chocolat [ʃɔkɔla] n.m. (esp. *chocolate*, du nahuatl). - **1.** Pâte de cacao préparée avec du sucre, mélangée ou non avec d'autres produits et consommée sous diverses formes : *Du chocolat noir, au lait. Une tablette de chocolat.* - **2.** Bonbon en chocolat : *Offrir des chocolats à qqn.* - **3.** Boisson, chaude ou froide, préparée avec du chocolat et de l'eau ou du lait : *Un bol de chocolat chaud.* ◆ adj. inv. - **1.** De la couleur brun-rouge foncé du chocolat : *Des gants chocolat.* - **2.** FAM. Être chocolat, être déçu, frustré, privé de qqch.

chocolaté, e [ʃɔkɔlate] adj. Qui contient du chocolat : *Farine chocolatée pour nourrissons.*

chocolaterie [ʃɔkɔlatʀi] n.f. - **1.** Industrie, production du chocolat. - **2.** Fabrique de chocolat ou magasin du chocolatier.

chocolatier, ère [ʃɔkɔlatje, -ɛʀ] n. Personne qui fabrique ou vend du chocolat, notamm. du chocolat fin.

chocolatière [ʃɔkɔlatjɛʀ] n.f. Récipient à anse et à long bec verseur pour servir le chocolat liquide.

choéphore [kɔefɔʀ] n.f. (gr. *khoêphoros*, de *khoé* "libation" et *phoros* "qui porte"). ANTIQ. GR. Porteuse des offrandes faites aux morts.

chœur [kœʀ] n.m. (lat. *chorus*, gr. *koros*). - **1.** ANTIQ. GR. LITTER. Ensemble des acteurs (*choreutes*) qui chantent ou déclament un fragment lyrique, commentant l'action ; (aussi dans le théâtre classique) ce fragment, ponctuant l'action : *Dans la tragédie grecque, le chœur exprimait de façon lyrique les sentiments des spectateurs.* - **2.** Groupe de personnes chantant une œuvre musicale : *Les chœurs de l'Opéra. Un chœur d'amateurs* (syn. chorale). - **3.** Morceau polyphonique pour plusieurs voix : *Le chœur des bohémiens dans « le Trouvère » de Verdi.* - **4.** Ensemble de personnes ayant le même but, la même attitude : *Le chœur des mécontents.* - **5.** Partie d'une église, en tête de la nef, où se tiennent le clergé et les chanteurs. - **6.** En chœur, avec unanimité, ensemble : *« Bravo ! », s'écrièrent-ils en chœur.* ‖ Enfant de chœur, enfant qui sert la messe, assiste le prêtre ; homme crédule, facile à duper : *Ce n'est pas un enfant de chœur* (= ce n'est pas un naïf, il connaît la vie).

choir [ʃwaʀ] v.i. (lat. *cadere* "tomber") [conj. 72]. - **1.** LITT. Tomber : *Se laisser choir dans un fauteuil.* - **2.** FAM. Laisser choir, abandonner qqn, un projet : *Il a laissé choir ses copains, ses études.*

choisi, e [ʃwazi] adj. - **1.** Qui se distingue par la qualité : *S'exprimer dans un vocabulaire choisi* (syn. recherché). *Société choisie* (syn. distingué). - **2.** Morceaux choisis, recueil d'extraits d'œuvres littéraires ou musicales.

choisir [ʃwaziʀ] v.t. (gotique *kausjan* "goûter, examiner") [conj. 32]. - **1.** Adopter qqch, qqn par préférence : *J'ai fini par choisir les chaussures bleues* (syn. s'arrêter à, se fixer sur). *Le journal a choisi quelques passages significatifs du discours du Président* (syn. retenir, sélectionner). *Elle a choisi la première solution* (syn. adopter, opter pour). - **2.** Choisir de (+ inf.), prendre la décision, le parti de : *Il a choisi de ne pas y aller* (syn. décider de). ‖ Choisir son moment, trouver le moment opportun (aussi iron.) : *Tu as choisi ton moment pour lui parler, il a une migraine épouvantable.*

choix [ʃwa] n.m. (de *choisir*). - **1.** Action de choisir ; son résultat : *Un bon, un mauvais choix. Il a fini par arrêter son choix sur ce modèle.* - **2.** Possibilité de choisir : *Vous avez le choix entre deux itinéraires pour vous y rendre.* - **3.** Ensemble de choses, de solutions qui offre cette possibilité : *Publier un choix de poèmes sur la mer* (syn. anthologie, florilège). *On nous a présenté un choix de disques de musique ancienne* (syn. sélection). - **4.** Au choix, avec liberté de choisir : *Fromage ou dessert au choix. La date de livraison est au choix du client.* ‖ De choix, de qualité : *Ils ne vendent que des articles de choix.* ‖ N'avoir que l'embarras du choix, avoir de nombreuses possibilités de choisir.

cholédoque [kɔledɔk] adj. m. (lat. médic. *choledochus*, du gr. *kholê* "bile" et *dekhesthai* "recevoir"). Canal cholédoque, canal qui conduit la bile au duodénum.

cholémie [kɔlemi] n.f. (de *chol-* et *-émie*). Taux de la bile dans le sang. □ Ce taux est très faible à l'état normal, élevé dans les cas d'ictère.

choléra [kɔleʀa] n.m. (lat. *cholera*, gr. *kholera*, de *kholê* "bile"). Maladie épidémique contagieuse produite par le vibrion cholérique (ou *bacille virgule*), caractérisée par des selles très fréquentes, des vomissements, une soif intense, un amaigrissement rapide, des crampes douloureuses, un abattement profond avec abaissement de la température et pouvant se terminer par la mort.

cholérique [kɔleʀik] adj. et n. Relatif au choléra ; atteint du choléra.

cholestérol [kɔlesteʀɔl] n.m. (de *cholé-*, et du gr. *steros* "solide"). - **1.** Stérol d'origine alimentaire ou synthétisé dans l'organisme et dont le taux élevé peut provoquer la formation de calculs biliaires ou constituer un facteur de risque de l'athérosclérose. - **2.** FAM. Avoir du cholestérol, un taux élevé de cholestérol.

chômable [ʃomabl] adj. Qui peut être chômé : *Jours chômables et jours chômés.*

chômage [ʃomaʒ] n.m. (de *chômer*). - **1.** Cessation contrainte de l'activité professionnelle d'une personne, le plus souvent après un licenciement, ou d'une entreprise ; période, situation résultant de cet arrêt : *Chômage partiel. Être au chômage.* - **2.** Fait économique, social constitué par l'ensemble des personnes en chômage ; nombre de chômeurs : *Le chômage a augmenté.* - **3.** Allocations de chômage, allocations versées par un organisme à un chômeur. ‖ Assurance chômage, cotisations versées par les employeurs et les travailleurs salariés à l'organisme qui finance les allocations de chômage. ‖ Chômage technique, provoqué par le manque d'approvisionnement en fournitures nécessaires à l'activité d'une entreprise, d'une chaîne de montage.

chômé, e [ʃome] adj. - **1.** Se dit d'un jour férié et payé : *Le 1ᵉʳ mai est un jour chômé.* - **2.** ÉCON. Se dit d'un jour où l'on ne travaille pas.

chômer [ʃome] v.i. (bas lat. *caumare* "se reposer pendant la chaleur", du gr. *kauma* "forte chaleur"). - **1.** Ne pas travailler, en partic. par manque d'ouvrage, d'emploi : *Beaucoup d'usines chôment dans notre région* (= ont cessé d'être en activité). - **2.** Ne pas chômer, être très actif, en parlant d'une chose, ne pas ralentir : *Cette semaine, je ne chôme pas ! La discussion n'a pas chômé de toute la soirée.* ◆ v.t. vx. Célébrer une fête, un saint en ne travaillant pas : *Chômer le 1ᵉʳ mai.*

chômeur, euse [ʃomœʀ, -øz] n. Personne au chômage ; demandeur d'emploi.

chope [ʃɔp] n.f. (alsacien *schoppe*). Grand gobelet, grand verre à anse pour boire la bière ; son contenu.

choper [ʃɔpe] v.t. (de *chopper* "buter", d'orig. onomat.). FAM. - **1.** Attraper, prendre qqn, qqch : *La police l'a chopé sans papiers* (syn. arrêter). - **2.** Contracter une maladie : *Choper un rhume* (syn. attraper). - **3.** Voler, dérober : *On m'a chopé ma montre* (syn. soustraire, subtiliser).

choquant, e [ʃɔkɑ̃, -ɑ̃t] adj. Qui choque ; qui blesse : *Ce mot est choquant dans la bouche d'un enfant* (syn. déplacé, inconvenant). *Un contraste choquant entre l'opulence des uns et la misère des autres* (syn. indécent, scandaleux).

choquer [ʃɔke] v.t. (orig. onomat.). - **1.** LITT. Faire subir un choc à, heurter qqch, qqn : *La voiture a choqué le lampadaire* (syn. cogner). - **2.** Aller à l'encontre des habitudes, des sentiments, des principes de qqn : *Elle a été très choquée de ne pas recevoir d'invitation* (syn. blesser, froisser, offenser). *Ce film risque de choquer un certain public* (syn. heurter, scandaliser). *Votre question l'a choquée* (syn. indigner, offusquer). - **3.** Occasionner un choc émotionnel à qqn : *Ce terrible accident l'a durement choqué* (syn. commotionner, traumatiser). - **4.** MAR. Mollir un cordage, une écoute.

1. choral, e, aux ou **als** [kɔʀal, -o] adj. Du chœur, d'un chœur : *Chant choral. Musique chorale.*

2. choral [kɔʀal] n.m. (pl. *chorals*). - **1.** Chant religieux, conçu à l'origine pour être chanté en chœur par les fidèles des cultes protestants. - **2.** Pièce instrumentale, en partic. composition pour orgue procédant de la mélodie d'un choral : *Les chorals de Bach.*

chorale [kɔʀal] n.f. Groupe de personnes interprétant des chants écrits pour chœur : *La chorale du lycée* (syn. chœur).

chorège [kɔʀɛʒ] n.m. (gr. *khorêgos*). ANTIQ. GR. Citoyen qui organisait à ses frais les chœurs des concours dramatiques et musicaux.

chorégraphe [kɔʀegʀaf] n. Personne qui crée et règle des ballets.

chorégraphie [kɔʀegʀafi] n.f. (du gr. *khoreia* "danse", et de *-graphie*). Art de composer et de régler un ballet ; ensemble des pas et des figures composant un ballet.

chorégraphique [kɔʀegʀafik] adj. Relatif à la danse ou au ballet.

choriste [kɔʀist] n. Personne qui chante dans un chœur, une chorale.

chorizo [ʃɔʀizo] n.m. (mot esp.). Saucisson demi-sec d'origine espagnole, assaisonné au piment rouge, dont il tire sa coloration.

choroïde [kɔʀɔid] n.f. (gr. *khoroeidēs*, de *khorion* "membrane" et *eidos* "aspect"). ANAT. Membrane de l'œil, située entre la rétine et la sclérotique, se continuant en avant par l'iris.

chorus [kɔʀys] n.m. (mot lat. "chœur"). - **1.** MUS. Ensemble des mesures d'un thème de jazz fournissant aux improvisations leur trame harmonique ; improvisation d'un instrumentiste sur cette trame : *Chorus de trompette.* - **2.** **Faire chorus**, approuver bruyamment ce qui vient d'être dit : *Tous les députés de l'opposition ont fait chorus.*

chose [ʃoz] n.f. (lat. *causa*). - **1.** Tout objet inanimé (par opp. à *être animé*) : *Les êtres et les choses. Une table, une chaise sont des choses.* - **2.** Entité abstraite, action, événement, énoncé : *L'amitié est une chose rare. J'ai une ou deux choses à vous dire. Il est arrivé une chose étrange. Elle a accompli de grandes choses.* - **3.** (Surtout au pl.). Situation réelle, ensemble des événements, des circonstances : *Regarder les choses en face.* - **4.** Ce qui a trait à un domaine : *Les choses de la religion, de la vie.* - **5.** Objet ou entité (par opp. au *nom*) : *Le mot et la chose qu'il désigne.* - **6.** Personne incapable d'exercer sa volonté, d'agir : *Ce n'est plus qu'une pauvre chose depuis sa maladie.* - **7.** (Surtout avec un poss.). Personne entièrement dépendante d'une autre : *Il en a fait sa chose.* - **8.** **C'est (tout) autre chose**, c'est différent, c'est mieux, meilleur : *Ah ! ce vin-là, c'est autre chose.* ‖ **C'est peu de chose**, c'est peu important : *Allons, un verre cassé, c'est peu de chose* (= ce n'est pas grave). ‖ **Faire bien les choses**, se montrer généreux, ne pas hésiter à dépenser largement pour assurer une réussite, un succès. ‖ LITT. **La chose publique**, l'ensemble des affaires publiques, des questions qui intéressent l'État, la collectivité. - **9.** **Autre chose** → *autre.* ◆ adj. inv. FAM. **Être, rester, se sentir tout chose**, décontenancé ; gêné ; mal à l'aise moralement ou physiquement : *Il ut la lettre et resta un grand moment tout chose* (= pensif, perplexe). *La mer devenait houleuse et elle se sentait toute chose* (= sur le point d'avoir mal au cœur).

chosifier [ʃozifje] v.t. (de *chose*, et *-fier*) [conj. 9]. PHILOS. Traiter ce qui est vivant comme une chose, en faire une chose (syn. réifier).

chott [ʃɔt] n.m. (ar. *chaṭṭ*). Dépression fermée des régions arides, souvent d'origine éolienne et dont le fond est parfois occupé par un marécage salé.

1. **chou** [ʃu] n.m. (lat. *caulis*) [pl. *choux*]. - **1.** Plante vivace dont de nombreuses variétés sont cultivées pour l'alimentation de l'homme et des animaux : *Choux pommés verts ou rouges. On mange les bourgeons des choux de Bruxelles.* □ Famille des crucifères. - **2.** Pâtisserie soufflée très légère, arrondie comme un chou : *Des choux à la crème.* - **3.** FAM. **Bout de chou**, petit enfant. ‖ FAM. **Être dans les choux**, être parmi les derniers d'un classement ; être victime d'un évanouissement. ‖ FAM. **Faire chou blanc**, ne pas réussir. ‖ FAM. **Faire ses choux gras de qqch**, en faire son profit, son régal. - **4.** **Chou palmiste** → *palmiste.* ‖ FAM. **Feuille de chou**, Mauvais journal. ‖ **Pâte à choux**, Pâte à base de farine, de beurre et d'œufs à laquelle on incorpore du lait ou de l'eau.

2. **chou, choute** [ʃu, ʃut] n. (de 1. *chou*). FAM. Terme d'affection, de tendresse : *Mon chou. La pauvre choute.* ◆ **chou** adj. inv. FAM. Joli, mignon, gentil : *Elle est chou, sa robe.*

chouan [ʃwã] n.m. (du surnom de Jean Cottereau, dit *Jean Chouan*, chef des insurgés). Insurgé royaliste des provinces de l'Ouest (Bretagne, Maine) pendant la Révolution.

chouannerie [ʃwanʀi] n.f. Insurrection paysanne née dans le Maine, en 1793, sous l'influence de Jean Chouan, qui gagna la Normandie et la Bretagne et prit fin en 1800.

choucas [ʃuka] n.m. (orig. probabl. onomat.). Petite corneille noire à nuque grise vivant en bandes, avec les freux, dans les clochers, les vieux murs. □ Long. 35 cm env.

chouchou, oute [ʃuʃu, -ut] n. (de 2. *chou*). FAM. Enfant, élève préféré, favori : *Elle est son chouchou, sa chouchoute.*

chouchoutage [ʃuʃutaʒ] n.m. FAM. Action de chouchouter (syn. favoritisme).

chouchouter [ʃuʃute] v.t. FAM. Gâter, dorloter ; avoir pour chouchou : *Sa mère le chouchoute.*

choucroute [ʃukʀut] n.f. (alsacien *sûrkrût* "herbe aigre"). - **1.** Conserve de choux fermentés dans de la saumure aromatisée de baies de genièvre. - **2.** **Choucroute garnie**, plat préparé avec cette conserve accompagnée de charcuterie, de viande de porc et de pommes de terre.

1. **chouette** [ʃwɛt] n.f. (de l'anc. fr. *çoete*, probabl. d'orig. onomat., par croisement

avec *choe* "choucas", frq. *kawa*). - **1.** Oiseau rapace nocturne dont la tête ne porte pas d'aigrette et dont il existe de nombreuses espèces en France : *La chevêche, l'effraie, la hulotte sont des espèces de chouette.* □ Famille des strigidés ; la chouette chuinte. - **2.** FAM. Vieille chouette, femme désagréable, malveillante.

2. **chouette** [ʃwɛt] adj. (de *1. chouette*). FAM. Sympathique, joli, agréable : *Un type très chouette. Il a une chouette moto. C'est chouette d'avoir un jour de congé.* ◆ interj. Exprime la satisfaction : *Chouette, j'ai gagné !* (= quelle chance !).

chou-fleur [ʃuflœʀ] n.m. (pl. *choux-fleurs*). Chou d'une variété dont on mange la pomme, qui résulte de l'hypertrophie des inflorescences charnues.

chou-rave [ʃuʀav] n.m. (pl. *choux-raves*). Chou dont on mange la tige, renflée et charnue.

chow-chow [ʃoʃo] n.m. (mot angl., d'origine chinoise) [pl. *chows-chows*]. Chien de compagnie d'une race d'origine chinoise.

choyer [ʃwaje] v.t. (orig. obsc.) [conj. 13]. - **1.** Entourer de soins, d'affection : *Son entourage la choye* (syn. dorloter). - **2.** LITT. Entretenir un sentiment, chérir une idée : *C'est un désir que j'ai longtemps choyé* (syn. caresser).

chrême [kʀɛm] n.m. (gr. *khrisma* "huile"). RELIG. CHRÉT. Huile bénite mêlée de baume, utilisée pour les consécrations et l'administration de certains sacrements (baptême, confirmation, ordination).

chrétien, enne [kʀetjɛ̃, -ɛn] n. et adj. (lat. *christianus*). Personne qui professe l'une des religions issues de la prédication du Christ : *Les chrétiens adorent un dieu unique.* ◆ adj. Qui appartient au christianisme : *La foi chrétienne.*

chrétiennement [kʀetjɛnmɑ̃] adv. De façon chrétienne ; en chrétien : *Mourir chrétiennement.*

chrétienté [kʀetjɛ̃te] n.f. Ensemble des pays ou des peuples chrétiens ; communauté particulière de chrétiens : *Toute la chrétienté a prié pour la paix. La chrétienté d'Orient.*

christ [kʀist] n.m. (gr. *khristos* "oint"). - **1.** Le Christ, Jésus. - **2.** Représentation du Christ, notamm. sur la croix : *Un christ d'ivoire* (syn. crucifix).

christiania [kʀistjanja] n.m. (de l'anc. n. d'*Oslo*). Mouvement de virage et d'arrêt par changement de direction des skis, qui restent parallèles.

christianisation [kʀistjanizasjɔ̃] n.f. Action de christianiser ; son résultat.

christianiser [kʀistjanize] v.t. Convertir à la religion chrétienne : *Christianiser les populations urbaines de la Gaule.*

christianisme [kʀistjanism] n.m. Ensemble des religions fondées sur la personne et l'enseignement de Jésus-Christ ; religion chrétienne.

chromage [kʀomaʒ] n.m. Dépôt d'une mince pellicule résistante de chrome par électrolyse.

chromatique [kʀomatik] adj. (lat. *chromaticus*, du gr. *khrôma* "couleur"). - **1.** Relatif aux couleurs. - **2.** BIOL. Relatif aux chromosomes : *La réduction chromatique s'effectue pendant la méiose.* - **3.** MUS. **Gamme chromatique,** gamme formée d'une succession de demi-tons (intervalles chromatiques) représentant un douzième d'une octave tempérée (par opp. à *gamme diatonique*). ‖ OPT. **Aberration chromatique,** aberration d'une lentille due à la dispersion d'une lumière complexe qui entraîne l'existence d'une distance focale particulière pour chaque longueur d'onde.

chromatisme [kʀomatism] n.m. - **1.** Coloration de qqch. - **2.** MUS. Écriture chromatique ; caractère de ce qui est chromatique.

chromatogramme [kʀomatɔgʀam] n.m. CHIM. Diagramme d'un mélange obtenu par chromatographie.

chromatographie [kʀomatɔgʀafi] n.f. (de *chromato-* et *-graphie*). Méthode d'analyse (identification ou dosage) des constituants d'un mélange, fondée sur leur adsorption sélective par des solides pulvérulents ou leur partage en présence de phases liquides ou gazeuses.

chrome [kʀom] n.m. (gr. *khrôma* "couleur"). Métal blanc, dur et inoxydable, employé comme revêtement protecteur et dans certains alliages. □ Symb. Cr. ◆ **chromes** n.m. pl. Accessoires chromés d'une voiture, d'une bicyclette.

chromer [kʀome] v.t. - **1.** Recouvrir d'une mince couche de chrome. - **2.** Tanner aux sels de chrome : *Chromer du cuir.*

chromique [kʀomik] adj. Qui dérive du chrome : *Acide chromique.*

chromo [kʀomo] n.m. (de *chromolithographie*, anc. procédé de reproduction d'images en couleurs). Image en couleurs, de mauvais goût.

chromosome [kʀomozom] n.m. (de *chromo-*, et du gr. *sôma* "corps"). Chacun des éléments du noyau de la cellule, en forme de bâtonnets, qui contiennent les gènes. □ Il existe une paire de chromosomes, dits sexuels, dont dépend le sexe de l'individu : XX chez la femme, XY chez l'homme.

chromosomique [kʀomozomik] adj. Relatif au chromosome : *Maladie chromosomique. Aberration chromosomique.*

chromosphère [kʀɔmosfɛʀ] n.f. (de *chromo-* et *sphère*). Couche inférieure de l'atmosphère solaire, entre la photosphère et la couronne.

chronicité [kʀɔnisite] n.f. État, caractère de ce qui est chronique : *La chronicité de la sous-alimentation en Inde.*

1. **chronique** [kʀɔnik] n.f. (lat. *chronica,* du gr. *khronos* "temps"). - **1.** Suite, recueil de faits consignés dans l'ordre de leur déroulement : *Une chronique du siècle de Louis XIV.* - **2.** Ensemble de nouvelles, de bruits qui circulent : *La chronique locale prétend qu'il n'était pas innocent.* - **3.** Rubrique de presse, dans un journal, une revue, consacrée à l'actualité dans un domaine particulier : *Chronique politique, sportive. Tenir la chronique des films dans un journal.*

2. **chronique** [kʀɔnik] adj. (de *1. chronique*). - **1.** MÉD. Qui évolue lentement et se prolonge (par opp. à *aigu*) : *Maladie chronique.* - **2.** Qui sévit depuis longtemps, persiste : *Chômage chronique.* (syn. constant, continuel).

chroniqueur, euse [kʀɔnikœʀ, -øz] n. - **1.** Personne qui tient une chronique dans un journal, un périodique : *Chroniqueur littéraire, dramatique, sportif.* - **2.** Auteur de chroniques : *Les chroniqueurs du Moyen Âge.*

chronologie [kʀɔnɔlɔʒi] n.f. (de *chrono-* et *-logie*). - **1.** Science qui vise à établir les dates des faits historiques. - **2.** Succession dans le temps des événements historiques ou d'événements relatifs à un individu, à un mouvement, etc. : *Raconter les faits en respectant la chronologie* (= dans l'ordre selon lequel ils se sont déroulés).

chronologique [kʀɔnɔlɔʒik] adj. Relatif à la chronologie ; conforme à la chronologie : *Suivre l'ordre chronologique.*

chronologiquement [kʀɔnɔlɔʒikmã] adv. D'après la chronologie : *Exposer des faits chronologiquement.*

chronométrage [kʀɔnɔmetʀaʒ] n.m. Action de chronométrer : *Il assurera le chronométrage de la course.*

chronomètre [kʀɔnɔmetʀ] n.m. (de *chrono-* et *-mètre*). - **1.** Montre de précision, permettant de mesurer des intervalles de temps en minutes, secondes et fractions de seconde : *Tu déclencheras le chronomètre à mon signal* (abrév. fam. *chrono*). - **2.** Montre de précision, réglée dans différentes positions et sous des températures variées, ayant obtenu d'un observatoire un bulletin officiel de marche.

chronométrer [kʀɔnɔmetʀe] v.t. [conj. 18]. Relever exactement le temps dans lequel s'accomplit une action, partic. une épreuve sportive ou une opération industrielle : *Chronométrer une course, un coureur.*

chronométreur, euse [kʀɔnɔmetʀœʀ, -øz] n. Personne chargée de chronométrer (une épreuve, une opération).

chronométrie [kʀɔnɔmetʀi] n.f. (de *chrono-* et *-métrie*). PHYS. Mesure précise du temps.

chronométrique [kʀɔnɔmetʀik] adj. Relatif au chronomètre, à la mesure précise du temps.

chrysalide [kʀizalid] n.f. (lat. *chrysallis, -idis,* du gr. *khrusos* "or"). Nymphe des lépidoptères, entre le stade chenille et le stade papillon. □ La chrysalide est souvent enfermée dans un cocon de soie.

chrysanthème [kʀizãtɛm] n.m. (de *chrys-,* et du gr. *anthemon* "fleur"). Plante ornementale, fleurissant au début de l'hiver, dont il existe de nombreuses variétés. □ Famille des composées.

C. H. S., sigle de *centre hospitalier spécialisé**.

chtonien, enne ou **chthonien, enne** [ktɔnjɛ̃, -ɛn] adj. (du gr. *khthôn* "terre"). MYTH. Divinités chtoniennes, divinités de la terre, du monde souterrain.

C. H. U. [seaʃy], ou [ʃy], sigle de *centre hospitalo-universitaire**.

chuchotement [ʃyʃɔtmã] n.m. Action de chuchoter ; bruit de voix qui chuchotent : *Les chuchotements n'ont pas cessé pendant toute la réunion* (syn. murmure).

chuchoter [ʃyʃɔte] v.i. et v.t. (orig. onomat.). Prononcer à voix basse : *Chuchoter quelques mots à l'oreille* (syn. murmurer).

chuintant, e [ʃɥɛ̃tã, -ãt] adj. - **1.** Qui chuinte : *Le parler chuintant de certaines provinces françaises.* - **2.** Consonne chuintante, consonne fricative dont l'articulation, proche de celle d'une sifflante, s'en différencie en partic. par un creusement plus net de la langue (on dit aussi *une chuintante*) : *Le* [ʃ] *et le* [ʒ] *sont des chuintantes.*

chuintement [ʃɥɛ̃tmã] n.m. - **1.** Action de chuinter ; défaut de prononciation de celui qui chuinte : *Il a un léger chuintement.* - **2.** Bruit d'une chose qui chuinte : *Le chuintement du gaz qui s'échappe du tuyau percé.*

chuinter [ʃɥɛ̃te] v.i. (orig. onomat.). - **1.** Émettre un cri, en parlant de la chouette. - **2.** Prononcer une consonne chuintante ; substituer une chuintante à une sifflante : *On dit que certains Auvergnats chuintent.* - **3.** Faire entendre un sifflement sourd : *Bouilloire qui chuinte.*

chut [ʃyt] interj. (onomat.). Se dit pour obtenir le silence : *Chut ! laissez-la parler !*

chute [ʃyt] n.f. (de *chu,* p. passé de *choir*). - **1.** Fait de tomber, de se détacher de son support : *Faire une chute. Parachutiste qui descend en chute libre. Les premières chutes de* *neige.* - **2.** Fait de s'écrouler : *La chute d'un gouvernement* (syn. renversement). *Chute des cours de la Bourse* (syn. effondrement). - **3.** LITT. Faute qui fait tomber dans la déchéance : *Il a entraîné toute sa famille dans sa chute.* - **4.** Trait d'esprit par lequel un texte, un écrit s'achève : *J'avais oublié la chute de l'histoire.* - **5.** Ce qu'il reste d'une matière (papier, tissu, bois, etc.) après une coupe : *J'ai habillé sa poupée avec les chutes du tissu de ma jupe.* - **6.** Aux cartes, ensemble des levées annoncées qui n'ont pas été faites : *Tu avais demandé quatre piques, tu fais deux de chute.* - **7.** **Chute d'eau,** masse d'eau qui tombe d'une certaine hauteur. □ Elle est intermédiaire entre la cascade et la cataracte. ‖ **Chute des reins,** le bas du dos. ‖ **Point de chute,** point, lieu où qqch tombe, s'abat ; au fig., endroit où l'on peut s'arrêter, se fixer : *On a retrouvé le point de chute de la météorite. Avoir un point de chute à Paris.*

chuter [∫yte] v.i. (de *chute*). - **1.** FAM. Tomber : *La motion de censure risque de faire chuter le gouvernement.* - **2.** Baisser notablement : *Les ventes ont chuté* (syn. s'effondrer). - **3.** Aux cartes, ne pas effectuer le nombre de levées prévu : *Vous chutez de trois levées.*

chyle [∫il] n.m. (gr. *khulos* "suc"). Liquide blanchâtre contenu dans l'intestin grêle et représentant le résultat de la digestion.

chyme [∫im] n.m. (gr. *khumos* "humeur"). Liquide contenu dans l'estomac et résultant de la digestion gastrique des aliments.

1. ci [si] adv. (lat. pop. *ecce hic,* du class. *ecce* "voici" et *hic* "ici"). - **1.** Joint à un nom précédé d'un démonstratif, marque la proximité spatiale ou temporelle : *Cet homme-ci. Viens du côté de la rue. Ces jours-ci.* - **2.** De-ci, de-là, de côté et d'autre, au hasard. ‖ Par-ci, par-là, en divers endroits.

2. ci [si] pron. dém. (abrév. de *ceci*). FAM. - **1.** Ceci : *Exiger ci et ça.* - **2.** Comme ci comme ça, ni bien ni mal.

ciao ou **tchao** [t∫ao] interj. (it. *ciao*). FAM. Au revoir ; salut.

ci-après [siaprɛ] adv. Plus loin dans le texte (syn. ci-dessous).

cibiste [sibist] n. (de *C. B.*). Utilisateur de la citizen band : *On a alerté les cibistes de la région pour trouver un secouriste.*

cible [sibl] n.f. (d'un dialecte all. de Suisse *schîbe* "disque"). - **1.** Plaque de bois, de métal, etc., que l'on vise dans les exercices de tir : *Mettre toutes ses flèches dans la cible. Servir de cible aux guetteurs ennemis.* - **2.** But, objectif et, partic., clientèle qu'une campagne publicitaire ou une étude de marché cherche à atteindre : *Les adolescents sont la cible de cette campagne antialcoolique.* - **3.** PHYS. Substance

soumise à un bombardement par un faisceau de particules. - **4.** **Être la cible de,** être visé par des propos malveillants, des railleurs ; être le point vers lequel convergent les regards : *Elle est la cible des plaisanteries de tout un chacun. Dès qu'il se leva, il fut la cible de tous les regards* (= le point de mire). - **5.** **Langue cible.** Langue dans laquelle doit être donnée la traduction d'un texte (par opp. à *langue source*).

cibler [sible] v.t. - **1.** Définir précisément la cible, la clientèle de : *Cette étude est destinée à cibler le nouveau modèle.* - **2.** **Chaîne de télévision ciblée.** Chaîne spécialisée (par opp. à *généraliste*).

ciboire [sibwaʀ] n.m. (lat. *ciborium,* gr. *kibôrion* "fruit du nénuphar, coupe ayant la forme de ce fruit"). Vase sacré, à couvercle, où l'on conserve les hosties consacrées.

ciboule [sibul] n.f. (prov. *caebola,* lat. *caepulla* "oignon"). Plante cultivée, originaire de Sibérie, dont les feuilles servent de condiment (syn. cive). □ Famille des liliacées.

ciboulette [sibulɛt] n.f. (du prov. ; v. *ciboule*). Plante cultivée pour ses feuilles creuses et cylindriques servant de condiment (syn. civette). □ Famille des liliacées.

cicatrice [sikatʀis] n.f. (lat. *cicatrix, -icis*). - **1.** Marque laissée par une blessure, une plaie, après guérison : *Visage couvert de cicatrices* (syn. balafre, stigmate). - **2.** Trace matérielle laissée par une action violente ; trace physique ou morale laissée par le chagrin, le malheur : *Elle garde encore des cicatrices de son divorce.*

cicatriciel, elle [sikatʀisjɛl] adj. Relatif à une cicatrice : *Les bourrelets cicatriciels disparaîtront peu à peu.*

cicatrisable [sikatʀizabl] adj. Qui peut se cicatriser.

cicatrisant, e [sikatʀizɑ̃, -ɑ̃t] adj. et n.m. Se dit d'une substance qui favorise la cicatrisation : *Pommade cicatrisante.*

cicatrisation [sikatʀizasjɔ̃] n.f. Fait de se cicatriser : *La cicatrisation se fait bien.*

cicatriser [sikatʀize] v.t. - **1.** Favoriser la fermeture d'une plaie : *L'exposition à l'air cicatrise la blessure.* - **2.** Calmer une douleur morale : *Le temps et l'amitié cicatriseront son chagrin* (syn. adoucir, apaiser). ◆ v.i. ou **se cicatriser** v.pr. Se fermer, en parlant d'une plaie ; s'apaiser, en parlant d'une douleur morale : *La brûlure a cicatrisé, s'est cicatrisé. Sa peine finira par se cicatriser.*

cicérone [siseʀɔn] n.m. (it. *cicerone,* du n. de *Cicéron,* en raison des talents d'orateur, de guides) [pl. *cicérones*]. LITT. Guide appointé des touristes étrangers (dans un monument, une ville, un pays) ; par ext., personne qui en guide une autre, d'autres : *Un habitant de Rome nous a servi de cicérone.*

ci-contre [sikɔ̃tʀ] adv. En regard, vis-à-vis : *Consultez l'affiche ci-contre.*

ci-dessous [sidəsu] adv. Au bas de quelque chose ; plus loin dans le texte : *Ce sera expliqué ci-dessous* (syn. ci-après).

ci-dessus [sidəsy] adv. En remontant dans le texte : *Vous avez lu ci-dessus les raisons de mon refus.*

1. **ci-devant** [sidəvɑ̃] adv. vx. Avant ce temps-ci, précédemment.

2. **ci-devant** [sidəvɑ̃] n. inv. (de *ci-devant* [*noble*] "précédemment [noble]"). Noble déchu de ses titres et de ses privilèges sous la Révolution.

cidre [sidʀ] n.m. (lat. pop. **cisera*, class. *sicera* "boisson forte", hébr. *chekar*). Boisson obtenue par fermentation du jus de pomme : *Une bolée de cidre.*

cidrerie [sidʀəʀi] n.f. Usine, local où l'on fabrique le cidre.

Cie, abrév. du mot *compagnie*, désignant des associés dans une raison sociale : *Martin, Durand et Cie.*

ciel [sjɛl] n.m. (lat. *caelum*) [pl. *cieux*]. -**1.** Espace visible au-dessus de nos têtes, que limite l'horizon : *Les étoiles brillent dans le ciel* (syn. firmament). -**2.** (Pl. *ciels*). État, aspect du ciel : *Ciel bas, sans nuages, bleu.* -**3.** L'espace où se meuvent les astres ; l'ensemble des astres et leur influence supposée sur la destinée : *Une carte du ciel. Le ciel est contre moi, je n'y arriverai jamais !* -**4.** Séjour de la Divinité, des âmes des justes après leur mort : *Monter au ciel* (syn. paradis). -**5.** Dieu, la puissance divine : *Invoquer le ciel. Fasse le ciel qu'il ne lui soit rien arrivé !* -**6.** (Pl. *ciels*). Dais placé au-dessus d'un lit et auquel sont suspendus des rideaux (on dit aussi *ciel de lit*) : *Un ciel recouvert de soie bleue.* -**7.** À ciel ouvert, se dit d'une mine, d'une carrière exploitée en plein air. ∥ Entre ciel et terre, dans l'air, en suspens au-dessus du sol : *L'alpiniste restait entre ciel et terre au bout de sa corde.* ∥ LITT. Le feu du ciel, la foudre. ∥ Remuer ciel et terre, mettre tout en œuvre pour réussir. ∥ Sous d'autres cieux, dans un autre pays : *Je rêve de partir vivre sous d'autres cieux.* ∥ Tomber du ciel, arriver à l'improviste et au bon moment ; être surpris, stupéfait : *Cet argent qui tombe du ciel est le bienvenu !* ◆ interj. Exprime la surprise, l'étonnement, la douleur : *Ciel, il a oublié son passeport !*

cierge [sjɛʀʒ] n.m. (lat. *cereus*, de *cera* "cire"). -**1.** Longue chandelle de cire que l'on brûle dans les églises : *Brûler un cierge à la Vierge Marie.* -**2.** Plante grasse des régions arides d'Amérique, dont certaines espèces ont

l'aspect de colonnes pouvant atteindre 15 m. □ Famille des cactacées.

cigale [sigal] n.f. (prov. *cigala*, lat. *cicada*). Insecte abondant dans la région méditerranéenne et vivant sur les arbres, dont il puise la sève. □ Ordre des homoptères ; long. avec les ailes : 5 cm ; la cigale craquette et stridule.

cigare [sigaʀ] n.m. (esp. *cigarro*). -**1.** Petit rouleau de feuilles et de fragments de tabac, que l'on fume. -**2.** FAM. Tête, crâne : *Recevoir un coup sur le cigare.*

cigarette [sigaʀɛt] n.f. (de *cigare*). Cylindre de tabac haché, enveloppé dans du papier fin : *Rouler une cigarette.*

cigarier, ère [sigaʀje, -ɛʀ] n. Ouvrier, ouvrière qui confectionne des cigares.

cigarillo [sigaʀijo] n.m. (mot esp.). Petit cigare.

ci-gît [siʒi] loc. verb. (de *gésir*). Ici est enterré (formule ordinaire des épitaphes, précédant le nom du mort).

cigogne [sigɔɲ] n.f. (prov. *cegonha*, lat. *ciconia*). Oiseau échassier migrateur, dont l'espèce la plus connue, la cigogne blanche à ailes noires, atteint plus d'un mètre de hauteur. □ La cigogne claquette ou craquette.

ciguë [sigy] n.f. (lat. *cicuta*). -**1.** Plante des décombres et des chemins, qui renferme un alcaloïde toxique, la cicutine. □ Famille des ombellifères. -**2.** Poison extrait de la ciguë : *Socrate fut condamné à boire la ciguë.*

ci-inclus, e [siɛ̃kly, -yz] adj. (inv. avant le n., variable après le n.). Contenu dans cet envoi : *La quittance ci-incluse tiendra lieu de preuve. Vous trouverez ci-inclus votre quittance.*

ci-joint, e [siʒwɛ̃, -ɛ̃t] adj. (inv. avant le n., variable après le n.). Joint à cet envoi : *Veuillez prendre connaissance des notes ci-jointes. Vous trouverez ci-joint deux copies du jugement du tribunal.*

cil [sil] n.m. (lat. *cilium*). -**1.** Poil qui garnit le bord des paupières de l'homme et des singes : *Il me fixait sans un battement de cil.* -**2.** Cils vibratiles → vibratile.

cilice [silis] n.m. (lat. *cilicium* "étoffe en poil de chèvre de Cilicie"). Autref., chemise, large ceinture de crin portée sur la peau par mortification et en signe de pénitence : *Moine qui porte un cilice.*

cilié, e [silje] adj. Garni de cils : *Membrane ciliée. Feuille ciliée.* ◆ **cilié** n.m. Ciliés, groupe de protozoaires à cils vibratiles telle la paramécie (syn. vieilli infusoire).

ciller [sije] v.i. (de *cil*). -**1.** Abaisser et relever rapidement les paupières : *La vive lumière du soleil nous fit ciller* (= cligner des yeux). -**2.** Ne

pas ciller, rester immobile, impassible : *Il a écouté la critique et n'a pas cillé.*

cimaise [simɛz] n.f. (gr. *kumation* "petite vague"). - **1.** ARCHIT. Moulure formant le sommet d'une corniche. - **2.** Mur d'une salle d'exposition (dans un musée, etc.).

cime [sim] n.f. (lat. *cyma* "pousse végétale, extrémité", gr. *kuma* "soulèvement"). Extrémité supérieure, effilée, d'une montagne, d'un arbre, etc. : *Le vent agite la cime des peupliers* (syn. faîte, tête). *Les alpinistes ont atteint la dernière cime* (syn. pointe, sommet).

ciment [simã] n.m. (lat. *caementum* "pierre non taillée"). - **1.** Matière pulvérulente formant avec l'eau ou avec une solution saline une pâte plastique liante, capable d'agglomérer, en durcissant, des substances variées. - **2.** Toute substance interposée entre deux corps durs pour les lier : *Du ciment dentaire.* - **3.** LITT. Ce qui rapproche, unit : *Les épreuves endurées ensemble sont le ciment de leur amitié.*

cimenter [simãte] v.t. - **1.** Lier, fixer avec du ciment : *Cimenter des moellons. Il a cimenté un anneau dans le mur.* - **2.** Recouvrir de ciment : *Faire cimenter le sol d'une cave.* - **3.** LITT. Établir solidement : *Le pacte a cimenté la paix* (syn. affermir, consolider).

cimenterie [simãtri] n.f. Fabrique de ciment.

cimeterre [simtɛr] n.m. (it. *scimitarra*, du turc). Sabre oriental à lame courbe qui s'élargit vers l'extrémité.

cimetière [simtjɛr] n.m. (lat. *coemeterium* "lieu de repos", du gr. *koiman* "dormir"). - **1.** Lieu où l'on enterre les morts : *Le cortège funèbre se dirigeait vers le cimetière.* - **2.** Cimetière de voitures, lieu où sont rassemblées les carcasses de voitures hors d'usage.

cinabre [sinabr] n.m. (gr. *kinnabari*). - **1.** Sulfure naturel de mercure, de couleur rouge, dont on extrait ce métal. □ Symb. HgS. - **2.** Couleur rouge vermillon.

cinéaste [sineast] n. (de *ciné[ma]*). Auteur ou réalisateur de films.

ciné-club [sineklœb] n.m. (pl. *ciné-clubs*). Association visant à promouvoir la culture cinématographique.

cinéma [sinema] n.m. (abrév. de *cinématographe*). - **1.** Art de composer et de réaliser des films cinématographiques : *La technique du cinéma fut mise au point par les frères Lumière en 1895.* - **2.** Ensemble des techniques : *Travailler dans le cinéma. Les professions du cinéma.* - **3.** L'ensemble des œuvres cinématographiques (d'un pays, d'un auteur, etc.) : *Rétrospective du cinéma français, italien.* - **4.** Salle de spectacle destinée à la projection de films (abrév. fam. *ciné*) : *Il y a deux cinémas dans mon*

quartier. *Il va souvent au cinéma.* - **5.** FAM. *C'est du cinéma*, ce n'est pas sincère, c'est de la comédie. ‖ *Faire du cinéma, tout un cinéma*, faire des manières, des complications.

CinémaScope [sinemaskɔp] n.m. (nom déposé). Procédé cinématographique de projection sur un écran large par rétablissement de l'image préalablement déformée à la prise de vues.

cinémathèque [sinematɛk] n.f. (de *cinéma* et *-thèque*). Lieu où l'on conserve et projette des films.

cinématique [sinematik] n.f. (de *cinémato-*). PHYS. Partie de la mécanique qui étudie les mouvements des corps, abstraction faite des forces qui les produisent.

cinématographe [sinematɔgraf] n.m. (de *cinémato-* et *-graphe*). - **1.** Anc. appareil destiné à enregistrer des images, à projeter sur un écran des vues animées. - **2.** VIEILLI OU LITT. Art cinématographique, cinéma : *Les premiers temps du cinématographe.*

cinématographique [sinematɔgrafik] adj. Relatif au cinéma : *L'industrie cinématographique.*

cinémomètre [sinemɔmɛtr] n.m. (de *cinéma-* et *-mètre*). Appareil servant à mesurer la vitesse linéaire d'un mobile.

cinéphile [sinefil] n. Amateur de cinéma.

1. cinéraire [sinerɛr] adj. (lat. *cinerarius*, de *cinis, eris* "cendre"). Qui renferme les cendres d'un corps incinéré : *Urne cinéraire.*

2. cinéraire [sinerɛr] n.f. (de *1. cinéraire*). Séneçon ornemental au feuillage cendré, aux fleurs pourprées.

cinétique [sinetik] adj. (gr. *kinêtikos* "mobile"). - **1.** Relatif au mouvement ; fondé sur le mouvement : *Théorie cinétique des gaz.* - **2.** *Art cinétique*, forme d'art contemporain fondée sur l'illusion optique, le caractère changeant de l'œuvre, son mouvement virtuel ou réel. ‖ *Énergie cinétique*, énergie d'un corps en mouvement. □ Pour un solide en mouvement de translation, l'énergie cinétique est le demi-produit de sa masse par le carré de sa vitesse. ◆ n.f. - **1.** Partie de la mécanique traitant des mouvements. - **2.** Étude de la vitesse des réactions chimiques.

cinghalais [sɛ̃galɛ] n.m. (angl. *cingalese*, du tamoul). Langue indo-aryenne parlée au Sri Lanka, où elle est la langue officielle.

cinglant, e [sɛ̃glã, -ãt] adj. (de *2. cingler*). Qui blesse l'amour-propre par sa rudesse : *Repartie cinglante* (syn. vexant).

cinglé, e [sɛ̃gle] adj. et n. (de *2. cingler*). FAM. Qui a l'esprit dérangé : *Tu es cinglé de conduire aussi vite* (syn. fou).

1. **cingler** [sɛ̃gle] v.i. (du scand. *sigla*, par croisement avec 2. *cingler*). LITT. En parlant d'un bateau, faire route, naviguer dans une direction déterminée : *Le paquebot cinglait vers la Grèce.*

2. **cingler** [sɛ̃gle] v.t. (de *sangler* "frapper avec une sangle"). - **1.** Frapper avec qqch de mince et de flexible : *Le jockey cinglait les flancs de son cheval* (syn. cravacher, fouetter). - **2.** En parlant de la pluie, de la grêle, frapper des coups vifs et nombreux : *Les grains de sable soulevés par le vent nous cinglaient le visage* (syn. fouetter). - **3.** Blesser par des paroles dures : *Cingler qqn d'une réplique, d'une insulte.*

cinnamome [sinamɔm] n.m. (lat. *cinnamomum*, du gr.). Genre d'arbustes aromatiques originaires des régions chaudes de l'Asie, tels le cannelier, le camphrier.

cinq [sɛ̃k] (devant une consonne, le plus souvent [sɛ̃]) adj. num. card. inv. (lat. *quinque*). - **1.** Quatre plus un : *Les cinq doigts de la main.* - **2.** (En fonction d'ordinal). De rang numéro cinq, cinquième : *Le tome cinq. Le cinq septembre* (= le cinquième jour de septembre). *Je partirai le cinq* (= le cinquième jour du mois). ◆ n.m. inv. [sɛ̃k] - **1.** Le nombre qui suit quatre dans la série des entiers naturels ; le chiffre représentant ce nombre : *Trois et deux font cinq. Ses cinq sont illisibles.* - **2.** JEUX. Face d'un dé marquée de cinq points ; carte comportant cinq figures, marquée par le numéro cinq : *Si je tire un cinq, j'ai gagné. Le cinq de pique.* - **3.** FAM. En cinq sec, très rapidement. ‖ Recevoir qqn cinq sur cinq, l'entendre parfaitement à la radio, au téléphone.

cinquantaine [sɛ̃kɑ̃tɛn] n.f. - **1.** Nombre de cinquante ou d'environ cinquante. - **2.** Âge d'à peu près cinquante ans : *Approcher de la cinquantaine.*

cinquante [sɛ̃kɑ̃t] adj. num. card. inv. (lat. *quinquaginta*). - **1.** Cinq fois dix : *Il y avait cinquante personnes.* - **2.** (En fonction d'ordinal). De rang numéro cinquante ; cinquantième : *La page cinquante. La chambre cinquante.* ◆ n.m. inv. Le nombre qui suit quarante-neuf dans la série des entiers naturels : *Trente plus vingt égalent cinquante.*

cinquantenaire [sɛ̃kɑ̃tnɛʀ] adj. Qui dure cinquante ans. ◆ adj. et n. Qui a atteint cinquante ans : *Un cinquantenaire de belle allure* (syn. cour. quinquagénaire). ◆ n.m. Anniversaire d'un événement qui a eu lieu cinquante ans auparavant : *Le cinquantenaire de la création de notre théâtre.*

cinquantième [sɛ̃kɑ̃tjɛm] adj. num. ord. et n. De rang numéro cinquante : *Le cinquantième étage d'une tour.* ◆ adj. et n.m. Qui correspond à la division d'un tout en cinquante parties égales : *La cinquantième partie d'une*

somme. *Elle réserve un cinquantième de ses gains à des associations.*

cinquième [sɛ̃kjɛm] adj. num. ord. De rang numéro cinq : *Le cinquième client a été récompensé.* ◆ n. Celui, ce qui occupe le cinquième rang : *C'est le cinquième de la classe.* ◆ adj. et n.m. Qui correspond à la division d'un tout en cinq parties égales : *La cinquième partie d'une somme. Vous en recevrez chacun le cinquième.* ◆ n.f. - **1.** En France, classe constituant la deuxième année du premier cycle de l'enseignement secondaire : *Passer de sixième en cinquième.* - **2.** Cinquième vitesse d'un véhicule : *Passer en cinquième, la cinquième.*

cinquièmement [sɛ̃kjɛmmɑ̃] adv. En cinquième lieu : *Cinquièmement, vous êtes constamment en retard.*

cintrage [sɛ̃tʀaʒ] n.m. Action de cintrer ; fait d'être cintré.

cintre [sɛ̃tʀ] n.m. (de *cintrer*). - **1.** Courbure intérieure d'une voûte ou d'un arc. - **2.** Support incurvé qui permet de suspendre les vêtements : *Mettre son manteau sur un cintre.* ◆ **cintres** n.m. pl. Partie d'un théâtre située au-dessus de la scène, où l'on remonte les décors après utilisation.

cintrer [sɛ̃tʀe] v.t. (lat. pop. *cinctuare*, du class. *cinctura*, "ceinture"). - **1.** Donner une courbure à : *Cintrer une barre de fer* (syn. arquer, incurver). - **2.** Resserrer un vêtement par des pinces à la taille.

cirage [siʀaʒ] n.m. (de *cire*). - **1.** Produit originellement à base de cire, destiné à l'entretien et au lustrage du cuir. - **2.** FAM. Être dans le cirage, avoir ou donner les idées claires.

circaète [siʀkaɛt] n.m. (du gr. *kirkos* "faucon" et *aetos* "aigle"). Oiseau rapace diurne, de grande taille, habitant les régions boisées du centre et du sud de la France. □ Long. 70 cm.

circoncire [siʀkɔ̃siʀ] v.t. (lat. *circumcidere* "couper autour") [conj. 101]. Pratiquer la circoncision sur qqn.

circoncis, e [siʀkɔ̃si] adj. et n.m. Qui a subi la circoncision.

circoncision [siʀkɔ̃sizjɔ̃] n.f. (lat. eccles. *circumcisio*, du class. *circumcidere* "couper autour"). Ablation totale ou partielle du prépuce ; spécial., ablation rituelle du prépuce chez les juifs, les musulmans, certains peuples africains.

circonférence [siʀkɔ̃feʀɑ̃s] n.f. (lat. *circumferentia*, de *circumferre* "faire le tour"). - **1.** VIEILLI. Ligne plane et fermée dont tous les points sont situés à la même distance (appelé *rayon*) d'un point fixe (appelé *centre*) [syn. cercle]. - **2.** Périmètre d'un cercle. □ Si R est le rayon, la circonférence est égale à

2 π R. **- 3.** Ligne fermée qui marque la limite d'un espace : *Un mur s'étendait sur toute la circonférence du domaine* (syn. périmètre, pourtour).

circonflexe [siʀkɔ̃flɛks] adj. (du lat. *circumflexus* [*accentus*] "tiré autour"). Se dit d'un signe d'accentuation (^) servant en français à noter certaines voyelles longues (*pâté*) ou à distinguer des homonymes (*dû, forêt*).

circonlocution [siʀkɔ̃lɔkysjɔ̃] n.f. (lat. *circumlocutio*, de *circum* "autour" et *locutio* "parole"). Manière de parler dans laquelle on exprime sa pensée d'une façon indirecte (syn. périphrase).

circonscription [siʀkɔ̃skʀipsjɔ̃] n.f. (lat. *circumscriptio*, de *circumscribere* "tracer autour, limiter"). Division administrative, militaire, religieuse d'un territoire : *Créer de nouvelles circonscriptions électorales.*

circonscrire [siʀkɔ̃skʀiʀ] v.t. (lat. *circumscribere*, de *circum* "autour" et *scribere* "écrire") [conj. 99]. **- 1.** Tracer une limite autour : *Circonscrire un parc par des murs* (syn. délimiter, entourer). **- 2.** Limiter la propagation, l'extension d'un phénomène : *Circonscrire une épidémie, un incendie.* **- 3.** Définir les limites de qqch : *Vous devez apprendre à circonscrire votre sujet* (syn. cerner).

circonscrit, e [siʀkɔ̃skʀi, -it] adj. (de *circonscrire*). MATH. Se dit d'une courbe, en partic. d'un cercle, passant par tous les sommets d'un polygone, ou d'un polygone sur les côtés duquel sont situés les sommets d'un autre (appelé *polygone inscrit*).

circonspect, e [siʀkɔ̃spɛ, -ɛkt] ou [siʀkɔ̃spɛkt, -ɛkt] adj. (lat. *circumspectus*, de *circumspicere* "regarder autour"). Qui montre de la circonspection : *Cette mésaventure l'a rendue circonspecte* (syn. précautionneux, prudent).

circonspection [siʀkɔ̃spɛksjɔ̃] n.f. (lat. *circumspectio*, de *circumspicere* "regarder autour"). Prudence, réserve dans les actes ou les paroles : *Je vous recommande la circonspection dans cette affaire.*

circonstance [siʀkɔ̃stɑ̃s] n.f. (lat. *circumstantia*, de *circumstare* "se tenir autour"). **- 1.** Particularité qui accompagne un fait, une situation : *L'enquête établira les circonstances de l'accident* (syn. condition). **- 2.** État des choses à un moment donné : *Dans les circonstances actuelles* (syn. conjoncture, situation). **- 3.** De circonstance, adapté à la situation du moment : *Faire une tête de circonstance.*

circonstancié, e [siʀkɔ̃stɑ̃sje] adj. Dont les circonstances sont rapportées en détail : *Le compte-rendu circonstancié d'une réunion* (syn. détaillé).

circonstanciel, elle [siʀkɔ̃stɑ̃sjɛl] adj. **- 1.** Qui est lié aux circonstances : *Sa déclaration est*

purement circonstancielle. **- 2.** GRAMM. Se dit d'un complément prépositionnel (ou d'une subordonnée jouant ce rôle) qui indique dans quelle circonstance a lieu l'action (temps, lieu, cause, etc.).

circonvallation [siʀkɔ̃valasjɔ̃] n.f. (bas lat. *circumvallatio*, du class. *circumvallare* "entourer d'un retranchement"). Fortification établie par un assiégeant pour se garder contre une armée se portant au secours des assiégés.

circonvenir [siʀkɔ̃vniʀ] v.t. (lat. *circumvenire* "venir autour") [conj. 40]. Chercher par des manœuvres habiles à convaincre qqn, à obtenir qu'il agisse comme on le souhaite : *Tenter de circonvenir un témoin* (syn. manœuvrer).

circonvolution [siʀkɔ̃vɔlysjɔ̃] n.f. (lat. *circumvolvere* "rouler autour"). **- 1.** Enroulement, cercle autour d'un point central : *Les vautours décrivaient des circonvolutions au-dessus du corps de la gazelle* (syn. cercle). **- 2.** Circonvolutions cérébrales, replis sinueux de l'écorce cérébrale chez les mammifères.

circuit [siʀkɥi] n.m. (lat. *circuitus*, de *circuire* "faire le tour"). **- 1.** Itinéraire d'une épreuve sportive que les concurrents ont à parcourir une ou plusieurs fois : *Le circuit du Tour de France. Un circuit automobile.* **- 2.** Parcours touristique comportant plusieurs étapes et souvent balisé : *Faire le circuit des châteaux de la Loire* (syn. tournée). **- 3.** Itinéraire compliqué : *Quel circuit pour arriver chez eux !* **- 4.** Mouvement de circulation des biens financiers ou de consommation : *Le circuit des capitaux. Les circuits de distribution des fruits.* **- 5.** Jouet constitué d'un parcours fermé sur lequel on fait circuler des trains, des voitures. **- 6.** Ensemble de compétitions sportives (tennis et golf notamm.) dont les résultats sont pris en compte pour un classement professionnel. **- 7.** Ce qui a cours, qui est en circulation ; ensemble des éléments et des personnes qui comptent dans un domaine : *Être hors circuit* (= ne plus avoir cours, ne plus être au fait des choses). *Remettre qqch dans le circuit* (= en circulation). **- 8.** ÉLECTR., ÉLECTRON. Ensemble de conducteurs dans lequel peut passer un courant électrique. **- 9.** Circuit imprimé, support isolant rigide ou souple, qui porte les liaisons conductrices nécessaires à la connexion des diverses composantes d'un équipement électronique. ‖ Circuit intégré, circuit électronique réunissant dans une pastille de silicium les composants nécessaires à la réalisation d'une fonction électronique complexe. ‖ En circuit fermé, sans communication ni échange avec l'extérieur : *Fonctionner en circuit fermé.*

circulaire [siʀkylɛʀ] adj. (bas lat. *circularis*, du class. *circulus* "cercle"). **- 1.** Qui a la forme d'un cercle ; qui décrit un cercle : *Une piscine circulaire* (syn. rond). *Un mouvement circulaire* (syn. giratoire, rotatoire). **-2.** Qui ramène au point de départ : *Un voyage circulaire. Un raisonnement circulaire* (= un cercle vicieux). **-3.** MATH. *Fonctions circulaires,* fonctions trigonométriques (sinus, cosinus, etc.). ◆ n.f. Lettre, note tirée à plusieurs exemplaires et adressée à des destinataires différents pour leur communiquer les mêmes informations : *Distribuer une circulaire.*

circularité [siʀkylaʀite] n.f. État de ce qui est circulaire ; fait de revenir au point de départ : *La circularité d'un raisonnement.*

circulation [siʀkylasjɔ̃] n.f. (lat. *circulatio* "mouvement circulaire"). **-1.** Mouvement de ce qui circule : *La circulation de l'air se fait mal dans le tunnel. La circulation des denrées alimentaires. Mettre une nouvelle pièce en circulation* (= sur le marché). **-2.** Mouvement des véhicules se déplaçant sur les voies de communication ; ensemble des véhicules qui circulent : *En raison des travaux, la circulation se fait sur une seule file* (syn. passage). *Circulation dense, fluide* (syn. trafic). **-3.** Circulation atmosphérique, mouvement des grandes masses d'air dans la troposphère. ‖ Circulation monétaire, mouvement de la masse monétaire en un temps donné. ‖ Circulation sanguine, circulation du sang, mouvement du sang que le cœur envoie par les artères aux organes et qui revient des organes au cœur par les veines, après être passé par les capillaires.

circulatoire [siʀkylatwaʀ] adj. **-1.** Relatif à la circulation du sang : *Avoir des troubles circulatoires.* **-2.** Appareil circulatoire, ensemble des vaisseaux assurant la circulation du sang et de la lymphe (artères, capillaires, veines).

circuler [siʀkyle] v.i. (lat. *circulari,* de *circulus* "cercle"). **-1.** Se mouvoir de façon à revenir à son point de départ : *Le sang circule dans nos veines.* **-2.** Se déplacer sur des voies de communication : *On circule de plus en plus mal dans Paris* (syn. rouler). *Allez, circulez !* (= ne restez pas là). **-3.** Passer de main en main : *Des faux billets circulent dans le Sud-Est. Faites circuler le plateau de fromages.* **-4.** Se propager : *Des rumeurs alarmantes circulent déjà* (syn. courir, se répandre).

circumnavigation [siʀkɔmnavigasjɔ̃] n.f. Voyage maritime autour d'un continent, autour du globe.

circumpolaire [siʀkɔmpɔlɛʀ] adj. **-1.** Qui est ou qui se fait autour du pôle. **-2.** Étoile circumpolaire, étoile assez voisine du pôle céleste pour rester toujours au-dessus de l'horizon en un lieu donné.

circumterrestre [siʀkɔmtɛʀɛstʀ] adj. ASTRON. Qui entoure la Terre, se fait autour d'elle.

cire [siʀ] n.f. (lat. *cera*). **-1.** Substance molle et jaunâtre sécrétée par les abeilles, qui en font les rayons de leurs ruches. **-2.** Substance malléable qui provient de certains végétaux : *Palmiers à cire.* **-3.** Préparation à base de cire, animale ou végétale, et de solvants utilisée pour l'entretien du bois (meubles, parquets, etc.). **-4.** Cire à cacheter, composition de gomme-laque ou de résine et d'essence utilisée pour cacheter des lettres, des bouteilles.

ciré, e [siʀe] adj. Toile cirée, toile recouverte d'une composition vernissée qui la rend imperméable. (V. aussi *cirer*). ◆ ciré n.m. Vêtement imperméable en tissu paraffiné ou plastifié, porté spécial. par les marins.

cirer [siʀe] v.t. Enduire, frotter de cire, de cirage : *Cirer un parquet* (syn. encaustiquer). *Cirer ses chaussures.*

cireur, euse [siʀœʀ, -øz]] n. Personne dont la profession est de cirer ; personne qui cire : *Cireur de parquets, de chaussures.* ◆ cireuse n.f. Appareil électrique ménager destiné à l'entretien des parquets cirés.

cireux, euse [siʀø, -øz] adj. Dont la couleur jaunâtre rappelle celle de la cire : *Le teint cireux d'un malade* (syn. blafard, blême, terreux).

cirque [siʀk] n.m. (lat. *circus*). **-1.** ANTIQ. Enceinte à gradins où se disputaient les combats de gladiateurs et les courses de chars à Rome : *Les jeux du cirque* (syn. amphithéâtre, arène). **-2.** Enceinte circulaire où se donnent des spectacles équestres, acrobatiques, etc. ; ensemble des gens, du matériel nécessaires pour donner ces spectacles : *Aller au cirque. Le cirque vient de s'installer sur la place* (syn. chapiteau). **-3.** Dépression semi-circulaire, entourée de montagnes aux parois abruptes, située à l'amont d'une vallée glaciaire : *Le cirque de Gavarnie dans les Pyrénées.* **-4.** Dépression circulaire à la surface de la Lune ou de certaines planètes (syn. cratère). **-5.** FAM. Lieu où règnent le désordre et l'agitation : *Si tu voyais la maison la veille du départ en vacances, c'est le cirque !* (syn. chaos).

cirrhose [siʀoz] n.f. (du gr. *kirrhos* "roux"). Maladie du foie caractérisée par une altération des granulations roussâtres de cet organe : *Cirrhose alcoolique.*

cirrhotique [siʀɔtik] adj. et n. Relatif à la cirrhose ; atteint de cirrhose.

cirrus [siʀys] n.m. (mot lat. "filament"). Nuage blanc se formant entre 6 000 et 10 000 m et ayant l'aspect de bandes ou filaments isolés. □ Les cirrus forment avec les altocumulus un ciel pommelé qui précède généralement de peu l'arrivée du mauvais temps.

cisaille [sizaj] n.f. (lat. pop. *cisacula*, du rad. class. de *caedere* "couper"). Gros ciseaux servant à couper les métaux, à élaguer les arbres, etc. (On dit aussi *des cisailles*.)

cisaillement [sizajmɑ̃] n.m. Action de cisailler ; fait d'être cisaillé : *Le cisaillement d'une tôle.*

cisailler [sizaje] v.t. Couper avec des cisailles : *Cisailler une clôture de barbelés.*

cisalpin, e [sizalpɛ̃, -in] adj. Situé en deçà des Alpes par rapport à Rome (par opp. à *transalpin*).

ciseau [sizo] n.m. (lat. pop. *cisellus*, du rad. class. de *caedere* "couper"). - **1.** Outil formé d'une lame d'acier taillée en biseau à une extrémité et génér. munie d'un manche à l'autre, qui sert à travailler le bois, la pierre ou le métal : *Un ciseau de menuisier, de sculpteur.* - **2.** Au catch, prise consistant à saisir et à maintenir l'adversaire en croisant les jambes autour de son corps. ◆ **ciseaux** n.m. pl. - **1.** Instrument servant à couper, formé de deux lames tranchantes, croisées en X et mobiles autour d'un pivot : *Des ciseaux à bouts ronds.* - **2.** Mouvements des jambes que l'on écarte et rapproche comme les branches de ciseaux, pratiqué dans le saut en hauteur ainsi que dans divers mouvements de gymnastique : *Sauter en ciseaux.*

ciseler [sizle] v.t. (de *ciseau*) [conj. 25]. Sculpter délicatement et avec art : *Un coffret d'argent finement ciselé.*

ciseleur, euse [sizlœʀ, -øz]] n. Artiste, artisan qui cisèle.

ciselure [sizlyʀ] n.f. - **1.** Art du ciseleur. - **2.** Décor ciselé : *Une broche ornée de fines ciselures.*

ciste [sist] n.m. (gr. *kisthos*). Arbrisseau méditerranéen à fleurs blanches ou roses et dont une espèce fournit une résine aromatique utilisée en parfumerie. □ Ordre des papavérales.

cistercien, enne [sisteʀsjɛ̃, -ɛn] adj. et n. (lat. médiév. *cisterciensis*, de *Cistercium* [Cîteaux]). Qui appartient à l'ordre de Cîteaux : *Un moine cistercien.*

citadelle [sitadɛl] n.f. (it. *cittadella*, du lat. *civitas* "cité"). - **1.** Partie fortifiée de certaines villes. - **2.** Lieu, organisme où l'on défend certaines idées ; centre de résistance : *Ces départements sont des citadelles du socialisme* (syn. bastion).

citadin, e [sitadɛ̃, -in] adj. et n. (it. *cittadino*, du lat. *civitas* "cité"). Personne qui habite une ville : *Citadins qui aiment la campagne* (contr. rural). ◆ adj. De la ville : *La vie citadine* (syn. urbain ; contr. campagnard, rural).

citation [sitasjɔ̃] n.f. (lat. *citatio*). - **1.** Propos, écrit que l'on rapporte exactement : *Une*

citation écrite se met entre guillemets. - **2.** Récompense honorifique accordée à un militaire, à une unité consistant dans la proclamation de l'action d'éclat par laquelle ils se sont distingués : *Citation à l'ordre de la nation.* - **3.** Sommation de comparaître en justice en tant que défendeur ou témoin ; écrit par lequel on cite qqn en justice : *Recevoir une citation du juge.*

cité [site] n.f. (lat. *civitas*). - **1.** SOUT. Ville : *New York est une des plus grandes cités du monde* (syn. agglomération). - **2.** (Avec une majuscule). Partie la plus ancienne d'une ville : *La Cité de Londres, de Carcassonne.* - **3.** Groupe d'immeubles formant une agglomération plus ou moins importante, souvent dans la banlieue d'une ville et destiné au logement de certaines catégories de gens : *Une cité ouvrière. La cité universitaire.* - **4.** Dans l'Antiquité et au Moyen Âge, unité territoriale et politique constituée par une ville et ses environs : *Les cités grecques groupées sous la direction d'Athènes.* - **5.** Droit de cité, dans l'Antiquité, droit d'être admis au nombre des citoyens avec les prérogatives qui s'y attachent ; droit d'être intégré à un domaine déterminé : *Les mots vulgaires n'ont pas droit de cité dans notre dictionnaire.*

cité-dortoir [sitedɔʀtwaʀ] n.f. (pl. *cités-dortoirs*). Agglomération de banlieue, que les habitants quittent le matin pour aller travailler dans une grande ville, et qu'ils n'habitent véritablement que le soir.

cité-jardin [siteʒaʀdɛ̃] n.f. (pl. *cités-jardins*). Groupe d'immeubles d'habitation édifiés parmi des espaces verts.

citer [site] v.t. (lat. *citare*). - **1.** Reproduire exactement un texte ou les paroles de qqn : *Citer un vers de La Fontaine* (syn. rapporter). - **2.** Désigner avec précision : *Pouvez-vous citer cinq capitales européennes ?* (syn. énumérer, nommer). - **3.** Signaler les actions d'éclat de : *La brigade a été citée à l'ordre de l'armée.* - **4.** Sommer de se présenter devant un juge, un tribunal : *Elle a été citée devant le tribunal correctionnel* (syn. assigner).

citerne [sitɛʀn] n.f. (lat. *cisterna*, de *cista* "coffre"). - **1.** Réservoir pour recevoir et conserver les eaux pluviales. - **2.** Grosse cuve fermée destinée à stocker les liquides tels que des carburants, des vins ; son contenu. - **3.** Camion-citerne, wagon-citerne, v. à leur ordre alphabétique.

cithare [sitaʀ] n.f. (gr. *kithara*). Instrument de musique à cordes tendues sur une caisse de résonance dépourvue de manche.

citizen band [sitizœnbɑ̃d] n.f. (de l'angl. *citizen's band* "fréquence du public"). RADIOTECHN. Bande de fréquence, autour de 27 MHz, utilisée pour les communications entre particuliers (abrév. *C. B.* ; recomm. off. *bande publique*).

citoyen, enne [sitwajɛ̃, -ɛn]] n. (de *cité*). - **1.** Membre d'un État, considéré du point de vue de ses devoirs et de ses droits civils et politiques : *Les citoyens américains résidant en France* (syn. ressortissant). - **2.** Sous la Révolution, titre substitué à « monsieur », « madame ». - **3.** ANTIQ. Celui qui jouissait du droit de cité. - **4.** FAM. Individu suspect ou bizarre : *Un drôle de citoyen.*

citoyenneté [sitwajɛnte] n.f. Qualité de citoyen : *Demander la citoyenneté française* (syn. nationalité).

citrate [sitrat] n.m. Sel de l'acide citrique.

citrique [sitʀik] adj. **Acide citrique**, acide extrait du citron, des groseilles et de divers autres fruits.

citron [sitʀɔ̃] n.m. (bas lat. *citrum*). Fruit comestible du citronnier, d'un jaune pâle, renfermant un jus acide riche en vitamine C. ◆ adj. inv. Jaune clair.

citronnade [sitʀɔnad] n.f. Boisson préparée avec du jus ou du sirop de citron et de l'eau sucrée.

citronné, e [sitʀɔne] adj. Qui sent le citron ; où l'on a mis du jus de citron : *L'eau citronnée est désaltérante.*

citronnelle [sitʀɔnɛl] n.f. - **1.** Nom générique de graminées aromatiques des régions tropicales cultivées pour leurs huiles essentielles, qui sont utilisées en cuisine, en parfumerie, en pharmacie et en droguerie : *La citronnelle éloigne les moustiques.* - **2.** Liqueur faite d'une infusion de zestes de citron dans l'eau.

citronnier [sitʀɔnje] n.m. Arbrisseau produisant les citrons et dont le bois est utilisé en ébénisterie de luxe. □ Famille des rutacées.

citrouille [sitʀuj] n.f. (lat. médiév. *citrulus,* du bas lat. *citrium,* class. *citrus,* "cédrat"). Nom usuel de certaines courges. □ Famille des cucurbitacées.

cive [siv] n.f. (lat. *caepa* "oignon"). Syn. de *ciboule.*

civet [sivɛ] n.m. (de *cive,* ingrédient originel de ce ragoût). Ragoût de lièvre ou d'autre gibier, préparé avec une sauce au sang et au vin rouge.

1. civette [sivɛt] n.f. (it. *zibetto,* de l'ar.). - **1.** Petit mammifère carnivore à pelage gris orné de bandes noirâtres. □ Famille des viverridés ; long. 50 cm. - **2.** Sécrétion de la poche anale de cet animal, employée en parfumerie.

2. civette [sivɛt] n.f. (dimin. de *cive*). Syn. de *ciboulette.*

civière [sivjɛʀ] n.f. (lat. pop. *cibaria* "engin pour le transport des provisions", de *cibus*

"nourriture"). Brancards réunis par une toile pour porter des blessés, des fardeaux, etc.

1. civil, e [sivil] adj. (lat. *civilis,* de *civis* "citoyen"). - **1.** Qui concerne la collectivité des citoyens d'un État : *Les lois civiles. Les troubles civils.* - **2.** Dépourvu de caractère militaire ou religieux : *Vie civile* (contr. militaire). *Mariage, enterrement civil.* - **3.** Relatif aux rapports juridiques entre particuliers (par opp. à *correctionnel, criminel*) : *Tribunal civil.* - **4.** SOUT. Qui observe les convenances et les bonnes manières dans les relations sociales (syn. courtois, poli). - **5. Droit civil,** partie du droit privé qui concerne les rapports entre particuliers, en dehors de la répression des délits et des questions commerciales. ‖ **Droits civils,** droits garantis par la loi à tous les citoyens d'un État considérés comme personnes privées. - **6. État civil →** état. ‖ **Guerre civile.** Guerre entre citoyens d'un même pays. ‖ **Partie civile.** Personne qui intente une action devant un tribunal pour obtenir réparation d'un préjudice : *Se porter partie civile.*

2. civil [sivil] n.m. - **1.** Celui qui n'est ni militaire, ni religieux : *De nombreux civils ont été tués.* - **2.** Condition, état du civil : *Il est architecte dans le civil* (= en dehors de la vie militaire). - **3. En civil,** sans uniforme : *Policiers en civil.*

civilement [sivilmã] adv. - **1.** En matière civile, en droit civil : *Être civilement responsable. Se marier civilement* (= sans cérémonie religieuse). - **2.** LITT. Avec politesse.

civilisateur, trice [sivilizatœr, -tris] adj. et n. Qui développe, propage la civilisation.

civilisation [sivilizasjɔ̃] n.f. - **1.** Action de civiliser ; fait de se civiliser : *La civilisation de la Gaule par Rome.* - **2.** Ensemble des caractères propres à la vie intellectuelle, artistique, morale et matérielle d'une société humaine : *La civilisation grecque* (syn. culture).

civilisé, e [sivilize] adj. et n. Qui a atteint un certain degré d'évolution intellectuelle ou industrielle ; doté d'une civilisation.

civiliser [sivilize] v.t. (de *civil*). - **1.** Amener une société, un peuple à un état supérieur d'évolution culturelle et matérielle : *Les Grecs ont civilisé de nombreux pays méditerranéens.* - **2.** Adoucir le caractère de qqn ; raffiner ses manières. ◆ **se civiliser** v.pr. - **1.** Atteindre un certain degré de civilisation : *Les peuples anciens qui se civilisèrent sous l'influence de Rome.* - **2.** Acquérir des manières plus raffinées : *Personne qui se civilise au contact de ses collègues.*

civilité [sivilite] n.f. (lat. *civilitas* ; v. *civil*). LITT. Respect des convenances (syn. courtoisie, politesse). ◆ **civilités** n.f. pl. Paroles de politesse ; témoignages de considération : *Présenter ses civilités à qqn* (syn. **hommages**, **respects**).

civique [sivik] adj. (lat. *civicus*, de *civis* "citoyen"). - **1.** Qui concerne le citoyen et son rôle dans la vie politique : *Droits civiques*. - **2.** Propre au bon citoyen : *Avoir l'esprit civique*. - **3.** Éducation civique, enseignement destiné à préparer les élèves à leur rôle de citoyen.

civisme [sivism] n.m. (de *civique*). Dévouement envers la collectivité, l'État : *Faites preuve de civisme, votez !*

clac [klak] interj. (onomat.). Exprime un bruit sec, un claquement soudain.

clafoutis [klafuti] n.m. (du dialect. *clafir* "remplir"). Gâteau constitué par un mélange de pâte et de fruits, notamm. de cerises.

claie [klɛ] n.f. (gaul. *cleta*). - **1.** Treillis d'osier, à claire-voie, servant à faire égoutter des fromages ou sécher des fruits. - **2.** Clôture à claire-voie, en bois ou en métal.

1. **clair, e** [klɛʀ] adj. (lat. *clarus*). - **1.** Qui répand beaucoup de lumière ; qui reçoit beaucoup de lumière : *Une flamme claire s'éleva dans la cheminée* (syn. **lumineux**, **vif**). *Les nouveaux bureaux sont très clairs* (syn. **lumineux** ; contr. **sombre**). - **2.** Qui laisse passer la lumière : *L'eau claire de la rivière* (syn. **limpide**, **pur**). *Les anciens vitraux étaient moins clairs* (syn. **transparent** ; contr. **opaque**). *Par temps clair on voit le sommet* (= quand il n'y a ni brume ni nuages). - **3.** De couleur peu foncée : *Un teint clair* (contr. **mat**). *Des chemisiers bleu clair* (contr. **foncé**, **sombre**). - **4.** Qui est peu épais, peu consistant : *Une sauce, une soupe claire* (syn. **fluide** ; contr. **pâteux**). - **5.** En parlant d'un son, net, sonore, cristallin : *Une voix claire* (contr. **sourd**, **voilé**). - **6.** Qui a une signification, un sens nettement intelligibles : *Son exposé était très clair* (syn. **compréhensible** ; contr. **confus**). - **7.** Qui apparaît avec évidence : *Il est clair qu'elle n'a pas envie de venir* (syn. **évident**, **manifeste**). - **8.** Qui comprend rapidement, qui se fait bien comprendre : *Le conférencier n'était pas très clair* (contr. **ambigu**, **équivoque**). - **9.** C'est clair comme le jour, comme de l'eau de roche, c'est tout à fait évident. ◆ **clair** adv. Il fait clair, il fait grand jour, on y voit nettement. ‖ Parler clair, parler d'une voix bien timbrée, distinctement ; au fig., parler nettement et franchement. ‖ Voir clair, percevoir distinctement les objets ; au fig., comprendre nettement, juger avec pertinence.

2. **clair** [klɛʀ] n.m. - **1.** Clarté répandue par un astre : *Un beau clair de lune*. - **2.** En clair, sans recourir à un code secret, à un codage ou à

un décodeur : *Un message en clair. Une émission diffusée en clair.* ‖ Le plus clair de, l'essentiel de : *Passer le plus clair de son temps à rêvasser.* ‖ Mettre au clair, présenter sous une forme compréhensible : *Mettre ses idées, des notes au clair.* ‖ Tirer au clair, parvenir à comprendre, élucider une question obscure.

claire [klɛʀ] n.f. (de *clair*). - **1.** Bassin peu profond servant à l'élevage des huîtres. - **2.** Fine de claire, huître n'ayant séjourné en claire que quelques semaines (on dit aussi *une claire*).

clairement [klɛʀmɑ̃] adv. De façon nette, distincte, compréhensible : *J'ai clairement entendu un bruit de moteur* (syn. **nettement** ; contr. **vaguement**). *Répondre clairement à une question* (syn. **explicitement**).

clairet, ette [klɛʀɛ, -ɛt] adj. Se dit d'un vin rouge léger et peu coloré : *Un petit vin clairet.*

à claire-voie [klɛʀvwa] loc. adj. inv. Qui présente alternativement des espaces vides et des espaces pleins : *Des volets, une clôture à claire-voie* (= ajouré).

clairière [klɛʀjɛʀ] n.f. (de *clair*). Endroit dégarni d'arbres dans une forêt.

clair-obscur [klɛʀɔpskyʀ] n.m. (pl. *clairs-obscurs*). Effet d'opposition des parties claires et des parties sombres dans une peinture, une gravure, un dessin : *Les clairs-obscurs de Rembrandt.*

clairon [klɛʀɔ̃] n.m. (de *clair*). - **1.** Instrument de musique à vent, sans clé ni piston, en usage surtout dans l'armée. - **2.** Musicien, militaire qui joue de cet instrument.

claironnant, e [klɛʀɔnɑ̃, -ɑ̃t] adj. Qui a le timbre clair et puissant du clairon : *Une voix claironnante.*

claironner [klɛʀɔne] v.i. (de *clairon*). Parler d'une voix retentissante. ◆ v.t. Proclamer bruyamment ; faire savoir avec éclat : *Elle est allée claironner partout ce que nous avions décidé.*

clairsemé, e [klɛʀsəme] adj. (de *clair* et *semer*). - **1.** Répandu de-ci, de-là, peu serré : *Un bouquet d'arbres clairsemés* (contr. **dense**). - **2.** Peu nombreux et dispersé : *Un auditoire clairsemé.*

clairvoyance [klɛʀvwajɑ̃s] n.f. Vue claire et pénétrante des choses : *Faire preuve de clairvoyance* (syn. **lucidité**, **perspicacité**).

clairvoyant, e [klɛʀvwajɑ̃, -ɑ̃t] adj. - **1.** DIDACT. Qui a une vue normale par opp. à *non-voyant, aveugle*). - **2.** Qui manifeste du discernement : *À l'avenir, soyez plus clairvoyant* (syn. **avisé**, **perspicace**).

clam [klam] n.m. (mot angl. *to clam* "serrer"). Mollusque bivalve comestible qui vit enfoui dans le sable des plages de l'Atlantique.

clamer [klame] v.t. (lat. *clamare*). LITT. Exprimer en termes violents ou par des cris : *Le public clamait son indignation* (syn. crier). *Clamer son innocence* (syn. proclamer).

clameur [klamœʀ] n.f. (lat. *clamor*). Cri collectif, plus ou moins confus, exprimant un sentiment vif : *Lorsque la vedette entra en scène, une clameur monta de la foule.*

clan [klɑ̃] n.m. (mot angl., gaélique *clann* "descendance"). - **1.** Tribu écossaise ou irlandaise, formée d'un certain nombre de familles. - **2.** Groupe fermé de personnes réunies par une communauté d'intérêts ou d'opinions (surtout péjor.) : *Rejoindre le clan adverse* (syn. camp, parti).

clandestin, e [klɑ̃dɛstɛ̃, -in] adj. (lat. *clandestinus*, de *clam* "en secret"). - **1.** Qui se fait en cachette : *L'opposition devait tenir des réunions clandestines* (syn. secret). - **2.** Qui agit, qui est fait en dehors des lois : *Commerce clandestin de cigarettes* (syn. illicite, prohibé). - **3.** Passager clandestin, passager embarqué à bord d'un navire, d'un véhicule à l'insu de l'équipage, du personnel.

clandestinement [klɑ̃dɛstinmɑ̃] adv. De façon clandestine : *Passer clandestinement la frontière.*

clandestinité [klɑ̃dɛstinite] n.f. - **1.** Caractère de ce qui est caché, clandestin : *La clandestinité de leurs rendez-vous* (syn. secret). - **2.** Situation d'une personne qui mène une existence clandestine : *Passer dans la clandestinité.*

clapet [klapɛ] n.m. (de *clap(p)er* "frapper", du rad. onomat. *klapp-* ; v. *clapoter*). Soupape qui se lève ou s'abaisse pour permettre ou empêcher le passage d'un fluide dans une pompe, un moteur, certains instruments de musique.

clapier [klapje] n.m. (mot prov. "tas de pierres"). Cabane où l'on élève des lapins domestiques.

clapir [klapiʀ] v.i. (var. de *glapir*) [conj. 32]. Crier, en parlant d'un lapin.

clapotement [klapɔtmɑ̃] et **clapotis** [klapɔti] n.m. Bruit léger produit par l'agitation de l'eau : *Le clapotement des vagues sur la coque du bateau à l'ancre.*

clapoter [klapɔte] v.i. (d'un rad. onomat. *klapp-* représentant un bruit sec). Produire un bruit léger, en parlant des vagues : *La mer clapote au pied de la falaise.*

clappement [klapmɑ̃] n.m. (de *clap(p)er* ; v. *clapet*). Bruit sec de la langue quand on la détache du palais.

claquage [klakaʒ] n.m. (de *claquer*). Distension d'un ligament, d'un muscle, pouvant aller jusqu'à la rupture ; froissement : *Les sprinters sont souvent victimes de claquages.*

1. claque [klak] n.f. (de *claquer*). - **1.** Coup donné du plat de la main : *Recevoir, donner une claque* (syn. gifle). - **2.** Groupe de personnes payées pour applaudir un spectacle et entraîner les applaudissements du public. - **3.** CAN. Chaussure légère en caoutchouc protégeant le soulier contre la boue. - **4.** FAM. En avoir sa claque, être épuisé, excédé. ‖ FAM. Prendre ses claques et ses cliques → cliques. ‖ FAM. Tête à claques, personne déplaisante.

2. claque [klak] n.m. (de *1. claque*). Chapeau haut de forme à ressorts qui s'aplatit (syn. gibus). [On dit aussi *un chapeau claque*.]

claquement [klakmɑ̃] n.m. Bruit de ce qui claque : *Les claquements du fouet du dompteur.*

claquemurer [klakmyʀe] v.t. (de l'anc. fr. à *claquemur* "en un lieu si étroit que le mur claque"). Enfermer étroitement : *Claquemurer des prisonniers.* ◆ **se claquemurer** v.pr. S'enfermer chez soi : *Depuis la mort de son mari, elle se claquemure* (syn. se cloîtrer).

claquer [klake] v.i. (rad. onomat. *klakk-*, var. de *klapp-* ; v. *clapoter*). - **1.** Produire un bruit sec : *Les drapeaux claquaient au vent. Les volets claquent contre le mur.* - **2.** FAM. Se casser ; devenir inutilisable : *Verre, ficelle qui claque.* - **3.** Claquer des dents, avoir très froid, grelotter. ◆ v.t. - **1.** Fermer avec un bruit sec : *Elle claque toujours la porte.* - **2.** Frapper du plat de la main : *Claquer qqn* (syn. gifler). - **3.** FAM. Fatiguer : *Cette marche au soleil m'a claqué* (syn. éreinter). - **4.** FAM. Dépenser sans mesure : *Il a claqué tout son héritage* (syn. dilapider, dissiper). ◆ **se claquer** v.pr. - **1.** FAM. Se fatiguer jusqu'à l'épuisement : *Elle s'est claquée à vouloir nous rattraper* (syn. s'épuiser). - **2.** Se claquer un muscle, se faire un claquage musculaire.

claqueter [klakte] v.i. (de *claquer*) [conj. 27]. Syn. de *craqueter.*

claquettes [klakɛt] n.f. pl. (de *claquer*). Style de danse d'origine américaine, dans lequel la pointe et le talon de la chaussure, munis de lames métalliques, jouent le rôle d'instruments à percussion : *Faire des claquettes.*

clarification [klaʀifikasjɔ̃] n.f. Action de clarifier : *La clarification de la situation* (syn. éclaircissement).

clarifier [klaʀifje] v.t. (lat. ecclés. *clarificare* "glorifier", du class. *clarus* "illustre") [conj. 9]. Rendre plus clair pour l'esprit : *La reprise de l'ordre du jour a permis de clarifier la discussion* (syn. débrouiller, éclaircir).

clarine [klaʀin] n.f. (de *clair*). Clochette qu'on pend au cou des animaux à l'alpage.

clarinette [klaʀinɛt] n.f. (du prov. *clarin* "hautbois", de *clar* "clair"). Instrument à vent, à clés et à anche simple, de la catégorie des bois.

clarinettiste [klaʀinetist] n. Joueur de clarinette.

clarisse [klaʀis] n.f. (du n. de *sainte Claire*). Religieuse de l'ordre contemplatif fondé par saint François d'Assise et sainte Claire (1212).

clarté [klaʀte] n.f. (lat. *claritas*). - **1.** Lumière, éclairage permettant de distinguer assez nettement les objets : *La lampe répand une douce clarté* (syn. luminosité). - **2.** Qualité de ce qui est clair, transparent, limpide : *La clarté de l'appartement nous a séduits* (syn. luminosité). *La clarté de l'eau de la source* (syn. limpidité, transparence). - **3.** Qualité de ce qui est aisément intelligible ; qualité d'une personne qui se fait facilement comprendre : *La clarté d'un raisonnement. S'exprimer avec clarté* (syn. netteté, précision). ◆ **clartés** n.f. pl. Connaissances générales ; renseignements permettant d'éclaircir des points obscurs.

clash [klaʃ] n.m. (mot angl.) [pl. *clashs* ou *clashes*]. FAM. Rupture, conflit, désaccord brutaux et violents : *Le clash entre les syndicats et le gouvernement paraît inévitable.*

classe [klas] n.f. (lat. *classis* "classe de citoyens"). - **1.** Catégorie de personnes ayant mêmes intérêts, même condition sociale ou même rang hiérarchique ; ensemble de choses ayant des traits communs : *S'adresser à une certaine classe de lecteurs* (syn. catégorie). *La classe ouvrière. Peut-on ranger la country et la pop dans la même classe ? Les classes grammaticales* (= parties du discours). - **2.** Rang attribué à qqn, à qqch selon un ordre de valeur, d'importance, de talent ; spécial., catégorie de la place d'un voyageur dans un transport en commun : *C'est un musicien de classe internationale. Descendre dans un hôtel de première classe. Voyager en seconde classe, en classe touriste.* - **3.** Chacune des grandes divisions d'un embranchement d'êtres vivants, elle-même subdivisée en ordres : *La classe des oiseaux, des insectes.* - **4.** Ensemble des jeunes atteignant la même année l'âge du service militaire : *La classe 1992 a été appelée sous les drapeaux.* - **5.** Chacun des degrés de l'enseignement primaire et secondaire : *Entrer en classe de seconde. Redoubler une classe.* - **6.** Groupe d'élèves qui suivent le même enseignement dans une même salle : *Toute la classe s'est levée. Le plus âgé de la classe.* - **7.** Enseignement dispensé ; séance de travail scolaire : *Faire classe, faire la classe* (syn. cours). *Je n'ai pas classe demain. Livre de classe.* - **8.** Salle où est dispensé l'enseignement. - **9.** Distinction, valeur, qualité exceptionnelle de qqn ou de qqch : *Une actrice qui a de la classe* (syn. élégance, raffinement). *Leur maison a beaucoup de classe.* - **10.** Classe de mer, classe de neige, classe verte ou classe de nature, séjour à la mer, à la montagne, à la campagne d'une classe d'écoliers avec leur instituteur. ‖ **Classe politique,** ensemble des hommes politiques d'un pays supposés constituer une entité particulière. ‖ **En classe,** à l'école : *Ils ne vont pas en classe le samedi.* ‖ **Faire ses classes,** recevoir les premiers éléments de l'instruction militaire ; au fig., acquérir une certaine expérience dans un domaine. ‖ **Lutte des classes** → lutte. ‖ MATH. **Classe d'équivalence,** dans un ensemble muni d'une relation d'équivalence, chacun des sous-ensembles formés par les éléments équivalents entre eux deux à deux.

classement [klasmã] n.m. - **1.** Action de classer des objets, des personnes, selon un certain ordre ; manière dont ils sont classés ; ordre dans lequel on les range : *Classement alphabétique.* - **2.** Rang dans lequel une personne est classée : *Quel est ton classement ?*

classer [klase] v.t. (de *classe*). - **1.** Ranger par catégories ou dans un ordre déterminé : *Classer des documents. Classer des mots en ordre alphabétique.* - **2.** Faire entrer dans une catégorie : *On classe la baleine parmi les mammifères. Tableau classé au nombre des chefs-d'œuvre de la peinture.* - **3.** Juger une fois pour toutes de façon péjorative : *Après cette affaire, je l'ai classé* (syn. cataloguer). - **4.** Classer une affaire, la considérer comme réglée. ‖ **Classer un monument,** le déclarer d'intérêt historique et placer sa sauvegarde sous le contrôle de l'État. ◆ **se classer** v.pr. Obtenir un certain rang dans une compétition : *Se classer parmi les premiers.*

classeur [klasœʀ] n.m. - **1.** Chemise en papier ou en carton servant à ranger des documents. - **2.** Meuble à compartiments où l'on range des papiers, des dossiers.

classicisme [klasisism] n.m. - **1.** Caractère de ce qui est classique, conforme à une certaine tradition : *Faire preuve de classicisme dans ses goûts* (syn. conformisme ; contr. fantaisie). - **2.** Ensemble de tendances et de théories qui se manifestent en France sous le règne de Louis XIV et qui s'expriment dans de nombreuses œuvres littéraires ou artistiques considérées comme des modèles : *Le romantisme s'est affirmé en opposition au classicisme.*

classification [klasifikasjɔ̃] n.f. Répartition par classes, par catégories selon une certaine logique : *Une classification scientifique des animaux* (syn. classement).

classifier [klasifje] v.t. (de *classe* et *-fier*) [conj. 9]. Procéder à la classification de : *Classifier la production littéraire d'une époque* (syn. classer, répertorier).

1. classique [klasik] adj. (lat. *classicus* "qui appartient à la première classe de citoyens"). - **1.** En littérature, qui appartient au courant dominant en France au XVIIᵉ s., notamm. après 1660 (par opp. à *baroque* et à *romantique*) : *Le théâtre classique. Les grands dramaturges classiques (Corneille, Molière, Racine).* -**2.** Dans les beaux-arts, qui appartient à la période s'étendant, en France, du XVIᵉ au XVIIIᵉ s. et qui s'inspire plus ou moins de l'Antiquité gréco-latine : *Le palais de Versailles est un bel exemple d'architecture classique.* -**3.** Qui appartient à l'Antiquité grecque (notamm. au siècle de Périclès) ou romaine (notamm. au siècle d'Auguste) : *Cicéron et Virgile sont des écrivains classiques.* -**4.** Qui comporte l'enseignement de la langue et de la littérature grecques et latines : *Les études classiques* (contr. *moderne, technique*). -**5.** Conforme à une tradition ; qui évite les innovations hardies : *Un costume de coupe classique.* -**6.** Qui ne surprend pas ; à quoi on peut s'attendre : *L'évanouissement est classique lors d'une fracture du crâne.* -**7.** Qui fait autorité ; qui est un modèle du genre : *C'est une référence classique dans le domaine de la linguistique.* -**8.** *Danse classique,* danse (incluse dans les beaux-arts) dont les mouvements, soumis à un code précis (par opp. à la *danse libre* préconisée par Isadora Duncan), font l'objet d'un enseignement chorégraphique. (On dit aussi *danse académique.*) ‖ *Français classique,* état de la langue française telle qu'elle fut utilisée à la période classique (de la fin du XVIᵉ s. au milieu du XVIIIᵉ s.). ‖ *Musique classique,* musique illustrée en partie par les grands compositeurs de la tradition occidentale. [On dit aussi, fam., *grande musique.*]

2. **classique** [klasik] n.m. -**1.** Écrivain ou artiste de l'Antiquité, ou qui s'est inspiré de l'Antiquité (notamm. en France au XVIIᵉ s.). -**2.** Partisan du classicisme. -**3.** Auteur, ouvrage qui peut servir de modèle, dont la valeur est universellement reconnue : *Un classique du jazz. Les classiques du cinéma.* -**4.** Art classique ; musique classique : *Je préfère le classique.*

classiquement [klasikmɑ̃] adv. Conformément à la norme, à l'habitude : *Interpréter un rôle classiquement.*

claudication [klodikasjɔ̃] n.f. SOUT. Action de boiter : *Une légère claudication.*

claudiquer [klodike] v.i. (lat. *claudicare,* de *claudus* "boiteux"). LITT. Boiter : *Son rhumatisme au genou le fait claudiquer.*

clause [kloz] n.f. (lat. *clausa,* de *claudere* "clore"). -**1.** Disposition particulière d'un acte, d'un contrat : *Une des clauses de traité stipule que les droits de douane seront abolis* (syn. article). -**2.** *Clause de style,* clause commune aux actes juridiques de même nature ; au fig., disposition sans importance dont on n'envisage pas l'application.

claustral, e, aux [klostral, -o] adj. (lat. *claustralis,* de *claustrum* "cloître"). Propre à un cloître : *La discipline claustrale.*

claustration [klostrasjɔ̃] n.f. -**1.** Action d'enfermer dans un cloître ; fait d'être enfermé : *Moniales qui vivent dans la claustration.* -**2.** Enfermement dans un lieu clos, à l'écart du monde : *Longue claustration due à la maladie.*

claustrer [klostre] v.t. (du rad. de *claustral*). -**1.** Enfermer dans un cloître : *Moines claustrés.* -**2.** Enfermer dans un endroit clos et isolé : *Son éditeur l'a claustrée à la campagne pour qu'elle termine son roman* (syn. claquemurer, cloîtrer).

claustrophobie [klostrofɔbi] n.f. (de *claustrer* et *-phobie*). Angoisse maladive de se trouver dans un espace clos. ◆ **claustrophobe** adj. et n. Atteint de claustrophobie.

clavaire [klaver] n.f. (du lat. *clava* "massue"). Champignon des bois, comestible, caractérisé par de nombreuses tiges dressées. □ Classe des basidiomycètes.

claveau [klavo] n.m. (du rad. du lat. *clavis* "clef"). Pierre d'une plate-bande, d'un arc, d'une voûte taillée en forme de coin (syn. voussoir).

clavecin [klavsɛ̃] n.m. (lat. médiév. *clavicymbalum,* du class. *clavis* "clef" et *cymbalum* "cymbale"). Instrument de musique à cordes métalliques pincées et à un ou à plusieurs claviers.

claveciniste [klavsinist] n. Personne qui joue du clavecin.

clavette [klavet] n.f. (du rad. du lat. *clavis* "clef"). Cheville, ordinairement métallique, servant à assembler deux pièces.

clavicorde [klavikɔrd] n.m. Instrument à clavier et à cordes frappées, ancêtre du piano.

clavicule [klavikyl] n.f. (lat. *clavicula,* dimin. de *clavis* "clef"). Chacun des deux os longs faisant partie de la ceinture scapulaire et s'étendant du sternum à l'omoplate.

clavier [klavje] n.m. (du rad. du lat. *clavis* "clef"). Ensemble des touches d'un accordéon, d'un piano, d'un orgue, d'un clavecin, d'une machine à écrire, d'un ordinateur.

claviste [klavist] n. (de *clavier*). Personne qui, dans une imprimerie ou une maison d'édition, effectue la saisie sur clavier d'un texte en vue de sa composition.

clayette [klejet] n.f. (dimin. de *claie*). Étagère amovible à claire-voie : *Clayettes d'un réfrigérateur.*

clayon [klejɔ̃] n.m. Petite claie pour faire égoutter les fromages, faire sécher les fruits, etc.

clé n.f. → clef.

clean [klin] adj. inv. (mot angl. "propre"). FAM. Qui est net, strict, sans débraillé.

clef ou **clé** [kle] n.f. (lat. *clavis*). - **1.** Pièce métallique qu'on introduit dans une serrure pour l'actionner : *Fermer une porte à clef.* - **2.** Nom de divers outils servant à serrer ou à desserrer des écrous : *Clef à molette. Clef anglaise.* - **3.** Instrument servant à ouvrir ou à fermer divers objets : *Clef à sardines* (= qui sert à ouvrir des boîtes de sardines). - **4.** Pièce mobile qui ouvre ou bouche les trous d'un instrument de musique à vent. - **5.** Position stratégique qui commande un accès : *Gibraltar est la clef de la Méditerranée.* - **6.** Moyen de parvenir à un résultat : *La ténacité est la clef du succès.* - **7.** Renseignement qu'il faut connaître pour comprendre le sens d'une allusion, pour résoudre une difficulté : *Roman, pièce, film à clefs* (= dont les personnages correspondent à des personnages réels). *Je crois avoir trouvé la clef du mystère* (syn. solution). - **8.** MUS. Signe mis au début d'une portée et qui détermine le nom des notes : *Clef de fa, de sol, d'ut.* - **9.** Prise qui immobilise l'adversaire en sports de lutte et au judo. - **10.** Clef de voûte, pierre centrale d'une voûte qui, placée la dernière, maintient toutes les autres ; au fig., point essentiel sur lequel repose une théorie, un raisonnement. ‖ Clef(s) en main, vendu entièrement terminé, prêt à être utilisé, en parlant d'un logement, d'un véhicule, d'une entreprise. ‖ Mettre la clef sous la porte, déménager furtivement. ‖ Prendre la clef des champs, s'échapper, prendre sa liberté. ‖ Sous clef, dans un endroit fermé à clef ; en prison, sous les verrous. ◆ adj. Qui joue un rôle essentiel ; dont tout dépend : *Les industries clefs. Occuper un poste clef.*

clématite [klematit] n.f. (lat. *clematitis*, du gr. *klêma* "sarment"). Plante grimpante à tiges ligneuses, dont il existe des espèces sauvages et des espèces cultivées. □ Famille des renonculacées.

clémence [klemɑ̃s] n.f. (lat. *clementia*). - **1.** Sentiment de générosité qui porte à pardonner : *L'avocat a fait appel à la clémence du juge* (syn. indulgence). - **2.** Douceur du climat : *La clémence de la température* (contr. rigueur).

clément, e [klemɑ̃, -ɑ̃t] adj. (lat. *clemens*). - **1.** Porté à pardonner, à ne pas punir avec rigueur : *Le proviseur a été clément avec les chahuteurs* (syn. indulgent ; contr. sévère). - **2.** Dont la température, le climat sont agréables : *Nous avons eu un hiver clément* (contr. rigoureux).

clémentine [klemɑ̃tin] n.f. (du nom de P. *Clément*, qui obtint le fruit en 1902). Variété de mandarine.

clenche [klɑ̃ʃ] n.f. (frq. *klinka*). Pièce principale du loquet d'une porte, qui tient la porte fermée.

clepsydre [klɛpsidʀ] n.f. (gr. *klepsudra*). Horloge antique, d'origine égyptienne, mesurant le temps par un écoulement régulier d'eau dans un récipient gradué.

cleptomane n., **cleptomanie** n.f. → kleptomane, kleptomanie.

clerc [klɛʀ] n.m. (lat. ecclés. *clericus*, de *clerus* "clergé", gr. *klêros*, proprement "ce qu'on obtient par le sort"). - **1.** Celui qui est entré dans l'état ecclésiastique (syn. ecclésiastique). - **2.** Employé d'une étude de notaire, d'avoué, etc. - **3.** Pas de clerc, bévue, maladresse.

clergé [klɛʀʒe] n.m. (lat. ecclés. *clericatus*, de *clericus* ; v. clerc). Ensemble des ecclésiastiques d'une religion : *Le clergé catholique, orthodoxe.*

clergyman [klɛʀdʒiman] n.m. (mot angl., de *clergy* "clergé" et *man* "homme") [pl. *clergymans* ou *clergymen*]. - **1.** Pasteur du culte anglican. - **2.** Habit de clergyman, tenue ecclésiastique se rapprochant de la tenue civile et adoptée par les prêtres catholiques.

clérical, e, aux [klerikal, -o]] adj. (lat. ecclés. *clericalis*, de *clericus* ; v. clerc). Propre au clergé ; favorable au clergé.

cléricalisme [klerikalism] n.m. (de *clérical*). Ensemble d'opinions favorables à l'intervention du clergé dans les affaires publiques.

clic [klik] interj. (onomat.). Exprime un claquement sec : *Clic, la photo est prise !*

cliché [kliʃe] n.m. (de *clicher*, var. de l'anc. v. *cliquer* "faire un bruit sec", d'orig. onomat.). - **1.** Image photographique négative, servant à tirer les épreuves positives. - **2.** IMPR. Plaque portant en relief l'empreinte d'une composition typographique en vue de son impression. - **3.** Expression toute faite, idée banale exprimée souvent et dans les mêmes termes (= lieu commun).

client, e [klijɑ̃, -ɑ̃t] n. (lat. *cliens, -entis* "le protégé" puis "le vassal"). Personne qui reçoit de qqn, contre paiement, des fournitures ou des services : *Les clients d'un magasin* (syn. acheteur). *Les clients d'un médecin* (syn. malade, patient).

clientèle [klijɑ̃tɛl] n.f. - **1.** Ensemble des clients : *La clientèle d'un médecin.* - **2.** Fait d'être client de : *Accorder, retirer sa clientèle à qqn.* - **3.** Ensemble des partisans, des électeurs d'un parti ou d'un homme politique.

clientélisme [klijɑ̃telism] n.m. Fait, pour un homme ou un parti politique, de chercher à élargir son influence par des procédés plus ou moins démagogiques (péjor.).

clignement [kliɲmɑ̃] n.m. Action de cligner : *D'un clignement d'œil, elle m'indiqua qu'elle avait compris.*

cligner [kliɲe] v.t. et v.t. ind. [de] (lat. *cludere* "fermer"). - **1.** Fermer à demi les yeux pour mieux distinguer, ou sous l'effet de la lumière, du vent, etc. : *La vive lumière les fit cligner des yeux* (syn. papilloter). - **2.** Cligner de l'œil, faire signe de l'œil à qqn. ◆ v.i. S'ouvrir et se fermer rapidement, de manière réflexe : *Yeux qui clignent sans cesse.*

clignotant, e [kliɲɔtɑ̃, -ɑ̃t] adj. Qui clignote : *Lumière clignotante. Feu (de circulation) clignotant.* ◆ **clignotant** n.m. - **1.** Dispositif à lumière intermittente, qui, sur un véhicule, sert à signaler un changement de direction : *Mettre son clignotant avant de tourner.* - **2.** Signe indicateur d'une détérioration de la situation économique ou d'une hausse trop importante des prix.

clignotement [kliɲɔtmɑ̃] n.m. - **1.** Mouvement saccadé et rapide des paupières (syn. battement). - **2.** Fait, pour une lumière, de s'allumer et de s'éteindre à des intervalles rapprochés : *Le clignotement du feu orange au carrefour.*

clignoter [kliɲɔte] v.i. (de *cligner*). - **1.** Ouvrir et fermer involontairement les yeux, les paupières, à de brefs intervalles (syn. ciller, cligner, papilloter). - **2.** S'allumer et s'éteindre à de brefs intervalles : *Lumière qui clignote dans le lointain.*

climat [klima] n.m. (lat. *clima, -atis*, gr. *klima* "inclinaison"). - **1.** Ensemble des phénomènes météorologiques (température, pression, vents, précipitations) qui caractérisent l'état de l'atmosphère et son évolution en un lieu donné : *La France a un climat tempéré.* - **2.** Ensemble des conditions de vie, des circonstances dans lesquelles on vit : *Un climat de confiance s'est instauré entre les négociateurs* (syn. ambiance). *Le climat politique* (syn. atmosphère).

climatique [klimatik] adj. - **1.** Relatif au climat. - **2.** Station climatique, station réputée pour l'action bienfaisante de son climat.

climatisation [klimatizasjɔ̃] n.f. Ensemble des moyens permettant de maintenir l'atmosphère d'un endroit clos à une pression, à un degré d'humidité et à une température donnés.

climatiser [klimatize] v.t. Assurer la climatisation d'un lieu fermé : *Salle de cinéma climatisée.*

climatiseur [klimatizœr] n.m. Appareil permettant d'obtenir la climatisation d'un lieu clos.

climatologie [klimatɔlɔʒi] n.f. Étude scientifique des climats.

clin d'œil [klɛ̃dœj] n.m. (pl. *clins d'œil*). - **1.** Mouvement rapide de la paupière que l'on fait en direction de qqn, en signe d'intelligence ou de connivence : *Il ne cesse de me faire des clins d'œil.* - **2.** En un clin d'œil, très rapidement.

clinicien, enne [klinisjɛ̃, -ɛn] n. (de 1. *clinique*). Médecin qui étudie les maladies par l'observation directe des malades.

1. **clinique** [klinik] adj. (lat. *clinicus*, du gr. *klinê* "lit"). - **1.** Qui se fait d'après l'examen direct du malade : *Diagnostic clinique.* - **2.** Signe clinique, signe, symptôme que le médecin peut déceler par la vue, le toucher.

2. **clinique** [klinik] n.f. (de 1. *clinique*). - **1.** Établissement hospitalier privé, génér. réservé à la chirurgie et à l'obstétrique. - **2.** Chef de clinique, médecin désigné par concours pour assurer, dans un service d'hôpital, l'enseignement des stagiaires.

1. **clinquant** [klɛ̃kɑ̃] n.m. (de l'anc. fr. *clinquer* "faire du bruit"). - **1.** Mauvaise imitation de pierreries, de métal précieux : *Un collier en clinquant.* - **2.** Faux brillant, éclat trompeur : *Le clinquant d'une conversation* (syn. vernis).

2. **clinquant, e** [klɛ̃kɑ̃, -ɑ̃t] adj. (de 1. *clinquant*). Qui a trop d'éclat ; qui a du brillant mais peu de valeur : *Des phrases clinquantes* (syn. ronflant).

1. **clip** [klip] n.m. (mot angl. "pince"). Pince à ressort sur laquelle est monté un bijou (boucle d'oreille, broche, etc.) ; ce bijou lui-même.

2. **clip** [klip] n.m. (mot angl. "extrait"). Court-métrage cinématographique ou vidéo qui illustre une chanson, qui présente le travail d'un artiste (syn. vidéo-clip). [Recomm. off. *bande promo* ou *promo*.]

clique [klik] n.f. (de l'anc. v. *cliquer* ; v. *cliché*). - **1.** FAM. Groupe de personnes qui s'unissent pour intriguer ou nuire (péjor.) : *Une clique de politiciens et de généraux* (syn. bande, coterie). - **2.** Ensemble des tambours et des clairons d'une musique militaire.

cliquer [klike] v.i. (de *clic*). Actionner la souris d'un micro-ordinateur.

cliques [klik] n.f. pl. (orig. onomat. [sens région. : "sabots"]). FAM. Prendre ses cliques et ses claques, s'en aller en emportant tout ce qu'on a.

cliquet [klikɛ] n.m. (de l'anc. v. *cliquer* ; v. *cliché*). Petit levier destiné à ne permettre le mouvement d'une roue dentée que dans un seul sens.

cliqueter [klikte] v.i. (de l'anc. v. *cliquer* ; v. *cliché*) [conj. 27]. Faire du bruit en s'entrechoquant : *Ses bracelets cliquettent à son poignet.*

cliquetis [klikti] et **cliquètement** [kliktmā] n.m. Bruit répété produit par des corps qui s'entrechoquent : *Le cliquetis des couverts dans un restaurant.*

clisse [klis] n.f. (de *éclisse*). - **1.** Claie pour égoutter les fromages. - **2.** Enveloppe d'osier, de jonc, pour bouteilles.

clitoridien, enne [klitɔRidj, -n] adj. Du clitoris.

clitoris [klitɔRis] n.m. (gr. *kleitoris*). Petit organe érectile situé à la partie supérieure de la vulve, chez la femme.

clivage [klivaʒ] n.m. - **1.** Action de cliver ; fait de se cliver : *Le clivage de l'ardoise.* - **2.** Distinction entre deux groupes de personnes selon un certain critère : *Un certain clivage s'opère entre les ouvriers spécialisés et les manœuvres.*

cliver [klive] v.t. (néerl. *klieven*). Fendre un minéral, un cristal, par couches ou lames. ◆ **se cliver** v.pr. Se séparer en couches ; se scinder, être divisé en parties distinctes.

cloaque [klɔak] n.m. (lat. *cloaca* "égout"). - **1.** Réceptacle des immondices, des eaux usées ; endroit très sale (syn. bourbier). - **2.** Orifice commun des voies urinaires, intestinales et génitales de certains vertébrés (notamm. des oiseaux).

clochard, e [klɔʃaR, -aRd] n. (de *2. clocher*). FAM. Personne qui n'a ni travail ni domicile et vit de mendicité.

clochardisation [klɔʃaRdizasjɔ̃] n.f. Action de clochardiser ; fait de se clochardiser.

clochardiser [klɔʃaRdize] v.t. (de *clochard*). Réduire aux conditions de vie les plus misérables. ◆ **se clochardiser** v.pr. Se trouver privé de ressources, de domicile et peu à peu marginalisé.

1. cloche [klɔʃ] n.f. (bas lat. *clocca*, mot d'orig. celtique). - **1.** Instrument de métal, génér. en bronze, dont la forme évoque celle d'une coupe renversée et que l'on fait résonner en frappant sa surface extérieure avec un marteau ou sa surface intérieure avec un battant : *La cloche de l'église sonne les heures.* - **2.** Couvercle en verre, en métal ayant la forme d'une cloche : *Cloche à fromage. Cloche à melon.* - **3.** Chapeau cloche, chapeau de femme à bords rabattus (on dit aussi *une cloche*). ‖ **Cloche à plongée**, appareil en forme de cloche, permettant de travailler sous l'eau. - FAM. **Déménager à la cloche de bois**, déménager clandestinement, sans payer. ‖ **Jupe cloche**, jupe qui va en s'évasant. ‖ **Son de cloche**, opinion d'une ou de plusieurs personnes : *Avec lui, ce sera un autre son de cloche* (= une opinion différente de celle que l'on vient d'entendre).

2. cloche [klɔʃ] adj. et n.f. (de *1. cloche*). FAM. Maladroit, stupide, incapable ; médiocre : *Ce qu'il peut être cloche !*

à cloche-pied [klɔʃpje] loc. adv. (de *2. clocher*). En sautant sur un pied : *Traverser la cour à cloche-pied.*

1. clocher [klɔʃe] n.m. (de *1. cloche*). - **1.** Tour qui contient les cloches d'une église. - **2.** Esprit de clocher, attachement étroit à tout ce qui concerne le cercle habituel des gens parmi lesquels on vit. ‖ **Querelle, rivalité de clocher**, querelle, rivalité purement locale, souvent mesquine.

2. clocher [klɔʃe] v.i. (lat. pop. *cloppicare*, de *cloppus* "boiteux"). FAM. Présenter un défaut : *Ton raisonnement cloche.*

clochette [klɔʃt] n.f. - **1.** Petite cloche : *Les béliers ont une clochette pendue au cou* (syn. clarine). - **2.** Corolle de certaines fleurs rappelant la forme d'une cloche : *Les clochettes du muguet.*

cloison [klwazɔ̃] n.f. (lat. pop. *clausio*, du class. *clausus* "clos"). - **1.** Mur léger en brique, en plâtre ou en bois, et servant à former les divisions intérieures non portantes d'un bâtiment. - **2.** Paroi séparant deux cavités dans un organe du corps : *La cloison du nez.* - **3.** Ce qui divise des personnes, les empêche de communiquer entre elles : *Cloisons qui séparent les générations* (syn. barrière, fossé).

cloisonnage [klwazɔnaʒ] et **cloisonnement** [klwazɔnmā] n.m. - **1.** Action de cloisonner. - **2.** Ensemble de cloisons : *Modifier le cloisonnage d'un appartement.*

cloisonné, e [klwazɔne] adj. et n.m. Se dit des émaux dont les motifs sont délimités par de minces cloisons verticales retenant la matière vitrifiée.

cloisonner [klwazɔne] v.t. - **1.** Séparer par des cloisons : *Cloisonner une pièce pour en faire deux.* - **2.** Séparer en catégories distinctes et souvent de manière arbitraire : *Cloisonner un département de recherche* (syn. compartimenter).

cloître [klwatR] n.m. (lat. *claustrum* "barrière", puis "lieu clos", de *claudere* "fermer"). - **1.** Partie d'un monastère formée de galeries ouvertes entourant une cour ou un jardin. - **2.** Partie d'un monastère ou d'un couvent réservée aux seuls religieux.

cloîtré, e [klwatRe] adj. Qui vit dans un cloître, séparé du monde : *Des religieuses cloîtrées* (syn. reclus).

cloîtrer [klwatRe] v.t. - **1.** Enfermer dans un cloître. - **2.** Tenir une personne enfermée dans une pièce, un lieu clos : *La maladie l'a cloîtré de longs mois* (syn. claquemurer, claustrer). ◆ **se cloîtrer** v.pr. - **1.** Vivre isolé, sans voir personne. - **2.** Se figer dans une attitude, un mode de pensée : *Elle se cloître dans le silence* (syn. s'enfermer).

clone [klɔn] n.m. (gr. *klôn* "jeune pousse"). Ensemble des individus provenant de la reproduction végétative ou asexuée d'un individu animal ou végétal unique.

clope [klɔp] n.m. ou n.f. (orig. obsc.). FAM. Mégot ; cigarette : *C'est ma dernière clope.*

clopin-clopant [klɔpɛ̃klɔpɑ̃] loc. adv. (de l'anc. adj. *clopin* "boiteux" et du p. présent de l'anc. v. *cloper* "boiter"). FAM. En marchant avec peine : *Avancer clopin-clopant* (= en traînant la jambe).

clopiner [klɔpine] v.i. (de l'anc. adj. *clopin* "boiteux" ; v. *clocher*). FAM. Marcher en boitant un peu (syn. boitiller).

clopinettes [klɔpinɛt] n.f. pl. (de *clope*). FAM. Des clopinettes, rien, absolument rien : *J'espérais qu'il me prêterait cent francs, mais des clopinettes !*

cloporte [klɔpɔrt] n.m. (orig. incert., p.-ê. de *clore* et *porte*). Crustacé terrestre atteignant 2 cm de long, vivant sous les pierres et dans les lieux sombres et humides. □ Ordre des isopodes.

cloque [klɔk] n.f. (forme picarde de *1. cloche*). - **1.** Enflure locale de la peau causée par une brûlure, un frottement ou une maladie (syn. ampoule). - **2.** Boursouflure dans une peinture, un papier peint, du cuir.

cloquer [klɔke] v.i. Se boursoufler, former des cloques, en parlant de la peau, d'une couche de peinture, etc.

clore [klɔr] v.t. (lat. *claudere* "fermer") [conj. 113]. - **1.** SOUT. Fermer complètement ; barrer l'accès de : *Clore une lettre* (syn. cacheter). *L'huissier a clos les portes* (syn. barricader). - **2.** LITT. Entourer d'une clôture : *Un mur clôt le parc* (syn. clôturer, enclore). - **3.** Mettre un terme à ; marquer la fin de : *Clore la séance* (syn. arrêter, terminer). *Son intervention a clos la discussion* (syn. achever, finir).

1. clos, e [klo, -oz] adj. (p. passé de *clore*). - **1.** Fermé : *Les volets étaient clos.* - **2.** Définitivement terminé : *L'incident est clos* (= qu'il n'en soit plus question). - **3.** Trouver porte close, ne trouver personne au lieu où on se présente.

2. clos [klo] n.m. (de *1. clos*). - **1.** Terrain cultivé et fermé de murs, de haies ou de fossés. - **2.** Vignoble : *Un clos renommé.*

close-combat [klozkɔ̃ba] n.m. (mot angl., de *close* "proche") [pl. *close-combats*]. Méthode de combat rapproché, à mains nues.

clôture [klotyr] n.f. (réfection de *closure*, lat. *clausura*, de *claudere* "fermer"). - **1.** Mur, haie, grillage, palissade qui ferment l'accès d'un terrain : *Le chien a trouvé une brèche dans la clôture.* - **2.** Action de terminer, de mettre fin à : *Clôture des inscriptions le 20 mai* (syn.

cessation). *Le gala de clôture du festival* (syn. achèvement, fin).

clôturer [klotyre] v.t. - **1.** Entourer, fermer d'une clôture : *Clôturer un jardin* (syn. clore, enclore). - **2.** Mettre fin à : *Pour clôturer le débat* (syn. clore, achever, conclure).

clou [klu] n.m. (lat. *clavus*). - **1.** Tige métallique pointue à un bout, aplatie à l'autre et servant à fixer ou à suspendre qqch : *Planter un clou dans un mur.* - **2.** FAM. Furoncle. - **3.** Attraction principale : *Le clou de la fête.* - **4.** Clou de girofle, bouton du giroflier, employé comme condiment. ‖ FAM. Mettre au clou, mettre au mont-de-piété : *Il a mis sa montre au clou* (= il l'a mise en gage). ‖ FAM. Vieux clou, vieille bicyclette, vieille voiture.
    ◆ **clous** n.m. pl. Passage clouté : *Il faut traverser aux clous, dans les clous.*

clouer [klue] v.t. - **1.** Fixer avec des clous : *Clouer le couvercle d'une caisse.* - **2.** Réduire à l'immobilité : *La maladie le cloue au lit.* - **3.** FAM. Clouer le bec à qqn, le réduire au silence : *Ta réponse lui a cloué le bec.*

clouté, e [klute] adj. - **1.** Garni de clous : *Des pneus cloutés.* - **2.** Passage clouté, double rangée de clous à large tête plantés en travers d'une chaussée pour y marquer un passage destiné aux piétons (syn. clous). **Rem.** Les clous sont aujourd'hui remplacés par des bandes peintes.

clouter [klute] v.t. Garnir de clous : *Clouter des chaussures, des pneus.*

clovisse [klɔvis] n.f. (prov. *clauvisso*, de *claure* "fermer", lat. *claudere*). Mollusque bivalve comestible que l'on trouve en Méditerranée (syn. palourde).

clown [klun] n.m. (mot angl.). - **1.** Au cirque, artiste chargé de divertir les spectateurs par des bouffonneries, des acrobaties, des jongleries (syn. auguste). - **2.** Personne qui fait rire par ses pitreries (syn. pitre).

clownerie [klunri] n.f. - **1.** Tour, facétie de clown. - **2.** Action, parole, contorsion digne d'un clown (syn. bouffonnerie, pitrerie, singerie).

clownesque [klunɛsk] adj. Propre au clown ; digne d'un clown.

1. club [klœb] n.m. (mot angl., propr. "réunion"). - **1.** Association culturelle, politique, sportive : *S'inscrire à un club de natation* (syn. association, société). - **2.** Endroit où l'on se réunit pour discuter, lire, jouer : *Rendez-vous au club vendredi soir.* - **3.** Club d'investissement, groupement d'épargnants formé pour gérer en commun un portefeuille de valeurs mobilières.

2. club [klœb] n.m. (mot angl., propr. "massue"). Canne pour jouer au golf.

cluse [klyz] n.f. (lat. *clusa* "endroit fermé", de *claudere* "fermer"). Vallée étroite, gorge qui fait communiquer deux dépressions ou traverse un anticlinal.

clystère [klistɛʀ] n.m. (lat. *cluster*, du gr. *kluzein* "laver"). vx. Lavement.

cnidaire [knidɛʀ] n.m. (lat. scientif. *cnidarius*, du gr. *knidê* "ortie"). Cnidaires, embranchement d'animaux à deux feuillets embryonnaires et caractérisés par la présence de cellules urticantes. □ Les anémones de mer, les coraux, les méduses sont des cnidaires.

co-, préf., du lat. *cum* "avec", indique l'association ou la simultanéité *(coexister)*.

coaccusé, e [kɔakyze] n. Personne accusée avec une ou plusieurs autres d'avoir participé à un crime, à un délit.

coacquéreur [kɔakeʀœʀ] n.m. Personne qui acquiert un bien en commun avec d'autres.

coagulant, e [kɔagylɑ̃, -ɑ̃t] adj. et n.m. Qui a la propriété de coaguler ; qui accélère la coagulation. ◆ **coagulant** n.m. Substance coagulante.

coagulation [kɔagylasjɔ̃] n.f. Phénomène par lequel un liquide organique (sang, lymphe, lait) se prend en une masse solide : *La coagulation du sang.*

coaguler [kɔagyle] v.t. (lat. *coagulare*). Faire figer un liquide ; lui donner une consistance solide : *La présure coagule le lait* (= le fait cailler). ◆ v.i. ou **se coaguler** v.pr. Se transformer en caillot : *Le sang coagule ou coagule à l'air* (syn. se cailler).

coalisé, e [kɔalize] adj. et n. Se dit de personnes, de forces qui se sont liguées : *Les armées coalisées* (syn. allié).

coaliser [kɔalize] v.t. (du rad. de *coalition*). Réunir en vue d'une action commune : *Cette réforme a coalisé les lycéens contre elle* (syn. liguer, rassembler). ◆ **se coaliser** v.pr. S'unir dans une coalition : *Les nations qui se coalisèrent contre Napoléon* (syn. s'allier).

coalition [kɔalisjɔ̃] n.f. (mot angl., du lat. *coalescere* "s'unir"). - **1.** Alliance militaire et politique conclue entre plusieurs nations contre un adversaire commun : *Sous la Révolution et l'Empire, il y eut sept coalitions contre la France.* - **2.** Réunion circonstancielle de forces, d'intérêts réalisée en vue d'une action commune : *La coalition des commerçants du quartier contre l'implantation d'un hypermarché.*

coaltar [kɔltaʀ] n.m. (mot angl., de *coal* "charbon" et *tar* "goudron"). Anc. appellation du goudron de houille.

coassement [kɔasmɑ̃] n.m. Cri de la grenouille, du crapaud.

coasser [kɔase] v.i. (lat. *coaxare*, du gr. *koax*, onomat. imitant le coassement). Émettre un coassement, en parlant de la grenouille, du crapaud.

coassocié, e [kɔasɔsje] n. Personne associée avec d'autres dans une entreprise économique ou financière.

coati [kɔati] n.m. (mot indigène du Brésil). Mammifère de l'Amérique du Sud, à corps et à museau allongés, chassant lézards et insectes. □ Ordre des carnassiers ; long. 45 cm sans la queue.

coauteur [kɔotœʀ] n.m. - **1.** Auteur qui travaille avec un autre à une même œuvre littéraire. - **2.** Celui qui a commis une infraction en participation directe et principale avec d'autres personnes.

coaxial, e, aux [kɔaksjal, -o] adj. - **1.** Qui a le même axe qu'un autre corps. - **2.** Câble coaxial, câble constitué par deux conducteurs concentriques, séparés par un isolant.

cobalt [kɔbalt] n.m. (all. *Kobalt* var. de *Kobold* "lutin"). Métal blanc rougeâtre, dur et cassant, fondant vers 1 490 °C. ◇ Symb. Co ; densité 8,8. Le cobalt est employé en alliage avec le cuivre, le fer et l'acier, et dans la préparation de certains colorants, en génér. bleus.

cobaye [kɔbaj] n.m. (port. *cobaya*, du lupi-guarani). - **1.** Petit mammifère originaire de l'Amérique du Sud, élevé surtout comme animal de laboratoire et appelé aussi *cochon d'Inde.* □ Ordre des rongeurs. - **2.** FAM. Personne sur qui on tente une expérience : *Servir de cobaye.*

cobol [kɔbɔl] n.m. (abrév. de *COmmon Business Oriented Language*). Langage de programmation d'ordinateurs utilisé pour résoudre les problèmes de gestion.

cobra [kɔbʀa] n.m. (mot port., lat. pop. **colobra ; v. couleuvre*). Serpent venimeux du genre naja. □ Famille des colubridés ; long. 4 m. Un cobra de l'Inde est aussi appelé *serpent à lunettes* à cause de la forme du dessin visible à la face dorsale du cou, lorsque l'animal, inquiété, le dilate.

coca [kɔka] n.m. (mot esp., de l'aymara). Arbuste du Pérou, dont les feuilles ont une action stimulante et qui fournit la cocaïne. ◆ n.f. Masticatoire ayant pour base les feuilles de cet arbuste.

cocagne [kɔkaɲ] n.f. (mot méridional, d'orig. obsc.). Mât de cocagne, mât glissant au sommet duquel sont suspendus des objets qu'il faut aller décrocher. ‖ Pays de cocagne, pays d'abondance et d'insouciance.

cocaïne [kɔkain] n.f. (de *coca*). Alcaloïde extrait des feuilles de coca, anesthésique local et excitant du système nerveux central, dont l'usage prolongé aboutit à une toxicomanie grave (abrév. fam. coke).

cocaïnomane [kɔkainɔman] n. Personne qui se drogue à la cocaïne.

cocarde [kɔkaʀd] n.f. (de l'anc. adj. *coquart* "vaniteux"). Insigne circulaire, aux couleurs nationales : *Véhicules officiels munis d'une cocarde tricolore.*

cocardier, ère [kɔkaʀdje, -ɛʀ] adj. et n. (de *cocarde*). Qui manifeste un patriotisme chauvin et étroit : *Des supporters cocardiers.*

cocasse [kɔkas] adj. (var. de l'anc. adj. *coquart* ; v. *cocarde*). FAM. D'une bizarrerie drôle : *Un chapeau cocasse.*

cocasserie [kɔkasʀi] n.f. Caractère de ce qui est cocasse ; chose cocasse.

coccinelle [kɔksinɛl] n.f. (du lat. *coccinus* "écarlate"). Petit insecte coléoptère utile, car il se nourrit de pucerons. (On dit aussi *bête à bon Dieu*.) □ L'espèce la plus commune possède des élytres orangés garnis de sept points noirs.

coccyx [kɔksis] n.m. (gr. *kokkux*, "coucou", par analogie de forme avec le bec de cet oiseau). Os formé par la soudure de plusieurs vertèbres réduites, à l'extrémité du sacrum.

1. coche [kɔʃ] n.m. (all. *Kutsche*, d'orig. hongr. ou tchèque). - **1.** Grande diligence dans laquelle on voyageait autref. - **2.** FAM. Louper, rater le coche, perdre une occasion favorable. ‖ Mouche du coche, personne qui montre un zèle excessif et inutile (par allusion à une fable de La Fontaine).

2. coche [kɔʃ] n.m. (bas lat. *caudica* "sorte de canot"). Coche d'eau, bateau qui servait autref. au transport des voyageurs et des marchandises.

3. coche [kɔʃ] n.f. (lat. pop. *cocca*, probabl. du class. *coccum* "excroissance d'une plante"). Entaille faite sur un objet ; marque servant de repère (syn. *cran, encoche*).

cochenille [kɔʃnij] n.f. (esp. *cochinilla* "cloporte"). Puceron souvent nuisible aux plantes cultivées, dont une espèce mexicaine fournit une teinture rouge, le carmin. □ Famille des coccidés.

1. cocher [kɔʃe] n.m. (de *1. coche*). Conducteur d'une voiture tirée par un ou plusieurs chevaux : *Un cocher de fiacre.*

2. cocher [kɔʃe] v.t. (de *3. coche*). Marquer d'un trait : *Cocher un nom sur une liste.*

cochère [kɔʃɛʀ] adj.f. (de *1. coche*). Porte cochère, grande porte permettant le passage des voitures dans la cour d'un immeuble : *S'abriter de la pluie sous une porte cochère.*

1. cochon [kɔʃɔ̃] n.m. (orig. obsc.). - **1.** Mammifère domestique élevé pour sa chair (syn. *porc*). □ Famille des suidés. Le cochon grogne. - **2.** Cochon de lait, petit cochon qui tète encore.

2. cochon, onne [kɔʃɔ̃, -ɔn] adj. et n. (de *1. cochon*). FAM. - **1.** Sale, dégoûtant. - **2.** Malfaisant, déloyal : *Quel cochon, il nous a tous dénoncés.* - **3.** Tour de cochon, mauvais tour, méchanceté : *Il m'a joué un tour de cochon.* ◆ adj. Égrillard, obscène : *Des histoires cochonnes.*

cochonnaille [kɔʃɔnaj] n.f. FAM. Viande de porc ; préparation à base de porc : *Les saucisses et le boudin sont des cochonnailles* (syn. *charcuterie*).

cochonner [kɔʃɔne] v.t. (de *2. cochon*). FAM. Exécuter salement ; mettre en mauvais état : *Cochonner ses devoirs. Il a cochonné sa chemise* (syn. *salir, tacher*).

cochonnerie [kɔʃɔnʀi] n.f. (de *2. cochon*). FAM. - **1.** Objet ou parole sale, obscène : *Dire des cochonneries* (syn. *gauloiserie, grivoiserie*). - **2.** Chose de mauvaise qualité ; chose mauvaise ou désagréable : *Ce tissu, c'est de la cochonnerie* (syn. fam. *camelote*). - **3.** Action déloyale ; acte hostile : *Faire une cochonnerie à qqn.*

cochonnet [kɔʃɔnɛ] n.m. - **1.** Petit cochon (syn. *goret, porcelet*). - **2.** Petite boule servant de but au jeu de boules.

cochylis [kɔkilis] n.m. (du gr. *kogkhulion* "coquille"). Papillon dont la chenille attaque les grappes de la vigne.

cocker [kɔkɛʀ] n.m. (de l'angl. [*wood*]*cocker*, de *woodcock* "bécasse"). Race de chiens à poils longs, à oreilles très longues et tombantes.

cockpit [kɔkpit] n.m. (mot angl.). - **1.** Réduit étanche ménagé à l'arrière de certains yachts et dans lequel se tient le barreur. - **2.** Emplacement réservé au pilote d'un avion.

cocktail [kɔktɛl] n.m. (mot anglo-amér., propr. "queue de coq"). - **1.** Boisson obtenue en mélangeant des alcools, des sirops, parfois des aromates. - **2.** Réception, soirée avec buffet. - **3.** Œuvre faite d'un mélange d'éléments très divers : *Un cocktail de figuratif et d'abstrait.* - **4.** Cocktail Molotov, bouteille remplie d'essence, utilisée comme projectile incendiaire.

1. coco [koko] n.m. (mot port. "croquemitaine" en raison de l'aspect hirsute de la noix de coco). - **1.** Fruit du cocotier. (On dit aussi *noix de coco*.) - **2.** Boisson à base de jus de réglisse et d'eau. - **3.** Lait de coco, liquide sucré et comestible contenu dans la noix de coco.

2. coco [koko] n.m. (de *coco* "œuf de poule", dans le langage enfantin, d'orig. onomat. ; v. *coq*). - **1.** Terme d'affection : *Écoute, mon coco, sois raisonnable.* - **2.** FAM. Individu louche ou peu estimable (péjor.) : *Un drôle de coco.*

cocon [kɔkɔ̃] n.m. (prov. *coucoun*, de *coco* "coque"). Enveloppe soyeuse de certaines chrysalides, dont le ver à soie.

cocorico [kɔkɔʀiko] n.m. (onomat.). - **1.** Onomatopée imitant le chant du coq. - **2.** Symbole de l'expression du chauvinisme français : *Les cocoricos qui ont salué la première médaille d'or française.*

cocotier [kɔkɔtje] n.m. Palmier des régions tropicales, dont le fruit est la noix de coco. □ Haut. 25 m.

1. cocotte [kɔkɔt] n.f. (orig. incert., p.-ê. var. de *coquasse* "marmite", lui-même var. de *coquemar*, lat. *cucuma*). Petite marmite en fonte ou en verrerie, avec anses et couvercle.

2. cocotte [kɔkɔt] n.f. (orig. onomat. ; v. *coq*). - **1.** Poule, dans le langage des enfants. - **2.** Terme d'affection à l'égard d'une petite fille, d'une jeune femme. - **3.** FAM. Femme de mœurs légères. - **4.** Cocotte en papier, morceau de papier plié de telle façon qu'il présente quelque ressemblance avec une poule.

Cocotte-Minute [kɔkɔtminyt] n.f. (nom déposé). Type d'autocuiseur.

cocu, e [kɔky] adj. et n. (de *1. coucou*, cet oiseau pondant dans les nids d'autres espèces). FAM. Époux, épouse dont le conjoint est infidèle.

cocufier [kɔkyfje] v.t. (conj. 9). FAM. Faire cocu ; tromper.

codage [kɔdaʒ] n.m. Transcription d'un message par un code en un autre langage ; application d'un code à un ensemble de données en vue de leur traitement informatique.

code [kɔd] n.m. (lat. *codex* "planche", puis "recueil, livre"). - **1.** Ensemble des lois et dispositions réglementaires qui régissent une matière : *Le Code pénal. Le Code civil.* - **2.** Ensemble des conventions en usage dans un domaine déterminé : *Le code de la politesse.* - **3.** Système convenu de signes et de symboles par lequel on transcrit ou traduit un message : *Découvrir le code secret de l'ennemi.* - **4.** Combinaison alphanumérique qui, composée sur un clavier électronique, autorise un accès : *Commandez par Minitel 3615, code Bambo.* - **5.** Code à barres, syn. de *code-barres.* ‖ Code de la route, code qui réglemente la circulation routière. ‖ Code postal, dans une adresse postale, ensemble des cinq chiffres précédant le nom d'une localité, permettant le tri automatique du courrier. ◆ **codes** n.m. pl. Feux de croisement d'un véhicule : *La nuit, on roule en codes.*

code-barres [kɔdbaʀ] n.m. (pl. *codes-barres*). Code constitué de barres verticales, permettant l'identification et la gestion informati-que d'un produit : *Le déchiffrage du code-barres se fait au moyen d'un lecteur optique.*

codébiteur, trice [kɔdebitœʀ, -tʀis] n. Personne qui doit une somme d'argent conjointement avec une autre.

codéine [kɔdein] n.f. (du gr. *kôdeia* "tête de pavot"). Alcaloïde extrait de l'opium, utilisé dans les médicaments pour calmer la toux.

coder [kɔde] v.t. Procéder au codage de : *Coder un message* (contr. *décoder*). *Coder un texte avant de l'envoyer à l'imprimerie.*

codétenu, e [kɔdetny] n. Personne détenue avec une ou plusieurs autres dans un même endroit.

codeur, euse [kɔdœʀ, -øz] n. Personne qui code des données en vue de leur traitement informatique. ◆ **codeur** n.m. Appareil réalisant automatiquement la transcription d'une information selon un code déterminé.

codex [kɔdɛks] n.m. (abrév. de *Codex medicamentarius gallicus* "répertoire français des médicaments" ; v. *code*). VX. Répertoire officiel des médicaments (syn. *pharmacopée*).

codicille [kɔdisil] n.m. (lat. *codicillus*, de *codex, -icis* ; v. *code*). Acte postérieur ajouté à un testament et le modifiant ou le complétant.

codification [kɔdifikasjɔ̃] n.f. Action de codifier.

codifier [kɔdifje] v.t. (de *code* et *-fier*) [conj. 9]. - **1.** Rassembler en un corps unique des textes législatifs ou réglementaires régissant une même matière. - **2.** Ériger un système rationnel, organisé : *Codifier les relations entre employeurs et salariés* (syn. *normaliser, réglementer*).

codirecteur, trice [kɔdiʀɛktœʀ, -tʀis] n. Personne qui dirige avec une ou plusieurs autres.

codirection [kɔdiʀɛksjɔ̃] n.f. Direction exercée en commun par deux personnes ou plus.

coéditeur, trice [kɔeditœʀ, -tʀis] n. et adj. Personne qui s'associe avec d'autres pour éditer une œuvre : *La société coéditrice a demandé une modification du contrat.*

coédition [kɔedisjɔ̃] n.f. Édition d'un même ouvrage réalisée par plusieurs éditeurs.

coefficient [kɔefisjɑ̃] n.m. (de *efficient*). - **1.** Chiffre par lequel on multiplie les notes d'un candidat à un examen ou à un concours selon l'importance relative de l'épreuve : *Dans les sections scientifiques, les mathématiques ont le plus fort coefficient.* - **2.** Tout facteur entrant dans un calcul : *Coefficient d'erreur* (= pourcentage d'erreur possible dans une mesure, une évaluation). - **3.** MATH. Nombre qui multiplie une variable ou ses puissances dans un monôme ou dans un polynôme : *3 est le coefficient de 3x².* - **4.** PHYS. Nombre caractérisant une propriété déterminée d'une substance : *Coefficient d'absorption.*

cœlacanthe [selakɑ̃t] n.m. (du gr. *koilos* "creux" et *akantha* "épine"). Poisson osseux de couleur bleu acier, dont les ancêtres remonteraient à 300 millions d'années et qui peut être considéré comme intermédiaire entre les poissons et les amphibiens.

cœlioscopie [seljɔskɔpi] n.f. (du gr. *koilia* "ventre", et de *-scopie*). Examen, à l'aide d'un endoscope, des organes génitaux internes.

coéquipier, ère [kɔekipje, -ɛR] n. Personne qui fait partie d'une équipe avec d'autres.

coercitif, ive [kɔɛRsitif, -iv] adj. Qui a un pouvoir de coercition ; qui contraint : *Des mesures coercitives.*

coercition [kɔɛRsisjɔ̃] n.f. (lat. *coercitio,* de *coercere* "contraindre"). Action, pouvoir de contraindre : *User de moyens de coercition* (syn. contrainte, pression).

cœur [kœR] n.m. (lat. *cor*). - **1.** Chez l'homme et les animaux supérieurs, muscle creux, de forme ovoïde, situé au milieu du thorax et qui est le moteur principal de la circulation du sang : *Les battements du cœur. Il a une maladie de cœur* (= il est cardiaque). [→ circulation.] - **2.** La région du cœur ; la poitrine : *Serrer un enfant sur son cœur* (syn. sein). - **3.** FAM. Estomac : *Avoir mal au cœur en voiture.* - **4.** Ce qui a ou évoque la forme d'un cœur : *Un cœur en platine orné de saphirs* (= un bijou en forme de cœur). - **5.** JEUX. Une des quatre couleurs du jeu de cartes français, dont la marque est un cœur rouge stylisé ; carte de cette couleur : *Le valet de cœur. Il lui reste trois cœurs.* - **6.** Partie centrale ou la plus profonde de qqch : *Le cœur d'une laitue. Une clairière au cœur de la forêt.* - **7.** Siège de l'activité principale de qqch : *Au cœur de la ville, la circulation est intense* (syn. centre). *Le cœur d'un réacteur nucléaire.* - **8.** Point essentiel : *Nous voilà au cœur du problème* (syn. nœud). - **9.** Siège de l'affection, de la tendresse, de l'amour : *Elle lui a donné son cœur* (= elle lui voue un amour exclusif). *Un cœur fidèle, volage. Aimer qqn de tout son cœur.* - **10.** Siège des pensées intimes : *Ouvrir son cœur. Je lui ai dit ce que j'avais sur le cœur* (= ce que je gardais secret et qui me pesait). - **11.** Ardeur, élan qui porte vers qqch ; courage mis à faire qqch : *Avoir, mettre du cœur à l'ouvrage* (syn. énergie, vigueur). *Le cœur n'y est plus* (= le zèle, la conviction du début ont disparu). *C'est un projet qui me tient à cœur, que j'ai à cœur* (= auquel je suis très attaché). - **12.** Disposition à être ému, à compatir : *Avoir du cœur* (syn. bienveillance, bonté). *Elle a le cœur sur la main* (= elle est très

généreuse). *Votre geste amical me va droit au cœur* (= m'émeut profondément). *Je suis de tout cœur avec vous* (= je m'associe à votre chagrin, à votre joie). *Cela vous arrache, brise, déchire, fend le cœur* (= cela vous peine profondément, cela vous remplit de compassion). *Elle a un cœur d'or* (= elle est extrêmement affectueuse, dévouée). - **13.** À cœur, à point : *Un camembert fait à cœur.* ‖ À cœur ouvert, se dit d'interventions chirurgicales dans lesquelles on dévie la circulation du sang avant d'ouvrir les cavités cardiaques ; au fig., en toute sincérité, sans rien dissimuler : *Nous avons parlé à cœur ouvert.* ‖ Avoir le cœur gros, être très affligé. ‖ Coup de cœur, enthousiasme subit pour qqch. ‖ De bon cœur, volontiers. ‖ En avoir le cœur net, s'assurer de la vérité de qqch. ‖ Faire contre mauvaise fortune bon cœur, supporter l'adversité sans se décourager. ‖ Lever, soulever le cœur à qqn, lui donner la nausée. ‖ Ne pas porter qqn dans son cœur, avoir de l'antipathie à son égard. ‖ Par cœur, de mémoire, de façon mécanique : *Réciter sa leçon par cœur.* ‖ Prendre qqch à cœur, s'y intéresser vivement.

coexistence [kɔɛgzistɑ̃s] n.f. - **1.** Fait de coexister : *La coexistence du bien et du mal.* - **2.** Coexistence pacifique, maintien de relations pacifiques entre deux États ou deux blocs d'États soumis à des régimes politiques différents.

coexister [kɔɛgziste] v.i. Exister simultanément ; vivre côte à côte en se tolérant mutuellement : *Les diverses tendances qui coexistent dans le parti.*

coffrage [kɔfRaʒ] n.m. (de *coffre*). - **1.** Forme destinée au moulage et à la prise du béton : *Après durcissement du béton, on retire les coffrages.* - **2.** Charpente en bois ou en métal disposée pour éviter les éboulements dans les galeries de mines, les puits, les tranchées. - **3.** Habillage pour dissimuler, isoler un conduit, une canalisation, un appareil.

coffre [kɔfR] n.m. (lat. *cophinus,* gr. *kophinos* "corbeille"). - **1.** Meuble de bois en forme de parallélépipède dont la face supérieure est un couvercle mobile : *Un coffre à jouets.* - **2.** Compartiment d'un coffre-fort qu'une banque loue à ses clients : *Laisser ses bijoux au coffre.* - **3.** Espace pour le rangement des bagages, à l'arrière ou à l'avant d'une voiture. - **4.** FAM. Poitrine ; poumons ; voix : *Elle a du coffre* (= une forte voix, une voix qui porte).

coffre-fort [kɔfRəfɔR] n.m. (pl. *coffres-forts*). Armoire d'acier, à serrure de sûreté, pour enfermer de l'argent, des valeurs : *Ils ont découpé le coffre-fort au chalumeau.*

coffrer [kɔfʀe] v.t. - **1.** Poser un coffrage. - **2.** FAM. Mettre en prison : *La police a coffré toute la bande* (syn. arrêter, emprisonner).

coffret [kɔfʀɛ] n.m. (dimin. de *coffre*). - **1.** Petite boîte, souvent parallélépipédique, ayant un caractère décoratif : *Un coffret à bijoux* (syn. cassette, écrin). - **2.** Ensemble de disques, de cassettes, de livres vendus dans un emballage cartonné.

cogérance [kɔʒeʀɑ̃s] n.f. Gérance en commun : *La cogérance de l'entreprise est assurée par la famille.*

cogérant, e [kɔʒeʀɑ̃, -ɑ̃t] n. Chargé d'une cogérance ; personne qui exerce une cogérance.

cogérer [kɔʒeʀe] v.t. [conj. 18]. Gérer, administrer en commun : *Les syndicats et la direction cogèrent l'entreprise.*

cogestion [kɔʒɛstjɔ̃] n.f. - **1.** Administration exercée avec une ou plusieurs personnes. - **2.** Gestion exercée par le chef d'entreprise et par les représentants des salariés.

cogitation [kɔʒitasjɔ̃] n.f. (de *cogiter*). FAM. Action de réfléchir : *Où en es-tu de tes cogitations ?* (syn. réflexion).

cogiter [kɔʒite] v.i. et v.t. (lat. *cogitare*). FAM. Réfléchir, penser, méditer (iron.) : *J'ai cogité toute la nuit sans trouver de solution. Qu'est-ce que tu cogites ?*

cognac [kɔɲak] n.m. Eau-de-vie de vin fabriquée dans la région de Cognac.

cognassier [kɔɲasje] n.m. (de *coing*). Arbre fruitier originaire d'Asie, produisant les coings. □ Famille des rosacées.

cognée [kɔɲe] n.f. (lat. pop. **cuneata* "en forme de coin"). - **1.** Hache à fer étroit, à long manche, qui sert à abattre les arbres, à dégrossir des pièces de bois, etc. - **2.** Jeter le manche après la cognée, abandonner par découragement ce que l'on avait entrepris.

cogner [kɔɲe] v.t. ind. [à, dans, sur, contre]. (lat. *cuneare*, de *cuneus* "coin"). - **1.** Frapper avec force à coups répétés sur qqch ou qqn : *Cogner sur un piquet pour l'enfoncer* (syn. taper). *Cogner sur son adversaire.* - **2.** Donner des coups sur qqch, spécial. pour attirer l'attention : *Cogne à la fenêtre, il y a peut-être quelqu'un* (syn. frapper). *Cogner au plafond pour faire taire les voisins* (syn. taper). - **3.** Heurter involontairement un obstacle : *La voiture est venue cogner dans la rambarde.* ◆ v.i. - **1.** Faire entendre un bruit sourd et répété : *J'entends une porte qui cogne* (syn. battre). - **2.** FAM. Le soleil cogne (dur), ça cogne, le soleil est très chaud. ◆ v.t. - **1.** Heurter, choquer : *Ne cogne pas les tasses, elles sont fragiles.* - **2.** FAM. Frapper, battre : *Se faire cogner par des voyous.* ◆ **se cogner** v.pr. - **1.** Se donner un coup : *Elle s'est cognée contre mon*

bureau. - **2.** FAM. Se cogner qqch, qqn, exécuter une tâche pénible, supporter qqn de désagréable : *Se cogner une corvée, un raseur.*

cognitif, ive [kɔgnitif, -iv] adj. (du lat. *cognitus*, de *cognoscere* "connaître"). Se dit de processus par lesquels un être humain acquiert des informations sur l'environnement.

cohabitation [kɔabitasjɔ̃] n.f. - **1.** Situation de personnes qui habitent ensemble : *La cohabitation avec mes beaux-parents fut difficile.* - **2.** Présence simultanée à la tête d'un pays d'un chef de l'État et d'une majorité parlementaire de tendances politiques différentes.

cohabiter [kɔabite] v.i. - **1.** Habiter ensemble sous le même toit : *Trois générations cohabitent dans la ferme.* - **2.** Coexister au sein d'un ensemble : *L'amour et la haine cohabitent dans son cœur.*

cohérence [kɔeʀɑ̃s] n.f. (lat. *cohaerentia* ; v. *cohérent*). - **1.** Harmonie logique entre les divers éléments d'un ensemble : *La cohérence d'un raisonnement. La cohérence de l'œuvre d'un artiste.* - **2.** PHYS. Caractère d'un ensemble de vibrations qui présentent entre elles une différence de phase constante.

cohérent, e [kɔeʀɑ̃, -ɑ̃t] adj. (lat. *cohaerens, -entis*, de *cohaerere* "être attaché avec"). Dont toutes les parties se tiennent et s'organisent logiquement : *Son équipe de chercheurs est très cohérente* (syn. homogène). *Une argumentation cohérente* (syn. logique). - **2.** PHYS. Se dit de vibrations qui ont la propriété de cohérence.

cohéritier, ère [kɔeʀitje, -ɛʀ] n. Personne qui hérite avec une ou plusieurs autres.

cohésion [kɔezjɔ̃] n.f. (du lat. *cohaesus*, de *cohaerere* "être attaché avec"). - **1.** Propriété d'un ensemble dont toutes les parties sont étroitement solidaires : *Restaurer la cohésion du parti* (syn. solidarité, unité). - **2.** Force qui unit les molécules d'un liquide, d'un solide.

cohorte [kɔɔʀt] n.f. (lat. *cohors, -ortis*). - **1.** ANTIQ. ROM. Unité tactique de base de la légion romaine (env. 600 hommes), ou corps de troupes auxiliaires. - **2.** FAM. Groupe de gens : *Une cohorte de touristes* (syn. troupe).

cohue [kɔy] n.f. (breton *cochuy* "réunion bruyante"). Foule désordonnée et bruyante : *Dans la cohue, elle lâcha la main de son enfant* (syn. bousculade).

coi, coite [kwa, kwat] adj. (lat. *quietus* "tranquille"). LITT. Rester, demeurer, se tenir coi, rester calme, tranquille, silencieux, par crainte, prudence ou perplexité.

coiffe [kwaf] n.f. (germ. *kufia* "casque"). - **1.** Coiffure féminine en dentelle ou en tissu, dont l'usage se limite à des variétés régionales et à l'habit religieux : *Une coiffe* *alsacienne, bretonne. La coiffe d'une carmélite* (syn. cornette). **- 2.** Partie supérieure d'une fusée, contenant la charge utile et la protégeant lors du lancement. **- 3.** Membrane fœtale déchirée qui recouvre parfois la tête de l'enfant à la naissance.

coiffé, e [kwafe] adj. **- 1.** Qui porte une coiffure : *Toujours coiffé d'un béret.* **- 2.** Dont les cheveux sont arrangés ; mis en ordre, en parlant des cheveux : *Impeccablement coiffée.* **- 3.** Être né coiffé, avoir de la chance.

coiffer [kwafe] v.t. (de *coiffe*). **- 1.** Arranger la chevelure avec soin : *Il m'a coiffée* (syn. peigner). **- 2.** Mettre sur sa tête ; couvrir la tête de : *Coiffer une casquette* (syn. mettre). *Coiffer un bébé d'un bonnet.* **- 3.** Être à la tête de : *Elle coiffe désormais ces divers services* (syn. chapeauter, contrôler). **- 4.** L'emporter sur : *Il a coiffé tous ses concurrents.* **- 5.** Coiffer sainte Catherine, pour une jeune fille, atteindre l'âge de vingt-cinq ans sans être mariée. ◆ **se coiffer** v.pr. **- 1.** Coiffer ses cheveux. **- 2.** Se coiffer de qqch, le mettre sur sa tête. ‖ VIEILLI. Se coiffer de qqn, s'enticher de qqn.

coiffeur, euse [kwafœʀ, -øz] n. Personne qui a pour profession de couper et d'arranger les cheveux.

coiffeuse [kwaføz] n.f. Petite table de toilette munie d'une glace, devant laquelle les femmes se coiffent, se maquillent.

coiffure [kwafyʀ] n.f. **- 1.** Tout ce qui couvre ou orne la tête : *Le képi est une coiffure militaire.* **- 2.** Coupe ou arrangement des cheveux : *Une coiffure courte, bouclée.* **- 3.** Salon de coiffure, établissement où l'on se fait coiffer.

coin [kwɛ̃] n.m. (lat. *cuneus* "coin à fendre"). **- 1.** Angle saillant ou rentrant, formé par deux lignes ou deux plans qui se coupent : *Se cogner au coin de la table* (syn. angle). *Au coin de la rue.* Installer un lampadaire dans le coin d'une pièce (syn. encoignure). **- 2.** Petite partie d'un espace quelconque : *Avoir un petit coin de jardin devant sa maison* (syn. bout). **- 3.** Espace spécial. aménagé : *Un coin-cuisine. Le coin des bonnes affaires dans un magasin.* **- 4.** Localité retirée ; endroit proche de celui où l'on est : *Habiter un coin tranquille* (syn. endroit, lieu). *Je ne suis pas du coin* (= je n'habite pas ici). **- 5.** Pièce de fer taillée en biseau à l'une de ses extrémités et servant à fendre le bois. **- 6.** Instrument biseauté qui sert à caler, à serrer : *Un coin maintient la porte ouverte.* **- 7.** Au coin d'un bois, dans un endroit isolé : *Je n'aimerais pas le rencontrer au coin d'un bois.* ‖ Coins de la bouche, des yeux, commissures. ‖ Du coin de l'œil, à la dérobée : *Observer qqn du coin de l'œil.* ‖ En coin, dissimulé, dérobé : *Regard, sourire en coin.* ‖ FAM. Le petit coin, les petits coins, les toilettes. ‖ Marqué au coin de, caractérisé

par : *Remarque marquée au coin du génie.* ‖ Mettre, envoyer qqn au coin, lui imposer la station debout dans un coin d'une pièce pour le punir.

coincement [kwɛ̃smã] n.m. Action de coincer ; état de ce qui est coincé : *Le coincement de l'axe arrête tout le mécanisme* (syn. blocage).

coincer [kwɛ̃se] v.t. (de *coin*) [conj. 16]. **- 1.** Fixer avec un coin, des coins : *Coincer une porte à cause du courant d'air* (syn. bloquer). **- 2.** Immobiliser : *Coincer un tiroir de commode* (syn. bloquer). *Coincer son doigt dans une porte* (syn. pincer). **- 3.** Retenir qqn en un lieu : *L'attente qa coincé chez moi toute la matinée. Rester coincée dans l'ascenseur* (syn. bloquer). **- 4.** FAM. Mettre dans l'impossibilité de répondre, d'agir : *Coincer un candidat à l'oral. Elle est coincée entre son désir de travailler et celui d'élever ses enfants.* **- 5.** FAM. Prendre en faute : *Les douaniers ont fini par le coincer* (syn. arrêter). ◆ **se coincer** v.pr. Ne plus être en mesure de fonctionner : *La clef s'est coincée dans la serrure.*

coïncidence [kɔɛ̃sidɑ̃s] n.f. **- 1.** Simultanéité de faits ; rencontre fortuite de circonstances : *La coïncidence d'un week-end prolongé au début des vacances donnera lieu à un trafic intense. Par une heureuse, fâcheuse coïncidence, elle est arrivée à ce moment-là* (= par un heureux, fâcheux concours de circonstances). **- 2.** En géométrie, fait pour deux figures, deux surfaces de se superposer exactement.

coïncident, e [kɔɛ̃sidɑ̃, -ɑ̃t] adj. Parfaitement superposable : *Deux triangles coïncidents.*

coïncider [kɔɛ̃side] v.i. (lat. scolast. *coincidere* "tomber ensemble"). **- 1.** Se produire en même temps : *Les dates coïncident, les témoignages aussi* (syn. concorder, correspondre). **- 2.** Se superposer point par point ; correspondre : *Ces deux triangles coïncident, ils sont donc égaux. Faire coïncider l'extrémité de deux tuyaux* (= ajuster). **- 3.** MATH. Pour deux fonctions *f* et *f'* définies sur deux ensembles contenant un même ensemble A, vérifier l'égalité $f(x) = f'(x)$ pour tout *x* de A.

coïnculpé, e [kɔɛ̃kylpe] n. Personne inculpée avec une ou plusieurs autres pour la même infraction.

coing [kwɛ̃] n.m. (lat. *cotoneum*, probabl. du gr. *kudônia* "fruit de Kydonia [v. de Crète]". Fruit jaune du cognassier, dont on fait des gelées et des pâtes aux vertus astringentes.

coït [kɔit] n.m. (lat. *coitus*, de *coire* "aller ensemble"). **- 1.** Accouplement du mâle et de la femelle chez les humains ou les animaux. **- 2.** Coït interrompu, méthode contraceptive qui consiste à interrompre le coït avant l'éjaculation.

coke [kɔk] n.m. (mot angl.). - **1.** Combustible obtenu par distillation de la houille en vase clos et ne contenant qu'une très faible fraction de matières volatiles. - **2.** Coke **métallurgique,** coke en gros morceaux très résistants à la compression, utilisé dans les fours sidérurgiques.

cokéfaction [kɔkefaksjɔ̃] n.f. (de *cokéfier*). Transformation de la houille et des résidus lourds du pétrole en coke par l'action de la chaleur.

cokéfier [kɔkefje] v.t. (conj. 9). Transformer en coke.

col [kɔl] n.m. (lat. *collum*). - **1.** Partie du vêtement qui entoure le cou : *Le col d'une chemise, d'une veste.* - **2.** Partie rétrécie de certains objets, de certains organes : *Le col d'une bouteille. Le col du fémur.* - **3.** Crête montagneuse, formant passage : *Le col de Puymorens, dans les Pyrénées.* - **4.** Faux col, col glacé, amovible, qui s'adapte à une chemise ; FAM., mousse blanche au-dessus de la bière versée dans un verre : *Un demi sans faux col.* - **5.** Col **blanc,** employé de bureau (par opp. à *col bleu,* ouvrier).

cola n.m. → **kola.**

colchicine [kɔlʃisin] n.f. (de *colchique*). Alcaloïde toxique extrait des graines de colchique, inhibiteur des mitoses cellulaires, utilisé à faible dose dans le traitement de la goutte.

colchique [kɔlʃik] n.m. (lat. *colchicum*, gr. *kolkhikon* "plante de Colchide"). Plante des prés humides, à fleurs roses, blanches ou violettes, vénéneuse par la colchicine qu'elle contient. □ Famille des liliacées.

coléoptère [kɔleɔptɛʀ] n.m. (du gr. *koleos* "étui", et de *-ptère*). Insecte à métamorphoses complètes, pourvu de pièces buccales broyeuses et d'ailes postérieures pliantes protégées au repos par une paire d'élytres cornés. □ Les coléoptères forment un ordre dont on a décrit plus de 300 000 espèces, parmi lesquelles le hanneton, le charançon, la coccinelle, etc.

colère [kɔlɛʀ] n.f. (lat. *cholera,* "maladie de la bile" puis "colère", du gr. ; v. *choléra*). Violent mécontentement, mouvement agressif à l'égard de qqn, de qqch : *Il est en colère* (= il est très irrité).

coléreux, euse [kɔleʀø, -øz] et **colérique** [kɔleʀik] adj. et n. Prompt à se mettre en colère : *Cet enfant est très coléreux.*

colibacille [kɔlibasil] n.m. (du gr. *kôlon* "gros intestin", et de *bacille*). Bactérie qui vit normalement dans l'intestin de l'homme et des animaux, mais peut envahir différents tissus et organes, et devenir pathogène.

colibacillose [kɔlibasiloz] n.f. Affection causée par le colibacille.

colibri [kɔlibʀi] n.m. (mot caraïbe). Oiseau passereau des régions tropicales, de très petite taille, au vol rapide, au long bec, au plumage éclatant (syn. oiseau-mouche). □ Famille des trochilidés.

colifichet [kɔlifiʃɛ] n.m. (de *coeffichier* "ornement que l'on fichait sur une coiffe"). Petit accessoire, petit bijou sans grande valeur.

colimaçon [kɔlimasɔ̃] n.m. (du picard *colimachon,* de *écale* et *limaçon*). - **1.** FAM. Limaçon. - **2.** En colimaçon, en spirale : *Escalier en colimaçon.*

colin [kɔlɛ̃] n.m. (néerl. *colfish* "poisson charbon"). - **1.** Poisson marin commun sur les côtes atlantiques et de la Manche (syn. lieu). - **2.** Nom commercial du merlu. □ Famille des gadidés.

colinéaire [kɔlineɛʀ] adj. MATH. Vecteurs colinéaires, vecteurs qui ont la même direction.

colin-maillard [kɔlɛmajaʀ] n.m. (de *Colin* et *Maillard,* n.pr.) [pl. *colin-maillards*]. Jeu où l'un des joueurs a les yeux bandés et poursuit les autres à tâtons.

colinot [kɔlino] n.m. Petit colin.

colin-tampon [kɔlɛ̃tɑ̃pɔ̃] n.m. (de *Colin,* prénom, et *tampon,* utilisé par plais. pour *tambour* [n. donné autref. à une batterie de tambour du régiment des Suisses]). VIEILLI, FAM. Se soucier de qqch comme de colin-tampon, n'y prêter aucune attention.

colique [kɔlik] n.f. (lat. *colica,* de *colicus* "qui souffre de la colique", gr. *kôlikos,* de *kôlon* "gros intestin"). - **1.** MÉD. Violente douleur abdominale. - **2.** FAM. Diarrhée : *Cet enfant a la colique.* - **3.** Colique hépatique, douleur aiguë des voies biliaires. ‖ Colique néphrétique, douleur aiguë provoquée par l'obstruction soudaine d'un uretère, le plus souvent à la suite de la migration d'un calcul.

colis [kɔli] n.m. (it. *colli* "charges sur le cou"). Paquet d'objets, de marchandises destiné à être transporté : *Expédier un colis postal.*

colistier, ère [kɔlistje, -ɛʀ] n. (de *liste*). Dans une élection, candidat inscrit sur la même liste qu'un autre.

colite [kɔlit] n.f. (de *côlon*). PATHOL. Inflammation du côlon.

collaborateur, trice [kɔlabɔʀatœʀ, -tʀis] n. - **1.** Personne qui travaille avec d'autres à une œuvre commune : *Tous les collaborateurs ont fêté l'aboutissement du projet.* - **2.** HIST. Personne qui pratiquait la collaboration avec l'ennemi sous l'Occupation (1940-1944) [abrév. *collabo*].

collaboration [kɔlabɔʀasjɔ̃] n.f. - **1.** Action de collaborer. - **2.** Politique de coopération avec un ennemi, en partic. avec l'occupant allemand durant la Seconde Guerre mondiale.

collaborer [kɔlabɔre] v.t. ind. [à, avec] (bas lat. *collaborare* "travailler avec"). - **1.** Travailler avec une ou plusieurs personnes à une œuvre commune : *Collaborer à la rédaction d'un dictionnaire.* - **2.** Pratiquer une politique de collaboration : *Il a collaboré pendant l'Occupation.*

collage [kɔlaʒ] n.m. - **1.** Action de coller ; fait d'être collé : *Un produit destiné au collage des matières plastiques.* - **2.** Addition de colle à la pâte à papier pour rendre le papier imperméable à l'encre. - **3.** Procédé consistant à composer une œuvre plastique, musicale, littéraire, à l'aide d'éléments préexistants hétérogènes, créateurs de contrastes inattendus ; œuvre ainsi composée : *Les collages de Braque et de Picasso.*

collagène [kɔlaʒɛn] n.m. (de *colle* et *-gène*). BIOL Protéine complexe qui constitue la substance intercellulaire du tissu conjonctif.

1. **collant, e** [kɔlɑ̃, -ɑ̃t] adj. - **1.** Qui colle ; qui est enduit de colle : *La glu est une matière collante. Du papier collant.* - **2.** Qui adhère exactement : *Pantalon collant.* - **3.** FAM. Importun, dont on ne peut pas se débarrasser, en parlant de qqn : *Ce représentant était vraiment collant.*

2. **collant** [kɔlɑ̃] n.m. (de 1. *collant*). - **1.** Sous-vêtement féminin combinant le slip et la paire de bas. - **2.** Vêtement de tissu extensible couvrant le corps de la taille aux pieds : *Un collant de danse.*

collante [kɔlɑ̃t] n.f. (de *coller* "refuser à un examen"). ARG. SCOL. Lettre de convocation à un examen ; lettre communiquant individuellement le résultat d'un examen.

collapsus [kɔlapsys] n.m. (mot lat., de *collabi* "s'affaisser"). - **1.** Diminution rapide des forces et de la pression artérielle. - **2.** Aplatissement d'un organe, notamm. du poumon au cours du pneumothorax.

collatéral, e, aux [kɔlateral, -o] adj. et n. (lat. médiév. *collateralis*, de *latus*, "côté"). - **1.** Qui est placé à côté : *Nef collatérale.* - **2.** Qui est hors de la ligne directe de parenté : *Parents collatéraux (frères, oncles, cousins, etc.).*

collation [kɔlasjɔ̃] n.f. (lat. *collatio*, de *collatus*, "apporté avec, réuni"). Léger repas.

collationnement [kɔlasjɔnmɑ̃] n.m. Vérification faite en collationnant des textes.

collationner [kɔlasjɔne] v.t. (de *collation* "comparaison de textes" ; v. *collation*). Comparer entre eux des textes pour les vérifier.

colle [kɔl] n.f. (lat. pop. *colla*, du gr.). - **1.** Substance, préparation susceptible de maintenir ensemble, par adhérence durable, des matériaux en contact : *Cette colle convient à toutes sortes de matériaux.* - **2.** FAM. Question embarrassante, problème difficile à résou-

dre : *Ah là, vous me posez une colle.* - **3.** ARG. SCOL. Interrogation de contrôle, orale ou écrite. - **4.** ARG. SCOL. Punition consignant l'élève dans les locaux scolaires (syn. retenue).

collecte [kɔlɛkt] n.f. (lat. *collecta* "écot", de *colligere* "recueillir"). - **1.** Action de réunir des dons, dans un but de bienfaisance : *Faire une collecte en faveur des sinistrés* (syn. quête). - **2.** Ramassage de certains produits agricoles directement chez les producteurs : *Collecte du lait.*

collecter [kɔlɛkte] v.t. - **1.** Recueillir par une collecte, rassembler. - **2.** Capter, recueillir un liquide, un gaz.

collecteur, trice [kɔlɛktœr, -tris] adj. - **1.** Qui recueille par collecte. - **2.** Se dit d'un conduit, d'un tuyau dans lequel se déversent plusieurs conduits ou tuyaux de moindre section : *Égout collecteur.* ◆ n. Personne qui se charge d'une collecte. ◆ **collecteur** n.m. Dispositif qui capte et rassemble un gaz, un liquide ; conduit collecteur : *Collecteur d'eaux pluviales. Collecteur d'échappement.*

collectif, ive [kɔlɛktif, -iv] adj. (lat. *collectivus*, de *colligere* "recueillir"). - **1.** Qui concerne un groupe ; qui est fait d'un groupe : *Démarche collective. Conscience collective.* - **2.** LING. Nom collectif, nom qui au sing. désigne un ensemble d'êtres ou de choses (on dit aussi *un collectif*) : « Foule », « amas » sont des noms *collectifs.* ◆ **collectif** n.m. - **1.** Groupe de personnes qui assurent une tâche politique, sociale, etc., d'une manière concertée. - **2.** Collectif budgétaire. Appellation cour. des lois de finances rectificatives.

collection [kɔlɛksjɔ̃] n.f. (lat. *collectio*, de *colligere* "recueillir"). - **1.** Réunion d'objets choisis pour leur beauté, leur rareté ou leur prix : *Collections de timbres, de monnaies, de bijoux, etc.* - **2.** Ensemble d'ouvrages, de publications présentant une unité : *Elle est directrice de collection chez un éditeur de livres pour enfants.* - **3.** Ensemble de modèles créés et présentés à chaque saison par une maison de couture : *Présentation des collections d'hiver.* - **4.** FAM. Ensemble de personnes caractérisées par un trait particulier : *C'est une collection d'imbéciles !* - **5.** Toute une collection (de), une grande quantité de : *Ne lui offrez pas une chemise, il en a déjà toute une collection.*

collectionner [kɔlɛksjɔne] v.t. - **1.** Réunir en collection : *Il collectionne les timbres.* - **2.** FAM. Accumuler : *Collectionner les gaffes.*

collectionneur, euse [kɔlɛksjɔnœr, -øz] n. Personne qui se plaît à collectionner, qui fait une ou des collections.

collectivement [kɔlɛktivmɑ̃] adv. De façon collective.

collectivisation [kɔlɛktivizasjɔ̃] n.f. Action de collectiviser ; fait d'être collectivisé.

collectiviser [kɔlɛktivize] v.t. Mettre les moyens de production et d'échange aux mains de la collectivité par l'expropriation ou la nationalisation : *Collectiviser les terres.*

collectivisme [kɔlɛktivism] n.m. Système économique fondé sur la propriété collective des moyens de production. ◆ **collectiviste** adj. et n. Relatif au collectivisme ; qui en est partisan.

collectivité [kɔlɛktivite] n.f. - **1.** Ensemble de personnes liées par une organisation commune, des intérêts communs. - **2.** Collectivité locale ou **territoriale**, circonscription administrative fonctionnant de manière autonome par rapport à l'État central (communes, départements, Régions, etc.). ‖ Collectivités **publiques**, l'État, les collectivités locales, les établissements publics.

collège [kɔlɛʒ] n.m. (lat. *collegium* "confrérie", de *collega* ; v. *collègue*). - **1.** En France, établissement du premier cycle de l'enseignement secondaire. - **2.** Réunion de personnes revêtues de la même dignité, de la même fonction : *Collège des cardinaux.* - **3.** Collège **électoral**, ensemble des électeurs d'une circonscription appelés à participer à une élection déterminée.

collégial, e, aux [kɔleʒjal, -o] adj. Réuni en un collège ; exercé par un collège : *Direction collégiale. Tribunaux collégiaux.*

collégialité [kɔleʒjalite] n.f. Caractère de tout pouvoir collégial.

collégien, enne [kɔleʒjɛ̃, -ɛn] n. Élève d'un collège.

collègue [kɔlɛg] n.m. (lat. *collega*, de *cum* "avec" et *legare* "député, nommer"). Personne qui remplit la même fonction ou qui travaille dans la même entreprise qu'une autre.

coller [kɔle] v.t. (de *colle*). - **1.** Fixer avec de la colle ou une autre substance : *Coller une affiche.* - **2.** Appliquer étroitement, appuyer, placer contre : *Coller son oreille à la porte.* - **3.** FAM. Ne pas quitter qqn, au point de l'importuner : *Arrête de me coller* (= de me suivre partout). - **4.** FAM. Mettre, placer d'autorité ou sans précaution : *Il a collé mes affaires au grenier.* - **5.** FAM. Donner, imposer, transmettre à qqn qqch de désagréable : *Ce chien va nous coller des puces. Il m'a collé tous les dossiers dont il ne veut pas s'occuper* (syn. donner). - **6.** FAM. Mettre qqn dans l'impossibilité de répondre : *Il est difficile de le coller en histoire.* - **7.** FAM. Punir d'une colle ; consigner : *Le censeur l'a collée à cause de ses absences.* - **8.** FAM. Refuser qqn à un examen : *Il s'est fait coller au bac* (= il a échoué au bac). ◆ v.t. ind.

[à]. - **1.** Adhérer ; s'appliquer contre : *Ce timbre ne colle pas. Maillot qui colle à la peau.* - **2.** Suivre de très près : *Ce cycliste colle à la roue de son concurrent.* - **3.** FAM. S'adapter étroitement : *Son analyse colle parfaitement à la réalité* (syn. correspondre, coïncider). - **4.** FAM. Ça colle, ça va bien, ça marche.

collerette [kɔlʀɛt] n.f. (de *collier*). - **1.** Volant plissé ou froncé garnissant le bord d'une encolure, d'un décolleté. - **2.** Objet, chose qui a la forme d'un anneau : *Ces champignons sont reconnaissables à leur collerette.*

collet [kɔlɛ] n.m. (de *col*). - **1.** Autref., partie du vêtement qui entourait le cou. - **2.** Nœud coulant pour piéger les oiseaux, les lièvres, etc. - **3.** Prendre, saisir au collet, arrêter une personne, l'attraper. - **4.** Collet monté. Guindé, affecté : *Elle est très collet monté.*

se colleter [kɔlte] v.pr. (avec) (de *collet*) [conj. 27]. FAM. - **1.** Se battre, s'empoigner : *Ils se sont colletés avec des voyous* (syn. se bagarrer). - **2.** Se débattre, affronter une situation difficile : *Se colleter avec toutes sortes de difficultés.*

colleur, euse [kɔlœʀ, -øz] n. Personne qui colle : *Colleur d'affiches.*

colleuse [kɔløz] n.f. - **1.** Machine à coller. - **2.** Appareil permettant de raccorder deux fragments de film.

colley [kɔlɛ] n.m. (mot angl.). Chien de berger écossais à tête fine et museau long, à fourrure abondante.

collier [kɔlje] n.m. (lat. *collarium*, de *collum* "cou"). - **1.** Bijou, parure qui se porte autour du cou : *Collier de perles.* - **2.** Courroie de cuir ou cercle de métal mis au cou de certains animaux domestiques pour les tenir à l'attache : *Le collier d'un chien porte souvent une plaque d'identité.* - **3.** Partie du plumage ou de la robe autour du cou de certains animaux dont la couleur diffère de celle du reste du corps. - **4.** Barbe courte et étroite qui rejoint les tempes en passant sous le menton. - **5.** BOUCH. Partie qui comprend le cou et la naissance des épaules, chez le veau et le mouton. - **6.** Objet métallique circulaire servant à fixer un tuyau, une conduite (syn. bague). - **7.** Donner un coup de collier, fournir un effort intense. ‖ Reprendre le collier, se remettre au travail après une période de repos.

collimateur [kɔlimatœʀ] n.m. (de *collimare*, faute de manuscrits médiév. pour le lat. *collineare* "viser"). - **1.** OPT. Appareil d'optique permettant d'obtenir un faisceau de rayons lumineux parallèles. - **2.** Appareil de visée pour le tir. - **3.** FAM. Avoir qqn dans le collimateur, le surveiller de près, être prêt à l'attaquer.

colline [kɔlin] n.f. (bas lat. *collina*, du class. *collis*). Relief de forme arrondie et de dénivellation modérée.

collision [kɔlizjɔ̃] n.f. (lat. *collisio*, de *collidere* "frapper contre"). - **1.** Choc de deux corps en mouvement : *Les deux véhicules sont entrés en collision à un feu rouge* (= se sont heurtés). - **2.** Opposition, rivalité : *Collision d'intérêts.*

colloïdal, e, aux [kɔlɔidal, -o] adj. - **1.** De la nature des colloïdes. - **2.** État colloïdal, état de dispersion de la matière au sein d'un liquide, caractérisé par des granules de dimension moyenne comprise entre 0,2 et 0,002 micron.

colloïde [kɔlɔid] n.m. (angl. *colloid*, du gr. *kolla* "colle"). Fluide dans lequel des particules très petites se trouvent en suspension et qui ne peut être dialysé (par opp. à *cristalloïde*).

colloque [kɔlɔk] n.m. (lat. *colloquium*, de *colloqui* "converser"). - **1.** Entretien entre deux ou plusieurs personnes. - **2.** Réunion organisée entre spécialistes de questions scientifiques, politiques, etc. : *Les météorologistes ont tenu un important colloque* (syn. symposium, congrès).

collusion [kɔlyzjɔ̃] n.f. (lat. *collusio*, de *colludere* "jouer ensemble"). Entente secrète en vue de tromper ou de causer préjudice : *Le gouvernement a été renversé par la collusion de deux partis extrémistes.*

collusoire [kɔlyzwar] adj. DR. Fait par collusion : *Un arrangement collusoire.*

collutoire [kɔlytwar] n.m. (du lat. *colluere* "laver"). Médicament antiseptique destiné à agir sur le pharynx par pulvérisation.

collyre [kɔlir] n.m. (gr. *kollurion* "onguent"). Médicament liquide que l'on instille dans l'œil.

colmatage [kɔlmataʒ] n.m. Action de colmater.

colmater [kɔlmate] v.t. (de l'it. *colmata* "comblement"). - **1.** Boucher, fermer plus ou moins complètement un orifice, une fente : *Colmater une brèche.* - **2.** Arranger tant bien que mal en comblant les manques : *Colmater un déficit.*

colocataire [kɔlɔkatɛr] n. Locataire d'un immeuble avec d'autres personnes.

colombage [kɔlɔ̃baʒ] n.m. (de *colombe*, doublet de *colonne*). Construction en pan de bois dont les vides sont remplis par une maçonnerie légère : *On rencontre en Normandie et en Alsace beaucoup de maisons à colombage.*

colombe [kɔlɔ̃b] n.f. (lat. *columba* "pigeon"). - **1.** Nom donné à différents oiseaux voisins des pigeons, princ. aux variétés blanches. - **2.** Celui qui dans un conflit, dans les relations internationales, est partisan de la paix (par opp. à *faucon*).

colombier [kɔlɔ̃bje] n.m. (de *colombe*). VIEILLI. Pigeonnier.

1. **colombin** [kɔlɔ̃bɛ̃] n.m. (du lat. *columba* "pigeon"). - **1.** Pigeon voisin du ramier. - **2.** Colombins, ordre d'oiseaux comprenant le pigeon et la tourterelle.

2. **colombin** [kɔlɔ̃bɛ̃] n.m. (orig. incert., p.-ê. de *colombe* "colonne" ; v. *colombage*). Rouleau d'argile molle servant à confectionner des vases sans l'emploi du tour.

colombo [kɔlɔ̃bo] n.m. (du m. de la v. de *Colombo*). Plat antillais et réunionnais consistant en un ragoût épicé de viande ou de poisson accompagné de riz.

colombophilie [kɔlɔ̃bɔfili] n.f. (de *colombe* et -*philie*). Élevage des pigeons voyageurs. ◆ **colombophile** n. Nom de l'éleveur.

colon [kɔlɔ̃] n.m. (lat. *colonus* "cultivateur, habitant"). - **1.** Habitant immigré ou descendant d'immigrés d'une colonie : *Au XIXe siècle, de nombreux colons s'installèrent en Amérique.* - **2.** Enfant d'une colonie de vacances.

côlon [kolɔ̃] n.m. (gr. *kôlon*). Partie du gros intestin qui commence au cæcum et se termine au rectum.

colonel [kɔlɔnɛl] n.m. (it. *colonello*, de *colonna* "troupe en colonne"). Grade le plus élevé des officiers supérieurs des armées de terre et de l'air.

colonelle [kɔlɔnɛl] n.f. FAM. Femme d'un colonel.

colonial, e, aux [kɔlɔnjal, -o] adj. Qui concerne les colonies. ◆ n. Personne qui a vécu aux colonies.

colonialisme [kɔlɔnjalism] n.m. Doctrine qui tend à légitimer la domination politique et l'exploitation économique d'un territoire ou d'une nation par le gouvernement d'un État étranger ; mise en pratique de cette doctrine. ◆ **colonialiste** adj. et n. Qui appartient au colonialisme, qui en est partisan.

colonie [kɔlɔni] n.f. (lat. *colonia*, de *colere* "cultiver, habiter"). - **1.** Territoire occupé et administré par une puissance étrangère et dont il dépend sur le plan politique, économique, culturel, etc. - **2.** Ensemble d'étrangers originaires d'un même pays et vivant dans la même ville ou dans la même région : *La colonie française de Mexico.* - **3.** Groupe d'animaux ayant une vie collective : *Colonie d'abeilles.* - **4.** Colonie pénitentiaire, territoire colonial où l'on envoyait les condamnés aux travaux forcés (on disait aussi *bagne colonial*). - **5.** Colonie (de vacances), groupe d'enfants réunis pour passer leurs vacances à la campagne, à la mer ou à la montagne sous la conduite des moniteurs ; lieu et structures accueillant ces enfants (abrév. fam. *colo*).

colonisateur, trice [kɔlɔnizatœR, -tRis] adj. et n. Qui colonise, exploite une colonie.

colonisation [kɔlɔnizasjɔ̃] n.f. Action de coloniser ; fait d'être colonisé.

coloniser [kɔlɔnize] v.t. (de *colonie*). - **1.** Transformer un pays en colonie. - **2.** Peupler de colons. - **3. FAM.** Envahir, occuper un lieu : *Parisiens qui colonisent la Provence.*

colonnade [kɔlɔnad] n.f. (de *colonne*, d'apr. l'it. *colonnato*). Rangée de colonnes le long ou à l'intérieur d'un bâtiment : *Les colonnades du Panthéon, à Paris.*

colonne [kɔlɔn] n.f. (lat. *columna*). - **1.** Support architectural vertical de section le plus souvent circulaire : *Colonne dorique, ionique.* - **2.** Monument commémoratif de forme cylindrique : *La colonne Trajane.* - **3.** Masse de fluide affectant une forme cylindrique et d'axe vertical : *Une colonne d'air, de fumée.* - **4.** Chacune des sections verticales qui divisent une page imprimée : *Les colonnes d'un journal, d'un dictionnaire.* - **5.** Annotations, chiffres disposés verticalement les uns au-dessous des autres : *Colonne des unités, des dizaines.* - **6. MIL.** Formation dont les éléments sont disposés sur un front étroit et en profondeur ; détachement chargé d'une mission particulière : *Colonne de secours.* - **7.** Cinquième colonne, ensemble de partisans clandestins qu'une armée compte dans les rangs de l'adversaire. ‖ **ANAT.** Colonne vertébrale, ensemble de vertèbres formant un axe osseux qui s'étend de la base du crâne au bassin, chez l'homme et les animaux vertébrés.

colonnette [kɔlɔnɛt] n.f. Petite colonne au fût allongé.

colonoscopie [kɔlɔnɔskɔpi] et **coloscopie** [kɔlɔskɔpi] n.f. Examen endoscopique du côlon.

colophane [kɔlɔfan] n.f. (gr. *kolophônia* "résine de Colophon" [v. d'Asie Mineure]). Résine jaune, solide, transparente, qui forme le résidu de la distillation de la térébenthine et avec laquelle on frotte les crins de l'archet.

coloquinte [kɔlɔkɛ̃t] n.f. (*colocynthis*, du gr.). Plante voisine de la pastèque, dont le fruit fournit une pulpe amère et purgative. □ Famille des cucurbitacées.

colorant, e [kɔlɔRɑ̃, -ɑ̃t] adj. Qui colore.
◆ **colorant** n.m. - **1.** Substance colorée naturelle ou synthétique utilisée pour donner à une matière une coloration durable. - **2.** Substance employée pour la coloration de certains aliments.

coloration [kɔlɔRasjɔ̃] n.f. État de ce qui est coloré : *La coloration de la peau.*

coloré, e [kɔlɔRe] adj. - **1.** Qui comporte des couleurs ; qui présente une couleur, notamm. une couleur vive : *Des verres colorés* (contr. incolore). *Un teint coloré* (contr. pâle). - **2.** Qui abonde en expressions imagées ou originales : *Style coloré* (contr. plat, terne).

colorer [kɔlɔRe] v.t. (lat. *colorare*, de *color* "couleur"). - **1.** Donner une certaine couleur, une couleur plus vive à : *L'émotion colora ses joues.* - **2.** LITT. Apporter une note particulière à : *Il colorait ses reproches d'une légère ironie* (syn. teinter).

coloriage [kɔlɔRjaʒ] n.m. - **1.** Action de colorier ; résultat ainsi obtenu. - **2.** (Surtout au pl.). Dessin à colorier : *Un livre de coloriages.*

colorier [kɔlɔRje] v.t. (de *coloris*) [conj. 9]. Appliquer des couleurs sur : *Colorier un dessin.*

coloris [kɔlɔRi] n.m. (it. *colorito*, du lat. *color* "couleur"). - **1.** Effet qui résulte de l'emploi et de la distribution des couleurs : *Tissu aux riches coloris.* - **2.** Éclat du visage, des fleurs, des fruits.

colorisation [kɔlɔRizasjɔ̃] n.f. Action de coloriser.

coloriser [kɔlɔRize] v.t. (de *coloris*). Transformer, par un procédé électronique, les images en noir et blanc d'un film en images en couleurs.

coloriste [kɔlɔRist] n. - **1.** Artiste qui sait harmoniser, exalter les couleurs ; peintre qui privilégie l'expression par la couleur. - **2.** Spécialiste de la réalisation des mélanges colorés servant à la production ou à la reproduction de couleurs (impression, teinture, peinture, etc.).

coloscopie n.f. → colonoscopie.

colossal, e, aux [kɔlɔsal, -o] adj. (de *colosse*). - **1.** De taille énorme : *Entreprise colossale. Statue colossale* (= plus grande que nature). - **2.** Très important, considérable : *Puissance, richesse colossale* (syn. énorme).

colossalement [kɔlɔsalmɑ̃] adv. De façon colossale : *Elle est colossalement riche* (syn. immensément).

colosse [kɔlɔs] n.m. (lat. *colossus*, gr. *kolossos* "statue colossale"). - **1.** Statue colossale : *Le colosse de Rhodes.* - **2.** Homme d'une taille, d'une force extraordinaire.

colostrum [kɔlɔstRɔm] n.m. (mot lat.). Liquide jaunâtre et opaque sécrété par la glande mammaire durant les premiers jours qui suivent l'accouchement.

colportage [kɔlpɔRtaʒ] n.m. - **1.** Action de colporter. - **2.** Métier de colporteur.

colporter [kɔlpɔRte] v.t. (altér. de *comporter* "transporter", sous l'infl. de *porter à col* "porter sur le cou"). - **1.** VIEILLI. Transporter des marchandises de place en place pour les vendre. - **2.** Faire connaître partout : *Colporter des nouvelles* (syn. répandre).

colporteur, euse [kɔlpɔrtœr, -øz] n. - **1.** Marchand ambulant. - **2.** Personne qui répand des rumeurs, des nouvelles : *Colporteur de fausses nouvelles* (syn. propagateur).

colt [kɔlt] n.m. (du n. de l'inventeur). - **1.** Pistolet à barillet appelé aussi *revolver*, inventé par Colt en 1835. - **2.** Pistolet automatique de 11,43 mm, réalisé aux États-Unis par les usines Colt à partir de 1911.

se coltiner [kɔltine] v.t. (de *coltin* "chapeau de cuir des portefaix", de *col*). FAM. Se charger d'une tâche pénible et désagréable : *Je me suis coltiné toute la correspondance.*

columbarium [kɔlɔ̃barjɔm] n.m. (mot lat. "colombier"). Bâtiment pourvu de niches où l'on place les urnes cinéraires dans une nécropole, un cimetière.

colvert [kɔlvɛr] n.m. (de *col* et *vert*). Le plus commun des canards sauvages. □ Famille des anatidés ; long. 60 cm.

colza [kɔlza] n.m. (néerl. *koolzaad* "semence de chou"). Plante voisine du chou, à fleurs jaunes, cultivée pour ses graines fournissant jusqu'à 45 % d'huile. □ Famille des crucifères.

coma [kɔma] n.m. (gr. *kôma* "sommeil profond"). - **1.** État pathologique caractérisé par la perte des fonctions de relations (conscience, mobilité, sensibilité) avec conservation de la vie végétative (respiration, circulation). - **2.** *Coma dépassé,* coma très profond, irréversible, correspondant à la mort cérébrale.

comateux, euse [kɔmatø, -øz] adj. et n. - **1.** Relatif au coma ; qui est dans le coma : *Être dans un état comateux.* - **2.** FAM. Dans un état de demi-conscience à la suite d'une grande fatigue, d'un malaise.

combat [kɔ̃ba] n.m. (de *combattre*). - **1.** Lutte armée ou non, engagée pour attaquer ou se défendre : *Les deux chefs de bande se sont affrontés en combat singulier.* - **2.** Lutte contre des obstacles de toutes sortes : *Pour certains, la vie est un combat de tous les jours.* - **3.** Engagement militaire dans l'espace et dans le temps. - **4.** *Hors combat,* dans l'incapacité de poursuivre la lutte ; dans l'impossibilité de faire face à une attaque.

combatif, ive [kɔ̃batif, -iv] adj. Qui aime le combat qui est porté à la lutte : *Des troupes combatives. Son tempérament combatif l'a sortie de bien des mauvais pas* (syn. pugnace).

combativité [kɔ̃bativite] n.f. Goût, disposition à combattre, à lutter : *Les jours d'attente ont diminué la combativité des soldats* (syn. agressivité).

combattant, e [kɔ̃batɑ̃, -ɑ̃t] adj. Qui combat. ◆ **combattant** n.m. Homme, soldat qui prend part directement à un combat, à une guerre.

combattre [kɔ̃batr] v.t. (lat. pop. *combattere,* bas lat. *combatuere,* du class. *bat[t]uere* "battre") [conj. 83]. Se battre contre qqn, s'opposer à l'action de qqch. ◆ v.i. - **1.** Livrer combat. - **2.** Œuvrer pour soutenir, défendre une cause, un point de vue : *Combattre pour ses idées.*

combe [kɔ̃b] n.f. (gaul. *cumba* "vallée"). GÉOGR. Vallée entaillée dans la voûte anticlinale d'un pli jurassien et dominée par deux escarpements, les crêts.

combien [kɔ̃bjɛ̃] adv. interr. (de *com,* anc. forme de *comme,* et *bien*). Marque la quantité, le nombre, la grandeur, le prix : *Combien faut-il de farine ? Combien de sucres prends-tu ? Combien mesure-t-il ? Combien avez-vous payé ?* ◆ adv. exclam. - **1.** Exprime un haut degré, excédé (en incise) : *Il aurait été, ô combien !, préférable de ne rien dire !* - **2.** *Combien de* (+ n.), quel grand nombre, quelle grande quantité de : *Combien de fois je le lui ai répété !* (= que de). ◆ n.m. inv. FAM. Précédé de l'article, indique la date, le rang, la fréquence : *Le combien sommes-nous ? Le bus passe tous les combien ?*

combientième [kɔ̃bjɛ̃tjɛm] adj. et n. Qui est à quel rang, à quel ordre : *Le combientième est-il de la classe ?*

combinable [kɔ̃binabl] adj. Qui peut être combiné.

combinaison [kɔ̃binɛzɔ̃] n.f. (bas lat. *combinatio* ; v. *combiner*). - **1.** Assemblage, arrangement selon une disposition, une proportion : *Combinaison de mots, de couleurs* (syn. agencement). - **2.** Disposition des éléments intérieurs de certaines serrures qui en déclenche l'ouverture ; la suite de chiffres permettant ce déclenchement : *La combinaison d'un coffre-fort.* - **3.** Ensemble de mesures prises pour assurer le succès d'une entreprise : *Les minables combinaisons d'un arriviste* (syn. calcul, machination). - **4.** Sous-vêtement féminin d'une seule pièce maintenu par des bretelles aux épaules et habillant le corps jusqu'au genou. - **5.** Vêtement d'une seule pièce couvrant la totalité du corps, pour le travail, le sport, etc. : *Une combinaison de travail, de plongée sous-marine.* - **6.** CHIM. Action d'unir plusieurs corps simples pour former un composé ; ce composé. - **7.** MATH. Combinaison de *p* éléments d'un ensemble à *n* éléments, toute partie (groupement) à *p* éléments d'un ensemble à *n* éléments.

combinard, e [kɔ̃binar, -ard] adj. et n. FAM. Qui use de combines, qui emploie des moyens souvent plus ingénieux qu'honnêtes pour arriver à ses fins.

combinat [kɔ̃bina] n.m. (mot russe, formé sur *combiner*). Dans l'ancienne U. R. S. S., groupement, dans une même région économique et en une organisation administrative unique, de plusieurs établissements industriels aux activités solidaires : *Un combinat automobile.*

combinatoire [kɔ̃binatwar] adj. (de *combiner*). Relatif aux combinaisons. ◆ n.f. - **1.** Propriété qu'ont les éléments d'un système de former des combinaisons ; ensemble de ces combinaisons : *La combinatoire des unités linguistiques.* - **2.** MATH. Branche des mathématiques qui étudie les combinaisons, les dénombrements ou les configurations d'ensembles (syn. analyse combinatoire).

combine [kɔ̃bin] n.f. (abrév. de *combinaison*). FAM. Combinaison, moyen peu scrupuleux pour arriver à ses fins : *Monter une combine.*

combiné [kɔ̃bine] n.m. (de *combiner*). - **1.** Partie mobile d'un téléphone réunissant l'écouteur et le microphone. - **2.** Compétition sportive associant des épreuves de nature différente. - **3.** Gaine et soutien-gorge en une pièce.

combiner [kɔ̃bine] v.t. (bas lat. *combinare* "unir deux choses ensemble", du class. *bini* "deux par deux"). - **1.** Disposer des choses, des éléments en formant une combinaison : *Combiner des couleurs* (syn. assortir). - **2.** CHIM. Produire la combinaison de plusieurs corps chimiques. - **3.** FAM. Organiser, préparer qqch : *Elle a tout combiné pour que cette rencontre ait lieu* (syn. arranger). ◆ **se combiner** v.pr. FAM. S'harmoniser, en parlant de circonstances : *Tout ça s'est très mal combiné.*

1. comble [kɔ̃bl] n.m. (lat. *cumulus* "monceau", confondu en lat. pop. avec *culmen* "sommet"). - **1.** (Souvent au pl.). Faîte d'un bâtiment, comportant charpente et toit ; espace intérieur correspondant. - **2.** Point culminant, degré extrême : *Être au comble de la joie.* - **3.** C'est un comble !, cela dépasse la mesure. ‖ De fond en comble, entièrement : *Nous avons fouillé la maison de fond en comble.*

2. comble [kɔ̃bl] adj. (de *combler*). - **1.** Se dit d'un lieu très ou trop plein de personnes : *Train comble* (syn. bondé). - **2.** Faire salle comble, en parlant d'un spectacle, d'un conférencier, etc., attirer un très nombreux public. - **3.** La mesure est comble, cela dépasse les bornes.

comblé, e [kɔ̃ble] adj. Pleinement satisfait.

combler [kɔ̃ble] v.t. (lat. *cumulare*). - **1.** Remplir entièrement : *Combler un fossé.* - **2.** Satisfaire pleinement qqn, ses désirs : *J'ai été comblée par la fortune.* - **3.** Combler qqn de bienfaits, d'honneurs, de cadeaux, les lui prodiguer, les lui donner en grande quantité.

comburant, e [kɔ̃byRɑ̃, -ɑ̃t] adj. et n.m. (lat. *comburens, -entis,* de *comburere* "brûler"). Se

dit d'un corps qui, en se combinant avec un autre, amène sa combustion.

combustibilité [kɔ̃bystibilite] n.f. Propriété des corps combustibles.

combustible [kɔ̃bystibl] adj. (de *combustion*). Qui a la propriété de brûler ou de se consumer. ◆ n.m. - **1.** Matière dont la combustion produit de l'énergie calorifique. - **2.** Combustible nucléaire, matière capable de dégager de l'énergie par fission ou fusion nucléaires.

combustion [kɔ̃bystjɔ̃] n.f. (lat. *combustio,* de *comburere* "brûler"). - **1.** Fait, pour un corps, de brûler : *L'air est nécessaire à la combustion.* - **2.** CHIM. Fait, pour un combustible, de s'unir à un comburant (souvent l'oxygène) en dégageant de la chaleur. - **3.** CHIM. Combustion lente, oxydation sans flamme.

come-back [kɔmbak] n.m. inv. (mot angl. "retour"). Retour en vogue, au premier plan, d'une personne naguère célèbre, après une période d'oubli ou d'inactivité.

comédie [kɔmedi] n.f. (lat. *comoedia,* du gr.). - **1.** Pièce de théâtre qui excite le rire par la peinture des mœurs, des caractères ou la succession de situations inattendues. - **2.** Genre littéraire, cinématographique, etc., qui se propose de faire rire ou sourire. - **3.** Comportement simulé : *Cessez cette comédie, je sais parfaitement que vous n'êtes pas malade.* - **4.** Complications : *C'est toute une comédie pour venir chez toi !* (= c'est difficile).

comédien, enne [kɔmedjɛ̃, -ɛn] n. (de *comédie*). Professionnel qui joue au théâtre, au cinéma, à la radio, à la télévision (syn. acteur). ◆ n. et adj. - **1.** Personne qui feint des sentiments qu'elle n'a pas ; hypocrite : *Quelle comédienne tu fais !* (syn. simulateur). - **2.** Personne qui aime se donner en spectacle (syn. cabotin).

comédon [kɔmedɔ̃] n.m. (lat. *comedo* "mangeur"). Amas de sébum à l'extrémité noire, qui bouche un pore de la peau (= point noir).

comestible [kɔmestibl] adj. (du lat. *comestus,* de *comedere* "manger"). Qui peut servir de nourriture à l'homme. ◆ **comestibles** n.m. pl. Produits alimentaires.

comète [kɔmet] n.f. (lat. *cometa,* gr. *kométēs* "astre chevelu"). - **1.** Astre du système solaire formé d'un noyau relativement petit qui, au voisinage du Soleil, éjecte une atmosphère passagère de gaz et de poussières à l'aspect de chevelure diffuse, s'étirant dans la direction opposée au Soleil en une queue parfois spectaculaire. - **2.** Tirer des plans sur la comète, faire des projets chimériques.

comice [kɔmis] n.m. (lat. *comitia* "assemblée du peuple"). - **1.** Pendant la Révolution française, réunion des électeurs pour nommer les membres des assemblées délibérantes. -**2.** Comice(s) agricole(s), association privée de notables ruraux dont le but était le développement de l'agriculture ; assemblée publique de ces notables (2ᵉ moitié du XIXᵉ s.). ◆ **comices** n.m. pl. ANTIQ. Assemblée du peuple romain. □ On distinguait les comices curiates, centuriates et tributes.

comique [kɔmik] adj. (lat. *comicus*, du gr.). -**1.** Qui appartient à la comédie : *Auteur comique.* -**2.** Amusant, qui fait rire : *Aventure comique.* ◆ n.m. -**1.** Caractère de ce qui est comique : *Le comique de l'affaire, c'est que je ne me doutais de rien.* -**2.** Genre comique : *Ce film mêle le comique de mots et le comique de situation.* -**3.** Acteur ou chanteur comique.

comiquement [kɔmikmɑ̃] adv. De façon comique.

comité [kɔmite] n.m. (angl. *committee*, du lat. *committere* "risquer, confier"). -**1.** Assemblée restreinte ayant reçu mission pour une affaire particulière ; petite association : *Comité des fêtes, comité de lecture.* -**2.** En petit comité, en comité restreint, entre intimes. -**3.** Comité d'entreprise. Organe de l'entreprise composé des représentants élus du personnel et présidé par le chef d'entreprise, qui a des attributions consultatives ou de contrôle en matière professionnelle, économique et sociale (abrév. *C. E.*).

comma [kɔma] n.m. (gr. *komma* "morceau"). MUS. Fraction de ton théorique et imperceptible, de l'ordre de 1/8 ou 1/9 selon la gamme envisagée : *Il y a un comma entre ré dièse et mi bémol.*

commandant [kɔmɑ̃dɑ̃] n.m. -**1.** Officier supérieur qui commande une grande unité, une place ou une base des armées de terre ou de l'air. -**2.** Officier qui commande un bâtiment de la marine de guerre. -**3.** Commandant de bord, personne qui commande à bord d'un avion de ligne ou d'un vaisseau spatial.

commande [kɔmɑ̃d] n.f. (de *commander*). -**1.** Ordre par lequel on demande à un fournisseur la livraison d'une marchandise, l'exécution d'un service, etc. ; cette fourniture : *J'ai passé une commande de champagne* (= j'ai commandé). *Votre commande a été livrée ce matin.* -**2.** Liste, telle qu'elle est énoncée au serveur, des mets et boissons qu'on désire consommer dans un restaurant, un café : *Le garçon de café a pris la commande.* -**3.** Direction, contrôle exercés sur l'évolution d'une machine, d'une installation au moyen des organes qui en assurent la mise en route, le réglage, l'arrêt ; chacun des dispositifs (boutons, leviers, manettes, etc.) déclenchant ces commandes : *Com-*

mande d'essuie-glaces. -**4.** De commande, affecté, non sincère : *Un sourire de commande.* ‖ Prendre les commandes, se mettre à diriger. ‖ Sur commande, sur ordre : *Je ne sais pas pleurer sur commande.* ‖ Tenir les commandes, être aux commandes, diriger : *Il tient les commandes de l'entreprise* (syn. contrôler).

commandement [kɔmɑ̃dmɑ̃] n.m. -**1.** Fait de commander : *Il assume le commandement de cette unité* (syn. direction). -**2.** À mon commandement, au moment où j'en donnerai l'ordre à voix haute. ‖ Les dix commandements, les préceptes transmis par Moïse aux Hébreux et conservés dans le christianisme.

commander [kɔmɑ̃de] v.t. (lat. pop. *commandare*, refait d'après *mandare* sur le class. *commendare* "confier, donner un ordre"). -**I.** (Sujet qqn). -**1.** Exercer son autorité sur qqn, sur un groupe : *Commander un régiment* (= être à la tête de). *Qui est-ce qui commande ici ?* (syn. décider). -**2.** LITT. Ordonner qqch à qqn : *D'un regard il lui commanda le silence* (syn. imposer). -**3.** Être l'organisateur responsable d'une opération : *Commander la manœuvre* (syn. diriger, conduire). -**4.** Passer une commande : *Commander des fournitures.* -**5.** (Absol.). Passer commande dans un café, un restaurant : *Nous avons déjà commandé.* -**II.** (Sujet qqch). -**1.** Contrôler, permettre l'accès à un lieu : *Ce fort commande toute la plaine.* -**2.** Faire fonctionner : *Ce bouton commande l'ouverture de la porte.* ◆ v.t. ind. **[à]** LITT. Imposer sa loi à ; exercer un contrôle sur : *Commander à ses sentiments* (= les contrôler). ◆ **se commander** v.pr. (Surtout nég.). Dépendre de la volonté : *L'attirance, ça ne se commande pas.*

commandeur [kɔmɑ̃dœr] n.m. (de *commander*). Celui dont le grade est supérieur à celui d'officier dans les ordres de chevalerie : *Commandeur de la Légion d'honneur.*

commanditaire [kɔmɑ̃diter] n.m. et adj. (de *commandite*). -**1.** Celui qui commandite. -**2.** DR. Associé d'une société en commandite qui n'est tenu des dettes de celle-ci qu'à concurrence de ses apports.

commandite [kɔmɑ̃dit] n.f. (it. *accomandita* "dépôt", du lat. pop. *commandare* ; v. *commander*). -**1.** Fraction du capital d'une société en commandite apportée par un ou plusieurs commanditaires. -**2.** Société en commandite, société commerciale qui comporte deux catégories d'associés, les commandités et les commanditaires.

commandité, e [kɔmɑ̃dite] n. Associé d'une société en commandite, qui est responsable personnellement des dettes de la société.

commanditer [kɔmɑ̃dite] v.t. (de *commandite*). -**1.** Avancer des fonds à une entreprise commerciale. -**2.** Financer un projet (syn.

sponsoriser). **- 3.** Organiser, financer un crime, un délit.

commando [kɔmãdo] n.m. (mot port., de *commandar* "commander"). Formation militaire de faible effectif, chargée de missions spéciales et opérant isolément.

comme [kɔm] conj. sub. (lat. pop. *como*, class. *quomodo* "comment"). **- 1.** Exprime la cause : *Comme la voiture était en panne, il a fallu y aller à pied* (syn. puisque, étant donné que). **- 2.** Exprime la simultanéité : *Comme nous approchions de la ville, il s'est mis à pleuvoir* (syn. alors que). **- 3.** Exprime une comparaison : *Tout s'est passé comme je l'avais prédit. Aujourd'hui comme hier, tu peux me faire confiance* (syn. ainsi que, de même que). **- 4.** Introduit des comparaisons à valeur intensive : *Il ment comme il respire. Blanc comme neige.* **- 5.** Introduit un exemple : *Des animaux domestiques, comme le chien, le chat, le cheval...* (syn. tel, tel que). **- 6.** Sert à coordonner : *Le Premier ministre comme le Président jugent cette mesure nécessaire* (syn. ainsi que, de même que). **- 7.** Indique à quel titre on agit, on est désigné : *Comme doyen, c'est à vous de faire le discours* (syn. en tant que, en qualité de). **- 8.** Introduit un attribut du complément d'objet direct : *Elle a comme secrétaire un jeune étudiant* (syn. pour). **- 9.** Sert à atténuer une assertion : *Il est comme envoûté par cette femme* (= pour ainsi dire ; syn. quasiment). **- 10.** C'est tout comme, il n'y a guère de différence, cela revient au même. ‖ **Comme il faut,** bien élevée, en parlant d'une personne : *Ce garçon est tout à fait comme il faut.* ‖ **Comme quoi,** ce qui montre bien que : *Il a fallu rentrer à pied ; comme quoi j'avais raison de vouloir prendre la voiture.* ‖ FAM. **Comme tout,** renforce un adjectif : *Il est gentil comme tout.* ◆ adv. exclam. Exprime l'intensité ou la manière : *Comme cet enfant est charmant !* ◆ **comme si** loc. conj. Marque une comparaison avec une situation hypothétique : *Ils ont agi comme si de rien n'était. Elle n'est pas heureuse mais elle fait comme si.*

commedia dell'arte [kɔmedjadɛlarte] n.f. (mots it. "comédie de fantaisie"). Forme théâtrale italienne basée sur l'improvisation (acrobaties, pantomimes, lazzi, etc.) à partir de canevas et de personnages traditionnels (Arlequin, Matamore, Pantalon, Scaramouche, entre autres).

commémoratif, ive [kɔmemɔratif, -iv] adj. Qui commémore.

commémoration [kɔmemɔrasjɔ̃] n.f. Action de commémorer un événement, une personne ; cérémonie faite à cette occasion.

commémorer [kɔmemɔre] v.t. (lat. *commemorare,* de *memorare* "rappeler"). Rappeler le souvenir d'une personne ou d'un événe-

ment avec plus ou moins de solennité : *Les musiciens ont commémoré le bicentenaire de la mort de Mozart.*

commencement [kɔmãsmã] n.m. Ce par quoi qqch commence : *Reprenez tout au commencement* (syn. début).

commencer [kɔmãse] v.t. (lat. pop. *cominitiare,* du class. *initium* "début") [conj. 16]. **- 1.** Entamer qqch, une action : *Nous commençons les travaux la semaine prochaine. Il a commencé l'anglais en sixième* (syn. débuter). **- 2.** Être dans la première phase d'un déroulement ; être au début de qqch : *Elle a mal commencé la journée* (syn. débuter). *Les mots qui commencent une phrase prennent une majuscule.* **- 3.** Parmi un groupe de personnes qui participent à une action commune, une œuvre commune, etc., être le premier à agir (souvent absol.) : *J'ai distribué les cartes, c'est à toi de commencer.* **- 4.** Prendre l'initiative des hostilités (souvent absol. et seul. dans des formes d'insistance) : *C'est lui qui a commencé !* ◆ v.t. ind. **- 1.** Commencer à (+ inf.), débuter une action, être au début du déroulement de qqch, d'une évolution, d'un état : *Les enfants ont déjà commencé à décorer le sapin. Il commence à faire chaud.* **- 2.** Commencer par (+ n. ou **inf.**), s'occuper d'une chose avant une autre ; faire qqch avant qqch d'autre : *Si tu veux m'aider à essuyer, commence plutôt par les verres. Je vais commencer par me lever, ensuite on verra.* **- 3.** À commencer par, indique que qqn ou qqch est au premier chef concerné par ce qui est énoncé : *Pour la préparation de la fête tout le monde sera mis à contribution, à commencer par ton frère et toi.* ◆ v.i. **- 1.** Débuter, prendre son point de départ dans le temps ou dans l'espace : *L'été commence le 21 juin. Les marécages commencent à la lisière de la forêt.* **- 2.** FAM. (iron.). Ça commence bien !, les choses se présentent mal.

commensal, e, aux [kɔmãsal, -o] n. (lat. médiév. *commensalis,* du class. *mensa* "table"). LITT. Personne qui mange à la même table qu'une autre. ◆ adj. BIOL. Se dit d'espèces animales qui vivent associées à d'autres en profitant des débris de leurs repas, mais sans leur nuire : *Le poisson pilote et le requin sont des espèces commensales.*

comment [kɔmã] adv. interr. (de *comme*). Interroge sur le moyen et la manière : *Comment a-t-il pu réussir ? Je me demande comment vous faisiez ?* ◆ adv. exclam. **- 1.** Exprime la surprise, l'indignation : *Comment ! ; Il n'est pas venu ?* **- 2.** FAM. Et comment !, souligne l'évidence d'une affirmation. ◆ n.m. inv. Manière dont une chose s'est faite : *Les pourquoi et les comment d'une affaire.*

commentaire [kɔmãtɛr] n.m. (lat. *commentarius ;* v. *commenter*). **- 1.** Observations, remarques faites sur des propos tenus par une personne ou un groupe, sur des décisions qui ont été prises, sur des événements : *Le changement de gouvernement a suscité de nombreux commentaires.* - **2.** Exposé qui explique, interprète, apprécie un texte, une œuvre, partic. en littérature : *Commentaire de la Bible. Commentaire philosophique.* - **3.** (Surtout au pl.). Propos désobligeants, malveillants : *Épargnez-moi vos commentaires !* - **4.** Sans commentaire !, vous pouvez juger vous-même.

commentateur, trice [kɔmɑ̃tatœʀ, -tʀis] n. Personne qui fait des commentaires, spécial. à la radio, à la télévision.

commenter [kɔmɑ̃te] v.t. (lat. *commentari,* "méditer, étudier"). - **1.** Faire des commentaires sur des événements : *Commenter l'actualité.* - **2.** Faire le commentaire d'une œuvre : *Commenter les romans de Balzac n'est pas chose aisée.*

commérage [kɔmeʀaʒ] n.m. (de *commère*). FAM. Bavardage indiscret ; propos mensonger : *N'écoutez pas ces commérages* (syn. ragot).

commerçant, e [kɔmeʀsɑ̃, -ɑ̃t] n. Qui fait du commerce par profession. ◆ adj. Où il se fait du commerce : *Quartier commerçant.*

commerce [kɔmeʀs] n.m. (lat. *commercium,* de *merx, mercis* "marchandise"). - **1.** Activité qui consiste en l'achat et la vente de marchandises, de services : *Ils font du commerce à l'étranger* (syn. négoce). *Ce produit n'est pas encore dans le commerce.* - **2.** Corporation des commerçants : *Le petit commerce a du mal à survivre.* - **3.** ÉCON. Secteur de la vente, de la distribution des produits finis : *Le commerce international.* - **4.** Établissement commercial ; fonds de commerce : *Elle tient un petit commerce de mercerie* (syn. boutique, magasin). - **5.** LITT., VIEILLI. Relation avec qqn, fréquentation : *Le commerce des honnêtes gens.* - **6.** SOUT. Être d'un commerce agréable, être agréable à fréquenter.

commercer [kɔmeʀse] v.t. ind. [conj. 16] [avec]. Faire du commerce avec qqn, une entreprise, un pays.

commercial, e, aux [kɔmeʀsjal, -o] adj. - **1.** Relatif au commerce : *Entreprise commerciale. Objet sans grande valeur commerciale* (syn. marchand). - **2.** Qui fait vendre : *Argument, discours commercial* (syn. vendeur). - **3.** Exécuté dans un but purement lucratif : *Film commercial.*

commercialement [kɔmeʀsjalmɑ̃] adv. Du point de vue commercial ; du point de vue de la vente.

commercialisable [kɔmeʀsjalizabl] adj. Qui peut être commercialisé.

commercialisation [kɔmeʀsjalizasjɔ̃] n.f. Action de commercialiser ; fait d'être commercialisé.

commercialiser [kɔmeʀsjalize] v.t. Mettre sur le marché : *Commercialiser un produit.*

commère [kɔmeʀ] n.f. (lat. ecclés. *commater* "marraine", du class. *cum* "avec" et *mater* "mère"). FAM. Femme curieuse, bavarde, qui colporte des racontars.

commettre [kɔmetʀ] v.t. (lat. *committere* "mettre ensemble") [conj. 84]. - **1.** Se rendre coupable d'un acte répréhensible ou malencontreux : *Commettre une erreur.* - **2.** DR. Désigner, nommer à une fonction déterminée : *Cet avocat a été commis d'office à la défense de l'accusé.* ◆ **se commettre** v.pr. [avec]. LITT. Afficher, entretenir des relations compromettantes ou déshonorantes avec.

comminatoire [kɔminatwaʀ] adj. (lat. médiév. *comminatorius,* du class. *minari* "menacer"). - **1.** Destiné à intimider, menaçant : *Un ton comminatoire.* - **2.** DR. Qui est destiné à faire pression sur le débiteur : *Une mesure comminatoire.*

commis [kɔmi] n.m. (du p. passé de *commettre*). - **1.** Employé subalterne dans un bureau, un commerce. - **2.** VIEILLI. Commis voyageur, représentant de commerce. ‖ Grand commis de l'État, haut fonctionnaire.

commisération [kɔmizeʀasjɔ̃] n.f. (lat. *commiseratio* "action d'exciter la pitié"). LITT. Sentiment de compassion en présence des malheurs d'autrui ; pitié.

commissaire [kɔmiseʀ] n.m. (lat. médiév. *commissarius,* du class. *committere* "envoyer"). - **1.** Personne chargée, spécial. par l'État, d'une mission temporaire : *Le commissaire aux comptes est nommé par les actionnaires pour contrôler la comptabilité d'une société de commerce.* - **2.** Personne chargée d'organiser, d'administrer qqch, spécial. de vérifier la régularité d'une épreuve sportive : *Les commissaires d'une course hippique.* ‖ Commissaire (de police). Fonctionnaire de la police nationale, placé sous l'autorité du ministre de l'Intérieur, et chargé des tâches de police administrative.

commissaire-priseur [kɔmiseʀpʀizœʀ] n.m. (de *1. priser*) [pl. *commissaires-priseurs*]. Officier ministériel chargé de l'estimation et de la vente, dans les ventes aux enchères publiques.

commissariat [kɔmisaʀja] n.m. - **1.** Locaux où sont installés les services d'un commissaire de police. - **2.** Qualité, fonction de commissaire. - **3.** Service dépendant d'un commissaire de l'État.

commission [kɔmisjɔ̃] n.f. (lat. *commissio,* de *committere,* "mettre ensemble, confier"). - **1.** Charge, mission ; message que l'on confie à qqn : *Faire une commission pour qqn. Pourriez-vous lui faire la commission* (= lui transmettre le message). -**2.** Ensemble de personnes désignées par une assemblée, une autorité pour étudier un projet, effectuer une opération de contrôle, etc. : *Le ministre a nommé une commission d'enquête.* -**3.** Pourcentage qu'on laisse à un intermédiaire ; coût d'une opération bancaire : *Cette banque prend une forte commission sur les opérations de change.* ◆ **commissions** n.f. pl. Achats quotidiens : *As-tu fait les commissions ?* (syn. **courses**).

commissionnaire [kɔmisjɔnɛʀ] n. (de *commission*). Personne, et spécial. intermédiaire commercial, qui agit pour le compte de son client.

commissionner [kɔmisjɔne] v.t. -**1.** Donner une commission à qqn et, spécial., une charge, un mandat. -**2.** Donner commission à un commissionnaire pour vendre, acheter, etc.

commissure [kɔmisyʀ] n.f. (lat. *commissura*, de *committere* "mettre ensemble, joindre"). ANAT. Point, région où se réunissent les bords d'une ouverture : *Commissure des lèvres.*

1. **commode** [kɔmɔd] adj. (lat. *commodus*). -**1.** Approprié à l'usage qu'on veut en faire ; maniable : *C'est un outil très commode pour les travaux délicats* (syn. **pratique**). -**2.** (Surtout en tournure nég.). D'un caractère facile, aimable : *Cet homme n'est pas commode* (= n'est pas facile à vivre, à manœuvrer). -**3.** FAM. Ça serait trop commode, ce serait une solution de facilité.

2. **commode** [kɔmɔd] n.f. (de *[armoire] commode*). Meuble bas à tiroirs où l'on range du linge, des vêtements, etc.

commodément [kɔmɔdemɑ̃] adv. De façon commode.

commodité [kɔmɔdite] n.f. Qualité de ce qui est commode, avantageux, agréable : *La commodité d'une maison.* ◆ **commodités** n.f. pl. -**1.** Ce qui rend la vie plus facile ; éléments de confort : *Les commodités de la vie.* -**2.** VIEILLI. Lieux d'aisances.

commotion [kɔmɔsjɔ̃] n.f. (lat. *commotio*, de *commovere* "émouvoir"). -**1.** Violent ébranlement physique ; perturbation d'un organe consécutive à un choc, sans atteinte irréversible : *Commotion cérébrale.* -**2.** Bouleversement dû à une émotion violente.

commotionner [kɔmɔsjɔne] v.t. Frapper de commotion : *Cette nouvelle l'a fortement commotionné* (syn. **ébranler**).

commuable [kɔmɥabl] adj. Qui peut être commué.

commuer [kɔmɥe] v.t. (lat. *commutare* "changer, échanger") [conj. 7]. DR. Changer une peine en une peine moindre.

1. **commun, e** [kɔmɛ̃, -yn] adj. (lat. *communis*). -**1.** Qui appartient à tous, qui concerne tout le monde : *Les parties communes d'un immeuble.* -**2.** Qui est propre au plus grand nombre ; public : *L'intérêt commun* (syn. **général**). -**3.** Qui appartient à plusieurs choses ou personnes, qui est simultanément le fait de plusieurs choses ou personnes : *Point commun à deux lignes.* -**4.** Qui se rencontre fréquemment, qui n'est pas rare ; ordinaire : *Voici une variété de fraises des plus communes* (syn. **répandu, courant**). -**5.** Qui manque de distinction, d'élégance : *Il a des manières très communes* (syn. **vulgaire**). -**6.** Avoir qqch de commun avec, ressembler à qqch, à qqn. ‖ En commun, ensemble : *Ils ont préparé cet exposé en commun.* ‖ Nom commun, nom qui désigne un être ou une chose considérés comme appartenant à une catégorie générale (par opp. à *nom propre*).

2. **commun** [kɔmɛ̃] n.m. (de *1. commun*). -**1.** VIEILLI. Le bas peuple (péjor.) : *Un homme du commun.* -**2.** Hors du commun, exceptionnel. ‖ Le commun des mortels, n'importe qui, tout un chacun. ◆ **communs** n.m. pl. Ensemble des bâtiments, des dépendances d'une grande propriété, d'un château, réservés au service (cuisines, écuries, etc.).

communal, e, aux [kɔmynal, -o] adj. -**1.** Qui appartient à une commune, qui la concerne. -**2.** Conseil communal, en Belgique, conseil municipal. ‖ Maison communale, en Belgique, mairie. ◆ **communale** n.f. FAM., VIEILLI. École primaire (on dit aussi *école communale*).

communard, e [kɔmynaʀ, -aʀd] n. et adj. Partisan, acteur de la Commune de Paris, en 1871.

communautaire [kɔmynotɛʀ] adj. -**1.** Qui relève d'une communauté : *Vie communautaire.* -**2.** Qui a trait au Marché commun, à la Communauté européenne : *Les aspirations communautaires sont parfois freinées par les sentiments nationalistes.*

communauté [kɔmynote] n.f. (de *communal*). -**1.** État, caractère de ce qui est commun à plusieurs personnes, similitude : *Communauté de sentiments.* -**2.** Ensemble de personnes unies par des liens politiques, économiques ou par une culture commune : *La communauté nationale. La Communauté européenne. En Afrique, certaines communautés ethniques sont dispersées dans plusieurs États.* -**3.** Groupement spontané d'individus qui vivent ensemble en cherchant à échapper au modèle de la famille traditionnelle et aux circuits habituels de production. -**4.** Société de religieux soumis à une règle commune. -**5.** DR. Régime matrimonial légal des époux mariés sans contrat. -**6.** La Communauté internationale, ensemble de nations, en partic. dans le cadre de l'O. N. U.

communaux [kɔmyno] n.m. pl. Terrains appartenant à une commune.

commune [kɔmyn] n.f. (lat. *communia* "choses communes"). - **1.** Division territoriale administrée par un maire assisté du conseil municipal. - **2.** HIST. Association de bourgeois d'une même localité jouissant du droit de se gouverner eux-mêmes. - **3.** Chambre des communes, assemblée des représentants élus du peuple, en Grande-Bretagne (on dit aussi *les Communes*).

communément [kɔmynemɑ̃] adv. Ordinairement, généralement : *Les tétras sont de grands oiseaux communément appelés « coqs de bruyère ».*

communiant, e [kɔmynjɑ̃, -ɑ̃t] n. RELIG. CHRÉT. Qui communie ou qui fait sa première communion.

communicant, e [kɔmynikɑ̃, -ɑ̃t] adj. Qui communique par un passage, un élément commun.

communicatif, ive [kɔmynikatif, -iv] adj. - **1.** Qui se communique, se transmet facilement à d'autres : *Rire communicatif.* - **2.** Qui communique, exprime volontiers ses pensées, ses sentiments ; expansif.

communication [kɔmynikasjɔ̃] n.f. - **1.** Action, fait de communiquer, de transmettre qqch : *La communication de la chaleur à un corps.* - **2.** Action de communiquer avec qqn ; échange verbal entre un locuteur et un interlocuteur : *Le langage, le téléphone sont des moyens de communication.* - **3.** Mise en relation de deux correspondants par téléphone : *Je n'arrive pas à obtenir ma communication pour les États-Unis.* - **4.** Exposé fait à un groupe, dans un congrès, etc. : *Communication à la presse.* - **5.** Liaison, jonction entre deux choses ; passage entre deux lieux : *Établir une communication entre deux conduites.* - **6.** Fait pour une personnalité, un organisme, une entreprise de se donner telle ou telle image vis-à-vis du public : *Conseiller en communication.*

communier [kɔmynje] v.i. (lat. ecclés. *communicare* [*altari*] "approcher [de l'autel]") [conj. 9]. - **1.** RELIG. CHRÉT. Recevoir la communion, le sacrement de l'eucharistie. - **2.** LITT. Être en complète union d'idées ou de sentiments : *Ils communient dans le même idéal de justice.*

communion [kɔmynjɔ̃] n.f. (lat. ecclés. *communio*). - **1.** Union dans une même foi : *La communion des fidèles.* - **2.** Parfait accord d'idées, de sentiments : *Être en communion avec qqn.* - **3.** RELIG. CHRÉT. Fait de recevoir le sacrement de l'eucharistie. - **4.** Communion des saints, communauté spirituelle de tous les chrétiens vivants et morts. ‖ CATH. Communion solennelle, anc. nom de la *profession de foi.*

communiqué [kɔmynike] n.m. Avis transmis par voie officielle ; information émanant d'une instance, d'une autorité, et diffusée par les médias.

communiquer [kɔmynike] v.t. (lat. *communicare* "être en relation avec"). - **1.** Faire passer, transmettre qqch à qqch d'autre : *Le Soleil communique sa chaleur à la Terre.* - **2.** Transmettre à qqn un don, etc. : *Communiquer son savoir à ses enfants.* - **3.** Faire partager à qqn un sentiment, un état, etc. : *Il nous a communiqué sa bonne humeur.* - **4.** Faire passer qqch à qqn pour qu'il en prenne connaissance : *Le service de la préfecture nous a communiqué votre dossier.* - **5.** Faire savoir qqch à qqn, le divulguer : *Communiquer des renseignements confidentiels à un concurrent.* - **6.** Transmettre une maladie à qqn, le contaminer. ◆ v.t. ind. [**avec**]. - **1.** Comporter un passage, une ouverture qui donne accès quelque part : *La salle à manger communique avec le salon.* - **2.** Entrer en contact avec qqn : *Pendant la durée de l'épreuve, n'avez pas le droit de communiquer avec vos voisins.* - **3.** (Absol.). Entrer facilement en contact ; faire volontiers part de sa pensée, de ses sentiments : *C'est un enfant solitaire qui communique peu.* - **4.** (Absol.). S'occuper de communication avec le public ; être spécialiste de la communication des entreprises avec leurs partenaires, leurs clients : *Elle a appris à communiquer au cours d'un stage.*

communisme [kɔmynism] n.m. (de *commun*). Doctrine tendant à la collectivisation des moyens de production, à la répartition des biens de consommation suivant les besoins de chacun et à la suppression des classes sociales ; système politico-économique inspiré de cette doctrine.

communiste [kɔmynist] adj. et n. Relatif au communisme ; qui en est partisan : *Parti communiste.* ◆ n. Membre d'un parti communiste.

commutable [kɔmytabl] adj. Qui peut être commuté.

commutateur [kɔmytatœr] n.m. (de *commuter*). Appareil servant à modifier successivement les connexions d'un ou de plusieurs circuits électriques (syn. interrupteur).

commutatif, ive [kɔmytatif, -iv] adj. (de *commuter*). MATH. Loi de composition commutative, loi telle que le composé de *a* et *b* est égal à celui de *b* et *a* quels que soient *a* et *b*, éléments d'un même ensemble : *L'addition des entiers naturels est commutative* $(a+b=b+a)$.

commutation [kɔmytasjɔ̃] n.f. Action de commuter ou de commuer ; fait d'être commuté ou commué : *Opérer une transformation par commutations successives* (syn. substitution).

Commutation de peine (= remplacement par une peine moindre).

commutativité [kɔmytativite] n.f. Caractère de ce qui est commutatif.

commuter [kɔmyte] v.t. (lat. *commutare* "changer"). - **1.** Modifier par substitution, par transfert. - **2.** TECHN. Commuter un circuit, transférer un courant électrique de ce circuit à un autre.

compacité [kɔ̃pasite] n.f. Qualité de ce qui est compact.

compact, e [kɔ̃pakt] adj. (lat. *compactus* "resserré"). - **1.** Dont les parties sont serrées, les molécules fortement liées : *Bois compact. Pâte compacte.* - **2.** Dont les éléments sont très rapprochés : *Foule compacte* (syn. dense). - **3.** Qui est d'un faible encombrement : *Appareil de photo compact. Ski compact* (= court). ◆ **compact** n.m. Appareil de photo compact.

compactage [kɔ̃paktaʒ] n.m. - **1.** Action de rendre plus compact, de comprimer : *Le compactage des ordures ménagères.* - **2.** TECHN. Pilonnage du sol pour le tasser. - **3.** INFORM. Réduction de la place occupée par un ensemble de données sans perte d'information.

Compact Disc [kɔ̃paktdisk] n.m. Nom déposé d'un disque audionumérique d'un diamètre de 12 cm (abrév. *C. D.* ; on dit aussi *disque compact*).

compacter [kɔ̃pakte] v.t. Soumettre à un compactage.

compagne [kɔ̃paɲ] n.f. (fém. de l'anc. fr. *compain*, autre forme de *compagnon*). - **1.** Femme qui accompagne qqn. - **2.** Femme qui vit en concubinage avec qqn : *Il est venu avec sa compagne* (syn. concubine, amie).

compagnie [kɔ̃paɲi] n.f. (lat. pop. *compania*, du class. *cum* "avec" et *panis* "pain"). - **1.** Présence animée auprès de qqn : *J'ai de la compagnie aujourd'hui* (= je ne suis pas seul). - **2.** Association de personnes réunies pour une œuvre commune ou sous des statuts communs : *Une compagnie théâtrale.* - **3.** Société commerciale assurant un service public : *Une compagnie d'assurances.* - **4.** Unité élémentaire de l'infanterie, commandée en principe par un capitaine. - **5.** Bande non organisée d'animaux de même espèce : *Une compagnie de perdreaux.* - **6. En compagnie de,** auprès de, avec. ‖ **Fausser compagnie à qqn,** le quitter furtivement. ‖ **Salut à la compagnie !,** salutation adressée à un groupe de personnes. ‖ **Tenir compagnie à qqn,** rester auprès de lui, le distraire : *Heureusement il y a la radio, ça me tient compagnie.* - **7. Compagnie républicaine de sécurité (C. R. S.).** Forces mobiles de police créées en 1945 et chargées du maintien de l'ordre.

compagnon [kɔ̃paɲɔ̃] n.m. (lat. pop. *companio*, du class. *cum* "avec" et *panis* "pain"). - **1.** Homme qui accompagne qqn. - **2.** Homme qui vit en concubinage avec qqn : *Je n'ai jamais rencontré son compagnon* (syn. concubin, ami). - **3.** Membre d'un compagnonnage. - **4.** Dans certains métiers, ouvrier qui a terminé son apprentissage et n'est pas encore maître.

compagnonnage [kɔ̃paɲɔnaʒ] n.m. - **1.** Association entre ouvriers d'une même profession à des fins d'instruction professionnelle et d'assistance mutuelle. - **2.** Temps pendant lequel l'ouvrier sorti d'apprentissage travaillait comme compagnon chez son patron.

comparable [kɔ̃paʀabl] adj. - **1.** Qui peut être comparé. - **2.** Peu différent : *Ces deux chaînes stéréo présentent des caractéristiques tout à fait comparables* (syn. voisin, analogue).

comparaison [kɔ̃paʀɛzɔ̃] n.f. - **1.** Action de comparer : *Établir une comparaison entre deux personnes, deux choses* (syn. parallèle). - **2.** RHÉT. Figure de style qui rapproche dans le discours deux réalités présentant des caractéristiques communes : *Son style est riche en comparaisons originales.* - **3. En comparaison de,** si l'on compare avec : *En comparaison de mon premier bureau, celui-ci est bien plus agréable.* ‖ **Par comparaison,** en établissant une comparaison, de manière relative : *Il faut juger par comparaison.*

comparaître [kɔ̃paʀɛtʀ] v.i. (réfection, d'après *paraître*, de l'anc. fr. *comparoir*, lat. *comparere* "apparaître") [conj. 91]. DR. Se présenter par ordre devant un magistrat ou un tribunal : *Citation à comparaître.*

comparatif, ive [kɔ̃paʀatif, -iv] adj. Qui établit une comparaison. ◆ **comparatif** n.m. GRAMM. Degré de comparaison des adjectifs et des adverbes, qui exprime une qualité égale, supérieure ou inférieure ; terme comportant ce degré de comparaison : *L'adverbe « mieux » est le comparatif de l'adverbe « bien ».*

comparativement [kɔ̃paʀativmɑ̃] adv. En faisant une comparaison.

comparé, e [kɔ̃paʀe] adj. - **1.** Qui est fondé sur la comparaison : *Grammaire comparée des langues romanes* (= comparaison de ces langues). *Littérature comparée.* - **2. Comparé à,** indique que qqn, qqch sert de point de comparaison.

comparer [kɔ̃paʀe] v.t. (lat. *comparare*, de *compar* "pareil"). - **1.** Rapprocher deux ou plusieurs objets pour en établir les ressemblances et différences : *Comparer une copie avec l'original.* - **2.** Faire valoir une ressemblance, une analogie entre deux êtres ou deux choses.

comparse [kɔ̃paʀs] n. (it. *comparsa*, de *comparire* "apparaître"). - **1.** LITTÉR. Personnage muet ou qui joue un très petit rôle au théâtre (syn. figurant). - **2.** Personnage qui joue un rôle peu important dans une affaire, notamm. une affaire délictueuse (péjor.).

compartiment [kɔ̃paʀtimɑ̃] n.m. (it. *compartimento*, de *compartire* "partager"). - **1.** Division géométrique d'une surface. - **2.** Chacune des divisions d'un objet cloisonné : *Ce tiroir possède plusieurs compartiments* (syn. case). - **3.** Partie d'une voiture de chemin de fer qu'on a divisée par des cloisons : *Un compartiment de seconde classe.*

compartimentage [kɔ̃paʀtimɑ̃taʒ] n.m. et **compartimentation** [kɔ̃paʀtimɑ̃tasjɔ̃] n.f. Action de compartimenter ; fait d'être compartimenté.

compartimenter [kɔ̃paʀtimɑ̃te] v.t. Diviser en compartiments, en catégories ; cloisonner.

comparution [kɔ̃paʀysjɔ̃] n.f. (de *comparu*, p. passé de *comparaître*). DR. Fait de comparaître en justice.

compas [kɔ̃pa] n.m. (de *compasser* ; v. *compassé*). - **1.** Instrument de tracé ou de mesure composé de deux branches articulées à une extrémité. - **2.** MAR. Instrument qui indique la direction du nord magnétique. - **3.** FAM. Avoir le compas dans l'œil, apprécier, avec rapidité et justesse, une mesure, une distance.

compassé, e [kɔ̃pase] adj. (de *compasser* "mesurer avec exactitude", lat. pop. *compassare*, du class. *passus* "pas"). Qui présente une raideur exagérée ; affecté, guindé.

compassion [kɔ̃pasjɔ̃] n.f. (lat. *compassio*, de *compati* "souffrir avec"). SOUT. Pitié : *Un regard plein de compassion.*

compatibilité [kɔ̃patibilite] n.f. Qualité, état de ce qui est compatible : *Compatibilité sanguine.*

compatible [kɔ̃patibl] adj. (du lat. *compati* "souffrir avec"). - **1.** Qui peut s'accorder ou coexister avec autre chose : *Travail difficilement compatible avec la vie de famille.* - **2.** TECHN. Se dit d'un matériel (d'un appareillage, d'une installation) qui peut être connecté avec du matériel de nature différente ou obéissant à des spécifications différentes : *Ordinateurs compatibles.*

compatir [kɔ̃patiʀ] v.t. ind. (lat. *compati* "souffrir avec") [conj. 32]. S'associer par un sentiment de pitié à la douleur de qqn : *Ne compatissez-vous pas à sa détresse ?*

compatissant, e [kɔ̃patisɑ̃, -ɑ̃t] adj. (de *compatir*). Qui prend part aux souffrances d'autrui.

compatriote [kɔ̃patʀijɔt] n. (bas lat. *compatriota*). Personne du même pays, de la même région qu'une autre.

compensable [kɔ̃pɑ̃sabl] adj. - **1.** Qui peut être compensé. - **2.** Chèque compensable, chèque dont la banque émettrice donnera compensation à l'établissement de crédit qui le présentera.

compensateur, trice [kɔ̃pɑ̃satœʀ, -tʀis] adj. Qui fournit une compensation.

compensation [kɔ̃pɑ̃sasjɔ̃] n.f. - **1.** Avantage qui compense un inconvénient, un mal, un préjudice : *Le salaire élevé n'est qu'une modeste compensation de ce travail fatigant* (syn. dédommagement). - **2.** Action de compenser un sentiment de manque : *Elle mange des sucreries par compensation.* - **3.** BANQUE. Opération par laquelle les achats et les ventes se règlent au moyen de virements réciproques, sans déplacement de titres ni d'argent : *La chambre de compensation est le lieu où s'échangent les effets et les chèques de banque à banque.* - **4.** ÉCON. Système de règlement d'échanges internationaux aux termes duquel un pays exportateur est réglé par le pays importateur non en devises, mais en marchandises.

compensatoire [kɔ̃pɑ̃satwaʀ] adj. Qui compense : *À titre compensatoire* (= à titre de dédommagement).

compensé, e [kɔ̃pɑ̃se] adj. - **1.** MÉD. Se dit d'une lésion, d'un trouble neutralisés soit par un traitement, soit par une réaction de défense de l'organisme : *Cardiopathie bien compensée.* - **2.** Semelles compensées, semelles qui font corps avec le talon.

compenser [kɔ̃pɑ̃se] v.t. (lat. *compensare* "mettre en balance", de *pensare* "peser"). Équilibrer un effet par un autre ; neutraliser un inconvénient par un avantage.

compère [kɔ̃pɛʀ] n.m. (lat. ecclés. *compater* "parrain", du class. *cum* "avec" et *pater* "père"). - **1.** Toute personne qui en seconde une autre pour monter une supercherie. - **2.** FAM., VIEILLI. Camarade, compagnon.

compère-loriot [kɔ̃pɛʀlɔʀjo] n.m. (orig. incert., p.-ê. de *loriot* [oiseau], par croisement avec l'anc. *orjeul*, lat. *hordeolus* "orgelet") [pl. *compères-loriots*]. Petit furoncle de la paupière (syn. orgelet).

compétence [kɔ̃petɑ̃s] n.f. - **1.** Capacité reconnue en telle ou telle matière et qui donne le droit d'en juger : *Ses compétences en matière de chirurgie faciale ne sont plus à prouver* (syn. aptitude, qualification). - **2.** DR. Aptitude d'une autorité à effectuer certains actes, d'un tribunal à juger une affaire. - **3.** LING. Système de règles intériorisé par les sujets parlant une langue.

compétent, e [kɔ̃petɑ̃, -ɑ̃t] adj. (lat. *competens, -entis,* de *competere* "convenir à"). - **1.** Qui a des connaissances approfondies dans une matière : *Un expert compétent* (syn. qualifié).

- **2.** DR. Qui a la compétence voulue pour connaître une affaire ; qui a l'aptitude à effectuer certains actes : *Tribunal compétent.*

compétiteur, trice [kɔ̃petitœʀ, -tʀis] n. (lat. *competitor* ; v. *compétition*). - **1.** Personne qui revendique une charge, un emploi, etc., en même temps qu'une autre. - **2.** Personne qui dispute un prix ; concurrent dans une épreuve (notamm. sportive).

compétitif, ive [kɔ̃petitif, -iv] adj. (angl. *competitive* ; v. *compétition*). - **1.** Susceptible de supporter la concurrence avec d'autres : *Prix compétitif.* - **2.** Où la concurrence est possible : *Un marché compétitif.*

compétition [kɔ̃petisjɔ̃] n.f. (mot. angl., bas lat. *competitio*, de *competere* "briguer"). - **1.** Recherche simultanée par plusieurs personnes d'un même poste, d'un même titre, d'un même avantage. - **2.** Épreuve sportive mettant aux prises plusieurs équipes ou concurrents : *Une compétition d'athlétisme.* - **3.** En compétition, en concurrence.

compétitivité [kɔ̃petitivite] n.f. Caractère de ce qui est compétitif.

1. **compilateur, trice** [kɔ̃pilatœʀ, -tʀis] n. Personne qui fait des compilations.

2. **compilateur** [kɔ̃pilatœʀ] n.m. (de *1. compilateur*, par calque de l'angl. *compiler*). INFORM. Programme d'ordinateur traduisant en langage machine un programme écrit en langage évolué.

compilation [kɔ̃pilasjɔ̃] n.f. - **1.** Action de compiler ; ouvrage qui en résulte. - **2.** Œuvre sans originalité, faite d'emprunts. - **3.** Disque ou cassette audio présentant un choix de grands succès (abrév. fam. *compil*). - **4.** INFORM. Traduction d'un programme par un compilateur.

compiler [kɔ̃pile] v.t. (lat. *compilare* "piller"). - **1.** Réunir des extraits de divers auteurs, de divers documents. - **2.** INFORM. Traduire en langage machine un programme écrit en langage évolué.

complainte [kɔ̃plɛ̃t] n.f. (de *plaindre*). - **1.** Chanson populaire dont le thème est, en général, triste et langoureux. - **2.** SOUT. Plainte, récrimination.

complaire [kɔ̃plɛʀ] v.t. ind. (lat. *complacere*) [conj. 110] LITT. Se conformer aux sentiments, à l'humeur de qqn pour lui plaire. ◆ **se complaire** v.pr. [à, dans]. Trouver du plaisir, de la satisfaction dans tel ou tel état, telle ou telle action : *Il se complaisait dans sa colère.*

complaisamment [kɔ̃plezamɑ̃] adv. Avec complaisance.

complaisance [kɔ̃plezɑ̃s] n.f. - **1.** Volonté d'être agréable, de rendre service : *Tu peux lui demander ce service, elle est d'une grande com-*plaisance (syn. obligeance, amabilité). - **2.** Acte fait en vue de plaire, de flatter : *Avoir des complaisances pour qqn.* - **3.** Indulgence excessive : *Complaisance à l'égard des caprices de ses enfants.* - **4.** Plaisir que l'on éprouve à faire qqch en s'y attardant ; satisfaction de soi : *Insister avec complaisance sur les avantages de sa situation* (= sans retenue). - **5.** Certificat, attestation de complaisance, délivrés à qqn qui n'y a pas droit.

complaisant, e [kɔ̃plezɑ̃, -ɑ̃t] adj. (de *complaire*). - **1.** Qui cherche à plaire, à rendre service à autrui : *C'est quelqu'un de très complaisant* (syn. serviable). - **2.** Qui fait preuve d'une indulgence coupable : *Un mari complaisant* (= qui ferme les yeux sur les infidélités de sa femme). - **3.** Qui dénote la satisfaction personnelle : *Prêter une oreille complaisante aux éloges.*

complément [kɔ̃plemɑ̃] n.m. (lat. *complementum*, de *complere* "remplir, achever"). - **1.** Ce qu'il faut à une chose pour la rendre complète : *Ajouter un complément à une somme.* - **2.** LING. Mot ou proposition qui s'ajoute à d'autres pour en compléter le sens : *Complément du nom. Complément d'objet direct.*

complémentaire [kɔ̃plemɑ̃tɛʀ] adj. - **1.** Qui constitue un complément, vient compléter une chose de même nature : *Somme complémentaire.* - **2.** MATH. Arcs, angles complémentaires, deux arcs ou deux angles dont la somme fait 90 °. - **3.** PHYS. Couleurs complémentaires, deux couleurs, l'une primaire et l'autre dérivée, dont le mélange optique produit le blanc : *Le vert est la couleur complémentaire du rouge ; le violet, du jaune ; l'orangé, du bleu.* ◆ n.m. MATH. Complémentaire d'une partie A d'un ensemble E, partie notée Ā, formée des éléments de E qui n'appartiennent pas à A. □ (On a : A ∪ Ā = E et A ∩ Ā = ∅.)

complémentarité [kɔ̃plemɑ̃taʀite] n.f. Caractère de ce qui est complémentaire.

1. **complet, ète** [kɔ̃plɛ, -ɛt] adj. (lat. *completus*, de *complere* "remplir, achever"). - **1.** À quoi ne manque aucun élément constitutif : *J'ai la série complète des timbres émis pendant le second Empire* (syn. entier). - **2.** Qui est entièrement réalisé : *Un échec complet* (syn. total, absolu). - **3.** Où il n'y a plus de place : *Un autobus complet.* - **4.** Qui a toutes les qualités de son genre : *Un athlète complet* (syn. achevé). - **5.** Au complet, au grand complet, sans rien qui manque ; en totalité : *La famille était au grand complet.* ‖ FAM. C'est complet !, se dit quand un ultime ennui vient s'ajouter à une série de désagréments.

2. **complet** [kɔ̃plɛ] n.m. (de *1. complet*). Costume de ville masculin composé d'un veston, d'un pantalon, et souvent d'un gilet, coupés dans la même étoffe.

complètement [kɔ̃plɛtmɑ̃] adv. De façon complète ; tout à fait : *Complètement fou* (syn. totalement, entièrement).

compléter [kɔ̃plete] v.t. (conj. 18). Rendre complet en ajoutant ce qui manque. ◆ **se compléter** v.pr. - **1.** Devenir complet : *Le dossier se complète peu à peu.* - **2.** Former un tout en s'associant : *Caractères qui se complètent.*

complétif, ive [kɔ̃pletif, -iv] adj. (bas lat. *completivus* ; v. *compléter*). GRAMM. Proposition complétive, proposition subordonnée, conjonctive, infinitive ou interrogative indirecte, qui joue le rôle de complément d'objet, de sujet ou d'attribut de la proposition principale (on dit aussi *une complétive*).

complétude [kɔ̃pletyd] n.f. (de 1. *complet*). LOG. Propriété d'une théorie déductive où toute formule est décidable (c'est-à-dire démontrable ou réfutable).

1. complexe [kɔ̃plɛks] adj. (lat. *complexus*, de *complecti* "entourer, envelopper"). - **1.** Qui se compose d'éléments différents, combinés d'une manière qui n'est pas immédiatement saisissable : *Une situation complexe* (contr. simple, clair). - **2.** MATH. Nombre complexe, nombre comportant une partie réelle et une partie imaginaire.

2. complexe [kɔ̃plɛks] n.m. (de 1. *complexe*). - **1.** Ensemble d'industries concourant à une production particulière : *Un complexe sidérurgique.* - **2.** Ensemble de bâtiments groupés en fonction de leur utilisation : *Un complexe touristique.* - **3.** Ensemble de sentiments et de souvenirs inconscients qui conditionnent plus ou moins le comportement conscient de qqn : *Il est bourré de complexes* (= il est très inhibé).

complexé, e [kɔ̃plekse] adj. et n. FAM. Qui a des complexes, timide, inhibé.

complexer [kɔ̃plekse] v.t. FAM. Donner des complexes, intimider : *Sa calvitie précoce le complexe.*

complexification [kɔ̃plɛksifikasjɔ̃] n.f. Apparition successive, dans l'Univers, de structures de plus en plus complexes : particule, atome, molécule, premiers êtres vivants, cerveau humain.

complexifier [kɔ̃plɛksifje] v.t. [conj. 9]. Rendre plus complexe, plus compliqué. ◆ **se complexifier** v.pr. Devenir plus complexe.

complexion [kɔ̃plɛksjɔ̃] n.f. (lat. *complexio* "assemblage", de *complecti* "entourer, envelopper") ; LITT. Constitution physique de qqn ; état de son organisme.

complexité [kɔ̃plɛksite] n.f. Caractère de ce qui est complexe, difficile.

complication [kɔ̃plikasjɔ̃] n.f. - **1.** État de ce qui est compliqué ; ensemble compliqué :

La complication d'un mécanisme (syn. complexité). - **2.** Élément nouveau qui entrave le déroulement normal de qqch : *Nous pensions en avoir fini avec cette affaire mais il y a eu des complications* (syn. difficulté, imprévu). - **3.** MÉD. Apparition d'un nouveau phénomène morbide au cours d'une maladie ou de l'évolution d'une blessure.

complice [kɔ̃plis] adj. et n. (bas lat. *complex, -icis*, du class. *complicare* "enrouler"). - **1.** Qui a part au délit, au crime d'un autre : *Être complice d'un vol.* - **2.** Qui est de connivence avec qqn : *C'est son complice de tous les instants.* ◆ adj. Qui manifeste une connivence : *Un sourire complice.*

complicité [kɔ̃plisite] n.f. - **1.** Participation à un crime, à un délit. - **2.** Connivence, entente profonde : *Une longue complicité les liait l'un à l'autre.*

complies [kɔ̃pli] n.f. pl. (lat. ecclés. *completae [horae]* "[heures] qui achèvent l'office"). Dernière partie de l'office divin, après vêpres, qui sanctifie le repos de la nuit.

compliment [kɔ̃plimɑ̃] n.m. (esp. *cumplimiento*, de *cumplir [con alguien]* "faire des politesses [à qqn]"). - **1.** Paroles élogieuses ou affectueuses, que l'on adresse à qqn pour le féliciter. - **2.** Petit discours adressé à une personne à l'occasion d'une fête, d'un anniversaire.

complimenter [kɔ̃plimɑ̃te] v.t. Adresser à qqn des compliments, des félicitations.

complimenteur, euse [kɔ̃plimɑ̃tœr, -øz] adj. et n. Qui fait trop de compliments.

compliqué, e [kɔ̃plike] adj. - **1.** Composé d'un grand nombre d'éléments ; complexe. - **2.** Difficile à comprendre, à exécuter : *Ce passage est trop compliqué* (syn. ardu, difficile). - **3.** Rendu plus difficile, plus grave par des circonstances diverses : *Coqueluche compliquée de broncho-pneumonie.* ◆ adj. et n. Qui n'agit pas simplement : *C'est une compliquée, cette enfant !*

compliquer [kɔ̃plike] v.t. (lat. *complicare* "enrouler"). Rendre difficile à comprendre ; embrouiller. ◆ **se compliquer** v.pr. - **1.** Devenir plus difficile, obscur, confus : *Les choses se compliquent.* - **2.** S'aggraver : *Sa maladie se complique de jour en jour.*

complot [kɔ̃plo] n.m. (orig. obsc.). Dessein concerté secrètement entre plusieurs personnes et dirigé contre un individu, une institution et, partic., contre un régime : *Complot contre la sûreté de l'État* (syn. conspiration).

comploter [kɔ̃plɔte] v.t. et v.i. - **1.** Former un, des complots : *Comploter de renverser l'État. Ils n'arrêtent pas de comploter.* - **2.** Préparer secrètement et de concert : *Ils complotent notre ruine* (syn. manigancer).

comploteur, euse [kɔ̃plɔtœr, -øz] n. Personne qui complote.

componction [kɔ̃pɔ̃ksjɔ̃] n.f. (lat. ecclés. *compunctio*, de *compungere* "piquer, blesser") -**1.** RELIG. CHRÉT. Regret d'avoir offensé Dieu. -**2.** Air de gravité affectée.

comportement [kɔ̃pɔrtəmɑ̃] n.m. -**1.** Manière de se comporter, de se conduire ; ensemble des réactions d'un individu : *Il a changé de comportement* (syn. conduite, attitude). -**2.** PSYCHOL. Ensemble des réactions, observables objectivement, d'un organisme qui agit en réponse à une stimulation venue de son milieu intérieur ou du milieu extérieur.

comportemental, e, aux [kɔ̃pɔrtəmɑ̃tal, -o] adj. PSYCHOL. Relatif au comportement.

comporter [kɔ̃pɔrte] v.t. (lat. *comportare* "transporter, supporter"). Comprendre essentiellement, par nature ; contenir, être muni de : *L'appartement comporte trois pièces.* ◆ **se comporter** v.pr. -**1.** Se conduire d'une certaine manière : *Se comporter en honnête homme.* -**2.** Fonctionner, marcher : *Cette voiture se comporte bien sur la route.*

composant, e [kɔ̃pozɑ̃, -ɑ̃t] adj. Qui entre dans la composition de qqch : *Matières composantes d'un mélange.* ◆ **composant** n.m. -**1.** CHIM. Élément qui, combiné avec un ou plusieurs autres, forme un corps composé. -**2.** TECHN. Constituant élémentaire d'une machine, d'un appareil ou d'un circuit. ◆ **composante** n.f. -**1.** Élément constituant un ensemble plus complexe : *Le chômage est une composante de la crise.* -**2.** ASTRON. Chacune des étoiles d'un système double ou multiple. -**3.** MATH. Coordonnées d'un vecteur dans une base. -**4.** MÉCAN. Chacune des forces qui concourent à former une résultante.

composé, e [kɔ̃poze] adj. -**1.** Formé de plusieurs éléments. -**2.** CHIM. Corps composé, corps formé par la combinaison de plusieurs éléments. ‖ GRAMM. Temps composé, forme verbale constituée d'un participe passé précédé de l'auxiliaire être ou avoir. ‖ LING. Mot composé, mot constitué de plusieurs mots ou éléments et formant une unité significative : « *Arc-en-ciel* », « *pomme de terre* » *sont des mots composés.* ‖ MATH. Application composée, produit de deux applications, d'un premier ensemble sur un deuxième, puis du deuxième sur un troisième (on dit aussi *une composée*). ‖ MUS. Mesure composée, mesure ternaire (par opp. à *mesure simple*, ou *binaire*). ◆ **composé** n.m. Ensemble formé par plusieurs éléments : *Ce garçon est un composé de douceur et de brutalité* (syn. mélange).

composée [kɔ̃poze] n.f. (de *composer*). Composées, très vaste famille de plantes herba-cées. □ On en compte plus de 20 000 espèces, dont les fleurs, petites et nombreuses, sont réunies en capitules serrés.

composer [kɔ̃poze] v.t. (adaptation, d'après *poser*, du lat. *componere* "mettre ensemble"). -**1.** Former, réaliser, en combinant divers éléments : *Composer un bouquet, un menu. Il appartient au Premier ministre de composer le gouvernement.* -**2.** Entrer dans la constitution de qqch, d'un groupe : *Les professeurs qui composent le jury* (syn. constituer). -**3.** Créer, produire une œuvre de l'esprit et, spécial., une œuvre musicale : *Composer un discours. Composer une symphonie* (syn. écrire). -**4.** Inscrire successivement les différents éléments d'un code, d'un numéro sur un cadran, un clavier. -**5.** LITT. Prendre une expression, une attitude ne correspondant pas aux sentiments éprouvés : *Composer son visage.* -**6.** IMPR. Procéder à la composition d'un texte à imprimer. ◆ v.i. -**1.** Faire un exercice scolaire en vue d'un contrôle, d'un examen : *Composer en mathématiques.* -**2.** Composer avec qqn, qqch, se prêter à un arrangement, à un accommodement : *Composer avec ses adversaires* (syn. transiger). ◆ **se composer** v.pr. [de]. Être constitué de : *L'eau se compose d'oxygène et d'hydrogène.*

composite [kɔ̃pozit] adj. et n.m. (lat. *compositus*, de *componere* "mettre ensemble"). -**1.** Formé d'éléments très divers : *Mobilier, assemblée composites* (syn. disparate, hétéroclite, hétérogène). -**2.** Matériau composite, matériau formé de plusieurs composants distincts dont l'association confère à l'ensemble des propriétés qu'aucun des composants pris séparément ne possède (on dit aussi *un composite*).

compositeur, trice [kɔ̃pozitœr, -tris] n. -**1.** Personne qui compose des œuvres musicales. -**2.** Personne qui dirige une entreprise de composition de textes.

composition [kɔ̃pozisjɔ̃] n.f. -**1.** Action, manière de former un tout par assemblage, dosage d'éléments constituants : *La composition du gouvernement* (syn. formation). *Voici un plat de ma composition.* -**2.** Chose composée : *Une composition pharmaceutique.* -**3.** Proportion et nature des éléments qui entrent dans un corps, un tout : *Quelle est la composition de ce produit ?* -**4.** Action, art de composer une œuvre littéraire, artistique, etc. ; cette œuvre elle-même : *Une remarquable composition picturale.* -**5.** VIEILLI. Exercice scolaire fait en classe en vue d'un classement (syn. actuel contrôle). -**6.** IMPR. Ensemble des opérations nécessaires à l'impression d'un texte. -**7.** Amener qqn à composition, l'amener à transiger. ‖ Être de bonne composition, être accommodant. ‖ Rôle de composition, représentation par un comédien d'un personnage très typé qui nécessite une transformation et un travail de l'expression, de l'attitude, du physique. | MATH. Loi de composition, application qui associe un élément d'un ensemble donné soit à un couple d'éléments de cet ensemble (loi interne), soit à un couple formé d'un élément de cet ensemble et d'un élément d'un autre ensemble (loi externe).

compost [kɔ̃pɔst] n.m. (mot angl., du lat. *compositus* "préparé, arrangé" ; v. *composite*). Mélange de résidus organiques et minéraux, utilisé pour l'amendement des terres agricoles.

compostage [kɔ̃pɔstaʒ] n.m. Marquage, validation à l'aide d'un composteur.

composter [kɔ̃pɔste] v.t. Marquer ou valider au composteur : *Composter un billet de train.*

composteur [kɔ̃pɔstœr] n.m. (it. *compostore*, de *comporre* "composer"). **- 1.** Appareil à lettres ou à chiffres interchangeables, servant à marquer ou à dater des documents. **- 2.** Appareil mis à la disposition des voyageurs pour valider leurs titres de transport. **- 3.** Règle à rebord sur deux de ses côtés, sur laquelle le typographe assemble les caractères de façon à former des lignes d'égale longueur.

compote [kɔ̃pɔt] n.f. (lat. pop. *composita*, fém. du class. *compositus*, "préparé, arrangé" ; v. *composite*). **- 1.** Fruits cuits avec de l'eau et du sucre. **- 2.** FAM. En compote, meurtri : *Avoir les pieds en compote.*

compotier [kɔ̃pɔtje] n.m. (de *compote*). Plat creux, coupe à pied dans lesquels on sert des compotes, des fruits, etc.

compréhensible [kɔ̃preɑ̃sibl] adj. (lat. *comprehensibilis*, de *comprehendere* "saisir"). **- 1.** Que l'on peut comprendre ; intelligible. **- 2.** Que l'on peut admettre : *C'est une faute compréhensible* (syn. excusable ; contr. inadmissible).

compréhensif, ive [kɔ̃preɑ̃sif, -iv] adj. (lat. *comprehensivus*, de *comprehendere* "saisir"). Qui comprend les autres et les excuse volontiers ; bienveillant, indulgent.

compréhension [kɔ̃preɑ̃sjɔ̃] n.f. (lat. *comprehensio*, de *comprehendere* "saisir"). **- 1.** Aptitude à comprendre ; intelligence : *Rapidité de compréhension.* **- 2.** Aptitude à comprendre autrui ; bienveillance : *Je vous remercie de votre compréhension.* **- 3.** Possibilité d'être compris, en parlant d'une chose : *Ces notes aident à la compréhension du texte.*

comprendre [kɔ̃prɑ̃dr] v.t. (lat. *comprehendere*, *comprendere* "saisir") [conj. 79]. **- 1.** Concevoir, saisir le sens de : *Comprendre* *une théorie.* **- 2.** Se représenter avec plus ou moins d'indulgence les raisons de qqn, de qqch ; admettre : *Je comprends tout à fait son attitude* (= je la trouve excusable). **- 3.** Mettre dans un tout ; incorporer : *Le total comprend la T.V.A.* (syn. inclure). **- 4.** Avoir en soi, être formé de : *Paris comprend vingt arrondissements* (= est constitué de). **- 5.** Y compris, non compris → compris.

compresse [kɔ̃prɛs] n.f. (de *compresser* "accabler" en anc. fr.). Pièce de gaze hydrophile utilisée pour panser les plaies ou au cours d'interventions chirurgicales.

compresser [kɔ̃prese] v.t. Serrer, presser : *Ils nous ont compressés pour faire entrer tout le monde dans le wagon.*

compresseur [kɔ̃prescœr] adj. m. (du lat. *compressus*, de *comprimere* "comprimer"). Qui sert à comprimer, à aplanir : *Rouleau compresseur.* ◆ n.m. Appareil servant à comprimer un fluide à une pression voulue : *Compresseur d'un réfrigérateur.*

compressible [kɔ̃presibl] adj. Qui peut être comprimé ou comprimable.

compressif, ive [kɔ̃presif, -iv] adj. (lat. médiév. *compressivus*, du class. *compressus* ; v. *compresseur*). CHIR. Qui sert à comprimer : *Bandage compressif.*

compression [kɔ̃presjɔ̃] n.f. (lat. *compressio*, de *comprimere* "comprimer"). **- 1.** Action de comprimer ; son résultat : *Pompe de compression.* **- 2.** Réduction de personnel, des dépenses, etc. : *La direction a annoncé une compression du personnel.* **- 3.** Dans un moteur, pression atteinte par le mélange détonant dans la chambre d'explosion avant son allumage (contr. dilatation).

1. comprimé, e [kɔ̃prime] adj. (p. passé de *comprimer*). Dont le volume a été réduit par pression : *Air comprimé.*

2. comprimé [kɔ̃prime] n.m. (de *1. comprimé*). Pastille pharmaceutique contenant une certaine dose de médicament sous un petit volume.

comprimer [kɔ̃prime] v.t. (lat. *comprimere*, de *premere* "presser"). **- 1.** Agir sur un corps de manière à en réduire le volume : *Comprimer un gaz.* **- 2.** Appuyer fortement sur qqch : *Comprimer une artère.* **- 3.** Réduire, diminuer des effectifs, des frais, etc. : *Comprimer les dépenses.* **- 4.** Empêcher de se manifester : *Comprimer sa colère* (syn. retenir, réprimer).

compris [kɔ̃pri] adj. inv. Y compris, non compris, en y incluant, sans y inclure qqch : *J'ai accepté tout en bloc, y compris la dernière condition.*

compromettant, e [kɔ̃prɔmetɑ̃] adj. Qui peut compromettre qqn : *Lettres compromettantes.*

compromettre [kɔ̃prɔmɛtr] v.t. (adaptation, d'apr. *promettre*, du lat. *compromittere* "passer un compromis") [conj. 84]. - **1.** Exposer qqn à un préjudice moral, nuire à sa réputation. - **2.** Exposer qqch à un dommage : *Compromettre sa santé.* ◆ **se compromettre** v.pr. Engager, risquer sa réputation : *Il s'est compromis dans une sale affaire.*

compromis [kɔ̃prɔmi] n.m. (lat. *compromissum*). - **1.** Accord obtenu par des concessions réciproques. - **2.** LITT. Moyen terme entre deux choses opposées : *Cette architecture est le résultat d'un compromis entre les aspirations esthétiques et les exigences pratiques.* - **3.** DR. Convention par laquelle les parties décident de soumettre un litige à un arbitre. - **4.** Compromis de vente, convention provisoire sur les conditions d'une vente, avant la signature du contrat définitif.

compromission [kɔ̃prɔmisjɔ̃] n.f. Action de compromettre ou de se compromettre ; accommodement conclu par lâcheté ou par intérêt.

comptabilisation [kɔ̃tabilizasjɔ̃] n.f. Action de comptabiliser ; fait d'être comptabilisé.

comptabiliser [kɔ̃tabilize] v.t. - **1.** Faire apparaître en comptabilité une opération de commerce ou de production. - **2.** Compter, enregistrer comme pour une comptabilité : *Je ne comptabilise pas tes mérites.*

comptabilité [kɔ̃tabilite] n.f. - **1.** Technique des comptes. - **2.** Ensemble des comptes d'un individu ou d'une collectivité. - **3.** Service chargé des comptes d'une entreprise : *Travailler à la comptabilité, au service comptabilité.* - **4.** Comptabilité analytique, procédé permettant aux entreprises d'évaluer leur prix de revient sans intervention de la comptabilité générale.

1. comptable [kɔ̃tabl] adj. (de *compter*). - **1.** Qui tient des comptes : *Agent comptable.* - **2.** Qui concerne la comptabilité : *Pièce comptable.* - **3.** Moralement responsable : *Être comptable de ses actions envers qqn.* - **4.** Plan comptable, document regroupant les principes de présentation des documents comptables et financiers.

2. comptable [kɔ̃tabl] n. (de *1. comptable*). Personne qui tient les comptes d'un individu, d'une entreprise.

comptage [kɔ̃taʒ] n.m. Action de compter.

comptant [kɔ̃tɑ̃] adj.m. inv. et n.m. (de *compter*). - **1.** Payé sur l'heure et en espèces : *Huit mille francs comptant.* - **2.** Payer comptant, payer immédiatement. ‖ Prendre pour argent comptant, croire naïvement ce qui est dit ou promis. ‖ Vendre au comptant, moyennant paiement immédiat.

compte [kɔ̃t] n.m. (bas lat. *computus,* du class. *computare* "compter"). - **1.** Calcul d'un nombre, évaluation d'une quantité : *J'ai recommencé trois fois, et je n'arrive pas au même compte* (syn. total). - **2.** État de ce qui est dû ou reçu : *Vérifier ses comptes. Avoir un compte dans une boutique* (= faire inscrire le montant de ses achats pour les régler plus tard). - **3.** Contrat passé par un particulier ou une société avec un établissement de crédit et qui lui permet d'y déposer ou d'en retirer des fonds ; état de ces transferts de fonds, des crédits et débits qui en résultent : *Déposer une somme sur son compte bancaire.* - **4.** À bon compte, à faible prix ; sans trop de mal : *Tu t'en tires à bon compte.* ‖ À ce compte-là, dans ces conditions. ‖ À compte d'auteur, dont l'auteur paie les frais d'impression, en parlant d'un ouvrage. ‖ Au bout du compte, en fin de compte, tout compte fait, tout bien considéré. ‖ FAM. Avoir son compte, ne plus être en état de combattre. ‖ Donner son compte à qqn, lui payer son salaire et le renvoyer. ‖ Être loin du compte, se tromper de beaucoup. ‖ Mettre qqch sur le compte de qqn, le rendre responsable de cette chose. ‖ Prendre à son compte, assumer. ‖ Rendre compte de, rapporter, relater ; analyser : *Rendre compte d'un événement, d'un livre.* ‖ Se rendre compte, s'apercevoir de ; apprécier par soi-même. ‖ Sur le compte de qqn, au sujet de qqn : *J'en ai appris de belles sur ton compte.* - **5.** Compte courant. Contrat permettant d'enregistrer des crédits et des débits sur un compte, dont le solde est exigible à intervalles réguliers.

compte chèques ou **compte-chèques** [kɔ̃tʃɛk] n.m. (pl. *comptes*[-]*chèques*). Compte bancaire ou postal sur lequel on peut émettre des chèques.

compte-fils [kɔ̃tfil] n.m. inv. (de *compter* et *fil*). Petite loupe de fort grossissement, facilitant l'examen d'une étoffe, d'un détail de dessin, etc.

compte-gouttes [kɔ̃tgut] n.m. inv. - **1.** Pipette pour compter les gouttes d'un liquide. - **2.** FAM. Au compte-gouttes, avec parcimonie.

compter [kɔ̃te] v.t. (lat. *computare,* de *putare* "évaluer"). - **1.** Calculer le nombre, la quantité de : *Compter des élèves, des livres* (syn. dénombrer). - **2.** Faire entrer dans un total, dans un ensemble : *Le garçon n'a pas compté le café dans l'addition.* - **3.** Estimer, évaluer à un certain prix : *On m'a compté 500 F pour la réparation* (syn. facturer). - **4.** Évaluer une quantité ; une durée : *Il faut compter une heure de marche.* - **5.** Comporter ; être constitué de : *Ville qui compte deux millions d'habitants.* - **6.** Mettre au nombre de : *Je le compte parmi mes amis.* - **7.** Compter (+ inf.), avoir l'intention de : *Je compte partir demain* (syn. se proposer). ‖ **Compter avec**, tenir compte de : *Il faut compter avec les lenteurs administratives.* ‖ **Compter sur qqn**, escompter bénéficier de son aide : *Je compte sur toi pour la préparation de la réunion.* ‖ **Compter sur qqch**, l'espérer fermement : *Je compte sur cet argent pour partir en vacances.* ◆ v.i. - **1.** Énumérer la suite des nombres : *Compter jusqu'à dix.* - **2.** Effectuer un calcul : *Vous vous êtes trompé dans votre addition, apprenez à compter !* - **3.** Avoir une certaine importance, un rôle : *C'est quelqu'un qui compte dans la profession* (= avec lequel il faut compter). - **4.** À compter de, à partir de : *À compter de demain.* ‖ **Compter pour**, avoir telle importance : *Cela compte pour beaucoup dans sa décision. Il compte pour du beurre* (= il ne compte pas). ‖ **Sans compter**, avec générosité, prodigalité : *Il dépense sans compter.*

compte rendu ou **compte-rendu** [kɔ̃tʀɑ̃dy] n.m. (pl. *comptes[-]rendus*). Rapport fait sur un événement, une situation, un ouvrage, etc. : *Le compte rendu d'une séance de l'Assemblée.*

compte-tours [kɔ̃ttuʀ] n.m. inv. Appareil servant à compter le nombre de tours d'un arbre en rotation en un temps donné.

compteur [kɔ̃tœʀ] n.m. - **1.** Appareil servant à mesurer, à compter et à enregistrer certaines grandeurs : *Compteur kilométrique. Compteur à eau, à gaz.* - **2.** Compteur Geiger, instrument servant à compter les particules énergétiques, comme celles émises par les corps radioactifs.

comptine [kɔ̃tin] n.f. (de *compter*). Chanson que chantent les enfants pour désigner celui qui devra sortir du jeu ou courir après les autres, etc.

comptoir [kɔ̃twaʀ] n.m. (de *compter*). - **1.** Table longue sur laquelle les marchands étalent ou débitent leurs marchandises. - **2.** Table élevée sur laquelle on sert les consommations dans un café : *Prendre un verre au comptoir.* - **3.** Agence de commerce d'une nation en pays étranger : *Les comptoirs français de l'Inde.* - **4.** Établissement commercial ou financier : *Comptoir fiduciaire de Paris.*

compulser [kɔ̃pylse] v.t. (lat. *compulsare* "contraindre"). Examiner des écrits pour recueillir des informations : *Compulser des archives* (syn. consulter).

compulsif, ive [kɔ̃pylsif, -iv] adj. (de *compulser*). Qui se fait de manière involontaire, en cédant à une force intérieure à laquelle on ne peut résister : *Un mouvement compulsif.*

comte [kɔ̃t] n.m. (lat. *comes, -itis* "compagnon"). En France, titre de noblesse situé entre ceux de vicomte et de marquis sous l'Ancien Régime, entre ceux de baron et de duc sous l'Empire.

comté [kɔ̃te] n.m. - **1.** Seigneurie, terres auxquelles le titre de comte était attaché. - **2.** Au Canada, aux États-Unis, en Grande-Bretagne, division administrative.

comtesse [kɔ̃tɛs] n.f. - **1.** Épouse d'un comte. - **2.** Femme qui possède un comté.

con, conne [kɔ̃, kɔn] adj. et n. (de *con*, terme arg. désignant le sexe de la femme, lat. *cunnus*). T. FAM. Stupide, idiot.

concasser [kɔ̃kase] v.t. (lat. *conquassare* "secouer fortement"). Broyer une matière dure en fragments grossiers : *Concasser du sucre.*

concaténation [kɔ̃katenasjɔ̃] n.f. (lat. *concatenatio*, de *catena* "chaîne"). - **1.** Enchaînement des idées entre elles, des causes et des effets, des éléments constitutifs d'une phrase. - **2.** INFORM. Juxtaposition de chaînes de caractères.

concave [kɔ̃kav] adj. (lat. *concavus*, de *cavus* "creux"). Dont la surface présente un creux, un renfoncement (par opp. à *convexe*).

concavité [kɔ̃kavite] n.f. État de ce qui est concave ; partie concave de qqch.

concéder [kɔ̃sede] v.t. (lat. *concedere* "se retirer, céder") [conj. 18]. - **1.** Accorder comme une faveur un droit, un privilège : *Concéder l'exploitation d'un service public.* - **2.** Admettre le point de vue de qqn : *Je vous concède volontiers que vous aviez raison.*

concélébrer [kɔ̃selebʀe] v.t. [conj. 18]. Célébrer à plusieurs un service religieux.

concentration [kɔ̃sɑ̃tʀasjɔ̃] n.f. - **1.** Action de concentrer, de se concentrer, de se réunir dans un espace réduit ; son résultat : *On signale d'importantes concentrations de réfugiés dans la région* (syn. regroupement, rassemblement). *La concentration des pouvoirs.* - **2.** Action de se concentrer, d'appliquer fortement son attention et ses facultés intellectuelles à un même objet : *Élève incapable de concentration.* - **3.** ÉCON. Processus de regroupement d'activités industrielles par prise de contrôle de l'ensemble de la filière de production *(concentration verticale)* ou par diversification des activités d'une même société *(concentration horizontale).* - **4.** PHYS. Masse d'un corps dissous dans l'unité de volume d'une solution : *Mesurer la concentration d'une solution.* - **5.** Camp de concentration, camp dans lequel sont rassemblés, sous surveillance militaire ou policière, soit des populations civiles de nationalité ennemie, soit des prisonniers ou détenus politiques, soit des minorités ethniques, sociales ou religieuses.

concentrationnaire [kɔ̃sɑ̃tʀasjɔnɛʀ] adj. Relatif aux camps de concentration : *Un régime concentrationnaire.*

concentré, e [kɔ̃sɑ̃tʀe] adj. - **1.** Dont la concentration physique est grande : *Lait concentré* (= dont l'eau a été et en grande partie éliminée). - **2.** Dont la concentration intellectuelle est grande : *Ne le dérangez pas, il veut rester concentré.* ◆ **concentré** n.m. - **1.** Produit obtenu par élimination de l'eau ou de certains constituants : *Concentré de tomate.* - **2.** Accumulation sous une forme condensée (souvent péjor.) : *Un concentré d'inepties.*

concentrer [kɔ̃sɑ̃tʀe] v.t. (de *centre*). - **1.** Rassembler, réunir en un même point : *Lentille qui concentre les rayons lumineux à son foyer.* - **2.** Faire peser, diriger précisément sur qqn, qqch : *Concentrer sa rage sur qqn.* - **3.** PHYS. *Concentrer une solution,* en augmenter la concentration. ◆ **se concentrer** v.pr. - **1.** Se rassembler. - **2.** Faire un effort intense d'attention, de réflexion : *Se concentrer sur un problème.*

concentrique [kɔ̃sɑ̃tʀik] adj. (de *centre*). MATH. Se dit des figures dont les centres coïncident (par opp. à *excentrique*) : *Cercles, sphères concentriques.*

concept [kɔ̃sɛpt] n.m. (lat. *conceptus,* de *concipere* "concevoir"). - **1.** Représentation intellectuelle englobant tous les aspects d'une idée ou d'un objet : *Le concept de charité.* - **2.** Définition des caractères spécifiques d'un projet, d'un produit : *Un journal élaboré selon un nouveau concept.*

concepteur, trice [kɔ̃sɛptœʀ, -tʀis] n. Personne chargée de la conception de projets, de produits, etc., dans une entreprise, notamm. dans une agence de publicité.

conception [kɔ̃sɛpsjɔ̃] n.f. (lat. *conceptio,* de *concipere* "concevoir"). - **1.** Fait pour un être vivant sexué d'être conçu, de recevoir l'existence. - **2.** Action de concevoir qqch dans son esprit : *La conception d'un projet* (syn. élaboration). *Il a une conception originale de la vie* (syn. idée). - **3.** Conception assistée par ordinateur (C. A. O.), ensemble des techniques informatiques utilisées pour la conception d'un nouveau produit.

conceptualiser [kɔ̃sɛptɥalize] v.t. (de *conceptuel*). Former des concepts à partir de qqch ; organiser en concepts.

conceptuel, elle [kɔ̃sɛptɥɛl] adj. (lat. scolast. *conceptualis,* du class. *conceptus,* de *concipere* "concevoir"). - **1.** PHILOS. Qui est de l'ordre du concept. - **2.** *Art conceptuel,* tendance contemporaine qui fait primer l'idée sur la réalité matérielle de l'œuvre. □ Depuis la fin des années 60, ce courant a été illustré en partic. par les Américains Joseph Kosuth et Lawrence Weiner, par l'Anglais Victor Burgin et l'Allemande Hanne Darboven.

concernant [kɔ̃sɛʀnɑ̃] prép. À propos de : *Concernant cette affaire, je n'en sais pas plus* (= au sujet de).

concerner [kɔ̃sɛʀne] v.t. (bas lat. *concernere* "passer au crible"). - **1.** Avoir rapport à : *Cela concerne vos enfants* (syn. intéresser). *Vous n'êtes pas concerné par cette mesure* (syn. toucher). - **2.** En ce qui concerne, quant à, pour ce qui est de : *En ce qui concerne votre dernière proposition, j'y réfléchirai.*

concert [kɔ̃sɛʀ] n.m. (it. *concerto* "accord", du lat. *concertare* "rivaliser"). - **1.** Séance où sont interprétées des œuvres musicales : *Aller au concert.* - **2.** Ensemble de bruits simultanés : *Un concert d'avertisseurs.* - **3.** LITT. Accord, harmonie : *Le concert des nations.* - **4.** Concert d'éloges, de lamentations, unanimité dans les éloges, les lamentations. ‖ De concert, d'un commun accord, conjointement : *Agir de concert avec qqn.*

concertation [kɔ̃sɛʀtasjɔ̃] n.f. Action de se concerter : *Décision prise sans concertation préalable avec les intéressés.*

concerter [kɔ̃sɛʀte] v.t. (de *concert*). Préparer une action en commun : *Concerter un projet avec qqn* (syn. organiser, monter). ◆ **se concerter** v.pr. S'entendre pour agir ensemble, se consulter avant d'agir.

concertiste [kɔ̃sɛʀtist] n. (de *concert*). Instrumentiste qui donne des concerts.

concerto [kɔ̃sɛʀto] n.m. (mot it.). Œuvre musicale pour un ou plusieurs solistes et orchestre.

concessif, ive [kɔ̃sesif, -iv] adj. GRAMM. Proposition concessive, proposition subordonnée marquant la concession, l'opposition (on dit aussi *une concessive*).

concession [kɔ̃sesjɔ̃] n.f. (lat. *concedere* "se retirer, céder"). - **1.** Abandon d'un droit, d'un avantage. - **2.** Avantage accordé, notamm. dans une discussion : *Débat âpre sans aucune concession.* - **3.** DR. Contrat par lequel l'Administration autorise une personne privée à réaliser un ouvrage public ou à utiliser à titre privatif le domaine public : *Concession de sépulture.* - **4.** GRAMM. Rapport logique d'opposition ou de restriction apportée à une idée préalable, à une action exprimée dans une proposition principale.

concessionnaire [kɔ̃sesjɔnɛʀ] n.et adj. - **1.** Titulaire d'un contrat de concession : *Le concessionnaire d'une mine.* - **2.** Intermédiaire qui a reçu d'un producteur un droit exclusif de vente dans une région déterminée : *Le concessionnaire d'une marque automobile.*

concevable [kɔ̃səvabl] adj. Qui peut être conçu, compris.

concevoir [kɔ̃səvwaʀ] v.t. (lat. *concipere*) [conj. 52]. - **1.** Se représenter qqch par la pensée ; avoir une idée de qqch : *Je conçois que tu sois triste* (syn. comprendre). *Voilà comment je conçois la vie.* - **2.** Former, élaborer dans son esprit : *Concevoir un projet* (syn. imaginer). - **3.** SOUT. Commencer à éprouver : *Concevoir de l'amitié pour qqn.* - **4.** Accomplir l'acte sexuel par lequel sera engendré un enfant ; devenir enceinte, en parlant d'une femme : *Le bébé a été conçu en septembre. Elle ne peut plus concevoir.* - **5.** Bien, mal conçu, bien, mal organisé, agencé : *Une maison bien conçue.*

conchyliculture [kɔ̃kilikyltyʀ] n.f. (du gr. *kogkhulion* "petit coquillage", et de -*culture*). Élevage industriel des huîtres, moules et autres coquillages. ◆ **conchyliculteur, trice** n. Nom de l'éleveur.

concierge [kɔ̃sjɛʀʒ] n. (lat. pop. *conservius*, class. *conservus* "compagnon d'esclavage"). Personne préposée à la garde d'un hôtel, d'un immeuble, etc. (syn. gardien).

conciergerie [kɔ̃sjɛʀʒəʀi] n.f. - **1.** Demeure du concierge d'un bâtiment administratif. - **2.** Service d'un grand hôtel chargé de l'accueil des clients.

concile [kɔ̃sil] n.m. (lat. *concilium* "assemblée"). CATH. Assemblée régulière d'évêques et de théologiens, qui décident des questions de doctrine ou de discipline ecclésiastiques.

conciliable [kɔ̃siljabl] adj. Qui peut se concilier avec une autre chose : *Opinions difficilement conciliables* (syn. compatible).

conciliabule [kɔ̃siljabyl] n.m. (lat. *conciliabulum* "lieu de réunion"). Entretien, conversation à voix basse plus ou moins secrets : *Tenir des conciliabules.*

conciliant, e [kɔ̃siljɑ̃, -ɑ̃t] adj. Porté à la conciliation ; propre à apporter l'entente : *Avoir un caractère conciliant* (syn. accommodant). *Des paroles conciliantes* (syn. apaisant).

conciliateur, trice [kɔ̃siljatœʀ, -tʀis] adj. et n. Qui concilie, aime à concilier. ◆ n. Personne dont la mission est de susciter le règlement amiable des conflits (syn. arbitre, médiateur).

conciliation [kɔ̃siljasjɔ̃] n.f. - **1.** Action de concilier, de rétablir la bonne entente entre personnes qui s'opposent : *Aboutir à une conciliation entre des parties opposées* (syn. accord, arrangement). - **2.** Action de rendre les choses compatibles : *La conciliation de témoignages contradictoires.* - **3.** DR. Intervention d'un juge ou d'un conciliateur auprès de personnes en litige avant que le procès ne soit engagé : *Tentative, procédure de conciliation.*

concilier [kɔ̃silje] v.t. (lat. *conciliare* "assembler") [conj. 9]. - **1.** Trouver un rapprochement entre des choses diverses, des intérêts opposés : *Concilier deux adversaires* (syn. réconcilier). - **2.** SOUT. Disposer favorablement qqn en faveur d'une personne : *Cette*

mesure lui a concilié les agriculteurs. ◆ **se concilier** v.pr. - **1.** Être compatible avec autre chose : *Son activité se concilie difficilement avec sa santé fragile.* - **2.** Se concilier qqn, se le rendre favorable. ‖ Se concilier l'amitié, l'appui, etc., de qqn, l'obtenir : *Il s'est concilié les bonnes grâces des élus locaux.*

concis, e [kɔ̃si, -iz] adj. (lat. *concisus*, de *concidere* "couper"). Qui exprime beaucoup de choses en peu de mots ; bref et dense : *Un écrivain concis. Faire une note concise.*

concision [kɔ̃sizjɔ̃] n.f. Qualité de ce qui est concis : *S'exprimer avec concision.*

concitoyen, enne [kɔ̃sitwajɛ̃, -ɛn] n. (de citoyen, d'apr. le lat. *concivis*, de *cum* "avec" et *civis* "citoyen"). Personne qui est du même pays, de la même ville qu'une autre.

conclave [kɔ̃klav] n.m. (lat. *conclave* "chambre fermée à clé"). Assemblée de cardinaux réunis pour élire le pape.

concluant, e [kɔ̃klyɑ̃, -ɑ̃t] adj. Qui établit irréfutablement une conclusion ; qui permet de conclure : *Expérience concluante* (syn. convaincant, probant).

conclure [kɔ̃klyʀ] v.t. (lat. *concludere*, de *claudere* "fermer") [conj. 96]. - **1.** Achever, terminer ; sceller par un accord : *Conclure une affaire* (syn. régler). - **2.** Donner une conclusion à un discours, un écrit, etc. : *Il a conclu son allocution par un appel à l'unité.* - **3.** Conclure à, conclure que, aboutir à une conclusion ; déduire comme conséquence d'un fait, d'une analyse : *Les experts ont conclu à la folie de l'accusé. Il a conclu de mon silence que j'étais d'accord* (syn. inférer). ◆ v.i Être concluant, probant : *Tous les témoignages concluent contre lui.*

conclusion [kɔ̃klyzjɔ̃] n.f. (lat. *conclusio*). - **1.** Action de conclure, de clore, de réaliser complètement : *Conclusion d'un traité, d'une affaire.* - **2.** Partie terminale d'une œuvre : *La conclusion d'un discours.* - **3.** Conséquence d'un raisonnement : *Vos conclusions sont fausses.* - **4.** En conclusion, en conséquence, pour conclure. ◆ **conclusions** n.f. pl. - **1.** DR. Prétentions respectives de chacune des parties dans un procès. - **2.** Réquisition du ministère public.

concocter [kɔ̃kɔkte] v.t. (de *concoction* "digestion, cuisson", lat. *concoctio*). FAM. Élaborer minutieusement : *Concocter une boisson. Concocter une lettre de réclamation.*

concombre [kɔ̃kɔ̃bʀ] n.m. (prov. *cocombre*, bas lat. *cucumer*). Plante potagère de la famille des cucurbitacées, cultivée pour ses fruits allongés, que l'on consomme comme légume ou en salade ; ce fruit.

concomitance [kɔ̃kɔmitɑ̃s] n.f. (lat. scolast. *concomitantia*, de *concomitari* "accompagner"). sout. Simultanéité de deux ou de plusieurs faits.

concomitant, e [kɔ̃kɔmitã, -ãt] adj. (du lat. scolast. *concomitari* "accompagner"). sout. Se dit d'un phénomène qui se produit en même temps qu'un autre, ou qui l'accompagne : *Variations concomitantes de certains phénomènes.*

concordance [kɔ̃kɔrdɑ̃s] n.f. (de *concorder*). - **1.** Rapport de conformité entre deux ou plusieurs choses : *Concordance des témoignages* (syn. correspondance). - **2.** gramm. Concordance des temps, ensemble des règles de syntaxe d'après lesquelles le temps du verbe d'une subordonnée dépend de celui du verbe de la principale.

concordant, e [kɔ̃kɔrdã, -ãt] adj. (de *concorder*). Qui s'accorde ; qui converge : *Des récits concordants.*

concordat [kɔ̃kɔrda] n.m. (lat. médiév. *concordatum*, du class. *concordare* "s'accorder"). cath. Convention entre le Saint-Siège et un État souverain, réglant les rapports de l'Église catholique et de l'État : *Le concordat de 1801 fut abrogé en 1905.*

concordataire [kɔ̃kɔrdatɛr] adj. hist. Relatif à un concordat, notamm. celui de 1801.

concorde [kɔ̃kɔrd] n.f. (lat. *concordia*). sout. Bon accord, bonne entente entre les personnes : *Un climat de concorde sociale* (contr. discorde, désaccord).

concorder [kɔ̃kɔrde] v.i. (lat. *concordare* "s'accorder"). Avoir des rapports de similitude, de concordance : *Les dates concordent* (syn. coïncider, correspondre).

concourant, e [kɔ̃kurã, -ãt] adj. (de *concourir*). Qui converge vers un même point, un même but (par opp. à *parallèle*) : *Droites concourantes.*

concourir [kɔ̃kurir] v.t. ind. [à] (lat. *concurrere* "se rencontrer") [conj. 45]. - **1.** Tendre au même effet, au même but : *Concourir au succès d'une affaire* (syn. aider à). ◆ v.i. Participer à un concours, à une compétition : *Une centaine d'athlètes ont concouru aujourd'hui.*

concours [kɔ̃kur] n.m. (lat. *concursus* "rencontre"). - **1.** Action de coopérer, d'aider : *Offrir, prêter son concours.* - **2.** Ensemble d'épreuves mettant en compétition des candidats, pour un nombre de places fixé d'avance : *Concours de l'agrégation.* - **3.** Compétition organisée dans les domaines sportif, culturel, etc. : *Concours hippique. Le concours du Conservatoire.* - **4.** Jeu public, parfois organisé à des fins publicitaires : *Participer à un concours radiophonique.* - **5.** Coïncidence de choses, d'événements : *Un concours exceptionnel de circonstances.*

- **6.** Concours général, concours annuel entre les meilleurs élèves des classes supérieures des lycées. ‖ Hors concours, qui n'est pas plus admis à concourir à cause d'une faute ou du fait de sa supériorité, de sa notoriété.

concret, ète [kɔ̃krɛ, -ɛt] adj. (lat. *concretus*, de *concrescere* "s'épaissir"). - **1.** Qui se rapporte à la réalité, à ce qui est matériel (par opp. à *théorique*, à *hypothétique*) : *Théorie susceptible d'applications concrètes.* - **2.** Qui a le sens des réalités : *Esprit concret.* - **3.** Qui désigne un être ou un objet accessible aux sens (par opp. à *abstrait*) : *Le mot « homme » est concret, le mot « humanité » est abstrait.* - **4.** Musique concrète, musique construite à partir de bruits produits par des objets sonores divers et naturels, enregistrés puis soumis à diverses transformations. ◆ **concret** n.m. Ce qui est concret ; ensemble des choses concrètes : *Aller du concret à l'abstrait.*

concrètement [kɔ̃krɛtmã] adv. De façon concrète.

concrétion [kɔ̃kresjɔ̃] n.f. (lat. *concretio*, de *concretus* "concret"). - **1.** Réunion de parties en un corps solide : *La concrétion de l'huile par le froid.* - **2.** Production morbide de formations solides dans les tissus vivants : *Concrétions biliaires.* - **3.** géol. Masse minérale formée par précipitation autour d'un noyau de matière, apporté notamm. par la circulation des eaux : *Concrétions calcaires, salines.*

concrétisation [kɔ̃kretizasjɔ̃] n.f. Action de concrétiser ; fait de se concrétiser.

concrétiser [kɔ̃kretize] v.t. (de *concret*). Faire passer du projet à la réalisation : *Concrétiser un avantage* (syn. matérialiser). ◆ **se concrétiser** v.pr. Devenir réel, manifeste.

concubin, e [kɔ̃kybɛ̃, -in] n. (lat. *concubina* "concubine", de *concumbere* "coucher avec"). Personne qui vit en concubinage.

concubinage [kɔ̃kybinaʒ] n.m. État d'un homme et d'une femme qui vivent ensemble sans être mariés.

concupiscence [kɔ̃kypisɑ̃s] n.f. (lat. *concupiscentia*, de *concupiscere* "convoiter"). litt. Penchant à jouir des biens terrestres, partic. des plaisirs sensuels.

concupiscent, e [kɔ̃kypisã, -ãt] adj. litt. Qui éprouve de la concupiscence, qui l'exprime : *Regard concupiscent.*

concurremment [kɔ̃kyramã] adv. (de *concurrent*). - **1.** En même temps. - **2.** Conjointement : *Agir concurremment avec qqn* (syn. de concert).

concurrence [kɔ̃kyrãs] n.f. - **1.** Rivalité d'intérêts entre des personnes provoquant une compétition, en partic. entre commerçants ou industriels qui tentent d'attirer à eux la clientèle par les meilleures conditions de prix, de qualité, etc. : *Article vendu à un prix défiant toute concurrence. Entrer en concurrence avec un groupe.* -2. Jusqu'à concurrence de, jusqu'à la somme de : *Il doit rembourser 10 F par mois jusqu'à concurrence de 1 000 F.* ▌ Régime de libre concurrence, système économique dans lequel la création des entreprises privées est libre, et où les pouvoirs publics n'interviennent que pour garantir le libre jeu des lois économiques.

concurrencer [kɔ̃kyʀɑ̃se] v.t. [conj. 16]. Faire concurrence à.

concurrent, e [kɔ̃kyʀɑ̃, -ɑ̃t] n. et adj. (lat. *concurrens, -entis, de concurrere* "courir avec"). -1. Personne qui participe à un concours, à une compétition : *Les deux cents concurrents d'une course.* -2. Se dit d'une personne, d'une entreprise qui est en rivalité d'intérêts avec une autre, en partic. dans le domaine commercial et industriel.

concurrentiel, elle [kɔ̃kyʀɑ̃sjɛl] adj. -1. Capable d'entrer en concurrence : *Prix concurrentiels* (syn. compétitif). -2. Où joue la concurrence : *Marché concurrentiel.*

concussion [kɔ̃kysjɔ̃] n.f. (lat. *concussio* "secousse", de *concutere* "ébranler"). Malversation commise dans l'exercice d'une fonction publique, partic. dans le maniement des deniers publics.

concussionnaire [kɔ̃kysjɔnɛʀ] adj. et n. Coupable de concussion : *Fonctionnaire concussionnaire.*

condamnable [kɔ̃danabl] adj. Qui mérite d'être condamné : *Un acte condamnable.*

condamnation [kɔ̃danasjɔ̃] n.f. -1. Décision d'un tribunal imposant à l'un des plaideurs de s'incliner au moins partiellement devant les prétentions de son adversaire. -2. Décision d'une juridiction prononçant une peine contre l'auteur d'une infraction. -3. Acte, fait, écrit portant témoignage contre qqn, qqch : *Notre échec est la condamnation de notre politique* (syn. désaveu).

condamné, e [kɔ̃dane] n. et adj. -1. Personne qui a fait l'objet d'une condamnation judiciaire : *Un condamné à mort.* -2. Malade condamné, malade que les médecins considèrent comme perdu, inguérissable.

condamner [kɔ̃dane] v.t. (lat. *condamnare*). -1. Prononcer une peine par jugement contre la personne déclarée coupable d'une infraction : *Condamner un criminel.* -2. Mettre dans l'obligation pénible de : *Condamner au silence, à l'immobilité* (syn. astreindre, contraindre). -3. Déclarer répréhensible ; interdire : *Condamner une opinion, un usage.* -4. Déclarer un malade incurable. -5. Rendre impossible l'usage d'une ouverture : *Condamner une porte.*

condensateur [kɔ̃dɑ̃satœʀ] n.m. PHYS. Appareil servant à emmagasiner des charges électriques.

condensation [kɔ̃dɑ̃sasjɔ̃] n.f. -1. Action de condenser, de résumer : *Condensation d'un texte.* -2. Passage de l'état gazeux à l'état liquide ou à l'état solide (par opp. à *vaporisation* et à *sublimation*) : *La condensation de la vapeur d'eau.* -3. PSYCHAN. Fusion d'éléments psychiques provenant d'associations différentes en une représentation unique, notamm. dans le rêve.

1. condensé [kɔ̃dɑ̃se] n.m. Résumé succinct (syn. abrégé).

2. condensé, e [kɔ̃dɑ̃se] adj. *Lait condensé,* lait concentré rendu sirupeux par adjonction de sucre. (V. aussi *condenser*).

condenser [kɔ̃dɑ̃se] v.t. (lat. *condensare,* de *condensus* "compact", de *densus* "épais"). -1. Rendre plus dense, réduire à un moindre volume. -2. Liquéfier un gaz par refroidissement ou compression : *La surface froide du pare-brise condense la vapeur d'eau.* -3. Résumer en peu de mots : *Condenser sa pensée.*
◆ **se condenser** v.pr. Passer à l'état liquide.

condenseur [kɔ̃dɑ̃sœʀ] n.m. -1. Appareil d'une machine thermique servant à condenser une vapeur. -2. Échangeur de chaleur d'une installation frigorifique.

condescendance [kɔ̃desɑ̃dɑ̃s] n.f. (de *condescendre*). Attitude hautaine et plus ou moins méprisante d'une personne qui accorde qqch en faisant sentir sa supériorité, réelle ou prétendue : *Recevoir un subordonné avec condescendance.*

condescendant, e [kɔ̃desɑ̃dɑ̃, -ɑ̃t] adj. Qui marque de la condescendance : *Attitude condescendante. Personnage condescendant.*

condescendre [kɔ̃desɑ̃dʀ] v.t. ind. [à] (lat. *condescendere* "se mettre au niveau de") [conj. 73]. Consentir à qqch en se faisant prier : *Il a condescendu à lui accorder un entretien* (syn. daigner).

condiment [kɔ̃dimɑ̃] n.m. (lat. *condimentum,* de *condire* "confire"). Substance ou préparation à saveur forte qui relève un plat : *La moutarde est un condiment.*

condisciple [kɔ̃disipl] n. (lat. *condiscipulus,* de *cum* "avec" et *discipulus* "élève"). Camarade d'études.

condition [kɔ̃disjɔ̃] n.f. (bas lat. *conditio,* class. *condicio,* de *condicere* "fixer par accord"). -1. Situation d'un être vivant, de l'homme dans le monde, dans un contexte donné : *La condition humaine. La condition ouvrière au XIXe siècle.* -2. LITT. Situation sociale ; rang dans la société : *Inégalité des conditions.* -3. État physique ou moral circonstanciel : *Être en bonne condition physique* (syn. forme).

- **4.** Circonstance extérieure à laquelle sont soumises les personnes et les choses : *Conditions de travail. Dans ces conditions, je laisse ma place* (= dans ce cas). - **5.** Circonstance à laquelle est subordonné l'accomplissement d'une action, soumise à la production d'un phénomène : *Le travail est la condition du succès.* - **6.** (Surtout au pl.). Base d'un accord ; qualité ou élément requis pour qu'il y ait acceptation : *Candidat qui remplit les conditions exigées pour ce poste.* - **7.** Clause restrictive : *J'accepte, mais j'y mets une condition. Capitulation sans condition.* - **8.** MATH. Relation imposée par l'énoncé d'un problème entre les données et l'inconnue. - **9.** À condition de, à charge de, sous réserve de. ‖ À condition que, pourvu que, si. ‖ Mettre qqn en condition, mettre en situation de réagir d'une manière attendue. ‖ MATH. Condition nécessaire et suffisante, condition telle qu'elle entraîne nécessairement une conséquence donnée et, en même temps, l'exclut nécessairement si elle n'est pas posée. ◆ **conditions** n.f. pl. Modalités de paiement ; tarif : *Quelles sont vos conditions ?*

conditionné, e [kɔ̃disjɔne] adj. - **1.** Soumis à certaines conditions : *Votre accord est conditionné à l'acceptation des clauses du contrat.* - **2.** Qui a subi un conditionnement : *Produits conditionnés.* - **3.** Air conditionné, air auquel on a donné une température et un degré hygrométrique déterminés. ‖ Réflexe conditionné, réflexe, dit aussi *conditionnel*, acquis à la suite d'un conditionnement.

conditionnel, elle [kɔ̃disjɔnɛl] adj. - **1.** Qui dépend de certaines conditions : *Un prisonnier en liberté conditionnelle.* - **2.** PSYCHOL. Qui est lié à un conditionnement, qui en dépend (par opp. à *inconditionnel*) : *Réflexe conditionnel* (= conditionné). - **3.** GRAMM. Mode conditionnel, mode du verbe qui présente l'action ou l'état comme étant surbordonnés à une condition ou qui exprime une simple supposition (on dit aussi *le conditionnel*). **Rem.** On distingue le conditionnel présent (*si j'étais riche, je vous aiderais*) et le conditionnel passé *il aurait eu l'intention de démissionner.* ‖ GRAMM. Proposition conditionnelle, subordonnée exprimant une condition dont dépend la principale et qui est introduite par des conjonctions telles que *si, pourvu que, à moins que* (on dit aussi *une conditionnelle*) : *Si tu avais téléphoné, elle ne se serait pas inquiétée.*

conditionnement [kɔ̃disjɔnmã] n.m. - **1.** Action de conditionner ; fait d'être conditionné. - **2.** Emballage de présentation et de vente d'une marchandise. - **3.** PSYCHOL. Procédure par laquelle on établit un comportement nouveau chez un être vivant, en créant un ensemble de réflexes dits *conditionnés*.

conditionner [kɔ̃disjɔne] v.t. - **1.** Être la condition de qqch : *Sa santé conditionne mon départ.* - **2.** Établir chez un être un comportement nouveau par associations automatiques : *Conditionner un animal.* - **3.** Déterminer qqn, un groupe à agir, à penser de telle ou telle manière : *La publicité conditionne les consommateurs.* - **4.** Réaliser le conditionnement, l'emballage d'articles de consommation. - **5.** Conditionner un local, en assurer la climatisation.

condoléances [kɔ̃dɔleɑ̃s] n.f. pl. (de l'anc. v. *condouloir* "s'affliger avec", lat. *condolere*, avec infl. de *doléance*). Témoignage de sympathie, devant la douleur d'autrui, à l'occasion d'un deuil : *Présenter ses condoléances. Lettre de condoléances.*

condom [kɔ̃dɔm] n.m. (du n. de l'inventeur). Préservatif masculin.

condor [kɔ̃dɔʀ] n.m. (mot esp., du quechua). Grand vautour des Andes.

condottiere [kɔ̃dɔtjɛʀ] n.m. (mot it. de *condotta* "groupe de soldats loués", de *condurre*, lat *conducere* "louer") [pl. *condottieres* ou *condottieri*]. - **1.** ANC. Chef de soldats mercenaires, dans l'Italie du Moyen Âge et de la Renaissance. - **2.** Aventurier sans scrupule.

1. conducteur, trice [kɔ̃dyktœʀ, -tʀis] n. (lat. *conductor*). - **1.** Personne qui conduit un véhicule : *Le conducteur d'un autobus* (syn. chauffeur). - **2.** IMPR., PAPET. Ouvrier, ouvrière, chargé(e) de la conduite d'une machine : *Le conducteur d'une rotative.* - **3.** Conducteur de travaux, agent qui, sur un chantier, dirige les travaux.

2. conducteur, trice [kɔ̃dyktœʀ, -tʀis] adj. (de *1. conducteur*). - **1.** Qui transmet la chaleur, l'électricité : *Métaux conducteurs.* - **2.** Fil conducteur, hypothèse, principe qui guide dans une recherche. ◆ **conducteur** n.m. - **1.** Tout corps capable de transmettre la chaleur, l'électricité : *Le cuivre est un bon conducteur.* - **2.** Câble ou fil utilisé pour transporter un courant électrique.

conductibilité [kɔ̃dyktibilite] n.f. (du rad. du lat. *conductus*, de *conducere* "conduire"). PHYS. Propriété que possèdent les corps de transmettre la chaleur, l'électricité ou certaines vibrations.

conductible [kɔ̃dyktibl] adj. Qui est doué de conductibilité : *Les métaux sont conductibles.*

conduction [kɔ̃dyksjɔ̃] n.f. (lat. *conductio*). - **1.** Action de transmettre de proche en proche la chaleur, l'électricité. - **2.** Action de transmettre l'influx nerveux.

conduire [kɔ̃dɥiʀ] v.t. (lat. *conducere*) [conj. 98]. - **1.** Assurer la direction, la manœuvre de : *Conduire une voiture.* - **2.** Assurer la direction, le gouvernement de : *Conduire une affaire.* - **3.** Mener qqn, qqch d'un lieu à un autre : *Le bief conduit l'eau au moulin* (syn. amener). *Conduire un enfant à l'école.* - **4.** Pousser à certains actes ; amener à certains sentiments : *Conduire au désespoir.* - **5.** Avoir pour conséquence : *Politique qui conduit à l'inflation.* ◆ **se conduire** v.pr. Se comporter de telle ou telle façon.

conduit [kɔ̃dɥi] n.m. (de *conduire*). - **1.** Canalisation guidant l'écoulement d'un fluide ou d'un solide pulvérulent. - **2.** ANAT. **Conduit auditif**, canal reliant le pavillon de l'oreille au tympan : *Conduits auditifs interne et externe.*

conduite [kɔ̃dɥit] n.f. - **1.** Action, manière de conduire : *Conduite d'un véhicule, d'une entreprise.* - **2.** Manière d'agir, de se comporter dans une situation donnée : *Sa conduite est parfaitement odieuse* (syn. comportement). - **3.** Service assuré par l'écoulement de conducteurs de trains. - **4.** TECHN. Tuyau de section variable, parcouru par un fluide. - **5.** FAM. **Faire un brin de conduite à qqn**, l'accompagner sur une partie du chemin. - **6.** **Conduite intérieure.** Automobile entièrement fermée.

confection [kɔ̃fɛksjɔ̃] n.f. (lat. *confectio*, de *conficere* "achever"). - **1.** Action de faire en plusieurs opérations : *La confection d'un objet artisanal* (syn. fabrication, réalisation). - **2.** Fabrication en série de pièces habillement : *Vêtements de confection.* - **3.** Prêt-à-porter : *Magasin de confection.*

confectionner [kɔ̃fɛksjɔne] v.t. (de *confection*). Exécuter complètement : *Confectionner une bonbonnière, des étagères* (syn. fabriquer, réaliser).

confectionneur, euse [kɔ̃fɛksjɔnœʀ, -øz] n. Personne qui fabrique des vêtements de confection.

confédéral, e, aux [kɔ̃federal, -o] adj. Relatif à une confédération : *Congrès confédéral.*

confédération [kɔ̃federasjɔ̃] n.f. (lat. *confœderatio*, de *fœdus, -eris* "traité"). - **1.** Association d'États souverains qui ont délégué certaines compétences à des organes communs. □ La Confédération suisse est le nom officiel de la Suisse qui, cependant, constitue depuis 1874 un véritable État fédéral. - **2.** Réunion de fédérations syndicales : *La Confédération générale du travail (C. G. T.).* - **3.** Groupement d'associations de caractère sportif, professionnel.

confédéré, e [kɔ̃federe] adj. et n. - **1.** Uni par confédération. - **2.** En Suisse, nom donné à un ressortissant d'un autre canton. ◆ **confédérés** n.m. pl. Aux États-Unis, citoyens des États du Sud ligués contre le gouvernement fédéral pendant la guerre de Sécession (1851-1865).

confer [kɔ̃fɛʀ] (mot lat. "compare [impér. de *comparer*]"). Indication par laquelle on renvoie le lecteur à un passage, un ouvrage à consulter (abrév. Cf.).

conférence [kɔ̃feʀɑ̃s] n.f. (lat. médiév. *conferentia*, du class. *conferre* "réunir"). - **1.** Échange de vues entre deux ou plusieurs personnes : *Être en conférence* (syn. réunion). *Conférence pédagogique.* - **2.** Réunion de diplomates, de chefs de gouvernement ou de ministres, assistés de techniciens, en vue de régler un problème politique d'ordre international. - **3.** Exposé oral public, où l'on traite de questions littéraires, religieuses, scientifiques, politiques, etc. - **4.** **Conférence de presse**, réunion au cours de laquelle une ou plusieurs personnalités font un exposé et répondent aux questions des journalistes.

conférencier, ère [kɔ̃feʀɑ̃sje, -ɛʀ] n. Personne qui fait une conférence publique.

conférer [kɔ̃feʀe] v.i. [avec] (lat. *conferre* "réunir") [conj. 18]. S'entretenir d'une affaire ; discuter : *Conférer avec son avocat. Conférer d'un sujet avec ses collaborateurs.* ◆ v.t. Donner, en vertu de l'autorité qu'on a pour le faire : *Conférer le baptême, une décoration* (syn. accorder).

confesse [kɔ̃fɛs] n.f. (de *confesser*). RELIG. CHRÉT. Confession : *Aller à confesse. Revenir de confesse.* **Rem.** Ne s'emploie qu'avec les prépositions *à* et *de*, et *sans* article.

confesser [kɔ̃fese] v.t. (lat. ecclés. *confessare*, class. *confiteri* "avouer"). - **1.** LITT. Avouer, reconnaître à regret : *Confesser son ignorance.* - **2.** Faire acte public d'adhésion, en partic. à une religion : *Confesser sa foi chrétienne.* - **3.** RELIG. CHRÉT. Entendre en confession : *Confesser un pénitent.* - **4.** FAM. Confesser qqn, obtenir de lui des aveux, un secret. ◆ **se confesser** v.pr. - **1.** RELIG. CHRÉT. Déclarer ses péchés. - **2.** Avouer spontanément ses fautes.

confesseur [kɔ̃fesœʀ] n.m. - **1.** RELIG. CHRÉT. Prêtre qui confesse - **2.** Personne à qui l'on se confie (syn. confident).

confession [kɔ̃fesjɔ̃] n.f. (lat. *confessio*). - **1.** RELIG. CHRÉT. Acte par lequel on avoue ses péchés à un prêtre afin d'en obtenir le pardon : *Entendre qqn en confession.* - **2.** Aveu d'un fait important, d'un secret : *La confession d'un crime.* - **3.** (Avec une majuscule). Résumé des articles qui contiennent la déclaration de foi d'une Église ou d'une personne : *La Confession d'Augsbourg.* - **4.** Appartenance à telle ou telle religion : *Être de confession luthérienne, israélite.*

confessionnal [kɔ̃fesjonal] n.m. (de [*siège*] *confessional*) [pl. *confessionnaux*]. Lieu, meuble en forme d'isoloir où le prêtre entend la confession des pénitents.

confessionnel, elle [kɔ̃fesjɔnɛl] adj. **- 1.** Relatif à la foi religieuse : *Querelles confessionnelles.* **- 2.** Établissement confessionnel, école privée qui se réfère à une confession religieuse.

confetti [kɔ̃feti] n.m. (mot ital. "dragées", du lat. *confectus* "confit"). Rondelle de papier coloré qu'on se lance dans les fêtes : *Bataille de confettis.*

confiance [kɔ̃fjɑ̃s] n.f. (lat. *confidentia,* d'apr. l'anc. fr. *fiance* "foi" [de *confidere* "avoir confiance"]). **- 1.** Sentiment de sécurité de celui qui se fie à qqn, à qqch : *Avoir confiance en l'avenir. Faire confiance à qqn* (= compter sur lui). *Homme, femme de confiance.* **- 2.** Approbation donnée à la politique du gouvernement par la majorité de l'Assemblée nationale : *Voter la confiance.* **- 3.** Poste, mission de confiance, poste, mission qu'on donne à des personnes à qui l'on puisse se fier. ‖ **Question de confiance** → question.

confiant, e [kɔ̃fjɑ̃, -ɑ̃t] adj. Qui fait preuve de confiance.

confidence [kɔ̃fidɑ̃s] n.f. (lat. *confidentia* ; v. *confiance*). **- 1.** Déclaration faite en secret à qqn : *Faire des confidences.* **- 2.** En confidence, sous le sceau du secret. ‖ **Être dans la confidence,** avoir connaissance du secret.

confident, e [kɔ̃fidɑ̃, -ɑ̃t] n. (lat. *confidens, -entis* "confiant"). **- 1.** Personne à qui l'on confie les plus secrètes pensées. **- 2.** LITTÉR. Personnage de la tragédie classique qui reçoit les confidences des personnages principaux.

confidentialité [kɔ̃fidɑ̃sjalite] n.f. Caractère confidentiel d'une information.

confidentiel, elle [kɔ̃fidɑ̃sjɛl] adj. **- 1.** Qui ne doit pas être connu ou divulgué : *Des informations confidentielles* (syn. secret). **- 2.** Qui se dit en confidence, qui tient de la confidence : *Adopter un ton confidentiel.*

confidentiellement [kɔ̃fidɑ̃sjɛlmɑ̃] adv. De façon confidentielle.

confier [kɔ̃fje] v.t. (lat. *confidere* "se confier, avoir confiance", d'apr. [se] *fier*) [conj. 9]. **- 1.** Remettre aux soins, à la garde de qqn, de qqch : *Confier ses clés au gardien.* **- 2.** Dire sur le mode confidentiel : *Confier ses peines.* ◆ **se confier** v.pr. Faire part de ses sentiments intimes, de ses idées : *Il ne se confie qu'à ses proches.*

configuration [kɔ̃figyʀasjɔ̃] n.f. (lat. *configuratio,* de *figura* "structure, forme"). **- 1.** Forme générale, aspect d'ensemble : *Configuration d'un pays.* **- 2.** Ensemble des éléments constituant un système informatique.

confiné, e [kɔ̃fine] adj. Air confiné, air non renouvelé. ‖ **Vivre, être confiné chez soi,** reclus, cloîtré.

confinement [kɔ̃finmɑ̃] n.m. Action de confiner ; fait de se confiner, d'être confiné.

confiner [kɔ̃fine] v.t. ind. [à] (de *confins*). **- 1.** Toucher aux confins d'un pays : *La Suisse confine à la France.* **- 2.** Être à la limite de : *Cet acte confine à la folie* (syn. friser). ◆ v.t. Tenir enfermé dans d'étroites limites : *Confiner des enfants dans un dortoir.* ◆ **se confiner** v.pr. **- 1.** S'isoler, se retirer : *Se confiner dans sa chambre* (syn. se cloîtrer). **- 2.** Se limiter à une occupation, une activité, etc. : *Se confiner dans ses attributions.*

confins [kɔ̃fɛ̃] n.m. pl. (du lat. *confinium,* de *cum* "avec" et *finis* "limite"). Limites, extrémités d'un pays, d'un territoire : *Il habite aux confins de la Bretagne.*

confire [kɔ̃fiʀ] v.t. (lat. *conficere* "achever") [conj. 101]. Conserver les aliments dans une substance (graisse, vinaigre, sirop) qui empêche l'altération : *Confire de l'oie, des pêches.* ◆ **se confire** v.pr. LITT. Se pénétrer avec exagération d'une habitude : *Se confire en dévotion.*

confirmation [kɔ̃fiʀmasjɔ̃] n.f. **- 1.** Action de confirmer ; déclaration, écrit qui en résulte : *Vous recevrez la confirmation écrite de votre nomination.* **- 2.** RELIG. CHRÉT. Chez les catholiques, sacrement, habituellement administré par l'évêque, qui affermit dans la grâce du baptême ; chez les protestants, acte par lequel on confirme publiquement les vœux du baptême avant d'être admis à la cène.

confirmer [kɔ̃fiʀme] v.t. (lat. *confirmare,* de *firmare* "rendre ferme"). **- 1.** Rendre qqch plus sûr ; en assurer l'authenticité : *Confirmer une nouvelle, un témoignage.* **- 2.** Rendre qqn plus ferme, plus assuré dans ses opinions, ses croyances : *Vous me confirmez dans ma résolution* (syn. renforcer). **- 3.** CATH. Conférer le sacrement de la confirmation.

confiscation [kɔ̃fiskasjɔ̃] n.f. **- 1.** Action de confisquer ; fait d'être confisqué : *Confiscation à la douane de marchandises introduites en fraude.* **- 2.** DR. Transfert à l'État ou à un établissement public des biens d'un particulier à la suite d'une condamnation pénale ou d'une sanction fiscale.

confiserie [kɔ̃fizʀi] n.f. **- 1.** Travail, commerce du confiseur. **- 2.** Ensemble des produits fabriqués et vendus par le confiseur ; sucrerie.

confiseur, euse [kɔ̃fizœʀ, -øz] n. (de *confire*). Personne qui fait ou vend toute espèce de sucrerie (bonbons, fruits confits, etc.).

confisquer [kɔ̃fiske] v.t. (lat. *confiscare,* de *fiscus* "fisc"). Déposséder par un acte d'autorité : *Confisquer un jouet à un élève. Confisquer des marchandises.*

confit, e [kɔ̃fi, -it] adj. (p. passé de *confire*). Conservé dans du sucre, dans du vinaigre, dans de la graisse, etc. : *Fruits confits. Corni-chons confits.* ◆ **confit** n.m. Morceau de viande cuit et conservé dans la graisse : *Confit de canard.*

confiture [kɔ̃fityʀ] n.f. (de *confire*). Prépara-tion de fruits frais et de sucre cuits ensemble et où la masse, souvent en proportion égale avec le fruit, assure la conservation.

confiturier [kɔ̃fityʀje] n.m. Récipient destiné à contenir de la confiture.

conflagration [kɔ̃flagʀasjɔ̃] n.f. (lat. *conflagra-tio*, de *conflagrare* "brûler"). Conflit interna-tional de grande envergure pouvant aboutir à la guerre.

conflictuel, elle [kɔ̃fliktɥɛl] adj. (du lat. *conflictus* ; v. *conflit*). Relatif à un conflit personnel, social, etc. : *Elle a toujours eu des relations conflictuelles avec sa famille.*

conflit [kɔ̃fli] n.m. (lat. *conflictus* "choc, heurt"). - **1.** Opposition de sentiments, d'opinions entre des personnes ou des grou-pes : *Le conflit des générations.* - **2.** Lutte armée entre deux ou plusieurs États : *Conflit mon-dial.* - **3.** PSYCHOL. Antagonisme, opposition de motivations contradictoires chez la même personne.

confluent [kɔ̃flyɑ̃] n.m. (lat. *confluens, -entis*). Lieu de rencontre de deux cours d'eau.

confluer [kɔ̃flye] v.i. (lat. *confluere*, de *fluere* "couler"). - **1.** Se rejoindre, en parlant de deux cours d'eau : *La Saône et le Rhône confluent à Lyon.* - **2.** LITT. Se diriger vers un même lieu : *Les manifestants confluent vers la République.*

confondre [kɔ̃fɔ̃dʀ] v.t. (lat. *confundere* "mêler") [conj. 75]. - **1.** Prendre une chose pour une autre, qqn pour qqn d'autre, en raison de leur ressemblance : *Confondre deux noms. Il confond Pierre et son frère.* - **2.** Réduire au silence, mettre hors d'état de se justifier : *Confondre un menteur* (syn. démasquer). - **3.** LITT. Troubler qqn au point qu'il ne trouve plus rien à répondre : *La réponse avisée de cet enfant nous a tous confondus* (syn. décon-tenancer). ◆ **se confondre** v.pr. - **1.** Se mêler, se mélanger ou se ressembler au point de ne plus pouvoir être distingué : *Les dates se confondent dans son esprit.* - **2.** LITT. Se confondre en remerciements, en excuses, les multiplier.

conformation [kɔ̃fɔʀmasjɔ̃] n.f. (lat. *confor-matio*). - **1.** Manière dont sont assemblées les parties d'un corps organisé : *La conformation du squelette* (syn. structure). - **2.** CHIM. Arrange-ment que peut prendre une molécule orga-nique par rotation autour d'une ou de plusieurs liaisons simples. - **3.** Vice de conformation, défaut physique congénital.

conforme [kɔ̃fɔʀm] adj. (lat. *conformis*, de *forma* "forme"). - **1.** Dont la forme corres-

pond à un modèle, à un point de référence : *Traduction conforme au texte original.* - **2.** Qui répond aux exigences d'une règle, d'une norme : *Il affiche des opinions peu conformes.* - **3.** Pour copie conforme, formule par laquelle on confirme que la copie reproduit exactement l'original. ‖ MATH. Représentation conforme, reproduction qui conserve les angles de la figure reproduite.

conformé, e [kɔ̃fɔʀme] adj. Qui a telle ou telle conformation : *Un enfant bien, mal conformé.*

conformément à [kɔ̃fɔʀmemɑ̃] loc. prép. En conformité avec : *J'ai agi conformément à vos ordres* (contr. contrairement à).

conformer [kɔ̃fɔʀme] v.t. (lat. *conformare* "façonner" ; v. *conforme*). Mettre en accord avec : *Conformer un plan aux circonstances* (syn. adapter). ◆ **se conformer** v.pr. [à]. Adapter sa conduite à un modèle : se régler sur qqch : *Se conformer au goût du jour* (syn. se soumettre à, se régler sur).

conformisme [kɔ̃fɔʀmism] n.m. Respect étroit de la norme, de la tradition, des usages établis, de la morale en usage : *Conformisme moral, politique. Agir par conformisme.*

conformiste [kɔ̃fɔʀmist] adj. et n. (angl. *conformist*). Qui se conforme sans originalité aux usages, aux traditions : *Écrivain confor-miste* (syn. traditionaliste).

conformité [kɔ̃fɔʀmite] n.f. (lat. *conformitas*). État de deux ou de plusieurs choses qui se ressemblent ou qui s'accordent parfaite-ment : *Être en conformité de vues, de goûts avec qqn* (syn. concordance, harmonie). *La confor-mité d'une copie avec l'original* (syn. correspon-dance).

1. **confort** [kɔ̃fɔʀ] n.m. (angl. *comfort*, de l'anc. fr. *confort* "aide", de *conforter* "affermir", bas lat. *confortare*). - **1.** Bien-être matériel, com-modités qui rendent la vie quotidienne plus agréable, plus facile : *Le confort d'une voiture.* - **2.** Avoir le confort, avoir tout ce qui rend la vie confortable, en parlant d'un lieu d'habi-tation. ‖ Tout confort, pourvu de toutes les commodités : *Hôtel tout confort.*

2. **confort** [kɔ̃fɔʀ] n.m. (de *conforter*). Médica-ment de confort, médicament prescrit dans un but surtout psychologique pour aider le malade à supporter un symptôme désagréa-ble, mais qui ne constitue pas, à proprement parler, un traitement.

confortable [kɔ̃fɔʀtabl] adj. (angl. *comforta-ble* ; v. 1. *confort*). - **1.** Qui procure le confort ; qui contribue au bien-être : *Une maison, un siège confortable.* - **2.** Important ; considéra-ble : *Ce coureur a une confortable avance sur ses concurrents.*

confortablement [kɔ̃fɔʀtabləmɑ̃] adv. De façon confortable.

conforter [kɔ̃fɔʀte] v.t. (lat. ecclés. *confortare*, du class. *fortis* "fort"). Renforcer, rendre plus solide un sentiment, une opinion : *Ceci m'a conforté dans mon opinion* (syn. raffermir).

confraternel, elle [kɔ̃fʀatɛʀnɛl] adj. Propre aux relations entre confrères : *Sentiments confraternels.*

confraternité [kɔ̃fʀatɛʀnite] n.f. Liens de solidarité entre confrères.

confrère [kɔ̃fʀɛʀ] n.m. Personne appartenant à une même profession libérale, à une même association littéraire, etc., que d'autres : *Le médecin est venu avec un confrère.* **Rem.** Le fém. est *consœur.*

confrérie [kɔ̃fʀeʀi] n.f. (lat. médiév. *confratria*). - **1.** Association religieuse ou charitable. - **2.** Association, corporation quelconque : *La confrérie des gastronomes.*

confrontation [kɔ̃fʀɔ̃tasjɔ̃] n.f. Action de confronter, de mettre en présence des personnes ou des choses.

confronter [kɔ̃fʀɔ̃te] v.t. (lat. *confrontare*, de *frons, frontis* "front"). - **1.** Mettre des personnes en présence pour comparer ou vérifier leurs affirmations : *Confronter des accusés. L'accusée a été confrontée aux témoins.* - **2.** Comparer des documents : *Confronter des écritures.* - **3.** Être confronté à un problème, devoir lui trouver une solution.

confucéen, enne [kɔ̃fyseɛ̃, -ɛn] et **confucianiste** [kɔ̃fysjanist] adj. et n. Qui appartient au confucianisme.

confucianisme [kɔ̃fysjanism] n.m. Philosophie de Confucius et de ses disciples.

confus, e [kɔ̃fy, -yz] adj. (lat. *confusus*, de *confundere* ; v. *confondre*). - **1.** Dont on ne perçoit pas nettement les formes, les parties : *Une masse confuse. Un murmure confus* (syn. indistinct). - **2.** Qui manque de clarté dans les idées, dans leur présentation : *Esprit confus* (syn. désordonné). *Explication confuse* (syn. embrouillé). - **3.** Qui est troublé par le sentiment de sa faute ou par l'excès de bonté qu'on lui témoigne : *Je suis confuse du dérangement que je vous ai occasionné* (syn. gêné, désolé).

confusément [kɔ̃fyzemɑ̃] adv. De façon confuse.

confusion [kɔ̃fyzjɔ̃] n.f. (lat. *confusio*, de *confundere* ; v. *confondre*). - **1.** Action de confondre, de prendre qqn ou qqch pour qqn ou qqch d'autre : *Une confusion de noms a provoqué le malentendu* (syn. méprise). - **2.** État de ce qui est confus, indistinct, peu clair : *Le débat s'est terminé dans la confusion générale* (syn. désordre, agitation). - **3.** État d'esprit de qqn qui éprouve de l'embarras ou un sentiment de culpabilité : *Être rempli de confusion* (syn. gêne). *À ma grande confusion* (= à ma grande honte). - **4.** Confusion des peines, règle selon laquelle en cas de condamnation pour plusieurs infractions, seule la peine la plus forte est appliquée au condamné.

congé [kɔ̃ʒe] n.m. (lat. *commeatus*, permission d'aller et de venir, de *commeare* "circuler"). - **1.** Autorisation spéciale accordée à qqn de cesser son travail ; période de cette cessation de travail : *Il est en congé pour 3 jours. Être en congé de maternité.* - **2.** Courtes vacances pour les élèves, les salariés à l'occasion d'une fête : *Les congés de février.* - **3.** Résiliation d'un contrat de travail ou de location : *Donner son congé à un employé.* - **4.** Congé formation, autorisation d'absence accordée à un salarié en vue de suivre un stage de formation. ‖ Congé parental d'éducation, congé bénéficiant aux parents, à l'un des parents, à la suite d'une naissance ou d'une adoption, suspendant le contrat de travail. ‖ Congés payés, période de vacances payées que la loi accorde à tous les salariés. ‖ Prendre congé de qqn, le quitter, lui dire au revoir.

congédier [kɔ̃ʒedje] v.t. (it. *congedare*, du fr. *congé*) [conj. 9]. Donner son congé à qqn ; lui ordonner de se retirer : *Congédier un importun, un locataire* (syn. renvoyer).

congélateur [kɔ̃ʒelatœʀ] n.m. Appareil ménager frigorifique permettant de congeler les aliments à - 30 °C et de les conserver à - 18 °C.

congélation [kɔ̃ʒelasjɔ̃] n.f. Action de congeler ; fait de se congeler : *La congélation de la viande.*

congeler [kɔ̃ʒle] v.t. (lat. *congelare*) [conj. 25]. - **1.** Transformer un liquide en solide par l'action du froid : *Une température de - 130 °C congèle l'alcool* (syn. solidifier). - **2.** Soumettre à l'action du froid pour conserver : *Congeler de la viande, des fruits* (syn. surgeler, frigorifier). ◆ **se congeler** v.pr. Devenir solide sous l'action du froid : *L'eau se congèle à 0 °C* (syn. se figer).

congénère [kɔ̃ʒenɛʀ] n. (lat. *congener*, de *cum* "avec" et *genus, -eris* "genre"). - **1.** Animal ou végétal qui appartient à la même espèce, au même genre qu'un autre. - **2.** Personne de la même nature qu'une autre (souvent péjor.) : *Lui et ses congénères* (syn. semblable).

congénital, e, aux [kɔ̃ʒenital, -o] adj. Qui existe à la naissance : *Malformation congénitale.*

congère [kɔ̃ʒɛʀ] n.f. (lat. *congeries* "amas", de *congere* "amonceler"). Amas de neige entassée par le vent.

congestion [kɔ̃ʒɛstjɔ̃] n.f. (lat. *congestio*, de *congerere* "amasser"). Accumulation anormale de sang dans les vaisseaux d'un organe : *Congestion cérébrale, hépatique.*

congestionner [kɔ̃ʒɛstjɔne] v.t. - **1.** Provoquer une congestion dans une partie du corps : *Avoir un œil congestionné. Il est tout congestionné* (= il a le visage rouge). - **2.** Encombrer un lieu : *Des dizaines de voitures congestionnent les voies d'accès de la ville* (syn. engorger, embouteiller). ◆ **se congestionner** v.pr. Devenir congestionné.

conglomérat [kɔ̃glɔmeʀa] n.m. (de *conglomérer*). - **1.** Roche sédimentaire détritique, formée de galets (poudingues, brèches) ou de fragments anguleux d'autres roches, ultérieurement cimentés. - **2.** ÉCON. Groupe d'entreprises aux productions variées.

conglomérer [kɔ̃glɔmeʀe] v.t. (lat. *conglomerare*, de *glomus*, *-eris* "pelote") [conj. 18]. Réunir en une seule masse : *La marée conglomère les boues du fleuve* (syn. agréger).

congratulations [kɔ̃gʀatylasjɔ̃] n.f. pl. Félicitations, compliments un peu exagérés : *Échanger des congratulations.*

congratuler [kɔ̃gʀatyle] v.t. (lat. *congratulari*, de *gratus* "reconnaissant"). Féliciter à l'occasion d'un heureux événement : *Congratuler le vainqueur* (syn. complimenter).

congre [kɔ̃gʀ] n.m. (bas lat. *congrus*, class. *conger*, du gr.). Poisson marin gris-bleu foncé, vivant dans les creux de rochers (on dit aussi *anguille de mer*). □ Famille des anguilidés ; long. 2 à 3 m.

congrégation [kɔ̃gʀegasjɔ̃] n.f. (lat. *congregare* "rassembler", de *cum* "avec" et *grex*, *gregis* "troupeau"). - **1.** Association de religieux ou de religieuses liés par des vœux simples : *La congrégation de l'Oratoire.* - **2.** Association de laïques fondée sur des principes religieux. - **3.** Assemblée de prélats chargés d'examiner certaines affaires en cour de Rome. - **4.** HIST. *La Congrégation,* association religieuse qui groupa, sous la Restauration, de nombreux membres des classes dirigeantes et qui fut dissoute en 1830.

congrès [kɔ̃gʀɛ] n.m. (lat. *congressus*, de *congredi* "se rencontrer"). - **1.** Réunion de personnes qui délibèrent sur des études communes, politiques, scientifiques, économiques, etc. : *Un congrès international de cardiologie.* - **2.** Assemblée de chefs d'État, d'ambassadeurs, pour traiter d'intérêts politiques : *Le congrès de Vienne.* - **3.** HIST. En France, réunion commune des deux assemblées à Versailles. - **4.** Parlement des États-Unis d'Amérique, composé du Sénat et de la Chambre des représentants.

congressiste [kɔ̃gʀesist] n. Membre d'un congrès.

congru, e [kɔ̃gʀy] adj. (lat. *congruus* "conforme, convenable"). - **1.** LITT. Qui est approprié à un usage, à une situation : *Expression congrue* (syn. approprié, adéquat). - **2.** Portion congrue. Quantité de nourriture à peine suffisante pour vivre ; ressources insuffisantes : *Être réduit à la portion congrue.*

congruence [kɔ̃gʀyɑ̃s] n.f. MATH. Relation qui associe deux nombres congruents.

congruent, e [kɔ̃gʀyɑ̃, -ɑ̃t] adj. (lat. *congruens*, *-entis*, de *congruere* "concorder"). MATH. Nombres congruents, nombres entiers qui ont le même reste dans une division par un même nombre donné : *18 et 26 sont congruents dans la division par 4* (ou *sont congruents modulo 4*).

conifère [kɔnifɛʀ] n.m. (du lat. *conus* "cône", et de *-fère*, d'après le lat. *conifer*). BOT. *Conifères,* ordre de gymnospermes arborescents souvent résineux, à feuillage génér. persistant et en aiguilles, aux fruits en cône, tels que le pin, le sapin, le cèdre, le mélèze et l'épicéa. (On dit aussi *les coniférales.*)

conique [kɔnik] adj. - **1.** Qui a la forme d'un cône : *Chapeau conique.* - **2.** GÉOM. **Section conique,** courbe plane obtenue par intersection d'un cône de révolution et d'un plan ; lieu des points d'un plan dont le rapport des distances à un point *(foyer)* et à une droite *(directrice)* de ce plan a une valeur donnée *(excentricité)* (on dit aussi *une conique*).

conjectural, e, aux [kɔ̃ʒɛktyʀal, -o] adj. SOUT. Qui repose sur des conjectures (syn. incertain).

conjecture [kɔ̃ʒɛktyʀ] n.f. (lat. *conjectura*, de *conjicere* "combiner dans l'esprit"). Simple supposition fondée sur des apparences, sur des probabilités : *Se perdre en conjectures* (syn. présomption, hypothèse). **Rem.** À distinguer de *conjoncture.*

conjecturer [kɔ̃ʒɛktyʀe] v.t. SOUT. Juger par conjecture : *Conjecturer l'issue d'un événement* (syn. présumer).

1. **conjoint, e** [kɔ̃ʒwɛ̃, -ɛ̃t] adj. (p. passé de *conjoindre*, lat. *conjungere* "relier"). Associé, étroitement uni, joint à qqch ; faites simultanément, en parlant de plusieurs choses : *Problèmes conjoints. Démarche conjointe.*

2. **conjoint, e** [kɔ̃ʒwɛ̃, -ɛ̃t] n. (de *1. conjoint*). Chacun des époux considéré par rapport à l'autre.

conjointement [kɔ̃ʒwɛ̃tmɑ̃] adv. De manière conjointe : *Agir conjointement avec qqn* (syn. de concert).

conjonctif, ive [kɔ̃ʒɔ̃ktif, -iv] adj. (lat. *conjunctivus* ; v. *conjonctive*). - **1.** Qui sert à unir des parties organiques : *Fibres, cellules conjonctives.* - **2.** ANAT. **Tissu conjonctif,** tissu constitué par une substance fondamentale contenant des cellules et des fibres, qui joue un rôle de remplissage, de soutien ou de protection. ‖ GRAMM. **Locution conjonctive,** qui joue le rôle d'une conjonction, comme *parce que,* *afin que, étant donné que.* ‖ **Proposition conjonctive,** proposition subordonnée introduite par une conjonction de subordination ou une locution conjonctive (on dit aussi *une conjonctive*).

conjonction [kɔ̃ʒɔ̃ksjɔ̃] n.f. (lat. *conjunctio* ; v. *conjoncture*). **- 1.** GRAMM. Mot invariable qui sert à réunir deux mots ou deux groupes de mots *(conjonction de coordination)* ou à relier une proposition subordonnée à une principale *(conjonction de subordination)*. **- 2.** LITT. Rencontre, réunion : *Une conjonction rare de talents.* **- 3.** ASTRON. Rencontre apparente de deux ou de plusieurs astres dans la même partie du ciel (par opp. à *opposition*). **- 4.** LOG. Liaison de deux propositions par « et ».

conjonctive [kɔ̃ʒɔ̃ktiv] n.f. (de *conjonctif*). **- 1.** ANAT. Muqueuse qui tapisse la face postérieure des paupières et la face antérieure de la sclérotique. **- 2.** GRAMM. Proposition conjonctive.

conjonctivite [kɔ̃ʒɔ̃ktivit] n.f. Inflammation de la conjonctive.

conjoncture [kɔ̃ʒɔ̃ktyʀ] n.f. (anc. fr. *conjointure*, refait d'après le lat. *conjunctus*, de *cunjungere* "relier"). **- 1.** Situation résultant d'un concours de circonstances : *Nous attendrons une conjoncture plus favorable* (syn. occasion). **- 2.** Ensemble des éléments qui déterminent la situation économique, sociale, politique, etc., à un moment donné ; cette situation : *L'examen de la conjoncture laisse prévoir une baisse de la consommation.* **Rem.** À distinguer de *conjecture.*

conjoncturel, elle [kɔ̃ʒɔ̃ktyʀɛl] adj. Relatif à la conjoncture (par opp. à *structurel*).

conjugaison [kɔ̃ʒygɛzɔ̃] n.f. (lat. *conjugatio* ; v. *conjuguer*). **- 1.** Ensemble des formes du verbe, qui se distribuent selon les personnes, les temps, les modes, les voix : *La conjugaison des verbes du deuxième groupe.* **- 2.** Ensemble de verbes présentant les mêmes désinences : *« Amare » est le type de la première conjugaison latine.* **- 3.** SOUT. Action d'unir en vue d'un résultat : *La conjugaison de plusieurs forces* (syn. association). **- 4.** BIOL. Mode de reproduction sexuée de certains protozoaires ciliés et de certaines algues vertes. **- 5.** ANAT. **Cartilages de conjugaison,** cartilages assurant la croissance en longueur des os et qui disparaissent à l'âge adulte. ‖ ANAT. **Trous de conjugaison,** espaces compris entre les pédicules de deux vertèbres voisines, et livrant passage aux racines des nerfs rachidiens.

conjugal, e, aux [kɔ̃ʒygal, -o] adj. (lat. *conjugalis,* de *conjux, -ugis* "époux"). Qui concerne les relations entre époux : *La vie conjugale.*

conjugué, e [kɔ̃ʒyge] adj. **- 1.** Associé ; réuni : *Ils ont gagné grâce à leurs efforts conjugués.* **- 2.** MATH. **Points conjugués,** formant avec deux autres une division harmonique.

conjuguer [kɔ̃ʒyge] v.t. (lat. *conjugare* "unir"). **- 1.** Énumérer les formes de la conjugaison d'un verbe : *Conjuguer le verbe aller.* **- 2.** Unir ; joindre : *Conjuguer ses efforts.*

conjurateur, trice [kɔ̃ʒyʀatœʀ, -tʀis] n. Personne qui organise une conjuration : *Prendre des mines de conjurateur* (syn. conjuré, conspirateur).

conjuration [kɔ̃ʒyʀasjɔ̃] n.f. **- 1.** Conspiration, entreprise concertée en vue de renverser le pouvoir établi : *La conjuration de Catilina* (syn. complot). **- 2.** (Au pl.). Action d'écarter les effets d'une influence maléfique avec des formules magiques ; ces formules elles-mêmes : *Prononcer de terribles conjurations.*

conjuré, e [kɔ̃ʒyʀe] n. Personne qui participe à une conjuration.

conjurer [kɔ̃ʒyʀe] v.t. (lat. *conjurare* "jurer ensemble"). **- 1.** Prier avec insistance : *Je vous conjure de faire cela* (syn. supplier). **- 2.** Écarter par des pratiques religieuses ou magiques : *Conjurer le diable.* **- 3.** Détourner par un moyen quelconque : *Les négociateurs ont tout tenté pour conjurer la menace de guerre.* **- 4.** LITT. S'engager avec d'autres à réaliser une action funeste : *Conjurer la perte de l'ennemi.*

connaissance [kɔnɛsɑ̃s] n.f. **- 1.** Faculté de connaître, de se représenter ; manière de comprendre, de percevoir : *Avoir une connaissance intuitive des gens.* **- 2.** Ensemble des domaines où s'exerce l'activité intellectuelle : *Les branches de la connaissance* (syn. savoir). **- 3.** Activité intellectuelle qui vise à l'acquisition d'une compétence ; cette compétence : *Avoir une bonne connaissance de l'anglais.* **- 4.** PHILOS. Rapports entre la pensée et le monde extérieur : *Théorie de la connaissance* (= système d'explication de ces rapports). **- 5.** Information plus ou moins complète concernant un fait, une question : *Prendre connaissance d'un dossier. À ma connaissance, personne n'est venu* (= autant que je sache). **- 6.** État conscient : *Perdre connaissance* (= perdre conscience). *Être sans connaissance* (= être évanoui). *Reprendre connaissance* (= reprendre conscience). **- 7.** Personne qu'on connaît : *C'est une vieille connaissance* (syn. relation). **- 8. En connaissance de cause →** cause. ‖ **En pays de connaissance →** pays. ‖ **Faire connaissance (avec qqn),** entrer en rapport avec qqn. ◆ **connaissances** n.f. pl. Choses connues ; savoir : *Elle a des connaissances très étendues en droit.*

connaisseur, euse [kɔnɛsœʀ, -øz] adj. et n. Qui se connaît en qqch : *Un connaisseur en meubles anciens* (syn. expert).

connaître [kɔnɛtʀ] v.t. (lat. *cognoscere*) [conj. 91]. - **1.** Avoir une idée plus ou moins juste, savoir de façon plus ou moins précise : *Connaître le nom de qqn. Connaître une personne de vue, de nom.* - **2.** Être renseigné sur l'existence et la valeur de qqn, de qqch : *Connaître un bon restaurant.* - **3.** Avoir la pratique, l'expérience de qqch : *Connaître son métier.* - **4.** Être en relation avec qqn : *Connaître beaucoup de monde.* - **5.** SOUT. En parlant de qqch, comporter, avoir, être atteint, affecté de : *Cette pièce connaît un grand succès. Règle qui ne connaît aucune exception.* - **6.** FAM. Je ne connais que lui, que cela, je le connais, je connais cela très bien. ‖ Ne connaître que, ne considérer que : *Ne connaître que son intérêt.* ‖ Se faire connaître, dire son identité ; montrer sa valeur. ‖ FAM. Ne pas connaître son bonheur, être dans une situation privilégiée : *Cesse de te plaindre, tu ne connais pas ton bonheur !* ◆ v.t. ind. [de]. DR. Être compétent pour juger : *Le tribunal ne connaît pas des causes civiles.* ◆ **se connaître** v.pr. - **1.** Avoir une juste idée de soi-même. - **2.** Ne plus se connaître, être furieux, hors de soi. ‖ Se connaître, s'y connaître en qqch, être habile, expert en qqch : *Elle s'y connaît en restauration de tableaux.*

connecter [kɔnɛkte] v.t. (lat. *connectere*). - **1.** Unir, assembler des objets. - **2.** Établir une connexion entre des circuits électriques, des machines.

connecteur [kɔnɛktœʀ] n.m. - **1.** Appareil de connexion. - **2.** LOG. Mot qui permet de composer une proposition complexe à partir d'une ou de plusieurs propositions simples : *« Et », « ou » sont des connecteurs logiques.*

connerie [kɔnʀi] n.f. (de *con*). T. FAM. Stupidité.

connétable [kɔnetabl] n.m. (bas lat. *comes stabuli* "grand écuyer", propr. "comte de l'écurie"). Commandant suprême de l'armée française du XIIIᵉ s. à 1627.

connexe [kɔnɛks] adj. (lat. *connexus*, de *connectere* "lier ensemble"). LITT. Qui a des rapports de dépendance ou de similitude avec qqch : *Question connexe.*

connexion [kɔnɛksjɔ̃] n.f. (lat. *connexio*, de *connectere* "lier ensemble"). - **1.** SOUT. Action de lier par des rapports étroits ; fait d'être lié : *Établir des connexions entre les événements* (syn. liaison, lien). - **2.** Liaison de circuits, d'appareils ou de machines électriques ou électroniques (syn. jonction, raccordement).

connivence [kɔnivɑ̃s] n.f. (bas lat. *coniventia* "indulgence"). Complicité ; entente secrète : *Être de connivence avec qqn.*

connotation [kɔnɔtasjɔ̃] n.f. - **1.** LING. Valeur particulière, élément de sens qui affectent un mot en fonction du contexte où il apparaît, et qui s'ajoutent à sa signification fondamentale (ou *dénotation*) : *Le mot « destrier » comporte des connotations de fougue et de noblesse que n'a pas le mot « cheval ».* - **2.** Résonance affective qui s'attache à des paroles, à une action : *Un discours aux connotations racistes.*

connoter [kɔnɔte] v.t. (lat. scolast. *connotare*, de *cum* "avec" et *notare* "marquer"). Exprimer par connotation (par opp. à *dénoter*).

connu, e [kɔny] adj. (p. passé de *connaître*). - **1.** Qui est célèbre, renommé : *Auteur connu.* - **2.** Qui est largement répandu dans le public : *Il est mégalomane, c'est connu* (syn. notoire, officiel). - **3.** Découvert, exploré par l'homme : *Les limites du monde connu.* ◆ **connu** n.m. Ce que l'on connaît ; ce dont on a fait l'expérience : *Le connu et l'inconnu.*

conque [kɔ̃k] n.f. (lat. *concha*, gr. *konkhê* "coquille"). - **1.** Coquille des mollusques gastropodes du genre triton. - **2.** ANAT. Excavation profonde du pavillon de l'oreille. - **3.** MYTH. Coquille servant de trompe aux dieux de la mer.

conquérant, e [kɔ̃keʀɑ̃, -ɑ̃t] adj. et n. (de *conquérir*). - **1.** Qui a fait des conquêtes par les armes : *Alexandre le Grand fut un grand conquérant.* - **2.** Qui manifeste un esprit de conquête : *Entrer chez qqn en conquérant.*

conquérir [kɔ̃keʀiʀ] v.t. (lat. pop. *conquærere*, réfection du class. *conquirere*, d'après le v. simple *quærere*) [conj. 39]. - **1.** Se rendre maître par les armes, par la force : *Conquérir un pays* (syn. soumettre). - **2.** Gagner, obtenir au prix d'efforts ou de sacrifices : *Conquérir des avantages. Conquérir qqn* (= le séduire).

conquête [kɔ̃kɛt] n.f. (lat. pop. *conquæsita* ; v. *conquérir*). - **1.** Action de conquérir. - **2.** Pays conquis ou chose dont on s'est rendu maître : *Napoléon perdit toutes ses conquêtes.* - **3.** FAM. Personne qu'on a conquise, séduite : *Vous avez vu sa dernière conquête.*

conquis, e [kɔ̃ki, -iz] adj. (p. passé de *conquérir*). Se conduire comme en pays conquis, manquer de discrétion, de savoir-vivre chez qqn. (V. aussi *conquérir.*)

conquistador [kɔ̃kistadɔʀ] n.m. (mot esp. "conquérant") [pl. *conquistadors* ou *conquistadores*]. Aventurier ou noble espagnol qui partit conquérir l'Amérique : *Cortés, Pizarro, Almagro furent les principaux conquistadors du XVIᵉ siècle.*

consacré, e [kɔ̃sakʀe] adj. - **1.** Qui a reçu la consécration religieuse : *Hostie consacrée.* - **2.** Qui est sanctionné par l'usage : *Expression consacrée. Selon la formule consacrée.* - **3.** Qui a acquis la célébrité : *Écrivain consacré.*

consacrer [kɔ̃sakʀe] v.t. (lat. *consecrare*, de *sacer* "sacré"). - **1.** RELIG. Vouer au service de Dieu ; réserver à un culte divin : *Consacrer un évêque. Consacrer un autel.* - **2.** RELIG. CHRÉT. Accomplir l'acte de consécration eucharistique : *Consacrer l'hostie.* - **3.** Rendre durable, faire une règle habituelle d'une pratique, d'une expression : *Un terme que l'usage a consacré* (syn. ratifier). - **4.** Employer ; réserver à : *Consacrer tous ses loisirs à la peinture.* ◆ **se consacrer** v.pr. Employer tout son temps à : *Elle se consacre à son métier* (syn. se vouer).

consanguin, e [kɔ̃sɑ̃gɛ̃, -in] adj. et n. (lat. *consanguineus*). - **1.** Qui est du même sang, qui a un ascendant commun avec d'autres personnes. - **2.** Parent du côté paternel (par opp. à *utérin*) : *Frère consanguin.*

consanguinité [kɔ̃sɑ̃ɡɥinite] ou [kɔ̃sɑ̃ginite] n.f. (lat. *consanguinitas*). - **1.** Parenté sanguine de personnes ayant un ancêtre immédiat commun. - **2.** Parenté du côté paternel.

consciemment [kɔ̃sjamɑ̃] adv. De façon consciente.

conscience [kɔ̃sjɑ̃s] n.f. (lat. *conscientia* ; v. *conscient*). - **1.** Perception, connaissance plus ou moins claire que chacun peut avoir de son existence et de celle du monde extérieur : *Prendre conscience, avoir conscience de qqch.* - **2.** Sentiment intérieur qui pousse à porter un jugement de valeur sur ses propres actes ; sens du bien et du mal : *Juger en son âme et conscience* (= dans sa conviction intime). *Faire son examen de conscience.* - **3.** *Avoir bonne, mauvaise conscience,* n'avoir rien ou avoir qqch à se reprocher, ne pas se sentir ou se sentir responsable de qqch. ‖ *Avoir qqch sur la conscience,* avoir qqch de grave à se reprocher. ‖ *Cas de conscience* → *cas.* ‖ *Conscience de classe,* ensemble des représentations idéologiques et des comportements sociaux par lesquels on a conscience d'appartenir à telle classe sociale. ‖ *Conscience professionnelle,* soin avec lequel on exerce son métier. ‖ *En conscience,* honnêtement, franchement. ‖ *Liberté de conscience,* liberté du culte. ‖ *Par acquit de conscience,* pour satisfaire à une obligation, à un scrupule, mais sans croire à l'efficacité de ce que l'on fait. ‖ *Perdre ou reprendre conscience,* s'évanouir ou revenir à soi.

consciencieusement [kɔ̃sjɑ̃sjøzmɑ̃] adv. De façon consciencieuse, scrupuleuse.

consciencieux, euse [kɔ̃sjɑ̃sjø, -øz] adj. Qui fait preuve de probité, de conscience professionnelle : *Travail consciencieux* (syn. sérieux, scrupuleux).

conscient, e [kɔ̃sjɑ̃, -ɑ̃t] adj. (lat. *consciens,* de *conscire* "avoir conscience"). - **1.** Qui a conscience de ce qu'il fait, de ce qu'il est : *Être conscient de ses responsabilités.* - **2.** Qui est dans un état de conscience, d'éveil : *Le malade est-il conscient ?* ◆ **conscient** n.m. PSYCHAN. Dans le premier modèle freudien, instance psychique qui constitue le lieu de la perception et de la conscience de soi et du monde (par opp. à *inconscient,* à *préconscient*).

conscription [kɔ̃skʀipsjɔ̃] n.f. (lat. *conscriptio* "enrôlement"). Système de recrutement militaire fondé sur l'appel annuel du contingent.

conscrit [kɔ̃skʀi] n.m. (lat. *conscriptus,* de *conscribere* "enrôler"). Recrue appelée suivant le système de la conscription. ◆ adj. m. *Pères conscrits.* Sénateurs romains.

consécration [kɔ̃sekʀasjɔ̃] n.f. (lat. ecclés. *consecratio* ; v. *consacrer*). - **1.** RELIG. Action de consacrer ; rite par lequel on consacre : *La consécration d'un temple, d'un évêque.* - **2.** RELIG. CHRÉT. Acte du prêtre qui consacre le pain et le vin lors de l'eucharistie ; moment de ce rite. - **3.** Reconnaissance publique qui confère la notoriété : *La consécration d'un chanteur.*

consécutif, ive [kɔ̃sekytif, -iv] adj. (du lat. *consecutus,* de *consequi* ; v. *conséquent*). - **1.** Qui se suit immédiatement dans le temps, dans l'espace ou dans l'ordre numérique : *Avoir la fièvre trois jours consécutifs.* - **2.** *Consécutif à,* qui résulte de : *Fatigue consécutive à une longue marche* (= due à). ‖ GRAMM. *Proposition consécutive* ou *proposition de conséquence,* qui exprime le résultat, l'effet, la conséquence (on dit aussi *une consécutive*).

consécutivement [kɔ̃sekytivmɑ̃] adv. - **1.** Sans interruption ; à la suite : *J'ai gagné quatre fois consécutivement.* - **2.** *Consécutivement à,* par suite de.

conseil [kɔ̃sɛj] n.m. (lat. *consilium* "délibération"). - **1.** Avis sur ce qu'il convient de faire ; recommandation : *Donner, demander un conseil. Prendre conseil auprès de qqn.* - **2.** Assemblée de personnes chargées de fonctions consultatives, délibératives, administratives, juridictionnelles, etc. : *Conseil régional. Conseil général* (= du département). *Conseil municipal. Conseil d'administration.* - **3.** Ensemble des personnes chargées d'éclairer de leurs conseils l'autorité responsable, civile ou militaire : *Conseil des Anciens. Conseil du roi. Conseil supérieur.* - **4.** (Parfois en appos. ou formant des mots composés). Personne qui, à titre professionnel, guide, conseille autrui dans la conduite de ses affaires, notamm. en matière juridique : *Ingénieur conseil. Conseil en recrutement.* - **5.** *Conseil de classe,* réunion trimestrielle, dans les lycées et collèges, des professeurs de la classe, des délégués des parents et des délégués des élèves sous la présidence du chef d'établissement. ‖ **Conseil de discipline,** assemblée chargée de donner un avis sur l'opportunité d'une sanction disciplinaire ; conseil d'établissement d'un lycée ou d'un collège qui siège en formation disciplinaire. ‖ **Conseil de famille,** assemblée des parents, présidée par le juge des tutelles, pour délibérer sur les intérêts d'un mineur ou d'un majeur en tutelle. ‖ **Conseil des ministres,** réunion des ministres sous la présidence du président de la République. ‖ **Conseil d'établissement,** assemblée chargée, dans les lycées et collèges, d'assister le chef d'établissement, qui le préside. ‖ **Conseil municipal,** assemblée élective chargée de régler les affaires de la commune.

1. **conseiller** [kɔ̃seje] v.t. (lat. pop. *consiliare,* class. *consiliari*). - **1.** Indiquer à titre de conseil : *Je te conseille la plus grande discrétion, d'aller à la montagne* (syn. **recommander**). - **2.** Guider par des conseils : *Conseiller un étudiant dans la poursuite de ses études* (syn. **orienter**).

2. **conseiller, ère** [kɔ̃seje, -ɛʀ] n. (lat. *consiliarius*). - **1.** Personne qui donne des conseils : *Conseiller d'orientation. C'est mon conseiller.* - **2.** Ce qui influe sur le comportement de qqn : *La colère est mauvaise conseillère.* - **3.** Membre d'un conseil ou magistrat d'une haute juridiction : *Conseiller municipal. Conseiller à la Cour de cassation.* - **4.** **Conseiller principal d'éducation (C. P. E.),** fonctionnaire qui exerce dans un lycée des tâches éducatives et contrôle le personnel de surveillance.

conseilleur, euse [kɔ̃sejœʀ, -øz] n. Personne qui a la manie de donner des conseils.

consensuel, elle [kɔ̃sɑ̃sɥɛl] adj. - **1.** Qui repose sur un consensus : *Politique consensuelle.* - **2.** DR. Formé par le seul consentement des parties : *Accord consensuel.*

consensus [kɔ̃sɛsys] n.m. (mot lat. de *consentire* "être d'accord"). Accord du plus grand nombre, spécial. en politique : *Consensus social.*

consentant, e [kɔ̃sɑ̃tɑ̃, -ɑ̃t] adj. Qui consent.

consentement [kɔ̃sɑ̃tmɑ̃] n.m. Action de consentir : *Donner son consentement* (syn. **accord, acceptation**).

consentir [kɔ̃sɑ̃tiʀ] v.t. ind. [**à**] (lat. *consentire*) [conj. 37]. Accepter qu'une chose ait lieu : *Consentir à un arrangement* (syn. **approuver**). ◆ v.t. SOUT. Autoriser ; accorder : *Consentir un prêt.*

conséquemment [kɔ̃sekamɑ̃] adv. SOUT. En conséquence.

conséquence [kɔ̃sekɑ̃s] n.f. (lat. *consequentia*). - **1.** Suite logique entraînée par un fait : *Prévoir les conséquences d'une action.* - **2.** En

conséquence, d'une manière appropriée : *J'ai reçu votre lettre et j'agirai en conséquence.* ‖ **Sans conséquence,** sans suite fâcheuse, sans importance. ‖ **Tirer, ne pas tirer à conséquence,** avoir, ne pas avoir de suites graves. - **3.** GRAMM. **Proposition de conséquence,** syn. de *proposition consécutive.*

conséquent, e [kɔ̃sekɑ̃, -ɑ̃t] adj. (lat. *consequens, -entis,* de *consequi* "suivre, s'ensuivre"). - **1.** Qui agit avec esprit de suite, avec logique : *Homme conséquent dans sa conduite.* - **2.** FAM. Important, considérable : *Salaire conséquent.* - **3.** **Par conséquent,** comme suite logique, donc.

1. **conservateur, trice** [kɔ̃sɛʀvatœʀ, -tʀis] n. et adj. (lat. *conservator*). - **1.** Personne qui a la charge des collections d'un musée, d'une bibliothèque. - **2.** Partisan du conservatisme politique (par opp. à *progressiste*). - **3.** Membre ou sympathisant du parti conservateur, l'un des grands partis politiques britanniques (par opp. à *travailliste, libéral*). ◆ adj. - **1.** FAM. Qui aime conserver les choses, ne pas s'en dessaisir : *Les personnes âgées sont souvent assez conservatrices.* - **2.** Qui relève du conservatisme politique (par opp. à *progressiste*) : *Journal conservateur.*

2. **conservateur** [kɔ̃sɛʀvatœʀ] n.m. - **1.** Appareil frigorifique destiné à conserver à une température de - 18 ºC des denrées déjà congelées. - **2.** Produit qui assure la conservation des denrées alimentaires.

conservation [kɔ̃sɛʀvasjɔ̃] n.f. - **1.** Action de conserver, de maintenir intact, dans le même état ; état dans lequel une chose subsiste : *Veiller à la conservation des documents. Conservation des aliments par le froid.* - **2.** Fonction d'un conservateur ; administration qu'il régit. - **3.** Instinct de conservation, instinct qui pousse un être, un animal à sauver son existence quand elle est menacée. - **3.** PHYS. Loi de conservation, loi aux termes de laquelle, sous certaines conditions, certaines grandeurs physiques restent invariantes dans l'évolution d'un système donné.

conservatisme [kɔ̃sɛʀvatism] n.m. (de *conservateur*). État d'esprit, tendance de ceux qui sont hostiles aux innovations politiques et sociales (par opp. à *progressisme*).

1. **conservatoire** [kɔ̃sɛʀvatwaʀ] adj. DR. Qui a pour but de conserver un droit, de maintenir un état : *Mesure conservatoire.*

2. **conservatoire** [kɔ̃sɛʀvatwaʀ] n.m. (it. *conservatorio* "école de musique", de *conservare* "conserver"). - **1.** Établissement destiné à conserver des traditions, des collections : *Le Conservatoire national des arts et métiers.* - **2.** Établissement où l'on enseigne la musique, la danse, l'art dramatique.

1. **conserve** [kɔ̃sɛʀv] n.f. (de *conserver*). Aliment maintenu en état de consommation par différents procédés de conservation et qui se présente dans un bocal ou une boîte en fer-blanc : *Conserves ménagères, industrielles.*

2. **de conserve** [kɔ̃sɛʀv] loc. adv. MAR. Naviguer de conserve, en parlant de navires, faire route ensemble pour se secourir éventuellement. ‖ Aller, agir de conserve, conjointement. **Rem.** À distinguer de *de concert.*

conserver [kɔ̃sɛʀve] v.t. (lat. *conservare*). - **1.** Maintenir en bon état ; préserver de l'altération : *Conserver de la viande* (syn. préserver). *Le sport, ça conserve.* - **2.** Maintenir durablement : *Conserver un souvenir* (syn. détenir). - **3.** Être bien conservé, paraître encore jeune, malgré son âge. ◆ **se conserver** v.pr. Se garder, être gardé dans son état : *La sauce se conserve au froid.*

conserverie [kɔ̃sɛʀvəʀi] n.f. - **1.** Fabrique de conserves. - **2.** Ensemble des techniques de fabrication des conserves.

considérable [kɔ̃sideʀabl] adj. (de *considérer*). Dont l'importance est grande : *Dépense considérable* (syn. notable).

considérablement [kɔ̃sideʀabləmɑ̃] adv. Dans une proportion importante ; notablement.

considération [kɔ̃sideʀasjɔ̃] n.f. - **1.** Action d'examiner qqch avec attention : *Cette affaire mérite considération. Prendre qqch en considération.* - **2.** Estime, égard que l'on accorde à qqn : *Traiter ses parents avec considération.* - **3.** (Souvent au pl.). Remarque, raisonnement : *Se perdre en considérations oiseuses* (syn. observations). - **4.** En considération de, par égard pour : *En considération de votre jeune âge, nous serons cléments.*

considérer [kɔ̃sideʀe] v.t. (lat. *considerare*) [conj. 18]. - **1.** Regarder longuement et attentivement : *Considérer qqn de la tête aux pieds* (syn. observer). - **2.** Examiner de manière critique : *Tout bien considéré, je pars avec vous* (= tout compte fait). - **3.** Être d'avis : *En tant qu'aîné, il considère que ces égards lui sont dus* (syn. croire, estimer). - **4.** Avoir une grande estime (surtout au p. passé) : *C'est un homme très considéré dans la profession* (syn. apprécier).

consignation [kɔ̃siɲasjɔ̃] n.f. - **1.** DR. Action de mettre qqch en dépôt, à titre de garantie ; somme, objet déposé. - **2.** Action de consigner un emballage. - **3.** Caisse des dépôts et consignations, établissement public qui reçoit des fonds d'épargne et des dépôts.

consigne [kɔ̃siɲ] n.f. (de *consigner*). - **1.** Instruction formelle donnée à qqn qui est chargé de l'exécuter : *Donner une consigne à la sentinelle.* - **2.** Mesure de sécurité maintenant les militaires dans la caserne. - **3.** Service d'une gare, d'un aéroport où l'on dépose provisoirement les bagages : *Mettre ses bagages à la consigne.* - **4.** Somme perçue en garantie du retour d'un emballage. - **5.** FAM. Manger la consigne, oublier d'exécuter une instruction.

consigner [kɔ̃siɲe] v.t. (lat. *consignare* "revêtir d'un sceau"). - **1.** Remettre en dépôt, à titre de garantie : *Consigner un bijou chez un notaire.* - **2.** Déposer un bagage à la consigne. - **3.** Facturer un emballage sous garantie de remboursement : *Consigner une bouteille.* - **4.** Rapporter, mentionner dans un écrit : *Consigner un fait* (syn. noter). - **5.** Défendre de sortir à un militaire, à un pensionnaire : *Consigner la troupe.*

consistance [kɔ̃sistɑ̃s] n.f. (de *consistant*). - **1.** État d'un liquide ou d'un solide quant à la cohésion de ses parties : *L'argile séchée a une consistance dure.* - **2.** Solidité, force : *Cet argument manque de consistance.*

consistant, e [kɔ̃sistɑ̃, -ɑ̃t] adj. (de *consister*). - **1.** Qui a de la consistance, de la fermeté : *Une pâte consistante.* - **2.** Copieux, nourrissant : *Un repas consistant.* - **3.** Qui est fondé, solide : *Une information consistante* (syn. sûr).

consister [kɔ̃siste] v.t. ind. [à, dans, en] (lat. *consistere*). - **1.** Être composé, formé de : *Le mobilier de la chambre consiste en un lit et une chaise.* - **2.** Reposer sur qqch : *En quoi consiste mon erreur* (= résider dans). - **3.** Avoir comme caractère essentiel : *Son programme consiste à aider les déshérités.*

consistoire [kɔ̃sistwaʀ] n.m. (bas lat. *consistorium* "lieu de réunion"). RELIG. - **1.** Assemblée de cardinaux sous la présidence du pape. - **2.** Assemblée dirigeante de rabbins ou de pasteurs protestants.

consœur [kɔ̃sœʀ] n.f. Fém. de confrère.

consolant, e [kɔ̃sɔlɑ̃, -ɑ̃t] adj. Qui console, apporte une consolation : *Il est consolant de constater que les hommes peuvent être généreux* (syn. réconfortant).

consolateur, trice [kɔ̃sɔlatœʀ, -tʀis] adj. (lat. *consolator*). SOUT. Qui console, apporte un soulagement moral : *Des paroles consolatrices* (syn. apaisant).

consolation [kɔ̃sɔlasjɔ̃] n.f. - **1.** Soulagement apporté à la peine de qqn : *Adresser quelques paroles de consolation à une famille éplorée.* - **2.** Sujet de satisfaction, de joie au milieu des épreuves : *Son fils lui donne de grandes consolations.* - **3.** Personne ou chose qui console : *Sa fille est sa seule consolation.* - **4.** Lot, prix de consolation, lot de moindre importance attribué à des concurrents malchanceux.

console [kɔ̃sɔl] n.f. (de *consoler*, le mot désignant autref. l'accoudoir des stalles de chœur). **-1.** Table décorative appliquée contre un mur. **-2.** ARCHIT. Élément en saillie sur un mur, destiné à porter une charge. **-3.** INFORM. Périphérique ou terminal d'un ordinateur, permettant la communication directe avec l'unité centrale. **-4.** MUS. Console d'orgue, meuble intégré au soubassement de l'orgue groupant les commandes de l'instrument (claviers, boutons de registres et de combinaisons, etc.).

consoler [kɔ̃sɔle] v.t. (lat. *consolari*). **-1.** Soulager qqn qui a de la peine ; réconforter : *Consoler un enfant qui pleure.* **-2.** Apaiser un sentiment douloureux : *Consoler un chagrin.* ◆ **se consoler** v.pr. Atténuer son chagrin, sa déception.

consolidation [kɔ̃sɔlidasjɔ̃] n.f. **-1.** Action de consolider ; fait d'être consolidé : *La consolidation d'un édifice* (syn. affermissement). **-2.** COMPTAB. Technique consistant à agréger les comptes des sociétés appartenant à un même groupe pour en obtenir une vision synthétique. **-3.** Consolidation d'une blessure, stabilisation, sans amélioration possible, d'une blessure, permettant son diagnostic définitif.

consolider [kɔ̃sɔlide] v.t. (lat. *consolidare*). **-1.** Rendre plus solide, plus résistant, plus fort : *Consolider un mur. Consolider le pouvoir* (syn. affermir). **-2.** COMPTAB. Procéder à une consolidation : *Résultats consolidés.*

consommable [kɔ̃sɔmabl] adj. Que l'on peut consommer.

consommateur, trice [kɔ̃sɔmatœʀ, -tʀis] n. **-1.** Personne qui consomme, qui achète pour son usage des denrées, des marchandises : *Être un gros consommateur de fromage.* **-2.** Personne qui mange ou boit dans un restaurant, dans un café, etc. ◆ adj. Qui consomme, achète des produits (par opp. à *producteur*) : *Les pays consommateurs d'escargots.*

consommation [kɔ̃sɔmasjɔ̃] n.f. **-1.** Action de consommer, de faire usage de qqch : *Quelle est la consommation annuelle de blé dans la région ?* **-2.** Ce qui est consommé, servi dans un café, un cabaret, etc. : *Payer ses consommations.* **-3.** LITT. Action de consommer, de mener à son terme : *Consommation du mariage* (= union charnelle). **-4.** Biens de consommation, biens qui ne sont pas utilisés pour en produire d'autres (vêtements, aliments, etc.). ‖ Société de consommation, société des pays industriels avancés qui crée sans cesse des besoins, souvent artificiels.

1. consommé, e [kɔ̃sɔme] adj. (p. passé de *consommer* "mener à son terme"). SOUT. Qui est d'une grande qualité : *Technicien consommé. Il a un art consommé du dialogue* (syn. accompli, parfait). [V. aussi *consommer*.]

2. consommé [kɔ̃sɔme] n.m. (de *consommer* "mener à son terme"). Bouillon de viande : *Consommé de poulet.*

consommer [kɔ̃sɔme] v.t. (lat. *consummare* "faire la somme"). **-1.** LITT. Achever, mener à son terme : *Consommer un crime.* **-2.** Faire usage de qqch pour sa subsistance : *Les végétariens ne consomment pas de viande.* **-3.** Utiliser comme source d'énergie ou comme matière première : *Cette voiture consomme 10 litres aux 100 kilomètres.* ◆ v.i. Prendre une consommation dans un café, un cabaret, etc.

consomption [kɔ̃sɔ̃psjɔ̃] n.f. (lat. *consumptio*, de *consumere* ; v. *consumer*). LITT. Amaigrissement et dépérissement progressifs.

consonance [kɔ̃sɔnɑ̃s] n.f. (lat. *consonantia* "accord musical, concordance"). **-1.** MUS. Affinité entre deux ou plusieurs sons, telle que leur combinaison tend à être perçue comme une unité harmonique (par opp. à *dissonance*). **-2.** Manière dont un son articulé est perçu : *Un mot aux consonances harmonieuses.*

consonantique [kɔ̃sɔnɑ̃tik] adj. Relatif aux consonnes : *Le système consonantique d'une langue.*

consonne [kɔ̃sɔn] n.f. (lat. gramm. *consona* "lettre dont le son se joint à celui de la voyelle", de *sonus* "son"). **-1.** Son du langage caractérisé par la présence d'un obstacle dans le conduit vocal et qui ne se perçoit pas sans le soutien d'une voyelle : */p/ est une consonne sourde, /b/ est une consonne sonore.* **-2.** Lettre de l'alphabet qui transcrit une consonne.

consort [kɔ̃sɔʀ] adj.m. (lat. *consors, -ortis* "qui partage le sort"). Prince consort. Mari de la reine, notamm. en Grande-Bretagne et aux Pays-Bas. ◆ **consorts** n.m. pl. **-1.** Personnes qui ont des intérêts communs dans une procédure. **-2.** FAM. Et consorts, et ceux du même genre : *Il sort avec des ingénieurs, hommes d'affaires et consorts.*

consortium [kɔ̃sɔʀsjɔm] n.m. (mot lat. "participation, communauté"). ÉCON. Groupement d'entreprises, en vue d'opérations communes.

conspirateur, trice [kɔ̃spiʀatœʀ, -tʀis] n. Personne qui prend part à une conspiration : *Des airs de conspirateurs* (syn. conjurateur).

conspiration [kɔ̃spiʀasjɔ̃] n.f. **-1.** Action de conspirer ; complot. **-2.** Action concertée contre qqn, qqch : *Se croire l'objet d'une conspiration universelle.* **-3.** Conspiration du silence, entente pour ne pas parler de qqch, pour étouffer une affaire.

conspirer [kɔ̃spiʀe] v.i. (lat. *conspirare*, "respirer ensemble"). **-1.** S'entendre à plusieurs pour renverser un régime ou tuer un homme politique : *Conspirer contre l'État, contre le président.* -**2.** S'entendre pour faire qqch : *Ils ont conspiré pour lui faire une surprise.* -**3.** LITT. **Conspirer à,** contribuer à : *Tout conspire à faire aboutir ce projet.*

conspuer [kɔ̃spɥe] v.t. (lat. *conspuere* "cracher sur") [conj. 7]. Manifester bruyamment et publiquement contre qqn, qqch : *Conspuer un acteur.*

constamment [kɔ̃stamɑ̃] adv. D'une matière constante, continue.

constance [kɔ̃stɑ̃s] n.f. (lat. *constantia*). -**1.** Qualité d'une personne qui persévère dans son action, ses sentiments ou ses opinions : *Travailler avec constance* (syn. persévérance). *Faire preuve de constance dans ses amitiés* (syn. fidélité). -**2.** Qualité de ce qui dure, de ce qui est stable, de ce qui se reproduit : *La constance d'un phénomène* (syn. permanence).

constant, e [kɔ̃stɑ̃, -ɑ̃t] adj. (lat. *constans, -antis,* de *constare* "se maintenir"). -**1.** Qui dure ou se répète sans modification : *Bonheur constant* (syn. immuable, permanent). -**2.** Résolu, persévérant, dans ses actes, ses sentiments, etc. : *Un homme constant dans ses convictions.*

constante [kɔ̃stɑ̃t] n.f. (de *constant*). -**1.** Tendance, orientation durable, permanente : *La confiance est une constante de son caractère.* -**2.** MATH. Quantité de valeur fixe ; nombre fixe par rapport aux variables figurant dans une équation. -**3.** PHYS. Caractéristique physique (point de fusion ou d'ébullition, masse volumique, etc.) permettant d'identifier un corps pur. -**4.** PHYS. **Constante fondamentale,** grandeur particulière dont la valeur est fixe (masse et charge de l'électron, constante de Planck, etc.) et qui joue un rôle central en physique.

constat [kɔ̃sta] n.m. (mot lat., forme impers. du v. *constare* "être établi"). -**1.** Analyse, examen d'une situation : *Constat d'échec* (= bilan négatif). -**2.** Procès-verbal dressé par un huissier ou un agent de la force publique. -**3.** **Constat amiable,** déclaration d'accident remplie par les conducteurs des véhicules en cause.

constatation [kɔ̃statasjɔ̃] n.f. Action de constater ; fait constaté.

constater [kɔ̃state] v.t. (de *constat*). -**1.** Établir la vérité d'un fait : *Constater une absence* (syn. enregistrer, remarquer). -**2.** Consigner par écrit : *Constater un décès.*

constellation [kɔ̃stelasjɔ̃] n.f. (bas lat. *constellatio,* du class. *stella* "étoile"). -**1.** Groupe d'étoiles voisines sur la sphère céleste, présentant une figure conventionnelle détermi-

née : *La constellation de Cassiopée.* [→ étoile.] -**2.** Groupe de points lumineux qui s'étalent sur une surface : *La constellation des lumières de la ville.*

consteller [kɔ̃stele] v.t. (de *constellation*). -**1.** Couvrir, parsemer d'étoiles : *Étoiles qui constellent le ciel.* -**2.** LITT. Couvrir, parsemer : *Robe constellée de taches.*

consternant, e [kɔ̃stɛʀnɑ̃, -ɑ̃t] adj. Qui consterne.

consternation [kɔ̃stɛʀnasjɔ̃] n.f. Stupéfaction, abattement causé par un événement malheureux : *Son échec jeta la consternation dans la famille* (syn. désolation).

consterner [kɔ̃stɛʀne] v.t. (lat. *consternare* "épouvanter"). Jeter dans la stupeur, dans l'abattement : *Une telle ignorance me consterne* (syn. navrer, désoler). *Il regardait d'un air consterné sa voiture accidentée* (syn. atterré).

constipation [kɔ̃stipasjɔ̃] n.f. Rareté de la défécation ; difficulté à déféquer.

constipé, e [kɔ̃stipe] adj. et n. Qui souffre de constipation. ◆ adj. FAM. Embarrassé, mal à l'aise : *Avoir l'air constipé.*

constiper [kɔ̃stipe] v.t. (lat. *constipare* "serrer"). Causer la constipation.

constituant, e [kɔ̃stitɥɑ̃, -ɑ̃t] adj. -**1.** Qui entre dans la constitution de qqch : *Les éléments constituants d'une phrase.* -**2.** **Assemblée constituante,** assemblée qui a mission d'établir une constitution politique (on dit aussi *une Constituante*). ◆ **constituant** n.m. Élément constituant : *Les constituants de la matière.*

constitué, e [kɔ̃stitɥe] adj. Qui a telle ou telle constitution physique : *Homme normalement constitué.* (V. aussi *constituer*.)

constituer [kɔ̃stitɥe] v.t. (lat. *constituere* "établir") [conj. 7]. -**1.** Créer un tout, un ensemble, en rassemblant divers éléments : *Constituer une collection de timbres. Constituer un nouveau gouvernement* (syn. former). -**2.** Établir légalement qqn dans une situation : *Ils l'ont constitué président du groupe.* -**3.** Entrer dans la composition de qqch : *Les trois premières sections constituent l'avant-garde.* -**4.** Former l'essence, la base de qqch : *Sa présence constitue un danger.* ◆ **se constituer** v.pr. Se constituer prisonnier, se livrer aux autorités, se rendre.

constitutif, ive [kɔ̃stitytif, -iv] adj. Qui entre nécessairement dans la composition de qqch : *L'oxygène et l'hydrogène sont les éléments constitutifs de l'eau* (syn. constituant).

constitution [kɔ̃stitysjɔ̃] n.f. -**1.** Action de constituer : *Constitution d'un dossier* (syn. établissement). -**2.** Manière dont qqch est constitué : *Changer la constitution moléculaire d'une substance.* -**3.** Ensemble des aspects physiques qui caractérisent un individu : *Avoir une constitution solide* (syn. nature). - **4.** DR. Action de constituer, d'établir légalement : *Constitution de rente, de dotation.* - **5.** (Avec une majuscule). Ensemble des lois fondamentales qui établissent la forme d'un gouvernement, règlent les rapports entre le pouvoir exécutif et le pouvoir législatif, et déterminent l'organisation des pouvoirs publics.

constitutionnalité [kɔ̃stitysjɔnalite] n.f. Qualité de ce qui est conforme à la Constitution d'un pays.

constitutionnel, elle [kɔ̃stitysjɔnɛl] adj. - **1.** Relatif à la constitution physique d'une personne : *Une faiblesse constitutionnelle.* - **2.** Conforme à la Constitution du pays : *Une procédure constitutionnelle.* - **3.** Relatif à la Constitution : *Droit constitutionnel.*

constitutionnellement [kɔ̃stitysjɔnɛlmɑ̃] adv. De façon conforme à la Constitution d'un État.

constricteur [kɔ̃striktœr] adj.m. et n.m. (du lat. *constrictus* "serré"). - **1.** ANAT. Se dit d'un muscle qui resserre un canal, un orifice. - **2.** Boa constricteur, boa de grande taille qui étouffe sa proie en s'enroulant autour d'elle (appelé aussi *boa constrictor*, ou *constrictor*).

constrictif, ive [kɔ̃striktif, -iv] adj. (bas lat. *constrictivus*, du class. *constrictus* "serré"). PHON. **Consonne constrictive,** syn. de consonne fricative* (on dit aussi *une constrictive*).

constructeur, trice [kɔ̃stryktœr, -tris] adj. et n. Qui construit : *Des sociétés constructrices d'automobiles.*

constructible [kɔ̃stryktibl] adj. Où l'on peut construire : *Un terrain constructible.*

constructif, ive [kɔ̃stryktif, -iv] adj. Qui contribue à l'élaboration d'une solution, d'un système : *Une proposition constructive.*

construction [kɔ̃stryksjɔ̃] n.f. (lat. *constructio*). - **1.** Action de construire : *La construction d'une maison, d'un barrage* (contr. démolition). - **2.** Fait d'être construit, agencé d'une certaine manière : *La construction d'un roman.* - **3.** Édifice construit : *Une belle construction* (syn. bâtiment). - **4.** Ensemble des techniques propres aux industries fabriquant du matériel lourd, des véhicules, etc. ; activité correspondant à ces industries : *La construction navale, aéronautique.* - **5.** GRAMM. Suite d'éléments dont le groupement obéit à un schéma syntaxique ou morphologique.

constructivisme [kɔ̃stryktivism] n.m. Courant des arts plastiques du xxᵉ s. qui a privilégié une construction plus ou moins géométrique des formes. ◆ **constructiviste** adj. et n. Relatif au constructivisme ; qui s'en réclame.

construire [kɔ̃struir] v.t. (lat. *construere*) [conj. 98]. - **1.** Bâtir un édifice : *Construire une maison* (syn. édifier). - **2.** Assembler les différentes parties d'un appareil, d'une machine, etc. : *Construire un avion.* - **3.** Élaborer, concevoir : *Construire une théorie* (syn. bâtir).

consubstantiation [kɔ̃sybstɑ̃sjasjɔ̃] n.f. (lat. ecclés. *consubstantiatio*, du class. *cum* "avec" et *substantia* "substance"). RELIG. CHRÉT. Présence du Christ dans le pain et le vin de l'eucharistie selon l'Église luthérienne (par opp. à la *transsubstantiation*).

consubstantiel, elle [kɔ̃sybstɑ̃sjɛl] adj. (lat. eccl. *consubstantialis* ; v. *consubstantiation*). RELIG. CHRÉT. Qui n'a qu'une seule et même substance.

consul [kɔ̃syl] n.m. (mot lat.). - **1.** Agent qui a pour mission de protéger ses compatriotes à l'étranger et de donner à son gouvernement des informations politiques et commerciales. - **2.** ANTIQ. À Rome, magistrat, élu pour un an, qui partageait avec un collègue le pouvoir suprême. - **3.** HIST. En France, nom de chacun des trois chefs du pouvoir exécutif depuis l'an VIII jusqu'à l'Empire (de 1799 à 1804). - **4.** Le Premier consul, Bonaparte.

consulaire [kɔ̃sylɛr] adj. Relatif à un consul, à sa charge, ou à un consulat : *Dignité consulaire.*

consulat [kɔ̃syla] n.m. - **1.** Charge de consul. - **2.** Résidence, bureaux d'un consul. - **3.** HIST. (Avec une majuscule). Régime autoritaire établi en France au profit de Napoléon Bonaparte, au lendemain du coup d'État des 18 et 19 brumaire an VIII (9-10 nov. 1799) et remplacé par l'Empire le 18 mai 1804.

consultable [kɔ̃syltabl] adj. Qui peut être consulté.

consultant, e [kɔ̃syltɑ̃, -ɑ̃t] n. et adj. Spécialiste, expert dans un domaine, auquel on demande des analyses, des avis, des conseils : *Un consultant en gestion.*

consultatif, ive [kɔ̃syltatif, -iv] adj. Qui émet des avis sur des problèmes relevant de sa compétence : *Comité consultatif.*

consultation [kɔ̃syltasjɔ̃] n.f. - **1.** Action de consulter qqn, de prendre son avis : *Demander une consultation à un juriste.* - **2.** Action de consulter des documents : *La consultation de ces archives a été très enrichissante.* - **3.** Examen d'un patient pratiqué en cabinet par un médecin (par opp. à *visite*) : *Le tarif des consultations a augmenté.*

consulter [kɔ̃sylte] v.t. (lat. *consultare*, de *consulere* "délibérer"). - **1.** Prendre avis, conseil auprès de qqn : *Consulter des amis avant de prendre une décision.* - **2.** Se faire examiner par un médecin. - **3.** Chercher des renseignements, des explications dans : *Consulter un dictionnaire.* - **4.** Prendre pour règle : *Ne consulter que son intérêt.* ◆ v.i. Recevoir des patients : *Médecin qui consulte tous les jours.*

consumer [kɔ̃syme] v.t. (lat. *consumere* "épuiser, détruire"). - **1.** Détruire, anéantir, partic. par le feu : *Des tissus à moitié consumés* (syn. brûler). - **2.** LITT. Épuiser, ronger : *Les soucis le consument* (syn. miner). ◆ **se consumer** v.pr. LITT. Dépérir : *Le pauvre homme se consume de désespoir.*

consumérisme [kɔ̃symerism] n.m. (angl. *consumerism,* de *consumer* "consommateur"). Tendance pour les consommateurs à se réunir en mouvements ou en associations pour défendre leurs intérêts.

contact [kɔ̃takt] n.m. (lat. *contactus,* de *contingere* "toucher"). - **1.** État de deux corps qui se touchent ; sensation produite par qqch qui touche la peau : *Le contact des mains. Au contact de l'air.* - **2.** Rapport de connaissance entre des personnes : *Avoir des contacts dans les milieux politiques.* - **3.** Comportement vis-à-vis d'autrui : *Avoir un contact facile.* - **4.** État d'un circuit électrique sous tension ; dispositif commandant la mise sous tension : *Mettre, couper le contact.* - **5.** Personne avec qui un agent de renseignement est en rapport. - **6.** Prendre contact avec qqn, entrer en rapport avec lui. ‖ **Verres, lentilles de contact,** verres correcteurs de la vue qui s'appliquent directement sur la cornée. ‖ MATH. **Point de contact,** point commun à des lignes, des surfaces tangentes les unes aux autres.

contacter [kɔ̃takte] v.t. Entrer en rapport, en relation avec qqn, avec un organisme.

contagieux, euse [kɔ̃taʒjø, -øz] adj. (lat. *contagiosus*). - **1.** Qui se transmet par contagion : *La grippe est contagieuse.* - **2.** Qui communique facilement : *Un rire contagieux.* - **3.** Atteint d'une maladie contagieuse.

contagion [kɔ̃taʒjɔ̃] n.f. (lat. *contagio* "contact"). - **1.** Transmission par contact d'une maladie : *Isoler un malade pour éviter les risques de contagion* (syn. contamination). - **2.** Propagation involontaire : *La contagion du fou rire.*

container n.m. → conteneur.

contamination [kɔ̃taminasjɔ̃] n.f. - **1.** Propagation, transmission d'une maladie, d'un mal : *Un agent de contamination.* - **2.** Action de contaminer ; fait d'être contaminé : *La contamination a été très rapide.*

contaminer [kɔ̃tamine] v.t. (lat. *contaminare* "souiller"). Infecter par une maladie contagieuse, par un mal quelconque : *Eau contaminée par des bactéries* (syn. polluer). *Se laisser contaminer par la morosité ambiante* (syn. gagner).

conte [kɔ̃t] n.m. (de *conter*). - **1.** Récit assez court d'aventures imaginaires. - **2.** SOUT. Discours qui laisse incrédule ; récit mensonger (syn. histoire).

contemplatif, ive [kɔ̃tɑ̃platif, -iv] adj. et n. - **1.** Qui se plaît dans la contemplation : *Un esprit contemplatif.* - **2.** Se dit des ordres religieux dont les membres vivent cloîtrés et se consacrent à la prière.

contemplation [kɔ̃tɑ̃plasjɔ̃] n.f. - **1.** Action de contempler : *Rester en contemplation devant une vitrine.* - **2.** Concentration de l'esprit sur des sujets intellectuels ou religieux ; méditation religieuse, poétique.

contempler [kɔ̃tɑ̃ple] v.t. (lat. *contemplari*). Regarder avec soin, admiration ou étonnement : *Contempler un monument, un spectacle.*

contemporain, e [kɔ̃tɑ̃pɔrɛ̃, -ɛn] adj. et n. (lat. *contemporaneus,* de *cum* "avec" et *tempus, -oris* "époque"). - **1.** Qui est de la même époque : *Mallarmé et Rimbaud étaient contemporains. L'artiste s'adresse à ses contemporains.* - **2.** Qui est du temps présent : *Problèmes contemporains* (syn. actuel).

contempteur, trice [kɔ̃tɑ̃ptœr, -tris] n. (lat. *contemptor,* de *contemnere* "mépriser"). LITT. Personne qui méprise, dénigre : *Les contempteurs de l'art moderne.*

contenance [kɔ̃tnɑ̃s] n.f. - **1.** Quantité que peut contenir qqch : *Contenance d'un réservoir d'essence* (syn. capacité). - **2.** Superficie : *Un champ d'une contenance de vingt hectares.* - **3.** Attitude, manière de se tenir : *Contenance embarrassée* (syn. mine). - **4.** Faire bonne contenance, montrer de la sérénité dans une circonstance difficile. ‖ **Perdre contenance,** se troubler. ‖ **Se donner une contenance,** dissimuler son trouble, son ennui.

contenant [kɔ̃tnɑ̃] n.m. Ce qui contient qqch.

conteneur [kɔ̃tnœr] et **container** [kɔ̃tenɛr] n.m. (angl. *container,* de to *contain* "contenir"). - **1.** Caisse de dimensions normalisées pour le transport de meubles, de marchandises. - **2.** Emballage pour le parachutage d'armes, de vivres.

contenir [kɔ̃tnir] v.t. (lat. *continere*) [conj. 40]. - **1.** Comprendre dans sa capacité, dans son étendue : *Le décalitre contient dix litres.* - **2.** Renfermer, avoir en soi : *L'enveloppe contenait deux feuilles.* - **3.** Empêcher de se répandre, de se manifester : *Contenir la foule. Contenir sa colère* (syn. retenir, refréner). ◆ **se contenir** v.pr. Maîtriser des sentiments violents, en partic. la colère (syn. se contrôler).

1. content, e [kɔ̃tɑ̃, -ɑ̃t] adj. (lat. *contentus* "satisfait"). - **1.** Joyeux, heureux : *Il a l'air tout content* (syn. réjoui). - **2.** Content de, qui trouve bon, apprécie qqch ; qui juge favorablement qqn, en partic. un subordonné : *Je suis content de ma voiture. Nous sommes contents de ce représentant.* ‖ Être content de soi, avoir une bonne opinion de soi-même. ‖ Non content de, sans se contenter de : *Non content de tricher, il voudrait être approuvé.*

2. **content** [kɔ̃tɑ̃] n.m. (de 1. *content*). Avoir son content d'une chose, en avoir autant qu'on désirait. ‖ Tout son content, jusqu'à être rassasié : *Dormir tout son content.*

contentement [kɔ̃tɑ̃tmɑ̃] n.m. - **1.** Action de contenter ; fait d'être contenté : *Contentement de ses désirs* (syn. satisfaction). - **2.** Contentement de soi, vive satisfaction éprouvée à juger sa propre action.

contenter [kɔ̃tɑ̃te] v.t. Rendre content de ; satisfaire : *Contenter la clientèle* (contr. mécontenter). ◆ **se contenter** v.pr. [de]. Limiter ses désirs ; s'en tenir à : *Se contenter de peu. Il se contenta de regarder* (syn. se borner à).

contentieux, euse [kɔ̃tɑ̃sjø, -øz] adj. (lat. *contentiosus,* de *contentio* ; v. 1. *contention*). DR. Qui est contesté, litigieux : *Affaire contentieuse.* ◆ **contentieux** n.m. - **1.** DR. Ensemble des litiges ou des conflits non résolus entre deux parties ; bureau, service qui s'occupe de ces affaires. - **2.** Ensemble des conflits latents entre des personnes, des groupes, pesant sur la relation qu'ils entretiennent : *Depuis notre séparation, il y a un lourd contentieux entre nous.*

1. **contention** [kɔ̃tɑ̃sjɔ̃] n.f. (lat. *contentio* "rivalité, lutte"). LITT. Tension forte et prolongée des facultés intellectuelles : *Contention d'esprit.*

2. **contention** [kɔ̃tɑ̃sjɔ̃] n.f. (lat. médic. *contentio,* du class. *continere* "maintenir ensemble"). Procédé ou appareil immobilisant momentanément une partie du corps dans un but thérapeutique : *Une prothèse de contention.*

contenu [kɔ̃tny] n.m. - **1.** Ce qui est à l'intérieur d'un récipient : *Le contenu d'un flacon.* - **2.** Ce qui est exprimé par un mot, un texte, etc. : *Le contenu d'une lettre* (syn. teneur, signification).

conter [kɔ̃te] v.t. (lat. *computare* "calculer"). - **1.** SOUT. Faire le récit de, exposer en détail : *Conter un fait* (syn. usuel raconter). - **2.** En conter à qqn, le tromper, l'abuser. ‖ En conter de belles, raconter des choses ridicules ou extraordinaires. ‖ S'en laisser conter, se laisser tromper (surtout nég.) : *Ne t'en laisse pas conter par elle.*

contestable [kɔ̃tɛstabl] adj. Qui peut être contesté : *Un procédé contestable* (syn. discutable).

contestataire [kɔ̃tɛstatɛʀ] adj. et n. Qui se livre à une critique des institutions : *Un discours contestataire.*

contestation [kɔ̃tɛstasjɔ̃] n.f. - **1.** Discussion, désaccord sur le bien-fondé d'un fait, d'un droit : *Une contestation sur les limites d'un terrain* (syn. différend, litige). - **2.** Refus global et systématique des institutions, de la société.

sans conteste [kɔ̃tɛst] loc. adv. Incontestablement : *Il est sans conteste le plus fort* (syn. indéniablement).

contester [kɔ̃tɛste] v.t. (lat. *contestari* "entamer un débat judiciaire en produisant des témoins", de *testis* "témoin"). Refuser de reconnaître comme fondé, exact, valable : *Contester la légalité d'une décision* (syn. discuter). *Cette interprétation est très contestée* (= controversée). ◆ v.i. Remettre en question les institutions, la société, etc.

conteur, euse [kɔ̃tœʀ, -øz] n. - **1.** Personne qui se plaît à conter : *C'est un conteur extraordinaire qui sait nous tenir en haleine.* - **2.** Auteur de contes.

contexte [kɔ̃tɛkst] n.m. (lat. *contextus,* de *contexere* "rattacher"). - **1.** Ensemble du texte qui précède ou suit une phrase, un groupe de mots, un mot. - **2.** Ensemble des circonstances qui accompagnent un événement : *Replacer un fait dans son contexte historique.*

contextuel, elle [kɔ̃tɛkstɥɛl] adj. Relatif au contexte : *La valeur contextuelle d'un mot.*

contigu, ë [kɔ̃tigy] adj. (lat. *contiguus,* de *contingere* "toucher"). Se dit d'un endroit, d'un espace qui touche à un autre : *Chambre contiguë au salon* (syn. attenant).

contiguïté [kɔ̃tigɥite] n.f. État de ce qui est contigu, de ce qui touche à autre chose : *La contiguïté des deux propriétés.*

continence [kɔ̃tinɑ̃s] n.f. (de 1. *continent*). Abstinence des plaisirs sexuels.

1. **continent, e** [kɔ̃tinɑ̃, -ɑ̃t] adj. (lat. *continens, -entis,* de *continere* "contenir, refréner"). Qui pratique la continence.

2. **continent** [kɔ̃tinɑ̃] n.m. (lat. *continens, -entis,* de *continere* "maintenir ensemble"). - **1.** Chacune des six grandes zones émergées de la surface terrestre : *Le continent antarctique.* - **2.** Vaste étendue de terre qu'on peut parcourir sans traverser la mer : *Le Mont-Saint-Michel est relié au continent par une étroite bande de terre.* - **3.** Ancien Continent, l'Europe, l'Asie et l'Afrique. ‖ Nouveau Continent, l'Amérique.

continental, e, aux [kɔ̃tinɑtal, -o] adj. - **1.** Relatif aux continents, à l'intérieur des continents. - **2.** Climat continental, climat qui marque l'intérieur des continents aux latitudes moyennes, et qui est caractérisé par de grands écarts de température entre l'été et l'hiver et par des précipitations génér. plus abondantes en été. ◆ n. Personne qui habite le continent (par opp. à *insulaire*).

contingence [kɔ̃tɛ̃ʒɑ̃s] n.f. (de *1. contingent*). Éventualité, possibilité qu'une chose arrive ou non. ◆ **contingences** n.f. pl. Événements qui peuvent se produire ou non ; circonstances fortuites : *Tenir compte des contingences.*

1. contingent, e [kɔ̃tɛ̃ʒɑ̃, -ɑ̃t] adj. (lat. *contingens, -entis*, de *contingere* "arriver par hasard"). Qui peut se produire ou non : *Événement contingent* (syn. accidentel, fortuit).

2. contingent [kɔ̃tɛ̃ʒɑ̃] n.m. (de *1. contingent*). - **1.** Ensemble des jeunes gens appelés au service national actif au cours d'une même année civile. - **2.** Quantité que qqn doit fournir ou recevoir : *Son contingent de marchandises lui a été livré.* - **3.** Quantité maximale de marchandises qui peuvent être importées ou exportées au cours d'une période donnée.

contingentement [kɔ̃tɛ̃ʒɑ̃tmɑ̃] n.m. Action de contingenter ; fait d'être contingenté : *Le contingentement des exportations d'alcool* (syn. limitation).

contingenter [kɔ̃tɛ̃ʒɑ̃te] v.t. - **1.** Fixer des contingents pour les marchandises. - **2.** Limiter la distribution d'un produit : *Les dérivés du pétrole ont été contingentés* (syn. rationner).

continu, e [kɔ̃tiny] adj. (lat. *continuus*). - **1.** Qui ne présente pas d'interruption dans le temps ou dans l'espace : *Ligne continue* (par opp. à *discontinue*). - **2.** Basse continue, portée musicale ininterrompue confiée, dans la musique baroque et jusqu'au XVIIIᵉ s., à un instrument d'accompagnement polyphonique, comme l'orgue ou le clavecin (on dit aussi *un continuo*). ‖ Journée continue, horaire journalier de travail ne comportant qu'une brève interruption pour le repas.

continuateur, trice [kɔ̃tinɥatœr, -tris] n. Personne qui continue ce qu'une autre a commencé : *Les continuateurs d'une réforme.*

continuation [kɔ̃tinɥasjɔ̃] n.f. Action de continuer, de poursuivre ; ce qui continue : *La continuation de la grève* (syn. poursuite ; contr. arrêt). *Ce nouveau système n'est que la continuation du précédent* (syn. suite).

continuel, elle [kɔ̃tinɥɛl] adj. Qui dure sans interruption ; qui se renouvelle constamment : *Des pannes continuelles.*

continuellement [kɔ̃tinɥɛlmɑ̃] adv. De façon continuelle : *Il ronchonne continuellement* (syn. constamment).

continuer [kɔ̃tinɥe] v.t. (lat. *continuare*, de *continus* "continu") [conj. 7]. - **1.** Poursuivre ce qui est commencé, ce qui a été interrompu : *Continuer un voyage.* - **2.** Continuer à, de (+ inf.), persister à : *Continuer à fumer.* ◆ v.i. Ne pas cesser, se poursuivre : *La séance continue.*

continuité [kɔ̃tinɥite] n.f. Caractère de ce qui est continu : *La continuité de l'effort.*

continûment [kɔ̃tinymɑ̃] adv. De façon continue.

continuum [kɔ̃tinɥɔm] n.m. (mot lat., de *continus* "continu"). Ensemble d'éléments tels que l'on puisse passer de l'un à l'autre de façon continue.

contondant, e [kɔ̃tɔ̃dɑ̃, -ɑ̃t] adj. (du lat. *contundere* "écraser"). Qui meurtrit par écrasement, sans couper : *Une arme contondante.*

contorsion [kɔ̃tɔrsjɔ̃] n.f. (bas lat. *contorsio*, du class. *torquere* "tordre"). Mouvement acrobatique ou forcé qui donne au corps ou à une partie du corps une posture étrange ou grotesque.

se contorsionner [kɔ̃tɔrsjɔne] v.pr. Faire des contorsions.

contour [kɔ̃tur] n.m. (de *contourner*). - **1.** Ligne qui marque la limite d'un corps : *Le contour d'un vase.* - **2.** Ligne sinueuse ; détour : *Les contours d'une rivière* (syn. méandre).

contourné, e [kɔ̃turne] adj. Qui manque de naturel, de simplicité : *Un style contourné* (syn. maniéré).

contourner [kɔ̃turne] v.t. (lat. pop. *contornare*, du class. *tornare* "façonner autour"). - **1.** Faire le tour de qqch, de qqn, pour l'éviter : *Contourner un obstacle.* - **2.** Trouver un biais permettant d'éviter qqch : *Contourner une difficulté* (syn. éluder). *Contourner la loi.*

contraceptif, ive [kɔ̃trasɛptif, -iv] adj. Qui assure la contraception, qui empêche la fécondation : *Pilule contraceptive.* ◆ **contraceptif** n.m. Produit permettant la contraception.

contraception [kɔ̃trasɛpsjɔ̃] n.f. (mot angl. de *conception* "conception"). - **1.** Ensemble des méthodes visant à éviter, de façon réversible et temporaire, la fécondation. - **2.** Chacune de ces méthodes : *Choisir une contraception adaptée.*

contractant, e [kɔ̃traktɑ̃, -ɑ̃t] adj. et n. (de *2. contracter*). DR. Qui passe contrat : *Les parties contractantes.*

contracté, e [kɔ̃trakte] adj. - **1.** Rendu nerveux : *Au début de l'examen, j'étais trop contracté* (syn. crispé). - **2.** GRAMM. Se dit d'un mot formé de deux éléments réunis en un seul par chute d'un ou de plusieurs sons : *Les mots « du », « au » sont des articles contractés pour « de le », « à le ».* (V. aussi *contraction*).

1. contracter [kɔ̃trakte] v.t. (du lat. *contractus*, de *contrahere* "resserrer"). - **1.** Réduire un moindre volume : *Le froid contracte certaines substances.* - **2.** Raidir un muscle, une partie du corps : *Contracter ses biceps, ses mâchoires.* ◆ **se contracter** v.pr. - **1.** Diminuer de volume, de longueur. - **2.** Devenir dur : *Ses traits se sont contractés.* - **3.** Se crisper ; devenir nerveux : *Ne te contracte pas, tu vas tout rater.*

2. contracter [kɔ̃trakte] v.t. (du lat. *contractus,* de *contrahere* "engager une affaire avec"). - **1.** S'engager juridiquement ou moralement : *Contracter une alliance. Contracter des obligations envers qqn.* - **2.** Prendre une habitude : *Contracter un vice.* - **3.** Attraper une maladie : *Contracter la grippe.*

contractile [kɔ̃traktil] adj. Se dit des muscles et autres organes capables de se contracter : *Des antennes contractiles.*

contraction [kɔ̃traksjɔ̃] n.f. Action de contracter ; fait de se contracter, d'être contracté : *Contraction musculaire.*

contractuel, elle [kɔ̃traktɥɛl] adj. (de *2. contracter*). Stipulé par un contrat : *Les garanties contractuelles.* ◆ n. Agent public non fonctionnaire ; auxiliaire de police chargé d'appliquer les règlements de stationnement.

contracture [kɔ̃traktyr] n.f. (de *1. contracter*). PATHOL. Contraction musculaire durable et involontaire d'un muscle, accompagnée de rigidité.

contradicteur [kɔ̃tradiktœr] n.m. (lat. *contradictor* ; v. *contredire*). Personne qui contredit : *Répondre aux objections des contradicteurs.*

contradiction [kɔ̃tradiksjɔ̃] n.f. (lat. *contradictio* ; v. *contredire*). - **1.** Action de contredire ; action ou fait de se contredire : *Relever des contradictions dans les déclarations des témoins* (syn. incompatibilité). *Ses actes sont en contradiction avec ses paroles* (syn. opposition). - **2.** Esprit de contradiction, disposition à contredire systématiquement.

contradictoire [kɔ̃tradiktwar] adj. - **1.** Qui implique une contradiction : *Opinions contradictoires* (syn. antinomique). - **2.** DR. Jugement contradictoire, non susceptible d'opposition, les parties intéressées ayant été entendues.

contraignant, e [kɔ̃trɛɲã, -ãt] adj. Qui contraint : *Un horaire contraignant* (syn. astreignant).

contraindre [kɔ̃trɛ̃dr] v.t. (lat. *constringere,* de *stringere* "serrer") [conj. 80]. - **1.** Obliger qqn à faire une chose : *On l'a contraint à partir avant la date prévue* (syn. obliger, forcer). - **2.** LITT. Empêcher qqn de suivre son penchant naturel ; empêcher des sentiments de suivre leur cours : *Contraindre une personne dans ses goûts. Contraindre ses désirs* (syn. refouler, réfréner).
◆ **se contraindre** v.pr. Se contraindre à (+ inf.), s'obliger à.

contraint, e [kɔ̃trɛ̃, -ɛ̃t] adj. Mal à l'aise ; peu naturel : *Un air contraint.*

contrainte [kɔ̃trɛ̃t] n.f. (de *contraindre*). - **1.** Violence morale ou physique exercée sur qqn pour le faire céder : *Obtenir qqch par la contrainte* (syn. force). - **2.** MÉCAN. Forces qui s'exercent sur un corps, tensions internes à ce corps : *Ce matériau est prévu pour résister à des contraintes très importantes.* - **3.** (Surtout au pl.). Obligation créée par les règles en usage dans un milieu, par une nécessité, etc. : *Les contraintes sociales.* - **4.** DR. Contrainte par corps, emprisonnement d'un débiteur pour l'amener à payer ses dettes.

contraire [kɔ̃trer] adj. (lat. *contrarius*). - **1.** Qui s'oppose radicalement à qqch, qui va à l'encontre de : *Une opinion contraire à la logique. Une décision contraire au règlement* (contr. conforme). - **2.** Qui va dans le sens opposé : *Sens contraire à celui des aiguilles d'une montre* (syn. inverse). - **3.** Qui est défavorable, nuisible à qqn ou qqch : *Un aliment contraire à la santé. Le sort lui est contraire.*
◆ n.m. - **1.** Personne ou chose qui s'oppose totalement à une autre : *La douceur est le contraire de la violence. Je ne vous dis pas le contraire.* - **2.** Mot qui a un sens opposé à celui d'un autre (syn. antonyme). - **3.** Au contraire, exprime une opposition forte : *Tu crois que ça m'a fait plaisir ? Bien au contraire !* ‖ **Au contraire de**, à l'inverse de.

contrairement à [kɔ̃trermã] loc. prép. D'une manière opposée à : *Contrairement aux prévisions, il n'a pas plu* (contr. conformément à).

contralto [kɔ̃tralto] n.m. (mot it. ; v. *alto*). La plus grave des voix de femme, dite aussi *alto.*
◆ n.f. ou n.m. Chanteuse qui possède cette voix.

contrapuntique [kɔ̃trapɔ̃tik] adj. (de l'it. *contrappunto* "contrepoint"). MUS. Relatif au contrepoint ; qui utilise les règles du contrepoint : *Une écriture contrapuntique.*

contrariant, e [kɔ̃trarjã, -ãt] adj. Qui contrarie : *Un incident contrariant* (syn. ennuyeux, fâcheux).

contrarié, e [kɔ̃trarje] adj. - **1.** Qui éprouve de la contrariété : *Je suis contrarié qu'il ne puisse pas venir.* - **2.** Qui rencontre des obstacles : *Un amour contrarié.*

contrarier [kɔ̃trarje] v.t. (bas lat. *contrariare* "contredire") [conj. 9]. - **1.** Faire obstacle à qqch, s'opposer aux projets de qqn : *Contrarier un dessein* (syn. contrecarrer). *Le vent contrarie la course du bateau.* - **2.** Causer du mécontentement à qqn : *Leur mésentente me contrarie.*

contrariété [kɔ̃trarjete] n.f. - **1.** Ennui, mécontentement causé par l'obstacle que l'on rencontre : *Éprouver une vive contrariété* (syn. irritation). - **2.** Ce qui contrarie qqn, l'attriste : *Toutes ces contrariétés l'ont rendu malade.*

contraste [kɔ̃tʀast] n.m. (it. *contrasto*, du bas lac. *contrastare* "s'opposer à"). - **1.** Opposition entre deux choses, dont l'une fait ressortir l'autre : *Le contraste entre ses cheveux noirs et sa peau claire. Le contraste de deux caractères.* - **2.** Produit de contraste, substance opaque aux rayons X, qu'on introduit dans l'organisme pour visualiser certains organes au cours d'un examen radiologique.

contrasté, e [kɔ̃tʀaste] adj. Dont les contrastes sont accusés : *Une photographie contrastée.*

contraster [kɔ̃tʀaste] v.t. ind. [avec]. Être en contraste, s'opposer de façon frappante : *Cette église moderne contraste avec ces vieilles maisons* (syn. détonner). ◆ v.t. Mettre en contraste : *Contraster les couleurs dans un tableau.*

contrat [kɔ̃tʀa] n.m. (lat. *contractus,* de *contrahere* ; v. *2. contracter*). - **1.** Convention entre deux ou plusieurs personnes ; écrit qui établit cette convention : *Contrat de travail. Rédiger, signer un contrat.* - **2.** Remplir, réaliser son contrat, faire ce que l'on avait promis.

contravention [kɔ̃tʀavɑ̃sjɔ̃] n.f. (du lat. médiév. *contravenire* ; v. *contrevenir*). Procès-verbal constatant une infraction à un règlement, notamm. en matière de circulation ; amende correspondant à cette infraction : *Dresser une contravention pour excès de vitesse. Payer une contravention.*

1. contre [kɔ̃tʀ] prép. (lat. *contra* "en face de, contrairement à"). - **I.** Indique : - **1.** Le contact, la juxtaposition : *Sa maison est contre la nôtre. Serrer un enfant contre sa poitrine* (syn. sur). - **2.** L'opposition, l'hostilité, la défense : *Je suis contre de tels procédés* (contr. avec). *Ils sont tous contre moi* (contr. pour). *Un remède contre la toux.* - **3.** L'échange : *Il a troqué sa vieille voiture contre sa moto* (syn. pour). *Un envoi contre remboursement.* - **4.** La proportion : *On trouve vingt films médiocres contre un de qualité* (syn. pour). - **II.** S'emploie en composition : - **1.** Pour indiquer la réaction, l'opposition : *Contre-attaque, contre-exemple.* - **2.** Pour marquer un degré supérieur : *Contre-amiral, contre-ut.* - **III.** S'emploie dans certaines locutions : *Contre vents et marées,* en dépit de tous les obstacles. ‖ *Parier un contre dix,* être convaincu que l'on a raison, que l'on gagnera. ◆ adv. Être contre, voter contre, s'opposer à qqn, à qqch. ◆ n.m. Le pour et le contre → pour. ◆ **par contre** loc. adv. Exprime une articulation logique marquant l'opposition : *Son œuvre de jeunesse est admirable, par contre ses derniers romans sont très décevants* (syn. en revanche). **Rem.** La locution *par contre* a longtemps fait l'objet de critiques de certains puristes.

2. contre [kɔ̃tʀ] n.m. (de *contrer*). - **1.** SPORTS. Contre-attaque : *S'exposer à un contre en dégarnissant la défense.* - **2.** JEUX. Action de contrer.

contre-allée [kɔ̃tʀale] n.f. (pl. *contre-allées*). Allée parallèle à une allée principale.

contre-amiral [kɔ̃tʀamiʀal] n.m. (pl. *contre-amiraux*). Premier grade des officiers généraux de la marine.

contre-attaque [kɔ̃tʀatak] n.f. (pl. *contre-attaques*). MIL. SPORTS. Attaque lancée pour neutraliser une offensive adverse, pour y répliquer : *Lancer une contre-attaque.*

contre-attaquer [kɔ̃tʀatake] v.i. Exécuter une contre-attaque : *Les ennemis ont contre-attaqué à l'aube.*

contrebalancer [kɔ̃tʀəbalɑ̃se] v.t. [conj. 16]. Établir un équilibre : *L'influence de ses lectures contrebalance celle de la télévision* (syn. compenser).

contrebande [kɔ̃tʀəbɑ̃d] n.f. (it. *contrabbando* "contre le ban"). Commerce clandestin de marchandises prohibées ou pour lesquelles on n'a pas acquitté les droits de douane ; ces marchandises : *Alcool de contrebande. Passer du tabac en contrebande.*

contrebandier, ère [kɔ̃tʀəbɑ̃dje, -ɛʀ] n. Personne qui se livre à la contrebande.

en contrebas (de) [kɔ̃tʀəba] loc. adv. ou loc. prép. À un niveau moins élevé qu'autre chose : *On aperçoit la route en contrebas. La rivière coule en contrebas de la maison* (contr. en contre-haut).

contrebasse [kɔ̃tʀəbas] n.f. (it. *contrabbasso*). - **1.** Le plus grand et le plus grave des instruments à cordes de la famille des violons. - **2.** Le plus grave des instruments d'une famille instrumentale : *Contrebasse de bombarde.*

contrebassiste [kɔ̃tʀəbasist] n. Musicien qui joue de la contrebasse. (On dit aussi *un, une contrebasse* ou, dans un orchestre de jazz, *un, une bassiste.*)

contre-braquer [kɔ̃tʀəbʀake] v.i. Braquer les roues avant d'une voiture dans la direction inverse de celle qu'on leur a imprimée jusque-là en braquant.

contrecarrer [kɔ̃tʀəkaʀe] v.t. (de l'anc. fr. *contrecarre* "opposition"). S'opposer directement à qqn ; mettre des obstacles à qqch : *Contrecarrer les desseins de qqn* (syn. contrarier).

contrechamp [kɔ̃tʀəʃɑ̃] n.m. CIN. Prise de vues effectuée dans la direction exactement opposée à celle de la prise de vues précédente.

contre-chant [kɔ̃tʀəʃɑ̃] n.m. (pl. *contre-chants*). MUS. Phrase mélodique qui soutient le thème.

à **contrecœur** [kɔ̃tʀəkœʀ] loc. adv. Avec répugnance ; malgré soi : *J'ai accepté à contrecœur* (contr. volontiers).

contrecoup [kɔ̃tʀəku] n.m. Répercussion sur l'organisme d'un choc moral ou physique ; conséquence indirecte d'un acte, d'un événement : *La hausse des prix alimentaires est le contrecoup des intempéries.*

contre-courant [kɔ̃tʀəkuʀɑ̃] n.m. (pl. *contre-courants*). - **1.** HYDROL. Courant dirigé dans le sens inverse d'un autre courant. - **2.** À contre-courant, dans le sens opposé au courant principal ; dans le sens contraire à la tendance générale : *Nager à contre-courant. Aller à contre-courant de la mode.*

contredire [kɔ̃tʀədiʀ] v.t. (lat. *contradicere*) [conj. 103]. - **1.** Dire le contraire de ce que qqn affirme : *Contredire un témoin.* - **2.** Être en opposition avec : *Ses actes contredisent ses paroles.* ◆ **se contredire** v.pr. Être en contradiction avec soi-même ; être en contradiction réciproque : *Elle s'est contredite plusieurs fois au cours de son témoignage. Ses deux déclarations se contredisent* (= sont contradictoires).

sans contredit [kɔ̃tʀədi] loc. adv. (de *contredire*). Sans contestation possible : *Elle est sans contredit la meilleure skieuse actuelle* (syn. indiscutablement).

contrée [kɔ̃tʀe] n.f. (lat. pop. *[regio] contrata* "[pays] situé en face", du class. *contra* "en face de"). LITT. Étendue de pays : *Contrée fertile* (syn. pays, région).

contre-écrou [kɔ̃tʀekʀu] n.m. (pl. *contre-écrous*). Écrou serré sur un autre pour éviter le desserrage de celui-ci.

contre-emploi [kɔ̃tʀɑ̃plwa] n.m. (pl. *contre-emplois*). Rôle ne correspondant pas au physique, au tempérament d'un comédien.

contre-enquête [kɔ̃tʀɑ̃kɛt] n.f. (pl. *contre-enquêtes*). Enquête destinée à contrôler les résultats d'une enquête précédente : *Le tribunal a ordonné une contre-enquête.*

contre-épreuve [kɔ̃tʀepʀœv] n.f. (pl. *contre-épreuves*). - **1.** Seconde vérification faite pour compléter une vérification précédente. - **2.** Reproduction en sens inverse d'un dessin ou d'une gravure, obtenue par simple pression sur une feuille de papier humide.

contre-espionnage [kɔ̃tʀɛspjɔnaʒ] n.m. (pl. *contre-espionnages*). Ensemble des activités visant à déceler et à réprimer les actions des services de renseignements étrangers tant à l'intérieur qu'à l'extérieur du territoire national ; le service chargé de cette activité.

contre-exemple [kɔ̃tʀɛgzɑ̃pl] n.m. (pl. *contre-exemples*). Exemple qui contredit une affirmation, une règle.

contre-expertise [kɔ̃tʀɛkspɛʀtiz] n.f. (pl. *contre-expertises*). Expertise destinée à en contrôler une autre : *Présenter les conclusions d'une contre-expertise.*

contrefaçon [kɔ̃tʀəfasɔ̃] n.f. (de *contrefaire*, d'après *façon*). Reproduction frauduleuse d'une œuvre littéraire, artistique, d'un produit manufacturé, d'une monnaie, etc.

contrefacteur, trice [kɔ̃tʀəfaktœʀ, -tʀis] n. Personne qui produit une contrefaçon (syn. faussaire).

contrefaire [kɔ̃tʀəfɛʀ] v.t. (bas lat. *contrafacere* "imiter") [conj. 109]. - **1.** Imiter en déformant : *Contrefaire la démarche de qqn* (syn. parodier). - **2.** Imiter frauduleusement : *Contrefaire un billet de banque.* - **3.** Contrefaire sa voix, son visage, etc., les déformer pour tromper : *Le kidnappeur avait contrefait sa voix au téléphone.*

contrefait, e [kɔ̃tʀəfɛ, -ɛt] adj. - **1.** Imité par contrefaçon : *Écriture contrefaite.* - **2.** Qui présente une difformité, en parlant du corps de qqn ; difforme.

contre-feu [kɔ̃tʀəfø] n.m. (pl. *contre-feux*). Feu volontairement allumé en avant d'un incendie pour créer un vide et arrêter ainsi la propagation de cet incendie.

contre-filet [kɔ̃tʀəfilɛ] n.m. (pl. *contre-filets*). Morceau de bœuf du boucher, correspondant à la région du rein (syn. faux-filet).

contrefort [kɔ̃tʀəfɔʀ] n.m. - **1.** ARCHIT. Massif de maçonnerie élevé en saillie contre un mur ou un support pour le soutenir. - **2.** Pièce de cuir qui sert à renforcer la partie arrière d'une chaussure, au-dessus du talon. - **3.** GÉOGR. Montagne moins élevée bordant le massif principal.

en contre-haut (de) [kɔ̃tʀəo] loc. adv. ou loc. prép. À un niveau plus élevé qu'autre chose : *La tour est située en contre-haut. Suivre un chemin en contre-haut de la rivière* (contr. contrebas).

contre-indication [kɔ̃tʀɛ̃dikasjɔ̃] n.f. (pl. *contre-indications*). Cas où il est préférable de s'abstenir de prescrire, de suivre un traitement médical.

contre-indiqué, e [kɔ̃tʀɛ̃dike] adj. (pl. *contre-indiqués, es*). - **1.** MÉD. Qui ne doit pas être employé : *Médicament contre-indiqué en cas de diabète.* - **2.** Qu'il est conseillé d'éviter, de ne pas faire : *L'achat d'actions est en ce moment contre-indiqué* (syn. inopportun, déconseillé).

contre-interrogatoire [kɔ̃tʀɛ̃teʀɔgatwaʀ] n.m. (pl. *contre-interrogatoires*). Interrogatoire d'un témoin, d'un accusé, par la partie adverse.

contre-jour [kɔ̃tʀəʒuʀ] n.m. (pl. *contre-jours*). - **1.** Lumière qui éclaire un objet du côté opposé à celui par lequel on le regarde. - **2.** À

contre-jour, dans un sens opposé au jour, dans un faux jour.

contre la montre [kɔ̃trəlamɔ̃tr] loc. adj. Course contre la montre, épreuve cycliste sur route dans laquelle les concurrents, partant à intervalles réguliers, roulent seuls et sont chronométrés individuellement ; au fig., action faite en toute hâte, dans un temps très limité : *Ce sera une course contre la montre pour finir ce soir.* ◆ **contre-la-montre** n.m. Course contre la montre.

contremaître, esse [kɔ̃trəmɛtr, -ɛs] n. Personne qui dirige une équipe d'ouvriers, d'ouvrières.

contre-manifestant, e [kɔ̃trəmanifɛstɑ̃, -ɑ̃t] n. (pl. *contre-manifestants, es*). Personne qui participe à une contre-manifestation.

contre-manifestation [kɔ̃trəmanifɛstasjɔ̃] n.f. (pl. *contre-manifestations*). Manifestation qui s'oppose à une autre.

contremarche [kɔ̃trəmarʃ] n.f. -1. Marche d'une armée dans un sens opposé à la direction d'abord suivie. -2. CONSTR. Devant vertical d'une marche d'escalier.

contremarque [kɔ̃trəmark] n.f. -1. Carte, ticket, jeton délivré à des spectateurs qui sortent momentanément d'une salle de spectacle. -2. Document individuel qui témoigne d'un billet de passage collectif.

contre-mesure [kɔ̃trəməzyr] n.f. (pl. *contre-mesures*). Disposition prise pour s'opposer à une action, à un événement, ou pour les prévenir : *Prendre des contre-mesures pour éviter la spéculation.*

contre-offensive [kɔ̃trɔfɑ̃siv] n.f. (pl. *contre-offensives*). Opération offensive répondant à une offensive de l'adversaire.

contrepartie [kɔ̃trəparti] n.f. -1. Ce qui sert à compenser ; ce qui est fourni en dédommagement : *La contrepartie en or d'un billet de banque. Ce métier pénible a pour contrepartie de longues vacances* (syn. compensation). -2. SOUT. Opinion contraire : *Soutenir la contrepartie d'une thèse.* -3. En contrepartie, en compensation ; en échange ; en revanche : *On vous laisse carte blanche ; en contrepartie, vous serez responsable des résultats.*

contre-performance [kɔ̃trəpɛrfɔrmɑ̃s] n.f. (pl. *contre-performances*). Échec subi par qqn, notamm. un sportif, dont on attendait la victoire, le succès.

contrepèterie [kɔ̃trəpɛtri] n.f. (de l'anc. fr. *contrepéter* "inverser les sons", de *péter*). Interversion plaisante de lettres ou de syllabes dans un groupe de mots, dans une phrase : *La phrase « trompez, sonnettes » est une contrepèterie pour « sonnez, trompettes ».*

contre-pied [kɔ̃trəpje] n.m. (pl. *contre-pieds*). -1. Ce qui va à l'encontre d'une opinion, de

la volonté de qqn : *Sa théorie est le contre-pied de la vôtre* (syn. opposé, inverse). -2. SPORTS. Action d'envoyer la balle ou de se diriger du côté opposé à celui que prévoyait l'adversaire. -3. Prendre le contre-pied de qqch, s'appliquer à faire, à soutenir le contraire : *Notre fils prend systématiquement le contre-pied de ce que nous lui conseillons.*

contreplaqué [kɔ̃trəplake] n.m. Bois assemblé par collage en lames minces à fibres opposées.

contre-plongée [kɔ̃trəplɔ̃ʒe] n.f. (pl. *contre-plongées*). CIN., PHOT. Prise de vues cinématographique dirigée de bas en haut.

contrepoids [kɔ̃trəpwa] n.m. -1. Poids servant à équilibrer une force, un autre poids : *Le contrepoids d'une horloge.* -2. Balancier d'un équilibriste. -3. Ce qui compense un effet : *L'humour est souvent un contrepoids au désespoir.*

à contre-poil [kɔ̃trəpwal] loc. adv. -1. Dans le sens contraire à celui du poil : *Brosser un chat à contre-poil* (syn. à rebrousse-poil). -2. Prendre qqn à contre-poil, l'irriter en heurtant ses convictions.

contrepoint [kɔ̃trəpwɛ̃] n.m. (de *point*, les notes étant autref. représentées par des points). -1. MUS. Technique de composition consistant à superposer plusieurs lignes mélodiques ; composition écrite selon les règles de cette technique. -2. Motif secondaire qui se superpose au thème principal, dans une œuvre artistique.

contrepoison [kɔ̃trəpwazɔ̃] n.m. Remède contre le poison (syn. antidote).

contre-pouvoir [kɔ̃trəpuvwar] n.m. (pl. *contre-pouvoirs*). Pouvoir qui s'organise pour faire échec à une autorité établie.

contre-projet [kɔ̃trəprɔʒe] n.m. (pl. *contre-projets*). Projet opposé à un autre.

contre-propagande [kɔ̃trəprɔpagɑ̃d] n.f. (pl. *contre-propagandes*). Propagande visant à détruire les effets d'une autre propagande.

contre-proposition [kɔ̃trəprɔpozisjɔ̃] n.f. (pl. *contre-propositions*). Proposition différente qu'on oppose à une autre dans une négociation.

contre-publicité [kɔ̃trəpyblisite] n.f. (pl. *contre-publicités*). -1. Événement, circonstance qui nuit à l'image de marque d'une firme, d'un produit, d'une personnalité. -2. Publicité destinée à lutter contre les effets d'une autre publicité.

contrer [kɔ̃tre] v.t. (de 1. *contre*). -1. À certains jeux de cartes, spécial. au bridge, s'engager à faire chuter l'adversaire qui doit réaliser un contrat donné. -2. S'opposer efficacement à l'action de qqn, à qqch.

contre-révolution [kɔ̃tʀəʀevɔlysjɔ̃] n.f. (pl. *contre-révolutions*). Mouvement politique et social visant à combattre une révolution, à ruiner ses effets.

contre-révolutionnaire [kɔ̃tʀəʀevɔlysjɔnɛʀ] adj. et n. (pl. *contre-révolutionnaires*). Qui est partisan d'une contre-révolution.

contreseing [kɔ̃tʀəsɛ̃] n.m. Signature, seing qu'on appose à côté d'un autre pour l'authentifier.

contresens [kɔ̃tʀəsɑ̃s] n.m. - **1.** Interprétation erronée d'un mot, d'une phrase : *Une version latine pleine de contresens.* - **2.** Ce qui va à l'encontre de la logique, du bon sens : *Sa conduite est un contresens.* - **3.** À contresens, dans un sens contraire.

contresigner [kɔ̃tʀəsiɲe] v.t. Apposer un contreseing.

contretemps [kɔ̃tʀətɑ̃] n.m. - **1.** Événement fâcheux, imprévu, qui va contre les projets, les mesures prises, etc. : *Je suis désolé de n'être pas venu, j'ai eu un contretemps* (syn. empêchement). - **2.** MUS. Procédé rythmique consistant à attaquer un son sur un temps faible et à le faire suivre d'un silence sur le temps fort. - **3.** À contretemps, mal à propos : *Ce maladroit fait tout à contretemps.*

contre-torpilleur [kɔ̃tʀətɔʀpijœʀ] n.m. (pl. *contre-torpilleurs*). Bâtiment de guerre conçu à l'origine pour lutter contre les torpilleurs (syn. destroyer).

contre-transfert [kɔ̃tʀətʀɑ̃sfɛʀ] n.m. (pl. *contre-transferts*). PSYCHAN. Ensemble des réactions inconscientes de l'analyste à l'égard du patient et qui peuvent interférer avec son interprétation.

contretype [kɔ̃tʀətip] n.m. - **1.** Fac-similé d'une image photographique, obtenu en photographiant cette image. - **2.** Copie positive d'un film obtenue à partir d'un double du négatif original.

contre-ut [kɔ̃tʀyt] n.m. inv. *Ut* plus élevé d'une octave que l'*ut* supérieur du registre normal d'une voix, d'un instrument.

contrevenant, e [kɔ̃tʀəvənɑ̃, -ɑ̃t] n. (de *contrevenir*). Personne qui enfreint les lois ou les règlements.

contrevenir [kɔ̃tʀəvəniʀ] v.t. ind. (lat. médiév. *contravenire* "s'opposer à") [conj. 40 ; auxil. *avoir*]. DR. Agir contrairement à une prescription, à une obligation : *Contrevenir au Code de la route* (= l'enfreindre).

contrevent [kɔ̃tʀəvɑ̃] n.m. Volet extérieur en bois.

contrevérité [kɔ̃tʀeveʀite] n.f. Affirmation contraire à la vérité (syn. mensonge).

contre-visite [kɔ̃tʀəvizit] n.f. (pl. *contre-visites*). Visite médicale destinée à contrôler les résultats d'une autre.

contre-voie [kɔ̃tʀəvwa] n.f. (pl. *contre-voies*). Voie parallèle à celle que suit un train.

contribuable [kɔ̃tʀibɥabl] n. (de *contribuer*). Personne assujettie au paiement de l'impôt.

contribuer [kɔ̃tʀibɥe] v.t. ind. [à] (lat. *contribuere*, de *tribuere* "répartir") [conj. 7]. Participer à certain résultat par son action, son argent : *Contribuer à l'entretien d'une maison.*

contribution [kɔ̃tʀibysjɔ̃] n.f. - **1.** Part apportée par qqn à une action commune. - **2.** (Surtout au pl.). Impôt payé à l'État. - **3.** Mettre qqn à contribution, avoir recours à ses services à titre gracieux.

contrit, e [kɔ̃tʀi, -it] adj. (lat. *contritus*, de *conterere* "broyer, accabler"). LITT. Pénétré du regret de ses actes : *Il a avoué sa faute d'un air contrit* (syn. repentant).

contrition [kɔ̃tʀisjɔ̃] n.f. (bas lat. *contritio* ; v. *contrit*). LITT. Regret sincère d'une faute, d'un péché (syn. repentir).

contrôlable [kɔ̃tʀolabl] adj. Qui peut être vérifié : *Cette affirmation n'est pas contrôlable.*

contrôle [kɔ̃tʀol] n.m. (anc. fr. *contrerole* "registre tenu en double"). - **1.** Vérification, inspection attentive de la régularité d'un acte, de la validité d'une pièce : *Contrôle des billets. Contrôle de la comptabilité.* - **2.** Bureau chargé de ce genre de vérification : *Se présenter au contrôle.* - **3.** Vérification minutieuse de l'état de qqch ou de qqn : *Le contrôle des pneus d'un véhicule. Contrôle médical* (syn. examen). - **4.** Maîtrise de sa propre conduite, de la manœuvre de véhicules : *La colère lui a fait perdre le contrôle de lui-même. Garder le contrôle de sa voiture.* - **5.** Pouvoir qu'on exerce sur un groupe, un pays, etc. : *Les maquisards ont pris le contrôle de ce territoire.* - **6.** Exercice scolaire fait en classe, et destiné à contrôler les progrès des élèves, leur niveau : *Jeudi, il y a contrôle de maths.* - **7.** Contrôle continu des connaissances, vérification du niveau des connaissances des étudiants par des interrogations et des travaux effectués tout au long de l'année. ‖ Contrôle des naissances, libre choix d'avoir ou non des enfants, par application des méthodes contraceptives. ‖ Contrôle de gestion, ensemble des procédés destinés à surveiller la marche d'une entreprise, à en évaluer les méthodes, l'organisation, les résultats. ‖ Contrôle judiciaire, mesure qui, tout en sauvegardant la liberté d'un inculpé, le soumet à une certaine surveillance.

contrôler [kɔ̃tʀole] v.t. - **1.** Soumettre à un contrôle, à une vérification : *Contrôler les billets. Contrôler les affirmations de qqn* (syn. vérifier). - **2.** Avoir la maîtrise de la situation dans un secteur ; exercer un pouvoir sur qqch, sur un groupe : *Banques qui contrôlent* *une branche de l'industrie.* -**3.** Maîtriser, dominer : *Contrôler ses nerfs.* ◆ **se contrôler** v.pr. Être, rester maître de soi : *Quand il est en colère, il ne se contrôle plus.*

contrôleur, euse [kɔ̃trolœr, -øz] n. Personne chargée d'exercer un contrôle : *Contrôleur de la navigation aérienne. Contrôleur de gestion.*

contrordre [kɔ̃trɔrdr] n.m. Annulation d'un ordre donné précédemment.

controverse [kɔ̃trɔvɛrs] n.f. (lat. *controversia* "litige"). Discussion suivie sur une question, motivée par des opinions ou des interprétations divergentes : *Le sens de cette phrase a suscité de nombreuses controverses* (syn. débat).

controversé, e [kɔ̃trɔvɛrse] adj. Qui est l'objet de controverses : *Une décision controversée.*

contumace [kɔ̃tymas] n.f. (lat. *contumacia* "obstination"). État d'un accusé qui se soustrait à l'obligation de comparaître en justice : *Être condamné par contumace.*

contusion [kɔ̃tyzjɔ̃] n.f. (lat. *contusio*, de *contundere* "écraser, meurtrir"). Meurtrissure produite par un corps dur, contondant, sans déchirure de la peau ni fracture des os.

contusionner [kɔ̃tyzjɔne] v.t. Provoquer des contusions sur qqn ; meurtrir.

conurbation [kɔnyrbasjɔ̃] n.f. (du lat. *cum* "avec", et *urbs* "ville"). Agglomération formée par plusieurs villes voisines dont les banlieues se sont rejointes.

convaincant, e [kɔ̃vɛ̃kɑ̃, -ɑ̃t] adj. Propre à convaincre : *Raisonnement convaincant* (syn. probant). *L'avocat s'est montré très convaincant* (syn. persuasif).

convaincre [kɔ̃vɛ̃kr] v.t. (lat. *convincere*, refait d'après *vaincre*) [conj. 114]. -**1.** Amener qqn, par raisonnement ou par preuves, à reconnaître l'exactitude d'un fait ou la nécessité de : *Convaincre un incrédule. Convaincre qqn de renoncer à un projet* (syn. persuader). -**2.** Convaincre qqn de qqch, apporter des preuves certaines des agissements coupables de qqn : *Convaincre qqn de mensonge.*

convaincu, e [kɔ̃vɛ̃ky] adj. -**1.** Qui adhère fortement à une opinion ; qui montre une grande conviction : *Un partisan convaincu* (syn. déterminé). *Parler d'un ton convaincu* (syn. assuré). -**2.** Être convaincu de, être accusé avec des preuves évidentes de : *Être convaincu de meurtre.* ◆ n. Personne intimement persuadée de la justesse de ses idées : *Prêcher un convaincu.*

convalescence [kɔ̃valesɑ̃s] n.f. Retour progressif à la santé après une maladie ; période durant laquelle il s'effectue : *Être en convalescence.*

convalescent, e [kɔ̃valesɑ̃, -ɑ̃t] adj. et n. (lat. *convalescens*, de *convalescere* "reprendre des forces"). Qui relève de maladie, qui est en convalescence.

convecteur [kɔ̃vɛktœr] n.m. Appareil de chauffage dans lequel l'air est chauffé au contact de surfaces métalliques.

convection ou **convexion** [kɔ̃vɛksjɔ̃] n.f. (lat. *convectio*, de *convehere* "charrier"). Mouvement d'un fluide (notamm. mouvement vertical de l'air), avec transport de chaleur, sous l'influence de différences de température.

convenable [kɔ̃vnabl] adj. (de *convenir*). -**1.** Approprié à son objet, à un usage, à une situation : *Moment convenable. Salaire convenable.* -**2.** Qui respecte les bienséances : *Une tenue convenable* (syn. décent). -**3.** Qui a les qualités requises, sans plus : *Un devoir de français convenable* (syn. acceptable, passable). *Un logement convenable* (syn. décent).

convenablement [kɔ̃vnabləmɑ̃] adv. De façon convenable : *Un appartement convenablement chauffé. Se conduire convenablement* (syn. correctement).

convenance [kɔ̃vnɑ̃s] n.f. -**1.** LITT. Caractère de ce qui convient à son objet, qui y est approprié : *Un style remarquable par la convenance du vocabulaire* (syn. adéquation). -**2.** Caractère de ce qui convient à qqn : *J'ai agi à ma convenance* (= à ma guise). -**3.** Mariage de convenance, mariage conclu en fonction des rapports de fortune, de position sociale, etc., des conjoints. ‖ Pour convenance(s) personnelle(s), pour des motifs relevant de la vie privée, sans autre justification : *Congé pour convenance personnelle.* ◆ **convenances** n.f. pl. Règles du bon usage, bienséances sociales : *Respecter les convenances.*

convenir [kɔ̃vnir] v.t. ind. (lat. *convenire* "venir ensemble") [conj. 40]. - **I.** (Auxil. *avoir* ou LITT. *être*) [de]. -**1.** Conclure un accord : *Ils ont convenu de se réunir la semaine prochaine* (syn. décider). *Ils sont convenus d'un lieu de rendez-vous.* -**2.** Reconnaître comme vrai : *Il faudra bien qu'il convienne de sa méprise.* -**II.** (Auxil. *avoir*) [à]. -**1.** Être approprié à qqn, qqch : *Ce rôle te convient parfaitement.* -**2.** Plaire à qqn : *Cette date, cette robe ne me convient pas* (syn. litt. agréer). ◆ v. impers. (auxil. *avoir*). Être utile, à propos : *Il vaut savoir ce qu'il aurait convenu de faire* (= ce qu'il aurait fallu faire). *Il convient que chacun fasse un effort* (= il faut).

convention [kɔ̃vɑ̃sjɔ̃] n.f. (lat. *conventio*, de *convenire* "venir ensemble"). -**1.** Accord officiel passé entre des individus, des groupes sociaux ou politiques, des États ; écrit qui témoigne de la réalité de cet accord : *Une convention signée entre le patronat et les syndi-*

cats. - **2.** Règle résultant d'un commun accord, tacite ou explicite : *La langue est un système de conventions.* - **3.** Assemblée réunie pour réviser, élaborer, ou adopter une Constitution. □ La plus célèbre est, en France, la Convention nationale (1792-1795), qui fonda la Ire République. - **4.** Aux États-Unis, congrès d'un parti, réuni en vue de désigner un candidat à la présidence. - **5.** De convention, qui manque de naturel, de spontanéité : *Des amabilités de convention.*

◆ **conventions** n.f. pl. Ce qu'il est convenu de respecter suivant la bienséance.

conventionné, e [kɔ̃vɑ̃sjɔne] adj. Lié par une convention à un organisme officiel ; en partic., lié à la Sécurité sociale par une convention de tarifs : *Établissement scolaire conventionné* (= établissement privé agréé par l'État). *Médecin conventionné.*

conventionnel, elle [kɔ̃vɑ̃sjɔnɛl] adj. - **1.** Qui résulte d'une convention : *Signe conventionnel* (syn. arbitraire). *Formule conventionnelle de politesse* (syn. classique). - **2.** Admis en vertu des convenances sociales ; qui manque de naturel : *Morale conventionnelle. Un éloge conventionnel.* - **3.** Arme, armement conventionnels, non nucléaires.

conventuel, elle [kɔ̃vɑ̃tɥɛl] adj. (lat. médiév. *conventualis,* du class. *conventus* "couvent"). Relatif à la vie d'une communauté religieuse, à la vie dans un couvent.

convenu, e [kɔ̃vny] adj. (p. passé de *convenir*). - **1.** Établi par une convention, un accord : *Somme convenue.* - **2.** Étroitement soumis aux conventions (sociales, littéraires, etc.) : *Un style convenu* (syn. artificiel). - **3.** Comme convenu, conformément à tel accord précédent.

convergence [kɔ̃vɛʁʒɑ̃s] n.f. - **1.** Situation de deux lignes qui convergent : *Les points de convergence des lignes de perspective* (contr. divergence). - **2.** Action de tendre vers le même but : *Convergence des efforts.*

convergent, e [kɔ̃vɛʁʒɑ̃, -ɑ̃t] adj. - **1.** Qui converge ; qui tend au même but : *Des droites convergentes. Des opinions convergentes* (contr. divergent). - **2.** MATH. Se dit d'une suite de nombres, d'une série qui tend vers une limite déterminée. - **3.** OPT. Qui fait converger un faisceau de rayons parallèles : *Lentille convergente.*

converger [kɔ̃vɛʁʒe] v.i. (bas lat. *convergere,* du class. *vergere* "incliner vers") [conj. 17]. Aboutir au même point ou au même résultat : *Une ville où convergent toutes les grandes routes. Leurs pensées convergent vers la même conclusion.*

conversation [kɔ̃vɛʁsasjɔ̃] n.f. - **1.** Échange de propos sur un ton génér. familier : *Prendre part à la conversation. Avoir une conversation animée* (syn. discussion). - **2.** Entretien entre des responsables ayant un objet précis : *Conversations diplomatiques* (syn. pourparlers). - **3.** Avoir de la conversation, savoir soutenir et animer une conversation.

converser [kɔ̃vɛʁse] v.i. (lat. *conversari* "vivre avec"). S'entretenir avec qqn sur un ton léger, familier (syn. bavarder).

conversion [kɔ̃vɛʁsjɔ̃] n.f. (lat. *conversio,* de *convertere* "retourner"). - **1.** Passage de l'incroyance à la foi, d'une religion à une autre, ou d'une opinion à une autre. - **2.** Transformation du résultat d'une mesure exprimé avec certaines unités en un nouveau résultat exprimé avec d'autres unités : *Conversion de degrés Celsius en degrés Fahrenheit.* - **3.** Échange de titres, de valeurs contre d'autres : *Conversion de dollars en francs.* - **4.** Demi-tour sur place effectué par un skieur à l'arrêt.

converti, e [kɔ̃vɛʁti] adj. et n. - **1.** Amené ou ramené à la religion. - **2.** Qui a radicalement changé de conduite ou d'opinion.

convertibilité [kɔ̃vɛʁtibilite] n.f. Propriété de ce qui est convertible : *La convertibilité d'une monnaie.*

convertible [kɔ̃vɛʁtibl] adj. - **1.** Qui peut s'échanger contre d'autres titres, d'autres valeurs : *Une monnaie convertible en dollars.* - **2.** Qui peut être transformé pour un autre usage. - **3.** Canapé convertible, canapé-lit (on dit aussi *un convertible*).

convertir [kɔ̃vɛʁtiʁ] v.t. (lat. *convertere* "tourner entièrement") [conj. 32]. - **1.** Amener qqn à la foi religieuse ; faire changer qqn de religion, d'opinion, de conduite : *Convertir les païens. Il l'a converti à la course à pied.* - **2.** Changer une chose en une autre ; adapter à une nouvelle fonction : *Convertir les métaux en or. Convertir une église désaffectée en garage.* - **3.** Échanger une monnaie contre une autre. - **4.** Mettre une grandeur sous une autre forme : *Convertir une expression mathématique.*

convertisseur [kɔ̃vɛʁtisœʁ] n.m. (de *convertir*). - **1.** Appareil dans lequel se produit une réaction d'oxydation, utilisé pour transformer la fonte en acier. - **2.** Machine destinée à transformer le courant électrique.

convexe [kɔ̃vɛks] adj. (lat. *convexus* "voûté"). Courbé et saillant à l'extérieur : *Miroir convexe* (par opp. à *concave*).

convexion n.f. → **convection.**

convexité [kɔ̃vɛksite] n.f. Rondeur, courbure saillante d'un corps : *La convexité de la Terre.*

conviction [kɔ̃viksjɔ̃] n.f. (bas lat. *convictio,* du class. *convincere* "convaincre"). - **1.** Fait d'être convaincu de qqch ; sentiment de qqn qui croit fermement en ce qu'il fait, dit ou pense : *J'ai la conviction qu'il ment. Intime conviction du juge* (syn. certitude). - **2.** Conscience que qqn a de l'importance et de la validité de ses actes : *Agir avec conviction* (syn. détermination). - **3.** (Surtout au pl.). Opinion arrêtée : *Convictions politiques, religieuses.*

convier [kɔ̃vje] v.t. (lat. pop *convitare*, réfection du class. *invitare* "inviter à un repas") [conj. 9]. - **1.** Engager, inviter à une action : *Le beau temps convie à la promenade.* - **2.** SOUT. Inviter qqn à un repas, à une fête.

convive [kɔ̃viv] n. (lat. *conviva*). Personne qui prend part à un repas avec d'autres.

convivial, e, aux [kɔ̃vivjal, -o] adj. (lat. *convivialis*, de *conviva* "convive"). - **1.** Relatif à la convivialité ; qui favorise la convivialité. - **2.** INFORM. Se dit d'un matériel facilement utilisable par un public non spécialisé.

convivialité [kɔ̃vivjalite] n.f. - **1.** Goût des réunions joyeuses. - **2.** INFORM. Caractère d'un matériel convivial.

convocation [kɔ̃vɔkasjɔ̃] n.f. Action de convoquer ; avis invitant à se présenter : *Convocation d'une assemblée. Envoyer une convocation.*

convoi [kɔ̃vwa] n.m. (de *convoyer*). - **1.** Groupe de véhicules ou de personnes qui se dirigent ensemble vers un même lieu : *Un convoi de blindés. Un convoi de réfugiés.* - **2.** Suite de voitures de chemin de fer entraînées par une seule machine (syn. usuel train). - **3.** Convoi funèbre, cortège accompagnant le corps d'un défunt lors des funérailles.

convoiter [kɔ̃vwate] v.t. (lat. pop. *cupidietare*, du class. *cupiditas* "désir"). Désirer avec avidité : *Convoiter un héritage.*

convoitise [kɔ̃vwatiz] n.f. (de *convoiter*). Désir immodéré de possession : *Exciter la convoitise de qqn* (syn. avidité, cupidité).

convoler [kɔ̃vɔle] v.i. (lat. *convolare* "voler avec"). Se marier (iron. et vx) : *Convoler en justes noces.*

convolvulacée [kɔ̃vɔlvylase] n.f. (de *convolvulus*, nom scientif. du *liseron*). Plante aux pétales entièrement soudés, telle que le liseron. □ Les convolvulacées forment une famille.

convoquer [kɔ̃vɔke] v.t. (lat. *convocare*). - **1.** Appeler à se réunir : *Convoquer une assemblée.* - **2.** Faire venir auprès de soi de façon impérative : *Le directeur m'a convoqué dans son bureau.*

convoyer [kɔ̃vwaje] v.t. (lat. pop. *conviare*, du class. *viare* "faire route") [conj. 13]. Accompagner pour protéger ou surveiller : *Une vingtaine de navires convoyaient des pétroliers* (syn. escorter).

convoyeur, euse [kɔ̃vwajœr, -øz] adj. et n.m. Qui convoie : *Navire convoyeur* (= escorteur).

convulser [kɔ̃vylse] v.t. (du lat. *convulsus*, de *convellere* "ébranler"). Contracter violemment les traits du visage, tordre les membres : *Un visage convulsé par la terreur.* ◆ se **convulser** v.pr. Avoir une convulsion : *Ses traits se convulsaient sous l'effet de la douleur.*

convulsif, ive [kɔ̃vylsif, -iv] adj. Qui a le caractère brusque et violent des convulsions : *Toux convulsive. Rire convulsif* (syn. nerveux, saccadé).

convulsion [kɔ̃vylsjɔ̃] n.f. (lat. *convulsio* ; v. *convulser*). - **1.** Contraction spasmodique intéressant tout ou partie de la musculature du corps : *Être pris de convulsions.* - **2.** Soubresaut ; agitation violente : *Convulsion politique.*

convulsionner [kɔ̃vylsjɔne] v.t. Déformer par une agitation violente, par une convulsion (surtout au p. passé) : *Visage convulsionné.*

convulsivement [kɔ̃vylsivmɑ̃] adv. De façon convulsive.

cookie [kuki] n.m. (mot angl., néerl. *koekjes*). Petit gâteau sec comportant des éclats de chocolat, de fruits confits.

cool [kul] adj. inv. (mot angl. "frais"). FAM. Calme ; décontracté : *Il est très cool.*

coolie [kuli] n.m. (p.-ê. du hindi *kuli*, nom d'une peuplade indienne, par l'angl.). Travailleur, porteur en Extrême-Orient.

coopérant, e [kɔɔperɑ̃, -ɑ̃t] n. Spécialiste d'un pays industrialisé qui, au titre de la coopération, est mis à la disposition d'un pays en voie de développement. ◆ **coopérant** n.m. Jeune homme effectuant son service national dans le service de la coopération.

coopératif, ive [kɔɔperatif, -iv] adj. Qui participe volontiers à une action commune : *Se montrer très coopératif.*

coopération [kɔɔperasjɔ̃] n.f. - **1.** Action de coopérer : *J'ai besoin de votre coopération* (syn. collaboration). - **2.** Politique d'aide économique, technique et financière à certains pays en voie de développement. - **3.** Service de la coopération, forme du service national permettant à des volontaires d'accomplir une mission culturelle ou technique au titre de la coopération.

coopérative [kɔɔperativ] n.f. Groupement d'acheteurs, et commerçants ou de producteurs constitué en vue de réduire les prix de revient : *Coopérative vinicole.*

coopérer [kɔɔpere] v.t. ind. [à] (bas lat. *cooperari* "travailler avec") [conj. 18]. Agir conjointement avec qqn : *Coopérer à un travail* (syn. collaborer, contribuer).

cooptation [kɔɔptasjɔ̃] n.f. (lat. *cooptatio*, de *cooptare* "choisir pour compléter une assemblée"). Désignation d'un membre nouveau d'une assemblée, d'un groupe, par les membres qui en font déjà partie.

coordinateur, trice [kɔɔʀdinatœʀ, -tʀis] et **coordonnateur, trice** [kɔɔʀdɔnatœʀ, -tʀis] adj. et n. Qui coordonne : *Le coordinateur du projet. Fonction coordinatrice.*

coordination [kɔɔʀdinasjɔ̃] n.f. (bas lat. *coordinatio*). - 1. Action de coordonner ; fait d'être coordonné ; harmonisation d'activités diverses dans un but déterminé : *La coordination des recherches.* - 2. GRAMM. Fait, pour deux mots, deux groupes de mots, deux propositions, d'être reliés de manière à occuper le même plan (par opp. à *juxtaposition*, à *subordination*).

coordonnant [kɔɔʀdɔnɑ̃] n.m. GRAMM. Mot (conjonction, adverbe) ou locution qui assure une coordination entre des mots ou des propositions.

coordonnateur, trice adj. et n. → **coordinateur**.

coordonné, e [kɔɔʀdɔne] adj. - 1. Organisé simultanément : *Les mouvements coordonnés du nageur.* - 2. En harmonie ; assorti : *Draps et taies d'oreiller coordonnés.* - 3. GRAMM. Relié par un coordonnant. (V. aussi *coordonner*.)
◆ **coordonnés** n.m. pl. Éléments différents assortis entre eux et constituant un ensemble harmonieux, dans le domaine de l'habillement, de la décoration.

coordonnée [kɔɔʀdɔne] n.f. MATH. Chacun des nombres servant à déterminer la position d'un point dans un plan ou dans l'espace par rapport à un système de référence : *Les coordonnées cartésiennes* (= dans un repère cartésien) *d'un point dans l'espace s'appellent l'abscisse, l'ordonnée et la cote.*
◆ **coordonnées** n.f. pl. - 1. FAM. Indications (adresse, téléphone, etc.) permettant de joindre qqn. - 2. *Coordonnées géographiques,* couple de coordonnées (longitude et latitude) permettant de repérer un point du globe à partir d'un méridien origine et de l'équateur.

coordonner [kɔɔʀdɔne] v.t. (de *ordonner*). - 1. Combiner, agencer en vue d'obtenir un ensemble cohérent, un résultat déterminé : *Coordonner l'action des différents services.* - 2. GRAMM. Relier par un coordonnant.

copain, copine [kɔpɛ̃, kɔpin] n. (anc. fr. *compain,* autre forme de *compagnon*). FAM. Camarade.

copeau [kɔpo] n.m. (lat. pop. *cuspellus,* du class. *cuspis* "fer d'une lance"). Parcelle de bois ou de métal enlevée avec un instrument tranchant.

copiage [kɔpjaʒ] n.m. - 1. Action de copier frauduleusement, d'imiter servilement. - 2. Fabrication automatique d'une pièce sur une machine-outil, identiquement à un modèle donné.

copie [kɔpi] n.f. (lat. *copia* "abondance"). - 1. Reproduction exacte d'un écrit, d'une œuvre d'art, du contenu d'un disque ou d'une bande magnétique : *Garder une copie d'un document* (syn. double ; contr. original). *La copie d'un meuble ancien* (syn. réplique). - 2. Exemplaire d'un film, destiné à la projection. - 3. Devoir d'élève : *Corriger des copies.* - 4. Feuille double de format écolier : *Copies perforées.* - 5. FAM. Article, sujet d'article de journal : *Un journaliste en mal de copie* (= qui ne sait quoi écrire).

copier [kɔpje] v.t. (de *copie*) [conj. 9]. - 1. Reproduire à un ou plusieurs exemplaires : *Copier une recette de cuisine* (syn. recopier, transcrire). - 2. Reproduire une œuvre originale ; chercher à imiter : *Copier les grands maîtres.* - 3. Imiter sans originalité : *Copier les manières de qqn.* ◆ v.t. ind. [**sur**]. Tricher en classe ou à un examen en s'inspirant de notes de cours ou du travail d'autrui : *Copier sur son voisin.*

1. copieur, euse [kɔpjœʀ, -øz] n. - 1. Personne qui imite servilement. - 2. Élève qui copie frauduleusement.

2. copieur [kɔpjœʀ] n.m. Syn. de *photocopieur.*

copieusement [kɔpjøzmɑ̃] adv. De façon copieuse : *Manger copieusement* (syn. abondamment).

copieux, euse [kɔpjø, -øz] adj. (lat. *copiosus,* de *copia* "abondance"). Abondant : *Un repas copieux.*

copilote [kɔpilɔt] n. AÉRON. Pilote auxiliaire.

copinage [kɔpinaʒ] n.m. (de *copiner*). - 1. Relation de copains. (On dit aussi *copinerie.*) - 2. FAM. Favoritisme fondé sur l'échange de services (péjor.) : *Obtenir un poste par copinage.*

copine n.f. → **copain**.

copiner [kɔpine] v.i. (de *copain, copine*). FAM. Établir et entretenir des liens de camaraderie avec qqn.

copiste [kɔpist] n. Personne qui copie, et notamm. qui copiait autrefois des manuscrits, de la musique.

coplanaire [kɔplanɛʀ] adj. Points, droites coplanaires, appartenant à un même plan.

coppa [kɔpa] n.f. (mot it.). Charcuterie d'origine italienne, constituée de l'échine de porc désossée, salée et fumée.

coprah ou **copra** [kɔpʀa] n.m. (dravidien *koppara,* par le port.). Amande de coco débarrassée de sa coque, desséchée et prête à être mise au moulin pour l'extraction de l'huile.

coprin [kɔprɛ̃] n.m. (du gr. *kopros* "fumier"). Champignon à lames, à chapeau rabattu contre le pied, poussant sur les fumiers, et comestible à l'état jeune. □ Classe des basidiomycètes ; famille des agaricacées.

coproculture [kɔprɔkyltyr] n.f. (de *copro-* et *culture*). MÉD. Culture en laboratoire, aux fins d'isolement et d'identification, des germes présents dans les selles.

coproduction [kɔprɔdyksjɔ̃] n.f. Production en commun d'un film, d'un téléfilm, d'une émission ; le résultat de cette production : *Une coproduction franco-italienne.*

coproduire [kɔprɔdɥir] v.t. (conj. 98). Produire qqch en association avec d'autres : *Coproduire un film.*

coprophage [kɔprɔfaʒ] adj. et n. (de *copro-* et *-phage*). **- 1.** Qui se nourrit d'excréments : *Insecte coprophage.* **- 2.** PSYCHIATRIE. Qui a tendance à ingérer des excréments.

copropriétaire [kɔprɔprijetɛr] n. Personne qui possède un bien en copropriété : *Réunion de copropriétaires.*

copropriété [kɔprɔprijete] n.f. Propriété commune à plusieurs personnes : *Un immeuble en copropriété.*

copte [kɔpt] n. et adj. (gr. *aiguptios* "égyptien"). Chrétien d'Égypte et d'Éthiopie. □ Depuis le XVIIIᵉ s., une minorité de chrétiens coptes se sont ralliés à Rome. ◆ n.m. Égyptien ancien écrit en un alphabet dérivé du grec et servant de langue liturgique à l'Église copte.

copulation [kɔpylasjɔ̃] n.f. Accouplement d'un mâle et d'une femelle.

copule [kɔpyl] n.f. (lat. *copula* "lien"). GRAMM. Mot de liaison (conjonction, etc.) ; spécial., mot (par ex. le v. *être*) qui lie l'attribut au sujet d'une proposition.

copuler [kɔpyle] v.i. (lat. *copulare*, de *copula* "lien"). FAM. S'accoupler.

copyright [kɔpirajt] n.m. (mot angl. "droit de copie"). Droit exclusif pour un auteur ou son éditeur d'exploiter pendant plusieurs années une œuvre littéraire, artistique ou scientifique ; marque de ce droit symbolisé par le signe ©.

1. coq [kɔk] n.m. (bas lat. *coccus*, d'orig. onomat., d'après le cri du coq). **- 1.** Oiseau domestique, mâle de la poule. □ Ordre des gallinacés. **- 2.** ORNITH. Mâle des oiseaux, notamm. des gallinacés : *Coq faisan.* **- 3.** Au chant du coq, au point du jour. ‖ Comme un coq en pâte, choyé, sans souci. ‖ Coq au vin, plat préparé avec un coq cuit dans du vin

rouge. ‖ Coq de village, homme le plus admiré des femmes dans une localité. ‖ Coq gaulois, un des emblèmes de la nation française. ‖ Passer du coq à l'âne, passer sans raison d'un sujet à l'autre. ‖ SPORTS. Poids coq, catégorie de poids dans divers sports individuels, comme la boxe ; sportif appartenant à cette catégorie. **- 4.** Coq de bruyère. Oiseau devenu rare en France, gibier estimé, appelé aussi *tétras.* □ Ordre des gallinacés ; famille des tétraonidés ; long. 85 cm.

2. coq [kɔk] n.m. (néerl. *kok*, lat. *coquus*, de *coquere* "cuire"). Cuisinier à bord d'un navire.

coq-à-l'âne [kɔkalan] n.m. inv. Fait de passer, en parlant ou en écrivant, d'un sujet à un autre n'ayant aucun rapport ; incohérence dans des propos, dans un texte.

coquard [kɔkar] n.m. (de *coque*). FAM. Trace de coup, ecchymose, génér. à l'œil.

coque [kɔk] n.f. (orig. incert., p.-ê. du lat. *coccum* "sorte de cochenille", avec évolution de sens vers "excroissance d'une plante"). **- 1.** VIEILLI. Enveloppe solide et dure de l'œuf. **- 2.** Enveloppe ligneuse de certains fruits : *Coque de noix, de noisettes, d'amandes* (syn. coquille). **- 3.** Mollusque bivalve comestible, vivant dans le sable des plages. **- 4.** Carcasse d'un navire, d'un avion. **- 5.** Œuf à la coque, œuf légèrement cuit à l'eau bouillante dans sa coque de façon que le jaune reste fluide.

coquelet [kɔklɛ] n.m. Jeune coq.

coquelicot [kɔkliko] n.m. (même orig. onomat. que *coq*, en raison du rouge de sa crête). Plante herbacée à fleurs rouges, commune dans les champs de céréales, où elle constitue une mauvaise herbe. □ Famille des papavéracées.

coqueluche [kɔklyʃ] n.f. (orig. obsc., propr. "capuchon"). **- 1.** Maladie contagieuse, avec toux convulsive, qui atteint surtout les enfants. **- 2.** FAM. Personne dont on est entiché : *Cet acteur est la coqueluche des jeunes spectateurs.*

coquet, ette [kɔkɛ, -ɛt] adj. (de *1. coq*). **- 1.** Qui cherche à plaire par sa toilette, son élégance. **- 2.** Qui a un aspect plaisant, élégant : *Appartement coquet.* **- 3.** Se dit d'une somme d'argent assez importante : *Des revenus coquets.* ◆ n. Personne coquette, qui cherche à plaire.

coquetier [kɔktje] n.m. (de *coque*). Petit godet creux permettant de servir un œuf à la coque.

coquettement [kɔkɛtmã] adv. De façon coquette.

coquetterie [kɔkɛtri] n.f. **- 1.** Caractère d'une personne coquette ; désir de plaire. **- 2.** FAM.

Avoir une coquetterie dans l'œil, loucher légèrement.

coquillage [kɔkijaʒ] n.m. (de *coquille*). Mollusque pourvu d'une coquille ; la coquille elle-même.

coquille [kɔkij] n.f. (lat. pop. *conchilia*, class. *conchylium* "coquillage", gr. *kogkhulion*). **- 1.** Enveloppe dure, calcaire, constituant le squelette externe de la plupart des mollusques et de quelques autres animaux invertébrés. **- 2.** Enveloppe calcaire de l'œuf des oiseaux. **- 3.** Enveloppe ligneuse de certains fruits : *Coquille de noix, d'amande* (syn. coque). **- 4.** Protection des parties génitales que portent les hommes pratiquant la danse classique ou certains sports de combat. **- 5.** Faute typographique. ‖ Coquille de noix, bateau très petit. **- 6.** Coquille d'œuf, d'une couleur blanc cassé, à peine teintée de beige ou d'ocre. ‖ Rentrer dans sa coquille, se replier sur soi, éviter les autres. **- 7.** Coquille Saint-Jacques. Mollusque marin bivalve, comestible, capable de se déplacer en fermant ses valves. ▫ Genre pecten ; long. 10 cm.

coquillette [kɔkijɛt] n.f. Pâte alimentaire en forme de petite coquille.

coquin, e [kɔkɛ̃, -in] n. (de *1. coq*). **- 1.** Se dit d'un enfant espiègle, malicieux. **- 2.** Se dit d'une chose plus ou moins licencieuse, ou qui est faite pour séduire : *Une histoire coquine* (syn. grivois). *Un regard coquin* (syn. égrillard). ◆ n. **- 1.** VIEILLI. Individu malhonnête, sans scrupule. **Rem.** Rare au fém. **- 2.** Enfant espiègle, malicieux : *Quel petit coquin !*

1. cor [kɔr] n.m. (lat. *cornu* "corne"). **- 1.** Instrument de musique à vent, en cuivre, composé d'une embouchure et d'un tube conique évasé sur lui-même, terminé par un pavillon évasé. **- 2.** À cor et à cri, à grand bruit, avec insistance. **- 3.** Cor anglais. Hautbois alto. ‖ Cor de chasse. Trompe utilisée dans les chasses à courre. ◆ **cors** n.m. pl. Ramifications des bois du cerf : *Un cerf dix cors* ou *un dix-cors*.

2. cor [kɔr] n.m. (de *1. cor*). Durillon sur les orteils, dû au frottement.

corail [kɔraj] n.m. (lat. *corallium*, du gr.) [pl. *coraux*]. **- 1.** Animal des mers chaudes, fixé à quelque profondeur, constitué par une colonie de polypes sur un axe calcaire. ▫ Embranchement des cnidaires ; ordre des octocoralliaires gorgonaires ; haut. max. 30 cm. On donne souvent le nom de *coraux* à l'ensemble des animaux *(madrépores, hydrocoralliaires)* qui construisent ces récifs dans les mers chaudes. **- 2.** Matière rouge ou blanche qui forme le squelette des coraux, utilisée en bijouterie. **- 3.** Partie rouge de la coquille Saint-Jacques. ◆ **corail** adj. inv. D'un rouge éclatant.

corallien, enne [kɔraljɛ̃, -ɛn] adj. Formé de coraux : *Des récifs coralliens*.

coranique [kɔranik] adj. Relatif au Coran : *La loi coranique*.

corbeau [kɔrbo] n.m. (de l'anc. fr. *corp*, lat. *corvus*). **- 1.** Oiseau de l'hémisphère Nord, au plumage noir, devenu rare en France. ▫ Famille des corvidés ; ordre des passereaux ; envergure jusqu'à 1 m. Le corbeau croasse ; le petit du corbeau s'appelle le corbillat. **- 2.** Pierre ou pièce de bois en saillie pour soutenir une poutre. **- 3.** Auteur de lettres anonymes.

corbeille [kɔrbɛj] n.f. (bas lat. *corbicula*, dimin. du class. *corbis*). **- 1.** Panier en osier, en métal, en matière plastique, etc., avec ou sans anses ; son contenu : *Corbeille à papier. Offrir une corbeille de fruits*. **- 2.** ARCHIT. Partie principale d'un chapiteau. **- 3.** Parterre circulaire ou ovale couvert de fleurs. **- 4.** À la Bourse, espace circulaire entouré d'une balustrade autour de laquelle se réunissaient les représentants des sociétés de Bourse. **- 5.** Dans une salle de spectacle, balcon au-dessus de l'orchestre. **- 6.** Corbeille de mariage, ce que reçoit la jeune mariée, soit en dot, soit en cadeaux.

corbeille-d'argent [kɔrbɛjdarʒɑ̃] n.f. (pl. *corbeilles-d'argent*). Plante ornementale aux fleurs blanches, jaunes ou bleues, au feuillage argenté. ▫ Famille des crucifères ; genres alyssum et iberis.

corbillard [kɔrbijar] n.m. (de *corbillat*, coche faisant le service de Paris à Corbeil). Voiture ou fourgon automobile servant au transport des morts.

corbleu [kɔrblø] interj. (altér. de *corps de Dieu*). Ancien juron.

cordage [kɔrdaʒ] n.m. (de *corde*). **- 1.** Corde ou câble faisant partie du gréement d'un bateau. **- 2.** Action de corder une raquette de tennis, de squash, etc. ; les cordes ainsi tendues sur raquettes : *Un cordage en Nylon, en boyau.*

corde [kɔrd] n.f. (lat. *chorda*, gr. *khordê* "boyau"). **- 1.** Assemblage de fils de chanvre, de crin ou d'autres matières textiles, tordus ensemble pour former un fil plus épais, un câble : *Grimper à la corde. Échelle de corde. Il mérite la corde* (= la pendaison). **- 2.** Lien, fil de matière quelconque : *Corde à linge en plastique.* **- 3.** MUS. Fil de boyau ou d'acier qu'on fait vibrer dans certains instruments de musique : *Instrument à cordes, à cordes pincées (guitare, clavecin), à cordes frappées (piano).* **- 4.** Limite intérieure d'une piste de course : *Il a pris le virage à la corde* (= au plus court). **- 5.** MATH. Segment de droite qui joint les extrémités d'un arc de cercle ou d'une courbe quelconque. - **6**. Avoir plusieurs cordes à son arc, posséder plus d'une ressource. ‖ **Corde lisse, à nœuds**, cordes servant à se hisser à la force des bras. ‖ **Être, ne pas être dans les cordes de qqn**, être, ne pas être de sa compétence. ‖ **Il pleut, il tombe des cordes**, il pleut très fort, à verse. ‖ **La corde sensible**, ce qui, chez qqn, est vulnérable, source d'émotion. ‖ **Sur la corde raide**, dans une situation difficile. ‖ **Tirer sur la corde**, abuser d'une situation. ‖ **Usé jusqu'à la corde**, éculé, rebattu : *Une plaisanterie usée jusqu'à la corde.* - **7**. **Corde à sauter**. Corde munie de poignées et servant à l'entraînement des sportifs ou comme jeu d'enfant. ‖ **Corde vocale**. Chacun des deux replis musculo-membraneux du larynx dont les vibrations sont à l'origine de la voix. ◆ **cordes** n.f. pl. - **1**. Terme générique désignant les instruments de musique à cordes frottées (violon, alto, violoncelle, contrebasse). - **2**. Limites d'un ring de boxe, de catch, marquées par trois cordes tendues.

cordeau [kɔʁdo] n.m. - **1**. Corde de faible diamètre qu'on tend entre deux points pour tracer une ligne droite, aligner des éléments. - **2**. **Tiré au cordeau**, très droit, impeccable.

cordée [kɔʁde] n.f. Groupe d'alpinistes reliés les uns aux autres par une corde.

cordelette [kɔʁdəlɛt] n.f. Corde fine.

cordelière [kɔʁdəljɛʁ] n.f. Gros cordon servant de ceinture, ou utilisé dans l'ameublement.

corder [kɔʁde] v.t. - **1**. Tordre en forme de corde. - **2**. Lier avec une corde : *Corder une malle.* - **3**. Garnir de cordes : *Corder une raquette.*

1. cordial, e, aux [kɔʁdjal, -o] adj. (lat. médiév. *cordialis*, du class. *cor, cordis* "cœur"). - **1**. Qui part du cœur : *Invitation cordiale.* - **2**. Se dit de sentiments profonds : *Une haine cristalline.*

2. cordial [kɔʁdjal] n.m. (de *1. cordial* "stimulant"). Potion, boisson fortifiante.

cordialement [kɔʁdjalmã] adv. De façon cordiale : *Ils ont été reçus très cordialement* (syn. amicalement).

cordialité [kɔʁdjalite] n.f. Bienveillance amicale : *Ils témoignent d'une grande cordialité* (syn. amitié).

cordillère [kɔʁdijɛʁ] n.f. (esp. *cordillera* "chaîne"). Chaîne de montagnes de forme allongée.

cordon [kɔʁdɔ̃] n.m. - **1**. Petite corde : *Cordon de sonnette.* - **2**. Large ruban servant d'insigne aux dignitaires de certains ordres. - **3**. Série de personnes, de choses alignées, rangées : *Cordon de troupes, de police.* - **4**. ARCHIT. Bandeau, moulure ou corps de moulure, ornés

ou non, saillant horizontalement sur un mur. - **5**. **Tenir les cordons de la bourse** → bourse. - **6**. **Cordon littoral**. Langue de sable formée (dans un golfe ou une baie) de débris déposés par un courant côtier, et qui emprisonne parfois en arrière une nappe d'eau (lagune) [syn. flèche littorale]. ‖ **Cordon ombilical**. Canal contenant les vaisseaux qui unissent le fœtus au placenta. ‖ **Cordon sanitaire**. Dispositif réglementant l'accès d'un pays en temps d'épidémie.

cordon-bleu [kɔʁdɔ̃blø] n.m. (pl. *cordons-bleus*). Cuisinier, cuisinière très habile.

cordonnerie [kɔʁdɔnʁi] n.f. - **1**. Métier, commerce du cordonnier. - **2**. Boutique du cordonnier.

cordonnet [kɔʁdɔnɛ] n.m. Petit cordon de fil, de soie, d'or ou d'argent, en passementerie.

cordonnier, ère [kɔʁdɔnje, -ɛʁ] n. (de l'anc. fr. *cordoan* "cuir de Cordoue"). Personne qui répare les chaussures.

coré n.f. → **korê**.

coréen, enne [kɔʁeɛ̃, -ɛn] adj. et n. De Corée. ◆ **coréen** n.m. Langue parlée en Corée, transcrite à l'aide d'un alphabet particulier, le *hangul*.

coreligionnaire [kɔʁeliʒjɔnɛʁ] n. Personne qui professe la même religion qu'une autre.

coriace [kɔʁjas] adj. (de l'anc. fr. *coroie* "courroie"). - **1**. Dur comme du cuir, en parlant des viandes. - **2**. FAM. Dont on peut difficilement vaincre la résistance : *Un adversaire coriace* (syn. tenace).

coriandre [kɔʁjɑ̃dʁ] n.f. (lat. *coriandrum*, du gr.). Plante méditerranéenne, dont le fruit aromatique sert de condiment et dont l'huile, obtenue par distillation, entre en partic. dans la préparation de certaines liqueurs. □ Famille des ombellifères.

corindon [kɔʁɛ̃dɔ̃] n.m. (dravidien *curundan*). Alumine cristallisée, pierre la plus dure après le diamant, utilisée comme abrasif ou en joaillerie. □ Ses plus belles variétés sont le rubis et le saphir.

corinthien, enne [kɔʁɛ̃tjɛ̃, -ɛn] adj. (du n. de la v. de *Corinthe*). Se dit d'un ordre d'architecture créé par les Grecs à la fin du vᵉ s. av. J.-C., caractérisé par un chapiteau à corbeille ornée de deux rangées de feuilles d'acanthe et par un entablement richement décoré. ◆ **corinthien** n.m. Cet ordre.

cormier [kɔʁmje] n.m. (de *corme* [n. du fruit], gaul. **corma*). Sorbier domestique dont le bois, très dur, est utilisé pour fabriquer des manches d'outils.

cormoran [kɔʁmɔʁɑ̃] n.m. (de l'anc. fr. *corp* "corbeau" et *marenc* "marin"). Oiseau vivant près des côtes, excellent plongeur, au plumage sombre. □ Ordre des palmipèdes ; long. 60 à 80 cm.

cornac [kɔrnak] n.m. (port. *cornaca,* du cinghalais). Celui qui est chargé de soigner et de conduire un éléphant.

cornaline [kɔrnalin] n.f. (de *corne*). Variété rouge d'agate, employée en bijouterie.

cornaquer [kɔrnake] v.t. (de *cornac*). FAM. Conduire qqn, lui servir de guide.

corne [kɔrn] n.f. (lat. *cornu*). -1. Organe pair, dur et pointu poussant sur la tête de certains ruminants. □ Les bovidés ont des cornes creuses, les cervidés des cornes ramifiées et caduques, ou bois. -2. Organe corné poussant sur le museau du rhinocéros. -3. Organe pair dont la forme évoque une corne : *Cornes d'escargots.* -4. Kératine employée dans l'industrie : *Bouton, peigne de corne.* -5. Partie dure du pied des ongulés. -6. Callosité de la peau : *Avoir de la corne sous la plante des pieds.* -7. Pli fait au coin d'un papier, d'un carton. -8. Partie saillante, pointue d'une chose : *Cornes de la lune.* -9. FAM. Attribut que l'on prête aux maris trompés : *Elle lui fait porter des cornes.* -10. Corne de brume. Instrument destiné, à bord d'un navire, à faire entendre des signaux sonores par temps de brume. ‖ Corne de gazelle. Sorte de gâteau oriental.

corné, e [kɔrne] adj. -1. De la nature de la corne. -2. Qui a l'apparence de la corne.

corned-beef [kɔrnbif] n.m. inv. (mot angloamér., de *corned* "salé" et *beef* "bœuf"). Conserve de viande de bœuf.

cornée [kɔrne] n.f. (lat. *cornea [tunica]* "[tunique] cornée"). Partie antérieure, transparente, du globe oculaire, en forme de calotte sphérique un peu saillante.

cornéen, enne [kɔrneɛ̃, -ɛn] adj. -1. Relatif à la cornée. -2. Lentilles cornéennes, verres de contact qu'on applique sur la cornée.

corneille [kɔrnɛj] n.f. (lat. *cornicula*). Oiseau passereau voisin des corbeaux, mais plus petit, qui vit d'insectes et de petits rongeurs. □ La corneille craille.

cornélien, enne [kɔrneljɛ̃, -ɛn] adj. -1. Relatif à Corneille, à son œuvre : *La dramaturgie cornélienne.* -2. Se dit d'une situation dans laquelle s'opposent la grandeur d'une passion et l'honneur d'un devoir : *Un débat cornélien.* -3. Héros cornélien, personne qui fait passer son devoir avant tout.

cornemuse [kɔrnəmyz] n.f. (de *1. corner* et *muser* "jouer de la musette"). Instrument de musique à vent, composé d'une outre et de tuyaux à anches.

1. corner [kɔrne] v.i. -1. Sonner d'une corne, d'une trompe. -2. Corner aux oreilles de qqn, lui parler très fort. ◆ v.t. -1. Plier en

forme de corne : *Corner une carte de visite.* -2. FAM. Répéter partout et sans cesse : *Corner une nouvelle.*

2. corner [kɔrnɛr] n.m. (mot angl. "coin"). SPORTS. Au football, faute commise par un joueur qui détourne le ballon et l'envoie derrière la ligne de but de son équipe ; coup franc accordé à l'équipe adverse à la suite de cette faute.

cornet [kɔrnɛ] n.m. (de *corne*). -1. Autref., petite trompe ou petit cor. -2. Feuille de papier roulée en cône, contenant de menus objets, des friandises, etc. ; son contenu : *Un cornet de frites.* -3. Gaufrette conique qu'on garnit de glace. -4. Cornet à dés, gobelet dans lequel on place les dés à jouer avant de les lancer. ‖ Cornet à pistons, instrument de la catégorie des cuivres à embouchure, composé d'un tube conique court, enroulé sur lui-même et muni de pistons.

cornette [kɔrnɛt] n.f. (de *corne*). -1. Coiffure que portent certaines religieuses. -2. Scarole, à feuilles enroulées.

corn flakes [kɔrnflɛks] n.m. pl. (anglo-amér. *cornflakes,* de *corn* "maïs" et *flake* "flocon"). Aliment présenté sous forme de flocons grillés, préparé à partir de semoule de maïs.

corniaud [kɔrnjo] n.m. (de *corne* "coin", propr. "chien fait au coin des rues"). -1. Chien bâtard. -2. T. FAM. Imbécile.

corniche [kɔrniʃ] n.f. (it. *cornice,* probabl. du gr. *korônis* "ligne recourbée"). -1. Ensemble de moulures en surplomb les unes sur les autres, qui constituent le couronnement d'un entablement, d'un piédestal, d'un meuble, etc. -2. GÉOGR. Portion de versant, verticale ou à pente abrupte.

cornichon [kɔrniʃɔ̃] n.m. (de *corne*). -1. Concombre d'un type cultivé pour ses fruits, mis en conserve dans le vinaigre ou la saumure ; le fruit lui-même, consommé comme condiment. -2. FAM. Imbécile.

cornière [kɔrnjɛr] n.f. (de *corne* "coin"). -1. Barre métallique composée de deux lames assemblées en T, en L ou en V. -2. Rangée de tuiles placées à la jointure de deux pentes d'un toit pour l'écoulement des eaux. -3. ARCHIT. Portique formant passage couvert au rez-de-chaussée des maisons, qui borde la place d'une bastide.

corniste [kɔrnist] n. Musicien, musicienne qui joue du cor.

cornouiller [kɔrnuje] n.m. (de *corne*). Petit arbre commun des lisières, au bois dur. □ Famille des cornacées.

cornu, e [kɔrny] adj. -1. Qui a des cornes, des saillies en forme de corne : *Blé cornu.* -2. Qui a la forme d'une corne.

cornue [kɔrny] n.f. (de *cornu*). -1. CHIM. Vase à col étroit et courbé utilisé pour la distillation. **-2.** TECHN. Four industriel de forme comparable.

corollaire [kɔrɔlɛr] n.m. (lat. *corollarium,* de *corolla ;* v. *corolle*). **-1.** Conséquence nécessaire et évidente. **-2.** LOG., MATH. Proposition qui se déduit immédiatement d'une proposition déjà démontrée.

corolle [kɔrɔl] n.f. (lat. *corolla,* dimin. de *corona* "couronne"). BOT. Ensemble des pétales d'une fleur, souvent brillamment colorés.

coron [kɔrɔ̃] n.m. (mot picard et wallon, de *cor*[*n*] "coin"). Groupe d'habitations ouvrières en pays minier.

coronaire [kɔrɔnɛr] adj. (lat. *coronarius,* de *corona* "couronne"). Artère coronaire, chacune des deux artères qui naissent de l'aorte et apportent au muscle cardiaque le sang nécessaire à son fonctionnement (on dit aussi *une coronaire*).

coronarien, enne [kɔrɔnarjɛ̃, -ɛn] adj. Relatif aux artères coronaires.

coronarite [kɔrɔnarit] n.f. Maladie inflammatoire des artères coronaires.

coronarographie [kɔrɔnarɔgrafi] n.f. Radiographie des artères coronaires sous produit de contraste.

coronaropathie [kɔrɔnarɔpati] n.f. Affection des artères coronaires.

coroner [kɔrɔnɛr] n.m. (mot angl., de l'anc. normand *coroneor,* du même rad. que le fr. *couronne*). Officier de police judiciaire des pays anglo-saxons.

corporatif, ive [kɔrpɔratif, -iv] adj. Relatif à une corporation.

corporation [kɔrpɔrasjɔ̃] n.f. (mot angl., du lat. médiév. *corporari* "se grouper en corps"). **-1.** Ensemble des personnes exerçant la même profession. **-2.** HIST. Sous l'Ancien Régime, association de personnes exerçant la même profession, et qui était soumise à une réglementation très stricte. □ Les corporations furent supprimées en 1791.

corporatisme [kɔrpɔratism] n.m. **-1.** Défense exclusive des intérêts professionnels d'une catégorie déterminée de travailleurs. **-2.** Doctrine économique et sociale qui prône la création d'institutions professionnelles corporatives dotées de pouvoirs économiques, sociaux et même politiques. ◆ **corporatiste** adj. et n. Qui concerne ou soutient le corporatisme.

corporel, elle [kɔrpɔrɛl] adj. **-1.** Relatif au corps humain : *Exercice corporel* (syn. physique). *Châtiment corporel.* **-2.** Art corporel (en angl. *body art*), forme d'art contemporain dans laquelle l'artiste prend pour matériau son propre corps. □ À partir de 1969-70 :

actions de Vito Acconci aux États-Unis, de Gina Pane en France, etc. ‖ Bien corporel, bien doué d'une existence matérielle (par opp. à *bien incorporel* ou *bien droit*).

corporellement [kɔrpɔrɛlmã] adv. De façon corporelle ; physiquement.

corps [kɔr] n.m. (lat. *corpus*). **-1.** Organisme d'un être animé ; partie matérielle de l'être humain, par opp. à l'âme, l'esprit : *La belette a un corps allongé. Un esprit sain dans un corps sain.* **-2.** Ce qui subsiste d'un être animé après la mort : *Après la catastrophe, les corps gisaient çà et là* (syn. cadavre). **-3.** Tronc, par opp. aux membres et à la tête : *Ils portaient des tatouages sur les bras et le corps.* **-4.** Ce qui habille le tronc, le torse : *Corps de robe. Corps de cuirasse.* **-5.** Tout objet, toute substance matériels : *La chute des corps. Le carbone est un corps simple.* **-6.** Partie principale d'un objet, d'un écrit, d'une œuvre : *Le corps d'un violon. Le corps d'un article.* **-7.** Ensemble organisé de règles, de principes ; recueil de textes : *Un corps de doctrine.* **-8.** Ensemble de personnes appartenant à la même catégorie professionnelle ou ayant des fonctions similaires au sein d'un groupe : *Le corps médical. Corps d'armée.* **-9.** À corps perdu, au mépris du danger ; impétueusement : *Se lancer à corps perdu dans une bataille.* ‖ À son corps défendant, malgré soi. ‖ Avoir du corps, en parlant du vin, donner une sensation de plénitude. ‖ Corps et âme, tout entier, sans réserve : *Se dévouer corps et âme à qqn, qqch.* ‖ Corps et biens, les personnes comme les biens matériels. ‖ Corps étranger, substance qui se trouve contre nature dans l'organisme, soit apportée du dehors, soit formée sur place. ‖ Donner corps à, donner une réalité à ce qui n'était qu'une idée, une possibilité. ‖ Faire corps avec, ne faire qu'un avec qqn d'autre ; adhérer à qqch. ‖ N'avoir rien dans le corps, être sans courage, sans force ; être à jeun. ‖ Prendre corps, prendre consistance ; avoir un début de réalisation. ‖ Tenir au corps, être nourrissant, en parlant d'un aliment.

corps à corps [kɔrakɔr] loc. adv. Directement aux prises avec l'adversaire ; avec acharnement. ◆ n.m. (Souvent avec traits d'union). Combat acharné ; mêlée violente.

corpulence [kɔrpylɑ̃s] n.f. (lat. *corpulentia,* de *corpus* "corps"). **-1.** Grandeur, grosseur du corps humain. **-2.** Embonpoint : *Sa corpulence le handicape.*

corpulent, e [kɔrpylɑ̃, -ɑ̃t] adj. Qui a une forte corpulence : *Un homme corpulent* (syn. gros).

corpus [kɔrpys] n.m. (du lat. *corpus* [*juris*] "recueil [de droit]"). Ensemble de documents servant de base à la description dans un domaine ou à l'étude d'un phénomène ; recueil reproduisant ces documents.

corpusculaire [kɔrpyskylɛr] adj. - **1.** Relatif aux corpuscules. - **2.** PHYS. Théorie corpusculaire, mode de description théorique de la lumière en termes de grains d'énergie, les photons, qui maintiennent leurs caractéristiques au cours de leur interaction avec la matière.

corpuscule [kɔrpyskyl] n.m. (lat. *corpusculum*, dimin. de *corpus* "corps"). vx. Très petit élément de la matière ; corps minuscule (syn. particule).

corral [kɔral] n.m. (mot esp. "basse-cour") [pl. *corrals*]. - **1.** Cour attenante aux arènes tauromachiques. - **2.** Enclos pour le bétail dans certains pays.

correct, e [kɔrɛkt] adj. (lat. *correctus*, de *corrigere* ; v. *corriger*). - **1.** Conforme aux règles, au goût, aux convenances : *Un calcul correct* (syn. exact). *Tenue correcte* (syn. décent). - **2.** D'une qualité moyenne : *Un travail correct mais sans originalité* (syn. acceptable).

correctement [kɔrɛktəmɑ̃] adv. De façon correcte.

correcteur, trice [kɔrɛktœr, -tris] adj. (lat. *corrector*, de *corrigere* ; v. *corriger*). Dont l'effet est de corriger : *Verres correcteurs.* ◆ n. Personne, professionnel(le) qui corrige des copies d'examen ou des épreuves d'imprimerie.

correctif, ive [kɔrɛktif, -iv] adj. (lat. médiév. *correctivus*, du class. *corrigere* ; v. *corriger*). Qui vise à corriger, à redresser : *Gymnastique corrective.* ◆ **correctif** n.m. Expression qui adoucit ce qu'il y a de trop fort dans une écrit ou des paroles ; mise au point qui redresse un énoncé maladroit : *J'apporterai un correctif à ce qui précède.*

correction [kɔrɛksjɔ̃] n.f. (lat. *correctio*, de *corrigere* ; v. *corriger*). - **1.** Qualité de ce qui est correct, conforme aux règles : *La correction du langage.* - **2.** Qualité de qqn, de son comportement, qui est correct, respecte les bienséances et la morale : *Agir avec correction.* - **3.** Rectification d'une faute : *La correction d'une erreur.* - **4.** Évaluation des copies d'examen et de concours : *Il y aura pour cette épreuve une double correction.* - **5.** Modification apportée à un texte, qui corrige une erreur : *Un manuscrit surchargé de corrections.* - **6.** Compensation artificiellement apportée à une déficience physique : *Correction de la myopie par des verres.* - **7.** Action de punir physiquement ; coups donnés : *Infliger une bonne correction.*

correctionnel, elle [kɔrɛksjɔnɛl] adj. (de *correction*). - **1.** Relatif aux délits (par oppos. à *contravention* et à *crime*). - **2.** Tribunal correctionnel, tribunal qui juge les délits (on dit aussi *la correctionnelle*).

corrélat [kɔrela] n.m. (de *corrélation*). Objet en corrélation avec un autre.

corrélatif, ive [kɔrelatif, -iv] adj. (lat. médiév. *correlativus*). Qui est en relation avec une autre chose. ◆ adj. et n.m. LING. Se dit de deux termes qui articulent deux membres d'une phrase interdépendants. (Ex. : tel... que, trop... pour, etc.)

corrélation [kɔrelasjɔ̃] n.f. (lat. médiév. *correlatio*). - **1.** Relation existant entre deux notions dont l'une ne peut être pensée sans l'autre, entre deux faits liés par une dépendance nécessaire : *Corrélation entre la délinquance et le milieu social.* - **2.** STAT. Coefficient de corrélation, indice mesurant le degré de liaison entre deux variables.

corrélativement [kɔrelativmɑ̃] adv. De façon corrélative.

corrélé, e [kɔrele] adj. (de *corrélation*). STAT. Se dit de variables qui présentent une interdépendance non fonctionnelle caractérisée par un coefficient de corrélation.

correspondance [kɔrɛspɔ̃dɑ̃s] n.f. (de *correspondre*). - **1.** Rapport de conformité, de symétrie, de concordance : *Correspondance d'idées.* - **2.** Échange de lettres ; les lettres elles-mêmes : *Entretenir une correspondance avec qqn.* - **3.** Concordance d'horaires entre deux moyens de transport ; moyen de transport dont le service est établi en liaison avec un autre : *Attendre la correspondance.* - **4.** MATH. Relation entre deux ensembles permettant de passer d'un élément du premier à un élément du second.

1. **correspondant, e** [kɔrɛspɔ̃dɑ̃, -ɑ̃t] adj. - **1.** Qui correspond à qqch, à qqn : *Si vous refusez ce poste, vous perdrez les avantages correspondants.* - **2.** (Au pl.). Qui manifeste une relation de correspondance : *Idées correspondantes.*

2. **correspondant, e** [kɔrɛspɔ̃dɑ̃, -ɑ̃t] n. - **1.** Personne avec laquelle on entretient une communication épistolaire, téléphonique. - **2.** Journaliste qui ne travaille pas au siège d'un journal, et qui transmet du lieu où il se trouve (province, étranger) des informations ou des articles.

correspondre [kɔrɛspɔ̃dr] v.t. ind. (lat. *cum* "avec", et *respondere* "répondre") [conj. 75]. - **1.** [avec]. Entretenir des relations épistolaires ou téléphoniques avec qqn : *Correspondre avec ses amis.* - **2.** [à]. Être conforme à un état de fait : *Cela correspond bien à la vérité.* - **3.** [à]. Être dans un état de symétrie, d'équivalence, de similitude : *Le grade de lieutenant de vaisseau correspond à celui de capitaine dans l'armée de terre* (syn. équivaloir). - **4.** [avec]. Communiquer, en parlant de bâtiments, de pièces d'un appartement : *Son bureau correspondait directement avec sa chambre.*

corrida [kɔrida] n.f. (mot esp., du lat. *currere* "courir"). - **1.** Spectacle tauromachique au cours duquel des taureaux sont mis à mort. - **2.** FAM. Suite de difficultés entraînant agitation ou précipitation : *On a dû acheter les cadeaux en un quart d'heure, quelle corrida !*

corridor [kɔridɔr] n.m. (it. *corridore* "galerie où l'on court"). - **1.** Couloir. - **2.** GÉOGR. Zone de passage étroit ; territoire resserré entre deux États.

corrigé [kɔriʒe] n.m. Solution type d'un devoir, d'un exercice.

corriger [kɔriʒe] v.t. (lat. *corrigere* "redresser, améliorer") [conj. 17]. - **1.** Faire disparaître les défauts, les erreurs de ; revoir pour rendre correct : *Corriger une épreuve d'imprimerie.* - **2.** Atténuer qqch : *Corriger la sévérité de ses propos par une conclusion optimiste* (syn. adoucir). - **3.** Infliger une correction à qqn. - **4.** Corriger un devoir, des copies, etc., les noter après en avoir relevé les fautes. ◆ **se corriger** v.pr. - **1.** Être, pouvoir être rectifié, redressé : *La myopie se corrige avec des lunettes.* - **2.** Apporter une correction à ce qu'on a dit ou écrit : *Elle a fait un lapsus, mais elle s'est vite corrigée.* - **3.** Se corriger de qqch, se défaire de : *Elle s'est corrigée de son bégaiement.*

corroborer [kɔrɔbɔre] v.t. (lat. *corroborare*, de *roborare* "consolider"). Servir de preuve, de confirmation à : *Le récit du témoin corrobore les déclarations de la victime.*

corroder [kɔrɔde] v.t. (lat. *corrodere*, de *rodere* "ronger"). LITT. Provoquer la corrosion d'un corps solide, d'une surface : *Les acides corrodent les métaux.*

corrompre [kɔrɔ̃pr] v.t. (lat. *corrumpere*, de *rumpere* "rompre") [conj. 78]. - **1.** VX. Altérer, provoquer le pourrissement d'une substance : *La chaleur corrompt la viande.* - **2.** Dépraver, pervertir qqn : *Corrompre la jeunesse.* - **3.** Soudoyer qqn : *Corrompre un juge.*

corrosif, ive [kɔrozif, -iv] adj. (lat. *corrosivus*, de *corrodere* ; v. *corroder*). - **1.** Qui corrode : *Un acide corrosif.* - **2.** LITT. Méchant, virulent : *Ironie corrosive* (syn. caustique).

corrosion [kɔrozjɔ̃] n.f. (lat. *corrosio*, de *corrodere* ; v. *corroder*). Destruction progressive, lente désagrégation, effritement d'une substance, d'une surface par effet chimique.

corroyer [kɔrwaje] v.t. (lat. pop. *conredare*, gotique *garedan*) [conj. 13]. - **1.** Apprêter le cuir. - **2.** MÉTALL. Déformer un métal, un alliage à chaud. - **3.** MENUIS. Dégrossissage d'une pièce de bois sciée et avivée en vue de son usinage définitif.

corrupteur, trice [kɔryptœr, -tris] adj. et n. (lat. *corruptor*, de *corrumpere* ; v. *corrompre*). Qui corrompt, pervertit.

corruptible [kɔryptibl] adj. Sujet à la corruption.

corruption [kɔrypsjɔ̃] n.f. (lat. *corruptio*, de *corrumpere* ; v. *corrompre*). - **1.** VX. Pourrissement. - **2.** LITT. Fait d'être corrompu, dépravé ou perverti : *Corruption des mœurs.* - **3.** Action de soudoyer qqn ; fait d'être corrompu : *Tentative de corruption.*

corsage [kɔrsaʒ] n.m. (de *cors*, forme anc. de *corps*). - **1.** Vêtement féminin en tissu qui recouvre le buste. - **2.** COUT. Haut d'une robe.

corsaire [kɔrsɛr] n.m. (anc. prov. *corsari*, de l'it. *cursus* "course"). - **1.** Capitaine ou marin d'un navire dont l'équipage était habilité par son gouvernement à poursuivre et prendre à l'abordage des bâtiments de commerce ennemis (XVᵉ-XIXᵉ s.). **Rem.** À distinguer de *pirate.* - **2.** Nom donné à ce navire. - **3.** Pantalon moulant s'arrêtant à mi-mollet.

corse [kɔrs] adj. et n. De Corse. ◆ n.m. Langue parlée en Corse, dont les formes méridionales sont proches des dialectes du sud de l'Italie.

corsé, e [kɔrse] adj. (p. passé de *corser*). - **1.** Qui a un goût relevé : *Vin corsé.* - **2.** Scabreux : *Histoire corsée.*

corselet [kɔrsəlɛ] n.m. - **1.** Anc. vêtement féminin qui enserrait la partie inférieure du buste ou qui se laçait par-dessus un corsage. - **2.** ZOOL. Premier anneau du thorax des coléoptères ou des hyménoptères.

corser [kɔrse] v.t. (de *cors*, forme anc. de *corps* [propr. "saisir à bras-le-corps"]). - **1.** Donner du corps à un vin en l'additionnant d'alcool. - **2.** Épicer davantage une sauce. - **3.** Donner de la vigueur, renforcer l'intérêt de : *Corser un récit de quelques détails savoureux.* - **4.** Corser la note, l'addition, en gonfler le total. ◆ **se corser** v.pr. Devenir plus complexe, plus délicat : *L'affaire se corse.*

corset [kɔrsɛ] n.m. (de *cors*, forme anc. de *corps*). - **1.** Sous-vêtement féminin baleiné, destiné à maintenir le buste et les hanches. - **2.** Corset orthopédique, appareil servant à maintenir l'abdomen, le thorax, et à remédier aux déformations de la colonne vertébrale.

corseté, e [kɔrsəte] adj. - **1.** Serré dans un corset, dans qqch de rigide : *Corseté d'acier.* - **2.** LITT. Maintenu dans un cadre rigide, strict : *Corseté dans ses habitudes.*

corsetier, ère [kɔrsətje, -ɛr] n. et adj. Personne qui fait ou vend des corsets.

corso [kɔrso] n.m. (mot it. "promenade publique"). Corso fleuri. Défilé de chars fleuris au cours de certaines fêtes en plein air.

cortège [kɔrtɛʒ] n.m. (it. *corteggio*, de *corteggiare* "faire la cour"). - **1.** Ensemble de personnes qui en suivent une autre pour lui faire honneur : *Cortège nuptial.* - **2.** LITT. Suite, accompagnement : *La guerre et son cortège de misères.*

Cortes [kɔrtɛs] n.f. pl. (mot esp., pl. de *corte* "cour"). Ensemble du Sénat et du Congrès des députés espagnols.

cortex [kɔrtɛks] n.m. (mot lat. "écorce"). - **1.** BIOL. Partie externe qui forme l'enveloppe d'un organe animal ou végétal ; écorce. - **2.** ANAT. Cortex cérébral, ruban de substance grise situé à la surface des hémisphères cérébraux et formé par les corps cellulaires des neurones (= écorce cérébrale).

cortical, e, aux [kɔrtikal, -o] adj. (du lat. *cortex, -icis* ; v. *cortex*). - **1.** BIOL. Relatif au cortex d'un organe, à l'écorce d'une plante. - **2.** ANAT. Relatif au cortex cérébral.

corticoïde [kɔrtikɔid] adj. et n.m. (de *corticol* et *-oïde*). Se dit des hormones du cortex surrénal, de leurs dérivés et de leurs succédanés synthétiques, employés notamm. comme médicaments anti-inflammatoires.

corticosurrénal, e, aux [kɔrtikɔsyrenal, -o] adj. et n.f. (de *corticol* et *surrénal*). Se dit de la région périphérique de la glande surrénale, dont les hormones agissent sur le métabolisme des substances organiques et minérales.

corticothérapie [kɔrtikɔterapi] n.f. Traitement par les corticoïdes.

cortisone [kɔrtizɔn] n.f. (mot angl., du rad. de *cortex*). Hormone corticosurrénale, aux propriétés anti-inflammatoires et métaboliques.

corvéable [kɔrveabl] adj. et n. HIST. - **1.** Assujetti à la corvée. - **2.** Taillable et corvéable à merci → **taillable.**

corvée [kɔrve] n.f. (bas lat. *corrogata* [*opera*] "[travail] imposé", du class. *rogare* "demander"). - **1.** HIST. Travail gratuit qui était dû par le paysan au seigneur ou au roi. - **2.** Travail pénible ou rebutant imposé à qqn : *La corvée du ménage.* - **3.** Travail dans l'intérêt commun exécuté à tour de rôle par les membres d'une communauté (militaire notamm.) : *Corvée de ravitaillement.*

corvette [kɔrvɛt] n.f. (de *corve* "bateau de pêche", mot d'orig. germ.). - **1.** Ancien bâtiment de guerre intermédiaire entre la frégate et le brick. - **2.** Auj., bâtiment de moyen tonnage armé pour la lutte anti-sous-marine.

corvidé [kɔrvide] n.m. (du lat. *corvus* "corbeau"). Oiseau passereau de grande taille, tel que le corbeau, la corneille et le geai. □ Les corvidés forment une famille.

coryphée [kɔrife] n.m. (gr. *koruphaios*). - **1.** Chef du chœur, dans le théâtre grec.

- **2.** Deuxième échelon dans la hiérarchie du corps de ballet de l'Opéra de Paris.

coryza [kɔriza] n.m. (gr. *koruza* "écoulement nasal"). Inflammation de la muqueuse des fosses nasales, dite *rhume de cerveau.*

cosaque [kɔzak] adj. et n. (russe *kozak*). Des Cosaques, peuple russe. *Danse cosaque.* ◆ n.m. Soldat de la cavalerie des tsars recruté parmi les Cosaques.

cosécante [kɔsekɑ̃t] n.f. (de *sécante*). MATH. Inverse du sinus d'un angle ou d'un arc. □ Symb. cosec.

cosignataire [kɔsiɲatɛr] adj. et n. Qui a signé un acte, une pièce quelconque avec d'autres.

cosinus [kɔsinys] n.m. (de *sinus*). MATH. Fonction associant à un arc de cercle AOM ou à l'angle au centre AM correspondant le quotient des mesures algébriques de OP et de OA, où P est la projection orthogonale de M sur la droite OA. □ Symb. cos

cosmétique [kɔsmetik] adj. et n.m. (gr. *kosmêtikos*, de *kosmos* "parure"). Se dit de toute préparation non médicamenteuse destinée aux soins du corps, à la toilette.

cosmétologie [kɔsmetɔlɔʒi] n.f. Étude de tout ce qui se rapporte aux cosmétiques et à leurs applications. ◆ **cosmétologue** n. Nom du spécialiste.

cosmique [kɔsmik] adj. (gr. *kosmikos*, de *kosmos* "univers"). - **1.** Relatif au cosmos, à l'Univers : *Espace cosmique.* - **2.** Relatif à l'espace intersidéral. - **3.** ASTROPHYS. Rayons cosmiques, rayonnement de haute énergie d'origine solaire, galactique ou extragalactique, produisant des phénomènes d'ionisation dans la haute atmosphère.

cosmogonie [kɔsmɔgɔni] n.f. (de *cosmo-*, et du gr. *gonos* "génération"). - **1.** Récit mythique de la formation de l'Univers. - **2.** Science de la formation des objets célestes : planètes, étoiles, systèmes d'étoiles, galaxies, etc.

cosmographie [kɔsmɔgrafi] n.f. (de *cosmo-* et *-graphie*). Description des systèmes astronomiques de l'Univers. ◆ **cosmographe** n. Nom du spécialiste.

cosmographique [kɔsmɔgrafik] adj. Relatif à la cosmographie.

cosmologie [kɔsmɔlɔʒi] n.f. (de *cosmo-* et *-logie*). Branche de l'astronomie qui étudie la structure et l'évolution de l'Univers considéré dans son ensemble. ◆ **cosmologiste** n. Nom du spécialiste.

cosmologique [kɔsmɔlɔʒik] adj. Relatif à la cosmologie.

cosmonaute [kɔsmɔnot] n. (de *cosmo-*, d'après *astronaute*). - **1.** Pilote ou passager d'un engin spatial, en U.R.S.S. - **2.** Tout pilote ou passager d'un engin spatial (syn. astronaute, spationaute).

cosmopolite [kɔsmɔpɔlit] adj. (gr. *kosmopolitês*, de *kosmos* "univers" et *politês* "citoyen"). - **1.** Traversé, habité par des citoyens du monde entier : *Ville cosmopolite.* - **2.** Ouvert à toutes les civilisations, à toutes les coutumes : *Goûts cosmopolites.*

cosmopolitisme [kɔsmɔpɔlitism] n.m. État de ce qui est cosmopolite ; disposition d'esprit cosmopolite.

cosmos [kɔsmos] n.m. (gr. *kosmos*). - **1.** L'Univers considéré dans son ensemble. - **2.** Espace intersidéral.

cosse [kɔs] n.f. (lat. pop. *coccia*, class. *cochlea* "coquille d'escargot"). - **1.** Enveloppe de certains légumes : *Cosse de pois.* - **2.** Garniture métallique de l'extrémité d'un conducteur électrique.

cossu, e [kɔsy] adj. (p.-ê. de *cosse*). - **1.** Qui dénote la richesse : *Maison cossue.* - **2.** Qui vit dans l'aisance : *Un monsieur cossu.*

costal, e, aux [kɔstal, -o] adj. (du lat. *costa* "côte"). ANAT. Des côtes : *Douleur costale.*

costard [kɔstar] n.m. (de *costume*). ARG. Costume d'homme ; complet.

costaud [kɔsto] adj. et n. (du prov. *costo* "côte"). FAM. Qui est fort, vigoureux : *Qu'est-ce qu'elle est costaud ! Rem.* La forme fém. de l'adj., *costaude*, n'est plus usitée.

costume [kɔstym] n.m. (it. *costume* "coutume"). - **1.** Ensemble des différentes pièces d'un habillement : *Costume de scène.* - **2.** Vêtement d'homme comportant un pantalon, un veston et éventuellement un gilet. - **3.** Vêtement typique d'un pays, d'une région ou d'une époque : *Costume grec, écossais.*

costumé, e [kɔstyme] adj. Bal costumé, bal où les danseurs sont travestis.

se costumer [kɔstyme] v.pr. Se travestir.

costumier, ère [kɔstymje, -ɛr] n. - **1.** Personne qui fait, vend ou loue des costumes de théâtre, de cinéma, etc. - **2.** Technicien, technicienne qui s'occupe des costumes d'un spectacle.

cosy [kɔzi] n.m. (mot angl.) [pl. *cosys* ou *cosies*]. - **1.** Enveloppe dont on couvre les théières pour en conserver la chaleur. - **2.** VIEILLI. Divan accompagné d'une étagère, servant à meubler une encoignure. (Dans ce sens, on disait aussi *un cosy-corner*.)

cotangente [kɔtɑ̃ʒɑ̃t] n.f. (de *tangente*). MATH. Inverse de la tangente d'un angle. □ Symb. cotg

cotation [kɔtasjɔ̃] n.f. - **1.** Action de coter ; fait d'être coté : *La cotation des copies d'examen* (syn. notation). - **2.** BOURSE. Cours d'un titre ou prix d'une marchandise : *La cotation de l'or. La cotation des voitures d'occasion à l'argus.*

cote [kɔt] n.f. (lat. médiév. *quota* [*pars*] "quote-part"). - **1.** Marque pour classer, repérer les éléments d'une collection, les livres d'une bibliothèque, etc. - **2.** Chiffre porté sur un dessin, un plan, une carte indiquant une dimension, un niveau, une coordonnée, etc. - **3.** Altitude, position signalée sur une carte ; niveau. - **4.** MATH. Troisième coordonnée cartésienne d'un point de l'espace. - **5.** Constatation officielle des cours des titres, des monnaies, des marchandises, partic. en Bourse ; tableau, feuille périodique reproduisant ces cours. - **6.** Estimation des chances de succès d'un cheval de course ; taux des paris. - **7.** Degré d'estime : *Avoir une bonne cote.* - **8.** DR. Part que chacun doit payer d'un impôt.

1. côte [kot] n.f. (lat. *costa*). - **1.** Chacun des os qui forment la cage thoracique. - **2.** Partie supérieure de la côte et vertèbre dorsale qui la supporte, avec les muscles qui la recouvrent. - **3.** Partie saillante, allongée ; grosse nervure d'une feuille : *Étoffe à côtes.* - **4.** Côte à côte, l'un à côté de l'autre : *Être assis côte à côte.* ‖ Côtes flottantes, les deux dernières côtes, non rattachées au sternum. ‖ **Point de côtes**, point de tricot constitué par l'alternance régulière, sur un même rang, de points à l'endroit et de points à l'envers.

2. côte [kot] n.f. (de *1. côte*). - **1.** Partie en pente d'un chemin, d'une route ; pente d'une colline. - **2.** GÉOMORPH. Dans une région de structure faiblement inclinée où alternent couches dures et couches tendres, forme de relief caractérisée par un talus à profil concave en pente raide et par un plateau doucement incliné en sens inverse. - **3.** Rivage de la mer : *La côte méditerranéenne.*

coté, e [kɔte] adj. (p. passé de *coter*). - **1.** Admis à la cotation en Bourse : *Une valeur cotée.* - **2.** Estimé, apprécié : *Un restaurant très coté.* - **3.** Géométrie cotée, géométrie descriptive dans laquelle chaque point d'un corps est représenté par sa projection sur un plan horizontal et sa distance à ce plan.

côté [kote] n.m. (lat. pop. *costatum*, de *costa* "côte"). - **1.** Partie latérale extérieure de la poitrine, du corps entier chez l'homme et les animaux : *Coucher un enfant sur le côté* (syn. flanc). - **2.** Partie latérale de qqch., par opp. au milieu : *Les deux côtés de la route* (syn. bord, bordure). - **3.** Face d'un objet opposée à une autre : *Les deux côtés d'une médaille.* - **4.** Partie considérée du point de vue de son orientation : *Le côté espagnol des Pyrénées.* - **5.** Direction, partie de l'espace considérée par rapport aux autres : *De quel côté partez-vous ?* - **6.** Point de vue, aspect sous lequel on considère qqn ou qqch : *Il a un côté sympathique. Il faut voir le côté pratique de l'opération.*

- **7.** Ligne de parenté : *Le côté maternel, paternel.* - **8.** À côté (de), indique la proximité dans l'espace, la comparaison, l'extériorité, la divergence : *Il habite à côté. Ton malheur n'est rien à côté du sien. Être à côté de la vérité.* ‖ De côté, obliquement, en biais : *Regarder qqn de côté.* ‖ De mon côté, en ce qui me concerne. ‖ De tous côtés, de toutes parts, de partout. ‖ D'un côté..., d'un autre côté..., d'une part..., d'autre part... ‖ Être aux côtés de qqn, lui apporter son aide, son soutien. ‖ Être du côté de qqn, d'un groupe, être rangé à leur parti, à leur cause. ‖ Les bons côtés, les mauvais côtés de qqn, ses qualités, ses défauts. ‖ Mettre, être de côté, ranger de côté, être en réserve. ‖ Mettre de l'argent de côté, l'économiser. ‖ Prendre qqch du bon côté, n'en retenir que les avantages. ‖ Voir le petit côté des choses, ne voir que les mesquineries.

coteau [kɔto] n.m. (de 2. *côte*). - **1.** Petite colline. - **2.** Versant d'une colline ; partic., côte plantée de vignes : *Vin de coteau.*

côtelé, e [kotle] adj. Se dit d'une étoffe qui présente des côtes parallèles : *Velours côtelé.*

côtelette [kotlɛt] n.f. Côte des petits animaux de boucherie (mouton, veau, etc.).

coter [kɔte] v.t. (de *cote*). - **1.** Attribuer une cote à un document, une pièce, un livre, etc. - **2.** Inscrire à la cote ; fixer le cours d'une monnaie, d'une valeur, d'une marchandise. - **3.** Porter, reporter les cotes d'éléments représentés sur une carte, un plan, un dessin. ◆ v.i. Avoir telle cotation, en parlant d'une monnaie, etc. : *L'or a coté en baisse.*

coterie [kɔtʀi] n.f. (propr. "association de paysans", de l'anc. fr. *cote* "cabane", nordique *kot*). Petit groupe de personnes qui soutiennent ensemble leurs intérêts.

côtes-du-rhône [kotdyʀon] n.m. inv. Vin des coteaux de la vallée du Rhône, au sud de Lyon.

cothurne [kɔtyʀn] n.m. (lat. *cothurnus*, du gr.). ANTIQ. Chaussure à semelle épaisse des acteurs tragiques.

côtier, ère [kotje, -ɛʀ] adj. - **1.** MAR. Des côtes ; qui se fait le long des côtes : *Navigation côtière.* - **2.** Fleuve côtier, fleuve qui a sa source près des côtes.

cotillon [kɔtijɔ̃] n.m. (de *cotte*). - **1.** Farandole ou sarabande joyeuse qui termine une soirée dansante. - **2.** VX. Jupon porté surtout par les paysannes. - **3.** Accessoires de cotillon, confettis, serpentins, etc., utilisés au cours d'une fête, d'un bal ou d'un banquet. (On dit aussi *des cotillons.*)

cotisation [kɔtizasjɔ̃] n.f. - **1.** Action de cotiser ou de se cotiser. - **2.** Somme versée par chacun pour contribuer à une dépense commune.

cotiser [kɔtize] v.i. (de *cote*). - **1.** Payer sa quote-part. - **2.** Verser régulièrement de l'argent à un organisme, à une association : *Cotiser à la Sécurité sociale.* ◆ se cotiser v.pr. Se mettre à plusieurs pour réunir une certaine somme d'argent : *Se cotiser pour offrir un cadeau à qqn.*

côtoiement [kotwamā] n.m. Action de côtoyer.

coton [kɔtɔ̃] n.m. (it. *cotone*, ar. *quṭun*). - **1.** Fibre textile naturelle qui recouvre les graines du cotonnier. - **2.** Fil ou étoffe que l'on fabrique avec cette matière. - **3.** Morceau d'ouate, de coton hydrophile. - **4.** FAM. C'est coton, c'est difficile. ‖ Élever un enfant dans du coton, le protéger de façon excessive. ‖ FAM. Filer un mauvais coton, être très malade ou se trouver dans une situation difficile.

cotonéaster [kɔtɔneastɛʀ] n.m. (de *coton*). Arbuste ornemental, à petites feuilles, à fleurs blanches ou roses. □ Famille des rosacées.

cotonnade [kɔtɔnad] n.f. Étoffe de coton pur ou mélangé avec d'autres fibres.

cotonneux, euse [kɔtɔnø, -øz] adj. - **1.** Qui rappelle le coton par son aspect : *Un ciel cotonneux.* - **2.** Recouvert de duvet, en parlant d'un fruit, d'un végétal. - **3.** Dont la pulpe est fade, spongieuse, en parlant d'un fruit : *Une poire cotonneuse* (syn. farineux).

1. **cotonnier, ère** [kɔtɔnje, -ɛʀ] n. et adj. Ouvrier, ouvrière des filatures de coton. ◆ adj. Relatif au coton.

2. **cotonnier** [kɔtɔnje] n.m. Plante herbacée ou arbuste originaire de l'Inde, cultivés dans tous les pays chauds pour le coton qui entoure ses graines et pour l'huile alimentaire contenue dans celles-ci. □ Famille des malvacées ; haut. de 0,50 à 1,50 m.

Coton-Tige [kɔtɔ̃tiʒ] n.m. (nom déposé). Coton finement enroulé au bout d'un bâtonnet pour nettoyer les oreilles ou le nez.

côtoyer [kotwaje] v.t. (de 2. *côte*) [conj. 13]. - **1.** Marcher le long de qqch ; longer qqch : *Le chemin côtoie la rivière.* - **2.** Être en contact avec qqn, un milieu ; être très proche de qqch : *Côtoyer toutes sortes de gens* (syn. fréquenter). *Côtoyer le ridicule* (syn. frôler).

cotre [kɔtʀ] n.m. (angl. *cutter*, propr. "qui coupe [l'eau]"). Voilier à un seul mât avec grand-voile, foc et trinquette.

cottage [kɔtedʒ] ou [kɔtaʒ] n.m. (mot angl., de l'anc. fr. *cote* ; v. *coterie*). Petite maison de campagne.

cotte [kɔt] n.f. (frq. **kotta*). - **1.** Salopette en tissu génér. bleu, pour travailler : *Une cotte de mécanicien.* - **2.** Tunique portée autrefois par les femmes et par les hommes. - **3.** Cotte d'armes, vêtement ample porté sur l'armure. ‖ Cotte de mailles, syn. de haubert.

cotylédon [kɔtiledɔ̃] n.m. (gr. *kotulêdôn* "cavité"). - **1.** BOT. Lobe charnu ou foliacé qui s'insère dans la graine, sur l'axe de l'embryon : *Plante à un, à deux cotylédons.* - **2.** ANAT. Lobe du placenta.

cou [ku] n.m. (doublet de *col,* lat. *collum*). - **1.** Partie du corps qui joint la tête aux épaules. - **2.** FAM. **Prendre ses jambes à son cou** → jambe. ‖ **Se casser, se rompre le cou,** se tuer ; au fig., échouer dans une entreprise, se ruiner. ‖ **Se jeter, sauter au cou de qqn,** l'embrasser avec effusion. ‖ **Tendre le cou,** s'offrir aux mauvais traitements sans se défendre.

couac [kwak] n.m. (onomat.). Son faux et discordant produit par une voix ou par un instrument de musique.

couard, e [kwar, kward] adj. et n. (de l'anc. fr. *coue* "queue" [propr. "qui a la queue basse"]). LITT. Qui manque de courage.

couardise [kwardiz] n.f. LITT. Poltronnerie ; lâcheté.

couchage [kuʃaʒ] n.m. - **1.** VX. Action de coucher : *Le couchage des troupes.* - **2.** Ensemble des objets qui servent à se coucher : *Sac de couchage.* - **3.** Opération destinée à couvrir le papier ou le carton d'un enduit spécial qui les rend plus opaques et plus imperméables, et qui fait mieux ressortir la finesse de l'impression.

couchant, e [kuʃɑ̃, -ɑ̃t] adj. Soleil couchant, soleil près de disparaître à l'horizon. ◆ **couchant** n.m. LITT. Point de l'horizon où le soleil se couche, par opp. à *levant* (syn. occident ; LITT. ponant).

couche [kuʃ] n.f. (de *coucher*). - **1.** LITT. Lit : *Elle partageait la couche royale.* - **2.** Disposition d'éléments superposés : *Les couches de l'atmosphère* (syn. strate). - **3.** Étendue uniforme d'une substance appliquée sur une surface : *Étaler une couche de crème sur un gâteau.* - **4.** Linge absorbant ou rectangle d'ouate placé entre les jambes d'un nourrisson, maintenu par une pointe ou une culotte. - **5.** Ensemble de personnes appartenant au même milieu : *Les couches défavorisées* (syn. classe). - **6.** FAM. **En tenir une couche,** être très stupide, borné. - **7.** Fausse couche. Avortement spontané. ‖ Retour de couches. Première menstruation qui suit un accouchement.

couché, e [kuʃe] adj. Écriture couchée, écriture penchée. **Papier couché,** papier très lisse amélioré par l'opération de couchage et destiné aux impressions fines.

couche-culotte [kuʃkylɔt] n.f. (pl. *couches-culottes*). Couche jetable de bébé, formant culotte.

coucher [kuʃe] v.t. (lat. *collocare* "placer, étendre", de *locus* "lieu"). - **1.** Mettre au lit : *Coucher un enfant.* - **2.** Étendre qqn sur le sol, sur une surface plane : *Coucher un blessé sur un brancard.* - **3.** Mettre qqch à l'horizontale : *Coucher des bouteilles de vin.* - **4.** Inscrire : *Coucher une idée sur le papier* (syn. noter). - **5.** Coucher qqn sur un testament, une liste, le désigner par écrit comme un des héritiers, un des participants à une action, etc. ◆ v.i. - **1.** Passer la nuit : *Ils ne savent pas où coucher ce soir* (syn. dormir). - **2.** MAR. S'incliner : *Un navire qui couche.* - **3.** Coucher avec qqn, avoir un rapport sexuel avec lui. ‖ FAM. **Nom à coucher dehors,** nom difficile à prononcer, à retenir. ◆ **se coucher** v.pr. - **1.** Se mettre au lit pour dormir : *Il s'est couché à minuit.* - **2.** S'allonger : *Se coucher sur le côté* (syn. s'étendre). - **3.** Disparaître à l'horizon, en parlant d'un astre : *Le soleil se couche à l'ouest.* - **4.** Se courber, s'incliner : *Un poteau s'est couché en travers de la route.*

coucherie [kuʃri] n.f. (de *coucher*). FAM. Terme péjoratif désignant des relations sexuelles sans amour.

couchette [kuʃet] n.f. - **1.** Banquette ou lit escamotable pour dormir, dans un compartiment de chemin de fer. - **2.** Lit aménagé dans une cabine de navire.

coucheur, euse [kuʃœr, -øz] n. (de *coucher*). FAM. Mauvais coucheur, personne au caractère difficile, jamais satisfaite.

couchitique [kuʃitik] adj. (de *Couch,* anc. n. de l'Éthiopie). Langues couchitiques, langues de la famille chamito-sémitique parlées en Éthiopie et en Somalie (on dit aussi *le couchitique*).

couci-couça [kusikusa] adv. (de *comme ci comme ça*). FAM. Ni bien ni mal ; pas très bien : *Ça va ? - Couci-couça.*

1. coucou [kuku] n.m. (lat. *cuculus,* d'orig. onomat.). - **1.** Oiseau des bois, à dos gris et à ventre blanc rayé de brun, insectivore, qui dépose ses œufs dans le nid d'autres oiseaux. - **2.** Nom usuel de deux plantes à fleurs jaunes, la primevère officinale et le narcisse des bois. - **3.** Pendule de bois munie d'un système d'horlogerie imitant le cri du coucou. - **4.** FAM. Avion vétuste, de petite taille, qui ne donne pas une impression de sécurité.

2. coucou [kuku] interj. (de *1. coucou*). Annonce l'arrivée inopinée de qqn ou cherche à manifester sa présence : *Coucou, c'est moi !*

coude [kud] n.m. (lat. *cubitus*). - **1.** Région du membre supérieur de l'homme correspondant à l'articulation du bras avec l'avant-bras. - **2.** Jonction du bras et de l'avant-bras, sur le membre antérieur du cheval. - **3.** Partie de la manche de vêtement qui recouvre le coude. **-4.** Angle saillant, changement brusque de direction ; courbure brusque d'un objet : *La rue faisait un coude. Le coude d'un tuyau.* **-5.** Coude à coude, en étant très solidaire : *Travailler coude à coude.* ‖ FAM. Jouer des coudes, se frayer un chemin dans la foule en écartant les gens avec les coudes ; agir sans scrupule pour arriver à ses fins. ‖ FAM. Lever le coude, boire beaucoup. ‖ Se serrer les coudes, s'entraider. ‖ Sous le coude, en attente, en suspens : *Dossier qui reste sous le coude.*

coudé, e [kude] adj. En forme de coude : *Tuyau coudé.*

coudée [kude] n.f. **-1.** Anc. mesure équivalant à la distance qui sépare le coude de l'extrémité du médius (env. 50 cm). **-2.** Avoir les coudées franches, avoir une entière liberté d'agir. ‖ Être à cent coudées au-dessus de qqn, lui être très supérieur.

cou-de-pied [kudpje] n.m. (de *cou* et *pied*) [pl. *cous-de-pied*]. Partie supérieure et saillante du pied.

couder [kude] v.t. (de *coude*). Plier en forme de coude.

coudoyer [kudwaje] v.t. (de *coude*) [conj. 13]. Être en fréquent contact avec qqn : *Coudoyer des hommes politiques.*

coudre [kudʀ] v.t. (lat. pop. **cosere*, class. *consuere*) [conj. 86]. Joindre par une suite de points faits au moyen d'une aiguille et d'un fil, à la main ou avec une machine : *Coudre un bouton. Machine à coudre électrique.*

coudrier [kudʀije] n.m. (de l'anc. fr. *coudre* [même sens], lat. pop. **colorus*, réfection du class. *corylus* sous l'infl. du gaul. **collo*). **-1.** Noisetier. **-2.** Baguette de coudrier, baguette utilisée par les sourciers.

Coué (méthode), méthode de guérison par autosuggestion inventée par Émile Coué (1857-1926), pharmacien français.

couenne [kwan] n.f. (lat. pop. **cutinna*, du class. *cutis* "peau"). Peau de porc durcie après avoir été flambée et échaudée.

1. couette [kwɛt] n.f. (lat. *culcita* "oreiller"). Grand édredon recouvert d'une housse amovible et servant à la fois de couverture et de drap.

2. couette [kwɛt] n.f. (de l'anc. fr. *coue* "queue"). FAM. Touffe de cheveux rassemblés sur la nuque ou de chaque côté des oreilles.

couffin [kufɛ̃] n.m. (de *couffe* [même sens], prov. *couffo* "baquet", ar. *quffa*, gr. *kophinos*). **-1.** Grand cabas en paille tressée. **-2.** Grand panier de vannerie, à anses, garni intérieurement et servant de berceau portatif.

cougouar [kugwaʀ] et **couguar** [kugaʀ] n.m. (du tupi-guarani, par le port.). Puma.

couic [kwik] interj. (onomat.). Cri d'un petit animal ou d'un homme qu'on étrangle.

couille [kuj] n.f. (bas lat. *colia*, du class. *coleus*, gr. *koleos*, propr. "fourreau, gaine"). T. FAM. Testicule.

couillon [kujɔ̃] n.m. (de *couille*). T. FAM. Imbécile, sot.

couinement [kwinmɑ̃] n.m. **-1.** Cri du lapin, du lièvre ou d'autres animaux. **-2.** Grincement aigu : *Le couinement d'un frein.*

couiner [kwine] v.i. (orig. onomat.). **-1.** Émettre un couinement, en parlant du lapin, etc. **-2.** FAM. Gémir, pleurnicher.

coulage [kulaʒ] n.m. **-1.** Action de faire couler une matière en fusion, un matériau pâteux : *Le coulage du bronze, du béton.* **-2.** Perte de marchandises due au vol ou à la négligence.

coulant, e [kulɑ̃, -ɑ̃t] adj. **-1.** Qui coule, qui est fluide : *Pâte coulante.* **-2.** FAM. Indulgent, conciliant : *Un examinateur coulant* (contr. exigeant).

coulée [kule] n.f. Masse de matière en fusion ou plus ou moins liquide qui se répand : *Une coulée de lave.*

coulemelle [kulmɛl] n.f. (lat. *columella* "petite colonne"). Nom usuel de la lépiote élevée, champignon comestible.

couler [kule] v.i. (lat. *colare*, de *colum* "tamis"). **-1.** Se mouvoir, aller d'un lieu à un autre, en parlant d'un liquide, du sable, etc. : *Les larmes coulaient sur son visage.* **-2.** Passer à tel endroit, en parlant d'un cours d'eau : *La Seine coule à Paris.* **-3.** S'échapper de qqch, en parlant d'un liquide : *De l'eau a coulé dans mon sac* (syn. s'écouler). **-4.** Laisser un liquide s'écouler : *Ferme bien le robinet, il coule* (syn. fuir). **-5.** Se liquéfier ou devenir pâteux : *La bougie a coulé.* **-6.** Sombrer, s'abîmer au fond de l'eau ; se noyer dans une grande quantité d'eau : *Le bateau a coulé à pic.* **-7.** Couler de source, être évident. ◆ v.t. **-1.** Faire passer un liquide, un métal en fusion d'un lieu à un autre : *Couler du plomb dans un moule.* **-2.** Fabriquer un objet en métal fondu et versé dans un moule : *Couler une statue.* **-3.** Faire sombrer un bateau : *La torpille a coulé une embarcation de pêche.* **-4.** Mener qqn ou qqch à l'échec ; discréditer : *Leur mauvaise gestion a coulé l'usine.* **-5.** Couler des jours paisibles, heureux : les passer sans secousse, sans accroc. ‖ Couler une bielle, détériorer un moteur à piston par fusion du métal de la tête de bielle, consécutive à une interruption du graissage. ◆ **se couler** v.pr. **-1.** Se glisser quelque part : *Se couler dans des draps bien chauds* (syn. s'introduire). **-2.** Se conformer à qqch : *Les élèves doivent se couler dans le même moule.* - **3.** FAM. Se la couler douce, mener une vie heureuse ; ne pas se fatiguer.

couleur [kulœʀ] n.f. (lat. *color*). - **1.** Sensation que produisent sur l'œil les radiations de la lumière, telles qu'elles sont absorbées ou réfléchies par les corps : *Couleurs complémentaires.* - **2.** Ce qui s'oppose au noir, au gris, au blanc : *Le film n'est pas en couleur mais en noir et blanc.* - **3.** Substance ou matière colorante : *Boîte de couleurs.* - **4.** SOUT. Éclat, brillant du style, de l'expression, d'une situation, d'un événement : *Une description pleine de couleurs.* - **5.** Aspect que prennent les choses dans des circonstances données, parfois trompeuses : *La situation apparaît sous de nouvelles couleurs.* - **6.** Teint, coloration du visage : *Prendre des couleurs* (= bronzer ou avoir meilleure mine). *Quand il a appris la nouvelle, il a changé de couleur* (= son visage a pâli ou rougi). - **7.** Opinion politique de qqn, d'un groupe : *Quelle est la couleur de ce journal ?* - **8.** JEUX. Chacune des séries ordonnées qui composent un jeu de cartes : *Pique, cœur, carreau et trèfle sont les quatre couleurs du jeu de cartes français.* - **9.** Annoncer la couleur, dévoiler ses intentions. ‖ Couleur locale, aspect typique d'un lieu. ‖ FAM. En voir, en faire voir de toutes les couleurs, subir, faire subir toutes sortes de désagréments. ‖ Homme, femme, gens de couleur, qui ne sont pas de race blanche. - **10.** Marchand de couleurs. Droguiste. ◆ **couleurs** n.f. pl. - **1.** Marque distinctive de la nationalité, qui consiste dans la coloration des drapeaux, pavillons et enseignes ; drapeau national lui-même : *Hisser les couleurs.* - **2.** Marque distinctive, insigne d'un club : *Porter les couleurs du Racing.*

couleuvre [kulœvʀ] n.f. (lat. pop. **colobre,* class. *colubra*). - **1.** Serpent ovipare, non venimeux, dont plusieurs espèces vivent en France. □ La plus commune, ou *couleuvre à collier,* atteint au plus 2 m de long, préfère les lieux humides et peut nager. - **2.** FAM. Avaler des couleuvres, subir des affronts ; être très crédule.

couleuvrine [kulœvʀin] n.f. (de *couleuvre*). Ancien canon fin et long en usage du XVᵉ au XVIIᵉ s.

1. coulis [kuli] n.m. (de *couler*). - **1.** Jus extrait des viandes, des poissons, des légumes après une cuisson lente : *Un coulis de tomates.* - **2.** Purée de fruits additionnée de sirop : *Un coulis de framboises.* - **3.** Mortier liquide que l'on fait pénétrer dans les joints d'un ouvrage en maçonnerie.

2. coulis [kuli] adj.m. (de *couler*). Vent coulis, qui se glisse à travers une fente.

coulissant, e [kulisɑ̃, -ɑ̃t] adj. Qui glisse sur des coulisses : *Porte coulissante.*

coulisse [kulis] n.f. (de [*porte*] *coulisse* "[porte] qui glisse", de *2. coulis*). - **1.** Pièce comportant une rainure dans laquelle on fait glisser une partie mobile : *Un volet à coulisse.* - **2.** (Surtout au pl.). Partie d'un théâtre située de chaque côté et en arrière de la scène, derrière les décors et hors de la vue du public. - **3.** (Au pl.). Côté secret d'une chose : *Les coulisses de la politique.* - **4.** Regard en coulisse, regard de côté, en coin.

coulisser [kulise] v.t. - **1.** Munir d'une coulisse : *Coulisser un tiroir.* - **2.** Faire glisser un tissu sur un fil ou sur un cordon de coulisse : *Coulisser des fronces.* ◆ v.i. Glisser sur des coulisses : *Porte qui coulisse facilement.*

couloir [kulwaʀ] n.m. (de *couler*). - **1.** Passage ou dégagement en longueur dans un appartement, une maison, un lieu public, une voiture de chemin de fer, etc. - **2.** Passage étroit entre deux régions, deux pays : *Le couloir rhodanien, en France.* - **3.** Zone d'une piste d'athlétisme délimitée par deux lignes parallèles et dans laquelle doit rester chaque concurrent pendant la course. - **4.** Bruits, conversations de couloirs, officieux. ‖ Couloir aérien, itinéraire que doivent suivre les avions. ‖ Couloir d'autobus, portion de la chaussée exclusivement réservée aux autobus, aux taxis et aux voitures de secours. ‖ Couloir d'avalanche, ravin qui entaille un versant montagneux et qui est suivi par les avalanches.

coulomb [kulɔ̃] n.m. (du n. du physicien *Coulomb*). Unité de quantité d'électricité et de charge électrique, équivalent à la quantité d'électricité transportée en 1 seconde, par un courant de 1 ampère. □ Symb. C.

coulpe [kulp] n.f. (lat. *culpa* "faute"). - **1.** Confession publique des manquements à la règle, dans certains ordres religieux. - **2.** LITT. Battre sa coulpe, exprimer son regret, son repentir.

coulure [kulyʀ] n.f. Trace laissée sur une surface par une matière qui a coulé.

country [kuntʀi] ou [kɔntʀi] adj. inv. et n.m. ou n.f. inv. (mot angl., propr. "campagne"). Se dit d'un style de musique populaire issu du folklore rural des États-Unis : *Concert de musique country. Un guitariste de country.*

coup [ku] n.m. (lat. pop. **colpus,* class. *colapus,* gr. *kolaphos* "coup de poing"). - **1.** Choc rapide et brutal qui résulte du mouvement d'un corps qui vient en frapper un autre : *Un coup de couteau. Des coups de pied.* - **2.** Le résultat du choc lui-même : *Il heurta sa tête contre la porte, ce fut très douloureux.* - **3.** Marque laissée par un choc : *Avoir le corps noir de coups.* - **4.** Mouvement rapide et momentané pour utiliser un objet : *Se donner*

un coup de peigne. Donner un coup de balai.
- **5.** Geste ou mouvement rapide que l'on fait avec une partie du corps : *Un coup de langue. Un coup d'œil.* - **6.** Choc moral causé par une nouvelle, par un événement : *Cette mort a été un terrible coup pour elle.* - **7.** Son rendu par qqch qu'on frappe ou sur quoi qqn ou qqch frappe : *Un coup de marteau. J'ai entendu frapper deux coups à la porte.* - **8.** Décharge et détonation d'une arme à feu : *Un coup de canon. Un revolver à six coups.* - **9.** FAM. Toute action considérée du point de vue de la fréquence : *Ce coup-ci vous avez gagné* (syn. fois). - **10.** FAM. Action de qqn, jugée désagréable ou néfaste : *Encore un verre de cassé, ça, c'est sûrement un coup des enfants.* - **11.** Action préparée à l'avance, manigancée : *Mettre un complice dans le coup. Être, mettre qqn sur un coup. Manquer, rater, réussir son coup.* - **12.** Action, notamm. publicitaire, destinée à attirer l'attention sur soi : *Coup médiatique d'un politicien.* - **13.** Façon d'attaquer, de manœuvrer dans une lutte, dans certains sports : *Tous les coups sont permis.* - **14.** Chacune des actions, des combinaisons que fait un joueur dans une partie : *Ce coup lui a permis de gagner.* - **15.** Accès brusque d'un sentiment, d'un état psychique : *Un coup de folie. Coup de tête* (= décision irréfléchie). - **16.** Manifestation brutale d'un élément, d'un phénomène : *Coup de tonnerre. Coup de vent.* - **17.** À coups de qqch, en l'utilisant comme arme : *Elle s'est défendue à coups de parapluie.* ‖ À coup sûr, sûrement, infailliblement. ‖ Après coup, une fois la chose faite, l'événement s'étant déjà produit. ‖ Au coup par coup, sans plan précis, selon chaque circonstance qui se présente. ‖ FAM. Avoir un coup dans le nez, dans l'aile, être ivre. ‖ Coup sur coup, de manière immédiatement successive : *J'ai appris coup sur coup deux mauvaises nouvelles.* ‖ FAM. Discuter le coup, bavarder un moment sur un sujet. ‖ FAM. Donner un coup, se donner un coup, nettoyer hâtivement un lieu, arranger vite sa toilette, sa coiffure. ‖ Du coup, du même coup, dans ces conditions ; en conséquence. ‖ D'un coup, d'un seul coup, en une seule fois. ‖ Du premier coup, à la première tentative. ‖ En coup de vent, rapidement. ‖ FAM. En mettre, en donner un coup, faire un grand effort pour avancer un travail, une étude, etc. ‖ FAM. En prendre un coup, être fortement affecté par qqch ; subir un dommage. ‖ FAM. Être dans le coup, être au courant d'une affaire un peu louche ; être au courant de tout ce qui se passe, et en partic. de ce qui est à la mode (par opp. à *être hors du coup*). ‖ Faire les quatre cents coups, se livrer à toutes sortes d'excès, de frasques. ‖ Frapper un grand coup, employer des

moyens exceptionnels pour mettre de l'ordre dans une situation. ‖ Les trois coups, au théâtre, trois coups frappés sur le plancher de la scène, signalent le début de la représentation. ‖ Marquer le coup, faire comprendre, souligner par son comportement l'importance d'un événement, d'un incident. ‖ Porter un coup à qqn, à qqch, leur nuire, les frapper, empêcher leur action, leur progrès, leur évolution. ‖ FAM. Pour le coup, de ce fait, en l'occurrence. ‖ Prendre un coup de vieux, vieillir subitement. ‖ Sous le coup de qqch, sous l'effet de : *Rougir sous le coup de l'émotion.* ‖ Sur le coup, au moment où l'événement a eu lieu. ‖ Sur le coup de 10 heures, 11 heures, etc., à cette heure. ‖ FAM. Tenir le coup, résister, en parlant de qqn ; durer, en parlant de qqch. ‖ Tenter le coup, essayer, risquer qqch. ‖ Tomber sous le coup de, être passible de. ‖ Tout à coup, tout d'un coup, subitement, soudain. ‖ FAM. Valoir le coup, valoir la peine qu'on va se donner : *Tu crois que ça vaut le coup ?* - **18.** Coup bas. Manœuvre déloyale. ‖ Coup d'éclat. Exploit. ‖ Coup de fil, de téléphone. Communication téléphonique. ‖ Coup de main. Aide, soutien apporté à qqn qui traverse un moment difficile : *Donner un coup de main à qqn* ; opération militaire, menée par surprise sur un objectif limité. ‖ Coup de pouce. Aide ponctuelle apportée à qqn dans son entreprise, son action. ‖ Coup de sang. Violent accès de colère. ‖ Coup de soleil. Brûlure de la peau par le soleil. ‖ Coup d'État. Prise illégale du pouvoir par une personne, un groupe qui exerce des fonctions à l'intérieur de l'appareil étatique. ‖ Coup de théâtre → théâtre. ‖ Coup de Trafalgar. Désastre total. ‖ Coup du lapin. Choc brutal sur la nuque. ‖ Coup dur. Événement pénible, douloureux ou situation difficile qui affecte qqn. ‖ Coup monté. Action malveillante préparée en secret (= piège). ‖ MAR. Coup de mer. Gros paquet d'eau de mer venant frapper un navire et embarquant à bord. ‖ SPORTS. Coup d'envoi. Début d'une partie de sport collectif. ‖ SPORTS. Coup droit. Au tennis et au tennis de table, frappe de la balle du côté de la main qui tient la raquette (contr. revers). ‖ SPORTS. Coup franc. Au football, au rugby, au basket, arrêt de jeu donnant la balle à une équipe à l'endroit du terrain où l'équipe adverse a commis une irrégularité ; cette sanction.

coupable [kupabl] adj. et n. (bas lat. *culpabilis,* du class. *culpa* "faute"). - **1.** Qui a commis un crime, une faute : *Être coupable d'un meurtre.* - **2.** Qui doit être blâmé, condamné : *Faiblesse coupable.*

coupage [kupaʒ] n.m. -**1.** Action de couper, de trancher. -**2.** Action de mélanger des liquides, en partic. des vins et des alcools.

coupant, e [kupɑ̃, -ɑ̃t] adj. -**1.** Qui coupe, tranche bien : *Des ciseaux coupants.* -**2.** Qui est brutal, dur ; qui n'admet pas de réplique : *Répondre d'un ton coupant* (syn. cassant).

coup-de-poing [kudpwɛ̃] n.m. (pl. *coups-de-poing*). -**1.** Arme et outil de silex datant du paléolithique inférieur (syn. biface). -**2.** Coup-de-poing américain, arme de main faite d'une masse de métal percée de trous pour y passer les doigts.

1. coupe [kup] n.f. (lat. *cuppa* "grand verre en bois, tonneau"). -**1.** Verre à boire, génér. plus large que profond ; son contenu : *Une coupe à champagne. Vous reprendrez bien une coupe ?* -**2.** Récipient avec ou sans pied, large et peu profond, à usages divers : *Mettez les fruits dans une coupe.* -**3.** Trophée attribué au vainqueur ou à l'équipe victorieuse d'une épreuve sportive ; la compétition elle-même.

2. coupe [kup] n.f. (de *couper*). -**1.** Action ou manière de couper qqch., un matériau, un arbre, un vêtement, les cheveux, etc. -**2.** Représentation, dessin de qqch., qu'on suppose coupé par un plan : *La coupe d'un immeuble.* -**3.** Action de séparer en deux un paquet de cartes en plaçant au-dessus la partie inférieure du jeu. -**4.** Coupe géologique, profil établi suivant un tracé linéaire, pour faire ressortir les traits principaux du relief et de la géologie d'une région. ‖ Coupe histologique, tranche mince d'un tissu animal ou végétal préparée pour l'observation au microscope. ‖ Coupe sombre, suppression d'une partie importante d'un ensemble : *Faire des coupes sombres dans un budget.* ‖ Être, tomber sous la coupe de qqn, passer sous sa totale dépendance.

1. coupé [kupe] n.m. (de [carrosse] *coupé*). -**1.** Voiture fermée, à quatre roues et à deux portes. -**2.** Partie antérieure d'une diligence.

2. coupé, e [kupe] adj. HÉRALD. Se dit d'un écu divisé horizontalement en deux parties égales.

coupe-cigare [kupsigar] n.m. (pl. *coupe-cigares*). Instrument pour couper le bout des cigares.

coupe-circuit [kupsiʀkчi] n.m. (pl. *coupe-circuits*). Appareil destiné à couper le circuit dans lequel il est inséré, lorsque l'intensité y devient trop élevée, notamm. en cas de court-circuit.

coupe-coupe [kupkup] n.m. inv. Sorte de sabre assez court, à large lame, utilisé pour se frayer un chemin dans la brousse.

coupée [kupe] n.f. (de *couper*). MAR. Ouverture pratiquée dans les parois d'un navire : *Échelle de coupée.*

coupe-faim [kupfɛ̃] n.m. inv. -**1.** Petite quantité d'aliment prise pour calmer momentanément la faim. -**2.** Médicament anorexigène.

coupe-feu [kupfø] n.m. inv. Dispositif, élément de construction ou espace de terrain déboisé destiné à empêcher la propagation du feu (syn. pare-feu).

coupe-file [kupfil] n.m. (pl. *coupe-files*). Carte officielle donnant certaines priorités de circulation.

coupe-gorge [kupgɔrʒ] n.m. inv. -**1.** Endroit désert, peu éclairé, où l'on risque de se faire attaquer : *Cette impasse est un vrai coupe-gorge.* -**2.** Tripot où l'on dépouille les joueurs débutants.

coupe-jarret [kupʒarɛ] n.m. (pl. *coupe-jarrets*). LITT., VX. Brigand ; assassin.

coupelle [kupɛl] n.f. -**1.** Petite coupe. -**2.** Petit creuset utilisé dans les laboratoires.

coupe-ongles [kupɔ̃gl] n.m. inv. Pince ou ciseaux à lames courtes et incurvées pour couper les ongles.

coupe-papier [kuppapje] n.m. (pl. *coupe-papiers* ou inv.). Couteau plus ou moins tranchant, en bois, en métal, en os, etc., pour couper le papier, les feuillets d'un livre, etc.

couper [kupe] v.t. (de *coup* [propr. "diviser d'un coup"]). -**1.** Diviser avec un instrument tranchant : *Couper du pain.* -**2.** Raccourcir qqch avec un instrument tranchant ; en enlever une partie : *Couper les tiges. Couper des cheveux.* -**3.** Enlever une partie d'un texte, d'un film, etc. : *Couper un article.* -**4.** Amputer un membre, une partie du corps : *Couper la jambe à un blessé. On lui a coupé la tête* (= on l'a décapité). -**5.** Faire une entaille, blesser : *L'éclat de verre lui a coupé le doigt* (syn. entailler). -**6.** Tailler d'après un patron : *Couper un manteau.* -**7.** Interrompre, rompre une continuité, un circuit : *Couper une communication téléphonique. Couper l'eau.* -**8.** Faire cesser, interrompre une sensation, un phénomène : *Un médicament pour couper la faim, la fièvre, etc.* -**9.** Passer au milieu de : *Une route qui en coupe une autre.* -**10.** Isoler qqn : *Il l'a coupé de tous ses amis* (syn. séparer). -**11.** Mélanger un liquide avec un autre : *Couper du vin.* -**12.** (Absol.). Faire deux paquets avec un jeu de cartes : *C'est à toi de couper !* -**13.** À couper au couteau, très épais : *Un brouillard à couper au couteau.* ‖ Couper la parole à qqn, l'interrompre. ‖ Couper les vivres à qqn, arrêter de l'entretenir, ne plus lui donner d'argent. ‖ Donner sa main, sa tête à couper, affirmer qqch avec conviction. ◆ v.t. ind. [à]. FAM. Échapper à qqch : *Tu as coupé au discours inaugural* (syn. éviter). ◆ v.i. -**1.** Être tranchant : *Ce couteau coupe* *bien.* - **2.** Aller directement : *Nous avons coupé à travers champs.* ◆ **se couper** v.pr. - **1.** Se faire une coupure avec un instrument tranchant : *Se couper à la jambe. Il s'est coupé en épluchant les légumes.* - **2.** Se croiser : *Deux droites qui se coupent.* - **3.** FAM. Se contredire ; se trahir : *Il s'est coupé dans ses réponses.* - **4.** S'isoler : *Il s'est complètement coupé du monde* (syn. se retrancher). - **5.** Se couper qqch (une partie du corps), se l'entailler : *Se couper un doigt.*

couperet [kupRE] n.m. - **1.** Couteau large et court, pour la cuisine ou la boucherie. - **2.** Couteau de la guillotine.

couperose [kupRoz] n.f. (du lat. [*cupri*] *rosa* "rose [de cuivre]"). MÉD. Coloration rouge du visage, due à une dilatation des vaisseaux capillaires.

couperosé, e [kupRoze] adj. Atteint de couperose.

coupe-vent [kupvã] n.m. inv. Vêtement de sport dont la texture s'oppose au passage de l'air.

couplage [kuplaʒ] n.m. - **1.** Action de coupler deux choses. - **2.** Groupement de machines ou d'appareils électriques en vue de leur fonctionnement simultané. - **3.** Assemblage de pièces mécaniques (syn. accouplement).

1. couple [kupl] n.f. (lat. *copula* "lien, union"). LITT. Deux choses ou deux animaux de même espèce, considérées ensemble : *Une couple de bœufs* (syn. paire).

2. couple [kupl] n.m. (de *1. couple*). - **1.** Homme et femme unis par le mariage ou par des liens affectifs. - **2.** Deux personnes réunies provisoirement : *Un couple de promeneurs, de danseurs.* - **3.** Rapprochement de deux personnes liées par l'amitié, une certaine affinité, des intérêts communs, etc. : *Un couple d'amis.* - **4.** Mâle et femelle d'animaux ; réunion de deux animaux pour un même travail : *Un couple de pigeons. Charrue tirée par un couple de chevaux.* - **5.** MÉCAN., TECHN. Système de deux forces égales, parallèles et de sens contraires ; valeur de leur moment : *Le couple moteur produit la rotation du vilebrequin d'un moteur.* - **6.** Pièce de construction de la coque d'un navire ou du fuselage d'un avion, placée perpendiculairement à l'axe du navire ou de l'avion : *Maître couple d'un navire* (= situé à l'endroit le plus large de la coque). - **7.** MATH. Ensemble ordonné de deux éléments. - **8.** Couple thermoélectrique, circuit formé par deux métaux différents dont les soudures desquels on a établi une différence de température qui se traduit par l'apparition d'une force électromotrice. (On dit aussi *un thermocouple.*)

couplé [kuple] n.m. (de *coupler*). TURF. Mode de pari mutuel pour désigner, dans l'ordre d'arrivée ou non, les deux premiers chevaux d'une course *(couplé gagnant)* ou deux chevaux parmi les trois premiers *(couplé placé).*

coupler [kuple] v.t. (lat. *copulare,* de *copula* ; v. *1. couple*). - **1.** Relier qqch avec qqch d'autre : *Coupler des pièces, des machines* (syn. assembler). - **2.** Attacher deux à deux.

couplet [kuple] n.m. (dimin. de l'anc. fr. *couple,* propr. "groupe de deux vers rimés" puis "couplet"). - **1.** Chaque strophe faisant partie d'une chanson et terminée par un refrain. - **2.** FAM. Propos que l'on répète à tout instant : *C'est toujours le même couplet* (syn. rengaine).

coupole [kupɔl] n.f. (it. *cupola,* bas lat. *cupula* "petite cuve"). - **1.** ARCHIT. Voûte en forme de vase retourné, de profil semi-circulaire, parabolique, etc., de plan circulaire, elliptique ou polygonal, parfois exhaussée par un tambour : *La coupole des Invalides, à Paris.* - **2.** (Avec une majuscule). Institut de France à Paris, qui regroupe plusieurs académies, dont l'Académie française : *Être reçu sous la Coupole* (= devenir académicien). - **3.** MIL. Partie supérieure et bombée d'un blindage.

coupon [kupɔ̃] n.m. (de *couper*). - **1.** Métrage d'étoffe provenant d'une pièce de tissu et génér. soldé : *Un coupon de satin.* - **2.** Billet attestant l'acquittement d'un droit. - **3.** Titre d'intérêts joint à une valeur mobilière, détaché à chaque échéance et donnant droit à un paiement.

coupon-réponse [kupɔ̃Repɔ̃s] n.m. (pl. *coupons-réponse*). - **1.** Partie détachable d'une annonce publicitaire permettant d'obtenir des informations sur le produit faisant l'objet de la publicité. - **2.** Coupon permettant à un correspondant d'obtenir, dans un pays étranger, un timbre pour affranchir sa réponse.

coupure [kupyR] n.f. - **1.** Incision, blessure, produite par un instrument tranchant : *Une petite coupure au doigt* (syn. entaille). - **2.** Séparation marquée, rupture de continuité : *Une coupure entre deux courants de l'opposition.* - **3.** Interruption de l'alimentation en électricité, en gaz, etc. : *Coupure d'eau.* - **4.** Suppression faite dans un ouvrage, une pièce de théâtre, un film, etc. - **5.** Billet de banque : *Payer en petites coupures.* - **6.** Coupure de journal, de presse, article découpé dans un journal.

cour [kur] n.f. (bas lat. *curtis* "cour de ferme", class. *cohors, -ortis,* avec infl. du lat. médiév. *curia* "cour"). - **1.** Espace découvert, entouré de murs ou de bâtiments, faisant partie d'une habitation, d'un édifice administratif, scolaire, etc., qui souvent s'ordonne autour d'elle : *La cour d'une ferme. Une cour de récréation.* - **2.** Résidence du souverain et de son entourage : *Se rendre à la cour.* **-3.** Entourage du souverain : *Molière divertit la cour de Louis XIV.* **-4.** Ensemble de personnes qui s'empressent autour d'une femme ou qui cherchent à plaire à qqn d'important pour en obtenir une faveur : *Une cour d'admirateurs.* **-5.** Tribunal d'ordre supérieur : *Cour d'appel, d'assises. Cour des comptes.* **-6.** Cour des Miracles, au Moyen Âge et sous l'Ancien Régime, lieu jouissant du droit d'asile où se rassemblaient les mendiants et les malfaiteurs des grandes villes ; auj., lieu mal fréquenté, peu rassurant. ‖ **Être bien, mal en cour,** jouir ou non de la faveur d'un supérieur. ‖ **Faire la cour, sa cour à qqn,** chercher à en obtenir les faveurs par son empressement, ses assiduités : *Faire la cour à une femme.* ‖ FAM. La cour du roi Pétaud, endroit où chacun commande et où règne le désordre.

courage [kuraʒ] n.m. (de *cœur*). **-1.** Force de caractère, fermeté que l'on a devant le danger, la souffrance ou dans toute situation difficile à affronter : *Cette femme a beaucoup de courage.* **-2.** Ardeur, zèle pour entreprendre qqch ; envie de faire qqch : *Travailler avec courage. Il n'a plus le courage de peindre.* **-3.** Prendre son courage à deux mains, vaincre sa timidité, se décider à agir.

courageusement [kuraʒøzmɑ̃] adv. Avec courage.

courageux, euse [kuraʒø, -øz] adj. Qui a, qui montre du courage : *C'est un soldat courageux* (syn. valeureux, brave).

couramment [kuramɑ̃] adv. **-1.** Facilement, rapidement : *Lire, écrire couramment le français.* **-2.** D'une façon habituelle : *C'est une question qu'on pose couramment.*

1. courant, e [kurɑ̃, -ɑ̃t] adj. (de *courir*). **-1.** Qui est habituel ; ordinaire : *Les dépenses courantes. C'est un mot courant.* **-2.** Qui n'est pas terminé au moment où l'on parle : *Le mois courant.* **-3.** C'est monnaie courante, cela se produit très souvent. ‖ Chien courant, chien de chasse qui force le gibier à la course (par opp. à *chien d'arrêt*). ‖ Eau courante, eau qui s'écoule ; eau qui est distribuée par les canalisations d'une habitation : *Chambre avec eau courante.*

2. courant [kurɑ̃] n.m. (de *courir*). **-1.** Mouvement d'un liquide, d'un fluide dans tel ou tel sens ; masse d'eau en mouvement : *La barque a été entraînée par le courant.* **-2.** Déplacement de charges électriques dans un conducteur : *Une panne de courant.* **-3.** Mouvement orienté d'un ensemble de personnes ou de choses : *Un courant d'immigration.* **-4.** Cours, mouvement des idées, des sentiments : *Un vaste courant de sympathie.* **-5.** Subdivision d'un parti politique basée sur des nuances idéologiques, mais qui n'en entame pas l'unité : *Le courant conservateur du parti* (syn. tendance). **-6.** Courant d'air, air qui se déplace d'un lieu à un autre. ‖ Courant janvier, février, etc., au cours de tel ou tel mois : *Je vous verrai courant septembre.* ‖ Dans le courant de la semaine, du mois, de l'année, à un moment d'une de ces périodes. ‖ Être au courant, être informé. ‖ Le courant passe, il y a sympathie, compréhension entre des personnes. ‖ Remonter le courant, faire face à des difficultés avec succès, redresser une situation un moment compromise. ‖ ÉLECTR. Courant alternatif, courant périodique dont la valeur moyenne dans le temps est nulle. ‖ ÉLECTR. Courant continu, courant constant dans le temps.

courbatu, e [kurbaty] adj. (de *court* et *battu*). SOUT. Courbaturé.

courbature [kurbatyr] n.f. (de *courbatu*). Douleur musculaire, contracture, due à la fatigue ou à une maladie.

courbaturé, e [kurbatyre] adj. Qui souffre de courbatures (syn. courbatu).

courbaturer [kurbatyre] v.t. Causer une courbature.

1. courbe [kurb] adj. (fém. de l'anc. fr. *corp,* lat. pop. **curbus,* class. *curvus*). **-1.** Qui s'infléchit en forme d'arc : *Ligne courbe* (contr. droite). **-2.** Tir courbe, tir exécuté avec un angle au niveau supérieur à 45° (= tir vertical).

2. courbe [kurb] n.f. **-1.** Ligne, forme courbe : *La courbe de ses sourcils* (syn. arrondi, courbure). **-2.** Graphique représentant les variations d'un phénomène : *Une courbe de température.* **-3.** MATH. Ensemble des points du plan ou de l'espace dont les coordonnées sont des fonctions continues de la variable réelle.

courbé, e [kurbe] adj. Être, devenir courbe : *Courbé sous l'effort.*

courber [kurbe] v.t. (lat. pop. **curbare,* class. *curvare*). **-1.** Rendre courbe : *Courber un bâton. L'âge courbe la taille.* **-2.** Pencher : *Courber la tête.* ◆ v.i. Ployer : *Arbre qui courbe sous le poids des fruits.* ◆ **se courber** v.pr. **-1.** Incliner le corps en avant : *Se courber pour saluer qqn.* **-2.** Être, devenir courbe : *Les tulipes se courbent.*

courbette [kurbɛt] n.f. (it. *corbetta,* d'apr. *1. courbe*). **-1.** FAM. Révérence obséquieuse. **-2.** ÉQUIT. Mouvement du cheval qui se cabre un peu en pliant ses membres antérieurs. **-3.** FAM. Faire des courbettes à qqn, lui prodiguer des marques exagérées de politesse.

courbure [kurbyr] n.f. Forme courbe d'un objet ; partie courbe de qqch : *La courbure d'une voûte.*

courette [kuʀɛt] n.f. Petite cour intérieure.

coureur, euse [kuʀœʀ, -øz] n. - **1.** Personne qui participe à une course : *Coureur de fond. Coureur cycliste.* - **2.** Personne ou animal qui court rapidement : *Un bon coureur.* - **3.** Personne qui recherche les aventures amoureuses : *Un coureur de jupons.*

courge [kuʀʒ] n.f. (lat. pop. *cucurbica*, class. *cucurbita*). Plante cultivée aux tiges traînantes et aux fruits génér. volumineux. □ Famille des cucurbitacées, comprenant, entre autres, le potiron, la courgette, la citrouille, etc.

courgette [kuʀʒɛt] n.f. (dimin. de *courge*). Courge d'une variété à fruit allongé ; ce fruit.

courir [kuʀiʀ] v.i. (de *courre*, par changement de conj.) [conj. 45]. - **1.** Se déplacer d'un lieu à un autre en faisant mouvoir rapidement et alternativement ses jambes, ou ses pattes pour un animal : *Cours vite, l'autobus arrive ! Ce chien a besoin de courir.* - **2.** Participer à une épreuve de course à pied ou à une épreuve de vitesse quelconque : *Ce cheval ne court pas aujourd'hui.* - **3.** Se précipiter, aller partout pour trouver qqch : *J'ai couru partout pour trouver ce livre.* - **4.** FAM. Accomplir une série d'actions de manière précipitée : *Depuis qu'elle travaille à temps complet, elle court toute la journée.* - **5.** Se propager rapidement, circuler : *C'est un bruit qui court, mais rien n'est encore sûr.* - **6.** S'écouler, suivre son cours : *Le temps court trop vite.* - **7.** Parcourir rapidement : *Un frisson lui courut dans le dos.* - **8.** En parlant d'un contrat, être en vigueur : *Le bail court à partir du 1er janvier.* - **9.** **Courir après qqn, qqch,** chercher à attraper qqn, aspirer à qqch : *Courir après un voleur. Courir après la gloire.* ‖ **Laisser courir,** laisser faire. ‖ FAM. **Tu peux courir,** tes efforts ne servent rien, tu n'obtiendras rien. ◆ v.t. - **1.** Disputer une course : *Courir un 100 mètres.* - **2.** Parcourir : *Courir le monde.* - **3.** Fréquenter assidûment : *Elle court les cocktails, les salons.* - **4.** Rechercher les personnes du sexe opposé : *Courir les filles.* - **5.** CHASSE. Poursuivre : *Courir le lièvre.* - **6. Courir sa chance,** tenter qqch en comptant sur la chance. ‖ **Courir un risque,** prendre un risque.

courlis [kuʀli] n.m. (orig. onomat.). Oiseau échassier migrateur à long bec arqué vers le bas, habitant près des eaux douces ou sur les côtes (on dit aussi *un courlieu*). □ Famille des charadriidés.

couronne [kuʀɔn] n.f. (lat. *corona*, gr. *korônê*). - **1.** Cercle de métal précieux, richement orné, qu'on porte sur la tête en signe d'autorité, de dignité, de puissance : *Couronne royale.* - **2.** (Avec une majuscule.) Dynastie souveraine ; État dirigé par un roi ou un empereur : *La Couronne d'Angleterre.* - **3.** Cercle de fleurs ou de feuillage : *Couronne de fleurs d'oranger. Une couronne mortuaire.* - **4.** Tout objet circulaire en forme de couronne : *Acheter une couronne chez le boulanger* (= un pain en forme de couronne). - **5.** Capsule en métal ou en céramique qui sert à recouvrir et à protéger la partie visible d'une dent en cas de lésion. - **6.** Unité monétaire principale de certains pays. - **7. Couronne solaire,** région externe de l'atmosphère du soleil, très peu dense. ‖ MATH. **Couronne circulaire,** surface comprise entre deux cercles coplanaires et concentriques.

couronné, e [kuʀɔne] adj. - **1.** Qui a reçu un prix, un titre : *Il vient d'être couronné champion du monde.* - **2.** Qui a reçu une couronne royale ou impériale : *Le prince héritier vient d'être couronné roi* (syn. sacré). - **3.** Pourvue d'une couronne, en parlant d'une dent. - **4.** FAM. **Genou couronné,** genou marqué d'une écorchure. ‖ **Tête couronnée,** souverain, souveraine.

couronnement [kuʀɔnmɑ̃] n.m. - **1.** Action de couronner ; fait d'être couronné. - **2.** Cérémonie accompagnant le sacre d'un monarque ou l'investiture solennelle d'un pape. - **3.** Achèvement complet d'une grande entreprise : *Elle voit enfin le couronnement de ses efforts.* - **4.** Élément décoratif garnissant la partie supérieure d'un édifice, d'un meuble.

couronner [kuʀɔne] v.t. (lat. *coronare*). - **1.** Mettre une couronne sur la tête de qqn : *Couronner qqn de lauriers.* - **2.** Poser solennellement une couronne sur la tête de qqn, pour le sacrer roi ou reine. - **3.** Récompenser qqn, son œuvre par un prix, une distinction : *Ouvrage que l'Académie a couronné d'un prix.* - **4.** Poser une couronne sur une dent. - **5.** Constituer l'achèvement parfait, la digne conclusion de qqch : *Cette nomination couronne sa carrière.* - **6.** LITT. Entourer la tête de qqn comme d'une couronne : *Des cheveux blancs couronnaient son front.* - **7.** LITT. Se trouver au-dessus de qqch, d'un lieu ; être disposé en surplomb : *Les remparts couronnaient la ville* (syn. dominer). - **8.** Et pour couronner le tout, indique qqch de déplaisant venant encore s'ajouter à une série de faits déjà désagréables : *Il est bête, laid et, pour couronner le tout, il est menteur.* ◆ **se couronner** v.pr. - **1.** Se blesser au genou, en parlant du cheval. - **2.** FAM. Se faire une écorchure ou une contusion au genou, en parlant de qqn.

couros n.m. → **kouros.**

courre [kuʀ] v.t. (lat. *currere* "courir"). **Chasse à courre,** chasse où l'on poursuit à cheval le gibier avec des chiens courants.

courrier [kuʀje] n.m. (it. *corriere*, de *correre* "courir"). - **1.** Ensemble des lettres, imprimés, paquets, etc., reçus ou envoyés par la poste : *Distribuer le courrier. Écrire, expédier son courrier* (syn. correspondance). - **2.** Rubrique de journal consacrée à la publication de lettres de lecteurs ou de nouvelles spéciales : *Courrier des lecteurs, du cœur.*

courriériste [kuʀjeʀist] n. - **1.** Journaliste qui tient une rubrique, un courrier littéraire, théâtral, etc. - **2.** Journaliste qui tient la rubrique du courrier des lecteurs.

courroie [kuʀwa] n.f. (lat. *corrigia*). - **1.** Bande d'un matériau souple servant à lier, attacher ou serrer qqch : *Courroie de harnais* (syn. sangle). - **2.** Bande souple refermée sur elle-même et servant à transmettre un mouvement de rotation d'un arbre à un autre par l'intermédiaire de poulies, dans de nombreuses machines : *Il faut changer la courroie car elle est distendue.* - **3.** Courroie de transmission, personne, organisme transmettant les directives d'un autre organisme.

courroucer [kuʀuse] v.t. (lat. pop. *corruptiare*, class. *corrumpere* ; v. corrompre) [conj. 16]. LITT. Mettre en colère.

courroux [kuʀu] n.m. (de *courroucer*). LITT. Vive colère.

cours [kuʀ] n.m. (lat. *cursus*, de *currere* "courir"). - **1.** Mouvement continu d'une masse liquide : *Le cours du Rhône est rapide.* - **2.** Parcours d'une masse liquide : *Dévier le cours d'une rivière.* - **3.** Mouvement réel ou apparent des astres : *Le cours de la Lune, du Soleil.* - **4.** Évolution de qqch ; mouvement continu dans le temps : *Le cours des événements. Le cours de la vie* (syn. déroulement). - **5.** Taux, prix auxquels se négocient les valeurs, les marchandises : *Le cours du cacao a chuté. Les cours de la Bourse.* - **6.** Dénomination de certaines avenues longues et larges servant de promenade. - **7.** Ensemble de leçons, de conférences données par un professeur et formant un enseignement : *Un cours de flûte.* - **8.** Enseignement donné suivant un horaire déterminé à l'intérieur de l'institution scolaire ou universitaire ; contenu de cet enseignement : *Elle s'est amusée pendant tout le cours de français* (syn. heure). *Le cours d'histoire de ce matin* (syn. leçon). - **9.** Enseignement donné dans un domaine d'activité quelconque : *Le cours de ski.* - **10.** Ouvrage traitant d'une discipline déterminée : *Il a publié un cours de droit* (syn. manuel). - **11.** Division correspondant à un degré déterminé d'enseignement : *Cours préparatoire, élémentaire, moyen.* - **12.** Appellation de certains établissements privés d'enseignement. - **13.** Au cours de, pendant toute la durée de : *Je l'ai vu plusieurs fois au cours de l'année* (syn. durant). ‖ Avoir cours, avoir une valeur légale, en parlant d'une monnaie ; être reconnu, admis, en parlant

de qqch : *Ces pièces n'ont plus cours. Ces pratiques n'ont plus cours de nos jours.* ‖ Cours d'eau, ruisseau, fleuve ou rivière. ‖ Donner libre cours à, laisser s'exprimer sans aucune retenue : *Donner libre cours à sa fantaisie.* ‖ En cours de route, pendant le trajet, le voyage. ‖ Être en cours, se dérouler, être en train de se réaliser. ‖ Voyage au long cours, longue traversée en haute mer.

course [kuʀs] n.f. (forme fém. de *cours*, d'apr. l'it. *corsa*). - **1.** Action de courir : *Sa course l'a épuisé.* - **2.** Compétition de vitesse, en sport : *Une course de chevaux. Une course de fond.* - **3.** Toute démarche : *J'ai une course urgente à faire. Avoir une course à faire à la poste.* - **4.** Trajet qu'un taxi effectue pour un client : *Le chauffeur avait fait quatre courses dans la soirée.* - **6.** Parcours en montagne effectué par un ou plusieurs alpinistes : *Seul un alpiniste expérimenté peut faire cette course* (syn. ascension). - **7.** Mouvement rectiligne d'un organe mécanique ; étendue de ce mouvement : *La course du piston dans le cylindre* (syn. parcours). - **8.** Déplacement d'un corps dans l'espace : *La course des nuages, du Soleil.* - **9.** Opération d'un navire corsaire. - **10.** À bout de course, épuisé. ‖ Course de taureaux, corrida. ‖ En fin de course, sur son déclin. ‖ N'être pas, n'être plus dans la course, être complètement dépassé par les événements. ◆ **courses** n.f. pl. - **1.** Achats quotidiens : *As-tu fait les courses pour le dîner de ce soir ?* (syn. commissions). *Rapporter les courses du marché* (syn. provisions). - **2.** Compétitions où les chevaux courent et où, en général, on peut jouer de l'argent : *Champs de courses. Jouer aux courses.*

course-croisière [kuʀskʀwazjɛʀ] n.f. (pl. *courses-croisières*). Compétition de yachting qui consiste en une course à la voile sur un long parcours en haute mer.

courser [kuʀse] v.t. FAM. Poursuivre à la course.

1. coursier [kuʀsje] n.m. (de *cours*). LITT. Cheval de bataille ou de tournoi.

2. coursier, ère [kuʀsje, -ɛʀ] n. (de *course*). - **1.** Personne chargée de porter des paquets, des lettres, etc., pour le compte d'une entreprise, d'un commerçant. - **2.** Coursier international, entreprise privée assurant le transport vers l'étranger de documents et de petits colis dont l'acheminement revêt un caractère d'urgence.

coursive [kuʀsiv] n.f. (de *coursie* "passage", it. *corsia*, lat. médiév. *cursivus* [v. *cursif*], avec infl. de l'it. *corsiva* "lieu où l'on peut courir"). - **1.** MAR. Passage, couloir aménagé à l'intérieur d'un navire, dans le sens de la longueur. - **2.** Galerie de circulation desservant plusieurs logements.

1. court, e [kuʀ, kuʀt] adj. (lat. *curtus*). - **1.** Qui est peu étendu en longueur ou en hauteur :

Des cheveux très courts. Ton manteau est un peu court. - **2.** Qui dure peu de temps : *Les jours sont de plus en plus courts.* - **3.** FAM. Insuffisant, peu satisfaisant : *C'est un peu court, comme rédaction* (syn. succinct). - **4.** À courte vue, fait sans souci de l'avenir, en parlant d'un projet, d'une action : *Une politique à courte vue.* ‖ Avoir la mémoire courte, oublier vite des obligations, des contraintes. ◆ adv. - **1.** D'une manière courte : *Elle s'habille beaucoup trop court.* - **2.** Aller au plus court, procéder de la manière la plus rapide et la plus simple. ‖ Couper court à qqch, le faire cesser très vite : *Couper court à des rumeurs.* ‖ Rester court, être incapable de répliquer ou de continuer à parler. ‖ Être à court de, être démuni de, privé de : *L'épicerie est à court de farine. Il s'est trouvé à court d'arguments.* ‖ Prendre qqn de court, le prendre complètement au dépourvu. ‖ Tourner court, s'arrêter brusquement : *La discussion a tourné court.*

2. court [kuʀ] n.m. (mot angl., de l'anc. fr. *court* "cour"). Terrain de tennis.

courtage [kuʀtaʒ] n.m. (de *courtier*). - **1.** Profession du courtier. - **2.** Rémunération due à un courtier, à une société de Bourse.

courtaud, e [kuʀto, -od] adj. et n. (de *court*). De taille courte et ramassée.

court-bouillon [kuʀbujɔ̃] n.m. (pl. *courts-bouillons*). Liquide aromatisé dans lequel on fait cuire le poisson ou la viande.

court-circuit [kuʀsiʀkɥi] n.m. (pl. *courts-circuits*). ÉLECTR. Mise en relation directe de deux points dont les potentiels sont différents ; accident qui en résulte.

court-circuiter [kuʀsiʀkɥite] v.t. - **1.** Mettre en court-circuit. - **2.** Ne pas suivre la voie hiérarchique pour atteindre un but ; ne pas tenir compte des intermédiaires.

courtepointe [kuʀtəpwɛ̃t] n.f. (altér., d'apr. *court, courte*, de *courtepointe*, lat. *culcita puncta* "coussin piqué"). Couverture de lit piquée et doublée de ouate.

courtier, ère [kuʀtje, -ɛʀ] n. (de l'anc. v. *courre* "courir"). Personne qui sert d'intermédiaire dans les opérations commerciales, etc.

courtilière [kuʀtiljɛʀ] n.f. (de *courtil* "jardin", lat. pop. *cohortile*, du class. *cohors, -ortis* ; v. *cour*). Insecte orthoptère fouisseur, appelé aussi *taupe-grillon*, qui vit dans des terriers et qui est nuisible dans les potagers.

courtine [kuʀtin] n.f. (lat. *cortina* "tenture"). - **1.** Mur d'un rempart joignant les flancs de deux bastions voisins. - **2.** VX. Rideau, notamm. de lit.

courtisan [kuʀtizɑ̃] n.m. (it. *cortigiano*, de *corte* "cour"). - **1.** VX. Homme qui faisait partie de la cour d'un souverain. - **2.** LITT.

Celui qui flatte par intérêt un personnage important.

courtisane [kuʀtizan] n.f. (it. *cortigiana* ; v. *courtisan*). LITT. Prostituée d'un rang social élevé.

courtiser [kuʀtize] v.t. (de *courtisan*). - **1.** Faire la cour à : *Courtiser une femme.* - **2.** LITT. Flatter une personne importante par intérêt.

court-jus [kuʀʒy] n.m. (pl. *courts-jus*). FAM. Court-circuit.

court-métrage ou **court métrage** [kuʀmetʀaʒ] n.m. (pl. *courts-métrages, courts métrages*). Film de moins de 1 600 m et dont la durée excède rarement vingt minutes.

courtois, e [kuʀtwa, -az] adj. (de l'anc. fr. *court* "cour [princière]"). - **1.** Qui montre de la courtoisie : *Un geste courtois* (syn. délicat ; contr. grossier). *Une personne très courtoise* (syn. affable, poli). - **2.** HIST. Marqué par l'esprit raffiné et chevaleresque du Moyen Age (XIᵉ-XIIᵉ s.) : *Amour courtois.* - **3.** La littérature courtoise, célébration du sentiment amoureux dans son aspect avant tout spirituel.

courtoisement [kuʀtwazmɑ̃] adv. Avec courtoisie.

courtoisie [kuʀtwazi] n.f. (de *courtois*). Politesse raffinée.

court-vêtu, e [kuʀvety] adj. (pl. *court-vêtus, es*). Qui porte un vêtement court.

couru, e [kuʀy] adj. (p. passé de *courir*). - **1.** FAM. Recherché : *Spectacle très couru.* - **2.** FAM. C'est couru, c'est prévisible.

couscous [kuskus] n.m. (ar. *kouskous*, du berbère). Spécialité culinaire d'Afrique du Nord, préparée avec de la semoule de blé dur, servie avec de la viande, des légumes et des sauces très relevées ; la semoule elle-même.

cousette [kuzɛt] n.f. (de *coudre*). - **1.** FAM., VIEILLI. Jeune couturière. - **2.** Petit nécessaire à couture.

1. cousin, e [kuzɛ̃, -in] n. (lat. *consobrinus*, par abrév.). Personne née ou descendant de l'oncle ou de la tante ; conjoint de cette personne.

2. cousin [kuzɛ̃] n.m. (lat. pop. *culicinus*, du class. *culex, -icis*). Moustique aux longues pattes fines, très commun en France (on dit aussi *un culex*). □ Famille des culicidés.

cousinage [kuzinaʒ] n.m. - **1.** FAM. Parenté qui existe entre cousins. - **2.** Ensemble des parents.

coussin [kusɛ̃] n.m. (lat. pop. *coxinus*, du class. *coxa* "cuisse"). - **1.** Enveloppe de tissu, de cuir, etc., rembourrée, qui sert d'appui, de siège : *Caler son dos avec des coussins.* - **2.** Coussin d'air, système de suspension d'un véhicule, d'un navire, d'un appareil de manutention, par insufflation d'air à faible pression sous le châssis.

coussinet [kusinɛ] n.m. - **1.** Petit coussin. - **2.** Pièce de fonte ou d'acier fixée sur une traverse de voie ferrée et qui supporte le rail.

cousu, e [kuzy] adj. - **1.** Assemblé avec des points de couture. - **2.** Cousu de fil blanc, facile à démasquer, qui ne trompe personne, en parlant d'une ruse, d'un artifice : *Histoire cousue de fil blanc.* ‖ Cousu d'or, extrêmement riche. ‖ FAM. Cousu main, fait avec beaucoup de soin.

coût [ku] n.m. (de *coûter*). - **1.** Montant de qqch : *Coût d'une location* (syn. prix). - **2.** Coût de distribution, écart entre le prix de vente d'un produit au consommateur et le prix de production. ‖ Coût de la vie, valeur estimée des biens et des services, fondée sur la comparaison des revenus, pendant une période donnée. ‖ Coût de production, prix de revient industriel d'une marchandise.

coûtant [kutã] adj.m. À, au prix coûtant, au prix que cela a coûté : *Vendre à prix coûtant.*

couteau [kuto] n.m. (lat. *cultellus*, dimin. de *culter*). - **1.** Instrument tranchant composé d'un manche et d'une ou de plusieurs lames ; instrument qui tranche : *Couteau à pain. Couteau de poche.* - **2.** Mollusque bivalve à coquille allongée qui vit enfoui dans le sable des plages. - **3.** Arête de prisme métallique qui supporte le fléau d'une balance. - **4.** Couteau à palette, petite truelle d'acier flexible pour mélanger les couleurs sur la palette ou pour peindre en pleine pâte : *Une peinture au couteau.* ‖ En lame de couteau, très allongé, mince : *Visage en lame de couteau.* ‖ Être à couteaux tirés avec qqn, être en très mauvais termes avec lui. ‖ Mettre le couteau sous la gorge de qqn, l'obliger à faire qqch contre sa volonté.

couteau-scie [kutosi] n.m. (pl. *couteaux-scies*). Couteau dont la lame porte des dents et qu'on utilise pour couper le pain, la viande, etc.

coutelas [kutla] n.m. (de *coutel*, anc. forme de *couteau*). - **1.** Grand couteau de cuisine à lame large et tranchante. - **2.** Sabre court et large qui ne tranche que d'un côté.

coutelier, ère [kutalje, -ɛʀ] n. Personne qui fabrique, vend des couteaux et autres instruments tranchants.

coutellerie [kutɛlʀi] n.f. - **1.** Fabrication des couteaux et des instruments tranchants. - **2.** Lieu, atelier où sont fabriqués et vendus ces articles. - **3.** Ensemble des produits faisant l'objet de ce commerce.

coûter [kute] v.i. (lat. *constare*, de *stare* "se tenir ferme"). [Suivi d'un compl. de qualité ou d'un adv.]. - **1.** Être vendu à un certain prix : *Combien coûte ce vase ? Ce meuble m'a coûté cinq mille francs.* - **2.** Entraîner des dépenses : *Les travaux vont coûter très cher.* - **3.** Être pénible à supporter, à accomplir : *Cette démarche lui a beaucoup coûté.* - **4.** Coûter les yeux de la tête, coûter très cher. ‖ Coûte que coûte, à tout prix : *Il faut le retrouver coûte que coûte.* ◆ v.t. - **1.** Causer, occasionner qqch de pénible : *Ce travail lui a coûté des efforts presque surhumains.* - **2.** Coûter la vie à qqn, causer sa mort.

coûteusement [kutøzmã] adv. De façon coûteuse.

coûteux, euse [kutø, -øz] adj. - **1.** Qui occasionne de grandes dépenses : *Un voyage coûteux* (syn. cher). - **2.** LITT. Qui exige de grands efforts ; qui a des conséquences pénibles : *Une démarche coûteuse. Une victoire très coûteuse.*

coutil [kuti] n.m. (de *coute*, forme anc. de *couette*). Tissu d'armure croisée et très serrée, en fil ou en coton, utilisé pour la confection de vêtements de travail ou de chasse.

coutre [kutʀ] n.m. (lat. *culter*). Fer tranchant placé en avant du soc de la charrue pour fendre la terre.

coutume [kutym] n.f. (lat. *consuetudo, -inis*). - **1.** Habitude, usage passé dans les mœurs : *Chaque pays a ses coutumes* (syn. tradition). - **2.** Avoir coutume de (+ inf.), indique ce qu'on fait de manière habituelle : *Il a coutume de fumer un cigare après le repas de midi.* ‖ Plus, moins, autant que de coutume, en comparaison avec ce qui se passe ordinairement : *Elle boit plus que de coutume.*

coutumier, ère [kutymje, -ɛʀ] adj. (de *coutume*). - **1.** LITT. Que l'on fait habituellement : *Travaux coutumiers.* - **2.** Droit coutumier, autref., loi non écrite, mais consacrée par l'usage. ‖ Être coutumier du fait, avoir l'habitude de commettre telle action souvent répréhensible.

couture [kutyʀ] n.f. (lat. pop. *consutura*, du class. *consuere* "coudre"). - **1.** Action, art de coudre : *Faire de la couture. Cours de couture.* - **2.** Assemblage de deux morceaux d'étoffe cousus à la main ou à la machine : *Couture simple, rabattue.* - **3.** Profession de ceux qui confectionnent des vêtements : *La haute couture rassemble des grands couturiers qui créent des modèles originaux présentés chaque saison.* - **4.** REL. Action de coudre les cahiers d'un livre à brocher ou à relier. - **5.** LITT. Cicatrice d'une plaie : *Visage plein de coutures.* - **6.** Battre qqn à plate couture, lui infliger une défaite complète. ‖ Examiner qqn, qqch sous toutes les coutures, l'examiner très attentivement.

couturé, e [kutyʀe] adj. (de *couturer* "coudre"). Couvert de cicatrices, en parlant du corps.

couturier, ère [kutyʀje, -ɛʀ] n. (de *couture*). Personne qui retouche ou confectionne des vêtements.

couvain [kuvɛ̃] n.m. (de *couver*). ZOOL. Ensemble des œufs, des larves et des nymphes des abeilles et d'autres insectes sociaux.

couvaison [kuvɛzɔ̃] n.f. (de *couver*). Temps pendant lequel un oiseau couve ses œufs pour les faire éclore ; acte de couver (syn. incubation).

couvée [kuve] n.f. -**1.** Ensemble des œufs qu'un oiseau couve en même temps. -**2.** Ensemble des oisillons nés en même temps. -**3.** Veiller sur sa couvée, veiller sur ses enfants, en parlant d'une mère de famille.

couvent [kuvã] n.m. (lat. *conventus* "assemblée"). -**1.** Maison religieuse. -**2.** Pensionnat de jeunes filles tenu par des religieuses.

couver [kuve] v.t. (lat. *cubare* "être couché"). -**1.** Abriter, tenir au chaud sous son corps des œufs, pour les faire éclore, en parlant d'un oiseau. -**2.** Entourer de soins attentifs : *Elle a toujours couvé ses enfants.* -**3.** LITT. Préparer en secret : *Couver une vengeance* (syn. nourrir). -**4.** Couver une maladie, en être atteint sans qu'elle se déclare encore nettement. ◆ v.i. Se préparer ; être latent : *Révolte qui couve. Feu qui couve.*

couvercle [kuvɛʀkl] n.m. (lat. *cooperculum*, de *cooperire* "couvrir"). Pièce mobile qui sert à couvrir un récipient.

1. couvert, e [kuvɛʀ, -ɛʀt] adj. (p. passé de *couvrir*). -**1.** Qui a sur lui qqch pour le protéger du froid, de la pluie : *Mets ton manteau, tu n'es pas assez couvert* (syn. habillé). -**2.** Qui est abrité : *Piscine couverte.* -**3.** À mots couverts, de manière allusive, en dissimulant sa véritable pensée. ‖ Ciel couvert, temps couvert, ciel nuageux, temps caractérisé par un tel ciel.

2. couvert [kuvɛʀ] n.m. (de *couvrir*). -**1.** Ensemble des accessoires de table, mis à la disposition de chaque convive : *Mets un couvert de plus.* -**2.** (Souvent au pl.). Terme générique désignant couteau, fourchette, cuillère, ou une combinaison quelconque de ces éléments : *Les couverts sont dans le tiroir.* -**3.** LITT. Massif d'arbres qui donne de l'ombre et un abri : *Se réfugier sous le couvert.* -**4.** À couvert (de), à l'abri (de), en sécurité : *Se mettre à couvert du vent.* ‖ Mettre le couvert, mettre sur la table la vaisselle nécessaire au repas. ‖ LITT. Sous le couvert de, sous la responsabilité de qqn ; sous l'apparence de qqch : *Agir sous le couvert de ses supérieurs. Sous le couvert de la plaisanterie, elle lui a dit quelques dures vérités.*

couverture [kuvɛʀtyʀ] n.f. (bas lat. *coopertura*, du class. *cooperire* "couvrir"). -**1.** Pièce d'étoffe (de fourrure, etc.) destinée à protéger du froid : *Couverture de laine. Couverture chauffante.* -**2.** Ce qui couvre un bâtiment, en constitue le toit : *Couverture d'ardoise* (syn. toiture). -**3.** Ce qui couvre, protège un livre, un cahier : *Voici des couvertures pour tes cahiers* (syn. protège-cahier). -**4.** Partie extérieure d'un livre, d'un magazine : *Une couverture cartonnée. Ce top-model fait la couverture de tous les magazines* (= a sa photo sur la couverture). -**5.** FIN. Ensemble des valeurs servant à la garantie d'une opération financière ou commerciale. -**6.** MIL. Dispositif de protection d'une zone ou d'une opération. -**7.** Occupation, activité qui dissimule des opérations clandestines, illicites : *Cette société d'importation n'est qu'une couverture.* -**8.** Tirer la couverture à soi, chercher à s'attribuer tout le mérite d'un succès, tout le profit d'une affaire. ‖ Couverture sociale, protection dont bénéficie un assuré social.

couveuse [kuvøz] n.f. -**1.** Oiseau femelle (poule, en partic.) qui couve. -**2.** Appareil où l'on fait éclore des œufs, remplacé aujourd'hui par l'incubateur. -**3.** Appareil consistant essentiellement en une enceinte close, aseptique, maintenue à une température constante, où sont placés les prématurés, les nouveau-nés fragiles.

couvre-chef [kuvʀəʃɛf] n.m. (pl. *couvre-chefs*). FAM. Tout ce qui sert à couvrir la tête (syn. chapeau).

couvre-feu [kuvʀəfø] n.m. (pl. *couvre-feux*). -**1.** Signal qui indiquait autref. le moment de rentrer chez soi et d'éteindre les lumières. -**2.** Interdiction temporaire de sortir de chez soi à certaines heures, notamm. en temps de guerre : *Décréter le couvre-feu.*

couvre-lit [kuvʀəli] n.m. (pl. *couvre-lits*). Couverture ou pièce d'étoffe qui recouvre un lit (syn. dessus-de-lit).

couvreur [kuvʀœʀ] n.m. (de *couvrir*). Ouvrier qui pose ou répare les toitures.

couvrir [kuvʀiʀ] v.t. (lat. *cooperire*) [conj. 34]. -**1.** Disposer qqch sur un objet ou une personne, partic. pour les protéger : *Couvrir un livre. Couvrir un blessé d'une couverture.* -**2.** Placer qqch sur un récipient : *Couvrir une casserole d'un couvercle.* -**3.** Répandre, étaler en grande quantité sur : *Couvrir un mur de peinture. Il a couvert de taches son blouson neuf* (syn. cribler). -**4.** Mettre qqch sur qqn pour le vêtir : *Couvrir chaudement un enfant* (syn. habiller). -**5.** Donner qqch qqch à profusion : *On l'a couverte de cadeaux* (syn. combler). -**6.** Être répandu sur : *La neige couvre le chemin* (syn. recouvrir). *Un champ couvert de coquelicots* (syn. parsemer). -**7.** Parcourir une distance : *Cette voiture a couvert 1 000 km en huit heures.* -**8.** S'accoupler à, en parlant d'un animal mâle : *C'est un pur-sang qui a couvert cette jument* (syn. saillir). - **9.** Assurer une couverture, protéger ; spécial., au cours d'un combat militaire, protéger qqn qui est à découvert sous un feu nourri : *Couvrir ses arrières* (syn. garantir). *Tu peux y aller, je te couvre.* - **10.** Prendre sous sa responsabilité les agissements de qqn : *Ses supérieurs le couvrent.* - **11.** Garantir les conséquences financières de : *Cette assurance couvre l'incendie.* - **12.** Compenser, contrebalancer : *Les recettes couvrent les dépenses.* - **13.** Dominer un bruit, un son, faire qu'il est mal entendu, en parlant d'autres bruits, d'autres sons : *L'orchestre couvrait la voix de la chanteuse.* - **14.** Pour un journaliste, assurer une information complète sur un événement : *Elle est chargée de couvrir le procès.* - **15.** Desservir une zone, en parlant d'un émetteur de radiodiffusion, de télévision. ◆ **se couvrir** v.pr. - **1.** Se garnir, se remplir : *Les prés se couvrent de fleurs.* - **2.** Répandre sur soi : *Se couvrir de boue.* - **3.** Attirer sur soi, par son comportement, ses actions : *Se couvrir de honte.* - **4.** Se vêtir chaudement : *Couvre-toi avant de sortir.* - **5.** S'obscurcir, en parlant du ciel, du temps. - **6.** Se protéger, se garantir : *Se couvrir d'un risque auprès d'une assurance.*

covalence [kɔvalɑ̃s] n.f. (de *valence*). Liaison chimique de deux atomes, par mise en commun d'électrons.

cover-girl [kɔvœʀgœʀl] n.f. (mot angl., de *cover* "couverture" et *girl* "jeune femme") [pl. *cover-girls*]. Jeune femme posant pour les photographies des magazines, en partic. pour la page de couverture.

cow-boy [kawbɔj] ou [kobɔj] n.m. (mot angl., de *cow* "vache" et *boy* "garçon") [pl. *cow-boys*]. Gardien et conducteur d'un troupeau de bovins dans un ranch américain.

coxal, e, aux [kɔksal, -o] adj. (du lat. *coxa* "cuisse"). - **1.** De la hanche. - **2.** Os coxal, os iliaque.

coxalgie [kɔksalʒi] n.f. (de *cox[al]* et *-algie*). Arthrite tuberculeuse de la hanche.

coyote [kɔjɔt] n.m. (nahuatl *coyotl*, par l'esp.). Mammifère carnivore de l'Amérique du Nord, voisin du loup et du chacal.

C. Q. F. D., sigle de *ce qu'il fallait démontrer,* employé à la fin d'une démonstration.

crabe [kʀab] n.m. - **1.** Crustacé marin ou d'eau douce, à abdomen court et replié sous le céphalothorax, et portant une paire de grosses pinces. □ Ordre des décapodes. Plusieurs espèces de crabes sont comestibles et communes sur les côtes européennes : *tourteau, étrille, crabe enragé.* Les crabes, au nombre de 2 000 espèces, constituent un sous-ordre. - **2.** Marcher en crabe, marcher en biais.

crac [kʀak] interj. (onomat.). Exprime le bruit d'une chose dure qui se rompt, ou la soudaineté : *À peine avait-on besoin de lui, crac ! il était là.*

crachat [kʀaʃa] n.m. Matière provenant des voies respiratoires que l'on rejette par la bouche (syn. expectoration).

craché, e [kʀaʃe] adj. FAM. Être le portrait craché de qqn, lui ressembler énormément.

cracher [kʀaʃe] v.i. (lat. pop. **craccare,* d'orig. onomat.). - **1.** Rejeter des crachats. - **2.** Rejeter qqch de liquide ou éclabousser : *Stylo qui crache.* - **3.** Émettre des crépitements : *La radio crache* (syn. grésiller). - **4.** FAM. Cracher dans la soupe, dénigrer ce dont on tire avantage. ‖ FAM. Cracher sur qqn, l'insulter, le mépriser. ‖ FAM. Ne pas cracher sur qqch, l'apprécier beaucoup : *Il ne crache pas sur ses avantages.* ◆ v.t. - **1.** Rejeter hors de la bouche : *Cracher du sang.* - **2.** Projeter : *Volcan qui crache des laves.*

cracheur, euse [kʀaʃœʀ, -øz] n. Cracheur de feu. Saltimbanque qui lance des flammes par la bouche après avoir absorbé un liquide inflammable qu'il projette en soufflant sur une torche.

crachin [kʀaʃɛ̃] n.m. (de *cracher*). Petite pluie fine et pénétrante.

crachoir [kʀaʃwaʀ] n.m. - **1.** Récipient dans lequel on crache. - **2.** Tenir le crachoir, parler longuement.

crachotement [kʀaʃɔtmɑ̃] n.m. - **1.** Action de crachoter. - **2.** Bruit de ce qui crachote : *Le crachotement du poste de radio* (syn. crépitement).

crachoter [kʀaʃɔte] v.i. - **1.** Cracher souvent et peu à la fois. - **2.** Rejeter par à-coups des éclaboussures : *Robinet qui crachote.* - **3.** Émettre un crachotement, en parlant d'appareils défectueux : *Le téléphone crachote.*

crack [kʀak] n.m. (mot angl. "fameux", de *to crack up* "vanter"). - **1.** Cheval de course ayant remporté de nombreux prix. - **2.** FAM. Personne qui se distingue par ses compétences dans un domaine précis : *C'est un crack aux échecs.*

cracker [kʀakɛʀ] ou [kʀakœʀ] n.m. (mot angl., de *to crack* "se fêler, se casser"). Craquelin.

craie [kʀɛ] n.f. (lat. *creta*). - **1.** Calcaire d'origine marine, le plus souvent blanc ou blanchâtre, tendre et friable, qui s'est formé à la période crétacée. - **2.** Bâtonnet de cette substance, diversement colorée, pour écrire au tableau noir, sur du tissu, du bois, etc.

craindre [kʀɛ̃dʀ] v.t. (lat. pop. **cremere,* class. *tremere* "trembler, redouter") [conj. 80]. - **1.** Éprouver de l'inquiétude, de la peur devant qqn, qqch : *C'est un homme violent,* *tous les voisins le craignent* (syn. redouter). *Il craint les difficultés de ce voyage* (syn. appréhender). - **2.** Être sensible à, risquer de subir un dommage : *Ces plantes craignent le gel.* ◆ v.i. FAM. **Ça craint,** cela menace d'avoir des conséquences fâcheuses ; c'est très mauvais, très désagréable.

crainte [kʀɛ̃t] n.f. (de *craindre*). - **1.** Sentiment de qqn qui a peur : *La crainte de la solitude* (syn. peur). *Soyez sans crainte* (= tranquillisez-vous). - **2.** De **crainte que** (+ subj.), de crainte de (+ inf.), pour éviter que, de : *Fuyez de crainte qu'on (ne) vous voie, de crainte d'être vu* (= de peur que, de peur de).

craintif, ive [kʀɛ̃tif, -iv] adj. et n. Qui est porté à la crainte, qui la manifeste : *Un enfant craintif* (syn. peureux). *Un geste craintif* (syn. apeuré).

craintivement [kʀɛ̃tivmɑ̃] adv. Avec crainte : *L'enfant serrait craintivement la main de sa mère.*

cramer [kʀame] v.i. et v.t. (mot dialect., anc. prov. *cremar*, lat. *cremare* "brûler"). FAM. Brûler.

cramoisi, e [kʀamwazi] adj. (esp. *carmesí,* de l'ar. *qirmizī* "cochenille"). - **1.** Rouge foncé. - **2.** Devenu tout rouge sous l'effet de l'émotion, de la honte, de la colère, de l'effort, etc. : *Visage cramoisi* (syn. écarlate).

crampe [kʀɑ̃p] n.f. (frq. *kramp* "courbé"). - **1.** Contraction involontaire, prolongée et douloureuse de certains muscles. - **2.** Crampes d'estomac, tiraillements douloureux dans cet organe.

crampon [kʀɑ̃pɔ̃] n.m. (du frq. *kramp* "courbé"). - **1.** Pièce de métal recourbée, servant à assujettir deux objets entre eux, à retenir ou à saisir fortement qqch : *Moellons assemblés par un crampon.* - **2.** Petit cylindre de cuir, de caoutchouc ou de plastique, ou crochet fixé à la semelle de certaines chaussures de sport pour empêcher de glisser. - **3.** Organe de fixation de certains végétaux : *Les crampons du lierre.* - **4.** Pneu à crampons, pneu à sculptures très protubérantes, améliorant l'adhérence sur sol glissant. ◆ adj. inv. en genre et n. FAM. Se dit d'une personne dont on ne peut se débarrasser : *Ce qu'il peut être crampon !* (syn. importun). ◆ **crampons** n.m. pl. Semelle munie de pointes, fixée sur la chaussure, pour se déplacer sur la glace.

se cramponner [kʀɑ̃pɔne] v.pr. (de *crampon*). - **1.** S'accrocher : *Le lierre se cramponne au mur.* - **2.** Tenir fermement sans lâcher prise : *Se cramponner au bras de qqn* (syn. s'agripper). - **3.** FAM. S'attacher à qqch qu'on ne veut pas abandonner, malgré les obstacles : *Se cramponner à une opinion.* - **4.** FAM. (Absol.). Résister, tenir opiniâtrement : *On a tout fait pour le décourager, mais il s'est cramponné.*

cran [kʀɑ̃] n.m. (de l'anc. fr. *créner* "entailler", gaul. **crinare*). - **1.** Entaille faite dans un corps dur pour en accrocher un autre ou servir d'arrêt : *Les crans d'une crémaillère.* - **2.** Trou fait dans une courroie pour la fixer : *Serrer sa ceinture d'un cran.* - **3.** Degré, rang d'importance : *Reculer, monter, baisser d'un cran.* - **4.** Ondulation des cheveux. - **5.** FAM. Sang-froid, courage : *Avoir du cran.* - **6.** Cran d'arrêt, de sûreté, cran qui cale la gâchette d'une arme à feu, la lame d'un couteau. ‖ FAM. Être à cran, être exaspéré.

1. crâne [kʀan] n.m. (lat. *cranium,* gr. *kranion*). - **1.** Cavité osseuse contenant et protégeant l'encéphale chez les vertébrés. - **2.** Tête : *Il a le crâne chauve. Avoir mal au crâne.*

2. crâne [kʀan] adj. (de *1. crâne*). LITT. Qui affiche une bravoure, une assurance parfois fanfaronne : *Un air crâne* (syn. décidé).

crânement [kʀanmɑ̃] adv. LITT. De façon crâne : *Il lui a crânement répondu.*

crâner [kʀane] v.i. (de *2. crâne*). FAM. Faire le fier, prendre des airs supérieurs, vaniteux.

crânerie [kʀanʀi] n.f. - **1.** LITT. Bravoure, fierté ostentatoire. - **2.** FAM. Fait de crâner, de prendre des airs supérieurs ; comportement qui en résulte : *Arrête tes crâneries.*

crâneur, euse [kʀanœʀ, -øz] adj. et n. FAM. Qui crâne ; prétentieux, vaniteux.

crânien, enne [kʀanjɛ̃, -ɛn] adj. Relatif au crâne : *Boîte crânienne.*

cranté, e [kʀɑ̃te] adj. (de *cran*). Qui a des crans : *Une roue crantée* (syn. denté). *Des cheveux crantés* (syn. ondulé).

crapahuter [kʀapayte] v.i. (de l'arg. de Saint-Cyr *crapaud,* "appareil de gymnastique, exercice pédestre", avec p.-ê. infl. de *chahuter*). FAM. Se déplacer dans un terrain difficile, accidenté.

crapaud [kʀapo] n.m. (du germ. **krappa* "crochet"). - **1.** Amphibien à formes lourdes et trapues, dont la peau présente des excroissances ressemblant à des verrues, insectivore et utile. □ Sous-classe des anoures. En France, les crapauds atteignent 10 cm de longueur ; ils ont des mœurs terrestres et ne viennent à l'eau que pour pondre. Certains crapauds d'Amérique mesurent jusqu'à 20 cm de long ; le crapaud siffle, coasse. - **2.** Petit piano à queue. - **3.** Fauteuil rembourré, évasé et bas.

crapule [kʀapyl] n.f. (lat. *crapula* "ivresse", gr. *kraipalê*). - **1.** Individu très malhonnête, capable de toute la pire bassesse. - **2.** LITT. Ensemble de ceux qui vivent dans la débauche et la malhonnêteté ; racaille.

crapuleux, euse [kʀapylø, -øz] adj. - **1.** Qui agit avec bassesse et malhonnêteté : *Un individu crapuleux* (syn. dissolu). - **2.** Crime crapuleux, dont le mobile est le vol.

craquage [kʀakaʒ] n.m. (calque de l'angl. *cracking*). Conversion, sous l'action de la température et éventuellement d'un catalyseur, des hydrocarbures saturés d'une fraction pétrolière en hydrocarbures plus légers (carburants, intermédiaires chimiques).

craquèlement [kʀakɛlmɑ̃] n.m. État de ce qui est craquelé : *Le craquèlement d'une vieille porcelaine.*

se craqueler [kʀakle] v.pr. (de *craquer*). Présenter des craquelures, se fendiller en surface : *La terre se craquelle.*

craquelin [kʀaklɛ̃] n.m. (néerl. *crakelinc*). Biscuit sec craquant sous la dent (syn. cracker).

craquelure [kʀaklyʀ] n.f. Fissure dans le vernis d'une céramique, la pâte d'une peinture, etc.

craquement [kʀakmɑ̃] n.m. Bruit sec que fait un corps qui se brise ou subit un frottement, un effort : *Les craquements d'un vieil escalier.*

craquer [kʀake] v.i. (de *crac*). -**1.** Produire un bruit sec en raison d'un frottement ou d'une pression : *Le parquet craque. Faire craquer ses doigts.* -**2.** Se briser, céder, se déchirer en produisant un bruit sec : *La couture a craqué.* ◆ v.i. -**3.** Avoir une grave défaillance physique ou psychologique : *Ses nerfs ont craqué. Le joueur a craqué au dernier set* (syn. s'effondrer). -**4.** FAM. Tomber sous le charme de qqn, céder à l'attrait de qqch : *Craquer pour une actrice. Craquer sur un collier* (= l'acheter en cédant à la tentation). ◆ v.t. -**1.** FAM. Briser, déchirer : *Tu vas craquer tes poches en y mettant tous ces objets.* -**2.** TECHN. Réaliser le craquage d'un produit pétrolier. -**3.** Craquer une allumette, l'allumer en la frottant sur une surface rugueuse.

craqueter [kʀakte] v.i. [conj. 27]. -**1.** Craquer souvent et à petit bruit : *Les brindilles craquettent dans le feu.* -**2.** Émettre un craquettement, en parlant de la cigogne, de la grue.

craquettement ou **craquètement** [kʀakɛtmɑ̃] n.m. -**1.** Bruit produit par un objet qui craquette : *Les craquettements du parquet.* -**2.** Cri de la cigogne, de la grue.

crase [kʀaz] n.f. (gr. *krasis*). -**1.** Contraction de la voyelle ou de la diphtongue finale d'un mot avec celle qui se trouve à l'initiale du mot suivant : *En grec, la crase est notée par un signe particulier.* -**2.** MÉD. Crase sanguine, ensemble des propriétés coagulantes du sang.

crash [kʀaʃ] n.m. (de l'angl. *to crash* "se fracasser") [pl. *crashs* ou *crashes*]. -**1.** Atterrissage très brutal effectué par un avion, train rentré. -**2.** FAM. Écrasement au sol d'un avion ; accident violent survenu à un véhicule.

se crasher [kʀaʃe] v.pr. (de *crash*). FAM. S'écraser au sol, en parlant d'un avion ; heurter violemment un obstacle, en parlant d'un véhicule.

crasse [kʀas] n.f. (du lat. *crassus* "épais, grossier"). -**1.** Couche de saleté qui adhère à la surface d'une matière : *Pieds couverts de crasse. Les murs de la cuisine sont pleins de crasse.* -**2.** FAM. Acte hostile, indélicatesse à l'égard de qqn : *Faire une crasse à qqn.* ◆ adj. D'une grossièreté inexcusable : *Paresse, ignorance crasse.*

crasseux, euse [kʀasø, -øz] adj. FAM. Couvert de crasse, malpropre : *Des cheveux crasseux. Une chemise crasseuse* (= très sale).

crassier [kʀasje] n.m. (de *crasse*). Amoncellement des déchets, scories et résidus d'une usine métallurgique.

cratère [kʀatɛʀ] n.m. (lat. *crater* "vase", gr. *kratêr*). -**1.** Dépression s'ouvrant à la partie supérieure d'un volcan, et par où les projections et les laves s'échappent. -**2.** Grand vase à large ouverture et à deux anses où les Anciens mélangeaient l'eau et le vin. -**3.** Lac de cratère, lac formé dans le cratère d'un volcan éteint.

cravache [kʀavaʃ] n.f. (all. *Karbatsche*, slave *karbatch*, turc *qirbatch* "fouet"). Badine souple et flexible dont se servent les cavaliers pour stimuler ou corriger un cheval.

cravacher [kʀavaʃe] v.t. Frapper avec la cravache. ◆ v.i. FAM. Aller très vite ; travailler à la hâte : *Il a fallu cravacher pour terminer ce travail en temps voulu.*

cravate [kʀavat] n.f. (autre forme de *croate*, en raison de la bande de tissu que les cavaliers croates portaient autour du cou). -**1.** Bande d'étoffe que l'on passe autour du cou sous le col d'une chemise, et qui se noue par-devant. -**2.** Insigne de grades élevés de certains ordres : *La cravate de commandeur de la Légion d'honneur.*

cravater [kʀavate] v.t. -**1.** Mettre une cravate à qqn (surtout au passif) : *Sortir habillé et cravaté.* -**2.** Attaquer qqn en le serrant par le cou. -**3.** FAM. Mettre en état d'arrestation : *Se faire cravater par la police* (syn. appréhender, arrêter).

crawl [kʀol] n.m. (mot angl., de *to crawl* "ramper"). Nage sur le ventre consistant en une rotation verticale alternative des bras et un battement continu des jambes.

crawler [kʀole] v.i. -**1.** Nager le crawl. -**2.** Dos crawlé, nage sur le dos utilisant, comme le crawl, la rotation verticale des bras et le battement des jambes.

crayeux, euse [kʀejø, -øz] adj. Qui contient de la craie, qui en a l'aspect : *Un terrain crayeux.*

crayon [krɛjɔ̃] n.m. (de *craie*). - **1.** Baguette cylindrique formée d'une mine de graphite ou d'un autre produit (éventuellement coloré), contenue dans une gaine en bois, et servant à écrire ou à dessiner. - **2.** Bâtonnet de substance compacte quelconque (pommade, fard, etc.). - **3.** Avoir un bon coup de crayon, être habile à dessiner. - **4.** INFORM. Crayon optique. Dispositif en forme de crayon comportant un élément photosensible, et qui permet l'utilisation interactive d'un ordinateur grâce à ses déplacements sur un écran de visualisation.

crayonnage [krɛjɔnaʒ] n.m. Action de crayonner ; dessin rapide fait au crayon : *Les crayonnages d'Eisenstein pour les scènes principales du « Cuirassé Potemkine ».*

crayonné [krɛjɔne] n.m. Avant-projet d'une illustration, maquette d'un panneau publicitaire (syn. esquisse). [anglic. déconseillé] rough).

crayonner [krɛjɔne] v.t. Écrire ou dessiner à la hâte avec un crayon : *Crayonner un portrait. Crayonner une remarque en marge d'un manuscrit.*

créance [kreɑ̃s] n.f. (lat. *credentia*, de *credere* "croire"). - **1.** DR. Droit qu'une personne (le *créancier*) a d'exiger qqch, spécial. un bien, une somme d'argent, de qqn qui est son *débiteur* ; titre qui établit ce droit. - **2.** Lettres de créance. Document officiel que remet un diplomate, à son arrivée, au chef de l'État auprès duquel il est accrédité.

créancier, ère [kreɑ̃sje, -ɛr] n. - **1.** Titulaire d'une créance. - **2.** Personne à qui l'on doit de l'argent (par opp. à *débiteur*).

créateur, trice [kreatœr, -tris] n. - **1.** Personne qui crée, invente qqch de nouveau dans le domaine artistique, scientifique, etc. : *Le créateur d'une théorie* (syn. auteur). *Une créatrice de mode. Un créateur en ameublement* (syn. designer, styliste). - **2.** Personne qui interprète pour la première fois un rôle, une chanson : *Le créateur du personnage de Cyrano.* ◆ adj. Qui a la faculté, le don d'inventer : *Une imagination créatrice.* ◆ **créateur** n.m. Le Créateur, Dieu.

créatif, ive [kreatif, -iv] adj. - **1.** Qui est capable de créer, d'inventer, d'imaginer qqch de nouveau, d'orignal ; qui manifeste de la créativité : *Un esprit créatif* (syn. inventif). - **2.** Qui favorise la création : *Un milieu créatif.*

créatine [kreatin] n.f. (du gr. *kreas, -atos* "chair"). Substance azotée présente dans les muscles, le cerveau en très faible proportion, le plasma sanguin, et qui joue un grand rôle dans la contraction musculaire.

création [kreasjɔ̃] n.f. - **1.** Action de créer, de tirer du néant : *La création du monde.* - **2.** L'ensemble des choses et des êtres créés : *Les merveilles de la création* (syn. univers). - **3.** Action de fonder qqch qui n'existait pas : *La création d'une entreprise* (syn. fondation). - **4.** Œuvre créée, réalisée par une ou plusieurs personnes ; modèle inédit : *Les créations des couturiers* (syn. réalisation). - **5.** Première interprétation d'un rôle, d'une chanson, etc. ; première ou nouvelle mise en scène d'une œuvre : *Ce spectacle est une création. Donner une œuvre en création française.*

créativité [kreativite] n.f. Pouvoir créateur, capacité d'imagination, d'invention, de création : *La créativité artistique, littéraire.*

créature [kreatyr] n.f. - **1.** Tout être créé, en partic. l'homme, par rapport à Dieu, le Créateur. - **2.** FAM. Femme, en partic. belle femme : *Une créature de rêve. Une superbe créature.* - **3.** VIEILLI. Femme de mauvaise vie : *Il s'est entiché d'une créature.* - **4.** Personne entièrement soumise à une autre, à qui elle doit sa situation (péjor.) : *Les créatures d'un ministre* (syn. favori, protégé).

crécelle [kresɛl] n.f. (lat. pop. *crepicella, du class. *crepitare* "craquer"). - **1.** Petit instrument de bois constitué d'un moulinet denté et d'une languette de bois flexible : *Les lépreux agitaient une crécelle pour annoncer leur approche.* - **2.** Voix de crécelle, voix criarde.

crécerelle [kresrɛl] n.f. (de *crécelle*). Oiseau voisin du faucon, à plumage brun tacheté de noir, se nourrissant de petits vertébrés et d'insectes. □ Long. 35 cm.

crèche [krɛʃ] n.f. (frq. *kripja* "mangeoire"). - **1.** Représentation, au moyen de statuettes disposées dans un décor, de la nativité du Christ. - **2.** Établissement où sont accueillis les enfants de moins de trois ans dont les parents ne peuvent assurer la garde durant la journée. - **3.** Crèche familiale, mode de garde d'un jeune enfant au domicile d'une assistante maternelle.

crédence [kredɑ̃s] n.f. (it. *credenza* "confiance", à cause de l'expr. *fare la credenza* "faire l'essai [des mets, des boissons]"). Sorte de buffet pour ranger la vaisselle ordinaire et exposer la vaisselle précieuse.

crédibiliser [kredibilize] v.t. Rendre crédible qqch, qqn : *Il a organisé cette réunion pour crédibiliser son assistante.*

crédibilité [kredibilite] n.f. (lat. *credibilitas*, de *credere* "croire"). - **1.** Ce qui rend une chose croyable, digne de confiance : *Un récit qui manque de crédibilité* (syn. vraisemblance). *La crédibilité d'un projet.* - **2.** Capacité d'une personne à susciter la confiance : *La crédibilité d'un homme politique.*

crédible [kredibl] adj. (angl. *credible*, lat. *credibilis*, de *credere* "croire"). Qui peut être cru, qui est digne de confiance : *Une histoire crédible* (syn. vraisemblable). *Après ce scandale, le ministre n'est plus crédible.*

crédit [kʀedi] n.m. (lat. *creditum*, de *credere* "croire"). - **1.** LITT. Confiance qu'inspire qqn ou qqch : *Jouir d'un grand crédit auprès de qqn* (syn. considération). *User de son crédit pour persuader qqn* (syn. influence). *Cette thèse a connu un grand crédit* (contr. discrédit). - **2.** Confiance dans la solvabilité de qqn ; délai qu'on lui accorde pour le paiement : *Avoir deux mois de crédit.* - **3.** Prêt consenti par une personne, par une banque ; avance : *Ouvrir un crédit à qqn. Crédit à court terme.* - **4.** Ensemble des sommes allouées sur un budget : *Voter des crédits. Disposer d'un crédit de 1 000 francs.* - **5.** Partie d'un compte qui mentionne les sommes dues à qqn ou ses versements (par opp. à *débit*) [syn. avoir]. - **6.** À crédit, sans paiement immédiat. ‖ Crédit municipal, caisse municipale de crédit pratiquant le prêt sur gage à taux modérés, autref. appelée *mont-de-piété*. ‖ Faire crédit à qqn, ne pas exiger de lui un paiement immédiat ; lui faire confiance. - **7.** Carte de crédit. Carte correspondant à un titre de paiement, qui permet à son détenteur d'effectuer des retraits dans un billeterie et de régler des factures sur simple signature.

crédit-bail [kʀedibaj] n.m. (pl. *crédits-bails*). Contrat de louage d'un bien mobilier ou immobilier assorti d'une promesse unilatérale de vente en fin de contrat (syn. [anglic. déconseillé] leasing).

créditer [kʀedite] v.t. - **1.** Inscrire une somme au crédit de qqn, d'un compte (par opp. à *débiter*). - **2.** Imputer à qqn le mérite d'une action ; enregistrer un résultat (scolaire, sportif, etc.) obtenu par qqn et lui affecter : *Ce coureur a été crédité d'un excellent temps.*

créditeur, trice [kʀeditœʀ, -tʀis] n. Personne qui a des sommes portées à son crédit sur un compte. ◆ adj. Qui présente un crédit, dont le solde est positif : *Compte créditeur.*

credo [kʀedo] n.m. inv. (mot lat., "je crois"). - **1.** (Avec une majuscule). Formulaire abrégé des principaux points de la foi chrétienne, dit aussi *symbole des Apôtres.* - **2.** CATH. Prière constituée de ce formulaire et faisant partie de la messe, dont elle occupe généralement le centre, entre le gloria et le sanctus ; musique composée sur cette prière. - **3.** Ensemble des principes d'après lesquels on agit : *Un credo politique.*

crédule [kʀedyl] adj. (lat. *credulus*, de *credere* "croire"). Qui croit trop facilement ce qu'on lui dit : *Un enfant crédule* (syn. naïf, ingénu).

crédulité [kʀedylite] n.f. Trop grande facilité à croire ; confiance aveugle : *Une crédulité qui touche à la bêtise* (syn. naïveté, ingénuité).

créer [kʀee] v.t. (lat. *creare*) [conj. 15]. - **1.** Faire exister ce qui n'existait pas, tirer du néant : *Dieu créa l'Univers.* - **2.** Réaliser une œuvre de l'esprit : *Créer un modèle de robe* (syn. concevoir). *Un romancier qui crée ses personnages* (syn. imaginer). *Créer une nouvelle technique* (syn. inventer). - **3.** Fonder, établir : *Créer une entreprise.* - **4.** Interpréter, mettre en scène pour la première fois : *Créer une chanson, un rôle, une pièce.* - **5.** Être la cause de ; engendrer : *Créer des ennuis à qqn* (syn. occasionner, susciter).

crémaillère [kʀemajɛʀ] n.f. (de l'anc. fr. *cramail*, bas lat. *cramaculus*, du gr. *kremastèr* "qui suspend"). - **1.** Tige de fer munie de crans, fixée à l'intérieur d'une cheminée pour suspendre les marmites à différentes hauteurs. - **2.** Pièce munie de crans, servant à relever ou à baisser un élément mobile : *Une bibliothèque à crémaillère.* - **3.** Pièce rectiligne dentée engrenant avec une roue un pignon, destinée à transformer un mouvement rectiligne en mouvement de rotation ou inversement : *Direction à crémaillère d'une automobile.* - **4.** Rail denté de certaines voies ferrées à forte déclivité, sur lequel engrène un pignon de la locomotive. - **5.** FAM. Pendre la crémaillère, offrir une réception pour fêter une installation dans un nouveau logement.

crémation [kʀemasjɔ̃] n.f. (lat. *crematio*, de *cremare* "brûler"). Action de brûler les morts (syn. incinération).

crématoire [kʀematwaʀ] adj. et n.m. - **1.** Relatif à la crémation. - **2.** Four crématoire, four destiné à l'incinération des cadavres. □ Les résonances historiques de la locution, qui reste attachée au souvenir de la barbarie nazie, lui font généralement préférer le terme technique et neutre de *crématorium*.

crématorium [kʀematɔʀjɔm] n.m. Bâtiment où l'on incinère les morts ; four crématoire.

crème [kʀɛm] n.f. (bas lat. *crama*, [mot d'orig. gaul.], croisé avec *chrisma* "huile sacrée, chrême"). - **1.** Matière grasse du lait, dont on fait le beurre. (On dit aussi *crème fraîche*.) *Crème liquide. Crème fouettée.* - **2.** Pellicule qui se forme à la surface du lait bouilli. - **3.** Entremets fait de lait, d'œufs et de sucre : *Crème renversée* (= cuite dans un moule au bain-marie et démoulée). *Crème caramel* (= nappée de caramel). *Crème anglaise* (= liquide et cuite au bain-marie). *Crème glacée* (= congelée). - **4.** Liqueur sirupeuse obtenue à partir de certains fruits : *Crème de banane.* - **5.** Pâte onctueuse pour la toilette ou les soins de beauté : *Crème à raser.* - **6.** FAM. Ce qu'il y a de meilleur dans une catégorie : *C'est la crème des hommes.* - **7.** Café crème, café additionné de lait ou de crème (on dit aussi *un crème*). ‖ Crème Chantilly → chantilly. ◆ adj. inv.

D'une couleur blanche légèrement teintée de jaune : *Un pantalon crème.*

crémerie [kʀemʀi] n.f. (de *crémier*). - 1. Boutique où l'on vend des produits laitiers et des œufs. - 2. FAM. **Changer de crémerie**, changer de fournisseur ; aller ailleurs.

crémeux, euse [kʀemø, -øz] adj. - 1. Qui contient beaucoup de crème : *Lait crémeux.* - 2. Qui a l'aspect de la crème : *Un enduit crémeux.*

crémier, ère [kʀemje, -ɛʀ] n. (de *crème*). Personne qui tient une crémerie.

crémone [kʀemɔn] n.f. (probabl. de *Crémone*, v. d'Italie, pour une raison inconnue). Dispositif de verrouillage des fenêtres ou des portes, composé de deux tringles métalliques qu'on hausse ou qu'on abaisse en faisant tourner une poignée en forme de bouton.

créneau [kʀeno] n.m. (de *cren*, forme anc. de *cran*). - 1. Ouverture pratiquée autref. dans des murs défensifs pour tirer sur l'assaillant en restant à couvert : *Tour à créneaux.* - 2. Intervalle disponible entre deux espaces occupés, spécial. entre deux véhicules stationnés le long d'un trottoir ; manœuvre permettant de garer une voiture dans cet intervalle : *Faire un créneau.* - 3. COMM. Segment de marché où peut être exploité un type de produit ou de service : *Le créneau de la formation.* - 4. Temps d'antenne réservé à qqn, à un groupe. - 5. Courte période où l'on est disponible : *Chercher un créneau dans un emploi du temps chargé.* - 6. FAM. **Monter au créneau**, se porter là où se déroule l'action ; s'impliquer de manière ostensible dans une affaire, un débat.

crénelé, e [kʀenle] adj. - 1. Muni de créneaux : *Tour crénelée.* - 2. Pourvu de dentelures en forme de créneaux sur les bords : *Feuille crénelée.*

créneler [kʀenle] v.t. (de *créneau*) [conj. 24]. Entailler de découpures, de crans : *Créneler une pièce de monnaie.*

crénom [kʀenɔ̃] interj. (de *[sa]cré nom [de Dieu]*). Juron familier indiquant la surprise, l'indignation, la colère, etc.

créole [kʀeɔl] n. et adj. (esp. *criollo*, port. *crioulo*). Personne d'ascendance européenne née dans les anciennes colonies (Antilles, Guyane, Réunion). ◆ adj. Propre aux créoles : *Cuisine créole.* ◆ n.m. Parler né à l'occasion de la traite des esclaves noirs (XVIᵉ-XIXᵉ s.) et devenu la langue maternelle des descendants de ces esclaves (Antille, Guyane, îles de l'océan Indien, etc.) : *Le créole de la Guadeloupe. Les créoles anglais des Caraïbes.* □ Il existe des créoles à base de français, d'espagnol, d'anglais, de portugais.

créolisme [kʀeɔlism] n.m. Mot, expression, tournure particuliers au français parlé dans les zones où existe un créole d'origine française (Antilles, Guyanes, îles de l'océan Indien, etc.).

créosote [kʀeɔzɔt] n.f. (gr. *kreas* "chair" et *sôzein* "conserver"). Liquide incolore, d'odeur forte, caustique, extrait du goudron par distillation, utilisé pour la désinfection, la conservation du bois, etc.

crêpage [kʀepaʒ] n.m. - 1. Action de crêper une étoffe, un papier. - 2. Action de crêper les cheveux ; fait d'être crêpé : *Se faire faire un crêpage chez le coiffeur.*

1. **crêpe** [kʀɛp] n.m. (de l'anc. fr. *cresp* "crépu", lat. *crispus*). - 1. Tissu de soie ou de laine fine à l'aspect ondulé. - 2. Morceau de crêpe ou de tissu noir qu'on porte sur soi en signe de deuil. - 3. Caoutchouc brut obtenu par coagulation du latex : *Bottes à semelle de crêpe.* - 4. Crêpe de Chine, crêpe de soie à gros grain.

2. **crêpe** [kʀɛp] n.f. (*1. crêpe*). Galette légère de blé ou de sarrasin, cuite dans une poêle ou sur une crêpière.

crêper [kʀepe] v.t. (lat. *crispare* ; v. *1. crêpe*). - 1. Donner du volume aux cheveux en rebroussant chaque mèche vers la racine. - 2. TECHN. Donner l'aspect du crêpe à une étoffe et, par ext., à du papier. ◆ **se crêper** v.pr. FAM. **Se crêper le chignon**, se prendre aux cheveux, en venir aux mains.

crêperie [kʀepʀi] n.f. Restaurant où l'on mange principalement des crêpes ; comptoir où sont confectionnées et vendues des crêpes à emporter.

crépi [kʀepi] n.m. (de *crépir*). Enduit de plâtre, de mortier, de ciment qui est appliqué sur un mur sans être lissé.

crêpier, ère [kʀepje, -ɛʀ] n. Marchand de crêpes.

crêpière [kʀepjɛʀ] n.f. Poêle très plate ou plaque électrique servant à faire des crêpes.

crépine [kʀepin] n.f. (de l'anc. franc. *cresp* ; v. *1. crêpe*). - 1. BOUCH. Membrane graisseuse qui entoure les viscères du porc, du veau ou du mouton. - 2. Plaque perforée qui sert de filtre à l'entrée d'un tuyau d'aspiration.

crépinette [kʀepinɛt] n.f. Saucisse plate entourée de crépine.

crépir [kʀepiʀ] v.t. (de l'anc. fr. *cresp* ; v. *1. crêpe*) [conj. 32]. Enduire de crépi.

crépissage [kʀepisaʒ] n.m. Action de crépir ; fait d'être crépi : *Procéder au crépissage des murs.*

crépitement [kʀepitmɑ̃] n.m. Succession de bruits secs : *Le crépitement d'une fusillade.*

crépiter [kʀepite] v.i. (lat. *crepitare*). Faire entendre des bruits secs et répétés : *Le feu crépite dans la cheminée.*

crépon [kʀepɔ̃] n.m. et adj.m. (de 1. *crêpe*). Tissu ou papier gaufré à la machine et présentant des ondulations irrégulières : *Papier crépon.*

crépu, e [kʀepy] adj. (de l'anc. fr. *cresp* ; v. 1. *crêpe*). - 1. Se dit des cheveux frisés en touffes serrées. - 2. Qui a de tels cheveux.

crépusculaire [kʀepyskylɛʀ] adj. - 1. Qui appartient au crépuscule : *Lumière crépusculaire.* - 2. Se dit d'un animal qui ne sort qu'au crépuscule : *Papillon crépusculaire.*

crépuscule [kʀepyskyl] n.m. (lat. *crepusculum*). - 1. Lumière qui suit le soleil couchant jusqu'à la nuit. - 2. LITT. Déclin : *La vieillesse est le crépuscule de la vie.*

crescendo [kʀeʃɛndo] adv. (mot it. du lat. *crescere* "croître"). - 1. MUS. En renforçant graduellement le son. - 2. Aller crescendo, aller en augmentant. ◆ n.m. - 1. MUS. Passage exécuté crescendo. - 2. Augmentation progressive : *Le crescendo des conversations.*

cresson [kʀesɔ̃] ou [kʀəsɔ̃] n.m. (frq. **kresso*). Plante herbacée qui croît dans l'eau douce *(cresson de fontaine)* et que l'on cultive dans les cressonnières pour ses parties vertes comestibles. □ Famille des crucifères.

cressonnière [kʀesɔnjɛʀ] n.f. Bassin d'eau courante où l'on fait croître le cresson de fontaine.

crésus [kʀezys] n.m. (n. d'un roi de Lydie). Homme très riche.

crêt [kʀɛ] n.m. (mot jurassien ; v. *crête*). GÉOGR. Escarpement rocheux bordant une combe.

crétacé [kʀetase] n.m. (du lat. *cretaceus*, de *creta* "craie"). Période géologique de la fin de l'ère secondaire, pendant laquelle s'est formée notamm. la craie.

crête [kʀɛt] n.f. (lat. *crista*). - 1. Excroissance charnue, dentelle, sur la tête de certains gallinacés : *La crête du coq.* - 2. Partie étroite, saillante, constituant la cime d'une montagne. - 3. Relief sous-marin allongé. - 4. Faîte d'un toit. - 5. Sommet frangé d'une vague. - 6. ÉLECTR., ÉLECTRON. Valeur instantanée maximale de la puissance pendant un certain intervalle de temps.

crétin, e [kʀetɛ̃, -in] n. et adj. (mot de Suisse romande, correspondant au fr. *chrétien*). - 1. Individu atteint de crétinisme. - 2. FAM. Personne stupide (syn. idiot, imbécile).

crétinerie [kʀetinʀi] n.f. FAM. Sottise, stupidité : *Cette réponse montre bien sa crétinerie* (syn. niaiserie).

crétiniser [kʀetinize] v.t. Rendre qqn crétin : *Il est complètement crétinisé par la télévision* (syn. abêtir, abrutir).

crétinisme [kʀetinism] n.m. - 1. État caractérisé par des troubles psychiques portant surtout sur l'intelligence. - 2. FAM. Imbécillité, sottise profonde.

cretonne [kʀətɔn] n.f. (de *Creton*, village de l'Eure). Toile de coton, souvent imprimée de motifs variés.

creusement [kʀøzmɑ̃] n.m. Action de creuser ; fait d'être creusé : *Le creusement d'un puits, d'une tranchée.*

creuser [kʀøze] v.t. - 1. Rendre creux en ôtant la matière : *Creuser le sol.* - 2. Faire une cavité : *Creuser un puits.* - 3. Rendre concave : *Creuser les reins* (syn. cambrer). - 4. Amaigrir (surtout au p. passé) : *Des joues creusées par la fatigue.* - 5. Approfondir : *Creuser un sujet.* - 6. Donner de l'appétit : *L'exercice creuse l'estomac.* ◆ **se creuser** v.pr. - 1. Devenir creux : *La falaise s'est creusée sous l'assaut des vagues.* - 2. FAM. Se creuser la tête, la cervelle, chercher laborieusement.

creuset [kʀøze] n.m. (altér., par attraction de *creux,* de l'anc. fr. *croisuel* "sorte de lampe", gallo-roman **croceolus*). - 1. Récipient en terre réfractaire, en métal, en alliage, utilisé pour fondre ou calciner. - 2. Partie inférieure d'un haut-fourneau, où se rassemble le métal fondu. - 3. LITT. Endroit où se mêlent diverses choses, diverses influences : *La Méditerranée est le creuset de plusieurs civilisations.*

1. **creux, creuse** [kʀø, kʀøz] adj. (lat. pop. **crosus,* probabl. d'orig. celt.). - 1. Dont l'intérieur est entièrement ou partiellement vide : *La tige creuse d'un roseau* (contr. plein). - 2. Qui présente une partie concave, une dépression : *On sert le potage dans des assiettes creuses* (contr. plat). - 3. Amaigri : *Un visage creux. Des joues creuses* (syn. émacié). - 4. Vide d'idées, de sens : *Un discours creux* (contr. dense). - 5. Où l'activité, la consommation, l'affluence sont réduites : *Les heures creuses.* - 6. FAM. Avoir le nez creux, avoir du flair, savoir deviner. || Avoir l'estomac, le ventre creux, être affamé. || Chemin creux, chemin encaissé des pays de bocage. || DÉMOGR. Classe creuse, tranche de la population née au cours d'une même année, et dont l'importance numérique est faible.

2. **creux** [kʀø] n.m. (de 1. *creux*). - 1. Partie vide : *Le creux d'un rocher* (syn. cavité). - 2. Partie concave : *Le creux de la main.* - 3. Espace vide entre deux choses : *Le lézard disparut dans un creux entre deux pierres* (syn. interstice). - 4. Période d'activité ralenti : *Un creux dans la vente après les fêtes.* - 5. Profondeur entre deux vagues mesurée de la crête à la base. - 6. Au creux de la vague, dans une période d'échec, de dépression. || Avoir un creux dans l'estomac, avoir faim. ◆ adv. Sonner creux, rendre un son indiquant que l'objet sur lequel on frappe est vide.

crevaison [krəvezɔ̃] n.f. (de *crever*). Éclatement d'une chose gonflée ou tendue et, en partic., d'un pneu.

crevant, e [krəvā, -āt] adj. Qui fatigue extrêmement : *Un travail crevant* (syn. épuisant).

crevasse [krəvas] n.f. (de *crever*). - **1.** Fente étroite et profonde à la surface d'un glacier. - **2.** Fente à la surface d'un mur, d'un édifice, etc. (syn. lézarde, fissure). - **3.** Fente peu profonde dans la peau : *L'hiver, j'ai des crevasses aux mains* (syn. gerçure).

crevasser [krəvase] v.t. Faire des crevasses : *Le froid crevasse les mains.* ◆ **se crevasser** v.pr. Se marquer de crevasses : *Ce mur se crevasse* (syn. se lézarder, se fissurer).

crève [krɛv] n.f. (de *crever*). FAM. Attraper, avoir la crève, être malade (spécial. des suites d'un coup de froid).

crève-cœur [krɛvkœr] n.m. inv. Peine profonde, mêlée de dépit ou de compassion : *C'est un crève-cœur de le voir si malheureux et de ne pouvoir l'aider* (syn. déchirement).

crève-la-faim [krɛvlafɛ̃] n.m. inv. FAM. Individu vivant misérablement (syn. miséreux).

crever [krəve] v.i. (lat. *crepare* "craquer") [conj. 19]. - **1.** S'ouvrir en éclatant, en se répandant : *Bulle, abcès, nuage qui crève.* - **2.** (Absol.). Subir la crevaison d'un pneu : *J'ai crevé deux fois depuis Paris.* - **3.** Être plein de, comme près d'éclater : *Crever de santé, d'orgueil, de richesses* (syn. déborder de). - **4.** Mourir, en parlant des animaux, des végétaux : *Une partie du bétail a crevé pendant l'épidémie. Les fleurs crèvent à cause de la sécheresse.* - **5.** T. FAM. Mourir, en parlant des hommes : *Crever dans la misère.* - **6.** Crever de (+ n.), éprouver au plus haut degré un état physique ou moral : *Crever de chaleur. Crever d'ennui. Les enfants crèvent de faim après la promenade* (= sont affamés). ◆ v.t. - **1.** Percer, déchirer, faire éclater : *Crever un pneu.* - **2.** FAM. Épuiser de fatigue : *Cette marche m'a crevé. Il est complètement crevé par son boulot. Crever un cheval.* - **3.** Crever le cœur à qqn, lui inspirer une douloureuse compassion. ‖ Crever les yeux, en parlant de qqch, être très visible ; être totalement évident. ◆ **se crever** v.pr. FAM. S'épuiser.

crevette [krəvɛt] n.f. (forme picarde de *chevrette*). Petit crustacé marin. □ Ordre des décapodes. Plusieurs espèces sont comestibles : *crevette grise, crevette rose* ou *bouquet.*

cri [kri] n.m. (de *crier*). - **1.** Son perçant émis avec force par qqn sous l'effet de l'émotion ; paroles prononcées à voix très haute en signe d'appel, d'avertissement : *Pousser des cris. Des cris de douleur* (syn. hurlement). - **2.** Ensemble d'éclats de voix, de paroles exprimant hautement un sentiment collectif : *Cris de réprobation.* - **3.** Mouvement intérieur spontané : *Cri du cœur, de la conscience.* - **4.** Son ou ensemble de sons émis par les animaux et caractéristique de chaque espèce : *Le cri de la chouette.* - **5.** À grands cris, en insistant vivement. ‖ Pousser les (des) hauts cris, protester avec indignation. - **7.** Dernier cri. Ce qui se fait de plus moderne, de plus récent : *Acheter une robe dernier cri.*

criaillement [krijajmã] n.m. - **1.** Cri désagréable : *Le criaillement des mouettes.* - **2.** (Souvent au pl.). Récriminations aigres et répétées (syn. criaillerie).

criailler [krijaje] v.i. - **1.** Crier beaucoup, et le plus souvent pour rien : *Des gamins qui criaillent.* - **2.** Crier, en parlant de l'oie, du faisan, du paon, de la pintade.

criaillerie [krijajri] n.f. Querelle, cris discordants, suite de récriminations : *Cessez vos criailleries* (syn. jérémiades).

criant, e [krijā, āt] adj. - **1.** Qui fait crier d'indignation : *Une injustice criante* (syn. révoltant, scandaleux). - **2.** Qui s'impose à l'esprit : *Une vérité criante* (syn. manifeste, flagrant).

criard, e [krijar, -ard] adj. - **1.** Qui crie désagréablement, qui se plaint, souvent sans motif sérieux : *Des enfants criards.* - **2.** Aigu et désagréable : *Voix criarde* (syn. aigre). - **3.** Couleurs criardes, couleurs crues contrastant désagréablement entre elles.

criblage [kriblaʒ] n.m. Action de cribler : *Le criblage du blé.*

crible [kribl] n.m. (bas lat. *criblum,* class. *cribrum*). - **1.** Appareil à fond plat perforé, utilisé pour séparer selon leur grosseur des fragments solides (grains, sable, minerai, etc.). - **2.** Passer au crible, examiner avec soin, trier.

cribler [krible] v.t. - **1.** Passer à travers un crible : *Cribler du sable.* - **2.** Atteindre qqch en de nombreux endroits, en le perçant ou en le trouant : *Le mur était criblé de balles.* - **3.** Couvrir qqch de marques : *Visage criblé de taches de rousseur.* - **4.** Être criblé de dettes, en être accablé.

cric [krik] n.m. (moyen haut all. *kriec*). Appareil agissant par poussée directement sur un fardeau, et permettant de le soulever ou de le déplacer sur une faible course : *Soulever une voiture avec un cric pour changer une roue.*

cricket [kriket] n.m. (mot angl., propr. "bâton"). Jeu de balle anglais qui se joue avec des battes de bois.

cricri [krikri] n.m. (onomat.). - **1.** FAM. Cri du grillon, de la cigale. - **2.** Grillon domestique.

criée [krije] n.f. (de *crier*). Vente à la criée, vente publique aux enchères (on dit aussi *la criée*).

crier [kʀije] v.i. (lat. pop. *critare, class. *quiritare*) [conj. 10]. - **1.** Pousser un cri, des cris : *Crier de douleur* (syn. hurler). - **2.** Parler très haut et avec colère : *Discuter sans crier* (syn. brailler). - **3.** Produire un bruit aigre : *Une porte qui crie* (syn. grincer). - **4.** Produire une sensation désagréable à l'œil : *Ce jaune et ce violet sont des couleurs qui crient entre elles*. - **5.** Crier au scandale, à la trahison, les dénoncer vigoureusement. ◆ v.t. - **1.** Dire à haute voix : *Crier un ordre*. - **2.** Manifester énergiquement : *Crier son indignation*. - **3.** Crier famine, crier misère, se plaindre de la faim, de la pauvreté. ‖ *Crier vengeance*, demander réparation d'une mauvaise action ou d'une cruauté que l'on a subie. ◆ v.t. ind. [après, contre]. Réprimander vivement et d'une voix forte : *Crier après ses enfants*.

crieur, euse [kʀijœʀ, -øz] n. - **1.** Personne qui annonce en criant la vente d'une marchandise : *Crieur de journaux*. - **2.** Crieur public, autref., personne qui proclamait les édits royaux en public.

crime [kʀim] n.m. (lat. *crimen* "accusation"). - **1.** Homicide volontaire : *Le mobile d'un crime* (syn. meurtre). - **2.** DR. La plus grave des infractions à la loi, jugée génér. par la cour d'assises : *Crime contre la sûreté de l'État*. - **3.** Acte répréhensible, action blâmable : *C'est un crime d'avoir démoli ce cinéma*. - **4.** Crime contre l'humanité, violation des règles de droit international sanctionnée pénalement par les gouvernements des États (déportation, extermination, génocide). ‖ Crime de guerre, violation des lois et coutumes que des belligérants sont censés respecter (pillage, assassinat, exécution des otages).

criminaliser [kʀiminalize] v.t. Faire passer de la juridiction correctionnelle ou civile à la juridiction criminelle : *Criminaliser un délit, un procès*.

criminalité [kʀiminalite] n.f. Ensemble des actes criminels dans un milieu donné, à une époque donnée : *On a enregistré une baisse de la criminalité*.

criminel, elle [kʀiminɛl] adj. et n. (lat. *criminalis*, de *crimen* ; v. *crime*). Coupable de crime. ◆ adj. - **1.** Contraire aux lois naturelles ou sociales : *Acte criminel. Un incendie criminel*. - **2.** DR. Relatif aux crimes : *Droit criminel*.

criminellement [kʀiminɛlmɑ̃] adv. De façon criminelle : *Abuser criminellement de sa force*.

criminologie [kʀiminɔlɔʒi] n.f. Étude scientifique du phénomène criminel. ◆ **criminologiste** et **criminologue** n. Noms du spécialiste.

crin [kʀɛ̃] n.m. (lat. *crinis* "cheveu"). - **1.** Poil long et rude qui pousse sur le cou et à la queue des chevaux et de quelques autres quadrupèdes. - **2.** À tous crins, à outrance : *Une pacifiste à tous crins*. ‖ Crin végétal, matière filamenteuse extraite du palmier, de l'agave, etc.

crincrin [kʀɛ̃kʀɛ̃] n.m. (de *crin*, avec infl. onomat.). FAM. Mauvais violon.

crinière [kʀinjɛʀ] n.f. (de *crin*). - **1.** Ensemble du crin du cou d'un cheval ou d'un lion. - **2.** Crins ornant le haut d'un casque et retombant par-derrière. - **3.** FAM. Chevelure abondante.

crinoline [kʀinɔlin] n.f. (it. *crinolino*, de *crino* "crin" et *lino* "lin"). - **1.** Large jupon cerclé de baleines ou de lames d'acier qui maintenait l'ampleur de la jupe des robes à partir du milieu du XIXᵉ s. - **2.** La robe elle-même.

crique [kʀik] n.f. (anc. nordique *kriki*). Petite baie offrant un abri naturel aux bateaux.

criquet [kʀikɛ] n.m. (orig. onomat.). Insecte herbivore, dont il existe de nombreuses espèces, qui se déplace en sautant et en volant. □ Ordre des orthoptères ; famille des acridiens. Le criquet stridule. Certains criquets (criquet pèlerin, criquet migrateur) sont très dévastateurs dans les régions chaudes où s'abattent leurs nuées.

crise [kʀiz] n.f. (lat. médic. *crisis*, gr. *krisis* "décision" puis "phase décisive [d'une maladie]"). - **1.** Manifestation soudaine ou aggravation brutale d'un état morbide : *Crise cardiaque. Crise de rhumatisme. De violentes crises de toux*. - **2.** Accès soudain d'ardeur, d'enthousiasme : *Il travaille par crises* (syn. à-coup). - **3.** Période décisive ou périlleuse de l'existence : *Être en proie à une crise de conscience, une crise religieuse*. - **4.** Phase difficile traversée par un groupe social : *Crise de l'Université*. - **5.** Manque de qqch sur une vaste échelle : *Crise de la main-d'œuvre, du logement* (syn. pénurie). - **6.** Crise de nerfs, état d'agitation bref et soudain avec cris et gesticulation, sans perte de connaissance. - **7.** Crise économique, rupture d'équilibre entre la production et la consommation, se traduisant, notamm., par des faillites et du chômage. ‖ Crise ministérielle, période intermédiaire entre la démission d'un gouvernement et la formation d'un autre ; démission du gouvernement.

crispant, e [kʀispɑ̃, -ɑ̃t] adj. Qui agace, qui impatiente : *Une attente crispante* (syn. agaçant, irritant).

crispation [kʀispasjɔ̃] n.f. - **1.** Contraction musculaire due à l'irritation, à la crainte, etc. : *La crispation de sa bouche révélait son désaccord*. - **2.** Mouvement d'impatience, d'irritation, de nervosité : *La crispation des délégués s'accroissait au fil des négociations* (syn. raidissement).

crisper [kʀispe] v.t. (lat. *crispare* ; v. *crêper*).
- **1.** Contracter vivement les muscles sous l'effet d'une sensation physique, d'une émotion : *La douleur crispait son visage* (syn. convulser). - **2.** Irriter vivement qqn ; faire prendre une forme hostile à qqn : *Son intransigeance me crispe.* ◆ **se crisper** v.pr.
- **1.** Se contracter vivement : *Sa bouche s'est crispée sous l'offense.* - **2.** Éprouver une vive irritation.

crissement [kʀismɑ̃] n.m. Bruit produit par l'écrasement de certaines matières ; grincement aigu : *Le crissement de la neige sous les pas.*

crisser [kʀise] v.i. (frq. *krisan* "grincer"). Produire un crissement : *Le gravier crisse sous les pneus de la voiture.*

cristal [kʀistal] n.m. (lat. *crystallus*, gr. *krustallos* "glace"). - **1.** Corps solide, pouvant affecter une forme géométrique bien définie, et caractérisé par une répartition régulière et périodique des atomes : *Le gros sel se présente sous forme de cristaux.* - **2.** Verre blanc, très limpide, sonore et renfermant génér. du plomb ; objet de cette matière : *Un vase en cristal. Des cristaux de Bohême.* - **3.** Cristal de roche, quartz hyalin, dur et limpide, qui présente dans sa forme primitive des prismes hexagonaux terminés par deux pyramides à six pans. || **Cristal liquide,** liquide utilisé notamm. pour les fonctions d'affichage électronique sur des montres, calculatrices, etc.

cristallerie [kʀistalʀi] n.f. Fabrication d'objets en cristal ; établissement où on les fabrique.

1. cristallin, e [kʀistalɛ̃, -in] adj. - **1.** De la nature du cristal : *La structure cristalline de la silice.* - **2.** LITT. Semblable au cristal par la transparence ou la sonorité : *Eaux cristallines. Voix cristalline.* - **3.** Roches cristallines, roches qui se sont formées en profondeur par cristallisation à l'état solide (roches métamorphiques) ou à partir d'un magma liquide (roches éruptives).

2. cristallin [kʀistalɛ̃] n.m. Élément de l'œil, en forme de lentille biconvexe, placé dans le globe oculaire en arrière de la pupille, et qui fait converger les rayons lumineux sur la rétine.

cristallisable [kʀistalizabl] adj. Susceptible de se former en cristaux.

cristallisation [kʀistalizasjɔ̃] n.f. - **1.** Changement d'état dans un milieu liquide ou gazeux conduisant à la formation de cristaux : *Le quartz est produit par la cristallisation de la silice.* - **2.** Fait, pour une idée, un sentiment, de se rassembler, de se préciser, de se transfigurer : *Cette théorie était la cristallisation de dix années de réflexion* (syn. aboutissement, concrétisation).

cristallisé, e [kʀistalize] adj. Qui se présente sous forme de cristaux : *Sucre cristallisé.*

cristalliser [kʀistalize] v.t. (de *cristal*).
- **1.** Changer en cristaux : *Cristalliser du sucre.*
- **2.** Donner de la cohérence, de la force à qqch qui était vague, instable : *Ces excès ont cristallisé la révolte.* ◆ v.i. ou **se cristalliser** v.pr. - **1.** Se former en cristaux. - **2.** Prendre de la consistance, s'ordonner de façon cohérente : *Souvenirs qui se cristallisent.*

cristallisoir [kʀistalizwaʀ] n.m. Récipient en verre dans lequel on peut faire cristalliser les corps dissous.

cristallographie [kʀistalɔgʀafi] n.f. Étude scientifique des cristaux et des lois qui président à leur formation.

cristalloïde [kʀistalɔid] n.m. (de *cristal* et *-oïde*). Corps dissous pouvant être dialysé (par opp. à *colloïde*).

criste-marine [kʀistmaʀin] n.f. (gr. *krêthmon* [transcrit *crithmum*] en lat. médiév. puis confondu avec le lat. *crista* "crête", et de *marin, marine*). Plante à feuilles charnues comestibles, croissant sur les rochers et les sables littoraux. ▫ Famille des ombellifères.

critère [kʀitɛʀ] n.m. (bas lat. *criterium*, gr. *kritêrion*, de *krein* "juger"). Caractère, principe auquel on se réfère pour distinguer une chose d'une autre, émettre un jugement, une appréciation, etc. : *La ponctualité est-elle un critère de politesse ?* (syn. marque, preuve).

critérium [kʀiteʀjɔm] n.m. (bas lat. *criterium* ; v. *critère*). Dans certains sports, épreuve qui ne sont pas des championnats : *Remporter un critérium.*

critiquable [kʀitikabl] adj. Qui peut être critiqué ; qui mérite d'être critiqué : *Nous jugeons votre décision critiquable* (syn. blâmable, condamnable).

1. critique [kʀitik] adj. (lat. *criticus*, gr. *kritikos*, de *krein* "juger"). - **1.** MÉD. Se dit de la phase d'une maladie qui marque un changement : *Heures critiques.* - **2.** Qui décide du sort de qqn ou de qqch : *Être dans une situation critique* (syn. alarmant, dangereux). - **3.** PHYS. Où se produit un changement dans les propriétés d'un corps, l'allure d'un phénomène : *Masse, température critique.*

2. critique [kʀitik] n.f. (lat. *critica*, neutre pl. de *criticus* ; v. *1. critique*). - **1.** Appréciation de l'authenticité d'une chose, de la valeur d'un texte : *Critique historique.* - **2.** Art d'analyser et de juger une œuvre littéraire ou artistique : *Critique dramatique, musicale.* - **3.** Jugement porté sur une œuvre : *Avoir une bonne critique dans la presse.* - **4.** Ensemble de ceux qui, dans les médias, font métier de juger, de commenter ces œuvres : *Rallier l'unanimité de la critique.* - **5.** Blâme, reproche porté sur qqn ou qqch : *Elle était affectée par toutes ces critiques* (syn. attaque, dénigrement).

3. **critique** [kʀitik] adj. (lat. *criticus* ; v. *1. critique*). - **1.** Qui a pour objet de distinguer les qualités ou les défauts d'une œuvre littéraire ou artistique : *Analyse critique.* - **2.** Édition critique, établie après la comparaison des textes, des documents originaux : *L'édition critique d'un manuscrit du Moyen Âge.* | Esprit critique, attitude de celui qui n'accepte un fait ou une opinion qu'après en avoir examiné la valeur ; attitude de celui qui est prompt à blâmer. ◆ n. Personne dont le métier consiste à commenter, à juger des œuvres littéraires ou artistiques, notamm. dans les médias.

critiquer [kʀitike] v.t. Procéder à une analyse critique : *Critiquer un film avec impartialité.* - **2.** Juger de façon défavorable et même malveillante : *Sa conduite a été très critiquée* (syn. blâmer, désapprouver).

critiqueur, euse [kʀitikœʀ, -øz] n. Personne portée à la critique, surtout avec malveillance.

croassement [kʀɔasmã] n.m. Cri du corbeau et de la corneille.

croasser [kʀɔase] v.i. (onomat.). Émettre un croassement.

croc [kʀo] n.m. (frq. *krok* "crochet"). - **1.** Instrument muni d'une ou de plusieurs tiges pointues et recourbées servant à suspendre qqch : *Un croc de boucher.* - **2.** Chacune des quatre canines, fortes, longues et pointues des carnivores. - **3.** FAM. Avoir les crocs, être affamé.

croc-en-jambe [kʀɔkãʒãb] n.m. (pl. *crocs-en-jambe*). - **1.** Action de déséquilibrer, de faire tomber qqn en passant le pied entre ses jambes (syn. croche-pied). - **2.** Manœuvre déloyale pour nuire à qqn.

croche [kʀɔʃ] n.f. (de l'anc. adj. *croche* "crochu", de *croc*). MUS. Note dont la queue porte un crochet, et valant la moitié d'une noire.

croche-pied [kʀɔʃpje] n.m. (de *crocher* "accrocher" [de *croc*] et *pied*) [pl. *croche-pieds*]. Syn. de *croc-en-jambe*.

crochet [kʀɔʃɛ] n.m. (de *croc*). - **1.** Morceau de métal recourbé servant à suspendre, à fixer ou à tirer à soi qqch : *Crochet d'une persienne. Suspendre un tableau avec un crochet.* - **2.** Tige de fer à bout recourbé servant à ouvrir une serrure (syn. fam. rossignol). - **3.** Grosse aiguille ayant une encoche à une extrémité utilisée pour faire du tricot, de la dentelle ; travail ainsi exécuté : *Faire du crochet.* - **4.** Dent à extrémité recourbée des serpents venimeux. - **5.** Signe graphique [ ] proche de la parenthèse par la forme et l'emploi. - **6.** Détour : *Faire un crochet pour passer voir des* amis. *La route fait un crochet.* - **7.** En boxe, coup de poing, porté horizontalement avec le bras replié. - **8.** Vivre aux crochets de qqn, à ses frais, à ses dépens.

crochetage [kʀɔʃtaʒ] n.m. Action de crocheter une serrure.

crocheter [kʀɔʃte] v.t. [conj. 28]. - **1.** Ouvrir une serrure avec un crochet. - **2.** Exécuter un ouvrage au crochet : *Crocheter un napperon.*

crochu, e [kʀɔʃy] adj. Recourbé en forme de crochet, de croc : *Bec, nez crochu.*

crocodile [kʀɔkɔdil] n.m. (lat. *crocodilus*, du gr.). - **1.** Grand reptile à fortes mâchoires, qui vit dans les eaux des régions chaudes. □ Ordre des crocodiliens. *Le crocodile vagit.* - **2.** Peau tannée du crocodile : *Un sac en crocodile.* - **3.** Larmes de crocodile, larmes hypocrites.

crocus [kʀɔkys] n.m. (mot lat., du gr. *krokos* "safran"). Plante à bulbe et à fleurs jaunes, dont une espèce est le safran ; fleur de cette plante. □ Famille des iridacées.

croire [kʀwaʀ] v.t. (lat. *credere*) [conj. 107]. - **1.** Tenir qqch pour vrai, admettre comme réel, certain : *Croire une histoire. Je crois ce que vous me dites.* - **2.** Tenir qqn pour sincère : *Croire qqn sur parole.* - **3.** Tenir qqch pour possible, l'envisager par la pensée : *Je crois avoir trouvé la solution. Je crois qu'il viendra. Je ne crois pas qu'il vienne* (syn. penser). - **4.** Avoir telle opinion, tel jugement sur qqn ou qqch ; considérer comme : *Je le croyais plus intelligent* (syn. imaginer). - **5.** En croire qqn, qqch, s'en rapporter à qqn, qqch ; se fier à qqn, qqch : *À l'en croire, il est capable de tout. Je n'en crois pas mes yeux.* ◆ v.t. ind. - **1.** Tenir pour certain l'existence de qqn, qqch ; avoir foi en sa véracité ; s'y fier, avoir foi en son efficacité : *Il croit au Père Noël. Croire à la sincérité de qqn. Il croit à son projet.* - **2.** Avoir confiance en qqn, reconnaître l'existence de : *Croire en ses amis. Croire en Dieu.* ◆ v.i. Avoir la foi religieuse : *Il a cessé de croire il y a des années.* ◆ **se croire** v.pr. - **1.** S'estimer tel, avoir telle impression : *Il se croit fort. On se croirait au paradis.* - **2.** (Absol.). Avoir une bonne opinion de soi, être vaniteux : *Qu'est-ce qu'il se croit !*

croisade [kʀwazad] n.f. (réfection de l'anc. fr. *croisée* [même sens, de *croix*], d'apr. l'it. *crociata*, et l'esp. *cruzada*). - **1.** HIST. Expédition militaire des chrétiens d'Occident contre les musulmans en Terre sainte ; expédition militaire contre les hérétiques : *La croisade contre les albigeois.* - **2.** Action menée pour créer un mouvement d'opinion, récolter des fonds pour une lutte, etc. : *Croisade contre l'avortement. Croisade contre le cancer* (syn. campagne).

1. **croisé, e** [kʀwaze] adj. - **1.** Qui se recoupe en formant une croix, un X : *L'armature*

croisée d'un vitrail. - **2.** BIOL. Qui est le résultat d'un croisement : *Chien croisé.* - **3.** Étoffe croisée, étoffe dont les fils sont entrecroisés de telle sorte qu'ils donnent un sens oblique au tissu (on dit aussi *du croisé*). ‖ Rimes croisées, rimes féminines ou masculines alternées. ‖ Veste croisée, veste dont les bords croisent (par opp. à *veste droite*).

2. **croisé** [kʀwaze] n.m. Celui qui participait à une croisade.

croisée [kʀwaze] n.f. - **1.** Point où deux choses se croisent : *La croisée de deux chemins.* - **2.** Intersection du transept et de la nef d'une église. - **3.** Châssis vitré pivotant servant à clore une fenêtre ; la fenêtre elle-même.

croisement [kʀwazmɑ̃] n.m. - **1.** Action de disposer en forme de croix, de faire se croiser ; cette disposition : *Croisement des fils d'une étoffe.* - **2.** Point où plusieurs voies se croisent : *Ralentir au croisement* (syn. carrefour). - **3.** Fait pour deux véhicules de se croiser en allant dans deux directions opposées. - **4.** BIOL. Reproduction naturelle ou expérimentale par union de deux individus animaux ou végétaux de même espèce mais de races différentes. - **5.** LING. Altération de la forme d'un mot sous l'influence d'un mot de forme voisine. (Ex. : *barbouiller,* croisement de *barboter* et *brouiller.*)

croiser [kʀwaze] v.t. (de *croix*). - **1.** Disposer deux choses en croix ou en X : *S'asseoir en croisant les jambes.* - **2.** Passer en travers : *Sentier qui croise une route* (syn. couper). - **3.** Passer à côté de qqn, d'un véhicule en allant dans la direction opposée : *Croiser un ami dans la rue.* - **4.** Effectuer un croisement d'animaux, de végétaux : *Croiser deux races de chevaux.* ‖ Croiser le regard de qqn, le rencontrer. ‖ Croiser les doigts, mettre le majeur sur l'index en émettant un vœu pour conjurer le mauvais sort. ◆ v.i. - **1.** En parlant des bords d'un vêtement, passer l'un sur l'autre : *Manteau qui croise bien.* - **2.** MAR. Aller et venir dans une même zone pour accomplir une mission de surveillance : *La flotte croise au large de Brest.* ◆ se croiser v.pr. - **1.** Passer l'un à côté de l'autre, en allant dans une direction opposée : *Nous nous croisons le matin dans le couloir.* - **2.** En parlant de lettres, de colis, etc., être échangés au même moment. - **3.** Se croiser les bras, rester inactif ; refuser de travailler.

croiseur [kʀwazœʀ] n.m. (de *croiser*). Grand bâtiment de guerre puissamment armé et employé pour l'escorte, la lutte antiaérienne ou anti-sous-marine.

croisière [kʀwazjɛʀ] n.f. (de *croiser*). - **1.** Voyage d'agrément sur un paquebot ou sur un bateau de plaisance : *Yacht de croisière.*

Faire une croisière en Méditerranée. - **2.** Allure, rythme, vitesse de croisière, rythme normal après une période de mise en train. ‖ Vitesse de croisière, meilleure allure d'un véhicule quant à la rapidité et à la consommation de carburant sur une longue distance.

croisillon [kʀwazijɔ̃] n.m. - **1.** Bras d'une croix, d'une chose disposée en croix : *Les croisillons de la croix de Lorraine.* - **2.** Traverse d'une croisée, d'un vantail de fenêtre.

croissance [kʀwasɑ̃s] n.f. (lat. *crescentia,* de *crescere* "croître"). - **1.** Développement progressif d'un être vivant, augmentation de l'ensemble d'un corps ou de ses parties ; période pendant laquelle se fait cette augmentation : *Enfant en pleine croissance.* - **2.** Accroissement, augmentation progressive : *La croissance de la production industrielle. La croissance démesurée d'une agglomération* (syn. développement). - **3.** Augmentation des principales dimensions caractéristiques de l'activité d'un ensemble économique et social (notamm. de la production nationale des biens et des services) : *Une période de forte croissance économique.*

1. **croissant, e** [kʀwasɑ̃, -ɑ̃t] adj. - **1.** Qui croît, s'accroît : *Un nombre croissant de chômeurs* (syn. grandissant). - **2.** Fonction croissante, fonction définie sur un intervalle, qui varie dans le même sens que la variable dont elle dépend. ‖ Suite croissante, suite dont chaque terme est inférieur à celle qui le suit.

2. **croissant** [kʀwasɑ̃] n.m. (de *croître* [propr. "temps pendant lequel la lune croît"]). - **1.** Forme échancrée de la Lune, lorsque sa surface éclairée visible est inférieure à la moitié d'un disque. □ La Lune est visible en croissant le soir entre la nouvelle lune et le premier quartier, et le matin entre le dernier quartier et la nouvelle lune. - **2.** Forme du croissant de lune, et, spécial., emblème des musulmans, des Turcs. - **3.** Petite pâtisserie en pâte levée et feuilletée arrondie en forme de croissant. - **4.** TECHN. Instrument à fer recourbé, qui sert à élaguer les arbres.

croître [kʀwatʀ] v.i. (lat. *crescere*) [conj. 93]. - **1.** Se développer, grandir : *Le peuplier croît plus vite que le chêne* (syn. pousser). - **2.** Se développer, s'intensifier, en parlant d'un sentiment, d'un état : *Je sentais la colère croître en moi* (syn. grandir). - **3.** Augmenter en nombre, en importance, en durée : *Les jours croissent* (contr. décroître). *Son ambition va croissant. La production a crû de 20 % cette année.* - **4.** Croître en sagesse, acquérir davantage de sagesse.

croix [kʀwa] n.f. (lat. *crux*). - **1.** Instrument de supplice formé d'un poteau et d'une traverse de bois, où l'on attachait et clouait les condamnés à mort ; ce supplice : *Spartacus* *mourut sur la croix.* -**2.** (Avec une majuscule). Cet instrument, sur lequel Jésus-Christ fut crucifié, selon l'Évangile. -**3.** Représentation de la Croix, symbole du christianisme. -**4.** Objet de piété, bijou figurant la Croix. -**5.** Insigne, décoration en forme de croix, d'un ordre de mérite ou honorifique : *Croix de guerre.* -**6.** Signe graphique formé de deux traits croisés : *Faire une croix dans la marge.* -**7.** Croix de Lorraine, à deux croisillons. ‖ Croix rouge, insigne des services de santé, reconnu et protégé par les conventions internationales. ‖ En croix, à angle droit ou presque droit : *Les bras en croix.* ‖ Faire une croix sur qqch, y renoncer définitivement : *Il a fait une croix sur ce voyage.* ‖ Porter sa croix, avoir sa croix, supporter, avoir des épreuves.

cromlech [kʀɔmlɛk] n.m. (du breton *crom* "rond" et *lech* "pierre"). Monument mégalithique formé de plusieurs menhirs disposés en cercle.

crooner [kʀunɚʀ] n.m. (mot anglo-amér., de *to croom* "fredonner"). Chanteur de charme.

1. croquant, e [kʀɔkɑ̃, -ɑ̃t] n. (orig. incert., p.-ê. de *croc* ou de *croquer* "détruire"). -**1.** HIST. Paysan révolté sous Henri IV et Louis XIII. -**2.** VIEILLI. Paysan, rustre.

2. croquant, e [kʀɔkɑ̃, -ɑ̃t] adj. (de *croquer*). Qui fait un bruit sec sous la dent : *Une salade croquante.*

à la croque-au-sel [kʀɔkosɛl] loc. adv. Cru et sans autre assaisonnement que du sel : *Tomates à la croque-au-sel.*

croque-madame [kʀɔkmadam] n.m. inv. Croque-monsieur surmonté d'un œuf sur le plat.

croque-mitaine [kʀɔkmitɛn] n.m. (de *croquer*, le deuxième élément étant obsc.) [pl. *croque-mitaines*]. -**1.** Personnage fantastique dont on menaçait les enfants. -**2.** Personne très sévère qui effraie.

croque-monsieur [kʀɔkməsjø] n.m. inv. Préparation chaude, composée de deux tranches de pain de mie grillées garnies de fromage et de jambon.

croque-mort [kʀɔkmɔʀ] n.m. (de *croquer* "faire disparaître") [pl. *croque-morts*]. FAM. Employé des pompes funèbres.

croquenot [kʀɔkno] n.m. (orig. incert., p.-ê. de *croquer* "faire un bruit sec"). FAM. Gros soulier.

croquer [kʀɔke] v.i. (d'une onomat. *krokk-* exprimant un bruit sec). Faire un bruit sec sous la dent : *Le sucre croque dans la bouche.* ◆ v.t. -**1.** Broyer entre ses dents en faisant un bruit sec : *Croquer un bonbon.* -**2.** FAM. Dilapider, dépenser en peu de temps : *Croquer un héritage.* -**3.** Dessiner, peindre sur le vif, dans un style d'esquisse rapide. -**4.** Joli

à croquer, joli à donner envie d'en esquisser l'image.

croquet [kʀɔkɛ] n.m. (mot angl., probabl. du fr. *croc*). Jeu qui consiste à faire passer sous des arceaux des boules de bois avec un maillet, en suivant un trajet déterminé.

croquette [kʀɔkɛt] n.f. (de *croquer*). Boulette de pâte, de viande, de légumes ou de poisson, panée et frite.

croquignolet, ette [kʀɔkiɲɔlɛ, -ɛt] adj. (de *croquignole* "chiquenaude" et "petit gâteau sec", p.-ê. de *croquer*). FAM. Charmant, mignon.

croquis [kʀɔki] n.m. (de *croquer*). Dessin rapide dégageant, à grands traits, l'essentiel du sujet, du motif : *Le témoin a fait un croquis des lieux de l'accident* (syn. schéma).

crosne [kʀon] n.m. (de *Crosne*, comm. de l'Essonne). Plante cultivée vivace à tubercules comestibles, originaire d'Extrême-Orient ; tubercule de cette plante. ▢ Famille des labiées.

cross [kʀɔs] et **cross-country** [kʀɔskuntʀi] n.m. (mot angl. de *across the country* "à travers la campagne") [pl. *cross-countrys* ou *cross-countries*]. Épreuve de course à pied en terrain varié avec des obstacles ; parcours équestre du même type.

crosse [kʀɔs] n.f. (germ. *krukja* "bâton recourbé"). -**1.** Bâton pastoral d'évêque, d'abbé ou d'abbesse, dont la partie supérieure se recourbe en spirale. -**2.** Bâton recourbé utilisé pour pousser la palet ou la balle dans certains sports : *Crosse de hockey.* -**3.** Partie recourbée de certains objets, de certains organes : *Crosse du violon. Crosse de l'aorte.* -**4.** Partie postérieure d'une arme à feu servant à l'épauler : *La crosse d'un fusil.* -**5.** FAM. Chercher des crosses à qqn, lui chercher querelle (syn. noise).

crotale [kʀɔtal] n.m. (lat. *crotalum* "castagnette", du gr.). Serpent venimeux appelé aussi *serpent à sonnette* à cause du grelot formé par les mues de la queue. ▢ Famille des vipéridés.

croton [kʀɔtɔ̃] n.m. (gr. *krotôn*). Genre d'arbustes ou d'arbres dont les graines renferment une huile toxique. ▢ Famille des euphorbiacées.

crotte [kʀɔt] n.f. (frq. *krotta*). -**1.** Fiente de certains animaux : *Crottes de lapin.* -**2.** Tout excrément solide. -**3.** FAM. Crotte de bique, chose sans valeur. ‖ Crotte de chocolat, bonbon au chocolat.

crotté, e [kʀɔte] adj. (de *crotte*). Sali de boue : *Bottes toutes crottées.*

crottin [kʀɔtɛ̃] n.m. (de *crosse*). -**1.** Excrément des chevaux, des mulets et des ânes. -**2.** Petit fromage de chèvre de forme ronde.

croulant, e [kʀulɑ̃, -ɑ̃t] adj. Qui croule ; qui s'écroule : *Murs croulants.* ◆ n. FAM. Personne d'âge mûr.

crouler [kʀule] v.i. (lat. pop. *crotalare* "secouer", de *crotalum ;* v. crotale). - **1.** Tomber en s'affaissant : *Un vieux mur qui croule* (syn. s'ébouler, s'effondrer). - **2.** Aller à sa ruine, perdre de sa puissance : *Ce système politique croulait de toutes parts.* - **3.** Crier, en parlant de la bécasse. - **4.** Crouler sous qqch, être accablé par qqch ; être submergé par qqch : *Elle croule sous le travail.*

croup [kʀup] n.m. (d'orig. onomat., d'apr. le bruit de la toux). Extension sous le larynx de la diphtérie, dont les fausses membranes obstruent l'orifice de la glotte, qui peut provoquer la mort par asphyxie.

croupe [kʀup] n.f. (frq. **kruppa*). - **1.** Partie postérieure de certains quadrupèdes, en partic. du cheval, qui s'étend depuis les reins jusqu'à l'origine de la queue. - **2.** FAM. Postérieur d'une personne, en partic. d'une femme. - **3.** GÉOGR. Sommet, petite colline de forme ronde. - **4.** En croupe, à cheval derrière le cavalier ou sur la partie arrière d'une selle de moto.

à croupetons [kʀuptɔ̃] loc. adv. (de *croupe*). Dans la position accroupie.

croupi, e [kʀupi] adj. (de *croupir*). Qui est corrompu par la stagnation : *Eau croupie.*

croupier [kʀupje] n.m. (de [*cavalier*] *croupier* "[cavalier] qui monte en croupe, qui est associé à un autre"). Employé d'une maison de jeux qui dirige les parties, qui paie et ramasse l'argent pour le compte de l'établissement.

croupière [kʀupjɛʀ] n.f. Partie du harnais reposant sur la croupe du cheval, du mulet, etc.

croupion [kʀupjɔ̃] n.m. (de *croupe*). - **1.** Arrière du corps des oiseaux supportant les plumes de la queue, et qui sécrète une graisse. - **2.** FAM. Derrière d'une personne.

croupir [kʀupiʀ] v.i. (de *croupe*, propr. "être accroupi") [conj. 32]. - **1.** Se corrompre par stagnation, en parlant des eaux dormantes ou des matières qui s'y décomposent : *Cette eau a croupi.* - **2.** Être contraint à l'inactivité : *Croupir en prison* (syn. moisir). - **3.** Se complaire dans un état méprisable, dégradant : *Croupir dans l'ignorance.*

croupissant, e [kʀupisɑ̃, -ɑ̃t] adj. Qui croupit : *Eaux croupissantes.*

croustade [kʀustad] n.f. (prov. *croustado*). Croûte en pâte brisée ou feuilletée, qu'on remplit de garnitures diverses : *Croustade aux fruits de mer.*

croustillant, e [kʀustijɑ̃, -ɑ̃t] adj. - **1.** Qui croque sous la dent : *Du pain croustillant.* - **2.** Qui suscite l'intérêt par son caractère grivois et amusant : *Des détails croustillants.*

croustiller [kʀustije] v.i. (de *crouste*, forme anc. de *croûte*). Croquer sous la dent.

croûte [kʀut] n.f. (lat. *crusta*). - **1.** Partie extérieure du pain, du fromage, d'un pâté, etc., plus dure que l'intérieur : *Laisser la croûte du pain.* - **2.** Couche extérieure qui se durcit à la surface d'un corps, d'un sol : *Cette eau dépose une croûte calcaire.* - **3.** CUIS. Pâte cuite au four qui sert à la préparation de certains mets ; ces mets eux-mêmes : *Pâté en croûte.* - **4.** Plaque qui se forme sur la peau, à la suite d'une blessure ou d'une affection de la peau : *La croûte va tomber.* - **5.** Couche intérieure d'un cuir scié dans son épaisseur. - **6.** FAM. Mauvais tableau : *Ce peintre n'a fait que des croûtes.* - **7.** GÉOL. Zone superficielle du globe terrestre, d'une épaisseur moyenne de 35 km sous les continents (*croûte continentale*) et de 10 km sous les océans (*croûte océanique*) [on dit aussi *écorce terrestre*]. - **8.** FAM. Casser la croûte, manger. ‖ FAM. Gagner sa croûte, gagner sa vie.

croûton [kʀutɔ̃] n.m. (de *croûte*). - **1.** Extrémité d'un pain (syn. quignon). - **2.** Morceau de pain frit accompagnant certains plats.

croyable [kʀwajabl] adj. Qui peut être cru : *Une coïncidence tout à fait croyable* (syn. admissible, vraisemblable).

croyance [kʀwajɑ̃s] n.f. - **1.** Fait de croire à la vérité ou à l'existence de qqch : *La croyance en Dieu* (syn. foi). - **2.** Opinion religieuse, philosophique ou politique : *Respecter toutes les croyances* (syn. conviction).

croyant, e [kʀwajɑ̃, -ɑ̃t] adj. et n. Qui a la foi religieuse : *Il est très croyant.* ◆ **croyants** n.m. pl. Nom que se donnent les musulmans : *Le commandeur des croyants* (= le calife).

C. R. S. [seeʀɛs] n.m. (sigle). Membre d'une compagnie* républicaine de sécurité.

1. cru, e [kʀy] adj. (lat. *crudus*, de *cruor* "sang"). - **1.** Qui n'est pas transformé par la cuisson : *Viande crue. Légumes crus* (contr. cuit). - **2.** Qui n'est pas apprêté, qui n'a pas subi de transformation : *Soie crue. Lait cru.* - **3.** Que rien n'atténue ; violent, brutal : *Lumière crue* (contr. doux, tamisé, voilé). *Couleur crue.* - **4.** Qui n'use pas de détour : *Répondre de façon crue* (syn. direct, franc). - **5.** Choquant, grivois : *Une plaisanterie un peu crue* (syn. leste). ◆ adv. *Àcru,* sans selle sur une monture.

2. cru [kʀy] n.m. (de *croître*). - **1.** Terroir spécialisé dans la production d'un vin ; ce vin lui-même. - **2.** FAM. Du cru, du pays, de la région où l'on est : *Un paysan du cru.*

cruauté [kʀyote] n.f. (lat. *crudelitas*, de *crudelis ;* v. *cruel*). - **1.** Penchant à faire souffrir ;

caractère de qqn de cruel : *Il est d'une grande cruauté* (syn. méchanceté, sadisme). - **2.** Caractère de ce qui fait souffrir : *La cruauté de l'hiver* (syn. dureté, rigueur). - **3.** (Surtout pl.). Action cruelle : *Essayer d'oublier les cruautés subies* (syn. atrocité).

cruche [kʀyʃ] n.f. (frq. **krūkka*). - **1.** Vase à large panse, à anse et à bec ; son contenu. - **2.** FAM. Personne stupide, en partic. une femme.

cruchon [kʀyʃɔ̃] n.m. Petite cruche.

crucial, e, aux [kʀysjal, -o] adj. (lat. *crucialis*, de *crux, crucis* "croix"). Très important : *Un problème crucial* (syn. capital, fondamental). *Le moment est crucial* (syn. décisif).

crucifère [kʀysifɛʀ] n.f. (du lat. *crux, crucis*, "croix", et de *-fère*). Crucifères, famille de plantes herbacées dont la fleur à quatre pétales libres disposés en croix et six étamines dont deux plus petites, comprenant plusieurs espèces (moutarde, chou, cresson, radis, navet).

crucifié, e [kʀysifje] n. et adj. Personne mise en croix.

crucifiement [kʀysifimɑ̃] n.m. Action de crucifier (syn. crucifixion).

crucifier [kʀysifje] v.t. (lat. *crucifigere*, avec infl. des v. en *-fier* ; conj. 9). - **1.** Infliger le supplice de la croix. - **2.** LITT. Faire souffrir : *Crucifier sa chair* (syn. mortifier).

crucifix [kʀysifi] n.m. (du lat. *crucifixus* "mis en croix"). Croix de bois, de métal, etc., sur laquelle le Christ est représenté crucifié.

crucifixion [kʀysifiksjɔ̃] n.f. - **1.** Crucifiement ; (spécial., avec une majuscule) crucifiement du Christ. - **2.** BX-A. (Avec une majuscule). Représentation du Christ sur la Croix.

cruciforme [kʀysifɔʀm] adj. (du lat. *crux, crucis* "croix", et de *forme*). En forme de croix : *Une vis cruciforme* (= dont la tête présente une double fente, en forme de croix).

cruciverbiste [kʀysivɛʀbist] n. (du lat. *crux, crucis* "croix" et *verbum* "mot"). Amateur de mots croisés.

crudité [kʀydite] n.f. (lat. *cruditas* "indigestion"). - **1.** État de ce qui est cru : *Crudité des fruits.* - **2.** Caractère de ce qui est brutal, choquant : *La crudité de son langage* (syn. verdeur). ◆ **crudités** n.f. pl. Légumes crus, ou parfois cuits (betterave, poireau), servis froids : *Assiette de crudités.*

crue [kʀy] n.f. (de *croître*). Élévation du niveau d'un cours d'eau, due à la fonte des neiges ou à des pluies abondantes : *Rivière en crue.*

cruel, elle [kʀyɛl] adj. (lat. *crudelis*, de *crudus* ; v. *1. cru*). - **1.** Qui aime à faire souffrir ou à voir souffrir : *Un cruel tyran* (syn. barbare, sanguinaire). - **2.** Qui témoigne de la méchanceté, de la cruauté : *Sourire cruel.* - **3.** Qui cause une souffrance morale ou physique : *Un froid cruel* (syn. rigoureux). *Une perte cruelle* (syn. pénible).

cruellement [kʀyɛlmɑ̃] adv. De façon cruelle : *Un soulèvement réprimé cruellement* (syn. sévèrement, durement).

crûment [kʀymɑ̃] adv. (de *1. cru*). De façon dure, sans ménagement : *Dire crûment les choses.*

crural, e, aux [kʀyʀal, -o] adj. (lat. *cruralis*, de *crus, cruris*, jambe). De la cuisse : *Nerf crural.*

crustacé [kʀystase] n.m. (du lat. *crusta* "croûte"). Crustacés, classe d'arthropodes généralement aquatiques, à respiration branchiale, et dont la carapace est formée de chitine imprégnée de calcaire. □ La classe des *crustacés* comprend six sous-classes dont la plus importante est celle des malacostracés (crabes, crevettes, homards, etc.).

cryogène [kʀijɔʒɛn] adj. (de *cryo-* et *-gène*). PHYS. Qui produit du froid.

cryologie [kʀijɔlɔʒi] n.f. (de *cryo-* et *-logie*). Ensemble des disciplines scientifiques et techniques s'intéressant aux très basses températures.

cryothérapie [kʀijɔteʀapi] n.f. (de *cryo-* et *thérapie*). Traitement des maladies par le froid.

crypte [kʀipt] n.f. (lat. *crypta*, du gr. *kruptos* "caché"). Chapelle souterraine d'une église, où l'on plaçait autref. le corps ou les reliques de martyrs, de saints.

cryptogame [kʀiptɔgam] adj. et n.m. (de *crypto-* et *-game*). Cryptogames, plantes multicellulaires qui n'ont ni fleurs, ni fruits, ni graines (par opp. aux *phanérogames*). □ Les *cryptogames* forment trois embranchements : *thallophytes* (algues et champignons), *bryophytes* (mousses) et *ptéridophytes* (fougères et prêles).

cryptogamique [kʀiptɔgamik] adj. Se dit des affections causées aux végétaux par des champignons microscopiques.

cryptogramme [kʀiptɔgʀam] n.m. (de *crypto-* et *gramme*). Message écrit à l'aide d'un système chiffré ou codé.

cryptographie [kʀiptɔgʀafi] n.f. (de *crypto-* et *-graphie*). Ensemble des techniques permettant de protéger une communication au moyen d'un code graphique secret.

cubage [kybaʒ] n.m. Action de cuber, d'évaluer le volume d'un corps ; volume ainsi évalué : *Effectuer le cubage d'une bibliothèque avant un déménagement.*

cubain, e [kybɛ̃, -ɛn] adj. et n. De Cuba.

1. cube [kyb] n.m. (lat. *cubus*, gr. *kubos* "dé à jouer"). **-1.** Parallélépipède rectangle dont les six faces carrées sont égales, ainsi que les douze arêtes. **-2.** Objet ayant la forme d'un cube : *Couper de la viande, des légumes en cubes.* **-3.** Cube d'un nombre, produit de trois facteurs égaux à ce nombre : *27 est le cube de 3.* ‖ Cube d'un solide, son volume. ‖ Cube parfait, nombre entier qui est le cube d'un autre nombre entier. **-4.** Gros cube. Moto de forte cylindrée (plus de 500 cm3). ◆ **cubes** n.m. pl. Jeu de cubes, jeu de construction fait d'un ensemble de cubes qu'il faut assembler pour reconstituer une image globale.

2. cube [kyb] adj. (de *1. cube*). Mètre, centimètre, kilomètre, etc., cube, volume égal à celui d'un cube de 1 m, 1 cm, 1 km, etc., de côté : *Deux mètres cubes.*

cuber [kybe] v.t. Évaluer en unités cubiques : *Cuber des pierres.* ◆ v.i. Avoir en unités cubiques un volume de : *Ce tonneau cube 300 litres.*

cubilot [kybilo] n.m. (altér. de l'angl. *cupilo*, *cupelow* "four à coupole", de l'it. *cupola*). Four à cuve de fusion pour la préparation de la fonte.

cubique [kybik] adj. Qui a la forme d'un cube : *Une boîte cubique.*

cubisme [kybism] n.m. (de *1. cube*). École artistique moderne qui, vers les années 1908-1920, a substitué aux types de représentation issus de la Renaissance des modes nouveaux et plus autonomes de construction plastique. ◆ **cubiste** adj. et n. Relatif au cubisme ; qui s'en réclame.

Cubitainer [kybitɛnɛʀ] n.m. (nom déposé). Cube de plastique enveloppé dans du carton, pour le transport des liquides, en partic. du vin.

cubital, e, aux [kybital, -o] adj. (lat. *cubitalis*). Du coude : *Nerf cubital.*

cubitus [kybitys] n.m. (mot lat. "coude"). Le plus gros des deux os de l'avant-bras, portant à son extrémité supérieure une apophyse qui forme la saillie du coude.

cucurbitacée [kykyʀbitase] n.f. (du lat. *cucurbita* "courge"). Cucurbitacées, famille de plantes dicotylédones à fortes tiges rampantes et à gros fruits, comme la citrouille, la courge, le melon.

cueillette [kœjɛt] n.f. (lat. *collecta*, de *colligere* "recueillir"). **-1.** Action de cueillir des fruits, des fleurs, des légumes, etc. : *La cueillette des pommes* (syn. récolte). **-2.** Période où se fait cette récolte. **-3.** Les produits ainsi récoltés.

cueillir [kœjiʀ] v.t. (lat. *colligere*) [conj. 41]. **-1.** Détacher de leurs tiges des fruits, des fleurs : *Cueillir des fraises* (syn. récolter). **-2.** FAM. Aller chercher qqn : *Cueillir qqn à la gare.* **-3.** FAM. Arrêter qqn : *Se faire cueillir par la police.* **-4.** FAM. Cueillir qqn à froid, le prendre au dépourvu.

cueilloir [kœjwaʀ] n.m. Cisaille pour cueillir les fruits.

cuesta [kwɛsta] n.f. (mot esp., lat. *costa* "côte [os]"). GÉOMORPH. Syn. de *côte.*

cuillère et **cuiller** [kɥijɛʀ] n.f. (lat. *cochlearium*, de *cochlea* "escargot", parce que l'ustensile servait à manger des escargots). **-1.** Ustensile composé d'un manche et d'une partie creuse, servant à manger les aliments liquides ou à les remuer dans un récipient : *Une cuillère à soupe, à café.* **-2.** Engin de pêche en forme de cuillère et muni d'hameçons. **-3.** FAM. En deux coups de cuillère à pot, très vite, de façon expéditive. ‖ Être à ramasser à la petite cuillère, être harassé, épuisé, en piteux état. ‖ Ne pas y aller avec le dos de la cuillère, parler, agir sans ménagement.

cuillerée [kɥijʀe] n.f. (de *cuiller*). Contenu d'une cuillère : *Une cuillerée à soupe de sirop.*

cuir [kɥiʀ] n.m. (lat. *corium*, gr. *korion*). **-1.** Peau épaisse de certains animaux : *Le cuir du rhinocéros.* **-2.** Peau, en partic. des gros bovins, tannée et spécial. préparée pour des usages industriels : *Une ceinture en cuir.* **-3.** Veste, blouson de cuir : *Il ne quitte jamais son cuir.* **-4.** Cuir chevelu, partie de la tête recouverte par les cheveux.

cuirasse [kɥiʀas] n.f. (de *cuir*). **-1.** Blindage, revêtement protecteur, en partic. d'une arme. **-2.** Autref., pièce de l'armure protégeant le dos et la poitrine. **-3.** Le défaut de la cuirasse, le point faible de qqn ou de qqch.

1. cuirassé, e [kɥiʀase] adj. **-1.** Protégé par un blindage : *Navire cuirassé.* **-2.** Préparé à tout ; devenu insensible à qqch : *Être cuirassé contre les calomnies* (syn. endurci).

2. cuirassé [kɥiʀase] n.m. (de *1. cuirassé*). Grand navire de ligne doté d'une puissante artillerie et protégé par d'épais blindages.

cuirassement [kɥiʀasmã] n.m. Action d'équiper d'une cuirasse ; cette cuirasse.

cuirasser [kɥiʀase] v.t. **-1.** Équiper, revêtir qqch d'une cuirasse : *Cuirasser des navires* (syn. blinder). **-2.** Rendre insensible : *Son éducation l'a cuirassé contre la malveillance* (syn. endurcir). ◆ **se cuirasser** v.pr. Devenir insensible.

cuire [kɥiʀ] v.t. (lat. pop. *cocere*, class. *coquere*) [conj. 98]. **-1.** Soumettre un aliment à l'action de la chaleur pour le rendre consommable : *Cuire un rôti* (= le faire cuire). **-2.** Soumettre un objet, une matière à l'action de la chaleur afin de les rendre aptes à un usage spécifique : *Cuire des émaux.* ◆ v.i. **-1.** Être soumis à l'action de la chaleur : *Le poulet cuit.* - **2.** Causer une sensation de brûlure, d'échauffement : *Peau qui cuit sous le soleil* (syn. brûler). - **3.** FAM. Être accablé de chaleur : *On cuit dans ce bureau.* - **4.** Faire cuire qqch, le cuire : *Faire cuire des pâtes.* - **5.** Il vous en cuira, vous vous en repentirez.

cuisant, e [kɥizɑ̃, -ɑ̃t] adj. (de *cuire*). - **1.** Qui cause une vive souffrance physique : *Douleur cuisante.* - **2.** Qui affecte douloureusement : *Échec cuisant* (syn. amer, cinglant).

cuisine [kɥizin] n.f. (bas lat. *cocina,* class. *coquina,* de *coquere,* "cuire"). - **1.** Pièce d'un logement, d'un restaurant, etc., où l'on prépare les repas. - **2.** Action, art de préparer et de présenter les aliments : *Aimer faire la cuisine.* - **3.** Mets, plats préparés, servis : *Cuisine légère, épicée.* - **4.** FAM. Manœuvre louche : *Cuisine électorale* (syn. intrigue).

cuisiné, e [kɥizine] adj. Plat cuisiné, plat vendu tout préparé chez un traiteur, un charcutier.

cuisiner [kɥizine] v.i. Faire la cuisine : *Il cuisine remarquablement.* ◆ v.t. - **1.** Préparer, accommoder un plat, un aliment : *Cuisiner du poisson, du gibier.* - **2.** FAM. Cuisiner qqn, l'interroger avec insistance pour obtenir un aveu, un renseignement : *La police l'a cuisiné toute la nuit.*

cuisinette [kɥizinɛt] n.f. Petite cuisine ; coin cuisine. (Recomm. off. pour : *kitchenette.*)

cuisinier, ère [kɥizinje, -ɛʀ] n. Personne qui fait la cuisine, professionnellement ou non : *Ce restaurant a un nouveau cuisinier* (syn. chef). *Elle est très bonne cuisinière.*

cuisinière [kɥizinjɛʀ] n.f. Appareil muni d'un ou de plusieurs foyers pour cuire les aliments : *Cuisinière électrique.*

cuissage [kɥisaʒ] n.m. (de *cuisse*). FÉOD. Droit de cuissage, droit faussement attribué aux seigneurs de passer avec la femme d'un de ses serfs la première nuit de noces.

cuissard [kɥisaʀ] n.m. - **1.** Culotte d'un coureur cycliste. - **2.** Autref., partie de l'armure qui couvrait les cuisses.

cuissarde [kɥisaʀd] n.f. Botte dont la tige monte jusqu'en haut des cuisses : *Cuissardes de pêcheur, d'égoutier.*

cuisse [kɥis] n.f. (lat. *coxa* "hanche"). - **1.** Partie du membre inférieur qui s'étend de la hanche au genou. - **2.** Se croire sorti de la cuisse de Jupiter, se juger supérieur aux autres.

cuisseau [kɥiso] n.m. Partie de veau comprenant la cuisse et la région du bassin.

cuisson [kɥisɔ̃] n.f. Action, façon de cuire ou de faire cuire : *La cuisson du pain. Cuisson à la vapeur.*

cuissot [kɥiso] n.m. Cuisse de sanglier, de chevreuil et de cerf.

cuistot [kɥisto] n.m. FAM. Cuisinier.

cuistre [kɥistʀ] n.m. (bas lat. *coquistro* "officier royal chargé de goûter les mets", du class. *coquere* "cuire"). - **1.** Personne qui fait un étalage intempestif d'un savoir mal assimilé (syn. pédant). - **2.** Homme grossier : *Ce cuistre n'a salué personne* (syn. rustaud).

cuistrerie [kɥistʀəʀi] n.f. (de *cuistre*). Pédanterie ridicule.

cuit, e [kɥi, -it] adj. - **1.** Préparé par la cuisson : *Un poulet mal cuit.* - **2.** FAM. Perdu, ruiné : *Il n'en réchappera pas, il est cuit.* - **3.** FAM. C'est du tout cuit, c'est gagné d'avance.

cuite [kɥit] n.f. (de *cuit*). FAM. Accès d'ivresse : *Prendre une cuite.*

se cuiter [kɥite] v.pr. FAM. S'enivrer, prendre une cuite.

cuivre [kɥivʀ] n.m. (lat. pop. *coprium,* class. *cyprium[aes]* "bronze de Chypre"). - **1.** Métal de couleur rouge-brun, malléable et ductile, conducteur de l'électricité. □ Symb. Cu. - **2.** Objet, ustensile de cette matière. - **3.** Cuivre jaune, laiton. ◆ **cuivres** n.m. pl. Groupe des instruments de musique à vent, en métal et à embouchure (cors, trompettes, trombones, saxophones).

cuivré, e [kɥivʀe] adj. - **1.** De la couleur du cuivre : *Teint cuivré* (syn. bronzé, basané). - **2.** D'une sonorité éclatante : *Voix cuivrée.*

cul [ky] n.m. (lat. *culus*). - **1.** T. FAM. La partie de l'homme et de certains animaux qui comprend les fesses et le fondement. - **2.** Partie postérieure ou inférieure de certaines choses : *Un cul de bouteille.* - **3.** FAM. Faire cul sec, vider son verre d'un trait.

culasse [kylas] n.f. (de *cul*). - **1.** Pièce d'acier destinée à assurer l'obturation de l'orifice postérieur du canon d'une arme à feu. - **2.** Couvercle fermant la partie supérieure des cylindres dans un moteur à explosion.

culbute [kylbyt] n.f. (de *culbuter*). - **1.** Figure que l'on exécute en posant la tête à terre et en roulant sur le dos : *Les culbutes d'un clown* (syn. cabriole, galipette). - **2.** Chute brusque à la renverse ou tête en avant : *Faire une culbute dans un escalier.* - **3.** FAM. Revers de fortune, perte d'une situation : *Cette entreprise n'a pas réussi à éviter la culbute* (syn. faillite, ruine). - **4.** FAM. Faire la culbute, revendre au double du prix d'achat.

culbuter [kylbyte] v.t. (de *culer* "frapper au cul" et *bouter* "heurter"). - **1.** Faire tomber brusquement en renversant : *Culbuter une chaise.* - **2.** LITT. Mettre en déroute : *Culbuter l'ennemi.* ◆ v.i. Tomber à la renverse : *La voiture a culbuté dans le ravin.*

culbuteur [kylbytœʀ] n.m. - **1.** Dispositif pour faire basculer un récipient, un véhicule, etc. : *Le culbuteur d'un wagonnet.*

-2. Pièce renvoyant la commande du mouvement des soupapes par-dessus la culasse du cylindre.

cul-de-basse-fosse [kydbasfos] n.m. (pl. *culs-de-basse-fosse*). Autref., cachot souterrain.

cul-de-jatte [kydʒat] n. (pl. *culs-de-jatte*). Personne privée de ses jambes et de ses cuisses.

cul-de-lampe [kydlãp] n.m. (pl. *culs-de-lampe*). -**1.** ARCHIT. Élément s'évasant à la manière d'un chapiteau, établi en saillie sur un mur pour porter une charge, un objet. -**2.** ARTS GRAPH. Vignette placée à la fin d'un chapitre.

cul-de-poule [kydpul] loc. adj. Bouche en cul-de-poule, bouche dont les lèvres sont resserrées et arrondies en une sorte de moue.

cul-de-sac [kydsak] n.m. (pl. *culs-de-sac*). -**1.** Rue, chemin sans issue (syn. impasse). -**2.** Entreprise, situation, carrière qui ne mène à rien.

culée [kyle] n.f. (de *cul*). -**1.** Massif de maçonnerie servant à épauler une construction et en amortir les poussées (syn. butée). -**2.** Culée de pont, supportant l'extrémité d'un pont.

culinaire [kylinɛʀ] adj. (lat. *culinarius*, de *culina* "cuisine"). Relatif à la cuisine : *Art culinaire. Préparation culinaire.*

culminant, e [kylminã, -ãt] adj. Point culminant, partie la plus élevée d'un relief ; au fig., plus haut degré, apogée de : *Le mont Blanc, point culminant des Alpes* (= sommet le plus haut). *Le point culminant de la crise* (= le summum).

culminer [kylmine] v.i. (lat. *culminare*, de *culmen* "sommet"). -**1.** Atteindre son point ou son degré le plus élevé : *Le massif des Alpes culmine à 4 807 mètres, au mont Blanc. Sa fureur culmina quand il découvrit le désastre.* -**2.** Pour un astre, passer par le point de sa trajectoire diurne le plus élevé au-dessus de l'horizon.

culot [kylo] n.m. (de *cul*). -**1.** Fond métallique d'une ampoule électrique servant à fixer celle-ci dans une douille. -**2.** Fond métallique d'une cartouche. -**3.** Dépôt accumulé dans le fourneau d'une pipe. -**4.** FAM. Hardiesse excessive, grand aplomb : *Il ne manque pas de culot* (syn. audace, effronterie).

culotte [kylɔt] n.f. (de *cul*). -**1.** Vêtement à jambes habillant le corps de la taille aux genoux : *Porter des culottes courtes.* -**2.** Sous-vêtement féminin habillant le corps de la taille au haut des cuisses (syn. slip). -**3.** Culotte de cheval, adiposité localisée aux hanches et aux cuisses. ‖ FAM. Faire dans sa culotte, avoir très peur.

culotté, e [kylɔte] adj. -**1.** Noirci, couvert de dépôt, en partic., en parlant du fourneau

d'une pipe. -**2.** FAM. Être culotté, avoir de l'audace ; être effronté.

culotter [kylɔte] v.t. (de *culot*). -**1.** Noircir par l'usage : *Culotter des gants.* -**2.** Culotter une pipe, la fumer suffisamment pour qu'il s'y forme un culot, pour qu'elle s'imprègne de l'odeur du tabac.

culpabilisant, e [kylpabilizã, -ãt] adj. Qui culpabilise : *Un souvenir culpabilisant.*

culpabilisation [kylpabilizasjõ] n.f. Action de culpabiliser ; fait d'être culpabilisé : *Certaines punitions peuvent être une source de culpabilisation.*

culpabiliser [kylpabilize] v.t. (du lat. *culpabilis*, de *culpa* "faute"). Faire naître chez qqn un sentiment de culpabilité : *Culpabiliser un enfant.* ◆ v.i. ou **se culpabiliser** v.pr. Éprouver un sentiment de culpabilité.

culpabilité [kylpabilite] n.f. (du lat. *culpabilis*, de *culpa* "faute"). -**1.** Fait d'être coupable, état d'une personne coupable : *Établir la culpabilité d'un accusé.* -**2.** Sentiment de culpabilité, sentiment d'une personne qui se juge coupable d'une faute.

culte [kylt] n.m. (lat. *cultus*). -**1.** Hommage rendu à Dieu, à une divinité, à un saint, etc. -**2.** Religion : *Changer de culte* (syn. confession). *Le culte catholique.* -**3.** Chez les protestants, office religieux : *Aller au culte.* -**4.** Vénération profonde ; amour fervent : *Avoir le culte de la famille.* -**5.** Culte de la personnalité, attitude systématique d'admiration à l'égard de qqn, partic. d'un dirigeant politique.

cul-terreux [kyterø] n.m. (pl. *culs-terreux*). FAM. Paysan (péjor.).

cultivable [kyltivabl] adj. Qu'on peut cultiver : *Une terre cultivable.*

cultivateur, trice [kyltivatœʀ, -tʀis] n. Personne qui cultive la terre ; chef d'exploitation agricole.

cultivé, e [kyltive] adj. -**1.** Mis en culture ; obtenu par la culture : *Des terres cultivées. Plantes cultivées.* -**2.** Enrichi par la culture intellectuelle : *Esprit cultivé* (syn. érudit).

cultiver [kyltive] v.t. (lat. médiév. *cultivare*, du class. *cultus*, de *colere* "soigner, cultiver"). -**1.** Travailler la terre pour qu'elle produise : *Cultiver un champ.* -**2.** Procéder aux opérations permettant de faire pousser et de récolter une plante : *Cultiver des céréales.* -**3.** Entretenir, développer, perfectionner une qualité, un don : *Cultiver sa mémoire, sa voix.* -**4.** Rechercher assidûment à avoir des relations avec qqn, génér. dans un but intéressé : *Un homme à cultiver pour ses liens avec un ministre.* ◆ **se cultiver** v.pr. Enrichir son esprit, accroître ses connaissances.

cultuel, elle [kyltɥɛl] adj. Relatif au culte : *Un édifice cultuel.*

culture [kyltyʀ] n.f. (lat. *cultura ;* v. *cultiver*). - **1.** Action de cultiver une terre, une plante : *Culture en terrasses. Culture de l'orge.* - **2.** Terrain cultivé, surface exploitée : *La plaine est couverte de riches cultures.* - **3.** Ensemble des connaissances acquises : *Entretenir sa culture générale. Femme d'une grande culture* (syn. érudition, savoir). *Faire la culture musicale de qqn.* - **4.** Ensemble des structures sociales, religieuses, etc., des manifestations intellectuelles, artistiques, etc., qui caractérisent une société : *La culture inca* (syn. civilisation). - **5.** Culture de masse, culture produite et diffusée à l'intérieur de l'ensemble du public par les moyens de communication de masse (grande presse, télévision, etc.). ‖ Culture physique, gymnastique. ‖ Maison de la culture, établissement géré par le ministère de la Culture et la collectivité locale dont il dépend, chargé d'encourager et de promouvoir les manifestations artistiques et culturelles. ‖ BIOL. Culture microbienne, culture des tissus, technique consistant à faire vivre et se développer des tissus, des micro-organismes sur des milieux nutritifs préparés à cet effet.

culturel, elle [kyltyʀɛl] adj. - **1.** Relatif à la culture d'une société ou d'un individu, à son développement : *Identité culturelle.* - **2.** Qui vise à développer la culture, à répandre certaines formes de culture : *Centre culturel.*

culturellement [kyltyʀɛlmɑ̃] adv. Sur le plan culturel : *Familles culturellement défavorisées.*

culturisme [kyltyʀism] n.m. Culture physique destinée plus spécialement à développer la musculature : *Faire du culturisme* (syn. anglic. body-building). ◆ **culturiste** adj. et n. Qui concerne le culturisme ; qui le pratique.

cumin [kymɛ̃] n.m. (lat. *cuminum,* gr. *kuminon,* mot d'orig. sémitique). Ombellifère cultivée pour ses graines aromatiques ; la graine de cette plante, utilisée comme condiment.

cumul [kymyl] n.m. (de *cumuler*). Action de cumuler ; fait d'être cumulé : *Le cumul des mandats électoraux.*

cumulable [kymylabl] adj. Qu'on peut cumuler : *Revenus cumulables avec un salaire.*

cumulatif, ive [kymylatif, -iv] adj. Qui implique une accumulation ; qui est cumulé avec autre chose : *Intérêt cumulatif.*

cumuler [kymyle] v.t. et v.i. (lat. *cumulare* "entasser", de *cumulus* "amas"). Exercer simultanément plusieurs emplois, plusieurs mandats, etc. ; détenir à soi seul plusieurs titres, plusieurs diplômes, etc. : *Il cumule les fonctions de Premier ministre et de ministre des Finances.*

cumulo-nimbus [kymylɔnɛ̃bys] n.m. inv. (de *cumulus* et *nimbus*). Nuage de grandes

dimensions à grand développement vertical, d'aspect foncé, qui, très souvent, annonce un orage.

cumulus [kymylys] n.m. (mot lat. "amas"). Nuage de beau temps, blanc, à contours très nets, dont le sommet, en dôme, dessine des protubérances arrondies.

cunéiforme [kyneifɔʀm] adj. (du lat. *cuneus* "clou"). Écriture cunéiforme, dont les éléments ont la forme de clous (on dit aussi *le cunéiforme*). □ Cette écriture fut inventée à la fin du IVᵉ millénaire par les Sumériens et utilisée dans le Proche-Orient jusqu'au Iᵉʳ millénaire av. J.-C.

cuniculiculture [kynikylikyltyʀ] n.f. (du lat. *cuniculus* "lapin"). Élevage du lapin.

cunnilingus [kynilɛ̃gys] n.m. (du lat. *cunnus* "sexe de la femme" [v. con] et *lingere* "lécher"). Excitation buccale des organes génitaux féminins. (On dit aussi *le cunnilinctus*).

cupide [kypid] adj. (lat. *cupidus,* de *cupere* "désirer"). LITT. Avide d'argent : *Un administrateur cupide* (= âpre au gain ; syn. rapace).

cupidité [kypidite] n.f. LITT. Désir immodéré des richesses : *La cupidité d'un usurier* (syn. rapacité).

cuprifère [kypʀifɛʀ] adj. (du lat. *cuprum* "cuivre", et de *-fère*). Qui contient du cuivre.

cuprique [kypʀik] adj. (du lat. *cuprum* "cuivre"). CHIM. De la nature du cuivre.

cupule [kypyl] n.f. (lat. *cupula* "petite coupe"). BOT. Organe soutenant ou enveloppant les fruits des arbres de l'ordre des cupulifères : *La cupule d'un gland, d'une noisette.*

cupulifère [kypylifɛʀ] n.f. (de *cupule* et *-fère*). Cupulifères, ordre des plantes généralement arborescentes dont le fruit est enchâssé dans une cupule, et comprenant notamm. les chênes, le hêtre et le châtaignier.

curable [kyʀabl] adj. (lat. *curabilis,* de *curare* "soigner"). Qui peut se guérir (syn. guérissable).

curaçao [kyʀaso] n.m. (du n. de l'île de *Curaçao*). Liqueur faite avec des écorces d'orange, du sucre et de l'eau-de-vie.

curage [kyʀaʒ] n.m. Action de curer : *Le curage d'un puits.*

curare [kyʀaʀ] n.m. (mot esp., du caraïbe). Poison végétal, d'action paralysante, dont les Indiens de l'Amérique du Sud enduisent leurs flèches. □ Il est employé en anesthésie pour supprimer la contraction des muscles.

curatelle [kyʀatɛl] n.f. (lat. médiév. *curatela,* du class. *cura* "soin"). - **1.** Fonction de curateur. - **2.** Un des régimes de protection des incapables majeurs.

curateur, trice [kyʀatœʀ, -tʀis] n. (lat. *curator*, de *cura* "soin"). Personne commise à l'assistance d'un incapable majeur.

curatif, ive [kyʀatif, -iv] adj. (du lat. *curare* "soigner"). Qui a pour but la guérison d'une maladie déclarée : *Traitement curatif* (contr. préventif).

curcuma [kyʀkyma] n.m. (mot esp., de l'ar.). Plante de l'Inde, dont le rhizome entre dans la composition du curry. □ Famille des zingibéracées.

1. cure [kyʀ] n.f. (lat. *cura* "soin"). -**1.** Traitement médical d'une maladie ou d'une lésion : *Une cure de vitamines.* -**2.** Traitement particulier d'une affection quelconque par des soins appropriés : *Une cure d'amaigrissement.* -**3. Faire une cure de,** en consommer beaucoup : *Faire une cure de cinéma.* ‖ LITT. **N'avoir cure de,** ne pas se préoccuper de.

2. cure [kyʀ] n.f. (lat. *cura,* d'apr. *curé*). -**1.** Fonction à laquelle sont attachées la direction spirituelle et l'administration d'une paroisse. -**2.** Habitation d'un curé.

curé [kyʀe] n.m. (lat. médiév. *curatus* "qui a la charge des âmes", du class. *curare* "soigner"). Prêtre chargé d'une cure.

cure-dents n.m. inv. ou **cure-dent** [kyʀdã] n.m. (pl. *cure-dents*). Petit instrument pour se curer les dents.

curée [kyʀe] n.f. (de *cuir* "peau [d'un animal]"). -**1.** VÉN. Partie de la bête que l'on donne à la meute ; cette distribution même. -**2.** Lutte avide pour s'emparer des places, des honneurs, des biens laissés vacants : *À la mort de l'aïeul, on assista à la curée des héritiers.*

cure-pipes n.m. inv. ou **cure-pipe** [kyʀpip] n.m. (pl. *cure-pipes*). Instrument pour nettoyer les pipes.

curer [kyʀe] v.t. (lat. *curare* "soigner"). Nettoyer, retirer les ordures de : *Curer un fossé, un étang.* ◆ **se curer** v.pr. Se curer les dents, les ongles, les nettoyer.

curetage [kyʀtaʒ] n.m. Opération qui consiste à enlever avec une curette des corps étrangers ou des produits morbides de l'intérieur d'une cavité naturelle ou pathologique.

cureter [kyʀte] v.t. (de *curette*) [conj. 27]. Faire un curetage.

curette [kyʀɛt] n.f. (de *curer*). Instrument de chirurgie en forme de cuillère à bords tranchants utilisé pour cureter.

1. curie [kyʀi] n.f. (lat. *curia*). -**1.** Chez les Romains, chacune des trois tribus primitives. □ Il y avait 10 curies par tribu. -**2.** Lieu où s'assemblait le sénat romain ; ce sénat lui-même. -**3.** Ensemble des organismes gouvernementaux du Saint-Siège.

2. curie [kyʀi] n.m. (du n. de *Marie* et *Pierre Curie*). Unité de mesure d'activité d'une source radioactive. □ Symb. Ci.

curieusement [kyʀjøzmã] adv. -**1.** Avec curiosité : *L'enfant observait curieusement la fourmilière* (syn. attentivement). -**2.** De manière inattendue ou insolite : *Tu te comportes bien curieusement* (syn. bizarrement, étrangement).

curieux, euse [kyʀjø, -øz] adj. et n. (lat. *curiosus* "qui a soin de", de *cura* "soin"). -**1.** Animé du désir de comprendre, d'apprendre ou de voir : *Un esprit curieux. Un attroupement de curieux.* -**2.** Avide de connaître qqch qui doit rester caché, secret : *Un enfant curieux* (syn. indiscret). ◆ adj. Qui retient l'attention, éveille l'intérêt : *Le caméléon est un animal curieux* (syn. étonnant, étrange). *Une curieuse aventure* (syn. singulier, surprenant).

curiosité [kyʀjɔzite] n.f. -**1.** Qualité d'une personne ou d'une chose curieuse : *La curiosité l'a poussée vers la recherche. Ce vase retient l'attention par la curiosité de sa forme* (syn. étrangeté, bizarrerie). -**2.** (Surtout au pl.). Chose qui éveille l'intérêt ou la surprise : *Visiter les curiosités de la ville.*

curiste [kyʀist] n. Personne qui fait une cure thermale.

curling [kœʀliŋ] n.m. (mot angl., de *to curl* "enrouler"). Sport d'hiver pratiqué sur la glace, avec une lourde pierre polie, en forme de disque, qu'il faut faire glisser vers une cible. □ Le curling est une discipline olympique depuis 1992.

curriculum vitae [kyʀikylɔmvite] n.m. inv. (mots lat. "carrière de la vie"). Document indiquant l'état civil, les études, les aptitudes professionnelles d'une personne qui fait acte de candidature à un concours, un emploi, etc. (Abrév. *C.V.*).

curry [kyʀi] ou **cari** [kaʀi] n.m. (tamoul *kari*). -**1.** Épice indienne composée de piment, de curcuma, etc. -**2.** Mets préparé avec cette épice : *Un curry d'agneau.*

curseur [kyʀsœʀ] n.m. (lat. *cursor* "coureur"). -**1.** Pièce mobile comportant un index que l'on peut déplacer à volonté le long d'une glissière, génér. graduée (règle, compas, balance). -**2.** INFORM. Marque mobile utilisée sur un écran de visualisation pour indiquer la position de ce qui va s'inscrire.

cursif, ive [kyʀsif, -iv] adj. (lat. médiév. *cursivus*, de *currere* "courir"). Écriture cursive, écriture rapide, liant les lettres entre elles, au tracé simplifié et assez libre (on dit aussi *la cursive*). ‖ **Lecture cursive,** lecture faite rapidement et superficiellement.

cursus [kyʀsys] n.m. (lat. *cursus* "course"). Carrière professionnelle, cycle d'études, envisagés dans leurs phases successives.

curule [kyʀyl] adj. (lat. *curulis*). Se disait d'un siège d'ivoire réservé à certains magistrats romains, et de magistratures dont il était le symbole.

curviligne [kyʀviliɲ] adj. (du lat. *curvus* "courbe"). MATH. Qui se rapporte à une courbe : *Mouvement curviligne.*

cuscute [kyskyt] n.f. (lat. médiév. *cuscuta,* ar. *kâchûth*). Plante sans chlorophylle, nuisible, car elle parasite le trèfle, la luzerne, des céréales, qu'elle entoure de ses tiges pourvues de suçoirs. □ Famille des convolvulacées.

custode [kystɔd] n.f. (lat. *custodia* "garde"). -1. AUTOM. Panneau latéral de la carrosserie, à hauteur de la roue arrière. -2. CATH. Boîte à paroi de verre dans laquelle on place l'hostie consacrée pour l'exposer dans l'ostensoir. -3. Boîte dans laquelle le prêtre porte la sainte communion aux malades.

cutané, e [kytane] adj. (du lat. *cutis* "peau"). Qui appartient à la peau, qui a rapport à la peau : *Une affection cutanée.*

cuticule [kytikyl] n.f. (lat. *cuticula* "petite peau"). -1. ANAT. Petite membrane, mince couche de peau : *La cuticule des ongles.* -2. BOT. Pellicule superficielle imperméable des tiges jeunes et des feuilles. -3. ZOOL. Zone superficielle du tégument des arthropodes (insectes, crustacés), contenant de la chitine.

cuti-réaction [kytiʀeaksjɔ̃] et **cuti** [kyti] n.f. (du lat. *cutis* "peau") [pl. *cuti-réactions, cutis*]. Test pour déceler diverses maladies (tuberculose, diphtérie) ou allergies (asthme, eczéma, etc.), consistant à déposer sur la peau scarifiée certaines substances qui produisent ou non une réaction visible.

cutter [kœtœʀ] n.m. (de l'angl. *to cut* "couper"). Instrument servant à couper le papier, le carton, etc., et composé essentiellement d'une lame coulissant dans un manche à glissière.

cuve [kyv] n.f. (lat. *cupa* "barrique"). -1. Grand réservoir pour la fermentation du raisin. -2. Récipient servant à différents usages domestiques ou industriels : *Une cuve à mazout.* -3. Partie interne utilisable d'un appareil électroménager (lave-vaisselle, réfrigérateur, etc.).

cuvée [kyve] n.f. -1. Le contenu d'une cuve. -2. Récolte de toute une vigne : *La cuvée 1989 était excellente.*

cuver [kyve] v.i. Fermenter dans une cuve, en parlant du raisin. ◆ v.t. FAM. Cuver sa colère, s'apaiser, revenir au calme. ‖ Cuver son vin, dormir après avoir trop bu.

cuvette [kyvɛt] n.f. (de *cuve*). -1. Récipient portatif, large et peu profond servant à divers usages domestiques (syn. bassine).

-2. Bassin en faïence ou en porcelaine d'une installation de W.-C. -3. GÉOGR. Dépression fermée de tous côtés : *Ville située au fond d'une cuvette.*

C. V. [seve] n.m. (sigle). Curriculum vitae.

cyan [sjã] n.m. et adj. inv. (gr. *kuanos* "bleu") Bleu des synthèses soustractive et additive des couleurs, en photographie et en imprimerie.

cyanose [sjanoz] n.f. (du gr. *kuanos* "bleu"). Coloration bleue ou bleuâtre de la peau, due à une oxygénation insuffisante du sang (*anoxémie*).

cyanosé [sjanoze] adj. Qui est affecté de cyanose : *Nouveau-né cyanosé.*

cyanure [sjanyʀ] n.m. (du gr. *kuanos* "bleu"). Sel d'un acide comportant un atome de carbone et un atome d'azote, *l'acide cyanhydrique,* très toxique.

cybernétique [sibɛʀnetik] n.f. (gr. *kubernêtikê* "art de piloter"). Science qui étudie les mécanismes de communication et de contrôle dans les machines et chez les êtres vivants. ◆ adj. Relatif à la cybernétique.

cyclable [siklabl] adj. Piste cyclable, réservée aux seuls cyclistes.

cyclamen [siklamɛn] n.m. (mot lat., gr. *kuklaminos*). Plante des Alpes et du Jura, à fleurs roses, dont on cultive des variétés à grandes fleurs. □ Famille des primulacées.

cycle [sikl] n.m. (lat. *cyclus,* gr. *kuklos* 'cercle'). -1. Suite ininterrompue des phénomènes qui se renouvellent dans un ordre immuable : *Le cycle des saisons. Le cycle lunaire - au terme duquel les phases se reproduisent aux mêmes dates - dure environ dix-neuf ans.* -2. CHIM. Chaîne d'atomes fermée, fréquente surtout parmi les composés du carbone. -3. Ensemble d'œuvres (romans, poèmes, etc.) groupées autour d'un seul fait, d'un seul personnage : *Le cycle du roi Arthur. Un cycle romanesque.* -4. Division de l'enseignement secondaire et universitaire. □ En France le premier cycle du secondaire va de la 6e à la 3e, le second de la seconde à la terminale. -5. Cycle menstruel, chez la femme, activité périodique de l'ovaire se terminant, s'il n'y a pas eu fécondation, par la menstruation. ‖ Cycle solaire, période de vingt-huit ans, au terme de laquelle les mêmes dates de chaque mois tombent aux mêmes jours de la semaine ; période de onze ans environ séparant deux minimums de taches solaires observées.

cyclique [siklik] adj. (de *cycle*). Qui revient périodiquement, à intervalles réguliers : *Phénomène cyclique.*

cyclisme [siklism] n.m. Utilisation et sport de la bicyclette.

cycliste [siklist] adj. Relatif au cyclisme : *Une course cycliste.* ◆ n. Personne qui se déplace à bicyclette ou qui pratique le cyclisme en tant que sport.

cyclo-cross [siklokʀɔs] n.m. inv. Spécialité hivernale dérivée du cyclisme et du cross-country.

cyclomoteur [siklɔmɔtœʀ] n.m. Bicyclette munie d'un moteur d'une cylindrée maximale de 50 cm³.

cyclomotoriste [siklɔmɔtɔʀist] n. Personne qui se déplace à cyclomoteur.

cyclonal, e, aux [siklɔnal, -o] et **cyclonique** [siklɔnik] adj. Relatif aux cyclones.

cyclone [siklon] n.m. (mot angl., du gr. *kuklos* "cercle"). - **1.** Tourbillon de vents violents des zones tropicales : *On appelle « œil du cyclone » le centre du tourbillon.* - **2.** MÉTÉOR. Zone de basses pressions, peu étendue, dans laquelle l'air s'engouffre en tourbillonnant.

cyclopéen, enne [siklɔpeɛ̃, -ɛn] adj. (de *Cyclopes*). - **1.** Énorme, gigantesque : *Travail cyclopéen.* - **2.** ARCHÉOL. Se dit d'un appareil irrégulièrement formé d'énormes blocs, sommairement dégrossis, posés les uns sur les autres avec des cailloux comblant les interstices.

cyclothymique [siklɔtimik] adj. et n. Dont l'humeur passe par des phases d'euphorie et de dépression.

cyclotourisme [siklɔtuʀism] n.m. Tourisme pratiqué à bicyclette.

cyclotron [siklɔtʀɔ̃] n.m. (de *cyclo-* et [*élec-*]*tron*). Accélérateur circulaire de particules électrisées lourdes.

cygne [siɲ] n.m. (bas lat. *cicinus*, du class. *cycnus*). - **1.** Oiseau palmipède au long cou souple, des régions froides, migrateur, et dont une espèce toute blanche de Sibérie est domestiquée comme élément décoratif des pièces d'eau. □ Ordre des ansériformes. Le cygne « chanteur » trompette. - **2.** Chant du cygne, dernière œuvre d'un poète, d'un musicien, etc., d'un génie près de s'éteindre.

cylindre [silɛ̃dʀ] n.m. (lat. *cylindrus*, du gr. *kulindros*). - **1.** MATH. Solide limité par une surface cylindrique et deux plans parallèles coupant les génératrices. - **2.** MÉCAN. Pièce dans laquelle se meut un piston de moteur, de pompe, etc. - **3.** TECHN. Rouleau pour laminer les métaux, pour lustrer les étoffes, pour imprimer le papier, etc.

cylindrée [silɛ̃dʀe] n.f. - **1.** Volume engendré par la course du piston dans le cylindre d'un moteur, d'une pompe. - **2.** Total des cylindres d'un moteur, exprimé en centimètres cubes ou en litres. □ La cylindrée d'un moteur est égale au produit de la surface du piston par sa course, multiplié par le nombre de cylindres.

cylindrique [silɛ̃dʀik] adj. - **1.** De la forme d'un cylindre : *Rouleau cylindrique.* - **2.** Surface cylindrique, surface engendrée par une droite (*génératrice*) qui se déplace parallèlement à une direction fixe en s'appuyant sur une courbe plane fixe (*directrice*) dont le plan coupe la direction donnée.

cymbale [sɛ̃bal] n.f. (lat. *cymbalum*, du gr. *kumbalon*). Instrument de percussion fait d'un plateau circulaire en métal, suspendu ou tenu à la main, et que l'on frappe, ou que l'on entrechoque avec un second plateau.

cymbalum [sɛ̃balɔm] n.m. (hongr. *czimbalom*, lat. *cymbalum* ; v. *cymbale*). Instrument de musique à cordes frappées par des marteaux, utilisé surtout en Hongrie.

cynégétique [sineʒetik] n.f. (gr. *kunêgetikos*, de *kunêgetein* "chasser", de *kuôn, kunos* "chien"). Art de la chasse. ◆ adj. Relatif à la chasse.

cynique [sinik] adj. et n. (lat. *cynicus*, gr. *kunikos*, de *kuôn, kunos* "chien"). Qui brave avec impudence les principes moraux : *Une mauvaise foi cynique* (syn. éhonté). *Un cynique fier de ses insolences* (syn. impudent, effronté).

cyniquement [sinikmã] adv. Avec cynisme : *Il s'est cyniquement vanté d'escroquer ses clients* (syn. impudemment).

cynisme [sinism] n.m. Attitude cynique, qui brave les principes moraux et les conventions sociales.

cynocéphale [sinosefal] n.m. (du gr. *kuôn, kunos* "chien", et de *-céphale*). Singe d'Afrique dont la tête est allongée comme celle d'un chien. □ On en connaît plusieurs espèces : babouin, hamadryas, mandrill.

cyphose [sifoz] n.f. (gr. *kuphôsis* "courbure"). Déviation de la colonne vertébrale.

cyprès [sipʀɛ] n.m. (lat. *cupressus*, gr. *kuparissos*). Arbre à feuillage persistant, commun dans le sud de l'Europe, parfois planté en haies. □ Ordre des conifères.

cyprin [sipʀɛ̃] n.m. (lat. *cyprinus*, gr. *kuprinos* "carpe"). Poisson voisin de la carpe. □ Famille des cyprinidés. Le cyprin (ou *carassin*) doré est le poisson rouge.

cyprinidé [sipʀinide] n.m. (de *cyprin*). Cyprinidés, vaste famille de poissons d'eau douce, tels que carpe, barbeau, tanche, gardon, etc.

cyrillique [siʀilik] adj. (du n. *de saint Cyrille*, l'un des créateurs de cet alphabet). Alphabet cyrillique, alphabet créé au IXᵉ s. et qui sert à transcrire le russe, le serbo-croate (en Serbie), le bulgare, l'ukrainien et certaines langues non slaves de l'ex-U. R. S. S.

cystite [sistit] n.f. (du gr. *kurtis* "vessie"). Inflammation de la vessie.

cytise [sitiz] n.m. (lat. *cytisus*, gr. *kutisos*). Arbuste à grappes de fleurs jaunes, appelé cour. *faux ébénier*. □ Famille des papilionacées ; haut. jusqu'à 7 m.

cytologie [sitɔlɔʒi] n.f. (de *cyto-* et *-logie*). Partie de la biologie qui étudie la structure et les fonctions de la cellule (on dit aussi la *biologie cellulaire*).

cytoplasme [sitɔplasm] n.m. (de *cyto-* et [*proto*]*plasme* "ensemble constituant la cellule" [de *proto-*, et du gr. *plasma* "chose façonnée"). Partie fondamentale de la cellule, qui entoure le noyau et contient les vacuoles et les organites.

d [de] n.m. - **1.** Quatrième lettre (consonne) de l'alphabet. - **2.** D, chiffre romain valant cinq cents. - **3.** MUS. D, la note *ré* dans le système de notation en usage dans les pays anglo-saxons et germaniques. - **4.** FAM. Système D, habileté à se sortir de toutes les difficultés.

da [da] (anc. fr. *dea*, contraction des impér. *dis* et *va*). VX. Particule qui, jointe parfois familièrement à *oui ;* renforce l'affirmation : *Oui-da.*

da capo [dakapo] loc. adv. (loc. it. "à partir de la tête"). MUS. Locution indiquant qu'à un certain endroit d'un morceau il faut reprendre au début.

d'accord [dakɔʀ] adv. - **1.** Marque l'assentiment : *Vous venez ? - D'accord* (= oui, entendu). - **2.** Être d'accord avec qqn, être du même avis que lui. ‖ Se mettre d'accord, parvenir à s'entendre : *Elles se sont mises d'accord sur une date.*

dactyle [daktil] n.m. (lat. *dactylus,* gr. *daktulos* "doigt"). - **1.** MÉTR. ANC. Pied composé d'une syllabe longue et de deux syllabes brèves. - **2.** BOT. Graminée fourragère des régions tempérées.

dactylique [daktilik] adj. MÉTR. ANC. Fondé sur le dactyle, en parlant d'un vers, d'un rythme : *Hexamètre dactylique.*

dactylo [daktilo] et, VIEILLI, **dactylographe** [daktilɔgʀaf] n. (de *dactylo-* et *-graphe*). Personne dont la profession est d'écrire à la machine.

dactylographie [daktilɔgʀafi] n.f. - **1.** Technique d'utilisation de la machine à écrire. - **2.** Texte dactylographié (syn. tapuscrit).

dactylographier [daktilɔgʀafje] v.t. (conj. 9). Écrire à la machine : *Dactylographier un rapport* (syn. taper).

dactylographique [daktilɔgʀafik] adj. Qui concerne la dactylographie : *Des travaux dactylographiques.*

dactylologie [daktilɔlɔʒi] n.f. (de *dactylo-* et *-logie*). Procédé de communication avec les sourds-muets par le moyen de signes conventionnels faits avec les doigts.

dactyloscopie [daktilɔskɔpi] n.f. (de *dactylo-* et *-scopie*). Procédé d'identification des personnes par les empreintes digitales.

1. dada [dada] n.m. (onomat.). - **1.** Cheval, dans le langage enfantin. - **2.** FAM. Idée favorite ; thème de prédilection : *C'est son nouveau dada* (syn. marotte).

2. dada [dada] n.m. (de *1. dada*). Dénomination adoptée en 1916 par un groupe d'artistes et d'écrivains insurgés contre l'absurdité de leur époque et résolus à remettre en question tous les modes d'expression traditionnels.

dadais [dadɛ] n.m. (de l'onomat. *dad,* marquant la bêtise). FAM. Niais, nigaud.

dadaïsme [dadaism] n.m. Le mouvement dada ; les attitudes qui s'y rapportent.
◆ **dadaïste** adj. et n. Relatif au dadaïsme ; qui s'en réclame.

dague [dag] n.f. (orig. obsc.). Arme de main à lame large et courte.

daguerréotype [dagɛʀeɔtip] n.m. - **1.** Le premier de tous les appareils photographiques, inventé par Daguerre. - **2.** Image obtenue par la daguerréotypie.

daguerréotypie [dagɛʀeɔtipi] n.f. Procédé photographique imaginé par Daguerre et qui consistait à fixer chimiquement sur une feuille d'argent pur, plaquée sur cuivre, l'image obtenue dans la chambre noire.

dahlia [dalja] n.m. (du n. d'*Andrea Dahl*, botaniste suédois). Plante à fleurs ornementales, dont on cultive de nombreuses variétés ; la fleur elle-même. □ Famille des composées.

daigner [depe] v.t. (lat. *dignari* "juger digne") [p. passé inv.]. Avoir la bonté de, condescendre à : *Il n'a pas daigné me répondre* (syn. condescendre à).

daim [dɛ̃] n.m. (bas lat. *damus*, class. *dama*). - **1.** Mammifère ruminant des forêts d'Europe, à robe tachetée de blanc et à bois aplatis à l'extrémité. □ Haut. au garrot 90 cm ; longévité 25 ans. - **2.** Cuir de veau imitant la peau de daim, utilisé en maroquinerie : *Une veste en daim.*

dais [dɛ] n.m. (lat. *discus* "disque, plat", gr. *diskos*). Ouvrage (en tissu, en bois sculpté, etc.) suspendu ou soutenu par des montants au-dessus d'un trône, d'un autel, d'une statue, parfois mobile, notamm. dans les processions religieuses.

dakin [dakɛ̃] n.m. (de [*solution de*] *Dakin*, du n. de l'inventeur). Solution employée pour désinfecter les plaies.

dalaï-lama [dalailama] n.m. (mot mongol, de *dalaï* [trad. du tibétain *gyamtso* "océan"] et *lama* ; v. 2. lama) [pl. *dalaï-lamas*]. Chef du bouddhisme tibétain.

dallage [dalaʒ] n.m. - **1.** Action de daller : *Faire le dallage d'une maison.* - **2.** Sol dallé, pavement : *Dallage de marbre.*

dalle [dal] n.f. (anc. scand. *daela* "gouttière"). - **1.** Plaque de marbre, de pierre, de ciment, etc., servant à revêtir le sol, les murs des édifices, à recouvrir les tombes, etc. - **2.** Plancher en béton armé. - **3.** Grand espace réunissant des immeubles modernes au niveau de leur rez-de-chaussée. - **4.** T. FAM. Gorge, gosier : *Se rincer la dalle* (= boire).

daller [dale] v.t. Paver de dalles.

dalmatien, enne [dalmasjɛ̃, -ɛn] n. (de *Dalmatie*, n. pr.). Chien à robe blanche couverte de nombreuses petites taches noires ou brun foncé.

daltonien, enne [daltɔnjɛ̃, -ɛn] adj. et n. Affecté de daltonisme.

daltonisme [daltɔnism] n.m. (du n. de *John Dalton*). Anomalie de la vision des couleurs, entraînant le plus souvent la confusion entre le rouge et le vert.

dam [dɑ̃] n.m. (lat. *damnum* "perte"). LITT. Au grand dam de qqn, à son préjudice, à son détriment ; à son grand regret, à son grand dépit : *À mon grand dam, il est parti.*

damage [damaʒ] n.m. Action de damer la neige ; son résultat.

damas [dama] n.m. (de *Damas*, n. pr.). - **1.** Tissu de soie ou de laine monochrome dont le dessin, mat sur fond satiné, est obtenu par le jeu des armures. - **2.** Acier très fin.

damasquinage [damaskinaʒ] n.m. Art de damasquiner.

damasquiner [damaskine] v.t. (de l'anc. adj. *damasquin* "de Damas"). Incruster au marteau des filets d'or, d'argent, de cuivre sur une surface métallique préalablement ciselée : *Acier de Tolède damasquiné.*

damassé, e [damase] adj. et n.m. Se dit d'une étoffe tissée à la façon du damas.

1. dame [dam] n.f. (lat. *domina* "maîtresse"). - **1.** Femme qui attire le respect par son rang, son influence matérielle ou morale, dans le langage féodal, courtois ou religieux. - **2.** Femme mariée (par opp. à *jeune fille*). - **3.** Toute femme : *Coiffeur pour dames.* - **4.** Figure du jeu de cartes (syn. reine). - **5.** Pièce du jeu d'échecs (syn. reine). - **6.** Pion doublé, au jeu de dames. - **7.** TECHN. Syn. de hie. - **8.** Aller à dame, au jeu de dames, mener un pion jusqu'à la dernière ligne de l'adversaire, où il devient dame. ‖ Jeu de dames, jeu pratiqué sur un damier, par deux joueurs disposant chacun de vingt pions. ‖ Jouer à la dame, affecter des manières hautaines, en parlant d'une femme.

2. dame [dam] n.f. (moyen néerl. *dam* "digue"). MAR. Dame de nage, entaille pratiquée dans le bordage supérieur d'une embarcation, ou accessoire fourchu fixé sur ce bordage, servant d'appui aux avirons.

3. dame [dam] interj. (de la loc. exclam. [*par Notre-*] *Dame !*). RÉGION. Exclamation affirmative, qui a une valeur de conclusion ; bien sûr, pardi.

dame-jeanne [damʒan] n.f. (de *1. dame* et *jane* "bouteille", du prénom fém. *Jeanne*, probabl. par allusion plaisante à des formes rondes) [pl. *dames-jeannes*]. Grosse bouteille de grès ou de verre d'une contenance de 20 à 50 litres, souvent enveloppée d'osier ou de jonc.

damer [dame] v.t. (de *1. dame*). - **1.** Doubler un pion, au jeu de dames. - **2.** Battre, compacter, enfoncer uniformément avec une dame. - **3.** Tasser la neige avec des skis ou un véhicule équipé de chenilles, pour la rendre plus glissante : *Damer une piste.* - **4.** FAM. Damer le pion à qqn, prendre sur lui un avantage décisif.

damier [damje] n.m. (de *1. dame*). - **1.** Plateau de bois divisé en cent cases, alternativement blanches et noires, pour jouer aux dames. - **2.** Toute surface divisée en carrés de couleurs différentes : *Champs, étoffe en damier.*

damnation [danasjɔ̃] n.f. Condamnation aux peines éternelles de l'enfer.

damné, e [dane] adj. et n. - **1.** RELIG. Qui est en enfer. - **2.** Souffrir comme un damné, souffrir horriblement. ◆ adj. - **1.** FAM. Qui cause du désagrément : *Cette damnée voiture tombe toujours en panne.* - **2.** Âme damnée de qqn, personne entièrement vouée à une autre pour la réalisation de mauvais desseins.

damner [dane] v.t. (lat. *damnare* "condamner"). - **1.** RELIG. Condamner aux peines de l'enfer. - **2.** FAM. Faire damner qqn, l'exaspérer. ◆ **se damner** v.pr. - **1.** RELIG. S'exposer par sa conduite à la damnation. - **2.** (Au conditionnel). Être prêt à tout pour qqn, qqch : *Il se damnerait pour elle.*

damoiseau [damwazo] n.m. (lat. pop. *dominicellus,* dimin. de *dominus* "seigneur"). Au Moyen Âge, jeune gentilhomme qui n'était pas encore chevalier.

damoiselle [damwazɛl] n.f. (forme anc. de *demoiselle*). Titre donné, au Moyen Âge, à une fille noble avant son mariage ou à la femme d'un damoiseau.

dan [dan] n.m. (mot jap.). Chacun des dix degrés de qualification d'une ceinture noire de judo.

dancing [dɑ̃siŋ] n.m. (mot angl.). Établissement public où l'on danse.

dandinement [dɑ̃dinmɑ̃] n.m. Action de se dandiner ; mouvement qui en résulte : *Le dandinement des canetons.*

se dandiner v.pr. (de l'anc. fr. *dandin,* de l'onomat. *dand,* exprimant le balancement d'une cloche). Balancer son corps d'une manière gauche et nonchalante : *Elle bredouilla une excuse en se dandinant d'un air gêné.*

dandy [dɑ̃di] n.m. (mot angl.) [pl. *dandys*]. Homme élégant, qui associe au raffinement vestimentaire une affectation d'esprit et d'impertinence.

dandysme [dɑ̃dism] n.m. Attitude, manière du dandy.

danger [dɑ̃ʒe] n.m. (lat. pop. *dominarium* "domination", du class. *dominus* "maître", sous l'infl. de *dam* "dommage"). - **1.** Situation où l'on a à redouter un inconvénient, un mal quelconque : *Affronter un danger* (syn. péril). *Une expédition pleine de dangers* (syn. aléa, risque). - **2.** Il n'y a pas de danger, cela n'a aucune chance de se produire. ‖ Un danger public, personne qui, par son insouciance, met les autres en danger.

dangereusement [dɑ̃ʒʀøzmɑ̃] adv. De façon dangereuse : *La voiture penchait dangereusement.*

dangereux, euse [dɑ̃ʒʀø, -øz] adj. - **1.** Qui présente du danger : *Virage dangereux. Baignade dangereuse* (syn. risqué). *Une situation dangereuse* (syn. périlleuse, critique). - **2.** À qui l'on ne peut se fier : *C'est un homme dangereux* (syn. redoutable).

1. danois, e [danwa, -az] adj. et n. (frq. *danisk*). Du Danemark. ◆ **danois** n.m. Langue nordique parlée au Danemark.

2. danois [danwa] n.m. (de *1. danois*). Chien à poil ras, de très grande taille.

dans [dɑ̃] prép. (bas lat. *deintus,* du class. *de* "de" et *intus* "au dedans"). - **I.** Indique : - **1.** L'intérieur d'un lieu : *Il est difficile de se garer dans Paris. Les ciseaux sont dans le tiroir.* - **2.** L'état, le domaine d'application, la situation où l'on se trouve, la manière d'être, de faire : *Elle vit dans l'oisiveté. Il travaille dans la finance. Il s'est mis dans une sale affaire.* - **3.** Le cours d'une durée : *J'ai fait tout ça dans la journée* (syn. au cours de, pendant). - **4.** Le terme d'une durée dans l'avenir : *Nous partons en vacances dans huit jours* (syn. d'ici). - **5.** FAM. Une approximation : *Ce sac pèse dans les trente kilos* (= environ trente kilos). - **II.** Introduit : - **1.** Certains noms de lieux : *Il habite dans la Nièvre. Elle fait du ski dans les Alpes.* - **2.** Un ensemble à la composition duquel on se réfère : *Dans ce parfum, il y a de l'essence de rose. Étudier la question sociale dans Zola* (= dans l'œuvre de Zola). - **3.** Les personnes influentes dans ses relations* (syn. parmi).

dansant, e [dɑ̃sɑ̃, -ɑ̃t] adj. Qui invite à la danse ; où l'on danse : *Musique dansante. Soirée dansante.* - **2.** Animé de mouvements vifs et rythmés ; qui évoque la danse : *Des reflets dansants.*

danse [dɑ̃s] n.f. (de *danser*). - **1.** Action de danser ; ensemble de mouvements du corps génér. rythmés par la musique et obéissant à des règles : *Le rock est une danse moderne.* - **2.** Musique écrite sur un rythme de danse : *Les Suites de J.-S. Bach comportent des danses.* - **3.** Danse classique → classique. ‖ Danse de Saint-Guy, nom fam. de la *chorée,* syndrome neurologique caractérisé par des mouvements brusques, saccadés et involontaires, évoquant une danse, et commun à plusieurs affections aiguës ou chroniques dominées par ce syndrome ; au fig. fait de bouger sans cesse, d'être agité : *Avoir la danse de Saint-Guy* (= la bougeotte). ‖ Entrer dans la danse, participer à l'action.

danser [dɑ̃se] v.i. (frq. *dintjan* "se mouvoir de-ci, de-là"). - **1.** Mouvoir le corps en cadence : *Nous avons dansé toute la soirée.* - **2.** Interpréter une composition chorégraphique : *Elle danse dans « Coppélia ».* - **3.** Faire des mouvements rapides, être agile : *Les flammes dansent dans la cheminée.* - **4.** Ne pas savoir sur quel pied danser, ne pas savoir quel parti prendre ; hésiter. ◆ v.t. Exécuter une danse : *Danser une valse.*

danseur, euse [dɑ̃sœʀ, -øz] n. - **1.** Personne qui danse. - **2.** Artiste chorégraphique professionnel. **- 3.** Danseur, danseuse étoile, le plus haut titre dans la hiérarchie du corps de ballet de l'Opéra de Paris. ‖ **En danseuse,** se dit de la position d'un cycliste qui pédale debout, en portant ses efforts alternativement sur chaque pédale.

dantesque [dɑ̃tɛsk] adj. Sombre et grandiose à la manière de Dante : *Une vision dantesque* (syn. apocalyptique).

danubien, enne [danybjɛ̃, -ɛn] adj. Du Danube. ◆ adj. et n.m. Se dit d'un faciès du néolithique caractérisé par sa céramique au décor en ruban (d'où l'autre nom de ce faciès, le *rubané*) puis poinçonné, et dont l'influence s'est étendue le long du Danube pour se faire sentir, au gré des variantes, jusqu'au Bassin parisien. □ Cette période s'étend du Ve millénaire aux environs de 2000 av. J.-C.

daphnie [dafni] n.f. (lat. scientif. *daphnia,* du gr. *daphnê* "laurier"). Petit crustacé des eaux douces, nageant par saccades, d'où son nom usuel de *puce d'eau.* ◆ Les daphnies, vivantes ou séchées constituent une nourriture recherchée pour les poissons d'aquarium. Sous-classe des branchiopodes ; long. max. 5 mm.

dard [daʀ] n.m. (frq. **daroth* "javelot"). **- 1.** Arme de jet ancienne, formée d'une pointe de fer fixée à une hampe de bois. **- 2.** Organe impair, pointu et creux de certains animaux, leur servant à inoculer leur venin : *Le dard d'une abeille, d'un scorpion.* **- 3.** Langue inoffensive du serpent.

darder [daʀde] v.t. **- 1.** Lancer un dard ou un objet ressemblant à un dard : *Darder des flèches.* **- 2.** LITT. Lancer comme un dard ou une flèche : *Le soleil darde ses rayons.* **- 3.** Darder son regard sur qqn, le regarder intensément.

dare-dare [daʀdaʀ] adv. (orig. obsc.). FAM. Très vite, en toute hâte : *Il est parti dare-dare à la gare* (= à toute allure).

dari [daʀi] n.m. (mot persan, de *dār* "cour, palais"). Forme du persan parlé en Afghanistan, dont c'est l'une des langues officielles.

darne [daʀn] n.f. (breton *darn* "morceau"). Tranche de gros poisson : *Une darne de saumon.*

darse [daʀs] n.f. (it. *darsena,* ar. *dār as-sinā'a* "maison de travail"). MAR. Bassin d'un port méditerranéen.

dartre [daʀtʀ] n.f. (bas lat. *derbita,* mot d'orig. celt.). Rougeur, accompagnée de desquamation, que l'on observe dans certaines affections cutanées.

darwinisme [daʀwinism] n.m. Doctrine émise par Darwin dans son ouvrage *De l'origine des espèces* (1859), et où la lutte pour la vie et la sélection naturelle sont considérées comme les mécanismes essentiels de l'évolution des populations d'êtres vivants.

datation [datasjɔ̃] n.f. **- 1.** Action de dater un document : *La datation d'un acte notarié.* **- 2.** Action de déterminer la date d'un événement, l'âge d'une roche, d'un fossile, d'un objet, etc. : *Datation d'un texte. Datation d'une écriture.* **- 3.** Indication de date sur un écrit : *Une erreur de datation.*

datcha [datʃa] n.f. (mot russe). Maison de campagne russe, aux environs d'une grande ville.

date [dat] n.f. (lat. *data* [*littera* "donnée", premier mot de la formule indiquant la date à laquelle un acte avait été rédigé). **- 1.** Indication du jour, du mois et de l'année ; nombre qui l'indique : *Date de mariage, de naissance.* **- 2.** Moment choisi pour un événement, une action : *Fixer la date d'une visite, d'un match.* **- 3.** Moment, époque où se situe un événement : *1956 est la date à laquelle ils se sont mariés* (syn. année). **- 4.** Événement historique important : *La Révolution est une date capitale de l'histoire de France.* **- 5.** Ami de longue date, ami que l'on connaît depuis longtemps. ‖ **Amitié de fraîche, de vieille date,** récente, ancienne. ‖ **Faire date,** marquer un moment important : *Un film qui fera date dans l'histoire du cinéma.* ‖ **Le premier, le dernier en date,** personne ou événement qui s'est présenté le premier et qui est le plus ancien, ou le dernier et qui est le plus récent. ‖ **Prendre date,** fixer un rendez-vous.

dater [date] v.t. **- 1.** Mettre la date : *Dater une lettre, un testament.* **- 2.** Déterminer la date de qqch : *Dater un fossile.* ◆ v.i. **- 1.** Exister depuis telle époque, remonter à : *Ce roman date du siècle dernier.* **- 2.** Marquer une date importante : *Événement qui date dans l'histoire* (= faire époque, faire date). **- 3.** Être vieilli, démodé : *Robe qui date. Film qui date.* **- 4.** À dater de, à partir de : *À dater de ce jour.*

dateur, euse [datœʀ, -øz] adj. Qui sert à dater : *Timbre dateur.* ◆ **dateur** n.m. Dispositif à lettres et à chiffres mobiles permettant d'indiquer une date.

datif [datif] n.m. (lat. *dativus,* de *dare* "donner"). GRAMM. Cas du complément d'attribution, dans les langues à déclinaison.

dation [dasjɔ̃] n.f. (lat. *datio,* de *dare* "donner"). **- 1.** DR. Action de donner. **- 2.** Dation en paiement, opération par laquelle le débiteur se libère de son obligation, avec l'accord du créancier, en donnant en paiement une chose autre que la chose due : *La dation Picasso.*

datte [dat] n.f. (anc. prov. *datil,* lat. *dactylus* "datte", gr. *daktulos* "doigt"). Fruit comestible du dattier, à pulpe sucrée très nutritive.

dattier [datje] n.m. Palmier cultivé dans les régions chaudes et sèches mais irriguées, et dont les fruits (dattes) sont groupés en longues grappes, ou régimes.

daube [dob] n.f. (de l'esp. *adobar* "cuire à l'étouffée"). Manière de faire cuire certaines viandes braisées, et plus spécial. du bœuf, dans un fond au vin rouge ; viande ainsi préparée.

1. **dauphin** [dofɛ̃] n.m. (lat. *delphinus*, gr. *delphis, -inos*). Mammifère marin vivant en troupes dans toutes les mers et se nourrissant de poissons. ◻ Ordre des cétacés ; long. 2 à 4 m.

2. **dauphin** [dofɛ̃] n.m. (n. des seigneurs du Dauphiné). - **1.** Titre désignant l'héritier présomptif du trône de France, en général le fils aîné du roi (prend génér. une majuscule en ce sens) ; cette personne. - **2.** Successeur prévu d'une personnalité.

dauphinois, e [dofinwa, -az] adj. et n. - **1.** Du Dauphiné. - **2.** Gratin dauphinois, préparation de pommes de terre gratinées, avec lait, beurre et fromage.

daurade ou **dorade** [dɔʀad] n.f. (anc. prov. *daurada* "doré"). Poisson à reflets dorés ou argentés pêché en Méditerranée et dans le golfe de Gascogne. ◻ Famille des sparidés.

davantage [davɑ̃taʒ] adv. (de *d'avantage*). Marque la supériorité en quantité, degré ou durée : *Je n'en sais pas davantage* (syn. plus). *Je l'aime davantage que son frère. Ne restez pas davantage* (= plus longtemps).

davier [davje] n.m. (dimin. de *david*, n. d'un outil de menuisier). Instrument en forme de tenaille employé pour arracher les dents, les fragments osseux.

dazibao [dazibao] n.m. (mot chin.). Journal mural chinois, affiché dans les rues.

d. d. t. [dedete] n.m. (sigle de *dichloro-diphényl-trichloréthane*). Insecticide puissant.

1. **de** [də] prép. (lat. *de* "venant de"). [*De* s'élide en *d'* devant un mot commençant par une voyelle ou un *h* muet et se combine avec les art. *le, les* pour donner les art. contractés *du, des*]. - **I.** Indique : - **1.** Le lieu d'où l'on vient ; la provenance : *J'arrive de Paris, du Maroc. Il vient d'une famille aisée. Des artichauts de Bretagne.* - **2.** Le point de départ d'une période : *De midi à quatorze heures, je serai chez le coiffeur. Les vacances scolaires vont de juillet à septembre.* - **3.** L'appartenance : *Le livre de Claire. La distribution des rôles.* - **4.** La caractérisation, la manière ou la cause : *Une barre de fer. Une maison de campagne. Une tasse de thé. Manger de bon appétit. Pleurer de joie.* - **II.** Introduit : - **1.** Un complément d'objet indirect : *Il use de son influence. J'ai besoin de farine.* - **2.** Un infinitif : *Il lui demande de partir. Il est honteux de mentir.*

2. **de** [də] , **du** [dy] , **de la** [dəla] , **des** [dɛ] art. partitifs (de 1. *de* et de *le, la, les*). Précèdent des noms d'objets qu'on ne peut compter, qu'ils soient concrets ou abstraits : *Manger du pain, des céréales. C'est de la mauvaise foi. Elle ne perd pas de temps.*

dé-, préfixe, de l'élément lat. *dis*, prenant la forme *dés* – devant une voyelle ou un *h* muet et exprimant l'action ou l'état inverse de ceux qui sont exprimés par le terme simple (*déboucher, désapprendre, désenchantement, dépolitiser*).

1. **dé** [de] n.m. (bas lat. *digitale*, du class. *digitus* "doigt"). Étui de métal piqueté à l'extérieur pour protéger le doigt qui pousse l'aiguille.

2. **dé** [de] n.m. (orig. obsc.). - **1.** Petit cube à faces marquées de points, de un à six, ou de figures, utilisé pour différents jeux : *Lancer les dés.* - **2.** Petit cube d'une matière quelconque : *Légume coupé en dés.* - **3.** Coup de dés, affaire hasardeuse. ‖ *Les dés sont jetés*, c'est définitivement décidé.

dealer [dilœʀ] n.m. (mot angl., de *to deal* "traiter [un marché]"). FAM. Revendeur de drogue.

déambulatoire [deɑ̃bylatwaʀ] n.m. (bas lat. *deambulatorium*, du class. *deambulare* ; v. *déambuler*). Galerie entourant le chœur d'une église.

déambuler [deɑ̃byle] v.i. (lat. *deambulare*, de *ambulare* "aller et venir"). Se promener çà et là, marcher sans but.

débâcher [debaʃe] v.t. Enlever une bâche : *Débâcher un camion.*

débâcle [debakl] n.f. (de *débâcler* "ôter la bâcle [la barre de fermeture]", de *bâcler*). - **1.** Rupture des glaces d'un fleuve gelé (par opp. à *embâcle*). - **2.** Fuite désordonnée : *La retraite de l'armée s'acheva en débâcle* (syn. débandade, déroute).

déballage [debalaʒ] n.m. - **1.** Action de déballer ; ce qui est déballé : *Quel déballage dans cette chambre.* - **2.** Étalage de marchandises en vrac ; commerce à bas prix de ces marchandises : *Vente au déballage.* - **3.** FAM. Confession sans retenue ; exposé pêle-mêle de ce qu'on sait, de ce qu'on ressent : *Dans tout ce déballage, il y a quelques idées justes.*

déballer [debale] v.t. (de 2. *balle*). - **1.** Ouvrir une caisse et en ôter le contenu : *Déballer des verres.* - **2.** Étaler des marchandises : *Camelot qui déballe ses produits.* - **3.** FAM. Exposer, confier sans retenue : *Déballer ce qu'on a sur le cœur.*

débandade [debɑ̃dad] n.f. (de 2. *se débander*). Fait de se disperser en désordre : *La débandade d'une armée* (syn. déroute, débâcle).

1. **débander** [debɑ̃de] v.t. - **1.** Ôter une bande, un bandage : *Débander les yeux de qqn.*

- **2.** Diminuer la tension : *Débander un ressort trop tendu* (syn. détendre).
2. se débander [debɑ̃de] v.pr. (de *bande* "troupe"). LITT. Se disperser, s'enfuir en désordre : *L'armée s'est débandée.*

débaptiser [debatize] v.t. Changer le nom de qqch : *Débaptiser une rue.*

débarbouillage [debaʀbujaʒ] n.m. Action de débarbouiller, de se débarbouiller.

débarbouiller [debaʀbuje] v.t. Laver, nettoyer, en partic. le visage : *Débarbouiller un enfant.* ◆ **se débarbouiller** v.pr. Se laver le visage ; faire sa toilette.

débarcadère [debaʀkadɛʀ] n.m. (de *débarquer*, d'après *embarcadère*). Quai, môle ou jetée, sur la mer ou sur un fleuve, pour le débarquement des marchandises, des voyageurs (syn. embarcadère).

débardeur [debaʀdœʀ] n.m. (de 2. *barder*). - **1.** Ouvrier qui charge ou décharge des marchandises sur un navire, un camion, etc. - **2.** Tricot sans manches et très échancré.

débarquement [debaʀkəmɑ̃] n.m. - **1.** Action de débarquer des passagers, des marchandises, des soldats, etc. : *Le débarquement du matériel* (syn. déchargement). - **2.** Action de descendre à terre, de quitter un navire, un avion. - **3.** MIL. Transport, entre les navires de guerre et un littoral génér. occupé, de troupes, de matériel et d'armement.

débarquer [debaʀke] v.t. (de *barque*). - **1.** Faire descendre à terre les passagers ; enlever les marchandises d'un navire, d'un train, d'un avion : *Les dockers débarquent la cargaison de café* (syn. décharger ; contr. embarquer). - **2.** FAM. Se débarrasser de qqn, l'écarter d'un poste : *Ils ont débarqué le président du comité.* ◆ v.i. - **1.** Quitter un navire, descendre d'un avion, d'un train (contr. embarquer). - **2.** FAM. Arriver à l'improviste chez qqn : *Elle a débarqué chez nous la veille de Noël.* - **3.** FAM. Ne pas être au courant des événements : *Tu ne sais pas qu'ils sont mariés ! Tu débarques ou quoi ?*

débarras [debaʀa] n.m. (de *débarrasser*). - **1.** Action de vider un lieu des choses qui l'encombrent : *Entreprise qui se charge du débarras des caves.* - **2.** Lieu où l'on entasse des objets encombrants, peu utilisés. - **3.** FAM. Délivrance de qqn ou qqch qui embarrassait : *Il est parti, bon débarras !*

débarrasser [debaʀase] v.t. (de *[em]barrasser*). - **1.** Enlever ce qui embarrasse, ce qui est une gêne : *Débarrasser le grenier.* - **2.** Aider qqn à ôter ou à poser les vêtements ou les objets qu'il portait à l'extérieur : *Débarrasser un visiteur de son manteau.* - **3.** Faire en sorte que qqn soit libéré de qqn ou qqch : *Débarrasser qqn de ses soucis* (syn. soulager). *Ça m'a débar-*

rassé de mon envie de fumer. - **4.** Débarrasser la table, enlever les couverts, les restes du repas. ◆ **se débarrasser** v.pr. [de]. Se défaire de qqch, éloigner qqn : *Elle se débarrassa de ses gants* (syn. enlever, quitter). *Impossible de se débarrasser de cet importun !* (syn. se délivrer).

débat [deba] n.m. (de *débattre*). - **1.** Examen d'un problème entraînant une discussion animée, parfois dirigée, entre personnes d'avis différents : *La ratification de ce traité a soulevé un vif débat dans l'opinion* (syn. controverse, polémique). *Un débat télévisé.* - **2.** Conflit intérieur : *Un débat de conscience.* - **3.** (En appos.). Indique l'événement au cours duquel une discussion aura lieu : *Un déjeuner-débat.* ◆ **débats** n.m. pl. - **1.** Discussion d'un problème au sein d'une assemblée parlementaire. - **2.** Phase d'un procès durant l'audience où la parole est donnée aux parties et aux avocats.

débattre [debatʀ] v.t. (de *battre*) [conj. 83]. - **1.** Examiner avec un ou plusieurs interlocuteurs : *Débattre une question.* - **2.** Discuter un prix pour le faire baisser : *Débattre le prix d'un appartement* (syn. marchander). ◆ v.t. ind. [de]. Mettre en discussion ; discuter contradictoirement : *Débattre de la peine de mort.* ◆ **se débattre** v.pr. - **1.** Lutter pour se dégager, se défendre : *Le poisson se débat au bout de l'hameçon.* - **2.** Se démener pour sortir d'une situation difficile : *Se débattre dans des problèmes financiers.*

débauchage [deboʃaʒ] n.m. (de *débaucher*). Action de congédier des salariés (syn. licenciement ; contr. embauche).

débauche [deboʃ] n.f. (de *débaucher*). - **1.** Recherche effrénée des plaisirs sensuels : *Se livrer à la débauche* (syn. dévergondage, luxure). - **2.** Abondance excessive : *Une débauche de couleurs* (syn. profusion).

débaucher [deboʃe] v.t. (de l'anc. fr. *bauch* "poutre", propr. "dégrossir du bois"). - **1.** Entraîner à une vie dissolue. - **2.** Renvoyer le personnel faute de travail (syn. licencier). - **3.** FAM. Détourner qqn momentanément de son travail, d'une occupation sérieuse, pour le distraire.

débet [debɛ] n.m. (lat. *debet* "il doit"). DR. Dette à l'égard d'une personne publique.

débile [debil] adj. (lat. *debilis*). - **1.** Faible de constitution physique, qui manque de vigueur : *Un enfant débile* (syn. chétif, malingre). - **2.** FAM. Stupide : *Un film débile. Tu es débile.* ◆ n. Atteint de débilité mentale : *Débile mental.*

débilitant, e [debilitɑ̃, -ɑ̃t] adj. - **1.** Qui débilite : *Un climat débilitant.* - **2.** Qui décourage, qui démoralise : *Un travail débilitant* (syn. déprimant).

débilité [debilite] n.f. (lat. *debilitas*). - **1.** LITT. État de grande faiblesse : *La débilité d'un vieillard* (syn. asthénie, atonie). - **2.** Débilité mentale, état dû à l'insuffisance du développement intellectuel.

débiliter [debilite] v.t. (lat. *debilitare* "blesser, affaiblir"). Affaiblir physiquement ou moralement : *Ce climat le débilite.*

débiner [debine] v.t. (orig. obsc.). FAM. Dénigrer, médire. ◆ **se débiner** v.pr. FAM. S'enfuir.

1. débit [debi] n.m. (de *1. débiter*). - **1.** Vente rapide et continue au détail : *Un commerce qui a beaucoup de débit.* - **2.** Manière de parler, de réciter : *Avoir le débit rapide* (syn. élocution). - **3.** Manière de débiter le bois : *Débit en rondins.* - **4.** Quantité de fluide qui s'écoule ou qui est fourni par unité de temps : *Débit d'un cours d'eau, d'une pompe.* - **5.** Quantité de personnes, de véhicules, d'informations, volume de marchandises transportées en une unité de temps par un moyen de communication : *Le débit de l'autoroute du Sud à 18 h.* - **6.** Débit de tabac, de boissons, établissements où l'on vend du tabac, où des boissons peuvent être consommées sur place.

2. débit [debi] n.m. (lat. *debitum* "dette"). - **1.** Compte des sommes qu'une personne doit à une autre. - **2.** Partie d'un compte où sont portées les sommes dues (par opp. à crédit).

débitant, e [debitã, -ãt] n. Personne qui tient un débit de boissons ou de tabac.

1. débiter [debite] v.t. (de *bitte* "billot"). - **1.** Découper en morceaux : *Débiter un bœuf.* - **2.** Réduire du bois en planches, en bûches, etc. - **3.** Produire, fournir une certaine quantité en un temps donné : *Débiter 30 000 litres à l'heure.* - **4.** Vendre au détail : *Débiter du vin.* - **5.** Énoncer sur un ton monotone : *Débiter son rôle.* - **6.** Raconter sans réflexion (péjor.) : *Débiter des sottises* (syn. proférer).

2. débiter [debite] v.t. (de *2. débit*). Porter un article ou une somme au débit d'un compte (par opp. à *créditer*).

débiteur, trice [debitœr, -tris] n. (de *2. débit*). - **1.** Personne qui doit (par opp. à *créancier*). - **2.** Personne qui a une dette morale envers qqn. ◆ adj. Compte débiteur, compte où le total des débits excède celui des crédits.

déblai [deblɛ] n.m. (de *déblayer*). TR. PUBL. Enlèvement de terres pour niveler ou abaisser le sol. ◆ **déblais** n.m. pl. Débris de construction, terrains enlevés.

déblaiement [deblɛmã] n.m. (de *déblayer*). Action de déblayer : *Le déblaiement de la voie ferrée prendra plusieurs jours.*

déblatérer [deblatere] v.t. ind. [**sur**, **contre**] (lat. *deblaterare* "bavarder") [conj. 18]. FAM. Tenir des propos malveillants sur qqn, qqch ; critiquer violemment : *Déblatérer sur ses voisins, contre la presse* (syn. fulminer contre, vitupérer contre).

déblayer [debleje] v.t. (anc. fr. *desbleer* "débarrasser la terre du blé") [conj. 11]. - **1.** Enlever des terres, des décombres : *Déblayer des gravats.* - **2.** Dégager un endroit de ce qui l'encombre : *Déblayer le chemin.* - **3.** Déblayer le terrain, préparer une affaire en résolvant les difficultés préalables.

déblocage [deblɔkaʒ] n.m. Action de débloquer : *Le déblocage des prix.*

débloquer [deblɔke] v.t. - **1.** Remettre en mouvement une machine, un mécanisme : *Débloquer un verrou.* - **2.** Lever l'interdiction de transporter ou de vendre des denrées, de disposer librement de crédits ou de comptes en banque, etc. : *Débloquer des crédits pour les populations sinistrées.* - **3.** Lever les obstacles qui bloquent un processus, une situation : *Débloquer une négociation.* - **4.** Débloquer les salaires, les prix, permettre leur variation. ◆ v.i. FAM. Dire des choses qui n'ont pas de sens (syn. divaguer).

débobiner [debɔbine] v.t. - **1.** Dérouler ce qui était en bobine (contr. embobiner). - **2.** Démonter les enroulements d'une machine ou d'un appareil électrique.

déboires [debwar] n.m. pl. (de *boire* propr. "arrière-goût désagréable après avoir bu"). Déceptions, échecs amèrement ressentis : *Elle a connu bien des déboires dans sa vie* (syn. déconvenues, mécomptes).

déboisement [debwazmã] n.m. Action de déboiser ; fait d'être déboisé : *Le déboisement de l'Amazonie.*

déboiser [debwaze] v.t. (de *bois*). Arracher les arbres d'un terrain, d'une montagne. ◆ **se déboiser** v.pr. Perdre ses arbres : *Les montagnes se sont déboisées.*

déboîtement [debwatmã] n.m. (de *boîte*). Déplacement d'un os hors de son articulation (syn. luxation).

déboîter [debwate] v.t. (de *boîte*). - **1.** Séparer un objet encastré dans un autre : *Déboîter des tuyaux* (contr. emboîter). - **2.** Faire sortir un os de son articulation : *Le choc lui a déboîté l'épaule* (syn. démettre, luxer). ◆ v.i. Sortir d'une file, en parlant d'un véhicule : *Mettre son clignotant avant de déboîter.*

débonder [debõde] v.t. Ôter la bonde d'un tonneau, d'un réservoir, etc.

débonnaire [debɔnɛr] adj. (de l'anc. loc. *de bonne aire* "de bonne race"). Bon jusqu'à la faiblesse : *Un directeur débonnaire* (syn. bon enfant).

débordant, e [debɔʀdɑ̃, -ɑ̃t] adj. Qui ne peut se contenir, en parlant de qqn, d'un sentiment : *Un enthousiasme débordant* (syn. exubérant).

débordement [debɔʀdəmɑ̃] n.m. -**1.** Fait de déborder. -**2.** Déversement des eaux d'un cours d'eau par-dessus les bords de son lit : *Débordement du fleuve* (syn. crue). -**3.** Grande abondance, exubérance : *Débordement de joie* (syn. flot). ◆ **débordements** n.m. pl. Excès d'une existence dissolue : *Renoncer aux débordements de sa jeunesse* (syn. débauche).

déborder [debɔʀde] v.i. (de *bord*). -**1.** Dépasser les bords de qqch, se répandre hors de son contenant : *Le lait bouillant déborde.* -**2.** Être plein, ne plus pouvoir contenir, en parlant du contenant : *La baignoire déborde.* -**3.** Dépasser un bord, une limite, s'étendre au-delà, envahir : *La foule débordait sur la chaussée* (syn. déferler). *Ton rouge à lèvres déborde.* ◆ v.t. -**1.** Dépasser qqch de tant, aller au-delà : *La terrasse déborde la maison d'un mètre.* -**2.** S'étendre au-delà d'une limite, d'un cadre : *Votre développement déborde le sujet.* -**3.** Dépasser, écraser les capacités de qqn à agir : *La base a débordé les dirigeants du syndicat* (syn. submerger). -**4.** Déborder l'ennemi, dépasser en les contournant les positions qu'il occupe. ‖ Déborder un lit, tirer les draps, les couvertures dont les bords sont glissés sous les matelas. ‖ Être débordé (de travail), être surchargé de travail. ◆ v.t. ind. [de]. -**1.** Manifester avec force un sentiment, un état : *Il déborde de joie, de santé* (syn. éclater de). -**2.** Avoir en surabondance : *Son tiroir déborde d'affaires.*

débotté [debɔte] n.m. (de *débotter* "retirer les bottes"). LITT. Au débotté, au moment de l'arrivée, sans préparation : *Prendre qqn au débotté* (= à l'improviste).

débouché [debuʃe] n.m. -**1.** Endroit où une rue, un chemin débouchent dans un lieu : *Le débouché d'une vallée.* -**2.** Possibilité de vente pour les marchandises : *L'expansion économique implique la création de débouchés nouveaux* (syn. marché). -**3.** Carrière accessible à qqn en fonction de ses études : *Ce diplôme offre peu de débouchés.*

1. déboucher [debuʃe] v.t. (de *boucher*). -**1.** Ouvrir en ôtant ce qui bouche ; enlever le bouchon de : *Déboucher une bouteille.* -**2.** Débarrasser un tuyau, un conduit de ce qui le bouche : *Déboucher le lavabo* (contr. obstruer).

2. déboucher [debuʃe] v.i. (de *bouche*). Apparaître tout à coup : *Voiture qui débouche d'un chemin de terre* (syn. surgir). ◆ v.t. ind. [sur]. -**1.** Aboutir en un lieu : *Ruelle qui débouche sur le boulevard* (syn. donner dans). -**2.** Avoir comme conséquence : *Négociations qui débouchent sur un compromis* (syn. conduire, mener).

déboucler [debukle] v.t. Dégager l'ardillon d'une boucle : *Déboucler une ceinture* (contr. agrafer, boucler).

déboulé [debule] n.m. CHORÉGR. Pas exécuté en série, qui se compose de deux demi-tours suivis effectués en pivotant très rapidement sur les demi-pointes ou sur les pointes.

débouler [debule] v.i. (de *boule*). Partir à l'improviste devant le chasseur, en parlant du lièvre et du lapin. ◆ v.i. et v.t. Descendre rapidement : *Débouler dans un escalier. Débouler les étages. Débouler une pente* (syn. dévaler).

déboulonnement [debulɔnmɑ̃] et **déboulonnage** [debulɔnaʒ] n.m. Action de déboulonner ; fait d'être déboulonné : *Le déboulonnement d'une grue.*

déboulonner [debulɔne] v.t. -**1.** Démonter ce qui était réuni par des boulons : *Déboulonner une statue de son socle.* -**2.** FAM. Chasser qqn de sa place ; détruire son prestige : *Se faire déboulonner par des plus jeunes. Déboulonner un dictateur.*

débourrer [debuʀe] v.t. -**1.** Ôter la bourre des peignes à carder les fibres textiles. -**2.** Ôter d'une pipe la cendre de tabac. -**3.** Donner le premier dressage à une jeune cheval.

débours [debuʀ] n.m. (de *débourser*). VIEILLI. (Surtout au pl.). Argent avancé : *Rentrer dans ses débours* (= se faire rembourser).

déboursement [debuʀsəmɑ̃] n.m. Action de débourser ; somme déboursée.

débourser [debuʀse] v.t. (de *bourse*). Payer, dépenser : *Débourser une grosse somme.*

déboussoler [debusɔle] v.t. (de *boussole*). FAM. Désorienter qqn, lui faire perdre la tête : *Ces problèmes l'ont complètement déboussolé* (syn. déconcerter, décontenancer).

debout [dəbu] adv. et adj. inv. (de *de*, et *bout*, propr. "bout à bout"). -**1.** Verticalement, sur les pieds : *Rester debout.* -**2.** Hors du lit, levé : *Il est toujours debout de bonne heure.* -**3.** En bon état, non détruit : *Il reste encore quelques maisons debout dans le village.* -**4.** DR. Magistrature debout, ensemble des magistrats du parquet, par opp. aux magistrats des tribunaux (*magistrature assise*). ‖ Mettre debout, organiser : *Il a mis cette affaire debout* (= il l'a mise sur pied). ‖ Tenir debout, être logique, vraisemblable : *Cette histoire ne tient pas debout.* ‖ MAR. Vent debout, vent soufflant en sens contraire de la marche. ◆ interj. Debout ! levez-vous !

débouter [debute] v.t. (de *bouter*). DR. Rejeter par jugement la demande de qqn.

déboutonner [debutɔne] v.t. Ouvrir en dégageant les boutons de leurs boutonnières : *Déboutonner un vêtement.*

débraillé, e [debʀaje] adj. (de *braies*). Se dit d'une personne dont la mise est négligée ou désordonnée : *Se présenter débraillé, chemise ouverte chez qqn.* ◆ **débraillé** n.m. Tenue négligée : *Sortir en débraillé.*

débrancher [debʁɑ̃ʃe] v.t. Interrompre la connexion, le branchement de : *Débrancher une prise* (syn. déconnecter).

débraser [debʁaze] v.t. TECHN. Séparer deux pièces jointes par brasage, en faisant fondre la brasure.

débrayage [debʁɛjaʒ] n.m. - **1.** Action de débrayer (par opp. à *embrayage*). - **2.** Grève de courte durée : *Un débrayage de deux heures.*

débrayer [debʁeje] v.t. (de *[em]brayer*) [conj. 11]. - **1.** MÉCAN. Supprimer la liaison entre un arbre moteur et un arbre entraîné (par opp. à *embrayer*). - **2.** (Absol.). Sur un véhicule automobile, actionner la pédale d'embrayage de manière à déconnecter le moteur des organes de transmission du mouvement : *Débrayer pour passer la troisième.* ◆ v.i. FAM. Cesser volontairement le travail dans une entreprise pendant une courte durée : *Le personnel a débrayé.*

débridé, e [debʁide] adj. (p. passé de *débrider*). Sans contrainte, sans retenue : *Faire preuve d'une imagination débridée* (syn. effréné).

débrider [debʁide] v.t. - **1.** Ôter la bride à : *Débrider un cheval.* - **2.** CUIS. Enlever les ficelles qui entourent une volaille, un rôti.

débris [debʁi] n.m. (de l'anc. fr. *débriser* "mettre en pièces", de *briser*). - **1.** Morceau d'une chose brisée, détruite en partie : *Les débris d'un vase* (syn. tesson). - **2.** (Surtout au pl.). Ce qui reste après la destruction d'une chose : *Les débris d'une fortune* (syn. restes).

débrouillard, e [debʁujaʁ, -aʁd] adj. et n. FAM. Qui sait se débrouiller, habile : *Ils sont assez débrouillards pour se tirer d'affaire* (syn. ingénieux, astucieux).

débrouillardise [debʁujaʁdiz] n.f. FAM. Habileté à se tirer d'affaire : *Faire preuve de débrouillardise* (syn. ingéniosité).

débrouiller [debʁuje] v.t. - **1.** Remettre en ordre ce qui est embrouillé : *Débrouiller les fils d'un écheveau* (syn. démêler). - **2.** Rendre clair, compréhensible : *Débrouiller une affaire* (syn. éclaircir, élucider ; contr. embrouiller). ◆ **se débrouiller** v.pr. FAM. Se tirer d'affaire en faisant preuve d'ingéniosité : *Débrouille-toi pour obtenir son accord* (syn. s'arranger).

débroussaillement [debʁusajmɑ̃] et **débroussaillage** [debʁusajaʒ] n.m. Action de débroussailler ; fait d'être débroussaillé.

débroussailler [debʁusaje] v.t. - **1.** Couper, arracher des broussailles : *Débroussailler un terrain.* - **2.** Commencer à préparer, étudier : *Débroussailler un texte* (syn. défricher).

débroussailleuse [debʁusajøz] n.f. Machine utilisée pour le défrichement.

---

1. **débucher** [debyʃe] v.i. (de *bûche*). Sortir du bois, en parlant du gros gibier. ◆ v.t. Faire sortir une bête du bois : *Débucher un cerf.*

2. **débucher** [debyʃe] n.m. VÉN. - **1.** Moment où la bête débuche. - **2.** Sonnerie de trompe pour en avertir.

débudgétiser [debydʒetize] v.t. Supprimer une dépense du budget de l'État et assurer son financement par d'autres sources.

débusquer [debyske] v.t. (de *débucher*, d'après *embusquer*). - **1.** Faire sortir du bois, du gîte ou du terrier : *Débusquer un cerf, un lièvre.* - **2.** Chasser qqn de son poste, de son refuge : *Débusquer un ennemi.*

début [deby] n.m. (de *débuter*). Première phase du déroulement d'une action, d'une série d'événements : *Début d'un film, d'un livre* (syn. commencement). ◆ **débuts** n.m. pl. Premiers pas dans une carrière, une activité quelconque : *Avoir des débuts difficiles.*

débutant, e [debytɑ̃, -ɑ̃t] adj. et n. Qui débute : *Une débutante en informatique* (syn. néophyte, novice).

débuter [debyte] v.i. (de *but*, propr., à certains jeux, "écarter du but [la boule d'un autre joueur]" puis "jouer le premier coup"). - **1.** Commencer, en parlant d'une chose, d'une action : *Le film débute à six heures* (contr. terminer, finir). - **2.** Faire les premiers pas dans une carrière, les premières démarches dans une entreprise : *Acteur qui débute.*

deçà [dəsa] adv. (de *de* et *çà*). LITT. Deçà delà, par-ci, par-là, de côté et d'autre. ‖ En deçà, en arrière par rapport à un lieu : *Ne franchissez pas la rivière, restez en deçà.* ◆ **en deçà de** loc. prép. - **1.** De ce côté-ci de : *En deçà des Pyrénées.* - **2.** Qui n'atteint pas : *En deçà de la vérité* (syn. au-dessous de).

décachetage [dekaʃtaʒ] n.m. Action de décacheter.

décacheter [dekaʃte] v.t. (conj. 27). Ouvrir ce qui est cacheté : *Décacheter une lettre, une bouteille* (contr. cacheter).

décadaire [dekadɛʁ] adj. (de *décade*). D'une période de dix jours, spécial. dans le calendrier républicain.

décade [dekad] n.f. (bas lat. *decas, -adis*, gr. *dekas, -ados* "groupe de dix"). - **1.** Période de dix jours. - **2.** Partie d'un ouvrage composé de dix chapitres ou livres : *Les décades de Tite-Live.* - **3.** (Emploi critiqué). FAM. Décennie.

décadence [dekadɑ̃s] n.f. (lat. *decadentia*, de *cadere* "tomber"). Commencement de la ruine, perte de prestige : *Les causes politiques de la décadence d'un empire* (syn. déclin). *La décadence des mœurs* (syn. relâchement).

décadent, e [dekadɑ̃, -ɑ̃t] adj. et n. - **1.** En décadence : *Civilisation décadente. Art déca-*

dent. -**2.** Se dit d'écrivains et d'artistes pessimistes marginaux de la fin du XIXe s., précurseurs du symbolisme.

décadi [dekadi] n.m. (du gr. *deka* "dix", d'après [*lun*]*di*, [*mar*]*di*, etc.). Dixième et dernier jour de la décade, dans le calendrier républicain. □ Jour chômé, il remplaçait le dimanche chrétien.

décaèdre [dekaɛdR] n.m. MATH. Solide à dix faces.

décaféiné, e [dekafeine] adj. Café décaféiné, café dont on a enlevé la caféine. ◆ **décaféiné** n.m. Tasse de café décaféiné (abrév. cour. *déca*).

décalage [dekalaʒ] n.m. -**1.** Écart dans l'espace ou dans le temps : *Il y a une heure de décalage entre l'horaire d'hiver et l'horaire d'été. Un décalage de 3 cm.* -**2.** Manque de concordance entre deux choses, deux personnes, deux situations : *Décalage entre la théorie et la pratique* (syn. discordance).

décalaminage [dekalaminaʒ] n.m. MÉTALL. Action de décalaminer : *Le décalaminage d'une Mobylette.*

décalaminer [dekalamine] v.t. Enlever la calamine qui recouvre une surface métallique.

décalcification [dekalsifikasjɔ̃] n.f. MÉD. Diminution du taux de calcium contenu dans l'organisme : *Une décalcification des os.*

décalcifier [dekalsifje] v.t. [conj. 9]. Faire perdre à un corps, à un organisme le calcium qu'il contenait. ◆ **se décalcifier** v.pr. Être atteint de décalcification.

décalcomanie [dekalkɔmani] n.f. (de *décalquer* et -*manie*). Procédé permettant de reporter des images coloriées sur une surface à décorer ; image ainsi obtenue.

décaler [dekale] v.t. (de *1. caler*). -**1.** Déplacer dans l'espace ou dans le temps : *Décaler le repas d'une heure.* -**2.** Enlever les cales : *Décaler une armoire.*

décalitre [dekalitR] n.m. Mesure de capacité valant 10 litres. □ Symb. dal.

décalogue [dekalɔg] n.m. (lat. *decalogus*, du gr. *deka* "dix" et *logos* "parole"). Les dix commandements de Dieu, donnés, selon la Bible, à Moïse sur le Sinaï.

décalotter [dekalɔte] v.t. (de *calotte*). Dégager le gland en tirant le prépuce vers la base de la verge.

décalquage [dekalkaʒ] et **décalque** [dekalk] n.m. Action de décalquer ; image ainsi obtenue : *Faire le décalque d'une carte* (syn. calque).

décalquer [dekalke] v.t. Reporter le calque d'un dessin sur un support ; reproduire un dessin au moyen d'un calque (syn. calquer).

décamètre [dekamɛtR] n.m. -**1.** Mesure de longueur de 10 mètres. □ Symb. dam.

-**2.** Chaîne ou ruban d'acier de 10 mètres, pour mesurer des distances sur le terrain.

décamper [dekɑ̃pe] v.i. (de *camp*). FAM. Quitter un lieu en hâte : *Le voleur avait déjà décampé* (syn. s'enfuir).

décan [dekɑ̃] n.m. (lat. *decanus*, du rad. de *decem* "dix"). ASTROL. Région du ciel s'étalant sur 10° de longitude dans chacun des signes du zodiaque. □ Chaque signe comporte trois décans.

décantation [dekɑ̃tasjɔ̃] n.f. -**1.** Action de décanter un liquide. -**2.** Action de clarifier qqch ; fait de se décanter : *La décantation d'une situation* (syn. clarification).

décanter [dekɑ̃te] v.t. (du lat. *canthus* "bec de cruche"). -**1.** Débarrasser un liquide de ses impuretés en les laissant se déposer au fond d'un récipient : *Décanter un sirop.* -**2.** Éclaircir, mettre au net : *Décanter ses idées* (syn. clarifier). ◆ **se décanter** v.pr. S'éclaircir : *La situation se décante.*

décapage [dekapaʒ] n.m. Action de décaper : *Le décapage d'une chaise avant peinture.*

décapant, e [dekapɑ̃, -ɑ̃t] adj. -**1.** Qui décape : *Un produit décapant.* -**2.** Qui exerce un effet bénéfique en remettant en cause les habitudes de pensée, les idées reçues : *Un humour décapant* (syn. stimulant). ◆ **décapant** n.m. Produit utilisé pour décaper.

décaper [dekape] v.t. (de *cape*). Nettoyer une surface, un objet en les débarrassant de la couche de peinture, vernis, etc., qui les recouvre : *Décaper un parquet avant de le cirer.*

décapitation [dekapitasjɔ̃] n.f. Action de décapiter qqn, qqch ; fait d'être décapité : *La décapitation d'un criminel. La décapitation d'un arbre. La décapitation d'une organisation.*

décapiter [dekapite] v.t. (lat. médiév. *decapitare*, du class. *caput, -itis* "tête"). -**1.** Trancher la tête de qqn. -**2.** Ôter l'extrémité de qqch : *Décapiter des fleurs.* -**3.** Priver un groupe de ses chefs : *Décapiter un gang.*

décapode [dekapɔd] n.m. (de *déca-* et -*pode*). Décapodes, ordre de crustacés supérieurs, génér. marins, ayant cinq paires de grandes pattes thoraciques, et souvent de grande taille, tels que les crabes, les crevettes, le homard, la langouste, l'écrevisse.

décapotable [dekapɔtabl] adj. Voiture décapotable, voiture dont la capote peut être enlevée ou repliée (on dit aussi *une décapotable*).

décapoter [dekapɔte] v.t. Replier ou retirer la capote d'une voiture décapotable.

décapsuler [dekapsyle] v.t. Retirer la capsule d'une bouteille.

décapsuleur [dekapsylœʀ] n.m. Petit outil de métal pour enlever les capsules des bouteilles.

se décarcasser [dekaʀkase] v.pr. (de *carcasse*). FAM. Se donner beaucoup de peine : *Il s'est décarcassé pour trouver une solution* (syn. se démener).

décasyllabe [dekasilab] adj. et n.m. Se dit d'un vers de dix syllabes.

décathlon [dekatlɔ̃] n.m. (de *déca-* et [*penta*]*thlon*). Épreuve combinée d'athlétisme comprenant dix spécialités différentes de course (100 m, 400 m, 1 500 m, 110 m haies), de saut (hauteur, longueur, perche) et de lancer (poids, disque, javelot).

décati, e [dekati] adj. (p. passé de *se décatir*). FAM. Qui a perdu sa beauté, sa fraîcheur : *Vieillard décati.*

se décatir [dekatiʀ] v.pr. (de *catir* "donner le lustre à une étoffe", lat. pop. *coactire*, du class. *coactus* "pressé"). Perdre son éclat, sa jeunesse, sa fraîcheur ; vieillir.

décéder [decede] v.i. (lat. *decedere* "s'en aller") [conj. 18 ; auxil. *être*]. Mourir, en parlant de qqn.

déceler [desle] v.t. (de *celer*) [conj. 25]. - **1.** Parvenir à distinguer des indices : *Déceler des traces de poison* (syn. découvrir). *Déceler une lacune. Déceler une certaine lassitude* (syn. remarquer). - **2.** Montrer, révéler : *Cette action décèle son désarroi* (syn. trahir, dénoter).

décélération [deselerasjɔ̃] n.f. Réduction de la vitesse d'un mobile : *La décélération brutale d'un véhicule* (syn. ralentissement).

décélérer [deselere] v.i. [conj. 18] (de [*ac*]*célérer*). Ralentir, en parlant d'un véhicule ; cesser d'accélérer, en parlant d'un conducteur.

décembre [desãbʀ] n.m. (lat. *december* "dixième mois", l'année romaine commençant en mars). Douzième mois de l'année : *Décembre a 31 jours.*

décemment [desamã] adv. De façon décente : *Habille-toi décemment* (syn. convenablement, correctement). *Décemment, il ne pouvait refuser* (syn. honnêtement).

décence [desãs] n.f. (lat. *decentia*, de *decere* ; v. *décent*). - **1.** Respect des convenances, notamm. en matière sexuelle : *Des images contraires à la décence* (syn. pudeur). - **2.** Dignité dans l'expression, les manières ; réserve : *Avoir la décence de se taire* (syn. pudeur, tact).

décennal, e, aux [desenal, -o] adj. (lat. *decennalis*, de *decem* "dix" et *annus* "an"). - **1.** Qui dure dix ans : *Magistrature décennale.* - **2.** Qui revient tous les dix ans : *Fête décennale.*

décennie [deseni] n.f. (du rad. de *décennal*). Période de dix ans.

décent, e [desã, -ãt] adj. (lat. *decens, -entis*, de *decere* "être convenable"). - **1.** Conforme à la décence : *Tenue décente* (syn. correct, pudique). *Il aurait été plus décent de se taire* (syn. bienséant, poli). - **2.** Convenable, suffisant, correct : *Maintenir un examen à un niveau décent* (syn. honorable). - **3.** Convenable au regard de ce qu'il est normal d'attendre : *Rémunération décente* (syn. acceptable, suffisante).

décentralisateur, trice [desãtralizatœʀ, -tʀis] adj. Relatif à la décentralisation : *Politique décentralisatrice.*

décentralisation [desãtralizasjɔ̃] n.f. - **1.** Action de décentraliser ; résultat de cette action. - **2.** Système d'organisation des structures administratives de l'État, qui accorde des pouvoirs de décision et de gestion à des organes autonomes régionaux ou locaux (collectivités locales, établissements publics) : *La décentralisation universitaire.*

décentraliser [desãtralize] v.t. Répartir en différents lieux ce qui était concentré en un lieu unique (pouvoir, organisation, industrie, etc.) : *Décentraliser l'industrie automobile.*

décentrer [desãtʀe] v.t. Déplacer le centre de qqch ou déplacer qqch par rapport à un centre, un axe : *Décentrer l'objectif d'un appareil photographique.*

déception [desɛpsjɔ̃] n.f. (lat. *deceptio*, de *decipere* ; v. *décevoir*). Fait d'être déçu, trompé dans son attente, son espérance : *Son échec lui a causé une cruelle déception* (syn. déconvenue). *La vie réserve de nombreuses déceptions* (syn. désappointement, désenchantement, désillusion).

décérébrer [deseʀebʀe] v.t. [conj. 18] (du lat. *cerebrum* "cerveau"). Enlever l'encéphale d'un animal.

décerner [desɛʀne] v.t. (lat. *decernere* "attribuer"). - **1.** Accorder, attribuer solennellement : *Décerner un prix.* - **2.** DR. Ordonner juridiquement qqch contre qqn : *Décerner un mandat d'arrêt.*

décès [desɛ] n.m. (lat. *decessus*, de *decedere* ; v. *décéder*). - **1.** Mort d'une personne : *Un médecin a constaté le décès.* - **2.** Acte de décès, acte établi à la mairie du lieu où le décès se produit, et qui constate officiellement celui-ci.

décevant, e [desvã, -ãt] adj. Qui déçoit : *Des résultats décevants. On attendait beaucoup de lui, mais il a été décevant.*

décevoir [desvwaʀ] v.t. (lat. *decipere* "tromper") [conj. 52]. Ne pas répondre aux espoirs, à l'attente de qqn : *Il a déçu tout le monde* (syn. désappointer).

déchaîné, e [deʃene] adj. - **1.** Emporté, excité : *Un enfant déchaîné.* - **2.** Qui se manifeste avec violence, qui fait rage : *Une tempête déchaînée.*

déchaînement [deʃɛnmɑ̃] n.m. Fait de se déchaîner ; emportement extrême : *Le déchaînement des passions, des vents* (syn. tumulte).

déchaîner [deʃene] v.t. (de *chaîne*). **- 1.** Déclencher, provoquer : *Déchaîner l'hilarité* (syn. soulever, susciter). *Déchaîner un conflit* (syn. allumer). ◆ **se déchaîner** v.pr. **- 1.** Éclater, se manifester avec violence : *Il s'est déchaîné contre ses collègues* (syn. s'emporter, exploser). **- 2.** Faire rage, en parlant des éléments naturels : *La tempête se déchaîne aujourd'hui.*

déchanter [deʃɑ̃te] v.i. (de *chanter*). FAM. Rabattre de ses prétentions, de ses espérances, perdre de ses illusions : *Il rêvait d'une vie facile, il a vite déchanté.*

décharge [deʃaRʒ] n.f. (de *décharger*). **- 1.** Coup ou ensemble de coups tirés par une ou plusieurs armes à feu : *La première décharge abattit dix assaillants* (syn. salve). **- 2.** Lieu où l'on dépose les décombres et les immondices. **- 3.** DR. Acte par lequel on tient qqn quitte d'une obligation : *Je vous laisse ce colis, mais signez-moi une décharge.* **- 4.** À sa décharge, pour diminuer sa responsabilité. ‖ **Décharge électrique,** phénomène qui se produit quand un corps électrisé perd sa charge. ‖ DR. **Témoin à décharge,** témoin qui témoigne en faveur d'un accusé.

déchargement [deʃaRʒəmɑ̃] n.m. **- 1.** Action de décharger un véhicule, un navire, etc. ; fait d'être déchargé : *Le déchargement du camion, des briques.* **- 2.** Action de décharger, d'ôter la charge d'une arme à feu, d'un projectile.

décharger [deʃaRʒe] v.t. [conj. 17]. **- 1.** Débarrasser qqn, qqch de son chargement, de sa charge : *Décharger un navire. Décharger qqn de ses paquets.* **- 2.** Retirer ce qui constitue le chargement d'un véhicule : *Décharger les marchandises, les passagers.* **- 3.** Faire en sorte que qqn n'ait plus à charge qqch, une fonction : *Décharger une secrétaire de la comptabilité* (syn. soulager, libérer). **- 4.** Atténuer ou annuler la responsabilité de qqn : *Ce témoignage tend à décharger l'accusé* (syn. blanchir, disculper). **- 5.** Tirer une arme à feu : *Décharger son fusil sur qqn.* **- 6.** Retirer la cartouche d'une arme à feu, la charge d'une mine ou d'un projectile. **- 7.** Annuler la charge électrique de ; enlever tout ou partie de l'énergie électrique emmagasinée dans : *Décharger un condensateur, un accumulateur.* **- 8.** Donner libre cours à un sentiment : *Décharger sa colère sur qqn.* **- 9. Décharger sa conscience,** faire des aveux, se soulager d'un secret lourd à porter. ◆ **se décharger** v.pr. **- 1.** Se vider de sa charge, de son chargement : *Le fusil s'est déchargé.* **- 2.** Se libérer d'une tâche, d'une fonction sur qqn

d'autre : *Il s'est déchargé de cette mission sur son collaborateur.*

décharné, e [deʃaRne] adj. (de *charn,* forme anc. de *chair*). Très maigre, qui n'a plus que la peau sur les os.

déchaussement [deʃosmɑ̃] n.m. Rétraction de la gencive au niveau du collet d'une dent.

déchausser [deʃose] v.t. **- 1.** Ôter ses chaussures à qqn. **- 2.** Dépouiller, dégager par le pied ou la base : *Déchausser un arbre.* **- 3.** Déchausser ses skis, les ôter. ◆ **se déchausser** v.pr. **- 1.** Enlever ses chaussures. **- 2.** En parlant d'une dent, avoir du jeu dans son alvéole.

dèche [dɛʃ] n.f. (probabl. du rad. de *déchet, déchoir*). FAM. **Être dans la dèche,** être dans la misère.

déchéance [deʃeɑ̃s] n.f. (de *déchoir*). **- 1.** Fait de déchoir, d'être déchu, moralement ou socialement ; destitution d'une fonction de commandement, d'une dignité : *La déchéance d'un souverain.* **- 2.** État de dégradation, d'abaissement des facultés physiques ou intellectuelles : *L'alcool l'a mené à la déchéance* (syn. avilissement). **- 3.** DR. Perte d'un droit ou d'une fonction faute d'avoir accompli une formalité ou d'avoir rempli une condition en temps voulu, ou du fait d'une sanction : *Déchéance de la puissance paternelle.*

déchet [deʃɛ] n.m. (de *déchoir*). **- 1.** (Souvent au pl.). Reste, débris sans valeur : *Jeter les déchets à la poubelle.* **- 2.** Partie inutilisable de qqch : *Donner les déchets de viande au chien* (syn. rognure). **- 3.** Ce qui tombe d'une matière qu'on travaille : *Déchets de tissu.* **- 4. Déchets radioactifs,** matières radioactives inutilisables obtenues lors de la manipulation ou du traitement de matériaux ou d'objets radioactifs : *Le stockage des déchets radioactifs.* ‖ **Il y a du déchet,** il y a de la perte : *Il y a eu beaucoup de déchet à cet examen.*

déchiffrable [deʃifʀabl] adj. Que l'on peut déchiffrer : *Écriture parfaitement déchiffrable* (syn. lisible).

déchiffrage [deʃifʀaʒ] n.m. Action de déchiffrer, en partic. de la musique : *Déchiffrage d'une partition.*

déchiffrement [deʃifʀəmɑ̃] n.m. Action de déchiffrer un texte : *Le déchiffrement d'un manuscrit.*

déchiffrer [deʃifʀe] v.t. **- 1.** Lire, comprendre un texte écrit peu lisiblement, un texte codé ou une langue inconnue : *Déchiffrer un message secret* (syn. décrypter). *Déchiffrer des hiéroglyphes.* **- 2.** Lire ou exécuter de la musique à première vue. **- 3.** Comprendre, deviner ce qui est obscur : *Déchiffrer une énigme* (syn. débrouiller, élucider).

déchiqueter [deʃikte] v.t. (probabl. de l'anc. fr. *eschiqueté* "orné de carreaux de diverses

couleurs", de *eschequier* "échiquier")
[conj. 27]. Mettre en pièces, en morceaux en
arrachant : *Il a eu la main déchiquetée par
l'explosion.*

déchirant, e [deʃiʀɑ̃, -ɑ̃t] adj. Qui déchire le
cœur : *Un spectacle déchirant* (syn. douloureux,
bouleversant). *Un cri déchirant.*

déchirement [deʃiʀmɑ̃] n.m. -**1.** Action de
déchirer ; fait de se déchirer : *Déchirement
d'un muscle.* -**2.** Forte douleur morale : *Cette
rupture a été un vrai déchirement.* -**3.** Trouble
important, division sociale grave : *Pays en
proie à des déchirements.*

déchirer [deʃiʀe] v.t. (de l'anc. fr. *escirer*
[même sens], frq. *skerjan* "gratter"). -**1.** Mettre en pièces, en morceaux ; faire un accroc :
Déchirer une lettre. -**2.** Causer une vive douleur physique ou morale : *Toux qui déchire la
poitrine. Ça me déchire de partir* (syn. torturer).
-**3.** Diviser par des troubles : *La guerre civile
déchire ce pays.* ◆ **se déchirer** v.pr. -**1.** Se
rompre, craquer : *Le sac s'est déchiré.* -**2.** Se
causer mutuellement de grandes souffrances morales. -**3.** *Se déchirer un muscle,* se
faire une déchirure musculaire.

déchirure [deʃiʀyʀ] n.f. -**1.** Partie déchirée de
qqch : *Faire une déchirure à sa chemise* (syn.
accroc). -**2.** LITT. Forte douleur morale, violente émotion (syn. déchirement). -**3.** Distension des tissus par un effort violent :
Déchirure musculaire.

déchoir [deʃwaʀ] v.i. (bas lat. *decadere*, du
class. *cadere* "tomber") [conj. 71 ; auxil. *être*].
LITT. Tomber dans un état inférieur à celui
où l'on était : *Il a été déchu de son rang.* ◆ v.t.
(Auxil. *avoir*). Déposséder d'un droit, d'un
privilège : *Le tribunal a déchu les parents de
l'autorité parentale.*

déchristianisation [dekristjanizasjɔ̃] n.f.
Action de déchristianiser ; fait d'être
déchristianisé.

déchristianiser [dekristjanize] v.t. Amener à
la perte de la foi chrétienne un pays, une
région, une personne.

déchu, e [deʃy] adj. Qui a perdu sa force, son
autorité, sa dignité : *Un prince déchu* (syn.
déclassé).

décibel [desibɛl] n.m. Dixième partie du *bel,*
unité servant en acoustique à définir une
échelle d'intensité sonore. □ Symb. dB.

décidable [desidabl] adj. -**1.** LOG. Qui est
démontrable ou réfutable dans une théorie
déductive (par opp. à *indécidable*) : *Formule
décidable.* -**2.** À propos de quoi il est possible
d'avoir une opinion, une position tranchée.

décidé, e [deside] adj. Plein d'assurance ; qui
sait prendre des décisions : *Une femme décidée*
(syn. résolu, assuré).

décidément [desidemɑ̃] adv. (de *décidé*). En
définitive, tout compte fait : *Décidément, je ne
peux plus le supporter.*

décider [deside] v.t. (lat. *decidere* "trancher",
de *caedere* "frapper"). -**1.** Déterminer ce
qu'on doit faire : *Décider un programme de
travail.* -**2.** Pousser qqn à agir, à prendre telle
ou telle décision : *Rien à faire pour les décider !*
(syn. convaincre). *Il le décida à partir* (syn.
persuader). -**3.** Avoir comme conséquence :
Ce scandale décida la chute du ministère (syn.
entraîner, provoquer). ◆ v.t. ind. **[de].**
-**1.** Prendre la décision, le parti de : *Vous
déciderez de la suite à donner à cette affaire. J'ai
décidé d'y aller moi-même* (syn. résoudre de).
-**2.** Se prononcer sur : *L'enquête décidera de son
innocence.* ◆ v.i. Trancher d'une manière
définitive : *Il décide à tort et à travers.* ◆ **se
décider** v.pr. Prendre un parti, une résolution : *Il n'arrive pas à se décider. Il s'est décidé
à travailler* (syn. se déterminer à).

décideur [desidœʀ] n.m. Personne que ses
fonctions appellent à décider au nom d'une
collectivité, à orienter ou à faire prévaloir
une décision.

décigramme [desigʀam] n.m. Dixième partie du gramme. □ Symb. dg.

décilitre [desilitʀ] n.m. Dixième partie du
litre. □ Symb. dl.

décimal, e, aux [desimal, -o] adj. (du lat.
decimus "dixième"). -**1.** Fondé sur le groupement des unités par dizaines ; qui a pour
base le nombre dix : *Calcul décimal. Numération décimale.* -**2.** *Nombre décimal,* nombre
qui est le quotient d'un entier par une
puissance entière de 10 (Ex. : *3,024* qui peut
aussi s'écrire $3\,024 \cdot 10^{-3}$).

décimale [desimal] n.f. Chacun des chiffres
figurant après la virgule dans l'écriture d'un
nombre décimal : *Poussez la division jusqu'à la
cinquième décimale.*

décimaliser [desimalize] v.t. Appliquer le
système décimal à des grandeurs, des mesures.

décimation [desimasjɔ̃] n.f. Châtiment
appliqué jusqu'au XVIIIe siècle, qui consistait
à faire périr un homme sur dix, dans une
armée, un groupe de prisonniers de guerre.

décimer [desime] v.t. (lat. *decimare,* de *decem*
"dix"). Faire périr un grand nombre de
personnes, d'animaux : *L'épidémie a décimé la
population* (syn. exterminer).

décimètre [desimɛtʀ] n.m. -**1.** Dixième partie du mètre. □ Symb. dm. -**2.** Règle divisée
en centimètres et en millimètres, mesurant
un ou deux décimètres : *Double décimètre.*

décisif, ive [desizif, -iv] adj. (lat. *decisivus,* de
decidere "trancher"). Qui conduit à un résultat définitif, à une solution : *La preuve décisive
de son innocence* (syn. incontestable, indiscutable). *Un argument décisif* (syn. concluant, probant).

décision [desizjɔ̃] n.f. (lat. *decisio*). - **1.** Action de décider, de se décider, après examen ; chose décidée : *La décision lui appartient* (syn. choix). *Prendre une décision ferme* (syn. résolution). - **2.** Qualité de qqn qui n'hésite pas, qui prend nettement parti, qui ne change pas de résolution : *Agir avec décision dans une affaire* (syn. caractère, fermeté). *Avoir l'esprit de décision* (= se décider rapidement). - **3.** Acte par lequel une autorité décide qqch après délibération : *Être expulsé par décision de justice.*

déclamateur, trice [deklamatœr, -tris] adj. Plein d'emphase : *Ton déclamateur* (syn. ampoulé, emphatique). ◆ n. Personne qui parle ou qui écrit dans un style emphatique.

déclamation [deklamasjɔ̃] n.f. - **1.** Action de déclamer. - **2.** Emploi d'un style emphatique, pompeux dans un discours écrit ou oral (syn. affectation, emphase).

déclamatoire [deklamatwar] adj. Plein d'emphase : *Style déclamatoire* (syn. ampoulé, grandiloquent).

déclamer [deklame] v.t. (lat. *declamare*, de *clamare* "crier"). Prononcer, dire avec solennité ou emphase : *Déclamer un poème. Orateur qui déclame son discours.*

déclarant, e [deklarɑ̃, -ɑ̃t] adj. et n. Qui fait une déclaration, notamm. à un officier d'état civil.

déclaratif, ive [deklaratif, -iv] adj. Phrase déclarative, qui énonce une assertion (par opp. à *phrase interrogative* ou *impérative*). ‖ Verbe déclaratif, qui exprime une assertion (par opp. à *verbe de croyance* ou *d'opinion*) : « Dire », « annoncer », « déclarer » *sont des verbes déclaratifs.*

déclaration [deklarasjɔ̃] n.f. - **1.** Action de déclarer ; acte, discours par lequel on déclare : *Faire une déclaration à la presse* (syn. communication). - **2.** Communication officielle de renseignements à l'Administration ; formulaire destiné à cette communication : *Remplir sa déclaration de revenus.* - **3.** Aveu que l'on fait à qqn de son amour : *Il lui a fait une déclaration enflammée.*

déclarer [deklare] v.t. (lat. *declarare*, de *clarare* "rendre clair"). - **1.** Faire connaître d'une façon manifeste, officielle, solennelle : *Le gouvernement a déclaré son intention de châtier les coupables* (syn. proclamer). *Elle n'osait pas lui déclarer son amour* (syn. annoncer, révéler). - **2.** Fournir par oral ou par écrit certains renseignements à l'Administration : *Déclarer des marchandises à la douane. Déclarer ses revenus.* - **3.** Déclarer la guerre à, signifier officiellement son intention de déclencher les hostilités contre ; au fig., annoncer son intention de lutter énergiquement contre : *Déclarer la guerre à un pays. Déclarer la guerre*

aux fumeurs. ◆ se déclarer v.pr. - **1.** Faire connaître ses sentiments : *Il a fini par se déclarer.* - **2.** Se manifester nettement : *L'incendie s'est déclaré au second étage* (syn. se déclencher, éclater).

déclassé, e [deklase] adj. et n. (p. passé de *déclasser*). Passé à un rang, à un statut inférieur à l'état initial : *Un joueur déclassé. Un chômeur qui se considère comme un déclassé.*

déclassement [deklasmɑ̃] n.m. Action de déclasser : *Le déclassement des fiches. Le déclassement d'un fonctionnaire.*

déclasser [deklase] v.t. - **1.** Déranger des objets classés : *Déclasser des dossiers* (syn. déranger, mélanger). - **2.** Faire passer dans une condition plus médiocre, dans une catégorie inférieure : *Déclasser un hôtel.*

déclenchement [deklɑ̃ʃmɑ̃] n.m. Action de déclencher, de se déclencher : *Le déclenchement d'un signal d'alarme, d'une attaque, d'une épidémie.*

déclencher [deklɑ̃ʃe] v.t. (de *clenche*). - **1.** Déterminer le fonctionnement, la mise en mouvement : *Déclencher un ressort. L'ouverture du coffre déclenche une sonnerie* (syn. entraîner, provoquer). - **2.** Provoquer, mettre en action brusquement : *Sa déclaration peut déclencher un conflit* (syn. occasionner, susciter). *Déclencher une grève* (syn. lancer). ◆ se déclencher v.pr. - **1.** Se mettre en mouvement : *Le chauffage se déclenche automatiquement.* - **2.** Se produire brusquement : *La crise s'est déclenchée cette nuit.*

déclencheur [deklɑ̃ʃœr] n.m. Organe destiné à séparer deux pièces enclenchées ; dispositif qui met un mécanisme en mouvement : *Le déclencheur d'un appareil photo.*

déclic [deklik] n.m. (de l'anc. fr. *descliquer*, de *cliquer*, d'orig. onomat.). - **1.** Dispositif destiné à déclencher un mécanisme : *Appuyer sur le déclic.* - **2.** Bruit provoqué par ce déclenchement : *Entendre un déclic.* - **3.** Compréhension soudaine et intuitive : *Soudain, ce fut le déclic et je compris.*

déclin [deklɛ̃] n.m. (de *décliner*). État de ce qui décline ; période au cours de laquelle ce fait se produit : *Le déclin de la popularité d'un parti* (syn. baisse). *Un acteur sur le déclin.*

déclinable [deklinabl] adj. LING. Qui peut être décliné : *En français quelques pronoms personnels sont déclinables* (ex. *je, me, moi ; tu, te, toi ; il, le, lui*) (contr. indéclinable).

déclinaison [deklinɛzɔ̃] n.f. (de *décliner*). - **1.** GRAMM. Ensemble des formes que présentent, dans les langues à flexion, les noms, les adjectifs et les pronoms suivant le genre, le nombre et le cas : *Les déclinaisons latines, russes.* - **2.** ASTRON. Distance d'un astre à l'équateur céleste.

déclinant, e [deklinã, -ãt] adj. Qui décline, s'affaiblit : *Les forces déclinantes d'un vieillard. Une gloire déclinante.*

décliner [dekline] v.i. (lat. *declinare* "détourner, incliner"). Aller vers son déclin ; perdre de sa vigueur, de son importance : *Le soleil décline* (syn. se coucher). *La malade a beaucoup décliné* (syn. s'affaiblir). ◆ v.t. - **1.** Ne pas accepter : *Décliner une offre* (syn. écarter, refuser). *La maison décline toute responsabilité en cas de vol* (syn. se décharger de). - **2.** LING. Dans les langues à flexion, faire varier les mots selon leur fonction grammaticale dans la phrase. - **3.** Décliner son identité, ses titres, les indiquer avec précision.

déclivité [deklivite] n.f. (lat. *declivitas*, de *clivus* "pente"). État de ce qui est en pente : *La déclivité était tellement forte que les freins ont lâché* (syn. inclinaison, pente).

décloisonnement [deklwazɔnmã] n.m. Action de décloisonner ; fait d'être décloisonné : *Le décloisonnement du service a amélioré le rendement.*

décloisonner [deklwazɔne] v.t. (de *cloisonner*). Enlever les obstacles qui empêchent ou entravent la communication, la libre circulation des idées ou de l'information : *Décloisonner les services d'un ministère.*

déclouer [deklue] v.t. Défaire ce qui est cloué : *Déclouer le couvercle d'une caisse* (contr. clouer).

décocher [dekɔʃe] v.t. (de *coche* "entaille"). - **1.** Lancer avec un arc ou un appareil analogue : *Décocher une flèche.* - **2.** Donner avec force et d'une manière soudaine : *Il lui décocha une gifle retentissante.* - **3.** SOUT. Décocher un regard, un sourire, des paroles à qqn, les lui adresser vivement et de façon inattendue.

décoction [dekɔksjɔ̃] n.f. (bas lat. *decoctio*, du class. *coquere* "faire cuire"). Liquide dans lequel on a fait bouillir une ou plusieurs plantes aromatiques.

décodage [dekɔdaʒ] n.m. Action de décoder : *Le décodage d'un message, d'un texte* (syn. décryptage).

décoder [dekɔde] v.t. Rétablir en langage clair un message codé (syn. décrypter).

1. décodeur [dekɔdœʀ] n.m. Dispositif de décodage automatique permettant de recevoir certains programmes de télévision.

2. décodeur, euse [dekɔdœʀ, -øz] n. Personne qui décode un message.

décoffrer [dekɔfʀe] v.t. Enlever le coffrage d'un ouvrage de béton après durcissement de celui-ci.

décoiffer [dekwafe] v.t. Défaire l'ordonnancement des cheveux : *Le vent m'a décoiffée* (syn. dépeigner).

décoincer [dekwɛ̃se] v.t. [conj. 16]. Dégager ce qui est coincé : *Je n'arrive pas à décoincer le tiroir* (syn. débloquer).

décolérer [dekɔleʀe] v.i. [conj. 18]. Ne pas décolérer, ne pas cesser d'être en colère : *Il n'a pas décoléré depuis hier.*

décollage [dekɔlaʒ] n.m. - **1.** Action de quitter le sol : *L'accident a eu lieu au décollage de l'avion* (contr. atterrissage). - **2.** Action de sortir de la stagnation, de se développer : *Le décollage des exportations* (syn. démarrage, essor).

décollation [dekɔlasjɔ̃] n.f. (du lat. *decollare* "décapiter", de *collum* "cou"). LITT. Action de couper la tête.

décollement [dekɔlmã] n.m. Action de décoller, de se décoller : *Le décollement d'un papier peint. Le décollement des oreilles.*

décoller [dekɔle] v.t. Détacher ce qui est collé, ce qui adhère à un autre corps : *Décoller un timbre.* ◆ v.i. - **1.** Quitter le sol, en parlant d'un avion. - **2.** Sortir de la stagnation ; se développer : *La production des vidéodisques a décollé.* - **3.** FAM. Maigrir beaucoup ; dépérir. - **4.** FAM. Ne pas décoller, ne pas s'en aller, demeurer quelque part, en parlant notamm. d'un importun ; s'incruster.

décolleté, e [dekɔlte] adj. Dont les épaules et le cou sont découverts ; qui laisse les épaules et le cou découverts : *Des femmes décolletées. Une robe décolletée* (syn. échancré). ◆ **décolleté** n.m. - **1.** Haut du buste d'une femme découvert par l'échancrure d'un vêtement : *Un décolleté bronzé.* - **2.** Échancrure d'un vêtement de femme, dégageant plus ou moins le haut du buste : *Un profond décolleté.*

décolleter [dekɔlte] v.t. (de *collet*) [conj. 27]. Échancrer plus ou moins le haut d'un vêtement : *Décolleter une robe.*

décolleuse [dekɔlœz] n.f. Machine servant à décoller les revêtements des murs ou des sols : *Une décolleuse à papier peint.*

décolonisation [dekɔlɔnizasjɔ̃] n.f. Action de décoloniser ; la situation qui en résulte : *Décolonisation de l'Afrique.*

décoloniser [dekɔlɔnize] v.t. Mettre fin au régime colonial d'un pays ; donner son indépendance à une colonie.

décolorant, e [dekɔlɔʀã, -ãt] adj. Qui décolore : *Un produit décolorant pour les cheveux.* ◆ **décolorant** n.m. Substance qui décolore : *Les décolorants employés dans l'industrie textile.*

décoloration [dekɔlɔʀasjɔ̃] n.f. - **1.** Destruction, perte ou affaiblissement de la couleur naturelle : *L'obscurité entraîne la décoloration des végétaux.* - **2.** Opération qui consiste à éclaircir la couleur naturelle des cheveux : *Se faire faire une décoloration.*

décolorer [dekɔlɔʀe] v.t. Altérer, effacer, éclaircir la couleur de : *L'eau de Javel décolore les tissus.* ◆ **se décolorer** v.pr. - **1.** Perdre sa couleur : *Les rideaux se sont décolorés au soleil.* - **2.** Éclaircir la couleur de ses cheveux : *Elle se décolore les cheveux.*

décombres [dekɔ̃bʀ] n.m. pl. (de l'anc. fr. *decombrer* "débarrasser"). Débris de matériaux, d'un édifice ruiné ou écroulé : *Dégager un blessé des décombres* (syn. ruines).

décommander [dekɔmɑ̃de] v.t. Annuler une commande, un rendez-vous, une invitation : *Décommander une voiture. La conférence a été décommandée.*

décompensation [dekɔ̃pɑ̃sasjɔ̃] n.f. (de *compensation*). PATHOL. Rupture de l'équilibre des mécanismes régulateurs qui empêchaient une affection de provoquer des troubles fonctionnels, métaboliques ou psychiques.

décompenser [dekɔ̃pɑ̃se] v.i. Faire une décompensation.

décomplexer [dekɔ̃plɛkse] v.t. (conj. 4). Faire disparaître les complexes, les inhibitions de : *Son succès l'a décomplexé.*

décomposable [dekɔ̃pozabl] adj. Qui peut être décomposé : *L'eau est décomposable par électrolyse.*

décomposer [dekɔ̃poze] v.t. (de *composer*). - **1.** Séparer en ses éléments constituants : *Le prisme décompose la lumière en radiations simples. Décomposer une phrase* (syn. analyser). - **2.** Altérer profondément : *La chaleur décompose la viande* (syn. pourrir, putréfier). - **3.** Modifier brusquement : *La frayeur lui décomposait le visage* (syn. altérer). ◆ **se décomposer** v.pr. - **1.** Se diviser : *Ce mouvement se décompose en trois parties.* - **2.** S'altérer : *La viande se décompose à l'air* (syn. s'abîmer, pourrir). - **3.** Se modifier brusquement : *Son visage se décomposa sous l'effet de la peur.*

décomposition [dekɔ̃pozisjɔ̃] n.f. - **1.** Séparation de qqch en ses éléments constituants : *La décomposition d'une phrase en ses divers groupes* (syn. analyse). - **2.** Altération profonde : *Un cadavre en état de décomposition avancée* (syn. putréfaction). - **3.** Modification soudaine et marquée : *Décomposition du visage.*

décompresser [dekɔ̃pʀese] v.i. (de *compresser*). FAM. Relâcher sa tension nerveuse : *Décompresser pendant le week-end* (syn. détendre).

décompression [dekɔ̃pʀesjɔ̃] n.f. - **1.** Diminution de la pression ; action de décomprimer : *La décompression des gaz dans un moteur.* - **2.** Accidents de décompression, troubles qui surviennent chez les plongeurs, scaphandriers, ouvriers des caissons, quand le retour à la pression atmosphérique se fait trop vite.

décomprimer [dekɔ̃pʀime] v.t. (de *comprimer*). Faire cesser ou diminuer la compression de : *Décomprimer un gaz.*

décompte [dekɔ̃t] n.m. (de *décompter*). - **1.** Décomposition d'une somme payée ou à payer en ses éléments de détail : *Le décompte d'un remboursement de la Sécurité sociale.* - **2.** Déduction à faire sur un compte que l'on solde.

décompter [dekɔ̃te] v.t. Soustraire une somme d'un compte : *Je vous ai décompté le premier versement que vous avez effectué* (syn. déduire, défalquer).

déconcentration [dekɔ̃sɑ̃tʀasjɔ̃] n.f. Relâchement de l'attention, de la concentration : *Le vendredi, la déconcentration des élèves est totale* (syn. distraction, inattention).

déconcentrer [dekɔ̃sɑ̃tʀe] v.t. Faire perdre son attention, sa concentration à : *Les cris du public déconcentrent les joueurs.* ◆ **se déconcentrer** v.pr. Relâcher son attention : *Il s'est déconcentré pendant le troisième set.*

déconcertant, e [dekɔ̃sɛʀtɑ̃, -ɑ̃t] adj. Qui déconcerte : *Sa réaction est déconcertante* (syn. déroutant, surprenant).

déconcerter [dekɔ̃sɛʀte] v.t. (de *concerter*). Jeter dans la perplexité, l'incertitude : *Son changement d'attitude nous a déconcertés* (syn. décontenancer, troubler).

déconfit, e [dekɔ̃fi, -it] adj. (p. passé de *déconfire* "vaincre totalement" ; v. *confire*). Déçu, décontenancé à la suite d'un échec : *Mine déconfite. Air déconfit* (syn. penaud).

déconfiture [dekɔ̃fityʀ] n.f. (de *déconfit*). - **1.** Échec total : *La déconfiture du parti aux élections* (syn. débâcle, défaite). - **2.** Situation d'un débiteur non commerçant qui ne peut satisfaire ses créanciers.

décongélation [dekɔ̃ʒelasjɔ̃] n.f. Action de décongeler : *Le temps de décongélation d'un produit.*

décongeler [dekɔ̃ʒle] v.i. (conj. 25). Revenir à la température ambiante, en parlant d'un produit congelé : *La viande a décongelé.* ◆ v.t. Ramener un produit congelé à la température ambiante : *Décongeler du pain.*

décongestionner [dekɔ̃ʒɛstjɔne] v.t. - **1.** Faire cesser la congestion : *Un peu d'eau fraîche d:congestionnera son visage.* - **2.** Faire cesser l'encombrement : *Décongestionner le centre d'une ville* (syn. désembouteiller, désencombrer).

déconnecter [dekɔnɛkte] v.t. (de *connecter*). - **1.** Démonter un raccord branché sur un appareil, une tuyauterie (syn. débrancher). - **2.** FAM. Rompre le contact qui existait entre des personnes, des choses : *Son long isolement l'a déconnecté de la vie réelle* (syn. éloigner, séparer).

déconner [dekɔne] v.i. (de *con*). **T. FAM.** Dire ou faire des bêtises : *Arrête de déconner* (syn. plaisanter).

déconseiller [dekɔseje] v.t. Conseiller de ne pas faire : *Je lui ai déconseillé l'insolence, d'être insolent* (syn. dissuader).

déconsidération [dekɔsiderasjɔ̃] n.f. **LITT.** Perte de la considération : *Cette théorie est tombée en déconsidération* (syn. défaveur, discrédit).

déconsidérer [dekɔsidere] v.t. [conj. 18]. Faire perdre la considération, l'estime : *Son attitude injuste l'a déconsidéré* (syn. discréditer). ◆ **se déconsidérer** v.pr. Agir de telle façon qu'on perd l'estime dont on était l'objet : *Elle se déconsidère en agissant ainsi.*

déconsigner [dekɔsiɲe] v.t. **- 1.** Retirer de la consigne : *Déconsigner sa valise.* **- 2.** Rembourser le prix de la consigne : *Déconsigner des bouteilles.*

décontamination [dekɔ̃taminasjɔ̃] n.f. Opération visant à éliminer ou à réduire les agents et les effets d'une contamination : *La décontamination des zones irradiées.*

décontaminer [dekɔ̃tamine] v.t. Effectuer la décontamination : *Décontaminer des nappes phréatiques.*

décontenancer [dekɔ̃tnɑse] v.t. [conj. 16]. Faire perdre contenance ; jeter dans l'embarras : *Votre objection l'a décontenancé* (syn. déconcerter, dérouter). ◆ **se décontenancer** v.pr. Se troubler : *Très décontenancée, elle rougit.*

décontracté, e [dekɔ̃trakte] adj. **- 1. FAM.** Détendu, à l'aise : *Être décontracté à l'approche d'un examen* (syn. détendu). **- 2.** Qui n'est pas contracté : *Quand tous les muscles sont décontractés* (syn. détendu).

décontracter [dekɔ̃trakte] v.t. **- 1.** Faire cesser la contraction, la raideur : *Décontracter ses muscles* (syn. relâcher). **- 2.** Faire cesser la tension psychique : *Ce bain m'a décontracté* (syn. détendre). ◆ **se décontracter** v.pr. Se détendre ; diminuer sa tension psychique.

décontraction [dekɔ̃traksjɔ̃] n.f. **- 1.** Action de décontracter ; fait de se décontracter : *La décontraction des muscles* (syn. relâchement). **- 2.** Fait d'être plein d'aisance, de désinvolture : *Sa décontraction m'irrite* (syn. désinvolture).

déconventionner [dekɔ̃vɑ̃sjɔne] v.t. Mettre fin à une convention, notamm. celle qui lie un médecin à un organisme de sécurité sociale.

déconvenue [dekɔ̃vny] n.f. (de l'anc. fr. *convenue* "situation, affaire", de *convenir*). Sentiment éprouvé par celui qui a échoué, dont l'attente a été déçue : *Son échec lui a causé une vive déconvenue* (syn. déception, désillusion).

décor [dekɔr] n.m. (de *décorer*). **- 1.** Ensemble des éléments qui contribuent à l'aménagement et à l'ornement d'un lieu ; lieu dans lequel on vit : *Un somptueux décor Louis XV* (syn. décoration, ornementation). *Le décor dans lequel ils vivent* (syn. cadre). **- 2.** Ensemble des accessoires utilisés au théâtre, au cinéma ou à la télévision pour figurer les lieux de l'action : *Le film se déroule dans un décor de gare.* **- 3.** Ornement d'un objet : *Assiettes avec un décor doré.* **- 4.** Changement de décor, au théâtre, changement des éléments qui figurent le lieu de l'action ; au fig., évolution brusque d'une situation. **❘ FAM.** **Entrer, aller dans le décor**, en parlant d'un véhicule, d'un conducteur, quitter brusquement la route et heurter un obstacle.

décorateur, trice [dekɔratœr, -tris] n. **- 1.** Personne qui conçoit et dessine les décors d'un spectacle. **- 2.** Spécialiste chargé d'aménager, de décorer un intérieur.

décoratif, ive [dekɔratif, -iv] adj. **- 1.** Qui produit un effet esthétique ; qui se prête à être utilisé comme élément de décoration : *Ces plantes sont très décoratives* (syn. ornemental). **- 2.** Arts déco ou Art déco, style décoratif en vogue dans les années 20. **- 3.** Arts décoratifs, ensemble de disciplines visant à la production d'éléments propres à décorer, d'objets d'usage pratique ou non ayant une valeur esthétique (on dit aussi *arts appliqués*).

décoration [dekɔrasjɔ̃] n.f. **- 1.** Action, art de décorer ; ensemble de ce qui décore : *Changer la décoration d'un appartement* (syn. décor). **- 2.** Insigne d'une distinction honorifique : *Recevoir une décoration* (syn. médaille).

décorer [dekɔre] v.t. (lat. *decorare*, de *decus, -oris* "ornement"). **- 1.** Pourvoir d'éléments, d'accessoires réalisant un embellissement : *Décorer un appartement* (syn. embellir). *La salle était décorée de guirlandes* (syn. orner, parer). **- 2.** Conférer une décoration : *Le ministre a décoré le général.*

décorticage [dekɔrtikaʒ] n.m. Action d'enlever la coquille, l'écorce, la carapace de : *Le décorticage des arachides.*

décortiquer [dekɔrtike] v.t. (lat. *decorticare*, de *cortex, -icis* "écorce"). **- 1.** Débarrasser de son enveloppe, de son écorce, de sa coquille, de sa carapace : *Décortiquer des noix, un crabe.* **- 2.** Analyser minutieusement : *Les journalistes ont décortiqué son discours* (syn. analyser, éplucher).

décorum [dekɔrɔm] n.m. (lat. *decorum*, de *decere* "convenir"). Ensemble des convenances en usage dans une société soucieuse de son rang ou propres à certaines circonstances : *Observer le décorum* (syn. cérémonial).

décote [dekɔt] n.f. (de *cote*). Exonération totale ou partielle d'un impôt.

découcher [dekuʃe] v.i. Ne pas rentrer coucher chez soi : *Son fils découche de plus en plus souvent.*

découdre [dekudʀ] v.t. [conj. 86]. Défaire ce qui était cousu : *Découdre un ourlet* (syn. défaire, défaufiler). ◆ v.t. ind. **En découdre avec qqn,** en venir aux mains ; avoir une vive contestation avec lui.

découler [dekule] v.t. ind. **[de]** (de *couler*). Venir à la suite de qqch, comme une conséquence naturelle : *Tout ceci découle de votre proposition* (syn. dériver, résulter).

découpage [dekupaʒ] n.m. - **1.** Action ou manière de découper : *Le découpage d'une volaille.* - **2.** Dessin sur papier destiné à être découpé par des enfants : *Faire des découpages.* - **3.** Au cinéma, division d'un scénario en un nombre déterminé de séquences ou plans, correspondant chacune à une prise de vues. - **4.** Découpage électoral, établissement des circonscriptions électorales avant une élection.

découpe [dekup] n.f. (de *découper*). En couture, incrustation de tissu ou d'une partie de vêtement sur une autre, faite dans une intention décorative.

découpé, e [dekupe] adj. Dont les contours sont irréguliers, marqués de dents ou d'échancrures : *Une côte très découpée* (syn. dentelé).

découper [dekupe] v.t. (de *couper*). - **1.** Couper en morceaux, en parts : *Découper une volaille* (syn. débiter). - **2.** Tailler en suivant les contours d'un dessin : *Découper des images.* - **3.** Former des coupures dans, échancrer : *Golfes qui découpent une côte.* ◆ **se découper** v.pr. **[sur].** Se détacher en silhouette sur un fond : *Montagne se découpant sur le ciel.*

découplé, e [dekuple] adj. (p. passé de *découpler* "détacher [des chiens couplés]", d'où le sens de "libre dans ses mouvements"). Bien découplé, qui a un corps vigoureux et harmonieusement proportionné.

découpure [dekupyʀ] n.f. - **1.** Entaille, échancrure dans un contour ; bord découpé : *Les découpures d'une guirlande* (syn. dentelure). - **2.** Morceau découpé (syn. découpage).

décourageant, e [dekuʀaʒã, -ãt] adj. De nature à décourager : *Un échec décourageant* (syn. démoralisant). *Cet enfant est décourageant* (syn. décevant, désespérant).

découragement [dekuʀaʒmã] n.m. Perte de courage ; état moral qui en résulte : *Après une période de découragement, l'artiste s'est remis à peindre* (syn. abattement, démoralisation).

décourager [dekuʀaʒe] v.t. [conj. 17]. - **1.** Ôter le courage, l'énergie de : *Elle ne se laisse pas décourager par les difficultés* (syn. accabler, démoraliser). - **2.** Arrêter ou entraver l'essor de : *Mesures visant à décourager la fraude* (syn. empêcher, prévenir). - **3.** Décourager qqn de (+ inf.), lui ôter l'envie, le désir de faire ou de continuer qqch : *On l'a découragé de faire du cinéma* (syn. dissuader).

décousu, e [dekuzy] adj. - **1.** Dont la couture est défaite : *Un ourlet décousu.* - **2.** Qui manque de liaison logique ; sans cohérence : *Tenir des propos décousus* (syn. confus, incohérent ; contr. cohérent).

1. découvert, e [dekuvɛʀ, -ɛʀt] adj. (p. passé de *découvrir*). - **1.** Qui n'est pas couvert : *Laissez la casserole découverte.* - **2.** À visage découvert, sans masque ni voile ; sans déguisement, sans détour : *Affronter qqn à visage découvert.* ‖ **Pays, terrain découvert,** pays, terrain ni boisé ni bâti (= qui n'offre pas de protection).

2. découvert [dekuvɛʀ] n.m. (de *1. découvert*). - **1.** Prêt à court terme accordé par une banque au titulaire d'un compte courant, qui peut ainsi rester débiteur pendant un certain temps : *Banque qui autorise un découvert de mille francs. Être à découvert* (= être débiteur). - **2.** À découvert, sans rien dissimuler, en toute sincérité : *Agir à découvert.*

découverte [dekuvɛʀt] n.f. - **1.** Action de trouver ce qui était inconnu, ignoré ; ce qui est ainsi découvert : *La découverte de l'Amérique. Montre-nous ta découverte* (syn. trouvaille). - **2.** Aller, partir à la découverte, aller découvrir, explorer des choses, des lieux inconnus.

découvreur, euse [dekuvʀœʀ, -øz] n. Celui, celle qui découvre, qui fait une, des découvertes : *Un découvreur de jeunes talents.*

découvrir [dekuvʀiʀ] v.t. (bas lat. *discooperire,* de *cooperire* "couvrir") [conj. 34]. - **1.** Ôter ce qui couvrait, protégeait : *Le ministre a découvert la statue* (syn. dévoiler). *Les maçons ont découvert la maison* (= ils ont ôté la toiture). *Une robe qui découvre les épaules* (= qui les laisse apparaître). - **2.** Rendre vulnérable : *Le général a découvert son flanc droit* (syn. garnir). - **3.** Apercevoir de loin : *D'ici on découvre la mer.* - **4.** Trouver ce qui était caché, inconnu, ignoré : *Découvrir un trésor. Découvrir un secret* (syn. deviner, percer). *Découvrir un vaccin* (syn. inventer). - **5.** Révéler ce qui était caché : *Découvrir ses intentions* (syn. dévoiler, révéler). ◆ **se découvrir** v.pr. - **1.** Ôter ce dont on est couvert : *Enfant qui se découvre la nuit* (= qui ôte ses couvertures). *Il s'est découvert pour la saluer* (= il a ôté son chapeau). - **2.** S'éclaircir : *Le ciel, le temps se découvre* (syn. se dégager). - **3.** Relâcher sa défense : *Boxeur qui se découvre* (= qui s'expose aux coups). -**4.** Révéler sa pensée ; se montrer sous son vrai jour.

décrassage [dekrasaʒ] n.m. Action de décrasser : *Le décrassage d'un poêle* (syn. nettoyage).

décrasser [dekrase] v.t. Ôter la crasse de ; débarrasser de sa crasse : *Décrasser du linge* (syn. nettoyer).

décrédibiliser [dekredibilize] v.t. Faire perdre sa crédibilité à : *Révélations qui ont décrédibilisé le ministre* (syn. déconsidérer).

décrêper [dekrepe] v.t. [conj. 4]. Rendre lisse des cheveux crépus.

décrépi, e [dekrepi] adj. Qui a perdu son crépi : *La façade est décrépie*. **Rem.** Ne pas confondre avec *décrépit, e*.

décrépit, e [dekrepi, -it] adj. (lat. *decrepitus* "très vieux"). Affaibli par l'âge : *Un vieillard décrépit* (syn. sénile).

décrépitude [dekrepityd] n.f. (de *décrépit*). Affaiblissement dû à une extrême vieillesse : *Donner des signes de décrépitude* (syn. déchéance, sénilité).

decrescendo [dekreʃendo] adv. (mot it.). MUS. En diminuant graduellement le son. ◆ n.m. MUS. Passage exécuté decrescendo.

décret [dekre] n.m. (lat. *decretum*, de *decernere* "décider"). Acte à portée réglementaire ou individuelle, pris par le président de la République ou par le Premier ministre.

décréter [dekrete] v.t. [conj. 18]. -**1.** Ordonner, régler par un décret : *Décréter l'état d'urgence* (syn. déclarer). -**2.** Décider de sa propre autorité : *Il décréta qu'il resterait.*

décrier [dekrije] v.t. (de *crier*) [conj. 10]. LITT. Critiquer, dire du mal de : *Un film décrié* (syn. dénigrer, déprécier).

décrire [dekrir] v.t. (lat. *describere*, d'apr. *écrire*) [conj. 99]. -**1.** Représenter, dépeindre par l'écrit ou par la parole : *Pouvez-vous décrire votre agresseur ?* (syn. dépeindre). -**2.** Former dans son mouvement un certain tracé, une figure : *L'avion décrit une courbe dans le ciel* (syn. tracer).

décrispation [dekrispasjɔ̃] n.f. Action de décrisper qqn ou une situation ; instauration d'un climat moins tendu entre des personnes, des groupes (syn. apaisement, détente).

décrisper [dekrispe] v.t. Atténuer le caractère tendu d'une situation quelconque : *Décrisper la situation internationale* (syn. détendre).

décrochage [dekrɔʃaʒ] n.m. -**1.** Action de décrocher, son résultat : *Le décrochage des rideaux.* -**2.** En radio et en télévision, arrêt de la transmission par le réseau national et reprise par le réseau régional.

décrochement [dekrɔʃmã] n.m. -**1.** Action de décrocher : *Le décrochement de la corde de rappel.* -**2.** Partie en retrait d'une ligne, d'une surface, notamm. d'un mur ou d'une façade : *Se dissimuler dans un décrochement du mur.*

décrocher [dekrɔʃe] v.t. (de *croc*). -**1.** Détacher, libérer ce qui était accroché : *Décrocher un tableau* (syn. dépendre ; contr. accrocher). *Décrocher le téléphone* (= prendre le combiné pour recevoir la communication ; contr. raccrocher). -**2.** FAM. Obtenir : *Elle a fini par décrocher une commande, son bac.* ◆ v.i. -**1.** Rompre le contact avec une armée ennemie qui vous poursuit. -**2.** Abandonner une activité ; cesser de s'intéresser à quelque chose : *À 60 ans, il songe à décrocher. Après une heure de cours, les élèves décrochent.*

décroiser [dekrwaze] v.t. Séparer ce qui était croisé.

décroissance [dekrwasãs] n.f. Action de décroître ; état de ce qui décroît : *La décroissance de la fièvre, de la population* (syn. baisse, diminution).

décroissant, e [dekrwasã, -ãt] adj. -**1.** Qui décroît : *Par ordre décroissant. Vitesse décroissante* (contr. croissant). -**2.** MATH. Fonction décroissante sur un intervalle $[a, b]$ de R, fonction numérique définie sur l'intervalle $[a, b]$ et qui varie en sens contraire des valeurs prises dans cet intervalle (si x et x' appartenant à cet intervalle sont tels que $x \leqslant x'$, alors $f(x) \geqslant f(x')$).

décroître [dekrwatr] v.i. [conj. 94]. Diminuer progressivement : *Voici l'automne, les jours décroissent* (syn. raccourcir, diminuer ; contr. augmenter).

décrotter [dekrɔte] v.t. (de *crotte* "boue"). Ôter la boue de : *Décrotter des chaussures* (syn. nettoyer).

décrue [dekry] n.f. (de *décroître*). Baisse du niveau des eaux après une crue ; hauteur dont l'eau a décru : *La décrue s'est amorcée pendant la nuit.*

décryptage [dekriptaʒ] n.m. Action de décrypter : *Le décryptage du message a pris du temps* (syn. décodage).

décrypter [dekripte] v.t. (du gr. *kruptos* "caché"). Déchiffrer un texte écrit en caractères secrets dont on ne connaît pas la clef (syn. décoder).

déçu, e [desy] adj. (p. passé de *décevoir*). -**1.** Frustré dans ses espérances : *Les spectateurs déçus se sont mis à siffler le chanteur* (syn. désappointé, insatisfait). -**2.** Qui ne s'est pas réalisé : *Un amour, un espoir déçu* (syn. frustré).

déculottée [dekylɔte] n.f. (de *déculotter*). FAM. Défaite cuisante : *5 à 0, quelle déculottée !*

déculotter [dekylɔte] v.t. Ôter la culotte, le pantalon de. ◆ **se déculotter** v.pr. -**1.** Ôter sa culotte, son pantalon. -**2.** FAM. Renoncer à une action par lâcheté ou par manque d'assurance.

déculpabiliser [dekylpabilize] v.t. Supprimer tout sentiment de culpabilité : *Le fait d'avoir tout dit l'a déculpabilisé.*

décuple [dekypl] adj. et n.m. (lat. *decuplus*, de *decem* "dix"). Dix fois aussi grand : *Cent est le décuple de dix.*

décuplement [dekyplǝmɑ̃] n.m. Action de décupler : *Le ministre demande le décuplement de la force d'interposition.*

décupler [dekyple] v.t. (de *décuple*). -**1.** Multiplier par dix : *Dès le premier coup, il a décuplé sa mise.* -**2.** Augmenter beaucoup : *La colère décuplait ses forces.* ◆ v.i. Être multiplié par dix : *La population a décuplé en un siècle.*

décurrent, e [dekyRɑ̃, -ɑ̃t] adj. (lat. *decurrens, -entis* "qui court vers le bas"). Se dit d'un organe végétal qui se prolonge sur la tige, au-dessous de son point d'insertion : *Champignon à lamelles décurrentes.*

décuvage [dekyvaʒ] n.m. Action de retirer le vin de la cuve après fermentation pour le séparer du marc.

décuver [dekyve] v.t. Opérer le décuvage de.

dédaignable [dedɛɲabl] adj. (Souvent en tournure nég.). Qui mérite le dédain : *Une offre comme celle-ci n'est pas dédaignable* (syn. méprisable ; contr. appréciable).

dédaigner [dedɛɲe] v.t. (de *daigner*). -**1.** Éprouver ou manifester du dédain à l'égard de : *Elle a complètement dédaigné leurs critiques* (= faire fi de ; syn. mépriser ; contr. apprécier). -**2.** Refuser, rejeter avec mépris ce que l'on juge indigne de soi : *Il a dédaigné toutes leurs offres* (syn. décliner, repousser). -**3.** Ne pas dédaigner qqch, de (+ inf.), bien aimer : *Elle ne dédaigne pas les honneurs.*

dédaigneusement [dedɛɲøzmɑ̃] adv. Avec dédain : *Il haussa dédaigneusement les épaules.*

dédaigneux, euse [dedɛɲø, -øz] adj. Qui a ou qui marque du dédain : *Moue dédaigneuse* (syn. hautain, méprisant).

dédain [dedɛ̃] n.m. (de *dédaigner*). Mépris orgueilleux exprimé par l'air, le ton, les manières : *Il nous toisait avec dédain* (syn. arrogance, hauteur). *N'avoir que du dédain* (syn. mépris).

dédale [dedal] n.m. (de *Dédale*). -**1.** Ensemble compliqué de rues, de chemins, etc., où l'on risque de s'égarer : *Flâner dans le dédale des rues* (syn. labyrinthe). -**2.** Ensemble embrouillé, confus où l'on s'est perdu : *Le dédale des démarches administratives* (syn. enchevêtrement).

1. dedans [dǝdɑ̃] adv. (de *de* et *dans*). -**1.** À l'intérieur de qqch, d'un lieu : *J'ai ouvert le coffre mais il n'y avait rien dedans. Il fait meilleur dedans !* -**2.** Être dedans, à certains jeux de cartes, ne pas pouvoir remplir son contrat. ‖ Mettre qqn dedans, à certains jeux de cartes, empêcher qqn de remplir son contrat. ◆ **en dedans** loc. adv. et adj. inv. À l'intérieur ; tourné vers l'intérieur : *Un bonbon dur à l'extérieur et mou en dedans. Avoir les pieds en dedans.*

2. dedans [dǝdɑ̃] n.m. (de *1. dedans*). Partie intérieure d'une chose : *Le dedans d'une boîte* (syn. intérieur ; contr. dehors, extérieur).

dédicace [dedikas] n.f. (lat. *dedicatio* "consécration", de *dedicare* ; v. *dédier*). -**1.** Hommage qu'un auteur fait de son œuvre à une personne par une mention imprimée en tête d'ouvrage. -**2.** Toute formule manuscrite portée sur un livre, un disque, une gravure, par l'artiste.

dédicacer [dedikase] v.t. [conj. 16]. Faire hommage d'un ouvrage en y inscrivant une dédicace : *Dédicacer un livre.*

dédier [dedje] v.t. (lat. *dedicare* "consacrer", de *dicare* "proclamer solennellement"). -**1.** Faire figurer en tête d'un ouvrage le nom de qqn, pour lui rendre un hommage en l'associant au mérite de l'auteur : *Ce livre est dédié à ma mère.* -**2.** Destiner à, consacrer à : *Il a dédié sa vie à la défense de la paix* (syn. vouer). -**3.** Consacrer à un culte religieux sous une invocation spéciale : *Chapelle dédiée à la Vierge.*

se dédire [dediR] v.pr. (de *dire*) [conj. 103]. -**1.** Dire le contraire de ce qu'on a affirmé précédemment : *Le témoin s'est dédit* (syn. se raviser, se rétracter). -**2.** Revenir sur sa promesse ; ne pas tenir sa parole : *Se dédire d'un engagement* (= y manquer).

dédit [dedi] n.m. (de *se dédire*). -**1.** Action de se dédire, de revenir sur ce qu'on avait dit antérieurement (syn. rétractation ; contr. confirmation). -**2.** Somme à payer en cas de non-accomplissement d'un contrat ou de rétractation d'un engagement pris.

dédommagement [dedɔmaʒmɑ̃] n.m. Réparation d'un dommage ; avantage matériel accordé à qqn pour le dédommager : *Les personnes expulsées recevront un dédommagement* (syn. dommages-intérêts, indemnité).

dédommager [dedɔmaʒe] v.t. (de *dommage*) [conj. 17]. Donner, fournir à qqn un dédommagement, une compensation pour le préjudice qu'il a subi, la peine qu'il a prise : *Dédommager qqn d'une perte* (syn. indemniser). *La réussite l'a dédommagé de ses efforts* (syn. payer).

se dédorer [dedɔRe] v.t. Perdre sa dorure : *Les cadres des tableaux se sont dédorés.*

dédouanement [dedwanmɑ̃] n.m. Action de dédouaner.

dédouaner [dedwane] v.t. - **1.** Faire sortir une marchandise des entrepôts de la douane, en acquittant les droits. - **2.** Relever qqn du discrédit dans lequel il était tombé : *Le ministre l'a dédouané en l'appelant dans son équipe* (syn. blanchir, réhabiliter). ◆ **se dédouaner** v.pr. FAM. Agir de façon à faire oublier un passé répréhensible : *Il cherche à se dédouaner en jouant les démocrates.*

dédoublement [dedubləmā] n.m. - **1.** Action de dédoubler ; fait de se dédoubler : *Le dédoublement d'une classe trop nombreuse.* - **2.** Dédoublement de la personnalité, trouble psychique où alternent chez un même sujet deux personnalités : l'une normale et l'autre pathologique.

dédoubler [deduble] v.t. (de *doubler*). - **1.** Partager en deux : *Dédoubler une classe.* - **2.** Dédoubler un train, faire partir un train supplémentaire dans la même direction que le premier, en raison de l'affluence des voyageurs.

dédramatiser [dedʀamatize] v.t. Enlever, faire disparaître le caractère dramatique de : *Elle est intervenue pour dédramatiser le débat.*

déductible [dedyktibl] adj. (du lat. *deductus*, de *deducere* ; v. **déduire**). Qui peut être déduit : *Ces dépenses ne sont pas déductibles de vos revenus.*

déductif, ive [dedyktif, -iv] adj. Qui progresse par déduction ; qui comporte une déduction : *Esprit, raisonnement déductif.*

déduction [dedyksjɔ̃] n.f. (lat. *deductio*, de *deducere* ; v. **déduire**). - **1.** Action de déduire, de retrancher : *La déduction des frais professionnels lors de la déclaration de revenus* (syn. remise). - **2.** Conséquence tirée d'un raisonnement : *Tirer des déductions des faits déjà connus.*

déduire [dedɥiʀ] v.t. (lat. *deducere* "faire descendre") [conj. 98]. - **1.** Soustraire d'une somme : *Si vous déduisez les charges, le bénéfice est mince* (syn. défalquer, retrancher). - **2.** Tirer comme conséquence logique : *On peut déduire de sa déclaration qu'il se rangera à notre avis* (syn. conclure).

déesse [deɛs] n.f. (du lat. *dea*). Divinité féminine : *Cérès était la déesse romaine des Moissons.*

de facto [defakto] loc. adv. (mots lat. "selon le fait"). Formule diplomatique employée pour exprimer que la reconnaissance d'un fait politique résulte de l'existence même du fait : *État reconnu de facto* (par opp. à *de jure*).

défaillance [defajās] n.f. (de *défaillir*). - **1.** Perte momentanée des forces physiques ou morales : *Sa défaillance s'explique par ses troubles cardiaques* (syn. évanouissement, syncope). - **2.** Défaut de fonctionnement : *L'accident est dû à une défaillance du signal d'alarme* (syn. panne).

défaillant, e [defajā, -āt] adj. - **1.** Qui défaille : *Mémoire défaillante.* - **2.** Qui fait défaut : *Les candidats défaillants ne pourront se présenter à la session suivante* (syn. absent).

défaillir [defajiʀ] v.i. (de *faillir*) [conj. 47]. - **1.** LITT. Perdre momentanément et brusquement ses forces physiques ou morales : *Se sentir défaillir* (syn. s'évanouir). - **2.** Faire défaut : *Mémoire qui défaille* (syn. baisser, faiblir).

défaire [defɛʀ] v.t. (de *faire*) [conj. 109]. - **1.** Remettre en l'état primitif, en réalisant les opérations inverses ou en détruisant : *Défaire un ourlet* (syn. découdre ; contr. coudre). *Il a fallu défaire toute l'installation électrique* (syn. démolir, démonter). *Défaire un paquet* (syn. dénouer). - **2.** Altérer l'arrangement, l'ordre de : *Le vent a défait sa coiffure* (= il l'a décoiffée). *Défaire sa cravate* (syn. desserrer). - **3.** Vider le contenu de : *Défaire ses valises* (syn. vider). - **4.** LITT. Débarrasser de : *Qui pourrait me défaire de cet importun, de cette manie ?* (syn. délivrer, délibérer). - **5.** LITT. Mettre en déroute : *Nos troupes ont défait l'armée ennemie* (syn. vaincre). ◆ **se défaire** v.pr. - **1.** Cesser d'être arrangé, disposé d'une certaine manière : *Le nœud s'est défait* (syn. se dénouer). *Se défaire de qqch*, s'en débarrasser : *Il ne peut se défaire de cette habitude* (syn. perdre). *Je voudrais me défaire de cette maison* (syn. céder, vendre). ‖ *Se défaire de qqn*, s'en séparer : *Il a dû se défaire de sa secrétaire* (syn. congédier, renvoyer).

défait, e [defɛ, -ɛt] adj. (p. passé de *défaire*). LITT. Altéré par la fatigue, l'émotion : *Visage défait* (syn. décomposé, ravagé).

défaite [defɛt] n.f. (de *défait*). - **1.** Perte d'une bataille, d'un combat, d'une guerre : *La défaite de l'ennemi* (syn. débâcle, déroute). - **2.** Échec, grave revers : *La défaite du parti aux élections* (syn. déconfiture).

défaitisme [defetism] n.m. (de *défaite*). État d'esprit de ceux qui s'attendent à être vaincus, qui n'espèrent pas la victoire (syn. pessimisme).

défaitiste [defetist] adj. et n. Qui fait preuve de défaitisme (syn. pessimiste).

défalquer [defalke] v.t. (it. *defalcare*, du lat. *falx, falcis* "faux"). Déduire, retrancher d'une somme, d'une quantité : *Défalquer ses frais de déplacement* (syn. décompter).

défatigant, e [defatigā, -āt] adj. Se dit d'un produit appliqué par massage pour décontracter les muscles.

défaufiler [defofile] v.t. Ôter le faufil de : *Défaufiler un ourlet, une manche.*

défausser [defose] v.t. Redresser ce qui a été largement tordu ou faussé : *Défausser une tringle* (syn. détordre ; contr. fausser, gauchir).

◆ **se défausser** v.pr. Se débarrasser, en la jouant, d'une carte que l'on juge inutile ou dangereuse dans son jeu : *Se défausser d'un cœur, à cœur.*

défaut [defo] n.m. (de l'anc. p. passé de *défaillir*). -**1.** Manque ou insuffisance de ce qui est nécessaire : *Le défaut de préparation a entraîné d'importants gaspillages* (syn. absence). *Un défaut de main-d'œuvre* (syn. pénurie). -**2.** Imperfection matérielle de qqch, de qqn : *Ce diamant a un défaut* (syn. malfaçon). *Elle a un léger défaut de prononciation* (syn. anomalie). -**3.** Imperfection morale : *Le mensonge est un vilain défaut* (syn. travers, vice ; contr. qualité). -**4.** Fait de ne pas se rendre à une convocation devant la justice : *Être condamné par défaut* (syn. contumace). -**5.** À défaut (de), en l'absence de, faute de mieux : *Je cherche un deux-pièces ou à défaut un studio. À défaut de madère, prends du vin blanc* (= faute de). ‖ Être en défaut, être en infraction par rapport à un règlement. ‖ Faire défaut, manquer à : *Le courage lui fit défaut* (= l'abandonna). ‖ Mettre qqn en défaut, lui faire commettre une erreur.

défaveur [defavœʀ] n.f. Perte de la faveur, de l'estime dont on jouissait : *Tomber en défaveur* (syn. disgrâce).

défavorable [defavɔʀabl] adj. Qui est mal disposé à l'égard de qqn ; qui est hostile à qqch : *Le jury est défavorable à l'accusé. Être défavorable à un règlement.*

défavorablement [defavɔʀabləmã] adv. De façon défavorable : *Proposition défavorablement accueillie.*

défavoriser [defavɔʀize] v.t. -**1.** Priver qqn de ce qui aurait pu l'avantager : *Ses frères l'ont défavorisé dans le partage* (syn. désavantager). -**2.** Faire subir un préjudice à : *La crise défavorise les gens pauvres* (syn. desservir, nuire).

défécation [defekasjɔ̃] n.f. (lat. *defaecatio* ; v. *déféquer*). Expulsion des matières fécales.

défectif, ive [defɛktif, -iv] adj. (lat. *defectivus*, de *deficere* "manquer"). Se dit d'un verbe dont un certain nombre de temps, de modes ou de personnes sont inusités : *« Absoudre »* est un verbe défectif (on dit aussi *un défectif*).

défection [defɛksjɔ̃] n.f. (lat. *defectio*, de *deficere* "manquer"). -**1.** Fait d'abandonner un allié, une cause, un parti : *Faire défection. Sa défection nous a mis en difficulté au moment du vote.* -**2.** Fait d'être absent d'un lieu où l'on était attendu : *Les nombreuses défections ont gâché la soirée.*

défectueux, euse [defɛktɥø, -øz] adj. (lat. médiév. *defectuosus*, du class. *defectus* "manque"). Qui présente des défauts, des imperfections : *Cette analyse est défectueuse* (syn. fautif, incorrect). *Tout article défectueux sera échangé.*

défectuosité [defɛktɥozite] n.f. État de ce qui est défectueux, élément défectueux : *Les défectuosités d'un appareil* (syn. imperfection, malfaçon, défaut).

défendable [defãdabl] adj. Qui peut être défendu : *Une théorie défendable* (syn. justifiable, soutenable).

défendeur, eresse [defãdœʀ, defãdʀɛs] n. DR. Personne contre laquelle est intentée une action en justice (par opp. à *demandeur, eresse*).

défendre [defãdʀ] v.t. (lat. *defendere*) [conj. 73]. -**1.** Protéger par la lutte ou la vigilance ; lutter pour conserver un bien : *Les troupes qui défendent la frontière* (syn. garantir, garder). *Animal qui défend son territoire* (syn. sauvegarder). -**2.** Soutenir qqn, qqch, plaider en leur faveur : *Elle défend toujours son frère. Défendre une cause. Son avocat l'a bien défendu.* -**3.** Préserver de l'effet nuisible de : *Les arbres défendent les cultures du vent* (syn. abriter). -**4.** Ne pas autoriser, ne pas permettre : *Le médecin lui a défendu le tabac* (contr. autoriser). *Il est défendu de marcher sur la pelouse* (syn. interdire). -**5.** En sport, s'opposer aux offensives de l'adversaire : *Défendre le but.* -**6.** À son corps défendant, malgré soi, à contrecœur : *Elle a accepté de le suivre à son corps défendant.* ◆ **se défendre** v.pr. -**1.** Résister à une agression : *Elle s'est défendue avec ses poings* (syn. se battre). -**2.** Se protéger des effets nuisibles de : *Se défendre du froid* (syn. s'abriter). *Il s'est défendu de toute compromission.* -**3.** Nier ce dont on est accusé : *Elle se défend d'avoir trahi.* -**4.** En parlant d'une idée, d'un plan, être plausible, acceptable : *Son idée se défend* (= tient debout). -**5.** FAM. Montrer une habileté certaine dans un domaine : *En maths, il se défend* (syn. réussir). -**6.** Ne pas pouvoir se défendre de qqch, de (+ inf.), ne pas pouvoir s'empêcher de : *Je n'ai pu me défendre d'un sentiment de dégoût. Il ne put se défendre de rire.*

défenestration [defanɛstʀasjɔ̃] n.f. Action de défenestrer.

défenestrer [defanɛstʀe] v.t. Jeter qqn par la fenêtre.

1. défense [defãs] n.f. (lat. *defensa*). -**1.** Fait de lutter pour la protection de ; action de défendre ou de se défendre : *Assurer la défense d'un territoire* (syn. protection, sauvegarde). *La défense héroïque des partisans a suscité l'admiration de tous* (syn. résistance). -**2.** Ce qui permet de protéger ; possibilité de défendre ou de se défendre : *La seule défense du hérisson est de se mettre en boule* (= le seul moyen de se protéger). *Un enfant sans défense.* -**3.** En sport, partie d'une équipe partic. chargée de protéger son but. **- 4.** Action d'assister juridiquement qqn : *J'ai décidé d'assurer sa défense.* **- 5.** Dans un procès, la partie qui se défend en justice (par opp. à *accusation, ministère public*) : *La parole est à la défense.* **- 6.** MÉD. Réaction humorale et cellulaire qui protège l'organisme contre une agression : *Défenses immunitaires.* **- 7.** PSYCHAN. Ensemble des mécanismes par lesquels une personne, confrontée à une situation insupportable, la refoule. **- 8.** Action d'interdire ; fait d'être interdit : *Il est sorti malgré la défense de sa mère* (contr. permission). *Défense de fumer* (syn. interdiction). **- 9.** FAM. Avoir de la défense, être capable de résister soi-même aux attaques, aux pressions. ‖ **Défense nationale,** ensemble des moyens mis en œuvre pour défendre le territoire national. ‖ **Prendre la défense de,** prendre le parti de qqn, apporter son soutien à une cause : *Il a pris la défense de sa sœur.*

2. défense [defɑ̃s] n.f. (de *1. défense*). Longue dent pointue qui dépasse de la bouche de certains mammifères : *Défenses d'éléphant, de morse, de sanglier.*

défenseur [defɑ̃sœʀ] n.m. **- 1.** Celui qui défend, protège : *Les défenseurs d'une ville. Il est défenseur dans notre équipe de football.* **- 2.** Celui qui assure la défense d'un accusé : *Choisir un avocat renommé comme défenseur.*

défensif, ive [defɑ̃sif, -iv] adj. Destiné à la défense, qui vise à défendre : *Arme défensive* (contr. offensif).

défensive [defɑ̃siv] n.f. (de *défensif*). **- 1.** Attitude d'une personne, d'une armée, d'une nation qui se borne à se prémunir contre toute attaque : *Passer de la défensive à l'offensive.* **- 2.** Être sur la défensive, être prêt à se défendre contre toute attaque (= être sur ses gardes).

déféquer [defeke] v.i. (lat. *defaecare* "purifier", de *faex, faecis* "lie, impureté") [conj. 18]. Expulser les matières fécales.

déférence [deferɑ̃s] n.f. (de *déférent*). Considération respectueuse ; marque de respect : *S'effacer devant qqn par déférence* (syn. égard, respect).

déférent, e [deferɑ̃, -ɑ̃t] adj. (lat. *deferens*, de *deferre* ; v. *déférer*). **- 1.** Qui montre de la déférence : *Salut déférent* (syn. courtois, respectueux). **- 2.** ANAT. Qui conduit dehors : *Canal déférent* (= celui qui permet l'excrétion du sperme).

déférer [defeʀe] v.t. (lat. *deferre* "porter vers un lieu plus bas") [conj. 18]. Traduire un accusé devant la juridiction compétente : *Déférer un criminel à une cour d'assises.* ◆ v.t.ind. [à]. Acquiescer, céder à qqn par déférence : *Déférer à l'avis, au désir de qqn* (= s'y ranger, y céder).

déferlant, e [defɛʀlɑ̃, -ɑ̃t] adj. Qui déferle : *Des lames déferlantes.* ◆ **déferlante** n.f. Grosse vague qui déferle en plein océan.

déferlement [defɛʀləmɑ̃] n.m. **- 1.** Action de déferler : *Le déferlement des vagues.* **- 2.** Action de se répandre avec force ou violence : *Un déferlement de haine.*

déferler [defɛʀle] v.i. (de *ferler*). **- 1.** Se développer et se briser avec violence, en parlant des vagues : *Surfeur qui prend la vague qui déferle.* **- 2.** Apparaître, se répandre avec force : *Les applaudissements déferlèrent.* **- 3.** Se précipiter en masse : *La foule déferla sur la place* (syn. se ruer).

déferrer [defeʀe] v.t. Ôter le fer fixé à un objet, aux pieds d'une bête de somme ; enlever les rails d'une voie ferrée.

défi [defi] n.m. (de *défier*). **- 1.** Provocation dans laquelle on juge l'adversaire incapable de faire qqch : *Accepter, relever un défi.* **- 2.** Refus de se soumettre ; résistance absurde : *Cette attitude est un défi à mon autorité.* **- 3.** Mettre qqn au défi de (+ inf.), parier avec lui qu'il n'est pas capable de.

défiance [defjɑ̃s] n.f. (de *se défier*). **- 1.** Crainte d'être trompé ; manque de confiance : *Il prétendait vous connaître, je l'ai laissé entrer sans défiance* (syn. méfiance). **- 2.** Vote de défiance, en France, vote par lequel le Parlement exprime sa désapprobation de l'action gouvernementale.

défiant, e [defjɑ̃, -ɑ̃t] adj. (de *se défier*). Qui craint d'être trompé (syn. méfiant, soupçonneux).

défibrillateur [defibʀijatœʀ] n.m. Appareil électrique servant à la défibrillation.

défibrillation [defibʀijasjɔ̃] n.f. Méthode thérapeutique employant un choc électrique pour arrêter les contractions rapides et désordonnées (fibrillations) des fibres du cœur.

déficeler [defisle] v.t. [conj. 24]. Enlever la ficelle qui entoure : *Déficeler un paquet* (syn. délier ; contr. ficeler).

déficience [defisjɑ̃s] n.f. (de *déficient*). Insuffisance organique ou psychique : *Déficience musculaire* (syn. faiblesse). *Une déficience de ma mémoire* (syn. défaillance).

déficient, e [defisjɑ̃, -ɑ̃t] adj. (lat. *deficiens, -entis*, de *devicere* manquer). Qui présente une déficience : *L'éducation des enfants déficients* (syn. arriéré). *Production déficiente.*

déficit [defisit] n.m. (lat. *deficit* "il manque"). **- 1.** Ce qui manque pour équilibrer les recettes avec les dépenses : *Budget en déficit.* **- 2.** PSYCHIATRIE. Déficit intellectuel, insuffisance congénitale ou acquise du développement intellectuel.

déficitaire [defisitɛʀ] adj. Qui se solde par un déficit : *Entreprise déficitaire* (contr. bénéficiaire). *Récolte déficitaire* (contr. excédentaire).

défier [defje] v.t. (propr. "renoncer à la foi jurée", de *se fier*) [conj. 9]. - **1.** Lancer un défi à : *Défier qqn à la course* (syn. provoquer). *Je te défie de distinguer la copie de l'original* (= je parie que tu ne pourras pas). - **2.** Faire face bravement à : *Défier la mort* (syn. affronter, braver). - **3.** Résister à la comparaison de : *Ce prix défie toute concurrence.*

se défier [defje] v.pr. [**de**] (de *défier,* avec infl. du lat. *diffidere* "ne pas se fier") [conj. 9]. Ne pas avoir confiance en qqn, qqch, par peur d'être trompé : *Défiez-vous des donneurs de conseils* (syn. se méfier).

défigurer [defigyʀe] v.t. - **1.** Déformer, enlaidir le visage de : *Cet accident l'a défiguré.* - **2.** Donner une idée fausse de : *Défigurer la pensée de qqn* (syn. déformer, dénaturer).

défilé [defile] n.m. (de *1. défiler*). - **1.** Passage étroit encaissé entre deux parois rocheuses abruptes (syn. canyon, gorge). - **2.** Ensemble de personnes qui défilent, partic. en parade : *Le défilé du 14-Juillet* (syn. cortège). - **3.** Passage en file ou en rang dans un but de démonstration : *Un défilé de mode* (syn. présentation).

défilement [defilmɑ̃] n.m. (de *1. défiler*). Déroulement régulier d'une pellicule, d'une bande magnétique dans l'appareil.

1. défiler [defile] v.i. (de *file*). - **1.** Marcher en file, en colonne : *Soldats qui défilent en musique* (= qui se présentent en formation de parade). - **2.** Se succéder de façon régulière et continue : *Les clients ont défilé toute la journée.*

2. défiler [defile] v.t. (de *fil*). Ôter le fil passé dans une chose : *Défiler un collier* (contr. enfiler). ◆ **se défiler** v.pr. FAM. Se dérober à un devoir, une promesse : *Il se défile au moment de faire la vaisselle.*

défini, e [defini] adj. - **1.** Qui est déterminé avec précision ou que l'on peut déterminer aisément : *Un trouble bien, mal défini* (= précis, imprécis). - **2.** Article défini, article qui se rapporte à un être ou à un objet déterminé : *« Le, la, les » sont des articles définis.*

définir [definiʀ] v.t. (lat. *definire,* de *finire* "limiter") [conj. 32]. - **1.** Donner une définition de, préciser la signification de : *Définir un mot.* - **2.** Fixer, indiquer avec précision la nature ou les conditions de fonctionnement de qqch : *Définir les modalités d'une élection* (syn. déterminer, préciser, spécifier).

définissable [definisabl] adj. Qui peut être défini.

définitif, ive [definitif, -iv] adj. (lat. *definitivus,* de *definire* ; v. *définir*). Qui marque un terme, qui fixe dans un état qu'il n'y a plus lieu de

modifier : *Mon refus est définitif* (syn. irrévocable). *Une solution définitive* (syn. final).

définition [definisjɔ̃] n.f. (lat. *definitio,* de *definire* ; v. *définir*). - **1.** Fait de déterminer les caractéristiques d'un concept, d'un mot, d'un objet : *La définition de ce verbe est difficile.* - **2.** TÉLÉV. Degré de finesse d'une image transmise, exprimé par le nombre de lignes utilisées pour la former : *Télévision à haute définition.*

en définitive [definitiv] loc. adv. (de *définitif*). Marque une conclusion : *En définitive, qu'en pensez-vous ?* (= en fin de compte). *En définitive, aucun de ses arguments n'est convaincant* (= tout bien considéré ; syn. finalement).

définitivement [definitivmã] adv. De façon définitive, une fois pour toutes : *Elle a quitté Paris définitivement.*

déflagration [deflagʀasjɔ̃] n.f. (lat. *deflagratio,* de *flagrare* "brûler"). Violente explosion.

déflation [deflasjɔ̃] n.f. (de *[in]flation*). Réduction systématique de volume de la monnaie circulant dans un pays, en vue d'enrayer la hausse ou de provoquer la baisse des prix (par opp. à *inflation*).

déflationniste [deflasjɔnist] adj. Qui vise à la déflation (par opp. à *inflationniste*).

déflecteur [deflɛktœʀ] n.m. (du lat. *deflectere* "fléchir"). - **1.** Appareil servant à modifier la direction d'un écoulement : *Le déflecteur d'une turbine.* - **2.** Dans une automobile, petit volet mobile fixé à l'encadrement de la glace des portières avant et servant à régler et à orienter l'aération.

défloraison [deflɔʀɛzɔ̃] n.f. (de *floraison*). Chute ou flétrissure naturelle des parties d'une fleur qui ne servent pas à la formation du fruit. □ Ce phénomène a lieu après la fécondation.

défloration [deflɔʀasjɔ̃] n.f. Perte de la virginité.

déflorer [deflɔʀe] v.t. (lat. *deflorare* "enlever la fleur de"). - **1.** LITT. Faire perdre sa virginité à une jeune fille. - **2.** Enlever de sa nouveauté, de son originalité à un sujet, une idée en les traitant partiellement : *Je n'en parlerai pas pour ne pas déflorer le film.*

défoliant, e [defɔljã, -ãt] adj. et n.m. Se dit d'un produit chimique provoquant la défoliation.

défoliation [defɔljasjɔ̃] n.f. (du lat. *defoliare* "dépouiller"). Action entreprise pour détruire certaines zones de végétation dense et partic. les feuilles des arbres afin de repérer plus facilement les forces adverses grâce à l'aviation.

défonce [defɔ̃s] n.f. (de [*se*] *défoncer*). ARG. État provoqué par l'usage d'une drogue, notamm. d'un hallucinogène.

défoncer [defɔ̃se] v.t. (de *fond*) [conj. 16]. - **1.** Faire sauter le fond de : *Défoncer un tonneau.* - **2.** Briser en enfonçant : *Le camion a dérapé et défoncé le mur* (syn. éventrer). - **3.** Labourer en profondeur : *Défoncer une terre après l'avoir déboisée.* ◆ **se défoncer** v.pr. - **1.** FAM. Mettre toutes ses forces dans une entreprise, une action : *Elle s'est défoncée pour son spectacle* (= elle s'est donnée à fond). - **2.** ARG. Prendre des drogues, notamm. des hallucinogènes.

déforestation [defɔʀɛstasjɔ̃] n.f. Action de détruire des forêts : *La déforestation de l'Amazonie* (syn. déboisement).

déformant, e [defɔʀmɑ̃, -ɑ̃t] adj. Qui déforme : *Un miroir déformant.*

déformation [defɔʀmasjɔ̃] n.f. - **1.** Action de déformer, de se déformer : *La déformation de son corps par les rhumatismes.* - **2.** Déformation professionnelle, habitude particulière, appréciation partiale ou erronée de certains faits, résultant de la pratique d'une profession et abusivement appliquées à la vie courante.

déformer [defɔʀme] v.t. (lat. *deformare*, de *formare* "arranger"). - **1.** Altérer la forme de : *Le choc a déformé la carrosserie* (syn. gauchir). *Le visage déformé par la souffrance* (syn. altérer, défigurer). - **2.** Reproduire, représenter de façon inexacte : *Déformer les paroles de qqn* (syn. dénaturer).

défoulement [defulmɑ̃] n.m. Fait de se défouler.

se défouler [defule] v.pr. (de *[re]fouler*). - **1.** Donner libre cours à des impulsions ordinairement réprimées ; exprimer librement ses sentiments : *Elle s'est défoulée en lui disant ce qu'elle en pensait.* - **2.** FAM. Se dépenser beaucoup pour se libérer des contraintes quotidiennes : *Il se défoule en jouant dans un jazz-band.*

défourner [defuʀne] v.t. Retirer du four : *Le boulanger défourne son pain.*

défraîchir [defʀeʃiʀ] v.t. [conj. 32]. Enlever la fraîcheur, l'éclat de : *Le soleil a défraîchi les rideaux* (syn. ternir).

défrayer [defʀeje] v.t. (de l'anc. fr. *fraier* "faire les frais") [conj. 11]. - **1.** Prendre en charge les frais de qqn : *Vous serez défrayé de vos frais de voyage* (syn. rembourser). - **2.** Défrayer la chronique, être le sujet de toutes les conversations, faire parler de soi : *Il défraya la chronique dans les années 30* (= on ne parlait que de lui).

défrichage [defʀiʃaʒ] et **défrichement** [defʀiʃmɑ̃] n.m. Action de défricher.

défricher [defʀiʃe] v.t. (de *friche*). - **1.** Rendre propre à la culture un terrain qui était en friche. - **2.** Aborder les points essentiels d'un

sujet sans aller au fond : *J'ai commencé à défricher le sujet de ma thèse* (syn. déblayer).

défricheur, euse [defʀiʃœʀ, -øz] n. Personne qui défriche.

défriper [defʀipe] v.t. Faire qu'une chose ne soit plus fripée : *Poser une jupe à plat pour la défriper* (syn. défroisser).

défriser [defʀize] v.t. - **1.** Défaire la frisure de : *La pluie a défrisé ses cheveux* (= les a rendus raides). - **2.** FAM. Causer une déception, une contrariété à qqn : *Ta remarque l'a défrisé* (syn. contrarier, désappointer).

défroisser [defʀwase] v.t. Faire disparaître les plis de : *Défroisser un pantalon* (syn. défriper).

défroque [defʀɔk] n.f. (de *défroquer* ; v. défroqué). Vêtement démodé ou ridicule : *Elle porte toujours de ces défroques !*

défroqué, e [defʀɔke] adj. et n. (p. passé de *défroquer* "quitter l'état ecclésiastique", de *froc*). Qui a quitté l'habit et l'état religieux ou ecclésiastique : *Prêtre défroqué.*

défunt, e [defœ̃, -œ̃t] adj. et n. (lat. *defunctus*, de *defungi* "s'acquitter de"). LITT. Qui est mort : *Leurs amis défunts. Telle est la dernière volonté de la défunte.*

dégagé, e [degaʒe] adj. (p. passé de *dégager*). - **1.** Où rien n'arrête le regard : *Ici la vue est dégagée.* - **2.** Qui n'est pas encombré : *L'autoroute est dégagée. Ses voies respiratoires sont dégagées.* - **3.** Qui fait preuve d'aisance, d'assurance : *Un air, un ton dégagé.* - **4.** Ciel dégagé, sans nuages.

dégagement [degaʒmɑ̃] n.m. - **1.** Action de dégager ce qui est bloqué, coincé : *Le dégagement des victimes a été long. Le dégagement d'une voie* (syn. déblaiement). - **2.** Fait de se dégager en parlant d'un gaz, d'une odeur : *Un dégagement de fumée* (syn. émanation). - **3.** Espace libre ; ce qui dans une maison assure ou facilite le passage : *Porte, escalier de dégagement.* - **4.** SPORTS. Action d'envoyer le ballon loin de son but ou de sa ligne de but, au football et au rugby : *Un long dégagement du gardien de but.* - **5.** Itinéraire de dégagement, itinéraire prévu pour alléger la circulation, débloquer les embouteillages.

dégager [degaʒe] v.t. (de *gage*) [conj. 17]. - **1.** Libérer de ce qui entrave, emprisonne : *Dégager un blessé des décombres* (syn. retirer). *Dégager une unité encerclée* (syn. débloquer). - **2.** Extraire d'un ensemble, mettre en évidence : *Dégager l'idée maîtresse d'un exposé* (syn. tirer). - **3.** Débarrasser de ce qui encombre : *Disperser la foule pour dégager la place* (syn. désencombrer). *Dégagez le passage* (= laissez-le libre). - **4.** Laisser libre ou visible ; mettre en valeur : *Coiffure qui dégage le front* (syn. découvrir). *Décolleté qui dégage la* *nuque* (syn. dénuder). - **5.** Produire, émettre une émanation, une odeur, une impression : *Ces fleurs dégagent un parfum exquis* (syn. exhaler). *Son visage dégage une impression de bonté.* - **6.** Dans certains sports, envoyer le ballon aussi loin que possible de son camp. - **7. Dégager de l'argent,** le rendre disponible pour un usage : *Dégager des crédits pour la formation.* ‖ **Dégager sa parole,** se libérer d'un engagement pris solennellement (contr. engager). ‖ **Dégager sa responsabilité,** ne pas se tenir pour responsable de : *La maison dégage toute responsabilité en cas de vol* (syn. décliner, refuser). ◆ **se dégager** v.pr. - **1.** Se libérer : *Se dégager d'un piège.* - **1.** Devenir (= les nuages se dissipent). - **2.** Se répandre, sortir : *Une épaisse fumée se dégage de la cheminée* (syn. s'échapper). *La morale qui se dégage de cette histoire* (syn. apparaître, émerger).

dégaine [degɛn] n.f. (de *dégainer*). FAM. Allure, façon de marcher, étrange ou ridicule.

dégainer [degene] v.t. (de *gaine*). Tirer une épée, un poignard du fourreau, un revolver de son étui : *Il dégaina et fit feu.*

se déganter [degɑ̃te] v.pr. Enlever ses gants.

dégarnir [degaʀniʀ] v.t. [conj. 32]. Enlever ce qui garnit, orne, protège : *Dégarnir un sapin de Noël.* ◆ **se dégarnir** v.pr. [de] - **1.** Devenir moins touffu : *C'est l'automne, les arbres se dégarnissent.* - **2.** Perdre ses cheveux : *Son crâne se dégarnit, ton père se dégarnit* (= il devient chauve). - **3.** Se vider : *La salle se dégarnit de ses spectateurs.*

dégât [dega] n.m. (de l'anc. v. *déguaster* "dévaster", de *guaster*, forme anc. de *gâter*). - **1.** Dommage occasionné par une cause violente : *L'incendie a causé des dégâts* (syn. destruction, ravage). - **2. Dégât des eaux,** sinistre provoqué par la rupture d'une canalisation, le débordement d'une baignoire, etc. ‖ FAM. **Limiter les dégâts,** faire en sorte qu'une situation fâcheuse ne tourne pas au désastre.

dégauchir [degoʃiʀ] v.t. [conj. 32]. Redresser ce qui était gauchi : *Dégauchir un axe, une porte* (contr. gauchir).

dégazage [degazaʒ] n.m. Action de dégazer.

dégazer [degaze] v.t. Débarrasser les citernes d'un pétrolier de tous les gaz et dépôts qui y subsistent après déchargement.

dégel [deʒɛl] n.m. (de *dégeler*). - **1.** Fonte des glaces et des neiges due à l'élévation de la température ; époque à laquelle elle se produit. - **2.** Détente des relations entre États : *Le dégel des relations diplomatiques entre deux pays.*

dégeler [deʒle] v.t. [conj. 25]. - **1.** Faire fondre ce qui était gelé : *Le soleil a dégelé le lac.*

- **2.** Mettre à l'aise, faire perdre sa timidité à qqn ; mettre de l'animation dans une réunion : *Le conférencier a réussi à dégeler l'auditoire* (syn. dérider, réchauffer). - **3.** Permettre l'utilisation d'une somme : *Dégeler des crédits* (syn. débloquer ; contr. geler). ◆ v.i. Cesser d'être gelé : *La rivière dégèle.* Faire dégeler un produit congelé. ◆ **se dégeler** v.pr. Perdre de sa froideur ou de son indifférence : *Les invités commencent à se dégeler.*

dégénératif, ive [deʒeneʀatif, -iv] adj. Relatif à la dégénérescence : *Des rhumatismes dégénératifs.*

dégénéré, e [deʒeneʀe] adj. et n. Qui manifeste des signes de dégénérescence : *Une espèce animale dégénérée.*

dégénérer [deʒeneʀe] v.i. (lat. *degenerare*, de *genus, -eris* "race") [conj. 18]. - **1.** Perdre les qualités naturelles de sa race, en parlant d'animaux, de végétaux (syn. s'abâtardir). - **2.** Perdre de son mérite, de sa valeur : *Tout dégénère chez un peuple privé de liberté* (syn. se dégrader). - **3.** Se transformer en qqch de plus mauvais : *Bronchite qui dégénère en pneumonie. La bagarre a dégénéré* (= elle a mal tourné).

dégénérescence [deʒeneʀesɑ̃s] n.f. (de *dégénérer*). - **1.** Perte des qualités naturelles de son espèce ou de sa race. - **2.** Affaiblissement grave des qualités physiques, mentales ou morales : *Un organisme atteint de dégénérescence* (syn. décrépitude, déliquescence). *La dégénérescence des mœurs* (syn. avilissement, dégradation).

dégingandé, e [deʒɛ̃gɑ̃de] adj. (altér. de *deshingandé* "disloqué", du néerl. *henge* "gond de porte", sous l'infl. du picard *ginguer* "sauter"). FAM. Qui est comme disloqué dans ses mouvements, sa démarche : *Un garçon dégingandé.*

dégivrage [deʒivʀaʒ] n.m. Action de dégivrer : *Le dégivrage d'un réfrigérateur.*

dégivrer [deʒivʀe] v.t. Faire fondre le givre qui se dépose sur les vitres d'une automobile, les ailes d'un avion, les parois d'un réfrigérateur.

déglacer [deglase] v.t. [conj. 16]. - **1.** Faire fondre la glace de : *Déglacer un bassin* (syn. dégeler). - **2.** En cuisine, dissoudre le jus caramélisé au fond du récipient où a été effectuée une cuisson.

déglaciation [deglasjasjɔ̃] n.f. Recul des glaciers.

déglinguer [deglɛ̃ge] v.t. (altér. de *déclinquer* "ôter un bordage à clin [c.-à-d. à disposition chevauchée]", du lat. *clinare* "pencher"). FAM. Détériorer, endommager par désarticulation des éléments : *Le choc a déglingué le vélo* (syn. désarticuler, disloquer). ◆ **se déglinguer** v.pr. FAM. Se détériorer par désarticulation : *L'aspirateur s'est déglingué.*

déglutir [deglytiʀ] v.t. (lat. *deglutire*, de *glutus* "gosier") [conj. 32]. - **1.** Faire passer la salive, un aliment de la bouche dans l'œsophage. - **2.** (Absol.). Avaler sa salive : *J'ai mal à la gorge quand je déglutis* (syn. avaler).

déglutition [deglytisjɔ̃] n.f. Action de déglutir.

dégommer [degɔme] v.t. (propr. "enlever la gomme, décoller"). FAM. Faire tomber en atteignant d'un coup : *Dégommer une quille.*

dégonflé, e [degɔ̃fle] adj. et n. (de [*se*] *dégonfler*). FAM. Qui manque d'audace, de courage, au moment d'agir.

dégonflement [degɔ̃fləmɑ̃] et **dégonflage** [degɔ̃flaʒ] n.m. Action de dégonfler ; fait de se dégonfler : *Le dégonflement des pneus.*

dégonfler [degɔ̃fle] v.t. Faire disparaître un gonflement, une boursouflure ; vider de son air, de son gaz : *Appliquer une compresse pour faire dégonfler la paupière. Dégonfler une chambre à air.* ◆ v.i. ou **se dégonfler** v.pr. Être moins enflé ; se vider de son gaz : *L'ecchymose dégonfle. Mes pneus se dégonflent.* ◆ **se dégonfler** v.pr. FAM. Manquer de courage, de décision au moment d'agir : *Elle avait dit qu'elle interviendrait, mais elle s'est dégonflée* (= elle n'a pas osé).

dégorgement [degɔʀʒəmɑ̃] n.m. Action de dégorger ; écoulement d'un liquide : *Le dégorgement d'une gouttière* (syn. débordement).

dégorgeoir [degɔʀʒwaʀ] n.m. (de *dégorger*). Instrument qui sert à retirer l'hameçon de la gorge d'un poisson.

dégorger [degɔʀʒe] v.t. (conj. 17). Débarrasser de ce qui obstrue, engorge : *Dégorger un conduit, un évier* (syn. déboucher). ◆ v.i. - **1.** Répandre, déverser son contenu liquide : *Un égout qui dégorge dans la mer* (syn. se déverser). - **2.** Rendre au lavage une partie de sa teinture : *Ce tissu dégorge* (syn. déteindre). - **3.** Faire dégorger un poisson, de la viande, les faire tremper pour les débarrasser du sang, des impuretés, des odeurs. ‖ Faire dégorger des légumes, les saler un certain temps avant leur préparation, afin qu'ils rendent leur eau.

dégoter ou **dégotter** [degɔte] v.t. (orig. obsc.). FAM. Découvrir, trouver par chance : *Il a fini par dégoter un studio pas cher* (syn. dénicher).

dégouliner [deguline] v.i. (de *dégouler* "s'épancher", de *goule*, forme dialect. de *gueule*). FAM. Couler lentement, en traînées : *La confiture dégoulinait le long de sa main.*

dégoupiller [degupije] v.t. Mettre en état de fonctionner en tirant la goupille : *Dégoupiller une grenade.*

dégourdi, e [degurdi] adj. et n. Qui fait preuve d'adresse, d'ingéniosité : *Un enfant très dégourdi* (syn. astucieux).

dégourdir [degurdiʀ] v.t. (de *gourd*) [conj. 32]. - **1.** Tirer d'un engourdissement physique, redonner la faculté de se mouvoir : *La chaleur du feu nous a dégourdi les doigts.* - **2.** Faire tiédir : *Dégourdir de l'eau.* - **3.** Faire perdre sa gaucherie à qqn : *Le service militaire l'a dégourdi* (syn. déniaiser). ◆ **se dégourdir** v.pr. - **1.** Retrouver la facilité de se mouvoir : *J'ai besoin de me dégourdir les jambes, je vais me promener* (syn. se dérouiller). - **2.** Acquérir de l'aisance, de l'aplomb : *Il serait temps qu'il se dégourdisse un peu.*

dégoût [degu] n.m. (de *dégoûter*). - **1.** Vive répugnance pour certains aliments : *Son dégoût pour les huîtres est insurmontable* (syn. répulsion). - **2.** Sentiment qui éloigne vivement de qqn, de qqch : *Inspirer du dégoût* (syn. aversion, horreur). *Le dégoût de l'existence* (syn. lassitude, nausée).

dégoûtant, e [degutɑ̃, -ɑ̃t] adj. - **1.** Qui inspire du dégoût, de la répugnance, de l'aversion : *Cette sauce est dégoûtante* (syn. infect ; contr. appétissant). - **2.** Très sale : *Une chemise dégoûtante* (syn. repoussant). - **3.** Infâme, ignoble : *Une conduite dégoûtante* (syn. révoltante). - **4.** FAM. Qui provoque la répulsion psychologique, morale : *Un dégoûtant personnage. Une histoire dégoûtante.*

dégoûté, e [degute] adj. - **1.** Qui éprouve ou exprime du dégoût : *Prendre des airs dégoûtés.* - **2.** N'être pas dégoûté, n'être pas exigeant, accepter ce qui se présente. ◆ n. Faire le dégoûté, se montrer difficile, sans raison.

dégoûter [degute] v.t. (de *goût*). - **1.** Inspirer du dégoût, de la répugnance, de l'aversion : *Le gibier le dégoûte. Son hypocrisie me dégoûte* (syn. écœurer, révolter). - **2.** Ôter l'envie de : *Ça le dégoûte de travailler* (syn. décourager).

dégoutter [degute] v.i. Couler goutte à goutte : *L'eau dégoutte du parapluie* (syn. goutter). ◆ v.t. ind. [de]. Laisser tomber des gouttes de : *Son front dégoutte de sueur* (syn. ruisseler).

dégradant, e [degradɑ̃, -ɑ̃t] adj. Qui dégrade : *On lui a fait jouer un rôle dégradant dans cette affaire* (syn. avilissant).

dégradation [degradasjɔ̃] n.f. (lat. *degradatio* ; v. *1. dégrader*). - **1.** Destitution d'un grade, d'une dignité : *La dégradation d'un officier.* - **2.** Détérioration d'un édifice, d'une œuvre : *Les dégradations que l'humidité a fait subir aux fresques* (syn. ravage). - **3.** Avilissement, déchéance : *La dégradation qu'engendre la misère* (syn. déchéance). - **4.** Passage progressif à un état plus mauvais : *La dégradation du climat social.*

dégradé [degrade] n.m. (de *2. dégrader*). - **1.** Affaiblissement insensible et méthodique d'une couleur, de la lumière. -2. Technique de coupe consistant à ménager des épaisseurs échelonnées dans la chevelure.

1. **dégrader** [degrade] v.t. (lat. *degradare*, de *gradus* "degré"). - 1. Destituer de son grade ; priver de ses droits : *Dégrader un officier.* -2. Détériorer, endommager : *Les intempéries ont dégradé la façade* (syn. abîmer). -3. Rendre qqch progressivement mauvais, lui faire perdre de sa valeur : *Tout ceci a fini par dégrader nos relations.* -4. Avilir, faire perdre sa dignité, amener à la déchéance : *Sa conduite le dégrade* (syn. déshonorer). ◆ **se dégrader** v.pr. - 1. Se détériorer : *La situation économique se dégrade* (syn. empirer ; contr. s'améliorer). -2. S'avilir : *Vous vous dégradez en agissant ainsi* (syn. se déshonorer).

2. **dégrader** [degrade] v.t. (it. *digradare*, de *grado* "degré"). - 1. Affaiblir insensiblement : *Dégrader les teintes.* -2. Couper les cheveux selon la technique du dégradé.

dégrafer [degrafe] v.t. (de [a]*grafer*). Détacher l'agrafe ou les agrafes de : *Dégrafer sa jupe* (syn. détacher).

dégraissage [degresaʒ] n.m. - 1. Action d'enlever les taches, graisseuses ou non, d'un tissu, d'un vêtement (syn. détachage, nettoyage). -2. FAM. Diminution du personnel d'une entreprise par licenciement.

dégraissant, e [degresã, -ãt] adj. Qui a la propriété de dégraisser. ◆ **dégraissant** n.m. Substance dégraissante.

dégraisser [degrese] v.t. - 1. Retirer la graisse de : *Dégraisser un bouillon.* -2. Ôter les taches de graisse : *Dégraisser un vêtement* (syn. détacher, nettoyer). ◆ v.i. FAM. Diminuer les effectifs d'un service, d'une entreprise par licenciement.

degré [dagʀe] n.m. (lat. pop. **degradus*, du class. *gradus*). - 1. Chacune des positions intermédiaires dans un ensemble hiérarchisé : *Gravir les degrés de la hiérarchie* (syn. échelon, grade). *Ces exercices sont à peu près du même degré* (syn. niveau). -2. Intensité relative d'un sentiment, d'un état : *Elle est avare au plus haut degré. Brûlure au premier, deuxième et troisième degré.* -3. LITT. Marche d'un escalier : *Parvenu au dernier degré, il se retourna* (= à la plus haute marche). -4. Division administrative dans l'enseignement en France : *Enseignement du premier degré* (= élémentaire), *du second degré* (= secondaire). -5. Proximité plus ou moins grande dans la parenté : *Quel est votre degré de parenté ? Une mère et sa fille sont parentes au premier degré.* -6. Chacune des divisions graduées du thermomètre : *La température s'est élevée de cinq degrés.* -7. Unité de mesure de concentration d'une solution : *De l'alcool à 90 degrés (90°). Ce vin titre 13 degrés (13°)* [= la concentration est de 13 cm^3

d'alcool pur pour 100 cm^3 de liquide]. □ Depuis 1980, le *degré alcoolique* est remplacé par le *titre alcoométrique volumique* (symb. % Vol). -8. Unité de mesure des angles géométriques et des arcs de cercle, telle que l'angle géométrique plat et un demi-cercle aient une mesure de 180 degrés (180°). -9. MUS. Chacune des notes d'une gamme, repérée en fonction de sa place dans cette gamme ascendante : *« Sol » est le cinquième degré de la gamme de « do ».* -10. Au premier degré, se dit de ce qui se perçoit de façon évidente : *Faut-il prendre votre remarque au premier degré ?* ‖ Au second degré, se dit de ce qui n'est pas immédiatement compréhensible, de ce qui est allusif : *C'est de l'humour au second degré.* ‖ Par degrés, graduellement, progressivement, peu à peu. -11. GRAMM. Degré de comparaison ou de signification, chacun des degrés formés par le positif, le comparatif et le superlatif d'un adjectif ou d'un adverbe. -12. MATH. Degré d'une équation, plus grand exposant affecté à l'inconnue. ‖ Degré d'un monôme, entier naturel *n*, appelé *exposant du monôme.* ‖ Degré d'un polynôme, plus grand degré des monômes qui le composent. -13. MÉTROL. Degré Celsius, unité de mesure de température égale à la 100e partie de l'écart entre la température de fusion de la glace (0 °C) et la température d'ébullition de l'eau (100 °C). □ Symb. °C. ‖ Degré Fahrenheit, unité de mesure de température égale à la 180e partie de l'écart entre la température de fusion de la glace et la température d'ébullition de l'eau. □ Symb. °F.

dégressif, ive [degresif, -iv] adj. (du lat. *degressus*, de *degredi* "descendre"). - 1. Qui va en diminuant, souvent lorsqu'une autre quantité augmente : *Le tarif dégressif de la consommation d'électricité* (= qui diminue quand la consommation augmente ; contr. progressif). -2. Impôt dégressif, qui diminue à mesure que les revenus sont plus faibles.

dégrèvement [degrɛvmã] n.m. (de *dégrever*). Diminution ou dispense de taxe, de charges fiscales.

dégrever [degrəve] v.t. (de *grever*) [conj. 19]. Décharger, en tout ou en partie, des impôts (syn. exempter, exonérer).

dégriffé, e [degrife] adj. Se dit d'un vêtement soldé sans la griffe d'origine. ◆ **dégriffé** n.m. Article dégriffé.

dégringolade [degʀɛ̃gɔlad] n.f. FAM. Action de dégringoler : *La dégringolade des cours de la Bourse* (syn. baisse, chute).

dégringoler [degʀɛ̃gɔle] v.i. (du moyen néerl. *cringhelen*, de *crinc* "courbure"). FAM. - 1. Rouler de haut en bas, tomber de manière désordonnée : *Il a dégringolé du haut de* *l'échelle* (syn. rouler). - **2.** Aller à la faillite : *L'entreprise familiale a dégringolé* (syn. décliner, s'effondrer). ◆ v.t. FAM. Descendre précipitamment : *Dégringoler l'escalier.*

dégrippant [degripɑ̃] n.m. Produit servant à dégripper.

dégripper [degripe] v.t. Débloquer des pièces mécaniques qui sont grippées.

dégriser [degrize] v.t. (de *griser*). - **1.** Faire passer l'ivresse de : *L'air frais l'a dégrisé* (syn. désenivrer, dessoûler). - **2.** Dissiper les illusions, l'enthousiasme de : *Son échec l'a dégrisé* (syn. désillusionner, refroidir). ◆ **se dégriser** v.pr. Sortir de l'ivresse.

dégrossir [degrosiʀ] v.t. (de *gros*) [conj. 32]. - **1.** Tailler sommairement un matériau pour arriver à une ébauche de la forme définitive : *Dégrossir un bloc de marbre.* - **2.** Commencer à débrouiller un problème : *Dégrossir une affaire compliquée* (syn. démêler, éclaircir). - **3.** Faire acquérir des manières plus raffinées à : *Un garçon mal dégrossi.* - **4.** Donner à qqn les premiers éléments d'instruction dans un domaine : *Dégrossir un élève en mathématiques.*

dégrossissage [degrosisaʒ] n.m. Action de dégrossir.

dégroupement [degrupmɑ̃] n.m. Action de dégrouper.

dégrouper [degrupe] v.t. Répartir différemment des personnes ou des choses groupées, pour en faire des entités distinctes : *Dégrouper les services d'une banque* (syn. décentraliser ; contr. concentrer).

déguenillé, e [degənije] adj. et n. (de *guenille*). Dont les vêtements sont en lambeaux : *Un pauvre homme déguenillé* (syn. dépenaillé, loqueteux).

déguerpir [degeʀpiʀ] v.i. (de l'anc. fr. *guerpir* "abandonner", du frq. *werpjan* "jeter") [conj. 32]. Quitter rapidement un lieu par force ou par crainte : *Les cambrioleurs ont aussitôt déguerpi.*

dégueulasse [degœlas] adj. (de *dégueuler*). T. FAM. - **1.** D'une saleté repoussante : *Ton maillot de foot est dégueulasse* (syn. dégoûtant). - **2.** Répugnant moralement : *Ce qu'il a fait est dégueulasse* (syn. abject, vil).

dégueuler [degœle] v.t. (de *gueule*). T. FAM. Vomir : *Il a dégueulé son dîner* (syn. rendre).

déguisé, e [degize] adj. et n. Revêtu d'un déguisement (syn. costumé, travesti).

déguisement [degizmɑ̃] n.m. - **1.** Action de déguiser ; fait de se déguiser ; vêtements avec lesquels on se déguise : *Aider au déguisement des enfants* (syn. travestissement). *Un déguisement réussi.* - **2.** Dissimulation, tromperie : *Parler, agir sans déguisement* (= en toute franchise).

déguiser [degize] v.t. (de *guise* "manière d'être"). - **1.** Habiller qqn d'une façon qui le fasse ressembler à qqn d'autre, le rendre méconnaissable : *Les invités étaient déguisés en personnages historiques* (syn. travestir). - **2.** Donner une apparence trompeuse à : *Déguiser son ambition sous de beaux discours* (syn. camoufler, masquer). *Déguiser la vérité* (syn. falsifier, farder). *Déguiser sa voix au téléphone* (syn. contrefaire). ◆ **se déguiser** v.pr. Revêtir un habit qui travestit : *Il s'est déguisé en arlequin.*

dégustateur, trice [degystatœʀ, -tʀis] n. Personne chargée de déguster les vins, les liqueurs, etc. (syn. goûteur).

dégustation [degystasjɔ̃] n.f. Action de déguster ou d'essayer en goûtant : *Ici, dégustation gratuite de vin.*

déguster [degyste] v.t. (lat. *degustare*, de *gustare* "goûter"). - **1.** Goûter un mets ou un liquide pour en apprécier les qualités (syn. savourer). - **2.** T. FAM. Subir de mauvais traitements : *Qu'est-ce que j'ai dégusté chez le dentiste* (syn. endurer, supporter).

déhanchement [deɑ̃ʃmɑ̃] n.m. Fait de se déhancher ; position du corps qui se déhanche : *Les déhanchements d'une danseuse orientale.*

se déhancher [deɑ̃ʃe] v.pr. - **1.** Faire porter le poids du corps sur une seule jambe, ce qui met le bassin en position oblique. - **2.** Balancer les hanches avec souplesse ou mollesse : *Marcher en se déhanchant* (syn. se dandiner).

déhiscent, e [deisɑ̃, -ɑ̃t] adj. (du lat. *dehiscere* "s'ouvrir"). BOT. Se dit des organes clos qui s'ouvrent naturellement à leur maturité.

1. dehors [dəɔʀ] adv. (anc. fr. *defors*, bas lat. *deforis*, du class. *foris* "dehors"). À l'extérieur d'un lieu : *Ne restez pas dehors, entrez ! Il est resté dehors toute la nuit. Il a été jeté, mis dehors pour incapacité* (= il a été congédié). ◆ **en dehors** loc. adv. Tourné vers l'extérieur : *Avoir les pieds en dehors.* ◆ **en dehors de** loc. prép. À l'extérieur de ; à l'exception de : *Restez en dehors de cette affaire* (= à l'écart de). *En dehors de toi, personne n'est au courant* (syn. hormis).

2. dehors [dəɔʀ] n.m. (de *1. dehors*). - **1.** Partie extérieure de qqch : *Le dehors du coffret est en ébène* (syn. extérieur ; contr. dedans, intérieur). - **2.** Milieu environnant : *Les bruits du dehors m'empêchent de travailler.* - **3.** (Souvent au pl.). Apparence de qqn : *Sous des dehors rudes, il est sensible* (syn. façade). *Au dehors, elle est aimable, mais ne t'y fie pas.*

déhoussable [deusabl] adj. Se dit d'un meuble dont la housse est amovible : *Canapé déhoussable.*

déicide [deisid] n. et adj. (lat. ecclés. *deicida*). Meurtrier de Dieu, en la personne du Christ. ◆ n.m. Meurtre de Dieu.

déictique [deiktik] adj. et n.m. (gr. *deiktikos* "démonstratif"). LING. Qui sert à désigner, à montrer : *Une particule déictique.*

déification [deifikasjɔ̃] n.f. Action de déifier.

déifier [deifje] v.t. (lat. *deificare*, de *deus* "dieu") [conj. 9]. Mettre au nombre des dieux, élever à l'égal d'un dieu.

déisme [deism] n.m. Croyance en l'existence de Dieu, mais sans référence à une révélation. ◆ **déiste** adj. et n. Relatif au déisme ; qui le professe.

déité [deite] n.f. (lat. ecclés. *deitas*, du class. *deus* "dieu"). LITT. Dieu ou déesse de la mythologie : *Les déités grecques* (syn. divinité).

déjà [deʒa] adv. (de l'anc. fr. *jà*, lat. *jam*, renforcé par *dès*). - I. Indique : - 1. Que qqch a été accompli ou que le temps a passé plus rapidement qu'on ne l'imaginait : *Tu as déjà fini ! Il est déjà quatre heures !* (contr. seulement). - 2. Que qqch est révolu à un moment donné : *Il était déjà parti quand je suis arrivé.* - 3. Dans une appréciation, un certain degré non négligeable : *Calmer la douleur d'un mal incurable, c'est déjà qqch.* - II. S'emploie : - 1. Pour rappeler un événement qui s'est produit auparavant et est susceptible de se répéter : *Tu as déjà raté ton examen une fois.* - 2. FAM. Dans une question visant à se faire rappeler ce que l'on a oublié : *Où habite-t-il déjà ?*

déjanter [deʒɑ̃te] v.t. Faire sortir un pneumatique de la jante d'une roue.

déjà-vu [deʒavy] n.m. inv. FAM. Chose banale, sans originalité : *Son dernier film, c'est du déjà-vu.*

déjection [deʒɛksjɔ̃] n.f. (lat. *dejectio*, de *jacere* "jeter"). - 1. Évacuation des excréments. - 2. Cône de déjection, accumulation de matériaux de toutes tailles effectuée par un torrent à son extrémité aval. ◆ **déjections** n.f. pl. - 1. Matières fécales évacuées (syn. excréments). - 2. Matières rejetées par un volcan.

1. **déjeuner** [deʒœne] v.i. (lat. *disjejunare* "rompre le jeûne", du class. *jejunium* "jeûne"). - 1. Prendre le repas du matin ou de midi. - 2. BELG., HELV. Prendre le petit déjeuner. ◆ v.t. ind. [de]. Manger à son déjeuner : *Je déjeune souvent d'un sandwich.*

2. **déjeuner** [deʒœne] n.m. (de *1. déjeuner*). - 1. Repas de midi. - 2. BELG., HELV. Petit déjeuner. - 3. Petit déjeuner, v. à son ordre alphabétique.

déjouer [deʒwe] v.t. (de *jouer*). Faire échec à ; mettre en échec : *Déjouer les manœuvres de qqn* (syn. contrecarrer).

se déjuger [deʒyʒe] v.pr. [conj. 17]. Revenir sur son jugement, sur sa décision : *Le tribunal s'est déjugé.*

de jure [deʒyʀe] loc. adv. (mots lat. "selon le droit"). Par référence au droit : *État reconnu de jure* (par opp. à *de facto*).

delà [dela] adv. (de *de* et *là*). Deçà delà → deçà.

délabré, e [delabʀe] adj. (p. passé de *délabrer*). - 1. Qui est en mauvais état, qui tombe en ruine : *Une bâtisse délabrée* (contr. neuf, pimpant). - 2. Profondément altéré : *Sa santé délabrée* (syn. fam. détraqué ; contr. florissant).

délabrement [delabʀəmɑ̃] n.m. - 1. État de ce qui tombe en ruine : *Le délabrement d'une maison* (syn. dégradation, ruine). - 2. État de qqn qui a subi de graves atteintes : *Le délabrement de sa santé* (syn. déclin, décrépitude).

délabrer [delabʀe] v.t. (de l'anc. fr. *label*, du frq. *labba* "chiffon"). - 1. Mettre en mauvais état : *Leur longue absence a délabré la maison* (syn. dégrader, endommager). - 2. Altérer profondément : *L'alcool lui a délabré le foie* (syn. ravager). ◆ **se délabrer** v.pr. - 1. Tomber en ruine : *La toiture se délabre* (syn. se dégrader). - 2. S'altérer profondément : *Sa santé se délabre.*

délacer [delase] v.t. [conj. 16]. Desserrer ou dénouer les lacets de : *Délacer ses chaussures, son corset.*

délai [delɛ] n.m. (de l'anc. *délayer* "retarder", d'orig. obsc.). - 1. Temps accordé pour faire qqch : *Exécuter un travail dans le délai fixé.* - 2. Temps supplémentaire accordé pour faire qqch : *Accorder un délai de trois jours* (syn. répit, sursis). - 3. Dans les délais, dans les limites du temps accordé : *Je finirai dans les délais* (= à temps). ‖ Sans délai, tout de suite, sans attendre : *Partez sans délai* (syn. sur-le-champ).

délaissé, e [delese] adj. et n. Laissé seul, abandonné, sans affection : *Une épouse délaissée.*

délaissement [delɛsmɑ̃] n.m. LITT. Action de délaisser ; état d'une personne délaissée : *Sortir qqn de son délaissement.*

délaisser [delese] v.t. (de *laisser*). - 1. Ne plus avoir d'intérêt pour qqch : *Elle délaisse son intérieur* (syn. négliger). - 2. Ne plus se préoccuper de qqn : *Délaisser ses amis* (syn. s'éloigner de).

délassant, e [delasɑ̃, -ɑ̃t] adj. Qui délasse : *Une lecture délassante* (syn. reposant).

délassement [delasmɑ̃] n.m. - 1. Action de se délasser, de se détendre : *Un instant de délassement* (syn. détente, repos). - 2. Occupation qui délasse : *La musique est un délassement pour moi* (syn. divertissement).

délasser [delase] v.t. (de *las*). Enlever la fatigue physique ou morale : *Un bon film me délasse après une journée de tension* (syn. détendre, distraire). ◆ **se délasser** v.pr. Se reposer de ses fatigues physiques ou morales : *Quelques instants pour se délasser* (syn. se détendre, se reposer).

délateur, trice [delatœʀ, -tʀis] n. (lat. *delator,* de *delatus* "dénoncé"). Personne qui pratique la délation (syn. dénonciateur).

délation [delasjɔ̃] n.f. (lat. *delatio,* de *delatus* "dénoncé"). Dénonciation intéressée et méprisable : *Gouvernement qui encourage la délation* (syn. dénonciation).

délavé, e [delave] adj. - **1.** D'une couleur fade, pâle : *Des yeux d'un bleu délavé.* - **2.** Décoloré par l'action de l'eau : *Un jean délavé.*

délaver [delave] v.t. (de *laver*). - **1.** Enlever ou éclaircir une couleur avec de l'eau : *Délaver une aquarelle.* - **2.** Imprégner d'eau, mouiller : *Les pluies ont délavé les terres* (syn. imbiber, détremper).

délayage [delejaʒ] n.m. - **1.** Action de délayer ; substance délayée : *Le délayage de la peinture.* - **2.** Verbiage, remplissage : *Faire du délayage.*

délayer [deleje] v.t. (p.-ê. du lat. *delicare,* var. de *deliquare,* de *liquare* "liquéfier") [conj. 11]. - **1.** Mélanger un corps solide ou pulvérulent avec un liquide : *Délayer de la farine dans l'eau.* - **2.** Délayer une idée, une pensée, l'exprimer trop longuement.

Delco [dɛlko] n.m. (nom déposé). Dispositif d'allumage des moteurs à explosion.

deleatur [deleatyʀ] n.m. inv. (mot lat. "qu'il soit détruit"). Signe de correction typographique indiquant une suppression à effectuer.

délectable [delɛktabl] adj. ʟɪᴛᴛ. Dont on se délecte ; très agréable : *Un vin délectable* (syn. délicieux, exquis).

délectation [delɛktasjɔ̃] n.f. ʟɪᴛᴛ. Plaisir que l'on savoure pleinement : *Lire avec délectation* (syn. délice).

se délecter [delɛkte] v.pr. [**de, à**] (lat. *delectare,* de *lacere* "faire tomber dans un piège"). ʟɪᴛᴛ. Prendre un vif plaisir : *Se délecter d'un spectacle. Se délecter à raconter des souvenirs.*

délégation [delegasjɔ̃] n.f. (lat. *delegatio* "procuration" ; v. *déléguer*). - **1.** ᴅʀ. Acte par lequel une autorité administrative charge une autre d'exercer ses pouvoirs à sa place : *Délégation de compétence.* - **2.** Opération par laquelle une personne (le *délégant*) ordonne à une autre (le *délégué*) de faire bénéficier une troisième (le *délégataire*) d'une prestation. - **3.** Groupe de personnes mandatées au nom d'une collectivité : *Délégation du personnel.* - **4.** Nom donné à certains organismes publics : *Délégation à l'aménagement du territoire.*

délégué, e [delege] n. et adj. (de *déléguer*). - **1.** Personne chargée d'agir au nom d'une ou de plusieurs autres. - **2.** Délégué du personnel, salarié élu par le personnel d'une entreprise pour le représenter auprès du chef d'entreprise. ‖ Délégué syndical, représentant du syndicat auprès du chef d'entreprise.

déléguer [delege] v.t. (lat. *delegare,* de *legare,* même sens) [conj. 18]. - **1.** Envoyer qqn comme représentant d'une collectivité : *Déléguer un élu à une assemblée.* - **2.** Transmettre, confier une responsabilité à un subordonné : *Déléguer ses pouvoirs.*

délestage [delɛstaʒ] n.m. Action de délester : *Le délestage d'un ballon. Un itinéraire de délestage.*

délester [delɛste] v.t. (de *lester*). - **1.** Enlever le lest, la charge : *Délester un ballon* (contr. lester). - **2.** Supprimer momentanément la fourniture de courant électrique dans un secteur du réseau. - **3.** Empêcher momentanément l'accès des automobiles sur une voie de communication pour y résorber les encombrements : *Délester une autoroute.* - **4.** ꜰᴀᴍ. Délester qqn de son portefeuille, de son argent, etc., le lui dérober, le dévaliser.

délétère [deletɛʀ] adj. (gr. *dêlêtêrios* "nuisible"). - **1.** Se dit d'un gaz toxique, nuisible à la santé. - **2.** ʟɪᴛᴛ. Qui corrompt l'esprit : *Doctrine délétère* (syn. nuisible, corrupteur).

délibérant, e [deliberɑ̃, -ɑ̃t] adj. Qui délibère : *Une assemblée délibérante.*

délibératif, ive [deliberatif, -iv] adj. Avoir voix délibérative, avoir droit de suffrage dans les délibérations d'une assemblée, d'un tribunal (par opp. à *consultatif*).

délibération [deliberasjɔ̃] n.f. - **1.** Examen et discussion orale d'une affaire ; résultat de cet examen, décision : *Un candidat ajourné après délibération.* - **2.** Réflexion destinée à peser le pour et le contre avant décision.

1. délibéré, e [delibere] adj. (p. passé de *délibérer*). - **1.** Se dit d'une attitude, d'une action qui ne comporte aucune indécision : *Son refus est délibéré. Une volonté délibérée* (syn. ferme, arrêté). - **2.** De propos délibéré, à dessein, exprès : *Il l'a vexé de propos délibéré.*

2. délibéré [delibere] n.m. (de *délibérer*). ᴅʀ. Délibération entre juges au sujet de la sentence à rendre : *Une affaire en délibéré.*

délibérément [deliberemɑ̃] adv. - **1.** Après avoir réfléchi : *Accepter délibérément une responsabilité.* - **2.** Volontairement, intentionnellement : *Ignorer délibérément qqn.*

délibérer [delibere] v.i. (lat. *deliberare,* de *libra* "balance") [conj. 18]. - **1.** Étudier une question avec d'autres personnes : *Le jury délibère sur la culpabilité de l'accusé.* - **2.** Réfléchir en soi-même sur une décision à prendre : *Délibérer longtemps avant d'accepter qqch* (syn. s'interroger, hésiter).

délicat, e [delika, at] adj. (lat. *delicatus*, de *deliciae* "délices"). - **1.** D'une grande finesse, exquis : *Un parfum délicat* (syn. subtil). *Des traits délicats* (syn. fin). *Un mets délicat* (syn. savoureux). - **2.** Faible : *Santé délicate* (syn. fragile). - **3.** Embarrassant, périlleux : *Situation, manœuvre délicate*. - **4.** Doué d'une grande sensibilité : *Un poète délicat*. - **5.** Qui manifeste du tact : *Un geste délicat* (syn. courtois). ◆ adj. et n. Difficile à contenter : *Faire le délicat*.

délicatement [delikatmã] adv. De façon délicate.

délicatesse [delikatɛs] n.f. Qualité de qqn, de qqch de délicat : *Parler avec délicatesse* (syn. tact ; contr. grossièreté).

délice [delis] n.m. (lat. *delicium*). Plaisir extrême : *Respirer avec délice un parfum* (syn. délectation). ◆ **délices** n.f. pl. - **1.** LITT. Plaisir, bonheur extrême : *Les délices de Capoue*. - **2.** Faire les délices de qqn, lui donner un vif plaisir.

délicieusement [delisjøzmã] adv. De façon délicieuse.

délicieux, euse [delisjø, -øz] adj. (lat. *deliciosus*). - **1.** Extrêmement agréable : *Une femme délicieuse*. - **2.** Qui excite les sens ou l'esprit : *Un gâteau délicieux* (syn. délectable). *Une histoire délicieuse* (syn. merveilleux).

délictueux, euse [deliktɥø, -øz] et **délictuel, elle** [deliktɥɛl] adj. (du lat. *delictum* ; v. *délit*). DR. Qui constitue un délit : *Activités délictueuses*.

délié, e [delje] adj. (lat. *delicatus* ; v. *délicat*). - **1.** LITT. Grêle, mince, tendu : *Taille déliée, écriture déliée*. - **2.** Esprit délié, esprit subtil. ◆ **délié** n.m. Partie fine, déliée d'une lettre (par opp. à *plein*).

délier [delje] v.t. (conj. 9). - **1.** Défaire, détacher ce qui est lié : *Délier un ruban*. - **2.** Dégager, libérer d'une obligation : *Délier d'un serment*. - **3.** Délier la langue de qqn, le faire parler.

délimitation [delimitasjõ] n.f. Action de délimiter : *Délimitation de la frontière. Délimitation d'un problème*.

délimiter [delimite] v.t. Fixer les limites de : *Délimiter l'emplacement d'un camp. Délimiter un sujet. Délimiter des attributions professionnelles* (syn. définir, circonscrire).

délinquance [delɛ̃kãs] n.f. Ensemble des infractions considérées sur le plan social : *La délinquance juvénile*.

délinquant, e [delɛ̃kã, -ãt] n. (de l'anc. fr. *délinquer*, lat. *delinquere* "commettre une faute"). Personne qui a commis un délit.

◆ adj. Qui commet des délits : *Une jeunesse délinquante*.

déliquescence [delikesãs] n.f. - **1.** Décadence complète : *Une industrie en déliquescence* (syn. dépérissement). - **2.** Affaiblissement des capacités intellectuelles ; décrépitude. - **3.** PHYS. Propriété qu'ont certains corps d'absorber l'humidité de l'air au point de se dissoudre.

déliquescent, e [delikesã, -ãt] adj. (du lat. *deliquescere* "se liquéfier"). - **1.** Qui est en pleine décadence, qui va s'affaiblissant. - **2.** PHYS. Doué de déliquescence.

délirant, e [delirã, -ãt] adj. et n. Qui est atteint de délire. ◆ adj. - **1.** Qui présente le caractère du délire. - **2.** Qui manifeste une grande excitation : *Un accueil délirant*. - **3.** Qui dépasse les limites du raisonnable : *Propos délirants* (syn. extravagant).

délire [deliʀ] n.m. (lat. *delirium* ; v. *délirer*). - **1.** Grande agitation causée par les émotions, les passions : *Foule en délire*. - **2.** PSYCHIATRIE ET MÉD. Trouble psychique caractérisé par la persistance d'idées en opposition manifeste avec la réalité ou le bon sens et entraînant la conviction du sujet.

délirer [deliʀe] v.i. (lat. *delirare* "sortir du sillon"). - **1.** Avoir le délire. - **2.** Parler ou agir de façon déraisonnable. - **3.** Être en proie à un sentiment exalté : *Délirer de joie*.

delirium tremens [deliʀjɔmtʀemɛ̃s] n.m. inv. (mots lat. "délire tremblant"). État d'agitation avec fièvre, tremblement des membres, onirisme et troubles de la conscience, propre à l'intoxication alcoolique.

délit [deli] n.m. (lat. *delictum*, de *delinquere* "commettre une faute"). - **1.** Infraction punie d'une peine correctionnelle (par opp. à *contravention* et à *crime*). - **2.** Le corps du délit, l'élément matériel de l'infraction.

se déliter [delite] v.pr. (de *lit* "face d'une pierre de taille"). Se désagréger sous l'action de l'air ou de l'eau.

délivrance [delivʀãs] n.f. - **1.** Action de délivrer, de rendre libre : *Délivrance d'un prisonnier* (syn. libération). - **2.** Action de soulager, de débarrasser : *Délivrance d'une souffrance* (syn. soulagement). - **3.** Action de remettre une chose à qqn : *Le service chargé de la délivrance des passeports*. - **4.** Dernier stade de l'accouchement.

délivrer [delivʀe] v.t. (bas lat. *deliberare*, du class. *liberare* "libérer"). - **1.** Remettre en liberté : *Délivrer un détenu* (syn. libérer). - **2.** Débarrasser de qqch : *Délivrer d'un fardeau* (syn. soulager). - **3.** Livrer, remettre : *Délivrer des marchandises, une ordonnance*.

déloger [delɔʒe] v.t. (de *loger*) [conj. 17]. - **1.** FAM. Faire quitter sa place à qqn : *Déloger un locataire* (syn. chasser, expulser). - **2.** Extraire un objet de sa place : *Déloger une balle du bras de qqn.* - **3.** Faire évacuer de force une position à l'ennemi : *Déloger l'adversaire.* ◆ v.i. Quitter vivement un lieu : *Il va falloir déloger* (syn. fam. **décamper**).

déloyal, e, aux [delwajal, -o] adj. - **1.** Qui manque de loyauté, en qui on ne peut avoir confiance : *Un concurrent déloyal.* - **2.** Qui dénote de la mauvaise foi, de la perfidie : *Un procédé déloyal.*

déloyalement [delwajalmã] adv. De façon déloyale.

delta [delta] n.m. inv. (mot gr.). Quatrième lettre de l'alphabet grec (Δ, δ). ◆ n.m. GÉOGR. Zone d'accumulation alluviale triangulaire créée par un cours d'eau à son arrivée dans une mer à faible marée ou dans un lac : *Le delta du Rhône.*

deltaplane [deltaplan] n.m. (de *delta* [en raison de la forme triangulaire de l'aile] et [*aéro*]*plane*). Planeur ultraléger, servant au vol libre.

deltoïde [dɛltɔid] n.m. et adj. (gr. *deltoeidês,* de *delta,* n. d'une lettre dont la majuscule est triangulaire). ANAT. Muscle de l'épaule, élévateur du bras, qui a une forme triangulaire.

déluge [delyʒ] n.m. (lat. *diluvium,* de *luere* "baigner"). - **1.** Le Déluge : le débordement universel des eaux, d'après la Bible. - **2.** Pluie torrentielle. - **3.** Abondance, grande quantité de choses : *Déluges d'injures* (syn. flot). - **4.** Remonter au déluge, dater d'une époque très reculée ; reprendre de très loin le récit d'un événement.

déluré, e [delyʀe] adj. (de l'anc. fr. *déleurrer* "détromper", de *leurre*). - **1.** Qui a l'esprit vif, débrouillard : *C'est le plus déluré de la bande* (syn. dégourdi, espiègle, malin). - **2.** Qui a des manières trop libres : *Une fille délurée* (syn. effronté).

démagnétisation [demaɲetizasjɔ̃] n.f. - **1.** Action de démagnétiser ; fait d'être démagnétisé. - **2.** Dispositif de protection des navires contre les mines magnétiques.

démagnétiser [demaɲetize] v.t. (de *magnétiser*). Détruire l'aimantation de.

démagogie [demagɔʒi] n.f. (gr. *dêmagôgia,* de *dêmos* "peuple" et *agein* "conduire"). Attitude par laquelle on cherche à gagner la faveur de l'opinion publique en la flattant, en excitant les passions populaires : *Promettre une baisse des impôts serait de la démagogie.*

démagogique [demagɔʒik] adj. Qui relève de la démagogie : *Une politique démagogique.*

démagogue [demagɔg] adj. et n. (gr. *dêmagôgos* ; v. *démagogie*). Qui fait preuve de démagogie, partic. en politique.

démailler [demaje] v.t. Défaire une maille ou les mailles de : *Démailler un tricot.*

demain [dəmɛ̃] adv. (lat. pop. *de mane* "à partir du matin"). - **1.** Au jour qui suit immédiatement celui où l'on est : *Demain est jour de fête. Tu passes à la maison demain ?* - **2.** Dans un avenir plus ou moins proche : *Le monde de demain.*

démancher [demãʃe] v.t. - **1.** Ôter le manche d'un outil, d'un instrument : *Démancher un balai.* - **2.** Défaire les parties de qqch : *Chaise démanchée* (syn. disloquer). - **3.** Désarticuler, démettre : *Démancher le bras à qqn.* ◆ se **démancher** v.pr. - **1.** Perdre son manche : *Ce couteau s'est démanché.* - **2.** FAM. Se donner beaucoup de mal pour obtenir qqch : *Il s'est démanché pour ce poste* (syn. se démener).

demande [dəmãd] n.f. (de *demander*). - **1.** Action de demander qqch, de faire savoir ce qu'on souhaite, ce qu'on désire : *Demande d'emploi. Demande en mariage.* - **2.** Chose demandée : *Accorder une demande.* - **3.** ÉCON. Quantité d'un bien ou d'un service que les consommateurs sont disposés à acquérir en un temps et à un prix donnés : *Loi de l'offre et de la demande.* - **4.** Question, interrogation : *Exercice par demandes et réponses.* - **5.** DR. Demande en justice, acte par lequel s'introduit une action en justice.

demander [dəmãde] v.t. (lat. *demandare,* de *mandare* "donner en mission"). - **1.** Faire savoir, dire à une personne ou à plusieurs ce qu'on veut, ce qu'on souhaite obtenir : *Demander une augmentation* (syn. réclamer). *Élève qui demande à sortir* (syn. souhaiter). - **2.** Interroger, questionner qqn à propos de qqch, solliciter de sa part une réponse : *Demande-lui son nom. Demander un conseil* (syn. solliciter). - **3.** Requérir telles conditions, tel comportement : *Cette plante demande du soleil* (= a besoin de soleil). *Ce travail demande beaucoup de précisions* (syn. nécessiter). - **4.** DR. Engager une action en justice : *Demander le divorce.*

1. demandeur, euse [dəmãdœʀ, -øz] adj. et n. - **1.** Se dit de qqn, d'un groupe qui demande, sollicite qqch : *Un pays demandeur de pétrole.* - **2.** Demandeur d'emploi, personne au chômage et inscrite à l'Agence nationale pour l'emploi (syn. chômeur).

2. demandeur, eresse [dəmãdœʀ, dəmãdʀɛs] n. DR. Personne qui engage une action en justice (par opp. à *défendeur*).

démangeaison [demãʒɛzɔ̃] n.f. Sensation de picotement de la peau, qui donne envie de se gratter.

démanger [demãʒe] v.t. (propr. "ronger", en parlant d'une maladie, de *manger*) [conj. 17]. - **1.** Causer une démangeaison : *Son urticaire le démange.* - **2.** Causer une grande envie à : *Ça le démangeait de parler.*

démantèlement [demãtɛlmã] n.m. Action de démanteler ; fait d'être démantelé : *Le démantèlement d'une usine.*

démanteler [demãtle] v.t. (de l'anc. fr. *manteler* "fortifier", de *mantel*) [conj. 25]. - **1.** Démolir les murailles d'une ville ; détruire une construction. - **2.** Détruire l'organisation de, réduire à néant : *Démanteler un réseau d'espionnage.*

démaquillage [demakijaʒ] n.m. Action de démaquiller, de se démaquiller.

démaquillant, e [demakijã, -ãt] adj. et n.m. Se dit d'un produit qui enlève facilement les produits de maquillage tout en nettoyant la peau.

démaquiller [demakije] v.t. Enlever le maquillage de : *Démaquiller un comédien.* ◆ **se démaquiller** v.pr. Enlever le maquillage de son propre visage.

démarcage n.m. → **démarquage.**

démarcation [demaʀkasjɔ̃] n.f. (esp. *demarcación*, de *demarcar* "délimiter"). - **1.** Action de délimiter deux territoires, deux régions ; la limite elle-même. - **2.** Séparation entre deux choses, deux domaines. - **3.** Ligne de démarcation, ligne naturelle ou conventionnelle qui marque les limites de deux territoires.

démarchage [demaʀʃaʒ] n.m. (de *démarche*). Mode de vente consistant à aller solliciter la clientèle à domicile.

démarche [demaʀʃ] n.f. (de l'anc. fr. *démarcher* "fouler aux pieds"). - **1.** Manière de marcher : *Il a une démarche un peu bizarre !* (syn. allure). - **2.** Tentative faite auprès de qqn, ou auprès d'une autorité pour obtenir qqch : *Ses démarches ont enfin abouti.* - **3.** Manière de penser, de raisonner : *Démarche intellectuelle.*

démarcher [demaʀʃe] v.t. (de *démarche*). Faire du démarchage.

démarcheur, euse [demaʀʃœʀ, -øz] n. Personne qui fait du démarchage.

démarquage ou **démarcage** [demaʀkaʒ] n.m. Action de démarquer ; fait d'être démarqué : *Le démarquage des chaussures* (syn. démarque). *Le démarquage d'un récit.*

démarque [demaʀk] n.f. (de *démarquer*). Action de démarquer des marchandises pour les solder (syn. cour. solde).

démarquer [demaʀke] v.t. (de *marque*). - **1.** Ôter ou changer la marque de : *Démarquer de l'argenterie.* - **2.** Changer ou enlever la marque d'un fabricant pour vendre moins cher : *Démarquer des chaussures* (syn. cour. solder). - **3.** Copier une œuvre en y apportant quelques changements pour y dissimuler l'emprunt. - **4.** SPORTS. Libérer un partenaire du marquage adverse. ◆ **se démarquer** v.pr. - **1.** SPORTS. Se libérer de la surveillance d'un adversaire. - **2.** Se démarquer de qqn, s'en différencier, prendre ses distances :

Chercher à se démarquer de ses concurrents (syn. se distinguer de).

démarrage [demaʀaʒ] n.m. - **1.** Action, fait de démarrer : *Un démarrage en trombe. Un démarrage en côte.* - **2.** Action de mettre en route : *Le démarrage de la campagne électorale.*

démarrer [demaʀe] v.t. (de *[a]marrer*). - **1.** Commencer à rouler, se mettre en marche : *Le moteur démarre au quart de tour.* - **2.** Commencer à fonctionner, prendre son essor : *Cette entreprise démarre bien.* - **3.** Accélérer soudainement pendant une course, pour distancer les autres concurrents. ◆ v.t. - **1.** Commencer à faire rouler un véhicule, à faire fonctionner un moteur ; faire partir : *Je n'ai pas pu démarrer la voiture ce matin.* - **2.** Mettre en train, commencer : *Démarrer une affaire* (syn. entreprendre).

démarreur [demaʀœʀ] n.m. Dispositif permettant la mise en marche d'un moteur.

démasquer [demaske] v.t. - **1.** Ôter à qqn le masque qu'il a sur le visage. - **2.** Faire apparaître, faire connaître la vraie nature de qqn : *Démasquer un menteur. Démasquer un traître.* - **3.** Faire connaître ce qui était tenu caché : *Démasquer un plan* (syn. dévoiler, révéler). - **4.** MIL. Démasquer une batterie, en déceler l'emplacement. ‖ Démasquer ses batteries, faire connaître ses projets. ◆ **se démasquer** v.pr. Se montrer sous son vrai jour ; révéler ses intentions.

démâter [demate] v.t. MAR. Enlever le mât ou la mâture d'un navire. ◆ v.i. Perdre son ou ses mâts.

dématérialiser [dematerjalize] v.t. - **1.** Rendre comme immatériel qqn ou qqch. - **2.** Transformer des particules matérielles d'un corps en photons. ◆ **se dématérialiser** v.pr. Devenir comme immatériel.

dème [dɛm] n.m. (gr. *dêmos* "peuple"). Circonscription administrative de la Grèce.

démêlage [demɛlaʒ] et **démêlement** [demɛlmã] n.m. Action de démêler.

démêlant, e [demɛlã, -ãt] adj. et n.m. Se dit d'un produit qui démêle les cheveux après le shampooing.

démêlé [demele] n.m. (de *démêler*). Contestation entre deux parties qui ont des idées ou des intérêts opposés : *Il a eu un démêlé avec un voisin* (syn. désaccord). *Avoir des démêlés avec la justice* (syn. ennui).

démêler [demele] v.t. - **1.** Séparer et mettre en ordre ce qui est mêlé : *Démêler un écheveau de laine.* - **2.** Débrouiller, éclaircir : *Démêler une affaire* (syn. élucider).

démêloir [demɛlwaʀ] n.m. Peigne à dents espacées pour démêler les cheveux.

démembrement [demãbʀəmã] n.m. - **1.** Action de démembrer, de partager en plusieurs parties ce qui formait un tout ; fait d'être démembré : *Le démembrement de l'empire de Charlemagne* (syn. morcellement). *Le démembrement d'une propriété* (contr. remembrement). *Le démembrement d'une organisation.* **- 2.** DR. Action de transférer à qqn certains des attributs du droit de propriété sur une chose.

démembrer [demɑ̃bʀe] v.t. (de *membre*). **- 1.** Diviser un tout en parties : *Démembrer une propriété* (syn. morceler). **- 2.** Priver de ses membres un animal, sa carcasse.

déménagement [demenaʒmɑ̃] n.m. **- 1.** Action de déménager des meubles : *Camion de déménagement.* **- 2.** Fait de changer de domicile.

déménager [demenaʒe] v.t. (de *ménager* "habiter") [conj. 17]. **- 1.** Transporter des objets, des meubles d'un lieu dans un autre. **- 2.** Vider, débarrasser : *Déménager un grenier.* ◆ v.i. **- 1.** Changer de domicile : *Il a déménagé trois fois en un an.* **- 2.** FAM. Déraisonner, divaguer.

déménageur [demenaʒœʀ] n.m. Entrepreneur, ouvrier qui fait des déménagements d'appartements, de bureaux, etc.

démence [demɑ̃s] n.f. (lat. *dementia* ; v. *dément*). **- 1.** Trouble mental grave caractérisé par un affaiblissement progressif et irréversible des fonctions intellectuelles : *Démence précoce.* **- 2.** Conduite insensée, bizarre. **- 3.** *C'est de la démence !*, c'est insensé, c'est une aberration.

se démener [demne] v.pr. (de *mener*) [conj. 19]. **- 1.** S'agiter beaucoup. **- 2.** Se donner beaucoup de mal pour obtenir qqch : *Se démener pour trouver un travail.*

dément, e [demɑ̃, -ɑ̃t] adj. et n. (lat. *demens*, de *mens, mentis* "esprit"). Atteint de démence. ◆ adj. FAM. Extravagant, déraisonnable : *Des prix déments.*

démenti [demɑ̃ti] n.m. (de *démentir*). Déclaration faite pour informer qu'une nouvelle est inexacte : *Publier un démenti.*

démentiel, elle [demɑ̃sjɛl] adj. **- 1.** Qui relève de la démence. **- 2.** Qui n'est pas du tout raisonnable, qui manque de bon sens, extravagant : *Une ambition démentielle* (syn. déraisonnable).

démentir [demɑ̃tiʀ] v.t. (de *mentir*) [conj. 37]. **- 1.** Contredire qqn en affirmant qu'il n'a pas dit la vérité : *Démentir un témoin.* **- 2.** Nier l'existence de qqch ou l'exactitude d'un propos : *Démentir une nouvelle.* **- 3.** Aller à l'encontre de, n'être pas conforme : *Prédiction que les événements ont démentie* (syn. infirmer ; contr. confirmer). ◆ **se démentir** v.pr. Cesser de se manifester (surtout en

tournure nég.) : *Sa fermeté ne s'est pas démentie.*

se démerder [demɛʀde] v.pr. (de *merde*). T. FAM. Se débrouiller, se sortir d'une difficulté.

démériter [demeʀite] v.i. (de *mérite*). Agir de manière telle que l'on perd la confiance, l'estime ou l'affection de qqn, d'autrui ; encourir la réprobation : *À mes yeux, elle n'a jamais démérité.*

démesure [deməzyʀ] n.f. (de *mesure*). Excès, outrance qui se manifeste dans les propos, le comportement, les actes.

démesuré, e [deməzyʀe] adj. **- 1.** Qui dépasse la mesure normale, énorme : *Une taille démesurée.* **- 2.** Qui est tout à fait déraisonnable, qui dépasse les bornes : *Un orgueil démesuré* (syn. excessif, exagéré).

démesurément [deməzyʀemɑ̃] adv. De façon démesurée.

1. démettre [demɛtʀ] v.t. (de *mettre*) [conj. 84]. Déplacer un membre de sa position naturelle : *Démettre un bras* (syn. déboîter). *Une épaule démise.* ◆ **se démettre** v.pr. Se démettre qqch (un membre, une articulation), le déplacer accidentellement de sa position naturelle.

2. démettre [demɛtʀ] v.t. (lat. *dimittere*, de *mittere* "envoyer"). Obliger qqn à quitter sa fonction, son emploi : *Elle a été démise* (syn. destituer, révoquer). ◆ **se démettre** v.pr. [de]. Renoncer à une fonction.

au demeurant [dəmœʀɑ̃] loc. adv. (de *demeurer*). Au reste, tout bien considéré, en somme : *Au demeurant, il est sot.*

1. demeure [dəmœʀ] n.f. (de *demeurer*). **- 1.** LITT. Domicile, lieu où l'on vit. **- 2.** Maison d'une certaine importance : *Une belle demeure du siècle dernier.* **- 3.** LITT. *Dernière demeure*, le tombeau. ‖ *Être quelque part à demeure*, y être installé d'une manière stable, définitive.

2. demeure [dəmœʀ] n.f. (de *demeurer* "tarder"). **- 1.** État du débiteur qui n'exécute pas son obligation bien qu'ayant reçu sommation de son créancier. **- 2.** *Il n'y a pas péril en la demeure*, on ne risque rien à attendre. ‖ *Mettre qqn en demeure de* (+ inf.), l'obliger à remplir son obligation : *Je l'ai mis en demeure de me fournir une explication plausible* (syn. sommer de).

demeuré, e [dəmœʀe] adj. et n. (de *demeurer*). Qui n'a pas une intelligence très développée (syn. imbécile).

demeurer [dəmœʀe] v.i. (lat. pop. *demorare*, du class. *demorari*, de *morari* "s'attarder") [auxil. *avoir* ou *être*]. **- 1.** Habiter, avoir son domicile : *Il a demeuré à l'hôtel* (syn. loger). *Il demeure en province* (syn. résider). **- 2.** Être de façon continue dans un lieu : *Il est demeuré à son poste* (syn. rester). - **3.** Persister dans un certain état : *Il est demeuré silencieux toute la soirée* (syn. rester). - **4.** En demeurer là, ne pas continuer ; ne pas avoir de suite.

1. demi, e [dəmi] adj. (lat. pop. **dimedius,* class. *dimidius,* de *medius* "qui est au milieu"). - **1.** Qui est l'exacte moitié de l'unité dont il est question, ou la moitié de qqch : *Un demi-litre. Une demi-pomme.* - **2.** Qui n'est pas complet : *Un demi-succès.* ◆ loc. adv. À demi, à moitié, partiellement : *Maison à demi détruite. Faire les choses à demi.* **Rem.** Demi est invariable lorsqu'il entre en composition avec un nom : *Les demi-pensionnaires. Une demi-heure.* Placé après le nom (et précédé de *et*), il en prend le genre et reste au singulier : *Deux heures et demie. Trois jours et demi.*

2. demi [dəmi] n.m. (de *1. demi*). - **1.** Moitié d'une unité : *Un demi s'écrit « 1/2 ».* - **2.** Grand verre de bière. - **3.** Joueur qui assure la liaison entre les avants et les arrières au rugby, au football. - **4.** Demi de mêlée. Au rugby, joueur qui lance le ballon dans la mêlée et le passe au demi d'ouverture. ‖ Demi d'ouverture. Au rugby, joueur chargé de lancer l'offensive.

demi-canton [dəmikɑ̃tɔ̃] n.m. (pl. *demi-cantons*). En Suisse, État de la Confédération né de la partition, au cours de l'histoire, d'un canton.

demi-cercle [dəmisɛʀkl] n.m. (pl. *demi-cercles*). Arc de cercle limité par deux points diamétralement opposés.

demi-dieu [dəmidjø] n.m. (pl. *demi-dieux*). - **1.** MYTH. Héros fils d'un dieu et d'une mortelle ou d'un mortel et d'une déesse. - **2.** Divinité secondaire (faune, nymphe, satyre, etc.). - **3.** LITT. Homme dont les exploits, la gloire ou le génie sont presque surhumains : *Un chanteur adulé comme un demi-dieu* (syn. idole).

demi-douzaine [dəmiduzɛn] n.f. (pl. *demi-douzaines*). La moitié d'une douzaine : *Une demi-douzaine d'œufs.*

demi-droite [dəmidʀwat] n.f. (pl. *demi-droites*). MATH. Ensemble des points d'une droite situés d'un seul côté d'un point appelé *origine.*

demie [dəmi] n.f. - **1.** Moitié d'une chose dont le nom est féminin : *Une demie de rouge* (= une demi-bouteille). *Une demie pas trop cuite* (= une demi-baguette). - **2.** Demi-heure : *Il est la demie. Une pendule qui sonne les demies.*

demi-finale [dəmifinal] n.f. (pl. *demi-finales*). Phase éliminatoire d'une compétition servant à désigner le concurrent ou l'équipe qui participera à la finale.

demi-finaliste [dəmifinalist] n. (pl. *demi-finalistes*). Concurrent, équipe qui participe à une demi-finale.

demi-fond [dəmifɔ̃] n.m. inv. - **1.** Course à pied de moyenne distance (de 800 à 3 000 m). - **2.** Course cycliste sur piste, derrière un entraîneur motorisé.

demi-frère [dəmifʀɛʀ] n.m. (pl. *demi-frères*). Frère né du même père ou de la même mère seulement.

demi-gros [dəmigʀo] n.m. inv. Commerce intermédiaire entre la vente en gros et la vente au détail.

demi-heure [dəmijœʀ] n.f. (pl. *demi-heures*). Moitié d'une heure : *Se promener une demi-heure.*

demi-jour [dəmiʒuʀ] n.m. (pl. *demi-jours*). Lumière très atténuée que donne le jour à l'aube ou au crépuscule.

demi-journée [dəmiʒuʀne] n.f. (pl. *demi-journées*). Moitié d'une journée.

démilitarisation [demilitaʀizasjɔ̃] n.f. Action de démilitariser ; fait d'être démilitarisé : *Démilitarisation d'un pays.*

démilitariser [demilitaʀize] v.t. Supprimer ou interdire toute présence ou activité militaire dans une région, un périmètre donné : *Zone démilitarisée.*

demi-litre [dəmilitʀ] n.m. (pl. *demi-litres*). Moitié d'un litre.

demi-longueur [dəmilɔ̃gœʀ] n.f. (pl. *demi-longueurs*). SPORTS. Moitié de la longueur d'un cheval, d'un bateau, etc., dans une compétition : *Il a gagné d'une demi-longueur.*

demi-lune [dəmilyn] n.f. (pl. *demi-lunes*). - **1.** CONSTR. Espace en forme de demi-cercle devant une entrée, un bâtiment, etc. - **2.** Ouvrage fortifié en forme de demi-cercle, placé en avant de la courtine. - **3.** En demi-lune, en forme de demi-cercle.

demi-mal [dəmimal] n.m. (pl. *demi-maux*). Inconvénient, désagrément ou accident dont les conséquences sont moins graves que ce qu'on craignait.

demi-mesure [dəmiməzyʀ] n.f. (pl. *demi-mesures*). - **1.** Moitié d'une mesure : *Une demi-mesure de sucre.* - **2.** Mesure, disposition insuffisante et inefficace, prise par manque de détermination : *Prendre des demi-mesures.*

demi-mondaine [dəmimɔ̃dɛn] n.f. (pl. *demi-mondaines*). VIEILLI et LITT. Femme de mœurs légères qui fréquente le demi-monde.

demi-monde [dəmimɔ̃d] n.m. (pl. *demi-mondes*). VIEILLI et LITT. Milieu où se mêlent les gens des classes riches et les prostituées.

à demi-mot [dəmimo] loc. adv. Sans qu'il soit nécessaire de tout dire, sans avoir besoin de beaucoup de mots, de paroles : *Parler à demi-mot. Comprendre à demi-mot.*

déminage [deminaʒ] n.m. Action de déminer.

déminer [demine] v.t. (de *mine*). Retirer d'un terrain ou de l'eau les engins explosifs qui y sont dissimulés.

déminéralisation [demineʀalizasjɔ̃] n.f. Action de déminéraliser ; fait d'être déminéralisé.

déminéraliser [demineʀalize] v.t. (de *minéral*). - **1.** Faire perdre ses sels minéraux aux tissus, à l'organisme. - **2.** Enlever de l'eau les corps minéraux qui y sont dissous.

démineur [deminœʀ] n.m. Spécialiste du déminage.

demi-pause [dəmipoz] n.f. (pl. *demi-pauses*). MUS. Silence dont la durée correspond à celle d'une blanche ; signe qui note ce silence.

demi-pension [dəmipɑ̃sjɔ̃] n.f. (pl. *demi-pensions*). - **1.** Tarif hôtelier comprenant la chambre, le petit déjeuner et un seul repas. - **2.** Régime des élèves qui prennent le repas de midi dans un établissement scolaire.

demi-pensionnaire [dəmipɑ̃sjɔnɛʀ] n. (pl. *demi-pensionnaires*). Élève qui suit le régime de la demi-pension.

demi-place [dəmiplas] n.f. (pl. *demi-places*). Place payée à moitié prix pour certains spectacles, dans les transports publics, etc.

demi-plan [dəmiplɑ̃] n.m. (pl. *demi-plans*). MATH. Ensemble des points du plan situés d'un seul côté d'une droite appelée *frontière*.

demi-pointe [dəmipwɛ̃t] n.f. (pl. *demi-pointes*). - **1.** CHORÉGR. Position du pied soulevé qui repose sur les phalanges à plat : *Chausson de demi-pointe*. - **2.** Attitude et manière de danser avec cette position du pied.

demi-portion [dəmipɔʀsjɔ̃] n.f. (pl. *demi-portions*). FAM. Personne malingre, chétive.

demi-saison [dəmisɛzɔ̃] n.f. (pl. *demi-saisons*). Période de l'année où il ne fait ni très chaud ni très froid, correspondant à peu près au printemps et à l'automne : *Vêtements de demi-saison*.

demi-sang [dəmisɑ̃] n.m. inv. Autref., cheval provenant du croisement du pur-sang anglais ou du trotteur de Norfolk avec une jument française.

demi-sel [dəmisɛl] n.m. inv. Fromage frais ou beurre légèrement salés.

demi-sœur [dəmisœʀ] n.f. (pl. *demi-sœurs*). Sœur née du même père ou de la même mère seulement.

demi-sommeil [dəmisɔmɛj] n.m. (pl. *demi-sommeils*). État intermédiaire entre la veille et le sommeil.

demi-soupir [dəmisupiʀ] n.m. (pl. *demi-soupirs*). MUS. Silence dont la durée correspond à celle d'une croche ; signe qui note ce silence.

démission [demisjɔ̃] n.f. (lat. *demissio* "affaissement", de *demittere* "faire tomber", rapproché de *dimittere* ; v. 2. *démettre*). - **1.** Action de se démettre d'une fonction ; acte par lequel on se démet d'une fonction, d'un emploi : *Donner sa démission. Envoyer sa lettre de démission.* - **2.** Attitude d'une personne, d'une institution, etc., qui sont incapables de remplir leur mission, qui y renoncent : *La démission des parents.*

démissionnaire [demisjɔnɛʀ] adj. et n. Qui donne ou qui a donné sa démission : *Un ministre démissionnaire.*

démissionner [demisjɔne] v.i. - **1.** Renoncer volontairement à une fonction, à un emploi : *Démissionner de son poste de directeur.* - **2.** Renoncer à tenir son rôle, s'avouer vaincu devant une difficulté : *Parents qui démissionnent* (syn. abdiquer, capituler). ◆ v.t. Obliger qqn à donner sa démission : *Il n'a pas démissionné, on l'a démissionné.*

demi-tarif [dəmitaʀif] n.m. (pl. *demi-tarifs*). Tarif réduit de moitié.

demi-teinte [dəmitɛ̃t] n.f. (pl. *demi-teintes*). - **1.** PEINT. et GRAV. Partie colorée ou grisée d'une valeur intermédiaire entre le clair et le foncé. - **2.** En demi-teinte(s), atténué, adouci, tout en nuances : *Un récit en demi-teintes.* ‖ PHOT. Photographie en demi-teinte, phototype ne comportant que des lumières douces et des ombres claires.

demi-ton [dəmitɔ̃] n.m. (pl. *demi-tons*). MUS. Intervalle équivalant à la moitié d'un ton.

demi-tour [dəmituʀ] n.m. (pl. *demi-tours*). - **1.** Moitié d'un tour que qqn ou qqch fait en pivotant sur lui-même : *Un rang de majorettes exécutant un demi-tour impeccable.* - **2.** Faire demi-tour, revenir sur ses pas.

démiurge [demjyʀʒ] n.m. (gr. *dêmiourgos* "celui qui crée"). - **1.** PHILOS. Dieu créateur de l'univers, pour Platon. - **2.** ANTIQ. Magistrat civil, en Grèce. - **3.** LITT. Personne qui crée ou anime qqch.

demi-volée [dəmivɔle] n.f. (pl. *demi-volées*). SPORTS. Frappe de la balle ou du ballon au moment où ils quittent le sol après le rebond.

démobilisable [demɔbilizabl] adj. Qui peut ou doit être démobilisé.

démobilisateur, trice [demɔbilizatœʀ, -tʀis] adj. Qui démobilise : *Un mot d'ordre démobilisateur.*

démobilisation [demɔbilizasjɔ̃] n.f. - **1.** Renvoi dans leurs foyers d'hommes mobilisés. - **2.** Relâchement de l'énergie, du dynamisme : *La démobilisation des militants.*

démobiliser [demɔbilize] v.t. (de *mobiliser*). - **1.** Procéder à la démobilisation des réservistes. - **2.** Enlever l'envie de se battre, de militer, de défendre qqch.

démocrate [demɔkrat] adj. et n. - **1.** Attaché à la démocratie. - **2.** Relatif au *parti démocrate*, l'un des deux grands partis politiques des États-Unis ; membre ou sympathisant de ce parti.

démocrate-chrétien, enne [demɔkratkretjɛ̃, -ɛn] adj. et n. (pl. *démocrates-chrétiens, ennes*). Qui se réclame à la fois de l'idéal démocratique et des principes sociaux du christianisme.

démocratie [demɔkrasi] n.f. (gr. *dêmokratia*, de *dêmos* "peuple" et *kratein* "régner"). - **1.** Régime politique dans lequel le peuple exerce sa souveraineté lui-même sans l'intermédiaire d'un organe représentatif (*démocratie directe*) ou par représentants interposés (*démocratie représentative*). - **2.** Démocratie chrétienne. Mouvement politique qui s'inspire de la doctrine sociale de l'Église catholique. ‖ Démocratie populaire. Nom donné aux régimes d'inspiration marxiste-léniniste qui furent mis en place dans certains pays de l'Europe de l'Est après la Seconde Guerre mondiale.

démocratique [demɔkratik] adj. Qui appartient à la démocratie ; conforme à la démocratie : *Mesure démocratique.*

démocratiquement [demɔkratikmɑ̃] adv. De façon démocratique : *Être élu démocratiquement.*

démocratisation [demɔkratizasjɔ̃] n.f. Action de démocratiser : *La démocratisation de l'enseignement.*

démocratiser [demɔkratize] v.t. - **1.** Mettre à la portée de tout le monde, rendre accessible : *Démocratiser la pratique du golf.* - **2.** Organiser selon les principes démocratiques : *Démocratiser un pays, une institution.*

démodé, e [demɔde] adj. - **1.** Qui n'est plus à la mode : *Vêtement démodé.* - **2.** Dépassé, périmé : *Théorie démodée.*

se démoder [demɔde] v.pr. Cesser d'être à la mode.

démodulateur [demɔdylatœʀ] n.m. Dispositif électronique qui effectue la démodulation d'une oscillation.

démodulation [demɔdylasjɔ̃] n.f. TÉLÉCOMM. Processus par lequel un signal est séparé de l'oscillation de haute fréquence (dite *oscillation porteuse*) qu'il module.

démoduler [demɔdyle] v.t. (de *moduler*). Effectuer la démodulation d'une oscillation.

démographie [demɔgrafi] n.f. (de *démo-* et *-graphie*). Science ayant pour objet l'étude quantitative des populations humaines, de leur évolution, de leurs mouvements. ◆ **démographe** n.m. Nom du spécialiste.

démographique [demɔgrafik] adj. De la démographie : *Une étude démographique.*

demoiselle [dəmwazɛl] n.f. (lat. pop. *dominicella*, dimin. de *domina* "maîtresse"). - **1.** Jeune fille ; femme qui n'est pas mariée. - **2.** Libellule bleue. - **3.** TECHN. Syn. de *hie.*

démolir [demɔliʀ] v.t. (lat. *demoliri*, de *moliri* "bâtir") [conj. 32]. - **1.** Abattre, détruire une construction : *Démolir une maison* (syn. raser ; contr. bâtir, construire). - **2.** Mettre en pièces, détériorer complètement : *Ils lui ont démoli sa voiture* (syn. saccager). - **3.** FAM. Frapper qqn violemment, le mettre à mal, lui infliger une correction : *Se faire démolir (le portrait) par des voyous.* - **4.** Altérer l'état physique ou moral : *L'alcool l'a démoli.* - **5.** Ruiner l'influence, la réputation de qqn : *Démolir un homme politique.* - **6.** Détruire, anéantir par la critique, la dérision, etc. : *Démolir un projet.*

démolissage [demɔlisaʒ] n.m. Action de démolir, de critiquer une personne, son influence, etc.

démolisseur, euse [demɔlisœʀ, -øz] n. - **1.** Personne, entreprise chargée de démolir une construction. - **2.** Personne qui sape, qui ruine une doctrine, une théorie, etc., par la critique.

démolition [demɔlisjɔ̃] n.f. - **1.** Action de démolir une construction : *Démolition d'une gare.* - **2.** Action de ruiner, d'anéantir : *Démolition d'un projet.* ◆ **démolitions** n.f. pl. Matériaux qui proviennent de bâtiments démolis.

démon [demɔ̃] n.m. (lat. ecclés. *daemon*, gr. *daimôn* "dieu, génie"). - **1.** Ange déchu qui habite l'Enfer et incite les hommes à faire le mal (syn. diable). - **2.** RELIG. CHRÉT. (Précédé de l'art. déf.). Satan, le diable. - **3.** Personne néfaste, dangereuse. - **4.** Enfant turbulent ou très espiègle (syn. diable). - **5.** Personnification d'un vice, d'une passion : *Le démon de la curiosité.* - **6.** ANTIQ. Divinité, génie, bon ou mauvais, attaché à la destinée d'un homme, d'un État.

démonétisation [demɔnetizasjɔ̃] n.f. Action de démonétiser ; fait d'être démonétisé.

démonétiser [demɔnetize] v.t. (du lat. *moneta* "monnaie"). Ôter sa valeur à une monnaie, à un timbre, etc.

démoniaque [demɔnjak] adj. et n. (lat. ecclés. *daemoniacus* ; v. *démon*). - **1.** Propre au démon : *Superstition démoniaque.* - **2.** D'une perversité diabolique : *Ruse démoniaque.*

démonstrateur, trice [demɔ̃stratœʀ, -tʀis] n. Personne qui assure la publicité d'un objet mis en vente et en explique au public le fonctionnement.

démonstratif, ive [demɔ̃stratif, -iv] adj.
- **1.** Qui démontre qqch : *Argument démonstratif.* - **2.** Qui manifeste extérieurement ses sentiments : *Il n'est guère démonstratif* (syn. expansif). ◆ adj. et n.m. GRAMM. Se dit d'un adjectif ou d'un pronom qui sert à désigner un être ou un objet par la situation ou le contexte linguistique : « *Ce* » *est un adjectif démonstratif,* « *celui-ci* » *est un pronom démonstratif.*

démonstration [demɔ̃strasjɔ̃] n.f. (lat. *demonstratio ;* v. démontrer). - **1.** Action de rendre évidente, de prouver par l'expérience la vérité d'un fait, d'une donnée scientifique, etc. - **2.** LOG. Raisonnement établissant la vérité d'une proposition à partir des axiomes que l'on a posés. - **3.** Action de montrer au public le fonctionnement d'un appareil, l'usage d'un produit : *Démonstration d'un aspirateur.* - **4.** Action de montrer un savoir-faire : *Démonstration de karaté.* - **5.** Marque extérieure, manifestation de sentiments (surtout au pl.) : *Démonstration de joie.*

démontable [demɔ̃tabl] adj. Qui peut être démonté : *Un meuble démontable.*

démontage [demɔ̃taʒ] n.m. Action de démonter : *Le démontage d'un moteur.*

démonté, e [demɔ̃te] adj. (p. passé de *démonter*). Mer démontée, mer très houleuse.

démonte-pneu [demɔ̃tpnø] n.m. (pl. *démonte-pneus*). Levier utilisé pour retirer un pneu de la jante.

démonter [demɔ̃te] v.t. (de *monter*). - **1.** Séparer, désassembler les parties d'un objet : *Démonter un aspirateur* (contr. remonter). - **2.** Troubler, mettre dans l'embarras : *Démonter un adversaire* (syn. déconcerter). - **3.** Jeter qqn à bas de sa monture : *Démonter un cavalier.* ◆ **se démonter** v.pr. Perdre son assurance, se troubler.

démontrabilité [demɔ̃trabilite] n.f. LOG. Propriété de toute formule d'une théorie déductive dont il existe une démonstration.

démontrable [demɔ̃trabl] adj. Que l'on peut démontrer : *Un théorème démontrable.*

démontrer [demɔ̃tre] v.t. (lat. *demonstrare* "montrer, faire voir"). - **1.** Établir par un raisonnement rigoureux la vérité, l'évidence de : *Démontrer une proposition. Je lui ai démontré qu'il avait tort* (syn. prouver). - **2.** Témoigner par des marques extérieures : *Cette action démontre sa bonté.*

démoralisant, e [demɔralizɑ̃, -ɑ̃t] adj. Qui fait perdre le courage, la confiance : *Des perspectives professionnelles démoralisantes* (syn. déprimant).

démoralisateur, trice [demɔralizatœr, -tris] adj. et n. Qui tend à démoraliser : *Influence démoralisatrice.*

démoralisation [demɔralizasjɔ̃] n.f. Action de démoraliser ; état de qqn qui est démoralisé : *La démoralisation de l'armée après la défaite* (syn. découragement).

démoraliser [demɔralize] v.t. (de 2. *moral*). Ôter le courage, la confiance : *Ces échecs répétés me démoralisent* (syn. abattre, déprimer).

démordre [demɔrdr] v.t. ind. [**de**] (de *mordre*) [conj. 76]. Ne pas démordre d'une opinion, d'une idée, ne pas vouloir y renoncer, s'entêter.

démotique [demɔtik] adj. et n.m. (gr. *dēmotikos* "populaire"). - **1.** Se dit d'une écriture cursive de l'ancienne Égypte, dérivée du hiératique et d'un emploi à partir du VIIᵉ s. av. J.-C. - **2.** Se dit de l'état populaire de la langue grecque, par opp. à un état savant.

démotivation [demɔtivasjɔ̃] n.f. Action de démotiver ; fait d'être démotivé.

démotiver [demɔtive] v.t. Faire perdre à qqn toute motivation, toute raison de poursuivre qqch : *Démotiver son personnel.*

démoulage [demulaʒ] n.m. Action de démouler.

démouler [demule] v.t. Retirer d'un moule : *Démouler un bronze, un gâteau.*

démultiplication [demyltiplikasjɔ̃] n.f. - **1.** MÉCAN. Rapport de réduction de vitesse entre deux pignons d'une transmission. - **2.** Action de démultiplier qqch.

démultiplier [demyltiplije] v.t. et v.i. - **1.** MÉCAN. Réduire la vitesse dans la transmission d'un mouvement. - **2.** Augmenter la puissance de qqch par la multiplication des moyens utilisés : *Démultiplier les pouvoirs de décision.*

démuni, e [demyni] adj. et n. Privé d'avantages matériels, de ressources ; déshérité : *Aider les démunis.*

démunir [demynir] v.t. (de *munir*) [conj. 32]. - **1.** Priver qqn de ce qu'il possédait ; le lui enlever : *On l'a démuni de ses papiers* (syn. dépouiller). - **2.** (Absol.). Ne plus avoir de ressources financières : *Il est démuni.* ◆ **se démunir** v.pr. Se dessaisir, se priver de : *Se démunir d'un certificat.*

démuseler [demyzle] v.t. [conj. 24]. Ôter la muselière à : *Démuseler un chien.*

démutisation [demytizasjɔ̃] n.f. (du lat. *mutus* "muet"). Fait de donner à un sourd-muet de naissance l'usage de la parole par des méthodes appropriées ; ensemble de ces méthodes.

démystification [demistifikasjɔ̃] n.f. Action de démystifier ; fait d'être démystifié.

démystifier [demistifje] v.t. (de *mystifier*). - **1.** Détromper qqn qui a été l'objet d'une mystification : *Un livre qui a démystifié un public trop crédule* (contr. mystifier). **- 2.** Priver de son mystère, banaliser qqch en montrant sa véritable nature : *Démystifier la croyance à des forces occultes.* **Rem.** Cet emploi est critiqué par certains puristes qui lui préfèrent le verbe *démythifier* dans ce sens.

démythifier [demitifje] v.t. (de *mythe,* d'apr. *démystifier*). Ôter son caractère de mythe à qqch, à qqn : *Démythifier le personnage de Don Juan.*

dénatalité [denatalite] n.f. Diminution du nombre des naissances dans un pays.

dénationalisation [denasjɔnalizasjɔ̃] n.f. Action de dénationaliser une entreprise ; fait d'être dénationalisé.

dénationaliser [denasjɔnalize] v.t. Restituer au secteur privé une entreprise ou une industrie précédemment nationalisée.

dénaturaliser [denatyralize] v.t. Priver des droits acquis par naturalisation.

dénaturation [denatyrasjɔ̃] n.f. Action de dénaturer un produit, de modifier ses caractéristiques.

dénaturé, e [denatyre] adj. **- 1.** Qui a subi la dénaturation : *Alcool dénaturé.* **- 2.** Contraire à ce qui est considéré comme naturel : *Goûts dénaturés.*

dénaturer [denatyre] v.t. (de *nature*). **- 1.** Mélanger à certaines substances d'autres substances qui les rendent impropres à leur destination ordinaire. **- 2.** Altérer considérablement un goût, une saveur. **- 3.** Fausser le sens, altérer : *Dénaturer les paroles de qqn* (syn. déformer).

dénazification [denazifikasjɔ̃] n.f. Ensemble des mesures prises en Allemagne après la Seconde Guerre mondiale pour faire disparaître l'influence nazie.

dendrite [dɛ̃drit] ou [dãdrit] n.f. (du gr. *dendron* "arbre"). **- 1.** GÉOL. Figure arborescente ramifiée formée de petits cristaux, à la surface de diverses roches. **- 2.** BIOL. Prolongement arborisé du cytoplasme d'une cellule nerveuse.

dénégation [denegasjɔ̃] n.f. (bas lat. *denegatio,* du class. *denegare* "dénier"). **- 1.** Action de nier, de dénier : *Signe de dénégation.* **- 2.** PSYCHAN. Processus par lequel le sujet nie un désir qu'il vient de formuler.

déneigement [denɛʒmã] n.m. Action de déneiger.

déneiger [denɛʒe] v.t. [conj. 23]. Débarrasser de la neige une voie, une route, un accès.

déni [deni] n.m. (de *dénier*). **- 1.** Refus d'accorder ce qui est dû. **- 2.** DR. *Déni de justice,* refus illégal d'un juge ou d'un tribunal d'examiner une affaire ou de rendre un jugement.

déniaiser [denjeze] v.t. (de *niais*) [conj. 4]. **- 1.** Instruire qqn pour le rendre moins naïf. **- 2.** Faire perdre sa virginité à qqn.

dénicher [denife] v.t. (de *nicher*). **- 1.** Enlever d'un nid : *Dénicher des oiseaux.* **- 2.** Trouver à force de recherches : *Dénicher un livre rare.* ◆ v.i. Quitter son nid.

dénicheur, euse [denifœr, -øz] n. **- 1.** Celui, celle qui déniche les oiseaux. **- 2.** Personne habile à découvrir des pièces rares, des talents, etc.

dénicotiniser [denikɔtinize] v.t. Diminuer ou supprimer la teneur en nicotine du tabac.

denier [dənje] n.m. (lat. *denarius,* de *deni* "dix par dix"). **- 1.** Monnaie romaine, apparue au IIIe s. av. J.-C. **- 2.** Ancienne monnaie française, valant le douzième du sou. **- 3.** *Denier du culte,* contribution volontaire des catholiques pour l'entretien du culte et du clergé. ◆ **deniers** n.m. pl. **- 1.** LITT. (Avec le possessif). Somme d'argent. **- 2.** *Les deniers publics,* les revenus de l'État.

dénier [denje] v.t. (lat. *denegare,* de *negare* "nier"). **- 1.** Refuser de reconnaître qqch : *Dénier toute responsabilité.* **- 2.** Refuser d'une manière absolue d'accorder : *Dénier un droit à qqn.*

dénigrement [denigrəmã] n.m. Action de dénigrer, de médire : *Un dénigrement systématique.*

dénigrer [denigre] v.t. (lat. *denigrare* "noircir", de *niger* "noir"). Attaquer la réputation, le talent de (qqn) : *Dénigrer un adversaire* (syn. discréditer, décrier).

dénigreur, euse [denigrœr, -øz] n. Personne qui dénigre.

dénivelé [denivle] n.m. et **dénivelée** [denivle] n.f. Différence d'altitude entre deux points.

déniveler [denivle] v.t. (de *niveler*) [conj. 24]. Mettre à un niveau différent, rendre une surface inégale : *Une chaussée dénivelée.*

dénivellation [denivelasjɔ̃] n.f. Différence de niveau : *Les dénivellations d'une route.*

dénombrement [denɔ̃brəmã] n.m. Action de dénombrer, de compter : *Le dénombrement de la population* (syn. recensement). *Le dénombrement des livres* (syn. inventaire).

dénombrer [denɔ̃bre] v.t. (lat. *denumerare* "compter"). Faire le compte des unités composant un ensemble : *Dénombrer les bêtes d'un troupeau* (syn. recenser, inventorier).

dénominateur [denɔminatœr] n.m. (bas lat. *denominator* "celui qui désigne" ; v. *dénommer*). **- 1.** MATH. Diviseur dans un quotient représenté par une fraction ; celui des deux termes qui est placé au-dessous de la barre d'une fraction et qui indique en combien de parties l'unité a été divisée (par opp. à *numérateur*). - **2.** Dénominateur commun, qui est le même dans plusieurs fractions ; au fig., point commun à plusieurs personnes, à plusieurs choses.

dénominatif, ive [denɔminatif, -iv] adj. et n.m. (lat. *denominativus* ; v. *dénommer*). LING. Se dit d'un mot formé à partir d'un nom (ex. *numéroter,* de *numéro*).

dénomination [denɔminasjɔ̃] n.f. (lat. *denominatio* ; v. *dénommer*). Désignation par un nom : *La dénomination d'un nouveau produit* (syn. appellation).

dénommé, e [denɔme] n. et adj. (de *dénommer*). FAM. Celui qui est appelé (péjor.) : *Le dénommé Georges.*

dénommer [denɔme] v.t. (lat. *denominare,* de *nomen, -inis* "nom"). - **1.** Donner un nom à une personne, à une chose : *On l'a dénommé Jacques* (syn. appeler). - **2.** /pxbal;rubDR. Nommer une personne dans un acte.

dénoncer [denɔ̃se] v.t. (lat. *denuntiare,* de *nuntiare* "annoncer, faire savoir") [conj. 16]. - **1.** Signaler comme coupable à la justice, à l'autorité ou à l'opinion publique : *Dénoncer un criminel.* - **2.** Annuler, rompre un engagement : *Dénoncer un traité.*

dénonciateur, trice [denɔ̃sjatœr, -tris] adj. et n. Qui dénonce à la justice, à l'autorité compétente.

dénonciation [denɔ̃sjasjɔ̃] n.f. - **1.** Action de dénoncer qqn, qqch : *La dénonciation d'un criminel* (syn. délation). *La dénonciation des abus.* - **2.** Action d'annuler, de rompre : *La dénonciation d'un armistice* (syn. annulation, rupture). - **3.** DR. Notification d'un acte aux personnes concernées faite en dehors de l'instance judiciaire.

dénotation [denɔtasjɔ̃] n.f. LING. Ensemble des éléments fondamentaux et permanents qui permettent à un mot de désigner qqch (par opp. aux valeurs subjectives variables qui constituent sa connotation).

dénoter [denɔte] v.t. (lat. *denotare*). - **1.** Indiquer, marquer par quelque signe : *Son attitude dénote un grand embarras* (syn. témoigner de). - **2.** LING. Signifier par dénotation (par opp. à *connoter*).

dénouement [denumɑ̃] n.m. (de *dénouer*). - **1.** Événement qui termine ; solution d'une affaire. - **2.** Point où aboutit une intrigue dramatique : *Dénouement imprévu* (syn. fin).

dénouer [denwe] v.t. (conj. 6). - **1.** Défaire un nœud, détacher une chose nouée : *Dénouer la ficelle d'un paquet.* - **2.** Donner une solution, résoudre une difficulté : *Dénouer une situation.* - **3.** Dénouer les langues, faire parler l'assistance.

dénoyauter [denwajɔte] v.t. Enlever les noyaux : *Dénoyauter des olives.*

dénoyauteur [denwajɔtœr] n.m. Ustensile ménager pour dénoyauter.

denrée [dɑ̃re] n.f. (anc. fr. *deneree* "la valeur d'un denier"). - **1.** Marchandise quelconque destinée à la consommation alimentaire : *Des denrées périssables.* - **2.** Une denrée rare, une chose, une qualité précieuse difficile à trouver.

dense [dɑ̃s] adj. (lat. *densus*). - **1.** Compact, épais : *Un brouillard dense.* - **2.** Serré sur un espace limité : *Une foule dense.* - **3.** Dont la masse volumique est grande par rapport à celle d'une substance de référence (l'air pour les gaz, l'eau pour les liquides et les solides). - **4.** Style, pensée dense, concis.

densifier [dɑ̃sifje] v.t. (de *dense*). Augmenter la densité de qqch.

densimétrie [dɑ̃simetri] n.f. (de *dense* et -*métrie*). Technique de la mesure des densités.

densimétrique [dɑ̃simetrik] adj. Relatif à la densimétrie.

densité [dɑ̃site] n.f. - **1.** Caractère de ce qui est dense. - **2.** PHYS. Rapport de la masse d'un certain volume d'un corps à celle du même volume d'eau (ou d'air, pour les gaz). - **3.** Densité de population, nombre moyen d'habitants au kilomètre carré.

dent [dɑ̃] n.f. (lat. *dens, dentis*). - **1.** Organe dur formé d'ivoire recouvert d'émail sur la couronne, implanté chez l'homme sur le bord des maxillaires et servant à la mastication. □ On distingue, d'avant en arrière, les incisives, les canines, les prémolaires, les molaires. - **2.** Chacun des organes durs et saillants de la bouche des vertébrés, contribuant à préparer la déglutition des proies ou servant à la défense. - **3.** Chacune des tiges pointues ou des pointes triangulaires tranchantes de certains outils, certains instruments : *Les dents d'une scie, d'un râteau, d'une fourchette.* - **4.** Chacune des saillies d'une roue d'engrenage. - **5.** BOT. Partie en pointe de certains organes végétaux : *Les dents du bord d'une feuille.* - **6.** Sommet montagneux pointu et déchiqueté, délimité par des versants abrupts. - **7.** Avoir, garder une dent contre qqn, lui en vouloir. ‖ FAM. Avoir la dent, avoir faim. ‖ Avoir la dent dure, avoir la critique sévère. ‖ Avoir les dents longues, être ambitieux. ‖ Dents de lait, premières dents, destinées à tomber, chez l'homme et certains mammifères. ‖ Dents de sagesse, les quatre molaires tardives chez l'homme. ‖ Du bout des dents, avec dégoût : *Elle mange du bout des dents.* ‖ Être armé jusqu'aux dents, être bien armé. ‖ Être sur les dents, être dans une attente fébrile ; être très occupé : *Tout le service est sur les dents pour boucler le journal.* ‖ Faire ses dents, avoir ses premières dents qui poussent. ‖ **Grincer des dents,** montrer de l'agacement. ‖ **Montrer les dents,** prendre une attitude de menace. ‖ **Mordre à belles dents,** mordre avec avidité. ‖ **N'avoir rien à se mettre sous la dent,** n'avoir rien à manger. ‖ **Se casser les dents sur qqch,** ne pas en venir à bout ; échouer.

dentaire [dɑ̃tɛʀ] adj. Relatif aux dents : *Os dentaire.*

dental, e, aux [dɑ̃tal, -o] adj. PHON. Consonne dentale, consonne articulée en appuyant la pointe de la langue contre les dents : *Le* d *et le* t *sont des consonnes dentales.* (On dit aussi *une dentale.*)

denté, e [dɑ̃te] adj. Qui a des saillies en forme de dents : *Feuille, roue dentée.*

dentelé, e [dɑ̃tle] adj. (de *dent*). Bordé de petites échancrures, régulières ou non.

dentelle [dɑ̃tɛl] n.f. (dimin. de *dent*). - **1.** Tissu ajouré constitué de fils entrelacés formant un fond en réseau sur lequel se détachent des motifs, réalisé à l'aide d'aiguilles, de fuseaux ou d'un crochet. - **2.** Ce qui rappelle ce tissu : *Dentelle de papier.* - **3.** FAM. Ne pas faire dans la dentelle, manquer du sens des nuances, de délicatesse.

dentellière [dɑ̃təljɛʀ] n.f. Personne qui fabrique la dentelle.

dentelure [dɑ̃tlyʀ] n.f. - **1.** Découpure en forme de dents. - **2.** Motif décoratif dentelé.

dentier [dɑ̃tje] n.m. Appareil formé d'une série de dents artificielles.

dentifrice [dɑ̃tifʀis] n.m. et adj. (lat. *dentifricium* "produit utilisé pour frotter les dents"). Produit destiné au nettoyage des dents et des gencives.

dentiste [dɑ̃tist] n. (de *dent*). Syn. cour. de *chirurgien-dentiste.*

dentisterie [dɑ̃tistəʀi] n.f. Science qui a pour objet l'étude et la pratique des soins des dents.

dentition [dɑ̃tisjɔ̃] n.f. - **1.** Ensemble des dents (syn. denture). - **2.** PHYSIOL. Formation et sortie naturelle des dents.

denture [dɑ̃tyʀ] n.f. Nombre et disposition des différentes catégories de dents sur les mâchoires (syn. dentition).

dénucléarisation [denykleaʀizasjɔ̃] n.f. Action de dénucléariser ; fait d'être dénucléarisé.

dénucléariser [denykleaʀize] v.t. Limiter ou interdire le stationnement, la possession, la fabrication d'armes nucléaires dans une zone, un pays.

dénuder [denyde] v.t. (lat. *denudare,* de *nudus* "nu"). - **1.** Laisser à nu une partie du corps : *Robe qui dénude le dos.* - **2.** Dépouiller un arbre de son écorce, un os, une veine de la chair

qui les recouvre, un conducteur électrique de son isolant. - **3.** Crâne dénudé, crâne dégarni, chauve.

dénué, e [denɥe] adj. (p. passé de l'anc. v. *dénuer,* doublet de *dénuder*). Dépourvu, privé de : *Un film dénué d'intérêt.*

dénuement [denymɑ̃] n.m. (de *dénué*). État de qqn qui manque des choses nécessaires : *Vivre dans le plus grand dénuement* (syn. indigence, misère).

dénutrition [denytʀisjɔ̃] n.f. (de *nutrition*). État pathologique d'un tissu ou d'un organisme vivant chez lequel l'assimilation est déficitaire.

déodorant [deɔdɔʀɑ̃] adj.m. et n.m. Se dit d'un produit qui diminue ou supprime les odeurs corporelles.

déontologie [deɔ̃tɔlɔʒi] n.f. (du gr. *deon, -ontos* "ce qu'il faut faire", et de *-logie*). Ensemble des règles et des devoirs qui régissent une profession, la conduite de ceux qui l'exercent, les rapports entre ceux-ci et leurs clients ou le public : *Déontologie médicale.*

dépannage [depanaʒ] n.m. Action de dépanner : *Le dépannage d'une voiture.*

dépanner [depane] v.t. (de *panne*). - **1.** Remettre en état de marche une machine arrêtée à la suite d'une avarie. - **2.** FAM. Tirer qqn d'embarras en lui rendant un service : *Il m'a dépanné de cent francs.*

dépanneur, euse [depanœʀ, -øz] n. Professionnel chargé du dépannage d'un véhicule, d'un appareil, etc. ◆ **dépanneur** n.m. CAN. Petite épicerie ouverte au-delà des heures habituelles des autres commerces.

dépanneuse [depanøz] n.f. Voiture équipée d'un matériel de dépannage.

dépaqueter [depakte] v.t. [conj. 27]. Défaire un paquet, sortir une marchandise de son emballage : *Dépaqueter des livres.*

dépareillé, e [depaʀeje] adj. - **1.** Qui forme une série incomplète ou disparate : *Service dépareillé.* - **2.** Qui s'est séparé d'un ensemble avec lequel il constituait une paire ou une série : *Des chaussettes dépareillées.*

dépareiller [depaʀeje] v.t. (de *pareil*). Rendre incomplet un ensemble par la disparition d'un ou plusieurs éléments qui le composaient.

déparer [depaʀe] v.t. (de *parer*). Altérer le bel aspect de ; gâter l'harmonie d'un ensemble : *Le tableau ne dépare pas la collection.*

déparier [depaʀje] et **désapparier** [dezapaʀje] v.t. (de *apparier*). Ôter l'une des deux choses qui font la paire : *Déparier des gants* (contr. apparier).

1. départ [depaʀ] n.m. (de l'anc. fr. *departir* "s'en aller"). - **1.** Action de partir : *Être sur le départ.* - **2.** Point de départ, commencement.

2. départ [depaʀ] n.m. (de *départir*). Faire le départ de, entre deux choses, les séparer, les distinguer.

départager [depaʀtaʒe] v.t. [conj. 17]. **-1.** Faire cesser le partage en nombre égal des voix en ajoutant un nouveau suffrage qui permette à une majorité de se dégager. **-2.** Trouver en arbitrant un moyen de classer les concurrents arrivés à égalité : *Départager les ex aequo du concours.*

département [depaʀtəmã] n.m. (de *départir*). **-1.** Collectivité territoriale administrée par le conseil général et circonscription administrative dirigée par le préfet. **-2.** Chacune des administrations du gouvernement d'un État, des branches spécialisées d'une administration, d'un organisme : *Département des antiquités du Louvre.* **-3.** En Suisse, division du pouvoir exécutif d'un canton. **-4.** Département d'outre-mer (D. O. M.), la Guyane, la Réunion, la Martinique, la Guadeloupe.

départemental, e, aux [depaʀtəmãtal, -o] adj. **-1.** Qui concerne le département. **-2.** Route départementale, route construite et entretenue par le département. On dit aussi *une départementale.*

départementalisation [depaʀtəmãtalizasjɔ̃] n.f. Action de donner le statut d'un département.

départir [depaʀtiʀ] v.t. (de *partir*, au sens anc. de "partager") [conj. 43 ou 32]. SOUT. Attribuer en partage : *La tâche qui lui a été départie* (syn. impartir). ◆ **se départir** v.pr. **[de]**. Quitter, renoncer à : *Il ne se départait pas de son calme.*

dépassé [depase] adj. **-1.** Qui n'a plus cours, démodé : *Une théorie dépassée* (syn. désuet, périmé). **-2.** Qui ne domine plus la situation : *Il est dépassé* (= il n'est pas à la hauteur).

dépassement [depasmã] n.m. **-1.** Action de dépasser qqn, un véhicule : *Dépassement d'un concurrent dans un virage. Dépassement interdit.* **-2.** Action de se dépasser, d'aller au-delà de ses limites : *Le dépassement de soi* (syn. surpassement). **-3.** Fait de dépasser un budget, une somme allouée : *Un dépassement de crédit.*

dépasser [depase] v.t. (de *passer*). **-1.** Être plus haut, plus grand, plus long que : *Ce sapin dépasse tous les autres. Il me dépasse de 5 cm.* **-2.** Passer devant qqn, un véhicule : *Dépasser un camion, un concurrent* (syn. doubler). **-3.** Aller au-delà d'une limite, d'un repère : *Dépasser la ligne d'arrivée* (syn. franchir). *Dépasser la trentaine.* **-4.** Aller au-delà de ce qui est attendu, possible ou imaginable : *Le succès dépasse toutes nos espérances.* **-5.** Excéder une quantité, une durée : *La réunion ne doit*

pas dépasser une heure. **-6.** Être supérieur à, l'emporter sur : *Elle a dépassé tous ses camarades de classe.* **-7.** Se situer au-delà de certaines limites : *Les mots ont dépassé ma pensée.* **-8.** Causer un vif étonnement : *Son comportement me dépasse* (syn. déconcerter, dérouter). **-9.** Mettre qqn dans l'incapacité de faire face à une situation, de dominer les événements : *Je ne comprends rien, ça me dépasse complètement.* ◆ v.i. Être plus long, trop long ; faire saillie : *Ton jupon dépasse. Le clou dépasse.*

dépassionner [depasjɔne] v.t. Enlever à un sujet, à un débat son caractère passionnel.

dépavage [depavaʒ] n.m. Action de dépaver.

dépaver [depave] v.t. Enlever les pavés.

dépaysement [depeizmã] n.m. État de qqn qui est dépaysé ; fait de se dépayser, d'être dépaysé : *Rechercher le dépaysement.*

dépayser [depeize] v.t. (de *pays*). **-1.** Faire changer de pays, de milieu, de cadre : *Aimer les voyages qui dépaysent.* **-2.** Désorienter en changeant les habitudes : *Il est dépaysé par son nouvel emploi.*

dépècement [depɛsmã] et **dépeçage** [depəsaʒ] n.m. Action de dépecer.

dépecer [depəse] v.t. (de *pèce*, forme anc. de *pièce*) [conj. 29]. **-1.** Mettre en pièces : *Dépecer une proie.* **-2.** Découper en morceaux : *Dépecer une volaille.* **-3.** Démembrer, morceler : *Dépecer une propriété.*

dépêche [depɛʃ] n.f. (de *dépêcher*). **-1.** Correspondance officielle concernant les affaires publiques : *Dépêche diplomatique.* **-2.** Information brève transmise aux organes de presse : *Dépêche d'agence.* **-3.** VIEILLI. Télégramme.

dépêcher [depeʃe] v.t. (propr. "débarrasser", de [em]*pêcher*). LITT. Envoyer en toute hâte : *Dépêcher un ambassadeur.* ◆ **se dépêcher** v.pr. Se hâter : *Se dépêcher de manger.*

dépeigner [depeɲe] v.t. [conj. 4]. Déranger l'ordonnancement des cheveux (surtout p. passé) : *Il est complètement dépeigné* (syn. décoiffer).

dépeindre [depɛ̃dʀ] v.t. (lat. *depingere*, d'apr. *peindre*) [conj. 81]. Décrire, représenter avec exactitude.

dépenaillé, e [depənaje] adj. (de l'anc. fr. *penaille* "hardes"). Dont les vêtements sont en lambeaux (syn. déguenillé).

dépénaliser [depenalize] v.t. DR. Ôter son caractère pénal à une infraction.

dépendance [depãdãs] n.f. (de *2. dépendre*). **-1.** Sujétion, subordination : *Être sous la dépendance de ses parents* (contr. indépendance). **-2.** ÉCON. État dans lequel se trouve l'économie d'une nation par rapport à celle d'une autre et, notamm., d'un pays développé. **-3.** MÉD. Besoin impérieux de continuer d'absorber certaines drogues afin de chasser un état de malaise somatique ou psychique dû au sevrage. ◆ **dépendances** n.f. pl. Bâtiment, terrain, territoire qui se rattache à un bâtiment ou à un domaine plus important.

dépendant, e [depɑ̃dɑ̃, -ɑ̃t] adj. Qui est sous la dépendance de qqn, de qqch, qui lui est subordonné : *Il est dépendant financièrement* (contr. indépendant).

1. **dépendre** [depɑ̃dʀ] v.t. (de *pendre*) [conj. 73]. Détacher ce qui était pendu (syn. décrocher).

2. **dépendre** [depɑ̃dʀ] v.t. ind. **[de]** (lat. *dependere* "être lié à") [conj. 73]. **-1.** Être sous la dépendance, l'autorité de qqn, du ressort d'un organisme. **-2.** Être subordonné à la décision de qqn, être soumis à qqch : *Cela dépendra de toi, des circonstances.* **-3.** *Ça dépend,* c'est variable ; peut-être.

dépens [depɑ̃] n.m. pl. (lat. *dispensum,* de *dispendere* "peser, distribuer"). **-1.** DR. Frais d'un procès : *Être condamné aux dépens.* **-2.** Aux dépens de qqn, de qqch, à la charge, aux frais de qqn ; au détriment de qqn, de qqch : *Rire aux dépens de qqn.*

dépense [depɑ̃s] n.f. (lat. *dispensa* "ce qui est distribué" ; v. *dépens*). **-1.** Action de dépenser de l'argent ; emploi qu'on en fait : *Faire des dépenses inutiles.* **-2.** Montant d'une somme à payer : *Calculer la dépense d'un voyage* (syn. frais). **-3.** Action d'utiliser qqch, de l'employer : *Une grande dépense de forces.* **-4.** Quantité de matière, de produit consommés : *La dépense en essence d'une voiture* (syn. consommation). **-5.** Dépenses publiques, dépenses de l'État, des collectivités et des établissements publics.

dépenser [depɑ̃se] v.t. (de *dépense*). **-1.** Employer de l'argent pour un achat. **-2.** Utiliser pour son fonctionnement : *Ce poêle dépense du charbon* (syn. consommer). **-3.** Employer dans un but précis : *Dépenser son énergie à critiquer les autres* (syn. consacrer). ◆ **se dépenser** v.pr. Se donner du mouvement ; faire des efforts, se démener.

dépensier, ère [depɑ̃sje, -ɛʀ] adj. et n. Qui aime la dépense, qui dépense beaucoup.

déperdition [depɛʀdisjɔ̃] n.f. (du lat. *deperdere* "perdre complètement"). Perte, diminution : *Déperdition de chaleur, d'énergie.*

dépérir [depeʀiʀ] v.i. (lat. *deperire*) [conj. 32]. **-1.** S'affaiblir, perdre de sa vigueur, de sa vitalité : *Sa santé dépérit.* **-2.** Perdre de son importance, de sa force : *Cette entreprise dépérit.*

dépérissement [depeʀismɑ̃] n.m. État de qqn, de qqch qui dépérit : *Un dépérissement*

dû à des privations (syn. affaiblissement). *Le dépérissement du commerce extérieur* (syn. déclin).

dépersonnalisation [depɛʀsɔnalizasjɔ̃] n.f. (de *personnel,* avec infl. du lat. *personalis*). PSYCHIATRIE. Altération de la conscience du corps et du vécu corporel caractérisée par le sentiment de ne plus se reconnaître soi-même et, souvent, par la perte de la réalité du monde extérieur.

dépêtrer [depetʀe] v.t. (de [*em*]*pêtrer*). **-1.** Dégager de ce qui empêche de se mouvoir : *Dépêtrer qqn de ses liens* (syn. débarrasser). **-2.** Tirer d'embarras : *Dépêtrer qqn d'une mauvaise affaire.* ◆ **se dépêtrer** v.pr. **[de].** Se libérer, se débarrasser : *Il n'arrive pas à se dépêtrer de son procès.*

dépeuplement [depœplemɑ̃] n.m. Action de dépeupler ; fait d'être dépeuplé, de se dépeupler.

dépeupler [depœple] v.t. (de *peupler*). **-1.** Faire partir les habitants d'un pays, d'une région : *L'industrialisation a dépeuplé les campagnes.* **-2.** Faire disparaître les animaux qui vivent dans un lieu naturel, en diminuer le nombre : *Dépeupler un étang.* ◆ **se dépeupler** v.pr. Perdre de ses habitants : *Région qui se dépeuple depuis vingt ans* (syn. désertifier).

déphasage [defazaʒ] n.m. **-1.** PHYS. Différence de phase entre deux phénomènes alternatifs de même fréquence. **-2.** FAM. Perte de contact avec la réalité.

déphasé, e [defaze] adj. **-1.** Qui présente une différence de phase avec une autre grandeur alternative de même fréquence. **-2.** FAM. Qui a perdu contact avec le réel : *Après ces vacances, je suis complètement déphasé.*

dépiauter [depjote] v.t. (de *piau,* var. dialect. de *peau*). FAM. **-1.** Enlever la peau d'un animal (syn. écorcher). **-2.** Enlever ce qui recouvre qqch : *Dépiauter un bonbon.* **-3.** Analyser minutieusement un écrit, un texte.

dépilatoire [depilatwaʀ] adj. et n.m. (du lat. *pilus* "poil"). Se dit d'un produit cosmétique permettant d'éliminer les poils : *Une crème dépilatoire* (syn. épilatoire).

dépiquer [depike] v.t. (prov. *depica,* de même rac. que *épi*). AGRIC. Séparer le grain de son épi : *Dépiquer le blé.*

dépistage [depistaʒ] n.m. Action de dépister : *Le dépistage d'une maladie.*

dépister [depiste] v.t. **-1.** Découvrir le gibier à la piste : *Dépister un lièvre.* **-2.** Découvrir au terme d'une enquête, d'une recherche : *Dépister un voleur.* **-3.** Recherche systématique de qqch qui n'est pas manifeste : *Dépister une maladie.* **-4.** Détourner de la piste, mettre en défaut : *Dépister les recherches de la police.*

dépit [depi] n.m. (lat. *despectus* "mépris"). - **1.** Chagrin mêlé de ressentiment dû à une déception. - **2.** En dépit de, malgré : *En dépit de sa jeunesse, il est très mûr.* ‖ En dépit du bon sens, très mal : *Travailler en dépit du bon sens.*

dépiter [depite] v.t. (lat. *despectare* "regarder d'en haut, mépriser"). Causer du dépit : *Il est revenu très dépité de n'avoir rien obtenu* (syn. décevoir, contrarier). ◆ **se dépiter** v.pr. LITT. Concevoir du dépit, se froisser.

déplacé, e [deplase] adj. - **1.** Qui ne convient pas aux circonstances : *Remarque déplacée* (syn. incongru, choquant). - **2.** Personne déplacée, qui a été contrainte, pour des raisons économiques ou politiques, de quitter le pays.

déplacement [deplasmã] n.m. - **1.** Action de déplacer, de se déplacer, mouvement : *Le déplacement d'une statue.* - **2.** Affectation d'office à un autre poste : *Le déplacement d'un fonctionnaire* (syn. mutation). - **3.** Voyage effectué dans l'exercice d'une profession : *Être en déplacement.* - **4.** MATH. Transformation ponctuelle du plan ou de l'espace qui conserve les directions relatives et les distances : *Une translation, une rotation sont des déplacements.* - **5.** MAR. Volume d'eau déplacé par la carène d'un navire, dont la masse est égale à la masse totale du bâtiment. - **6.** PSYCHAN. Report de l'énergie psychique liée à un désir inconscient sur un objet de substitution.

déplacer [deplase] v.t. (conj. 16). - **1.** Changer qqn, qqch de place, le mettre ailleurs. - **2.** Affecter d'office à un autre poste : *Déplacer un fonctionnaire* (syn. muter). - **3.** Changer la date, l'heure de : *Déplacer un rendez-vous.* - **4.** MAR. Avoir un déplacement de : *Navire qui déplace 10 000 tonnes.* - **5.** Déplacer la question, s'écarter du sujet. ◆ **se déplacer** v.pr. - **1.** Changer de place ; bouger, se mouvoir : *Le typhon se déplace vers le sud* (syn. se diriger). - **2.** Aller d'un lieu à un autre : *Se déplacer en métro* (syn. circuler).

déplafonnement [deplafɔnmã] n.m. Action de déplafonner ; fait d'être déplafonné.

déplafonner [deplafɔne] v.t. Supprimer la limite supérieure d'un crédit, d'une cotisation.

déplaire [depleʀ] v.t. ind. [à] (conj. 110). - **1.** Ne pas plaire, être désagréable à : *Il fait un travail qui lui déplaît.* - **2.** Causer une irritation légère à : *Sa remarque lui a fortement déplu* (syn. irriter, contrarier). - **3.** N'en déplaise à qqn, même si cela doit le contrarier : *La pièce a obtenu un beau succès, n'en déplaise aux critiques.* ◆ **se déplaire** v.pr. Ne pas se trouver bien, ne pas être à son aise où l'on est : *Ils se déplaisent dans cette région.*

déplaisant, e [deplezã, -ãt] adj. Qui déplaît : *Des remarques déplaisantes* (syn. désobligeant).

Des voisins déplaisants (syn. désagréable, antipathique).

déplaisir [depleziʀ] n.m. (de *plaisir*). Sentiment pénible : *Envisager sans déplaisir de partir* (syn. contrariété).

déplanter [deplãte] v.t. - **1.** Ôter de terre un végétal pour le planter ailleurs. - **2.** Retirer de terre : *Déplanter un piquet.*

déplantoir [deplãtwaʀ] n.m. Outil pour déplanter de petits végétaux.

déplâtrer [deplãtʀe] v.t. - **1.** TECHN. Ôter le plâtre d'une surface. - **2.** CHIR. Ôter le plâtre qui immobilisait un membre fracturé.

dépliant [deplijã] n.m. Prospectus plié : *Dépliant publicitaire.*

déplier [deplije] v.t. Étendre, ouvrir une chose pliée.

déplisser [deplise] v.t. Défaire les plis, les faux plis d'une étoffe, d'un vêtement ; défroisser : *Déplisser une jupe.*

déploiement [deplwamã] n.m. Action de déployer ; fait d'être déployé : *Le déploiement des forces armées.*

déplomber [deplõbe] v.t. - **1.** Ôter le plomb qui scelle un objet : *Déplomber un compteur d'électricité.* - **2.** Ôter le plombage d'une dent. - **3.** INFORM. Pénétrer le cryptage qui protège un logiciel afin de recopier celui-ci.

déplorable [deplɔrabl] adj. (de *déplorer*). - **1.** Qui attriste, chagrine : *Situation déplorable* (syn. désespérant). - **2.** Très médiocre : *Résultats déplorables.*

déplorer [deplɔre] v.t. (lat. *deplorare* "pleurer"). - **1.** LITT. Manifester de la douleur à l'occasion d'un événement : *Déplorer la mort d'un ami.* - **2.** Regretter vivement qqch ; avoir à constater qqch de fâcheux.

déployer [deplwaje] v.t. (de *ployer*) [conj. 13]. - **1.** Étendre largement, ouvrir ce qui était plié, roulé : *L'oiseau déploie ses ailes. Déployer une carte routière* (syn. déplier). - **2.** Disposer sur une grande étendue : *Déployer un assortiment de bijoux* (syn. étaler). - **3.** Montrer, manifester dans toute son intensité : *Déployer un grand courage.* - **4.** MIL. Déployer des troupes, les faire passer d'une position de marche ou de transport à une formation de combat. - **5.** Rire à gorge déployée, rire aux éclats.

se déplumer [deplyme] v.pr. - **1.** Perdre ses plumes. - **2.** FAM. Perdre ses cheveux.

dépoétiser [depɔetize] v.t. Priver de caractère poétique.

dépoitraillé, e [depwatʀaje] adj. (de *poitrail*). FAM. Qui porte un vêtement largement ouvert sur la poitrine.

dépolarisation [depɔlaʀizasjõ] n.f. Action de dépolariser ; fait d'être dépolarisé.

dépolariser [depɔlaʀize] v.t. PHYS. Détruire la polarisation de : *Dépolariser des électrodes.*

dépoli, e [depɔli] adj. Verre dépoli, verre dont la surface diffuse la lumière.

dépolir [depɔliʀ] v.t. Ôter l'éclat, le poli de qqch : *Dépolir une glace.*

dépolissage [depɔlisaʒ] et **dépolissement** [depɔlismɑ̃] n.m. Action de dépolir.

dépolitisation [depɔlitizasjɔ̃] n.f. Action de dépolitiser : *La dépolitisation de la jeunesse.*

dépolitiser [depɔlitize] v.t. Retirer tout caractère politique à qqch, toute conscience politique à qqn : *Dépolitiser un débat.*

dépolluer [depɔlɥe] v.t. Supprimer ou réduire la pollution : *Dépolluer une plage.*

déponent, e [depɔnɑ̃, -ɑ̃t] adj. et n.m. (bas lat. *deponens, -entis*). Se dit d'un verbe latin de forme passive et de sens actif.

déport [depɔʀ] n.m. (de [*re*]*port*). BOURSE. Commission payée par le vendeur à terme au prêteur des titres.

déportation [depɔʀtasjɔ̃] n.f. - **1.** DR. PÉN. Peine politique perpétuelle qui consistait à exiler un condamné dans un lieu déterminé. □ Cette peine a été remplacée en 1960 par la détention criminelle. - **2.** Internement dans un camp de concentration situé dans une région éloignée.

déporté, e [depɔʀte] n. - **1.** Personne condamnée à la déportation. - **2.** Personne internée dans un camp de concentration dans une région éloignée ou à l'étranger.

déporter [depɔʀte] v.t. (lat. *deportare* "transporter"). - **1.** Condamner à la déportation ; envoyer en déportation. - **2.** Faire dévier de sa direction un corps en mouvement, un véhicule.

déposant, e [depozɑ̃, -ɑ̃t] adj. et n. - **1.** DR. Personne qui fait une déposition. - **2.** Personne qui fait un dépôt et, spécial., un dépôt d'argent.

dépose [depoz] n.f. (de *déposer*). Action d'enlever ce qui était fixé pour le nettoyer ou le réparer : *La dépose d'un moteur.*

déposer [depoze] v.t. (lat. *deponere*, d'après *poser*). - **1.** Poser ce que l'on portait ; laisser qqch quelque part : *Déposer un paquet chez la concierge* (syn. remettre). - **2.** Laisser qqn quelque part après l'y avoir conduit : *Je te dépose à la gare tout à l'heure.* - **3.** Laisser qqch en un lieu sûr ; laisser de l'argent, des valeurs en dépôt : *Déposer sa valise à la gare. Déposer un chèque à la banque.* - **4.** Remettre ; adresser : *Déposer une pétition, une plainte.* - **5.** Affirmer qqch comme témoignage : *Il a déposé qu'il avait vu l'assassin.* - **6.** (Absol.). Faire une déposition en justice : *Déposer contre qqn.* - **7.** Laisser comme dépôt, en parlant d'un liquide : *Le fleuve dépose des sédiments.* - **8.** (Absol.). En parlant d'un liquide au repos, laisser des particules solides sur les parois dans le fond du récipient : *Ce vin dépose.* - **9.** Faire enregistrer une marque, un brevet, etc., pour les protéger des imitations : *Marque déposée.* - **10.** Ôter ce qui était posé, fixé : *Déposer une serrure.* - **11.** Destituer un souverain, un dignitaire.

dépositaire [depoziteʀ] n. (bas lat. *depositarius*). - **1.** Personne à qui a été remis un dépôt. - **2.** Personne à qui l'on a confié qqch : *Le dépositaire d'un secret* (syn. gardien). - **3.** Intermédiaire à qui des marchandises sont confiées afin qu'il les vende pour le compte de leur propriétaire.

déposition [depozisjɔ̃] n.f. - **1.** DR. Déclaration d'un témoin en justice : *Faire sa déposition* (syn. témoignage). - **2.** Action de déposer un souverain, un dignitaire.

déposséder [deposede] v.t. [conj. 18]. Priver qqn de la possession de qqch (syn. dépouiller, spolier).

dépossession [deposesjɔ̃] n.f. Action de déposséder ; fait d'être dépossédé : *Une injuste dépossession* (syn. spoliation).

dépôt [depo] n.m. (lat. *depositum*, de *deponere* "déposer"). - **1.** Action de déposer quelque part, de placer en lieu sûr ; chose déposée : *Dépôt d'un document chez le notaire. Recevoir un dépôt.* - **2.** DR. Contrat par lequel une personne (le *déposant*) confie une chose à une autre (le *dépositaire*), à charge pour celle-ci de la garder et de la rendre fidèlement. - **3.** Somme confiée à un organisme bancaire : *Le montant maximum des dépôts est fixé à 100 000 F.* - **4.** Lieu où l'on dépose certaines choses, où l'on gare certains véhicules : *Dépôt d'autobus. Dépôt de carburant* (syn. magasin, entrepôt). - **5.** Lieu de détention se trouvant dans une préfecture de police. - **6.** MIL. Partie d'une unité restant en garnison quand cette unité fait campagne ; lieu où cette fraction reste stationnée. - **7.** Particules solides qu'abandonne un liquide au repos : *Il y a un dépôt au fond de la bouteille.* - **8.** GÉOL. Matières minérales apportées par l'eau ou le vent. - **9.** Dépôt de bilan. Déclaration de cessation de paiements faite au tribunal par une entreprise, un commerçant. ‖ Dépôt légal. Dépôt obligatoire à l'Administration d'exemplaires de toute production imprimée, audiovisuelle et cinématographique.

dépotage [depotaʒ] n.m. Action de dépoter.

dépoter [depote] v.t. Ôter une plante d'un pot.

dépotoir [depotwaʀ] n.m. (de *dépoter*). - **1.** Usine où l'on reçoit et traite les matières provenant des vidanges. - **2.** Dépôt d'ordures. -**3.** FAM. Endroit ou service où l'on relègue des personnes jugées médiocres.

dépouille [depuj] n.f. (de *dépouiller*). -**1.** Peau enlevée à un animal : *La dépouille d'un tigre.* -**2.** Mue d'un reptile ou d'un arthropode. -**3.** LITT. Dépouille mortelle, corps humain après la mort.

dépouillement [depujmɑ̃] n.m. -**1.** Action de dépouiller : *Le dépouillement d'une bête.* -**2.** État de ce qui est dépourvu de tout ornement : *Le dépouillement d'un appartement moderne. Le dépouillement du style* (syn. sobriété). -**3.** Action de dépouiller un texte. -**4.** Ensemble des opérations qui permettent de connaître le résultat d'un scrutin.

dépouiller [depuje] v.t. (lat. *despoliare*, de *spolium* "dépouillé"). -**1.** Enlever la peau d'un animal : *Dépouiller un lapin.* -**2.** Enlever ce qui couvre : *Le vent dépouilla l'arbre de ses feuilles* (syn. dégarnir). -**3.** Déposséder entièrement qqn de qqch, de ses biens, etc. : *Des escrocs l'ont dépouillé* (syn. voler, dévaliser). -**4.** Examiner attentivement un texte pour en extraire l'essentiel : *Dépouiller les journaux.* -**5.** Faire le compte des suffrages d'une élection : *Dépouiller un scrutin.* -**6.** Style dépouillé, style sans ornement. ◆ **se dépouiller** v.pr. -**1.** Se défaire de ses biens. -**2.** Muer, en parlant d'un reptile, d'un arthropode.

dépourvu, e [depuʀvy] adj. (de *pourvoir*). -**1.** Privé, dénué : *Une phrase dépourvue de sens.* -**2.** Au dépourvu, à l'improviste : *Cette question m'a pris au dépourvu.*

dépoussiérage [depusjeʀaʒ] n.m. Action de dépoussiérer : *Le dépoussiérage d'un article de loi.*

dépoussiérer [depusjeʀe] v.t. [conj. 18]. -**1.** Enlever la poussière : *Dépoussiérer un meuble.* -**2.** Débarrasser qqch de ce qui est périmé, le moderniser : *Dépoussiérer une loi.*

dépravation [depʀavasjɔ̃] n.f. Corruption, avilissement : *La dépravation des mœurs.*

dépravé, e [depʀave] adj. -**1.** Altéré, faussé, en parlant du goût. -**2.** Qui a perdu tout sens moral : *Une société dépravée.* ◆ n. Personne qui a perdu tout sens moral.

dépraver [depʀave] v.t. (lat. *depravare*, de *pravus* "pervers"). -**1.** Fausser le sens moral de qqn, le pousser à commettre des actes immoraux : *Dépraver la jeunesse* (syn. corrompre, pervertir). -**2.** Altérer, gâter le goût.

dépréciatif, ive [depʀesjatif, -iv] adj. Qui tend à déprécier : *Un terme dépréciatif* (syn. péjoratif).

dépréciation [depʀesjasjɔ̃] n.f. Action de déprécier ; son résultat ; fait de se déprécier : *La dépréciation de la monnaie.*

déprécier [depʀesje] v.t. (lat. *depretiare*, de *pretium* "prix") [conj. 9]. Diminuer, rabaisser la valeur de qqch, de qqn : *Déprécier les services rendus* (syn. minimiser). *Déprécier une monnaie* (syn. dévaloriser). ◆ **se déprécier** v.pr. Perdre de sa valeur : *La monnaie se déprécie.*

déprédateur, trice [depʀedatœʀ, -tʀis] adj. et n. Qui commet des déprédations.

déprédation [depʀedasjɔ̃] n.f. (bas lat. *depraedatio*, du class. *praeda*, "proie"). -**1.** Vol, pillage accompagné de destruction. -**2.** Dommage causé aux biens d'autrui, aux biens publics.

se déprendre [depʀɑ̃dʀ] v.pr. (de *prendre*) [conj. 79]. LITT. Se détacher de qqn ; perdre une habitude.

dépressif, ive [depʀesif, -iv] adj. Qui manifeste la dépression : *Un état dépressif.* ◆ adj. et n. Qui a tendance à la dépression nerveuse : *Un grand dépressif.*

dépression [depʀesjɔ̃] n.f. (lat. *depressio* "enfoncement", de *deprimere* ; v. *déprimer*). -**1.** Partie en creux par rapport à une surface : *Dépression de terrain.* -**2.** PHYS. Pression inférieure à celle du milieu environnant. -**3.** ÉCON. Période de ralentissement économique (syn. récession). -**4.** MÉTÉOR. Dépression (atmosphérique), masse atmosphérique sous basse pression, qui est le siège de mouvements ascendants (par opp. à *anticyclone*). ‖ Dépression nerveuse, état pathologique de souffrance marqué par un abaissement du sentiment de valeur personnelle, par du pessimisme et par une inappétence face à la vie.

dépressionnaire [depʀesjɔnɛʀ] adj. MÉTÉOR. Qui est le siège d'une dépression atmosphérique.

dépressurisation [depʀesyʀizasjɔ̃] n.f. Chute de la pression interne d'une cabine d'avion ou de l'habitacle d'un vaisseau spatial.

dépressuriser [depʀesyʀize] v.t. Faire cesser la pressurisation d'un avion, d'un engin spatial.

déprimant, e [depʀimɑ̃, -ɑ̃t] adj. -**1.** Qui affaiblit : *Un climat déprimant* (syn. débilitant). -**2.** Qui rend triste : *Un livre déprimant* (syn. démoralisant).

déprime [depʀim] n.f. (de *déprimer*). FAM. Dépression nerveuse.

déprimé, e [depʀime] adj. et n. Qui souffre de dépression.

déprimer [depʀime] v.t. (lat. *deprimere*, "rabaisser", de *premere* "presser"). Abattre physiquement ou moralement ; ôter toute énergie : *Ce travail le déprime* (syn. démoraliser). ◆ v.i. FAM. Être atteint de dépression nerveuse.

de profundis [depʀɔfɔ̃dis] n.m. (mots lat., "des profondeurs" [premiers mots d'un psaume de la Bible]). Le sixième des sept psaumes de la pénitence, que l'on récite dans les prières pour les morts.

déprogrammer [depʀɔgʀame] v.t. - **1.** Enlever du programme prévu un spectacle, une émission. - **2.** Ajourner ce qui était prévu : *Déprogrammer une réunion.*

dépucelage [depyslaʒ] n.m. FAM. Perte du pucelage.

dépuceler [depysle] v.t. [conj. 24]. FAM. Faire perdre son pucelage à qqn (syn. litt. déflorer).

depuis [dəpɥi] prép. (de *de* et *puis*). Indique : - **1.** Le point de départ dans le temps d'une action, d'un état qui dure encore : *Depuis son accident, il boite.* - **2.** Le point de départ dans l'espace : *On nous transmet depuis Londres la nouvelle d'une catastrophe aérienne* (syn. de). - **3.** Le point de départ d'une série (souvent en corrélation avec *jusqu'à*) : *On trouve de tout, depuis la mercerie jusqu'au mobilier.* - **4.** Depuis lors, depuis ce temps-là. ‖ *Depuis peu*, il y a peu de temps. ◆ adv. À partir de ce moment-là : *Je ne l'ai pas revue depuis.* ◆ **depuis que** loc. conj. Depuis le moment où : *Depuis qu'il l'a rencontrée, sa vie a changé.*

dépuratif, ive [depyʀatif, -iv] adj. et n.m. MÉD. VIEILLI. Qui a la propriété de dépurer l'organisme : *Une tisane dépurative* (syn. diurétique, purgatif).

dépuration [depyʀasjɔ̃] n.f. VIEILLI. Action de dépurer.

dépurer [depyʀe] v.t. VIEILLI. Rendre qqch pur ou plus pur : *Dépurer un métal* (syn. épurer).

députation [depytasjɔ̃] n.f. - **1.** Envoi de personnes chargées d'une mission ; ces personnes elles-mêmes : *Recevoir une députation* (syn. délégation). - **2.** Fonction de député : *Aspirer à la députation.*

député [depyte] n.m. (de *députer*). Membre d'une assemblée législative élue au suffrage universel.

députer [depyte] v.t. (lat. *deputare* "estimer"). Envoyer comme représentant (syn. déléguer, mandater).

déqualification [dekalifikasjɔ̃] n.f. Action de déqualifier ; fait d'être déqualifié.

déqualifier [dekalifje] v.t. [conj. 9]. Donner à qqn un poste, des fonctions au-dessous de sa qualification professionnelle : *Employer un personnel déqualifié.*

der [dɛʀ] n.m. ou f. inv. (abrév. de *dernier*). FAM. **La der des der**, la guerre de 1914-1918 (dont on espérait qu'elle serait la dernière) ; au fig., la dernière chose, la dernière fois. ‖ **Dix de der**, gratification de dix points pour celui qui fait la dernière levée, à la belote.

déraciné, e [deʀasine] n. Personne qui a quitté son pays, son milieu d'origine.

déracinement [deʀasinmɑ̃] n.m. Action de déraciner ; fait d'être déraciné. *Émigré qui souffre du déracinement.*

déraciner [deʀasine] v.t. - **1.** Arracher de terre un arbre, une plante avec ses racines. - **2.** Supprimer radicalement qqch, le faire disparaître : *Déraciner une habitude* (syn. extirper). - **3.** Retirer qqn de son milieu d'origine.

déraillement [deʀajmɑ̃] n.m. - **1.** Action de dérailler ; fait de dérailler. - **2.** Accident survenant sur une voie ferrée quand un train quitte les rails.

dérailler [deʀaje] v.i. - **1.** Sortir des rails, en parlant d'un train. - **2.** FAM. Fonctionner mal, se dérégler : *Ma montre déraille.* - **3.** S'écarter du bon sens : *Tu dérailles complètement !* (syn. déraisonner, divaguer).

dérailleur [deʀajœʀ] n.m. (de *dérailler*). - **1.** Mécanisme qui fait passer une chaîne de bicyclette d'un pignon sur un autre, d'un plateau sur un autre. - **2.** CH. DE F. Dispositif de sécurité établi de façon à provoquer le déraillement d'un véhicule en vue de protéger les installations en aval.

déraison [deʀezɔ̃] n.f. LITT. Manque de raison, de bon sens.

déraisonnable [deʀezɔnabl] adj. Qui manque de raison, de bon sens ; qui n'est pas raisonnable : *Des propos déraisonnables* (syn. insensé, extravagant).

déraisonnablement [deʀezɔnabləmɑ̃] adv. De manière déraisonnable.

déraisonner [deʀezɔne] v.i. LITT. Dire des paroles dénuées de raison, de bon sens : *Il déraisonne* (syn. divaguer).

dérangé, e [deʀɑ̃ʒe] adj. FAM. - **1.** Un peu fou. - **2.** Qui éprouve des troubles digestifs, notamm. intestinaux.

dérangement [deʀɑ̃ʒmɑ̃] n.m. - **1.** Fait d'être dérangé : *Une ligne en dérangement.* - **2.** Action de se déranger, de se déplacer : *Ça valait le dérangement.*

déranger [deʀɑ̃ʒe] v.t. [conj. 17]. - **1.** Déplacer ce qui était rangé, causer du désordre à, dans : *Il a encore dérangé sa chambre.* - **2.** Troubler le fonctionnement de : *Le distributeur de café est dérangé* (syn. dérégler). *Cet incident dérange tous nos projets* (syn. perturber). - **3.** Gêner qqn dans le cours de ses occupations, de son repos : *Je ne voudrais pas vous déranger* (syn. importuner).

dérapage [deʀapaʒ] n.m. - **1.** Action de déraper ; fait de déraper : *Un dérapage sur une route mouillée.* - **2.** Action de s'écarter de ce qui est normal, prévu, contrôlable : *Le dérapage des prix.*

déraper [deʀape] v.i. (prov. *derapa*, de l'anc. prov. *rapar* "saisir", du germ. *rapôn*). - **1.** Glisser de côté par suite d'une insuffisance d'adhérence au sol, en parlant des roues d'un véhicule, du véhicule lui-même. - **2.** FAM. En parlant de qqn, glisser involontairement. - **3.** S'écarter de ce qui est normal, attendu, prévu et contrôlé : *La conversation a dérapé sur un sujet délicat* (syn. dévier).

dératé, e [deʀate] n. (p. passé de *dérater* "enlever la rate", parce qu'on l'enlevait aux chevaux pour qu'ils courent plus vite). **Courir comme un dératé**, courir très vite.

dératisation [deʀatizasjɔ̃] n.f. Action de dératiser.

dératiser [deʀatize] v.t. Détruire systématiquement les rats dans un endroit : *Dératiser un immeuble.*

derby [dɛʀbi] n.m. (du n. de lord *Derby*, qui organisa cette course). - **1.** Grande course de chevaux qui a lieu chaque année à Epsom, en Grande-Bretagne. - **2.** Rencontre sportive entre équipes voisines.

derechef [dəʀəʃɛf] adv. (de *de*, *re*- et *chef* au sens de "fin, extrémité"). LITT. De nouveau.

déréglé, e [deʀegle] adj. Qui n'est pas contrôlé par des règles, des principes moraux, la raison, etc. : *Vie déréglée.*

dérèglement [deʀɛgləmɑ̃] n.m. - **1.** Trouble du fonctionnement ; fait d'être déréglé : *Dérèglement du pouls.* - **2.** Désordre moral ou mental.

déréglementation [deʀɛgləmɑ̃tasjɔ̃] n.f. Action de déréglementer ; fait d'être déréglementé.

déréglementer [deʀɛgləmɑ̃te] v.t. (de *réglementer*). Alléger ou supprimer une réglementation.

dérégler [deʀegle] v.t. (de *régler*) [conj. 18]. Troubler le fonctionnement de : *Dérégler une balance* (syn. détraquer).

déréliction [deʀeliksjɔ̃] n.f. (lat. *derelictio*, de *relinquere*, "laisser en arrière"). LITT. État d'abandon et de solitude morale complète.

déresponsabiliser [deʀɛspɔ̃sabilize] v.t. Faire perdre le sentiment, le sens de la responsabilité à qqn, à un groupe.

dérider [deʀide] v.t. (de *ride*). Rendre moins grave : *Cette anecdote réussit à les dérider* (syn. égayer). ◆ **se dérider** v.pr. S'égayer, sourire.

dérision [deʀizjɔ̃] n.f. (bas lat. *derisio*, du class. *deridere*, "bafouer"). Moquerie méprisante : *Tourner en dérision.*

dérisoire [deʀizwaʀ] adj. (bas lat. *derisorius* ; v. *dérision*). - **1.** Qui porte à rire par son caractère minable, ridicule : *Des arguments dérisoires.* - **2.** Qui est insignifiant, faible : *Prix dérisoire.*

dérivable [deʀivabl] adj. MATH. Fonction dérivable, qui admet une dérivée en un point ou dans un intervalle.

dérivatif [deʀivatif] n.m. Ce qui détourne l'esprit de ses préoccupations : *Le travail sert de dérivatif à son chagrin.*

dérivation [deʀivasjɔ̃] n.f. - **1.** Action de détourner un cours d'eau : *Creuser un canal de dérivation.* - **2.** Lit artificiel par où les eaux sont dérivées. - **3.** Action de détourner la circulation routière, ferroviaire, etc. ; voie de détournement. - **4.** ÉLECTR. Connexion au moyen d'un conducteur (le *dérivé*) entre deux points d'un circuit. - **5.** LING. Création d'une nouvelle unité lexicale, appelée *le dérivé*, par addition d'un préfixe ou d'un suffixe à une base. - **6.** MATH. Calcul de la dérivée d'une fonction. - **7.** ÉLECTR. En dérivation, en parallèle (par opp. à *en série*).

dérive [deʀiv] n.f. (de *2. dériver*). - **1.** Fait de dériver sous l'action du vent ou du courant, pour un navire, un avion. - **2.** MAR. Aileron vertical immergé pour réduire la dérive d'un bateau, notamm. d'un bateau à voile. - **3.** Gouvernail de direction d'un avion. - **4.** Aller, être à la dérive, aller à vau-l'eau, ne plus être dirigé : *Une barque qui va à la dérive* ; au fig., se laisser aller sans réagir : *Depuis qu'il est au chômage, il est à la dérive.* ‖ **Dérive des continents**, déplacement relatif des masses continentales glissant sur le manteau, dont la théorie, élaborée par A. Wegener, est partiellement confirmée auj. par la théorie des plaques. (→ tectonique.)

dérivé [deʀive] n.m. (de *1. dériver*). - **1.** CHIM. Corps obtenu par la transformation d'un autre : *Un sel est un dérivé d'un acide.* - **2.** LING. Mot qui dérive d'un autre : « *Fruitier* » est un dérivé de « *fruit* ».

dérivée [deʀive] n.f. (de *1. dériver*). MATH. Limite vers laquelle tend le rapport de l'accroissement d'une fonction à l'accroissement correspondant de la variable, lorsque ce dernier tend vers zéro.

1. dériver [deʀive] v.t. (lat. *derivare* "détourner", de *rivus*, "ruisseau"). - **1.** Détourner de son cours : *Dériver un fleuve.* ◆ v.t. ind. **[de]**. - **1.** Être issu de : *Nos malheurs dérivent de la guerre.* - **2.** LING. Tirer son origine : *Mot qui dérive du grec.*

2. dériver [deʀive] v.i. (altér., d'après *1. dériver*, de l'angl. *to drive* "pousser"). - **1.** S'écarter de sa direction. - **2.** Aller à la dérive sous l'effet du vent, d'un courant, en parlant d'un navire, d'un avion.

dériveur [deʀivœʀ] n.m. Bateau muni d'une dérive.

dermatologie [dɛʀmatɔlɔʒi] n.f. (de *dermato*- et -*logie*). Partie de la médecine qui étudie et soigne les maladies de la peau. ◆ **dermatologue** n. Nom du spécialiste.

dermatose [dɛʀmatoz] n.f. (de *dermato-*). Toute maladie de peau.

derme [dɛʀm] n.m. (gr. *derma* "peau"). ANAT. Tissu qui constitue la couche profonde de la peau.

dermique [dɛʀmik] adj. Relatif au derme.

dermite [dɛʀmit] n.f. Inflammation du derme.

dernier, ère [dɛʀnje, -ɛʀ] adj. et n. (formé d'apr. *premier*, sur l'anc. fr. *derrain*, lat. pop. *deretranus*, de *deretro*, renforcement du class. *retro* "derrière"). Qui vient après tous les autres dans le temps, selon le mérite, le rang : *Décembre est le dernier mois de l'année. C'est le dernier des hommes.* ◆ adj. **-1.** Qui est le plus récent : *L'an dernier. Dernière mode.* **-2.** Extrême : *Protester avec la dernière énergie.*

dernièrement [dɛʀnjɛʀmã] adv. Depuis peu : *Je l'ai rencontré dernièrement* (syn. récemment).

dernier-né [dɛʀnjene], **dernière-née** [dɛʀnjɛʀne] n. (pl. *derniers-nés, dernières-nées*). Enfant né le dernier dans une famille.

dérobade [deʀɔbad] n.f. (de *dérober*). Action d'esquiver une difficulté, de se soustraire à une obligation : *Son refus de venir s'expliquer est une dérobade.*

dérobé, e [deʀɔbe] adj. (p. passé de *dérober*). Porte, escalier dérobés, caché, secret. ◆ **à la dérobée** loc. adv. Furtivement et rapidement : *Regarder qqn à la dérobée.*

dérober [deʀɔbe] v.t. (de l'anc. fr. *rober* "voler", germ. *raubôn*). **-1.** LITT. Prendre furtivement ce qui appartient à autrui : *Dérober de l'argent* (syn. voler, subtiliser). **-2.** Soustraire à la vue : *L'obscurité le déroba aux yeux de ses poursuivants.* ◆ **se dérober** v.pr. **-1.** Se soustraire : *Se dérober à ses obligations.* **-2.** Faire défaut à qqn : *Ses jambes se dérobèrent sous lui.*

dérogation [deʀɔgasjɔ̃] n.f. **-1.** Action de déroger à une loi, à un contrat : *Toute dérogation à ces règles sera sanctionnée.* **-2.** Autorisation accordée par une autorité de déroger à une règle, à une loi : *Accorder, obtenir une dérogation.*

dérogatoire [deʀɔgatwaʀ] adj. DR. Qui a le caractère d'une dérogation : *Clause dérogatoire à un contrat.*

déroger [deʀɔʒe] v.t. ind. **[à]** (lat. *derogare*, de *rogare* "demander") [conj. 17]. **-1.** Enfreindre une loi, une convention, un usage : *Déroger au droit.* **-2.** LITT. Manquer à un principe de conduite, à un usage : *Déroger à l'usage établi.*

dérouiller [deʀuje] v.t. **-1.** Enlever la rouille d'un objet. **-2.** FAM. Dégourdir, réveiller :

Dérouiller ses jambes. **-3.** FAM. Donner des coups. ◆ v.i. FAM. Recevoir des coups.

déroulement [deʀulmã] n.m. **-1.** Action de dérouler, de se dérouler : *Le déroulement d'un tuyau.* **-2.** Développement progressif d'une action dans le temps : *Le déroulement du film.*

dérouler [deʀule] v.t. **-1.** Étendre ce qui était enroulé : *Dérouler une pièce d'étoffe.* **-2.** Passer en revue : *Dérouler les événements de la journée, ses souvenirs.* ◆ **se dérouler** v.pr. Avoir lieu : *La manifestation s'est déroulée sans incident.*

déroutant, e [deʀutã, -ãt] adj. Qui déroute : *Un caractère déroutant* (syn. déconcertant).

déroute [deʀut] n.f. (de *dérouter*). **-1.** Fuite en désordre d'une troupe vaincue. **-2.** Situation catastrophique.

dérouter [deʀute] v.t. (de *route*). **-1.** Faire perdre sa trace, mettre sur une mauvaise piste. **-2.** Faire changer de route, de destination : *Dérouter un avion vers un autre aérodrome.* **-3.** Mettre qqn dans l'embarras, déconcerter : *Dérouter qqn par des questions* (syn. décontenancer).

derrick [deʀik] n.m. (mot angl. "potence", de *Derrick*, n. d'un bourreau). Charpente en métal supportant l'appareil de forage d'un puits de pétrole. (Recomm. off. *tour de forage*.)

1. derrière [deʀjɛʀ] prép. et adv. (bas lat. *deretro*, avec réfl. de l'anc. fr. *derrain* : v. *dernier*). **-1.** En arrière ; au dos de : *Il y a un jardin derrière la maison.* **-2.** À la suite (de) : *Se ranger les uns derrière les autres. Marcher derrière.* **-3.** Au-delà (de), caché par : *Qu'y a-t-il derrière cette apparente gaieté ?* **-4.** Avoir une idée derrière la tête, avoir une arrière-pensée. ◆ **de derrière** loc. adj. À l'arrière de qqch, du corps : *Le chien se dresse sur ses pattes de derrière* (syn. arrière).

2. derrière [deʀjɛʀ] n.m. (de *1. derrière*). **-1.** Partie postérieure de qqch. **-2.** FAM. Partie postérieure de l'homme ou de l'animal comprenant les fesses : *Tomber sur le derrière.*

derviche [dɛʀviʃ] n.m. (persan *darwich* "pauvre"). Membre d'une confrérie mystique musulmane : *Derviches tourneurs* (ou *danseurs*).

des [de] art. **-1.** Article défini contracté pluriel (= *de les*) : *Les cris des enfants.* **-2.** Article indéfini, pluriel de *un*. **-3.** Article partitif, pluriel de *de*.

dès [dɛ] prép. (lat. pop., de *ex* "hors de"). **-1.** Marque le point de départ dans le temps, la postériorité immédiate de l'action principale : *Vous partirez dès demain. Dès l'annonce de son arrivée, le silence se fit.* **-2.** Le point de départ dans l'espace : *Un fleuve navigable dès sa source.* **-3.** Dès lors, à partir de ce moment-là ; en conséquence : *Il avait été vexé ; dès lors*

il se tut. On ne peut retenir ce grief contre lui ; dès lors, l'accusation tombe (= de ce fait). ‖ *Dès lors que, puisque : Dès lors que tu renonces à ce projet, je n'ai plus de raison d'y participer.*
◆ **dès que** loc. conj. Marque la postériorité immédiate de l'action principale : *Je viendrai dès que j'aurai fini* (syn. aussitôt que).

désabonner [dezabɔne] v.t. Faire cesser un abonnement. ◆ **se désabonner** v.pr. Cesser son abonnement.

désabusé, e [dezabyze] adj. et n. Qui a perdu ses illusions : *Porter un regard désabusé sur le monde* (syn. blasé).

désabuser [dezabyze] v.t. (de *abuser*). LITT. Tirer qqn de son erreur, de ses illusions ; détromper.

désaccord [dezakɔr] n.m. -1. Manque d'harmonie, d'accord : *Famille en désaccord* (syn. mésentente). -2. Contradiction : *Désaccord entre les paroles et les actes.*

désaccorder [dezakɔrde] v.t. -1. MUS. Détruire l'accord d'un instrument de musique : *Un violon désaccordé.* -2. Détruire l'équilibre, l'harmonie d'un ensemble : *Un tapis voyant qui désaccorde l'ameublement d'une pièce.*

désaccoutumance [dezakutymãs] n.f. Action de se désaccoutumer ; fait de se désaccoutumer : *Désaccoutumance au tabac.*

désaccoutumer [dezakutyme] v.t. LITT. ou DIDACT. Faire perdre une habitude à qqn.
◆ **se désaccoutumer** v. pr. [de]. Se défaire d'une habitude : *Se désaccoutumer du tabac.*

désacralisation [desakralizasjɔ̃] n.f. Action de désacraliser ; fait d'être désacralisé.

désacraliser [desakralize] v.t. Retirer son caractère sacré à qqn, qqch.

désadaptation [dezadaptasjɔ̃] n.f. Perte de l'adaptation à une situation ou à un milieu de vie.

désadapté, e [dezadapte] adj. et n. Qui a perdu son adaptation ; qui n'est plus adapté aux conditions du moment, du milieu, etc.

désaffecter [dezafɛkte] v.t. (de 1. *affecter*). Changer la destination d'un édifice public, d'un local : *Le lycée a été installé dans une caserne désaffectée.*

désaffection [dezafɛksjɔ̃] n.f. Perte progressive de l'affection, de l'intérêt que l'on éprouvait : *Une désaffection à l'égard de son métier.*

désagréable [dezagreabl] adj. Qui cause une impression pénible ; ennuyeux, fâcheux : *Une personne désagréable* (syn. déplaisant). *Il m'est désagréable de manger seul.*

désagréablement [dezagreabləmã] adv. De façon désagréable.

désagrégation [dezagregasjɔ̃] n.f. Séparation des parties dont l'assemblage constitue

un tout : *Désagrégation des pierres sous l'action du froid* (syn. désintégration). *Désagrégation de l'État* (syn. décomposition).

désagréger [dezagreʒe] v.t. (de *agréger*) [conj. 22]. Produire la désagrégation : *Le gel a désagrégé la roche* (syn. désintégrer). ◆ **se désagréger** v.pr. Se décomposer, s'effriter.

désagrément [dezagremã] n.m. (de *agrément*). -1. Sentiment désagréable causé par ce qui déplaît : *Éprouver un vif désagrément* (syn. ennui). -2. Sujet de contrariété : *Son étourderie lui a causé bien des désagréments.*

désaimantation [dezemãtasjɔ̃] n.f. Action de désaimanter ; fait d'être désaimanté.

désaimanter [dezemãte] v.t. Supprimer l'aimantation de.

désaltérant, e [dezalterã, -ãt] adj. Propre à désaltérer : *Une boisson désaltérante.*

désaltérer [dezaltere] v.t. (de *altérer*) [conj. 18]. Apaiser la soif. ◆ **se désaltérer** v.pr. Apaiser sa soif en buvant.

désamorçage [dezamɔrsaʒ] n.m. Action de désamorcer : *Le désamorçage d'une mine.*

désamorcer [dezamɔrse] v.t. [conj. 16]. -1. Ôter l'amorce de : *Désamorcer un obus.* -2. Interrompre la marche d'un appareil, d'une machine : *Désamorcer une pompe.* -3. Prévenir le développement dangereux de qqch : *Désamorcer un conflit.*

désapparier v.t. → **déparier.**

désappointé, e [dezapwɛ̃te] adj. (angl. *disappointed*, de l'anc. fr. *désappointer* "destituer", de 1. *appointer*). Déconcerté, déçu : *Son air désappointé a fait rire tout le monde.*

désappointement [dezapwɛ̃tmã] n.m. État d'une personne désappointée ; déception.

désappointer [dezapwɛ̃te] v.t. (angl. *to disappoint* ; v. *désappointé*). Tromper l'attente, les espérances de qqn ; décevoir : *Cet échec l'a désappointé.*

désapprendre [dezaprãdr] v.t. [conj. 79]. Oublier ce qu'on avait appris.

désapprobateur, trice [dezaprɔbatœr, -tris] adj. Qui désapprouve : *Faire un signe désapprobateur.*

désapprobation [dezaprɔbasjɔ̃] n.f. Action de désapprouver, de blâmer.

désapprouver [dezapruve] v.t. Ne pas approuver : *Désapprouver un projet* (syn. blâmer, critiquer).

désarçonner [dezarsɔne] v.t. (de *arçon*). -1. Faire tomber de cheval. -2. Déconcerter, mettre dans l'embarras, dans l'impossibilité de répondre.

désargenté, e [dezarʒãte] adj. -1. Qui a perdu sa couche d'argent : *Couverts désargentés.* -2. FAM. Démuni d'argent.

se désargenter [dezaʁʒɑ̃te] v.pr. Perdre sa couche d'argent.

désarmant, e [dezaʁmɑ̃, -ɑ̃t] adj. Qui décourage toute attaque, toute critique : *Une candeur désarmante.*

désarmement [dezaʁməmɑ̃] n.m. **- 1.** Action de désarmer ; fait d'être désarmé. **- 2.** Action concertée visant à limiter, à supprimer ou à interdire la fabrication ou l'emploi de certaines armes.

désarmer [dezaʁme] v.t. **- 1.** Enlever son arme, ses armes à qqn. **- 2.** Faire cesser un sentiment violent : *Désarmer la colère de qqn.* **- 3.** Dégarnir un navire de son matériel et donner congé à son équipage. ◆ v.i. **- 1.** Réduire ses armements. **- 2.** Abandonner un sentiment violent ou hostile : *Sa haine ne désarme pas.* **- 3.** Cesser toute activité : *Malgré l'âge, il ne désarme pas* (syn. renoncer).

désarroi [dezaʁwa] n.m. (de l'anc. fr. *désarroyer* "mettre en désordre"). État d'une personne profondément troublée : *Être en plein désarroi.*

désarticulation [dezaʁtikylasjɔ̃] n.f. Action de désarticuler ; fait d'être désarticulé.

désarticuler [dezaʁtikyle] v.t. Sortir un os de son articulation. ◆ **se désarticuler** v. pr. Assouplir à l'excès les articulations de son corps.

désassembler [dezasɑ̃ble] v.t. Séparer les pièces composant un assemblage ; disjoindre.

désassorti, e [dezasɔʁti] adj. **- 1.** Dégarni de marchandises : *Magasin désassorti.* **- 2.** Dont certaines pièces ne sont plus assorties : *Des verres désassortis* (syn. dépareillé). **- 3.** Qui n'est pas en harmonie : *Un couple désassorti.*

désastre [dezastʁ] n.m. (it. *disastro*, de *disastrato* "né sous une mauvaise étoile", de *astro* "astre"). **- 1.** Événement funeste ; conséquences graves qui en résultent : *Contempler le désastre après un tremblement de terre.* **- 2.** Défaite militaire écrasante. **- 3.** Ruine, faillite : *Un désastre monétaire.* **- 4.** Chose déplorable : *Ce film, quel désastre !*

désastreux, euse [dezastʁø, -øz] adj. Qui constitue un désastre ou qui en a le caractère : *Dans ces conditions, nous risquons de subir un échec désastreux* (syn. catastrophique).

désavantage [dezavɑ̃taʒ] n.m. (de *avantage*). Ce qui cause une infériorité, un inconvénient, un préjudice.

désavantager [dezavɑ̃taʒe] v.t. [conj. 17]. Faire subir un désavantage à : *Sa timidité le désavantage* (syn. handicaper).

désavantageux, euse [dezavɑ̃taʒø, -øz] adj. Qui cause, peut causer un désavantage : *Elles ont signé un contrat désavantageux* (syn. défavorable).

désaveu [dezavø] n.m. (pl. *désaveux*). **- 1.** Refus de se reconnaître comme l'auteur d'un acte, d'une parole : *Sa déclaration constitue un désaveu de son action passée* (syn. reniement). **- 2.** Refus d'approuver ou de continuer d'approuver qqn, qqch : *Le gouvernement a été contraint au désaveu de son représentant.*

désavouer [dezavwe] v.t. (de *avouer*) [conj. 6]. **- 1.** Refuser de reconnaître comme sien : *Désavouer ses écrits* (syn. renier). **- 2.** Revenir sur ce qu'on a dit ou fait : *Désavouer une promesse.* **- 3.** Déclarer qu'on n'a pas autorisé qqn à faire ce qu'il fait : *Désavouer un ministre.* **- 4.** Cesser de cautionner qqn, son action : *Les électeurs ont désavoué le candidat.*

désaxé, e [dezakse] adj. Sorti de son axe : *Roue désaxée.* ◆ adj. et n. Qui souffre de déséquilibre mental.

descellement [desɛlmɑ̃] n.m. Action de desceller.

desceller [desele] v.t. Défaire ce qui est scellé : *Desceller une pierre d'un mur.*

descendance [desɑ̃dɑ̃s] n.f. **- 1.** Fait de tirer son origine familiale de qqn : *Prouver sa descendance* (syn. filiation). **- 2.** Ensemble de ceux qui sont issus de qqn : *Une nombreuse descendance* (syn. lignée).

1. descendant, e [desɑ̃dɑ̃, -ɑ̃t] adj. Qui descend : *Marée descendante.*

2. descendant, e [desɑ̃dɑ̃, -ɑ̃t] n. Personne considérée par rapport à ceux dont elle est issue : *Un descendant de nobles bretons.*

descendeur [desɑ̃dœʁ] n.m. Dispositif utilisé pour freiner les descentes en rappel, en alpinisme, en spéléologie.

descendre [desɑ̃dʁ] v.i. (lat. *descendere*) [conj. 73] ; auxil. *être*]. **- 1.** Se transporter d'un lieu moins élevé ; aller de haut en bas : *Descendre à la cave. Descendre de son siège.* **- 2.** Se rendre en un lieu géographique situé plus au sud ou considéré comme moins central : *Descendre dans le Sud.* **- 3.** Sortir d'un véhicule : *Les voyageurs descendent du train.* **- 4.** Séjourner quelque temps : *Descendre dans un palace* (syn. loger). **- 5.** Pénétrer brusquement ; faire irruption : *La police est descendue dans ce café.* **- 6.** Tirer son origine, être issu : *Descendre d'une famille illustre.* **- 7.** Être en pente : *Plaine qui descend vers la mer.* **- 8.** Baisser de niveau : *La marée descend.* **- 9.** Atteindre telle profondeur ; s'étendre de haut en bas jusqu'à tel point : *Le puits descend à 400 mètres. Robe qui descend jusqu'aux chevilles.* **- 10.** Atteindre un niveau, un degré inférieur : *Le thermomètre est descendu au-dessous de 0 ℃. Les prix descendent* (syn. baisser). **- 11.** Descendre dans la rue, prendre part à une manifestation sur la voie publique. ◆ v.t. [auxil.

avoir]. **- 1.** Parcourir de haut en bas, suivre le cours de : *Descendre un escalier, un fleuve.* **- 2.** Déplacer vers le bas : *Descendre du vin à la cave.* **- 3.** Amener qqn à un endroit : *Je te descends à la gare* (syn. **déposer**). **- 4.** FAM. Faire tomber : *Descendre un avion* (syn. **abattre**). **- 5.** FAM. Tuer avec une arme à feu : *Il s'est fait descendre dans un bar.* **- 6.** FAM. Boire en entier : *Descendre une bouteille.* **- 7.** FAM. **Descendre en flammes,** critiquer violemment : *Descendre un auteur, une œuvre en flammes.*

descente [desãt] n.f. **- 1.** Action de descendre, d'aller de haut en bas : *La descente en rappel d'un alpiniste. L'avion amorce sa descente vers l'aéroport.* **- 2.** Pente d'un chemin, d'une route, etc. ; endroit par lequel on descend : *Ralentir dans la descente.* **- 3.** SPORTS. Épreuve de vitesse de ski alpin sur un parcours en forte pente. **- 4.** Action de porter à un endroit plus bas : *La descente du vin à la cave.* **- 5.** Descente de police, opération surprise dans un lieu pour vérification d'identité ou enquête. **- 6.** Descente de lit. Petit tapis placé au bas du lit.

déscolariser [deskɔlaʀize] v.t. **- 1.** Retirer de l'école un enfant d'âge scolaire. **- 2.** Enlever au système scolaire d'un pays le monopole de l'instruction.

1. descriptif, ive [deskʀiptif, -iv] adj. (lat. *descriptus,* de *describere* ; v. **décrire**). Qui a pour objet de décrire : *Science descriptive.*

2. descriptif [deskʀiptif] n.m. (de *1. descriptif*). Document qui donne une description à l'aide de plans, de schémas.

description [deskʀipsjɔ̃] n.f. (lat. *descriptio,* de *describere* ; v. **décrire**). Action de décrire ; développement qui décrit : *Faire la description du jardin.*

desdits, desdites adj. → **dit.**

désectoriser [desektɔʀize] v.t. Modifier ou faire cesser une sectorisation : *Désectoriser l'enseignement, les hôpitaux.*

désembouteiller [dezãbuteje] v.t. Faire cesser un embouteillage.

désembuage [dezãbɥaʒ] n.m. Action de faire disparaître la buée sur une vitre.

désembuer [dezãbɥe] v.t. Faire disparaître la buée : *Désembuer les vitres de sa voiture.*

désemparé, e [dezãpaʀe] adj. (p. passé de *désemparer*). Qui ne sait quel parti prendre : *Elle est complètement désemparée depuis qu'elle est au chômage.*

désemparer [dezãpaʀe] v.i. (de l'anc. fr. *emparer* "fortifier"). Sans désemparer, sans interruption ; avec persévérance : *Travailler sans désemparer.*

désemplir [dezãpliʀ] v.i. [conj. 32]. Ne pas désemplir, être toujours plein : *Ce bar ne désemplit pas.*

désencadrer [dezãkadʀe] v.t. Ôter de son cadre : *Désencadrer une gravure.*

désenchanté, e [dezãʃãte] adj. Qui a perdu ses illusions ; qui manifeste du désenchantement : *Il est revenu désenchanté de son voyage. Un sourire désenchanté.*

désenchantement [dezãʃãtmã] n.m. Cessation des illusions : *Connaître des désenchantements dans sa carrière* (syn. **déconvenue,** **déception**).

désenclaver [dezãklave] v.t. (de *enclaver*). Rompre l'isolement d'une région sur le plan économique.

désencombrer [dezãkɔ̃bʀe] v.t. Débarrasser de ce qui encombre : *Désencombrer le grenier* (syn. **débarrasser**).

désenflammer [dezãflame] v.t. Faire cesser l'inflammation : *Désenflammer une blessure.*

désenfler [dezãfle] v.i. Cesser d'être enflé : *Le doigt est désenflé.*

désenfumer [dezãfyme] v.t. Faire sortir la fumée de : *Désenfumer une pièce.*

désengagement [dezãgaʒmã] n.m. Action de désengager ou de se désengager.

désengager [dezãgaʒe] v.t. [conj. 17]. Libérer d'un engagement : *Je l'ai désengagé de cette obligation.* ◆ **se désengager** v.pr. Cesser son engagement : *Se désengager d'une promesse.*

désengorger [dezãgɔʀʒe] v.t. [conj. 17]. Déboucher ce qui est engorgé, obstrué : *Désengorger un tuyau obstrué. Une déviation qui désengorge l'autoroute* (syn. **désobstruer**).

désenivrer [dezãnivʀe] v.t. Tirer de l'ivresse.

désennuyer [dezãnɥije] v.t. [conj. 14]. Dissiper l'ennui : *La lecture de ce roman m'a désennuyé.*

désensabler [dezãsable] v.t. Dégager ce qui est ensablé : *Désensabler une voiture.*

désensibilisation [desãsibilizasjɔ̃] n.f. MÉD. Traitement supprimant les réactions allergiques de l'organisme à l'égard de certaines substances (pollens, poussières, etc.).

désensibiliser [desãsibilize] v.t. **- 1.** Pratiquer une désensibilisation. **- 2.** Rendre moins sensible à qqch : *Désensibiliser l'opinion sur un problème.* ◆ **se désensibiliser** v.pr. Perdre sa sensibilité.

désensorceler [dezãsɔʀsəle] v.t. [conj. 24]. Délivrer de l'ensorcellement.

désentoiler [dezãtwale] v.t. Ôter sa toile à : *Désentoiler un tableau pour le rénover.*

désentraver [dezãtʀave] v.t. Délivrer de ses entraves : *Désentraver un animal.*

désenvenimer [dezãvənime] v.t. **- 1.** Éliminer le venin de : *Désenvenimer une morsure de serpent.* **- 2.** Rendre moins virulente une querelle, une discussion.

désépaissir [dezepesiʀ] v.t. Rendre moins épais : *Désépaissir une sauce.*

déséquilibre [dezekilibʀ] n.m. -**1.** Absence d'équilibre : *Un léger déséquilibre fait pencher le bateau. Une armoire en déséquilibre.* -**2.** Manque d'équilibre mental.

déséquilibré, e [dezekilibʀe] adj. et n. -**1.** Qui manque d'équilibre : *Une table déséquilibrée.* -**2.** Atteint de déséquilibre mental ; désaxé.

déséquilibrer [dezekilibʀe] v.t. -**1.** Faire perdre son équilibre à. -**2.** Perturber profondément : *La mort de sa mère l'a déséquilibré.*

1. désert, e [dezeʀ, -eʀt] adj. (lat. *desertus*). -**1.** Inhabité : *Une île déserte.* -**2.** Peu fréquenté : *Une rue déserte.* -**3.** LITT. Vide d'occupations, ennuyeux : *Une journée déserte.*

2. désert [dezeʀ] n.m. (lat. *desertum*). -**1.** Lieu inhabité, vide ou peu fréquenté. -**2.** GÉOGR. Région très sèche, marquée par l'absence ou la pauvreté de la végétation et la rareté du peuplement.

déserter [dezeʀte] v.t. (de *1. désert*). -**1.** Quitter un lieu, ne plus s'y rendre : *En automne, les vacanciers désertent les plages* (syn. abandonner). -**2.** Ne plus assurer une fonction : *Déserter son poste.* -**3.** SOUT. Quitter, trahir : *Déserter une cause* (syn. renier). ◆ v.i. MIL. Quitter son corps ou son poste sans autorisation.

déserteur [dezeʀtœʀ] n.m. -**1.** Militaire qui a déserté. -**2.** Personne qui abandonne un parti, une cause.

désertification [dezeʀtifikasjɔ̃] n.f. Transformation d'une région en désert.

se désertifier [dezeʀtifje] v.pr. [conj. 9]. -**1.** Se transformer en désert. -**2.** Se dépeupler : *La campagne française se désertifie.*

désertion [dezeʀsjɔ̃] n.f. Action de déserter.

désertique [dezeʀtik] adj. Du désert ; caractéristique du désert : *Relief désertique.*

désescalade [dezeskalad] n.f. -**1.** Diminution progressive de la menace et de la tension qui résultent d'un processus d'escalade militaire, sociale. -**2.** Diminution progressive du niveau élevé atteint par qqch : *La désescalade des prix.*

désespérance [dezespeʀɑ̃s] n.f. LITT. État d'une personne qui n'a plus d'espoir (syn. désespoir).

désespérant, e [dezespeʀɑ̃, -ɑ̃t] adj. -**1.** Qui désespère : *Nouvelle désespérante* (syn. décourageant). -**2.** Qui contrarie, chagrine : *Une lenteur désespérante* (syn. déplorable).

désespéré, e [dezespeʀe] adj. et n. Qui est plongé dans le désespoir ; qui n'a plus de recours : *Le désespéré mit fin à ses jours.* ◆ adj. -**1.** Qui exprime le désespoir : *Regard désespéré.* -**2.** Qui ne laisse plus d'espoir : *Situation désespérée.* -**3.** Extrême : *Une tentative désespérée.*

désespérément [dezespeʀemɑ̃] adv. De façon désespérée : *Appeler désespérément au secours.*

désespérer [dezespeʀe] v.t. [conj. 18]. -**1.** Faire perdre l'espoir à ; décourager, contrarier : *Cet enfant me désespère.* -**2.** Ne plus espérer que : *Je désespère qu'il réussisse.* ◆ v.i. ou v.t. ind. [de]. Perdre courage ; cesser d'espérer : *Je désespère de lui* (= je n'attends plus rien de lui). *Il n'a jamais désespéré.* ◆ **se désespérer** v.pr. S'abandonner au désespoir.

désespoir [dezespwaʀ] n.m. -**1.** Manque d'espoir ; fait de ne plus rien attendre ; abattement profond : *Il s'est suicidé dans un moment de désespoir.* -**2.** Personne, chose qui désespère : *Cet enfant est le désespoir de la famille.* -**3.** En désespoir de cause, en dernier ressort. ‖ Être au désespoir, être désespéré.

déshabillage [dezabijaʒ] n.m. Action de déshabiller, de se déshabiller.

déshabillé [dezabije] n.m. Vêtement d'intérieur léger porté par les femmes.

déshabiller [dezabije] v.t. -**1.** Ôter à qqn ses vêtements (syn. dévêtir). -**2.** Ôter à un objet un ornement, un revêtement : *Déshabiller un fauteuil.* ◆ **se déshabiller** v.pr. Enlever ses vêtements.

déshabituer [dezabitɥe] v.t. [conj. 7]. Faire perdre une habitude à : *Il est difficile de la déshabituer d'arriver en retard.* ◆ **se déshabituer** v.pr. [de]. Perdre l'habitude de : *J'ai réussi à me déshabituer du tabac* (syn. désaccoutumer).

désherbage [dezeʀbaʒ] n.m. Action de désherber.

désherbant, e [dezeʀbɑ̃, -ɑ̃t] adj. et n.m. Se dit d'un produit qui détruit les mauvaises herbes.

désherber [dezeʀbe] v.t. Enlever les mauvaises herbes.

déshéritement [dezeʀitmɑ̃] n.m. Action de déshériter ; fait d'être déshérité.

déshériter [dezeʀite] v.t. -**1.** Priver qqn d'héritage. -**2.** LITT. Priver de dons naturels : *La nature l'a déshéritée* (syn. désavantager).

déshonnête [dezɔnɛt] adj. LITT. Contraire à la morale, à la pudeur : *Geste déshonnête* (syn. inconvenant, indécent).

déshonneur [dezɔnœʀ] n.m. État d'une personne déshonorée ; déconsidération, indignité.

déshonorant, e [dezɔnɔʀɑ̃, -ɑ̃t] adj. Qui déshonore : *Une conduite déshonorante.*

déshonorer [dezɔnɔʀe] v.t. Porter atteinte à l'honneur de : *Il déshonore la profession* (syn.

discréditer). *Déshonorer la mémoire de ses parents* (syn. salir). ◆ **se déshonorer** v.pr. Perdre son honneur ; commettre une action qui entache l'honneur, qui avilit.

déshumanisation [dezymanizasjɔ̃] n.f. Action de déshumaniser ; fait d'être déshumanisé : *La déshumanisation de l'administration.*

déshumaniser [dezymanize] v.t. Faire perdre tout caractère humain à : *Les grands ensembles ont déshumanisé cette ville.*

déshydratation [dezidratasjɔ̃] n.f. Action de déshydrater ; fait d'être déshydraté.

déshydrater [dezidrate] v.t. (de *hydrater*). - **1.** Priver un corps de tout ou partie de l'eau qu'il renferme : *Déshydrater un légume* (syn. dessécher). - **2.** Faire perdre à un organisme, à la peau de sa teneur en eau : *Une peau déshydratée.* ◆ **se déshydrater** v.pr. Perdre de sa teneur en eau, en parlant de l'organisme, de la peau, etc.

desiderata [deziderata] n.m. pl. (mot lat. "choses désirées"). Ce qui manque, ce dont on regrette l'absence : *Faire part de ses desiderata à son député* (syn. désirs, souhaits).

design [dizajn] n.m. (mot angl. "dessin, esquisse", fr. *dessin*). - **1.** Discipline visant à la création d'objets, d'environnements, d'œuvres graphiques, etc., à la fois fonctionnels, esthétiques et conformes aux impératifs d'une production industrielle. (Recomm. off. *stylique.*) - **2.** Ensemble des objets créés selon ces critères : *Vendre du design.* ◆ adj. inv. Créé, conçu selon les critères du design : *Des meubles design.*

désignation [dezinasjɔ̃] n.f. - **1.** Action de désigner : *Depuis sa désignation comme directeur, il a changé* (syn. nomination). - **2.** Ce qui désigne : *Qu'est-ce qu'on entend sous cette désignation ?* (syn. dénomination, appellation).

désigner [dezine] v.t. (lat. *designare*, de *signum* "signe"). - **1.** Montrer, attirer l'attention sur qqn, qqch : *Désigner le coupable. Son dernier roman l'a désigné à l'attention du jury* (syn. signaler). - **2.** Représenter qqn, qqch par le langage ou par un symbole : *Ces deux mots désignent la même notion.* - **3.** Destiner à un poste, à une mission ; investir d'un rôle : *Désigner un expert* (syn. nommer). *Vous êtes tout désigné pour ce travail.*

designer [dizajnœr] n.m. Spécialiste du design. (Recomm. off. *stylicien.*)

désillusion [dezilyzjɔ̃] n.f. Perte d'une illusion : *Éprouver une désillusion* (syn. déception, désenchantement).

désillusionnement [dezilyzjɔnmɑ̃] n.m. Action de désillusionner ; fait d'être désillusionné.

désillusionner [dezilyzjɔne] v.t. Faire perdre ses illusions à qqn : *Trois ans de mariage*

l'avaient désillusionné (syn. décevoir, désenchanter).

désincarné, e [dezɛ̃karne] adj. - **1.** RELIG. Séparé de son enveloppe charnelle : *Âme désincarnée.* - **2.** LITT. Éloigné, détaché de la réalité : *Une théorie désincarnée.*

désinence [dezinɑ̃s] n.f. (lat. médiév. *desinentia*, du class. *desinere*, "se terminer"). LING. Élément grammatical qui s'ajoute à la fin d'un mot pour constituer les formes de la conjugaison d'un verbe ou de la déclinaison d'un nom, d'un adjectif.

désinfectant, e [dezɛ̃fɛktɑ̃, -ɑ̃t] adj. et n.m. Se dit de substances, d'agents, de produits propres à désinfecter.

désinfecter [dezɛ̃fɛkte] v.t. (de *infecter*) [conj. 4]. Détruire les germes microbiens d'un objet, d'un appartement, de la peau, d'une plaie, etc.

désinfection [dezɛ̃fɛksjɔ̃] n.f. Action de désinfecter.

désinflation [dezɛ̃flasjɔ̃] n.f. ÉCON. Atténuation, diminution de l'inflation.

désinformation [dezɛ̃fɔrmasjɔ̃] n.f. Action de désinformer ; fait d'être désinformé.

désinformer [dezɛ̃fɔrme] v.t. Informer faussement, en donnant une image déformée ou mensongère de la réalité, notamm. en utilisant les médias.

désinsectisation [dezɛ̃sɛktizasjɔ̃] n.f. Destruction des insectes nuisibles par procédés physiques, chimiques.

désinsectiser [dezɛ̃sɛktize] v.t. Procéder à la désinsectisation.

désintégration [dezɛ̃tegrasjɔ̃] n.f. - **1.** Action de désintégrer, se de désintégrer ; fait d'être désintégré : *Un parti politique voué à la désintégration.* - **2.** PHYS. Transformation d'un noyau atomique ou d'une particule en un autre noyau ou en d'autres particules.

désintégrer [dezɛ̃tegre] v.t. (du rad. du lat. *integer* "intact, entier") [conj. 18]. - **1.** Détruire l'unité, la cohésion d'un ensemble : *L'érosion désintègre les roches. Les rivalités ont désintégré l'équipe.* - **2.** PHYS. Produire la désintégration. ◆ **se désintégrer** v.pr. - **1.** Se désagréger, perdre sa cohésion. - **2.** PHYS. Subir la désintégration.

désintéressé, e [dezɛ̃terese] adj. - **1.** Qui n'agit pas par intérêt personnel : *Homme désintéressé.* - **2.** Qui n'est pas inspiré par l'intérêt : *Conseil, jugement désintéressé.*

désintéressement [dezɛ̃teresmɑ̃] n.m. - **1.** Fait de se désintéresser, d'être désintéressé. - **2.** Dédommagement d'un créancier.

se désintéresser [dezɛ̃terese] v.pr. [**de**]. Ne plus prendre d'intérêt à : *Se désintéresser de son travail.*

désintérêt [dezɛ̃terɛ] n.m. Absence d'intérêt pour qqn, qqch : *Son désintérêt pour le sport* (syn. indifférence).

désintoxication [dezɛ̃tɔksikasjɔ̃] n.f. Action de désintoxiquer ; fait d'être désintoxiqué.

désintoxiquer [dezɛ̃tɔksike] v.t. - **1.** Guérir qqn en faisant cesser sa dépendance vis-à-vis d'un toxique (drogue, alcool, tabac, etc.). - **2.** Débarrasser qqn, son organisme des toxines : *L'air pur de la montagne va vous désintoxiquer.* - **3.** Libérer d'une intoxication psychologique, intellectuelle, etc. : *Désintoxiquer l'opinion publique.*

désinvestir [dezɛ̃vestiʀ] v.t. [conj. 32]. Cesser d'investir de l'argent ; diminuer par des cessions les actifs d'une entreprise. ◆ v.i. Cesser d'être motivé pour qqch, d'y attacher une valeur affective.

désinvolte [dezɛ̃vɔlt] adj. (it. *desinvolto,* esp. *desenvuelto,* de *desenvolver* "développer", du lat. *volvere* "dérouler"). - **1.** Qui est naturel, dégagé, à l'aise : *Mouvement désinvolte.* - **2.** Qui fait preuve d'une liberté excessive : *Des propos désinvoltes* (syn. impertinent). *Un garçon désinvolte* (= sans gêne).

désinvolture [dezɛ̃vɔltyʀ] n.f. (it. *disinvoltura*). Attitude, manière désinvolte : *Répondre avec désinvolture* (syn. impertinence, effronterie).

désir [deziʀ] n.m. (de *désirer*). - **1.** Action de désirer ; sentiment de celui qui désire : *Avoir le désir de voyager. Il éprouve un grand désir de silence.* - **2.** Objet désiré : *Le repos est son seul désir.* - **3.** Élan physique qui pousse à l'acte sexuel. - **4.** Prendre ses désirs pour des réalités, s'imaginer que l'on pourra réaliser tous ses désirs.

désirable [deziʀabl] adj. - **1.** Qu'on peut désirer : *Avoir toutes les qualités désirables.* - **2.** Qui fait naître le désir : *Une personne désirable.*

désirer [deziʀe] v.t. (lat. *desiderare*). - **1.** Souhaiter la possession ou la réalisation de : *Désirer le succès, une voiture.* - **2.** Éprouver un désir sexuel à l'égard de qqn. - **3.** Laisser à désirer, être médiocre, insuffisant : *Sa conduite laisse à désirer.* ‖ Se faire désirer, se faire attendre.

désireux, euse [deziʀø, -øz] adj. Qui éprouve le désir de : *Désireux de plaire.*

désistement [dezistəmɑ̃] n.m. Action de se désister.

se désister [deziste] v.pr. (lat. *desistere*). - **1.** DR. Renoncer à un droit, à une procédure : *Se désister d'une succession.* - **2.** Se retirer, renoncer à maintenir sa candidature à une élection, à un concours, etc. : *Il s'est désisté en faveur du candidat le mieux placé.*

désobéir [dezɔbeiʀ] v.t. ind. [à] [conj. 32]. - **1.** Ne pas obéir à qqn : *Désobéir à ses parents.* - **2.** Enfreindre une loi, un règlement, refuser de s'y soumettre.

désobéissance [dezɔbeisɑ̃s] n.f. - **1.** Action de désobéir ; tendance à désobéir (contr.

obéissance). - **2.** Insubordination ; refus de se soumettre.

désobéissant, e [dezɔbeisɑ̃, -ɑ̃t] adj. Qui désobéit.

désobligeant, e [dezɔbliʒɑ̃, -ɑ̃t] adj. Qui désoblige : *Une remarque désobligeante* (syn. blessant, désagréable).

désobliger [dezɔbliʒe] v.t. (de *obliger*) [conj. 17]. Causer de la peine, de la contrariété : *Vous l'avez désobligé en ne répondant pas à son invitation* (syn. vexer).

désobstruer [dezɔpstʀye] v.t. Débarrasser de ce qui bouche : *Désobstruer un tuyau* (syn. déboucher).

désodé, e [desɔde] adj. (de *sodé*). Dont on a enlevé le sodium, le sel : *Régime désodé.*

désodorisant, e [dezɔdɔʀizɑ̃, -ɑ̃t] adj. et n.m. Se dit d'un produit diffusant un parfum destiné à masquer les mauvaises odeurs dans un local.

désodoriser [dezɔdɔʀize] v.t. Enlever les mauvaises odeurs dans un local.

désœuvré, e [dezœvʀe] adj. et n. (de *œuvrer*). Qui n'a pas d'activité, d'occupation : *Un enfant désœuvré qui s'ennuie.*

désœuvrement [dezœvʀəmɑ̃] n.m. État d'une personne désœuvrée : *Vivre dans le désœuvrement* (syn. inaction, oisiveté).

désolant, e [dezɔlɑ̃, -ɑ̃t] adj. Qui désole : *Une nouvelle désolante* (syn. affligeant).

désolation [dezɔlasjɔ̃] n.f. - **1.** Extrême affliction ; peine douloureuse. - **2.** Ce qui cause une grande contrariété. - **3.** LITT. État d'un lieu, d'un pays désert, aride, ravagé : *Pays de désolation.*

désolé, e [dezɔle] adj. - **1.** Attristé, contrarié de qqch : *Je suis désolé, mais je dois partir.* - **2.** Se dit d'une région, d'une terre inhabitée, désertique.

désoler [dezɔle] v.t. (lat. *desolare* "ravager"). - **1.** Affliger, causer du chagrin à : *Ça me désole de le voir abandonner ses études* (syn. consterner, navrer). - **2.** Regretter vivement : *Ce contretemps nous désole tous.* ◆ **se désoler** v.pr. Éprouver du chagrin : *Il se désole que vous n'ayez pu venir.*

désolidariser [desɔlidaʀize] v.t. - **1.** Rompre l'union, la solidarité entre des personnes : *Chercher à désolidariser le personnel de l'entreprise.* - **2.** Interrompre une liaison matérielle entre les parties d'un mécanisme, des objets : *En débrayant, on désolidarise le moteur de la transmission.* ◆ **se désolidariser** v.pr. Cesser d'être solidaire de qqn, de qqch.

désopilant, e [dezɔpilɑ̃, -ɑ̃t] adj. (de l'anc. fr. *opiler* "obstruer", lat. *opilare*). Qui fait rire ; qui cause une vive gaieté : *Une blague désopilante* (syn. hilarant).

désordonné, e [dezɔʀdɔne] adj. - **1.** Qui est en désordre : *Maison désordonnée.* - **2.** Qui manque d'ordre : *Écolier désordonné.* - **3.** LITT. Vie désordonnée, vie déréglée.

désordre [dezɔʀdʀ] n.m. - **1.** Manque d'ordre ; fouillis : *Chambre en désordre.* - **2.** Manque de cohérence, d'organisation : *Désordre dans une administration.* - **3.** Manque de discipline : *Élève qui crée le désordre dans une classe* (syn. agitation). - **4.** Agitation politique ou sociale : *On craint de graves désordres dans le pays* (syn. trouble).

désorganisation [dezɔʀganizasjɔ̃] n.f. Action de désorganiser : *La désorganisation de ce service.*

désorganiser [dezɔʀganize] v.t. Déranger l'organisation : *Désorganiser des plans* (syn. bouleverser).

désorienté, e [dezɔʀjɑ̃te] adj. - **1.** Qui ne suit plus la bonne orientation : *Un touriste désorienté dans un labyrinthe de ruelles.* - **2.** Qui ne sait plus quelle conduite adopter : *Un employé désorienté par les nouvelles techniques.*

désorienter [dezɔʀjɑ̃te] v.t. - **1.** Faire perdre à qqn sa route, son chemin (contr. orienter). - **2.** Faire perdre à qqn son assurance : *Cette question m'a désorienté* (syn. déconcerter, troubler).

désormais [dezɔʀmɛ] adv. (de *dès, or* "maintenant" et *mais* "davantage"). À partir de maintenant : *On pourra désormais voyager de nuit* (syn. dorénavant).

désosser [dezose] v.t. - **1.** Retirer les os d'une viande, les arêtes d'un poisson : *Désosser un gigot.* - **2.** Défaire complètement chacun des éléments d'un appareil, d'un véhicule : *Désosser une voiture* (syn. démonter).

désoxyribonucléique [dezɔksiʀibɔnykleik] adj. (de *oxy-* et *ribonucléique*). BIOCHIM. **Acide désoxyribonucléique** → A. D. N.

desperado [dɛspeʀado] n.m. (mot esp. "désespéré"). Personne qui est en marge des lois et qui est prête à s'engager dans des entreprises violentes et désespérées.

despote [dɛspɔt] n.m. (gr. *despotês* "maître"). - **1.** Chef d'État, souverain qui s'arroge un pouvoir absolu et arbitraire. - **2.** Personne qui exerce sur son entourage une domination excessive : *Leur père est un despote.* - **3.** HIST. Prince jouissant dans son territoire d'une large indépendance à l'égard du pouvoir central, dans l'Empire byzantin.

despotique [dɛspɔtik] adj. (gr. *despotikos*, propr. du "maître"). Arbitraire, tyrannique : *Un régime despotique.*

despotisme [dɛspɔtism] n.m. (de *despote*). - **1.** Forme de gouvernement dans laquelle une seule personne détient tous les pouvoirs. - **2.** Autorité tyrannique.

desquamation [dɛskwamasjɔ̃] n.f. Chute des écailles chez certains animaux ou des squames de la peau chez l'homme.

desquamer [dɛskwame] v.i., **se desquamer** v.pr. (lat. *desquamare*, de *squama* "écaille"). Perdre ses écailles, ses squames.

desquels, desquelles pron. relat. et interr. → lequel.

dessabler [desable] v.t. Ôter le sable de : *Dessabler une allée.*

dessaisir [deseziʀ] v.t. (de *saisir*) [conj. 32]. - **1.** Retirer à qqn ce qu'il possède : *On l'a dessaisi de ses meubles* (syn. déposséder). - **2.** DR. Retirer à un tribunal l'affaire dont il a été saisi. ◆ **se dessaisir** v.pr. [**de**]. Se séparer volontairement de ce qu'on possède, y renoncer.

dessaisissement [desezismɑ̃] n.m. Action de dessaisir ou de se dessaisir ; fait d'être dessaisi.

dessalement [desalmɑ̃] et **dessalage** [desalaʒ] n.m. Action de dessaler : *Une pompe à dessalement.*

dessaler [desale] v.t. Débarrasser de son sel : *Dessaler de la morue. Dessaler l'eau de mer.* ◆ v.i. FAM. Chavirer, en parlant d'un voilier.

dessaouler v.t. et v.i. → dessoûler.

desséchant, e [deseʃɑ̃, -ɑ̃t] adj. Qui dessèche.

dessèchement [deseʃmɑ̃] n.m. Action de dessécher ; état de ce qui est desséché.

dessécher [deseʃe] v.t. [conj. 18]. - **1.** Rendre sec ce qui contient de l'eau, ce qui est humide : *La chaleur dessèche la végétation. Des feuilles desséchées.* - **2.** Rendre insensible : *L'amertume l'a desséché.* - **3.** Rendre qqn maigre. ◆ **se dessécher** v.pr. - **1.** Devenir sec. - **2.** Devenir insensible.

dessein [desɛ̃] n.m. (de l'anc. fr. *desseigner* "dessiner", sous l'infl. de l'it. *disegno* "dessein"). LITT. - **1.** Intention, idée précise : *Nourrir de noirs desseins.* - **2.** À **dessein**, délibérément : *C'est à dessein qu'elle a laissé ce travail inachevé.* ‖ Avoir le dessein de, avoir l'intention de.

desseller [desele] v.t. [conj. 4]. Ôter la selle à un animal.

desserrer [deseʀe] v.t. [conj. 4]. - **1.** Relâcher ce qui est serré. - **2.** Ne pas desserrer les dents, ne rien dire, se taire : *Elle n'a pas desserré les dents pendant la réunion.*

dessert [desɛʀ] n.m. (de 2. *desservir*). Mets sucrés, fruits, pâtisseries servis à la fin du repas ; moment du repas où ces mets sont servis.

1. desserte [desɛʀt] n.f. (de 1. *desservir*). - **1.** Action de desservir un lieu, une localité par un moyen de communication ; fait d'être desservi : *Un service d'autocars assure la desserte du village.* -**2.** RELIG. Action de desservir une chapelle, une paroisse ; service assuré par un prêtre.

2. desserte [desɛʀt] n.f. (de **2.** *desservir*). Meuble où se trouvent la vaisselle et les plats prêts à être servis.

dessertir [desɛʀtiʀ] v.t. (de *sertir*) [conj. 32]. Enlever de sa monture une pierre fine.

1. desservir [desɛʀviʀ] v.t. (lat. *deservire* "servir avec zèle") [conj. 38]. -**1.** Assurer un service de transport pour un lieu, une localité : *Un bus dessert notre quartier.* -**2.** Donner accès à un local : *Ce couloir dessert plusieurs chambres.* -**3.** RELIG. Assurer le service religieux d'une chapelle, d'une paroisse : *Un nouveau curé dessert ce village.*

2. desservir [desɛʀviʀ] v.t. (de *servir*) [conj. 38]. -**1.** Retirer les plats qui ont été servis ; débarrasser la table à la fin du repas. -**2.** Rendre mauvais service à qqn : *Ses critiques l'ont desservi auprès de ses amis* (= lui ont nui).

dessiccation [desikasjɔ̃] n.f. (lat. *desiccatio*, de *desiccare* "sécher, dessécher"). Élimination de l'humidité d'un corps.

dessiller [desije] v.t. (de *ciller*, au sens anc. de "coudre les paupières d'un faucon"). LITT. *Dessiller les yeux de*, amener qqn à voir ce qu'il ignorait ou voulait ignorer : *L'expérience m'a dessillé les yeux.*

dessin [desɛ̃] n.m. (de *dessiner*). -**1.** Représentation de la forme (et, éventuellement, des valeurs de lumière et d'ombre) d'un objet, d'une figure, etc., plutôt que de leur couleur : *Dessin à la plume, au fusain. Dessin d'enfant.* -**2.** Technique et art de ce mode de figuration graphique : *Apprendre le dessin.* -**3.** Contour linéaire de : *Un visage au dessin très régulier.* -**4.** Dessin industriel, réalisé à des fins techniques ou de fabrication. -**5.** Dessin animé. Film réalisé à partir de la succession de dessins filmés image par image et donnant l'impression de mouvement. [→ animation].

dessinateur, trice [desinatœʀ, -tʀis] n. -**1.** Personne qui dessine, qui en fait profession. -**2.** Dessinateur industriel, personne qui effectue du dessin industriel.

dessiner [desine] v.t. (it. *disegnare*, lat. *designare*). -**1.** Représenter par le dessin : *Dessiner un paysage.* -**2.** (Absol.). Pratiquer l'art du dessin : *Elle sait dessiner.* -**3.** Faire ressortir la forme, le contour de : *Une robe qui dessine bien la taille* (syn. souligner). ◆ **se dessiner** v.pr. -**1.** Apparaître, se profiler : *Les collines se dessinent à l'horizon.* -**2.** Se préciser ; prendre tournure : *Le projet se dessine.*

dessouder [desude] v.t. (de *souder*). -**1.** Syn. impropre de *débraser*. -**2.** ARG. Tuer, abattre : *Il s'est fait dessouder.*

dessoûler ou **dessaouler** [desule] v.t. Faire cesser l'ivresse : *Le café l'a dessoûlé.* ◆ v.i. Cesser d'être ivre : *Elle a fini par dessoûler.*

1. dessous [dəsu] adv. (bas lat. *desubtus*, du class. *subtus* "en dessous"). Dans une position inférieure à celle d'un autre objet : *La clôture était trop haute, j'ai réussi à passer dessous. Regarde cette pierre, il y a une vipère dessous.* ◆ **de dessous** loc. adv. D'un point, d'un lieu qui se trouve dans une position inférieure : *L'appartement de dessous.* ◆ **en dessous** [de] loc. adv. et loc. prép. -**1.** Dans la partie située sous une autre : *L'avez-vous aperçu en dessous ?* (syn. au-dessous). *Il est juste en dessous de toi.* -**2.** Regarder en dessous, sans lever les paupières, sournoisement.

2. dessous [dəsu] n.m. (de *1. dessous*). -**1.** Face ou partie inférieure de qqch : *Le dessous du pied. Les voisins du dessous.* -**2.** Au trente-sixième dessous, dans une situation désespérée. ‖ *Avoir le dessous*, être en état d'infériorité lors d'un combat, d'un débat, etc. ◆ n.m. pl. -**1.** Sous-vêtements féminins. -**2.** Côté secret, dissimulé de qqch : *Les dessous de la politique.*

dessous-de-plat [dəsudpla] n.m. inv. Support pour poser les plats sur la table.

dessous-de-table [dəsudtabl] n.m. inv. Somme que l'acheteur donne secrètement au vendeur en plus du prix officiel, dans un marché.

1. dessus [dəsy] adv. (lat. *desursum* "d'en haut", de *sursum* "en haut"). -**1.** Dans une position supérieure à celle d'un autre objet : *Pose-le dessus.* -**2.** S'emploie à la place d'un complément introduit par la préposition *sur* : *On m'a promis cet argent, je compte dessus.* ◆ **de dessus** loc. adv. D'un point, d'un lieu qui se trouve dans une position supérieure : *Je vais vous donner la chambre de dessus.*

2. dessus [dəsy] n.m. (de *1. dessus*). -**1.** Partie supérieure d'une chose : *Le dessus de la main.* -**2.** Objet destiné à être placé sur un autre : *Un dessus de cheminée, de table, etc.* **Rem.** Ces mots peuvent s'écrire aussi avec des traits d'union. -**3.** Avoir le dessus, l'emporter. ‖ *Le dessus du panier*, ce qu'il y a de meilleur. ‖ *Reprendre le dessus*, regagner l'avantage.

dessus-de-lit [dəsydli] n.m. inv. Couvre-lit.

déstabilisateur, trice [destabilizatœʀ, -tʀis] et **déstabilisant, e** [destabilizɑ̃, -ɑ̃t] adj. Qui déstabilise.

déstabilisation [destabilizasjɔ̃] n.f. Action de déstabiliser : *La déstabilisation d'un régime politique.*

déstabiliser [destabilize] v.t. Faire perdre sa stabilité à un État, à un régime, à une situation.

déstalinisation [destalinizasjɔ̃] n.f. Ensemble des mesures visant à supprimer les aspects autoritaires des régimes de type stalinien établis en U. R. S. S. et dans les pays socialistes.

déstaliniser [destalinize] v.t. Opérer la déstalinisation de.

destin [dɛstɛ̃] n.m. (de *destiner*). - **1.** Loi supérieure qui semble mener le cours des événements vers une certaine fin : *C'est le destin qui l'a voulu* (syn. fatalité, destinée). - **2.** Avenir, sort réservé à qqch : *Quel sera le destin de notre civilisation ?* - **3.** L'existence humaine, en tant qu'elle semble prédéterminée : *Avoir un destin tragique* (syn. sort).

destinataire [dɛstinatɛR] n. (de *destiner*). Personne à qui s'adresse un envoi, un message : *Le destinataire d'une lettre.*

destination [dɛstinasjɔ̃] n.f. (lat. *destinatio*). - **1.** Lieu vers lequel on dirige qqn, qqch : *Destination inconnue.* - **2.** Emploi prévu pour qqn, qqch : *Quelle est la destination de cet appareil* (syn. usage). - **3.** *Arriver à destination*, parvenir au lieu prévu.

destinée [dɛstine] n.f. (de *destiner*). - **1.** Puissance souveraine considérée comme réglant d'avance tout ce qui doit être : *Accuser la destinée* (syn. destin, fatalité). - **2.** Ensemble des événements composant la vie d'un être, considérés comme déterminés et indépendant de sa volonté.

destiner [dɛstine] v.t. (lat. *destinare* "fixer"). - **1.** Fixer l'usage, l'emploi de qqch : *Argent destiné à certains achats* (syn. réserver). - **2.** LITT. Déterminer qqch à l'avance pour qqn : *Destiner son fils à l'armée.*

destituer [dɛstitɥe] v.t. (lat. *destituere*). Déposséder qqn de sa charge, de sa fonction, de son grade : *Destituer un chef d'État* (syn. déposer). *Destituer un colonel* (syn. révoquer).

destitution [dɛstitysjɔ̃] n.f. - **1.** Action de destituer ; fait d'être destitué. - **2.** Révocation disciplinaire ou pénale d'un officier ministériel ou de certains fonctionnaires ; sanction militaire entraînant la perte du grade.

déstockage [destɔkaʒ] n.m. COMM. Vente promotionnelle destinée à épuiser un stock : *Faire du déstockage en été.*

déstocker [destɔke] v.t. Pratiquer le déstockage.

destrier [dɛstrije] n.m. (de *destre*, forme anc. de *dextre* "main droite"). Autref., cheval de bataille (tenu de la main droite par l'écuyer).

destroyer [dɛstRwaje] ou [dɛstRɔjœR] n.m. (mot angl. de *to destroy* "détruire"). Bâtiment de guerre de moyen tonnage, rapide, bien armé, chargé notamm. de missions d'escorte (syn. contre-torpilleur).

destructeur, trice [dɛstRyktœR, -tRis] adj. et n. (lat. *destructor* ; v. *détruire*). Qui ruine, détruit, ravage : *Feu destructeur. Critique destructrice.*

destructible [dɛstRyktibl] adj. (du lat. *destructus* ; v. *détruire*). Qui peut être détruit (contr. indestructible).

destruction [dɛstRyksjɔ̃] n.f. (lat. *destructio* ; v. *détruire*). Action de détruire ; fait d'être détruit.

déstructuration [destRyktyRasjɔ̃] n.f. Action de déstructurer ; fait d'être déstructuré : *La déstructuration d'une entreprise.*

déstructurer [destRyktyRe] v.t. Désorganiser, détruire un ensemble structuré : *Il finira par déstructurer le service informatique.*

désuet, ète [desɥɛ, -ɛt] adj. (lat. *desuetus*, de *desuescere* "se déshabituer de"). Qui n'est plus en usage : *Le baisemain est une coutume désuète* (syn. suranné, démodé).

désuétude [desɥetyd] n.f. (lat. *desuetudo*, de *desuescere* ; v. *désuet*). Caractère d'une chose désuète : *Tomber en désuétude.*

désuni, e [dezyni] adj. Séparé par une mésentente.

désunion [dezynjɔ̃] n.f. Action de désunir, de se désunir ; fait d'être désuni : *Jeter la désunion dans une famille* (syn. désaccord, mésentente).

désunir [dezyniR] v.t. (conj. 32). - **1.** Séparer, disjoindre ce qui était uni : *Désunir les pièces d'un assemblage.* - **2.** Faire cesser l'entente entre des personnes : *Cette querelle les a désunis* (syn. brouiller). ◆ **se désunir** v.pr. Cesser d'être uni.

désynchroniser [desɛ̃kRɔnize] v.t. Faire perdre son synchronisme.

désyndicalisation [desɛ̃dikalizasjɔ̃] n.f. Tendance à la diminution du nombre des personnes syndiquées ; désaffection pour le mouvement syndical.

détachable [detaʃabl] adj. (de 2. *détacher*). Que l'on peut détacher : *Feuillets détachables d'un carnet.*

détachage [detaʃaʒ] n.m. (de 1. *détacher*). Action d'ôter les taches.

détachant, e [detaʃɑ̃, -ɑ̃t] adj. et n.m. (de 1. *détacher*). Se dit d'un produit servant à enlever les taches.

détaché, e [detaʃe] adj. (p. passé de 2. *détacher*). - **1.** Qui n'est pas ou plus attaché. - **2.** Qui ne paraît manifester aucun intérêt pour qqch : *Prendre un air détaché* (syn. indifférent). - **3.** *Pièce détachée.* Pièce de remplacement d'un appareil, d'un véhicule, vendue séparément.

détachement [detaʃmɑ̃] n.m. (de 2. *détacher*). - **1.** État, comportement de celui qui est détaché : *Parler avec détachement* (syn. indifférence). - **2.** Position d'un fonctionnaire, d'un militaire détaché : *Demander son détachement dans une autre ville.* -**3.** MIL. Élément d'une troupe chargé d'une mission particulière : *Un détachement partira en reconnaissance.*

1. détacher [detaʃe] v.t. (de *tache*) Enlever les taches de.

2. détacher [detaʃe] v.t. (de l'anc. fr. *estache* "pieu", frq. *stakka*). -**1.** Défaire le lien qui attachait : *Détacher un chien* (contr. attacher). *Détacher un prisonnier* (syn. libérer). -**2.** Éloigner, séparer : *Détacher les feuilles d'un carnet.* -**3.** Envoyer qqn, qqch pour exécuter une mission : *Détacher un représentant, un convoi.* -**4.** Placer un fonctionnaire, un militaire hors de son cadre ou de son unité d'origine. -**5.** Dégager, éloigner : *Détacher qqn d'un parti.* -**6.** Mettre en valeur, faire ressortir : *Peintre qui détache un groupe de femmes sur un fond de paysage.* ◆ **se détacher** v.pr. -**1.** Défaire ses liens : *Le chien s'est détaché tout seul.* -**2.** Apparaître nettement, distinctement : *Les collines se détachent dans le lointain.* -**3.** Se détacher d'un groupe, prendre de l'avance sur les autres, dans une situation de concurrence : *Coureur qui se détache du peloton.* -**4.** Se détacher de qqn, de qqch, laisser de côté qqch de prenant, de préoccupant ; perdre peu à peu tout intérêt pour qqn, qqch : *Se détacher de ses préoccupations quotidiennes* (syn. s'abstraire de). *Elle se détache de son mari* (syn. s'éloigner de).

détail [detaj] n.m. (de *détailler*). -**1.** Petit élément constitutif d'un ensemble et qui peut être considéré comme secondaire : *Se perdre dans les détails. C'est un détail* (= c'est sans importance). -**2.** Énumération complète et minutieuse : *Faire le détail d'une facture.* -**3.** Vente de marchandises à l'unité ou par petites quantités (par opp. à *gros, demi-gros*) : *Commerce de détail.* -**4.** Au détail, à l'unité ou selon la quantité désirée par le client. ‖ En détail, sans rien omettre : *Expliquez-moi cela en détail* (= par le menu).

détaillant, e [detajā, -āt] adj. et n. Qui vend au détail.

détailler [detaje] v.t. (de *tailler* "couper en morceaux"). -**1.** Passer en revue les éléments d'un ensemble, les faire ressortir : *Il nous a détaillé son plan.* -**2.** Vendre au détail, par petites quantités : *Détailler du vin.*

détaler [detale] v.i. (de *étaler* "assigner une place, prendre position"). FAM. Se sauver.

détartrage [detartraʒ] n.m. Action de détartrer : *Détartrage dentaire.*

détartrant, e [detartrā, -āt] adj. et n.m. Se dit d'un produit qui dissout ou enlève le tartre.

détartrer [detartre] v.t. Enlever le tartre de : *Détartrer une cafetière électrique.*

détaxation [detaksasjɔ̃] n.f. Action de détaxer.

détaxe [detaks] n.f. Diminution ou suppression d'une taxe.

détaxer [detakse] v.t. Diminuer ou supprimer les taxes sur un produit.

détectable [detɛktabl] adj. Que l'on peut détecter.

détecter [detɛkte] v.t. (angl. *to detect*, du lat. *detectus* "découvert") [conj. 4]. Déceler l'existence de ce qui est caché : *Détecter une fuite de gaz. Détecter une maladie.*

détecteur [detɛktœr] n.m. (angl. *detector* ; v. *détecter*). Appareil servant à détecter la présence de qqch, un phénomène, etc. : *Détecteur de mines, de particules.*

détection [detɛksjɔ̃] n.f. -**1.** Action de détecter ; fait d'être détecté. -**2.** MIL. Opération permettant de déterminer la position d'un avion, d'un sous-marin, etc.

détective [detɛktiv] n. (angl. *detective*, de *to detect* ; v. *détecter*). Personne dont le métier est de mener des enquêtes, des filatures privées pour le compte de particuliers. (On dit aussi *détective privé.*)

déteindre [detɛ̃dr] v.t. (lat. *tingere*, du class. *tingere* "teindre") [conj. 81]. Faire perdre de sa couleur : *Le soleil déteint les tissus.* ◆ v.i. -**1.** Perdre sa couleur : *Cette couverture a déteint* (syn. se décolorer). -**2.** Déteindre sur qqch, lui communiquer une partie de sa couleur. ‖ Déteindre sur qqn, l'influencer, lui faire adopter ses manières.

dételer [detle] v.t. (de *[at]teler*) [conj. 24]. Détacher des animaux attelés.

détendeur [detādœr] n.m. (de *détendre*). Appareil servant à diminuer la pression d'un gaz comprimé.

détendre [detādr] v.t. [conj. 73]. -**1.** Diminuer la tension de ; relâcher ce qui était tendu : *Détendre une corde.* -**2.** Faire cesser la tension nerveuse, la fatigue : *Cette lecture le détend* (syn. décontracter, délasser). -**3.** Détendre l'atmosphère, faire disparaître les conflits, les tensions dans un groupe. ◆ **se détendre** v.pr. -**1.** Se relâcher ; être relâché : *Ressort qui s'est détendu.* -**2.** Relâcher sa tension nerveuse ; se reposer. -**3.** Devenir moins tendu, moins agressif : *Nos relations se sont détendues.*

détendu, e [detādy] adj. Sans tension ; calme, apaisé.

détenir [detnir] v.t. (lat. *detinere* "retenir", refait d'après *tenir*) [conj. 40]. -**1.** Garder, tenir en sa possession : *Détenir un secret.* -**2.** Retenir dans un lieu et, spécial., en prison.

détente [detāt] n.f. (de *détendre*). -**1.** Fait de se détendre, en parlant de qqch qui est tendu :

Détente d'un ressort. **-2.** Effort musculaire puissant et vif qui produit l'extension du corps ou d'un membre et, en partic., du membre inférieur : *D'une brusque détente, le gardien de but attrapa le ballon.* **-3.** Diminution de la tension d'esprit ; état de repos qui en résulte. **-4.** Fait d'interrompre ses occupations pour se délasser, se distraire : *Prendre un moment de détente.* **-5.** Diminution de la tension entre États, amélioration des relations internationales. **-6.** Pièce du mécanisme d'une arme à feu qui, pressée par le tireur, agit sur la gâchette et fait partir le coup. **-7.** Diminution de la pression d'un gaz par augmentation de son volume. **-8.** À double détente, se dit d'un fusil de chasse à deux canons et à deux détentes ; au fig., qui fait son effet en deux temps : *Argument à double détente.* ‖ FAM. Être dur à la détente, payer en rechignant, être enclin à l'avarice ; au fig., avoir la compréhension lente.

détenteur, trice [detɑ̃tœʀ, -tʀis] n. (lat. jur. *detentor* ; v. *détenir*). Personne qui détient qqch : *Le détenteur d'un record.*

détention [detɑ̃sjɔ̃] n.f. (bas lat. *detentio* ; v. *détenir*). **-1.** Action de détenir, d'avoir en sa possession : *La détention d'armes prohibées.* **-2.** Fait d'être détenu : *Protester contre une détention arbitraire* (syn. incarcération). **-3.** Détention criminelle, peine afflictive et infamante, privative de liberté. □ L'internement peut aller de cinq ans à la perpétuité. ‖ Détention provisoire, incarcération d'un inculpé avant son jugement.

détenu, e [detny] n. et adj. (p. passé de *détenir*). Personne incarcérée (syn. prisonnier).

détergent, e [detɛʀʒɑ̃, -ɑ̃t] adj. et n.m. (du lat. *detergere* "nettoyer"). Se dit d'un produit qui sert à nettoyer.

détérioration [deteʀjɔʀasjɔ̃] n.f. Action de détériorer, de se détériorer ; fait d'être détérioré.

détériorer [deteʀjɔʀe] v.t. (bas lat. *deteriorare*, du class. *deterior* "pire"). **-1.** Mettre en mauvais état : *L'humidité a détérioré les peintures* (syn. abîmer, endommager). **-2.** Dégrader qqch, l'abîmer : *Détériorer sa santé* (syn. compromettre). ◆ **se détériorer** v.pr. **-1.** S'abîmer, subir des dégradations. **-2.** Perdre son harmonie, son équilibre : *Climat social qui se détériore.*

déterminant, e [detɛʀminɑ̃, -ɑ̃t] adj. Qui détermine une action : *Une étape déterminante de sa vie* (syn. décisif). ◆ **déterminant** n.m. **-1.** Élément, facteur qui détermine, qui exerce une action spécifique. **-2.** LING. Élément du groupe nominal indiquant en français le genre, le nombre, etc. □ Les démonstratifs, les possessifs, les articles sont des déterminants.

déterminatif, ive [detɛʀminatif, -iv] adj. et n.m. LING. Qui détermine le sens d'un mot en le précisant : *Adjectifs déterminatifs.*

détermination [detɛʀminasjɔ̃] n.f. **-1.** Action de déterminer, de définir, de préciser qqch : *La détermination d'une date.* **-2.** Décision, résolution qu'on prend après avoir hésité. **-3.** Caractère d'une personne qui est déterminée, décidée : *Montrer de la détermination* (syn. résolution).

déterminé, e [detɛʀmine] adj. **-1.** Précisé, fixé : *Heure déterminée.* **-2.** Ferme, résolu : *Air déterminé.*

déterminer [detɛʀmine] v.t. (lat. *determinare* "borner", de *terminus* "borne, limite"). **-1.** Indiquer, fixer avec précision : *Déterminer la composition de l'air* (syn. établir, définir). **-2.** Causer, provoquer : *Cet incident a déterminé une crise.* **-3.** Faire prendre une résolution à qqn : *Cet événement m'a déterminé à partir* (syn. pousser, inciter). **-4.** LING. Préciser la valeur ou le sens d'un mot. ◆ **se déterminer** v.pr. [à]. Se décider à agir ; prendre un parti.

déterminisme [detɛʀminism] n.m. (de *déterminer*, pour trad. l'all. *Determinismus*). Conception philosophique selon laquelle il existe des rapports de cause à effet entre les phénomènes physiques, les actes humains, etc. ◆ **déterministe** adj. et n. Relatif au déterminisme ; qui en est partisan.

déterré, e [detere] adj. Sorti de terre. ◆ n. Avoir un air, une mine de déterré, être pâle, défait.

déterrer [detere] v.t. (de *terre*). **-1.** Sortir, tirer de terre ; exhumer. **-2.** Découvrir, tirer de l'oubli.

détersif, ive [detɛʀsif, -iv] adj. (du lat. *detersus*, de *detergere* "nettoyer"). Se dit d'un produit détergent.

détestable [detɛstabl] adj. Qui a tout pour déplaire : *Sa conduite est détestable* (syn. exécrable).

détester [detɛste] v.t. (lat. *detestari* "écarter en prenant les dieux à témoin"). Avoir de l'aversion pour : *Je déteste ce plat, cette région* (= avoir en horreur ; syn. exécrer).

détonant, e [detɔnɑ̃, -ɑ̃t] adj. **-1.** Destiné à produire une détonation : *Un explosif détonant.* **-2.** Coexistence de deux ou plusieurs choses ou personnes pouvant conduire à des réactions, des crises violentes, graves. **-3.** Mélange détonant, mélange de deux gaz dont l'inflammation entraîne une réaction explosive.

détonateur [detɔnatœʀ] n.m. **-1.** Dispositif d'amorçage destiné à provoquer la détonation d'une charge explosive. **-2.** Ce qui provoque une action ou fait éclater une situation explosive : *Ce discours a servi de détonateur à la crise.*

détonation [detɔnasjɔ̃] n.f. (de *détoner*). - **1.** Bruit violent produit par une explosion ou qui évoque une explosion. - **2.** Décomposition extrêmement rapide (4 à 10 km/s) d'un explosif.

détoner [detɔne] v.i. (lat. *detonare* "tonner fortement"). Exploser avec un bruit violent.

détonner [detɔne] v.i. (de *ton*). - **1.** MUS. S'écarter du ton. - **2.** Contraster, choquer : *Couleurs qui détonnent.*

détordre [detɔʀdʀ] v.t. [conj. 76]. Remettre dans son premier état ce qui était tordu : *Détordre une barre de fer.*

détortiller [detɔʀtije] v.t. Remettre dans son premier état ce qui était tortillé, entortillé : *Détortiller un fil de fer.*

détour [detuʀ] n.m. (de *détourner*). - **1.** Parcours plus long que la voie directe : *Faire un détour.* - **2.** Tracé sinueux d'une voie, d'une rivière : *Les détours d'une route.* - **3.** Moyen indirect : *S'expliquer sans détour* (= franchement). - **4.** Au détour du chemin, à l'endroit où il tourne.

détourer [detuʀe] v.t. (de *tour*). - **1.** PHOT. Éliminer, au moyen d'un produit spécial, le fond entourant un sujet qu'on veut isoler. - **2.** TECHN. Donner à une pièce en cours d'usinage le contour exact imposé par le dessin.

détourné, e [detuʀne] adj. - **1.** Qui fait un détour : *Sentier détourné.* - **2.** Indirect, masqué : *Prendre des moyens détournés pour dire qqch.*

détournement [detuʀnəmã] n.m. - **1.** Action de détourner : *Détournement d'avion.* - **2.** Soustraction frauduleuse : *Détournement de fonds.* - **3.** Détournement de pouvoir, mise en œuvre du pouvoir d'une autorité administrative dans un but étranger à celui pour lequel le pouvoir avait été conféré.

détourner [detuʀne] v.t. (de *tourner*). - **1.** Modifier le cours, la direction de : *Détourner une rivière, la circulation* (syn. dévier). - **2.** Diriger vers un autre centre d'intérêt, un autre but : *Détourner la conversation.* - **3.** Soustraire frauduleusement : *Détourner des fonds.* - **4.** Détourner la tête, les yeux, les tourner dans une autre direction. ‖ Détourner qqn de qqch, de (+ inf.), l'en écarter, l'en éloigner : *La maladie de son épouse l'a complètement détourné de ses engagements professionnels* (syn. détacher). ‖ Détourner un avion, contraindre, par la menace, la force, le pilote à changer la destination de l'appareil.

détoxication [detɔksikasjɔ̃] n.f. PHYSIOL. Élimination ou neutralisation des substances toxiques par l'organisme.

détracteur, trice [detʀaktœʀ, -tʀis] n. (lat. *detractor*, de *detrahere* "tirer en bas"). Personne qui critique violemment, déprécie qqn, qqch.

détraqué, e [detʀake] adj. et n. FAM. Atteint de troubles mentaux, déséquilibré. (V. aussi *détraquer.*)

détraquer [detʀake] v.t. (de 2. *trac,* au sens anc. de "piste"). - **1.** Déranger le fonctionnement d'un mécanisme, faire qu'il ne fonctionne plus : *Détraquer une pendule* (syn. endommager). - **2.** FAM. Nuire à l'état physique ou mental de : *Son échec au concours l'a complètement détraqué.* ◆ **se détraquer** v.pr. - **1.** Ne plus fonctionner ; fonctionner mal : *Ma machine à écrire s'est détraquée.* - **2.** FAM. Le temps se détraque, il se gâte ou il ne correspond plus à ce qu'il devrait être.

1. détrempe [detʀɑ̃p] n.f. (de 1. *détremper*). - **1.** Peinture ayant pour liant de l'eau additionnée de colle ou de gomme. - **2.** Tableau exécuté à l'aide de cette peinture.

2. détrempe [detʀɑ̃p] n.f. (de 2. *détremper*). Action de détremper l'acier.

1. détremper [detʀɑ̃pe] v.t. (lat. *distemperare* "mélanger, délayer"). Mouiller, imbiber d'un liquide (notamm. d'eau).

2. détremper [detʀɑ̃pe] v.t. (de *tremper*). Détruire la trempe de l'acier.

détresse [detʀɛs] n.f. (lat. pop. *districtia* "chose étroite", du class. *districtus* "serré"). - **1.** Désarroi, sentiment d'abandon, de solitude profonde : *La détresse des chômeurs.* - **2.** Situation critique, dangereuse : *Navire en détresse.*

détriment [detʀimã] n.m. (lat. *detrimentum* "usure, dommage", de *deterere* ; v. *détritus*). - **1.** LITT. Perte, préjudice. - **2.** Au détriment de, en faisant tort à, aux dépens de.

détritique [detʀitik] adj. (du lat. *detritus* ; v. *détritus*). GÉOL. Formé de débris ; qui résulte de la désagrégation d'une roche préexistante.

détritivore [detʀitivɔʀ] adj. et n.m. (de *détritus* et *-vore*). Se dit des animaux ou des bactéries qui se nourrissent de détritus organiques d'origine naturelle ou industrielle.

détritus [detʀity] ou [detʀitys] n.m. (lat. *detritus*, de *deterere* "user par frottement"). [Souvent au pl.]. - **1.** Résidu provenant de la désagrégation d'un corps. - **2.** Ordures.

détroit [detʀwa] n.m. (du lat. *districtus* "serré"). Bras de mer resserré entre deux terres.

détromper [detʀɔ̃pe] v.t. (de *tromper*). Tirer qqn de son erreur.

détrôner [detʀone] v.t. (de *trône*). - **1.** Mettre fin à la supériorité de : *Le plastique a détrôné* *le caoutchouc dans de nombreux emplois* (syn. supplanter). - **2.** Déposséder un souverain de son trône : *Guillaume d'Orange a détrôné Jacques II.*

détrousser [detʀuse] v.t. (de *trousser*). LITT. Dépouiller qqn de ce qu'il porte sur lui en usant de violence.

détrousseur [detʀusœʀ] n.m. LITT., VIEILLI. Personne qui détrousse, voleur.

détruire [detʀɥiʀ] v.t. (lat. pop. *destrugere*, class. *destruere*, de *struere* "assembler par coudes, bâtir") [conj. 98]. - **1.** Démolir, abattre ; anéantir : *Détruire une ville.* - **2.** Faire périr : *Détruire les animaux nuisibles* (syn. supprimer). - **3.** Réduire à néant : *Détruire une légende* (= mettre fin à).

dette [dɛt] n.f. (bas lat. *debita*, du class. *debitum* "dette", de *debere* "devoir"). - **1.** (Souvent au pl.). Somme d'argent due à qqn : *Être couvert de dettes.* - **2.** Obligation morale : *J'ai une dette de reconnaissance envers lui.* - **3.** Dette publique, ensemble des engagements à la charge d'un État contractés lors d'émissions d'emprunts.

deuil [dœj] n.m. (lat. *dolus* "douleur"). - **1.** Décès d'un proche : *Il y a eu trois deuils en un an dans cette famille.* - **2.** Douleur, affliction éprouvée à la suite du décès de qqn : *Le pays est en deuil, il pleure ses morts.* - **3.** Ensemble des signes extérieurs liés à la mort d'un proche et consacrés par l'usage, en partic. port de vêtements noirs ou sombres : *Prendre le deuil. Porter le deuil.* - **4.** Conduire le deuil, conduire le convoi funèbre. ‖ FAM. Faire son deuil de qqch, y renoncer, se résigner à en être privé : *Avec ce mauvais temps, nous pouvons faire notre deuil de la promenade.*

deus ex machina [deysɛksmakina] n.m. inv. (loc. lat. "un dieu [descendu au moyen] d'une machine"). Personne ou événement venant opportunément dénouer une situation dramatique.

Deutsche Mark [dɔtʃmaʀk] n.m. → **Mark.**

deux [dø] adj. num. card. inv. (lat. *duos*, accusatif de *duo*). - **1.** Un plus un : *Les deux pôles. Elle s'y est reprise à deux fois.* - **2.** (En fonction d'ord.). De rang numéro deux, deuxième : *Article deux. Henri II.* - **3.** À nous deux, phrase de défi lancée à celui avec lequel on va s'affronter. ‖ FAM. En moins de deux, très vite. ◆ n.m. inv. - **1.** Le nombre qui suit un dans la série des entiers naturels ; le chiffre représentant ce nombre : *Deux fois deux, quatre. Le deux arabe.* - **2.** Face d'un dé marquée de deux points ; carte comportant deux figures.

deuxième [døzjɛm] adj. num. ord. De rang numéro deux : *C'est la deuxième et dernière fois. C'est au deuxième* (= au deuxième étage ;

syn. second). ◆ n. Celui, celle qui occupe le deuxième rang : *C'est la deuxième que je rencontre.*

deuxièmement [døzjɛmmɑ̃] adv. En deuxième lieu.

deux-mâts [døma] n.m. Voilier à deux mâts.

deux-pièces [døpjɛs] n.m. - **1.** Maillot de bain composé d'un soutien-gorge et d'un slip. - **2.** Vêtement féminin composé d'une jupe ou d'un pantalon et d'une veste assortis. - **3.** Appartement de deux pièces principales.

deux-points [døpwɛ̃] n.m. Signe de ponctuation figuré par deux points superposés (:), placé avant une énumération ou une explication.

deux-roues [døʀu] n.m. Véhicule à deux roues, avec ou sans moteur : *La bicyclette et le scooter sont des deux-roues.*

dévaler [devale] v.t. (de *val*). Descendre rapidement, à toute allure, une pente, un escalier, etc.

dévaliser [devalize] v.t. (de *valise*). - **1.** Voler, dérober qqch à qqn : *Dévaliser une bijouterie* (syn. cambrioler). - **2.** FAM. Vider qqch de ce qu'il contenait : *Dévaliser le réfrigérateur.* - **3.** FAM. Dévaliser une boutique, un commerçant, y faire des achats nombreux.

dévalorisant, e [devalɔʀizɑ̃, ɑ̃t] adj. Qui dévalorise.

dévalorisation [devalɔʀizasjɔ̃] n.f. Action de dévaloriser.

dévaloriser [devalɔʀize] v.t. (de *valoriser*). - **1.** Diminuer la valeur d'une monnaie, d'un capital, d'un produit ou d'une matière première : *Dévaloriser le pouvoir d'achat.* - **2.** Déprécier, diminuer la valeur, le prestige de qqch, de qqn : *Dévaloriser un diplôme.*

dévaluation [devalɥasjɔ̃] n.f. (de *[é]valuation*). Action de dévaluer.

dévaluer [devalɥe] v.t. (de *dévaluation*). - **1.** Diminuer la valeur d'une monnaie par rapport à un étalon de référence et aux monnaies étrangères. - **2.** Déprécier, dévaloriser : *Cette théorie est un peu dévaluée.*

devancement [dəvɑ̃smɑ̃] n.m. Action de devancer : *Devancement d'appel, à l'armée.*

devancer [dəvɑ̃se] v.t. (de *devant*, d'apr. *avancer*) [conj. 16]. - **1.** Arriver avant, précéder qqn : *Il m'a devancé au rendez-vous.* - **2.** Surpasser, surclasser : *Il devance ses rivaux dans tous les domaines.* - **3.** MIL. Devancer l'appel, effectuer son service national à une date précédant celle de l'appel de sa classe d'âge.

devancier, ère [dəvɑ̃sje, -ɛʀ] n. Personne qui devance, précède qqn : *Ressembler à ses devanciers.*

1. devant [dəvɑ̃] prép. et adv. (de *de* et *avant*). À l'avant de : *Je t'attendrai devant le garage.*

Passe devant, tu verras mieux. ◆ prép. - **1.** En présence de : *On ne peut pas dire cela devant tout le monde.* - **2.** Confronté à, en réaction à : *Devant de tels excès, il a fallu prendre des sanctions énergiques* (syn. face à). - **3.** Avoir (de l'argent, du temps) devant soi, ne pas avoir épuisé toutes ses ressources. ◆ **de devant** loc. adj. À l'avant de qqch, du corps : *Une patte de devant* (syn. avant).

2. **devant** [dəvã] n.m. (de *1. devant*). - **1.** Partie antérieure de qqch : *Le devant d'une maison.* - **2.** Prendre les devants, partir avant qqn ; devancer qqn pour l'empêcher d'agir.

devanture [dəvãtyr] n.f. (de *1. devant*). Partie d'un magasin où les articles sont exposés à la vue des passants, soit derrière une vitre, soit à l'extérieur.

dévastateur, trice [devastatœr, -tris] adj. Qui dévaste.

dévastation [devastasjɔ̃] n.f. Action de dévaster ; ravage : *Dévastation causée aux cultures par la grêle.*

dévaster [devaste] v.t. (lat. *devastare*). Causer de grands dégâts à ; ravager, ruiner.

déveine [devɛn] n.f. (de *veine*). FAM. Malchance.

développable [devlɔpabl] adj. - **1.** Qui peut être développé. - **2.** MATH. Surface développable, qui peut être appliquée sur un plan : *Le cône est une surface développable.*

développé [devlɔpe] n.m. (de *développer*). - **1.** Mouvement consistant à épauler un haltère, puis à le soulever au-dessus de la tête à bout de bras. - **2.** CHORÉGR. Mouvement dans lequel une jambe repliée se déploie dans différentes directions.

développement [devlɔpmã] n.m. - **1.** Action de développer ce qui était roulé ; fait d'être développé : *Le développement d'une banderole* (syn. déploiement). - **2.** Fait de grandir, de croître ; fait de se multiplier : *Développement intellectuel d'un enfant. Développement anarchique des cellules cancéreuses.* - **3.** Fait pour qqch de progresser, de s'accroître : *Développement industriel d'une région* (syn. essor, expansion). - **4.** Exposé détaillé d'un sujet : *Se lancer dans un long développement.* - **5.** PHOT. Opération consistant à développer une pellicule sensible. - **6.** Pays en développement, pays qui, partant d'un état de sous-développement économique et social notoire, ont entamé le processus d'un certain développement. (On dit aussi *pays en voie de développement*.) ◆ **développements** n.m. pl. Suites, prolongement d'un événement : *Cette affaire connaît de nouveaux développements.*

développer [devlɔpe] v.t. (de *[en]velopper*). - **1.** Étendre ce qui était plié, enroulé : *Développer une pièce de tissu* (syn. dérouler). - **2.** Cultiver, former le corps ou l'esprit : *Jeu qui développe l'intelligence.* - **3.** Augmenter l'ampleur, assurer la croissance de qqch : *Chercher à développer son usine* (syn. agrandir). - **4.** Analyser, exposer de manière détaillée : *Développer un argument.* - **5.** PHOT. Procéder au développement d'une pellicule sensible. - **6.** Développer un calcul, en effectuer toutes les opérations successives. ‖ MATH. Développer une expression algébrique, l'écrire sous la forme d'une somme. ‖ MÉD. Développer une maladie, en être effectivement atteint. ◆ **se développer** v.pr. - **1.** Se déployer, s'étendre : *Armée qui se développe sur un front de trois kilomètres.* - **2.** Croître, grandir ; s'épanouir : *Jeux pour aider l'intelligence à se développer.* - **3.** Prendre de l'extension, de l'ampleur ; se multiplier : *Des bactéries qui se développent dans certains milieux.*

1. **devenir** [dəvnir] v.i. (lat. *devenire* "arriver à") [conj. 40 ; auxil. *être*]. - **1.** Passer à un autre état ; acquérir une certaine qualité : *Devenir vieux, irritable. Elle est devenue experte dans son domaine de recherche.* - **2.** Avoir tel sort, tel résultat ; être dans tel état, telle situation : *Que devient votre projet ? Je ne sais ce qu'elle est devenue.*

2. **devenir** [dəvnir] n.m. (de *1. devenir*). - **1.** Mouvement progressif par lequel les choses se transforment ; évolution : *La science est en perpétuel devenir.* - **2.** Futur, avenir : *Le devenir de la démocratie.*

déverbal [devɛrbal] n.m. (de *verbe*) [pl. *déverbaux*]. - **1.** LING. Tout dérivé, formé à partir du radical d'un verbe (on dit aussi *déverbatif*). - **2.** LING. Nom dérivé d'un verbe et formé sans affixe (ex. : *coût*, de *coûter* ; *demande*, de *demander*).

dévergondage [devɛrgɔ̃daʒ] n.m. (de *se dévergonder*). - **1.** Conduite licencieuse ; débauche. - **2.** Fantaisie débridée : *Le dévergondage de l'imagination.*

dévergondé, e [devɛrgɔ̃de] adj. et n. (de *vergonde*, forme anc. de *vergogne*). Qui mène sans honte ni remords une vie déréglée ; débauché.

se dévergonder [devɛrgɔ̃de] v.pr. (de *dévergondé*). Devenir dévergondé ; se débaucher.

déverrouiller [deveruje] v.t. - **1.** Ouvrir en tirant le verrou : *Déverrouiller une porte.* - **2.** Libérer ce qui maintenait immobile : *Déverrouiller le train d'atterrissage.*

dévers [devɛr] n.m. (du lat. *deversus* "tourné vers le bas"). - **1.** AUTOM., CH. DE F. Angle formé par le plan de symétrie d'un véhicule et le plan perpendiculaire à la chaussée ou à la voie ferrée. - **2.** Déversement d'un mur.

1. **déversement** [devɛrsəmã] n.m. (de *déverser*). Action de déverser des eaux, un liquide ; fait de se déverser.

2. déversement [devɛʀsəmɑ̃] n.m. (de *dévers*). Fait de pencher d'un côté, de gauchir ; inclinaison par rapport à l'aplomb : *Déversement d'un mur* (syn. dévers).

déverser [devɛʀse] v.t. (de *verser*). - **1.** Faire couler d'un lieu dans un autre : *L'étang déverse le trop-plein de ses eaux dans un réservoir* (syn. rejeter). - **2.** Déposer en grand nombre, en grande quantité : *Camion qui déverse des gravats.* - **3.** Répandre abondamment : *Déverser sa rancune sur qqn.*

déversoir [devɛʀswaʀ] n.m. Ouvrage au-dessus duquel s'écoulent les eaux d'un bassin, d'un canal, etc.

dévêtir [devetiʀ] v.t. [conj. 44]. Dépouiller de ses vêtements. ◆ **se dévêtir** v.pr. Ôter ses vêtements.

déviance [devjɑ̃s] n.f. - **1.** Caractère de ce qui s'écarte de la norme. - **2.** Comportement qui s'écarte des normes en vigueur dans un système social donné.

déviant, e [devjɑ̃, -ɑ̃t] adj. et n. Qui s'écarte de la règle, de la norme ; qui a une conduite de déviance.

déviation [devjasjɔ̃] n.f. - **1.** Fait de dévier, de s'écarter d'une direction normale ou déterminée à l'avance. - **2.** Itinéraire établi pour détourner la circulation : *Au prochain embranchement vous emprunterez la déviation.* - **3.** Écart, variation dans une ligne de conduite, de doctrine.

déviationnisme [devjasjɔnism] n.m. Attitude qui consiste à s'écarter de la ligne politique d'un parti, d'une organisation dont on est membre. ◆ **déviationniste** adj. et n. Qui fait preuve de déviationnisme.

dévider [devide] v.t. - **1.** Mettre un fil en écheveau, en pelote : *Dévider la soie du cocon.* - **2.** Dérouler : *Dévider une pelote de laine.* - **3.** FAM. Exposer rapidement, avec prolixité : *Dévider ses souvenirs* (syn. débiter).

dévidoir [devidwaʀ] n.m. Instrument ou appareil sur lequel on enroule des fils, des cordes, des tuyaux, etc., afin de pouvoir les dérouler rapidement le moment venu.

dévier [devje] v.i. (lat. *deviare*, de *devius* "hors de la route"). S'écarter de sa direction, de son projet, de son orientation : *La voiture a dévié sur la gauche. La conversation dévia sur un sujet scabreux* (syn. déraper). ◆ v.t. Modifier le trajet, la direction d'un mouvement : *Dévier la circulation du centre-ville* (syn. détourner).

devin [dəvɛ̃] , **devineresse** [dəvinʀɛs] n. (lat. pop. *devinus*, class. *divinus*, de *divus* "dieu"). Personne qui prétend avoir le don de divination.

deviner [dəvine] v.t. (lat. pop. *devinare*, class. *divinare*). Découvrir intuitivement ou par conjecture ; prédire, trouver : *Je devine qu'il va se passer qqch* (syn. pressentir).

devinette [dəvinɛt] n.f. (de *deviner*). Question plaisante dont on demande à qqn, par jeu, de trouver la réponse.

devis [dəvi] n.m. (de *deviser*). Description détaillée des pièces, des matériaux et des opérations nécessaires pour réaliser une production, une construction, une installation ou une réparation, avec l'estimation des dépenses.

dévisager [devizaʒe] v.t. (de *visage*) [conj. 17]. Regarder qqn avec insistance ou indiscrétion : *Dévisager son voisin.*

devise [dəviz] n.f. (propr. "signe distinctif", de *deviser* "diviser"). - **1.** Brève formule qui exprime une pensée, un sentiment, une règle de vie, de conduite. - **2.** Monnaie considérée par rapport aux monnaies d'autres pays, par rapport à son taux de change : *Devise forte.* - **3.** HÉRALD. Figure emblématique accompagnée d'une formule (tels le *soleil*, avec les mots *Nec pluribus impar*, de Louis XIV ; la *salamandre*, de François Iᵉʳ, avec *Nutrisco et extinguo*, etc.).

deviser [dəvize] v.i. (lat. pop. *devisare*, d'abord *divisare*, du class. *dividere* "diviser, partager, répartir"). LITT. S'entretenir familièrement ; converser.

dévissage [devisaʒ] n.m. - **1.** Action de dévisser. - **2.** ALP. Fait de dévisser.

dévisser [devise] v.t. - **1.** Défaire, desserrer en tournant dans le sens inverse du vissage. - **2.** Détacher un objet fixé par une, des vis : *Dévisser une serrure.* ◆ v.i. ALP. Lâcher prise et tomber.

de visu [dəvizy] loc. adv. (mots lat. "d'après ce qu'on a vu"). Pour l'avoir vu ; en témoin oculaire.

dévitaliser [devitalize] v.t. Enlever le tissu vital, la pulpe, le nerf d'une dent.

dévitaminé, e [devitamine] adj. Qui a perdu ses vitamines : *Aliments dévitaminés.*

dévoilement [devwalmɑ̃] n.m. Action de dévoiler, de se dévoiler ; fait d'être dévoilé.

dévoiler [devwale] v.t. - **1.** Ôter le voile de : *Dévoiler une statue.* - **2.** Laisser apparaître, découvrir, révéler ce qui était caché, secret : *Dévoiler ses intentions.* - **3.** Redresser une roue voilée. ◆ **se dévoiler** v.pr. Apparaître, se manifester ouvertement.

1. devoir [dəvwaʀ] v.t. (lat. *debere*) [conj. 53]. - **I.** Au sens plein. - **1.** Être tenu de payer, de restituer ou de fournir : *Devoir de l'argent, un loyer.* - **2.** Avoir une obligation à l'égard de qqn par la loi, la morale, les convenances : *Je vous dois des excuses. Devoir assistance à ses enfants.* - **3.** Être redevable de ; avoir pour origine : *Ce pays doit sa prospérité aux richesses de son sous-sol* (syn. tenir). – **II.** Semi-auxiliaire (+ inf.). Indique : - **1.** L'obligation, la nécessité : *Tu dois obéir. Tout doit finir un jour.* - **2.** La probabilité, la supposition : *C'est ainsi que les choses ont dû se passer.* - **3.** Une possibilité portant sur le futur, une intention : *Il doit me téléphoner ce soir.* ◆ **se devoir** v.pr. - **1.** Être tenu de se consacrer à qqn, à qqch : *Il se doit à sa famille.* - **2.** Se devoir de (+ inf.), être moralement tenu de : *Nous nous devons de donner l'exemple.* - **3.** Comme il se doit, comme c'est l'usage, comme on pouvait le prévoir.

2. devoir [dəvwaʀ] n.m. (de *1. devoir*). - **1.** Ce à quoi on est obligé par la loi, la morale, etc. : *Remplir son devoir de citoyen.* - **2.** Tâche écrite imposée à un élève, à un étudiant : *Un devoir d'anglais.* - **3.** Se mettre en devoir de, se préparer, se mettre à. ◆ **devoirs** n.m. pl. - **1.** Hommages, marques de civilité, de respect ou de politesse : *Présenter ses devoirs à qqn.* - **2.** Derniers devoirs, honneurs funèbres.

1. dévolu, e [devɔly] adj. (lat. médiév. *devolutus*, du class. *devolvere* "dérouler"). Acquis, échu par droit.

2. dévolu [devɔly] n.m. (de *1. dévolu*). Jeter son dévolu sur qqn, sur qqch, fixer son choix sur cette personne, sur cette chose.

dévolution [devɔlysjɔ̃] n.f. (lat. *devolutio*, de *devoluere* "dérouler"). DR. Attribution, transmission d'un bien, d'un droit d'une personne à une autre : *Dévolution successorale.*

dévonien [devɔnjɛ̃] n.m. (de *Devon*, n. pr.). Quatrième période de l'ère primaire, où sont apparus les premiers vertébrés terrestres et les premières plantes vasculaires.

dévorant, e [devɔʀɑ̃, -ɑ̃t] adj. - **1.** Qui pousse à dévorer ; avide, insatiable : *Faim dévorante. Curiosité dévorante.* - **2.** Qui consume, détruit par son ampleur, son intensité : *Feu dévorant. Jalousie dévorante.*

dévorateur, trice [devɔʀatœʀ, -tʀis] adj. LITT. Qui dévore, consume : *Feu dévorateur.*

dévorer [devɔʀe] v.t. (lat. *devorare*). - **1.** Manger en déchirant avec les dents : *Le loup dévora l'agneau.* - **2.** Mordre, ronger, piquer abondamment : *Les mites ont dévoré cette couverture.* - **3.** Manger avec voracité, avidité : *Dévorer son dîner.* - **4.** Absorber complètement : *Ce voyage a dévoré mes économies* (syn. épuiser). - **5.** Tourmenter violemment : *La passion le dévore* (syn. ronger). - **6.** LITT. Faire disparaître complètement, consumer : *Le feu a dévoré la forêt* (syn. détruire). - **7.** Dévorer des yeux, du regard, regarder avec avidité, passion, convoitise. ‖ Dévorer un livre, le lire avec avidité.

dévoreur, euse [devɔʀœʀ, -øz] n. Personne, machine, etc., qui dévore, consomme beaucoup.

dévot, e [devo, -ɔt] adj. et n. (lat. *devotus* "zélé"). Attaché aux pratiques religieuses ; qui manifeste un zèle extrême pour la religion.

dévotement [devɔtmɑ̃] adv. Avec dévotion.

dévotion [devɔsjɔ̃] n.f. (lat. *devotio* "zèle"). - **1.** Piété, attachement fervent à la religion, aux pratiques religieuses. - **2.** Culte particulier rendu à un saint : *Dévotion à la Sainte Vierge.* - **3.** LITT. Attachement fervent à qqn, à qqch ; vénération : *Soigner des plantes avec dévotion.* - **4.** Être à la dévotion de qqn, lui être totalement dévoué. ‖ Faire ses dévotions, accomplir ses devoirs religieux.

dévoué, e [devwe] adj. Qui manifeste un attachement zélé à qqn, à qqch : *Un ami dévoué.*

dévouement [devumɑ̃] n.m. Action de se dévouer à qqn, à qqch ; disposition à servir.

se dévouer [devwe] v.pr. (lat. *devovere* "vouer", consacrer"). - **1.** Se consacrer entièrement à qqn, à qqch : *Se dévouer à une cause. Se dévouer corps et âme à la science.* - **2.** Se charger, par abnégation, d'une tâche pénible, difficile ou peu enthousiasmante : *Il s'est dévoué pour aller faire des courses.*

dévoyé, e [devwaje] adj. et n. Sorti du droit chemin ; délinquant.

dévoyer [devwaje] v.t. (de *voie*) [conj. 13]. LITT. Détourner du droit chemin, de la morale.

dextérité [dɛksteʀite] n.f. (lat. *dexteritas*, de *dexter* "qui est à droite"). - **1.** Habileté, adresse de la main : *La dextérité d'un prestidigitateur.* - **2.** Adresse d'esprit, habileté dans la manière d'agir : *Conduire une affaire avec dextérité.*

dextre [dɛkstʀ] adj. (lat. *dexter* "qui est à droite"). - **1.** VX. Adroit : *Un artisan fort dextre.* - **2.** HÉRALD. Qui est sur le côté droit de l'écu (par opp. à *senestre*). ◆ n.f. LITT. Main droite : *Un soufflet de la dextre.*

dextrose [dɛkstʀoz] n.m. (du lat. *dexter* "qui est à droite", et de [gluc]ose). CHIM. Glucose.

dey [dɛ] n.m. (turc *dāi*). Chef de la Régence d'Alger (1671-1830).

dia [dja] interj. (var. de *da*). Cri des charretiers pour faire aller leurs chevaux à gauche (par opp. à *hue*).

diabète [djabɛt] n.m. (lat. médiév. *diabetes*, gr. médical *diabêtês*, de *diabainein* "traverser", en raison de l'émission d'urine qui caractérise cette maladie). - **1.** MÉD. Maladie se manifestant par une abondante élimination d'urine et une soif intense. - **2.** Trouble du métabolisme des glucides dû à une insuffisance de la sécrétion d'insuline par le pancréas et caractérisé par une hyperglycémie et la présence de sucre dans les urines (on dit aussi *diabète sucré*).

diabétique [djabetik] adj. et n. Relatif au diabète ; atteint de diabète.

diable [djabl] n.m. (lat. *diabolus*, gr. *diabolos* "calomniateur"). - **1.** RELIG. Démon, esprit malin. - **2.** RELIG. CHRÉT. (Précédé de l'art. déf., parfois avec une majuscule). Satan, incarnation suprême du Mal. - **3.** Enfant turbulent et espiègle. - **4.** Petit chariot à deux roues basses servant à transporter des fardeaux. - **5.** Ustensile de cuisine formé de deux poêlons en terre. - **6.** À la diable, très mal, sans soin. ‖ Au diable (vauvert), très loin. ‖ Avoir le diable au corps, faire le mal sciemment ; manifester une énergie surhumaine ; avoir une grande fougue. ‖ Beauté du diable, éclat de la jeunesse. ‖ Bon diable, bon garçon. ‖ Ce n'est pas le diable, ce n'est pas difficile. ‖ C'est bien le diable si..., ce serait extraordinaire si... ‖ Du diable, de tous les diables, extrême. ‖ En diable, fort, extrêmement. ‖ Grand diable, homme de grande taille, dégingandé. ‖ Pauvre diable, homme qui inspire la pitié. ‖ Tirer le diable par la queue, avoir des difficultés d'argent. ◆ interj. - **1.** Marque la surprise, l'admiration, la perplexité. - **2.** (Explétif, dans les interrogations). Donc : *Que diable allait-il faire dans cette galère ?* - **3.** Que diable !, marque l'impatience.

diablement [djabləmɑ̃] adv. (de *diable*). FAM. Très ; terriblement : *Elle est diablement belle.*

diablerie [djabləri] n.f. - **1.** LITT. Machination diabolique ; sorcellerie. - **2.** Espièglerie, malice : *Les diableries des enfants me fatiguent.* - **3.** LITTÉR. Scène, pièce populaire où figurent des diables. - **4.** BX-A. Représentation de scènes où figurent le diable ou ses suppôts.

diablesse [djables] n.f. - **1.** Diable femelle. - **2.** Femme méchante et acariâtre. - **3.** Jeune fille vive et turbulente.

diablotin [djablɔtɛ̃] n.m. Petit diable.

diabolique [djabɔlik] adj. (du lat. ecclés. *diabolicus*, du gr.). - **1.** Inspiré par le diable ; démoniaque : *Tentation diabolique.* - **2.** Qui fait penser au diable par son caractère maléfique ou pervers : *Une ruse diabolique.*

diaboliquement [djabɔlikmɑ̃] adv. De façon diabolique.

diabolo [djabɔlo] n.m. (de *diable*, anc. n. d'un jouet similaire [en raison du bruit qu'il provoquait], p.-ê. sous l'infl. de l'it. *diavolo*). - **1.** Jouet formé de deux cônes opposés par les sommets, qu'on lance en l'air et qu'on rattrape sur une ficelle tendue entre deux baguettes. - **2.** MÉD. Drain inséré à travers la membrane du tympan et utilisé pour traiter des otites séreuses. - **3.** Boisson faite de limonade additionnée de sirop : *Diabolo menthe.*

diachronie [djakrɔni] n.f. (de *dia-*, et du rad. du gr. *chronos* "temps"). LING. Caractère des phénomènes linguistiques considérés du point de vue de leur évolution dans le temps (par opp. à *synchronie*).

diachronique [djakrɔnik] adj. Relatif à la diachronie.

diacide [djasid] n.m. CHIM. Corps possédant deux fonctions acide.

diaconat [djakɔna] n.m. (lat ecclés. *diaconatus* ; v. *diacre*). Office ou ordre du diacre.

diaconesse [djakɔnɛs] n.f. (lat. ecclés. *diaconissa* ; v. *diacre*). - **1.** Femme qui, dans l'Église primitive, était officiellement chargée de fonctions religieuses ou charitables. - **2.** Femme qui se voue à des tâches analogues et qui vit souvent en communauté, chez les protestants.

diacre [djakr] n.m. (lat. ecclés. *diaconus*, gr. *diakonos* "serviteur"). - **1.** CATH. Clerc qui a reçu l'ordre immédiatement inférieur à la prêtrise. - **2.** Chez les protestants, laïc chargé du soin des pauvres et de l'administration des fonds de l'église.

diacritique [djakritik] adj. (gr. *diakritikos* "apte à distinguer"). Signe diacritique, signe qui, adjoint à une lettre, en modifie la valeur ou permet de distinguer deux mots homographes (on dit aussi *un diacritique*) : *l'accent grave de « à » et la cédille du « ç » sont des signes diacritiques.*

diadème [djadɛm] n.m. (lat. *diadema*, mot gr.). - **1.** Bandeau richement décoré et porté autour de la tête comme signe de la royauté ; la dignité royale elle-même : *Ceindre le diadème.* - **2.** Bijou rehaussé de pierreries qui enserre le haut du front. - **3.** Objet de parure féminine ou coiffure ceignant le haut du front : *Un diadème de tresses.*

diagnostic [djagnɔstik] n.m. (gr. *diagnôsis* "connaissance"). - **1.** Identification d'une maladie par ses symptômes. - **2.** Jugement porté sur une situation, sur un état.

diagnostique [djagnɔstik] adj. (gr. *diagnôstikos* "apte à reconnaître"). MÉD. Relatif à un diagnostic : *Signes diagnostiques* (= qui permettent d'établir un diagnostic).

diagnostiquer [djagnɔstike] v.t. Faire le diagnostic d'une maladie ; déceler, discerner un mal, une panne, etc. : *Diagnostiquer un malaise chez les enseignants.*

diagonal, e, aux [djagɔnal, -o] adj. (lat. *diagonalis*, du gr. *diagônios* "ligne qui relie deux angles"). Qui a le caractère d'une diagonale ; en diagonale : *Ligne diagonale.*

diagonale [djagɔnal] n.f. (de *diagonal*).
- **1.** Segment de droite ou droite qui joint deux sommets non consécutifs d'un polygone ou deux sommets d'un polyèdre n'appartenant pas à une même face. - **2.** En diagonale, en biais, obliquement. ‖ FAM. Lire en diagonale, lire rapidement, en sautant des passages. ‖ MATH. Diagonale principale (d'une matrice carrée, d'un déterminant, etc.), ensemble des termes qui, placés au croisement d'une ligne et d'une colonne de même rang, forment une diagonale partant de l'origine.

diagramme [djagʀam] n.m. (gr. *diagramma* "dessin"). Représentation graphique ou schématique permettant de décrire l'évolution d'un phénomène, la corrélation de deux facteurs, la disposition relative des parties d'un ensemble.

dialectal, e, aux [djalɛktal, -o] adj. Relatif à un dialecte.

dialecte [djalɛkt] n.m. (lat. *dialectus*, gr. *dialektos* "discussion"). Variante régionale d'une langue.

dialecticien, enne [djalɛktisjɛ̃, -ɛn] n. et adj. Personne qui pratique la dialectique, qui utilise dans ses raisonnements les procédés de la dialectique. ◆ adj. Qui est digne d'un dialecticien.

1. dialectique [djalɛktik] n.f. (lat. *dialectica* ; v. *2. dialectique*). - **1.** Méthode de raisonnement qui consiste à analyser la réalité en mettant en évidence les contradictions de celle-ci et à chercher à les dépasser. - **2.** Suite de raisonnements rigoureux destinés à emporter l'adhésion de l'interlocuteur : *Une dialectique implacable.*

2. dialectique [djalɛktik] adj. (lat. *dialecticus* "qui concerne la discussion, la dialectique", gr. *dialektikos*, de *dialegesthai* "discourir, raisonner"). - **1.** Qui relève de la dialectique ; qui exprime la dialectique : *Une pensée dialectique.* - **2.** Matérialisme dialectique → marxisme.

dialectologie [djalɛktɔlɔʒi] n.f. Partie de la linguistique qui étudie les dialectes. ◆ **dialectologue** n. Nom du spécialiste.

dialogue [djalɔg] n.m. (lat. *dialogus*, du gr.). - **1.** Conversation, échange de vues entre deux ou plusieurs personnes. - **2.** Discussion visant à trouver un terrain d'entente ; fait de dialoguer : *Renouer le dialogue.* - **3.** Ensemble des répliques échangées entre les personnages d'une pièce de théâtre, d'un film, d'un récit. - **4.** Ouvrage littéraire présenté sous la forme d'une conversation.

dialoguer [djalɔge] v.i. (de *dialogue*).
- **1.** Converser, s'entretenir. - **2.** Négocier ; engager des négociations : *Dialoguer avec les syndicats.* - **3.** Dialoguer avec un ordinateur, l'exploiter en mode conversationnel.

dialoguiste [djalɔgist] n. CIN., TÉLÉV. Auteur spécialisé dans les dialogues d'un scénario.

dialyse [djaliz] n.f. (gr. *dialusis* "séparation"). - **1.** CHIM. Séparation des constituants d'un mélange fondée sur la propriété que possèdent certains corps de traverser plus facilement que d'autres les membranes poreuses. - **2.** MÉD. Purification du sang fondée sur le même principe.

dialysé, e [djalize] adj. et n. Malade astreint à une dialyse.

dialyser [djalize] v.t. - **1.** Opérer la dialyse de constituants chimiques. - **2.** Pratiquer une dialyse sur un malade.

diamant [djamɑ̃] n.m. (bas lat. *diamas, -entis*, gr. *adamas* "acier"). - **1.** Minéral, carbone pur cristallisé, très dur, génér. incolore et transparent : *Diamant brut.* - **2.** Pierre précieuse, taillée dans cette matière. - **3.** Outil de miroitier et de vitrier pour couper le verre. - **4.** Pointe de tête de lecture d'un électrophone, d'une platine, etc., constituée d'un diamant. - **5.** BX-A. Pointes de diamant, bossages, saillies régulières de forme pyramidale.

diamantaire [djamɑ̃tɛʀ] n. Professionnel qui travaille ou vend des diamants.

diamanté, e [djamɑ̃te] adj. Garni de pointes de diamant : *Porte diamantée.*

diamantifère [djamɑ̃tifɛʀ] adj. Terrain, sol diamantifère, qui contient du diamant.

diamantin, e [djamɑ̃tɛ̃, -in] adj. LITT. Qui a la dureté, la pureté ou l'éclat du diamant.

diamétral, e, aux [djametʀal, -o] adj. MATH. Qui contient un diamètre ; relatif au diamètre.

diamétralement [djametʀalmɑ̃] adv. Diamétralement opposé, tout à fait, absolument opposé.

diamètre [djamɛtʀ] n.m. (lat. *diametrus*, du gr.). - **1.** Ligne droite qui partage symétriquement un cercle, un objet circulaire ou arrondi ; sa longueur : *Diamètre d'un arbre.* - **2.** MATH. Droite passant par le centre d'un cercle, d'une sphère ; corde associée à cette droite. - **3.** OPT. Diamètre apparent, angle sous lequel un observateur voit un objet, un astre.

diantre [djɑ̃tʀ] interj. (déformation de *diable* par euphémisme). VX ou LITT. Juron exprimant l'étonnement, l'admiration, l'imprécation : *Que diantre faisait-il là ?*

diapason [djapazɔ̃] n.m. (du gr. *dia pasôn* [*khordôn*] "par toutes [les cordes]"). - **1.** Note dont la fréquence sert de référence pour l'accord des voix et des instruments (par convention internationale, le la_y d'une fréquence de 440 hertz). - **2.** Instrument qui produit cette note, le plus souvent formé d'une tige métallique portant à son extrémité une lame vibrante en forme de U. - **3.** Se mettre **au diapason**, dans une disposition d'esprit conforme aux circonstances, en harmonie avec les attitudes ou les opinions d'autrui.

diaphane [djafan] adj. (gr. *diaphanès*, de *diaphainein* "laisser entrevoir"). - **1.** Qui laisse passer la lumière sans être transparent ; d'une transparence atténuée : *Le verre dépoli est diaphane*. - **2.** LITT. Dont l'aspect évoque ce qui est vu au travers d'un corps diaphane (syn. pâle, délicat).

diaphragme [djafʀagm] n.m. (gr. *diaphragma* "cloison"). - **1.** Muscle très large et mince qui sépare la poitrine de l'abdomen et dont la contraction provoque l'augmentation de volume de la cage thoracique et, par suite, l'inspiration. - **2.** Membrane de matière souple, caoutchouc, matière plastique, etc., qui, placée sur le col de l'utérus, est employée comme contraceptif féminin. - **3.** Ouverture de diamètre réglable servant à faire varier la quantité de lumière entrant dans un appareil optique ou photographique.

diaphyse [djafiz] n.f. (gr. *diaphusis* "interstice"). Partie moyenne d'un os long, par opp. aux extrémités, ou *épiphyses*.

diapositive [djapozitiv] n.f. (de *dia*- et *positif*). Image photographique positive sur support transparent pour la projection. (Abrév. fam. *diapo*.)

diapré, e [djapʀe] adj. (de l'anc. fr. *diaspre* "drap à fleurs, ramages", lat. médiév. *diasprum*, altér. du class. *japsis* "agate, jaspe"). LITT. De couleurs vives, variées et chatoyantes.

diarrhée [djaʀe] n.f. (bas latin *diarrhoea*, gr. *diarroia* [v. les éléments *dia*- et -*rrhée*]). Émission fréquente de selles liquides ou pâteuses, due à une intoxication ou à une infection.

diaspora [djaspɔʀa] n.f. (mot gr. "dispersion"). - **1.** HIST. (Avec une majuscule). Ensemble des communautés juives établies hors de Palestine, surtout après l'Exil (VIᵉ s. av. J.-C.), ou qui demeurent en dehors d'Israël depuis la création de cet État. - **2.** Dispersion d'un peuple, d'une ethnie à travers le monde.

diastole [djastɔl] n.f. (du gr. *diastolê* "écartement"). Période de décontraction des ventricules cardiaques (par opp. à *systole*).

diatomée [djatɔme] n.f. (du gr. *diatomos* "coupé en deux"). Diatomées, classe d'algues unicellulaires marines ou d'eau douce, entourées d'une coque siliceuse bivalve souvent finement ornementée.

diatonique [djatɔnik] adj. (bas lat. *diatonicus*, du gr.). MUS. Gamme diatonique, gamme composée de 5 tons et de 2 demi-tons (ex. : do - ré - mi - fa - sol - la - si - do), par opp. à *chromatique*.

diatribe [djatʀib] n.f. (lat. *diatriba*, gr. *diatribê* "discussion"). Critique très violente, injurieuse : *Son discours n'a été qu'une longue diatribe contre ses adversaires*.

dicastère [dikastɛʀ] n.m. (it. *dicastero*, gr. *dikasterion* "tribunal"). - **1.** Chacun des grands organismes (congrégations, tribunaux, offices) de la curie romaine. - **2.** HELV. Subdivision d'une administration communale.

dichotomie [dikɔtɔmi] n.f. (gr. *dikhotomia* "division en deux parties égales"). - **1.** DIDACT. Division en deux ; opposition entre deux choses. - **2.** LOG. Division d'un concept en deux autres qui recouvrent toute son extension.

dichotomique [dikɔtɔmik] adj. Qui se divise ou se subdivise en deux.

dicotylédone [dikɔtiledɔn] n.f. et adj. (de *di*, et du gr. *kotulêdon* "lobe"). Dicotylédones, classe de plantes angiospermes dont la graine contient un embryon à deux cotylédons, présentant des feuilles génér. horizontales, aux nervures ramifiées et aux faces différentes. □ Les composées, les légumineuses, les rosacées sont des feuilles de plantes dicotylédones.

Dictaphone [diktafɔn] n.m. (nom déposé). Magnétophone servant, notamm., à la dictée du courrier.

dictateur [diktatœʀ] n.m. (lat. *dictator*). - **1.** ANTIQ. ROM. Magistrat suprême investi temporairement de tous les pouvoirs politiques et militaires en cas de crise grave. - **2.** Chef d'État qui, s'étant emparé du pouvoir, gouverne arbitrairement et sans contrôle démocratique ; autocrate. - **3.** Personne très autoritaire : *Il se comporte en dictateur*.

dictatorial, e, aux [diktatɔʀjal, -o] adj. Relatif à une dictature ; absolu : *Pouvoir dictatorial*.

dictatorialement [diktatɔʀjalmã] adv. De façon dictatoriale ; en dictateur.

dictature [diktatyʀ] n.f. (lat. *dictatura*). - **1.** ANTIQ. ROM. Gouvernement d'exception, magistrature militaire conférée pour six mois à un dictateur (entre le VIᵉ et le IIIᵉ s. av. J.-C. surtout, par ex. au lendemain du désastre de Cannes, en 216). - **2.** Régime politique instauré par un dictateur. - **3.** Influence extrême de qqch, d'un groupe, d'une personne : *La dictature de la mode* (syn. tyrannie). - **4.** Dictature du **prolétariat**, période transitoire durant laquelle les représentants du prolétariat devront exercer tous les pouvoirs pour détruire l'État bourgeois et permettre le passage à la société sans classes, dans le marxisme. ‖ Dictature militaire, qui s'appuie sur l'armée.

dictée [dikte] n.f. (de *dicter*). - **1.** Action de dicter un texte ; fait de dicter un comportement : *Sous la dictée des événements.* - **2.** Exercice scolaire d'orthographe.

dicter [dikte] v.t. (lat. *dictare*). - **1.** Dire à haute voix des mots, un texte à qqn qui les écrit au fur et à mesure : *Dicter une lettre.* - **2.** Inspirer, imposer une conduite à tenir : *Son comportement lui est dicté par son idéologie.* - **3.** Dicter sa loi, ses conditions, les imposer.

diction [diksjɔ̃] n.f. (lat. *dictio*, de *dicere* "dire"). Manière de parler, élocution ; manière de réciter pour la scène, l'écran.

dictionnaire [diksjɔnɛʀ] n.m. (lat. médiév. *dictionarium*, du class. *dictio*, *-onis* "action de dire"). - **1.** Recueil de mots classés par ordre alphabétique et suivis de leur définition ou de leur traduction dans une autre langue. (Abrév. fam. *dico*.) - **2.** Dictionnaire encyclopédique, dictionnaire qui, outre les informations sur les mots eux-mêmes, contient des développements scientifiques ou historiques sur les choses, les personnes, etc., représentées par ces mots. ‖ Dictionnaire de langue, dictionnaire qui donne des informations sur la nature et le genre grammatical des mots, leurs formes graphiques et phonétiques, leurs sens, leurs emplois, leurs niveaux de langue, etc.

dicton [diktɔ̃] n.m. (lat. *dictum*). Propos sentencieux devenu proverbial : « *En avril, ne te découvre pas d'un fil* » est un dicton.

didacticiel [didaktisjɛl] n.m. (de *1. didacti*-[*que*] et [*logi*]*ciel*). INFORM. Logiciel spécialement conçu pour l'enseignement assisté par ordinateur.

1. didactique [didaktik] adj. (gr. *didaktikos*, de *didaskein* "enseigner"). - **1.** Qui a pour objet d'instruire ; pédagogique : *Un exposé à caractère nettement didactique.* - **2.** Terme didactique, terme qui se caractérise par son emploi dans des situations de communication scientifique.

2. didactique [didaktik] n.f. (de *1. didactique*). Théorie et méthode de l'enseignement d'une spécialité : *Cet ouvrage fait le point sur la didactique des langues en milieu scolaire.*

didactisme [didaktism] n.m. Caractère de ce qui est didactique.

didascalie [didaskali] n.f. (gr. *didaskalia* "enseignement"). Indication donnée à un

acteur par l'auteur, sur son manuscrit, dans le théâtre grec ; indication manuscrite d'un jeu de scène, dans le théâtre moderne.

dièdre [djɛdʀ] n.m. (de *di-* et *-èdre*) [du gr. *hedra*, siège]. GÉOM. Figure formée par deux demi-plans *(faces)* ayant pour frontière la même droite *(arête)*. ◆ adj. MATH. Déterminé par l'intersection de deux plans : *Angle dièdre.*

diencéphale [djãsefal] n.m. (de *di-* et *encéphale*). - **1.** EMBRYOL. Seconde partie de l'encéphale embryonnaire, qui forme l'épiphyse, le lobe nerveux de l'hypophyse, le thalamus, les nerfs optiques et les rétines. - **2.** ANAT. Dans l'organisme adulte, partie du cerveau située entre les hémisphères cérébraux et le tronc cérébral, formée par les parois du troisième ventricule, le thalamus et l'hypothalamus et comprenant de nombreux centres régulateurs de l'activité vitale (sommeil, métabolisme, etc.).

diérèse [djeʀɛz] n.f. (gr. *diairesis* "division"). - **1.** PHON. Prononciation en deux syllabes d'une séquence formant habituellement une seule syllabe, par opp. à *synérèse* (ex. : *nuage* [nɥaʒ] prononcé [ny-aʒ]). - **2.** CHIR. Séparation de parties contiguës.

dièse [djɛz] n.m. (lat. *diesis*, mot gr. "action de séparer"). MUS. Signe d'altération (♯) qui hausse d'un demi-ton la note qu'il précède. ◆ adj. Affecté d'un dièse : *Do dièse.*

diesel [djezɛl] n.m. (du n. de l'inventeur). - **1.** Moteur à combustion interne fonctionnant par auto-allumage du combustible injecté dans de l'air fortement comprimé. - **2.** Véhicule équipé d'un tel moteur.

diéser [djeze] v.t. Affecter une note d'un dièse.

dies irae [djesiʀe] n.m. inv. (mots lat. "jour de colère"). CATH. Chant de la messe des morts commençant par ces mots ; musique composée sur ce chant.

1. diète [djɛt] n.f. (bas lat. *dieta*, du class. *dies* "jour" et, par suite "jour d'assemblée"). HIST. Assemblée politique qui, dans plusieurs États d'Europe (Saint Empire, Pologne, Hongrie, etc.), élisait le souverain et élaborait les lois soumises à sa ratification. ▫ Le Parlement polonais a conservé ce nom.

2. diète [djɛt] n.f. (lat. *diaeta*, gr. *diaita* "genre de vie"). - **1.** Abstention momentanée, totale ou partielle, d'aliments, pour raison de santé : *Mettre qqn à la diète.* - **2.** Régime à base de certains aliments dans un but hygiénique ou thérapeutique.

diététicien, enne [djetetisjɛ̃, -ɛn] n. Spécialiste de la diététique.

1. diététique [djetetik] adj. (gr. *diaitêtikos* ; v. *diète*). Relatif à la diététique, à ses applications : *Aliment diététique.*

2. diététique [djetetik] n.f. (de *1. diététique*). Science des régimes alimentaires, fondée sur l'étude de la valeur nutritive des aliments.

dieu [djø] n.m. (lat. *deus*). - **1.** (Avec une majuscule). Être suprême, créateur de toutes choses, principe de salut pour l'humanité, dans les religions monothéistes : *Prier Dieu.* - **2.** (Avec une minuscule). Être supérieur, puissance surnaturelle, dans les religions polythéistes : *Mars, le dieu de la Guerre.* - **3.** Personne, chose à laquelle on voue une sorte de culte, pour laquelle on a un attachement passionné. - **4.** Dieu merci, sert à exprimer le soulagement : *Dieu merci, vous voilà !* ‖ Dieu sait, sert à exprimer l'incertitude ; renforce une affirmation : *Dieu sait si je vous avais prévenu.* ‖ T. FAM. Nom de Dieu !, juron exprimant le dépit, la colère, la surprise, etc. ‖ Pour l'amour de Dieu, renforce une demande : *Pour l'amour de Dieu, voulez-vous vous taire !* - **5.** Homme de Dieu, prêtre, saint homme.

diffamateur, trice [difamatœr, -tʀis] n. Personne qui diffame. ◆ adj. Qui commet une diffamation.

diffamation [difamasjɔ̃] n.f. - **1.** Action de diffamer ; écrit ou parole diffamatoire. - **2.** DR. Allégation d'un fait qui est de nature à porter atteinte à l'honneur.

diffamatoire [difamatwaʀ] adj. Propos, écrit diffamatoire, qui diffame qqn.

diffamer [difame] v.t. (lat. *diffamare*, de *fama* "renommée"). Porter atteinte à la réputation de qqn par des paroles ou des écrits non fondés, mensongers : *Un candidat qui n'hésite pas à diffamer ses adversaires* (syn. calomnier).

différé, e [difeʀe] adj. et n.m. (de *1. différer*). Se dit de la diffusion radiophonique ou télévisée d'un programme préalablement enregistré : *Retransmission d'un match en différé.*

différemment [difeʀamɑ̃] adv. De façon différente.

différence [difeʀɑ̃s] n.f. (lat. *differentia*). - **1.** Ce par quoi des êtres ou des choses ne sont pas semblables ; caractère qui distingue, oppose : *Différence d'âge, de poids. La différence de prix* (syn. écart). *La différence entre des jumeaux* (syn. dissemblance, dissimilitude). - **2.** Résultat de la soustraction de deux nombres. - **3.** DIDACT., LITT. Fait de différer ; originalité. *Cultiver la différence* (syn. singularité). - **4.** À la différence de, par opposition à. ‖ Faire la différence, savoir reconnaître ce qui différencie plusieurs choses ; créer un écart. ‖ MATH. Différence de deux ensembles A et B, ensemble, noté A - B, formé par les éléments de A n'appartenant pas à B.

différenciateur, trice [difeʀɑ̃sjatœr, -tʀis] adj. Qui différencie.

différenciation [difeʀɑ̃sjasjɔ̃] n.f. - **1.** Action de différencier ; son résultat ; fait de se différencier. - **2.** BIOL. Apparition, au cours du développement d'un organisme vivant pluricellulaire, d'un nombre croissant de types différents de cellules, de tissus et d'organes, constituant des structures vivantes, toujours plus complexes.

différencié, e [difeʀɑ̃sje] adj. Qui résulte d'une différenciation ou qui se différencie.

différencier [difeʀɑ̃sje] v.t. (conj. 9). Distinguer par une différence : *La parole différencie l'homme des animaux.* ◆ se différencier v.pr. Se distinguer des autres par une différence, une marque quelconque ; se singulariser.

différend [difeʀɑ̃] n.m. (var. orthographique de *différent*). Conflit d'opinions, d'intérêts : *Avoir un différend avec qqn.*

différent, e [difeʀɑ̃, -ɑ̃t] adj. - **1.** Qui présente une différence, qui n'est pas pareil : *Les deux frères sont tout à fait différents. Les mœurs du chat sont différentes de celles du chien* (contr. semblable à, identique à). - **2.** (Au pl.). Divers : *Aux différentes heures de la journée* ; plusieurs : *Différentes personnes se sont présentées.*

1. différentiel, elle [difeʀɑ̃sjɛl] adj. (de *différence*). - **1.** DIDACT. Relatif à ou fondé sur une, des différences. - **2.** MATH. Calcul différentiel, partie des mathématiques qui traite des propriétés locales des fonctions, de leur comportement pour des variations infiniment petites des variables. ‖ Équation différentielle, équation liant une fonction, une ou plusieurs de ses dérivées successives et la variable.

2. différentiel [difeʀɑ̃sjɛl] n.m. (de *1. différentiel*). - **1.** Dans une automobile, mécanisme de transmission du couple moteur aux roues motrices, qui leur permet de tourner à des vitesses différentes dans les virages. - **2.** Écart, exprimé en pourcentage, qui existe entre deux variables de même nature : *Différentiel d'inflation.*

différentielle [difeʀɑ̃sjɛl] n.f. (de *1. différentiel*). MATH. Fonction linéaire à laquelle peut être assimilée une fonction différentiable en un point donné.

1. différer [difeʀe] v.t. (lat. *differre* "retarder") [conj. 18]. Remettre à une date ultérieure : *Différer un rendez-vous* (syn. reporter).

2. différer [difeʀe] v.i. (lat. *differre* "être différent") [conj. 18]. Être différent, dissemblable : *Mon opinion diffère de la sienne* (syn. diverger).

difficile [difisil] adj. (lat. *difficilis*). - **1.** Qui est difficile à réaliser ; qui exige des efforts : *Problème difficile à résoudre* (syn. compliqué).

- **2.** Peu facile à contenter : *Caractère difficile* (syn. exigeant, rebelle). - **3.** Pénible, douloureux : *Situation difficile.* ◆ n. **Faire le ou la difficile,** se montrer peu ou pas facile à contenter.

difficilement [difisilmã] adv. Avec difficulté.

difficulté [difikylte] n.f. (lat. *difficultas*). - **1.** Caractère de ce qui est difficile : *Difficulté d'un problème.* - **2.** Ce qui est difficile ; empêchement, obstacle. *Rencontrer des difficultés.* - **3.** Faire des difficultés, susciter des obstacles ; ne pas accepter facilement qqch.

difforme [difɔRm] adj. (lat. médiév. *difformis,* du class. *deformis*). Qui n'a pas une forme normale ; contrefait : *Visage difforme.*

difformité [difɔRmite] n.f. (lat. médiév. *difformitas,* du class. *deformis*). Malformation du corps, d'une partie du corps : *Difformité héréditaire* (syn. malformation).

diffracter [difRakte] v.t. (de *diffraction*). Produire la diffraction de : *Le prisme diffracte la lumière.*

diffraction [difRaksjɔ̃] n.f. (du lat. *diffractum,* de *diffringere* "mettre en pièces"). Déviation que subit la direction de propagation des ondes (acoustiques, lumineuses, hertziennes, rayons X, etc.) lorsque celles-ci rencontrent un obstacle ou une ouverture de dimensions du même ordre de grandeur que leur longueur d'onde.

diffus, e [dify, -yz] adj. (lat. *diffusus,* de *diffundere* "répandre"). - **1.** Se dit de ce qui est répandu largement dans toutes les directions en ayant perdu de sa force, de son intensité : *Chaleur diffuse. Douleur diffuse.* - **2.** Qui manque de netteté, de concision : *Style diffus.*

diffuser [difyze] v.t. (de *diffus*). - **1.** Répandre dans toutes les directions : *Le verre dépoli diffuse la lumière.* - **2.** Transmettre une émission par la radio, la télévision ; propager : *Diffuser le français à l'étranger. Diffuser une nouvelle.* - **3.** Assurer la distribution commerciale d'une publication : *Diffuser des livres.* ◆ v.i. Se répandre dans le milieu ambiant : *Injection qui diffuse dans tout le bras.*

diffuseur [difyzœR] n.m. - **1.** Celui qui diffuse : *Cet éditeur est en même temps diffuseur.* - **2.** TECHN. Tout appareil, tout dispositif servant à diffuser. - **3.** Accessoire d'éclairage qui donne une lumière diffuse. - **4.** Dispositif permettant à une substance (parfum, insecticide) d'agir par évaporation lente. - **5.** Appareil servant à extraire le sucre de la betterave. - **6.** Ajutage fixé sur un fût de lance d'incendie pour diviser le jet d'eau.

diffusion [difyzjɔ̃] n.f. (lat. *diffusio*). - **1.** Phénomène par lequel un milieu de propagation produit une répartition continue, dans

de nombreuses directions, d'une onde ou d'une substance : *Diffusion de la lumière, d'un gaz.* - **2.** Action de propager des connaissances, des idées dans un large public : *Diffusion de la culture.* - **3.** Action de transmettre par la radio, la télévision : *Diffusion d'un bulletin d'informations.* - **4.** Nombre d'exemplaires vendus d'un journal au numéro. - **5.** Diffusion gazeuse, procédé de séparation des isotopes fondé sur la différence de vitesse de passage d'un gaz à travers une paroi poreuse en fonction de la masse molaire de ce gaz.

digérer [diʒeRe] v.t. (lat. *digerere* "porter de différents côtés") [conj. 18]. - **1.** Assimiler par la digestion : *Je digère mal mon repas.* - **2.** (Absol.). Effectuer la digestion d'un repas : *Ne te baigne pas avant d'avoir digéré.* - **3.** Assimiler par la réflexion, la pensée : *Digérer ses lectures.* - **4.** FAM. Accepter sans révolte ; endurer qqch de désagréable, d'humiliant : *Digérer un affront.*

digest [diʒest] ou [dajdʒest] n.m. (mot angl. "sommaire"). Résumé d'un livre ou d'un article ; publication périodique renfermant de tels résumés.

digeste [diʒest] adj. (de [*in*]*digeste*). Facile à digérer.

1. **digestif, ive** [diʒestif, -iv] adj. - **1.** De la digestion : *Troubles digestifs.* - **2.** Appareil digestif, ensemble des organes qui concourent à la digestion. ‖ Suc digestif, liquide sécrété par une glande digestive et contenant des enzymes.

2. **digestif** [diʒestif] n.m. Alcool ou liqueur que l'on prend après le repas, prétendument pour aider à la digestion.

digestion [diʒestjɔ̃] n.f. (lat. *digestio,* de *digerere ;* v. *digérer*). Transformation des aliments dans l'appareil digestif ; moment où l'on digère.

1. **digital, e, aux** [diʒital, -o] adj. (lat. *digitalis,* de *digitus* "doigt"). Qui appartient aux doigts : *Empreinte digitale.*

2. **digital, e, aux** [diʒital, -o] adj. (de l'angl. *digit* "nombre", du lat. *digitus* "doigt"). INFORM. (Anglic. déconseillé). Numérique.

digitale [diʒital] n.f. (lat. médiév. *digitalis,* du class. *digitus* "doigt"). Plante à hampe dressée dont les fleurs ont la forme d'un doigt de gant et qui croît dans les sous-bois clairs, sur sol siliceux. □ Famille des scrofulariacées.

digitaline [diʒitalin] n.f. Principe actif d'une espèce de digitale (la *digitale pourpre*), qui constitue un poison violent, utilisé à petites doses dans le traitement de certaines maladies du cœur.

digitigrade [diʒitigRad] adj. et n.m. (du lat. *digitus* "doigt", et de *-grade*). ZOOL. Qui marche en appuyant seulement les doigts sur le sol : *Le chat est un animal digitigrade. Les oiseaux sont des digitigrades.*

diglossie [diglɔsi] n.f. (du gr. *diglôssos* "bilingue", de *di-* "deux" et *glôssa* "langue"). LING. Situation de bilinguisme d'un individu ou d'une communauté, dans laquelle une des deux langues a un statut sociopolitique inférieur.

digne [diɲ] adj. (lat. *dignus*). - **1.** Qui a, qui manifeste de la dignité : *Maintien digne.* - **2.** LITT. OU VIEILLI. Qui mérite l'estime : *Être le digne représentant de son pays.* - **3.** Digne de, qui mérite qqch ; qui est en conformité, en convenance avec : *Digne d'éloges, de mépris. Fils digne de son père.*

dignement [diɲmã] adv. Avec dignité ; comme il faut.

dignitaire [diɲitɛʀ] n.m. Personnage revêtu d'une dignité.

dignité [diɲite] n.f. (lat. *dignitas* "mérite, prestige"). - **1.** Respect dû à une personne, à une chose ou à soi-même : *Dignité de la personne humaine.* - **2.** Retenue, gravité dans les manières : *Manquer de dignité.* - **3.** Haute fonction, charge qui donne à qqn un rang éminent. - **4.** Distinction honorifique : *La dignité de grand-croix de la Légion d'honneur.*

digression [digʀesjɔ̃] n.f. (lat. *digressio*, de *digredi* "s'éloigner"). Développement étranger au sujet, dans un écrit, un discours, une conversation : *Se perdre dans de longues digressions.*

digue [dig] n.f. (moyen. néerl. *dijc*). - **1.** Ouvrage destiné à contenir les eaux, à élever leur niveau ou à guider leur cours. - **2.** Ce qui retient, fait obstacle : *Élever des digues contre l'injustice.*

diktat [diktat] n.m. (mot all. "ce qui est ordonné", du lat. *dictare*). Exigence absolue, imposée par le plus fort, notamm. dans les relations internationales.

dilapidation [dilapidasjɔ̃] n.f. Action de dilapider.

dilapider [dilapide] v.t. (lat. *dilapidare* "disperser les pierres d'un édifice", de *lapis, -idis* "pierre"). Dépenser à tort et à travers ; gaspiller : *Dilapider un patrimoine.*

dilatable [dilatabl] adj. PHYS. Susceptible de se dilater.

dilatateur, trice [dilatatœʀ, -tʀis] adj. ANAT. Qui dilate.

dilatation [dilatasjɔ̃] n.f. - **1.** PHYS. Fait de se dilater ; augmentation de la longueur ou du volume d'un corps par élévation de température, sans changement dans la nature du corps (contr. compression). - **2.** MÉD. Augmentation, soit pathologique, soit thérapeutique, du calibre d'un conduit naturel.

dilater [dilate] v.t. (lat. *dilatare* "élargir"). - **1.** Augmenter le volume d'un corps par élévation de sa température. - **2.** Augmenter le calibre d'un conduit naturel ; agrandir l'ouverture d'un organe : *La peur dilatait ses pupilles.* ◆ **se dilater** v.pr. - **1.** Augmenter de volume : *Les rails se sont dilatés.* - **2.** S'ouvrir, s'élargir, en parlant d'un organe : *Ses narines se dilatent.* - **3.** S'épanouir : *Son cœur se dilatait de joie.*

dilatoire [dilatwaʀ] adj. (lat. jur. *dilatorius*, de *dilatus* "retardé"). Qui tend à gagner du temps, à retarder une décision : *Réponse dilatoire. Des manœuvres dilatoires.*

dilemme [dilɛm] n.m. (lat. *dilemma*, mot gr.). - **1.** LOG. Raisonnement comprenant deux prémisses contradictoires mais menant à une même conclusion, laquelle, par conséquent, s'impose. - **2.** Obligation de choisir entre deux partis possibles, comportant tous deux des inconvénients : *Comment sortir de ce dilemme ?* (syn. alternative).

dilettante [diletãt] n. (mot it., de *dilettare* "charmer", du lat. *dilectare* "plaire"). Personne qui s'adonne à un travail, à un art pour son seul plaisir, en amateur : *Peindre en dilettante.*

dilettantisme [diletãtism] n.m. Caractère, attitude du dilettante (souvent péjor.).

diligemment [diliʒamã] adv. Avec diligence ; avec zèle.

1. **diligence** [diliʒãs] n.f. (lat. *diligentia* "attention, exactitude"). - **1.** LITT. Soin attentif, minutie. - **2.** Promptitude dans l'exécution ; empressement, zèle : *Régler une affaire avec diligence.* - **3.** DR. À la diligence de, sur la demande, à la requête de. ‖ Faire diligence, se dépêcher.

2. **diligence** [diliʒãs] n.f. (abrév. de *carrosse de diligence*). Voiture tirée par des chevaux, qui servait au transport des voyageurs.

diligent, e [diliʒã, -ãt] adj. (lat. *diligens, -entis* "attentif, zélé"). LITT. Qui agit avec promptitude et efficacité : *Messager diligent.*

diluant [diluã] n.m. (de *diluer*). Liquide volatil ajouté à la peinture, au vernis pour en améliorer les caractéristiques d'application.

diluer [dilɥe] v.t. (lat. *diluere* "tremper"). - **1.** Délayer une substance dans un liquide : *Diluer du sucre dans un verre d'eau.* - **2.** Affaiblir un texte, des idées en les développant à l'excès. - **3.** Diminuer la teneur d'une substance liquide par l'adjonction d'eau ou d'un autre liquide : *Diluer de l'alcool avec de l'eau.*

dilution [dilysjɔ̃] n.f. Action de diluer, de se diluer ; fait d'être dilué : *La dilution d'un médicament.*

diluvien, enne [dilyvjɛ̃, -ɛn] adj. (du lat. *diluvium* "déluge"). - **1.** Qui a rapport au

déluge, évoque le déluge : *Une nuit diluvienne.*
- **2.** Pluie diluvienne, pluie très abondante.

dimanche [dimɑ̃ʃ] n.m. (lat. ecclés. *dies dominicus* "jour du Seigneur"). - **1.** Septième jour de la semaine, consacré au repos. - **2.** Du dimanche, se dit de qqn qui pratique une activité en amateur (souvent péjor.) : *Peintre du dimanche.*

dîme [dim] n.f. (du lat. *decima* [*pars*] "dixième partie"). HIST. Sous l'Ancien Régime, fraction variable, en principe un dixième, des produits de la terre et de l'élevage, versée à l'Église. (Abolie en 1789.)

dimension [dimɑ̃sjɔ̃] n.f. (lat. *dimensio,* de *metiri* "mesurer"). - **1.** Chacune des grandeurs nécessaires à l'évaluation des figures et des solides (longueur, largeur, hauteur ou profondeur). - **2.** MATH. Nombre, commun, des éléments de toutes les bases d'un espace vectoriel lorsque ce nombre est fini : *L'espace physique est un espace de dimension 3.* - **3.** PHYS. Expression de la relation existant entre une grandeur dérivée et les grandeurs fondamentales dont elle dépend. - **4.** Portion d'espace occupée par un corps, un objet : *Un paquet de grande dimension.* - **5.** Importance ; aspect significatif de qqch : *Une faute de cette dimension* (syn. ampleur). *L'inconscient, dimension essentielle du psychisme* (syn. composante). - **5.** Quatrième dimension, le temps, dans la théorie de la relativité.

dimensionnel, elle [dimɑ̃sjɔnɛl] adj. DIDACT. Relatif aux dimensions de qqch.

dimensionner [dimɑ̃sjɔne] v.t. TECHN. Fixer, déterminer les dimensions d'une pièce, d'un élément, etc.

dimère [dimɛʀ] adj. et n.m. (gr. *dimerēs* "composé de deux parties"). CHIM. Se dit d'une molécule résultant de la combinaison de deux molécules identiques.

diminué, e [diminɥe] adj. Dont les facultés physiques ou intellectuelles sont amoindries. (V. aussi *diminuer.*)

diminuendo [diminɥɛndo] adv. (mot it.). MUS. En affaiblissant graduellement le son (syn. decrescendo).

diminuer [diminɥe] v.t. (lat. *diminuere,* de *minus* "moins"). - **1.** Rendre moins grand, moins important : *Diminuer la longueur d'une planche. Diminuer les frais* (syn. réduire). - **2.** Déprécier : *Diminuer le mérite de qqn* (syn. rabaisser). ◆ v.i. - **1.** Devenir moins grand, moins intense : *Les jours diminuent* (syn. raccourcir). *Le prix des légumes a diminué* (syn. baisser). - **2.** Effectuer une diminution, en tricot.

diminutif, ive [diminytif, -iv] adj. et n.m. LING. Qui donne une nuance de petitesse, d'atténuation, de familiarité : *Le « -et » de*

garçonnet et le « -ette » de fillette sont des suffixes diminutifs.

diminution [diminysjɔ̃] n.f. - **1.** Action de diminuer en dimension, en intensité ; fait d'être diminué : *Diminution du pouvoir d'achat.* - **2.** Opération qui consiste à tricoter deux mailles ensemble ou à prendre une maille sur l'aiguille sans la tricoter et à la rejeter sur la maille suivante.

dimorphe [dimɔʀf] adj. (de *di-* et *-morphe*). DIDACT. Qui peut revêtir deux formes différentes.

dimorphisme [dimɔʀfism] n.m. - **1.** Caractère de ce qui est dimorphe. - **2.** BIOL. Dimorphisme sexuel, ensemble des différences non indispensables à la reproduction entre le mâle et la femelle de la même espèce animale.

dinar [dinaʀ] n.m. (mot ar., gr. *dênarion* "denier"). Unité monétaire principale de l'Algérie, de l'Iraq, de la Jordanie, du Koweït, de la Libye, de la Tunisie et de la République du Yémen.

dinde [dɛ̃d] n.f. (abrév. de *poule d'Inde*). - **1.** Dindon femelle. - **2.** FAM. Femme ou fille sotte, stupide.

dindon [dɛ̃dɔ̃] n.m. (de *dinde*). - **1.** Oiseau gallinacé originaire de l'Amérique du Nord, introduit et domestiqué en Europe depuis le XVIᵉ s. □ Famille des phasianidés. Le dindon glougloute. Il peut peser jusqu'à 19 kg ; il porte sur la tête des excroissances et des caroncules colorées et peut dresser les plumes de sa queue. - **2.** FAM. Homme stupide et vaniteux. - **3.** Être le dindon de la farce, être la victime, la dupe.

dindonneau [dɛ̃dɔno] n.m. Jeune dindon.

1. **dîner** [dine] v.i. (lat. pop. **disjunare,* bas lat. *disjejunare ;* v. *1. déjeuner*). - **1.** Prendre le repas du soir. - **2.** En Suisse, en Belgique, au Canada, au Zaïre, déjeuner.

2. **dîner** [dine] n.m. (de *1. dîner*). - **1.** Repas du soir. - **2.** Ce que l'on mange au dîner. - **3.** En Suisse, en Belgique, au Canada et au Zaïre, repas de midi.

dînette [dinɛt] n.f. (de *2. dîner*). - **1.** Petit repas que les enfants font ensemble ou simulent avec leur poupée. - **2.** FAM. Repas léger. - **3.** Service de vaisselle miniature servant de jouet aux enfants.

dîneur, euse [dinœʀ, -øz] n. Personne qui prend part à un dîner.

dinghy [dingi] n.m. (mot angl., du hindi) [pl. *dinghys* ou *dinghies*]. Canot pneumatique de sauvetage.

1. **dingo** [dɛ̃go] n.m. (mot angl., d'un parler australien). Chien sauvage d'Australie.

2. **dingo** [dɛ̃go] n. et adj. (de *dingue*). FAM. Fou.

dingue [dɛ̃g] adj. et n. (de *dinguer*). FAM. Fou. ◆ adj. FAM. Notable pour sa bizarrerie, son absurdité ; fantastique, inouï, incroyable : *Il m'est arrivé une histoire dingue.*

dinguer [dɛ̃ge] v.i. (du rad. onomat. *ding-*, var. de *dind-, dand-*, exprimant le balancement d'une cloche). FAM. **- 1.** Tomber brutalement ; être projeté avec violence : *Il est allé dinguer contre le mur.* **- 2.** Envoyer dinguer qqn, qqch, éconduire brutalement qqn ; jeter violemment qqch.

dinosaure [dinɔzɔʀ] et **dinosaurien** [dinɔzɔʀjɛ̃] n.m. (du gr. *deinos* "terrible", et de *saure*). Dinosauriens, très vaste groupe de reptiles de l'ère secondaire, comprenant le brontosaure, le diplodocus et d'autres formes parfois géantes.

diocésain, e [djɔsezɛ̃, -ɛn] adj. et n. Du diocèse.

diocèse [djɔsɛz] n.m. (gr. *dioikêsis* "administration"). **- 1.** Territoire placé sous la juridiction d'un évêque. **- 2.** HIST. Circonscription administrative de l'Empire romain, créée par Dioclétien, qui groupait plusieurs provinces et qui était placée sous l'autorité d'un vicaire.

diode [djɔd] n.f. (gr. *diodos* "passage à travers, croisement"). **- 1.** ÉLECTRON. Composant électronique utilisé comme redresseur de courant (tube à deux électrodes, jonction de deux semi-conducteurs). **- 2.** Diode électroluminescente, diode qui émet des radiations lumineuses lorsqu'elle est parcourue par un courant électrique et que l'on utilise pour l'affichage électronique de données, la signalisation, etc.

dioïque [djɔik] adj. (du gr. *oikos* "maison"). BOT. Se dit des plantes qui ont les fleurs mâles et les fleurs femelles sur des pieds séparés (comme le chanvre, le houblon, le dattier) [par opp. à *monoïque*].

dionysiaque [djɔnizjak] adj. Relatif à Dionysos (par opp. à *apollinien*).

dioptre [djɔptʀ] n.m. (gr. *dioptron*, de *dia* "à travers" et *optesthai* "voir"). Surface optique séparant deux milieux transparents inégalement réfringents.

dioptrie [djɔptʀi] n.f. (de *dioptre*). Unité de mesure de vergence des systèmes optiques équivalant à la vergence d'un système optique dont la distance focale est 1 mètre dans un milieu dont l'indice de réfraction est 1. □ Symb. δ.

Dioxine [djɔksin] n.f. (nom déposé). Sous-produit de la fabrication d'un dérivé chloré du phénol, très toxique.

dioxyde [djɔksid] n.m. **- 1.** Oxyde contenant deux atomes d'oxygène. **- 2.** Dioxyde de carbone, anhydride carbonique.

diphényle [difenil] n.m. (de *di-* et *phényle* [de *phénol*], n. d'un radical chimique dérivé du benzène). Hydrocarbure utilisé pour la conservation des agrumes.

diphtérie [difteʀi] n.f. (du gr. *diphtera* "membrane"). Maladie contagieuse due au bacille de Klebs-Löffler.

diphtérique [difteʀik] adj. et n. Relatif à la diphtérie ; atteint de diphtérie.

diphtongaison [diftɔ̃gɛzɔ̃] n.f. PHON. Mutation phonique d'une voyelle en une diphtongue (ex. : *o* du lat. *bonum* devenu *uo* dans l'it. *buono*).

diphtongue [diftɔ̃g] n.f. (lat. *diphtongus*, gr. *diphthoggos*, de *di-* "deux" et *phthoggos* "son"). PHON. Voyelle complexe qui change de timbre en cours d'émission.

diplodocus [diplɔdɔkys] n.m. (de *diplo-*, et gr. *dokos* "poutre"). Reptile dinosaurien, long de 25 m environ, qui a vécu en Amérique au crétacé et dont le cou et la queue étaient très allongés.

diploïde [diplɔid] adj. (de *diplo-* et *-oïde*). BIOL. Se dit d'une cellule dont le noyau contient deux chromosomes de chaque paire ainsi que des organes formés de telles cellules (par opp. à *haploïde*).

1. diplomate [diplɔmat] n. (de *diplomatique*). Personne chargée de représenter son pays auprès d'une nation étrangère et dans les relations internationales.

2. diplomate [diplɔmat] adj. et n. (de *1. diplomate*). Qui fait preuve d'habileté, de tact dans les relations avec autrui.

diplomatie [diplɔmasi] n.f. **- 1.** Science, pratique des relations internationales. **- 2.** Carrière, fonction diplomatique. **- 3.** Ensemble des diplomates. **- 4.** Habileté, tact dans les relations avec autrui.

diplomatique [diplɔmatik] adj. (lat. scientif. *diplomaticus* "relatif aux documents officiels" ; v. *diplôme*). **- 1.** Relatif à la diplomatie : *Relations diplomatiques.* **- 2.** Adroit, habile, plein de tact. **- 3.** FAM. Maladie diplomatique, prétexte allégué pour se soustraire à une obligation professionnelle ou sociale.

diplomatiquement [diplɔmatikmɑ̃] adv. De façon diplomatique ; avec diplomatie.

diplôme [diplom] n.m. (lat. *diploma* "pièce officielle authentique", gr. *diplôma* "papier plié en deux"). **- 1.** Acte délivré par une école, une université, etc., et conférant un titre, un grade à son récipiendaire. **- 2.** HIST. Acte solennel des souverains ou de grands vassaux, authentifié par un sceau.

diplômé, e [diplome] adj. et n. Pourvu d'un diplôme.

dipolaire [dipɔlɛʀ] adj. (de *dipôle*). PHYS. Qui possède deux pôles.

dipôle [dipol] n.m. (de *di-* et *pôle*). PHYS. - **1.** Ensemble de deux charges électriques très proches, égales, de signes opposés. - **2.** Réseau électrique à deux bornes.

1. **diptère** [diptɛʀ] adj. (gr. *dipteros*, de *di-* "deux" et *pteron* "aile"). ARCHIT. Se dit d'un édifice, d'un temple entouré d'un portique à double rangée de colonnes.

2. **diptère** [diptɛʀ] adj. et n.m. (lat. scientif. *diptera* ; v. 1. *diptère*). Diptères, ordre d'insectes tels que les mouches et les moustiques, comprenant plus de 200 000 espèces. □ Les diptères se caractérisent par la présence d'une seule paire d'ailes membraneuses, implantée sur le deuxième anneau du thorax, d'une paire de balanciers, servant à l'équilibrage pendant le vol, et de pièces buccales piqueuses ou suceuses.

diptyque [diptik] n.m. (lat. *diptycha*, du gr. *diptukhos* "plié en deux"). - **1.** Œuvre d'art composée de deux panneaux, fixes ou mobiles. - **2.** Œuvre littéraire, musicale, etc., composée de deux parties qui s'opposent ou se mettent en valeur par contraste. - **3.** ANTIQ. Registre public formé de deux tablettes reliées par une charnière.

1. **dire** [diʀ] v.t. (lat. *dicere*) [conj. 102]. - **1.** Prononcer des sons articulés : *Dites « Ah »*. - **2.** Donner une information au moyen de la parole : *Je vous dis qu'elle est partie* (syn. affirmer). *« Nous sommes d'accord », dit-elle* (syn. déclarer). - **3.** Communiquer au moyen de la parole ou de l'écrit : *Il n'a rien à dire* (syn. raconter). *Elle dit dans son livre des choses très importantes* (syn. exprimer). - **4.** Désigner par un mot, une expression dans une langue donnée : *Comment dit-on « chat » en anglais ?* - **5.** Réciter ou lire un texte à haute voix : *Dire un poème*. - **6.** (Absol.). Parler : *Bien faire et laisser dire*. - **7.** Avoir une opinion ; énoncer un jugement : *Qu'est-ce que tu en dis ?* (syn. penser). *Ses amis le disent très généreux*. - **8.** Indiquer par des marques extérieures ; signifier, révéler : *Pendule qui dit l'heure exacte* (syn. donner). - **9.** Dire de (+ inf.), ordonner, conseiller de ; inviter à : *Elle vous a dit de partir*. ‖ **Dire que...** ! exprime l'étonnement, l'indignation, la déception : *Dire que tout avait si bien commencé, quel gâchis !* ‖ **Dire (qqch) à qqn** ; ne rien lui dire, ne pas lui dire grand-chose, plaire à qqn, le tenter ; ne pas lui plaire, ne pas le tenter ; évoquer qqch ; ne rien évoquer à sa mémoire : *Ce voyage ne lui dit rien. Son visage me dit quelque chose*. ‖ **Entendre dire**, apprendre une nouvelle indirectement, par la rumeur publique : *J'ai entendu dire que le concert était annulé*. ‖ FAM. Il **n'y a pas à dire**, c'est indiscutable, il faut se rendre à l'évidence : *Il n'y a pas à dire, c'est le plus malin*. ‖ Il **va sans dire**, cela va sans dire,

il est naturel, évident que ; cela va de soi. ‖ **On dirait** (+ n.), se dit de qqch, qqn qui ressemble à qqch, qqn d'autre : *Regarde ce garçon, on dirait Paul.* ‖ **On dirait que**, introduit une supposition très vraisemblable : *On dirait qu'il a passé une mauvaise nuit* (= tout laisse à penser que...). ‖ **On dit que**, ou, en incise, **dit-on**, il paraît que, le bruit court que : *On dit que le Premier ministre a démissionné*. ‖ SOUT. **Qu'est-ce à dire ?**, exprime l'étonnement, l'indignation soulevés par les déclarations d'autrui : *Qu'est-ce à dire, vous m'accusez ?* ‖ **S'être laissé dire que**, avoir entendu dire que, disposer d'une information qui n'est pas tout à fait sûre. ‖ **Si le cœur t'en** (lui en, etc.) **dit**, si tu en as (s'il en a, etc.) envie. ‖ **Soit dit en passant**, annonce une remarque sur laquelle on ne veut pas s'appesantir, faite comme entre parenthèses. ‖ **Tu dis, tu disais, vous dites, vous disiez ?**, s'emploie pour demander à son interlocuteur de répéter qqch qu'on n'a pas compris : *Excuse-moi une seconde... Tu disais ?* - **10.** Vouloir dire. Signifier : *Qu'est-ce que ta lettre veut dire ? Cela veut dire que je refuse.* ◆ **se dire** v.pr. - **1.** Être désigné, exprimé par tel mot, telle expression dans une langue donnée : *« Chat » se dit « cat » en anglais.* - **2.** Être d'un emploi correct ou convenable, en parlant d'un mot, d'une construction, etc. : *Ça ne se dit pas en français.* - **3.** Prétendre qu'on est tel : *Elle se dit prête à le défendre.* - **4.** Se dire que, penser que : *Je me suis dit qu'il fallait faire qqch.*

2. **dire** [diʀ] n.m. (de 1. *dire*). - **1.** Ce que l'on personne dit, déclare. - **2.** DR. Déclaration d'un avocat qui figure dans le rapport d'un expert ou le cahier des charges d'une vente judiciaire. - **3.** Au dire de, selon, d'après le dire de, d'après l'affirmation de.

1. **direct, e** [diʀɛkt] adj. (lat. *directus*, de *dirigere* "diriger"). - **1.** Qui est droit, sans détour : *Voie directe.* - **2.** Qui va droit au but ; sans circonlocution : *Accusation directe. Langage direct* (syn. franc). - **3.** Sans intermédiaire ; en relation immédiate avec qqch : *Conséquences directes.* - **4.** Se dit d'un moyen de transport qui mène d'un lieu à un autre sans correspondance : *Avion, train direct.* - **5.** GRAMM. Se dit d'une construction non prépositive, spécial. de celle qui relie le verbe à son compl. d'objet (par opp. à *indirect*) : *Verbe transitif direct. Complément d'objet direct.* - **6.** Succession en ligne directe, succession de père en fils. ‖ GRAMM. Discours, style direct, à l'intérieur d'un énoncé, manière de rapporter des paroles telles qu'elles ont été prononcées et sans l'intermédiaire d'un subordonnant (ex. : il a dit « *Je viendrai* »). ‖ MATH. Sens direct, sens trigonométrique (par opp. à *sens indirect*).

2. direct [diʀɛkt] n.m. (de *1. direct*). **- 1.** En boxe, coup porté devant soi en détendant le bras horizontalement. **- 2.** Train direct. **- 3.** Diffusion d'un programme radiophonique ou télévisé diffusé sans enregistrement préalable : *Émission en direct. Faire du direct.*

directement [diʀɛktəmɑ̃] adv. De façon directe.

directeur, trice [diʀɛktœʀ, -tʀis] n. (lat. *director*). **- 1.** Personne qui dirige, est à la tête d'une entreprise, d'un service, etc., d'une direction administrative : *Directeur d'école, d'usine.* **- 2.** HIST. (Avec une majuscule). Chacun des cinq membres du Directoire, en France, de 1795 à 1799. **- 3.** Directeur de conscience, ecclésiastique choisi par une personne pour diriger sa vie spirituelle. ◆ adj. Qui dirige : *Comité directeur. Roue directrice.*

directif, ive [diʀɛktif, -iv] adj. (du lat. *directus* "dirigé"). Qui imprime une direction, une orientation ; qui impose des contraintes : *Pédagogie directive.*

direction [diʀɛksjɔ̃] n.f. (lat. *directio*). **- 1.** Action de diriger, de guider ; conduite, administration : *Avoir la direction d'une équipe* (syn. responsabilité). *Prendre la direction d'une affaire.* **- 2.** Ensemble de ceux qui dirigent une entreprise ; locaux, bureaux occupés par un directeur et son service. **- 3.** Subdivision d'un ministère, d'une administration, placée sous l'autorité d'un directeur : *La direction du Trésor.* **- 4.** Orientation vers un point donné : *La direction de l'aiguille aimantée.* **- 5.** Ensemble des organes qui permettent d'orienter les roues directrices d'un véhicule.

directionnel, elle [diʀɛksjɔnɛl] adj. Qui émet ou reçoit dans une seule direction : *Antenne directionnelle.*

directive [diʀɛktiv] n.f. (de *directif*). Indication générale donnée par l'autorité politique, militaire, religieuse, etc., à ses subordonnés ; instruction, ordre : *Directives ministérielles.*

directoire [diʀɛktwaʀ] n.m. (lat. *directorius*, de *directus* "dirigé"). **- 1.** DR. COMM. Organe collégial dont peut se doter une société anonyme. **- 2.** HIST. Le Directoire, régime qui gouverna la France de 1795 à 1799. ‖ Style Directoire, style caractéristique de l'époque du Directoire.

directorial, e, aux [diʀɛktɔʀjal, -o] adj. Qui se rapporte à une direction, à un directeur, au Directoire.

directrice [diʀɛktʀis] n.f. (de *directeur*). MATH. **- 1.** Courbe sur laquelle s'appuie une droite mobile *(génératrice)* engendrant une surface conique ou cylindrique. **- 2.** Droite servant, avec le foyer, à définir les coniques.

dirham [diʀam] n.m. (mot ar., n. d'une anc. mesure de poids, gr. *drachma* "drachme"). Unité monétaire principale des Émirats arabes unis et du Maroc.

dirigeable [diʀiʒabl] adj. et n.m. **- 1.** Qui peut être dirigé. **- 2.** Aérostat muni d'hélices propulsives et d'un système de direction. (On disait autref. *un ballon dirigeable.*)

dirigeant, e [diʀiʒɑ̃, -ɑ̃t] adj. et n. Qui dirige ; qui exerce ou qui détient un pouvoir.

diriger [diʀiʒe] v.t. (lat. *dirigere*) [conj. 17]. **- 1.** Mener en tant que responsable ; commander : *Elle dirige maintenant l'entreprise de son père.* **- 2.** Conduire une exécution musicale à laquelle participent un nombre plus ou moins important de chanteurs et d'instrumentistes : *Diriger un orchestre.* **- 3.** Faire aller dans un sens ou dans l'autre ; envoyer vers : *Il dirige son camion vers le port. Paquet à diriger sur l'Italie.* **- 4.** Placer qqch dans une certaine direction, lui donner telle ou telle orientation : *Dirige ta lampe par ici !* **- 5.** Orienter qqn vers telle activité, tel domaine : *Diriger son fils vers les télécommunications.* **- 6.** Faire en sorte qu'une conversation, un débat abordent un sujet donné : *Il dirigea bien vite l'entretien sur un autre thème.*

dirigisme [diʀiʒism] n.m. (de *diriger*). Système dans lequel le gouvernement exerce un pouvoir de décision sur l'économie. ◆ **dirigiste** n. Partisan du dirigisme.

dirimant, e [diʀimɑ̃, -ɑ̃t] adj. (du lat. *dirimere* "annuler"). DR. Empêchement dirimant, obstacle juridique qui annule un mariage.

discal, e, aux [diskal, -o] adj. MÉD. Relatif à un disque intervertébral : *Hernie discale.*

discernable [disɛʀnabl] adj. Qui peut être discerné.

discernement [disɛʀnəmɑ̃] n.m. **- 1.** Faculté de juger et d'apprécier avec justesse ; sens critique : *Il faut beaucoup de discernement pour assumer de telles responsabilités.* **- 2.** LITT. Action de séparer, de discriminer.

discerner [disɛʀne] v.t. (lat. *discernere*, de *cernere* "reconnaître"). **- 1.** Reconnaître distinctement par un effort d'attention ; percevoir : *Discerner qqch au loin.* **- 2.** Découvrir par la réflexion, le jugement : *Discerner les intentions de qqn* (syn. comprendre, deviner).

disciple [disipl] n. (lat. *discipulus* "élève"). Personne qui suit la doctrine d'un maître, qui suit l'exemple de qqn.

disciplinaire [disiplinɛʀ] adj. Fait en vertu de la discipline : *Sanctions disciplinaires. Bataillon disciplinaire.*

disciplinairement [disiplinɛʀmɑ̃] adv. En vertu des règles de la discipline.

discipline [disiplin] n.f. (lat. *disciplina*, propr. "action de s'instruire, d'instruire", de *disci-*

pulus "élève"). -**1.** Ensemble des règles, des obligations qui régissent certains corps ou collectivités ; règlement : *La discipline militaire.* -**2.** Soumission à des règles ou à un règlement : *Dans sa classe, il n'y a aucune discipline.* -**3.** Matière d'enseignement : *La géographie est une discipline obligatoire.*

discipliné, e [disipline] adj. -**1.** Qui obéit à la discipline : *Un élève discipliné.* -**2.** FAM. Être bête et discipliné, obéir aveuglément aux ordres, sans réfléchir.

discipliner [disipline] v.t. -**1.** Soumettre qqn, un groupe à l'obéissance, à un ensemble de règles : *Discipliner une classe.* -**2.** Maîtriser pour rendre utilisable : *Discipliner un cours d'eau.*

disc-jockey [diskʒɔke] n. (mot angl.) [pl. *disc-jockeys*]. Personne qui choisit et qui passe des disques de variétés à la radio, dans une discothèque, etc. (Abrév. fam. *D. J.* ; recomm. off. *animateur.*)

disco [disko] n.m. (mot anglo-amér., abrév. de *discothèque*). Style de musique populaire spécial. destiné à la danse, à la mode de 1975 au début des années 80.

discobole [diskɔbɔl] n.m. (gr. *diskobolos*). -**1.** ANTIQ. Athlète qui lançait le disque ou le palet. -**2.** Poisson aux nageoires ventrales réunies sous la gorge en forme de disque.

1. discographie [diskɔgrafi] n.f. (de *disque* et *-graphie*). Répertoire des disques concernant un compositeur, un interprète, un thème.

2. discographie [diskɔgrafi] n.f. (de *disque* et [*radio*]*graphie*). Radiographie, après injection d'un produit de contraste, des disques intervertébraux.

discographique [diskɔgrafik] adj. Qui se rapporte à la discographie, à l'industrie du disque.

discontinu, e [diskɔtiny] adj. (lat. médiév. *discontinuus*). -**1.** Qui n'est pas continu dans l'espace : *Ligne discontinue.* -**2.** Qui s'interrompt ; qui n'est pas régulier : *Un effort discontinu.* -**3.** MATH. Se dit d'une fonction non continue.

discontinuer [diskɔtinɥe] v.i. (lat. médiév. *discontinuare*). Sans discontinuer, sans s'arrêter : *Parler sans discontinuer.*

discontinuité [diskɔtinɥite] n.f. Absence de continuité.

disconvenir [diskɔ̃vniʀ] v.t. ind. [**de**] (lat. *disconvenire*) [conj. 40]. LITT. Ne pas disconvenir de qqch, ne pas le contester, en convenir : *Je ne disconviens pas de l'utilité de cette mesure* (syn. nier).

discordance [diskɔʀdɑ̃s] n.f. -**1.** Caractère de ce qui est discordant ; incompatibilité : *Discordance de couleurs.* -**2.** GÉOL. Disposition

d'une série de couches reposant sur des couches plus anciennes qui ne leur sont pas parallèles.

discordant, e [diskɔʀdɑ̃, -ɑ̃t] adj. -**1.** Qui manque de justesse, d'harmonie, d'ensemble ; divergent : *Des sons discordants. Des avis discordants* (syn. opposé). -**2.** GÉOL. Se dit d'un terrain qui repose en discordance sur des terrains plus anciens.

discorde [diskɔʀd] n.f. (lat. *discordia,* de *discors, -ordis* "qui est en désaccord", de *cor, cordis* "cœur, esprit"). LITT. Dissension parfois violente entre des personnes : *Rien n'est possible dans la discorde* (syn. désunion).

discorder [diskɔʀde] v.i. (lat. *discordare ;* v. *discorde*). LITT. -**1.** Être divergent : *Témoignages qui discordent.* -**2.** N'être pas en harmonie, en parlant de sons, de couleurs.

discothèque [diskɔtɛk] n.f. (de *disque* et *-thèque*). -**1.** Établissement où l'on peut danser et écouter des disques tout en consommant. -**2.** Organisme de prêt de disques ; endroit où est organisé ce prêt. -**3.** Collection de disques classés. -**4.** Meuble destiné à contenir une telle collection.

discount [diskawnt] n.m. (mot angl., fr. *descente,* forme anc. de *décompte*). -**1.** Rabais sur les prix consenti par un commerçant en fonction de l'ampleur des commandes et des ventes et de la réduction de ses charges. (Recomm. off. *ristourne.*) -**2.** Vente au public à bas prix et par très grandes quantités ; pratique commerciale que constitue ce type de vente.

discounter [diskawnte] ou [diskunte] v.t. et v.i. Vendre des marchandises en discount.

discoureur, euse [diskuʀœʀ, -øz] n. Personne qui aime faire de longs discours.

discourir [diskuʀiʀ] v.i. (réfection, d'apr. *courir* "courir çà et là", de l'anc. fr. *discorre,* lat. *discurrere*) [conj. 45]. Parler sur un sujet en le développant longuement ; pérorer : *Il n'est plus temps de discourir, prenons une décision.*

discours [diskuʀ] n.m. (lat. *discursus* [de *discurrere ;* v. *discourir*], réfect. d'apr. *cours*). -**1.** Développement oratoire sur un sujet déterminé, prononcé en public : *Discours d'ouverture d'une session parlementaire* (syn. allocution). -**2.** LING. Tout énoncé, oral ou écrit, produit par le sujet parlant par oppos. à la *langue,* considérée en tant que système. -**3.** Énoncé supérieur à la phrase, considéré du point de vue des règles d'enchaînement des suites de phrases. -**4.** Ensemble de manifestations verbales, orales ou écrites, tenues pour significatives d'une idéologie ou d'un état des mentalités à une époque, concernant un domaine, etc. : *Le discours réformiste.*

Le discours marxiste. -**5.** Parties du discours, catégories grammaticales (nom, adjectif, verbe, etc.).

discourtois, e [diskuʀtwa, -az] adj. LITT. Qui n'est pas courtois.

discrédit [diskʀedi] n.m. (de *crédit*, probabl. sous l'infl. de l'it. *discredito*). Diminution ou perte de la considération, de l'estime, de la valeur dont jouit qqn ou qqch : *Jeter le discrédit sur qqn* (= ternir la réputation de qqn).

discréditer [diskʀedite] v.t. Faire perdre à qqn, à qqch la considération, le prestige, l'influence dont il jouissait. ◆ **se discréditer** v.pr. Se comporter de manière à perdre l'estime des autres (syn. se déconsidérer).

discret, ète [diskʀɛ, -ɛt] adj. (lat. *discretus*, de *discernere* "discerner"). -**1.** Qui fait attention à ne pas gêner ; réservé dans ses paroles et ses actions : *Ce garçon est si discret qu'on le remarque à peine.* -**2.** Qui sait garder un secret : *Vous pouvez tout lui dire, elle est très discrète.* -**3.** Qui n'attire pas l'attention ; qui est fait de façon à n'être pas remarqué : *Toilette discrète* (syn. sobre). *Un clin d'œil discret.* -**4.** MATH., PHYS. Se dit d'une grandeur constituée d'unités distinctes par opp. aux grandeurs continues, d'une variation procédant par quantités entières. -**5.** INFORM. Numérique.

discrètement [diskʀɛtmɑ̃] adv. Avec discrétion.

discrétion [diskʀesjɔ̃] n.f. (lat. *discretio* ; v. *discret*). -**1.** Attitude de qqn qui ne veut pas s'imposer : *Il vous faudra accomplir cette tâche avec beaucoup de discrétion* (syn. tact, réserve). -**2.** Caractère de ce qui n'attire pas l'attention : *Discrétion d'un décor* (syn. sobriété). -**3.** Aptitude à garder le silence, un secret : *Je compte sur votre discrétion.* -**4.** À discrétion, à volonté : *Nous avions du champagne à discrétion.* ‖ À la discrétion de qqn, à sa merci.

discrétionnaire [diskʀesjɔnɛʀ] adj. (de [*à la*] *discrétion* [*de*]). DR. Pouvoir discrétionnaire, liberté laissée à l'Administration de prendre l'initiative de certaines mesures.

discriminant [diskʀiminɑ̃] n.m. (de *discriminer*). MATH. Nombre ($\Delta = b^2 - 4ac$) qui permet de connaître le nombre de racines réelles de l'équation du second degré $ax^2 + bx + c = 0$.

discrimination [diskʀiminasjɔ̃] n.f. -**1.** Action d'isoler et de traiter différemment certains individus, un groupe par rapport aux autres : *Discrimination sociale, raciale.* -**2.** LITT. Distinction.

discriminatoire [diskʀiminatwaʀ] adj. Qui tend à opérer une discrimination entre des personnes : *Mesures discriminatoires.*

discriminer [diskʀimine] v.t. (lat. *discriminare* "séparer", de *discrimen*, *-inis* "différence"). LITT. Établir une différence, une distinction entre des individus ou des choses : *Apprendre à discriminer les méthodes les plus efficaces.*

disculpation [diskylpasjɔ̃] n.f. Action de disculper.

disculper [diskylpe] v.t. (anc. fr. *descoulper*, de *coulpe* "faute", lat. *culpa*). Prouver l'innocence de : *Un témoignage de dernière minute l'a disculpé* (syn. innocenter). ◆ **se disculper** v.pr. Prouver son innocence.

discursif, ive [diskyʀsif, -iv] adj. (lat. médiév. *discursivus*, du class. *discursus* ; v. *discours*). -**1.** DIDACT. Qui repose sur le raisonnement : *La connaissance discursive s'oppose à la connaissance intuitive ou immédiate.* -**2.** LING. Qui concerne le discours.

discussion [diskysjɔ̃] n.f. (lat. *discussio*, de *discutere* ; v. *discuter*). -**1.** Examen, débat contradictoire : *La discussion d'un projet de loi.* -**2.** Échange de propos vifs : *Ils se sont expliqués au cours d'une violente discussion* (syn. altercation, querelle). -**3.** Échange de propos, d'idées : *Il ne prend jamais part aux discussions* (syn. conversation).

discutable [diskytabl] adj. Qui peut être discuté ; qui offre matière à discussion ; douteux.

discutailler [diskytaje] v.i. FAM. Discuter longuement sur des riens.

discuté, e [diskyte] adj. (de *discuter*). Critiqué ; mis en cause.

discuter [diskyte] v.t. (lat. *discutere*, propr. "fendre en frappant"). -**1.** Parler d'un problème, examiner avec soin une question : *Discuter un cas, une affaire* (syn. débattre). -**2.** Mettre en question : *Discuter les ordres* (syn. contester). ◆ v.t. ind. [**de**]. Échanger des idées sur tel ou tel sujet : *Discuter de l'actualité. Discuter politique* (syn. parler). ◆ **se discuter** v.pr. Ça se discute, il y a des arguments pour et contre.

discuteur, euse [diskytœʀ, -øz] adj. et n. Qui aime la discussion ; qui conteste tout.

disert, e [dizɛʀ, -ɛʀt] adj. (lat. *disertus*). LITT. Qui parle aisément et avec élégance.

disette [dizɛt] n.f. (orig. obsc.). Pénurie de vivres.

diseur, euse [dizœʀ, -øz] n. -**1.** Personne qui dit, qui parle de : *Un diseur de bons mots.* -**2.** Diseur, diseuse de bonne aventure, personne prédisant l'avenir.

disgrâce [disgʀas] n.f. (it. *disgrazia*). -**1.** Perte de la faveur, de l'estime dont qqn ou qqch jouissait : *Tomber en disgrâce.* -**2.** LITT. Infortune, malheur.

disgracié, e [disgʀasje] adj. et n. (it. *disgraziato* "malheureux"). LITT. Privé de beauté ; disgracieux.

disgracier [disgʀasje] v.t. (de *disgracié*) [conj. 9]. LITT. Retirer à qqn la faveur dont il jouissait : *Courtisan disgracié par le roi.*

disgracieux, euse [disgʀasjø, -øz] adj. (it. *disgrazioso*). Qui manque de grâce : *Un visage disgracieux* (syn. laid).

disharmonie [dizaʀmɔni] n.f. → **dysharmonie.**

disjoindre [disʒwɛ̃dʀ] v.t. [conj. 82]. Séparer des choses jointes ; désunir.

disjoint, e [disʒwɛ̃, -ɛ̃t] adj. - **1.** Qui n'est plus joint. - **2.** MATH. Ensembles disjoints, qui n'ont aucun élément commun.

disjoncter [disʒɔ̃kte] v.i. (de *disjoncteur*). Se mettre en position d'interruption du courant, en parlant d'un disjoncteur ou d'un dispositif comparable.

disjoncteur [disʒɔ̃ktœʀ] n.m. (de *disjoindre*). ÉLECTR. Interrupteur automatique de courant, fonctionnant lors d'une variation anormale de l'intensité ou de la tension.

disjonction [disʒɔ̃ksjɔ̃] n.f. (lat. *disjunctio*). - **1.** Action de disjoindre. - **2.** LOG. Liaison de deux propositions par « ou ».

dislocation [dislɔkasjɔ̃] n.f. - **1.** Action de disloquer ; fait de se disloquer : *Dislocation d'une chaise, des os.* - **2.** Séparation des parties d'un tout ; démembrement : *Dislocation d'une famille* (syn. dispersion). - **3.** PHYS. Défaut d'un cristal caractérisé par l'absence d'atomes le long d'une ligne du réseau.

disloquer [dislɔke] v.t. (lat. médiév. *dislocare* "déplacer", de *locare* "placer"). - **1.** Déplacer avec une certaine violence les parties d'un ensemble : *Le choc a disloqué la voiture.* - **2.** Démettre, déboîter : *Disloquer une articulation.* - **3.** Disperser ; séparer : *Disloquer un cortège.*

disparaître [dispaʀɛtʀ] v.i. (de *paraître*) [conj. 91] (auxil. *avoir* ou, LITT., *être*). - **1.** Cesser d'être visible : *La voiture disparut au loin.* - **2.** S'absenter brusquement : *Il a disparu depuis trois jours.* - **3.** Être soustrait, égaré ou volé : *Sa montre a disparu.* - **4.** Mourir ; cesser d'être : *C'est un grand homme qui vient de disparaître. Coutume disparue.* - **5.** Faire disparaître qqch, l'enlever, le supprimer : *Faire disparaître une douleur.* ‖ Faire disparaître qqn, le tuer.

disparate [dispaʀat] adj. (lat. *disparatus* "inégal"). Qui forme un ensemble sans harmonie, sans unité. ◆ n.f. ou n.m. LITT. Manque d'harmonie ; contraste choquant : *Disparate entre les paroles et les actes* (syn. disparité).

disparité [dispaʀite] n.f. (du lat. *dispar* "différent, inégal", d'apr. *parité*). - **1.** Manque d'égalité ; différence marquée : *Disparité des salaires* (syn. inégalité). - **2.** Manque d'harmonie : *Disparité d'opinions.*

disparition [dispaʀisjɔ̃] n.f. - **1.** Fait de disparaître, de ne plus être visible : *Disparition du soleil à l'horizon.* - **2.** Fait de ne plus exister : *Disparition d'une coutume.* - **3.** Mort : *Annoncer la disparition de qqn* (syn. décès). - **4.** Espèce en voie de disparition, menacée d'extinction.

disparu, e [dispaʀy] adj. et n. (de *disparaître*). Mort ou considéré comme mort : *Soldat porté disparu.*

dispatcher [dispatʃe] v.t. (de *dispatching*). Répartir, distribuer, orienter ; faire le dispatching de.

dispatching [dispatʃiŋ] n.m. (de l'angl. *to dispatch* "répartir"). - **1.** Organisme central de régulation du trafic ferroviaire, aérien, de la distribution de sources d'énergie, etc. - **2.** Opération consistant à diriger chaque colis ou chaque pli vers son destinataire. (Recomm. off. *répartition* ou *ventilation*.)

dispendieux, euse [dispɑ̃djø, -øz] adj. (lat. *dispendiosus*, de *dispendium* "dépense"). LITT. Qui occasionne beaucoup de dépenses : *Une fête dispendieuse* (syn. onéreux).

dispensaire [dispɑ̃sɛʀ] n.m. (angl. *dispensary*, de *to dispense* "distribuer"). Établissement de soins médicaux ou de petite chirurgie, où les malades ne sont pas hospitalisés.

dispensateur, trice [dispɑ̃satœʀ, -tʀis] n. (lat. *dispensator* "intendant"). Personne qui distribue, qui répartit qqch.

dispense [dispɑ̃s] n.f. (de *dispenser*). Permission accordée de ne pas faire une chose obligatoire ; document qui atteste cette permission.

dispenser [dispɑ̃se] v.t. (lat. *dispensare* "répartir"). - **1.** Autoriser à ne pas faire : *Dispenser un élève d'éducation physique* (syn. exempter). - **2.** LITT. Donner, accorder : *Dispenser des soins.* - **3.** Je vous dispense de, dispensez-moi de, invitation à ne pas faire qqch : *Je vous dispense de vos réflexions.* ◆ **se dispenser** v.pr. **[de]**. Ne pas se soumettre à une obligation.

dispersal [dispɛʀsal] n.m. (mot angl., propr. "dispersion") [pl. *dispersaux*]. Plate-forme cimentée où sont stationnés les avions, sur une base aérienne militaire.

dispersant, e [dispɛʀsɑ̃, -ɑ̃t] n.m. et adj. CHIM. Produit pour dissoudre les hydrocarbures répandus sur l'eau.

dispersement [dispɛʀsəmɑ̃] n.m. Action de disperser ou de se disperser.

disperser [dispɛʀse] v.t. (du lat. *dispersum*, de *dispergere* "répandre"). - **1.** Jeter çà et là : *Disperser des cendres* (syn. éparpiller). - **2.** Séparer les éléments d'un ensemble ; faire aller de différents côtés : *Disperser un attroupement.* - **3.** Disperser une collection, la vendre à plusieurs acheteurs. ‖ Disperser ses efforts, son attention, etc., les appliquer à trop de choses à la fois et les rendre ainsi moins intenses. ‖ **En ordre dispersé**, sans ordre, en laissant à chacun son initiative individuelle. ◆ **se disperser** v.pr. - **1.** S'en aller de tous les côtés : *La foule s'est dispersée* (contr. se rassembler). - **2.** S'adonner à trop d'activités et ne s'appliquer efficacement à aucune.

dispersion [dispɛʀsjɔ̃] n.f. - **1.** Action de disperser ; fait d'être dispersé. - **2.** Manque de concentration. - **3.** PHYS. Décomposition d'un rayonnement complexe en ses différentes radiations. - **4.** CHIM. Solide, liquide ou gaz contenant un autre corps uniformément réparti dans sa masse. - **5.** STAT. Étalement des valeurs d'une distribution statistique autour de valeurs caractéristiques (moyennes, médiane, mode). - **6.** Dispersion du tir, répartition des points de chute des différents projectiles tirés avec la même arme et dans des conditions identiques.

disponibilité [dispɔnibilite] n.f. - **1.** État de ce qui est disponible : *Disponibilité d'un capital.* - **2.** Fait pour qqn d'avoir du temps libre ; fait d'être ouvert à beaucoup de choses : *Disponibilité d'esprit.* - **3.** Position d'un fonctionnaire ou d'un militaire temporairement hors de son corps d'origine. ◆ **disponibilités** n.f.pl. Fonds dont on peut disposer : *Le devis excède mes disponibilités.*

disponible [dispɔnibl] adj. (lat. médiév. *disponibilis,* de *disponere* "disposer"). - **1.** Dont on peut disposer : *Logement disponible* (syn. libre, vacant). - **2.** Qui a du temps pour soi ; qui accueille bien ce qui est différent ou nouveau : *Elle est très peu disponible en ce moment.* - **3.** Qui est en disponibilité, en parlant d'un fonctionnaire ou d'un militaire.

dispos, e [dispo, -oz] adj. (it. *disposto,* lat. *dispositus* "disposé"). Qui est en bonne forme physique et morale : *Être frais et dispos.*

disposé, e [dispoze] adj. - **1.** Arrangé de telle ou telle manière. - **2.** Être bien, mal disposé : être de bonne ou de mauvaise humeur. - **3.** Être bien, mal disposé à l'égard de qqn, vouloir ou ne pas vouloir lui être utile ou agréable.

disposer [dispoze] v.t. (lat. *disponere* "distribuer, établir", refait d'apr. *poser*). - **1.** Placer, arranger des choses ou des personnes d'une certaine manière : *Disposer des fleurs dans un vase.* - **2.** Préparer à : *Les derniers événements l'ont disposé à signer* (syn. inciter). ◆ v.t. ind. **[de]**. - **1.** Pouvoir utiliser, avoir à sa disposition : *Disposer de quelques minutes.* - **2.** Être maître de qqn, de sa vie : *Le droit des peuples à disposer d'eux-mêmes.* ◆ v.i. Vous pouvez disposer, vous pouvez partir. ◆ **se disposer** v.pr. **[à]**. Se préparer à : *Se disposer à partir.*

dispositif [dispozitif] n.m. (du lat. *dispositus* "disposé"). - **1.** Ensemble de pièces constituant un mécanisme, un appareil quelconque ; ce mécanisme, cet appareil : *Un dispositif d'alarme.* - **2.** Ensemble des mesures prises, des moyens mis en œuvre dans un but déterminé : *Un important dispositif policier.* - **3.** Articulation des moyens qu'adopte une formation militaire pour exécuter une mission. - **4.** DR. Partie d'un jugement dans laquelle est exprimée la décision du tribunal. - **5.** Dispositif scénique, ensemble des éléments de décoration et de mise en scène.

disposition [dispozisjɔ̃] n.f. - **1.** Action, manière de placer, d'arranger qqn ou qqch ; fait d'être disposé de telle ou telle manière : *La disposition des invités autour d'une table. La disposition des mots* (syn. ordre). - **2.** Manière d'être physique ou morale : *Ses dispositions à ton égard sont excellentes* (syn. intention). - **3.** Tendance générale : *Disposition des prix à la hausse.* - **4.** Possibilité, faculté d'user à son gré de qqch : *Ils ont mis leur garage à ma disposition.* - **5.** DR. Point que règle un acte juridique, une loi, etc. - **6.** Disposition à titre gratuit, transmission d'un bien par donation ou par testament. ◆ **dispositions** n.f. pl. - **1.** Aptitudes : *Il a des dispositions pour les langues* (syn. don). - **2.** Prendre des, ses dispositions, se préparer, s'organiser en vue de qqch.

disproportion [dispʀɔpɔʀsjɔ̃] n.f. Défaut de proportion, de convenance ; différence : *Disproportion d'âge.*

disproportionné, e [dispʀɔpɔʀsjɔne] adj. - **1.** Qui n'est pas proportionné à qqch ; excessif. - **2.** Démesuré, anormal : *Des mains disproportionnées.*

dispute [dispyt] n.f. (de *disputer*). Discussion très vive ; querelle.

disputer [dispyte] v.t. (lat. *disputare* "discuter", de *putare* "estimer, penser"). - **1.** FAM. Réprimander vivement : *Tu vas te faire disputer !* (syn. gronder). - **2.** Participer à une lutte, à une compétition pour obtenir la victoire : *Disputer une course, un combat.* - **3.** Disputer qqch à qqn, lutter pour obtenir ce que qqn possède ou tente en même temps d'obtenir. ◆ **se disputer** v.pr. Se quereller.

disquaire [diskɛʀ] n. (de *disque*). Personne qui vend au détail des disques, des cassettes enregistrées.

disqualification [diskalifikasjɔ̃] n.f. Action de disqualifier ; fait d'être disqualifié.

disqualifier [diskalifje] v.t. (angl. *to disqualify,* du fr. *qualifier*) [conj. 9]. - **1.** Exclure un sportif, un cheval, etc., d'une épreuve sportive, d'une course pour infraction au règlement. - **2.** LITT. Frapper de discrédit. ◆ **se disqualifier** v.pr. Perdre tout crédit par sa conduite.

disque [disk] n.m. (lat. *discus,* gr. *diskos* "palet"). - **1.** Plaque circulaire, contenant un enregistrement sonore ou visuel : *Disque noir, compact, vidéo.* - **2.** INFORM. Support circulaire recouvert d'une surface magnétisable, permettant d'enregistrer des informations sous forme binaire sur des pistes concentriques : *Disque dur. Disque souple.* - **3.** Plaque circulaire pesante que lancent les athlètes - **4.** ASTRON. Surface circulaire visible d'un astre. - **5.** CH. DE F. Plaque circulaire mobile indiquant, par sa position et sa couleur, si une voie est libre ou non. - **6.** MATH. Ensemble des points du plan dont la distance à un point fixe, le centre, est inférieure ou égale à un nombre donné, le rayon : *La frontière du disque est un cercle.* - **7.** Disque intervertébral, cartilage élastique séparant deux vertèbres. ‖ Disque optique, disque dont les signaux sont lus à l'aide d'un procédé de reconnaissance des caractères qui associe l'optique et l'électronique (lecture optique).

disquette [disket] n.f. INFORM. Support magnétique d'informations (appelé aussi *disque souple*) ayant la forme d'un disque de petit format et pouvant facilement s'insérer dans un lecteur associé à l'équipement informatique (par opp. à *disque dur*).

dissection [diseksjɔ̃] n.f. - **1.** Action de disséquer un corps. - **2.** Action d'analyser minutieusement qqch.

dissemblable [disɑ̃blabl] adj. Qui n'est pas semblable.

dissemblance [disɑ̃blɑ̃s] n.f. (de *dissembler* "différencier", de [*res*]*sembler*). Absence de ressemblance ; disparité.

dissémination [diseminasjɔ̃] n.f. - **1.** Action de disséminer ; dispersion. - **2.** BOT. Dispersion des graines à l'époque de leur maturité.

disséminer [disemine] v.t. (lat. *disseminare,* de *semen, -inis* "semence"). Répandre çà et là, éparpiller : *Disséminer des graines. Disséminer des troupes* (syn. disperser).

dissension [disɑ̃sjɔ̃] n.f. (lat. *dissensio,* de *dissentire* "être en désaccord"). Vive opposition de sentiments, d'intérêts, d'idées : *Dissensions politiques* (syn. conflit).

dissentiment [disɑ̃timɑ̃] n.m. (de l'anc. v. *dissentir* "être en désaccord"). LITT. Opposition de sentiments, d'opinions.

disséquer [diseke] v.t. (lat. *dissecare* "couper") [conj. 18]. - **1.** Couper, ouvrir les parties d'un corps organisé pour en faire l'examen anatomique : *Disséquer un cadavre.* - **2.** Analyser minutieusement : *Disséquer un roman.*

dissertation [disɛrtasjɔ̃] n.f. (lat. *dissertatio ;* v. *disserter*). - **1.** Exercice écrit portant sur une question littéraire, philosophique, historique, etc., en usage dans les lycées et dans l'enseignement supérieur français. - **2.** Développement long et ennuyeux, discours pédant : *Il s'est lancé dans une dissertation interminable.*

disserter [disɛrte] v.i. (lat. *dissertare,* de *disserere* "discuter"). - **1.** Traiter méthodiquement un sujet, par écrit ou oralement. - **2.** Discourir longuement.

dissidence [disidɑ̃s] n.f. (lat. *dissidentia,* de *dissidere* "être séparé, en désaccord"). - **1.** Action ou état de qqn ou d'un groupe qui ne reconnaît plus l'autorité d'une puissance politique à laquelle il se soumettait jusqu'alors ; groupe de dissidents. - **2.** Divergence idéologique conduisant qqn à se séparer du parti dont il était membre.

dissident, e [disidɑ̃, -ɑ̃t] adj. et n. Qui est en dissidence.

dissimulateur, trice [disimylatœr, -tris] adj. et n. Qui dissimule.

dissimulation [disimylasjɔ̃] n.f. Action de dissimuler, de cacher : *Visage où se lit la dissimulation* (syn. hypocrisie).

dissimulé, e [disimyle] adj. Accoutumé à cacher ses sentiments : *C'est un personnage dissimulé* (syn. hypocrite).

dissimuler [disimyle] v.t. (lat. *dissimulare*). Ne pas laisser paraître ses sentiments, ses intentions ; soustraire aux regards : *Dissimuler son envie de rire* (syn. cacher). ◆ **se dissimuler** v.pr. - **1.** Se cacher : *Il s'est dissimulé derrière un arbre.* - **2.** Se dissimuler qqch, refuser de voir, se faire des illusions sur qqch : *Elle se dissimule la vérité.*

dissipateur, trice [disipatœr, -tris] n. LITT. Personne qui dissipe son bien.

dissipation [disipasjɔ̃] n.f. - **1.** Fait de se dissiper, de disparaître peu à peu : *Dissipation de la brume.* - **2.** Manque d'attention, turbulence, chez un élève. - **3.** LITT. Vie de débauche. - **4.** PHYS. Perte d'énergie électrique, mécanique, etc., par transformation en énergie thermique.

dissipé, e [disipe] adj. (p. passé de *dissiper*). Inattentif et turbulent, en parlant d'un élève : *Cet élève est dissipé* (syn. indiscipliné).

dissiper [disipe] v.t. (lat. *dissipare* "disperser, détruire"). - **1.** Faire disparaître, faire cesser : *Le vent dissipe les nuages* (syn. disperser). *Dissiper les soupçons.* - **2.** Porter à l'indiscipline, à l'inattention : *Il dissipe ses camarades.* - **3.** LITT. Dépenser inconsidérément : *Dissiper sa fortune* (syn. gaspiller). ◆ **se dissiper** v.pr. - **1.** Disparaître par dilution, par éparpillement : *La brume se dissipe. Notre inquiétude se dissipa* (syn. s'estomper). - **2.** Être, devenir agité, turbulent, inattentif.

dissociable [disɔsjabl] adj. Qui peut être dissocié : *Deux questions aisément dissociables.*

dissociation [disɔsjasjɔ̃] n.f. - **1.** Action de dissocier. - **2.** CHIM. Rupture d'un composé chimique en éléments susceptibles de se recombiner de la même façon ou autrement.

dissocier [disɔsje] v.t. (lat. *dissociare*, de *dis-* et *sociare* "unir", de *socius* "associé") [conj. 9]. Séparer des éléments associés : *Ces deux chapitres du budget ont été dissociés* (syn. disjoindre, distinguer). *Dissocier une équipe* (syn. désorganiser).

dissolu, e [disɔly] adj. (lat. *dissolutus*, de *dissolvere* ; v. *dissoudre*). LITT. Se dit de qqn dont la conduite est très relâchée ou de cette conduite elle-même : *Jeunes gens dissolus* (syn. débauché, dépravé). *Mœurs dissolues* (syn. corrompu).

dissolution [disɔlysjɔ̃] n.f. (lat. *dissolutio*). - **1.** Action de dissoudre ou de se dissoudre : *Remuer le mélange jusqu'à dissolution complète du sucre.* - **2.** DR. Cessation ou disparition légales : *La dissolution d'un mariage.* - **3.** CHIM. Mise en solution d'un solide, d'un liquide ou d'un gaz ; liquide qui en résulte. - **4.** TECHN. Solution visqueuse de caoutchouc pour réparer les chambres à air des pneumatiques.

dissolvant, e [disɔlvɑ̃, -ɑ̃t] adj. - **1.** Qui a la propriété de dissoudre : *Un produit dissolvant.* - **2.** LITT. Qui amollit, affaiblit : *Climat dissolvant* (syn. débilitant). ◆ **dissolvant** n.m. Produit dissolvant : *Dissolvant pour vernis à ongles.*

dissonance [disɔnɑ̃s] n.f. (lat. *dissonantia*). Rencontre de sons peu harmonieuse ; défaut d'harmonie : *De nombreux musiciens modernes recherchent les dissonances* (contr. consonance). *Dissonance entre les couleurs* (syn. discordance).

dissonant, e [disɔnɑ̃, -ɑ̃t] adj. Qui forme une dissonance : *Notes dissonantes* (syn. discordant). *Couleurs dissonantes* (contr. harmonieux).

dissoudre [disudr] v.t. (francisation d'apr. *absoudre*, du lat. *dissolvere* "désagréger") [conj. 87]. - **1.** Amener un corps solide ou gazeux à former un mélange homogène avec un liquide : *Faire dissoudre des comprimés dans un verre d'eau* (syn. fondre). *L'eau dissout le sel.* - **2.** Mettre fin légalement à : *Dissoudre une société, un parti. Dissoudre un mariage* (syn. annuler). *Le président de la République peut dissoudre l'Assemblée nationale.*

dissuader [disɥade] v.t. (lat. *dissuadere*, de *suadere* "conseiller, persuader"). Dissuader qqn de qqch, de (+ inf.), l'amener à y renoncer : *Je les ai dissuadés de ce voyage, d'entreprendre ce voyage* (syn. détourner).

dissuasif, ive [disɥazif, -iv] adj. Qui dissuade d'attaquer, d'agir : *Une menace dissuasive.*

dissuasion [disɥazjɔ̃] n.f. - **1.** Action de dissuader : *Un argument qui a une grande puissance de dissuasion* (contr. persuasion). - **2.** Force de dissuasion → force.

dissyllabe [disilab] adj. et n.m. Se dit d'un mot, d'un vers, de deux syllabes.

dissyllabique [disilabik] adj. Qui comporte deux syllabes : *Un mot dissyllabique* (syn. dissyllabe).

dissymétrie [disimetri] n.f. Défaut de symétrie : *La dissymétrie d'une construction.*

dissymétrique [disimetrik] adj. Qui présente une dissymétrie : *Bâtiment dissymétrique.*

distance [distɑ̃s] n.f. (lat. *distantia*, de *distans* ; v. *distant*). - **1.** Intervalle séparant deux points dans l'espace ; longueur à parcourir pour aller d'un point à un autre : *La distance d'une ville à une autre. Cet avion couvre de longues distances* (syn. parcours, trajet). - **2.** Intervalle de temps entre deux instants, deux époques : *Événement qui se reproduit à quelques années de distance.* - **3.** Différence de niveau social, de culture, d'importance : *L'argent a mis une grande distance entre eux* (syn. écart). - **4.** À distance, à une certaine distance dans l'espace ; avec le recul du temps. ‖ Garder, prendre, tenir ses distances, ne pas être, ne pas devenir trop familier avec qqn. ‖ Tenir qqn à distance, éviter de le fréquenter.

distancer [distɑ̃se] v.t. (angl. *to distance*, de *distance*) [conj. 16]. Devancer ; laisser derrière soi : *Il a distancé tous les autres candidats, à l'oral* (syn. surpasser).

distanciation [distɑ̃sjasjɔ̃] n.f. (de *distance*). Recul pris par rapport à un événement ; distance mise entre soi et la réalité : *La distanciation permet une plus grande objectivité.*

distancier [distɑ̃sje] v.t. [conj. 9]. LITT. Donner du recul à qqn par rapport à qqch : *Un regard critique qui nous distancie de la situation.* ◆ **se distancier** v.pr. [de]. Mettre une distance entre soi-même et qqch.

distant, e [distɑ̃, -ɑ̃t] adj. (lat. *distans, -antis*, de *distare* "être éloigné, différent de"). - **1.** Éloigné, écarté : *Deux villes distantes de cent kilomètres.* - **2.** Qui montre du froideur ou de la hauteur : *Elle est très distante avec lui* (syn. froid, réservé). *Un air distant* (syn. fier, hautain).

distendre [distɑ̃dr] v.t. (lat. *distendere* "étendre") [conj. 73]. Augmenter les dimensions d'un corps en étirant : *Distendre un ressort.* ◆ **se distendre** v.pr. Se relâcher : *Les liens familiaux se sont distendus.*

distillat [distila] n.m. (de *distiller*). CHIM. Produit d'une distillation.

distillateur [distilatœr] n.m. Personne qui distille ; fabricant d'eau-de-vie, de liqueurs.

distillation [distilasjɔ̃] n.f. - **1.** Opération consistant à séparer, par évaporation puis condensation, les éléments contenus dans un mélange liquide : *Alcools obtenus par distillation du vin, du cidre.* - **2.** Opération qui consiste à débarrasser un solide de ses composants gazeux ou liquides : *La distillation du bois donne des goudrons et du méthylène.*

distiller [distile] v.t. (lat. *distillare* "tomber goutte à goutte"). - **1.** Opérer la distillation de : *Distiller du vin.* - **2.** LITT. Laisser couler goutte à goutte ; sécréter : *L'abeille distille le miel.* - **3.** LITT. Dégager, répandre : *Distiller l'ennui.* ◆ v.i. CHIM. Se séparer d'un mélange lors d'une distillation.

distillerie [distilʀi] n.f. - **1.** Lieu où se fait la distillation. - **2.** Industrie et commerce des produits de la distillation et, spécial., des alcools et liqueurs.

distinct, e [distɛ̃, -ɛ̃kt] ou [distɛ̃kt] adj. (lat. *distinctus*, de *distinguere* "séparer"). - **1.** Qui se perçoit bien : *Des traces distinctes* (syn. net). *Des paroles distinctes* (syn. clair). - **2.** Qui ne se confond pas avec qqch ou qqn d'analogue : *C'est une autre question, distincte de la précédente* (syn. différent).

distinctement [distɛ̃ktəmɑ̃] adv. De façon distincte.

distinctif, ive [distɛ̃ktif, -iv] adj. Qui permet de reconnaître, de distinguer : *Signe distinctif* (syn. caractéristique, spécifique).

distinction [distɛ̃ksjɔ̃] n.f. - **1.** Action de distinguer, de faire une différence entre deux choses, deux personnes, etc. ; cette différence : *Faire la distinction entre un loup et un chien. Appliquer une mesure sans distinction de personnes* (syn. discrimination). - **2.** État de ce qui est séparé : *La distinction des pouvoirs* (syn. séparation). - **3.** Marque d'honneur : *La Légion d'honneur est une distinction.* - **4.** Élégance, raffinement : *Avoir de la distinction* (syn. classe).

distingué, e [distɛ̃ge] adj. - **1.** Qui a de la distinction : *Une personne distinguée* (syn. raffiné). - **2.** LITT. Remarquable par son rang, sa valeur : *Un écrivain distingué* (syn. éminent).

distinguer [distɛ̃ge] v.t. (lat. *distinguere* "séparer"). - **1.** Différencier qqn, qqch en percevant les caractéristiques qui font sa spécificité : *Distinguer deux jumeaux* (syn. reconnaître). *Distinguer les sens d'un mot* (syn. différencier). - **2.** Percevoir sans confusion par l'un des sens : *D'ici on distingue parfaitement la côte* (syn. discerner). - **3.** Constituer l'élément caractéristique qui sépare : *La parole distingue l'homme de l'animal* (syn. différencier).

distinguo [distɛ̃go] n.m. (mot lat. "je distingue"). FAM. Distinction fine, nuance subtile ; argutie.

distique [distik] n.m. (gr. *distikhon*, de *dis-* "deux fois" et *stikhos* "vers"). Groupe de deux vers formant un sens complet (ex. : « Le menteur n'est plus écouté. Quand même il dit la vérité »).

distordre [distɔʀdʀ] v.t. (lat. *distorquere* "tourner de côté et d'autre") [conj. 76]. Déformer par une torsion : *Son visage était distordu par la douleur.*

distorsion [distɔʀsjɔ̃] n.f. (lat. *distorsio*). - **1.** Action de distordre ; état de ce qui est distordu : *Distorsion de la bouche, de la face* (syn. déformation). - **2.** PHYS. Déformation d'une image, d'un son, d'un signal électrique : *Distorsion de fréquence.* - **3.** Déséquilibre entre deux ou plusieurs facteurs, produisant une tension : *La distorsion entre les salaires masculins et féminins* (syn. décalage).

distraction [distraksjɔ̃] n.f. (lat. *distractio*, de *distrahere* ; v. *distraire*). - **1.** LITT. Manque d'attention : *Se tromper d'étage par distraction* (syn. inattention, étourderie). - **2.** Occupation qui délasse, divertit : *La lecture est sa principale distraction* (syn. divertissement, passe-temps).

distraire [distʀɛʀ] v.t. (francisation d'apr. *traire*, du lat. *distrahere* "tirer en divers sens") [conj. 112]. - **1.** LITT. Détourner qqn, son esprit de ce qui l'occupe ou le préoccupe ; rendre inattentif : *Il travaille, ne le distrais pas.* - **2.** Faire passer le temps agréablement : *Distraire ses invités* (syn. divertir, récréer). - **3.** LITT. Séparer une partie d'un tout : *Distraire une somme de son capital* (syn. prélever, retrancher). ◆ **se distraire** v.pr. Occuper agréablement ses loisirs : *Lire pour se distraire* (syn. se délasser, se divertir).

distrait, e [distʀɛ, -ɛt] adj. et n. (p.passé de *distraire*). Peu attentif à ce qu'il dit ou à ce qu'il fait : *Il est si distrait qu'il oublie sans cesse ses affaires* (syn. étourdi). *Un écolier distrait* (syn. inattentif). *Jeter un regard distrait* (syn. vague).

distraitement [distʀɛtmɑ̃] adv. De façon distraite.

distrayant, e [distʀɛjɑ̃, -ɑ̃t] adj. Propre à distraire, à délasser : *Un spectacle distrayant* (syn. divertissant, récréatif).

distribuer [distʀibɥe] v.t. (lat. *distribuere*, de *dis-* "deux fois" et *tribuere* "répartir entre les tribus") [conj. 7]. - **1.** Répartir entre plusieurs personnes : *Distribuer le courrier* (syn. donner, remettre). *Distribuer le courant dans une région* (syn. fournir). - **2.** Adresser au hasard : *Distribuer des sourires.* - **3.** Répartir, disposer : *Distribuer les joueurs sur le terrain. Appartement mal distribué* - **4.** Assurer la distribution d'un film, d'un produit, d'un service.

distributeur, trice [distʀibytœʀ, -tʀis] n. Personne qui distribue : *Distributeur de tracts.*

◆ adj. et n. Se dit d'une personne, d'une société qui diffuse, qui assure la distribution d'un produit, d'un service, d'un film : *Trouver un distributeur pour un film étranger. Firme distributrice.* ◆ adj. et n.m. - **1.** Se dit d'un appareil qui fournit un produit de consommation courante en quantité individuelle : *Distributeur de savon. Bonbons en boîte distributrice.* - **2.** **Distributeur (automatique),** distributeur public qui fonctionne avec des pièces de monnaie ou une carte de crédit : *Distributeur automatique de billets de banque, de titres de transport.*

distributif, ive [distribytif, -iv] adj. MATH. Relatif à la distributivité ; qui présente cette propriété : *La multiplication est distributive par rapport à l'addition.* ◆ adj. et n.m. GRAMM. Se dit de numéraux ou d'indéfinis qui expriment la répartition : *« Chaque » est un adjectif distributif, « chacun » est un pronom distributif.*

distribution [distribysjɔ̃] n.f. - **1.** Action de distribuer, de répartir entre les personnes : *Distribution de vivres* (syn. répartition). *La distribution des prix aux élèves* (syn. remise). - **2.** Arrangement, disposition selon un certain ordre ; organisation de l'espace intérieur d'un bâtiment : *Distribution des pièces d'un appartement* (syn. répartition, agencement). - **3.** Répartition des rôles entre les interprètes d'une pièce, d'un fil, etc. ; ensemble de ces interprètes : *Une brillante distribution.* - **4.** ÉCON. Ensemble des opérations par lesquelles les produits et les services sont diffusés entre les consommateurs dans le cadre national : *La distribution du gaz, de l'électricité. La distribution d'un film dans les salles.* - **5.** MÉCAN. Ensemble des organes qui règlent l'admission et l'échappement du fluide moteur.

distributivité [distribytivite] n.f. MATH. Propriété d'une loi de composition interne T par rapport à une autre loi de composition interne ⊥ définie sur le même ensemble, telle que, pour *a, b, c,* éléments quelconques de cet ensemble, on a : $a \top (b \perp c) = (a \top b) \perp (a \top c)$.

district [distrikt] n.m. (bas lat. *districtus* "territoire", de *distringere* "maintenir étendu"). Subdivision administrative, territoriale, d'étendue variable suivant les États.

1. **dit, e** [di, dit] adj. (p. passé de *dire*). - **1.** Appelé, surnommé : *Louis X, dit le Hutin.* - **2.** Précisé, fixé : *À l'heure dite. Au jour, au moment dit.* - **3.** Ceci dit, cela dit, quoi qu'il en soit. - **4.** Ledit, ladite, dudit, la personne ou la chose dont on vient de parler (en partic. dans les textes juridiques) [pl. *lesdits, lesdites, desdits, desdites*].

2. **dit** [di] n.m. (de *1. dit*). LITTÉR. Pièce de vers sur un sujet familier, au Moyen Âge : *Le dit du bon vin.*

dithyrambe [ditiʀɑ̃b] n.m. (gr. *dithurambos* "chant en l'honneur de Dionysos"). - **1.** LITT. Éloge enthousiaste, souvent exagéré : *Le rapport d'activité ne fut qu'un ennuyeux dithyrambe des administrateurs.* - **2.** ANTIQ. Cantique consacré à Dionysos.

dithyrambique [ditiʀɑ̃bik] adj. Très élogieux ou d'un enthousiasme excessif : *Une critique de film dithyrambique.*

diurèse [djyʀɛz] n.f. (lat. médic. *diuresis,* du gr. *dioureim* "rendre par les urines", de *ouron* "urine"). MÉD. Sécrétion de l'urine.

diurétique [djyʀetik] adj. et n.m. (lat. *diureticus,* du gr. ; v. *diurèse*). Qui fait uriner : *Le thé est (un) diurétique.*

diurne [djyʀn] adj. (lat. *diurnus,* de *dies* "jour"). - **1.** Qui se fait pendant le jour : *Travaux diurnes* (contr. nocturne). - **2.** Se dit des animaux qui sont actifs pendant le jour et des fleurs qui ne s'ouvrent que le jour (par opp. à *nocturne*). - **3.** ASTRON. Mouvement diurne, mouvement quotidien apparent de rotation du ciel, dû à la rotation de la Terre sur elle-même.

diva [diva] n.f. (mot it. "déesse", du lat. *divus* "divin"). Cantatrice célèbre.

divagation [divagasjɔ̃] n.f. État de l'esprit qui divague ; propos décousus, incohérents, considérations chimériques (surtout au pl.) : *Les divagations d'un esprit malade* (syn. délire). *Laissons-les à leurs divagations* (syn. rêverie).

divaguer [divage] v.i. (lat. *divagari* "errer", de *vagos* "qui va à l'aventure"). - **1.** Tenir des propos incohérents ou déraisonnables : *La fièvre le faisait divaguer* (syn. délirer). *Faire ce travail en une heure ? Tu divagues !* (syn. déraisonner). - **2.** HYDROL. Se déplacer, en parlant du lit d'un cours d'eau.

divan [divɑ̃] n.m. (ar. *dīwān* "lieu de réunion", du persan). - **1.** Canapé sans bras ni dossier : *Ce divan nous sert de lit d'appoint.* - **2.** HIST. Conseil du sultan ottoman. - **3.** LITTÉR. Recueil de poésies orientales.

divergence [divɛʀʒɑ̃s] n.f. - **1.** Situation de deux lignes qui divergent, qui s'éloignent en s'écartant : *La divergence de deux rayons* (contr. convergence). - **2.** Différence, désaccord : *Divergence d'opinions.* - **3.** PHYS. NUCL. Établissement de la réaction en chaîne dans un réacteur nucléaire.

divergent, e [divɛʀʒɑ̃, -ɑ̃t] adj. - **1.** Qui diverge : *Avis divergents* (syn. opposé, éloigné). - **2.** MATH. Se dit d'une suite de nombres, d'une série de termes dont la somme ne tend vers aucune limite : *Série divergente.* - **3.** OPT. Qui fait diverger un faisceau de rayons parallèles : *Lentille divergente.*

diverger [divɛʀʒe] v.i. (lat. *divergere,* de *vergere* "être tourné vers") [conj. 17]. Aller en s'écartant l'un de l'autre : *Nos routes divergent. Nos avis sur ce sujet divergent* (syn. différer).

divers, e [divɛʀ, -ɛʀs] adj. (lat. *diversus*, de *divertere* "détourner"). **-1.** (Au pl.). Qui présentent des différences : *Les divers sens d'un mot* (syn. différent). *Des fleurs aux couleurs diverses* (syn. varié). **-2.** Qui présente des aspects différents : *Le travail est assez selon la saison* (syn. variable). *Des questions d'un intérêt divers* (syn. inégal). ◆ adj. indéf. pl. Plusieurs ; quelques : *Divers témoins l'ont vu.*

diversement [divɛʀsəmɑ̃] adv. De plusieurs façons ; différemment : *Une phrase diversement interprétée. Une œuvre diversement estimée.*

diversification [divɛʀsifikasjɔ̃] n.f. Action de diversifier ; fait d'être diversifié, de se diversifier : *La diversification des moyens de production.*

diversifier [divɛʀsifje] v.t. [conj. 9]. Rendre divers, mettre de la variété dans : *Industrie qui diversifie ses activités* (syn. varier).

diversion [divɛʀsjɔ̃] n.f. (bas lat. *diversio*, de *divertere* "détourner"). **-1.** Opération visant à détourner l'adversaire du point où l'on veut l'attaquer : *Opérer une diversion.* **-2.** LITT. Action, événement qui détourne l'esprit de ce qui l'ennuie, le préoccupe : *Votre visite fut une agréable diversion.* **-3.** Faire diversion, détourner l'attention.

diversité [divɛʀsite] n.f. Caractère de ce qui est divers, varié : *La diversité des opinions sur un sujet* (syn. pluralité). *Un pays d'une grande diversité* (syn. variété).

diverticule [divɛʀtikyl] n.m. (lat. *diverticulum* "endroit écarté", de *divertere* "détourner"). **-1.** ANAT. PATHOL. Cavité en cul-de-sac communiquant avec un organe creux : *Diverticule vésical.* **-2.** Subdivision, ramification d'un ensemble plus vaste, dans une configuration donnée de lieux, de terrain : *Les diverticules d'un fleuve dans un delta.*

divertir [divɛʀtiʀ] v.t. (lat. *divertere* "détourner") [conj. 32]. **-1.** Détourner de l'ennui, des soucis ; faire rire : *Ce film m'a bien diverti* (syn. amuser, distraire). **-2.** DR. Opérer un divertissement. ◆ **se divertir** v.pr. S'amuser, s'égayer : *Sortir pour se divertir un peu* (syn. se distraire).

divertissant, e [divɛʀtisɑ̃, -ɑ̃t] adj. Qui divertit : *Un spectacle divertissant* (syn. amusant, plaisant).

divertissement [divɛʀtismɑ̃] n.m. **-1.** Action, moyen de se divertir, de divertir les autres : *Son divertissement favori consiste à faire des farces à ses amis* (syn. distraction, amusement, plaisir). **-2.** MUS. Composition en forme de suite (on dit aussi *divertimento*). **-3.** CHORÉGR. Intermède de danses et de chants. **-4.** DR. Détournement, par un héritier ou un conjoint, d'un bien de la succession ou de la communauté.

dividende [dividɑ̃d] n.m. (lat. *dividendus* "qui doit être divisé"). **-1.** MATH. Dans une division, nombre que l'on divise par un autre (le *diviseur*). **-2.** FIN. Part de bénéfice attribuée à chaque action d'une société : *Les actionnaires touchent des dividendes.*

divin, e [divɛ̃, -in] adj. (lat. *divinus*). **-1.** Relatif à Dieu, à une divinité : *La grâce divine.* **-2.** LITT. Mis au rang des dieux : *Le divin Mozart.* **-3.** Qui a les plus grandes qualités : *C'est un être divin* (syn. merveilleux). *Un dessert divin* (syn. exquis). **-4.** Pouvoir de droit divin, autorité qu'on considérait comme attribuée par Dieu au souverain.

divination [divinasjɔ̃] n.f. (lat. *divinatio*, de *divinare* "deviner"). **-1.** Art de deviner l'inconnu et, en partic., de prévoir l'avenir : *La pythie de Delphes pratiquait la divination.* **-2.** Intuition ; prescience, prémonition.

divinatoire [divinatwaʀ] adj. Relatif à la divination : *Art, talent divinatoire.*

divinement [divinmɑ̃] adv. D'une manière divine, à la perfection : *Elle chante divinement.*

divinisation [divinizasjɔ̃] n.f. Action de diviniser ; fait d'être divinisé.

diviniser [divinize] v.t. **-1.** Mettre au rang des dieux : *Diviniser un héros.* **-2.** LITT. Vouer un culte à ; exalter, glorifier, magnifier : *Diviniser l'amour, l'être aimé.*

divinité [divinite] n.f. **-1.** Nature divine : *La divinité de Jésus-Christ.* **-2.** Être divin ; dieu : *Divinités antiques.*

diviser [divize] v.t. (réfection de l'anc. fr. *deviser*, d'apr. le lat. *dividere*). **-1.** Séparer, partager en plusieurs parties : *Diviser un gâteau en huit* (syn. partager). *La rivière divise la propriété* (syn. couper). **-2.** MATH. Effectuer une division, calculer combien de fois on contient un nombre est contenu dans un autre : *Si l'on divise 27 par 3, on obtient 9.* **-3.** Désunir, être une occasion de désaccord : *Une question politique qui divise l'opinion.* **-4.** MÉCAN. Machine à diviser, machine servant à établir des échelles sur les instruments de précision. ◆ **se diviser** v.pr. **-1.** [en]. Se séparer en plusieurs parties : *Le groupe s'est divisé en deux équipes* (syn. se scinder, se fractionner). **-2.** (Absol.). Être d'opinions différentes : *Les juges se sont divisés sur le verdict à rendre.*

1. diviseur [divizœʀ] n.m. **-1.** MATH. Dans une division, nombre par lequel on en divise un autre. **-2.** Commun diviseur, nombre qui en divise exactement plusieurs autres : *5 est le commun diviseur de 15 et de 20.* ‖ Diviseur d'un nombre entier, nombre qui, dans la division de cet entier, donne un reste nul. ‖ Plus grand commun diviseur (P. G. C. D.), le plus grand de tous les diviseurs communs à plusieurs nombres entiers.

2. diviseur, euse [divizœʀ, -øz] adj. et n. Qui est une source de désunion : *Les diviseurs de notre groupe.*

divisibilité [divizibilite] n.f. -**1.** Propriété de ce qui est divisible : *La divisibilité de la matière, de l'espace* (contr. indivisibilité). -**2.** MATH. Propriété d'un nombre entier divisible par un autre : *La divisibilité d'un nombre pair par deux.*

divisible [divizibl] adj. -**1.** Qui peut être divisé : *Un terrain divisible.* -**2.** MATH. Qui peut être exactement divisé : *Les nombres pairs sont divisibles par deux.*

division [divizjɔ̃] n.f. -**1.** Action de séparer en parties distinctes, de répartir ; fait d'être divisé : *La division de la France en départements* (syn. découpage, partage). -**2.** Fait de se diviser : *La division d'un fleuve en plusieurs bras.* -**3.** Partie d'un tout divisé : *La minute est une division de l'heure.* -**4.** Trait, barre qui divise, sur une échelle, un cadran gradué : *Les divisions d'un baromètre* (syn. graduation). -**5.** Groupement de plusieurs services dans une administration : *Chef de division.* -**6.** Désaccord, dissension : *Semer la division dans une famille* (syn. désaccord). -**7.** MIL. Grande unité militaire rassemblant des formations de toutes armes ou services : *Division blindée.* -**8.** BIOL. Division cellulaire, mode de reproduction des cellules par segmentation. ‖ MATH. Division d'un réel *a* par un réel *b* (non nul), opération, toujours définie, associant à (*a*, *b*) le nombre réel *q* tel que $a = b \cdot q$. □ Elle se note $a : b$ ou a/b. ‖ Division du travail, organisation du travail caractérisée par le fractionnement et la spécialisation des tâches, dans les entreprises. ‖ MATH. Division entière ou division euclidienne, opération arithmétique de base, par laquelle on cherche, à partir de deux nombres appelés *dividende* et *diviseur*, deux nombres appelés *quotient* et *reste*, tels que le dividende soit égal au produit du quotient par le diviseur augmenté du reste.

divisionnaire [divizjɔnɛʀ] adj. -**1.** Qui appartient à une division militaire ou administrative. -**2.** Commissaire divisionnaire, commissaire de police chargé d'une brigade régionale de police judiciaire. (On dit aussi *un divisionnaire*.) ‖ Monnaie divisionnaire, celle qui est représentée par des pièces de faible valeur.

divorce [divɔʀs] n.m. (lat. *divortium*, de *divortere* ou *divertere* "se séparer"). -**1.** Dissolution du mariage civil prononcée par jugement : *Demander le divorce.* □ On distingue en droit français le divorce par consentement mutuel, le divorce pour rupture prolongée de la vie commune (depuis 6 ans au moins) ou pour aliénation des facultés mentales et le divorce pour faute. -**2.** Opposition, divergence profonde : *Divorce entre la théorie et la pratique.*

divorcé, e [divɔʀse] adj. et n. Dont le mariage a été dissous légalement : *Un enfant de parents divorcés.*

divorcer [divɔʀse] v.i. [conj. 16]. Rompre un mariage par divorce : *Ses parents ont divorcé.* ◆ v.t. ind. [avec, d'avec, de]. Se séparer de son conjoint par le divorce : *Divorcer d'avec sa femme.*

divulgateur, trice [divylgatœʀ, -tʀis] adj. et n. Qui divulgue une information : *Les divulgateurs d'un secret.*

divulgation [divylgasjɔ̃] n.f. Action de divulguer : *Divulgation d'un secret d'État* (syn. révélation).

divulguer [divylge] v.t. (lat. *divulgare*, de *vulgus* "foule"). Rendre public ce qui devait rester ignoré : *Divulguer les clauses d'un traité* (syn. dévoiler). ◆ se divulguer v.pr. S'ébruiter, devenir public : *La nouvelle s'est rapidement divulguée.*

dix [dis] devant une pause, sinon [di] ou [diz] adj. num. card. inv. (lat. *decem*). -**1.** Neuf plus un : *Les dix doigts des deux mains.* -**2.** (En fonction d'ord.). De rang numéro dix, dixième : *Chapitre dix. Charles X.* -**3.** Peut désigner un nombre indéterminé, petit ou grand : *Répéter dix fois la même chose. Cela peut se dire en dix lignes.* ◆ n. m. inv. Le nombre qui suit neuf dans la série des entiers naturels : *Sept et trois égale dix. Le dix romain (X).*

dix-huit [dizɥit] adj. num. card. inv. -**1.** Dix plus huit : *Il a dix-huit ans.* -**2.** (En fonction d'ord.). De rang numéro dix-huit, dix-huitième : *Page dix-huit. On se voit le dix-huit* (= le dix-huitième jour du mois). *Louis XVIII.* ◆ n. m. inv. Le nombre qui suit dix-sept dans la série des entiers naturels : *Douze et six, dix-huit.*

dix-huitième [dizɥitjɛm] adj. num. ord. et n. De rang numéro dix-huit : *Le dix-huitième siècle a été appelé « siècle des Lumières ». Habiter le, dans le dix-huitième* (= le dix-huitième arrondissement). ◆ adj. et n.m. Qui correspond à la division d'un tout en dix-huit parties égales : *La dix-huitième partie de trente-six est deux. Réserver un dix-huitième des recettes à une association.*

dixième [dizjɛm] adj. num. ord. De rang numéro dix : *Le dixième étage d'un immeuble. Habiter le, dans le dixième* (= le dixième arrondissement). ◆ n. Celui, celle qui occupe le dixième rang : *C'est la dixième de sa promotion.* ◆ adj. et n.m. Qui correspond à la division d'un tout en dix parties égales :

Le millimètre est la dixième partie du centimètre. Le dixième des recettes sera versé à une œuvre humanitaire.

dixièmement [dizjɛmmɑ̃] adv. En dixième lieu.

dix-neuf [diznœf] adj. num. card. inv. - **1.** Dix plus neuf : *Mettre dix-neuf bougies sur un gâteau.* - **2.** (En fonction d'ord.). De rang dix-neuf, dix-neuvième : *Article dix-neuf. La chambre dix-neuf.* ◆ n.m. inv. Le nombre qui suit dix-huit dans la série des entiers naturels : *Vingt moins un égale dix-neuf.*

dix-neuvième [diznœvjɛm] adj. num. ord. et n. De rang numéro dix-neuf : *Le dix-neuvième siècle. Habiter le, dans le dix-neuvième* (= le dix-neuvième arrondissement). ◆ adj. et n.m. Qui correspond à la division d'un tout en dix-neuf parties égales : *La dix-neuvième partie d'une somme. Soustraire un dix-neuvième d'une recette.*

dix-sept [disset] adj. num. card. inv. - **1.** Dix plus sept : *Dix-sept ans, le bel âge !* - **2.** (En fonction d'ord.). De rang dix-sept, dix-septième : *Tome dix-sept.* ◆ n.m. inv. Le nombre qui suit seize dans la série des entiers naturels : *Dix-sept est un nombre premier. Le crédit est à dix-sept pour cent.*

dix-septième [dissetjɛm] adj. num. ord. et n. De rang numéro dix-sept : *Les écrivains du dix-septième siècle. Habiter dans le dix-septième* (= le dix-septième arrondissement). ◆ adj. et n.m. Qui correspond à la division d'un tout en dix-sept parties égales : *La dix-septième partie d'une somme. Verser un dix-septième des recettes à une œuvre.*

dizain [dizɛ̃] n.m. LITTÉR. Poème de dix vers.

dizaine [dizɛn] n.f. - **1.** Groupe d'environ dix unités : *Ce travail m'a demandé une dizaine de jours.* - **2.** Prière correspondant à dix grains d'un chapelet : *Dire une dizaine.* - **3.** HIST. Sous l'Ancien Régime, subdivision d'un quartier, dans certaines villes.

dizygote [dizigɔt] adj. (de *di-* et *zygote*). Se dit de jumeaux provenant de deux œufs différents, dits aussi *faux jumeaux* (par opp. à *monozygote*).

djebel [dʒebel] n.m. (mot ar.). Montagne, en Afrique du Nord.

djellaba [dʒelaba] n.f. (mot ar.). Robe longue, à capuchon, portée en Afrique du Nord.

djihad [dʒiad] n.m. (mot ar. "effort"). Guerre sainte que tout musulman se doit d'accomplir pour défendre ou, éventuellement, étendre le domaine de l'islam.

djinn [dʒin] n.m. (mot ar.). MYTH. Dans les croyances musulmanes, esprit bienfaisant ou démon.

do [do] n.m. inv. (orig. incert., p.-ê. du n. du musicien it. *Giovanni Doni*). Note de musique, premier degré de la gamme de *do*, gamme qui, dans le mode majeur, est composée de sept notes naturelles (syn. ut).

doberman [dɔbɛrman] n.m. (mot all.). Chien de garde au poil ras et dur, d'origine allemande.

docile [dɔsil] adj. (lat. *docilis*, de *docere* "enseigner"). Qui obéit volontiers : *Un enfant docile* (syn. obéissant).

docilement [dɔsilmɑ̃] adv. Avec docilité.

docilité [dɔsilite] n.f. Disposition à se laisser conduire, commander ; obéissance soumise : *Un élève d'une grande docilité* (syn. obéissance, soumission).

dock [dɔk] n.m. (mot angl., du néerl. *docke* "bassin"). - **1.** Bassin entouré de quais, pour le chargement et le déchargement des navires. - **2.** Bâtiment construit sur les quais pour entreposer les marchandises. - **3.** Dock flottant, bassin flottant pour le carénage des navires.

docker [dɔkɛr] n.m. (mot angl., de *dock*). Ouvrier employé au chargement et au déchargement des navires (syn. débardeur).

docte [dɔkt] adj. (lat. *doctus* "savant", de *docere* "enseigner"). - **1.** LITT. Qui a des connaissances étendues, notamm. en matière littéraire ou historique : *Un savant très docte* (syn. érudit). - **2.** Qui marque une suffisance déplaisante : *Parler d'un ton docte* (syn. pédant).

doctement [dɔktəmɑ̃] adv. - **1.** VX. De façon savante. - **2.** Avec pédantisme : *Exposer doctement des banalités.*

docteur [dɔktœr] n.m. (lat. *doctor*, de *docere* "enseigner"). - **1.** Personne qui a obtenu un doctorat : *Elle est docteur ès lettres.* - **2.** Personne pourvue du doctorat en médecine et habilitée à exercer ; titre donné à cette personne : *Le docteur reçoit tous les après-midi. Appeler le docteur* (syn. médecin). - **3.** Personne savante dans un domaine déterminé, en partic. en matière religieuse. - **4.** Docteur de l'Église, Père de l'Église. ‖ Docteur de la Loi, interprète et spécialiste officiel des livres sacrés, dans la religion juive.

doctoral, e, aux [dɔktɔral, -o] adj. Grave, pédant, solennel (péjor.) : *Un air doctoral* (syn. docte, pédant).

doctorat [dɔktɔra] n.m. Grade universitaire le plus élevé, qui confère le titre de docteur après la soutenance d'une thèse : *Doctorat en médecine. Doctorat ès lettres.*

doctoresse [dɔktɔres] n.f. VIEILLI. Femme qui, ayant le doctorat, exerce la médecine.

doctrinaire [dɔktrinɛr] adj. et n. - **1.** Qui s'attache avec rigueur et intransigeance à une doctrine, à une opinion : *Sa position doctrinaire* (syn. dogmatique). *Une redoutable doctrinaire.* - **2.** HIST. Sous la Restauration, partisan, avec Royer-Collard et Guizot, d'un compromis entre les principes de 1789 et la légitimité monarchique.

doctrinal, e, aux [dɔktʀinal, -o] adj. Relatif à une doctrine : *Débat doctrinal. Décisions doctrinales du pape.*

doctrine [dɔktʀin] n.f. (lat. *doctrina* "enseignement, science", de *docere* "enseigner"). - **1.** Ensemble des croyances, des opinions ou des principes d'une religion, d'une école littéraire, artistique ou philosophique, d'un système politique, économique, etc. : *La doctrine chrétienne* (syn. dogme). *La doctrine d'un parti politique* (syn. théorie). - **2.** DR. Ensemble des travaux ayant pour objet d'exposer ou d'interpréter le droit : *La doctrine est l'une des sources des sciences juridiques.*

document [dɔkymɑ̃] n.m. (lat. *documentum*, de *docere* "enseigner"). - **1.** Renseignement écrit ou objet servant de preuve ou de témoignage : *Cette lettre est un document essentiel pour notre procès* (syn. preuve). - **2.** DR. Titre permettant d'identifier des marchandises pendant leur transport.

documentaire [dɔkymɑ̃tɛʀ] adj. - **1.** Qui a le caractère, la valeur, l'intérêt d'un document ; qui s'appuie sur des documents : *Un film documentaire.* - **2.** Relatif aux techniques de la documentation : *Informatique documentaire.* - **3.** À titre documentaire, pour information : *À titre documentaire, signalons que ce château est du XVIIIᵉ s.* ◆ n.m. Film à caractère didactique ou culturel montrant des faits réels, à la différence du film de fiction.

documentaliste [dɔkymɑ̃talist] n. Spécialiste de la recherche, de la sélection, du classement, de l'utilisation et de la diffusion des documents.

documentariste [dɔkymɑ̃taʀist] n. Auteur de films documentaires.

documentation [dɔkymɑ̃tasjɔ̃] n.f. - **1.** Action de sélectionner, de classer, d'utiliser et de diffuser des documents : *Service de documentation.* - **2.** Ensemble des documents relatifs à une question, à un ouvrage : *Réunir une documentation importante pour la rédaction d'une thèse.*

documenté, e [dɔkymɑ̃te] adj. - **1.** Appuyé sur des documents : *Un ouvrage bien documenté.* - **2.** Informé, renseigné, notamm. par des documents : *La responsable est très documentée sur la question.*

documenter [dɔkymɑ̃te] v.t. Fournir des renseignements, des documents à : *Docu-*

menter un avocat sur une affaire. ◆ **se documenter** v.pr. Rechercher, réunir des documents : *Se documenter beaucoup avant d'écrire un roman.*

dodécaèdre [dɔdekaɛdʀ] n.m. (de *dodéca-* et *-èdre*). MATH. Polyèdre à douze faces.

dodécagone [dɔdekagon] n.m. (de *dodéca-* et *-gone*). MATH. Polygone qui a douze angles et, par conséquent, douze côtés.

dodécaphonisme [dɔdekafɔnism] n.m. (de *dodéca-* et *-phonie*). MUS. Système musical fondé sur l'emploi des douze degrés de la gamme tempérée.

dodécasyllabe [dɔdekasilab] adj. et n.m. (de *dodéca-* et *syllabe*). Se dit d'un vers de douze syllabes (appelé aussi *un alexandrin* dans la poésie française).

dodeliner [dɔdline] v.t. ind. **[de]** (d'un rad. onomat. *dod-* exprimant le balancement). Imprimer un mouvement du corps un balancement lent et régulier : *Dodeliner de la tête.*

dodo [dodo] n.m. (création expressive, de *dormir*). Sommeil ou lit dans le langage enfantin : *Faire dodo* (= dormir).

dodu, e [dɔdy] adj. (orig. probabl. onomat., p.-ê. du rad. *dod-* ; v. dodeliner). - **1.** D'un embonpoint appétissant : *Des pigeons dodus* (syn. charnu, gras). - **2.** FAM. Bien en chair, replet : *Un enfant dodu* (syn. potelé).

doge [dɔʒ] n.m. (mot it. "duc"). HIST. Chef élu des anciennes Républiques de Gênes et de Venise.

dogmatique [dɔgmatik] adj. - **1.** Relatif au dogme, aux fondements de la croyance : *Vérités dogmatiques.* ◆ adj. et n. Qui exprime une opinion de manière catégorique, péremptoire, autoritaire : *Ton dogmatique. C'est un farouche dogmatique.* ◆ n.f. Partie de la théologie qui constitue un exposé systématique des vérités de la foi.

dogmatiquement [dɔgmatikmɑ̃] adv. De façon dogmatique ; d'un ton catégorique.

dogmatiser [dɔgmatize] v.i. - **1.** Énoncer des affirmations d'un ton tranchant, autoritaire. - **2.** Établir des dogmes ; énoncer les principes d'une théorie.

dogmatisme [dɔgmatism] n.m. Disposition à affirmer péremptoirement ou à admettre sans discussion certaines idées considérées comme valables une fois pour toutes : *Son dogmatisme interdit tout dialogue* (syn. sectarisme).

dogme [dɔgm] n.m. (lat. *dogma*, mot gr. "opinion"). - **1.** Point fondamental et considéré comme indiscutable, d'une doctrine religieuse ou philosophique : *Le dogme de l'immortalité de l'âme* (syn. règle, précepte). - **2.** Opinion, croyance ou principe donnés comme certains, intangibles : *Être libre quoi qu'il en coûte, c'est son dogme* (syn. credo).

dogue [dɔg] n.m. (angl. *dog* "chien"). Chien de garde trapu, à grosse tête, au museau aplati.

doigt [dwa] n.m. (lat. pop. **ditus*, du class. *digitus*). - **1.** Chacun des appendices articulés qui terminent les mains et les pieds de l'homme et de certains animaux : *Les cinq doigts de la main.* - **2.** Mesure approximative de l'épaisseur d'un doigt : *Verser un doigt de vin.* - **3.** MÉCAN. Pièce servant d'appui ou d'arrêt à une autre. - **4.** À deux doigts de, très près de : *La balle est passée à deux doigts de son visage.* ‖ Au doigt et à l'œil, au moindre signe, très fidèlement : *Obéir au doigt et à l'œil.* ‖ Faire toucher du doigt, donner à qqn des preuves incontestables de qqch. ‖ Mettre le doigt sur, deviner juste. ‖ Montrer qqn du doigt, le désigner publiquement comme un objet de risée, de scandale ou de réprobation. ‖ Savoir, connaître qqch sur le bout des doigts, le connaître parfaitement. ‖ FAM. Se mettre le doigt dans l'œil, se tromper complètement. ‖ Toucher qqch du doigt, le voir, le comprendre très clairement : *Touchez du doigt le nœud du problème.*

doigté [dwate] n.m. (de *doigter*). - **1.** Adresse manuelle ou intellectuelle ; délicatesse dans le comportement : *Le doigté d'un chirurgien* (syn. habileté, savoir-faire). *Il faudra beaucoup de doigté pour qu'il accepte* (syn. diplomatie, tact). - **2.** MUS. Manière de placer les doigts sur un instrument dans l'exécution d'un morceau ; annotation portée sur la partition précisant cet emploi des doigts.

doigter [dwate] v.t. MUS. Indiquer sur la partition par des chiffres, le doigt qui convient pour l'exécution de chaque note.

doigtier [dwatje] n.m. Fourreau qui protège un doigt ou plusieurs pour certaines manipulations ou en cas de blessure.

doit [dwa] n.m. (de *1. devoir*). Partie d'un compte établissant ce qu'une personne doit (par opp. à l'*avoir*).

dol [dɔl] n.m. (lat. *dolus* "ruse"). DR. Manœuvre frauduleuse destinée à tromper : *Un contrat entaché de dol.*

Dolby [dɔlbi] n.m. (nom déposé). Procédé de réduction du bruit de fond des enregistrements sonores, en partic. musicaux ; dispositif utilisant ce procédé.

doléances [dɔleãs] n.f. pl. (du lat. *dolere* "souffrir"). - **1.** Plaintes, récriminations : *Je n'ai pas le temps d'écouter tes doléances* (syn. lamentations). - **2.** HIST. Cahiers de doléances → cahiers.

dolent, e [dɔlã, -ãt] adj. (lat. pop. **dolentus*, du class. *dolens*, de *dolere* "souffrir"). LITT. Qui exprime une souffrance d'une manière plaintive : *Un vieillard dolent* (syn. geignard, pleurnicheur). *Une voix dolente* (syn. plaintif).

dolichocéphale [dɔlikɔsefal] adj. et n. (de *dolicho-* et *-céphale*). ANTHROP. Qui a le crâne plus long que large (par opp. à *brachycéphale*).

doline [dɔlin] n.f. (mot slave, de *dole* "creux"). GÉOGR. Petite dépression fermée, dans les régions à relief karstique. □ Les dolines résultent de la dissolution du calcaire en surface ou d'affaissements au-dessus des cavités souterraines.

dollar [dɔlar] n.m. Unité monétaire principale des États-Unis, de l'Australie, du Canada, de Hongkong, du Liberia, de la Nouvelle-Zélande et du Zimbabwe.

dolmen [dɔlmɛn] n.m. (du breton *dol* "table" et *men* "pierre"). Monument mégalithique constitué par une dalle horizontale reposant sur des blocs verticaux : *Les dolmens sont des sépultures collectives.*

dolosif, ive [dɔlɔzif, -iv] adj. DR. Qui présente le caractère du dol, de la fraude, de la tromperie : *Manœuvre dolosive.*

dom [dɔ̃] n.m. (lat. *dominus* "maître"). - **1.** Titre donné à certains religieux (bénédictins, chartreux). - **2.** Titre d'honneur donné aux nobles, au Portugal.

domaine [dɔmɛn] n.m. (lat. *dominium*). - **1.** Propriété foncière : *Domaine familial* (syn. bien, terre). - **2.** Champ d'activité d'une personne ; ensemble de ce qui constitue l'objet d'un art, d'une science, etc. : *Dans quel domaine travaillez-vous ?* (syn. secteur, matière, discipline). *Le domaine des arts* (syn. monde, univers). - **3.** MATH. Pour une correspondance de A vers B, ensemble des éléments de A qui ont au moins une image dans B. - **4.** Tomber dans le domaine public, se dit d'une invention, d'une œuvre littéraire ou artistique dont la reproduction, la publication, la vente ne sont plus soumises aux droits d'auteur. - **5.** DR. ADM. Le Domaine. Ensemble des biens appartenant à l'État ou aux collectivités locales et comprenant le *Domaine public*, affecté à l'usage direct du public (routes, voies ferrées), et le *Domaine privé*, constitué des biens des collectivités locales soumis aux règles du droit privé (forêts, pâturages communaux). ‖ Service des domaines. Service administratif chargé de gérer le domaine privé de l'État (on dit aussi *les Domaines*).

domanial, e, aux [dɔmanjal, -o] adj. DR. Qui appartient à un domaine, spécial. au domaine de l'État : *Forêt domaniale.*

1. dôme [dom] n.m. (it. *duomo*, du lat. *domus* "maison", puis "maison de Dieu, cathédrale"). Nom donné en Italie à certaines cathédrales : *Le dôme de Milan.*

2. dôme [dom] n.m. (prov. *doma*, du gr. *dôma* "maison"). - **1.** Couverture hémisphérique ou ovoïde de certains monuments : *Le dôme des Invalides, à Paris.* - **2.** GÉOGR. Relief de forme grossièrement semi-sphérique. - **3.** Dôme de verdure, de feuillage, voûte formée par les branchages.

domesticable [dɔmɛstikabl] adj. Qui peut être domestiqué : *Animal domesticable.*

domestication [dɔmɛstikasjɔ̃] n.f. Action de domestiquer ; fait d'être domestiqué : *La domestication du cheval. La domestication de l'énergie solaire.*

domesticité [dɔmɛstisite] n.f. Ensemble des domestiques d'une maison : *Une nombreuse domesticité.*

1. domestique [dɔmɛstik] adj. (lat. *domesticus*, de *domus* "maison"). - **1.** Qui concerne la maison, le ménage : *Travaux domestiques* (syn. ménager). - **2.** Se dit d'un animal qui vit dans l'entourage de l'homme après avoir été dressé : *Le chien est un animal domestique* (contr. sauvage).

2. domestique [dɔmɛstik] n. (de *1. domestique*). Personne employée au service d'une famille, d'une maison : *Le repas fut servi par des domestiques* (syn. valet). **Rem.** Les termes « gens de maison » et « employés de maison » remplacent aujourd'hui celui de « domestiques ».

domestiquer [dɔmɛstike] v.t. - **1.** Rendre domestique une espèce animale sauvage (syn. apprivoiser). - **2.** Rendre utilisable une force naturelle : *Domestiquer les marées.*

domicile [dɔmisil] n.m. (lat. *domicilium*, de *domus* "maison"). - **1.** Lieu habituel d'habitation : *Changer de domicile* (syn. adresse, résidence). *Élire domicile à Paris* (s'y fixer). - **2.** À domicile, au lieu où habite qqn : *Travail à domicile.* ‖ DR. Domicile conjugal, autref., dénomination de la *résidence de la famille.* ‖ DR. Domicile légal, lieu légal d'habitation : *Une personne n'a qu'un seul domicile légal.* - **3.** DR. Sans domicile fixe. Qui n'a aucun lieu d'habitation déterminé ; personne sans toit. (Abrév. *S. D. F.*)

domiciliaire [dɔmisiljɛʀ] adj. Qui se fait au domicile même d'une personne (génér. par autorité de justice) : *Visite domiciliaire.*

domiciliation [dɔmisiljasjɔ̃] n.f. BANQUE. Désignation du domicile où un effet est payable (banque, société de Bourse, etc.).

domicilié, e [dɔmisilje] adj. ADMIN. Qui a son domicile légal à tel endroit : *Elle est domiciliée chez son père.*

domicilier [dɔmisilje] v.t. [conj. 9]. ADMIN. Assigner un domicile légal à : *Se faire domicilier quelque part.*

dominance [dɔminɑ̃s] n.f. Fait de dominer dans un ensemble ; état de ce qui est domi-

nant : *Dominance des rouges dans un tableau* (syn. prédominance).

dominant, e [dɔminɑ̃, -ɑ̃t] adj. - **1.** Qui domine, qui l'emporte parmi d'autres : *Qualité dominante* (syn. prépondérant, principal). - **2.** BIOL. Se dit d'un caractère héréditaire ou d'un gène qui seul se manifeste chez un hybride, même lorsque le caractère opposé (dit *récessif*) est présent dans le génotype.

dominante [dɔminɑ̃t] n.f. - **1.** Ce qui domine, est essentiel dans un ensemble : *L'humour est la dominante de son œuvre.* - **2.** MUS. Cinquième degré d'une gamme diatonique : *Dans la gamme de «do», la dominante est «sol».*

dominateur, trice [dɔminatœʀ, -tʀis] adj. et n. Qui domine, aime à dominer : *Un père dominateur* (syn. autoritaire). *Air, regard dominateur* (syn. impérieux).

domination [dɔminasjɔ̃] n.f. Action de dominer ; autorité souveraine : *Exercer sa domination sur un peuple* (syn. suprématie, hégémonie).

dominer [dɔmine] v.i. (lat. *dominari*, de *dominus* "maître"). - **1.** Exercer sa suprématie : *L'équipe adverse a dominé en première mi-temps.* - **2.** L'emporter en intensité, en nombre : *Couleur qui domine. Les jeunes dominent dans cette réunion.* ◆ v.t. - **1.** Tenir sous son autorité : *Napoléon voulait dominer l'Europe* (syn. soumettre). - **2.** Maîtriser : *Dominer ses instincts. Dominer son sujet* (= le connaître à fond). - **3.** Occuper une position plus élevée : *Le fort domine la ville* (syn. surplomber). ◆ se dominer v.pr. Se maîtriser.

dominicain, e [dɔminikɛ̃, -ɛn] n. Religieux, religieuse de l'ordre fondé par saint Dominique (ordre des Frères prêcheurs).

dominical, e, aux [dɔminikal, -o] adj. (lat. *dominicalis*, v. *dimanche*). Relatif au dimanche : *Repos dominical.*

dominion [dɔminjɔ̃] ou [dɔminjɔn] n.m. (mot angl. "domination, puissance", lat. *dominium* "domaine"). État indépendant et souverain, membre du Commonwealth (Canada, Australie, Nouvelle-Zélande).

domino [dɔmino] n.m. (probabl. d'une expression religieuse où figure le mot *domino*, du lat. *dominus* "seigneur"). - **1.** Chacune des 28 pièces du *jeu de dominos*, formée d'un rectangle plat, divisé en deux cases blanches marquées de points ; (au pl.) ce jeu : *Il me reste un domino. Une partie de dominos.* - **2.** Costume de bal masqué, formé d'une ample robe à capuchon ; personne qui porte ce costume.

dommage [dɔmaʒ] n.m. (anc. fr. *damage*, de *dam*). - **1.** Préjudice subi par qqn ; dégât causé à qqch : *Un dommage moral* (syn. tort). *Les intempéries ont causé de grands dommages* *aux récoltes* (syn. ravage). - **2.** C'est dommage, quel dommage, **dommage que** (+ subj.), **dommage de** (+ inf.), c'est fâcheux, regrettable : *Il pleut, c'est dommage. Quel dommage qu'il s'en aille ! Dommage de laisser pourrir ces fruits.* ◆ **dommages** n.m. pl. - **1.** Dommages de guerre, dommages subis en temps de guerre, et donnant lieu à l'indemnisation de l'État ; cette indemnisation. - **2.** Dommages-intérêts ou dommages et intérêts. Indemnité due à qqn en réparation d'un préjudice.

dommageable [dɔmaʒabl] adj. Qui cause un dommage : *Erreur dommageable à nos intérêts* (syn. préjudiciable).

domptage [dɔ̃taʒ] ou [dɔ̃ptaʒ] n.m. Action de dompter : *Le domptage des fauves* (syn. dressage).

dompter [dɔ̃te] ou [dɔ̃pte] v.t. (lat. *domitare*). - **1.** Dresser un animal sauvage : *Dompter un lion.* - **2.** SOUT. Soumettre à son autorité, maîtriser : *Dompter une révolte. Dompter sa colère* (syn. dominer).

dompteur, euse [dɔ̃tœʀ, -øz] ou [dɔ̃ptœʀ, -øz] n. Personne qui dompte, dresse des animaux sauvages.

1. **don** [dɔ̃] n.m. (lat. *donum*). - **1.** Action de donner ; chose ainsi donnée : *Faire don de ses biens. Recueillir des dons pour les sinistrés* (syn. offrande, aumône). - **2.** Bienfait, faveur : *C'est un don du ciel.* - **3.** Qualité naturelle : *Avoir un don pour la musique* (syn. disposition, talent). - **4.** FAM. Avoir le don de, réussir tout particulièrement à : *Il a le don de m'agacer.*

2. **don** [dɔ̃] n.m., **doña** [dɔɲa] n.f. (mot esp., du lat. *dominus* "maître, seigneur"). Titre de courtoisie, en usage seul devant le prénom, en Espagne.

donataire [dɔnatɛʀ] n. DR. Personne à qui une donation est faite.

donateur, trice [dɔnatœʀ, -tʀis] n. Personne qui fait un don, une donation : *Un généreux donateur.*

donation [dɔnasjɔ̃] n.f. (lat. *donatio*). DR. Acte par lequel une personne transmet irrévocablement et sans contrepartie un bien à une autre personne, qui l'accepte ; acte qui constate cette transmission.

donc [dɔ̃k] conj. coord. (du lat. *dum*, renforçant un impér., probabl. croisé avec *tunc* "alors"). - **1.** Introduit la conclusion d'un raisonnement, la conséquence d'une assertion : *J'ignore tout de la question, donc je me tais.* - **2.** Indique le retour à un point antérieur du discours, du récit : *Je vous disais donc...* - **3.** (En fonction adv.). S'emploie dans une phrase exclam. ou interr., avec une valeur de renforcement : *Pourquoi donc a-t-il dit ça ?*

donjon [dɔ̃ʒɔ̃] n.m. (du lat. *dominio* "tour du seigneur"). Tour maîtresse d'un château

fort, qui était la demeure du seigneur et le dernier retranchement de la garnison.

don Juan [dɔ̃ʒɥɑ̃] n.m. (n. d'un type littéraire souvent mis en scène à partir du XVIIe s.). Homme toujours en quête d'aventures amoureuses.

donjuanesque [dɔ̃ʒɥanɛsk] adj. Digne de don Juan, d'un séducteur : *Manières donjuanesques.*

donjuanisme [dɔ̃ʒɥanism] n.m. Caractère, attitude d'un don Juan.

donne [dɔn] n.f. (de *donner*). - **1.** Distribution des cartes au jeu. - **2.** Fausse donne, maldonne.

1. **donné, e** [dɔne] adj. (p. passé de *donner*). - **1.** Connu, défini, fixé : *Faire un travail dans un temps donné.* - **2.** À un moment donné, à un certain moment, soudain.

2. **donné** [dɔne] n.m. (de *1. donné*). PHILOS. Ce qui est offert au sujet dans l'expérience, dans la connaissance sensible : *C'est à partir du donné concret que l'individu peut agir* (= du monde sensible).

donnée [dɔne] n.f. (de *donner*). - **1.** (Souvent au pl.). Point fondamental, admis ou connu, servant de base à un raisonnement, à une recherche ; renseignement qui sert de point d'appui : *Les données actuelles de la science. Manquer de données* (syn. information). - **2.** MATH. Hypothèse figurant dans l'énoncé d'un problème. - **3.** STAT. Résultat d'observations ou d'expériences : *Donnée corrigée.* - **4.** INFORM. Représentation conventionnelle d'une information sous une forme convenant à son traitement par ordinateur : *Banque, base de données.* - **5.** STAT. Analyse des données, ensemble des méthodes permettant la description directe des données et une meilleure utilisation de celles-ci. ◆ **données** n.f. pl. Ensemble de circonstances qui conditionnent tel ou tel événement : *La rivalité entre les deux pays repose sur des données très particulières* (syn. contexte).

donner [dɔne] v.t. (lat. *donare*). - **1.** Mettre en la possession de qqn : *Donner un jouet à un enfant* (syn. offrir). *Donner tant de l'heure à une baby-sitter.* - **2.** Mettre à la disposition de qqn : *Donner un fauteuil à un invité* (syn. procurer). *Donner du travail à un employé* (syn. fournir). *Donner les cartes* (syn. distribuer). - **3.** Assigner, attribuer un nom, un titre : *Donner un nom à un enfant* (= le nommer). *Donner un titre à un livre* (= l'intituler). - **4.** Présenter un spectacle : *Cette salle donne de bons films* (syn. passer). *Le « Requiem » de Mozart sera donné deux soirs de suite.* - **5.** Attribuer un caractère, une qualité à qqn : *On ne lui donnerait pas son âge.* - **6.** Accorder : *Donner une autorisation.* - **7.** Communiquer un renseignement, une information : *Donner son adresse. Pourriez-vous me donner l'heure* (syn. dire, indiquer). - **8.** Assurer un cours, organiser une réception : *Donner un cours d'anglais. Donner un dîner.* - **9.** Manifester, montrer un sentiment : *Donner des signes d'impatience.* - **10.** Confier : *Donner son fils à garder.* - **11.** FAM. Dénoncer : *Son complice l'a donné à la police.* - **12.** Être à la source de : *Cette vigne donne un excellent raisin* (syn. produire). - **13.** Avoir comme résultat : *L'enquête n'a rien donné* (= n'a abouti à rien). - **14.** Exercer telle action sur qqn, qqch : *Cet exploit lui a donné un immense prestige* (syn. conférer). *Cette pensée me donne du courage* (syn. inspirer). *Il me donne beaucoup de souci* (syn. causer). **Rem.** *Donner* avec un nom, sans article, forme des locutions à valeur factitive : *Donner envie. Donner faim.* - **15.** Donnant, donnant, à condition de recevoir une contrepartie. ‖ FAM. **Je vous le donne en mille**, je vous défie de le deviner. ◆ v.t. ind. [**dans, sur**]. - **1.** Heurter qqch : *Sa tête a donné dans la porte, sur le poteau.* - **2.** Être orienté vers ; donner accès à : *Son bureau donne sur la mer. La chambre donne dans la salle à manger.* - **3.** Donner dans qqch, se porter dans, vers : *Donner dans le piège* (syn. tomber) ; se complaire dans : *Donner dans la paresse* (syn. se livrer à). - **4.** Ne plus savoir où donner de la tête, être affolé, surmené. ◆ v.i. - **1.** Avoir un rendement, être productif : *Les tomates vont bientôt donner.* - **2.** FAM. Avoir un impact, une puissance plus ou moins grande : *La publicité n'a pas encore donné* (= produit de résultat). *La chaîne hi-fi donne à plein* (= est à plein volume). ◆ **se donner** v.pr. - **1.** Consacrer toute son activité, son énergie à : *Se donner au théâtre* (syn. se vouer). - **2.** Accorder ses faveurs à un homme, en parlant d'une femme. - **3.** Se faire à soi-même : *Se donner un coup. Se donner du mal.* - **4.** S'attribuer faussement un état, une qualité : *Se donner une contenance. Se donner le mérite du succès.*

donneur, euse [dɔnœʀ, -øz] n. - **1.** (Suivi d'un compl.). Personne qui a pour habitude de donner (qqch d'abstrait) : *Donneur d'avis, de leçons.* - **2.** JEUX. Joueur qui fait la donne des cartes. - **3.** FAM. Personne qui dénonce qqn à la police : *Ce n'est pas un donneur, il ne vous trahira pas* (syn. délateur, dénonciateur). - **4.** MÉD. **Donneur (d'organes)**, personne qui accepte que de son vivant, ou après sa mort, un organe soit prélevé sur son corps afin d'être transplanté sur celui d'un malade (on dit aussi *le donneur,* par opp. au *receveur*). ‖ **Donneur universel**, personne dont le sang, du groupe O, peut être transfusé aux personnes de tous les autres groupes sanguins. ◆ **donneur** n.m. PHYS. Atome qui peut céder un électron.

don Quichotte [dɔ̃kiʃɔt] n.m. (de *Don Quichotte de la Manche,* n. du héros de Cervantès). Homme idéaliste et généreux qui se plaît à soutenir des causes étrangères à ses propres intérêts.

donquichottisme [dɔ̃kiʃɔtism] n.m. Caractère, attitude d'un don Quichotte.

dont [dɔ̃] pron. relat. (du lat. pop. *de unde* "d'où"). Assure, dans une prop. relative, les fonctions de complément d'un verbe, d'un nom, d'un adjectif construits avec la préposition *de : La famille dont je descends. Le livre dont j'ai besoin. Un pays dont le climat est chaud. Une œuvre dont on est fier.*

dopage [dɔpaʒ] n.m. (de *doper*). Emploi de substances destinées à accroître artificiellement et provisoirement les capacités physiques de qqn, d'un animal.

dopant, e [dɔpɑ̃, -ɑ̃t] adj. et n.m. Se dit d'un produit utilisé pour doper qqn, un animal : *Substances dopantes utilisées par un sportif. Prendre des dopants.*

doper [dɔpe] v.t. (de l'amér. *to dope* "droguer"). - **1.** Administrer un stimulant avant une épreuve sportive, un examen : *Doper un cheval.* - **2.** Augmenter la puissance, l'activité de qqch : *Doper l'économie* (syn. stimuler). ◆ **se doper** v.pr. Prendre des stimulants.

Doppler (effet), modification de la fréquence des ondes sonores ou électromagnétiques perçues par un observateur lorsque leur source se déplace par rapport à lui. □ On utilise l'effet Doppler en médecine, pour mesurer la vitesse de circulation du sang dans les vaisseaux, et en astronomie pour mesurer la vitesse des étoiles et des galaxies.

dorade n.f. → **daurade.**

doré, e [dɔʀe] adj. - **1.** Recouvert d'une mince couche d'or ; dont l'aspect imite l'or : *Une sculpture dorée. Une chevelure dorée.* - **2.** La jeunesse dorée, les jeunes gens de la riche bourgeoisie, menant une vie plus ou moins oisive.

dorénavant [dɔʀenavɑ̃] adv. (de l'anc. fr. *d'or en avant* "de l'heure actuelle en avant"). À partir du moment présent : *Dorénavant, j'irai seule à la piscine* (syn. désormais).

dorer [dɔʀe] v.t. (lat. *deaurare,* de *aurum* "or"). - **1.** Recouvrir d'or ou d'une substance ayant l'aspect de l'or : *Dorer les tranches d'un livre.* - **2.** LITT. Donner une teinte dorée à : *Le soleil a doré sa peau.* ◆ v.i. Prendre une teinte dorée : *Le poulet commence à dorer.*

doreur, euse [dɔʀœʀ, -øz] n. Spécialiste qui pratique la dorure : *Doreuse sur bois.*

dorien, enne [dɔʀjɛ̃, -ɛn] adj. et n. Relatif aux Doriens. ◆ **dorien** n.m. L'un des dialectes principaux du grec ancien.

dorique [dɔʀik] adj. (lat. *doricus* "dorien", du gr.). Ordre dorique, le plus ancien et le plus simple des ordres de l'architecture grecque antique, caractérisé par une colonne cannelée sans base, un chapiteau dépourvu de moulures et un entablement dont les triglyphes et les métopes sont disposés en alternance. (On dit aussi *le dorique*.)

doris [dɔʀis] n.f. (lat. *Doris*, gr. *Dôris*, n. myth.). Mollusque marin sans coquille, ressemblant à une grosse limace.

dorlotement [dɔʀlɔtmɑ̃] n.m. Action de dorloter ; fait d'être dorloté.

dorloter [dɔʀlɔte] v.t. (de l'anc. fr. *dorelot* "grande boucle de cheveux", influencé par le verbe *dormir*). Entourer de soins attentifs, de tendresse : *Dorloter un enfant* (syn. choyer).

dormant, e [dɔʀmɑ̃, -ɑ̃t] adj. (de *dormir*). Qui reste immobile : *Eaux dormantes* (syn. stagnant ; contr. courant).

dormeur, euse [dɔʀmœʀ, -øz] adj. et n. - **1.** Qui dort ; qui aime à dormir : *Un grand dormeur*. - **2.** Crabe dormeur, autre nom du tourteau. (On dit aussi *un dormeur*.) ‖ Requin dormeur, requin des eaux littorales de l'Atlantique tropical, qui s'attaque parfois à l'homme.

dormir [dɔʀmiʀ] v.i. (lat. *dormire*) [conj. 36]. - **1.** Être dans l'état de sommeil : *Elle a dormi toute la nuit* (contr. veiller). - **2.** Rester inactif ; ne pas être utilisé : *Capitaux qui dorment* (= qui ne sont pas investis). *Laisser dormir un projet* (= le négliger). - **3.** Dormir comme un loir, une marmotte, une souche, dormir profondément. ‖ Dormir sur ses deux oreilles, être, se croire en sécurité. ‖ Histoire à dormir debout, récit absolument invraisemblable. ‖ Ne dormir que d'un œil, rester sur ses gardes.

dorsal, e, aux [dɔʀsal, -o] adj. (du lat. *dorsum* "dos"). - **1.** Relatif au dos ; fixé sur le dos : *Épine dorsale. Parachute dorsal* (par opp. à ventral). - **2.** Relatif au revers de qqch : *Face dorsale de la main* (= le dos de la main). - **3.** PHON. Consonne dorsale, consonne articulée avec le dos de la langue : *La plupart des consonnes dorsales du français sont palatales :* [j] *de « fille » ou vélaires :* [k] *de « coque ».* (On dit aussi *une dorsale*.) ◆ **dorsale** n.f. Crête montagneuse ; chaîne de montagnes sous-marine.

dorsalgie [dɔʀsalʒi] n.f. (de *dorsal* et -*algie*). Douleur du dos.

dortoir [dɔʀtwaʀ] n.m. (lat. *dormitorium*). Salle commune où dorment les membres d'une communauté (couvents, casernes, pensionnats, etc.).

dorure [dɔʀyʀ] n.f. - **1.** Action, art de dorer : *Un orfèvre qui pratique la dorure sur bois.* - **2.** Revêtement d'or ; couche dorée : *La dorure des lambris.* - **3.** (Surtout au pl.). Ornement doré et clinquant : *Un officier couvert de dorures.*

doryphore [dɔʀifɔʀ] n.m. (gr. *doruphoros* "porteur de lance"). Insecte coléoptère qui se nourrit de pommes de terre et cause de grands ravages. □ Famille des chrysomélidés.

dos [do] n.m. (lat. *dorsum*). - **1.** Face postérieure du tronc de l'homme. - **2.** Face supérieure du corps des vertébrés et de certains autres animaux (insectes, etc.). - **3.** Face opposée à celle qui apparaît comme l'endroit, face convexe : *Dos d'une lettre* (syn. verso). *Dos de la main* (par opp. à la paume, au plat ; syn. revers). *Dos d'une cuiller*. - **4.** Partie postérieure de la reliure d'un livre : *Dos d'un livre* (par opp. à la tranche). - **5.** Avoir bon dos, servir d'excuse, de prétexte : *Sa migraine a bon dos*. ‖ FAM. Être sur le dos de qqn, le harceler. ‖ Mettre qqch sur le dos de qqn, lui en attribuer la responsabilité. ‖ Renvoyer dos à dos deux adversaires, ne donner raison ni à l'un ni à l'autre. ‖ Se mettre qqn à dos, s'en faire un ennemi.

dosage [dozaʒ] n.m. - **1.** Action de doser un mélange, une substance ; son résultat : *Le dosage d'un cocktail*. - **2.** Fait de combiner différents éléments : *Un savant dosage de fermeté et de gentillesse*.

dos-d'âne [dodan] n.m. inv. Bosse transversale sur une chaussée.

dose [doz] n.f. (lat. *dosis*, mot gr., propr. "action de donner"). - **1.** Quantité de médicament à prendre en une seule fois ou par unité de temps. - **2.** Proportion d'une substance entrant dans un composé. - **3.** Quantité quelconque d'une qualité : *Elle a fait preuve d'une bonne dose de patience*. - **4.** FAM. Forcer la dose, exagérer. - **5.** PHYS. NUCL. Dose absorbée, quantité d'énergie transmise par un rayonnement ionisant à l'unité de masse du milieu irradié. (Unité *gray*.) ‖ Équivalent de dose, grandeur caractérisant l'effet biologique d'une irradiation. (Unités *sievert* et *rem*.)

doser [doze] v.t. (de *dose*). - **1.** Déterminer les proportions d'un mélange. - **2.** Proportionner, mesurer, régler : *Doser ses efforts*.

doseur [dozœʀ] n.m. Appareil servant au dosage.

dossard [dɔsaʀ] n.m. (de *dos*). Pièce d'étoffe marquée d'un numéro d'ordre que portent les concurrents d'une épreuve sportive.

dossier [dɔsje] n.m. (de *dos*). - **1.** Partie d'un siège contre laquelle s'appuie le dos. - **2.** Ensemble des documents concernant un sujet, une personne le plus souvent réunis dans une chemise, un carton : *Consulter le dossier médical d'un patient. Auteur qui se constitue par dossier de presse.*

dot [dɔt] n.f. (lat. *dos, dotis* "don"). **- 1.** Biens donnés par un tiers à l'un ou l'autre des époux dans le contrat de mariage. **- 2.** Biens qu'une femme apporte en se mariant : *Un coureur de dot.* **- 3.** Dans l'Antiquité grecque et en Afrique, biens donnés par le futur époux à la famille de sa future épouse.

dotal, e, aux [dɔtal, -o] adj. Relatif à la dot.

dotation [dɔtasjɔ̃] n.f. **- 1.** Ensemble des revenus assignés à un établissement d'utilité publique, une collectivité. **- 2.** Action d'attribuer un équipement à un organisme, une collectivité ; l'équipement fourni. **- 3.** Revenu attribué à un chef d'État, à certains hauts fonctionnaires.

doter [dɔte] v.t. (lat. *dotare*). **- 1.** Pourvoir qqn de qqch : *La nature l'a dotée d'une mémoire prodigieuse* (syn. gratifier). **- 2.** Assigner des fonds, fournir un équipement à une collectivité, à un établissement : *Doter un hôpital d'un scanner* (syn. équiper). **- 3.** Donner une dot à qqn : *Doter sa fille.*

douaire [dwɛʁ] n.m. (lat. médiév. *dotarium*, du class. *dos, dotis* "dot"). DR. ANC. Biens dont le mari réservait l'usufruit à sa femme pour le cas où elle lui survivrait.

douairière [dwɛʁjɛʁ] n.f. **- 1.** DR. ANC. Veuve jouissant d'un douaire. **- 2.** Dame âgée de la haute société.

douane [dwan] n.f. (anc. it. *doana*, ar. *dīwān* "lieu de réunion" puis "registre"). **- 1.** (Autref. au pl.). Administration chargée de percevoir les droits sur les marchandises importées ou exportées : *Inspecteur de la douane.* **- 2.** Siège de cette administration : *S'arrêter à la douane.* **- 3.** Droits de douane : *S'acquitter de la douane.*

douanier, ère [dwanje, -ɛʁ] n. Agent de la douane. ◆ adj. **- 1.** Relatif à la douane. **- 2.** Union **douanière**, convention entre États établissant entre eux le libre-échange et leur imposant de pratiquer les mêmes tarifs douaniers à l'égard de l'extérieur.

douar [dwaʁ] n.m. (ar. maghrébin *dawār* "cercle de tentes"). **- 1.** Campement de tentes traditionnel dans le Maghreb. **- 2.** Dans le Maghreb, zone peuplée de groupes nomades ou sédentaires qui sont placés sous l'autorité d'un même chef.

doublage [dublaʒ] n.m. **- 1.** Garnissage par une doublure ; renforcement par un revêtement : *Doublage d'un manteau.* **- 2.** Remplacement d'un comédien par sa doublure. **- 3.** Enregistrement des dialogues d'un film dans une autre langue que celle d'origine.

1. double [dubl] adj. (lat. *duplus*). **- 1.** Qui est multiplié par deux ; qui est formé de deux

choses identiques : *Double fenêtre. Consonne double* (syn. géminée). **- 2.** Qui a deux aspects dont un seul se manifeste ou révélé : *Phrase à double sens* (= phrase ambiguë). *Agent double.* **- 3.** Faire double emploi, être superflu en remplissant la même fonction qu'autre chose. ◆ adv. Deux fois : *Voir double* (= voir deux choses là où il n'y en a qu'une).

2. double [dubl] n.m. (de *1. double*). **- 1.** Quantité égale à deux fois une autre : *Gagner le double de son salaire précédent.* **- 2.** Copie, reproduction : *Conserver l'original et donner le double* (syn. duplicata). **- 3.** Deuxième exemplaire de qqch : *Philatélistes qui échangent leurs doubles.* **- 4.** Partie de tennis ou de tennis de table entre deux équipes de deux joueurs chacune (par opp. à *simple*). **- 5.** En double, en deux exemplaires ; à deux : *Posséder un livre en double. Faire sa régate en double* (par opp. à *en solitaire*).

1. doublé, e [duble] adj. (p. passé de *doubler*). **- 1.** Garni d'une doublure : *Manteau doublé.* **- 2.** Dont on a réalisé le doublage : *Film doublé.* **- 3.** Qui joint une particularité à une autre : *Un comédien doublé d'un danseur.*

2. doublé [duble] n.m. (de *1. doublé*). Série de deux réussites successives : *Coureur qui réussit le doublé au 800 m et au 1 500 m.*

double-croche [dubləkʁɔʃ] n.f. (pl. *doubles-croches*). Note valant la moitié d'une croche.

1. doublement [dubləmɑ̃] adv. De deux manières ; à un double titre : *Elle a doublement raison.*

2. doublement [dubləmɑ̃] n.m. Action de doubler ; fait de devenir double : *Le doublement des cotisations.*

doubler [duble] v.t. (lat. *duplare*, de *duplus* "double"). **- 1.** Multiplier par deux : *Doubler ses revenus.* **- 2.** Mettre en double : *Doubler un fil.* **- 3.** Garnir d'une doublure : *Doubler un vêtement.* **- 4.** Dépasser : *Doubler un camion.* **- 5.** Franchir en contournant : *Doubler un cap.* **- 6.** Effectuer le doublage d'un film, d'un acteur. **- 7.** Remplacer un acteur : *Se faire doubler par un cascadeur.* **- 8.** FAM. ET RÉGION. Redoubler : *Doubler une classe.* **- 9.** Devancer qqn dans une affaire, le trahir. ◆ v.i. Devenir double : *Les ventes ont doublé.* ◆ se doubler v.pr. [de]. S'accompagner de : *Savant qui se double d'un artiste* (= qui est aussi).

doublet [duble] n.m. (de *double*). **- 1.** Ensemble de deux objets de même nature. **- 2.** CHIM. Paire d'électrons commune à deux atomes et constituant leur liaison. **- 3.** LING. Mot de même étymologie qu'un autre mais qui présente une forme et un sens différents. (Ex. : *Écouter* et *ausculter*, tous deux issus du lat. *auscultare*.)

doublon [dublɔ̃] n.m. (esp. *doblón,* de *doble* "double [d'un écu]"). Ancienne monnaie d'or d'Espagne.

doublure [dublyʀ] n.f. (de *doubler*). - **1.** Étoffe, matière qui garnit l'intérieur de qqch : *Doublure d'une veste.* - **2.** Acteur qui remplace le titulaire d'un rôle : *Sa doublure joue les scènes dangereuses à sa place.*

douce adj. → **doux.**

douceâtre [dusatʀ] adj. D'une douceur fade : *Une liqueur douceâtre* (syn. doucereux).

doucement [dusmã] adv. - **1.** Avec douceur ; sans bruit ; lentement : *Lampe qui éclaire doucement. Frapper doucement à la porte* (contr. violemment). *Marcher tout doucement.* - **2.** Médiocrement : *Les affaires vont doucement* - **3.** FAM. Doucement rigoler, se moquer, etc., rigoler, se moquer intérieurement ; par antiphrase, bien rigoler, se moquer abondamment : *Leur embarras me fait doucement rigoler.* - **4.** Doucement !, invite à la modération : *Doucement ! Vous avez tout votre temps* (= du calme !).

doucereux, euse [dusʀø, -øz] adj. - **1.** D'une douceur fade ; douceâtre. - **2.** D'une douceur affectée : *Un ton doucereux* (syn. mielleux).

doucette [duset] n.f. (de *doucet,* dimin. de *doux*). Autre nom de la mâche.

douceur [dusœʀ] n.f. (lat. *dulcor,* d'apr. *doux*). - **1.** Qualité de ce qui est agréable aux sens, de ce qui procure de l'agrément : *Douceur de la soie. Douceur d'une voix.* - **2.** Qualité de ce qui n'est pas extrême, brusque ou discontinu : *Douceur du climat* (syn. clémence ; contr. rudesse). - **3.** Caractère, comportement doux, affectueux : *Un accès de colère qui contraste avec sa douceur habituelle* (syn. gentillesse). - **4.** En douceur, sans brusquerie, sans brutalité : *Atterrir en douceur* (= doucement). *Régler un différend en douceur.* ◆ **douceurs** n.f. pl. - **1.** Friandises. - **2.** Paroles aimables ; gentillesses.

douche [duʃ] n.f. (it. *doccia* "conduite d'eau", du lat. *ducere* "conduire"). - **1.** Jet d'eau dirigé sur le corps comme moyen hygiénique ou curatif : *Prendre une douche.* - **2.** Installation permettant de prendre une douche : *Une salle de bains avec douche.* - **3.** FAM. Averse. - **4.** Douche écossaise. Douche alternativement chaude et froide ; au fig., alternance de bonnes et de mauvaises nouvelles.

doucher [duʃe] v.t. - **1.** Donner une douche à qqn : *Doucher un malade.* - **2.** Infliger une déception : *Leur peu d'entrain l'a douché* (syn. refroidir ; contr. enthousiasmer). - **3.** FAM. Se faire doucher, recevoir une averse ; au fig., essuyer des reproches : *Elle s'est fait doucher par son père.* ◆ **se doucher** v. pron. Prendre une douche.

doudoune [dudun] n.f. (probabl. de *doux*). FAM. Grosse veste très chaude, génér. fourrée de duvet.

doué, e [dwe] adj. Qui a des dons naturels : *Un enfant doué* (syn. capable, intelligent).

douer [dwe] v.t. (doublet pop. de *doter,* lat. *dotare*) [conj. 6]. Pourvoir d'avantages, de qualités : *La nature l'a doué d'un grand sens de l'organisation* (syn. doter).

douille [duj] n.f. (germ. *dulja*). - **1.** Pièce dans laquelle se fixe le culot d'une ampoule électrique : *Douille à baïonnette, à vis.* - **2.** ARM. Étui, contenant la charge de poudre, d'une cartouche. - **3.** Partie creuse d'un instrument, d'un outil, qui reçoit le manche.

douillet, ette [dujɛ, -ɛt] adj. (de l'anc. fr. *doille* "mou", du lat. *ductilis* "malléable"). - **1.** Se dit de qqn qui craint la moindre douleur : *Un enfant douillet.* - **2.** Se dit d'un lieu où il fait bon vivre : *Un appartement douillet.*

douillettement [dujɛtmã] adv. De façon douillette.

douleur [dulœʀ] n.f. (lat. *dolor*). - **1.** Sensation désagréable, pénible, ressentie dans une partie du corps : *Douleur aiguë.* - **2.** Sentiment pénible ; souffrance morale : *Apaiser la douleur de qqn* (syn. affliction, chagrin, peine).

douloureusement [duluʀøzmã] adv. D'une manière douloureuse.

douloureux, euse [duluʀø, -øz] adj. - **1.** Qui cause une douleur physique : *Des contractions douloureuses* (contr. indolore). - **2.** Qui est le siège d'une douleur physique : *Épaule douloureuse* (syn. endolori). - **3.** Qui cause une douleur morale : *Séparation douloureuse.* - **4.** Qui exprime la douleur : *Regard douloureux.*

douma [duma] n.f. (mot russe "conseil"). Dans la Russie tsariste, assemblée, conseil. □ Sous Nicolas II, quatre doumas d'État [1906, 1907, 1907-1912, 1912-1917] exercèrent des fonctions législatives.

doute [dut] n.m. (de *douter*). - **1.** État d'esprit d'une personne qui est incertaine de la réalité d'un fait, de l'exactitude d'une déclaration, qui ne sait quelle conduite adopter : *Laisser qqn dans le doute* (syn. incertitude). - **2.** (Souvent au pl.). Manque de confiance dans la sincérité de qqn, la réalisation de qqch : *Avoir des doutes au sujet de qqn* (= s'en méfier). *Avoir des doutes sur la réussite d'une entreprise.* - **3.** Cela ne fait aucun doute, ne fait pas l'ombre d'un doute, c'est certain. ‖ Mettre en doute qqch, remettre qqch en question. ‖ Nul doute que (+ *ind* ou + subj. et ne explétif), il est certain que : *Nul doute que ce renseignement me sera utile, ne me soit utile.* ‖ Sans doute, probablement, vraisemblablement : *Sans doute le savez-vous déjà.*

douter [dute] v.t. ind. **[de]** (lat. *dubitare* "hésiter, craindre"). - **1.** Être incertain de la réalité d'un fait, de l'exactitude d'une affirmation, de l'accomplissement d'une action, de la conduite à tenir : *Douter de l'existence de Dieu. Je doute qu'il vienne.* - **2.** Ne pas avoir confiance en qqn, qqch : *Douter de la parole de qqn.* - **3.** À n'en pas douter, assurément : *C'est, à n'en pas douter, un ouvrage passionnant.* ∥ Ne douter de rien, n'hésiter devant aucun obstacle, avoir une audace aveugle.

douteux, euse [dutø, -øz] adj. (de *doute*). - **1.** Dont la réalité, l'exactitude, la valeur n'est pas établie : *Un fait douteux* (syn. incertain). *Argument douteux* (syn. équivoque). - **2.** Se dit de qqn ou de qqch qui paraît peu fiable : *Une information douteuse* (syn. suspect). *Un individu douteux* (syn. louche). - **3.** Se dit de qqch qui manque de propreté ou de fraîcheur : *Une chemise douteuse. Une viande douteuse.*

1. douve [duv] n.f. (bas lat. *doga*, p.-ê. du gr. *dokhê*, "réservoir"). - **1.** Large fossé rempli d'eau : *Les douves d'un château.* - **2.** Dans le steeple-chase, large fossé rempli d'eau, précédé d'une haie ou d'une barrière. - **3.** Chacune des pièces de bois longitudinales dont est formé le corps d'un tonneau.

2. douve [duv] n.f. (bas lat. *dolva*, probabl. d'orig. gaul.). Ver parasite du foie de certains herbivores et de l'homme. □ Classe des trématodes.

doux, douce [du, dus] adj. (lat. *dulcis*). - **1.** Dont le goût est sucré ou peu accentué : *Amande douce* (syn. sucré ; contr. amer). *Pomme douce* (contr. acide). *Moutarde douce* (contr. fort). - **2.** Qui procure une sensation agréable, un sentiment de bien-être : *Une peau douce* (contr. rêche, rugueux). *Le doux parfum des violettes* (syn. suave). *Lumière douce* (contr. cru). *Voix douce* (contr. criard). *Musique douce.* - **3.** Qui ne présente aucun caractère excessif : *Hiver doux* (contr. rigoureux). *Une route en pente douce* (contr. raide). - **4.** TECHN. Malléable : *Acier doux* (syn. ductile). - **5.** Qui agit sans brusquerie ; qui est d'un caractère facile : *Il est doux comme un agneau* (syn. inoffensif). - **6.** Qui est plein de douceur, de bienveillance : *Doux regards* (syn. affectueux). - **7.** FAM. En douce, sans se faire remarquer : *Faire qqch en douce* (= en catimini). ∥ **Énergies douces,** énergies tirées de phénomènes naturels et dont la production respecte l'environnement : *Les énergies solaire, hydraulique, marémotrice, éolienne sont des énergies douces.* ∥ Faire les yeux doux, regarder amoureusement, souvent avec l'intention d'attendrir. ∥ Médecine douce, médecine qui s'efforce d'utiliser des moyens ténus pour naturels qui n'agissent pas sur l'organisme brutalement et sont dépourvus d'effets secondaires néfastes. ◆ **doux** adv. Filer doux, obéir sans opposer de résistance. ∥ Il fait doux, il ne fait ni trop chaud ni trop froid. ◆ n. Personne sensible, bienveillante : *Lui, c'est un doux* (syn. tendre ; contr. dur).

doux-amer [duzamεR], **douce-amère** [dusamεR] adj. (pl. *doux-amers, douces-amères*). - **1.** Qui est à la fois doux et amer au goût : *Une sauce douce-amère.* - **2.** Qui mêle l'amertume à la bienveillance : *Des propos doux-amers.*

douzain [duzε̃] n.m. - **1.** Ancienne monnaie française, frappée à partir de Charles VII, qui valait douze deniers tournois. - **2.** Poème de douze vers.

douzaine [duzεn] n.f. - **1.** Ensemble de douze objets de même nature : *Une douzaine d'œufs.* - **2.** À la douzaine, en quantité : *Des films comme ça, on en voit à la douzaine.*

douze [duz] adj. num. card. inv. (lat. *duodecim*). - **1.** Onze plus un : *Les douze mois de l'année.* - **2.** (En fonction d'ord.). De rang numéro douze, douzième : *Page douze.* ◆ n.m.inv. Le nombre qui suit onze dans la série des entiers : *Deux fois six font douze.*

douzième [duzjεm] adj. num. ord. De rang numéro douze : *Habiter le, dans le douzième* (= le douzième arrondissement). ◆ n. Celui, celle qui occupe le douzième rang : *C'est la douzième de sa promotion.* ◆ adj. et n.m. Qui correspond à la division d'un tout en douze parties égales : *La douzième partie d'une somme. Réserver le douzième des recettes à une association.*

douzièmement [duzjεmmɑ̃] adv. En douzième lieu.

doyen, enne [dwajε̃, -εn] n. (bas lat. *decanus* "chef de dix hommes"). - **1.** Personne la plus âgée ou la plus ancienne d'un groupe : *La doyenne de la famille* (= la plus âgée). *Le doyen de l'Académie française* (= le plus ancien). - **2.** Nom de certains responsables ecclésiastiques. - **3.** Nom de certains hauts responsables dans l'enseignement : *Le doyen de l'unité de formation et de recherche de médecine.*

doyenneté [dwajεnte] n.f. vx. Qualité de doyen d'âge.

drachme [dʀakm] n.f. - **1.** Unité de poids et de monnaie de la Grèce ancienne. - **2.** Unité monétaire de la Grèce moderne.

draconien, enne [dʀakɔnjε̃, -εn] adj. (de *Dracon*, législateur grec). D'une rigueur excessive : *Mesure draconienne* (syn. drastique).

dragage [dʀagaʒ] n.m. Action de draguer qqch.

dragée [dʀaʒe] n.f. (altér. du lat. *tragemata*, gr. *tragêmata*, "friandises"). - **1.** Confiserie constituée le plus souvent d'une amande recouverte de sucre durci. - **2.** Pilule formée d'un médicament recouvert de sucre. - **3.** FAM. Tenir la dragée haute à qqn, lui faire sentir sa supériorité.

dragéifié, e [draʒeifje] adj. Se dit d'un médicament sous forme de dragée : *Des comprimés dragéifiés.*

drageon [draʒɔ̃] n.m. (frq. *draibjô* "poussé"). Rejeton de la racine issu d'une plante vivace.

drageonnement [draʒɔnmã] n.m. Fait pour une plante de développer des drageons.

dragon [dragɔ̃] n.m. (lat. *draco*). - **1.** Animal fabuleux, génér. représenté avec des griffes, des ailes et une queue : *Un dragon qui crache du feu.* - **2.** Soldat d'un corps de cavalerie ; soldat d'un régiment blindé. - **3.** Dragon de vertu. Personne d'une vertu austère.

dragonnade [dragɔnad] n.f. (de [*conversion à la*] *dragonne,* de *dragon* "soldat"). HIST. (Surtout au pl.). Sous Louis XIV, persécution des protestants destinée à obtenir leur conversion au catholicisme et exercée par les dragons, qui étaient logés chez eux à cet effet.

dragonne [dragɔn] n.f. (de *dragon* "soldat"). Lanière attachée à un objet et que l'on peut passer, selon les cas, au poignet ou au bras : *Dragonne d'un sabre, d'un bâton de ski.*

dragster [dragstɛr] n.m. (mot angl.). Véhicule sportif à deux ou à quatre roues, au moteur très puissant, capable d'atteindre très rapidement de grandes vitesses.

drague [drag] n.f. (angl. *drag* "crochet"). - **1.** Engin destiné à enlever les objets, le sable, le gravier, la vase déposés au fond de l'eau et gênant la navigation ; ponton flottant supportant cet engin. - **2.** Dispositif employé pour détruire ou enlever les mines sous-marines. - **3.** Sorte de filet de pêche. - **4.** FAM. Action de draguer qqn.

draguer [drage] v.t. (de *drague*). - **1.** Curer avec une drague : *Draguer un chenal.* - **2.** Retirer qqch de l'eau avec une drague : *Draguer des mines.* - **3.** Pêcher à la drague : *Draguer des coquillages.* - **4.** FAM. Aborder qqn, tenter de le séduire en vue d'une aventure : *Elle m'a dragué dans un café.*

1. **dragueur** [dragœr] n.m. (de *drague*). - **1.** Bateau, ponton muni d'une drague. - **2.** Dragueur de mines, bateau spécialisé dans l'élimination des mines sous-marines.

2. **dragueur, euse** [dragœr, -øz] n. (de *draguer*). FAM. Personne qui aime draguer, séduire.

draille [draj] n.f. (var. de *traille* [lat. *tragula*] "bac glissant le long d'un câble ; ce câble

lui-même"). Cordage le long duquel glisse une voile, un foc.

drain [drɛ̃] n.m. (mot angl., de *to drain* "égoutter, dessécher"). - **1.** MÉD. Tube placé dans une plaie et servant à l'écoulement des liquides pathologiques. - **2.** Conduit souterrain permettant d'évacuer les eaux d'un terrain trop humide.

drainage [drenaʒ] n.m. - **1.** MÉD. Opération consistant en l'évacuation par un drain, une mèche, des liquides pathologiques contenus dans l'organisme. - **2.** MÉD. Traitement destiné à favoriser l'élimination des toxines : *Le drainage lymphatique est fait par massages.* - **3.** Opération destinée à faciliter, notamm. au moyen de drains, l'écoulement des eaux dans des terrains trop humides : *Drainage d'un marais* (syn. assèchement). - **4.** Action d'attirer qqch dans un lieu ; fait d'être attiré dans un lieu : *Le drainage des capitaux vers un pays étranger.*

drainer [drene] v.t. (de *drain*). - **1.** MÉD. Pratiquer un drainage : *Drainer une plaie purulente.* - **2.** Débarrasser un terrain de son excès d'eau en recourant aux techniques de drainage : *Drainer un polder* (syn. assécher). - **3.** Pour un cours d'eau, rassembler les eaux d'une région. - **4.** Faire affluer qqch de divers côtés ; canaliser dans une direction : *Une usine qui draine toute la main-d'œuvre d'une région* (syn. attirer). *Drainer la circulation vers une voie de dégagement* (syn. diriger).

drakkar [drakar] n.m. (mot scand.). Bateau qui servait autref. aux expéditions des Normands et des Vikings.

dramatique [dramatik] adj. (lat. *dramaticus,* du gr. ; v. *drame*). - **1.** Qui s'occupe de théâtre ; relatif au théâtre : *Auteur dramatique. Art dramatique.* - **2.** DIDACT. Relatif au drame : *Le genre dramatique.* - **3.** Qui comporte un grave danger ; qui intéresse, émeut vivement : *Une situation dramatique* (syn. catastrophique, critique). *L'intensité dramatique de la scène finale.*
◆ **dramatique** n.f. Œuvre de fiction télévisée ou radiodiffusée : *Les téléfilms sont des dramatiques.*

dramatiquement [dramatikmã] adv. D'une manière catastrophique, tragique.

dramatisation [dramatizasjɔ̃] n.f. Action de dramatiser.

dramatiser [dramatize] v.t. Donner un tour grave à qqch : *Dramatiser la situation.*

dramaturge [dramatyrʒ] n.m. (gr. *dramatourgos*). - **1.** Auteur de pièces de théâtre. - **2.** Spécialiste de dramaturgie qui travaille avec le metteur en scène.

dramaturgie [dramatyrʒi] n.f. - **1.** Art de la composition théâtrale ; traité sur la composition théâtrale. - **2.** Analyse littéraire d'une pièce de théâtre.

drame [dʀam] n.m. (lat. *drama*, mot gr. "action, pièce de théâtre"). - **1.** Événement ou série d'événements violents : *Un cambriolage qui a tourné au drame* (syn. tragédie). - **2.** Genre théâtral caractérisé par le mélange des tons, l'introduction d'éléments réalistes ou comiques dans un contexte tragique ou pathétique ; pièce de théâtre qui appartient à ce genre : *Un drame de Shakespeare.* - **3.** Faire (tout) un drame de qqch, dramatiser : *Faire un drame d'un petit incident* (syn. affaire, histoire).

drap [dʀa] n.m. (lat. *drappus*, probabl. d'orig. celt.). - **1.** Pièce de literie que l'on place au-dessus du matelas et l'on met en dessous des couvertures : *Draps de coton. Drap de dessus, de dessous.* - **2.** Tissu feutré en laine pure ou mélangée : *Un duffel-coat en drap.* - **3.** Grande serviette en tissu-éponge : *Drap de bain.* - **4.** FAM. Être, se mettre dans de beaux draps, être, se mettre dans une situation embarrassante.

drapé [dʀape] n.m. (de *draper*). Manière dont les plis d'un tissu, d'un vêtement sont disposés en vue d'un effet esthétique : *Le drapé d'un péplum.*

drapeau [dʀapo] n.m. (de *drap*, d'apr. l'it. *drapello*). - **1.** Pièce d'étoffe attachée à une hampe qui symbolise une nation ou sert de signe de ralliement à un groupe : *Le drapeau d'un régiment* (syn. enseigne). - **2.** Pièce d'étoffe dont on se sert pour donner un signal, une information : *Le drapeau vert indique que la baignade est permise.* - **3.** Être (appelé) sous les drapeaux, accomplir son service national, y être appelé. - **4.** Drapeau blanc. Drapeau qui indique qu'on veut parlementer ou capituler : *Hisser le drapeau blanc.*

draper [dʀape] v.t. (de *drap*). - **1.** Couvrir, habiller d'une draperie : *Draper une statue.* - **2.** Disposer harmonieusement les plis d'un vêtement : *Draper une robe.* ◆ **se draper** v.pr. [**dans**]. - **1.** S'envelopper dans un vêtement ample : *Se draper dans une cape.* - **2.** SOUT. Se prévaloir avec affectation de qqch : *Se draper dans sa dignité, sa vertu.*

draperie [dʀapʀi] n.f. - **1.** Fabrication et commerce de drap. - **2.** Tissu disposé de manière à retomber en plis harmonieux, spécial. dans l'ameublement.

drap-housse [dʀaus] n.m. (pl. *draps-housses*). Drap dont les bords garnis d'un élastique et dont les coins repliés s'adaptent parfaitement au matelas.

drapier, ère [dʀapje, -ɛʀ] adj. et n. Personne qui fabrique ou vend du drap.

drastique [dʀastik] adj. (gr. *drastikos* "énergique", de *drân* "faire"). Se dit d'une mesure d'une brutale efficacité : *Mesures financières drastiques* (syn. draconien).

dravidien, enne [dʀavidjɛ̃, -ɛn] adj. (angl. *dravidian*, du sanskrit. *Dravida*, n. d'une prov. de l'Inde). Des Dravidiens. ◆ **dravidien** n.m. Famille de langues du sud de l'Inde (les langues dravidiennes) comprenant notamm. le telugu et le tamoul.

dreadlocks [dʀɛdlɔks] n.f. pl. (mot angl.). Petites nattes, parfois entrelacées de perles, constituant la coiffure traditionnelle des rastas.

drelin [dʀəlɛ̃] interj. (onomat.). Imite le bruit d'une clochette, d'une sonnette.

dressage [dʀesaʒ] n.m. - **1.** Action de dresser, d'installer : *Le dressage d'une tente* (syn. montage). - **2.** TECHN. Action de rendre plan, droit, régulier : *Le dressage d'une tôle.* - **3.** Action de dresser un animal : *Le dressage des fauves* (syn. domptage).

dresser [dʀese] v.t. (lat. pop. *directiare*, de *directus* "droit"). - **1.** Mettre, tenir droit, disposer verticalement : *Dresser la tête* (syn. relever). *Dresser une échelle.* - **2.** Mettre en place une installation, une construction : *Dresser une tente, un camp* (syn. monter). *Dresser une statue* (syn. élever, ériger). - **3.** TECHN. Rendre uni, plan, régulier : *Dresser une planche* (syn. aplanir). - **4.** Établir, tracer avec soin ou selon la forme prescrite : *Dresser un plan, un procès-verbal.* - **5.** Plier un animal à une certaine discipline : *Dresser un lion* (syn. dompter). - **6.** Faire obéir qqn par la contrainte, la discipline : *Dresser un soldat au maniement des armes.* - **7.** Créer une animosité entre des personnes : *On l'a dressé contre moi* (syn. monter). ◆ **se dresser** v.pr. - **1.** Se mettre debout, se tenir droit : *Se dresser sur la pointe des pieds.* - **2.** [**contre**]. Manifester son opposition : *Se dresser contre la corruption, contre un tyran* (syn. s'opposer à).

dresseur, euse [dʀesœʀ, -øz] n. Personne qui dresse des animaux : *Un dresseur de chiens.*

dressing [dʀesiŋ] et **dressing-room** [dʀesiŋʀum] n.m. (angl. *dressing-room* "pièce pour s'habiller") [pl. *dressings* et *dressing-rooms*]. Petite pièce où l'on range les vêtements ; grande penderie. (Recomm. off. *vestiaire.*)

dressoir [dʀeswaʀ] n.m. (de *dresser*). Buffet à étagères qui servaient à exposer des pièces de vaisselle.

dreyfusard, e [dʀɛfyzaʀ, -aʀd] n. et adj. HIST. Partisan de la révision du procès du capitaine Dreyfus, entre 1894 et 1906.

dribble [dʀibl] n.m. (de *dribbler*). Action de dribbler.

dribbler [dʀible] v.i. (angl. *to dribble*). Conduire le ballon par petits coups de pied ou de main en contournant les adversaires.

drille [dʀij] n.m. (p.-ê. de *drilles* "chiffons" [d'orig. obsc.] en raison des vêtements d'un vagabond). - **1.** Autref., soldat vagabond ; soudard. - **2.** Joyeux drille, homme jovial, joyeux compagnon.

drink [dʀiŋk] n.m. (mot angl. "boisson"). FAM. Boisson alcoolisée : *Se servir un drink.*

drisse [dʀis] n.f. (it. *drizza*, de *drizzare* "dresser"). MAR. Cordage qui sert à hisser : *Drisse de mât.*

1. drive [dʀajv] n.m. (mot angl. "coup droit"). Au golf, coup de longue distance donné au départ d'un trou.

2. drive [dʀajv] n.m. (de l'angl. *to drive* "conduire"). INFORM. Lecteur de disquettes.

drive-in [dʀajvin] n.m. inv. (mot angloamér., de *to drive* "conduire", et *in* "dedans"). Cinéma de plein air où les spectateurs peuvent assister aux projections en restant dans leur voiture. (Recomm. off. *ciné-parc.*)

1. driver [dʀajvœʀ] ou [dʀivœʀ] n.m. (mot angl. "conducteur"). - **1.** Au golf, club avec lequel on exécute le drive. - **2.** Jockey d'un sulky.

2. driver [dʀajve] ou [dʀive] v.i. (de *1. drive* et *1. driver*) Au golf, faire un drive. ◆ v.t. Conduire un cheval attelé à un sulky dans une course de trot.

drogue [dʀɔg] n.f. (orig. incert., p.-ê. néerl. *drog* "chose sèche"). - **1.** VX. Médicament médiocre. - **2.** Substance pouvant modifier l'état de conscience : *Le trafic de drogue* (syn. stupéfiant). - **3.** Ce dont on ne peut plus se passer : *La télévision est une drogue pour certains enfants.* ‖ Drogue douce, qui a des effets mineurs sur l'organisme, comme les dérivés du cannabis. ‖ Drogue dure, engendrant un état de dépendance.

drogué, e [dʀɔge] adj. et n. Qui fait usage de drogues (syn. toxicomane).

droguer [dʀɔge] v.t. - **1.** Faire absorber une drogue à qqn : *Il a été drogué par ses ravisseurs.* - **2.** Donner beaucoup de médicaments à un malade. ◆ **se droguer** v.pr. - **1.** Prendre trop de médicaments. - **2.** Faire usage de stupéfiants.

droguerie [dʀɔgʀi] n.f. (de *drogue*). Commerce de produits chimiques courants, de produits d'entretien, de peinture, de quincaillerie, etc.

droguiste [dʀɔgist] n. Personne qui tient une droguerie. (On dit aussi *marchand de couleurs.*)

1. droit [dʀwa] n.m. (bas lat. *directum* "ce qui est juste"). - **1.** Faculté d'accomplir ou non qqch, d'exiger qqch d'autrui en vertu de règles reconnues, individuelles ou collectives : *On n'a pas le droit de fumer* (syn.

autorisation, permission). *Déclaration des droits de l'homme. Le droit des peuples à disposer d'eux-mêmes.* - **2.** Ce qui donne une autorité morale, une influence : *Avoir des droits sur qqn* (syn. pouvoir). *Les droits de la défense* (syn. prérogative). - **3.** Somme d'argent exigible en vertu d'un règlement : *Droits de douane* (syn. taxe, redevance). *Droits d'auteur.* - **4.** Ensemble de principes qui régissent les rapports des hommes entre eux et servent à établir des règles juridiques : *Le droit doit primer la force.* - **5.** Ensemble des règles juridiques en vigueur dans une société : *Droit civil* (= relatif aux personnes et aux biens). *Droit commercial, administratif. Droit canon* (= droit ecclésiastique). - **6.** Science des règles juridiques : *Faire des études de droit.* - **7.** À bon droit, de plein droit, à juste titre, sans qu'il y ait matière à contestation. ‖ Avoir droit à qqch, pouvoir légitimement en disposer ; FAM. ne pas pouvoir éviter qqch de désagréable : *Avoir droit à cinq semaines de congés payés par an. Si tu continues, tu vas avoir droit à une paire de claques.* ‖ Avoir droit de vie et de mort sur qqn, pouvoir disposer de sa vie. ‖ État de droit, système d'organisation des sociétés dans lequel l'ensemble des rapports politiques et sociaux est soumis au droit. ‖ Être en droit de (+ inf.), être légalement ou légitimement fondé à : *Vous êtes en droit de réclamer des dommages et intérêts.* ‖ SOUT. Faire droit à une demande, une requête, etc., l'accueillir favorablement, la satisfaire. ‖ Prisonnier, détenu de droit commun, prisonnier dont l'infraction relève des règles juridiques générales en l'absence de dispositions particulières, par opp. à un *prisonnier politique.* (On dit aussi *un, une droit commun.*) ‖ Qui de droit, la personne compétente, qualifiée (s'emploie seul. comme compl.) : *S'adresser à qui de droit.*

2. droit, e [dʀwa, dʀwat] adj. (lat. *directus* "direct"). - **1.** Qui s'étend sans déviation d'une extrémité à l'autre : *Ligne droite. Une barre droite* (syn. rectiligne ; contr. courbe). - **2.** Qui se tient bien verticalement, bien horizontalement : *Le tableau est droit* (contr. penché, de travers). *Avoir les jambes droites* (contr. arqué). - **3.** Qui juge sainement, qui agit honnêtement : *Un homme droit* (syn. honnête, loyal). - **4.** En droite ligne, en ligne droite, directement : *Ce produit vient en droite ligne du producteur.* ‖ Être, se tenir droit comme un i, comme un piquet, comme un cierge, se tenir très droit, avec raideur. ‖ Jupe droite, jupe ni ample ni cintrée. ‖ Le droit chemin, la voie de l'honnêteté. ‖ Veste droite, veste qui se ferme bord à bord (par opp. à *veste croisée*). ‖ MATH. Angle droit, l'un quelconque des angles formés par deux droites perpendiculaires. □ Chacun mesure

90°. ◆ **droit** adv. - **1.** Verticalement : *Arbres plantés droit.* - **2.** Directement ; sans détour : *Aller droit au but, droit au fait.* - **3.** De façon honnête : *Marcher droit.*

3. **droit, e** [dʀwa, dʀwat] adj. (de 2. *droit*). - **1.** Se dit du côté du corps de l'homme et des animaux opposé à celui du cœur : *Main droite.* - **2.** En parlant des choses orientées, se dit de la partie située du côté droit d'une personne qui aurait la même orientation : *Roue avant droite d'une voiture.* - **3.** En parlant des choses non orientées, se dit de la partie située du côté droit de celui qui regarde : *La partie droite de l'écran.* ◆ **droit** n.m. - **1.** Poing droit, en boxe : *Direct du droit.* - **2.** Pied droit au football, au rugby : *Il a tiré du droit.*

1. **droite** [dʀwat] n.f. (de 2. *droit*). - **1.** MATH. Courbe du plan illimitée, entièrement déterminée par deux de ses points. - **2.** Ligne droite.

2. **droite** [dʀwat] n.f. (de 3. *droit*). - **1.** Main, côté droit d'une personne (par opp. à *gauche*) : *Tenir sa droite* (= continuer à rouler à droite). - **2.** Poing droit, en boxe : coup porté avec ce poing : *Je redoute surtout sa droite.* - **3.** Côté droit (par rapport au président) d'une salle où siège une assemblée délibérante. - **4.** Ensemble des groupements et partis qui professent des opinions conservatrices (par opp. à la *gauche*) : *Voter pour la droite.* - **5.** À droite, du côté droit : *Tourner à droite.* ‖ À droite et à gauche, de droite et de gauche, de côté et d'autre : *Faire des démarches à droite et à gauche.* ‖ De droite, qui est situé sur le côté droit : *Trottoir de droite ;* qui relève de la droite politique, qui la soutient : *Une femme de droite.* ‖ Extrême droite, ensemble des mouvements politiques ayant des positions réactionnaires ou plus nettement conservatrices que les partis de la droite traditionnelle.

droitement [dʀwatmɑ̃] adv. Avec droiture.

droit-fil [dʀwafil] n.m. (pl. *droits-fils*). COUT. Sens de la trame ou de la chaîne d'un tissu.

droitier, ère [dʀwatje, -ɛʀ] adj. et n. - **1.** Se dit d'une personne qui se sert ordinairement de la main droite (par opp. à *gaucher*). - **2.** POLIT. De la droite politique.

droiture [dʀwatyʀ] n.f. Qualité d'une personne droite, qui respecte les règles morales : *C'est un homme d'une parfaite droiture* (syn. rectitude, loyauté).

drolatique [dʀɔlatik] adj. (de *drôle*). LITT. Qui est plaisant par son originalité ou sa bizarrerie : *Une scène drolatique* (syn. cocasse).

drôle [dʀol] adj. (moyen néerl. *drol* "lutin"). - **1.** Qui provoque le rire, intentionnellement ou non : *Raconter des histoires drôles. Il est très drôle* (syn. amusant, comique). - **2.** Qui intri-

gue, surprend : *Si tu ne viens pas, ça paraîtra drôle* (syn. bizarre, anormal). *C'est drôle, je n'avais rien remarqué* (syn. curieux). ◆ adv. FAM. Ça me fait drôle, tout drôle, cela me fait une impression singulière. ◆ n.m. LITT. Personne peu scrupuleuse ; canaille.

drôlement [dʀolmɑ̃] adv. - **1.** De façon drôle, plaisante ou bizarre : *Être drôlement habillé. Il m'a regardé drôlement.* - **2.** FAM. Très ; extrêmement : *Il fait drôlement froid.*

drôlerie [dʀolʀi] n.f. - **1.** Caractère de ce qui est drôle : *Il n'apprécie pas la drôlerie de la situation.* - **2.** Parole ou action drôle : *Dire des drôleries.*

drôlesse [dʀolɛs] n.f. (de *drôle*). LITT. Femme aux mœurs légères, effrontée.

dromadaire [dʀɔmadɛʀ] n.m. (bas lat. *dromaderius*, du gr. *dromas* "coureur"). Mammifère proche du chameau, à une bosse, grand coureur, résistant, utilisé comme monture ou comme bête de somme dans les déserts d'Afrique et d'Arabie (syn. méhari). □ Famille des camélidés ; le dromadaire blatère.

drop-goal [dʀɔpgol] et **drop** [dʀɔp] n.m. (mot angl., *to drop* "jeter" et *goal* "but") [pl. *drop-goals*]. Au rugby, coup de pied en demi-volée qui envoie le ballon par-dessus la barre du but adverse.

drosera [dʀɔzeʀa] n.m. (du gr. *droseros* "humide de rosée"). Plante insectivore des tourbières d'Europe, dont les petites feuilles en rosette portent des tentacules qui engluent et digèrent les menus insectes qui s'y posent. □ Famille des droséracées.

drosophile [dʀɔzɔfil] n.f. (du gr. *drosos* "rosée" et *-phile*). Petite mouche de couleur rougeâtre, très attirée par le vinaigre et utilisée dans de nombreuses expériences de génétique. □ Ordre des diptères ; long. 2 mm env.

drosse [dʀɔs] n.f. (altér., sous l'infl. de *drisse*, de l'it. *trozza*, du lat. *tradux* "sarment de vigne"). MAR. Câble ou chaîne qui transmet le mouvement de la barre à roue ou gouvernail.

dru, e [dʀy] adj. (gaul. **druto* "fort"). - **1.** Épais, touffu, serré : *De l'herbe drue. Une barbe drue.* - **2.** Se dit de la pluie qui tombe en gouttes abondantes et serrées. ◆ **dru** adv. D'une manière serrée ; en grande quantité : *Taillis qui pousse dru.*

drugstore [dʀœgstɔʀ] n.m. (mot anglo-amér., de *drug* "drogue" et *store* "boutique"). Centre commercial vendant des produits de parfumerie, d'hygiène, des journaux et des marchandises diverses et pouvant comprendre aussi un restaurant, un cinéma, etc.

druide [dʀɥid] n.m. (lat. *druida*, du celte *druveid* "qui voit le chêne"). Prêtre celte, en

Gaule, en Bretagne et en Irlande. **Rem.** Le fém. *druidesse* est rare.

druidique [dʀɥidik] adj. Relatif aux druides.

drums [dʀœms] n.m. pl. (mot angl. "tambours"). MUS. Batterie dans un orchestre de jazz ou de rock.

drupe [dʀyp] n.f. (lat. *drupa* "olive mûre"). BOT. Fruit charnu, à noyau, tel que la cerise, l'abricot, etc.

dry [dʀaj] adj. inv. (mot angl. "sec"). Sec, en parlant du champagne, d'un apéritif.

dryade [dʀijad] n.f. (lat. *dryas, -adis,* gr. *druas, -ados,* de *drus* "chêne"). MYTH. Nymphe des forêts.

dry-farming [dʀajfaʀmiŋ] n.m. (mot anglo-amér. "culture sèche") [pl. *dry-farmings*]. Méthode de culture appliquée dans les régions semi-arides qui consiste à retenir l'eau dans le sol en travaillant la terre sans l'ensemencer une année sur deux.

du [dy] art. - **1.** Article défini contracté masculin singulier (= de le) : *L'arrivée du train.* - **2.** Article partitif masculin singulier (v. *2. de*).

1. **dû** [dy] n.m. (de *2. dû*). Ce qui est dû à qqn : *Réclamer son dû.*

2. **dû, due** [dy] adj. (p. passé de *devoir*). - **1.** Que l'on doit : *Somme due.* - **2.** DR. En bonne et due forme, selon les règles prescrites par la loi ; au fig., de façon parfaite, sans que nul ne trouve à redire. **Rem.** *Dû* prend un accent circonflexe au masculin singulier seulement : *solde dû ; soldes dus.*

dualisme [dɥalism] n.m. (du lat. *dualis* "composé de deux"). - **1.** Système de pensée religieuse ou philosophique qui admet deux principes irréductibles, opposés dès l'origine (par opp. à *monisme*). - **2.** Coexistence de deux éléments différents et notamm. de deux partis opposés (par opp. à *pluralisme*).

dualiste [dɥalist] adj. et n. Relatif au dualisme religieux ou philosophique ; partisan de ce système.

dualité [dɥalite] n.f. (bas lat. *dualitas*). Caractère de ce qui est double en soi ou composé de deux éléments de nature différente : *La dualité du corps et de l'âme.*

dubitatif, ive [dybitatif, -iv] adj. (lat. *dubitativus,* de *dubitare* "douter"). Qui exprime le doute, l'incertitude : *Un air dubitatif* (syn. sceptique, incrédule).

dubitativement [dybitativmɑ̃] adv. De façon dubitative.

1. **duc** [dyk] n.m. (lat. *dux, ducis* "chef"). En France, titre de noblesse le plus élevé sous l'Ancien Régime (au-dessus de celui de marquis) ; titre situé entre celui de comte et celui de prince sous l'Empire.

2. **duc** [dyk] n.m. (de *1. duc*). Hibou aux aigrettes bien marquées. ▫ On distingue le *grand duc,* le *moyen duc* et le *petit duc.*

ducal, e, aux [dykal, -o] adj. - **1.** Du duc, de la duchesse : *Manteau ducal.* - **2.** Relatif au doge de Venise.

ducat [dyka] n.m. (it. *ducato*). - **1.** NUMISM. Monnaie d'or à l'effigie d'un duc. - **2.** Spécial. Monnaie d'or des doges de Venise.

duce [dutʃe] n.m. (mot it. "chef, guide"). Titre porté par Benito Mussolini à partir de 1922.

duché [dyʃe] n.m. (de *duc*). Seigneurie, terres auxquelles le titre de duc était attaché. ▫ Apparus dès le VIIᵉ s., les duchés, au IXᵉ s., entrent dans le système féodal : les ducs sont vassaux du roi ou de l'empereur ; ils ont pour vassaux les comtes.

duchesse [dyʃɛs] n.f. - **1.** Épouse d'un duc. - **2.** Femme qui possède un duché. - **3.** FAM. Faire la duchesse, affecter des manières hautaines.

ductile [dyktil] adj. (lat. *ductilis* "malléable"). TECHN. Qui peut être étiré, allongé sans se rompre : *L'or est très ductile.*

ductilité [dyktilite] n.f. TECHN. Propriété des métaux, des substances ductiles.

dudit [dydi] adj. → **dit.**

duègne [dɥɛɲ] n.f. (esp. *dueña,* du lat. *domina* "maîtresse"). Gouvernante ou femme âgée qui était chargée, en Espagne, de veiller sur une jeune fille, une jeune femme.

1. **duel** [dɥɛl] n.m. (lat. *duellum,* forme anc. de *bellum* "guerre"). - **1.** Combat entre deux personnes, dont l'une a demandé à l'autre réparation d'une offense par les armes : *Provoquer qqn en duel.* - **2.** Conflit, antagonisme : *Un duel entre la gauche et la droite.* - **3.** Duel d'artillerie, échange de salves d'artillerie entre deux armées. ‖ HIST. Duel judiciaire, combat entre un accusateur et un accusé, admis au Moyen Âge comme preuve juridique.

2. **duel** [dɥɛl] n.m. (du lat. *duo* "deux"). LING. Catégorie du nombre, distincte du singulier et du pluriel, employée dans les déclinaisons et les conjugaisons de certaines langues pour désigner deux personnes ou deux choses.

duelliste [dɥelist] n. Personne qui se bat en duel.

duettiste [dɥetist] n. (de *duetto*). Personne qui chante ou qui joue en duo.

duetto [dɥeto] n.m. (mot it., dimin. de *duo*). MUS. Petite pièce pour deux voix ou deux instruments.

duffel-coat [dœfɛlkɔt] et **duffle-coat** [dœfəlkɔt] n.m. (de *Duffel,* n. d'une ville belge, et de l'angl. *coat* "manteau") [pl. *duffel* *(duffle-)coats*]. Manteau trois-quarts à capuchon, en gros drap de laine très serré et imperméable.

dugong [dygɔ̃] n.m. (malais *doûyoung*). Mammifère marin à corps massif, vivant sur le littoral de l'océan Indien. □ Ordre des siréniens ; long. jusqu'à 3 m.

dulcinée [dylsine] n.f. (de *Dulcinée* du *Toboso*, femme aimée de Don Quichotte). FAM. Femme aimée d'un homme ; bien-aimée.

dulie [dyli] n.f. (lat ecclés. *dulia*, gr. *douleia* "servitude"). CATH. Culte de dulie, culte d'honneur rendu aux anges et aux saints (par opp. à *culte de latrie*).

dum-dum [dumdum] adj. inv. (de *Dumdum*, n. du cantonnement anglais de l'Inde où ce projectile fut inventé). Balle dum-dum, balle de fusil dont l'ogive, cisaillée en croix, produit des blessures particulièrement graves. □ Son usage a été prohibé en 1899.

dûment [dymɑ̃] adv. (de *2. dû*). Selon les formes prescrites.

dumping [dœmpiŋ] n.m. (de l'angl. *to dump* "jeter en tas"). ÉCON. Pratique commerciale qui consiste à vendre une marchandise sur un marché étranger à un prix inférieur à celui du marché intérieur.

dune [dyn] n.f. (mot du moyen néerl.). Monticule de sable édifié par le vent sur les littoraux et dans les déserts.

dunette [dynɛt] n.f. (dimin. de *dune*). MAR. Superstructure sur le pont arrière d'un navire et qui s'étend en largeur d'un bord à l'autre. (On disait autref. *gaillard d'arrière*).

duo [dyo] n.m. (mot it., lat. *duo* "deux"). - 1. MUS. Composition musicale écrite pour deux voix ou deux instruments. - 2. Ensemble de deux êtres étroitement liés ; couple.

duodécimal, e, aux [dyɔdesimal, -o] adj. (lat. *duodecimus* "douzième"). Qui a pour base le nombre douze.

duodénal, e, aux [dyɔdenal, -o] adj. Du duodénum.

duodénum [dyɔdenɔm] n.m. (lat. *duodenum* [*digitorium*] "de douze [doigts]"). ANAT. Portion initiale de l'intestin, qui succède à l'estomac et où débouchent le canal pancréatique et le cholédoque.

dupe [dyp] n.f. (anc. forme de *huppe*, oiseau d'apparence niaise). Personne trompée ou facile à tromper : *Être la dupe d'un escroc.* ◆ adj. Être dupe de, se laisser prendre à qqch, par qqn : *Ils veulent m'avoir mais je ne suis pas dupe* (= je sais ce qu'il en est).

duper [dype] v.t. LITT. Prendre qqn pour une dupe ; abuser, tromper.

duperie [dypri] n.f. LITT. Tromperie, mystification.

duplex [dyplɛks] n.m. (mot lat. "double"). - 1. Appartement, génér. de bon standing, réparti sur deux étages réunis par un escalier intérieur. - 2. TÉLÉCOMM. Liaison électrique ou radioélectrique entre deux points, utilisable simultanément dans les deux sens : *Une émission en duplex.*

duplexage [dyplɛksaʒ] n.m. TÉLÉCOMM. Opération qui permet la transmission en duplex.

duplicata [dyplikata] n.m. (lat. *duplicata* [*littera*] "[lettre] redoublée") [pl. *duplicatas* ou inv.]. Double, copie d'un document, d'un écrit.

duplication [dyplikasjɔ̃] n.f. - 1. vx. Action de doubler. - 2. Action de dupliquer. - 3. Duplication chromosomique, doublement des filaments constitutifs des chromosomes, rendant possible la division cellulaire (syn. réplication).

duplicité [dyplisite] n.f. (lat. *duplicitas*, de *duplex* "double"). Caractère de qqn qui présente intentionnellement une apparence contraire à ce qu'il est réellement (syn. hypocrisie, fausseté ; contr. loyauté, franchise).

dupliquer [dyplike] v.t. (lat. *duplicare*, de *duplex* "double"). - 1. Faire un double, un duplicata. - 2. Faire une copie d'une bande magnétique, d'un document.

duquel [dykɛl] pron. relat. et interr. → **lequel**.

dur, e [dyʀ] adj. (lat. *durus*). - 1. Qui ne se laisse pas facilement entamer, plier, tordre, couper : *Métal dur* (syn. résistant). *Le buis est un bois dur. Viande dure* (contr. tendre). - 2. Qui manque de souplesse, de confort : *Lit dur* (contr. moelleux). - 3. Qui oppose à l'effort une certaine résistance, qui ne cède pas facilement à une poussée : *La porte est dure à ouvrir.* - 4. Qui exige un effort physique ou intellectuel : *Un dur labeur* (syn. pénible). *Ce problème n'est pas dur* (syn. ardu). - 5. Pénible à supporter : *L'hiver a été dur* (syn. rude, rigoureux ; contr. clément). *Les temps sont durs* (syn. difficile). - 6. Qui affecte les sens de façon violente et produit une impression désagréable : *Lumière dure* (syn. cru). *Voix dure* (syn. cassant). - 7. PHYS. Se dit des rayons X les plus pénétrants. - 8. Qui supporte fermement la fatigue, la douleur : *Un homme dur à la peine* (syn. résistant, endurant). - 9. Qui est difficile à émouvoir, qui manque de bonté, de bienveillance : *Il est dur avec ses enfants. Cœur dur* (syn. insensible ; contr. tendre). - 10. Qui est difficile à éduquer, qui se montre rebelle à toute discipline, en parlant d'un enfant. - 11. Qui refuse toute conciliation, tout compromis, notamm. en matière politique : *La tendance dure d'une organisation* (syn. intransigeant). - 12. Avoir la tête dure, être entêté, obstiné. ‖ FAM. Avoir la vie dure, résister à la maladie, en parlant de qqn ;

subsister, en parlant de qqch : *Les préjugés ont la vie dure.* ‖ Avoir l'oreille dure ou être dur d'oreille, entendre mal. ‖ Eau dure, eau qui, contenant certains composés minéraux (calcaire en partic.), ne mousse pas avec le savon (on dit cour. *eau calcaire).* ‖ FAM. Être dur à cuire, être très endurant, très résistant physiquement ou moralement. ‖ Mener, faire, rendre la vie dure à qqn, le maltraiter, lui créer sans cesse des difficultés. ‖ Œuf dur, œuf dont le blanc et le jaune ont été solidifiés dans la coquille par une cuisson prolongée. ◆ n. - **1.** FAM. Personne qui n'a peur de rien : *Jouer les durs.* - **2.** Personne qui n'accepte aucun compromis : *Les purs et durs d'un parti.* ◆ **dur** adv. - **1.** Avec énergie, ténacité : *Travailler dur* (syn. énergiquement). - **2.** Avec force, avec violence : *Frapper dur* (syn. fort). ◆ **dur** n.m. - **1.** Ce qui est dur, résistant, solide. - **2.** Construction en dur, construction en matériaux durs (brique, pierre). [V. aussi *dure.*]

durabilité [dyʀabilite] n.f. - **1.** Qualité de ce qui est durable. - **2.** DR. Période d'utilisation d'un bien.

durable [dyʀabl] adj. Qui dure longtemps : *Trouver des solutions durables* (syn. stable).

durablement [dyʀabləmɑ̃] adv. De façon durable.

Duralumin [dyʀalymɛ̃] n.m. (nom déposé). Alliage léger d'aluminium à haute résistance mécanique. (Abrév. *dural.*)

durant [dyʀɑ̃] prép. Pendant la durée de : *Durant une heure. Il étudia les langues sa vie durant.*

duratif, ive [dyʀatif, -iv] adj. et n.m. LING. Qui exprime la notion de durée : *La forme durative. Imparfait duratif.*

durcir [dyʀsiʀ] v.t. [conj. 32]. Rendre dur : *Neige durcie* (syn. solidifier). *Durcir sa position* (syn. affermir). ◆ v.i. et **se durcir** v.pr. Devenir dur : *Neige qui durcit. L'opposition se durcit.*

durcissement [dyʀsismɑ̃] n.m. Action de durcir ; fait de se durcir : *Durcissement du mortier. Le durcissement des négociations.*

durcisseur [dyʀsisœʀ] n.m. Produit qui, ajouté à un matériau, provoque son durcissement.

dure [dyʀ] n.f. (de *dur*). À la dure, de manière rude : *Être élevé à la dure.* ‖ FAM. Coucher sur la dure, coucher par terre. ◆ **dures** n.f. pl. En voir de dures, être malmené.

durée [dyʀe] n.f. (de *durer*). Période mesurable pendant laquelle a lieu une action, un phénomène, etc. : *Durée du travail.*

durement [dyʀmɑ̃] adv. Avec dureté.

dure-mère [dyʀmɛʀ] n.f. (pl. *dures-mères*). ANAT. La plus externe des méninges, fibreuse et très résistante.

durer [dyʀe] v.i. (lat. *durare*). - **1.** (Suivi d'un compl. de qualité ou d'un adv.). Avoir une durée de : *Son discours a duré deux heures.* - **2.** (Absol.). Se prolonger : *La sécheresse dure* (syn. continuer). - **3.** Résister au temps, à l'usage : *C'est une œuvre qui durera.*

dureté [dyʀte] n.f. - **1.** Caractère de ce qui est dur : *La dureté de l'acier* (syn. résistance). *Répondre avec dureté* (syn. insensibilité). - **2.** Teneur d'une eau en ions calcium et magnésium.

durillon [dyʀijɔ̃] n.m. (de *dur*). Callosité se produisant aux pieds ou aux mains, aux points de frottement.

Durit [dyʀit] n.f. (nom déposé). Tuyau en caoutchouc destiné à assurer la circulation de liquides entre les organes d'un moteur à explosion.

duvet [dyvɛ] n.m. (anc. fr. *dumet* "plume légère"). - **1.** Ensemble des petites plumes sans tuyau qui couvrent le corps des oiseaux. - **2.** Sac de couchage garni de duvet. - **3.** Ensemble des poils doux et fins qui poussent sur le corps humain, sur certains végétaux, etc.

se duveter [dyvte] v.pr. [conj. 27]. Se couvrir de duvet.

duveteux, euse [dyvtø, -øz] adj. - **1.** Qui a l'apparence du duvet : *Tissu duveteux.* - **2.** Qui est couvert de duvet : *La peau duveteuse de la pêche.* (On dit aussi *duveté.*)

1. dynamique [dinamik] adj. (gr. *dunamikos*, de *dunamis* "force"). - **1.** Qui considère les phénomènes dans leur évolution (par opp. à *statique*) : *Une perspective dynamique de la langue.* - **2.** Plein d'entrain, d'activité, d'énergie : *Un enseignant dynamique* (syn. entreprenant). - **3.** PHYS. Relatif à la force, au mouvement : *Électricité dynamique.*

2. dynamique [dinamik] n.f. (de *1. dynamique*). - **1.** PHYS. Partie de la mécanique qui étudie les relations entre les forces et les mouvements. [V. aussi *mécanique.*] - **2.** Force qui entraîne un mouvement, une évolution : *La dynamique des événements.* - **3.** PSYCHOL. Dynamique de groupe. Ensemble des lois qui régissent le comportement d'un groupe défini ; étude de ces lois et du rôle qu'elles jouent dans la communication, la décision et la créativité.

dynamiquement [dinamikmɑ̃] adv. - **1.** Du point de vue de la dynamique. - **2.** Avec dynamisme.

dynamiser [dinamize] v.t. - **1.** Donner du dynamisme, de l'énergie : *Dynamiser une équipe.* - **2.** MÉD. En homéopathie, accroître l'homogénéité et le pouvoir thérapeutique d'un médicament par dilution, trituration, etc.

dynamisme [dinamism] n.m. Caractère d'une personne dynamique : *Le dynamisme d'un collaborateur* (syn. énergie).

dynamitage [dinamitaʒ] n.m. Action de dynamiter.

dynamite [dinamit] n.f. (gr. *dunamis* "force"). - **1.** Substance explosive, inventée par A. Nobel (1866), composée de nitroglycérine et d'une substance absorbante qui rend l'explosif stable. - **2.** FAM. C'est de la dynamite, se dit d'une situation explosive, d'une personne dynamique.

dynamiter [dinamite] v.t. Faire sauter à la dynamite.

dynamiteur, euse [dinamitœr, -øz] n. Personne qui effectue un dynamitage.

dynamo [dinamo] n.f. (abrév. de *dynamoélectrique* "qui transforme l'énergie mécanique [dynamo-] en énergie électrique"). Machine génératrice de courant continu.

dynamomètre [dinamɔmɛtr] n.m. (de *dynamo-* et *mètre*). Appareil destiné à la mesure d'une force ou d'un couple.

dynamométrique [dinamɔmetrik] adj. Relatif à la mesure des forces.

dynastie [dinasti] n.f. (gr. *dunasteia* "puissance"). - **1.** Suite des souverains issus d'une même lignée : *La dynastie capétienne.* - **2.** Succession de personnes d'une même famille également célèbres : *La dynastie des Bach, des Bruegel.*

dynastique [dinastik] adj. Relatif à une dynastie.

dyne [din] n.f. (du gr. *dunamis* "force"). Ancienne unité de force valant 10^{-5} newton. □ Symb. dyn.

dysenterie [disɑ̃tri] n.f. (de *dys-* et du gr. *entera* "intestins"). Maladie infectieuse ou parasitaire provoquant une diarrhée douloureuse avec pertes de sang.

dysentérique [disɑ̃terik] adj. Relatif à la dysenterie.

dysfonctionnement [disfɔ̃ksjɔnmɑ̃] n.m. (de *dys-* et *fonctionnement*). Trouble du fonctionnement d'un organe, d'un système, etc.

dysharmonie ou **disharmonie** [dizarmɔni] n.f. (de *dys-* [altéré en *dis-*] et *harmonie*). Absence d'harmonie entre des choses, des personnes.

dyskinésie [diskinezi] n.f. (gr. *duskinêsis*, de *dus-* "difficulté" et *kinêsis* "mouvement"). MÉD. Trouble de l'activité motrice, quelle qu'en soit la cause.

dyslexie [disleksi] n.f. (de *dys-*, et du gr. *lexis* "mot"). Difficulté d'apprentissage plus ou moins importante de la lecture, sans déficit sensoriel ni intellectuel.

dyslexique [disleksik] adj. et n. Relatif à la dyslexie ; atteint de dyslexie.

dysménorrhée [dismenɔre] n.f. (de *dys-*, du gr. *mên* "mois", et de *-rrhée*). MÉD. Menstruation douloureuse.

dysorthographie [dizɔrtɔgrafi] n.f. (de *dys-* et *orthographe*). PSYCHOL. Difficulté spécifique d'apprentissage de l'orthographe chez un enfant qui ne présente pas par ailleurs de déficit intellectuel ou sensoriel.

dyspareunie [dispareøni] n.f. (de *dys-*, et du gr. *pareunos* "compagnon, compagne de lit"). MÉD. Douleur provoquée, chez la femme, par les rapports sexuels.

dyspepsie [dispɛpsi] n.f. (de *dys-*, et du gr. *peptein* "cuire"). MÉD. Trouble de la digestion, digestion difficile.

dyspeptique [dispɛptik] adj. Relatif à la dyspepsie.

dysplasie [displazi] n.f. (de *dys-*, et du gr. *plassein* "façonner"). MÉD. Malformation ou anomalie du développement d'un tissu ou d'un organe.

dyspnée [dispne] n.f. (lat. *dyspnoea*, gr. *duspnoia*, de *dus-* "difficulté" et *pnein* "respirer"). PATHOL. Difficulté à respirer, s'accompagnant d'une sensation d'oppression.

dytique [ditik] n.m. (gr. *dutikos* "plongeur"). Insecte coléoptère carnivore, à corps ovale et à pattes postérieures nageuses, vivant dans les eaux douces. □ Long. 5 cm max.

dzêta n.m. inv. → **zêta**.

e [ə] n.m. inv. - **1.** Cinquième lettre (voyelle) de l'alphabet. - **2.** MATH. e, nombre irrationnel servant de base aux logarithmes népériens et à l'exponentielle naturelle. □ *e* vaut approximativement 2,718 28... - **3.** MUS. E, la note *mi* dans le système de notation en usage dans les pays anglo-saxons et germaniques. - **4.** E. Abrév. de *est*, point cardinal.

E.A.O. [əao] n.m. Sigle de *enseignement** *assisté par ordinateur.*

eau [o] n.f. (lat. *aqua*). - **1.** Liquide transparent, inodore, insipide ; corps composé dont les molécules sont formées de deux atomes d'hydrogène et d'un atome d'oxygène (H_2O) : *L'eau bout à 100 °C à la pression normale et se solidifie à 0 °C.* - **2.** Mer, lac, rivière : *Faire une promenade sur l'eau.* - **3.** Boisson : *Eau minérale. Eau de source.* - **4.** Liquide alcoolique ou obtenu par distillation, infusion, etc. : *De l'eau de lavande.* - **5.** Préparation liquide ; solution aqueuse : *Eau de Javel. Eau oxygénée.* - **6.** Sécrétion du corps humain (sueur, salive, larmes, etc.) : *Être tout en eau* (= transpirer abondamment). *Ce plat nous met l'eau à la bouche.* - **7.** Suc de certains fruits ou plantes : *Ces tomates donnent beaucoup d'eau à la cuisson.* - **8.** Limpidité, transparence d'une gemme : *Un diamant de la plus belle eau.* - **9.** Eau mère, résidu d'une solution après cristallisation d'une substance qui y était dissoute. ‖ Faire eau, se remplir d'eau accidentellement, en parlant d'un navire.‖ Mettre de l'eau dans son vin, modérer ses exigences, ses projets, etc. - **10.** Eau de Cologne. Solution alcoolique d'huiles essentielles (bergamote, citron, etc.) utilisée pour la toilette. ‖ Eau de Seltz. Eau gazeuse acidulée, naturelle ou artificielle. ‖ Eau de toilette. Préparation alcoolique dérivée d'un parfum dont le degré de concentration est intermédiaire entre l'extrait et l'eau de Cologne. ◆ **eaux** n.f. pl. - **1.** Source d'eaux thermales ou minérales : *Prendre les eaux* (= faire une cure thermale). - **2.** Liquide amniotique : *Perdre les eaux.* - **3.** Eaux usées, eaux ayant fait l'objet d'une utilisation domestique ou industrielle. ‖ DR. Eaux intérieures, situées en deçà de la ligne de séparation des eaux territoriales (rades, baies, etc.) [on dit aussi *mer nationale*]. ‖ GÉOGR. Basses eaux, hautes eaux, niveau le plus bas, le plus haut d'un fleuve, à une période de l'année qui varie selon le régime. - **4.** Eaux et forêts. Corps d'ingénieurs fonctionnaires chargés de l'entretien et de la surveillance des cours d'eau, voies d'eau, étangs et forêts de l'État, aujourd'hui réuni au Corps du génie rural, des eaux et des forêts. ‖ DR. Eaux territoriales, zone maritime fixée pour chaque État riverain (12 milles marins pour la France) et sur laquelle il exerce sa souveraineté (on dit aussi *mer territoriale*).

eau-de-vie [odvi] n.f. (lat. des alchimistes *aqua vitae*) [pl. *eaux-de-vie*]. Boisson alcoolique extraite par distillation du vin, du marc, de certains fruits, etc.

eau-forte [ofɔʀt] n.f. (pl. *eaux-fortes*). - **1.** Acide nitrique mélangé d'eau. - **2.** Estampe obtenue au moyen d'une planche de métal mordue avec l'acide nitrique étendu.

ébahir [ebaiʀ] v.t. (de l'anc. fr. *baer* "bayer") [conj. 32]. Frapper d'un grand étonnement : *Cette nouvelle m'a ébahi* (syn. interloquer, abasourdir).

ébahissement [ebaismɑ̃] n.m. Étonnement extrême ; stupéfaction.

ébarber [ebaʀbe] v.t. (de *barbe*). - **1.** Enlever les barbes, les saillies d'une surface métallique : *Ébarber une planche de cuivre* (syn. ébavurer). - **2.** AGRIC. Enlever les barbes de certaines plantes telles que l'orge. - **3.** REL. Couper les bords irréguliers des cahiers d'un livre afin de les égaliser. - **4.** CUIS. Dépouiller un poisson de ses nageoires, appelées *barbes* chez certains poissons tels que la limande.

ébats [eba] n.m. pl. (de *s'ébattre*). - **1.** LITT. Mouvement folâtres ; détente joyeuse : *Les ébats des enfants dans la cour.* - **2.** Ébats amoureux, plaisirs de l'amour.

s'ébattre [ebatʀ] v.pr. (de *battre*) [conj. 83]. SOUT. Se détendre en gesticulant, en courant : *Les enfants s'ébattent dans le jardin* (syn. folâtrer).

ébaubi, e [ebobi] adj. (de l'anc. fr. *abaubir* "rendre bègue"). VIEILLI OU PAR PLAIS. Surpris, étonné.

ébauchage [eboʃaʒ] n.m. Action d'ébaucher.

ébauche [eboʃ] n.f. (de *ébaucher*). - **1.** Premier stade d'exécution d'un objet, d'un ouvrage, d'une œuvre d'art (syn. esquisse). - **2.** TECHN. Ouvrage dont l'ensemble est terminé et dont les détails restent à exécuter. - **3.** Commencement : *L'ébauche d'un sourire* (syn. amorce).

ébaucher [eboʃe] v.t. (de l'anc. fr. *bauch* "poutre"). - **1.** Donner la première forme, la première façon à un travail, une œuvre : *Ébaucher un buste.* - **2.** Commencer : *Ébaucher un geste* (syn. amorcer, esquisser).

ébauchoir [eboʃwaʀ] n.m. Outil de sculpteur, de charpentier pour ébaucher.

ébavurer [ebavyʀe] v.t. (de *bavure*). Ébarber une pièce de métal.

ébène [ebɛn] n.f. (lat. *ebenus*, du gr.). - **1.** Bois noir, dur et lourd de l'ébénier. - **2.** D'ébène, d'un noir éclatant, brillant : *Cheveux d'ébène.*
◆ adj. inv. D'une couleur noire.

ébénier [ebenje] n.m. Arbre des régions équatoriales qui fournit l'ébène.

ébéniste [ebenist] n. (de *ébène*). Menuisier qui fabrique des meubles de luxe en utilisant notamm. la technique du placage.

ébénisterie [ebenistəʀi] n.f. Travail, métier de l'ébéniste.

éberlué, e [ebɛʀlɥe] adj. (p. passé de *éberluer*). Qui manifeste un vif étonnement (syn. stupéfait, ébahi).

éberluer [ebɛʀlɥe] v.t. (de *berlue*) [conj. 7]. FAM. Étonner vivement : *Ce départ subit m'a éberlué* (syn. stupéfier).

éblouir [ebluiʀ] v.t. (lat. pop. *exblaudire*, du rad. germ. *blaup* exprimant la faiblesse) [conj. 32]. - **1.** Troubler la vue par un éclat trop vif : *Le soleil nous éblouit* (syn. aveugler). - **2.** Frapper d'admiration : *Son récital a ébloui le public* (syn. émerveiller). - **3.** Tromper, aveugler par une apparence brillante : *Ne te laisse pas éblouir par ses promesses* (syn. impressionner).

éblouissant, e [ebluisɑ̃, -ɑ̃t] adj. - **1.** Qui éblouit, aveugle : *La blancheur éblouissante de la neige* (syn. étincelant). - **2.** Qui frappe par son éclat, sa beauté, ses qualités : *Une femme éblouissante d'intelligence* (syn. fascinant).

éblouissement [ebluismɑ̃] n.m. - **1.** Trouble momentané de la vue, causé par une lumière trop vive ; aveuglement. - **2.** Vertige, malaise. - **3.** Ce qui provoque un étonnement admiratif : *Ce spectacle fut un éblouissement.*

ébonite [ebɔnit] n.f. (angl. *ebonite*, de *ebony* "ébène"). Caoutchouc durci par addition de soufre, utilisé comme isolant électrique.

éborgner [ebɔʀɲe] v.t. - **1.** Rendre qqn, un animal borgne ; lui crever un œil : *Tu vas finir par m'éborgner avec cette branche.* - **2.** AGRIC. Supprimer les bourgeons (ou yeux) inutiles d'un arbre fruitier.

éboueur [ebwœʀ] n.m. (de *boue*). Ouvrier chargé du ramassage des ordures ménagères.

ébouillanter [ebujɑ̃te] v.t. Tremper dans l'eau bouillante ou passer à la vapeur : *Ébouillanter une théière.* - **2.** Arroser, brûler avec un liquide bouillant : *Il lui a ébouillanté la main en lui servant du café.*

éboulement [ebulmɑ̃] n.m. - **1.** Chute de ce qui s'éboule ; éboulement d'un talus (syn. écroulement, effondrement). - **2.** Matériaux éboulés ; éboulis : *Un éboulement obstrue la route.*

s'ébouler [ebule] v.pr. (anc. fr. *esboeler* "éventrer", de *bouel* "boyau"). S'écrouler, s'effondrer : *Falaise qui s'éboule.*

éboulis [ebuli] n.m. Amas de matériaux éboulés ; éboulement : *Éboulis de roches.*

ébourgeonnement [ebuʀʒɔnmɑ̃] et **ébourgeonnage** [ebuʀʒɔnaʒ] n.m. AGRIC. Action d'ébourgeonner.

ébourgeonner [ebuʀʒɔne] v.t. AGRIC. Supprimer les bourgeons inutiles d'un arbre, de la vigne.

ébouriffant, e [ebuʀifɑ̃, -ɑ̃t] adj. FAM. Qui provoque une grande stupéfaction : *Un succès ébouriffant* (syn. incroyable).

ébouriffé, e [ebuʀife] adj. (prov. *esbourifat*, de *bourro* "bourre"). Dont les cheveux sont en désordre ; hirsute.

ébouriffer [ebuʀife] v.t. (de *ébouriffé*). - **1.** Mettre les cheveux en désordre. - **2.** FAM. Provoquer chez qqn une vive surprise : *Son toupet m'a ébouriffé* (syn. stupéfier).

ébranchage [ebʀɑ̃ʃaʒ] et **ébranchement** [ebʀɑ̃ʃmɑ̃] n.m. Action d'ébrancher.

ébrancher [ebʀɑ̃ʃe] v.t. Casser ou couper les branches d'un arbre.

ébranlement [ebʀɑ̃lmɑ̃] n.m. - **1.** Action d'ébranler ; fait d'être ébranlé : *L'ébranle-*

ment du sol. -**2.** Fait de s'ébranler, de se mettre en mouvement : *L'ébranlement du train.*

ébranler [ebʀɑ̃le] v.t. (de *branler*). - **1.** Faire osciller, faire trembler ; secouer : *Le passage du camion a ébranlé les vitres.* -**2.** Affaiblir ; diminuer : *Cette maladie a ébranlé sa santé.* -**3.** Faire douter qqn, modifier ses convictions : *Ce discours a fortement ébranlé ses partisans.* ◆ **s'ébranler** v.pr. Se mettre en mouvement : *Le train s'ébranle* (syn. démarrer).

ébraser [ebʀɑze] v.t. (var. de *embraser*). CONSTR. Élargir obliquement, génér. de dehors en dedans, l'embrasure d'une baie de porte, de fenêtre.

ébrécher [ebʀeʃe] v.t. [conj. 18]. Faire une brèche à, entamer le bord de : *Ébrécher un verre, une dent.*

ébriété [ebʀijete] n.f. (lat. *ebrietas* "ivresse", de *ebrius* "ivre"). SOUT. État d'une personne ivre : *En état d'ébriété* (syn. ivresse).

s'ébrouer [ebʀue] v.pr. (de l'anc. fr. *brou* "bouillon"). - **1.** Souffler bruyamment par peur ou par impatience, en parlant du cheval. -**2.** S'agiter, se secouer vivement pour se débarrasser de l'eau : *Le chien s'ébroue en sortant de l'eau.*

ébruitement [ebʀɥitmɑ̃] n.m. Action d'ébruiter ; fait de s'ébruiter.

ébruiter [ebʀɥite] v.t. (de *bruit*). Faire savoir qqch publiquement : *Ébruiter une affaire* (syn. divulguer). ◆ **s'ébruiter** v.pr. Se répandre, se propager : *La nouvelle s'est vite ébruitée.*

ébullition [ebylisjɔ̃] n.f. (du lat. *ebullire* "bouillonner"). - **1.** Passage de l'état liquide à l'état gazeux, les deux phases étant en équilibre. -**2.** Moment où un liquide commence à bouillir : *Porter l'eau à ébullition.* -**3.** En ébullition, en effervescence : *Ville en ébullition.*

éburnéen, enne [ebyʀneɛ̃, -ɛn] adj. (lat. *eburneus* "ivoire"). LITT. Qui a la blancheur ou l'aspect de l'ivoire.

écaillage [ekajaʒ] n.m. Action d'écailler ; fait de s'écailler.

écaille [ekaj] n.f. (germ. *skalja* "tuile"). - **1.** Chacune des plaques dures, cornées (reptiles) ou osseuses (poissons) qui recouvrent le corps de certains animaux. □ Certains mammifères et oiseaux sont également pourvus d'écailles cornées. -**2.** Matière première provenant de la carapace de certaines tortues, utilisée en tabletterie, en marqueterie, etc. : *Peigne en écaille.* -**3.** Valve d'un mollusque bivalve : *Écailles d'huître* (syn. coquille). -**4.** BOT. Feuille entourant le bourgeon ou le bulbe de certaines plantes (oignon, lis, etc.). -**5.** Parcelle qui se détache

en petites plaques d'une surface : *Des écailles de peinture sèche.*

écaillé, e [ekaje] adj. -**1.** Dépouillé de ses écailles : *Poisson écaillé.* -**2.** Qui s'écaille : *Peinture écaillée.*

1. écailler [ekaje] v.t. (de *écaille*). -**1.** Gratter un poisson cru afin d'ôter les écailles de sa peau. -**2.** Ouvrir une huître, un mollusque bivalve en en séparant les écailles. ◆ **s'écailler** v.pr. Se détacher en plaques minces, en écailles : *Vernis à ongles qui s'écaille.*

2. écailler, ère [ekaje, -ɛʀ] n. (de *écaille*). Personne spécialisée dans la vente et l'ouverture des huîtres.

écale [ekal] n.f. (du frq. *skala*, de même rac. que *écaille*). Enveloppe dure de certains fruits (noix, noisettes, etc.).

écaler [ekale] v.t. Débarrasser un fruit de son écale, un œuf dur de sa coquille.

écarlate [ekaʀlat] n.f. (lat. médiév. *scarlatum*, du persan *saqirlāt*, mot ar.). Matière colorante d'un rouge vif utilisée autref. en teinturerie. ◆ adj. De la couleur rouge vif de l'écarlate : *Des visages écarlates.*

écarquiller [ekaʀkije] v.t. (de l'anc. fr. *e[s]cartiller* "mettre en quatre"). Écarquiller les yeux, les ouvrir tout grands.

écart [ekaʀ] n.m. (de *1. écarter*). - **1.** Distance, différence entre des choses ou des personnes : *L'écart entre les coureurs s'accentue* (syn. intervalle). *Des écarts de température.* - **2.** Retrait, bond de côté pour éviter qqch, qqn ; embardée : *Faire un écart devant un piéton.* -**3.** Action de s'écarter, de se détourner de sa ligne de conduite : *Faire des écarts de régime.* -**4.** GÉOGR. Petite agglomération distincte du centre de la commune à laquelle elle appartient. -**5.** À l'écart, éloigné ; à l'extérieur : *Se tenir à l'écart de la vie politique* (= en dehors). ‖ *Écart de langage*, parole qui transgresse les convenances ; grossièreté. - **6.** Grand écart. Mouvement de gymnastique dans lequel les jambes, qui ont deux directions opposées par rapport au buste, touchent le sol sur toute la longueur.

1. écarté, e [ekaʀte] adj. (de *1. écarter*). - **1.** Situé à l'écart : *Maison écartée* (syn. isolé). -**2.** Se dit de deux choses qui sont assez distantes l'une de l'autre : *Avoir les yeux écartés.*

2. écarté [ekaʀte] n.m. (de *2. écarter*). Jeu de cartes dans lequel les joueurs peuvent écarter certaines cartes.

écartelé [ekaʀtəle] adj. HÉRALD. Se dit d'un écu partagé en quatre quartiers égaux.

écartèlement [ekaʀtɛlmɑ̃] n.m. Supplice qui consistait à faire tirer les membres des condamnés par des chevaux jusqu'à ce qu'ils se séparent du tronc.

écarteler [ekaʀtəle] v.t. (de l'anc. fr. *esquarterer*, propr. "partager en quatre parties") [conj. 25]. - **1.** Faire subir le supplice de l'écartèlement. - **2.** Tirailler qqn entre plusieurs choses : *Elle est écartelée entre son désir de franchise et sa peur de blesser.*

écartement [ekaʀtəmɑ̃] n.m. - **1.** Action d'écarter ou de s'écarter : *L'écartement des jambes.* - **2.** Distance entre deux ou plusieurs choses : *L'écartement des rails.*

1. écarter [ekaʀte] v.t. (lat. pop. *exquartare*, de *quartus* "quart"). - **1.** Mettre une certaine distance entre des choses : *Écarter un objet du feu* (syn. éloigner). - **2.** Tenir qqn à distance, à l'écart : *Écarter la foule* (syn. repousser). - **3.** Rejeter qqn ; ne pas tenir compte de qqch : *Écarter une question* (syn. éliminer). *Écarter un candidat de la compétition* (syn. évincer). ◆ **s'écarter** v.pr. - **1.** Se diviser, se séparer, en parlant d'un ensemble : *La foule s'écarta pour laisser passer le cortège.* - **2.** S'écarter de qqn, de qqch, s'en éloigner, s'en détourner : *S'écarter du droit chemin. Routes qui s'écartent l'une de l'autre.*

2. écarter [ekaʀte] v.t. (de *carte*). JEUX. Rejeter une ou plusieurs cartes de son jeu pour en prendre de nouvelles.

écarteur [ekaʀtœʀ] n.m. CHIR. Instrument servant à écarter les lèvres d'une plaie.

ecce homo [ɛkseɔmo] n.m. inv. (mots lat. "voici l'homme", dits par Pilate). BX-A. Représentation du Christ couronné d'épines et portant un roseau pour sceptre.

ecchymose [ekimoz] n.f. (gr. *egkhúmôsis*, de *egkhêin* "s'écouler"). Épanchement de sang dans l'épaisseur de la peau à la suite d'un choc ; tache apparente qui en résulte. (On dit cour. un *bleu*).

ecclésiastique [eklezjastik] adj. (gr. *ekklêsiastikos*, de *ekklêsia* "assemblée"). Relatif à l'Église et, plus spécial., au clergé (par opp. à *laïque*, à *civil*). ◆ n.m. Membre du clergé, d'une Église.

écervelé, e [esɛʀvəle] adj. et n. Se dit d'une personne qui ne réfléchit pas ; étourdi.

échafaud [eʃafo] n.m. (de l'anc. fr. *chafaud* "estrade", lat. pop. *catafalicum*, du class. *falae* "tours de bois", et du gr. *kata* "en bas"). - **1.** Estrade sur laquelle on procédait aux exécutions par décapitation. - **2.** Peine de mort : *Risquer l'échafaud.*

échafaudage [eʃafodaʒ] n.m. - **1.** Ouvrage provisoire en charpente, dressé pour construire ou réparer un bâtiment. - **2.** Entassement d'objets : *Un échafaudage de livres* (syn. pile). - **3.** Construction abstraite, génér. fragile : *L'échafaudage d'un système politique* (syn. agencement).

échafauder [eʃafode] v.t. Élaborer qqch en combinant des éléments souvent fragiles : *Échafauder une hypothèse, des projets.* ◆ v.i. CONSTR. Dresser un échafaudage.

échalas [eʃala] n.m. (réfection, probabl. d'apr. *échelle*, de l'anc. fr. *escharaz*, lat. pop. *caracium* "roseau"). - **1.** Pieu servant de tuteur à certaines plantes, notamm. à la vigne. - **2.** FAM. Personne grande et maigre.

échalote [eʃalɔt] n.f. (lat. *ascalonia* [*cepa*] "oignon [d'Ascalon, v. de Palestine]"). Plante potagère voisine de l'oignon, dont le bulbe est utilisé comme condiment. □ Famille des liliacées.

échancré, e [eʃɑ̃kʀe] adj. Qui présente une ou des échancrures : *Côte échancrée. Encolure très échancrée* (syn. décolleté).

échancrer [eʃɑ̃kʀe] v.t. (de *chancre*, propr. "entamer comme le ferait un chancre"). Creuser, découper le bord de : *Échancrer un corsage.*

échancrure [eʃɑ̃kʀyʀ] n.f. Partie creusée ou entaillée au bord : *Les échancrures de la côte bretonne.*

échange [eʃɑ̃ʒ] n.m. (de *échanger*). - **1.** Opération par laquelle on échange : *Échange de timbres. Échange de prisonniers.* - **2.** Fait de s'adresser, de s'envoyer mutuellement qqch : *Échange de correspondance. Échange de coups* (= bagarre). - **3.** ÉCON. Troc ; commerce. - **4.** BIOL. Passage et circulation de substances entre deux milieux : *Échanges cellulaires. Échanges gazeux.* - **5.** SPORTS. Dans les sports de balle, jeu pour s'échauffer avant une partie. - **6.** SPORTS. Série de balles après chaque service. - **7.** (Souvent au pl.). Ensemble des relations entre des groupes, des pays différents se traduisant par la circulation des hommes et des idées : *Échanges culturels, commerciaux.* - **8.** **Échange standard**, remplacement d'une pièce, d'un article défectueux par une pièce, un article identiques neufs. ❙ **En échange**, en contrepartie, en compensation : *Il n'a rien dit, en échange, il a été récompensé.* ❙ ÉCON. **Valeur d'échange**, faculté que donne un bien d'en acquérir d'autres (par opp. à *valeur d'usage*).

échangeable [eʃɑ̃ʒabl] adj. Qui peut être échangé.

échanger [eʃɑ̃ʒe] v.t. (de *changer*) [conj. 17]. - **1.** Donner une chose et en recevoir une autre en contrepartie : *Échanger des billes contre un stylo* (syn. troquer). - **2.** Adresser et recevoir en retour ; s'adresser mutuellement : *Échanger des cadeaux. Nous avons échangé nos points de vue.* - **3.** **Échanger des balles**, au tennis, au tennis de table, faire des échanges pour s'échauffer.

échangeur [eʃɑ̃ʒœʀ] n.m. - **1.** Dispositif de raccordement entre plusieurs routes et autoroutes sans aucun croisement à niveau. - **2.** Appareil dans lequel deux fluides échangent de la chaleur.

échangisme [efɑ̃ʒism] n.m. Pratique de l'échange des partenaires sexuels entre deux ou plusieurs couples.

échanson [efɑ̃sɔ̃] n.m. (frq. *skankjo*). Officier qui servait à boire à un grand personnage.

échantillon [efɑ̃tijɔ̃] n.m. (anc. fr. *eschandillon* "échelle pour mesurer", du rad. lat. *scala* "échelle"). - **1.** Petite quantité de marchandise qui permet de juger de la qualité : *Échantillon de tissu.* - **2.** Exemple représentatif : *Un échantillon de la poésie du XV*ᵉ *s. Donner un échantillon de son talent* (syn. aperçu). - **3.** STAT. Fraction représentative d'une population ou d'un ensemble statistique.

échantillonnage [efɑ̃tijɔnaʒ] n.m. - **1.** Action d'échantillonner ; série d'échantillons. - **2.** STAT. Action de choisir les échantillons qui serviront à une analyse, notamm. dans le cas d'un sondage.

échantillonner [efɑ̃tijɔne] v.t. - **1.** Choisir, réunir des échantillons. - **2.** STAT. Déterminer un échantillon dans une population.

échappatoire [efapatwaʀ] n.f. (de *échapper*). Moyen adroit ou détourné pour se tirer d'embarras : *Chercher, trouver une échappatoire* (syn. faux-fuyant, subterfuge).

échappée [efape] n.f. (de *échapper*). - **1.** Dans une course, action de distancer : *Tenter une échappée.* - **2.** Espace étroit laissé libre à la vue ou au passage : *D'ici, on a une échappée sur la mer* (syn. vue). - **3.** LITT. Court instant : *Il a des échappées de génie.*

échappement [efapmɑ̃] n.m. - **1.** Expulsion dans l'atmosphère des gaz de combustion d'un moteur thermique ; dispositif permettant cette expulsion : *Tuyau d'échappement. Échappement libre* (= dépourvu de silencieux). - **2.** Mécanisme d'horlogerie qui sert à régulariser le mouvement d'une pendule, d'une montre.

échapper [efape] v.t. ind. [**à**] (lat. pop. *excappare* "sortir de la chape"). - **1.** Se soustraire, se dérober à qqn, à sa surveillance : *Le prisonnier a échappé à ses gardiens.* - **2.** Ne pas être atteint, concerné par qqch de menaçant, d'importun : *Échapper à la maladie. Échapper à une corvée* (= l'éviter). - **3.** Ne pas être obtenu, perçu, compris ou ne plus être présent à l'esprit : *Rien n'échappe à son œil d'aigle. Son nom m'échappe* (= je l'ai oublié). *Le pouvoir lui échappe.* - **4.** Cesser d'être tenu, retenu par qqn : *Le plat lui a échappé des mains* (= il l'a lâché). - **5.** *Ça m'a échappé, je l'ai dit par mégarde.* ‖ *L'échapper belle,* éviter de peu un danger. ◆ **s'échapper** v.pr. - **1.** S'enfuir, se sauver d'un lieu où l'on est

retenu ; s'absenter : *Le prisonnier s'est échappé* (syn. s'évader). *S'échapper d'une réunion* (syn. s'éclipser). - **2.** Sortir, se répandre brusquement : *La vapeur s'échappe par du soupape.* - **3.** Faire une échappée, dans une course.

écharde [efaʀd] n.f. (frq. *skarda* "éclat"). Petit fragment pointu de bois ou d'autre matière entré accidentellement sous la peau.

écharner [efaʀne] v.t. (de *charn*, anc. forme de *chair*). TECHN. Débarrasser une peau des chairs qui y adhèrent avant de la tanner.

écharpe [efaʀp] n.f. (frq. *skirpja* "sacoche"). - **1.** Large bande d'étoffe portée obliquement d'une épaule à la hanche opposée, ou autour de la ceinture, comme insigne d'une fonction : *L'écharpe tricolore du maire.* - **2.** Bandage porté en bandoulière pour soutenir une main ou un bras blessés : *Avoir le bras en écharpe.* - **3.** Bande d'étoffe tissée ou tricotée qu'on porte sur les épaules ou autour du cou. - **4.** *Prendre en écharpe,* heurter, accrocher de biais.

écharper [efaʀpe] v.t. (var. de l'anc. v. *escharpir*, de *charpir* "déchirer"). - **1.** Blesser grièvement, mettre en pièces : *La foule voulait écharper l'assassin* (syn. lyncher). - **2.** FAM. Se faire écharper, subir des coups, des critiques.

échasse [efas] n.f. (du frq. *skakkja* "jambe de bois"). - **1.** Long bâton garni d'un étrier permettant de marcher à une certaine hauteur du sol. - **2.** Oiseau à plumage noir et blanc, aux pattes longues et fines, qui niche près des rivages dans le sud de la France. □ Famille des récurvirostridés ; ordre des charadriiformes.

échassier [efasje] n.m. (de *échasse*). Échassiers, superordre d'oiseaux carnivores des marais, aux longues pattes, regroupant les circoniiformes, les gruiformes et les charadriiformes.

échaudé, e [efode] adj. - **1.** Ébouillanté. - **2.** *Chat échaudé craint l'eau froide,* on craint même l'apparence d'un mal dont on a souffert (proverbe).

échauder [efode] v.t. (lat. *excaldare*, de *calidus* "chaud"). - **1.** Plonger dans l'eau bouillante : *Échauder un poulet pour le plumer* (syn. ébouillanter). - **2.** Causer à qqn une mésaventure qui lui sert de leçon : *Cette aventure l'a échaudé.*

échauffement [efofmɑ̃] n.m. - **1.** Action d'échauffer ; fait de s'échauffer, de devenir chaud : *L'échauffement d'une pièce mécanique par défaut de graissage.* - **2.** Fait de devenir plus animé : *Dans l'échauffement de la discussion* (syn. énervement). - **3.** Entraînement léger destiné à échauffer les muscles pour les assouplir avant un effort physique.

échauffer [eʃofe] v.t. (lat. pop. *excalefare, class. *excalefacere*). - **1.** Donner de la chaleur à, élever la température de : *La fermentation échauffe le foin humide.* - **2.** Causer de l'excitation : *L'alcool échauffe les esprits.* - **3.** SOUT. Échauffer la bile, les oreilles, le sang, la tête, etc., mettre en colère. ◆ **s'échauffer** v.pr. - **1.** Devenir plus chaud ou plus animé : *La discussion s'échauffe* (= le ton monte). - **2.** Faire des exercices pour se préparer à un effort physique.

échauffourée [eʃofure] n.f. (d'un croisement de *fourrer* et *chaufour* "four à chaux", en raison de l'activité incessante du chaufournier). Combat bref et confus : *Échauffourées entre police et manifestants* (syn. accrochage).

échauguette [eʃoɡɛt] n.f. (frq. *skarwahta "guet"). Guérite de guet placée en surplomb sur une muraille fortifiée.

échéance [eʃeɑ̃s] n.f. (de *échéant*). - **1.** Date à laquelle est exigible le paiement d'une dette ou l'exécution d'une obligation : *L'échéance d'un loyer. Sa traite arrive à échéance.* - **2.** Ensemble des règlements à effectuer à une période donnée : *Ne pas pouvoir faire face à ses échéances.* - **3.** Moment où qqch doit arriver et qui marque la fin d'un délai, d'une période : *Échéance électorale.* - **4.** À brève, courte, longue échéance, dans un délai bref, court, long.

échéancier [eʃeɑ̃sje] n.m. Registre où sont inscrites, à leur date d'échéance, les dettes, les créances.

échéant, e [eʃeɑ̃, -ɑ̃t] adj. (p. présent de *échoir*). - **1.** DR. Qui arrive à échéance. - **2.** Le cas échéant, si le cas se présente : *Je peux vous conseiller et, le cas échéant, vous aider.*

échec [eʃɛk] n.m. (de *échecs*). - **1.** Résultat négatif d'une tentative, d'une entreprise : *L'échec des négociations* (syn. insuccès). *Tenir qqn en échec.* - **2.** Faire échec à, empêcher de réussir : *Ils ont fait échec à tous ses projets.*

échecs [eʃɛk] n.m. pl. (du persan *chāh* "roi"). - **1.** Jeu dans lequel deux adversaires font manœuvrer sur un plateau de 64 cases deux séries de 16 pièces de valeurs diverses ; les pièces qui servent à ce jeu. - **2.** Situation du roi en position d'être pris par l'adversaire : *Échec au roi.* - **3.** Échec et mat, coup décisif qui met le roi en position d'être pris au coup suivant et assure le gain de la partie. ◆ **échec** adj. inv. En échec : *Être échec, échec et mat.*

échelier [eʃəlje] n.m. (de *échelle*). Échelle à un seul montant central.

échelle [eʃɛl] n.f. (lat. *scala*). - **1.** Dispositif composé de deux montants reliés entre eux par des barreaux transversaux régulièrement espacés servant de marches : *Échelle double. Échelle de corde. Échelle d'incendie*

(= plans coulissants). - **2.** MAR. Escalier sur un bateau. - **3.** Série de divisions sur un instrument de mesure : *Échelle thermométrique.* - **4.** MUS. Succession de sons non structurée (par opp. à *gamme*). - **5.** Ligne graduée indiquant le rapport des dimensions ou distances marquées sur un plan, une carte, avec les dimensions ou distances réelles ; rapport entre la représentation figurée d'une longueur et la longueur réelle correspondante : *Sur une carte à l'échelle de 1/200 000, 1 cm vaut 2 km.* - **6.** Suite de degrés, de niveaux classés dans un ordre progressif : *S'élever dans l'échelle sociale* (syn. hiérarchie). - **7.** À grande échelle, sur une vaste échelle, en grand, dans des proportions importantes : *Diffuser un produit à grande échelle.* ‖ À l'échelle de, à l'échelle (+ adj.), à la mesure, au niveau de : *À l'échelle du département. À l'échelle internationale.* ‖ Échelle mobile, système d'indexation d'un paiement sur le coût de la vie : *Échelle mobile des salaires.* ‖ L'échelle de Jacob, échelle que le patriarche Jacob vit en songe, accédant au ciel, et parcourue par les anges. ‖ Faire à qqn la courte échelle, l'aider à s'élever en lui offrant ses mains et ses épaules comme points d'appui. ◆ **échelles** n.f.pl. HIST. Comptoirs commerciaux établis à partir du XVIe s. par les nations chrétiennes en pays d'islam : *Échelles du Levant.*

échelon [eʃlɔ̃] n.m. - **1.** Barreau transversal d'une échelle. - **2.** Degré d'une série, d'une hiérarchie, d'une carrière administrative : *Accéder à l'échelon supérieur. À l'échelon national* (syn. échelle, niveau).

échelonnement [eʃlɔnmɑ̃] n.m. Action d'échelonner ; fait d'être échelonné.

échelonner [eʃlɔne] v.t. - **1.** Disposer par échelons, de distance en distance : *Échelonner des troupes.* - **2.** Répartir dans le temps à intervalles plus ou moins réguliers : *Échelonner des paiements, des livraisons* (syn. espacer, étaler).

échenillage [eʃnijaʒ] n.m. Action d'écheniller.

écheniller [eʃnije] v.t. Débarrasser un arbre, une plante des chenilles.

écheveau [eʃvo] n.m. (lat. *scabellum* "tabouret", d'où p.-ê. par comparaison "dévidoir", puis "écheveau"). - **1.** Assemblage de fils textiles réunis entre eux par un fil de liage. - **2.** Ensemble serré d'éléments liés entre eux de façon complexe : *L'écheveau d'une intrigue.*

échevelé, e [eʃəvle] adj. (de *chevel*, forme anc. de *cheveu*). - **1.** Dont les cheveux sont en désordre : *Il est arrivé tout échevelé* (syn. ébouriffé). - **2.** Qui manque d'ordre, de mesure : *Danse échevelée* (syn. frénétique).

échevin [eʃvɛ̃] n.m. (bas lat. *scabinus*, frq. *skapin "juge"). HIST. Magistrat municipal chargé d'assister le maire sous l'Ancien Régime.

échevinal, e, aux [eʃvinal, -o] adj. Relatif à l'échevin.

échidné [ekidne] n.m. (lat. *echidna*, mot gr. "vipère"). Mammifère ovipare d'Australie et de Nouvelle-Guinée, couvert de piquants, portant un bec corné, fouisseur et insectivore. □ Famille des tachyglossidés ; sous-classe des monotrèmes ; long. 25 cm.

échine [eʃin] n.f. (frq. *skina* "os de la jambe" et "aiguille"). -**1.** Colonne vertébrale, dos de l'homme et de certains animaux : *Marcher dans la campagne, l'échine courbée.* -**2.** BOUCH. Partie du bœuf comprenant l'aloyau et les côtes ; partie antérieure de la longe de porc. -**3.** Avoir l'échine souple, être servile. ‖ Courber, plier l'échine, céder, se soumettre.

s'échiner [eʃine] v.pr. [à] (de *échine*). Se fatiguer, se donner de la peine : *Il s'est échiné à défendre un accusé.*

échinoderme [ekinɔdɛʁm] n.m. (du gr. *ekhinos* "hérisson", et -*derme*). Échinodermes, embranchement d'animaux marins invertébrés présentant un système de ventouses érectiles, comme l'oursin et l'étoile de mer.

échiquier [eʃikje] n.m. (angl. *exchequer*, de l'anc. fr. *eschequier* "trésor (royal)"). -**1.** Plateau carré, divisé en 64 cases alternativement noires et blanches, sur lequel on joue aux échecs. -**2.** Surface dont le dessin évoque celui d'un échiquier : *Arbres plantés en échiquier.* -**3.** Domaine où s'opposent des intérêts contradictoires qui exigent des manœuvres habiles : *L'échiquier diplomatique.* -**4.** (Avec une majuscule). Administration financière, en Grande-Bretagne : *Chancelier de l'Échiquier.*

écho [eko] n.m. (lat. *echo*, gr. *ēkhō* "son"). -**1.** Répétition d'un son due à la réflexion des ondes sonores sur un obstacle : *L'écho lui renvoya son cri.* -**2.** TECHN. Onde électromagnétique émise par un poste de radar et qui revient à l'appareil après avoir été réfléchie par un obstacle. -**3.** TÉLÉV. Image parasite légèrement décalée sur l'écran par rapport à l'image normale. -**4.** Propos rapportant des faits : *Avez-vous eu des échos de la réunion ?* (syn. nouvelle). -**5.** Reflet, évocation : *Cet ouvrage est un écho des préoccupations de l'époque.* -**6.** Résonance, accueil favorable : *Cette offre n'a pas trouvé le moindre écho.* -**7.** En écho, en répétant fidèlement : *Les manifestants reprirent en écho les slogans.* ‖ Se faire l'écho de, propager, répandre : *Ils se sont faits l'écho de nos préoccupations.* ◆ **échos** n.m. pl. Rubrique d'un journal consacrée aux anecdotes, à la vie mondaine, etc.

échographie [ekɔgrafi] n.f. MÉD. Technique d'imagerie médicale utilisant la réflexion *(écho)* d'un faisceau d'ultrasons par les organes.

échoir [eʃwaʁ] v.t. ind. [à] (lat. pop. *excidere*, de *cadere* "tomber") [conj. 70 ; auxil. *être* ou *avoir*]. LITT. Être dévolu à qqn par le sort, le hasard : *Le gros lot lui a échu* (syn. revenir). ◆ v.i. Arriver à échéance, en parlant d'une dette, d'un engagement, etc. : *Payer son loyer à terme échu.* **Rem.** Ce verbe ne s'emploie plus guère qu'au p. présent et au p. passé.

écholalie [ekɔlali] n.f. (du gr. *ēkhô* "son répercuté" et *lalein* "parler"). PSYCHIATRIE. Répétition machinale de mots ou de phrases prononcés par autrui, dans certaines aphasies.

écholocation [ekɔlɔkasjɔ̃] n.f. ZOOL. Mode d'orientation propre à certains animaux (chauves-souris, dauphins) qui repèrent les obstacles en émettant des ultrasons produisant un écho.

échoppe [eʃɔp] n.f. (anc. néerl. *schoppe*). Petite boutique en matériau léger, adossée à une autre construction.

échotier, ère [ekɔtje, -ɛʁ] n. Rédacteur des échos dans un journal.

échouage [eʃwaʒ] n.m. MAR. Action d'échouer un navire volontairement ; situation d'un navire échoué.

échouer [eʃwe] v.i. (orig. obsc., p.-ê. du lat. *excautare*, de *cautes* "rocher") [conj. 6]. -**1.** Toucher accidentellement le rivage, le fond et s'y immobiliser, en parlant d'un navire. -**2.** Se retrouver par hasard en un lieu que l'on n'a pas choisi : *Échouer dans une auberge de campagne.* -**3.** Ne pas aboutir ; subir un échec : *Les négociations ont échoué. Échouer à un examen.* ◆ v.t. MAR. Pousser volontairement un bateau sur un haut-fond ou à terre pour le mettre à sec. ◆ **s'échouer** v.pr. Toucher le fond et s'arrêter : *Bateau qui s'échoue sur un haut-fond.*

écimage [esimaʒ] n.m. Action d'écimer.

écimer [esime] v.t. Enlever la cime d'un végétal pour favoriser la croissance en épaisseur (syn. étêter).

éclaboussement [eklabusmɑ̃] n.m. Action d'éclabousser.

éclabousser [eklabuse] v.t. (anc. fr. *esclaboter*, d'un rad. onomat. *klapp-* et *bouter* "frapper"). -**1.** Faire rejaillir un liquide sur : *La voiture m'a éclaboussé* (syn. asperger). -**2.** Compromettre la réputation de qqn par répercussion : *Scandale qui a éclaboussé toute la famille* (syn. salir).

éclaboussure [eklabusyʁ] n.f. -**1.** Particule qui éclabousse, salit : *Ma robe est pleine d'éclaboussures* (syn. tache). -**2.** Contrecoup d'un événement fâcheux, qui entache la réputation de qqn : *Les éclaboussures d'un scandale.*

1. éclair [eklɛʀ] n.m. (de *éclairer*). **- 1.** Lueur brève et très vive traduisant une décharge électrique entre deux nuages ou entre un nuage et la terre, lors d'un orage. **- 2.** Lueur éclatante et brève : *Éclair d'un flash.* **- 3.** Brusque manifestation de ce qui a trait à l'intelligence : *Dans un éclair de lucidité. Éclair de génie.* **- 4.** Comme l'éclair, avec une extrême rapidité. ‖ *Ses yeux, son regard lancent des éclairs*, sont animés d'une émotion intense, partic. de colère. ◆ adj. inv. (Épithète seul.). Très rapide : *Un voyage éclair.*

2. éclair [eklɛʀ] n.m. (de *1. éclair*, probabl. parce que ce gâteau peut se manger très vite). Petit gâteau allongé, en pâte à choux, fourré de crème pâtissière et glacé par-dessus.

éclairage [eklɛʀaʒ] n.m. **- 1.** Action, manière, moyen d'éclairer ; dispositif qui éclaire : *L'éclairage de cette pièce est insuffisant.* **- 2.** Ensemble des appareils qui éclairent un spectacle ; réglage de ces appareils : *Technicien chargé de l'éclairage.* **- 3.** Manière particulière d'envisager qqch : *Sous cet éclairage, l'affaire paraît banale* (syn. angle, jour). **- 4.** Éclairage **indirect**, éclairage qui n'est pas orienté directement sur le plan utile.

éclairagiste [eklɛʀaʒist] n. Spécialiste dans l'installation de l'éclairage ; spécial., technicien qui s'occupe de l'éclairage d'un spectacle.

éclairant, e [eklɛʀɑ̃, -ɑ̃t] adj. Qui éclaire : *Une fusée éclairante. Une conclusion très éclairante.*

éclaircie [eklɛʀsi] n.f. (de *éclaircir*). **- 1.** Espace clair dans un ciel nuageux ; durée pendant laquelle le ciel s'éclaircit : *Profitons de l'éclaircie pour rentrer.* **- 2.** SOUT. Changement favorable : *Une éclaircie dans le climat politique.*

éclaircir [eklɛʀsiʀ] v.t. (anc. fr. *esclarcir* "briller", du lat. *clarus* "clair") [conj. 32]. **- 1.** Rendre plus clair : *Ce papier éclaircit la pièce* (contr. assombrir). *La camomille éclaircit les cheveux* (contr. foncer). **- 2.** Rendre plus limpide, plus fluide : *Éclaircir une sauce* (syn. allonger ; contr. épaissir). **- 3.** AGRIC., SYLV. Rendre des plants, un bois moins touffus. **- 4.** Rendre qqch plus intelligible : *Éclaircir un mystère, une énigme* (syn. élucider, débrouiller). ◆ **s'éclaircir** v.pr. **- 1.** Devenir plus clair : *Sa robe s'éclaircie au lavage.* **- 2.** Devenir moins nombreux : *Ses cheveux commencent à s'éclaircir.* **- 3.** Devenir plus compréhensible, plus net, plus clair : *La situation s'est éclaircie entre eux.*

éclaircissement [eklɛʀsismɑ̃] n.m. **- 1.** Action d'éclaircir ; fait de s'éclaircir. **- 2.** (Surtout au pl.). Information nécessaire à une plus complète compréhension : *J'aurai besoin d'éclaircissements* (syn. explication).

éclairé, e [eklere] adj. Bien informé, instruit dans une spécialité : *Lecteur éclairé* (syn. averti).

éclairement [eklɛʀmɑ̃] n.m. PHYS. Quotient du flux lumineux reçu par une surface, par l'aire de cette surface. (Unité *lux*.)

éclairer [eklere] v.t. (lat. *exclarare*, de *clarus* "clair"). **- 1.** Répandre, donner de la lumière sur : *Les phares éclairent la route.* **- 2.** Fournir à qqn de la lumière pour qu'il voie : *Éclaire le fond de la cave.* **- 3.** Rendre plus clair, plus lumineux : *Un sourire éclaira son visage* (syn. illuminer). **- 4.** Rendre compréhensible une question, des faits : *Éclairer une définition par des exemples. Les médias doivent éclairer le public* (syn. informer, renseigner). ◆ **s'éclairer** v.pr. **- 1.** Devenir lumineux. **- 2.** Devenir compréhensible. **- 3.** Son visage s'éclaire, exprime la satisfaction, la joie.

1. éclaireur [eklɛʀœʀ] n.m. Soldat qui éclaire la marche d'une troupe.

2. éclaireur, euse [eklɛʀœʀ, -øz] n. (de *1. éclaireur*). Adolescent membre des Éclaireurs de France (association non confessionnelle de scoutisme français).

éclampsie [eklɑ̃psi] n.f. (gr. *eklampsis* "accès subit"). MÉD. Crise convulsive, souvent suivie de coma, frappant les femmes enceintes, à la fin de la grossesse.

éclat [ekla] n.m. (de *éclater*). **- 1.** Fragment d'un objet brisé : *Un éclat de verre.* **- 2.** PRÉHIST. Fragment d'un bloc de roche dure, servant à la fabrication d'outils : *Outil sur éclat du faciès moustérien.* **- 3.** Bruit soudain et violent : *Éclat de voix, de rire.* **- 4.** Intensité lumineuse d'un astre : *Éclat absolu, apparent.* **- 5.** Intensité d'une lumière : *Avoir du mal à supporter l'éclat des néons.* **- 6.** Reflet brillant ou vivacité d'une couleur : *L'éclat du diamant.* **- 7.** Qualité de ce qui s'impose à l'admiration : *L'éclat d'une cérémonie* (syn. magnificence, faste). *Dans tout l'éclat de sa beauté* (syn. splendeur). **- 8.** Action d'éclat, action remarquable par son audace ; exploit. ‖ *Faire un éclat*, se signaler à l'attention par une manifestation bruyante, par un scandale : *Faire un esclandre.* ‖ *Rire aux éclats*, rire très fort.

éclatant, e [eklatɑ̃, -ɑ̃t] adj. **- 1.** Qui a de l'éclat : *Rouge éclatant.* **- 2.** LITT. Qui frappe l'ouïe d'une manière intense : *Rire éclatant* (syn. bruyant). **- 3.** Qui a un grand retentissement, une intensité remarquable : *Remporter une victoire éclatante.*

éclaté, e [eklate] adj. TECHN. Dessin éclaté, vue éclatée, qui représente les différentes parties d'un ensemble, d'un appareil complexe, etc., dans leur disposition relative, mais en les dissociant clairement. (On dit aussi *un éclaté.*)

éclatement [eklatmã] n.m. Fait d'éclater : *Éclatement d'une canalisation* (syn. rupture). *Éclatement d'un groupe* (syn. désagrégation).

éclater [eklate] v.i. (frq. *slaitan "fendre"). - **1.** Se briser soudainement sous l'effet d'une pression, de la chaleur, etc. : *Pneu qui éclate* (syn. crever). *Obus qui éclate* (syn. exploser). - **2.** Faire entendre un bruit sec, violent : *La foudre éclate.* - **3.** Se produire, se manifester brusquement : *La guerre a éclaté. Le scandale a éclaté.* - **4.** Se fractionner, se diviser en plusieurs parties : *Faire éclater un service.* - **5.** Ne pas pouvoir contenir ses sentiments, en partic. sa colère : *Elle éclata soudain contre ses collègues* (syn. s'emporter). - **6.** Être très vif, briller, étinceler : *Un diamant qui éclate de mille feux.* - **7.** Éclater de, avoir, manifester qqch avec force : *Il éclate de santé. Éclater de rire* (= rire soudainement et bruyamment). ◆ **s'éclater** v.pr. FAM. Se donner intensément à qqch en y prenant un très grand plaisir.

éclectique [eklɛktik] adj. et n. (gr. *eklektikos,* de *eklegein* "choisir"). Qui fait preuve d'éclectisme, de largeur d'esprit dans ses goûts, ses choix.

éclectisme [eklɛktism] n.m. - **1.** PHILOS. Méthode de ceux qui choisissent dans différents systèmes ce qui leur paraît le meilleur. - **2.** Attitude de qqn qui refuse les systèmes, qui s'intéresse à tous les domaines ou, dans un domaine, à tous les sujets : *Faire preuve d'éclectisme dans ses lectures.*

éclipse [eklips] n.f. (lat. *eclipsis,* mot gr. "disparition"). - **1.** Disparition temporaire complète *(éclipse totale)* ou partielle d'un astre due à son passage dans l'ombre ou la pénombre d'un autre : *Éclipse de Lune, de Soleil.* - **2.** Disparition momentanée de qqn, de qqch ; baisse de popularité : *Un acteur qui a subi une éclipse.* - **3.** À éclipses, intermittent, discontinu : *Humour à éclipses.*

éclipser [eklipse] v.t. - **1.** ASTRON. Provoquer l'éclipse d'un astre. - **2.** Surpasser dans l'estime d'autrui par un mérite, un prestige plus grands : *Éclipser ses rivaux.* ◆ **s'éclipser** v.pr. Partir furtivement : *S'éclipser avant la fin du spectacle* (syn. s'esquiver).

écliptique [ekliptik] n.m. ASTRON. Plan de l'orbite de la Terre autour du Soleil ; grand cercle de la sphère céleste décrit par le Soleil dans son mouvement apparent annuel.

éclisse [eklis] n.f. (du frq. *slitan "fendre"). - **1.** Éclat de bois obtenu par fendage. - **2.** Pièce formant la bande latérale de la caisse d'un instrument à cordes. - **3.** Plaque d'acier réunissant deux rails par leur extrémité. - **4.** CHIR. Attelle.

éclopé, e [eklɔpe] adj. et n. (de l'anc. fr. *cloper* "boiter"). Qui marche péniblement ; estropié.

éclore [eklɔr] v.i. (lat. pop. *exclaudere,* class. *excludere* "faire sortir") [conj. 113 ; auxil. *être* ou *avoir*]. - **1.** Naître en sortant de l'œuf : *Des poussins écloront bientôt.* - **2.** S'ouvrir, en parlant de l'œuf : *Les œufs ont éclos ce matin.* - **3.** LITT. S'ouvrir, en parlant d'une fleur, d'un bourgeon.

éclosion [eklozjɔ̃] n.f. - **1.** Fait d'éclore : *Éclosion d'une couvée, d'une fleur.* - **2.** Naissance, apparition : *Éclosion d'une idée.*

écluse [eklyz] n.f. (du lat. [*aqua*] *exclusa* "[eau] séparée du courant"). Ouvrage aménagé entre deux plans d'eau de niveau différent pour permettre aux embarcations de passer de l'un à l'autre grâce à la manœuvre d'éléments mobiles (portes et vannes).

écluser [eklyze] v.t. - **1.** Équiper d'une voie d'eau d'une écluse. - **2.** Faire passer un bateau par une écluse.

éclusier, ère [eklyzje, -ɛr] adj. D'une écluse ; relatif à une écluse : *Porte éclusière.* ◆ n. Personne qui assure la surveillance et la manœuvre d'une ou de plusieurs écluses.

écobuage [ekɔbɥaʒ] n.m. (du poitevin *goba* "motte de terre"). AGRIC. Mode de préparation et de fertilisation du sol consistant à détacher la couche herbue par plaques *(gazons),* qu'on fait ensuite sécher et brûler pour en répandre la cendre.

écœurant, e [ekœrã, -ãt] adj. - **1.** Qui soulève le cœur : *Odeur écœurante* (syn. infect, nauséabond). - **2.** Qui inspire du dégoût : *Conduite écœurante* (syn. répugnant, révoltant).

écœurement [ekœrmã] n.m. État, sentiment d'une personne écœurée ; dégoût.

écœurer [ekœre] v.t. (de *cœur*). - **1.** Causer du dégoût, donner la nausée à : *Cette odeur de tabac mouillé m'écœure.* - **2.** Inspirer du dégoût, de la répugnance, de l'aversion : *Ses flatteries écœurent tout le monde.*

école [ekɔl] n.f. (lat. *schola,* gr. *skolē*). - **1.** Établissement où l'on donne un enseignement ; ses bâtiments : *École de danse.* - **2.** Établissement où est dispensé un enseignement collectif général aux enfants d'âge scolaire et préscolaire : *Aller à l'école. École maternelle, communale.* - **3.** Ensemble des élèves et du personnel d'une école : *Toute l'école est réunie dans la cour.* - **4.** Ensemble des partisans d'une doctrine philosophique, littéraire, artistique, etc. ; la doctrine elle-même : *L'école romantique.* - **5.** Ensemble des artistes d'une même nation, d'une même tendance : *L'école italienne. L'école impressionniste.* - **6.** À l'école de, sous la direction de qqn ; en tirant profit de l'expérience de qqch : *À l'école d'un tel champion, il a fait des progrès rapides.* ‖ **Être à bonne école, à dure école,** être bien entouré pour progresser ; rencontrer des épreuves. ‖ **Faire école,** susciter de nombreux disciples ; se répandre, en parlant d'une idée. - **7.** **Grande école.** Établissement d'enseignement supérieur caractérisé par une sélection à l'entrée, génér. par concours ou sur titres. ‖ **Haute école.** Équitation savante, académique.

écolier, ère [ekɔlje, -ɛʀ] n. - **1.** Enfant qui fréquente l'école primaire, les petites classes. - **2.** **Prendre le chemin des écoliers,** aller par le trajet le plus long.

écologie [ekɔlɔʒi] n.f. (all. *Ökologie,* du gr. *oikos* "maison", et *-logie*). - **1.** Science qui étudie les relations des êtres vivants entre eux et avec leur milieu. - **2.** Écologisme.

écologique [ekɔlɔʒik] adj. - **1.** Relatif à l'écologie. - **2.** Relatif à l'écologisme.

écologisme [ekɔlɔʒism] n.m. Courant de pensée, mouvement tendant au respect des équilibres naturels, à la protection de l'environnement contre les ravages de la société industrielle (syn. écologie). ◆ **écologiste** n. et adj. Partisan de l'écologisme. (Abrév. fam. *écolo*.)

écomusée [ekɔmyze] n.m. (de *éco*[*logie*] et *musée*). Institution visant à l'étude, à la conservation et à la mise en valeur du mode de vie, du patrimoine naturel et culturel d'une région.

éconduire [ekɔ̃dɥiʀ] v.t. (altér., d'apr. *conduire,* de l'anc. v. *escondure* "excuser, refuser") [conj. 98]. LITT. Refuser de recevoir, ne pas accéder à la demande de qqn : *Éconduire des visiteurs importuns* (syn. congédier).

économat [ekɔnɔma] n.m. - **1.** Service chargé de la gestion financière d'un établissement scolaire ou hospitalier ; ses bureaux. - **2.** Charge d'un économe.

1. économe [ekɔnɔm] n. (lat. *oeconomus* "administrateur", du gr.). Personne qui dirige un économat.

2. économe [ekɔnɔm] adj. (de *1. économe*). - **1.** Qui limite ses dépenses : *Une maîtresse de maison économe* (contr. dépensier, prodigue). - **2.** Être économe de son temps, de ses paroles, etc., en être peu prodigue.

économétrie [ekɔnɔmetʀi] n.f. (de *écono*[*mie*] et *-métrie*). Méthode d'analyse des données économiques qui, utilisant la statistique, recherche des corrélations permettant des prévisions.

économétrique [ekɔnɔmetʀik] adj. Relatif à l'économétrie.

économie [ekɔnɔmi] n.f. (gr. *oikonomia* "administration de la maison"). - **1.** Art de

réduire les dépenses dans la gestion de ses biens, de ses revenus : *Par économie, il fait le trajet à pied* (contr. prodigalité). - **2.** Ce qu'on épargne : *Une économie de dix francs par pièce produite. Une économie de temps* (syn. gain ; contr. perte). - **3.** Ensemble des activités d'une collectivité humaine relatives à la production, la distribution et la consommation des richesses : *Économie libérale* (= limitant l'intervention de l'État). *Économie planifiée* ou *dirigée* (= fondée sur la planification étatique). - **4.** SOUT. Ordre qui préside à la distribution des différentes parties d'un ensemble : *Je n'approuve pas l'économie générale de ce projet* (syn. structure). - **5.** Science qui étudie les mécanismes de l'économie, les systèmes économiques, la pensée économique (on dit aussi *science économique*). ‖ **Faire l'économie de,** se dispenser d'y recourir : *Cet accord a permis de faire l'économie d'une grève* (syn. éviter). ◆ **économies** n.f. pl. Somme d'argent mise de côté en vue de dépenses à venir : *Il fait des économies pour acheter une voiture.*

économique [ekɔnɔmik] adj. - **1.** Relatif à l'économie : *Problèmes économiques. Science économique.* - **2.** Qui permet de faire des économies ; peu coûteux : *Chauffage économique* (syn. avantageux).

économiquement [ekɔnɔmikmɑ̃] adv. - **1.** De façon économique : *Se nourrir économiquement.* - **2.** Du point de vue de l'économie, de la science économique : *Un bilan économiquement satisfaisant.* - **3.** **Économiquement faible,** se dit d'une personne qui, sans être considérée comme indigente, dispose de ressources insuffisantes.

économiser [ekɔnɔmize] v.t. - **1.** Épargner ; ne pas dépenser une somme : *Il économise 1 000 F par mois.* - **2.** Réduire sa consommation de qqch : *Économiser l'électricité.*

économiste [ekɔnɔmist] n. Spécialiste de science économique.

écope [ekɔp] n.f. (frq. **skôpa*). Pelle creuse pour vider l'eau d'une embarcation.

écoper [ekɔpe] v.t. Vider l'eau d'une embarcation à l'aide d'une écope ou de tout autre récipient. ◆ v.t. ou v.t. ind. [**de**]. FAM. - **1.** Faire l'objet d'une peine, d'une sanction : *Écoper (de) trois ans de prison.* - **2.** (Absol.). Recevoir des coups ; être puni : *Ce n'était pas lui le coupable, mais c'est lui qui a écopé.*

écorçage [ekɔʀsaʒ] n.m. Action d'écorcer un arbre pour récolter l'écorce ou préparer le bois.

écorce [ekɔʀs] n.f. (lat. *scortea,* de *scortum* "cuir"). - **1.** Partie superficielle et protectrice des troncs, des branches et des rameaux, riche en liège et en tanins : *L'écorce du bouleau* *est blanche.* - **2.** Enveloppe de certains fruits : *Écorce de citron.* - **3.** Écorce terrestre. Zone superficielle de la Terre, épaisse d'environ 35 km (on dit aussi *croûte terrestre*).

écorcer [ekɔʁse] v.t. [conj. 16]. Ôter l'écorce d'un arbre, d'un fruit : *Écorcer une orange* (syn. peler).

écorché, e [ekɔʁʃe] adj. et n. (de *écorcher*). Se dit d'une personne d'une sensibilité très vive, qui se sent attaquée ou blessée en toute occasion : *Un écorché vif.* ◆ **écorché** n.m. - **1.** BX-A. Moulage, statuette destinés à l'étude et représentant un homme ou un animal dépouillé de sa peau. - **2.** TECHN. Dessin d'une machine, d'une installation dont sont omises les parties extérieures pour montrer les organes intérieurs importants.

écorcher [ekɔʁʃe] v.t. (lat. *excorticare* "écorcer", du class. *cortex* "enveloppe"). - **1.** Dépouiller de sa peau un animal : *Écorcher un lapin.* - **2.** Supplicier qqn en lui arrachant la peau. - **3.** Blesser superficiellement une partie du corps en entamant la peau : *Sa chute lui a écorché le genou* (syn. égratigner). - **4.** Écorcher les oreilles, produire des sons très désagréables. ‖ FAM. Écorcher un client, le faire payer trop cher. ‖ Écorcher un mot, une langue, prononcer, parler mal : *Le professeur a fait l'appel en écorchant les noms* (syn. estropier). ◆ **s'écorcher** v.pr. Se faire une blessure légère qui entame superficiellement la peau : *Elle s'est écorché les coudes en grimpant au rocher* (syn. s'égratigner).

écorcheur [ekɔʁʃœʁ] n.m. - **1.** Personne qui écorche les bêtes mortes. - **2.** HIST. Les Écorcheurs. Bandes armées qui ravagèrent la France sous Charles VI et Charles VII.

écorchure [ekɔʁʃyʁ] n.f. Petite blessure superficielle de la peau (syn. égratignure, éraflure).

écorner [ekɔʁne] v.t. (de *corne*). - **1.** Ôter les cornes d'un animal ; les empêcher de pousser : *Écorner un taureau.* - **2.** Abîmer la couverture, les pages d'un livre en en pliant les coins. - **3.** Réduire en amputant d'une partie : *Écorner son capital* (syn. entamer).

écornifleur, euse [ekɔʁniflœʁ, -øz] n. (de *écorner*, et de l'anc. fr. *nifler* "renifler"). FAM., VX. Pique-assiette.

écossais, e [ekɔsɛ, -ɛz] adj. et n. - **1.** De l'Écosse. - **2.** Se dit d'un tissu à carreaux de diverses couleurs : *Jupe écossaise.*

écosser [ekɔse] v.t. (de *cosse*). Ôter la cosse des légumes à graines : *Écosser des petits pois.*

écosystème [ekosistɛm] n.m. (de *éco*[*logie*] et *système*). ÉCOL. Ensemble des êtres vivants et des éléments non vivants, aux nombreuses interactions, en milieu naturel : *Une forêt, un lac peuvent être considérés comme des écosystèmes.*

écot [eko] n.m. (frq. **skot* "contribution"). Payer son écot, apporter sa contribution à une dépense commune : *Tout au long du voyage, chacun a payé son écot.*

écoulement [ekulmɑ̃] n.m. - **1.** Mouvement d'un fluide, d'un corps visqueux qui s'écoule : *L'écoulement des eaux usées dans les égouts* (syn. évacuation). *Écoulement d'oreille* (syn. sécrétion). - **2.** Fait de s'écouler : *Rue qui facilite l'écoulement des voitures* (syn. circulation). *L'écoulement du temps* (syn. fuite). - **3.** Action ou possibilité d'écouler des marchandises ; vente, débouché : *L'écoulement des produits agricoles sur les marchés étrangers.*

écouler [ekule] v.t. (de *couler*). - **1.** Débiter des marchandises : *Écouler un stock* (syn. vendre). - **2.** Se débarrasser progressivement de qqch, en le mettant en circulation : *Écouler des faux billets.* ◆ **s'écouler** v.pr. - **1.** Se retirer en coulant : *L'eau de pluie s'écoule par la gouttière* (syn. s'évacuer). - **2.** Se retirer d'un lieu comme un flot continu : *La foule s'écoula à la sortie du théâtre.* - **3.** Accomplir sa durée : *La journée s'écoula lentement* (syn. passer).

écoumène ou **œkoumène** [ekumɛn] n.m. (gr. [*gê*] *oikouménê* "[terre] habitée"). Partie habitable de la surface terrestre.

écourter [ekuʁte] v.t. (de *court*). - **1.** Diminuer la durée ou la longueur de qqch : *J'ai dû écourter mon séjour* (syn. abréger). - **2.** Réduire un ouvrage, un texte : *Écourter une scène de Racine* (syn. tronquer).

1. écoute [ekut] n.f. (néerl. *schoote*, frq. **skota*). MAR. - **1.** Cordage servant à orienter une voile : *Écoute de grand-voile.* - **2.** Point d'écoute, angle d'une voile près duquel est frappée l'écoute.

2. écoute [ekut] n.f. (de *écouter*). - **1.** Action d'écouter : *Au bout d'une heure d'écoute, il éteignit la radio. Restez à l'écoute, ne raccrochez pas.* - **2.** Capacité d'écouter autrui, à être attentif et réceptif à sa parole : *Ce médecin a une excellente écoute.* - **3.** MIL. Détection ennemie, notamm. sous-marine. - **4.** Être à l'écoute, être attentif à ce qui se dit, et, plus génér., à ce qui se passe : *Être à l'écoute de l'actualité.* ‖ Heure de grande écoute, heure à laquelle les auditeurs de la radio et les téléspectateurs sont le plus nombreux. ‖ Table d'écoute, installation permettant de surveiller les conversations téléphoniques.

écouter [ekute] v.t. (bas lat. *ascultare,* class. *auscultare*). - **1.** Prêter l'oreille à qqn, qqch ; s'appliquer à entendre : *Écouter un chanteur. Nous écoutons cette émission chaque soir.* - **2.** Accepter d'entendre ce que qqn a à dire ; tenir compte de ce qu'il dit : *Écouter les conseils d'un ami. Cet enfant n'écoute jamais* (syn. obéir). - **3.** N'écouter que sa raison, son courage, sa colère, etc., se laisser conduire par eux, s'y abandonner : *N'écoutant que son courage, il s'est précipité dans la fournaise.* ◆ **s'écouter** v.pr. - **1.** Attacher une importance excessive aux petits maux dont on souffre. - **2.** S'écouter parler, écouter avec complaisance ses propres paroles. || Si je m'écoutais, si je suivais mon impulsion : *Si je m'écoutais, je reprendrais du gâteau.*

écouteur [ekutœʀ] n.m. Élément d'un récepteur téléphonique, radiophonique, etc., que l'on porte à l'oreille pour recevoir le son : *Son téléphone n'a pas d'écouteur.*

écoutille [ekutij] n.f. (esp. *escotilla*, du gothique **skaut* "bord, lisière"). MAR. Ouverture rectangulaire pratiquée dans le pont d'un navire pour accéder aux entreponts et aux cales.

écouvillon [ekuvijɔ̃] n.m. (anc. fr. *escouve*, du lat. *scopa* "balai"). - **1.** Brosse à manche, souvent cylindrique, qui sert à nettoyer les bouteilles, les pots, etc. : *Pour nettoyer le vase, sers-toi de l'écouvillon* (syn. goupillon). - **2.** Brosse cylindrique à manche pour nettoyer le canon d'une arme à feu.

écrabouiller [ekʀabuje] v.t. (de *écraser*, et de l'anc. fr. *esbouiller* "éventrer"). FAM. Écraser, réduire en bouillie.

écran [ekʀɑ̃] n.m. (moyen néerl. *scherm* "paravent"). - **1.** Panneau, dispositif qui arrête, atténue la chaleur, la lumière, etc. : *Utiliser un écran jaune en photographie* (syn. filtre). - **2.** Tout ce qui empêche de voir, qui protège : *Un écran de verdure cache la villa. Se faire un écran avec les bras pour éviter un coup.* - **3.** Surface blanche sur laquelle on projette des vues fixes ou animées : *Un écran panoramique pour films à grand spectacle.* - **4.** Surface sur laquelle se reproduit l'image visible dans un tube cathodique : *Écran de télévision.* - **5.** Écran de visualisation, dispositif de visualisation sur écran des informations traitées par un système informatique (syn. moniteur). || Écran publicitaire, temps de télévision, de radio, destiné à diffuser de la publicité. || Faire écran, empêcher de voir ou de comprendre qqch : *La maladresse de son style fait écran à sa pensée.* || L'écran, le cinéma : *Une vedette de la scène et de l'écran.* || Le petit écran, la télévision (par opp. au *grand écran*, le cinéma).

écrasant, e [ekʀazɑ̃, -ɑ̃t] adj. Qui écrase : *Une chaleur écrasante* (syn. accablant). *Une défaite écrasante* (syn. cuisant).

écrasé, e [ekʀaze] adj. - **1.** Broyé sous l'effet d'une forte pression. - **2.** Aplati, comme sous l'effet d'un choc : *Nez écrasé.*

écrasement [ekʀazmɑ̃] n.m. Action d'écraser ; fait d'être écrasé : *L'écrasement des grains*

de blé sous la meule (syn. broyage). *Poursuivre la guerre jusqu'à l'écrasement des forces ennemies* (syn. anéantissement).

écraser [ekʀaze] v.t. (du moyen angl. *crasen* "broyer"). - **1.** Aplatir, déformer ou meurtrir par une compression, une chute : *Écraser des pommes cuites. Écraser le pied de qqn.* - **2.** Blesser grièvement, tuer un être vivant sous le poids de qqch, en partic., d'un véhicule : *Le camion a écrasé le chien.* - **3.** Imposer une charge excessive à qqn, qqch : *Écraser le peuple d'impôts* (syn. accabler). *Je suis écrasé de travail* (= je suis surchargé). - **4.** Vaincre complètement : *Nous écraserons l'ennemi* (syn. terrasser). *Écraser l'adversaire dans une compétition* (syn. surclasser). - **5.** INFORM. Détruire un fichier de données, un programme. ◆ v.i. T. FAM. - **1.** Dormir profondément : *J'en ai écrasé toute la nuit.* - **2.** Ne pas insister : *Allez, écrase !* ◆ **s'écraser** v.pr. - **1.** Être déformé, détruit sous l'effet d'un choc : *Un avion qui s'écrase au sol.* - **2.** Se porter en foule en un lieu : *Les gens s'écrasent à l'entrée du cinéma* (syn. se presser). - **3.** FAM. Se taire, renoncer à intervenir quand on n'a pas le dessus : *Il n'était pas de taille à discuter, il s'est écrasé.*

écrémage [ekʀemaʒ] n.m. Action d'écrémer.

écrémer [ekʀeme] v.t. (de *crème*) [conj. 18]. - **1.** Retirer la crème du lait. - **2.** FAM. Prendre ce qu'il y a de meilleur dans un ensemble (syn. sélectionner).

écrémeuse [ekʀemøz] n.f. Machine servant à retirer la matière grasse du lait.

écrêter [ekʀete] v.t. (de *crête*). - **1.** Enlever la crête d'un animal : *Écrêter un coq.* - **2.** Supprimer la partie la plus haute de qqch : *Écrêter les revenus les plus élevés* (syn. abaisser). - **3.** ARM. Toucher, abattre la crête d'un ouvrage, en parlant d'un projectile : *Le boulet a écrêté le rempart.* - **4.** PHYS. Supprimer dans un signal la partie supérieure, en valeur absolue, à une valeur donnée.

écrevisse [ekʀəvis] n.f. (anc. fr. *crevice*, frq. **krebitja*). - **1.** Crustacé d'eau douce, muni de pinces et comestible. □ Ordre des décapodes ; long. 10 cm ; longévité 20 ans. - **2.** Rouge comme une écrevisse, très rouge.

s'écrier [ekʀije] v.pr. (de *crier*) [conj. 10]. SOUT. Dire en criant : *« Tout est perdu ! » s'écria-t-il* (syn. s'exclamer).

écrin [ekʀɛ̃] n.m. (lat. *scrinium*). Boîte pour ranger ou pour présenter à la vente des bijoux, des objets précieux : *Colliers disposés dans un écrin* (syn. coffret).

écrire [ekʀiʀ] v.t. (lat. *scribere*) [conj. 99]. - **1.** Tracer les signes d'un système d'écriture, les assembler pour représenter la parole ou la pensée : *Écrire son nom* (syn. noter, inscrire). *Écrire une lettre.* - **2.** (Absol.). Utiliser les signes graphiques, l'écriture : *Il a appris à écrire à cinq ans.* -**3.** Orthographier : *Comment écrit-on ce mot ?* -**4.** Exprimer sa pensée par l'écriture ; composer un ouvrage écrit : *Écrire son journal, un article* (syn. rédiger). *Écrire un concerto* (syn. composer). -**5.** (Absol.). Faire le métier d'écrivain : *Il écrit.* ◆ v.i. Laisser une trace, en parlant d'un instrument destiné à l'écriture : *Mon stylo écrit mal.* ◆ **s'écrire** v.pr. -**1.** Échanger une correspondance mutuelle : *Ils s'écrivaient tous les jours.* -**2.** S'orthographier de telle manière : « *Affirmer* » *s'écrit avec deux* « *f* ».

1. écrit, e [ekri, -it] adj. (p. passé de *écrire*). -**1.** Tracé par l'écriture ; fixé par écrit : *C'est trop mal écrit. Un témoignage écrit noir sur blanc.* -**2.** Couvert de signes d'écriture : *Feuille écrite des deux côtés.* -**3.** Exprimé par le moyen de l'écriture (par opp. à *oral*) : *Épreuves écrites d'un examen. Propositions écrites* (contr. verbal). -**4.** Exprimé par des signes visibles : *L'avarice est écrite sur son visage.* -**5.** Irrévocable, comme les arrêts de la Providence : *Il était écrit qu'il raterait son examen* (syn. fatal, inévitable). *C'était écrit* (= ça devait arriver).

2. écrit [ekri] n.m. (de *1. écrit*). -**1.** Ce qui est écrit : *Les écrits restent.* -**2.** Document écrit portant témoignage : *On n'a pas pu produire d'écrit contre l'accusé.* -**3.** Ensemble des épreuves écrites d'un examen, d'un concours (par opp. à *oral*). -**4.** Ouvrage littéraire ou scientifique : *Les écrits de Balzac* (syn. œuvre). -**5.** À l'écrit, en écrivant : *Elle est plus à l'aise à l'écrit qu'à l'oral.* ‖ Par écrit, sous la forme écrite, sur le papier : *Mentionner qqch par écrit.*

écriteau [ekrito] n.m. (de *écrit*). Surface de papier, de carton, de bois, etc., portant en grosses lettres une information destinée au public : *Un écriteau indique « baignade interdite* » (syn. panneau).

écritoire [ekritwar] n.f. Nécessaire, étui, coffret, etc., rassemblant ce qu'il faut pour écrire.

écriture [ekrityr] n.f. (lat. *scriptura*). -**1.** Représentation de la parole et de la pensée par des signes graphiques conventionnels. -**2.** Système de signes graphiques permettant cette représentation : *Écriture cunéiforme.* -**3.** Manière personnelle d'écrire, de former les lettres : *Reconnaître l'écriture de qqn.* -**4.** IN-FORM. Enregistrement d'une information dans une mémoire. -**5.** Manière, art de s'exprimer dans une œuvre littéraire : *Un roman à l'écriture recherchée* (syn. style). -**6.** Technique, méthode particulière d'expression en littérature, en musique : *L'écriture automatique des surréalistes.* -**7.** DR. Écrit ayant une valeur probatoire : *Faire un faux en écriture.* -**8.** L'Écriture sainte. L'ensemble des livres de la Bible. (On dit aussi l'*Écriture, les Écritures.*) ◆ **écritures** n.f. pl. COMM. Ensemble des registres comptables d'un négociant, d'un banquier, d'un commerçant : *Tenir les écritures d'une entreprise* (syn. comptabilité).

écrivailleur, euse [ekrivajœr, -øz] n. et **écrivaillon** [ekrivajɔ̃] n.m. FAM. Écrivain médiocre.

écrivain [ekrivɛ̃] n.m. (lat. pop. *scribanem*, de *scriba* "scribe"). -**1.** Personne qui compose des ouvrages littéraires, scientifiques, etc. : *Racine et Colette sont des écrivains célèbres* (= homme de lettres, femme de lettres ; syn. auteur). -**2.** Écrivain public. Personne qui fait profession de rédiger des textes divers pour le compte de ceux qui ne savent pas écrire, qui écrivent avec difficulté.

1. écrou [ekru] n.m. (lat. *scrofa* "truie"). Pièce percée d'un trou cylindrique, dont la surface interne est creusée d'un sillon en hélice pour le logement du filet d'une vis : *L'ensemble de l'écrou et de la vis qui s'y adapte constitue le boulon.*

2. écrou [ekru] n.m. (frq. *skrôda* "morceau coupé"). -**1.** DR. Acte par lequel le directeur d'une prison enregistre l'arrivée d'un prisonnier. -**2.** Levée d'écrou. Mise en liberté d'un prisonnier.

écrouelles [ekruɛl] n.f. pl. (lat. pop. *scrofellae*, bas lat. *scrofulae*). VX. Inflammation d'origine tuberculeuse, atteignant surtout les ganglions lymphatiques du cou (syn. scrofule). □ Les rois de France étaient censés guérir les écrouelles par attouchement, le jour de leur sacre.

écrouer [ekrue] v.t. (de *2. écrou*). DR. Mettre en prison : *Écrouer un malfaiteur* (syn. emprisonner ; contr. relâcher).

écrouir [ekruir] v.t. (mot wallon, de *crou*, var. de *cru*) [conj. 32]. TECHN. Travailler un métal ou un alliage à une température inférieure à sa température de recuit et au-delà de sa limite d'élasticité, afin d'augmenter sa résistance à la déformation.

écroulement [ekrulmɑ̃] n.m. -**1.** Le fait de s'écrouler : *L'écroulement d'un mur* (syn. éboulement). -**2.** Ruine complète : *L'écroulement d'une théorie* (syn. anéantissement).

s'écrouler [ekrule] v.pr. (de *crouler*). -**1.** Tomber en s'affaissant avec fracas : *La maison s'est écroulée lors du séisme* (syn. s'effondrer). *La falaise s'écroule* (syn. s'ébouler). -**2.** Être détruit, anéanti ; perdre toute valeur : *Ses espoirs se sont écroulés* (syn. s'évanouir). -**3.** S'effondrer brusquement sous le coup d'une défaillance physique ou d'une émotion : *Pris de malaise, il s'est écroulé.* -**4.** FAM. Être écroulé, être secoué de rire, rire sans plus pouvoir s'arrêter.

écru, e [ekʀy] adj. (de *cru*). Se dit de matières textiles, de fils ou d'étoffes n'ayant subi ni lavage, ni blanchiment, ni teinture.

ectoblaste [ɛktɔblast] et **ectoderme** [ɛktɔdɛʀm] n.m. (de *ecto-* et *-blaste* ou *-derme*). BIOL. Feuillet embryonnaire externe dont la différenciation donnera l'épiderme, le système nerveux et les organes sensoriels.

ectoplasme [ɛktɔplasm] n.m. (du gr. *ektos* "dehors" et *plasma* "ouvrage façonné"). - **1.** En parapsychologie, substance qui se dégagerait du corps de certains médiums et qui se matérialiserait pour former des parties du corps humain, un corps entier, des objets divers. - **2.** FAM. Personnage insignifiant, sans consistance : *Ce type est un véritable ectoplasme* (syn. pantin). - **3.** CYTOL. Zone superficielle hyaline du cytoplasme de certains protozoaires.

1. écu [eky] n.m. (lat. *scutum* "bouclier"). - **1.** Bouclier des hommes d'armes au Moyen Âge. - **2.** Ancienne monnaie française d'or, puis d'argent, portant les armoiries sur une de ses faces. - **3.** HÉRALD. Corps de tout blason, ordinairement en forme de bouclier.

2. écu [eky] n.m. (de *European Currency Unit*). Monnaie de compte de la Communauté européenne. (On écrit aussi *ecu*.)

écubier [ekybje] n.m. (p.-ê. de l'esp. *escobén*). MAR. Ouverture pratiquée dans la muraille d'un navire de chaque côté de l'étrave, pour le passage de la chaîne d'ancre.

écueil [ekœj] n.m. (anc. prov. *escueyll*, lat. *scopulus*, du gr.). - **1.** Rocher à fleur d'eau : *Le bateau s'est brisé sur les écueils bordant la côte* (syn. brisant, récif). - **2.** Obstacle ; difficulté qui met en péril : *L'écueil de cette méthode, c'est sa lenteur* (syn. inconvénient).

écuelle [ekɥɛl] n.f. (lat. *scutella*). Assiette creuse sans rebord ; son contenu : *Apporter au chat une écuelle de lait.*

éculé, e [ekyle] adj. (de *éculer*, de *cul*). - **1.** Se dit d'une chaussure dont le talon est usé. - **2.** Qui a perdu tout pouvoir, toute signification à force d'avoir servi : *Une plaisanterie éculée* (syn. ressassé, usé).

écumant, e [ekymɑ̃, -ɑ̃t] adj. - **1.** LITT. Qui produit de l'écume ; couvert d'écume : *Mer écumante* (syn. écumeux). - **2.** Couvert de bave : *Chien écumant.*

écume [ekym] n.f. (lat. pop. **scūma*, croisement du frq. **skūm* et du lat. class. *spuma*). - **1.** Mousse blanchâtre qui se forme sur un liquide agité ou chauffé : *La mer laisse son écume sur la plage.* - **2.** Bave mousseuse produite par l'échauffement, la colère : *La fureur lui met l'écume à la bouche.* - **3.** Sueur du cheval. - **4.** LITT. Partie vile, méprisable d'une population : *L'écume de la société* (syn. lie, rebut).

- **5.** Écume de mer. Silicate naturel de magnésium hydraté, blanchâtre et poreux, dont on fait des pipes.

écumer [ekyme] v.t. - **1.** Enlever l'écume de : *Écumer des confitures qui cuisent.* - **2.** Écumer les mers, y exercer la piraterie. ǀ Écumer une région, un quartier, y rafler tout ce qui est intéressant : *Les antiquaires ont écumé le département.* ◆ v.i. - **1.** Produire de l'écume : *Cheval qui écume* (syn. baver). - **2.** Écumer (de colère, de rage), être au comble de la fureur, de l'exaspération ; enrager.

écumeur [ekymœʀ] n.m. Écumeur des mers. Pirate.

écumeux, euse [ekymø, -øz] adj. LITT. Couvert d'écume : *Flots écumeux* (syn. écumant).

écumoire [ekymwaʀ] n.f. Grande cuillère plate, percée de trous, pour écumer ou retirer des aliments du liquide où ils ont cuit.

écureuil [ekyʀœj] n.m. (lat. pop. *scūriolus*, class. *sciurius*). Mammifère rongeur arboricole, à pelage génér. roux, en France notamm., et à queue touffue, se nourrissant surtout de graines et de fruits secs. □ Famille des sciuridés ; long. 25 cm env. ; queue 20 cm env.

écurie [ekyʀi] n.f. (de *écuyer*). - **1.** Lieu destiné à loger les chevaux, les mulets, les ânes : *Écurie de ferme.* - **2.** Ensemble des chevaux de course d'un même propriétaire. - **3.** Ensemble des cyclistes ou des pilotes de course qui courent pour une même marque. - **4.** Ensemble des écrivains qui travaillent pour une même maison d'édition : *Cette écurie rafle tous les prix littéraires.*

écusson [ekysɔ̃] n.m. (de *écu*). - **1.** Petit écu d'armoiries : *Il porte un écusson aux armes de sa famille.* - **2.** Encadrement décoratif portant des pièces héraldiques, des inscriptions : *Un écusson sculpté dans la pierre d'une cheminée.* - **3.** MIL. Petit morceau de drap cousu au col ou sur la manche de l'uniforme pour indiquer l'arme et le numéro du corps de troupes. - **4.** Plaque de métal en forme d'écu, placée sur une serrure. - **5.** Plaque calcaire qui recouvre tout ou partie du corps de certains poissons. - **6.** Pièce dorsale du thorax des insectes. - **7.** AGRIC. Morceau d'écorce portant un œil ou un bouton, pour greffer.

écussonner [ekysɔne] v.t. - **1.** Fixer un écusson sur qqch : *Écussonner un uniforme.* - **2.** AGRIC. Greffer en plaçant un écusson : *Écussonner un rosier.*

1. écuyer [ekɥije] n.m. (lat. *scutarius* "qui porte l'écu", de *scutum* "écu"). - **1.** Gentilhomme qui accompagnait un chevalier et portait son écu. - **2.** Titre porté par les jeunes nobles non encore armés chevaliers. - **3.** Officier chargé de s'occuper des chevaux du roi, d'un grand seigneur. - **4.** Grand écuyer. Intendant général des écuries du roi.

2. écuyer, ère [ekɥije, -ɛʀ] n. (de *1. écuyer*). - **1.** Personne qui sait monter à cheval : *C'est un excellent écuyer* (syn. cavalier). - **2.** Personne qui fait des exercices d'équitation dans un cirque : *Le numéro de l'écuyère constitue le clou du spectacle.* - **3.** Instructeur d'équitation.

eczéma [ɛgzema] n.m. (gr. *ekzema* "éruption cutanée"). Dermatose prurigineuse, de causes variées, caractérisée par un érythème et par de fines vésicules épidermiques. □ Dans l'*eczéma suintant*, les vésicules laissent couler un liquide ; dans l'*eczéma sec*, elles restent fermées et se dessèchent ; dans la plupart des cas, une desquamation accompagne ou suit les lésions.

eczémateux, euse [ɛgzematø, -øz] adj. Qui relève de l'eczéma : *Plaques eczémateuses.*
◆ adj. et n. Atteint d'eczéma.

edelweiss [edɛlvɛs] n.m. (mot all., de *edel* "noble" et *weiss* "blanc"). Plante cotonneuse poussant dans les Alpes et les Pyrénées au-dessus de 1 000 m et devenue rare. □ Famille des composées.

éden [edɛn] n.m. (mot hébr.). - **1.** (Avec une majuscule). Lieu où la Bible situe le paradis terrestre. - **2.** LITT. Lieu de délices ; séjour plein de charme : *Leur propriété est un véritable éden* (syn. paradis).

édénique [edenik] adj. LITT. Qui évoque le paradis terrestre : *Un séjour édénique* (syn. paradisiaque).

édenté, e [edɑ̃te] adj. et n. Qui a perdu ses dents, ou une partie de ses dents : *Une bouche édentée.*

édicter [edikte] v.t. (du lat. *edictum* "édit"). Prescrire d'une manière absolue : *Édicter une règle* (syn. décréter).

édicule [edikyl] n.m. (lat. *aedicula*, dimin. de *aedes* "temple, maison"). - **1.** Petite construction placée sur la voie publique : *Les Abribus, les urinoirs, les kiosques sont des édicules.* - **2.** Construction secondaire, bâtiment en réduction à l'intérieur ou au sommet d'un édifice.

édifiant, e [edifjɑ̃, -ɑ̃t] adj. - **1.** Qui porte à la vertu, à la piété : *Lecture édifiante* (syn. moralisateur, moral). - **2.** Qui en dit long ; très instructif (iron.) : *Cette arrivée à l'improviste chez lui nous a offert un spectacle édifiant.*

édification [edifikasjɔ̃] n.f. - **1.** Action d'édifier, de bâtir : *L'édification d'un monument* (syn. construction, érection). - **2.** Action de créer, d'élaborer : *L'édification d'un empire* (syn. constitution). *L'édification d'une œuvre* (syn. élaboration). - **3.** Action d'inspirer la piété, la vertu, par la parole ou par l'exem-

ple : *Sa conduite exemplaire est un objet d'édification pour tous.* - **4.** SOUT. Action d'éclairer, d'instruire qqn : *Pour votre édification, je vous apprendrai que...* (syn. instruction, information).

édifice [edifis] n.m. (lat. *aedificium*). - **1.** Ouvrage d'architecture de proportions importantes, pouvant comporter plusieurs corps de bâtiment : *Cet hôtel de ville est un superbe édifice.* - **2.** Vaste ensemble organisé dont les éléments se soutiennent les uns les autres : *L'édifice des lois.*

édifier [edifje] v.t. (lat. *aedificare*, de *aedes* "maison" et *facere* "faire") [conj. 9]. - **1.** Construire, bâtir : *Édifier un immeuble, une ville* (syn. ériger ; contr. démolir). - **2.** Créer, élaborer par étapes un ensemble complexe : *Édifier un empire* (syn. constituer). *Édifier une théorie* (syn. échafauder). - **3.** Porter à la piété, à la vertu, par la parole ou l'exemple : *Édifier son prochain.* - **4.** Renseigner sur ce qui était dissimulé : *Vous voilà édifiés sur ses intentions* (syn. éclairer).

édile [edil] n.m. (lat. *aedilis*). - **1.** Terme à nuance plaisante désignant un magistrat municipal : *Nos édiles ont eu une heureuse initiative.* - **2.** HIST. Magistrat romain chargé de l'administration municipale.

édit [edi] n.m. (lat. *edictum*, de *edicere* "proclamer"). HIST. Sous l'Ancien Régime, acte législatif émanant du roi et concernant une seule matière, ou une catégorie particulière de personnes, ou une partie seulement du royaume : *L'édit de Nantes.*

éditer [edite] v.t. (du lat. *editus* "qui est produit, publié"). - **1.** Publier et mettre en vente une œuvre littéraire, scientifique ou artistique : *Cette maison édite des romans. Ce professeur a fait éditer son cours* (syn. paraître). *Des gravures ont été éditées à l'occasion de sa mort.* - **2.** INFORM. Présenter dans une forme et sur un support utilisables des résultats de traitements faits sur ordinateur.

éditeur, trice [editœʀ, -tʀis] n. et adj. Personne ou société qui édite : *Il court les éditeurs avec son manuscrit. C'est la plus grande société éditrice d'Europe.* ◆ **éditeur** n.m. INFORM. Éditeur de textes, programme facilitant la composition de textes sur ordinateur.

édition [edisjɔ̃] n.f. (lat. *editio*, de *edere*). - **1.** Publication d'un ouvrage littéraire ; impression et diffusion de toute espèce d'œuvre : *L'édition d'un roman. Une édition de disques.* - **2.** Ensemble des exemplaires d'un ouvrage, que l'on imprime, soit en un seul tirage, soit en plusieurs sans y apporter de modifications notables ; texte d'une même édition correspondant à tel ou tel tirage : *Une édition à 5 000 exemplaires. Il possède ce livre dans l'édition originale.* - **3.** Industrie et commerce

du livre en général : *Travailler dans l'édition.*
- **4.** Ensemble des exemplaires d'un journal imprimés en une fois : *Une édition spéciale.*
- **5.** Chacune des émissions d'un journal télévisé ou radiodiffusé : *L'édition de 20 heures du journal télévisé.* - **6.** INFORM. Matérialisation, sous une forme utilisable, de résultats de traitements faits sur ordinateur. - **7.** FAM. Deuxième, troisième édition, deuxième, troisième fois que qqch se produit.

éditorial, e, aux [editɔrjal, -o] adj. (angl. *editorial,* de *editor* "éditeur"). De l'éditeur ; de la maison d'édition : *Politique éditoriale.*
◆ **éditorial** n.m. Article de fond, commentaire, signé ou non, placé la plupart du temps en tête d'un journal, et qui exprime, selon le cas, l'opinion d'un journaliste ou celle de la direction du journal. (Abrév. fam. *édito.*)

éditorialiste [editɔrjalist] n. Personne qui écrit l'éditorial d'un journal, d'une revue.

édredon [edrədɔ̃] n.m. (island. *ederdunn* "duvet d'eider"). Couvre-lit rempli de duvet.

éducable [edykabl] adj. Apte à être éduqué.

éducateur, trice [edykatœr, -tris] adj. Relatif à l'éducation : *Mission éducatrice des parents* (syn. éducatif). ◆ n. - **1.** Personne qui se consacre à l'éducation : *La crise de l'adolescence est bien connue des éducateurs* (syn. pédagogue, professeur). - **2.** Agent du ministère de la Justice chargé de la réinsertion sociale des délinquants. - **3.** Éducateur spécialisé, éducateur s'occupant d'enfants handicapés.

éducatif, ive [edykatif, -iv] adj. Relatif à l'éducation ; qui éduque : *Des jeux éducatifs* (syn. pédagogique, didactique).

éducation [edykasjɔ̃] n.f. (lat. *educatio*).
- **1.** Action de former, d'instruire qqn ; manière de dispenser, de mettre en œuvre cette formation : *L'éducation des enfants est l'affaire des parents et des professeurs* (syn. instruction, formation). *Une revue consacrée aux problèmes d'éducation* (syn. pédagogie, enseignement). - **2.** Ensemble des connaissances intellectuelles, des acquisitions morales de qqn : *Son éducation musicale est très complète* (syn. culture). - **3.** Connaissance et pratique des bons usages d'une société : *Manquer d'éducation* (syn. savoir-vivre, politesse).
- **4.** Éducation spécialisée, ensemble des mesures organisant l'enseignement des enfants handicapés. ‖ **Éducation surveillée,** régime de surveillance auquel sont soumis les mineurs délinquants ou en danger moral. - **5.** Éducation nationale. Ensemble des services chargés de l'organisation, de la direction et de la gestion de l'enseignement public et du contrôle de l'enseignement privé. ‖ **Éducation physique.** Ensemble des exercices corporels visant à l'amélioration des qualités physiques.

édulcorant, e [edylkɔrɑ̃, -ɑ̃t] adj. Se dit d'une substance qui édulcore. ◆ **édulcorant** n.m. Substance chimique qui donne une saveur sucrée : *Un édulcorant de synthèse.*

édulcoration [edylkɔrasjɔ̃] n.f. Action d'édulcorer : *L'édulcoration d'un médicament.*

édulcorer [edylkɔre] v.t. (lat. médiév. *edulcorare,* de *dulcis* "doux"). - **1.** Adoucir une boisson, un médicament en y ajoutant du sucre : *Édulcorer une préparation pharmaceutique* (syn. sucrer). - **2.** Atténuer l'âpreté ou la rigueur d'un texte, d'une doctrine, etc. : *Édulcorer une critique* (syn. atténuer).

éduquer [edyke] v.t. (lat. *educare,* de *ducere* "conduire"). - **1.** Former l'esprit de qqn, développer ses aptitudes intellectuelles, physiques, son sens moral : *Parents qui éduquent bien leurs enfants* (syn. élever). *Les professeurs éduquent les élèves* (syn. instruire).
- **2.** Apprendre à qqn les usages de la société, les bonnes manières : *Personne bien éduquée* (= polie, bien élevée). - **3.** Développer une faculté ou une fonction particulière : *Éduquer son oreille* (syn. exercer).

éfendi ou **effendi** [efɛdi] n.m. (mot turc, du gr.). Titre donné aux savants, dignitaires et magistrats, dans l'Empire ottoman.

effaçable [efasabl] adj. Qui peut être effacé : *Une encre effaçable* (contr. indélébile).

effacé, e [efase] adj. - **1.** Qui a disparu par effacement : *Une épitaphe effacée.* - **2.** Qui se tient à l'écart ; qui n'a pas de brillant : *Un personnage effacé* (syn. modeste, humble).

effacement [efasmɑ̃] n.m. - **1.** Action d'effacer ; fait d'être effacé : *L'effacement d'une inscription.* - **2.** Action de supprimer les informations enregistrées sur un support magnétique : *Touche d'effacement d'un magnétophone.*
- **3.** Fait de se tenir à l'écart, par modestie ou discrétion : *Vivre dans l'effacement* (syn. discrétion).

effacer [efase] v.t. (de *face*) [conj. 16]. - **1.** Faire disparaître en frottant, en grattant, en faisant défiler devant une tête d'effacement, etc. : *Effacer des traces de crayon* (syn. gommer). *Effacer un mot* (syn. biffer). *Effacer une bande magnétique.* - **2.** LITT. Faire oublier : *Effacer le souvenir de qqn.* - **3.** Empêcher qqn ou qqch d'être remarqué : *Son succès efface le mien* (syn. éclipser). - **4.** Effacer le corps, les épaules, les présenter de profil. ◆ **s'effacer** v.pr. - **1.** Devenir indistinct : *Les formes s'effacent dans la brume* (syn. s'estomper). - **2.** Se tourner un peu de côté, pour tenir moins de place : *S'effacer pour laisser entrer qqn* (syn. s'écarter). - **3.** Se tenir à l'écart ; éviter de se faire remarquer : *S'effacer par timidité.* - **4.** S'effacer devant qqn, s'incliner devant sa supériorité.

effaceur [efasœʀ] n.m. Instrument en forme de stylo-feutre permettant d'effacer l'encre.

effarant, e [efaʀɑ̃, -ɑ̃t] adj. - **1.** Qui effare, plonge dans la stupeur : *Vivre dans des conditions effarantes* (syn. épouvantable). *Une nouvelle effarante* (syn. stupéfiant). - **2.** Qui atteint un degré extrême : *Une étourderie effarante* (syn. inouï, inimaginable).

effaré, e [efaʀe] adj. (lat. *efferatus*, de *efferare* "rendre farouche", de *ferus* "sauvage"). Qui ressent, manifeste un grand trouble, une grande peur : *Il contemplait l'incendie d'un air effaré* (syn. stupéfait, hagard).

effarement [efaʀmɑ̃] n.m. État d'une personne effarée ; attitude, expression qui trahit cet état : *Ils voyaient avec effarement l'inondation gagner la maison* (syn. effroi, horreur).

effarer [efaʀe] v.t. (de *effaré*). Troubler au point de donner un air hagard et inquiet : *L'idée de rester seule l'effare* (syn. affoler, effrayer).

effarouchement [efaʀuʃmɑ̃] n.m. Action d'effaroucher ; fait d'être effarouché (syn. affolement).

effaroucher [efaʀuʃe] v.t. (de *farouche*). Effrayer ; intimider : *Effaroucher un lièvre en marchant dans un bois. Effaroucher un candidat* (contr. rassurer).

1. effectif, ive [efɛktif, -iv] adj. (du lat. *effectus* "influence"). - **1.** Qui existe réellement ; qui se traduit en action : *Une aide effective* (syn. réel, véritable). - **2.** DR. Qui prend effet, entre en vigueur : *Le cessez-le-feu sera effectif à onze heures.*

2. effectif [efɛktif] n.m. (de 1. *effectif*). Nombre réel des individus composant un groupe : *L'effectif d'une classe, d'un collège. Les effectifs d'une armée.*

effectivement [efɛktivmɑ̃] adv. - **1.** De manière effective : *Ceci n'est pas un conte, c'est effectivement arrivé* (syn. réellement, véritablement). - **2.** En effet : *Vous étiez absent ? – Oui, effectivement.*

effectivité [efɛktivite] n.f. DR. Qualité de ce qui est effectif.

effectuer [efɛktɥe] v.t. (lat. médiév. *effectuare*, du class. *effectus* ; v. *effet*). Mettre à exécution ; accomplir : *Effectuer un paiement. Effectuer un demi-tour* (syn. opérer, faire).

efféminé, e [efemine] adj. et n.m. Qui a les caractères, l'aspect, les manières génér. attribués aux femmes, en parlant d'un homme, de son comportement (contr. viril).

effendi n.m. → **éfendi.**

efférent, e [efeʀɑ̃, -ɑ̃t] adj. (lat. *efferens* "qui porte dehors"). ANAT. Nerf, vaisseau efférent, qui sort d'un organe, qui va du centre vers la périphérie (par opp. à *afférent*).

effervescence [efɛʀvesɑ̃s] n.f. (du lat. *effervescens*, de *effervescere* "bouillonner"). - **1.** Bouillonnement produit par un vif dégagement de bulles gazeuses dans un liquide. - **2.** Agitation extrême : *Ville en pleine effervescence* (syn. fébrilité).

effervescent, e [efɛʀvesɑ̃, -ɑ̃t] adj. (lat. *effervescens* "bouillonnant"). Qui est en effervescence ou susceptible d'entrer en effervescence : *Une boisson effervescente* (= qui pétille). *Une foule effervescente* (syn. agité, exalté).

effet [efɛ] n.m. (lat. *effectus* "influence", de *efficere* "réaliser, achever"). - **1.** Résultat d'une action ; ce qui est produit par qqch : *Les effets d'une nouvelle loi* (syn. conséquence). - **2.** Impression produite sur qqn : *Ce voyage a eu un effet salutaire* (syn. action). *Son attitude a fait mauvais effet.* - **3.** Procédé employé pour produire une certaine impression, un certain résultat : *Faire des effets de voix, de jambes.* - **4.** Phénomène particulier en physique, en biologie, etc. : *Effet Joule.* - **5.** Rotation imprimée à une bille, à une balle, à un ballon, en vue d'obtenir des trajectoires ou des rebonds inhabituels, trompeurs : *Mettre de l'effet dans sa balle.* - **6.** À cet effet, en vue de cela. ‖ Faire de l'effet, produire une vive impression ; provoquer une action, une réaction sur qqn : *Une robe qui fait de l'effet. Un remède qui fait de l'effet.* ‖ Faire l'effet de, avoir l'apparence de : *Il me fait l'effet d'un homme honnête.* ‖ Sous l'effet de, sous l'influence de. ‖ DR. Prendre effet, devenir effectif. - **7.** DR. Effet de commerce. Tout titre à ordre transmissible par voie d'endossement, et constatant l'obligation de payer une somme d'argent à une époque donnée : *La lettre de change et le chèque sont des effets de commerce.* ◆ **effets** n.m. pl. - **1.** Vêtements, pièces de l'habillement : *Des effets militaires.* - **2.** Effets spéciaux. Trucages cinématographiques.

effeuillage [efœjaʒ] n.m. Action d'effeuiller les arbres et les plantes.

effeuiller [efœje] v.t. Ôter les feuilles ou les pétales de : *Effeuiller une marguerite.* ◆ **s'effeuiller** v.pr. Perdre ses feuilles ou ses pétales.

efficace [efikas] adj. (lat. *efficax*). - **1.** Qui produit l'effet attendu : *Traitement efficace* (syn. actif). - **2.** Se dit de qqn dont l'action aboutit à des résultats utiles : *Un collaborateur efficace* (syn. véritable). - **3.** PHILOS. Cause efficace, cause véritable et unique d'un phénomène.

efficacement [efikasmɑ̃] adv. De façon efficace : *Intervenir efficacement* (syn. utilement).

efficacité [efikasite] n.f. Qualité d'une chose, d'une personne efficace : *L'efficacité d'un remède. L'efficacité d'un ingénieur.*

efficience [efisjɑ̃s] n.f. (angl. *efficiency*, du lat. *efficientia*). Capacité de rendement ; performance : *L'efficience d'une technique, d'une entreprise.*

efficient, e [efisjɑ̃, -ɑ̃t] adj. (lat. *efficiens*, de *efficere*). - **1.** Qui aboutit à de bons résultats : *Homme efficient* (syn. efficace). - **2.** PHILOS. Cause **efficiente**, qui produit un effet, qui est à l'origine d'une chose.

effigie [efiʒi] n.f. (lat. *effigies* "figure", de *effingere* "reproduire"). Représentation, image d'une personne, notamm. à l'avers d'une monnaie, d'une médaille : *Une pièce à l'effigie d'un souverain.*

effilage [efilaʒ] n.m. Action d'effiler : *L'effilage d'une étoffe pour faire des franges.*

effilé, e [efile] adj. (de *fil* "tranchant"). Mince et allongé : *Des doigts effilés* (syn. fuselé).

effiler [efile] v.t. (de *fil*). - **1.** Défaire un tissu fil à fil : *Effiler le bord d'un châle pour obtenir des franges.* - **2.** Rendre mince, fin comme un fil en allongeant : *Effiler les pointes de sa moustache.* - **3.** Effiler les **cheveux**, en diminuer l'épaisseur en dégradé.

effilochage [efilɔʃaʒ] n.m. Action d'effilocher.

effilocher [efilɔʃe] v.t. (de *filoche*, dér. anc. et dialect. de *fil*). Effiler un tissu pour le réduire en bourre ou en ouate. ◆ **s'effilocher** v.pr. S'effiler par suite de l'usure : *Chandail qui s'effiloche.*

efflanqué, e [eflɑ̃ke] adj. (de *flanc*). - **1.** Se dit d'un animal qui a les flancs creux et resserrés : *Cheval efflanqué.* - **2.** Se dit d'une personne à la fois grande et maigre : *Un garçon efflanqué* (syn. osseux, sec).

effleurement [eflœRmɑ̃] n.m. Action d'effleurer, de frôler.

effleurer [eflœRe] v.t. (de *fleur*). - **1.** Toucher à peine : *Effleurer le visage* (syn. caresser, frôler). - **2.** Entamer superficiellement : *Le projectile lui a effleuré le bras* (syn. égratigner). - **3.** Examiner superficiellement : *Effleurer un sujet.*

efflorescence [eflɔResɑ̃s] n.f. (du lat. *efflorescens*, de *efflorescere* "fleurir", de *flos, floris* "fleur"). - **1.** Poussière naturelle qui recouvre certains fruits. - **2.** LITT. Épanouissement : *L'efflorescence de l'art gothique au XIIIᵉ s.*

effluve [eflyv] n.m. (lat. *effluvium* "écoulement") [parfois fém. au pl.]. Émanation qui s'exhale du corps des êtres vivants, des fleurs, des aliments, etc. : *Les effluves embaumés d'un jardin* (syn. odeur, exhalaison).

effondrement [efɔ̃dRəmɑ̃] n.m. Fait de s'effondrer, de s'écrouler : *L'effondrement d'un toit* (syn. écroulement). *L'effondrement de ses rêves* (syn. anéantissement, ruine).

effondrer [efɔ̃dRe] v.t. (lat. pop. *exfunderare*, de *fundus, -eris* "fond", class. *fundus, -i*). Faire s'écrouler : *Effondrer une maison qui menace de tomber en ruine.* ◆ **s'effondrer** v.pr. - **1.** Crouler sous un poids excessif : *Plancher qui s'effondre.* - **2.** Être brusquement anéanti : *Projets qui s'effondrent.* - **3.** Tomber à terre, mort, blessé ou épuisé : *La sentinelle tira sur le fugitif qui s'effondra* (syn. s'écrouler). - **4.** Perdre brusquement toute énergie morale ou physique : *Elle s'est effondrée en apprenant la nouvelle. Accusé qui s'effondre et passe aux aveux.* - **5.** Subir une baisse brutale : *Le cours de cette valeur s'effondre.*

s'efforcer [efɔRse] v.pr. (de *force*) [conj. 16]. Faire tous ses efforts pour atteindre un objectif, un but ; s'appliquer, s'évertuer à : *Il s'efforce de réussir* (syn. essayer, tâcher).

effort [efɔR] n.m. (de *s'efforcer*). - **1.** Mobilisation des forces physiques, intellectuelles pour vaincre une résistance, surmonter une difficulté, atteindre un objectif : *Fournir un gros effort physique. Faire un effort de mémoire.* - **2.** PHYS. Force tendant à déformer un matériau par traction, compression, flexion, torsion ou cisaillement : *Faire subir des efforts à un tissu pour en tester la solidité.*

effraction [efRaksjɔ̃] n.f. (bas lat. *effractura*, de *effringere* "rompre"). Forcement d'une clôture, d'une serrure, etc. : *Vol avec effraction.*

effraie [efRε] n.f. (de *orfraie*, avec infl. de *effrayer*). Chouette de taille moyenne, à plumage fauve clair tacheté de gris, et dont les yeux sont entourés d'une collerette de plumes blanches.

effranger [efRɑ̃ʒe] v.t. (de *frange*) [conj. 17]. Effiler sur les bords un tissu de façon à obtenir des franges.

effrayant, e [efRεjɑ̃, -ɑ̃t] adj. - **1.** Qui provoque la frayeur : *Un bruit effrayant* (syn. épouvantable). - **2.** FAM. Qui cause un grand étonnement : *Un appétit effrayant* (syn. effarant).

effrayer [efReje] v.t. (lat. pop. *exfridare*, du frq. *fridu* "paix") [conj. 11]. - **1.** Remplir de frayeur : *Le bruit a effrayé les oiseaux* (syn. effaroucher). *Le tonnerre effraie les enfants* (= faire peur à). - **2.** Causer du souci ; rebuter, décourager : *L'importance du travail l'a effrayé.* ◆ **s'effrayer** v.pr. Prendre peur : *Tu t'effraies d'un rien* (syn. s'alarmer).

effréné, e [efRene] adj. (du lat. *frenum* "frein"). Qui est sans frein, sans retenue : *Un besoin effréné de s'amuser* (syn. immodéré, insatiable). *Une course effrénée.*

effritement [efRitmɑ̃] n.m. Action d'effriter ; fait de s'effriter : *L'effritement des roches sous l'effet du gel. L'effritement des cours de la Bourse* (syn. affaiblissement).

effriter [efRite] v.t. (anc. fr. *effruiter* "dépouiller de ses fruits", avec infl. de *friable*). Réduire progressivement en menus morceaux, en poussière : *Effriter un biscuit entre ses doigts* (syn. désagréger). ◆ **s'effriter** v.pr. Se désagréger : *La majorité gouvernementale s'effrite* (syn. se dissocier).

effroi [efʀwa] n.m. (de *effrayer*). LITT. Grande frayeur : *Répandre l'effroi* (syn. épouvante, terreur).

effronté, e [efʀɔ̃te] adj. et n. (de *front*). Qui agit avec une grande hardiesse à l'égard des autres ; qui ne garde aucune retenue : *Il est bien effronté de tenir tête à son professeur* (syn. impudent). *Un regard effronté* (syn. insolent).

effrontément [efʀɔ̃temɑ̃] adv. Avec effronterie.

effronterie [efʀɔ̃tʀi] n.f. Attitude, manière d'agir d'une personne effrontée : *Avoir l'effronterie de nier l'évidence* (syn. impudence, audace). *Répondre avec effronterie* (syn. insolence).

effroyable [efʀwajabl] adj. -1. Qui inspire, qui est propre à inspirer l'effroi ; qui impressionne vivement : *Crime effroyable* (syn. affreux, épouvantable). -2. Très mauvais : *Un style effroyable*.

effroyablement [efʀwajabləmɑ̃] adv. De façon effroyable, terrible : *Des victimes effroyablement mutilées* (syn. horriblement). *Il chante effroyablement* (syn. épouvantablement).

effusion [efyzjɔ̃] n.f. (du lat. *effundere* "répandre"). -1. Manifestation sincère de tendresse, d'affection : *À leurs retrouvailles, elles se livreront à de longues effusions* (syn. épanchement). *Remercier qqn avec effusion.* -2. Effusion de sang, action de verser du sang, de blesser, de tuer : *Réprimer une révolte sans effusion de sang.*

s'égailler [egaje] v.pr. (anc. fr. *esgailler* "disperser", lat. pop. *aequaliare*, du class. *aequalis* "égal"). SOUT. Se disperser, se débander, en parlant de personnes ou d'animaux groupés : *Les soldats en déroute s'égaillèrent dans les bois.*

1. **égal, e, aux** [egal, -o] adj. (lat. *aequalis*). -1. Semblable en nature, en quantité, en qualité, en valeur : *Deux récipients de capacité égale* (syn. identique). *Figures géométriques égales* (syn. superposable). *Les citoyens sont égaux devant la loi.* -2. Qui ne varie pas, qui ne présente pas de brusques différences, d'irrégularité : *Température égale* (syn. constant). *Marcher d'un pas égal* (syn. régulier). *Personne d'un caractère égal* (syn. calme). *Une surface égale* (syn. uni, plat). -3. Qui s'applique à tous dans les mêmes conditions : *Une justice égale* (syn. impartial). -4. FAM. Ça m'est égal, c'est égal, ça m'est, c'est indifférent. ‖ FAM., VIEILLI. C'est égal, quoi qu'il en soit, malgré tout. ‖ MATH. Ensembles égaux, ensembles

constitués des mêmes éléments. ‖ MATH. Fonctions égales, fonctions ayant même domaine de définition, même ensemble d'arrivée et mêmes images pour toute valeur de la variable.

2. **égal, e, aux** [egal, -o] n. (de *1. égal*). -1. Personne qui est égale à une autre par sa condition, ses droits, etc. : *Vivre avec ses égaux.* -2. À l'égal de, autant que, au même titre que. ‖ D'égal à égal, sur un pied d'égalité. ‖ N'avoir d'égal que, n'être égalé que par : *Sa fatuité n'a d'égale que sa sottise.* ‖ N'avoir point d'égal, être sans égal, être unique en son genre.

égalable [egalabl] adj. Qui peut être égalé : *Un exploit difficilement égalable.*

également [egalmɑ̃] adv. -1. De façon égale : *Aimer également tous ses enfants* (= de la même façon). -2. Aussi, de même : *Lisez ce livre, et celui-là également.*

égaler [egale] v.t. -1. Être égal à (en quantité) : *Deux multiplié par deux égale quatre.* -2. Être égal à (en mérite, en valeur, etc.) ; rivaliser avec : *Rien n'égale sa beauté.*

égalisateur, trice [egalizatœʀ, -tʀis] adj. Qui égalise, permet d'égaliser : *But, point égalisateur.*

égalisation [egalizasjɔ̃] n.f. Action d'égaliser ; son résultat : *Égalisation d'un terrain. Égalisation des revenus* (syn. nivellement). *Équipe qui obtient l'égalisation.*

égaliser [egalize] v.t. Rendre égal : *Égaliser les salaires. Égaliser un terrain* (syn. niveler). ◆ v.i. SPORTS, JEUX. Marquer un but ou un point rendant le score égal : *Joueur qui égalise à 1 partout.*

égalitaire [egalitɛʀ] adj. et n. Qui vise à l'égalité civile, politique et sociale : *Théorie égalitaire.*

égalitarisme [egalitaʀism] n.m. Doctrine égalitaire.

égalité [egalite] n.f. (lat. *aequalitas*). -1. Qualité de ce qui est égal, équivalent : *Égalité de deux nombres. Les deux concurrents sont à égalité* (= ils ont le même nombre de points). -2. Qualité de ce qui est égal, uni, régulier : *Égalité d'humeur* (syn. constance). -3. Rapport entre individus, citoyens, égaux en droits et soumis aux mêmes obligations : *Égalité civile, politique, sociale.* -4. MATH. Expression représentant le type le plus simple de relation d'équivalence. (Ex. : a = b.)

égard [egaʀ] n.m. (de l'anc. fr. *esgarder* "veiller sur"). -1. Considération, estime que l'on a pour qqn, qqch : *Tu pourrais avoir quelque égard pour son âge !* -2. À cet égard, sur ce point. ‖ À l'égard de, en ce qui concerne ; envers : *Il a beaucoup de torts à ton égard.* ‖ À tous les égards, à tous égards, sous tous les rapports. | **Eu égard à,** en tenant compte de. | **Sans égard pour,** sans tenir compte de. ◆ **égards** n.m. pl. Marques de respect, attentions : *Ils l'ont traité avec beaucoup d'égards* (syn. déférence).

égaré, e [egaʀe] adj. - **1.** Qui a perdu sa route : *Un promeneur égaré* (syn. perdu). - **2.** Qui traduit un grand trouble intérieur : *Un air égaré* (syn. hagard).

égarement [egaʀmɑ̃] n.m. LITT. Dérèglement de la conduite, de l'esprit ; folie passagère : *Un moment d'égarement* (syn. affolement).

égarer [egaʀe] v.t. (du frq. *warôn* "conserver" ; v. *garer*). - **1.** Perdre momentanément ; ne plus trouver : *J'ai encore égaré mes clés !* - **2.** Mettre dans l'erreur : *Ces témoignages ont égaré les enquêteurs* (syn. dérouter). - **3.** Mettre hors de soi : *La colère vous égare* (syn. aveugler). ◆ **s'égarer** v.pr. - **1.** Se perdre en route : *Ils se sont égarés dans la forêt.* - **2.** S'écarter du bon sens, de la vérité : *Là, tu t'égares complètement !* (= tu fais fausse route). - **3.** Se disperser au hasard : *Plusieurs votes se sont égarés sur des noms inconnus* (syn. s'éparpiller).

égayer [egeje] v.t. (de *gai*) [conj. 11]. - **1.** Apporter un élément de gaieté, de vie : *Ces couleurs égaient la pièce.* - **2.** Rendre gai : *Il en faut beaucoup pour l'égayer aujourd'hui !* (syn. amuser, divertir). ◆ **s'égayer** v.pr. LITT. S'amuser, se divertir : *S'égayer aux dépens de qqn.*

égérie [eʒeʀi] n.f. (de *Égérie,* nymphe qui aurait inspiré le roi Numa). LITT. Femme qui joue le rôle de conseillère, d'inspiratrice d'un homme, d'un groupe, d'un mouvement politique, artistique, etc.

égide [eʒid] n.f. (gr. *aigis, -idos* "peau de chèvre", d'où "bouclier en peau de chèvre"). - **1.** MYTH. Bouclier de Zeus et d'Athéna. - **2.** LITT. **Sous l'égide de,** sous la protection, le patronage de : *Exposition placée sous l'égide du ministère des Transports.*

églantier [eglɑ̃tje] n.m. (lat. pop. *aquilentum,* du class. *aculeus* "aiguillon"). Arbrisseau épineux aux fleurs roses ou blanches, servant de porte-greffe aux rosiers cultivés. □ Famille des rosacées.

églantine [eglɑ̃tin] n.f. Fleur de l'églantier.

églefin [egləfɛ̃] ou **aiglefin** [ɛgləfɛ̃] n.m. (néerl. *schelvisch*). Autre nom du *cabillaud.*

1. **Église** [egliz] n.f. (lat. *eclesia,* gr. *ekklêsia* "assemblée"). - **1.** Société religieuse fondée par Jésus-Christ. - **2.** Communauté chrétienne : *L'Église anglicane, orthodoxe, catholique.* - **3.** Homme d'Église, ecclésiastique. - **4.** L'Église catholique romaine.

2. **église** [egliz] n.f. (de 1. *Église*). Édifice où se réunissent les chrétiens pour célébrer leur culte.

églogue [eglɔg] n.f. (lat. *ecloga,* gr. *eklogê,* de *eklegein* "choisir"). LITTÉR. Petit poème pastoral.

ego [ego] n.m. inv. (mot lat. "moi"). - **1.** PHILOS. Sujet conscient et pensant. - **2.** PSYCHAN. Le moi.

égocentrique [egosɑ̃tʀik] adj. et n. Qui manifeste de l'égocentrisme.

égocentrisme [egosɑ̃tʀism] n.m. (du lat. *ego* "moi" et *centrum* "centre"). Tendance à centrer tout sur soi-même, à juger tout par rapport à soi ou à son propre intérêt.

égoïne [egɔin] n.f. (lat. *scobina* "lime"). Scie à lame rigide, munie d'une poignée à l'une de ses extrémités. (On dit aussi *une scie égoïne.*)

égoïsme [egɔism] n.m. (du lat. *ego* "moi"). Tendance qui porte un individu à se préoccuper exclusivement de son propre plaisir et de son propre intérêt sans se soucier de ceux des autres (contr. altruisme, générosité).

égoïste [egɔist] adj. et n. Qui fait preuve d'égoïsme : *Il a tout gardé pour lui-même ; quel égoïste ! Un comportement égoïste* (contr. désintéressé).

égoïstement [egɔistəmɑ̃] adv. Avec égoïsme.

égorgement [egɔʀʒəmɑ̃] n.m. Action d'égorger.

égorger [egɔʀʒe] v.t. (de *gorge*) [conj. 17]. - **1.** Tuer en coupant la gorge : *Égorger un mouton.* - **2.** FAM. et VIEILLI. Faire payer trop cher : *Un hôtelier qui égorge les clients.* ◆ **s'égorger** v.pr. S'entretuer.

égorgeur, euse [egɔʀʒœʀ, -øz] n. Personne, animal qui tue en égorgeant : *Le renard, grand égorgeur de poules.*

s'égosiller [egozije] v.pr. (de *gosier*). Crier ou chanter très fort et longtemps : *Elle est obligée de s'égosiller pour se faire entendre dans ce chahut* (syn. s'époumoner).

égotisme [egɔtism] n.m. (angl. *egotism,* du lat. *ego* "moi"). LITT. Culte du moi, intérêt excessif porté à sa propre personnalité ; manie de parler de soi. ◆ **égotiste** adj. et n. Qui fait preuve d'égotisme.

égout [egu] n.m. (de *égoutter*). Conduite souterraine qui recueille les eaux usées d'une agglomération et les évacue dans le milieu extérieur ou vers une station d'épuration.

égoutier [egutje] n.m. Ouvrier chargé du nettoyage et de l'entretien des égouts.

égoutter [egute] v.t. (de *goutte*). Débarrasser d'un liquide qui s'écoule goutte à goutte : *Égoutter de la vaisselle.* ◆ v.i. et **s'égoutter** v.pr. Perdre son eau goutte à goutte : *Linge qui s'égoutte.*

égouttoir [egutwaʀ] n.m. Ustensile permettant de faire égoutter qqch : *Égouttoir à vaisselle, à légumes.*

égrainage n.m., **égrainer** v.t. → **égrenage**, **égrener**.

égrapper [egʀape] v.t. Détacher de la grappe : *Égrapper des groseilles, du raisin.*

égratigner [egʀatiɲe] v.t. (de l'anc. fr. *gratiner*, de *gratter*). - **1.** Déchirer légèrement la peau avec qqch de piquant ; rayer superficiellement : *Les ronces lui ont égratigné les jambes* (syn. écorcher). - **2.** Blesser, atteindre en faisant des railleries, des petites attaques personnelles : *Égratigner l'amour-propre de qqn.*

égratignure [egʀatiɲyʀ] n.f. - **1.** Déchirure, écorchure superficielle : *L'accident s'est soldé par quelques égratignures.* - **2.** Blessure d'amour-propre.

égrenage [egʀənaʒ] ou **égrainage** [egʀenaʒ] n.m. Action d'égrener.

égrener [egʀəne] [conj. 19] ou **égrainer** [egʀene] v.t. (du lat. *granum* "grain"). - **1.** Détacher les grains d'un épi, d'une grappe : *Égrener du maïs, du raisin.* - **2.** Faire entendre une suite de sons bien détachés les uns des autres : *La pendule égrène les heures.* - **3.** Égrener un **chapelet**, en faire passer tous les grains entre ses doigts pour compter les prières. ◆ **s'égrener** ou **s'égrainer** v.pr. - **1.** Tomber par grains. - **2.** Se faire entendre par sons détachés et successifs : *Les notes de la mélodie s'égrenaient délicatement.*

égrillard, e [egʀijaʀ, -aʀd] adj. et n. (de l'anc. fr. *escriller* "glisser", de l'anc. scand. *skridla*). Qui aime les plaisanteries ou les propos grivois ; qui dénote cet état d'esprit : *Histoire égrillarde* (syn. leste).

égyptien, enne [eʒipsjɛ̃, -ɛn] adj. et n. D'Égypte. ◆ **égyptien** n.m. Langue chamito-sémitique de l'Égypte ancienne.

égyptologie [eʒiptɔlɔʒi] n.f. Étude de l'Égypte ancienne. ◆ **égyptologue** n. Nom du spécialiste.

eh [e] interj. Exprime la surprise, l'admiration, ou sert à interpeller qqn : *Eh, vous là-bas ! Eh bien, ça par exemple !*

éhonté, e [eɔ̃te] adj. (de *honte*). - **1.** Qui n'éprouve aucune honte en faisant qqch de répréhensible : *Un menteur éhonté* (syn. effronté, cynique). - **2.** Honteux, scandaleux : *Un marchandage politique éhonté* (syn. infâme).

eider [edɛʀ] n.m. (island. *aedar*). Canard marin qui niche sur les côtes scandinaves et dont le duvet est très recherché. □ Famille des anatidés ; long. 60 cm.

éjaculation [eʒakylasjɔ̃] n.f. Action d'éjaculer.

éjaculer [eʒakyle] v.t. et v.i. (lat. *ejaculari* "lancer avec force, projeter"). Projeter avec force au-dehors certaines sécrétions, notamm. le sperme.

éjectable [eʒɛktabl] adj. - **1.** Qui peut être éjecté. - **2.** Siège éjectable, siège d'avion doté d'un dispositif qui, en cas d'accident, projette à l'extérieur le pilote muni de son parachute.

éjecter [eʒɛkte] v.t. (lat. *ejactare*, de *jactare* "jeter"). - **1.** Projeter au-dehors avec une certaine force : *L'un des passagers a été éjecté du véhicule.* - **2.** FAM. Éjecter qqn, l'expulser ou le congédier brutalement. ◆ **s'éjecter** v.pr. [de]. Se projeter avec force hors de : *Le pilote de l'avion a réussi à s'éjecter de la cabine.*

éjection [eʒɛksjɔ̃] n.f. - **1.** Action de rejeter au-dehors, d'éjecter : *Éjection d'une cartouche. Éjection d'un pilote.* - **2.** PHYSIOL. Évacuation : *Éjection des urines.*

élaboration [elabɔʀasjɔ̃] n.f. - **1.** Action d'élaborer : *Élaboration d'une théorie, d'un système* (syn. préparation). - **2.** Formation d'une substance dans un organisme vivant : *Élaboration de la bile, de la sève.* - **3.** PHYSIOL. Transformation que subissent les aliments pour être assimilés. - **4.** MÉTALL. Traitement permettant d'extraire un métal de son minerai, puis de l'affiner pour obtenir un métal pur.

élaboré, e [elabɔʀe] adj. - **1.** Qui résulte d'une élaboration : *Système très élaboré* (syn. perfectionné, sophistiqué). - **2.** BOT. Sève élaborée, sève enrichie en substances organiques par l'activité chimique des feuilles et qui circule dans les tubes du liber.

élaborer [elabɔʀe] v.t. (lat. *elaborare* "perfectionner", de *labor* "travail"). - **1.** Préparer, produire par un long travail intellectuel : *Élaborer un plan.* - **2.** PHYSIOL. Transformer pour rendre assimilable : *L'estomac élabore les aliments* (syn. digérer). - **3.** MÉTALL. Procéder à l'élaboration de : *Élaborer un métal.*

élagage [elagaʒ] n.m. Action d'élaguer : *L'élagage des arbres* (syn. ébranchage). *L'élagage d'un texte.*

élaguer [elage] v.t. (de l'anc. nordique *laga* "mettre en ordre"). - **1.** Couper les branches inutiles ou nuisibles d'un arbre : *Élaguer des marronniers* (syn. tailler). - **2.** Supprimer ce qui est superflu dans une phrase, un texte : *Élaguer un récit* (syn. couper).

1. élan [elɑ̃] n.m. (de *élancer*). - **1.** Mouvement que l'on fait pour s'élancer ; force qui pousse un corps en mouvement : *Prendre son élan pour sauter. Continuer sur son élan.* - **2.** Mouvement intérieur spontané ; impulsion : *Un élan de générosité* (syn. accès). *Les élans du cœur.*

2. élan [elɑ̃] n.m. (haut all. *elend*, du baltique *elnis*). Cerf aux bois aplatis, qui vit en Scandinavie, en Sibérie et au Canada, où il est appelé *orignal.* □ Famille des cervidés ; long. 2,80 m ; poids 1 000 kg.

élancé, e [elɑ̃se] adj. (de *élancer*). Mince et allongé : *Une taille élancée* (syn. svelte ; contr. épais). *Une colonne élancée.*

élancement [elɑ̃smɑ̃] n.m. Douleur vive et intermittente : *Une crise de rhumatismes qui cause de violents élancements* (syn. lancinement).

élancer [elɑ̃se] v.t. ind. [à] (de *lancer*) [conj. 16]. Causer des élancements à ; être le siège d'élancements : *Cet abcès au doigt lui élance.* ◆ **s'élancer** v.pr. - **1.** Se jeter en avant ; se précipiter : *Il s'est élancé vers la sortie* (syn. se ruer). - **2.** SOUT. Se dresser, en parlant de choses : *La flèche du clocher s'élance vers le ciel* (syn. s'élever).

élargir [elaʀʒiʀ] v.t. (de *large*) [conj. 32]. - **1.** Rendre plus large : *Élargir une route, un vêtement.* - **2.** Accroître l'étendue, l'importance de ; donner une portée plus générale à : *Élargir ses connaissances* (syn. étendre). *Ses lectures lui ont élargi l'esprit* (syn. ouvrir). - **3.** DR. Mettre en liberté : *Élargir un détenu.* ◆ **s'élargir** v.pr. Devenir plus large : *Le fleuve s'élargit près de son embouchure.*

élargissement [elaʀʒismɑ̃] n.m. - **1.** Action d'élargir ou d'étendre qqch ; fait de s'élargir. - **2.** DR. Mise en liberté d'un détenu.

élasticité [elastisite] n.f. Propriété que possède un corps élastique ; qualité de ce qui est élastique : *Élasticité du caoutchouc, de l'acier. L'élasticité de la peau diminue avec l'âge* (syn. souplesse).

1. élastique [elastik] adj. (lat. scientif. *elasticus*, du gr. *elastos*, var. de *elatos* "ductile"). - **1.** Se dit d'un corps qui possède la propriété de reprendre sa forme ou son volume quand la force qui le déformait a cessé d'agir : *Le caoutchouc est élastique.* - **2.** Qui est fait d'une matière douée d'élasticité : *Ceinture élastique.* - **3.** Souple : *Démarche élastique.* - **4.** FAM. Qu'on peut interpréter à sa façon : *Règlement élastique.*

2. élastique [elastik] n.m. (de *1. élastique*). - **1.** Lien, bande circulaire en caoutchouc : *Une boîte d'élastiques.* - **2.** Fil, ruban élastique contenant du caoutchouc : *Acheter de l'élastique blanc.*

élastomère [elastɔmɛʀ] n.m. (de *élastique* et [*poly*]*mère*). TEXT. Polymère naturel ou synthétique, possédant des propriétés élastiques analogues à celles du caoutchouc.

eldorado [ɛldɔʀado] n.m. (mot esp. "le doré, le pays de l'or"). Pays chimérique où l'on peut s'enrichir facilement et où la vie est très agréable : *Pour beaucoup d'adolescents, l'Amérique est un eldorado* (= pays de cocagne).

électeur, trice [elɛktœʀ, -tʀis] n. (lat. *elector*). - **1.** Personne qui a le droit de participer à une élection, qui a la capacité électorale : *Recevoir sa carte d'électeur.* - **2.** HIST. (Avec une majus-

cule). Prince ou évêque qui participait à l'élection de l'empereur dans le Saint Empire romain germanique : *L'Électeur de Saxe.* - **3.** Grands électeurs. Collège électoral formé des députés, des conseillers généraux, des délégués des conseils municipaux et des conseillers régionaux des départements d'outre-mer, qui élit les sénateurs, en France.

électif, ive [elɛktif, -iv] adj. (bas lat. *electivus*). - **1.** Nommé ou conféré par élection : *Un président électif. Une charge élective.* - **2.** SOUT. Qui opère un choix, une sélection : *Affinités électives.*

élection [elɛksjɔ̃] n.f. (lat. *electio*, de *eligere* "choisir"). - **1.** Choix qu'on exprime par l'intermédiaire d'un vote ; fait d'être élu : *Élection au suffrage universel. Élections municipales.* - **2.** Patrie, terre d'élection, celle où l'on a choisi de vivre. ‖ DR. Élection de domicile, indication d'un domicile en vue d'un acte juridique déterminé. ◆ **élections** n.f. pl. Opérations électorales : *Aux dernières élections, l'abstention a été très forte.*

électoral, e, aux [elɛktɔʀal, -o] adj. Qui se rapporte à une élection, aux élections : *Campagne électorale.*

électoralisme [elɛktɔʀalism] n.m. Attitude d'un parti ou d'un gouvernement qui oriente son programme et ses positions en fonction du bénéfice électoral escompté.

électoraliste [elɛktɔʀalist] adj. Inspiré par l'électoralisme : *Une politique électoraliste* (= qui n'a pour but que le résultat électoral).

électorat [elɛktɔʀa] n.m. - **1.** Ensemble des électeurs d'un pays, d'un parti, d'une région, etc. : *L'électorat français. Un électorat modéré.* - **2.** DR. Ensemble des conditions constitutives de la qualité d'électeur : *Jouir de l'électorat.* - **3.** HIST. Dignité d'Électeur dans le Saint Empire romain germanique ; territoire soumis à la juridiction d'un électeur : *L'électorat de Trèves.*

électricien, enne [elɛktʀisjɛ̃, -ɛn] n. - **1.** Artisan qui pose ou répare des installations électriques. - **2.** Personne qui vend des appareils électriques. - **3.** Ingénieur spécialiste d'électricité.

électricité [elɛktʀisite] n.f. (lat. scientif. *electricitas* ; v. *électrique*). - **1.** Manifestation d'une forme d'énergie associée à des charges électriques au repos ou en mouvement : *Électricité positive, négative. Électricité statique, dynamique.* - **2.** Cette forme d'énergie comme source d'éclairage et servant à des usages domestiques ou industriels : *Allumer, éteindre l'électricité. Panne, coupure d'électricité.* - **3.** Électricité animale, électricité produite par les organismes animaux, notamm. par certaines espèces de poissons, et qui leur permet de s'orienter ainsi que de détecter, voire de paralyser une proie. ‖ FAM. Il y a de l'électricité dans l'air, l'atmosphère est tendue, tout le monde est surexcité. ‖ **Quantité d'électricité,** produit de l'intensité d'un courant par le temps de passage.

électrification [elektʁifikasjɔ̃] n.f. Action d'électrifier : *Électrification d'un réseau de chemin de fer.*

électrifier [elektʁifje] v.t. (conj. 9). - **1.** Doter d'un réseau de distribution d'énergie électrique : *Électrifier une région.* - **2.** Faire fonctionner à l'électricité : *Électrifier une ligne de chemin de fer.*

électrique [elektʁik] adj. (lat. scientif. *electricus,* du class. *electrum* "ambre jaune", du gr.). - **1.** Qui se rapporte à l'électricité : *Énergie électrique.* - **2.** Qui produit de l'électricité ; qui fonctionne à l'électricité : *Pile, lumière électrique.*

électriquement [elektʁikmɑ̃] adv. Par le moyen de l'électricité.

électrisable [elektʁizabl] adj. Qui peut être électrisé : *L'eau est facilement électrisable.*

électrisant, e [elektʁizɑ̃, -ɑ̃t] adj. - **1.** Qui développe une charge électrique. - **2.** Qui exalte et provoque un grand enthousiasme : *Un discours électrisant.*

électrisation [elektʁizasjɔ̃] n.f. Action, manière d'électriser : *Électrisation d'une peau de chat par frottement.*

électriser [elektʁize] v.t. - **1.** Développer des charges électriques sur un corps, un milieu : *Électriser un bâton de verre.* - **2.** Éveiller fortement l'intérêt, l'enthousiasme de : *Électriser un auditoire* (syn. enflammer, exalter).

électroacoustique [elektʁoakustik] n.f. (de *électro-* et *acoustique*). Technique de la production, de la transmission, de l'enregistrement et de la reproduction des sons par des moyens électriques. ◆ adj. Relatif à l'électroacoustique : *Musique électroacoustique sur synthétiseur.*

électroaimant [elektʁoɛmɑ̃] n.m. (de *électro-* et *1. aimant*). Dispositif produisant un champ magnétique grâce à un système de bobines à noyau de fer, parcourues par un courant électrique.

électrocardiogramme [elektʁokaʁdjɔgʁam] n.m. (de *électro-, cardio-* et *-gramme*). MÉD. Enregistrement graphique de l'activité électrique produite par la contraction des muscles du cœur : *L'électrocardiogramme permet de diagnostiquer arythmies et affections du myocarde.*

électrochimie [elektʁoʃimi] n.f. Science et technique des transformations réciproques

de l'énergie chimique et de l'énergie électrique.

électrochoc [elektʁoʃɔk] n.m. (de *électro-* et *choc*). - **1.** Méthode de traitement de certaines maladies mentales, qui consiste à provoquer des convulsions épileptiques par le passage bref de courant à travers le cerveau. - **2.** Choc salutaire : *Une mesure destinée à produire un électrochoc sur l'économie* (= coup de fouet).

électrocoagulation [elektʁokoagylasjɔ̃] n.f. MÉD. Technique de coagulation des tissus vivants par application d'un courant de haute fréquence provoquant leur section ou leur destruction : *L'électrocoagulation permet de supprimer les verrues.*

électrocuter [elektʁokyte] v.t. (angl. *to electrocute,* de *electro-* et *to* [*exe*]*cute* "exécuter"). - **1.** Causer une secousse souvent mortelle par le passage dans l'organisme d'un courant électrique. - **2.** Exécuter un condamné à mort par choc électrique. ◆ **s'électrocuter** v.pr. Être touché par une décharge électrique, qui peut être mortelle.

électrocution [elektʁokysjɔ̃] n.f. (mot angl.) - **1.** Fait d'être électrocuté : *Mort par électrocution.* - **2.** Exécution des condamnés à mort par choc électrique, en vigueur dans certains États des États-Unis.

électrode [elektʁɔd] n.f. (angl. *electrode,* de *electr*[*ic*] et [*an*]*ode*). - **1.** Extrémité de chacun des conducteurs fixés aux pôles positif, appelé *anode,* et négatif, appelé *cathode,* d'un générateur électrique, dans un voltamètre, un tube à gaz raréfié ou un dispositif à arc électrique. - **2.** MÉD. Corps conducteur du courant électrique, utilisé pour stimuler le système nerveux, la peau, etc., ou pour recueillir les courants produits par l'organisme.

électrodynamique [elektʁodinamik] n.f. (de *électro-* et *2. dynamique*). Partie de la physique qui traite des actions dynamiques entre courants électriques. ◆ adj. Relatif à l'électrodynamique.

électroencéphalogramme [elektʁoɑ̃sefalɔgʁam] n.m. (de *électro-* et *encéphalogramme*). MÉD. Tracé de l'activité électrique du cerveau obtenu par enregistrement des différences de potentiel qui existent entre les cellules cérébrales.

électrogène [elektʁoʒɛn] adj. (de *électro-* et *-gène*). - **1.** Qui produit de l'électricité : *Processus électrogène.* - **2.** **Groupe électrogène,** Ensemble formé par un moteur thermique et un générateur, et qui transforme en énergie électrique l'énergie mécanique fournie par le moteur : *Le campement est éclairé par un groupe électrogène.*

électroluminescent, e [elɛktʀɔliminesɑ̃, -ɑ̃t] adj. Qui émet des rayons lumineux par luminescence et sous l'action d'un champ électrique : *Panneau électroluminescent.*

électrolyse [elɛktʀɔliz] n.f. (angl. *electrolysis* ; v. *électrolyte*). Décomposition chimique de certaines substances en fusion ou en solution, produite par un courant électrique : *L'aluminium se prépare par électrolyse de l'alumine.*

électrolyser [elɛktʀɔlize] v.t. (angl. *to electrolyse* ; v. *électrolyte*). Soumettre à l'électrolyse : *Électrolyser du sel marin pour fabriquer de la soude.*

électrolyte [elɛktʀɔlit] n.m. (angl. *electrolyte*, de *electro-*, et du gr. *lutos* "qui peut être délié, dissous"). Corps qui, fondu ou en solution, peut se décomposer sous l'action d'un courant électrique : *Les sels, les acides sont des électrolytes.*

électromagnétique [elɛktʀɔmaɲetik] adj. Fondé sur les propriétés magnétiques des courants électriques ; qui se rapporte à l'électromagnétisme : *Phénomène électromagnétique.*

électromagnétisme [elɛktʀɔmaɲetism] n.m. Partie de la physique qui étudie les relations entre électricité et magnétisme. □ L'électromagnétisme a montré que les ondes radio, la lumière et les rayons X sont de même nature, mais à fréquences différentes.

électromécanique [elɛktʀɔmekanik] adj. Se dit d'un dispositif mécanique dont une partie importante des composants est électrique : *Une commande électromécanique.* ◆ n.f. Ensemble des applications de l'électricité à la mécanique.

électroménager, ère [elɛktʀɔmenaʒe, -ɛʀ] adj. (de *électro-* et *2. ménager*). Se dit d'un appareil électrique à usage domestique : *Les fers à repasser, les aspirateurs sont des appareils électroménagers.* ◆ **électroménager** n.m. Ensemble des appareils électroménagers ; leur fabrication, leur commerce : *Magasin d'électroménager.*

électrométallurgie [elɛktʀɔmetalyʀʒi] n.f. Utilisation des propriétés thermiques et électrolytiques de l'électricité pour la production et l'affinage des produits métallurgiques.

électromètre [elɛktʀɔmɛtʀ] n.m. (de *électro-* et *-mètre*). Appareil pour mesurer des différences de potentiel.

électromoteur, trice [elɛktʀɔmɔtœʀ, -tʀis] adj. (de *électro-* et *1. moteur*). - **1.** PHYS. Qui développe de l'électricité sous l'influence d'une action mécanique ou chimique. - **2.** Force électromotrice (f. é. m.), quotient de la puissance électrique dirigée dans un circuit, par l'intensité du courant qui la traverse : *La force électromotrice d'une pile.* □ L'unité de la f. é. m. est le volt.

électromyogramme [elɛktʀɔmjɔgʀam] n.m. (de *électro-*, *myo-* et *-gramme*). MÉD. Enregistrement graphique de l'activité électrique qui accompagne la contraction musculaire.

électron [elɛktʀɔ̃] n.m. (angl. *electron*, de *electr[ic]* et [*ani*]*on*). Particule fondamentale portant une charge électrique négative et qui est un constituant universel de la matière. □ La charge de l'électron est de $1,602 \cdot 10^{-19}$ coulomb.

électronégatif, ive [elɛktʀɔnegatif, -iv] adj. CHIM. Se dit d'un élément dont les atomes ont une affinité pour les électrons : *Le chlore, l'oxygène sont électronégatifs.* □ Les atomes des éléments électronégatifs se portent à l'anode dans l'électrolyse.

électronicien, enne [elɛktʀɔnisjɛ̃, -ɛn] n. Spécialiste de l'électronique.

électronique [elɛktʀɔnik] adj. - **1.** Qui se rapporte à l'électron : *Flux électronique.* - **2.** Qui fonctionne suivant les principes de l'électronique, qui utilise les dispositifs électroniques : *Machine à calculer électronique.* - **3.** Musique électronique, musique élaborée à partir de sons créés par des oscillations électriques et reproduite par des amplificateurs. ◆ n.f. Partie de la physique et de la technique qui étudie et utilise les variations de grandeurs électriques (champs électromagnétiques, courants électriques, etc.) pour capter, transmettre et exploiter de l'information : *Transistors, téléphones, télévisions sont les créations majeures de l'électronique.*

électroniquement [elɛktʀɔnikmɑ̃] adv. Par des moyens électroniques.

électronucléaire [elɛktʀɔnykleɛʀ] adj. Centrale électronucléaire, centrale électrique utilisant l'énergie thermique produite par un réacteur nucléaire. ◆ n.m. Ensemble des techniques visant à la production d'électricité à partir de l'énergie nucléaire.

électronvolt [elɛktʀɔ̃vɔlt] n.m. Unité d'énergie utilisée en physique atomique et nucléaire. □ Symb. eV ; $1 \text{ eV} = 1,602 \cdot 10^{-19}$ J.

électrophone [elɛktʀɔfɔn] n.m. (de *électro-* et *-phone*). Appareil composé d'une platine, d'un amplificateur et de haut-parleurs, pour reproduire des enregistrements sonores sur disques (syn. tourne-disque).

électrophysiologie [elɛktʀɔfizjɔlɔʒi] n.f. Partie de la physiologie qui étudie l'activité électrique des tissus vivants, notamm. des tissus nerveux et musculaires.

électropositif, ive [elɛktʀɔpozitif, -iv] adj. CHIM. Se dit d'un élément dont les atomes peuvent céder facilement des électrons : *Les métaux, l'hydrogène sont électropositifs.* □ Les atomes des éléments électropositifs se portent à la cathode dans l'électrolyse.

électroradiologie [elɛktʀɔʀadjɔlɔʒi] n.f. Spécialité médicale qui englobe les applications de l'électricité et des radiations au diagnostic et au traitement des maladies : *La radioscopie est l'application la plus connue de l'électroradiologie.* ◆ **électroradiologiste** n. Nom du spécialiste.

électrostatique [elɛktʀɔstatik] n.f. (de *électro-* et *2. statique*). Partie de la physique qui étudie les phénomènes d'équilibre de l'électricité sur les corps électrisés. ◆ adj. Relatif à l'électrostatique.

électrotechnique [elɛktʀɔteknik] n.f. Application des lois de la physique à la production, au traitement, au transport et à l'utilisation de l'énergie électrique. ◆ adj. Relatif à l'électrotechnique.

élégamment [elegamã] adv. Avec élégance : *Vêtu élégamment. Se conduire élégamment* (syn. courtoisement).

élégance [elegãs] n.f. (lat. *elegantia*). - **1.** Caractère élégant de qqn, de qqch : *L'élégance d'une personne* (syn. grâce, distinction). *Il a eu l'élégance de ne pas relever mon erreur* (syn. courtoisie, délicatesse). - **2.** (Surtout au pl.). Ornement, fioriture de style : *Il y a dans cette traduction des élégances d'un goût discutable.*

élégant, e [elegã, -ãt] adj. et n. (lat. *elegans, -antis*). Qui a de la grâce, de l'aisance dans ses manières, dans son habillement : *Une femme élégante* (syn. distingué). *Costume élégant* (syn. seyant). *Les élégantes de la ville.* ◆ adj. - **1.** Dont la forme, l'aspect sont gracieux, fins : *Mobilier élégant.* - **2.** Qui séduit par sa simplicité ingénieuse, sa courtoisie : *Trouver une solution élégante à un problème* (syn. astucieux, habile). *Un procédé peu élégant* (syn. délicat).

élégiaque [eleʒjak] adj. Qui appartient à l'élégie : *Vers élégiaques.* ◆ adj. et n. Qui écrit des élégies : *Poète élégiaque.*

élégie [eleʒi] n.f. (lat. *elegia*, gr. *elegeia* "chant de deuil"). - **1.** Chez les Grecs et les Latins, pièce de vers formée d'hexamètres et de pentamètres alternés. - **2.** Poème lyrique dont le ton est le plus souvent tendre et triste : *Les élégies de Chénier.*

élément [elemã] n.m. (lat. *elementum*). - **1.** Milieu dans lequel un être est fait pour vivre, dans lequel il exerce son activité : *L'eau est l'élément des poissons.* - **2.** Chacune des choses qui entrent dans la composition d'un corps, d'un ensemble : *Chercher à reconnaître tous les éléments d'un mélange* (syn. composant). *Nous manquons d'éléments pour juger de cette affaire*

(syn. donnée). - **3.** Personne appartenant à un groupe : *C'est l'un de nos meilleurs éléments.* - **4.** CHIM. Principe chimique commun aux diverses variétés d'un corps simple ainsi qu'aux combinaisons de ce corps avec d'autres : *Classification périodique des éléments.* - **5.** MATH. Objet mathématique appartenant à un ensemble. - **6.** Les quatre éléments, l'air, le feu, la terre et l'eau, considérés par les Anciens comme les composants ultimes de la réalité. ◆ **éléments** n.m. pl. - **1.** Principes fondamentaux, notions de base : *Éléments de physique.* - **2.** LITT. Ensemble des forces naturelles : *Lutter contre les éléments déchaînés.*

élémentaire [elemãtɛʀ] adj. (lat. *elementarius*). - **1.** Qui concerne l'élément, les éléments constituant un ensemble : *Décomposer un corps en particules élémentaires.* - **2.** Qui sert de base à un ensemble ; réduit à l'essentiel : *Connaissances élémentaires* (syn. rudimentaire). *La plus élémentaire politesse voulait qu'elle se taise.* - **3.** Très simple ; facile à comprendre : *Problème élémentaire.* - **4.** Cours élémentaire, dans l'enseignement primaire français, cours réparti sur deux ans et succédant au cours préparatoire, pour les enfants de sept à neuf ans. (Abrév. *C. E.*)

éléphant [elefã] n.m. (lat. *elephantus*, du gr.). - **1.** Mammifère ongulé d'Afrique ou d'Asie, herbivore, caractérisé par sa peau épaisse, sa trompe préhensile, ses incisives supérieures allongées en défenses. □ L'éléphant barrit ou barète ; haut de 2 à 3,70 m, pesant jusqu'à 6 tonnes, l'éléphant est le plus gros animal terrestre actuel ; il peut vivre cent ans et la gestation atteint vingt et un mois. L'espèce africaine est menacée et sa chasse est sévèrement réglementée. Sous-ordre des proboscidiens. - **2.** Éléphant de mer. Gros phoque des îles Kerguelen, atteignant une longueur de 6 m et un poids de 3 tonnes.

éléphanteau [elefãto] n.m. Jeune éléphant.

éléphantesque [elefãtɛsk] adj. Énorme, gigantesque.

éléphantiasis [elefãtjazis] n.m. (du gr. *elephas, -antos* "éléphant"). MÉD. Épaississement diffus de la peau et du tissu sous-cutané, lié à un œdème qui déforme le corps.

élevage [elvaʒ] n.m. (de *élever*). - **1.** Production et entretien des animaux : *L'élevage des bovins.* - **2.** Ensemble des animaux d'une même espèce entretenu pour en obtenir une production : *Un élevage de truites.*

élévateur, trice [elevatœʀ, -tʀis] adj. Qui sert à élever : *Muscle élévateur de la paupière. Plate-forme élévatrice.* ◆ **élévateur** n.m. Engin utilisé pour transporter verticalement, ou sur de fortes pentes, des charges ou des matériaux.

élévation [elevasjɔ̃] n.f. (bas lat. *elevatio*). - **1.** Action d'élever, de porter vers le haut, vers un degré supérieur ; fait de s'élever : *Élévation du niveau de vie* (syn. amélioration). *Élévation au grade d'officier* (syn. promotion). *Élévation du coût de la vie* (syn. augmentation, hausse). *Élévation de la voix* (syn. haussement). - **2.** Terrain élevé ; hauteur : *Gravir une petite élévation* (syn. éminence). - **3.** Grandeur morale ou intellectuelle : *Élévation d'âme* (syn. noblesse). - **4.** MATH. Formation de la puissance d'un nombre : *Élévation au cube.* - **5.** GÉOM. Représentation d'un objet projeté sur un plan vertical parallèle à l'une de ses faces. - **6.** CATH. Moment de la messe où le prêtre élève l'hostie et le calice.

élève [elɛv] n. (de *élever*). - **1.** Celui, celle qui reçoit un enseignement dans un établissement scolaire : *Les élèves d'un lycée, d'un collège.* - **2.** Personne qui suit l'enseignement d'un maître, en partic. dans l'enseignement artistique : *Platon, l'élève de Socrate* (syn. disciple). - **3.** AGRIC. Animal né et soigné chez un éleveur ; plante ou arbre dont on dirige la croissance.

élevé, e [elve] adj. - **1.** Qui atteint une grande hauteur : *Prix élevé* (syn. haut). - **2.** LITT. Qui a de la grandeur morale : *Livre d'inspiration élevée* (syn. noble). - **3.** Être bien, mal élevé, avoir reçu une bonne, une mauvaise éducation.

élever [elve] v.t. (de *lever*) [conj. 19]. - **1.** Porter vers le haut ; faire monter à une certaine hauteur : *Élever un mât* (syn. dresser). *Élever un monument* (syn. ériger). *Élever un mur* (syn. construire). - **2.** Porter à un niveau, à un rang supérieur : *Élever le ton, la voix* (syn. hausser). *Élever les prix* (syn. augmenter). - **3.** Assurer la formation morale et intellectuelle de : *Bien élever ses enfants* (syn. éduquer). - **4.** Pratiquer l'élevage : *Élever des animaux.* - **5.** MATH. Tracer une perpendiculaire à une droite, à un plan. ◆ **s'élever** v.pr. - **1.** Atteindre une certaine hauteur, une certaine quantité, un certain niveau : *Le clocher s'élève à vingt mètres. La facture s'élève à mille francs.* - **2.** Parvenir à un degré supérieur : *La température s'élèvera dans la journée. S'élever dans l'échelle sociale* (syn. monter). - **3.** Se faire entendre : *Des cris s'élevèrent dans la salle.* - **4.** S'élever contre, s'opposer avec vigueur à : *S'élever contre l'arbitraire.*

éleveur, euse [elvœr, -øz] n. Personne qui pratique l'élevage : *Un éleveur de chevaux.*

elfe [ɛlf] n.m. (angl. *elf*). MYTH. SCAND. Génie symbolisant les forces naturelles.

élider [elide] v.t. (lat. *elidere* "expulser"). LING. Faire l'élision de : *Élider une voyelle.* ◆ **s'élider** v.pr. Subir une élision : *« Le » s'élide en « l' » devant une voyelle.*

éligibilité [eliʒibilite] n.f. Aptitude à être élu : *Remplir les conditions d'éligibilité.*

éligible [eliʒibl] adj. et n. Qui peut être élu : *Un mineur n'est pas éligible.*

élimé, e [elime] adj. (de *limer*). Se dit d'une étoffe usée : *Un tapis élimé.*

élimination [eliminasjɔ̃] n.f. - **1.** Action d'éliminer : *Procéder par éliminations successives* (syn. suppression). - **2.** PHYSIOL. Excrétion : *Boire favorise l'élimination.* - **3.** MATH. Technique de résolution d'un système d'équations à plusieurs inconnues utilisant l'expression d'une inconnue par rapport aux autres pour en réduire le nombre.

éliminatoire [eliminatwaʀ] adj. Qui élimine, permet d'éliminer qqn : *Note éliminatoire.* ◆ **éliminatoires** n.f. pl. Série d'épreuves servant à éliminer les concurrents les plus faibles : *Éliminatoires d'un tournoi de tennis.*

éliminer [elimine] v.t. (lat. *eliminare* "faire sortir", de *limen, -inis* "seuil"). - **1.** Ôter d'un groupe, d'un ensemble ; rejeter : *Éliminer un candidat* (syn. refuser). *Éliminer le superflu pour ne garder que l'essentiel.* - **2.** Tuer, faire tuer qqn : *Éliminer un opposant* (syn. supprimer). - **3.** PHYSIOL. Faire sortir de l'organisme des déchets, des toxines.

élingue [elɛ̃g] n.f. (frq. *slinga* "fronde"). MAR. Câble servant à entourer ou à accrocher un objet, et à l'élever au moyen d'un engin.

élire [eliʀ] v.t. (lat. pop. *exlegere*, class. *eligere* "choisir") [conj. 106]. - **1.** Nommer à une fonction par la voie des suffrages ; procéder à l'élection de : *Élire un député.* - **2.** Élire domicile, choisir un domicile légal ; s'installer.

élisabéthain, e [elizabetɛ̃, -ɛn] adj. Relatif à Élisabeth Iʳᵉ d'Angleterre, à son temps : *Théâtre élisabéthain.*

élision [elizjɔ̃] n.f. (lat. *elisio*). PHON. Suppression, dans l'écriture ou la prononciation, de la voyelle finale d'un mot devant un mot commençant par une voyelle ou un *h* muet : *L'élision se marque par l'apostrophe.* □ En français, l'élision n'affecte que quelques mots, tous grammaticaux et d'usage très courant : articles (*le, la*), pronoms (*je, me,* etc.), conjonctions (*que, si,* etc.), prépositions (*de, jusque*), adverbes (*si* interrogatif) ; elle concerne les voyelles *a* (l'eau), *e* (j'ai), *i* (s'il) et, dans la langue fam., *u* (t'as vu ?).

élite [elit] n.f. (de *élit*, anc. p. passé de *élire*). - **1.** Petit groupe considéré comme ce qu'il y a de meilleur, de plus distingué : *Son salon rassemble l'élite de la société parisienne* (= la fine fleur). - **2.** D'élite, qui se distingue par de grandes qualités ; supérieur : *Troupes d'élite. Sujet d'élite.*

élitisme [elitism] n.m. Système favorisant les meilleurs éléments d'un groupe aux dépens de la masse ; politique visant à la formation d'une élite.

élitiste [elitist] adj. et n. De l'élitisme ; partisan de l'élitisme : *Politique élitiste.*

élixir [eliksir] n.m. (ar. *al-iksir*, du gr. *ksêron* "[médicament] sec"). - **1.** Médicament liquide, formé d'une ou plusieurs substances dissoutes dans de l'alcool : *Élixir parégorique.* - **2.** Philtre magique : *Élixir de jeunesse.*

elle, elles [ɛl] pron. pers. (lat. *illa, illae* "celle-là, celles-là"). Désigne la 3ᵉ pers. du fém. dans les fonctions de - **1.** Sujet : *Elles viendront demain.* - **2.** Complément prépositif : *Je me souviens d'elle.* - **3.** Apposition au pron. sujet ou compl. dans des formules d'insistance : *Elle, je l'ai oubliée.*

ellébore n.m. → **hellébore.**

ellipse [elips] n.f. (lat. *ellipsis*, gr. *elleipsis* "manque", de *elleipein* "laisser de côté"). - **1.** Raccourci dans l'expression de la pensée ; omission délibérée dans un récit qui n'en entrave pas la compréhension : *Ellipse cinématographique.* - **2.** LING. Fait de syntaxe ou de style qui consiste à omettre un ou plusieurs éléments de la phrase : *Dans la phrase : « Je fais mon travail et lui le sien », il y a une ellipse du verbe « faire ».* - **3.** MATH. Courbe plane dont tous les points sont tels que la somme de leur distance à deux points fixes appelés *foyers* est constante : *Un cercle aplati en ellipse.*

ellipsoïdal, e, aux [elipsɔidal, -o] adj. Qui a la forme d'un ellipsoïde.

ellipsoïde [elipsɔid] n.m. MATH. Surface dont toutes les sections planes sont des ellipses.

elliptique [eliptik] adj. - **1.** Qui procède par sous-entendus : *Écriture, style elliptiques.* - **2.** GRAMM. Qui comporte une ellipse : *Construction elliptique.* - **3.** MATH. Relatif à l'ellipse : *Trajectoire elliptique.*

elliptiquement [eliptikmã] adv. Par ellipse, par sous-entendus : *Parler elliptiquement.*

élocution [elɔkysjɔ̃] n.f. (lat. *elocutio*, de *eloqui* "parler"). Manière dont on s'exprime oralement : *Élocution facile, lente, rapide* (syn. débit).

éloge [elɔʒ] n.m. (lat. *elogium* "épitaphe"). Paroles ou écrits qui vantent les mérites, les qualités de qqn, de qqch : *Une attitude digne d'éloges* (syn. louange). *Je n'ai eu que des éloges à votre sujet* (syn. compliment ; contr. critique).

élogieux, euse [elɔʒjø, -øz] adj. Se dit d'une personne qui décerne des éloges, ou des paroles qu'elle prononce : *Il est très élogieux sur son compte* (syn. louangeur). *Un discours élogieux* (syn. laudatif ; contr. désapprobateur).

éloigné, e [elwaɲe] adj. - **1.** Qui est loin dans le temps ou dans l'espace : *Province éloignée du centre* (syn. reculé). *Dans un avenir éloigné* (syn. lointain ; contr. proche). - **2.** Parent éloigné, parent avec qui la per-

sonne considérée a des liens de parenté indirects (par opp. à *proche parent*).

éloignement [elwaɲmã] n.m. Action d'éloigner, de s'éloigner ; fait d'être éloigné : *L'éloignement fait paraître la maison minuscule* (syn. distance). *Souffrir de l'éloignement d'un être cher* (syn. absence). *Avec l'éloignement, ce fait prend un autre sens* (syn. recul).

éloigner [elwaɲe] v.t. (de *loin*). - **1.** Augmenter la distance qui sépare des personnes ou des choses : *Par sécurité, on avait éloigné du poêle le bidon d'essence* (syn. écarter). *Sa femme a éloigné de lui tous ses amis* (= elle les tient à l'écart). - **2.** Augmenter la distance temporelle qui sépare qqn du passé : *Chaque jour qui passe nous éloigne de notre jeunesse* (syn. séparer). ◆ **s'éloigner** v.pr. [de]. Accroître la distance entre soi et qqch ou qqn : *Ne vous éloignez pas d'ici. Vous vous éloignez du sujet* (syn. s'écarter). *Il s'éloigne de sa femme* (syn. se détacher de).

élongation [elɔ̃gasjɔ̃] n.f. (de *long*). Étirement accidentel et douloureux d'un muscle, d'un tendon, d'un nerf ; lésion qui résulte de ce traumatisme.

éloquence [elɔkãs] n.f. (lat. *eloquentia* ; v. *éloquent*). - **1.** Talent de bien dire, d'émouvoir, de persuader par la parole : *L'éloquence d'un avocat.* - **2.** Caractère de ce qui est expressif, significatif, probant : *L'éloquence des chiffres.*

éloquent, e [elɔkã, -ãt] adj. (lat. *eloquens, -entis*, p. présent de *eloqui* "exprimer"). - **1.** Qui a l'art de convaincre par la parole : *Montrez-vous éloquent pour le convaincre* (syn. persuasif). - **2.** Expressif, significatif : *Un silence éloquent. La comparaison est éloquente* (syn. parlant).

élu, e [ely] n. (p. passé de *élire*). - **1.** Personne désignée par élection : *La tâche des élus de la nation.* - **2.** Personne que Dieu appelle à la béatitude éternelle. - **3.** L'élu, l'élue de son cœur, la personne aimée.

élucidation [elysidasjɔ̃] n.f. Action d'élucider : *L'élucidation d'un mystère* (syn. éclaircissement).

élucider [elyside] v.t. (bas lat. *elucidare* "relever", de *lucidus* "clair"). Débrouiller la complexité de : *Sa lettre a permis d'élucider la situation* (syn. éclaircir).

élucubration [elykybrasjɔ̃] n.f. (bas lat. *elucubratio*, du class. *elucubrare* "travailler en veillant"). Discours, pensée absurdes, issus de recherches laborieuses : *Personne ne prend au sérieux ses élucubrations* (syn. divagation).

éluder [elyde] v.t. (lat. *eludere* "se jouer de"). Éviter avec adresse, se soustraire à : *Éluder une question* (syn. esquiver).

élyséen, enne [elizeɛ̃, -ɛn] adj. Relatif à l'Élysée, aux Champs Élysées de la mythologie grecque.

élytre [elitʀ] n.m. (gr. *elutron* "étui"). Aile antérieure, dure, d'insectes comme les coléoptères ou les orthoptères, protégeant au repos l'aile postérieure membraneuse.

émacié, e [emasje] adj. (lat. *emaciatus*, de *macies* "maigreur"). Très amaigri : *Visage émacié* (syn. décharné).

émail [emaj] n.m. (frq. *smalt*). - **I.** (Pl. *émaux*). - **1.** Vernis rendu très dur et inaltérable par l'action de la chaleur, dont on recouvre certaines matières pour leur donner de l'éclat ou les colorer : *Une baignoire revêtue d'émail bleu.* - **2.** Matériau, ouvrage émaillé : *Une collection d'émaux.* - **3.** HÉRALD. Chacune des couleurs du blason. - **II.** (Pl. *émails*). Substance dure et blanche qui, chez l'homme et divers animaux, recouvre la couronne des dents.

émaillage [emajaʒ] n.m. Action d'émailler les métaux, les céramiques, le verre ; son résultat.

émailler [emaje] v.t. - **1.** Appliquer de l'émail sur : *Émailler un vase.* - **2.** Parsemer qqch de détails qui en rompent la monotonie : *Émailler un texte de citations plaisantes.*

émaillerie [emajʀi] n.f. Art de décorer avec des émaux ; produits de cet art.

émailleur, euse [emajœʀ, -øz] n. Professionnel de l'émaillage, de l'émaillerie.

émanation [emanasjɔ̃] n.f. (lat. ecclés. *emanatio ; v. émaner*). - **1.** Exhalaison qui se dégage de certains corps : *Sentir des émanations de gaz* (syn. odeur). - **2.** Ce qui dérive ou procède de qqn, qqch : *Cette politique est l'émanation de la volonté populaire* (syn. expression).

émancipation [emɑ̃sipasjɔ̃] n.f. (lat. *emancipatio*). - **1.** Acte par lequel un mineur est libéré de la tutelle de son père ou de son tuteur, devenant ainsi responsable de ses actes et pouvant gérer ses biens : *L'émancipation est possible à partir de seize ans.* - **2.** Action de s'affranchir d'un lien, d'une entrave, d'une domination : *L'émancipation de la femme, des esclaves* (syn. affranchissement, libération).

émancipé, e [emɑ̃sipe] adj. (p. passé de *émanciper*). - **1.** Se dit d'un mineur qui a fait l'objet d'une émancipation. - **2.** Affranchi de toute contrainte ou de tout préjugé : *Une femme émancipée* (syn. affranchi, libéré).

émanciper [emɑ̃sipe] v.t. (lat. *emancipare*). - **1.** Conférer l'émancipation à un mineur. - **2.** Affranchir d'une domination, d'une contrainte, d'un état de dépendance (syn. libérer). ◆ **s'émanciper** v.pr. S'affranchir des contraintes sociales ou morales : *L'époque où les femmes s'émancipent.*

émaner [emane] v.t. ind. [**de**] (lat. *emanare* propr. "couler de, sortir"). - **1.** Se dégager

s'exhaler de : *L'odeur qui émane de ces fleurs.* - **2.** Provenir de, tirer son origine de : *Cette circulaire émane de la direction* (syn. venir). *Le pouvoir émane du peuple* (syn. procéder).

émargement [emaʀʒəmɑ̃] n.m. - **1.** Action d'émarger. - **2.** Ce qui est émargé ou porté en marge.

émarger [emaʀʒe] v.t. (de *marge*) [conj. 17]. Apposer sa signature ou son paraphe en marge d'un écrit pour prouver qu'on en a eu connaissance : *Émarger un acte notarié.* ◆ v.t. ind. [**à**]. Toucher un revenu correspondant à ses fonctions dans une administration, une entreprise : *Émarger au budget du ministère de la Santé.*

émasculation [emaskylasjɔ̃] n.f. Castration d'un mâle.

émasculer [emaskyle] v.t. (lat. *emasculare*, de *masculus* "mâle"). Priver des organes de la reproduction : *Émasculer un animal, un homme* (syn. castrer, châtrer).

émaux n.m. pl. → **émail**.

embâcle [ɑ̃bakl] n.m. (de l'anc. fr. *embâcler* "embarrasser"). Obstruction du lit d'un cours d'eau par amoncellement anormal de glace flottante (par opp. à *débâcle*).

emballage [ɑ̃balaʒ] n.m. - **1.** Action d'emballer : *L'emballage des marchandises.* - **2.** Carton, papier, toile, plastique qui sert à emballer ; conditionnement : *Brûler les emballages.* - **3.** Emballage perdu, qui ne sert commercialement qu'une seule fois.

emballement [ɑ̃balmɑ̃] n.m. - **1.** Action de s'emballer, de se laisser emporter : *Elle est sujette à des emballements soudains* (syn. enthousiasme, passion). - **2.** MÉCAN. Régime anormal d'une machine qui s'emballe.

emballer [ɑ̃bale] v.t. (de 3. *balle*). - **1.** Mettre dans un emballage : *Emballer de la vaisselle.* - **2.** FAM. Remplir d'admiration, d'enthousiasme : *Le film l'a emballé* (syn. enthousiasmer). *Cela ne m'emballe guère* (syn. plaire). - **3.** Emballer un moteur, le faire tourner à un régime excessif. ◆ **s'emballer** v.pr. - **1.** S'emporter, en parlant d'un cheval. - **2.** MÉCAN. En parlant d'une machine, prendre un régime de marche excessif et dangereux. - **3.** FAM. Se laisser emporter par la colère, l'enthousiasme, l'impatience, etc.

emballeur, euse [ɑ̃balœʀ, -øz] n. Personne dont la profession est d'emballer des marchandises.

embarcadère [ɑ̃baʀkadɛʀ] n.m. (esp. *embarcadero*, de *barca* "barque"). Môle, jetée, appontement permettant l'embarquement ou le débarquement des personnes ou des marchandises (syn. débarcadère).

embarcation [ɑ̃baʀkasjɔ̃] n.f. (esp. *embarcación*). Tout bateau de petite taille à voiles, à avirons ou à moteur.

embardée [ābaʀde] n.f. (du prov. *embarda* "embourber"). - **1.** Écart brusque effectué par un véhicule, par l'effet d'un obstacle, d'une réaction vive du conducteur : *J'ai dû faire une embardée pour éviter le cycliste.* - **2.** MAR. Brusque changement de direction d'un bateau, sous l'effet du vent, de la mer, ou d'une manœuvre inadéquate.

embargo [ābaʀgo] n.m. (mot esp. "séquestre", du lat. pop. *imbarricare*, de *barra* "barre"). - **1.** Défense faite momentanément à un navire étranger de quitter un port : *Mettre l'embargo sur un pétrolier.* - **2.** Mesure visant à empêcher la libre circulation d'un objet, l'exportation d'une marchandise : *Lever l'embargo qui frappait certains produits agricoles.*

embarquement [ābaʀkəmā] n.m. Action de s'embarquer, d'embarquer : *L'embarquement des passagers va commencer.*

embarquer [ābaʀke] v.t. (de *barque*). - **1.** Faire monter à bord d'un navire, d'un véhicule : *Embarquer des passagers, des marchandises* (contr. débarquer). - **2.** FAM. Emporter avec soi un objet souvent après l'avoir volé : *Ils ont embarqué tous les bijoux.* - **3.** FAM. Conduire au commissariat ou en prison : *La police les a tous embarqués* (syn. arrêter). - **4.** FAM. Engager ou pousser qqn dans une affaire douteuse ou périlleuse : *Embarquer qqn dans une histoire de fausses factures* (syn. entraîner). - **5.** En parlant d'un bateau, prendre de l'eau par-dessus bord : *Le navire a embarqué d'énormes lames pendant la tempête.* ◆ v.i. - **1.** Monter à bord d'un bateau, d'un avion, d'un véhicule : *Les passagers embarquent* (contr. débarquer). - **2.** En parlant de l'eau, pénétrer dans un navire par-dessus bord : *L'eau embarque dans les cales.* ◆ **s'embarquer** v.pr. - **1.** Monter à bord d'un bateau, d'un avion, d'un véhicule. - **2.** FAM. S'embarquer dans qqch, s'engager dans une affaire douteuse ou périlleuse.

embarras [ābaʀa] n.m. (de *embarrasser*). - **1.** Obstacle qui empêche d'agir, ou qui gêne la réalisation de qqch : *Ils nous ont créé toutes sortes d'embarras* (syn. complication). - **2.** Incertitude, perplexité de qqn qui ne sait quelle voie choisir : *Mon refus l'a mis dans l'embarras* (syn. indécision). - **3.** Situation difficile causée par le manque d'argent ; gêne. - **4.** Embarras gastrique, ensemble de troubles intestinaux de durée variable. ‖ Faire de l'embarras, des embarras, faire des manières. ‖ N'avoir que l'embarras du choix, avoir un choix très large.

embarrassant, e [ābaʀasā, -āt] adj. - **1.** Qui encombre : *Un colis bien embarrassant.* - **2.** Qui plonge dans l'embarras : *Une situation embarrassante* (syn. épineux).

embarrassé, e [ābaʀase] adj. - **1.** Qui éprouve, manifeste de l'embarras : *Elle était très embarrassée d'avoir à lui parler* (syn. gêné). - **2.** Avoir l'estomac embarrassé, avoir un embarras gastrique.

embarrasser [ābaʀase] v.t. (esp. *embarazar*, du lat. pop. *barra* "barre"). - **1.** Prendre trop de place : *Des tas de vieilleries embarrassent le grenier* (syn. encombrer). - **2.** Gêner les mouvements de qqn : *Ce manteau m'embarrasse.* - **3.** Mettre dans l'embarras : *Votre question m'embarrasse* (syn. troubler). ◆ **s'embarrasser** v.pr. [de]. - **1.** S'encombrer : *Il ne t'embarrasse pas de bagages inutiles.* - **2.** Se soucier de, tenir compte de : *Il n'est pas homme à s'embarrasser de scrupules inutiles* (syn. se préoccuper).

embastiller [ābastije] v.t. (de *bastille*). - **1.** Avant la Révolution, emprisonner à la Bastille. - **2.** LITT. Mettre en prison (syn. incarcérer).

embauchage [āboʃaʒ] n.m. Engagement d'un salarié : *L'embauchage de travailleurs* (syn. embauche).

embauche [āboʃ] n.f. - **1.** Embauchage. - **2.** Possibilité d'offrir un emploi, un travail : *Embauches dans la métallurgie.*

embaucher [āboʃe] v.t. (de [*dé*]*baucher*). - **1.** Engager un salarié, passer avec lui un contrat de travail : *Usine qui embauche des ouvriers.* - **2.** FAM. Entraîner qqn avec soi dans une occupation quelconque : *Il nous a embauchés pour son déménagement* (syn. recruter).

embauchoir [āboʃwaʀ] n.m. (altér. de *embouchoir* "pièce d'une arme à feu", de *bouche*). Forme de bois ou de plastique, munie d'un ressort, que l'on introduit dans une chaussure pour la tendre et lui garder sa forme.

embaumement [ābommā] n.m. Action d'embaumer un cadavre ; conservation artificielle des cadavres à des fins scientifiques.

embaumer [ābome] v.t. (de *baume*). - **1.** Conserver un cadavre en le traitant par des substances qui le préservent de la corruption : *Les Égyptiens embaumaient le corps de leurs pharaons.* - **2.** Emplir d'une odeur agréable, de l'odeur de : *Des senteurs de lavande embaumaient la maison. Les draps embaument la violette.* ◆ v.i. Répandre une odeur agréable : *Ces roses embaument.*

embaumeur [ābomœʀ] n.m. Celui qui fait métier d'embaumer les corps.

embellie [ābeli] n.f. (du p. passé de *embellir*). Amélioration passagère de l'état de la mer ou de la force du vent après un grain (syn. accalmie).

embellir [ābeliʀ] v.t. (de *bel, beau*) [conj. 32]. Rendre ou faire paraître plus beau : *Des parterres de fleurs embellissent le jardin* (syn.

agrémenter, orner). *Son imagination embellit les faits* (syn. enjoliver). ◆ v.i. Devenir beau ou plus beau : *Elle embellit de jour en jour.*

embellissement [ãbelismã] n.m. - **1.** Action d'embellir : *Un plan d'embellissement du quartier.* - **2.** Élément qui embellit : *Le parc a reçu de nombreux embellissements.*

emberlificoter [ãbɛrlifikɔte] v.t. (déformation d'un anc. v., *embirelicoquier,* formation pop. expressive). FAM. Faire tomber dans un piège : *Vendeur qui emberlificote un client* (syn. attraper). ◆ **s'emberlificoter** v.pr. [**dans**]. FAM. S'embrouiller : *Il s'est emberlificoté dans son raisonnement* (syn. s'empêtrer).

embêtant, e [ãbetã, -ãt] adj. FAM. - **1.** Qui cause du désagrément : *Son absence est embêtante* (syn. fâcheux). - **2.** Très ennuyeux : *Ce qu'il est embêtant avec ses histoires !*

embêtement [ãbetmã] n.m. FAM. Ce qui donne du souci : *Une affaire qui m'a causé bien des embêtements* (syn. désagrément).

embêter [ãbete] v.t. (de *bête*). FAM. - **1.** Causer des soucis à : *Ce contretemps m'embête vraiment* (syn. chiffonner, contrarier). - **2.** Faire éprouver de l'ennui, de la lassitude à : *Ce travail m'embête* (syn. ennuyer). ◆ **s'embêter** v.pr. Éprouver de l'ennui : *Je me suis embêté toute la journée.*

emblaver [ãblave] v.t. (de *blef,* anc. forme de *blé*). Ensemencer une terre en blé, ou en toute autre graine.

d'emblée [ãble] loc. adv. (anc. fr. *embler* "enlever avec violence", du lat. *involare* "se précipiter sur"). Du premier coup ; d'entrée de jeu : *Il a accepté d'emblée notre proposition.*

emblématique [ãblematik] adj. (bas lat. *emblematicus* "plaqué" ; v. *emblème*). Qui sert d'emblème ; relatif à un emblème : *La figure emblématique de la Justice* (syn. allégorique, symbolique).

emblème [ãblɛm] n.m. (lat. *emblema* "travail de marqueterie"). - **1.** Figure symbolique, génér. accompagnée d'une devise : *L'emblème de la Ville de Paris est un bateau surmonté d'une phrase latine.* - **2.** Être ou objet symboles d'une notion abstraite, ou destiné à représenter une collectivité, un personnage : *La femme au bonnet phrygien est l'emblème de la République française.*

embobiner [ãbɔbine] v.t. (d'apr. *bobine*). - **1.** Enrouler autour d'une bobine : *Embobiner du fil.* - **2.** FAM. Séduire par de belles paroles ; enjôler : *Il nous a bien embobinés avec ses discours.*

emboîtage [ãbwataʒ] n.m. Action de mettre en boîte ; son résultat.

emboîtement [ãbwatmã] n.m. Assemblage de deux choses qui s'emboîtent l'une dans l'autre.

emboîter [ãbwate] v.t. (de *boîte*). - **1.** Assembler, ajuster deux pièces en les faisant entrer l'une dans l'autre : *Emboîter des tuyaux* (syn. abouchet, encastrer). - **2.** Emboîter le pas à qqn, marcher derrière lui ; au fig., modeler son attitude, son opinion sur lui. ◆ **s'emboîter** v.pr. Prendre place exactement l'un dans l'autre : *Les pièces du jeu de construction s'emboîtent aisément.*

embole [ãbɔl] n.m. Corps étranger qui oblitère un vaisseau sanguin et provoque une embolie.

embolie [ãbɔli] n.f. (gr. *embolê* "action de jeter dans"). MÉD. Oblitération d'un vaisseau sanguin par un caillot ou un corps étranger.

embonpoint [ãbɔpwɛ̃] n.m. (de *en bon point* "en bonne santé"). État d'une personne un peu grasse : *Il a un certain embonpoint* (syn. corpulence).

embossage [ãbɔsaʒ] n.m. Action d'embosser un navire ; position du navire embossé.

embosser [ãbɔse] v.t. (de *bosse* "cordage"). Maintenir un navire à l'ancre dans une position déterminée.

embouché, e [ãbuʃe] adj. (de *bouche*). FAM. Mal embouché, grossier dans ses paroles ou dans ses actes.

emboucher [ãbuʃe] v.t. Mettre à sa bouche un instrument à vent, afin d'en tirer des sons : *Emboucher une trompette.*

embouchure [ãbuʃyr] n.f. (de *emboucher*). - **1.** Partie terminale d'un fleuve, endroit où il se jette dans la mer : *L'embouchure de la Loire.* - **2.** Partie du mors qui entre dans la bouche du cheval. - **3.** Partie d'un instrument à vent que l'on porte à la bouche : *L'embouchure d'un clairon.*

embourber [ãburbe] v.t. (de *bourbe*). Engager dans un bourbier, dans la boue : *Embourber une charrette* (syn. enliser). ◆ **s'embourber** v.pr. - **1.** S'enfoncer dans la boue, dans un bourbier (syn. s'enliser). - **2.** Se mettre dans une situation difficile dont on se tire avec peine : *Il s'est embourbé dans des explications confuses* (syn. s'empêtrer).

embourgeoisement [ãburʒwazmã] n.m. Fait de s'embourgeoiser, d'être embourgeoisé.

embourgeoiser [ãburʒwaze] v.t. Donner à qqn les caractères, le genre de vie propres à la bourgeoisie : *Le confort a embourgeoisé de larges couches sociales.* ◆ **s'embourgeoiser** v.pr. Prendre les manières, les préjugés bourgeois.

embout [ãbu] n.m. (de l'anc. fr. *embouter,* de *bout*). - **1.** Garniture de métal qui protège le bout d'une canne, d'un parapluie. - **2.** Élément disposé au bout d'une pièce et permettant l'assemblage avec un autre élément.

embouteillage [ābuteʒaʒ] n.m. - **1.** Mise en bouteilles : *L'embouteillage du lait.* - **2.** Affluence de véhicules qui encombrent ou obstruent une voie de communication : *Être pris dans un embouteillage* (syn. encombrement).

embouteiller [ābuteje] v.t. - **1.** Mettre un liquide en bouteilles : *Embouteiller du cidre.* - **2.** Obstruer le passage, gêner la circulation par l'accumulation d'un trop grand nombre de véhicules : *Les voitures qui embouteillent le boulevard* (syn. encombrer, engorger).

emboutir [ābutir] v.t. (de *en* et *bout*, au sens de "coup") [conj. 32]. - **1.** Heurter violemment en défonçant ou en déformant : *Emboutir l'aile d'une voiture* (syn. enfoncer). - **2.** Transformer, en la martelant ou en la comprimant, une plaque de métal en une pièce de forme creuse.

emboutissage [ābutisaʒ] n.m. Action d'emboutir : *L'atelier où se fait l'emboutissage des carrosseries.*

emboutisseuse [ābutisøz] n.f. Machine, outil qui sert à emboutir des plaques de métal.

embranchement [ābrɑ̃ʃmɑ̃] n.m. (de *branche*). - **1.** Division du tronc d'un arbre en plusieurs branches. - **2.** Endroit où un chemin se divise en plusieurs directions : *Il y a un panneau indicateur à l'embranchement* (syn. carrefour, croisement). - **3.** L'une des grandes divisions du monde vivant, animal ou végétal : *L'embranchement des vertébrés.*

s' embrancher [ābrɑ̃ʃe] v.pr. (de *embranchement*). Se raccorder à une autre voie, une autre route, un autre conduit.

embrasement [ābrazmɑ̃] n.m. LITT. - **1.** Grand incendie : *L'embrasement d'une pinède.* - **2.** Grande clarté rougeoyante : *L'embrasement du ciel au soleil couchant.*

embraser [ābraze] v.t. (de *braise*). LITT. - **1.** Mettre le feu à : *C'est une cigarette mal éteinte qui a embrasé la paille.* - **2.** Illuminer de lueurs rouges : *Le soleil couchant embrase le ciel.* - **3.** Mettre qqn en effervescence : *L'amour embrase son cœur* (syn. enfiévrer). ◆ **s'embraser** v.pr. LITT. - **1.** Prendre feu : *Soudain la maison s'embrasa.* - **2.** Être violemment illuminé : *Le ciel s'embrase au couchant.* - **3.** S'enflammer, s'exalter : *À ces mots, les esprits s'embrasèrent.*

embrassade [ābrasad] n.f. Action de deux personnes qui s'embrassent : *Après les embrassades d'usage.*

embrasse [ābras] n.f. (de *embrasser*). Lien de passementerie ou bande de tissu qui sert à retenir un rideau sur le côté.

embrassé, e [ābrase] adj. (participe passé de *embrasser*). Rimes embrassées, rimes masculines et féminines se succédant sous la forme *a b b a*.

embrassement [ābrasmɑ̃] n.m. LITT. Action de s'embrasser longuement, avec tendresse : *Les embrassements d'une mère et de son fils* (syn. étreinte).

embrasser [ābrase] v.t. (de *bras*). - **1.** LITT. Prendre, serrer dans ses bras (syn. étreindre). - **2.** Donner des baisers à : *Mère qui embrasse ses enfants.* - **3.** Adopter une opinion ; choisir un métier : *Il a embrassé les idées de son père* (syn. épouser). *Embrasser la carrière militaire.* - **4.** Voir qqch dans son ensemble, d'un seul coup d'œil : *De là-haut on embrasse toute la vallée* (syn. découvrir). - **5.** LITT. Saisir par la pensée : *Embrasser toutes les données d'un problème* (syn. appréhender). - **6.** Qui trop embrasse, mal étreint, qui entreprend trop de choses à la fois n'en réussit aucune (proverbe). ◆ **s'embrasser** v.pr. Se donner des baisers.

embrasure [ābrazyr] n.f. (de *embraser* "ébraser"). Ouverture pratiquée dans un mur pour recevoir une porte ou une fenêtre ; espace compris entre les montants de cette porte, de cette fenêtre : *Je l'aperçois dans l'embrasure de la porte* (syn. encadrement).

embrayage [ābrejaʒ] n.m. - **1.** Action d'embrayer (par opp. à *débrayage*). - **2.** Mécanisme permettant de rendre un moteur solidaire des roues d'un véhicule, des organes d'une machine : *Embrayage automatique. Pédale d'embrayage.*

embrayer [ābreje] v.t. (de *braie* "traverse de bois") [conj. 11]. - **1.** MÉCAN. Établir la communication entre un arbre moteur et un arbre entraîné (par opp. à *débrayer*). - **2.** (Absol.). Sur un véhicule automobile, relâcher la pédale d'embrayage après avoir débrayé. ◆ v.t. ind. [**sur**] FAM. Lancer la conversation sur : *Tout à coup il a embrayé sur l'informatique.*

embrigadement [ābrigadmɑ̃] n.m. Action d'embrigader ; fait d'être embrigadé (syn. recrutement).

embrigader [ābrigade] v.t. (de *brigade*). - **1.** Grouper des hommes, des troupes pour former une brigade. - **2.** Faire entrer, par contrainte ou persuasion, qqn dans une association, un parti, un groupe quelconque : *Ils embrigadaient les enfants dès leur entrée à l'école* (syn. enrôler, recruter).

embringuer [ābrɛ̃ge] v.t. (de *1. bringue*). FAM. Faire participer à une action commune au risque de créer des difficultés : *Il l'a embringué dans son histoire de collecte de fonds* (syn. entraîner).

embrocher [ãbʀɔʃe] v.t. - **1.** Enfiler sur une broche une volaille, une pièce de viande, pour la faire cuire. - **2.** FAM. Transpercer d'un coup d'épée.

embrouillamini [ãbʀujamini] n.m. FAM. Grande confusion, désordre, causant des erreurs : *Son divorce et son remariage ont créé un véritable embrouillamini* (syn. imbroglio).

embrouille [ãbʀuj] n.f. FAM. Désordre destiné à embrouiller, à tromper : *Je ne comprends rien à cette embrouille* (syn. confusion).

embrouillement [ãbʀujmã] n.m. Action d'embrouiller ; fait d'être embrouillé : *La situation en est arrivée à un point d'embrouillement total* (syn. chaos).

embrouiller [ãbʀuje] v.t. (de brouiller). - **1.** Mettre en désordre : *Embrouiller des dossiers* (syn. emmêler). - **2.** Rendre obscur : *Sa remarque n'a fait qu'embrouiller le débat* (syn. compliquer). - **3.** Faire perdre le fil de ses idées à qqn : *Cessez de l'interrompre, vous l'embrouillez.* ◆ **s'embrouiller** v.pr. Perdre le fil de ses idées : *Elle s'embrouille dans les dates* (syn. se perdre).

embroussaillé, e [ãbʀusaje] adj. - **1.** Garni de broussailles : *Talus embroussaillé.* - **2.** En désordre : *Cheveux embroussaillés* (syn. échevelé, hirsute).

embrumer [ãbʀyme] v.t. - **1.** Envelopper de brume, de brouillard. - **2.** Répandre la confusion dans : *Les vapeurs de l'alcool lui embrument le cerveau.*

embruns [ãbʀœ̃] n.m. pl. (mot prov., de embruma "bruiner"). Pluie fine d'eau de mer que le vent emporte quand les vagues se brisent.

embryogenèse [ãbʀijɔʒənɛz] n.f. (de embryo- et du gr. gennan "engendrer"). Série de formes par lesquelles passe un organisme animal ou végétal depuis l'état d'œuf ou de spore jusqu'à l'état adulte.

embryologie [ãbʀijɔlɔʒi] n.f. (de embryo- et -logie). Partie de la biologie qui étudie l'embryon. ◆ **embryologiste** et **embryologue** n. Noms du spécialiste.

embryologique [ãbʀijɔlɔʒik] adj. Relatif à l'embryologie.

embryon [ãbʀijɔ̃] n.m. (gr. embruon, de bruein "croître"). - **1.** Organisme en voie de développement, nourri soit par l'organisme maternel, soit par des réserves nutritives et n'ayant pas encore tous les organes nécessaires à une vie libre. ◇ Chez l'homme, on appelle *fœtus* l'embryon de plus de trois mois. - **2.** Commencement rudimentaire de qqch : *L'embryon d'une nouvelle théorie* (syn. ébauche, germe).

embryonnaire [ãbʀijɔnɛʀ] adj. - **1.** Qui relève de l'embryon ; relatif à l'embryon : *La vie embryonnaire.* - **2.** À l'état d'ébauche ; en germe : *Projet embryonnaire.*

embûche [ãbyʃ] n.f. (anc. fr. embuschier "mettre en embuscade", de bûche "forêt"). - **1.** Machination secrète contre qqn : *Tendre, dresser des embûches* (syn. piège, traquenard). - **2.** Obstacle rencontré dans une action : *Le sujet de français était plein d'embûches* (syn. difficulté).

embuer [ãbɥe] v.t. [conj. 7]. - **1.** Couvrir de buée : *Son haleine embue la vitre.* - **2.** Couvrir comme d'une buée : *Yeux embués de larmes.*

embuscade [ãbyskad] n.f. (it. imboscata, de bosco "bois"). Attaque déclenchée brutalement et par surprise sur un élément ennemi en déplacement : *Tomber dans une embuscade* (syn. guet-apens). *Mettre des soldats en embuscade.*

embusqué [ãbyske] n.m. Soldat occupant un poste loin du front.

embusquer [ãbyske] v.t. (réfection de l'anc. fr. embûcher, d'apr. l'it. imboscare "mettre en embuscade"). Disposer en embuscade : *Embusquer une troupe dans un défilé* (syn. poster). ◆ **s'embusquer** v.pr. - **1.** Se mettre en embuscade. - **2.** En parlant d'un soldat, se faire affecter dans un poste sans danger en temps de guerre.

éméché, e [emeʃe] adj. (de mèche, par allusion aux cheveux en désordre d'une personne ivre). FAM. Dans un état proche de l'ivresse : *Quelques convives étaient déjà éméchés.*

émeraude [emʀod] n.f. (lat. smaragdus, du gr.). Pierre précieuse d'une belle couleur verte, silicate d'aluminium et de béryllium que l'on trouve dans les pegmatites. ◆ adj. inv. D'une couleur verte semblable à celle de l'émeraude : *Des rubans émeraude dans les cheveux.*

émergé, e [emɛʀʒe] adj. Qui est au-dessus de la surface des eaux (par opp. à immergé) : *Terres émergées.*

émergence [emɛʀʒãs] n.f. - **1.** Sortie d'un liquide, d'un fluide, d'un rayonnement hors d'un milieu : *L'émergence d'une source, d'un rai lumineux.* - **2.** Apparition soudaine d'une idée, d'un fait social, économique, politique : *Le XVIIIᵉ siècle vit l'émergence de l'idée de tolérance* (syn. naissance).

émergent, e [emɛʀʒã, -ãt] adj. (lat. emergens, -entis ; v. émerger). Qui sort d'un milieu après l'avoir traversé : *Des rayons émergents.*

émerger [emɛʀʒe] v.i. (lat. emergere "sortir de l'eau") [conj. 17]. - **1.** Apparaître, faire saillie au-dessus d'un milieu liquide : *De petites îles émergent au large.* - **2.** Commencer à exister, se manifester : *Une idée émerge de la discussion.* - **3.** Dépasser le niveau moyen : *Dissertation qui émerge du lot.*

émeri [emʀi] n.m. (bas lat. smyris, ou gr. byzantin smeri). - **1.** Roche qui contient une forte proportion de corindon, que l'on réduit en poudre pour en faire un abrasif. **- 2.** FAM. Être bouché à l'émeri, être complètement stupide. ‖ **Papier (d')émeri,** papier enduit d'une préparation à base d'émeri et qui sert à polir le bois, le verre, le fer, etc.

émerillon [emʀijɔ̃] n.m. (de l'anc. fr. *esmeril,* frq. **smiril*). Petit faucon des pays du Nord, qui hiverne en Europe occidentale, à plumage gris ardoisé, brun clair. □ Il ne dépasse pas 35 cm de long.

émeriser [emʀize] v.t. (de *émeri*). Couvrir d'émeri.

émérite [emeʀit] adj. (lat. *emeritus* "soldat qui a fait son temps"). Qui est d'une grande compétence, d'une habileté remarquable : *Un chirurgien émérite* (syn. éminent).

émersion [emɛʀsjɔ̃] n.f. (lat. *emersio,* de *emersus,* p. passé de *emergere ;* v. émerger). **- 1.** Mouvement d'un corps sortant d'un fluide dans lequel il était plongé. **- 2.** ASTRON. Réapparition d'un astre ayant subi une occultation.

émerveillement [emɛʀvɛjmɑ̃] n.m. Fait de s'émerveiller, d'être émerveillé : *L'émerveillement des enfants devant le sapin de Noël* (syn. enchantement).

émerveiller [emɛʀveje] v.t. (de *merveille*). Inspirer une très vive admiration à : *La vivacité d'esprit de cet enfant m'émerveille* (syn. éblouir, enchanter). ◆ **s'émerveiller** v.pr. [**de, devant**]. Ressentir ou manifester de l'admiration : *Elle s'émerveille de tout* (syn. s'extasier sur).

émétique [emetik] adj. et n.m. (lat. *emetius,* du gr. *emein* "vomir"). Qui fait vomir (syn. vomitif).

1. émetteur, trice [emetœʀ, -tʀis] adj. Qui émet : *Poste émetteur. Station émettrice.*

2. émetteur [emetœʀ] n.m. Poste d'émission de signaux électromagnétiques porteurs de messages télégraphiques, de sons, d'images : *Un émetteur clandestin.*

émetteur-récepteur [emetœʀʀesɛptœʀ] n.m. (pl. *émetteurs-récepteurs*). Ensemble comprenant un émetteur et un récepteur radioélectriques, souvent avec une antenne et une alimentation communes.

émettre [emɛtʀ] v.t. (francisation, d'apr. *mettre,* du lat. *emittere* "envoyer dehors") [conj. 84]. **- 1.** Produire, faire sortir de soi : *La lampe émet une douce lumière* (syn. diffuser, répandre). **- 2.** Procéder à la diffusion de : *Notre station émet de la musique classique, des films inédits.* **- 3.** Mettre en circulation : *Émettre un emprunt, une souscription.* **- 5.** Formuler une opinion, un souhait : *Émettre une nouvelle hypothèse* (syn. énoncer, exprimer).

◆ v.i. Diffuser une émission de radio, de télévision : *Station qui émet sur grandes ondes.*

émeu [emø] n.m. (mot des îles Moluques) [pl. *émeus*]. Oiseau d'Australie, au plumage gris, incapable de voler. □ Sous-classe des ratites ; haut. 2 m.

émeute [emøt] n.f. (anc. p. passé de *émouvoir,* d'apr. *"meute").* Soulèvement populaire : *La manifestation risque de tourner à l'émeute* (syn. insurrection).

émeutier, ère [emøtje, -ɛʀ] n. Personne qui prend part à une émeute.

émiettement [emjɛtmɑ̃] n.m. Action d'émietter ; fait d'être émietté : *L'émiettement des responsabilités.*

émietter [emjete] v.t. **- 1.** Réduire en miettes : *Émietter du pain.* **- 2.** Disperser en tous sens : *Émietter ses efforts, son attention* (syn. éparpiller, gaspiller).

émigrant, e [emigʀɑ̃, -ɑ̃t] n. et adj. Personne qui émigre.

émigration [emigʀasjɔ̃] n.f. (bas lat. *emigratio ;* v. émigrer). **- 1.** Action d'émigrer ; ensemble des émigrés. **- 2.** HIST. Départ hors de France des partisans de la monarchie et des aristocrates pendant la Révolution.

émigré, e [emigʀe] n. et adj. **- 1.** Personne qui a émigré. **- 2.** HIST. Personne, génér. un aristocrate, qui, entre 1789 et 1799, quitta la France pour échapper à la Révolution.

émigrer [emigʀe] v.i. (lat. *emigrare* "changer de demeure"). Quitter son pays pour s'établir dans un autre.

émincé [emɛ̃se] n.m. Tranche de viande coupée très mince : *Un émincé de bœuf, de poulet.*

émincer [emɛ̃se] v.t. (de *mince*) [conj. 16]. Couper en tranches minces : *Émincer du lard, des oignons.*

éminemment [eminamɑ̃] adv. Au plus haut point ; extrêmement : *Il est éminemment souhaitable qu'il soit présent.*

éminence [eminɑ̃s] n.f. (lat. *eminentia ;* v. éminent). **- 1.** Élévation de terrain : *Monter sur une éminence pour observer les environs* (syn. hauteur). **- 2.** Titre d'honneur d'un cardinal : *Son Éminence le cardinal Duval* (abrév. S.Ém.). **- 3.** **Éminence grise.** Conseiller intime qui agit dans l'ombre. □ Ce surnom avait été donné au Père Joseph du Tremblay, conseiller de Richelieu.

éminent, e [eminɑ̃, -ɑ̃t] adj. (lat. *eminens, -entis,* de *eminere* "s'élever au-dessus de"). Que ses qualités situent nettement au-dessus des autres : *J'exprime toute ma gratitude à mon éminent collaborateur* (syn. remarquable).

émir [emiʀ] n.m. (ar. *amir*). Gouverneur, prince dans le monde musulman.

émirat [emiʀa] n.m. - **1.** État gouverné par un émir. - **2.** Dignité d'émir.

1. émissaire [emiseʀ] n.m. (lat. *emissarius* "espion"). Personne chargée d'une mission plus ou moins secrète et que l'on délègue auprès de qqn : *L'émissaire du président auprès des rebelles arrivera demain.*

2. émissaire [emiseʀ] n.m. (lat. *emissarium* "déversoir"). Cours d'eau qui prend naissance dans un lac ou qui en évacue les eaux : *Le Rhône est l'émissaire du lac Léman.*

3. émissaire [emiseʀ] adj.m. (de *1. émissaire*). Bouc émissaire → bouc.

émission [emisjɔ̃] n.f. (lat. *emissio*, de *emittere* "envoyer dehors"). - **1.** Opération qui consiste à mettre en circulation une monnaie, un chèque ou des actions. ▫ En France, l'État confie à la Banque de France le privilège de l'émission et de la diffusion de la monnaie. - **2.** Production de sons naturels par un être vivant : *Émission de la voix.* - **3.** TÉLÉCOMM. Production de signaux sonores ou visuels : *Émission et réception.* - **4.** Programme émis par la radio ou la télévision : *Une émission de variétés.* - **5.** Sortie hors d'un volcan de produits solides, liquides ou gazeux.

emmagasinage [ɑ̃magazinaʒ] n.m. Action, fait d'emmagasiner : *L'emmagasinage de chaleur par des capteurs solaires.*

emmagasiner [ɑ̃magazine] v.t. (de *magasin*). - **1.** Mettre en magasin : *Emmagasiner des marchandises* (syn. entreposer). - **2.** Accumuler pour garder en réserve : *Les panneaux solaires emmagasinent la chaleur* (syn. stocker). - **3.** Garder dans sa mémoire : *Emmagasiner des connaissances* (syn. enregistrer).

emmailloter [ɑ̃majɔte] v.t. (de *maillot*). - **1.** VX. Envelopper un bébé dans un lange (syn. langer). - **2.** Envelopper complètement dans un tissu : *Emmailloter un doigt blessé dans un bandage* (syn. bander).

emmanchement [ɑ̃mɑ̃ʃmɑ̃] n.m. Action d'emmancher ; manière de s'emmancher : *L'emmanchement d'un outil.*

emmancher [ɑ̃mɑ̃ʃe] v.t. (de *1. manche*). Ajuster, monter sur un manche ; fixer dans un support approprié : *Emmancher une pioche. Emmancher une bougie dans un chandelier.* ◆ **s'emmancher** v.pr. - **1.** S'ajuster l'un dans l'autre : *Les deux pièces s'emmanchent mal.* - **2.** FAM. Commencer : *L'affaire s'emmanche mal* (syn. s'engager).

emmanchure [ɑ̃mɑ̃ʃyʀ] n.f. (de *2. manche*). Ouverture d'un vêtement pour y coudre une manche ou laisser passer le bras.

emmêlement [ɑ̃mɛlmɑ̃] n.m. Action d'emmêler ; fait d'être emmêlé.

emmêler [ɑ̃mele] v.t. - **1.** Mêler en enchevêtrant : *Emmêler ses cheveux.* - **2.** Mettre de la confusion dans : *Emmêler une affaire* (syn. embrouiller).

emménagement [ɑ̃menaʒmɑ̃] n.m. Action d'emménager.

emménager [ɑ̃menaʒe] v.t. (de *ménage*) [conj. 17]. S'installer dans un nouveau logement.

emmener [ɑ̃mne] v.t. [conj. 19]. - **1.** Mener avec soi, du lieu où l'on est dans un autre endroit : *Emmener les enfants à l'école* (syn. conduire, mener). - **2.** Dans un match, entraîner son équipe à sa suite, dans son élan ; dans une course, être en tête du peloton, en en réglant l'allure : *Le capitaine a bien emmené ses avants.*

emmerdant, e [ɑ̃mɛʀdɑ̃, -ɑ̃t] adj. T. FAM. Ennuyeux.

emmerdement [ɑ̃mɛʀdəmɑ̃] n.m. T. FAM. Gros ennui ; grosse contrariété.

emmerder [ɑ̃mɛʀde] v.t. (de *merde*). T. FAM. Importuner. ◆ **s'emmerder** v.pr. T. FAM. S'ennuyer.

emmerdeur, euse [ɑ̃mɛʀdœʀ, -øz] adj. et n. T. FAM. Importun.

emmitoufler [ɑ̃mitufle] v.t. (de l'anc. fr. *mitoufle* "mitaine"). Envelopper, couvrir de vêtements chauds. ◆ **s'emmitoufler** v.pr. S'envelopper dans des vêtements chauds : *S'emmitoufler dans son manteau.*

emmurer [ɑ̃myʀe] v.t. Enfermer dans un endroit d'où l'on ne peut sortir : *Ils emmuraient ceux qu'ils jugeaient hérétiques.*

émoi [emwa] n.m. (de l'anc. fr. *esmaier* "effrayer", lat. pop. *exemagare* "priver de sa force", du germ. *magan*). LITT. - **1.** Trouble d'ordre émotionnel, affectif, sensuel : *Les premiers émois de l'amour* (syn. émotion). *Dans son émoi, elle laissa tomber ses papiers* (syn. saisissement). - **2.** En émoi, en proie à une vive agitation : *La population est en émoi.*

émollient, e [emɔljɑ̃, -ɑ̃t] adj. (du lat. *emollire* "amollir"). MÉD. Qui détend et amollit les tissus enflammés. ◆ **émollient** n.m. Médicament, substance émolliente.

émoluments [emɔlymɑ̃] n.m. pl. (lat. *emolumentum* "bénéfice"). Traitement, salaire attaché à un emploi : *De maigres émoluments* (syn. appointements, rétribution).

émondage [emɔ̃daʒ] n.m. Action d'émonder.

émonder [emɔ̃de] v.t. (lat. *emundare* "nettoyer", de *mundus* "propre"). - **1.** Débarrasser un arbre de ses branches mortes ou superflues ; couper l'extrémité des arbres à proximité de la cime (syn. élaguer, tailler). - **2.** Débarrasser certaines graines de leur tégument : *Émonder des amandes* (syn. monder).

émotif, ive [emɔtif, -iv] adj. Relatif à l'émotion : *Troubles émotifs.* ◆ adj. et n. Prompt à ressentir des émotions : *Personne émotive. C'est un émotif.*

émotion [emɔsjɔ̃] n.f. (de *émouvoir*). Trouble subit, agitation passagère causés par la surprise, la peur, la joie : *L'annonce de sa démission a causé une vive émotion. Évoquer de vieux souvenirs avec émotion* (syn. attendrissement).

émotionnel, elle [emɔsjɔnɛl] adj. Du domaine de l'émotion : *Réaction émotionnelle* (syn. affectif, passionnel).

émotionner [emɔsjɔne] v.t. FAM. Donner, causer de l'émotion : *L'accident a émotionné les passagers.*

émotivité [emɔtivite] n.f. (de *émotif*). Disposition à ressentir des émotions ; caractère d'une personne émotive (syn. hypersensibilité, sensibilité).

émottage [emɔtaʒ] et **émottement** [emɔtmã] n.m. Action d'émotter.

émotter [emɔte] v.t. Briser les mottes de terre après un labour.

émotteuse [emɔtøz] n.f. Herse servant à émotter.

émoulu, e [emuly] adj. (p. passé de l'anc. v. *émoudre* "aiguiser" ; v. *moudre*). Frais émoulu de, récemment sorti d'une école, d'une institution : *Une jeune fille fraîche émoulue de Polytechnique.*

émousser [emuse] v.t. (de 4. *mousse*). -1. Rendre moins tranchant, moins pointu : *La dureté du bois a émoussé le ciseau.* -2. Diminuer la force, la vivacité de : *Le temps a émoussé sa rancœur* (syn. atténuer, estomper).

émoustillant, e [emustijã, -ãt] adj. Qui émoustille : *Des histoires émoustillantes.*

émoustiller [emustije] v.t. (de l'anc. fr. *mousse* "écume"). -1. Mettre de bonne humeur ; porter à la gaieté : *Le champagne émoustillait les convives.* -2. Exciter les sens : *Elle aime à émoustiller les hommes* (syn. aguicher).

émouvant, e [emuvã, -ãt] adj. Qui émeut : *La scène la plus émouvante du film* (syn. bouleversant, pathétique).

émouvoir [emuvwaʀ] v.t. (lat. pop. *exmovere*, du class. *emovere* "ébranler") [conj. 55]. Agir sur la sensibilité de ; causer du trouble chez : *Le récit de ses malheurs nous a émus* (syn. bouleverser, toucher). *Je suis encore tout ému de l'annonce de cette nouvelle* (syn. remuer).

empaillage [ãpajaʒ] et **empaillement** [ãpajmã] n.m. Action d'empailler.

empaillé, e [ãpaje] adj. Se dit d'un animal mort conservé par empaillage : *Serpents empaillés.*

empailler [ãpaje] v.t. -1. Garnir ou envelopper de paille : *Empailler une chaise, des bouteilles.* -2. Préparer la peau d'un animal mort et la bourrer de paille pour conserver à la bête son apparence naturelle : *Empailler un renard* (syn. naturaliser).

empailleur, euse [ãpajœʀ, -øz] n. -1. Personne qui empaille les sièges (syn. rempailleur). -2. Personne qui empaille des animaux (syn. naturaliste, taxidermiste).

empalement [ãpalmã] n.m. Action d'empaler ; fait de s'empaler ; supplice du pal.

empaler [ãpale] v.t. Transpercer le corps de qqn par un pieu ; faire subir le supplice du pal à. ◆ **s'empaler** v.pr. Se blesser ou se tuer en tombant sur un objet pointu qui s'enfonce dans le corps : *S'empaler sur une grille.*

empan [ãpã] n.m. (frq. *spanna*). Distance comprise entre l'extrémité du pouce et celle du petit doigt dans leur écart maximal. □ La distance varie entre 22 et 24 cm.

empanacher [ãpanaʃe] v.t. Orner d'un panache : *Empanacher la tête d'un cheval pour une parade.*

empannage [ãpanaʒ] n.m. MAR. Action d'empanner.

empanner [ãpane] v.t. MAR. Mettre en panne. ◆ v.i. Faire passer la voilure d'un bord à l'autre, au moment du virement de bord vent arrière.

empaquetage [ãpaktaʒ] n.m. Action d'empaqueter : *Procéder à l'empaquetage des colis* (syn. emballage).

empaqueter [ãpakte] v.t. [conj. 27]. Mettre en paquet : *Empaqueter des marchandises* (syn. emballer).

s'emparer [ãpare] v.pr. [de] (anc. prov. *amparar*, lat. pop. *anteparare* "faire des préparatifs pour se défendre"). -1. Prendre violemment possession de : *L'ennemi s'est emparé de la capitale* (syn. conquérir, enlever). -2. Se saisir vivement de qqch et le conserver : *L'ailier s'est emparé du ballon.* -3. Faire prisonnier : *Les rebelles se sont emparés de l'émissaire de l'O.N.U.* (syn. capturer). -4. Prendre possession de qqn, en parlant d'une idée, d'un sentiment : *La colère s'est emparée d'elle* (syn. gagner).

empâté, e [ãpate] adj. Dont les traits, la silhouette se sont épaissis, alourdis : *Un visage empâté* (syn. bouffi).

empâtement [ãpatmã] n.m. -1. Effacement des traits, de la silhouette, dû à un excès de graisse dans les tissus (syn. bouffissure). -2. PEINT. Relief donné à un tableau par des couches superposées de peinture.

empâter [ãpate] v.t. (de *pâte*). -1. Rendre plus gros ; gonfler : *L'âge a empâté ses traits* (syn.

alourdir, épaissir). - 2. Rendre pâteux : *Sucreries qui empâtent la bouche.*

empattement [ãpatmã] n.m. (de *patte*). - 1. Épaisseur de maçonnerie qui sert de pied à un mur. - 2. Distance entre les roues avant et les roues arrière d'une voiture, mesurée d'un essieu à l'autre. - 3. Épaississement terminal des jambages d'un caractère d'imprimerie.

empêché, e [ãpeʃe] adj. Retenu par des obligations : *Le directeur, empêché, n'a pas assisté à la réunion.*

empêchement [ãpɛʃmã] n.m. Ce qui s'oppose à la réalisation de qqch : *Un empêchement de dernière minute m'a retenu loin de vous* (syn. contretemps, incident). *Voyez-vous un empêchement à ce projet ?* (syn. entrave, obstacle).

empêcher [ãpeʃe] v.t. (bas lat. *impedicare* "prendre au piège"). - 1. Faire obstacle à ; rendre impossible : *Empêcher un mariage* (syn. s'opposer à ; contr. permettre). *Empêcher le développement d'une maladie* (syn. arrêter, entraver). - 2. Ne pas permettre : *Le règlement empêche qu'il soit candidat* (syn. interdire ; contr. autoriser). ◆ **s'empêcher** v.pr. [de]. Se retenir de : *Je n'ai pu m'empêcher de rire.*

empêcheur, euse [ãpeʃœr, -øz] n. FAM. Empêcheur de danser, de tourner en rond, celui qui trouble la joie ou suscite des difficultés (syn. rabat-joie, trouble-fête).

empeigne [ãpɛɲ] n.f. (de l'anc. fr. *peigne* "métacarpe"). Le dessus d'une chaussure, du cou-de-pied à la pointe.

empennage [ãpenaʒ] n.m. (de *empenné*). - 1. Empenne. - 2. Chacune des surfaces placées à l'arrière des ailes ou de la queue d'un avion, pour lui donner de la stabilité.

empenne [ãpɛn] n.f. (de *empenné*). Garniture de plumes placée à l'arrière d'une flèche pour régulariser son mouvement (syn. empennage).

empenné, e [ãpene] adj. (du lat. *penna* "plume"). Garni d'une empenne : *Une flèche empennée.*

empereur [ãprœr] n.m. (lat. *imperator*, propr. "chef, maître", de *imperare* "commander, ordonner"). - 1. À Rome, détenteur du pouvoir suprême depuis Auguste (27 avant J.-C.) - 2. Titre que portèrent plusieurs souverains européens : *L'Empereur* (= Napoléon Ier). *L'empereur de Russie* (= tsar). *L'empereur d'Allemagne* (= kaiser). - 3. Chef suprême de certains États : *L'empereur du Japon.* **Rem.** Le féminin est *impératrice*. - 4. Chef du Saint Empire romain germanique, de 962 à 1806.

empesage [ãpəzaʒ] n.m. Action d'empeser.

empesé, e [ãpəze] adj. (p. passé de *empeser*). Qui manque de naturel ; plein d'affecta-

tion : *Un air empesé* (syn. affecté, gourmé). [V. aussi *empeser*.]

empeser [ãpəze] v.t. (anc. fr. *empoise* "empois", lat. *impensa* "matériaux") [conj. 19]. Imprégner d'eau mêlée d'empois, afin de raidir : *Empeser un col, un plastron de chemise* (syn. amidonner).

empester [ãpeste] v.t. (de *peste*). Infester d'une mauvaise odeur : *Cet égout bouché empeste tout le quartier* (syn. empuantir). ◆ v.i. - 1. Exhaler une forte odeur de : *Ses vêtements empestent le tabac.* - 2. (Absol.) Dégager une mauvaise odeur : *Ce marécage empeste* (syn. puer).

empêtré, e [ãpetre] adj. Qui manque d'aisance : *Il a l'air empêtré* (syn. gauche, maladroit).

empêtrer [ãpetre] v.t. (lat. pop. *impastoriare* "entraver des animaux qui paissent", du class. *pastus* "pâturage"). - 1. Embarrasser dans des liens, un enchevêtrement : *Empêtrer un fil à pêche dans des branches.* - 2. Engager dans une situation périlleuse : *Son frère l'a empêtré dans une affaire douteuse.* ◆ **s'empêtrer** v.pr. - 1. S'embarrasser dans qqch qui lie, retient : *Un des parachutistes s'est empêtré dans les cordes de son parachute* (syn. s'entraver). - 2. Se mettre dans une situation difficile : *Il s'est empêtré dans ses mensonges* (syn. s'enferrer).

emphase [ãfaz] n.f. (lat. *emphasis*, mot gr. "expression forte"). Exagération pompeuse dans le ton, dans les termes employés, dans les manières (syn. affectation, grandiloquence ; contr. simplicité).

emphatique [ãfatik] adj. Empreint d'emphase : *Le discours emphatique du maire* (syn. ampoulé, pompeux).

emphatiquement [ãfatikmã] adv. Avec emphase (syn. pompeusement, solennellement).

emphysémateux, euse [ãfizematø, -øz] adj. et n. Qui présente les caractères de l'emphysème ; atteint d'emphysème.

emphysème [ãfizɛm] n.m. (gr. *emphusêma* "gonflement"). MÉD. - 1. Gonflement du tissu cellulaire par introduction d'air, à la suite d'un traumatisme des voies respiratoires. - 2. Emphysème pulmonaire, dilatation excessive et permanente des alvéoles pulmonaires.

emphytéotique [ãfiteɔtik] adj. (lat. médiév. *emphyteoticus*, du gr. *emphuteuein* "planter dans"). DR. Se dit d'un bail à longue durée. □ La durée peut aller de 18 ans à 99 ans.

empiècement [ãpjɛsmã] n.m. Pièce rapportée dans le haut d'un vêtement : *Robe avec empiècement en velours.*

empierrement [ãpjɛrmã] n.m. - 1. Action d'empierrer. - 2. Lit de pierres cassées dont on recouvre une route pour en faire la chaussée.

empierrer [ɑ̃pjeʀe] v.t. Couvrir d'une couche de pierres : *Empierrer une cour, une route.*

empiétement [ɑ̃pjetmɑ̃] n.m. - **1.** Action d'empiéter ; ce qui empiète : *Les empiétements du pouvoir* (syn. usurpation). - **2.** Extension graduelle d'une chose sur une autre : *L'empiétement de la mer sur les terres* (syn. avancée).

empiéter [ɑ̃pjete] v.i. (de *pied*) [conj. 18]. - **1.** S'arroger des droits qu'on n'a pas : *Vous empiétez sur mes attributions.* - **2.** S'étendre sur le domaine occupé par qqch : *La mer empiète chaque année sur la côte* (syn. gagner).

s' empiffrer [ɑ̃pifʀe] v.pr. (anc. fr. *pifre* "gros individu"). FAM. Manger avidement et gloutonnement (syn. se gaver).

empilable [ɑ̃pilabl] adj. Conçu pour pouvoir être empilé : *Tasses à café empilables.*

empilage [ɑ̃pilaʒ] et **empilement** [ɑ̃pilmɑ̃] n.m. Action d'empiler ; ensemble de choses empilées.

empiler [ɑ̃pile] v.t. Mettre en pile : *Empiler des livres* (syn. amonceler, entasser). ◆ **s'empiler** v.pr. Être mis en pile : *La vaisselle sale s'empilait dans l'évier* (syn. s'amonceler).

empire [ɑ̃piʀ] n.m. (lat. *imperium* propr. "commandement, ordre", de *imperare* "commander, ordonner"). - **1.** Régime dans lequel l'autorité politique souveraine est exercée par un empereur ; État ou ensemble d'États soumis à un tel régime : *L'Empire japonais. L'empire de Charlemagne.* - **2.** Ensemble d'États gouvernés par une autorité unique : *Les grands empires coloniaux du début du siècle.* - **3.** Groupe industriel, commercial, financier puissant et très étendu : *Les empires de l'automobile* (syn. consortium, multinationale). - **4.** (Avec une majuscule). Période durant laquelle Napoléon Iᵉʳ gouverna la France (on dit aussi *premier Empire*, par opp. à *second Empire*, période durant laquelle Napoléon III gouverna la France). - **5.** LITT. Ascendant moral, influence exercés sur une personne par qqn ou qqch : *Il a pris sur eux beaucoup d'empire* (syn. autorité). *Elle a agi sous l'empire de la colère* (syn. domination). - **6.** Pas pour un empire, pour rien au monde, en aucune façon. ◆ adj. inv. Se dit du style décoratif en vogue sous Napoléon Iᵉʳ : *Un salon empire.*

empirer [ɑ̃piʀe] v.i. (réfection d'apr. *pire*, de l'anc. fr. *empeirier*, lat. pop. *impejorare*, du class. *pejor* "pire"). Devenir pire, plus grave : *Son état a empiré pendant la nuit* (syn. s'aggraver).

empirique [ɑ̃piʀik] adj. (lat. *empiricus*, gr. *empeirikos*). Qui ne s'appuie que sur l'expérience, l'observation : *Une méthode empirique.*

empiriquement [ɑ̃piʀikmɑ̃] adv. De façon empirique.

empirisme [ɑ̃piʀism] n.m. Méthode qui repose uniquement sur l'expérience et exclut les systèmes a priori.

emplacement [ɑ̃plasmɑ̃] n.m. (de l'anc. fr. *emplacer*). Place, lieu occupé par qqch, ou qui lui est réservé : *On a construit un parking sur l'emplacement de l'ancien théâtre.*

emplâtre [ɑ̃platʀ] n.m. (lat. *emplastrum*, gr. *emplastron*, de *emplassein* "façonner"). PHARM. Préparation thérapeutique adhésive destinée à l'usage externe.

emplette [ɑ̃plɛt] n.f. (anc. fr. *emploite*, du lat. pop. *implic[i]ta*, de *implicare* ; v. *employer*). - **1.** Achat d'objets ou de marchandises d'un usage courant : *Faire des emplettes* (syn. courses). *Faire l'emplette de qqch* (syn. acquisition). - **2.** Objet acheté : *Montre-nous tes emplettes* (syn. achat).

emplir [ɑ̃pliʀ] v.t. (lat. *implere*) [conj. 32]. LITT. - **1.** Rendre plein : *La foule emplit les rues* (syn. remplir). - **2.** Occuper entièrement le cœur, l'esprit de : *La nouvelle nous a emplis de joie* (syn. combler).

emploi [ɑ̃plwa] n.m. (de *employer*). - **1.** Action, manière d'employer une chose : *Elle a fait bon emploi de ce tissu* (syn. usage). - **2.** Destination réservée à une chose : *Cette armoire fait double emploi avec la commode* (= elle a le même usage). - **3.** Occupation confiée à une personne ; travail : *Pour cet emploi, il faut une personne expérimentée* (syn. fonction, poste). *Les jeunes à la recherche d'un emploi* (syn. place, situation). - **4.** Dans les arts du spectacle, type de rôle qui peut être attribué à un acteur, à un danseur, en fonction de son physique, de sa sensibilité, etc. : *Avoir des emplois d'ingénue.* - **5.** Emploi du temps, distribution des occupations pour une période déterminée. ‖ Mode d'emploi, notice expliquant la manière d'utiliser un appareil, un produit, etc. ‖ Offre d'emploi, annonce proposant un travail rémunéré. - **6.** Demandeur d'emploi. Personne qui cherche un travail rémunéré ; chômeur.

employé, e [ɑ̃plwaje] n. - **1.** Personne salariée qui travaille dans un bureau, une administration, un magasin ou chez un particulier, sans avoir de responsabilité d'encadrement. - **2.** Employé, employée de maison, domestique.

employer [ɑ̃plwaje] v.t. (lat. *implicare* "plier dedans", puis "engager dans") [conj. 13]. - **1.** Faire usage de, se servir de : *Employer un marteau pour enfoncer un clou* (syn. utiliser). *Employer la force* (syn. recourir à). - **2.** Faire travailler pour son compte : *Employer qqn comme secrétaire.* ◆ **s'employer** v.pr. - **1.** Être utilisé : *Ce mot ne s'emploie plus.* - **2.** [à]. Consacrer ses efforts à : *Elle s'est employée de son mieux à réparer les dégâts* (syn. s'appliquer).

employeur, euse [ɑ̃plwajœʀ, -øz] n. Personne qui emploie du personnel salarié.

empocher [ɑ̃pɔʃe] v.t. - **1.** Mettre dans sa poche : *Il empocha la lettre sans un mot.* - **2.** Percevoir, toucher : *Empocher de l'argent.*

empoignade [ɑ̃pwaɲad] n.f. Querelle, discussion violente : *Le débat a donné lieu à quelques empoignades* (syn. altercation).

empoigne [ɑ̃pwaɲ] n.f. (de *empoigner*). FAM. Foire d'empoigne, situation où chacun cherche à obtenir le plus possible : *Le partage de l'héritage avait des airs de foire d'empoigne.*

empoigner [ɑ̃pwaɲe] v.t. (de *poing*). - **1.** Saisir en serrant fortement avec la main : *Elle empoigna la rampe* (syn. agripper). - **2.** FAM. Se saisir de : *Le policier empoigna le malfaiteur.* - **3.** SOUT. Émouvoir fortement : *Le dénouement empoignait les spectateurs.* ◆ **s'empoigner** v.pr. - **1.** Se saisir l'un l'autre, en venir aux mains (syn. se colleter). - **2.** Se quereller, se disputer.

empois [ɑ̃pwa] n.m. (de *empeser*). Apprêt à base d'amidon destiné à donner de la raideur au linge.

empoisonnant, e [ɑ̃pwazɔnɑ̃, -ɑ̃t] adj. FAM. Ennuyeux, contrariant : *Un élève empoisonnant* (syn. insupportable).

empoisonnement [ɑ̃pwazɔnmɑ̃] n.m. - **1.** Action sur l'organisme d'une dose de toute substance capable de causer la mort ou d'altérer gravement les fonctions vitales : *Un empoisonnement dû à des champignons* (syn. intoxication). - **2.** Crime consistant à administrer une substance toxique à qqn avec l'intention de donner la mort. - **3.** FAM. Ennui, tracas (syn. souci).

empoisonner [ɑ̃pwazɔne] v.t. - **1.** Faire mourir ou intoxiquer par le poison : *Il a été empoisonné par des champignons* (syn. intoxiquer). - **2.** Mettre du poison dans, sur : *Certains Indiens empoisonnent leurs flèches.* - **3.** Infecter d'une odeur désagréable : *Il empoisonne toute la maison avec son tabac* (= il nous incommode). - **4.** FAM. Importuner vivement : *Il m'empoisonne avec ses récriminations* (syn. ennuyer). ◆ **s'empoisonner** v.pr. - **1.** Absorber du poison (syn. s'intoxiquer). - **2.** FAM. S'ennuyer : *Je m'empoisonne toujours chez eux.*

empoisonneur, euse [ɑ̃pwazɔnœʀ, -øz] n. - **1.** Personne qui prépare, administre du poison. - **2.** FAM. Personne qui ennuie, dérange (syn. importun).

empoissonnement [ɑ̃pwasɔnmɑ̃] n.m. Action d'empoissonner ; son résultat : *L'empoissonnement d'un étang.*

empoissonner [ɑ̃pwasɔne] v.t. Peupler de poissons : *Empoissonner un lac.*

emporium [ɑ̃pɔʀjɔm] n.m. (mot lat.). ANTIQ. ROM. Comptoir commercial à l'étranger. *Rem.* Pluriel savant *emporia.*

emporté, e [ɑ̃pɔʀte] adj. et n. Facilement irritable, de tempérament violent (syn. fougueux, irascible).

emportement [ɑ̃pɔʀtəmɑ̃] n.m. Vif accès de colère : *Être sujet à l'emportement, à des emportements* (syn. colère).

emporte-pièce [ɑ̃pɔʀtəpjɛs] n.m. (pl. *emporte-pièces* ou inv.). - **1.** Instrument en acier dur, pour trouer ou découper sous l'effet du choc ou de la pression. - **2.** À l'emporte-pièce, en parlant de qqn, sans nuance et d'un naturel acerbe ; en parlant de paroles, d'un style, tranchés, incisifs : *Des propos à l'emporte-pièce* (syn. caustique).

emporter [ɑ̃pɔʀte] v.t. (de *porter*). - **1.** Prendre avec soi en quittant un lieu : *N'oublie pas d'emporter ton parapluie.* - **2.** Enlever de façon violente et rapide, arracher : *Le vent a emporté des toitures* (syn. arracher). - **3.** Entraîner dans son mouvement : *Le courant emporte le radeau.* - **4.** Entraîner à un comportement excessif : *La colère l'emporte.* - **5.** L'emporter, l'emporter sur, avoir la supériorité sur ; prévaloir sur ; être victorieux de : *Le plus athlétique l'emporta bientôt. L'emporter sur son adversaire* (= triompher de lui). ◆ **s'emporter** v.pr. Se laisser aller à la colère : *Il s'emporte pour des riens.*

empoté, e [ɑ̃pɔte] adj. et n. (de l'anc. fr. *poe, pote* "patte", d'orig. préceltique). FAM. Qui a des gestes maladroits ; qui manque d'initiative (syn. gauche ; contr. dégourdi).

empoter [ɑ̃pɔte] v.t. (de *pot*). Mettre en pot une plante.

empourprer [ɑ̃puʀpʀe] v.t. Colorer de pourpre, de rouge : *Le soleil couchant empourpre le ciel.* ◆ **s'empourprer** v.pr. Devenir rouge : *Son visage s'empourpra* (syn. rougir).

s'empoussiérer [ɑ̃pusjere] v.pr. [conj. 18]. LITT. Se couvrir de poussière : *Meubles qui s'empoussièrent au grenier.*

empreindre [ɑ̃pʀɛ̃dʀ] v.t. (lat. *imprimere*) [conj. 81]. Marquer : *Son visage était empreint de tristesse.* ◆ **s'empreindre** v.pr. [de]. LITT. Laisser paraître la marque de : *Son visage s'empreignit de la plus franche gaieté.*

empreinte [ɑ̃pʀɛ̃t] n.f. (de *empreindre*). - **1.** Marque en creux ou en relief obtenue par pression : *L'empreinte d'un cachet.* - **2.** Marque durable, profonde, distinctive, laissée par une personne, une idée : *L'empreinte du catholicisme dans les œuvres d'un écrivain.* - **3.** Empreinte génétique, ensemble des caractéristiques génétiques singulières qui appartiennent en propre à tout être humain et qui permettent d'identifier avec certitude un individu à partir d'échantillons même infimes de ses productions corporelles : sang, cheveux, sperme, etc. □ Cette technique d'identification est de plus en plus utilisée en criminologie, en partic. dans les cas de viol. **- 4.** Empreintes (digitales). Marques laissées par les sillons de la peau des doigts ; ces sillons : *Y a-t-il des empreintes sur l'arme ?*

empressé, e [ɑ̃pʀese] adj. et n. Qui manifeste des prévenances, du dévouement (syn. attentionné, dévoué).

empressement [ɑ̃pʀɛsmɑ̃] n.m. Ardeur à faire qqch. : *Elle a fait ce qu'on lui avait demandé avec un grand empressement* (syn. diligence).

s'empresser [ɑ̃pʀese] v.pr. **- 1.** Montrer du zèle, de la prévenance à l'égard de qqn : *S'empresser auprès d'un client.* **- 2.** Se hâter de : *S'empresser de partir* (syn. se dépêcher).

emprise [ɑ̃pʀiz] n.f. (de l'anc. fr. *emprendre* "entreprendre"). Domination morale, intellectuelle : *Professeur qui a beaucoup d'emprise sur sa classe* (syn. autorité, influence).

emprisonnement [ɑ̃pʀizɔnmɑ̃] n.m. **- 1.** Action de mettre en prison (syn. incarcération). **- 2.** Peine consistant à demeurer enfermé en prison : *Délit passible de deux mois d'emprisonnement.*

emprisonner [ɑ̃pʀizɔne] v.t. **- 1.** Mettre en prison : *On a emprisonné tous ses complices* (syn. incarcérer). **- 2.** Tenir à l'étroit : *Un col qui emprisonne le cou* (syn. serrer).

emprunt [ɑ̃pʀœ̃] n.m. (de *emprunter*). **- 1.** Action d'emprunter : *Recourir à un emprunt pour acheter une maison.* **- 2.** Somme empruntée : *Rembourser un emprunt.* **- 3.** Action d'employer ou d'imiter ce qui appartient à un autre : *Les emprunts d'un écrivain aux classiques* (syn. plagiat). **- 4.** LING. Élément, mot pris à une autre langue : *Le mot « football » est un emprunt à l'anglais.* **- 5.** D'emprunt, qui n'appartient pas en propre à : *Nom d'emprunt* (= pseudonyme). ‖ **Emprunt public**, dette contractée sur le marché des capitaux par l'État ou par une collectivité publique.

emprunté, e [ɑ̃pʀœ̃te] adj. (de *emprunter*). Qui manque d'aisance, de naturel : *Il s'adresse à nous d'un air emprunté* (syn. embarrassé, gauche).

emprunter [ɑ̃pʀœ̃te] v.t. (lat. pop. *impromutare*, du class. *mutuari*, de *mutuum* "emprunt, réciprocité"). **- 1.** Se faire prêter : *Emprunter de l'argent à un ami.* **- 2.** Prendre qqch à autrui pour le reproduire, l'imiter ou se l'approprier : *Le français a emprunté beaucoup de mots à l'anglais.* **- 3.** Prendre, suivre une voie : *Emprunter une route, un chemin.*

emprunteur, euse [ɑ̃pʀœ̃tœʀ, -øz] n. Personne qui emprunte (contr. prêteur).

empuantir [ɑ̃pɥɑ̃tiʀ] v.t. (conj. 32). Emplir d'une mauvaise odeur ; rendre puant : *Des vapeurs de solvant empuantissent la pièce* (syn. empester).

empuantissement [ɑ̃pɥɑ̃tismɑ̃] n.m. Action d'empuantir ; état de ce qui est empuanti.

empyrée [ɑ̃piʀe] n.m. (lat. *empyrius*, gr. *empurios* "qui est en feu"). **- 1.** ANTIQ. Partie la plus élevée du ciel habitée par les dieux. **- 2.** LITT. Ciel, paradis.

ému, e [emy] adj. (p. passé de *émouvoir*). Qui éprouve ou manifeste de l'émotion : *Elle était fort émue* (syn. bouleversé).

émulation [emylasjɔ̃] n.f. (lat. *æmulatio*). Sentiment qui porte à égaler ou à surpasser qqn : *Il a créé une saine émulation entre ses élèves* (= esprit de compétition).

émule [emyl] n. (lat. *æmulus* "rival"). Personne qui cherche à en égaler, à en surpasser une autre : *Il est devenu l'émule de son maître.*

émulsif, ive [emylsif, -iv], **émulsifiant, e** [emylsifjɑ̃, -ɑ̃t] et **émulsionnant, e** [emylsjɔnɑ̃, -ɑ̃t] adj. et n.m. Se dit d'un produit qui favorise la formation d'une émulsion ou sa conservation.

émulsifier v.t. → **émulsionner.**

émulsion [emylsjɔ̃] n.f. (du lat. *emulsum* "extrait"). **- 1.** Particules très fines d'un liquide en suspension dans un autre liquide : *Une émulsion d'huile dans l'eau.* **- 2.** PHOT. Préparation sensible à la lumière dont sont enduits les films et les papiers photographiques.

émulsionnant, e adj. et n.m. → **émulsif.**

émulsionner [emylsjɔne] et **émulsifier** [emylsifje] v.t. (conj. 9). Mettre à l'état d'émulsion.

1. en [ɑ̃] prép. (lat. *in* "dans, sur, en"). [Génér. non suivi d'un article]. **- I.** Introduit : **- 1.** Certains noms de lieux : *Une promenade en forêt. On l'a mis en prison. Je vais en Angleterre, en Uruguay.* **- 2.** Une date, une période : *La Révolution française a débuté en 1789. En janvier. En automne. Le vol a eu lieu en l'absence des locataires* (syn. durant, pendant). **- 3.** Certains compléments d'objet indirect : *Croire en Dieu. J'ai confiance en toi.* **- 4.** Le gérondif en *-ant* : *Elle répondit en souriant. En montant sur l'escabeau, elle a glissé.* **- II.** Indique : **- 1.** La durée d'une période nécessaire à l'accomplissement d'une action ou au cours de laquelle il se produit certains événements : *J'ai fait cent kilomètres en une heure. En vingt ans, le monde s'est complètement transformé. En deux mois, il n'a pas plu une seule fois* (syn. pendant). **- 2.** La manière d'être, l'état : *Elle parle en femme du monde. Elle est en blanc*

(= habillée de blanc). *Ils sont en vacances. La maison est en flammes.* - 3. La matière, la structure : *Une montre en or. Une table en bois. Une pièce en cinq actes.* - 4. La transformation : *L'eau s'est transformée en glace. Convertir des francs en dollars.*

2. **en** [ɑ̃] adv. (lat. *inde* "de là"). Indique le lieu d'où l'on vient : *Vous avez été chez lui ? - J'en reviens* (= de là). ◆ pron. pers. - 1. Remplace un pron. (représentant le plus souvent une chose) qui serait précédé de la prép. *de* : *Prête-moi ta voiture, j'en ai besoin. Je m'en souviendrai. J'ai réussi et j'en suis fier* (= je suis fier de cela). - 2. Remplace un nom de chose qui serait précédé des art. partitifs *du* ou *du* : *Voulez-vous du beurre ? - Oui, j'en veux.* - 3. Remplace le compl. partitif de certains mots indiquant une quantité : *J'en veux une. Il en manque deux, beaucoup.*

s'**enamourer** [ɑ̃namuʀe] ou s'**énamourer** [enamuʀe] v.pr. LITT. Devenir amoureux.

énarque [enaʀk] n. (de *E. N. A.* et -*arque*). Ancien élève de l'E. N. A. (École nationale d'administration).

en-avant [ɑ̃navɑ̃] n.m. inv. Au rugby, faute commise par un joueur qui lâche le ballon ou l'envoie à la main vers le but adverse.

en-but [ɑ̃byt] n.m. inv. Au rugby, surface située derrière la ligne du but, où doit être marqué l'essai.

encablure [ɑ̃kablyʀ] n.f. (de *câble*). MAR. Mesure de longueur de 120 brasses, soit env. 200 m, pour évaluer les courtes distances.

encadré [ɑ̃kadʀe] n.m. ARTS GRAPH. Dans une page, texte entouré d'un filet qui le met en valeur.

encadrement [ɑ̃kadʀəmɑ̃] n.m. - 1. Action d'encadrer : *Procéder à l'encadrement d'un tableau.* - 2. Ce qui encadre : *Encadrement mouluré et doré* (syn. cadre). - 3. Ce qui entoure une ouverture, une baie : *Elle se tenait dans l'encadrement de la porte* (syn. cadre). - 4. Ensemble des cadres d'une entreprise, d'une troupe : *Personnel d'encadrement. L'encadrement de l'armée.* - 5. Ensemble de personnes qui ont la responsabilité d'un groupe : *Encadrement d'une colonie de vacances.* - 6. Ensemble des mesures prises par les pouvoirs publics pour limiter la hausse des prix ou l'attribution de crédits bancaires aux entreprises ou aux particuliers.

encadrer [ɑ̃kadʀe] v.t. - 1. Entourer d'un cadre, mettre dans un cadre : *Encadrer une photographie.* - 2. Entourer d'une bordure semblable à un cadre pour mettre en valeur, faire ressortir : *Encadrer un mot d'un trait rouge.* - 3. Former comme un cadre autour de qqch : *Cheveux noirs encadrant le visage* (syn. entourer). - 4. Entourer, flanquer de manière à garder, à surveiller : *Deux gendarmes encadrent le prévenu.* - 5. Assurer auprès de personnes un rôle de direction, de formation : *Des moniteurs encadrent les enfants* (syn. surveiller). - 6. FAM. Percuter, heurter : *La voiture a encadré le platane.* - 7. FAM. Ne pas pouvoir encadrer qqn, ne pas pouvoir le supporter ; le détester.

encadreur, euse [ɑ̃kadʀœʀ, -øz] n. Personne qui fabrique et pose des cadres de tableaux, de dessins, etc.

encaissable [ɑ̃kesabl] adj. Qui peut être encaissé : *Somme immédiatement encaissable.*

encaisse [ɑ̃kes] n.f. (de *encaisser*). - 1. Argent, valeurs que l'on a en caisse. - 2. Encaisse métallique, valeurs en or ou en argent qui, dans une banque d'émission, servent de garantie aux billets.

encaissé, e [ɑ̃kese] adj. (p. passé de *encaisser*). Resserré entre des montagnes ou des parois escarpées : *Une rivière, une route encaissée.*

encaissement [ɑ̃kesmɑ̃] n.m. - 1. Action d'encaisser de l'argent : *L'encaissement des dividendes.* - 2. Fait d'être encaissé, resserré : *L'encaissement d'une vallée.*

encaisser [ɑ̃kese] v.t. - 1. Mettre en caisse : *Encaisser des oranges.* - 2. Toucher de l'argent, des valeurs : *Encaisser un chèque.* - 3. FAM. Subir sans être ébranlé, sans sourciller : *Encaisser des coups, des critiques.* - 4. Resserrer un lieu entre deux versants abrupts : *Les montagnes qui encaissent la vallée.* - 5. FAM. Ne pas pouvoir encaisser qqn, qqch, ne pas supporter ; détester.

encaisseur [ɑ̃kesœʀ] n.m. Employé, en partic. employé de banque, qui encaisse de l'argent.

encalminé, e [ɑ̃kalmine] adj. (de *1. calme*). MAR. Arrêté du fait de l'absence de vent : *Bateau encalminé.*

à l'**encan** [ɑ̃kɑ̃] loc. adv. (du lat. *inquantum* "pour combien"). Aux enchères, au plus offrant : *Vendre des meubles à l'encan.*

s'**encanailler** [ɑ̃kanaje] v.pr. (de *canaille*). Déchoir de son rang en fréquentant des gens jugés méprisables ou douteux ou les imitant : *Ils allaient s'encanailler à Pigalle.*

encart [ɑ̃kaʀ] n.m. (de *encarter*). Feuille, cahier insérés entre les feuillets d'un cahier, d'un livre, d'une revue, etc. : *Encart publicitaire.*

encarter [ɑ̃kaʀte] v.t. (de *carte*). - 1. Insérer un encart entre les pages d'un livre, d'une revue, etc. : *Encarter un prospectus dans un magazine.* - 2. Fixer sur une carte des petits objets de même nature pour les vendre : *Encarter des boutons.*

en-cas ou **encas** [ãka] n.m. inv. (ellipse de *en cas* [*de besoin*]). Repas léger préparé en cas de besoin.

encastrable [ãkastrabl] adj. Qui peut être encastré : *Éléments de cuisine encastrables.*

encastrement [ãkastrəmã] n.m. - **1.** Action d'encastrer : *L'encastrement d'un lave-vaisselle.* - **2.** TECHN. Entaille dans une pièce, destinée à recevoir une autre pièce.

encastrer [ãkastre] v.t. (it. *incastrare*, mot du bas lat.). Insérer dans une cavité prévue à cet effet, sans aucun jeu : *Encastrer un four dans le mur* (syn. emboîter). ◆ **s'encastrer** v.pr. S'ajuster très exactement.

encaustique [ãkɔstik] n.f. (lat. *encaustica*, du gr. *egkaiein* "brûler"). Produit à base de cire et d'essence pour faire briller le bois : *La maison sent bon l'encaustique* (syn. cire).

encaustiquer [ãkɔstike] v.t. Enduire d'encaustique : *Encaustiquer un parquet* (syn. cirer).

encaver [ãkave] v.t. Mettre en cave : *Encaver du vin.*

enceindre [ãsẽdʀ] v.t. (lat. *incingere* "ceindre") [conj. 81]. LITT. Entourer d'une enceinte : *Enceindre une ville de hautes murailles.*

1. enceinte [ãsẽt] n.f. (de *enceindre*). - **1.** Ce qui entoure un espace fermé, en interdit l'accès ; cet espace lui-même : *Une ville protégée par une enceinte fortifiée* (syn. muraille). *Les trois enceintes d'un champ de courses.* - **2.** Espace clos : *Enceinte d'un tribunal* (syn. salle). - **3.** Enceinte acoustique, élément d'une chaîne de haute fidélité, comprenant un ou plusieurs haut-parleurs (syn. baffle).

2. enceinte [ãsẽt] adj.f. (lat. *incincta*, p. passé de *incingere* ; v. *enceindre*). Se dit d'une femme en état de grossesse : *Elle est enceinte de six mois.*

encens [ãsã] n.m. (du lat. ecclés. *incensum*, supin de *incendere* "brûler"). Résine aromatique, tirée princ. du *boswellia*, plante d'Arabie et d'Abyssinie, et qui dégage par combustion une odeur agréable et forte. □ Famille des térébinthacées.

encensement [ãsãsmã] n.m. Action d'encenser.

encenser [ãsãse] v.t. - **1.** Honorer en brûlant de l'encens, en agitant l'encensoir : *Le prêtre encense l'autel.* - **2.** LITT. Flatter avec excès : *La presse l'encense quotidiennement.*

encensoir [ãsãswar] n.m. Cassolette suspendue à des chaînes dans laquelle on brûle l'encens au cours de cérémonies religieuses.

encépagement [ãsepaʒmã] n.m. Ensemble des cépages constituant un vignoble.

encéphale [ãsefal] n.m. (gr. *egkephalos* "cervelle"). Ensemble des centres nerveux, cons-

titués du cerveau, du cervelet et du bulbe rachidien, contenus dans la boîte crânienne des vertébrés.

encéphalique [ãsefalik] adj. De l'encéphale.

encéphalite [ãsefalit] n.f. MÉD. Inflammation de l'encéphale due à une agression toxique ou infectieuse, laissant souvent des séquelles mentales.

encéphalogramme [ãsefalɔgram] n.m. (de *encephal*[*o*]- et *-gramme*). Abrév. de *électroencéphalogramme.*

encéphalographie [ãsefalɔgrafi] n.f. (de *encephal*[*o*]- et *-graphie*). MÉD. Radiographie de l'encéphale.

encerclement [ãsɛrkləmã] n.m. Action d'encercler ; fait d'être encerclé : *Manœuvre d'encerclement. Essayer de briser l'encerclement d'une ville.*

encercler [ãsɛrkle] v.t. - **1.** Entourer d'un cercle ou comme d'un cercle : *Encercler un dessin d'un filet de couleur* (syn. encadrer). - **2.** Entourer étroitement : *La police a encerclé le quartier* (syn. boucler, cerner). - **3.** Former un cercle, une ligne courbe autour de : *Une ceinture d'atolls encercle l'île* (syn. entourer).

enchaînement [ãʃɛnmã] n.m. - **1.** Suite de choses, succession de faits qui dépendent ou paraissent dépendre les uns des autres : *Un enchaînement de circonstances* (syn. série). - **2.** Manière d'enchaîner, de s'enchaîner : *Enchaînement logique d'un exposé* (syn. liaison).

enchaîner [ãʃɛne] v.t. - **1.** Attacher avec une chaîne : *Enchaîner un chien à sa niche.* - **2.** Priver de liberté : *Enchaîner un peuple* (syn. asservir, soumettre). - **3.** Lier par un rapport naturel ou logique : *Enchaîner des idées* (syn. coordonner). ◆ v.i. Reprendre rapidement la suite d'un dialogue, d'un discours, d'une action : *J'ai rapidement enchaîné pour éviter une querelle.* ◆ **s'enchaîner** v.pr. [à]. Être lié à qqch par un rapport de dépendance logique : *Arguments qui s'enchaînent bien les uns aux autres. Tout s'enchaîne.*

enchanté, e [ãʃãte] adj. - **1.** Qui est doté d'un pouvoir magique : *La princesse s'approcha de la rivière enchantée.* - **2.** Extrêmement heureux : *Je suis enchanté de vous revoir* (syn. ravi, charmé).

enchantement [ãʃãtmã] n.m. - **1.** Action d'enchanter, de soumettre à un pouvoir magique : *Faire cesser un enchantement* (syn. ensorcellement). - **2.** Procédé magique (syn. sortilège). - **3.** Ce qui charme, suscite un plaisir extrême : *Cette fête était un enchantement.* - **4.** État de celui qui est enchanté (syn. ravissement). - **5.** Comme par enchantement, de façon inattendue, quasi miraculeuse : *La douleur a disparu comme par enchantement.*

enchanter [ãʃãte] v.t. (lat. *incantare* "prononcer des formules magiques", de *cantare* "chanter"). - **1.** Agir par des procédés magiques, des incantations sur : *Circé a enchanté Ulysse* (syn. ensorceler). - **2.** Remplir d'un vif plaisir : *Cette bonne nouvelle m'enchante* (syn. ravir).

1. **enchanteur, eresse** [ɑ̃ʃɑ̃tœr, -trɛs] adj. (de *enchanter*). Qui enchante : *Voix enchanteresse* (syn. envoûtant).

2. **enchanteur, eresse** [ɑ̃ʃɑ̃tœr, -trɛs] n. (de *1. enchanteur*). Personne qui fait des enchantements : *L'enchanteur Merlin* (syn. magicien).

enchâssement [ɑ̃ʃɑsmɑ̃] n.m. Action d'enchâsser (syn. sertissage).

enchâsser [ɑ̃ʃase] v.t. (de *châsse*). - **1.** Placer dans une châsse : *Enchâsser des reliques.* - **2.** Fixer dans un support, une monture : *Enchâsser une pierre précieuse* (syn. sertir).

enchère [ɑ̃ʃɛr] n.f. (de *enchérir*). - **1.** Dans une vente au plus offrant, offre d'un prix supérieur à celui qu'un autre propose : *Ils peuvent se permettre de faire monter très haut les enchères.* - **2.** Vente aux enchères, vente publique au plus offrant, faite par un commissaire-priseur ou un notaire.

enchérir [ɑ̃ʃerir] v.i. (de *cher*) [conj. 32]. - **1.** Mettre une enchère : *Enchérir sur un prix.* - **2.** LITT. Aller au-delà de ce qui a été dit ou fait : *Enchérir sur qqn* (syn. renchérir).

enchérisseur, euse [ɑ̃ʃerisœr, -øz] n. Personne qui fait une enchère : *Le lot est attribué au dernier enchérisseur* (= celui qui a proposé le prix le plus élevé).

enchevêtrement [ɑ̃ʃəvɛtrəmɑ̃] n.m. - **1.** Action d'enchevêtrer ; fait d'être enchevêtré : *L'enchevêtrement d'un écheveau.* - **2.** Ensemble confus, incohérent et désordonné : *L'enchevêtrement de sa pensée* (syn. confusion, désordre).

enchevêtrer [ɑ̃ʃəvɛtre] v.t. (de *chevêtre* "pièce de bois"). Emmêler de façon indistincte et inextricable : *Il a enchevêtré sa ligne dans celle du pêcheur d'à côté* (syn. entremêler). ◆ **s'enchevêtrer** v.pr. S'engager les unes dans les autres, en parlant de choses : *Les branches des grands arbres s'enchevêtrent.*

enchifrené, e [ɑ̃ʃifrəne] adj. (de *chanfrein*). VIEILLI. Enrhumé.

enclave [ɑ̃klav] n.f. (de *enclaver*). Portion de propriété ou de territoire entièrement entourée par une autre propriété ou le territoire d'un autre pays : *Le Vatican est une enclave dans la ville de Rome.*

enclavement [ɑ̃klavmɑ̃] n.m. Action d'enclaver ; fait d'être enclavé : *L'enclavement de la Suisse.*

enclaver [ɑ̃klave] v.t. (lat. pop. *inclavare* "fermer avec une clé", du class. *clavis* "clef"). - **1.** Contenir comme enclave : *Leur propriété*

enclave un terrain communal. - **2.** Placer entre : *Enclaver un adjectif entre l'article et le nom* (syn. insérer).

enclenchement [ɑ̃klɑ̃ʃmɑ̃] n.m. - **1.** Action d'enclencher ; mise en train : *Son refus a eu pour résultat l'enclenchement de la crise.* - **2.** Dispositif mécanique, électrique, permettant de rendre solidaires les pièces d'un mécanisme.

enclencher [ɑ̃klɑ̃ʃe] v.t. (de *clenche*). - **1.** Mettre en marche au moyen d'un enclenchement : *Enclencher la marche arrière.* - **2.** Faire démarrer, commencer : *Cette vérification fiscale a enclenché toute l'affaire.* ◆ **s'enclencher** v.pr. Se mettre en marche ; commencer à fonctionner : *La roue dentée s'enclenche par l'abaissement du levier.*

enclin, e [ɑ̃klɛ̃, -in] adj. (de l'anc. fr. *encliner* "saluer en s'inclinant", du lat. *inclinare* "pencher vers"). Porté naturellement à, sujet à : *Enclin à la colère, à la paresse.*

enclitique [ɑ̃klitik] adj. et n.m. (bas lat. *encliticus*, gr. *egklitikos* "penché"). LING. Mot privé d'accent tonique qui constitue avec le mot précédent une seule unité accentuée. (Ex. : *je* dans *sais-je*, *ce* dans *est-ce*).

enclore [ɑ̃klɔr] v.t. (lat. pop. *incladure*, réfection du class. *includere*, d'apr. *claudere* "clore") [conj. 113]. Entourer d'une clôture, etc. : *Enclore un jardin* (syn. clôturer).

enclos [ɑ̃klo] n.m. (p. passé de *enclore*). Espace contenu dans une clôture ; la clôture elle-même : *Réparer l'enclos.*

enclume [ɑ̃klym] n.f. (bas lat. *incudo, -inis*, altéré p.-ê. d'apr. *includere* "enclore"). - **1.** Masse métallique destinée à supporter les chocs dans diverses opérations qui se font par frappe : *Enclume de forgeron, de serrurier.* - **2.** ANAT. Deuxième osselet de l'oreille moyenne. - **3.** Être entre l'enclume et le marteau, se trouver entre deux partis opposés, avec la perspective d'être victime dans tous les cas.

encoche [ɑ̃kɔʃ] n.f. (de *encocher* "pratiquer une entaille, une coche"). Petite entaille faite sur un bâton, une flèche, etc.

encoignure [ɑ̃kɔɲyr] n.f. (de l'anc. v. *encoigner* "serrer dans un coin"). Angle intérieur formé par deux murs qui se rencontrent : *Se dissimuler dans une encoignure* (syn. coin).

encollage [ɑ̃kɔlaʒ] n.m. - **1.** Action d'encoller. - **2.** Préparation pour encoller.

encoller [ɑ̃kɔle] v.t. Enduire une surface de colle, de gomme, etc. : *Encoller du papier peint.*

encolleuse [ɑ̃kɔløz] n.f. Machine à encoller.

encolure [ɑ̃kɔlyr] n.f. (de *col*, forme anc. de *cou*). - **1.** Partie du corps du cheval qui s'étend depuis la tête jusqu'au garrot et au poitrail. **- 2.** Dimension du tour de cou d'un homme : *Une forte encolure.* **- 3.** Partie du vêtement échancrée autour du cou : *Encolure bateau.* **- 4.** Partie du vêtement qui soutient le col : *L'encolure d'une chemise.*

encombrant, e [ākɔ̃bʀɑ̃, -ɑ̃t] adj. Qui encombre : *Colis encombrant* (syn. embarrassant).

sans encombre [ākɔ̃bʀ] loc. adv. (de *encombrer*). Sans rencontrer d'obstacle, sans incident, sans ennui : *Le voyage s'est déroulé sans encombre.*

encombré, e [ākɔ̃bʀe] adj. Se dit d'une voie de communication empruntée par trop de véhicules en même temps : *L'autoroute est très encombrée.*

encombrement [ākɔ̃bʀəmɑ̃] n.m. **- 1.** Action d'encombrer ; état de ce qui est encombré. **- 2.** Affluence excessive de véhicules gênant la circulation : *Un encombrement sur l'autoroute* (syn. embouteillage). **- 3.** Place, volume qu'occupe qqch : *Meuble de faible encombrement.*

encombrer [ākɔ̃bʀe] v.t. (de l'anc. fr. *combre* "barrage de rivière", lat. médiév. *combrus* "abattis d'arbres", d'orig. celt.). **- 1.** Obstruer, embarrasser un lieu, qqch, par accumulation : *Valises qui encombrent le couloir. Ne restez pas là, vous encombrez le passage.* **- 2.** Saturer une ligne téléphonique, un standard par des appels trop nombreux. **- 3.** Constituer pour qqn une présence inutile, gênante : *Ce collaborateur m'encombre plus qu'il ne m'aide* (syn. embarrasser, gêner). **- 4.** Occuper à l'excès : *Il encombre sa mémoire de détails inutiles* (syn. surcharger). ◆ **s'encombrer** v.pr. [de]. Prendre ou garder avec soi qqn, qqch qui gêne.

à l'encontre de [ākɔ̃tʀ] loc. prép. (du bas lat. *incontra,* du class. *contra* "contre"). En s'opposant à qqch ; en y faisant obstacle : *Tous ces événements vont à l'encontre de mes projets.*

encorbellement [ākɔʀbɛlmɑ̃] n.m. (de *corbel,* forme anc. de *corbeau*). ARCHIT. Construction établie en surplomb sur le plan d'un mur.

s'encorder [ākɔʀde] v.pr. S'attacher les uns aux autres avec une corde, en parlant des alpinistes.

encore [ākɔʀ] adv. (du lat. pop. **hinc ad horam* "de là jusqu'à cette heure"). Indique : **- 1.** La persistance d'une action ou d'un état à un moment donné : *La boutique est encore ouverte.* **- 2.** (En tournure nég.). L'absence de réalisation, à un moment donné, de ce qui doit arriver : *Elle ne parle pas encore.* **- 3.** La répétition d'une action : *Prenez encore du poulet*

(= de nouveau). **- 4.** L'addition, l'ajout : *Il ne suffit pas de parler, il faut encore agir* (syn. aussi). **- 5.** (Suivi d'un comparatif). Le renforcement : *Il fait encore plus chaud qu'hier.* **- 6.** (En tête de proposition, avec inversion du sujet). La restriction, la réserve : *Elle a promis ; encore faut-il qu'elle s'exécute.* **- 7.** Et encore, indique qu'on est probabl. en deçà de la vérité : *Il lui faudra des mois pour rembourser, et encore.* ‖ Mais encore, souvent en corrélation avec *non seulement,* indique un renforcement, une addition : *Non seulement c'est inutile, mais encore c'est dangereux ;* utilisé de manière isolée et sous une forme interr., demande des précisions supplémentaires : *Tu lui as dit avoir besoin d'argent, mais encore ?* (= combien exactement ?). ‖ Si encore ou **encore si,** exprime une condition dont on constate ou suppose, génér. avec regret, la non-réalisation : *Si encore elle m'avait prévenu, j'aurais pu tout arranger.* ◆ **encore que** loc. conj. LITT. Bien que, quoique : *Encore qu'il soit jeune, il est difficilement excusable.* **Rem.** S'écrit parfois *encor* en poésie.

encorné, e [ākɔʀne] adj. LITT. Qui a des cornes : *Diable encorné.*

encorner [ākɔʀne] v.t. Percer, blesser d'un coup de corne : *Il s'est fait encorner par un taureau.*

encornet [ākɔʀnɛ] n.m. (de *cornet*). Calmar.

encourageant, e [ākuʀaʒɑ̃, -ɑ̃t] adj. Qui encourage : *Des résultats encourageants.*

encouragement [ākuʀaʒmɑ̃] n.m. Action d'encourager ; acte, parole qui encourage : *Prodiguer des encouragements.*

encourager [ākuʀaʒe] v.t. (conj. 17). **- 1.** Donner du courage ; porter à agir : *Encourager qqn à partir* (syn. inciter). **- 2.** Favoriser la réalisation, le développement : *Encourager l'industrie* (syn. stimuler).

encourir [ākuʀiʀ] v.t. (lat. *incurrere,* propr. "courir contre") [conj. 45]. LITT. S'exposer à ; attirer à soi qqch de fâcheux : *Encourir la réprobation générale.*

encrage [ākʀaʒ] n.m. Action d'encrer, partic. les rouleaux d'une presse d'imprimerie.

encrassement [ākʀasmɑ̃] n.m. Action d'encrasser ; fait de s'encrasser.

encrasser [ākʀase] v.t. Salir de crasse : *La poussière encrasse les vêtements.* ◆ **s'encrasser** v.pr. Se couvrir de crasse, de saleté : *Le moteur s'encrasse.*

encre [ākʀ] n.f. (bas lat. *encaustum,* gr. *egkauston,* de *egkaiein* "brûler"). **- 1.** Préparation colorée liquide ou pâteuse dont on se sert pour écrire, pour imprimer, etc. **- 2.** Liquide noir et épais sécrété par certains céphalopodes et qui leur permet, en cas de danger, de troubler l'eau pour cacher leur fuite.

-3. Faire couler de l'encre, être le sujet de nombreux articles, pamphlets, études, etc. : *Le scandale financier a fait couler de l'encre.* **-4.** Encre de chine. Mélange de noir de fumée, de gélatine et de camphre, utilisé pour le dessin au lavis ou au trait. ‖ Encre sympathique. Encre incolore qui apparaît sur le papier sous l'action de certains produits chimiques ou de la chaleur.

encrer [ɑ̃kʀe] v.t. Enduire d'encre : *Encrer un tampon.*

encreur [ɑ̃kʀœʀ] adj. m. Qui sert à encrer : *Rouleau encreur d'une presse d'imprimerie.*

encrier [ɑ̃kʀije] n.m. Petit récipient destiné à contenir de l'encre.

encroûté, e [ɑ̃kʀute] adj. Obstiné dans son ignorance, sa routine : *Être encroûté dans ses préjugés.*

encroûtement [ɑ̃kʀutmɑ̃] n.m. Fait de s'encroûter.

s' encroûter [ɑ̃kʀute] v.pr. Se laisser dominer par une routine qui appauvrit l'esprit ; refuser les idées nouvelles.

encuvage [ɑ̃kyvaʒ] n.m. VITIC. Action d'encuver.

encuver [ɑ̃kyve] v.t. Mettre du vin en cuve.

encyclique [ɑ̃siklik] n.f. (lat. chrét. *encyclica*, du gr. *egkuklios* "circulaire"). Lettre solennelle adressée par le pape aux évêques (et par eux aux fidèles) du monde entier ou d'une région. □ Elle est désignée par les premiers mots du texte.

encyclopédie [ɑ̃siklɔpedi] n.f. (lat. savant *encyclopaedia*, de la loc. gr. *egkuklios paideia* "ensemble des sciences constituant une éducation complète"). Ouvrage où l'on expose méthodiquement les résultats et les principes des sciences, des techniques, des connaissances en général.

encyclopédique [ɑ̃siklɔpedik] adj. **-1.** Qui relève de l'encyclopédie : *Dictionnaire encyclopédique.* **-2.** Qui est d'une érudition étendue : *Esprit encyclopédique.*

encyclopédiste [ɑ̃siklɔpedist] n. **-1.** Auteur d'une encyclopédie. **-2.** Les Encyclopédistes. Les collaborateurs de l'*Encyclopédie* de Diderot et d'Alembert.

endémie [ɑ̃demi] n.f. (du gr. *endêmon* [*nosêma*] "maladie [fixée dans un pays]"). Maladie particulière à une région donnée, et y existant de façon quasi permanente.

endémique [ɑ̃demik] adj. **-1.** Qui présente les caractères de l'endémie : *Une maladie endémique.* **-2.** Qui sévit de façon permanente : *Chômage endémique.*

endettement [ɑ̃dɛtmɑ̃] n.m. Action de s'endetter ; fait d'être endetté.

endetter [ɑ̃dete] v.t. Charger de dettes : *Ses dépenses l'ont endetté.* ◆ **s'endetter** v.pr. Contracter des dettes.

endeuiller [ɑ̃dœje] v.t. Plonger dans le deuil, la tristesse, en parlant du décès de qqn.

endiablé, e [ɑ̃djable] adj. (de *diable*). **-1.** Qui ne cesse de s'agiter, insupportable : *Un enfant endiablé* (syn. infernal). **-2.** Vif, impétueux : *Un rythme endiablé* (syn. effréné).

endiguer [ɑ̃dige] v.t. **-1.** Contenir par des digues : *Endiguer un fleuve.* **-2.** Faire obstacle à qqch : *Endiguer la marche du progrès* (syn. freiner).

endimanché, e [ɑ̃dimɑ̃ʃe] adj. (de *dimanche*). Qui a revêtu ses habits du dimanche ; qui s'habille d'une façon plus soignée que d'habitude.

endive [ɑ̃div] n.f. (lat. médiév. *endivia*, du gr. byzantin *endivi*). Espèce cultivée de chicorée, blanchie à l'obscurité et dont on mange les pousses feuillues.

endoblaste [ɑ̃dɔblast] et **endoderme** [ɑ̃dɔdɛʀm] n.m. (de *endo*- et -*blaste* ou -*derme*). BIOL. Feuillet embryonnaire interne tapissant les appareils digestif et respiratoire.

endocarde [ɑ̃dɔkaʀd] n.m. (de *endo*- et *kardia* "cœur"). ANAT. Membrane qui tapisse la cavité du cœur.

endocardite [ɑ̃dɔkaʀdit] n.f. Inflammation de l'endocarde.

endocarpe [ɑ̃dɔkaʀp] n.m. (de *endo*- et -*carpe*). BOT. Partie la plus interne du fruit. □ Dans la prune, la cerise, l'endocarpe forme le *noyau* autour de la graine.

endocrine [ɑ̃dɔkʀin] adj. (de *endo*- et *krinein* "sécréter"). ANAT. Glandes endocrines, glandes telles que la thyroïde, l'hypophyse, qui déversent le produit de leur sécrétion, l'hormone, directement dans le sang (contr. exocrine).

endocrinien, enne [ɑ̃dɔkʀinjɛ̃, -ɛn] adj. Relatif aux glandes endocrines.

endocrinologie [ɑ̃dɔkʀinɔlɔʒi] n.f. Partie de la biologie et de la médecine qui étudie le développement, les fonctions et les maladies des glandes endocrines. ◆ **endocrinologue** et **endocrinologiste** n. Noms du spécialiste.

endoctrinement [ɑ̃dɔktʀinmɑ̃] n.m. Action d'endoctriner ; fait d'être endoctriné : *L'endoctrinement des foules.*

endoctriner [ɑ̃dɔktʀine] v.t. Faire adopter ou imposer une doctrine, des idées à qqn : *Endoctriner la jeunesse.*

endoderme n.m. → **endoblaste.**

endogame [ɑ̃dɔgam] adj. et n. Qui pratique l'endogamie (par opp. à *exogame*).

endogamie [ɑ̃dɔgami] n.f. (de *endo*- et -*gamie*). ANTHROP. Obligation pour un membre d'un groupe social de se marier avec un membre du même groupe (par opp. à *exogamie*).

endogamique [ɑ̃dɔgamik] adj. Relatif à l'endogamie (par opp. à *exogamique*).

endogène [ɑ̃dɔʒɛn] adj. (de *endo-* et *-gène*). - **1.** DIDACT. Qui est produit par qqch en dehors de tout apport extérieur (par opp. à *exogène*). - **2.** GÉOL. Se dit d'une roche qui se forme à l'intérieur de la terre (roches volcaniques, plutoniques, métamorphiques) [par opp. à *exogène*].

endolori, e [ɑ̃dɔlɔʀi] adj. (du lat. *dolor* "douleur"). Qui est douloureux, meurtri : *Pieds endoloris.*

endomètre [ɑ̃dɔmɛtʀ] n.m. (de *endo-* et du gr. *mêtra* "matrice"). Muqueuse interne de l'utérus.

endométriose [ɑ̃dɔmetʀijoz] n.f. Affection gynécologique caractérisée par la présence de muqueuse utérine normale en dehors de la cavité de l'utérus.

endommager [ɑ̃dɔmaʒe] v.t. (de *dommage*) [conj. 17]. Mettre qqch en mauvais état : *L'accident a endommagé la voiture* (syn. abîmer, détériorer).

endoplasme [ɑ̃dɔplasm] n.m. (de *endo-* et [*cyto*]*plasme*). BIOL. Partie centrale du cytoplasme des êtres unicellulaires.

endoréique [ɑ̃dɔʀeik] adj. (du gr. *rhein* "couler"). Se dit d'une région dont les cours d'eau n'atteignent pas la mer et se perdent dans les dépressions intérieures (par opp. à *exoréique*).

endormant, e [ɑ̃dɔʀmɑ̃, -ɑ̃t] adj. Qui endort ; qui provoque le sommeil par l'ennui.

endormi, e [ɑ̃dɔʀmi] adj. - **1.** Qui dort. - **2.** Où tout semble en sommeil : *Une campagne endormie.* - **3.** Qui manque de vivacité : *Élève endormi* (syn. apathique).

endormir [ɑ̃dɔʀmiʀ] v.t. (lat. *indormire*) [conj. 36]. - **1.** Faire dormir, provoquer le sommeil naturel ou artificiel : *Endormir un enfant en le berçant. Faire une piqûre à un malade pour l'endormir* (syn. anesthésier). - **2.** Ennuyer par la monotonie, le manque d'intérêt : *Ses discours m'endorment.* - **3.** Faire perdre à un sentiment, à une sensation son acuité : *Le froid a un peu endormi la douleur.* - **4.** Bercer qqn de vaines espérances. ◆ **s'endormir** v.pr. - **1.** Se laisser aller au sommeil : *L'enfant a fini par s'endormir.* - **2.** FAM. Ralentir son activité ; manquer de vigilance : *Dépêche-toi, il ne s'agit pas de s'endormir.*

endormissement [ɑ̃dɔʀmismɑ̃] n.m. Fait de s'endormir ; passage de l'état de veille à l'état de sommeil.

endorphine [ɑ̃dɔʀfin] n.f. (de *endo-* et [*m*]*orphine*). Hormone sécrétée par l'hypothala-

mus et présentant les propriétés antalgiques de la morphine.

endos n.m. → **endossement**.

endoscope [ɑ̃dɔskɔp] n.m. (de *endo-* et *-scope*). MÉD. Appareil optique muni d'un dispositif d'éclairage, destiné à être introduit dans une cavité de l'organisme afin de l'examiner.

endoscopie [ɑ̃dɔskɔpi] n.f. (de *endo-* et *-scopie*). Examen d'une cavité interne du corps, avec un endoscope. □ L'endoscopie permet, outre le diagnostic des lésions, certains traitements tels que l'extraction de corps étrangers, la destruction de tumeurs, l'introduction de médicaments ou de substances opaques aux rayons X.

endoscopique [ɑ̃dɔskɔpik] adj. Relatif à l'endoscopie.

endosmose [ɑ̃dɔsmoz] n.f. (de *endo-*, et du gr. *ôsmos* "poussée"). PHYS. Courant qui s'établit, lorsque deux solutions de concentrations différentes sont séparées par une membrane poreuse, de la solution la moins concentrée vers la solution la plus concentrée (par opp. à *exosmose*).

endossable [ɑ̃dɔsabl] adj. Se dit d'un chèque qui peut être endossé.

endossement [ɑ̃dosmɑ̃] et **endos** [ɑ̃do] n.m. Transmission des effets de commerce ou des chèques au moyen d'une signature apposée au verso, par laquelle le bénéficiaire, l'*endosseur*, donne l'ordre à son débiteur d'en payer le montant à un nouveau bénéficiaire, l'*endossataire*.

endosser [ɑ̃dose] v.t. (de *dos*). - **1.** Revêtir, mettre sur soi : *Endosser son manteau.* - **2.** Prendre la responsabilité de : *Endosser les conséquences d'une erreur* (syn. assumer). - **3.** Opérer l'endossement de : *Veuillez endosser le chèque.*

endothélial, e, aux [ɑ̃dɔteljal, -o] adj. Relatif à un endothélium.

endothélium [ɑ̃dɔteljɔm] n.m. (de *endo-* et du gr. *thelê* "mamelon") [pl. *endothéliums*]. HISTOL. Tissu formé de cellules plates, qui tapisse les vaisseaux, les cavités internes du cœur.

endroit [ɑ̃dʀwa] n.m. (de 2. *droit*). - **1.** Lieu, place déterminés : *On ne peut être à deux endroits à la fois.* - **2.** Localité où l'on habite : *Les gens de l'endroit sont aimables* (syn. lieu). - **3.** Passage d'un texte, d'un livre. - **4.** Le côté à présenter d'une chose à deux faces (par app. à *envers*). - **5.** À l'endroit, du bon côté (par opp. à à l'envers).

enduire [ɑ̃dɥiʀ] v.t. (lat. *inducere* "appliquer sur"] [conj. 98]. Recouvrir d'un enduit.

enduit [ɑ̃dɥi] n.m. - **1.** Mince couche de mortier appliquée sur un mur. - **2.** Préparation pâteuse ou semi-fluide appliquée en couche continue sur une surface : *Passer une couche d'enduit avant de repeindre un plafond.*

endurance [ɑ̃dyʀɑ̃s] n.f. (de *endurer*). Aptitude à résister aux fatigues physiques, à la souffrance : *Course d'endurance.*

endurant, e [ɑ̃dyʀɑ̃, -ɑ̃t] adj. Qui a de l'endurance : *Il faut être endurant pour vivre sous un pareil climat* (syn. résistant).

endurci, e [ɑ̃dyʀsi] adj. (p. passé de *endurcir*). - 1. Qui est devenu dur, insensible : *Cœur endurci.* - 2. Qui a pris des habitudes invétérées : *Célibataire endurci.*

endurcir [ɑ̃dyʀsiʀ] v.t. (conj. 32). - 1. Rendre dur : *Le gel endurcit le sol* (syn. durcir). - 2. Rendre résistant : *Le sport endurcit* (syn. aguerrir). - 3. Rendre moins sensible : *Ces moments pénibles l'ont endurci* (syn. cuirasser). ◆ **s'endurcir** v.pr. Devenir dur, insensible ; s'aguerrir.

endurcissement [ɑ̃dyʀsismɑ̃] n.m. Fait de s'endurcir : *Endurcissement à la douleur* (syn. résistance).

endurer [ɑ̃dyʀe] v.t. (lat. *indurare* "rendre dur"). Supporter ce qui est dur, pénible : *Endurer le froid, la faim. Endurer les insolences de qqn* (syn. subir).

enduro [ɑ̃dyʀo] n.m. Compétition de motocyclisme : épreuve d'endurance et de régularité en terrain varié.

en effet [ɑ̃nefɛ] adv. - 1. Marque une articulation logique de cause : *Impossible de venir, en effet mes affaires me retiennent encore quelque temps* (syn. car, parce que). - 2. Exprime une affirmation, un assentiment : *N'étiez-vous pas à Cannes cet été ? - En effet, j'y étais* (syn. effectivement). *Cette soirée était complètement ratée. - En effet !*

énergétique [enɛʀʒetik] adj. (gr. *energêtikos*). Relatif à l'énergie, aux sources d'énergie : *Un aliment énergétique.*

énergie [enɛʀʒi] n.f. (bas lat. *energia*, gr. *energeia* "force en action"). - 1. Force morale, fermeté, puissance : *Faire preuve d'énergie dans une épreuve difficile* (syn. courage). - 2. Vigueur dans la manière de s'exprimer : *Protester avec énergie* (syn. détermination). - 3. Force physique : *Une femme pleine d'énergie* (syn. vitalité). - 4. PHYS. Grandeur caractérisant un système et exprimant sa capacité à modifier l'état d'autres systèmes avec lesquels il entre en interaction (unité : le joule) ; chacun des modes que l'on peut présenter ou mettre en œuvre dans ce système : *Énergie mécanique, nucléaire.* - 5. Sources d'énergie, ensemble des matières premières ou des phénomènes naturels utilisés pour la production d'énergie (charbon, hydrocarbures, uranium, marée, vents, etc.).

énergique [enɛʀʒik] adj. Qui manifeste de l'énergie : *Visage énergique. Protestation énergique* (syn. vigoureux).

énergiquement [enɛʀʒikmɑ̃] adv. Avec énergie.

énergumène [enɛʀgymɛn] n. (lat. chrét. *energumenos* "possédé du démon", gr. *energoumenos, de energein* "influencer"). Personne exaltée, qui parle, gesticule avec véhémence.

énervant, e [enɛʀvɑ̃, -ɑ̃t] adj. Qui irrite les nerfs : *Un bruit énervant* (syn. agaçant). *Il est énervant avec ses questions* (syn. irritant, exaspérant).

énervation [enɛʀvasjɔ̃] n.f. (lat. *enervatio, de enervare* propr. "retirer les nerfs"). - 1. Au Moyen Âge, supplice qui consistait à brûler les tendons des jarrets et des genoux. - 2. MÉD. Ablation ou section des nerfs d'un muscle ou d'un organe.

énervé, e [enɛʀve] adj. Qui est dans un état de nervosité ; agacé, irrité : *Des enfants très énervés* (syn. excité).

énervement [enɛʀvəmɑ̃] n.m. État d'une personne énervée : *Avoir un moment d'énervement* (syn. agacement).

énerver [enɛʀve] v.t. (lat. *enervare* "affaiblir"). Provoquer l'irritation de qqn ; surexciter qqn : *Un bruit qui énerve* (syn. agacer). ◆ **s'énerver** v.pr. Perdre le contrôle de soi-même.

enfance [ɑ̃fɑ̃s] n.f. (lat. *infantia* propr. "incapacité de parler"). - 1. Période de la vie humaine depuis la naissance jusqu'à la puberté. - 2. (Collect.). Les enfants : *L'enfance délinquante.* - 3. LITT. Commencement de ce qui se développe : *L'enfance de l'humanité* (syn. début, origine). - 4. *C'est l'enfance de l'art*, c'est la chose la plus facile. ‖ *Petite enfance*, période de la vie qui va de la naissance à l'âge d'acquisition de la marche. ‖ *Retomber en enfance*, devenir gâteux.

enfant [ɑ̃fɑ̃] n. (lat. *infans* "qui ne parle pas"). - 1. Garçon, fille dans l'âge de l'enfance. **Rem.** Ce mot est féminin quand il désigne une fille : *une charmante enfant.* - 2. Fils ou fille, quel que soit l'âge : *Cet homme a quatre enfants.* - 3. Personne originaire de : *Un enfant du pays.* - 4. Ce que l'on a conçu : *Cette loi, c'est son enfant.* ‖ *Enfant de Marie*, personne chaste ou naïve. ‖ *Faire l'enfant*, s'amuser à des choses puériles.

enfantement [ɑ̃fɑ̃tmɑ̃] n.m. LITT. - 1. Accouchement. - 2. Production, élaboration, création d'une œuvre.

enfanter [ɑ̃fɑ̃te] v.t. LITT. - 1. Accoucher. - 2. Produire, créer : *Enfanter un projet.*

enfantillage [ɑ̃fɑ̃tijaʒ] n.m. (de l'anc. adj. *enfantil* "enfantin"). Parole, action qui manifeste un manque de maturité : *Perdre son temps en enfantillages* (syn. gaminerie).

enfantin, e [ɑ̃fɑ̃tɛ̃, -in] adj. - 1. Relatif à l'enfant : *Rire enfantin.* - 2. Peu compliqué :

Question enfantine (syn. puéril). - **3.** École enfantine, en Suisse, école maternelle.

enfariné, e [ɑ̃faʁine] adj. - **1.** Couvert de farine, de poudre blanche : *Visage enfariné d'un Pierrot.* - **2.** FAM. **Le bec enfariné,** avec une confiance niaise, ridicule.

enfer [ɑ̃fɛʁ] n.m. (lat. ecclés. *infernum* "lieu d'en bas"). - **1.** RELIG. CHRÉT. Séjour et lieu de supplice des damnés après la mort. - **2.** Situation extrêmement pénible : *Sa vie est un enfer.* - **3.** D'enfer, horrible, infernal : *Feu d'enfer. Bruit d'enfer.* ◆ **enfers** n.m. pl. MYTH. Les Enfers, séjour des défunts après leur mort.

enfermement [ɑ̃fɛʁməmɑ̃] n.m. Action d'enfermer.

enfermer [ɑ̃fɛʁme] v.t. (de *fermer*). - **1.** Mettre dans un lieu que l'on ferme, d'où l'on ne peut sortir : *Enfermer qqn dans une pièce.* - **2.** Mettre à l'abri, en sûreté : *Enfermer des bijoux dans un coffre.* - **3.** Placer, maintenir dans d'étroites limites qui empêchent de se développer librement : *Enfermer la poésie dans des règles trop strictes.* ◆ **s'enfermer** v.pr. - **1.** S'installer dans un endroit fermé et isolé : *Il s'enferme dans son bureau et ne veut voir personne.* - **2.** Se maintenir avec obstination dans un état, une situation, une attitude : *S'enfermer dans le mutisme.*

s'enferrer [ɑ̃feʁe] v.pr. - **1.** Se jeter sur l'épée de son adversaire. - **2.** Se prendre à l'hameçon, en parlant d'un poisson. - **3.** Se prendre au piège de ses propres mensonges : *Le témoin s'est enferré dans sa déposition* (syn. s'empêtrer, s'enfoncer).

enfiévrer [ɑ̃fjevʁe] v.t. [conj. 18]. - **1.** LITT. Donner la fièvre : *Cet effort a enfiévré le malade.* - **2.** Jeter dans l'exaltation : *Discours qui enfièvre l'assistance* (syn. enflammer).

enfilade [ɑ̃filad] n.f. (de *enfiler*). Ensemble de choses disposées, situées les unes à la suite des autres : *Une enfilade de maisons* (syn. rangée). *Pièces en enfilade.*

enfilage [ɑ̃filaʒ] n.m. Action de passer au fil : *L'enfilage des perles d'un collier.*

enfiler [ɑ̃file] v.t. (de *fil*). - **1.** Passer un fil dans le chas d'une aiguille, le trou d'une perle, etc. - **2.** FAM. Passer rapidement un vêtement : *Enfiler une veste.* - **3.** S'engager rapidement dans une voie : *Le voleur enfila le couloir.*

enfin [ɑ̃fɛ̃] adv. (de *en* et *fin*). - **1.** Introduit le dernier terme d'une série, d'une énumération : *Il regarda dans sa direction, s'approcha, et enfin la salua avec courtoisie. Il y avait là Pierre, Jacques, François et enfin Bernard.* - **2.** Indique qu'un événement se produit après avoir été longtemps attendu : *Enfin, tu as compris !* - **3.** Introduit une conclusion récapitulative : *Des arbres arrachés, des moissons perdues, des routes inondées, enfin un vrai désastre.* - **4.** Indi-

que un correctif apporté à une affirmation : *C'est un mensonge, enfin, une vérité incomplète.* - **5.** Indique une concession : *Cela me paraît difficile ; enfin, vous pouvez toujours essayer* (syn. néanmoins, toutefois). - **6.** Exprime la résignation : *Enfin, que voulez-vous, c'était inévitable !*

enflammé, e [ɑ̃flame] adj. - **1.** Plein d'ardeur, de passion : *Discours enflammé* (syn. exalté). - **2.** En état d'inflammation : *Plaie enflammée* (syn. irrité).

enflammer [ɑ̃flame] v.t. (lat. *inflammare*). - **1.** Mettre en flammes, embraser. - **2.** Causer l'inflammation de. - **3.** Exciter, exalter : *Déclarations qui enflamment l'auditoire.*

enfler [ɑ̃fle] v.t. (lat. *inflare* "souffler dans"). - **1.** Faire augmenter de volume : *La fonte des neiges enfle les rivières* (syn. gonfler, grossir). - **2.** Gonfler en remplissant d'air, de gaz : *Enfler ses joues.* - **3.** Être enflé de, rempli de : *Il est enflé d'orgueil.* ◆ v.i. Augmenter de volume : *Ses jambes enflent* (syn. gonfler).

enflure [ɑ̃flyʁ] n.f. - **1.** Gonflement, boursouflure : *L'enflure de ses jambes commence à diminuer* (syn. tuméfaction). - **2.** Exagération, emphase : *Enflure d'un style.*

enfoncé, e [ɑ̃fɔ̃se] adj. Dans le fond ; à l'intérieur du fond : *Yeux enfoncés dans leurs orbites.*

enfoncement [ɑ̃fɔ̃smɑ̃] n.m. - **1.** Action d'enfoncer ; fait de s'enfoncer : *L'enfoncement d'un clou.* - **2.** Partie en retrait ou en creux : *L'enfoncement du sol* (syn. cavité, dépression).

enfoncer [ɑ̃fɔ̃se] v.t. (de *fond*) [conj. 16]. - **1.** Pousser vers le fond ; faire pénétrer profondément dans : *Enfoncer un clou dans un mur* (syn. planter). - **2.** Faire céder par une pression ou un choc : *Enfoncer une porte* (syn. défoncer). - **3.** Vaincre, défaire une armée : *Enfoncer les lignes adverses.* ◆ v.i. Aller vers le fond : *Enfoncer dans la neige.* ◆ **s'enfoncer** v.pr. - **1.** Aller au fond de, vers le fond : *S'enfoncer dans l'eau.* - **2.** Céder sous un choc ou une pression : *Plancher qui s'enfonce* (syn. s'affaisser). - **3.** FAM. Aggraver son état, sa situation : *Il s'enfonce en cherchant à se justifier.*

enfouir [ɑ̃fwiʁ] v.t. (lat. pop. *infodire*, class. "creuser") [conj. 32]. - **1.** Mettre en terre : *Enfouir des graines* (syn. enterrer). - **2.** Cacher, enterrer sous : *Enfouir sa trouvaille dans sa poche* (syn. dissimuler). ◆ **s'enfouir** v.pr. S'enfoncer, se blottir : *S'enfouir dans le sable, sous ses couvertures.*

enfouissement [ɑ̃fwismɑ̃] n.m. Action d'enfouir ; fait d'être enfoui.

enfourcher [ɑ̃fuʁʃe] v.t. (de *fourche*). - **1.** Se mettre, monter à califourchon sur : *Enfourcher un cheval, une moto.* - **2.** FAM. **Enfourcher son cheval de bataille,** son dada, parler de son sujet de prédilection.

enfournage [ãfuʀnaʒ] et **enfournement** [ãfuʀnəmã] n.m. Action, manière d'enfourner.

enfourner [ãfuʀne] v.t. (de *four*). - **1.** Mettre dans un four. - **2.** FAM. Mettre dans sa bouche par grandes quantités : *Enfourner une assiette de petits fours* (syn. engloutir).

enfreindre [ãfʀɛ̃dʀ] v.t. (lat. *infringere* "briser") [conj. 81]. LITT. Ne pas respecter : *Enfreindre la loi* (syn. transgresser).

s'enfuir [ãfɥiʀ] v.pr. [conj. 35]. Fuir ; s'en aller à la hâte ; disparaître : *Le prisonnier s'est enfui* (syn. s'évader). *Les années de ma jeunesse se sont enfuies.*

enfumage [ãfymaʒ] n.m. Action d'enfumer : *L'enfumage des abeilles.*

enfumer [ãfyme] v.t. - **1.** Remplir un lieu de fumée. - **2.** Déloger ou neutraliser un animal en l'incommodant par la fumée : *Enfumer un renard dans son terrier.*

engagé, e [ãgaʒe] adj. Qui traduit, exprime un engagement, notamm. politique : *Littérature engagée. Écrivain engagé.* ◆ n. et adj. Personne qui a contracté un engagement volontaire dans l'armée.

engageant, e [ãgaʒã, -ãt] adj. Qui attire, séduit : *Un sourire engageant. Des paroles engageantes.*

engagement [ãgaʒmã] n.m. - **1.** Action d'engager, d'embaucher qqn ; accord écrit ou verbal qui l'atteste : *L'engagement du personnel* (syn. embauche). *Chanteur qui signe un engagement* (syn. contrat). - **2.** MIL. Contrat par lequel qqn déclare vouloir servir dans l'armée pour une durée déterminée. - **3.** Fait de s'engager à qqch, par une promesse, un contrat, etc. : *Faire honneur à, respecter ses engagements.* - **4.** Action d'engager qqn, qqch dans une entreprise, une action : *L'engagement de nouvelles troupes dans la guerre.* - **5.** Fait de prendre parti et d'intervenir publiquement sur les problèmes sociaux, politiques, etc., de son époque. - **6.** MÉD. Première phase de l'accouchement. - **7.** Action de mettre le ballon en jeu en début de partie ; coup d'envoi. - **8.** MIL. Action offensive ; combat localisé et de courte durée (syn. escarmouche).

engager [ãgaʒe] v.t. (de *gage*) [conj. 17]. - **1.** Lier, attacher (qqn) par une promesse, une obligation : *Ce serment vous engage.* - **2.** Embaucher, recruter : *Engager un assistant.* - **3.** Mettre en gage pour obtenir un prêt : *Engager ses bijoux.* - **4.** Introduire, faire pénétrer, diriger qqch dans : *Engager sa voiture dans une ruelle.* - **5.** Faire participer à, affecter à un usage précis : *Engager une division dans un combat.* - **6.** Commencer : *Engager des pourparlers* (syn. entamer).

- **7.** Exhorter, inciter qqn à : *Je vous engage à la plus grande prudence* (syn. inviter).
◆ **s'engager** v.pr. - **1.** Contracter un engagement professionnel ou militaire ; s'inscrire à une compétition. - **2.** S'avancer, pénétrer : *S'engager dans un passage étroit.* - **3.** Commencer : *La discussion s'engage mal.* - **4.** Exprimer publiquement par ses actes ou ses paroles une prise de position sur les problèmes sociaux, politiques : *Sur un problème aussi délicat, beaucoup préféreraient ne pas s'engager.* - **5.** [à]. Se lier verbalement ou par un contrat : *Il s'est engagé à rembourser la somme en deux ans* (syn. promettre de). - **6.** S'engager dans qqch, s'y consacrer très activement (syn. s'impliquer).

engainant, e [ãgɛnã, -ãt] adj. (de *gaine*). BOT. Dont la gaine entoure la tige : *Feuille engainante.*

engazonnement [ãgazɔnmã] n.m. Action d'engazonner ; son résultat.

engazonner [ãgazɔne] v.t. Semer, garnir de gazon.

engeance [ãʒãs] n.f. (anc. fr. *enger*, du lat. *indicare* "dénoncer"). LITT. OU PAR PLAIS. Catégorie de personnes qu'on méprise.

engelure [ãʒlyʀ] n.f. (de l'anc. fr. *engeler*, de *gel*). Lésion inflammatoire des extrémités (mains, pieds, nez et oreilles) provoquée par le froid.

engendrer [ãʒãdʀe] v.t. (lat. *ingenerare*, de *genus* "race"). - **1.** Reproduire par génération, en parlant de l'homme et des animaux mâles (syn. procréer). - **2.** Être à l'origine de ; provoquer : *Un accident peut en engendrer un autre.*

engin [ãʒɛ̃] n.m. (lat. *ingenium* "intelligence"). - **1.** Appareil, instrument, machine destinés à un usage particulier. - **2.** MIL. Matériel de guerre : *Engin mécanique du génie.*

engineering [ɛndʒiniʀiŋ] ou [ɛ̃ʒiniʀiŋ] n.m. (mot angl.). [Anglic. déconseillé]. Ingénierie.

englober [ãglɔbe] v.t. (de *globe*). Réunir en un tout ; contenir : *Cette critique vous englobe tous* (syn. comprendre).

engloutir [ãglutiʀ] v.t. (bas lat. *ingluttire* "avaler") [conj. 32]. - **1.** Absorber, avaler gloutonnement de la nourriture : *Il a englouti cinq tartines à son petit déjeuner* (syn. dévorer). - **2.** Faire disparaître brutalement : *La tempête a englouti le navire.* - **3.** Engloutir sa fortune, la dépenser complètement. ◆ **s'engloutir** v.pr. Disparaître : *Le bateau s'est englouti dans la mer* (syn. s'abîmer, sombrer).

engloutissement [ãglutismã] n.m. Action d'engloutir ; fait d'être englouti.

engluement [ãglymã] n.m. Action d'engluer.

engluer [ãglye] v.t. - **1.** Couvrir, enduire de glu ou de matière gluante : *La confiture engluait ses doigts* (syn. poisser). - **2.** Être englué dans qqch, pris dans une situation complexe qui paraît sans issue.

engoncer [ãgõse] v.t. (de *gons*, anc. forme du plur. de *gond*) [conj. 16]. Déformer la silhouette en faisant paraître le cou enfoncé dans les épaules, en parlant d'un vêtement.

engorgement [ãgɔrʒəmã] n.m. Action d'engorger ; fait d'être engorgé : *L'engorgement des canalisations a provoqué une inondation* (syn. obstruction).

engorger [ãgɔrʒe] v.t. (de *gorge*) [conj. 17]. - **1.** Embarrasser, obstruer, par accumulation de matière : *Engorger un tuyau* (syn. boucher). - **2.** Encombrer, saturer : *L'affluence de véhicules engorge l'autoroute* (syn. embouteiller).

engouement [ãgumã] n.m. Fait de s'engouer ; goût très vif et soudain pour qqn, qqch : *Son engouement pour la guitare a été de courte durée* (syn. passade).

s' engouer [ãgwe] v.pr. (d'une var. dial. de *joue*) [conj. 6]. Se prendre d'une admiration, d'un enthousiasme excessifs et subits pour qqn, qqch : *S'engouer d'un chanteur* (syn. s'enticher).

engouffrer [ãgufre] v.t. (de *gouffre*). - **1.** Manger, avaler des aliments goulûment : *Engouffrer son repas* (syn. dévorer). - **2.** Dépenser totalement une somme d'argent, génér. importante : *Engouffrer sa fortune dans une affaire* (syn. engloutir). ◆ **s'engouffrer** v.pr. Entrer rapidement ou en masse dans un lieu : *Vent qui s'engouffre dans une rue. Elle s'est engouffrée dans un taxi.*

engoulevent [ãgulvã] n.m. (de l'anc. fr. *engouler* "avaler"). Oiseau micropodiforme, au plumage brun-roux, qui, la nuit, chasse les insectes en volant le bec grand ouvert. □ Long. 30 cm env.

engourdir [ãgurdir] v.t. (de *gourd*) [conj. 32]. - **1.** Rendre insensible, paralyser qqn, une partie du corps : *Froid qui engourdit les mains* (syn. ankyloser). - **2.** Ralentir le mouvement, l'activité de : *La fatigue engourdissait son esprit.*

engourdissement [ãgurdismã] n.m. Action d'engourdir ; fait d'être engourdi : *Des alpinistes qui réagissent contre l'engourdissement* (syn. ankylose).

engrais [ãgrɛ] n.m. (de *engraisser*). Produit organique ou minéral incorporé au sol pour en maintenir ou en accroître la fertilité.

engraissement [ãgrɛsmã] et **engraissage** [ãgrɛsaʒ] n.m. Action d'engraisser un animal ; fait d'être engraissé.

engraisser [ãgrese] v.t. (lat. pop. *ingrassiare*, bas lat. *incrassare* ; v. *graisse*). - **1.** Faire grossir, rendre gras un animal : *Engraisser une oie.*

- **2.** Fertiliser une terre par un engrais. ◆ v.i. Prendre du poids : *J'ai engraissé de trois kilos* (syn. grossir).

engranger [ãgrãʒe] v.t. [conj. 17]. - **1.** Mettre (du foin, des céréales, etc.) dans une grange. - **2.** LITT. Accumuler en vue d'une utilisation ultérieure : *Engranger des données dans un ordinateur.*

engrenage [ãgrənaʒ] n.m. (de 2. *engrener*). - **1.** Mécanisme formé de roues dentées en contact, se transmettant un mouvement de rotation. - **2.** Enchaînement inéluctable de faits dont on ne peut se dégager : *L'engrenage de la violence.* - **3.** Mettre le doigt dans l'engrenage, s'engager imprudemment dans une affaire dans laquelle on se trouve pris.

1. **engrener** [ãgrəne] v.t. (du lat. *granum* "grain") [conj. 19]. Alimenter en grain le réservoir d'un moulin ; alimenter en épis une batteuse.

2. **engrener** [ãgrəne] v.t. (de 1. *engrener*, avec infl. de *cran*) [conj. 19]. Mettre en prise un élément d'un engrenage avec l'autre élément : *Engrener une roue.* ◆ v.i. Être en prise, en parlant des éléments d'un engrenage.

engrosser [ãgrose] v.t. (de l'anc. fr. *groisse* "grosseur", du bat lat. *grossus* "gros"). FAM. Rendre enceinte une femme.

engueulade [ãgœlad] n.f. T. FAM. Action d'engueuler, de s'engueuler (syn. altercation, dispute).

engueuler [ãgœle] v.t. T. FAM. Accabler de reproches ; réprimander durement : *Il engueule tout le monde* (syn. houspiller, tancer). ◆ **s'engueuler** v.pr. FAM. Se disputer violemment avec qqn.

enguirlander [ãgirlãde] v.t. (de *guirlande*). - **1.** FAM. Invectiver ; faire de vifs reproches à. - **2.** LITT. Orner de guirlandes.

enhardir [ãardir] v.t. [conj. 32]. Rendre hardi ; donner de l'assurance à. ◆ **s'enhardir** v.pr. Devenir hardi : *Il s'est enhardi à lui parler de son amour pour elle* (syn. oser).

enharmonie [ãnarmɔni] n.f. MUS. Rapport entre deux notes consécutives (par ex. : *do* dièse et *ré* bémol) que l'audition ne permet pas de distinguer.

enharmonique [ãnarmɔnik] adj. MUS. Qui forme une enharmonie.

énième [enjɛm] adj. et n. (de *n* et [*deux*]*ième*, [*trois*]*ième*, etc.). FAM. Qui occupe un rang indéterminé, mais très grand : *Je te le répète pour la énième fois.* (On écrit aussi *nième*.)

énigmatique [enigmatik] adj. - **1.** Qui renferme une énigme : *Une réponse énigmatique* (syn. sibyllin). - **2.** Dont le comportement, le caractère sont mystérieux : *Un personnage énigmatique* (syn. impénétrable).

énigme [enigm] n.f. (lat. *aenigma*, gr. *ainigma* "parole obscure"). - **1.** Jeu d'esprit où l'on donne à deviner une chose en la décrivant en termes obscurs, souvent à double sens : *Résoudre une énigme*. - **2.** Problème difficile à résoudre ; chose ou personne difficile à comprendre : *Le mobile du crime reste une énigme* (syn. **mystère**).

enivrant, e [ɑ̃nivrɑ̃, -ɑ̃t] adj. Qui enivre : *Un parfum enivrant* (syn. **capiteux**). *Un triomphe enivrant* (syn. **grisant**).

enivrement [ɑ̃nivrəmɑ̃] n.m. - **1.** Fait de s'enivrer ; état d'une personne ivre (syn. **ivresse**). - **2.** Euphorie, exaltation : *L'enivrement de la victoire* (syn. **transport**).

enivrer [ɑ̃nivre] v.t. - **1.** Rendre ivre (syn. **griser**). - **2.** Exalter, exciter : *Enivrer de joie* (syn. **étourdir**).

enjambée [ɑ̃ʒɑ̃be] n.f. Action d'enjamber ; espace que l'on enjambe : *Marcher à grandes enjambées* (syn. **pas**).

enjambement [ɑ̃ʒɑ̃bmɑ̃] n.m. (de *enjamber*). MÉTR. Rejet au vers suivant d'un ou de plusieurs mots étroitement unis par le sens à ceux du vers précédent. (Ex. : Un astrologue, un jour, se laissa choir. / Au fond d'un puits [La Fontaine].)

enjamber [ɑ̃ʒɑ̃be] v.t. Passer par-dessus (un obstacle) en étendant la jambe avant de poser le pied : *Enjamber un fossé* (syn. **franchir**).

enjeu [ɑ̃ʒø] n.m. (de *jeu*). - **1.** Somme d'argent, objet que l'on risque dans une partie de jeu et qui revient au gagnant (syn. **mise**). - **2.** Ce que l'on peut gagner ou perdre dans une entreprise : *L'enjeu d'une guerre*.

enjoindre [ɑ̃ʒwɛ̃dʀ] v.t. (lat. *injungere* "retirer à", avec infl. de *joindre*) [conj. 82]. LITT. Ordonner, mettre en demeure de : *Je lui ai enjoint de se taire* (syn. **sommer**).

enjôlement [ɑ̃ʒolmɑ̃] n.m. Action d'enjôler.

enjôler [ɑ̃ʒole] v.t. (de *geôle* "prison"). Séduire par des flatteries, des promesses, génér. dans un but intéressé.

enjôleur, euse [ɑ̃ʒolœʀ, -øz] n. et adj. Personne qui enjôle.

enjolivement [ɑ̃ʒolivmɑ̃] n.m. et **enjolivure** [ɑ̃ʒolivyʀ] n.f. Ornement qui enjolive : *Les enjolivures du style* (syn. **fioriture**).

enjoliver [ɑ̃ʒolive] v.t. Rendre joli, plus joli, en ajoutant des ornements : *Des moulures qui enjolivent le plafond* (syn. **embellir**). *Enjoliver un récit* (syn. **agrémenter**).

enjoliveur [ɑ̃ʒolivœʀ] n.m. Pièce d'ornementation d'une carrosserie ou des roues d'une automobile.

enjolivure n.f. → **enjolivement**.

enjoué, e [ɑ̃ʒwe] adj. (de *en* et *jeu*). Qui exprime de l'enjouement : *Elle souriait d'un air enjoué* (syn. **gai** ; contr. **renfrogné**).

enjouement [ɑ̃ʒumɑ̃] n.m. (de *enjoué*). Bonne humeur ; gaieté aimable et souriante (syn. **jovialité**).

s' enkyster [ɑ̃kiste] v.pr. MÉD. S'envelopper d'une coque de tissu conjonctif : *Tumeur qui s'enkyste*.

enlacement [ɑ̃lasmɑ̃] n.m. - **1.** Action d'enlacer ; disposition de choses enlacées : *L'enlacement des lierres*. - **2.** Fait de s'enlacer : *De tendres enlacements* (syn. **étreinte**).

enlacer [ɑ̃lase] v.t. (de *lacer*) [conj. 16]. - **1.** Entourer qqch plusieurs fois : *Le lierre enlace le poteau*. - **2.** Serrer contre soi en entourant de ses bras : *Enlacer son adversaire dans un match de lutte*. ◆ **s'enlacer** v.pr. Se prendre mutuellement dans les bras.

enlaidir [ɑ̃lediʀ] v.t. (conj. 32]. Rendre laid : *Les panneaux publicitaires enlaidissent le paysage* (contr. **embellir**). ◆ v.i. Devenir laid : *La côte enlaidit tous les ans*.

enlaidissement [ɑ̃ledismɑ̃] n.m. Action d'enlaidir ; fait de devenir laid.

enlevé, e [ɑ̃lve] adj. (p. passé de *enlever*). Exécuté avec facilité, avec brio : *Portrait enlevé. Morceau de musique enlevé*.

enlèvement [ɑ̃lɛvmɑ̃] n.m. Action d'enlever qqn, qqch : *L'enlèvement d'un enfant* (syn. **kidnapping, rapt**). *L'enlèvement des ordures ménagères*.

enlever [ɑ̃lve] v.t. (de *lever*) [conj. 19]. - **1.** Hisser, porter vers le haut : *Enlever sans effort un poids de cinquante kilos* (syn. **soulever**). - **2.** Retirer de la place occupée pour la porter à un autre endroit ou la supprimer : *Enlever les placards de la cuisine* (syn. **ôter**). *Enlever les meubles* (syn. **déplacer**). - **3.** Faire disparaître : *Enlever une tache sur un vêtement. Son attitude à mon égard m'enlève tout scrupule* (syn. **libérer de**). - **4.** Faire perdre ; priver de : *On lui a enlevé la garde de l'enfant* (syn. **retirer**). - **5.** Gagner, remporter : *Enlever la victoire*. - **6.** Prendre, s'emparer d'une position militaire. - **7.** Prendre par force ou par ruse : *Enlever un enfant* (syn. **kidnapper**). - **8.** Priver de la présence de qqn, en parlant de la mort, de la maladie, etc. : *Un accident l'a enlevé prématurément à l'affection des siens* (syn. **arracher, ravir**).

enlisement [ɑ̃lizmɑ̃] n.m. Fait de s'enliser : *Des sables mouvants où on risque l'enlisement. Une crise économique qui provoque l'enlisement de certaines entreprises*.

enliser [ɑ̃lize] v.t. (normand *lize* "sable mouvant"). - **1.** Enfoncer qqn, qqch, dans un sol sans consistance (syn. **embourber, ensabler**). - **2.** Mettre qqn, qqch, dans une situation difficile, dangereuse : *Enliser un parti dans la bureaucratie* (syn. **paralyser**). ◆ **s'enliser** v.pr. - **1.** S'enfoncer dans : *La voiture s'est enlisée* *dans les marécages* (syn. s'embourber). - **2.** Être plus ou moins arrêté par des difficultés, des obstacles : *Ce pays s'enlise dans le marasme* (syn. s'enfoncer). *La discussion s'enlise dans des arguties.*

enluminer [ɑ̃lymine] v.t. (de *en-*, et du lat. [*il*]*luminare* propr. "éclairer"). - **1.** Orner d'enluminures : *Enluminer un missel.* - **2.** LITT. (Surtout au p. passé). Colorer vivement : *La figure enluminée d'un ivrogne.*

enlumineur, euse [ɑ̃lyminœʀ, -øz] n. Artiste qui fait des enluminures.

enluminure [ɑ̃lyminyʀ] n.f. Art de décorer et d'illustrer les livres, les manuscrits, etc., de lettrines et d'initiales colorées et ornées, d'encadrements, de miniatures, etc. ; la décoration ainsi réalisée.

ennéasyllabe [eneasilab] adj. et n.m. (du gr. *ennea* "neuf", et de *syllabe*). Se dit d'un vers qui a neuf syllabes.

enneigé, e [ɑ̃neʒe] adj. Couvert de neige.

enneigement [ɑ̃nɛʒmɑ̃] n.m. État d'un endroit enneigé ; épaisseur de la couche de neige : *Un enneigement insuffisant pour les skieurs. Le bulletin d'enneigement à la radio.*

ennemi, e [ɛnmi] n. et adj. (lat. *inimicus*, de *im*-priv. et *amicus* "ami"). - **1.** Personne qui veut du mal à qqn, qui cherche à lui nuire : *On ne lui connaît pas d'ennemi* (contr. ami). - **2.** (Au pl. ou au sing. collect.). Groupe, pays, etc., à qui l'on s'oppose, notamm. en temps de guerre : *Nos troupes ont capturé de nombreux ennemis. L'ennemi a déclenché l'offensive* (syn. adversaire). - **3.** Personne qui s'oppose à, qui a de l'aversion pour qqch : *Un ennemi de l'injustice* (contr. partisan). - **4.** Ce qui est contraire, ce qui s'oppose à qqch : *Le mieux est l'ennemi du bien.* - **5.** Ennemi public, malfaiteur jugé particulièrement dangereux. ‖ Passer à l'ennemi, dans le camp adverse : trahir.

ennoblir [ɑ̃nɔbliʀ] v.t. (conj. 32). Rendre noble, digne de ; élever moralement : *C'est l'intention qui ennoblit certains actes.*

ennoblissement [ɑ̃nɔblismɑ̃] n.m. Action d'ennoblir, de rendre digne, noble.

ennui [ɑ̃nɥi] n.m. (de *ennuyer*). - **1.** Désagrément, problème, souci : *Des ennuis de santé. Il n'est pas au bout de ses ennuis* (syn. tracas). - **2.** Lassitude, abattement provoqués par l'inaction et le désintérêt : *L'ennui me mine depuis des semaines* (syn. mélancolie).

ennuyer [ɑ̃nɥije] v.t. (bas lat. *inodiare,* du class. *in odio esse* "être un objet de haine") [conj. 14]. - **1.** Causer de la contrariété, du souci à : *Cela m'ennuie de vous faire attendre* (syn. contrarier). *Tout irait bien, sans ce détail qui m'ennuie* (syn. tracasser). - **2.** Lasser, par manque d'intérêt, monotonie, etc. : *Ce livre*

m'a ennuyé (syn. rebuter). ◆ **s'ennuyer** v.pr. Éprouver de l'ennui (syn. se morfondre).

ennuyeux, euse [ɑ̃nɥijø, -øz] adj. Qui cause de l'ennui, des soucis : *Un voisin ennuyeux* (syn. désagréable). *Un spectacle ennuyeux* (syn. fastidieux, rebutant).

énoncé [enɔ̃se] n.m. - **1.** Action d'énoncer : *À l'énoncé du jugement, les réactions furent mitigées* (syn. énonciation). - **2.** Texte à la formulation précise, requise par son caractère officiel, scientifique, etc. : *Lire l'énoncé d'un problème.* - **3.** LING. Séquence de paroles émises par un locuteur, délimitée par des silences ou par les interventions d'un autre locuteur.

énoncer [enɔ̃se] v.t. (lat. *enuntiare*) [conj. 16]. Exprimer par des paroles ou par écrit : *Énoncer un jugement* (syn. prononcer). *Énoncer une requête* (syn. formuler).

énonciation [enɔ̃sjasjɔ̃] n.f. - **1.** Action d'énoncer, de formuler oralement : *L'énonciation d'un fait* (syn. énoncé). - **2.** LING. Production individuelle d'un énoncé dans des conditions spatio-temporelles données.

s'enorgueillir [ɑ̃nɔʀɡœjiʀ] v.pr. [**de**] (de *orgueil*) [conj. 32]. Tirer orgueil de : *S'enorgueillir de ses relations* (syn. se glorifier).

énorme [enɔʀm] adj. (lat. *enormis,* de *norma* "règle"). - **1.** Très grand, excessif, en quantité ou en qualité : *Une baleine énorme* (syn. gigantesque). *Un rocher énorme obstruait la route* (syn. colossal). - **2.** FAM. Incroyable, extraordinaire : *Cette histoire est énorme ! je ne te crois pas* (syn. effarant, stupéfiant).

énormément [enɔʀmemɑ̃] adv. Excessivement : *Elle a énormément grossi* (syn. beaucoup).

énormité [enɔʀmite] n.f. (lat. *enormitas ;* v. *énorme*). - **1.** Caractère de ce qui est énorme : *L'énormité d'une tâche* (syn. immensité). - **2.** Caractère de ce qui impressionne par son importance, ses conséquences : *Vous rendez-vous compte de l'énormité de vos propos ?* (syn. gravité). - **3.** Parole ou action extravagante : *Tout le monde critique ses énormités.*

s'enquérir [ɑ̃keʀiʀ] v.pr. (lat. pop. **inquaerere,* class. *inquirere* "rechercher") [conj. 39]. S'informer avec soin de qqch ; faire des recherches sur qqch : *S'enquérir de la santé de qqn* (syn. s'inquiéter, se renseigner).

enquête [ɑ̃kɛt] n.f. (lat. pop. **inquaesita,* de **inquaerere ;* v. *s'enquérir*). - **1.** Étude d'une question réunissant des témoignages, des expériences, des documents : *Faire une enquête sur les opinions des lecteurs* (syn. sondage). - **2.** Recherches ordonnées par une autorité administrative ou judiciaire : *Le tribunal a ordonné une enquête.*

enquêter [ɑ̃kete] v.i. Faire, conduire une enquête : *La police enquête sur le crime. Enquêter sur les conditions de vie des immigrés.*

enquêteur, euse et **trice** [ãketœʀ, -øz] et [-tʀis] n. Personne qui mène une enquête.

enquiquinement [ãkikinmã] n.m. FAM. Ennui.

enquiquiner [ãkikine] v.t. (probabl. du rad. onomat. *kik-*, qu'on retrouve dans le mot fam. *kiki* "cou"). FAM. Ennuyer, importuner.

enquiquineur, euse [ãkikinœʀ, -øz] n. et adj. FAM. Personne qui importune.

enracinement [ãʀasinmã] n.m. Action de s'enraciner ; fait de s'enraciner.

enraciner [ãʀasine] v.t. - **1.** Faire prendre racine à : *Enraciner un arbre.* - **2.** Fixer profondément dans l'esprit, le cœur : *Une idée que le temps a fortement enracinée* (syn. ancrer). ◆ **s'enraciner** v.pr. - **1.** Prendre racine. - **2.** Se fixer dans l'esprit : *Préjugé qui s'enracine facilement.*

enragé, e [ãʀaʒe] adj. et n. Fanatique, passionné : *C'est un chasseur enragé* (syn. acharné). *C'est un enragé au jeu.* ◆ adj. Atteint de la maladie de la rage : *Un chien enragé.* ◆ **enragés** n.m. pl. HIST. Fraction la plus radicale des sans-culottes, pendant la Révolution française.

enrageant, e [ãʀaʒã, -ãt] adj. Qui cause du dépit, de l'irritation.

enrager [ãʀaʒe] v.i. (conj. 17). - **1.** Éprouver un violent dépit ; être vexé, furieux. - **2.** Faire enrager, tourmenter, taquiner.

enraiement [ãʀemã] ou **enrayement** [ãʀɛjmã] n.m. - **1.** Action d'enrayer ; fait d'être enrayé : *L'enraiement d'une épidémie.* - **2.** Enrayage.

enrayage [ãʀejaʒ] n.m. - **1.** Action d'entraver le mouvement d'une roue, de le bloquer accidentellement ou volontairement. - **2.** Accident qui se produit dans le fonctionnement d'une arme à feu et en interdit momentanément l'emploi (syn. enraiement).

enrayer [ãʀeje] v.t. (propr. "arrêter une roue par les rayons", de *rai*) [conj. 11]. - **1.** Entraver le mouvement, le fonctionnement de : *Enrayer un mécanisme.* - **2.** Suspendre l'action, le cours de : *Enrayer l'inflation* (syn. juguler). ◆ **s'enrayer** v.pr. Cesser accidentellement de fonctionner, en parlant d'une arme, d'un mécanisme.

enrégimenter [ãʀeʒimãte] v.t. - **1.** Grouper des unités militaires par régiment. - **2.** Faire entrer qqn dans un groupe, un parti, etc., dont la discipline et la hiérarchie évoquent celles d'un régiment (péjor.).

enregistrement [ãʀəʒistʀəmã] n.m. - **I.** - **1.** Action de consigner sur un registre : *Enregistrement d'une commande.* - **2.** Formalité fiscale consistant en l'inscription de certains actes sur des registres officiels, moyennant le paiement des droits correspondants ; administration chargée de cette fonction. - **3.** Ensemble des techniques permettant de fixer, de conserver et éventuellement de reproduire des sons et des images : *Enregistrement optique, magnétique.* - **4.** Le son, les images ainsi enregistrés. - **5.** Diagramme tracé par un appareil enregistreur.

enregistrer [ãʀəʒistʀe] v.t. (de *registre*). - **1.** Consigner par écrit une information en vue de la conserver : *La police a enregistré la déclaration d'un témoin* (syn. consigner, noter). - **2.** Constater objectivement un phénomène, un état, etc. : *On enregistre d'abondantes pluies.* - **3.** Noter ou faire noter le dépôt de : *Enregistrer des bagages à l'aéroport.* - **4.** Prendre mentalement bonne note de : *Vous venez lundi, je l'ai bien enregistré* (syn. mémoriser). - **5.** Procéder à l'enregistrement d'un acte juridique. - **6.** Transcrire et fixer une information sur un support matériel : *Le baromètre enregistre les variations de la pression atmosphérique.* - **7.** Transcrire et fixer un son, une image sur un support matériel sensible (disque, film, bande magnétique, etc.) afin de les conserver et de pouvoir les reproduire. - **8.** En parlant d'un artiste, faire un disque en parlant d'un réalisateur, d'un technicien, procéder à l'enregistrement d'une émission.

enregistreur, euse [ãʀəʒistʀœʀ, -øz] adj. et n.m. Se dit d'un appareil qui enregistre un phénomène physique, une mesure, une somme, etc. : *Caisse enregistreuse. Un enregistreur de vitesse.*

enrhumer [ãʀyme] v.t. Causer un rhume à (qqn). ◆ **s'enrhumer** v.pr. Attraper un rhume.

enrichi, e [ãʀiʃi] adj. - **1.** Qui a fait fortune ; dont la fortune est récente. - **2.** Qui s'est accru d'éléments nouveaux : *Édition enrichie.* - **3.** MIN. PHYS. NUCL. Qui a subi l'enrichissement : *Uranium enrichi.*

enrichir [ãʀiʃiʀ] v.t. (conj. 32). - **1.** Rendre riche ou plus riche : *Le commerce l'a enrichi très rapidement.* - **2.** Augmenter la richesse, l'importance, la valeur de qqch en ajoutant des éléments : *Il a enrichi sa collection de timbres* (syn. accroître, augmenter). *Texte enrichi d'illustrations* (syn. embellir, rehausser). - **3.** Augmenter la teneur en un élément, en une substance : *Enrichir une terre d'engrais.* ◆ **s'enrichir** v.pr. Devenir riche.

enrichissant, e [ãʀiʃisã, -ãt] adj. Qui enrichit l'esprit : *Activités enrichissantes.*

enrichissement [ãʀiʃismã] n.m. - **1.** Action d'enrichir ; fait de devenir riche : *Un enrichissement dû à d'habiles spéculations* (contr. appauvrissement). - **2.** Fait d'être enrichi par l'addition de nouveaux éléments : *L'enrichis-*

sement de l'esprit par des lectures (syn. développement). **-3.** MIN. Augmentation de la concentration utile des minerais par divers procédés mécaniques, physiques ou physico-chimiques. **-4.** PHYS. NUCL. Augmentation de la teneur d'un élément en un isotope déterminé (isotope radioactif, en partic.), obtenue par différents procédés physiques et physico-chimiques.

enrobage [ɑ̃rɔbaʒ] et **enrobement** [ɑ̃rɔbmɑ̃] n.m. **-1.** Action d'enrober ; fait d'être enrobé. **-2.** Couche qui enrobe.

enrobé, e [ɑ̃rɔbe] adj. (p. passé de *enrober*). FAM. Grassouillet, rondelet.

enrober [ɑ̃rɔbe] v.t. (de *robe*). **-1.** Recouvrir d'une enveloppe, d'une couche qui dissimule ou protège : *Bonbon enrobé de chocolat.* **-2.** Déguiser, notamm. pour atténuer : *Enrober des reproches de termes affectueux* (syn. masquer).

enrochement [ɑ̃rɔʃmɑ̃] n.m. TR. PUBL. Ensemble de gros blocs de roche utilisés pour la protection des parties immergées des ouvrages d'art.

enrôlé [ɑ̃role] n.m. Soldat inscrit sur les rôles de l'armée.

enrôlement [ɑ̃rolmɑ̃] n.m. Action d'enrôler, de s'enrôler.

enrôler [ɑ̃role] v.t. **-1.** Inscrire sur les rôles de l'armée. **-2.** Faire adhérer à un parti ; faire entrer dans un groupe : *On l'a enrôlé dans la nouvelle équipe de football* (syn. engager). ◆ **s'enrôler** v.pr. **-1.** S'engager dans l'armée. **-2.** Se faire admettre dans un groupe.

enrouement [ɑ̃rumɑ̃] n.m. Altération de la voix, rendue rauque par une atteinte du larynx.

enrouer [ɑ̃rwe] v.t. (de l'anc. fr. *roi*, lat. *raucus* "rauque") [conj. 6]. Causer l'enrouement de qqn, de sa voix : *Ses cris l'ont enroué. Appeler d'une voix enrouée.*

enroulement [ɑ̃rulmɑ̃] n.m. Action d'enrouler, de s'enrouler ; disposition de ce qui est enroulé : *L'enroulement d'une bande magnétique.*

enrouler [ɑ̃rule] v.t. **-1.** Rouler une chose autour d'une autre ou sur elle-même : *Enrouler une corde. Enrouler un drapeau autour de sa hampe.* **-2.** Envelopper dans qqch en tournant : *Enrouler un blessé dans une couverture.* ◆ **s'enrouler** v.pr. **-1.** Se disposer en spirale : *Le film s'enroule mal.* **-2.** S'enrouler dans qqch, le mettre autour de soi : *S'enrouler dans un châle* (syn. s'envelopper).

enrouleur [ɑ̃rulœr] n.m. Système servant à enrouler : *Des ceintures de sécurité à enrouleurs.*

enrubanner [ɑ̃rybane] v.t. (Surtout au p. passé). Orner de rubans : *Des jeunes filles aux cheveux enrubannés.*

ensablement [ɑ̃sɑbləmɑ̃] n.m. Action d'ensabler ; fait de s'ensabler : *L'ensablement d'une voiture dans les dunes* (syn. enlisement). *L'ensablement d'une crique.*

ensabler [ɑ̃sɑble] v.t. **-1.** Couvrir, engorger de sable : *Une canalisation ensablée. La marée a partiellement ensablé l'épave.* **-2.** Faire échouer une embarcation sur le sable. **-3.** Immobiliser un véhicule dans le sable : *Le paysan a ensablé sa charrette.* ◆ **s'ensabler** v.pr. **-1.** S'échouer sur le sable. **-2.** Être obstrué par le sable : *La rade s'ensable.*

ensachage [ɑ̃saʃaʒ] n.m. Action d'ensacher.

ensacher [ɑ̃saʃe] v.t. Mettre en sac, en sachet.

ensanglanter [ɑ̃sɑ̃glɑ̃te] v.t. **-1.** Tacher, couvrir de sang : *Un mouchoir ensanglanté.* **-2.** LITT. Faire couler le sang ; provoquer des combats sanglants : *Guerres qui ensanglantent un pays.*

enseignant, e [ɑ̃seɲɑ̃, -ɑ̃t] adj. et n. Qui donne un enseignement : *Le personnel enseignant d'un lycée.*

1. enseigne [ɑ̃sɛɲ] n.f. (lat. *insignia* "insignes d'une fonction"). **-1.** Marque distinctive placée sur la façade d'une maison de commerce : *Enseigne lumineuse.* **-2.** LITT. Signe de ralliement pour une troupe : *Marcher enseignes déployées* (syn. drapeau, étendard). **-3.** À telle enseigne que, à tel point que. ‖ Être logé à la même enseigne, être dans le même cas.

2. enseigne [ɑ̃sɛɲ] n.m. (de *1. enseigne*). **-1.** Nom donné autref. à l'officier porte-drapeau. **-2.** Enseigne de vaisseau de 1re, de 2e classe, officier de marine dont le grade correspond à celui de lieutenant ou de sous-lieutenant des armées de terre et de l'air.

enseignement [ɑ̃sɛɲmɑ̃] n.m. **-1.** Action, manière d'enseigner, de transmettre des connaissances. **-2.** Chacune des branches de l'organisation scolaire et universitaire : *Enseignement primaire, secondaire, supérieur.* **-3.** Profession, activité de celui qui enseigne : *Entrer dans l'enseignement.* **-4.** Ce qui est enseigné ; leçon donnée par les faits, par l'expérience : *Professeur qui donne un enseignement remarquable. Tirer les enseignements d'un échec.* **-5.** Enseignement assisté par ordinateur (E.A.O.), méthode d'enseignement utilisant l'informatique. ‖ Enseignement privé (ou libre), dispensé dans des établissements qui ne relèvent pas de l'État (par opp. à enseignement public). ‖ Enseignement technique, professionnel, pour la formation d'ouvriers et d'employés qualifiés et spécialisés, et de techniciens supérieurs.

enseigner [ɑ̃seɲe] v.t. (lat. pop. *insigniare* "indiquer", class. *insignire* "mettre une marque"). **-1.** Faire acquérir la connaissance ou

la pratique de : *Enseigner les mathématiques.*
- **2.** Apprendre, inculquer, montrer : *L'histoire nous enseigne que tout est recommencement* (syn. prouver). *Cela vous enseignera à être plus prudent* (syn. inciter, inviter). - **3.** LITT. Instruire : *Enseigner des jeunes enfants.*

1. ensemble [ɑ̃sɑ̃bl] adv. (lat. *insimul* "à la fois, en même temps"). - **1.** L'un avec l'autre, les uns avec les autres : *Aller dîner tous ensemble.* - **2.** En même temps : *Au signal, vous tirez ensemble* (syn. simultanément). - **3.** Aller ensemble, s'harmoniser : *Des meubles qui vont bien ensemble.*

2. ensemble [ɑ̃sɑ̃bl] n.m. (de *1. ensemble*). - **1.** Réunion d'éléments formant un tout que l'on considère en lui-même : *L'ensemble du personnel* (syn. totalité). - **2.** Unité résultant du concours harmonieux des diverses parties d'un tout : *Former un bel ensemble* (syn. cohésion). - **3.** Simultanéité d'action ; parfaite synchronisation : *Le chœur chante avec un ensemble parfait* (syn. concordance). - **4.** MATH., LOG., STAT. Collection d'éléments ou de nombres ayant en commun une ou plusieurs propriétés qui les caractérisent. - **5.** Collection d'éléments harmonisés, assortis : *Ensemble mobilier.* - **6.** Costume féminin composé de deux ou trois pièces : *Ensemble pantalon.* - **7.** Groupe de musiciens, de chanteurs, etc. ; formation : *Ensemble vocal, instrumental.* - **8.** Dans l'ensemble, en général. ‖ Dans son ensemble, dans les grandes lignes ; entièrement. ‖ D'ensemble, général : *Vue d'ensemble.* ‖ MATH. Ensemble fini, dont le nombre d'éléments est un entier définissable. ‖ MATH. Ensemble infini, formé d'un nombre illimité d'éléments. ‖ MATH. Théorie des ensembles, système d'énoncés définissant le cadre opérationnel de la notion d'ensemble. - **9.** Grand ensemble, groupe important d'immeubles d'habitation bénéficiant de certains équipements collectifs.

ensemblier [ɑ̃sɑ̃blije] n.m. Professionnel qui compose des ensembles mobiliers ou l'ameublement des décors au cinéma, à la télévision.

ensemencement [ɑ̃səmɑ̃smɑ̃] n.m. Action d'ensemencer ; fait d'être ensemencé : *L'ensemencement d'une pelouse.*

ensemencer [ɑ̃səmɑ̃se] v.t. [conj. 16]. - **1.** Pourvoir de semences : *Ensemencer une terre.* - **2.** Introduire des germes bactériens dans un milieu de culture pour les faire proliférer.

enserrer [ɑ̃seʀe] v.t. (de *serrer*). - **1.** Entourer en serrant étroitement : *Une ficelle enserre le paquet de livres. Le corset lui enserrait le buste* (syn. emprisonner). - **2.** (Surtout au p. passé). Enfermer, contenir dans des limites étroites : *Une petite cour enserrée entre des immeubles.*

ensevelir [ɑ̃səvliʀ] v.t. (anc. fr. *sevelir,* lat. *sepelire*) [conj. 32]. LITT. - **1.** Envelopper un cadavre dans un linceul ; enterrer un mort : *Être enseveli dans son village natal* (syn. enterrer, inhumer). - **2.** Faire disparaître sous un amoncellement : *Village enseveli sous la neige* (syn. engloutir). - **3.** Cacher, garder secret ; plonger dans l'oubli : *Ensevelir un souvenir.*

ensevelissement [ɑ̃səvlismɑ̃] n.m. LITT. Action d'ensevelir ; fait d'être enseveli : *Un village menacé d'ensevelissement par un glissement de terrain.*

ensilage [ɑ̃silaʒ] n.m. (de *silo*). AGRIC. - **1.** Méthode de conservation des produits végétaux consistant à les placer dans des silos. - **2.** Fourrage conservé en silo.

ensoleillé, e [ɑ̃sɔleje] adj. - **1.** Exposé au soleil : *Pièce ensoleillée.* - **2.** Où brille le soleil : *Journée ensoleillée.*

ensoleillement [ɑ̃sɔlɛjmɑ̃] n.m. - **1.** État de ce qui reçoit la lumière du soleil : *L'ensoleillement d'une vallée.* - **2.** MÉTÉOR. Temps pendant lequel un lieu est ensoleillé : *Taux d'ensoleillement d'une région.*

ensoleiller [ɑ̃sɔleje] v.t. - **1.** Remplir de la lumière du soleil. - **2.** LITT. Rendre particulièrement joyeux, radieux : *Ce souvenir ensoleille sa vie* (syn. illuminer).

ensommeillé, e [ɑ̃sɔmeje] adj. - **1.** Qui reste sous l'effet du sommeil ; mal réveillé : *Enfants aux yeux ensommeillés.* - **2.** LITT. Dont l'activité est ralentie : *Une ville ensommeillée.*

ensorcelant, e [ɑ̃sɔʀsəlɑ̃, -ɑ̃t] adj. Qui ensorcelle : *Une beauté ensorcelante* (syn. fascinant).

ensorceler [ɑ̃sɔʀsəle] v.t. (anc. fr. *ensorcerer,* de *sorcier*) [conj. 24]. - **1.** Soumettre à une influence magique par un sortilège (syn. enchanter, envoûter). - **2.** Exercer un charme irrésistible : *Sa beauté m'ensorcelle* (syn. charmer, séduire).

ensorceleur, euse [ɑ̃sɔʀsəlœʀ, -øz] adj. et n. Qui ensorcelle : *Sourire, regard ensorceleur* (syn. charmeur). *C'est une ensorceleuse* (syn. séducteur).

ensorcellement [ɑ̃sɔʀsɛlmɑ̃] n.m. - **1.** Action d'ensorceler ; état d'une personne ensorcelée. - **2.** Charme irrésistible ; séduction.

ensuite [ɑ̃sɥit] adv. (de *en* et *suite*). - **1.** Indique une succession dans le temps : *L'orateur s'arrêta un instant, but un peu d'eau et reprit ensuite son exposé* (= puis il le reprit). *Fais tes devoirs, ensuite tu joueras* (syn. après ; contr. d'abord). - **2.** Indique une succession dans l'espace : *On entre dans le vestibule, ensuite c'est le salon* (syn. puis). - **3.** Ensuite de quoi, indique une conséquence immédiate : *Documentez-vous d'abord sur le sujet, ensuite de quoi vous pourrez présenter un plan de travail.*

s' ensuivre [ɑ̃sɥivʀ] v.pr. (lat. *insequi* propr. "venir immédiatement après") [conj. 89 ; seul. inf. et 3ᵉ pers. du sing. et du pl.]. - **1.** Survenir comme conséquence : *La phrase était ambiguë, une longue discussion s'ensuivit.* - **2.** Suivre : *Les jours qui s'ensuivirent furent des jours de morosité.* **Rem.** Aux temps composés, le préfixe *en-* est auj. séparé du p. passé par l'auxil. : *Il s'en est suivi un débat.*

entablement [ɑ̃tabləmɑ̃] n.m. (de *table*). - **1.** Partie supérieure en saillie d'un édifice, comprenant génér. architrave, frise et corniche. - **2.** Couronnement orné de moulures d'un meuble, d'une porte, d'une fenêtre, etc.

entacher [ɑ̃taʃe] v.t. (de *tache*). - **1.** Souiller moralement : *Entacher l'honneur de qqn.* - **2.** DR. Entaché de nullité, frappé de nullité, en parlant d'un contrat, d'un texte.

entaille [ɑ̃taj] n.f. (de *entailler*). - **1.** Coupure avec enlèvement de matière : *Faire des entailles dans le bois* (syn. encoche). - **2.** Blessure faite avec un instrument tranchant : *Une entaille au visage* (syn. balafre, estafilade).

entailler [ɑ̃taje] v.t. (de *tailler*). Faire une entaille : *Entailler du marbre* (syn. creuser, inciser). *Le tesson lui a entaillé le pied* (syn. tailleur).

entame [ɑ̃tam] n.f. - **1.** Premier morceau que l'on coupe d'un pain, d'un rôti, etc. - **2.** Première carte jouée dans une partie.

entamer [ɑ̃tame] v.t. (bas lat. *intaminare* "souiller", sur le rad. du class. *tangere* "toucher"). - **1.** Couper, retrancher le premier morceau, la première partie de qqch qui était entier : *Entamer un pain. Entamer son capital* (syn. écorner). - **2.** Commencer, entreprendre : *Entamer des négociations* (syn. engager). - **3.** Couper, écorcher ; attaquer : *Entamer la peau. La rouille entame le fer* (syn. ronger). - **4.** Porter atteinte à : *Entamer la réputation de qqn.*

entartrage [ɑ̃taʀtʀaʒ] n.m. Formation de tartre ; état de ce qui est entartré.

entartrer [ɑ̃taʀtʀe] v.t. Encrasser de tartre : *L'eau calcaire a entartré cette chaudière.*

entassement [ɑ̃tɑsmɑ̃] n.m. Action d'entasser ; accumulation qui en résulte : *Elle a toujours un entassement de papiers sur son bureau* (syn. amoncellement).

entasser [ɑ̃tɑse] v.t. - **1.** Mettre en tas, réunir en grande quantité : *Entasser des caisses* (syn. empiler). *Entasser des provisions* (syn. accumuler). - **2.** Assembler des personnes en grand nombre dans un lieu trop étroit : *Voyageurs entassés* (syn. tasser, serrer). - **3.** Multiplier, accumuler : *Entasser sottise sur sottise.*
◆ **s'entasser** v.pr. Être en tas, en grand nombre ou en grande quantité : *Les spectateurs s'étaient entassés dans la petite salle.*

entendement [ɑ̃tɑ̃dmɑ̃] n.m. - **1.** Aptitude à comprendre ; bon sens, raisonnement, jugement : *Cela dépasse l'entendement* (= c'est incompréhensible). - **2.** PHILOS. Faculté de comprendre, distincte de la sensibilité.

entendeur [ɑ̃tɑ̃dœʀ] n.m. À bon entendeur salut, que celui qui comprend en fasse son profit.

entendre [ɑ̃tɑ̃dʀ] v.t. (lat. *intendere* "appliquer son esprit") [conj. 73]. - **1.** Percevoir par l'ouïe : *Entendre le sifflement de la bouilloire.* - **2.** (Absol.). Posséder une certaine capacité auditive : *Elle entend mal. Il n'entend pas* (= il est sourd). - **3.** Prêter une oreille attentive à : *Entendre des témoins* (syn. écouter). - **4.** LITT. Consentir à écouter, à suivre un conseil : *Il n'a rien voulu entendre. Entendre raison.* - **5.** LITT. Percevoir par l'esprit, comprendre : *Entendez-moi bien. Comment entendez-vous ce passage du poème ?* (syn. interpréter). - **6.** Vouloir dire : *Qu'entendez-vous par là ?* - **7.** Connaître ; savoir : *Elle n'entend rien à la mécanique* (syn. comprendre). - **8.** Exiger, vouloir, être déterminé à : *J'entends qu'on m'obéisse. J'entends bien partir demain.* - **9.** À l'entendre, si on l'en croit, si on l'écoute : *À l'entendre, il sait faire tout.* ‖ Donner à entendre, laisser entendre, insinuer. ‖ Faites comme vous l'entendez, à votre guise.
◆ **s'entendre** v.pr. - **1.** Avoir les mêmes idées, les mêmes goûts ; être d'accord : *Elle s'entend avec tout le monde* (syn. sympathiser). *Ils s'entendent à demi-mot* (syn. se comprendre). - **2.** Se mettre d'accord : *Entendez-vous sur la façon d'agir.* - **3.** Avoir des connaissances, de l'habileté en qqch : *Elle s'y entend, en cuisine.* - **4.** Cela s'entend, c'est évident.

entendu, e [ɑ̃tɑ̃dy] adj. - **1.** Décidé, convenu, réglé : *C'est une affaire entendue.* - **2.** Bien entendu, naturellement, assurément. ‖ FAM. Entendu !, c'est d'accord. ‖ Prendre un air entendu, jouer celui qui comprend parfaitement, qui est informé.

entente [ɑ̃tɑ̃t] n.f. (lat. pop. *intendita*, du class. *intendere* ; v. *entendre*). - **1.** Action de s'entendre, de se mettre d'accord : *Parvenir à une entente* (syn. accord). - **2.** Relations amicales entre des personnes : *Vivre en bonne entente* (syn. compréhension, harmonie). - **3.** À double entente, à double sens, ambigu.

enter [ɑ̃te] v.t. (lat. pop. *imputare*, de *impotus* "greffe", du gr. *emphutos* "implanté"). - **1.** Greffer : *Enter un sauvageon.* - **2.** TECHN. Assembler par une entaille deux pièces de bois bout à bout.

entérinement [ɑ̃teʀinmɑ̃] n.m. DR. Action d'entériner : *Entérinement d'une loi* (syn. ratification).

entériner [ɑ̃teʀine] v.t. (de l'anc. fr. *enterin* "complet, intégré", de *entier*). - **1.** Rendre valable : *Entériner une décision politique* (syn. homologuer, valider). - **2.** Donner confirmation à un acte dont la validité dépend de cette formalité : *Entériner un jugement* (syn. justifier, ratifier).

entérite [ãteʀit] n.f. (de *entéro-*). Inflammation de l'intestin grêle, génér. accompagnée de diarrhée.

enterrement [ãteʀmã] n.m. - **1.** Action de mettre un mort en terre : *L'enterrement aura lieu dans sa ville natale* (syn. inhumation). - **2.** Cérémonie qui accompagne la mise en terre : *L'enterrement d'un homme d'État* (syn. funérailles, obsèques). - **3.** Convoi funèbre : *Suivre un enterrement.* - **4.** Action d'abandonner définitivement (un projet, un espoir, etc.) : *Enterrement d'une loi.* ‖ FAM. Tête, figure d'enterrement, air, triste, sombre, lugubre.

enterrer [ãteʀe] v.t. - **1.** Mettre en terre : *Enterrer des armes dans le jardin* (syn. enfouir). - **2.** Mettre un mort en terre (syn. ensevelir, inhumer). - **3.** Survivre à : *Vous nous enterrerez tous !* - **4.** Cesser de s'occuper de : *Enterrer un projet* (syn. abandonner).

entêtant, e [ãtetã, -ãt] adj. Qui entête : *Un parfum entêtant* (syn. enivrant).

en-tête [ãtɛt] n.m. (pl. *en-têtes*). Ce qui est imprimé, écrit ou gravé en tête d'une lettre, d'une feuille : *Écrire sur du papier à en-tête de l'université.*

entêté, e [ãtete] adj. et n. Qui manifeste de l'entêtement : *Un enfant entêté* (syn. têtu). *Une volonté entêtée de réussir* (syn. obstiné, opiniâtre).

entêtement [ãtetmã] n.m. Attachement obstiné à ses idées, à ses goûts, etc. : *Son entêtement le perdra* (syn. obstination).

entêter [ãtete] v.t. (de *tête*). Porter à la tête, étourdir, griser qqn : *Ce parfum capiteux m'entête* (syn. enivrer). ◆ **s'entêter** v.pr. [à, dans]. S'obstiner avec ténacité : *Il s'entête à vouloir démontrer qu'il a raison* (syn. s'acharner).

enthousiasmant, e [ãtuzjasmã, -ãt] adj. Qui enthousiasme.

enthousiasme [ãtuzjasm] n.m. (gr. *enthousiasmos*, de *entheos* "inspiré par les dieux"). - **1.** Admiration passionnée : *Parler d'un auteur avec enthousiasme* (syn. ardeur). - **2.** Exaltation joyeuse, excitation, passion : *L'enthousiasme d'un auditoire* (syn. délire, transport).

enthousiasmer [ãtuzjasme] v.t. Remplir d'enthousiasme : *Enthousiasmer la foule* (syn. transporter). ◆ **s'enthousiasmer** v.pr. Se passionner pour qqn, qqch : *Il s'enthousiasme pour tout ce qui est nouveau* (syn. s'engouer).

enthousiaste [ãtuzjast] adj. et n. Qui ressent ou manifeste de l'enthousiasme.

entichement [ãtiʃmã] n.m. LITT. Action de s'enticher : *Son entichement pour la philosophie a été éphémère* (syn. engouement).

s' enticher [ãtiʃe] v.pr. [de] (anc. fr. *entechier* "pourvoir d'une qualité, d'un défaut", de *teche*, var. de *tache*). S'attacher à qqn, qqch dans un engouement irréfléchi : *Elle s'est entichée de cet acteur* (syn. s'amouracher).

1. entier, ère [ãtje, -ɛʀ] adj. (lat. *integer* "intact"). - **1.** Dont on n'a rien retranché : *Il reste un pain entier* (syn. complet). *Éditer l'œuvre entière d'un écrivain* (syn. intégral). - **2.** Se dit d'un animal non castré. - **3.** Total ; absolu, sans restriction : *Une entière liberté* (syn. illimité). - **4.** Sans changement : *La question reste entière.* - **5.** Qui ne supporte pas la compromission : *Un caractère entier* (syn. intransigeant). - **6.** MATH. Nombre entier, élément de l'ensemble **N** ou de l'ensemble **Z** (on dit aussi *un entier*).

2. entier [ãtje] n.m. (de *1. entier*). - **1.** Totalité : *Lisez-le dans son entier* (syn. intégralité). - **2.** En entier, complètement : *Écouter un opéra en entier* (syn. in extenso).

entièrement [ãtjɛʀmã] adv. En entier, totalement ; tout à fait, absolument : *Entièrement d'accord.*

entité [ãtite] n.f. (du lat. *ens, entis*, p. présent du v. *esse* "être"). - **1.** Réalité abstraite qui n'est conçue que par l'esprit. - **2.** PHILOS. Essence d'un être, ensemble exhaustif des propriétés qui le constituent.

entoilage [ãtwalaʒ] n.m. - **1.** Action d'entoiler ; fait d'être entoilé. - **2.** REL., COUT. Toile pour entoiler.

entoiler [ãtwale] v.t. - **1.** Renforcer en fixant qqch sur une toile par son envers : *Entoiler une estampe.* - **2.** Recouvrir de toile : *Entoiler l'empennage d'un planeur.*

entolome [ãtɔlɔm] n.m. (lat. scientif. *entoloma*, du gr. *entos* "à l'intérieur" et *loma* "frange"). Champignon des bois, à lames roses : *L'entolome livide est vénéneux.* □ Classe des basidiomycètes ; famille des agaricacées.

entomologie [ãtɔmɔlɔʒi] n.f. (du gr. *entomon* "insecte", et de *-logie*). Étude scientifique des insectes. ◆ **entomologiste** n. Nom du spécialiste.

1. entonner [ãtɔne] v.t. (de *tonne*). Mettre un liquide en tonneau : *Entonner du cidre, de la bière.*

2. entonner [ãtɔne] v.t. (de *ton*). - **1.** Commencer à chanter : *Le président entonna « la Marseillaise ».* - **2.** Prononcer, célébrer : *Entonner les louanges de qqn* (= le louer).

entonnoir [ãtɔnwaʀ] n.m. (de *1. entonner*). Ustensile conique servant à transvaser des liquides.

entorse [ātɔʀs] n.f. (de l'anc. fr. *entors* "tordu", du lat. *torquere* "tordre"). - **1.** Distension violente d'une articulation avec élongation des muscles et rupture des ligaments, sans déplacement des surfaces articulaires (syn. foulure). - **2.** Faire une entorse à, ne pas se conformer à, porter atteinte à : *Faire une entorse au règlement.*

entortiller [ātɔʀtije] v.t. (de *entort*, var. de *entors* ; v. *entorse*). - **1.** Envelopper dans qqch que l'on tortille pour serrer ou fermer : *Entortiller des nougats dans un papier argenté.* - **2.** Tourner plusieurs fois qqch autour d'un objet, en envelopper cet objet : *Entortiller son mouchoir autour de son doigt blessé.* - **3.** Amener une personne à ce que l'on désire par des paroles flatteuses : *Elle l'a si bien entortillé qu'il a fini par signer cette renonciation* (syn. enjôler, FAM. embobiner). ◆ **s'entortiller** v.pr. - **1.** S'enrouler plusieurs fois autour de qqch : *Le lierre s'entortille autour de l'arbre* (syn. s'enrouler). - **2.** S'embrouiller dans ses propos, ses explications (syn. s'emmêler, s'empêtrer).

entourage [ātuʀaʒ] n.m. - **1.** Ce qui entoure qqch, partic. pour orner : *Les portes avaient un entourage de chêne clair* (syn. encadrement). - **2.** L'entourage de qqn, ensemble des personnes qui vivent habituellement auprès de lui : *Vivre dans l'entourage d'un homme politique.*

entourer [ātuʀe] v.t. (de *entour* "entourage"). - **1.** Placer, disposer autour de : *Entourer de rouge un mot du texte* (syn. encercler). - **2.** Être placé autour de : *Des murs entourent le jardin* (syn. enclore). - **3.** Être attentif, prévenant à l'égard de : *Ses enfants l'entourent beaucoup depuis la mort de son mari.* ◆ **s'entourer** v.pr. [de]. - **1.** Mettre, susciter autour de soi : *S'entourer de mystère.* - **2.** Réunir, grouper autour de soi : *S'entourer de collaborateurs compétents.*

entourloupe [ātuʀlup] n.f. (de *tour* "tromperie", avec p.-ê. infl. de *turlupiner*). FAM. Manœuvre hypocrite, mauvais tour : *Faire une entourloupe à qqn.* (On dit aussi *une entourloupette*.)

entournure [ātuʀnyʀ] n.f. (de l'anc. fr. *entourner* "se tenir autour"). - **1.** Syn. de *emmanchure*. - **2.** FAM. Gêné aux entournures, se dit de qqn qui est dans une situation gênante ; qui a des embarras d'argent.

entracte [ātʀakt] n.m. (de *entre* et *acte*). - **1.** Intervalle entre les actes d'une pièce de théâtre, entre les différentes parties d'un spectacle : *La sonnerie de fin d'entracte.* - **2.** Période de répit : *Ce n'est qu'un entracte dans le conflit* (syn. accalmie, trêve).

entraide [ātʀɛd] n.f. (de *s'entraider*). Aide mutuelle : *Un service d'entraide s'est mis en place dans la cité.*

s'entraider [ātʀede] v.pr. (de *entre* et *aider*). S'aider mutuellement : *Entre voisins, il est naturel de s'entraider.*

entrailles [ātʀaj] n.f. pl. (bas lat. *intralia*, class. *interanea* "qui est à l'intérieur"). - **1.** Ensemble des viscères et organes contenus dans les cages abdominale et thoracique. - **2.** LITT. Ventre maternel : *L'enfant de mes entrailles* (syn. sein). - **3.** Profondeur : *Les entrailles de la terre.* - **4.** Siège des émotions, des sentiments : *Ce drame m'a pris aux entrailles* (syn. cœur, ventre).

entrain [ātʀɛ̃] n.m. (de la loc. *être en train*). Vivacité joyeuse ; bonne humeur entraînante : *Je travaille toujours avec entrain* (syn. enthousiasme, fougue).

entraînant, e [ātʀenã, -ãt] adj. Qui entraîne, stimule : *Musique entraînante.*

entraînement [ātʀɛnmã] n.m. - **1.** Dispositif mécanique assurant une transmission ; cette transmission : *Courroie d'entraînement.* - **2.** LITT. Fait de se laisser entraîner par un mouvement irréfléchi ; passion, force qui entraîne : *Dans l'entraînement de la discussion, mes paroles ont dépassé ma pensée* (syn. chaleur, feu). - **3.** Préparation à une compétition, un concours, au combat, etc. ; fait d'être entraîné : *Athlète qui s'impose un entraînement quotidien.*

entraîner [ātʀene] v.t. (de *traîner*). - **1.** Emporter, traîner avec, derrière soi : *En tombant, le vase a entraîné des bibelots.* - **2.** Emmener à sa suite, amener avec force : *Il m'entraîna dans un coin du salon* (syn. conduire). *Les agents l'entraînèrent vers le car de police* (syn. tirer, traîner). - **3.** Attirer par une pression morale : *Entraîner qqn dans une affaire douteuse* (syn. engager). - **4.** Pousser comme sous l'effet d'une influence irrésistible : *Orateur qui entraîne les foules.* - **5.** Transmettre le mouvement à une autre pièce d'un mécanisme : *Moteur qui entraîne qqch* (syn. actionner). - **6.** Provoquer, avoir pour conséquence : *La guerre entraîne bien des maux* (syn. engendrer, occasionner). - **7.** Faire acquérir l'habitude, la pratique de qqch, par une préparation systématique : *Entraîner un boxeur.* - **8.** Entraîner qqn à, mettre à même de : *Entraîner des élèves à la dissertation* (syn. former). ◆ **s'entraîner** v.pr. [à]. Se préparer par des exercices à une compétition, un exercice, un combat, etc. : *Il ne s'entraîne pas assez.*

entraîneur, euse [ātʀenœʀ, -øz] n. - **1.** Personne qui entraîne des sportifs, des chevaux de course, etc. : *Entraîneuse de l'équipe de basket.* - **2.** LITT. Personne qui communique son entrain aux autres : *Un entraîneur d'hom-*

mes (syn. meneur). ◆ **entraîneuse** n.f. Jeune femme employée dans un cabaret, un établissement de nuit pour engager les clients à danser et à consommer.

entrant, e [ātʀɑ̃, -ɑ̃t] n. et adj. - **1.** (Surtout au pl.). Personne qui entre : *Il y a eu trois entrants aux urgences. Les élèves entrants.* - **2.** Qui prend son tour dans l'exercice temporaire d'une fonction (par opp. à *sortant*) : *Les députés entrants.* - **3.** Dans les sports collectifs, joueur qui en remplace un autre en cours de partie.

entr'apercevoir ou **entrapercevoir** [ɑ̃tʀapɛʀsəvwaʀ] v.t. [conj. 52]. Apercevoir à peine ou un court instant : *Je n'ai pu que l'entr'apercevoir* (syn. entrevoir).

entrave [ɑ̃tʀav] n.f. (de *entraver*). - **1.** Lien que l'on fixe aux pieds d'un animal domestique pour gêner sa marche et l'empêcher de s'enfuir. - **2.** Ce qui gêne, embarrasse, retient : *Cette loi est une entrave à la liberté* (syn. obstacle).

entraver [ɑ̃tʀave] v.t. (de l'anc. fr. *tref* "poutre", du lat. *trabs, trabis*). - **1.** Mettre une entrave à un animal : *Entraver un cheval.* - **2.** Gêner, embarrasser dans ses mouvements, ses actes : *Entraver la marche d'une armée* (syn. freiner). - **3.** Mettre des obstacles, des empêchements à l'action de qqn : *Entraver une négociation* (syn. bloquer, paralyser).

entre [ɑ̃tʀ] prép. (lat. *inter*). - **I.** En corrélation avec *et* ou suivi d'un n. ou d'un pron. au pl., indique : - **1.** L'espace qui sépare des choses ou des personnes : *Tomber en panne entre Blois et Orléans. Elle était assise entre eux.* - **2.** Un intervalle de temps entre deux moments : *Entre midi et deux heures.* - **3.** Un état intermédiaire : *Une couleur entre le jaune et le vert.* - **4.** Une accumulation : *Entre son emploi et ses recherches, elle est débordée.* - **5.** L'ensemble au sein duquel une possibilité de choix est offerte : *Choisir entre plusieurs candidats.* - **6.** Un rapport de réciprocité, de similitude ou de différence : *L'égalité entre les hommes. Une grande analogie entre deux situations.* - **7.** Un ensemble défini de personnes excluant tout élément extérieur : *Une soirée entre nous, entre amis, entre médecins.* - **II.** S'emploie en composition pour indiquer la réciprocité ou une position intermédiaire : *S'entraider. Entre-temps.* - **III.** S'emploie dans certaines locutions. *D'entre,* parmi : *Certains d'entre eux étaient blessés.* ‖ **Entre nous,** soit dit entre nous, je vous le dis en toute confidence. ‖ **Entre tous,** par-dessus tous les autres : *Un roman de Balzac qu'elle affectionne entre tous.*

entrebâillement [ɑ̃tʀəbajmɑ̃] n.m. Ouverture étroite laissée par ce qui est légèrement entrouvert : *Je l'ai aperçu dans l'entrebâillement de la porte.*

entrebâiller [ɑ̃tʀəbaje] v.t. Entrouvrir légèrement : *Elle entrebâilla la fenêtre.*

entrechat [ɑ̃tʀəʃa] n.m. (it. [*capriola*] *intrecciata* "[saut] entrelacé"). CHORÉGR. Saut vertical au cours duquel le danseur fait passer ses pointes baissées l'une devant l'autre, une ou plusieurs fois avant de retomber sur le sol.

entrechoquer [ɑ̃tʀəʃɔke] v.t. Heurter, faire se heurter l'un contre l'autre : *Entrechoquer des verres.*

entrecôte [ɑ̃tʀəkot] n.f. Tranche de bœuf prélevée dans la région des côtes.

entrecouper [ɑ̃tʀəkupe] v.t. Interrompre par intervalles : *Elle entrecoupait son récit de profonds soupirs.* ◆ **s'entrecouper** v.pr. Se croiser : *Routes qui s'entrecoupent.*

entrecroisement [ɑ̃tʀəkʀwazmɑ̃] n.m. Disposition de choses qui s'entrecroisent : *À l'entrecroisement des deux rues* (syn. croisée, croisement).

entrecroiser [ɑ̃tʀəkʀwaze] v.t. Croiser en divers sens ou à plusieurs reprises : *Entrecroiser des brins d'osier pour faire une corbeille* (syn. entrelacer). ◆ **s'entrecroiser** v.pr. Se croiser en divers sens : *Voies ferrées qui s'entrecroisent.*

entrecuisse [ɑ̃tʀəkɥis] n.m. Partie du corps située entre les cuisses.

s'entre-déchirer [ɑ̃tʀədeʃiʀe] v.pr. - **1.** Se déchirer mutuellement : *Des chiens furieux prêts à s'entre-déchirer.* - **2.** Se faire souffrir mutuellement : *Un couple qui s'entre-déchire.*

entre-deux [ɑ̃tʀədø] n.m. inv. - **1.** Partie située au milieu de deux choses ; état intermédiaire entre deux extrêmes : *Il n'y avait plus d'entre-deux entre l'aristocratie et le prolétariat.* - **2.** Jet du ballon par l'arbitre entre deux joueurs pour une remise en jeu (au basket-ball, notamm.).

entre-deux-guerres [ɑ̃tʀədøgɛʀ] n.f. ou n.m. inv. Période située entre deux guerres, partic. entre 1918 et 1939.

entrée [ɑ̃tʀe] n.f. (de *entrer*). - **1.** Action, fait d'entrer : *À son entrée, la salle se leva* (syn. apparition). *Faire une entrée bruyante. L'entrée du bateau dans le port* (syn. arrivée). - **2.** Faculté d'entrer : *Refuser à qqn l'entrée d'une salle* (syn. accès). *Examen d'entrée en sixième.* - **3.** Accès à un spectacle ; somme payée pour entrer : *Elle a payé son entrée* (syn. place). - **4.** Lieu par où on entre, voie d'accès ; première pièce de passage d'un appartement : *L'entrée du stade est surveillée* (syn. accès). *Attendez dans l'entrée* (syn. vestibule). - **5.** Moment où une période commence : *Son entrée en fonctions. À l'entrée de l'hiver.* - **6.** Plat chaud ou froid, servi avant le plat principal : *En entrée, nous avons eu des tomates.* - **7.** LING. Dans un dictionnaire, mot, terme mis en vedette et qui fait l'objet d'un article : *Ce dictionnaire contient 36 000 entrées* . - **8.** D'entrée de jeu, dès le début, dès le commencement. ‖ Tableau, table à double entrée, dont chaque terme appartient à une ligne et à une colonne. - **9.** Entrée libre, faculté d'entrer quelque part sans avoir à payer ou à acheter. ◆ **entrées** n.f. pl. Avoir ses entrées quelque part, y être reçu facilement et à tout moment : *Il a ses entrées au ministère.*

entrefaites [ɑ̃tʀəfɛt] n.f. pl. (p. passé de l'anc. fr. *entrefaire*). Sur ces entrefaites, dans un récit, indique le moment où qqch se produit : *Sur ces entrefaites, il entra.*

entrefer [ɑ̃tʀəfɛʀ] n.m. (de *entre-* et *fer*). Partie d'un circuit magnétique où le flux d'induction ne circule pas dans le fer : *L'entrefer d'un électroaimant.*

entrefilet [ɑ̃tʀəfilɛ] n.m. (de *filet*). Petit article dans un journal.

entregent [ɑ̃tʀəʒɑ̃] n.m. (de *gent*). Habileté, adresse à se conduire, à se faire valoir : *Avoir de l'entregent.*

entrejambe [ɑ̃tʀəʒɑ̃b] n.m. Partie de la culotte ou du pantalon située entre les jambes.

entrelacement [ɑ̃tʀəlasmɑ̃] n.m. Action d'entrelacer ; état de choses entrelacées : *Un entrelacement de branches.*

entrelacer [ɑ̃tʀəlase] v.t. [conj. 16]. Enlacer l'un dans l'autre : *Entrelacer des fleurs pour faire des guirlandes* (syn. tresser). ◆ **s'entrelacer** v.pr. S'entremêler : *Leurs initiales s'entrelacent sur le faire-part.*

entrelacs [ɑ̃tʀəla] n.m. (Surtout au pl.). Ornement composé de motifs entrelacés formant une suite continue : *Des entrelacs en marbre au fronton d'un palais.*

entrelardé, e [ɑ̃tʀəlaʀde] adj. Se dit d'une viande qui contient des parties grasses et des parties maigres.

entrelarder [ɑ̃tʀəlaʀde] v.t. - **1.** Piquer une viande avec du lard avant la cuisson. - **2.** Entremêler, parsemer d'éléments disparates : *Entrelarder un discours de citations.*

entremêler [ɑ̃tʀəmele] v.t. - **1.** Mêler plusieurs choses entre elles, avec d'autres : *Entremêler des épisodes comiques et pathétiques dans un récit.* - **2.** Entrecouper : *Un sommeil agité, entremêlé de cauchemars.* ◆ **s'entremêler** v.pr. Se mélanger : *Les rameaux de la glycine s'entremêlent.*

entremets [ɑ̃tʀəmɛ] n.m. (de *mets*). Plat sucré que l'on sert après le fromage et avant les fruits ou comme dessert.

entremetteur, euse [ɑ̃tʀəmɛtœʀ, -øz] n. Personne qui s'entremet pour de l'argent dans des affaires galantes (péjor.). **Rem.** Le féminin est plus usité que le masculin.

s'entremettre [ɑ̃tʀəmɛtʀ] v.pr. [conj. 84]. Intervenir activement dans une affaire pour mettre en relation plusieurs personnes, pour leur permettre de rapprocher leurs points de vue : *S'entremettre dans un différend* (syn. s'interposer).

entremise [ɑ̃tʀəmiz] n.f. - **1.** Action de s'entremettre : *L'entremise d'un médiateur* (syn. intervention). - **2.** Par l'entremise de, par l'intermédiaire de.

entrepont [ɑ̃tʀəpɔ̃] n.m. Espace compris entre deux ponts d'un bateau.

entreposer [ɑ̃tʀəpoze] v.t. (de *poser*). - **1.** Mettre des marchandises en entrepôt. - **2.** Déposer provisoirement : *Il a entreposé des livres chez nous.*

entrepôt [ɑ̃tʀəpo] n.m. (de *entreposer*, d'apr. *dépôt*). Lieu, bâtiment, hangar où sont déposées des marchandises pour un temps limité.

entreprenant, e [ɑ̃tʀəpʀənɑ̃, -ɑ̃t] adj. - **1.** Hardi à entreprendre, plein d'allant : *Un homme actif et entreprenant* (syn. audacieux, dynamique). - **2.** Qui fait preuve d'une galanterie excessive (syn. séducteur).

entreprendre [ɑ̃tʀəpʀɑ̃dʀ] v.t. (de *prendre*) [conj. 79]. - **1.** Commencer à exécuter : *Entreprendre un travail* (syn. entamer). - **2.** FAM. Tenter de convaincre, de persuader qqn, de connaître son avis : *Entreprendre un ami sur un sujet.*

entrepreneur, euse [ɑ̃tʀəpʀənœʀ, -øz] n. Chef d'une entreprise et partic. d'une entreprise de bâtiment ou de travaux publics. **Rem.** Le féminin est rare.

entreprise [ɑ̃tʀəpʀiz] n.f. - **1.** Ce qu'on entreprend : *Une entreprise périlleuse* (syn. opération). - **2.** Affaire commerciale ou industrielle ; unité économique de production : *Travailler dans une entreprise* (syn. firme, société). - **3.** Libre entreprise. Liberté de créer des entreprises.

entrer [ɑ̃tʀe] v.i. (lat. *intrare*) [auxil. *être*]. - **1.** Aller de l'extérieur à l'intérieur d'un lieu : *Il entra dans le salon* (syn. pénétrer). *Le train entre en gare* (syn. arriver). - **2.** S'engager dans une profession, un état ; commencer à faire partie d'un groupe : *Entrer dans la police* (= embrasser la carrière de policier). *Elle est entrée au conservatoire* (= elle a été reçue au concours d'entrée). *Entrer en religion* (= se faire religieux). - **3.** Commencer à examiner, aborder : *Entrer dans le vif du sujet.* - **4.** Être au début de : *Nous entrons dans l'ère de l'informatique. Entrer dans l'hiver.* - **5.** Prendre part à : *Entrer dans une combine* (syn. tremper). *Entrer dans la danse.* - **6.** Être un élément composant

de, faire partie d'un ensemble : *Les ingrédients qui entrent dans cette sauce. Ce travail
n'entre pas dans mes attributions.* **- 7.** Entrer en,
commencer à être dans un état donné :
*Entrer en ébullition. Entrer en action. Loi qui
entre en vigueur* (= est désormais appliquée).
◆ v.t. (auxil. *avoir*). Faire pénétrer : *Entrer des
marchandises en fraude* (syn. introduire).
Rem. *Entrer* est souvent remplacé par *rentrer*
dans la langue courante.

entresol [ɑ̃tʀəsɔl] n.m. (esp. *entresuelo*, de
suelo "sol"). Étage situé entre le rez-de-
chaussée et le premier étage de certains
immeubles.

entre-temps [ɑ̃tʀətɑ̃] adv. (de l'anc. fr. *entre-
tant*, de *tant*, avec infl. de *temps*). Dans cet
intervalle de temps : *Entre-temps, il est arrivé.*
(On écrit aussi *entre temps*.)

entretenir [ɑ̃tʀətniʀ] v.t. (de *tenir*) [conj. 40].
- 1. Maintenir dans le même état, faire durer :
Entretenir un feu (syn. alimenter). *Les attentions
entretiennent l'amitié* (syn. préserver).
- 2. Conserver en bon état : *Entretenir sa
maison, sa voiture.* **- 3.** Pourvoir à la subsistance de : *Il arrive à peine à entretenir sa famille*
(syn. élever, nourrir). **- 4.** Entretenir qqn de
qqch, avoir avec lui une conversation sur un
sujet : *Elle m'a longuement entretenu de ses
intentions.* ‖ Se faire entretenir par qqn, vivre
à ses frais. ◆ **s'entretenir** v.pr. Échanger
des propos sur un sujet : *Nous nous sommes
entretenus de cette question* (syn. dialoguer).

entretenu, e [ɑ̃tʀətny] adj. **- 1.** Tenu en état :
Maison bien, mal entretenue. **- 2.** Qui vit de
l'argent reçu d'un amant ou d'une maîtresse.

entretien [ɑ̃tʀətjɛ̃] n.m. (de *entretenir*). **- 1.** Action de tenir une chose en bon état, de
fournir ce qui est nécessaire pour y parvenir : *L'entretien d'un moteur. Frais d'entretien.*
- 2. Service d'une entreprise chargé de maintenir les performances des équipements et
des matériels (syn. maintenance). **- 3.** Conversation suivie : *Solliciter un entretien* (syn.
audience, entrevue).

s'entre-tuer [ɑ̃tʀətɥe] v.pr. Se tuer l'un
l'autre, les uns les autres.

entrevoir [ɑ̃tʀəvwaʀ] v.t. [conj. 62]. **- 1.** Voir à
demi, rapidement ou confusément : *Entre-
voir une silhouette dans la brume* (syn. apercevoir, deviner). **- 2.** Se faire une idée encore
imprécise de qqch : *Entrevoir la vérité, un
malheur* (syn. pressentir, soupçonner).

entrevue [ɑ̃tʀəvy] n.f. (de *entrevoir*). Rencontre concertée entre deux ou plusieurs personnes : *Demander une entrevue à un ministre*
(syn. entretien, tête-à-tête).

entrisme [ɑ̃tʀism] n.m. Introduction systématique dans un parti, dans une organisa-

tion syndicale, de nouveaux militants
venant d'une autre organisation, en vue
d'en modifier la ligne politique.

entropie [ɑ̃tʀɔpi] n.f. (gr. *entropê* "retour en
arrière"). PHYS. Grandeur qui, en thermodynamique, permet d'évaluer la dégradation
de l'énergie d'un système.

entrouvert, e [ɑ̃tʀuvɛʀ, -ɛʀt] adj. Ouvert à
demi : *Une fenêtre entrouverte.*

entrouvrir [ɑ̃tʀuvʀiʀ] v.t. [conj. 34].
- 1. Ouvrir en écartant : *Entrouvrir les rideaux
d'une fenêtre.* **- 2.** Ouvrir un peu : *Entrouvrir
une fenêtre* (syn. entrebâiller).

énucléation [enykleasjɔ̃] n.f. En chirurgie,
extirpation d'un organe, d'une tumeur et
spécial. du globe de l'œil.

énucléer [enyklee] v.t. (lat. *enucleare*, de
nucleus "noyau") [conj. 15]. Extirper par énucléation.

énumération [enymeʀasjɔ̃] n.f. Action
d'énumérer ; suite de ce qui est énuméré :
Une énumération des tâches à accomplir (syn.
inventaire, liste).

énumérer [enymeʀe] v.t. (lat. *enumerare*, de
numerus "nombre") [conj. 18]. Énoncer successivement les parties d'un tout, passer en
revue : *Énumérer les titres des romans d'un
auteur* (syn. citer).

énurésie [enyʀezi] n.f. (du gr. *en* "dans" et
ourein "uriner"). Émission involontaire
d'urine, génér. nocturne, à un âge où la
propreté est habituellement acquise.

envahir [ɑ̃vaiʀ] v.t. (lat. pop. *invadire*, class.
invadere "pénétrer dans") [conj. 32]. **- 1.** Pénétrer par la force et en nombre dans un pays,
une région, et l'occuper : *L'armée ennemie a
envahi le nord du pays* (syn. conquérir).
- 2. Remplir, se répandre dans ou sur : *La
foule envahissait les rues.* **- 3.** Gagner l'esprit de
qqn : *Le doute l'envahit* (syn. gagner).

envahissant, e [ɑ̃vaisɑ̃, -ɑ̃t] adj. **- 1.** Qui envahit : *Herbes envahissantes* (syn. prolifique).
- 2. Qui s'impose sans discrétion : *Voisin
envahissant* (syn. importun, indiscret).

envahissement [ɑ̃vaismɑ̃] n.m. Action
d'envahir ; son résultat : *L'envahissement
d'un pays* (syn. invasion).

envahisseur [ɑ̃vaisœʀ] n.m. Celui qui envahit un territoire, un autre pays, etc. : *Se
dresser contre l'envahisseur.*

envasement [ɑ̃vazmɑ̃] n.m. Fait de s'envaser ;
état de ce qui est envasé : *L'envasement
d'un étang.*

s'envaser [ɑ̃vaze] v.pr. **- 1.** Se remplir de vase :
Un canal qui s'envase. **- 2.** S'enfoncer dans la
vase, la boue : *La Jeep s'envase* (syn.
s'enliser, s'embourber).

enveloppant, e [ɑ̃vlɔpɑ̃, -ɑ̃t] adj. Qui enveloppe, entoure : *Un manteau très enveloppant.*

Un mouvement enveloppant (= qui vise à encercler l'adversaire).

enveloppe [ɑ̃vlɔp] n.f. (de *envelopper*). **- 1.** Ce qui sert à envelopper : *Un colis dans son enveloppe de plastique* (syn. emballage). **- 2.** Morceau de papier plié de manière à former une pochette, et destiné à contenir une lettre, une carte, etc. **- 3.** Somme d'argent remise à qqn dans une enveloppe en échange d'un service : *Donner une enveloppe au gardien.* **- 4.** Membrane enveloppant un organe : *L'enveloppe des petits pois.* **- 5.** MATH. Courbe, ou surface, à laquelle chaque élément d'une famille de courbes, ou de surfaces, est tangent. **- 6.** Enveloppe budgétaire. Limite supérieure de dépenses autorisées dans un budget, dont la répartition peut varier ; ensemble de crédits affectés à quelque chose.

enveloppé, e [ɑ̃vlɔpe] adj. (p. passé de *envelopper*). FAM. Se dit par euphémisme d'une personne un peu grosse.

enveloppement [ɑ̃vlɔpmɑ̃] n.m. **- 1.** Action d'envelopper ; fait d'être enveloppé : *L'enveloppement de bibelots* (syn. emballage). **- 2.** MIL. Action d'encercler l'adversaire.

envelopper [ɑ̃vlɔpe] v.t. (de l'anc. fr. *voloper* "envelopper", probabl. du lat pop. *faluppa* "balle de blé"). **- 1.** Couvrir, entourer complètement d'un tissu, d'un papier, d'une matière quelconque : *Envelopper des fruits dans du papier* (syn. emballer). **- 2.** Se développer autour de : *Envelopper l'ennemi* (syn. cerner, encercler). **- 3.** Envelopper qqn, qqch du regard, le contempler longuement. ◆ **s'envelopper** v.pr. S'envelopper dans qqch, s'y enrouler ; au fig., afficher un sentiment, un comportement destiné à écarter toute agression : *S'envelopper dans sa dignité* (syn. se draper).

envenimé, e [ɑ̃vnime] adj. **- 1.** Gagné par l'infection : *Blessure envenimée.* **- 2.** Plein d'aigreur, de virulence : *Propos envenimés* (syn. fielleux).

envenimement [ɑ̃vnimmɑ̃] n.m. Action d'envenimer ; fait de s'envenimer.

envenimer [ɑ̃vnime] v.t. (de *venin*). **- 1.** Provoquer l'irritation, l'infection de : *Envenimer une plaie en la grattant* (syn. infecter). **- 2.** Rendre virulent ; mettre de l'animosité dans : *Envenimer une discussion.* ◆ **s'envenimer** v.pr. **- 1.** S'infecter. **- 2.** Se détériorer, devenir hostile : *Les relations entre les époux se sont envenimées.*

envergure [ɑ̃vɛrgyr] n.f. (de *enverguer* "fixer à une vergue"). **- 1.** Dimension d'une aile d'avion, mesurée perpendiculairement à son axe de déplacement. **- 2.** Distance entre les extrémités des ailes déployées d'un oiseau. **- 3.** Ampleur de l'intelligence, de la volonté : *Esprit d'une grande envergure.* **- 4.** Importance d'une action, ampleur d'un projet : *Son entreprise a pris de l'envergure* (= s'est développée). **- 5.** MAR. Longueur du côté par lequel une voile est fixée à la vergue.

1. envers [ɑ̃vɛr] prép. (de *en* et *vers*). **- 1.** À l'égard de qqn, d'un groupe ; vis-à-vis de : *Il est très bien disposé envers nous.* **- 2.** Envers et contre tous, tout, malgré l'opposition de tous, en dépit de tous les obstacles.

2. envers [ɑ̃vɛr] n.m. (de l'anc. adj. *envers*, lat. *inversus*, de *invertere* "retourner"). **- 1.** Face par laquelle il est moins fréquent de regarder qqch : *L'envers d'une feuille* (syn. dos, verso). *L'envers d'une étoffe* (par opp. à *endroit*). **- 2.** Aspect opposé, contraire à qqch : *C'est l'envers de la vérité* (syn. contraire, inverse). **- 3.** GÉOGR. Syn. de *ubac.* ◆ À l'envers, du mauvais côté ; en dépit du bon sens : *Mettre son pull à l'envers* (par opp. à *à l'endroit*). Faire le travail à l'envers (= de travers).

à l'envi [ɑ̃vi] loc. adv. (de l'anc. fr. *envier* "inviter, provoquer au jeu"). LITT. Avec émulation, en rivalisant : *Chacun lui déclarait à l'envi son amour* (= à qui mieux mieux).

enviable [ɑ̃vjabl] adj. Digne d'être envié : *Situation enviable* (syn. tentant). *Sort peu enviable* (syn. souhaitable).

envie [ɑ̃vi] n.f. (lat. *invidia* "jalousie, désir"). **- 1.** Sentiment de convoitise à la vue du bonheur, des avantages d'autrui : *Sa promotion a suscité bien des envies* (syn. jalousie). **- 2.** Désir soudain et vif d'avoir, de faire qqch : *Je meurs d'envie de tout vous raconter.* **- 3.** Besoin qu'on a le désir de satisfaire : *Avoir envie de manger.* **- 4.** Tache rouge sur la peau que présentent certains enfants à la naissance. **- 5.** (Surtout au pl.). Petite pellicule de peau qui se détache près des ongles.

envier [ɑ̃vje] v.t. (de *envie*) [conj. 9]. **- 1.** Éprouver de l'envie envers qqn : *Je vous envie d'avoir gagné* (syn. jalouser). **- 2.** Désirer, convoiter ce que qqn d'autre possède : *Envier la place de qqn.*

envieux, euse [ɑ̃vjø, -øz] adj. et n. Tourmenté par l'envie : *Son succès va faire des envieux* (syn. jaloux). ◆ adj. Qui exprime l'envie : *Regards envieux* (= de convoitise).

environ [ɑ̃virɔ̃] adv. (de *en*, et de l'anc. fr. *viron* "tour"). Indique une approximation : *Parcourir environ cent kilomètres* (= à peu près). *je serai de retour à six heures environ* (= vers six heures).

environnant, e [ɑ̃virɔnɑ̃, -ɑ̃t] adj. Qui environne ; proche, voisin : *Le village et la campagne environnante* (syn. avoisinant).

environnement [ɑ̃virɔnmɑ̃] n.m. **- 1.** Ce qui entoure, ce qui constitue le voisinage : *Mon* environnement immédiat. - **2.** Ensemble des éléments naturels et artificiels qui entourent un individu ou une espèce : *Défense de l'environnement* (syn. milieu). - **3.** Ensemble des éléments objectifs et subjectifs qui constituent le cadre de vie d'un individu (syn. entourage).

environner [ãvirɔne] v.t. (de *environ*). Entourer, constituer le voisinage de : *Les dangers qui l'environnent. La ville est environnée de montagnes* (syn. entourer).

environs [ãvirɔ̃] n.m. pl. (de *environ*). - **1.** Lieux qui sont alentour : *Les environs de Lyon* (syn. alentours). - **2.** Aux environs de, indique la proximité dans l'espace, le temps, la quantité : *Aux environs de Tours* (syn. abords). *Aux environs de midi* (syn. vers). *Aux environs de dix francs* (= près de).

envisageable [ãvizaʒabl] adj. Qui peut être envisagé : *Les solutions envisageables.*

envisager [ãvizaʒe] v.t. (de *visage*) [conj. 17]. - **1.** Prendre en considération, tenir compte de : *Envisageons cette question* (syn. considérer). - **2.** Former le projet de : *Ils envisagent de quitter Paris* (syn. projeter).

envoi [ãvwa] n.m. (de *envoyer*). - **1.** Action d'envoyer : *L'envoi de troupes. L'envoi d'une lettre* (syn. expédition). - **2.** Chose qu'on envoie : *J'attends ton envoi* (syn. colis). - **3.** LITTÉR. Vers placés à la fin d'une ballade pour en faire hommage à qqn.

envol [ãvɔl] n.m. (de *s'envoler*). Action de s'envoler, de décoller : *Les hirondelles prennent leur envol.*

envolée [ãvɔle] n.f. (de *s'envoler*). - **1.** Élan oratoire ou poétique : *Une envolée lyrique.* - **2.** Montée brutale d'une valeur : *L'envolée du dollar.*

s'envoler [ãvɔle] v.pr. (de *voler*). - **1.** Prendre son vol ; s'échapper : *L'oiseau s'envole.* - **2.** Décoller : *L'avion s'envola.* - **3.** LITT. Passer rapidement : *Le temps s'envole* (syn. s'enfuir).

envoûtant, e [ãvutã, -ãt] adj. Qui envoûte, captive, séduit : *Une musique envoûtante* (syn. enchanteur). *Un sourire envoûtant* (syn. ensorcelant).

envoûtement [ãvutmã] n.m. - **1.** Pratique magique censée opérer, à distance, une action sur un être animé, par le moyen d'une figurine le représentant, à laquelle on inflige les maux et les atteintes dont on souhaite que cet être souffre. - **2.** Action de subjuguer qqn ; état de celui qui subit le charme, la séduction de qqn ou qqch (syn. fascination).

envoûter [ãvute] v.t. (de l'anc. fr. *volt, vout* "visage", du lat. *vultus*). - **1.** Pratiquer un envoûtement. - **2.** Séduire comme par magie ; exercer un attrait irrésistible sur :

Cette femme l'a envoûté (syn. ensorceler, subjuguer).

envoyé, e [ãvwaje] n. - **1.** Personne envoyée quelque part pour y remplir une mission : *Un envoyé de l'O.N.U.* (syn. ambassadeur, messager). - **2.** Envoyé spécial, journaliste chargé de recueillir sur place l'information.

envoyer [ãvwaje] v.t. (lat. *inviare* "parcourir", de *via* "route") [conj. 30]. - **1.** Faire partir qqn pour une destination donnée : *Envoyer un enfant à l'école. Envoyer un expert sur place* (syn. détacher). - **2.** Faire parvenir, expédier qqch : *Envoyer une lettre.* - **3.** Projeter vivement : *Envoyer une balle* (syn. jeter, lancer). - **4.** Ne pas envoyer dire qqch (à qqn), le dire soi-même, face à face, sans ménagement. | MIL. Envoyer les couleurs, hisser le pavillon national pour lui rendre les honneurs. ◆ **s'envoyer** v.pr. FAM. S'envoyer qqch, l'avaler : *Il s'est envoyé une bouteille de whisky ;* se charger de, assumer une obligation contraignante, une tâche pénible : *C'est moi qui m'envoie tout le boulot.*

envoyeur, euse [ãvwajœr, -øz] n. Personne qui fait un envoi postal : *Retour à l'envoyeur* (syn. expéditeur).

enzyme [ãzim] n.f. ou m. (de gr. *en* "dans" et *zumê* "levain"). Substance organique soluble qui catalyse une réaction biochimique.

éocène [eɔsɛn] n.m. et adj. (du gr. *eôs* "aurore" et *kainos* "récent"). GÉOL. Période de l'ère tertiaire, marquée par la diversification des mammifères et le début de la formation des Alpes.

éolien, enne [eɔljɛ̃, -ɛn] adj. (de *Éole*, n. du dieu des Vents). - **1.** Mû par le vent : *Moteur éolien.* - **2.** Provoqué par le vent : *Érosion éolienne.* ◆ **éolienne** n.f. Machine composée d'une roue à pales montée sur un support et qui tourne sous l'action du vent en entraînant un moteur, un mécanisme.

éosine [eɔzin] n.f. (du gr. *eôs* "aurore", à cause de la couleur). Matière colorante rouge, utilisée comme pigment dans les encres et les fards ou comme désinfectant en dermatologie.

épagneul, e [epaɲœl] n. (de [chien] *espagnol*). Chien d'arrêt ou d'agrément à poil long et à oreilles pendantes.

épais, aisse [epɛ, -ɛs] adj. (anc. fr. *espois,* altér. de *espes,* lat. *spissus*). - **1.** Qui a de l'épaisseur, une épaisseur de tant : *Un mur épais, épais de un mètre.* - **2.** Massif, ramassé sur soi-même : *Un homme épais* (syn. trapu). - **3.** Grossier, qui manque de finesse : *Plaisanterie épaisse* (syn. lourd). *Esprit épais* (syn. obtus). - **4.** Dense, serré, compact, consistant : *Brouillard épais. Encre épaisse* (syn. pâteux).

épaisseur [epesœr] n.f. (de *épais*). - **1.** Troisième dimension d'un solide, les deux autres étant la longueur ou la hauteur et la largeur : *Un mur de un mètre d'épaisseur.* *L'épaisseur d'une planche.* - **2.** État de ce qui est massif : *L'épaisseur de la taille* (syn. empâtement). - **3.** État de ce qui est dense, serré : *L'épaisseur d'un feuillage* (syn. densité). - **4.** Profondeur : *L'épaisseur de la nuit* (syn. opacité).

épaissir [epesiʀ] v.t. [conj. 32]. Rendre plus épais : *Épaissir une sauce.* ◆ v.i. ou **s'épaissir** v.pr. Devenir plus épais, plus consistant : *Il a commencé à épaissir* (syn. engraisser, grossir). *Le brouillard s'épaissit* (= devient plus dense).

épaississant, e [epesisɑ̃, -ɑ̃t] adj. et n.m. Se dit d'une matière qui augmente la viscosité d'un liquide, comme la peinture.

épaississement [epesismɑ̃] n.m. Action d'épaissir, son résultat ; fait de s'épaissir : *L'épaississement d'une sauce.*

épamprer [epɑ̃pʀe] v.t. (de *pampre*). Débarrasser un cep de vigne des jeunes pousses inutiles.

épanchement [epɑ̃ʃmɑ̃] n.m. - **1.** MÉD. Accumulation pathologique d'un liquide de l'organisme hors des cavités qui le contiennent : *Un épanchement de synovie.* - **2.** Fait de s'épancher ; effusion de sentiments, de pensées intimes (syn. confidence).

épancher [epɑ̃ʃe] v.t. (lat pop. *expandicare*, du class. *expandere*). LITT. Donner libre cours à un sentiment : *Épancher son cœur* (= se confier avec sincérité). ◆ **s'épancher** v.pr. - **1.** En parlant d'un liquide de l'organisme, se répandre dans une cavité qui n'est pas destinée à le recevoir : *Le sang s'est épanché dans l'estomac.* - **2.** En parlant d'une personne, se confier librement : *S'épancher auprès d'un ami* (syn. s'abandonner, s'ouvrir).

épandage [epɑ̃daʒ] n.m. - **1.** Action d'épandre : *L'épandage du fumier dans les champs.* - **2.** Champ d'épandage. Terrain destiné à l'épuration des eaux d'égout par filtrage à travers le sol.

épandre [epɑ̃dʀ] v.t. (lat. *expandere*, de *pandere* "étendre") [conj. 74]. Étendre en dispersant : *Épandre des engrais.*

épanoui, e [epanwi] adj. - **1.** Qui manifeste de la joie et de la sérénité : *Visage épanoui* (syn. radieux). - **2.** Dont les formes sont pleines et harmonieuses : *Femmes épanouies des tableaux de Rubens.*

épanouir [epanwiʀ] v.t. (altér. sous l'infl. de *évanouir*, de l'anc. fr. *espenir* "s'ouvrir", du frq. *spannjan* "étendre") [conj. 32]. - **1.** Faire ouvrir une fleur : *La chaleur épanouit les roses.* - **2.** Rendre heureux : *La maternité l'a épanouie.* ◆ **s'épanouir** v.pr. - **1.** En parlant d'une fleur, s'ouvrir largement. - **2.** Être, se sentir bien, physiquement, affectivement, intellectuellement : *Cet enfant s'épanouit chez*

ses grands-parents. - **3.** Exprimer, manifester une joie sereine : *Son visage s'épanouit à la nouvelle* (syn. se détendre, se dérider). - **4.** Se développer dans toutes ses potentialités : *Il s'épanouit dans son nouveau travail.*

épanouissant, e [epanwisɑ̃, -ɑ̃t] adj. Où qqn s'épanouit, en parlant d'un métier, d'une activité.

épanouissement [epanwismɑ̃] n.m. Fait de s'épanouir ; état de ce qui est épanoui : *L'épanouissement d'une rose* (syn. éclosion). *L'épanouissement d'un visage* (syn. rayonnement).

épargnant, e [epaʀɲɑ̃, -ɑ̃t] n. et adj. Personne qui économise, épargne : *Les petits épargnants.*

épargne [epaʀɲ] n.f. (de *épargner*). - **1.** Action d'épargner, d'économiser : *Mesures qui tendent à encourager l'épargne.* - **2.** Mise en réserve d'une somme d'argent, fraction du revenu individuel ou national qui n'est pas affectée à la consommation : *Le volume de l'épargne nationale* (= des sommes épargnées par les particuliers ou les entreprises d'un pays). - **3.** Économie dans l'emploi ou l'usage de qqch : *Une épargne de temps considérable* (syn. économie, gain). - **4.** Épargne(-)logement, épargne(-)retraite, systèmes d'encouragement à l'épargne des particuliers en vue de l'acquisition, de la construction ou de l'aménagement d'un logement ou en vue de leurs pensions de retraite. - **5.** Caisse d'épargne. Établissement financier dont l'activité consiste notamm. à recevoir des particuliers des dépôts en numéraire dont les intérêts sont capitalisés en fin d'année. - **6.** GRAV. Taille d'épargne, taille de la surface d'un matériau conduite de façon à former un dessin avec les parties réservées, non attaquées.

épargner [epaʀɲe] v.t. (germ. *sparanjan*, de *sparon* "épargner"). - **1.** Mettre en réserve, accumuler : *Épargner sou après sou* (syn. économiser). - **2.** Faire l'économie de : *Épargner ses forces* (syn. ménager). - **3.** Traiter avec ménagement, laisser la vie sauve à : *Épargner qqn* (= faire grâce à). - **4.** Ne pas endommager, ne pas détruire : *La sécheresse a épargné cette région.* - **5.** Épargner qqch à qqn, l'en dispenser, le lui éviter : *Épargnez-nous les explications inutiles* (= faire grâce de). ◆ **s'épargner** v.pr. S'épargner qqch, se dispenser de : *Épargnez-vous cette peine.*

éparpillement [epaʀpijmɑ̃] n.m. Action d'éparpiller ; état de ce qui est éparpillé : *L'éparpillement des feuilles mortes par le vent* (syn. dispersion).

éparpiller [epaʀpije] v.t. (de l'anc. fr. *desparpeillier*, lat. pop. *disparpaliare*, du class. *dispare* "inégalement" et *palare* "répartir").

- **1.** Disperser, répandre de tous côtés : *Éparpiller des papiers*. - **2.** Éparpiller ses forces, son talent, son attention, les partager entre des activités trop diverses et trop nombreuses (syn. gaspiller). ◆ **s'éparpiller** v.pr. - **1.** Se disperser de tous côtés : *Les manifestants se sont éparpillés* (syn. s'égailler). - **2.** Se partager entre des activités trop nombreuses et trop diverses : *Élève qui s'éparpille*.

épars, e [epar, -ars] adj. (p. passé de l'anc. v. *espardre* "répandre", du lat. *spargere*). Dispersé, en désordre : *Les débris épars d'un avion accidenté* (syn. disséminé).

épatant, e [epatã, -ãt] adj. FAM. Qui épate : *Un temps épatant* (syn. splendide). *Un ami épatant* (syn. formidable).

épaté, e [epate] adj. (de *épater*). Nez épaté, nez court, gros et large.

épatement [epatmã] n.m. - **1.** État de ce qui est épaté, écrasé. - **2.** FAM. Surprise, stupéfaction.

épater [epate] v.t. (de *patte* "pied"). FAM. Remplir d'une surprise admirative : *Là, il m'a épaté* (syn. ébahir, stupéfier).

épaulard [epolar] n.m. (de *épaule*). Cétacé de l'Atlantique nord, voisin du marsouin (syn. orque). □ Long. de 5 à 9 m selon l'espèce. Très vorace, l'épaulard s'attaque même aux baleines, dont il déchire les lèvres.

épaule [epol] n.f. (bas lat. *spathula* "épaule, omoplate", de *spatha*, "épée"). - **1.** Articulation qui unit le bras au thorax ; espace compris entre ces deux articulations (au pl.) : *Il s'est démis l'épaule* (= il s'est déboîté l'humérus). *Une veste trop large d'épaules*. - **2.** Partie supérieure du membre antérieur des animaux : *Une épaule de mouton*. - **3.** FAM. Avoir la tête sur les épaules, être plein de bon sens. ‖ Par-dessus l'épaule, avec négligence : *Traiter qqn par-dessus l'épaule* (= avec désinvolture).

épaulé, e [epole] adj. Se dit d'un vêtement qui comporte une épaulette de rembourrage : *Une veste très épaulée*.

épaulé-jeté [epoleʒəte] n.m. (de *épaulé* et *jeté*, mouvements d'haltérophilie) [pl. *épaulés-jetés*]. Mouvement d'haltérophilie qui consiste, après avoir amené la barre en un seul temps à hauteur d'épaules, à la soulever d'une seule détente à bout de bras.

épaulement [epolmã] n.m. (de *épauler*). - **1.** MIL. Terrassement protégeant un canon, un lance-roquette et ses servants contre les coups adverses. - **2.** Mur de soutènement.

épauler [epole] v.t. - **1.** Appuyer contre l'épaule : *Épauler son fusil pour tirer* (= mettre en joue). - **2.** Appuyer, soutenir qqn dans une épreuve : *Il a besoin de se sentir épaulé*.

épaulette [epolɛt] n.f. - **1.** Patte que certains militaires portent sur chaque épaule, et qui

sert souvent à désigner leur grade ; symbole du grade d'officier. - **2.** Rembourrage dont la forme épouse le haut de l'épaule et qui à élargir la carrure d'un vêtement.

épave [epav] n.f. (du lat. *expavidus* "épouvanté"). - **1.** Navire, marchandise, objet abandonné à la mer ou rejeté sur le rivage après un naufrage. - **2.** Voiture accidentée irréparable ou vieille voiture hors d'usage. - **3.** FAM. Personne qui, à la suite de malheurs, de revers, est tombée dans un état extrême de misère ou d'abandon (syn. loque).

épée [epe] n.f. (lat. *spatha*, du gr.). - **1.** Arme faite d'une lame d'acier pointue fixée à une poignée munie d'une garde. - **2.** SPORTS. L'une des trois armes de l'escrime ; discipline utilisant cette arme. □ Long. max. 1,10 m, dont 90 cm pour la lame. - **3.** Coup d'épée dans l'eau, effort sans résultat. ‖ Épée de Damoclès, danger qui peut s'abattre sur qqn d'un moment à l'autre.

épeire [epɛr] n.f. (lat. scientif. *epeira*). Araignée à abdomen diversement coloré, qui construit de grandes toiles verticales et régulières dans les jardins, les bois.

épéiste [epeist] n. Escrimeur à l'épée.

épeler [eple] v.t. (frq. *spellôn* "expliquer") [conj. 24]. Nommer successivement les lettres composant un mot : *Chaque élève épelle son nom*.

épellation [epelasjɔ̃] n.f. Action, manière d'épeler.

épenthèse [epɑ̃tɛz] n.f. (gr. *epenthesis* "intercalation"). LING. Apparition d'une voyelle ou d'une consonne non étymologique dans un mot. (Ex. le *b* de *chambre*, qui vient du lat. *camera*.)

épenthétique [epɑ̃tetik] adj. Ajouté par épenthèse.

épépiner [epepine] v.t. Enlever les pépins de : *Épépiner des grains de raisin*.

éperdu, e [epɛrdy] adj. (de l'anc. v. *esperdre* "perdre complètement"). - **1.** Égaré sous l'effet d'une émotion violente : *Une veuve éperdue* (syn. égaré). - **2.** Violent, passionné : *Amour éperdu* (syn. ardent, frénétique). - **3.** Éperdu de, qui éprouve très vivement un sentiment : *Éperdu de joie, de reconnaissance, d'admiration*.

éperdument [epɛrdymɑ̃] adv. D'une manière éperdue : *Elle est éperdument amoureuse* (syn. follement).

éperlan [epɛrlɑ̃] n.m. (néerl. *spierlinc*). Poisson marin voisin du saumon, à chair délicate, qui pond au printemps dans les embouchures des fleuves. □ Long. env. 25 cm.

éperon [eprɔ̃] n.m. (bas lat. *sporonus*, du frq. *sporo*). - **1.** Arceau de métal, terminé par un ergot ou une molette, que le cavalier fixe à la partie postérieure de ses bottes pour piquer son cheval et activer son allure. **-2.** Partie saillante, avancée d'un contrefort montagneux, d'un coteau, d'un littoral : *Château bâti sur un éperon rocheux.*

éperonner [epʀɔne] v.t. **-1.** Piquer avec l'éperon : *Éperonner un cheval.* **-2.** LITT. Exciter, stimuler : *Être éperonné par la faim, par l'ambition* (syn. aiguillonner). **-3.** Éperonner un navire, l'aborder avec l'étrave.

épervier [epeʀvje] n.m. (frq. *sparwâri*). **-1.** Oiseau rapace diurne, commun dans les bois, où il chasse les petits oiseaux. ◻ Long. 30 à 40 cm. **-2.** Filet de pêche de forme conique, garni de plomb, qu'on lance à la main.

épervière [epeʀvjeʀ] n.f. (de *épervier*, dont cette plante fortifiait la vue). Plante herbacée à fleurs jaunes, à poils laineux. ◻ Famille des composées.

éphèbe [efɛb] n.m. (gr. *ephêbos*, de *hébê* "jeunesse"). **-1.** ANTIQ. GR. Adolescent de 18 à 20 ans, soumis par la cité à certaines obligations. **-2.** Terme plaisant pour désigner un jeune homme d'une grande beauté (syn. litt. adonis).

éphémère [efemɛʀ] adj. (gr. *ephêmeros* "qui dure un jour"). **-1.** Qui ne vit que très peu de temps : *Insecte éphémère.* **-2.** De très courte durée : *Bonheur éphémère* (syn. fugitif, passager). ◆ n.m. Insecte qui, à l'état adulte, ne vit qu'un ou deux jours, mais dont la larve, aquatique, peut vivre plusieurs années. ◻ Ordre des éphéméroptères. Long. de 14 à 25 mm.

éphéméride [efemeʀid] n.f. (lat. *ephemeris* "récit d'événements quotidiens", du gr. *hêmera* "jour"). **-1.** Livre ou notice qui contient les événements accomplis dans un même jour à des époques différentes. **-2.** Calendrier dont on retire chaque jour une feuille.

épi [epi] n.m. (lat. *spica* "pointe"). **-1.** Partie terminale de la tige du blé, et en général des céréales, portant les graines groupées autour de l'axe : *Des épis de seigle, de maïs.* **-2.** Mèche de cheveux qui poussent en sens contraire de celui des autres : *Avoir un épi sur le sommet de la tête.* **-3.** En épi, se dit d'objets, de véhicules disposés parallèlement les uns aux autres, mais en oblique : *Stationnement en épi* ; se dit d'une cloison ou d'éléments de mobilier perpendiculaires au mur et séparant deux zones à l'intérieur d'une pièce : *Une bibliothèque en épi.*

épice [epis] n.f. (lat. *species* "espèce", puis "marchandise"). Substance aromatique d'origine végétale pour l'assaisonnement des mets : *Le poivre et la cannelle sont des épices.*

épicé, e [epise] adj. **-1.** Dont le goût est relevé par des épices : *Un plat très épicé* (syn. relevé). **-2.** Qui contient des traits égrillards, grivois : *Un récit épicé* (syn. leste, osé).

épicéa [episea] n.m. (du lat. *picea* "pin"). Grand conifère voisin du sapin, mais qui s'en distingue par un tronc plus roux, des aiguilles uniformément vertes, des cônes pendants. ◻ Haut. max. 50 m ; on l'utilise dans les reboisements.

épicène [episɛn] adj. (gr. *epikoinos* "commun"). LING. **-1.** Se dit d'un nom commun au mâle et à la femelle d'une même espèce, comme l'aigle, la souris, le crapaud. **-2.** Se dit d'un nom, d'un pronom, d'un adjectif qui ne varie pas selon le genre (ex. : *élève* ou *enfant*).

épicentre [episɑ̃tʀ] n.m. (de *épi-* et *centre*). GÉOL. Point de la surface terrestre où un séisme a été le plus intense.

épicer [epise] v.t. [conj. 16]. **-1.** Assaisonner avec des épices : *Épicer une sauce* (syn. relever). **-2.** Additionner de traits égrillards : *Épicer un récit* (syn. pimenter).

épicerie [episʀi] n.f. (de *épicier*). **-1.** Ensemble de produits de consommation courante, comestibles et ménagers, vendus par certains commerçants. **-2.** Commerce, magasin de l'épicier.

épicier, ère [episje, -ɛʀ] n. (de *épice*). Personne qui vend des produits comestibles ou ménagers.

épicondyle [epikɔ̃dil] n.m. (de *épi-* et du gr. *kondulos* "articulation"). ANAT. Apophyse de l'extrémité inférieure de l'humérus.

épicurien, enne [epikyʀjɛ̃, -ɛn] adj. et n. (de *Épicure*, n.pr.). **-1.** De la philosophie d'Épicure et de ses disciples. **-2.** Qui ne pense qu'au plaisir : *Un épicurien* (= un bon vivant ; syn. jouisseur).

épicurisme [epikyʀism] n.m. Doctrine d'Épicure et des épicuriens.

épidémie [epidemi] n.f. (lat. médiév. *epidemia*, du gr. *epidêmios* "qui séjourne dans un pays"). **-1.** Atteinte simultanée d'un grand nombre d'individus d'un pays ou d'une région par une maladie contagieuse : *Une épidémie de grippe.* **-2.** Phénomène pernicieux, nuisible qui atteint un grand nombre d'individus : *Une épidémie de faillites.*

épidémiologie [epidemjɔlɔʒi] n.f. (de *épidémie* et *-logie*). Discipline qui étudie les différents facteurs intervenant dans l'apparition des maladies ainsi que leur fréquence, leur évolution et les moyens nécessaires à leur prévention. ◆ **épidémiologiste** n. Nom du spécialiste.

épidémique [epidemik] adj. **-1.** Qui tient de l'épidémie : *Maladie épidémique.* **-2.** Qui se répand à la façon d'une épidémie : *Un besoin* *épidémique de liberté* (syn. communicatif, contagieux).

épiderme [epidɛʀm] n.m. (bas lat. *epidermis*, du gr.). - **1.** Partie externe de la peau constituée de plusieurs couches de cellules dont la plus superficielle est cornée et desquamée : *La coupure n'a entamé que l'épiderme.* - **2.** Avoir l'épiderme sensible, être susceptible.

épidermique [epidɛʀmik] adj. - **1.** Relatif à l'épiderme : *Les tissus épidermiques.* - **2.** Réaction épidermique, réaction vive mais qui n'a rien de profond : *C'est une réaction épidermique* (syn. superficiel ; contr. viscéral).

épier [epje] v.t. (frq. *spehôn*) [conj. 9]. Observer, surveiller attentivement et secrètement : *Épier les allées et venues de qqn* (syn. espionner).

épierrer [epjeʀe] v.t. [conj. 4]. Enlever les pierres de : *Épierrer un champ, un jardin.*

épieu [epjø] n.m. (altér. sous l'infl. de *pieu*, de l'anc. fr. *inspieth*, du frq. *speot*) [pl. *épieux*]. Bâton garni de fer, qu'on utilisait pour chasser le gros gibier.

épigastre [epigastʀ] n.m. (gr. *epigastrion*, de *epi* "au-dessus" et *gastêr* "ventre"). ANAT. Partie supérieure de l'abdomen comprise entre l'ombilic et le sternum.

épigastrique [epigastʀik] adj. Qui se rapporte à l'épigastre : *Douleurs épigastriques.*

épiglotte [epiglɔt] n.f. (gr. *epiglôttis*, de *epi* "au-dessus" et *glôtta* "langue"). ANAT. Languette cartilagineuse qui ferme la glotte au moment de la déglutition.

épigone [epigon] n.m. (gr. *epigonos* "descendant"). LITT. Successeur, disciple sans originalité personnelle : *Les épigones de Rimbaud.*

épigramme [epigram] n.f. (gr. *epigramma* "inscription"). - **1.** Petite pièce de vers du genre satirique, se terminant par un trait piquant. - **2.** LITT. Mot satirique, raillerie mordante : *Décocher des épigrammes à ses collègues* (syn. sarcasme, LITT. brocard).

épigraphe [epigʀaf] n.f. (gr. *epigraphê* "inscription"). - **1.** Inscription gravée sur un édifice et indiquant sa date de construction, l'intention des constructeurs, etc. - **2.** Citation placée en tête d'un livre, d'un chapitre, pour en résumer l'objet ou l'esprit.

épigraphie [epigʀafi] n.f. (de *épigraphe*). Science auxiliaire de l'histoire, qui étudie les inscriptions sur matières durables, comme la pierre et le métal. ◆ **épigraphiste** n. Nom du spécialiste.

épigraphique [epigʀafik] adj. Qui se rapporte à l'épigraphie.

épilation [epilasjɔ̃] n.f. Action d'épiler : *Épilation à la cire.*

épilatoire [epilatwaʀ] adj. et n.m. Qui sert à épiler : *Un produit épilatoire* (syn. dépilatoire).

épilepsie [epilɛpsi] n.f. (gr. *epilêpsia* "attaque"). Maladie qui se manifeste sous forme de crises violentes avec des convulsions, et pouvant s'accompagner de pertes de conscience ou d'hallucinations.

épileptique [epilɛptik] adj. et n. Qui relève de l'épilepsie ; qui y est sujet.

épiler [epile] v.t. (du lat. *pilus* "poil"). Arracher, faire tomber les poils de : *Pince à épiler. Épiler ses sourcils.*

épilogue [epilɔg] n. m. (lat. *epilogus*, du gr.). - **1.** Conclusion d'un ouvrage littéraire : *L'épilogue d'un roman.* - **2.** Fin, conclusion d'une histoire, d'une affaire : *L'épilogue d'une affaire judiciaire* (syn. dénouement).

épiloguer [epilɔge] v.t. ind. [sur] (de *épilogue*). Donner des explications, des commentaires sans fin et plus ou moins oiseux sur : *L'incident est clos, inutile d'épiloguer.*

épinard [epinaʀ] n.m. (lat. médiév. *spinarchia*, ar. d'Espagne *isbimâh*, du persan). Plante potagère, dont on consomme les feuilles de forme allongée, vert foncé. □ Famille des chénopodiacées. ◆ **épinards** n.m.pl. - **1.** Feuilles d'épinard : *Épinards à la crème.* - **2.** FAM. Mettre du beurre dans les épinards, améliorer ses revenus.

épine [epin] n.f. (lat. *spina*). - **1.** Excroissance dure et pointue qui naît sur certains végétaux et animaux : *Les épines d'un cactus* (syn. piquant). *La vive a des épines venimeuses.* - **2.** Enlever, tirer une épine du pied à qqn, le soulager d'un grand souci, lui permettre de sortir d'une grave difficulté. - **3.** ANAT. Épine dorsale. Colonne vertébrale.

épinette [epinɛt] n.f. (de *épine*). - **1.** Petit clavecin. - **2.** CAN. Épicéa.

épineux, euse [epinø, -øz] adj. (lat. *spinosus*). - **1.** Qui porte des épines : *La tige épineuse du rosier.* - **2.** Très embarrassant ; plein de difficultés : *Une question épineuse* (syn. ardu, délicat). ◆ **épineux** n.m. Arbuste épineux.

épine-vinette [epinvinɛt] n.f. (de *épine* et *vin*, à cause de la couleur des baies) [pl. *épines-vinettes*]. Arbrisseau épineux à fleurs jaunes et baies rouges. □ Famille des berbéridacées.

épingle [epɛ̃gl] n.f. (lat. pop. *spingula*, croisement du lat. class. *spinula* "petite épine", et du bas lat. *spicula* "petit épi"). - **1.** Petite tige métallique pointue à un bout et garnie d'une tête à l'autre bout : *Deux feuilles de papier attachées par une épingle.* - **2.** Bijou en forme d'épingle, à tête ornée : *Épingle de cravate en or.* - **3.** Chercher une épingle dans une meule, une botte de foin, chercher une chose introuvable. ‖ Coup d'épingle, blessure d'amour-propre. ‖ Monter qqch en épingle, le faire valoir exagérément, lui donner une importance excessive. ‖ Tiré à quatre épingles, habillé avec beaucoup de soin. ‖ Tirer son épingle du jeu, se tirer adroitement d'une affaire difficile. ‖ Virage en épingle à cheveux, virage brusque et très serré. **-4.** Épingle à cheveux. Petite tige recourbée à deux branches pour tenir les cheveux. ‖ Épingle de sûreté, épingle double, épingle de nourrice, épingle anglaise. Petite tige de métal recourbée sur elle-même et formant ressort, dont la pointe est maintenue par un crochet plat.

épingler [epēgle] v.t. **-1.** Attacher, fixer avec une ou des épingles : *Épingler un ourlet.* **-2.** FAM. Arrêter une personne, la prendre sur le fait : *Ils n'ont jamais pu l'épingler* (syn. appréhender, attraper).

épinière [epinjɛr] adj.f. Moelle épinière → moelle.

épinoche [epinɔʃ] n.f. (de *épine*). Petit poisson marin ou d'eau douce, portant des épines sur le dos. □ L'épinoche d'eau douce atteint 8 cm de long. Famille des gastérostéidés.

Épiphanie [epifani] n.f. (lat. ecclés. *epiphania,* gr. *epiphaneia* "apparition"). RELIG. CHRÉT. Fête célébrée le premier dimanche de janvier pour commémorer la manifestation du Christ, en partic. aux Mages, et appelée pour cette raison *jour* ou *fête des Rois.* □ Dans les églises orientales, cette fête est centrée sur le baptême du Christ.

épiphénomène [epifenɔmɛn] n.m. Phénomène secondaire, sans importance par rapport à un autre.

épiphyse [epifiz] n.f. (gr. *epiphusis* "excroissance"). ANAT. Extrémité d'un os long, contenant de la moelle rouge.

épiphyte [epifit] adj. et n.m. (du gr. *epi* "sur" et *phuton* "plante"). BOT. Se dit d'un végétal qui vit fixé sur un autre végétal, mais sans le parasiter.

épique [epik] adj. (lat. *epicus,* du gr.). **-1.** Qui est propre à l'épopée : *Poème, style, héroïne épique.* **-2.** Mémorable par son caractère pittoresque, extraordinaire : *Avoir des démêlés épiques avec ses voisins* (syn. fabuleux, homérique).

épiscopal, e, aux [episkɔpal, -o] adj. (lat. ecclés. *episcopalis,* de *episcopus* "évêque"). **-1.** Qui appartient, qui est propre à l'évêque : *Palais épiscopal.* **-2.** Église épiscopale, église anglicane.

épiscopat [episkɔpa] n.m. (lat. *episcopatus,* de *episcopus ;* v. *évêque*). **-1.** Dignité d'évêque ; temps pendant lequel un évêque occupe son siège. **-2.** Ensemble des évêques : *L'épiscopat français.*

épisiotomie [epizjɔtɔmi] n.f. (gr. *epeision* "pénil"et *tomê* "section"). Incision de la vulve et des muscles du périnée, pratiquée pour faciliter certains accouchements.

épisode [epizɔd] n.m. (gr. *epeisodion* "incident"). **-1.** Division d'un roman, d'un film : *Feuilleton en neuf épisodes.* **-2.** Partie d'une œuvre narrative ou dramatique s'intégrant à un ensemble mais ayant ses caractéristiques propres : *Un épisode célèbre de « l'Iliade ».* **-3.** Circonstance appartenant à une série d'événements formant un ensemble : *Les épisodes de la Révolution française* (syn. péripétie).

épisodique [epizɔdik] adj. **-1.** Qui n'est pas nécessaire ou essentiel au déroulement d'une action : *Événement épisodique* (syn. accessoire). *Avoir un rôle épisodique* (syn. secondaire). **-2.** Qui ne se produit que de temps en temps : *Faire des séjours épisodiques à la montagne* (syn. intermittent).

épisodiquement [epizɔdikmã] adv. De façon épisodique : *Il nous écrit épisodiquement* (= de temps à autre).

épisser [epise] v.t. (du néerl. *splissen*). **-1.** Assembler deux cordages en entrelaçant les torons. **-2.** Assembler deux bouts de câble ou de fil électrique.

épissure [episyr] n.f. Réunion de deux cordages, de deux câbles ou fils électriques par l'entrelacement des torons qui les composent.

épistémologie [epistemɔlɔʒi] n.f. (gr. *epistêmê* "science", et *-logie*). Partie de la philosophie qui étudie l'histoire, les méthodes, les principes des sciences. ◆ **épistémologiste** et **épistémologue** n. Noms du spécialiste.

épistémologique [epistemɔlɔʒik] adj. Qui se rapporte à l'épistémologie.

épistolaire [epistɔlɛr] adj. (lat. *epistolaris,* de *epistola* "lettre"). **-1.** Qui se rapporte à la correspondance, aux lettres : *Ils sont en relations épistolaires* (= ils s'écrivent régulièrement). **-2.** Roman épistolaire, roman dont l'action se développe dans une correspondance échangée par les personnages.

épistolier, ère [epistɔlje, -ɛr] n. (du lat. *epistola* "lettre"). Personne qui écrit beaucoup de lettres ou qui excelle dans la façon de les écrire.

épitaphe [epitaf] n.f. (bas lat. *epitaphium,* du gr. *epitaphios,* propr. "sur le tombeau"). Inscription gravée sur un tombeau.

épithalame [epitalam] n.m. (lat. *epithalamium,* du gr.). LITTÉR. Poème lyrique composé pour un mariage.

épithélial, e, aux [epiteljal, -o] adj. Qui se rapporte, qui appartient à l'épithélium.

épithélium [epiteljɔm] n.m. (lat. *epi* "sur" et *thêlê* "bout du sein"). HISTOL. Tissu formé d'une ou de plusieurs couches de cellules et qui recouvre toutes les surfaces externes et internes du corps. □ L'épiderme est l'épithélium qui recouvre le corps. La muqueuse buccale est l'épithélium qui tapisse la bouche.

épithète [epitɛt] n.f. (lat. *epithetum*, du gr. *epithetos* "ajouté"). - **1.** Mot, génér. un adjectif, employé pour qualifier qqn, qqch. - **2.** GRAMM. Fonction de l'adjectif qualificatif qui détermine le nom sans l'intermédiaire d'un verbe (par opp. à *attribut*).

épitoge [epitɔʒ] n.f. (lat. *epitogium*). Bande d'étoffe distinctive portée sur l'épaule gauche par les recteurs et inspecteurs d'académie, les avocats, les magistrats.

épître [epitʀ] n.f. (lat. *epistola*, gr. *epistolê*, de *stellein* "envoyer"). - **1.** LITTÉR. Lettre en vers traitant de sujets philosophiques, moraux ou politiques : *Une épître de Boileau.* - **2.** LITT. Lettre, génér. longue ou ayant une certaine solennité : *Écrire une épître de six pages.* - **3.** RELIG. CHRÉT. Chacune des lettres envoyées par les Apôtres aux premières communautés chrétiennes, et réunies dans le Nouveau Testament ; fragment du Nouveau Testament lu à la messe avant l'Évangile : *Les Épîtres aux Corinthiens.*

épizootie [epizɔɔti] ou [-si] n.f. (du gr. *zôotês* "nature animale", d'apr. *épidémie*). Maladie contagieuse qui atteint un grand nombre d'animaux dans une même région.

épizootique [epizɔɔtik] adj. Qui se rapporte à l'épizootie.

éploré, e [eplɔʀe] adj. (de *plor*, forme anc. de *pleur*). Qui est en pleurs, qui a du chagrin : *Une veuve éplorée.*

épluchage [eplyʃaʒ] n.m. - **1.** Action d'éplucher un légume, un fruit : *L'épluchage des pommes de terre.* - **2.** Examen minutieux d'un texte, d'un ouvrage.

éplucher [eplyʃe] v.t. (de l'anc. fr. *peluchier*, lat. pop. *piluccare* "peler", de *pilus* "poil"). - **1.** Enlever la peau, les parties non comestibles ou moins bonnes d'un légume, d'un fruit : *Éplucher une pomme, des oignons.* - **2.** Lire attentivement pour trouver une faute ou un détail passé inaperçu : *Éplucher une comptabilité* (= passer au crible).

éplucheur [eplyʃœʀ] n.m. Couteau à éplucher les légumes, les fruits, etc., dont la lame comporte deux petites fentes tranchantes.

épluchure [eplyʃyʀ] n.f. Déchet qu'on enlève en épluchant : *Épluchures de pommes de terre.*

épode [epɔd] n.f. (lat. *epodos*, mot gr., de *epi* "auprès" et *ôdê* "chant"). - **1.** Couplet lyrique formé de deux vers iambiques de longueur inégale. - **2.** Poème lyrique composé d'une suite de ces couplets : *Épodes satiriques d'Horace.* - **3.** Troisième partie lyrique dans les chœurs des tragédies grecques.

épointer [epwɛte] v.t. Casser ou user la pointe de : *Épointer un crayon en appuyant trop fort* (= en casser la mine).

éponge [epɔʒ] n.f. (lat. pop. *sponga*, class. *spongia*, du gr.). - **1.** Spongiaire. - **2.** Substance fibreuse, légère et poreuse, formant le squelette de certains spongiaires et employée à divers usages domestiques à cause de sa propriété de retenir les liquides. - **3.** Objet plus ou moins spongieux qu'on utilise pour essuyer, nettoyer, etc. : *Éponge synthétique.* - **4.** Jeter l'éponge, abandonner le combat, la partie. ‖ FAM. **Passer l'éponge**, pardonner, oublier une erreur.

éponger [epɔʒe] v.t. (conj. 17). - **1.** Étancher un liquide avec une éponge ou un objet spongieux ; sécher qqch avec une éponge ou un tissu : *Éponger l'eau qui a débordé. Éponger le carrelage.* - **2.** Résorber un excédent : *Éponger un stock avant inventaire.* - **3.** Éponger une dette, la payer. ◆ **s'éponger** v.pr. S'essuyer : *S'éponger le front.*

éponyme [epɔnim] adj. (gr. *epônumos*, de *epi* "à la suite de" et *onuma* "nom"). - **1.** Qui donne son nom à qqch : *Athéna, déesse éponyme d'Athènes.* - **2.** ANTIQ. Magistrat éponyme, à Athènes, l'un des neuf archontes qui donnait son nom à l'année.

épopée [epɔpe] n.f. (gr. *epopoiia*). - **1.** Récit poétique en vers ou en prose, qui raconte les exploits d'un héros et où intervient le merveilleux : *« La Chanson de Roland » est une épopée.* - **2.** Suite d'actions réelles mais très extraordinaires ou héroïques : *L'épopée napoléonienne.*

époque [epɔk] n.f. (gr. *epokhê* "interruption"). - **1.** Moment de l'histoire marquée par des événements ou des personnages très importants : *L'époque des guerres de Religion* (syn. période). *L'époque de Jules César.* - **2.** Moment déterminé de l'année, de la vie de qqn ou d'un groupe : *L'époque des vendanges* (syn. saison, temps). *L'année dernière à pareille époque* (= à cette date). - **3.** D'époque, qui date réellement de l'époque à laquelle correspond son style, en parlant d'un objet, d'un meuble. ‖ Faire époque, laisser un souvenir durable dans la mémoire des hommes. ‖ **La Belle Époque**, celle des premières années du XXᵉ s., considérées comme partic. heureuses.

épouillage [epujaʒ] n.m. Action d'épouiller.

épouiller [epuje] v.t. (de *pouil*, anc. forme de *pou*). Débarrasser qqn, qqch de ses poux : *Épouiller la tête d'un enfant.*

s'époumoner [epumɔne] v.pr. (de *poumon*). Se fatiguer à force de parler, de crier : *S'époumoner à appeler qqn* (syn. s'égosiller).

épousailles [epuzaj] n.f. pl. (lat. *sponsalia* "fiançailles"). VIEILLI. Célébration du mariage.

épouse n.f. → **époux**.

épouser [epuze] v.t. (lat. pop. *sposare*, du class. *sponsare*, de *sponsus* "époux"). - **1.** Prendre pour mari, pour femme : *Il a épousé une amie d'enfance* (= s'est marié avec). - **2.** S'adapter exactement à la forme de : *Une housse qui épouse parfaitement le galbe d'un fauteuil.* - **3.** LITT. Rallier, partager : *Épouser les idées de qqn* (syn. embrasser).

époussetage [epustaʒ] n.m. Action d'épousseter.

épousseter [epuste] v.t. (du rad. de *poussière*) [conj. 27]. Ôter la poussière de : *Épousseter un meuble.*

époustouflant, e [epustuflɑ̃, -ɑ̃t] adj. FAM. Étonnant, extraordinaire : *Nouvelle époustouflante* (syn. stupéfiant).

époustoufler [epustufle] v.t. (orig. incert., p.-ê. de l'anc. fr. *soi espousser* "perdre haleine", de *pousser ; v. poussif*). FAM. Surprendre, stupéfier par son caractère inattendu : *Sa réponse m'a époustouflé* (syn. méduser, sidérer).

épouvantable [epuvɑ̃tabl] adj. - **1.** Qui cause de l'épouvante, qui est atroce, difficilement soutenable : *Des cris épouvantables* (syn. effroyable, horrifiant). - **2.** Très désagréable : *Un temps épouvantable* (syn. affreux, exécrable).

épouvantablement [epuvɑ̃tabləmɑ̃] adv. De façon épouvantable : *Épouvantablement mutilé* (syn. atrocement).

épouvantail [epuvɑ̃taj] n.m. (de *épouvanter*). - **1.** Mannequin grossier recouvert de haillons flottants, qui est placé dans un champ ou un jardin pour effrayer les oiseaux. - **2.** Ce qui effraie sans raison : *Agiter l'épouvantail de la guerre civile.*

épouvante [epuvɑ̃t] n.f. (de *épouvanter*). - **1.** Terreur profonde et soudaine, capable d'égarer l'esprit, d'empêcher d'agir : *Être saisi d'épouvante* (syn. effroi, horreur). - **2.** Film d'épouvante, film destiné à provoquer chez le spectateur un vif sentiment d'effroi, d'horreur.

épouvanter [epuvɑ̃te] v.t. (lat. pop. *expaventare*, class. *expavere*, de *pavere* "avoir peur"). Remplir d'épouvante ; impressionner vivement : *Ce cri m'a épouvanté* (syn. horrifier, terroriser). *Cette perspective l'épouvante* (syn. effrayer).

époux, épouse [epu, -uz] n. (lat. *sponsus, sponsa*). - **1.** Personne unie à une autre par le mariage ; conjoint : *Il marchait au bras de son épouse* (syn. femme). *Elle admire son époux* (syn. mari). - **2.** Les époux, le mari et la femme : *Le maire a félicité les nouveaux époux.*

s'éprendre [eprɑ̃dr] v.pr. [de] (de *prendre*) [conj. 79]. LITT. Concevoir un vif attachement pour se mettre à aimer : *S'éprendre d'archéologie. Elle s'est éprise d'une de ses collègues* (syn. s'amouracher, s'enticher).

épreuve [eprœv] n.f. (de *éprouver*). - **1.** Ce qu'on impose à qqn pour connaître sa valeur, sa résistance : *Soumettre un chanteur à l'épreuve du direct de la télévision.* - **2.** Adversité qui frappe qqn : *La mort de leur fils a été une terrible épreuve* (syn. douleur, souffrance). - **3.** Compétition sportive : *Des épreuves d'athlétisme.* - **4.** Composition, interrogation faisant partie d'un examen, d'un concours : *Les épreuves écrites* (= l'écrit). *Les épreuves orales* (= l'oral). - **5.** Essai par lequel on éprouve la qualité d'une chose : *Soumettre une voiture à l'épreuve du désert.* - **6.** Texte imprimé tel qu'il sort de la composition : *Corriger les premières épreuves d'un livre* (syn. placard). - **7.** PHOT. Image obtenue par tirage d'après un cliché : *Des épreuves en noir et blanc* (syn. tirage). - **8.** À l'épreuve de, en état de résister à : *Un blindage à l'épreuve des balles.* ‖ À toute épreuve, capable de résister à tout. ‖ Épreuve de force, affrontement de deux adversaires après l'échec de négociations : *C'est l'épreuve de force entre le ministre et les syndicats.* ‖ Mettre à l'épreuve, essayer la résistance de qqch, éprouver les qualités de qqn, tester.

épris, e [epri, -iz] adj. (de *s'éprendre*). - **1.** Pris de passion pour qqn : *Il est très épris de sa femme* (syn. amoureux). - **2.** Très attaché à qqch : *Un peuple épris de liberté.*

éprouvant, e [epruvɑ̃, -ɑ̃t] adj. (de *éprouver*). Pénible à supporter : *Une semaine éprouvante* (syn. exténuant).

éprouvé, e [epruve] adj. - **1.** Qui a souffert, qui a subi une douloureuse épreuve morale : *Un homme très éprouvé.* - **2.** Dont la qualité, la valeur sont reconnues : *Un ami éprouvé* (syn. sûr). *Du matériel éprouvé* (syn. fiable).

éprouver [epruve] v.t. (anc. fr. *esprover* "mettre à l'épreuve"). - **1.** Soumettre une personne, une chose à des expériences, des essais pour en apprécier les qualités ou la valeur : *Éprouver l'honnêteté de qqn* (= la mettre à l'épreuve). *Éprouver la solidité d'un pont* (syn. tester). - **2.** Faire souffrir : *Ce deuil l'a durement éprouvé.* - **3.** Constater par l'expérience : *Il a éprouvé bien des difficultés avant de réussir* (syn. rencontrer). - **4.** Ressentir : *Éprouver de la joie.*

éprouvette [epruvɛt] n.f. (de *épreuve*, avec infl. de *éprouver*). Tube de verre fermé à un bout, destiné à des expériences chimiques : *Une éprouvette graduée.*

epsilon [epsilɔn] n.m. inv. Cinquième lettre de l'alphabet grec (E, ε).

épucer [epyse] v.t. [conj. 16]. Débarrasser de ses puces.

épuisant, e [epɥizɑ̃, -ɑ̃t] adj. Qui fatigue beaucoup, qui épuise : *Une marche épuisante* (syn. harassant).

épuisé, e [epɥize] adj. -1. Très fatigué, à bout de forces (syn. fourbu). -2. Entièrement vendu : *Livre épuisé.*

épuisement [epɥizmɑ̃] n.m. -1. Action d'épuiser ; état de ce qui est épuisé : *La vente se poursuit jusqu'à épuisement du stock.* -2. État de fatigue extrême : *Les réfugiés sont dans un état d'épuisement alarmant* (syn. exténuation).

épuiser [epɥize] v.t. (de *puits*). -1. Fatiguer, affaiblir énormément : *Ce travail de nuit l'épuise* (syn. exténuer). -2. Lasser : *Tu m'épuises avec tes questions !* (syn. excéder). -3. Utiliser, consommer complètement : *Épuiser les munitions.* -4. Rendre improductif : *Épuiser un sol.* -5. Vider entièrement ; extraire en totalité : *Épuiser une citerne* (syn. tarir). -6. Traiter à fond, de manière exhaustive : *On a épuisé le sujet.* ◆ **s'épuiser** v.pr. -1. Être consommé : *Nos réserves s'épuisent* (syn. baisser). -2. S'épuiser à (+ inf.), se fatiguer : *Je me suis épuisé à le convaincre* (syn. s'échiner).

épuisette [epɥizɛt] n.f. (de *épuiser*). Petit filet en forme de poche, fixé à l'extrémité d'un manche, et qui sert à sortir de l'eau les poissons pris à la ligne.

épurateur [epyʀatœʀ] n.m. Appareil pour éliminer les impuretés d'un produit : *Un épurateur d'eau.*

épuration [epyʀasjɔ̃] n.f. -1. Action d'épurer, de purifier qqch ; résultat de cette action : *Épuration d'une huile.* -2. Action d'exclure d'une administration, d'un parti les personnes dont la conduite est jugée répréhensible, condamnable ou indigne (syn. purge).

épure [epyʀ] n.f. (de *épurer*). -1. Dessin fini (par opp. à *croquis*). -2. Dessin représentant sur un ou plusieurs plans les projections d'un objet à trois dimensions.

épurer [epyʀe] v.t. (de *pur*). -1. Rendre pur, plus pur : *Épurer de l'eau* (syn. clarifier, dépurer). -2. Rendre pureté, son homogénéité à : *Épurer son style* (syn. élaguer). -3. Expulser d'un corps social les membres jugés indésirables : *Épurer une administration* (syn. purger).

équarrir [ekaʀiʀ] v.t. (anc. fr. *escarrer*, lat. pop. *exquadrare* "rendre carré") [conj. 32]. -1. Tailler une pierre, une pièce de bois de façon à lui donner une forme se rapprochant d'un parallélépipède à section carrée ou rectangulaire. -2. Dépecer un animal de boucherie pour en tirer la peau, les os, les graisses, etc.

équarrissage [ekaʀisaʒ] n.m. -1. Action d'équarrir les animaux. -2. Action d'équarrir une pièce de bois, un bloc de pierre. (On dit aussi *équarrissement.*)

équarrisseur [ekaʀisœʀ] n.m. -1. Personne qui équarrit le bois, la pierre. -2. Personne qui équarrit les animaux.

équateur [ekwatœʀ] n.m. (du lat. *aequare* "rendre égal"). Grand cercle imaginaire tracé autour de la Terre à égale distance des deux pôles ; région terrestre qui avoisine cette ligne.

équation [ekwasjɔ̃] n.f. (lat. *aequatio* "égalisation"). -1. MATH. Égalité conditionnelle, vérifiée par la spécification de paramètres indéterminés, ou inconnues : *Équation à deux, trois inconnues.* -2. CHIM. Écriture symbolique d'une réaction chimique.

équatorial, e, aux [ekwatɔʀjal, -o] adj. -1. De l'équateur ; relatif à l'équateur. -2. Climat équatorial, climat des régions proches de l'équateur. □ Ce climat est caractérisé par une chaleur constante (de l'ordre de 25 °C) et des pluies régulières.

équerrage [ekeʀaʒ] n.m. (de *équerre*). TECHN. Mise à angle droit ou vérification de la perpendicularité et du parallélisme des divers éléments d'une pièce de bois, d'un mécanisme, d'une structure.

équerre [ekeʀ] n.f. (lat. pop. *exquadra*, de *exquadrare* "rendre carré"). -1. Pièce de bois ou de métal dont la forme présente un angle droit. -2. Pièce métallique en forme de T ou de L servant à consolider des assemblages de charpente, de menuiserie. -3. Instrument en forme de T ou de triangle rectangle, pour tracer des angles droits : *Équerre à dessin. Équerre d'arpenteur.* -4. À l'équerre, se dit de deux lignes, deux plans dont on a vérifié avec une équerre qu'ils étaient perpendiculaires. | D'équerre, à angle droit.

équestre [ekɛstʀ] adj. (lat. *equestris*, de *equus* "cheval"). -1. Relatif à l'équitation, aux cavaliers : *Centre équestre.* -2. Statue équestre, statue représentant un personnage à cheval. -3. ANTIQ. ROM. Ordre équestre, ordre des chevaliers romains.

équeutage [ekøtaʒ] n.m. Action d'équeuter.

équeuter [ekøte] v.t. (de *queue*). Dépouiller un fruit de sa queue : *Équeuter des cerises.*

équidé [ekide] ou [ekɥide] n.m. (du lat. *equus* "cheval"). Équidés, famille de mammifères ongulés à un seul doigt par patte, comme le cheval, le zèbre et l'âne.

équidistance [ekɥidistɑ̃s] n.f. Qualité de ce qui est équidistant.

équidistant, e [ekɥidistɑ̃, -ɑ̃t] adj. Situé à égale distance de points donnés : *Tous les points du cercle sont équidistants du centre.*

équilatéral, e, aux [ekɥilateʀal, -o] adj. (bas lat. *aequilateralis*, de *aequus* "égal" et *latus*, *lateris* "côté"). Dont les côtés sont égaux : *Triangle équilatéral.*

équilibrage [ekilibraʒ] n.m. Action d'équilibrer ; son résultat : *Faire vérifier l'équilibrage des roues d'une voiture.*

équilibration [ekilibrasjɔ̃] n.f. PHYSIOL. Fonction qui assure le maintien du corps en équilibre et dont le centre principal est le cervelet, lequel réagit aux messages de l'oreille interne.

équilibre [ekilibr] n.m. (lat. *aequilibrium,* de *aequus* "égal" et *libra* "balance"). **- 1.** État de repos où les actions de forces qui s'annulent : *Mettre les plateaux de la balance en équilibre. Un vase en équilibre instable* (= qui risque de tomber). **- 2.** État de qqn, au repos ou en mouvement, qui se tient debout, qui ne tombe pas : *Il s'est trop penché et il a perdu l'équilibre.* **- 3.** Juste combinaison de forces opposées ; répartition harmonieuse, bien réglée : *Une Constitution fondée sur l'équilibre des pouvoirs législatif, exécutif et judiciaire.* **- 4.** CHORÉGR. Maintien du corps en position stable sur un ou deux pieds. **- 5.** Bon fonctionnement de l'organisme ; pondération dans le comportement : *Retrouver son équilibre* (syn. calme, sérénité).

équilibré, e [ekilibre] adj. **- 1.** Formé d'éléments en équilibre sur le plan de la quantité ou de la qualité : *Une alimentation équilibrée.* **- 2.** Dont les diverses facultés sont dans un rapport harmonieux : *C'est une fille très équilibrée.*

équilibrer [ekilibre] v.t. Mettre en équilibre : *Équilibrer un budget.* ◆ **s'équilibrer** v.pr. Être équivalent, en équilibre : *Les avantages et les inconvénients s'équilibrent.*

équilibriste [ekilibrist] n. Personne dont le métier est de faire des tours d'adresse ou d'équilibre acrobatique.

équille [ekij] n.f. (mot normand, d'orig. obsc.). Poisson osseux long et mince, à dos vert ou bleu sombre, s'enfouissant avec agilité dans les sables de la Manche et de l'Atlantique (syn. lançon). □ Long. de 20 à 30 cm.

équin, ine [ekɛ̃, -in] adj. (lat. *equinus,* de *equus* "cheval"). Relatif au cheval : *Variole équine.*

équinoxe [ekinɔks] n.m. (lat. *aequinoctium,* de *aequus* "égal" et *nox* "nuit"). Époque de l'année où le jour et la nuit ont la même durée : *L'équinoxe de printemps a lieu le 20 ou le 21 mars, celui d'automne le 22 ou le 23 septembre.*

équinoxial, e, aux [ekinɔksjal, -o] adj. Relatif à l'équinoxe.

équipage [ekipaʒ] n.m. (de *équiper*). **- 1.** Ensemble du personnel embarqué sur un navire, un avion, un char, etc., dont il assure la manœuvre et le service : *Un capitaine et son équipage.* **- 2.** LITT. Ensemble de tout ce qui est nécessaire à qqn pour voyager ; suite d'un particulier qui donne du faste à ses déplacements : *Arriver en somptueux équipage.* **- 3.** LITT. Attelage d'une voiture de maître.

équipe [ekip] n.f. (de *équiper*). **- 1.** Groupe de personnes travaillant à une même tâche ou unissant leurs efforts dans le même dessein : *Les chercheurs de l'équipe ont contribué à cette découverte.* **- 2.** Groupe de joueurs, de sportifs associés en nombre déterminé pour participer à des matchs, à des compétitions. **- 3.** Esprit d'équipe, esprit de solidarité qui anime les membres d'un même groupe. ‖ Faire équipe avec qqn, mener un travail en commun avec.

équipée [ekipe] n.f. (de *équiper*). **- 1.** Aventure dans laquelle on se lance, souvent à la légère : *Une folle équipée.* **- 2.** Promenade, sortie : *Nos équipées du dimanche.*

équipement [ekipmã] n.m. **- 1.** Action d'équiper, de pourvoir du matériel, des installations nécessaires : *L'équipement d'un terrain de jeux* (syn. aménagement, installation). **- 2.** Ensemble du matériel nécessaire à une activité : *Renouveler l'équipement d'une usine.* **- 3.** Bien d'équipement, bien destiné à la production d'autres biens. ‖ Équipements spéciaux, accessoires automobiles nécessaires en cas de neige ou de verglas (chaînes, pneus cloutés).

équiper [ekipe] v.t. (anc. nordique *skipa* "installer", de *skip* "navire"). Pourvoir du nécessaire en vue d'une activité déterminée, d'une utilisation : *Équiper un enfant pour aller en colonie. Équiper sa voiture de phares antibrouillard* (syn. munir). ◆ **s'équiper** v.pr. Se munir du nécessaire : *S'équiper pour le ski.*

équipier, ère [ekipje, -ɛr] n. (de *équipe*). Membre d'une équipe sportive, de l'équipage d'un voilier, d'une voiture de course.

équipollence [ekipɔlɑ̃s] n.f. (lat. *aequipollentia* "équivalence"). GÉOM. Relation définie entre deux bipoints équipollents.

équipollent, e [ekipɔlɑ̃, -ɑ̃t] adj. GÉOM. Bipoints équipollents, bipoints (A,B) et (C,D) tels que les segments AD et BC ont le même milieu.

équitable [ekitabl] adj. **- 1.** Qui agit selon l'équité : *Juge équitable* (syn. impartial ; contr. inique). **- 2.** Conforme aux règles de l'équité : *Décision équitable* (contr. partial).

équitablement [ekitabləmɑ̃] adv. De façon équitable : *Le partage a été équitablement fait* (= avec équité).

équitation [ekitasjɔ̃] n.f. (du lat. *equitare* "aller à cheval"). Action, art de monter à cheval. [→ équestre.]

équité [ekite] n.f. (lat. *aequitas* "égalité"). - **1.** Vertu de celui qui possède un sens naturel de la justice, respecte les droits de chacun : *Décider en toute équité* (syn. impartialité). - **2.** Justice naturelle ou morale, considérée indépendamment du droit en vigueur : *Équité d'un partage.*

équivalence [ekivalɑ̃s] n.f. (lat. médiév. *aequivalentia*). - **1.** Qualité de ce qui est équivalent : *Équivalence de diplômes. Équivalence de salaires* (syn. égalité). - **2.** Relation d'équivalence, relation binaire dans un ensemble E, qui est réflexive, symétrique et transitive.

1. équivalent, e [ekivalɑ̃, -ɑ̃t] adj. (lat. *aequivalens,* de *aequivalere* ; v. équivaloir). - **1.** Qui a la même valeur : *Quantités, expressions équivalentes* (syn. égal). - **2.** MATH. Éléments équivalents, éléments liés par une relation d'équivalence. ‖ Équations équivalentes, équations ayant le même ensemble de solutions.

2. équivalent [ekivalɑ̃] n.m. (de *1. équivalent*). - **1.** Ce qui équivaut, chose équivalente : *Rendre l'équivalent de ce qu'on a reçu. Trouver un équivalent pour ne pas répéter le même mot* (syn. synonyme). - **2.** PHYS. Équivalent mécanique de la calorie, valeur en joules d'une calorie, soit 4,185 5 joules.

équivaloir [ekivalwaʀ] v.t. ind. [à] (bas lat. *aequivalere*) [conj. 60]. Être de même valeur, de même importance, de même effet qu'autre chose : *Le mille marin équivaut à 1 852 mètres* (syn. valoir, correspondre).

équivoque [ekivɔk] adj. (bas lat. *aequivocus* "à double sens", de *vox, vocis* "voix"). - **1.** Qui a un double sens, dont l'interprétation n'est pas claire : *Une réponse équivoque* (syn. ambigu, obscur ; contr. clair, précis). - **3.** Qui est d'une nature suspecte : *Une attitude équivoque* (syn. douteux ; contr. irréprochable). *Une personne équivoque.* ◆ n.f. Situation ; expression qui laisse place à l'incertitude : *Dissiper l'équivoque* (syn. malentendu). *Ne laisser subsister aucune équivoque dans un texte juridique* (syn. ambiguïté).

érable [eʀabl] n.m. (bas lat. *acerabulus,* du class. *acer, aceris,* et p.-ê. d'un second élément gaul.). Arbre des forêts tempérées, à fruits secs munis d'une paire d'ailes et dispersés par le vent, dont le bois est apprécié en ébénisterie. □ Famille des acéracées. L'érable du Canada est exploité pour sa sève sucrée et pour les produits qui en dérivent (acériculture).

érablière [eʀablijeʀ] n.f. Plantation d'érables ; spécial., au Canada, plantation d'érables à sucre exploitée industriellement.

éradication [eʀadikasjɔ̃] n.f. Action d'éradiquer : *L'éradication de la lèpre* (syn. extirpation).

éradiquer [eʀadike] v.t. (lat. *eradicare* "déraciner", de *radix, -icis* "racine"). Faire disparaître une maladie, un mal.

érafler [eʀafle] v.t. (de *rafler*). Entamer superficiellement : *Érafler la peau* (syn. écorcher, égratigner). *Érafler la peinture d'une voiture* (syn. rayer).

éraflure [eʀaflyʀ] n.f. Écorchure légère ; entaille superficielle.

éraillé, e [eʀaje] adj. (de *[œil] éraillé* "[œil] injecté de sang", propr. "retourné", du lat. pop. *roticulare,* du class. *rotare* "rouler"). Voix éraillée, voix rauque.

ère [eʀ] n.f. (bas lat. *aera* "nombre, chiffre"). - **1.** Période historique correspondant à une chronologie particulière : *Ère chrétienne. En l'an 622 de notre ère.* - **2.** Période caractérisée par certains faits de civilisation ou marquée par un état particulier : *Ère industrielle. Ère de prospérité.* - **3.** GÉOL. Principale division chronologique de l'histoire de la Terre : *Nous sommes au début de l'ère quaternaire.*

érectile [eʀɛktil] adj. (de *erectus,* p. passé de *erigere* ; v. ériger). Capable de se redresser en devenant raide, dur et gonflé, en parlant d'un tissu ou d'un organe. □ Les organes et les tissus érectiles se rencontrent presque exclusivement dans l'appareil génital.

érection [eʀɛksjɔ̃] n.f. - **1.** LITT. Action d'ériger une statue, un bâtiment, un monument (syn. construction, édification). - **2.** LITT. Action de créer, d'instituer ou de promouvoir : *L'érection d'une colonie en pays indépendant.* - **3.** PHYSIOL. Gonflement de certains tissus organiques, spécial., du pénis en état de turgescence.

éreintant, e [eʀɛ̃tɑ̃, -ɑ̃t] adj. FAM. Qui éreinte, brise de fatigue : *Travail éreintant* (syn. épuisant).

éreintement [eʀɛ̃tmɑ̃] n.m. - **1.** Action d'éreinter, de fatiguer ; fait d'être éreinté : *Il travaille jusqu'à l'éreintement* (syn. épuisement). - **2.** FAM. Critique violente : *L'éreintement d'un film.*

éreinter [eʀɛ̃te] v.t. (propr. "briser les reins", de *rein*). - **1.** Briser de fatigue : *Cette marche m'a éreinté* (syn. épuiser). - **2.** FAM. Critiquer avec violence : *Éreinter un auteur* (syn. dénigrer).

érémitique [eʀemitik] adj. (lat. *eremeticus*). Relatif aux ermites : *Vie érémitique.*

érésipèle n.m. → **érysipèle.**

erg [ɛʀɡ] n.m. (mot ar.). Vaste étendue couverte de dunes dans les déserts de sable.

ergatif [ɛʀɡatif] n.m. GRAMM. Cas indiquant l'agent dans certaines langues à déclinaison comme le basque ou le tibétain.

ergol [ɛʀgɔl] n.m. (de [*prop*]ergol). Carburant ou combustible entrant dans la composition d'un propergol.

ergonomie [ɛʀgɔnɔmi] n.f. (de ergo- et -nomie). -**1.** Étude quantitative et qualitative du travail dans l'entreprise, visant à améliorer les conditions de travail et à accroître la productivité. -**2.** Recherche d'une meilleure adaptation entre une fonction, un matériel et son utilisateur ; qualité d'un matériel ainsi conçu.

ergonomique [ɛʀgɔnɔmik] adj. -**1.** Relatif à l'ergonomie. -**2.** Qui se caractérise par une bonne ergonomie.

ergot [ɛʀgo] n.m. (orig. obsc.). -**1.** Pointe de corne située derrière la patte de certains animaux : *Ergots du coq, du chien.* -**2.** BOT. Petit corps oblong, vénéneux, maladie cryptogamique des céréales, en partic. du seigle. -**3.** TECHN. Saillie d'une pièce servant de butée, de clavette, etc. -**4.** Se dresser sur ses ergots, prendre une attitude hautaine et menaçante.

ergotage [ɛʀgɔtaʒ] n.m. Manie d'ergoter, de chicaner ; chicane, discussion pointilleuse et stérile.

ergotamine [ɛʀgɔtamin] n.f. Alcaloïde de l'ergot de seigle utilisé en médecine comme vasoconstricteur.

ergoter [ɛʀgɔte] v.i. (du lat. *ergo* "donc"). Chicaner sur des riens ; contester mal à propos : *Ergoter sur des détails.*

ergoteur, euse [ɛʀgɔtœʀ, -øz] adj. et n. Qui aime à ergoter.

ergothérapie [ɛʀgɔteʀapi] n.f. (de *ergo-* et *thérapie*). Thérapeutique par l'activité physique, manuelle, spécial. utilisée dans les affections mentales comme moyen de réadaptation sociale.

éricacée [eʀikase] n.f. (du lat. scientif. *erica*, class. *erice* "bruyère"). Éricacées, famille de plantes ligneuses, à fleurs à pétales soudés, comprenant notamm. la bruyère, la myrtille, les azalées et les rhododendrons.

ériger [eʀiʒe] v.t. (lat. *erigere* "dresser") [conj. 17]. -**1.** SOUT. Élever, construire : *Ériger un monument* (syn. bâtir). -**2.** LITT. Créer, instituer : *Ériger un tribunal* (syn. établir). -**3.** Élever au rang de, donner le caractère de : *Ériger une église en cathédrale.* ◆ **s'ériger** v.pr. [en]. LITT. S'attribuer un rôle : *S'ériger en juge* (syn. se poser en).

ermitage [ɛʀmitaʒ] n.m. -**1.** Lieu solitaire habité par un ermite. ◆ -**2.** Couvent de religieux ermites. -**3.** LITT. Maison de campagne retirée.

ermite [ɛʀmit] n.m. (lat. chrét. *eremita*, du gr. *erêmitês* "qui vit dans la solitude", de *erêmos* "désert"). -**1.** Moine qui vit dans la solitude

pour prier et faire pénitence ; anachorète, ascète. -**2.** Membre de certains ordres religieux qui vivent en communauté mais isolés dans des cellules. -**3.** Personne qui vit retirée : *Vivre en ermite.*

éroder [eʀɔde] v.t. (lat. *erodere* "ronger"). -**1.** User par frottement, ronger lentement : *L'eau érode les roches* (syn. creuser, saper). -**2.** Détériorer lentement la valeur de : *La crise économique érode le pouvoir d'achat* (syn. grignoter).

érogène [eʀɔʒɛn] adj. (du gr. *erôs* "amour", et de *-gène*). Se dit d'une partie du corps susceptible de provoquer une excitation sexuelle : *Zone érogène.*

érosif, ive [eʀɔzif, -iv] adj. Qui produit l'érosion : *L'action érosive de la mer.*

érosion [eʀɔzjɔ̃] n.f. -**1.** Action d'une substance, d'un agent qui érode ; fait d'être érodé ; corrosion. -**2.** Ensemble des actions externes (des eaux, des glaciers, des agents atmosphériques, etc.) qui provoquent la dégradation du relief : *Érosion pluviale.* -**3.** Usure progressive, lente détérioration : *L'érosion d'un parti. L'érosion monétaire.*

érotique [eʀɔtik] adj. (lat. *eroticus*, gr. *erôtikos*, de *erôs* "amour"). Relatif à l'amour sexuel, à la sexualité : *Littérature érotique. Rêve érotique.*

érotisation [eʀɔtizasjɔ̃] n.f. Action d'érotiser.

érotiser [eʀɔtize] v.t. Donner un caractère érotique à : *Érotiser la publicité.*

érotisme [eʀɔtism] n.m. -**1.** Caractère érotique ; évocation de l'amour sensuel : *L'érotisme d'un film.* -**2.** Recherche du plaisir sexuel, de la sensualité, de la volupté.

erpétologie ou **herpétologie** [ɛʀpetɔlɔʒi] n.f. (du gr. *herpeton* "reptile", et de *-logie*). ZOOL. Étude scientifique des reptiles et des batraciens.

errance [eʀɑ̃s] n.f. LITT. Action d'errer.

errant, e [eʀɑ̃, -ɑ̃t] adj. (p. présent des deux v. *errer* de l'anc. fr., l'un signifiant "voyager" [bas lat. *iterare*, du class. *iter* "voyage"], et l'autre "faire fausse route" [lat. *errare* ; v. *errer*]). -**1.** Qui erre ; qui n'a pas de demeure fixe : *Un chien errant* (syn. perdu, abandonné). -**2.** Qui est propre aux personnes nomades : *Vie errante. Tribus errantes.* -**3.** Qui ne peut se fixer, est sans but : *Regard errant* (syn. vague). *Pensée errante* (syn. vagabond). -**4.** Chevalier errant, chevalier du Moyen Âge qui allait de pays en pays pour chercher des aventures et redresser les torts.

erratique [eʀatik] adj. (lat. *erraticus* "errant, vagabond", de *errare* ; v. *errer*). SOUT. Qui est instable, inconstant : *Fièvre erratique* (syn. intermittent).

erratum [ɛʀatɔm] n.m. (mot lat. "erreur", de *errare* ; v. *errer*) [pl. **errata**]. Erreur ou faute d'impression d'un ouvrage.

erre [ɛʀ] n.f. (de l'anc. fr. *errer* "voyager" [v. *errant*] ou du lat. *iter* "chemin, voyage"). MAR. Vitesse résiduelle d'un navire sur lequel n'agit plus le dispositif propulseur.

errements [ɛʀmɑ̃] n.m. pl. (de l'anc. fr. *errer* "voyager, se conduire" ; v. *errant*). Manière d'agir considérée comme blâmable : *Retomber dans ses errements* (syn. égarement, erreur).

errer [ere] v.i. (lat. *errare* "marcher à l'aventure, faire fausse route"). - **1.** Aller çà et là, à l'aventure, sans but (syn. vagabonder). - **2.** Passer d'une chose à l'autre sans se fixer : *Laisser errer son imagination* (syn. vaguer).

erreur [ɛʀœʀ] n.f. (lat. *error*, de *errare* ; v. *errer*). - **1.** Action de se tromper, de s'écarter de la vérité ; faute commise en se trompant : *Il y a erreur sur la personne* (syn. méprise). *Vous faites erreur. Rectifier une erreur* (syn. inexactitude). *Faute commise, sauf erreur, en 1745* (= si je ne me trompe). *Faire une erreur de calcul* (syn. inexactitude). *Induire qqn en erreur.* - **2.** État de qqn qui se trompe : *Vous êtes dans l'erreur* (= votre opinion est fausse ; syn. fourvoiement). - **3.** Action inconsidérée, regrettable : *C'est une erreur de le licencier* (syn. aberration). *Une erreur de jeunesse* (syn. égarement). - **4.** **Erreur judiciaire,** erreur d'une juridiction portant sur la culpabilité d'une personne et entraînant sa condamnation. ‖ **Erreur relative,** rapport de l'erreur absolue à la valeur de la grandeur mesurée. ‖ MÉTROL. **Erreur absolue,** différence entre la valeur exacte d'une grandeur et la valeur donnée par la mesure.

erroné, e [ɛʀɔne] adj. (lat. *erroneus*, de *errare* ; v. *errer*). Qui contient des erreurs : *Adresse erronée* (syn. faux ; contr. exact). *Un calcul erroné* (syn. inexact ; contr. juste).

ersatz [ɛʀzats] n.m. (mot all. "objet de remplacement"). Produit de remplacement de moindre qualité : *Ersatz de café* (syn. succédané).

erse [ɛʀs] n.f. (autre forme de *herse*). MAR. Anneau de cordage.

éructation [eʀyktasjɔ̃] n.f. Émission bruyante, par la bouche, de gaz accumulés dans l'estomac (syn. rot).

éructer [eʀykte] v.i. (lat. *eructare* "vomir"). Rejeter par la bouche et avec bruit les gaz contenus dans l'estomac. ◆ v.t. LITT. Éructer des injures, des menaces, les proférer avec violence (syn. vociférer).

érudit, e [eʀydi, -it] adj. et n. (lat. *eruditus* "instruit" ; v. *érudition*). Qui manifeste des connaissances approfondies dans une matière : *Être érudit en histoire ancienne* (syn. savant).

érudition [eʀydisjɔ̃] n.f. (lat. *eruditio* "enseignement", de *erudire*, propr. "dégrossir, façonner"). Connaissance approfondie de ce qui concerne telle ou telle branche de la science : *Il a une grande érudition* (syn. science, savoir).

éruptif, ive [eʀyptif, -iv] adj. (du lat. *eruptus* "sorti brusquement"). - **1.** MÉD. Qui a lieu par éruption : *Fièvre éruptive.* - **2.** GÉOL. Relatif à une éruption volcanique : *Roches éruptives* (syn. magmatique, volcanique).

éruption [eʀypsjɔ̃] n.f. (lat. *eruptio*). - **1.** Apparition subite de papules, de taches, de rougeurs, de vésicules sur la peau : *Éruption cutanée. Éruption de boutons.* - **2.** Émission de matériaux volcaniques à la surface de la Terre (scories, laves, gaz). - **3.** Poussée rapide, apparition d'une chose qui se développe : *L'éruption des bourgeons* (syn. éclosion). *Éruption dentaire* (syn. poussée). - **4.** ASTRON. **Éruption solaire,** accroissement brutal et temporaire de l'intensité du rayonnement dans une région du Soleil, constituant une manifestation de l'activité solaire.

érysipèle [eʀizipɛl] ou **érésipèle** [eʀezipɛl] n.m. (lat. médic. *erysipelas*, mot gr.). Maladie infectieuse, due à un streptocoque, caractérisée par une inflammation de la peau siégeant surtout sur le visage.

érythème [eʀitɛm] n.m. (gr. *eruthêma* "rougeur de la peau"). MÉD. Congestion de la peau ou des muqueuses qui provoque une rougeur : *Érythème solaire* (= coup de soleil).

ès [ɛs] prép. (de *en les*). S'emploie après un titre et devant un nom au pl. pour indiquer le domaine de référence : *Docteur ès sciences.*

esbroufe [ɛsbʀuf] n.f. (du prov. *esbroufa* "s'ébrouer"). FAM. Action d'en imposer à qqn par des manières hardies, insolentes : *Faire de l'esbroufe* (= jeter de la poudre aux yeux).

escabeau [ɛskabo] n.m. (lat. *scabellum*). - **1.** VIEILLI. Tabouret. - **2.** Petite échelle pliante, à marches plates et assez larges.

escabèche [ɛskabɛʃ] n.f. (du prov. *escabassa* "préparer les sardines en leur coupant la tête", de *cabessa* "tête" [lat. pop. *capitia*, class. *caput, itis*]). Préparation de poissons étêtés et macérés dans une marinade aromatisée.

escadre [ɛskadʀ] n.f. (esp. *escuadra*, it. *squadra*, propr. "équerre"). - **1.** MAR. MIL. Force navale commandée par un vice-amiral. - **2.** AVIAT. Unité de combat constituée de deux ou trois escadrons et commandée par un colonel.

escadrille [ɛskadʀij] n.f. (esp. *escuadrilla*). - **1.** MAR. MIL. Escadre de petits bâtiments. - **2.** AVIAT. Unité élémentaire de combat.

escadron [ɛskadʀɔ̃] n.m. (it. *squadrone*, d'apr. *squadra*). - **1.** Unité de la cavalerie, de l'arme blindée ou de la gendarmerie, analogue à la compagnie d'infanterie. - **2.** AVIAT. Unité de l'armée de l'air, analogue au bataillon. - **3.** Chef d'escadron, suivant les armes, capitaine ou commandant à la tête d'un ou de plusieurs escadrons.

escalade [ɛskalad] n.f. (it. *scalata*, de *scala* "échelle"). - **1.** Action d'escalader, de grimper en s'aidant des pieds et des mains : *Faire l'escalade d'un mur.* - **2.** ALP. Ascension d'une montagne, au cours de laquelle le grimpeur progresse en utilisant les prises et les appuis qu'offre le rocher ou des points d'appui, pitons notamm., dans le rocher (syn. varappe). - **3.** Aggravation, accélération d'un phénomène, d'un conflit, etc. : *Escalade de la violence* (syn. montée). - **4.** En stratégie militaire, processus qui conduit à utiliser des moyens offensifs de plus en plus destructeurs.

escalader [ɛskalade] v.t. - **1.** Franchir en passant par-dessus : *Escalader une grille.* - **2.** Gravir une hauteur avec effort : *Escalader un sommet, un pic.*

Escalator [ɛskalatɔʀ] n.m. (nom déposé, mot anglo-amér.). Escalier mécanique.

escale [ɛskal] n.f. (it. *scala*, propr. "échelle permettant de débarquer" ; v. *échelle*). - **1.** En parlant d'un avion ou d'un navire, action de s'arrêter pour se ravitailler, pour embarquer ou débarquer des passagers ; temps d'arrêt : *Faire escale à Pointe-à-Pitre* (syn. relâche). *Vol sans escale. Faire une escale d'une heure* (syn. halte). - **2.** Lieu de relâche : *Arriver à l'escale* (syn. port).

escalier [ɛskalje] n.m. (lat. *scalaria*, de *scala* "échelle"). - **1.** Ensemble de marches échelonnées qui permettent de monter ou de descendre : *Monter l'escalier. Escalier en colimaçon* (= en spirale). *Cage d'escalier.* - **2.** FAM. Avoir l'esprit de l'escalier, ne trouver ses reparties que trop tard, lorsque l'occasion est passée. ‖ *Escalier roulant, mécanique,* escalier dont les marches articulées sont entraînées mécaniquement.

escalope [ɛskalɔp] n.f. (anc. fr. *eschalope* "coquille de noix"). Tranche mince de viande blanche ou de poisson : *Escalope de veau, de thon.*

escamotable [ɛskamɔtabl] adj. - **1.** Qui peut être escamoté, replié : *Train d'atterrisage escamotable* (syn. rentrant). - **2.** Meuble escamotable, meuble qu'on peut rabattre contre un mur ou dans un placard pour le dissimuler.

escamotage [ɛskamɔtaʒ] n.m. Action d'escamoter : *L'escamotage d'un foulard par un prestidigitateur.*

escamoter [ɛskamɔte] v.t. (prov. *escamotar,* de *escamar* "effilocher" et p.-ê. "écailler", du lat. *squama* "écaille"). - **1.** Faire disparaître qqch par une manœuvre habile : *Escamoter une carte à jouer.* - **2.** Dérober subtilement : *Escamoter un portefeuille* (syn. subtiliser). - **3.** TECHN. Faire disparaître automatiquement un organe saillant d'un appareil : *Escamoter le train d'atterrissage d'un avion* (syn. replier). - **4.** Éviter ce qui est difficile : *Escamoter une question* (syn. éluder). - **5.** Escamoter un mot, une note, faire en sorte qu'on ne les entende pas.

escampette [ɛskɑ̃pɛt] n.f. (de l'anc. fr. *escamper* "s'enfuir", l'it. *scampare* "échapper"). FAM. Prendre la poudre d'escampette, s'enfuir sans demander son reste ; déguerpir.

escapade [ɛskapad] n.f. (esp. *escapada,* de *escapar* "échapper"). Action de quitter un lieu pour se soustraire momentanément à des obligations, à la routine : *Faire une escapade.*

escarbille [ɛskaʀbij] n.f. (mot wallon, du moy. néerl. *schrabben* "gratter"). Petit fragment de charbon ou de bois incandescent qui s'échappe d'un foyer.

escarboucle [ɛskaʀbukl] n.f. (anc. fr. *escarbacle* [lat. *carbunculus* "petit charbon"], altéré d'apr. *boucle*). Gemme rouge d'un vif éclat. **Rem.** C'est le nom anc. des grenats rouges et du rubis.

escarcelle [ɛskaʀsɛl] n.f. (it. *scarsella* "petite avare"). - **1.** Au Moyen Âge, bourse suspendue à la ceinture. - **2.** LITT. Bourse, porte-monnaie : *C'est autant de rentré dans mon escarcelle.*

escargot [ɛskaʀgo] n.m. (prov. *escaragol,* lat. *conchylium* "coquillage", par croisement avec *scarabaeus*). - **1.** Mollusque gastropode pulmoné, dont les grandes espèces sont comestibles, et qui dévore les feuilles des plantes cultivées : *L'escargot de Bourgogne et le petit-gris sont les plus couramment cuisinés.* **Rem.** L'escargot est aussi appelé *colimaçon* ou *limaçon.* - **2.** Aller, marcher comme un escargot, très lentement. - **3.** Escargot de mer. Bigorneau.

escargotière [ɛskaʀgotjɛʀ] n.f. - **1.** Lieu où l'on élève les escargots. - **2.** Plat présentant de petits creux, utilisé pour servir les escargots.

escarmouche [ɛskaʀmuʃ] n.f. (p.-ê. de l'it. *scaramuccia,* d'orig. obsc.). - **1.** Combat localisé, de courte durée, entre de petits groupes armés ; engagement, accrochage. - **2.** Vif échange de propos entre deux adversaires : *Escarmouche parlementaire avant le débat décisif* (syn. joute).

escarpe [ɛskaʀp] n.f. (it. *scarpa*, propr. "chaussure" [probabl. par analogie de forme] ; v. *escarpin*). Talus intérieur du fossé d'un ouvrage fortifié.

escarpé, e [ɛskaʀpe] adj. (de *escarpe*). Qui présente une pente raide, qui est d'accès difficile : *Chemin escarpé* (syn. raide). *Montagne escarpée* (syn. abrupt).

escarpement [ɛskaʀpəmɑ̃] n.m. État de ce qui est escarpé ; pente raide : *Escarpement d'une montagne.*

escarpin [ɛskaʀpɛ̃] n.m. (it. *scarpino*, de *scarpa* "chaussure", gothique *°skarpô* "objet pointu"). Soulier élégant, découvert, à semelle mince, avec ou sans talon.

escarpolette [ɛskaʀpɔlɛt] n.f. (orig. incert., p.-ê. dimin. de *escarpe*). Siège ou planchette suspendus par deux cordes sur lesquels on se place pour se balancer (syn. balançoire).

escarre [ɛskaʀ] n.f. (bas lat. *eschara*, gr. *eskhara* "foyer, brasier"). MÉD. Croûte noirâtre qui se forme sur la peau, les plaies, etc., par la nécrose des tissus.

eschatologie [ɛskatɔlɔʒi] n.f. (du gr. *eschatos* "dernier", et de *-logie*). Ensemble de doctrines et de croyances portant sur le sort ultime de l'homme *(eschatologie individuelle)* et de l'Univers *(eschatologie universelle).*

eschatologique [ɛskatɔlɔʒik] adj. Qui concerne l'eschatologie.

esche [ɛʃ] n.f. (lat. *esca* "nourriture"). PÊCHE. Appât que le pêcheur à la ligne fixe à l'hameçon.

escient [esjɑ̃] n.m. (du lat. *me sciente* "moi le sachant", *p.* présent, de *scire* "savoir"). À bon escient, avec discernement, avec la conscience d'agir à propos : *Intervenir à bon escient dans un débat* (= à propos ; syn. opportunément).

s'esclaffer [ɛsklafe] v.pr. (du prov. *esclafa* "éclater"). Partir d'un éclat de rire (syn. pouffer).

esclandre [ɛsklɑ̃dʀ] n.m. (lat. *scandalum*). Tapage provoqué par un événement fâcheux : *Faire un esclandre au restaurant* (syn. scène). *Faire de l'esclandre* (syn. scandale).

esclavage [ɛsklavaʒ] n.m. - **1.** État, condition d'esclave ; état de ceux qui sont sous une domination tyrannique : *Réduire un peuple en esclavage. L'esclavage fut aboli en 1848 en France, en 1865 aux États-Unis.* - **2.** Dépendance étroite de qqn à l'égard de qqch ou de qqn : *L'esclavage des ouvriers au XIXᵉ siècle* (syn. servitude, asservissement).

esclavagisme [ɛsklavaʒism] n.m. Doctrine qui admet l'esclavage (par opp. à *abolitionnisme*) ; système social et économique fondé sur l'esclavage.

esclavagiste [ɛsklavaʒist] adj. et n. Qui est partisan de l'esclavage ; qui admet l'esclavage : *Les États esclavagistes du sud des États-Unis s'opposent aux abolitionnistes du nord.*

esclave [ɛsklav] n. (lat. médiév. *sclavus*, de *slavus* "slave", les Germains ayant réduit de nombreux Slaves en esclavage). - **1.** Personne de condition non libre, considérée comme un instrument économique pouvant être vendu ou acheté, et qui est sous la dépendance d'un maître. - **2.** Personne qui est sous l'entière dépendance d'une autre : *Il est l'esclave de ses enfants* (syn. valet, domestique). *Être l'esclave d'une femme* (syn. jouet). - **3.** Personne entièrement soumise à qqch : *Les esclaves de l'argent.* ◆ adj. - **1.** Qui est soumis à l'esclavage : *Peuple esclave.* - **2.** Qui est sous la dépendance complète de qqch : *Être esclave de ses préjugés.*

escogriffe [ɛskɔɡʀif] n.m. (orig. incert., p.-ê. de *griffer* au sens de "ravir, emporter"). FAM. Homme de grande taille, mal bâti, à l'allure dégingandée.

escompte [ɛskɔ̃t] n.m. (it. *sconto* "décompte"). - **1.** BANQUE. Opération de crédit à court terme qui consiste à acheter un effet de commerce avant son échéance, déduction faite d'un intérêt proportionnel au temps que l'effet a à courir ; cet intérêt : *Faire un escompte à 2 %.* - **2.** COMM. Réduction consentie à un acheteur qui paie comptant ou avant l'échéance (syn. remise).

escompter [ɛskɔ̃te] v.t. (it. *scontare* "décompter"). - **1.** Compter sur, espérer : *Escompter la réussite d'un projet* (syn. prévoir). - **2.** BANQUE. Faire une opération d'escompte ; payer un effet de commerce non échu, déduction faite de l'escompte.

escorte [ɛskɔʀt] n.f. (it. *scorta* "action de guider"). - **1.** Formation militaire terrestre, aérienne ou navale chargée d'escorter : *Escadron, avion, bâtiment d'escorte. Donner une escorte à un personnage officiel.* - **2.** Suite de personnes qui accompagnent une personnalité dans ses déplacements. - **3.** Faire escorte à qqn, l'accompagner (syn. escorter).

escorter [ɛskɔʀte] v.t. Accompagner pour protéger, surveiller ou faire honneur : *Escorter un convoi, un ami.*

escorteur [ɛskɔʀtœʀ] n.m. Bâtiment de guerre spécial, équipé pour la protection des communications et la lutte anti-sous-marine. (On dit aussi *un navire convoyeur*.)

escouade [ɛskwad] n.f. (autre forme de *escadre*). - **1.** Petit groupe de fantassins ou de cavaliers placés sous les ordres d'un caporal ou d'un brigadier. - **2.** Petit groupe de personnes formant une équipe : *Il est arrivé avec son escouade d'associés* (syn. suite).

escrime [ɛskʀim] n.f. (anc. it. *scrima*, du frq. *skirmjan* "protéger"). Sport opposant deux adversaires au fleuret, au sabre, à l'épée.

s'escrimer [ɛskʀime] v.pr. [à] (de *escrime*). Faire tous ses efforts en vue d'un résultat difficile à atteindre : *Il s'escrime à lui expliquer un problème* (syn. s'évertuer).

escrimeur, euse [ɛskʀimœʀ, -øz] n. Personne qui pratique l'escrime.

escroc [ɛskʀo] n.m. (it. *scrocco* ; v. *escroquer*). Personne qui escroque, qui trompe : *Être victime d'un escroc* (syn. voleur).

escroquer [ɛskʀɔke] v.t. (it. *scroccare* "décrocher", de *croc* "croc, crochet"). - **1.** Soutirer de l'argent par tromperie : *Escroquer des millions* (syn. extorquer). *Escroquer sa grandtante* (syn. dépouiller). - **2.** Extorquer par ruse ou par surprise : *Escroquer un héritage*.

escroquerie [ɛskʀɔkʀi] n.f. - **1.** Action d'escroquer : *Ses escroqueries l'ont conduit en prison* (syn. vol, malversation). - **2.** Délit consistant à s'approprier le bien d'autrui par des manœuvres frauduleuses : *Escroquerie à l'assurance*.

escudo [ɛskudo] n.m. Unité monétaire principale du Portugal.

eskuarien, enne [ɛskwaʀjɛ̃, -ɛn] et **euscarien, enne** [øskaʀjɛ̃, -ɛn] adj. et n. (du basque *euskara* "langue basque"). Du Pays basque.

ésotérique [ezɔteʀik] adj. (gr. *esôterikos* "de l'intérieur"). - **1.** Qui est réservé aux seuls initiés : *Les secrets ésotériques de la cabale*. - **2.** Peu compréhensible par ceux qui ne sont pas instruits d'un art, d'une technique particulière : *Un poème symboliste ésotérique* (syn. hermétique, obscur).

ésotérisme [ezɔteʀism] n.m. - **1.** Partie de certaines philosophies anciennes qui devait rester inconnue des non-initiés. - **2.** Caractère ésotérique, obscur de qqch : *L'ésotérisme d'une œuvre d'art* (syn. hermétisme).

espace [ɛspas] n.m. (lat. *spatium*, propr. "arène, champ de courses"). - **1.** Étendue indéfinie qui contient tous les objets ; étendue disponible : *Les oiseaux volent dans l'espace* (syn. air). *Manquer d'espace*. - **2.** MATH. Ensemble de points, de vecteurs, etc., muni d'une structure ; spécial., un tel ensemble, de dimension trois (par opp. au *plan*, de dimension deux) : *Espace à deux et à trois dimensions dans la géométrie euclidienne. Géométrie dans l'espace*. - **3.** Volume occupé par qqch : *Ce meuble occupe peu d'espace* (syn. place). *Ces plantations couvrent un espace important* (syn. superficie). - **4.** Distance entre deux points, deux objets : *Laisser un espace entre chaque mot* (syn. intervalle, écartement). - **5.** Durée qui sépare deux moments : *Il a fait

cela en l'espace d'un an*. - **6.** Surface, milieu affectés à une activité, à un usage particulier : *Espace de loisirs*. - **7.** Étendue dans laquelle se meuvent les astres. - **8.** Milieu extraterrestre : *Conquête de l'espace*. - **9.** Espaces verts, jardins, parcs d'une agglomération. ‖ Espace vital, territoire qu'une nation juge nécessaire pour vivre ; espace dont on a besoin pour ne pas se sentir gêné par les autres.

espacement [ɛspasmɑ̃] n.m. - **1.** Action d'espacer ou de s'espacer : *L'espacement des paiements* (syn. échelonnement). - **2.** Disposition des choses espacées, séparées : *L'espacement des mots dans un livre* (syn. écartement).

espacer [ɛspase] v.t. (conj. 16). Séparer par un espace, une durée, un intervalle : *Espacer ses visites*.

espace-temps [ɛspastɑ̃] n.m. (pl. *espaces-temps*). PHYS. Espace à quatre dimensions liées entre elles, les trois premières étant celles de l'espace ordinaire et la quatrième étant le temps, nécessaires à un observateur donné, selon la théorie de la relativité, pour situer un événement.

espadon [ɛspadɔ̃] n.m. (it. *spadone*, augment. de *spada* "épée"). Poisson téléostéen des mers chaudes et tempérées, dont la mâchoire supérieure est allongée comme une lame d'épée. □ Ordre des persormorphes ; long. 6 m.

espadrille [ɛspadʀij] n.f. (dial. pyrénéen *espardillo*). Chaussure à tige de toile et semelle de corde.

espagnol, e [ɛspaɲɔl] adj. et n. (lat. pop. *hispaniolus*, class. *hispanus*). De l'Espagne.
◆ **espagnol** n.m. Langue romane parlée en Espagne (castillan) et en Amérique latine (sauf au Brésil).

espagnolette [ɛspaɲɔlɛt] n.f. (dimin. de *espagnol*). - **1.** CONSTR. Mécanisme de fermeture d'une croisée ou d'un châssis, constitué par une tige métallique munie de crochets à ses extrémités et manœuvrée par une poignée. - **2.** Fermer une fenêtre à l'espagnolette, maintenir la fenêtre entrouverte au moyen de la poignée.

espalier [ɛspalje] n.m. (it. *spalliera* "pièce de soutien", de *spalla* "épaule"). - **1.** Rangée d'arbres, génér. fruitiers, palissés dans un plan vertical : *Poiriers en espalier*. - **2.** Échelle fixée à un mur et dont les barreaux servent à divers mouvements de gymnastique.

espar [ɛspaʀ] n.m. (anc. fr. *esparre* "poutre", frq. *sparra*). MAR. Longue pièce de bois, de métal ou de plastique du gréement d'un bateau destinée à remplacer éventuellement un mât, une vergue, etc.

espèce [ɛspɛs] n.f. (lat. *species* "apparence"). - **1.** Ensemble d'êtres animés ou de choses qu'un caractère commun distingue des autres du même genre ; catégorie, sorte : *Espèce minérale. Espèce humaine* (= les êtres humains). -2. BIOL. Ensemble d'individus animaux ou végétaux semblables par leur aspect, leur habitat, féconds entre eux : *Il existe de nombreuses espèces de poires* (syn. variété). *L'espèce canine regroupe plusieurs races.* -3. Catégorie d'êtres ou de choses (souvent péjor.) : *Je n'aime pas les paresseux de son espèce* (syn. acabit, genre). *Un menteur de la plus belle espèce* (= un fieffé menteur). -4. SOUT. En l'espèce, en l'occurrence, en la circonstance : *Il a gagné le premier prix, en l'espèce une voiture.* ‖ Une espèce de (+ n.), une personne, une chose définie, faute de précision, par assimilation à une autre : *Une espèce de marchand* (= genre de). *Une espèce de comédie* (= sorte de). **Rem.** La langue fam. accorde souvent le déterminant au masculin : *Un espèce d'idiot m'a interpellé.* ‖ Espèce de (+ n.), renforce une injure adressée à qqn : *Espèce d'imbécile.* ◆ **espèces** n.f.pl. -1. Monnaie, argent : *Payer en espèces* (= en argent liquide ; par opp. à chèque, à carte de crédit). -2. THÉOL. Apparences du pain et du vin, selon la théorie de la transsubstantiation : *Communier sous les deux espèces.*

espérance [ɛsperɑ̃s] n.f. -1. Sentiment qui porte à considérer ce que l'on désire comme réalisable ; attente confiante : *Avoir le cœur rempli d'espérance* (syn. espoir). *Le vert est la couleur de l'espérance.* -2. Objet de ce sentiment : *Il est toute mon espérance* (syn. espoir). -3. THÉOL. Vertu théologale du christianisme par laquelle on espère avec confiance la grâce de Dieu et la vie éternelle. -4. Espérance de vie, durée moyenne de vie attendue, dans un groupe humain déterminé. ◆ **espérances** n.f.pl. VIEILLI et FAM. Héritage possible : *Avoir des espérances.*

espéranto [ɛsperɑ̃to] n.m. (de *esperanto* "celui qui espère", pseudonyme dans cette langue de Zamenhof). Langue internationale artificielle, créée en 1887 par Zamenhof à partir de racines appartenant essentiellement aux langues romanes.

espérer [ɛspere] v.t. (lat. *sperare* propr. "attendre, s'attendre à") [conj. 18]. -1. Considérer ce qu'on désire comme capable de se réaliser ; attendre avec confiance : *Espérer une récompense* (syn. escompter). *J'espère que vous réussirez. Ne vous découragez pas, il faut espérer.* -2. On ne l'espérait plus, on ne l'attendait plus. ◆ v.t.ind. **[en]** Mettre sa confiance en : *Espérer en Dieu, en l'avenir.*

esperluette [ɛspɛʀlɥɛt] n.f. (orig. obsc.). Signe typographique (&) représentant le mot *et* : *Dubois & Fils.* (On dit aussi *et commercial.*)

espiègle [ɛspjɛgl] adj. et n. (de *Ulespiegle*, n. francisé du néerl. *Till Uilenspiegel*, personnage facétieux d'un roman). Vif et malicieux sans méchanceté : *Sourire espiègle* (syn. malin, coquin). *Enfant espiègle* (syn. malicieux, LITT. mutin).

espièglerie [ɛspjɛɡləʀi] n.f. Caractère d'une personne, d'une chose espiègle ; action espiègle : *Espiègleries d'enfant* (syn. facétie).

espion, onne [ɛspjɔ̃, -ɔn] n. (it. *spione*, de *spiare* "épier"). -1. Agent secret chargé d'espionner, de recueillir des renseignements, de surprendre des secrets, pour le compte de son pays. -2. Personne qui guette les actions de qqn pour essayer de surprendre ses secrets : *Être entouré d'espions.*

espionnage [ɛspjɔnaʒ] n.m. -1. Action d'espionner ; surveillance clandestine. -2. Activité des espions, ayant pour but de nuire à la sécurité d'une entreprise ou d'un pays au profit d'un autre : *Un réseau d'espionnage.* -3. Espionnage industriel, recherche de renseignements concernant l'industrie, et, notamm., les procédés de fabrication.

espionner [ɛspjɔne] v.t. Surveiller secrètement, pour son compte personnel ou celui d'un autre, dans le but de nuire : *Espionner pour le compte d'une puissance étrangère. Espionner qqn, ses allées et venues* (syn. épier, guetter).

esplanade [ɛsplanad] n.f. (it. *spianata*, de *spianare* "aplanir", lat. *explanare* "étendre, étaler"). Terrain plat, uni et découvert, en avant d'une fortification ou devant un édifice : *L'esplanade des Invalides, à Paris.*

espoir [ɛspwaʀ] n.m. (de *espérer*). -1. Fait d'espérer ; état d'attente confiante : *Les sauveteurs conservent l'espoir de sauver* (syn. espérance). *Elle a l'espoir chevillé au corps* (= rien ne peut la décourager). *Dans l'espoir de vous revoir...* (syn. attente). *Dans l'espoir que vous m'accorderez une entrevue... Cette nouvelle a ruiné tous nos espoirs.* -2. Objet de ce sentiment ; personne en qui l'on espère : *Elle est notre unique espoir* (syn. espérance). *C'est un des espoirs du cinéma français* (= un débutant prometteur). -3. Il n'y a plus d'espoir, se dit en parlant d'une personne qui va mourir.

espressivo [ɛspresivo] adv. (mot it. "expressif"). MUS. De manière expressive, chaleureuse.

esprit [ɛspri] n.m. (lat. *spiritus* "souffle"). -1. Principe immatériel vital, substance incorporelle ; âme (par opp. à *corps*, à *matière*) : *Dans la Bible, « esprit » signifie « souffle de vie ».* -2. Être incorporel ou imaginaire qui est supposé se manifester sur terre : *Croire aux esprits* (syn. fantôme, revenant). -3. Principe de la pensée, siège des idées ; activité intellectuelle : *Cultiver son* *esprit* (syn. intelligence). *Une idée me vient à l'esprit. Ce détail m'est sorti de l'esprit* (syn. pensée, tête). *Dans mon esprit* (= selon moi). *Perdre l'esprit* (= devenir fou). *Reprendre ses esprits* (= revenir à soi ; retrouver son calme). - **4.** Manière de penser, disposition particulière, comportement : *Avoir l'esprit d'équipe* (syn. sens). *Faire du mauvais esprit* (= critiquer, dénigrer systématiquement). - **5.** Sens général, intentions profondes qui résultent d'un texte, d'un propos, etc. (souvent par opp. à *lettre*) : *S'attacher à l'esprit d'un texte de loi.* - **6.** Caractère essentiel, idée directrice : *L'esprit d'une époque.* - **7.** Manière originale d'envisager les choses : *Faire de l'esprit. Une remarque pleine d'esprit* (syn. humour, ironie). *Cet homme a de l'esprit.* - **8.** Personne considérée sur le plan de son activité intellectuelle : *Un esprit avisé. Les grands esprits se rencontrent.* - **9.** Nom donné autref. à des corps facilement volatils : *Esprit de bois* (= méthanol). *Esprit de sel* (= acide chlorhydrique). *Esprit de vin* (= alcool éthylique). - **10.** Esprit rude, en grec ancien, signe qui marque une attaque aspirée du mot commençant par une voyelle ou par un rhô (par opp. à l'*esprit doux*, qui affecte les voyelles initiales en l'absence d'aspiration). ‖ **Mot d'esprit**, repartie piquante. ‖ **Présence d'esprit**, promptitude à dire ou à faire ce qui est le plus à propos. ‖ **Rendre l'esprit**, mourir. ‖ **Trait d'esprit**, remarque fine, ingénieuse, brillante. - **11.** Vue de l'esprit, idée chimérique, utopique.

esquif [ɛskif] n.m. (anc. it. *schifo*). LITT. Embarcation légère.

esquille [ɛskij] n.f. (lat. *schidia* "copeau", gr. *skhidion*, de *skhizein* "fendre"). Petit fragment d'un os fracturé.

1. **esquimau, aude** [ɛskimo, -od] adj. et n. (esquimau *Eskimo*). Qui appartient au peuple des Esquimaux ; inuit : *Un igloo esquimau. Les Esquimaux se nomment eux-mêmes « inuit ».* **Rem.** On rencontre parfois l'adj. fém. esquimau : *Une femme esquimau.* ◆ **esquimau** n.m. Langue parlée par les Esquimaux.

2. **Esquimau** [ɛskimo] n.m. (nom déposé). Crème glacée enrobée de chocolat, fixée sur un bâtonnet.

esquinter [ɛskɛ̃te] v.t. (prov. *esquinta*, lat pop. *exquintare* "mettre en cinq morceaux", du class. *quintus* "cinquième"). FAM. - **1.** Fatiguer beaucoup : *Ce voyage m'a esquinté* (syn. épuiser, exténuer). - **2.** Détériorer, endommager : *Esquinter sa voiture* (syn. abîmer). - **3.** Critiquer sévèrement : *Esquinter un auteur* (syn. éreinter).

esquisse [ɛskis] n.f. (it. *schizzo* "dessin"). - **1.** Première forme, traitée à grands traits et génér. en dimensions réduites, du projet d'une œuvre plastique, d'une œuvre d'art appliqué ou d'une construction. - **2.** Indication sommaire de l'ensemble d'une œuvre littéraire et de ses parties : *L'esquisse d'un roman* (syn. plan). - **3.** Recomm. off. pour *rough*. - **4.** Commencement : *Esquisse d'un sourire* (syn. ébauche, amorce).

esquisser [ɛskise] v.t. (it. *schizzare* "dessiner"). - **1.** Faire l'esquisse de qqch, décrire à grands traits : *Esquisser un portrait, le plan d'un roman* (syn. ébaucher). - **2.** Commencer à faire : *Esquisser un geste de défense* (syn. amorcer).

esquive [ɛskiv] n.f. (de *esquiver*). Action d'éviter un coup par un déplacement du corps.

esquiver [ɛskive] v.t. (it. *schivare*, de *schivo* "dédaigneux"). - **1.** Éviter adroitement un coup, une attaque. - **2.** Se soustraire habilement à une difficulté : *Esquiver une question gênante* (syn. éluder, éviter). ◆ **s'esquiver** v.pr. Se retirer furtivement.

essai [ɛsɛ] n.m. (lat. *exagium* "pesée"). - **1.** Action d'essayer, de tester les qualités de qqn, qqch : *Faire l'essai d'une machine* (syn. expérimentation). *Mettre qqn à l'essai* (syn. épreuve). - **2.** DR. Période prévue dans le contrat de travail et préalable à l'engagement définitif : *Engager un collaborateur à l'essai.* - **3.** Effort fait pour réussir qqch : *Pour un coup d'essai, ce fut un coup de maître. Le champion a battu le record au deuxième essai* (syn. tentative). - **4.** MIN. Recherche rapide des métaux dans les minerais. - **5.** LITTÉR. Ouvrage en prose regroupant des réflexions diverses, ou traitant un sujet sans l'épuiser : *Les « Essais » de Montaigne.* - **6.** Au rugby, action de déposer ou de plaquer au sol le ballon dans l'en-but adverse : *Marquer un essai. Transformer un essai.*

essaim [ɛsɛ̃] n.m. (lat. *examen*, de *exigere* "pousser dehors"). - **1.** Groupe d'abeilles, comportant une reine et plusieurs dizaines de milliers d'ouvrières qui, à la belle saison, abandonnent une ruche surpeuplée en vue de fonder une nouvelle ruche. - **2.** LITT. Multitude, foule : *Un essaim d'écoliers se répand dans la rue* (syn. nuée).

essaimage [esemaʒ] n.m. Action d'essaimer, en parlant des abeilles ; époque où les abeilles essaiment.

essaimer [eseme] v.i. - **1.** Se disperser en formant un essaim pour fonder une nouvelle colonie : *Les abeilles essaiment au printemps.* - **2.** SOUT. Se disperser pour former de nouveaux groupes : *Les Irlandais ont essaimé aux États-Unis.*

essarter [esarte] v.t. (de *essart* "déboisement en vue d'une culture", bas lat. *exartum*, du class. *sarrire* "sarcler"). AGRIC. Arracher et brûler les broussailles d'un terrain, afin de le cultiver.

essayage [esɛjaʒ] n.m. Action d'essayer un vêtement : *Salon, cabine d'essayage.*

essayer [eseje] v.t. (lat. pop. *exagiare*, de *exagium* "pesée") [conj. 11]. - **1.** Utiliser qqch pour en éprouver les qualités, pour vérifier son fonctionnement, ses mesures, son efficacité : *Essayer une voiture* (syn. tester). *Essayer une robe* (= la passer sur soi). - **2.** FAM. Avoir recours aux services de qqn pour la première fois : *Essayer un nouveau coiffeur.* - **3.** Essayer de, faire des efforts, des tentatives en vue de : *Essayez de le persuader* (syn. s'efforcer de, tenter de). ◆ **s'essayer** v.pr. [à]. S'exercer à : *S'essayer à monter à cheval.*

essayeur, euse [esejœr, -øz] n. Personne qui procède à l'essayage d'un vêtement, chez un tailleur, un couturier.

essayiste [esejist] n. (angl. *essayist*). Auteur d'essais littéraires.

esse [ɛs] n.f. (de la lettre *S*). - **1.** Crochet en forme de S. - **2.** Ouïe du violon.

essence [esɑ̃s] n.f. (lat. *essentia*, de *esse* "être"). - **1.** PHILOS. Ce qui constitue le caractère fondamental, la réalité permanente d'une chose (par opp. à *accident*) ; nature d'un être, indépendamment de son existence. - **2.** Nature intime, caractère propre à une chose, à un être : *Essence divine. On touche à l'essence même de l'homme. Un postulat est, par essence, indémontrable* (= par nature). - **3.** SYLV. Espèce d'arbre : *Les essences résineuses.* - **4.** Liquide pétrolier léger, à odeur caractéristique, distillant entre 40 °C et 210 °C environ, utilisé comme carburant, comme solvant ou pour divers usages industriels. - **5.** Extrait, concentré de certaines substances aromatiques ou alimentaires obtenu par distillation : *Essence de rose, de café.*

essentiel, elle [esɑ̃sjɛl] adj. - **1.** PHILOS. Relatif à l'essence, à la nature intime d'une chose ou d'un être (par opp. à *accidentel*). - **2.** Nécessaire ou très important : *La pièce essentielle d'un mécanisme* (syn. principal). *C'est un point essentiel* (syn. capital ; contr. secondaire). - **3.** MÉD. Se dit d'une maladie dont la cause est inconnue. - **4.** Relatif à une essence alimentaire ou aromatique : *Huile essentielle.* ◆ **essentiel** n.m. - **1.** Le point le plus important, le principal : *L'essentiel est à être en bonne santé.* - **2.** Objets nécessaires, indispensables : *Emporter l'essentiel.* - **3.** La plus grande partie de : *Passer l'essentiel de son temps à travailler.*

essentiellement [esɑ̃sjɛlmɑ̃] adv. Par-dessus tout, principalement.

esseulé, e [esœle] adj. LITT. Laissé seul, abandonné (syn. délaissé, solitaire).

essieu [esjø] n.m. (lat. pop. *axilis*, du class. *axis* "axe"). Axe placé sous un véhicule pour

en supporter le poids, et dont les extrémités entrent dans le moyeu des roues.

essor [esɔʀ] n.m. (de l'anc. fr. *s'essorer* "voler"). - **1.** Développement, progrès de qqch : *Une industrie en plein essor. Le tourisme connaît un nouvel essor dans cette région* (syn. élan). - **2.** LITT. Donner l'essor à son imagination, lui donner libre cours. - **3.** Prendre son essor, s'envoler, en parlant d'un oiseau ; au fig., commencer à se développer.

essorage [esɔʀaʒ] n.m. Action d'essorer : *Ne pas ouvrir la machine avant la fin de l'essorage.*

essorer [esɔʀe] v.t. (lat. pop. *exaurare* "exposer à l'air", du class. *aura* "vent"). Débarrasser le linge, un aliment, un produit de l'eau dont il est imprégné : *Essorer un pull à la main* (syn. tordre). *Essorer un chou après l'avoir blanchi.*

essoreuse [esɔʀøz] n.f. - **1.** Appareil ménager servant à essorer le linge en le faisant tourner dans un tambour. - **2.** Ustensile de ménage constitué d'une cuve cylindrique à l'intérieur de laquelle tourne un panier percé de trous, utilisé pour essorer la salade.

essoriller [esɔʀije] v.t. (de *oreille*). Couper, raccourcir (génér. dans un but esthétique) les oreilles d'un animal : *Essoriller un chien.*

essoucher [esuʃe] v.t. (de *souche*). Enlever d'un terrain les souches qui sont restées après l'abattage des arbres.

essoufflement [esufləmɑ̃] n.m. - **1.** État de qqn qui est essoufflé ; respiration gênée, difficile : *L'essoufflement d'un asthmatique* (syn. dyspnée). - **2.** Incapacité à suivre le rythme d'une progression : *L'essoufflement de l'industrie textile.*

essouffler [esufle] v.t. Faire perdre le souffle normal à : *Cette course l'a essoufflé* (= l'a mise hors d'haleine). *Être essoufflé* (= être à bout de souffle). ◆ **s'essouffler** v.pr. - **1.** Perdre son souffle, perdre haleine : *Il s'essouffle vite* (syn. haleter, souffler). - **2.** Avoir de la peine à poursuivre une action entreprise ; ne plus pouvoir suivre un rythme de croissance : *La vogue des films catastrophes s'essouffle.*

essuie-glace [esɥiglas] n.m. (pl. *essuie-glaces*). Dispositif, formé d'un balai muni d'une lame de caoutchouc, destiné à essuyer le pare-brise mouillé d'un véhicule.

essuie-mains [esɥimɛ̃] n.m. inv. Linge pour s'essuyer les mains.

essuyage [esɥijaʒ] n.m. Action ou manière d'essuyer : *Un torchon fin pour l'essuyage des verres.*

essuyer [esɥije] v.t. (bas lat. *exsucare*, de *sucus* "sève") [conj. 14]. - **1.** Débarrasser qqch d'un liquide, de la poussière, etc., dont il était couvert : *Essuyer la vaisselle. Essuyer les meubles* (syn. épousseter). *Essuyez vos pieds avant*

d'entrer. - **2.** Avoir à supporter qqch de pénible, de fâcheux, de désagréable : *Nous avons essuyé une tempête au large des Bermudes* (syn. subir). *Essuyer un échec. Elle a essuyé mon refus sans broncher* (syn. endurer, supporter). - **3.** Essuyer les plâtres, habiter le premier une maison nouvellement construite ; au fig., FAM. être le premier à subir les inconvénients d'une affaire, d'une entreprise : *Ils ont essuyé les plâtres de la nouvelle méthode.*
◆ **s'essuyer** v.pr. S'essuyer qqch (une partie du corps) ou **s'essuyer (absol.)**, frotter une partie de son corps pour la sécher, ou en ôter la poussière, etc. : *S'essuyer le visage, les mains.*

est [ɛst] n.m. inv. (angl. *east*). - **1.** L'un des quatre points cardinaux, situé du côté de l'horizon où le soleil se lève : *La Pologne se trouve à l'est de la France. Faire route vers l'est* (syn. litt. orient, levant). - **2.** (Avec une majuscule). Partie d'un territoire située vers ce point : *Prendre des vacances dans l'Est.* - **3.** (Avec une majuscule). Ensemble des pays d'Europe qui appartenaient au bloc socialiste. ◆ adj. inv. Situé à l'est : *La côte est des États-Unis* (syn. oriental).

establishment [ɛstablifmənt] n.m. (mot angl.). Groupe puissant de gens en place qui défendent leurs privilèges, l'ordre établi.

estafette [ɛstafɛt] n.f. (it. *staffetta* "petit étrier"). Militaire chargé de transmettre les dépêches.

estafilade [ɛstafilad] n.f. (it. *staffilata* "coup de fouet"). Entaille faite avec un instrument tranchant, princ. au visage : *Une estafilade barrait sa joue gauche* (syn. balafre, entaille).

estaminet [ɛstaminɛ] n.m. (wallon *staminê*, de *stamon* "poteau"). VX. Petit café, débit de boissons.

estampage [ɛstãpaʒ] n.m. (de *estamper*). - **1.** Façonnage, par déformation plastique, d'une masse de métal à l'aide de matrices, permettant de lui donner une forme et des dimensions très proches de celles de la pièce finie. - **2.** FAM. Action d'escroquer qqn en lui soutirant de l'argent (syn. escroquerie).

estampe [ɛstãp] n.f. (de *estamper*). Image imprimée, le plus souvent sur papier, après avoir été gravée sur métal, bois, etc., ou dessinée sur support lithographique.

estamper [ɛstãpe] v.t. (it. *stampare*, frq. *stampôn* "fouler, piler"). - **1.** TECHN. Mettre en forme par estampe. - **2.** FAM. Faire payer qqch trop cher à qqn : *Le voyagiste nous a estampés* (syn. escroquer, voler).

estampeur, euse [ɛstãpœr, -øz] n. - **1.** TECHN. Personne qui pratique l'estampage. - **2.** FAM. Escroc.

estampillage [ɛstãpijaʒ] n.m. Action d'estampiller : *L'estampillage de marchandises avant leur chargement.*

estampille [ɛstãpij] n.f. (esp. *estampilla*, de *estampar* "graver"). Marque appliquée sur un objet d'art en guise de signature ou sur un produit industriel comme garantie d'authenticité : *Vérifier que les estampilles nécessaires ont été apposées sur des statuettes* (syn. cachet, sceau).

estampiller [ɛstãpije] v.t. Marquer d'une estampille : *Estampiller les coffrets avant de les mettre dans des caisses.*

est-ce que [ɛsk] adv. interr. S'emploie à la place de l'inversion du sujet et du verbe : - **1.** En tête de phrase lorsque la question appelle une réponse par oui ou par non : *Est-ce que tu viens demain ?* (= viens-tu demain ?). *Est-ce qu'il pleut beaucoup ?* (= pleut-il beaucoup ?). - **2.** FAM. Après un adverbe ou un pronom interrogatif : *Quand est-ce qu'il vient ?* (= quand vient-il ?).

1. ester [ɛste] v.i. (lat. *stare* "se tenir debout") [seul. inf.]. DR. Ester en justice, exercer une action en justice.

2. ester [ɛstɛr] n.m. (mot créé par le chimiste all. Gmeltin, d'apr. *éther*). CHIM. Nom générique des composés résultant de l'action d'un oxacide sur un alcool, avec élimination d'eau.

esthète [ɛstɛt] n. et adj. (du gr. *aisthêtês* "qui perçoit par les sens"). - **1.** Personne qui aime l'art et le considère comme une valeur essentielle. - **2.** Personne qui affecte le culte du beau, au détriment de toute autre valeur (péjor.).

esthéticien, enne [ɛstetisjɛ̃, -ɛn] n. - **1.** Écrivain, philosophe qui s'occupe d'esthétique. - **2.** (Surtout au fém.). Spécialiste des soins du corps et du visage dans un institut de beauté.

1. esthétique [ɛstetik] adj. (gr. *aisthêtikos* "sensible, perceptible", de *aisthanesthai* "percevoir par les sens"). - **1.** Qui a rapport au sens du beau, à la perception du beau : *Il n'a pas le sens esthétique.* - **2.** Qui a une certaine beauté, de la grâce : *Coiffure très esthétique* (syn. joli). *Ce tas d'ordures n'a rien d'esthétique* (syn. décoratif). - **3.** Qui entretient la beauté du corps : *Soins esthétiques.* - **4.** Chirurgie esthétique, partie de la chirurgie plastique destinée à améliorer l'aspect du corps, et plus spécial. du visage.

2. esthétique [ɛstetik] n.f. (de *1. esthétique*). - **1.** Théorie du beau, de la beauté en général et du sentiment qu'elle fait naître en nous. - **2.** Ensemble des principes à la base d'une expression artistique, littéraire, etc., visant à la rendre conforme à un idéal de beauté : *L'esthétique classique.* - **3.** Harmonie, beauté d'une forme d'art quelconque : *L'esthétique d'une construction.*

esthétiquement [ɛstetikmɑ̃] adv. De façon esthétique : *Des fleurs esthétiquement disposées* (syn. artistiquement).

esthétisant, e [ɛstetizɑ̃, -ɑ̃t] adj. Qui privilégie le jeu raffiné des valeurs formelles : *Écrivain esthétisant.*

esthétisme [ɛstetism] n.m. Doctrine ou attitude artistique qui met au premier plan le raffinement ou la virtuosité formels.

estimable [ɛstimabl] adj. - 1. Qui est digne d'estime : *Un homme fort estimable* (syn. honorable, respectable). - 2. Qui a de la valeur sans être remarquable : *Son dernier film est estimable.* - 3. Qu'on peut évaluer : *Fortune difficilement estimable* (syn. calculable, chiffrable).

estimatif, ive [ɛstimatif, -iv] adj. Qui constitue une estimation : *Devis estimatif des travaux.*

estimation [ɛstimasjɔ̃] n.f. (lat. *aestimatio* "évaluation" ; v. *estimer*). Détermination exacte ou approximative de la valeur de qqch : *L'estimation des dégâts* (syn. évaluation).

estime [ɛstim] n.f. (de *estimer*). - 1. Bonne opinion qu'on porte sur qqn ou qqch : *Sa droiture lui a valu l'estime de tous* (syn. respect, considération). - 2. MAR. Détermination de la position d'un navire, en tenant compte des courants de la dérive : *Naviguer à l'estime.* - 3. À l'estime, au juger : *Évaluer le poids d'un colis à l'estime.* ‖ *Succès d'estime*, demi-succès d'une œuvre, accueillie favorablement par la critique mais boudée par le grand public.

estimer [ɛstime] v.t. (lat. *aestimare* "juger"). - 1. Déterminer la valeur d'un bien, le prix d'un objet : *Faire estimer un tableau* (syn. coter, expertiser). - 2. Calculer approximativement : *Estimer une distance* (syn. évaluer). - 3. Avoir une bonne opinion de qqn, reconnaître sa valeur : *J'estime beaucoup votre père* (syn. respecter). - 4. Être d'avis, avoir pour opinion : *J'estime que tu peux mieux faire* (syn. considérer, penser). *Il a estimé inutile de nous en parler* (syn. juger). ◆ **s'estimer** v.pr. Se considérer comme, se croire : *S'estimer satisfait. Estimez-vous heureux* (= réjouissez-vous).

estivage [ɛstivaʒ] n.m. (mot prov., de *estivar* "transhumer"). Migration des troupeaux dans les pâturages d'été.

estival, e, aux [ɛstival, -o] adj. (bas lat. *aestivalis* "de l'été"). Relatif à l'été ; qui a lieu en été : *Tenue estivale. Travail estival.*

estivant, e [ɛstivɑ̃, -ɑ̃t] n. (du prov. *estiva*, lat. *aestivare* "passer l'été", de *aestas* ; v. été). Personne qui passe ses vacances d'été dans un lieu de villégiature : *En juillet, les estivants affluent sur les plages* (syn. vacancier).

estoc [ɛstɔk] n.m. (de l'anc. fr. *estochier* "frapper", moyen néerl. *stoken*, du frq. *stok*

"bâton" avec l'infl. de l'it. *stocco* "épée") - 1. Épée d'armes frappant de pointe (XVe-XVIe s.). - 2. Frapper d'estoc et de taille, frapper en se servant de la pointe et du tranchant d'une arme blanche.

estocade [ɛstɔkad] n.f. (it. *stoccata* "coup de bâton", de *stocco* "épée"). - 1. VX. Coup donné avec la pointe de l'épée. - 2. Coup d'épée porté par le matador pour achever le taureau : *Donner l'estocade.* - 3. LITT. Attaque violente et soudaine : *Un témoin désarçonné par les estocades de l'avocat.*

estomac [ɛstɔma] n.m. (lat. *stomachus*, gr. *stomakhos*, de *stoma* "bouche"). - 1. Chez l'homme, partie du tube digestif renflée en poche et située sous le diaphragme, entre l'œsophage et l'intestin grêle, où les aliments sont brassés et imprégnés de suc gastrique : *Avoir l'estomac barbouillé.* - 2. Chez les animaux, partie renflée du tube digestif, formée de quatre poches chez les ruminants. - 3. Partie du corps qui correspond à l'estomac : *Recevoir un coup dans l'estomac.* - 4. FAM. À l'estomac, par une audace qui en impose : *Y aller à l'estomac* (= au culot). ‖ FAM. Avoir de l'estomac, avoir de la hardiesse ou de l'audace. ‖ FAM. Avoir l'estomac dans les talons, avoir très faim.

estomaquer [ɛstɔmake] v.t. (lat. *stomachari* "s'irriter", de *stomachus*). FAM. Causer à qqn une vive surprise, agréable ou désagréable : *Sa réponse m'a estomaqué* (syn. stupéfier).

estompe [ɛstɔ̃p] n.f. (néerl. *stomp* "bout"). Peau, papier roulés et terminés en pointe servant à étaler le crayon, le fusain, le pastel sur un dessin ; dessin ainsi obtenu.

estomper [ɛstɔ̃pe] v.t. (de *estompe*). - 1. Adoucir ou ombrer un dessin avec l'estompe : *Estomper un pastel.* - 2. Couvrir qqch d'une ombre légèrement dégradée ; atténuer la rudesse, l'acuité de qqch : *Brouillard qui estompe le paysage* (syn. voiler). *Estomper les difficultés* (syn. adoucir). ◆ **s'estomper** v.pr. Devenir moins marqué, moins fort : *Cicatrice qui s'estompe* (syn. s'effacer). *Souvenirs qui s'estompent* (= qui deviennent flous). *Sa rancœur s'estompera avec le temps* (syn. s'atténuer).

estonien, enne [ɛstɔnjɛ̃, -ɛn] adj. et n. De l'Estonie. ◆ **estonien** n.m. Langue finno-ougrienne parlée en Estonie.

estourbir [ɛsturbir] v.t. (de l'all. *gestorben* "mort") [conj. 32]. FAM. Assommer, tuer ; étourdir par un coup.

estrade [ɛstrad] n.f. (esp. *estrado*, lat. *stratum* "plate-forme"). Petit plancher surélevé destiné à recevoir des sièges, une tribune, etc. : *Le bureau est placé sur une estrade.*

estragon [ɛstragɔ̃] n.m. (altér. de l'anc. mot *targon*, du lat. *tarchon*, de l'ar. *tarkhoûn*).

Plante potagère aromatique utilisée comme condiment. □ Famille des composées.

estrapade [ɛstʁapad] n.f. (it. *strappata*, de *strappare* "arracher", gotique *strappan* "atteler"). HIST. Supplice qui consistait à hisser le coupable à une certaine hauteur, puis à la laisser tomber plusieurs fois ; mât, potence servant à ce supplice.

estropié, e [ɛstʁɔpje] adj. et n. Se dit de qqn privé de l'usage normal d'un ou de plusieurs membres : *Rester estropié à la suite d'un accident* (syn. infirme).

estropier [ɛstʁɔpje] v.t. (it. *stroppiare*, probabl. du lat. pop. *exturpiare*, du class. *turpis* "laid, difforme" [conj. 9]. -**1.** Priver de l'usage normal d'un ou de plusieurs membres : *Il a été estropié dans l'accident* (syn. mutiler). -**2.** Déformer dans la prononciation ou l'orthographe : *Estropier un nom* (syn. écorcher).

estuaire [ɛstɥɛʁ] n.m. (lat. *aestuarium*, de *aestus* "agitation de la mer"). Embouchure d'un fleuve sur une mer ouverte et où se font sentir les marées : *L'estuaire de la Gironde.*

estudiantin, e [ɛstydjɑ̃tɛ̃, -in] adj. (esp. *estudiantino*, de *estudiante* "étudiant"). Relatif aux étudiants : *Vie estudiantine* (syn. étudiant).

esturgeon [ɛstyʁʒɔ̃] n.m. (frq. *sturjo*). Grand poisson qui passe un ou deux ans dans les estuaires avant d'achever sa croissance en mer. □ Chaque femelle, qui peut atteindre 6 m de long et 200 kg, pond en eau douce 3 à 4 millions d'œufs qui constituent le *caviar.*

et [e] conj. coord. (mot lat.). Indique : -**1.** L'adjonction, qui peut avoir valeur d'addition, de comparaison ou d'opposition : *Il faut agir vite et bien. Le vin de table français et le vin de table espagnol n'ont pas la même teneur en alcool. Tu viens d'arriver et tu veux déjà repartir ?* -**2.** En tête d'énoncé, un renforcement emphatique : *Et moi, vous ne me demandez pas mon avis ? Et voilà, nous sommes arrivés.*

êta [eta] n.m. inv. Septième lettre de l'alphabet grec (H, η).

étable [etabl] n.f. (lat. pop. *stabula*, du class. *stabulum* "lieu où l'on séjourne"). Bâtiment destiné au logement des bestiaux, en partic. des bovins.

1. établi, e [etabli] adj. (p. passé de *établir*). -**1.** Qui est solide et durable : *Réputation établie* (syn. assis, stable). -**2.** Qui est admis, ancré, respecté comme tel : *Les usages établis.* -**3.** Qui est instauré de manière durable : *Pouvoir établi* (= en place). *Ordre établi* (= en vigueur).

2. établi [etabli] n.m. (de *établir*). Table de travail des menuisiers, des ajusteurs, des tailleurs, etc.

établir [etabliʁ] v.t. (lat. *stabilire*, de *stabilis* "stable, solide") [conj. 32]. -**1.** Fixer dans un lieu, une position : *Établir son domicile à Paris* (syn. installer). -**2.** Fonder : *Établir une théorie* (syn. créer). *Établir un usage, un règlement* (syn. instituer, instaurer). -**3.** Rédiger une liste, un inventaire, une facture, etc. : *Établir un planning, un devis* (syn. dresser). -**4.** LITT. Pourvoir d'une situation sociale, d'un emploi : *Établir ses enfants* (syn. installer). -**5.** Démontrer la réalité de : *Établir l'innocence d'un accusé* (syn. prouver). ◆ **s'établir** v.pr. Fixer sa demeure, son commerce, son activité : *S'établir en province* (syn. s'implanter).

établissement [etablismɑ̃] n.m. -**1.** Action d'établir, de s'établir : *L'établissement d'un barrage* (syn. construction). *L'établissement d'immigrants dans leur patrie d'adoption* (syn. implantation, installation). -**2.** Maison où se donne un enseignement (école, collège ou lycée) : *Chef d'établissement.* -**3.** Entreprise commerciale ou industrielle : *Le siège social d'un établissement de transports* (syn. maison). -**4.** Établissement financier, entreprise qui, sans posséder la qualification de banque, participe à certaines opérations financières.

étage [etaʒ] n.m. (lat. pop. *staticum*, class. *statio*, de *stare* "être debout"). -**1.** Chacun des intervalles compris entre deux planchers d'un bâtiment : *Immeuble de dix étages.* -**2.** Chacune des divisions, chacun des niveaux d'une chose formée de parties superposées ou hiérarchisées : *Une fusée à trois étages.* -**3.** Division d'une période géologique, correspondant à un ensemble de terrains de même âge. -**4.** De bas étage, de qualité médiocre ; mauvais goût : *Plaisanterie de bas étage.*

étagement [etaʒmɑ̃] n.m. Action d'étager ; disposition en étages : *L'étagement des prix* (syn. échelonnement). *L'étagement des couches géologiques* (syn. superposition).

étager [etaʒe] v.t. [conj. 17]. Disposer par étages ; mettre à des niveaux différents : *Étager des livres dans une bibliothèque* (syn. superposer). *Étager des prix* (syn. échelonner). ◆ **s'étager** v.pr. Être disposé en rangs superposés : *Maisons qui s'étagent à flanc de colline.*

étagère [etaʒɛʁ] n.f. -**1.** Tablette fixée horizontalement sur un mur. -**2.** Meuble formé de tablettes superposées : *Étagère à tablettes amovibles* (syn. rayonnage).

1. étai [etɛ] n.m. (frq. *staka* "soutien"). Pièce de charpente servant à soutenir provisoirement un plancher, un mur, etc. (syn. étançon).

2. étai [etɛ] n.m. (anc. angl. *staeg*). MAR. Câble métallique ou cordage destiné à maintenir en place un mât.

étaiement [etemã] et **étayage** [etejaʒ] n.m.
- **1.** Action d'étayer ; son résultat : *L'étayage d'un plafond*. - **2.** Ouvrage provisoire en charpente, destiné à soutenir ou à épauler une construction.

étain [etɛ̃] n.m. (bas lat. *stagnum*, class. *stannum* "plomb argentifère"). - **1.** Métal blanc, brillant, très malléable et qui fond à 232 °C. □ Symb. Sn ; densité 7,2. - **2.** Pièce de vaisselle, objet en étain : *De beaux étains*.

étal [etal] n.m. (frq *stal*) [pl. *étals* ou *étaux*]. - **1.** Table sur laquelle sont exposées les denrées, sur un marché. - **2.** Table sur laquelle les bouchers débitent la viande.

étalage [etalaʒ] n.m. (de 1. *étaler*). - **1.** Exposition de marchandises offertes à la vente. - **2.** Lieu où sont exposées les marchandises ; ensemble de ces marchandises : *Mettre des vêtements à l'étalage* (syn. devanture, vitrine). *Un bel étalage de jouets.* - **3.** Action d'exposer avec ostentation : *Faire étalage de ses succès* (syn. parade).

étalager [etalaʒe] v.t. [conj. 17]. COMM. Disposer (des marchandises) à l'étalage.

étalagiste [etalaʒist] n. Décorateur spécialisé dans la présentation des étalages : *Une étalagiste de renom.*

étale [etal] adj. (de 1. *étaler*). - **1.** Sans mouvement : *Navire étale* (syn. immobile). - **2.** Mer, cours d'eau étale, mer, cours d'eau qui ne monte ni ne descend. ◆ n.m. Moment où le niveau de la mer est stable entre le flux et le jusant (ou inversement).

étalement [etalmã] n.m. (de 1. *étaler*). - **1.** Action de déployer : *L'étalement du plan d'une ville* (syn. déploiement). - **2.** Action de répartir dans le temps : *L'étalement des départs en vacances* (syn. échelonnement).

1. étaler [etale] v.t. (de *étal*). - **1.** Disposer des objets les uns à côté des autres sur une surface : *Photos étalées sur une table* (syn. disséminer, semer). - **2.** Disposer à plat une chose pliée, roulée : *Étaler une nappe* (syn. déplier, étendre). - **3.** Appliquer une couche de matière sur qqch : *Étaler du beurre sur du pain* (syn. tartiner). *Une peinture facile à étaler.* - **4.** Montrer avec ostentation ; faire étalage de : *Étaler sa science* (syn. afficher, arborer). - **5.** Répartir qqch, une action sur une période plus longue qu'il n'était prévu : *Étaler des paiements* (syn. échelonner). - **6.** Étaler son jeu, ses cartes, montrer ses cartes en les déposant sur le tapis, abattre son jeu. ◆ **s'étaler** v.pr. - **1.** FAM. Prendre beaucoup de place en se tenant mal : *S'étaler sur le canapé* (syn. se vautrer). - **2.** FAM. Tomber : *S'étaler de tout son long.*

2. étaler [etale] v.t. (de *étale*). MAR. Étaler le vent, le courant, pouvoir leur résister ou faire route contre eux.

1. étalon [etalɔ̃] n.m. (frq. *stallo*, de *stal* "écurie"). - **1.** Cheval destiné à la reproduction (contr. hongre). - **2.** Mâle reproducteur d'une espèce domestique.

2. étalon [etalɔ̃] n.m. (frq. *stalo* "pieu" et "modèle de mesure"). - **1.** Objet ou instrument qui matérialise une unité de mesure et sert de référence, de modèle légal : *L'étalon de masse, de longueur. Mètre étalon.* - **2.** ÉCON. Étalon monétaire, valeur ou métal retenu par un ou plusieurs pays comme référence de leur système monétaire.

étalonnage [etalɔnaʒ] et **étalonnement** [etalɔnmã] n.m. Action d'étalonner.

étalonner [etalɔne] v.t. (de 2. *étalon*). - **1.** Vérifier une mesure en la comparant à un étalon ; en garantir la conformité. - **2.** Graduer un instrument conformément à l'étalon. - **3.** PSYCHOL. Étalonner un test, faire passer un test à un groupe de référence pour utiliser ses résultats à l'évaluation des réponses individuelles ultérieures.

étamage [etamaʒ] n.m. (de *étamer*). Action d'étamer ; état de ce qui est étamé : *l'étamage est à refaire.*

étambot [etãbo] n.m. (anc. scand. *stafnbord* "planche de l'étrave"). MAR. Pièce de bois ou de métal formant la limite arrière de la carène.

étamer [etame] v.t. (de *étain*). - **1.** Recouvrir une pièce métallique d'une couche d'étain qui la préserve de l'oxydation. - **2.** Recouvrir de tain une glace, un miroir.

étameur [etamœʀ] n.m. Ouvrier qui étame.

1. étamine [etamin] n.f. (lat médiév. *staminea*, du class. *stamen* "tissu"). - **1.** Étoffe très légère et non croisée : *Des rideaux en étamine de coton.* - **2.** Carré de toile ou de laine servant à filtrer une préparation.

2. étamine [etamin] n.f. (lat. *stamina*, pl. de *stamen* "fil"). Organe mâle des plantes à fleurs, formé d'une partie mince, le *filet*, et d'une partie renflée, l'*anthère*, qui renferme le pollen.

étampe [etãp] n.f. (de *étamper*). Matrice en acier servant à rectifier la forme de pièces métalliques.

étamper [etãpe] v.t. (var. de *estamper*). Modifier la forme d'une pièce métallique à l'aide d'une étampe.

étanche [etãʃ] adj. (de *étancher*). - **1.** Qui retient les fluides, qui ne les laisse pas pénétrer ou s'écouler : *Un réservoir étanche* (syn. hermétique). *Des chaussures étanches* (syn. imperméable). - **2.** Cloison étanche, séparation infranchissable entre deux personnes, deux organismes, deux groupes, etc.

étanchéité [etɑ̃ʃeite] n.f. (de *étanche*). Caractère de ce qui est étanche : *L'étanchéité d'une montre.*

étanchement [etɑ̃ʃmɑ̃] n.m. LITT. Action d'étancher la soif de qqn.

étancher [etɑ̃ʃe] v.t. (p.-ê. du lat. pop. *stanticare*, du class. *stare* "se tenir debout"). - **1.** Arrêter l'écoulement d'un liquide : *Étancher le sang d'une plaie* (syn. éponger, tamponner). *Étancher ses larmes* (syn. sécher). - **2.** TECHN. Rendre étanche en calfeutrant ou en asséchant (syn. calfeutrer, étouper). - **3.** Étancher sa soif, se désaltérer.

étançon [etɑ̃sɔ̃] n.m. (de l'anc. fr. *estance*, de 1. *ester*, au sens anc. de "être debout"). CONSTR. Étai qui soutient un mur, un plancher.

étançonner [etɑ̃sɔne] v.t. TECHN. Soutenir un mur, un plancher, etc., par des étançons ; étayer.

étang [etɑ̃] n.m. (de l'anc. fr. *estanchier* "arrêter l'eau"). Étendue d'eau stagnante, naturelle ou artificielle.

étant donné (que) [etɑ̃dɔne] loc. prép. ou loc. conj. Introduit une cause, un motif : *Étant donné les circonstances* (syn. vu). *Étant donné qu'il pleut, nous resterons à la maison* (syn. puisque).

étape [etap] n.f. (anc. fr. *estaple*, moyen néerl. *stapel* "entrepôt"). - **1.** Lieu où l'on s'arrête au cours d'un voyage, d'une course, etc., pour prendre du repos : *Arriver à l'étape* (syn. halte). - **2.** Distance d'un lieu d'arrêt à un autre ; épreuve sportive consistant à franchir cette distance : *L'étape a été longue* (syn. route, trajet). *Remporter une étape.* - **3.** Période, phase d'une évolution : *Réformer l'industrie par étapes* (syn. palier). *Les étapes d'une carrière* (syn. stade).

étarquer [etaʀke] v.t. (moyen néerl. *sterken*). MAR. Raidir, tendre un cordage, une voile.

1. état [eta] n.m. (lat. *status*, de *stare* "être debout, être établi, fixé"). - **1.** Manière d'être d'une chose : *Voiture en état de marche. Laisser un appartement en l'état* (= tel qu'on l'a trouvé quand on en a pris possession). *Remettre qqch en état* (= le réparer). *Remédier à un état de choses déplorable* (= à une situation). - **2.** PHYS., CHIM. Manière d'être d'un corps : *État solide, liquide, gazeux, cristallin, etc.* - **3.** Condition physique, manière d'être morale d'une personne : *Son état de santé s'améliore. Être dans un état second* (= n'avoir pas une claire conscience de ce qu'on fait). *L'annonce de sa mort m'a mise en état de choc* (= m'a profondément bouleversée). *Ne pas tenir compte des états d'âme de qqn* (= des sentiments). - **4.** Situation d'une personne au regard du droit, de la religion : *Être en état*

d'arrestation. État de péché. - **5.** LITT. Condition sociale, profession : *Elle est avocate de son état* (syn. métier). - **6.** Situation dans laquelle se trouve une collectivité : *État de paix.* - **7.** Liste énumérative de choses, de personnes ; description par écrit d'une situation : *Dresser l'état des dépenses. Figurer sur les états du personnel d'une entreprise* (syn. fichier). *Procéder à un état du matériel disponible* (syn. inventaire). *Les états de service d'un militaire, d'un fonctionnaire* (= la carrière). - **8.** HIST. En France, au Moyen Âge et sous l'Ancien Régime, chacune des trois catégories sociales : *La société française était composée de trois états : le clergé, la noblesse et le tiers état* (syn. classe). - **9.** État civil, situation sociale d'une personne sous le rapport de sa naissance, de ses liens de parenté, de sa nationalité, de son domicile, etc. ; service public chargé de l'établissement des actes qui recueillent ces données : *Les fiches d'état civil sont délivrées dans les mairies.* ‖ État de nature, état hypothétique de l'humanité, antérieur à la vie en société. ‖ État des lieux, description par écrit d'un logement et de son contenu avant ou après location. ‖ État d'esprit, disposition d'esprit : *Réponse qui témoigne d'un curieux état d'esprit* (= mentalité). ‖ FAM. Être dans tous ses états, être très énervé, profondément troublé. ‖ Être en état, hors d'état de, être capable, incapable de faire qqch : *Être en état de juger d'une question* (= à même). *Je suis hors d'état de partir ce soir* (= je ne suis pas capable de). ‖ Faire état de, mentionner ; tenir compte de, se fonder sur qqch : *Ne pas faire état d'un témoignage. Faire état de ses diplômes pour obtenir un poste.* ‖ Verbe d'état, verbe exprimant que le sujet est dans un état donné (par opp. à *verbe d'action*) : *Les verbes « être », « devenir », « paraître » sont des verbes d'état.* - **10.** État de siège. Restriction des libertés individuelles en temps de guerre ou pendant une insurrection. ◆ **états** n. m. pl. HIST. Les états généraux. V. à l'ordre alphab.

2. État [eta] n.m. (de *1. état*). - **1.** Entité politique constituée d'un territoire délimité par des frontières, d'une population et d'un pouvoir institutionnalisé : *Chef d'État* (syn. nation, pays). *Religion d'État* (= religion officielle). *Secret d'État.* - **2.** Ensemble des pouvoirs publics, des organismes qui dirigent un pays : *Les chemins de fer de l'État.* - **3.** Communauté établie sur un territoire défini et formant une unité politique ; division territoriale dans certains pays : *État fédéral. L'État du Montana, aux États-Unis.* - **4.** Affaire d'État, qui concerne l'intérêt public ; au fig., affaire importante. ‖ Homme, femme d'État, homme, femme politique qui exerce ou a exercé des fonctions à la tête du pouvoir exécutif d'un État. ‖ Raison d'État, considération de l'intérêt public au nom duquel est justifiée une action. **-5.** Coup d'État → coup. ‖ **État-nation,** État dont les citoyens forment un peuple ou un ensemble de populations se reconnaissant comme ressortissant essentiellement d'un pouvoir souverain qui émane d'eux et qui les exprime.

étatique [etatik] adj. De l'État : *Pouvoir étatique.*

étatisation [etatizasjɔ̃] n.f. Action d'étatiser (syn. nationalisation).

étatiser [etatize] v.t. Transférer à l'État des propriétés, des actions privées ; faire contrôler, gérer par l'État (syn. collectiviser, nationaliser).

étatisme [etatism] n.m. Doctrine préconisant l'intervention de l'État dans les domaines économique et social ; système qui applique cette doctrine (syn. dirigisme ; contr. libéralisme).

état-major [etamaʒɔʀ] n.m. (pl. *états-majors*). **-1.** Groupe d'officiers chargé d'assister un chef militaire dans l'exercice de son commandement. **-2.** Ensemble des collaborateurs les plus proches d'un chef, des personnes les plus importantes d'un groupe : *L'état-major d'un parti* (syn. direction).

étau [eto] n.m. (anc. fr. *estoc,* frq. *"stok* "bâton") [pl. *étaux*]. Appareil formé de deux mâchoires dont le serrage permet d'assujettir la pièce que l'on veut travailler.

étayage n.m. → **étaiement.**

étayer [eteje] v.t. (de 1. *étai*) [conj. 11]. **-1.** Soutenir par des étais, un mur, un plafond, etc. (syn. étançonner). **-2.** Renforcer, soutenir une idée : *Il étaie sa thèse sur les recherches les plus récentes* (syn. appuyer).

et cetera ou **et cætera** [etseteʀa] loc. adv. (loc. lat. "et les autres choses"). Et le reste. (Abrév. à l'écrit *etc.*)

été [ete] n.m. (lat. *aestas*). **-1.** Saison qui succède au printemps et précède l'automne et qui, dans l'hémisphère boréal, commence le 21 ou le 22 juin et finit le 22 ou le 23 septembre ; période la plus chaude de l'année : *En été, je prends un mois de vacances. Nous n'avons pas eu d'été cette année.* **-2.** Été de la Saint-Martin, derniers beaux jours, vers le 11 novembre, jour de la Saint-Martin. ‖ Été indien, période de beaux jours tardifs, au début de l'automne.

éteignoir [eteɲwaʀ] n.m. Petit cône métallique dont on coiffe les bougies ou les chandelles pour les éteindre.

éteindre [etɛ̃dʀ] v.t. (lat. pop. *"extingere,* class. *extinguere*) [conj. 81]. **-1.** Faire cesser une combustion : *Éteindre le feu.* **-2.** Interrompre un système d'éclairage ; rendre un lieu obs-

cur en coupant les lumières : *Éteindre une lampe. Éteins le salon.* **-3.** Interrompre le fonctionnement d'un appareil : *Éteindre le chauffage, la radio.* **-4.** LITT. Faire cesser, atténuer ou effacer une sensation, un sentiment, un état : *Éteindre la soif de qqn* (syn. assouvir, étancher). ◆ **s'éteindre** v.pr. **-1.** Cesser de brûler. **-2.** Cesser d'éclairer. **-3.** Mourir doucement, expirer.

éteint, e [etɛ̃, -ɛ̃t] adj. Qui a perdu son éclat, sa vivacité : *Regard éteint.* (V. aussi *éteindre.*)

étendage [etɑ̃daʒ] n.m. Action d'étendre du linge.

étendard [etɑ̃daʀ] n.m. (frq. *"standhard,* de *"stand* "action de se tenir debout", et de l'adj. *"hard* "ferme, dur"). **-1.** Enseigne de guerre et, notamm., drapeau de troupes autref. à cheval. **-2.** Symbole d'une cause pour laquelle on combat ; signe de ralliement : *L'étendard de la liberté.* **-3.** Lever, arborer l'étendard de la révolte, se révolter.

étendoir [etɑ̃dwaʀ] n.m. Corde, fil ou dispositif pour étendre du linge (= séchoir à linge).

étendre [etɑ̃dʀ] v.t. (lat. *extendere*) [conj. 73]. **-1.** Déployer en long et en large : *Étendre du linge pour le faire sécher.* **-2.** Donner toute son étendue à une partie du corps : *Étendre les bras* (syn. étirer, ouvrir). **-3.** Coucher qqn tout du long : *Étendre un blessé sur un lit* (syn. allonger). **-4.** Faire tomber qqn à terre ; le battre à plate couture lors d'un combat : *Étendre son adversaire d'un coup de poing* (syn. terrasser). **-5.** Appliquer une couche de matière de façon qu'elle couvre une surface plus grande : *Étendre un enduit sur un mur.* **-6.** Diluer : *Étendre du vin en y ajoutant de l'eau* (syn. allonger). **-7.** Agrandir, accroître, développer : *Étendre sa propriété. Étendre les clauses d'un contrat.* **-8.** FAM. Recaler qqn à un examen. ◆ **s'étendre** v.pr. **-1.** S'allonger, se coucher. **-2.** Avoir une certaine étendue dans l'espace ou dans le temps : *Forêt qui s'étend sur des kilomètres.* **-3.** Augmenter en importance, en ampleur : *L'épidémie s'étend progressivement* (syn. s'intensifier). **-4.** S'étendre sur un sujet, le développer longuement.

étendu, e [etɑ̃dy] adj. **-1.** D'une grande superficie : *Lac très étendu* (syn. large, vaste). **-2.** D'une grande importance : *Il a des pouvoirs étendus.* **-3.** Déplié : *Bras étendus.*

étendue [etɑ̃dy] n.f. **-1.** Espace occupé par qqch : *Un pays d'une grande étendue* (syn. dimension, superficie). **-2.** Portée dans l'espace ou dans le temps : *L'étendue du tir d'un fusil.* **-3.** Importance : *Mesurer toute l'étendue du désastre* (syn. ampleur).

éternel, elle [etɛʀnɛl] adj. (lat. *aeternalis,* de *aeternus,* de même sens). **-1.** Qui n'a ni commencement ni fin : *Croire en un Dieu éternel.* -2. Qui dure très longtemps, dont on ne peut imaginer la fin : *Je lui garde une reconnaissance éternelle* (syn. indestructible, infini). -3. Qui ne semble pas devoir se terminer ; qui lasse par la répétition : *Encore ces éternelles discussions* (syn. continuel, perpétuel). -4. (Avant le n.). Ce qui est associé continuellement à qqn, à qqch : *Son éternelle cigarette à la bouche.* -5. La Ville éternelle, Rome. ◆ **éternel** n.m. L'Éternel. Dieu.

éternellement [etɛrnɛlmã] adv. -1. De tout temps, de toute éternité. -2. Sans cesse, continuellement : *Il est éternellement en retard* (syn. toujours).

éterniser [etɛrnize] v.t. Faire durer trop longtemps, faire traîner en longueur : *Des discussions qui éternisent le débat.* ◆ **s'éterniser** v.pr. -1. Durer très longtemps, trop longtemps : *La crise s'éternise.* -2. FAM. Rester trop longtemps dans un lieu, chez qqn (syn. s'attarder).

éternité [etɛrnite] n.f. (lat. *aeternitas*). -1. Durée sans commencement ni fin. -2. Dans certaines religions, la vie après la mort (syn. immortalité). -3. Durée indéfinie, temps très long : *Je l'attends depuis une éternité.* -4. De toute éternité, de temps immémorial.

éternuement [etɛrnymã] n.m. Expulsion réflexe brusque d'air par le nez et la bouche, provoquée par une excitation de la muqueuse nasale.

éternuer [etɛrnɥe] v.i. (lat. *sternutare*, fréquentatif de *sternuere*) [conj. 7]. Produire un éternuement.

étêtage [etetaʒ] et **étêtement** [etɛtmã] n.m. Opération par laquelle on étête un arbre.

étêter [etete] v.t. -1. Couper la cime d'un arbre (syn. écimer). -2. Enlever la tête de : *Étêter un poisson. Étêter un clou.*

éteule [etœl] n.f. (lat. *stipula*, de *stipare* "entasser"). LITT. Chaume qui reste sur place après la moisson.

éthane [etan] n.m. (de *éther*). CHIM. Hydrocarbure saturé et gazeux, utilisé comme combustible. □ Formule C_2H_6.

éthanol [etanɔl] n.m. CHIM. Composé organique oxygéné (alcool) dérivé de l'éthane, appelé aussi *alcool éthylique.* □ Formule C_2H_5OH.

éther [etɛr] n.m. (lat. *aether*, gr. *aithêr*). -1. Fluide subtil qui, selon les Anciens, emplissait les espaces situés au-delà de l'atmosphère. -2. En poésie, syn. de *ciel, air.* -3. Liquide très volatil et inflammable, employé comme solvant, antiseptique et anesthésique.

éthéré, e [etere] adj. -1. LITT. Impalpable, aérien, très pur : *Un amour éthéré.* -2. Qui a la nature ou l'odeur de l'éther.

éthéromane [eteroman] n. et adj. (de *éther* et *-mane*). Toxicomane qui absorbe régulièrement de l'éther.

éthiopien, enne [etjɔpjɛ̃, -ɛn] adj. et n. -1. D'Éthiopie. -2. Langues éthiopiennes, groupe de langues sémitiques parlées en Éthiopie. (On dit aussi *l'éthiopien*.)

éthique [etik] adj. (lat. *ethicus*, du gr.). Qui concerne les principes de la morale : *Jugement éthique.* ◆ n.f. -1. Partie de la philosophie qui étudie les fondements de la morale. -2. Ensemble de règles de conduite ; morale. -3. Éthique médicale, syn. de *bioéthique*.

ethnie [ɛtni] n.f. (du gr. *ethnos* "peuple"). Groupement humain qui possède une structure familiale, économique et sociale homogène et dont l'unité repose sur une communauté de langue et de culture.

ethnique [ɛtnik] adj. -1. Relatif à l'ethnie, aux ethnies : *La diversité ethnique de l'Inde.* -2. Qui désigne une population. -3. Nom, adjectif ethnique, dérivés d'un nom de pays, de région ou de ville.

ethnocentrique [ɛtnɔsãtrik] adj. Caractérisé par l'ethnocentrisme : *Une attitude ethnocentrique.*

ethnocentrisme [ɛtnɔsãtrism] n.m. (de *ethno-* et *centre*). Tendance à valoriser son groupe social, son pays.

ethnographie [ɛtnɔgrafi] n.f. (de *ethno-* et *-graphie*). Branche des sciences humaines qui a pour objet l'étude descriptive des ethnies. ◆ **ethnographe** n. Nom du spécialiste.

ethnographique [ɛtnɔgrafik] adj. De l'ethnographie : *Une étude ethnographique.*

ethnologie [ɛtnɔlɔʒi] n.f. (de *ethno-* et *-logie*). Étude scientifique des ethnies, dans l'unité de la structure linguistique, économique et sociale de chacune, dans leurs liens de civilisation propres et dans leur évolution. ◆ **ethnologue** n. Nom du spécialiste.

ethnologique [ɛtnɔlɔʒik] adj. De l'ethnologie : *Une étude ethnologique.*

éthologie [etɔlɔʒi] n.f. (de *étho-* et *-logie*). Étude scientifique du comportement des animaux dans leur milieu. ◆ **éthologiste** et **éthologue** n. Noms du spécialiste.

éthylène [etilɛn] n.m. (de *éthyle* [n. d'un radical dérivé de l'éthane], de éth[er], et du gr. *hulê* "bois, matière"). Hydrocarbure gazeux incolore légèrement odorant, produit à partir du pétrole et qui est à la base de nombreuses synthèses. □ Formule $CH_2 = CH_2$.

éthylique [etilik] adj. (de *éthyle* ; v. *éthylène*). Alcool éthylique, syn. de *éthanol*.

éthylisme [etilism] n.m. (de *éthyl[ique]*). Alcoolisme.

étiage [etjaʒ] n.m. (de *étier*). Niveau moyen le plus bas d'un cours d'eau.

étier [etje] n.m. (lat. *aestuarium* "bassin littoral"). Canal qui amène l'eau de mer dans les marais salants.

étincelant, e [etɛ̃slɑ̃, -ɑ̃t] adj. Qui étincelle : *Couleurs étincelantes* (syn. vif). *Esprit étincelant* (syn. brillant).

étinceler [etɛ̃sle] v.i. (de *étincelle*) [conj. 24]. Briller d'un vif éclat : *Les étoiles étincellent* (syn. scintiller). *La surface de la mer étincelle au soleil* (syn. miroiter).

étincelle [etɛ̃sɛl] n.f. (lat. pop. *stincilla*, du class. *scintilla*). - **1.** Parcelle incandescente qui se détache d'un corps enflammé ou qui jaillit du frottement ou du choc de deux corps. - **2.** Manifestation brillante et fugitive : *Étincelle de génie* (syn. éclair, lueur). - **3.** FAM. Faire des étincelles, être brillant en parlant de qqn ; faire du bruit, du scandale, en parlant de qqch.

étincellement [etɛ̃sɛlmɑ̃] n.m. Fait d'étinceler : *L'étincellement des pierres précieuses* (syn. éclat, scintillement).

étiolement [etjɔlmɑ̃] n.m. - **1.** AGRIC. Action d'étioler une plante ; fait d'être étiolé. - **2.** Appauvrissement, affaiblissement : *L'étiolement de l'esprit* (syn. dépérissement).

étioler [etjɔle] v.t. (orig. incert., p.-ê. d'une var. de *éteule*). AGRIC. Priver un végétal de lumière (partic. certains légumes, pour les faire blanchir). ◆ **s'étioler** v.pr. Devenir malingre, chétif : *Cet enfant s'étiole* (syn. s'affaiblir).

étiologie [etjɔlɔʒi] n.f. (gr. *aitiologia*, de *aitia* "cause", et de *-logie*). MÉD. Recherche des causes d'une maladie.

étiologique [etjɔlɔʒik] adj. - **1.** MÉD. Relatif à l'étiologie. - **2.** ANTHROP. Se dit d'un récit qui vise à expliquer, par certains faits réels ou mythiques, les origines, la signification d'un phénomène naturel, d'un nom, etc.

étique [etik] adj. (bas lat. *hecticus*, gr. *hektikos* "habituel"). LITT. Décharné, très maigre : *Un attelage tiré par deux vaches étiques* (syn. squelettique, famélique).

étiquetage [etiktaʒ] n.m. Action d'étiqueter.

étiqueter [etikte] v.t. [conj. 27]. - **1.** Marquer d'une étiquette : *Étiqueter une bouteille de vin*. - **2.** Classer qqn d'une manière plus ou moins arbitraire : *On l'a étiqueté comme socialiste* (syn. cataloguer).

étiqueteuse [etiktøz] n.f. Machine à étiqueter.

étiquette [etikɛt] n.f. (du picard *estiquier* [anc. fr. *estechier*] "attacher", frq. *stikkjan*, *stikkan* "piquer"). - **1.** Petit écriteau qu'on fixe à un objet pour en indiquer la nature, le prix, le contenu, etc. - **2.** Ordre de préséance, cérémonial et usage dans une cour, dans une réception officielle : *Observer l'étiquette* (syn. protocole).

étirage [etiraʒ] n.m. - **1.** Action d'étirer un métal, du verre, un textile, etc. - **2.** TEXT. Banc d'étirage, machine à étirer.

étirement [etirmɑ̃] n.m. Action d'étirer, de s'étirer ; fait d'être étiré : *L'étirement des bras*.

étirer [etire] v.t. - **1.** Allonger, étendre par traction : *Étirer ses jambes*. - **2.** MÉTALL. Amener une barre à une longueur plus grande et à une section plus réduite, par passage à froid à travers une filière. - **3.** TEXT. En filature, réduire la section des rubans et des mèches de fibres textiles. - **4.** Former en continu une feuille de verre plat ou une fibre de verre. ◆ **s'étirer** v.pr. Étendre ses membres.

étoffe [etɔf] n.f. (de *étoffer*). - **1.** Article textile ayant une certaine cohésion et destiné à l'habillement, l'ameublement. - **2.** Avoir de l'étoffe, de grandes capacités.

étoffé, e [etɔfe] adj. - **1.** Riche de matière : *Devoir bien étoffé*. - **2.** Voix étoffée, voix pleine et sonore.

étoffer [etɔfe] v.t. (anc. fr. *estofer* "rembourrer", frq. *stopfôn*). - **1.** Garnir d'étoffe. - **2.** Enrichir de matière, de faits : *Étoffer un roman* (syn. développer, enrichir).

étoile [etwal] n.f. (lat. pop. *stela*, class. *stella*). - **1.** Tout astre qui brille dans le ciel nocturne. - **2.** ASTRON. Astre doué d'un éclat propre dû aux réactions thermonucléaires dont il est le siège. - **3.** Astre considéré comme influençant la destinée humaine : *Être né sous une bonne étoile*. - **4.** Fortune, destin, rappelle une étoile. - **5.** Fêlure à fentes rayonnantes : *Une vitre brisée en étoile*. - **6.** Rond-point à plus de quatre voies. - **7.** Décoration en forme d'étoile à cinq branches. - **8.** En France, insigne du grade des officiers généraux. - **9.** MATH. Polygone régulier non convexe. - **10.** Indice de classement attribué à certains sites, hôtels, restaurants, produits : *Un hôtel trois étoiles*. - **11.** COMM. Unité de froid équivalant à -6 °C et qui, multipliée, indique le degré maximal de réfrigération d'un conservateur ou d'un congélateur. - **12.** Artiste célèbre au théâtre, au cinéma, etc. (syn. star). - **13.** Échelon suprême dans la hiérarchie de certains corps de ballet (Opéra de Paris). - **14.** À la belle étoile, en plein air, la nuit. ‖ Étoile de David, symbole judaïque constitué par une étoile à six branches. ‖ Étoile filante, météore. ‖ Étoile polaire, l'étoile visible à l'œil nu la plus proche du pôle Nord de la sphère céleste. ‖ Étoile double, géante, naine, variable → double, géant, nain, variable. - **15.** Étoile de mer. Échinoderme en forme d'étoile à cinq branches, carnassier, aux bras souples. □ Classe des astérides ; diamètre max. 50 cm .

étoilé, e [etwale] adj. - **1.** Semé d'étoiles, d'objets en forme d'étoiles : *Ciel étoilé*. - **2.** *Bannière étoilée*. Drapeau des États-Unis.

étoiler [etwale] v.t. - **1.** Fêler en étoile : *Le choc a étoilé la vitre.* - **2.** LITT. Semer d'étoiles ou d'objets en forme d'étoiles : *La nuit étoile le ciel. Étoiler une étoffe de paillettes d'or* (syn. émailler, consteller).

étole [etɔl] n.f. (lat. *stola*, gr. *stolê* "longue robe"). - **1.** Insigne liturgique formé d'une large bande d'étoffe et porté par l'évêque, le prêtre et le diacre. - **2.** Large écharpe en fourrure : *Une étole de vison*.

étonnamment [etɔnamɑ̃] adv. De façon étonnante : *Enfant éton..lamment précoce.*

étonnant, e [etɔnɑ̃, -ɑ̃t] adj. - **1.** Qui frappe par son caractère inattendu, étrange : *De sa part, c'est une démarche étonnante* (syn. surprenant). - **2.** Prodigieux, extraordinaire : *Mémoire étonnante* (syn. remarquable).

étonnement [etɔnmɑ̃] n.m. Surprise causée par qqch d'extraordinaire, d'inattendu.

étonner [etɔne] v.t. (lat. pop. *extonare*, class. *attonare*, de *tonus* "tonnerre"). Surprendre par qqch d'extraordinaire, d'inattendu : *Il est très étonné de ne pas l'avoir vu à la réunion* (syn. déconcerter, interloquer). *Il est étonné de sa vivacité d'esprit* (syn. stupéfier, abasourdir). ◆ **s'étonner** v.pr. **[de]**. Trouver étrange, être surpris de : *Je m'étonne de son absence.*

étouffant, e [etufɑ̃, -ɑ̃t] adj. - **1.** Qui rend la respiration difficile : *La chaleur étouffante d'une salle* (syn. suffocant). - **2.** Qui met mal à l'aise : *Une atmosphère familiale étouffante* (syn. pesant).

étouffé, e [etufe] adj. - **1.** Décédé par étouffement. - **2.** Dont on assourdit l'éclat : *Bruit, rire étouffés* (syn. feutré, sourd).

étouffe-chrétien [etufkʀetjɛ̃] n.m. inv. FAM. Aliment de consistance épaisse ou farineuse et difficile à avaler.

à l'étouffée [etufe] loc. adv. et loc. adj. Se dit d'un mode de cuisson des viandes ou des légumes à la vapeur, en vase clos (syn. à l'étuvée).

étouffement [etufmɑ̃] n.m. - **1.** Action d'étouffer ; fait d'être étouffé : *Mourir par étouffement* (syn. asphyxie). *L'étouffement d'une révolte* (syn. écrasement, répression). - **2.** Grande difficulté à respirer : *Éprouver une sensation d'étouffement* (syn. suffocation).

étouffer [etufe] v.t. (croisement de l'anc. fr. *estofer* "rembourrer" [v. *étoffer*] et *estoper* "étouper", obstruer"). - **1.** Faire mourir par asphyxie (syn. asphyxier). - **2.** Gêner en rendant la respiration difficile : *Chaleur qui*

étouffe (syn. oppresser). - **3.** Arrêter la combustion de : *Étouffer le feu avec une couverture* (syn. éteindre). - **4.** Rendre moins sonore : *Tapis qui étouffe les pas* (syn. amortir, assourdir). - **5.** Empêcher la propagation, le développement de : *Étouffer une révolte* (syn. mater, réprimer). *Étouffer un sentiment* (syn. endiguer, juguler). ◆ v.i. - **1.** Mourir par asphyxie. - **2.** Respirer avec peine : *On étouffe ici* (syn. suffoquer). - **3.** Être mal à l'aise : *J'étouffe dans cette atmosphère familiale.* ◆ **s'étouffer** v.pr. Perdre la respiration.

étouffoir [etufwaʀ] n.m. - **1.** MUS. Pièce de bois garnie de feutre permettant l'arrêt des vibrations d'une corde de clavecin ou de piano. - **2.** FAM. Local dont l'atmosphère est chaude et confinée (syn. étuve).

étoupe [etup] n.f. (lat. *stuppa*, du gr.). Composante fibreuse produite lors du peignage du lin, du chanvre.

étouper [etupe] v.t. Boucher avec de l'étoupe : *Étouper les fentes d'un tonneau* (syn. calfater, étancher).

étourderie [etuʀdəʀi] n.f. - **1.** Caractère d'une personne étourdie : *Agir par étourderie* (syn. distraction, inattention). - **2.** Acte irréfléchi : *Commettre des étourderies* (syn. bévue, maladresse).

étourdi, e [etuʀdi] adj. et n. Qui agit ou parle sans réflexion, sans attention : *Un enfant étourdi* (syn. distrait). ◆ adj. Qui est fait ou dit par étourderie : *Une remarque étourdie* (syn. inconsidéré, malavisé).

étourdiment [etuʀdimɑ̃] adv. Comme un étourdi, de façon étourdie : *Répondre étourdiment* (syn. inconsidérément). *Agir étourdiment* (syn. imprudemment).

étourdir [etuʀdiʀ] v.t. (lat. pop. *exturdire*, class. *turdus* "grive") [conj. 32]. - **1.** Faire perdre à demi connaissance à : *Étourdir qqn d'un coup de bâton* (syn. assommer). - **2.** Causer une sorte de griserie à : *Le vin l'étourdit un peu* (syn. griser). - **3.** Fatiguer, importuner par le bruit, les paroles : *Ce vacarme m'étourdit* (syn. abrutir, assourdir). ◆ **s'étourdir** v.pr. S'efforcer de perdre conscience des réalités : *Il s'étourdit dans la boisson pour oublier ses déboires.*

étourdissant, e [etuʀdisɑ̃, -ɑ̃t] adj. - **1.** Qui étourdit par son bruit : *Explosion étourdissante* (syn. assourdissant). - **2.** Qui stupéfie par son caractère extraordinaire : *Étourdissant de brio* (syn. éblouissant, prodigieux).

étourdissement [etuʀdismɑ̃] n.m. - **1.** Perte momentanée de conscience : *Avoir un étourdissement en se levant* (syn. vertige). - **2.** État d'exaltation : *L'étourdissement dû à un premier grand succès* (syn. griserie).

étourneau [etuʀno] n.m. (lat. pop. *sturnellus*, du class. *sturnus*). - **1.** Passereau à plumage sombre tacheté de blanc, insectivore et frugivore (syn. sansonnet). □ Famille des sturnidés ; long. 20 cm. - **2.** Personne étourdie.

étrange [etrɑ̃ʒ] adj. (lat. *extraneus* "extérieur"). Qui sort de l'ordinaire : *Une nouvelle étrange* (syn. singulier, bizarre).

étrangement [etrɑ̃ʒmɑ̃] adv. De façon étrange : *Une comédienne étrangement habillée* (syn. bizarrement). *Un raisonnement étrangement compliqué* (syn. singulièrement).

1. étranger, ère [etrɑ̃ʒe, -ɛʀ] adj. et n. (de *étrange*). - **1.** Qui est d'une autre nation que celle dont on est ressortissant : *Touristes étrangers* (contr. autochtone). *Disposition concernant les étrangers.* - **2.** Qui n'appartient pas à une famille, un groupe, une ville : *Loger les étrangers de passage.* ◆ adj. - **1.** Qui n'appartient pas à la nation où l'on vit : *Langue étrangère.* - **2.** Qui n'appartient pas à un organisme, une entreprise : *Personne étrangère au service* (syn. extérieur). - **3.** Qui est sans rapport, sans relation avec : *Étranger à une affaire.* - **4.** Qui n'est pas connu : *Visage étranger* (syn. inconnu).

2. étranger [etrɑ̃ʒe] n.m. (de *1. étranger*). Pays autre que celui dont on est citoyen : *Vivre à l'étranger.*

étrangeté [etrɑ̃ʒte] n.f. - **1.** Caractère de ce qui est étrange : *L'étrangeté de leur rencontre* (syn. singularité). - **2.** LITT. Action, chose étrange : *Il est coutumier de telles étrangetés* (syn. bizarrerie).

étranglé, e [etrɑ̃gle] adj. - **1.** Resserré, trop étroit : *Un passage étranglé entre deux rangées de maisons.* - **2.** Voix étranglée, étouffée, en partic. sous l'effet de l'émotion.

étranglement [etrɑ̃gləmɑ̃] n.m. - **1.** Action d'étrangler ; fait d'être étranglé : *Mort par étranglement* (syn. strangulation). - **2.** Rétrécissement : *L'étranglement d'une vallée.* - **3.** Goulot ou goulet d'étranglement → goulot.

étrangler [etrɑ̃gle] v.t. (lat. *strangulare*). - **1.** Faire mourir qqn, un animal en lui serrant le cou. - **2.** Gêner la respiration de qqn, lui serrer la gorge, le cou : *Son col de chemise l'étrangle* (syn. brider). - **3.** Resserrer, comprimer pour diminuer la largeur, l'ouverture : *Un corset qui étrangle la taille.* - **4.** Empêcher de se manifester, de s'exprimer : *Étrangler la presse, les libertés* (syn. museler).

étrangleur, euse [etrɑ̃glœʀ, -øz] n. Personne qui étrangle.

étrave [etrav] n.f. (anc. scand. *stafn* "proue"). MAR. Pièce massive qui forme la limite avant de la carène d'un navire.

1. être [ɛtʀ] v.i. (lat. pop. *°essere*, substitué au class. *esse* ; certaines formes remontent au lat. *stare* "se tenir debout") [conj. 2]. - **I.** Auxi-

liaire. Suivi d'un participe passé, forme le passif des verbes transitifs, ainsi que les temps composés des pronominaux, de certains intransitifs et de certains impersonnels : *Il sera pendu. Elle s'est promenée. Elles sont succédé. Nous sommes venus. Il en est résulté que...* - **II.** Sert - **1.** De copule entre le sujet (réel ou apparent) et son attribut : *La neige est blanche. Il est important de guérir, que tu guérisses vite.* - **2.** À indiquer le lieu, le moment, l'état, la situation, etc. : *Elle est au Portugal* (syn. se trouver). *La séance est à 3 heures* (= a lieu ; syn. commencer). *Nous sommes le 15 février. Il était dans la confidence, au courant. Elle est avec des amis* (syn. se trouver). *Être sans le sou* (= manquer d'argent). *Être pour, contre qqch.* - **III.** Au sens plein. - **1.** Exister, avoir une réalité : *Je pense donc je suis. Il est indiscutable que cela est.* - **2.** (Aux temps composés). Aller : *J'ai été en Allemagne, à Hambourg, la semaine dernière.* **Rem.** Cette construction est correcte. - **IV.** Noyau d'expressions. En être à, être parvenu à un certain point, un certain résultat : *Où en êtes-vous ? Il en est à demander l'aumône.* ‖ Être à qqn, appartenir à qqn : *À qui est ce sac ?* ‖ Être de, être originaire de : *Il est du Midi*, participer à : *Être de la fête.* ‖ Être en, être vêtu de : *Être en smoking.* ‖ Être sur qqch, s'occuper de qqch, être concerné par qqch : *Il paraît qu'elle est sur une bonne affaire.* ‖ Être (tout) à qqch, être absorbé par qqch, s'y consacrer : *Il est tout à sa prochaine mise en scène.* ‖ N'être plus, avoir cessé de vivre, être mort : *Cela fait trois ans que mon mari n'est plus.* ‖ Y être, être chez soi ; au fig., comprendre : *Je n'y suis pour personne. Maintenant, y êtes-vous ?* (= avez-vous saisi ?). ◆ v. impers. - **1.** Indique l'heure, le moment : *Il est 4 heures. Il est trop tôt.* - **2.** LITT. Indique l'existence : *Il était une fois...* (= il y avait). - **3.** C'est, ce sont, sert à présenter qqn, qqch : *C'est moi. C'était nous. Ce sont mes amis* ; sert à mettre en relief un mot de la phrase (v. *ce*). **Rem.** L'accord au pluriel, facultatif, ne se fait qu'à la troisième personne. ‖ C'est à qqn de (+ inf.), c'est au tour de qqn de : *C'est à toi de jouer.* ‖ C'est que (+ ind.), ce n'est pas que (+ subj.), introduisent une cause, une explication affirmée ou niée : *Si elle ne vient pas, c'est qu'elle est malade. Ce n'est pas qu'il soit paresseux, mais il est lent.*

2. être [ɛtʀ] n.m. (de *1. être*). - **1.** Le fait d'être, l'existence. - **2.** Ce qui possède l'existence, la vie : *Les êtres vivants* (syn. créature). - **3.** Personne, individu : *Un être détestable.* - **4.** L'Être suprême. Dieu, spécial. dans le culte déiste organisé en mai-juin 1794.

étreindre [etrɛ̃dʀ] v.t. (lat. *stringere* "serrer") [conj. 81]. - **1.** Serrer fortement avec ses membres : *Lutteur qui étreint son adversaire.* - **2.** Serrer dans ses bras en témoignage d'affection. -**3.** Oppresser, en parlant d'un sentiment, d'un souvenir : *L'émotion nous étreignait* (syn. tenailler).

étreinte [etʀɛ̃t] n.f. Action d'étreindre, de serrer dans ses bras : *L'étreinte des amants.*

étrenne [etʀɛn] n.f. (lat. *strena* "cadeau servant d'heureux présage"). [Surtout au pl.]. Cadeau, gratification offerts à l'occasion du premier jour de l'année : *Donner des étrennes à la gardienne.*

étrenner [etʀene] v.t. Utiliser pour la première fois : *Étrenner une robe.*

êtres [etʀ] n.m. pl. (lat. *extera* "ce qui est à l'extérieur"). LITT. Disposition des diverses parties d'une habitation.

étrier [etʀije] n.m. (anc. fr. *estreu*, frq. *streup*). -**1.** Arceau en métal, suspendu par une courroie de chaque côté de la selle, et sur lequel le cavalier appuie le pied. -**2.** Pièce métallique pour renforcer une pièce de charpente ou pour la lier à une autre. -**3.** Avoir le pied à l'étrier, être prêt à monter à cheval, à partir ; au fig., être en bonne voie pour. ∥ Coup de l'étrier, verre que l'on boit avant de partir. ∥ Vider les étriers, tomber de cheval.

étrille [etʀij] n.f. (lat. pop. *strigila,* class. *strigilis* "racloir", de *stringere* "serrer"). -**1.** Instrument formé de petites lames dentelées, pour nettoyer le poil des chevaux. -**2.** Crabe comestible, commun sous les rochers. ▫ Famille des portunidés ; long. 6 cm.

étriller [etʀije] v.t. -**1.** Frotter avec l'étrille : *Étriller un cheval.* -**2.** Battre, malmener fortement, réprimander : *Étriller un adversaire* (syn. molester). -**3.** Critiquer vivement : *La critique a étrillé son film.* -**4.** FAM. Faire payer trop cher à qqn : *Se faire étriller par un restaurateur.*

étriper [etʀipe] v.t. -**1.** Enlever les tripes, les entrailles de : *Étriper un lapin* (syn. vider). -**2.** FAM. Blesser sauvagement ; tuer à l'arme blanche.

étriqué, e [etʀike] adj. (du néerl. *strijken* "amincir", frq. *strikan* "étendre"). -**1.** Qui manque d'ampleur, trop serré : *Une robe étriquée* (syn. étroit ; contr. ample). -**2.** Qui manque d'envergure ; qui est médiocre : *Une vie étriquée* (syn. mesquin). *Un esprit étriqué* (syn. borné).

étrivière [etʀivjɛʀ] n.f. (de *étrier*). Courroie par laquelle un étrier est suspendu à la selle.

étroit, e [etʀwa, -at] adj. (lat. *strictus,* p. passé de *stringere* "serrer"). -**1.** Qui a peu de largeur : *Chemin étroit.* -**2.** Qui manque d'envergure : *Esprit étroit* (syn. borné, mesquin). -**3.** Qui tient serré : *Nœud étroit.* -**4.** Qui lie fortement : *Étroite amitié.* -**5.** Qui contraint

fortement : *Étroite obligation* (syn. rigoureux, strict). -**6.** À l'étroit, dans un espace trop petit : *Être logé à l'étroit.*

étroitement [etʀwatmã] adv. -**1.** À l'étroit. -**2.** Intimement : *Amis étroitement unis.* -**3.** Strictement, rigoureusement : *Appliquer étroitement les ordres.*

étroitesse [etʀwates] n.f. -**1.** Caractère de ce qui est peu large, qui manque d'espace : *L'étroitesse de cet appartement* (syn. exiguïté). -**2.** Manque de largeur d'esprit, de générosité : *Étroitesse de vues* (syn. mesquinerie).

étron [etʀɔ̃] n.m. (frq. *strunt*). Matière fécale consistante de forme moulée de l'homme et de quelques animaux.

étrusque [etʀysk] adj. et n. (lat. *Etruscus*). D'Étrurie. ◆ n.m. Langue sans parenté connue, parlée par les Étrusques.

étude [etyd] n.f. (lat. *studium* "zèle", de *studere* ; v. *étudier*). -**1.** Travail de l'esprit qui s'applique à apprendre ou à approfondir : *L'étude des sciences. Aimer l'étude.* -**2.** Ensemble des travaux qui précèdent, préparent l'exécution d'un projet : *Ce projet est à l'étude. Bureau d'études.* -**3.** Ouvrage exposant les résultats d'une recherche : *Publier une étude sur Proust.* -**4.** BX-A. Dessin, peinture ou modelage exécuté d'après nature, souvent comme préparation d'une œuvre plus élaborée. -**5.** MUS. Morceau composé en principe dans un dessein didactique. -**6.** Salle où les élèves travaillent en dehors des heures de cours ; temps qu'ils y passent. -**7.** Local de travail d'un officier ministériel et de ses clercs : *Une étude de notaire.* -**8.** Charge, personnel, clientèle de cet officier ministériel. ◆ **études** n.f. pl. Ensemble des cours suivis dans un établissement scolaire ou universitaire ; temps de cette activité : *Faire des études de lettres. Je l'ai connu pendant mes études.*

étudiant, e [etydjã, -ãt] n. Personne qui suit des études supérieures. ◆ adj. Des étudiants ; relatif aux étudiants : *Le syndicalisme étudiant.*

étudié, e [etydje] adj. -**1.** Préparé avec soin : *Discours étudié.* -**2.** Volontairement composé, affecté : *Des gestes étudiés.* -**3.** Prix étudié, prix aussi bas que possible.

étudier [etydje] v.t. (lat. *studere,* propr. "s'appliquer à") [conj. 9]. -**1.** Chercher à acquérir la connaissance ou la technique de : *Étudier le droit* (syn. apprendre). -**2.** (Absol.). Faire des études : *J'ai étudié à la Sorbonne.* -**3.** Examiner attentivement : *Étudier un projet* (syn. analyser). ◆ **s'étudier** v.pr. S'observer soi-même avec attention.

étui [etɥi] n.m. (de l'anc. fr. *estuier* "mettre dans sa gaine", p.-ê. du lat. pop. *studiare,* de *studium* "application, soin"). - **1.** Boîte, enveloppe destinée à contenir un objet ou à le recouvrir, et ayant grossièrement la même forme que lui : *Étui à lunettes. Étui d'un violon* (syn. boîte, fourreau). - **2.** ARM. Cylindre qui contient la charge d'une cartouche et auquel est fixé le projectile (syn. douille).

étuve [etyv] n.f. (lat. pop. *extupa,* du gr. *tuphein* "faire fumer"). - **1.** Local de bains dont on élève la température pour provoquer la transpiration. - **2.** Pièce où il fait très chaud. - **3.** TECHNOL. Enceinte où l'on traite à la chaleur et à la vapeur certains produits (aliments, bois, peaux, textiles). - **4.** Appareil pour la désinfection ou la stérilisation par la chaleur. - **5.** Appareil utilisé en microbiologie pour maintenir les cultures à une température constante.

à l'étuvée [etyve] loc. adv. et loc. adj. À l'étouffée.

étuver [etyve] v.t. - **1.** Traiter à l'étuve. - **2.** Cuire à l'étouffée.

étymologie [etimɔlɔʒi] n.f. (lat. *etymologia,* du gr. *etumos* "vrai"). - **1.** Étude scientifique de l'origine des mots. - **2.** Origine ou filiation d'un mot. ◆ **étymologiste** n. Nom du spécialiste.

étymologique [etimɔlɔʒik] adj. Relatif à l'étymologie ; conforme à l'étymologie.

étymologiquement [etimɔlɔʒikmɑ̃] adv. D'après l'étymologie.

étymon [etimɔ̃] n.m. (gr. *etumon* "sens véritable"). LING. Forme attestée ou reconstituée dont on fait dériver un mot.

eucalyptol [økaliptɔl] n.m. Huile essentielle retirée des feuilles d'eucalyptus et utilisée en médecine.

eucalyptus [økaliptys] n.m. (du gr. *eu* "bien", *kaluptos* "couvert", le limbe du calice restant fermé jusqu'après la floraison). Arbre originaire d'Australie, qui pousse surtout dans les régions chaudes et dont les feuilles sont très odorantes. □ Famille des myrtacées ; haut. plus de 100 m en Australie, env. 30 m dans le midi de la France.

eucharistie [økaʀisti]n.f. (lat. ecclés. *eucharistia,* gr. *eukharistia,* de *eu* "bien" et *kharis* "faveur, grâce"). RELIG. CHRÉT. - **1.** (Parfois avec une majuscule). Sacrement institué par le Christ lors de la Cène : *Célébrer l'eucharistie.* □ Pour les catholiques, l'eucharistie assure la présence réelle et substantielle du Christ sous la double apparence du pain et du vin *(transsubstantiation)* ; pour les luthériens, le pain et le vin subsistent dans leur réalité avec la substance du corps et du sang du Christ *(consubstantiation).* - **2.** Communion au pain et au vin consacrés : *Recevoir l'eucharistie.*

euclidien, enne [øklidjɛ̃, -ɛn] adj. - **1.** Relatif à Euclide et à sa méthode. - **2.** Géométrie euclidienne, qui repose sur le postulat des parallèles d'Euclide. ‖ Géométries non euclidiennes, géométries dans lesquelles l'axiome correspondant à l'ancien postulat des parallèles est remplacé par un autre.

eugénisme [øʒenism] n.m. et **eugénique** [øʒenik] n.f. (angl. *eugenism, eugenics,* du gr. *eu* "bien" et *genos* "naissance, race"). Ensemble des méthodes qui visent à améliorer le patrimoine génétique de groupes humains ; théorie qui préconise leur application. ◆ **eugéniste** n. Personne favorable à l'eugénisme.

euh [ø] interj. (onomat.). Marque l'étonnement, le doute, l'embarras : *Viendrez-vous demain ? Euh ! je ne sais pas.*

eunuque [ønyk] n.m. (lat. *eunuchus,* gr. *eunoukhos* propr. "qui garde le lit [des femmes]", de *eunê* "lit" et *ekhein* "garder"). - **1.** Homme castré qui, dans l'Antiquité, avait des charges administratives importantes, puis, dans l'Empire ottoman, la garde du harem impérial. - **2.** LITT. Homme sans énergie, dépourvu de toute virilité.

euphémique [øfemik] adj. Qui relève de l'euphémisme ; qui constitue un euphémisme.

euphémisme [øfemism] n.m. (gr. *euphêmismos,* de *eu* "bien" et *phêmê* "parole, augure"). Adoucissement d'une expression jugée trop crue, trop choquante : *Par euphémisme, on dit « il nous a quittés » pour « il est mort ».*

euphonie [øfɔni] n.f. (bas lat. *euphonia,* gr. *euphônia,* de *eu* "bien" et *phonê* "voix"). Qualité des sons agréables à entendre ; résultat harmonieux de leur combinaison, en partic. dans le mot ou la phrase (par opp. à *cacophonie*).

euphonique [øfɔnik] adj. Qui produit l'euphonie : *Le « t » euphonique de « chantera-t-elle ».*

euphorbe [øfɔʀb] n.f. (lat. *euphorbia,* gr. *euphorbion,* de *euphorbos* "bien nourri"). Plante très commune, à latex blanc. □ Type de la famille des euphorbiacées.

euphorie [øfɔʀi] n.f. (gr. *euphoria,* de *euphoros* "facile à supporter"). Sensation intense de bien-être, de grande joie intérieure, de satisfaction, de plénitude : *L'euphorie que procure un succès bien mérité* (syn. béatitude, félicité).

euphorique [øfɔʀik] adj. Qui relève de l'euphorie, qui exprime cette sensation : *Être dans un état euphorique.*

euphorisant, e [øfɔʀizɑ̃, -ɑ̃t] adj. et n.m. Se dit d'une substance qui procure l'euphorie (syn. tranquillisant). ◆ adj. Qui provoque l'euphorie : *Succès euphorisants* (syn. grisant, enivrant).

eurasien, enne [øʀazjɛ̃, -ɛn] n. et adj. Métis d'Européen et d'Asiatique, partic. au Viêt Nam, en Inde et en Indonésie.

eurêka [øʀeka] interj. (gr. *heúrêka* "j'ai trouvé"). Parole de contentement qu'on emploie lorsqu'on trouve brusquement une solution : *Eurêka ! j'ai trouvé !*

eurocrate [øʀɔkʀat] n. (d'apr. *technocrate*). FAM. Fonctionnaire des institutions européennes.

eurodevise [øʀɔdəviz] n.f. Devise détenue par un non-résident et placée, en Europe, dans une banque d'un pays différent du pays d'origine de la devise.

eurodollar [øʀɔdɔlaʀ] n.m. Dollar déposé, à l'extérieur des États-Unis, dans une banque européenne.

euromissile [øʀɔmisil] n.m. Nom donné aux missiles nucléaires américains de moyenne portée installés de 1983 à 1988 dans certains pays de l'O. T. A. N. afin de contrebalancer la puissance des missiles soviétiques.

européaniser [øʀɔpeanize] v.t. - **1.** Faire adhérer au mode de vie européen ; rendre européen par les habitudes, la manière d'être, de penser. - **2.** Considérer, envisager un problème, une question à l'échelle de l'Europe.

européen, enne [øʀɔpeɛ̃, -ɛn] adj. et n. - **1.** D'Europe. - **2.** Relatif à la communauté économique ou politique de l'Europe.

eurythmie [øʀitmi] n.f. (lat. *eurhythmia*, gr. *euruthmia*, de *eu* "bien" et *rhuthmos* "mouvement réglé, rythme"). - **1.** Combinaison harmonieuse des proportions, des couleurs, etc. - **2.** MÉD. Parfaite régularité du pouls.

euscarien, enne n. et adj. → **eskuarien.**

eustatisme [østatism] n.m. (du gr. *eu* "bien" et *stasis* "niveau"). GÉOL. Variation du niveau général des océans.

euthanasie [øtanazi] n.f. (gr. *euthanasia*, de *eu* "bien" et *thanatos* "mort"). Ensemble des méthodes qui procurent une mort sans souffrance, afin d'abréger une longue agonie ou une maladie très douloureuse à l'issue fatale.

eux [ø] pron. pers. (lat. *illos*, de *ille* "celui-là"). Désigne la 3ᵉ pers. du pl., au masc., dans les fonctions de : - **1.** Compl. prépositif : *J'ai enregistré ce film pour eux.* - **2.** Apposition au pron. sujet ou compl. dans des formules d'insistance : *Ils le savent bien, eux !*

évacuateur, trice [evakɥatœʀ, -tʀis] adj. Qui sert à l'évacuation : *Un conduit évacuateur.* ◆ **évacuateur** n.m. Évacuateur de crues, dispositif assurant l'évacuation des eaux surabondantes d'un barrage.

évacuation [evakɥasjɔ̃] n.f. - **1.** Action d'évacuer : *L'évacuation des eaux usées* (syn. écoulement). *La police procéda à l'évacuation de la salle.* - **2.** MÉD. Rejet par voie naturelle ou artificielle de matières nuisibles ou trop abondantes, accumulées dans une partie du corps.

évacué, e [evakɥe] n. et adj. Habitant d'une zone de combat, d'une zone sinistrée ou dangereuse, contraint de quitter son domicile.

évacuer [evakɥe] v.t. (lat. *evacuare*, de *vacuare*, de *vacuus* "vide") [conj. 7]. - **1.** Expulser, rejeter, éliminer des matières accumulées dans une partie du corps : *Évacuer le pus d'un abcès.* - **2.** Déverser, vider, rejeter à l'extérieur : *Évacuer l'eau d'une citerne* (syn. vidanger). - **3.** Faire sortir, transporter qqn dans un autre endroit : *Évacuer les blessés.* - **4.** Faire sortir les occupants d'un lieu : *Évacuer un théâtre.* - **5.** Cesser d'occuper un lieu : *Les troupes ont évacué le pays* (syn. abandonner, quitter).

évadé, e [evade] adj. et n. Qui s'est échappé de l'endroit où il était détenu.

s'évader [evade] v.pr. (lat. *evadere*, de *vadere* "marcher"). - **1.** Se sauver, s'enfuir d'un lieu où l'on était enfermé, détenu : *Trois prisonniers se sont évadés* (syn. s'échapper). - **2.** Échapper à l'emprise des soucis ; se libérer des contraintes quotidiennes : *Aller au cinéma pour s'évader* (syn. se distraire).

évaluable [evalɥabl] adj. Qui peut être évalué : *Une foule difficilement évaluable.*

évaluatif, ive [evalɥatif, -iv] adj. Qui contient ou qui constitue une évaluation : *Devis évaluatif.*

évaluation [evalɥasjɔ̃] n.f. - **1.** Action d'évaluer : *Faire l'évaluation d'une fortune* (syn. estimation). - **2.** Quantité évaluée : *Des évaluations approximatives.*

évaluer [evalɥe] v.t. (de l'anc. fr. *value* "valeur") [conj. 7]. Déterminer la valeur, le prix, l'importance de : *Évaluer un héritage* (syn. chiffrer).

évanescence [evanesɑ̃s] n.f. LITT. Caractère de ce qui est évanescent : *L'évanescence d'un rêve.*

évanescent, e [evanesɑ̃, -ɑ̃t] adj. (lat. *evanescens* "qui disparaît par degrés"). LITT. Qui s'efface peu à peu ; qui ne dure pas : *Des souvenirs évanescents* (syn. fugace).

évangélique [evɑ̃ʒelik] adj. - **1.** Relatif à l'Évangile ; contenu dans l'Évangile ; conforme aux préceptes de l'Évangile. - **2.** Qui appartient à une Église protestante.

évangélisateur, trice [evɑ̃ʒelizatœʀ, -tʀis] adj. et n. Qui évangélise.

évangélisation [evãʒelizasjɔ̃] n.f. Action d'évangéliser.

évangéliser [evãʒelize] v.t. (lat. ecclés. *evangelizare*). Prêcher l'Évangile à ; convertir au christianisme.

évangélisme [evãʒelism] n.m. - **1.** Aspiration ou tendance à retourner à une vie religieuse selon l'esprit évangélique. - **2.** Doctrine des Églises évangéliques.

évangéliste [evãʒelist] n.m. (lat. ecclés. *evangelista*). - **1.** Auteur d'un des quatre Évangiles. - **2.** Prédicateur laïc, dans certaines Églises protestantes.

évangile [evãʒil] n.m. (lat. *evangelium*, gr. *euaggelion* "bonne nouvelle"). (Avec une majuscule dans les sens religieux). - **1.** Message, enseignement de Jésus-Christ. - **2.** Ensemble des quatre livres où sont consignées la vie et les paroles de Jésus-Christ ; chacun de ces livres. - **3.** Passage de ces livres lu durant la messe, l'office ; moment de cette lecture. - **4.** Texte, document qui sert de fondement à une doctrine, qui contient les règles d'un art : « *l'Art poétique* » *de Boileau, évangile de la littérature classique*. - **5.** Parole, vérité d'évangile, dont on est certain, à laquelle on peut se fier.

s'évanouir [evanwir] v.pr. (altér. d'apr. le lat. *evanuit* [parfait de *evanescere*], de l'anc. fr. *esvanir*, du lat. pop. *exvanire* "disparaître"). - **1.** Perdre connaissance ; tomber en syncope (syn. défaillir, LITT. se pâmer). - **2.** Disparaître : *Mes craintes s'évanouirent aussitôt* (syn. se dissiper). *Mes dernières illusions se sont évanouies* (syn. s'envoler).

évanouissement [evanwismã] n.m. - **1.** Fait de s'évanouir ; perte de connaissance : *Il a été long à revenir de son évanouissement* (syn. défaillance, syncope). - **2.** LITT. Disparition, effacement : *L'évanouissement d'un rêve*.

évaporateur [evapɔratœr] n.m. Appareil servant à la dessiccation des fruits, des légumes, du lait, etc.

évaporation [evapɔrasjɔ̃] n.f. (lat. *evaporatio* ; v. *évaporer*). Transformation sans ébullition d'un liquide en vapeur : *Obtenir du sel par évaporation de l'eau de mer*.

évaporé, e [evapɔre] adj. et n. Étourdi, léger : *Une personne évaporée* (syn. écervelé).

évaporer [evapɔre] v.t. (lat. *evaporare*, de *vapor* "vapeur"). Produire l'évaporation d'un liquide. ◆ **s'évaporer** v.pr. - **1.** Se transformer en vapeur par évaporation (syn. se volatiliser). - **2.** LITT. Disparaître, cesser d'être : *Soudain, sa colère s'évapora* (syn. s'envoler). - **3.** FAM. S'être évaporé, avoir brusquement disparu : *Ses ciseaux se sont évaporés*.

évasé, e [evaze] adj. Large ; bien ouvert.

évasement [evazmã] n.m. État de ce qui est évasé ; orifice ou sommet élargi : *L'évasement d'un entonnoir* (syn. élargissement).

évaser [evaze] v.t. (du lat. *vas, vasis* "vase"). - **1.** Agrandir l'orifice, l'ouverture de : *Évaser un tuyau*. - **2.** Élargir un vêtement par le bas : *Évaser une jupe*. ◆ **s'évaser** v.pr. Être largement ouvert ; être plus large à une extrémité.

évasif, ive [evazif, -iv] adj. (de *évasion*). Qui est suffisamment ambigu pour ne pas pouvoir être interprété ou compris : *Une réponse évasive* (syn. imprécis, vague).

évasion [evazjɔ̃] n.f. - **1.** Action de s'évader, de s'échapper d'un lieu où l'on était enfermé (syn. fuite). - **2.** Distraction, changement : *La lecture lui procure quelques heures d'évasion* (syn. délassement, détente). - **3.** Évasion de capitaux, exportation, souvent clandestine, de capitaux que leur détenteur souhaite soustraire aux conditions économiques ou fiscales de son pays. (On dit aussi *fuite de capitaux*.) ‖ Évasion fiscale, fait de parvenir, par des moyens légaux, à ne pas payer l'impôt auquel on est assujetti.

évasivement [evazivmã] adv. De façon évasive : *Répondre évasivement aux questions de la police* (syn. vaguement).

évêché [eveʃe] n.m. (lat. *episcopatus* "épiscopat"). - **1.** Territoire soumis à la juridiction d'un évêque (syn. diocèse). - **2.** Siège, palais épiscopal.

évection [eveksjɔ̃] n.f. (lat. *evectio*, de *evehere* "élever"). ASTRON. Inégalité périodique dans le mouvement de la Lune.

éveil [evɛj] n.m. (de *éveiller*). - **1.** Fait de s'éveiller, de sortir du sommeil ; action d'éveiller, de réveiller qqn (syn. réveil). - **2.** Fait de sortir de son sommeil, de son engourdissement : *L'éveil de la nature*. - **3.** Action d'éveiller, de sensibiliser qqn à qqch : *L'éveil des enfants à la lecture*. - **4.** Fait de s'éveiller à qqch, de se manifester, d'apparaître : *Éveil de la sensibilité*. - **5.** Disciplines d'éveil, destinées à développer, chez les enfants de l'école élémentaire, le goût de l'observation, la curiosité intellectuelle, etc. □ Ce sont l'histoire, la géographie, les sciences d'observation et les activités artistiques. ‖ Donner l'éveil à qqn, le mettre en garde, attirer son attention. ‖ En éveil, attentif, aux aguets.

éveillé, e [eveje] adj. Dont l'esprit est en éveil, dont l'intelligence est vive, alerte : *Un enfant éveillé*.

éveiller [eveje] v.t. (lat. pop. *exvigilare*, de *vigilare* "veiller"). - **1.** LITT. Tirer du sommeil (syn. réveiller). - **2.** Exciter, développer une faculté, un sentiment, etc. ; provoquer une réaction : *Son succès a éveillé la jalousie de ses pairs* (syn. provoquer, susciter). ◆ **s'éveiller** v.pr. Cesser de dormir (syn. se réveiller).

éveinage [evɛnaʒ] n.m. MÉD. Ablation des veines variqueuses des membres inférieurs (syn. stripping [anglic. déconseillé]).

événement ou évènement [evɛnmɑ̃] n.m. (du lat. *evenire* "se produire", d'apr. *avènement*). - **1.** Ce qui se produit, arrive ou apparaît ; fait, circonstance : *Quels sont les principaux événements de la journée ?* - **2.** Fait important, marquant : *Cet assassinat a été l'événement du mois.* - **3.** Attendre un heureux événement, être enceinte. ◆ **événements** n.m. pl. Ensemble de faits marquants, exceptionnels : *Les événements de mai 68.* **Rem.** L'orthographe *évènement*, conforme à la prononciation, a été admise par l'Académie (1975-1987).

événementiel, elle ou évènementiel, elle [evɛnmɑ̃sjɛl] adj. - **1.** Qui narre des événements en suivant le seul ordre chronologique : *Histoire événementielle.* - **2.** Relatif à un événement particulier.

évent [evɑ̃] n.m. (de *éventer*). - **1.** Altération des aliments ou des boissons causée par l'action de l'air. - **2.** ZOOL. Narine simple ou double des cétacés.

éventail [evɑ̃taj] n.m. (de *éventer*) [pl. *éventails*]. - **1.** Accessoire portatif, constitué essentiellement d'un demi-cercle de tissu ou de papier ajusté à une monture repliable, dont on se sert pour s'éventer. - **2.** Grand choix de choses, d'articles de même catégorie : *L'éventail des salaires* (syn. gamme, palette).

éventaire [evɑ̃tɛʀ] n.m. (orig. obsc.). Étalage de marchandises, à l'extérieur d'une boutique (syn. étal).

éventé, e [evɑ̃te] adj. - **1.** Altéré par l'air : *Vin éventé.* - **2.** Divulgué : *Secret éventé.*

éventer [evɑ̃te] v.t. (lat. pop. **exventare*, du class. *ventus* "vent"). - **1.** Divulguer, révéler : *Éventer un secret.* - **2.** Exposer au vent, à l'air (syn. aérer). - **3.** Donner du vent, de l'air à qqn. - **4. Éventer le grain,** le remuer pour éviter la fermentation. ◆ **s'éventer** v.pr. - **1.** S'altérer au contact de l'air : *Parfum qui s'évente.* - **2.** Se rafraîchir en agitant l'air, en partic. avec un éventail.

éventration [evɑ̃tʀasjɔ̃] n.f. Rupture congénitale ou accidentelle de la paroi musculaire de l'abdomen, qui laisse les viscères en contact direct avec la peau.

éventrer [evɑ̃tʀe] v.t. - **1.** Ouvrir le ventre à qqn, un animal (syn. étriper). - **2.** Ouvrir qqch de force en le déchirant, en le défonçant, et y faisant une brèche : *Éventrer un sac de blé en le faisant tomber* (syn. crever). *Un mur éventré par un obus* (syn. démolir, percer).

éventualité [evɑ̃tɥalite] n.f. - **1.** Fait qui peut se réaliser : *Parer à toute éventualité.* - **2.** Caractère de ce qui est éventuel : *Considérer l'éventualité d'une guerre* (syn. possibilité).

éventuel, elle [evɑ̃tɥɛl] adj. (lat. *eventus* "événement"). Qui dépend des circonstances ; hypothétique, possible.

éventuellement [evɑ̃tɥɛlmɑ̃] adv. De façon éventuelle : *Tu peux éventuellement le lui dire* (= le cas échéant).

évêque [evɛk] n.m. (lat. *episcopus*, gr. *episkopos*, propr. "gardien, surveillant"). - **1.** Prêtre qui a reçu la plénitude du sacerdoce et qui a la direction spirituelle d'un diocèse, dans l'Église catholique romaine et dans les Églises de rite oriental. - **2.** Dignitaire ecclésiastique, dans plusieurs Églises protestantes.

s'évertuer [evɛʀtɥe] v.pr. [à] (de *vertu* "courage"). Faire des efforts pour : *Il s'est évertué à me convaincre* (syn. s'efforcer de).

éviction [eviksjɔ̃] n.f. (bas lat. *evictio*, du class. *evincere* ; v. *évincer*). - **1.** Action d'évincer ; fait d'être évincé ; expulsion par force ou par manœuvre : *Demander l'éviction d'un élève* (syn. expulsion, renvoi). - **2.** Éviction scolaire, interdiction faite à un enfant contagieux de se rendre à l'école.

évidage [evidaʒ] n.m. Action d'évider.

évidement [evidmɑ̃] n.m. Action d'évider ; partie évidée.

évidemment [evidamɑ̃] adv. - **1.** Certainement, sans aucun doute : *Cela signifie évidemment qu'il refuse* (syn. indubitablement). - **2.** De façon évidente : *Il s'est évidemment trompé d'adresse* (syn. immanquablement). - **3.** Sert à introduire une affirmation : *Évidemment, j'aurais préféré être dispensé de ce travail* (syn. certes, naturellement).

évidence [evidɑ̃s] n.f. (lat. *evidentia*, de *evidens* ; v. *évident*). - **1.** Chose évidente : *Démontrer une évidence* (syn. lapalissade, truisme). - **2.** Caractère de ce qui est évident : *L'évidence d'une théorie.* - **3.** De toute évidence, à l'évidence, sûrement. ‖ Mettre en évidence, mettre en lumière, souligner. ‖ Se mettre en évidence, se faire remarquer.

évident, e [evidɑ̃, -ɑ̃t] adj. (lat. *evidens*, de *videre* "voir"). - **1.** Qui s'impose à l'esprit, d'une certitude absolue : *Cet élève fait des progrès évidents* (syn. manifeste, indiscutable). - **2.** FAM. Ne pas être évident, ne pas être facile à faire.

évider [evide] v.t. (de *vide*). - **1.** Enlever de la matière à un objet : *Évider un bloc de pierre pour en faire une auge* (syn. creuser). - **2.** Pratiquer une échancrure dans le contour de : *Évider une encolure* (syn. échancrer).

évier [evje] n.m. (lat. pop. **aquarium* "égout", class. *aquarius* "relatif à l'eau"). Cuve munie d'une alimentation en eau et d'une vidange, dans laquelle on lave la vaisselle.

évincement [evɛ̃smɑ̃] n.m. Action d'évincer, d'écarter qqn.

évincer [evɛ̃se] v.t. (lat. *evincere* "triompher", de *vincere* "vaincre") [conj. 16]. Éloigner, écarter qqn par intrigue : *Évincer un concurrent* (syn. supplanter).

éviscération [eviserasjɔ̃] n.f. MÉD. Sortie des viscères hors de l'abdomen, due à la désunion d'une plaie opératoire.

éviscérer [evisere] v.t. (lat. *eviscerare* "éventrer") [conj. 18]. Enlever les viscères, les entrailles de : *Éviscérer un cadavre.*

évitable [evitabl] adj. Qui peut être évité : *La guerre est encore évitable.*

évitement [evitmɑ̃] n.m. CH. DE F. Voie d'évitement, voie doublant une voie principale permettant le garage momentané d'un train.

éviter [evite] v.t. (lat. *evitare* "échapper à", de *vitare* "éviter, se garder de"). - **1.** Échapper, parer à qqch de nuisible ou de désagréable : *Éviter un accident de justesse.* - **2.** Permettre à qqn d'échapper à qqch de dangereux ou de pénible : *Éviter une corvée à un ami* (syn. épargner). - **3.** S'abstenir, se garder de : *Veuillez éviter de me déranger quand je travaille.* - **4.** S'efforcer de ne pas rencontrer qqn : *C'est un bavard que j'évite quand je le croise dans la rue* (syn. fuir).

évocateur, trice [evɔkatœr, -tris] adj. Qui évoque, qui a le pouvoir d'évoquer qqn, qqch : *Une phrase évocatrice* (syn. suggestif).

évocation [evɔkasjɔ̃] n.f. - **1.** Action d'évoquer ; ce qui est évoqué : *Il s'attendrissait à cette évocation. L'exposé a été consacré à l'évocation de ses besoins* (syn. rappel). - **2.** PSYCHOL. Fonction de la mémoire par laquelle les souvenirs sont rappelés à la conscience. - **3.** DR. Pouvoir d'évoquer d'une cour d'appel ; fait d'évoquer.

évolué, e [evɔlɥe] adj. Qui atteint un certain degré d'évolution ou de culture : *Un esprit évolué* (syn. cultivé).

évoluer [evɔlɥe] v.i. (de *évolution*) [conj. 7]. - **1.** Se modifier, se transformer progressivement : *La société évolue sans cesse.* - **2.** Modifier sa manière de penser, de se conduire : *Il a beaucoup évolué depuis son séjour à l'étranger* (syn. changer). - **3.** Exécuter une, des évolutions : *Patineurs qui évoluent gracieusement sur la glace.* ◆ v.t. indir. SPORTS. Appartenir à telle équipe, à telle catégorie : *Footballeur qui évolue dans un club de seconde division.*

évolutif, ive [evɔlytif, -iv] adj. - **1.** Susceptible d'évolution ; qui produit cette évolution. - **2.** MÉD. Dont les symptômes ou les manifestations se succèdent sans interruption.

évolution [evɔlysjɔ̃] n.f. (lat. *evolutio* "déroulement", de *volvere* "rouler"). - **1.** Transformation graduelle et continuelle : *L'évolution des mœurs* (syn. changement). *Une civilisation en pleine évolution* (syn. développement). - **2.** Succession des phases d'une maladie : *Cancer à évolution lente* (syn. progression). - **3.** Ensemble des changements subis au cours des temps géologiques par les lignées animales et végétales, ayant eu pour résultat l'apparition de formes nouvelles. - **4.** (Souvent au pl.). Mouvement ou ensemble de mouvements divers et coordonnés : *Les évolutions d'un acrobate.* - **5.** Mouvement ordonné exécuté par une troupe, des véhicules, des navires, des avions, dans une formation précise fixée d'avance.

évolutionnisme [evɔlysjɔnism] n.m. - **1.** BIOL. Ensemble des théories explicatives de l'évolution des espèces au cours des âges. - **2.** ANTHROP., SOCIOL. Doctrine selon laquelle l'histoire des sociétés se déroule de façon progressive et sans discontinuité. ◆ **évolutionniste** adj. et n. Relatif à l'évolutionnisme ; qui en est partisan.

évolutivité [evɔlytivite] n.f. MÉD. Potentiel évolutif d'une affection ou d'une tumeur.

évoquer [evɔke] v.t. (lat. *evocare*, de *vocare* "appeler", de *vox, vocis* "voix"). - **1.** Faire penser à, rappeler : *Son nom t'évoque-t-il quelque chose ?* (syn. remémorer). - **2.** Rappeler qqch de passé à la mémoire : *Nous évoquions des souvenirs de jeunesse.* - **3.** Faire allusion à, rendre présent à l'esprit : *Évoquer le problème de la faim dans le monde* (syn. mentionner). - **4.** Faire songer à : *Un rocher qui évoque vaguement une forme humaine* (syn. suggérer). *Un dessin qui évoque des scène rustiques* (syn. représenter). - **5.** Faire apparaître (des esprits, etc.) par la magie.

ex- (lat. *ex* "hors de"), particule inv. qui, préfixée au nom auquel elle est reliée par un trait d'union, indique un état, une situation révolue : *Un ex-ministre. Son ex-mari.*

ex abrupto [ɛksabrypto] loc. adv. (de lat. *abruptus* "abrupt"). Brusquement, sans préparation : *Lancer une controverse ex abrupto* (syn. à brûle-pourpoint).

exacerbation [ɛgzasɛrbasjɔ̃] n.f. (lat. *exacerbatio* ; v. *exacerber*). Paroxysme d'un sentiment, d'une sensation, etc.

exacerber [ɛgzasɛrbe] v.t. (lat. *exacerbare*, de *acerbus* "pénible"). Pousser un sentiment, un état à un très haut degré, à son paroxysme : *Exacerber la colère de qqn* (syn. attiser, aviver).

exact, e [ɛgzakt] adj. (lat. *exactus*, p. passé de *exigere* "achever"). - **1.** Qui ne comporte pas d'erreur : *Calcul exact* (syn. correct, juste). *Donne-moi la mesure exacte de ce*

meuble [egzakmã] (syn. précis). - **2.** Qui respecte l'horaire : *Fonctionnaire exact* (syn. ponctuel). - **3.** Qui respecte la vérité : *Je dirai, pour être exact, que...* (syn. scrupuleux, véridique).

exactement [egzaktəmã] adv. Précisément, rigoureusement ; avec exactitude : *J'ai exactement le même stylo.*

exaction [egzaksjɔ̃] n.f. (lat. *exactio* "action d'exiger le recouvrement d'impôts"). LITT. Action d'exiger plus qu'il n'est dû ou ce qui n'est pas dû, notamm. par abus de pouvoir : *Agents du fisc coupables d'exaction* (syn. concussion, malversation). ◆ **exactions** n.f. pl. Sévices, actes de violence, de pillage commis contre des populations.

exactitude [egzaktityd] n.f. - **1.** Caractère de ce qui est juste, rigoureux, conforme à la logique : *L'exactitude de ses prévisions a été confirmée par les faits* (syn. justesse). - **2.** Qualité d'une personne exacte, ponctuelle : *Une employée d'une grande exactitude* (syn. ponctualité).

ex aequo [egzeko] loc. adv. et adj. inv. (loc. lat. "à égalité"). Qui est sur le même rang : *Deux candidats classés ex aequo.* ◆ n. inv. Situation de personnes qui ont obtenu le même rang ; ces personnes : *Deux ex aequo.*

exagération [egzaʒerasjɔ̃] n.f. Action d'exagérer ; excès : *Tomber dans l'exagération* (syn. démesure, outrance).

exagéré, e [egzaʒere] adj. Où il y a de l'exagération : *Ces estimations sont très exagérées* (syn. excessif).

exagérément [egzaʒeremã] adv. De façon exagérée.

exagérer [egzaʒere] v.t. (lat. *exaggerare*, de *aggerare* "accumuler") [conj. 18]. Accentuer à l'excès, outrer : *Exagérer un détail* (syn. grossir). ◆ **s'exagérer** v.pr. Donner trop d'importance à qqch : *Il s'exagère la gravité de la situation.*

exaltant, e [egzaltã, -ãt] adj. Qui provoque de l'exaltation ; qui stimule : *Un travail exaltant* (syn. enthousiasmant, passionnant).

exaltation [egzaltasjɔ̃] n.f. (lat. *exaltatio* "élévation" ; v. *exalter*). - **1.** Surexcitation intellectuelle et affective, emportement euphorique (syn. excitation, fièvre). - **2.** LITT. Élévation à un très haut degré d'un sentiment, d'un état affectif : *L'exaltation du sentiment religieux.* - **3.** LITT. Action de vanter hautement qqn, qqch : *L'exaltation du travail* (syn. glorification).

exalté, e [egzalte] adj. et n. Empreint d'exaltation, passionné : *C'est un exalté* (syn. enragé, fanatique).

exalter [egzalte] v.t. (lat. *exaltare*, de *altus* "haut"). - **1.** Provoquer l'exaltation de ; enthousiasmer, exciter : *Récit qui exalte l'ima-*

gination (syn. enflammer). - **2.** LITT. Faire l'éloge de, célébrer qqn, qqch : *Poème qui exalte la beauté de la nature* (syn. glorifier). ◆ **s'exalter** v.pr. Céder à l'exaltation, s'enthousiasmer : *Il s'exaltait en racontant ses exploits.*

examen [egzamɛ̃] n.m. (mot lat. "languette d'une balance", de *exigere* "mesurer, peser"). - **1.** Observation attentive, étude minutieuse : *Examen d'une question.* - **2.** Ensemble des investigations cliniques et techniques effectuées par un médecin pour apprécier l'état de santé de qqn : *Examen médical.* - **3.** Épreuve ou ensemble d'épreuves que subit un candidat : *Passer un examen.* (Abrév. fam. *exam.*) - **4.** Examen de conscience, examen critique de sa propre conduite. ‖ Libre examen, fait de ne croire que ce que la raison individuelle peut contrôler.

examinateur, trice [egzaminatœr, -tris] n. (bas lat. *examinator*). Personne chargée de faire passer un examen à un candidat.

examiner [egzamine] v.t. (lat. *examinare* "peser"). - **1.** Observer attentivement, minutieusement : *Examiner un nouveau logement* (syn. explorer, inspecter). - **2.** Faire subir un examen, notamm. médical : *Examiner un malade* (syn. ausculter).

exanthème [egzɑ̃tɛm] n.m. (gr. *exanthêma* "efflorescence"). MÉD. Éruption cutanée accompagnant certaines maladies infectieuses (rubéole, scarlatine, rougeole, etc.).

exarque [egzark] n.m. (lat. *exarchus*, gr. *exarkhos*, de *arkhein* "commander"). - **1.** HIST. Dignitaire gouvernant en Italie et en Afrique pour les empereurs byzantins. - **2.** Prélat de l'Église orientale qui a juridiction épiscopale.

exaspérant, e [egzasperɑ̃, -ãt] adj. Qui exaspère.

exaspération [egzasperasjɔ̃] n.f. - **1.** Fait de s'exaspérer, d'être exaspéré (syn. irritation, rage). - **2.** LITT. Exacerbation.

exaspérer [egzaspere] v.t. (lat. *exasperare* "rendre raboteux", de *asper* "rude") [conj. 18]. - **1.** Mettre au comble de l'irritation, de l'énervement : *Ces critiques l'ont exaspéré* (syn. irriter). - **2.** LITT. Exacerber un sentiment, un désir, etc. : *Cet échec exaspéra sa rancœur* (syn. aviver, intensifier).

exaucement [egzosmã] n.m. Action d'exaucer : *L'exaucement d'une prière.*

exaucer [egzose] v. t. (var. graphique de *exhausser* "écouter une prière", d'apr. le lat. *exaudire*) [conj. 16]. - **1.** En parlant d'une divinité, écouter qqn et lui accorder ce qu'il demande. - **2.** Satisfaire qqn en lui accordant ce qu'il demande ; accueillir favorablement une demande : *Exaucer un désir* (syn. combler, satisfaire).

ex cathedra [εkskatedʀa] loc. adv. (mots lat. "du haut de la chaire"). - **1.** CATH. Se dit du pape lorsque en tant que chef de l'Église, il proclame une vérité de foi. - **2.** LITT. D'un ton doctoral, dogmatique : *Faire un cours ex cathedra.*

excavateur [εkskavatœʀ] n.m. et **excavatrice** [εkskavatʀis] n.f. (anglo-amér. *excavator* ; v. *excaver*). TR. PUBL. Engin de terrassement.

excavation [εkskavasjɔ̃] n.f. (lat. *excavatio* ; v. *excaver*). - **1.** Action de creuser dans le sol : *L'excavation d'un puits* (syn. creusement). - **2.** Creux, cavité (syn. trou).

excaver [εkskave] v.t. (lat. *excavare*, de *cavus* "creux"). TR. PUBL. Creuser dans la terre (syn. forer).

excédant, e [εksedɑ̃, -ɑ̃t] adj. Qui excède ; qui fatigue ou importune extrêmement.

excédent [εksedɑ̃] n.m. (lat. *excedens, -entis*, p. passé de *excedere* ; v. *excéder*). - **1.** Ce qui excède en quantité : *Excédent de bagages* (syn. supplément). *Écouler l'excédent d'une production* (syn. surplus). - **2.** ÉCON. Solde positif (par opp. à *déficit*). - **3.** Excédent de la balance commerciale, solde positif de celle-ci, réalisé lorsque les exportations dépassent en valeur le montant des importations.

excédentaire [εksedɑ̃tɛʀ] adj. Qui est en excédent : *Une production excédentaire de beurre* (syn. surabondant).

excéder [εksede] v.t. (lat. *excedere* "dépasser", de *cedere* "marcher") [conj. 18]. - **1.** Dépasser en nombre, en quantité, en durée la limite fixée : *La dépense excède les recettes* (= l'emporte sur ; syn. passer). - **2.** LITT. Aller au-delà de la limite autorisée : *Excéder son pouvoir* (syn. outrepasser). - **3.** Importuner, exaspérer : *Ce bruit m'excède.*

excellemment [εkselamɑ̃] adv. LITT. De façon excellente : *Réussir excellemment* (syn. parfaitement).

excellence [εkselɑ̃s] n.f. (lat. *excellentia*). - **1.** Caractère excellent de qqn, de qqch : *Apprécier l'excellence des vins* (syn. perfection, qualité). - **2.** (Avec une majuscule). Titre donné notamm. aux ambassadeurs, aux ministres, aux évêques : *Votre, Son Excellence.* - **3.** Par excellence, au plus haut point ; tout particulièrement. ‖ Prix d'excellence, prix accordé au meilleur élève d'une classe.

excellent, e [εkselɑ̃, -ɑ̃t] adj. (lat. *excellens, -entis*, p. présent de *excellere*). Supérieur dans son genre ; très bon, parfait : *Plat excellent* (syn. exquis). *Élève excellent* (syn. remarquable).

exceller [εksele] v.i. (lat. *excellere*). Être supérieur en son genre, l'emporter sur les autres : *Exceller en mathématiques* (syn. briller).

excentré, e [εksɑ̃tʀe] adj. Loin du centre : *Région excentrée* (syn. excentrique).

excentrer [εksɑ̃tʀe] v.t. MÉCAN. Déplacer le centre, l'axe de : *Excentrer une roue.*

1. excentricité [εksɑ̃tʀisite] n.f. (de *1. excentrique*). État de ce qui est situé loin du centre (syn. éloignement).

2. excentricité [εksɑ̃tʀisite] n.f. (de *2. excentrique*). Extravagance d'une personne excentrique ; acte excentrique : *L'excentricité de ses vêtements* (syn. bizarrerie, originalité). *On ne compte plus ses excentricités* (syn. extravagance).

1. excentrique [εksɑ̃tʀik] adj. (lat. médiév. *excentricus*, du class. *centrum* "centre"). - **1.** Situé loin du centre : *Quartier excentrique* (syn. excentré, périphérique). - **2.** MATH. Se dit de figures dont les centres ne coïncident pas (par opp. à *concentrique*) : *Cercles, sphères excentriques.*

2. excentrique [εksɑ̃tʀik] adj. et n. (de *1. excentrique*). Qui est en opposition avec les usages reçus : *Conduite excentrique* (syn. bizarre, extravagant).

excepté [εksεpte] prép. (p. passé de *excepter*). - **1.** Indique ce que l'on met à part, ce que l'on ne comprend pas dans un ensemble : *Tout le monde était là excepté toi* (syn. à part, en dehors de). *Elle avait tout prévu excepté ce cas* (syn. à l'exception de, sauf, LITT. hormis). - **2.** Excepté que, si ce n'est que, à cela près que : *Ils se ressemblent beaucoup, excepté que l'un est brun et l'autre roux.*

excepter [εksεpte] v.t. (lat. *exceptare* "retirer"). Ne pas comprendre dans un ensemble : *Excepter certains condamnés d'une amnistie* (syn. exclure).

exception [εksεpsjɔ̃] n.f. (lat. *exceptio*, de *excipere* "retirer"). - **1.** Ce qui est hors de la règle commune : *La neige est une exception en cette saison* (syn. anomalie, singularité). *Faire une exception en faveur de qqn.* - **2.** DR. Tout moyen qui tend soit à déclarer une procédure irrégulière, soit à en suspendre le cours. - **3.** À l'exception de, sauf. ‖ Faire exception, échapper à la règle. ‖ DR. Loi, tribunal d'exception, en dehors du droit commun.

exceptionnel, elle [εksεpsjɔnεl] adj. - **1.** Qui forme exception, qui n'est pas ordinaire : *Réunion exceptionnelle* (syn. extraordinaire). - **2.** Qui se distingue par ses mérites, sa valeur : *Pianiste exceptionnel* (syn. remarquable).

exceptionnellement [εksεpsjɔnεlmɑ̃] adv. De façon exceptionnelle ; par exception : *Un enfant exceptionnellement doué* (syn. extrêmement). *Exceptionnellement, je viendrai.*

excès [εksε] n.m. (bas lat. *excessus*, du class. *excedere* "dépasser"). - **1.** Quantité qui se trouve en plus : *L'excès d'un nombre sur un autre.* - **2.** Ce qui dépasse la mesure normale : *Un excès de vitesse* (syn. dépassement). - **3.** Dérèglement de conduite, abus. ‖ **Excès de langage**, propos discourtois, injurieux. **- 4.** DR. Excès de pouvoir, acte qui dépasse la compétence d'une autorité et, en partic. celle d'une autorité administrative. ◆ n.m. pl. Actes de violence, de démesure : *Les excès des soldats* (syn. exactions, sévices). *Se livrer à des excès* (syn. débordements).

excessif, ive [eksesif, -iv] adj. **- 1.** Qui excède la mesure : *Une rigueur excessive* (syn. exagéré). *Un prix excessif* (syn. exorbitant). **- 2.** Qui pousse les choses à l'excès : *Elle nous a reçus avec une excessive bonté* (syn. extraordinaire, infini).

excessivement [eksesivmã] adv. **- 1.** Avec excès : *Boire excessivement* (syn. trop). **- 2.** Extrêmement, tout à fait : *Cela me déplaît excessivement* (syn. énormément).

exciper [eksipe] v.t. ind. **[de]** (lat. *excipere* "excepter"). DR. Alléguer une exception, une excuse : *Exciper de sa bonne foi.*

excipient [eksipjã] n.m. (lat. *excipiens, -entis*, de *excipere* "recevoir"). PHARM. Substance neutre dans laquelle on incorpore un médicament pour permettre son absorption.

exciser [eksize] v.t. (de *excision*). Enlever avec un instrument tranchant : *Exciser une tumeur.*

excision [eksizjɔ̃] n.f. (lat. *excisio*, de *excidere* "enlever en coupant"). **- 1.** Action d'exciser, de couper : *L'excision d'un abcès.* **- 2.** Ablation rituelle du clitoris et parfois des petites lèvres de la vulve, pratiquée chez certains peuples.

excitabilité [eksitabilite] n.f. Propriété de ce qui est excitable : *L'excitabilité d'un muscle.*

excitable [eksitabl] adj. (lat. *excitabilis*). **- 1.** Prompt à s'exciter ; irritable. **- 2.** BIOL. Qui peut être excité.

1. excitant, e [eksitã, -ãt] adj. Qui inspire l'intérêt, suscite l'émotion ou le désir : *Une musique excitante* (syn. émoustillant, grisant).

2. excitant, e [eksitã, -ãt] adj. et n.m. Se dit d'une substance propre à augmenter le niveau d'éveil et l'activité motrice : *Le café est excitant* (syn. stimulant, tonique).

excitateur, trice [eksitatœʀ, -tʀis] adj. et n. Qui excite : *Militants excitateurs* (syn. agitateur, provocateur).

excitation [eksitasjɔ̃] n.f. **- 1.** Action d'exciter ; ce qui excite : *L'excitation à la lutte* (syn. encouragement). *L'excitation à la violence* (syn. provocation). **- 2.** État d'agitation, d'énervement, d'enthousiasme : *Être en proie à une grande excitation* (syn. fébrilité ; contr. calme, sérénité).

excité, e [eksite] adj. et n. Qui est énervé, agité. (v. aussi *exciter*.)

exciter [eksite] v.t. (lat. *excitare*, propr. "faire sortir"). **- 1.** Donner de la vivacité, de l'énergie à ; mettre dans un état de tension : *Exciter au travail* (syn. stimuler). *Exciter la foule* (syn. électriser, enfiévrer). **- 2.** Provoquer, faire naître : *Exciter le rire* (syn. susciter). ◆ **s'exciter** v.pr. **- 1.** S'énerver. **- 2.** Prendre un très vif intérêt à, s'enthousiasmer pour : *S'exciter sur un projet* (syn. se passionner pour).

exclamatif, ive [eksklamatif, -iv] adj. Qui marque l'exclamation : *Phrase exclamative.*

exclamation [eksklamasjɔ̃] n.f. (lat. *exclamatio* ; v. *s'exclamer*). **- 1.** Cri de joie, de surprise, d'indignation, etc. **- 2.** GRAMM. Phrase, parfois réduite à une interjection, exprimant une émotion vive ou un jugement affectif. **- 3.** Point d'exclamation, signe de ponctuation (!) que l'on met après une phrase exclamative ou une interjection.

s'exclamer [eksklame] v.pr. (lat. *exclamare*, de *clamare* "crier"). Pousser une exclamation : *« N'y comptez pas ! »*, *s'exclama-t-elle* (syn. s'écrier, se récrier).

exclu, e [ekskly] adj. et n. Qui a été rejeté, chassé d'un groupe : *Les exclus du système* (syn. laissé-pour-compte).

exclure [eksklyʀ] v.t. (lat. *excludere*, de *claudere* "fermer") [conj. 96]. **- 1.** Renvoyer, mettre dehors qqn : *Exclure de la salle les perturbateurs* (syn. expulser). *Exclure qqn d'un parti politique* (syn. radier). **- 2.** Ne pas compter qqch dans un ensemble : *Exclure les dépenses personnelles de la note de frais* (syn. retrancher). **- 3.** Être incompatible avec une chose éventuelle : *L'amitié exclut la dissimulation* (syn. empêcher, interdire). **- 4.** Ne pas admettre l'éventualité d'un fait, la véracité de : *Il exclut l'hypothèse d'un suicide* (syn. écarter, éliminer). **- 5.** Il n'est pas exclu que, il est possible que.

exclusif, ive [eksklyzif, -iv] adj. (lat. médiév. *exclusivus* ; v. *exclure*). **- 1.** Qui appartient à un seul par privilège spécial : *Droit exclusif* (syn. particulier, propre). **- 2.** Qui repousse tout ce qui est étranger : *Amour exclusif* (syn. absolu, égoïste). **- 3.** De parti pris : *Un homme exclusif dans ses idées* (syn. entier, intransigeant). **- 4.** LOG. Ou exclusif, relation logique indiquée par *ou* qui exclut la réunion des deux éléments ainsi reliés (*a ou b* représente soit *a*, soit *b*, et exclut *a et b*) [par opp. à *ou inclusif*].

exclusion [eksklyzjɔ̃] n.f. **- 1.** Action d'exclure : *Depuis son exclusion du parti* (syn. expulsion, renvoi). **- 2.** LOG. Relation entre deux classes non vides dans lesquelles aucun élément de l'une n'appartient à l'autre, et réciproquement. **- 3.** À l'exclusion de, à l'exception de.

exclusive [eksklyziv] n.f. Mesure d'exclusion : *Prononcer l'exclusive contre qqn.*

exclusivement [eksklyzivmã] adv. **- 1.** En excluant, non compris la partie donnée comme limite : *Lisez jusqu'à la page 500 exclusivement.* **-2.** Uniquement : *Il se consacre exclusivement à son roman* (syn. seulement).

exclusivisme [eksklyzivism] n.m. Caractère des gens exclusifs.

exclusivité [eksklyzivite] n.f. **-1.** Caractère d'un sentiment exclusif, consacré à un seul objet : *L'exclusivité d'une passion.* **-2.** Droit exclusif de publier un article, de vendre un produit, un livre, de projeter un film ; produit, film bénéficiant de ce droit.

excommunication [ekskɔmynikasjɔ̃] n.f. (lat. ecclés. *excommunicatio* ; v. *excommunier*). **-1.** Censure ecclésiastique qui exclut qqn de la communion des fidèles (syn. anathème). **-2.** Exclusion d'un groupe (syn. expulsion, radiation).

excommunié, e [ekskɔmynje] adj. et n. Frappé d'excommunication.

excommunier [ekskɔmynje] v.t. (lat. ecclés. *excommunicare* "mettre hors de la communauté", de *communis* "commun") [conj. 9]. **-1.** Frapper qqn d'excommunication. **-2.** Exclure d'un groupe (syn. bannir, expulser).

excoriation [ekskɔrjasjɔ̃] n.f. Légère écorchure (syn. égratignure, éraflure).

excorier [ekskɔrje] v.t. (bas lat. *excoriare*, de *corium* "cuir") [conj. 9]. Écorcher légèrement la peau (syn. érafler).

excrément [ekskremã] n.m. (lat. *excrementum* "sécrétion", de *excernere* "rendre par évacuation"). [Souvent au pl.]. Matière évacuée du corps par les voies naturelles, et partic. résidus solides de la digestion évacués par le rectum (syn. fèces).

excrémentiel, elle [ekskremãsjɛl] adj. De la nature de l'excrément.

excréter [ekskrete] v.t. [conj. 18]. Évacuer par excrétion.

excréteur, trice [ekskretœr, -tris] et **excrétoire** [ekskretwar] adj. Qui sert à l'excrétion : *Conduit excréteur.*

excrétion [ekskresjɔ̃] n.f. (lat. *excretio*, de *excernere* ; v. *excrément*). PHYSIOL. **-1.** Fonction organique assurant le rejet des constituants inutiles ou nuisibles du milieu intérieur, sous forme gazeuse (air expiré), liquide (urine, sueur) ou solide (chez certains animaux des déserts) [syn. élimination]. **-2.** Évacuation par une glande de ses produits de sécrétion.

excroissance [ekskrwasãs] n.f. (lat. *excrescentia*, de *excrescere* "croître", d'apr. *croissance*). **-1.** MÉD. Tumeur superficielle bénigne de la peau (verrue, polype, loupe, etc.). **-2.** BOT. Développement anormal d'un tissu végétal comme les bourrelets de l'orme. **-3.** Développement parasitaire de qqch : *Excroissance d'un projet.*

excursion [ekskyrsjɔ̃] n.f. (lat. *excursio*, de *excurrere* "courir hors de"). Voyage ou promenade d'agrément, de recherche (syn. randonnée, tour).

excursionniste [ekskyrsjɔnist] n. Personne qui fait une excursion (syn. promeneur, touriste).

excusable [ekskyzabl] adj. Qui peut être excusé : *Une erreur excusable* (syn. pardonnable).

excuse [ekskyz] n.f. **-1.** Raison que l'on donne pour se disculper ou disculper autrui : *Fournir une excuse* (syn. défense, justification). **-2.** Raison invoquée pour se soustraire à une obligation : *Se trouver de bonnes excuses pour ne rien faire* (syn. prétexte). **-3.** Carte du jeu de tarot, qui joue un rôle important dans les enchères. ◆ **excuses** n.f. pl. Expression du regret d'avoir commis une faute ou offensé qqn : *Faire des excuses* (= demander pardon).

excuser [ekskyze] v.t. (lat. *excusare* "mettre hors de cause", de *causa* "cause, procès"). **-1.** Disculper qqn d'une faute, d'une erreur commise (syn. absoudre, pardonner). **-2.** Pardonner qqch, tolérer par indulgence : *Excuser une incartade* (syn. admettre, passer). **-3.** Servir d'excuse à qqn : *Rien ne peut excuser votre retard* (syn. justifier). **-4.** Accepter les excuses de qqn : *Excusez-moi.* ◆ **s'excuser** v.pr. Présenter ses excuses, exprimer des regrets.

exécrable [egzekrabl] adj. (lat. *execrabilis*). **-1.** Très mauvais : *Humeur, temps exécrables.* **-2.** LITT. Qui excite l'horreur : *Crime exécrable* (syn. abominable, monstrueux).

exécration [egzekrasjɔ̃] n.f. (lat. *execratio* ; v. *exécrer*). LITT. Sentiment d'horreur extrême ; objet de ce sentiment : *Un crime qui suscite l'exécration* (syn. aversion, répulsion).

exécrer [egzekre] ou [eksekre] v.t. (lat. *execrari* "maudire", de *sacer, sacrum* "sacré") [conj. 18]. LITT. Avoir en exécration, en horreur ; avoir de l'aversion pour : *Exécrer l'injustice* (syn. LITT. abhorrer, abominer).

exécutable [egzekytabl] adj. Qui peut être exécuté.

exécutant, e [egzekytã, -ãt] n. **-1.** Personne qui exécute une tâche, un ordre. **-2.** Musicien, musicienne qui exécute sa partie dans un concert.

exécuter [egzekyte] v.t. (de *exécution*). **-1.** Mettre en application un ordre, un règlement : *Exécuter les consignes* (syn. accomplir). **-2.** Mener à bien un projet, un plan, etc. : *Une mission difficile à exécuter* (syn. réaliser). **-3.** Réaliser un objet, un travail : *Exécuter une statue* (syn. confectionner). **-4.** Interpréter une pièce musicale : *Exécuter une sonate* (syn. jouer).

- **5.** Mettre à mort un condamné. ✦ **s'exécuter** v.pr. Se résoudre à agir ; obéir.

exécuteur, trice [egzekytœʀ, -tʀis] n. Exécuteur des hautes œuvres, expression désignant autref. le bourreau. ‖ Exécuteur testamentaire, personne à laquelle le testateur a confié le soin d'exécuter son testament.

exécutif, ive [egzekytif, -iv] adj. Se dit du pouvoir chargé d'appliquer les lois. ✦ **exécutif** n.m. Organe exerçant le pouvoir exécutif dans un État : *Cela concerne l'exécutif.*

exécution [egzekysjɔ̃] n.f. (lat. *executio,* de *exsequi* propr. "suivre jusqu'au bout"). - **1.** Action, manière d'exécuter, d'accomplir : *L'exécution d'un plan* (syn. accomplissement, réalisation). *L'exécution d'un pont* (syn. construction). - **2.** Action de jouer une œuvre musicale (syn. interprétation). - **3.** Exécution capitale, mise à mort d'un condamné. ‖ Mettre à exécution, réaliser.

exécutoire [egzekytwaʀ] adj. et n.m. DR. Qui donne pouvoir de procéder à une exécution.

exégèse [egzeʒɛz] n.f. (gr. *exêgêsis* "explication"). - **1.** Science qui consiste à établir, selon les normes de la critique scientifique, le sens d'un texte ou d'une œuvre littéraire. *Rem.* Terme surtout appliqué à l'interprétation des textes bibliques. - **2.** Interprétation notamm., sur les bases philologiques, d'un texte.

exégète [egzeʒɛt] n. (gr. *exêgêtês*). Spécialiste de l'exégèse.

1. exemplaire [egzɑ̃plɛʀ] adj. (lat. *exemplaris*). - **1.** Qui peut servir d'exemple : *Conduite exemplaire* (syn. irréprochable). - **2.** Qui peut servir de leçon, d'avertissement : *Punition exemplaire* (syn. édifiant).

2. exemplaire [egzɑ̃plɛʀ] n.m. (bas lat. *exemplarium,* class. *exemplar*). - **1.** Chacun des objets (livres, gravures, etc.) produits d'après un type commun. - **2.** Individu d'une espèce minérale, végétale ou animale.

exemplairement [egzɑ̃plɛʀmɑ̃] adv. De manière à servir de modèle ; de façon à servir de leçon.

exemplarité [egzɑ̃plaʀite] n.f. Caractère de ce qui est exemplaire : *L'exemplarité de la peine.*

exemple [egzɑ̃pl] n.m. (lat. *exemplum*). - **1.** Personne, action digne d'être imitée : *Exemple à suivre* (syn. modèle). - **2.** Ce qui peut servir de leçon, d'avertissement ou de mise en garde : *Que cela vous serve d'exemple !* (syn. leçon). - **3.** Fait antérieur analogue au fait en question et considéré par rapport à lui : *Bêtise sans exemple* (syn. précédent). - **4.** Chose précise, événement, phrase qui sert à illustrer, prouver, éclairer : *Un bon exemple.* - **5.** À

l'exemple de, à l'imitation de. ‖ Faire un exemple, punir sévèrement qqn pour dissuader les autres de l'imiter. ✦ interj. FAM. (Ça) par exemple !, exprime la surprise, le mécontentement.

exemplifier [egzɑ̃plifje] v.t. [conj. 9]. Expliquer, illustrer par des exemples.

exempt, e [egzɑ̃, -ɑ̃t] adj. (lat. *exemptus,* de *eximere* "tirer de, affranchir"). - **1.** Qui n'est pas assujetti à une charge : *Exempt de service* (syn. dispensé). - **2.** Qui est à l'abri de : *Exempt de soucis.* - **3.** Dépourvu de : *Exempt d'erreurs.*

exempté, e [egzɑ̃te] adj. et n. Dispensé d'une obligation, partic. des obligations militaires.

exempter [egzɑ̃te] v.t. Rendre exempt ; dispenser d'une charge.

exemption [egzɑ̃psjɔ̃] n.f. - **1.** Action d'exempter ; fait d'être exempté ; privilège qui décharge, dispense d'une obligation : *Ces produits bénéficient d'une exemption de taxes* (syn. exonération). - **2.** Dispense du service militaire.

exercé, e [egzɛʀse] adj. Devenu habile à la suite d'une certaine pratique : *Oreille exercée* (syn. entraîné, expert).

exercer [egzɛʀse] v.t. (lat. *exercere* ; propr. "tenir en haleine") [conj. 16]. - **1.** Soumettre à un entraînement méthodique, former : *Exercer des soldats au tir* (syn. entraîner). - **2.** LITT. Mettre à l'épreuve : *Exercer sa patience* (syn. éprouver). - **3.** Mettre en usage, faire agir ; faire usage de : *Exercer un droit.* - **4.** Pratiquer, s'acquitter de : *Exercer la médecine.* ✦ **s'exercer** v.pr. - **1.** S'entraîner. - **2.** LITT. Se manifester, agir : *La fascination qui s'exerçait sur eux.*

exercice [egzɛʀsis] n.m. (lat. *exercitium*). - **1.** Action de s'exercer : *Cela ne s'apprend que par un long exercice* (syn. entraînement). - **2.** Travail, devoir donné à un élève en application de ce qui a été appris précédemment dans un cours, une leçon. - **3.** Séance d'instruction militaire pratique : *Aller à l'exercice* (syn. instruction). - **4.** Dépense physique, activité sportive : *Faire, prendre de l'exercice.* - **5.** Action, fait de pratiquer une activité, un métier : *L'exercice de la médecine* (syn. pratique). - **6.** Période comprise entre deux inventaires comptables ou deux budgets. - **7.** En exercice, en fonction, en activité : *Le directeur en exercice.* ‖ Exercices spirituels, pratiques de dévotion.

exérèse [egzeʀɛz] n.f. (gr. *exairesis,* de *exairein* "enlever"). CHIR. Opération par laquelle on retranche du corps ce qui lui est étranger ou nuisible ; ablation.

exergue [egzɛʀg] n.m. (lat. scientif. *exergum,* du gr. *ergon* "œuvre"). - **1.** Espace au bas d'une monnaie, d'une médaille ; inscription qui y est gravée. - **2.** Inscription en tête d'un ouvrage. - **3.** Mettre en exergue, en évidence.

exfoliant, e [ɛksfɔljɑ̃, -ɑ̃t] adj. Qui provoque une exfoliation de la peau : *Crème exfoliante.*

exfoliation [ɛksfɔljasjɔ̃] n.f. (lat. *exfoliatio*, de *exfoliare* "effeuiller", de *folium* "feuille"). PHYSIOL. Séparation des parties mortes qui se détachent d'un tissu, partic. de l'épiderme ou d'une muqueuse, sous forme de petites lames.

exhalaison [egzalɛzɔ̃] n.f. Gaz ou odeur qui s'exhale d'un corps (syn. effluve, émanation).

exhalation [egzalasjɔ̃] n.f. - **1.** Fait de s'exhaler. - **2.** MÉD. Élimination des produits volatils par la respiration, par la peau.

exhaler [egzale] v.t. (lat. *exhalare*, de *halare*). - **1.** Pousser hors de soi, répandre des vapeurs, des odeurs : *Ces roses exhalent une odeur agréable* (syn. dégager, répandre). - **2.** LITT. Donner libre cours à, exprimer : *Exhaler sa colère.* ◆ **s'exhaler** v.pr. - **1.** Se répandre dans l'atmosphère. - **2.** LITT. Se manifester : *Une plainte s'exhala de ses lèvres.*

exhaussement [egzosmɑ̃] n.m. Action d'exhausser ; état de ce qui est exhaussé.

exhausser [egzose] v.t. Augmenter en hauteur ; rendre plus élevé : *Exhausser un mur* (syn. hausser, surélever).

exhaustif, ive [egzostif, -iv] adj. (angl. *exhaustive*, de *to exhaust* "épuiser"). Qui traite à fond un sujet : *Étude exhaustive.*

exhaustivement [egzostivmɑ̃] adv. De façon exhaustive.

exhaustivité [egzostivite] n.f. Caractère de ce qui est exhaustif.

exhiber [egzibe] v.t. (lat. *exhibere*). - **1.** Présenter un document officiel (syn. montrer, produire). - **2.** Arborer, faire étalage de : *Exhiber ses décorations* (syn. afficher, étaler). ◆ **s'exhiber** v.pr. Se montrer en public de manière ostentatoire, provocante : *S'exhiber en décolleté* (syn. s'afficher).

exhibition [egzibisjɔ̃] n.f. (lat. *exhibitio*). - **1.** Action d'exhiber, de faire voir, de présenter. - **2.** Spectacle, présentation de choses spectaculaires : *Un cirque qui fait une exhibition de chiens savants* (syn. numéro). - **3.** Étalage impudent de qqch qui ne devrait être montré qu'avec discrétion, réserve : *Faire exhibition de ses succès* (syn. parade).

exhibitionnisme [egzibisjɔnism] n.m. - **1.** Perversion de l'exhibitionniste. - **2.** Attitude ostentatoire.

exhibitionniste [egzibisjɔnist] n. - **1.** Pervers sexuel qui exhibe ses organes génitaux. - **2.** Personne qui aime à s'exhiber.

exhortation [egzɔrtasjɔ̃] n.f. (lat. *exhortatio*). Discours, paroles par lesquels on exhorte, on encourage qqn à faire qqch : *Une exhortation à la modération* (syn. invitation).

exhorter [egzɔrte] v.t. (lat. *exhortari*). Exciter, encourager par ses paroles : *Exhorter qqn à la patience* (syn. engager, inciter).

exhumation [egzymasjɔ̃] n.f. Action d'exhumer.

exhumer [egzyme] v.t. (lat. médiév. *exhumare*, d'apr. le class. *inhumare*, de *humus* "terre"). - **1.** Extraire de la terre : *Exhumer un cadavre* (syn. déterrer). *Exhumer un trésor* (contr. enfouir). - **2.** Tirer de l'oubli, rappeler : *Exhumer le passé* (syn. ressusciter, réveiller).

exigeant, e [egziʒɑ̃, -ɑ̃t] adj. Difficile à contenter : *Un chef de service exigeant* (syn. pointilleux).

exigence [egziʒɑ̃s] n.f. (bas lat. *exigentia*, du class. *exigere* ; v. exiger). - **1.** Ce qu'une personne exige, réclame à une autre : *Satisfaire les exigences des grévistes* (syn. prétention, revendication). - **2.** Caractère d'une personne exigeante : *Faire preuve d'une exigence tatillonne.* - **3.** Ce qui est commandé par qqch ; nécessité, obligation : *Exigences de la profession* (syn. impératif).

exiger [egziʒe] v.t. (lat. *exigere*, propr. "pousser dehors") [conj. 17]. - **1.** Demander impérativement ce qui est considéré comme un dû : *Exiger des excuses* (syn. ordonner, réclamer). - **2.** Nécessiter, réclamer : *Son état exige des soins* (syn. demander).

exigibilité [egziʒibilite] n.f. Caractère de ce qui est exigible : *Exigibilité d'une créance.*

exigible [egziʒibl] adj. Qui peut être exigé.

exigu, ë [egzigy] adj. (lat. *exiguus* "pesé d'une manière stricte", de *exigere* "peser"). Qui est très petit, trop petit.

exiguïté [egziguite] n.f. (lat. *exiguitas*). Petitesse, étroitesse : *Exiguïté d'un appartement.*

exil [egzil] n.m. (lat. *exsilium*). - **1.** Mesure qui consiste à expulser qqn hors de son pays avec interdiction d'y revenir ; état qui en résulte : *Être condamné à l'exil* (syn. bannissement, expatriation). - **2.** Situation de qqn qui est obligé de vivre ailleurs que là où il est habituellement, où il aime vivre : *Un provincial en exil à Paris.* - **3.** Lieu où réside une personne exilée : *Lettres écrites de son exil.*

exilé, e [egzile] n. Personne condamnée à l'exil, ou qui vit dans l'exil (syn. banni, proscrit).

exiler [egzile] v.t. - **1.** Frapper qqn d'exil (syn. bannir, proscrire). - **2.** Obliger qqn à vivre loin d'un lieu où il aurait aimé être. ◆ **s'exiler** v.pr. - **1.** Quitter volontairement son pays (syn. émigrer, s'expatrier). - **2.** Se retirer pour vivre à l'écart.

exinscrit, e [egzɛ̃skri, -it] adj. (de *ex-* et *inscrit*). MATH. Cercle exinscrit à un triangle, tangent à un côté de ce triangle et aux prolongements des deux autres.

existant, e [ɛgzistɑ̃, -ɑ̃t] adj. Qui existe, actuel : *Les lois existantes* (= en vigueur).

existence [ɛgzistɑ̃s] n.f. (lat. *existentia* "choses existantes", de *existere* ; v. exister). - **1.** Fait d'exister : *L'existence d'un traité.* - **2.** Vie, manière de vivre : *Mener une paisible existence.* - **3.** Durée : *Gouvernement qui a trois mois d'existence.*

existentialisme [ɛgzistɑ̃sjalism] n.m. Mouvement philosophique qui s'interroge sur l'Être en général à partir de l'existence vécue par l'homme. □ L'existentialisme s'inspire surtout de Heidegger et de Kierkegaard ; son principal représentant en France a été J.-P. Sartre.

existentialiste [ɛgzistɑ̃sjalist] adj. et n. Relatif à l'existentialisme.

existentiel, elle [ɛgzistɑ̃sjɛl] adj. - **1.** PHILOS. Relatif à l'existence. - **2.** LOG. Quantificateur existentiel → quantificateur.

exister [ɛgziste] v.i. (lat. *existere*, de *sistere*, dér. de *stare* "se tenir debout"). - **1.** Être actuellement en vie, vivre : *Tant qu'il existera des hommes.* - **2.** Être en réalité ; durer, subsister : *Cette coutume n'existe plus.* - **3.** Être important, compter : *Cet échec n'existait pas pour lui.* - **4.** Il existe, il y a : *Il existe forcément une solution à ce problème.*

exit [ɛgzit] (mot lat. "il sort"). Indication scénique de la sortie d'un acteur.

ex-libris [ɛkslibris] n.m. (mots lat. "parmi les livres [de...]"). - **1.** Formule qui, apposée sur un livre et suivie d'un nom propre, indique que le volume appartient à la personne nommée. - **2.** Vignette que les bibliophiles collent au revers des reliures de leurs livres et qui porte leur nom, leur devise, etc.

ex nihilo [ɛksniilo] loc. adv. (abrév. du lat. *ex nihilo nihil* "rien ne vient de rien"). En partant de rien : *On ne résout jamais un problème ex nihilo.*

exocet [ɛgzɔsɛ] n.m. (lat. *exocetus*, gr. *exôkoitos*, de *exô* "hors de" et *koitê* "gîte"). Poisson des mers chaudes, aux nageoires pectorales développées en forme d'ailes lui permettant d'effectuer de très longs sauts planés (près de 200 m) hors de l'eau. (On dit aussi *un poisson volant.*)

exocrine [ɛgzɔkrin] adj. (de *exo-* et du gr. *krinein* "sécréter"). **Glande exocrine**, glande qui déverse ses produits de sécrétion sur la peau ou dans une cavité naturelle communiquant avec le milieu extérieur (glandes sébacées, mammaires, digestives, etc.) [contr. endocrine].

exode [ɛgzɔd] n.m. (lat. *Exodus* "l'Exode [livre de la Bible]", gr. *exodos* propr. "sortie"). - **1.** Émigration en masse d'un peuple. - **2.** Départ en foule : *L'exode des vacanciers* (syn.

évasion, migration). - **3.** **Exode des capitaux,** déplacement des capitaux vers l'étranger. ‖ **Exode rural,** migration définitive des habitants des campagnes vers les villes.

exogame [ɛgzɔgam] adj. et n. Qui pratique l'exogamie (par opp. à *endogame*).

exogamie [ɛgzɔgami] n.f. (de *exo-* et *-gamie*). ANTHROP. Règle contraignant un membre d'un groupe social à choisir son conjoint en dehors de ce groupe (par opp. à *endogamie*).

exogamique [ɛgzɔgamik] adj. Relatif à l'exogamie : *Un mariage exogamique* (par opp. à *endogamique*).

exogène [ɛgzɔʒɛn] adj. (de *exo-* et *-gène*). - **1.** DIDACT. Qui provient du dehors, de l'extérieur (par opp. à *endogène*). - **2.** GÉOL. Roche exogène, formée à la surface de la Terre (par opp. à *endogène*).

exonération [ɛgzɔneRasjɔ̃] n.f. Action d'exonérer : *Obtenir une exonération d'impôts* (syn. dégrèvement).

exonérer [ɛgzɔneRe] v.t. (lat. *exonerare* "décharger", de *onus, oneris* "fardeau") [conj. 18]. Dispenser totalement ou en partie d'une charge, d'une obligation, fiscale en partic. : *Exonérer qqn de droits d'inscription* (syn. exempter).

exorbitant, e [ɛgzɔRbitɑ̃, -ɑ̃t] adj. (bas lat. *exorbitans -antis* "qui dévie", de *orbita* "trace d'une roue, orbite [d'un astre]"). Qui dépasse la mesure : *Prix exorbitant* (syn. excessif).

exorbité, e [ɛgzɔRbite] adj. **Yeux exorbités,** qui semblent sortir de leurs orbites.

exorcisation [ɛgzɔRsizasjɔ̃] n.f. Action d'exorciser.

exorciser [ɛgzɔRsize] v.t. (lat. chrét. *exorcizare*, gr. *exorkizein* "faire prêter serment", de *horkos* "serment"). - **1.** Conjurer le démon, le chasser par les prières spéciales du rituel. - **2.** Soumettre qqn, un lieu à des exorcismes pour le délivrer du démon : *Exorciser un possédé.*

exorcisme [ɛgzɔRsism] n.m. - **1.** Cérémonie au cours de laquelle on exorcise. - **2.** Prière destinée à exorciser.

exorciste [ɛgzɔRsist] n.m. Celui qui exorcise, conjure les démons.

exorde [ɛgzɔRd] n.m. (lat. *exordium*, de *exordiri* "commencer"). Première partie d'un discours oratoire (syn. introduction, préambule).

exoréique [ɛgzɔReik] adj. (de *exo-*, et du gr. *rhein* "couler"). GÉOGR. Se dit des régions dont les eaux courantes rejoignent la mer (par opp. à *endoréique*).

exosmose [ɛgzɔsmoz] n.f. (de *exo-*, et du gr. *ôsmos* "poussée"). PHYS. Courant de liquide qui s'établit d'un système fermé (une cellule, par ex.) vers l'extérieur, à travers une membrane semi-perméable, lorsque le milieu extérieur est plus concentré (par opp. à *endosmose*).

exosphère [egzɔsfɛr] n.f. (de *exo-* et [*atmo*]*sphère*). Zone d'une atmosphère d'une planète (au-dessus de 1 000 km pour la Terre), où les atomes légers échappent à la pesanteur et s'évadent vers l'espace interplanétaire.

exothermique [egzɔtɛrmik] adj. (de *exo-* et *thermique*). CHIM. Se dit d'une transformation qui dégage de la chaleur : *Réaction exothermique*.

exotique [egzɔtik] adj. (lat. *exoticus*, gr. *exôtikos* "étranger"). Qui appartient aux pays étrangers, qui en provient.

exotisme [egzɔtism] n.m. - **1.** Caractère de ce qui est exotique : *Un roman plein d'exotisme.* - **2.** Goût pour ce qui est exotique.

expansé, e [ekspɑ̃se] adj. (de *expansion*). Se dit de certaines matières plastiques possédant une structure cellulaire, utilisées pour leur légèreté et leurs propriétés isolantes.

expansibilité [ekspɑ̃sibilite] n.f. Tendance qu'ont les corps gazeux à occuper la totalité du volume qui leur est offert.

expansible [ekspɑ̃sibl] adj. Capable d'expansion : *Les gaz sont expansibles.*

expansif, ive [ekspɑ̃sif, -iv] adj. (du rad. de *expansion*). - **1.** Qui aime à communiquer ses sentiments : *Une collègue expansive* (syn. communicatif, démonstratif). - **2.** TECHN. Se dit d'un ciment dont la prise s'accompagne d'une légère augmentation de volume.

expansion [ekspɑ̃sjɔ̃] n.f. (lat. *expansio*, de *expandere* "déployer"). - **1.** Développement d'un corps en volume ou en surface : *L'expansion des gaz.* - **2.** ANAT. Développement de certains organes. - **3.** Mouvement de ce qui se développe, s'accroît ; tendance à s'agrandir : *Expansion industrielle* (syn. essor, extension). - **4.** LITT. Action de s'épancher ; mouvement qui pousse à communiquer ses sentiments : *Besoin d'expansion* (syn. effusion, épanchement). - **5.** Expansion économique, accroissement du revenu national, de l'activité économique. ‖ ASTRON. Théorie de l'expansion de l'Univers, théorie selon laquelle les différentes galaxies de l'Univers s'écartent les unes des autres à une vitesse proportionnelle à leur distance mutuelle.

expansionnisme [ekspɑ̃sjɔnism] n.m. - **1.** Attitude politique visant à l'expansion d'un pays au-delà de ses limites. - **2.** Tendance d'un pays où l'accroissement de la puissance économique est systématiquement encouragé par l'État. ‖ **expansionniste** adj. et n. Qui vise à l'expansion ; partisan de l'expansionnisme.

expatriation [ekspatrijasjɔ̃] n.f. Action d'expatrier ou de s'expatrier ; état de celui qui est expatrié : *Condamnés à l'expatriation* (syn. émigration, exil).

expatrié, e [ekspatrije] adj. et n. Qui a quitté sa patrie, s'est expatrié (syn. émigré, exilé).

expatrier [ekspatrije] v.t. (conj. 10). Obliger qqn à quitter sa patrie (syn. exiler). ◆ **s'expatrier** v.pr. Quitter sa patrie pour s'établir ailleurs (syn. émigrer, s'exiler).

expectative [ekspɛktativ] n.f. (du lat. *expectare* "attendre", de *spectare* "observer"). Attitude prudente de qqn qui attend pour se décider : *Rester dans l'expectative.*

expectorant, e [ekspɛktɔrɑ̃, -ɑ̃t] adj. et n.m. Se dit d'un remède qui aide à l'expectoration.

expectoration [ekspɛktɔrasjɔ̃] n.f. Action d'expectorer ; ce qui est expectoré ; crachat.

expectorer [ekspɛktɔre] v.t. (lat. *expectorare*, de *pectus, pectoris* "poitrine"). Rejeter par la bouche des substances contenues dans les bronches (syn. cracher).

expédient [ekspedjɑ̃] n.m. (lat. *expediens, -entis*, "qui débarrasse, qui est avantageux"). - **1.** Moyen ingénieux et rapide d'arriver à ses fins. - **2.** Moyen de résoudre momentanément une difficulté, de se tirer d'embarras (péjor.) : *User d'expédients.* - **3.** Vivre d'expédients, recourir à toutes sortes de moyens, licites ou non, pour subsister.

expédier [ekspedje] v.t. (de *expédient*) [conj. 9]. - **1.** Envoyer à destination : *Expédier des marchandises* (syn. acheminer, adresser). - **2.** En terminer avec, se débarrasser de qqn : *Expédier un importun.* - **3.** Faire promptement qqch pour s'en débarrasser : *Expédier un travail* (syn. bâcler).

expéditeur, trice [ekspeditœr, -tris] n. et adj. Personne qui fait un envoi par la poste, le chemin de fer, etc. (syn. envoyeur ; contr. destinataire).

expéditif, ive [ekspeditif, -iv] adj. - **1.** Qui agit promptement, qui expédie vivement un travail (syn. diligent, vif). - **2.** Qui permet de faire vite : *Procédé expéditif* (syn. rapide).

expédition [ekspedisjɔ̃] n.f. (lat. *expeditio*). - **1.** Action d'accomplir rapidement qqch, de l'achever ; exécution : *Expédition des affaires courantes.* - **2.** Action d'expédier ; envoi. - **3.** Opération militaire en dehors du territoire national : *L'expédition d'Égypte* (syn. campagne). - **4.** Voyage, mission de recherche, d'exploration : *Une expédition polaire.* - **5.** FAM. Équipée, excursion (iron.).

expéditionnaire [ekspedisjɔnɛr] n. - **1.** Employé d'administration chargé de recopier les états, etc. - **2.** Expéditeur de marchandises. ◆ adj. **Corps expéditionnaire,** ensemble des troupes d'une expédition militaire.

expérience [eksperjɑ̃s] n.f. (lat. *experientia,* de *experiri* "faire l'essai de"). - **1.** Connaissance acquise par une longue pratique jointe à l'observation : *Avoir de l'expérience* (syn. pratique). - **2.** PHILOS. Tout ce qui est appréhendé par les sens et constitue la matière de la connaissance humaine ; ensemble des phénomènes connus ou qui peuvent l'être. - **3.** Épreuve, essai effectués pour étudier un phénomène : *Faire une expérience de chimie* (syn. expérimentation, test). - **4.** Matériel utilisé pour une telle étude et, spécial., matériel scientifique embarqué à bord d'un engin spatial. - **5.** Mise à l'essai : *Une expérience de vie commune* (syn. tentative).

expérimental, e, aux [eksperimɑtal, -o] adj. (bas lat. *experimentalis*). - **1.** Qui est fondé sur l'expérience scientifique : *La méthode expérimentale.* - **2.** Qui sert à expérimenter : *Avion expérimental.*

expérimentalement [eksperimɑtalmɑ̃] adv. En se fondant sur l'expérimentation.

expérimentateur, trice [eksperimɑtatœr, -tris] n. et adj. Personne qui recourt à l'expérimentation scientifique ; personne qui tente une expérience.

expérimentation [eksperimɑtasjɔ̃] n.f. Action d'expérimenter : *L'expérimentation d'un médicament.*

expérimenté, e [eksperimɑte] adj. Instruit par l'expérience (syn. chevronné, expert).

expérimenter [eksperimɑte] v.t. (bas lat. *experimentare*). Soumettre à des expériences : *Expérimenter un appareil* (syn. contrôler, tester).

1. **expert, e** [eksper, -ert] adj. (lat. *expertus* "éprouvé, qui a fait ses preuves", de *experiri* ; v. *expérience*). - **1.** Qui a une parfaite connaissance d'une chose due à une longue pratique. - **2.** Qui témoigne d'une telle connaissance ; excercé, habile : *Un ouvrier expert* (syn. compétent, expérimenté). *Une main experte* (syn. habile, sûr).

2. **expert** [eksper] n.m. (de *1. expert*). - **1.** Personne apte à juger de qqch ; connaisseur. - **2.** Personne qui fait une expertise. - **3.** DR. Expert judiciaire, spécialiste agréé par les tribunaux et désigné pour effectuer une expertise.

expert-comptable [eksperkɔ̃tabl] n. (pl. *experts-comptables*). Personne faisant profession d'analyser, de contrôler ou d'organiser des comptabilités.

expertise [ekspertiz] n.f. (de *2. expert*). - **1.** Constatation ou estimation effectuée par un expert : *Faire une expertise.* - **2.** Rapport d'un expert : *Attaquer une expertise.* - **3.** Expertise judiciaire, examen de questions purement techniques confié par le juge à un expert ; rapport établi par cet expert. ‖ **Expertise médicale et psychiatrique,** effectuée par un psychiatre pour évaluer l'état mental d'un inculpé.

expertiser [ekspertize] v.t. Soumettre à une expertise : *Expertiser un mobilier, un tableau* (syn. estimer, évaluer).

expiable [ekspjabl] adj. Qui peut être expié : *Un mensonge expiable.*

expiateur, trice [ekspjatœr, -tris] adj. LITT. Qui permet d'expier : *Victime expiatrice.*

expiation [ekspjasjɔ̃] n.f. Fait d'expier ; châtiment, peine par lesquels on expie (syn. rachat).

expiatoire [ɛkspjatwar] adj. Qui sert à expier : *Sacrifice expiatoire.*

expier [ekspje] v.t. (lat. *expiare,* de *piare* "rendre propice") [conj. 9]. - **1.** Réparer une faute, un crime, etc., en subissant une peine imposée. - **2.** RELIG. Réparer un péché par la pénitence. - **3.** Subir une peine, une souffrance en conséquence d'un acte ressenti ou considéré comme coupable : *Il a expié chèrement à l'hôpital ses excès de vitesse* (syn. payer).

expiration [ɛkspirasjɔ̃] n.f. - **1.** Action de chasser hors de la poitrine l'air qu'on a inspiré. - **2.** Fin d'un temps prescrit ou convenu : *Expiration d'un bail* (syn. échéance). *La validité du billet vient à expiration à la fin de la semaine.*

expiratoire [ɛkspiratwar] adj. Qui se rapporte à l'expiration de l'air pulmonaire : *Difficulté expiratoire.*

expirer [ɛkspire] v.t. (lat. *expirare* "souffler"). Expulser par une contraction de la poitrine l'air inspiré (par opp. à *inspirer*) : *Expirer l'air des poumons* (syn. souffler). ◆ v.i. - **1.** Mourir (syn. décéder, LITT. trépasser). - **2.** Arriver à son terme, prendre fin : *Son bail expire à la mi-janvier* (syn. finir, se terminer).

explétif, ive [ekspletif, -iv] adj. et n.m. (bas lat. *expletivus,* de *explere* "remplir"). GRAMM. Se dit d'un mot qui n'est pas au sens de la phrase ou qui n'est pas exigé par la syntaxe (ex. : *ne* dans *je crains qu'il ne vienne*).

explicable [eksplikabl] adj. Que l'on peut expliquer : *Son dépit est bien explicable* (syn. compréhensible).

explicatif, ive [eksplikatif, -iv] adj. Qui sert à expliquer : *Une notice explicative est jointe à l'appareil.*

explication [eksplikasjɔ̃] n.f. - **1.** Action d'expliquer ; développement destiné à faire comprendre qqch : *L'explication d'une énigme* (syn. éclaircissement). *Il s'est lancé dans de longues explications* (syn. commentaire). - **2.** Ce qui rend compte de qqch : *Voilà l'explication de ce retard* (syn. cause, raison). - **3.** Éclaircissement touchant les actes, la conduite de qqn : *Exiger une explication* (syn. justification). - **4.** Discussion, querelle touchant la conduite de qqn : *Avoir une explication avec qqn* (syn. controverse).

explicite [eksplisit] adj. (lat. médiév. *explicitus*, de *explicare* ; v. *expliquer*). - **1.** Qui ne prête à aucune contestation : *Réponse explicite* (syn. clair). - **2.** DR. Énoncé formellement, complètement : *Clause explicite.*

explicitement [eksplisitmɑ̃] adv. En termes clairs, sans équivoque : *Clause explicitement formulée* (contr. implicitement).

expliciter [eksplisite] v.t. (de *explicite*). Rendre explicite, plus clair, formuler en détail : *Expliciter sa pensée.*

expliquer [eksplike] v.t. (lat. *explicare*, de *plicare* "plier"). - **1.** Faire comprendre ou faire connaître en détail par un développement oral ou écrit : *Expliquer un problème, un projet. Ce qu'on ne peut pas expliquer demeure mystérieux* (syn. éclaircir). *Elle m'a expliqué ses projets* (syn. exposer). *Il m'a expliqué longuement les problèmes que l'on pouvait rencontrer* (syn. développer). - **2.** Commenter : *Expliquer un auteur, un texte* (syn. paraphraser). - **3.** Constituer une justification, apparaître comme une cause : *La grève des postes explique le retard du courrier* (syn. justifier, motiver). ◆ **s'expliquer** v.pr. - **1.** Exprimer sa pensée, son opinion. - **2.** Comprendre la cause, la raison, le bien-fondé de : *Je m'explique mal sa présence ici.* - **3.** Avoir une discussion avec qqn : *Je tiens à m'expliquer avec lui* (syn. discuter). - **4.** Se battre pour vider une querelle : *Viens, on va s'expliquer dehors !* - **5.** Devenir, être intelligible, compréhensible : *Sa réaction s'explique très bien.*

exploit [eksplwa] n.m. (réfection, d'apr. le lat. *explicare* "accomplir", de l'anc. fr. *espleit*). - **1.** Coup d'éclat, action mémorable (syn. performance, prouesse). - **2.** Action inconsidérée (iron.) : *Elle a réussi l'exploit de se mettre tout le monde à dos* (syn. maladresse). - **3.** DR. Exploit d'huissier, acte de procédure rédigé et signifié par un huissier.

exploitable [eksplwatabl] adj. Qui peut être exploité, cultivé : *Gisement de pétrole facilement exploitable.*

exploitant, e [eksplwatɑ̃, -ɑ̃t] n. - **1.** Personne qui met en valeur un bien productif de richesse : *Les exploitants agricoles.* - **2.** Personne physique ou morale qui exploite une salle de cinéma.

exploitation [eksplwatasjɔ̃] n.f. - **1.** Action d'exploiter, de mettre en valeur en vue d'un profit : *Exploitation d'une mine.* - **2.** Affaire

qu'on exploite, lieu où l'on exploite : *Exploitation agricole.* - **3.** Branche de l'économie du cinéma relative à l'activité des exploitants. - **4.** Mise à profit, utilisation méthodique de qqch : *L'exploitation d'un succès.* - **5.** Action de tirer un profit abusif de qqn ou de qqch (péjor.) : *Exploitation de l'homme par l'homme.*

exploité, e [eksplwate] adj. et n. Se dit d'une personne dont on tire un profit abusif.

exploiter [eksplwate] v.t. (lat. pop. *explicitare*, class. *explicare* "accomplir"). - **1.** Faire valoir une chose, en tirer du profit : *Exploiter une ferme* (syn. cultiver). *Exploiter un brevet.* - **2.** Tirer parti, user à propos de : *Exploiter la situation* (syn. utiliser). - **3.** Profiter abusivement de qqn ; faire travailler qqn à bas salaire (syn. pressurer).

exploiteur, euse [eksplwatœr, -øz] n. - **1.** Personne qui exploite qqch à son profit et d'une manière abusive : *Exploiteur de la misère humaine* (syn. profiteur). - **2.** Personne qui tire un profit illégitime ou excessif du travail d'autrui (syn. spoliateur).

explorateur, trice [eksplɔratœr, -tris] n. (lat. *explorator*). - **1.** Personne qui fait un voyage de découverte dans un pays lointain, une région inconnue. - **2.** Personne qui se livre à des recherches dans un domaine particulier.

exploration [eksplɔrasjɔ̃] n.f. (lat. *exploratio*). - **1.** Action d'explorer ; fait d'être exploré : *L'exploration de l'Amazonie. Une exploration rapide de l'appartement* (syn. examen, inspection). - **2.** Exploration fonctionnelle, ensemble d'examens biologiques ou cliniques permettant d'apprécier l'état de fonctionnement d'organe.

exploratoire [eksplɔratwar] adj. Qui a pour but de rechercher les possibilités ultérieures de négociations ; qui vise à explorer un domaine avant intervention : *Entretien exploratoire* (syn. préliminaire, préparatoire).

explorer [eksplɔre] v.t. (lat. *explorare*). - **1.** Parcourir un lieu inconnu ou peu connu en l'étudiant avec soin : *Explorer la zone polaire* (syn. reconnaître). - **2.** MÉD. Procéder à l'exploration d'un organe à l'aide d'instruments spéciaux (syn. sonder). - **3.** Examiner les différents aspects d'une question, un texte, etc. : *Explorer les possibilités d'un accord* (syn. étudier).

exploser [eksploze] v.i. (de *explosion*). - **1.** Faire explosion : *La nitroglycérine explose facilement* (syn. détoner, sauter). - **2.** Se manifester spontanément et violemment : *Sa colère a explosé* (syn. éclater). - **3.** FAM. Ne plus pouvoir se contenir, laisser se déchaîner sa colère, son mécontentement : *Arrête ou il va exploser* (syn. se déchaîner). - **4.** FAM. Se révéler, s'affirmer brusquement : *Cet athlète a explosé.* - **5.** FAM. S'accroître brutalement : *Les prix ont explosé.*

1. explosif, ive [eksplozif, -iv] adj. (de *explosion*). - **1.** Qui est de nature à provoquer des réactions brutales : *Situation explosive* (syn. critique, tendu). - **2.** Qui peut exploser : *Mélange explosif* (syn. détonant).

2. explosif [eksplozif] n.m. (de *1. explosif*). Corps ou mélange de corps apte à subir une explosion.

explosion [eksplozjɔ̃] n.f. (lat. *explosio*, de *explodere* "huer"). - **1.** Fait d'éclater violemment ; bruit qui accompagne cet éclatement : *L'explosion d'une bombe* (syn. déflagration). - **2.** Libération très rapide, sous forme de gaz à haute pression et à haute température, d'une énergie stockée sous un volume réduit. - **3.** Troisième temps de fonctionnement d'un moteur à quatre temps, correspondant à la combustion. - **4.** Manifestation vive et soudaine : *L'explosion de la colère* (syn. déchaînement). *Une explosion de joie* (syn. débordement). - **5.** Apparition brusque d'un événement ; développement, accroissement brutal d'un phénomène : *L'explosion démographique.* - **6.** PHON. Dernière phase de l'émission d'une consonne occlusive caractérisée par la libération soudaine du volume d'air comprimé dans le conduit expiratoire par la fermeture des organes de l'articulation (par opp. à *implosion*).

exponentiel, elle [eksponɑ̃sjɛl] adj. (du lat. *exponens, -entis* "exposant"). - **1.** MATH. Fonction exponentielle de base a (a *réel positif*) : fonction réelle continue telle que $f(x) \cdot f(x') = f(x + x')$ et $f(1) = a$. *(Pour a = 1, on a l'exponentielle naturelle.)* [On dit aussi *une exponentielle*.] - **2.** Qui se fait de façon rapide et continue : *Montée exponentielle du chômage.*

exportable [eksportabl] adj. Que l'on peut exporter.

exportateur, trice [eksportatœr, -tris] adj. et n. Qui exporte.

exportation [eksportasjɔ̃] n.f. - **1.** Action d'exporter ; marchandises exportées : *L'exportation de produits. Quel est le volume des exportations ?* (contr. importation). - **2.** Action de diffuser à l'étranger des idées, une mode, etc.

exporter [eksporte] v.t. (lat. *exportare*, avec l'infl. de l'angl. *to export* "porter dehors"). - **1.** Transporter, vendre à l'étranger les produits de l'activité nationale : *Exporter du vin* (contr. importer). - **2.** Répandre à l'étranger : *Exporter une idéologie.* - **3.** Exporter des capitaux, les placer à l'étranger.

1. exposant, e [ekspozɑ̃, -ɑ̃t] n. (de *exposer*). - **1.** Personne qui présente ses produits, ses

œuvres dans une exposition publique. - **2.** DR. Personne qui énonce ses prétentions dans une requête.

2. exposant [ekspozɑ̃] n.m. (de *exposer*). MATH. Nombre *b* qui figure en haut et à droite de la notation a^b d'une puissance : *Dans $43 = 4 \times 4 \times 4$, 3 est l'exposant.*

exposé [ekspoze] n.m. (de *exposer*) - **1.** Développement explicatif dans lequel on présente, par écrit ou oralement, des faits ou des idées : *Un exposé de la situation* (syn. compte-rendu, relation). - **2.** DR. Exposé des motifs, remarques qui précèdent le dispositif d'un projet ou d'une proposition de loi et qui expliquent les raisons qui sont à son origine.

exposer [ekspoze] v.t. (réfection de l'anc. fr. *espondre* [lat. *exponere*], d'apr. *poser*). - **1.** Mettre en vue, présenter au regard : *Exposer des produits* (syn. montrer, offrir). - **2.** Placer, tourner d'un certain côté (souvent p. passé) : *Une maison exposée à l'est* (syn. orienter). - **3.** Soumettre à l'action de : *Exposer des plantes à la lumière* (syn. présenter, tourner). - **4.** Mettre en péril, faire courir un risque à : *Exposer sa vie* (syn. risquer). - **5.** Expliquer, faire connaître : *Exposer une théorie* (syn. développer, présenter). - **6.** PHOT. Soumettre une surface sensible à un rayonnement. ◆ **s'exposer** v.pr. Courir le risque de : *S'exposer aux critiques.*

exposition [ekspozisjɔ̃] n.f. - **1.** Action d'exposer, de placer sous le regard du public des objets divers, des œuvres d'art, des produits industriels ou agricoles, etc. ; lieu où on les expose : *Visiter une exposition* (syn. foire, salon). - **2.** Action de faire connaître, d'expliquer : *Exposition d'un fait* (syn. exposé, explication). - **3.** Partie initiale d'une œuvre littéraire (en partic. d'une œuvre dramatique) ou musicale, dans laquelle on expose le sujet, on énonce le thème (syn. prélude). - **4.** Situation d'un bâtiment, d'un local, etc., par rapport à une direction, à la lumière : *Exposition au nord, au soleil* (syn. orientation). - **5.** PHOT. Action d'exposer une surface sensible.

1. exprès, esse [eksprɛs] adj. (lat. *expressus*, de *exprimere* "exprimer"). Précis, nettement exprimé : *Ordre exprès* (syn. catégorique, impératif). *Défense expresse* (syn. formel, absolu). ◆ **exprès** adj. inv. et n.m. Remis sans délai au destinataire : *Lettre exprès. Envoi par exprès.*

2. exprès [eksprɛ] adv. (de *1. exprès*). - **1.** À dessein, avec intention : *Il est venu tout exprès pour vous voir* (syn. spécialement). - **2.** Fait exprès, coïncidence curieuse et plus ou moins fâcheuse.

1. express [eksprɛs] adj. et n.m. (mot angl., de *1. exprès*). - **1.** Qui assure un service, une liaison rapide : *Une voie express.* **-2.** Train **express**, train de voyageurs à vitesse accélérée, ne s'arrêtant que dans les gares importantes et dont l'horaire est étudié pour assurer les principales correspondances. (On dit aussi *un express.*)

2. express [ekspʀɛs] adj. et n.m. (de l'ital. [*caffè*] *espresso*). **Café express**, café plus ou moins concentré obtenu par le passage de vapeur d'eau sous pression à travers de la poudre de café. (On dit aussi *un express.*)

expressément [ekspʀesemɑ̃] adv. (de *1. exprès*). En termes exprès ; d'une façon nette, précise : *Expressément défendu* (syn. formellement).

expressif, ive [ekspʀesif, -iv] adj. (de *expression*). Qui exprime avec force une pensée, un sentiment, une émotion : *Un geste expressif* (syn. éloquent, parlant).

expression [ekspʀesjɔ̃] n.f. (lat. *expressio*). **-1.** Action d'exprimer qqch par le langage. **-2.** Manière de s'exprimer par le langage ; mot ou groupe de mots de la langue parlée ou écrite : *Expression démodée* (syn. tournure). *Une expression figée* (= locution). *Une expression toute faite* (= une expression banale). **-3.** Expressivité d'une œuvre d'art, partic. musicale. **-4.** Ensemble des signes extérieurs qui traduisent un sentiment, une émotion, etc. : *L'expression de la joie* (syn. manifestation). **-5.** LOG. Ensemble graphique formalisé se référant à un objet réel. **-6. Expression bien formée** (e.b.f.), assemblage de symboles obtenus, dans un système logique, à l'aide de règles de formation explicites. ∥ **Expression corporelle**, ensemble d'attitudes et de gestes susceptibles de traduire des situations émotionnelles ou physiques. ∥ **Réduire une fraction à sa plus simple expression**, trouver une fonction égale à la fraction donnée et ayant les termes les plus simples possibles ; au fig., **réduire à sa plus simple expression**, amener à sa forme la plus simple ou supprimer totalement : *Un repas réduit à sa plus simple expression.* ∥ MATH. **Expression algébrique**, juxtaposition de symboles numériques, de symboles opératoires et de parenthèses.

expressionnisme [ekspʀesjɔnism] n.m. (de *expression*). Tendance artistique et littéraire du XXᵉ s. qui s'attache à l'intensité de l'expression. ◆ **expressionniste** adj. et n. Qui se rapporte, se rattache à l'expressionnisme : *La peinture expressionniste.*

expressivement [ekspʀesivmɑ̃] adv. De façon expressive : *Regarder expressivement qqn* (syn. significativement).

expressivité [ekspʀesivite] n.f. Caractère de ce qui est expressif : *L'expressivité d'un visage* (syn. mobilité).

exprimable [ekspʀimabl] adj. Qui peut être exprimé, énoncé, traduit : *Sentiment difficilement exprimable* (syn. traduisible).

exprimer [ekspʀime] v.t. (lat. *exprimere*, de *premere* "presser"). **-1.** Faire sortir un liquide par pression. **-2.** Manifester sa pensée, ses impressions par le geste, la parole, le visage : *Exprimer sa douleur par des larmes* (syn. manifester). **-3.** Rendre visible, sensible à autrui : *Son regard exprimait toute la douleur du monde* (syn. dire, révéler). ◆ **s'exprimer** v.pr. Se faire comprendre, exprimer sa pensée : *S'exprimer avec élégance* (syn. parler).

expropriation [ekspʀɔpʀijasjɔ̃] n.f. **-1.** Action d'exproprier. **-2. Expropriation forcée**, saisie immobilière suivie d'une vente par adjudication.

exproprier [ekspʀɔpʀije] v.t. (du lat. *proprium* "propriété", d'apr. *approprier*) [conj. 10]. Déposséder qqn de sa propriété, dans un but d'utilité générale, suivant des formes légales accompagnées d'indemnités.

expulser [ekspylse] v.t. (lat. *expulsare*). **-1.** Chasser qqn avec violence ou par une décision de l'autorité du lieu où il était établi : *Expulser un élève du lycée* (syn. renvoyer). **-2.** Rejeter de l'organisme : *Expulser le mucus des bronches* (syn. évacuer).

expulsion [ekspylsjɔ̃] n.f. **-1.** Action d'expulser, d'exclure : *L'expulsion des rebelles arrêtés* (syn. bannissement, exil). **-2.** DR. Mesure administrative obligeant un étranger dont la présence peut constituer une menace pour l'ordre public à quitter le territoire national (syn. éviction). **-3.** Procédure qui a pour but de libérer des locaux occupés sans droit ni titre ou sans droit au maintien dans les lieux. **-4.** MÉD. Période terminale de l'accouchement.

expurger [ekspyʀʒe] v.t. (lat. *expurgare*, de *purgare* "nettoyer") [conj. 17]. Retrancher d'un écrit ce que l'on juge contraire à la morale, aux convenances, etc. : *Lire une édition expurgée de cette œuvre* (syn. censurer).

exquis, e [ekski, -iz] adj. (réfection de l'anc. fr. *esquis* "raffiné", d'apr. le lat. *exquisitus* "recherché"). **-1.** Très bon, délicieux, en partic. dans le domaine du goût : *Vin exquis* (syn. délicieux, excellent). **-2.** Délicat, distingué : *Politesse exquise*. **-3.** D'un charme particulier : *Une journée exquise* (syn. enchanteur, merveilleux). **-4.** Charmant, adorable : *Un enfant exquis.*

exsangue [ekzɑ̃g] adj. (lat. *exsanguis*). Qui a perdu beaucoup de sang ; très pâle : *Un blessé exsangue. Un visage exsangue* (syn. livide, blême).

exsudation [eksydasjɔ̃] n.f. **-1.** MÉD. Suintement pathologique. **-2.** MÉTALL. Présence anormale, en surface d'un alliage, d'un de ses constituants.

exsuder [ɛksyde] v.i. (lat. *exsudare*, de *sudare* "suer"). - **1.** Sortir comme la sueur. - **2.** MÉTALL. Présenter une exsudation. ◆ v.t. MÉD. Produire un suintement pathologique.

extase [ɛkstaz] n.f. (bas lat. *extasis*, du gr. *ekstasis* "action d'être hors de soi"). - **1.** État d'une personne qui se trouve comme transportée hors du monde sensible par l'intensité d'un sentiment mystique (syn. transe). - **2.** Vive admiration, plaisir extrême causé par une personne ou par une chose : *Tomber en extase devant qqn* (syn émerveillement).

extasié, e [ɛkstasje] adj. Rempli d'admiration ; admiratif, ravi : *Regard extasié* (syn. enchanté).

s'extasier [ɛkstazje] v.pr. [**devant, sur**] (de *extase*) [conj. 9]. Manifester son ravissement, son admiration : *S'extasier devant un paysage.*

extatique [ɛkstatik] adj. (gr. *ekstatikos*). Causé par l'extase : *Transport extatique.* ◆ n. Personne sujette à l'extase mystique.

1. extenseur [ɛkstɑ̃sœʁ] adj. m. et n.m. (de *extension*). Qui provoque l'extension d'un segment de membre : *Muscles extenseurs* (par opp. à *fléchisseur*).

2. extenseur [ɛkstɑ̃sœʁ] n.m. (de *1. extenseur*) Appareil de gymnastique servant à développer les muscles.

extensibilité [ɛkstɑ̃sibilite] n.f. Propriété de ce qui est extensible : *L'extensibilité des muscles.*

extensible [ɛkstɑ̃sibl] adj. - **1.** Qui peut être étiré, allongé, étendu (syn. ductile, élastique). - **2.** Qui peut s'appliquer, s'étendre à d'autres choses ou personnes : *Liste extensible.*

extensif, ive [ɛkstɑ̃sif, -iv] adj. - **1.** Qui produit l'extension : *Force extensive.* - **2.** Culture extensive, élevage extensif, pratiqués sur de vastes superficies et à rendement en général faible (par opp. à *intensif*).

extension [ɛkstɑ̃sjɔ̃] n.f. (lat. *extensio*, de *extendere* "allonger"). - **1.** Action d'étendre ou de s'étendre : *L'extension du bras.* - **2.** Allongement d'un corps soumis à une traction : *L'extension d'une plaque de métal en laminoir.* - **3.** Fait de s'étendre, de s'accroître : *L'extension du commerce* (syn. accroissement). *L'extension des pouvoirs du président* (syn. développement). - **4.** Modification du sens d'un mot qui, par analogie, s'applique à davantage d'objets : *Le mot « bureau » désigne, par extension de sens, la pièce où se trouve le meuble.* - **5.** INFORM. Augmentation de la capacité d'un organe (mémoire, notamm.) d'un système informatique.

exténuant, e [ɛkstenyɑ̃, -ɑ̃t] adj. Qui exténue, épuise : *Une randonnée exténuante* (syn. harassant).

exténuation [ɛkstenyasjɔ̃] n.f. Affaiblissement extrême (syn. asthénie, épuisement).

exténuer [ɛkstenye] v.t. (lat. *extenuare*, de *tenuis* "léger") [conj. 7]. Épuiser les forces de : *Monter des escaliers exténue certaines personnes* (syn. épuiser). ◆ **s'exténuer** v.pr. Se fatiguer extrêmement.

1. extérieur, e [ɛksterjœʁ] adj. (lat. *exterior*, comparatif de *exter* "externe"). - **1.** Qui est en dehors d'un lieu donné : *Quartiers extérieurs de la ville* (syn. périphérique). - **2.** Qui n'est pas dans un lieu clos : *Escalier extérieur. Température extérieure.* - **3.** Qui n'appartient pas à qqch ; étranger : *Propos extérieurs au sujet* (syn. extrinsèque). - **4.** Qui existe en dehors de l'individu : *Le monde extérieur.* - **5.** Qui concerne les pays étrangers : *Politique extérieure* (syn. étranger). - **6.** Qui est vu du dehors ; visible, manifeste : *Signes extérieurs de richesse* (syn. apparent, tangible). *Sa gaieté est toute extérieure* (= de façade).

2. extérieur [ɛksterjœʁ] n.m. (de *1. extérieur*). - **1.** Ce qui est au-dehors, à la surface : *L'extérieur d'une maison* (syn. dehors). - **2.** Pays étrangers : *Nouvelles de l'extérieur* (syn. étranger). ◆ **extérieurs** n.m. pl. CIN. Scènes tournées hors du studio.

extérieurement [ɛksterjœʁmɑ̃] adv. - **1.** À l'extérieur : *La maison a été endommagée extérieurement.* - **2.** En apparence : *Une personne extérieurement respectable.*

extériorisation [ɛksterjɔʁizasjɔ̃] n.f. Action d'extérioriser ; fait de s'extérioriser : *L'extériorisation des sentiments.*

extérioriser [ɛksterjɔʁize] v.t. (de *extérieur*). Exprimer, manifester par son comportement : *Extérioriser sa joie* (syn. montrer). ◆ **s'extérioriser** v.pr. Manifester ses sentiments, son caractère.

exterminateur, trice [ɛksterminatœʁ, -tʁis] adj. et n. - **1.** Qui extermine : *Une espèce animale exterminatrice* (syn. destructeur). - **2.** L'ange exterminateur, dans la Bible, ange chargé de porter la mort parmi les Égyptiens, qui persécutaient les Hébreux.

extermination [ɛksterminasjɔ̃] n.f. - **1.** Action d'exterminer : *L'extermination des nuisibles* (syn. anéantissement, destruction). - **2.** HIST. Camp d'extermination, durant la Seconde Guerre mondiale, camp organisé par les nazis en Europe centrale et destiné à éliminer physiquement les populations juive, slave et tsigane. [→ concentration.]

exterminer [ɛkstermine] v.t. (lat. *exterminare* "chasser", de *terminus* "frontière"). Massacrer, faire périr entièrement ou en grand nombre : *Exterminer les opposants* (syn. décimer).

externat [ɛksterna] n.m. - **1.** Maison d'éducation qui n'admet que des élèves externes

EXTERNE

(par opp. à *internat*). - **2.** Situation de celui qui est externe dans un établissement scolaire (par opp. à *internat*). - **3.** Fonction d'externe dans un hôpital (avant la réforme de 1968).

1. externe [ɛkstɛʀn] adj. (lat. *externus*). - **1.** Qui est au-dehors : *Face externe* (contr. *interne*). - **2.** Qui vient du dehors : *Cause externe d'une maladie* (syn. extrinsèque).

2. externe [ɛkstɛʀn] n. (de *1. externe*). - **1.** Élève qui suit les cours d'un établissement scolaire sans y coucher et sans y prendre ses repas (contr. interne). - **2.** Étudiant en médecine qui participe au fonctionnement d'un service hospitalier sous l'autorité du médecin chef de service et de l'interne. □ Depuis 1968, tous les étudiants en médecine font fonction d'externes à partir de la troisième année.

exterritorialité [ɛkstɛʀitɔʀjalite] n.f. DR. Immunité qui soustrait certaines personnes (diplomates notamm.) à la juridiction de l'État sur le territoire duquel elles se trouvent.

extincteur, trice [ɛkstɛ̃ktœʀ, -tʀis] adj. et n.m. Se dit d'un appareil qui sert à éteindre les incendies ou les commencements d'incendie : *Voiture équipée d'un extincteur.*

extinction [ɛkstɛ̃ksjɔ̃] n.f. (lat. *exstinctio*, de *extinguere* "éteindre"). - **1.** Action d'éteindre ce qui était allumé : *L'extinction d'un incendie.* - **2.** Affaiblissement, cessation de qqch : *Lutter jusqu'à l'extinction de ses forces* (syn. épuisement). - **3.** Suppression, anéantissement : *L'extinction d'une espèce* (syn. disparition). - **4.** Extinction des feux, sonnerie, batterie enjoignant aux militaires, aux internes, etc., d'éteindre les lumières. ‖ **Extinction de voix**, affaiblissement de la voix qui fait qu'on devient aphone.

extirpation [ɛkstiʀpasjɔ̃] n.f. Action d'extirper.

extirper [ɛkstiʀpe] v.t. (lat. *extirpare*, de *stirps, stirpis* "racine"). - **1.** Arracher avec la racine, enlever complètement : *Extirper une tumeur* (syn. extraire). - **2.** Anéantir, faire cesser : *Extirper les préjugés* (syn. supprimer). - **3.** Sortir qqn d'un lieu avec difficulté : *Extirper les passagers d'une voiture accidentée* (syn. extraire). ◆ **s'extirper** v.pr. FAM. Sortir d'un lieu avec difficulté, lentement, etc. : *Il a fini par s'extirper de la cabine téléphonique.*

extorquer [ɛkstɔʀke] v.t. (lat. *extorquere*, de *torquere* "tordre"). Obtenir par force, violence, menace, ruse : *Extorquer de l'argent à qqn* (syn. soutirer).

extorsion [ɛkstɔʀsjɔ̃] n.f. Action d'extorquer : *L'extorsion d'une signature à qqn.* □ L'extorsion de fonds sous la menace de

révélations scandaleuses constitue le délit de chantage.

extra-, préfixe, du lat. *extra*, « en dehors », exprimant une situation extérieure (*extrascolaire, extra-utérin*) ou indiquant un superlatif (*extrafin*).

1. extra [ɛkstʀa] n.m. inv. (mot lat. "en dehors"). - **1.** Ce qui est en dehors des habitudes courantes (dépenses, repas, etc.) : *Faire un extra pour des invités.* - **2.** Service occasionnel supplémentaire ; personne qui fait ce service : *Faire un extra* (syn. supplément). *Être engagé comme extra dans un restaurant.*

2. extra [ɛkstʀa] adj. inv. (de *extraordinaire*). - **1.** De qualité supérieure : *Des fruits extra* (syn. excellent). - **2.** FAM. Merveilleux, remarquable, exceptionnel : *Un type extra.*

extraconjugal, e, aux [ɛkstʀakɔ̃ʒygal, -o] adj. Qui existe en dehors des relations conjugales.

extracteur [ɛkstʀaktœʀ] n.m. - **1.** CHIR. Instrument pour extraire des corps étrangers de l'organisme. - **2.** Pièce de la culasse mobile d'une arme à feu pour retirer l'étui vide d'une cartouche après le départ du coup. - **3.** Appareil pour séparer le miel des rayons de cire, utilisant la force centrifuge. - **4.** Appareil accélérant la circulation d'un fluide. - **5.** CHIM. Appareil pour extraire une substance d'une matière première végétale ou animale.

extractible [ɛkstʀaktibl] adj. Qui peut être extrait : *Jus extractible par pression.*

extractif, ive [ɛkstʀaktif, -iv] adj. Qui se rapporte à l'extraction des minerais : *Industrie extractive.*

extraction [ɛkstʀaksjɔ̃] n.f. (du lat. *extractus*, de *extrahere* "extraire"). - **1.** Action d'extraire, d'arracher : *Extraction d'une dent* (syn. arrachement). - **2.** MATH. Opération pour trouver la racine d'un nombre : *Extraction d'une racine carrée.* - **3.** LITT. Origine sociale : *Il est d'extraction très modeste* (syn. souche).

extrader [ɛkstʀade] v.t. Livrer par extradition.

extradition [ɛkstʀadisjɔ̃] n.f. (du lat. *ex* "hors de" et *traditio* "action de livrer"). Action de livrer l'auteur d'une infraction à l'État étranger qui le réclame, pour qu'il puisse y être jugé et subir sa peine.

extrados [ɛkstʀado] n.m. (de *dos*). - **1.** ARCHIT. Face extérieure d'une voûte (par opp. à *intrados*). - **2.** Face supérieure d'une aile d'avion (par opp. à *intrados*).

extrafin, e [ɛkstʀafɛ̃, -in] adj. - **1.** Très fin : *Chemise extrafine.* - **2.** De qualité supérieure (syn. extra). - **3.** De très petit calibre : *Haricots extrafins* (par opp. à *fin*, à *très fin*).

1. **extrafort, e** [ɛkstʀafɔʀ, -ɔʀt] adj. - **1.** Très résistant, très épais : *Carton extrafort*. - **2.** Très fort de goût, très relevé : *Moutarde extraforte.*

2. **extrafort** [ɛkstʀafɔʀ] n.m. (de *1. extrafort*). Ruban tissé utilisé pour renforcer le bord d'un ourlet.

extraire [ɛkstʀɛʀ] v.t. (lat. pop. *extragere,* class. *extrahere*) [conj. 112]. - **1.** Tirer, retirer d'un corps ou d'un ensemble : *Extraire une balle, une dent* (syn. arracher, extirper). *Extraire un passage d'un livre* (syn. détacher, prélever). - **2.** MATH. Calculer la racine d'un nombre. - **3.** Séparer une substance d'un corps par voie physique ou chimique. - **4.** Remonter les produits d'une mine : *Extraire du charbon* (syn. enlever, retirer). - **5.** Faire sortir de : *On a eu du mal à l'extraire de sa voiture après l'accident* (syn. extirper). ◆ **s'extraire** v.pr. [de]. Sortir, se dégager d'un lieu avec difficulté.

extrait [ɛkstʀɛ] n.m. (de *extraire*). - **1.** Passage tiré d'un livre, d'un discours, d'un film. - **2.** Copie littérale de l'original d'un acte : *Extrait d'acte de naissance.* - **3.** Substance extraite du corps par une opération physique et chimique : *Extrait de quinquina* (syn. essence). - **4.** Parfum concentré. - **5.** Préparation soluble et concentrée obtenue à partir d'un aliment : *Extrait de viande.*

extralucide [ɛkstʀalysid] adj. et n. Qui est doué d'un pouvoir de voyance.

extra-muros [ɛkstʀamyʀos] adv. et adj. inv. (mots lat. "hors des murs"). À l'extérieur d'une ville : *Travailler extra-muros* (par opp. à *intra-muros*).

extranéité [ɛkstʀaneite] n.f. (du lat. *extraneus* "étranger"). DR. Qualité d'étranger.

extraordinaire [ɛkstʀaɔʀdinɛʀ] adj. - **1.** Qui sort de l'usage ordinaire ; inhabituel : *Une assemblée générale extraordinaire* (syn. exceptionnel). - **2.** Qui étonne par sa bizarrerie : *Il vient de lui arriver une extraordinaire aventure* (syn. insolite, singulier). - **3.** Hors du commun : *Un personnage extraordinaire* (syn. remarquable, exceptionnel). - **4.** Très grand, intense, immense : *Une fortune extraordinaire* (syn. fabuleux). - **5.** Par extraordinaire, par une éventualité peu probable : *Si, par extraordinaire, un incident devait se produire, j'interviendrais.*

extraordinairement [ɛkstʀaɔʀdinɛʀmɑ̃] adv. D'une manière extrême : *Ils sont extraordinairement agités* (syn. prodigieusement, très).

extrapolation [ɛkstʀapɔlasjɔ̃] n.f. - **1.** Action de passer d'une idée à une autre plus générale : *Gardons-nous d'une extrapolation hâtive* (syn. généralisation). - **2.** SC. Procédé pour prolonger une série statistique ou la validité d'une loi scientifique au-delà des limites dans lesquelles celles-ci sont connues.

extrapoler [ɛkstʀapɔle] v.t. et v.i. (du lat. *polare* "tourner", d'apr. *interpoler*). - **1.** Tirer une conclusion de données partielles ou incomplètes : *Il ne faut pas extrapoler, ce cas est exceptionnel.* - **2.** Généraliser à partir de données fragmentaires. - **3.** SC. Pratiquer l'extrapolation de.

extrascolaire [ɛkstʀaskɔlɛʀ] adj. Qui a lieu en dehors du cadre scolaire : *Des activités extrascolaires.*

extrasystole [ɛkstʀasistɔl] n.f. Contraction prématurée du cœur, causant parfois une légère douleur.

extraterrestre [ɛkstʀateʀɛstʀ] adj. Situé à l'extérieur de la Terre. ◆ n. Habitant supposé d'une planète autre que la Terre.

extra-utérin, e [ɛkstʀayteʀɛ̃, -in] adj. (pl. *extra-utérins, es*). Qui est ou qui évolue en dehors de l'utérus : *Grossesse extra-utérine.*

extravagance [ɛkstʀavagɑ̃s] n.f. (de *extravagant*). - **1.** Comportement de qqn qui est extravagant (syn. excentricité, originalité). - **2.** Caractère de ce qui est extravagant, excentrique : *L'extravagance d'un projet* (syn. bizarrerie). - **3.** Idée, action extravagante : *On peut craindre une extravagance de sa part* (syn. fantaisie, lubie).

extravagant, e [ɛkstʀavagɑ̃, -ɑ̃t] adj. (lat. ecclés. *extravagans, -antis*, du class. *vagari* "errer"). - **1.** Déraisonnable, bizarre : *Une tenue extravagante* (syn. insolite). *Des propos extravagants* (syn. incroyable). - **2.** Qui dépasse la mesure : *Des prix extravagants* (syn. abusif). ◆ adj. et n. Qui se comporte d'une manière bizarre, excentrique.

extraversion [ɛkstʀavɛʀsjɔ̃] n.f. (du lat. *vertere* "tourner", d'apr. *introversion*). PSYCHOL. Caractéristique d'une personne qui extériorise facilement ses sentiments et qui est réceptive au comportement des autres (par opp. à *introversion*).

extraverti, e [ɛkstʀavɛʀti] adj. et n. Qui manifeste de l'extraversion (par opp. à *introverti*).

1. **extrême** [ɛkstʀɛm] adj. (lat. *extremus*, superlatif de *exter* "extérieur"). - **1.** Qui est tout à fait au bout, au terme : *Date extrême* (syn. ultime). - **2.** Qui est au degré le plus intense : *Froid extrême.* - **3.** Sans mesure, excessif : *Moyens extrêmes.*

2. **extrême** [ɛkstʀɛm] n.m. (de *1. extrême*). - **1.** Ce qui est opposé ; contraire : *Passer d'un extrême à l'autre.* - **2.** À l'extrême, au-delà de toute mesure. ◆ **extrêmes** n.m. pl. MATH. Le premier et le dernier terme d'une proportion. □ Dans une proportion $a/b = c/d$, le produit des extrêmes ($a \cdot d$) est égal à celui des moyens ($b \cdot c$).

extrêmement [εkstrεmmɑ̃] adv. À un très haut degré : *Être extrêmement déçu* (syn. infiniment, très).

extrême-onction [εkstrεmɔ̃ksjɔ̃] n.f. (pl. *extrêmes-onctions*). CATH. Sacrement administré à un malade en danger de mort par l'application des saintes huiles sur le front et les mains. (On dit auj. *sacrement des malades*.)

extrême-oriental, e, aux [εkstrεmɔrjɑ̃tal, -o] adj. Qui se rapporte à l'Extrême-Orient.

extrémisme [εkstremism] n.m. Tendance à recourir à des moyens extrêmes, violents dans la lutte politique : *L'extrémisme de gauche, de droite.* ◆ **extrémiste** adj. et n. Qui fait preuve d'extrémisme ; qui en est partisan.

extrémité [εkstremite] n.f. (lat. *extremitas*). - **1.** Bout, fin de qqch : *À l'extrémité de la rue.* - **2.** Attitude, action extrême : *Il tombe d'une extrémité dans l'autre.* - **3.** Être à la dernière extrémité, être à l'agonie. ‖ Être réduit à la dernière extrémité, être très misérable. ◆ **extrémités** n.f. pl. - **1.** Mains, pieds. - **2.** Actes de violence, voies de fait : *Se porter à des extrémités regrettables.*

extrinsèque [εkstrεsεk] adj. (lat. *extrinsecus* "en dehors"). - **1.** Qui vient du dehors : *Causes extrinsèques* (par opp. à *intrinsèque*). - **2.** Valeur extrinsèque d'une monnaie, sa valeur légale, conventionnelle. (On dit aussi *valeur faciale*.)

extrusif, ive [εkstryzif, -iv] adj. GÉOL. Qui se rapporte à une extrusion.

extrusion [εkstryzjɔ̃] n.f. (du lat. *extrudere* "pousser dehors", d'apr. *intrusion*). - **1.** GÉOL. Éruption de roches volcaniques sous forme d'aiguille ou de cône. - **2.** TECHN. Procédé de mise en forme des matières plastiques, qui consiste à pousser la matière à fluidifier à travers une filière.

exubérance [εgzyberɑ̃s] n.f. (lat. *exuberantia*). - **1.** Tendance à manifester ses sentiments par des démonstrations bruyantes, excessives. - **2.** Surabondance, grande profusion de qqch : *L'exubérance de la végétation* (syn. luxuriance).

exubérant, e [εgzyberɑ̃, -ɑ̃t] adj. (lat. *exuberans*, de *exuberare* "regorger", de *uber* "abondant"). - **1.** Qui s'exprime avec exubérance (syn. démonstratif, expansif). - **2.** Caractérisé par une abondance excessive : *Imagination exubérante* (syn. débordant, débridé).

exultation [εgzyltasjɔ̃] n.f. (lat. *exultatio*). LITT. Très grande joie, allégresse.

exulter [εgzylte] v.i. (lat. *exultare*, de *saltare* "danser"). Éprouver une joie très intense.

exutoire [εgzytwar] n.m. (du lat. *exutus*, de *exuere* "dépouiller"). - **1.** Moyen de se débarrasser de qqch : *Elle n'a pas trouvé d'exutoire à sa colère* (syn. dérivatif). - **2.** Ouverture, tube pour l'écoulement des eaux.

exuvie [εgzyvi] n.f. (lat. *exuviae* "dépouilles"). Peau rejetée par un arthropode ou un serpent lors de chaque mue.

ex-voto [εksvɔto] n.m. inv. (du lat. *ex voto suscepto* "selon le vœu fait"). Tableau, objet ou plaque gravée qu'on suspend dans une église ou un lieu vénéré à la suite d'un vœu ou en mémoire d'une grâce obtenue.

eye-liner [ajlajnər] n.m. (mot angl. "qui borde l'œil") [pl. *eye-liners*]. Liquide coloré employé dans le maquillage des yeux pour souligner le bord des paupières.

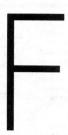

f [εf] n.m. inv. - **1.** Sixième lettre (consonne) de l'alphabet. - **2.** MUS. F, la note *fa* dans la notation en usage dans les pays anglo-saxons et germaniques.

fa [fa] n.m. inv. (première syllabe de *famuli*, au 4ᵉ vers de l'hymne de saint Jean-Baptiste). - **1.** Note de musique, quatrième degré de la gamme de *do*. - **2.** Clef de « fa », clef représentée par un C retourné suivi de deux points, indiquant l'emplacement de cette note sur la quatrième ligne de la portée.

fable [fabl] n.f. (lat. *fabula*, de *fari* "dire"). - **1.** Court récit allégorique, en vers ou en prose, contenant une moralité : *Fables de La Fontaine* (syn. apologue). - **2.** LITT. Récit, propos mensonger ; histoire inventée de toutes pièces. - **3.** LITT. Personne qui est l'objet de propos railleurs : *Être la fable du quartier*.

fabliau [fablijo] n.m. (forme picarde de l'anc. fr. *fableau* "petite fable"). LITTER. Conte satirique en vers (XIIᵉ-XIIIᵉ s.).

fabricant, e [fabrikā, -āt] n. - **1.** Propriétaire d'une entreprise qui fabrique des objets, des produits, etc. (syn. industriel). - **2.** Personne qui fabrique elle-même ou fait fabriquer pour vendre (syn. artisan).

fabrication [fabrikasjɔ̃] n.f. (lat. *fabricatio*). Action ou manière de fabriquer : *Un défaut de fabrication*.

fabrique [fabrik] n.f. (lat. *fabrica* "métier d'artisan, atelier"). - **1.** Établissement industriel où sont transformées des matières premières ou des produits semi-finis en produits destinés à la consommation (syn. manufacture, usine). - **2.** HIST. Biens, revenus d'une église. - **3.** Conseil de fabrique, groupe de clercs ou de laïcs administrant les biens d'une église (on dit aussi *la fabrique*).

fabriquer [fabrike] v.t. (lat. *fabricare* ; v. *fabrique*). - **1.** Faire, confectionner, élaborer qqch (en partic. un objet d'usage courant) à partir d'une matière première : *Fabriquer des meubles, des outils* (syn. façonner, produire). - **2.** FAM. Faire, avoir telle ou telle occupation : *Qu'est-ce que tu fabriques ?* - **3.** Inventer de toutes pièces : *Fabriquer un alibi* (syn. forger).

fabulateur, trice [fabylatœr, -tris] n. et adj. (lat. *fabulator* "conteur"). Personne qui raconte des histoires imaginaires qu'elle présente comme vraies (syn. mythomane).

fabulation [fabylasjɔ̃] n.f. (lat. *fabulatio* "discours, conversation", de *fari* "parler"). - **2.** Action de présenter comme réels des faits purement imaginaires (syn. affabulation).

fabuler [fabyle] v.i. (de *fabulation*). Inventer de toutes pièces une histoire, présentée comme réelle (syn. affabuler).

fabuleusement [fabyløzmā] adv. De façon fabuleuse : *Être fabuleusement riche* (syn. prodigieusement).

fabuleux, euse [fabylø, -øz] adj. (lat. *fabulosus*). - **1.** Étonnant, extraordinaire : *Une fortune fabuleuse* (syn. colossal). - **2.** LITT. Qui appartient à la légende, à l'imagination : *Animal fabuleux* (syn. chimérique, légendaire).

fabuliste [fabylist] n. (esp. *fabulista*). Auteur de fables.

façade [fasad] n.f. (it. *facciata*, de *faccia* "face"). - **1.** Chacune des faces extérieures d'un bâtiment : *Façade principale. Façades latérales*. - **2.** Face d'un bâtiment sur laquelle s'ouvre l'entrée principale : *Les fenêtres de la façade* (syn. devant). - **3.** Apparence trompeuse d'une personne : *Sa gentillesse n'est qu'une façade*. - **4.** De façade, qui n'est pas réel ; simulé : *Un optimisme de façade*.

face [fas] n.f. (bas lat. *facia*, class. *facies*). - **1.** Partie antérieure de la tête humaine ;

visage. -**2.** Partie antérieure de la tête de certains animaux ; mufle, museau. -**3.** Chacun des côtés d'une chose : *Faire l'ascension de la face nord d'une montagne* (syn. versant). *L'autre face du disque est meilleure.* -**4.** LITT. Aspect sous lequel se présente qqch : *Examiner la question sous toutes ses faces.* -**5.** MATH. Chacun des polygones limitant un polyèdre. -**6.** MATH. Chacun des demi-plans limitant un dièdre. -**7.** Côté d'une monnaie portant l'effigie du souverain ou l'image personnifiant l'autorité au nom de laquelle la pièce est émise (syn. avers ; contr. revers). -**8.** À la face de qqn, de qqch, ouvertement : *Il proclame son désespoir à la face du monde.* ‖ De face, du côté où l'on voit toute la face : *Photographie prise de face.* ‖ En face, vis-à-vis, par-devant ; fixement : *Il s'est assis en face de moi. J'ai le soleil en face. Regarder qqn en face.* ‖ Face à face, en présence l'un de l'autre : *Les deux adversaires se retrouvèrent face à face.* ‖ Faire face à, être tourné du côté de : *Un appartement qui fait face à la mer. Faire face au danger.* ‖ Perdre la face, perdre tout prestige, tout crédit. ‖ Sauver la face, garder sa dignité.

face-à-face [fasafas] n.m. inv. Débat public entre deux personnalités : *Face-à-face télévisé.*

face-à-main [fasamɛ̃] n.m. (pl. *faces-à-main*). Lorgnon muni d'un manche, que l'on tient à la main.

facétie [fasesi] n.f. (lat. *facetia*, de *facetus* "plaisant"). Plaisanterie ; action burlesque, farce.

facétieux, euse [fasesjø, -øz] adj. et n. Qui aime à faire des facéties ; farceur. ◆ adj. Qui tient de la facétie.

facette [fasɛt] n.f. (dimin. de *face*). -**1.** Chacune des petites faces planes formant la surface d'un objet et séparées les unes des autres par des arêtes vives : *Facettes d'un diamant.* -**2.** À facettes, se dit d'une personne qui peut avoir des aspects, des comportements très différents. ‖ ZOOL. Œil à facettes, œil des arthropodes, dont la surface est formée d'éléments en forme de polygone.

fâché, e [faʃe] adj. -**1.** En colère. -**2.** Contrarié, agacé : *Je suis fâché de ce contretemps.*

fâcher [faʃe] v.t. (mot région., du lat. pop. **fasticare*, class. *fastidire* "avoir du dégoût"). Mécontenter, mettre en colère : *Il a été très fâché de ce contretemps* (syn. exaspérer, courroucer). ◆ se fâcher v.pr. -**1.** Se brouiller : *Il s'est fâché avec tous ses proches.* -**2.** S'emporter : *Attention, je vais me fâcher !*

fâcherie [faʃʀi] n.f. Brouille, désaccord souvent passagers.

fâcheusement [faʃøzmɑ̃] adv. De façon fâcheuse : *Être fâcheusement impressionné par les paroles de qqn* (syn. désagréablement).

1. fâcheux, euse [faʃø, -øz] adj. (de *fâcher*). Qui entraîne des conséquences ennuyeuses, désagréables : *Une fâcheuse initiative* (syn. malencontreux).

2. fâcheux, euse [faʃø, -øz] n. (de *1. fâcheux*). LITT. Personne importune, gênante.

facial, e, aux [fasjal, -o] adj. -**1.** Qui appartient à la face, qui concerne les dents : *Chirurgie faciale.* -**2.** Nerf facial, septième paire de nerfs crâniens.

faciès [fasjɛs] n.m. (lat. *facies* "face"). -**1.** Aspect général du visage, physionomie (souvent péjor.) : *Un faciès simiesque.* -**2.** PRÉHIST. Ensemble des traits composant un aspect particulier d'une période culturelle. -**3.** GÉOL. Ensemble des caractères d'une roche, considérés du point de vue de leur genèse.

facile [fasil] adj. (lat. *facilis*, de *facere* "faire"). -**1.** Qui se fait sans peine, sans difficulté : *Facile à trouver, à comprendre* (syn. simple ; contr. difficile). -**2.** Qui n'a exigé aucun effort, aucune recherche : *Ironie facile. C'est un peu facile !* -**3.** Conciliant, accommodant : *Un caractère facile. Il est facile à vivre.* -**4.** Femme, fille facile, dont on obtient sans peine les faveurs (péjor.).

facilement [fasilmɑ̃] adv. Avec facilité : *Il a trouvé son chemin facilement* (= sans peine ; syn. aisément).

facilitation [fasilitasjɔ̃] n.f. Action de faciliter : *Ces contraintes ne concurrent pas à la facilitation de la tâche.*

facilité [fasilite] n.f. (lat. *facilitas*). -**1.** Qualité d'une chose facile à faire, à comprendre : *La facilité d'un problème de géométrie* (syn. simplicité). -**2.** Aptitude à faire qqch sans peine : *Il a beaucoup de facilité pour les langues* (syn. capacités). -**3.** Moyen de faire qqch sans peine ; occasion, possibilité : *J'ai eu toute facilité pour le rencontrer.* -**4.** Se laisser aller à la facilité, choisir la facilité, aller vers ce qui demande le moins d'énergie, d'effort. ◆ facilités n.f. pl. -**1.** Commodités accordées pour faire qqch : *Facilités de transport.* -**2.** Facilités de paiement, délai accordé pour le règlement d'une dette.

faciliter [fasilite] v.t. (it. *facilitare*). Rendre facile : *Tu ne me facilites pas le travail !*

façon [fasɔ̃] n.f. (lat. *factio, -onis* "manière de faire", de *facere* "faire"). -**1.** Manière d'être ou d'agir : *Tu t'y es pris d'une drôle de façon ! La façon de s'exprimer.* -**2.** Main-d'œuvre, travail d'un artisan. -**3.** Travail du sol : *Donner une première façon à la vigne.* -**4.** Forme donnée à un objet par le travail de l'ouvrier, notamm. dans le domaine de la couture : *La façon d'un manteau* (syn. coupe). -**5.** Imitation : *Un châle façon cachemire.* -**6.** C'est une façon de parler, il ne faut pas le prendre au pied de la lettre. ‖ De toute façon, quoi qu'il arrive : *De toute façon, j'arrive demain.* ‖ En aucune façon, pas du tout : *Vous ne me dérangez en aucune façon.* ‖ Travail à façon, exécuté sans fournir la matière première. ‖ Sans façon(s), sans cérémonie : *Venez manger sans façon demain à midi.* ◆ **façons** n.f. pl. - **1.** Comportement à l'égard des autres : *Ses façons sont très déplaisantes* (syn. manière). - **2.** Politesses hypocrites : *Il fait beaucoup de façons* (syn. simagrées). ◆ **de façon à** loc. prép. Suivi de l'inf., indique le but, la conséquence prévue : *Travailler de façon à réussir* (syn. de manière à). ◆ **de façon que** loc. conj. - **1.** Suivi du subj., indique le but : *Elle accélère de façon que personne ne la suive* (syn. de manière que). - **2.** Suivi de l'ind., indique la conséquence réalisée : *Il a agi avec prévoyance, de façon que maintenant tout va bien* (syn. de sorte que).

faconde [fakɔ̃d] n.f. (lat. *facundia* "éloquence", de *fari* "parler"). LITT. Grande facilité à parler ; abondance de paroles : *Sa faconde a séduit l'auditoire* (syn. éloquence, verve).

façonnage [fasɔnaʒ] n.m. - **1.** Action de façonner qqch : *Le façonnage du cuir.* - **2.** Ensemble des opérations (coupe, pliage, brochage, reliure) qui terminent la fabrication d'un livre, d'un imprimé.

façonnement [fasɔnmɑ̃] n.m. Action, manière de façonner ; façonnage.

façonner [fasɔne] v.t. (de *façon*). - **1.** Travailler une matière solide pour lui donner une certaine forme : *Façonner du métal* (syn. ouvrer). - **2.** Faire ; fabriquer : *Façonner des clés, des tabourets* (syn. confectionner). - **3.** LITT. Former par l'expérience, l'habitude : *Ces années de collège ont façonné son caractère* (syn. pétrir).

façonnier, ère [fasɔnje, -ɛʀ] n. et adj. Personne qui travaille à façon.

fac-similé [faksimile] n.m. (lat. *fac simile* "fais une chose semblable") [pl. *fac-similés*]. - **1.** Reproduction exacte d'une peinture, d'un dessin, d'un objet d'art, etc. - **2.** Reproduction d'un écrit, en partic. par procédé photographique : *Réédition en fac-similé d'un ouvrage ancien.* - **3.** Procédé de transmission à distance, par ligne téléphonique ou ondes courtes, des pages d'un journal pour une impression simultanée en plusieurs endroits.

1. **facteur, trice** [faktœʀ, -tʀis] n. (lat. *factor* "celui qui fait", de *facere* "faire"). Employé des postes qui distribue le courrier à domicile (syn. administratif préposé). ◆ **facteur** n.m. - **1.** Employé de messageries ou de chemin de fer chargé de la manutention des marchandises, des bagages. - **2.** Fabricant d'instruments de musique autres que les instruments de la famille du luth et les instruments de la famille du violon (pour lesquels on parle de *luthier*) : *Facteur d'orgues, de clavecins, de pianos.*

2. **facteur** [faktœʀ] n.m. (de *1. facteur*). - **1.** Agent, élément qui concourt à un résultat : *Un facteur de succès.* - **2.** MATH. Chacun des nombres figurant dans un produit. - **3.** Facteurs premiers d'un nombre, nombres premiers, distincts ou non, dont le produit est égal à ce nombre. □ Un nombre admet une décomposition unique en facteurs premiers. ‖ Facteur Rhésus → Rhésus.

factice [faktis] adj. (lat. *facticius*, de *facere* "fabriquer"). - **1.** Qui est faux, imité : *Fleurs factices* (syn. artificiel ; contr. naturel). - **2.** Forcé, simulé : *Gaieté, sourire factices* (syn. contraint). ◆ n.m. Reproduction factice d'un objet de consommation destiné aux vitrines des magasins : *Ces emballages sont des factices* (= ils sont vides).

factieux, euse [faksjø, -øz] adj. et n. (lat. *factiosus*). Qui prépare une action violente contre le pouvoir établi : *Lutter contre les factieux* (syn. rebelle). *Des propos factieux* (syn. séditieux, subversif).

faction [faksjɔ̃] n.f. (lat. *factio* "groupement", de *facere* "faire"). - **1.** Service de surveillance ou de garde dont est chargé un militaire : *Être de faction* (syn. garde, quart, veille). - **2.** Attente, surveillance prolongée : *Je suis resté en faction devant la gare toute la matinée pour ne pas la manquer.* - **3.** Groupe ou parti menant une action fractionnelle ou subversive à l'intérieur d'un groupe plus important : *Ce parti politique tend à se diviser en factions* (syn. clan). - **4.** Chacune des trois tranches de huit heures entre lesquelles sont réparties les trois équipes assurant un travail industriel continu.

factionnaire [faksjɔnɛʀ] n.m. Militaire en faction. ◆ n. Ouvrier, ouvrière qui assure une faction de huit heures.

factitif, ive [faktitif, -iv] adj. et n.m. (du lat. *factitare*, fréquentatif de *facere* "faire"). LING. Se dit d'un verbe qui indique que le sujet fait faire l'action. (On dit aussi *un causatif*.)

factoriel, elle [faktɔʀjɛl] adj. (de *2. facteur*). Analyse factorielle, méthode statistique ayant pour but de chercher les facteurs communs à un ensemble de variables qui ont entre elles de fortes corrélations. ◆ **factorielle** n.f. *Factorielle n*, produit (noté *n !*) des *n* premiers nombres entiers : *La factorielle de 5 est 5 ! = 5 × 4 × 3 × 2 × 1 = 120.*

factorisation [faktɔʀizasjɔ̃] n.f. MATH. Écriture d'une somme sous forme de produit de facteurs.

factoriser [faktɔʀize] v.t. MATH. Mettre en facteur.

factotum [faktɔtɔm] n.m. (de la loc. lat. *fac totum* "fais tout") [pl. *factotums*]. LITT. Personne qui s'occupe un peu de tout, notamm. des travaux mineurs.

factuel, elle [faktɥɛl] adj. (de *fait*, d'apr. l'angl. *factual*). Qui s'en tient aux faits : *Information factuelle.*

factum [faktɔm] n.m. (mot lat. "chose faite") [pl. *factums*]. LITT. Écrit publié dans un dessein polémique (syn. libelle, pamphlet).

facturation [faktyʀasjɔ̃] n.f. -**1.** Action de facturer. -**2.** Service où l'on fait les factures.

1. facture [faktyʀ] n.f. (lat. *factura* "fabrication", de *facere* "faire"). -**1.** LITT. Manière dont une chose est exécutée : *Un tableau de bonne facture* (syn. style, technique). -**2.** Construction des instruments de musique autres que les violons et les luths ; travail, métier du facteur : *La facture des pianos.*

2. facture [faktyʀ] n.f. (de *facteur* "agent commercial"). Note détaillée des marchandises vendues, des services exécutés.

facturer [faktyʀe] v.t. (de *2. facture*). -**1.** Établir la facture de ce qui a été vendu ; porter un prix sur une facture : *Facturer une livraison.* -**2.** Faire payer qqch à qqn.

facturier, ère [faktyʀje, -ɛʀ] n. et adj. (de *2. facture*). Employé(e) qui établit les factures : *Dactylo facturière.*

facule [fakyl] n.f. (lat. *facula* "petite torche"). ASTRON. Zone brillante du disque solaire, dont l'apparition précède souvent celle d'une tache.

facultatif, ive [fakyltatif, -iv] adj. (de *faculté*). Qu'on peut, au choix, faire ou ne pas faire : *Un travail facultatif* (contr. obligatoire).

facultativement [fakyltativmɑ̃] adv. De façon facultative.

faculté [fakylte] n.f. (lat. *facultas*, de *facere* "faire"). -**1.** LITT. Possibilité, capacité physique, morale ou intellectuelle : *La faculté de courir, de choisir, de prévoir* (syn. aptitude). -**2.** Droit de faire qqch : *Avoir la faculté de vendre ses biens* (syn. latitude, liberté). -**3.** Ancien nom des établissements d'enseignement supérieur, remplacés auj. par les universités : *Facultés de lettres, de droit, de sciences, de pharmacie.* **Rem.** On utilise cour. l'abrév. *fac.* -**4.** VIEILLI. La faculté de médecine ou la Faculté, les médecins : *La Faculté lui a interdit le tabac.* ◆ **facultés** n.f. pl. -**1.** Aptitudes d'une personne : *Les facultés intellectuelles.* -**2.** Ne pas avoir, ne pas jouir de toutes ses facultés, être un peu déséquilibré ou diminué physiquement.

fada [fada] adj. et n. (prov. *fadas*, de *fat* "sot"). FAM., RÉGION. (MIDI). Fou, niais.

fadaise [fadɛz] n.f. (prov. *fadeza*). Niaiserie, plaisanterie stupide ; propos sans intérêt : *Débiter des fadaises* (syn. faribole, sornette).

fadasse [fadas] adj. FAM. Très fade : *Une sauce fadasse* (syn. insipide).

fade [fad] adj. (lat. pop. *fatidus*, croisement du class. *fatuus* "fade", et *sapidus* "qui a du goût"). -**1.** Qui manque de saveur : *Sa cuisine est très fade* (syn. insipide ; contr. épicé). -**2.** Sans caractère, sans intérêt : *Une beauté fade* (syn. quelconque). *Un article vraiment fade* (syn. banal, plat).

fadeur [fadœʀ] n.f. Caractère de ce qui est fade : *La fadeur d'un plat* (syn. insipidité). *La fadeur d'un discours* (syn. banalité).

fado [fado] n.m. (mot port. "destin"). Chanson populaire du Portugal, au thème souvent mélancolique.

faena [faena] n.f. (mot esp. "travail"). Travail à la muleta, dans une corrida.

fagot [fago] n.m. (orig. obsc.). -**1.** Faisceau de petites branches liées par le milieu et servant à faire du feu. -**2.** FAM. De derrière les fagots, de qualité excellente et mis en réserve pour une grande occasion : *Sortir une bouteille de vin de derrière les fagots.* ‖ Sentir le fagot, être soupçonné d'hérésie.

fagoter [fagɔte] v.t. (de *fagot*). -**1.** Mettre en fagot. -**2.** FAM. Habiller qqn sans goût, sans élégance : *Tu as vu comment elle fagote sa fille !* (syn. accoutrer, affubler).

Fahrenheit (degré), unité de mesure de température anglo-saxonne équivalant à la 180ᵉ partie de l'écart entre la température de fusion de la glace et celle d'ébullition de l'eau à la pression atmosphérique normale, respectivement 32 °F et 212 °F, soit 0 °C et 100 °C (degrés Celsius). □ Symb.°F.

faiblard, e [fɛblaʀ, -aʀd] adj. FAM. Un peu faible : *Un éclairage faiblard* (syn. insuffisant).

1. faible [fɛbl] adj. (lat. pop. *febilis*, class. *flebilis*, de *flere* "pleurer"). -**1.** Qui manque de vigueur, de force physique ou morale : *Un homme de faible constitution physique* (syn. chétif ; contr. vigoureux). *Il est trop faible pour prendre une décision* (syn. indécis ; contr. énergique). -**2.** Qui manque de capacités intellectuelles, de savoir : *Un élève faible en mathématiques* (syn. médiocre ; contr. fort). -**3.** Qui manque de solidité, de résistance : *Poutre trop faible pour supporter un tel poids* (syn. fragile ; contr. solide). -**4.** Qui manque d'intensité, d'acuité : *Avoir une vue faible* (syn. bas). *Une lumière faible* (syn. insuffisant). -**5.** Qui n'est pas d'un niveau élevé, qui a peu de valeur : *Je n'ai qu'une faible idée des conséquences de cet acte* (syn. vague, petit). *Il n'a tiré qu'un faible avantage de sa promotion* (syn. maigre). -**6.** Peu considérable : *Avoir de faibles revenus* (syn. modeste, modique). -**7.** Point faible de qqn, faiblesse, défaut : *Les mathématiques sont le point faible de cet élève.* ◆ n.

- 1. Personne dépourvue de ressources, de moyens de défense : *Un lâche qui ne s'en prend qu'aux faibles* (contr. fort). **- 2.** Personne sans volonté : *C'est un faible, il cède tout à ses enfants.* **- 3. Faible d'esprit**, débile, simple d'esprit ; personne dont les facultés intellectuelles sont peu développées ou amoindries.

2. faible [fɛbl] n.m. (de *1. faible*). **- 1.** Attirance particulière, penchant : *Le jeu est son faible* (syn. faiblesse, vice). **- 2.** Avoir un faible pour, une attirance, un goût marqués pour : *Il a un faible pour cette fille* (syn. inclination).

faiblement [fɛbləmɑ̃] adv. De façon faible : *Pièce faiblement éclairée* (syn. peu). *Le blessé gémissait faiblement* (syn. doucement).

faiblesse [fɛblɛs] n.f. **- 1.** Manque de vigueur ; état de ce qui est faible : *Faiblesse de constitution. Faiblesse d'un son.* **- 2.** Perte subite de ses forces : *Avoir une faiblesse* (syn. malaise). **- 3.** Goût excessif pour qqch : *Sa faiblesse c'est la boisson* (syn. faible, vice). **- 4.** Faire preuve de faiblesse envers qqn, d'une trop grande indulgence.

faiblir [fɛbliʀ] v.i. [conj. 32]. Perdre de ses forces, de sa capacité, de sa fermeté : *Le bruit faiblissait en s'éloignant* (syn. s'atténuer).

faiblissant, e [fɛblisɑ̃, -ɑ̃t] adj. Qui faiblit : *La voix faiblissante d'un malade* (syn. défaillant, déclinant).

faïence [fajɑ̃s] n.f. (de *Faenza*, v. d'Italie). **- 1.** Céramique à pâte argileuse, tendre, poreuse, recouverte d'un enduit imperméable et opaque. **- 2.** Faïence fine, revêtue d'un vernis transparent.

faïencerie [fajɑ̃sʀi] n.f. **- 1.** Fabrique ou commerce de faïence. **- 2.** Ensemble d'ouvrages en faïence.

faïencier, ère [fajɑ̃sje, -ɛʀ] n. Personne qui fabrique ou vend des objets en faïence.

faignant, e adj. et n. → **feignant**.

1. faille [faj] n.f. (de *faillir* "mensonge, erreur"). **- 1.** Point de faiblesse, de rupture : *Faille d'un raisonnement* (syn. défaut). **- 2.** GÉOL. Cassure des couches géologiques, accompagnée d'un déplacement latéral ou vertical des blocs séparés (syn. fracture).

2. faille [faj] n.f. (orig. obscr.). TEXT. Tissu de soie à gros grains formant des côtes.

failli, e [faji] adj. et n. (it. *fallito*, d'apr. *faillir*). Qui est déclaré en redressement ou en liquidation judiciaire.

faillible [fajibl] adj. (lat. médiév. *faillibilis*). Qui peut se tromper : *Le juge ne sait pas tout, il est faillible.*

faillir [fajiʀ] v.i. (lat. pop. *fallire*, class. *fallere* "tromper, manquer") [conj. 46]. (Suivi d'un inf.). Être sur le point de : *J'ai failli tomber.*

◆ v. t. ind. [à]. LITT. Ne pas tenir ce qu'on doit faire, ce qu'on s'est engagé à faire : *Faillir à une promesse, à un engagement* (syn. manquer à).

faillite [fajit] n.f. (de l'it. *fallita*, d'apr. *faillir*). **- 1.** État d'un débiteur qui ne peut plus payer ses créanciers : *Être en faillite. Faire faillite* (syn. banqueroute). **- 2.** Échec complet d'une entreprise, d'un système, etc. : *Faillite d'une politique* (syn. fiasco).

faim [fɛ̃] n.f. (lat. *fames*). **- 1.** Vif besoin de manger, rendu sensible par des contractions de l'estomac vide : *La promenade m'a donné faim.* **- 2.** Situation de disette, de famine : *La faim dans le monde. Avoir connu la faim.* **- 3.** Faim de, désir ardent de, ambition pour : *Avoir faim de richesses.* ‖ **Faim de loup**, faim très vive.

faine [fɛn] n.f. (lat. pop. *fagina*, de *fagus* "hêtre"). Fruit du hêtre.

fainéant, e [feneɑ̃, -ɑ̃t] adj. et n. (de *fais* et *néant*, altér. de *faignant*, de *feindre* "paresser"). **- 1.** Qui ne veut rien faire ; paresseux. **- 2.** HIST. Les rois fainéants, les derniers rois mérovingiens. □ Du fait de leur grande jeunesse, ils durent abandonner le gouvernement aux maires du palais à partir de Thierry III (675).

fainéanter [feneɑ̃te] v.i. (de *fainéant*). Ne rien faire ; se livrer à la paresse (syn. paresser).

fainéantise [feneɑ̃tiz] n.f. Caractère du fainéant : *Ses mauvais résultats sont dus à sa fainéantise* (syn. paresse).

faire [fɛʀ] v.t. (lat. *facere*) [conj. 109]. **- I.** Au sens plein. **- 1.** Réaliser par un travail, une action ; produire : *On fait du pain avec de la farine* (syn. confectionner). *Dans cette usine on fait des meubles* (syn. fabriquer). *Faire un film* (syn. réaliser). **- 2.** Accomplir un geste, un acte, une action : *Faire un faux mouvement. Faire une erreur* (syn. commettre). **- 3.** Se livrer à une occupation : *Faire ses courses. Faire de l'anglais* (= l'étudier). *Faire du tennis* (= le pratiquer). *Je n'ai rien à faire.* **- 4.** (Absol.) Agir : *Bien faire et laisser dire. Comment faire ?* **- 5.** Soumettre à une préparation : *Faire la chambre* (= la nettoyer). *Faire le lit* (= l'arranger). **- 6.** Proposer à ses clients ; avoir à vendre : *Ici, nous ne faisons pas les locations. Ils font tous les articles de bureau.* **- 7.** Adopter l'attitude de, jouer le rôle de ; assurer la fonction de : *Faire le mort. Faire l'idiot, le malin. Elle a fait celle qui n'était pas prévenue. Le tabac fait aussi épicerie.* **- 8.** S'emploie dans des constructions familières pour indiquer une action dont la nature est indiquée par le nom : *Faire une machine à laver.* **- 9.** S'engager dans une activité, des études : *Faire médecine. Faire (du) droit.* **- 10.** (Suivi d'un attribut du compl. d'objet dir.). Nommer qqn dans une fonction, un grade : *Il a été fait maréchal* (syn. promouvoir). - **11.** (Avec un compl. d'origine). Transformer en qqn, qqch d'autre ; rendre tel : *Elle a voulu faire de lui son ami.* - **12.** Produire, être à l'origine de, avoir pour effet essentiel : *Le bois fait de la fumée en brûlant. Cela fera une marque, un pli. La richesse ne fait pas le bonheur. Le cyclone a fait des ravages. Qu'est-ce que ça peut te faire ?* (= que t'importe ?). - **13.** Être affecté, marqué par un événement, un état pathologique : *Faire une rougeole. Il fait de la neurasthénie.* - **14.** Prendre telle forme (physique, morphologique, etc.) : *Ta jupe fait un faux pli.* « Bon » fait « bonne » au féminin. - **15.** Faire qqch à (une situation, un état), les modifier par son intervention : *Je ne peux rien faire à cela. Que veux-tu qu'elle y fasse ?* ‖ **Faire que** (+ subj.), faire en sorte que, avoir telle action : *Fasse le ciel que tu réussisses.* ‖ **N'avoir que faire, rien à faire de qqch**, ne pas être affecté, intéressé par qqch : *Ses problèmes, je n'en ai que faire.* - **II.** Emplois particuliers ou affaiblis. - **1.** Parcourir : *Nous avons fait 30 km aujourd'hui. Faire le chemin à pied.* - **2.** Égaler : *Quatre et quatre font huit.* - **3.** FAM. Vendre à tel prix : *À combien faites-vous les tomates ?* - **4.** FAM. ou LITT. Substitut de *dire* (en incise dans l'usage litt.) : *Alors il me fait : « Et toi, qu'est-ce que tu en penses ? ». Assurément, fit-elle, vous avez raison.* - **5.** Substitut de n'importe quel verbe ou syntagme verbal déjà exprimé : *As-tu posté la lettre ? Oui, je l'ai fait. Ils ont remporté la victoire, comme l'ont fait aussi leurs coéquipiers.* - **6.** Noyau de loc. verbales auxquelles on peut éventuellement substituer un verbe précis : *Faire peur* (= effrayer). *Faire plaisir. Faire envie. Faire pitié. Faire du tort* (= nuire). *Faire de la peine* (= peiner). - **III.** Semi-auxiliaire (+ inf.). - **1.** Charger qqn de faire qqch : *Elle lui a fait remplir un questionnaire. Faites-lui faire des exercices.* - **2.** Obtenir que ; aboutir à ce que qqch se produise : *Faire bouillir du lait. La frayeur les fit pâlir. Tu me fais rire. Fais-moi entrer.* - **3.** Ne faire que (+ inf.), être sans cesse en train de : *Il ne fait que crier.* ◆ **v.i.** - **1.** Introduit une dimension, une taille, un poids, une vitesse, un prix : *Le mur fait 3 m* (syn. mesurer). *Ta valise fait bien 15 kg* (syn. peser). *Faire du 60 km à l'heure* (= rouler à). *Combien fait cet ensemble ?* (syn. coûter, valoir). - **2.** (Suivi d'un adv. ou d'un adj.). Produire un certain effet : *Avec ce foulard, ça fait mieux. Cette coiffure fait très jeune* (= donne l'air jeune). - **3.** (Suivi d'un adj.). Paraître : *Il fait vieux pour son âge.* - **4.** Avoir fort à faire, avoir beaucoup de mal à mener à bien une tâche, à surmonter une difficulté. ◆ **v. impers.** - **1.** Indique un état du ciel, de l'atmosphère : *Il fait nuit. Il fait beau, froid. Il fait du vent. Quel temps fait-il ?* - **2.** Cela, ça

fait... que, indique une durée écoulée : *Cela fera bientôt deux mois que j'ai terminé.* ◆ **se faire** v.pr. - **1.** (Suivi d'un attribut). Devenir : *Se faire vieux.* - **2.** (Suivi d'un attribut). Faire en sorte d'être : *Se faire tout petit* (= être discret, ne pas intervenir). *Se faire avocat* (syn. devenir). - **3.** (Suivi d'un compl. d'objet dir.). Élaborer, provoquer en soi qqch ; être affecté par qqch : *Se faire une opinion* (syn. se forger). *Se faire du souci. Elle s'est fait mal.* - **4.** (Absol.). S'améliorer : *Ce vin se fera.* - **5.** Cela, ça se fait, c'est l'usage, la mode, etc. ‖ Il se fait que, il se produit, il arrive que : *Comment se fait-il que tu sois déjà là ?* ‖ **Se faire** (+ inf.), équivaut à un passif : *Se faire surprendre.* ‖ **Se faire à qqch, qqn**, s'habituer à qqn, s'adapter à qqch. ‖ **S'en faire** (pour qqch, qqn), s'inquiéter ; se soucier de : *Il n'y a pas de raison de s'en faire.* **Rem.** Le p. passé *fait* est invariable lorsqu'il est immédiatement suivi d'un inf. : *La voiture qu'il a fait repeindre. Elle s'est fait mordre par son chien.*

faire-part [fɛʀpaʀ] n.m. inv. Lettre annonçant une naissance, un mariage, un décès.

faire-valoir [fɛʀvalwaʀ] n.m. inv. - **1.** Personnage de second plan qui sert à mettre en valeur l'acteur principal. - **2.** Personne, groupe qui sert à mettre en valeur.

fair-play [fɛʀplɛ] n.m. inv. (mots angl. "jeu loyal"). - **1.** Pratique du sport dans le respect des règles, de l'esprit du jeu et de l'adversaire. (Recomm. off. *franc-jeu.*) - **2.** Comportement loyal et élégant, dans une lutte, une compétition quelconque. ◆ adj. inv. Qui se montre beau joueur ; qui agit avec loyauté et franchise.

faisabilité [fəzabilite] n.f. (angl. *feasability*, d'apr. *faisable*). DIDACT. Caractère de ce qui est faisable dans des conditions techniques, financières et de délai définies.

faisable [fəzabl] adj. Qui peut être fait : *Est-ce faisable pour demain ?* (syn. exécutable, réalisable).

faisan [fəzɑ̃] n.m. (anc. prov. *faisan*, bas lat. *phasianus*, du gr. *phasianos* "[oiseau] du Phase"). - **1.** Oiseau originaire d'Asie, à plumage éclatant (surtout chez le mâle) et à chair estimée. □ Ordre des gallinacés. L'espèce acclimatée en France mesure 85 cm ; certaines espèces atteignent 2 m de long. Le faisan criaille. - **2.** FAM. Homme malhonnête, escroc.

faisandeau [fəzɑ̃do] n.m. Jeune faisan.

faisander [fəzɑ̃de] v.t. (de *faisan*). Donner à un gibier un fumet accentué en lui faisant subir un commencement de décomposition. ◆ **se faisander** v.pr. Subir un début de décomposition qui donne un fumet accentué évoquant le faisan, en parlant d'un gibier.

faisanderie [fəzɑ̃dʀi] n.f. Lieu où l'on élève les faisans.

faisane [fəzan] adj.f. et n.f. Poule faisane, faisan femelle.

faisceau [feso] n.m. (lat. pop. *fascellus*, class. *fascis*). - **1.** Réunion d'objets minces et allongés liés ensemble : *Faisceau de brindilles.* - **2.** ANTIQ. ROM. Paquet de verges liées par une courroie de cuir que les licteurs portaient lorsqu'ils précédaient un magistrat revêtu de l'*imperium* (puissance publique). - **3.** Emblème du fascisme (par référence à la Rome antique). - **4.** ARM. Assemblage de trois fusils ou de trois armes à feu analogues qui reposent sur le sol que par la crosse et qui se soutiennent les uns les autres. - **5.** ANAT. Ensemble des fibres nerveuses parallèles ayant toutes la même origine et la même destination. - **6.** BOT. Groupe de tubes conducteurs de la sève. - **7.** Ensemble de rayons lumineux émanant d'une même source : *Le faisceau d'un projecteur.* - **8.** PHYS. Ensemble d'ondes, de particules qui se propagent dans une même direction : *Un faisceau électronique.* - **9.** Ensemble cohérent d'éléments abstraits qui concourent au même résultat : *Un faisceau de preuves.* - **10.** PHYS. Faisceau hertzien, groupe d'ondes électromagnétiques confiné dans un cône de très faible ouverture, servant à transmettre des signaux radioélectriques. MATH. Faisceau de droites, ensemble de droites passant par le même point. ‖ Faisceau de plans, ensemble de plans contenant la même droite.

faiseur, euse [fəzœʀ, -øz] n. - **1.** Personne qui fait habituellement qqch : *Faiseur de meubles. Faiseur d'embarras.* - **2.** (Sans compl.). Personne qui cherche à se faire valoir (syn. fanfaron, hâbleur).

faisselle [fɛsɛl] n.f. (lat. *fiscella* "petit panier", dimin. de *fiscus* "corbeille"). Récipient à parois perforées pour l'égouttage des fromages frais.

1. **fait, e** [fɛ, -ɛt] adj. (p. passé de *faire*). - **1.** Qui est accompli, constitué de telle façon : *Travail mal fait. Homme bien fait.* - **2.** Complètement développé : *Homme fait* (syn. mûr). - **3.** Être parvenu à maturité, en parlant d'un fromage : *Fromage bien fait, fait à cœur.* - **4.** Bien fait, c'est bien fait, cette punition est méritée : *C'est bien fait pour eux.* ‖ C'en est fait, fait de (+ n.), tout est perdu ; il n'y a plus d'espoir de sauver qqn, de retrouver qqch : *C'en est fait de lui.* ‖ Être fait, être pris, piégé. ‖ Fait à, habitué à : *Fait à la fatigue.* ‖ Fait pour, destiné à ; particulièrement apte à : *Aménagements faits pour faciliter la circulation.* ‖ Tout fait, préparé à l'avance ; sans originalité : *Idée toute faite.*

2. **fait** [fɛ] ou [fɛt] n.m. (lat. *factum*, de *facere* "faire"). - **1.** Action de faire ; événement,

acte : *Le fait de parler. Nier un fait. Un fait singulier.* - **2.** Ce qui est fait, ce qui existe : *Le fait et la théorie* (syn. réalité). - **3.** Aller au fait, à l'essentiel. ‖ Au fait, à propos, à ce sujet : *Au fait, lui as-tu téléphoné ?* ‖ C'est un fait, cela existe réellement. ‖ De fait, en fait, par le fait, en réalité, effectivement : *De fait, il est complètement incompétent.* ‖ Dire son fait à qqn, lui dire la vérité à son sujet. ‖ Du fait de, par suite de : *Du fait de ma maladie, j'ai manqué plusieurs cours.* ‖ En fait de, en matière de : *En fait de nourriture, il n'est pas exigeant.* ‖ État de fait, réalité. ‖ Être sûr de son fait, de ce qu'on avance. ‖ Haut fait, exploit. ‖ Le fait est que..., introduit l'exposé d'un fait. ‖ Mettre au fait, instruire. ‖ Prendre (qqn) sur le fait, le surprendre au moment où il agit. ‖ Tout à fait, v. à son ordre alphabétique.

faîtage [fetaʒ] n.m. (de *faîte*). Pièce maîtresse de charpente sur laquelle s'appuient les chevrons.

fait divers ou **fait-divers** [fediveʀ] n.m. (pl. *faits divers* ou *faits-divers*). Événement sans portée générale qui appartient à la vie quotidienne. ◆ **faits divers** ou **faits-divers** n.m. pl. Rubrique de presse comportant des informations sans portée générale relatives à des faits quotidiens (tels qu'accidents, crimes, etc.) : *Je l'ai lu dans les faits divers.*

faîte [fɛt] n.m. (réfection, d'apr. le lat. *fastigium* "toit à deux pentes", de l'anc. fr. *feste*, du frq. **first*). - **1.** Partie la plus élevée d'une construction, d'un arbre, d'une montagne : *Le faîte d'une toiture. Le faîte d'un arbre* (syn. cime). - **2.** LITT. Le plus haut degré : *Le faîte de la gloire* (syn. apogée, zénith).

faîtière [fetjeʀ] adj.f. (de *faîte*). Tuile faîtière, tuile courbe dont on recouvre l'arête supérieure d'un toit.

fait-tout n.m. inv. ou **faitout** [fetu] n.m. Marmite basse en métal ou en terre vernissée.

faix [fɛ] n. m. (lat. *fascis* "botte, paquet"). LITT. Charge, fardeau : *Ployer sous le faix.*

fakir [fakiʀ] n.m. (ar. *faqîr* "pauvre"). - **1.** Ascète musulman ou hindou. - **2.** Personne qui exécute en public des tours de diverses sortes (voyance, hypnose, etc.).

falaise [falɛz] n.f. (frq. **falisa*). - **1.** Escarpement littoral plus ou moins abrupt dû à l'action érosive de la mer. - **2.** Falaise morte, qui est située en retrait du trait de côte et qui est soustraite à l'influence de la mer.

falbalas [falbala] n.m. pl. (franco-prov. *farbélla* "frange"). Ornements surchargés et de mauvais goût d'un vêtement : *Robe à falbalas.*

falconidé [falkɔnide] n.m. (du lat. *falco* "faucon"). **Falconidés**, famille d'oiseaux rapaces diurnes au bec pourvu d'un crochet supérieur, aux ailes et à la queue pointues, chasseurs habiles au vol, tels l'aigle, le milan, le faucon.

fallacieusement [falasjøzmɑ̃] adv. De façon fallacieuse.

fallacieux, euse [falasjø, -øz] adj. (lat. *fallaciosus*). Qui trompe : *Arguments fallacieux* (syn. trompeur, spécieux).

falloir [falwar] v. impers. (réfection, d'apr. *valoir*, de *faillir*) [conj. 69]. - **1.** Être nécessaire, obligatoire : *Il faut manger pour vivre. Il lui faudrait du repos.* - **2.** Comme il faut, convenablement : *Mets ta cravate comme il faut.* ‖ Il faut que (+ subj.), il faut (+ inf.), exprime une supposition, une hypothèse : *Il faut qu'il soit fou pour agir ainsi.* ◆ **s'en falloir** v.pr. impers. - **1.** Manquer, être en moins : *Il s'en faut de trois mètres pour que l'échelle atteigne la fenêtre.* - **2.** Il s'en faut de beaucoup, peu que..., on est loin, proche d'un résultat escompté. ‖ Il s'en est fallu de peu, cela a bien failli arriver.

1. falot [falo] n.m. (it. *falo*, du gr. *pharos* "phare"). Grande lanterne portative.

2. falot, e [falo, -ɔt] adj. (moyen angl. *felow* "compagnon"). Terne, effacé : *Personnage falot.*

falsificateur, trice [falsifikatœr, -tris] n. Personne qui falsifie.

falsification [falsifikasjɔ̃] n.f. Action de falsifier.

falsifier [falsifje] v.t. (bas lat. *falsificare*, de *falsus* "faux") [conj. 9]. Altérer, dénaturer en vue de tromper : *Falsifier du vin* (syn. frelater). *Falsifier un document* (syn. truquer).

famé, e [fame] adj. (du lat. *fama* "renommée") Mal famé → malfamé.

famélique [famelik] adj. (lat. *famelicus*, de *fames* "faim"). Amaigri par le manque de nourriture ; affamé : *Un attelage tiré par des vaches faméliques* (syn. étique).

fameusement [famøzmɑ̃] adv. FAM. De façon remarquable : *Un vin fameusement bon* (syn. très).

fameux, euse [famø, -øz] adj. (lat. *famosus*, de *fama* "renommée"). - **1.** Dont on a parlé en bien ou en mal : *Le fameux héros de Cervantès* (syn. célèbre). - **2.** FAM. Supérieur, remarquable en son genre : *Un vin fameux* (syn. excellent). - **3.** Pas fameux, médiocre.

familial, e, aux [familjal, -o] adj. - **1.** Qui concerne la famille : *Réunion familiale. Allocations familiales.* - **2.** Maladie familiale, maladie héréditaire qui touche plusieurs membres de la même famille.

familiale [familjal] n.f. Voiture automobile de tourisme, carrossée de manière à admettre de 6 à 9 passagers.

familiarisation [familjarizasjɔ̃] n.f. Action de familiariser ; fait de se familiariser.

familiariser [familjarize] v.t. Rendre familier : *Familiariser qqn avec la montagne* (syn. accoutumer, habituer). ◆ **se familiariser** v.pr. [avec]. Se rendre une chose familière par la pratique : *Se familiariser avec le bruit* (syn. s'accoutumer).

familiarité [familjarite] n.f. Grande intimité ; connaissance approfondie de qqch : *Familiarité avec les auteurs classiques.* ◆ **familiarités** n.f. pl. Manières trop libres : *Prendre des familiarités avec qqn* (syn. libertés, privautés).

1. familier, ère [familje, -ɛr] adj. (lat. *familiaris*). - **1.** Qui a des manières libres : *Être familier avec les femmes* (syn. cavalier, désinvolte). - **2.** Que l'on sait, que l'on connaît bien ; que l'on fait bien par habitude : *Une voix familière. Cette question lui est familière* (syn. connu). - **3.** Se dit d'un mot, d'une expression employés couramment, mais pouvant être ressentis comme incongrus dans certaines relations sociales ou dans des écrits de style sérieux ou soutenu : *« Balade » ou « se balader » sont familiers par rapport à « promenade » ou « se promener ».*

2. familier [familje] n.m. (de *1. familier*). Celui qui vit dans l'intimité d'une personne, qui fréquente habituellement un lieu : *Les familiers d'une maison, d'un café* (syn. habitué).

familièrement [familjɛrmɑ̃] adv. De façon familière : *Parler trop familièrement à son chef* (syn. cavalièrement).

famille [famij] n.f. (lat. *familia*). - **1.** Ensemble formé par le père, la mère et les enfants : *Chef de famille. Fonder une famille* (syn. foyer, ménage). - **2.** Les enfants d'un couple : *Famille nombreuse.* - **3.** Ensemble de personnes qui ont des liens de parenté par le sang ou par alliance : *Recevoir la famille à dîner. La famille proche, éloignée* (syn. parenté). - **4.** Groupe d'êtres ou de choses présentant des caractères communs : *Famille politique, spirituelle.* - **5.** MATH. Ensemble d'éléments appartenant à un ensemble donné. - **6.** BIOL. Division systématique d'un ordre ou d'un sous-ordre qui regroupe les genres ayant de nombreux caractères communs. *Rem.* Les noms scientifiques internationaux des familles sont latins, leur désinence française est *-idés* en zoologie, *-acées* en botanique. Leur désinence reste libre lorsque le nom de la famille ne dérive pas de celui d'un genre : *Graminées, ombellifères.* - **7.** Air de famille, ressemblance marquée entre les personnes de même sang. ‖ Famille de mots, ensemble de mots qui possèdent la même racine. ‖ LING. Famille de langues, ensemble de langues ayant une origine commune.

famine [famin] n.f. (de *faim*). - **1.** Manque d'aliments par lequel une population souffre de la faim (syn. disette). - **2.** Salaire de famine, salaire très bas.

fan [fan] n. (mot angl., abrév. de *fanatic* "fanatique"). FAM. Admirateur enthousiaste de qqch ou de qqn : *Les fans d'un chanteur de variétés* (syn. groupie).

fana [fana] adj. et n. (abrév. de *fanatique*). FAM. Enthousiaste, passionné : *C'est un fana de rugby* (syn. fervent).

fanage [fanaʒ] n.m. Action de faner l'herbe coupée.

fanal [fanal] n.m. (it. *fanale,* du gr. *phanos* "lanterne") [pl. *fanaux*]. - **1.** Lanterne quelconque. - **2.** Lanterne ou feu employés à bord des navires et pour le balisage des côtes.

fanatique [fanatik] adj. et n. (lat. *fanaticus* "inspiré, exalté", de *fanum* "temple"). - **1.** Qui est animé d'un zèle aveugle et intransigeant pour une doctrine, une opinion : *Un militant fanatique* (syn. intolérant, sectaire). - **2.** Qui voue une passion, une admiration excessive à qqn ou à qqch : *Un fanatique de peinture* (syn. passionné). ◆ adj. Qui relève du fanatisme : *Article fanatique.*

fanatiquement [fanatikmɑ̃] adv. Avec fanatisme : *Répéter fanatiquement des slogans.*

fanatisation [fanatizasjɔ̃] n.f. Action de fanatiser ; fait d'être fanatisé.

fanatiser [fanatize] v.t. Rendre fanatique : *Fanatiser les foules* (syn. enflammer, exciter).

fanatisme [fanatism] n.m. Esprit, comportement de fanatique : *Le fanatisme religieux* (syn. intolérance).

fan-club [fanklœb] n.m (mot angl.) [pl. *fans-clubs*]. Association regroupant les fans d'un chanteur, d'une vedette.

fandango [fɑ̃dɑ̃go] n.m. (mot esp.). Danse et air de danse espagnols de rythme assez vif avec accompagnement de guitare et de castagnettes.

fane [fan] n.f. (de *faner*). Tiges et feuilles de certaines plantes herbacées : *Fanes de radis, de carottes.*

faner [fane] v.t. (altér. de l'anc. fr. *fener,* de *fein,* forme anc. de *foin*). - **1.** Retourner et remuer l'herbe fraîchement coupée pour la faire sécher et la transformer en foin. - **2.** Faire perdre sa fraîcheur à une plante, une fleur : *La chaleur fane les roses* (syn. dessécher, flétrir). - **3.** Altérer l'éclat, la fraîcheur d'une couleur, d'un teint : *Les années ont fané son visage.* ◆ **se faner** v.pr. - **1.** Sécher, se flétrir, en parlant d'une fleur, d'une plante. - **2.** Perdre son éclat, sa fraîcheur, en parlant d'une personne, d'une chose : *La couleur du papier peint s'est fanée* (syn. passer).

faneur, euse [fanœʀ, -øz] n. Personne qui fane l'herbe fauchée.

fanfare [fɑ̃faʀ] n.f. (orig. probabl. onomat.). - **1.** Orchestre composé de cuivres. - **2.** Concert de trompettes, de clairons, etc. - **3.** Musique militaire à base d'instruments de cuivre. - **4.** VÉN. Air pour débusquer le cerf. - **5.** Annoncer qqch en fanfare, avec éclat.

fanfaron, onne [fɑ̃faʀɔ̃, -ɔn] adj. et n. (esp. *fanfarrón,* de l'ar. *farfar* "bavard, léger"). Qui vante exagérément ses qualités, ses réussites : *Faire le fanfaron* (syn. matamore, prétentieux). ◆ adj. Qui témoigne de ce caractère : *Attitude fanfaronne* (syn. vantard ; contr. modeste).

fanfaronnade [fɑ̃faʀɔnad] n.f. Action, parole de fanfaron (syn. litt. forfanterie, rodomontade).

fanfaronner [fɑ̃faʀɔne] v.i. Faire, dire des fanfaronnades.

fanfreluche [fɑ̃fʀəlyʃ] n.f. (anc. fr. *fanfelue* "bagatelle", bas lat. *famfaluca,* du gr. *pompholux* "bulle d'air"). Ornement de peu de prix pour la toilette féminine.

fange [fɑ̃ʒ] n.f. (germ. **fanga* "limon"). LITT. - **1.** Boue épaisse : *Marcher dans la fange.* - **2.** Condition abjecte ; vie de débauche : *Se vautrer dans la fange.*

fangeux, euse [fɑ̃ʒø, -øz] adj. LITT. - **1.** Plein de fange : *Eau fangeuse.* - **2.** Abject : *Une âme fangeuse.*

fanion [fanjɔ̃] n.m. (de *fanon*). Petit drapeau servant d'emblème ou de signe de ralliement à une unité militaire, une organisation sportive, etc.

fanon [fanɔ̃] n.m. (frq. **fano* "pièce de tissu"). - **1.** Repli de la peau qui pend sous le cou de certains animaux (bœufs, dindons, etc.). - **2.** Touffe de crins derrière le boulet du cheval. - **3.** Lame de corne atteignant 2 m de long, effilée sur son bord interne et fixée à la mâchoire supérieure de la baleine, qui en possède plusieurs centaines.

fantaisie [fɑ̃tezi] n.f. (lat. *fantasia, phantasia,* mot gr. "imagination"). - **1.** Créativité et imprévisible : *Donner libre cours à sa fantaisie* (syn. imagination). - **2.** Goût, désir bizarre et passager ne correspondant à aucun besoin essentiel : *Se plier aux fantaisies de qqn* (syn. lubie). *Agir selon sa fantaisie* (syn. caprice). - **3.** Tendance à prendre des initiatives imprévues ; ensemble de choses imprévues et agréables : *Être plein de fantaisie* (syn. originalité). *Sa vie manque de fantaisie.* - **4.** Œuvre d'imagination ; création qui ne suit pas les règles, les modèles. - **5.** MUS. Pièce instrumentale de création très libre, qui ne suit pas les règles préétablies d'un genre : *Une fantaisie de Chopin.* - **6.** À, selon ma, ta, etc., fantaisie, comme il me, te plaît ; selon mon, ton humeur du moment. ‖ Bijou (de) fantaisie, bijou qui n'est pas en matière précieuse.

fantaisiste [fɑ̃tezist] adj. et n. - **1.** Qui n'obéit qu'aux caprices de son imagination (syn. capricieux). - **2.** Qui agit à sa guise, qui manque de sérieux : *Un étudiant fantaisiste* (syn. dilettante). ◆ n. Artiste de music-hall qui chante ou raconte des histoires.

fantasmagorie [fɑ̃tasmaɡɔʀi] n.f. (du grec *phantasma*, "apparition" et *agoreuein* "parler en public", avec infl. d'*allégorie*). - **1.** vx. Procédé qui consiste à faire apparaître des figures irréelles dans une salle obscure, à l'aide d'effets optiques. - **2.** Spectacle enchanteur, féerique. - **3.** LITTÉR. Présence, dans une œuvre, de nombreux thèmes et motifs fantastiques propres à créer une atmosphère surnaturelle.

fantasmagorique [fɑ̃tasmaɡɔʀik] adj. Qui appartient à la fantasmagorie : *Spectacle fantasmagorique* (syn. féerique).

fantasmatique [fɑ̃tasmatik] adj. Relatif au fantasme.

fantasme ou, vx, **phantasme** [fɑ̃tasm] n.m. (lat. *phantasma*, mot gr. "apparition"). Représentation imaginaire traduisant des désirs plus ou moins conscients. □ Les fantasmes peuvent être conscients (rêveries diurnes, projets) ou inconscients (rêves).

fantasmer [fɑ̃tasme] v.i. et v.t. ind. [**sur**]. Avoir des fantasmes, s'abandonner à des fantasmes (concernant qqn, qqch) : *Il fantasmait sur la nouvelle vie qu'il allait mener*.

fantasque [fɑ̃task] adj. (réfection, d'apr. *fantastique*, du moyen fr. *fantaste*, lui-même abrév. de *fantastique*). Sujet à des caprices, à des fantaisies bizarres : *Un esprit fantasque* (syn. capricieux, lunatique).

fantassin [fɑ̃tasɛ̃] n.m. (it. *fantaccino* "jeune soldat à pied"). Militaire de l'infanterie.

fantastique [fɑ̃tastik] adj. (lat. *fantasticus*, gr. *phantastikos* "qui concerne l'imagination"). - **1.** Créé par l'imagination : *La licorne est un animal fantastique* (syn. chimérique, surnaturel). - **2.** Qui utilise le fantastique comme mode d'expression, en littérature et dans les arts : *Conte fantastique*. - **3.** Extraordinaire, incroyable : *Idée fantastique* (syn. inimaginable, inouï). ◆ n.m. Forme artistique et littéraire qui reprend les éléments traditionnels du merveilleux et qui met en évidence l'irruption de l'irrationnel dans la vie individuelle ou collective.

fantoche [fɑ̃tɔʃ] n.m. (it. *fantoccio* "poupée"). - **1.** vx. Marionnette mue à l'aide d'un fil. - **2.** Individu sans consistance, qui ne mérite pas d'être pris au sérieux (syn. pantin, poli-chinelle). - **3.** (En appos.). **Gouvernement fantoche**, gouvernement qui se maintient au pouvoir grâce au soutien d'une puissance étrangère.

fantomatique [fɑ̃tɔmatik] adj. Qui tient du fantôme : *Une vision fantomatique* (syn. spectral).

fantôme [fɑ̃tom] n.m. (gr. *phantauma, altér. de *phantasma* "apparition"). - **1.** Apparition d'un défunt sous .'aspect d'un être réel : *Croire aux fantômes* (syn. revenant, spectre). - **2.** (Souvent en appos.). Personne, chose qui n'a guère de réalité ou qui ne joue pas son rôle : *Un fantôme de directeur. Un directeur fantôme*. - **3.** Feuille, carton que l'on met à la place d'un livre sorti d'un rayon de bibliothèque, d'un document emprunté, etc. - **4.** MÉD. **Membre fantôme**, membre que certains amputés ont la sensation de posséder encore, traduisant la persistance de la conscience du corps dans sa totalité.

faon [fɑ̃] n.m. (lat. pop. **feto, -onis* du class. *fetus* ou *fœtus* "enfantement, portée d'animaux"). Petit de la biche et du cerf, ou d'espèces voisines. □ Le faon râle.

faquin [fakɛ̃] n.m. (du moyen fr. *facque* "poche, sac", d'où le sens premier de "portefaix" ; moyen néerl. *fac* "espace clos"). LITTÉR. Homme méprisable et impertinent.

far [faʀ] n.m. (région. breton, probabl. du lat. *far* "blé"). Flan breton aux raisins secs ou aux pruneaux.

farad [faʀad] n.m. (de *Faraday*, n.pr.). Unité de mesure de capacité électrique équivalant à la capacité d'un condensateur électrique entre les armatures duquel apparaît une différence de potentiel de 1 volt lorsqu'il est chargé d'une quantité d'électricité de 1 coulomb. □ Symb. F.

faraday [faʀadɛ] n.m. (n. d'un physicien). Quantité d'électricité, égale à 96 490 coulombs, qui, dans l'électrolyse, rompt la valence d'une mole de l'électrolyte.

faramineux, euse [faʀaminø, -øz] adj. (de [*bête*] *faramine*, n. d'un animal fabuleux dans l'Ouest, du prov. *feram* "bête féroce", du lat. *ferus* "sauvage"). FAM. Étonnant, extraordinaire : *Prix faramineux* (syn. excessif). [On écrit aussi *pharamineux*.]

farandole [faʀɑ̃dɔl] n.f. (prov. *farandoulo*, d'orig. obsc.). Danse provençale à 6/8, exécutée par une chaîne alternée de danseurs et de danseuses, au son de galoubets et de tambourins.

faraud, e [faʀo, -od] adj. et n. (esp. *faraute*, propr. "messager de guerre", fr. *héraut*). FAM. Fanfaron, prétentieux.

farce [faʀs] n.f. (du bas lat. *farsus* "farci", du class. *farcire* "farcir"). - **1.** Hachis d'herbes, de légumes et de viande qu'on met à l'intérieur d'une volaille, d'un poisson, d'un légume. -**2.** Bon tour joué à qqn pour se divertir : *On lui a caché ses dossiers pour lui faire une farce.* -**3.** LITTÉR. Au Moyen Âge, intermède comique dans la représentation d'un mystère ; à partir du XIIIe s., petite pièce comique qui présente une peinture satirique des mœurs et de la vie quotidienne.

farceur, euse [faʀsœʀ, -øz] n. et adj. -**1.** Personne qui fait rire par ses propos, ses bouffonneries (syn. plaisantin). -**2.** Personne qui fait des farces : *Un petit farceur. Elle est très farceuse.* ◆ n. Personne qui n'agit pas sérieusement : *Ne leur faites pas confiance, ce sont des farceurs* (syn. charlatan).

farci, e [faʀsi] adj. Garni de farce : *Tomates farcies.*

farcir [faʀsiʀ] v.t. (lat. *farcire*) [conj. 32]. -**1.** Remplir un mets de farce : *Farcir un poulet.* -**2.** Bourrer, surcharger de : *Farcir un discours de citations.* ◆ **se farcir** v.pr. T. FAM. Se farcir qqch, qqn, faire avec déplaisir une chose désagréable ; supporter une personne désagréable : *Je me suis farci tout le travail.*

fard [faʀ] n.m. (de *farder*). -**1.** Composition cosmétique de maquillage destinée à masquer certains défauts de la peau, à rehausser l'éclat du teint ou à en modifier la couleur. -**2.** LITT. Parler sans fard, sans feinte, directement. ‖ FAM. Piquer un fard, rougir d'émotion, de confusion.

fardeau [faʀdo] n.m. (de l'anc. fr. *farde*, ar. *farda* "demi-charge d'un animal, balle de marchandise"). -**1.** Charge pesante qu'il faut lever ou transporter : *Porter un fardeau.* -**2.** Charge difficile à supporter : *Le fardeau des impôts* (syn. poids). -**3.** LITT. Le fardeau des ans, la vieillesse.

farder [faʀde] v.t. (frq. **farwidon* "teindre"). -**1.** Mettre du fard sur : *Farder le visage de qqn* (syn. maquiller). -**2.** Farder la vérité, cacher ce qui peut déplaire (syn. déguiser, travestir). ◆ **se farder** v.pr. Se mettre du fard sur le visage.

farfadet [faʀfadɛ] n.m. (mot prov., altér. de *fadet*, de *falo* "fée"). Petit personnage des contes populaires, taquin et malicieux (syn. lutin).

farfelu, e [faʀfəly] adj. (mot expressif de la famille de *fanfreluche*, ou formé sur le rad. *faf-* "dodu"). FAM. Bizarre, extravagant, fantasque : *Projet farfelu* (syn. saugrenu). *Un type complètement farfelu* (syn. insensé).

farfouiller [faʀfuje] v.i. (de *fouiller*). FAM. Fouiller en mettant tout sens dessus dessous : *Qu'est-ce que tu viens farfouiller dans mes affaires ?* (syn. fureter).

faribole [faʀibɔl] n.f. (mot dialect. en relation avec l'anc. fr. *falourde* "tromperie", et avec le mot *frivole*). FAM. (Surtout au pl.). Propos sans valeur, frivole : *Elle me conte des fariboles* (syn. baliverne, sornette).

farine [faʀin] n.f. (lat. *farina*, de *far* "blé"). -**1.** Poudre provenant de la mouture des grains de céréales et de certaines légumineuses. -**2.** Farine de bois, produit obtenu par la fragmentation de copeaux et de sciures, utilisé comme abrasif, comme produit de nettoyage, etc.

fariner [faʀine] v.t. Saupoudrer de farine.

farineux, euse [faʀinø, -øz] adj. -**1.** Qui contient de la farine ou de la fécule : *Un aliment farineux* (syn. féculent). -**2.** Qui est ou qui semble couvert de farine. -**3.** Qui a l'aspect ou le goût de la farine : *Une sauce légèrement farineuse.* ◆ **farineux** n.m. Végétal alimentaire pouvant fournir une farine (graines de céréales, de légumineuses, etc.).

farniente [faʀnjɛnte] ou [faʀnjãt] n.m. (mot it. "ne rien faire"). FAM. Douce oisiveté.

farouche [faʀuʃ] adj. (de l'anc. fr. *forasche*, bas lat. *forasticus* "étranger"). -**1.** Qui fuit quand on l'approche : *Animal farouche* (syn. sauvage). -**2.** Peu sociable, dont l'abord est difficile, en parlant d'une personne : *Enfant farouche.* -**3.** Violent ou qui exprime la violence : *Haine, air farouche* (syn. sauvage). *Une volonté farouche* (syn. tenace).

farouchement [faʀuʃmã] adv. D'une manière farouche : *Se défendre farouchement* (syn. violemment).

farsi [faʀsi] n.m. LING. Persan.

fart [faʀt] n.m. (mot scand.). Produit dont on enduit les semelles des skis pour en améliorer la glisse.

fartage [faʀtaʒ] n.m. Action de farter.

farter [faʀte] v.t. Enduire de fart.

fascicule [fasikyl] n.m. (lat. *fasciculus* "petit paquet"). Chacune des livraisons d'un ouvrage publié par parties successives : *Une histoire de France publiée en fascicules.*

fascinant, e [fasinã, -ãt] adj. Qui exerce un charme puissant : *Un sourire fascinant* (syn. ensorcelant, envoûtant).

fascination [fasinasjɔ̃] n.f. -**1.** Action de fasciner : *La fascination qu'exerce la flûte sur les serpents.* -**2.** Attrait irrésistible : *La fascination du pouvoir* (syn. attraction, séduction).

fascine [fasin] n.f. (lat. *fascina* "fagot"). Assemblage de branchages pour combler les fossés, empêcher l'érosion des rives d'un cours d'eau ou l'éboulement des terres d'une tranchée.

fasciner [fasine] v.t. (lat. *fascinare*, de *fascinum* "enchantement"). -**1.** Attirer, immobiliser un être vivant en le privant de réaction défensive par la seule puissance du regard : *Le serpent fascine l'oiseau.* - **2.** Attirer irrésistiblement l'attention par sa beauté, son charme ; exercer une attraction très puissante sur : *Il a fasciné l'auditoire* (syn. captiver, subjuguer).

fascisant, e [faʃizã, -ãt] adj. Qui tend vers le fascisme : *La dérive fascisante d'un gouvernement.*

fascisation [faʃizasjɔ̃] n.f. Introduction de méthodes fascistes : *Tentative de fascisation de l'armée.*

fascisme [faʃism] n.m. (it. *fascismo,* de *fascio* "faisceau"). - **1.** Régime établi en Italie de 1922 à 1945, instauré par Mussolini et fondé sur la dictature d'un parti unique, l'exaltation nationaliste et le corporatisme. [→ national-socialisme]. - **2.** Doctrine et pratique visant à établir un régime autoritaire, corporatiste et nationaliste.

fasciste [faʃist] adj. et n. (it. *fascista*). - **1.** Qui appartient au fascisme. - **2.** Partisan d'un régime fasciste (abrév. fam. *facho*).

faseyer ou **faséyer** [faseje] v.i. (moyen néerl. *faselen* "agiter violemment") [conj. **12** ou **18**]. MAR. Flotter, battre au vent, en parlant d'une voile.

1. faste [fast] adj. (lat. *fastus,* de *fas* "ce qui est permis"). - **1.** ANTIQ. ROM. Se dit de jours où il était permis aux Romains de se livrer à certains actes publics ou privés (par opp. à *néfaste*). - **2.** Se dit d'un jour, d'une période favorable : *Une année faste pour les affaires* (syn. propice ; contr. défavorable, néfaste).

2. faste [fast] n.m. (lat. *fastus* "orgueil"). Déploiement de magnificence, de luxe : *Le faste d'une cérémonie* (syn. apparat, pompe).

fast-food [fastfud] n.m. (mot anglo-amér. "nourriture rapide") [pl. *fast-foods*]. - **1.** Type de restauration fondé sur la distribution, à toute heure et pour un prix peu élevé, de quelques produits dont la préparation est entièrement automatisée et qui peuvent être consommés sur place ou emportés sous emballage. (Recomm. off. *restauration rapide.*) - **2.** Les produits servis par ce type de restauration. (Recomm. off. *prêt-à-manger.*) - **3.** Restaurant où l'on sert ces produits.

fastidieux, euse [fastidjø, -øz] adj. (lat. *fastidiosus* "dégoûté"). Qui cause de l'ennui, du dégoût par sa monotonie : *Travail fastidieux* (syn. ennuyeux, monotone).

fastueusement [fastyøzmã] adv. Avec faste : *Vivre fastueusement* (syn. luxueusement, richement).

fastueux, euse [fastyø, -øz] adj. Qui étale un grand faste : *Un dîner fastueux* (syn. somptueux).

fat [fat] ou [fa] n.m. et adj.m. (mot prov., lat. *fatuus* "fade" puis "insensé"). LITT. Personnage vaniteux, satisfait de lui-même.

fatal, e, als [fatal] adj. (lat. *fatalis,* de *fatum* "destin"). - **1.** Fixé d'avance par le sort ; qui doit immanquablement arriver : *Il était fatal que ça finisse comme ça* (syn. inévitable). - **2.** Qui est une cause de malheur, qui entraîne la ruine, la mort : *Une erreur fatale* (= qui a des conséquences très graves). *Maladie qui a une issue fatale* (= qui aboutit à la mort). *Porter un coup fatal à qqn* (syn. mortel). - **3.** Femme fatale, femme d'une beauté irrésistible, qui semble envoyée par le destin pour perdre ceux qui s'en éprennent.

fatalement [fatalmã] adv. Nécessairement ; selon une logique sans faille : *Les premiers résultats sont fatalement insuffisants* (syn. forcément, inévitablement).

fatalisme [fatalism] n.m. Doctrine considérant tous les événements comme irrévocablement fixés d'avance par une cause unique et surnaturelle.

fataliste [fatalist] adj. et n. Qui s'abandonne sans réaction aux événements : *Il est devenu fataliste* (syn. résigné).

fatalité [fatalite] n.f. (lat. *fatalitas*). - **1.** Force surnaturelle qui semble déterminer d'avance le cours des événements. - **2.** Suite de coïncidences inexplicables, cause de malheurs continuels : *Elle est poursuivie par la fatalité* (syn. malheur). *Victime de la fatalité* (syn. destin).

fatidique [fatidik] adj. (lat. *fatidicus* "qui prédit le destin", de *fatum* "destin"). Dont l'arrivée est prévue et inéluctable : *Le jour fatidique est arrivé.*

fatigant, e [fatigã, -ãt] adj. - **1.** Qui cause de la fatigue : *Marche au soleil fatigante* (syn. exténuant, harassant). - **2.** Qui ennuie, qui importune : *Il est fatigant avec ses récriminations* (syn. ennuyeux, lassant).

fatigue [fatig] n.f. (de *fatiguer*). - **1.** Chez un être vivant, diminution des forces de l'organisme causée par l'effort, l'excès de dépense physique ou intellectuelle : *Je voudrais t'épargner cette fatigue. Je tombe de fatigue* (syn. épuisement). - **2.** TECHN. Détérioration interne d'un matériau soumis à des efforts répétés supérieurs à la limite d'endurance, inférieurs à la limite d'élasticité.

fatigué, e [fatige] adj. - **1.** Qui marque la fatigue : *Traits fatigués.* - **2.** FAM. Usé, défraîchi : *Vêtements fatigués.*

fatiguer [fatige] v.t. (lat. *fatigare*). - **1.** Causer de la lassitude, de la fatigue physique ou intellectuelle à : *Cette course m'a fatiguée* (syn. épuiser, exténuer). - **2.** Altérer le fonctionnement de : *Le soleil fatigue la vue* (syn. abîmer). - **3.** Ennuyer, importuner : *Ses questions me fatiguent* (syn. exaspérer, lasser). - **4.** FAM. Fatiguer la salade, la remuer longuement après l'avoir assaisonnée. ◆ v.i. - **1.** Éprouver de la fatigue : *Remplace-moi, je fatigue !* - **2.** TECHN. Avoir à supporter un trop gros effort : *Poutre qui fatigue.* ◆ **se fatiguer** v.pr. - **1.** Éprouver ou se donner de la fatigue : *Il n'aime pas se fatiguer* (syn. se remuer, travailler). - **2.** Se fatiguer de, se lasser de qqn, de qqch : *Elle s'est fatiguée de lui.*

fatma [fatma] n.f. (mot ar.). Femme musulmane.

fatras [fatʀa] n.m. (orig. incert., p.-ê. bas lat. *farsura* "remplissage"). - **1.** Amas confus, hétéroclite de choses : *Un fatras de livres* (syn. entassement, monceau). - **2.** Ensemble incohérent d'idées, de paroles, etc. : *Un fatras de préjugés* (syn. ramassis).

fatuité [fatɥite] n.f. (lat. *fatuitas*). Caractère de celui qui est fat : *Il est plein de fatuité* (syn. prétention, vanité).

fatum [fatɔm] n.m. (mot lat.). LITT. Destin, fatalité.

faubourg [fobuʀ] n.m. (altér., par croisement avec l'adj. *faux*, de l'anc. fr. *forboc, forbours*, du lat. *foris* "hors de" et *burgus* "bourg"). - **1.** Partie d'une ville située à la périphérie : *Nous entrons dans les faubourgs de Marseille* (syn. banlieue). - **2.** Nom conservé par certains quartiers de Paris : *Le faubourg Saint-Antoine, Saint-Honoré.* □ Ces quartiers étaient situés jadis hors de l'enceinte de la ville.

faubourien, enne [fobuʀjɛ̃, -ɛn] adj. Qui a rapport aux faubourgs, aux quartiers populaires : *Accent faubourien.*

fauchage [foʃaʒ] n.m. Action de faucher.

fauché, e [foʃe] adj. et n. (de *faucher*). FAM. Démuni d'argent.

faucher [foʃe] v.t. (lat. pop. **falcare*, de *falx, falcis* "faux"). - **1.** Couper avec une faux ou une faucheuse : *Faucher l'herbe.* - **2.** Abattre, détruire : *Un tir de mitrailleuse les a fauchés* (syn. décimer, exterminer). *La grêle a fauché les blés* (syn. coucher). - **3.** Renverser avec violence : *Une voiture a fauché les cyclistes.* - **4.** FAM. S'emparer d'une chose appartenant à autrui : *Faucher une montre* (syn. dérober, voler).

1. faucheur, euse [foʃœʀ, -øz] n. Personne qui fauche les herbes, les céréales.

2. faucheur [foʃœʀ] et **faucheux** [foʃø] n.m. (de *faucher*). Arachnide aux pattes très longues et grêles, commun dans les prés et les bois et qui se distingue des araignées par l'absence de venin et de soie. □ Sous-classe des opilions.

faucheuse [foʃøz] n.f. Machine pour faucher.

faucille [fosij] n.f. (lat. *falcicula* "petite faux"). Instrument constitué d'une lame métallique courbée en demi-cercle et montée sur un manche en bois très court, qui sert à couper l'herbe, les céréales, etc.

faucon [fokɔ̃] n.m. (lat. *falco, -onis*). - **1.** Oiseau rapace diurne, puissant et rapide, parfois domestiqué pour la chasse. □ Long. max. 50 cm. - **2.** Celui qui, dans un conflit, dans les relations internationales, est partisan de l'usage de la force (par opp. à *colombe*).

fauconnerie [fokɔnʀi] n.f. (de *faucon*). Art d'élever et de dresser les oiseaux de proie pour la chasse.

fauconnier [fokɔnje] n.m. (de *faucon*). Celui qui dresse les oiseaux de proie pour la chasse.

faufil [fofil] n.m. (de *faufiler*). COUT. - **1.** Fil utilisé pour faufiler. - **2.** Fil passé en faufilant (syn. bâti).

faufiler [fofile] v.t. (altér., d'apr. *faux*, de l'anc. fr. *fourfiler*, de *fors* "en dehors" et *filer*). COUT. Coudre provisoirement à longs points : *Faufiler un ourlet* (syn. bâtir).

se faufiler [fofile] v.pr. (de *faufiler*). S'introduire, passer ou se glisser adroitement : *Se faufiler dans la foule, entre les voitures* (syn. se couler, se glisser).

1. faune [fon] n.m. (lat. *Faunus*, n. du dieu champêtre). Chez les Romains, divinité champêtre représentée avec un corps velu, des cornes et des pieds de chèvre.

2. faune [fon] n.f. (de *1. faune*). - **1.** Ensemble des espèces animales vivant dans un espace géographique ou un habitat déterminé : *La faune alpestre.* - **2.** FAM. Ensemble de personnes très caractéristiques qui fréquentent un même lieu (péjor.) : *La faune de Saint-Tropez.*

faussaire [fosɛʀ] n. (lat. *falsarius*). Personne qui commet, fabrique un faux, une contrefaçon (syn. contrefacteur).

faussement [fosmɑ̃] adv. - **1.** D'une manière fausse, injuste : *Être faussement accusé.* - **2.** De façon hypocrite, affectée : *Un air faussement repenti.*

fausser [fose] v.t. (bas lat. *falsere*). - **1.** Déformer par un effort excessif : *Fausser une clef* (syn. tordre). - **2.** Donner une fausse interprétation de qqch, rendre faux : *Fausser un résultat* (syn. altérer, dénaturer). - **3.** Détruire la justesse, l'exactitude de ; altérer : *Fausser le jugement. Fausser l'esprit de qqn* (= lui inculquer des raisonnements faux).

fausse-route [fosʀut] n.f. (pl. *fausses-routes*). MÉD. Passage d'aliments dans la trachée.

fausset [fosɛ] n.m. (de *2. faux*). Voix de fausset, registre de la voix humaine utilisant uniquement les résonances de tête, dans l'aigu. (On dit aussi *voix de tête*.)

fausseté [foste] n.f. (bas lat. *falsitas*). - **1.** Caractère de ce qui est faux : *La fausseté d'un* *raisonnement.* **- 2.** Manque de franchise, hypocrisie : *Accuser qqn de fausseté* (syn. duplicité, hypocrisie).

faute [fot] n.f. (lat. pop. **fallita*, du class. *fallere* "faillir"). **- 1.** Manquement à une règle morale, aux prescriptions d'une religion : *Se repentir de ses fautes* (syn. errements, péché). **- 2.** Manquement à une norme, aux règles d'une science, d'un art, d'une technique ; erreur : *Faute d'orthographe. Faute de frappe.* **- 3.** Manquement à un règlement, à une règle de jeu : *Faute de conduite. Faute de service au tennis.* **- 4.** Manière d'agir maladroite ou fâcheuse : *Des fautes de jeunesse* (syn. écart). **- 5.** Responsabilité de qqn ou de qqch dans un acte : *C'est ta faute si nous sommes en retard.* **- 6.** DR. Acte ou omission qui cause un dommage à autrui : *Salarié licencié pour faute grave.* **- 7.** Faute de, par manque de : *Je n'ai pu achever faute de temps.* ‖ **Ne pas se faire faute de,** ne pas s'abstenir de : *Elle ne s'est pas fait faute de me reprocher mon retard.* ‖ **Sans faute,** à coup sûr, immanquablement : *J'y serai lundi sans faute.* **- 8.** **Double faute.** Fait de manquer deux services consécutifs au tennis.

fauter [fote] v.i. (de *faute*). FAM., VIEILLI. Se laisser séduire, avoir des relations sexuelles en dehors du mariage, en parlant d'une femme.

fauteuil [fotœj] n.m. (frq. **faldistôl* "siège pliant"). **- 1.** Siège individuel à dossier et à bras. **- 2.** FAM. Arriver dans un fauteuil, arriver en tête sans difficulté dans une compétition.

fauteur, trice [fotœR, -tRis] n. (lat. *fautor* "qui favorise"). **Fauteur de troubles, de guerre,** personne qui provoque des troubles, une guerre. **Rem.** Le féminin est rare.

fautif, ive [fotif, -iv] adj. et n. Qui est en faute, coupable : *Se sentir fautif* (syn. responsable). ◆ adj. Qui comporte des erreurs : *Liste fautive* (syn. erroné, incorrect).

fautivement [fotivmã] adv. D'une manière fautive, erronée : *Un compte rendu établi fautivement.*

fauve [fov] adj. (germ. occidental **falwa*). **- 1.** D'une couleur tirant sur le roux : *Une mallette en cuir fauve.* **- 2.** Bête fauve, ruminant dont le pelage tire sur le roux, comme le cerf ou le daim, et qui vit à l'état sauvage dans les bois ; grand félin, comme le tigre ou le lion. ◆ n.m. **- 1.** Couleur fauve. **- 2.** Mammifère carnivore sauvage, au pelage fauve, tel que le lion, le tigre, la panthère, etc. **- 3.** Peintre appartenant au courant du fauvisme.

fauvette [fovɛt] n.f. (de *fauve*). Oiseau passereau au plumage fauve, au chant agréable, insectivore, commun dans les buissons. □ Famille des sylviidés ; long. 15 cm.

fauvisme [fovism] n.m. (de *fauve*). Mouvement pictural français du début du XXe s.

1. **faux** [fo] n.f. (lat. *falx, falcis*). Instrument tranchant constitué d'une lame d'acier recourbée et fixée à un long manche, qui sert à couper l'herbe, les céréales, etc.

2. **faux, fausse** [fo, fos] adj. (lat. *falsus,* de *fallere* "tromper"). **- 1.** Contraire à ce qui est vrai ou juste, à l'exactitude, à la logique : *Addition fausse* (contr. juste). *Raisonnement faux* (syn. illogique ; contr. correct). **- 2.** Qui n'est pas justifié par les faits, qui est sans fondement : *Une fausse nouvelle* (syn. inexact, mensonger ; contr. authentique). *Fausse alerte* (= qui n'était pas justifiée par une cause réelle). *Une fausse joie* (syn. sans objet). **- 3.** Qui n'est pas original ou authentique, qui n'est pas vrai, qui est une imitation, qui n'est pas original ou authentique : *Fausses perles* (syn. artificiel). *Faux billets* (syn. contrefait). **- 4.** Qui n'est pas réellement ce qu'on le nomme : *Faux acacia.* **- 5.** Qui a l'apparence d'un objet sans en avoir la fonction : *Fausse porte* (= décor qui simule une porte là où il n'y en a pas). **- 6.** Qui se fait passer pour ce qu'il n'est pas : *Un faux inspecteur* (syn. prétendu, soi-disant). **- 7.** Qui n'est pas réellement éprouvé ; feint, simulé : *Fausse pudeur. Une fausse modestie* (syn. affecté ; contr. authentique). **- 8.** Qui trompe ou dissimule ses sentiments : *Un homme faux* (syn. hypocrite ; contr. sincère). *Regard faux* (syn. fourbe ; contr. franc). **- 9.** Qui n'est pas conforme aux exigences de l'harmonie musicale : *Son piano est faux* (= désaccordé). *Voix fausse.* **- 10.** Fausse note, note exécutée à la place de la note voulue par le compositeur, mais qui existe dans la tonalité ; au fig., détail qui rompt l'harmonie d'un ensemble : *Une cravate à pois fait une fausse note avec une chemise écossaise.* ◆ **faux** adv. De façon fausse : *Chanter, jouer faux* (contr. juste).

3. **faux** [fo] n.m. (de 2. *faux*). **- 1.** Ce qui est contraire à la vérité ; mensonge : *Plaider le faux pour savoir le vrai* (= dire une contrevérité pour inciter qqn à se confier). **- 2.** Altération frauduleuse de la vérité par la fabrication ou l'usage d'une pièce, d'un objet, etc. : *Ce testament est un faux.* **- 3.** Copie frauduleuse d'une œuvre d'art originale : *Ses tableaux sont des faux* (syn. contrefaçon). **- 4.** Imitation d'une matière, d'une pierre précieuse, etc. : *Ce bijou, c'est du faux.*

faux-bourdon [foburdɔ̃] n.m. (pl. *faux-bourdons*). **- 1.** Contrepoint à trois voix noté contre note, en usage en Angleterre. **- 2.** Nom donné à tout chant d'église.

faux-filet [fofilɛ] n.m. (pl. *faux-filets*). BOUCH. Contre-filet.

faux-fuyant [fofɥijã] n.m. (altér., d'apr. *faux,* de l'anc. fr. *forsfuyant,* de *fors* "hors de", et de *fuir*) [pl. *faux-fuyants*]. Moyen détourné par lequel on évite de s'engager, on élude une question : *Elle a immédiatement trouvé un faux-fuyant* (syn. échappatoire, subterfuge).

faux-monnayeur [fomɔnɛjœr] n.m. (pl. *faux-monnayeurs*). Personne qui fabrique de la fausse monnaie, des faux billets de banque.

faux-semblant [fosɑ̃blɑ̃] n.m. (pl. *faux-semblants*). Ruse, prétexte mensonger : *User de faux-semblants pour tromper*.

faux-sens [fosɑ̃s] n.m. Erreur consistant à interpréter d'une manière erronée le sens précis d'un mot dans un texte.

favela [favela] n.f. (mot port. du Brésil). Au Brésil, nom donné aux bidonvilles.

faveur [favœr] n.f. (lat. *favor*, de *favere* "favoriser"). - **1.** Disposition à traiter qqn avec bienveillance, à lui accorder une aide, une préférence ; cette bienveillance elle-même : *Solliciter la faveur d'un ministre. Un traitement de faveur* (= réservé spécial. à qqn pour l'avantager). - **2.** Décision indulgente qui avantage qqn : *Obtenir qqch par faveur. C'est une faveur d'avoir été invité* (syn. privilège). - **3.** Crédit, popularité que l'on a auprès de qqn, d'un groupe : *Avoir la faveur du public* (= être très populaire). - **4.** VIEILLI. Bande de soie étroite qui sert d'ornement (syn. ruban). - **5.** **À la faveur de qqch**, en profitant de qqch : *S'évader à la faveur de la nuit* (= grâce à). ‖ **En faveur de qqn**, à son profit, à son bénéfice : *Je voterai en sa faveur* (= pour lui). *Vous êtes prévenu en sa faveur* (= vous avez un préjugé favorable à son égard). ◆ **faveurs** n.f. pl. LITT. Marques d'amour données par une femme à un homme : *Accorder, refuser ses faveurs*.

favorable [favɔrabl] adj. - **1.** Animé de dispositions bienveillantes en faveur de qqn, de qqch : *Être favorable à un projet.* - **2.** Qui est à l'avantage de qqn, propice, bénéfique pour qqch : *Occasion favorable* (syn. opportun). *Mesures favorables à la paix*.

favorablement [favɔrabləmɑ̃] adv. D'une manière favorable : *Proposition favorablement accueillie*.

1. favori, ite [favɔri, -it] adj. (p. passé de l'anc. v. *favorir* "favoriser", d'apr. l'it. *favorito*). Qui est l'objet de la préférence de qqn : *C'est sa lecture favorite* (syn. préféré). ◆ adj. et n. - **1.** Qui jouit de la prédilection de qqn : *Il est le favori de ses parents* (syn. préféré). *Ce chanteur est le favori du public* (syn. idole). - **2.** Se dit d'un concurrent, d'une équipe qui a le plus de chances de gagner une compétition : *Les Français partent favoris*. ◆ **favori** n.m. Homme qui jouit des bonnes grâces d'un personnage puissant, d'un roi. ◆ **favorite** n.f. Maîtresse préférée d'un roi.

2. favori [favɔri] n.m. (de *1. favori*). [Surtout au pl.]. Touffe de barbe sur chaque côté du visage : *Se laisser pousser des favoris* (syn. patte).

favoriser [favɔrize] v.t. (du lat. *favor* "faveur"). - **1.** Traiter de façon à avantager : *Favoriser un débutant* (syn. appuyer, soutenir). - **2.** Contribuer au développement de : *Favoriser les arts* (syn. aider, avantager). - **3.** LITT. Faciliter, aider à accomplir : *L'obscurité favorisa sa fuite*.

favoritisme [favɔritism] n.m. Tendance à accorder des faveurs injustes ou illégales (syn. népotisme).

fax [faks] n.m. (mot angl.-amér., de *fac s*[*imile machine*] "télécopieur"). [Anglic. déconseillé]. - **1.** Télécopie. - **2.** Télécopieur.

faxer [fakse] v.t. (de *fax*). Envoyer un document par télécopie.

fayot [fajo] n.m. (prov. *faiol*, lat. *fasiolus*). - **1.** T. FAM. Haricot sec. - **2.** ARG. Personne qui fait du zèle auprès de ses supérieurs : *On va le coincer, ce fayot !* (syn. flagorneur).

fayoter [fajɔte] v.i. (de *fayot*). ARG. Faire du zèle pour se faire bien voir de ses supérieurs.

féal, e, aux [feal, -o] adj. (anc. fr. *feal*, de *fei* "foi"). LITT. Loyal, fidèle : *Bayard était un féal chevalier*.

fébrifuge [febrifyʒ] adj. et n.m. (lat. *febrifugia*, de *febris* "fièvre" et *fugare* "mettre en fuite"). Syn. vieilli de *antipyrétique*.

fébrile [febril] adj. (lat. *febrilis*, de *febris* "fièvre"). - **1.** Qui a de la fièvre : *Un enfant fébrile* (syn. fiévreux). - **2.** Qui manifeste une agitation excessive : *Faire preuve d'une impatience fébrile. Une personne fébrile* (syn. agité).

fébrilement [febrilmɑ̃] adv. De façon fébrile : *Elle se rongeait fébrilement les ongles* (syn. nerveusement).

fébrilité [febrilite] n.f. (de *fébrile*). - **1.** État d'une personne qui a la fièvre. - **2.** Agitation analogue à celle que donne la fièvre : *Sa fébrilité montrait à quel point elle avait été secouée* (syn. exaltation, nervosité).

fécal, e, aux [fekal, -o] adj. (lat. *faex, faecis* "lie, excrément"). **Matières fécales**, résidus de la digestion éliminés par l'anus ; déjections, excréments.

fèces [fɛs] ou [fɛsəs] n.f. pl. (lat. *faeces*, de *faex* "lie, excrément"). Matières fécales.

fécond, e [fekɔ̃, -ɔ̃d] adj. (lat. *fecundus*). - **1.** Propre à la reproduction de l'espèce : *Les mulets ne sont pas féconds* (contr. stérile). - **2.** Capable d'avoir beaucoup d'enfants ou de petits : *Une espèce féconde* (syn. prolifique). - **3.** Qui produit beaucoup : *Écrivain fécond. Terre féconde* (syn. fertile, riche ; contr. improductif, stérile). - **4.** **Fécond en**, riche, fertile en : *Journée féconde en événements*.

fécondable [fekɔ̃dabl] adj. Qui peut être fécondé : *L'ovule est fécondable par le spermatozoïde.*

fécondant, e [fekɔ̃dɑ̃, -ɑ̃t] adj. Qui féconde, rend fécond : *Des engrais fécondants* (syn. fertilisant).

fécondateur, trice [fekɔ̃datœʀ, -tʀis] adj. et n. Qui a le pouvoir de féconder : *Spermatozoïde fécondateur.*

fécondation [fekɔ̃dasjɔ̃] n.f. **- 1.** Action de féconder ; son résultat : *Fécondation artificielle.* **- 2.** BIOL. Union du gamète mâle avec le gamète femelle, contenant chacun *n* chromosomes, pour donner un œuf, ou zygote, qui contient 2 *n* chromosomes et dont le développement donne un nouvel individu.

féconder [fekɔ̃de] v.t. (lat. *fecundare*). **- 1.** Réaliser la fécondation de ; transformer un œuf en embryon : *Certains poissons ne fécondent leurs œufs qu'après la ponte.* **- 2.** Rendre une femelle pleine, une femme enceinte. **- 3.** LITT. Rendre fécond, fertile : *Les pluies fécondent la terre* (syn. fertiliser).

fécondité [fekɔ̃dite] n.f. **- 1.** Aptitude d'un être vivant à se reproduire : *Le taux de fécondité d'un pays.* **- 2.** Aptitude à produire beaucoup : *Fécondité d'un sol* (syn. richesse). *La fécondité d'un écrivain* (syn. abondance).

fécule [fekyl] n.f. (lat. *faecula* "tartre", de *faex, faecis* "lie"). Amidon contenu dans certaines racines ou certains tubercules comme la pomme de terre, le manioc, etc., d'où on l'extrait sous forme de fine poudre blanche.

féculent [fekylɑ̃] n.m. Graine, fruit, tubercule alimentaire riches en amidon : *Les lentilles et les haricots sont des féculents.*

fedayin [fedajin] n.m. (mot ar., pl. de *fedai* "celui qui se sacrifie"). Résistant, spécial. résistant palestinien, qui mène une action de guérilla. **Rem.** La forme *fedayin* s'est imposée dans l'usage comme singulier alors qu'il s'agit d'un pluriel en arabe. La forme savante *fedai* (pl. *fedayine*) reste peu usitée.

fédéral, e, aux [federal, -o] adj. (lat. *foedus, -eris* "alliance"). **- 1.** Qui constitue une fédération : *Une république fédérale* (= composée de plusieurs unités territoriales). **- 2.** Qui appartient à une fédération : *Troupes fédérales.* **- 3.** Qui relève du pouvoir central d'un État fédéral : *Police fédérale.* **- 4.** HELV. Relatif à la Confédération helvétique.

fédéralisme [federalism] n.m. **- 1.** Mode de regroupement de collectivités politiques tendant à accroître leur solidarité tout en préservant leur particularisme. **- 2.** HELV. Doctrine qui défend l'autonomie des cantons par rapport au pouvoir fédéral.
◆ **fédéraliste** n. Nom du partisan.

fédérateur, trice [federatœʀ, -tʀis] adj. et n. Qui organise ou favorise une fédération : *Des tendances fédératrices.*

fédératif, ive [federatif, -iv] adj. Qui constitue une fédération ou un État fédéral ; relatif à une fédération : *Une constitution fédérative.*

fédération [federasjɔ̃] n.f. (bas lat. *foederatio*, de *foederare*). **- 1.** État fédéral. **- 2.** Groupement organique de partis, de mouvements ou clubs politiques, d'associations, de syndicats, etc. : *La fédération française de pétanque.* **- 3.** HIST. Fête de la Fédération. Fête nationale organisée le 14 juillet 1790 à Paris, qui rassembla les délégués des fédérations provinciales.

fédéraux [federo] n.m. pl. HIST. Soldats américains des États du Nord, pendant la guerre de Sécession (1861-1865), qui luttaient pour le maintien de l'Union fédérale.

1. **fédéré, e** [federe] adj. Qui fait partie d'une fédération : *États fédérés.*

2. **fédéré** [federe] n.m. HIST. **- 1.** Délégué à la fête de la Fédération en 1790. **- 2.** Soldat au service de la Commune de Paris en 1871.

fédérer [federe] v.t. (conj. 18). Former, grouper en fédération : *Fédérer de petits États.*

fée [fe] n.f. (bas lat. *Fata*, déesse de la Destinée). **- 1.** Être imaginaire représenté sous les traits d'une femme douée d'un pouvoir surnaturel : *D'un coup de sa baguette, la fée transforma le crapaud en prince.* **- 2.** LITT. Femme remarquable par sa grâce, son esprit, sa bonté, son adresse : *Ma grand-mère est une fée.* **- 3.** Conte de fées, récit merveilleux dans lequel les fées interviennent. ‖ Doigts de fée, qui exécutent à la perfection des travaux délicats.

feed-back [fidbak] n.m. inv. (mot angl., de *to feed* "nourrir" et *back* "en arrière"). **- 1.** CYBERN. Action en retour des corrections et régulations d'un système d'informations sur le centre de commande du système ; action exercée sur les causes d'un phénomène par le phénomène lui-même (syn. rétroaction). **- 2.** PHYSIOL. Autorégulation automatique et permanente du système endocrinien (syn. rétrocontrôle).

feeling [filiŋ] n.m. (mot angl. "sentiment", de *to feel* "sentir"). **- 1.** MUS. Qualité d'émotion et de sensibilité manifestée dans une interprétation. **- 2.** FAM. Manière de ressentir une situation : *Vas-y au feeling* (= selon ton intuition).

féerie [feʀi] ou [feeʀi] n.f. **- 1.** Monde fantastique des fées. **- 2.** Spectacle d'une merveilleuse beauté : *Le feu d'artifice fut une féerie* (syn. fantasmagorie). **- 3.** Pièce de théâtre fondée sur le merveilleux, la magie.

féerique [feʀik] ou [feeʀik] adj. Qui tient de la féerie : *Un monde féerique* (syn. fantastique, irréel).

feignant, e ou **faignant, e** [fɛɲɑ̃, -ɑ̃t] adj. et n. (de *feindre* "rester inactif"). T. FAM. Peu enclin à travailler : *Quel feignant !* (syn. fainéant, paresseux).

feindre [fɛ̃dʀ] v.t. (lat. *fingere* "façonner") [conj. 81]. Simuler pour tromper : *Feindre la colère* (syn. affecter, simuler). ‖ Feindre de, faire semblant de : *Elle a feint de s'attendrir.*

feinte [fɛ̃t] n.f. (de *feindre*). - **1.** Manœuvre, geste, coup destiné à tromper l'adversaire : *Admirer les feintes d'un boxeur.* - **2.** FAM. Acte destiné à tromper : *Son départ n'était qu'une feinte* (syn. manège, manigance, ruse).

feinter [fɛ̃te] v.t. (de *feinte*). - **1.** SPORTS. Simuler un coup pour tromper l'adversaire : *Un escrimeur habile à feinter les bottes de son adversaire* (syn. esquiver). *Feinter la passe* (= la simuler). - **2.** FAM. Surprendre par une ruse : *Je l'ai bien feinté* (syn. duper, tromper). ◆ v.i. Faire une feinte : *Un bon joueur de football doit savoir feinter.*

feldspath [fɛldspat] n.m. (mot all.). MINÉR. Nom donné à plusieurs minéraux de couleur claire, constituants essentiels des roches éruptives et métamorphiques.

fêlé, e [fele] adj. Qui présente une fêlure : *La vitrine est fêlée.* ◆ adj. et n. FAM. Un peu fou.

fêler [fele] v.t. (contract. de l'anc. fr. **faieler, faeler* "fendre", lat. class. *flagellare* "fouetter") [conj. 4]. Fendre légèrement un objet sans que les parties se séparent : *Fêler une tasse.*

félicitations [felisitasjɔ̃] n.f. pl. (de *féliciter*). - **1.** Compliments qu'on adresse à qqn à l'occasion d'un événement heureux : *Présenter ses félicitations aux jeunes mariés.* - **2.** Vives approbations adressées à qqn : *Il a reçu les félicitations du maire pour son acte de courage* (syn. éloges).

félicité [felisite] n.f. (lat. *felicitas*). LITT. Grand bonheur ; contentement intérieur : *Visage qui exprime une félicité sans mélange* (syn. béatitude).

féliciter [felisite] v.t. (lat. *felicitare* "rendre heureux"). - **1.** Complimenter qqn sur sa conduite ; congratuler : *Je vous félicite de votre courage.* - **2.** Témoigner à qqn que l'on partage la joie que lui cause un événement heureux : *Féliciter des jeunes mariés* (syn. complimenter). ◆ **se féliciter** v.pr. **[de].** Être satisfait d'avoir fait qqch : *Je me félicite de l'avoir écouté* (syn. se louer, se réjouir).

félidé [felide] et **félin** [felɛ̃] n.m. (lat. *felis* "chat"). Félidés ou félins, famille de mammifères carnivores digitigrades à griffes rétractiles et à molaires coupantes, tels que le chat, le lion, le guépard, etc. □ Ordre des carnivores.

félin, e [felɛ̃, -in] adj. (bas lat. *felinus*). Qui tient du chat, qui en a la souplesse et la grâce : *Allure féline.*

fellaga ou **fellagha** [felaga] n.m. (pl. de l'ar. *fellâg* "coupeur de route"). Partisan algérien ou tunisien soulevé contre l'autorité française pour obtenir l'indépendance de son pays. **Rem.** L'usage a consacré la forme *fellaga* ou *fellagha* au singulier bien qu'il s'agisse d'un pluriel en arabe. La forme savante *fellag* (pl. *fellaga*) reste peu usitée.

fellah [fela] n.m. (mot ar. "laboureur"). Paysan, dans les pays arabes.

fellation [felasjɔ̃] n.f. (du lat. *fellare* "sucer"). Excitation buccale du sexe de l'homme.

félon, onne [felɔ̃, -ɔn] adj. et n. (bas lat. *fello*, frq. **fillo* "équarrisseur"). - **1.** FÉOD. Déloyal envers son seigneur : *Vassal félon.* - **2.** LITT. Déloyal : *Un officier félon* (syn. traître).

félonie [felɔni] n.f. (de *félon*). - **1.** FÉOD. Manque de loyauté, offense ou trahison d'un vassal envers son seigneur. - **2.** LITT. Acte déloyal : *Commettre une félonie* (syn. trahison, traîtrise).

felouque [fəluk] n.f. (catalan *faluca, falua,* ar. *falûwa,* propr. "pouliche" puis "petit navire"). MAR. Petit bâtiment de la Méditerranée, long, léger et étroit, à voiles et à rames.

fêlure [felyʀ] n.f. Fente d'une chose fêlée : *La fêlure du vase est peu visible.*

femelle [fəmɛl] adj. (lat. *femella* "petite femme"). - **1.** BIOL. Se dit d'un individu ou d'un organe animal ou végétal appartenant au sexe apte à produire des cellules fécondables et, souvent, à abriter le développement du produit de la fécondation (par opp. à *mâle*) ; se dit de ce sexe : *Un canari femelle. Gamète femelle.* - **2.** DR. Qui est du sexe féminin : *Les héritiers mâles et femelles.* - **3.** TECHN. Se dit d'un élément, d'un instrument dans lequel entre la partie saillante d'un autre, qualifié de *mâle* : *Prise femelle.* - **4.** Fleur femelle, fleur qui ne porte pas d'étamines. ◆ n.f. Individu du règne animal de sexe femelle : *La brebis est la femelle de l'espèce ovine.*

féminin, e [feminɛ̃, -in] adj. (lat. *femininus,* de *femina* "femme"). - **1.** Propre à la femme : *Le charme féminin.* - **2.** Qui évoque la femme : *Des manières féminines.* - **3.** Qui a rapport aux femmes, qui les concerne : *La mode féminine. Revendications féminines.* - **4.** Qui est composé de femmes : *Orchestre féminin.* - **5.** Qui appartient au genre dit *féminin* : *« Idée » est un nom féminin.* - **6.** *Rime féminine,* rime que termine une syllabe muette. ◆ **féminin** n.m. GRAMM. Un des genres grammaticaux, qui s'applique, en français, aux noms d'êtres femelles et à une partie des noms désignant des choses (par opp. à *masculin*).

féminisation [feminizasjɔ̃] n.f. - **1.** Fait de se féminiser, en parlant d'un milieu : *La fémi-*

nisation du corps enseignant (= l'augmentation du nombre des femmes dans cette profession). - **2.** MÉD. Processus, pathologique ou artificiellement provoqué, se caractérisant par l'apparition de caractères sexuels secondaires féminins chez un homme. - **3.** LING. Passage d'un mot au genre féminin.

féminiser [feminize] v.t. - **1.** Donner un caractère féminin ou efféminé à. - **2.** MÉD. Provoquer la féminisation. - **3.** LING. Mettre au féminin ; donner à un mot les marques du genre féminin : *Féminiser les noms de métier.* ◆ **se féminiser** v.pr. - **1.** Prendre un aspect plus féminin. - **2.** Comprendre un plus grand nombre de femmes qu'auparavant, en parlant d'un milieu : *Le métier d'ingénieur se féminise.*

féminisme [feminism] n.m. Doctrine qui préconise l'amélioration et l'extension du rôle et des droits des femmes dans la société ; mouvement qui milite dans ce sens.

féministe [feminist] adj. et n. Relatif au féminisme ; qui est partisan, qui se réclame du féminisme.

féminité [feminite] n.f. Caractère féminin ; ensemble des caractères propres à la femme : *Une robe vaporeuse accentuait sa féminité.*

femme [fam] n.f. (lat. *femina*). - **1.** Être humain du sexe féminin (par opp. à *homme*, à *mâle*) : *La loi salique excluait les femmes de la possession de la terre.* - **2.** Adulte du sexe féminin (par opp. à *fille*, à *jeune fille*) : *C'est une femme maintenant.* - **3.** Épouse : *Il nous a présenté sa femme. Prendre femme* (= se marier, en parlant d'un homme). - **4.** Adulte de sexe féminin considéré par rapport à ses qualités, à son activité, à son origine : *Une femme de tête. Une femme politique. Une femme du monde.* - **5.** Peut être suivi ou précédé d'un nom de profession du genre masculin : *Un professeur femme. Une femme ingénieur.* - **6.** Bonne femme → bonhomme.

femmelette [famlɛt] n.f. Homme faible, sans énergie (péjor.).

fémoral, e, aux [femɔral, -o] adj. Relatif au fémur ou aux régions voisines : *Artère fémorale.*

fémur [femyʀ] n.m. (lat. *femur* "cuisse"). Os de la cuisse, le plus fort de tous les os du corps : *Se casser le col du fémur.*

fenaison [fənɛzɔ̃] n.f. (de *fener*, anc. forme de *faner*). Coupe et récolte des foins ; période où elles se font.

fendillement [fɑ̃dijmɑ̃] n.m. Fait de se fendiller ; fente légère : *Des fendillements sur une mosaïque antique* (syn. craquelure).

fendiller [fɑ̃dije] v.t. (de *fendre*). Produire de petites fentes dans : *L'humidité a fendillé les vieux cadres dorés.* ◆ **se fendiller** v.pr. Être sillonné de petites fentes : *Le plâtre se fendille de-ci de-là* (syn. se craqueler, se crevasser).

fendre [fɑ̃dʀ] v.t. (lat. *findere*) [conj. 73]. - **1.** Couper dans le sens de la longueur : *Fendre du bois.* - **2.** Provoquer des fentes, des crevasses dans qqch : *La sécheresse fend la terre* (syn. crevasser, fissurer). - **3.** LITT. Se frayer un passage dans : *Fendre la foule* (syn. écarter). - **4.** Fendre le cœur, causer une vive affliction. ‖ Geler à pierre fendre, geler très fort. ◆ **se fendre** v.pr. - **1.** Se crevasser : *La terre se fend avec la sécheresse* (syn. se craqueler, se fissurer). - **2. [en].** Se séparer en fragments dans le sens de la longueur ou selon un plan de clivage : *L'ardoise se fend en lames minces.* - **3.** FAM. Se fendre de, donner, offrir avec une prodigalité inhabituelle : *Il s'est fendu d'un gros pourboire.*

fenêtre [fənɛtʀ] n.f. (lat. *fenestra*). - **1.** Baie munie d'une fermeture vitrée, pratiquée dans le mur d'un bâtiment pour y laisser pénétrer l'air et la lumière ; cette fermeture vitrée : *Regarder par la fenêtre.* - **2.** Ouverture pratiquée dans un matériau : *Enveloppes à fenêtre* (= avec une partie transparente). - **3.** INFORM. Zone rectangulaire d'un écran de visualisation dans laquelle s'inscrivent des informations graphiques ou alphanumériques. - **4.** Jeter l'argent par les fenêtres, dépenser exagérément.

fenil [fənil] ou [fəni] n.m. (lat. *fenile*, de *fenum* "foin"). Local où l'on rentre le foin pour le conserver.

fennec [fenɛk] n.m. (ar. *fanak*). Petit renard du Sahara, à longues oreilles, appelé aussi *renard des sables.* □ Long. 60 cm.

fenouil [fənuj] n.m. (lat. *feniculum* "petit foin"). Plante aromatique, à feuilles divisées en fines lanières et dont on consomme la base des pétioles charnus. □ Famille des ombellifères.

fente [fɑ̃t] n.f. (lat. pop. *findita*, du class. *findere* "fendre"). - **1.** Action de fendre : *La fente est une des opérations de la taille des ardoises.* - **2.** Fissure plus ou moins profonde à la surface de qqch : *Boucher les fentes d'un mur* (syn. crevasse, lézarde). - **3.** Ouverture étroite et longue : *Regarder à travers les fentes d'un store* (syn. interstice).

féodal, e, aux [feɔdal, -o] adj. (lat. médiév. *feodalis*). Relatif à la féodalité : *Château féodal. Institutions féodales.*

féodalité [feɔdalite] n.f. (de *féodal*). - **1.** Ensemble des lois et coutumes qui régirent l'ordre politique et social dans une partie de l'Europe de la fin de l'époque carolingienne à la fin du Moyen Âge et qui impliquaient d'une part la prédominance d'une classe de

guerriers et, d'autre part, des liens de dépendance d'homme à homme. [→ servage].
- **2.** Puissance économique ou sociale qui rappelle l'organisation féodale (péjor.) : *Les féodalités financières, pétrolières.*

fer [fɛʀ] n.m. (lat. *ferrum*). - **1.** Métal tenace et malléable, d'un gris bleuâtre, fondant à 1 535 °C, largement utilisé dans la technologie et l'industrie sous forme d'alliages, d'aciers et de fontes : *Un pays producteur de fer.* □ Symb. Fe ; densité 7,87. - **2.** Substance ferrugineuse : *Les épinards contiennent du fer.* - **3.** Barre d'acier utilisée dans les charpentes ou servant d'armature dans le béton armé : *Fer en U, en T.* - **4.** Demi-cercle de fer placé sous le sabot des animaux de monte ou de trait comme le cheval, la mule, le bœuf : *Un fer à cheval.* - **5.** Lame d'acier servant à renforcer les bouts de la semelle d'une chaussure. - **6.** Nom donné à divers outils, instruments ou appareils utilisés pour la chaleur qu'ils conduisent : *Fer à repasser. Fer à souder. Fer à friser.* - **7.** Transport par chemin de fer, par le rail : *Acheminer des marchandises par fer.* - **8.** Âge du fer, période de la protohistoire caractérisée par une généralisation de l'usage du fer. ‖ **Croiser le fer avec qqn**, se battre à l'épée contre lui ; au fig., échanger avec lui des arguments polémiques. ‖ **De fer**, résistant, robuste ; inébranlable, inflexible : *Une santé de fer. Une volonté, une discipline de fer.* ‖ **Fer de lance**, pointe en fer au bout d'une lance ; au fig., élément, groupe le plus efficace ou le plus avancé dans un domaine : *L'Airbus est le fer de lance de l'industrie aéronautique.* ‖ **Fer doux**, acier à très basse teneur en carbone, utilisé pour les noyaux de circuits magnétiques. ‖ **Fer forgé**, fer travaillé au marteau sur l'enclume : *Un balcon en fer forgé.* ‖ FAM. **Tomber les quatre fers en l'air**, tomber à la renverse, sur le dos.
◆ **fers** n.m. pl. - **1.** Chaînes avec lesquelles on attachait un prisonnier : *Mettre qqn aux fers.* - **2.** LITT. Esclavage, sujétion. - **3.** VX. Forceps.

féra [feʀa] n.f. (orig. obsc.). Poisson des lacs alpins, apprécié pour sa chair. □ Genre corégone ; long. 50 cm.

fer-blanc [fɛʀblɑ̃] n.m. (pl. *fers-blancs*). Tôle fine en acier doux, recouverte d'étain.

ferblanterie [fɛʀblɑ̃tʀi] n.f. - **1.** VX. Métier, boutique, commerce du ferblantier. - **2.** Ustensiles en fer-blanc.

ferblantier [fɛʀblɑ̃tje] n.m. Celui qui fabrique, vend des objets en fer-blanc.

feria [feʀja] n.f. (mot esp.). RÉGION. Grande fête annuelle, dans le Midi.

férié, e [feʀje] adj. (lat. *feriatus*). **Jour férié**, Jour de repos prescrit par la loi ou par la religion : *Le 1er mai est un jour férié* (syn. chômé).

férir [feʀiʀ] v.t. (lat. *ferire* "frapper") [usité seul. à l'inf. et au p. passé *féru*]. LITT. **Sans coup férir**, sans combattre ; au fig., sans difficulté.

ferler [fɛʀle] v.t. (anc. fr. *fresler*, de l'angl. to *furl*). MAR. Serrer pli sur pli une voile contre un espar et l'y assujettir.

fermage [fɛʀmaʒ] n.m. (de *2. ferme*). Mode d'exploitation agricole dans lequel l'exploitant verse une redevance annuelle au propriétaire du domaine ; cette redevance.

1. ferme [fɛʀm] adj. (lat. *firmus*). - **1.** Qui offre une certaine résistance à la pression : *Passez par ici, le sol est ferme* (syn. consistant ; contr. mou). - **2.** Qui n'est pas ébranlé facilement, qui ne tremble pas : *Marcher d'un pas ferme* (syn. décidé). *Écrire d'une main ferme* (syn. assuré). - **3.** Qui ne faiblit pas, ne fléchit pas : *Être ferme dans ses résolutions* (syn. inébranlable). *Ton ferme, voix ferme* (= pleins d'assurance). - **4.** Définitif : *Achat, vente ferme.* - **5.** BOURSE. Dont le cours est stable ou en hausse : *Le franc s'est montré ferme par rapport au dollar.* - **6.** **Terre ferme**, sol du rivage, du continent (par opp. à l'eau ou à l'air).
◆ adv. - **1.** Avec assurance : *Parler ferme* (= sans admettre de réplique). - **2.** Fermement ; beaucoup : *Souquer ferme* (= avec vigueur). *S'ennuyer ferme* (syn. énormément). - **3.** D'une manière définitive et sans possibilité de se dédire : *Vendre ferme.* - **4.** Sans sursis : *Être condamné à deux ans de prison ferme.*

2. ferme [fɛʀm] n.f. (bas lat. *firma* "convention", de *firmus* "ferme, convenu"). - **1.** Maison d'habitation et bâtiments annexes situés sur une exploitation agricole : *La cour de la ferme.* - **2.** Domaine agricole donné en fermage. - **3.** Exploitation agricole en général.

fermé, e [fɛʀme] adj. (de *fermer*). - **1.** Qui ne comporte pas de solution de continuité ; entièrement clos : *Le cercle est une courbe fermée.* - **2.** Où il est difficile de s'introduire : *Société fermée.* - **3.** Qui ne laisse rien transparaître ; peu expansif : *Visage fermé* (syn. impénétrable). - **4.** Insensible, inaccessible à qqch, à un sentiment : *Cœur fermé à la pitié* (syn. sourd). *Esprit fermé à l'algèbre* (syn. réfractaire). - **5.** PHON. Se dit d'une voyelle prononcée avec une fermeture partielle ou totale du canal vocal : *é fermé* [e]. - **6.** **Syllabe fermée**, terminée par une consonne prononcée. ‖ MATH. **Ensemble fermé**, ensemble qui englobe tous les valeurs qui le limitent.

fermement [fɛʀməmɑ̃] adv. - **1.** D'une manière ferme, solide : *S'appuyer fermement sur qqn.* - **2.** Avec volonté, assurance : *Avis fermement exprimé.*

ferment [fɛʀmɑ̃] n.m. (lat. *fermentum*, du rad. de *fervere* "bouillir"). - **1.** Agent produisant la fermentation d'une substance : *Ferment lactique.* - **2.** LITT. Ce qui fait naître ou entretient une passion, une agitation : *Un ferment de haine, de discorde* (syn. levain).

fermentation [fɛʀmɑ̃tasjɔ̃] n.f. - **1.** Transformation de certaines substances organiques sous l'action d'enzymes sécrétées par des micro-organismes : *La fermentation des sucres sous l'influence des levures donne de l'alcool.* - **2.** LITT. Agitation, sourde effervescence : *Les grandes fermentations populaires du siècle dernier* (syn. bouillonnement, remous).

fermenter [fɛʀmɑ̃te] v.i. (lat. *fermentare,* de *fervere* "bouillir"). - **1.** Être en fermentation : *Laisser fermenter le jus de raisin.* - **2.** LITT. Être dans un état d'agitation, d'effervescence : *Les esprits fermentent* (syn. bouillonner, s'échauffer).

fermer [fɛʀme] v.t. (lat. *firmare* "rendre ferme", de *firmus*). - **1.** Actionner un dispositif mobile pour obstruer une ouverture, un passage : *Fermer une porte, les volets.* - **2.** Rapprocher, réunir les éléments d'un ensemble de telle sorte qu'il n'y ait plus d'intervalle, d'écart, d'ouverture : *Fermer les yeux. Ferme ton manteau* (syn. boutonner). - **3.** Interdire le passage par : *Fermer la frontière* (syn. barrer, condamner). - **4.** Isoler l'intérieur d'un lieu, d'un contenant en rabattant la porte, le couvercle : *Fermer son magasin, une valise.* - **5.** Faire cesser le fonctionnement de : *Fermer la radio* (syn. éteindre). *Fermer l'eau, le gaz* (syn. couper). - **6.** ÉLECTR. Établir une communication conductrice permettant le passage du courant dans un circuit. - **7.** Fermer la marche, marcher le dernier. ‖ T. FAM. La fermer, se taire. ◆ v.i. - **1.** Être, rester fermé : *Le musée ferme le mardi.* - **2.** Pouvoir être fermé : *Cette porte ferme mal.* ◆ **se fermer** v.pr. Cesser d'être ouvert : *Ses yeux se ferment. La blessure s'est fermée très vite* (syn. se cicatriser).

fermeté [fɛʀmɛte] n.f. (lat. *firmitas*). - **1.** État de ce qui est ferme, solide : *Fermeté d'un sol* (syn. consistance). - **2.** Assurance, précision : *Fermeté du jugement, du geste* (syn. maîtrise). - **3.** Énergie morale, courage : *Supporter le malheur avec fermeté* (syn. détermination). - **4.** Autorité, rigueur : *Montrer de la fermeté.*

fermette [fɛʀmɛt] n.f. (de 2. *ferme*). - **1.** Petite ferme. - **2.** Petite maison rurale.

fermeture [fɛʀmətyʀ] n.f. - **1.** Action de fermer : *La fermeture des portes est automatique.* - **2.** Fait d'être fermé ; cessation d'activité : *La fermeture des théâtres* (syn. clôture). - **3.** Dispositif qui sert à fermer : *La fermeture de sûreté n'a pas fonctionné.* - **4.** Fermeture à glissière ou fermeture Éclair (nom déposé), constituée de deux chaînes souples, à dents, qui s'engrènent au moyen d'un curseur.

fermier, ère [fɛʀmje, -ɛʀ] n. (de 2. *ferme*). - **1.** Personne qui loue les terres qu'elle cultive. - **2.** Agriculteur, propriétaire ou non des terres qu'il cultive. - **3.** HIST. Fermier général, financier qui, sous l'Ancien Régime, au XVIIe et au XVIIIe s., percevait les impôts indirects et s'engageait à verser à l'État une somme forfaitaire. ◆ adj. De ferme : *Poulet fermier* (= élevé traditionnellement).

fermoir [fɛʀmwaʀ] n.m. (de *fermer*). Attache ou dispositif pour tenir fermé un livre, un collier, un sac : *Un fermoir à cliquet.*

féroce [feʀɔs] adj. (lat. *ferox, -ocis,* de *ferus* "sauvage"). - **1.** En parlant d'un animal, qui tue par instinct : *Bête féroce* (syn. sauvage). - **2.** Qui ne manifeste aucune compassion : *Envaisseurs féroces* (syn. barbare, cruel). - **3.** Impitoyable, rigoureux ; qui révèle un tel comportement : *Examinateur féroce* (syn. sévère). *Regard féroce* (syn. méchant). - **4.** D'un degré extrême : *Appétit féroce* (syn. effréné).

férocement [feʀɔsmɑ̃] adv. Avec férocité : *Elle nous a critiqués férocement* (syn. durement).

férocité [feʀɔsite] n.f. (lat. *ferocitas* "fougue, fierté"). - **1.** Nature d'un animal féroce : *Férocité du tigre.* - **2.** Caractère cruel, sanguinaire de qqn : *La férocité de l'occupant* (syn. barbarie, cruauté). - **3.** Violence extrême : *La férocité d'un combat* (syn. sauvagerie).

ferrage [feʀaʒ] n.m. Action de ferrer : *Le ferrage d'une roue de charrette, d'un cheval.*

ferraille [feʀaj] n.f. (de *fer*). - **1.** Débris de pièces de fer, de fonte ou d'acier ; vieux fers hors d'usage : *Un tas de ferraille.* - **2.** Objet, machine métallique hors d'usage : *Sa voiture est bonne pour la ferraille.* - **3.** FAM. Menue monnaie.

ferrailler [feʀaje] v.i. (de *ferraille*). - **1.** Se battre au sabre ou à l'épée. - **2.** Faire un bruit de ferraille entrechoquée : *Le tramway s'éloignait en ferraillant.* ◆ v.t. Disposer le fer dans une construction en béton armé.

ferrailleur [feʀajœʀ] n.m. - **1.** Commerçant en ferraille. - **2.** CONSTR. Ouvrier chargé de la mise en place des fers d'un ouvrage en béton armé.

ferré, e [feʀe] adj. - **1.** Garni de fer : *Une canne à bout ferré.* - **2.** FAM. Être ferré en qqch, être savant, savoir dans une matière, une activité : *Il est ferré en maths* (syn. fort en, versé dans). ‖ Voie ferrée → voie.

ferrement [feʀmɑ̃] n.m. CONSTR. Objet ou garniture en fer qui sert à renforcer un ouvrage de maçonnerie.

ferrer [feʀe] v.t. - **1.** Garnir de fer, de ferrures : *Ferrer une roue.* - **2.** Clouer des fers aux sabots de : *Ferrer un cheval.* - **3.** PÊCHE Ferrer un poisson, l'accrocher à l'hameçon en donnant une secousse à la ligne.

ferreux, euse [fɛʀø, -øz] adj. - **1.** Qui contient du fer : *Minerai ferreux.* - **2.** CHIM. Se dit d'un composé dans lequel le fer est bivalent : *Chlorure ferreux.*

ferrique [fɛʀik] adj. CHIM. Se dit d'un composé dans lequel le fer est trivalent : *Chlorure ferrique. Oxyde ferrique.*

ferrite [fɛʀit] n.f. MÉTALL. Variété allotropique de fer pur présente dans des alliages ferreux.

ferromagnétisme [fɛʀɔmaɲetism] n.m. PHYS. Propriété de certaines substances, telles que le fer, le cobalt et le nickel, de prendre une forte aimantation.

ferronnerie [fɛʀɔnʀi] n.f. (de l'anc. fr. *ferron* "marchand de fer"). - **1.** Travail artistique du fer. - **2.** Ouvrages qui en résultent. - **3.** Atelier, commerce de ferronnier.

ferronnier, ère [fɛʀɔnje, -ɛʀ] n. Spécialiste de la ferronnerie : *Un ferronnier d'art.*

ferroviaire [fɛʀɔvjɛʀ] adj. (it. *ferroviario*, de *ferrovia* "chemin de fer"). Propre au chemin de fer ; qui concerne le transport par chemin de fer : *Réseau ferroviaire.*

ferrugineux, euse [fɛʀyʒinø, -øz] adj. (lat. *ferrugo, -ginis* "rouille"). Qui contient du fer ou l'un de ses composés : *De l'eau ferrugineuse.*

ferrure [fɛʀyʀ] n.f. (de *ferrer*). - **1.** Garniture de fer d'une porte, d'une fenêtre, etc. : *Les ferrures d'un coffre.* - **2.** Action ou manière de ferrer un cheval, un bœuf, etc. - **3.** Ensemble des fers placés aux pieds d'un animal.

ferry [fɛʀi] n.m. (abrév.) [pl. *ferrys*]. Carferry ; ferry-boat.

ferry-boat [fɛʀibot] n.m. (de l'angl. *ferry* "passage" et *boat* "bateau") [pl. *ferry-boats*]. Navire aménagé pour le transport des trains ou des véhicules routiers et de leurs passagers. (Recomm. off. *navire transbordeur*.)

fertile [fɛʀtil] adj. (lat. *fertilis*). - **1.** Se dit d'un sol, d'une région, etc., qui peut donner d'abondantes récoltes : *La Beauce est très fertile* (syn. riche ; contr. stérile). - **2.** Inventif, fécond : *Esprit fertile* (syn. inventif, productif). - **3.** Se dit d'une femelle capable de procréer (syn. fécond). - **4.** Fertile en, qui abonde en : *Un voyage fertile en péripéties.*

fertilisant, e [fɛʀtilizɑ̃, -ɑ̃t] adj. Qui fertilise : *On utilise trop de produits fertilisants.*

fertilisation [fɛʀtilizasjɔ̃] n.f. Action de fertiliser : *La fertilisation d'une région désertique* (syn. bonification).

fertiliser [fɛʀtilize] v.t. Rendre fertile : *Fertiliser les champs avec des engrais* (syn. amender, bonifier).

fertilité [fɛʀtilite] n.f. - **1.** Qualité d'une terre fertile. - **2.** Capacité de qqn à créer : *La fertilité d'esprit de qqn* (syn. créativité).

féru, e [feʀy] adj. (p. passé de *férir*). Pris d'un intérêt passionné pour : *Féru d'histoire, de romans* (= grand amateur).

férule [feʀyl] n.f. (lat. *ferula*). - **1.** Palette de bois ou de cuir avec laquelle on frappait la main des écoliers en faute. - **2.** Sous la férule de qqn, sous son autorité, sous sa domination despotique.

fervent, e [fɛʀvɑ̃, -ɑ̃t] adj. (lat. *fervens, -entis* "échauffé, emporté"). Rempli de ferveur, ardent : *Prière fervente. Disciple fervent* (syn. enthousiaste). ◆ adj. et n. Passionné pour : *Les fervents du football* (syn. fanatique, passionné).

ferveur [fɛʀvœʀ] n.f. (lat. *fervor* "bouillonnement"). Sentiment d'une grande intensité : *Prier avec ferveur* (syn. dévotion, piété). *Écouter qqn avec ferveur* (syn. enthousiasme).

fesse [fɛs] n.f. (lat. pop. **fissa*, class. *fissum* "fente"). - **1.** Chacune des deux parties charnues qui forment le derrière de l'homme et de certains animaux. - **2.** FAM. Serrer les fesses, avoir peur.

fessée [fese] n.f. - **1.** Série de coups sur les fesses : *Donner, recevoir une fessée.* - **2.** FAM. Défaite humiliante.

fesser [fese] v.t. Donner une fessée à : *À cette époque-là, on fessait souvent les enfants.*

fessier, ère [fesje, -ɛʀ] adj. Qui appartient aux fesses : *Muscles fessiers.* ◆ **fessier** n.m. FAM. Ensemble des deux fesses.

fessu, e [fesy] adj. FAM. Qui a de grosses fesses.

festif, ive [fɛstif, -iv] adj. (lat. *festivus* "de fête"). SOUT. Qui a trait à la fête en tant que réjouissance collective : *L'ambiance festive qui régnait dans les rues.*

festin [fɛstɛ̃] n.m. (it. *festino*, dimin. de *festa* "fête"). Repas d'apparat, banquet somptueux : *Un festin de noces.*

festival [fɛstival] n.m. (mot angl. "jour de fête") [pl. *festivals*]. - **1.** Série périodique de manifestations artistiques appartenant à un genre donné et se déroulant habituellement dans un endroit précis : *Festival international du cinéma.* - **2.** Brillante démonstration ; ensemble remarquable : *Un festival de bons mots.*

festivalier, ère [fɛstivalje, -ɛʀ] adj. De festival : *La presse festivalière* (= les journalistes qui couvrent un festival). ◆ n. Personne qui participe ou qui assiste à un festival.

festivité [fɛstivite] n.f. (lat. *festivitas* "gaieté"). [Surtout au pl.]. Fête, réjouissances : *Les festivités du Carnaval.*

feston [fɛstɔ̃] n.m. (it. *festone*, de *festa* "fête"). - **1.** ARCHIT. Ornement en forme de guirlande ou de petits lobes répétés : *Un feston de pierre.*

-**2.** Point de broderie dont le dessin forme des dents arrondies ou pointues qui terminent génér. un bord du tissu.

festonner [fɛstɔne] v.t. Garnir de festons : *Festonner un rideau.*

festoyer [fɛstwaje] v.i. (de *fête*) [conj. 13]. Faire bombance, bonne chère ; prendre part à un festin (syn. banqueter).

fêtard, e [fɛtar, -ard] n. FAM. Personne qui fait la fête : *Une bande de joyeux fêtards* (syn. viveur). **Rem.** Le fém. est rare.

fête [fɛt] n.f. (du lat. *festa dies* "jour de fête"). -**1.** Solennité religieuse ou civile, en commémoration d'un fait important : *Le 14 juillet est la fête nationale* (= qui est célébrée par la nation tout entière). -**2.** Réjouissances organisées par une collectivité ou un particulier : *Une fête de famille. La fête des mères.* -**3.** Jour de fête du saint dont on porte le nom : *Le 22 octobre est la fête des Élodie.* -**4.** Air de fête, aspect riant, gai : *La ville a un air de fête.* ‖ FAM. Ça va être sa fête, il va être malmené ou réprimandé. ‖ Faire fête à qqn, l'accueillir avec des démonstrations de joie. ‖ Faire la fête, participer à une fête ; mener une vie de plaisir. ‖ Ne pas être à la fête, être dans une situation désagréable. ‖ Se faire une fête de, se réjouir beaucoup à l'idée de. ◆ **fêtes** n.f. pl. Période de Noël et du jour de l'an : *Après les fêtes.*

Fête-Dieu [fɛtdjø] n.f. (pl. *Fêtes-Dieu*). CATH. Fête de l'Eucharistie, instituée en 1264 par Urbain IV, appelée aujourd'hui fête du Saint-Sacrement et célébrée le deuxième dimanche après la Pentecôte.

fêter [fɛte] v.t. -**1.** Célébrer par une fête : *Fêter un anniversaire.* -**2.** Accueillir qqn avec joie : *Fêter un ami.*

fétiche [fetiʃ] n.m. (port. *feitiço* "sortilège", du lat. *facticius* ; v. *factice*). Objet ou animal auquel sont attribuées des propriétés magiques, bénéfiques (syn. amulette, gri-gri).

fétichisme [fetiʃism] n.m. -**1.** Culte des fétiches. -**2.** Vénération outrée, superstitieuse pour qqch, qqn : *Il a le fétichisme du règlement* (syn. culte). -**3.** PSYCHAN. Trouble du comportement sexuel consistant à lier la jouissance à la vue ou au toucher d'objets déterminés.

fétichiste [fetiʃist] adj. et n. Qui appartient au fétichisme ; qui pratique le fétichisme.

fétide [fetid] adj. (lat. *foetidus*, de *foetere* "puer"). Se dit d'une odeur forte et répugnante ; se dit de ce qui a cette odeur : *L'odeur fétide des marais* (syn. infect, nauséabond). *Une haleine fétide* (syn. malodorant, puant).

fétu [fety] n.m. (lat. pop. *festucum,* class. *festuca*). Brin de paille.

1. **feu** [fø] n.m. (lat. *focus* "foyer, feu"). -**1.** Dégagement simultané de chaleur, de lumière et de flamme produit par la combustion vive de certains corps comme le bois et le charbon : *Faire un bon feu* (syn. flambée). *Un feu de camp* (= réjouissances organisées le soir autour d'un feu de bois). -**2.** Destruction par les flammes, la combustion : *Mettre le feu à un tas de feuilles mortes. Le feu a détruit la grange* (syn. incendie). -**3.** Source de chaleur utilisée pour le chauffage ou la cuisson des aliments : *Mettre le ragoût au feu. Cuire à feu doux, à feu vif.* -**4.** Lieu où l'on fait le feu : *Veillée au coin du feu* (syn. âtre, cheminée, foyer). -**5.** Ce qui est nécessaire pour allumer une cigarette : *Auriez-vous du feu ?* (= allumettes, briquet). *Donner du feu à qqn.* -**6.** (Au pl.). Source d'éclairage : *Extinction des feux à dix heures* (syn. lumière). *Les feux de la rampe* (= l'éclairage placé sur le devant d'une scène de théâtre). -**7.** Dispositif lumineux que tout avion, tout navire doit arborer de nuit : *Feu clignotant. Feu de navigation.* -**8.** Dispositif lumineux destiné à l'éclairage et à la signalisation nocturnes d'un véhicule automobile : *Feux de croisement* (= codes). *Feux de position* (= ceux qui définissent le gabarit du véhicule). *Feux de route* (= phares). *Feux de détresse* (syn. [anglic.] warning). -**9.** Éclat : *Les feux d'un diamant* (syn. scintillement). -**10.** Décharge d'une arme au cours de laquelle un projectile est lancé sous l'effet de la combustion de la poudre : *Ouvrir le feu* (syn. tir). *Feu nourri* (= tir rapide et abondant). -**11.** Combat : *Aller au feu.* -**12.** Sensation de chaleur, de brûlure : *Lotion pour calmer le feu du rasoir.* -**13.** Ardeur des sentiments : *Parler avec feu* (syn. fougue, passion). -**14.** Coup de feu, décharge d'une arme à feu ; au fig., moment de presse, d'agitation, génér. dans un restaurant à l'heure des repas. ‖ Donner, obtenir le feu vert, donner, obtenir l'autorisation d'agir, d'entreprendre. ‖ En feu, en train de brûler : *La maison est en feu* ; irrité sous l'effet d'une cause physique : *Un plat trop épicé qui vous met la bouche en feu.* ‖ Être pris entre deux feux, se trouver attaqué de deux côtés à la fois ; au fig., recevoir en même temps les critiques de gens d'opinions contraires. ‖ Être sans feu ni lieu, être sans domicile. ‖ Être tout feu tout flamme, montrer un grand enthousiasme ; s'emballer. ‖ Faire feu, tirer avec une arme à feu. ‖ Faire long feu, en parlant d'un projectile, partir avec retard ; au fig., ne pas réussir : *Son projet a fait long feu* (= a échoué). ‖ Faire mourir qqn à petit feu, le tourmenter sans cesse, le laisser intentionnellement dans une cruelle incertitude. ‖ Feu !, ordre par lequel un chef militaire fait tirer sur l'ennemi. ‖ Feu de paille, ardeur très passagère ; activité sans lendemain. ‖ Feu sacré, zèle, enthousiasme durables. ‖ Feu tricolore, feu de signalisation

d'un croisement, qui est tantôt rouge pour indiquer que les automobilistes doivent stopper, tantôt orange pour leur indiquer qu'ils doivent ralentir, tantôt vert pour leur indiquer que le passage est libre. ‖ **Il n'y a pas de fumée sans feu**, toute rumeur repose sur une parcelle de vérité (proverbe). ‖ **Jouer avec le feu**, s'exposer témérairement à un danger. ‖ **Ne pas faire long feu**, ne pas durer longtemps ; être vite terminé : *Son engagement politique n'a pas fait long feu.* ‖ **N'y voir que du feu**, ne pas s'apercevoir qu'on est victime d'une supercherie. ‖ **Prendre feu**, s'enflammer, en parlant d'une substance, d'un objet ; au fig., s'enthousiasmer ou s'emporter. - **15. Feu de Bengale**. Pièce de feu d'artifice donnant une flamme colorée.

2. **feu, e** [fø] adj. (lat. pop. *fatutus* "qui a une bonne ou mauvaise destinée", d'où "qui a accompli son destin", de *fatum*) [pl. *feus, feues*]. LITT. Décédé depuis peu : *Ma feue tante. Feu ma tante.* **Rem.** *Feu* est inv. quand il précède l'art. ou le poss.

feudataire [fødatɛʀ] n. et adj. (du lat. médiév. *feudum* "fief"). Possesseur d'un fief ; vassal : *Les princes feudataires de l'Inde.*

feuil [fœj] n.m. (lat. *folia* "feuille"). TECHN. Pellicule, couche très mince recouvrant qqch (syn. film).

feuillage [fœjaʒ] n.m. - **1.** Ensemble des feuilles d'un arbre, persistant chez certaines espèces, tels le pin, le sapin, le laurier, annuellement caduc chez d'autres, tels le chêne, le hêtre, etc. (syn. frondaison, ramure). - **2.** Branches coupées, chargées de feuilles : *Se faire un lit de feuillage.*

feuillaison [fœjɛzɔ̃] n.f. (de *feuiller* "se couvrir de feuilles"). Renouvellement annuel des feuilles (syn. foliation).

feuillant, ine [fœjɑ̃, -ātin] n. (du n. de Notre-Dame de Feuillans, en Haute-Garonne). Religieux, religieuse appartenant à une branche de l'ordre cistercien réformée en 1577 et disparue en 1789.

feuille [fœj] n.f. (bas lat. *folia*, du class. *folium*). - **1.** Expansion latérale de la tige d'une plante, caractérisée par sa forme aplatie et sa symétrie bilatérale : *Certains arbres perdent leurs feuilles en automne. Des feuilles mortes.* - **2.** Organe végétal rappelant la forme d'une feuille : *Feuille d'artichaut* (syn. bractée). *Un trèfle à quatre feuilles* (syn. foliole). - **3.** Mince plaque de bois, de métal, de minéral, de carton, etc. : *Feuille d'or, d'ardoise* (syn. lame, plaque). - **4.** Morceau de papier d'une certaine grandeur susceptible de recevoir un texte écrit ou imprimé : *Écrire sur des feuilles volantes* (syn. page). - **5.** Imprimé, document comportant des indications d'ordre administratif : *Remplir sa feuille d'impôts, une feuille*

maladie (syn. formulaire). - **6.** **Feuille de paie**, **de salaire**, syn. de *bulletin de paie, de salaire.*

feuillet [fœjɛ] n.m. (de *feuille*). - **1.** Ensemble de deux pages recto et verso d'un livre ou d'un cahier. - **2.** Troisième poche de l'estomac des ruminants, aux parois feuilletées. - **3.** BIOL. Chacun des constituants fondamentaux, disposés en lames, de l'ébauche embryonnaire, engendrant une série d'organes.

feuilletage [fœjtaʒ] n.m. Pâte feuilletée*.

feuilleté, e [fœjte] adj. (de *feuilleter*). - **1.** Constitué de lames minces superposées : *Roche feuilletée.* - **2.** **Pâte feuilletée**, pâte à base de farine et de beurre, repliée plusieurs fois sur elle-même de manière à se séparer en feuilles à la cuisson (on dit aussi *un feuilletage*). ◆ **feuilleté** n.m. CUIS. Feuilletage garni d'un apprêt salé ou sucré : *Le vol-au-vent est un feuilleté salé. Le mille-feuille est un feuilleté sucré.*

feuilleter [fœjte] v.t. (de *feuillet*) [conj. 27]. Tourner les pages d'un livre, d'une revue, etc., en les parcourant rapidement et au hasard.

feuilleton [fœjtɔ̃] n.m. (de *feuillet*). - **1.** Œuvre romanesque publiée par épisodes successifs dans un journal : « *Les Mystères de Paris* » *parurent d'abord en feuilleton* (syn. roman-feuilleton). - **2.** Émission dramatique radiodiffusée ou télévisée dont l'histoire est fractionnée en épisodes courts et de même durée.

feuilletoniste [fœjtɔnist] n. Auteur de feuilletons dans un journal.

1. **feuillu, e** [fœjy] adj. Qui a beaucoup de feuilles.

2. **feuillu** [fœjy] n.m. BOT. Arbre qui possède des feuilles à limbe déployé (par opp. à *résineux*).

feuillure [fœjyʀ] n.f. (de *feuiller* "entailler"). MENUIS. Angle rentrant, le plus souvent d'équerre, ménagé le long d'un élément de construction pour recevoir une partie de menuiserie fixe ou mobile (syn. rainure).

feulement [følmɑ̃] n.m. Cri du tigre.

feuler [føle] v.i. (orig. onomat.). Émettre un feulement, en parlant du tigre.

feutrage [føtʀaʒ] n.m. Fait de feutrer, de se feutrer.

feutre [føtʀ] n.m. (frq. *filtir*). - **1.** Étoffe obtenue par agrégation de poils ou de filaments de laine isolés. - **2.** Chapeau de feutre. - **3.** Instrument pour écrire, pour marquer, dont le corps renferme un réservoir poreux imprégné d'encre et relié à une pointe en matériau synthétique ; spécial., stylo-feutre.

feutré, e [føtʀe] adj. - **1.** Qui a la contexture, l'aspect du feutre : *Un tricot feutré* (= abîmé par le lavage). - 2. Où les bruits sont étouffés : *Salon à l'atmosphère feutrée* (syn. **ouaté**). - 3. Marcher à pas feutrés, sans faire de bruit.

feutrer [føtʀe] v.t. - 1. Transformer des poils, de la laine en feutre. - 2. Faire perdre de sa souplesse à un lainage : *J'ai feutré mon chandail.* - 3. Garnir de feutre : *Feutrer une selle de bicyclette.* ◆ v.i. ou **se feutrer** v.pr. Prendre la contexture, l'aspect du feutre : *Se feutrer au lavage.*

feutrine [føtʀin] n.f. Feutre léger, très serré : *Le dessous de l'échiquier est garni de feutrine.*

fève [fɛv] n.f. (lat. *faba*). - 1. Légumineuse annuelle cultivée pour sa graine, destinée à l'alimentation humaine ou animale. □ Famille des papilionacées. - 2. Graine de cette plante. - 3. Figurine placée à l'intérieur de la galette des Rois.

février [fevʀije] n.m. (lat. *februarius*, de *februum* "moyen de purifier"). Deuxième mois de l'année, qui a 28 jours, 29 dans les années bissextiles.

fez [fɛz] n.m. (du n. de la ville de *Fes* ou de ville). Calotte tronconique en laine, très portée naguère en Afrique du Nord et au Proche-Orient.

fi [fi] interj. (onomat.). LITT. - 1. Exprime le dégoût, la désapprobation : *Fi ! La vilaine action !* - 2. Faire fi de, ne pas attacher d'importance ou de valeur à : *Faire fi des honneurs et de l'argent* (= les mépriser, les dédaigner).

fiabiliser [fjabilize] v.t. Rendre plus fiable : *Fiabiliser un dispositif.*

fiabilité [fjabilite] n.f. (de *fiable*). Probabilité de fonctionnement sans défaillance d'un dispositif dans des conditions spécifiées et pendant une période de temps déterminée.

fiable [fjabl] adj. (de [*se*] *fier*). - 1. Doué de fiabilité : *Machine fiable.* - 2. A qui on peut se fier : *Personne fiable.*

fiacre [fjakʀ] n.m. (de [*saint*] *Fiacre*, dont l'effigie ornait l'enseigne d'un bureau de voitures de louage à Paris). Voiture hippomobile à quatre roues et à quatre places.

fiançailles [fijɑ̃saj] n.f. pl. (de *fiancer*). - 1. Promesse mutuelle de mariage ; cérémonie qui l'accompagne : *Une bague de fiançailles.* - 2. Temps qui s'écoule entre cette promesse et le mariage : *De longues fiançailles.*

fiancé, e [fijɑ̃se] n. Personne qui s'est fiancée.

fiancer [fijɑ̃se] v.t. (de l'anc. fr. *fiance* "engagement") [conj. 16]. Célébrer les fiançailles de : *Ils fiancent leur fils.* ◆ **se fiancer** v.pr. [**avec**]. S'engager à épouser qqn : *Il s'est fiancé avec une amie d'enfance. Ils se sont fiancés dimanche.*

fiasco [fjasko] n.m. (de l'it. *far fiasco* "échouer"). FAM. Échec complet : *Son tour de chant a été un fiasco total.*

fiasque [fjask] n.f. (it. *fiasco*, du germ. **flaska*). Bouteille à col long et à large panse garnie de paille, employée en Italie.

fibre [fibʀ] n.f. (lat. *fibra*). - 1. Filament ou cellule filamenteuse, constituant certains tissus animaux ou végétaux, certaines substances minérales : *Fibre musculaire. Fibre de bois.* - 2. Tout élément filamenteux allongé, d'origine naturelle ou non, constitutif d'un fil, d'une feuille de papier, etc. : *Fibre textile. La fibre de verre est employée comme isolant.* - 3. (Génér. suivi d'un adj.). Sensibilité particulière de qqn : *Avoir la fibre paternelle.* - 4. Fibre optique. Filament de verre extrêmement pur utilisé comme conducteur d'ondes électromagnétiques.

fibreux, euse [fibʀø, -øz] adj. Qui contient des fibres ; qui est formé de fibres : *Une viande fibreuse.*

fibrillation [fibʀijasjɔ̃] n.f. (de *fibrille*). MÉD. Série de contractions violentes et désordonnées des fibres du muscle cardiaque.

fibrille [fibʀij] n.f. (de *fibre*). Petite fibre.

fibrine [fibʀin] n.f. (de *fibre*). BIOL. Substance qui apparaît dans le sang au cours de la coagulation et qui constitue les filaments du caillot.

Fibrociment [fibʀosimɑ̃] n.m. (nom déposé). CONSTR. Matériau constitué d'amiante et de ciment.

fibromateux, euse [fibʀomatø, -øz] adj. Qui est de la nature d'un fibrome.

fibrome [fibʀom] n.m. (de *fibre*). MÉD. Tumeur bénigne constituée par du tissu fibreux.

fibroscope [fibʀɔskɔp] n.m. (de *fibre* et [*endo*]*scope*). MÉD. Endoscope flexible dans lequel la lumière est canalisée par un réseau de fibres de quartz.

fibroscopie [fibʀɔskɔpi] n.f. MÉD. Endoscopie réalisée au moyen d'un fibroscope.

fibule [fibyl] n.f. (lat. *fibula*). ANTIQ. Épingle de sûreté en métal servant à fixer les vêtements.

ficaire [fikɛʀ] n.f. (lat. scientif. *ficaria*, de *ficus* "figue"). Petite plante qui épanouit ses fleurs jaunes au début du printemps. □ Famille des renonculacées.

ficelage [fislaʒ] n.m. Action de ficeler ; son résultat : *Un ficelage bien fait.*

ficeler [fisle] v.t. (de *ficelle*) [conj. 24]. - 1. Lier, attacher avec de la ficelle : *Ficeler un rôti.* - 2. FAM. Élaborer, construire avec astuce : *Il a bien ficelé son scénario.* - 3. FAM. Habiller : *Elle est toujours mal ficelée* (syn. **vêtir**).

ficelle [fisɛl] n.f. (lat. pop. **funicella*, du class. *funis* "corde", avec infl. de *fil*). - 1. Corde très mince constituée de fils retordus ou câblés, pour lier, retenir, etc. : *Une pelote de ficelle.*

- 2. (Souvent pl.). Procédé, truc utilisé dans un métier, un art : *Elle connaît toutes les ficelles du métier.* **- 3.** Pain fantaisie mince et allongé pesant le poids d'une demi-baguette. **- 4.** Tenir, tirer les ficelles, faire agir les autres sans être vu, comme le montreur de marionnettes.

fichage [fiʃaʒ] n.m. Action de ficher, d'inscrire sur une, des fiches : *Le fichage des suspects.*

fiche [fiʃ] n.f. (propr. "tige enfoncée dans qqch", de *1. ficher*). **- 1.** Feuille cartonnée, plus ou moins grande, pour noter, enregistrer qqch, souvent destinée à être classée dans un fichier : *Consulter les fiches d'une bibliothèque. Faire des fiches* (= les rédiger). **- 2.** Imprimé de format variable, souvent détachable d'un magazine et qui comporte des indications pratiques : *Fiche cuisine. Fiche bricolage.* **- 3.** ÉLECTR. Pièce amovible destinée à être engagée dans une alvéole pour établir un contact : *Fiche simple, multiple.* **- 4.** Fiche d'état civil, document établi dans une mairie d'après un acte de l'état civil ou le livret de famille.

1. ficher [fiʃe] v.t. (lat. pop. **figicare*, du class. *figere* "attacher"). Faire entrer, enfoncer qqch par la pointe : *Ficher un pieu en terre* (syn. planter).

2. ficher [fiʃe] v.t. (de *fiche*). Ficher qqn, inscrire des renseignements le concernant sur une fiche, dans un fichier manuel ou électronique.

3. ficher [fiʃe] ou **fiche** [fiʃ] v.t. (de *fichu,* réfection, d'apr. *foutu,* du p. passé de *1. ficher*). FAM. **- 1.** Faire : *Qu'est-ce que tu fiches ici ?* **- 2.** Mettre, jeter dehors, hors de : *Ficher qqn à la porte.* **- 3.** Donner, envoyer : *Ficher une gifle.* ◆ **se ficher** ou **se fiche** v.pr. [de]. **- 1.** FAM. Se moquer : *Il s'est fichu de nous* (syn. se jouer). **- 2.** Se mettre, se jeter : *Se fiche à l'eau. Se ficher par terre* (= tomber). **Rem.** Se verbe a deux infinitifs : *ficher* et *fiche* (ce dernier sous l'infl. de *foutre*). La forme *ficher* est plus fréquemment utilisée que l'autre dans l'emploi transitif. Les deux formes sont indifféremment utilisées dans l'emploi pronominal.

fichier [fiʃje] n.m. **- 1.** Collection de fiches ; boîte, meuble à fiches. **- 2.** INFORM. Collection organisée d'informations de même nature, regroupées en une unité indépendante de traitement ; support matériel de ces informations.

fichtre [fiʃtʀ] interj. (croisement de *3. ficher* et *foutre*). FAM. Marquant l'étonnement, l'admiration : *Fichtre ! Ce n'est pas une mince affaire !*

1. fichu [fiʃy] n.m. (de *2. fichu* au sens de "mis précipitamment"). Triangle d'étoffe, dont les femmes se couvrent les épaules ou la tête (syn. châle, foulard).

2. fichu, e [fiʃy] adj. (p. passé de *3. ficher*). FAM. **- 1.** (Avant le n.). Pénible, désagréable : *Un fichu caractère* (syn. mauvais). **- 2.** (Après le n.). Irrémédiablement perdu ou compromis : *Une voiture complètement fichue.* **- 3.** Bien, mal fichu, bien, mal fait ; en bonne, en mauvaise santé. ‖ Être fichu de, capable de : *Il n'est pas fichu de gagner sa vie.*

fictif, ive [fiktif, -iv] adj. (du rad. du lat. *fictus* "inventé" ; v. *fiction*). **- 1.** Produit par l'imagination : *Personnage fictif* (syn. imaginaire). **- 2.** Qui n'existe que par convention : *La valeur fictive des billets de banque* (syn. conventionnel).

fiction [fiksjɔ̃] n.f. (lat. *fictio*, de *fingere* "feindre"). Création, invention de choses imaginaires, irréelles ; œuvre ainsi créée : *Un héros de fiction devenu légendaire.*

fictivement [fiktivmɑ̃] adv. De façon fictive : *Transportons-nous fictivement à l'époque des Gaulois* (= par la pensée).

ficus [fikys] n.m. (mot lat. "figuier"). Plante d'appartement à larges feuilles.

1. fidèle [fidɛl] adj. (lat. *fidelis*, de *fides* "foi"). **- 1.** Constant dans son attachement, ses relations : *Fidèle camarade. Chien fidèle.* **- 2.** Qui n'a de relations amoureuses qu'avec son conjoint : *Une femme fidèle* (contr. inconstant, infidèle). **- 3.** À qui on peut se fier : loyal, scrupuleux : *Un témoin fidèle. Traducteur fidèle.* **- 4.** Qui dénote un attachement durable : *Amitié fidèle* (syn. durable). **- 5.** Exact, sûr ; conforme à : *Mémoire fidèle. Faire un récit fidèle* (contr. falsifié, mensonger). **- 6.** Qui donne toujours la même indication quand on répète la mesure, en parlant d'un instrument : *Une balance fidèle* (syn. fiable ; contr. faux). **- 7.** Qui ne varie pas, qui ne s'écarte pas de : *Fidèle à ses promesses, à sa parole* (contr. traître).

2. fidèle [fidɛl] n. (de *1. fidèle*). **- 1.** Personne qui pratique une religion. **- 2.** Personne qui fréquente habituellement un groupe quelconque : *Un fidèle des concerts pop.*

fidèlement [fidɛlmɑ̃] adv. **- 1.** D'une manière constante : *Elle vient fidèlement nous voir* (syn. régulièrement). **- 2.** Avec exactitude : *Raconter fidèlement ce qui est arrivé* (syn. scrupuleusement).

fidélisation [fidelizasjɔ̃] n.f. Action de fidéliser une clientèle, un public.

fidéliser [fidelize] v.t. Rendre fidèle, s'attacher durablement une clientèle, un public, par des moyens appropriés : *La pratique de rabais aide à fidéliser les clients.*

fidélité [fidelite] n.f. **- 1.** Qualité d'une personne fidèle : *Fidélité à sa femme, à ses amis.*

- **2.** Qualité de ce qui est exact, sûr : *La fidélité de sa mémoire* (= exactitude et précision). *La fidélité d'une reproduction* (syn. justesse).

fiduciaire [fidysjɛʀ] adj. (lat. *fiduciarius*, de *fiducia* "confiance"). ÉCON. Se dit de valeurs fictives, fondées sur la confiance accordée à qui les émet : *Le billet de banque est une monnaie fiduciaire.*

fief [fjɛf] n.m. (anc. fr. *fieu*, lat. médiév. *feus*, frq. *°fehu* "bétail", d'où probabl. "biens, possessions"). - **1.** FÉOD. Terre, droit ou revenu qu'un vassal tenait de son seigneur et en échange desquels il devait accomplir le service dû à celui-ci. - **2.** Zone d'influence prépondérante, secteur réservé : *Le député sortant a été battu dans son fief électoral.*

fieffé, e [fjefe] adj. (de l'anc. fr. *fieffer* "pourvoir d'un fief"). FAM. Qui a atteint le dernier degré d'un défaut, d'un vice : *Fieffé menteur* (= un menteur achevé ; syn. parfait).

fiel [fjɛl] n.m. (lat. *fel* "colère"). - **1.** Bile des animaux. - **2.** LITT. Amertume, animosité à l'égard de qqn ou de qqch : *Un discours plein de fiel* (syn. acrimonie, aigreur).

fielleux, euse [fjelø, -øz] adj. LITT. Plein de fiel, d'acrimonie : *Des propos fielleux* (syn. acrimonieux, aigre).

fiente [fjɑ̃t] n.f. (lat. pop. *°femita*, du class. *fimus* "fumier"). Excrément de certains animaux, partic. des oiseaux.

fier, fière [fjɛʀ] adj. (lat. *ferus* "sauvage"). - **1.** Qui a de la dignité, des sentiments nobles, élevés : *Elle est trop fière pour accepter de l'argent* (syn. digne). - **2.** Hautain, méprisant par son attitude, ses paroles, etc. : *Son succès l'a rendu fier* (syn. arrogant, dédaigneux). - **3.** FAM. Remarquable en son genre : *Un fier imbécile* (syn. fameux). - **4.** Qui dénote de la fierté : *Un regard fier* (syn. altier). - **5.** Être fier de, qui tire un légitime orgueil, une vive satisfaction de : *Être fier de ses enfants, de sa réussite.*

se fier [fje] v.pr. [à] (lat. pop. *°fidare* "confier", de *fidus* "fidèle") [conj. 9]. Mettre sa confiance en : *Ne vous fiez pas à lui* (= ne comptez pas sur lui).

fier-à-bras [fjɛʀabʀɑ] n.m. (de *Fierabras*, n. d'un géant sarrasin des chansons de geste, d'apr. *fier*) [pl. *fiers-à-bras* ou *fier-à-bras*]. Celui qui affiche une bravoure ou de hautes qualités qu'il n'a pas : *Faire le fier-à-bras* (syn. fanfaron, matamore).

fièrement [fjɛʀmɑ̃] adv. De façon fière : *Il a fièrement répondu à ses détracteurs* (syn. courageusement, crânement).

fierté [fjɛʀte] n.f. - **1.** Qualité, caractère d'une personne fière : *Un homme d'une grande fierté* (syn. arrogance). - **2.** Sentiment d'orgueil, de satisfaction légitime de soi : *Ils tirent fierté de la réussite de leurs enfants* (syn. satisfaction).

fiesta [fjɛsta] n.f. (mot esp. "fête"). FAM. Réjouissance collective animée : *Faire la fiesta* (syn. fête).

fièvre [fjɛvʀ] n.f. (lat. *febris*). - **1.** Élévation anormale de la température constante du corps, souvent accompagnée d'un malaise général : *Avoir de la fièvre* (syn. température). *Faire tomber la fièvre.* - **2.** État de tension, d'agitation d'un individu ou d'un groupe : *Dans la fièvre du départ* (syn. fébrilité). *La fièvre des élections.* - **3.** Nom donné à certaines maladies accompagnées de fièvre : *Fièvre typhoïde.*

fiévreusement [fjevʀøzmɑ̃] adv. De façon fiévreuse, agitée : *Préparer fiévreusement ses examens* (syn. fébrilement).

fiévreux, euse [fjevʀø, -øz] adj. - **1.** Qui a ou qui dénote la fièvre : *Yeux fiévreux.* - **2.** Inquiet, agité : *Attente fiévreuse.*

fifre [fifʀ] n.m. (suisse all. *Pfifer* "qui joue du fifre"). - **1.** Petite flûte traversière en bois, au son aigu, utilisée autref. notamm. dans les fanfares militaires. - **2.** Celui qui en joue.

fifty-fifty [fiftififti] adv. (mots angl. "cinquante-cinquante"). FAM. Moitié-moitié : *Partager fifty-fifty.*

figer [fiʒe] v.t. (lat. pop. *°feticare*, de *°feticum*, class. *ficatus* "foie") [conj. 17]. - **1.** Épaissir, solidifier un corps gras : *Le froid a figé l'huile dans la bouteille* (syn. geler). - **2.** Causer un grand saisissement à : *Son arrivée a figé tout le monde* (syn. pétrifier). ◆ **se figer** v.pr. - **1.** Se solidifier sous l'effet d'un abaissement de la température : *L'huile s'est figée.* - **2.** S'immobiliser sous le coup d'une émotion : *Il se figea sur place en voyant la scène* (syn. se pétrifier).

fignolage [fiɲɔlaʒ] n.m. Action de fignoler.

fignoler [fiɲɔle] v.t. et v.i. (de 2. *fin*). FAM. Achever, parfaire avec soin, minutie : *Fignoler un texte* (syn. lécher, parachever). *Vous fignolez trop.*

figue [fig] n.f. (anc. prov. *figa*, du lat. *ficus*). - **1.** Fruit comestible du figuier, formé par toute l'inflorescence, qui devient charnue après la fécondation. - **2.** Figue de Barbarie, fruit charnu et sucré de l'opuntia. ‖ Mi-figue, mi-raisin, qui n'est ni tout à fait agréable, bon, plaisant, ni tout à fait le contraire : *Un sourire mi-figue, mi-raisin* (= ambigu, mitigé).

figuier [figje] n.m. - **1.** Arbre des pays chauds, dont le fruit est la figue. □ Famille des moracées. - **2.** Figuier de Barbarie, nom usuel de l'opuntia.

figurant, e [figyʀɑ̃, -ɑ̃t] n. (de *figurer*). - **1.** Acteur, actrice qui a un rôle peu important, génér. muet, dans un film, une pièce de théâtre, un ballet. - **2.** Personne qui assiste à une négociation, une réunion, etc., sans y participer activement : *Être réduit au rôle de figurant dans une négociation.*

figuratif, ive [figyʀatif, -iv] adj. - **1.** Qui figure, représente la forme réelle des choses : *Plan figuratif*. - **2.** Art figuratif, syn. de *figuration*.
◆ **figuratif** n.m. Peintre ou sculpteur qui pratique l'art figuratif.

figuration [figyʀasjɔ̃] n.f. - **1.** Action de figurer qqn, qqch ; résultat de cette action : *La figuration des océans en rayures bleues* (syn. représentation). - **2.** ART CONTEMP. Art qui s'attache à représenter les formes du monde visible ou prend ces formes, nettement identifiables, comme matériau (par opp. à art *abstrait*, ou *non figuratif*). [→ expressionnisme.] - **3.** Métier ou rôle de figurant : *Faire de la figuration*. - **4.** Ensemble des figurants d'un film, d'une pièce de théâtre : *Un film comportant une nombreuse figuration*.

figure [figyʀ] n.f. (lat. *figura*, de *fingere* "représenter"). - **1.** Partie antérieure de la tête d'une personne : *Avoir la figure rouge* (syn. face). *Se laver la figure et les mains* (syn. visage). - **2.** Expression particulière de qqn, de son visage : *Une figure joyeuse* (syn. air). *Il a cette nouvelle, elle a changé de figure* (syn. mine, tête). - **3.** Personnalité marquante : *Les grandes figures du passé* (syn. personnage). *C'est une figure de notre ville* (syn. personnalité). - **4.** Tout dessin, schéma, photo, servant à illustrer un ouvrage : *Voir la figure page suivante* (syn. illustration). - **5.** MATH. Ensemble de points ; dessin servant à la représentation d'entités mathématiques : *Une figure géométrique*. - **6.** JEUX. Carte sur laquelle est représenté un personnage : *Le roi, la dame et le valet sont les figures d'un jeu de cartes*. - **7.** SPORTS. Exercice au programme de certaines compétitions de patinage, de ski, de natation, etc. : *Figures libres, imposées*. - **8.** Cas de figure → cas. ‖ FAM. Casser la figure à qqn, lui infliger une défaite, en partic. en le frappant au visage. ‖ Faire figure de, apparaître comme ; passer pour : *Faire figure d'excentrique*. ‖ Figure de style, procédé littéraire par lequel l'idée exprimée reçoit une forme particulière visant à produire un certain effet. ‖ Prendre figure, commencer à se réaliser (= prendre forme).

figuré, e [figyʀe] adj. LING. Sens figuré, signification d'un mot passé d'une application concrète, matérielle, au domaine des idées ou des sentiments : *Dans l'expression « fendre le cœur », le verbe « fendre » a un sens figuré* (par opp. à *sens propre*).

figurer [figyʀe] v.t. (lat. *figurare*). - **1.** Représenter par la peinture, la sculpture, etc. - **2.** Représenter, par un signe conventionnel : *Les villes de plus de 30 000 habitants sont figurées par un point rouge* (syn. symboliser).
◆ v.i. Être présent, se trouver dans un ensemble, un groupe, etc. : *Figurer sur une liste* (= être mentionné). ◆ **se figurer** v.pr.

Se figurer qqch, se le représenter par l'imagination : *Te figures-tu que le train va t'attendre ?* (syn. croire). *Figurez-vous un homme seul sur une île déserte* (syn. s'imaginer).

figurine [figyʀin] n.f. (it. *figurina*, de *figura* "figure"). Très petite statuette : *Les figurines de Noël*.

fil [fil] n.m. (lat. *filum*). - **1.** Brin long et fin d'une matière textile, naturelle ou pas : *Fil de soie, de laine. Une bobine de fil rouge*. - **2.** Matière filamenteuse sécrétée par les araignées et certaines chenilles. - **3.** Cylindre de faible section obtenu par l'étirage d'une matière métallique : *Fil de cuivre*. - **4.** Conducteur électrique constitué d'un ou de plusieurs brins métalliques et entouré d'une gaine isolante : *Acheter du fil électrique pour faire une rallonge. Télégraphie sans fil (T. S. F.)*. - **5.** Sens dans lequel s'écoule une eau courante : *Une barque qui suit le fil d'une rivière* (syn. courant). - **6.** Enchaînement logique, progression continue de : *Ne pas perdre le fil d'un discours*. - **7.** Partie tranchante d'une lame : *Le fil d'un rasoir, d'un couteau* (syn. tranchant). - **8.** Au bout du fil, au téléphone : *Je l'ai eu au bout du fil*. ‖ Au fil de, tout le long de : *Au fil des heures, son inquiétude augmentait*. ‖ Coup de fil, coup de téléphone : *Donner, passer, recevoir un coup de fil*. ‖ Donner du fil à retordre, causer beaucoup de problèmes, d'ennuis. ‖ Ne pas avoir inventé le fil à couper le beurre, ne pas être très malin. ‖ Ne tenir qu'à un fil, être fragile, précaire : *Sa vie ne tenait qu'à un fil*. - **9.** Fil à plomb. Fil muni, à une extrémité, d'un morceau de métal lourd pour matérialiser la verticale. ‖ Fil de fer. Pièce métallique cylindrique de grande longueur et de faible section.

fil-à-fil [filafil] n.m. inv. Tissu chiné, obtenu en ourdissant et en tramant successivement un fil clair, un fil foncé.

filage [filaʒ] n.m. Transformation des fibres textiles en fils ; travail du fileur.

filaire [filɛʀ] n.f. (lat. scientif. *filaria*, de *filum* "fil"). Ver parasite des régions chaudes, mince comme un fil, vivant sous la peau ou dans le système lymphatique de divers vertébrés. □ Classe des nématodes. Certaines filaires provoquent chez l'homme des filarioses.

filament [filamɑ̃] n.m. (lat. *filamentum*, de *filum* "fil"). - **1.** Élément de forme fine et allongée qui compose certains tissus animaux ou végétaux : *Des filaments nerveux* (syn. fibre). - **2.** Fibre textile de très grande longueur. - **3.** Fil conducteur d'une lampe électrique, rendu incandescent par le passage du courant.

filamenteux, euse [filamɑ̃tø, -øz] adj. DIDACT. Qui présente des filaments ; formé

de filaments : *L'amiante est une matière filamenteuse.*

filandreux, euse [filɑ̃drø, -øz] adj. (de *filan-
dre* "fibre naturelle", de *filer*). **- 1.** Rempli de
fibres longues et coriaces : *Viande filandreuse.
Haricots verts filandreux.* **- 2.** Qui abonde en
détails inutiles et peu clairs : *Explications
filandreuses* (syn. confus, embarrassé).

filant, e [filɑ̃, -ɑ̃t] adj. **- 1.** Qui file, coule sans
se diviser en gouttes : *Un sirop filant.*
- 2. Étoile filante → étoile.

filariose [filarjoz] n.f. MÉD. Affection parasitaire causée par une filaire.

filasse [filas] n.f. (lat. pop. *filacea*, de *filum*
"fil"). Matière que constituent les filaments
tirés de la tige des végétaux textiles : *Filasse
de chanvre, de lin* (syn. étoupe). ◆ adj. inv.
Cheveux filasse, cheveux d'un blond pâle.

filature [filatyʀ] n.f. (de *filer*). **- 1.** Ensemble
des opérations de transformation des fibres
textiles en fils : *La filature du coton, de la soie.*
- 2. Établissement industriel de filage des
matières textiles : *Les grandes filatures du
Nord.* **- 3.** Action de suivre qqn à son insu
pour noter ses faits et gestes : *Prendre qqn en
filature.*

file [fil] n.f. (de *filer*). **- 1.** Suite de personnes ou
de choses placées les unes derrière les
autres : *Une file de voitures* (syn. colonne). *Une
file d'attente* (syn. queue). **- 2.** À la file, en file,
en file indienne, l'un derrière l'autre. ‖ Prendre la file, se mettre à la suite de, dans une
file d'attente.

filer [file] v.t. (bas lat. *filare*, de *filum* "fil").
- 1. Travailler des fibres textiles de manière à
obtenir un fil : *Filer la laine.* **- 2.** Sécréter un fil
de soie, en parlant de certaines araignées et
chenilles. **- 3.** Dérouler un câble, une amarre,
etc., de façon continue, en laissant glisser
(syn. dévider). **- 4.** Suivre qqn secrètement
afin de le surveiller : *Filer un suspect.* **- 5.** FAM.
Donner, prêter : *File-moi cent balles.* **- 6.** MAR.
Filer n nœuds, avoir une vitesse de *n* milles
marins à l'heure, en parlant d'un bateau.
‖ Filer une note, la tenir longuement à la voix
ou à l'instrument. ◆ v.i. **- 1.** S'allonger,
couler de façon filiforme : *Le gruyère fondu
file.* **- 2.** Aller, partir très vite : *Elle fila vers la
sortie* (syn. se précipiter). *Un cheval qui file bon
train.* **- 3.** Disparaître rapidement, être
consommé : *Tout mon argent a filé* (= a été
dépensé). **- 4.** En parlant du temps, passer
très vite : *La matinée a filé.* **- 5.** En parlant des
mailles d'un bas, d'un collant, se défaire sur
une certaine longueur.

filet [filɛ] n.m. (dimin. de *fil*). **- 1.** Écoulement
fin d'un liquide, d'un gaz : *Un filet d'eau, de
gaz. Un filet de vinaigre.* **- 2.** TECHN. Rainure en
hélice d'une vis, d'un boulon, d'un écrou.

- 3. IMPR. Trait d'épaisseur variable, pour
séparer ou encadrer des textes, des illustrations, etc. **- 4.** Réseau, objet composé de
mailles entrecroisées, servant pour divers
usages : *Filet à provisions. Filet de pêche. Filet à
papillons.* **- 5.** Réseau de fils ou de cordages
tendu au milieu d'une table ou d'un terrain
de sports (tennis de table, tennis, etc.) ou
attaché derrière les poteaux de buts (football, handball, etc.). **- 6.** BOUCH. Morceau tendre et charnu de bœuf, de veau, de mouton,
qui se trouve au-dessous des vertèbres lombaires. **- 7.** Coup de filet, opération de police
au cours de laquelle sont effectuées plusieurs arrestations. ‖ Filet !, au tennis,
recomm. off. pour *net.* ‖ Filet de poisson,
bande de chair prélevée de part et d'autre de
l'arête dorsale. ‖ Travailler sans filet, exécuter un numéro d'équilibre, d'acrobatie sans
filet de protection ; au fig., prendre des
risques. ‖ Un filet de voix, une voix très
faible, ténue.

filetage [filtaʒ] n.m. (de *fileter*). **- 1.** Opération
consistant à creuser une rainure hélicoïdale
le long d'une surface cylindrique. **- 2.** Ensemble des filets d'une vis, d'un écrou.

fileter [filte] v.t. (de *filet*) [conj. 28]. Pratiquer
le filetage de : *Fileter une vis, un écrou.*

filial, e, aux [filjal, -o] adj. (bas lat. *filialis*, du
class. *filius* "fils"). Qui caractérise l'attitude
d'un fils, d'une fille à l'égard de ses parents :
Amour filial.

filiale [filjal] n.f. (de *filial*). Entreprise créée et
contrôlée par une société mère.

filialiser [filjalize] v.t. Donner à une entreprise le statut de filiale.

filiation [filjasjɔ̃] n.f. (bas lat. *filiatio*, de *filius*
"fils"). **- 1.** Suite d'individus directement
issus les uns des autres : *Descendre par
filiation directe d'un personnage célèbre* (syn.
ascendance, lignée). **- 2.** Suite, liaison de choses résultant l'une de l'autre, s'engendrant
l'une à l'autre : *La filiation des événements* (syn.
enchaînement).

filicale [filikal] n.f. (du lat. *filix, filicis* "fougère"). Filicales, ordre des fougères.

filière [filjɛʀ] n.f. (de *fil*). **- 1.** Succession de
degrés à franchir, de formalités à remplir
avant de parvenir à un certain résultat :
*Filière administrative. Passer par la filière pour
obtenir un visa.* **- 2.** Outil servant à mettre en
forme un métal, une matière plastique, à les
étirer en fils ou à les transformer en un
profilé. **- 3.** Outil servant à fileter une vis.
- 4. ZOOL. Orifice par lequel une araignée
émet les fils qu'elle produit.

filiforme [filifɔrm] adj. Mince, grêle, délié
comme un fil : *Des jambes filiformes.*

filigrane [filigran] n.m. (it. *filigrana*, de *filo*
"fil" et *grana* "grain"). **- 1.** Marque, dessin se

trouvant dans le corps d'un papier et que l'on peut voir par transparence : *Le filigrane d'un billet de banque.* - **2.** Ouvrage de bijouterie ajouré fait de bandes ou de fils métalliques fins entrelacés et soudés. - **3.** En **filigrane**, dont on devine la présence, à l'arrière-plan ; qui n'est pas explicite : *Son ambition apparaît en filigrane dans toutes ses actions.*

filin [filɛ̃] n.m. (de *fil*). MAR. Cordage de marine : *Filin d'acier, de chanvre.*

fille [fij] n.f. (lat. *filia*). - **1.** Personne du sexe féminin considérée par rapport à son père ou à sa mère (par opp. à *fils*) : *Leur fille aînée vit à Paris.* - **2.** Enfant du sexe féminin (par opp. à *garçon*) : *Ils ont deux filles et un garçon. École de filles. Petite fille.* - **3.** Jeune femme, femme : *Une chic fille.* - **4.** Femme non mariée, célibataire (vieilli, sauf dans l'express. *vieille fille*) : *Elle est restée fille.* - **5.** Avec un compl. de nom indiquant la fonction, désigne une employée subalterne : *Fille de cuisine, de ferme.* - **6.** Femme de mauvaise vie (péjor.) : *Fille de joie* (= prostituée). - **7.** Fille de **salle**, femme salariée chargée des travaux de ménage et de nettoyage dans un hôpital ou une clinique. ‖ FAM. **Jouer la fille de l'air**, partir sans prévenir.

fillette [fijɛt] n.f. Petite fille.

filleul, e [fijœl] n. (lat. *filiolus*, dimin. de *filius* "fils"). Celui, celle dont on est le parrain, la marraine.

film [film] n.m. (mot angl. "pellicule"). - **1.** Pellicule recouverte d'une émulsion sensible à la lumière, et sur laquelle s'enregistrent les images en photographie et en cinématographie. - **2.** Document, œuvre cinématographique. - **3.** Déroulement continu d'événements : *Revoir en pensée le film de sa vie.* - **4.** Fine pellicule d'un produit, d'une substance recouvrant une surface (syn. feuil).

filmer [filme] v.t. Enregistrer sur un film cinématographique, prendre en film : *Filmer une scène* (syn. tourner).

filmique [filmik] adj. Relatif au film cinématographique, au cinéma : *L'œuvre filmique de Hitchcock.*

filmographie [filmɔgrafi] n.f. Liste des films d'un réalisateur, d'un comédien, d'un producteur, etc., ou relevant d'un genre donné.

filon [filɔ̃] n.m. (it. *filone*, de *filo* "fil"). - **1.** MINÉR. Suite ininterrompue d'une même matière, recourant des couches de nature différente : *Exploiter un filon aurifère* (syn. veine). - **2.** FAM. Moyen, source de réussite ; situation lucrative et peu fatigante : *Avec cet emploi, il a trouvé le bon filon.*

filou [filu] n.m. (forme dial. de *fileur*, dér. de *filer*). FAM. Personne malhonnête, qui cher-

che à voler les autres : *C'est un filou* (syn. aigrefin, escroc).

filouter [filute] v.t. (de *filou*). FAM. Voler avec adresse : *Il nous a filoutés* (syn. escroquer).

filouterie [filutri] n.f. FAM. et VX. Acte de filou, malhonnêteté : *Ce n'est pas sa première filouterie* (syn. escroquerie, indélicatesse).

fils [fis] n.m. (lat. *filius*). - **1.** Personne du sexe masculin considérée par rapport à son père ou à sa mère : *Le fils cadet n'a hérité de rien. Tel père, tel fils.* - **2.** Fils de famille, garçon né dans une famille aisée. ‖ Fils spirituel, celui qui est le dépositaire unique ou principal de la pensée d'un maître : *Les fils spirituels de Sartre* (= continuateur, disciple).

filtrage [filtraʒ] n.m. - **1.** Action de filtrer ; fait d'être filtré : *Le filtrage d'un vin.* - **2.** Contrôle minutieux : *Filtrage des éléments suspects.* - **3.** Fait de filtrer, de se répandre subrepticement : *Le filtrage d'une nouvelle* (syn. divulgation, ébruitement).

filtrant, e [filtrɑ̃, -ɑ̃t] adj. - **1.** Qui sert à filtrer : *Papier filtrant.* - **2.** Verres filtrants, verres qui ne laissent pas passer certaines radiations lumineuses. ‖ Virus filtrant, virus qui traverse les filtres les plus fins et n'est perceptible qu'au microscope électronique.

filtrat [filtra] n.m. Liquide filtré dans lequel ne subsiste aucune matière en suspension.

filtre [filtr] n.m. (bas lat. *filtrum*, frq. **filtir*). - **1.** Corps poreux, dispositif à travers lequel on fait passer un fluide pour le débarrasser des particules qui s'y trouvent en suspension ou pour l'extraire de matières auxquelles il est mélangé. - **2.** Dispositif permettant de faire passer l'eau à travers le café qu'il contient ; café ainsi obtenu. - **3.** PHOT. Dispositif placé devant l'objectif d'un appareil et qui intercepte certains rayons lumineux.

filtrer [filtre] v.t. - **1.** Faire passer à travers un filtre. - **2.** Soumettre à un contrôle sévère de passage : *Filtrer des passants, des nouvelles.* ◆ v.i. - **1.** Pénétrer : *L'eau filtre à travers les terres.* - **2.** Passer subrepticement en dépit des obstacles : *Laisser filtrer une information.*

1. fin [fɛ̃] n.f. (lat. *finis* "limite, frontière"). - **1.** Moment où se termine, s'achève qqch : *La fin de l'année* (syn. terme). - **2.** Endroit où se termine qqch : *Arriver à la fin du chapitre* (syn. bout). - **3.** Période, partie terminale : *Avoir des fins de mois difficiles.* - **4.** Complet achèvement : *Mener un projet à sa fin.* - **5.** Arrêt, cessation : *La fin d'une amitié.* - **6.** Mort : *Sentir sa fin prochaine.* - **7.** But, intention : *Parvenir à ses fins* (= atteindre le but qu'on s'était fixé). - **8.** À toutes fins utiles, pour servir si nécessaire : *À toutes fins utiles, prenez votre passeport.* ‖ En fin de compte, en définitive, pour conclure (= finalement). ‖ **Fin en soi,** résultat recherché pour lui-même. ‖ **Mener qqch à bonne fin,** le terminer de façon satisfaisante. ‖ **Mettre fin à qqch,** le faire cesser. ‖ **Mettre fin à ses jours,** se suicider. ‖ **Mot de la fin,** parole qui clôt un débat, une question. ‖ **Prendre fin** ou **tirer, toucher à sa fin,** se terminer, s'achever. ‖ **Sans fin,** sans cesse (= continuellement).

2. **fin, e** [fɛ̃, fin] adj. (de 1. *fin*). - **1.** Extrêmement petit, dont les éléments sont très petits : *Sable fin. Sel fin* (contr. gros). - **2.** Extrêmement mince : *Cheveux fins.* - **3.** Très aigu, effilé : *Pointe fine.* - **4.** Très mince, élancé : *Taille fine* (contr. épais). *Attaches fines* (syn. délié). - **5.** Délicat, peu marqué : *Traits fins* (contr. grossier). - **6.** Qui a peu d'épaisseur ; léger, délicat : *Tissu fin.* - **7.** Très pur : *Or fin.* - **8.** De la qualité la meilleure : *Porcelaine fine. Vins fins.* - **9.** D'une grande acuité ; qui perçoit les moindres rapports, les nuances les plus délicates : *Avoir l'ouïe fine. Un homme très fin.* - **10.** Qui témoigne d'une intelligence subtile, d'un goût délicat : *Une plaisanterie fine* (contr. lourd). - **11.** Qui excelle dans une activité donnée ; subtil, raffiné : *Un fin limier* (syn. habile). *Un fin gourmet.* - **12.** Le fin fond, l'endroit le plus reculé. ◆ **fin** n.m. Le fin du fin, ce qu'il y a de plus accompli, de plus raffiné. ◆ **fin** adv. - **1.** Finement : *Moudre fin.* - **2.** Complètement : *Elle est fin prête.*

1. **final, e, als** ou **aux** [final, -o] adj. (bas lat. *finalis*). - **1.** Qui finit, termine : *Point final.* - **2.** Qui constitue ou exprime la fin, le but : *Cause finale.* - **3.** GRAMM. Proposition finale, proposition subordonnée de but. (On dit aussi *une finale*.)

2. **final** ou **finale** [final] n.m. (it. *finale,* de *fine* "fin") [pl. *finals* ou *finales*]. MUS. Morceau qui termine une symphonie, un acte d'opéra, etc.

finale [final] n.f. (de 1. *final*). - **1.** Dernière syllabe ou dernière lettre d'un mot : *Accent placé sur la finale.* - **2.** Dernière épreuve d'une compétition par élimination.

finalement [finalmã] adv. À la fin, pour en finir : *Il a longtemps hésité et a finalement décidé de partir.*

finaliser [finalize] v.t. - **1.** Orienter vers un objectif précis, donner une finalité à : *Finaliser une recherche.* - **2.** Achever, mettre au point dans les derniers détails : *Un projet finalisé.*

1. **finaliste** [finalist] adj. et n. (de *finale*). Qui est qualifié pour disputer une finale.

2. **finaliste** [finalist] adj. et n. (de 1. *final*). PHILOS. Syn. de *téléologique*.

finalité [finalite] n.f. Caractère d'un fait, d'un enchaînement d'événements où l'on voit un but, une évolution orientée : *Croire à la finalité de l'histoire.*

finance [finãs] n.f. (de l'anc. fr. *finer* "mener à bien, payer"). - **1.** Ensemble des professions qui ont pour objet l'argent et ses modes de représentation, notamm. les valeurs mobilières : *Le monde de la finance.* - **2.** Moyennant finance, en échange d'argent comptant : *Il a été livré à domicile moyennant finance* (contr. gratuitement). ◆ **finances** n.f. pl. - **1.** Deniers publics ; ensemble des charges et des ressources de l'État ou d'une collectivité territoriale ; ensemble des activités qui ont trait à leur gestion, à leur utilisation : *Finances publiques. Inspecteur des finances.* - **2.** FAM. Ressources pécuniaires d'un particulier : *Mes finances sont au plus bas.* - **3.** Loi de finances. Loi par laquelle le gouvernement est autorisé annuellement à engager des dépenses et à recouvrer les recettes.

financement [finãsmã] n.m. Action de financer : *Dresser un plan de financement.*

financer [finãse] v.t. (de *finance*) [conj. 16]. Fournir des capitaux à : *Financer une entreprise.*

1. **financier, ère** [finãsje, -ɛr] adj. Relatif aux finances : *Bilan financier. Problèmes financiers* (syn. pécuniaire).

2. **financier** [finãsje] n.m. Spécialiste des opérations financières et de gestion de patrimoines privés ou publics.

financièrement [finãsjɛrmã] adv. Sur le plan financier : *Projet financièrement réalisable.*

finasser [finase] v.i. (de *finesse*). FAM. User de subterfuges, de finesses plus ou moins bien intentionnées : *N'essaie pas de finasser, tu ne m'auras pas* (syn. biaiser, tergiverser).

finasserie [finasri] n.f. FAM. Finesse mêlée de ruse : *Je ne suis pas dupe de ses finasseries.*

finaud, e [fino, -od] adj. et n. (de 2. *fin*). Rusé, sous un air de simplicité : *Un paysan finaud* (syn. matois).

fine [fin] n.f. (de [*eau-de-vie*] *fine*). - **1.** Eau-de-vie naturelle de qualité supérieure. - **2.** Fine de claire → claire.

finement [finmã] adv. De façon fine : *Étoffe finement brodée* (syn. délicatement). *Une affaire finement menée* (syn. habilement).

finesse [fines] n.f. (de 2. *fin*). - **1.** Caractère de ce qui est fin, ténu, mince, léger : *La finesse d'un fil, d'une poudre. La finesse d'une taille.* - **2.** Délicatesse des formes, de la matière : *Finesse d'un visage. Finesse d'un bijou. Finesse d'un parfum. Travail exécuté avec finesse.* - **3.** Acuité des sens : *Finesse de l'ouïe, de l'odorat* (syn. sensibilité). - **4.** Qualité de ce qui est pénétrant, subtil, spirituel : *Faire preuve de finesse* (syn. pénétration, discernement). *La finesse d'un raisonnement, d'une observation* (syn. justesse). *La finesse d'une plaisanterie.*

- **5.** (Surtout au pl.). Nuance délicate, subtilité : *Comprendre les finesses d'une langue. Les finesses de la diplomatie.*

1. fini, e [fini] adj. (de *finir*). - **1.** Limité, qui a des bornes : *Grandeur finie* (contr. infini). - **2.** Achevé, terminé, révolu : *Son travail est fini. Ce temps-là est bien fini.* - **3.** Parfaitement achevé, accompli ; dont la finition est soignée : *Cette voiture a été mal finie.* - **4.** Achevé, parfait en son genre (péjor.) : *Un menteur fini* (syn. fieffé). - **5.** Usé : *Un homme fini.* - **6.** Produit fini. Produit industriel propre à l'utilisation.

2. fini [fini] n.m. (de *1. fini*). - **1.** Ce qui est limité : *Le fini et l'infini.* - **2.** Qualité de ce qui est achevé, parfait : *Admirer le fini d'un ouvrage.*

finir [finiʀ] v.t. (lat. *finire*) [conj. 32]. - **1.** Mener à son terme : *Finir une tâche* (syn. achever). *Finir de parler* (syn. cesser). - **2.** Terminer une période de temps ; consommer dans sa totalité : *Finir ses jours à la campagne. Finir son assiette.* - **3.** Constituer la fin, se situer à la fin de : *La phrase qui finit le chapitre.* - **4.** En finir avec qqch, qqn, mettre fin à qqch de long, de fâcheux ou d'intolérable ; se débarrasser de : *Décidez-vous, il faut en finir ! En divorçant elle croyait en finir avec lui.* ‖ N'en pas finir de, accomplir qqch avec une extrême lenteur : *Elle n'en finit pas de se préparer.* ◆ v.i. - **1.** Arriver à son terme : *Son bail finit à Pâques* (syn. expirer). - **2.** Se terminer d'une certaine façon : *Roman qui finit bien* (syn. s'achever). *Finir en pointe.* - **3.** Mourir : *Finir dans la misère.* - **4.** Finir par, arriver, réussir finalement à : *Finir par trouver.* ‖ N'en pas finir, n'en plus finir, s'accomplir avec une extrême lenteur : *Des travaux qui n'en finissent pas. Des discussions à n'en plus finir* (= interminables).

finish [finiʃ] n.m. inv. (mot angl. "fin"). - Dernier effort d'un concurrent à la fin d'une épreuve : *L'emporter au finish.*

finissage [finisaʒ] n.m. (de *finir*). TECHN. Dernière opération destinée à rendre un travail parfait ; finition.

finisseur, euse [finisœʀ, -øz] n. (de *finir*). - **1.** Personne qui effectue la dernière opération d'un travail. - **2.** Athlète qui termine très bien les compétitions.

finition [finisjɔ̃] n.f. (de *finir*). - **1.** Action de finir avec soin ; opération ou ensemble d'opérations qui terminent l'exécution d'un ouvrage, d'une pièce : *Travaux de finition. Finitions soignées.* - **2.** Caractère de ce qui est achevé de façon soignée : *Une robe qui manque de finition.*

finitude [finityd] n.f. PHILOS. Caractère de ce qui est fini, borné : *La finitude de l'homme* (= le fait notamm. qu'il soit mortel).

finnois, e [finwa, -az] adj. et n. Se dit d'un peuple qui habite l'extrémité nord-ouest de la Russie d'Europe et surtout la Finlande. ◆ **finnois** n.m. Langue finno-ougrienne parlée princ. en Finlande, où elle a statut de langue officielle. (On dit aussi *le finlandais*.)

finno-ougrien, enne [finougʀijɛ̃, -ɛn] adj. et n.m. (pl. *finno-ougriens, ennes*). Se dit d'un groupe linguistique de la famille ouralienne comprenant notamm. le finnois, le lapon, le hongrois.

fiole [fjɔl] n.f. (lat. *phiala*, du gr.). Petit flacon de verre.

fioriture [fjɔʀityʀ] n.f. (it. *fioritura*, de *fiorire* "fleurir"). [Surtout au pl.]. Ornement compliqué ou en nombre excessif : *Un dessin chargé de fioritures. Parler sans fioritures.*

fioul ou **fuel** [fjul] n.m. (de l'angl. *fuel[oil]* "huile combustible"). - **1.** Combustible liquide, brun foncé ou noir, plus ou moins visqueux, provenant du pétrole. - **2.** Fioul domestique, gazole de chauffage teinté en rouge pour le distinguer du carburant (syn. mazout).

firmament [fiʀmamɑ̃] n.m. (lat. *firmamentum*, de *firmare* "rendre solide"). LITT. Voûte céleste sur laquelle apparaissent les étoiles.

firme [fiʀm] n.f. (angl. *firm*, de même orig. que *2. ferme*). Entreprise industrielle ou commerciale : *C'est le nouveau directeur de la firme* (syn. entreprise, maison, société).

fisc [fisk] n.m. (lat. *fiscus* "panier"). Administration chargée de calculer et de percevoir les impôts.

fiscal, e, aux [fiskal, -o] adj. Relatif au fisc, à l'impôt : *Réforme fiscale.*

fiscalement [fiskalmɑ̃] adv. Du point de vue fiscal.

fiscalisation [fiskalizasjɔ̃] n.f. - **1.** Action de fiscaliser : *Les bas salaires ne sont pas soumis à la fiscalisation* (syn. imposition). - **2.** Part de l'impôt dans le total des ressources d'une collectivité publique.

fiscaliser [fiskalize] v.t. (de *fiscal*). - **1.** Soumettre à l'impôt : *Fiscaliser les bénéfices d'une entreprise* (syn. imposer). *Fiscaliser des ménages.* - **2.** Financer par l'impôt : *Fiscaliser un déficit budgétaire.*

fiscalité [fiskalite] n.f. (de *fiscal*). Système de perception des impôts ; ensemble des lois qui s'y rapportent : *La fiscalité française se caractérise par la prédominance de la fiscalité indirecte par rapport à la fiscalité directe.*

fish-eye [fiʃaj] n.m. (mot angl. "œil de poisson") [pl. *fish-eyes*]. PHOT. Objectif à très grand angle (de 160° à 200°).

fissile [fisil] adj. (lat. *fissilis*). - **1.** DIDACT. Qui se divise facilement en feuillets ou en lames minces : *L'ardoise est fissile.* -**2.** PHYS. Susceptible de subir la fission nucléaire. (On dit aussi *fissible*.)

fission [fisjɔ̃] n.f. (mot angl., lat. *fissio*). PHYS. Division d'un noyau d'atome lourd (uranium, plutonium, etc.) libérant une énorme quantité d'énergie. (→ nucléaire.)

fissure [fisyʀ] n.f. (lat. *fissura*, de *findere* "fendre"). -**1.** Petite crevasse, fente légère : *Un vase dont l'émail est couvert de fissures* (syn. craquelure). *Il y a une fissure au plafond.* -**2.** Point faible dans un raisonnement : *Démonstration qui comporte une fissure* (syn. faille).

fissurer [fisyʀe] v.t. (de *fissure*). Crevasser, fendre. ◆ **se fissurer** v.pr. Se fendre : *Un mur qui se fissure. Une amitié qui se fissure* (syn. se désagréger).

fiston [fistɔ̃] n.m. (de *fils*). FAM. Fils.

fistule [fistyl] n.f. (lat. *fistula* "conduit"). MÉD. Canal pathologique qui met en communication directe et anormale deux viscères ou un viscère avec la peau.

fivete [fivɛt] n.f. (sigle de *fécondation in vitro et transfert embryonnaire*). Méthode de procréation médicalement assistée, consistant en une fécondation in vitro suivie d'une transplantation de l'embryon.

fixage [fiksaʒ] n.m. -**1.** Action de fixer : *Fixage d'une couleur sur une étoffe.* -**2.** Opération par laquelle une image photographique est rendue inaltérable à la lumière. -**3.** BOURSE. Nom donné jusqu'en 1992 à la cotation qui était effectuée à un moment précis sur une devise ou sur des titres (syn. [angl. déconseillé] fixing). □ Le terme est encore utilisé à propos de la cotation de la barre d'or.

fixateur, trice [fiksatœʀ, -tʀis] adj. Qui a la propriété de fixer. ◆ **fixateur** n.m. -**1.** Vaporisateur servant à projeter un fixatif sur un dessin. -**2.** Bain utilisé pour le fixage d'une photographie.

fixatif [fiksatif] n.m. Préparation pour fixer, stabiliser sur le papier les dessins au fusain, au pastel, au crayon.

fixation [fiksasjɔ̃] n.f. -**1.** Action de fixer, d'assujettir solidement : *Fixation d'un clou. Mode de fixation.* -**2.** Attache, dispositif servant à fixer : *Fixation de ski.* -**3.** Action de déterminer, de régler de façon précise : *Fixation de l'impôt* (syn. détermination, établissement). -**4.** Fait de se fixer, de s'établir quelque part : *La fixation des tribus nomades* (syn. implantation, sédentarisation). -**5.** FAM. Faire une fixation sur qqch, sur qqn, attacher une importance excessive à qqch, à qqn : *Elle fait une fixation sur la mode.*

1. fixe [fiks] adj. (lat. *fixus*, de *figere* "fixer"). -**1.** Qui reste à la même place, ne bouge pas :

Point fixe. Un regard fixe (= qui reste dirigé vers un même point). -**2.** Qui se maintient dans le même état, ne varie pas : *Des effectifs fixes* (contr. flottant, variable). *Le temps est au beau fixe. Idée fixe.* -**3.** Qui est réglé, déterminé d'avance : *Manger à heures fixes* (syn. régulier). *Menu à prix fixe.* -**4.** Virgule fixe → virgule. ◆ interj. Donne l'ordre de se mettre au garde-à-vous : *À vos rangs, fixe !*

2. fixe [fiks] n.m. (de *1. fixe*). Fraction invariable d'une rémunération (par opp. à prime, commission, etc.) : *Outre ses commissions, le vendeur touche un fixe mensuel.*

fixé, e [fikse] adj. (de *fixer*). Être fixé (sur qqn, qqch), savoir à quoi s'en tenir sur qqn, qqch : *S'il ne sait pas ce que je pense de lui, il va être fixé.* ‖ N'être pas fixé, ne pas savoir exactement ce qu'on veut, ce qu'on doit faire.

fixement [fiksəmã] adv. Avec fixité : *Regarder fixement.*

fixer [fikse] v.t. (de *fixe*). -**1.** Établir dans une position, en lieu fixe : *Fixer un tableau sur le mur* (syn. accrocher). *Dans les bateaux, le mobilier est fixé au sol* (syn. assujettir). *Fixer un souvenir dans son esprit* (syn. graver). -**2.** Rendre fixe, stable, empêcher de varier, d'évoluer, de s'altérer : *Fixer la langue* (= arrêter son évolution). *Fixer une couleur* (syn. stabiliser). *Fixer un dessin, une photographie.* -**3.** Déterminer, définir précisément : *Fixer une date, un délai* (syn. assigner). *Fixer un rendez-vous. Le gouvernement fixe le montant des importations* (syn. réglementer). *Fixer des règles* (syn. formuler). *Fixer son choix* (syn. arrêter). -**4.** Regarder de façon continue ou insistante : appliquer son attention sur qqn, qqch : *Fixer qqn. Les yeux, le regard fixés sur l'horizon. Fixer son attention sur un problème* (= se concentrer). ◆ **se fixer** v.pr. -**1.** S'établir d'une façon permanente : *Il s'est fixé dans le Midi.* -**2.** Choisir en définitive : *Se fixer sur une cravate bleue.* -**3.** Se fixer un but, un objectif, le décider de manière précise et durable.

fixing [fiksiŋ] n.m. → fixage.

fixité [fiksite] n.f. Qualité, état de ce qui est fixe : *Fixité du regard.*

fjord [fjɔʀd] n.m. (mot norvég.). Ancienne auge glaciaire envahie par la mer : *Les fjords norvégiens.*

flac [flak] interj. (onomat.). Sert à imiter le bruit de qqch qui tombe dans l'eau ou de l'eau qui tombe.

flaccidité [flaksidite] n.f. (du lat. *flaccidus* "flasque"). État de ce qui est flasque : *La flaccidité des chairs, des tissus.*

flacon [flakɔ̃] n.m. (bas lat. *flasco, -onis*, du germ.). Petite bouteille de verre, de cristal munie d'un bouchon de même matière ou de métal ; son contenu : *Un flacon de parfum.*

flagellation [flaʒelasjɔ̃] n.f. Action de flageller ou de se flageller.

flagelle [flaʒɛl] ou, rare, **flagellum** [flaʒelɔm] n.m. (lat. *flagellum* "fouet"). BIOL. Filament mobile, long et souvent unique, servant d'organe locomoteur à certains protozoaires et aux spermatozoïdes.

flagellé, e [flaʒele] adj. Muni d'un flagelle.
◆ **flagellé** n.m. Flagellés, embranchement des protozoaires flagellés, pourvus ou non de chlorophylle.

flageller [flaʒele] v.t. (lat. *flagellare, de flagellum* "fouet"). LITT. Battre de coups de fouet, de verges : *Flageller qqn* (syn. fouetter).

flageolant, e [flaʒɔlɑ̃, -ɑ̃t] adj. Qui flageole : *Jambes flageolantes* (syn. chancelant, vacillant).

flageoler [flaʒɔle] v.i. (p.-ê. de *flageolet* "jambe grêle"). Trembler et vaciller à la suite d'une émotion, d'une fatigue, en parlant de qqn, d'un animal, de ses membres inférieurs : *Le malade s'est senti flageoler* (syn. chanceler).

1. **flageolet** [flaʒɔlɛ] n.m. (dimin. de l'anc. fr. *flageol,* lat. pop. **flabeolum,* du class. *flabrum* "souffle"). Flûte à bec, en bois, à six trous.

2. **flageolet** [flaʒɔlɛ] n.m. (dimin. de *flageolle,* de même sens, it. *fagiuolo* [v. *fayot*], avec infl. de 1. *flageolet* par analogie de forme). Petit haricot : *Gigot aux flageolets.*

flagorner [flagɔʀne] v.t. (orig. obsc.). Flatter bassement, outrageusement.

flagornerie [flagɔʀnəʀi] n.f. Basse flatterie, génér. intéressée : *Obtenir des avantages en usant de flagornerie.*

flagorneur, euse [flagɔʀnœʀ, -øz] adj. et n. Qui use de flagornerie : *Vil flagorneur.*

flagrant, e [flagʀɑ̃, -ɑ̃t] adj. (lat. *flagrans* "brûlant"). - **1.** Évident, incontestable : *Une erreur flagrante* (syn. indéniable, patent). - **2.** DR. Flagrant délit. Délit commis sous les yeux de ceux qui le constatent : *Tribunal des flagrants délits.*

flair [flɛʀ] n.m. (de *flairer*). - **1.** Odorat du chien. - **2.** Aptitude à pressentir, à deviner intuitivement qqch : *Un détective doit avoir du flair* (syn. perspicacité).

flairer [flere] v.t. (lat. pop. **flagrare,* class. *fragrare*). - **1.** Humer l'odeur de (qqch) ; reconnaître par l'odeur : *Le chien flaire le gibier.* - **2.** Pressentir, deviner par intuition : *Flairer un danger* (syn. soupçonner).

flamand, e [flamɑ̃, -ɑ̃d] adj. et n. - **1.** De la Flandre. - **2.** École flamande, ensemble des artistes et de la production artistique des pays de langue flamande, notamm. avant la constitution de l'actuelle Belgique.
◆ **flamand** n.m. Ensemble des parlers néerlandais utilisés en Belgique et dans la région de Dunkerque.

flamant [flamɑ̃] n.m. (prov. *flamenc,* du lat. *flamma* "flamme"). Oiseau de grande taille au magnifique plumage rose, écarlate ou noir, aux grandes pattes palmées, à long cou souple et à gros bec lamelleux. □ Famille des phœnicoptéridés ; haut. 1,50 m env.

flambant [flɑ̃bɑ̃] adv. Flambant neuf, absolument neuf : *Une voiture flambant neuve.*

flambeau [flɑ̃bo] n.m. (de *flambe* "flamme"). - **1.** Torche qu'on porte à la main : *Retraite aux flambeaux. Le flambeau olympique.* - **2.** Grand chandelier : *Un flambeau d'argent* (syn. candélabre). - **3.** Transmettre, passer le flambeau, confier la continuation d'une œuvre, d'une tradition.

flambée [flɑ̃be] n.f. (de *flamber*). - **1.** Feu clair, que l'on allume pour se réchauffer : *Faire une flambée dans la cheminée.* - **2.** Brusque manifestation, montée soudaine : *Flambée de violence* (syn. explosion). *Flambée des prix, des cours.*

flamber [flɑ̃be] v.i. (de *flambe* "flamme", a remplacé *flammer,* du lat. *flammare*). - **1.** Brûler en faisant une flamme claire : *La maison flambe.* - **2.** FAM. Augmenter brutalement, en parlant des prix : *Les loyers flambent.* - **3.** ARG. Jouer gros jeu ; dépenser beaucoup d'argent. ◆ v.t. - **1.** Passer à la flamme : *Flamber une aiguille pour la stériliser.* - **2.** Arroser un mets d'un alcool que l'on fait brûler : *Bananes flambées.* - **3.** FAM. Être flambé, être perdu, ruiné.

flamberge [flɑ̃bɛʀʒ] n.f. (n. de l'épée de Renaud de Montauban). Longue épée de duel très légère, aux XVIIe et XVIIIe s. : *Mettre flamberge au vent.*

flambeur, euse [flɑ̃bœʀ, -øz] n. (de *flamber*). ARG. Personne qui joue gros jeu.

flamboiement [flɑ̃bwamɑ̃] n.m. SOUT. Éclat de ce qui flamboie : *Le flamboiement d'un incendie* (syn. rougeoiement). *Le flamboiement d'un coucher de soleil.*

1. **flamboyant, e** [flɑ̃bwajɑ̃, -ɑ̃t] adj. Qui flamboie : *Feux flamboyants. Une chevelure flamboyante* (= rousse, qui a des reflets roux). ◆ adj. et n.m. ARCHIT. Se dit de la dernière période de l'art gothique, caractérisée par des lignes ondoyantes : *Gothique flamboyant. Architecture flamboyante.*

2. **flamboyant** [flɑ̃bwajɑ̃] n.m. (de 1. *flamboyant*). Arbre des régions tropicales, cultivé pour ses belles fleurs rouges. □ Famille des césalpiniacées.

flamboyer [flɑ̃bwaje] v.i. (de *flambe* "flamme") [conj. 13]. - **1.** Jeter une flamme brillante : *On voyait flamboyer l'incendie au loin* (syn. rougeoyer). - **2.** SOUT. Briller comme une flamme : *Des yeux qui flamboient de colère* (syn. étinceler).

flamenco [flamɛnko] adj. et n.m. (mot esp. "flamand" [n. donné aux gitans venus de Flandre], néerl. *flaming*). Se dit de la musique, de la danse et du chant populaires andalous.

flamiche [flamiʃ] n.f. (de *flamme*). Tarte aux poireaux, spécialité du nord de la France.

flamingant, e [flamẽgɑ̃, -ɑ̃t] adj. et n. (de *flameng*, anc. forme de *flamand*). - **1.** Qui parle flamand. - **2.** Partisan du nationalisme flamand.

flamme [flam] n.f. (lat. *flamma*). - **1.** Phénomène lumineux, gaz incandescent produit par une substance en combustion : *La flamme bleue d'un brûleur à gaz.* - **2.** LITT. Éclat du regard : *Il brillait dans ses yeux une flamme inhabituelle* (syn. lueur). - **3.** SOUT. Vive ardeur, enthousiasme ; passion amoureuse : *Discours plein de flamme* (syn. feu, fièvre). *Déclarer sa flamme* (syn. amour). - **4.** Petit drapeau long et étroit à une ou deux pointes (syn. fanion, oriflamme). - **5.** Marque postale apposée sur les lettres à côté du timbre dateur.
◆ **flammes** n.f. pl. - **1.** Incendie, feu : *Toute la forêt était la proie des flammes* (syn. brasier, fournaise). - **2.** Les flammes éternelles, les peines de l'enfer.

flammé, e [flame] adj. (de *flamme*). Se dit d'une pièce de céramique sur laquelle le feu a produit des colorations variées : *Grès flammé.*

flammèche [flameʃ] n.f. (du germ. *falawiska* "cendre", croisé avec *flamme*). Parcelle de matière embrasée qui s'élève d'un foyer (syn. brandon).

flan [flɑ̃] n.m. (frq.* *flado*). - **1.** Tarte garnie d'une crème à base d'œufs et passée au four. - **2.** Crème renversée : *Flan au caramel.* - **3.** FAM. **Au flan**, à tout hasard : *Il a agi au flan, et ça a réussi.* ‖ FAM. **C'est du flan**, ce n'est pas vrai, c'est une plaisanterie : *Son aventure, c'est du flan !* ‖ FAM. **En être**, en rester comme deux ronds de flan, être ébahi, stupéfait.

flanc [flɑ̃] n.m. (frq. *hlanka* "hanche"). - **1.** Chacune des parties latérales du corps, chez l'homme et chez l'animal, qui vont du défaut des côtes aux hanches : *Se coucher sur le flanc* (syn. côté). - **2.** LITT. Entrailles maternelles : *Porter un enfant dans ses flancs.* - **3.** Partie latérale d'une chose : *Les flancs d'un vaisseau, d'une montagne. Attaquer une troupe par le flanc.* - **4.** **À flanc de**, sur la pente de : *Maison construite à flanc de coteau.* ‖ FAM. **Être sur le flanc**, alité ; exténué. ‖ LITT. **Prêter le flanc à**, donner lieu, s'exposer à qqch de désagréable : *Prêter le flanc à la critique, à la moquerie.*

flancher [flɑ̃ʃe] v.i. (var. de l'anc. fr. *flenchir* "détourner", frq. *hlankjan* "plier"). FAM. - **1.** Ne pas persévérer dans une intention, un effort : *Ressaisis-toi, ce n'est pas le moment de flancher !* (syn. mollir, se décourager). - **2.** Cesser de fonctionner, de résister : *Le cœur a flanché* (syn. défaillir).

flanelle [flanɛl] n.f. (angl. *flannel*, d'orig. galloise). Tissu fait ordinairement de laine cardée ; vêtement fait dans ce tissu.

flâner [flɑne] v.i. (anc. scand. *flana* "courir çà et là"). - **1.** Se promener sans but, au hasard ; avancer sans se presser : *Flâner sur les boulevards* (syn. déambuler). - **2.** Paresser, perdre son temps : *Rester chez soi à flâner* (syn. musarder).

flânerie [flɑnri] n.f. Action, habitude de flâner : *Une belle journée d'automne qui invite à la flânerie.*

flâneur, euse [flɑnœr, -øz] n. Personne qui flâne : *Trottoirs pleins de flâneurs* (syn. promeneur).

1. flanquer [flɑ̃ke] v.t. (de *flanc*). - **1.** Être disposé, placé de part et d'autre de qqch ; être ajouté à : *Un garage flanque la maison à droite* (syn. border). *Deux chaises flanquent le fauteuil présidentiel* (syn. encadrer). - **2.** Accompagner : *Il est toujours flanqué de son ami* (syn. escorter). - **3.** MIL. Appuyer ou défendre le flanc d'une unité ou d'une position par des troupes ou par des tirs (syn. couvrir, protéger).

2. flanquer [flɑ̃ke] v.t. (p.-ê. propr. "attaquer sur le flanc", de *1. flanquer*). - **1.** FAM. Lancer, appliquer brutalement : *Flanquer son livre par la fenêtre* (syn. jeter). *Flanquer une gifle* (syn. donner). *Flanquer qqn dehors, à la porte* (= le congédier, le renvoyer). - **2.** Provoquer brutalement : *Flanquer la frousse* (syn. communiquer).

flapi, e [flapi] adj. (mot lyonnais, de *flapir* "flétrir"). FAM. Abattu, épuisé : *J'ai fait des courses toute la journée ; je suis flapie* (syn. exténué, fourbu).

flaque [flak] n.f. (forme picarde de *flache* "creux rempli d'eau", du lat. *flaccus* "mou"). Petite mare d'eau ; petite nappe de liquide stagnant.

flash [flaʃ] n.m. (mot anglo-amér.) [pl. *flashs* ou *flashes*]. - **1.** Éclair très bref et très intense nécessaire à une prise de vues quand l'éclairage est insuffisant ; dispositif produisant cet éclair : *Être ébloui par les flashes des photographes. Appareil photographique équipé d'un flash.* - **2.** Information importante transmise en priorité ; bref bulletin d'informations : *Flash d'informations.* - **3.** ARG. Sensation brutale et courte après une injection intraveineuse de drogue.

flash-back [flaʃbak] n.m. inv. (mot anglo-amér.). Séquence cinématographique retraçant une action passée par rapport à la narration. (Recomm. off. *retour en arrière*.)

1. **flasque** [flask] adj. (de l'anc. fr. *flache* "mou"). Dépourvu de fermeté, de consistance, de tonus ; mollasse : *Des chairs flasques* (syn. avachi, mou).

2. **flasque** [flask] n.f. (it. *fiasco*, du germ. *flaska*). Flacon plat.

flatter [flate] v.t. (du frq. **flat* "plat de la main"). - **1.** Chercher à plaire à qqn par des louanges fausses ou exagérées : *Il ne cesse de flatter le directeur* (syn. courtiser). - **2.** Éveiller, entretenir avec complaisance une passion, un sentiment bas : *Flatter les vices de qqn* (syn. encourager). - **3.** Présenter qqn sous une apparence qui l'avantage : *Cette photo vous flatte* (syn. embellir). - **4.** Charmer, affecter agréablement un sens, l'esprit : *Ce vin flatte le palais. Votre visite me flatte et m'honore grandement* (= me fait plaisir). - **5.** Flatter un animal, le caresser. ◆ **se flatter** v.pr. [de]. Se vanter, prétendre : *Se flatter d'être habile* (syn. se prévaloir, se targuer).

flatterie [flatʀi] n.f. Action de flatter ; propos qui flatte : *Être sensible à la flatterie* (syn. éloge, flagornerie).

flatteur, euse [flatœʀ, -øz] adj. et n. Qui flatte ; qui loue avec exagération : *Un vil flatteur* (syn. flagorneur). ◆ adj. - **1.** Qui plaît à l'amour-propre : *Éloge flatteur*. - **2.** Qui tend à idéaliser : *Portrait flatteur* (syn. avantageux).

flatteusement [flatøzmɑ̃] adv. De façon flatteuse : *Parler flatteusement de qqn* (syn. élogieusement).

flatulence [flatylɑ̃s] et **flatuosité** [flatɥozite] n.f. (du lat. *flatus* "vent"). MÉD. Accumulation de gaz dans une cavité naturelle (estomac ou intestin) : *L'aérophagie donne des flatulences*.

flatulent, e [flatylɑ̃, -ɑ̃t] adj. MÉD. Produit par la flatulence : *Affection flatulente*.

flaveur [flavœʀ] n.f. (angl. *flavour*). Ensemble des sensations (odeur, goût, etc.) ressenties lors de la dégustation d'un aliment.

fléau [fleo] n.m. (du lat. *flagellum* "fouet"). - **1.** Outil constitué d'un manche et d'un battoir en bois, reliés par des courroies, utilisé pour battre les céréales. - **2.** Tige horizontale d'une balance, aux extrémités de laquelle sont suspendus ou fixés les plateaux. - **3.** Grande calamité publique ; personne, chose funeste, néfaste : *La guerre constitue un fléau* (syn. désastre, malheur). *Attila, le fléau de Dieu*. - **4.** Fléau d'armes, arme formée d'une ou deux masses reliées à un manche par une chaîne.

fléchage [fleʃaʒ] n.m. Action de flécher : *Fléchage d'un itinéraire*.

flèche [flɛʃ] n.f. (frq. **fliukka*). - **1.** Projectile formé d'une hampe en bois armée d'une pointe, et lancé par un arc ou une arbalète :

Tirer des flèches. - **2.** Représentation schématique d'une flèche, pour indiquer un sens, une direction ou symboliser un vecteur : *Des flèches lumineuses indiquent la sortie.* - **3.** Trait d'esprit, raillerie ou critique acerbe : *Lancer, décocher une flèche à qqn.* - **4.** Extrémité longue et effilée du clocher d'une église, du toit d'un bâtiment : *Les flèches d'une cathédrale.* - **5.** ARCHIT. Hauteur d'un arc, d'une clef de voûte. - **6.** AÉRON. Inclinaison donnée au bord d'attaque d'une aile pour faciliter sa pénétration dans l'air. - **7.** En flèche, comme une flèche, en ligne droite ; très rapidement : *Chevaux attelés en flèche* (= l'un derrière l'autre). *Partir comme une flèche. Prix qui montent en flèche.* La flèche du Parthe, mot acerbe, trait ironique qu'on dit à qqn au moment de le quitter. - **8.** AÉRON. Avion à flèche variable, avion dont la flèche des ailes peut varier en fonction de la vitesse de vol (on dit aussi *à géométrie variable*). ‖ BOT. Flèche d'eau. Syn. de *sagittaire*. ‖ GÉOGR. Flèche littorale. Cordon littoral.

fléché, e [fleʃe] adj. Balisé par des flèches : *Itinéraire fléché*.

flécher [fleʃe] v.t. (de *flèche*) [conj. 18]. Marquer de flèches pour indiquer une direction : *Flécher un parcours, une route.*

fléchette [fleʃɛt] n.f. (de *flèche*). Petit projectile muni d'une pointe que l'on jette à la main contre une cible : *Jouer aux fléchettes.*

fléchi, e [fleʃi] adj. (p. passé de *fléchir*, mis en rapport avec *flexion*). LING. Forme fléchie, dans les langues flexionnelles, mot pourvu d'une désinence qui exprime la fonction grammaticale ou syntaxique.

fléchir [fleʃiʀ] v.t. (anc. fr. *flechier*, bas lat. *flecticare*, du class. *flectere*) [conj. 32]. - **1.** Ployer peu à peu, rendre courbe ce qui était droit : *Fléchir une barre* (syn. incurver). *Fléchir le corps en avant* (syn. courber). *Se pencher sans fléchir les genoux* (syn. plier). - **2.** Faire céder peu à peu, amener à l'indulgence, à l'obéissance : *Fléchir ses parents* (syn. ébranler). ◆ v.i. - **1.** Se courber, plier sous la charge : *Poutre qui fléchit* (syn. ployer). - **2.** Baisser, diminuer : *Les prix ont fléchi.* - **3.** Faiblir, cesser de résister : *L'ennemi fléchit* (syn. mollir).

fléchissement [fleʃismɑ̃] n.m. Action de fléchir ; fait de fléchir : *Le fléchissement d'une poutre* (syn. courbure, flexion). *Le fléchissement de la natalité* (syn. baisse, diminution). *Le moindre fléchissement entamerait son autorité* (syn. indulgence, faiblesse).

fléchisseur [fleʃisœʀ] adj.m. et n.m. ANAT. Se dit de tout muscle destiné à faire fléchir certaine partie du corps (par opp. à *extenseur*).

flegmatique [flɛgmatik] adj. et n. (bas lat. *phlegmaticus* ; v. flegme). Se dit d'une personne calme, non émotive, qui domine toujours ses réactions : *Un garçon flegmatique* (syn. posé, placide).

flegme [flɛgm] n.m. (bas lat. *phlegma* "humeur", du gr.). Comportement d'un homme qui garde son sang-froid : *Flegme imperturbable* (syn. placidité, retenue).

flegmon n.m. → **phlegmon.**

flemmard, e [flemar, -ard] adj. et n. (de *flemme*). FAM. Qui répugne à l'effort ; paresseux.

flemme [flɛm] n.f. (it. *flemma*, du lat. *phlegma* ; v. *phlegme*). - **1.** FAM. Grande paresse, envie de ne rien faire : *J'ai la flemme de répondre à cette lettre ; on verra ça demain.* - **2.** FAM. Tirer sa flemme, s'abandonner à la paresse.

flétan [fletɑ̃] n.m. (néerl. *vleting*). Poisson plat des mers froides, dont le foie est riche en vitamines A et D. □ Famille des pleuronectidés ; long. de 2 à 3 m ; poids 250 kg.

1. flétrir [fletrir] v.t. (de l'anc. fr. *flestre*, lat. *flaccidus* "flasque") [conj. 32]. Faner, ôter son éclat, sa fraîcheur à : *Le vent flétrit les fleurs* (syn. dessécher, sécher). *L'âge a flétri son visage* (syn. friper). *Peau flétrie* (= ridée). ◆ **se flétrir** v.pr. Perdre sa fraîcheur : *Les roses se sont flétries dans le vase* (syn. se faner). *Sa beauté s'est lentement flétrie* (syn. passer).

2. flétrir [fletrir] v.t. (altér., p.-ê. sous l'infl. de *1. flétrir*, de l'anc. v. *flatir*, du frq. *°flat* "plat"). - **1.** Autref., marquer un condamné au fer rouge, sur l'épaule droite. - **2.** LITT. Blâmer, condamner pour ce qu'il y a de mauvais : *Un crime que la loi flétrit* (syn. réprouver). *Flétrir qqn, la réputation de qqn.*

1. flétrissure [fletrisyr] n.f. (de *1. flétrir*). Altération de la fraîcheur des végétaux, de l'éclat du teint, de la beauté.

2. flétrissure [fletrisyr] n.f. (de *2. flétrir*). - **1.** Marque au fer rouge sur l'épaule d'un condamné : *La flétrissure fut pratiquée jusqu'en 1832.* - **2.** LITT. Atteinte ignominieuse à l'honneur, à la réputation : *Il a subi la flétrissure d'un blâme public* (syn. déshonneur, opprobre).

fleur [flœr] n.f. (lat. *flos, floris*). - **1.** Partie souvent richement colorée et parfumée des plantes supérieures, contenant les organes reproducteurs : *Les fleurs de pêcher sont roses. Les cerisiers sont en fleur(s)* (= leurs fleurs sont épanouies). - **2.** Plante à fleurs : *Bouquet de fleurs.* - **3.** Objet, motif représentant une fleur : *Tissu à fleurs.* - **4.** Partie la plus fine, la meilleure de qqch : *Fleur de farine* (= farine de blé très pure). *La fine fleur de la société* (syn. élite). - **5.** Temps du plein épanouissement, de l'éclat : *À la fleur de l'âge. Jeunes filles en fleur.* - **6.** Louange, éloge ; faveur : *Cessez de m'envoyer des fleurs, vous me faites rougir !* (syn. compliment). *Faire une fleur à qqn* (= octroyer

un avantage). - **7.** (Souvent au pl.). Moisissure qui se développe à la surface du vin, de la bière, etc. - **8.** TECHN. Côté d'une peau tannée qui portait les poils : *Cuir pleine fleur.* ‖ **À fleur de,** presque au même niveau que : *À fleur d'eau. Avoir des yeux à fleur de tête* (= peu enfoncés dans les orbites, presque exorbités) [v. *affleurer*]. ‖ **À fleur de peau,** très sensible, à vif : *Sensibilité à fleur de peau. Avoir les nerfs à fleur de peau* (= être très irritable). ‖ FAM. **Comme une fleur,** facilement ; ingénument. ‖ LITT. **Fleurs de rhétorique,** ornements de style, poétiques ou conventionnels. - **10. Fleur bleue.** Sentimental et romanesque : *Elle est très fleur bleue.*

fleurdelisé, e [flœrdəlize] adj. Orné de fleurs de lis : *Étendard fleurdelisé.*

fleurer [flœre] v.t. et v.i. (de l'anc. fr. *fleurir*, lat. pop. *°flator* "odeur", du bas lat. *flatare*, class. *flare* "souffler", avec infl. de *fleur*). LITT. Répandre une odeur : *Cela fleure bon* (= cela embaume).

fleuret [flœrɛ] n.m. (it. *fioretto* "bouton du fleuret", de *fiore* "fleur"). - **1.** Épée fine et légère, sans tranchant, dont la pointe est mouchetée et qui sert à la pratique de l'escrime. - **2.** Tige d'acier pointue ou tranchante qui constitue la partie utile des marteaux perforateurs, des marteaux pneumatiques.

fleurette [flœrɛt] n.f. (de *fleur*). - **1.** Petite fleur. - **2.** Conter fleurette, tenir des propos galants à une femme.

fleurettiste [flœrɛtist] n. (de *fleuret*). Escrimeur tirant au fleuret.

fleuri, e [flœri] adj. - **1.** Orné, garni de fleurs : *Une table bien fleurie.* - **2.** Style fleuri, style brillant et orné. ‖ Teint fleuri, teint rougeaud.

fleurir [flœrir] v.i. (lat. pop. *°florire*, class. *florere*) [conj. 32]. - **1.** Produire des fleurs, s'en couvrir : *Les pommiers fleurissent fin mars.* - **2.** Être prospère, se développer : *Sous Louis XIV, les arts florissaient en France* (syn. prospérer). **Rem.** En ce sens, l'imp. de l'ind. est *je florissais*, etc., et le p. prés. *florissant.* ◆ v.t. Orner de fleurs : *Fleurir sa chambre.*

fleuriste [flœrist] n. (de *fleur*). Personne qui s'occupe de la culture ou du commerce des fleurs.

fleuron [flœrɔ̃] n.m. (de *fleur*, d'apr. l'it. *fiorone*). - **1.** Ornement en forme de fleur ou de bouquet de feuilles stylisées. - **2.** Le plus beau fleuron de, ce qu'il y a de plus précieux, de plus remarquable : *Une œuvre de Picasso constitue le plus beau fleuron de sa collection.*

fleuve [flœv] n.m. (lat. *fluvius*). - **1.** Cours d'eau qui aboutit à la mer : *La Loire est le plus* long fleuve français. - **2.** Masse en mouvement : *Fleuve de boue* (syn. torrent).

flexibilité [flɛksibilite] n.f. (de *flexible*). Qualité de ce qui est flexible : *La flexibilité de l'osier* (syn. élasticité). *La flexibilité de l'emploi* (syn. souplesse).

flexible [flɛksibl] adj. (lat. *flexibilis*, de *flexus*, p. passé de *flectere* "plier"). - **1.** Qui plie aisément : *Roseau flexible* (syn. élastique). - **2.** Susceptible de s'adapter aux circonstances : *Horaire flexible* (syn. souple). *Caractère flexible*.
◆ n.m. Tuyau, conduite flexible ; organe de transmission flexible : *Le flexible d'un aspirateur.*

flexion [flɛksjɔ̃] n.f. (lat. *flexio, -onis* ; v. *flexible*). - **1.** Action de fléchir : *Flexion du genou.* - **2.** État de ce qui est fléchi : *Flexion d'un ressort* (syn. courbure). - **3.** PHYS. Déformation d'un solide soumis à des forces transversales : *Résistance à la flexion.* - **4.** LING. Procédé morphologique consistant à ajouter à la racine du mot des désinences exprimant des catégories grammaticales (genre, nombre, personne) ou des fonctions syntaxiques (cas) ; ensemble de ces formes pourvues de désinences : *Flexion nominale, ou déclinaison. Flexion verbale, ou conjugaison.*

flexionnel, elle [flɛksjɔnɛl] adj. LING. Qui possède des flexions : *Langues flexionnelles.*

flibustier [flibystje] n.m. (altér. du néerl. *vrijbuiter* "pirate"). - **1.** Pirate de la mer des Antilles, aux XVIIᵉ et XVIIIᵉ s. - **2.** Filou : *Ce restaurateur est un véritable flibustier.*

flic [flik] n.m. (p.-ê. de l'all. *Fliege* "mouche, policier"). FAM. Agent de police et, en génér., tout policier.

flingue [flɛ̃g] n.m. (all. dialect. *Flinke* "fusil", var. de *Flinte*). ARG. Revolver, fusil.

flinguer [flɛ̃ge] v.t. (de *flingue*). ARG. Tirer avec une arme à feu sur qqn.

flip [flip] n.m. (abrév. de l'angl. *flip-flap*, de to *flip* "donner une chiquenaude" et to *flap* "claquer"). SPORTS. En patinage artistique, saut consistant en une rotation d'un tour avec appel des deux pieds ; en gymnastique, saut périlleux avant ou arrière avec appui des mains au passage.

1. flipper [flipɛʀ] n.m. (mot angl., de to *flip* "secouer"). Jeu électrique constitué d'un plateau incliné sur lequel se trouvent des plots qu'il faut toucher avec des billes de métal. (On dit aussi *billard électrique*.)

2. flipper [flipe] v.i. (de l'angl. to *flip* "secouer"). - **1.** ARG. Éprouver un sentiment d'angoisse lié à l'état de manque, en parlant d'un toxicomane. - **2.** FAM. Être déprimé ou excité ; être dans un état second.

flirt [flœʀt] n.m. (mot angl., de to *flirt* ; v. *flirter*). - **1.** Relations amoureuses passagères : *Un flirt sans lendemain* (syn. amourette). - **2.** Personne avec qui l'on flirte : *C'est un de ses anciens flirts* (syn. amoureux).

flirter [flœʀte] v.i. (angl. to *flirt* "jeter", puis "badiner, folâtrer"). - **1.** Avoir un flirt avec qqn. - **2.** FAM. Se rapprocher d'adversaires politiques, etc. : *Centriste qui flirte avec le socialisme.*

flocage [flɔkaʒ] n.m. (de l'angl. *flock* "flocon"). TEXT. Application de fibres plus ou moins longues de coton, de laine, etc., sur un support adhésif.

floche [flɔʃ] adj. (anc. fr. *floche* "flocon de laine"). Se dit d'un fil à faible torsion, utilisé en bonneterie : *Soie floche.*

flocon [flɔkɔ̃] n.m. (lat. *floccus*). - **1.** Amas léger de fibres, de neige, etc. : *Flocon de laine. Il neige à gros flocons.* - **2.** Petite lamelle d'un aliment déshydraté : *Flocon d'avoine.*

floconneux, euse [flɔkɔnø, -øz] adj. Qui a la forme, l'aspect de flocons : *Nuages floconneux.*

floculation [flɔkylasjɔ̃] n.f. (du bas lat. *flocculus* "petit flocon"). CHIM. PHYS. Transformation réversible que subissent les suspensions colloïdales par association des particules constituantes.

flonflon [flɔ̃flɔ̃] n.m. (onomat.). [Surtout au pl.]. Accents, airs bruyants de certaines musiques populaires : *Les flonflons du bal du 14 juillet.*

flop [flɔp] n.m. (mot angl., onomat.). Échec, insuccès : *Son spectacle a fait un flop* (syn. fiasco).

flopée [flɔpe] n.f. (de *floper* "battre", du bas lat. *faluppa* "brin de paille"). FAM. Une flopée de, une grande quantité de.

floraison [flɔʀɛzɔ̃] n.f. (du lat. *flos, floris* "fleur"). - **1.** Épanouissement des fleurs ; temps de cet épanouissement : *Les rosiers remontants ont plusieurs floraisons.* - **2.** Apparition simultanée d'un grand nombre de choses, de personnes remarquables : *Floraison de romans, de romanciers.*

floral, e, aux [flɔʀal, -o] adj. (lat. *floralis*, de *flos, floris* "fleur"). Relatif à la fleur, aux fleurs : *L'art floral.*

floralies [flɔʀali] n.f. pl. (lat. *floralia [loca]* "[parterres] de fleurs"). Exposition horticole où sont présentées de nombreuses plantes à fleurs.

flore [flɔʀ] n.f. (de *Flora*, n. lat. de la déesse des Fleurs). - **1.** BOT. Ensemble des espèces végétales croissant dans une région, un milieu donnés : *Étudier la flore d'un étang* (syn. végétation). - **2.** Ouvrage permettant la détermination et la classification de ces espèces. - **3.** MÉD. Flore microbienne ou bactérienne, ensemble des micro-organismes vivant, à l'état normal ou pathologique, sur les tissus ou dans les cavités naturelles de l'organisme.

floréal [flɔreal] n.m. (du lat. *floreus* "fleuri") [pl. *floréals*]. HIST. Huitième mois du calendrier républicain, commençant le 20 ou le 21 avril et finissant le 19 ou le 20 mai.

florès [flɔrɛs] n.m. (du prov. *faire flori*, lat. *floridus* "fleuri"). LITT., VIEILLI. Faire florès, obtenir des succès, réussir d'une manière éclatante : *Voilà une formule qui a fait florès.*

floriculture [flɔrikyltyr] n.f. (du lat. *flos, floris* "fleur"). Branche de l'horticulture qui s'occupe spécial. de la culture des plantes à fleurs et, par ext., des plantes d'ornement.

florifère [flɔrifɛr] adj. (du lat. *flos, floris* "fleur", et de *-fère*). BOT. Qui porte des fleurs : *Rameaux florifères.*

florilège [flɔrilɛʒ] n.m. (du lat. *florilegus* "qui choisit des fleurs"). - **1.** Recueil de poésies (syn. anthologie). - **2.** Sélection de choses belles ou remarquables : *Un florilège de musique ancienne.*

florin [flɔrɛ̃] n.m. (it. *fiorino*, de *fiore* "fleur"). Unité monétaire principale des Pays-Bas.

florissant, e [flɔrisɑ̃, -ɑ̃t] adj. (de *florir*, forme anc. de *fleurir*). - **1.** Qui est en pleine prospérité : *Pays florissant* (syn. prospère). - **2.** Qui indique un parfait état de santé : *Mine florissante* (syn. éclatant).

flot [flo] n.m. (frq. **flot* "fait de monter"). - **1.** Masse liquide agitée de mouvements en sens divers : *Les flots de la mer, d'un lac* (syn. vague). - **2.** Marée montante : *L'heure du flot* (contr. jusant). - **3.** (Au pl.). LITT. La mer : *La fureur des flots.* - **4.** Masse d'une matière évoquant le mouvement des flots ; grande quantité : *Sa chevelure tombait en flots sur ses épaules. Un flot de larmes* (syn. torrent). *Le flot des employés* (syn. foule). *Un flot de souvenirs.* - **5.** À flots, abondamment : *Maison où l'argent coule à flots.* ‖ Être à flot, flotter ; au fig., être en situation d'équilibre financier. ‖ Remettre qqn, une entreprise à flot, renflouer.

flottable [flɔtabl] adj. - **1.** Qui peut flotter : *Bois flottable.* - **2.** Qui permet le flottage de trains de bois ou de radeaux : *Rivière flottable.*

flottage [flɔtaʒ] n.m. Transport de bois que l'on fait flotter sur un cours d'eau : *Grumes acheminées par flottage.*

flottaison [flɔtɛzɔ̃] n.f. (de *1. flotter*). - **1.** Limite qui, dans un corps flottant sur une eau calme, sépare la partie immergée de celle qui émerge : *Ligne de flottaison d'un navire.* - **2.** ÉCON. État d'une monnaie flottante (syn. flottement).

flottant, e [flɔtɑ̃, -ɑ̃t] adj. - **1.** Qui flotte à la surface d'un liquide : *Glaces flottantes.*

- **2.** Qui ne serre pas : *Robe flottante* (syn. ample). - **3.** Qui n'est pas nettement fixé : *Effectifs flottants* (syn. variable ; contr. fixe). *Monnaie flottante. Esprit flottant* (syn. indécis). - **4.** Virgule flottante → virgule.

1. flotte [flɔt] n.f. (anc. scand. *floti* "radeau", avec infl. de l'anc. fr. *flote* "troupe, multitude"). - **1.** Ensemble de navires dont les activités sont coordonnées par une même autorité ou opérant dans une zone déterminée : *La flotte des pêcheurs de Concarneau.* - **2.** Ensemble des forces navales d'un pays ou d'une compagnie maritime. - **3.** Unité d'une marine de guerre, d'une aviation militaire.

2. flotte [flɔt] n.f. (de *2. flotter*). FAM. Eau ; pluie : *Piquer une tête dans la flotte* (= plonger dans une piscine, une rivière, etc.). *Il est tombé beaucoup de flotte* (= il a beaucoup plu).

flottement [flɔtmɑ̃] n.m. - **1.** État d'un objet qui flotte ; mouvement d'ondulation, d'oscillation : *Le flottement d'un drapeau* (syn. ondoiement). - **2.** Mouvement d'hésitation, d'incertitude : *Il se produisit un flottement dans l'assistance* (syn. incertitude). *Il eut un instant de flottement, puis il se reprit et répondit à son adversaire* (syn. indécision, hésitation). - **3.** ÉCON. Flottaison d'une monnaie.

1. flotter [flɔte] v.i. (de *flot*). - **1.** Être porté sur une surface liquide : *Le liège flotte bien sur l'eau* (syn. nager, surnager). - **2.** Être en suspension dans l'air ; être porté de-ci de-là bouger avec souplesse : *Un parfum flotte dans la pièce* (syn. se répandre). *Drapeau qui flotte au vent* (syn. onduler, ondoyer). *Son manteau flotte autour de lui.* - **3.** Être indécis, irrésolu : *Flotter entre l'espérance et la crainte.* - **4.** En parlant d'une monnaie, avoir une valeur variable par rapport à une autre monnaie. - **5.** Flotter dans un vêtement, porter un vêtement trop grand ou trop large : *Il flotte dans son costume.* ◆ v.t. Flotter du bois, l'acheminer par flottage.

2. flotter [flɔte] v.impers. (probabl. de *1. flotter*). FAM. Pleuvoir.

flotteur [flɔtœr] n.m. (de *1. flotter*). Dispositif permettant à un corps de se maintenir à la surface de l'eau ou entre deux eaux : *Flotteurs d'un hydravion. Flotteur d'une ligne de pêche* (syn. bouchon).

flottille [flɔtij] n.f. (esp. *flotilla*, du fr. *1. flotte*). - **1.** Ensemble de petits navires se déplaçant ensemble : *Une flottille de pêche en partance.* - **2.** Formation d'appareils de combat de l'aéronavale.

flou, e [flu] adj. (lat. *flavus* "jaune, fané"). - **1.** Qui manque de netteté, de précision : *Photographie floue* (contr. net). *Idées floues* (syn. vague ; contr. clair). - **2.** BX-A. Se dit d'une œuvre dont les contours sont peu distincts : *Un dessin flou* (syn. fondu, vaporeux). -**3.** COUT. Souple, non ajusté : *Une robe floue.* ◆ **flou** n.m. -**1.** Caractère de ce qui est flou, de ce qui manque de netteté : *Un flou dans le regard dû à l'abus d'alcool.* -**2.** Flou artistique, effet délibéré de flou ; au fig., ambiguïté dans le discours, l'attitude.

flouer [flue] v.t. (var. du moyen fr. *frouer* "tricher au jeu", lat. *fraudare*). FAM. Voler, duper : *Se faire flouer.*

fluctuant, e [flyktɥɑ̃, -ɑ̃t] adj. Qui fluctue, qui flotte : *Un homme fluctuant dans ses opinions* (syn. indécis). *Prix fluctuants* (syn. variable).

fluctuation [flyktɥasjɔ̃] n.f. (lat. *fluctuatio*, de *fluctuare* "flotter"). -**1.** (Souvent au pl.). Variation continuelle, transformation alternative : *Suivre les fluctuations de la Bourse. Les fluctuations d'un esprit inquiet* (syn. incertitude, irrésolution). *Les fluctuations de l'opinion* (syn. changement). -**2.** Déplacement alternatif dans la masse d'un liquide.

fluctuer [flyktɥe] v.i. (lat. *fluctuare*). Ne pas être stable, fixé : *Une monnaie dont le cours fluctue* (syn. varier).

fluet, ette [flyɛ, -ɛt] adj. (altér. de *flouet*, de *flou*). -**1.** Qui est mince et d'apparence délicate : *Jambes fluettes* (syn. grêle). *Un garçon fluet* (syn. frêle, menu). -**2.** Voix fluette, qui manque de force.

1. fluide [flɥid] adj. (lat. *fluidus*, de *fluere* "couler"). -**1.** CHIM. Se dit d'un corps (liquide ou gaz) dont les molécules sont faiblement liées et qui peut ainsi prendre la forme du vase qui le contient. -**2.** Qui coule, s'écoule facilement : *Huile très fluide* (syn. liquide ; contr. épais). *Circulation routière fluide* (= régulière et sans embouteillage). -**3.** SOUT. Difficile à saisir, à fixer, à apprécier : *Pensée fluide* (syn. inconsistant, fluctuant).

2. fluide [flɥid] n.m. (de *1. fluide*). -**1.** Corps fluide : *Les liquides et les gaz sont des fluides.* -**2.** Énergie occulte, influence mystérieuse que dégageraient certaines personnes, certains objets : *Le fluide d'un magnétiseur.* -**3.** Mécanique des fluides, partie de la mécanique qui étudie les fluides considérés comme des milieux continus déformables.

fluidifiant, e [flɥidifjɑ̃, -ɑ̃t] adj. et n.m. -**1.** MÉD. Se dit de substances qui fluidifient les sécrétions (bronchiques, biliaires, etc.) ou les épanchements : *Sirop fluidifiant.* -**2.** PÉTR. Se dit d'un produit pétrolier employé pour diminuer la consistance des bitumes, des peintures ou des boues de forage.

fluidification [flɥidifikasjɔ̃] n.f. Action de fluidifier ; fait de se fluidifier.

fluidifier [flɥidifje] v.t. [conj. 9]. Rendre fluide ou plus fluide : *Fluidifier la circulation routière.*

fluidité [flɥidite] n.f. (de *fluide*). -**1.** Caractère de ce qui est fluide, de ce qui s'écoule régulièrement : *Fluidité d'une crème, du trafic routier.* -**2.** ÉCON. Situation dans laquelle l'offre et la demande s'adaptent aisément l'une à l'autre.

fluor [flyɔʁ] n.m. (mot lat. "écoulement"). Corps simple gazeux, jaune-vert, fortement réactif. □ Symb. F.

fluoré, e [flyɔʁe] adj. Qui contient du fluor : *Eau fluorée.*

fluorescence [flyɔʁesɑ̃s] n.f. (mot angl., de *fluor*, d'apr. *phosphorescence*). Propriété qu'ont certains corps d'émettre de la lumière visible lorsqu'ils reçoivent un rayonnement, lequel peut être invisible (rayons ultraviolets, rayons X).

fluorescent, e [flyɔʁesɑ̃, -ɑ̃t] adj. -**1.** Doué de fluorescence : *Corps fluorescent.* -**2.** Se dit d'une source de rayonnement produite par fluorescence : *Tube fluorescent.*

fluorure [flyɔʁyʁ] n.m. Composé binaire du fluor avec un autre élément.

flûte [flyt] n.f. (de la suite onomat. *a-u*, avec les consonnes initiales du lat. *flare* "souffler"). -**1.** Instrument de musique à vent, formé d'un tube creux en bois ou en métal, percé de trous et dans lequel on souffle par un orifice situé à une extrémité : *Jouer de la flûte à bec.* -**2.** Verre à pied, étroit et haut : *Flûte à champagne.* -**3.** Baguette de pain. -**4.** (Au pl.). FAM. Jambes maigres. -**5.** FAM. Être du bois dont on fait les flûtes, être souple, céder à tout sans résistance. ‖ Flûte traversière, flûte en bois ou en métal dont l'embouchure est latérale. ‖ FAM. Jouer des flûtes, se sauver. -**6.** Flûte de Pan. Instrument composé de tubes d'inégales longueurs sur lesquels le joueur promène ses lèvres. ◆ interj. FAM. Exclamation marquant l'impatience, la déception : *Flûte ! J'ai oublié mon stylo.*

flûté, e [flyte] adj. (de *flûter* "jouer de la flûte"). Se dit d'un son doux évoquant celui de la flûte : *Une voix flûtée.*

flûtiste [flytist] n. Instrumentiste qui joue de la flûte.

fluvial, e, aux [flyvjal, -o] adj. (lat. *fluvialis*). Relatif aux fleuves, aux cours d'eau : *Eaux fluviales. Navigation fluviale.*

fluvio-glaciaire [flyvjoglasjɛʁ] adj. (pl. *fluvio-glaciaires*). Relatif à la fois aux fleuves et aux glaciers.

fluviométrique [flyvjɔmetʁik] adj. (de *fluvial* et *-métrie*). Relatif à la mesure du niveau et du débit des cours d'eau.

flux [fly] n.m. (lat. *fluxus*, de *fluere* "couler"). - **1.** Écoulement d'un liquide organique ou de matières liquides en général : *Flux de sang.* - **2.** Marée montante : *Le flux et le reflux* (syn. flot). - **3.** Grande abondance : *Flux de paroles* (syn. profusion). - **4.** PHYS. Flux lumineux, débit d'énergie rayonnante évalué d'après son action sur un récepteur déterminé. ‖ PHYS. Flux magnétique, induction magnétique.

fluxion [flyksjɔ̃] n.f. (lat. *fluxio*, de *fluere* "couler"). - **1.** Congestion dans une partie du corps, avec gonflement extérieur. - **2.** VX. Fluxion de poitrine, congestion pulmonaire avec atteinte pleurale et réaction musculaire douloureuse.

FM, sigle de l'angl. *frequency modulation*, désignant la *modulation* de fréquence.

foc [fɔk] n.m. (néerl. *fok*). Voile triangulaire placée à l'avant d'un bateau à voiles.

focal, e, aux [fɔkal, -o] adj. (du lat. *focus* "foyer"). - **1.** OPT. Qui concerne le foyer des miroirs ou des lentilles. - **2.** Qui est le plus important, central : *Point focal d'un raisonnement* (syn. crucial, fondamental). - **3.** Distance focale, distance du foyer principal à la surface réfléchissante ou réfringente. (On dit aussi *une focale*.)

focalisation [fɔkalizasjɔ̃] n.f. Action de focaliser.

focaliser [fɔkalize] v.t. (de *focal*). - **1.** Faire converger en un point un faisceau lumineux, un flux de particules, etc. - **2.** Concentrer sur un point précis : *Focaliser l'attention du public.*

fœhn ou **föhn** [føn] n.m. (mot suisse all., du lat. *favonius* "vent de S.-O."). Vent du sud, chaud et très sec, fréquent au printemps et en automne, qui souffle dans les vallées du versant nord des Alpes, en Suisse et au Tyrol.

fœtal, e, aux [fetal, -o] adj. Relatif au fœtus : *Être en position fœtale* (= recourbé sur soi-même).

fœtus [fetys] n.m. (mot lat., var. de *fetus* "enfantement"). Produit de la conception non encore arrivé à terme, mais ayant déjà les formes de l'espèce. □ Chez l'homme, l'embryon prend le nom de fœtus au troisième mois de la grossesse et le garde jusqu'à la naissance.

foi [fwa] n.f. (lat. *fides*, de *fidere* "se fier"). - **1.** Croyance en la vérité d'une religion, en son dieu, en ses dogmes ; doctrine religieuse : *Avoir la foi* (= croire en Dieu). *Foi chrétienne* (syn. religion). *Propagation de la foi.* - **2.** Confiance en qqn ou qqch : *Témoin digne de foi. Avoir foi en l'avenir. Ajouter foi au propos de qqn* (= croire ce qu'il dit). - **3.** LITT. Engagement qu'on prend d'être fidèle à une

promesse ; garantie : *Violer la foi conjugale* (syn. fidélité). *Sous la foi du serment.* - **4.** Acte de foi, pensée, parole ou acte qui exprime l'adhésion à une affirmation, une négation : ‖ Faire foi, établir d'une façon indiscutable ; prouver. ‖ Ma foi, formule usitée pour appuyer une affirmation, une négation : *C'est ma foi vrai !* ‖ Sans foi ni loi, sans religion ni morale. - **5.** Bonne foi. Attitude de qqn qui parle ou agit selon ses convictions, avec l'intention d'être honnête : *Être de bonne foi.* ‖ Mauvaise foi. Malhonnêteté de qqn qui affirme des choses qu'il sait fausses ou qui feint l'ignorance.

foie [fwa] n.m. (lat. pop. *fecatum*, class. [*jecur*] *ficatum* "foie d'oie engraissée avec des figues", traduction du gr. [*hêpar*] *sukôton*). - **1.** Viscère contenu dans l'abdomen, annexé au tube digestif, qui sécrète la bile et remplit de multiples fonctions dans le métabolisme des glucides, des lipides et des protides. - **2.** Foie de certains animaux employé comme aliment : *Une tranche de foie de veau.* - **3.** Foie gras, foie d'oie ou de canard spécialement gavés.

1. **foin** [fwɛ̃] n.m. (lat. *fenum*). - **1.** Herbe fauchée et séchée pour la nourriture du bétail : *Une meule de foin. Époque des foins* (= fenaison). - **2.** Poils soyeux qui garnissent le fond d'un artichaut. - **3.** FAM. Faire du foin, faire du bruit, causer du scandale.

2. **foin** [fwɛ̃] interj. (de 1. *foin*, ou altér. de *fi*). LITT. Exprime le dégoût, le mépris : *Foin de votre conseil !*

foire [fwaʀ] n.f. (bas lat. *feria*, class. *feriae* "jours de fête"). - **1.** Grand marché public se tenant à des époques fixes dans un même lieu. - **2.** Fête foraine qui a lieu à une certaine époque de l'année : *La foire du Trône, à Paris.* - **3.** Exposition commerciale périodique : *La foire de Lyon.* - **4.** Champ de foire, emplacement où se tient une foire. ‖ FAM. Faire la foire, mener une vie de plaisirs ; faire la fête.

foirer [fwaʀe] v.i. (de *foire* "diarrhée"). FAM. Échouer, rater : *Affaire qui foire.*

foireux, euse [fwaʀø, -øz] adj. et n. FAM. Qui fonctionne mal ; dont l'échec est prévisible : *Un coup foireux.*

fois [fwa] n.f. (lat. *vices* "tours, successions"). - **1.** Avec un mot qui indique le nombre, marque l'unité ou la réitération d'un fait, la répétition ou la multiplication d'une quantité, l'intensité plus ou moins grande et relative d'une action, d'un état : *Il est venu trois fois. Trois fois deux font six.* - **2.** À la fois, ensemble, en même temps. ‖ FAM. Des fois, parfois. ‖ T. FAM. Des fois que, peut-être que ; au cas où. ‖ Pour une fois, marque l'exception. ‖ Une fois, à une certaine époque : *Il était une fois...* ‖ Une fois pour toutes, définitivement.

foison [fwazɔ̃] n.f. (lat. *fusio*, de *fundere* "verser, répandre"). - **1.** LITT. Grande abondance : *Commentaire illustré par une foison d'exemples* (syn. foule, profusion). - **2.** À foison, en grande quantité.

foisonnant, e [fwazɔnɑ̃, -ɑ̃t] adj. Qui foisonne, abondant : *Végétation foisonnante* (syn. surabondant). *Poète foisonnant de trouvailles* (syn. riche en).

foisonnement [fwazɔnmɑ̃] n.m. - **1.** Fait de foisonner : *Un foisonnement d'idées* (syn. profusion). - **2.** TECHN. Augmentation de volume d'une substance, due à son morcellement.

foisonner [fwazɔne] v.i. (de *foison*). - **1.** Abonder, pulluler : *Les lapins foisonnent en Australie* (syn. fourmiller, grouiller). - **2.** Se multiplier, se développer : *Les idées foisonnaient au XVIIIᵉ s.* (syn. proliférer). - **3.** Augmenter de volume, en parlant d'une substance : *La chaux vive foisonne sous l'action de l'eau.* - **4.** Foisonner de, en, être abondamment fourni en : *Notre littérature foisonne en poètes* (syn. regorger de). *Ce romancier foisonne d'idées* (syn. abonder en).

fol adj.m. → **fou.**

folâtre [fɔlɑtʀ] adj. (de *fol*). D'une gaieté légère, un peu folle : *Se sentir d'humeur folâtre* (syn. guilleret, espiègle).

folâtrer [fɔlɑtʀe] v.i. (de *folâtre*). Jouer, s'ébattre gaiement et librement : *Nous n'avons plus le temps de folâtrer !*

foliation [fɔljasjɔ̃] n.f. (du lat. *folium* "feuille"). - **1.** Époque de l'année où les bourgeons commencent à développer leurs feuilles (syn. feuillaison). - **2.** GÉOL. Ensemble de plans parallèles suivant lesquels cristallisent les minéraux nouveaux dans les roches métamorphiques.

folichon, onne [fɔliʃɔ̃, -ɔn] adj. (de *fol*). (Souvent en tournure nég.). FAM. Divertissant, agréable : *Le spectacle n'est pas folichon* (syn. amusant, plaisant).

folie [fɔli] n.f. (de *fol*). - **1.** Dérèglement mental : *Donner des signes de folie* (syn. démence, aliénation). *Avoir la folie de la persécution* (syn. manie). - **2.** Caractère de ce qui échappe au contrôle de la raison, du bon sens : *C'est la folie de sortir à cette heure-ci !* (syn. délire). *La folie d'un projet* (syn. extravagance). - **3.** Acte, parole déraisonnables, passionnés, excessifs : *Faire des folies* (= dépenser inconsidérément). *Dire des folies* (syn. ineptie). - **4.** Goût excessif, déréglé pour une chose : *Avoir la folie des vieux livres* (syn. passion). *Folie des grandeurs* (= mégalomanie). - **5.** Nom donné autref. à certaines riches maisons de plaisance. - **6.** À la folie, éperdument : *Aimer qqn à la folie.*

folié, e [fɔlje] adj. (lat. *foliatus* ; de *folium* "feuille"). - **1.** Qui a la forme d'une feuille. - **2.** Garni de feuilles.

folio [fɔljo] n.m. (forme du lat. *folium* "feuille"). - **1.** Feuille d'un registre, d'un livre : *Le folio 4 recto, verso.* - **2.** Numéro de chaque page d'un livre.

foliole [fɔljɔl] n.f. (lat. *foliolum* "petite feuille"). Chaque division du limbe d'une feuille composée : *Foliole de l'acacia.*

folk [fɔlk] n.m. (abrév.). Folksong. ◆ adj. Relatif au folksong : *Musiciens folks.*

folklore [fɔlklɔʀ] n.m. (mot angl., de *folk* "peuple" et *lore* "science"). - **1.** Ensemble des productions culturelles non matérielles (croyances, rites, contes, légendes, fêtes, cultes, etc.) d'une société. - **2.** Manifestation d'un pittoresque superficiel : *Le folklore des défilés de mode.*

folklorique [fɔlklɔʀik] adj. - **1.** Relatif au folklore : *Danse folklorique.* - **2.** FAM. Pittoresque, mais dépourvu de sérieux : *Personnage folklorique* (abrév. folklo).

folksong [fɔlksɔ̃g] n.m. (mot anglo-amér., de *folk[lore]* et *song* "chanson"). Chant inspiré des chansons traditionnelles, américaines notamm., mais interprété avec la sensibilité et selon les techniques d'aujourd'hui : *Le folksong constitue l'un des aspects de la pop music* (abrév. folk).

follement [fɔlmɑ̃] adv. (de *fol*). Éperdument ; extrêmement : *Tomber follement amoureux. Une soirée follement drôle.*

follet [fɔlɛ] adj.m. (de *fol*). - **1.** Esprit follet, lutin familier, dans les croyances populaires (on dit aussi *un follet*). ‖ Poil follet, duvet des petits oiseaux ; premier duvet des adolescents. - **2.** Feu follet. Flamme légère et fugitive produite par la combustion spontanée de l'hydrogène phosphoré qui se dégage de matières organiques en décomposition.

folliculaire [fɔlikylɛʀ] adj. Relatif à un follicule.

follicule [fɔlikyl] n.m. (lat. *folliculus* "petit sac"). - **1.** BOT. Fruit sec dérivant d'un carpelle isolé et s'ouvrant par une seule fente. - **2.** ANAT. Nom de divers petits organes en forme de sac : *Follicule pileux. Follicule dentaire.*

folliculine [fɔlikylin] n.f. PHYSIOL. Un des deux œstrogènes principaux (l'autre étant l'œstradiol) sécrétés par le follicule ovarien.

fomentation [fɔmɑ̃tasjɔ̃] n.f. LITT. Action de fomenter : *La fomentation des querelles* (syn. excitation, provocation).

fomenter [fɔmɑ̃te] v.t. (lat. médic. *fomentare*, du class. *fomentum* "calmant", de *fovere* "chauffer"). LITT. Susciter, préparer secrètement : *Fomenter des troubles. Fomenter une rébellion* (syn. tramer, LITT. ourdir).

foncé, e [fɔ̃se] adj. (de *fons*, anc. forme de *fond*). Sombre, en parlant des couleurs : *Vert foncé* (contr. clair, pâle).

1. **foncer** [fɔ̃se] v.t. (de *fons*, anc. forme de *fond*) [conj. 16]. - **1.** Mettre un fond à (un tonneau, une cuve, un siège). - **2.** CUIS. Garnir de pâte ou de bardes de lard le fond de (une tourtière, une casserole, etc.). - **3.** Creuser verticalement : *Foncer un puits.*

2. **foncer** [fɔ̃se] v.t. ind. [**sur**] (de *fondre* [*sur*], d'après 1. *foncer*) [conj. 16]. - **1.** Se précipiter pour attaquer : *Foncer sur l'ennemi* (syn. se ruer sur). - **2.** (Absol.). FAM. Aller très vite : *La voiture fonçait dans la nuit. Fonce, tu es en retard* (syn. se dépêcher, se presser). - **3.** (Absol.). FAM. Ne pas hésiter à s'engager, à aller de l'avant : *Quand une idée lui tient à cœur, elle fonce.*

3. **foncer** [fɔ̃se] v.t. (de *foncé*) [conj. 16]. Assombrir, rendre plus foncée une couleur. ◆ v.i. Prendre une couleur plus foncée : *Ses cheveux ont foncé.*

fonceur, euse [fɔ̃sœr, -øz] adj. et n. (de 2. *foncer*). FAM. Personne qui fonce, qui n'hésite pas à aller de l'avant (syn. battant).

foncier, ère [fɔ̃sje, -ɛr] adj. (de *fonds*). - **1.** Relatif à un fonds de terre, à son exploitation, à son imposition : *Propriété foncière. Propriétaire foncier* (= qui possède un bien foncier). - **2.** Qui constitue le principal, qui est fondamental : *Qualités foncières* (syn. inné, naturel). *Différence foncière* (syn. fondamental). - **3.** Taxe foncière, impôt annuel qui frappe les propriétés, bâties ou non. ◆ **foncier** n.m. La propriété foncière ; impôt foncier.

foncièrement [fɔ̃sjɛrmɑ̃] adv. (de *foncier*). - **1.** Complètement, totalement : *Je suis foncièrement hostile à ce type de discussion* (syn. absolument). - **2.** En soi, par nature : *Un homme foncièrement bon* (syn. naturellement).

fonction [fɔ̃ksjɔ̃] n.f. (lat. *functio*, de *fungi* "s'acquitter de"). - **1.** Rôle, utilité d'un élément dans un ensemble : *Remplir une fonction.* - **2.** Activité professionnelle ; exercice d'une charge, d'un emploi : *La fonction d'enseignant* (syn. métier, profession). *Être en fonction* (syn. activité). *Entrer en fonction* ou *en fonctions* (= s'installer dans un poste). *Quitter ses fonctions* (= prendre sa retraite). *S'acquitter de ses fonctions* (syn. tâche). - **3.** LING. Rôle syntaxique d'un mot ou d'un groupe de mots dans une phrase : *Fonction de sujet, de complément.* - **4.** Activité exercée par un élément vivant (appareil, organe ou cellule) et qu'étudie la physiologie : *La fonction crée l'organe. Fonctions de nutrition, de reproduction.* - **5.** MATH. Correspondance d'un ensemble E vers un ensemble F qui, à tout élément de E, associe au plus un élément de F. - **6.** CHIM. Ensemble de propriétés appartenant à un groupe de corps : *Fonction base, fonction acide. Un triacide possède trois fonctions acide.* - **7.** En fonction de, en suivant les variations de ;

par rapport à : *Dépenser en fonction de ses moyens.* ❙ Être fonction de, dépendre de. ❙ Faire fonction de, remplir l'emploi de : *Ce capitaine fait fonction de commandant sans en avoir le grade.* - **8.** Fonction publique. Ensemble des agents de l'État ; ensemble des fonctionnaires ; leur activité : *Le statut de la fonction publique.*

fonctionnaire [fɔ̃ksjɔnɛr] n. Agent public titulaire d'un emploi permanent dans un grade de la hiérarchie administrative ; titulaire d'une fonction publique.

fonctionnalisme [fɔ̃ksjɔnalism] n.m. (de *fonctionnel*). - **1.** SOCIOL. Doctrine selon laquelle la société est un système dont l'équilibre dépend de l'intégration de ses diverses composantes. - **2.** ARCHIT. ARTS DÉC. Doctrine du XXᵉ s. selon laquelle la forme doit toujours être l'expression d'une fonction, être appropriée à un besoin. - **3.** LING. Linguistique fonctionnelle. ◆ **fonctionnaliste** adj. et n. Relatif au fonctionnalisme ; qui en est partisan.

fonctionnalité [fɔ̃ksjɔnalite] n.f. Caractère de ce qui est fonctionnel, pratique : *La fonctionnalité d'un mobilier.* ◆ **fonctionnalités** n.f. pl. Ensemble des possibilités qu'offre un système informatique.

fonctionnariat [fɔ̃ksjɔnarja] n.m. Qualité, état de fonctionnaire.

fonctionnariser [fɔ̃ksjɔnarize] v.t. (de *fonctionnaire*). Transformer une entreprise en service public, une personne en employé de l'État : *Fonctionnariser une profession.*

fonctionnel, elle [fɔ̃ksjɔnɛl] adj. - **1.** Qui concerne une fonction particulière (par opp. à *organique*) : *Troubles fonctionnels.* - **2.** Relatif aux fonctions mathématiques. - **3.** Qui s'adapte exactement à une fonction déterminée, bien adapté à son but : *Meubles fonctionnels* (syn. pratique). - **4.** Linguistique fonctionnelle, étude des éléments de la langue du point de vue de leur fonction dans l'énoncé et dans la communication (= fonctionnalisme).

fonctionnellement [fɔ̃ksjɔnɛlmɑ̃] adv. Par rapport aux fonctions biologiques.

fonctionnement [fɔ̃ksjɔnmɑ̃] n.m. Manière dont qqch fonctionne : *Le fonctionnement normal des institutions* (syn. jeu). *Appareil en état de fonctionnement* (syn. marche).

fonctionner [fɔ̃ksjɔne] v.i. (de *fonction*). Remplir sa fonction, être en état de marche : *Mémoire, imagination qui fonctionne. Bien, mal fonctionner* (syn. marcher). *Chez eux, la télévision fonctionne du matin au soir.*

fond [fɔ̃] n.m. (lat. *fundus*). - **1.** Partie la plus basse, la plus profonde de qqch ; base solide établie en profondeur : *Le fond d'un puits,* *d'une mine. Les livres sont au fond de la malle. Draguer le fond d'un canal. Envoyer un navire par le fond* (= le couler). - **2.** Ce qui est ou reste au fond de qqch : *Boire un fond de bouteille. Des fonds de tiroirs.* - **3.** Le degré le plus bas : *Le fond de la misère, du désespoir.* - **4.** Partie la plus éloignée de l'entrée ; partie la plus reculée d'un lieu : *Le fond d'une boutique, d'une armoire. Le fond d'une province.* - **5.** Ce qu'il y a de plus caché, de plus secret : *Aller au fond des choses. Je vous remercie du fond du cœur* (= très sincèrement). - **6.** Arrière-plan ; élément de base sur lequel se détache qqch : *Toile de fond. Fond sonore. Bruit de fond. Silhouette qui se détache sur un fond clair.* - **7.** Partie essentielle, fondamentale : *Il est coléreux mais il a bon fond* (= il est foncièrement bon). *Il y a un fond de vérité dans ce qu'il dit.* - **8.** Ce qui fait la matière, l'essence d'une chose (par opp. à la *forme*, à l'*apparence*) : *Comédies qui diffèrent par le fond. Juger, plaider, statuer sur le fond* (= sur le contenu de l'acte juridique en cause). - **9.** SPORTS. Discipline en athlétisme, en ski, en natation, etc., comportant des épreuves de longue distance : *Coureur de fond. Course de fond. Ski de fond.* - **10.** À fond, jusqu'au bout ; entièrement : *Nettoyer à fond.* ‖ Au fond, dans le fond, en réalité, en dernière analyse : *Au fond, tu n'as pas tort.* ‖ De fond, qui porte sur l'essentiel ; de base : *Ouvrage de fond.* ‖ LITT. Faire fond sur, mettre sa confiance en. - **11.** Fond de teint. Préparation semi-liquide teintée que l'on applique sur le visage comme maquillage. ‖ MÉD. Fond d'œil. Partie de l'œil visible avec l'ophtalmoscope ; examen pratiqué au moyen de l'ophtalmoscope.

fondamental, e, aux [fɔ̃damatal, -o] adj. (bas lat. *fundamentalis*, de *fundamentum* "fondement"). - **1.** Qui est à la base ; qui a un caractère déterminant, essentiel : *Principe fondamental* (syn. constitutif, essentiel). - **2.** Recherche fondamentale, recherche théorique dont les applications pratiques ne sont pas immédiates. ‖ MUS. Note fondamentale, note qui sert de base à un accord, quelle que soit sa place dans cet accord.

fondamentalement [fɔ̃damatalmã] adv. De façon fondamentale : *Idées fondamentalement opposées* (syn. diamétralement, radicalement). *Modifier fondamentalement une théorie* (syn. complètement).

fondamentalisme [fɔ̃damatalism] n.m. Tendance de certains adeptes d'une religion à revenir à ce qu'ils considèrent comme fondamental, originel.

fondamentaliste [fɔ̃damatalist] adj. et n. - **1.** Qui appartient au fondamentalisme. - **2.** Se dit d'un scientifique qui travaille en recherche fondamentale.

1. fondant, e [fɔ̃dã, -ãt] adj. - **1.** Qui fond : *Le zéro du thermomètre correspond à la température de la glace fondante.* - **2.** Qui fond dans la bouche : *Biscuits fondants* (syn. moelleux). - **3.** Qui s'amollit : *Une voix fondante.*

2. fondant [fɔ̃dã] n.m. (de *1. fondant*). - **1.** Pâte glacée à base de sucre cuit ; bonbon fourré avec cette pâte. - **2.** MÉTALL. Substance qui facilite la fusion d'un autre corps.

fondateur, trice [fɔ̃datœr, -tris] n. (de *fonder*). - **1.** Personne qui a construit ou créé qqch : *Le fondateur d'une entreprise* (syn. créateur, père). - **2.** Personne qui, par voie de legs ou de donation, a créé une œuvre charitable, philanthropique.

fondation [fɔ̃dasjɔ̃] n.f. (lat. *fundatio*). - **1.** Action de fonder : *La fondation de Rome* (syn. édification). - **2.** Création, par voie de donation ou de legs, d'un établissement d'intérêt général ; cet établissement : *La Fondation Thiers.* - **3.** Attribution à une œuvre existante de fonds destinés à un usage précis : *Fondation d'un lit dans un hôpital.* - **4.** (Souvent au pl.). Ensemble des parties inférieures d'une construction : *Travaux de fondation d'un immeuble.*

fondé, e [fɔ̃de] adj. - **1.** Justifié, établi solidement : *Accusation fondée.* - **2.** Autorisé : *Vous n'êtes pas fondé à décider.* ◆ **fondé** n. Fondé de pouvoir. Personne dûment autorisée à agir au nom d'une autre ou d'une société.

fondement [fɔ̃dmã] n.m. (lat. *fundamentum*, de *fundare* "fonder"). - **1.** (Le plus souvent au pl.). Élément essentiel servant de base à qqch : *Les fondements de la société* (syn. assise). *Les fondements d'une théorie* (syn. principe, postulat). - **2.** Raison solide, légitime : *Inquiétudes sans fondement* (syn. cause, motif). - **3.** FAM. Anus ; fesses.

fonder [fɔ̃de] v.t. (lat. *fundare*, de *fundus* "fond"). - **1.** Prendre l'initiative de créer, d'établir : *Fonder une entreprise, un nouveau parti* (syn. créer, instituer). *Einstein a fondé la relativité restreinte et généralisée* (syn. inventer). *Fonder un foyer* (= se marier). - **2.** Donner de l'argent pour l'établissement de : *Fonder un hôpital, un prix littéraire* (syn. créer, instaurer). - **3.** Fonder qqch sur, établir, justifier qqch en s'appuyant sur, faire reposer sur : *Fonder son pouvoir sur la force. Sur quoi fondes-tu tes soupçons ? Il fonde de grands espoirs sur son fils* (syn. placer en).

fonderie [fɔ̃dri] n.f. - **1.** Fusion et purification des métaux et des alliages. - **2.** Usine où l'on fond les métaux ou les alliages pour en faire des lingots ou pour leur donner la forme d'emploi.

1. fondeur, euse [fɔ̃dœr, -øz] n. (de *fondre*). - **1.** Personne qui dirige une entreprise, un

atelier de fonderie, ou qui y travaille.
- **2.** Sculpteur pratiquant la fonte, notamm.
du bronze.

2. **fondeur, euse** [fɔ̃dœʀ, -øz] n. (de [*ski de*] *fond*). Skieur, skieuse pratiquant le ski de fond.

fondre [fɔ̃dʀ] v.t. (lat. *fundere* "faire couler") [conj. 75]. - **1.** Amener un solide à l'état liquide sous l'action de la chaleur : *Fondre du plomb*. - **2.** Fabriquer un objet en coulant du métal en fusion dans un moule : *Fondre une cloche*. - **3.** Dissoudre dans un liquide : *Fondre du sucre, du sel dans l'eau*. - **4.** Combiner, mêler pour former un tout : *Fondre deux livres en un seul* (syn. réunir, amalgamer). - **5.** Fondre des couleurs, passer d'une couleur à l'autre en faisant des mélanges et des dégradés pour éviter les contrastes brutaux. ◆ v.i. - **1.** Devenir liquide sous l'action de la chaleur : *La glace fond au soleil* (syn. se liquéfier). - **2.** Se dissoudre dans un liquide : *Faire fondre un morceau de sucre dans son café. Ces poires fondent dans la bouche*. - **3.** Disparaître, diminuer rapidement : *Son capital a fondu en peu de temps*. - **4.** FAM. Maigrir : *Tu as drôlement fondu !* - **5.** S'attendrir d'un coup : *On ne peut que fondre devant tant de gentillesse*. - **6.** Fondre en larmes, se mettre à pleurer abondamment. ◆ v.t. ind. Se précipiter, s'abattre sur : *L'aigle fond sur sa proie*. ◆ **se fondre** v.pr. Se mêler de manière à ne faire qu'un, se confondre : *Se fondre dans la masse*.

fondrière [fɔ̃dʀijɛʀ] n.f. (du lat. pop. *fundus, -eris* ; v. *effondrer*). Crevasse dans le sol (syn. ornière).

fonds [fɔ̃] n.m. (réfection de l'anc. fr. *fons*, forme de *fond*). - **1.** Sol de terre considéré comme moyen de production ; terrain sur lequel on bâtit : *Cultiver son fonds. Bâtir sur son fonds*. - **2.** Capital en biens, en argent que l'on fait valoir ; somme d'argent et, notamm., somme d'argent affectée à un usage particulier : *Fonds de roulement. Fonds de solidarité*. - **3.** Ensemble des livres, des manuscrits, des œuvres d'art, etc., qui, dans une bibliothèque, un musée, etc., sont d'une provenance déterminée ; totalité des œuvres détenues, de toutes origines : *Cette bibliothèque a un fonds très riche*. - **4.** Ensemble de choses qui constituent un capital de base : *Emprunts et néologismes qui enrichissent le fonds de la langue* (syn. patrimoine). *Le fonds d'une maison d'édition* (= les ouvrages sur lesquels s'appuie son activité de base). - **5.** Ensemble des qualités physiques, morales ou intellectuelles de qqn : *Un grand fonds d'énergie*. - **6.** À fonds perdu, en renonçant à récupérer le capital : *Prêter à fonds perdu*. - **7.** Fonds de commerce. Ensemble des biens corporels et incorporels permettant à un

commerçant d'exercer son activité. ◆ n.m. pl. - **1.** Argent disponible : *Trouver des fonds* (syn. capitaux). *Détournement de fonds. Mise de fonds* (= investissement). - **2.** Être en fonds, avoir de l'argent. ‖ Fonds publics, valeurs mobilières émises par l'État ; argent procuré par l'État. ‖ Fonds secrets ou spéciaux, sommes mises à la disposition du gouvernement pour financer certaines dépenses dont le motif doit être tenu secret.

fondu, e [fɔ̃dy] adj. - **1.** Passé à l'état liquide, en parlant d'un corps solide : *De la neige fondue*. - **2.** Couleurs fondues, couleurs obtenues en passant graduellement d'un ton à l'autre. ◆ **fondu** n.m. - **1.** Résultat obtenu en fondant les couleurs, les tons. - **2.** CIN. Apparition ou disparition progressives de l'image sur l'écran : *Fondu enchaîné* (= disparition progressive de l'image tandis qu'apparaît la suivante en surimpression).

fondue [fɔ̃dy] n.f. (mot suisse, de *fondre*). Fondue bourguignonne, plat composé de petits dés de viande de bœuf qu'on plonge dans l'huile bouillante avec une fourchette et qu'on mange avec des sauces relevées. ‖ Fondue savoyarde, plat composé de fromage que l'on fait fondre avec du vin blanc, et dans lequel on plonge des petits cubes de pain.

fongicide [fɔ̃ʒisid] adj. et n.m. (du lat. *fungus* "champignon"). Se dit d'une substance propre à détruire les champignons, en partic. les champignons microscopiques.

fongique [fɔ̃ʒik] adj. (du lat. *fungus* "champignon"). Relatif aux champignons : *Intoxication fongique* (= par des champignons vénéneux).

fontaine [fɔ̃tɛn] n.f. (bas lat. *fontana*, de *fons, fontis* "source"). - **1.** Source d'eau vive qui jaillit du sol naturellement ou artificiellement : *La fontaine de Vaucluse*. - **2.** Édicule de distribution d'eau, comprenant une bouche d'où l'eau s'écoule dans une vasque ou un bassin : *Fontaine publique*.

fontanelle [fɔ̃tanɛl] n.f. (réfection, d'apr. le lat. scientif. *fontanella*, de *fontenelle* "fontaine"). ANAT. Chacun des espaces cartilagineux que présente la boîte crânienne avant son ossification complète, aux points de jonction des sutures osseuses : *La grande fontanelle se ferme à l'âge d'un an*.

1. **fonte** [fɔ̃t] n.f. (lat. pop. *fundita*). - **1.** Fait de fondre : *Fonte des neiges*. - **2.** Opération par laquelle une matière est fondue : *Fonte de l'acier*. - **3.** Art, travail du fondeur : *Fonte d'une statue*. - **4.** ARTS GRAPH. Assortiment complet de caractères de même type. (On dit aussi *police de caractères*.)

2. **fonte** [fɔ̃t] n.f. (de *1. fonte*). Alliage de fer et de carbone dont la teneur en carbone est

génér. supérieure à 2,5 % et qui est élaboré à l'état liquide directement à partir du minerai de fer.

3. **fonte** [fɔ̃t] n.f. (altér., sous l'infl. de *1. fonte,* de l'it. *fonda* "poche", lat. *funda*). Fourreau ou sacoche suspendus à la selle et contenant armes, munitions ou vivres.

fonts [fɔ̃]n.m. pl. (lat. *fontes,* plur. de *fons* "fontaine"). **Fonts baptismaux,** bassin contenant l'eau du baptême dans une église catholique.

football [futbol] n.m. (mot angl. "balle au pied"). - **1.** Sport qui oppose deux équipes de onze joueurs, et qui consiste à envoyer un ballon rond dans le but du camp adverse sans l'intervention des mains. (Abrév. fam. *foot.*) - **2.** Football américain, sport répandu princ. aux États-Unis, qui se joue avec un ballon ovale, entre deux équipes de onze joueurs, et dans lequel il est permis d'utiliser la main et le pied.

footballeur, euse [futbolœr, -øz] n. Personne qui pratique le football.

footing [futiŋ] n.m. (mot angl. "sol pour poser le pied"). Course ou marche à pied pratiquée dans un but hygiénique.

for [fɔr] n.m. (lat. *forum* "place publique, tribunal"). **En, dans mon (ton, son, etc.) for intérieur,** au plus profond de ma (ta, sa, etc.) conscience.

forage [fɔraʒ] n.m. Action de forer : *Forage d'un puits.*

forain, e [fɔrɛ̃, -ɛn] adj. (de *forain* "qui vient de l'extérieur", [lat. pop.* *foranus,* du class. *foris* "dehors"], rapproché de *foire*). - **1.** Qui a rapport aux foires, aux marchés. - **2.** Fête foraine, fête publique organisée par des forains : *Manèges, attractions d'une fête foraine.* ‖ Marchand forain, personne qui exerce son activité dans les marchés, les foires et les fêtes foraines. (On dit aussi *un forain.*)

foraminifère [fɔraminifɛr] n.m.(de *foramen* "trou de petite dimension" et *-fère* "qui porte"). Foraminifères, sous-classe de protozoaires marins dont la cellule est entourée d'une capsule calcaire perforée de minuscules orifices. □ Embranchement des rhizopodes.

forban [fɔrbã] n.m. (de l'anc. fr. *forbannir* "bannir à l'étranger"). - **1.** Pirate, bandit qui se livrait à des expéditions armées sur mer. - **2.** Individu malhonnête, sans scrupule : *Traiter avec un forban* (syn. bandit, escroc).

forçage [fɔrsaʒ] n.m. (de *forcer*). AGRIC. Traitement que l'on fait subir à certaines plantes (plantes à fleurs, légumes) pour les obliger à se développer en dehors des périodes normales.

forçat [fɔrsa] n.m. (it. *forzato* "galérien", de *forzare* "forcer"). - **1.** Autref., homme condamné aux galères ou aux travaux forcés du bagne (syn. galérien, bagnard). - **2.** Travailler comme un forçat, travailler très durement.

force [fɔrs] n.f. (bas lat. *fortia,* du class. *fortis* "fort"). - **1.** Capacité de faire un effort physique important ; capacité de résister à des épreuves morales : *Avoir de la force dans les bras* (syn. puissance, vigueur). *Frapper de toute sa force* (syn. énergie). *Force d'âme* (syn. courage). *Force de caractère* (syn. fermeté). - **2.** Degré d'aptitude dans le domaine intellectuel ; habileté : *Joueurs de même force* (syn. niveau). *Il est de première force en anglais.* - **3.** Caractère de ce qui est fort, intense, et capable de produire un effet ; degré de puissance, d'intensité : *La force d'une explosion* (syn. violence). *La force du courant, du vent. La force d'un remède* (syn. efficacité). *La force d'un mot. Argument qui a une grande force de persuasion.* - **4.** PHYS. Toute cause capable de déformer un corps, d'en modifier l'état de repos ou de mouvement : *Équilibre des forces. Force d'inertie. Force centrifuge, force centripète.* - **5.** Ce qui incite ou oblige à se comporter d'une certaine façon : *Une force mystérieuse le poussait à mentir. La force de l'habitude. La force des choses. Cas de force majeure.* - **6.** Pouvoir, capacité que possède qqn ou une collectivité de s'imposer aux autres ; pouvoir effectif, ascendant, autorité : *La discipline fait la force principale des armées. Être en position de force. La force des lois. Avoir force de loi.* - **7.** Emploi de moyens violents pour contraindre une ou plusieurs personnes : *Céder à la force. Employer la force* (syn. contrainte). *Coup de force.* - **8.** Ensemble de personnes armées et organisées, chargées d'une tâche de protection, de défense ou d'attaque ; ensemble de moyens militaires : *Force d'intervention. Force publique* (= les formations de police, de gendarmerie qui assurent le respect de la loi et le maintien de l'ordre). - **9.** À force de (+ n.), à force de (+ inf.), par le fait répété ou intensif de : *Il m'a épuisée à force de paroles. À force de chercher, il finira bien par trouver.* ‖ De force, en employant la violence, la contrainte. ‖ En force, en grand nombre : *Arriver en force.* ‖ Force de frappe ou force de dissuasion ou, en France, **force nucléaire stratégique,** force militaire aux ordres directs de la plus haute instance politique d'un État, rassemblant la totalité de ses armements nucléaires stratégiques ; au fig., FAM., tout moyen permettant de triompher d'un adversaire, de frapper l'imagination, etc. ‖ Force de la nature, personne d'une grande vigueur physique. ‖ Force électromotrice → électromotrice. ‖ Par force, sous l'effet de la contrainte.

◆ **forces** n.f. pl. - **1.** Capacités, ressources

physiques ou intellectuelles : *Reprendre des forces* (syn. vigueur, vitalité). *Être à bout de forces* (= épuisé). *Ce travail est au-dessus de mes forces.* - **2.** Ensemble des formations militaires d'un État et de son matériel de guerre, potentiel militaire : *Forces aériennes, navales, terrestres.* (On dit aussi *forces armées*.) - **3.** Forces vives, puissance physique, intellectuelle et morale : *Un homme atteint dans ses forces vives.*

forcé, e [fɔʀse] adj. - **1.** Qui est imposé, que l'on fait contre sa volonté : *Atterrissage forcé.* - **2.** Qui manque de naturel : *Un rire forcé* (syn. artificiel, factice). - **3.** FAM. Inévitable : *Elle gagnera, c'est forcé* (syn. logique, immanquable). - **4.** AGRIC. Soumis au forçage : *Tomates forcées. Culture forcée.* - **5.** Avoir la main forcée, agir malgré soi sous la pression d'autrui.

forcement [fɔʀsəmɑ̃] n.m. Action de forcer : *Forcement d'un coffre.*

forcément [fɔʀsemɑ̃] adv. (de *forcé*). Fatalement, par une conséquence inévitable : *Les débuts sont forcément longs et pénibles* (syn. obligatoirement).

forcené, e [fɔʀsəne] adj. et n. (de l'anc. v. *forsener*, de *fors* "hors de" et *sen* "sens"). Qui n'a plus le contrôle de soi, fou furieux : *Maîtriser un forcené.* ◆ adj. Qui est l'indice d'une violente ardeur, qui dépasse toute mesure : *Il continua son travail forcené jusqu'à l'aube* (syn. acharné). *Un partisan forcené de la peine de mort* (syn. fanatique ; contr. tiède, mou).

forceps [fɔʀsɛps] n.m. (mot lat. "tenailles"). Instrument en forme de pince, destiné à saisir la tête de l'enfant pour en faciliter l'expulsion lors d'accouchements difficiles.

forcer [fɔʀse] v.t. (lat. pop. *fortiare*, du bas lat. *fortia* "force") [conj. 16]. - **1.** Faire céder par force, enfoncer ; détériorer en exerçant une force excessive : *Forcer une porte, un coffre* (syn. fracturer). *Forcer une clé, une serrure* (syn. crocheter). - **2.** Obliger qqn à faire qqch : *Ils l'ont forcé à partir* (syn. contraindre). - **3.** Susciter de manière irrésistible : *Forcer l'admiration.* - **4.** Pousser à un effort, à un rendement excessifs, au-delà des limites normales : *Forcer un moteur. Forcer sa voix. Forcer le pas, l'allure* (= accélérer). *Forcer la note* (syn. exagérer). *Forcer des légumes* (= hâter leur maturation). - **5.** Forcer la main à qqn, amener qqn à céder. ‖ Forcer la porte de qqn, entrer chez qqn contre sa volonté. ‖ Forcer le sens d'un mot, d'un texte, lui faire dire autre chose que ce qu'il signifie. ‖ Forcer un animal, le réduire aux abois. ◆ v.i. - **1.** Fournir un effort intense : *Il a fini la course sans forcer.* - **2.** Agir avec trop de force : *Ne force pas, tu vas tout casser !* - **3.** Supporter un effort excessif : *Cordage qui force trop.* ◆ se forcer v.pr. S'imposer une obligation plus ou moins pénible.

forcing [fɔʀsiŋ] n.m. (mot angl., de *to force* "forcer"). Accélération du rythme, de la cadence dans un exercice sportif ; effort violent et soutenu : *Boxeur qui fait le forcing pendant le dernier round. Faire le forcing avant un examen.*

forcir [fɔʀsiʀ] v.i. (de *fort*) [conj. 32]. FAM. - **1.** Grandir, devenir plus robuste, en parlant d'un enfant. - **2.** Grossir, prendre de l'embonpoint : *Il a un peu forci.*

forclos, e [fɔʀklo, -oz] adj. (de *forclore* "exclure"). DR. Qui a laissé prescrire son droit : *Le plaignant est forclos.*

forclusion [fɔʀklyzjɔ̃] n.f. (de *forclore* "exclure"). DR. Perte de la faculté de faire valoir un droit, par l'expiration d'un délai.

forer [fɔʀe] v.t. (lat. *forare*). - **1.** Percer avec un instrument mécanique : *Forer une tôle.* - **2.** Creuser dans une matière dure : *Forer un puits, un tunnel.*

foresterie [fɔʀɛstəʀi] n.f. Ensemble des activités liées à la forêt et à son exploitation.

forestier, ère [fɔʀɛstje, -ɛʀ] adj. Des forêts : *Code forestier.* ◆ n. et adj. Employé de l'administration forestière ; professionnel de la foresterie.

foret [fɔʀɛ] n.m. (de *forer*). Outil à corps cylindrique servant à percer des trous dans le bois, le métal, la pierre, etc.

forêt [fɔʀɛ] n.f. (bas lat. [*silva*] *forestis* "[forêt] du tribunal royal", du class. *forum* "tribunal"). - **1.** Grande étendue de terrain couverte d'arbres ; ensemble des arbres qui la couvrent : *Une forêt de sapins.* - **2.** Grande quantité de choses qui s'élèvent en hauteur : *Une forêt de mâts.* - **3.** Forêt dense, forêt des régions tropicales humides, caractérisée par plusieurs étages de végétation et de nombreuses espèces. ‖ Forêt vierge ou forêt primaire, forêt qui a évolué sans aucune intervention humaine.

foreur [fɔʀœʀ] n.m. et adj.m. Professionnel qui fore les trous de mine ; spécialiste du forage.

foreuse [fɔʀøz] n.f. TECHN. Machine à forer.

forfaire [fɔʀfɛʀ] v.t. ind. [à] (de *fors* "hors de", et *faire*) [conj. 109 ; usité seul. à l'inf. prés., au sing. du prés. de l'ind. et aux temps composés]. LITT. Manquer gravement à des obligations morales impérieuses : *Forfaire à l'honneur* (syn. faillir à).

1. forfait [fɔʀfɛ] n.m. (de *forfaire*). LITT. Crime abominable : *Commettre un forfait.*

2. forfait [fɔʀfɛ] n.m. (de *for*, altér. de *fur* "taux" et *fait*). - **1.** Clause d'un contrat fixant le prix d'une prestation à un montant global invariable : *Travail à forfait. Somme fixée par forfait.* - **2.** Évaluation par le fisc des revenus ou du chiffre d'affaires de certains contribuables : *Régime du forfait.* - **3.** Montant d'une somme fixée par forfait : *Représentant qui touche un forfait pour ses frais de déplacements.*

3. **forfait** [fɔʀfɛ] n.m. (angl. *forfeit* "pénalité, amende", du fr. *forfait*, p. passé de *forfaire*). - **1.** Somme fixée à l'avance et qui sanctionne l'inexécution d'un engagement ou d'une obligation quelconques dans une épreuve sportive et, spécial., somme due par le propriétaire d'un cheval engagé dans une course s'il ne le fait pas courir. - **2.** Abandon d'un concurrent lors d'une épreuve sportive : *Ce joueur de tennis a été déclaré vainqueur par forfait.* - **3.** Déclarer forfait, renoncer à participer à une compétition dans laquelle on était engagé ; au fig., renoncer à qqch. ‖ Être déclaré forfait ou être forfait, être considéré comme ayant renoncé à participer à une compétition sportive : *Sportif déclaré forfait pour s'être présenté en retard à une compétition.*

forfaitaire [fɔʀfɛtɛʀ] adj. Fixé, déterminé par forfait : *Payer une somme forfaitaire.*

forfaiture [fɔʀfɛtyʀ] n.f. (de *forfaire*). sout. Crime commis par un fonctionnaire dans l'exercice de ses fonctions ; trahison.

forfanterie [fɔʀfɑ̃tʀi] n.f. (du moyen fr. *forfant* "coquin", it. *furfante*, de *furfare*, fr. *forfaire*). LITT. Vantardise impudente : *Il a lancé ce défi par pure forfanterie* (syn. hâblerie, fanfaronnade).

forge [fɔʀʒ] n.f. (lat. *fabrica* ; v. *fabrique*). - **1.** Atelier où l'on travaille les métaux au feu et au marteau sur l'enclume. - **2.** Fourneau à soufflerie pour le travail à chaud des métaux et des alliages. ◆ **forges** n.f. pl. (vx ou dans des noms propres). Usine sidérurgique : *Comité des forges de France.*

forger [fɔʀʒe] v.t. (lat. *fabricare*) [conj. 17]. - **1.** Travailler (génér. à chaud) par déformation plastique un métal, un alliage, pour lui donner une forme, des dimensions et des caractéristiques définies ; fabriquer un objet : *Forger de l'or. Forger une barre de fer.* - **2.** Créer par l'imagination : *Forger un mot* (syn. créer). *Forger une excuse* (syn. inventer, imaginer). *Forger un caractère,* le former par des épreuves. ◆ **se forger** v.pr. Se forger qqch., l'élaborer, le construire en soi : *Se forger une opinion* (syn. se faire).

forgeron [fɔʀʒəʀɔ̃] n.m. - **1.** Ouvrier qui forge du métal. - **2.** Artisan qui façonne à la forge et au marteau des pièces de petites et moyennes dimensions.

formage [fɔʀmaʒ] n.m. (de *former*). TECHN. Action de donner sa forme à un objet industriel manufacturé.

formalisation [fɔʀmalizasjɔ̃] n.f. Action de formaliser : *La formalisation d'une théorie.*

formaliser [fɔʀmalize] v.t. (de *formel*). LOG. Poser explicitement dans une théorie déductive les règles de formation des expressions, ou formules, ainsi que les règles d'inférence suivant lesquelles on raisonne.

se formaliser [fɔʀmalize] v.pr. (de *formel,* d'apr. le lat. *formalis*). Être choqué par ce qu'on juge être un manquement aux règles, aux usages : *Se formaliser d'une plaisanterie* (syn. s'offusquer, se vexer).

formalisme [fɔʀmalism] n.m. (de *formel*). - **1.** Respect scrupuleux des formes, des formalités ; attachement excessif aux conventions sociales : *Le formalisme administratif.* - **2.** Tendance artistique privilégiant les règles et les aspects formels au détriment du contenu. - **3.** PHILOS. Thèse soutenant que la vérité des sciences ne dépend que des règles d'usage de symboles conventionnels.

formaliste [fɔʀmalist] adj. et n. - **1.** Très attaché aux formes, à l'étiquette : *Un président de tribunal très formaliste* (syn. pointilleux, scrupuleux). *Ce sont des gens très formalistes* (syn. conformiste). *Une visite toute formaliste* (syn. protocolaire). - **2.** Relatif au formalisme : *Un peintre formaliste.*

formalité [fɔʀmalite] n.f. (du lat. *formalis* "formel"). - **1.** Opération obligatoire pour la validité de certains actes juridiques, judiciaires ou administratifs : *Remplir une formalité. Les formalités administratives.* - **2.** Règle de conduite imposée par la civilité, les convenances : *Formalités d'usage.* - **3.** Démarche, action à laquelle on n'attache pas véritablement d'importance ou qui ne présente aucune difficulté : *Cet examen n'est qu'une simple formalité.*

formant [fɔʀmɑ̃] n.m. PHON. Chacune des fréquences de résonance du conduit vocal dont la combinaison caractérise une voyelle sur le plan acoustique : *Formant haut, bas.*

format [fɔʀma] n.m. (de *forme,* ou de l'it. *formato*). - **1.** Dimensions caractéristiques d'un objet : *Une valise d'un petit format.* - **2.** Dimensions d'un livre établies à partir de la subdivision d'une feuille d'impression et pouvant indiquer le nombre de pages que représente cette feuille après pliure : *Format in-quarto.* - **3.** INFORM. Structure caractérisant la disposition des données sur un support d'information, indépendamment de leur représentation codée. - **4.** PHOT. Petit format. Appareil permettant d'obtenir des photographies d'un format égal ou inférieur à 24 × 36 mm.

formatage [fɔʀmataʒ] n.m. INFORM. Action de formater.

formater [fɔʀmate] v.t. (de *format*). INFORM. Préparer (un support informatique) selon un format donné.

formateur, trice [fɔrmatœr, -tris] adj. (lat. *formator*). Qui développe les facultés intellectuelles et morales, les aptitudes : *Exercice formateur* (syn. éducatif, instructif). ◆ n. Personne chargée de former de futurs professionnels.

formation [fɔrmasjɔ̃] n.f. (lat. *formatio*). - **1.** Action de former ; manière dont qqch se forme, apparaît. *La formation d'une équipe. La formation d'un mot.* - **2.** Développement des organes du corps et, spécial., puberté : *L'âge de la formation.* - **3.** Éducation intellectuelle ou morale ; instruction : *La formation des esprits. La formation des cadres.* - **4.** Ensemble des connaissances dans un domaine déterminé : *Formation littéraire* (syn. culture). *Il n'a aucune formation* (syn. savoir, connaissances). - **5.** Groupement de personnes : *Formation syndicale* (syn. association). *Formation de jazz* (syn. orchestre). - **6.** MIL. Détachement d'une force militaire : *Une formation de parachutistes.* - **7.** Disposition prise par une troupe, une flotte, un groupe d'avions pour l'instruction, la manœuvre ou le combat : *Formation de combat.* - **8.** Ordonnance particulière prise par des danseurs ou des gymnastes sur un lieu scénique. - **9.** GÉOL. Ensemble de terrains de même nature : *Formation granitique.* - **10.** Formation permanente ou continue, formation professionnelle destinée aux salariés des entreprises. ‖ Formation professionnelle, ensemble des mesures adoptées pour la formation des travailleurs, prises en charge par l'État et les employeurs. ‖ Formation végétale, association de végétaux présentant, malgré les différences des espèces, un caractère biologique et un faciès analogues (forêts, steppes, etc.).

forme [fɔrm] n.f. (lat. *forma* "moule, type, image, beauté"). - **1.** Aspect extérieur, matériel, configuration des corps, des objets ; aspect particulier pris par qqn, qqch : *La Terre a la forme d'une sphère* (syn. apparence). *Un crâne d'une forme anormale* (syn. conformation). *Tête en forme de poire.* - **2.** Être indistinct ou objet aperçu confusément : *Distinguer une forme dans l'obscurité* (syn. silhouette). - **3.** Manière dont qqch se matérialise, est matérialisé ; aspect, état sous lequel il apparaît : *La forme graphique et la forme phonique d'un mot* (syn. représentation). - **4.** LING. Aspect sous lequel se présente un mot, une construction ; unité linguistique (morphème, syntagme, etc.) : *Les formes du futur.* - **5.** Manière dont une idée est présentée : *Le fond et la forme* (syn. style, expression). *La forme classique d'une œuvre d'art* (syn. facture). - **6.** Ensemble des moyens d'expression propres à un art, à une discipline ; type : *Inventer une forme d'expression nouvelle* (syn. mode). *Le roman épistolaire est une forme litté-*

raire. - **7.** Caractère d'un gouvernement, d'un État, selon la Constitution : *La forme d'un gouvernement* (syn. structure). - **8.** DR. Condition externe nécessaire à la validité d'un acte juridique ou d'un jugement : *Vice de forme. Respecter la forme légale.* - **9.** Condition physique ou intellectuelle de qqn : *Être en forme. Ne pas avoir la forme.* - **10.** Moule sur lequel on fait un chapeau, une chaussure, etc. - **11.** IMPR. Composition typographique obtenue par imposition serrée dans un châssis ; planche ou cylindre servant à l'impression. - **12.** De forme, qui ne concerne que l'apparence extérieure : *Observations de pure forme.* ‖ Pour la forme, pour respecter les usages : *Vous devriez, pour la forme, la remercier par écrit.* ‖ Prendre forme, commencer à avoir une apparence reconnaissable ou une structure spécifique : *Le projet prend forme.* ◆ **formes** n.f. pl. - **1.** Contours du corps humain : *Un pull serré qui met les formes en valeur* (syn. ligne, silhouette). - **2.** Manières conformes aux règles de la politesse : *Respecter les formes* (syn. usage, savoir-vivre, bienséance). - **3.** Dans les formes, selon les usages établis. ‖ Mettre les formes, user de précautions oratoires pour ne blesser personne : *Critiquer qqn en y mettant les formes.*

formé, e [fɔrme] adj. - **1.** Qui a pris sa forme, achevé son développement : *Un épi formé.* - **2.** Jeune fille formée, jeune fille nubile.

formel, elle [fɔrmɛl] adj. (lat. *formalis*). - **1.** Qui est formulé avec précision, qui n'est pas équivoque : *Un refus formel* (syn. catégorique). *Preuve formelle de la culpabilité d'un accusé* (syn. indubitable, incontestable). - **2.** Qui s'attache à la forme, à l'aspect extérieur : *Politesse formelle* (syn. formaliste, extérieure). - **3.** Qui se rapporte aux structures expressives, au style et non au contenu : *L'analyse formelle d'un texte* (syn. stylistique). - **4.** Logique formelle, étude générale des raisonnements déductifs, abstraction faite de leur application à des cas particuliers.

formellement [fɔrmɛlmɑ̃] adv. De façon formelle : *Il est formellement interdit de fumer* (syn. rigoureusement).

former [fɔrme] v.t. (lat. *formare*, de *forma* "forme"). - **1.** Créer, réaliser, organiser : *Former un projet* (syn. concevoir). *Former un gouvernement* (syn. constituer). - **2.** Façonner par l'instruction, l'éducation : *Elle a été formée dans les meilleures écoles* (syn. éduquer, instruire). *Le professeur forme ses élèves à l'informatique* (syn. entraîner, initier). *Former le caractère.* - **3.** Prendre la forme, l'aspect de : *Collines qui forment un amphithéâtre.* - **4.** Constituer, composer : *Éléments qui forment un tout.* ◆ **se former** v.pr. - **1.** Prendre forme, apparaître : *Une pellicule se forme à la surface* *du lait. Une minute après l'accident, un attroupement se formait déjà.* **-2.** Acquérir de l'expérience, une formation : *Il s'est formé sur le tas.*

Formica [fɔʀmika] n.m. (nom déposé ; mot angl.). Matériau stratifié revêtu de résine artificielle.

formidable [fɔʀmidabl] adj. (lat. *formidabilis*, de *formidare* "craindre"). **-1.** FAM. Très remarquable, qui suscite de l'admiration : *C'est un type formidable* (syn. sensationnel, épatant). **-2.** Qui sort de l'ordinaire par son importance, par sa force : *Un formidable travail* (syn. colossal). *Une énergie formidable* (syn. extraordinaire, prodigieux). **-3.** LITT. D'une grandeur qui cause un sentiment de respect, de crainte : *Une puissance formidable.* **-4.** Étonnant : *C'est quand même formidable que tu n'aies rien su* (syn. incroyable).

formidablement [fɔʀmidabləmɑ̃] adv. De façon formidable : *Une idée formidablement intéressante.*

formique [fɔʀmik] adj. (du lat. *formica* "fourmi"). CHIM. **Acide formique,** acide existant dans les orties, le corps des fourmis, etc. □ Formule : HCOOH. ‖ CHIM. **Aldéhyde formique,** gaz obtenu par oxydation ménagée de l'alcool méthylique. □ Formule : HCHO.

formol [fɔʀmɔl] n.m. Solution aqueuse d'aldéhyde formique, employée comme antiseptique.

formulable [fɔʀmylabl] adj. Qui peut être formulé : *Un souhait à peine formulable.*

formulaire [fɔʀmylɛʀ] n.m. (de *formule*). **-1.** Imprimé administratif où figurent les questions auxquelles la personne intéressée doit répondre ; questionnaire : *Remplir un formulaire.* **-2.** Recueil de formules : *Formulaire pharmaceutique.* **-3.** DR. Recueil de modèles d'actes juridiques.

formulation [fɔʀmylasjɔ̃] n.f. Action de formuler ; manière d'exprimer qqch : *Formulation d'une doctrine. Une formulation incorrecte.*

formule [fɔʀmyl] n.f. (lat. *formula*, de *forma* "forme"). **-1.** Expression d'une idée au moyen de mots partic., choisis intentionnellement ou ayant une certaine valeur ; expression consacrée par l'usage : *Tu as eu une formule heureuse. Formule de politesse.* **-2.** Manière de concevoir, d'agencer, de présenter qqch, en partic. un service : *Une nouvelle formule de crédit* (syn. mode, type). **-3.** Solution : *Nous avons trouvé la formule idéale* (syn. système, procédé). **-4.** Expression concise et rigoureuse définissant les rapports essentiels qui existent entre les termes d'un ensemble ou traduisant une loi scientifique : *Formule algébrique.* **-5.** DR. Modèle des termes formels de certains actes juridiques. **-6.** Catégorie d'automobiles monopla-

ces destinées uniquement à la compétition, en circuit ou sur parcours fermé : *Voiture de formule 1.* **-7.** CHIM. Ensemble de symboles chimiques et de nombres indiquant la composition d'une espèce chimique. **-8.** MATH. Égalité ou inégalité remarquable définissant une identité, une relation, un algorithme : *La formule du binôme.* **-9.** Formule dentaire, indication schématique du nombre et de l'emplacement des dents.

formuler [fɔʀmyle] v.t. (de *formule*). **-1.** Exprimer avec plus ou moins de précision : *Formuler ses revendications* (syn. exposer). *Formuler une question. Formuler un souhait* (syn. exprimer, émettre). **-2.** Mettre en formule ; rédiger la formule de : *Formuler un théorème.*

fornicateur, trice [fɔʀnikatœʀ, -tʀis] n. Personne qui fornique.

fornication [fɔʀnikasjɔ̃] n.f. **-1.** Terme biblique désignant le péché de la chair, relations charnelles entre personnes non mariées. **-2.** FAM. Relations sexuelles.

forniquer [fɔʀnike] v.i. (lat. *fornicari*, de *fornix, -icis* "lieu de prostitution"). **-1.** Commettre le péché de fornication. **-2.** FAM. Avoir des relations sexuelles.

fors [fɔʀ] prép. (lat. *foris* "hors"). VX et LITT. Hors, excepté : *Tout est perdu, fors l'honneur.*

forsythia [fɔʀsisja] n.m. (du n. de *Forsyth*, horticulteur écossais). Arbrisseau dont les fleurs, jaunes, apparaissent au début du printemps, avant les feuilles. □ Famille des oléacées ; haut. 2 à 4 m.

1. fort, e [fɔʀ, fɔʀt] adj. (lat. *fortis*). **-1.** Qui a beaucoup de force physique : *Un homme fort* (syn. robuste, vigoureux). **-2.** Gros, corpulent : *Il est un peu trop fort. Être fort des hanches* (contr. mince). **-3.** Qui a des capacités morales ou intellectuelles ; qui a des aptitudes, de l'habileté dans un domaine : *Demeurer fort dans l'adversité* (syn. courageux, ferme). *Être fort en maths* (syn. doué). *Il est très fort en ski.* **-4.** Dont la puissance et les moyens d'action sont très développés ; qui s'impose aux autres : *Une armée forte.* **-5.** Qui est très solide, résistant : *Carton fort* (syn. épais, dur). *Fil fort* (contr. fin). **-6.** Qui est efficace, puissant : *Colle forte. Médicament fort.* **-7.** Qui impressionne vivement le goût ou l'odorat : *Cigarettes, café forts* (contr. léger). *Moutarde forte* (syn. épicé). *Une odeur forte d'œuf pourri* (syn. fétide, désagréable). **-8.** Qui a beaucoup de puissance, d'intensité, de force : *Une voix forte* (syn. puissant). *Une lumière forte* (syn. intense). *Sens fort d'un mot.* **-9.** Qui est important, considérable : *Une forte somme* (syn. gros). *Une forte quantité de neige est tombée* (syn. important ; contr. faible). **-10.** CHIM. Très dissocié, en parlant d'un électrolyte, d'un acide, d'une base. **-11.** Qui témoigne d'une grande habileté ; difficile, en parlant d'une action, d'une activité : *Tour de prestidigitation très fort.* - **12.** C'est plus fort que moi, je ne peux m'en empêcher. ‖ FAM. C'est un peu fort, c'est trop fort, c'est difficile à croire, à accepter, à supporter. ‖ Esprit fort, personne incrédule ou non conformiste. ‖ Homme fort, personne qui dispose de la puissance, de l'autorité réelles et n'hésite pas à les employer : *L'homme fort du parti* (syn. influent). ‖ Prix fort, prix sans réduction ; excessif : *Payer le prix fort.* ‖ **Régime fort,** régime politique qui recourt à la contrainte et à des mesures d'autorité (syn. autoritaire). ‖ Se faire fort de, se déclarer, se croire capable de : *Elle se fait fort de gagner au marathon.* ‖ Temps fort, temps de la mesure où l'on renforce le son ; moment fort d'une action, d'un spectacle. - **13.** Forte tête. Personne rebelle à toute discipline. ◆ **fort** adv. - **1.** D'une manière forte, intense : *Parler, tirer fort* (contr. doucement). - **2.** Beaucoup, extrêmement : *Un livre fort intéressant* (syn. très). *Avoir fort à faire.*

2. fort [fɔʀ] n.m. (de *1. fort*). - **1.** Personne qui a beaucoup d'énergie physique ou morale : *Le fort doit aider le faible.* - **2.** Ce en quoi une personne excelle : *La générosité, ce n'est vraiment pas son fort.* - **3.** LITT. Au fort de qqch, au plus haut degré, au cœur de : *Au fort de l'été* (= en plein été). *Au fort de la discussion.* ‖ Fort des Halles. Autref., portefaix des Halles de Paris.

3. fort [fɔʀ] n.m. (de *1. fort*). Ouvrage de fortification : *Les forts de Metz.*

forte [fɔʀte] adv. (mot it. "fortement"). MUS. En renforçant le son. (Abrév. *f.*) ◆ n.m. inv. Passage joué forte.

fortement [fɔʀtəmɑ̃] adv. - **1.** Avec force : *Appuyer fortement* (syn. vigoureusement). - **2.** Avec intensité : *Désirer fortement qqch* (syn. intensément). *Un régime fortement ébranlé* (syn. considérablement, extrêmement).

forteresse [fɔʀtəʀɛs] n.f. (lat. pop. **fortaricia*). - **1.** Lieu fortifié, organisé pour la défense d'une ville, d'une région. - **2.** Citadelle servant de prison d'État. - **3.** Ce qui résiste aux atteintes ou aux influences extérieures : *Forteresse de préjugés* (syn. rempart). - **4.** Forteresse volante, bombardier lourd américain créé en 1942.

fortifiant, e [fɔʀtifjɑ̃, -ɑ̃t] adj. et n.m. Se dit d'un médicament ou d'une substance qui augmente les forces physiques : *Boisson fortifiante* (syn. stimulant, tonique). *Prendre un fortifiant* (syn. remontant, reconstituant).

fortification [fɔʀtifikasjɔ̃] n.f. (bas lat. *fortificatio,* de *fortificare*). - **1.** (Souvent au pl.). Ouvrage de défense militaire : *Les fortifications de Vauban.* - **2.** Art, action d'organiser la défense d'une région, d'une place au moyen

d'ouvrages militaires : *Entreprendre la fortification d'une frontière.*

fortifier [fɔʀtifje] v.t. (bat lat. *fortificare,* de *fortis* "fort", et *facere* "faire"). - **1.** Donner plus de force physique à qqn, à qqch : *L'exercice fortifie les muscles* (syn. développer). *Fortifier son prestige* (syn. renforcer). - **2.** Rendre plus solide, affermir moralement : *Fortifier qqn dans une résolution* (syn. confirmer). - **3.** Protéger une ville, une région par des fortifications.

fortin [fɔʀtɛ̃] n.m. (it. *fortino*). Petit fort.

fortissimo [fɔʀtisimo] adv. (mot it.). MUS. Aussi fort que possible. (Abrév. *ff.*) ◆ n.m. Passage joué fortissimo.

fortran [fɔʀtʀɑ̃] n.m. (abrév. de l'angl. *for[mula] tran[slator]*). INFORM. Langage de programmation à usage scientifique.

fortuit, e [fɔʀtɥi, -ɥit] adj. (lat. *fortuitus,* de *fors* "hasard"). Qui arrive par hasard : *Événement fortuit* (syn. imprévu, inattendu, inopiné ; contr. prévisible). *Découverte fortuite* (syn. accidentel).

fortuitement [fɔʀtɥitmɑ̃] adv. SOUT. Par hasard : *J'ai appris fortuitement la nouvelle* (syn. incidemment).

fortune [fɔʀtyn] n.f. (lat. *fortuna* "sort"). - **1.** Ensemble des biens matériels, des richesses que possède qqn ou une collectivité : *Avoir de la fortune* (syn. argent, biens). *Augmenter sa fortune* (syn. capital). - **2.** LITT. Ce qui est censé fixer le sort des êtres humains ; hasard : *Les coups de la fortune* (syn. sort, destin). - **3.** LITT. Sort heureux ou malheureux destiné à qqch : *Souhaitons à ce film la meilleure fortune possible* (= qu'il obtienne beaucoup de succès ; syn. destinée). - **4.** MAR. Misaine carrée d'une goélette. - **5.** À la fortune du pot → pot. ‖ Bonne, mauvaise fortune, chance, malchance : *J'ai eu la bonne fortune de le rencontrer.* ‖ De fortune, réalisé rapidement pour parer au plus pressé : *Installation de fortune* (syn. improvisé). ‖ Faire fortune, devenir riche. ‖ La Fortune, divinité romaine du Hasard. ‖ Revers de fortune, événement brusque et fâcheux à l'occasion duquel on perd beaucoup d'argent. ‖ LITT. Tenter, chercher fortune quelque part, commencer une vie, une carrière quelque part, ailleurs : *Leur fille est partie tenter fortune en Australie.* - **6.** DR. MAR. Fortune de mer, ensemble des événements dus aux périls de la mer ou à des faits de guerre qui causent des dommages au navire ou à la cargaison.

fortuné, e [fɔʀtyne] adj. (orig. incert., p.-ê. du lat. *fortunatus*). Qui a de la fortune, qui est largement pourvu de biens matériels : *Nos voisins sont assez fortunés pour s'offrir une croisière* (syn. riche, aisé).

forum [fɔʀɔm] n.m. (mot lat.). - **1.** ANTIQ (Avec une majuscule). Place de Rome où le peuple s'assemblait, qui était le centre religieux, politique, commercial et juridique de la cité. - **2.** Place centrale des villes antiques d'origine romaine. - **3.** Réunion accompagnée de débats : *Un forum sur la musique contemporaine* (syn. colloque).

fosse [fos] n.f. (lat. *fossa*, de *fodere* "creuser"). - **1.** Excavation plus ou moins large et profonde dans le sol : *Fosse à purin.* - **2.** Trou creusé pour inhumer un mort : *Recouvrir la fosse d'une dalle.* - **3.** GÉOL. Dépression du fond des océans de plus de 5 000 m. - **4.** ANAT. Cavité anatomique : *Fosses nasales.* - **5.** MIN. Dans les houillères, ensemble d'une exploitation minière. - **6.** **Fosse commune,** tranchée creusée dans un cimetière pour y placer les cercueils de ceux dont les familles n'ont pas de concession. ǁ **Fosse d'aisances,** cavité destinée à la collecte des matières fécales d'une habitation et qui n'est pas reliée à un réseau d'assainissement. ǁ **Fosse d'orchestre,** emplacement de l'orchestre dans un théâtre lyrique, un music-hall. ǁ **Fosse septique,** fosse d'aisances où les matières fécales subissent une fermentation qui les liquéfie.

fossé [fose] n.m. (bas lat. *fossatum*). - **1.** Fosse creusée en long pour délimiter des parcelles de terrain, pour faciliter l'écoulement des eaux ou pour servir de défense : *Voiture qui dérape dans un fossé le long de la route. Remparts et fossés d'un château.* - **2.** Divergence de vues, désaccord profond : *Il y a un fossé entre nous.* - **3.** GÉOL. **Fossé tectonique** ou **fossé d'effondrement,** compartiment de l'écorce terrestre affaissé entre des failles.

fossette [fosɛt] n.f. (de *fosse*). Léger creux au menton ou sur la joue quand on rit.

fossile [fɔsil] n.m. (lat. *fossilis*). Reste ou empreinte de plante ou d'animal qui ont été conservés dans des dépôts sédimentaires antérieurs à la période géologique actuelle : *La paléontologie est l'étude scientifique des fossiles.* ◆ adj. - **1.** Qui est à l'état de fossile : *Animaux, bois fossiles.* - **2.** FAM. Vieux et sclérosé : *Institution fossile.* - **3.** **Combustible fossile,** combustible qui s'est formé sur la Terre au cours des temps géologiques : *La houille, le lignite, le pétrole et le gaz naturel sont des combustibles fossiles.*

fossilifère [fɔsilifɛr] adj. Qui renferme des fossiles.

fossilisation [fɔsilizasjɔ̃] n.f. Passage d'un corps organisé à l'état de fossile.

fossiliser [fɔsilize] v.t. Amener à l'état de fossile. ◆ **se fossiliser** v.pr. - **1.** Devenir fossile. - **2.** FAM. Cesser d'évoluer, n'être plus de son temps ; se scléroser.

fossoyeur, euse [fɔswajœr, -øz] n. (de *fossoyer* "creuser une fosse"). - **1.** Personne qui creuse les fosses pour enterrer les morts. - **2.** LITT. Personne qui cause la ruine de qqch, qui l'anéantit : *Les fossoyeurs d'un régime.*

1. **fou** ou **fol, folle** [fu, fɔl] adj. et n. (lat. *follis* "outre gonflée, ballon"). - **1.** Qui est atteint de troubles mentaux : *Fou furieux en proie à une crise de démence.* - **2.** Qui apparaît extravagant dans ses actes, ses paroles. - **3.** FAM. **Faire le fou,** s'agiter gaiement. ǁ **Fou de,** personne qui se passionne pour qqch : *C'est un fou de jazz* (syn. fanatique). ǁ **Histoire de fou,** histoire incompréhensible et fantastique. ◆ adj. - **1.** Qui semble hors de soi, sous l'influence d'un sentiment extrême : *Fou de colère, de joie, de douleur* (syn. éperdu). - **2.** Contraire à la raison, à la sagesse, à la prudence : *Un fol espoir.* - **3.** Excessif et qu'on ne peut plus retenir : *Une gaieté folle* (syn. débridé). *Un fou rire.* - **4.** Indique une quantité, une intensité, un degré extrêmes : *Un monde fou* (syn. considérable, prodigieux). - **5.** Dont le mouvement n'obéit à aucune loi : *Le camion fou dévalait la pente.* **Rem.** *Fol,* adj. m., est employé devant les mots commençant par une *voyelle* ou un *h muet.* - **6.** **Fou de,** qui affectionne, aime énormément qqn, qqch : *Elle est folle de lui.* ǁ **Herbes folles,** qui croissent en abondance et au hasard. ǁ **Tête folle,** se dit de qqn dont les agissements sont imprévisibles.

2. **fou** [fu] n.m. (de 1. *fou*). Grand oiseau marin blanc, puissant voilier aux pattes palmées, à la queue pointue. □ Famille des sulidés ; ordre des pélécaniformes. L'espèce commune est le *fou de Bassan.*

3. **fou** [fu] n.m. (de 1. *fou*). - **1.** Bouffon dont le rôle était d'amuser les princes, les rois. - **2.** Pièce du jeu d'échecs. - **3.** Au tarot, excuse.

fouace n.f. → **fougasse.**

foucade [fukad] n.f. (altér. de *fougade*, de *fougue*). LITT. Élan, emportement capricieux et passager.

1. **foudre** [fudr] n.f. (lat. pop. *°fulgura,* class. *fulgur, -uris*). - **1.** Décharge électrique aérienne, accompagnée d'une vive lumière *(éclair)* et d'une violente détonation *(tonnerre)* : *Arbre frappé par la foudre.* - **2.** Coup de foudre. Amour subit et violent. ◆ **foudres** n.f. pl. LITT. Grande colère, vifs reproches : *S'attirer les foudres de la direction.*

2. **foudre** [fudr] n.m. (de 1. *foudre*). - **1.** MYTH. Faisceau de dards de feu en zigzag, attribut de Jupiter. - **2.** LITT. **Un foudre de guerre, d'éloquence,** un grand homme de guerre, un grand orateur.

3. **foudre** [fudr] n.m. (all. *Fuder*). Tonneau de grande capacité (de 50 à 300 hl).

foudroiement [fudrwamã] n.m. LITT. Action de foudroyer ; fait d'être foudroyé : *Le foudroiement des Titans par Jupiter.*

foudroyant, e [fudʀwajɑ̃, -ɑ̃t] adj. - **1.** Qui frappe d'une mort soudaine et brutale : *Crise cardiaque foudroyante*. - **2.** Qui cause une émotion violente, qui frappe de stupeur : *Une révélation foudroyante*. - **3.** Rapide et puissant : *Un démarrage foudroyant* (syn. fulgurant).

foudroyer [fudʀwaje] v.t. (de *foudre*) [conj. 13]. - **1.** Frapper, en parlant de la foudre ou d'une décharge électrique : *L'orage a foudroyé deux enfants*. - **2.** LITT. Tuer soudainement, brutalement : *Une congestion l'a foudroyé* (syn. terrasser). - **3.** Anéantir moralement : *La nouvelle de sa mort l'a foudroyée* (syn. briser). - **4.** Foudroyer qqn du regard, lui lancer un regard empli de colère, de hargne.

fouet [fwɛ] n.m. (dimin. de l'anc. fr. *fou* "hêtre", lat. *fagus*). - **1.** Instrument fait d'une corde ou d'une lanière de cuir attachée à un manche, pour conduire ou exciter certains animaux. - **2.** Châtiment infligé avec un fouet ou des verges : *Ça mérite le fouet*. - **3.** Ustensile de cuisine pour battre les œufs, les crèmes, les sauces, etc. - **4.** Coup de fouet, excitation, stimulation dont l'action est immédiate : *Son succès au concours de danse lui a donné un coup de fouet.* ‖ De plein fouet, de face et violemment : *Les voitures se sont heurtées de plein fouet*.

fouetté [fwete] n.m. CHORÉGR. Tour à terre sur un pied, génér. exécuté en série avec une reprise d'appui et s'accompagnant d'un court rond de jambe de l'autre pied.

fouetter [fwete] v.t. - **1.** Donner des coups de fouet à qqn, un animal : *Fouetter son cheval*. - **2.** Battre vivement avec un fouet de cuisine : *Fouetter des œufs*. - **3.** Frapper violemment : *La pluie fouette les vitres* (syn. cingler).

fougasse [fugas] et **fouace** [fwas] n.f. (anc. prov. *fogasa*, lat. pop. *focacia*, de *focus* "foyer"). Galette de froment non levée, cuite au four ou sous la cendre.

fougère [fuʒɛʀ] n.f. (lat. pop. *filicaria*, du class. *filix, -icis*). Plante vasculaire sans fleurs ni graines, aux feuilles souvent très découpées, qui pousse dans les bois et les landes.

fougue [fug] n.f. (it. *foga*, du lat. *fuga* "fuite"). Ardeur impétueuse, mouvement passionné qui anime qqn ou qqch : *La fougue de la jeunesse* (syn. enthousiasme). *Discuter avec fougue* (syn. emportement, passion, véhémence).

fougueusement [fugøzmɑ̃] adv. Avec fougue.

fougueux, euse [fugø, -øz] adj. Qui fait preuve de fougue : *Tempérament fougueux* (syn. ardent, vif ; contr. calme, flegmatique). *Cheval fougueux* (syn. impétueux).

fouille [fuj] n.f. (de *fouiller*). - **1.** Action d'inspecter minutieusement pour trouver qqch de caché : *La fouille des bagages à la douane*

(syn. contrôle, inspection). *Les suspects ont été soumis à la fouille*. - **2.** Action de fouiller, de creuser le sol ; excavation : *Pratiquer la fouille d'un terrain pour établir les fondations d'un immeuble*. ◆ **fouilles** n.f. pl. Travaux entrepris par les archéologues pour mettre au jour des témoignages de l'activité humaine ensevelis au cours des siècles : *Faire des fouilles. Les fouilles de Pompéi*.

fouiller [fuje] v.t. (lat. pop. *fodiculare*, du class. *fodicare* "percer", de *fodere* "creuser"). - **1.** Explorer soigneusement un lieu, un local, une chose pour trouver ce que l'on cherche : *Fouiller un quartier, une maison* (syn. inspecter, perquisitionner). *Ses armoires ont été fouillées*. - **2.** Creuser le sol, notamm. pour chercher des vestiges : *Fouiller un site archéologique*. - **3.** Étudier à fond : *Fouiller une idée, une question*. - **4.** Fouiller qqn, inspecter ses poches, ses vêtements. ◆ v.i. Faire des recherches en examinant à fond : *Qui a fouillé dans mon tiroir ?* (syn. fureter, fouiner). *Fouiller dans sa mémoire* (= y chercher minutieusement un souvenir oublié).

fouillis [fuji] n.m. (de *fouiller*). Accumulation de choses placées pêle-mêle : *Quel fouillis dans cette chambre !* (syn. fatras, désordre).

fouine [fwin] n.f. (lat. pop. *fagina* [*mustela*], "[belette] des hêtres", de *fagus* "hêtre", sous l'infl. de *fou*). Mammifère carnivore d'Eurasie au pelage gris-brun, court sur pattes, qui vit dans les bois. □ Famille des mustélidés ; long. 50 cm sans la queue.

fouiner [fwine] v.i. (de *fouine*). FAM. - **1.** Se livrer à des recherches indiscrètes : *Fouiner dans la vie privée de qqn* (syn. fureter). - **2.** Explorer les moindres recoins pour découvrir qqch : *Fouiner dans la bibliothèque* (syn. fureter).

fouineur, euse [fwinœʀ, -øz] n. et adj. FAM. Qui fouine : *Regard fouineur* (syn. curieux, inquisiteur). ◆ n. Personne qui aime à chercher des objets chez les brocanteurs (syn. fam. chineur).

fouir [fwiʀ] v.t. (lat. pop. *fodire*, class. *fodere*). Creuser le sol, surtout en parlant d'un animal.

fouisseur, euse [fwisœʀ, -øz] adj. Qui fouit : *Pattes fouisseuses*. ◆ **fouisseur** n.m. Animal qui creuse la terre, comme la taupe, etc.

foulage [fulaʒ] n.m. Action de fouler : *Opérer le foulage du papier, des tissus*.

foulant, e [fulɑ̃, -ɑ̃t] adj. - **1.** TECHN. Pompe foulante, pompe qui élève l'eau au moyen de la pression exercée sur le liquide. - **2.** FAM. Ce n'est pas foulant, ce n'est pas fatigant.

foulard [fulaʀ] n.m. (probabl. du prov. *foulat*, sorte de drap d'été, de *fouler*). - **1.** Carré de soie ou de tissu léger que l'on met autour du cou ou sur la tête. **- 2.** Étoffe de soie légère ou de rayonne pour la confection de robes, de cravates, d'écharpes, etc. : *Robe de foulard.*

foule [ful] n.f. (de *fouler*). **- 1.** Réunion, en un même lieu, d'un très grand nombre de personnes : *Il y a foule dans les magasins* (syn. affluence). *Les applaudissements de la foule* (syn. public). **- 2.** Le commun des hommes, pris collectivement : *Flatter la foule* (syn. peuple). *Le jugement des foules* (syn. masse). **- 3.** En foule, en grande quantité : *Les spectateurs sont venus en foule.* ‖ **Une foule de,** un grand nombre de : *Une foule d'amis. Une foule d'idées* (syn. tas).

foulée [fule] n.f. (de *fouler*). **- 1.** Distance couverte dans la course entre deux appuis successifs : *Allonger la foulée.* **- 2.** Manière dont un cheval ou un coureur prend appui sur le sol à chaque pas : *Foulée souple.* **- 3.** Dans la foulée, dans le même mouvement, sans interruption : *Nous avons changé la moquette et, dans la foulée, on a repeint la pièce.* ◆ **foulées** n.f. pl. VÉN. Empreintes qu'une bête laisse sur le sol.

fouler [fule] v.t. (lat. pop. *fullare,* de *fullo* "foulon"). **- 1.** Presser, écraser qqch avec les mains, les pieds ou par un moyen mécanique : *Fouler du feutre. Fouler le raisin dans les cuves.* **- 2.** LITT. Marcher sur : *Fouler le sol natal.* **- 3.** Travailler les peaux dans un foulon. **- 4.** LITT. Fouler aux pieds, traiter avec le plus grand mépris : *Fouler aux pieds les droits de l'homme* (syn. bafouer, piétiner). ◆ **se fouler** v.pr. **- 1.** FAM. Se fatiguer : *Travailler sans se fouler. Pour le repas, elle ne s'est pas foulée.* **- 2.** Se fouler qqch (une partie du corps), se faire une foulure : *Se fouler le bras.*

foulon [fulɔ̃] n.m. (lat. *fullo*). **- 1.** Ouvrier conduisant une machine à fouler pour la fabrication du feutre. **- 2.** Machine utilisée pour la fabrication du feutre ou pour le foulage des tissus de laine. **- 3.** Grand tonneau tournant dans lequel sont réalisées diverses opérations du tannage des peaux. **- 4.** Terre à foulon. Argile qui absorbe les graisses.

foulque [fulk] n.f. (anc. prov. *folca,* lat. *fulica*). Oiseau échassier à plumage sombre, voisin de la poule d'eau, vivant dans les roseaux des lacs et des étangs. ▫ Famille des rallidés ; long. 20 cm.

foulure [fulyʀ] n.f. (de *fouler*). Étirement accidentel des ligaments articulaires ; légère entorse.

four [fuʀ] n.m. (lat. *furnus*). **- 1.** Partie fermée d'une cuisinière, enveloppée d'un calorifuge, ou appareil indépendant et encastrable où l'on fait cuire ou réchauffer des aliments : *Mettre un soufflé au four. Four électrique, à gaz, à micro-ondes.* **- 2.** Appareil

dans lequel on chauffe une matière en vue de lui faire subir des transformations physiques ou chimiques : *Four de boulanger, de verrier.* **- 3.** FAM. Insuccès, notamm. au théâtre : *Sa pièce a été un four* (syn. fiasco). **- 4.** Four à chaux, à ciment, four vertical et fixe ou horizontal et rotatif pour fabriquer la chaux, le ciment. ‖ **Four solaire,** miroir concave de grand diamètre qui concentre le rayonnement solaire et permet d'obtenir des températures très élevées, à usage expérimental ou industriel. **- 5.** Petit-four, v. à son ordre alphabétique.

fourbe [fuʀb] adj. et n. (de *fourbe* n.f. "fourberie", de *fourbir* au sens arg. de "dérober"). Qui trompe avec une adresse perfide : *Méfie-toi, ils sont fourbes* (syn. hypocrite, sournois).

fourberie [fuʀbəʀi] n.f. Caractère d'une action, d'une personne fourbe : *Agir avec fourberie* (syn. fausseté, duplicité).

fourbi [fuʀbi] n.m. (de *fourbir*). FAM. Ensemble d'objets, d'affaires de nature diverse, souvent désordonné : *Un fourbi de photographe* (syn. attirail, matériel).

fourbir [fuʀbiʀ] v.t. (frq. *furbjan* "nettoyer"). **- 1.** Nettoyer, rendre brillant en frottant : *Fourbir des armes.* **- 2.** Préparer avec soin : *Fourbir ses arguments.*

fourbu, e [fuʀby] adj. (p. passé de l'anc. v. *fourboire* "boire hors de propos, à l'excès ; se fatiguer à boire", de *fors* et *boire*). Harassé de fatigue : *Rentrer fourbu après une journée de marche* (syn. épuisé, exténué).

fourche [fuʀʃ] n.f. (lat. *furca*). **- 1.** Instrument à deux ou à plusieurs dents, muni d'un long manche, utilisé pour divers travaux, surtout agricoles : *Retourner du foin à la fourche.* **- 2.** Endroit où un chemin, une voie se divise en plusieurs directions : *Suivre le chemin jusqu'à la fourche et tourner à droite* (syn. bifurcation, embranchement). **- 3.** Partie avant d'un deux-roues, sur le cadre, où se placent la roue avant et le guidon. **- 4.** Passer sous les fourches Caudines, subir des conditions très humiliantes (par allusion au défilé où une armée romaine se laissa enfermer par les Samnites et fut contrainte de passer sous le joug, en 321 av. J.-C.).

fourcher [fuʀʃe] v.i. (de *fourche*). **- 1.** Se diviser en plusieurs branches, en plusieurs directions : *Chemin qui fourche. Avoir les cheveux qui fourchent* (= qui se dédoublent à leur extrémité). **- 2.** FAM. La langue lui a fourché, il a dit un mot à la place d'un autre.

fourchette [fuʀʃɛt] n.f. (de *fourche*). **- 1.** Ustensile de table à dents pointues, dont on se sert pour piquer les aliments. **- 2.** STAT. Écart entre deux nombres, à l'intérieur duquel on fait une estimation ; écart entre deux valeurs extrêmes : *Candidat qui se situe dans une fourchette de 31 à 35 % des voix. Fourchette de prix.* - **3.** TECHN. Pièce mécanique à deux branches. - **4.** FAM. Avoir un bon coup de fourchette, être un gros mangeur.

fourchu, e [fuʀʃy] adj. - **1.** Qui se divise à la manière d'une fourche : *Chemin fourchu.* - **2.** Pied fourchu, pied de bouc qu'on attribue au diable et aux satyres.

fourgon [fuʀgɔ̃] n.m. (orig. obsc.). - **1.** VX. Véhicule long et couvert pour transporter les marchandises. - **2.** Véhicule ferroviaire incorporé à certains trains de voyageurs et destiné au transport des bagages, du courrier, éventuellement des automobiles : *Fourgon postal.* - **3.** Fourgon mortuaire, corbillard automobile.

fourgonnette [fuʀgɔnɛt] n.f. Petite voiture commerciale qui s'ouvre par l'arrière.

fourguer [fuʀge] v.t. (it. *frugare* "chercher avec minutie", lat. pop. *furicare*, class. *furari* "voler"). ARG. Se débarrasser de qqch en le cédant à bas prix ou en le donnant : *J'ai réussi à fourguer mon vieux blouson.*

fouriérisme [fuʀjeʀism] n.m. Doctrine sociale de Charles Fourier, fondée sur les phalanstères.

fourmi [fuʀmi] n.f. (lat. pop. *formicus*, du class. *formica*). - **1.** Insecte de quelques millimètres de long, vivant en sociétés *(fourmilières)* où se trouvent des reines fécondes et de nombreuses ouvrières sans ailes : *Une colonie peut rassembler jusqu'à 50 000 fourmis.* □ Ordre des hyménoptères ; 2 000 espèces. - **2.** FAM. Avoir des fourmis dans les jambes, y ressentir des picotements nombreux ; au fig., avoir envie de se lever, de bouger.

fourmilier [fuʀmilje] n.m. (de *fourmi*). - **1.** Nom commun à plusieurs espèces de mammifères qui capturent les insectes avec leur longue langue visqueuse. - **2.** Grand fourmilier, tamanoir.

fourmilière [fuʀmiljɛʀ] n.f. (réfection de l'anc. fr. *fourmière*, *formiere*, d'après *fourmiller*). - **1.** Nid de fourmis ; ensemble des fourmis vivant dans un nid. - **2.** Multitude de gens qui s'agitent.

fourmilion ou **fourmi-lion** [fuʀmiljɔ̃] n.m. (lat. scientif. *formica-leo*) [pl. *fourmis-lions*]. Insecte dont la larve dévore les fourmis, qu'elle capture en creusant des pièges en entonnoir dans le sable. □ Ordre des planipennes ; long. de la larve 1 cm env.

fourmillement [fuʀmijmɑ̃] n.m. - **1.** Sensation de picotement, survenant spontanément ou après compression d'un nerf ou de vaisseaux sanguins. - **2.** Mouvement d'êtres qui s'agitent comme des fourmis : *Le fourmillement de la foule* (syn. grouillement).

fourmiller [fuʀmije] v.i. (de l'anc. fr. *fromier*, lat. *formicare*). - **1.** Être le siège d'un fourmillement, en parlant d'une partie du corps : *Les doigts mes fourmillent.* - **2.** Se trouver en grand nombre : *Les fautes fourmillent dans ce texte* (syn. abonder, pulluler). - **3.** S'agiter en grand nombre : *Vers qui fourmillent dans un fromage.* ◆ v.t. ind. **[de]**. Abonder en êtres vivants, en choses qui s'agitent : *La rue fourmille de passants* (syn. grouiller).

fournaise [fuʀnɛz] n.f. (anc. fr. *fornais*, lat. *fornax, -acis* "grand four"). - **1.** Lieu extrêmement chaud, surchauffé : *La véranda est une fournaise en été.* - **2.** LITT. Feu, incendie violent : *Les pompiers pénètrent dans la fournaise.*

fourneau [fuʀno] n.m. (dimin. de l'anc. fr. *forn* "four"). - **1.** Appareil en fonte pour la cuisson des aliments : *Fourneau à gaz.* - **2.** Four dans lequel on soumet à l'action de la chaleur certaines substances qu'on veut fondre ou calciner : *Fourneau de verrier.* - **3.** Partie de la pipe où brûle le tabac. - **4.** Bas fourneau, four à cuve de faible hauteur pour l'élaboration de la fonte. - **5.** Haut-fourneau, v. à son ordre alphabétique.

fournée [fuʀne] n.f. (de l'anc. fr. *forn* "four"). - **1.** Quantité de pains, de pièces céramiques, etc., que l'on fait cuire à la fois dans un four : *Le boulanger va faire une deuxième fournée.* - **2.** FAM. Ensemble de personnes nommées aux mêmes fonctions, aux mêmes dignités ou traitées de la même façon : *Les cars déversent des fournées d'enfants.*

fourni, e [fuʀni] adj. (de *fournir*). - **1.** Épais, touffu : *Barbe fournie* (syn. dru). - **2.** Pourvu du nécessaire : *Magasin bien fourni* (syn. approvisionné).

fournil [fuʀni] ou [fuʀnil] n.m. (de l'anc. fr. *forn* "four"). Local d'une boulangerie où se trouve le four et où l'on pétrit la pâte.

fourniment [fuʀnimɑ̃] n.m. (de *fournir*, par l'it. *fornimento*). MIL. Ensemble des objets d'équipement d'un soldat.

fournir [fuʀniʀ] v.t. (frq. *frumjan* "produire"). - **1.** Procurer, mettre à la disposition de qqn : *Fournir du travail* (syn. donner). - **2.** Donner ce qui est demandé, exigé : *Fournir une preuve* (syn. apporter). - **3.** Approvisionner : *Ce grossiste fournit de nombreux détaillants.* - **4.** Produire : *Ce vignoble fournit un très bon vin.* - **5.** Accomplir : *Fournir un gros effort.* ◆ v.t. ind. **[à]**. VIEILLI. Contribuer totalement ou en partie à une charge : *Fournir aux besoins de qqn* (syn. subvenir, pourvoir). ◆ **se fournir** v.pr. S'approvisionner : *Je me fournis habituellement chez ce commerçant.*

fournisseur, euse [fuʀnisœʀ, -øz] n. Personne ou établissement qui fournit habituellement certaines marchandises à un particulier, à une entreprise : *Trouver un produit chez son fournisseur habituel* (syn. détaillant, commerçant).

fourniture [fuʀnityʀ] n.f. - **1.** Action de fournir : *Se charger de la fourniture du matériel* (syn. approvisionnement). - **2.** (Surtout au pl.). Ce qui est fourni, objets fournis : *Fournitures de bureau* (= petit matériel de bureau). - **3.** Menues pièces, menus outils nécessaires à l'exercice d'un métier manuel : *Fournitures d'horlogerie.*

fourrage [fuʀaʒ] n.m. (de l'anc. fr. *fuerre*, frq. **fodar*). Matière végétale servant à l'alimentation du bétail, constituée par la partie aérienne de certaines plantes.

fourrager [fuʀaʒe] v.i. (de *fourrage*) [conj. 17]. FAM. Chercher en mettant du désordre : *Fourrager dans une valise* (syn. fouiller).

fourrager, ère [fuʀaʒe, -ɛʀ] adj. (de *fourrage*). Propre à être employé comme fourrage : *Betteraves fourragères.*

fourragère [fuʀaʒɛʀ] n.f. (orig. incert., p.-ê. de *fourrage*). Cordon porté sur l'épaule, constituant une distinction conférée à certains corps de la police ou de l'armée.

1. fourré [fuʀe] n.m. (de [*bois*] *fourré*). Massif de bois jeune et serré, dont les tiges sont encore garnies de leurs branches dès la base : *Se cacher derrière un fourré* (syn. buisson, taillis).

2. fourré, e [fuʀe] adj. - **1.** Garni intérieurement d'une peau qui a encore son poil ; doublé d'un tissu chaud : *Gants fourrés. Veste fourrée* (syn. molletonné). - **2.** Garni intérieurement : *Gâteau fourré à la crème.* - **3.** Coup fourré, entreprise menée perfidement contre qqn qui ne se méfie pas ; coup bas. ‖ Paix fourrée, paix conclue avec mauvaise foi de part et d'autre.

fourreau [fuʀo] n.m. (de l'anc. fr. *fuerre*, frq. **fodr*). - **1.** Gaine allongée servant d'enveloppe à un objet de même forme : *Fourreau de parapluie* (syn. étui). - **2.** Robe ajustée de forme étroite.

fourrer [fuʀe] v.t. (de l'anc. fr. *fuerre* ; v. *fourreau*). - **1.** Doubler, garnir intérieurement un vêtement avec de la fourrure ou une matière chaude : *Fourrer un manteau.* - **2.** Remplir d'une garniture : *Fourrer des gâteaux à la pâte d'amandes.* - **3.** FAM. Introduire qqch dans, sous qqch d'autre, l'y faire pénétrer : *Fourrer les mains dans ses poches.* - **4.** FAM. Mettre, sans attention ou sans soin : *Où avez-vous fourré ce dossier ?* (syn. déposer). - **5.** FAM. Faire entrer qqn sans ménagement quelque part : *On l'a fourré en prison* (syn. jeter). - **6.** FAM. Fourrer qqch dans le crâne, la tête de qqn, lui faire comprendre, croire ou accepter qqch : *On lui a fourré dans le crâne de faire une école de*

commerce (= on l'a persuadé). ‖ FAM. Fourrer son nez dans, s'immiscer indiscrètement dans. ◆ **se fourrer** v.pr. FAM. Se mettre, se placer : *La balle s'est fourrée sous l'armoire. Ne plus savoir où se fourrer,* (= éprouver un vif sentiment de confusion, de honte).

fourre-tout [fuʀtu] n.m. inv. - **1.** Petite pièce ou placard où l'on fourre toutes sortes de choses : *Pièce qui sert de fourre-tout* (syn. débarras). - **2.** Sac de voyage souple sans compartiment ni division. - **3.** Texte, œuvre, etc., contenant des idées diverses et désordonnées.

fourreur [fuʀœʀ] n.m. (de *fourrer*). - **1.** Marchand de fourrures. - **2.** Professionnel qui travaille les peaux pour les transformer en fourrure.

fourrier [fuʀje] n.m. (de l'anc. fr. *fuerre* "fourrage"). - **1.** MIL. Responsable du matériel d'une unité. - **2.** LITT. Personne ou ensemble de circonstances préparant la survenue d'événements fâcheux, de gens hostiles, etc. : *Se faire le fourrier de la subversion.*

fourrière [fuʀjɛʀ] n.f. (de l'anc. fr. *fuerre* "fourrage"). Lieu de dépôt des animaux errants, des véhicules, etc., abandonnés sur la voie publique ou qui ont été saisis par la police : *Aller chercher sa voiture à la fourrière.*

fourrure [fuʀyʀ] n.f. (de *fourrer*). - **1.** Peau de mammifère avec son poil, préparée pour garnir, doubler ou constituer un vêtement ; ce vêtement lui-même : *Col de fourrure. Posséder une splendide fourrure.* - **2.** Pelage fin et touffu de certains animaux : *La fourrure d'un saint-bernard.*

fourvoiement [fuʀvwamɑ̃] n.m. (de *fourvoyer*). LITT. Erreur, méprise de qqn qui se fourvoie.

fourvoyer [fuʀvwaje] v.t. (de *fors* et *voie*) [conj. 13]. - **1.** LITT. Égarer, détourner du chemin : *Notre prétendu guide nous a complètement fourvoyés.* - **2.** Mettre dans l'erreur : *Ce rapport trop optimiste nous a fourvoyés.* ◆ **se fourvoyer** v.pr. S'égarer, faire fausse route ; se tromper complètement : *Se fourvoyer en montagne* (syn. se perdre). *Je t'avais cru honnête, je m'étais fourvoyé* (= j'avais commis une erreur de jugement).

foutaise [futɛz] n.f. (de *foutre*). FAM. Chose sans importance, sans valeur, sans intérêt : *Raconter des foutaises.*

foutoir [futwaʀ] n.m. (de *foutre*). FAM. Grand désordre : *Quel foutoir dans ce bureau* (syn. fouillis).

foutre [futʀ] v.t. (lat. *futuere* "avoir des rapports sexuels avec une femme") [conj. *je fous, il fout, nous foutons ; je foutais ; je foutrai ; je fous ; que je foute ; foutant ; foutu ;* inusité au passé simple]. T. FAM. - **1.** Mettre, jeter violemment :

Foutre qqn par terre. - **2.** Faire, travailler : *Ne rien foutre de toute la journée.* - **3.** Ça la fout mal, cela fait mauvais effet. ◆ **se foutre** v.pr. **[de].** T. FAM. Ne faire aucun cas de qqn, de qqch ; se moquer de qqn : *L'argent ? je m'en fous. Arrêtez de vous foutre d'elle.*

foutu, e [futy] adj. (de *foutre*). FAM. - **1.** (Avant le n.). Mauvais, détestable : *Un foutu caractère* (syn. sale). - **2.** Qui a échoué ; ruiné, perdu : *Une affaire foutue* (syn. raté, manqué). *Après un tel scandale, c'est un homme foutu* (syn. fini). - **3.** Bien foutu, mal foutu, bien, mal fait : *Un travail bien foutu* (syn. exécuté). *Une fille bien foutue* (= une belle fille). ‖ Être foutu de, capable de : *Il est foutu de réussir son coup !* ‖ Être mal foutu, être un peu souffrant.

fox-terrier [fɔkstɛrje] n.m. (mots angl., "chien pour chasser le renard") [pl. *fox-terriers*]. Chien terrier d'origine anglaise, dont la race comporte deux variétés, à poil dur et à poil lisse. (On dit aussi un *fox.*)

fox-trot [fɔkstrɔt] n.m. inv. (mots angl., "pas de renard"). Danse américaine en vogue vers 1920.

foyer [fwaje] n.m. (lat. pop. *focarium*, du class. *focus*). - **1.** Lieu où l'on fait le feu ; le feu lui-même : *Mettre des bûches dans le foyer* (syn. âtre, cheminée). *Se chauffer au foyer.* - **2.** Partie d'un appareil de chauffage domestique où a lieu la combustion : *Le foyer d'une chaudière.* - **3.** Lieu où habite une famille ; la famille elle-même : *Quitter son foyer* (syn. domicile). *Fonder un foyer.* - **4.** Maison d'habitation réservée à certaines catégories de personnes : *Foyer de jeunes travailleurs. Foyer d'étudiants.* - **5.** Local servant de lieu de réunion, de distraction : *Le foyer d'une caserne.* - **6.** Salle, galerie d'un théâtre où le public peut se rendre pendant les entractes. - **7.** Centre principal d'où provient qqch : *Le foyer de la rébellion* (syn. source). *Le foyer d'un incendie* (syn. centre). *Le foyer d'un séisme* (syn. hypocentre). - **8.** MÉD. Siège principal d'une maladie, de ses manifestations : *Foyer infectieux.* - **9.** PHYS. Point où se rencontrent les rayons initialement parallèles, après réflexion ou réfraction : *Foyer d'une lentille.* - **10.** Femme, homme au foyer, personne qui n'exerce pas d'activité professionnelle et s'occupe de sa famille. ‖ Foyer fiscal, unité d'imposition (personne, ménage, communauté, etc.) établie sur les revenus propres et sur ceux des personnes à charge. - **11.** MATH. Foyer d'une conique, point qui, associé à une droite (la *directrice*), permet de définir l'ensemble des points de la conique. ◆ **foyers** n.m. pl. Pays natal, demeure familiale : *Rentrer dans ses foyers.*

frac [frak] n.m. (angl. *frock*, du fr. *froc*). Habit masculin de cérémonie, noir, à basques étroites.

fracas [fraka] n.m. (it. *fracasso*). - **1.** Bruit violent de qqch qui se brise, qui heurte autre chose, qui s'effondre, etc. : *Le fracas des vagues sur les rochers.* - **2.** Avec perte et fracas, avec éclat et sans ménagement : *On a expulsé les chahuteurs avec perte et fracas* (= brutalement).

fracassant, e [frakasɑ̃, -ɑ̃t] adj. - **1.** Qui fait du fracas, qui produit un grand bruit : *Un coup de tonnerre fracassant* (syn. assourdissant). - **2.** Qui vise à l'effet, au scandale : *Démission fracassante* (syn. retentissant, éclatant).

fracasser [frakase] v.t. (it. *fracassare*, du lat. *frangere* "briser" et *quassare* "secouer"). Briser avec violence, mettre en pièces : *Fracasser une porte. Fracasser la mâchoire d'un adversaire* (syn. casser). ◆ **se fracasser** v.pr. Se briser en heurtant, en éclatant : *Le vase s'est fracassé sur le sol* (= s'est cassé en mille morceaux).

fraction [fraksjɔ̃] n.f. (bas lat. *fractio*, de *frangere* "briser"). - **1.** Partie d'un tout : *Une fraction de l'assemblée a voté pour lui* (syn. portion). *Fraction de seconde.* - **2.** MATH. Notation d'un nombre rationnel sous la forme a/b, ce nombre étant le résultat de la division de a (*numérateur*) par b (*dénominateur*), a et b étant des nombres entiers. - **3.** PÉTR. Chacune des parties d'un mélange d'hydrocarbures obtenues par distillation fractionnée. - **4.** Fraction décimale, fraction dont le dénominateur est une puissance de 10 : $23/100$, *ou* $0,23$, *est une fraction décimale.*

fractionnaire [fraksjɔnɛr] adj. MATH. Qui a la forme d'une fraction : *Exposant fractionnaire.*

fractionné, e [fraksjɔne] adj. Distillation, congélation, cristallisation fractionnée, permettant la séparation des constituants d'un mélange liquide grâce à leurs propriétés physiques différentes (solubilité, point d'ébullition).

fractionnel, elle [fraksjɔnɛl] adj. Qui vise à la désunion, au fractionnement d'un parti, d'un syndicat : *Menées fractionnelles.*

fractionnement [fraksjɔnmɑ̃] n.m. Action de fractionner ; fait d'être fractionné : *Le fractionnement d'un terrain* (syn. division, morcellement).

fractionner [fraksjɔne] v.t. Diviser en fractions, en parties : *Fractionner un domaine* (syn. partager). ◆ **se fractionner** v.pr. **[en].** Se diviser : *Le groupe s'est fractionné en plusieurs éléments* (syn. se scinder).

fracture [fraktyr] n.f. (lat. *fractura*, de *frangere* "briser"). - **1.** SOUT. Action de forcer ; effraction : *Fracture d'une porte.* - **2.** CHIR. Rupture violente d'un os ou d'un cartilage dur : *Fracture du poignet.* - **3.** GÉOL. Cassure de l'écorce terrestre.

fracturer [fraktyre] v.t. (de *fracture*). Endommager par une rupture violente : *Fracturer un*

coffre-fort (syn. forcer). ◆ **se fracturer** v.pr.
Se fracturer qqch (une partie du corps), se le
rompre : *Se fracturer la jambe, le tibia* (syn. se
casser).

fragile [fraʒil] adj. (lat. *fragilis*, de *frangere*
"briser"). - **1.** Qui se casse, se détériore facilement : *Le verre est fragile* (syn. cassant).
Meuble fragile (contr. solide, résistant). - **2.** Qui
est de faible constitution : *Un enfant fragile*
(syn. délicat, chétif). - **3.** Peu stable, mal
assuré, sujet à disparaître : *Équilibre fragile*
(syn. précaire, instable).

fragilisation [fraʒilizasjɔ̃] n.f. Action de fragiliser ; état d'être fragilisé.

fragiliser [fraʒilize] v.t. Rendre fragile, plus
fragile : *Sa maladie l'a fragilisé. Fragiliser un
matériau.*

fragilité [fraʒilite] n.f. (lat. *fragilitas*). - **1.** Caractère de ce qui est fragile, de ce qui se brise
ou se détériore facilement : *Fragilité du verre.*
- **2.** Caractère précaire, manque de solidité :
Fragilité d'un gouvernement (syn. instabilité). *La
fragilité d'une théorie* (syn. inconsistance).
- **3.** Manque de robustesse physique ou
morale : *La fragilité d'un convalescent* (syn.
faiblesse). *La fragilité d'un adolescent* (syn.
vulnérabilité).

fragment [fragmɑ̃] n.m. (lat. *fragmentum*, de
frangere "briser"). - **1.** Morceau d'une chose
cassée, déchirée : *Fragment de verre* (syn.
débris, morceau). *Fragment d'étoffe.* - **2.** Reste
d'un ouvrage ancien : *Fragments d'une statue.*
- **3.** Passage d'une œuvre, d'un texte, etc. :
Étudier un fragment de « l'Odyssée » (syn.
extrait). - **4.** Partie plus ou moins importante
de qqch : *Fragments de vérité* (syn. parcelle).
Entendre des fragments de conversation (syn.
bribe).

fragmentaire [fragmɑ̃tɛr] adj. Qui constitue
un fragment d'un tout et non sa totalité ;
parcellaire : *Vue fragmentaire de la situation*
(syn. incomplet, partiel).

fragmentation [fragmɑ̃tasjɔ̃] n.f. Action de
fragmenter ; fait d'être fragmenté : *La fragmentation des roches sous l'effet du gel* (syn.
morcellement).

fragmenter [fragmɑ̃te] v.t. Réduire, partager
en fragments : *Fragmenter un bloc de pierre*
(syn. morceler). *Fragmenter un film en épisodes
pour* (syn. diviser, découper).

fragrance [fragrɑ̃s] n.f. (lat. ecclés. *fragrantia*,
de *fragrare* "exhaler fortement une odeur").
LITT. Odeur suave, parfum agréable : *La
fragrance du lilas* (syn. arôme, senteur).

frai [frɛ] n.m. (de *frayer*). - **1.** Rapprochement
sexuel chez les poissons à fécondation
externe ; époque à laquelle ce rapprochement a lieu : *Il est interdit de pêcher dans les
rivières pendant le frai.* - **2.** Œufs de poissons,

de batraciens : *Du frai de tanche, de grenouille.*
- **3.** Très petits ou très jeunes poissons : *Vivier
peuplé de frai.*

fraîchement [frɛʃmɑ̃] adv. - **1.** Depuis peu de
temps : *Fraîchement arrivé* (syn. récemment).
- **2.** Avec froideur : *Être reçu fraîchement* (syn.
froidement).

fraîcheur [frɛʃœr] n.f. (de frais). - **1.** Caractère
de ce qui est frais : *La fraîcheur du matin. La
fraîcheur d'un entretien* (syn. froideur). - **2.** Qualité qui n'est pas ternie par le temps ou par
l'usage : *La fraîcheur du teint* (syn. éclat). *Tissu
qui a gardé toute sa fraîcheur.* - **3.** Qualité, état
d'une chose périssable qui n'a pas eu le
temps de s'altérer, de se gâter, de se flétrir :
La fraîcheur d'un poisson. - **4.** Qualité de ce qui
demeure actuel, précis comme une chose
récente : *La fraîcheur d'un souvenir* (syn.
vivacité). - **5.** Qualité de ce qui est spontané,
pur, jeune : *Fraîcheur des sentiments* (syn.
candeur, pureté). *Fraîcheur de style* (syn. naturel).

fraîchir [frɛʃir] v.i. (de frais). - **1.** Devenir plus
frais, en parlant de la température : *Le temps
fraîchit, mets un pull* (syn. se rafraîchir). - **2.** MAR.
Augmenter d'intensité, en parlant du vent.

1. frais, fraîche [frɛ, frɛʃ] adj. (germ. **frisk*).
- **1.** Qui est légèrement froid ou qui procure
une sensation de froid léger : *Vent frais.
Boisson fraîche* (syn. rafraîchissant). - **2.** Qui est
empreint de froideur, dépourvu de cordia-
lité : *Un accueil plutôt frais* (syn. réservé).
- **3.** Qui vient d'apparaître ou de se produire :
Nouvelle de fraîche date (= toute récente).
- **4.** Qui vient d'être appliqué et n'est pas
encore sec : *Encre, peinture fraîche.* - **5.** Nouvellement produit ou récolté ; qui n'est pas
encore altéré, gâté, flétri : *Légumes frais et
légumes secs. Poisson frais* (contr. avarié). *Pain
frais* (contr. rassis). - **6.** Qui n'est pas terni, qui
a conservé son éclat : *Teint frais* (syn. éclatant ; contr. terne). *Coloris frais* (contr. passé).
- **7.** Qui a conservé ou recouvré ses forces, sa
vitalité ; qui n'est pas reposé et n'est plus fatigué :
Se sentir frais et dispos (= reposé et en bonne
forme). - **8.** FAM. Se dit de qqn qui se trouve
dans une situation fâcheuse : *Eh bien ! Te
voilà frais !* - **9.** Argent frais, nouvellement
reçu et dont on peut disposer. ‖ FAM. Être
frais comme un gardon, une rose, être
particulièrement dispos. ◆ **frais** adv.
- **1.** (Avec un p. passé [accord au fém.]).
Récemment : *Il est frais arrivé. Fleurs fraîches
cueillies.* - **2.** Légèrement froid : *Il fait frais.*
- **3.** Boire frais, boire un liquide frais. ◆ **frais**
n.m. - **1.** Air frais : *Prendre le frais.* - **2.** MAR. Vent
assez fort : *Avis de grand frais.* - **3.** Au frais,
dans un endroit frais : *Mettre, tenir un aliment
au frais.* ‖ De frais, depuis peu : *Rasé de frais.*
◆ **fraîche** n.f. FAM. Moment du jour où il
fait frais : *Arroser les fleurs à la fraîche.*

2. frais [fʀɛ] n.m. pl. (anc. fr. *fret, frait* "dommage causé en brisant qqch", lat. *fractum*, de *frangere* "briser"). - **1.** Dépenses d'argent pour une opération quelconque : *Voyager tous frais payés. Faire des frais* (= dépenser de l'argent). *Frais de justice*. - **2.** Somme allouée pour compenser les dépenses occasionnées par un travail nécessitant un déplacement, obligeant à assurer un certain train de vie, etc. : *Frais de déplacement, de mission, de représentation*. - **3.** À grands frais, en se donnant beaucoup de mal, en employant des moyens importants, disproportionnés : *Voyager à grands frais* (= en dépensant beaucoup d'argent). ‖ À moindres frais, à peu de frais, en payant très peu ; en se donnant peu de mal : *Construire à peu de frais* (= économiquement). ‖ FAM. Arrêter les frais, cesser de dépenser de l'argent ou de se donner du mal inutilement. ‖ En être pour ses frais, ne tirer aucun profit de ses dépenses ; s'être donné de la peine pour rien. ‖ Faire les frais de qqch, en supporter les désagréments. ‖ Faux frais, petites dépenses imprévues. ‖ Rentrer dans ses frais, être remboursé de ses dépenses. ‖ FAM. Se mettre en frais, dépenser plus que de coutume ; prodiguer sa peine, ses efforts. ‖ Frais financiers, charge représentée, pour une entreprise, par le coût des capitaux empruntés. ‖ Frais généraux, dépenses diverses engagées pour le fonctionnement d'une entreprise. ‖ Frais variables, partie des charges dont le montant varie en fonction de l'activité de l'entreprise (par opp. à *frais fixes*).

fraisage [fʀɛzaʒ] n.m. Action de fraiser.

1. fraise [fʀɛz] n.f. (anc. fr. *fraie* [lat. pop. *fraga*, pl. du class. *fragum*], avec infl. de la finale de *framboise*). - **1.** Fruit comestible du fraisier, réceptacle de la fleur devenant charnu et sucré après la fécondation. - **2.** FAM. Figure, tête : *Se payer la fraise de qqn* (= se moquer de qqn). - **3.** MÉD. Angiome tubéreux. - **4.** FAM. Ramener sa fraise, donner son opinion à tout propos et avec impudence. ‖ FAM. Sucrer les fraises, devenir gâteux.

2. fraise [fʀɛz] n.f. (de l'anc. fr. *fraiser, fraser* "peler", lat. pop. *fresare*, du class. *fresus*, de *frendere* "broyer"). - **1.** BOUCH. Intestin grêle de veau poché à l'eau bouillante, consommable comme abats ou utilisable en charcuterie. - **2.** Chair rouge et plissée qui pend sous le bec des dindons ; caroncule, chez l'oiseau. - **3.** Collerette de linon ou de dentelle empesée, portée aux XVIe et XVIIe s.

3. fraise [fʀɛz] n.f. (de *2. fraise*). - **1.** Outil rotatif de coupe, comportant plusieurs arêtes tranchantes, régulièrement disposées autour d'un axe. - **2.** Outil utilisé pour faire un forage. - **3.** Instrument rotatif monté sur le tour du dentiste et servant aux interventions portant sur les lésions ou sur les tissus durs de la dent.

fraiser [fʀɛze] v.t. (de *3. fraise*). - **1.** TECHN. Usiner une pièce au moyen d'une fraise. - **2.** Évaser un trou, son orifice dans lequel une vis ou tout autre objet doit être inséré.

fraiseur, euse [fʀɛzœʀ, -øz] n. (de *3. fraise*). Ouvrier, ouvrière qui travaille sur une fraiseuse.

fraiseuse [fʀɛzøz] n.f. (de *3. fraise*). Machine-outil servant pour le fraisage.

fraisier [fʀɛzje] n.m. (de *1. fraise*). Plante rampante vivace cultivée, qui existe aussi dans les bois à l'état sauvage, et fournissant les fraises. □ Famille des rosacées.

framboise [fʀɑ̃bwaz] n.f. (frq. *brambasi* "mûre de ronce", avec infl. de l'anc. fr. *fraie* "fraise"). Fruit parfumé et comestible du framboisier, composé de petites drupes.

framboisier [fʀɑ̃bwazje] n.m. Arbrisseau cultivé voisin de la ronce et qui existe à l'état sauvage, produisant les framboises. □ Famille des rosacées.

1. franc [fʀɑ̃] n.m. (orig. incert., p.-ê. de *Francorum [rex]* "roi des Francs", effigie de certaines monnaies). - **1.** Unité monétaire principale de la France, de la Belgique, du Luxembourg, de la Suisse et de certains pays de l'Afrique francophone. - **2.** Franc constant, franc fictif exprimant, entre deux dates, une valeur stable, corrigeant les effets de l'érosion monétaire (par opp. à *franc courant*).

2. franc, franche [fʀɑ̃, fʀɑ̃ʃ] adj. (bas lat. *Francus*, au sens de "homme libre" ; v. *3. franc*). - **1.** Qui ne dissimule aucune arrière-pensée : *C'est une personne franche* (syn. droit, honnête ; contr. hypocrite, fourbe). *Soyez franc, dites-moi tout* (syn. sincère). *Réponse franche* (syn. direct, net). *Visage franc* (syn. ouvert). *Jouer franc jeu* (= agir sans intention cachée). - **2.** Pur, sans mélange : *Rouge franc*. - **3.** Net, précis, sans détour : *Montrer une franche hostilité* (= une hostilité déclarée). - **4.** LITT. Qui est parfait, accompli dans son genre : *Une franche canaille* (syn. véritable, fieffé). - **5.** Se dit d'un délai où l'on ne compte ni le jour du départ ni celui du terme : *Nous avons passé dix jours francs à Vienne*. - **6.** Qui n'est pas soumis au paiement d'un droit, d'une imposition : *Autrefois, certaines villes étaient franches*. - **7.** Boutique franche, magasin qui, dans certains emplacements (aéroports, etc.), bénéficie de l'exemption de taxes sur les produits qui y sont commercialisés. ‖ Franc de port, franco. ‖ Port franc, zone franche, port ou région frontière où les marchandises étrangères pénètrent librement, sans paiement de droits. ◆ **franc** adv. LITT. Parler franc, parler franchement, ouvertement.

3. **franc, franque** [frɑ̃, frɑ̃k] adj. (bas lat. *Francus,* frq. **frank*). Qui appartient aux Francs.

français, e [frɑ̃sɛ, -ɛz] adj. et n. (de *France,* bas lat. *Francia* "pays des Francs"). De France : *Le peuple français. Les Français voyagent peu.* ◆ **français** n.m. - **1.** Langue romane parlée princ. en France, au Canada, en Belgique, en Suisse et en Afrique. - **2.** Vous ne comprenez pas le français ?, se dit pour marquer l'impatience lorsqu'un ordre n'a pas été exécuté.

franc-comtois, e [frɑ̃kɔ̃twa, -az] adj. et n. (pl. *francs-comtois, franc-comtoises*). De Franche-Comté.

franchement [frɑ̃ʃmɑ̃] adv. (de 2. *franc*). - **1.** De manière directe, sans hésitation : *Parler franchement* (syn. sincèrement, ouvertement). - **2.** Très : *C'est franchement désagréable* (syn. vraiment, tout à fait).

franchir [frɑ̃ʃir] v.t. (de 2. *franc*). - **1.** Passer un obstacle par un moyen quelconque : *Franchir un fossé* (= sauter par-dessus ; syn. enjamber). - **2.** Aller au-delà d'une limite : *Franchir clandestinement la frontière* (syn. passer). *Franchir le cap de la cinquantaine.* - **3.** Parcourir une certaine distance : *Franchir les mers* (syn. traverser).

franchise [frɑ̃ʃiz] n.f. (de 2. *franc*). - **1.** Qualité d'une personne franche, d'un comportement franc : *Répondre avec franchise* (syn. sincérité, loyauté). - **2.** Clause d'une assurance qui fixe une somme forfaitaire restant à la charge de l'assuré en cas de dommage ; cette somme. - **3.** COMM. Droit d'exploiter une marque, une raison sociale, concédé par une entreprise à une autre sous certaines conditions. - **4.** Exonération de certaines taxes, de certains droits : *Franchise postale, douanière.*

franchisé [frɑ̃ʃize] n.m. COMM. Bénéficiaire d'une franchise.

franchissable [frɑ̃ʃisabl] adj. Qui peut être franchi : *Une rivière franchissable à pied* (contr. infranchissable).

franchissement [frɑ̃ʃismɑ̃] n.m. Action de franchir : *Le franchissement d'une rivière* (syn. traversée).

francien [frɑ̃sjɛ̃] n.m. (de *France*). Dialecte de langue d'oïl, parlé en Île-de-France au Moyen Âge, et qui est à l'origine du français.

francilien, enne [frɑ̃siljɛ̃, -ɛn] adj. et n. De l'Île-de-France.

francique [frɑ̃sik] n.m. (bas lat. *francicus*). Langue des anciens Francs, faisant partie du germanique occidental, reconstituée de façon conjecturale. ◆ adj. Qui appartient à cette langue.

francisation [frɑ̃sizasjɔ̃] n.f. - **1.** Action de franciser : *La francisation des termes techniques d'origine anglaise.* - **2.** MAR. Acte de francisation, document de bord attestant qu'un navire est dûment immatriculé aux registres français et l'autorisant à arborer le pavillon français.

franciscain, e [frɑ̃siskɛ̃, -ɛn] n. (lat. ecclés. *franciscanus*). Religieux, religieuse de l'ordre fondé par saint François d'Assise. ◆ adj. Relatif à saint François d'Assise ou à son ordre.

franciser [frɑ̃size] v.t. (de *français*). Donner un caractère français, des manières françaises à qqn, une forme française à qqch : *Franciser un mot. Étranger que de fréquents séjours à Paris ont francisé.*

francisque [frɑ̃sisk] n.f. (bas lat. *francisca* [secaris] "hache des Francs"). - **1.** Hache de guerre des Francs et des Germains. - **2.** Francisque gallique, hache à deux fers, emblème adopté par le régime de Vichy (1940-1944).

francité [frɑ̃site] n.f. SOUT. Caractère de ce qui est français.

franc-maçon, onne [frɑ̃masɔ̃, -ɔn] n. et adj. (angl. *free mason* "maçon libre") [pl. *francs-maçons, franc-maçonnes*]. Qui appartient à la franc-maçonnerie.

franc-maçonnerie [frɑ̃masɔnri] n.f. (pl. *franc-maçonneries*). - **1.** Association initiatique universelle qui n'est pas secrète mais fermée, fondée sur la fraternité et visant à réunir les hommes par-delà leurs différences : *La franc-maçonnerie comprend diverses obédiences.* - **2.** Groupe à l'intérieur duquel se manifeste une solidarité agissante entre membres liés par des intérêts, des idées ou des goûts communs : *La franc-maçonnerie des anciens élèves d'une grande école.*

1. **franco** [frɑ̃ko] adv. (it. *[porto] franco* "[port] franc"). Sans frais pour le destinataire : *Expédier un paquet franco* (= franc de port).

2. **franco** [frɑ̃ko] adv. (de 1. *franco*). FAM. Sans hésiter : *Y aller franco* (syn. carrément).

francophilie [frɑ̃kɔfili] n.f. Sympathie pour la France, les Français. ◆ **francophile** adj. et n. Qui manifeste ce sentiment.

francophobie [frɑ̃kɔfɔbi] n.f. Hostilité envers la France, les Français. ◆ **francophobe** adj. et n. Qui manifeste ce sentiment.

francophone [frɑ̃kɔfɔn] adj. et n. De langue française ; qui parle le français : *L'Afrique francophone.*

francophonie [frɑ̃kɔfɔni] n.f. - **1.** Communauté de langue des pays francophones ;

ensemble de ces pays. - **2.** Collectivité que forment les peuples parlant le français.

franco-provençal, e, aux [fʀɑ̃kɔpʀɔvɑ̃sal, -o] adj. et n.m. Se dit des dialectes français intermédiaires entre la langue d'oïl et la langue d'oc : *Le franco-provençal est parlé en Suisse romande, dans le Val d'Aoste, en Savoie, dans le Dauphiné et le Lyonnais.*

franc-parler [fʀɑ̃paʀle] n.m. (de 2. *franc* et *parler*) [pl. *francs-parlers*]. - **1.** Absence de contrainte ou de réserve dans la façon de s'exprimer : *User de francs-parlers excessifs.* - **2.** Avoir son franc-parler, dire très franchement, très directement ce que l'on pense, fût-ce en termes crus.

franc-tireur [fʀɑ̃tiʀœʀ] n.m. (de 2. *franc* et *tireur*) [pl. *francs-tireurs*]. - **1.** MIL. Combattant qui ne fait pas partie d'une armée régulière : *Corps de francs-tireurs* (syn. partisan). - **2.** Personne qui mène une action indépendante sans observer la discipline d'un groupe : *Agir en franc-tireur.*

frange [fʀɑ̃ʒ] n.f. (lat. pop. *frimbria*, du class. *fimbria* "bord d'un vêtement"). - **1.** Ornement d'une passementerie composé d'un galon et de fils retombants, utilisé en couture ou en décoration. - **2.** Cheveux coupés de telle sorte qu'ils forment une bande plus ou moins large recouvrant le front. - **3.** Ce qui forme une bordure : *Frange côtière. Frange d'écume.* - **4.** Partie minoritaire plus ou moins marginale d'un groupe de personnes, d'une collectivité : *La frange des indécis* (syn. minorité). - **5.** OPT. Franges d'interférence, bandes, alternativement brillantes et obscures, dues à l'interférence des radiations lumineuses.

franger [fʀɑ̃ʒe] v.t. [conj. 17]. Garnir d'une frange, de franges : *Franger un rideau.*

frangin, e [fʀɑ̃ʒɛ̃, -in] n. (orig. incert., p.-ê. du rad. de *frère*, avec infl. de 2. *franc*). FAM. Frère, sœur.

frangipane [fʀɑ̃ʒipan] n.f. (de *Frangipani*, n. de l'inventeur romain du parfum). Crème pâtissière additionnée de poudre d'amandes, servant à garnir une pâtisserie : *Galette des Rois à la frangipane.*

franglais [fʀɑ̃glɛ] n.m. (de *fran[çais]* et *[an]glais*). Ensemble des néologismes et des tournures syntaxiques d'origine anglaise introduits dans la langue française.

franquette [fʀɑ̃kɛt] n.f. (dimin. pop. de 2. *franc*). FAM. À la bonne franquette, sans cérémonie : *Recevoir un ami à la bonne franquette* (= en toute simplicité).

franquisme [fʀɑ̃kism] n.m. (de *Franco*, n.pr.). Système de gouvernement instauré en Espagne par le général Franco à partir de 1936. ◆ **franquiste** adj. et n. Relatif au franquisme ; partisan du franquisme.

frappant, e [fʀapɑ̃, -ɑ̃t] adj. - **1.** Qui fait une vive impression : *Spectacle frappant* (syn. saisissant, étonnant). - **2.** Qui saute aux yeux, qui est d'une évidence indiscutable : *Preuve frappante* (syn. éclatant, indubitable).

frappe [fʀap] n.f. (de *frapper*). - **1.** Action, manière de dactylographier un texte ; copie, exemplaire dactylographiés : *Le manuscrit est à la frappe. Faire des fautes de frappe.* - **2.** Opération de fabrication des monnaies et médailles consistant à imprimer l'empreinte des coins sur les deux faces d'une rondelle de métal, appelée *flan.* - **3.** SPORTS. Qualité de l'attaque d'un boxeur ; manière d'attaquer, de frapper le ballon au football, la balle au tennis.

frappé, e [fʀape] adj. (de *frapper*). - **1.** Rafraîchi dans la glace : *Champagne frappé.* - **2.** Qui est plein de force expressive, qui sonne bien, en parlant d'une phrase, d'un vers, etc. : *Paroles bien frappées.* - **3.** FAM. Fou : *Il est complètement frappé* (syn. cinglé). - **4.** Velours frappé, orné de dessins que forment les poils couchés de l'étoffe.

frappement [fʀapmɑ̃] n.m. Action de frapper ; bruit produit par ce qui frappe.

frapper [fʀape] v.t. (d'un rad. onomat. *frap*, marquant un choc violent). - **1.** Donner un ou plusieurs coups à qqn, sur qqch : *Frapper un agresseur* (syn. battre). *Frapper du poing sur la table* (syn. taper). *Frapper un coup violent* (syn. assener). - **2.** Venir heurter : *La balle l'a frappé en plein front* (syn. atteindre, toucher). - **3.** Donner, par l'opération de la frappe, une empreinte à : *Frapper une médaille, une monnaie.* - **4.** Affliger d'un mal physique ou moral : *Le malheur l'a frappé de manière inattendue* (= s'est abattu sur lui). - **5.** Retenir l'attention de ; faire une vive impression sur : *Leur ressemblance m'a frappé* (syn. étonner, saisir). *Spectacle qui frappe* (syn. marquer, impressionner). - **6.** Assujettir à une contrainte, notamm. par décision judiciaire ou administrative ; imposer, taxer : *Frapper une marchandise de taxes.* - **7.** Rafraîchir en plongeant dans la glace : *Frapper du champagne.* - **8.** MAR. Assujettir un cordage à un point fixe. - **9.** Frapper un grand coup, accomplir une action spectaculaire et décisive. ◆ v.i. - **1.** Donner des coups en produisant un bruit : *Frapper à la porte* (= en vue de se faire ouvrir). - **2.** Frapper à la porte de qqn, à toutes les portes, solliciter qqn, de nombreuses personnes. ◆ **se frapper** v.pr. FAM. S'inquiéter, s'émouvoir outre mesure, céder au pessimisme : *Ne te frappe pas, tu n'y changeras rien* (syn. se tourmenter, se tracasser).

frappeur [fʀapœʀ] adj.m. Esprit frappeur, esprit d'un mort qui, selon les spirites, se manifeste par des coups sur les meubles, les murs, etc.

frasque [fʀask] n.f. (it. *frasca*). Écart de conduite : *Frasques de jeunesse* (syn. incartade, fredaine).

fraternel, elle [fʀatɛʀnɛl] adj. (lat. *fraternus*, de *frater* "frère"). - **1.** Propre à des frères, à des frères et sœurs : *Amour fraternel.* - **2.** Qui évoque l'attachement qui unit habituellement des frères, des frères et sœurs : *Amitié fraternelle* (syn. affectueux). *Salut fraternel* (syn. amical).

fraternellement [fʀatɛʀnɛlmɑ̃] adv. De façon fraternelle : *Vivre fraternellement avec qqn* (= en bonne entente avec lui).

fraternisation [fʀatɛʀnizasjɔ̃] n.f. Action de fraterniser ; son résultat : *La fraternisation des peuples* (syn. entente, amitié ; contr. hostilité).

fraterniser [fʀatɛʀnize] v.i. - **1.** Se manifester des sentiments mutuels de fraternité, d'amitié : *Les enfants ont fraternisé avec leurs correspondants anglais* (syn. sympathiser). - **2.** Cesser de se traiter en ennemis, se réconcilier : *Soldats qui fraternisent.*

fraternité [fʀatɛʀnite] n.f. (lat. *fraternitas*). - **1.** Lien de parenté entre frères et sœurs. - **2.** Lien de solidarité et d'amitié entre des êtres humains, entre les membres d'une société : *La fraternité des artistes* (syn. solidarité).

1. fratricide [fʀatʀisid] n.m. (lat. *fratricidium*). Meurtre d'un frère ou d'une sœur : *Être jugé pour fratricide.*

2. fratricide [fʀatʀisid] n. et adj. (lat. *fratricida*). Personne qui a commis un fratricide : *Comparution d'une fratricide.* ◆ adj. - **1.** LITT. Relatif au fratricide : *Bras fratricide.* - **2.** Qui oppose des personnes qui devraient être solidaires : *Luttes fratricides.*

fratrie [fʀatʀi] n.f. (du lat. *frater* "frère"). Ensemble des frères et sœurs d'une famille.

fraude [fʀod] n.f. (lat. *fraus, fraudis*). - **1.** Acte de mauvaise foi accompli en contrevenant à la loi ou aux règlements et nuisant au droit d'autrui : *Fraude fiscale.* - **2.** DR. Fraude sur les produits, tromperie sur la nature, l'origine, la qualité ou la quantité des marchandises. - **3.** En fraude, frauduleusement : *Introduire des marchandises en fraude.*

frauder [fʀode] v.t. ind. [à, dans, sur]. Commettre une fraude : *Frauder dans un examen* (syn. tricher). *Frauder sur le poids d'une marchandise.* ◆ v.t. Frustrer une administration, l'État par une fraude, échapper au paiement de ce qu'on lui est dû : *Frauder la douane. Frauder le fisc de plusieurs millions* (syn. voler).

fraudeur, euse [fʀodœʀ, -øz] adj. et n. Qui fraude.

frauduleusement [fʀodyløzmɑ̃] adv. De façon frauduleuse.

frauduleux, euse [fʀodylø, -øz] adj. Entaché de fraude : *Trafic, marché frauduleux* (syn. illégal, illicite).

frayer [fʀeje] v.t. (lat. *fricare* "frotter") [conj. 11]. - **1.** Rendre praticable, tracer un chemin : *Frayer un sentier.* - **2.** Frayer le chemin, la voie à qqn, qqch, faciliter la tâche à qqn, permettre la réalisation de qqch en le précédant : *Les travaux de Pasteur ont frayé la voie à la vaccination préventive* (syn. ouvrir). ◆ se frayer v.pr. Se frayer une voie, un chemin, etc., s'ouvrir une voie : *Se frayer un passage dans la bousculade.* ◆ v.t. ind. [avec]. LITT. Fréquenter qqn : *Nos voisins ne frayent avec personne.* ◆ v.i. Déposer ses œufs, en parlant d'un poisson femelle ; les féconder, en parlant du mâle.

frayeur [fʀejœʀ] n.f. (lat. *fragor* "fracas", avec infl. de *effrayer*). Peur soudaine et passagère causée par un danger : *Trembler de frayeur* (syn. effroi, épouvante).

fredaine [fʀədɛn] n.f. (de l'anc. fr. *fredain* "mauvais", anc. prov. *fraidin* "scélérat", gotique *fra-aitheis* "qui renie son serment"). Écart de conduite sans gravité : *On te pardonne ces fredaines* (syn. peccadille, incartade).

fredonnement [fʀədɔnmɑ̃] n.m. (de *fredonner*). Action de fredonner ; chant de qqn qui fredonne.

fredonner [fʀədɔne] v.t. et v.i. (de *fredon* "chanson, refrain", du lat. *fritinnire* "gazouiller"). Chanter à mi-voix, sans articuler les paroles : *Fredonner une chanson* (syn. chantonner).

free jazz [fʀidʒaz] n.m. inv. (mots amér. "jazz libre"). Style de jazz apparu aux États-Unis au début des années 60, prônant l'improvisation totale, entièrement libérée des contraintes de la mélodie, de la trame harmonique et du tempo.

free-lance [fʀilɑ̃s] adj. inv. et n. (mot angl. "franc-tireur") [pl. *free-lances*]. Se dit d'un professionnel qui effectue un travail à la commande, auprès de diverses entreprises dont il n'est pas un salarié : *Un styliste free-lance. Un, une free-lance.* ◆ n.m. Ce mode de travail : *Les photographes et les attachés de presse travaillent souvent en free-lance.*

freesia [fʀezja] n.m. (du n. du médecin all. F. *Freese*). Herbe ornementale bulbeuse, aux fleurs en grappes. □ Famille des iridacées.

freezer [fʀizœʀ] n.m. (de l'anglo-amér. *to freeze* "geler"). Compartiment de congélation d'un réfrigérateur.

frégate [fʀegat] n.f. (it. *fregata*). - **1.** MAR. Autref., bâtiment de guerre à trois mâts moins lourd et plus rapide que le vaisseau. -**2.** Bâtiment de combat de moyen tonnage intermédiaire entre la corvette et le croiseur. -**3.** Grand oiseau palmipède des mers tropicales au plumage sombre, au vol puissant et rapide. □ Famille des pélécanidés.

frein [fʀɛ̃] n.m. (lat. *frenum*). -**1.** Organe destiné à ralentir ou à arrêter un ensemble mécanique doué de mouvement : *Frein hydraulique. Frein à main d'une voiture. Donner un coup de frein.* -**2.** Ce qui retient, entrave : *Le manque d'investissement est un frein à l'expansion* (syn. obstacle). -**3.** ANAT. Ce qui bride ou retient un organe : *Le frein de la langue, du prépuce.* -**4.** Partie du mors qui se trouve dans la bouche du cheval. -**5.** Frein moteur, action du moteur d'une automobile agissant comme frein quand on cesse d'accélérer. -**6.** LITT. Mettre un frein à qqch, chercher à l'arrêter : *Mettre un frein à ses dépenses, à son ambition.* ‖ Ronger son frein, supporter impatiemment l'inactivité, l'attente ou la contrainte : *Il ronge son frein depuis qu'il est à ce poste subalterne* (= bouillir d'impatience). ‖ Sans frein, sans limites : *Une ambition sans frein.*

freinage [fʀɛnaʒ] n.m. Action de freiner : *Freinage brutal. Traces de freinage sur la route.*

freiner [fʀɛne] v.t. (de *frein*). -**1.** Ralentir le mouvement de qqch, le cas échéant jusqu'à l'arrêter : *Le mauvais état des routes a freiné les secours.* -**2.** Ralentir la progression, le développement de ; modérer : *Freiner l'inflation. Freiner son enthousiasme* (syn. tempérer). ◆ v.i. Ralentir son mouvement, s'arrêter, en parlant d'un véhicule, de son conducteur : *Le camion a freiné à temps.*

frelaté, e [fʀəlate] adj. -**1.** Que l'on a frelaté : *Marchandises frelatées* (syn. falsifié, trafiqué ; contr. pur). -**2.** Qui n'est pas naturel ; dont la pureté a été altérée : *Un mode de vie frelaté* (syn. artificiel). *Société frelatée* (syn. corrompu).

frelater [fʀəlate] v.t. (moyen néerl. *verlaten* "transvaser"). Falsifier un produit, notamm. une denrée alimentaire, une boisson, en y mêlant des substances étrangères : *Frelater du vin* (syn. dénaturer, trafiquer).

frêle [fʀɛl] adj. (lat. *fragilis* "fragile"). Qui manque de solidité, de force : *Un frêle esquif. Jeune fille frêle* (syn. fluet, menu). *De frêles épaules* (syn. faible ; contr. solide). *Un frêle espoir* (syn. fragile).

frelon [fʀəlɔ̃] n.m. (bas lat. *furlone*, frq. **hurslo*). Grosse guêpe dont la piqûre est très douloureuse : *Le nid du frelon peut atteindre 60 cm de diamètre.*

freluquet [fʀəlykɛ] n.m. (de *freluque* "mèche"). -**1.** FAM. Homme d'apparence chétive ; gringalet. -**2.** LITT. Jeune homme frivole : *Un freluquet qui ne pense qu'à s'amuser.*

frémir [fʀemiʀ] v.i. (lat. pop. **fremire*, class. *fremere*). -**1.** Être agité d'un tremblement causé par le froid, le vent, la peur, la surprise, une émotion, etc. : *Frémir d'effroi* (syn. trembler, frissonner). -**2.** Être agité d'un léger frissonnement qui précède l'ébullition, en parlant d'un liquide.

frémissant, e [fʀemisɑ̃, -ɑ̃t] adj. -**1.** Qui frémit. -**2.** Se dit d'un sentiment particulièrement vif : *Une sensibilité frémissante* (= à fleur de peau ; syn. ardent).

frémissement [fʀemismɑ̃] n.m. -**1.** Mouvement de ce qui frémit : *Frémissement des lèvres* (syn. tremblement). -**2.** Émotion qui se traduit par un tremblement : *Le frémissement d'une salle de théâtre* (syn. agitation). -**3.** Léger mouvement dans un liquide près de bouillir.

frênaie [fʀɛnɛ] n.f. Lieu planté de frênes.

frênateur, trice [fʀenatœʀ, -tʀis] adj. (lat. *frenator*, de *frenere* "modérer, retenir", de *frenum* "frein"). Qui freine l'activité d'un organe : *Nerfs frénateurs du cœur.*

french cancan [fʀɛnʃkɑ̃kɑ̃] n.m. (pl. *french cancans*) → **2. cancan.**

frêne [fʀɛn] n.m. (lat. *fraxinus*). Arbre des forêts tempérées, à bois clair, souple et résistant. □ Famille des oléacées ; haut. max. 40 m.

frénésie [fʀenezi] n.f. (lat. médic. *phrenesia*, gr. *phrenesis*, de *phrēn* "pensée"). Degré extrême atteint par une action, un sentiment ; état d'exaltation violent : *Aimer avec frénésie* (syn. passion, ardeur). *Applaudir avec frénésie* (syn. enthousiasme). *La frénésie d'une foule en colère* (syn. fureur).

frénétique [fʀenetik] adj. Poussé jusqu'à une exaltation extrême : *Rythme frénétique* (syn. endiablé). *Sentiments frénétiques* (syn. passionné, exalté).

frénétiquement [fʀenetikmɑ̃] adv. Avec frénésie : *Applaudir frénétiquement.*

Fréon [fʀeɔ̃] n.m. (nom déposé). Dérivé chloré et fluoré du méthane ou de l'éthane, utilisé comme agent frigorifique.

fréquemment [fʀekamɑ̃] adv. Avec une grande fréquence : *Il est fréquemment malade* (syn. souvent).

fréquence [fʀekɑ̃s] n.f. (lat. *frequentia* "foule, affluence"). -**1.** Caractère de ce qui se produit à intervalles rapprochés, de ce qui se répète : *La fréquence de ses visites me fatigue un peu* (syn. multiplicité, nombre). -**2.** Nombre de fois où une action, un événement, un fait est observé dans un temps donné : *La fréquence des trains sur une ligne.* -**3.** PHYS. Nombre de vibrations par unité de temps dans un phénomène périodique. □ L'unité de fréquence est le hertz. [→ onde.] - **4.** **Fréquence du pouls,** nombre de battements cardiaques par minute. ‖ ACOUST.. TÉLÉCOMM. **Bande, gamme de fréquence,** ensemble des fréquences comprises dans un intervalle donné. ‖ ACOUST.. TÉLÉCOMM. **Basse fréquence,** fréquence comprise entre 30 et 300 kHz. ‖ ACOUST.. TÉLÉCOMM. **Haute fréquence,** fréquence comprise entre 300 et 3 000 kHz.

fréquencemètre [fʀekɑ̃smɛtʀ] n.m. ÉLECTR. Appareil servant à mesurer la fréquence d'un courant alternatif.

fréquent, e [fʀekɑ̃, -ɑ̃t] adj. (lat. *frequens, -entis*). - **1.** Qui se produit souvent, qui se répète : *Un phénomène fréquent* (syn. continuel, réitéré ; contr. rare, sporadique). *Mots fréquents dans le vocabulaire actuel* (syn. courant, usuel ; contr. rare, exceptionnel). - **2.** Se dit de ce qui arrive souvent, de ce qui est commun dans un cas, une circonstance donnés : *C'est un symptôme fréquent dans cette maladie* (syn. habituel, ordinaire, attendu).

fréquentable [fʀekɑ̃tabl] adj. (de *fréquenter*). Que l'on peut fréquenter : *Un individu, un quartier peu fréquentable.*

fréquentatif, ive [fʀekɑ̃tatif, -iv] adj. LING. Se dit d'une forme verbale ou d'un suffixe qui marque qu'une action se répète : *Forme fréquentative d'un verbe, en anglais. « Criailler », « clignoter » sont des verbes fréquentatifs* (syn. itératif). (On dit aussi *un fréquentatif.*)

fréquentation [fʀekɑ̃tasjɔ̃] n.f. - **1.** Action de fréquenter un lieu, une personne. - **2.** Personne qu'on fréquente : *Avoir de mauvaises fréquentations* (syn. relation).

fréquenter [fʀekɑ̃te] v.t. (lat. *frequentare,* de *frequens*). - **1.** Aller souvent, habituellement dans un lieu : *Fréquenter les cafés* (syn. hanter). - **2.** Avoir des relations suivies avec qqn : *Fréquenter ses voisins* (syn. litt. frayer avec).

fréquentiel, elle [fʀekɑ̃sjɛl] adj. Relatif à la fréquence d'un phénomène périodique.

frère [fʀɛʀ] n.m. (lat. *frater, fratris*). - **1.** Garçon né du même père et de la même mère qu'un autre enfant. - **2.** Celui avec qui on est uni par des liens quasi fraternels : *C'est un frère pour moi.* - **3.** Celui qui appartient au même groupe que soi, groupe que l'on considère comme une famille : *Frère de race.* - **4.** Nom que se donnent entre eux les membres de certaines confréries ou associations : *Les francs-maçons s'appellent frères entre eux.* - **5.** Titre donné aux membres de certains ordres religieux. - **6.** **Faux frère,** hypocrite capable de trahir ses amis. ‖ **Frères d'armes,** compagnons qui ont combattu ensemble pour la même cause. ‖ **Frères ennemis,** hommes qui ne s'accordent pas, mais ne peuvent se séparer. ◆ adj. m. Uni par d'étroits rapports de solidarité : *Pays frères.*

frérot [fʀeʀo] n.m. FAM. Petit frère.

fresque [fʀɛsk] n.f. (de la loc. it. [*dipingere a*] *fresco* "[peindre à] frais"). - **1.** BX-A. Peinture murale exécutée, à l'aide de couleurs délayées à l'eau, sur une couche de mortier frais à laquelle ces couleurs s'incorporent. - **2.** Technique de la peinture des fresques : *Peindre à fresque.* - **3.** Toute peinture murale. - **4.** LITT. Vaste composition littéraire peignant toute une époque, toute une société.

fresquiste [fʀɛskist] n. (de *fresque*). Peintre de fresques.

fressure [fʀesyʀ] n.f. (bas lat. *frixura* "rôtissage"). Ensemble formé par le cœur, la rate, le foie et les poumons d'un animal de boucherie.

fret [fʀɛ] ou [fʀɛt] n.m. (moyen néerl. *vrecht* "cargaison"). - **1.** Rémunération due par l'affréteur, expéditeur de marchandises, pour le transport par navire, avion, ou camion. - **2.** Cargaison : *Fret de bois, de cotonnades.*

fréter [fʀete] v.t. (de *fret*) [conj. 18]. - **1.** Donner un navire en location. - **2.** Prendre en location un véhicule quelconque : *Fréter un car, un avion* (syn. louer).

fréteur [fʀetœʀ] n.m. Armateur qui s'engage à mettre un navire à la disposition d'un *affréteur,* lequel utilisera celui-ci moyennant une somme appelée *fret.*

frétillant, e [fʀetijɑ̃, -ɑ̃t] adj. Qui frétille : *Des goujons encore frétillants.*

frétillement [fʀetijmɑ̃] n.m. Mouvement de ce qui frétille.

frétiller [fʀetije] v.i. (orig. incert., p.-ê. de l'anc. v. *freter,* bas lat. *frictare* "frotter"). - **1.** S'agiter par des mouvements vifs et courts : *Chien qui frétille de la queue.* - **2.** S'agiter sous l'effet d'un sentiment : *Frétiller de joie* (syn. se trémousser).

fretin [fʀətɛ̃] n.m. (de *frait,* p. passé de l'anc. v. *fraindre* "briser"). - **1.** Menu poisson. - **2.** Menu fretin, personnes dont on fait peu de cas ; choses sans valeur, sans importance : *La police a relâché le menu fretin.*

freudien, enne [fʀødjɛ̃, -ɛn] adj. et n. Relatif au freudisme ; qui se réclame du freudisme.

freudisme [fʀødism] n.m. (de *Freud,* n. pr.). Théorie du fonctionnement psychique, normal et pathologique, développée par S. Freud.

freux [fʀø] n.m. (frq. **hrôk*). Oiseau voisin du corbeau.

friabilité [fʀijabilite] n.f. Caractère de ce qui est friable : *La friabilité d'une roche calcaire.*

friable [frijabl] adj. (du lat. *friare* "réduire en morceaux"). Qui peut être aisément réduit en poussière : *Des cailloux crayeux et friables.*

1. **friand, e** [frijã, -ãd] adj. (anc. p. présent de *frire* "brûler d'envie"). Qui est gourmand de, qui recherche avidement qqch : *Friand de chocolat. Friand de romans* (syn. amateur). *Friand de compliments* (syn. avide).

2. **friand** [frijã] n.m. (de *1. friand*). - **1.** Petit pâté de charcuterie, fait de pâte feuilletée garnie d'un hachis de viande, de champignons, etc. - **2.** Petit gâteau fait d'une pâte à biscuit aux amandes.

friandise [frijãdiz] n.f. (de *1. friand*). - **1.** Préparation sucrée ou salée de petite dimension, d'un goût délicat : *Vieille dame qui aime les friandises* (syn. douceur, gâterie). - **2.** Sucrerie ou petite pièce de pâtisserie.

fric [frik] n.m. (abrév. de *fricot*). FAM. Argent.

fricandeau [frikãdo] n.m. (du rad. de *fricassée*). Tranche de veau piquée de menus morceaux de lard.

fricassée [frikase] n.f. (de *fricasser*, de *fri[re]* et *casser*). Ragoût de viande blanche ou de volaille coupée en morceaux et cuite dans une sauce.

fricatif, ive [frikatif, -iv] n.f. (du lat. *fricatum*, de *fricare* "frotter"). PHON. Consonne fricative, consonne caractérisée par un bruit de friction qui résulte du resserrement du conduit vocal : *[f] et [s] sont des consonnes fricatives* (syn. constrictif). [On dit aussi *une fricative*.]

fric-frac [frikfrak] n.m. (onomat.). [pl *fric-fracs*]. FAM., VX. Cambriolage avec effraction.

friche [friʃ] n.f. (moyen néerl. *versch* "frais"). - **1.** Terrain non cultivé et abandonné. - **2.** En friche, qui n'est pas cultivé, développé : *Laisser des terres en friche* (= inculte). *Intelligence en friche.*

frichti [friʃti] n.m. (alsacien *fristick*, de l'all. *Frühstück*). FAM. Repas, mets que l'on prépare.

fricot [friko] n.m. (du rad. de *fricassée*). FAM. - **1.** Ragoût préparé grossièrement. - **2.** Plat cuisiné.

fricoter [frikɔte] v.t. (de *fricot*). FAM. - **1.** Faire cuire, préparer : *Fricoter un bon dîner* (syn. cuisiner). - **2.** Préparer secrètement qqch : *Qu'est-ce que tu fricotes encore dans ton coin ?* (syn. manigancer). ◆ v.t. ind. [**avec**]. FAM. Avoir des relations avec qqn.

friction [friksjɔ̃] n.f. (lat. *frictio*, de *frictare* "frotter"). - **1.** Frottement que l'on fait sur une partie du corps ; spécial. nettoyage du cuir chevelu avec une lotion aromatique : *Friction au gant de crin. Friction à l'eau de Cologne.* - **2.** (Surtout au pl.). Désaccord, heurt entre des personnes : *Il y a eu entre eux quelques frictions* (syn. accrochage, tension). - **3.** MÉCAN. Résistance que présentent deux surfaces en contact à tout mouvement de l'une par rapport à l'autre : *Les phénomènes de friction sont surtout utilisés dans les embrayages* (syn. frottement).

frictionner [friksjɔne] v.t. Faire des frictions à : *Frictionner ses jambes* (syn. frotter).

Frigidaire [friʒidɛr] n.m. (nom déposé). - **1.** Réfrigérateur de la marque de ce nom. - **2.** Par ext., tout réfrigérateur, quelle que soit sa marque.

frigide [friʒid] adj.f. (lat. *frigidus* "froid"). Atteinte de frigidité, en parlant d'une femme.

frigidité [friʒidite] n.f. Absence d'orgasme chez la femme lors des rapports sexuels.

frigorifié, e [frigɔrifje] adj. FAM. Qui a très froid, en parlant de qqn : *J'étais frigorifiée à force d'attendre sous la pluie* (syn. gelé, glacé).

frigorifier [frigɔrifje] v.t. (du lat. *frigor* "froid", et de *-fier*). Soumettre au froid pour conserver : *Frigorifier du poisson.*

frigorifique [frigɔrifik] adj. (lat. *frigorificus*). Qui produit du froid : *Armoire, vitrine, wagon frigorifiques.* ◆ n.m. - **1.** Établissement de froid industriel. - **2.** Appareil frigorifique.

frileusement [friløzmã] adv. De façon frileuse.

frileux, euse [frilø, -øz] adj. et n. (bas lat. *frigorosus*). Qui est sensible au froid. ◆ adj. SOUT. Qui hésite à aller de l'avant ; qui manifeste une prudence jugée excessive : *Personne frileuse qui n'ose rien entreprendre* (syn. timoré, craintif). *Recommandations frileuses.*

frilosité [frilozite] n.f. Comportement frileux, pusillanime : *La frilosité du marché bancaire.*

frimaire [frimɛr] n.m. (de *frimas*). HIST. Troisième mois du calendrier républicain, du 21, 22 ou 23 novembre au 20, 21 ou 22 décembre.

frimas [frima] n.m. (frq. *frim*). LITT. Brouillard froid et épais qui se glace en tombant : *Les frimas de l'hiver.*

frime [frim] n.f. (anc. fr. *frume* "mine"). FAM. - **1.** Apparence trompeuse destinée à faire illusion ou à impressionner les autres : *C'est de la frime* (syn. bluff). - **2.** Pour la frime, pour étonner, pour se rendre intéressant ; en apparence seulement : *Ils vont divorcer mais ils sortent encore ensemble pour la frime* (= pour donner le change).

frimer [frime] v.i. (de *frime*). FAM. - **1.** Prendre une attitude assurée pour faire illusion : *Ne te laisse pas impressionner, il frime* (syn. bluffer).

- **2.** Faire l'important pour attirer l'attention sur soi : *Arrête de frimer* (syn. crâner).

frimeur, euse [frimœr, -øz] adj. et n. FAM. Qui frime.

frimousse [frimus] n.f. (de *frime*). FAM. Visage d'un enfant ou d'une jeune personne : *Va te laver la frimousse* (syn. figure). *Elle a une jolie frimousse* (syn. minois).

fringale [frɛ̃gal] n.f. (altér. de *faim-valle*). FAM. - **1.** Faim subite et pressante. - **2.** Désir violent, irrésistible de qqch : *Une fringale de cinéma* (syn. envie).

fringant, e [frɛ̃gɑ̃, -ɑ̃t] adj. (du moyen fr. *fringuer* "gambader"). - **1.** LITT. Pétulant, élégant, de belle humeur : *Un fringant jeune homme* (syn. sémillant). *Hôtesse fringante* (syn. pimpant). - **2.** Vif et de fière allure, en parlant d'un cheval.

fringue [frɛ̃g] n.f. (de *fringuer*) [Surtout au pl.]. FAM. Vêtement.

se fringuer [frɛ̃ge] v.pr. (de *fringuer* "gambader", puis "faire l'élégant"). FAM. S'habiller.

fripe [frip] n.f. (anc. fr. *frepe* "chiffon", du bas lat. *faluppa* "balle de blé, brin de paille"). [Surtout au pl.]. FAM. Vêtement usé, d'occasion.

friper [fripe] v.t. (anc. fr. *freper*, de *frepe* ; v. *fripe*). - **1.** Chiffonner : *Friper une robe* (syn. froisser). - **2.** Rider : *Visage fripé* (syn. flétrir, raviner). ◆ **se friper** v.pr. - **1.** Devenir fripé. - **2.** Se rider.

friperie [fripri] n.f. (de *fripe*). - **1.** Commerce de vêtements usagés, d'occasion. - **2.** Boutique où se tient ce commerce : *S'habiller dans les friperies.*

fripier, ère [fripje, -ɛr] n. (de *fripe*). Personne qui fait le commerce des vêtements d'occasion.

fripon, onne [fripɔ̃, -ɔn] n. (de l'anc. v. *friper* "avaler goulûment, dérober", *p. -ê.* de *friper* "chiffonner"). - **1.** FAM. Enfant espiègle : *Petit fripon* (syn. coquin). - **2.** VX. Escroc. ◆ adj. Qui dénote une malice un peu provocante et sensuelle : *Air, œil fripon* (syn. polisson).

friponnerie [fripɔnri] n.f. Caractère ou acte de fripon : *Rire de la friponnerie d'un enfant* (syn. espièglerie, malice).

fripouille [fripuj] n.f. (de *fripon*). FAM. Personne d'une grande malhonnêteté, sans scrupule : *Cette vieille fripouille exploite son personnel* (syn. canaille, crapule).

frire [frir] v.t. (lat. *frigere*) [conj. 115]. Faire cuire un aliment dans un corps gras bouillant : *Frire un poisson.* ◆ v.i. - **1.** Cuire dans un corps gras bouillant, en parlant d'un aliment : *Boudin qui frit dans l'huile.* - **2.** Faire frire qqch, le frire : *Faire frire des pommes de terre.*

frisant, e [frizɑ̃, -ɑ̃t] adj. (de *friser*). Se dit de la lumière qui frappe de biais une surface en l'effleurant : *La lumière frisante des premiers rayons de soleil* (syn. rasant).

1. **frise** [friz] n.f. (lat. médiév. *frisium*, var. de *phrygium*, propr. "ouvrage phrygien", d'où "broderie"). - **1.** ARCHIT. Partie de l'entablement comprise entre l'architrave et la corniche : *Les frises du Parthénon.* - **2.** Bande continue et génér. décorée ornant un mur, un objet, etc. : *La frise d'un vase.* - **3.** MENUIS. Planche étroite et courte utilisée pour fabriquer des lames de parquet, des tonneaux, etc. - **4.** Bande de toile fixée au cintre d'un théâtre et complétant les décors.

2. **frise** [friz] n.f. (de *Frise*, n. d'une province hollandaise). **Cheval de frise** → cheval.

frisé, e [frize] adj. - **1.** Qui forme des boucles : *Cheveux frisés* (syn. bouclé). - **2.** Dont les feuilles sont finement dentelées : *Chicorée frisée.* ◆ adj. et n. Qui a les cheveux frisés : *Elle est frisée comme un mouton. Un petit frisé.*

frisée [frize] n.f. (de *frisé*). Chicorée d'une variété à feuilles dentelées, consommée en salade.

friselis [frizli] n.m. (d'un rad. onomat. *fri-*, évoquant le chant d'un oiseau). LITT. Frémissement doux : *Le friselis de l'eau sous la brise* (syn. bruissement, murmure).

friser v.t. (probabl. du rad. *fris-*, qu'on trouvait dans certaines formes du v. *frire*). - **1.** Faire des boucles à qqch, à qqn : *Friser ses cheveux* (syn. boucler). *Se faire friser.* - **2.** Raser, effleurer : *La balle a frisé le filet* (syn. frôler). - **3.** Être tout près de qqch : *Friser la catastrophe.* ◆ v.i. - **1.** Former des boucles : *Ses cheveux frisent* (syn. boucler). - **2.** Avoir les cheveux qui frisent : *Elle frise naturellement.*

1. **frisette** [frizɛt] n.f. (de *1. frise*). MENUIS. Petite frise de parquet, de boiserie.

2. **frisette** [frizɛt] n.f. et **frisottis** [frizɔti] n.m. FAM. Petite boucle de cheveux frisés (syn. bouclette).

frisotter [frizɔte] v.t. et v.i. Friser en petites boucles.

frisquet, ette [friskɛ, -ɛt] adj. (du wallon *frisque* "froid", flamand *frisch*). FAM. Légèrement froid : *Il fait plutôt frisquet aujourd'hui* (syn. frais).

frisson [frisɔ̃] n.m. (bas lat. *frictio*, probabl. du class. *frigere* "avoir froid"). Tremblement passager et involontaire dû au froid, à un état fébrile ou à une émotion : *Un frisson de fièvre* (syn. grelottement). *Ton récit m'a donné le frisson* (= m'a épouvanté).

frissonnant, e [frisɔnɑ̃, -ɑ̃t] adj. Qui frissonne.

frissonnement [frisɔnmɑ̃] n.m. - **1.** Léger frisson. - **2.** LITT. Léger tremblement : *Le frissonnement des feuilles* (syn. frémissement).

frissonner [fʀisɔne] v.i. - **1.** Avoir des frissons : *Frissonner de froid* (syn. trembler). *Frissonner d'enthousiasme, d'horreur* (syn. frémir). - **2.** LITT. S'agiter légèrement, en parlant de qqch : *Le feuillage frissonne.*

frisure [fʀizyʀ] n.f. Action de friser ; façon d'être frisé : *Une frisure serrée.*

frite [fʀit] n.f. (du p. passé de *frire*). - **1.** (Surtout au pl.). Bâtonnet de pomme de terre frit. - **2.** FAM. Coup sur les fesses donné d'un geste vif du dos de la main. - **3.** FAM. Avoir la frite, être en forme.

friterie [fʀitʀi] n.f. Local ou installation ambulante où l'on fait de la friture, des frites.

friteuse [fʀitøz] n.f. Récipient permettant de faire cuire un aliment dans un bain de friture.

friture [fʀityʀ] n.f. (bas lat. *frictura,* du class. *frigere* "frire"). - **1.** Action ou manière de frire un aliment : *Friture à l'huile.* - **2.** Corps gras dont on se sert pour frire des aliments : *Plonger des beignets dans une friture bouillante.* - **3.** Aliment frit ; spécial. petits poissons frits, ou à frire : *J'ai acheté de la friture pour midi.* - **4.** Bruit parasite dans un appareil de radio, un téléphone : *La communication est mauvaise, il y a de la friture* (syn. grésillement).

frivole [fʀivɔl] adj. (lat. *frivolus*). - **1.** Qui est peu sérieux : *Lectures frivoles. Avoir des pensées frivoles* (contr. grave). - **2.** Qui ne s'occupe que de choses sans importance : *Esprit frivole* (syn. futile, superficiel ; contr. profond). - **3.** Qui est inconstant dans ses attachements : *Amant frivole* (syn. volage ; contr. fidèle).

frivolement [fʀivɔlmã] adv. De façon frivole.

frivolité [fʀivɔlite] n.f. - **1.** Caractère frivole de qqn, de qqch : *La frivolité des mondains* (syn. futilité ; contr. sérieux). - **2.** (Surtout au pl.). Occupation frivole : *Les frivolités le délassent.* ◆ **frivolités** n.f. pl. VX. Accessoires de mode féminine, articles de fantaisie : *Une boutique de frivolités.*

froc [fʀɔk] n.m. (frq. **hrokk* "habit"). - **1.** Habit de moine. - **2.** FAM. Pantalon.

1. froid, e [fʀwa, fʀwad] adj. (lat. *frigidus*). - **1.** Qui est à basse température ; où la température est basse : *L'eau est trop froide pour se baigner. Aliments conservés en chambre froide* (syn. réfrigéré). - **2.** Qui n'est plus chaud, qui a refroidi : *Viande froide. Une odeur de tabac froid.* - **3.** Qui dégage ou procure peu de chaleur : *Un froid soleil d'hiver.* - **4.** Qui manifeste du sang-froid, qui est maître de soi : *Rester froid devant le danger* (syn. impassible). *Colère froide* (syn. contenu). - **5.** Qui manifeste de l'indifférence, qui manque de chaleur humaine : *Les larmes de sa mère la laissent froide* (syn. indifférent). *Se montrer froid avec les*

nouveaux venus (syn. distant, réservé). *Un accueil froid* (contr. chaleureux). - **6.** Couleurs froides, couleurs du spectre dont la longueur d'onde est plus proche du bleu que du rouge : *Le vert, le violet sont des couleurs froides.* ‖ Garder la tête froide, rester maître de soi, ne pas s'affoler. ◆ **froid** adv. Battre froid à qqn, le traiter avec froideur. ‖ Il fait froid, la température ambiante est basse. ‖ Manger, boire froid, absorber un aliment froid, une boisson froide.

2. froid [fʀwa] n.m. (de *1. froid*). - **1.** Température basse ou très basse : *Une vague de froid.* - **2.** Sensation que font éprouver l'absence ou la diminution de la chaleur : *Avoir froid.* - **3.** Absence ou diminution d'affection, de cordialité : *Il y a un froid entre eux.* - **4.** À froid, sans soumettre à la chaleur ; au fig., au dépourvu : *Battre du fer à froid. J'ai été pris à froid, je n'ai pas su répondre.* ‖ Attraper, prendre froid, s'enrhumer. ‖ Faire froid dans le dos, faire peur. ‖ FAM. Froid de canard, de loup, froid très vif. ‖ Jeter un froid, susciter une sensation de gêne. ‖ Opérer à froid, pratiquer une intervention chirurgicale quand il n'y a pas de poussée inflammatoire.

froidement [fʀwadmã] adv. (de *1. froid*). - **1.** Avec calme et lucidité : *Peser froidement le pour et le contre* (syn. calmement, sereinement). - **2.** Avec réserve : *Accueillir froidement un projet* (syn. fraîchement). - **3.** Avec une totale insensibilité ; sans aucun scrupule : *Abattre froidement qqn.*

froideur [fʀwadœʀ] n.f. (de *1. froid*). Absence de sensibilité, indifférence : *Répondre avec froideur* (syn. sécheresse).

froidure [fʀwadyʀ] n.f. LITT. Température basse ; saison froide : *Couper du bois en prévision de la froidure* (syn. hiver).

froissable [fʀwasabl] adj. Qui se froisse facilement.

froissement [fʀwasmã] n.m. - **1.** Bruit que produit qqch que l'on froisse : *Un froissement de papier de soie* (syn. bruissement, froufrou). - **2.** Contusion due à un traumatisme ; claquage : *Froissement musculaire.*

froisser [fʀwase] v.t. (lat. pop. **frustiare,* de *frustum* "morceau"). - **1.** Faire prendre des faux plis ; friper : *Froisser un papier, sa robe* (syn. chiffonner). - **2.** Meurtrir par une pression violente ; endommager par un choc : *Froisser un nerf* (syn. contusionner). *Froisser la carrosserie d'une voiture* (syn. cabosser). - **3.** Heurter, blesser moralement : *Votre plaisanterie l'a froissée* (syn. offenser). ◆ **se froisser** v.pr. - **1.** Se vexer. - **2.** Se froisser qqch (un muscle, un nerf), se distendre à l'occasion d'un effort, d'un faux mouvement.

frôlement [fʀolmã] n.m. Action de frôler ; bruit léger qui en résulte.

frôler [fʀole] v.t. (orig. probabl. onomat., à partir de la suite consonantique *f-r-l*, qui évoque le bourdonnement). - **1.** Toucher légèrement en passant : *Sa main a frôlé la mienne* (syn. effleurer). - **2.** Passer très près de qqn, de qqch sans le toucher : *Un avion qui frôle les montagnes* (syn. raser). - **3.** Échapper de justesse à qqch : *Frôler la mort.*

fromage [fʀɔmaʒ] n.m. (bas lat. *formaticus* "fait dans une forme"). - **1.** Aliment obtenu par coagulation du lait, égouttage du caillé ainsi obtenu et, éventuellement, affinage : *Fromage à pâte molle, à pâte cuite.* - **2.** FAM. Faire (tout) un fromage de qqch, donner une importance exagérée à un événement mineur : *J'ai eu tort, inutile d'en faire un fromage !* - **3.** Fromage de tête. Pâté fait de morceaux de tête de porc enrobés de gelée.

1. fromager [fʀɔmaʒe] n.m. (probabl. de *fromage*, à cause de son bois mou). Très grand arbre des régions tropicales, à bois blanc et tendre, dont les fruits fournissent le kapok. □ Famille des malvacées.

2. fromager, ère [fʀɔmaʒe, -ɛʀ] adj. - **1.** Relatif au fromage : *Industrie fromagère.* - **2.** Qui contient du fromage : *Tourteau fromager.* ◆ n. Personne qui fabrique ou vend des fromages.

fromagerie [fʀɔmaʒʀi] n.f. Endroit où l'on fait, où l'on vend des fromages.

froment [fʀɔmɑ̃] n.m. (lat. *frumentum*). Blé tendre : *Farine de froment.*

fronce [fʀɔ̃s] n.f. (frq. **hrunkja* "ride"). Pli non aplati obtenu en resserrant le fil sur lequel on a coulissé un tissu.

froncement [fʀɔ̃smɑ̃] n.m. Action de froncer les sourcils, le front.

froncer [fʀɔ̃se] v.t. (de *fronce*) [conj. 16]. - **1.** Resserrer ou orner par des fronces un vêtement, un tissu : *Froncer une robe.* - **2.** Plisser en contractant : *Froncer les sourcils.*

frondaison [fʀɔ̃dɛzɔ̃] n.f. (de *fronde* "feuille", du lat. *frons, frondis* "feuillage"). - **1.** Époque où paraissent les feuilles des arbres. - **2.** (Surtout au pl.). Le feuillage lui-même : *Le vent bruit dans les frondaisons* (syn. branchage, feuillage).

1. fronde [fʀɔ̃d] n.f. (lat. pop. **fundula*, du class. *funda*). - **1.** Arme de jet constituée d'une pièce de matière souple (cuir, etc.), attachée à deux lanières, dans laquelle est placé le projectile. - **2.** Lance-pierres.

2. fronde [fʀɔ̃d] n.f. (de *1. fronde*). LITT. Révolte d'un groupe contre les institutions, la société, l'autorité : *Un vent de fronde souffle sur l'assemblée* (syn. rébellion).

fronder [fʀɔ̃de] v.t. (de *1. fronde*). LITT. Critiquer, railler une personne détenant un pou-

voir, une chose généralement respectée : *Fronder un professeur* (syn. chahuter).

frondeur, euse [fʀɔ̃dœʀ, -øz] n. (de *fronder*). Personne qui participa au mouvement de la Fronde. ◆ adj. et n. Qui est porté à la contradiction, à la critique, à l'insubordination : *Esprit frondeur* (syn. contestataire).

front [fʀɔ̃] n.m. (lat. *frons, frontis*). - **1.** Partie antérieure du crâne des vertébrés allant, chez l'homme, de la racine des cheveux à l'arcade sourcilière. - **2.** LITT. Audace, impudence : *Tu as le front de tenir ici de tels propos !* (syn. effronterie). - **3.** Partie supérieure ou face antérieure de qqch : *Le front d'une montagne. Le front d'un monument* (syn. façade). - **4.** MIL. Ligne présentée par une troupe en ordre de bataille (par opp. à *flanc*). - **5.** MIL. Limite avant de la zone de combat ; cette zone de combat elle-même : *Monter au front.* - **6.** Coalition d'organisations politiques ou d'individus : *Le Front populaire. Constituer un front contre le racisme* (syn. bloc, union). - **7.** MIN. Partie d'un gisement en cours d'exploitation. - **8.** MÉTÉOR. Surface idéale marquant le contact entre des masses d'air convergentes et de températures différentes. - **9.** GÉOGR. Versant raide d'une cuesta. - **10.** LITT. Baisser, courber le front, se soumettre : *Les insurgés ont dû baisser le front* (= ont dû s'incliner). ‖ De front, de face, par-devant : *Attaquer de front* ; au fig., de façon directe, sans détours : *Aborder de front une question* ; côte à côte : *Cyclistes qui roulent de front.* ‖ Faire front, tenir tête ; faire face : *Faire front aux assaillants. Faire front aux difficultés.* ‖ Mener de front (plusieurs activités), avoir plusieurs activités en même temps, s'occuper simultanément de plusieurs choses. - **11.** Front de mer, avenue, promenade située en bordure de mer.

frontail [fʀɔ̃taj] n.m. (de *front*). Partie du harnais qui passe sur le front du cheval et se fixe sur la têtière.

frontal, e, aux [fʀɔ̃tal, -o] adj. (de *front*). - **1.** Qui se fait de face, par-devant : *Attaque frontale.* - **2.** ANAT. Qui appartient au front : *Muscle, os frontal.* - **3.** Lobe frontal, partie des hémisphères cérébraux qui joue un rôle important dans la motricité, l'activité intellectuelle et la régulation de l'humeur.

frontalier, ère [fʀɔ̃talje, -ɛʀ] adj. et n. (prov. *frountalié* "limitrophe", du lat. *frons, frontis* "front"). Qui habite une région voisine d'une frontière : *Un frontalier. Population frontalière.* ◆ adj. Situé à la frontière : *Ville frontalière.*

frontière [fʀɔ̃tjɛʀ] n.f. (de *front*). - **1.** Limite qui sépare deux États. - **2.** (En appos.). Situé à la frontière : *Ville frontière* (syn. frontalier). - **3.** Limite, lisière entre deux choses différen-

tes : *Être à la frontière de la veille et du sommeil.*
- **4.** Ce qui délimite un champ d'action, un domaine : *Les frontières d'une discipline* (syn. limite). - **5.** Frontière naturelle, formée par un élément du milieu naturel : *Fleuve qui constitue une frontière naturelle entre deux pays.*

frontispice [frɔ̃tispis] n.m. (bas lat. *frontispicium*, du class. *frons, frontis* "front" et *spicere* "regarder"). - **1.** vx. Façade principale d'un édifice. - **2.** Titre d'un livre qui figure à sa première page et qui est accompagné d'ornements ou de vignettes. - **3.** Illustration placée en regard de la page de titre d'un livre.

fronton [frɔ̃tɔ̃] n.m. (it. *frontone*, augment. de *fronte* "front"). - **1.** ARCHIT. Couronnement d'une façade, d'un meuble, qui repose sur une base horizontale : *Le fronton des temples grecs.* - **2.** SPORTS. Mur contre lequel on joue à la pelote basque ; le terrain de jeu lui-même.

frottage [frɔtaʒ] n.m. Action de frotter.

frottement [frɔtmɑ̃] n.m. - **1.** Contact de deux corps dont l'un au moins est en mouvement par rapport à l'autre ; bruit qui en résulte : *Le frottement de deux silex l'un contre l'autre. Entendre le frottement du diamant sur un disque.* - **2.** (Souvent au pl.). Conflit, heurt entre des personnes : *Il y a des frottements continuels entre eux* (syn. friction).

frotter [frɔte] v.t. (bas lat. *frictare*, du class. *fricare*). - **1.** Exercer une pression sur qqch tout en faisant des mouvements : *Frotter les cuivres* (syn. astiquer). *Frotte-moi le dos* (syn. frictionner). - **2.** Enduire par frottement ou friction : *Frotter d'ail des croûtons.* - **3.** Frotter les oreilles à qqn, le réprimander, le punir. ◆ v.i. Produire un frottement : *Roue qui frotte contre le garde-boue.* ◆ **se frotter** v.pr. [à]. - **1.** LITT. Entrer en contact avec qqn : *Se frotter aux artistes* (syn. fréquenter). - **2.** FAM. Provoquer, attaquer qqn : *Un homme auquel il vaut mieux ne pas se frotter* (= ne pas s'en prendre).

frottis [frɔti] n.m. (de *frotter*). - **1.** BX-A. Couche de couleur, mince et transparente, appliquée sur une toile. - **2.** MÉD. Préparation en couche mince, sur une lame de verre, d'un liquide organique ou de cellules, prélevés en vue d'un examen microscopique : *Frottis vaginal.*

frottoir [frɔtwar] n.m. - **1.** Outil dont on se sert pour frotter qqch. - **2.** Surface enduite d'un produit permettant l'inflammation des allumettes par friction.

froufrou ou **frou-frou** [frufru] n.m. (onomat.) [pl. *froufrous* ou *frous-frous*]. - **1.** Léger bruit que produit le froissement des étoffes, des feuilles, etc. (syn. bruissement). - **2.** (Surtout au pl.). Ornement de tissu d'un vêtement féminin : *Robe à froufrous.*

froufroutant, e [frufrutɑ̃, -ɑ̃t] adj. Qui froufroute : *Soieries froufroutantes.*

froufroutement [frufrutmɑ̃] n.m. Action de froufrouter : *Froufroutement du feuillage* (syn. bruissement).

froufrouter [frufrute] v.i. (de *froufrou*). Faire un bruit léger semblable à un froissement.

froussard, e [frusar, -ard] adj. et n. (de *frousse*). FAM. Peureux, poltron.

frousse [frus] n.f. (orig. onomat.). FAM. Peur : *Avoir la frousse* (= avoir peur).

fructidor [fryktidɔr] n.m. (du lat. *fructus* "fruit", et du gr. *dôron* "don"). HIST. Douzième mois du calendrier républicain, du 18 ou 19 août au 16 ou 17 septembre.

fructifère [fryktifɛr] adj. (du lat. *fructus* "fruit", et de *-fère*). BOT. Qui porte des fruits.

fructification [fryktifikasjɔ̃] n.f. (lat. *fructificatio*, de *fructificare* ; v. *fructifier*). - **1.** BOT. Formation, production des fruits ; époque de cette formation. - **2.** Ensemble des organes reproducteurs chez les cryptogames.

fructifier [fryktifje] v.i. (lat. *fructificare*, de *fructus* "fruit") [conj. 9]. - **1.** Produire des fruits ; donner des récoltes : *Mettre de l'engrais pour que la terre fructifie davantage* (syn. donner, produire). - **2.** Produire de bons résultats, des bénéfices : *L'entreprise fructifie* (syn. prospérer). *Faire fructifier son capital* (syn. rapporter, travailler).

fructose [fryktoz] n.m. (du lat. *fructus* "fruit"). Sucre, isomère du glucose, contenu dans le miel et de nombreux fruits.

fructueusement [fryktɥøzmɑ̃] adv. De façon fructueuse, profitable : *Conduire fructueusement des recherches.*

fructueux, euse [fryktɥø, -øz] adj. (lat. *fructuosus*, de *fructus* "fruit, profit"). - **1.** Profitable, avantageux : *Commerce fructueux* (syn. rentable, lucratif). - **2.** Qui donne un résultat utile : *Recherches fructueuses* (syn. fécond).

frugal, e, aux [frygal, -o] adj. (bas lat. *frugalis*, du class. *frux, frugis* "récolte"). - **1.** Qui consiste en aliments simples et peu abondants : *Repas frugal* (syn. léger ; contr. copieux). - **2.** Qui vit, se nourrit d'une manière simple : *Une personne frugale* (syn. sobre, tempérant).

frugalement [frygalmɑ̃] adv. De façon frugale : *Vivre frugalement* (syn. sobrement).

frugalité [frygalite] n.f. Qualité de qqn, qqch de frugal : *Frugalité d'un ascète* (syn. sobriété, tempérance ; contr. gloutonnerie). *Frugalité d'une collation.*

frugivore [fryʒivɔr] adj. et n. (du lat. *frux, frugis* "fruit" et *-vore*). Qui se nourrit de fruits : *L'écureuil est frugivore.*

fruit [frɥi] n.m. (lat. *fructus*, de *frui* "jouir de"). - **1.** Organe contenant les graines et provenant génér. de l'ovaire de la fleur : *Fruits charnus et fruits secs*. - **2.** Cet organe, en tant que produit comestible de certains végétaux, de saveur génér. sucrée : *Prendre un fruit au dessert*. - **3.** Résultat, profit, avantage tiré de qqch : *Recueillir les fruits de son travail* (syn. gain, rapport). *Faire part du fruit de ses réflexions* (syn. aboutissement, conclusion). - **4.** LITT. Enfant considéré comme le produit de la génération : *Elle est le fruit d'amours illégitimes*. - **5.** **Fruit confit**, fruit cuit légèrement dans un sirop de sucre, puis séché lentement. ‖ **Fruit défendu**, fruit dont Adam et Ève mangèrent malgré la défense de Dieu ; au fig., plaisir interdit, et d'autant plus désirable. ‖ **Fruit sec**, fruit naturellement dépourvu de pulpe, ou que l'on a desséché ; au fig., personne qui a déçu toutes les espérances que l'on fondait sur elle. ◆ **fruits** n.m. pl. - **1.** LITT. Produits, récoltes : *Les fruits de la terre*. - **2.** DR. Produits réguliers et périodiques qu'une chose mobilière ou immobilière donne sans altération de sa substance : *Fruits industriels* (= produits par le travail). - **3.** **Fruits de mer**, crustacés et coquillages comestibles. ‖ **Fruits rafraîchis**, salade de fruits frais au sucre, parfois arrosés d'alcool.

fruité, e [fʀɥite] adj. Qui a l'odeur ou le goût d'un fruit frais : *Vin fruité. Parfum fruité*.

fruiterie [fʀɥitʀi] n.f. Magasin où l'on vend principalement des fruits et des légumes.

fruitier, ère [fʀɥitje, -ɛʀ] adj. Qui produit des fruits comestibles : *Arbre fruitier*. ◆ n. Personne qui vend des fruits frais.

fruitière [fʀɥitjɛʀ] n.f. (de *fruit*, au sens suisse "produit laitier"). Petite coopérative de producteurs de lait pour la fabrication du fromage, notamm. du gruyère.

frusques [fʀysk] n.f. pl. (de *saint-frusquin*). FAM. Vêtements, en partic. vêtements de peu de valeur ou usagés : *Tu vas me faire le plaisir de ranger les frusques !*

fruste [fʀyst] adj. (it. *frusto* "usé", du lat. *frustum* "morceau"). Qui manque de finesse, d'élégance : *Homme fruste* (syn. inculte, rude, rustre). *Manières frustes* (syn. grossier ; contr. délicat, raffiné). *Procédés artistiques un peu frustes* (syn. rudimentaire ; contr. sophistiqué).

frustrant, e [fʀystʀɑ̃, -ɑ̃t] adj. Qui frustre : *Une situation frustrante*.

frustration [fʀystʀasjɔ̃] n.f. - **1.** Action de frustrer : *La frustration d'un héritier* (syn. dépossession, spoliation). - **2.** Tension psychologique qui résulte de l'impossibilité de satisfaire son désir : *Éprouver un sentiment de frustration* (contr. satisfaction). *Endurer de nombreuses frustrations* (syn. privation).

frustré, e [fʀystʀe] adj. et n. Qui souffre de frustration.

frustrer [fʀystʀe] v.t. (lat. *frustrari* "tromper, décevoir"). - **1.** Priver qqn d'un bien, d'un avantage dont il croyait pouvoir disposer : *Frustrer un héritier de sa part* (syn. déposséder, spolier). - **2.** Mettre qqn dans un état de frustration : *Frustrer continuellement ses enfants* (syn. priver ; contr. combler). - **3.** Ne pas répondre à une attente : *Son échec a frustré nos espérances* (syn. décevoir, tromper).

fuchsia [fyʃja] ou [fyksja] n.m. (du n. de *Fuchs*, botaniste bavarois). Arbrisseau originaire d'Amérique, aux fleurs pendantes violacées. ▢ Famille des œnothéracées.

fucus [fykys] n.m. (mot lat.). Algue brune des côtes rocheuses, constituant important du varech.

fuel n.m. → **fioul**.

fugace [fygas] adj. (lat. *fugax*, de *fugere* "fuir"). Qui ne dure pas, qui disparaît rapidement, facilement : *Souvenir fugace* (syn. évanescent, fugitif ; contr. tenace). *Douleur fugace* (syn. passager ; contr. permanent).

fugacité [fygasite] n.f. Caractère de ce qui est fugace : *La fugacité d'une sensation* (syn. brièveté).

fugitif, ive [fyʒitif, -iv] adj. et n. (lat. *fugitivus*). Qui a pris la fuite : *Rattraper des fugitifs*. ◆ adj. Qui ne dure pas, qui disparaît rapidement : *Impression fugitive* (syn. évanescent, fugace). *Bonheur fugitif* (syn. éphémère, passager).

fugitivement [fyʒitivmɑ̃] adv. De façon fugitive.

fugue [fyg] n.f. (it. *fuga* "fuite", lat. *fuga*). - **1.** Fait de s'enfuir de son domicile : *Fugue d'un adolescent*. - **2.** Fait de s'échapper temporairement de son cadre de vie habituel : *Faire une fugue à la campagne* (syn. escapade). - **3.** MUS. Composition musicale qui donne l'impression d'une fuite et d'une poursuite par l'entrée successive des voix et la reprise d'un même thème.

fuguer [fyge] v.i. Faire une fugue.

fugueur, euse [fygœʀ, -øz] adj. et n. (de *fugue*). Se dit d'un enfant ou d'un adolescent qui a tendance à faire des fugues : *Un fugueur systématique*.

führer [fyʀœʀ] n.m. (mot all., "guide"). Titre porté par Adolf Hitler à partir de 1934.

fuir [fɥiʀ] v.i. (lat. *fugire*, class. *fugere*) [conj. 35]. - **1.** S'éloigner rapidement pour échapper à qqn, à qqch : *Fuir à toutes jambes* (syn. s'enfuir, se sauver). *Fuir devant le danger* (syn. reculer, s'esquiver). - **2.** S'éloigner rapidement ; donner l'impression de s'éloigner : *Le temps fuit* (syn. s'écouler, passer). - **3.** S'échapper par un orifice, une fissure : *Le gaz fuit du tuyau*. - **4.** Laisser échapper son contenu : *Mon stylo fuit*. ◆ v.t. - **1.** Chercher à éviter qqn, à se soustraire à qqch : *Fuir le danger. Fuir les importuns. Fuir le regard de son interlocuteur* (syn. **éviter** ; contr. **rechercher**). **-2.** LITT. En parlant de qqch, échapper à la possession, aux souhaits de qqn : *Le sommeil me fuit.*

fuite [fɥit] n.f. (lat. pop. *fugita*, de *fugire* ; v. *fuir*). **-1.** Action de fuir qqch de pénible, de dangereux : *Prendre la fuite devant l'ennemi.* **-2.** Écoulement d'un fluide, d'un gaz par une fissure ; la fissure elle-même : *Une fuite d'eau. Réparer une fuite.* **-3.** Divulgation d'informations qui devaient rester secrètes : *Dans cette affaire, il est clair qu'il y a eu des fuites.* **-4.** Délit de fuite, délit commis par le conducteur d'un véhicule qui, responsable d'un accident, ne s'arrête pas et tente ainsi d'échapper à sa responsabilité pénale ou civile. ‖ Fuite de capitaux, évasion de capitaux. ‖ Fuite du temps, écoulement rapide du temps. ‖ BX-A. Point de fuite, point d'un dessin en perspective où convergent des lignes représentant des parallèles.

fulgurance [fylgyʀɑ̃s] n.f. (de *fulgurer*). LITT. Caractère de ce qui est fulgurant : *Fulgurance d'une métaphore.*

fulgurant, e [fylgyʀɑ̃, -ɑ̃t] adj. (du lat. *fulgurare*, de *fulgur* "éclair"). **-1.** LITT. Qui jette une lueur très vive : *Éclair fulgurant* (syn. **aveuglant**). **-2.** LITT. Qui est lumineux, pénétrant : *Beauté fulgurante. Regard fulgurant* (syn. **foudroyant** ; contr. **éteint, morne**). **-3.** Qui est très rapide : *Carrière fulgurante.* **-4.** Qui survient brusquement et frappe vivement l'esprit : *Idée fulgurante.* **-5.** Douleur fulgurante, douleur très intense mais brève.

fulguration [fylgyʀasjɔ̃] n.f. (lat. *fulguratio* ; v. *fulgurant*). **-1.** Éclair sans tonnerre. **-2.** Accident mortel dû à la foudre. **-3.** MÉD. Utilisation thérapeutique des étincelles électriques. **-4.** LITT. Illumination soudaine : *Fulguration qui traverse l'esprit.*

fulgurer [fylgyʀe] v.i. (de *fulgurant*). LITT. Briller d'un vif éclat : *Un éclair fulgura au faîte du sapin* (syn. **étinceler**).

fuligineux, euse [fyliʒinø, -øz] adj. (bas lat. *fuliginosus*, du class. *fuligo, -inis* "suie"). **-1.** Qui produit de la suie ; qui a la couleur de la suie ; noirâtre : *Flamme fuligineuse.* **-2.** LITT. Obscur, confus : *Esprit fuligineux* (syn. **abscons** ; contr. **clair, lumineux**).

full [ful] n.m. (mot angl. "plein"). Au poker, aux dés, réunion d'un brelan et d'une paire.

fulminant, e [fylminɑ̃, -ɑ̃t] adj. (de *fulminer*). **-1.** LITT. Qui multiplie les menaces sous l'empire de la colère ; qui exprime une violente colère : *Regards fulminants* (syn. **menaçant**). **-2.** Qui peut produire une détonation : *Poudre fulminante* (syn. **détonant, explosif**).

fulminer [fylmine] v.i. (lat. *fulminare*, de *fulmen, -inis* "foudre"). SOUT. Entrer dans une violente colère souvent assortie de menaces : *Fulminer contre quelqu'un* (syn. **pester, tempêter, tonner**). ◆ v.t. LITT. Formuler avec véhémence : *Fulminer des reproches.*

fumable [fymabl] adj. Qui peut être fumé.

1. fumage [fymaʒ] n.m. (de *1. fumer*). Action de fumer une terre.

2. fumage [fymaʒ] n.m. et **fumaison** [fymezɔ̃] n.f. (de *2. fumer*). Action d'exposer à la fumée certaines denrées pour les conserver : *Fumage des saumons* (syn. **boucanage**).

fumant, e [fymɑ̃, -ɑ̃t] adj. (de *2. fumer*). **-1.** Qui dégage de la fumée, de la vapeur : *Cendre, soupe fumante.* **-2.** FAM. Extraordinaire : *Coup fumant* (syn. **sensationnel**).

fumé, e [fyme] adj. (de *2. fumer*). **-1.** Qui a été soumis au fumage : *Lard fumé.* **-2.** Verre fumé, verre de couleur sombre destiné à atténuer le rayonnement solaire.

fume-cigarette [fymsigaʀɛt] n.m. (pl. *fume-cigarettes* ou inv.) Petit tuyau de bois, d'ambre, etc., auquel on adapte une cigarette pour la fumer.

fumée [fyme] n.f. (de *2. fumer*). **-1.** Ensemble des produits gazeux plus ou moins opaques se dégageant des corps en combustion : *Fumée d'une cigarette.* **-2.** Vapeur exhalée par un liquide, un corps humide chaud : *Fumée qui sort des naseaux d'un cheval* (syn. **buée**). **-3.** S'en aller, partir en fumée, disparaître sans laisser de traces, sans résultat : *Projet qui part en fumée* (= qui reste sans lendemain). ◆ **fumées** n.f. pl. LITT. Trouble de l'esprit causé par l'alcool ; griserie : *Les fumées de l'ivresse* (syn. **vertige**).

1. fumer [fyme] v.t. (lat. pop. *femare*, du class. *fimus* "fumier"). Fertiliser une terre par l'apport de fumier, d'engrais.

2. fumer [fyme] v.i. (lat. *fumare*, de *fumus* "fumée"). **-1.** Dégager de la fumée en se consumant ; émettre de la fumée : *Torche, cheminée qui fume.* **-2.** Exhaler de la vapeur : *Soupe chaude qui fume.* ◆ v.t. **-1.** Aspirer la fumée dégagée par du tabac brûlant dans une cigarette, une pipe, etc. : *Fumer une blonde.* **-2.** Exposer à la fumée pour sécher et conserver : *Fumer des jambons* (syn. **boucaner**).

fumerie [fymʀi] n.f. Lieu où l'on fume de l'opium.

fumerolle [fymʀɔl] n.f. (it. *fumaruolo*, de *fumare* "fumer"). Émission gazeuse d'un volcan.

fumet [fymɛ] n.m. (de *2. fumer*). **-1.** Odeur agréable des viandes cuites, des vins : *Fumet d'un bourgogne* (syn. **bouquet**). **-2.** Sauce à base de jus de viande, de poisson, etc.

- **3.** Odeur de certains animaux sauvages, du gibier.

fumeur, euse [fymœʀ, -øz] n. Personne qui a l'habitude de fumer du tabac.

fumeux, euse [fymø, -øz] adj. - **1.** Qui répand de la fumée. - **2.** Peu clair, peu net : *Idées fumeuses* (syn. confus, nébuleux).

fumier [fymje] n.m. (lat. pop. *femarium,* du class. *fimus*). - **1.** Mélange fermenté des litières et des déjections des animaux, utilisé comme engrais. - **2.** T. FAM. (Terme d'injure). Personne vile, méprisable : *Quel fumier !* (syn. ordure).

fumigateur [fymigatœʀ] n.m. (du lat. *fumigare,* de *fumus* "fumée"). - **1.** MÉD. Appareil destiné aux fumigations. - **2.** AGRIC. Appareil produisant des fumées insecticides.

fumigation [fymigasjɔ̃] n.f. (du lat. *fumigare,* de *fumus* "fumée"). - **1.** Opération consistant à produire des fumées, des vapeurs désinfectantes ou insecticides. - **2.** MÉD. Exposition du corps, d'une partie du corps aux vapeurs qui se dégagent de certains médicaments brûlés ou chauffés : *Faire des fumigations contre le rhume* (syn. inhalation).

fumigène [fymiʒɛn] adj. et n.m. (du lat. *fumus* "fumée", et de *-gène*). Se dit de substances, d'armes, d'engins conçus pour produire de la fumée : *Obus fumigènes.*

fumiste [fymist] n. (de 2. *fumer*). Professionnel de l'entretien des cheminées, de l'installation des appareils de chauffage. ◆ adj. et n. FAM. Qui ne prend pas son travail au sérieux ; paresseux : *Un élève intelligent, mais plutôt fumiste.*

fumisterie [fymistəʀi] n.f. - **1.** Profession, spécialité du fumiste. - **2.** FAM. Action, chose dépourvue de sérieux : *Cette réforme n'est qu'une fumisterie* (syn. supercherie, farce).

fumoir [fymwaʀ] n.m. - **1.** Local où l'on fume des aliments. - **2.** Pièce où l'on se réunit pour fumer.

fumure [fymyʀ] n.f. (de 1. *fumer*). Apport de fumier, d'engrais à un sol ; ensemble des produits utilisés pour cette opération.

funambule [fynãbyl] n. (lat. *funambulus,* de *funis* "corde" et *ambulare* "marcher"). Acrobate se déplaçant sur une corde tendue au-dessus du sol.

funboard [fœnbɔʀd] ou **fun** [fœn] n.m. (de l'angl. *fun* "plaisir, amusement" et *board* "planche"). - **1.** Flotteur très court permettant la pratique la plus sportive de la planche à voile. - **2.** Sport pratiqué avec ce flotteur.

funèbre [fynɛbʀ] adj. (lat. *funebris,* de *funus, -eris* "funérailles"). - **1.** Relatif aux funérailles : *Pompes funèbres.* - **2.** Qui évoque la mort ; qui inspire un sentiment de tristesse :

Air funèbre (syn. macabre, sinistre ; contr. enjoué, gai).

funérailles [fyneʀɑj] n.f. pl. (lat. ecclés. *funeralia,* du bas lat. *funeralis* "funèbre"). Ensemble des cérémonies solennelles organisées en l'honneur d'un mort : *Des funérailles nationales* (syn. obsèques).

funéraire [fyneʀɛʀ] adj. (bas lat. *funerarius,* de *funus, -eris* "funérailles"). Relatif aux funérailles : *Art funéraire.*

funérarium [fyneʀaʀjɔm] n.m. (de *funérailles,* d'après *crematorium*). Lieu, salle où se réunit avant les obsèques la famille d'une personne décédée.

funeste [fynɛst] adj. (lat. *funestus,* de *funus, -eris* "funérailles, ruine"). Qui annonce ou entraîne la mort, le malheur : *Funeste présage* (syn. mauvais, sinistre ; contr. heureux). *Conseil funeste* (syn. néfaste, préjudiciable ; contr. salutaire).

funiculaire [fynikylɛʀ] n.m. (du lat. *funiculus,* dimin. de *funis* "corde"). Chemin de fer destiné à gravir de très fortes rampes et dont les convois sont mus par un câble.

funicule [fynikyl] n.m. (lat. *funiculus,* dimin. de *funis* "corde"). BOT. Fin cordon qui relie l'ovule au placenta chez les plantes à graines.

furet [fyʀɛ] n.m. (lat. pop. *furittus,* du class. *fur* "voleur"). - **1.** Putois albinos domestiqué pour chasser le lapin de garenne. □ Famille des mustélidés. - **2.** Jeu de société dans lequel des joueurs se passent de main en main un objet (le *furet*) tandis qu'un autre joueur cherche à deviner où il se trouve.

furetage [fyʀtaʒ] n.m. Action de fureter, de fouiller.

au fur et à mesure [fyʀeamzyʀ] loc. adv. (*fur* vient du lat. *forum* "place" puis "convention, loi"). En suivant le même rythme qu'une autre action : *Interrogez-moi et je vous répondrai au fur et à mesure.* ◆ **au fur et à mesure de** loc. prép., **au fur et à mesure que** loc. conj. Indique qu'une action suit le même rythme qu'une autre, qu'elle progresse de la même manière qu'autre chose : *Être approvisionné au fur et à mesure de ses besoins.*

fureter [fyʀte] v.i. (de *furet*) [conj. 28]. - **1.** Chasser au furet. - **2.** Fouiller partout, s'enquérir de tout afin de découvrir des choses cachées, les bonnes affaires : *Fureter dans les papiers de qqn. Fureter dans les brocantes* (syn. chiner).

fureteur, euse [fyʀtœʀ, -øz] adj. et n. Qui furète ; qui manifeste une curiosité indiscrète.

fureur [fyʀœʀ] n.f. (lat. *furor* "délire"). - **1.** Colère violente ; furie : *Entrer dans une fureur noire.* - **2.** Violence déchaînée de qqch : *Fureur* *des flots.* - **3.** Passion démesurée : *Aimer qqch avec fureur* (= à la folie). - **4.** FAM. Faire fureur, susciter de l'engouement ; être en vogue : *Tu vas faire fureur habillée comme ça.*

furibond, e [fyʀibɔ̃, -ɔ̃d] adj. (lat. *furibundus,* de *furor* "délire"). Qui est très en colère ; qui exprime la fureur : *Regards furibonds* (syn. furieux).

furie [fyʀi] n.f. (lat. *Furia,* sing. de *Furiae* "les Furies", déesses de la Vengeance). - **1.** Violente colère : *Ton attitude le met en furie* (syn. fureur, rage). - **2.** LITT. Déchaînement des éléments : *Mer en furie.* - **3.** Femme déchaînée que la colère, le ressentiment dominent : *Nul ne put arrêter cette mère blessée, cette furie qui bousculait tout le monde.*

furieusement [fyʀjøzmɑ̃] adv. De façon furieuse.

furieux, euse [fyʀjø, -øz] adj. (lat. *furiosus,* de *Furia* ; v. furie). - **1.** Qui est en proie à une violente colère ; qui manifeste la fureur : *Être furieux contre qqn. Air furieux* (syn. furibond). - **2.** Plein d'ardeur, d'impétuosité, de force : *Tempête furieuse* (syn. violence). *Un furieux appétit.* - **3.** Fou furieux, en proie à une crise de démence s'accompagnant de violence ; au fig., dans un état de colère extrême : *À cette nouvelle, il est devenu fou furieux.*

furoncle [fyʀɔ̃kl] n.m. (lat. *furunculus*). Inflammation sous-cutanée d'origine bactérienne.

furonculose [fyʀɔ̃kyloz] n.f. Maladie caractérisée par des éruptions de furoncles.

furtif, ive [fyʀtif, -iv] adj. (lat. *furtivus,* de *furtum* "vol"). - **1.** Qui se fait à la dérobée : *Lancer un regard furtif* (syn. discret ; contr. appuyé). - **2.** Avion furtif, avion construit de manière à ne pas être détectable par les radars.

furtivement [fyʀtivmɑ̃] adv. De manière furtive ; à la dérobée.

fusain [fyzɛ̃] n.m. (lat. pop. *fusaginem,* accusatif de *fusago,* du class. *fusus* "fuseau", en raison du recours au bois de fusain pour fabriquer des fuseaux). - **1.** Arbrisseau ornemental à feuilles luisantes, originaire du Japon : *Une haie de fusains.* □ Genre evonymus ; famille des célastracées. - **2.** Baguette de charbon de bois de fusain, servant à dessiner. - **3.** Dessin exécuté avec un fusain : *Fusain travaillé à l'estompe.*

fuseau [fyzo] n.m. (de l'anc. fr. *fus,* de même sens, lat. *fusus*). - **1.** Petite bobine galbée dont on se sert pour filer à la quenouille ou pour exécuter de la dentelle, des passements. - **2.** TEXT. Broche conique autour de laquelle on enroule le fil de coton, de soie, etc. - **3.** Pantalon dont les jambes vont se rétré-

cissant et se terminent par une bande de tissu passant sous le pied. - **4.** ZOOL. Gastropode à coquille longue et pointue. - **5.** CYTOL. Faisceau de filaments apparaissant pendant la division cellulaire. - **6.** GÉOM. Portion d'une surface de révolution découpée par deux demi-plans passant par l'axe de cette surface. - **7.** En fuseau, de forme allongée et aux extrémités fines : *Arbre taillé en fuseau.* ‖ MYTH. Fuseau des Parques, fuseau sur lequel ces déesses filaient le destin de chaque homme. - **8.** Fuseau horaire. Chacune des 24 divisions imaginaires de la surface de la Terre en forme de fuseau, et dont tous les points ont en principe la même heure légale.

fusée [fyze] n.f. (de l'anc. fr. *fus* ; v. fuseau). - **1.** Pièce d'artifice se propulsant par réaction grâce à la combustion de la poudre : *Fusée éclairante.* - **2.** Véhicule mû par un moteur à réaction et pouvant évoluer hors de l'atmosphère : *Fusée à étages.* [→ lanceur]. - **3.** Chacune des extrémités d'un essieu supportant une roue et ses roulements.

fuselage [fyzlaʒ] n.m. (de *fuselé*). Corps fuselé d'un avion reliant les ailes à l'empennage, et qui contient l'habitacle.

fuselé, e [fyzle] adj. (de *fusel,* anc. forme de *fuseau*). Qui a la forme d'un fuseau ; mince et galbé : *Doigts fuselés* (syn. effilé). *Colonne fuselée.*

fuser [fyze] v.i. (du lat. *fusum,* de *fundere* "répandre, fondre"). - **1.** Se décomposer en éclatant avec une légère crépitation, en parlant de certains sels. - **2.** Se décomposer sans détoner, en parlant de la poudre. - **3.** (D'après fusée). Jaillir comme une fusée ; retentir : *Jet de vapeur qui fuse. Des rires fusèrent de tous côtés* (syn. éclater).

fusible [fyzibl] adj. (du lat. *fusum,* de *fundere* "fondre"). - **1.** Susceptible de fondre. - **2.** Dont le point de fusion est peu élevé. ◆ n.m. Fil d'alliage spécial qui, placé dans un circuit électrique, coupe le courant en fondant si l'intensité est trop forte.

fusil [fyzi] n.m. (lat. pop. *focilis,* du class. *focus* "feu"). - **1.** Arme à feu portative constituée d'un canon de petit calibre reposant sur une monture en bois (fût et crosse) et équipée de dispositifs de mise à feu et de visée : *Fusil de chasse, de guerre.* - **2.** Le tireur lui-même : *Cet homme est un excellent fusil.* - **3.** Aiguisoir constitué d'une tige d'acier dur ou d'une pierre. - **4.** Fusil sous-marin, arme, le plus souvent à air comprimé, utilisée pour la pêche sous-marine et munie d'une flèche, d'un harpon reliés au fusil par un fil. - **5.** Changer son fusil d'épaule, changer d'opinion, d'attitude. ‖ FAM. Coup de fusil, note d'un montant excessif, au restaurant, à l'hôtel.

fusilier [fyzilje] n.m. - **1.** Soldat armé d'un fusil : *Fusilier de l'air.* - **2.** Fusilier marin, militaire appartenant à la marine nationale et employé à terre.

fusillade [fyzijad] n.f. - **1.** Décharge simultanée de plusieurs fusils, de plusieurs armes à feu. - **2.** Échange de coups de feu : *La fusillade a fait plusieurs morts.*

fusiller [fyzije] v.t. - **1.** Exécuter qqn à coups de fusil, passer par les armes un condamné, un prisonnier : *Fusiller les rebelles.* - **2.** Fusiller qqn du regard, lui adresser un regard dur, hostile, chargé de reproche.

fusil-mitrailleur [fyzimitʀajœʀ] n.m. (pl. *fusils-mitrailleurs*). Arme automatique légère, pouvant tirer coup par coup ou par rafales. (Abrév. *F.-M.*)

fusion [fyzjɔ̃] n.f. (lat. *fusio*, de *fundere* "répandre, fondre"). - **1.** Passage d'un corps solide à l'état liquide sous l'action de la chaleur : *Métal en fusion.* - **2.** PHYS. Union de plusieurs atomes légers en un atome plus lourd, se produisant à très haute température et s'accompagnant d'une grande libération d'énergie. [→ nucléaire]. - **3.** Réunion, combinaison étroite d'êtres ou de choses : *Fusion de deux partis* (syn. union ; contr. scission). *Fusion de sociétés* (syn. fusionnement).

fusionnel, elle [fyzjɔnɛl] adj. (de *fusion*). PSYCHAN. Se dit de la relation de deux individus qui sont proches au point de ne plus se distinguer l'un de l'autre.

fusionnement [fyzjɔnmɑ̃] n.m. Action, fait de fusionner : *Fusionnement de deux entreprises* (syn. fusion).

fusionner [fyzjɔne] v.t. (de *fusion*). Unir étroitement des êtres, des choses : *Fusionner des services administratifs* (syn. fondre, réunir ; contr. scinder). ◆ v.i. Se réunir, s'associer : *Firmes qui fusionnent* (syn. s'allier).

fustigation [fystigasjɔ̃] n.f. - **1.** VX. Action de fustiger ; flagellation. - **2.** Action de blâmer ; condamnation.

fustiger [fystiʒe] v.t. (bas lat. *fustigare*, du class. *fustis* "bâton") [conj. 17]. - **1.** VX. Donner des coups de bâton, de fouet. - **2.** LITT. Critiquer vivement : *Fustiger ses adversaires* (syn. stigmatiser).

fût [fy] n.m. (lat. *fustis* "rondin, bâton"). - **1.** Partie du tronc d'un arbre dépourvue de rameaux. - **2.** Partie d'une colonne comprise entre la base et le chapiteau : *Fût cannelé.* - **3.** Tonneau : *Vin qui sent le fût* (syn. barrique, futaille). - **4.** Monture servant de support : *Fût en bois d'un fusil, d'un rabot.* - **5.** Corps en bois d'un meuble, d'un instrument : *Fût d'un tambour.*

futaie [fyte] n.f. (de *fût*). - **1.** Forêt plantée en vue de la production d'arbres au fût élevé et droit. - **2.** Haute, vieille futaie, futaie dont les arbres ont de cent vingt à deux cents ans.

futaille [fytaj] n.f. (de *fût*). - **1.** Tonneau destiné à contenir du vin, des liqueurs, etc. (syn. barrique, fût). - **2.** Ensemble de fûts.

futé, e [fyte] adj. et n. (de l'anc. v. *se futer* "fuir l'abord des filets des pêcheurs ou des chasseurs"). FAM. Intelligent et malicieux : *Elle est très futée* (syn. fin, malin ; contr. bête).

futile [fytil] adj. (lat. *futilis* "qui fuit"). - **1.** Qui est sans intérêt, sans valeur : *Conversation futile* (syn. oiseux ; contr. grave, sérieux). - **2.** Qui ne s'occupe que de choses sans importance : *Un esprit futile* (syn. frivole, superficiel ; contr. profond).

futilité [fytilite] n.f. (lat. *futilitas*). - **1.** Caractère d'une personne qui est futile : *Sa futilité m'exaspère* (syn. frivolité ; contr. gravité, sérieux). - **2.** Caractère d'une chose qui est dépourvue d'intérêt ; chose futile : *Futilité d'une distraction* (syn. inanité, vanité). *S'attacher à des futilités* (syn. bagatelle, rien).

1. **futur, e** [fytyʀ] adj. (lat. *futurus* "qui sera"). Qui est à venir, qui n'existe pas encore ; qui doit être tel dans un proche avenir : *Les temps futurs* (syn. ultérieur ; contr. antérieur, passé). *La vie future* (= l'existence promise après la mort, selon certaines religions).

2. **futur** [fytyʀ] n.m. (de *1. futur*). - **1.** Temps à venir : *S'inquiéter du futur* (syn. avenir ; contr. passé). - **2.** GRAMM. Temps verbal qui situe dans l'avenir l'action, l'état exprimé par le verbe. - **3.** GRAMM. Futur antérieur. Temps verbal qui indique qu'une action future aura lieu avant une autre action future.

futurisme [fytyʀism] n.m. (it. *futurismo*, de *futuro* "futur"). Mouvement littéraire et artistique du début du XXᵉ s., qui rejette la tradition esthétique et exalte le monde moderne, et en partic. la civilisation urbaine et son dynamisme.

futuriste [fytyʀist] adj. et n. Qui se rattache au futurisme : *Un tableau futuriste. Un futuriste.* ◆ adj. Qui évoque la société, les techniques de l'avenir telles qu'on les imagine : *Une architecture futuriste.*

futurologie [fytyʀɔlɔʒi] n.f. (de *futur* et *-logie*). Ensemble des recherches de prospective qui ont pour but de prévoir le sens de l'évolution scientifique, technique, économique, sociale, politique, etc. ◆ **futurologue** n. Nom du spécialiste.

fuyant, e [fɥijɑ̃, -ɑ̃t] adj. (de *fuir*) - **1.** Qui se dérobe, manque de franchise : *Regard fuyant* (contr. franc). *Demeurer fuyant* (syn. évasif, insaisissable). - **2.** Qui fuit, s'éloigne rapidement ; qui paraît s'éloigner par l'effet de la perspective : *Nuages fuyants. Horizon fuyant.* - **3.** Menton, front fuyant, qui s'incurvent fortement vers l'arrière.

fuyard, e [fɥijaʀ, -aʀd] n. (de *fuir*). Personne qui s'enfuit ; en partic. soldat qui fuit devant l'ennemi (péjor.) : *Rattraper les fuyards.*

g [ʒe] n.m. inv. - **1.** Septième lettre (consonne) de l'alphabet. - **2.** MUS. G, la note *sol*, dans la notation en usage dans les pays anglo-saxons et germaniques.

gabardine [gabaʀdin] n.f. (mot angl., moy. fr. *gaverdine* "jaquette", esp. *gabardina* "jaquette"). - **1.** Étoffe de laine croisée à côtes en relief. - **2.** Manteau imperméable fait de cette étoffe.

gabare ou **gabarre** [gabaʀ] n.f. (prov. *gabarra*, gr. byzantin *gabaros*, class. *karabos* "écrevisse"). - **1.** Grande embarcation pour le transport des marchandises sur les rivières et les estuaires. - **2.** PÊCHE. Grande senne utilisée à l'embouchure des rivières.

gabarit [gabaʀi] n.m. (prov. *gabarrit*, altér. de *garbi*, gotique *garwi* "modèle"). - **1.** Modèle sur lequel on façonne certaines pièces, notamm. dans la construction des navires et des pièces d'artillerie. - **2.** Modèle, appareil de mesure utilisé pour contrôler le profil, les dimensions d'un objet. - **3.** Dimension, forme réglementée (notamm. d'un véhicule) : *Accès interdit aux gros gabarits.* - **4.** FAM. Dimensions physiques de qqn : *Personne d'un gabarit impressionnant* (syn. carrure, corpulence, stature). - **5.** FAM. Aptitudes intellectuelles d'une personne : *Avoir le gabarit d'un homme d'État* (syn. carrure, envergure).

gabegie [gabʒi] n.f. (probabl. de l'anc. v. *gaber* "railler", anc. scand. *gabba*). Gaspillage provenant d'une gestion défectueuse ou malhonnête ; désordre, gâchis.

gabelle [gabɛl] n.f. (anc. prov. *gabela* "impôt", ar. *qabâla*). Impôt sur le sel, en vigueur en France sous l'Ancien Régime, aboli en 1790 ; l'administration chargée de percevoir cet impôt.

gabelou [gablu] n.m. - **1.** Autref., employé de la gabelle. - **2.** Employé des douanes (péjor.).

gabier [gabje] n.m. (du moy. fr. *gabie* "hune", anc. prov. *gabia* "cage", lat. *cavea*). Matelot préposé à la manœuvre.

gabion [gabjɔ̃] n.m. (it. *gabbione*, augment. de *gabbia* "cage", lat. *cavea*). - **1.** MIL. Autref., panier cylindrique sans fond, rempli de terre ou de cailloux et servant de protection dans la guerre de siège. - **2.** Caisse à carcasse métallique, remplie de sable ou de cailloux et servant à protéger les berges d'un cours d'eau. - **3.** Abri des chasseurs de gibier d'eau.

gâble ou **gable** [gabl] n.m. (bas lat. *gabulum*, mot d'orig. gaul.). ARCHIT. Fronton triangulaire, à côtés moulurés, qui couronne certains arcs (notamm. les portails gothiques).

gâchage [gɑʃaʒ] n.m. - **1.** Action de gâcher le plâtre, le mortier, etc. - **2.** Action de gâcher qqch, de mal l'employer : *Quel gâchage de temps* (syn. gaspillage).

gâche [gɑʃ] n.f. (frq. *gaspia* "boucle, crampon"). Pièce métallique formant boîtier, fixée au chambranle d'une porte, et dans laquelle s'engage le pêne d'une serrure pour maintenir le battant fermé.

gâcher [gɑʃe] v.t. (frq. *waskôn* "laver"). - **1.** Délayer dans de l'eau du plâtre, du mortier, etc. - **2.** Faire un mauvais emploi de qqch qui aurait dû être utile : *Gâcher une occasion* (syn. manquer, rater ; contr. exploiter). *Gâcher son talent* (syn. galvauder, gaspiller). - **3.** FAM. Gâcher le métier, travailler ou vendre à trop bon marché.

gâchette [gɑʃɛt] n.f. (de *gâche*). - **1.** Petite pièce d'une serrure qui se met sous le pêne pour lui servir d'arrêt à chaque tour de clef. - **2.** ARM. Pièce d'acier solidaire de la détente, et commandant le départ du coup d'une arme à feu. | (Emploi abusif mais cour.) Détente d'une arme à feu : *Appuyer sur la gâchette.*

gâcheur, euse [gɑʃœr, -øz] adj. et n. Qui gâche, gaspille : *Un gâcheur de papier* (= un mauvais écrivain). ◆ **gâcheur** n. m. Ouvrier qui gâche du plâtre, du mortier, etc.

gâchis [gɑʃi] n.m. - **1.** Gaspillage : *Détester le gâchis.* - **2.** Situation confuse qui résulte d'une mauvaise organisation : *Un gâchis politique* (syn. désordre). - **3.** Mortier fait de plâtre, de chaux, de sable et de ciment.

gadget [gadʒɛt] n.m. (mot anglo-amér.). - **1.** Petit objet plus ou moins utile, amusant par son caractère de nouveauté : *Boutique de gadgets.* - **2.** Objet, dispositif nouveau mais jugé peu utile : *Cette réforme n'est qu'un gadget.*

gadidé [gadide] n.m. (du gr. *gados* "morue"). Gadidés, famille de poissons comprenant des espèces marines (notamm. la morue, l'églefin, le merlan, le colin, le lieu) et une espèce d'eau douce, la lotte de rivière. □ Ordre des anacanthiniens.

gadin [gadɛ̃] n.m. (orig. obsc.). FAM. Chute : *Ramasser, prendre un gadin* (= tomber).

gadoue [gadu] n.f. (orig. obsc.). Terre détrempée ; boue.

gaélique [gaelik] adj. Relatif aux Gaëls, habitants du nord de l'Écosse. ◆ n.m. Branche du celtique qui comprend notamm. l'écossais et l'irlandais.

gaffe [gaf] n.f. (anc. prov. *gaf*, de *gafar* "saisir", gotique *gaffōn*). - **1.** MAR. Perche munie d'un croc et d'une pointe métallique qui sert à accrocher, accoster, etc. - **2.** FAM. Parole (ou plus rarement action) maladroite, malencontreuse : *Faire une gaffe* (syn. bévue, impair). - **3.** FAM. Faire gaffe, se méfier ; être sur ses gardes.

gaffer [gafe] v.t. MAR. Accrocher avec une gaffe : *Gaffer une bouée.* ◆ v.i. FAM. Commettre une gaffe, une maladresse : *Gaffer par manque de finesse.*

gaffeur, euse [gafœr, -øz] adj. et n. FAM. Qui commet facilement des gaffes, des maladresses : *Quel gaffeur tu fais !* (syn. balourd, maladroit).

gag [gag]n.m. (mot anglo-amér. "blague"). Jeu de scène, enchaînement de faits et gestes destiné à faire rire ; situation risible : *Un film plein de gags hilarants.*

gaga [gaga] adj. et n. (d'un rad. onomat. *gag*, évoquant le bredouillement). FAM. Gâteux.

gage [gaʒ] n.m. (frq. *waddi*). - **1.** DR. Dépôt d'un objet mobilier destiné à garantir le paiement d'une dette ; contrat relatif à ce dépôt : *Prêteur sur gages. Mettre sa montre en gage au crédit municipal.* - **2.** Garantie, assurance : *Donner des gages de sa bonne foi* (syn. preuve). *Gage de sympathie* (syn. témoignage). - **3.** Dans certains jeux, pénitence choisie par

les autres joueurs et qu'on doit accomplir lorsqu'on a perdu ou commis une faute. ◆ **gages** n.m. pl. - **1.** VIEILLI. Rémunération des domestiques : *Réclamer ses gages* (syn. appointements). - **2.** Tueur à gages, homme payé pour assassiner qqn.

gagé, e [gaʒe] adj. DR. Se dit d'un objet saisi en garantie d'une dette : *Meubles gagés.*

gager [gaʒe] v.t. [conj. 17]. - **1.** VIEILLI. Garantir par un gage : *Gager une monnaie par une réserve d'or.* - **2.** LITT. Parier : *Je gage qu'il ment.*

gageure [gaʒyr] n.f. LITT. - **1.** VIEILLI. Engagement à payer un gage si l'on perd un pari. - **2.** Acte, projet qui semble irréalisable : *C'est une gageure que d'aller seul dans ce pays.*

gagnant, e [gaɲɑ̃, -ɑ̃t] adj. et n. - **1.** Qui gagne ou qui a gagné : *Numéro gagnant.* - **2.** TURF. Jouer un cheval gagnant, parier qu'il arrivera premier.

gagne-pain [gaɲpɛ̃] n.m. inv. Ce qui permet à qqn de gagner sa vie ; emploi : *Ce job est son seul gagne-pain.*

gagne-petit [gaɲpəti] n. inv. Personne qui ne fait que de petits gains, qui n'a pas d'ambition.

gagner [gaɲe] v.t. (frq. *waidanjan* "se procurer de la nourriture, faire du butin"). - **1.** Obtenir un profit, un gain par son travail ou par le hasard : *Gagner une grosse somme au Loto* (syn. empocher). *Bien gagner sa vie* (= toucher un salaire élevé). - **2.** Obtenir un avantage quelconque : *Gagner l'estime de qqn* (syn. conquérir, s'attirer ; contr. perdre). *Elle a bien gagné ses vacances* (syn. mériter). - **3.** Être vainqueur de qqch : *Gagner une course* (syn. remporter. *Jouer à qui perd gagne.* - **4.** Atteindre un lieu : *Le feu gagne la pièce voisine* (syn. s'étendre à). - **5.** S'emparer de qqn : *Le sommeil, la peur me gagne* (syn. envahir). - **6.** Économiser qqch : *La nouvelle disposition des meubles permet de gagner de la place.* - **7.** Gagner du temps, différer une échéance : *Chercher à gagner du temps en détournant la conversation.* ‖ Gagner du terrain, avancer ; se propager : *Idées qui gagnent du terrain.* ‖ Gagner en, s'améliorer d'un certain point de vue : *Par ce procédé, l'artiste gagne en vigueur ce qu'il perd en souplesse.* ◆ v.i. - **1.** S'améliorer, en parlant de qqch : *Le vin gagne en vieillissant* (syn. se bonifier). - **2.** Gagner à (+ inf.), tirer avantage de qqch : *Elle gagne à être connue.*

gagneur, euse [gaɲœr, -øz] n. Personne animée par la volonté de gagner : *Tempérament de gagneur* (syn. battant).

gai, e [gɛ] adj. (gotique *gâheis* "impétueux"). - **1.** Qui est de bonne humeur ; enjoué : *Être gai* (syn. joyeux ; contr. triste, sombre). - **2.** Qui inspire ou évoque la gaieté, la bonne humeur : *Une soirée très gaie* (syn. divertissant ;

contr. ennuyeux). *Une chambre gaie* (syn. agréable). *Des couleurs gaies* (syn. lumineux, vif). - **3.** FAM. Un peu ivre. - **4.** Avoir le vin gai, être euphorique quand on est ivre.

gaiement ou, VIEILLI, **gaîment** [gɛmɑ̃] adv. Avec gaieté.

gaieté ou, VIEILLI, **gaîté** [gete] n.f. - **1.** Bonne humeur, disposition à rire, à s'amuser : *Retrouver toute sa gaieté* (syn. entrain, enjouement ; contr. tristesse). *Visage rayonnant de gaieté* (syn. allégresse, joie). - **2.** Caractère de ce qui est gai : *Gaieté des repas dominicaux.* - **3.** De gaieté de cœur, de propos délibéré, sans y être contraint (souvent en tournure nég.) : *Ce n'est pas de gaieté de cœur qu'il est parti.*

1. **gaillard, e** [gajaʀ, -aʀd] adj. (du gaul. *galia "force"). - **1.** Plein de vigueur et d'entrain : *Il est plus gaillard que jamais* (syn. alerte, fringant ; contr. faible). - **2.** Leste, licencieux : *Une chanson gaillarde* (syn. grivois, paillard). ◆ **gaillard** n.m. - **1.** (Souvent précédé d'un adj.). Homme robuste, vigoureux : *Un solide gaillard.* - **2.** FAM. Individu adroit, malin (souvent péjor.) : *C'est un drôle de gaillard* (syn. lascar).

2. **gaillard** [gajaʀ] n.m. (de *château gaillard* "château fort"). MAR. Chacune des superstructures placées à l'avant et à l'arrière sur le pont supérieur d'un navire : *Gaillard d'avant. Gaillard d'arrière* (= dunette).

gaillarde [gajaʀd] n.f. (de *1. gaillard*). Danse ou morceau instrumental (XVIe-XVIIe s.) à trois temps et de rythme vif.

gaillardement [gajaʀdəmɑ̃] adv. De façon gaillarde : *Attaquer gaillardement son repas.*

gaillardise [gajaʀdiz] n.f. LITT. - **1.** Gaieté quelque peu licencieuse : *Propos pleins de gaillardise* (syn. grivoiserie). - **2.** (Souvent au pl.). Écrits, propos gaillards : *Lancer des gaillardises* (syn. gauloiserie, paillardise).

gaiment adv. → **gaiement.**

gain [gɛ̃] n.m. (de *gagner*). - **1.** Action de gagner, de remporter qqch ; avantage tiré de qqch : *Le gain d'un combat. Un gain de temps, de place. Le gain qu'on retire de l'étude d'une langue* (syn. fruit). - **2.** Action de gagner de l'argent ; profit, bénéfice : *Réaliser des gains considérables* (contr. perte). *L'appât du gain.* - **3.** Avoir, obtenir gain de cause, l'emporter, dans un procès, dans un débat quelconque.

gaine [gɛn] n.f. (lat. pop. *wagina*, class. *vagina* "fourreau"). - **1.** Étui qui recouvre, protège qqch : *Gaine d'une épée* (syn. fourreau). *Gaine de parapluie* (syn. étui). - **2.** Sous-vêtement féminin en tissu élastique qui sert à maintenir le bassin. - **3.** BOT. Base élargie par laquelle le pétiole ou la feuille s'insère sur la tige : *Gaine comestible de l'oignon, du fenouil.* - **4.** Conduit plus ou moins large : *Gaine*

d'aération. - **5.** ARTS DÉC. Support vertical dont la base est plus étroite que le sommet et sur lequel on pose des objets d'art.

gainer [gene] v.t. Recouvrir d'une gaine : *Du fil électrique gainé.*

gaîté n.f. → **gaieté.**

gal [gal] n.m. (de *Galilée*, du n. du physicien) [pl. *gals*]. Unité de mesure employée en géodésie et en géophysique pour exprimer l'accélération de la pesanteur et valant 10^{-2} m/s². □ Symb. Gal.

gala [gala] n.m. (mot esp., anc. fr. *gale*, de *galer* "s'amuser"). Grande fête, le plus souvent de caractère officiel : *Gala de bienfaisance.*

galactique [galaktik] adj. (gr. *galaktikos* "blanc comme du lait" ; v. *galaxie*). Relatif à la Galaxie ; relatif à une galaxie quelconque.

galamment [galamɑ̃] adv. De façon galante : *Un compliment galamment tourné.*

galant, e [galɑ̃, -ɑ̃t] adj. (de l'anc. fr. *galer* "s'amuser", lat. pop. *walare* "se la couler douce", du frq. *wala* "bien"). - **1.** Se dit d'un homme poli, prévenant avec les femmes : *Se conduire en galant homme.* - **2.** AFR. Chic, à la mode. - **3.** LITT. Qui a trait aux relations amoureuses : *Rendez-vous galant. Un conte galant* (syn. libertin, grivois). - **4.** LITT. Femme galante, femme de mœurs légères ; femme entretenue. ◆ **galant** n.m. - **1.** VIEILLI. Homme qui aime à courtiser les femmes ; amant : *Avoir de multiples galants* (syn. amoureux, soupirant). - **2.** LITT. Vert galant, homme entreprenant avec les femmes : *Henri IV, dit le Vert-Galant.*

galanterie [galɑ̃tʀi] n.f. - **1.** Politesse, courtoisie dont un homme fait preuve à l'égard des femmes. - **2.** Parole flatteuse, compliment adressé à une femme : *Dire des galanteries.*

galantine [galɑ̃tin] n.f. (it. *galatina*, du lat. *gelare* "geler"). Préparation de charcuterie cuite, composée de morceaux de viande maigre et de farce.

galaxie [galaksi] n.f. (gr. *galaxias* "voie lactée", de *gala, galaktos* "lait"). - **1.** Vaste ensemble d'étoiles, de poussières et de gaz interstellaires dont la cohésion est assurée par la gravitation. - **2.** (Avec une majuscule et précédé de l'art. déf.). Galaxie dans laquelle est situé le système solaire.

galbe [galb] n.m. (it. *garbo* "grâce", du gotique *garwon* "arranger"). Contour, profil gracieux et plus ou moins courbe d'une partie du corps humain, d'une œuvre d'art, d'un meuble, etc. : *Le galbe parfait d'une épaule. Le galbe d'une commode de style Louis XV.*

galbé, e [galbe] adj. - **1.** Qui présente un galbe, une courbure : *Colonne, commode galbée.* - **2.** Qui est pourvu d'un contour harmonieux : *Jambes bien galbées.*

galber [galbe] v.t. Donner du galbe à un objet, une œuvre d'art.

gale [gal] n.f. (var. de *galle*). -**1.** Affection cutanée contagieuse s'accompagnant de vives démangeaisons et qui est provoquée chez l'homme et chez les animaux par la présence sous la peau d'un acarien microscopique. -**2.** Maladie des végétaux produisant des pustules à la surface de la plante. -**3.** FAM. Méchant, mauvais comme la gale, très méchant.

galéjade [galeʒad] n.f. (prov. *galejada*, de *galeja* "plaisanter", apparenté à l'anc. fr. *galer* ; v. *galant*). FAM. Histoire inventée ou déformée qui tient de la mystification : *C'est une galéjade !* (syn. plaisanterie).

galène [galɛn] n.f. (gr. *galênê* "plomb"). MINÉR. Sulfure naturel de plomb, principal minerai de plomb. □ Formule PbS.

galère [galɛʀ] n.f. (catalan *galera*, gr. byzantin *galea*). -**1.** Bâtiment de guerre ou de commerce à rames et à voiles, en usage de l'Antiquité au XVIIIe s. -**2.** FAM. Situation désagréable, travail pénible : *Quelle galère, ce voyage !* ◆ **galères** n.f. pl. HIST. Peine des criminels condamnés à ramer sur les galères du roi : *Être condamné aux galères.*

galerie [galʀi] n.f. (it. *galleria*, lat. médiév. *galeria*). -**1.** Passage souterrain : *Galerie de mine* (syn. boyau). -**2.** Couloir de communication creusé dans le sol par certains animaux : *Galeries de la taupe, d'une fourmilière.* -**3.** Passage couvert, en longueur, destiné à la circulation ou à la promenade, soit à l'intérieur d'un bâtiment, soit à l'extérieur : *Galerie de cloître.* -**4.** Grande salle d'apparat, souvent en longueur et parfois aménagée pour recevoir une collection d'œuvres d'art : *La galerie des Glaces du château de Versailles.* -**5.** Lieu affecté à l'exposition d'une collection d'œuvres d'art, d'objets scientifiques ; cette collection elle-même : *Les galeries d'un musée.* -**6.** Magasin d'exposition pour la vente des objets d'art, des œuvres d'art : *Une galerie d'art contemporain.* -**7.** Dans une salle de spectacles, étage situé au-dessus du dernier balcon : *J'ai deux places à la galerie* (syn. poulailler, VX paradis). -**8.** Cadre métallique fixé sur le toit d'un véhicule qui sert au transport des bagages. -**9.** FAM. Amuser, épater la galerie, amuser, épater les personnes alentour. -**10.** Galerie marchande, passage piétonnier couvert, bordé de commerces.

galérien [galeʀjɛ̃] n.m. -**1.** Homme condamné aux galères. -**2.** Vie de galérien, vie très dure, très pénible.

galet [galɛ] n.m. (de l'anc. fr. *gal* "caillou", gaul. *gallos*). -**1.** Caillou poli et arrondi par l'action de la mer, des torrents ou des glaciers. -**2.** MÉCAN. Petite roue pleine destinée à diminuer le frottement et à permettre le roulement : *Entraînement à galet d'un tourne-disque.*

galetas [galta] n.m. (de *Galata*, n. d'une tour à Constantinople). LITT. Logement misérable, souvent dans les combles d'un immeuble ; taudis.

galette [galɛt] n.f. (de *galet*). -**1.** Préparation culinaire plate et ronde, à base de farine ou de féculents, que l'on cuit au four ou à la poêle : *Galette de pommes de terre.* -**2.** Gâteau rond et sucré, fait de farine, de beurre et d'œufs : *Galettes bretonnes.* -**3.** Crêpe salée à base de farine de sarrasin ou de maïs. -**4.** FAM. Argent : *Avoir de la galette.* -**5.** Galette des Rois, galette de pâte feuilletée que l'on mange pour la fête des Rois et qui contient une fève permettant de désigner le « roi » ou la « reine » de l'assistance. -**6.** Plat, aplati comme une galette, très plat, très aplati.

galeux, euse [galø, -øz] adj. et n. -**1.** Atteint de la gale. -**2.** Brebis galeuse, personne méprisée, rejetée par un groupe social qui la considère comme dangereuse : *Il est fui de tous comme une brebis galeuse.*

galicien, enne [galisjɛ̃, -ɛn] adj. et n. De la Galice (Espagne) ; de la Galicie (Europe centrale). ◆ **galicien** n.m. Langue romane, proche du portugais, parlée en Galice.

galiléen, enne [galileɛ̃, -ɛn] adj. et n. -**1.** De Galilée, province de Palestine. -**2.** Le Galiléen, nom donné à Jésus-Christ qui fut élevé à Nazareth, en Galilée.

galimatias [galimatja] n.m. (orig. incert., p.-ê. du bas lat. *ballimathia* "chanson obscène"). Discours ou écrit embrouillé et confus : *Quel galimatias !* (syn. charabia, baragouin).

galion [galjɔ̃] n.m. (de l'anc. fr. *galie* "galère"). MAR. ANC. Grand navire armé en guerre, utilisé notamm. par les Espagnols à partir du XVIe s. pour rapporter l'or, l'argent et les marchandises précieuses de leurs colonies du Nouveau Monde.

galipette [galipɛt] n.f. (du rad. de l'anc. v. *galer* "s'amuser"). FAM. Cabriole, culbute.

galle [gal] n.f. (lat. *galla*). Excroissance produite chez les végétaux sous l'influence de certains parasites (insectes, champignons, bactéries).

gallican, e [galikɑ̃, -an] adj. et n. (lat. *gallicanus*, de *Gallia* "Gaule"). -**1.** Relatif à l'Église de France. -**2.** Qui concerne le gallicanisme ; qui en est partisan (par opp. à *ultramontain*).

gallicanisme [galikanism] n.m. HIST. Doctrine ayant pour objet la défense des libertés prises par l'Église de France (Église gallicane) à l'égard du Saint-Siège (par opp. à *ultramontanisme*).

gallicisme [galisism] n.m. (du lat. *gallicus*, de *gallus* "gaulois"). Expression, tournure particulière à la langue française : « *Il y a* » est un gallicisme.

gallinacé, e [galinase] adj. (lat. *gallinaceus*, de *gallina* "poule"). Qui se rapporte aux poules et autres oiseaux omnivores au vol lourd (faisan, pintade, dinde, etc.).

gallium [galjɔm] n.m. (du lat. *gallus* "coq", du n. de celui qui l'a découvert, *Lecoq de Boisbaudran*). Métal proche de l'aluminium. □ Symb. Ga.

gallois, e [galwa, -az] adj. et n. (de *Galles*, angl. *Wales*). Du pays de Galles. ◆ **gallois** n.m. Langue celtique du pays de Galles.

gallon [galɔ̃] n.m. (mot angl.). Unité de capacité utilisée au Canada et en Grande-Bretagne (où il vaut 4,546 l), ainsi qu'aux États-Unis (où il vaut 3,785 l). □ Symb. gal.

gallo-romain, e [galɔʀɔmɛ̃, -ɛn] adj. et n. (pl. *gallo-romains, es*). Qui appartient à la civilisation qui s'épanouit en Gaule du Iᵉʳ s. av. J.-C. à la fin du Vᵉ s. apr. J.-C.

gallo-roman, e [galɔʀɔmɑ̃, -ɑn] adj. et n.m. (pl. *gallo-romans, es*). Se dit des dialectes romans parlés dans l'ancienne Gaule.

galoche [galɔʃ] n.f. (de l'anc. fr. *gal* "caillou", gaul. *gallos*). - **1.** Chaussure de cuir à semelle de bois. - **2.** MAR. Poulie longue et plate, ouverte sur l'une de ses faces. - **3.** FAM. Menton en galoche, menton long et relevé vers l'avant.

galon [galɔ̃] n.m. (de *galonné*). - **1.** Bande tissée ou tressée utilisée comme ornement dans l'habillement et l'ameublement : *Poser du galon sur les murs du salon.* - **2.** MIL. Signe distinctif des grades porté génér. sur l'uniforme. - **3.** Prendre du galon, monter en grade ; obtenir une promotion, de l'avancement.

galonné, e [galɔne] adj. (orig. obsc.). - **1.** Pourvu d'un galon : *Une robe galonnée.* - **2.** Qui est gradé : *Un officier galonné.* ◆ n. FAM. Officier ou sous-officier.

galop [galo] n.m. (de *galoper*). - **1.** La plus rapide des allures naturelles de certains équidés : *Mettre son cheval au galop.* - **2.** Danse, musique très vive, à deux temps, en vogue au XIXᵉ s. - **3.** FAM. Au galop, très vite, rapidement : *Partir au galop.* - **4.** Galop d'essai, épreuve, test probatoire : *On lui a fait faire un galop d'essai avant de l'engager.*

galopade [galɔpad] n.f. - **1.** Course au galop. - **2.** Course précipitée : *Cette galopade l'avait épuisé.*

galopant, e [galɔpɑ̃, -ɑt] adj. Dont l'accroissement, l'évolution est très rapide ; qu'on ne peut maîtriser : *Inflation, phtisie galopante.*

galoper [galɔpe] v.i. (frq. *wala hlaupan* "bien sauter"). - **1.** Aller au galop : *Cheval qui galope ventre à terre.* - **2.** Courir très vite : *Galoper d'un magasin à un autre.* - **3.** Avoir une activité débordante : *Son imagination galope.*

galopin [galɔpɛ̃] n.m. (de *galoper*). FAM. Polisson, garnement.

galoubet [galube] n.m. (mot prov., p.-ê. dérivé de *galaubia*, gotique *galaubei* "grande valeur"). Petite flûte à bec provençale, à trois trous, au son aigu et perçant.

galvanisation [galvanizasjɔ̃] n.f. Action de galvaniser.

galvaniser [galvanize] v.t. (de *galvanisme*, terme désignant l'action de l'électricité sur les organes, que découvrit le physicien *Galvani*). - **1.** Donner une énergie soudaine à qqn : *Galvaniser une foule, les esprits* (syn. électriser, enflammer ; contr. calmer). - **2.** MÉTALL. Recouvrir une pièce métallique d'une couche de zinc à chaud, par immersion dans un bain de zinc fondu.

galvanomètre [galvanɔmɛtʀ] n.m. (de *galvanisme* [v. *galvaniser*] et *-mètre*). Instrument qui sert à mesurer de petites intensités de courant en utilisant leurs actions électromagnétiques.

galvanoplastie [galvanɔplasti] n.f. (de *galvanisme* [v. *galvaniser*], et du gr. *plastos* "façonné, modelé"). Procédé consistant à déposer par électrolyse une couche de métal sur un support, métallique ou non, pour le recouvrir.

galvauder [galvode] v.t. (probabl. de l'anc. fr. *galer* "s'amuser", et de *ravauder*). Compromettre un avantage, un don par un mauvais usage, en le prodiguant mal à propos : *Galvauder son talent* (syn. gaspiller).

gamba [gɑ̃mba] ou [gɑ̃ba] n.f. (mot esp.). Grosse crevette des eaux profondes de la Méditerranée et de l'Atlantique.

gambade [gɑ̃bad] n.f. (prov. *cambado*, de *cambo* "jambe"). Bond, saut léger et joyeux ; cabriole.

gambader [gɑ̃bade] v.i. Faire des gambades, sautiller : *Gambader dans le jardin* (syn. s'ébattre).

gambe n.f. → **viole** (de gambe).

gamberger [gɑ̃bɛʀʒe] v.i. et v.t. (var. de *comberger* "compter") [conj. 17]. ARG. Réfléchir, donner libre cours à son imagination ; combiner : *C'est fou ce qu'elle peut gamberger ! Gamberger un casse* (syn. organiser).

gambette [gɑ̃bɛt] n.f. (var. de *jambette*, dimin. de *jambe*). FAM. Jambe, en partic. jambe de femme.

gambit [gɑ̃bi] ou [gɑ̃bit] n.m. (it. *gambetto* "croc-en-jambe"). Aux échecs, sacrifice volontaire d'une pièce en vue d'obtenir un avantage d'attaque ou une supériorité de position.

gamelle [gamɛl] n.f. (it. *gamella*, lat. *camella* "écuelle"). **- 1.** Récipient métallique, muni ou non d'un couvercle, pour faire la cuisine ou transporter des aliments préparés ; son contenu : *Préparer la gamelle d'un ouvrier, d'un soldat.* **- 2.** MIL. Sur un navire de guerre, ensemble des officiers qui prennent leurs repas à une même table.

gamète [gamɛt] n.m. (gr. *gametês*, de *gamos* "mariage"). BIOL. Cellule reproductrice, mâle ou femelle, dont le noyau ne contient qu'un seul chromosome de chaque paire, et qui peut s'unir à la cellule reproductrice du sexe opposé (fécondation) mais non se multiplier seule.

gamin, e [gamɛ̃, -in] n. (orig. incert., p.-ê. d'un rad. all. *gamm-* "vaurien"). **- 1.** Enfant : *Se conduire comme un gamin.* **- 2.** FAM. Fils, fille : *Sa gamine.*

gaminerie [gaminʀi] n.f. Parole, action, comportement d'un gamin : *Ces gamineries ne sont plus de mise à ton âge* (syn. enfantillage).

gamma [gama] n.m. inv. (mot gr.). **- 1.** Troisième lettre de l'alphabet grec (Γ, γ). **- 2.** Rayons gamma, radiations émises par les corps radioactifs, analogues aux rayons X, mais beaucoup plus pénétrantes et de longueur d'onde plus petite, ayant une action biologique puissante.

gammaglobuline [gamaglɔbylin] n.f. (de *gamma* et *globuline* "protéine de poids moléculaire élevé"). BIOCHIM. Protéine du plasma humain dont l'activité anticorps est utilisée en thérapeutique et en prophylaxie.

gamme [gam] n.f. (lat. médiév. *gamma*, du gr. *gamma*, première note de la gamme). **- 1.** MUS. Série de sons conjoints, ascendants ou descendants, disposés à des intervalles convenus, dans un système musical donné (par opp. à *échelle*) : *La gamme de do majeur est une gamme diatonique. Faire des gammes au piano.* **- 2.** Série de choses de même nature qui présentent diverses nuances, divers degrés : *Une gamme de beiges.* **- 3.** Haut de gamme, bas de gamme, qui se situe au niveau supérieur, inférieur, du point de vue du prix, de la qualité : *Une voiture haut de gamme.*

gammée [game] adj.f. (de *gamma*, les branches de la croix gammée ayant la forme d'un gamma majuscule). Croix gammée, croix dont les quatre branches sont coudées vers la droite ou vers la gauche (on l'appelle aussi le *svastika*) : *La croix gammée fut l'emblème du parti nazi.*

ganache [ganaʃ] n.f. (it. *ganascia* "mâchoire"). **- 1.** ZOOL. Partie latérale et postérieure de la mâchoire inférieure des quadrupèdes. **- 2.** FAM., VIEILLI. Personne stupide et incapable : *C'est une vieille ganache.*

gandin [gɑ̃dɛ̃] n.m. LITT. ou VIEILLI. Jeune élégant ridicule.

gandoura [gɑ̃duʀa] n.f. (ar. maghrébin *qandūr*). Tunique sans manches, portée sous le burnous ou la djellaba, notamm. en Afrique du Nord.

gang [gɑ̃g] n.m. (mot angl. "bande"). Bande organisée de malfaiteurs.

gangétique [gɑ̃ʒetik] adj. Relatif au Gange.

ganglion [gɑ̃glijɔ̃] n.m. (gr. *gagglion* "tumeur sous-cutanée"). Petit renflement situé sur le trajet de vaisseaux lymphatiques ou de nerfs. □ Les ganglions lymphatiques sont groupés en chaînes dans le cou, les aisselles, l'aine, le thorax et l'abdomen.

ganglionnaire [gɑ̃glijɔnɛʀ] adj. Relatif aux ganglions : *Chaîne ganglionnaire.*

gangrène [gɑ̃gʀɛn] n.f. (lat. *gangraena*, du gr.). **- 1.** Mortification locale qui aboutit à la nécrose des tissus, avec tendance à l'extension de proche en proche. **- 2.** LITT. Mal insidieux ; cause de destruction : *La jalousie, gangrène du cœur.*

gangrener [gɑ̃gʀəne] v.t. (conj. 19). LITT. Corrompre, vicier : *Une administration gangrenée.*
◆ **se gangrener** v.pr. Être atteint de gangrène, en parlant d'une partie du corps.

gangster [gɑ̃gstɛʀ] n.m. (mot anglo-amér., de *gang* "bande"). Membre d'une bande de malfaiteurs, d'un gang.

gangue [gɑ̃g] n.f. (all. *Gang* "chemin, filon"). **- 1.** Matière sans valeur associée au minéral utile dans un minerai ou qui entoure une pierre précieuse dans un gisement. **- 2.** Ce qui enveloppe, dénature qqch : *Débarrasser son esprit de la gangue des préjugés.*

ganse [gɑ̃s] n.f. (prov. *ganso*, gr. *gampsos* "recourbé"). Cordonnet tressé qui sert à orner un vêtement, des tissus d'ameublement, etc.

ganser [gɑ̃se] v.t. Garnir d'une ganse.

gant [gɑ̃] n.m. (frq. **want*). **- 1.** Partie de l'habillement qui couvre et protège la main au moins jusqu'au poignet ; accessoire analogue servant à diverses activités : *Mettre, retirer ses gants. Gants de ski, de boxe.* **- 2.** Gant de crin, moufle en crin tricoté qui sert à frictionner le corps. ‖ Gant de toilette, poche de tissu éponge dont on se sert pour se laver. **- 3.** Aller comme un gant, convenir parfaitement. ‖ Jeter le gant à qqn, relever le gant, défier qqn ; relever un défi. ‖ Prendre, mettre des gants, agir avec ménagement, en y mettant des formes : *Prendre des gants pour annoncer une mauvaise nouvelle à qqn.* ‖ Retour-

ner qqn comme un gant, le faire complètement changer d'avis. ‖ **Souple comme un
gant**, docile, soumis.

gantelet [gɑ̃tlɛ] n.m. (dimin. de *gant*).
Autref., gant couvert de lames de fer, qui
faisait partie de l'armure.

ganter [gɑ̃te] v.t. Couvrir d'un gant ; mettre
des gants à qqn : *Main gantée. Ganter qqn.*

ganterie [gɑ̃tʀi] n.f. - **1.** Lieu où l'on fabrique
des gants. - **2.** Profession, commerce du gantier.

gantier, ère [gɑ̃tje, -ɛʀ] n. Personne qui
fabrique, qui vend des gants.

garage [gaʀaʒ] n.m. - **1.** Action de garer, de se
garer : *Le garage est difficile par ici.* - **2.** Lieu
couvert qui sert d'abri aux véhicules : *Un
garage souterrain* (= parc de stationnement ;
syn. parking). - **3.** Entreprise de réparation et
d'entretien des automobiles : *Être mécanicien
dans un garage.* - **4.** Voie de garage, voie
destinée à garer des trains, des véhicules
ferroviaires ; au fig., emploi secondaire sans
possibilité d'avancement : *Reléguer un
employé sur une voie de garage.*

garagiste [gaʀaʒist] n. Exploitant d'un
garage.

garance [gaʀɑ̃s] n.f. (du frq. *wratja*). Plante
herbacée dont une espèce était cultivée
autref. dans le Midi pour sa racine, qui
fournit l'*alizarine*, substance colorante
rouge ; cette substance. ◻ Famille des rubiacées. ◆ adj. inv. De la couleur rouge vif de
la garance : *Les pantalons garance des soldats de
1914.*

garant, e [gaʀɑ̃, -ɑ̃t] adj. et n. (du frq. *warjan
"avérer"*). - **1.** Qui sert de garantie à qqch,
aux actes de qqn : *États garants d'un traité. Le
garant d'une créance* (syn. caution, répondant).
- **2.** Être, se porter garant de qqn, de qqch,
répondre de qqn, de qqch : *Se porter garant
de l'innocence de qqn.*

garantie [gaʀɑ̃ti] n.f. (de *garantir*). - **1.** Ce qui
assure l'exécution, le respect de qqch :
*Prendre des garanties de la solvabilité d'un
acheteur* (syn. assurance). *Demander des garanties de la bonne foi de qqn* (syn. gage, preuve).
- **2.** DR. ADM. Constatation légale du titre des
matières et ouvrages de métal précieux.
- **3.** DR. Obligation incombant à l'une des
parties d'un contrat d'assurer la jouissance
de qqch ou la protection contre un dommage : *Appareil sous garantie.* - **4.** Contrat de
garantie, contrat par lequel une personne
s'engage envers un créancier à se substituer
à son débiteur en cas de défaillance de ce
dernier.

garantir [gaʀɑ̃tiʀ] v.t. (de *garant*) [conj. 32].
- **1.** Assurer le maintien ou l'exécution de
qqch ; constituer une garantie pour qqch :

Garantir une dette (syn. cautionner). *Garantir
un droit par une loi* (syn. défendre). - **2.** Répondre de la qualité d'un objet vendu et s'engager à remédier à tout défaut ou panne
constatés pendant un certain temps : *Lave-
linge garanti deux ans par le constructeur.* - **3.** Attester l'existence, la réalité de qqch : *Sa
conduite vous garantit son honnêteté* (syn. émon-
trer, prouver). - **4.** Donner qqch pour certain :
Je vous garantis qu'il viendra (syn. assurer,
certifier). - **5.** Mettre à l'abri qqch, qqn de
qqch : *Visière qui garantit du soleil* (syn.
préserver, protéger).

garce [gaʀs] n.f. (fém. de *gars*). - **1.** FAM.
Femme, fille méchante, désagréable ; chipie. - **2.** FAM. Garce de (+ n. f.), fichue,
maudite : *Garce de vie* (= chienne de vie).

garcette [gaʀsɛt] n.f. (de *garce*, pour des
raisons obsc.). MAR. Petit cordage tressé :
Garcette de ris.

garçon [gaʀsɔ̃] n.m. (forme de *gars*, frq.
"wrakjo "valet"). - **1.** Enfant de sexe masculin : *Ils ont un garçon et une fille.* - **2.** Jeune
homme, homme : *Il est plutôt beau garçon.*
- **3.** Homme non marié, célibataire (VIEILLI,
sauf dans l'express. *vieux garçon*) : *Il est resté
garçon.* - **4.** Employé subalterne ; ouvrier travaillant chez un artisan : *Garçon de courses,
garçon boucher.* - **5.** Serveur dans un café, un
restaurant : *Appeler le garçon.* - **6.** Enterrer sa
vie de garçon, passer avec des amis une
dernière et joyeuse soirée de célibataire.

garçonne [gaʀsɔn] n.f. (de *garçon*). - **1.** VIEILLI.
Jeune fille menant une vie émancipée. - **2.** À
la garçonne, se dit d'une coiffure féminine
où les cheveux sont coupés court.

garçonnet [gaʀsɔnɛ] n.m. Petit garçon, jeune
garçon.

garçonnière [gaʀsɔnjɛʀ] n.f. (de *garçon*).
Petit appartement de célibataire, de personne
seule.

1. garde [gaʀd] n.f. (de *garder*). - **1.** Action de
veiller sur qqn pour le protéger, le défendre :
Prendre un enfant sous sa garde (syn. protection). - **2.** Action de surveiller qqch pour le
conserver en bon état, le préserver : *La garde
du magasin lui a été confiée. Chien de garde.*
- **3.** Action de surveiller qqn pour l'empêcher
de fuir : *Être conduit sous la garde de qqn*
(syn. escorte). - **4.** Service de surveillance, assuré à tour de rôle par plusieurs
personnes : *Médecin de garde. Être de garde.
Tour de garde.* - **5.** Détachement de militaires
qui gardent un poste ou assurent un service
de sécurité : *Appeler la garde.* - **6.** Position
prise pour engager le combat et se protéger
à l'escrime, en boxe, etc. : *Se mettre en garde.
En garde !* (= ordre de se mettre en position
de combat). - **7.** Partie d'une arme blanche
couvrant sa poignée et protégeant la main

Garde d'une épée. - **8.** Feuillet blanc ou de couleur, placé au début et à la fin d'un livre. (On dit aussi *page, feuille de garde*). - **9.** La vieille garde, les plus anciens partisans d'une personnalité, d'un mouvement politique : *La vieille garde d'un parti.* ‖ Mise en garde, avertissement. ‖ Monter la garde, être de faction. ‖ Prendre garde à qqch, qqn, faire très attention à : *Prends bien garde à toi. Prenez garde à la marche.* ‖ Prendre garde de (+ inf.), que (+ ne et le subj.), tâcher d'éviter de, que : *Prends garde de ne pas te salir. Prenez garde qu'on ne vous voie.* ‖ Se tenir, être sur ses gardes, se méfier. - **10.** BOURSE. Droits de garde, commission payée à un intermédiaire qui assure les titres de son client et assure la garde et l'encaissement des coupons. ‖ DR. Droit de garde, l'un des attributs essentiels de l'autorité parentale, qui confère au parent gardien un devoir de surveillance et d'éducation sur son enfant mineur, tenu d'habiter chez lui. ‖ DR. Garde juridique, obligation légale, pour le possesseur d'un animal ou d'une chose, d'assumer la responsabilité des dommages causés. ‖ Garde à vue, maintien d'une personne dans les locaux de la police pendant une durée limitée fixée par la loi pour les besoins d'une enquête. ‖ Garde nationale, milice civique créée en 1789, préposée au maintien de l'ordre. ‖ Garde républicaine, corps de la gendarmerie nationale, chargé d'assurer des missions de sécurité et des services d'honneur au profit des hautes autorités de l'État.

◆ **gardes** n.f. pl. Pièces intérieures d'une serrure qui empêchent qu'une clef quelconque puisse la manœuvrer.

2. **garde** [gaʀd] n.m. (de *garder*). - **1.** Personne chargée de la surveillance de qqn : *Échapper à ses gardes* (syn. gardien, surveillant). - **2.** Soldat de la garde d'un souverain ou d'un corps spécial : *Garde républicain. Garde national mobile.* - **3.** Garde champêtre, agent communal assermenté qui sanctionne les infractions aux règlements concernant la chasse et les zones rurales. ‖ Garde forestier, employé chargé de la surveillance d'une certaine étendue de forêt. - **4.** Garde du corps. Homme chargé de protéger une personnalité contre les agressions, des attentats éventuels. - **5.** Garde des Sceaux. Ministre de la Justice, en France.

3. **garde** [gaʀd] n.f. (de *garder*). Femme qui a la charge de garder un malade, un enfant.

gardé, e [gaʀde] adj. Chasse, pêche gardée, domaine, parfois placé sous la surveillance d'un garde, sur lequel le propriétaire se réserve le droit de chasse, de pêche.

garde-à-vous [gaʀdavu] n.m. inv. (de [*prenez*] *garde à vous*). Position réglementaire

(debout, immobile, les talons joints, les bras le long du corps) prise par les militaires dans certaines occasions, notamm. au commandement d'un supérieur.

garde-barrière [gaʀdbaʀjɛʀ] n. (pl. *gardes-barrière* [s]). Personne qui est préposée à la surveillance, à la manœuvre des barrières d'un passage à niveau.

garde-boue [gaʀdbu] n.m. inv. Pièce placée au-dessus des roues des cycles et des motocycles pour protéger des projections d'eau, de boue.

garde-chasse [gaʀdəʃas] n.m. (pl. *gardes-chasse* [s]). Garde particulier chargé de veiller à la conservation du gibier et de réprimer les dommages causés aux propriétés dont il est responsable.

garde-chiourme [gaʀdəʃjuʀm] n.m. (pl. *gardes-chiourme* [s]). - **1.** Autref., surveillant des galériens, des forçats. - **2.** Surveillant brutal.

garde-corps [gaʀdkɔʀ] n.m. inv. - **1.** Barrière à hauteur d'appui, formant protection devant un vide : *S'accouder au garde-corps* (syn. garde-fou, parapet). - **2.** MAR. Rambarde, bastingage.

garde-côte ou **garde-côtes** [gaʀdəkot] n.m. (pl. *garde-côtes*). - **1.** Autref., petit bâtiment de guerre conçu pour la défense des côtes. - **2.** Embarcation affectée à la surveillance douanière ou à la surveillance de la pêche côtière.

garde-feu [gaʀdəfø] n.m. (pl. *garde-feux* ou inv.). Grille, paravent de toile métallique que l'on place devant le foyer d'une cheminée.

garde-fou [gaʀdfu] n.m. (pl. *garde-fous*). - **1.** Garde-corps, balustrade. - **2.** Disposition, mesure, état de fait qui empêche de commettre des écarts, des erreurs : *Cette loi servira de garde-fou contre les abus* (syn. rempart).

garde-malade [gaʀdmalad] n. (pl. *gardes-malade* [s]). Personne qui aide les malades dans les actes élémentaires de la vie sans donner les soins relevant des praticiens (infirmières, médecins).

garde-manger [gaʀdmɑ̃ʒe] n.m. inv. Petite armoire formée de châssis garnis de toile métallique ou placard extérieur, servant à conserver les aliments.

garde-meuble ou **garde-meubles** [gaʀdəmœbl] n.m. (pl. *garde-meubles*). Local spécialisé où l'on peut entreposer temporairement des meubles.

gardénia [gaʀdenja] n.m. (du n. du botaniste *Garden*). Arbuste à fleurs blanches et odorantes, originaire de Chine. □ Famille des rubiacées.

garden-party [gaʀdɛnpaʀti] n.f. (loc. angl., de *garden* "jardin" et *party* "réunion") [pl.

garden-partys ou *garden-parties*]. Réception mondaine donnée dans un jardin, un parc.

garde-pêche [gaʀdəpɛʃ] n.m. (pl. *gardes-pêche*). Agent chargé de la police de la pêche.

garder [gaʀde] v.t. (du germ. *wardôn* "regarder"). - **1.** Surveiller un être pour le protéger, prendre soin de lui : *Garder des enfants.* - **2.** Surveiller qqn pour l'empêcher de s'évader, de nuire : *Garder un suspect* (= le soumettre à une garde à vue). - **3.** Surveiller un lieu, une issue, etc., pour en défendre l'accès : *Les entrées sont gardées par la police.* - **4.** Ne pas quitter un lieu, rester chez soi, en parlant d'un malade : *Garder la chambre.* - **5.** Conserver une denrée périssable, mettre en réserve : *Garder des fruits tout l'hiver.* - **6.** Conserver sur soi, près de soi : *Garder copie d'un document.* - **7.** Conserver sur soi un vêtement : *Il fait froid ici, je vais garder mon manteau.* - **8.** Conserver pour un temps limité ou en vue d'une utilisation ultérieure : *Je vous garde la place. Garder le meilleur pour la fin* (syn. réserver). - **9.** Retenir qqn près de soi : *Garder un ami à dîner.* - **10.** Continuer à employer, à fréquenter qqn : *Garder un collaborateur.* - **11.** Conserver pour soi, ne pas révéler : *Garder un secret.* - **12.** Conserver tel sentiment, rester dans tel état : *Garder rancune à qqn. Garder son sérieux.* - **13.** Garder le silence, ne pas parler. ◆ **se garder** v.pr. [de]. - **1.** LITT. Prendre garde à, se méfier de : *Gardez-vous des flatteurs.* - **2.** Éviter, s'abstenir de : *Il s'est bien gardé de nous prévenir.*

garderie [gaʀdəʀi] n.f. Garde, surveillance collective de jeunes enfants ; lieu où s'effectue cette garde.

garde-robe [gaʀdəʀɔb] n.f. (pl. *garde-robes*). - **1.** vx. Petite pièce ou armoire où l'on range les vêtements ; penderie. - **2.** Ensemble des vêtements d'une personne : *Renouveler sa garde-robe.*

garde-voie [gaʀdəvwa] n.m. (pl. *gardes-voie[s]*). Agent, soldat qui surveille une voie ferrée.

gardian [gaʀdjɑ̃] n.m. (de l'anc. prov. *gardar* "garder"). Gardien à cheval d'un troupeau de taureaux, de chevaux, en Camargue.

gardien, enne [gaʀdjɛ̃, -ɛn] n. (réfection de l'anc. fr. *guardenc*, de *garder*). - **1.** Personne qui est chargée de garder qqn, un animal, qqch : *Gardien de square* (syn. surveillant). - **2.** Préposé(e) à la garde d'un immeuble : *Donner ses clefs à la gardienne* (syn. concierge). - **3.** Protecteur, défenseur : *Un gardien des traditions.* - **4.** Gardien, gardienne de but. Dernier défenseur du but d'une équipe de football, de hockey, de handball, etc. ‖ Gardien de la paix. Agent de police municipale. (On disait autref. *sergent de ville.*) ◆ adj. Qui garde, protège : *Ange gardien.*

gardiennage [gaʀdjenaʒ] n.m. - **1.** Emploi, service de gardien. - **2.** Service de garde et de surveillance.

gardienne [gaʀdjɛn] n.f. Nourrice, assistante maternelle.

gardon [gaʀdɔ̃] n.m. (probabl. de *garder*, p.-ê. au sens de "regarder" par allusion aux yeux rouges du poisson). Poisson d'eau douce. □ Famille des cyprinidés ; long. 15 à 30 cm.

1. **gare** [gaʀ] n.f. (de *garer*). - **1.** Ensemble des installations de chemin de fer où se font le transbordement des marchandises, l'embarquement et le débarquement des voyageurs : *Le train entre en gare.* - **2.** Gare fluviale, bassin où se garent les bateaux sur un cours d'eau ou un canal. ‖ Gare maritime, gare aménagée sur les quais d'un port pour faciliter le transbordement des voyageurs et des marchandises. ‖ Gare routière, emplacement aménagé pour accueillir les véhicules routiers assurant le transport des voyageurs ou des marchandises.

2. **gare** [gaʀ] interj. (impér. de *garer*). - **1.** Exclamation avertissant de se garer, de prendre garde à soi : *Gare, devant !* - **2.** Sans crier gare, sans prévenir.

garenne [gaʀɛn] n.f. (lat. médiév. *warenna*, d'orig. incert. "réserve de petit gibier"). Lieu boisé où les lapins vivent à l'état sauvage.

garer [gaʀe] v.t. (anc. scand. *vara* "avertir", rattaché au germ. *warôn* "protéger"). - **1.** Mettre un véhicule à l'écart de la circulation ou le rentrer dans une gare, un garage : *Je vais garer la voiture* (syn. parquer). - **2.** FAM. Mettre à l'abri, en sûreté : *Garer sa fortune.* ◆ **se garer** v.pr. - **1.** Ranger la voiture que l'on conduit dans un lieu réservé au stationnement (syn. stationner). - **2.** Se ranger de côté pour laisser passer : *Garez-vous, j'arrive !* - **3.** Se garer de qqch, éviter, se préserver de : *Se garer des coups.*

gargantua [gaʀgɑ̃tɥa] n.m. (n. d'un personnage de Rabelais). Gros mangeur (syn. ogre).

gargantuesque [gaʀgɑ̃tɥɛsk] adj. Digne de Gargantua : *Un repas gargantuesque* (syn. pantagruélique).

se gargariser [gaʀgaʀize] v.pr. (lat. *gargarizare*, gr. *gargarizein*, d'orig. onomat.). - **1.** Se rincer la gorge et l'arrière-bouche avec un liquide, un antiseptique qu'on garde un moment avant de le rejeter. - **2.** FAM. Se délecter avec suffisance de : *Se gargariser de son succès* (syn. savourer).

gargarisme [gaʀgaʀism] n.m. (bas lat. *gargarisma*, du gr.). - **1.** Médicament liquide pour se gargariser. - **2.** Action de se gargariser.

gargote [gaʀgɔt] n.f. (de l'anc. fr. *garguer* "faire du bruit avec la gorge"). Restaurant où l'on mange à bas prix une mauvaise nourriture (péjor.).

gargouille [gaʀguj] n.f. (du rad. onomat. *garg-* et de *goule*, anc. forme de *gueule*). Conduit saillant, souvent orné d'une figure de fantaisie, adapté à une gouttière, et qui déverse les eaux de pluie loin des murs ; la figure elle-même.

gargouillement [gaʀgujmɑ̃] et **gargouillis** [gaʀguji] n.m. (de *gargouiller*). - **1.** Bruit produit par un liquide agité de remous dans une canalisation, un récipient. - **2.** Bruit d'un liquide, d'un gaz dans la gorge, l'estomac ou les entrailles (syn. borborygme).

gargouiller [gaʀguje] v.i. (de *gargouille*). Faire entendre un gargouillement : *Mon estomac gargouille.*

gargoulette [gaʀgulɛt] n.f. (de l'anc. fr. *gargoule* "petite gargouille"). Cruche poreuse où l'eau se rafraîchit par évaporation.

garibaldien, enne [gaʀibaldjɛ̃, -ɛn] n. et adj. HIST. Partisan de Garibaldi ; qui a fait campagne sous ses ordres.

garnement [gaʀnəmɑ̃] n.m. (de *garnir*, pour des raisons incert.). Enfant insupportable (syn. coquin, polisson).

garni, e [gaʀni] adj. (p. passé de *garnir*). Se dit d'un plat de viande accompagné de légumes.

garnir [gaʀniʀ] v.t. (germ. *warnian* "prévenir, munir") [conj. 32]. - **1.** Remplir de ce qui est nécessaire ou adéquat : *Garnir le réfrigérateur.* - **2.** Compléter d'éléments accessoires : *Garnir une étagère de bibelots* (syn. orner). - **3.** Pourvoir d'éléments protecteurs : *Garnir une porte de plaques d'acier* (syn. renforcer, blinder). ◆ **se garnir** v.pr. Se remplir graduellement : *La salle se garnit.*

garnison [gaʀnizɔ̃] n.f. (de *garnir*). Ensemble des troupes stationnées dans une ville ou dans un ouvrage fortifié ; la ville elle-même.

garnissage [gaʀnisaʒ] n.m. - **1.** Action de garnir ; ce qui garnit : *Le garnissage d'un chapeau.* - **2.** AUTOM. CH. DE F. Ensemble des travaux d'aménagement à l'intérieur d'un véhicule. - **3.** Revêtement intérieur réfractaire d'un four, d'un creuset, etc.

garniture [gaʀnityʀ] n.f. - **1.** Ce qui s'ajoute pour garnir, orner, embellir : *Garniture de dentelle d'une robe.* - **2.** Ce qui accompagne la pièce principale d'un plat : *Garniture de riz* (syn. accompagnement). - **3.** Aménagement intérieur destiné à rendre confortables ou à enjoliver une automobile, une voiture de chemin de fer (sièges, revêtement des portes, etc.) : *Garnitures des portières* (syn. enjoliveur). - **4.** Ensemble d'objets assortis : *Garniture de boutons.* - **5.** Garniture de cheminée, objets assortis décorant un dessus de cheminée.

garrigue [gaʀig] n.f. (anc. prov. *garriga*). Formation végétale secondaire (chênes verts mélangés à des buissons et à des plantes herbacées) qui apparaît sur les sols calcaires après destruction de la forêt, dans les pays méditerranéens.

1. garrot [gaʀo] n.m. (prov. *garrot*, du gaul. *garra* "partie de la jambe"). Région du corps des grands quadrupèdes, surmontant les épaules et délimitée par l'encolure, le dos et le plat des épaules.

2. garrot [gaʀo] n.m. (anc. fr. *guaroc*, de *garochier*, frq. *wrokkôn* "tordre"). - **1.** Morceau de bois que l'on passe dans une corde pour la tendre en la tordant : *Garrot d'une scie.* - **2.** Appareil, lien servant à comprimer un membre pour arrêter une hémorragie. - **3.** *Supplice du garrot*, autref., torture par strangulation.

garrottage [gaʀɔtaʒ] n.m. Action de garrotter ; fait d'être garrotté.

garrotter [gaʀote] v.t. (de *2. garrot*). Lier étroitement et fortement : *Ils avaient garrotté le gardien de nuit* (syn. ligoter).

gars [ga] n.m. (de *garçon* "domestique"). FAM. Garçon, homme : *C'est un brave gars.*

gascon, onne [gaskɔ̃, -ɔn] adj. et n. (lat. pop. *Wasco, -onis*, class. *Vasco*). - **1.** De la Gascogne. - **2.** LITT., VX. Fanfaron, hâbleur. - **3.** *Offre de Gascon*, proposition qui n'est pas sérieuse. ◆ **gascon** n.m. Dialecte de langue d'oc parlé au sud-ouest de la Garonne.

gas-oil ou **gasoil** [gazɔjl] ou [gazwal] n.m. (loc. anglo-amér., de *gas* "gaz" et *oil* "huile"). [Anglic. déconseillé]. Gazole.

gaspillage [gaspijaʒ] n.m. Action de gaspiller ; emploi abusif et désordonné de certains biens : *Ils ont horreur du gaspillage.*

gaspiller [gaspije] v.t. (croisement du terme de l'Ouest *gaspailler* "rejeter les balles de blé", avec le prov. *gaspilha* "grapiller, gaspiller"). - **1.** Dépenser avec profusion ; consommer sans discernement : *Gaspiller ses économies* (syn. dilapider). - **2.** Faire un emploi désordonné et sans profit de ce qu'on possède : *Gaspiller son talent* (syn. gâcher, galvauder).

gaspilleur, euse [gaspijœʀ, -øz] adj. et n. Qui gaspille.

gastéropode [gasteʀɔpɔd] et **gastropode** [gastʀɔpɔd] n.m. (du gr. *gastêr* "ventre", et de *-pode*). Gastéropodes, classe de mollusques rampant sur un large pied ventral, souvent pourvus d'une coquille dorsale en forme de spirale et vivant dans les mers (buccin), en eau douce (limnée) ou dans les lieux humides (escargot, limace).

gastralgie [gastʀalʒi] n.f. (de *gastr[o]* et *-algie*). Douleur à l'estomac.

gastrique [gastʀik] adj. (du gr. *gastêr* "ventre"). - **1.** Relatif à l'estomac : *Douleur gastrique.* - **2.** Suc gastrique, liquide acide sécrété par l'estomac et qui contribue à la digestion.

gastrite [gastʀit] n.f. (lat. scientif. *gastritis,* du gr. *gastêr* "ventre"). Inflammation de la muqueuse de l'estomac.

gastro-entérite [gastʀɔ̃āteʀit] n.f. (pl. *gastro-entérites*). Inflammation simultanée de la muqueuse de l'estomac et de celle des intestins.

gastro-entérologie [gastʀɔ̃āteʀɔlɔʒi] n.f. (de *gastro-, entéro-* et *-logie*). MÉD. Spécialité consacrée aux maladies du tube digestif.
◆ **gastro-entérologue** n. (pl. *gastro-entérologues*). Nom du spécialiste.

gastro-intestinal, e, aux [gastʀɔ̃ētestinal, -o] adj. Qui concerne l'estomac et l'intestin.

gastronome [gastʀɔnɔm] n. (de *gastronomie*). Personne qui aime et apprécie la bonne chère (syn. gourmet).

gastronomie [gastʀɔnɔmi] n.f. (gr. *gastronomia*). Connaissance de tout ce qui se rapporte à la cuisine, à l'ordonnancement des repas, à l'art de déguster et d'apprécier les mets.

gastronomique [gastʀɔnɔmik] adj. - **1.** Qui a rapport à la gastronomie : *Chronique gastronomique.* - **2.** Se dit d'un repas, d'un menu présentant des mets soignés et abondants.

gastropode n.m. → **gastéropode.**

gâté, e [gate] adj. (de *gâter*). - **1.** Détérioré, pourri : *Un fruit gâté.* - **2.** Enfant gâté, élevé avec trop d'indulgence.

gâteau [gato] n.m. (lat. pop. *wastellum,* du frq. *wastil*). - **1.** Tout apprêt de pâtisserie réalisé à partir d'une pâte de base employée seule ou agrémentée de crème, de fruits, etc. : *Des gâteaux secs* (= des biscuits). - **2.** Ensemble des alvéoles en cire que construisent les abeilles pour conserver leur miel. - **3.** FAM. Avoir sa part du gâteau, participer aux bénéfices d'une affaire. ‖ FAM. C'est du gâteau, c'est qqch d'agréable, de facile. ‖ Papa, maman gâteau, qui gâte ses enfants : *De vrais papas gâteaux.*

gâter [gate] v.t. (lat. *vastare,* devenu *wastare* sous l'influence du rad. germ. *wōst-,* exprimant la destruction). - **1.** Altérer par putréfaction : *L'humidité gâte les fruits* (syn. abîmer, pourrir). - **2.** Compromettre le résultat de qqch : *Tu as tout gâté* (syn. gâcher). - **3.** Priver de son caractère agréable, compromettre l'aspect de qqch : *Cet édifice gâte le paysage.* - **4.** Combler de cadeaux, de choses agréables : *Il m'a gâtée à Noël.* - **5.** Gâter un enfant, le traiter avec trop d'indulgence. ◆ **se gâter** v.pr. - **1.** Devenir couvert, pluvieux, en parlant du temps (syn. s'assombrir, se couvrir).

- **2.** Prendre une mauvaise tournure : *La situation se gâte.*

gâterie [gatʀi] n.f. - **1.** LITT. Action de gâter, de choyer à l'excès ; caresses, complaisances excessives. - **2.** Petit présent ; friandise, douceur : *Apporter des gâteries aux enfants.*

gâteux, euse [gatø, -øz] adj. et n. (de *gâter* [de l'eau] "uriner involontairement"). - **1.** MÉD. Atteint de gâtisme. - **2.** FAM. Affaibli physiquement et intellectuellement ; qui radote : *Ne fais pas attention à elle, elle est gâteuse.*

gâtisme [gatism] n.m. (de *gâteux*). - **1.** MÉD. Trouble, décrépitude physique et mentale accompagnés d'incontinence, dans certaines maladies mentales ou certaines affections neurologiques. - **2.** État d'une personne affaiblie physiquement et intellectuellement.

1. gauche [goʃ] adj. (de *gauchir*). - **1.** Se dit du côté du corps de l'homme et des animaux où est placé le cœur : *Pied gauche.* - **2.** En parlant de choses orientées, se dit de la partie située du côté gauche d'une personne qui aurait la même orientation : *Portière gauche d'une voiture.* - **3.** En parlant de choses non orientées, se dit de la partie située du côté gauche de celui qui regarde : *La partie gauche de l'écran.* - **4.** Maladroit, gêné : *Des manières gauches* (syn. emprunté). ◆ **gauche** n.m. - **1.** Poing gauche, en boxe : *Crochet du gauche.* - **2.** Pied gauche, au football, au rugby.

2. gauche [goʃ] n.f. (de *1. gauche*). - **1.** Main, côté gauche d'une personne (par opp. à *droit*) : *Tourner sur sa gauche.* - **2.** Poing gauche, en boxe ; coup porté avec ce poing : *Il a une gauche dévastatrice.* - **3.** Côté gauche (par rapport au président) d'une salle où siège une assemblée délibérante. - **4.** Ensemble des groupements et partis qui professent des opinions progressistes (par opp. à la *droite,* conservatrice) : *Voter pour la gauche.* - **5.** À gauche, du côté gauche : *Prendre à gauche.* ‖ De gauche, qui est situé sur le côté gauche : *Page de gauche ;* qui relève de la gauche en politique, qui la soutient : *Politique, homme de gauche.* ‖ Extrême gauche, ensemble des mouvements politiques ayant des positions révolutionnaires ou plus radicalement progressistes que les partis communiste et socialiste.

gauchement [goʃmā] adv. De façon gauche : *Saisir gauchement un objet* (syn. maladroitement).

gaucher, ère [goʃe, -ɛʀ] adj. et n. Se dit d'une personne qui se sert ordinairement de la main gauche (par opp. à *droitier*).

gaucherie [goʃʀi] n.f. (de *1. gauche*). - **1.** Manque d'aisance, d'adresse (syn. embarras, gêne). - **2.** Acte, geste gauche : *Gaucherie commise par ignorance* (syn. balourdise). *La gaucherie d'une question* (syn. maladresse).

gauchir [goʃiʀ] v.i. (du frq. *wenkjan* "faire des détours") [conj. 32]. Subir une déviation ou une torsion, perdre sa forme : *Cette planche gauchit* (syn. se déformer, se voiler). ◆ v.t. - **1.** Donner une déformation à qqch : *L'humidité a gauchi la porte* (syn. déformer, voiler). - **2.** Détourner de sa direction première, ou de son sens véritable : *Gauchir un fait divers* (syn. dénaturer, fausser).

gauchisant, e [goʃizɑ̃, -ɑ̃t] adj. et n. Dont les sympathies politiques vont aux partis de gauche.

gauchisme [goʃism] n.m. Attitude ou théorie politique de ceux qui privilégient le rôle révolutionnaire des masses par rapport à celui des partis ou des syndicats de la gauche traditionnelle. ◆ **gauchiste** adj. et n. Qui appartient au gauchisme ; qui en est partisan.

gauchissement [goʃismɑ̃] n.m. - **1.** Déformation d'une pièce qui a gauchi. - **2.** Altération d'un fait : *Gauchissement de la réalité* (syn. déformation).

gaucho [goʃo] ou [gautʃo] n.m. (mot esp., quechua *wahca* "pauvre"). Gardien de troupeaux de la pampa argentine.

gaudriole [godʀijɔl] n.f. (de l'anc. v. *gaudir*, lat. *gaudere* "se réjouir", d'apr. *cabriole*). FAM. - **1.** Propos ou plaisanterie d'une gaieté libre (syn. gauloiserie, grivoiserie). - **2.** La gaudriole, les relations amoureuses, le libertinage : *Il ne pense qu'à la gaudriole* (syn. fam. bagatelle).

gaufrage [gofʀaʒ] n.m. - **1.** Action de gaufrer ; fait d'être gaufré. - **2.** Relief obtenu sur le papier par impression d'une gravure en creux.

gaufre [gofʀ] n.f. (frq. *wafla* "rayon de miel"). - **1.** Gâteau formé d'alvéoles de cire que fabriquent les abeilles. - **2.** Pâtisserie légère, ornée d'alvéoles, évoquant une gaufre d'abeilles : *Gaufre au sucre.*

gaufrer [gofʀe] v.t. (de *gaufre*, en raison des motifs qu'elle présente). Imprimer, au moyen de fers chauds ou de cylindres gravés, des motifs en relief sur des étoffes, du cuir, du papier, etc.

gaufrette [gofʀɛt] n.f. (dimin. de *gaufre*). Petit biscuit sec feuilleté, parfois fourré de crème ou de confiture.

gaufrier [gofʀije] n.m. (de *gaufre*). Moule formé de deux plaques alvéolées articulées entre lesquelles on cuit les gaufres.

gaulage [golaʒ] n.m. Action de gauler.

gaule [gol] n.f. (frq. *walu* "bâton"). - **1.** Longue perche. - **2.** Canne à pêche.

gauler [gole] v.t. (de *gaule*). - **1.** Battre les branches d'un arbre avec une gaule pour en faire tomber les fruits : *Gauler les noix.* - **2.** FAM. Se faire gauler, se faire prendre sur le fait : *Il s'est fait gauler par la police.*

gaullisme [golism] n.m. Courant politique se réclamant de l'action et de la pensée du général de Gaulle. ◆ **gaulliste** adj. et n. Qui appartient au gaullisme ; qui en est partisan.

gaulois, e [golwa, -az] adj. et n. (frq. *walhisk*, de *Walha* "Romans"). De la Gaule. ◆ adj. D'une gaieté libre et licencieuse (syn. gaillard, leste). ◆ **gaulois** n.m. Langue celtique parlée par les Gaulois.

gauloiserie [golwazʀi] n.f. - **1.** Caractère de ce qui est gaulois, exprimé de façon libre. - **2.** Propos libre ou licencieux : *Débiter des gauloiseries* (syn. grivoiserie, paillardise).

se gausser [gose] v.pr. [**de**]. (orig. obsc.) LITT. Se moquer ouvertement de qqn, de qqch.

gavage [gavaʒ] n.m. - **1.** Action de gaver : *Le gavage des oies.* - **2.** MÉD. Alimentation artificielle (d'un malade, d'un nourrisson) au moyen d'une sonde.

gaver [gave] v.t. (de l'anc. picard *gave* "jabot, gosier", var. dial. de *joue*). - **1.** Alimenter de force des volailles en leur introduisant de la nourriture jusqu'au fond du gosier, à la main ou à l'aide d'un appareil. □ Ce sont surtout les oies et les canards que l'on gave, pour obtenir le foie gras. - **2.** Faire manger avec excès : *Gaver un enfant de bonbons* (syn. bourrer). - **3.** Bourrer, encombrer l'esprit de connaissances : *On les gave de mathématiques.* ◆ **se gaver** v.pr. [**de**]. - **1.** Manger à satiété, avec excès. - **2.** FAM. Bourrer son esprit : *Il se gave de romans policiers* (syn. se repaître).

gavial [gavjal] n.m. (mot hindi) [pl. *gavials*]. Crocodile d'Inde et de Birmanie, à museau long et fin. □ Long. jusqu'à 10 m.

gavotte [gavɔt] n.f. (prov. *gavoto*, de *gavot* "montagnard provençal"). Danse française ou morceau instrumental, d'allure modérée et de rythme binaire (XVIIᵉ-XVIIIᵉ s.).

gavroche [gavʀoʃ] n.m. (n. d'un personnage des *Misérables*, de V. Hugo). VIEILLI. Gamin de Paris, malicieux et effronté ; titi. ◆ adj. Qui évoque ce gamin : *Air gavroche.*

gay [gɛ] n. (mot anglo-amér.). FAM. Homosexuel, ou, plus rarement, homosexuelle. ◆ adj. Relatif aux homosexuels. (On écrit aussi *gai, e*.)

gayal [gajal] n.m. (mot hindi) [pl. *gayals*]. Bœuf semi-domestique de l'Asie du Sud-Est, à bosses et à cornes courtes. □ Famille des bovidés.

gaz [gaz] n.m. (mot créé par le chimiste Van Helmont, d'apr. le lat. *chaos*, gr. *khaos* "abîme, vide"). - **1.** Corps qui se trouve à l'état gazeux, en partic. à la température et à la pression ordinaires (par opp. aux *solides* et aux *liquides*) : *L'oxygène est un gaz.* - **2.** (Surtout au pl.). Mélange d'air dégluti et de produits volatils des fermentations, dans le tube digestif : *Avoir des gaz.* - **3.** (Précédé de l'art. déf.). Gaz naturel ou manufacturé employé notamment comme combustible ou carburant : *As-tu le gaz chez toi ? ;* le service, la compagnie qui fabrique et distribue le gaz de ville : *Employé du gaz.* - **4.** **Gaz de combat,** substances chimiques gazeuses ou liquides employées comme arme. ‖ **Gaz de houille,** obtenu par distillation de la houille dans des fours à coke. ‖ **Gaz de ville,** gaz naturel ou gaz de houille distribué par des conduites (par opp. à *gaz en bouteille*). ‖ **Gaz naturel,** mélange d'hydrocarbures saturés gazeux que l'on trouve dans les gisements souterrains, constituant un excellent combustible. ‖ **Gaz permanent,** gaz que l'on ne peut liquéfier par simple augmentation de pression. ‖ **Gaz rares,** hélium, néon, argon, krypton, xénon. - **5.** FAM. Il y a de l'eau dans le gaz, il y a des difficultés, des désaccords. ‖ **Mettre les gaz,** donner de la vitesse à un moteur en appuyant sur l'accélérateur ; au fig., faire vite, se hâter.

gazage [gazaʒ] n.m. Action de gazer.

gaze [gaz] n.f. (orig. incert., p.-ê. ar. *quazz* "bourre de soie"). - **1.** Étoffe légère et transparente, de soie ou de coton, employée dans la mode ou la confection. - **2.** PHARM. Simple tissu de coton très lâche, tissé en armure toile, utilisé pour les compresses, les pansements, les bandages : *Mettre une gaze sur une plaie.*

gazé, e [gaze] adj. et n. Qui a subi l'action de gaz asphyxiants ou toxiques : *Les gazés de la Première Guerre mondiale.*

gazéification [gazeifikasjɔ̃] n.f. - **1.** Action de gazéifier ; transformation en gaz combustibles de produits carbonés. - **2.** Adjonction de gaz carbonique à une boisson.

gazéifier [gazeifje] v.t. (conj. 9). - **1.** Faire passer un corps à l'état gazeux. - **2.** Dissoudre du gaz carbonique dans une boisson pour la rendre gazeuse : *Eau gazéifiée.*

gazelle [gazɛl] n.f. (ar. *gazel*). Petite antilope très rapide, vivant dans les steppes d'Afrique et d'Asie.

gazer [gaze] v.t. Soumettre à l'action de gaz toxiques ou asphyxiants. ◆ v.i. - **1.** FAM. Aller à toute vitesse. - **2.** FAM. Ça gaze, ça va bien, ça prend bonne tournure.

gazette [gazɛt] n.f. (it. *gazzetta*). Autref., écrit périodique, donnant des nouvelles politiques, littéraires, artistiques.

gazeux, euse [gazø, -øz] adj. - **1.** De la nature du gaz : *Un corps gazeux.* - **2.** Eau gazeuse, eau

qui contient du gaz carbonique dissous. ‖ PHYS. État gazeux, état de la matière présenté par les corps qui n'ont pas de forme propre et qui occupent la totalité du volume de tout récipient les contenant.

gazinière [gazinjɛʀ] n.f. (croisement de *gaz* et *cuisinière*). Cuisinière à gaz.

gazoduc [gazɔdyk] n.m. (de *gaz,* d'apr. *oléoduc*). Canalisation destinée au transport à longue distance du gaz naturel.

gazogène [gazɔʒɛn] n.m. (de *gaz* et *-gène*). Appareil transformant, par oxydation incomplète, le charbon ou le bois en gaz combustible.

gazole [gazɔl] n.m. (de *gas-oil*). Liquide pétrolier jaune clair, utilisé comme carburant et comme combustible. (On écrit aussi *gas-oil* ou *gasoil* [anglic. déconseillés]).

gazon [gazɔ̃] n.m. (frq. *waso* "motte de terre garnie d'herbe"). - **1.** Herbe courte et fine : *Semer du gazon.* - **2.** Terrain couvert de gazon : *S'allonger sur le gazon.*

gazouillement [gazujmɑ̃] n.m. Petit bruit que font les oiseaux en chantant, les ruisseaux en coulant, etc.

gazouiller [gazuje] v.i. (d'un rad. onomat. *gas-*). - **1.** En parlant des petits oiseaux, faire entendre un chant léger, doux et confus. - **2.** En parlant de l'eau, produire un murmure. - **3.** En parlant d'un bébé, émettre les premiers sons articulés : *Bébé qui gazouille dans son berceau* (syn. babiller).

gazouillis [gazuji] n.m. - **1.** Gazouillement léger, partic. de l'hirondelle. - **2.** Émission vocale spontanée du nourrisson ; babil.

geai [ʒɛ] n.m. (bas lat. *gaius*). Oiseau passereau à plumage brun clair tacheté de bleu, de blanc et de noir, commun dans les bois. □ Famille des corvidés ; long. 35 cm. Le geai cajole.

géant, e [ʒeɑ̃, -ɑ̃t] n. (lat. pop. *gagantem,* du class. *Gigas, -gantis* "Géant", chacun des êtres mythologiques monstrueux, fils de la Terre). - **1.** Personne dont la taille est anormalement élevée ; personne très grande : « *La Géante* », *poème de Baudelaire.* - **2.** Personne, entreprise ou pays qui dépasse de beaucoup les autres par son génie ou sa puissance : *Un géant de la littérature.* - **3.** À pas de géant, très vite : *Elle progresse à pas de géant en anglais.* ◆ adj. - **1.** Dont les dimensions sont particulièrement importantes : *Cristaux géants. Ville géante* (syn. colossal, gigantesque). - **2.** Étoile géante, étoile possédant une grande luminosité et une faible densité.

gecko [ʒeko] n.m. (malais *gékoq*). Lézard des régions chaudes, très bruyant. □ Long. 35 cm.

géhenne [ʒeɛn] n.f. (bas lat. *gehenna,* de l'hébr. *ge-hinnom* "vallée de l'Hinnom"). Enfer, dans les écrits bibliques.

geignard, e [ɛɲaʀ, -aʀd] adj. et n. (de *geindre*). FAM. Qui geint, qui pleurniche sans cesse : *C'est un geignard* (syn. pleurnicheur). *Une voix geignarde* (syn. plaintif).

geignement [ɛɲəmã] n.m. Action de geindre ; plainte.

geindre [ɛ̃dʀ] v.i. (lat. *gemere* "gémir") [conj. 81]. - **1.** Se plaindre d'une voix faible, sans articuler : *Geindre de douleur* (syn. gémir). - **2.** FAM. Se lamenter à tout propos : *Tu passes ton temps à geindre* (syn. pleurnicher).

geisha [ɡeʃa] ou [ɡɛjʃa] n.f. (mot jap.). Femme japonaise formée dès son jeune âge à la danse, au chant, à la conversation, et dont le rôle est celui d'une hôtesse dont on loue les services, dans les maisons de thé, les banquets.

gel [ʒɛl] n.m. (lat. *gelu*). - **1.** Gelée des eaux : *Les dégâts causés par le gel.* - **2.** Période de gelée : *Le gel persiste depuis trois jours.* - **3.** Suspension d'une activité : *Gel des crédits* (syn. blocage). - **4.** CHIM. Mélange d'une matière colloïdale et d'un liquide qui se forme spontanément par floculation et coagulation. - **5.** Produit cosmétique ou thérapeutique génér. translucide et de consistance molle : *Gel dermique.*

gélatine [ʒelatin] n.f. (it. *gelatina*, du lat. *gelare* "geler"). Protéine ayant l'aspect d'une gelée, fondant vers 25 ºC, que l'on obtient par action de l'eau chaude sur le collagène des tissus de soutien animaux. □ On l'emploie en microbiologie comme milieu de culture, et dans l'industrie des colles, de la photographie, etc.

gélatineux, euse [ʒelatinø, -øz] adj. De la consistance de la gélatine ; qui ressemble à la gélatine : *Chair gélatineuse.*

gelée [ʒəle] n.f. (lat. pop. *gelata*, du class. *gelare* "geler"). - **1.** Abaissement de la température au-dessous de zéro, provoquant la conversion de l'eau en glace : *Gelées à prévoir à partir de huit cents mètres d'altitude.* - **2.** Suc de viande clarifié et solidifié : *Poulet en gelée.* - **3.** Jus de fruits cuits avec du sucre, qui se solidifie en se refroidissant : *Gelée de coing.* - **4.** Gelée blanche. Passage direct de la vapeur d'eau à l'état solide, par temps clair (à distinguer du *givre*). - **5.** Gelée royale. Liquide sécrété par les glandes nourricières des abeilles, destiné à alimenter les jeunes larves.

geler [ʒəle] v.t. (lat. *gelare*) [conj. 25]. - **1.** Transformer en glace : *Le lac est gelé.* - **2.** Atteindre, détériorer les organes, des tissus, en parlant du froid : *Le froid lui a gelé les pieds.* - **3.** Interrompre une activité, bloquer des mouvements de fonds : *Geler les négociations. Crédits gelés.* ◆ v.i. - **1.** Se transformer en glace. - **2.** Être atteint, détérioré par le froid : *La vigne a gelé.* - **3.** Avoir très froid : *On gèle ici.*

◆ v. impers. S'abaisser au-dessous de zéro, en parlant de la température : *Il va sûrement geler cette nuit.*

gélif, ive [ʒelif, -iv] adj. (de *geler*). Qui s'est fendu ou peut se fendre sous l'action du froid, en parlant des arbres, des roches.

gélifiant [ʒelifjã] n.m. Additif permettant de donner aux aliments la consistance d'un gel.

gélifier [ʒelifje] v.t. (conj. 9). Transformer en gel par addition d'une substance appropriée.

gelinotte ou **gélinotte** [ʒelinɔt] n.f. (de l'anc. fr. *geline*, lat. *gallina* "poule"). Oiseau gallinacé à plumage roux, long de 35 cm et vivant dans les forêts montagneuses. □ Famille des tétraonidés.

gélivité [ʒelivite] n.f. CONSTR. Défaut de certains matériaux qui se détériorent sous l'effet du gel.

gélule [ʒelyl] n.f. (de *gél*[*atine*], d'apr. *capsule*). PHARM. Capsule de gélatine de forme oblongue contenant génér. un médicament, un produit actif, en poudre ou sous forme de très petits granules.

gémeau, elle [ʒemo, -ɛl] adj. et n. (lat. *gemellus*). vx. Jumeau. ◆ **gémeaux** n. inv. et adj. inv. Personne née sous le signe des Gémeaux : *Elle est gémeaux.*

gémellaire [ʒemelɛʀ] adj. (du lat. *gemellus* "jumeau"). Relatif aux jumeaux : *Une grossesse gémellaire.*

gémellipare [ʒemelipaʀ] adj. (du lat. *gemellus* "jumeau", et *-pare*). Qui accouche ou qui va accoucher de jumeaux.

gémellité [ʒemelite] n.f. (du lat. *gemellus* "jumeau"). État d'enfants jumeaux.

gémination [ʒeminasjɔ̃] n.f. (lat. *geminatio* "répétition"). - **1.** État ou création de deux objets identiques ou symétriques. - **2.** PHON. Réalisation d'une géminée : *Gémination d'une consonne.*

géminé, e [ʒemine] adj. (lat. *geminatus* "double"). Disposé, groupé par deux, par paire : *Arcades géminées.* ◆ **géminée** n.f. PHON. Consonne longue perçue comme une suite de deux consonnes, phonétiquement identiques ; ces deux consonnes. (Ex. : *comme moi* [kɔmmwa].)

gémir [ʒemiʀ] v.i. (lat. pop. *gemire*, class. *gemere*) [conj. 32]. - **1.** Exprimer sa peine, sa douleur par des sons inarticulés : *Il gémissait dans son sommeil* (syn. geindre). - **2.** Faire entendre un bruit semblable à une plainte : *Le vent gémit dans les arbres.* - **3.** LITT. Être accablé, oppressé : *Gémir sous le poids des années* (syn. souffrir).

gémissant, e [ʒemisã, -ãt] adj. Qui gémit : *Voix gémissante.*

gémissement [ʒemismɑ̃] n.m. - **1.** Son plaintif et inarticulé exprimant la douleur, la peine : *Pousser des gémissements.* - **2.** LITT. Son qui a qqch de plaintif : *Le gémissement du vent dans la cheminée.*

gemmation [ʒemasjɔ̃] n.f. (de *gemme*). - **1.** Développement de bourgeons, bourgeonnement ; époque à laquelle celui-ci se produit. - **2.** Ensemble des bourgeons.

gemme [ʒɛm] n.f. (lat. *gemma*). - **1.** Pierre précieuse ou pierre fine transparente. - **2.** Bourgeon. - **3.** Résine de pin. ◆ adj. Sel gemme, sel cristallisé qui se trouve dans le sous-sol.

gemmé, e [ʒeme] adj. Orné de gemmes, de pierres précieuses.

gemmer [ʒeme] v.t. (de *gemme*). Inciser les pins pour en recueillir la résine.

gemmologie [ʒemɔlɔʒi] n.f. Science des pierres précieuses.

gémonies [ʒemɔni] n.f. pl. (lat. *gemoniae* [*scalae*] "[escalier] des gémissements"). - **1.** ANTIQ. ROM. Escalier, au flanc nord-ouest du Capitole, où l'on exposait les corps des suppliciés avant qu'ils ne soient jetés dans le Tibre. - **2.** Vouer, traîner qqn, qqch aux gémonies, les livrer au mépris public.

gênant, e [ʒenɑ̃, -ɑ̃t] adj. Qui gêne : *Cette armoire est gênante* (syn. embarrassant, encombrant). *Un regard gênant* (syn. intimidant).

gencive [ʒɑ̃siv] n.f. (lat. pop. *gingiva*, class. *gingiva*). Muqueuse entourant la base des dents et recouvrant le périoste des os maxillaires.

gendarme [ʒɑ̃daʀm] n.m. (contract. de *gens d'armes*). - **1.** Militaire appartenant à un corps de la gendarmerie : *Intervention des gendarmes.* - **2.** Grade de sous-officier, dans ce corps. - **3.** FAM. Personne autoritaire : *Ce directeur, c'est un gendarme.* - **4.** ZOOL. Punaise des bois rouge et noir.

se gendarmer [ʒɑ̃daʀme] v.pr. (de *gendarme*). - **1.** S'emporter, se mettre en colère : *Il faut toujours se gendarmer pour qu'ils obéissent.* - **2.** Protester, réagir vivement : *Se gendarmer contre le gaspillage* (syn. s'élever).

gendarmerie [ʒɑ̃daʀməʀi] n.f. (de *gendarme*). - **1.** Corps militaire chargé d'assurer le maintien de l'ordre public, l'exécution des lois sur tout le territoire national ainsi que la sécurité aux armées. - **2.** Caserne où sont logés les gendarmes ; bureaux où ils assurent leurs fonctions administratives : *Aller à la gendarmerie faire une déclaration.*

gendre [ʒɑ̃dʀ] n.m. (lat. *gener, -eris*). Époux de la fille, par rapport au père et à la mère de celle-ci.

gène [ʒɛn] n.m. (all. et angl. *gene*, sur le rad. du gr. *genos* "naissance"). BIOL Élément du chromosome, constitué par un segment d'A. D. N., conditionnant la transmission et la manifestation d'un caractère héréditaire déterminé → biotechnologie et génétique.

gêne [ʒɛn] n.f. (altér., d'apr. *géhenne*, de l'anc. fr. *gehine* "torture", de *gehir* "avouer", du frq. *jehhjan*). - **1.** État ou sensation de malaise éprouvés dans l'accomplissement de certaines actions ou fonctions : *Avoir de la gêne à respirer* (syn. difficulté). - **2.** Impression désagréable qu'on éprouve quand on est mal à l'aise : *Son comportement montrait de la gêne* (syn. confusion, trouble). - **3.** Situation pénible due à un manque d'argent : *Être dans la gêne* (syn. besoin). - **4.** FAM. Être sans gêne, agir, prendre ses aises sans se préoccuper des autres.

gêné, e [ʒene] adj. (de *gêner*). - **1.** Qui éprouve de la gêne ; qui manifeste une gêne : *Sourire gêné* (syn. embarrassé). - **2.** Être gêné, être dans une situation financière difficile.

généalogie [ʒenealɔʒi] n.f. (bas lat. *genealogia*, mot gr., de *genos* "origine" et *logos* "science"). - **1.** Dénombrement, liste des membres d'une famille : *Établir sa généalogie.* - **2.** Science qui a pour objet la recherche de l'origine et la composition des familles. ◆ **généalogiste** n. Nom du spécialiste.

généalogique [ʒenealɔʒik] adj. De la généalogie : *Un arbre généalogique.*

génépi [ʒenepi] n.m. (mot savoyard). - **1.** Armoise des Alpes et des Pyrénées. - **2.** Liqueur fabriquée avec cette plante.

gêner [ʒene] v.t. (de *gêne*). - **1.** Causer à qqn une gêne physique ou morale : *La fumée me gêne* (syn. incommoder). *Tout ce matériel me gêne* (syn. embarrasser, encombrer). *Sa présence me gêne* (syn. déranger, importuner). - **2.** Entraver, mettre des obstacles à l'action de qqn ; perturber le fonctionnement, le déroulement de qqch : *Pousse-toi, tu me gênes. Gêner la circulation* (syn. entraver). - **3.** Mettre à court d'argent : *Cette dépense nous a gênés.* ◆ **se gêner** v.pr. S'imposer une contrainte par discrétion ou timidité (souvent iron.) : *Ne vous gênez pas !*

1. général, e, aux [ʒeneʀal, -o] adj. (lat. *generalis* "qui appartient à un genre"). - **1.** Qui s'applique à un ensemble de personnes, de choses : *Je n'ai qu'une idée générale de la question* (syn. sommaire, superficiel). *Des caractères généraux* (contr. particulier). *Un phénomène général* (syn. courant, répandu). - **2.** Qui concerne la majorité ou la totalité d'un groupe : *Intérêt général* (syn. commun). *Grève générale* (= dans tous les secteurs d'activité). - **3.** Dont le domaine englobe toutes les spécialités : *Culture générale. Médecine générale.* -**4.** Qui est abstrait, vague, sans précision : *Considérations générales* (= d'ensemble). -**5.** Se dit d'une personne, d'un organisme qui est à l'échelon le plus élevé : *Inspecteur général. Direction générale.* -**6.** Répétition générale, dernière répétition d'une pièce de théâtre devant un public d'invités (on dit aussi *la générale*).

2. général [ʒeneʁal] n.m. (de *1. général*). -**1.** Ensemble des principes généraux, par opp. aux cas particuliers : *Distinguons le général du particulier.* -**2.** En général, le plus souvent, habituellement : *En général, elle est à l'heure.*

3. général [ʒeneʁal] n.m. (de *1. général*). -**1.** Officier titulaire d'un des grades les plus élevés dans la hiérarchie des armées de terre ou de l'air : *Un général quatre étoiles.* -**2.** Supérieur majeur de certains ordres religieux : *Le général des Jésuites.*

générale [ʒeneʁal] n.f. Femme d'un général.

généralement [ʒeneʁalmɑ̃] adv. En général.

généralisable [ʒeneʁalizabl] adj. Qui peut être généralisé.

généralisation [ʒeneʁalizasjɔ̃] n.f. Action de généraliser.

généraliser [ʒeneʁalize] v.t. (de *1. général*). -**1.** Rendre général ; étendre à tout un ensemble de personnes ou de choses : *Généraliser une méthode.* -**2.** (Absol.). Raisonner, conclure du particulier au général : *C'est vrai pour quelques-uns mais il ne faut pas généraliser.* ◆ **se généraliser** v.pr. Devenir général, s'étendre à un ensemble plus large : *Le recours à l'informatique se généralise* (syn. se répandre).

généralissime [ʒeneʁalisim] n.m. (it. *generalissimo*, de *generale* "général"). Général investi du commandement suprême des troupes d'un État ou d'une coalition.

généraliste [ʒeneʁalist] n. et adj. -**1.** Praticien qui exerce la médecine générale (par opp. à *spécialiste*) : *Consulter un généraliste.* -**2.** Personne ou entreprise qui n'est pas spécialisée dans un domaine particulier : *Chaîne de télévision généraliste* (= qui diffuse toutes sortes d'émissions).

généralité [ʒeneʁalite] n.f. (bas lat. *generalitas*). -**1.** Caractère de ce qui est général : *Généralité des idées.* -**2.** HIST. Circonscription financière de la France avant 1789, dirigée par un intendant. ◆ **généralités** n.f. pl. Notions, idées générales et lieux communs : *Se perdre dans des généralités* (syn. banalité).

1. générateur, trice [ʒeneʁatœʁ, -tʁis] adj. (lat. *generator*, de *generare* "engendrer"). -**1.** Qui engendre, produit, est la cause de : *Un mouvement générateur de désordres.* -**2.** BIOL.

Relatif à la reproduction. -**3.** MATH. Qui engendre une droite, une surface, un groupe, un espace vectoriel.

2. générateur [ʒeneʁatœʁ] n.m. (de *1. générateur*). -**1.** Appareil qui transforme l'énergie mécanique en énergie électrique. -**2.** Générateur de vapeur, chaudière à vapeur.

génératif, ive [ʒeneʁatif, -iv] adj. (bas lat. *generation*, du class. *generare* "engendrer"). -**1.** Relatif à la génération. -**2.** LING. Grammaire générative, grammaire formelle capable de générer l'ensemble infini des phrases d'une langue au moyen d'un ensemble fini de règles.

génération [ʒeneʁasjɔ̃] n.f. (lat. *generatio*, de *generare* "engendrer"). -**1.** VIEILLI. Fonction par laquelle les êtres se reproduisent : *Organes de la génération* (syn. cour. reproduction). -**2.** Action d'engendrer, de générer ; fait de se former : *Génération de textes automatiques à l'aide de l'informatique.* -**3.** Degré de filiation en ligne directe : *Entre le père et le fils, il y a une génération.* -**4.** Ensemble de personnes qui descendent de qqn : *Quatre générations sont réunies ce soir.* -**5.** Ensemble de personnes ayant à peu près le même âge à la même époque : *L'idole d'une génération* (= classe d'âge). -**6.** Stade d'un progrès technique, dans certains domaines : *Ordinateurs de la cinquième génération.* -**7.** Génération spontanée, formation spontanée d'êtres vivants à partir de matières minérales ou de substances organiques en décomposition, selon une théorie admise pendant l'Antiquité et le Moyen Âge pour certains animaux et, jusqu'à Pasteur, pour les microbes.

génératrice [ʒeneʁatʁis] n.f. (de *1. générateur*). -**1.** ÉLECTR. Machine dynamoélectrique ; dynamo. -**2.** MATH. Droite dont le déplacement engendre une surface réglée.

générer [ʒeneʁe] v.t. (lat. *generare* "engendrer") [conj. 18]. Produire, avoir pour conséquence : *La misère génère la délinquance* (syn. engendrer).

généreusement [ʒeneʁøzmɑ̃] adv. De façon généreuse.

généreux, euse [ʒeneʁø, -øz] adj. (lat. *generosus* "de bonne race", de *genus, -eris* "race"). -**1.** Qui donne largement ; désintéressé : *Se montrer généreux.* -**2.** LITT. Fertile, fécond : *Sol généreux* (syn. riche). -**3.** Abondant : *Repas généreux* (syn. copieux). -**4.** Formes généreuses, rebondies, plantureuses. ‖ Vin généreux, riche en goût et fort en alcool.

1. générique [ʒeneʁik] adj. (du lat. *genus, -eris* "race, genre"). -**1.** Qui appartient au genre, à tout un genre : *Caractère générique* (syn. commun ; contr. spécifique). -**2.** Relatif à un type de produit, quelle qu'en soit la marque : *Publicité générique sur le sucre.* - **3.** LING. Se dit d'un mot dont le sens englobe toute une catégorie d'êtres ou d'objets : « *Siège* » est un terme générique pour « *fauteuil* », « *chaise* », etc. - **4.** BIOL. Se dit du nom commun à toutes les espèces du même genre : *Felis* est le nom générique du chat, du tigre et du lion.

2. **générique** [ʒeneʀik] n.m. (de [*image*] *générique* "image créée par superposition"). Partie d'un film ou d'une émission de télévision où sont indiqués les noms de ceux qui y ont collaboré.

générosité [ʒeneʀozite] n.f. (lat. *generositas*, de *generosus* ; v. *généreux*). - **1.** Qualité d'une personne, d'une action généreuse : *Avoir la générosité de ne pas profiter de ses avantages* (syn. indulgence, magnanimité). - **2.** Disposition à donner avec largesse : *Faire preuve de générosité.* ◆ **générosités** n.f. pl. Dons, largesses : *Générosités d'un mécène.*

genèse [ʒənɛz] n.f. (lat. *genesis*, mot gr. "naissance, formation"). Processus de développement de qqch ; ensemble des faits qui ont concouru à la formation, la création de qqch : *La genèse d'un roman* (syn. conception, élaboration).

genêt [ʒənɛ] n.m. (lat. *genesta*). Arbrisseau à fleurs jaunes, commun dans certaines landes et formant de nombreuses espèces, parfois épineuses. □ Famille des papilionacées.

généticien, enne [ʒenetisjɛ̃, -ɛn] n. Spécialiste de la génétique.

1. **génétique** [ʒenetik] adj. (gr. *gennêtikos*, de *gennan* "engendrer"). Qui concerne les gènes, l'hérédité, la génétique : *Une mutation génétique.*

2. **génétique** [ʒenetik] n.f. (de *1. génétique*). Science de l'hérédité, dont les premières lois ont été dégagées par Mendel en 1865, et qui étudie la transmission des caractères anatomiques et fonctionnels des parents aux enfants.

génétiquement [ʒenetikmɑ̃] adv. Du point de vue génétique.

gêneur, euse [ʒɛnœʀ, -øz] n. (de *gêner*). Importun, fâcheux.

genévrier [ʒənevʀije] n.m. (de *genièvre*). Arbuste à feuilles épineuses et à baies violettes des prairies dégradées. □ Famille des cupressacées ; haut. jusqu'à 6 m.

génial, e, aux [ʒenjal, -o] adj. - **1.** Qui a du génie : *Une artiste géniale* (syn. talentueux). - **2.** Inspiré par le génie : *Une invention géniale.* - **3.** FAM. Remarquable en son genre, sensationnel : *Un film génial* (syn. extraordinaire).

génialement [ʒenjalmɑ̃] adv. De façon géniale : *Rôle génialement interprété.*

génialité [ʒenjalite] n.f. Caractère de ce qui est génial : *Génialité d'une intuition.*

génie [ʒeni] n.m. (lat. *genius* "démon tutélaire" puis "caractère"). - **1.** Être allégorique personnifiant une idée abstraite : *Le génie de la liberté.* - **2.** Esprit ou être mythique détenteur de pouvoirs magiques : *Bon, mauvais génie.* - **3.** Dans la mythologie gréco-romaine, esprit qui présidait à la destinée d'un être ou d'une collectivité ou qui protégeait un lieu : *Génie tutélaire.* - **4.** Disposition, aptitude naturelle à créer des choses d'une qualité exceptionnelle : *Homme de génie.* - **5.** Personne douée d'une telle aptitude : *Un génie méconnu.* - **6.** Ensemble des connaissances et des techniques concernant la conception, la mise en œuvre et les applications de procédés, de dispositifs, de machines propres à un domaine déterminé : *Génie rural, concernant les constructions et les équipements agricoles.* - **7.** MIL. Dans l'armée de terre, arme chargée des travaux relatifs aux voies de communication et à l'aménagement du terrain ; service assurant la gestion du domaine militaire. - **8.** Génie civil, art des constructions civiles (par opp. à *génie militaire*, ou *génie*). ‖ Génie génétique, ensemble des techniques de modification du programme génétique de certaines cellules vivantes (bactéries), destinées à leur faire fabriquer des substances utiles dont la synthèse est difficile ou impossible. [→ *génétique*]. - **9.** Le génie de (+ n.), le talent, le goût, le penchant pour une chose : *Avoir le génie des affaires.*

genièvre [ʒənjɛvʀ] n.m. (lat. *juniperus*). - **1.** Genévrier. - **2.** Fruit du genévrier. (On dit aussi *baie de genièvre*.) - **3.** Eau-de-vie obtenue par distillation de moûts de céréales en présence de baies de genévrier.

génique [ʒenik] adj. BIOL. Relatif aux gènes.

génisse [ʒenis] n.f. (lat. pop. **jenicia*, du class. *junix, -icis*). Jeune femelle de l'espèce bovine n'ayant pas encore vêlé (syn. région. taure).

génital, e, aux [ʒenital, -o] adj. (lat. *genitalis*, de *genitum*, supin de *genere* "engendrer"). - **1.** Relatif à la reproduction sexuée des animaux et de l'homme. - **2.** Organes génitaux, organes sexuels. ‖ PSYCHAN. Stade génital, stade qui se caractérise par la subordination des pulsions partielles à la zone génitale et qui apparaît à la puberté.

géniteur, trice [ʒenitœʀ, -tʀis] n. (lat. *genitor*, du rad. de *genere* "engendrer"). Personne ou animal qui engendre ; parent.

génitif [ʒenitif] n.m. (lat. *genitivus*, de *genere* "engendrer"). GRAMM. Cas exprimant un rapport de subordination entre deux noms (possession, dépendance, etc.) dans les langues à déclinaison.

génocide [ʒenɔsid] n.m. (du gr. *genos* "race", et de -*cide*). Extermination systématique d'un groupe humain, national, ethnique ou religieux.

génois [ʒenwa] n.m. (de *Gênes*). MAR. Grand foc dont le point d'écoute est reporté vers l'arrière du voilier.

génoise [ʒenwaz] n.f. (de *Gênes*). - **1.** Pâte à biscuit légère qui sert à réaliser de nombreux gâteaux fourrés, glacés au fondant ou décorés à la pâte d'amandes. - **2.** Frise composée de tuiles en forme de gouttière superposées.

génome [ʒenom] n.m. (de *gène* et [*chromos*]*ome*). Ensemble des gènes portés par les chromosomes de l'espèce.

génotype [ʒenɔtip] n.m. (de *gène* et -*type*). Ensemble du matériel génétique porté par un individu et représentant sa formule héréditaire, fixée à la fécondation (que les gènes qu'il possède soient exprimés ou non) [par opp. à *phénotype*].

genou [ʒənu] n.m. (lat. pop. *geniculum*, class. *geniculum*, dimin. de *genu*) [pl. *genoux*]. - **1.** Partie du corps où la jambe se joint à la cuisse. - **2.** Chez les quadrupèdes, articulation des os carpiens et métacarpiens avec le radius. - **3.** À genoux, les genoux sur le sol. ‖ Être à genoux devant qqn, être en adoration devant lui ; lui être soumis. ‖ Faire du genou à qqn, lui toucher le genou avec son propre genou pour attirer son attention, en signe de connivence ou pour lui signifier une intention amoureuse.

genouillère [ʒenujɛʀ] n.f. - **1.** Objet servant à maintenir l'articulation du genou, ou à le protéger contre les chocs : *Genouillère de gardien de but.* - **2.** Pièce de cuir placée au genou du cheval. - **3.** Pièce de l'armure qui protégeait le genou.

genre [ʒɑ̃ʀ] n.m. (lat. *genus, -eris*). - **1.** Division fondée sur un ou plusieurs caractères communs : *Un genre artistique.* - **2.** BIOL. Ensemble d'êtres vivants situés, dans la classification, entre la famille et l'espèce, et groupant des espèces très voisines : *Le genre canis.* - **3.** Catégorie d'œuvres littéraires ou artistiques définie par un ensemble de règles et de caractères communs : *Le genre romanesque. Le genre épistolaire.* - **4.** Style, ton, manière de s'exprimer : *Le genre sublime.* - **5.** Manière d'être de qqn ; comportement, attitude ; allure de qqch : *Quel genre d'homme est-il ?* (syn. **type**). *Elle se donne un genre* (= elle affecte une allure particulière). *Un hôtel d'un genre douteux.* - **6.** Manière de vivre, de se comporter en société : *Avoir bon, mauvais genre.* - **7.** GRAMM. Catégorie grammaticale fondée sur la distinction naturelle des sexes ou sur une distinction conventionnelle : *Le genre*

masculin, féminin, neutre. *Un nom des deux genres.* - **8.** En tout genre, en tous genres, de toute(s) sorte(s) : *Marchandises en tout genre.* ‖ FAM. Faire du genre, avoir des manières affectées. ‖ Genre de vie, ensemble des modes d'activité d'un individu, d'un groupe humain. ‖ Le genre humain, l'ensemble des hommes. ‖ Peinture de genre, peinture qui traite des scènes de caractère anecdotique, familier ou populaire. ‖ Un genre de (+ n.), une espèce de : *C'était un genre d'aventurière.*

1. **gens** [ʒɛns] ou [ʒɛs] n.f. (mot lat.) [pl. *gentes* ([ʒɛntɛs] ou [ʒɛtɛs])]. Dans la Rome antique, groupe de familles se rattachant à un ancêtre commun et portant le même nom, le *gentilice.*

2. **gens** [ʒɑ̃] n.m. ou f. pl. (plur. de *gent*). - **1.** Personnes en nombre indéterminé : *Les gens du village.* **Rem.** *Gens* est masculin *(des gens sots)* sauf dans le cas d'un adjectif épithète placé avant *(de vieilles gens).* - **2.** Gens d'armes, au Moyen Âge, soldats, cavaliers (notamm. des compagnies d'ordonnance de Charles VII). ‖ Gens de lettres, personnes qui font profession d'écrire. ‖ Gens de maison, employés de maison, domestiques. ‖ LITT. Gens de robe, gens de justice (magistrats, avocats, etc.), opposés, sous l'Ancien Régime, aux *gens d'épée* (nobles, soldats).

gent [ʒɑ̃] n.f. sing. (lat. *gens, gentis* "famille, peuple"). LITT. Race, espèce : « *La gent trotte-menu* » (La Fontaine) [= les souris].

gentiane [ʒɑ̃sjan] n.f. (lat. *gentiana*). - **1.** Plante des prés montagneux, à fleurs à pétales soudés, jaunes, bleues ou violettes suivant les espèces. □ La grande gentiane à fleurs jaunes fournit une racine amère et apéritive. - **2.** Boisson obtenue par macération de cette racine dans l'alcool.

1. **gentil** [ʒɑ̃ti] n.m. (lat. *gentilis* "de la race" puis "étranger, barbare"). - **1.** Étranger, pour les anciens Hébreux. - **2.** Païen, pour les premiers chrétiens.

2. **gentil, ille** [ʒɑ̃ti, -ij] adj. (lat. *gentilis* "de la race, de la famille"). - **1.** Agréable, qui plaît par sa délicatesse, son charme : *Gentille petite fille* (syn. **mignon**). - **2.** Aimable, complaisant : *Être gentil avec qqn* (syn. **attentionné**). *C'est gentil à vous.* - **3.** Dont on ne doit pas faire grand cas : *C'est un film gentil, sans plus* (syn. **acceptable, passable**). - **4.** FAM. Une gentille somme, une somme importante.

gentilhomme [ʒɑ̃tijɔm] n.m. (de 2. *gentil* et *homme*) [pl. *gentilshommes* ([ʒɑ̃tizɔm])]. - **1.** Autref., homme noble de naissance. - **2.** LITT. Homme qui fait preuve de distinction, de délicatesse dans sa conduite (syn. **gentleman**).

gentilhommière [ʒɑ̃tijɔmjɛʀ] n.f. (de *gentil-homme*). Petit château campagnard, coquettement aménagé (syn. manoir).

gentillesse [ʒɑ̃tijɛs] n.f. - **1.** Qualité d'une personne gentille : *Sa gentillesse est sans limite* (syn. patience). - **2.** Action ou parole aimable, délicate : *Faire des gentillesses à qqn*.

gentillet, ette [ʒɑ̃tijɛ, -ɛt] adj. Assez gentil.

gentiment [ʒɑ̃timɑ̃] adv. De façon gentille, aimable.

gentleman [dʒɛntləman] n.m. (mot angl.) [pl. *gentlemans* ou *gentlemen* ([dʒɛntləmɛn])]. Homme bien élevé et distingué (syn. litt. gentilhomme).

génuflexion [ʒenyfleksjɔ̃] n.f. (lat. médiév. *genuflexio*). Flexion du genou en signe d'adoration, de respect, de soumission.

géochimie [ʒeɔʃimi] n.f. (de *géo-* et *chimie*). Étude de la répartition des éléments chimiques dans les roches, de leur origine, de leur nature et de leur comportement au cours des phénomènes géologiques.

géode [ʒeɔd] n.f. (gr. *geôdês* "terreux"). Cavité intérieure d'une roche, tapissée de cristaux ou de concrétions.

géodésie [ʒeɔdezi] n.f. (de *géo-*, et du gr. *daiein* "diviser"). Science de la forme et des dimensions de la Terre.

géodésique [ʒeɔdezik] adj. - **1.** Relatif à la géodésie : *Coordonnées géodésiques*. - **2.** Ligne géodésique, courbe d'une surface telle que l'arc joignant deux des points de cette courbe soit le plus court de tous les arcs de cette surface joignant ces deux points (on dit aussi *une géodésique*).

géographe [ʒeɔɡʀaf] n. Spécialiste de géographie.

géographie [ʒeɔɡʀafi] n.f. (lat. *geographia*, mot gr.). - **1.** Science qui a pour objet la description et l'explication de l'aspect actuel, naturel et humain, de la surface de la Terre : *Géographie physique. Géographie humaine.* - **2.** Ensemble des caractères physiques et humains d'une région : *La géographie du Massif central*.

géographique [ʒeɔɡʀafik] adj. (lat. *geographicus*). Relatif à la géographie : *Une carte géographique*.

géographiquement [ʒeɔɡʀafikmɑ̃] adv. Du point de vue géographique.

geôle [ʒol] n.f. (bas lat. *caveola*, dimin. du class. *cavea* "cage"). LITT. Prison.

geôlier, ère [ʒolje, -ɛʀ] n. LITT. Personne qui garde des détenus dans une prison (syn. gardien).

géologie [ʒeɔlɔʒi] n.f. (lat. médiév. *geologia*, du gr. *gê* "terre"). - **1.** Science qui a pour objet la description des matériaux qui constituent le globe terrestre et l'étude des transformations actuelles et passées subies par la Terre : *Géologie descriptive. Géologie appliquée* (= appliquée à la recherche minière, à l'étude des eaux, etc.). - **2.** Ensemble des caractères du sous-sol d'une région : *La géologie des Alpes*.

géologique [ʒeɔlɔʒik] adj. Relatif à la géologie.

géologiquement [ʒeɔlɔʒikmɑ̃] adv. Du point de vue géologique.

géologue [ʒeɔlɔɡ] n. Spécialiste de géologie.

géomagnétique [ʒeɔmaɲetik] adj. Relatif au géomagnétisme.

géomagnétisme [ʒeɔmaɲetism] n.m. (de *géo-* et *magnétisme*). Ensemble des phénomènes magnétiques liés au globe terrestre (syn. magnétisme terrestre).

1. **géomètre** [ʒeɔmɛtʀ] n. (lat. *geometres*, mot gr., de *gê* "terre" et *metrein* "mesurer"). - **1.** Mathématicien spécialiste de géométrie. - **2.** Technicien procédant à des opérations de levés de terrain.

2. **géomètre** [ʒeɔmɛtʀ] n.m. (de *1. géomètre*). Papillon nocturne ou crépusculaire, dont les chenilles sont appelées *arpenteuses* à cause de leur manière de cheminer en rapprochant et en écartant tour à tour l'avant et l'arrière du corps (syn. phalène).

géométrie [ʒeɔmetʀi] n.f. (lat. *geometria*, mot gr. ; v. *géomètre*). - **1.** Science mathématique qui étudie les relations entre points, droites, courbes, surfaces et volumes de l'espace : *Géométrie plane, dans l'espace.* - **2.** Étude de certains aspects des courbes et des surfaces abstraites selon des méthodes particulières ou en vue d'applications déterminées : *Géométrie algébrique, vectorielle, différentielle.* - **3.** À géométrie variable, se dit des avions à flèche* variable ; au fig., se dit de ce qui est susceptible d'évoluer, de s'adapter au gré des circonstances : *Un projet à géométrie variable*.

géométrique [ʒeɔmetʀik] adj. - **1.** Relatif à la géométrie : *Une figure géométrique.* - **2.** Exact, rigoureux, précis comme une démonstration de géométrie. - **3.** BX-A. Abstraction géométrique, tendance de l'art du XXe s. qui expérimente systématiquement le pouvoir esthétique ou expressif des lignes, des figures géométriques, des couleurs en aplats. ‖ Style géométrique, période (v. 1050-725 av. J.-C.) de l'art grec qui est définie par le caractère géométrique du décor céramique.

géométriquement [ʒeɔmetʀikmɑ̃] adv. Par la géométrie.

géomorphologie [ʒeɔmɔʀfɔlɔʒi] n.f. (de *géo-* et *morphologie*). Discipline qui a pour objet la description et l'explication des formes du relief terrestre.

géophysicien, enne [ʒeɔfizisjɛ̃, -ɛn] n. Spécialiste de géophysique.

géophysique [ʒeɔfizik] n.f. (de *géo-* et *physique*). Étude, par les moyens de la physique, de la structure d'ensemble du globe terrestre et des mouvements qui l'affectent (on dit aussi *physique du globe*). ◆ adj. Relatif à la géophysique.

géopolitique [ʒeɔpɔlitik] n.f. (all. *Geopolitik*). Science qui étudie les rapports entre la géographie des États et leur politique. ◆ adj. Relatif à la géopolitique.

géorgien, enne [ʒeɔrʒjɛ̃, -ɛn] adj. et n. De la Géorgie (État du Caucase). ◆ **géorgien** n.m. Langue caucasienne parlée principalement en Géorgie.

géosphère [ʒeɔsfɛr] n.f. (de *géo-* et *sphère*). Partie solide constitutive de la Terre (syn. lithosphère).

géostationnaire [ʒeɔstasjɔnɛr] adj. (de *géo-* et *stationnaire*). Se dit d'un satellite artificiel dont la période de révolution est égale à celle de la rotation de la Terre et qui, gravitant sur une trajectoire équatoriale, paraît de ce fait immobile pour un observateur terrestre. □ L'orbite des satellites géostationnaires est unique ; son altitude est voisine de 35 800 km.

géosynclinal [ʒeɔsɛ̃klinal] n.m. (de *géo-* et *synclinal*). GÉOL. Dans les zones orogéniques, vaste fosse en bordure du continent, s'approfondissant progressivement sous le poids des dépôts qui s'y entassent et dont le plissement ultérieur aboutit à la formation d'une chaîne de montagnes.

géothermie [ʒeɔtɛrmi] n.f. (de *géo-* et *thermie*). - **1.** Ensemble des phénomènes thermiques internes du globe terrestre. - **2.** Étude scientifique de ces phénomènes.

géothermique [ʒeɔtɛrmik] adj. - **1.** Relatif à la géothermie. - **2.** Énergie géothermique, énergie extraite des eaux chaudes ou de la vapeur contenues dans certaines zones à fort degré géothermique. ▎ Gradient ou degré géothermique, mesure de l'augmentation de la température avec la profondeur. □ Cette température augmente en moyenne de 3,3 °C tous les 100 m dans les bassins sédimentaires.

géotropisme [ʒeɔtrɔpism] n.m. (de *géo-* et *tropisme*). - **1.** BOT. Orientation imposée à la croissance d'un organe végétal par la pesanteur. □ Le géotropisme est positif pour les racines, qui croissent vers le bas, négatif pour les tiges dressées. - **2.** ÉTHOL. Réaction locomotrice de certaines espèces animales, provoquée et orientée par la pesanteur.

gérance [ʒerɑ̃s] n.f. (de *gérant*). Fonction de gérant ; durée de cette fonction ; administration par un gérant : *Prendre la gérance d'un restaurant.*

géranium [ʒeranjɔm] n.m. (lat. *geranion*, du gr. *geranos* "grue", le fruit du géranium ressemblant au bec d'une grue). Plante sauvage très commune. □ Le géranium cultivé, aux fleurs ornementales et parfumées, appartient au genre pélargonium.

gérant, e [ʒerɑ̃, -ɑ̃t] n. (de *gérer*). Personne physique ou morale qui dirige et administre pour le compte d'autrui ou au nom d'une société : *Le gérant d'immeubles reçoit mandat. Le gérant de société est nommé.*

gerbe [ʒɛrb] n.f. (frq. **garba*). - **1.** Botte d'épis, de fleurs, etc., coupés et disposés de sorte que les têtes sont rassemblées d'un même côté : *Gerbe de lis* (syn. bouquet). - **2.** Forme prise par qqch qui jaillit et se disperse en faisceau (feux d'artifice, jets d'eau, etc.) : *Gerbe d'écume.* - **3.** Faisceau d'éclats projetés par l'explosion d'un obus. - **4.** PHYS. Groupe de particules chargées produites par l'interaction d'une particule de haute énergie avec la matière.

gerber [ʒɛrbe] v.t. Mettre en gerbes. ◆ v.i. - **1.** Éclater en formant une gerbe : *Fusée qui gerbe.* - **2.** T. FAM. Vomir.

gerbera [ʒɛrbera] n.m. (du n. du naturaliste all. *T. Gerber*). Plante herbacée vivace d'Asie et d'Afrique dont de nombreux hybrides sont exploités en horticulture. □ Famille des composées.

gerboise [ʒɛrbwaz] n.f. (de l'ar. *djerbū*). Mammifère rongeur aux longues pattes postérieures à trois doigts, qui bondit et creuse des terriers dans les plaines sablonneuses d'Europe, d'Asie, d'Amérique du Nord et d'Afrique. □ Famille des dipodidés.

gercer [ʒɛrse] v.t. (bas lat. *charaxare* "sillonner", du gr. *kharassein* "blesser") [conj. 16]. Faire de petites crevasses à la surface de la peau, d'un corps, d'une matière : *Le froid lui a gercé les lèvres.* ◆ v.i. ou **se gercer** v.pr. Se couvrir de petites crevasses : *Mes mains ont gercé.*

gerçure [ʒɛrsyr] n.f. (de *gercer*). - **1.** Plaie linéaire de la peau ou des muqueuses due au froid ou à certains états morbides : *Avoir des gerçures aux lèvres.* - **2.** Fendillement qui se produit sur une surface.

gérer [ʒere] v.t. (lat. *gerere*) [conj. 18]. - **1.** Administrer des intérêts, une entreprise, etc., pour son propre compte ou pour le compte d'autrui : *Gérer un portefeuille.* - **2.** Assurer l'administration, l'organisation, le traitement d'un ensemble de marchandises, d'informations, de données, etc. : *Système qui gère une base de données.* - **3.** Administrer au mieux malgré une situation difficile : *Gérer la crise.*

gerfaut [ʒɛʀfo] n.m. (de l'anc. fr. *gir* "vautour", et *faus,* forme de *faucon*). Faucon à plumage clair et quelquefois blanc, vivant dans les régions arctiques : *Comme un vol de gerfauts hors du charnier natal...* (J. M. de Heredia). □ Famille des falconidés ; long. 50 cm env.

gériatrie [ʒeʀjatʀi] n.f. (du gr. *gerôn* "vieillard", et de *-iatrie*). Médecine de la vieillesse ; ensemble des moyens préconisés pour retarder l'apparition de la sénilité.
◆ **gériatre** n. Nom du spécialiste.

gériatrique [ʒeʀjatʀik] adj. Qui relève de la gériatrie.

germain, e [ʒɛʀmɛ̃, -ɛn] adj. (lat. *germanus* "frère"). Cousin(e) germain(e), né(e) du frère ou de la sœur du père ou de la mère.
◆ n. Cousin(e)s issu(e)s de germains, personnes nées de cousins germains.

germanique [ʒɛʀmanik] adj. (lat. *Germanicus*). De la Germanie, de l'Allemagne ou de leurs habitants. ◆ n.m. Rameau de l'indo-européen dont sont issus l'anglais, l'allemand, le néerlandais et les langues nordiques.

germanisation [ʒɛʀmanizasjɔ̃] n.f. Action de germaniser ; fait de se germaniser.

germaniser [ʒɛʀmanize] v.t. (de *germain* "de Germanie" ; v. *germanique*). - **1.** Imposer à un peuple, un pays la langue allemande ; introduire dans un pays des colons allemands. - **2.** Donner une forme allemande à : *Germaniser un mot.*

germanisme [ʒɛʀmanism] n.m. (de *germanique*). - **1.** Expression, tournure particulière à la langue allemande. - **2.** Emprunt à l'allemand.

germaniste [ʒɛʀmanist] n. Spécialiste de la langue et de la civilisation allemandes.

germanophilie [ʒɛʀmanɔfili] n.f. (de *germano-* et *-philie*). Sympathie pour l'Allemagne et les Allemands. ◆ **germanophile** adj. et n. Qui manifeste ce sentiment.

germanophobie [ʒɛʀmanɔfɔbi] n.f. (de *germano-* et *-phobie*). Hostilité à l'égard de l'Allemagne, des Allemands. ◆ **germanophobe** adj. et n. Qui manifeste ce sentiment.

germanophone [ʒɛʀmanɔfɔn] adj. et n. (de *germano-* et *-phone*). De langue allemande ; qui parle l'allemand : *Les Suisses germanophones.*

germe [ʒɛʀm] n.m. (lat. *germen*). - **1.** Petite masse vivante peu organisée mais appelée à croître et se différencier pour donner un être ou un organe : *Le germe donne naissance à l'embryon.* - **2.** Embryon d'une plante contenu dans la graine, appelé aussi la *plantule.* - **3.** Bourgeon rudimentaire qui se développe sur certains organes souterrains

(pommes de terre, en partic.). - **4.** MÉD. Microbe susceptible d'engendrer une maladie : *Les germes de la tuberculose.* - **5.** Cause, origine de : *Un germe de discorde.*

germé, e [ʒɛʀme] adj. Qui commence à développer son germe : *Pommes de terre germées.*

germer [ʒɛʀme] v.i. (lat. *germinare*). - **1.** Développer son germe, en parlant d'une graine, d'une pomme de terre. - **2.** Commencer à se développer : *Une idée germa dans son esprit.*

germinal [ʒɛʀminal] n.m. (du lat. *germen* "germe") [pl. *germinals*]. HIST. Septième mois du calendrier républicain, du 21 ou 22 mars au 19 ou 20 avril.

germination [ʒɛʀminasjɔ̃] n.f. (lat. *germinatio*). BOT. Développement du germe contenu dans une graine, mettant fin à la période de vie latente.

germon [ʒɛʀmɔ̃] n.m. (mot poitevin, d'orig. obsc., p.-ê. de *germe*). Grand thon pêché dans l'Atlantique en été, appelé aussi *thon blanc.* □ Long. de 60 cm à 1 m env.

gérondif [ʒeʀɔ̃dif] n.m. (du lat. *gerundium,* de *gerere* "faire"). LING. - **1.** En latin, forme verbale déclinable qui se substitue à l'infinitif dans certaines fonctions. - **2.** En français, forme verbale terminée par *-ant* et précédée de la préposition *en,* qui sert à décrire certaines circonstances de l'action : « *En chantant* » est le gérondif de « *chanter* ».

gérontocratie [ʒeʀɔ̃tɔkʀasi] n.f. (de *géronto-* et *-cratie*). Gouvernement exercé par les vieillards.

gérontologie [ʒeʀɔ̃tɔlɔʒi] n.f. (de *géronto-* et *-logie*). Étude de la vieillesse et des phénomènes de vieillissement sous leurs divers aspects, morphologiques, pathologiques (gériatrie), psychologiques, sociaux, etc.
◆ **gérontologue** n. Nom du spécialiste.

gésier [ʒezje] n.m. (lat. *gigerium,* sing. de *gigeria* "entrailles de volailles"). Dernière poche de l'estomac des oiseaux, assurant le broyage des aliments grâce à son épaisse paroi musclée et aux petits cailloux qu'elle contient souvent.

gésine [ʒezin] n.f. (lat. pop. *jacina* "couché", du class. *jacere* "être étendu"). LITT. En gésine, se dit d'une femme sur le point d'accoucher.

gésir [ʒeziʀ] v.i. (lat. *jacere* "être étendu") [conj. 49]. LITT. - **1.** Être couché, étendu sans mouvement : *Il gisait sur le sol.* - **2.** Consister en, résider en : *Là gît la difficulté.* - **3.** Ci-gît, v. à son ordre alphabétique.

gesse [ʒɛs] n.f. (anc. prov. *geissa,* d'orig. obsc.). Plante grimpante dont certaines espèces sont cultivées comme fourragères (*jarosse*) ou comme ornementales (*pois de* senteur ou *gesse odorante*). □ Famille des papilionacées.

gestation [ʒɛstasjɔ̃] n.f. (lat. *gestatio*, de *gestare* "porter"). - **1.** État d'une femelle vivipare, entre nidation et mise bas, chez les espèces qui nourrissent l'embryon, puis le fœtus, par voie placentaire (syn. grossesse dans l'espèce humaine). □ La durée de la gestation varie entre 13 jours chez l'opossum et 640 jours chez l'éléphant. - **2.** Travail par lequel s'élabore une création de l'esprit : *La gestation d'un roman* (syn. genèse).

1. geste [ʒɛst] n.m. (lat. *gestus*, de *gerere* "faire"). - **1.** Mouvement du corps, principalement de la main, des bras, de la tête, porteur ou non de signification : *S'exprimer par gestes. Faire un geste de refus* (syn. signe). - **2.** Action généreuse ; don, libéralité : *Il n'a pas fait un geste pour le secourir.*

2. geste [ʒɛst] n.f. (lat. *gesta* "actions, exploits", de *gerere* "faire"). - **1.** HIST. LITTÉR. Ensemble de poèmes épiques du Moyen Âge relatant les hauts faits de personnages historiques ou légendaires : *La geste de Charlemagne.* - **2.** Chanson de geste, un des poèmes de cet ensemble. ◆ **gestes** n.f. pl. Faits et gestes de qqn, sa conduite considérée dans ses détails.

gesticulation [ʒɛstikylasjɔ̃] n.f. Action de gesticuler.

gesticuler [ʒɛstikyle] v.i. (lat. *gesticulari*, de *gesticulus* "petit geste"). Faire de grands gestes en tous sens.

gestion [ʒɛstjɔ̃] n.f. (lat. *gestio*, de *gerere* "faire"). Action ou manière de gérer, d'administrer, de diriger, d'organiser qqch : *Une gestion avisée. Une gestion imprévoyante.*

gestionnaire [ʒɛstjɔnɛʀ] n. et adj. Personne qui a la responsabilité de la gestion d'une affaire, d'un service, d'une administration, etc. ◆ adj. Relatif à une gestion.

gestuel, elle [ʒɛstɥɛl] adj. (de *geste*, d'apr. *manuel*). Qui concerne les gestes ; qui se fait avec des gestes : *Langage gestuel.* ◆ **gestuelle** n.f. Façon de se mouvoir caractéristique d'un acteur ou d'un style de jeu.

geyser [ʒezɛʀ] n.m. (mot angl., de l'island. *Geysir*, n. d'une source d'eau chaude). Source d'eau chaude ou de vapeur jaillissant par intermittence. □ Phénomènes volcaniques, les geysers s'accompagnent souvent de dégagements sulfureux et de dépôts minéraux.

ghetto [geto] n.m. (mot it. désignant, au début du XVIᵉ s., le quartier juif de Venise). - **1.** Quartier habité par des communautés juives ou, autref., réservé aux Juifs : *Le ghetto de Varsovie.* - **2.** Lieu où une minorité vit séparée du reste de la société : *Harlem, le ghetto noir de New York.* - **3.** Milieu refermé sur lui-même ; condition marginale : *Ghetto culturel.*

ghilde n.f. → **guilde**.

G. I. [dʒiaj] n.m. (sigle de l'anglo-amér. *Government Issue*) (pl. *G. I.* ou *G. I.'s* [dʒiajz]. FAM. Soldat de l'armée américaine.

gibbeux, euse [ʒibø, -øz] adj. (lat. *gibbosus*, de *gibbus* "bosse"). - **1.** DIDACT. Qui a la forme d'une bosse, qui porte une ou plusieurs bosses : *Dos gibbeux* (syn. cour. bossu). - **2.** Se dit de l'aspect d'un astre à diamètre apparent sensible, dont la surface éclairée visible occupe plus de la moitié du disque : *Lune gibbeuse* (= entre le premier quartier et la pleine lune ou entre la pleine lune et le dernier quartier).

gibbon [ʒibɔ̃] n.m. (mot d'une langue de l'Inde). Singe sans queue, originaire d'Inde et de Malaisie, grimpant avec agilité aux arbres grâce à ses bras très longs. □ Haut. env. 1 m.

gibbosité [ʒibɔzite] n.f. (lat. médiév. *gibbositas*, du class. *gibbosus* ; v. *gibbeux*). MÉD. Courbure anormale de l'épine dorsale, formant une bosse.

gibecière [ʒibsjɛʀ] n.f. (de *gibier*). - **1.** Sac en toile ou en peau, à bretelle ou à poignée, servant au transport du gibier (syn. carnassière). - **2.** Sac d'écolier, porté sur l'épaule ou dans le dos.

gibelin, e [ʒiblɛ̃, -in] n. et adj. (it. *ghibellino*, du n. de *Weibelingen*, empereur d'Allemagne). HIST. Dans l'Italie médiévale, partisan de l'empereur romain germanique (par opp. à *guelfe*).

gibelotte [ʒiblɔt] n.f. (de l'anc. fr. *gibelet* "plat préparé avec de petits oiseaux", de *gibier*). Fricassée de lapin au vin blanc.

giberne [ʒibɛʀn] n.f. (probabl. du bas lat. *zaberna, gabarna* "espèce de bissac"). - **1.** Autref., boîte à cartouches des soldats (XVIIᵉ-XIXᵉ s.). - **2.** Avoir son bâton de maréchal dans sa giberne, de simple soldat pouvoir devenir officier supérieur ; au fig., pouvoir accéder rapidement aux responsabilités importantes.

gibet [ʒibɛ] n.m. (du frq. **gibb* "bâton fourchu"). Potence pour les condamnés à la pendaison ; lieu où elle est installée : *Le gibet de Montfaucon.*

gibier [ʒibje] n.m. (du frq. **gabaiti* "chasse au faucon"). - **1.** Ensemble des animaux que l'on chasse : *Gibier à poil, à plume(s).* - **2.** Animal que l'on chasse ; viande de cet animal : *Le lièvre est un gibier apprécié. Faire faisander du gibier.* - **3.** Personne que l'on poursuit ou que l'on cherche à prendre ou à duper : *Les policiers pistent leur gibier.* - **4.** Gibier de potence, criminel méritant la potence.

giboulée [ʒibule] n.f. (orig. obsc.). Pluie, chute de grêle ou de neige, soudaine et de peu de durée.

giboyeux, euse [ʒibwajø, -øz] adj. (de *giboyer* "chasser, prendre du gibier"). Abondant en gibier : *Région giboyeuse.*

gibus [ʒibys] n.m. (n. du fabricant). Chapeau claque*.

G. I. C. [ʒeise], sigle de *grand invalide civil.*

giclée [ʒikle] n.f. (de *gicler*). Jet d'un liquide qui gicle : *J'ai reçu une giclée de sauce tomate.*

giclement [ʒikləmã] n.m. Fait de gicler.

gicler [ʒikle] v.i. (franco-prov. *jicler, gigler,* d'orig. incert., probabl. apparenté à l'anc. fr. *cisler* "fouetter"). Jaillir ou rejaillir avec force, souvent en éclaboussant, en parlant d'un liquide : *Le sang a giclé. La pluie gicle sur les pavés.*

gicleur [ʒiklœʀ] n.m. (de *gicler*). Orifice calibré, amovible, servant à doser le débit du fluide carburant dans les canalisations d'un carburateur.

gifle [ʒifl] n.f. (frq. **kifel* "mâchoire"). - 1. Coup donné sur la joue avec la main ouverte (syn. claque). - 2. Affront, humiliation : *Cet échec a été une gifle pour lui* (syn. vexation).

gifler [ʒifle] v.t. Frapper d'une gifle (syn. litt. souffleter).

G. I. G. [ʒeiʒe], sigle de *grand invalide de guerre.*

gigantesque [ʒigãtɛsk] adj. (it. *gigantesco,* de *gigante* "géant", lat. *gigas, -gantis ;* v. *géant*). - 1. Très grand par rapport à l'homme : *Taille gigantesque* (syn. colossal). - 2. De proportions énormes : *Tâche gigantesque* (syn. demesuré).

gigantisme [ʒigãtism] n.m. (du lat. *gigas, -gantis ;* v. *géant*). - 1. Exagération du développement du corps en général ou de certaines de ses parties : *Être atteint de gigantisme.* - 2. Développement excessif d'un organisme quelconque, de qqch qu'on met en œuvre : *Gigantisme d'un projet.*

gigogne [ʒigɔɲ] adj. (altér. probabl. de *cigogne*). Se dit d'objets qui s'emboîtent les uns dans les autres ou que leur taille décroissante permet de ranger en les incorporant les uns dans les autres : *Un lit gigogne* (= comparer deux lits).

gigolo [ʒigɔlo] n.m. (de *gigolette* "jeune fille délurée", de l'anc. fr. *giguer* "gambader, folâtrer"). FAM. Jeune homme entretenu par une femme plus âgée que lui.

gigot [ʒigo] n.m. (de *gigue,* ancien instrument de musique qui ressemblait à un gigot, germ. **giga*). - 1. Cuisse de mouton, d'agneau ou de chevreuil, coupée pour la table : *Gigot à l'ail.* - 2. Manche à gigot,

instrument qui emboîte l'os et qui permet de saisir le gigot pour le découper.

gigotement [ʒigɔtmã] n.m. FAM. Action de gigoter (syn. trémoussement).

gigoter [ʒigɔte] v.i. (de l'anc. v. *giguer* "sauter"). FAM. Remuer sans cesse bras et jambes : *Bébé qui gigote* (syn. se trémousser).

1. **gigue** [ʒig] n.f. (germ. **giga* "violon"). - 1. Cuisse de chevreuil. - 2. FAM. et VX. Jambe. - 3. FAM. **Grande gigue,** jeune fille, femme grande et maigre.

2. **gigue** [ʒig] n.f. (angl. *jig*). - 1. MUS. Danse vive de mesure ternaire, d'origine anglaise, servant souvent de mouvement final à la *suite.* - 2. Danse populaire exécutée sur le même rythme, caractérisée par des frappements vifs, et souvent alternés, des talons et des pointes.

gilet [ʒilɛ] n.m. (de l'ar. *galika* "casaque des chrétiens", turc *yelek* "camisole sans manches"). - 1. Vêtement masculin court et sans manches, boutonné sur le devant, qui se porte sous le veston : *Faire refaire le gilet d'un costume.* - 2. Tricot ouvert sur le devant et à manches longues : *Gilet de laine* (syn. cardigan). - 3. **Gilet de sauvetage →** sauvetage.

gin [dʒin] n.m. (mot angl. "genièvre"). Eau-de-vie de grain aromatisée avec des baies de genièvre.

gin-fizz [dʒinfiz] n.m. inv. (de l'angl. *gin* "gin", et *fizz* "boisson gazeuse"). Cocktail constitué d'un mélange de gin et de jus de citron.

gingembre [ʒɛ̃ʒãbʀ] n.m. (lat. *zingiber,* gr. *ziggiberis,* mot d'orig. probabl. extrême-orientale). Plante originaire d'Asie, à rhizome aromatique, utilisée comme condiment. □ Famille des zingibéracées.

gingival, e, aux [ʒɛ̃ʒival, -o] adj. (lat. *gingiva* "gencive"). Relatif aux gencives : *Muqueuse gingivale.*

gingivite [ʒɛ̃ʒivit] n.f. (du lat. *gingiva* "gencive"). Inflammation des gencives.

ginkgo [ʒɛ̃ko] n.m. (mot chin.). Arbre de Chine à feuilles en éventail, cultivé comme arbre ornemental et considéré en Extrême-Orient comme un arbre sacré. □ Sous-embranchement des gymnospermes ; haut. env. 30 m.

ginseng [ʒinsɛ̃g] n.m. (chin. *gen-chen* "plante-homme"). Racine d'une plante possédant de remarquables qualités toniques. □ Genre panax.

girafe [ʒiʀaf] n.f. (it. *giraffa,* de l'ar. *jurafa*). - 1. Grand mammifère ruminant d'Afrique, au cou très long. - 2. CIN. TÉLÉV. Perche fixée à un pied articulé et supportant un micro. - 3. FAM. **Peigner la girafe,** ne rien faire d'utile.

girafeau [ʒiRafo] et **girafon** [ʒiRafɔ̃] n.m. Petit de la girafe.

girandole [ʒiRɑ̃dɔl] n.f. (it. *girandola*, dimin. de *giranda* "gerbe de feu"). - **1.** Partie supérieure d'un candélabre, portant les branches. - **2.** Candélabre ou chandelier à plusieurs branches orné de pendeloques de cristal : *Girandole à cinq branches.* - **3.** Gerbe tournante de feu d'artifice.

giratoire [ʒiRatwaR] adj. (du lat. *gyrare* "faire tourner"). Se dit d'un mouvement de rotation autour d'un axe ou d'un centre : *Sens giratoire.*

girl [gœRl] n.f. (mot angl.). Danseuse qui fait partie d'une troupe de music-hall, de revue, de comédie musicale, etc.

girofle [ʒiRɔfl] n.m. (lat. *caryophyllon*, mot gr.). Bouton desséché des fleurs du giroflier (on dit aussi *clou de girofle*).

giroflée [ʒiRɔfle] n.f. (de *giroflé* "parfumé au girofle"). - **1.** Plante vivace cultivée pour ses fleurs ornementales. □ Famille des crucifères. - **2.** FAM. Giroflée à cinq feuilles, gifle laissant la marque des cinq doigts.

giroflier [ʒiRɔflije] n.m. Arbre tropical originaire d'Indonésie et fournissant les clous de girofle. □ Famille des myrtacées.

girolle [ʒiRɔl] n.f. (anc. prov. *giroilla*, de *gir* "tournoiement"). Champignon jaune-orangé, comestible, appelé aussi *chanterelle*.

giron [ʒiRɔ̃] n.m. (frq. **gēro*). - **1.** Partie du corps qui s'étend de la ceinture aux genoux quand on est assis : *Un enfant blotti dans le giron de sa mère* (= sur les genoux de sa mère). - **2.** Rentrer dans le giron de, retourner dans un groupe, un parti, qu'on avait quitté : *Il a fini par rentrer dans le giron familial* (= au sein de sa famille).

girouette [ʒiRwɛt] n.f. (anc. scand. *wirewite*, d'apr. l'anc. v. fr. *girer* "tourner"). - **1.** Plaque de forme variable, mobile autour d'un axe vertical et fixée au sommet d'un toit ou d'un mât pour indiquer la direction du vent : *La girouette du clocher grince tout le temps.* - **2.** FAM. Personne qui change souvent d'opinion : *Ne compte pas sur lui, c'est une girouette.*

gisant [ʒizɑ̃] n.m. (de *gésir*). Sculpture funéraire représentant un personnage couché.

gisement [ʒizmɑ̃] n.m. (de *gésir*). Accumulation naturelle, locale, de matière minérale, solide, liquide ou gazeuse, susceptible d'être exploitée : *Un gisement de gaz, de pétrole, de houille. Gisement à ciel ouvert.*

gît [ʒi], 3ᵉ pers. du sing. du prés. de l'ind. de *gésir*.

gitan, e [ʒitɑ̃, -an] n. (esp. *gitano*, altér. de *Egiptano* "égyptien"). Personne appartenant à l'un des groupes qui constituent l'ensem-

ble des Tsiganes (on dit aussi *un, des Kalé*).
◆ adj. Relatif aux Gitans, aux Tsiganes : *Folklore gitan. Danses gitanes.*

1. **gîte** [ʒit] n.m. (de *gésir*). - **1.** LITT. Lieu où l'on trouve à se loger, où l'on couche habituellement ou temporairement : *Chercher un gîte pour la nuit. Rentrer au gîte* (= chez soi). - **2.** Abri où vit le lièvre. - **3.** BOUCH. Morceau de la jambe ou de l'avant-bras des bovins. - **4.** Gîte rural, maison située à la campagne et aménagée selon certaines normes pour recevoir des hôtes payants.

2. **gîte** [ʒit] n.f. (de *1. gîte*). MAR. Inclinaison d'un navire sur un bord : *Donner de la gîte.*

1. **gîter** [ʒite] v.i. Avoir son gîte, en parlant d'un lièvre : *Le fossé où gîte un lièvre* (= où il se met à l'abri).

2. **gîter** [ʒite] v.i. MAR. Donner de la gîte, de la bande, en parlant d'un bateau.

givrant, e [ʒivRɑ̃, -ɑ̃t] adj. Qui provoque la formation de givre : *Brouillard givrant.*

givre [ʒivR] n.m. (orig. incert.). Fins cristaux de glace qui se déposent sur un corps solide, une surface, par suite de la condensation du brouillard, de la congélation de gouttelettes d'eau : *Des arbres blancs de givre.*

givré, e [ʒivRe] adj. - **1.** Couvert de givre : *Les vitres de la voiture sont givrées.* - **2.** Se dit d'une orange ou d'un citron dont l'intérieur est fourré de glace aromatisée avec la pulpe du fruit. - **3.** FAM. Fou.

givrer [ʒivRe] v.t. - **1.** Couvrir de givre : *La gelée matinale a givré le pare-brise de l'avion.* - **2.** Saupoudrer d'une substance imitant le givre : *Givrer une bûche de Noël.*

givreux, euse [ʒivRø, -øz] adj. (de *givre*). Se dit d'une pierre précieuse défectueuse.

glabre [glabR] adj. (lat. *glaber* "sans poil"). - **1.** Dépourvu de barbe et de moustache : *Un visage glabre* (syn. imberbe). - **2.** BOT. Dépourvu de poils, de duvet : *Feuilles glabres.*

glaçage [glasaʒ] n.m. - **1.** Action de glacer (une étoffe, une photographie, une pâtisserie). - **2.** Couche sucrée qu'on dépose sur un entremets, un gâteau lorsqu'on le glace.

glaçant, e [glasɑ̃, -ɑ̃t] adj. Qui décourage, rebute par sa froideur, sa sévérité : *Un accueil glaçant.*

1. **glace** [glas] n.f. (lat. pop. **glacia*, du class. *glacies*). - **1.** Eau congelée par le froid : *Patiner sur la glace. Garçon, de la glace !* (syn. glaçon). - **2.** Crème sucrée et aromatisée à base de lait ou de fruits que l'on congèle dans un moule : *Une glace au citron.* - **3.** Être, rester de glace, se montrer insensible. ‖ Rompre la glace, faire cesser la gêne qui paralyse un entretien : *Pour rompre la glace, j'ai parlé de cinéma.*

2. glace [glas] n.f. (de *1. glace*). - **1.** Plaque de verre transparente et épaisse : *La glace d'une vitrine*. - **2.** Plaque de verre rendue réfléchissante par une couche de tain : *Se regarder dans la glace* (syn. miroir). - **3.** Vitre d'une voiture.

glacé, e [glase] adj. - **1.** Solidifié, durci par le froid : *La terre est glacée* (syn. gelé). - **2.** Très froid : *Le lit était glacé. Un vent glacé.* - **3.** Engourdi par le froid : *Avoir les mains glacées* (syn. gourd). - **4.** Qui marque des dispositions hostiles ou au moins indifférentes : *Accueil glacé* (syn. glacial). - **5.** CUIS. Recouvert d'un glaçage ou d'une glace ; confit dans du sucre : *Bombe glacée. Marrons glacés.* - **6.** Qui a subi le glaçage brillant (par opp. à *mat*) : *Papier glacé.*

glacer [glase] v.t. (lat. *glaciare*) [conj. 16]. - **1.** Solidifier par le froid : *Le froid de la nuit a glacé les mares* (syn. geler). - **2.** Rendre très froid : *Glacer un jus de fruit* (syn. frapper, rafraîchir). - **3.** Causer une vive sensation de froid à : *Le vent m'a glacé* (syn. transir). - **4.** Intimider ; remplir d'effroi : *Son aspect me glace* (syn. paralyser). *Un spectacle qui nous a glacés d'horreur* (syn. pétrifier). - **5.** Donner du lustrage, du poli à une étoffe, un papier, etc. - **6.** Donner à une photographie un aspect brillant en la passant à la glaceuse. - **7.** CUIS. Couvrir de jus une pièce de viande ; recouvrir de sucre glace, de sirop, de blanc d'œuf un gâteau, un entremets, etc. : *Glacer une galantine, des fruits.*

glaceuse [glasøz] n.f. Machine qui permet d'effectuer le glaçage des épreuves photographiques.

glaciaire [glasjɛʀ] adj. - **1.** Qui concerne les glaciers : *Calotte, érosion glaciaire*. - **2.** Périodes glaciaires, périodes géologiques marquées par le développement des glaciers. ‖ **Régime glaciaire**, régime d'un cours d'eau caractérisé par de hautes eaux d'été et de basses eaux d'hiver.

glacial, e, als ou **aux** [glasjal, -o] adj. - **1.** Qui pénètre d'un froid vif : *Vent glacial*. - **2.** Qui est d'une extrême froideur, qui paralyse : *Un air glacial* (syn. dur, froid, glacé).

glaciation [glasjasjɔ̃] n.f. GÉOL. Période durant laquelle une région a été recouverte par les glaciers.

1. glacier [glasje] n.m. Accumulation de neige transformée en glace, animée de mouvements lents, qui forme de vastes coupoles dans les régions polaires ou qui, dans les vallées de montagne, s'étend en aval du névé. □ Il existe deux types de glaciers : les *glaciers de coupoles*, ou *inlandsis*, dans les régions polaires, et les *glaciers de montagne*.

2. glacier [glasje] n.m. Personne qui prépare ou vend des glaces, des sorbets.

glacière [glasjɛʀ] n.f. - **1.** Garde-manger refroidi avec de la glace : *Une glacière pour pique-nique*. - **2.** FAM. Lieu très froid : *Son bureau est une véritable glacière.*

glaciologie [glasjɔlɔʒi] n.f. Étude des glaciers, de la glace et des régions glaciaires.

glacis [glasi] n.m. (de *glacer* "glisser"). - **1.** FORTIF. Terrain découvert aménagé en pente douce à partir des éléments extérieurs d'un ouvrage fortifié. - **2.** Zone protectrice formée par des États dépendant militairement d'une autre puissance : *L'ancien glacis soviétique*. - **3.** GÉOGR. Surface d'érosion, en pente douce, développée dans des régions semi-arides ou périglaciaires, au pied des reliefs.

glaçon [glasɔ̃] n.m. - **1.** Morceau de glace naturelle : *La rivière charrie des glaçons*. - **2.** Petit cube de glace formé dans un réfrigérateur : *Mettre des glaçons dans un verre*. - **3.** FAM. Personne froide, très distante.

glaçure [glasyʀ] n.f. (all. *Glasur*). Substance vitreuse transparente ou colorée appliquée sur certaines poteries pour les imperméabiliser.

gladiateur [gladjatœʀ] n.m. (lat. *gladiator*, de *gladius* "épée"). Celui qui, à Rome, dans les jeux du cirque, combattait contre un autre homme ou contre une bête féroce.

glaïeul [glajœl] n.m. (lat. *gladiolus* "épée courte"). Plante bulbeuse cultivée pour ses fleurs aux coloris variés. □ Famille des iridacées.

glaire [glɛʀ] n.f. (lat. pop. *°claria* "blanc d'œuf", du class. *clarus* "clair"). - **1.** Sécrétion blanchâtre et gluante d'une muqueuse dans certains états pathologiques : *Cracher des glaires*. - **2.** Blanc d'œuf cru.

glaireux, euse [glɛʀø, -øz] adj. De la nature de la glaire ; visqueux.

glaise [glɛz] n.f. (gaul. *°gliso*, attesté seul. dans un composé lat.). Terre grasse et compacte, très argileuse, dont on fait les tuiles et la poterie (on dit aussi *terre glaise*).

glaiseux, euse [glɛzø, -øz] adj. Qui contient de la glaise : *Des terres glaiseuses.*

glaive [glɛv] n.m. (lat. *gladius* "épée"). - **1.** Épée courte à deux tranchants. - **2.** Le glaive de la justice, le pouvoir judiciaire.

glamour [glamuʀ] n.m. (mot angl. "séduction"). [Anglic.]. Beauté sensuelle, pleine de charme et d'éclat, caractéristique des vedettes féminines de Hollywood de l'après-guerre : *Jeune vedette au glamour irrésistible* (syn. charme).

glanage [glanaʒ] n.m. Action de glaner.

gland [glɑ̃] n.m. (lat. *glans, glandis*). - **1.** Fruit du chêne, contenu dans une cupule. - **2.** Élément de passementerie, de forme ovoïde. - **3.** Extrémité renflée du pénis.

glande [glɑ̃d] n.f. (lat. *glandula*, de *glans, glandis* "gland"). Organe ayant pour fonction d'élaborer certaines substances et de les déverser soit à l'extérieur de l'organisme (ou dans une cavité de celui-ci), généralement par l'intermédiaire d'un canal excréteur, soit directement dans le sang : *Les glandes sudoripares et salivaires sont des glandes à sécrétion externe. La thyroïde et l'hypophyse sont des glandes à sécrétion interne.*

glander [glɑ̃de] v.i. T. FAM. Perdre son temps à ne rien faire, n'avoir pas de but précis (syn. paresser).

glandulaire [glɑ̃dylɛʀ] et **glanduleux, euse** [glɑ̃dylø, -øz] adj. Relatif aux glandes : *Une maladie glandulaire.*

glaner [glane] v.t. (bas lat. *glenare*). - **1.** Ramasser dans un champ les épis restés sur le sol après la moisson. - **2.** Recueillir çà et là des connaissances fragmentaires pour en tirer parti : *Glaner des renseignements* (syn. grappiller).

glaneur, euse [glanœʀ, -øz] n. Personne qui glane.

glapir [glapiʀ] v.i. (altér. de l'anc. fr. *glatir* "aboyer, glapir") [conj. 32]. Émettre un glapissement, en parlant du chiot, du renard, de la grue. ◆ v.i. ou v.t. Crier d'une voix aiguë : *Un ivrogne qui glapit des injures.*

glapissant, e [glapisɑ̃, -ɑ̃t] adj. Qui glapit ; criard.

glapissement [glapismɑ̃] n.m. Cri aigu et bref du chiot, du renard, de la grue ; action de glapir.

glas [glɑ] n.m. (lat. pop. *classum*, du class. *classicum* "sonnerie de trompette"). - **1.** Tintement d'une cloche annonçant l'agonie, la mort ou les funérailles de qqn. - **2.** Sonner le glas de qqch, annoncer sa fin : *Son échec sonne le glas de nos espérances.*

glatir [glatiʀ] v.i. (lat. *glattire*) [conj. 32]. Émettre un cri, en parlant de l'aigle.

glaucome [glokom] n.m. (lat. *glaucoma*, gr. *glaukôma*, de *glaukos* ; v. *glauque*). Maladie de l'œil caractérisée par une augmentation de la pression intérieure entraînant une atrophie de la tête du nerf optique et une diminution du champ visuel, pouvant aller jusqu'à la cécité.

glauque [glok] adj. (lat. *glaucus*, gr. *glaukos*). - **1.** D'un vert tirant sur le bleu : *Mer glauque.* - **2.** FAM. Terne, trouble, livide ; qui donne une impression de tristesse : *Eau, lumière glauque. Banlieues glauques* (syn. lugubre, sinistre).

glèbe [glɛb] n.f. (lat. *gleba*). - **1.** LITT. Sol en culture (syn. terre). - **2.** FÉOD. Sol auquel les serfs étaient attachés et qu'ils devaient cultiver.

glissade [glisad] n.f. Action de glisser ; mouvement fait en glissant : *Faire des glissades sur un parquet ciré.*

glissando [glisɑ̃do] n.m. (mot it. "en glissant"). MUS. Procédé d'exécution vocale ou instrumentale consistant à faire entendre avec rapidité tous les sons compris entre deux notes.

glissant, e [glisɑ̃, -ɑ̃t] adj. - **1.** Sur quoi on glisse facilement ; qui fait glisser : *Route glissante.* - **2.** Qui glisse des mains ; à quoi on ne peut se retenir : *Le savon mouillé est glissant.* - **3.** Terrain glissant, affaire hasardeuse, risquée ; circonstance délicate et difficile.

glisse [glis] n.f. - **1.** Capacité d'un matériel ou d'un sportif à glisser sur une surface comme la neige, la glace, l'eau. - **2.** Sports de glisse, ensemble des sports où l'on glisse sur la neige, sur la glace ou sur l'eau (ski de neige, bobsleigh, patinage, ski nautique, surf et planche à voile).

glissement [glismɑ̃] n.m. - **1.** Action de glisser, mouvement de ce qui glisse : *Le glissement d'une barque sur un lac.* - **2.** Passage progressif, insensible d'un état à un autre : *On constate un certain glissement des électeurs vers les écologistes.* - **3.** Glissement de terrain, déplacement de la couche superficielle d'un terrain sur un versant, sans bouleversement du relief, contrairement à ce qui se passe lors d'un éboulement.

glisser [glise] v.i. (croisement de l'anc. fr. *gliier*, frq. *glidan*, et de *glacier*, frq. forme anc. de *glacer*). - **1.** Se déplacer d'un mouvement continu sur une surface lisse, unie : *Les patineurs glissent sur le lac gelé. Descendre l'escalier en glissant sur la rampe.* - **2.** Perdre soudain l'équilibre ou le contrôle de sa direction : *Glisser sur le verglas* (syn. déraper). - **3.** Être glissant : *Attention, il a gelé cette nuit, ça glisse.* - **4.** Passer graduellement, insensiblement d'un état à un autre : *Électorat qui glisse à gauche.* - **5.** Passer légèrement et rapidement sur qqch : *Ses doigts glissent sur le clavier* (syn. courir). - **6.** Ne pas insister sur qqch : *Glissons sur le passé.* - **7.** Ne pas faire grande impression sur qqn : *Les injures glissent sur lui.* - **8.** Glisser des mains de qqn, lui échapper accidentellement des mains : *Le vase m'a glissé des mains.* ◆ v.t. - **1.** Introduire adroitement ou furtivement qqch quelque part : *Glisser une lettre sous une porte.* - **2.** Introduire habilement et furtivement une idée, une remarque dans un texte, un discours : *Glisser des critiques au milieu des louanges. Glisser une clause dans un contrat.* - **3.** Dire furtivement qqch à qqn : *Glisser quelques mots à l'oreille de qqn.* ◆ **se glisser** v.pr. - **1.** Entrer, passer quelque part d'un mouvement adroit ou furtif : *L'enfant se* *glissa dans son lit. Le chat s'est glissé sous l'armoire* (syn. se faufiler). - **2.** S'introduire malencontreusement quelque part : *Des fautes se sont glissées dans le texte.* - **3.** Pénétrer insensiblement quelque part : *Le doute s'est glissé dans son cœur* (syn. s'insinuer).

glissière [glisjɛʀ] n.f. (de *glisser*). - **1.** Pièce destinée à guider dans son mouvement, par l'intermédiaire d'une rainure, une pièce mobile : *Une porte à glissière.* - **2.** Glissière de sécurité, forte bande métallique bordant une route ou une autoroute et destinée à maintenir sur la chaussée un véhicule dont le conducteur a perdu le contrôle.

global, e, aux [glɔbal, -o] adj. (de *globe*). - **1.** Qui est considéré dans sa totalité, dans son ensemble : *Revenu global* (syn. intégral, total). - **2.** Méthode globale, méthode d'apprentissage de la lecture, consistant à faire reconnaître aux enfants l'ensemble du mot avant d'en analyser les éléments.

globalement [glɔbalmã] adv. De façon globale : *Il faut condamner globalement leurs théories* (= en bloc).

globalisateur, trice [glɔbalizatœʀ, -tʀis] et **globalisant, e** [glɔbalizã, -ãt] adj. Qui tend à faire la synthèse d'éléments dispersés : *Une vue globalisante des problèmes économiques.*

globaliser [glɔbalize] v.t. Réunir en un tout des éléments divers, les présenter d'une manière globale : *Globaliser les raisons d'insatisfaction des salariés.*

globalité [glɔbalite] n.f. Caractère global de qqch : *Envisager un processus dans sa globalité* (syn. ensemble, intégralité).

globe [glɔb] n.m. (lat. *globus* "rouleau"). - **1.** Corps sphérique (syn. sphère). - **2.** Sphère ou demi-sphère en verre destinée à diffuser la lumière ou à recouvrir un objet : *Le globe d'une lampe. Pendule sous globe.* - **3.** La Terre, le monde : *La surface du globe. Aller dans tous les coins du globe.* - **4.** Globe céleste, sphère sur laquelle est dessinée une carte du ciel. ‖ Globe terrestre, sphère sur laquelle est dessinée une carte de la Terre. ‖ Globe oculaire, œil. - **5.** Mettre, garder sous globe, mettre à l'abri de tout danger ; garder précieusement.

globe-trotter [glɔbtʀɔtɛʀ] ou [glɔbtʀɔtœʀ] n. (mot angl.) [pl. *globe-trotters*]. Personne qui parcourt le monde.

globulaire [glɔbylɛʀ] adj. - **1.** Qui est en forme de globe (syn. sphérique). - **2.** Relatif aux globules du sang : *Anémie globulaire.* - **3.** Numération globulaire, dénombrement des globules rouges et blancs contenus dans le sang.

globule [glɔbyl] n.m. (lat. *globulus,* dimin. de *globus* "globe"). - **1.** Petit corps ou cellule que

l'on trouve en suspension dans divers liquides de l'organisme : *Les globules de la lymphe.* - **2.** Globule blanc, nom usuel du *leucocyte.* ‖ Globule rouge, nom usuel de l'*hématie.*

globuleux, euse [glɔbylø, -øz] adj. - **1.** Qui a la forme d'un globule : *Une particule globuleuse.* - **2.** Œil globuleux, œil dont le globe est très saillant.

globuline [glɔbylin] n.f. (de *globule*). Protéine de poids moléculaire élevé, dont il existe plusieurs formes, présentes surtout dans le sang et les muscles.

glockenspiel [glɔkɛnʃpil] n.m. (mot all. "jeu de cloches"). MUS. Petit carillon.

gloire [glwaʀ] n.f. (lat. *gloria*). - **1.** Renommée, répandue dans un public très vaste, résultant des actions, des qualités de qqn : *Se couvrir de gloire. Il est au sommet de sa gloire* (syn. célébrité). - **2.** Mérite, honneur qui revient à qqn : *On lui attribue la gloire de cette découverte.* - **3.** Ce qui assure le renom, suscite la fierté : *Le musée est la gloire de la ville.* - **4.** Personne illustre, dont la renommée est incontestée : *Une des gloires de l'époque.* - **5.** THÉOL. Manifestation de la majesté, de la toute-puissance et de la sainteté de Dieu, telles qu'elles se reflètent dans sa création. - **6.** Pour la gloire, sans espérer de profit matériel. ‖ Rendre gloire à, rendre un hommage mêlé d'admiration à : *Le pays a rendu gloire à ses héros.* ‖ Se faire gloire, tirer gloire de, tirer vanité, se vanter de : *Il se fait gloire d'écrire trois livres par an.*

gloria [glɔʀja] n.m. inv. (mot lat. "gloire"). CATH. Hymne de louange à Dieu faisant partie de la messe et commençant par les mots *Gloria in excelsis Deo...* ; musique composée sur cette hymne.

glorieusement [glɔʀjøzmã] adv. De façon glorieuse : *Soldat mort glorieusement.*

glorieux, euse [glɔʀjø, øz] adj. (lat. *gloriosus*). - **1.** Qui donne de la gloire : *Un exploit glorieux* (syn. éclatant, retentissant). - **2.** Qui s'est acquis de la gloire, surtout militaire : *Les glorieux maréchaux de l'Empire.* - **3.** LITT. Qui tire vanité de qqch : *Être glorieux de son rang* (syn. fier de).

glorification [glɔʀifikasjɔ̃] n.f. Action de glorifier : *La glorification d'un héros, de la science.*

glorifier [glɔʀifje] v.t. (lat. *glorifiare*) [conj. 9]. Honorer, rendre gloire à : *Glorifier la mémoire d'une héroïne* (syn. chanter, exalter). *Glorifier une découverte* (syn. célébrer, vanter). ◆ **se glorifier** v.pr. Tirer vanité de : *Il se glorifie de la réussite de son fils* (syn. s'enorgueillir).

gloriole [glɔʀjɔl] n.f. (lat. *gloriola,* dimin. de *gloria* "gloire"). Gloire tirée de petites choses : *Faire qqch par gloriole* (= par vanité mesquine ; syn. suffisance, vanité).

glose [gloz] n.f. (bas lat. *glosa* "mot qui a besoin d'être expliqué", gr. *glôssa* "langue"). - **1.** Annotation ajoutée à un texte pour en éclairer les mots ou les passages obscurs : *Écrire des gloses en marge d'un texte* (syn. note). - **2.** (Surtout au pl.). SOUT. Critique, interprétation malveillante : *Faire des gloses sur tout le monde.*

gloser [gloze] v.t. ind. [**sur**] (de *glose*). SOUT. Faire des commentaires malveillants sur qqn, qqch : *Elle ne cesse de gloser sur ses voisins.* ◆ v.t. Éclaircir un texte par une glose, un commentaire : *Gloser un passage de la Bible.*

glossaire [glɔsɛʀ] n.m. (lat. *glossarium*). - **1.** Liste alphabétique des mots, d'une langue, d'une œuvre, d'un traité, qui sont considérés comme rares ou spécialisés et dont on donne l'explication, le sens (syn. lexique). - **2.** Dictionnaire portant sur un domaine spécialisé.

glossolalie [glɔsɔlali] n.f. (de *glosso-*, et du gr. *lalein*, "parler"). PSYCHIATRIE. Chez certains malades mentaux, production d'un vocabulaire inventé accompagné d'une syntaxe déformée.

glottal, e, aux [glɔtal, -o] adj. PHON. Émis par la glotte : *Vibrations glottales.*

glotte [glɔt] n.f. (gr. *glôtta*, var. de *glôssa* "langue"). - **1.** ANAT. Partie du larynx comprise entre les deux cordes vocales inférieures, qui sert à l'émission de la voix. - **2.** PHON. Coup de glotte, consonne occlusive produite au niveau de la glotte par l'accolement des cordes vocales l'une contre l'autre : *Le coup de glotte est fréquent en allemand.*

glouglou [gluglu] n.m. (onomat.). - **1.** FAM. Bruit d'un liquide s'échappant d'une bouteille, d'un conduit, etc. - **2.** Cri du dindon.

glouglouter [gluglute] v.i. - **1.** FAM. Produire un bruit de glouglou : *L'eau coule de la fontaine en glougloutant.* - **2.** Émettre un cri, en parlant du dindon.

gloussement [glusmɑ̃] n.m. - **1.** Cri de la poule qui appelle ses petits. - **2.** Petits cris ou rires étouffés : *Sa remarque provoqua des gloussements dans l'assistance.*

glousser [gluse] v.i. (lat. pop. *clociare*, class. *glocire*). - **1.** En parlant de la poule, appeler ses petits. - **2.** FAM. Rire en poussant des petits cris : *Quelques élèves gloussaient.*

glouton, onne [glutɔ̃, -ɔn] adj. et n. (lat. *glutto*, de *gluttus* "gosier"). Qui mange beaucoup et avec avidité : *C'est un glouton* (syn. goinfre). *Un appétit glouton* (syn. insatiable).

gloutonnement [glutɔnmɑ̃] adv. D'une manière gloutonne : *Se jeter gloutonnement sur son dessert* (syn. avidement).

gloutonnerie [glutɔnʀi] n.f. Avidité gloutonne : *Sa gloutonnerie lui a valu une indigestion* (syn. goinfrerie, voracité).

glu [gly] n.f. (lat. *glus* "colle"). Matière visqueuse et tenace, extraite principalement de l'écorce intérieure du houx.

gluant, e [glyɑ̃, -ɑ̃t] adj. Qui a la consistance ou l'aspect de la glu ; collant : *Terre gluante. Liquide gluant* (syn. poisseux, visqueux).

gluau [glyo] n.m. (de *glu*). Petite branche frottée de glu, pour prendre les oiseaux. □ La chasse au gluau est prohibée.

glucide [glysid] n.m. (de *gluc[o]-*). BIOCHIM. Composant de la matière vivante formé de carbone, d'hydrogène et d'oxygène. □ Les glucides sont aussi appelés *sucres*.

glucose [glykoz] n.m. (de *gluco-*). Glucide de saveur sucrée, contenu dans certains fruits comme le raisin et entrant dans la composition de presque tous les glucides (syn. dextrose). □ Synthétisé par les plantes vertes au cours de l'assimilation chlorophyllienne, le glucose joue un rôle fondamental dans la nutrition des êtres vivants.

glutamate [glytamat] n.m. (de *gluten* et *am[ide]*). BIOCHIM. Sel ou ester d'un acide aminé présent dans les tissus nerveux et qui joue un rôle important dans le métabolisme.

gluten [glytɛn] n.m. (mot lat. "colle"). Substance visqueuse qui reste quand on a ôté l'amidon de la farine de céréale. □ Le gluten ne contient pas de glucides et sert à faire du pain et des biscottes pour les diabétiques.

glycémie [glisemi] n.f. (de *glyc[e]-* et *-émie*). MÉD. Présence, taux de glucose dans le sang. □ La glycémie normale est de 1 g par litre de sang ; elle augmente dans le diabète sucré.

glycérine [gliseʀin] n.f. (du gr. *glukeros* "doux"). Liquide sirupeux, incolore, de saveur sucrée, extrait des corps gras par saponification.

glycérophtalique [gliseʀɔftalik] adj. (de *glycérol* "glycérine", et *[na]phtaline*). - **1.** Se dit d'une résine dérivée de la glycérine et d'un hydrocarbure composant de la naphtaline. - **2.** Peinture glycérophtalique, peinture à base de résine glycérophtalique.

glycine [glisin] n.f. (du gr. *glukus* "doux"). Arbuste grimpant originaire de Chine et cultivé pour ses longues grappes de fleurs mauves et odorantes. □ Famille des papilionacées.

glycogène [glikɔʒɛn] n.m. (de *glyco-* et *-gène*). Glucide complexe, constituant la principale réserve de glucose dans le foie et les muscles.

glycosurie [glikɔzyʀi] n.f. (de *glycose*, anc. forme de *glucose*, et *-urie*). MÉD. Présence de glucose dans l'urine, l'un des signes du diabète.

glyptique [gliptik] n.f. (gr. *gluptikos* "propre à graver"). Art de tailler les pierres fines ou précieuses : *La glyptique produit les intailles et les camées.*

glyptodon [gliptodɔ̃] et **glyptodonte** [gliptodɔ̃t] n.m. (du gr. *gluptos* "gravé"). Mammifère édenté fossile, à carapace osseuse, qui a vécu au quaternaire en Amérique. □ Long. maximale 4 m.

GMT [ʒeɛmte], sigle de l'angl. *Greenwich Mean Time* désignant le temps moyen de Greenwich, échelle de temps où les jours sont comptés de 0 à 24 h avec changement de quantième à midi.

gnangnan [nɑ̃nɑ̃] adj. inv. (onomat.). FAM. - **1.** Qui est mou et lent ; qui se plaint au moindre effort : *Qu'est-ce qu'elle est gnangnan* (syn. indolent, lambin). - **2.** Qui ne présente ni intérêt ni agrément : *Un film gnangnan* (syn. insipide, mièvre).

gneiss [ɡnɛs] n.m. (mot all.). Roche métamorphique constituée de cristaux de mica, de quartz et de feldspath, disposés en lits.

gnocchi [nɔki] n.m. (mot it., d'orig. incert.) [pl. *gnocchis* ou inv.]. Boulette à base de semoule, de pommes de terre ou de pâte à choux, génér. pochée puis gratinée avec du fromage.

gnognote ou **gnognotte** [nɔɲɔt] n.f. (onomat.). FAM. *C'est de la gnognote,* c'est une chose de peu de valeur, négligeable.

gnole [nɔl] n.f. (mot franco-provençal, de *une yôle* "eau-de-vie de mauvaise qualité", var. dial. de *hièble,* sorte de sureau, lat. *ebulum*). FAM. Eau-de-vie. *Rem.* On écrit aussi *gnôle, gniole, gnaule.*

gnome [ɡnom] n.m. (lat. des alchimistes *gnomus,* d'orig. obsc.). - **1.** Petit génie difforme qui habite à l'intérieur de la terre, dont il garde les richesses, dans la tradition cabalistique. - **2.** Homme petit et contrefait (syn. nabot, nain).

gnomique [ɡnɔmik] adj. (gr. *gnômikos,* de *gnômê* "opinion, sentence"). Qui s'exprime par sentences, proverbes ; qui contient des sentences : *Poésie gnomique.*

gnomon [ɡnɔmɔ̃] n.m. (lat. *gnomon* "aiguille de cadran", mot gr.). Cadran solaire primitif, constitué d'une simple tige dont l'ombre se projette sur une surface plane.

gnon [nɔ̃] n.m. (aphérèse d'*oignon*). T. FAM. Coup ; marque d'un coup : *Les bras couverts de gnons* (syn. ecchymose, meurtrissure). *Recevoir un gnon* (= un coup de poing).

gnose [ɡnoz] n.f. (gr. *gnôsis* "connaissance"). Doctrine religieuse ésotérique qui se fonde sur une connaissance supérieure des choses divines et des mystères de la religion chrétienne.

gnou [ɡnu] n.m. (mot de la langue des Hottentots). Antilope d'Afrique, à tête épaisse et à cornes recourbées, pourvue d'une crinière et d'une barbe. □ Haut. au garrot 1,20 m.

1. **go** [ɡo] n.m. inv. (mot jap.). Jeu de stratégie d'origine chinoise, qui consiste, pour deux joueurs, à poser des pions respectivement noirs et blancs sur un damier, de manière à former des territoires aussi vastes que possible.

2. **go** → **tout de go.**

goal [ɡol] n.m. (mot angl.). Gardien de but.

goal-average [ɡolavɛraʒ] n.m. (mot angl., de *goal* "but" et *average* "moyenne") [pl. *goal-averages*]. Dans certains sports, décompte des buts ou points marqués et encaissés par une équipe, et destiné à départager deux équipes ex æquo à l'issue d'une compétition.

gobelet [ɡɔblɛ] n.m. (anc. fr. *gobel*). - **1.** Récipient pour boire, généralement sans pied et sans anse ; son contenu : *Un gobelet d'étain.* - **2.** Cornet tronconique servant à lancer les dés ou à faire des tours de prestidigitation.

gobe-mouches [ɡɔbmuʃ] n.m. inv. Oiseau passereau qui capture des insectes au vol.

gober [ɡɔbe] v.t. (d'un rad. gaul. *gobbo* "bec, bouche"). - **1.** Avaler en aspirant et sans mâcher : *Gober un œuf, une huître.* - **2.** FAM. Croire sottement, naïvement ce qu'on entend raconter : *Elle gobe tout.*

se goberger [ɡɔbɛrʒe] v.pr. (probabl. du moyen fr. *goberge* "forfanterie", de *gobe* "orgueilleux", d'orig. gaul.) [conj. 17]. FAM. - **1.** Prendre ses aises, se prélasser. - **2.** Faire bonne chère.

godailler v.i. → **goder.**

godasse [ɡɔdas] n.f. (de *god[illot]*). T. FAM. Soulier.

godelureau [ɡɔdlyro] n.m. (de l'onomat. *god-* "cri d'appel", par croisement avec l'anc. mot *galureau* "galant"). FAM. Jeune homme qui fait le joli cœur auprès des femmes.

goder [ɡɔde] et **godailler** [ɡɔdaje] v.i. (de *godron* "pli rond"). COUT. Faire des faux plis par suite d'une mauvaise coupe ou d'un mauvais assemblage : *Ta jupe godaille derrière* (syn. grimacer).

godet [ɡɔdɛ] n.m. (moyen néerl. *kodde*). - **1.** Petit gobelet à boire (syn. timbale). - **2.** Auge fixée sur une noria ou sur certains appareils de manutention ou de travaux publics : *Une drague, une pelleteuse à godets.* - **3.** Petit récipient à usages divers : *Un godet à peinture.* Pli rond qui va en s'évasant, formé par un tissu coupé dans le biais : *Une jupe à godets.*

godiche [gɔdiʃ] adj. et n.f. (de *Godon*, dimin. de *Claude*). FAM. Gauche, maladroit, benêt : *Avoir l'air godiche* (syn. niais, nigaud).

godille [gɔdij] n.f. (mot dialect., d'orig. obsc.). - **1.** Aviron placé à l'arrière d'une embarcation et permettant la propulsion par un mouvement hélicoïdal de la pelle. - **2.** À skis, enchaînement de virages courts suivant la ligne de plus grande pente.

godiller [gɔdije] v.i. - **1.** Faire avancer une embarcation avec la godille. - **2.** À skis, descendre en godille.

godillot [gɔdijo] n.m. (de *A. Godillot*, fabricant de brodequins militaires). - **1.** Ancienne chaussure militaire à tige courte. - **2.** FAM. Grosse chaussure de marche (syn. croquenot). - **3.** FAM. Parlementaire inconditionnel d'un homme ou d'un parti politique : *Les godillots du pouvoir*.

goéland [gɔelɑ̃] n.m. (bas breton *gwelan* "mouette"). Oiseau palmipède piscivore, à plumage dorsal gris, fréquent sur les rivages. □ Les goélands ont une longueur supérieure à 40 cm ; plus petits, on les appelle ordinairement *mouettes ;* famille des laridés.

goélette [gɔelɛt] n.f. (de *goéland*, avec changement de suff.). MAR. Voilier à deux mâts, dont le grand mât est à l'arrière.

goémon [gɔemɔ̃] n.m. (bas breton *gwemon*). Nom donné au varech, récolté comme engrais, en Bretagne et en Normandie.

1. gogo [gogo] n.m. (de *Gogo*, n. d'un personnage de comédie). FAM. Personne crédule, facile à tromper (syn. ingénu, naïf).

2. à gogo [gogo] loc. adv. (de l'anc. fr. *gogue* "réjouissance"). FAM. En abondance : *Il y avait à boire et à manger à gogo* (= à volonté ; syn. abondamment).

goguenard, e [gɔgnar, -ard] adj. (de l'anc. fr. *gogue* "réjouissance"). Qui se moque ouvertement de qqn d'autre : *Elle nous regardait, goguenarde* (syn. moqueur, narquois).

goguenardise [gɔgnardiz] n.f. Attitude moqueuse : *Sa goguenardise m'irrite* (syn. ironie, moquerie).

goguette [gɔgɛt] n.f. (de l'anc. fr. *gogue* "réjouissance"). FAM. Être en goguette, être de belle humeur, un peu ivre ; être en gaieté et décidé à faire la fête, à s'amuser.

goï, goïm adj. et n. → **goy.**

goinfre [gwɛ̃fr] adj. et n. (orig. obsc.). Qui mange beaucoup, avidement et salement (syn. glouton, goulu).

se goinfrer [gwɛ̃fre] v.pr. [**de**]. FAM. Manger beaucoup, gloutonnement et malproprement : *Se goinfrer de gâteaux* (syn. se gaver).

goinfrerie [gwɛ̃frəri] n.f. Comportement du goinfre : *Emporté par sa goinfrerie, il a tout dévoré* (syn. voracité).

goitre [gwatr] n.m. (de l'anc. fr. *goitron* "gosier", lat. pop. *gutturio*, du class. *guttur* "gorge"). Grosseur au cou résultant d'une augmentation de volume de la glande thyroïde.

goitreux, euse [gwatrø, -øz] adj. et n. Atteint d'un goitre.

golf [gɔlf] n.m. (mot angl., du néerl. *kolf* "gourdin"). - **1.** Sport consistant à envoyer, en un minimum de coups, une balle, à l'aide de clubs, dans les dix-huit trous successifs d'un terrain coupé d'obstacles. - **2.** Terrain de golf : *L'aménagement d'un golf.* - **3.** Golf miniature, jeu imitant le golf sur un parcours très réduit.

golfe [gɔlf] n.m. (it. *golfo,* gr. *kolpos* "pli, sinuosité"). Partie de mer avancée dans les terres, généralement suivant une large courbure du littoral : *Le golfe de Gascogne.*

golfeur, euse [gɔlfœr, -øz] n. Personne qui pratique le golf.

gommage [gɔmaʒ] n.m. - **1.** Action de recouvrir de gomme arabique. - **2.** Action d'effacer avec une gomme.

gomme [gɔm] n.f. (bas lat. *gumma,* class. *gummi,* gr. *kommi*). - **1.** Substance visqueuse et transparente qui suinte du tronc de certains arbres. - **2.** Petit bloc de caoutchouc servant à effacer le crayon, l'encre : *D'un coup de gomme, il a tout enlevé.* - **3.** FAM. À la gomme, de mauvaise qualité : *Encore une de ses réparations à la gomme* (= qui ne tiendra pas longtemps). ‖ Gomme arabique, fournie par certains acacias et d'abord récoltée en Arabie. ‖ T. FAM. Mettre (toute) la gomme, accélérer l'allure, faire de grands efforts : *Il faudra mettre toute la gomme pour avoir terminé ce soir* (= se dépêcher).

gommé, e [gɔme] adj. Recouvert d'une couche de gomme adhésive sèche qu'on mouille pour coller : *Papier gommé. Enveloppe gommée.*

gommer [gɔme] v.t. - **1.** Enduire de gomme : *Gommer une étiquette.* - **2.** Effacer avec une gomme : *Gommer un trait de crayon.* - **3.** Atténuer, tendre à faire disparaître : *Gommer certains détails.*

gommette [gɔmɛt] n.f. Petit morceau de papier gommé, de couleur et de forme variées.

gonade [gɔnad] n.f. (du gr. *gonê* "semence"). Glande sexuelle qui produit les gamètes et sécrète des hormones : *Le testicule est la gonade mâle, l'ovaire est la gonade femelle.*

gond [gɔ̃] n.m. (lat. *gomphus* "cheville", gr. *gomphos*). - **1.** Pièce métallique sur laquelle pivote un vantail de porte ou de fenêtre : *Graisser les gonds des volets.* - **2.** Sortir de ses gonds, s'emporter.

gondolage [gɔ̃dɔlaʒ] et **gondolement** [gɔ̃dɔlmɑ̃] n.m. Action de gondoler ; fait de se gondoler, d'être gondolé.

gondole [gɔ̃dɔl] n.f. (it. *gondola*). - **1.** Barque vénitienne longue et plate, aux extrémités relevées, mue par un seul aviron à l'arrière. - **2.** Meuble à plateaux superposés utilisé dans les libres-services comme présentoir.

gondoler [gɔ̃dɔle] v.t. (de *gondole*). Déformer : *L'humidité a gondolé la porte* (syn. gauchir). ◆ v.i. ou **se gondoler** v.pr. Gauchir ; se courber : *Bois qui gondole, qui se gondole* (syn. se déformer).

gondolier [gɔ̃dɔlje] n.m. Batelier qui conduit une gondole.

gonfalon [gɔ̃falɔ̃] et **gonfanon** [gɔ̃fanɔ̃] n.m. (frq. *gundfano*). HIST. Au Moyen Âge, étendard de guerre à plusieurs bandelettes sous lequel se rangeaient les vassaux.

gonfalonier [gɔ̃falɔnje] et **gonfanonier** [gɔ̃fanɔnje] n.m. Porteur de gonfalon.

gonflable [gɔ̃flabl] adj. Qui prend sa forme véritable, utile, par gonflage : *Un matelas gonflable.*

gonflage [gɔ̃flaʒ] n.m. Action de gonfler ; fait de se gonfler : *Le gonflage d'une montgolfière.*

gonflant, e [gɔ̃flɑ̃, -ɑ̃t] adj. Qui a ou peut prendre du volume : *Coiffure gonflante. La mousseline est un tissu gonflant.*

gonflé, e [gɔ̃fle] adj. - **1.** Rempli d'un gaz : *Le ballon est trop gonflé.* - **2.** Avoir le cœur gonflé, être triste, accablé. ‖ FAM. Être gonflé, être plein de courage, d'ardeur ou d'impudence.

gonflement [gɔ̃fləmɑ̃] n.m. - **1.** État de ce qui est gonflé : *Le gonflement du ballon est vérifié au début du match. Le gonflement de sa cheville a diminué* (syn. enflure). - **2.** Augmentation exagérée : *Le gonflement des chiffres de vente.*

gonfler [gɔ̃fle] v.t. (lat. *conflare*, de *flare* "souffler"). - **1.** Rendre plus ample en dilatant : *Gonfler un ballon.* - **2.** Augmenter le volume, l'importance de : *La pluie a gonflé le torrent* (syn. grossir). - **3.** Remplir d'un sentiment qu'on a peine à contenir : *La joie gonfle son cœur.* - **4.** Donner une importance exagérée à qqch : *Gonfler un incident* (syn. dramatiser, exagérer). ◆ v.i. Devenir plus ample, plus volumineux : *Le bois gonfle à l'humidité* (syn. travailler). *La pâte gonfle à la cuisson* (syn. lever). ◆ **se gonfler** v.pr. - **1.** Devenir gonflé, plus ample : *Les voiles se gonflent dans le vent.* - **2.** [de] Être envahi par un sentiment : *Mon cœur se gonfle d'espoir.*

gonflette [gɔ̃flɛt] n.f. FAM. Musculation culturiste, visant à donner un important volume musculaire ; musculature ainsi développée (péjor.).

gonfleur [gɔ̃flœʀ] n.m. Appareil servant à gonfler : *Un gonfleur pour matelas pneumatique.*

gong [gɔ̃g] n.m. (mot malais). - **1.** Instrument de musique ou d'appel, importé d'Extrême-Orient et fait d'un disque de métal bombé que l'on frappe avec un maillet recouvert de tissu. - **2.** Timbre annonçant le début et la fin de chaque reprise d'un match de boxe.

goniomètre [gɔnjɔmɛtʀ] n.m. (du gr. *gônia* "angle", et de -*mètre*). Instrument servant à la mesure des angles, notamm. dans les opérations topographiques.

goniométrie [gɔnjɔmetʀi] n.f. - **1.** MÉTROL. Théorie et technique de la mesure des angles. - **2.** Radiogoniométrie.

gonocoque [gɔnɔkɔk] n.m. (du gr. *gonos* "semence", et de -*coque*). Microbe pathogène spécifique de la blennorragie.

gonocyte [gɔnɔsit] n.m. (du gr. *gonos* "semence", et de -*cyte*). Cellule embryonnaire des animaux qui, selon le sexe, donne quatre spermatozoïdes ou un seul ovule.

gordien [gɔʀdjɛ̃] adj.m. (du lat. *Gordius*, n. d'un roi ou d'une v. de Phrygie, du gr.). Trancher le nœud gordien, résoudre de manière violente mais décisive, une difficulté ardue.

goret [gɔʀɛ] n.m. (dimin. de l'anc. fr. *gore* "truie", d'un rad. onomat. *gorr-* imitant le grognement du porc). Jeune porc (syn. porcelet).

gorge [gɔʀʒ] n.f. (bas lat. *gurga*, class. *gurges* "tourbillon d'eau"). - **1.** Partie antérieure du cou : *Saisir qqn à la gorge.* - **2.** Partie intérieure du cou : *Se racler la gorge* (syn. gosier). *Mal de gorge.* - **3.** LITT. Seins d'une femme : *Une gorge opulente* (syn. poitrine). - **4.** GÉOGR. Passage étroit entre deux montagnes ; vallée étroite et encaissée. - **5.** Rainure concave placée à la circonférence d'une poulie et dans laquelle passe la corde. - **6.** ARCHIT. Large moulure creuse arrondie. - **7.** FAM. Ça m'est resté en travers de la gorge, je ne peux l'admettre ; je ne peux l'oublier. ‖ FAM. Faire des gorges chaudes de qqch, de qqn, s'en moquer bruyamment et méchamment. ‖ Faire rentrer à qqn ses paroles dans la gorge, l'obliger à les rétracter. ‖ Rendre gorge, restituer par force ce qu'on a pris indûment.

gorge-de-pigeon [gɔʀʒdəpiʒɔ̃] adj. inv. D'une couleur à reflets changeants.

gorgée [gɔʀʒe] n.f. Quantité de liquide qu'on peut avaler en une seule fois : *Boire à grandes gorgées.*

gorger [gɔʀʒe] v.t. (conj. 17). - **1.** Faire manger avec excès : *Gorger un enfant de sucreries* (syn. bourrer, gaver). - **2.** Remplir jusqu'à saturation : *Les pluies de la nuit ont gorgé d'eau les terres* (syn. imprégner, saturer). - **3.** Donner avec excès à : *Gorger qqn de richesses* (syn. combler).

gorgone [gɔʀgɔn] n.f. (du n. des *Gorgones*). Animal des mers chaudes formant des colonies arborescentes de polypes. ◻ Embranchement des cnidaires.

gorille [gɔʀij] n.m. (lat. scientif. *gorilla*, du gr.). - **1.** Singe anthropoïde de l'Afrique équatoriale. ◻ Frugivore, il est le plus grand et le plus fort de tous les singes, sa taille atteignant 2 m et son poids pouvant dépasser 200 kg. - **2.** FAM. Garde du corps d'un personnage officiel.

gosier [gozje] n.m. (bas lat. *geusiae* "joue", mot d'orig. gauloise). - **1.** Partie interne du cou, comprenant le pharynx et l'entrée de l'œsophage et du larynx : *Une arête s'est plantée dans mon gosier* (syn. gorge). - **2.** Siège de la voix ; canal par où sort la voix : *Chanter à plein gosier.*

gospel [gɔspɛl] n.m. (de l'anglo-amér. *gospel* [song], de *gospel* "évangile" et *song* "chant"). Chant religieux de la communauté noire des États-Unis (syn. negro spiritual).

gosse [gɔs] n. (orig. obsc.) - **1.** FAM. Petit garçon, petite fille : *Ce n'est encore qu'une gosse* (= elle est encore bien jeune). *Ils ont trois gosses* (syn. enfant). - **2.** Beau gosse, belle gosse, beau garçon, belle fille.

gotha [gɔta] n.m. (de *Gotha**, n. de la ville où était publié, depuis 1764, un almanach concernant l'aristocratie). Ensemble de personnalités du monde politique, culturel, médiatique, etc., considérées du point de vue de leur notoriété, de leur importance dans la vie sociale : *Tout le gotha du cinéma assistait à leur mariage.*

gothique [gɔtik] adj. (bas lat. *gothicus* "des Goths"). - **1.** Se dit d'une forme d'art, en partic. d'art architectural, qui s'est épanouie en Europe du XIIᵉ s. à la Renaissance : *Les cathédrales gothiques.* - **2.** Se dit d'une écriture, utilisée à partir du XIIᵉ s., dans laquelle les traits courbes des lettres étaient remplacés par des traits droits formant des angles. ◆ n.m. Art gothique : *Le gothique flamboyant.* ◆ n.f. Écriture gothique.

gotique [gɔtik] n.m. (de *gothique*). Langue morte parlée par les Goths, branche orientale du germanique.

gouache [gwaʃ] n.f. (it. *guazzo* "détrempé", propr. "lieu inondé", lat. *aquatio*, de *aqua* "eau"). - **1.** Peinture de consistance pâteuse, faite de couleurs détrempées à l'eau mêlée de gomme : *Un tube de gouache.* - **2.** Œuvre, génér. sur papier, exécutée avec cette peinture : *Il nous a montré ses dernières gouaches.*

gouaille [gwaj] n.f. (de *gouailler* "plaisanter de façon vulgaire"). Verve populaire moqueuse et insolente : *Une repartie pleine de gouaille* (syn. sarcasme).

gouailleur, euse [gwajœr, -øz] adj. FAM. Qui dénote la gouaille ; plein de gouaille : *Sourire, ton gouailleur* (syn. ironique, moqueur).

goualante [gwalãt] n.f. (de *goualer* "chanter", p.-ê de *gouailler*). ARG. et VX. Chanson, complainte populaire.

gouape [gwap] n.f. (arg. esp. *guapo* "brigand"). T. FAM. Mauvais sujet, capable de grands méfaits (syn. vaurien, voyou).

goudron [gudʀɔ̃] n.m. (ar. *qatrān*). - **1.** Substance sombre et visqueuse, obtenue par distillation de divers produits. ◻ Le *goudron de houille* fournit de nombreux dérivés : benzène, toluène, phénol, etc. ; le *goudron végétal*, tiré du bois, contient de la paraffine. - **2.** Revêtement de chaussée : *Recouvrir une route de goudron* (syn. bitume).

goudronnage [gudʀɔnaʒ] n.m. Action de goudronner : *Interdiction de stationner pendant la durée du goudronnage.*

goudronner [gudʀɔne] v.t. Recouvrir, enduire, imprégner de goudron : *Goudronner une chaussée.*

goudronneuse [gudʀɔnøz] n.f. Machine à goudronner.

goudronneux, euse [gudʀɔnø, -øz] adj. De la nature du goudron : *Un revêtement goudronneux.*

gouffre [gufʀ] n.m. (bas lat. *colpus* "golfe", gr. *kolpos* "pli, sinuosité"). - **1.** Cavité profonde et abrupte, fréquente dans les régions calcaires : *Un gouffre béant* (syn. abîme, précipice). *Un gouffre sous-marin* (syn. fosse). - **2.** Ce qui semble insondable ; le niveau le plus bas du malheur : *Sombrer dans le gouffre de l'oubli. Tomber dans un gouffre de détresse.* - **3.** Ce qui fait dépenser beaucoup d'argent, ce qui est ruineux : *L'entretien du château est un gouffre.* - **4.** Au bord du gouffre, dans une situation morale ou matérielle inquiétante.

gouge [guʒ] n.f. (bas lat. *gubia*). Ciseau à tranchant courbe ou en V, servant à sculpter, à faire des moulures.

gougère [guʒɛʀ] n.f. (orig. obsc.). Pâtisserie au gruyère cuite au four.

goujat [guʒa] n.m. (anc. prov. *gojat* "jeune homme", de l'anc. gascon *gotya* "fille", hébr. *gōya* "femme, servante chrétienne" [v. goy]). Homme mal élevé, grossier : *Se conduire comme un goujat* (syn. mufle).

goujaterie [guʒatʀi] n.f. Caractère, action de goujat (syn. indélicatesse, muflerie).

1. goujon [guʒɔ̃] n.m. (lat. *gobio, -onis*). Petit poisson d'eau douce. ◻ Famille des cyprinidés ; long. 15 cm.

2. goujon [guʒɔ̃] n.m. (de *gouge*). TECHN. Tige métallique servant à lier deux pièces et dont les extrémités sont filetées.

goujonner [guʒɔne] v.t. TECHN. Fixer par des goujons.

goulache ou **goulasch** [gulaʃ] n.m. (hongr. *gulyás*). Ragoût de bœuf mijoté avec des oignons, des pommes de terre et du paprika. □ Spécialité hongroise.

goulag [gulag] n.m. (du russe *Glavnoïe OUpravlenie LAGuereï* "direction générale des camps"). HIST. Système concentrationnaire ou répressif de l'Union soviétique et de ses pays satellites.

goulasch n.m. → **goulache.**

goule [gul] n.f. (ar. *ghûl,* n. d'un démon du désert). Démon femelle qui, selon les superstitions orientales, dévore les cadavres dans les cimetières.

goulée [gule] n.f. (de *goule,* forme anc. de *gueule*). - **1.** FAM. et VX. Grosse quantité de liquide avalée d'un coup (syn. gorgée). - **2.** Quantité d'air qu'on peut aspirer en une fois : *Respirer une goulée d'air frais.*

goulet [gulɛ] n.m. (de *goule,* forme anc. de *gueule*). - **1.** Passage étroit faisant communiquer un port ou une rade avec la haute mer : *Le goulet de Brest.* - **2.** Goulet d'étranglement, syn. de *goulot* * d'étranglement.*

gouleyant, e [gulejɑ̃, -ɑ̃t] adj. (de *goulée*). FAM. Se dit d'un vin, agréable, frais, léger.

goulot [gulo] n.m. (de *goule,* forme anc. de *gueule*). - **1.** Col d'une bouteille, d'un vase, etc., à entrée étroite : *Boire au goulot* (= à même la bouteille). - **2.** Goulot d'étranglement, rétrécissement qui provoque un ralentissement dans un processus : *L'abondance de la récolte a provoqué un goulot d'étranglement à la mise en conserve.* (On dit aussi *goulet d'étranglement.*)

goulu, e [guly] adj. et n. (de *goule,* forme anc. de *gueule*). Qui aime à manger et qui mange avec avidité : *Il est très goulu* (syn. glouton, vorace).

goulûment [gulymɑ̃] adv. De façon goulue ; avec avidité : *Avaler goulûment un gâteau* (syn. gloutonnement). *Elle lit goulûment tout ce qui paraît sur le sujet* (syn. avidement).

goupil [gupi] n.m. (bas lat. *vulpiculus,* dimin. de *vulpes* "renard"). Nom du renard au Moyen Âge.

goupille [gupij] n.f. (de *goupil*). Cheville ou broche métallique servant à assembler deux pièces percées d'un trou : *Goupille conique, cylindrique.*

goupiller [gupije] v.t. - **1.** Assembler à l'aide de goupilles. - **2.** FAM. Arranger, combiner : *Elle a goupillé un rendez-vous pour toi* (syn. organiser). ◆ **se goupiller** v.pr. FAM. S'arranger, se dérouler : *Comment ça se goupille, cette affaire ?* (syn. se passer).

goupillon [gupijɔ̃] n.m. (mot d'orig. normande, de l'anc. nordique *vippa,* sobriquet indiquant un balancement). - **1.** Instrument liturgique qui sert pour l'aspersion d'eau bénite. - **2.** Symbole du parti clérical, des gens d'Église (souvent péjor.) : *L'alliance du sabre et du goupillon* (= l'alliance de l'Armée et de l'Église). - **3.** Brosse cylindrique à manche pour nettoyer les bouteilles.

gourbi [guRbi] n.m. (ar. d'Algérie *gürbi* "habitation rudimentaire"). - **1.** Habitation rudimentaire traditionnelle, en Afrique du Nord. - **2.** T.FAM. Habitation misérable, mal entretenue (syn. galetas, taudis).

gourd, e [guR, guRd] adj. (bas lat. *gurdus* "lourdaud"). Engourdi par le froid : *Doigts gourds* (syn. ankylosé).

gourde [guRd] n.f. (lat. *cucurbita*). - **1.** Plante grimpante dont le fruit vidé et séché peut servir de récipient pour la boisson ; le fruit lui-même (syn. calebasse). □ Famille des cucurbitacées. - **2.** Récipient, souvent de forme ovoïde et plate, servant à conserver les boissons en voyage. - **3.** FAM. Fille niaise, maladroite : *Quelle gourde !* (syn. sotte). ◆ adj. Se dit d'une personne un peu niaise et maladroite : *Ce qu'il peut avoir l'air gourde, ce garçon !* (syn. nigaud).

gourdin [guRdɛ̃] n.m. (it. *cordino* "petite corde"). Bâton gros et court servant à frapper : *D'un coup de gourdin, il assomma le chien enragé* (syn. massue, trique).

se gourer [guRe] v.pr. (sens propre probable "agir comme un porc", du rad. onomat. *gorr-* [v. goret]). FAM. Faire erreur : *Si tu crois que c'est moi qui ai fait le coup, tu te goures* (syn. se tromper).

gourgandine [guRgɑ̃din] n.f. (mot dialect. d'orig. incert., p.-ê. de *gourer*). FAM. et VX. Femme de mauvaise vie.

gourmand, e [guRmɑ̃, -ɑ̃d] adj. et n. (p.-ê. de même orig. que *gourmet*). - **1.** Qui aime manger de bonnes choses ; qui en mange beaucoup : *Il est gourmand de gibier. Quelle gourmande, elle a tout dévoré !* (syn. glouton, goinfre). - **2.** Avide de connaître ; amateur de : *Je suis gourmand de tous ses romans* (syn. friand, passionné). *Jeter des regards gourmands sur une belle moto* (syn. avide).

gourmander [guRmɑ̃de] v.t. (propr. "manger goulûment", de *gourmand,* avec infl. probable de *gourmer* [v. gourmé]). LITT. Réprimander sévèrement : *Gourmander un élève indiscipliné* (syn. gronder, sermonner).

gourmandise [guRmɑ̃diz] n.f. - **1.** Caractère, défaut du gourmand : *La gourmandise est un des sept péchés capitaux.* - **2.** (Souvent pl.). Mets appétissant : *Offrir des gourmandises* (syn. friandise).

gourme [guʀm] n.f. (frq. *worm* "pus"). - **1.** Maladie de la peau caractérisée par des croûtes (syn. impétigo). - **2.** VÉTÉR. Écoulement nasal contagieux qui atteint surtout les poulains. - **3.** LITT. Jeter sa gourme, en parlant d'un jeune homme, se dévergonder, faire des fredaines.

gourmé, e [guʀme] adj. (de *gourmer* "brider un cheval"). LITT. Qui affecte un maintien grave et compassé : *Air gourmé* (syn. affecté, guindé).

gourmet [guʀmɛ] n.m. (de l'anc. fr. *grommes* "valet", d'orig. angl. [v. *groom*]). Personne qui sait distinguer et apprécier la bonne cuisine et les bons vins.

gourmette [guʀmɛt] n.f. (de *gourme*, au sens anc. de "chaînette"). - **1.** Chaînette fixée de chaque côté du mors du cheval et passant sous la mâchoire inférieure. - **2.** Bracelet formé d'une chaîne à maillons aplatis.

gourou ou **guru** [guʀu] n.m. (hindi *gurū*, du sanskrit *gurúh* "lourd, grave"). Maître spirituel hindou.

gousse [gus] n.f. (orig. obsc.). - **1.** BOT. Fruit à deux valves, garnies d'une rangée de graines : *Une gousse de petits pois.* - **2.** Tête ou partie de tête d'ail, d'échalote : *Éplucher deux gousses d'ail.*

gousset [gusɛ] n.m. (de *gousse*). Petite poche du gilet ou de l'intérieur de la ceinture du pantalon destinée à loger une montre.

goût [gu] n.m. (lat. *gustus*). - **1.** Sens par lequel on perçoit les saveurs. □ Le goût siège sur les papilles gustatives de la langue chez l'homme, qui perçoit quatre grandes saveurs de base : salée, sucrée, amère, acide. - **2.** Saveur d'un aliment : *Un goût sucré, poivré. Cette sauce a un goût* (= une saveur désagréable). - **3.** Désir de certains aliments ou préférence dans leur choix : *Je n'ai aucun goût pour le poisson* (syn. littér. appétence). - **4.** Discernement, sentiment de ce qui est bon, beau, etc. ; sens intuitif des valeurs esthétiques : *Homme de goût. Être habillé avec goût, sans goût. Elle a beaucoup de goût. N'avoir aucun goût. Une plaisanterie de mauvais goût.* - **5.** Penchant particulier qui attire vers qqch : *Avoir du goût pour la peinture* (syn. attirance, attrait). *Faire qqch par goût* (syn. passion, prédilection). - **6.** Dans ce goût-là, de cette sorte : *Elle s'appelle Dubois ou Dupont, enfin quelque chose dans ce goût-là* (= qui ressemble à ça). ‖ Dans le goût de, dans le style de : *Des romans dans le goût du siècle dernier.* ‖ FAM. Faire passer le goût du pain à qqn, le tuer.

1. goûter [gute] v.t. (lat. *gustare*, de *gustus*). - **1.** Sentir la saveur de : *Veux-tu goûter cette salade, ce vin ?* - **2.** Trouver bon ou agréable ; jouir de ; estimer : *Goûter la musique* (syn. apprécier, aimer). ◆ v.t. ind. [à, de]. - **1.** Manger ou boire pour la première fois ou en petite quantité : *Goûtez à ces gâteaux. Goûter d'un jus de fruit.* - **2.** Essayer, expérimenter : *Goûter à la prison* (syn. tâter). ◆ v.i. Faire un léger repas dans l'après-midi : *Faire goûter les enfants.*

2. goûter [gute] n.m. (de *1. goûter*). Petit repas que l'on prend dans l'après-midi : *C'est l'heure du goûter !*

goûteur, euse [gutœʀ, -øz] n. Personne chargée de goûter une boisson, une préparation.

goûteux, euse [gutø, -øz] adj. Qui est bon à déguster : *Viande goûteuse* (syn. délicieux, succulent).

1. goutte [gut] n.f. (lat. *gutta*). - **1.** Petite quantité de liquide se détachant d'une masse, sous forme plus ou moins sphérique, par condensation ou ruissellement : *Gouttes de pluie. Suer à grosses gouttes* (= abondamment). - **2.** Petite quantité de boisson : *Boire une goutte de vin.* - **3.** FAM. Petit verre d'eau-de-vie : *Boire la goutte. Un verre de goutte.* - **4.** C'est une goutte d'eau dans la mer, un effort insignifiant, un apport insuffisant par rapport aux besoins. ‖ Goutte à goutte, goutte après goutte ; au fig., petit à petit. ‖ La goutte d'eau qui fait déborder le vase, ce qui, venant après bien d'autres choses, fait exploser la colère de qqn. ‖ LITT. Ne... goutte, ne... rien, aucunement : *N'y voir goutte, n'entendre goutte* (= absolument rien). ‖ Se ressembler comme deux gouttes d'eau, présenter une ressemblance parfaite. ◆ **gouttes** n.f. pl. Médicament à prendre sous forme de gouttes.

2. goutte [gut] n.f. (de *1. goutte*). Maladie due à l'accumulation de l'acide urique dans l'organisme et caractérisée par des douleurs articulaires siégeant en particulier au gros orteil.

goutte-à-goutte [gutagut] n.m. inv. Appareil médical permettant de régler le débit d'une perfusion ; la perfusion elle-même.

gouttelette [gutlɛt] n.f. Petite goutte : *Des gouttelettes de sueur perlaient sur son front.*

goutter [gute] v.i. Laisser tomber des gouttes ; tomber goutte à goutte : *Robinet qui goutte* (syn. dégoutter).

goutteux, euse [gutø, -øz] adj. et n. MÉD. Relatif à la goutte ; atteint de la goutte.

gouttière [gutjɛʀ] n.f. - **1.** Petit canal ouvert recevant les eaux de pluie à la base d'un toit. - **2.** CHIR. Appareil employé pour maintenir un membre malade ou fracturé.

gouvernable [guvɛʀnabl] adj. Que l'on peut gouverner : *Un peuple difficilement gouvernable.*

gouvernail [guvɛʀnaj] n.m. (lat. *gubernaculum*). - **1.** Appareil constitué d'une surface plane orientable solidaire d'un axe vertical, et servant à diriger un navire, un sous-marin. - **2.** Être au gouvernail, diriger un processus, une entreprise (= être à la barre). ‖ Gouvernail automatique, mécanisme qui, sous l'effet du vent, permet de maintenir un voilier au cap désiré sans intervention humaine.

gouvernant, e [guvɛrnɑ̃, -ɑ̃t] adj. et n. Qui a le pouvoir politique : *Classes gouvernantes. Les gouvernants.*

gouvernante [guvɛrnɑ̃t] n.f. (de *gouverner*). - **1.** Femme à laquelle est confiée l'éducation d'un ou de plusieurs enfants. - **2.** Femme qui a soin du ménage, de la maison d'un homme seul.

gouverne [guvɛrn] n.f. (de *gouverner*). - **1.** Action de diriger une embarcation : *Aviron de gouverne.* - **2.** LITT. Pour ta, sa gouverne, pour te, lui servir de règle de conduite : *Sache, pour ta gouverne, qu'il vaut mieux ne pas répliquer.*

gouvernement [guvɛrnəmɑ̃] n.m. - **1.** Action de gouverner, de diriger politiquement un pays : *Le gouvernement d'un pays déchiré par la guerre n'est pas facile* (syn. administration, direction). - **2.** Forme politique qui régit un État : *Gouvernement démocratique* (syn. régime, système). - **3.** Ensemble des membres d'un même ministère qui détient le pouvoir exécutif dans un État : *Les membres du gouvernement. Entrer au gouvernement.* - **4.** Autorité politique qui gouverne un pays : *Le gouvernement français.*

gouvernemental, e, aux [guvɛrnəmɑ̃tal, -o] adj. - **1.** Relatif au gouvernement : *L'équipe gouvernementale.* - **2.** Qui soutient le gouvernement : *Journal gouvernemental.*

gouverner [guvɛrne] v.t. (lat. *gubernare*, du gr. *kubernan*). - **1.** Diriger à l'aide d'un gouvernail : *Gouverner une barque* (syn. manœuvrer, piloter). - **2.** Diriger politiquement ; exercer le pouvoir exécutif : *Gouverner un État* (syn. administrer, régir). - **3.** GRAMM. Régir : *Préposition gouvernant l'ablatif en latin.* - **4.** (Absol.). Avoir entre ses mains l'autorité : *Gouverner sagement, en tyran* (syn. diriger).

gouverneur [guvɛrnœr] n.m. - **1.** Titulaire du pouvoir exécutif dans les Constitutions des États fédérés des États-Unis. - **2.** ANC. Personne placée à la tête d'une province, d'un gouvernement, d'un territoire, d'une colonie, etc. : *Le dernier gouverneur français en Algérie.* - **3.** Directeur d'un grand établissement public : *Gouverneur de la Banque de France.*

goy ou **goï** [gɔj] adj. et n. (mot hébr. "chrétien"). Terme par lequel les juifs désignent les non-juifs. **Rem.** Le pluriel savant est *goyim* ou *goïm.*

goyave [gɔjav] n.f. (de *guayaba*, mot d'une langue amérindienne des Antilles). Fruit comestible du goyavier.

goyavier [gɔjavje] n.m. Arbre cultivé en Amérique tropicale pour ses baies sucrées. ◻ Famille des myrtacées.

goyim adj. et n.pl. → **goy.**

G. P. L., [ʒepeɛl] sigle de *gaz* * *de pétrole liquéfié.*

G. R. [ʒeɛr] n.m. (sigle de *grande randonnée*). Sentier de grande randonnée*.

grabat [graba] n.m. (lat. *grabatus*, gr. *krabbatos*). LITT. Lit misérable ; lit de malade : *Une infirme clouée sur son grabat.*

grabataire [grabatɛr] adj. et n. Se dit d'un malade qui ne quitte pas le lit : *Vieillard grabataire.*

grabuge [grabyʒ] n.m. (orig. incert., p.-ê. de l'it. *garbuglio* "désordre"). FAM. Dispute bruyante ; dégâts qui en résultent : *Il va y avoir du grabuge* (syn. altercation, scène). *Faire du grabuge* (= de la casse ; syn. dégâts).

grâce [gras] n.f. (lat. *gratia*). - **1.** Faveur que l'on fait sans y être obligé ; bonne disposition, bienveillance : *Demander, accorder une grâce. Elle nous a fait la grâce d'accepter notre invitation* (syn. honneur). - **2.** Remise partielle ou totale de la peine d'un condamné ; commutation en une peine plus légère ; mesure de clémence : *Demander la grâce d'un condamné* (syn. pardon). - **3.** Don surnaturel que Dieu accorde en vue du salut : *S'en remettre à la grâce de Dieu* (syn. secours). - **4.** Remerciement d'un bienfait, d'une faveur : *Rendre grâce* ou *grâces à qqn* (= remercier qqn, être reconnaissant de qqch). - **5.** Beauté, charme particulier : *Marcher, danser avec grâce* (syn. élégance ; contr. lourdeur). - **6.** Agir de bonne, de mauvaise grâce, agir avec bonne, mauvaise volonté. ‖ Coup de grâce, coup qui donne la mort, qui achève qqn alors qu'il était en difficulté : *Donner, porter le coup de grâce à qqn.* ‖ Crier grâce, se déclarer vaincu. ‖ De grâce !, par pitié ! ‖ État de grâce, état de celui auquel Dieu accorde le salut ; au fig., période où tout semble favorable. ‖ Être en grâce auprès de qqn, jouir de sa faveur. ‖ Faire grâce de, dispenser : *Faire grâce à qqn de ses dettes.* ‖ Grâce !, interjection pour demander à être épargné : *Grâce ! Laissez-nous la vie sauve.* ‖ Grâce à, par l'action heureuse de, avec l'aide de : *J'ai réussi grâce à vous.* ‖ Grâce à Dieu, par bonheur : *Grâce à Dieu, ils sont sains et saufs.* ◆ **grâces** n.f. pl. - **1.** Prière de remerciement après le repas : *Dire les grâces.* - **2.** Action de grâces, prière adressée à Dieu en reconnaissance de ses dons : *Un cantique d'action de grâces.* ‖ Les bonnes grâces de qqn, ses faveurs : *Rechercher, gagner, perdre les bonnes grâces de qqn.*

gracier [gʀasje] v.t. [conj. 9]. Réduire ou supprimer la peine d'un condamné.

gracieusement [gʀasjøzmã] adv. - **1.** Avec grâce : *Elle salua gracieusement l'assistance* (syn. aimablement, courtoisement). - **2.** À titre gracieux : *Un exemplaire du catalogue vous sera remis gracieusement à la sortie* (syn. gratuitement).

gracieuseté [gʀasjøzte] n.f. (de *gracieux*). LITT. et VX. Manière aimable d'agir : *Faire mille gracieusetés à qqn* (syn. amabilité). - **2.** Gratification donnée en plus de ce qu'on doit.

gracieux, euse [gʀasjø, -øz] adj. (lat. *gratiosus* "qui accorde une faveur, qui est accordé par faveur"). - **1.** Qui a de la grâce, du charme : *Visage gracieux* (syn. attrayant, charmant). - **2.** Qui est accordé de façon bénévole : *Apporter son concours gracieux à qqn* (= l'aider sans demander de contrepartie). - **3.** À titre gracieux, gratuitement.

gracile [gʀasil] adj. (lat. *gracilis*). LITT. Mince, élancé et fragile : *Corps gracile* (syn. frêle, menu ; contr. trapu).

gracilité [gʀasilite] n.f. LITT. Caractère de ce qui est gracile ; minceur.

gradation [gʀadasjɔ̃] n.f. (lat. *gradatio*, de *gradus* "degré"). Progression par degrés successifs, par valeurs croissantes ou décroissantes : *Gradation des efforts.*

grade [gʀad] n.m. (lat. *gradus* "degré"). - **1.** Degré, échelon d'une hiérarchie, en partic. de la hiérarchie militaire : *Le grade de lieutenant. Avancer, monter en grade.* - **2.** Unité de mesure des angles géométriques et des arcs de cercle, telle que l'angle géométrique plat et un demi-cercle aient une mesure de 200 grades. □ Symb. gr. - **3.** FAM. **En prendre pour son grade,** recevoir une vive remontrance. ‖ **Grade universitaire,** titre sanctionné par un examen et attesté par un diplôme.

gradé, e [gʀade] adj. et n. Se dit d'un militaire non officier titulaire d'un grade supérieur à celui de soldat ou de matelot.

gradient [gʀadjã] n.m. (du rad ; du lat. *gradus*, d'apr. *quotient*). Taux de variation d'un élément météorologique en fonction de la distance. □ Dans le sens vertical, le *gradient de température* s'exprime en °C par 100 m, c'est-à-dire que en s'élevant, une particule d'air non saturé se refroidit de 1 °C tous les 100 m et que, en descendant, elle se réchauffe dans le même rapport. Dans le sens horizontal, le *gradient de pression* s'exprime en millibars par 100 km ou par degré géographique (111 km).

gradin [gʀadẽ] n.m. (it. *gradino*). - **1.** Chacun des degrés, des bancs étagés et en retrait les uns par rapport aux autres d'un amphithéâ-

tre, d'un stade : *Le public commence à remplir les gradins.* - **2.** Chacun des degrés d'un terrain, d'une construction : *Des jardins qui s'étagent en gradins à flanc de colline* (syn. degré).

graduation [gʀadɥasjɔ̃] n.f. - **1.** Action de graduer, d'étalonner en degrés : *La graduation d'un thermomètre.* - **2.** Chacune des divisions établies en graduant ; ensemble de ces divisions : *Une graduation centésimale.*

gradué, e [gʀadɥe] adj. - **1.** Divisé en degrés : *Une règle graduée.* - **2.** Qui comporte des étapes, une progression : *Exercices gradués* (syn. progressif).

graduel, elle [gʀadɥɛl] adj. (lat. médiév. *gradualis*, du class. *gradus* "degré"). Qui va par degrés : *Un réchauffement graduel* (syn. progressif ; contr. brusque, soudain).

graduellement [gʀadɥɛlmã] adv. Par degrés : *Les habitudes ont changé graduellement* (= peu à peu ; syn. progressivement ; contr. brutalement).

graduer [gʀadɥe] v.t. (lat. scolast. *graduare*, de *gradus* "degré") [conj. 7]. - **1.** Diviser en degrés : *Graduer un thermomètre.* - **2.** Augmenter par degrés : *Graduer les difficultés.*

graff [gʀaf] n.m. (de *graffiti*). Composition picturale à base calligraphique bombée sur un mur, une paroi.

graffeur, euse [gʀafœʀ, -øz] n. Personne, artiste qui réalise des graffs à la bombe de peinture.

graffiti [gʀafiti] n.m. (pl. du mot it. *graffito*) [pl. inv. ou *graffitis*]. Inscription, dessin griffonnés à la main sur un mur : *Murs couverts de graffiti.*

grailler [gʀaje] v.i. (de *graille* "corneille", du lat. *gracula*). Émettre un cri, le *graillement*, en parlant de la corneille.

graillon [gʀajɔ̃] n.m. (de *graille*, anc. forme de *grille*). Odeur de graisse brûlée, de mauvaise cuisine : *La cage d'escalier sent le graillon.*

grain [gʀẽ] n.m. (lat. *granum*). - **1.** Fruit ou semence d'une céréale : *Grain de blé. Poulet de grain* (= nourri exclusivement aux grains). - **2.** Petit fruit rond provenant de certaines plantes : *Grain de raisin. Grains de poivre. Café en grains.* - **3.** Petit corps sphérique : *Des grains d'ambre. Les grains d'un chapelet.* - **4.** Élément minuscule de matière : *Grain de sable, de poussière.* - **5.** Aspect d'une surface plus ou moins marqué d'aspérités : *Grain de la peau* (syn. texture). *Cuir à grain fin.* - **6.** MAR. Coup de vent momentané de force et de direction variables : *Essuyer un grain.* - **7.** Averse soudaine et brève, accompagnée de vent : *Surpris par un grain, ils se sont mis à l'abri* (syn. giboulée, ondée). - **8.** FAM. **Avoir un grain,** être un peu fou. ‖ LITT. **Le bon grain,** les hommes de bien. ‖ FAM. **Mettre son grain de sel**, intervenir indiscrètement dans une conversation sans y être invité. ‖ **Un grain de**, une toute petite quantité de : *Il n'a pas un grain de bon sens* (syn. once). *Un grain de folie.* ‖ **Veiller au grain**, être sur ses gardes ; prendre ses précautions. **-9.** **Grain de beauté**. Petite tache brune de la peau. ◆ **grains** n.m. pl. Céréales.

graine [gʀɛn] n.f. (lat. *grana,* de *granum* "grain"). **-1.** Organe dormant enfermé dans un fruit et qui est destiné, après dispersion et germination, à assurer la reproduction de l'espèce : *Semer des graines d'œillets* (syn. semence). **-2.** FAM. **En prendre de la graine**, prendre modèle, exemple sur. ‖ **Graine d'assassin**, de voyou, individu qui prend le chemin d'être un assassin, un voyou. ‖ FAM. **Mauvaise graine**, mauvais sujet. ‖ **Monter en graine**, se développer jusqu'à la production des graines ; au fig. FAM., grandir vite, en parlant d'un enfant, d'un adolescent.

graineterie [gʀɛntʀi] n.f. Commerce, magasin du grainetier.

grainetier, ère [gʀɛntje, -ɛʀ] n. et adj. Personne qui vend des grains, des graines, des oignons, des bulbes, etc.

graissage [gʀɛsaʒ] n.m. Action de graisser un moteur, un mécanisme : *Faire faire le graissage de sa voiture.*

graisse [gʀɛs] n.f. (lat. pop. **crassia,* du class. *crassus* "gras"). **-1.** Substance onctueuse, constituée de lipides, présente dans les tissus sous la peau de l'homme et des animaux. **-2.** Tout corps gras utilisé comme lubrifiant ou protection. **-3.** Substance onctueuse, animale ou végétale, utilisée en cuisine : *Faire fondre de la graisse d'oie.* **-4.** IMPR. Épaisseur des traits de la lettre : *Choisir une graisse plus forte pour les titres.*

graisser [gʀese] v.t. **-1.** Frotter, enduire de graisse : *Graisser une machine* (syn. lubrifier). **-2.** Tacher de graisse : *Graisser ses vêtements.* **-3.** FAM. **Graisser la patte à qqn**, lui donner de l'argent pour obtenir un service, une faveur.

graisseur [gʀesœʀ] n.m. **-1.** Ouvrier qui effectue le graissage d'appareils mécaniques. **-2.** Dispositif destiné à recevoir la graisse et à la distribuer dans un organe mécanique.

graisseux, euse [gʀesø, -øz] adj. **-1.** Qui contient de la graisse : *Tumeur graisseuse* (syn. adipeux). **-2.** Taché de graisse : *Papiers graisseux* (syn. gras).

Gram (coloration de), coloration des bactéries au moyen d'une solution qui permet de les différencier selon qu'elles restent violettes *(Gram positif)* ou deviennent roses *(Gram négatif).*

graminée [gʀamine] n.f. (lat. *gramineus* "de gazon"). Graminées, très importante famille de plantes monocotylédones aux épis de fleurs peu voyants, aux fruits farineux réduits à des grains, les caryopses, comprenant les céréales, les herbes des prairies, des steppes et des savanes, les bambous, la canne à sucre.

grammage [gʀamaʒ] n.m. (de *gramme*). TECHN. Masse par unité de surface d'un papier, d'un carton, etc., exprimée en grammes par mètre carré.

grammaire [gʀamɛʀ] n.f. (lat. *grammatica*). **-1.** Ensemble des règles phonétiques, morphologiques et syntaxiques, écrites et orales d'une langue ; étude et description de ces règles. **-2.** Livre, manuel enseignant ces règles : *Une grammaire française, de l'anglais.*

grammairien, enne [gʀamɛʀjɛ̃, -ɛn] n. Spécialiste de grammaire, de l'enseignement de la grammaire.

grammatical, e, aux [gʀamatikal, -o] adj. (bas lat. *grammaticalis*). **-1.** Relatif à la grammaire : *Règle grammaticale.* **-2.** Conforme aux règles de la grammaire : *Énoncé grammatical.* **-3.** **Mots grammaticaux**, ceux qui, comme les conjonctions, prépositions, pronoms, dénotent les fonctions syntaxiques.

grammaticalement [gʀamatikalmã] adv. Selon les règles de la grammaire : *Ce texte est grammaticalement incorrect.*

grammaticaliser [gʀamatikalize] v.t. LING. Donner à un élément lexical une fonction grammaticale (ex. : le mot latin *mente* est devenu un suffixe d'adverbe dans *doucement, violemment,* etc.).

gramme [gʀam] n.m. (gr. *gramma* "petit poids"). Unité de masse, valant un millième de kilogramme et représentant sensiblement la masse d'un centimètre cube d'eau pure à 4 °C.

1. grand, e [gʀã, gʀãd] adj. (lat. *grandis*). **-1.** Qui est de taille élevée : *Être grand pour son âge* (contr. petit). **-2.** Qui a des dimensions étendues : *Une grande forêt* (syn. vaste). **-3.** D'une taille, d'une intensité, d'une quantité supérieure à la moyenne : *Grand front* (syn. haut). *Grand vent* (syn. fort). *Grand bruit* (syn. intense). *Grand âge* (= âge avancé, vieillesse). **-4.** Qui a atteint une certaine maturité : *Tu es grand maintenant* (= tu n'es plus un petit enfant). **-5.** Qui l'emporte par sa naissance, sa fortune, sa position : *Un grand personnage de l'État* (syn. influent). **-6.** S'ajoute au titre des premiers dignitaires d'un ordre : *Grand prêtre. Grand officier de la Légion d'honneur.* **-7.** Qui est marquant, exceptionnel : *C'est un grand jour.* **-8.** Qui se distingue par qqch de remarquable, par ses qualités, son talent, son haut niveau : *Un grand mathématicien* (syn. prestigieux, talentueux). *Un grand vin* (syn. excellent). - **9.** En composition, indique en partic. un degré d'ascendance dans les liens de parenté (inv. en genre dans ce sens) : *Une grand-mère.* - **10.** **Grand frère, grande sœur, frère, sœur aînés.** ◆ adv. - **1.** De façon large, spacieuse, vaste : *Voir grand* (= avoir des projets ambitieux, par opp. à *voir petit*). *Chausser grand.* - **2.** Faire qqch en grand, sans rien ménager, sur une vaste échelle : *Faire le ménage en grand.* ‖ **Grand ouvert,** tout à fait ouvert : *Il a les yeux grands ouverts* ou *grand ouverts. Les fenêtres sont grandes ouvertes* ou *grand ouvertes.*

2. **grand, e** [gʀɑ̃, gʀɑ̃d] n. (de *1. grand*). - **1.** Personne de taille élevée : *Les grands se mettront derrière.* - **2.** Personne adulte ; garçon ou fille déjà mûrs : *Les grands ne peuvent pas comprendre. C'est une grande qui me l'a dit.* ◆ **grand** n.m. - **1.** LITT. Personne importante par son rang, son influence : *Les grands de ce monde.* - **2.** HIST. Membre de la plus haute noblesse dans la France de l'Ancien Régime et en Espagne : *Fils d'un grand d'Espagne.* - **3. Les Grands,** les grandes puissances mondiales.

grand-angle [gʀɑ̃tɑ̃gl] n.m. (pl. *grands-angles*). Objectif photographique couvrant une grande largeur de champ.

grand-chose [gʀɑ̃ʃoz] pron. indéf. Pas grand-chose, presque rien : *Je n'ai pas grand-chose à manger. Elle ne fait pas grand-chose.* ◆ n. inv. FAM. Un, une pas grand-chose, une personne peu estimable : *Ce sont des pas grand-chose.*

grand-duc [gʀɑ̃dyk] n.m. (pl. *grands-ducs*). - **1.** Souverain d'un grand-duché. - **2.** Dans la Russie tsariste, prince de la famille impériale. - **3.** FAM. Faire la tournée des grands-ducs, faire la tournée des établissements de nuit, des lieux de plaisir.

grand-ducal, e, aux [gʀɑ̃dykal, -o] adj. Qui concerne un grand-duc ou un grand-duché : *Les traditions grand-ducales.*

grand-duché [gʀɑ̃dyʃe] n.m. (pl. *grands-duchés*). Pays où règne un grand-duc, une grande-duchesse.

grande-duchesse [gʀɑ̃ddyʃɛs] n.f. (pl. *grandes-duchesses*). - **1.** Femme ou fille d'un grand-duc. - **2.** Souveraine d'un grand-duché.

grandelet, ette [gʀɑ̃dlɛ, -ɛt] adj. FAM. Qui commence à devenir grand : *Fille grandelette.*

grandement [gʀɑ̃dmɑ̃] adv. - **1.** Beaucoup, largement : *Se tromper grandement* (= de beaucoup ; syn. énormément). - **2.** Au-delà de ce qui est habituel : *Faire les choses grandement* (= sans regarder à la dépense). - **3.** Avec grandeur d'âme : *Agir grandement* (syn. noblement).

grandeur [gʀɑ̃dœʀ] n.f. - **1.** Dimension en hauteur, longueur, largeur : *La grandeur de certains arbres est surprenante. Une tache de la grandeur d'une pièce de cinq francs.* - **2.** Ce qui peut être estimé, mesuré : *Grandeur mesurable. Grandeur physique.* - **3.** Qualité de qqn, qqch qui se distingue par son influence, son rang, sa valeur, son importance : *Une politique de grandeur* (syn. puissance, suprématie). - **4.** **Folie des grandeurs,** ambition démesurée, goût de ce qui est grand (= mégalomanie). ‖ **Grandeur nature,** qui représente qqch selon ses dimensions réelles : *Un dessin grandeur nature.* ‖ **Ordre de grandeur,** dimension, quantité en valeur approximative : *Pouvez-vous nous donner un ordre de grandeur quant aux dépenses à envisager ?*

grand-guignol [gʀɑ̃giɲɔl] n.m. sing. (de *Grand-Guignol,* n. d'un théâtre montmartrois spécialisé dans les spectacles horrifiants). Le genre du grand-guignol, cela s'apparente au mélodrame le plus outré.

grand-guignolesque [gʀɑ̃giɲɔlɛsk] adj. (pl. *grand-guignolesques*). Qui a le caractère d'horreur outrée et invraisemblable des spectacles présentés autrefois par le Grand-Guignol : *Des aventures grand-guignolesques.*

grandiloquence [gʀɑ̃dilɔkɑ̃s] n.f. (du lat. *grandiloquus* "au style pompeux", d'apr. *éloquence*). Caractère d'un discours grandiloquent (syn. pompe, emphase).

grandiloquent, e [gʀɑ̃dilɔkɑ̃, -ɑ̃t] adj. Plein d'emphase ; qui a un caractère affecté : *Discours grandiloquent* (syn. emphatique, pompeux).

grandiose [gʀɑ̃djoz] adj. (it. *grandioso*). Imposant par sa grandeur, sa majesté : *Édifice grandiose* (syn. imposant). *Une cérémonie grandiose* (syn. magnifique, splendide).

grandir [gʀɑ̃diʀ] v.i. [conj. 32]. - **1.** Devenir grand : *Il a beaucoup grandi, j'ai dû allonger ses pantalons. L'arbre a grandi* (syn. pousser). - **2.** Sortir grandi de qqch, retirer un bénéfice moral de : *Notre profession sort grandie de ce conflit.* ◆ v.t. - **1.** Rendre ou faire paraître plus grand : *Ces chaussures la grandissent.* - **2.** Donner plus de prestige : *Le succès l'a grandi à ses propres yeux.*

grandissant, e [gʀɑ̃disɑ̃, -ɑ̃t] adj. Qui va croissant : *Un bruit grandissant. Inquiétude grandissante* (syn. croissant).

grandissime [gʀɑ̃disim] adj. Très grand (par plais.) : *Ce fut un spectacle grandissime* (syn. grandiose).

grand-livre [gʀɑ̃livʀ] n.m. (pl. *grands-livres*). - **1.** COMPTAB. Registre dans lequel sont réunis tous les comptes ouverts dans la comptabilité d'une entreprise. - **2.** Liste qui mentionne tous les créanciers de l'État. (On dit aussi *grand-livre de la dette publique*.)

grand-maman [gʀɑ̃mamɑ̃] n.f. (pl. *grand[s]-mamans*). [Souvent appellatif]. Dans le langage enfantin, grand-mère.

grand-mère [gʀɑ̃mɛʀ] n.f. (pl. *grand[s]-mères*). - **1.** Mère du père ou de la mère (syn. aïeule). - **2.** FAM. Vieille femme.

grand-messe [gʀɑ̃mɛs] n.f. (pl. *grand[s]-messes*). - **1.** Messe solennelle chantée. - **2.** Manifestation spectaculaire visant à souder l'homogénéité d'un groupe, d'un parti, etc. : *La grand-messe du gouvernement*.

grand-oncle [gʀɑ̃tɔ̃kl] n.m. (pl. *grands-oncles*). Frère du grand-père ou de la grand-mère.

grand-papa [gʀɑ̃papa] n.m. (pl. *grands-papas*). [Souvent appellatif]. Dans le langage enfantin, grand-père.

à grand-peine [gʀɑ̃pɛn] loc. adv. Avec beaucoup de difficulté : *Ils ont réussi à grand-peine à hisser la malle sur le toit de la voiture*.

grand-père [gʀɑ̃pɛʀ] n.m. (pl. *grands-pères*). - **1.** Père du père ou de la mère (syn. aïeul). - **2.** FAM. Vieil homme.

grands-parents [gʀɑ̃paʀɑ̃] n.m. pl. Le grand-père et la grand-mère.

grand-tante [gʀɑ̃tɑ̃t] n.f. (pl. *grand[s]-tantes*). Sœur du grand-père ou de la grand-mère.

grand-voile [gʀɑ̃vwal] n.f. (pl. *grand[s]-voiles*). Voile carrée inférieure du grand mât des gréements carrés.

grange [gʀɑ̃ʒ] n.f. (lat. pop. *granica*, du class. *granum* "grain"). Bâtiment d'une exploitation agricole où sont entreposées les récoltes de paille, de foin, etc.

granite ou **granit** [gʀanit] n.m. (it. *granito* "à grains"). Roche magmatique plutonique, formée principalement de quartz, de feldspath et de mica, et constituant l'essentiel de la croûte continentale.

granité, e [gʀanite] adj. - **1.** Qui présente des grains, des petits reliefs rappelant le granite. - **2.** Peint, moucheté d'une manière qui rappelle le granite : *Papier peint granité* (syn. grenu).

graniteux, euse [gʀanitø, -øz] adj. Qui contient du granite : *Sol graniteux*.

granitique [gʀanitik] adj. De la nature du granite : *Roche granitique*.

granivore [gʀanivɔʀ] adj. et n. (du lat. *granum* "grain", et de *-vore*). Qui se nourrit de graines : *Oiseaux granivores*.

granulaire [gʀanylɛʀ] adj. (de *granule*). Qui se compose de petits grains : *Roche granulaire*.

granulat [gʀanyla] n.m. (de *granule*). Ensemble des constituants inertes, tels que les sables, graviers, cailloux, des mortiers et des bétons.

granulation [gʀanylasjɔ̃] n.f. (de *granule*). Agglomération d'une substance en petits grains : *La granulation d'un revêtement routier*.

granule [gʀanyl] n.m. (bas lat. *granulum*, dimin. du class. *granum* "grain"). - **1.** Petit grain d'une matière quelconque. - **2.** PHARM. Petite pilule renfermant une quantité infime mais rigoureusement dosée d'une substance très active : *Des granules homéopathiques*.

granulé, e [gʀanyle] adj. - **1.** Qui présente des granulations (syn. granuleux). - **2.** Réduit en granules : *Préparation pharmaceutique granulée*. ◆ **granulé** n.m. PHARM. Médicament en forme de grain constitué d'une substance active et de sucre qui le rend agréable à absorber : *Prendre une cuillerée à soupe de granulés avant chaque repas*.

granuleux, euse [gʀanylø, -øz] adj. - **1.** Divisé en petits grains : *Terre granuleuse*. - **2.** Qui présente des granulations (syn. granulé).

granulome [gʀanylom] n.m. (du bas lat. *granulum* ; v. granule). MÉD. Petite tumeur cutanée arrondie.

grapheur [gʀafœʀ] n.m. (de *graphique*). INFORM. Logiciel de gestion de graphiques.

graphie [gʀafi] n.f. (du gr. *graphein* "écrire"). LING. Représentation écrite des éléments du langage ; manière d'écrire un mot : *Écrire un mot sans fautes de graphie* (syn. orthographe).

1. graphique [gʀafik] adj. (gr. *graphikos*). - **1.** Qui représente par des dessins, des signes écrits : *L'alphabet est un système graphique*. - **2.** Qui se rapporte aux procédés d'impression et aux arts de l'imprimerie : *Arts et industries graphiques*.

2. graphique [gʀafik] n.m. (de *1. graphique*). Tracé ou courbe représentant les variations d'une grandeur : *Un graphique de la température d'un malade*.

graphiquement [gʀafikmɑ̃] adv. - **1.** Par l'écrit. - **2.** Par des procédés graphiques : *Enregistrer graphiquement les battements du cœur d'un malade*.

graphisme [gʀafism] n.m. (du gr. *graphein* "écrire"). - **1.** Caractère particulier d'une écriture, manière d'écrire individuelle : *Son graphisme est très reconnaissable* (syn. écriture). - **2.** Manière de tracer une ligne, de dessiner : *Le graphisme de Jacques Callot*.

graphiste [gʀafist] n. Professionnel des arts et industries graphiques.

graphite [gʀafit] n.m. (du gr. *graphein* "écrire"). Carbone naturel ou artificiel cristallisé, presque pur, gris-noir, tendre et friable (syn. plombagine). □ Le graphite est utilisé pour faire des mines de crayons et dans certains lubrifiants.

graphiteux, euse [grafitø, -øz] et **graphitique** [grafitik] adj. Qui contient du graphite.

graphologie [grafɔlɔʒi] n.f. (de *grapho-* et *-logie*). Technique de l'interprétation de l'écriture considérée comme une expression de la personnalité. ◆ **graphologue** n. Nom du spécialiste.

graphologique [grafɔlɔʒik] adj. Relatif à la graphologie : *Analyse, expertise graphologique.*

grappe [grap] n.f. (germ. *krappa* "crochet"). **-1.** Assemblage étagé et conique de fleurs, de fruits autour d'une tige commune : *Grappe de raisin, de fleurs de lilas.* **-2.** Assemblage d'objets imitant la forme d'une grappe : *Les fourmis déposent leurs œufs en grappes.* **-3.** Groupe de personnes serrées les unes contre les autres : *Des grappes de curieux s'accrochaient aux grilles* (syn. essaim).

grappillage [grapijaʒ] n.m. Action de grappiller : *Après la vendange, les enfants font du grappillage.*

grappiller [grapije] v.t. (de *grappe*). **-1.** Cueillir de côté et d'autre des restes épars : *Grappiller ce qui a été laissé sur les ceps.* **-2.** Prendre en petite quantité, au hasard ou illégalement : *Grappiller des renseignements* (syn. glaner). *Grappiller de l'argent* (= faire de petits profits illicites). ◆ v.i. **-1.** Enlever les grappes laissées sur les ceps après la vendange. **-2.** Faire de petits gains illicites : *Il grappille à droite et à gauche.*

grappilleur, euse [grapijœr, -øz] n. Personne qui grappille, qui fait des profits illicites.

grappin [grapɛ̃] n.m. (de *grappe*). **-1.** MAR. Petite ancre, à quatre ou cinq crochets, pour les petites embarcations. **-2.** Crochet d'abordage. **-3.** Accessoire d'appareils de levage pour saisir des objets ou des matériaux : *Le grappin d'une grue.* **-4.** FAM. Mettre le grappin sur qqn, qqch, accaparer qqn, s'emparer de qqch : *Mettre le grappin sur un héritage.*

1. gras, grasse [gra, gras] adj. (lat. *crassus* "épais", sous l'infl. de *grossus* "gros"). **-1.** Formé de graisse, de la nature de la graisse : *L'huile et le beurre sont des matières grasses.* **-2.** Qui contient plus ou moins de graisse, de matière grasse : *Ce bouillon est trop gras. Foie gras.* **-3.** En parlant d'un être animé, qui a beaucoup de graisse : *Il a un visage gras* (syn. adipeux). *Un poulet trop gras.* **-4.** Sali, taché de graisse : *Ramasser des papiers gras* (syn. graisseux, huileux). **-5.** Qui a un aspect luisant, résultant des sécrétions graisseuses de la peau : *Peau grasse. Cheveux gras* (= atteints de séborrhée ; contr. sec). **-6.** Dont la consistance évoque celle de la graisse :

Boue grasse. Des terres grasses (= argileuses et fertiles). **-7.** Épais ; largement marqué : *Caractères typographiques gras* (contr. maigre). *Crayon gras* (contr. dur). **-8.** Dont la surface est visqueuse, gluante : *La chaussée était grasse, la voiture a dérapé* (syn. glissant). **-9.** LITT. Abondant, important : *De grasses récoltes.* **-10.** Trop libre, licencieux : *Une plaisanterie grasse* (syn. graveleux, grossier). **-11.** FAM. Ce n'est pas gras, c'est peu ; c'est un profit médiocre. ‖ Corps gras, substances d'origine organique, animale ou végétale, comprenant les huiles, beurres, graisses : *Les corps gras sont insolubles dans l'eau.* ‖ Jours gras, jours où l'Église catholique permettait de manger de la viande, en partic. les trois jours précédant le mercredi des Cendres, début du carême : *Mardi gras.* ‖ Toux grasse, toux suivie d'expectoration (par opp. à *toux sèche*). **-12.** Plantes grasses. Plantes à feuilles épaisses et charnues : *Les cactacées sont des plantes grasses.* ◆ **gras** adv. **-1.** D'une manière grasse, épaisse : *Peindre gras.* **-2.** RELIG. Faire gras, manger de la viande (par opp. à *faire maigre*).

2. gras [gra] n.m. (de *1. gras*). **-1.** Partie grasse d'une viande : *Le gras du jambon* (contr. maigre). **-2.** Au gras, préparé avec de la viande ou de la graisse : *Du riz au gras.* ‖ FAM. Discuter le bout de gras, bavarder un moment.

gras-double [gradubl] n.m. (pl. *gras-doubles*). Produit de triperie préparé à partir de la membrane de l'estomac du bœuf, échaudée et cuite à l'eau.

grassement [grasmã] adv. **-1.** D'une voix grasse : *Rire grassement.* **-2.** Largement ; abondamment : *Payer grassement un service* (syn. généreusement).

grasseyement [grasɛjmã] n.m. Prononciation d'une personne qui grasseye : *Elle parle avec un léger grasseyement.*

grasseyer [graseje] v.i. (de [*parler*] *gras*) [conj. 12]. Prononcer de la gorge certaines consonnes, et partic. les *r*.

grassouillet, ette [grasujɛ, -ɛt] adj. FAM. Un peu gras : *Enfant grassouillet* (syn. dodu, potelé).

gratifiant, e [gratifjã, ãt] adj. Qui procure une satisfaction psychologique : *Une promotion gratifiante* (contr. frustrant).

gratification [gratifikasjɔ̃] n.f. (lat. *gratificatio* "libéralité"). **-1.** Somme versée en plus de la rémunération régulière : *Donner une gratification à un porteur* (syn. pourboire). *Gratification de fin d'année* (syn. prime). **-2.** Satisfaction psychologique : *Ces bons résultats nous apportent une gratification* (contr. déception, frustration).

gratifier [gʀatifje] v.t. (lat. *gratificari* "faire plaisir") [conj. 9]. - **1.** Accorder, octroyer un don, une faveur à : *Gratifier une serveuse d'un pourboire.* - **2.** Procurer un plaisir, une satisfaction psychologique à : *Sa réussite à cet examen l'a beaucoup gratifié* (syn. satisfaire ; contr. décevoir). - **3.** Donner en rétribution qqch de désagréable (iron.) : *Elle m'a gratifié d'une paire de gifles.*

gratin [gʀatɛ̃] n.m. (de *gratter*). - **1.** Préparation culinaire recouverte de chapelure ou de fromage râpé et cuite au four : *Gratin de pommes de terre.* - **2.** Croûte qui se forme à la surface d'une telle préparation : *Le gratin des macaronis était desséché.* - **3.** FAM. Le gratin, les personnes les plus en vue d'une société, d'un milieu : *Tout le gratin de la ville* (= la fine fleur ; syn. élite).

gratiné, e [gʀatine] adj. - **1.** Préparé, cuit au four, au gratin : *Du chou-fleur gratiné.* - **2.** FAM. Qui sort de l'ordinaire ; remarquable dans son genre : *Le problème de maths était gratiné* (syn. corsé, difficile).

gratinée [gʀatine] n.f. Soupe à l'oignon, saupoudrée de fromage râpé, gratinée au four.

gratiner [gʀatine] v.t. Accommoder au gratin : *Gratiner des macaronis.* ◆ v.i. Former une croûte dorée : *Laisser gratiner les pommes de terre.*

gratis [gʀatis] adv. (mot lat. de *gratia* "faveur"). FAM. Sans qu'il en coûte rien : *Nous avons déjeuné gratis* (syn. gratuitement).

gratitude [gʀatityd] n.f. (de [in]gratitude). Sentiment que l'on éprouve à l'égard de qqn qui vous a rendu service : *Témoigner sa gratitude à qqn* (syn. reconnaissance).

grattage [gʀataʒ] n.m. Action de gratter : *Un nouveau jeu où l'on peut gagner au grattage.*

gratte [gʀat] n.f. (de *gratter*). FAM. - **1.** Guitare. - **2.** Petit profit plus ou moins illicite (syn. grappillage).

gratte-ciel [gʀatsjɛl] n.m. inv. (traduction de l'anglo-amér. *sky-scraper*). Immeuble de grande hauteur, très nombreux étages : *Les gratte-ciel de Manhattan* (syn. tour).

grattement [gʀatmã] n.m. Bruit fait en grattant : *Un grattement à la porte m'a réveillé.*

gratte-papier [gʀatpapje] n.m. inv. FAM. Employé de bureau (péjor.) : *Un obscur gratte-papier* (syn. rond-de-cuir).

gratte-pieds [gʀatpje] n.m. inv. Claie de lames métalliques pour gratter les semelles de ses chaussures en entrant dans un bâtiment.

gratter [gʀate] v.t. (frq. *krattôn). - **1.** Racler en entamant superficiellement : *Gratter le parquet à la paille de fer* (syn. frotter). - **2.** Faire disparaître en raclant : *Gratter la vieille peinture d'un mur.* - **3.** Frotter une partie du corps avec les ongles pour faire cesser une démangeaison : *Ne gratte pas tes boutons.* - **4.** Faire éprouver une démangeaison, une irritation de la peau : *Ce pull me gratte* (syn. démanger, irriter). - **5.** FAM. Réaliser secrètement un petit profit, souvent de manière quelque peu indélicate : *Gratter quelques francs sur l'argent des courses* (syn. grappiller). - **6.** FAM. Devancer un concurrent dans une compétition : *Il a gratté tous les autres dans la montée* (syn. distancer, doubler). ◆ v.i. - **1.** Frapper discrètement sur qqch pour avertir de sa présence : *Quelqu'un gratte au volet.* - **2.** T. FAM. Travailler : *Elle gratte dans une agence de publicité* (= elle y est employée). - **3.** FAM. Jouer médiocrement d'un instrument à cordes : *Gratter du violon, de la guitare.*

grattoir [gʀatwaʀ] n.m. - **1.** Canif à large lame pour effacer en grattant le papier. - **2.** Surface enduite de soufre des frottoirs de boîtes d'allumettes.

gratuit, e [gʀatɥi, -it] adj. (lat. *gratuitus*, de *gratis* v. gratis). - **1.** Fait ou donné sans paiement en contrepartie ; dont on jouit sans payer : *Entrée gratuite* (syn. libre ; contr. payant). - **2.** Sans fondement ; sans justification : *Supposition toute gratuite* (syn. arbitraire ; contr. fondé). - **3.** Acte gratuit, acte étranger à tout système moral, qui n'a pour justification que lui-même (syn. immotivé).

gratuité [gʀatɥite] n.f. Caractère de ce qui est gratuit : *La gratuité de l'enseignement.*

gratuitement [gʀatɥitmã] adv. - **1.** Sans payer : *Soigner gratuitement des malades* (syn. bénévolement, gracieusement). - **2.** Sans preuve ; sans motif : *Vous l'accusez gratuitement.*

grau [gʀo] n.m. (lat. *gradus* "degré"). Chenal de communication entre un étang côtier et la mer, sur la côte du Languedoc.

gravats [gʀava] n.m. pl. (de *grave*, anc. forme de *1. grève*). Débris provenant d'une démolition : *Des tas de gravats restés sur un chantier* (syn. décombres, éboulis).

grave [gʀav] adj. (lat. *gravis* propr. "lourd"). - **1.** Qui a de l'importance ou qui peut avoir des conséquences fâcheuses : *La situation est grave* (syn. alarmant, inquiétant). *Une maladie grave* (syn. dangereux). - **2.** Qui est d'une grande importance ; qui a du poids : *On ne peut s'abstenir que pour un motif grave* (syn. sérieux). - **3.** Qui manifeste un très grand sérieux : *Visage grave. Il avait l'air grave* (syn. compassé, solennel). - **4.** De faible fréquence, en parlant d'un son : *Une voix grave* (syn. caverneux, sourd ; contr. aigu). - **5.** Accent grave, accent tourné de gauche à droite : *L'accent grave distingue à de a.* ‖ DR. **Faute grave,**

faute commise par un salarié et qui entraîne le licenciement sans préavis et sans indemnités : *L'absence injustifiée ou le refus de travail sont des fautes graves.* ◆ n.m. Son de faible fréquence : *Une voix qui passe aisément du grave à l'aigu. Les graves et les aigus.*

graveleux, euse [ɡʀavlø, -øz] adj. (de *gravelle*). - **1.** Mêlé de gravier : *Sol graveleux.* - **2.** Dont la chair contient de petits corps durs, en parlant d'un fruit : *Poire graveleuse.* - **3.** Licencieux ; proche de l'obscénité : *Propos graveleux* (syn. cru, égrillard, grivois).

gravelle [ɡʀavɛl] n.f. (de *1. grève,* au sens anc. de "gravier"). VX. Lithiase urinaire.

gravement [ɡʀavmɑ̃] adv. (de *grave*). - **1.** De façon importante ou dangereuse : *Tu t'es gravement trompé* (syn. fortement, lourdement). *Il est gravement blessé* (syn. grièvement, sérieusement). - **2.** Avec gravité, sérieux : *Il me regarda gravement* (syn. solennellement).

graver [ɡʀave] v.t. (frq **graban*). - **1.** Tracer des signes, une figure en creux sur une surface dure avec un instrument pointu ou par un procédé chimique : *Graver son nom sur un arbre avec un canif. Graver une pièce d'orfèvrerie. Graver un disque* (= l'enregistrer). - **2.** Faire une empreinte qui servira à l'impression d'un texte, d'un dessin : *Graver un portrait, des faire-part.* ◆ **se graver** v.pr. S'imprimer durablement dans la mémoire, le cœur, etc. : *Cette scène s'est gravée dans mon esprit* (syn. se fixer).

graveur, euse [ɡʀavœʀ, -øz] n. (de *graver*). - **1.** Artiste qui grave, réalise des gravures : *Graveur à l'eau-forte.* - **2.** Personne dont le métier consiste à graver : *Graveur sur pierre, sur bois.*

gravide [ɡʀavid] adj. (lat. *gravidus*). Se dit d'un utérus contenant un embryon, d'une femme enceinte, d'une femelle pleine.

gravier [ɡʀavje] n.m. (de *grave,* anc. forme de *1. grève*). - **1.** Matériau fait de petits cailloux, dont on recouvre les allées, les chaussées : *Une allée de gravier.* - **2.** Très petit caillou : *Avoir un gravier dans sa chaussure.*

gravillon [ɡʀavijɔ̃] n.m. (de *gravier*). Petit gravier ; mélange de petits cailloux ou graviers pour le revêtement des chaussées : *Répandre du gravillon sur une route.*

gravimétrie [ɡʀavimetʀi] n.f. (du lat. *gravis* "lourd", et de *-métrie*). - **1.** Partie de la géodésie qui a pour objet la mesure de la pesanteur. - **2.** Analyse chimique quantitative effectuée par pesées.

gravimétrique [ɡʀavimetʀik] adj. Qui concerne la gravimétrie.

gravir [ɡʀaviʀ] v.t. (frq **krawjan,* de **krawa* "griffe") [conj. 32]. - **1.** Monter avec effort : *Gravir un escalier* (syn. grimper). *Gravir une*

muraille (syn. escalader). - **2.** Monter étape par étape : *Gravir les échelons de la hiérarchie* (syn. franchir).

gravissime [ɡʀavisim] adj. (lat. *gravissimus,* de *gravis* "lourd, grave"). Extrêmement grave : *Situation gravissime.*

gravitation [ɡʀavitasjɔ̃] n.f. (lat. scientif. *gravitatio,* du class. *gravitas* "pesanteur"). PHYS. Phénomène en vertu duquel tous les corps matériels s'attirent réciproquement en raison directe de leur masse et en raison inverse du carré de leur distance : *Les planètes tournent autour du Soleil sous l'effet de la gravitation.* ▢ C'est l'une des quatre interactions fondamentales de la physique, avec l'électromagnétisme et les interactions* forte et faible [→ pesanteur].

gravitationnel, elle [ɡʀavitasjɔnɛl] adj. PHYS. Qui concerne la gravitation : *Interaction gravitationnelle.*

1. gravité [ɡʀavite] n.f. (lat. *gravitas* "pesanteur"). - **1.** PHYS. Force de gravitation exercée par un astre sur un corps quelconque. - **2.** Centre de gravité, point d'application de la résultante des actions de la pesanteur sur toutes les parties d'un corps (on dit aussi *centre d'inertie*).

2. gravité n.f. (de *1. gravité*). - **1.** Qualité d'une personne grave ou de son comportement, de ses paroles : *Personne d'une étonnante gravité* (syn. dignité). *La gravité de ses propos m'a inquiété* (syn. solennité). - **2.** Caractère d'une chose importante ou dangereuse : *Tu ne mesures pas la gravité des événements* (syn. poids, portée). *Une maladie sans gravité* (= bénigne).

graviter [ɡʀavite] v.i. (lat. scientif. *gravitare,* du class. *gravitos* "pesanteur"). - **1.** PHYS. Décrire une trajectoire autour d'un point central, selon les lois de la gravitation : *La Terre gravite autour du Soleil.* - **2.** Évoluer autour de, dans l'entourage de qqn ou de qqch : *Graviter autour du pouvoir.*

gravure [ɡʀavyʀ] n.f. (de *graver*). - **1.** Manière, art ou action de graver ; son résultat : *La taille-douce est un procédé de gravure. La gravure d'une épitaphe.* [→ estampe.] - **2.** Image, estampe obtenue à l'aide d'une planche gravée : *Une gravure de Dürer.* [→ estampe.] - **3.** Toute reproduction d'un dessin, d'un tableau, etc. ; illustration de livre : *Accrocher des gravures au mur.* - **4.** Action de creuser à la surface d'un disque un sillon portant l'enregistrement ; l'enregistrement lui-même : *La gravure de ce microsillon est excellente.*

gray [ɡʀɛ] n.m. (du n. de *Louis Harold Gray*). Unité de mesure de dose absorbée lors d'une irradiation par des rayonnements ionisants équivalant à la dose absorbée dans un élément de matière de masse 1 kilogramme auquel les rayonnements ionisants communiquent de façon uniforme une énergie de 1 joule. □ Symb. Gy.

gré [gre] n.m. (du lat. *gratus* "agréable"). Au gré de, selon le caprice, en se laissant porter par ; selon le goût, l'opinion de : *Ses cheveux flottent au gré du vent. Laisser qqn agir à son gré* (= à sa guise). *Ce roman est trop long à mon gré* (= selon moi). ‖ **Bon gré mal gré** , qu'on le veuille ou non : *Bon gré mal gré, il devra se soumettre.* ‖ **Contre le gré de qqn,** contre sa volonté : *Je l'ai fait contre mon gré* (= à contrecœur, malgré moi). ‖ **De bon gré,** volontiers : *Elle a accepté de bon gré.* ‖ **De gré à gré,** en se mettant d'accord : *Marché de gré à gré* (= à l'amiable). ‖ **De gré ou de force,** par tous les moyens. ‖ **De mon, ton, etc., plein gré,** volontairement : *Êtes-vous venu de votre plein gré ?* (= sans qu'on vous y ait forcé). ‖ **Savoir gré à qqn de qqch,** être reconnaissant à qqn de qqch : *Je vous sais gré de cette attention.*

grèbe [gʀɛb] n.m. (mot savoyard, d'orig. obsc.) Oiseau palmipède des étangs qui construit un nid flottant. □ Famille des podicipitidés

grec, grecque [gʀɛk] adj. et n. De Grèce. ◆ **grec** n.m. Langue indo-européenne parlée en Grèce.

gréco-latin, e [gʀekɔlatɛ̃, -in] adj. (pl. *gréco-latins, es*). Commun aux cultures grecque et latine : *Antiquité gréco-latine.*

gréco-romain, e [gʀekɔʀɔmɛ̃, -ɛn] adj. (pl. *gréco-romains, es*). - **1.** Relatif à la civilisation née de la rencontre des cultures grecque et latine : *Mythologie gréco-romaine.* □ Cette civilisation a existé de 146 av. J.-C. (conquête de la Grèce par les Romains) à la fin du Vᵉ s. (chute de l'Empire d'Occident). - **2.** SPORTS. Lutte gréco-romaine, lutte n'admettant les saisies qu'au-dessus de la ceinture et interdisant l'action jambes pour porter des prises.

grecque [gʀɛk] n.f. - **1.** BX-A. Ornement fait de lignes brisées formant une combinaison d'angles droits, notamm. dans les décors grec et romain. - **2.** REL. Entaille pratiquée au dos des cahiers assemblés pour loger la ficelle qui les reliera ; petite scie de relieur servant à pratiquer de telles entailles.

gredin, e [gʀədɛ̃, -in] n. (du moyen néerl. *gredich* "avide"). - **1.** Individu malhonnête : *Ce gredin de comptable a falsifié les chiffres* (syn. canaille, bandit). - **2.** Mauvais garnement : *Le petit gredin a mangé tout le chocolat* (syn. vaurien, fripon).

gréement [gʀemã] n.m. (de *gréer*). Ensemble des cordages, manœuvres, poulies qui servent à l'établissement, à la tenue et à la manœuvre des voiles d'un bateau.

green [gʀin] n.m. (mot angl. "pelouse"). Espace gazonné, sur lequel les balles roulent facilement, aménagé autour de chaque trou d'un golf.

gréer [gʀee] v.t. (anc. fr. *agreier,* anc. scand. *greita*) [conj. 15]. MAR. Garnir un voilier, un mât de son gréement.

greffage [gʀefaʒ] n.m. Action ou manière de greffer : *Le greffage d'un arbre fruitier.*

1. greffe [gʀɛf] n.m. (lat. *graphium,* gr. *grapheion* "poinçon à écrire"). Secrétariat d'une juridiction judiciaire chargé notamm. de la conservation des minutes, des pièces de procédure et de la délivrance des copies (on dit aussi *secrétariat-greffe*) : *Être convoqué au greffe du palais de justice.*

2. greffe [gʀɛf] n.f. (de *1. greffe,* par métaphore du *poinçon* ou *greffon*). - **1.** Opération qui permet la multiplication végétative des arbres à fruits et à fleurs par l'insertion sur une plante *(sujet)* d'une partie d'une autre *(greffon)* dont on désire développer les caractères ; le greffon lui-même. - **2.** Opération chirurgicale consistant à transférer sur un individu *(receveur)* un organe, ou des parties de tissu ou d'organe, prélevés sur lui-même ou sur un autre individu *(donneur).* □ Lorsqu'il y a raccordement de vaisseaux et de conduits naturels pour la greffe d'un organe entier (cœur, rein, etc.), on parle plus précisément de *transplantation.*

greffé, e [gʀefe] n. Personne qui a subi une greffe d'organe : *Les greffés du cœur.*

greffer [gʀefe] v.t. - **1.** Soumettre un végétal à une greffe : *Greffer un pommier* (syn. enter). - **2.** Soumettre un patient à une greffe ; implanter, transplanter un greffon : *Greffer un cardiaque. Greffer un rein sur un malade.* ◆ **se greffer** v.pr. Se greffer sur qqch, s'ajouter à qqch : *Sur cette affaire s'en est greffée une autre.*

greffier, ère [gʀefje, -ɛʀ] n. Officier public préposé au greffe : *Greffier du tribunal civil, du tribunal de commerce.*

greffoir [gʀefwaʀ] n.m. Couteau à lame très tranchante servant à greffer.

greffon [gʀefɔ̃] n.m. (de *2. greffe*). - **1.** Bourgeon ou jeune rameau destiné à être greffé (syn. scion). - **2.** Organe ou partie de tissu ou d'organe prélevés afin d'être greffés.

grégaire [gʀegɛʀ] adj. (lat. *gregarius,* de *grex, gregis* "troupeau"). - **1.** Relatif à une espèce animale qui vit en groupe ou en communauté sans être sociale : *Le mouton est un animal grégaire.* - **2.** Instinct grégaire, tendance qui pousse les êtres humains à former des groupes ou à adopter le même comportement.

grégarisme [gʀegaʀism] n.m. - **1.** Tendance de certains animaux à vivre en groupe, partic. en dehors de la période de reproduction. - **2.** Instinct grégaire.

grège [gʀɛʒ] adj.f. (de l'it. [seta] greggia "[soie] brute"). **Soie grège,** soie brute obtenue par le dévidage du cocon. ◆ adj. et n.m. D'une couleur tenant du gris et du beige.

grégeois [gʀeʒwa] adj.m. (anc. fr. grezois; lat. pop. *graeciscus,* du class. graecus "grec"). HIST. **Feu grégeois,** composition incendiaire à base de salpêtre et de bitume, brûlant même au contact de l'eau.

grégorien, enne [gʀegɔʀjɛ̃, -ɛn] adj. (de Gregorius "Grégoire", n. lat. de plusieurs papes). **Calendrier grégorien,** calendrier tel qu'il a été réformé par le pape Grégoire XIII (v. calendrier). ‖ **Chant grégorien,** chant rituel de l'Église latine, codifié par le pape Grégoire Iᵉʳ, et qui a été à la base du chant ecclésiastique catholique.

1. grêle [gʀɛl] adj. (lat. gracilis). - **1.** Long et menu : Jambes grêles (syn. filiforme). - **2.** Dont la sonorité est faible et aiguë : Voix grêle. - **3. Intestin grêle,** portion de l'intestin comprise entre l'estomac et le gros intestin.

2. grêle [gʀɛl] n.f. (de grêler). - **1.** Précipitation météorologique formée de grains de glace appelés grêlons. - **2.** Grande quantité de choses qui tombent dru : Une grêle de pierres.

grêlé, e [gʀele] adj. (de grêler). Criblé de petites cicatrices : Visage grêlé.

grêler [gʀele] v. impers. (frq. *grisilôn). Tomber, en parlant de la grêle : Il grêle. ◆ v.t. Endommager par la grêle : L'orage a grêlé les vignes.

grelin [gʀəlɛ̃] n.m. (néerl. greling). MAR. Gros cordage pour l'amarrage ou le remorquage d'un navire.

grêlon [gʀelɔ̃] n.m. Grain de grêle.

grelot [gʀəlo] n.m. (du rad. germ. grill-/grell- "crier"). Boule métallique creuse, contenant un morceau de métal qui la fait résonner dès qu'on l'agite : Un tintement de grelots annonce l'arrivée du troupeau.

grelottant, e [gʀəlɔtɑ̃, -ɑ̃t] adj. Qui grelotte.

grelottement [gʀəlɔtmɑ̃] n.m. Fait de grelotter.

grelotter [gʀəlɔte] v.i. (de la loc. trembler le grelot). Trembler fortement : Grelotter de froid, de fièvre.

1. grenade [gʀənad] n.f. (de l'anc. fr. [pume] grenate "[pomme] grenade", lat. granatus, de granum "grain"). Fruit comestible du grenadier, de la grosseur d'une pomme et renfermant de nombreuses graines charnues, rouges et rosées, à la saveur aigrelette et agréable.

2. grenade [gʀənad] n.f. (de 1. grenade, en raison de l'analogie de forme). - **1.** MIL. Projectile léger qui peut être lancé à courte distance, à la main ou à l'aide d'un fusil : Une grenade explosive, incendiaire, fumigène, lacrymogène. - **2.** Ornement militaire représentant une grenade allumée. □ La grenade est l'insigne de l'infanterie, du génie, etc. - **3. Grenade sous-marine,** grenade conçue pour l'attaque des sous-marins en plongée.

1. grenadier [gʀənadje] n.m. Arbre cultivé dans les pays méditerranéens, à fleurs rouge vif et dont le fruit est la grenade. □ Famille des myrtacées.

2. grenadier [gʀənadje] n.m. - **1.** Autref., soldat chargé de lancer des grenades. - **2.** HIST. Soldat de certains corps d'élite : Grenadier de la Garde impériale.

grenadin [gʀənadɛ̃] n.m. (de 1. grenade, en raison de l'analogie d'aspect). Tranche de veau peu épaisse piquée de lard.

grenadine [gʀənadin] n.f. (de 1. grenade). Sirop à base d'extraits végétaux et de sucre dont la couleur rouge évoque la grenade.

grenaille [gʀənaj] n.f. (de grain). Métal réduit en menus grains : Grenaille de plomb.

grenat [gʀəna] n.m. (de l'anc. fr. [pume] grenate; v. 1. grenade). MINÉR. Silicate double de divers métaux, qui se rencontre dans les roches métamorphiques, et dont plusieurs variétés sont des pierres fines. ◆ adj. inv. D'une couleur rouge sombre : Velours grenat.

grenier [gʀənje] n.m. (lat. granarium, de granum "grain"). - **1.** Partie la plus haute d'un bâtiment, sous les combles : Fouiller une maison de la cave au grenier. - **2.** Partie d'un bâtiment rural destinée à conserver les grains, le foin, etc : Grenier à blé. - **3.** Région, pays très fertile, notamm. en blé : La Beauce est le grenier de la France.

grenouille [gʀənuj] n.f. (lat. pop. ranucula, dimin. du class. rana). - **1.** Amphibien, sauteur et nageur, à peau lisse, verte ou rousse, vivant au bord des mares et des étangs : Le têtard est la larve de la grenouille. □ Ordre des anoures. La grenouille coasse. - **2.** FAM. **Grenouille de bénitier,** personne d'une dévotion outrée et souvent hypocrite.

grenouiller [gʀənuje] v.i. (de grenouille). FAM. Se livrer à des manœuvres peu honnêtes, notamm. dans le domaine politique.

grenouillère [gʀənujɛʀ] n.f. (de grenouille). - **1.** Combinaison pour bébé avec jambes à chaussons. - **2.** Lieu marécageux fréquenté par les grenouilles.

grenu, e [gʀəny] adj. (de grain). - **1.** Couvert de petites saillies arrondies ayant la forme de grains : Cuir grenu. - **2.** Se dit d'une roche éruptive formée de cristaux visibles à l'œil nu : Le granite est une roche grenue.

grès [grɛ] n.m. (frq. *greot*). **-1.** Roche sédimentaire formée de grains de sable réunis par un ciment siliceux ou calcaire, utilisée pour la construction ou le pavage. **-2.** Matériau céramique dont la dureté et l'imperméabilité caractéristiques sont dues à une vitrification partielle obtenue entre 1 150 et 1 300 °C (on dit parfois *grès cérame*) : *Un pot de grès.*

gréseux, euse [grɛzø, -øz] adj. De la nature du grès.

grésil [grezil] ou [grezi] n. m. (de *grésiller*). Pluie congelée formée de petits grains de glace friables et blancs : *La pluie, avec le froid, se change en grésil.*

grésillement [grezijmɑ̃] n.m. **-1.** Fait de grésiller ; ce qui grésille : *Entendre des grésillements dans la radio.* **-2.** Cri du grillon.

1. grésiller [grezije] v. impers. (moyen néerl. *griselen*). Tomber, en parlant du grésil.

2. grésiller [grezije] v.i. (altér., d'apr. 1. *grésiller*, de l'anc. v. *gredelier*, de l'anc. fr. *gradil* "gril"). **-1.** Faire entendre un, des petits crépitements : *Huile chaude qui grésille.* **-2.** Émettre des grésillements, en parlant du grillon.

gressin [gresɛ̃] n.m. (it. *grissino*). Petit pain fin et friable en forme de bâtonnet, fait avec une pâte à l'œuf.

1. grève [grɛv] n.f. (lat. pop. *grava* "gravier"). Terrain plat et uni, couvert de gravier et de sable, le long de la mer ou d'un cours d'eau : *Les vagues déferlent sur la grève* (syn. plage, rivage).

2. grève [grɛv] n.f. (de la loc. *faire grève,* du n. de la *place de Grève,* à Paris, où se réunissaient les ouvriers au chômage). **-1.** Cessation collective et concertée du travail décidée par des salariés : *Droit de grève. Être en grève. Faire (la) grève. Se mettre en grève. Grève générale.* **-2.** Grève de la faim, refus de se nourrir afin d'attirer l'attention sur une revendication, en signe de protestation, etc. ‖ Grève du zèle, mouvement revendicatif consistant, pour des salariés, à appliquer de manière exagérément scrupuleuse les consignes de travail en vue de bloquer l'activité de l'entreprise. ‖ Grève sauvage, grève décidée par la base en dehors de toute consigne syndicale. ‖ Grève sur le tas, grève avec occupation du lieu de travail.

grever [grəve] v.t. (lat. *gravare* "alourdir") [conj. 19]. Soumettre à de lourdes charges, notamm. financières : *Grever son budget. Être grevé d'impôts* (= être accablé).

gréviste [grevist] n. et adj. (de 2. *grève*). Personne qui participe à une grève.

gribouillage [gribujaʒ] et **gribouillis** [gribuji] n.m. FAM. Écriture illisible : *Ta dernière lettre est un gribouillage indéchiffrable* (syn. griffonnage).

gribouiller [gribuje] v.t. (néerl. *kriebelen*). FAM. Écrire d'une manière informe, confuse : *Gribouiller sur son cahier.*

gribouilleur, euse [gribujœr, -øz] n. FAM. Personne qui gribouille.

gribouillis n.m. → gribouillage.

grief [grijɛf] n.m. (de l'anc. adj. *grief* "accablant, pénible", lat. pop. *grevis,* class. *gravis*). **-1.** Motif de plainte qu'on estime avoir contre qqn, qqch : *Exposer, formuler ses griefs* (syn. doléances). **-2.** Faire grief de qqch à qqn, reprocher qqch à qqn, tenir rigueur de qqch à qqn.

grièvement [grijɛvmɑ̃] adv. (de *grief*). De façon grave : *Des passagers grièvement blessés* (syn. gravement ; contr. légèrement).

griffe [grif] n.f. (de *griffer*). **-1.** Ongle de corne, pointu et courbe, porté par la phalange terminale des doigts de nombreux vertébrés (mammifères carnassiers et rongeurs, oiseaux, reptiles) : *Les oiseaux de proie ont des griffes acérées* (syn. serre). *Chat qui sort ses griffes.* **-2.** Moyen d'attaque ou de défense : *Montrer les griffes* (= se montrer menaçant). **-3.** Pouvoir dominateur et cruel : *Être, tomber sous la griffe de qqn* (syn. coupe, domination). **-4.** Outil, instrument permettant de saisir : *Griffe de tapissier.* **-5.** Crochet de métal qui maintient en place la pierre d'un bijou : *Faire réparer les griffes d'une bague.* **-6.** Empreinte, cachet reproduisant une signature, destinés à authentifier qqch et à éviter la contrefaçon : *Apposer sa griffe* (syn. signature). **-7.** Nom, sigle propre à un créateur, à un fabricant : *La griffe d'un grand couturier* (syn. marque). **-8.** Marque d'une personnalité, qui se reconnaît dans ses œuvres : *Reconnaître la griffe d'un écrivain.*

griffer [grife] v.t. (anc. haut all. *grifan,* frq. *gripan* "saisir"). **-1.** Donner un coup de griffe ou un coup d'ongle à ; déchirer superficiellement la peau comme avec une griffe ou un ongle : *Le chat l'a griffée. Ronces qui griffent les jambes* (syn. égratigner, érafler). **-2.** Mettre une griffe à un vêtement : *Veste griffée.*

griffon [grifɔ̃] n.m. (bas lat. *gryphus,* gr. *grups, grupos*). Animal fabuleux des mythologies antiques, doté du corps du lion et de la tête et des ailes de l'aigle.

griffonnage [grifɔnaʒ] n.m. Texte écrit en griffonnant : *Un griffonnage illisible* (syn. gribouillage, gribouillis).

griffonner [grifɔne] v.t. (de *griffe*). **-1.** Écrire très mal ou hâtivement : *Griffonner son nom sur un bout de papier* (syn. gribouiller). **-2.** BX-A. Réaliser une esquisse, une ébauche : *Griffonner des portraits de passants* (syn. crayonner).

griffu, e [grify] adj. Armé de griffes : *Pattes griffues.*

griffure [gʀifyʀ] n.f. Marque laissée par une griffe, un ongle ou une chose analogue : *Dos couvert de griffures* (syn. éraflure, égratignure).

grignotage [gʀiɲɔtaʒ] n.m. - **1.** Action de grignoter, de manger par petites quantités (syn. grignotement). - **2.** Destruction, consommation progressive : *Le grignotage d'un héritage.* - **3.** Action de gagner peu à peu du terrain, de s'approprier progressivement qqch : *Le grignotage d'une circonscription par un parti politique.*

grignotement [gʀiɲɔtmɑ̃] n.m. Action de grignoter, de ronger ; bruit fait en grignotant : *Entendre le grignotement du hamster dans sa cage.*

grignoter [gʀiɲɔte] v.t. (de l'anc. fr. *grigner*). - **1.** Manger du bout des dents, par petites quantités : *Grignoter un quignon de pain.* - **2.** Détruire, consommer progressivement : *Grignoter son capital* (= l'user peu à peu). - **3.** Détruire ou s'approprier peu à peu, par empiétements successifs : *Dispositions juridiques qui grignotent d'anciens privilèges.*

grigou [gʀigu] n.m. (mot languedocien "gredin, filou", de *grec* pris dans le même sens). Homme d'une avarice sordide : *Un vieux grigou* (syn. avare).

gri-gri ou **grigri** [gʀigʀi] n.m.(mot d'une langue d'Afrique occidentale) [pl. *gris-gris* ou *grigris*]. FAM. Amulette, talisman, porte-bonheur.

gril [gʀil] n.m. (forme masc. de *grille*). - **1.** Ustensile constitué de tiges métalliques parallèles ou d'une plaque de métal strié, pour faire cuire à vif un aliment : *Bifteck cuit sur le gril.* - **2.** Plancher à claire-voie, situé au-dessus des cintres d'un théâtre, pour la manœuvre des décors. - **3.** MAR. Plate-forme de carénage. - **4.** FAM. Être sur le gril, être anxieux ou impatient.

grill [gʀil] n.m. (mot angl., abrév. de *grill-room*). Restaurant où l'on sert spécial. des grillades, souvent préparées devant les consommateurs.

grillade [gʀijad] n.f. Tranche de viande grillée ou à griller : *Acheter une grillade de porc.*

grillage [gʀijaʒ] n.m. (de *grille*). Treillis métallique utilisé pour protéger ou obstruer une ouverture ou pouvant servir de clôture : *Le grillage d'une cage.*

grillager [gʀijaʒe] v.t. [conj. 17]. Garnir d'un grillage.

grille [gʀij] n.f. (lat. *craticula*, dimin. de *cratis* "treillis"). - **1.** Assemblage de barreaux fermant une ouverture ou établissant une séparation : *Grille d'un parloir, d'un guichet.* - **2.** Clôture métallique plus ou moins ouvragée : *La grille d'un jardin.* - **3.** Châssis métallique disposé pour recevoir le combustible

solide d'un foyer. - **4.** ÉLECTRON. Électrode formée d'une plaque ajourée, placée entre la cathode et l'anode de certains tubes électroniques. - **5.** Quadrillage percé de trous conventionnels, pour écrire et lire des cryptogrammes. - **6.** Figure divisée en cases, servant aux mots croisés : *Une grille particulièrement difficile.* - **7.** Organisation et répartition susceptibles d'être représentées par un tableau ; ce tableau : *Grille des programmes de télévision, de radio.* - **8.** Formulaire pour jouer au Loto national : *Remplir une grille.* - **9.** Grille des salaires, ensemble hiérarchisé des salaires dans une convention collective, dans une branche professionnelle, dans la fonction publique.

grille-pain [gʀijpɛ̃] n.m. inv. Appareil pour griller des tranches de pain.

griller [gʀije] v.t. (de *grille*). - **1.** Cuire au gril ; soumettre à sec à un feu vif : *Griller des côtelettes. Griller du café* (syn. torréfier). *Griller des cacahuètes.* - **2.** TECHN. Porter un solide à température élevée, génér. en présence d'un gaz, pour l'utiliser en métallurgie ou pour l'épurer : *Griller du minerai.* - **3.** Dessécher par un excès de chaleur ou de froid : *La gelée grille les bourgeons.* - **4.** FAM. Mettre hors d'usage par une tension, un échauffement excessifs : *Griller une lampe, un moteur.* - **5.** FAM. Dépasser, supplanter qqn : *Griller un concurrent* (syn. devancer). - **6.** FAM. Démasquer qqn, l'empêchant ainsi de continuer son action : *Ce coup l'a grillé.* - **7.** Franchir sans s'arrêter : *Griller un feu rouge.* (syn. brûler). ◆ v.i. - **1.** Cuire ou dorer sous l'effet d'une chaleur vive : *Viande qui grille sur des braises.* - **2.** Faire griller qqch, le griller : *Faire griller du maïs.* - **3.** [de]. Être très impatient de : *Il grille de vous rencontrer. Griller d'impatience* (syn. brûler).

grilloir [gʀijwaʀ] n.m. (de *griller*). Dispositif d'un four destiné à cuire à feu vif.

grillon [gʀijɔ̃] n.m. (du lat. *grillus*). Insecte sauteur de couleur noire, dont une espèce peut vivre dans des lieux habités (cuisines, boulangeries) et une autre dans les champs. □ Ordre des orthoptères ; long. 3 cm. Le grillon grésille et stridule.

grimaçant, e [gʀimasɑ̃, -ɑ̃t] adj. Qui grimace : *Visage grimaçant.*

grimace [gʀimas] n.f. (de l'anc. fr. *grimuche*, du frq. *grima* "masque"). - **1.** Contorsion du visage, volontaire ou non, due à la contraction de certains muscles de la face ; expression du visage qui traduit un sentiment de douleur, de dépit, de gêne, etc. : *Rire des grimaces d'un clown. Une grimace de désapprobation.* - **2.** Faire la grimace, marquer du dégoût ou du mécontentement : *Quand il a appris qu'il était recalé, il a fait la grimace.*

◆ **grimaces** n.f. pl. LITT. Mines affectées, hypocrites : *Tes grimaces ne trompent personne* (syn. simagrée).

grimacer [gʀimase] v.i. [conj. 16]. -1. Faire une grimace, des grimaces : *Grimacer de douleur.* -2. Faire un faux pli : *Cette manche tombe mal, elle grimace.*

grimacier, ère [gʀimasje, -ɛʀ] adj. et n. LITT. Qui fait des grimaces : *Bouffon grimacier. Cet individu aux manières affectées n'est qu'un grimacier* (syn. hypocrite).

grimage [gʀimaʒ] n.m. Action de grimer, de se grimer ; maquillage ainsi obtenu : *Le grimage d'un clown prend du temps* (syn. maquillage).

grimer [gʀime] v.t. (de *grimace*). Maquiller pour le théâtre, le cinéma, le music-hall : *Grimer un acteur* (syn. farder, maquiller). ◆ **se grimer** v.pr. Se maquiller pour interpréter un rôle.

grimoire [gʀimwaʀ] n.m. (de *grammaire*). -1. Livre de magie ou de sorcellerie, à l'écriture et aux formules mystérieuses. -2. LITT. Écrit indéchiffrable ou livre incompréhensible : *L'ordonnance de ce médecin est un vrai grimoire* (= est illisible).

grimpant, e [gʀɛpɑ̃, -ɑ̃t] adj. Se dit des plantes qui montent le long des corps voisins, soit par enroulement de la tige (liseron, haricot), soit par des organes fixateurs (crampons du lierre, vrilles du pois).

1. **grimper** [gʀɛpe] v.i. (forme nasalisée de *gripper*). -1. Monter en s'agrippant, en s'aidant des pieds et des mains : *Grimper aux arbres.* -2. Monter en s'accrochant, en s'enroulant, en parlant des plantes : *Le lierre grimpe sur la façade de la maison.* -3. Monter, accéder à un point élevé ou peu commode d'accès : *Grimper au grenier, en haut d'une colline. Grimper sur un tabouret* (syn. se hisser). -4. S'élever en pente raide : *Sentier qui grimpe dans la montagne* (syn. monter). -5. FAM. Atteindre une valeur, un niveau plus élevé : *Les prix ont grimpé* (syn. augmenter). ◆ v.t. Escalader, gravir : *Grimper un escalier.*

2. **grimper** [gʀɛpe] n.m. (de *1. grimper*). SPORTS. Exercice qui consiste à monter à la corde lisse ou à nœuds, ou à la perche.

grimpette [gʀɛpɛt] n.f. (de *grimper*). FAM. Petit chemin en pente raide (syn. raidillon).

grimpeur [gʀɛpœʀ] n.m. -1. Coureur cycliste qui excelle à monter les côtes : *C'est plutôt un grimpeur qu'un rouleur.* -2. Alpiniste. ◆ **grimpeurs** n.m. pl. Ancien nom d'un ordre d'oiseaux arboricoles à deux doigts antérieurs et deux doigts postérieurs à chaque patte, comme le pic, le coucou, le perroquet.

grinçant, e [gʀɛsɑ̃, -ɑ̃t] adj. -1. Qui grince ; qui manque d'harmonie : *Poulies grinçantes.*

Une musique grinçante (syn. discordant). -2. Qui raille avec férocité ou aigreur : *Humour, rire grinçant.*

grincement [gʀɛsmɑ̃] n.m. (de *grincer*). -1. Fait de grincer ; bruit désagréable produit par certains frottements : *Le grincement d'une porte mal huilée.* -2. Des grincements de dents, du mécontentement, du dépit ou de la rage contenus : *Il y a eu des pleurs et des grincements de dents.*

grincer [gʀɛse] v.i. (forme nasalisée de l'anc. v. *grisser,* frq. **krïskjan*) [conj. 16]. -1. Produire par frottement un bruit strident : *Roues qui grincent* (syn. crisser). -2. Grincer des dents, faire entendre un crissement en frottant les dents d'en bas contre celles d'en haut ; au fig., éprouver du mécontentement, du dépit, etc. : *Mesure qui va faire grincer des dents.*

grincheux, euse [gʀɛʃø, -øz] adj. et n. (de *grincher,* var. dial. de *grincer*). Qui se plaint continuellement ; qui trouve à redire à tout : *Un vieillard grincheux* (syn. acariâtre, grognon).

gringalet [gʀɛgalɛ] n.m. (probabl. du suisse all. **gränggeli,* dimin. de *gränggel,* de même sens). FAM. Petit homme chétif.

griot [gʀijo] n.m. (orig. incert., p.-ê. du port. *criado* "domestique", de *criar* "créer, élever"). Poète musicien ambulant en Afrique noire, dépositaire de la culture orale, et jouissant d'un statut social ambigu. □ Les griots sont à la fois craints et méprisés.

griotte [gʀijɔt] n.f. (prov. *agrioto,* de *agre* "aigre", lat. *acer, acris*). Cerise acidulée à queue courte.

grip [gʀip] n.m. (mot angl., de *to grip* "attacher, agripper"). SPORTS. Revêtement qui permet d'assurer la prise, à l'endroit où le club, la raquette sont saisis.

grippage [gʀipaʒ] n.m. -1. MÉCAN. Effet d'adhérence, blocage de deux surfaces qui frottent l'une contre l'autre, dû à leur dilatation, à une mauvaise lubrification, à un ajustage défectueux, etc. -2. Mauvais fonctionnement d'un système : *Le grippage d'un système économique.*

grippal, e, aux [gʀipal, -o] adj. Relatif à la grippe : *État grippal.*

grippe [gʀip] n.f. (de *gripper* "saisir", en raison de la soudaineté de la maladie). -1. Maladie infectieuse épidémique d'origine virale, caractérisée par de la fièvre, des céphalées et des courbatures, et s'accompagnant souvent de catarrhe nasal ou bronchique : *Attraper la grippe.* -2. Prendre qqn, qqch en grippe, se mettre à éprouver de l'antipathie envers eux.

grippé, e [gʀipe] adj. et n. Atteint de la grippe.

gripper [gʀipe] v.i. (frq. **grîpan* "saisir"). -1. Adhérer fortement, se bloquer par grippage, en parlant de pièces mécaniques : *Les rouages* grippent. **-2.** Fonctionner mal, se paralyser en parlant d'un processus : *Négociations qui* grippent (syn. se bloquer). ◆ **se gripper** v.pr. Se coincer : *Le mécanisme s'est grippé.*

grippe-sou [gripsu] n.m. (de *gripper* "saisir") [pl. *grippe-sous* ou inv.]. FAM. Avare qui fait de petits gains sordides.

gris, e [gri, griz] adj. (frq. *gris). **-1.** De couleur intermédiaire entre le blanc et le noir : *Robe* grise. *Ciel* gris (syn. couvert). **-2.** Se dit d'une chevelure, d'une barbe qui commence à blanchir ; se dit de qqn qui a de tels cheveux : *Il est* gris *aux tempes*. **-3.** Sans éclat : *Teint* gris (syn. terne ; contr. lumineux). *Une vie* grise (syn. morne). **-4.** FAM. À moitié ivre : *À la fin du banquet, les convives étaient un peu* gris (syn. éméché). **-5.** FAM. **Matière grise**, intelligence, réflexion : *Faire travailler sa matière* grise. ‖ ANAT. **Substance grise**, tissu gris rosé qui constitue en particulier la surface du cerveau et du cervelet. ◆ **gris** n.m. **-1.** Couleur grise. **-2.** Tabac fort de qualité ordinaire : *Fumer du* gris. **-3.** **Gris (+ n.),** exprime une nuance de gris : *Gris perle. Gris souris.* ◆ **gris** adv. Il fait gris, le temps est couvert.

grisaille [grizaj] n.f. (de *gris*). **-1.** Atmosphère triste et monotone ; caractère terne et sans intérêt : *La* grisaille *de la vie quotidienne* (syn. monotonie). **-2.** BX-A. Peinture en camaïeu gris, pouvant donner l'illusion du relief.

grisant, e [grizã, -ãt] adj. (de *griser*). Qui grise, exalte : *Succès* grisant (syn. étourdissant). *Parfum* grisant (syn. enivrant).

grisâtre [grizatr] adj. (de *gris*). D'une couleur qui tire sur le gris : *Ciel* grisâtre.

grisé [grize] n.m. Teinte grise donnée à une partie d'un tableau, d'une gravure, d'un plan.

griser [grize] v.t. (de *gris*). **-1.** Mettre dans un léger état d'ivresse : *Champagne qui* grise *rapidement* (syn. enivrer). **-2.** Mettre dans un état d'excitation physique : *L'air vif m'a* grisé (syn. étourdir). **-3.** Transporter d'enthousiasme : *Sa réussite soudaine l'a* grisé (= lui a tourné la tête).

griserie [grizri] n.f. **-1.** Excitation physique semblable à un début d'ivresse : *La* griserie *de l'action, du grand air, de la vitesse* (syn. enivrement, étourdissement). **-2.** Excitation intellectuelle qui fait perdre le sens des réalités : *La* griserie *du succès* (syn. vertige, ivresse).

grisonnant, e [grizɔnã, -ãt] adj. (de *grisonner*). Qui grisonne : *Chevelure* grisonnante.

grisonner [grizɔne] v.i. (de *grison*, "gris", en parlant des cheveux et de la barbe). Devenir gris, en parlant du poil, des cheveux ; commencer à avoir des cheveux gris, en parlant de qqn.

grisou [grizu] n.m. (forme wallonne de *grégeois*). **-1.** Gaz inflammable composé en grande partie de méthane, qui se dégage dans les mines de houille et qui, au contact de l'air, forme un mélange détonant. **-2.** **Coup de grisou,** explosion de grisou.

grive [griv] n.f. (fém. de l'anc. fr. *griu* "grec" [lat. *graecus*], en raison des migrations supposées de cet oiseau vers la Grèce). Oiseau passereau voisin du merle, à plumage brun et gris. □ Famille des turdidés.

grivèlerie [grivɛlri] n.f. (de *griveler* "consommer, au café, au restaurant, etc., sans avoir de quoi payer"). DR. Délit qui consiste à consommer dans un café, un restaurant, etc., sans avoir les moyens de payer.

grivois, e [grivwa, -az] adj. (de *grive* "guerre"). Libre et hardi, sans être obscène : *Raconter des histoires* grivoises (syn. égrillard).

grivoiserie [grivwazri] n.f. (de *grivois*). Caractère de ce qui est grivois ; geste ou propos grivois : *Dire des* grivoiseries (syn. gaudriole).

grizzli ou **grizzly** [grizli] n.m. (de l'angloamér. *grizzli* [*bear*], "[ours] grisâtre"). Grand ours brun de l'Amérique du Nord.

grog [grɔg] n.m. (mot angl., de *Old Grog*, surnom donné à l'amiral Vernon, qui était toujours habillé de gros-grain, *grogram*). Boisson composée d'eau-de-vie ou de rhum, d'eau chaude sucrée et de citron.

groggy [grɔgi] adj. inv. (mot angl. "ivre"). **-1.** Se dit d'un boxeur qui a perdu conscience pendant quelques instants, mais qui tient encore debout. **-2.** Étourdi, assommé par un choc physique ou moral : *La surprise l'a laissée complètement* groggy (syn. abasourdi).

grognard [grɔɲar] n.m. HIST. Soldat de la Vieille Garde de Napoléon Iᵉʳ.

grogne [grɔɲ] n.f. (de *grogner*). FAM. Mécontentement ; expression de ce mécontentement : *La* grogne *des commerçants* (syn. insatisfaction).

grognement [grɔɲmã] n.m. **-1.** Cri du porc, du sanglier, de l'ours. **-2.** Son, parole inintelligible exprimant divers sentiments ; murmure de mécontentement : *Un* grognement *accueillit les remontrances du directeur.*

grogner [grɔɲe] v.i. (anc. fr. *grunir*, lat. *grunnire*). **-1.** Émettre un grognement, en parlant du porc, de l'ours, du sanglier. **-2.** FAM. Manifester son mécontentement en protestant sourdement, par des paroles indistinctes : *Même sans raison, il* grogne (syn. bougonner).

grognon, onne [grɔɲɔ̃, -ɔn] adj. et n. FAM. Qui grogne ; de mauvaise humeur : *Un enfant* grognon (syn. bougon). **Rem.** Le fém. est rare. On dit *elle est grognon* plutôt que *elle est grognonne.*

groin [gʀwɛ̃] n.m. (bas lat. *grunium,* du class. *grunnire* "grogner"). Museau du porc et du sanglier.

grommeler [gʀɔmle] v.t. et v.i. (de l'anc. fr. *grommer* "grogner", moyen néerl. *grommen*) [conj. 24]. FAM. Se plaindre, protester en murmurant ; parler indistinctement : *Obéir en grommelant* (syn. **bougonner**, **grogner**). *Grommeler de vagues menaces* (syn. **marmonner**).

grommellement [gʀɔmɛlmɑ̃] n.m. Action de grommeler ; sons, paroles émis en grommelant.

grondant, e [gʀɔdɑ̃, -ɑ̃t] adj. Qui produit un grondement : *Une foule grondante envahit la place.*

grondement [gʀɔdmɑ̃] n.m. - **1.** Bruit sourd, ample et prolongé, plus ou moins inquiétant : *Le grondement du tonnerre, d'un torrent* (syn. **fracas**). - **2.** Bruit sourd et menaçant de certains animaux : *Le grondement menaçant d'un chien de garde* (syn. **grognement**).

gronder [gʀɔde] v.i. (anc. fr. *grondir,* lat. *grundire* "grogner"). - **1.** Faire entendre un bruit sourd et menaçant : *Chien qui gronde* (syn. **grogner**). - **2.** Produire un bruit sourd, grave et prolongé : *Le tonnerre, le canon gronde.* - **3.** Se manifester sourdement ; être menaçant, imminent : *L'émeute gronde.* - **4.** LITT. Exprimer son mécontentement ; protester sourdement, d'une manière indistincte : *Gronder entre ses dents* (syn. **grommeler**). *La presse gronde contre le gouvernement* (syn. **maugréer**). ◆ v.t. Réprimander qqn avec qui l'on a des relations familières, en partic. un enfant : *Ne fais pas ça, il va te gronder.*

gronderie [gʀɔdʀi] n.f. Action de gronder qqn ; réprimande : *Sa conduite lui a valu quelques gronderies* (syn. **observation**, **remontrance**).

grondeur, euse [gʀɔdœʀ, -øz] adj. Qui gronde : *Voix grondeuse.*

grondin [gʀɔdɛ̃] n.m. (de *gronder,* allusion au grognement émis par ce poisson quand il est pris). Poisson marin des fonds vaseux du plateau continental, à museau proéminent, appelé aussi *trigle.* □ Ordre des téléostéens ; long. max. 60 cm. Les individus roses sont les *rougets grondins.*

groom [gʀum] n.m. (mot angl.). Jeune employé en livrée dans un hôtel, un restaurant, etc. : *Faire appeler une voiture par le groom* (syn. **chasseur**).

1. **gros, grosse** [gʀo, gʀos] adj. (bas lat. *grossus*). - **1.** Qui a des dimensions importantes, en volume, en épaisseur : *Une grosse femme* (syn. **corpulent**, **fort** ; contr. **mince**). *Un gros*

livre (syn. **volumineux**). - **2.** Qui est d'une grande taille par rapport à d'autres de même nature : *Écrire en grosses lettres* (contr. **petit**). *Gros sel.* - **3.** Important ; considérable : *Une grosse somme. Un gros industriel* (syn. **puissant**). - **4.** D'une forte intensité : *Grosse chaleur* (syn. **étouffant**). *Gros rhume.* - **5.** Qui manque de finesse, de délicatesse : *Avoir de gros traits* (syn. **grossier**). *Gros drap* (syn. **épais** ; contr. **fin**). *Une histoire un peu grosse* (syn. **exagéré**). - **6.** FAM. Avoir la grosse tête, être gonflé du sentiment de sa propre importance, se croire plus que ce qu'on est. ‖ Faire les gros yeux, menacer du regard. ‖ Grosse mer, mer agitée. ‖ Grosse voix, voix grave et forte ; voix menaçante : *Faire la grosse voix.* ◆ **gros** adv. - **1.** Beaucoup : *Risquer gros. Gagner gros* (= beaucoup d'argent). - **2.** En grandes dimensions : *Écrire gros.* - **3.** En avoir gros sur le cœur, avoir beaucoup de peine, de dépit ou de rancœur. ◆ n. - **1.** Personne corpulente : *Une bonne grosse.* - **2.** (Surtout au pl.). Personne riche, influente : *Un projet qui vise à faire payer les gros.*

2. **gros** [gʀo] n.m. (de *1. gros*). - **1.** Vente ou achat par grandes quantités (par opp. à *détail*) : *Prix de gros. Négociant en gros. Achat, vente en gros.* - **2.** Gros poisson : *Pêche au gros.* - **3.** En gros, sans entrer dans le détail : *En gros, voilà ce que je veux* (syn. **grosso modo**). ‖ Le gros de qqch., la partie la plus considérable de qqch ; ce qu'il y a de plus important : *Le gros de l'armée. Faites le plus gros, laissez le reste* (= le travail le plus pénible).

groseille [gʀozɛj] n.f. (frq. **krusil*). - **1.** Fruit comestible du groseillier, petite baie rouge ou blanche qui vient par grappes : *Gelée, sirop de groseille.* - **2.** Groseille à maquereau, grosse baie rouge, jaune ou verte, produite par le groseillier épineux. ◆ adj. inv. De couleur rouge clair : *Foulard groseille.*

groseillier [gʀozeje] n.m. Arbuste des régions tempérées cultivé pour ses fruits, les groseilles. □ Famille des saxifragacées.

gros-grain [gʀogʀɛ̃] n.m. (pl. *gros-grains*). - **1.** Tissu de soie à grosses rayures transversales. - **2.** Ruban sans lisière à côtes verticales : *Doubler une ceinture d'un gros-grain.*

gros-porteur [gʀopɔʀtœʀ] n.m. (pl. *gros-porteurs*). Avion de grande capacité.

grosse [gʀos] n.f. (de *1. gros*). - **1.** Douze douzaines de certaines marchandises : *Une grosse de boutons.* - **2.** DR. Copie d'un acte authentique ou d'un jugement, revêtue de la formule exécutoire : *Délivrer la grosse d'un acte notarié.*

grossesse [gʀosɛs] n.f. (de *gros, grosse*). - **1.** État de la femme enceinte, lié à la fécondation et l'accouchement : *La durée de la grossesse normale est de 280 jours.* - **2.** Grossesse extra-utérine, dans laquelle l'œuf fécondé se fixe et se développe hors de l'utérus. ‖ **Grossesse nerveuse,** ensemble de manifestations somatiques évoquant une grossesse, sans qu'il y ait eu fécondation, et lié à des motivations inconscientes.

grosseur [gʀosœʀ] n.f. **- 1.** État, volume de ce qui est gros : *Il est d'une grosseur maladive* (syn. corpulence, embonpoint). **- 2.** Volume, dimensions en général : *De la grosseur d'une noix* (syn. taille). **- 3.** Enflure, tuméfaction : *Une grosseur au bras* (syn. boule, excroissance).

grossier, ère [gʀosje, -ɛʀ] adj. (de *1. gros*). **- 1.** Épais ; rude ; sans finesse : *Étoffe grossière* (contr. fin). *Traits grossiers* (syn. épais, lourd). **- 2.** Qui est exécuté sans délicatesse, sans soin : *Travail grossier* (syn. imparfait). **- 3.** Rudimentaire, sommaire : *Description grossière* (syn. approximatif). **- 4.** Qui dénote de l'ignorance, un manque d'intelligence ou de culture : *Esprit grossier* (syn. fruste, inculte). *Une erreur grossière* (syn. lourd, monumental). **- 5.** Contraire à la bienséance, à la politesse, aux usages : *Faire un geste grossier* (syn. inconvenant). *Propos grossiers* (syn. cru, ordurier, trivial).

grossièrement [gʀosjɛʀmɑ̃] adv. De façon grossière : *Voilà, grossièrement, le sujet de la pièce* (syn. sommairement). *Se tromper grossièrement* (syn. lourdement). *Répondre grossièrement* (syn. impoliment).

grossièreté [gʀosjɛʀte] n.f. **- 1.** Caractère de ce qui est grossier, de ce qui manque de finesse : *La grossièreté d'une étoffe*. **- 2.** Manque d'intelligence, de subtilité dont témoigne un comportement : *La grossièreté de ses manières me choque* (syn. vulgarité ; contr. délicatesse). **- 3.** Parole, action grossière : *Dire des grossièretés* (syn. incongruité).

grossir [gʀosiʀ] v.t. (conj. 32). Rendre ou faire paraître plus gros, plus ample, plus volumineux, plus important : *Lunette qui grossit les objets. Les déserteurs vont grossir le nombre des insurgés* (syn. accroître, renforcer). *Les journaux grossissent l'affaire* (syn. amplifier, exagérer). ◆ v.i. **- 1.** Devenir ou paraître plus gros ; augmenter de volume : *Il a grossi depuis l'an dernier* (syn. engraisser, forcir ; contr. maigrir). **- 2.** Devenir plus considérable : *La somme a grossi* (syn. augmenter).

grossissant, e [gʀosisɑ̃, -ɑ̃t] adj. **- 1.** Qui fait paraître plus gros ; qui augmente les dimensions apparentes : *Verres grossissants*. **- 2.** Qui ne cesse de devenir plus gros, plus important : *Une foule grossissante envahissait la place*.

grossissement [gʀosismɑ̃] n.m. **- 1.** Action de rendre plus gros, d'agrandir : *Le grossissement d'un point par une loupe*. **- 2.** Fait de devenir gros, de se développer : *Régime alimentaire contre le grossissement*. **- 3.** Amplification de

qqch jusqu'à l'exagération, la déformation : *Le grossissement d'une affaire par les médias*. **- 4.** OPT. Rapport du diamètre apparent de l'image à celui de l'objet.

grossiste [gʀosist] n. (de *2. gros*). Commerçant qui sert d'intermédiaire entre le producteur et le détaillant.

grosso modo [gʀosomodo] loc. adv. (lat. scolast. "d'une manière grosse"). En gros ; sans entrer dans le détail : *Voici grosso modo de quoi il s'agit* (syn. sommairement).

grotesque [gʀotɛsk] adj. (it. *grottesca* "fresque de grotte" puis "peinture ridicule"). Qui suscite le rire par son extravagance : *Personnage grotesque* (syn. risible). *Idée grotesque* (syn. ridicule, burlesque).

grotesques [gʀotɛsk] n.f. pl. (de *grotesque*). BX-A Décors muraux, faits de motifs architecturaux de fantaisie et d'arabesques mêlées de petites figures, redécouverts à la Renaissance dans les vestiges enfouis de la Rome antique et dont s'inspirèrent de nombreux artistes et ornemanistes jusqu'au XIXᵉ s.

grotte [gʀɔt] n.f. (it. *grotta*, lat. *crypta*, du gr.). **- 1.** Excavation naturelle dans la roche, ouverte à la surface du sol : *Une grotte préhistorique* (syn. caverne). **- 2.** Construction artificielle évoquant une grotte, très en vogue dans les jardins et les parcs aux XVIᵉ et XVIIᵉ s.

grouillant, e [gʀujɑ̃, -ɑ̃t] adj. Qui grouille : *Une foule grouillante*.

grouillement [gʀujmɑ̃] n.m. Mouvement et bruit de ce qui grouille : *Le grouillement de la foule* (syn. fourmillement).

grouiller [gʀuje] v.i. **- 1.** S'agiter ensemble et en grand nombre : *Les vers grouillent dans ce fromage* (syn. fourmiller). **- 2.** Grouiller de (+ n.), être plein d'une masse confuse en mouvement ; au fig., contenir en abondance : *La rue grouille de monde. Ce texte grouille d'idées intéressantes* (syn. foisonner, regorger). ◆ **se grouiller** v.pr. FAM. Se dépêcher : *Grouille-toi, on va être en retard* (syn. se presser).

grouillot [gʀujo] n.m. (de *grouiller*). **- 1.** Employé qui, à la Bourse, porte de l'un à l'autre les ordres d'achat ou de vente. **- 2.** FAM. Apprenti, employé qui fait les courses, porte les messages.

groupage [gʀupaʒ] n.m. **- 1.** Action de grouper des colis ayant une même destination : *Entreprise de groupage*. **- 2.** MÉD. Détermination du groupe sanguin.

groupe [gʀup] n.m. (it. *gruppo* "nœud, assemblage", du germ. **kruppa* "masse arrondie"). **- 1.** Ensemble distinct de choses ou d'êtres de même nature, réunis dans un même endroit : *Un groupe de curieux* (syn. attroupement, rassemblement). *Un groupe de maisons* (syn. ensemble). **- 2.** Ensemble plus ou moins organisé de personnes liées par des activités, des objectifs communs : *Groupe politique* (syn. organisation). *Groupe culturel* (syn. association). **- 3.** Formation d'instrumentistes, de chanteurs, etc. ; petit orchestre : *Groupe pop.* **- 4.** MIL. Formation élémentaire du peloton ou de la section d'environ 12 hommes : *Groupe de combat.* **- 5.** Ensemble de choses, d'animaux ou de personnes défini par une caractéristique commune : *Groupe ethnique* (= ethnie). *Groupe linguistique* (syn. communauté). **- 6.** BX-A. Réunion de figures formant un ensemble, partic. dans la sculpture en ronde bosse : *Groupe des Trois Grâces.* **- 7.** MATH. Structure algébrique fondamentale, associant à un ensemble une loi de composition interne, associative, possédant un élément neutre et telle que tout élément admette un symétrique pour cette loi. □ Les entiers relatifs ou munis de l'addition forment un groupe additif. Les réels non nuls munis de la multiplication forment un groupe multiplicatif. **- 8.** Groupe de presse, ensemble de journaux qui appartiennent à un même propriétaire, une même société. ‖ Groupe parlementaire, formation permanente réunissant des élus d'une même tendance au sein d'une assemblée : *Le groupe doit avoir au moins 30 membres à l'Assemblée nationale, 15 au Sénat.* ‖ DR. Cabinet de groupe, cabinet dans lequel deux ou plusieurs membres d'une profession libérale (médecins, avocats, etc.) exercent leur activité en partageant les mêmes locaux (on dit aussi *cabinet groupé*). ‖ ÉTHOL. Effet de groupe, ensemble des modifications morphologiques, comportementales, etc., que provoque la proximité de plusieurs individus de la même espèce dans un espace restreint. ‖ MÉD. Groupe sanguin, ensemble d'antigènes portés par le sang permettant de classer les individus et de régler la transfusion sanguine entre donneurs et receveurs compatibles. ‖ MÉD. Groupe tissulaire, ensemble de propriétés analogues permettant de faire des transplantations d'organes. (v. système HLA*.) ‖ PSYCHOL. Groupe expérimental, groupe constitué en vue d'une étude expérimentale, et dont on mesure les réactions à un stimulus par comparaison à un groupe analogue non soumis à ce stimulus.

groupement [gʀupmɑ̃] n.m. **- 1.** Action de grouper ; fait d'être groupé : *Procéder au groupement des commandes* (syn. rassemblement, réunion). *Groupement de bâtiments administratifs autour de la mairie* (syn. concentration). **- 2.** Réunion de personnes ou de choses groupées par des intérêts communs : *Groupement de consommateurs* (syn. association).

grouper [gʀupe] v.t. Assembler en groupe, réunir en un lieu, dans un ensemble ou dans une même catégorie : *Grouper des élèves avant de traverser la rue* (syn. réunir). *Parti politique qui groupe tous les mécontents* (syn. rassembler). ◆ **se grouper** v.pr. Se réunir : *Se grouper autour d'un chef.*

groupie [gʀupi] n. (mot anglo-amér.). **- 1.** Personne, le plus souvent jeune fille, qui admire un musicien, un chanteur ou un groupe de musique pop ou rock et qui le suit dans ses déplacements. **- 2.** FAM. Partisan inconditionnel de qqn, d'un parti.

groupuscule [gʀupyskyl] n.m. FAM. Petit groupe politique plus ou moins organisé (péjor.) : *Groupuscules extrémistes.*

grouse [gʀuz] n.f. (mot angl., d'orig. obsc). Lagopède d'Écosse.

gruau [gʀyo] n.m. (de l'anc. fr. *gru*, frq. **grût*, de même sens). **- 1.** Partie granuleuse de l'amande du grain de blé, qui n'est ni la farine ni le son (syn. semoule) : *Farine de gruau.* **- 2.** Pain de gruau, pain fait de fleur de farine.

1. grue [gʀy] n.f. (lat. pop. **grua*, class. *grus, gruis*). **- 1.** Oiseau échassier dont une espèce, gris cendré, traverse la France pour hiverner en Afrique : *Long. 1,15 m ; la grue glapit, trompette, craque.* **- 2.** Faire le pied de grue, attendre longtemps, debout, au même endroit.

2. grue [gʀy] n.f. (de *1. grue*). **- 1.** Appareil de levage formé d'un bras orientable monté sur un support de hauteur variable. **- 2.** CIN., TÉLÉV. Appareil permettant le déplacement vertical ou des mouvements combinés de la caméra : *Effectuer un travelling à la grue.*

gruger [gʀyʒe] v.t. (néerl. *gruizen* "broyer") [conj. 17]. LITT. Tromper qqn : *Se faire gruger par un beau parleur* (syn. duper).

grume [gʀym] n.f. (bas lat. *gruma*, class. *gluma* "pellicule"). Tronc d'arbre abattu, ébranché et recouvert de son écorce.

grumeau [gʀymo] n.m. (lat. pop. **grumellus*, class. *grumulus*, dimin. de *grumus* "tertre"). Petite boule formée par un liquide coagulé (lait) ou une substance pulvérulente (farine) mal délayée : *Sauce pleine de grumeaux.*

grumeleux, euse [gʀymlø, -øz] adj. **- 1.** Qui forme des grumeaux ; qui présente des grumeaux : *Bouillie grumeleuse.* **- 2.** Qui présente des aspérités semblables aux grumeaux : *Peau grumeleuse* (syn. granuleux).

grutier [gʀytje] n.m. (de *2. grue*). Conducteur d'une grue.

gruyère [gʀyjɛʀ] ou [gʀyijɛʀ] n.m. (n. d'une région suisse). Fromage d'origine suisse au lait de vache, cuit, à pâte dure.

guadeloupéen, enne [gwadəlupeɛ̃, -ɛn] adj. et n. De la Guadeloupe.

guano [gwano] n.m. (mot esp., quechua *huanu* "engrais, fumier"). - **1.** Matière provenant de l'accumulation d'excréments et de cadavres d'oiseaux marins, et qu'on employait autref. comme engrais. - **2.** Matière fertilisante d'origine animale, analogue au guano : *Guano de poisson, de chauve-souris.*

guarani [gwaʁani] n.m. Langue indienne parlée principalement au Paraguay.

gué [ge] n.m. (frq. *wad*). Endroit peu profond d'une rivière où l'on peut traverser à pied : *Passer à gué.*

guéable [geabl] adj. Qu'on peut passer à gué : *Fleuve qui n'est nulle part guéable.*

guéguerre [gegɛʁ] n.f. FAM. Petite guerre ; petite querelle : *Guéguerre entre hommes politiques.*

guelfe [gɛlf] n.m. et adj. (all. *Welf*, n. d'une puissante famille qui prit le parti des papes). HIST. Partisan des papes, ennemi des gibelins, dans l'Italie médiévale.

guelte [gɛlt] n.f. (all. *Geld* "argent"). Pourcentage accordé à un vendeur sur ses ventes : *Le fixe qu'elle touche n'est pas gros, mais la guelte est importante* (syn. commission).

guenille [gənij] n.f. (dialect. de l'Ouest, p.-ê. rad. gaul. *wadana* "eau"). Vêtement sale, en lambeaux : *Vêtu de guenilles* (syn. haillon, harde).

guenon [gənɔ̃] n.f. (p.-ê. même rad. que *guenille*). - **1.** Singe femelle. - **2.** ZOOL Cercopithèque.

guépard [gepaʁ] n.m. (it. *gattopardo*, de *gatto* "chat" et *pardo* "léopard"). Mammifère carnivore d'Afrique et d'Asie, à la course très rapide : *Le guépard peut courir jusqu'à 100 km/h.* □ Famille des félidés ; long. 75 cm env., sans la queue.

guêpe [gɛp] n.f. (lat. *vespa*). - **1.** Insecte social à abdomen annelé de jaune et de noir construisant des nids (*guêpiers*) souterrains ou aériens, et dont la femelle est pourvue d'un aiguillon venimeux : *Être piqué par une guêpe.* □ Ordre des hyménoptères. - **2.** Taille de guêpe, taille très fine.

guêpier [gepje] n.m. - **1.** Nid de guêpes. - **2.** Situation dangereuse, inextricable : *Tomber, se fourrer dans un guêpier* (syn. bourbier). - **3.** Oiseau passereau se nourrissant d'abeilles et de guêpes.

guêpière [gepjɛʁ] n.f. (de *[taille de] guêpe*). Pièce de lingerie féminine, bustier qui descend au-dessous de la taille et l'affine, le plus souvent muni de jarretelles.

guère [gɛʁ] adv. (frq. *waigaro* "beaucoup"). - **1.** (En corrélation avec *ne*). Indique une quantité faible ou une fréquence minime : *Elle n'a guère d'argent* (= pas beaucoup). *Il ne va guère au cinéma* (= pas souvent). - **2.** Indique une négation, dans les réponses : *Vous aimez les artichauts ? - Guère* (syn. peu).

guéret [geʁɛ] n.m. (lat. *vervactum*, devenu sous l'infl. germ. *wervactum*). Terre non ensemencée, labourée au printemps et en été pour la préparer à recevoir les semailles d'automne.

guéridon [geʁidɔ̃] n.m. (de *Guéridon*, n. d'un personnage de farce). Table ronde, parfois ovale, à piétement central ou à trois ou à quatre pieds.

guérilla [geʁija] n.f. (esp. *guerrilla*, dimin. de *guerra* "guerre"). Guerre de harcèlement, d'embuscades, de coups de main menée par des unités régulières ou des troupes de partisans.

guérillero [geʁijeʁo] n.m. (pl. *guérilleros*). Combattant de guérilla (syn. maquisard, partisan).

guérir [geʁiʁ] v.t. (frq. *warjan* "protéger") [conj. 32]. - **1.** Délivrer d'un mal physique, d'une maladie : *Le médecin m'a guéri de la grippe. Ce médicament vous guérira* (syn. rétablir). - **2.** Faire cesser une maladie : *Guérir une angine.* - **3.** Débarrasser d'un défaut, d'un mal moral ; les faire cesser : *Elle l'a guéri de son avarice* (syn. corriger). *Le temps guérira son chagrin* (syn. apaiser, calmer). ◆ v.i. ou se **guérir** v.pr. - **1.** Recouvrer la santé : *Si tu veux guérir, il faut te soigner* (syn. se remettre, se rétablir). - **2.** Disparaître, cesser, en parlant d'une maladie : *Mon rhume a guéri.* - **3.** Se débarrasser d'un défaut, d'une faiblesse : *Guérir, se guérir d'une mauvaise habitude* (syn. se corriger).

guérison [geʁizɔ̃] n.f. Suppression, disparition d'un mal physique ou moral : *Malade en voie de guérison* (syn. rétablissement). *La guérison d'une maladie, d'un défaut.*

guérissable [geʁisabl] adj. Que l'on peut guérir : *Une maladie guérissable* (syn. curable ; contr. incurable).

guérisseur, euse [geʁisœʁ, -øz] n. Personne qui prétend guérir autrui en vertu de dons mystérieux ou à l'aide de procédés empiriques, en dehors de l'exercice légal de la médecine.

guérite [geʁit] n.f. (de l'anc. fr. *garir* "protéger"). - **1.** Abri pour un homme debout, servant aux militaires de faction. - **2.** Baraque de chantier servant de bureau.

guerre [gɛʁ] n.f. (frq. *werra*). - **1.** Lutte armée entre États ; situation de conflit qu'elle implique : *Déclaration de guerre. La guerre a débuté il y a six mois* (syn. hostilités). - **2.** Conflit non armé : *Guerre économique.* - **3.** Lutte entre personnes : *Entre eux, c'est la guerre* (syn. mésentente). - **4.** Action entreprise pour supprimer, détruire qqch : *Faire la guerre aux préjugés* (= combattre). - **5.** De bonne guerre, se dit d'un comportement, d'une réaction habile d'un adversaire et que l'on considère comme légitime. ‖ De guerre lasse, en renonçant à la lutte par lassitude : *De guerre lasse, j'ai accepté sa proposition.* ‖ Faire la guerre à qqn, lutter pour que qqn change sa conduite : *Je lui fais la guerre pour qu'il soit ponctuel.* ‖ Guerre chimique, nucléaire, biologique, guerre où seraient employées les armes chimiques, nucléaires, biologiques. ‖ Guerre des étoiles, nom communément donné à l'initiative* de défense stratégique. ‖ Guerre froide, hostilité latente, qui n'aboutit pas au conflit armé, dans les relations internationales, notamm. entre les grandes puissances. ‖ Guerre sainte, guerre menée au nom de motifs religieux. ‖ Guerre totale, guerre comportant tous les moyens de lutte et visant à l'anéantissement de l'adversaire. ‖ Nom de guerre, nom que prenait autrefois un soldat en s'enrôlant ; pseudonyme : *Le nom de guerre d'un artiste.* ‖ Petite guerre, guerre de harcèlement ; exercice, simulacre de combat : *Enfants qui jouent à la petite guerre.*

guerrier, ère [gɛrje, -ɛr] n. LITT. Personne qui fait la guerre : *De vaillants guerriers* (syn. combattant, soldat). ◆ adj. - **1.** LITT. Qui a trait à la guerre : *Chant guerrier* (syn. militaire). - **2.** Porté à la guerre : *Tempérament guerrier* (syn. belliqueux).

guerroyer [gɛrwaje] v.i. [conj. 13]. - **1.** LITT. Faire la guerre : *Autrefois les seigneurs partaient souvent guerroyer* (syn. se battre). - **2.** Partir en guerre contre qqch : *Guerroyer contre les abus* (syn. lutter).

guet [gɛ] n.m. (de *guetter*). - **1.** Surveillance destinée à surprendre qqn ou à éviter d'être pris : *Faire le guet.* - **2.** HIST. Troupe chargée de la police pendant la nuit : *Les archers du guet.*

guet-apens [gɛtapɑ̃] n.m. (altér. de l'anc. fr. *en aguet apensé* "avec préméditation", de *apenser* "former un projet" [de *penser*]) [pl. *guets-apens* [gɛtapɑ̃]. - **1.** Embuscade dressée contre qqn pour l'assassiner, lui faire subir des violences, le voler : *Attirer qqn dans un guet-apens.* - **2.** Machination perfide tramée pour nuire à qqn : *Cette invitation était un guet-apens* (syn. piège, traquenard).

guêtre [gɛtr] n.f. (frq. *wrist* "cou de pied"). - **1.** Bande de cuir ou de tissu qui couvre le bas de la jambe et le dessus de la chaussure. - **2.** FAM. Traîner ses guêtres, se promener sans but, en oisif : *Tu passes tes journées dehors à traîner tes guêtres* (syn. flâner).

guetter [gete] v.t. (frq. *wahtôn*). - **1.** Surveiller pour surprendre ou pour ne pas être sur-

pris : *Guetter l'ennemi* (syn. épier). - **2.** Faire peser une menace imminente sur : *La maladie le guette* (syn. menacer). - **3.** Attendre avec impatience : *Guetter l'arrivée du facteur.*

guetteur [getœr] n.m. - **1.** Personne qui guette : *Les cambrioleurs avaient laissé un guetteur dans l'escalier.* - **2.** Combattant ayant une mission de renseignement, d'alerte et de surveillance (syn. sentinelle).

gueulante [gœlɑ̃t] n.f. T. FAM. - **1.** Clameur de joie : *Une gueulante d'étudiants* (syn. acclamation). - **2.** Explosion de colère ; violente réprimande : *Le patron a poussé une gueulante.*

gueulard [gœlar] n.m. (de *gueule*). TECHN. Ouverture supérieure d'un haut-fourneau, par laquelle on verse le minerai, le fondant et le combustible.

gueule [gœl] n.f. (lat. *gula*). - **1.** Bouche de certains animaux, quand elle peut s'ouvrir largement : *Le chien ouvre sa gueule.* - **2.** FAM. Bouche de l'homme : *Se fendre la gueule* (= rire aux éclats). - **3.** FAM. Figure, visage : *Avoir une bonne gueule* (= une tête sympathique). - **4.** FAM. Allure d'une personne ; aspect d'une chose : *Ce chapeau a une drôle de gueule.* - **5.** Ouverture béante : *Gueule d'un four, d'un canon.* ‖ FAM. Casser la gueule à qqn, infliger à qqn une correction, en partic. en le frappant au visage. ‖ FAM. C'est un fort en gueule, une grande gueule, qqn qui parle haut et fort, mais qui n'agit guère. ‖ T. FAM. Faire la gueule, bouder, être morose. ‖ FAM. Fine gueule, gourmet. ‖ Gueule cassée, grand blessé de la face. ‖ T. FAM. Se casser la gueule, tomber ; échouer : *Se casser la gueule sur le verglas. Son commerce va se casser la gueule* (= va à la faillite).

gueule-de-loup [gœldəlu] n.f. (pl. *gueules-de-loup*). Plante ornementale (syn. muflier).

gueuler [gœle] v.i. (de *gueule*). FAM. - **1.** Parler, chanter très fort : *Tu ne chantes pas, tu gueules* (syn. brailler). - **2.** Hurler de douleur ou de mécontentement : *Il gueulait tellement il avait mal.* - **3.** Crier, protester contre qqn, qqch : *Elle n'est jamais contente et elle gueule tout le temps* (syn. fulminer, vociférer). ◆ v.t. Dire ou chanter qqch en criant : *Chanteuse qui gueule une rengaine.*

gueules [gœl] n.m. (du persan *ghul* "rouge", rattaché à *gueule* "gorge, gueule [d'un animal à fourrure rouge]"). HÉRALD. Couleur rouge du blason, figurée par des hachures verticales.

gueuleton [gœltɔ̃] n.m. (de *gueule*). FAM. Repas excellent et abondant : *Faire un gueuleton.*

gueux, gueuse [gø, gøz] n. (moyen néerl. *guit* "coquin"). - **1.** Personne méprisable, vile : *Ces gens-là sont des gueux* (syn. coquin, fripon). - **2.** LITT., VX. Personne réduite à la mendicité : *Un gueux qui mendie de maison en maison* (syn. vagabond). - **3.** VIEILLI. Courir la gueuse, fréquenter les femmes de mauvaise vie ; rechercher les aventures galantes. ◆ **gueux** n.m. HIST. Dans les Pays-Bas espagnols, calviniste flamand, souvent gentilhomme, qui prit part à la lutte contre l'administration espagnole catholique après 1566.

gui [gi] n.m. (lat. *viscum*). Plante à fleurs apétales, qui vit en parasite sur les branches de certains arbres (peuplier, pommier, très rarement chêne), et dont les fruits, blancs, contiennent une substance visqueuse. □ Famille des loranthacées.

guibolle ou **guibole** [gibɔl] n.f. (du normand *guibon,* apparenté à *regimber*). FAM. Jambe.

guiche [giʃ] n.f. (orig. incert., de *guiche* "courroie, bande d'étoffe" [frq. *wihtig* "lien d'osier"], ou du n. du marquis de *La Guiche,* qui en aurait lancé la mode). Accroche-cœur.

guichet [giʃɛ] n.m. (anc. scand. *vik* "cachette"). - **1.** Comptoir permettant au public de communiquer avec les employés d'un bureau de poste, d'une banque, d'un théâtre, d'une administration, etc. : *Faire la queue au guichet.* - **2.** Ouverture pratiquée dans une porte, une cloison, un mur, génér. grillagée et à hauteur d'homme : *Guichet d'une cellule.* - **3.** Jouer à guichets fermés, jouer en ayant vendu tous les billets avant une représentation, un match.

guichetier, ère [giʃtje, -ɛʀ] n. Personne préposée au guichet d'un bureau de poste, d'une banque, etc.

guidage [gidaʒ] n.m. - **1.** Action de guider : *Opération de guidage des automobilistes sur la route des vacances.* - **2.** AÉRON. Processus visant à imposer une trajectoire donnée à un aéronef, un véhicule spatial ou un missile, par intervention humaine à distance (*téléguidage*) ou de façon automatique (*autoguidage*) : *Le guidage d'une fusée.* - **3.** MÉCAN. Ensemble des dispositifs servant à guider une pièce, une machine en mouvement.

1. guide [gid] n.m. (prov. *guida,* d'orig. gotique). - **1.** Personne qui donne une direction morale, intellectuelle à qqn, à un pays : *Prendre qqn pour guide* (syn. mentor, conseiller). - **2.** Ce qui sert de principe directeur : *La passion est mon seul guide.* - **3.** Ouvrage qui donne des renseignements classés : *Guide gastronomique, touristique.* - **4.** MÉCAN. Organe servant à diriger un élément mobile : *Guide d'une scie circulaire.*

2. guide [gid] n. (de *1. guide*). - **1.** Personne qui guide, montre le chemin, fait visiter (syn. cicérone). - **2.** Alpiniste professionnel

diplômé qui conduit une ou plusieurs personnes en montagne.

3. guide [gid] n.f. (de *1. guide*). [Surtout au pl.]. Lanière de cuir qu'on attache au mors d'un cheval attelé pour le diriger : *Tirer sur les guides* (syn. rêne).

guide-fil [gidfil] n.m. (pl. *guide-fils* ou inv.). TECHN. Appareil qui règle la distribution des fils sur certaines machines textiles.

guider [gide] v.t. (réfection, d'apr. *guide,* de l'anc. fr. *guier,* frq. *witan*). - **1.** Accompagner qqn pour lui montrer le chemin : *Guider un voyageur* (syn. piloter, conduire). - **2.** Éclairer qqn dans le choix d'une direction intellectuelle ou morale, d'une décision : *Guider un enfant dans ses études* (syn. orienter, conseiller). - **3.** Montrer le chemin, la voie à : *C'est l'odeur qui vous a guidés jusqu'ici ?* (syn. diriger). - **4.** Mener ; faire agir ; déterminer : *C'est l'intérêt qui le guide* (syn. commander, gouverner).

guidon [gidɔ̃] n.m. (de *guider*). - **1.** Barre munie de poignées, commandant la direction d'un deux-roues. - **2.** Petite pièce métallique fixée à l'avant du canon d'une arme à feu et servant à viser. - **3.** MAR. Pavillon servant d'insigne de commandement.

1. guigne [giɲ] n.f. (orig. obsc.). - **1.** Cerise à chair ferme et sucrée, de couleur noire ou rouge foncé. - **2.** FAM. Se soucier de qqch comme d'une guigne, se moquer complètement de qqch.

2. guigne [giɲ] n.f. (de *guignon* [de même sens], de *guigner* au sens de "regarder méchamment"). FAM. Malchance : *Avoir, porter la guigne.*

guigner [giɲe] v.t. (frq. *winkjan* "faire signe"). - **1.** Regarder du coin de l'œil, à la dérobée : *Guigner le jeu de son voisin* (syn. lorgner). - **2.** Guetter avec envie : *Guigner un héritage* (syn. convoiter).

guignol [giɲɔl] n.m. (du n. de *Guignol*). - **1.** Marionnette à gaine, animée par les doigts de l'opérateur. - **2.** Théâtre de marionnettes à gaine : *Aller au guignol.* - **3.** FAM. Personne peu sérieuse, en qui on ne peut avoir confiance : *Qu'est-ce que c'est que ce guignol ?* (syn. pantin, marionnette). - **4.** Faire le guignol, faire le pitre, amuser les autres, volontairement ou non ; se conduire de manière ridicule.

guilde ou **ghilde** [gild] n.f. (moyen néerl. *gilde* "corporation"). - **1.** Au Moyen Âge, association de marchands, d'artisans ou d'artistes dotée de juridictions et de privilèges codifiés dans un statut (XIᵉ-XIVᵉ s.). - **2.** Association privée visant à procurer à ses adhérents de meilleures conditions d'achat : *La guilde du disque.*

guilledou [gijdu] n.m. (de l'anc. fr. *guiller* "tromper" et de *doux*). FAM. Courir le guilledou, chercher des aventures galantes.

guillemet [gijmɛ] n.m. (du n. de *Guillaume,* inventeur présumé de ce signe). [Souvent au pl.]. - **1.** Signe double (« ») servant à isoler un mot ou un groupe de mots (citation, paroles rapportées, etc.) : *Ouvrir, fermer les guillemets.* - **2.** Entre guillemets, se dit d'une phrase, d'un mot qu'on ne prend pas à son compte.

guilleret, ette [gijʀɛ, -ɛt] adj. (sens propre probable "qui se moque", de l'anc. fr. *guiler* "tromper", de *guile* "ruse", frq. *wigila*). Vif et gai : *Être tout guilleret* (syn. fringant). *Avoir un air guilleret* (syn. réjoui).

guillocher [gijɔʃe] v.t. (it. *ghiocciare,* lat. pop. *guttiare* "dégoutter", du class. *gutta* "goutte", ornement architectural"). Orner une surface d'un décor gravé, appelé *le guillochis,* et qui dessine des lignes brisées ou onduleuses entrecroisées ou non.

guillotine [gijɔtin] n.f. (du n. du docteur *Guillotin,* qui en préconisa l'usage). - **1.** Instrument qui servait à décapiter les condamnés à mort par la chute d'un couperet glissant entre deux montants verticaux. - **2.** Peine de mort infligée au moyen de la guillotine : *Condamner à la guillotine.* - **3.** Fenêtre à guillotine, fenêtre s'ouvrant verticalement au moyen d'un châssis glissant entre deux rainures.

guillotiner [gijɔtine] v.t. Exécuter au moyen de la guillotine.

guimauve [gimov] n.f. (du lat. *hibiscus* "mauve", croisé avec *gui,* et de *mauve,* pour éviter la confusion). - **1.** Plante des marais ou des prés humides, qui possède des propriétés émollientes (*guimauve officinale),* et dont une variété est cultivée sous le nom de *rose trémière.* □ Famille des malvacées. - **2.** Ce qui est douceâtre, fade, d'une sentimentalité mièvre : *Film, chanson à la guimauve.* - **3.** Gomme, confiserie molle (on dit aussi *pâte de guimauve).*

guimbarde [gɛ̃baʀd] n.f. (prov. *guimbardo* "danse", de *guimba* "sauter"). - **1.** FAM. Vieille voiture : *Une guimbarde cahotante.* - **2.** Danse populaire ancienne (XVIIe-XVIIIe s.). - **3.** Instrument de musique composé d'une languette flexible fixée dans un cadre et que l'on fait vibrer, le son étant amplifié par la bouche de l'instrumentiste.

guimpe [gɛ̃p] n.f. (anc. fr. *guimple,* du frq. *wimpil,* all. *Wimpel* "banderole"). - **1.** Pièce de toile encadrant le visage et retombant sur le cou et la poitrine, conservée dans le costume de certains ordres religieux féminins. - **2.** Petite chemisette en tissu léger qui se porte avec des robes très décolletées.

guindé, e [gɛ̃de] adj. (de *se guinder* "se hausser artificiellement à un certain niveau moral, intellectuel, etc."). - **1.** Qui a un maintien raide, peu naturel, par affectation de dignité ou par embarras : *Jeune homme guindé* (syn. gourmé, pincé). - **2.** Affecté ; emphatique : *Un style guindé* (syn. ampoulé, pompeux).

guindeau [gɛ̃do] n.m. MAR. Treuil à axe horizontal, servant notamm. à virer la chaîne d'ancre.

guinée [gine] n.f. (angl. *guinea).* Anc. monnaie de compte anglaise, valant 21 shillings.

de guingois [gɛ̃gwa] loc. adv. (probabl. de l'anc. v. *giguer, guinguer* "sauter" ; v. *gigoter).* FAM. De travers : *Il était ivre et marchait de guingois.*

guinguette [gɛ̃gɛt] n.f. (de *guinguet,* var. de *ginguet* "aigre [en parlant de vin]" puis "étroit", de l'anc. v. *giguer, guinguer* "sauter", en raison des effets du vin ; v. *gigoter).* Café populaire situé dans la banlieue d'une grande ville, où l'on peut danser, génér. en plein air.

guipure [gipyʀ] n.f. (de *guiper* "passer un fil de soie autour d'une torsade"). Étoffe formant filet, imitant la dentelle, dont l'utilisation principale est la confection de rideaux et de stores d'ameublement.

guirlande [giʀlɑ̃d] n.f. (it. *ghirlanda).* - **1.** Cordon ornemental de verdure, de fleurs, etc., souvent festonné : *Guirlande de roses.* - **2.** Ruban de papier ou fil agrémenté d'ornements, servant à décorer : *Guirlande de Noël.*

guise [giz] n.f. (du germ. *wisa* "manière"). À ma (ta, sa, etc.) guise, selon ma (ta, sa, etc.) manière d'agir, selon mon goût : *Elle n'en fait qu'à sa guise* (= elle agit comme il lui plaît). ‖ En guise de, à la place de, en manière de : *Il lui a donné un cadeau en guise de consolation.*

guitare [gitaʀ] n.f. (esp. *guitarra,* gr. *kithara).* - **1.** Instrument de la famille du luth, à cordes pincées (six le plus souvent), caisse plate et long manche. - **2.** Guitare électrique, guitare dont les sons sont captés par des micros et amplifiés.

guitariste [gitaʀist] n. Personne qui joue de la guitare.

guitoune [gitun] n.f. (ar. *gitun* "petite tente"). ARG. Tente.

gustatif, ive [gystatif, -iv] adj. Qui a rapport au goût : *Papilles gustatives. D'agréables sensations gustatives.*

gustation [gystasjɔ̃] n.f. (du lat. *gustatio).* Action de goûter ; perception des saveurs : *Les papilles gustatives permettent la gustation.*

gutta-percha [gytapɛʀka] n.f. (mot angl., du malais) [pl. *guttas-perchas*]. Substance plastique et isolante, tirée du latex d'un arbre de Malaisie. □ Famille des sapotacées.

guttural, e, aux [gytyʀal, -o] adj. (du lat. *guttur* "gosier"). - **1.** Qui est émis du fond de la gorge, en parlant d'un son : *Voix gutturale* (syn. rauque). « K » *et* « g » *(de* « gare ») *sont des consonnes gutturales.* (On dit aussi *une gutturale.*) - **2.** ANAT. Qui appartient au gosier : *Artère gutturale.*

gymkhana [ʒimkana] n.m. (mot angl., du hindi *gend khāna* "salle de jeu de balle"). Ensemble d'épreuves en automobile ou à motocyclette, où les concurrents doivent suivre un parcours compliqué de chicanes, de barrières.

gymnase [ʒimnaz] n.m. (lat. *gymnasium*, gr. *gumnasion*). - **1.** Établissement et salle où on se livre à des exercices sportifs. - **2.** ANTIQ. Édifice public d'abord destiné aux seuls exercices physiques et qui devint par la suite un centre de formation intellectuelle.

gymnaste [ʒimnast] n. Personne qui pratique la gymnastique sportive.

gymnastique [ʒimnastik] n.f. (du lat. *gymnasticus*, gr. *gumnastikos*). - **1.** Ensemble des exercices physiques destinés à assouplir ou à développer le corps (abrév. fam. *gym*). - **2.** Ensemble d'exercices qui visent à développer les facultés intellectuelles : *Casse-tête qui oblige à une gymnastique de l'esprit.* - **3.** FAM. Ensemble de manœuvres plus ou moins compliquées, imposées par une situation : *Pour équilibrer le budget, ils ont dû faire une de ces gymnastiques !* (syn. acrobatie). - **4.** *Gymnastique rythmique* → rythmique. ‖ *Gymnastique sportive,* gymnastique de compétition. ‖ *Pas (de) gymnastique,* pas de course régulier et cadencé. ‖ MÉD. *Gymnastique corrective,* ensemble de mouvements, d'exercices qui ont pour but la rééducation musculaire. ‖ SPORTS. *Gymnastique moderne* ou *gymnastique rythmique sportive,* gymnastique avec accompagnement musical et utilisant des engins légers (ballons, cerceaux, rubans, etc.), discipline olympique essentiellement féminine (abrév. *G.R.S.*).

gymnique [ʒimnik] adj. Relatif à la gymnastique : *Exercices gymniques.*

gymnosperme [ʒimnɔspɛrm] n.f. (gr. *gumnospermos,* de *gumnos* "nu" et *sperma* "semence"). Gymnospermes, sous-embranchement de plantes, souvent arborescentes, dont les graines nues sont portées sur des écailles ouvertes : *Les pins, les ifs, les cyprès sont des gymnospermes.*

gymnote [ʒimnɔt] n.m. (lat. scientif. *gymnotus,* du gr. *nôtos* "dos"). Poisson des eaux douces de l'Amérique du Sud, à aspect d'anguille, dont une espèce, atteignant 2,50 m de long, paralyse ses proies en produisant de puissantes décharges électriques.

gynécée [ʒinese] n.m. (lat. *gynaeceum,* gr. *gunaikeion,* de *gunê, gunaikos* "femme"). - **1.** Appartement réservé aux femmes, chez les Grecs anciens. - **2.** BOT. Syn. de *pistil.*

gynécologie [ʒinekɔlɔʒi] n.f. (de *gynéco-* et *-logie*). Spécialité médicale consacrée à l'organisme de la femme et à son appareil génital. ◆ **gynécologue** n. Nom du spécialiste.

gynécologique [ʒinekɔlɔʒik] adj. Relatif à la gynécologie.

gypaète [ʒipaɛt] n.m. (du gr. *gups, gupos* "vautour", *et aetos,* aigle). Grand rapace diurne, vivant dans les hautes montagnes, se nourrissant de charognes comme les vautours. □ Son envergure peut dépasser 2,50 m.

gypse [ʒips] n.m. (lat. *gypsum,* gr. *gupsos* "plâtre"). Roche sédimentaire formée de sulfate de calcium hydraté, cristallisé. □ On l'appelle souvent *pierre à plâtre,* car, chauffé entre 150 et 200 °C, le gypse perd de l'eau et se transforme en plâtre.

gypsophile [ʒipsɔfil] n.f. (de *gypse* et *-phile*). Plante herbacée voisine de l'œillet, parfois cultivée pour ses fleurs blanches. □ Famille des caryophyllacées.

giromètre [ʒirɔmɛtr] n.m. (de *gyro-* et *-mètre*). Appareil servant à indiquer les changements d'orientation d'un avion.

gyrophare [ʒirɔfar] n.m. (de *gyro-* et *-phare*). Phare rotatif équipant le toit de certains véhicules prioritaires : *Les voitures de police, les ambulances sont équipées d'un gyrophare.*

gyroscope [ʒirɔskɔp] n.m. (de *gyro-* et *-scope*). Appareil qui fournit une direction invariable de référence grâce à la rotation rapide d'une lourde masse autour d'un axe.

gyrostat [ʒirɔsta] n.m. (de *gyro-* et du lat. *stare* "se tenir debout"). Solide animé d'un mouvement de rotation rapide autour de son axe, et permettant la stabilisation en direction de cet axe.

h [aʃ] n.m. inv. - **1.** Huitième lettre (consonne) de l'alphabet. *Rem.* L'*h* initial peut être *muet* ou *aspiré*. Dans les deux cas, il ne représente aucun son. Si l'*h* est *muet*, il y a élision ou liaison : *L'homme ; les hommes* [lezɔm]. Si l'*h* est *aspiré*, il n'y a ni élision ni liaison : *Le héros ; les héros* [leero]. - **2.** MUS. H, la note *si*, dans la notation en usage dans les pays anglo-saxons et germaniques. - **3.** Bombe H ou **bombe à hydrogène,** bombe thermonucléaire. ‖ **Heure H,** heure désignée pour l'attaque ; heure fixée à l'avance pour une opération quelconque : *Elle était au rendez-vous au jour J et à l'heure H.*

*ha [a] interj. (onomat.). - **1.** Marque la surprise, avec ingéniosité ou ruse : *Ha ! vous partez déjà ?* - **2.** Répété, exprime le rire : *Ha ! ha ! que c'est drôle !*

habeas corpus [abeaskɔrpys] n.m. (mots lat. "que tu aies le corps"). Institution anglo-saxonne qui, depuis 1679, garantit la liberté individuelle des citoyens et les protège contre les arrestations arbitraires.

habile [abil] adj. (lat. *habilis*). - **1.** Qui agit avec adresse, avec ingéniosité ou ruse : *Un homme habile dans son métier* (syn. compétent, capable ; contr. malhabile). *Il est habile à tromper son monde* (syn. malin, retors). - **2.** Qui est fait adroitement : *Une intrigue habile* (syn. ingénieux ; contr. maladroit). - **3.** Être habile à qqch ; à (+ inf.), exceller à : *Être habile à se décharger de ses responsabilités.*

habilement [abilmɑ̃] adv. Avec habileté : *Figure habilement dessinée* (syn. adroitement).

habileté [abilte] n.f. - **1.** Qualité d'une personne habile : *L'habileté d'un orfèvre, d'un chirurgien* (syn. adresse, dextérité). - **2.** Qualité de ce qui est fait avec adresse, avec intelligence : *L'habileté d'une manœuvre* (syn. finesse).

habilitation [abilitasjɔ̃] n.f. DR. Action d'habiliter, de conférer une capacité juridique.

habilité [abilite] n.f. (lat. *habilitas* "aptitude"). DR. Aptitude légale : *Habilité à tester* (syn. capacité).

habiliter [abilite] v.t. (lat. jur. *habilitare* "rendre apte"). Rendre légalement apte à accomplir un acte.

habillage [abijaʒ] n.m. - **1.** Action d'habiller qqn, de s'habiller : *Salon d'habillage.* - **2.** Action d'habiller qqch : *L'habillage d'un réfrigérateur, de sièges de voiture.*

habillé, e [abije] adj. - **1.** Vêtu (par opp. à *nu*) : *Se coucher tout habillé.* - **2.** Revêtu d'une tenue de soirée. - **3.** Qui convient à une réunion élégante, à une cérémonie : *Une robe très habillée* (syn. élégant, chic). - **4.** Qui requiert une tenue élégante : *Soirée habillée.*

habillement [abijmɑ̃] n.m. - **1.** Action d'habiller, de s'habiller : *Habillement des troupes. Les dépenses d'habillement d'une famille.* - **2.** Ensemble de vêtements dont on est vêtu ; manière de s'habiller : *Un habillement bizarre* (syn. mise, tenue). - **3.** Profession du vêtement : *Syndicat de l'habillement.*

habiller [abije] v.t. (anc. fr. *abillier* "préparer une bille de bois", sous l'infl. de *habit*). - **1.** Revêtir de vêtements : *Habiller les enfants* (syn. vêtir). - **2.** Être seyant : *Cette robe vous habille bien* (syn. aller). - **3.** Préparer (une volaille, une pièce de gibier, etc.) pour la vente, la cuisson. - **4.** Garnir, couvrir pour décorer ou protéger : *Habiller des fauteuils de housses* (syn. recouvrir). - **5.** LITT. Envelopper, arranger en présentant sous un aspect plus séduisant : *Habiller un refus de considérations élogieuses* (syn. déguiser).

◆ **s'habiller** v.pr. - **1.** Mettre ses vêtements sur soi. - **2.** Se fournir en vêtements : *Elle* *s'habille chez un grand couturier.* - **3.** Coordonner ses vêtements avec goût : *Cette femme ne sait pas s'habiller.* - **4.** Revêtir une toilette élégante : *S'habiller pour une soirée.*

habilleur, euse [abijœʀ, -øz] n. Personne chargée d'aider les comédiens, les mannequins à s'habiller et qui assure l'entretien des costumes.

habit [abi] n.m. (lat. *habitus* "manière d'être", de *habere* "se tenir"). - **1.** Vêtement masculin de cérémonie en drap noir et dont les basques, arrondies à partir des hanches, pendent par-derrière : *Dîner officiel où l'habit est de rigueur.* - **2.** Tenue particulière à une fonction, à une activité : *Garçon en habit de cow-boy* (syn. costume). - **3.** Habit vert, habit de cérémonie des académiciens. ‖ Prise d'habit, cérémonie qui marque l'entrée en religion. - **4.** Habit de lumière, habit brodé de fils brillants que porte le torero consacré, le matador. ◆ **habits** n.m. pl. Ensemble des pièces de l'habillement : *Ôter ses habits* (syn. vêtements).

habitabilité [abitabilite] n.f. Qualité de ce qui est habitable : *L'habitabilité de la maison n'est pas satisfaisante en hiver.*

habitable [abitabl] adj. Où l'on peut habiter.

habitacle [abitakl] n.m. (lat. *habitaculum* "demeure", de *habere* "se tenir"). - **1.** AUTOM. Partie de la carrosserie d'un véhicule qui constitue l'espace réservé aux occupants. - **2.** Partie d'un avion réservée à l'équipage. - **3.** MAR. Boîte vitrée qui renferme un instrument de navigation, en partic. le compas.

habitant, e [abitã, -ãt] n. - **1.** Personne qui habite, vit ordinairement en un lieu : *Ville de cent mille habitants. Les habitants d'un pays* (syn. population). - **2.** Être humain, animal qui s'établit dans un lieu : *Les habitants d'une forêt* (= les animaux qui peuplent une forêt).

habitat [abita] n.m. - **1.** Aire dans laquelle vit une espèce animale ou végétale particulière. - **2.** GÉOGR. Mode de peuplement par l'homme des lieux où il vit : *Habitat rural, urbain.* - **3.** Ensemble des conditions, des faits relatifs à l'habitation, au logement : *Amélioration de l'habitat.*

habitation [abitasjɔ̃] n.f. - **1.** Fait d'habiter un endroit de façon durable : *Local à usage d'habitation.* - **2.** Lieu où l'on habite : *Changer d'habitation* (syn. logement, domicile). - **3.** Habitation à loyer modéré → H.L.M. ‖ Taxe d'habitation, impôt annuel dû par toute personne propriétaire ou locataire d'une habitation meublée.

habité, e [abite] adj. Occupé par des habitants, des personnes : *Le château n'est plus habité.*

habiter [abite] v.t. et v.i. (lat. *habitare*). Avoir sa demeure, sa résidence en tel lieu : *Habiter une jolie maison. Habiter à Paris* (syn. résider, vivre).

habitude [abityd] n.f. (lat. *habitudo* "manière d'être", de *habere* "se trouver en tel ou tel état"). - **1.** Disposition, acquise par la répétition, à être, à agir fréquemment de la même façon : *Elle a l'habitude de prendre le thé à cinq heures* (= elle a coutume de). *Se conformer aux habitudes d'un pays* (syn. usage, tradition). - **2.** Capacité, aptitude acquise par la répétition des mêmes actions : *Avoir l'habitude de la conduite de nuit* (syn. expérience, pratique). - **3.** D'habitude, ordinairement, habituellement.

habitué, e [abitye] n. Personne qui fréquente habituellement un lieu : *Les habitués d'un café, d'une maison* (syn. familier).

habituel, elle [abityɛl] adj. - **1.** Passé en habitude : *Faire sa promenade habituelle* (contr. exceptionnel, occasionnel). - **2.** Qui est normal ou devenu très fréquent : *Un froid habituel au mois de janvier* (syn. courant).

habituellement [abityɛlmã] adv. Par habitude ; de façon presque constante : *Il porte habituellement un costume bleu* (syn. d'ordinaire, généralement).

habituer [abitye] v.t. (bas lat. *habituari*, du class. *habitus* "manière d'être"). Faire prendre l'habitude de : *Habituer un enfant à prendre des initiatives* (syn. accoutumer, former). ◆ **s'habituer** v.pr. [à]. Prendre l'habitude de ; se familiariser avec : *Vous êtes-vous habitué à votre nouvel horaire de travail ?* (syn. s'adapter, se faire à).

*****hâbleur, euse** [ablœʀ, øz] n. et adj. (de *hâbler* "parler", esp. *hablar*). LITT. Personne qui aime à vanter ses mérites, ses actions (syn. fanfaron, vantard).

*****hache** [aʃ] n.f. (frq. **happia*). Instrument formé d'un fer tranchant fixé à l'extrémité d'un manche, et qui sert à fendre, à couper.

*****haché, e** [aʃe] adj. - **1.** Coupé en menus morceaux : *Viande hachée.* - **2.** Entrecoupé, interrompu : *Style haché* (syn. saccadé, heurté). ◆ **haché** n.m. Viande hachée, hachis.

*****hacher** [aʃe] v.t. (de l'anc. fr. *déhachier* "découper", de *hache*). - **1.** Couper, réduire en menus morceaux avec un instrument tranchant : *Hacher de la viande.* - **2.** Réduire en morceaux ; mettre en pièces : *La grêle a haché les blés.* - **3.** Rompre la continuité : *Discours haché d'éclats de rire* (syn. entrecouper).

*****hachette** [aʃɛt] n.f. Petite hache.

*****hache-viande** [aʃvjɑ̃d] n.m. inv. Hachoir à viande.

*****hachis** [aʃi] n.m. Préparation culinaire de viandes, poissons ou légumes hachés.

*hachoir [aʃwaʀ] n.m. - **1.** Ustensile mécanique ou électrique servant à hacher. - **2.** Planche sur laquelle on hache des aliments.

*hachure [aʃyʀ] n.f. (de *hacher*). - **1.** Chacun des traits parallèles ou entrecroisés qui servent à marquer les volumes, les ombres, les demi-teintes d'un dessin. - **2.** Fragment de ligne qui sert à représenter la pente d'un terrain sur une carte.

*hachurer [aʃyʀe] v.t. Marquer de hachures : *Dessinateur qui hachure l'ombre de son personnage.*

hacienda [asjɛnda] n.f. (mot esp.). Grande propriété foncière, en Amérique latine.

*hadal, e, aux [adal, -o] adj. (du n. de *Hadès*). Se dit des profondeurs océaniques supérieures à 6 000 m.

*haddock [adɔk] n.m. (mot angl.). Églefin fumé.

*hadith [adit] n.m. pl. (mot ar. "récit"). Recueil des actes et des paroles du prophète Mahomet et de ses compagnons à propos de commentaires du Coran ou de règles de conduite : *Les hadith font autorité immédiatement après le Coran.*

*hagard, e [agaʀ, -aʀd] adj. (orig. incert., p.-ê. du moyen angl. *hagger* "sauvage"). Qui paraît en proie à un trouble violent ; qui a l'air bouleversé : *Visage hagard* (syn. effaré).

hagiographie [aʒjɔgʀafi] n.f. (du gr. *hagios* "saint, sacré", et *-graphie*). - **1.** Branche de l'histoire religieuse qui traite de la vie et du culte des saints. - **2.** Ouvrage, récit de la vie des saints. - **3.** Biographie excessivement embellie.

*haie [ɛ] n.f. (du frq. **hagja*). - **1.** Clôture faite d'arbres et d'arbustes alignés et qui marque la limite entre deux parcelles, entre deux propriétés. - **2.** Barrière que les chevaux, les athlètes doivent franchir : *Course de haies. Courir le 110 m haies.* - **3.** Rangée de personnes alignées pour créer un obstacle le long d'une voie ou pour faire honneur à qqn : *Haie de policiers* (syn. cordon).

*haïku [aiku] n.m. (mot jap.). LITTÉR. Petit poème japonais constitué d'un verset de 17 syllabes.

*haillon [ajɔ̃] n.m. (moyen haut all. *hadel* "chiffon"). [Surtout au pl.]. Vêtement en loques : *Clochard vêtu de haillons* (syn. guenilles).

*haine [ɛn] n.f. (de *haïr*). - **1.** Vive hostilité qui porte à souhaiter ou à faire du mal à qqn : *La haine d'un peuple pour les occupants* (syn. inimitié, ressentiment). - **2.** Vive répugnance pour qqch : *La haine de la violence* (syn. aversion).

*haineusement [ɛnøzmɑ̃] adv. Avec haine : *Regarder haineusement qqn.*

*haineux, euse [ɛnø, -øz] adj. - **1.** Naturellement porté à la haine : *Des gens haineux* (syn. malveillant, méchant). - **2.** Inspiré par la haine : *Des propos haineux* (syn. venimeux).

*haïr [aiʀ] v.t. (frq. **hatjan*) [conj. 33]. Avoir de la haine pour qqn, de la répugnance pour qqch : *Il la haïssait profondément* (syn. détester). *Haïr l'hypocrisie* (syn. litt. exécrer).

*haire [ɛʀ] n.f. (frq. **harja*). Petite chemise en étoffe de crin ou de poil de chèvre portée autref. par les ascètes en signe de pénitence.

*haïssable [aisabl] adj. Qui mérite d'être haï : *Un individu haïssable* (syn. détestable).

*halage [alaʒ] n.m. - **1.** Action de haler un bateau : *Le halage d'une péniche.* - **2.** Chemin de halage, chemin destiné au halage le long d'un cours d'eau, d'un canal.

*halbran [albʀɑ̃] n.m. (moyen haut all. *halberant*, propr. "demi-canard"). Jeune canard sauvage.

*hâle [al] n.m. (de *hâler*). Brunissement de la peau sous l'effet de l'air et du soleil.

*hâlé, e [ale] adj. (de *hâler*). Bruni par le soleil et l'air : *Elle est revenue toute hâlée de la montagne* (syn. bronzé).

haleine [alɛn] n.f. (de *halener* "exhaler son haleine", refait d'apr. *halare* "souffler" sur le lat. pop. **alenare*, class. *anhelare*). - **1.** Air qui sort des poumons pendant l'expiration : *Par temps froid, l'haleine se transforme en buée au sortir de la bouche.* - **2.** Respiration, souffle : *Une haleine paisible et régulière.* - **3.** À perdre haleine, longuement, sans s'arrêter : *Courir, discuter à perdre haleine.* ‖ Être hors d'haleine, être à bout de souffle. ‖ Reprendre haleine, s'arrêter pour se reposer. ‖ Tenir en haleine, retenir l'attention, maintenir l'incertitude : *Roman policier qui tient en haleine jusqu'à la dernière page.* ‖ Travail de longue haleine, travail qui demande beaucoup de temps et d'efforts.

*haler [ale] v.t. (germ. occidental *halôn* "amener"). - **1.** Faire effort en tirant sur : *Haler un cordage.* - **2.** Remorquer un bateau à l'aide d'un câble à partir de la berge.

*hâler [ale] v.t. (lat. pop. **assulare*, du class. *assare* "faire rôtir"). Brunir la peau en parlant du soleil et du grand air.

*haletant, e [altɑ̃, -ɑ̃t] adj. Qui halète : *Être haletant d'avoir couru* (syn. essoufflé, pantelant). *Souffle haletant d'un malade* (syn. court, précipité).

*halètement [alɛtmɑ̃] n.m. Action de haleter ; respiration forte et saccadée : *Le halètement d'un chien.*

*haleter [alte] v.i. (orig. incert., p.-ê. d'un v. **haler* "souffler" de l'anc. fr. [lat. *halare*], ou de *aile* avec sens propre de "battre des ailes") [conj. 28]. Respirer à un rythme précipité, être hors d'haleine : *Chevaux qui halètent.*

*hall [ol] n.m. (mot angl. "vestibule", frq. **halla*). Salle de grandes dimensions et largement ouverte : *Hall d'une gare. Hall d'un hôtel* (syn. vestibule).

hallali [alali] n.m. (de l'anc. fr. *hare a li* ["à lui"], de *harer* "exciter les chiens" ; v. *haro*). Cri des chasseurs ou sonnerie de trompe annonçant que le cerf est aux abois.

*halle [al] n.f. (frq. **halla* "endroit couvert"). Grande salle, ouverte plus ou moins largement sur l'extérieur, servant au commerce en gros d'une marchandise : *La halle aux vins.*
◆ **halles** n.f.pl. Bâtiment, place couverte où se tient le principal marché des denrées alimentaires d'une ville : *Les anciennes halles de Paris.*

*hallebarde [albaʀd] n.f. (moyen haut all. *helmbarte*, de *helm* "poignée" et *barte* "hache"). - **1.** Arme d'infanterie, à fer pointu d'un côté et tranchant de l'autre (XIVᵉ-XVIIᵉ s.). - **2.** FAM. Il pleut des hallebardes, il pleut à verse.

*hallebardier [albaʀdje] n.m. Militaire armé d'une hallebarde.

*hallier [alje] n.m. (de l'anc. fr. *halot*, du frq. **hasal*). Gros buisson touffu où se réfugie le gibier.

*Halloween [alɔwin] n.f. (mot angl., abrév. de *All Hallow Even* "veille de la Toussaint"). Fête célébrée le 31 octobre, dans certains pays anglo-saxons, au cours de laquelle les enfants, déguisés, placent devant la porte de chaque maison un panier, pour que le chef de famille y dépose des friandises.

hallucinant, e [alysinɑ̃, -ɑ̃t] adj. Qui frappe de saisissement : *Ressemblance hallucinante* (syn. extraordinaire).

hallucination [alysinasjɔ̃] n.f. (lat. *hallucinatio*, de *hallucinari* propr. "errer, se tromper"). - **1.** MÉD. Perception d'objets non réels mais ressentis par le sujet comme existants : *Au début de sa cure de désintoxication, il a eu des hallucinations* (syn. vision). - **2.** Interprétation erronée d'une sensation : *J'ai cru le voir dans la rue, j'ai dû être victime d'une hallucination* (syn. illusion).

hallucinatoire [alysinatwaʀ] adj. Qui a le caractère de l'hallucination : *Vision hallucinatoire.*

halluciné, e [alysine] adj. et n. (lat. *hallucinatus*). - **1.** Qui a des hallucinations. - **2.** Qui est comme sous l'effet d'une hallucination : *Air halluciné* (syn. égaré, hagard).

hallucinogène [alysinɔʒɛn] adj. et n.m. (de *halluciner* "produire une hallucination" et *-gène*). Se dit d'une substance pharmacologique qui provoque des troubles de la perception et des hallucinations.

*halo [alo] n.m. (gr. *halôs* "disque"). - **1.** Zone circulaire diffuse autour d'une source lumineuse : *Le halo des réverbères.* - **2.** Rayonnement de qqn : *Être entouré d'un halo de gloire* (syn. auréole). - **3.** Cercle lumineux légèrement irisé qui entoure quelquefois le Soleil ou la Lune, par suite de la réfraction de la lumière au sein de cristaux ou de nuages de glace. □ Rouge vers l'intérieur, violet vers l'extérieur, le halo présente un rayon de 22° ou, plus rarement, de 46°. - **4.** PHOT. Auréole qui entoure parfois l'image photographique d'un point brillant.

halogène [alɔʒɛn] adj. et n.m. (du gr. *hals, halos* "sel" et de *-gène*). - **1.** Se dit du chlore et des éléments qui figurent dans la même colonne de la classification périodique des éléments : *Le fluor, le brome, l'iode et l'astate sont des halogènes.* - **2.** Lampe halogène, lampe à incandescence contenant un halogène qui améliore sa durée de vie et son efficacité lumineuse (on dit aussi *un halogène*).

*halte [alt] n.f. (it. *alto*, all. **Halt*). - **1.** Moment d'arrêt pendant une marche, un voyage : *Reprendre la route après une courte halte* (syn. repos, pause). - **2.** Lieu où l'on s'arrête : *Atteindre la halte de bonne heure* (syn. étape). - **3.** Faire halte, s'arrêter quelque part, en parlant de personnes ou de véhicules. ◆ interj. Halte ! halte-là !, arrêtez ! ; en voilà assez ! : *Halte ! ou je tire* (syn. stop).

*halte-garderie [altgaʀdəʀi] n.f. (pl. *haltes-garderies*). Petit établissement de quartier accueillant pour une durée limitée des enfants de trois mois à six ans.

haltère [altɛʀ] n.m. (lat. *halteres* "balanciers utilisés en gymnastique", du gr.). SPORTS. Instrument formé de deux masses métalliques sphériques ou de disques de fonte, réunis par une tige : *Faire des haltères. Poids et haltères* (= haltérophilie).

haltérophilie [alteʀɔfili] n.f. (de *haltère* et *-philie*). Sport consistant à soulever les haltères les plus lourds possibles. ◆ **haltérophile** n. Sportif qui pratique l'haltérophilie.

*halva [alva] n.m. (mot turc). Confiserie orientale à base de graines de sésame et de sucre.

*hamac [amak] n.m. (esp. *hamaca*, empr. au parler d'Haïti). Rectangle de toile ou de filet suspendu à ses deux extrémités, dans lequel on s'allonge pour se reposer ou pour dormir.

*hamburger [ɑ̃buʀɡɛʀ] n.m. (mot anglo-amér., abrév. de *hamburger steak* "steak hambourgeois"). Steak haché souvent servi dans un petit pain rond ou avec un œuf au plat.

*hameau [amo] n.m. (du frq. *haim). Groupement de quelques maisons rurales situées en dehors de l'agglomération principale d'une commune.

hameçon [amsɔ̃] n.m. (de l'anc. fr. ain, lat. hamus). Crochet métallique placé au bout d'une ligne avec un appât pour prendre du poisson.

*hammam [amam] n.m. (mot ar. "bain"). Établissement où l'on prend des bains de vapeur.

1. *hampe [ɑ̃p] n.f. (altér. de l'anc. fr. hante, croisement du lat. hasta "lance" et du frq. *hant "main"). - 1. Manche en bois qui supporte un drapeau. - 2. Trait vertical des lettres t, h, j, etc. - 3. BOT. Axe florifère allongé, terminé par une fleur ou un groupe de fleurs.

2. *hampe [ɑ̃p] n.f. (anc. haut all. wampa "panse"). BOUCH. Portion charnue située près du diaphragme du bœuf.

*hamster [amstɛʀ] n.m. (mot all.). Petit rongeur d'Europe qui présente la particularité d'entreposer des aliments dans ses abajoues. □ Le hamster commun nuit gravement aux récoltes ; le hamster doré est devenu un animal de laboratoire ou d'agrément.

*hanap [anap] n.m. (frq. *knapp "écuelle"). Vase à boire du Moyen Âge, en métal, souvent à pied et à couvercle.

*hanche [ɑ̃ʃ] n.f. (germ. *hanka). - 1. Région qui correspond à la jonction du membre inférieur avec le tronc : Mesurer le tour de hanches de qqn. - 2. Articulation du fémur avec l'os iliaque : Luxation congénitale de la hanche.

*handball [ɑ̃bal] n.m. (mot all., de Hand "main" et Ball "ballon"). Sport d'équipe (sept joueurs chacune, dont un gardien de but) qui se joue avec un ballon rond et uniquement avec les mains.

*handballeur, euse [ɑ̃balœʀ, -øz] n. Joueur, joueuse de handball.

*handicap [ɑ̃dikap] n.m. (mot angl., altér. de hand in cap "main dans le chapeau"). - 1. Désavantage quelconque, qui met en état d'infériorité : L'absence de matières premières est un grand handicap pour ce pays. - 2. SPORTS. Épreuve sportive dans laquelle on désavantage certains concurrents pour égaliser les chances de victoire ; désavantage de poids, de distance, etc., imposé à un concurrent.

*handicapant, e [ɑ̃dikapɑ̃, -ɑ̃t] adj. Qui handicape : Maladie handicapante.

*handicapé, e [ɑ̃dikape] adj. et n. Se dit d'une personne atteinte d'une infirmité ou souffrant d'un handicap quelconque : Il travaille avec des handicapés mentaux.

*handicaper [ɑ̃dikape] v.t. Désavantager : Sa grande timidité le handicape.

*handisport [ɑ̃dispɔʀ] n. m. (de handi[capé] et sport). Ensemble des sports pratiqués par les handicapés physiques.

*hangar [ɑ̃gaʀ] n.m. (du frq. *haimgard "clôture autour de la maison"). Abri ouvert ou fermé, et servant à divers usages : Les hangars d'une ferme (syn. remise). Un hangar à bateaux.

*hanneton [antɔ̃] n.m. (du frq. *hano "coq"). Insecte coléoptère très commun en France. □ L'adulte, qui apparaît entre avril et juin, et la larve, ou ver blanc, qui vit sous terre pendant trois ans, sont herbivores et très nuisibles.

*hanse [ɑ̃s] n.f. (anc. haut all. hansa "troupe"). HIST. Association de marchands, au Moyen Âge.

*hanséatique [ɑ̃seatik] adj. Relatif à la Hanse.

*hanté, e [ɑ̃te] adj. (angl. haunted). Visité par des esprits, des fantômes : Maison hantée.

*hanter [ɑ̃te] v.t. (de l'anc. scand. heimta, frq. *haim "hameau"). - 1. Occuper entièrement l'esprit de qqn : Son souvenir me hante (syn. obséder, poursuivre). - 2. LITT. Fréquenter qqn, un lieu : Il hante les galeries de peinture. - 3. Hanter un lieu, y apparaître, en parlant d'esprits, de fantômes.

*hantise [ɑ̃tiz] n.f. (de hanter). Obsession ; idée fixe : Elle est poursuivie par la hantise de l'échec.

hapax [apaks] n.m. (abrév. du gr. hapax legomenon "chose dite une seule fois"). LING. Mot ou expression qui n'apparaissent qu'une seule fois dans un corpus donné.

haploïde [aplɔid] adj. (de haplo- et -oïde). BIOL. Se dit d'une cellule dont le noyau ne contient qu'un seul chromosome de chaque paire, ainsi que des organes formés de telles cellules (par opp. à diploïde).

*happening [apniŋ] n.m. (mot angl. "événement"). Spectacle d'origine américaine, apparu à New York dans les années 1950-1960, qui exige la participation active du public et cherche à provoquer une création artistique spontanée.

*happer [ape] v.t. (d'un rad. onomat. happ-, correspondant à une idée de saisie brutale). - 1. Saisir brusquement avec la gueule, le bec : Le chat bondit et happa la souris. - 2. Accrocher, saisir brusquement, avec violence : Le train a happé le cycliste.

*happy end [apiɛnd] n.m. (mots angl. "fin heureuse") [pl. happy ends]. Dénouement heureux d'un film, d'un roman ou d'une histoire quelconque.

*hara-kiri [aʀakiʀi] n.m. (mot jap. "ouverture du ventre") [pl. *hara-kiris*]. Mode de suicide particulier au Japon, qui consiste à s'ouvrir le ventre. **Rem.** Les Japonais emploient le mot *seppuku*.

*harangue [aʀɑ̃g] n.f. (probabl. de l'it. *aringo* "place publique", gotique **hring* "assemblée"). - **1.** Discours solennel prononcé devant une assemblée, des troupes, etc. - **2.** Discours pompeux, ennuyeux : *Quand aura-t-il fini sa harangue ?*

*haranguer [aʀɑ̃ge] v.t. Adresser une harangue à : *Haranguer la foule.*

*haras [aʀɑ] n.m. (de l'anc. scand. *hârr* "au poil gris"). Établissement où l'on entretient des étalons et des juments pour propager et améliorer la race chevaline.

*harassant, e [aʀasɑ̃, -ɑ̃t] adj. (de *harasser*). Extrêmement fatigant : *Un travail harassant* (syn. épuisant, exténuant).

*harassement [aʀasmɑ̃] n.m. (de *harasser*). LITT. Fatigue extrême.

*harasser [aʀase] v.t. (de l'anc. fr. *harache, de l'interj. hare !*, cri poussé pour exciter les chiens). Fatiguer à l'extrême : *Cette longue marche m'a harassée* (syn. épuiser, exténuer).

*harcèlement [aʀsɛlmɑ̃] n.m. - **1.** Action de harceler : *Tir de harcèlement* (= visant à installer l'insécurité dans une zone ennemie). - **2.** Harcèlement sexuel, abus d'autorité en matière sexuelle dans les relations de travail.

*harceler [aʀsəle] v.t. (de *herser* "frapper") [conj. 25]. - **1.** Soumettre à des attaques incessantes : *Harceler l'ennemi.* - **2.** Soumettre à des critiques, à des moqueries répétées : *Harceler qqn de questions* (syn. assaillir).

1. *harde [aʀd] n.f. (frq. **herda* "troupeau"). VÉN. Troupeau de ruminants sauvages : *Une harde de cerfs.*

2. *harde [aʀd] n.f. (de *hart* "corde", frq. **hard* "filasse"). VÉN. - **1.** Lien avec lequel on attache les chiens quatre à quatre ou six à six. - **2.** Réunion de plusieurs couples de chiens.

*hardes [aʀd] n.f. pl. (mot gascon, aragonais *farda*, ar. *farda* "habillement"). LITT. Vêtements usagés et misérables : *Il revint épuisé et vêtu de hardes* (syn. loque).

*hardi, e [aʀdi] adj. (p. passé de l'anc. v. **hardir* "rendre dur", frq. **hardjan*). - **1.** Qui manifeste de l'audace et de la décision en face d'un danger, d'une difficulté : *Des alpinistes hardis* (syn. courageux, intrépide). - **2.** Qui agit délibérément et avec effronterie : *Vous êtes bien hardi de m'interrompre* (syn. impudent, effronté). - **3.** Qui témoigne d'audace, d'originalité : *Imagination hardie*

(syn. novateur). ◆ **hardi** interj. Sert à encourager dans l'effort : *Hardi, les gars !*

*hardiesse [aʀdjɛs] n.f. (de *hardi*). - **1.** Qualité d'une personne ou d'une chose hardie : *La hardiesse du dompteur* (syn. bravoure, courage, intrépidité). - **2.** Originalité dans la conception et l'exécution d'une œuvre littéraire ou artistique : *Les hardiesses d'un metteur en scène* (syn. audace). - **3.** LITT. Insolence ; effronterie : *La hardiesse de ses réponses* (syn. aplomb, impertinence). - **4.** (Surtout au pl.). Action, manière, propos hardis : *Se permettre certaines hardiesses* (syn. liberté, licence).

*hardiment [aʀdimɑ̃] adv. Avec hardiesse : *Nier hardiment l'évidence* (syn. effrontément).

*hardware [aʀdwɛʀ] n.m. (mot anglo-amér. "quincaillerie", de *hard* "dur" et *ware* "marchandise"). INFORM. Matériel, ensemble des éléments physiques d'un système (par opp. à *software*). [Abrév. *hard.*]

*harem [aʀɛm] n.m. (ar. *haram* "défendu, sacré"). Appartements des femmes, chez les musulmans ; ensemble des femmes qui y habitent.

*hareng [aʀɑ̃] n.m. (frq. **hâring*). Poisson à dos vert-bleu, à ventre argenté, abondant dans la Manche et la mer du Nord, qui voyage par bancs. □ Famille des clupéidés ; long. de 20 à 30 cm env.

*harengère [aʀɑ̃ʒɛʀ] n.f. - **1.** FAM. et VIEILLI. Femme querelleuse et grossière (syn. mégère, virago). - **2.** VX. Marchande de harengs et autres poissons.

*hargne [aʀɲ] n.f. (de l'anc. fr. *hergner*, frq. **harmjan* "injurier"). Mauvaise humeur qui se manifeste par de l'agressivité : *Il m'a répondu avec hargne* (syn. colère, acrimonie).

*hargneusement [aʀɲøzmɑ̃] adv. De façon hargneuse : *Les gens coincés dans l'embouteillage klaxonnaient hargneusement* (syn. furieusement).

*hargneux, euse [aʀɲø, -øz] adj. Qui manifeste ou qui dénote de la hargne : *Un ton hargneux* (syn. acrimonieux).

*haricot [aʀiko] n.m. (de l'anc. fr. *harigoter* "couper en morceaux", du frq. **harijôn*). - **1.** Plante légumineuse annuelle, originaire d'Amérique, qui comprend de nombreuses variétés comestibles ou ornementales. - **2.** Le fruit de cette plante, qui se mange soit en gousses, soit en grains. - **3.** Petit bassin en forme de haricot, utilisé en chirurgie. - **4.** FAM. C'est la fin des haricots, c'est la fin de tout, le désastre total. - **5.** Haricot de mouton. Ragoût de mouton aux pommes de terre et aux navets.

*haridelle [aʀidɛl] n.f. (probabl. de l'anc. scand. *hârr* "au poil gris"). Mauvais cheval, maigre et mal conformé.

*harissa [aRisa] n.f. (mot ar., de *harasa* "piler, broyer"). Sauce forte, à base de piment et d'huile, d'origine nord-africaine.

*harki [aRki] n.m. (mot ar., de *harka* "mouvement"). Militaire d'origine algérienne ayant servi comme supplétif dans l'armée française en Algérie de 1954 à 1962.

harmattan [aRmatã] n.m. (de *haramata*, mot africain). Vent d'est, chaud et sec, originaire du Sahara et soufflant sur l'Afrique occidentale.

harmonica [aRmɔnika] n.m. (mot angl., du lat. *harmonicus* "harmonieux"). Instrument de musique à anches libres logées dans les cavités d'un cadre, et mises en vibration par le souffle.

harmonie [aRmɔni] n.f. (lat. *harmonia*, du gr. *harmozein* "ajuster"). - 1. Accord bien réglé entre les diverses parties d'un ensemble : *L'harmonie des couleurs dans un tableau* (syn. équilibre). - 2. Accord de sentiments, d'idées entre plusieurs personnes : *Vivre en harmonie* (syn. entente, union). - 3. Accord ou succession de sons agréables à l'oreille : *L'harmonie d'un vers* (syn. mélodie). - 4. MUS. Science de la formation et de l'enchaînement des accords. - 5. Orchestre composé uniquement d'instruments à vent et de percussions.

harmonieusement [aRmɔnjøzmã] adv. De façon harmonieuse : *Un salon harmonieusement décoré.*

harmonieux, euse [aRmɔnjø, -øz] adj. (de *harmonie*). - 1. Dont les parties forment un ensemble bien proportionné, agréable : *Architecture harmonieuse.* - 2. Qui produit des sons agréables à l'oreille : *Une voix harmonieuse* (syn. mélodieux).

harmonique [aRmɔnik] adj. - 1. MUS. Qui utilise les lois de l'harmonie : *Échelle harmonique.* - 2. MATH. Division harmonique, quadruplet de 4 points alignés A, B, C, D tels

que $\dfrac{\overline{CA}}{\overline{CB}} = -\dfrac{\overline{DA}}{\overline{DB}}$ (C et D sont dits

conjugués harmoniques de A et B). ◆ n.m. Son accessoire ayant des fréquences multiples de celles du son fondamental et qui, se surajoutant à celui-ci, contribue avec d'autres à former le timbre (on dit aussi *son harmonique*).

harmonisation [aRmɔnizasjɔ̃] n.f. Action d'harmoniser ; son résultat : *Harmonisation des diverses propositions* (syn. ajustement, uniformisation).

harmoniser [aRmɔnize] v.t. - 1. Mettre en harmonie, en accord : *Harmoniser des intérêts opposés.* - 2. MUS. Ajouter à une mélodie une ou plusieurs parties harmoniques. - 3. MUS.

Donner une sonorité équilibrée aux différents registres d'un instrument à clavier : *Harmoniser un clavecin, un piano, un orgue, etc.* ◆ **s'harmoniser** v.pr. Être en harmonie avec : *Sa tristesse s'harmonisait avec ce paysage d'automne* (syn. correspondre à). *Couleurs qui s'harmonisent* (contr. détonner).

harmoniste [aRmɔnist] n. MUS. - 1. Personne qui connaît et met en pratique les règles de l'harmonie. - 2. Personne qui harmonise un instrument.

harmonium [aRmɔnjɔm] n.m. (mot créé d'apr. *harmonie*). Instrument de musique à clavier, à anches libres mises en vibration par l'air d'une soufflerie commandée par un pédalier.

*harnachement [aRnaʃmã] n.m. - 1. Action de harnacher. - 2. Ensemble des pièces qui composent le harnais. - 3. FAM. Équipement pesant et encombrant : *As-tu vu le harnachement de ces campeurs ?* (syn. attirail).

*harnacher [aRnaʃe] v.t. - 1. Mettre le harnais à : *Harnacher un cheval.* - 2. Être harnaché, être accoutré d'une tenue lourde et grotesque, muni d'un équipement encombrant.

*harnais [aRnɛ] n.m. (anc. scand. *her-nest* "provision de voyage"). - 1. Équipement complet d'un cheval de selle ou de trait, constitué par un ensemble de pièces de cuir et souvent de bois ou de métal. - 2. Ensemble des sangles qui entourent un parachutiste, un alpiniste, un monteur de lignes téléphoniques, etc., et qui, attachées en un point, répartissent sur l'ensemble du corps la traction exercée en cas de chute.

*harnois [aRnwa] n.m. (forme anc. de *harnais*, encore employée dans quelques loc.). LITT. Blanchi sous le harnois, qui a vieilli dans son métier.

*haro [aRo] n.m. (de *hare*, cri pour exciter les chiens, frq. *hara* "ici, de ce côté"). LITT. Crier haro sur, attirer sur qqn, qqch la colère et la réprobation d'autrui.

harpagon [aRpagɔ̃] n.m. (du n. de *Harpagon*, type d'avare chez Molière). LITT. Homme très avare.

*harpe [aRp] n.f. (bas lat. *harpa*, mot germ.). Instrument de musique triangulaire monté de cordes de longueur inégale que l'on pince des deux mains.

*harpie [aRpi] n.f. (lat. *Harpyia*, mot gr.). - 1. Femme acariâtre (syn. mégère, virago). - 2. MYTH. GR. Monstre fabuleux à tête de femme et à corps d'oiseau.

*harpiste [aRpist] n. Instrumentiste qui joue de la harpe.

*harpon [aRpɔ̃] n.m. (de *harper* "empoigner", du lat. *harpe*, mot gr. "faucille, crochet", avec infl. de l'anc. scand. *harpa* "crampe").

- **1.** Instrument métallique, barbelé et acéré, emmanché, dont on se sert pour la pêche au gros et la chasse à la baleine. - **2.** PRÉHIST. Instrument de pêche ou de chasse dont la pointe, faite d'os ou de bois de renne, est munie d'un ou de deux rangs d'aspérités disposées en barbe d'épi.

*harponnage [aʀpɔnaʒ] et ***harponnement** [aʀpɔnmã] n.m. Action de harponner.

*harponner [aʀpɔne] v.t. - **1.** Atteindre, saisir avec un harpon. - **2.** FAM. Arrêter qqn au passage : *Se faire harponner par un importun* (syn. accrocher).

*harponneur [aʀpɔnœʀ] n.m. Pêcheur qui lance le harpon.

haruspice ou **aruspice** [aʀyspis] n.m. (lat. *haruspex*). Chez les Romains, devin qui interprétait la volonté des dieux, notamm. par l'examen des entrailles des victimes.

*hasard [azaʀ] n.m. (esp. *azar*, ar. *az-zahr* "dé"). - **1.** Événement heureux ou fâcheux, dû à un ensemble de circonstances imprévues : *Profiter d'un hasard heureux* (syn. chance, occasion). *Les hasards de la guerre* (syn. péril, risque). - **2.** Cause attribuée aux événements considérés comme inexplicables logiquement et soumis seulement à la loi des probabilités : *Le hasard fait parfois bien les choses* (syn. sort). - **3.** À tout hasard, en prévision d'un événement possible. ‖ Au hasard, à l'aventure. ‖ Par le plus grand des hasards, d'une manière tout à fait imprévisible, par une coïncidence très improbable. - **4.** Jeu de hasard, jeu où n'interviennent ni le calcul ni l'habileté du joueur.

*hasarder [azaʀde] v.t. (de *hasard*). - **1.** Entreprendre qqch, avancer une opinion, une idée en risquant d'échouer : *Hasarder une démarche auprès d'un ministre* (syn. tenter). *Je hasardai une explication de ce phénomène extraordinaire* (syn. risquer). - **2.** LITT. Exposer qqch à un risque ou à un danger : *Hasarder sa fortune dans des spéculations* (syn. aventurer, jouer). ◆ **se hasarder** v.pr. - **1.** S'exposer à un risque : *Se hasarder la nuit dans une rue obscure* (syn. s'aventurer). - **2.** Se hasarder à (+ inf.), se décider à faire qqch en dépit du risque : *Malgré les détonations, elle se hasarda à sortir de son abri* (syn. se risquer à).

*hasardeux, euse [azaʀdø, -øz] adj. (de *hasarder*). Qui comporte des risques ; aléatoire : *Projet hasardeux* (syn. dangereux, risqué).

*haschisch [aʃiʃ] n.m. (ar. *hachich* "herbe"). Résine psychotrope extraite des feuilles et des inflorescences du chanvre indien, consommée le plus souvent fumée et dont l'usage prolongé peut conduire à un état de dépendance psychique (abrév. fam. *hasch*).

Rem. Il existe plusieurs variantes graphiques dont **haschich*.

*hase [az] n.f. (mot all. "lièvre"). Femelle du lièvre.

*hâte [at] n.f. (frq. **haist* "violence"). - **1.** Grande rapidité à faire qqch : *Mettre trop de hâte à faire qqch* (syn. précipitation). - **2.** À la hâte, précipitamment. ‖ Avoir hâte de, que, être pressé de, que : *J'ai hâte de partir. Avoir hâte que l'été arrive.* ‖ En (toute) hâte, sans perdre de temps : *On envoya en hâte chercher le médecin* (= d'urgence).

*hâter [ate] v.t. (de *hâte*). - **1.** Rendre plus rapide : *Hâter le pas* (syn. presser). - **2.** Rapprocher dans le temps, avancer : *Hâter son départ* (syn. précipiter). ◆ **se hâter** v.pr. - **1.** Aller plus vite : *Hâtez-vous, le spectacle va commencer* (syn. se dépêcher). - **2.** Se hâter de (+ inf.), ne pas perdre de temps pour : *Se hâter de descendre du train* (syn. se dépêcher, se presser).

*hâtif, ive [atif, -iv] adj. (de *hâte*). - **1.** Qui vient avant le temps, précoce : *Fruit hâtif*. - **2.** Fait trop vite, à la hâte : *Travail hâtif*.

*hâtivement [ativmã] adv. En hâte, avec précipitation : *Travail fait hâtivement et où les erreurs abondent* (syn. à la va-vite).

*hauban [obã] n.m. (anc. scand. *höfudbenda* "lien du sommet"). - **1.** MAR. Chacun des cordages placés à poste fixe servant à soutenir et à assujettir les mâts par le travers et par l'arrière. - **2.** Câble servant à maintenir ou à consolider : *Les haubans d'une grue, d'un pont.*

*haubaner [obane] v.t. Fixer, assujettir, renforcer au moyen de haubans : *Haubaner un pylône.*

*haubert [obɛʀ] n.m. (frq. **halsberg* "ce qui protège le cou"). Longue cotte de mailles des hommes d'armes au Moyen Âge.

*hausse [os] n.f. (de *hausser*). - **1.** Fait de s'accroître en hauteur, d'atteindre un niveau plus élevé : *La hausse des eaux d'un fleuve* (syn. montée). - **2.** Augmentation de quantité, de valeur, de prix : *Hausse des températures* (syn. élévation). *Prix en hausse.* - **3.** ARM. Appareil placé sur le canon d'une arme à feu et servant à son pointage.

*haussement [osmã] n.m. Action de hausser : *Elle signifia son mépris d'un haussement d'épaules.*

*hausser [ose] v.t. (lat. pop. **altiare*, de *altus* "haut"). - **1.** Élever, rendre plus haut : *Hausser un mur* (syn. surélever). - **2.** Augmenter la valeur, l'importance de qqch : *Hausser les prix* (syn. majorer, relever). - **3.** Augmenter l'intensité d'un son : *L'orateur devait hausser la voix pour couvrir les murmures* (syn. enfler). - **4.** Hausser les épaules, faire le geste de les soulever rapidement en signe de doute ou de mépris. ‖ **Hausser le ton**, prendre un ton de menace, de supériorité.

1. ***haut, e** [o, ot] adj. (lat. pop. *haltus, altér. du class. *altus*, d'apr. le germ. *hôh, de même sens). - **1.** Qui a une dimension verticale importante par rapport à qqch de même nature pris comme référence : *Une haute montagne* (syn. élevé). - **2.** Qui dépasse le niveau ordinaire : *La rivière est haute, on craint des inondations.* - **3.** Qui occupe une position supérieure, éminente dans sa catégorie : *La haute société. La haute technologie* (syn. avancé). *De hauts faits d'armes.* - **4.** Qui atteint un niveau élevé en intensité ; qui est très grand, à quelque titre que ce soit : *Objet cuit à haute température* (syn. élevé). *Calcul de haute précision* (syn. grand). - **5.** Aigu : *Notes hautes.* - **6.** Se dit de la partie d'un pays qui est la plus éloignée de la mer, de la partie d'un cours d'eau qui est la plus proche de sa source : *La haute Égypte.* - **7.** Reculé dans le temps : *La haute antiquité.* - **8.** Haut de, qui a une certaine dimension dans le sens vertical : *Une maison haute de 20 mètres.* ‖ Haut en couleur, dont les couleurs sont très vives ; au fig., coloré, en parlant d'un style, d'un récit, etc. ‖ Marcher la tête haute, sans honte, avec fierté. ◆ **haut** adv. - **1.** À haute altitude ; en un lieu élevé ; à un degré élevé : *Voler haut dans le ciel.* - **2.** À haute voix : *Parler haut et fort.* - **3.** De haut, d'un endroit élevé ; au fig., avec insolence, mépris : *Traiter qqn de haut.* ‖ D'en haut, d'un endroit élevé ; d'un niveau élevé du pouvoir : *Des ordres venus d'en haut.* ‖ En haut, dans un lieu élevé, plus élevé.

2. ***haut** [o] n.m. (de *1. haut*). - **1.** Dimension verticale d'un corps : *Cette colonne a 20 mètres de haut* (syn. hauteur). - **2.** Partie haute de qqch : *Le haut d'un arbre* (syn. cime). - **3.** Partie de l'habillement féminin qui couvre le haut du corps, le buste. - **4.** Tomber de son haut, de toute sa hauteur ; au fig., être extrêmement surpris.

***hautain, e** [otɛ̃, -ɛn] adj. (de *1. haut*). Qui montre un orgueil autoritaire à l'égard de ceux considérés comme inférieurs : *Une femme hautaine. Un regard hautain* (syn. méprisant, condescendant).

***hautbois** [obwa] n.m. (de *haut* et *bois*). Instrument de musique à vent, à anche double.

***hautboïste** [oboist] n. Instrumentiste qui joue du hautbois. (On dit aussi un *hautbois*.)

***haut-commissaire** [okomisɛʀ] n.m. (pl. *hauts-commissaires*). En France, titre donné à certains hauts fonctionnaires : *Le haut-commissaire à l'énergie atomique.*

***haut-commissariat** [okomisaʀja] n.m. (pl. *hauts-commissariats*). - **1.** Fonction de haut-

commissaire. - **2.** Administration, services dépendant d'un haut-commissaire : *Le haut-commissariat à la jeunesse et aux sports.*

***haut-de-chausses** ou ***haut-de-chausse** [odʃos] n.m. (pl. *hauts-de-chausses, hauts-de-chausse*). Vêtement masculin, bouffant ou non, qui couvrait le corps de la ceinture aux genoux (fin du Moyen Âge - XVIIᵉ s.).

***haut-de-forme** [odfɔʀm] n.m. (pl. *hauts-de-forme*). Chapeau masculin de cérémonie, à calotte de soie haute et cylindrique et à bord étroit.

***haute** [ot] n.f. ARG. La haute, les hautes classes de la société.

***haute-contre** [otkɔ̃tʀ] n.f. (formation similaire à celle de *contralto*, avec *contre* indiquant un degré supérieur) [pl. *hautes-contre*]. MUS. Voix masculine située dans le registre aigu du ténor. ◆ n.m. Chanteur qui a cette voix.

***haute-fidélité** [otfidelite] n.f. (pl. *hautes-fidélités*). Ensemble des techniques visant à obtenir une grande qualité de reproduction du son.

***hautement** [otmɑ̃] adv. - **1.** À un haut degré : *Ouvrier hautement qualifié.* - **2.** De façon ouverte, déclarée : *Se déclarer hautement pour qqn* (syn. ouvertement).

***hauteur** [otœʀ] n.f. (de *haut*). - **1.** Dimension de qqch de sa base à son sommet : *La hauteur du mât est de 7 mètres.* - **2.** Élévation d'un corps au-dessus d'un plan de comparaison : *L'avion avait atteint la hauteur de 3 000 mètres* (syn. altitude). - **3.** Qualité de ce qui est haut, élevé, d'une grande dimension verticale : *La hauteur impressionnante de ces montagnes.* - **4.** SPORTS. (Précédé de l'art. déf.). Spécialité du saut en hauteur : *Un spécialiste de la hauteur.* - **5.** Terrain ou lieu élevé : *Il y a de la neige sur les hauteurs* (syn. sommet). - **6.** Qualité de ce qui est élevé, éminent dans l'ordre moral, intellectuel : *Hauteur de vues* (syn. grandeur, noblesse). - **7.** Sentiment de supériorité condescendante : *Un refus plein de hauteur* (syn. dédain, morgue). - **8.** Une des trois dimensions de l'espace, dans la géométrie euclidienne. - **9.** Droite perpendiculaire à la base de certaines figures (triangle, pyramide, cône, tétraèdre), passant par le sommet opposé ; longueur du segment joignant ce sommet au pied de la perpendiculaire. - **10.** Caractéristique liée à la fréquence de vibrations d'un son audible : *Hauteur d'un son.* - **11.** Angle de la direction d'un astre avec le plan horizontal du lieu d'observation. - **12.** FAM. Être à la hauteur, avoir les capacités nécessaires ; être au niveau.

***haut-fond** [ofɔ̃] n.m. (pl. *hauts-fonds*). Élévation du fond de la mer ou d'un cours d'eau, de moindre étendue qu'un banc, toujours recouverte d'eau, mais dangereuse pour la navigation.

*haut-fourneau [ofurno] n.m. (pl. *hauts-fourneaux*). MÉTALL. Appareil à cuve, chauffé au coke, où s'effectuent la réduction puis la fusion réductrice des minerais de fer et l'élaboration de la fonte et des alliages contenant du fer.

*haut-le-cœur [olkœr] n.m. inv. - **1.** Envie de vomir : *Cette boisson trop sucrée lui donnait des haut-le-cœur* (syn. nausée). - **2.** Sentiment de dégoût, de répulsion : *Hypocrisie qui provoque un haut-le-cœur* (syn. répugnance).

*haut-le-corps [olkɔr] n.m. inv. Brusque mouvement du corps, marquant la surprise, l'indignation, etc. : *Elle eut un haut-le-corps lorsque la porte claqua* (syn. sursaut, tressaillement).

*haut-parleur [oparlœr] n.m. (traduction de l'angl. *loudspeaker*) [pl. *haut-parleurs*]. Appareil qui convertit en ondes acoustiques les courants électriques correspondant aux sons de la parole ou de la musique.

*haut-relief [orəljef] n.m. (abrév. de *figure de haut-relief*) [pl. *hauts-reliefs*]. Groupe de sculptures où les figures n'ont que quelques points de contact avec la surface plane qui sert de fond.

*hauturier, ère [otyrje, -ɛr] adj. (de *hauteur* au sens de "haute mer"). MAR. Relatif à la haute mer : *Navigation hauturière.*

*havane [avan] n.m. Tabac ou cigare de La Havane. ◆ adj. inv. Marron clair : *Un cuir havane.*

*hâve [av] adj. (frq. **haswa* "gris comme le lièvre"). LITT. D'une pâleur et d'une maigreur maladives : *Visage hâve.*

*havre [avr] n.m. (moyen néerl. *havene*). LITT. - **1.** Petit port bien abrité. - **2.** Refuge sûr et tranquille : *Havre de bonheur* (syn. abri, retraite).

*havresac [avrəsak] n.m. (all. *Habersack*, propr. "sac à avoine"). VIEILLI. Sac porté derrière le dos par les militaires ou les campeurs, et contenant ce dont ils ont besoin.

*hayon [ajɔ̃] ou [ɛjɔ̃] n.m. (de *haie*). - **1.** Porte de panneau arrière d'une automobile, s'ouvrant de bas en haut et permettant le chargement. - **2.** Panneau de bois amovible à l'avant et à l'arrière d'une charrette.

*hé [e] interj. (onomat.). - **1.** Sert à appeler : *Hé ! Vous là-bas !* - **2.** Exprime le regret, la surprise, l'étonnement : *Hé ! Par exemple ! qu'est-ce que tu fais là ?* - **3.** Répété, marque diverses nuances d'approbation, d'ironie, etc. : *Hé ! hé ! Ça fera un joli bénéfice au bout de l'année !*

*heaume [om] n.m. (frq. **helm* "casque"). Grand casque, enveloppant toute la tête et le visage, que portaient les hommes d'armes au Moyen Âge.

1. hebdomadaire [ɛbdɔmadɛr] adj. (du lat. *hebdomas, -adis* "semaine", mot gr.). De la semaine, de chaque semaine : *Travail hebdomadaire.*

2. hebdomadaire [ɛbdɔmadɛr] n.m. (de *1. hebdomadaire*). Périodique qui paraît chaque semaine (abrév. fam. *hebdo*).

hebdomadairement [ɛbdɔmadɛrmɑ̃] adv. Une fois par semaine ; chaque semaine : *Ils se réunissent hebdomadairement. Régler sa femme de ménage hebdomadairement.*

hébéphrénie [ebefreni] n.f. (du gr. *hêbê* "adolescence" et *phrên* "esprit"). PSYCHIATRIE. Forme sévère de la schizophrénie, touchant principalement les adolescents, et où prédomine la dissociation.

hébergement [ebɛrʒəmɑ̃] n.m. Action d'héberger : *L'hébergement des touristes se fait en bungalow* (syn. logement). *Centre d'hébergement des réfugiés* (syn. accueil).

héberger [ebɛrʒe] v.t. (frq. **heribergôn*) [conj. 17]. Loger ; servir de lieu de séjour à : *Héberger des amis* (syn. accueillir, recevoir). *Ils hébergeaient des maquisards* (syn. cacher).

hébertiste [ebɛrtist] n. et adj. Partisan du révolutionnaire J. Hébert.

hébété, e [ebete] adj. (p. passé de *hébéter*). Dont les facultés intellectuelles ont été troublées : *Hébétée par la douleur, elle s'effondra* (syn. égaré).

hébétement [ebetmɑ̃] n.m. et, LITT., **hébétude** [ebetyd] n.f. État d'une personne hébétée : *Sortir qqn de son hébétement* (syn. abêtissement, abrutissement).

hébéter [ebete] v.t. (lat. *hebetare* "émousser") [conj. 18]. Faire perdre toute intelligence, toute volonté de réaction à ; rendre stupide : *Un ivrogne hébété par l'alcool* (syn. abêtir, abrutir).

hébraïque [ebraik] adj. (lat. *hebraicus*). Qui concerne les Hébreux ou leur langue : *Études hébraïques.*

hébreu [ebrø] adj.m. (lat. *hebraeus*). Qui concerne les Hébreux : *L'alphabet hébreu.* **Rem.** Au fém., on emploie *hébraïque*. ◆ n.m. - **1.** Langue sémitique du Nord-Ouest parlée autrefois par les Hébreux, et, aujourd'hui, langue officielle de l'État d'Israël. - **2.** FAM. C'est de l'hébreu, c'est incompréhensible (par allusion à la difficulté supposée de la langue hébraïque).

hécatombe [ekatɔ̃b] n.f. (gr. *hekatombê*, de *hekaton* "cent" et *bous* "bœuf"). - **1.** Massacre d'un grand nombre de personnes ou d'ani-

maux : *Les guerres provoquent d'atroces héca-*
tombes (syn. carnage, tuerie). - **2.** Grand
nombre de personnes refusées ou éliminées
à un examen, un concours : *Une hécatombe de*
candidats. - **3.** ANTIQ. Sacrifice de cent bœufs.

hectare [ɛktaʀ] n.m. (de hect[o]- et *are*). Unité
de mesure d'aire ou de superficie valant
10 000 mètres carrés. □ Symb. ha.

hectogramme [ɛktɔgʀam] n.m. Masse de
cent grammes (abrév. *hecto*). □ Symb. hg.

hectolitre [ɛktɔlitʀ] n.m. Volume de cent
litres (abrév. *hecto*). □ Symb. hl.

hectomètre [ɛktɔmɛtʀ] n.m. Longueur de
cent mètres. □ Symb. hm.

hectométrique [ɛktɔmetʀik] adj. Relatif à
l'hectomètre : *Borne hectométrique.*

hectopascal [ɛktɔpaskal] n.m. (pl. *hectopas-*
cals). Unité de mesure de pression, équivalant à cent pascals. □ Symb. hPa. L'hectopascal a remplacé le millibar pour la
mesure de la pression atmosphérique.

hédéracée [edeʀase] n.f. (du lat. *hedera*
"lierre"). Hédéracées, famille de plantes
telles que le lierre.

hédonisme [edɔnism] n.m. (du gr. *hedonê*
"plaisir"). Système moral qui fait du plaisir
le principe ou le but de la vie. ◆ **hédoniste**
adj. et n. Relatif à l'hédonisme ; qui en est
partisan.

hégélianisme [egeljanism] n.m. Philosophie
de Hegel et de ses continuateurs.

hégélien, enne [egeljɛ̃, -ɛn] adj. et n. Qui est
partisan de Hegel, qui relève de sa philosophie.

hégémonie [eʒemɔni] n.f. (gr. *hêgemonia*, de
hêgemôn "chef"). Suprématie, pouvoir prépondérant, dominateur, d'un État, d'un
groupe social sur d'autres : *L'hégémonie de la*
France au XVIIe s. (syn. suprématie).

hégémonique [eʒemɔnik] adj. Qui relève de
l'hégémonie : *Le rôle hégémonique d'un parti*
(syn. dominateur).

hégémonisme [eʒemɔnism] n.m. Tendance
à l'hégémonie d'un État, d'un groupe.

hégire [eʒiʀ] n.f. (it. *egira*, de l'ar. *hidjra*
"fuite"). Ère de l'islam, qui commence en
622 de l'ère chrétienne, date à laquelle
Mahomet s'enfuit à Médine.

*****hein** [ɛ̃] interj. (onomat., lat. *hem*). FAM.
- **1.** Sert à solliciter une explication : *Hein ?*
Trois heures de retard ! Tu peux m'expliquer ?
- **2.** Exprime la surprise : *Hein ! C'est lui qui a*
eu le prix ? Ça alors !

*****hélas** [elas] interj. (de *hé !* et *las* "malheu-
reux"). Exprime la plainte, le regret, la
douleur, etc. : *Hélas, je n'ai pas pu la ren-*
contrer !

*****héler** [ele] v.t. (angl. *to hail* "appeler")
[conj. 18]. Appeler de loin : *Héler un taxi.*
Quelqu'un me héla du trottoir d'en face (syn.
apostropher, interpeller).

hélianthe [eljɑ̃t] n.m. (lat. scientif. *helianthus*,
du gr. *hêlios* "soleil" et *anthos* "fleur"). Plante
venant d'Amérique, cultivée pour ses
grands capitules jaunes (noms usuels : *soleil,*
tournesol). □ Famille des composées.

hélianthine [eljɑ̃tin] n.f. (de *hélianthe*). CHIM.
Indicateur coloré, jaune en milieu basique,
rose en milieu acide.

hélice [elis] n.f. (lat. *helix*, mot gr. "spirale").
- **1.** Appareil de propulsion, de traction ou de
sustentation, constitué par des pales qui
présentent des surfaces disposées régulièrement autour d'un moyeu actionné par un
moteur. - **2.** GÉOM. Courbe gauche dont la
tangente en chaque point fait un angle
constant avec une direction fixe. - **3.** ARCHIT.
Petite volute ou crosse du chapiteau corinthien. - **4.** Escalier en hélice, escalier à vis.

héliciculture [elisikyltyʀ] n.f. (du lat. scientif. *helix* "escargot", mot gr. "spirale", et de
-culture). Élevage des escargots.

hélicoïdal, e, aux [elikɔidal, -o] adj. (de
hélice). - **1.** En forme d'hélice. - **2.** MATH. Déplacement hélicoïdal, déplacement dans
l'espace, produit d'une rotation autour d'un
axe et d'une translation dont le vecteur a
même direction que l'axe (syn. vissage).

hélicon [elikɔ̃] n.m. (du gr. *helicos* "qui
s'enroule, se recourbe"). Instrument de
musique à vent à embouchure, muni de
pistons, contrebasse de la famille des tubas.

hélicoptère [elikɔptɛʀ] n.m. (du gr. *helix*
"spirale" et *pteron* "aile"). Appareil d'aviation dont les hélices assurent à la fois la
sustentation et la translation pendant toute
la durée du vol.

héliographie [eljɔgʀafi] n.f. (de *hélio-* et *-gra-*
phie). - **1.** ARTS GRAPH. Reproduction d'originaux transparents ou translucides sur
papier chimiquement sensibilisé. - **2.** ASTRON.
Description du Soleil.

héliogravure [eljɔgʀavyʀ] n.f. (de *hélio-* et
gravure). Procédé d'obtention, par voie pho-
tomécanique, de formes d'impression gravées en creux ; procédé d'impression
utilisant ces formes (abrév. *hélio*).

héliomarin, e [eljɔmaʀɛ̃, -in] adj. (de *hélio-* et
marin). Qui combine l'héliothérapie et le
séjour au bord de la mer.

héliothérapie [eljɔteʀapi] n.f. (de *hélio-* et
-thérapie). Traitement médical par la lumière
solaire, active par ses rayons ultraviolets.

héliotrope [eljɔtʀɔp] n.m. (lat. *heliotropium*
"tournesol", du gr.). Plante à fleurs odorantes bleues ou blanches, à feuilles souvent

alternes, entières ou dentelées. ◻ Famille des borraginacées.

héliport [elipɔʀ] n.m. (de *héli[coptère]* et *port,* d'apr. *aéroport*). Aéroport pour hélicoptères.

héliportage [elipɔʀtaʒ] n.m. (de *héliporté*). Transport de matériel ou de personnes par hélicoptère.

héliporté, e [elipɔʀte] adj. (de *héli[coptère]* et *porté*). Effectué ou transporté par hélicoptère : *Troupes héliportées.*

hélitreuillage [elitʀœjaʒ] n.m. (de *héli[coptère]* et *treuillage*). Treuillage à bord d'un hélicoptère en vol stationnaire.

hélium [eljɔm] n.m. (lat. scientif., du gr. *hélios* "soleil"). Corps simple gazeux très léger et inflammable, découvert dans l'atmosphère solaire et existant en très petite quantité dans l'air, utilisé pour gonfler les ballons et les aérostats.

hélix [eliks] n.m. (mot gr. "spirale"). - **1.** ANAT. Repli qui forme le tour du pavillon de l'oreille. - **2.** ZOOL. Escargot.

hellébore ou **ellébore** [elebɔʀ] n.m. (lat. *hellebores,* du gr.). Plante vivace à feuilles en éventail, dont les fleurs s'épanouissent en hiver et dont la racine était autref. utilisée pour ses propriétés purgatives très violentes. ◻ Famille des renonculacées. Une espèce, l'hellébore noir, est la rose de Noël.

hellène [elɛn] adj. et n. (lat. *Hellenes,* gr. *Hellên, -ênos* "Grec"). - **1.** De la Grèce ancienne. - **2.** LITT. Hellénique, de la Grèce ancienne ou moderne.

hellénique [elenik] adj. Relatif à la Grèce.

helléniser [elenize] v.t. Donner un caractère hellénique à.

hellénisme [elenism] n.m. (gr. *hellênismos*). - **1.** Civilisation grecque ; civilisation développée hors de Grèce sous l'influence de la culture grecque. - **2.** LING. Mot, expression particuliers au grec.

helléniste [elenist] n. Spécialiste de la langue ou de la civilisation grecques.

hellénistique [elenistik] adj. Se dit de la période de la civilisation grecque allant de la conquête d'Alexandre à la conquête romaine.

*hello [elo] interj. (mot angl.). Sert à appeler ou saluer qqn : *Hello ! ça va ?*

helminthe [ɛlmɛ̃t] n.m. (gr. *helmins, -inthos* "ver"). ZOOL. MÉD. Ver parasite de l'homme et des vertébrés.

helminthiase [ɛlmɛ̃tjaz] n.f. Maladie parasitaire causée par des helminthes.

helvète [ɛlvɛt] adj. et n. De l'Helvétie ; suisse.

helvétique [ɛlvetik] adj. (lat. *helveticus* "relatif aux Helvètes" [peuple de l'ancienne Gaule]). Relatif à la Suisse.

helvétisme [ɛlvetism] n.m. Mot, expression, tournure particuliers au français parlé en Suisse romande.

hématie [emasi] n.f. (du gr. *haima* "sang"). Globule rouge du sang coloré par l'hémoglobine, et dont le nombre par millimètre cube de sang est d'environ 5 millions.

hématite [ematit] n.f. (lat. *haematites,* mot gr. "sanguine"). MINÉR. Oxyde ferrique naturel, dont il existe deux variétés, l'hématite rouge et l'hématite brune, toutes deux minerais de fer recherchés. ◻ Formule Fe_2O_3.

hématocrite [ematɔkʀit] n.m. (de *hémato-,* et du gr. *kritos* "séparé"). PHYSIOL. Volume occupé par les globules rouges dans un volume donné de sang, en pourcentage : *L'hématocrite normal est de 40 % environ.*

hématologie [ematɔlɔʒi] n.f. (de *hémato-* et *-logie*). Spécialité médicale qui étudie le sang et les affections qui y sont liées. ◆ **hématologiste** et **hématologue** n. Noms du spécialiste.

hématome [ematom] n.m. (de *hémat[o]-* et *-ome*). MÉD. Épanchement de sang dans une cavité naturelle ou sous la peau, consécutif à une rupture des vaisseaux. (On dit cour. *un bleu* pour l'hématome visible sur la peau.)

hématose [ematoz] n.f. (gr. *haimatôsis*). PHYSIOL. Transformation, dans l'appareil respiratoire, du sang veineux rouge sombre en sang artériel rouge vif par perte de gaz carbonique et enrichissement en oxygène.

hématozoaire [ematɔzɔɛʀ] n.m. (de *hémato-* et *[proto]zoaire*). Protozoaire parasite des globules rouges du sang, agent du paludisme.

hématurie [ematyʀi] n.f. (du gr. *haima* "sang" et *ouron* "urine"). Émission de sang par les voies urinaires.

hémicycle [emisikl] n.m. (lat. *hemicyclium* "amphithéâtre", gr. *hêmikuklion* "demicercle"). - **1.** Tout espace ayant la forme d'un demi-cercle. - **2.** Construction semi-circulaire à gradins, pour recevoir des spectateurs, des auditeurs, les membres d'une assemblée : *L'hémicycle de l'Assemblée nationale.*

hémione [emjɔn] n.m. (lat. scientif. *hemionius,* gr. *hêmionos* "mulet"). Équidé sauvage d'Asie, d'aspect intermédiaire entre le cheval et l'âne.

hémiplégie [emipleʒi] n.f. (du gr. *hêmi* "à demi" et *plêgê* "coup"). Paralysie d'une moitié du corps, due le plus souvent à une lésion cérébrale dans l'hémisphère opposé.

hémiplégique [emipleʒik] adj. et n. Atteint d'hémiplégie.

hémiptéroïde [emipteʀɔid] n.m. (du gr. *hêmi* "à demi" et *pteron* "aile"). Hémiptéroïdes, superordre d'insectes aux pièces buccales piqueuses et suceuses. □ Les hémiptéroïdes se répartissent en deux ordres, celui des homoptères (pucerons, cigales) et celui des hétéroptères (punaises).

hémisphère [emisfɛʀ] n.m. (lat. *hemisphaerium*, du gr.). - **1.** Chacune des deux moitiés du globe terrestre ou de la sphère céleste, séparées par un plan diamétral, en partic. l'équateur : *Hémisphère Nord, septentrional* ou *boréal. Hémisphère Sud, méridional* ou *austral.* - **2.** ANAT. Chacune des deux moitiés du cerveau antérieur. - **3.** MATH. Portion de sphère limitée par un grand cercle. - **4.** Hémisphères de Magdebourg, demi-sphères métalliques creuses dont Otto von Guericke se servit en 1654 pour mettre en évidence la pression atmosphérique.

hémisphérique [emisferik] adj. Qui a la forme d'un hémisphère.

hémistiche [emistiʃ] n.m. (lat. *hemistichium*, du gr. *hêmi* "à demi" et *stikhos* "ligne"). - **1.** Chacune des deux parties d'un vers coupé par la césure. - **2.** La césure elle-même.

hémoculture [emokyltyʀ] n.f. (de *hémo-* et *-culture*). BACTÉR. Ensemencement d'un milieu de culture avec le sang d'un malade pour rechercher les microbes pathogènes et déterminer leur nature.

hémoglobine [emoglobin] n.f. (de *hémo-* et du rad. de *globuline*). Pigment des globules rouges du sang, assurant le transport de l'oxygène et du gaz carbonique entre l'appareil respiratoire et les cellules de l'organisme.

hémoglobinurie [emoglobinyʀi] n.f. (de *hémoglobin*[e] et *-urie*). Présence d'hémoglobine dans les urines.

hémogramme [emogram] n.m. (de *hémo-* et *gramme*). Étude quantitative et qualitative des globules du sang, comprenant la numération globulaire et la formule leucocytaire.

hémolyse [emoliz] n.f. (de *hémo-*, et du gr. *lusis* "destruction"). Destruction des globules rouges du sang.

hémophilie [emofili] n.f. (de *hémo-* et *-philie*). Maladie congénitale caractérisée par un retard ou une absence de coagulation du sang et dans laquelle la moindre blessure peut causer une hémorragie importante. □ Cette affection héréditaire est transmise par les femmes et n'atteint que les hommes. ◆ **hémophile** adj. et n. Atteint de cette maladie.

hémoptysie [emoptizi] n.f. (du gr. *haimoptuikos*, de *haima* "sang" et *ptuein* "cracher"). Crachement de sang provenant du poumon ou des bronches.

hémorragie [emoraʒi] n.f. (gr. *haimorragia*, de *haima* "sang" et *rhêgnumai* "jaillir"). - **1.** PA-

THOL. Écoulement de sang hors des vaisseaux qui doivent le contenir : *Hémorragie interne, externe.* - **2.** Perte importante en vies humaines : *Les guerres ont causé de graves hémorragies* (syn. hécatombe). - **3.** Fuite, perte de qqch : *Une hémorragie de devises.*

hémorragique [emoraʒik] adj. Relatif à l'hémorragie.

hémorroïdaire [emoʀɔidɛʀ] adj. Relatif aux hémorroïdes.

hémorroïde [emoʀɔid] n.f. (gr. *haimorrois, -idos,* de *haima* "sang" et *rhein* "couler"). Varice des veines de l'anus.

hémostase [emostaz] n.f. (gr. *haimostasis,* de *haima* "sang" et *stasis* "stabilité"). Arrêt d'une hémorragie.

hémostatique [emostatik] adj. et n.m. (gr. *haimostatikos ; v. hémostase*). Se dit d'un agent mécanique, physique ou médicamenteux arrêtant les hémorragies.

hendécasyllabe [ɛ̃dekasilab] adj. et n.m. (du gr. *hendeka* "onze", et de *syllabe*). Se dit d'un vers de onze syllabes.

*****henné** [ene] n.m. (ar. *hinna*). - **1.** Plante originaire d'Inde et d'Arabie, dont les feuilles fournissent une teinture rouge pour les cheveux et les ongles ; cette teinture.

*****hennin** [enɛ̃] n.m. (p.-ê. du néerl. *henninck* "coq"). Haut bonnet de femme, de forme conique, porté au XVᵉ s.

*****hennir** [eniʀ] v.i. (lat. *hinnire*) [conj. 32]. Émettre un hennissement, en parlant du cheval.

*****hennissement** [enismɑ̃] n.m. - **1.** Cri du cheval. - **2.** Cri ressemblant à celui du cheval.

*****hep** [ɛp] interj. (onomat.). Sert à héler, appeler : *Hep ! Taxi !*

héparine [eparin] n.f. (du gr. *hêpar* "foie"). Substance anticoagulante extraite du foie et utilisée dans toutes les affections où une thrombose est à craindre.

hépatique [epatik] adj. (lat. *hepaticus*, gr. *hêpatikos,* de *hêpar, -atos* "foie"). Relatif au foie : *Artère hépatique. Insuffisance hépatique.* ◆ n. Qui souffre du foie.

hépatite [epatit] n.f. (du gr. *hêpar* "foie"). - **1.** Inflammation du foie, d'origine toxique ou infectieuse. - **2.** Hépatite virale, causée par un virus.

hépatopancréas [epatopɑ̃kreas] n.m. ZOOL. Organe de certains invertébrés, assurant à la fois les fonctions du foie et du pancréas.

heptasyllabe [ɛptasilab] adj. et n.m. (de *hepta-* et *syllabe*). Se dit d'un vers de sept syllabes.

héraldique [eraldik] adj. (du bas lat. *heraldus* "héraut"). Relatif au blason, aux armoiries : *Figure héraldique.* ◆ n.f. Discipline ayant pour objet la connaissance et l'étude des armoiries.

héraldiste [ɛʀaldist] n. Spécialiste d'héraldique.

héraut [eʀo] n.m. (frq. **heriwald*, de **hari* "armée" et **wald* "qui règne"). - **1.** Au Moyen Âge, officier public chargé de porter les déclarations de guerre, de régler les cérémonies et les jeux, de surveiller les blasons, etc. - **2.** LITT. Celui qui annonce la venue de qqn ou de qqch : *Se faire le héraut de la paix* (syn. messager, prophète).

herbacé, e [ɛʀbase] adj. (lat. *herbaceus*, de *herba* "herbe"). - **1.** BOT. Qui a l'aspect, qui est de la nature de l'herbe (par opp. à *ligneux*). - **2.** Plantes herbacées, plantes frêles, non ligneuses, et dont les parties aériennes meurent après la fructification.

herbage [ɛʀbaʒ] n.m. (de *herbe*). Prairie pâturée par le bétail (syn. pré, prairie).

herbe [ɛʀb] n.f. (lat. *herba*). - **1.** Plante non ligneuse dont les parties aériennes, y compris la tige, meurent chaque année. - **2.** Ensemble de plantes herbacées diverses formant une végétation naturelle : *Dormir dans l'herbe* (syn. gazon, verdure). - **3.** ARG. Marijuana : *Fumer de l'herbe.* - **4.** *Couper l'herbe sous le pied de qqn,* le supplanter en le devançant. ‖ *En herbe,* se dit d'une graminée qui n'a pas encore formé ses épis ; au fig., qui a des dispositions pour telle ou telle activité, en parlant de qqn de jeune : *Du blé en herbe. Un poète en herbe.* ‖ *Herbe vivace,* qui conserve vivantes ses parties souterraines en hiver. ‖ *Mauvaise herbe,* herbe sauvage nuisible aux cultures ; au fig., personne, génér. jeune, dont il n'y a rien à attendre de bon (= vaurien). ‖ *Pousser comme de la mauvaise herbe,* pousser rapidement, facilement. - **5.** *Fines herbes.* Plantes odorantes et comestibles, employées comme assaisonnement (persil, estragon, ciboulette, etc.). ‖ *Herbe aux écus.* Nom usuel de la *lunaire,* appelée aussi monnaie-du-pape.

herbeux, euse [ɛʀbø, -øz] adj. Où il croît de l'herbe : *Talus herbeux.*

herbicide [ɛʀbisid] adj. et n.m. (de *herbe* et *-cide*). Se dit d'un produit qui détruit les mauvaises herbes.

herbier [ɛʀbje] n.m. (bas lat. *herbarium* "traité de botanique"). Collection de plantes ou de parties de plantes, desséchées et conservées entre des feuilles de papier, servant aux études botaniques.

herbivore [ɛʀbivɔʀ] adj. et n.m. (de *herbe* et *-vore*). Se dit d'un animal qui se nourrit d'herbes, de substances végétales : *Les chèvres sont des herbivores.*

herborisation [ɛʀbɔʀizasjɔ̃] n.f. Action d'herboriser.

herboriser [ɛʀbɔʀize] v.i. Recueillir des plantes dans la nature pour les étudier, pour en faire un herbier.

herboriste [ɛʀbɔʀist] n. (du lat. *herbula* "petite herbe"). Personne qui vend des plantes médicinales.

herboristerie [ɛʀbɔʀistəʀi] n.f. Commerce, boutique de l'herboriste.

herbu, e [ɛʀby] adj. Couvert d'une herbe abondante.

hercule [ɛʀkyl] n.m. (de *Hercule,* n. d'un demi-dieu de la mythol., lat. *Hercules,* gr. *Hêraclês*). - **1.** Homme d'une très grande force physique : *Être bâti en hercule* (syn. colosse). - **2.** Hercule de foire, forain qui exécute des tours de force.

herculéen, enne [ɛʀkyleɛ̃, -ɛn] adj. Digne d'Hercule : *Force herculéenne* (syn. colossal).

hercynien, enne [ɛʀsinjɛ̃, -ɛn] adj. (lat. *Hercynia [silva],* "[forêt] hercynienne"). GÉOL. Se dit du dernier plissement primaire qui eut lieu au carbonifère et créa toute une série de massifs (Appalaches, Europe et Asie centrale).

hère [ɛʀ] n.m. (probabl. de l'anc. adj. *haire* "malheureux", du subst. *haire* au sens de "tourment"). LITT. *Un pauvre hère,* un homme misérable, pitoyable.

héréditaire [eʀeditɛʀ] adj. (lat. *hereditarius*). - **1.** Qui se transmet selon les lois génétiques de l'hérédité : *Maladie héréditaire.* - **2.** Transmis par voie de succession : *Titre héréditaire.*

héréditairement [eʀeditɛʀmɑ̃] adv. De façon héréditaire : *Être héréditairement propriétaire d'un domaine.*

hérédité [eʀedite] n.f. (lat. *hereditas,* de *heres, -edis* "héritier"). - **1.** Transmission des caractères génétiques d'une génération aux suivantes : *Les lois de l'hérédité.* - **2.** Ensemble des caractères physiques ou moraux transmis des parents aux enfants : *Avoir une lourde hérédité* (= des tares physiques et mentales). - **3.** Caractère d'une possession, d'un titre transmis en vertu des liens du sang : *L'hérédité de la couronne.*

hérésiarque [eʀezjaʀk] n. (bas lat. *haeresiarcha,* du gr. ; v. *hérésie*). Auteur ou propagateur d'une hérésie.

hérésie [eʀezi] n.f. (lat. *haeresis* "opinion, doctrine" puis "hérésie", gr. *hairesis* "action de choisir"). - **1.** RELIG. Doctrine d'origine chrétienne contraire à la foi catholique et condamnée par l'Église. - **2.** Idée, conception jugée contraire aux idées, aux conceptions généralement admises : *Une hérésie scientifique.* - **3.** Manière d'agir jugée aberrante, contraire au bon sens et aux usages : *Boire de l'orangeade avec un poulet rôti, c'est une hérésie !* (syn. sacrilège).

hérétique [eretik] adj. et n. Qui professe ou soutient une hérésie : *Les cathares, considérés comme des hérétiques, furent brûlés vifs.* ◆ adj. Qui tient de l'hérésie ; qui constitue une hérésie : *Doctrine hérétique.*

***hérissement** [erismã] n.m. - 1. Action de hérisser ; fait d'être hérissé : *Le hérissement des poils d'un chien.* - 2. LITT. Fait d'être irrité, en colère.

***hérisser** [erise] v.t. (lat. pop. *hericiare,* du class. *ericius* "hérisson"). - 1. Dresser son poil ou ses plumes, en parlant d'un animal : *Le chat hérisse ses poils.* - 2. Faire dresser les cheveux, les poils, les plumes : *Un grincement strident qui hérisse le poil.* - 3. Garnir d'objets en saillie, menaçants, dangereux : *Hérisser un mur de tessons de bouteilles.* - 4. Remplir, parsemer de choses difficiles, désagréables : *Un concours hérissé de difficultés.* ◆ **se hérisser** v.pr. - 1. Devenir droit en raide, en parlant des poils, des cheveux, des plumes ; dresser son poil, ses plumes, en parlant d'un être animé : *Mes poils se hérissaient sur mes bras. L'oiseau se hérissait de froid.* - 2. S'irriter : *À la moindre remarque, elle se hérisse* (syn. se cabrer, s'emporter).

***hérisson** [erisõ] n.m. (lat. pop. *hericio,* du class. *ericius*). - 1. Mammifère insectivore au dos recouvert de piquants, grand prédateur des insectes, des vers, des mollusques et des reptiles. □ Long. 20 cm. - 2. FAM. Personne d'un abord difficile. - 3. Brosse métallique sphérique qui sert au ramonage des conduits de fumée : *Les ramoneurs manœuvrent leurs hérissons avec des filins.* - 4. Ensemble de couronnes de métal étagées et garnies de chevilles pour faire égoutter les bouteilles (syn. égouttoir). - 5. MIL. Défense en hérisson, point d'appui isolé capable de se défendre dans toutes les directions.

héritage [eritaʒ] n.m. (de *hériter*). - 1. Ensemble des biens acquis ou transmis par voie de succession : *Il a laissé un important héritage à ses enfants* (syn. patrimoine). - 2. Ce qu'on tient de ses parents, des générations précédentes : *L'héritage culturel* (syn. tradition).

hériter [erite] v.t. (bas lat. *hereditare,* du class. *heres, -redis* "héritier"). - 1. Recevoir qqch de qqn par voie d'héritage : *Il a hérité de ses parents une maison en Bretagne* . - 2. Recevoir un trait de caractère, une disposition d'esprit par hérédité : *Elle a hérité de sa mère l'amour de la peinture.* - 3. (Absol.). Recueillir un héritage : *Il est riche parce qu'il a hérité. Elle va hériter de son oncle.* ◆ v.t. ind. **[de]**. - 1. Recevoir par voie de succession : *Hériter d'une grande fortune.* - 2. Tenir qqch de ses parents ou des générations précédentes : *Il a hérité des yeux bleus de son père.* - 3. Être doté de qqch qui était auparavant affecté

ailleurs : *J'hérite de tous ses vieux habits. Notre service a hérité des anciennes machines à écrire.*

héritier, ère [eritje, -ɛʀ] n. (du lat. *hereditarius* "de l'héritage"). - 1. Toute personne qui hérite des biens résultant d'une succession : *L'unique héritière d'un grand industriel.* - 2. FAM. Enfant : *Sa femme attend un héritier.* - 3. Personne qui recueille et continue une tradition : *Nous sommes les héritiers de la civilisation antique* (syn. continuateur).

hermaphrodisme [ermafrɔdism] n.m. (de *hermaphrodite*). Présence, chez un même individu, des organes reproducteurs des deux sexes.

hermaphrodite [ermafrɔdit] adj. et n. (lat. *Hermaphroditus,* gr. *Hermaphroditos,* fils d'*Hermès* et d'*Aphrodite*). Se dit d'un être vivant chez lequel se manifeste l'hermaphrodisme : *Les escargots sont hermaphrodites* (syn. bisexué).

herméneutique [ermenøtik] n.f. (gr. *hermeneutikos,* de *hermeneuein* "interpréter"). - 1. Science de la critique et de l'interprétation des textes bibliques. - 2. PHILOS. Théorie de l'interprétation des signes comme éléments symboliques d'une culture. ◆ adj. Relatif à l'herméneutique.

hermès [ermes] n.m. (du n. de *Hermès*). - 1. SCULPT. Buste ou tête d'un dieu (Hermès, à l'origine) ou d'un homme surmontant une gaine. - 2. Buste en hermès, dont les épaules, la poitrine, le dos sont coupés par des plans verticaux.

hermétique [ermetik] adj. (du n. de *Hermès* [*Trismégiste*], fondateur mythol. de l'alchimie, identifié par les Grecs au dieu égyptien Thot). - 1. Qui ferme parfaitement sans rien laisser passer : *La fermeture hermétique d'un bocal* (syn. étanche). *Une boîte hermétique.* - 2. Qui est difficile à comprendre : *Poésie hermétique* (syn. abscons, obscur). - 3. Relatif à l'hermétisme : *Textes hermétiques* (syn. cabalistique, ésotérique). - 4. Visage hermétique, qui ne laisse paraître aucun sentiment, aucune émotion (syn. impénétrable, indéchiffrable).

hermétiquement [ermetikmã] adv. D'une manière hermétique : *Boîte hermétiquement fermée.*

hermétisme [ermetism] n.m. - 1. Caractère de ce qui est difficile à comprendre. - 2. Doctrine ésotérique fondée sur des écrits de l'époque gréco-romaine attribués à l'inspiration du dieu Hermès Trismégiste (n. donné par les Grecs au dieu égyptien Thot). - 3. Doctrine occulte des alchimistes, au Moyen Âge et à la Renaissance.

hermine [ermin] n.f. (du lat. *Armenius mus* "rat d'Arménie"). - 1. Mammifère carnivore proche de la belette, dont le pelage constitue une fourrure très appréciée. □ Long. env. 27 cm. -**2.** Bande de fourrure d'hermine, fixée à certains costumes de cérémonie. -**3.** HÉRALD. Fourrure à mouchetures de sable semées sur champ d'argent.

***herniaire** [ɛʀnjɛʀ] adj. Relatif aux hernies : *Bandage herniaire. Étranglement herniaire.*

***hernie** [ɛʀni] n.f. (lat. *hernia*). -**1.** Sortie d'un organe ou d'une partie d'organe hors de la cavité où il se trouve normalement, par un orifice naturel ou accidentel ; tuméfaction ainsi formée : *Hernie inguinale, ombilicale, discale.* -**2.** Saillie d'une chambre à air à travers la déchirure du pneu. -**3.** Hernie étranglée, qu'on ne peut faire rentrer par des moyens externes et qui, exposant à de graves complications comme l'occlusion, doit être opérée d'urgence.

héroï-comique [eʀɔikɔmik] adj. (pl. *héroï-comiques*). -**1.** Se dit d'une œuvre littéraire qui mêle l'héroïque et le comique, qui traite sur le ton de l'épopée un thème banal. -**2.** Qui comporte des épisodes tragiques et cocasses : *L'accident tourna en aventure héroï-comique.*

1. héroïne n.f. → **2. héros.**

2. héroïne [eʀɔin] n.f. (all. *Heroin*, de *Heros* "héros", par allus. aux effets exaltants de cette drogue). Stupéfiant dérivé de la morphine, extrêmement toxique.

héroïnomane [eʀɔinɔman] n. Toxicomane à l'héroïne.

héroïque [eʀɔik] adj. (lat. *heroicus*, du gr.). -**1.** Qui se conduit en héros : *Des soldats héroïques* (syn. valeureux). -**2.** Digne d'un héros ; empreint d'héroïsme : *Résolution héroïque* (syn. énergique). -**3.** Qui se rapporte aux héros de l'Antiquité : *Légendes héroïques.* -**4.** Temps héroïques, époque reculée où se sont produits des faits remarquables, mémorables : *Les temps héroïques du début de l'aviation.*

héroïquement [eʀɔikmɑ̃] adv. Avec héroïsme : *Se conduire héroïquement.*

héroïsme [eʀɔism] n.m. (de *héros*). Courage exceptionnel ; grandeur d'âme hors du commun : *Acte d'héroïsme* (syn. courage, bravoure, vaillance).

***héron** [eʀɔ̃] n.m. (frq. **haigro*). Grand oiseau échassier migrateur, à long bec, au cou long et grêle, vivant au bord des eaux où il pêche divers animaux aquatiques.

1. *héros [eʀo] n.m. (lat. *heros*, mot gr.). -**1.** MYTH. GR. Demi-dieu ou grand homme divinisé. -**2.** Personnage légendaire à qui l'on prête des exploits extraordinaires : *Les héros de « l'Iliade ».*

2. *héros, héroïne [eʀo, eʀɔin] n. (de *1. héros*). -**1.** Personne qui se distingue par des qualités ou des actions exceptionnelles : *Mourir en héros.* -**2.** Personnage principal d'une œuvre de fiction : *Les héroïnes de Racine.* -**3.** Personne qui tient le rôle principal dans un événement, qui s'y distingue : *Elle a été l'héroïne involontaire d'un fait divers* (syn. protagoniste).

herpès [ɛʀpɛs] n.m. (lat. *herpes*, mot gr. "dartre"). Affection aiguë de la peau et des muqueuses, d'origine virale, caractérisée par une éruption de vésicules groupées en bouquet sur une base enflammée et précédée par une sensation de brûlure.

herpétique [ɛʀpetik] adj. et n. Relatif à l'herpès ; qui souffre d'herpès.

herpétologie n.f., **herpétologique** adj., **herpétologiste** n. → erpétologie, erpétologique, erpétologiste.

***hersage** [ɛʀsaʒ] n.m. Action de herser.

***herse** [ɛʀs] n.f. (lat. *hirpex, -icis*). -**1.** Instrument agricole formé d'un châssis muni de dents métalliques, que l'on traîne sur le sol pour le travailler en surface. -**2.** Pièce de bois munie de pointes servant à barrer une route. -**3.** Grille coulissante armée de pointes à sa partie inférieure, que l'on abaissait pour interdire l'accès d'une forteresse : *Abaisser la herse d'un château fort.*

***herser** [ɛʀse] v.t. AGRIC. Passer la herse sur un sol.

***hertz** [ɛʀts] n.m. (du n. du physicien). Unité de mesure de fréquence ; fréquence d'un phénomène périodique dont la période est 1 seconde. □ Symb. Hz.

***hertzien, enne** [ɛʀtsjɛ̃, -ɛn] adj. (de *hertz*). TÉLÉCOMM. -**1.** Se dit des ondes et des phénomènes électromagnétiques (syn. radioélectrique). -**2.** Qui utilise les ondes hertziennes : *Réseau hertzien.*

hésitant, e [ezitɑ̃, -ɑ̃t] adj. et n. -**1.** Qui hésite, qui a de la peine à se décider : *Un homme hésitant* (syn. irrésolu, indécis). -**2.** Qui manque de sûreté, de fermeté : *Démarche hésitante* (syn. chancelant, vacillant).

hésitation [ezitasjɔ̃] n.f. Fait d'hésiter ; moment d'arrêt dans l'action qui marque l'indécision : *Votre réponse lève mes hésitations* (syn. doute, incertitude). *Après beaucoup d'hésitations, elle a enfin pris sa décision* (syn. atermoiement, flottement). *Accepter une offre sans hésitation* (syn. réticence). *S'exprimer avec des hésitations* (syn. embarras).

hésiter [ezite] v.i. (lat. *haesitare*). -**1.** Être dans un état d'incertitude, d'irrésolution qui empêche ou retarde l'action, le choix : *Hésiter sur la route à suivre* (syn. s'interroger). *Hésiter à partir* (syn. balancer, tergiverser). -**2.** Marquer son indécision, son embarras par un temps d'arrêt, un silence : *Parler en hésitant* (= en cherchant ses mots).

hétaïre [etaiʀ] n.f. (gr. *hetaira*). ANTIQ. GR. Courtisane d'un rang élevé.

hétérochromosome [eteʀɔkʀɔmozom] n.m. (de *hétéro-* et *chromosome*). BIOL. Chromosome dont dépend le sexe du zygote (XX chez la femme, XY chez l'homme). [On dit aussi *chromosome sexuel*.]

hétéroclite [eteʀɔklit] adj. (gr. *heteroklitos*, de *heteros* "autre" et *klinein* "incliner"). - **1.** Qui s'écarte des règles propres à son genre, des règles de l'art : *Bâtiment hétéroclite* (syn. biscornu). *Roman hétéroclite* (syn. composite). - **2.** Fait de pièces et de morceaux d'origines diverses : *Accoutrement, mobilier hétéroclite* (syn. disparate, composite).

hétérodoxe [eteʀɔdɔks] adj. et n. (gr. *heterodoxos* ; v. les éléments *hétéro-* et *-doxe*). - **1.** RELIG. Qui s'écarte de l'orthodoxie : *Des théologiens hétérodoxes.* - **2.** Qui s'oppose aux idées reçues : *Des idées hétérodoxes* (syn. nonconformiste).

hétérodoxie [eteʀɔdɔksi] n.f. - **1.** RELIG. Caractère de ce qui est hétérodoxe ; doctrine hétérodoxe. - **2.** Non-conformisme : *L'hétérodoxie de ses ouvrages fut mal accueillie par ses contemporains.*

hétérodyne [eteʀɔdin] n.f. (de *hétéro-*, et du rad. du gr. *dunamis* "force"). Générateur d'oscillations électriques sinusoïdales, général. employé dans un récepteur radioélectrique pour effectuer un changement de fréquence.

hétérogamie [eteʀɔgami] n.f. (de *hétéro-* et *-gamie*). BIOL. Fusion de deux gamètes plus ou moins dissemblables (contr. isogamie).

hétérogène [eteʀɔʒɛn] adj. (gr. *heterogenês* ; v. les éléments *hétéro-* et *-gène*). Qui est formé d'éléments de nature différente ; disparate : *Population hétérogène* (syn. composite, diversifié ; contr. homogène).

hétérogénéité [eteʀɔʒeneite] n.f. Caractère de ce qui est hétérogène (syn. disparité ; contr. homogénéité).

hétérogreffe [eteʀɔgʀɛf] n.f. (de *hétéro-* et *greffe*). CHIR. Greffe dans laquelle le greffon est emprunté à une espèce différente (par opp. à *homogreffe*).

hétéromorphe [eteʀɔmɔʀf] adj. (de *hétéro-* et *-morphe*). Qui présente des formes très différentes chez une même espèce (syn. polymorphe).

hétérosexualité [eteʀɔsɛksɥalite] n.f. Sexualité de l'hétérosexuel (par opp. à *homosexualité*).

hétérosexuel, elle [eteʀɔsɛksɥɛl] adj. et n. (de *hétéro-* et *sexuel*). Qui éprouve une attirance sexuelle pour le sexe opposé (par opp. à *homosexuel*).

hétérozygote [eteʀɔzigɔt] adj. et n. (de *hétéro-* et *zygote*). BIOL. Se dit d'une cellule ou d'un organisme dont les gènes, responsables d'un caractère donné, possèdent des expressions différentes (par opp. à *homozygote*).

*hêtraie [ɛtʀɛ] n.f. Lieu planté de hêtres.

*hêtre [ɛtʀ] n.m. (du frq. **haistr*, rad. *haisi* "buisson"). - **1.** Arbre des forêts tempérées, à écorce lisse, à bois blanc, ferme et flexible, dont les fruits sont les faines. □ Famille des fagacées ; haut. max. 40 m env. - **2.** Bois de cet arbre, utilisé en menuiserie.

*heu [ø] interj. (onomat.). Sert à marquer le doute, l'hésitation, parfois le dédain : *Heu ! Voyons... quel jour était-ce donc ?*

heur [œʀ] n.m. (lat. pop. **agurium*, du class. *augurium* "présage"). LITT. Avoir l'heur de, la chance de : *Je n'ai pas eu l'heur de lui plaire.*

heure [œʀ] n.f. (lat. *hora*). - **1.** Unité de temps valant 3 600 secondes, soit soixante minutes, contenue vingt-quatre fois dans un jour. □ Symb. h. - **2.** Période de temps correspondant approximativement à cette unité : *Ça fait une bonne heure que je vous attends.* - **3.** Unité de travail ou de salaire correspondant approximativement à cette période de temps : *Être payé à l'heure. Elle fait des heures supplémentaires.* - **4.** Mesure d'une distance en fonction de la durée du trajet correspondant : *Cette ville est à trois heures de Paris par le train.* - **5.** Organisation temporelle de la journée, permettant, par référence à un système conventionnel, de situer précisément chacun des moments de la journée : *Avant de téléphoner, n'oubliez pas qu'ils n'ont pas la même heure que nous.* - **6.** Moment précis du jour, déterminé par référence à ce système conventionnel : *Il est trois heures.* - **7.** Moment, période quelconques dans le cours d'une vie, d'une entreprise, dans l'histoire d'un pays : *Il a eu son heure de gloire. Connaître des heures difficiles. La dernière heure* (= le moment de la mort). - **8.** À la bonne heure !, voilà qui est bon, qui va bien. ‖ De bonne heure, tôt. ‖ D'heure en heure, à mesure que passent les heures. ‖ Être à l'heure, donner l'heure juste, en parlant d'une montre, d'une pendule ; être exact, ponctuel, en parlant d'une personne. ‖ Sur l'heure, à l'instant même. - **9.** CATH. Heures canoniales, les diverses parties de l'ancien bréviaire, de l'office liturgique. ‖ CATH. Livre d'heures, recueil de prières à l'usage de la dévotion personnelle des fidèles, à la fin du Moyen Âge. ‖ DR. Heure d'été, adoptée au printemps et en été par de nombreux pays, en vue de réduire les dépenses d'énergie, et correspondant en général à une avance d'une heure sur l'heure en vigueur pendant le reste de l'année *(heure d'hiver).* ‖ DR. Heure légale, heure définie par les pouvoirs publics, qui règle la vie d'un pays. **- 10.** Tout à l'heure. Dans un moment ; il y a un moment : *Je reviendrai tout à l'heure. Ça s'est passé tout à l'heure.*

heureusement [ørøzmã] adv. **- 1.** De façon avantageuse, favorable : *Terminer heureusement une affaire* (syn. avantageusement, victorieusement). **- 2.** Harmonieusement ; de manière agréable : *Couleurs heureusement assorties* (syn. élégamment). **- 3.** Par bonheur : *Heureusement, le train avait du retard* (= par chance). **- 4.** Heureusement que, c'est une chance que : *Heureusement qu'il est guéri.*

heureux, euse [ørø, -øz] adj. (de *heur*). **- 1.** Qui jouit du bonheur ; qui est satisfait de son sort : *Un homme heureux* (syn. comblé). **- 2.** Qui procure du bonheur, ou qui le dénote : *Un mariage heureux. Un visage heureux* (syn. épanoui, radieux). **- 3.** Favorisé par le sort : *Si vous êtes assez heureux pour frapper à la bonne porte* (syn. chanceux). **- 4.** Qui a des suites favorables ; qui procure un avantage : *Circonstance heureuse* (syn. propice). **- 5.** Porté à l'optimisme ; gai de nature : *Un heureux caractère* (syn. enjoué). **- 6.** Particulièrement réussi, juste : *Une heureuse alliance de classicisme et de modernisme* (syn. harmonieux). ◆ n. Faire un, des heureux, procurer à une ou à plusieurs personnes un avantage inespéré.

heuristique [øristik] adj. (du gr. *heuriskein* "trouver"). DIDACT. Qui a une utilité dans la recherche, notamm. la recherche scientifique et épistémologique : *Hypothèse heuristique.* ◆ n.f. Discipline qui se propose de dégager les règles de la recherche scientifique.

*heurt [œr] n.m. (de *heurter*). **- 1.** Fait de heurter, de se heurter ; choc, coup qui en résulte : *Heurt de deux véhicules* (syn. collision). **- 2.** Opposition, contraste très forts, violents : *Heurt de sonorités, de couleurs.* **- 3.** Désaccord ; différend ; mésentente : *Il y a eu des heurts entre eux* (syn. affrontement, conflit, friction).

*heurté, e [œrte] adj. **- 1.** Qui contraste violemment : *Couleurs heurtées.* **- 2.** Style heurté, qui présente des oppositions marquées, des ruptures de construction.

*heurter [œrte] v.t. (du frq. **hurt* "bélier"). **- 1.** Entrer rudement en contact avec qqch, qqn ; frapper : *La voiture a heurté le mur* (syn. percuter). *La manivelle l'a heurté à la jambe* (syn. cogner). **- 2.** Cogner une chose contre une autre : *Heurter des verres pour trinquer* (syn. choquer). **- 3.** Contrarier vivement : *Sa grossièreté me heurte* (syn. irriter, choquer). **- 4.** Être en opposition complète avec : *Heurter les convenances* (syn. bousculer). ◆ v.t. ind. [à]. LITT. Frapper : *Heurter à la porte.* ◆ se

heurter v.pr. **- 1.** Avoir des dissentiments violents : *Ils se heurtent fréquemment* (syn. s'affronter, se quereller). **- 2.** Contraster violemment : *Ces couleurs se heurtent* (syn. détonner, jurer). **- 3.** Se heurter à qqch, se cogner contre qqch ; au fig., rencontrer un obstacle, une difficulté : *Il s'est heurté à un lampadaire* (syn. buter contre). *Notre projet s'est heurté à de grosses difficultés* (syn. achopper sur). *Je me suis heurté à l'incompréhension de tous* (syn. rencontrer).

*heurtoir [œrtwar] n.m. (de *heurter*). **- 1.** Marteau de porte monté sur une charnière, qui retombe sur une plaque de métal. **- 2.** CH. DE F. Butoir.

hévéa [evea] n.m. (quechua *hyeve*). Arbre d'Amérique du Sud, cultivé surtout en Asie du Sud-Est pour son latex, dont on tire le caoutchouc. □ Famille des euphorbiacées.

hexachlorure [ɛgzaklɔryr] n.m. CHIM. Chlorure dont la molécule contient six atomes de chlore.

hexadécimal, e, aux [ɛgzadesimal, -o] adj. Se dit d'un système de numération de base 16.

hexaèdre [ɛgzaɛdr] n.m. et adj. (du gr. *hexa* "six" et *edra* "face"). MATH. Polyèdre à six faces : *Le cube est un hexaèdre régulier. Prisme hexaèdre.*

hexaédrique [ɛgzaedrik] adj. Relatif à l'hexaèdre ; qui a la forme d'un hexaèdre.

hexagonal, e, aux [ɛgzagɔnal, -o] adj. **- 1.** Qui a la forme d'un hexagone. **- 2.** Qui a pour base un hexagone. **- 3.** Qui concerne l'Hexagone, la France : *Une politique étroitement hexagonale.*

hexagone [ɛgzagon] n.m. (lat. *hexagonus*, du gr.). **- 1.** MATH. Polygone à six angles et six côtés. **- 2.** L'Hexagone, la France métropolitaine dont les contours évoquent grossièrement un hexagone.

hexamètre [ɛgzamɛtr] adj. et n.m. (lat. *hexametrus*, du gr.). MÉTR. Se dit d'un vers, en partic. d'un vers grec ou latin, qui a six mesures ou six pieds.

hexapode [ɛgzapɔd] adj. et n.m. (de *hexa-* et *-pode*). ZOOL. Qui possède trois paires de pattes : *Larve hexapode d'un insecte.*

hexasyllabe [ɛgzasilab] adj. et n.m. (de *hexa-* et *syllabe*). Se dit d'un vers de six syllabes.

*hi [i] interj. (onomat.). Sert à exprimer le rire ou, plus rarement, les pleurs : *Hi ! hi ! que c'est drôle !*

hiatal, e, aux [jatal, -o] adj. **- 1.** MÉD. Relatif à un hiatus ; d'un hiatus. **- 2.** Hernie hiatale, hernie de l'hiatus œsophagien.

hiatus [jatys] n.m. (mot lat. "ouverture"). **- 1.** LING. Succession de deux voyelles appartenant à des syllabes différentes, à l'intérieur d'un mot (*aorte*) ou à la frontière de deux mots (*il alla à Paris*). - **2.** ANAT. Orifice accidentel ou naturel : *Hiatus œsophagien* (= orifice du diaphragme par lequel l'œsophage passe du thorax dans l'abdomen). - **3.** Manque de continuité, de cohérence ; interruption : *Hiatus entre la théorie et les faits* (syn. décalage).

hibernal, e, aux [ibɛʀnal, -o] adj. (lat. *hibernalis*). Relatif à l'hibernation : *Sommeil hibernal.*

hibernation [ibɛʀnasjɔ̃] n.f. (bas lat. *hibernatio*). - **1.** État léthargique, dû à un abaissement de la température du corps, dans lequel certains mammifères (marmotte, loir, chauve-souris) passent l'hiver. - **2.** État d'inertie, d'improductivité : *Industries en état d'hibernation* (syn. stagnation). - **3.** En hibernation, en attente, en réserve : *Mettre un projet de loi en hibernation* (= geler). ‖ MÉD. Hibernation artificielle, état de vie ralentie, provoqué par l'action de produits chimiques et la réfrigération du corps, et facilitant des interventions chirurgicales ou certains traitements.

hiberner [ibɛʀne] v.i. (lat. *hibernare*). Passer l'hiver en hibernation : *La marmotte hiberne.*

hibiscus [ibiskys] n.m. (lat. *hibiscum*, sorte de mauve). Arbre tropical à belles fleurs, dont une espèce fournit un textile. □ Famille des malvacées.

***hibou** [ibu] n.m. (orig. incert., p.-ê. onomat.) [pl. *hiboux*]. - **1.** Rapace nocturne, portant des aigrettes de plumes, ou « oreilles », prédateur des rats, des mulots et des souris. □ Le hibou ulule. - **2.** FAM. **Vieux hibou,** homme âgé, solitaire et bourru.

***hic** [ik] n.m. inv. (de la phrase latine *hic est quaestio* "ici est la question"). FAM. Difficulté principale d'une situation ; nœud d'une question : *Le hic, c'est que ça coûte beaucoup trop cher* (syn. problème).

***hic et nunc** [iktɛnɔ̃k] loc. adv. (mots lat. "ici et maintenant"). Sans délai et dans ce lieu même.

hidalgo [idalgo] n.m. (mot esp., de *hi[jo] d[e] algo* "fils de quelque chose") [pl. *hidalgos*]. Noble espagnol appartenant au plus bas degré de la noblesse.

***hideusement** [idøzmã] adv. De façon hideuse : *Blessé, hideusement défiguré* (syn. affreusement, atrocement).

***hideux, euse** [idø, -øz] adj. (orig. incert., p.-ê. du lat. *hispidosus* "hérissé", ou de l'anc. fr. *hisde* "horreur" ; lui-même de *hispidosus* ou d'orig. germ.). - **1.** Qui est d'une laideur repoussante : *Spectacle hideux* (syn. affreux, horrible). - **2.** Qui provoque un dégoût moral : *Une hideuse hypocrisie* (syn. ignoble).

***hie** [i] n.f. (moyen néerl. *heie*). TECHN. Outil à main, muni de deux anses, qui sert à enfoncer les pavés ou à compacter le sol (syn. dame, demoiselle).

hier [ijɛʀ] ou [jɛʀ] adv. (lat. *heri*). - **1.** Le jour qui précède immédiatement celui où l'on est : *Elle est partie hier.* - **2.** Dans un passé récent : *La jeunesse d'hier avait d'autres aspirations.* - **3.** Ne pas dater d'hier, être ancien, ne pas être nouveau : *Cette théorie ne date pas d'hier.* ‖ FAM. **N'être pas né d'hier,** avoir de l'expérience.

***hiérarchie** [jeʀaʀʃi] n.f. (lat. ecclés. *hierarchia*, du gr. *hieros* "sacré", et *arkhein* "commander"). - **1.** Classement des fonctions, des dignités, des pouvoirs dans un groupe social, selon un rapport de subordination et d'importance respectives : *Hiérarchie administrative.* - **2.** Ensemble des personnes qui occupent des fonctions supérieures : *Décision de la hiérarchie.* - **3.** Organisation en une série décroissante ou croissante d'éléments classés selon leur grandeur ou leur valeur : *Hiérarchie des salaires.*

***hiérarchique** [jeʀaʀʃik] adj. Relatif à la hiérarchie ; fondé sur la hiérarchie : *Passer par la voie hiérarchique. Organisation hiérarchique. Pouvoir hiérarchique.*

***hiérarchiquement** [jeʀaʀʃikmã] adv. De façon hiérarchique ; selon une hiérarchie : *Société hiérarchiquement organisée.*

***hiérarchisation** [jeʀaʀʃizasjɔ̃] n.f. Action de hiérarchiser ; organisation qui en résulte : *La hiérarchisation d'un service. Une hiérarchisation des informations.*

***hiérarchiser** [jeʀaʀʃize] v.t. - **1.** Soumettre à un ordre hiérarchique : *Hiérarchiser fortement un service.* - **2.** Organiser en fonction d'une hiérarchie : *Hiérarchiser les problèmes* (syn. ordonner, classer).

***hiérarque** [jeʀaʀk] n.m. (gr. ecclés. *hierarkhês* "grand prêtre" ; v. *hiérarchie*). - **1.** Titre donné à certains hauts dignitaires des Églises orientales. - **2.** LITT. Chef, personnalité occupant une place importante au sein d'une hiérarchie.

hiératique [jeʀatik] adj. (gr. *hieratikos*, de *hieros* "sacré"). - **1.** Conforme aux normes d'une tradition liturgique : *Les gestes hiératiques d'un prêtre.* - **2.** D'une majesté, d'une raideur solennelle : *La figure hiératique de statues égyptiennes* (syn. grave). - **3.** Écriture hiératique, cursive égyptienne dérivée des hiéroglyphes monumentaux (on dit aussi *un hiératique*).

hiératisme [jeʀatism] n.m. DIDACT. Attitude, caractère hiératiques : *L'hiératisme des gestes d'un officiant.*

hiéroglyphe [jeʀɔglif] n.m. (du gr. *hieros* "sacré" et *gluphein* "graver"). - **1.** Chacun des signes du système d'écriture idéographique des anciens Égyptiens : *Champollion a déchiffré les hiéroglyphes.* - **2.** (Souvent au pl.). Signe d'écriture impossible à déchiffrer : *Je ne peux pas lire tes hiéroglyphes.*

hiéroglyphique [jeʀɔglifik] adj. Relatif aux hiéroglyphes : *Signe hiéroglyphique.*

*hi-fi [ifi] n.f. inv. (abrév. de l'angl. *highfidelity*). Haute-fidélité.

*high-tech [ajtɛk] adj. inv. et n.m. inv. (abrév. de l'angl. *high technology* "haute technologie"). - **1.** Se dit de toute technologie avancée : *Recherche aérospatiale high-tech.* - **2.** Se dit d'un style d'aménagement et de décoration caractérisé par l'intégration de matériaux, de meubles ou d'accessoires conçus pour un usage professionnel ou industriel, développé à partir de la fin des années 1970.

*hi-han [iã] interj. Onomatopée conventionnelle imitant le cri de l'âne. ◆ n.m. inv. Braiment.

hilarant, e [ilaʀɑ̃, -ɑ̃t] adj. (de *hilare*). Qui provoque le rire : *Ce sketch est hilarant* (syn. désopilant, drôle).

hilare [ilaʀ] adj. (lat. *hilaris*, du gr.). Qui montre une joie béate, un grand contentement : *Des spectateurs hilares* (syn. réjoui).

hilarité [ilaʀite] n.f. (lat. *hilaritas*). Gaieté subite, explosion de rire : *Sa plaisanterie déclencha l'hilarité générale.*

*hile [il] n.m. (lat. *hilum*). - **1.** ANAT. Région en forme de sillon par laquelle les vaisseaux sanguins et les nerfs pénètrent dans un viscère : *Hile du foie.* - **2.** BOT. Région par laquelle une graine est reliée au fruit et reçoit les sucs nourriciers.

hilote n.m., **hilotisme** n.m. → ilote, ilotisme.

himalayen, enne [imalajɛ̃, -ɛn] adj. De l'Himalaya.

*hindi [indi] n.m. (mot hindi). Langue indoaryenne, parlée en Inde du Nord, et langue officielle de la République de l'Inde.

hindou, e [ɛ̃du] adj. et n. (altér. de *indou*, de *Inde*). Qui appartient à l'hindouisme ; adepte de l'hindouisme.

hindouisme [ɛ̃duwism] n.m. (de *hindou*). Religion répandue surtout en Inde, dont la base philosophique est la thèse de l'identité du soi individuel au soi universel ou absolu. ◆ **hindouiste** adj. Qui concerne l'hindouisme.

hindoustani [ɛ̃dustani] n.m. Ensemble des langues indo-aryennes parlées en Inde du Nord.

*hippie ou ***hippy** [ipi] n. et adj. (mot angloamér., de l'arg. *hip*, qui désigna un certain rythme de jazz, puis un fumeur de marijuana) [pl. *hippies* ou *hippys*]. Adepte d'une éthique fondée sur la non-violence et l'hostilité à la société industrielle, et prônant la liberté en tous domaines et la vie en communauté. □ Le mouvement hippie est né à San Francisco dans les années 1960, s'est répandu en Europe à la fin des années 60 et au début des années 70. ◆ adj. Propre aux hippies : *La mode hippie.*

hippique [ipik] adj. (gr. *hippikos*, de *hippos* "cheval"). Relatif aux chevaux, à l'hippisme : *Concours hippique.*

hippisme [ipism] n.m. (de *hippique*). Ensemble des activités sportives pratiquées à cheval.

hippocampe [ipɔkɑ̃p] n.m. (gr. *hippokampos*, de *hippos* "cheval" et *kampê* "courbure"). - **1.** Poisson marin dont la tête, horizontale et rappelant celle d'un cheval, se prolonge par un corps vertical terminé par une queue préhensile. □ Long. 15 cm env. L'hippocampe mâle possède une poche incubatrice. - **2.** ANAT. Cinquième circonvolution temporale située à la face inférieure du lobe temporal du cerveau. - **3.** MYTH. Animal fabuleux de la mythologie grecque, mi-cheval, mi-poisson.

hippodrome [ipɔdʀom] n.m. (lat. *hippodromus*, du gr.). Lieu aménagé pour les courses de chevaux.

hippogriffe [ipɔgʀif] n.m. (it. *ippogrifo*, de *grifo* "griffon", et du gr. *hippos* "cheval"). Animal fabuleux, mi-cheval, mi-griffon, des romans de chevalerie médiévaux.

hippologie [ipɔlɔʒi] n.f. (de *hippo-* et *-logie*). Science, étude du cheval.

hippomobile [ipɔmɔbil] adj. (de *hippo-* et [*auto*]*mobile*). Se dit d'un véhicule tiré par un ou plusieurs chevaux.

hippophagie [ipɔfaʒi] n.f. (de *hippo-* et *-phagie*). Usage de la viande de cheval comme aliment.

hippophagique [ipɔfaʒik] adj. Boucherie hippophagique, boucherie où l'on vend de la viande de cheval (on dit aussi *boucherie chevaline*).

hippopotame [ipɔpɔtam] n.m. (gr. *hippopotamos*, de *hippos* "cheval" et *potamos* "fleuve"). Mammifère porcin massif, vivant dans les fleuves africains et se nourrissant d'herbes fraîches. □ Recherché pour l'ivoire de ses défenses, l'hippopotame, proie facile pour les chasseurs, est en voie de disparition. Long. 4 m ; poids 3 à 4 t.

*hippy [ipi] n. et adj. → hippie.

hircin, e [iʀsɛ̃, -in] adj. (lat. *hircinus*, de *hircus* "bouc"). Relatif au bouc ; qui rappelle le bouc : *Odeur hircine.*

hirondelle [iʀɔ̃dɛl] n.f. (anc. prov. *irondela*, dimin. de *irunda*, de même sens, lat. *hirundo*). - **1.** Oiseau passereau à dos noir et ventre blanc, et à queue échancrée : *Les hirondelles se rassemblent sur les fils électriques.* ▫ Les hirondelles se nourrissent d'insectes par leur bec largement ouvert ; excellents voiliers, elles quittent les contrées tempérées en septembre-octobre pour le Sud et reviennent en mars-avril. Long. 15 à 18 cm. L'hirondelle gazouille. - **2.** FAM., VIEILLI. Agent de police cycliste. - **3. Hirondelle de mer,** nom usuel de la *sterne.* - **4. Nid d'hirondelle.** Nid de la salangane, que cet oiseau fabrique en régurgitant du jabot une substance gélatineuse provenant des algues absorbées, et constituant un mets très apprécié des Chinois.

hirsute [iʀsyt] adj. (lat. *hirsutus*). Dont la chevelure ou la barbe très fournie est en désordre ; se dit des cheveux et des poils de barbe eux-mêmes.

hirsutisme [iʀsytism] n.m. MÉD. Syndrome caractérisé par la présence de poils dans des zones qui en sont normalement dépourvues.

hispanique [ispanik] adj. (lat. *hispanicus*, de *Hispania*). De l'Espagne. ◆ adj. et n. Aux États-Unis, personne originaire d'Amérique latine.

hispanisant, e [ispanizɑ̃, -ɑ̃t] n. et adj. et **hispaniste** [ispanist] n. Spécialiste de la langue ou de la littérature espagnoles.

hispanisme [ispanism] n.m. (du lat. *hispanus* "espagnol"). - **1.** Expression, tournure particulière à la langue espagnole. - **2.** Emprunt à l'espagnol.

hispano-américain, e [ispanoameʀikɛ̃, -ɛn] adj. et n. (pl. *hispano-américains, es*). De l'Amérique de langue espagnole.

hispano-arabe [ispanoaʀab] et **hispano-moresque** ou **hispano-mauresque** [ispanomɔʀɛsk] adj. Se dit de l'art, de la civilisation islamiques dans l'ouest du bassin méditerranéen, au temps où les califes de Cordoue réunissaient sous leur autorité le Maroc et l'Espagne : *Faïences hispano-mauresques.*

hispanophone [ispanɔfɔn] adj. et n. De langue espagnole ; qui parle l'espagnol : *Les pays hispanophones d'Amérique.*

*hisse [is] interj. (impératif de *hisser*). Cri utilisé, notamm. en groupe, pour rythmer ou coordonner les gestes de personnes qui hissent, tirent : *Ho ! Hisse !*

*hisser [ise] v.t. (bas all. *hissen*). - **1.** Faire monter en tirant ou en soulevant avec effort : *Hisser un drapeau. Hisser les voiles* (syn. monter). *Il hissa son enfant sur ses épaules.*

- **2.** Faire accéder à un rang supérieur : *Hisser qqn à la présidence.* ◆ **se hisser** v.pr. S'élever avec effort ou difficulté : *Elle se hissa sur le parapet* (syn. grimper). *Se hisser aux premières places* (syn. s'élever).

histamine [istamin] n.f. (du gr. *histos* "tissu"). Amine, présente dans les tissus animaux et dans l'ergot de seigle, provoquant la contraction des muscles lisses, la vasodilatation des capillaires, l'augmentation de sécrétion du suc gastrique et jouant un rôle important dans le mécanisme des réactions allergiques.

histaminique [istaminik] adj. Relatif à l'histamine.

histogenèse [istɔʒənɛz] n.f. (de *histo-* et *-genèse*). - **1.** Formation et développement des différents tissus de l'embryon. - **2.** Remaniement des tissus qui, chez les insectes, s'opère à la fin des métamorphoses.

histogramme [istɔgʀam] n.m. (angl. *histogram*, du gr. *histos* "tissu, trame"). Graphique utilisé en statistique et constitué par des rectangles de même base, placés à côté les uns des autres, et dont la hauteur est proportionnelle à la quantité à représenter.

histoire [istwaʀ] n.f. (lat. *historia*, mot gr.). - **1.** Ensemble des faits décisifs situés dans le passé concernant un sujet, une période, un domaine marquants ces faits ; ouvrage relatant ces faits : *Histoire de France. Histoire de Louis XIV. Écrire une histoire de la Seconde Guerre mondiale.* - **2.** Partie du passé connue principalement par des documents écrits (par opp. à *préhistoire*) : *La période intermédiaire entre la préhistoire et l'histoire est appelée la protohistoire.* - **3.** Étude et science des événements passés : *Elle a une licence d'histoire.* - **4.** Mémoire que la postérité garde du passé : *L'histoire jugera. Son nom restera dans l'histoire.* - **5.** Suite des événements, des faits, des états qui ont marqué l'évolution d'une discipline, d'un domaine, d'un concept, etc. ; ouvrage décrivant cette évolution : *Histoire de l'art. L'histoire de la médecine. L'histoire d'un mot* (= son évolution phonétique et morphologique). - **6.** Relation d'événements concernant un thème donné : *Histoire d'un procès.* - **7.** Récit d'actions, de faits imaginaires : *Raconter une histoire à un enfant* (syn. conte, légende). - **8.** Succession d'événements affectant qqn ou qqch : *Il m'est arrivé une histoire extraordinaire* (syn. aventure). *Elle est l'héroïne de toute l'histoire* (syn. affaire). *L'histoire de ce bijou est étonnante.* - **9.** (Surtout au pl.). Propos mensongers : *Allons ! Ce sont des histoires, tout ça !* - **10.** (Surtout au pl.). Incident, embarras, complications : *Chercher des histoires* (= chercher querelle). *Tu ne vas pas en faire toute une*

histoire ! (syn. affaire, drame). *Je ne veux pas d'histoires* (syn. ennui). **- 11.** Conflit, désaccord à propos de qqch : *Ils se sont fâchés à cause d'une histoire d'argent.* **- 12.** C'est toute une histoire, c'est long à raconter. ‖ FAM. **Histoire de** (+ inf.), dans l'intention de : *Histoire de rire.* ‖ **Histoire drôle,** court récit décrivant une situation fictive et destiné à faire rire. ‖ **La petite histoire,** les anecdotes concernant le passé ; les faits marginaux complémentaires qui se sont produits autour d'un événement quelconque : *Pour la petite histoire, ajoutons que...* **- 13.** **Histoire naturelle.** Ancien nom des sciences naturelles : *Muséum d'histoire naturelle.*

histologie [istɔlɔʒi] n.f. (de histo- et -logie). Partie de l'anatomie qui étudie la formation, l'évolution et la composition des tissus des êtres vivants.

histologique [istɔlɔʒik] adj. Relatif à l'histologie ; qui relève de l'histologie.

historicité [istɔʀisite] n.f. Caractère de ce qui est historique, qui est attesté par l'histoire : *Prouver l'historicité d'un document* (syn. authenticité).

historié, e [istɔʀje] adj. (du lat. scolast. *historiare,* du class. *historia* "histoire"). Décoré de scènes narratives, de vignettes : *Les chapiteaux historiés de l'art roman.*

historien, enne [istɔʀjɛ̃, -ɛn] n. Spécialiste des études historiques ; auteur d'ouvrages historiques.

historiette [istɔʀjɛt] n.f. (dimin. de *histoire,* d'apr. le lat. *historia*). Petit récit d'une aventure plaisante ; anecdote.

historiographe [istɔʀjɔgʀaf] n.m. (bas lat. *historiographus*). Écrivain chargé officiellement d'écrire l'histoire de son temps ou d'un souverain : *Racine et Boileau étaient les historiographes du roi.*

historiographie [istɔʀjɔgʀafi] n.f. **- 1.** Travail de l'historiographe. **- 2.** Ensemble des documents historiques relatifs à une question : *L'historiographie de la Révolution.*

historique [istɔʀik] adj. (lat. *historicus*). **- 1.** Qui est relatif à l'histoire, à l'étude du passé de l'humanité ; qui est conforme à ses méthodes, à ses règles : *Recherches, travaux historiques.* **- 2.** Qui appartient à l'histoire, partie du passé de l'humanité dont l'existence est considérée comme objectivement établie : *Monument historique* (= qui présente un intérêt pour l'histoire). *Fait historique* (syn. attesté). *C'est historique* (= cela a vraiment existé). **- 3.** Qui appartient à une période sur laquelle on possède des documents écrits : *Temps historiques et temps préhistoriques.* **- 4.** Qui est resté célèbre dans l'histoire ; digne d'être conservé par l'his-

toire : *Mot historique. Record historique.* ◆ n.m. Exposé chronologique des faits : *L'historique d'une science. Faire l'historique des négociations* (syn. chronologie).

historiquement [istɔʀikmɑ̃] adv. Du point de vue historique ; en historien : *Un fait historiquement établi.*

histrion [istʀijɔ̃] n.m. (lat. *histrio* "mime"). **- 1.** Dans l'Antiquité, acteur qui jouait des farces populaires ; baladin, jongleur. **- 2.** LITT. Personne qui se donne en spectacle : *Histrion politique* (syn. bouffon).

hitlérien, enne [itleʀjɛ̃, -ɛn] adj. et n. Relatif à la doctrine de Hitler, au régime politique qu'il institua ; qui en est partisan.

hitlérisme [itleʀism] n.m. Doctrine de Hitler ; national-socialisme, nazisme.

*****hit-parade** [itpaʀad] n.m. (de l'angl. *hit* "succès" et *parade* "défilé") [pl. *hit-parades*]. Palmarès de chansons, de films, de vedettes, etc., classés selon leur succès ; cote de popularité. (Recomm. off. *palmarès*).

*****hittite** [itit] adj. (mot angl., de l'hébreu *Hittim*). Relatif aux Hittites. ◆ n.m. Langue indo-européenne parlée par les Hittites.

HIV [aʃive], sigle de l'angl. *human immunodeficiency virus,* dénomination internationale du V. I. H., virus responsable du sida.

hiver [ivɛʀ] n.m. (lat. *hibernum* [*tempus*]). Saison commençant le 21 ou le 22 décembre (au solstice) et se terminant le 20 ou le 21 mars (à l'équinoxe) dans l'hémisphère Nord ; période la plus froide de l'année : *L'hiver a été court. Nous n'avons pas eu d'hiver cette année.* Prendre ses vacances en hiver.

hivernage [ivɛʀnaʒ] n.m. (de *hiverner*). **- 1.** AGRIC. Séjour des troupeaux à l'étable pendant l'hiver. **- 2.** AGRIC. Labour effectué en hiver. **- 3.** Saison des pluies dans les régions tropicales.

hivernal, e, aux [ivɛʀnal, -o] adj. (bas lat. *hibernalis,* d'apr. *hiver*). Relatif à l'hiver : *Les températures hivernales* (contr. estival). *Station hivernale* (= de sports d'hiver).

hiverner [ivɛʀne] v.i. (lat. *hibernare,* d'apr. *hiver*). **- 1.** Passer l'hiver à l'abri, en parlant de troupeaux ; passer l'hiver dans une région chaude, en parlant d'oiseaux migrateurs. **- 2.** Passer l'hiver à l'abri, dans les zones de grands froids : *L'expédition polaire hiverna deux ans de suite.* ◆ v.t. **- 1.** Mettre le bétail à l'étable pour l'hiver : *Hiverner un troupeau.* **- 2.** Labourer une terre avant les grands froids de l'hiver : *Hiverner un champ.*

HLA (système), sigle de l'angl. *human leucocyte antigens,* ensemble d'antigènes communs aux leucocytes et aux plaquettes se répartissant en groupes tissulaires, et jouant un rôle essentiel dans les greffes et les transplantations d'organes.

H. L. M. [aʃɛlɛm] n.m. ou f. (sigle de *habitation à loyer modéré*). Immeuble construit sous l'impulsion des pouvoirs publics et dont les logements sont destinés aux familles à revenus modestes.

*****ho** [o] interj. (onomat.). Sert à appeler ou à exprimer soit l'admiration, soit l'indignation : *Ho ! La belle bleue ! Ho ! Quelle horreur !*

*****hobby** [ɔbi] n.m. (mot angl. "petit cheval, dada") [pl. *hobbys* ou *hobbies*]. Distraction, activité favorites servant de dérivatif aux occupations habituelles : *Mon hobby, c'est le modélisme* (= violon d'Ingres ; syn. passe-temps).

*****hobereau** [ɔbʀo] n.m. (de l'anc. fr. *hobel*, n. d'un petit oiseau de proie, probabl. de *hobeler* "harceler", moyen néerl. *hobbelen* "tourner, rouler"). Gentilhomme campagnard (souvent péjor.).

*****hochement** [ɔʃmɑ̃] n.m. Hochement de tête, mouvement de la tête que l'on hoche : *Approuver d'un hochement de tête.*

*****hochequeue** [ɔʃkø] n.m. (de *hocher* et *queue*). Autre nom de la *bergeronnette.*

*****hocher** [ɔʃe] v.t. (frq. **hottisôn* "secouer"). Hocher la tête, la secouer à plusieurs reprises : *Il hocha la tête pour marquer son approbation.*

*****hochet** [ɔʃɛ] n.m. (de *hocher*). - **1.** Petit jouet à grelots pour les bébés. - **2.** LITT. Chose futile qui flatte : *Les hochets de la gloire, de la vanité* (syn. frivolité, futilité).

*****hockey** [ɔkɛ] n.m. (mot angl. "crosse"). Sport d'équipe pratiqué avec une crosse, et dont il existe deux variantes, le hockey sur gazon et le hockey sur glace.

*****hockeyeur, euse** [ɔkɛjœʀ, -øz] n. Joueur, joueuse de hockey.

Hodgkin (maladie de), sarcome à prédomine ganglionnaire d'abord localisée et qui peut toucher tous les organes.

hoirie [waʀi] n.f. (de *hoir* "héritier", du lat. *heres*). - **1.** VX. Héritage. - **2.** Avance, avancement d'hoirie, donation faite à un héritier présomptif par anticipation sur sa part successorale.

*****holà** [ɔla] interj. (de *ho !* et *là*). Sert à appeler : *Holà ! Il y a quelqu'un ?* ◆ n.m. inv. FAM. Mettre le holà à qqch, arrêter le cours désordonné de qqch, y mettre fin : *Mettre le holà au gaspillage d'énergie.*

*****holding** [ɔldiŋ] n.m. ou n.f. (abrév. de l'angl. *holding company*, de *to hold* "tenir"). Société financière détenant des participations dans d'autres sociétés dont elle assure l'unité de direction et le contrôle des activités.

*****hold-up** [ɔldœp] n.m. inv. (mot anglo-amér., de *to hold up one's hands* "tenir les mains en l'air"). Attaque à main armée, organisée en vue de dévaliser une banque, un bureau de poste, etc.

*****hollywoodien, enne** [ɔliwudjɛ̃, -ɛn] adj. De Hollywood ; relatif au cinéma de Hollywood : *Une superproduction hollywoodienne.*

holocauste [ɔlɔkost] n.m. (lat. *holocaustum*, gr. *holokauston*, de *holos* "tout" et *kaien* "brûler"). - **1.** Sacrifice dans lequel la victime était entièrement brûlée, chez les Hébreux et les Grecs ; victime ainsi sacrifiée. - **2.** L'Holocauste (dit *la Shoah* par les Juifs), l'extermination des Juifs par les nazis entre 1939 et 1945, dans les pays occupés par les troupes du Reich hitlérien. [→ génocide.] - **3.** LITT. Offrir en holocauste, sacrifier : *Offrir sa vie, s'offrir en holocauste.*

hologramme [ɔlɔgʀam] n.m. (de *holo-* et *-gramme*). Image obtenue par holographie.

holographe adj. → **olographe.**

holographie [ɔlɔgʀafi] n.f. (de *holo-* et [*photo*] *graphie*). Méthode de photographie permettant la restitution en relief d'un objet, en utilisant les interférences produites par deux faisceaux laser, l'un provenant directement de l'appareil producteur, l'autre diffusé par l'objet.

holothurie [ɔlɔtyʀi] n.f. (lat. *holothuria*, du gr.). Échinoderme des fonds marins, à corps mou et allongé, atteignant jusqu'à 25 cm de long, appelé *cour. concombre de mer* et *bêche-de-mer.*

*****homard** [ɔmaʀ] n.m. (anc. scand. *humarr*). - **1.** Crustacé décapode marin à grosses pinces dont le corps bleu marbré de jaune devient rouge à la cuisson. □ Comestible très recherché ; il peut atteindre 50 cm de long. - **2.** Homard à l'américaine ou homard à l'armoricaine, homard qu'on fait revenir dans de l'huile et cuire dans un jus aromatisé et du vin blanc.

*****home** [om] n.m. (mot angl. "maison"). Home d'enfants, centre d'accueil pour enfants, en partic. pour des séjours de vacances.

homélie [ɔmeli] n.f. (lat. ecclés. *homilia*, mot gr. "réunion"). - **1.** Instruction familière sur l'Évangile au cours de la messe : *Les homélies de saint Jean Chrysostome* (syn. prêche, sermon). - **2.** Discours moralisateur (souvent péjor.) : *Subir les homélies d'un maître* (syn. remontrance, sermon).

homéopathie [ɔmeopati] n.f. (de *homéo-* et *-pathie*). Méthode thérapeutique qui consiste à traiter un malade à l'aide de doses infinitésimales de substances qui provoqueraient chez le sujet sain des troubles semblables à ceux que présente le malade (par opp. à *allopathie*). ◆ **homéopathe** n. Nom du spécialiste.

homéopathique [ɔmeopatik] adj. - **1.** Relatif à l'homéopathie : *Traitement homéopathique. Dose homéopathique* (syn. infinitésimal). - **2.** À dose homéopathique, en très petite quantité : *Il ne supporte le rock qu'à dose homéopathique.*

homérique [ɔmerik] adj. (gr. *homêrikos*). - **1.** Relatif à l'œuvre d'Homère : *Poésie homérique.* - **2.** Digne d'Homère : *Chahut homérique* (syn. grandiose, épique, fabuleux). - **3.** Rire homérique, rire bruyant et inextinguible.

1. **homicide** [ɔmisid] n.m. (lat. *homicidium*). Action de tuer un être humain : *Être inculpé d'homicide involontaire* (syn. meurtre, assassinat).

2. **homicide** [ɔmisid] adj. (lat. *homicida*). LITT. Qui sert à tuer, qui provoque la mort ; relatif à l'homicide : *Un fer homicide.*

hominidé [ɔminide] n.m. (du lat. *homo, -inis* "homme"). Primate fossile appartenant à la même famille que l'homme actuel.

hominien [ɔminjɛ̃] n.m. (du lat. *homo, -inis* "homme"). Mammifère actuel ou fossile appartenant à l'espèce humaine ou à une espèce ayant pu être ancêtre de l'homme.

hominisation [ɔminizasjɔ̃] n.f. Processus évolutif par l'effet duquel une lignée de primates a donné l'espèce humaine.

hommage [ɔmaʒ] n.m. (de *homme*). - **1.** FÉOD. Cérémonie au cours de laquelle le vassal se déclarait l'homme de son suzerain. - **2.** Témoignage de courtoisie, de respect ; don, offrande faits par estime, respect : *Recevoir l'hommage de nombreux admirateurs. Rendre hommage à qqn. Fuir les hommages* (syn. honneurs). *Faire hommage d'un livre* (= offrir un exemplaire dédicacé). ◆ **hommages** n.m. pl. Compliments adressés à qqn : *Mes hommages, madame ! Présentez nos hommages à votre mère* (syn. civilités, respects).

hommasse [ɔmas] adj. (de *homme*). Se dit d'une femme d'allure masculine (péjor.).

homme [ɔm] n.m. (lat. *homo, -inis*). - **1.** Être humain considéré par rapport à son espèce ou aux autres espèces animales ; mammifère de l'ordre des primates, doué d'intelligence et d'un langage articulé, caractérisé par un cerveau volumineux, des mains préhensiles et la station verticale : *L'homme de Cro-Magnon.* - **2.** (Précédé de l'art. déf.). L'espèce humaine (par opp. à *animal, divinité*) ; membre de cette espèce : *Le rire est le propre de l'homme. L'origine de l'homme. « L'homme est un loup pour l'homme »* (T. Hobbes). - **3.** Être humain de sexe masculin : *Vestiaire réservé aux hommes.* - **4.** Être humain

de sexe masculin, considéré du point de vue des qualités attribuées communément à ce sexe (virilité, courage, etc.) : *Défends-toi si tu es un homme !* - **5.** Individu de sexe masculin considéré du point de vue de ses qualités et défauts propres ou sous l'angle de ses caractéristiques sociales, professionnelles, etc. : *Brave, méchant, honnête homme. Homme d'action. Homme d'État. Homme d'affaires. Homme de lettres* (= écrivain). *Homme de loi* (= légiste, magistrat, avocat). *Homme du rang* (= soldat). - **6.** (Avec un poss.). Individu attaché au service d'un autre : *Le commissaire et ses hommes ont arrêté toute la bande.* - **7.** C'est, voilà votre homme, c'est celui qu'il vous faut, dont vous avez besoin. ‖ Comme un seul homme, tous ensemble, d'un commun accord : *L'assemblée s'est levée comme un seul homme.* ‖ D'homme à homme, en toute franchise et sans intermédiaire. ‖ Grand homme, homme remarquable par ses actions, son génie, etc. ‖ Homme de main, personne qui effectue pour le compte d'une autre des actions répréhensibles. ‖ Jeune homme, personne de sexe masculin entre l'adolescence et l'âge adulte. ‖ Le premier homme, Adam.

homme-grenouille [ɔmgrənuj] n.m. (pl. *hommes-grenouilles*). Plongeur équipé d'un scaphandre autonome.

homme-orchestre [ɔmɔrkɛstr] n.m. (pl. *hommes-orchestres*). - **1.** Musicien ambulant qui jouant simultanément de plusieurs instruments. - **2.** Personne ayant des compétences multiples.

homme-sandwich [ɔmsɑ̃dwitʃ] n.m. (pl. *hommes-sandwichs*). Homme qui promène deux panneaux publicitaires, l'un sur le dos, l'autre sur la poitrine.

homogène [ɔmɔʒɛn] adj. (gr. *homogenês* ; v. les éléments *homo-* et *-gène*). - **1.** Dont les éléments constitutifs sont de même nature (par opp. à *hétérogène*) : *Mélange homogène.* - **2.** Qui présente une grande unité, une harmonie entre ses divers éléments : *Équipe homogène* (syn. cohérent, uni).

homogénéisation [ɔmɔʒeneizasjɔ̃] n.f. - **1.** Action de rendre homogène : *Homogénéisation des programmes scolaires* (syn. harmonisation). - **2.** Traitement du lait qui réduit la dimension des globules gras, de telle sorte que, ne remontant plus à la surface, il ne se forme plus de crème.

homogénéisé, e [ɔmɔʒeneize] adj. Lait homogénéisé, lait ayant subi l'homogénéisation.

homogénéiser [ɔmɔʒeneize] v.t. Rendre homogène : *Homogénéiser les systèmes bancaires d'une communauté* (syn. harmoniser, uniformiser).

homogénéité [ɔmɔʒeneite] n.f. Qualité de ce qui est homogène : *L'homogénéité d'un parti politique* (syn. cohérence, cohésion).

homographe [ɔmɔgʀaf] adj. et n.m. (de *homo-* et *-graphe*). LING. Se dit d'homonymes ayant la même orthographe (ex. *cousin* [insecte] et *cousin* [parent]).

homogreffe [ɔmɔgʀɛf] n.f. (de *homo-* et *greffe*). Greffe dans laquelle le greffon est pris sur un sujet de même espèce que le sujet greffé (par opp. à *hétérogreffe*).

homologation [ɔmɔlɔgasjɔ̃] n.f. Action d'homologuer, de ratifier : *L'homologation d'un record sportif.*

homologue [ɔmɔlɔg] adj. (gr. *homologos* "concordant", de *homos* "semblable" et *legein* "parler"). Qui correspond à qqch d'autre ; qui a le même rôle, dans un système différent : *Enseigne de vaisseau est un grade homologue à celui de lieutenant* (syn. équivalent, correspondant). ◆ n. Personne qui occupe les mêmes fonctions qu'une autre : *Le ministre de l'Intérieur s'est entretenu avec son homologue allemand.*

homologuer [ɔmɔlɔge] v.t. (lat. médiév. *homologare*, du gr. ; v. *homologue*). - **1.** Confirmer officiellement, approuver par décision de justice conférant force exécutoire : *Homologuer une cession de parts* (syn. entériner, valider). - **2.** Reconnaître qqch conforme aux règlements en vigueur, à certaines normes ; autoriser : *Homologuer les tarifs des transports. Homologuer un record* (syn. ratifier).

homonyme [ɔmɔnim] adj. et n.m. (lat. *homonymus*, du gr. ; v. *les éléments homo-* et *-onyme*). LING. Se dit d'un mot qui présente la même forme graphique (homographe) ou phonique (homophone) qu'un autre, mais qui en diffère par le sens : « *Sceau* », « *seau* » *et* « *sot* » *sont homonymes.* ◆ n. et adj. Personne, ville qui porte le même nom qu'une autre.

homonymie [ɔmɔnimi] n.f. Caractère des mots homonymes.

homophone [ɔmɔfɔn] adj. (gr. *homophōnos* ; v. *les éléments homo-* et *-phone*). - **1.** MUS. Se dit de ce qui a le même son : « *F* » *et* « *ph* » *sont homophones.* ◆ adj. et n.m. LING. Se dit d'homonymes ayant la même prononciation : « *Saint* », « *ceint* », « *sein* », « *seing* » *sont des homophones.*

homosexualité [ɔmɔsɛksɥalite] n.f. Sexualité des personnes homosexuelles (par opp. à *hétérosexualité*).

homosexuel, elle [ɔmɔsɛksɥɛl] adj. et n. (de *homo-* et *sexuel*). Qui éprouve une attirance sexuelle pour les personnes de son sexe (par opp. à *hétérosexuel*).

homothétie [ɔmɔtesi] n.f. (de *homo-*, et du gr. *thesis* "position"). MATH. Transformation ponctuelle qui à un point M associe le point M′ tel que $\overrightarrow{OM'} = k \cdot \overrightarrow{OM}$, où O est un point (centre de l'homothétie) et *k* un réel (rapport de l'homothétie).

homothétique [ɔmɔtetik] adj. MATH. Se dit d'un point (ou d'une figure) obtenu par homothétie à partir d'un autre point (ou d'une autre figure).

homozygote [ɔmɔzigɔt] adj. et n. (de *homo-* et *zigote*). BIOL. Se dit d'une cellule ou d'un organisme dont les gènes, responsables d'un caractère donné, possèdent une même expression (par opp. à *hétérozygote*).

*****hongre** [ɔ̃gʀ] adj.m. et n.m. (de *hongrois*, l'usage de châtrer les chevaux étant originaire de Hongrie). Se dit d'un cheval châtré.

*****hongrois, e** [ɔ̃gʀwa, -az] adj. et n. De la Hongrie. ◆ **hongrois** n.m. Langue finno-ougrienne parlée en Hongrie (syn. *magyar*).

honnête [ɔnɛt] adj. (lat. *honestus* "honorable"). - **1.** Qui est conforme ou qui se conforme aux règles de la morale, de la probité, de la loyauté : *Un homme honnête* (syn. probe, droit). *Un juge honnête* (syn. incorruptible, intègre). *Elle n'a pas une conduite très honnête* (syn. moral, louable). - **2.** Qui ne s'écarte pas d'un niveau moyen et convenable : *Un travail honnête* (syn. correct, passable). *Il est resté dans une honnête moyenne* (syn. honorable). - **3.** LITT. Honnête homme, homme cultivé dont le langage et les manières répondent à l'idéal du XVIIe et du XVIIIe siècle.

honnêtement [ɔnɛtmɑ̃] adv. - **1.** De façon honnête, conforme aux règles de la morale : *Gagner honnêtement sa vie* (syn. honorablement). - **2.** De façon loyale : *Honnêtement, je ne l'ai pas fait exprès* (syn. sincèrement).

honnêteté [ɔnɛtte] n.f. (lat. *honestas*). Qualité d'une personne ou d'un comportement honnête : *Son honnêteté est connue de tous* (syn. probité, loyauté).

honneur [ɔnœʀ] n.m. (lat. *honor*). - **1.** Sentiment que l'on a de sa dignité morale ; fierté vis-à-vis de soi et des autres : *Attaquer qqn dans son honneur. Cette réponse est toute à votre honneur. Un homme d'honneur* (= qui tient sa parole). - **2.** Réputation ou gloire que donnent le courage, le talent, la vertu, etc. : *Mon honneur est en jeu* (syn. dignité). *L'honneur lui en revient* (syn. mérite). *Elle est l'honneur de la famille* (syn. gloire). - **3.** Traitement particulier, privilège accordé afin de marquer de la considération : *La gagnante de la course a fait un tour d'honneur. Être à la place d'honneur* (= à la place réservée à celui qu'on veut distinguer). - **4.** Avoir, faire l'honneur de, avoir l'obligeance, faire le plaisir de : *Je n'ai pas l'honneur de vous* connaître (syn. plaisir). ‖ **En l'honneur de**, en hommage à, pour célébrer : *Réception donnée en l'honneur d'un ami.* ‖ **Être en honneur**, être au premier plan ; attirer l'attention, l'estime : *La valse était en honneur au XIX⁰ s.* ‖ **Faire honneur à**, rendre qqn fier de, attirer sa considération ; rester fidèle à qqch ou en user pleinement : *Ta réussite fera honneur à ta famille. Faire honneur à ses engagements* (= les respecter). *Faire honneur à un repas en reprenant de chaque plat.* ‖ **Mettre son honneur**, un point d'honneur à (+ inf.), engager, mettre en jeu à ses propres yeux sa dignité, sa réputation : *Il met un point d'honneur à ne jamais être en retard.* ‖ **Parole d'honneur**, parole qui engage la dignité de qqn : *Donner sa parole d'honneur. Je dis la vérité, parole d'honneur !* ‖ **Pour l'honneur**, de façon désintéressée, sans aucune rémunération. - 5. **Dame d'honneur.** Femme attachée au service d'une princesse, d'une reine. ‖ **Garçon, demoiselle d'honneur.** Jeunes gens qui accompagnent les mariés le jour du mariage. ‖ **Légion d'honneur.** Ordre national français attribué en récompense de services militaires ou civils. ◆ **honneurs** n.m. pl. - 1. Marques d'intérêt ou de distinction accordées aux personnes que l'on veut honorer, célébrer ; fonctions ou titres qui donnent du prestige : *Aspirer aux honneurs. Avoir les honneurs de la presse. Rendre les honneurs à un chef militaire* (= le saluer). - 2. **Faire les honneurs d'un lieu**, le faire visiter avec une prévenance particulière. ‖ **Honneurs de la guerre**, conditions honorables consenties par le vainqueur à une troupe qui a capitulé : *Se rendre avec les honneurs de la guerre.*

***honnir** [ɔniʀ] v.t. (frq. *haunjan) [conj. 32]. LITT. Vouer à l'exécration et au mépris publics en couvrant de honte (souvent au passif) : *Honnir la lâcheté* (syn. vilipender). *Honni soit qui mal y pense !* (= ne voyez là nulle intention douteuse [à l'orig., devise de l'ordre de la Jarretière, ordre anglais de chevalerie]).

honorabilité [ɔnɔʀabilite] n.f. État, qualité d'une personne honorable : *L'honorabilité de ce commerçant est reconnue par tous* (syn. probité).

honorable [ɔnɔʀabl] adj. (lat. *honorabilis*). - 1. Digne de considération, d'estime : *Homme honorable* (syn. honnête). *Exercer une profession honorable* (syn. digne). - 2. Dont la qualité, la quantité sont jugées suffisantes : *Fortune honorable* (syn. honnête). *Obtenir une note honorable* (syn. convenable, moyen). - 3. Qualificatif de politesse entre membres de certaines assemblées.

honorablement [ɔnɔʀabləmɑ̃] adv. De façon honorable : *Remplir honorablement son rôle* (syn. honnêtement).

honoraire [ɔnɔʀɛʀ] adj. (lat. *honorarius*). Qui a le titre, en n'exerçant pas ou en n'exerçant plus la fonction : *La présidente honoraire d'une société.*

honoraires [ɔnɔʀɛʀ] n.m. pl. (lat. *honorarium*). Rétribution versée aux personnes qui exercent des professions libérales (médecin, avocat, etc.).

honorer [ɔnɔʀe] v.t. (lat. *honorare*). - 1. Traiter qqn avec respect, estime et considération ; rendre hommage au mérite de qqn : *Poète honoré après sa mort* (syn. glorifier). *Honorer la mémoire d'un savant* (syn. célébrer). - 2. Procurer de l'honneur, de la considération à : *Honorer son pays, sa famille. Ces scrupules l'honorent.* - 3. Accorder qqch comme une distinction (parfois iron.) : *Il a honoré cette réunion de sa présence* (= il nous a fait l'honneur d'être présent). - 4. Tenir un engagement, une promesse : *Honorer sa signature, son serment.* ◆ **s'honorer** v.pr. [de]. Tirer fierté de : *Cette ville s'honore de ses monuments.*

honorifique [ɔnɔʀifik] adj. (lat. *honorificus*). Qui procure des honneurs, de la considération, sans aucun avantage matériel : *Titre, fonction honorifiques.*

***honoris causa** [ɔnɔʀiskoza] loc. adj. (loc. lat. "pour marquer son respect à"). Se dit de grades universitaires conférés à titre honorifique et sans examen mais ne donnant aucun droit à occuper une chaire : *Recevoir le titre de docteur « honoris causa » d'une université canadienne.*

***honte** [ɔt] n.f. (frq. *haunita, même rad. que *honnir*). - 1. Sentiment pénible provoqué par une faute commise, par une humiliation, par la crainte du déshonneur ou du ridicule : *Être rouge de honte* (= confus). *Elle a honte de venir vous parler* (= elle est embarrassée, gênée). *Éprouver de la honte* (syn. humiliation). - 2. Action, parole qui provoque un sentiment de honte : *Cette guerre est une honte* (syn. ignominie). *Il s'est couvert de honte en agissant ainsi* (syn. déshonneur). - 3. **Avoir perdu toute honte**, avoir toute honte bue, être sans scrupule, sans pudeur, être insensible au déshonneur. ‖ **Faire honte à qqn**, être pour lui un sujet de déshonneur ; lui faire des reproches afin de lui donner du remords : *Elle lui a fait honte de ses mensonges.* ‖ **Sans fausse honte**, sans gêne, embarras ou scrupule inutiles : *Acceptez ces remerciements sans fausse honte.*

***honteusement** [ɔtøzmɑ̃] adv. - 1. D'une façon qui entraîne le déshonneur : *Elle est honteusement payée pour ce qu'elle fait* (syn. ignominieusement). - 2. En éprouvant de la honte : *Il a honteusement répondu qu'il ne pouvait rien faire.*

*honteux, euse [ɔ̃tø, -øz] adj. (de *honte*). **- 1.** Qui cause de la honte : *Une attitude honteuse* (syn. ignoble, infâme). *Il est honteux de se défier d'un ami* (syn. vil, déshonorant). **- 2.** Qui éprouve de la honte, un sentiment d'humiliation : *Il est honteux de sa conduite* (syn. confus, consterné). **- 3.** (Après le n.). Qui n'ose faire état de ses convictions, de ses opinions : *Un idéaliste honteux* (syn. pusillanime).

*hooligan ou ***houligan** [uligan] n.m. (mot angl.). Voyou qui se livre à des actes de violence et de vandalisme, en partic. lors de compétitions sportives.

*hop [ɔp] interj. (onomat.). Exprime un geste, un mouvement rapide ou sert à stimuler : *Et hop ! il a sauté.*

hôpital [ɔpital] n.m. (du lat. *hospitalis* "hospitalier"). **- 1.** Établissement, public ou privé, où sont effectués tous les soins médicaux et chirurgicaux : *Hôpital militaire. Hôpital de jour. Médecin des hôpitaux.* **- 2.** Hôpital psychiatrique, établissement hospitalier spécialisé dans le traitement des troubles mentaux. □ Avant 1938, on parlait d'*asile*. Auj., la désignation française officielle est *centre hospitalier spécialisé (C. H. S.).*

hoplite [ɔplit] n.m. (lat. *hoplites*, mot gr., de *hoplon* "arme"). ANTIQ. GR. Fantassin pesamment armé.

*hoquet [ɔkɛ] n.m. (orig. onomat.). **- 1.** Contraction brusque du diaphragme, accompagnée d'un bruit particulier dû au passage de l'air dans la glotte : *Avoir le hoquet.* **- 2.** Bruit produit par à-coups, en partic. dans un appareil : *Les hoquets d'un moteur.*

*hoqueter [ɔkte] v.i. (de *hoquet*) [conj. 27]. **- 1.** Avoir le hoquet. **- 2.** Être secoué comme par le hoquet : *Elle sanglotait en hoquetant.*

1. horaire [ɔRɛR] adj. (lat. *horarius*, de *hora* "heure"). **- 1.** Relatif aux heures : *Tableau horaire.* **- 2.** Par heure : *Salaire horaire.*

2. horaire [ɔRɛR] n.m. (de *1. horaire*). **- 1.** Tableau des heures d'arrivée et de départ : *Horaire des trains.* **- 2.** Répartition des heures de travail ; emploi du temps : *Horaire flexible ou horaire à la carte. Avoir un horaire très chargé.* ◆ n. Personne rémunérée à l'heure.

*horde [ɔRd] n.f. (tatar [*h*]*orda*). **- 1.** Troupe, groupe de personnes causant des dommages par sa violence : *Une horde de brigands.* **- 2.** Troupe nombreuse et indisciplinée : *Une horde de gamins* (syn. bande).

*horion [ɔRjɔ̃] n.m. (anc. fr. *oreillon* "coup sur l'oreille"). LITT. Coup violent donné à qqn : *Échanger des horions.*

horizon [ɔRizɔ̃] n.m. (mot lat., du gr. *horizein* "borner"). **- 1.** Ligne imaginaire circulaire dont l'observateur est le centre et où le ciel et la terre ou la mer semblent se joindre. **- 2.** Partie de la terre, de la mer ou du ciel que borne cette ligne : *Scruter l'horizon. Cette fenêtre, l'horizon est assez limité* (= point de vue ; syn. panorama). **- 3.** Domaine d'une action ou d'une activité quelconque ; champ de réflexion : *L'horizon social, politique d'un pays* (syn. perspectives). **- 4.** ASTRON. Grand cercle de la sphère céleste formé en un lieu donné par l'intersection de cette sphère et du plan horizontal. **- 5.** À l'horizon, dans un avenir proche : *La crise se profile à l'horizon.* ‖ Faire un tour d'horizon, étudier succinctement tous les aspects d'une question, d'un sujet. ‖ Ouvrir des horizons, créer de nouvelles perspectives, susciter un nouveau champ de réflexion : *Cet entretien m'a ouvert des horizons.*

horizontal, e, aux [ɔRizɔ̃tal, -o] adj. (de *horizon*). **- 1.** Parallèle au plan de l'horizon, donc perpendiculaire à une direction qui représente conventionnellement la verticale. **- 2.** GÉOM. Plan, droite horizontal(e), plan ou droite parallèle au plan horizontal choisi comme référence. ◆ **horizontale** n.f. **- 1.** Direction horizontale : *Tendre les bras à l'horizontale.* **- 2.** MATH. Droite horizontale.

horizontalement [ɔRizɔ̃talmɑ̃] adv. Parallèlement à l'horizon ; dans la direction horizontale : *La pluie tombait horizontalement* (contr. verticalement).

horizontalité [ɔRizɔ̃talite] n.f. Caractère, état de ce qui est horizontal : *Vérifier l'horizontalité d'une surface.*

horloge [ɔRlɔʒ] n.f. (lat. *horologium*, gr. *hôrologion* "qui dit l'heure"). **- 1.** Appareil fixe de mesure du temps, de grandes dimensions, qui indique l'heure sur un cadran : *Horloge électrique, électronique.* **- 2.** Horloge parlante, horloge et service donnant l'heure par téléphone, de façon continue. ‖ Réglé comme une horloge, extrêmement régulier, ponctuel dans ses habitudes, en parlant de qqn.

horloger, ère [ɔRlɔʒe, -ɛR] n. Personne qui fabrique, répare ou vend des horloges, des montres, etc. ◆ adj. Relatif à l'horlogerie : *L'industrie horlogère.*

horlogerie [ɔRlɔʒRi] n.f. **- 1.** Technique de la fabrication ou de la réparation des horloges, des pendules, etc. **- 2.** Commerce de ces objets ; magasin de l'horloger.

*hormis [ɔRmi] prép. (de *hors* et *mis*, part. passé de *mettre*). LITT. Indique ce qu'on met à part, ce qui n'est pas compris dans un ensemble : *Il n'y avait presque personne hormis la famille* (syn. excepté, sauf).

hormonal, e, aux [ɔRmɔnal, -o] adj. Relatif aux hormones : *Insuffisance hormonale.*

hormone [ɔRmɔn] n.f. (mot angl., du gr. *hormôn* "qui excite"). - **1.** Substance sécrétée par une glande endocrine ou élaborée par un tissu, déversée directement dans le sang et exerçant une action biologique spécifique sur le fonctionnement d'un organe ou sur un processus biochimique : *L'insuline et l'adrénaline sont des hormones.* - **2.** BOT. Substance sécrétée par une plante et qui agit sur sa croissance, sa floraison, etc.

horodateur, trice [ɔRɔdatœR, -tRis] adj. et n.m. (de *horo-* et *dateur*). Se dit d'un appareil imprimant la date et l'heure sur certains documents : *Machine horodatrice qui imprime la date et l'heure d'arrivée sur le courrier.*

horoscope [ɔRɔskɔp] n.m. (lat. *horoscopus*, gr. *hôroskopos* "qui considère le moment [de la naissance]"). - **1.** Carte du ciel tel qu'il est observé de la Terre lors d'un événement et, partic., lors d'une naissance. - **2.** Ensemble des déductions et interprétations concernant l'avenir de qqn, qu'on peut tirer de cette carte du ciel : *Dresser l'horoscope de qqn.*

horreur [ɔRœR] n.f. (lat. *horror*, de *horrere* "trembler"). - **1.** Sensation d'effroi, de répulsion causée par l'idée ou la vue d'une chose horrible, affreuse, repoussante : *Être saisi d'horreur. Pousser un cri d'horreur* (syn. effroi, épouvante). *Avoir horreur d'être contredit* (= détester). *Avoir les rats en horreur* (syn. aversion, répugnance). *Sa conduite me fait horreur* (= me dégoûte). - **2.** Caractère de ce qui est horrible : *L'horreur d'un crime* (syn. abjection, noirceur). - **3.** Ce qui inspire le dégoût ou l'effroi : *Cet article de journal est une horreur* (syn. infamie). ◆ **horreurs** n.f. pl. - **1.** Ce qui provoque le dégoût, l'effroi, etc. : *Les horreurs de la guerre* (syn. atrocité, monstruosité). - **2.** Propos ou actes indécents, obscènes : *Dire des horreurs* (syn. grossièretés).

horrible [ɔRibl] adj. (lat. *horribilis*). - **1.** Qui fait horreur, qui provoque la répulsion : *Spectacle horrible* (syn. affreux, effrayant). *Une horrible blessure* (syn. atroce, épouvantable). *Il fait un temps horrible* (syn. exécrable). - **2.** Qui dépasse en intensité tout ce qu'on peut imaginer : *Un horrible mal de tête* (syn. terrible, insupportable).

horriblement [ɔRibləmɑ̃] adv. De façon horrible : *Un homme horriblement défiguré* (syn. affreusement, atrocement). *C'est horriblement cher* (syn. excessivement).

horrifiant, e [ɔRifjɑ̃, -ɑ̃t] adj. Qui horrifie, remplit d'horreur : *Des cris horrifiants s'échappaient de la maison en feu* (syn. effroyable, terrifiant).

horrifier [ɔRifje] v.t. (lat. *horrificare*) [conj. 9]. Remplir d'horreur ou d'effroi : *Ce spectacle l'a horrifié* (syn. terrifier). *Elle est horrifiée par la dépense* (syn. scandaliser).

horrifique [ɔRifik] adj. (lat. *horrificus*). LITT. Qui cause de l'horreur ou qui est énorme, stupéfiant : *Un vacarme horrifique* (syn. épouvantable).

horripilant, e [ɔRipilɑ̃, -ɑ̃t] adj. FAM. Qui horripile, exaspère : *Un bruit horripilant* (syn. agaçant).

horripiler [ɔRipile] v.t. (lat. *horripilare* "avoir le poil hérissé"). FAM. Mettre hors de soi, énerver fortement : *Ses manières m'horripilent* (syn. exaspérer, agacer).

***hors** [ɔR] prép. (de *dehors*). - **1.** LITT. Indique ce qui n'est pas compris dans un ensemble : *Hors son goût pour le jeu, vous ne trouverez guère de passion chez lui* (syn. hormis, excepté). - **2.** S'emploie en composition avec certains noms pour indiquer une position extérieure, une situation marginale : *Hors-jeu. Hors-la-loi.* - **3.** Suivi d'un nom sans article, indique l'extériorité, la supériorité, l'écart : *Hors commerce. Hors pair. Hors série.* ◆ **hors de** loc. prép. - **1.** Marque l'extériorité par rapport à un lieu : *Il habite hors de Montpellier. Elle se trouve hors de l'établissement* (= à l'extérieur ; syn. en dehors de). - **2.** Marque l'extériorité par rapport à une action, à une influence : *Il est hors de combat, de danger.* - **3.** Marque un dépassement des normes par rapport à une donnée quantifiable : *Un produit hors de prix* (= très cher). *Un whisky hors d'âge* (= très vieux). - **4.** Hors de moi, de toi, etc., dans un état d'agitation ou de violence extrême. ‖ Hors de question, que l'on ne peut envisager. ‖ Hors d'état de nuire, qui ne peut plus nuire. ‖ Hors d'usage, qui ne peut plus servir.

***hors-bord** [ɔRbɔR] adj. inv. (d'apr. l'angl. *out board* "à l'extérieur de la coque"). Se dit d'un moteur fixé à l'arrière d'un bateau, à l'extérieur du bord. ◆ n.m. inv. Canot léger de plaisance ou de course, propulsé par un moteur hors-bord.

***hors-d'œuvre** [ɔRdœvR] n.m. inv. Mets servis au début du repas : *Hors-d'œuvre variés. Servir des radis en hors-d'œuvre.*

***hors jeu** [ɔRʒø] loc. adj. SPORTS. Se dit d'un joueur qui, dans un sport d'équipe, se place sur le terrain d'une manière interdite par les règles. ◆ **hors-jeu** n.m. inv. Faute commise par un joueur hors jeu.

***hors-la-loi** [ɔRlalwa] n.m. inv. (calque de l'angl. *outlaw*). Individu qui, par ses actions, se met hors la loi (syn. proscrit).

***hors-piste** ou ***hors-pistes** [ɔRpist] n.m. inv. Ski pratiqué en dehors des pistes balisées.

***hors-texte** [ɔRtɛkst] n.m. inv. Feuillet, le plus souvent illustré, non compris dans la pagination, que l'on intercale dans un livre.

hortensia [ɔRtɑ̃sja] n.m. (lat. scientif., d'apr. le prénom *Hortense*). Arbrisseau originaire d'Extrême-Orient, cultivé pour ses fleurs ornementales blanches, roses ou bleues. □ Famille des saxifragacées.

horticole [ɔʀtikɔl] adj. Relatif à l'horticulture.

horticulture [ɔʀtikyltyʀ] n.f. (du lat. *hortus* "jardin" et -*culture*). Branche de l'agriculture comprenant la culture des légumes, des fleurs, des arbres et arbustes d'ornement. ◆ **horticulteur, trice** n. Nom du spécialiste.

hosanna ou **hosannah** [ɔzana] n.m. (mot hébr. "sauve-nous, je t'en prie"). - **1.** Acclamation de la liturgie juive passée dans la liturgie chrétienne. - **2.** LITT. Chant, cri de joie, de triomphe (syn. alléluia).

hospice [ɔspis] n.m. (lat. *hospitium*). - **1.** Maison d'assistance où l'on reçoit les enfants abandonnés, les vieillards démunis ou atteints de maladie chronique. - **2.** Maison où des religieux donnent l'hospitalité aux pèlerins, aux voyageurs : *L'hospice du Grand-Saint-Bernard.*

hospitalier, ère [ɔspitalje, -ɛʀ] adj. (lat. médiév. *hospitalarius*). - **1.** Relatif aux hôpitaux, aux cliniques, aux hospices : *Service hospitalier.* - **2.** Qui exerce l'hospitalité, qui accueille volontiers les hôtes, les étrangers : *Peuple hospitalier* (syn. accueillant). - **3.** Relatif aux ordres religieux militaires qui se vouaient au service des voyageurs, des pèlerins, des malades ou qui exercent encore une activité charitable : *L'ordre hospitalier de Malte.*

hospitalisation [ɔspitalizasjɔ̃] n.f. - **1.** Admission et séjour dans un établissement hospitalier : *L'état du malade nécessite son hospitalisation.* - **2.** Hospitalisation à domicile, système de prise en charge permettant de soigner à domicile certains malades.

hospitaliser [ɔspitalize] v.t. (du lat. *hospitalis*). Faire entrer dans un établissement hospitalier : *Hospitaliser d'urgence un blessé.*

hospitalité [ɔspitalite] n.f. (lat. *hospitalitas*). - **1.** Action de recevoir et d'héberger qqn chez soi, par charité, libéralité, amitié : *Offrir l'hospitalité pour une nuit* (syn. accueil). - **2.** Asile accordé à qqn, à un groupe par un pays : *Donner l'hospitalité à des réfugiés politiques.* - **3.** Bienveillance, cordialité dans la manière d'accueillir et de traiter ses hôtes : *Remercier qqn de sa charmante hospitalité* (syn. réception).

hospitalo-universitaire [ɔspitalɔynivɛʀsitɛʀ] adj. (pl. *hospitalo-universitaires*). Centre hospitalo-universitaire (C. H. U.), centre hospitalier où, en relation avec une faculté de médecine, est dispensé l'enseignement médical en France.

hostellerie [ɔstɛlʀi] n.f. (forme archaïque de *hôtellerie*). Hôtel, restaurant de caractère élégant et traditionnel, souvent situé à la campagne (syn. hôtellerie).

hostie [ɔsti] n.f. (lat. *hostia* "victime"). CATH. Pain eucharistique fait de farine sans levain (azyme), en forme de disque mince que le prêtre consacre à la messe, dans les Églises latine, arménienne et maronite.

hostile [ɔstil] adj. (lat. *hostilis*, de *hostis* "ennemi"). - **1.** Qui manifeste des intentions agressives, qui se conduit en ennemi : *Attitude hostile* (syn. inamical). *Être hostile au progrès.* - **2.** Qui semble contraire à l'homme et à ses entreprises : *Milieu hostile* (syn. défavorable, inhospitalier).

hostilement [ɔstilmɑ̃] adv. De façon hostile : *Les gens nous regardaient hostilement.*

hostilité [ɔstilite] n.f. Attitude hostile ; sentiment d'inimitié ou d'opposition : *Regarder qqn avec hostilité* (syn. malveillance, antipathie). *Manifester son hostilité à un projet.* ◆ **hostilités** n.f. pl. Opérations de guerre, état de guerre : *Engager, reprendre, cesser les hostilités.*

*hot dog [ɔtdɔg] n.m. (mots amér. "chien chaud") [pl. *hot dogs*]. Petit pain fourré d'une saucisse chaude.

1. hôte [ot] n.m. (lat. *hospes, hospitis*). - **1.** Personne qui reçoit l'hospitalité, est reçue chez qqn : *Le Premier ministre du Canada est l'hôte de la France* (syn. invité). - **2.** LITT. Être qui vit habituellement quelque part : *Les hôtes des bois.* - **3.** BIOL. Organisme vivant qui héberge un parasite.

2. hôte, hôtesse [ot, otɛs] n. (lat. *hospes, hospitis*). Personne qui reçoit qqn chez elle, qui lui donne l'hospitalité : *Remercier ses hôtes de leur accueil.* (v. aussi hôtesse.)

hôtel [otɛl] n.m. (bas lat. *hospitale* "auberge"). - **1.** Établissement commercial qui loue des chambres ou des appartements meublés pour un prix journalier : *Descendre dans un hôtel 4 étoiles.* - **2.** Édifice qui abrite certaines administrations : *L'hôtel de la Monnaie, à Paris.* - **3.** Hôtel particulier, vaste maison citadine d'un particulier. ‖ **Maître d'hôtel,** chef du service de la table dans une grande maison, un restaurant. - **4.** Hôtel de ville. Mairie d'une localité assez importante.

hôtelier, ère [otəlje, -ɛʀ] n. (de *hôtel*). Personne qui tient un hôtel, une hôtellerie, une auberge. ◆ adj. Relatif à l'hôtellerie : *Industrie hôtelière. École hôtelière.*

hôtellerie [otɛlʀi] n.f. (de *hôtel*). - **1.** Profession de l'hôtelier. - **2.** Syn. de hostellerie.

hôtesse [otɛs] n.f. (de *2. hôte*). - **1.** Jeune femme chargée d'accueillir et d'informer les visiteurs ou les clients dans des lieux publics ou privés (expositions, entreprises, magasins, etc.) : *Hôtesse d'accueil.* -**2.** Hôtesse de l'air, jeune femme chargée d'assurer, à bord des avions commerciaux, les différents services utiles au confort et à la sécurité des passagers.

*__hotte__ [ɔt] n.f. (frq. *hotta). -**1.** Grand panier que l'on porte sur le dos à l'aide de bretelles : *Hotte de vendangeur.* -**2.** Construction en forme de tronc de pyramide reliée à un organe de tirage (cheminée ou aspirateur) : *La hotte d'une forge.* -**3.** Appareil électroménager destiné à expulser ou à recycler l'air chargé de vapeurs grasses dans une cuisine : *Hotte aspirante.*

*__hou__ [u] interj. (onomat.). -**1.** Sert à faire peur, à faire honte, à conspuer : *Hou ! le vilain.* -**2.** Répété, sert à interpeller : *Hou ! hou ! On est là !*

*__houblon__ [ublɔ̃] n.m. (anc. néerl. *hoppe,* avec infl. de l'anc. fr. *homlon,* frq. *humilio). Plante grimpante cultivée pour ses cônes, ou inflorescences femelles, employés pour aromatiser et conserver la bière. □ Famille des cannabinacées ; haut. jusqu'à 10 m.

*__houe__ [u] n.f. (frq. *hauwa). Pioche à fer large et recourbé, servant à ameublir la terre.

*__houille__ [uj] n.f. (wallon *hoye,* frq. *hukila "tas"). -**1.** Combustible minéral fossile solide, provenant de végétaux ayant subi au cours des temps géologiques une transformation lui conférant un grand pouvoir calorifique. -**2.** Houille blanche, énergie obtenue à partir des chutes d'eau et des barrages.

*__houiller, ère__ [uje, -ɛʁ] adj. Relatif à la houille, qui renferme de la houille : *Gisement houiller.* ◆ __houillère__ n.f. Mine de houille.

*__houle__ [ul] n.f. (germ. *hol* "creux"). Mouvement ondulatoire de la mer, sans déferlement des vagues.

*__houlette__ [ulɛt] n.f. (de l'anc. fr. *houler* "jeter", moyen néerl. *holler*). -**1.** Bâton de berger. -**2.** Sous la houlette de qqn, sous sa direction, sous son autorité.

*__houleux, euse__ [ulø, -øz] adj. -**1.** Agité par la houle : *Mer houleuse.* -**2.** Se dit d'une assemblée agitée de sentiments contraires : *Séance houleuse* (syn. mouvementé, orageux).

*__houligan__ n.m. → __hooligan.__

__houppe__ [up] n.f. (frq. *huppo* "touffe"). -**1.** Touffe de brins de laine, de soie, de duvet : *Houppe à poudre de riz.* -**2.** Touffe de cheveux (syn. toupet).

*__houppelande__ [uplɑ̃d] n.f. (probabl. anc. angl. *hoppâda* "pardessus"). Manteau ample et long, sans manches : *Houppelande de berger.*

*__houppette__ [upɛt] n.f. Petite houppe.

*__hourder__ [uʁde] v.t. (de *hourd* "palissade", frq. *hurd). Exécuter en hourdis, maçonner grossièrement : *Hourder une cloison.*

*__hourdis__ [uʁdi] n.m. (de *hourder*). CONSTR. Corps de remplissage en aggloméré ou en terre cuite posé entre les solives, les poutrelles ou les nervures des planchers.

*__hourra__ [uʁa] interj. et n.m. (angl. *hurrah,* onomat.). Cri d'acclamation, d'enthousiasme : *Hip hip hip ! Hourra ! Être accueilli par des hourras* (syn. acclamation, bravo).

*__houspiller__ [uspije] v.t. (altér. d'apr. *piller,* de l'anc. v. *houcepignier*). Faire de vifs reproches à qqn : *Cet enfant va se faire houspiller par ses parents* (syn. réprimander, gronder).

*__housse__ [us] n.f. (frq. *hulftia). Enveloppe qui sert à recouvrir et à protéger des meubles, des vêtements, etc.

*__houx__ [u] n.m. (frq. *hulis). Arbuste des sous-bois, à feuilles luisantes, épineuses et persistantes et dont l'écorce sert à fabriquer la glu. □ Famille des ilicinées ; haut. jusqu'à 10 m ; longévité 300 ans.

__hovercraft__ [ɔvœʁkʁaft] n.m. (mot angl., de *to hover* "planer" et *craft* "embarcation"). Aéroglisseur.

*__hublot__ [yblo] n.m. (altér. du moyen fr. *huvelot,* de l'anc. fr. *huve,* frq. *hûbo "coiffe, bonnet"). -**1.** Ouverture pratiquée dans la coque d'un navire ou le fuselage d'un avion pour donner de la lumière ou de l'air, tout en permettant une fermeture étanche. -**2.** Partie vitrée de la porte d'un four, d'un appareil ménager, permettant de surveiller l'opération en cours.

*__huche__ [yʃ] n.f. (bas lat. *hutica,* d'orig. germ.). Grand coffre de bois utilisé pour conserver le pain (syn. maie).

*__hue__ [y] interj. (onomat.). -**1.** S'emploie pour inciter un cheval à avancer ou à tourner à droite (par opp. à *dia*) : *Allez, hue !* -**2.** À hue et à dia, dans des directions opposées ; de manière contradictoire : *Tirer à hue et à dia.*

*__huée__ [ɥe] n.f. (de *huer*). [Surtout au pl.]. Cri hostile : *S'enfuir sous les huées de la foule* (syn. sifflet).

*__huer__ [ɥe] v.t. (de *hue*) [conj. 7]. Accueillir par des cris de dérision et d'hostilité : *Il s'est fait huer par la foule* (syn. conspuer, siffler ; contr. applaudir).

*__huerta__ [wɛʁta] n.f. (mot esp.). GÉOGR. Plaine irriguée couverte de riches cultures, en Espagne.

__hugolien, enne__ [ygɔljɛ̃, -ɛn] adj. -**1.** Relatif à Victor Hugo, à son œuvre. -**2.** Qui évoque le style parfois emphatique de Victor Hugo : *Un discours aux accents hugoliens.*

*__huguenot, e__ [ygno, -ɔt] n. et adj. (all. *Eidgenossen* "confédéré"). Nom donné aux protestants français, pendant les guerres de Religion.

huilage [ɥilaʒ] n.m. Action d'huiler : *L'huilage des pièces d'un moteur.*

huile [ɥil] n.f. (lat. *oleum,* de *olea* "olivier"). - **1.** Substance grasse, liquide et insoluble dans l'eau, d'origine végétale, animale ou minérale, employée à de nombreux usages (alimentaires, domestiques, industriels, pharmaceutiques, etc.) : *Huile de table. Huile d'arachide, d'olive, de foie de morue. Huile détergente.* - **2.** Peinture à l'huile, peinture dont le liant contient une ou plusieurs huiles minérales ou végétales ; tableau fait avec cette peinture (on dit aussi *une huile*). - **3.** TECHN. Combustible liquide obtenu à partir du pétrole *(huile lourde),* ou le pétrole lui-même *(huile minérale).* - **4.** Produit obtenu en faisant macérer une substance végétale ou animale dans de l'huile : *Huile aromatique. Huile solaire.* - **5.** FAM. Personnage important, influent, haut placé. - **6.** Faire tache d'huile, s'étendre largement de proche en proche : *Conflit qui fait tache d'huile.* ‖ FAM. Huile de bras, de coude, énergie, force physique déployée à faire qqch. ‖ Mer d'huile, très calme. ‖ Verser, jeter de l'huile sur le feu, attiser, envenimer une querelle. - **7.** CATH. Saintes huiles, huiles utilisées pour les sacrements.

huiler [ɥile] v.t. Frotter, imprégner d'huile ; lubrifier avec de l'huile : *Huiler une poêle, des rouages* (syn. graisser).

huilerie [ɥilri] n.f. Fabrique ou magasin d'huile végétale.

huileux, euse [ɥilø, -øz] adj. - **1.** Qui est de la nature de l'huile. - **2.** Qui est comme imbibé d'huile : *Cheveux huileux* (syn. gras).

huilier [ɥilje] n.m. Accessoire de table contenant les burettes d'huile et de vinaigre.

huis [ɥi] n.m. (bas lat. *ustium,* class. *ostium* "porte"). VX ou LITT. Porte extérieure d'une maison.

*huis clos [ɥiklo] n.m. - **1.** Débats judiciaires hors de la présence du public : *Le tribunal ordonna le huis clos.* - **2.** À huis clos, toutes portes fermées, sans que le public soit admis ; en petit comité, en secret : *Audience à huis clos.*

huisserie [ɥisri] n.f. (de *huis*). CONSTR. Partie fixe en bois ou en métal formant les piédroits et le linteau d'une porte dans une cloison, un pan de bois, etc.

huissier [ɥisje] n.m. (de *huis*). - **1.** Gardien qui se tient à la porte d'un haut personnage pour annoncer et introduire les visiteurs ; employé chargé du service dans les assemblées, les administrations : *Les huissiers de l'Assemblée nationale* (syn. appariteur).

- **2.** Huissier de justice, officier ministériel chargé de signifier les actes de procédure et les décisions de justice, d'assurer l'exécution de ceux qui ont force exécutoire et de procéder à des constats.

*huit [ɥit] (devant une pause ou devant voyelle ou *h* muet ; sinon [ɥi]) adj. num. card. inv. (lat. *octo*). - **1.** Sept plus un : *Journée de huit heures.* - **2.** (En fonction d'ordinal). De rang numéro huit, huitième : *Charles V.* - **3.** Huit jours, une semaine. ‖ Lundi, mardi, etc., en huit, le deuxième lundi, mardi, etc., à venir. ◆ n.m. inv. - **1.** Le nombre qui suit sept dans la série des entiers naturels ; le chiffre représentant ce nombre : *Deux fois huit, seize.* - **2.** Dessin, mouvement en forme de 8 : *Le grand huit* (= attraction de fête foraine en forme de 8). - **3.** En aviron, embarcation à huit rameurs et un barreur.

*huitaine [ɥitɛn] n.f. - **1.** Ensemble de huit jours consécutifs : *Nous pourrions nous revoir dans une huitaine* (syn. semaine). - **2.** Groupe d'environ huit unités : *Une huitaine de litres.* - **3.** À huitaine, sous huitaine, à pareil jour la semaine suivante : *Remettre une réunion à huitaine.*

*huitième [ɥitjɛm] adj. num. ord. De rang numéro huit : *Habiter le, dans le huitième arrondissement. C'est au huitième* (= au huitième étage). ◆ n. Celui, celle qui occupe le huitième rang : *C'est la huitième de la classe.* ◆ adj. et n.m. Qui correspond à la division d'un tout en huit parties égales : *La huitième partie d'une somme. Consacrer le huitième de son budget à ses loisirs.*

*huitièmement [ɥitjɛmmɑ̃] adv. En huitième lieu.

huître [ɥitr] n.f. (lat. *ostrea,* gr. *ostreon*). - **1.** Mollusque bivalve comestible, fixé aux rochers marins par une valve de sa coquille : *L'élevage des huîtres, ou ostréiculture, se pratique dans des parcs.* - **2.** Huître perlière, huître qui produit des perles fines, dans la *méléagrine* des mers chaudes.

1. huîtrier, ère [ɥitrije, -ɛr] adj. Relatif aux huîtres, à leur élevage, à leur vente.

2. huîtrier [ɥitrije] n.m. (de *huître*). Oiseau échassier vivant sur les côtes et se nourrissant de crustacés et de mollusques.

*hulotte [ylɔt] n.f. (de l'anc. fr. *huller* "hurler"). Oiseau rapace nocturne, commun dans les bois, appelé cour. chat-huant. ☐ Famille des strigidés ; long. 70 cm env. La hulotte hue.

*hululement n.m., ***hululer** v.i. → ululement, ululer.

*hum [əm] interj. (onomat.). Sert à marquer le doute, l'impatience, la réticence : *Hum ! tout cela n'est pas clair.*

humain, e [ymɛ̃, -ɛn] adj. (lat. *humanus,* de *homo* "homme"). -**1.** Qui a les caractères, la nature de l'homme ; qui se compose d'hommes : *Être humain. Espèce humaine.* -**2.** Qui est relatif à l'homme, qui lui est propre : *Corps humain. Nature humaine. L'erreur est humaine.* -**3.** Qui concerne l'homme, qui a l'homme pour objet : *Sciences humaines.* -**4.** Qui est à la mesure de l'homme : *Une ville à dimensions humaines.* -**5.** Qui marque de la sensibilité, de la compassion, de la compréhension à l'égard d'autres hommes : *Un magistrat humain* (syn. compatissant, compréhensif). *Elle n'est pas humaine* (= elle est très dure, sans pitié). ◆ **humain** n.m. -**1.** LITT. Être humain : *Un humain ne peut que s'être choqué par un tel comportement* (syn. homme). -**2.** Ce qui appartient en propre à l'homme : *Perdre le sens de l'humain.* ◆ **humains** pl. Les hommes, l'humanité.

humainement [ymɛnmɑ̃] adv. -**1.** En homme, suivant les forces, les capacités de l'homme : *Elle a fait tout ce qui était humainement possible pour le sauver.* -**2.** Avec humanité, avec bonté : *Traiter humainement des prisonniers.*

humanisation [ymanizasjɔ̃] n.f. Action d'humaniser ; fait de s'humaniser : *L'humanisation des conditions de travail.*

humaniser [ymanize] v.t. (de *humain*). Donner un caractère plus humain, plus civilisé à ; rendre plus supportable à l'homme : *Humaniser les conditions de détention* (syn. adoucir). ◆ **s'humaniser** v.pr. Devenir plus humain, moins cruel, plus conciliant : *Il s'humanisera avec l'âge.*

humanisme [ymanism] n.m. (de *humaniste,* d'apr. l'all. *Humanismus*). -**1.** Attitude philosophique qui met l'homme et les valeurs humaines au-dessus des autres valeurs : *L'humanisme de Camus.* -**2.** Mouvement intellectuel qui s'épanouit surtout dans l'Europe du XVIᵉ s. (Renaissance) et qui est marqué par le retour aux textes antiques, dont il tire ses méthodes et sa philosophie.

humaniste [ymanist] n. (lat. de la Renaissance *humanista*). -**1.** PHILOS. Partisan de l'humanisme. -**2.** VX. Personne versée dans la connaissance des langues et des littératures anciennes. ◆ adj. Relatif à l'humanisme, qui met l'homme, son épanouissement et son destin au centre de ses préoccupations.

humanitaire [ymanitɛʀ] adj. (de *humanité*). Qui recherche le bien de l'humanité, qui vise à améliorer la condition des hommes : *Ces sentiments humanitaires vous honorent* (syn. philanthropique). *Une organisation humanitaire.*

humanitarisme [ymanitaʀism] n.m. Ensemble de conceptions humanitaires (souvent jugées illusoires et utopiques).

humanité [ymanite] n.f. (lat. *humanitas*). -**1.** Ensemble des hommes ; genre humain : *Évolution de l'humanité.* -**2.** Essence de l'homme ; nature humaine : *Réveillons ce qui reste en lui d'humanité* (syn. humain). -**3.** Bienveillance, compassion : *Traiter qqn avec humanité* (syn. altruisme, bonté). ◆ **humanités** n.f. pl. VIEILLI. Étude des lettres classiques (latin et grec).

humanoïde [ymanɔid] adj. et n. (du lat. *humanus* "humain", et de *-oïde*). Être ressemblant à l'homme (notamm. dans le langage de la science-fiction). ◆ adj. Qui présente des caractères humains ; à forme humaine.

humble [œ̃bl] adj. (lat. *humilis* "près de la terre", de *humus* "terre"). -**1.** Qui manifeste une attitude volontairement modeste : *Un homme humble* (syn. effacé). -**2.** LITT. De condition sociale modeste : *Un humble fonctionnaire* (syn. obscur). *Une humble demeure* (syn. pauvre). -**3.** Sans éclat, sans prétention ou sans importance : *Humbles travaux* (syn. modeste). -**4.** Qui dénote l'effacement, la déférence : *Se faire humble devant un supérieur* (syn. servile, plat). -**5.** À mon humble avis, si je peux exprimer mon opinion (formule de courtoisie). ◆ **humbles** n.m. pl. LITT. Les pauvres, les petites gens.

humblement [œ̃bləmɑ̃] adv. Avec humilité ; de façon humble : *Je vous fais humblement remarquer votre méprise. Vivre humblement* (syn. modestement, pauvrement).

humecter [ymɛkte] v.t. (lat. *humectare*). Rendre humide ; mouiller légèrement : *Humecter ses doigts. L'herbe est humectée de rosée* (syn. imprégner).

*humer [yme] v.t. (d'un rad. onomat.). Aspirer par le nez pour sentir : *Humer l'odeur d'une fleur. Humez l'air frais.*

humérus [ymeʀys] n.m. (lat. *humerus* "épaule"). Os du bras, qui s'articule à l'épaule et au coude.

humeur [ymœʀ] n.f. (lat. *humor* "liquide"). -**1.** Disposition affective dominante : *Incompatibilité d'humeur* (syn. caractère). -**2.** Disposition affective passagère : *Elle est toujours de bonne humeur* (= gaie, pleine d'entrain). *Être de mauvaise humeur* (= irrité, morose). -**3.** Disposition à l'irritation, à la colère : *Un mouvement d'humeur.* -**4.** MÉD. Liquide organique : *Humeur vitrée, aqueuse.* -**5.** VIEILLI. Les humeurs, le sang, la lymphe, la bile et la bile noire (ou *atrabile*), dont l'équilibre était censé déterminer la santé. -**6.** Être d'humeur à, être dans de bonnes dispositions pour : *Je ne suis pas d'humeur à plaisanter* (= disposé à).

humide [ymid] adj. (lat. *humidus*). Chargé d'eau ou de vapeur d'eau : *Linge humide* (syn. mouillé ; contr. sec). *Avoir le front humide de sueur* (syn. moite).

humidificateur [ymidifikatœʀ] n.m. Appareil servant à augmenter l'humidité de l'air ou à maintenir son degré hygrométrique par humidification.

humidification [ymidifikasjɔ̃] n.f. Action d'humidifier ; son résultat : *L'humidification de l'air d'un local.*

humidifier [ymidifje] v.t. (conj. 9). Rendre humide : *Humidifier l'air d'un bureau.*

humidité [ymidite] n.f. (bas lat. *humiditas*). État de ce qui est humide : *L'hygromètre mesure l'humidité de l'air.*

humiliant, e [ymiljɑ̃, -ɑ̃t] adj. Qui humilie : *Un refus humiliant* (syn. mortifiant).

humiliation [ymiljasjɔ̃] n.f. - **1.** Acte, situation qui humilie : *Essuyer une humiliation* (syn. affront). - **2.** État ou sentiment qui en résulte : *Éprouver l'humiliation d'un refus* (syn. honte, mortification).

humilié, e [ymilje] adj. et n. Qui a subi une humiliation : *Se sentir humilié après un échec* (syn. honteux).

humilier [ymilje] v.t. (bas lat. *humiliare*) [conj. 9]. Rabaisser qqn en le faisant apparaître comme inférieur, méprisable, indigne de la valeur qu'on lui accordait : *Humilier un adversaire* (syn. accabler, écraser). *Il a été profondément humilié par ton indifférence* (syn. vexer, mortifier, offenser). ◆ **s'humilier** v.pr. Se rabaisser ; se faire humble : *Refuser de s'humilier devant un vainqueur* (syn. s'abaisser).

humilité [ymilite] n.f. (lat. *humilitas*). - **1.** État d'esprit, attitude de qqn qui est humble, se considère avec indulgence, est porté à rabaisser ses propres mérites : *Une attitude pleine d'humilité* (syn. modestie ; contr. arrogance, fierté). - **2.** En toute humilité, très humblement, sans vanité aucune : *En toute humilité, je vous avoue mon ignorance.*

humoral, e, aux [ymɔʀal, -o] adj. MÉD. Relatif aux humeurs du corps : *L'immunité humorale est assurée par les anticorps, dans le sang.*

humoriste [ymɔʀist] n. et adj. (angl. *humorist*). - **1.** Personne qui a de l'humour. - **2.** Auteur de dessins, d'écrits comiques ou satiriques.

humoristique [ymɔʀistik] adj. (angl. *humoristic*). - **1.** Qui tient de l'humour, est empreint d'humour. - **2.** Qui concerne le texte ou le dessin comique, satirique.

humour [ymuʀ] n.m. (mot angl., du fr. *humeur*). Forme d'esprit qui cherche à mettre en valeur avec drôlerie le caractère ridicule, insolite ou absurde de certains aspects de la réalité ou de soi-même ; qualité de qqn qui peut comprendre cette forme d'esprit : *Manquer d'humour. Avoir le sens de l'humour. L'humour noir souligne avec cruauté l'absurdité du monde.*

humus [ymys] n.m. (mot lat. "sol"). Terre brune ou noirâtre résultant de la décomposition partielle de déchets végétaux et animaux (= terre végétale).

*** hune** [yn] n.f. (anc. scand. *hûnn*). MAR. ANC. Plate-forme fixée à l'extrémité supérieure du bas-mât, qui permettait de donner un écartement convenable aux haubans.

*** hunier** [ynje] n.m. MAR. ANC. Voile carrée d'un mât de hune.

*** huppe** [yp] n.f. (lat. *upupa*). - **1.** Touffe de plumes que certains oiseaux ont sur la tête. - **2.** Oiseau passereau ayant une touffe de plumes sur la tête.□ Famille des upupidés.

*** huppé, e** [ype] adj. - **1.** Qui porte une huppe, en parlant de certains oiseaux. - **2.** FAM. D'un rang social élevé : *Il est d'une famille huppée* (syn. fortuné).

*** hure** [yʀ] n.f. (probabl. d'orig. germ.). - **1.** Tête de certains animaux : *Hure de sanglier, de saumon, de brochet.* - **2.** Tête coupée de sanglier, formant trophée. - **3.** Charcuterie cuite à base de tête de porc.

*** hurlant, e** [yʀlɑ̃, -ɑ̃t] adj. Qui hurle : *Sirène hurlante. Des couleurs hurlantes* (syn. criard).

*** hurlement** [yʀləmɑ̃] n.m. (de *hurler*). - **1.** Cri prolongé, plaintif ou furieux, particulier au loup, au chien, à l'hyène. - **2.** Cri aigu et prolongé que l'homme fait entendre dans la douleur, la colère, etc. : *Les hurlements de la foule* (syn. vocifération, cri).

*** hurler** [yʀle] v.i. (lat. *ululare*). - **1.** Faire entendre des hurlements, des cris effrayants ou discordants : *Le loup hurle. Le blessé hurlait de douleur* (syn. crier). - **2.** Faire un bruit épouvantable : *Le vent hurle dans la cheminée* (syn. mugir). - **3.** Présenter une disparité choquante : *Couleurs qui hurlent ensemble* (syn. jurer). ◆ v.t. Dire, chanter en criant très fort : *Hurler des ordres* (syn. vociférer).

*** hurleur** [yʀlœʀ] adj.m. Singe hurleur, singe de l'Amérique du Sud (appelé aussi *alouate*), dont les cris s'entendent très loin (on dit aussi *un hurleur*).

hurluberlu, e [yʀlybɛʀly] n. (de l'anc. fr. *hurelu* "ébouriffé", et de *berlu* "homme léger"). FAM. Personne qui se comporte avec extravagance : *Une hurluberlue nous a téléphoné à une heure du matin* (syn. écervelé, farfelu).

*** husky** [œski] n.m. (mot angl., probabl. de *eskimo*) [pl. *huskies*]. Chien d'une race très utilisée pour la traction des traîneaux.

*hussard [ysaʀ] n.m. (hongr. *huszar*). Militaire d'un corps de cavalerie légère créé en France au XVIIᵉ s., dont la tenue fut primitivement empruntée à la cavalerie hongroise.

*hussarde [ysaʀd] n.f. (de *hussard*). À la hussarde, avec brutalité, sans délicatesse : *Séduire une femme à la hussarde.*

*hutte [yt] n.f. (frq. **hutta*). Abri sommaire ou habitation primitive faits de branchages, de paille, de terre, etc. (syn. cabane, cahute).

hyacinthe [jasɛt] n.f. (lat. *hyacinthus*, du gr.). Pierre fine, variété de zircon d'une couleur brun orangé à rouge.

hyalin, e [jalɛ̃, -in] adj. (bas lat. *hyalinus*, du gr. *hualos* "verre"). DIDACT. Qui a l'apparence du verre, vitreux : *Quartz hyalin.*

hybridation [ibʀidasjɔ̃] n.f. (de *hybride*). Croisement entre deux variétés, deux races d'une même espèce ou entre deux espèces différentes : *Maïs obtenu par hybridation.*

hybride [ibʀid] adj. et n.m. (lat. *hybrida* "de sang mêlé"). **- 1.** Animal ou végétal résultant d'une hybridation : *Le mulet est un hybride de l'âne et de la jument.* **- 2.** Composé d'éléments disparates : *Architecture hybride* (syn. composite). *Solution hybride* (syn. bâtard). *« Automobile » est un mot hybride qui vient du grec « auto » et du latin « mobilis ».*

hydne [idn] n.m. (gr. *hudnon* "tubercule, truffe"). Champignon comestible, à chapeau jaunâtre muni de pointes à la face inférieure, commun dans les bois (nom usuel *pied-de-mouton*). □ Classe des basidiomycètes.

hydratant, e [idʀatɑ̃, -ɑ̃t] adj. Qui produit une hydratation ; qui fournit de l'eau et, spécial., qui restitue à l'épiderme sa teneur en eau : *Crème, lotion hydratante.*

hydratation [idʀatasjɔ̃] n.f. (de *hydrater*). **- 1.** Introduction d'eau dans l'organisme, dans les tissus. **- 2.** CHIM. Fixation d'eau sur une espèce chimique ; transformation en hydrate.

hydrate [idʀat] n.m. (du gr. *hudôr* "eau"). **- 1.** CHIM. Combinaison d'un corps avec une ou plusieurs molécules d'eau. **- 2.** VIEILLI. Hydrates de carbone, glucides.

hydrater [idʀate] v.t. (de *hydrate*). **- 1.** Procéder à l'hydratation d'un organisme, d'un tissu : *Crème pour hydrater la peau.* **- 2.** CHIM. Procéder à l'hydratation d'une espèce chimique : *Hydrater la chaux vive.*

hydraulique [idʀolik] adj. (lat. *hydraulicus*, gr. *hudraulikos*, de *hudor* "eau" et *aulos* "tuyau"). **- 1.** Relatif à la circulation de l'eau : *Installation hydraulique.* **- 2.** Qui durcit, prend sous l'eau : *Mortier hydraulique.* **- 3.** Qui met en jeu un liquide sous pression : *Frein hydraulique.*

◆ n.f. **- 1.** Branche de la mécanique des fluides qui traite des lois régissant l'écoulement des liquides, notamm. de l'eau. **- 2.** Technique industrielle relative à la mise en œuvre de liquides sous pression.

hydravion [idʀavjɔ̃] n.m. (de *hydr[o]-* et *avion*). Avion conçu pour s'envoler de la surface de l'eau et pour s'y poser.

hydre [idʀ] n.f. (lat. *hydra*, gr. *hudra*). **- 1.** MYTH. GR. Animal fabuleux en forme de serpent d'eau : *Hercule triompha de l'hydre de Lerne en tranchant les sept têtes d'un seul coup.* **- 2.** LITT. Mal qui se renouvelle constamment : *L'hydre de l'anarchie.*

hydrocarboné, e [idʀokaʀbɔne] adj. Qui contient de l'hydrogène et du carbone : *Composé hydrocarboné.*

hydrocarbure [idʀokaʀbyʀ] n.m. Composé binaire de carbone et d'hydrogène : *Le pétrole et le gaz naturel sont des hydrocarbures.*

hydrocéphale [idʀosefal] adj. et n. (gr. *hydrocephalos*). Atteint d'hydrocéphalie.

hydrocéphalie [idʀosefali] n.f. Augmentation de volume du liquide céphalorachidien, entraînant, chez l'enfant, un gonflement de la boîte crânienne et une insuffisance du développement intellectuel.

hydrocortisone [idʀokɔʀtizɔn] n.f. (de *hydro-* et *cortisone*). Principale hormone corticosurrénale : *L'hydrocortisone de synthèse est un anti-inflammatoire.*

hydrocution [idʀokysjɔ̃] n.f. (de *hydro-* et [*électro*]*cution*). Syncope due à un trouble vasomoteur réflexe, déclenchée par la température froide de l'eau et pouvant entraîner la mort par noyade.

hydrodynamique [idʀodinamik] n.f. (de *hydro-* et *dynamique*). Partie de la mécanique des fluides qui s'applique aux liquides, étudie les lois régissant leurs mouvements et les résistances qu'ils opposent aux corps solides ◆ adj. Relatif à l'hydrodynamique.

hydroélectricité [idʀoelɛktʀisite] n.f. Énergie électrique obtenue par conversion de l'énergie hydraulique des rivières et des chutes d'eau.

hydroélectrique [idʀoelɛktʀik] adj. Relatif à l'hydroélectricité ; qui relève de : *Centrale hydroélectrique.*

hydrofoil [idʀofɔjl] n.m. (mot angl., de *hydro-* et de *foil* "feuille"). Syn. de *hydroptère.*

hydrofuge [idʀofyʒ] adj. et n.m. (de *hydro-* et *-fuge*). Se dit d'un produit qui préserve de l'humidité ou la chasse, par obturation des pores ou modification de l'état capillaire de la surface : *Enduit hydrofuge* (syn. imperméable).

hydrofuger [idʀofyʒe] v.t. [conj. 17]. Rendre hydrofuge.

hydrogénation [idRɔʒenasjɔ̃] n.f. (de *hydrogéner* "combiner avec l'hydrogène"). CHIM. Fixation d'hydrogène sur un corps.

hydrogène [idRɔʒɛn] n.m. (de *hydro-* et *-gène*). - **1.** Corps simple, gazeux, extrêmement léger, qui, avec l'oxygène, entre dans la composition de l'eau. □ Symb. H. - **2.** Bombe à hydrogène, bombe thermonucléaire. (On dit aussi, par abrév., *bombe H.*)

hydrogéné, e [idRɔʒene] adj. - **1.** Combiné avec l'hydrogène. - **2.** Qui contient de l'hydrogène.

hydroglisseur [idRɔglisœR] n.m. (de *hydro-* et *glisseur*). Bateau de faible tirant d'eau, génér. à fond plat, propulsé par une hélice aérienne ou un réacteur.

hydrographe [idRɔgRaf] n. (de *hydro-* et [*géo*]*graphe*). Spécialiste en hydrographie.

hydrographie [idRɔgRafi] n.f. (de *hydrographe*). - **1.** Partie de la géographie physique qui traite des eaux marines ou douces. - **2.** Ensemble des eaux courantes ou stables d'un pays : *L'hydrographie de la France.*

hydrographique [idRɔgRafik] adj. Qui concerne l'hydrographie, qui en relève : *Service hydrographique de la Marine nationale. Le réseau hydrographique d'un pays.*

hydrologie [idRɔlɔʒi] n.f. (de *hydro-* et *-logie*). Science qui traite des propriétés mécaniques, physiques et chimiques des eaux marines (*hydrologie marine* ou *océanographie*) et continentales (*hydrologie fluviale* ou *potamologie ; hydrologie lacustre* ou *limnologie*). ◆ **hydrologiste** et **hydrologue** n. Noms du spécialiste.

hydrolyse [idRɔliz] n.f. (de *hydro-*, et du gr. *lusis* "destruction"). Décomposition de certains composés chimiques par l'eau.

hydrolyser [idRɔlize] v.t. Effectuer une hydrolyse.

hydromécanique [idRɔmekanik] adj. Se dit d'une installation mécanique dans laquelle un liquide, génér. de l'eau ou de l'huile sous pression, est employé comme organe de transmission de puissance.

hydromel [idRɔmɛl] n.m. (du gr. *hudôr* "eau" et *meli* "miel"). Boisson fermentée ou non, faite de miel et d'eau.

hydrophile [idRɔfil] adj. (lat. scientif. *hydrophilus*). Apte à être mouillé par l'eau sans être dissous : *Coton hydrophile.*

hydropique [idRɔpik] adj. et n. (lat. *hydropicus*, du gr.). vx. Atteint d'hydropisie.

hydropisie [idRɔpizi] n.f. (lat. *hydropisis*, gr. *hudrôps*). VIEILLI. Accumulation pathologique de sérosité dans une partie du corps : *L'hydrocéphalie est une forme d'hydropisie.*

hydroptère [idRɔptɛR] n.m. (de *hydro-* et *-ptère*). Navire rapide muni d'ailes portantes

reliées à la coque par des bras et capable, à partir d'une certaine vitesse de s'élever sur l'eau (syn. hydrofoil).

hydrosphère [idRɔsfɛR] n.f. Partie liquide de la croûte terrestre (par opp. à *atmosphère* et à *lithosphère*).

hydrostatique [idRɔstatik] n.f. (de *hydro-* et *statique*). Étude des conditions d'équilibre des liquides. ◆ adj. Relatif à l'hydrostatique : *Pression hydrostatique sur un corps immergé.*

hydrothérapie [idRɔteRapi] n.f. (de *hydro-* et *-thérapie*). - **1.** Ensemble des thérapeutiques mettant à profit les propriétés physiques ou chimiques de l'eau. - **2.** Traitement par les bains, les douches, etc.

hydrothérapique [idRɔteRapik] adj. Relatif à l'hydrothérapie : *Traitement hydrothérapique.*

hydroxyde [idRɔksid] n.m. (de *hydro-* et *oxyde*). CHIM. - **1.** Base renfermant au moins un groupement OH— (nom générique). - **2.** Hydrate d'oxyde (ne contenant pas de groupements OH—).

hydroxyle [idRɔksil] n.m. (de *hydr*[*ogène*] et *oxy*[*gène*]). CHIM. Radical OH qui figure dans l'eau, les hydroxydes, les alcools, etc. (On dit aussi *un oxhydryle.*)

hyène [jɛn] n.f. (lat. *hyaena*, du gr.). Mammifère carnivore d'Afrique et d'Asie, à pelage gris ou fauve tacheté de brun, à l'arrière-train surbaissé, se nourrissant surtout de charognes. On dit de l'hyène ou la hyène. □ Famille des hyénidés ; long. jusqu'à 1,40 m. L'hyène hurle.

Hygiaphone [iʒjafɔn] n.m. (nom déposé). Dispositif transparent et perforé équipant des guichets où des employés sont en contact avec le public (postes, banques, etc.).

hygiène [iʒjɛn] n.f. (gr. *hugieinon* "santé"). - **1.** Partie de la médecine qui traite des mesures propres à préserver ou à favoriser la santé en améliorant le milieu dans lequel vit l'homme ; principes et pratiques mis en œuvre : *Règles, mesures d'hygiène élémentaires* (syn. salubrité). *Manquer d'hygiène* (syn. propreté, soin). *Hygiène alimentaire* (= régime d'alimentation). - **2.** Ensemble des conditions sanitaires d'un lieu : *Un local sans hygiène.*

hygiénique [iʒjenik] adj. - **1.** Relatif à l'hygiène : *Soins hygiéniques.* - **2.** Favorable à la santé : *Promenade hygiénique.* - **3.** Qui a trait à l'hygiène, à la propreté du corps, et particulièrement de ses parties intimes : *Papier hygiénique. Serviette, tampon hygiénique.*

hygiéniste [iʒjenist] n. Spécialiste de l'hygiène.

hygromètre [igRɔmɛtR] n.m. (de *hygro-* et *-mètre*). Appareil pour mesurer le degré d'humidité de l'air.

hygrométrie [igʀɔmetʀi] n.f. (de *hygro-* et *-métrie*). -**1.** Partie de la météorologie qui étudie la quantité de vapeur d'eau contenue dans l'air. -**2.** Quantité de vapeur d'eau contenue dans l'air.

hygrométrique [igʀɔmetʀik] adj. Relatif à l'hygrométrie : *Degré hygrométrique de l'air.*

1. hymen [imɛn] n.m. (gr. *humên* "membrane"). Membrane qui ferme plus ou moins complètement l'entrée du vagin chez la femme vierge.

2. hymen [imɛn] et **hyménée** [imene] n.m. (du n. d'une divinité grecque qui présidait au mariage). LITT. Mariage : *Les fruits de l'hymen* (= les enfants).

hyménoptère [imenɔptɛʀ] n.m. et adj. (du gr. *humên* "membrane" et *pteron* "aile"). Hyménoptères, ordre d'insectes à métamorphoses complètes, aux ailes membraneuses, comptant plus de 100 000 espèces (parmi lesquelles les abeilles, les guêpes et les fourmis).

1. hymne [imn] n.m. (lat. *hymnus,* du gr.). -**1.** Chez les Anciens, chant, poème à la gloire des dieux ou des héros, souvent associé à un rituel religieux : *Les hymnes de Pindare.* -**2.** Chant, poème lyrique à la gloire d'un personnage, d'une grande idée, etc. : *Les hymnes révolutionnaires.* -**3.** Hymne national, chant patriotique adopté par un pays et exécuté lors des cérémonies publiques.

2. hymne [imn] n.f. (de *1. hymne*). Chant latin divisé en strophes, poème religieux qui, dans la liturgie chrétienne, fait partie de l'office divin.

hypallage [ipalaʒ] n.f. (gr. *hupallagê* "échange"). RHÉT. Figure consistant à attribuer à certains mots d'une phrase ce qui convient à d'autres mots de la même phrase : *Ce marchand accoudé sur son comptoir avide* (V. Hugo).

hyper-, préf., du gr. *huper* « au-dessus », exprimant soit une intensité, une qualité supérieure à la normale scientifique *(hypertendu, hyperémotivité),* soit une position supérieure dans l'espace *(hyperboréen)* ou dans une hiérarchie *(hypermarché).*

hyperbole [ipɛʀbɔl] n.f. (gr. *huperbolê* "excès"). -**1.** RHÉT. Procédé qui consiste à exagérer l'expression pour produire une forte impression (ex. : *un géant* pour *un homme de haute taille).* -**2.** MATH. Courbe décrite dans un plan par un point qui se déplace de sorte que la différence de ses distances à deux points fixes (foyers) de ce plan soit constante.

hyperbolique [ipɛʀbɔlik] adj. -**1.** RHÉT. Se dit d'une expression qui a le caractère d'une hyperbole, d'un style qui contient de

l'hyperbole, de l'emphase : *Adresser des louanges hyperboliques à qqn* (syn. boursouflé, excessif). -**2.** MATH. Relatif à l'hyperbole ; en forme d'hyperbole : *Courbe hyperbolique. Miroir hyperbolique.*

hyperboréen, enne [ipɛʀbɔʀeɛ̃, -ɛn] adj. (lat. *hyperboreus,* du gr. *Boreas* "vent du nord"). LITT. De l'extrême nord.

hypercorrection [ipɛʀkɔʀɛksjɔ̃] n.f. LING. Phénomène consistant à reconstruire de manière erronée un mot en lui restituant un élément que l'on croit disparu dans l'évolution de la langue.

hyperémotivité [ipeʀemotivite] n.f. PSYCHOL. Émotivité excessive et morbide (syn. hypersensibilité).

hyperesthésie [ipeʀɛstezi] n.f. (du gr. *aisthêsis* "sensibilité"). NEUROL. Exagération de la sensibilité, tendant à transformer les sensations ordinaires en sensations douloureuses : *Hyperesthésie cutanée.*

hyperglycémie [ipɛʀglisemi] n.f. Excès du taux de glucose dans le sang. □ La normale est de 1 g par litre.

hypermarché [ipɛʀmaʀʃe] n.m. (d'apr. *supermarché).* Magasin exploité en libre service et présentant une superficie consacrée à la vente supérieure à 2 500 m².

hypermétrope [ipɛʀmetʀɔp] adj. et n. Atteint d'hypermétropie.

hypermétropie [ipɛʀmetʀɔpi] n.f. (du gr. *hupermetros* "excessif" et *ôps* "vue"). Anomalie de la vision due habituellement à un défaut de convergence du cristallin et dans laquelle l'image se forme en arrière de la rétine. □ On corrige l'hypermétropie par des verres convergents.

hypernerveux, euse [ipɛʀnɛʀvø, -øz] adj. et n. D'une nervosité excessive.

hyperréalisme [ipeʀʀealism] n.m. Courant des arts plastiques apparu aux États-Unis à la fin des années 60 et caractérisé par une interprétation quasi photographique du visible.

hypersensibilité [ipɛʀsɑ̃sibilite] n.f. Sensibilité extrême (syn. hyperémotivité).

hypersensible [ipɛʀsɑ̃sibl] adj. et n. D'une sensibilité extrême : *Un enfant hypersensible.*

hypersonique [ipɛʀsɔnik] adj. (d'apr. *supersonique).* AÉRON. Se dit des vitesses correspondant à un nombre de Mach égal ou supérieur à 5 (soit, à haute altitude, env. 5 000 km/h) ainsi que des engins se déplaçant à de telles vitesses.

hypertendu, e [ipɛʀtɑ̃dy] adj. et n. (de *hypertension,* d'apr. *tendu).* Qui a une tension artérielle supérieure à la moyenne.

hypertenseur [ipɛʀtɑ̃sœʀ] adj.m. et n.m. Se dit d'une substance qui provoque une hypertension artérielle, d'un médicament qui relève la tension artérielle.

hypertension [ipɛʀtɑ̃sjɔ̃] n.f. (de *tension*). PATHOL. Augmentation anormale de la pression à l'intérieur d'une cavité ou d'un vaisseau : *Hypertension artérielle.*

hyperthyroïdie [ipɛʀtiʀɔidi] n.f. Exagération de la sécrétion de la glande thyroïde avec, le plus souvent, hypertrophie de cet organe.

hypertonie [ipɛʀtɔni] n.f. (du gr. *hypertonos* "tendu à l'excès"). - **1.** PATHOL. Exagération de la tonicité des tissus. - **2.** NEUROL. Exagération du tonus musculaire.

hypertonique [ipɛʀtɔnik] adj. et n. MÉD. Qui est relatif à l'hypertonie ; qui souffre d'hypertonie.

hypertrophie [ipɛʀtʀɔfi] n.f. (de *hyper-* et *[a]trophie*). - **1.** PATHOL. Augmentation de volume d'un tissu, d'un organe, due à un développement excessif de la taille de ses constituants (contr. atrophie). - **2.** Développement excessif, exagéré : *Hypertrophie de la sensibilité* (= hypersensibilité).

hypertrophié, e [ipɛʀtʀɔfje] adj. Atteint d'hypertrophie (contr. atrophié).

hypertrophier [ipɛʀtʀɔfje] v.t. (conj. 9). Produire l'hypertrophie d'un tissu, d'un organe : *Entraînement qui hypertrophie les muscles des athlètes.* ◆ **s'hypertrophier** v.pr. - **1.** Augmenter de volume par hypertrophie : *Foie qui s'hypertrophie.* - **2.** Se développer excessivement : *Cette administration s'est hypertrophiée.*

hypertrophique [ipɛʀtʀɔfik] adj. PATHOL. Qui a les caractères de l'hypertrophie, qui présente une hypertrophie.

hypne [ipn] n.f. (gr. *hupnon*). BOT. Mousse très commune.

hypnose [ipnoz] n.f. (du rad. de *hypnotique*). - **1.** État de sommeil artificiel provoqué par suggestion. - **2.** Technique de suggestion propre à provoquer cet état : *Au XIXᵉ siècle, l'hypnose était utilisée à des fins thérapeutiques.*

hypnotique [ipnɔtik] adj. (gr. *hupnotikos*, de *hupnos* "sommeil"). Relatif à l'hypnose, à l'hypnotisme : *Sommeil hypnotique.* ◆ adj. et n.m. Se dit de médicaments qui provoquent le sommeil : *Les tranquillisants et les sédatifs sont des hypnotiques.*

hypnotiser [ipnɔtize] v.t. (de *hypnotique*). - **1.** Soumettre à l'hypnose : *Magicien qui hypnotise un spectateur.* - **2.** Retenir l'attention au point d'empêcher d'agir, de réfléchir : *Professeur qui hypnotise son auditoire. Être hypnotisé par un problème* (syn. obséder, obnubiler).

hypnotiseur, euse [ipnɔtizœʀ, -øz] n. Personne qui hypnotise.

hypnotisme [ipnɔtism] n.m. (angl. *hypnotism*). Ensemble des phénomènes qui constituent l'hypnose et des techniques permettant de provoquer l'hypnose.

hypo-, préf., du gr. *hupo* « au-dessous », exprimant soit une intensité, une qualité inférieure à la normale scientifique *(hypotrophie)*, soit une position inférieure dans l'espace *(hypoderme)* ou dans une hiérarchie *(hypokhâgne)*.

hypoallergique [ipoalɛʀʒik] adj. et n.m. Se dit d'une substance qui diminue les risques d'allergie.

hypocalorique [ipokalɔʀik] adj. Se dit d'un régime alimentaire pauvre en calories.

hypocentre [ipɔsɑ̃tʀ] n.m. GÉOL. Point souterrain, qui est l'origine d'un séisme (syn. foyer).

hypocondriaque [ipokɔ̃dʀijak] adj. et n. (gr. *hupokhondriakos* "malade sous les hypocondres [parties latérales de la région supérieure du ventre]"). Qui souffre d'hypocondrie, est anxieux de sa santé.

hypocondrie [ipokɔ̃dʀi] n.f. État d'anxiété permanente, pathologique, concernant la santé, l'état et le fonctionnement de ses organes.

hypocoristique [ipokɔʀistik] adj. et n.m. (gr. *hupokoristikos* "caressant"). LING. Se dit d'un mot qui exprime une intention affectueuse : « *Frérot* », « *bibiche* » *sont des hypocoristiques.*

hypocrisie [ipɔkʀizi] n.f. (lat. *hypocrisis* "mimique, imitation", mot gr.). - **1.** Défaut qui consiste à dissimuler sa véritable personnalité et à affecter des sentiments, des opinions et des vertus que l'on n'a pas : *Toute son attitude n'est que pure hypocrisie* (syn. fausseté, fourberie ; contr. sincérité). - **2.** Caractère de ce qui est hypocrite : *L'hypocrisie d'une réponse* (syn. duplicité).

hypocrite [ipɔkʀit] adj. et n. (lat. *hypocrita* "mime"). Qui fait preuve d'hypocrisie ; qui dénote l'hypocrisie : *Un flatteur hypocrite* (syn. menteur ; contr. sincère). *Un air hypocrite* (syn. dissimulé, sournois ; contr. franc). *Verser des larmes hypocrites* (syn. faux, affecté).

hypocritement [ipɔkʀitmã] adv. De façon hypocrite : *Répondre hypocritement* (contr. sincèrement).

hypoderme [ipɔdɛʀm] n.m. ANAT. Partie profonde de la peau, sous le derme, riche en tissu adipeux.

hypodermique [ipɔdɛʀmik] adj. Relatif à l'hypoderme, au tissu sous-cutané : *Injection hypodermique.*

hypogée [ipɔʒe] n.m. (bas lat. *hypogeum*, gr. *hupogeion*, de *hupo* "dessous" et *gê* "terre"). ARCHÉOL. - **1.** Excavation creusée de main d'homme ; construction souterraine. - **2.** Tombeau souterrain : *Les hypogées égyptiens.*

hypoglosse [ipɔglɔs] adj. (gr. *hupoglôssios*). ANAT. Se dit d'un nerf qui part du bulbe rachidien et innerve les muscles de la langue.

hypoglycémie [ipɔglisemi] n.f. MÉD. Diminution, insuffisance du taux de glucose dans le sang. □ La normale est de 1 g par litre.

hypokhâgne [ipɔkaɲ] n.f. Nom cour. donné à la classe de *lettres** supérieures des lycées, qui prépare à celle de première supérieure, ou khâgne.

hypophyse [ipɔfiz] n.f. (gr. *hupophusis*). ANAT. Glande endocrine située sous l'encéphale et qui sécrète de nombreuses hormones, en partic. l'hormone de croissance.

hyposodé, e [ipɔsɔde] adj. MÉD. Pauvre en sel : *Régime hyposodé.*

hypostase [ipɔstaz] n.f. (bas lat. *hypostasis* "substance, support", du gr.). THÉOL. Chacune des trois personnes divines considérées comme substantiellement distinctes.

hypostasier [ipɔstazje] v.t. [conj. 9]. THÉOL. Réduire à l'état d'hypostase, de divinité distincte.

hypostyle [ipɔstil] adj. (gr. *hupostulos*). ARCHIT. Dont le plafond est soutenu par des colonnes : *Salle, temple hypostyle.*

hypotendu, e [ipɔtɑ̃dy] adj. et n. Qui a une tension artérielle inférieure à la normale.

hypotenseur [ipɔtɑ̃sœʀ] adj.m. et n.m. Se dit d'un médicament qui diminue la tension artérielle.

hypotension [ipɔtɑ̃sjɔ̃] n.f. Tension artérielle inférieure à la normale.

hypoténuse [ipɔtenyz] n.f. (gr. *hupoteinousa* [*pleura*] "[côté] se tendant sous les angles"). MATH. Côté opposé à l'angle droit d'un triangle rectangle : *Le carré de l'hypoténuse est égal à la somme des carrés des deux autres côtés selon le théorème de Pythagore.*

hypothalamus [ipɔtalamys] n.m. Région du diencéphale située à la base du cerveau et où se trouvent de nombreux centres régulateurs des grandes fonctions (faim, soif, activité sexuelle, sommeil-éveil, thermorégulation).

hypothécable [ipɔtekabl] adj. Qui peut être hypothéqué : *Biens hypothécables.*

hypothécaire [ipɔtekɛʀ] adj. Relatif à l'hypothèque ; garanti par une hypothèque : *Prêt hypothécaire.*

hypothèque [ipɔtɛk] n.f. (gr. *hupothêkê* "gage"). - **1.** DR. Droit réel dont est grevé un bien immobilier au profit d'un créancier pour garantir le paiement de sa créance : *Avoir une hypothèque sur une maison.* - **2.** Obstacle qui empêche l'accomplissement de qqch : *Hypothèque qui pèse sur les relations entre les deux États.* - **3.** Prendre une hypothèque sur l'avenir, disposer d'une chose avant de la posséder.

hypothéquer [ipɔteke] v.t. [conj. 18]. - **1.** Grever un bien d'une hypothèque pour garantir une créance : *Hypothéquer une terre.* - **2.** Lier par qqch qui deviendra une difficulté : *Hypothéquer l'avenir* (syn. engager).

hypothermie [ipɔtɛʀmi] n.f. Abaissement de la température du corps au-dessous de la normale.

hypothèse [ipɔtɛz] n.f. (gr. *hupothêsis* "principe, supposition"). - **1.** LOG. Proposition à partir de laquelle on raisonne pour résoudre un problème, pour démontrer un théorème. - **2.** Proposition résultant d'une observation et que l'on soumet au contrôle de l'expérience ou que l'on vérifie par déduction. - **3.** Supposition destinée à expliquer ou à prévoir des faits : *Faire des hypothèses. Envisager l'hypothèse d'un accident* (syn. éventualité, possibilité). *Dans l'hypothèse où il reviendrait, que ferais-tu ?* (= au cas où). - **4.** En toute hypothèse, en tout cas ; quoi qu'il arrive.

hypothétique [ipɔtetik] adj. - **1.** LOG. Fondé sur une hypothèse. - **2.** Qui n'est pas certain, qui repose sur une supposition : *Un accord hypothétique* (syn. douteux, incertain).

hypotonie [ipɔtɔni] n.f. - **1.** BIOCHIM. État d'une solution hypotonique. - **2.** MÉD. Diminution de la tonicité musculaire.

hypotonique [ipɔtɔnik] adj. - **1.** BIOCHIM. Se dit d'une solution saline dont la concentration moléculaire est inférieure à celle du plasma sanguin. - **2.** MÉD. Qui présente une hypotonie, en parlant d'un organe.

hypotrophie [ipɔtʀɔfi] n.f. (de *hypo-* et [*a*]*trophie*). PATHOL. Développement insuffisant du corps, retard de la croissance.

hypsométrie [ipsɔmetʀi] n.f. (du gr. *hipsos* "hauteur", et de *-métrie*). Mesure et représentation cartographique du relief terrestre.

hysope [isɔp] n.f. (lat. *hyssopus*, du gr.). Arbrisseau des régions méditerranéennes et asiatiques, dont l'infusion des fleurs est stimulante. □ Famille des labiées.

hystérectomie [isteʀɛktɔmi] n.f. (de *hystéro-* et *-ectomie*). CHIR. Ablation de l'utérus.

hystérie [isteʀi] n.f. (gr. *hustera* "utérus", parce qu'on a cru que l'origine de cette maladie se trouvait dans cet organe). - **1.** Névrose s'extériorisant sous forme de manifestations somatiques fonctionnelles, telles que crises de nerfs, contractures, paralysies, etc. - **2.** Vive excitation poussée jusqu'au délire : *Hystérie collective* (syn. folie).

hystérique [isteʀik] adj. et n. (lat. impérial *hysterica*). Relatif à l'hystérie ; atteint d'hystérie.

hystérographie [isteʀɔgʀafi] n.f. Radiographie de l'utérus après injection d'un liquide opaque aux rayons X.

i [i] n.m. inv. - **1.** Neuvième lettre (voyelle) de l'alphabet. - **2.** I, chiffre romain représentant l'unité. - **3.** Mettre les points sur les i, s'expliquer de façon claire et précise pour éviter les ambiguïtés.

iambe ou **ïambe** [jãb] n.m. (lat. *iambus,* du gr.). MÉTR. ANC. Pied composé d'une syllabe brève et d'une syllabe longue accentuée.

iambique ou **ïambique** [jãbik] adj. MÉTR. Fondé sur l'iambe, composé d'iambes en parlant d'un vers, d'une pièce de vers : *Trimètre iambique.*

iatrogène [jatrɔʒɛn] adj. (du gr. *iatros* "médecin" et -*gène*). MÉD. Causé par les traitements médicaux ou les médicaments, en parlant d'une maladie, d'un accident morbide.

ibérique [iberik] adj. Relatif à l'Espagne et au Portugal : *Les pays ibériques.*

ibidem [ibidɛm] adv. (mot lat.). Au même endroit d'un texte déjà cité (abrév. *ibid.*).

ibis [ibis] n.m. (mot lat., du gr.). Oiseau échassier à bec long et courbé vers le bas. □ Famille des plataléidés.

iceberg [isbɛʀg] ou [ajsbɛʀg] n.m. (mot angl., norvég. *ijsberg* "montagne de glace"). - **1.** Bloc de glace de très grande taille flottant à la surface de la mer. □ La portion émergée représente seulement un cinquième env. de la hauteur totale de l'iceberg. - **2.** La partie immergée de l'iceberg, la partie cachée et souvent la plus importante d'une affaire.

ichtyologie [iktjɔlɔʒi] n.f. (du gr. *ikhthus* "poisson" et -*logie*). Étude scientifique des poissons. ◆ **ichtyologiste** n. Nom du spécialiste.

ichtyologique [iktjɔlɔʒik] adj. Qui appartient à l'ichtyologie.

ichtyosaure [iktjɔzɔʀ] n.m. (du gr. *ikhthus* "poisson" et *sauros* "lézard"). Reptile fossile ayant l'aspect d'un requin, qui vivait au jurassique et atteignait 10 m de long.

ici [isi] adv. (lat. pop. *ecce hic* "voilà ici"). - **1.** Indique le lieu où l'on est : *Venez ici* (contr. là-bas). *Il n'habite plus ici* (syn. là). - **2.** Indique un endroit précis connu de tous, ou que l'on désigne : *Arrêtons ici notre commentaire. Mettez votre signature ici* (syn. là). - **3.** En tête de phrase, dans un message téléphonique ou diffusé par la radio, la télévision, pour en indiquer l'origine : *Ici, Londres. Ici, X depuis Washington.* - **4.** D'ici, qui habite dans le pays, le lieu où l'on se trouve ; qui en provient : *Les gens d'ici. Les produits d'ici.* ‖ D'ici (à), indique un laps de temps commençant au moment où l'on parle et se terminant à la date indiquée : *D'ici une semaine. D'ici (à) la fin du mois.* ‖ D'ici là, entre le moment présent et la date dont il est question : *D'ici là tout sera terminé.* ‖ D'ici peu, dans peu de temps : *D'ici peu, tu auras de mes nouvelles* (= sous peu). ‖ Par ici, de ce côté-ci ; dans les environs : *Il n'y a pas de restaurant par ici ?*

ici-bas [isiba] adv. Sur la terre ; en ce monde (par opp. à *là-haut*) : *Les choses d'ici-bas.*

icône [ikon] n.f. (russe *ikona,* gr. byzantin *eikona* "image sainte"). Image du Christ, de la Vierge, des saints, dans l'Église de rite chrétien oriental.

iconoclaste [ikɔnɔklast] n. et adj. (gr. byzantin *eikonoklastès,* du class. *klân* "briser"). - **1.** HIST. Membre d'une secte religieuse du VIIIᵉ s. qui proscrivait le culte des images dans l'Empire byzantin. - **2.** Personne qui cherche à détruire tout ce qui est attaché au passé, à la tradition.

iconographie [ikɔnɔgrafi] n.f. (gr. *eikonographia*). - **1.** Étude descriptive des différentes

représentations figurées d'un même sujet ; ensemble classé des images correspondantes : *L'iconographie de l'enfance de Jésus.* -2. Étude de la représentation figurée dans une œuvre particulière. -3. Ensemble de l'illustration d'une publication : *Un ouvrage sur les animaux avec une riche iconographie.*
◆ **iconographe** n. Nom du spécialiste.

iconographique [ikɔnɔgʀafik] adj. Relatif à l'iconographie : *Recherche iconographique* (= recherche d'illustrations pour un ouvrage).

iconostase [ikɔnɔstaz] n.f. (russe *ikonostas,* du gr. *stasis* "action de poser"). Cloison couverte d'icônes, qui sépare la nef du sanctuaire dans les églises de rite chrétien oriental.

ictère [iktɛʀ] n.m. (lat. *icterus,* gr. *ikteros* "jaunisse"). MÉD. Coloration jaune de la peau due à son imprégnation par des pigments biliaires : *Les ictères sont des maladies hépatiques* (syn. jaunisse).

ictus [iktys] n.m. Affection subite qui frappe une personne (syn. attaque).

ide [id] n.m. (lat. scientif. *idus,* suéd. *id*). Poisson d'eau douce de couleur rouge, élevé dans les étangs. □ Famille des cyprinidés ; long. 40 cm.

idéal, e, als ou **aux** [ideal, -o] adj. (bas lat. *idealis,* du class. *idea* ; v. idée). -1. Qui n'existe que dans la pensée et non dans le réel : *Monde idéal* (syn. imaginaire). -2. Qui possède toutes les qualités souhaitables ; qui tend à la perfection : *La beauté idéale* (syn. parfait). *Peut-on concevoir le bonheur idéal ?* (syn. absolu). *Nous avons passé des vacances idéales* (syn. rêvé). -3. Qui convient le mieux, parfaitement adapté à : *C'est le lieu idéal pour se reposer.* ◆ **idéal** n.m. (pl. *idéals* ou *idéaux*). -1. Modèle d'une perfection absolue, qui répond aux exigences esthétiques, morales, intellectuelles de qqn, d'un groupe : *Un idéal de beauté* (syn. modèle). *Réaliser son idéal* (syn. rêve). *Avoir des idéaux de justice* (syn. utopie). -2. Ce qui donne entière satisfaction : *L'idéal serait que vous arriviez lundi* (= la meilleure solution).

idéalement [idealmã] adv. De façon idéale ; qui réalise la perfection : *Elle est idéalement belle.*

idéalisation [idealizasjɔ̃] n.f. -1. Action d'idéaliser ; fait d'être idéalisé : *L'idéalisation du personnage de Napoléon* (syn. embellissement). -2. PSYCHAN. Processus par lequel l'objet du désir est investi de qualités imaginaires.

idéaliser [idealize] v.t. Donner un caractère, une perfection idéale à : *Idéaliser un personnage historique* (syn. magnifier). *Vous idéalisez la situation* (syn. embellir).

idéalisme [idealism] n.m. -1. PHILOS. Système philosophique qui subordonne la réalité matérielle aux représentations que l'esprit en a : *Idéalisme kantien* (contr. matérialisme). -2. Attitude, caractère d'une personne qui aspire à un idéal élevé, souvent utopique : *L'idéalisme de la jeunesse.*

idéaliste [idealist] adj. et n. -1. PHILOS. Qui défend l'idéalisme (contr. matérialiste). -2. Qui a une conception idéale mais souvent utopique des valeurs sociales : *C'est un idéaliste* (syn. utopiste). *Une vue idéaliste de la situation.*

idéalité [idealite] n.f. Caractère de ce qui n'existe que dans la pensée : *Idéalité des notions abstraites.*

idée [ide] n.f. (lat. *idea,* mot gr. "apparence", de *idein* "voir"). -1. Représentation abstraite d'un être, d'un objet, etc., élaborée par la pensée : *L'idée du beau, du bien* (syn. concept). *Une idée générale* (syn. notion). -2. Représentation sommaire de qqch : *Ces photos vous donneront une idée de la région* (syn. aperçu, avant-goût). *Tu n'as pas idée des difficultés que nous avons rencontrées* (= tu n'imagines pas). -3. Manière de voir les choses : *Chacun exprimera ses idées* (syn. point de vue). *Avoir une haute idée de soi* (syn. opinion). *Laissez-la faire, c'est son idée* (syn. dessein, projet). *Qu'il fasse à son idée !* (syn. fantaisie, guise). *Nous ne partageons pas ses idées* (syn. vue). *Perdre, suivre le fil de ses idées* (syn. raisonnement). *Une idée de génie.* -4. Esprit qui élabore la pensée : *Cela ne m'est même pas venu à l'idée* (syn. esprit). *On ne m'ôtera pas de l'idée qu'elle nous a entendus* (syn. tête). -5. **Avoir idée que, avoir dans l'idée que,** avoir l'impression que : *J'ai (dans l'idée qu'elle ne nous a pas tout dit.* ‖ **Avoir l'idée de,** concevoir le projet de : *Il a eu l'idée du moteur à explosion* (= il l'a inventé). ‖ **Idée fixe, idée qui occupe l'esprit de manière tyrannique : *C'est chez elle une idée fixe* (syn. manie, obsession). ◆ **idées** n.f. pl. -1. Représentations liées à un état affectif : *Avoir des idées noires* (= être pessimiste). -2. FAM. Se faire des idées, imaginer des choses fausses : *Vous vous faites des idées sur lui.*

idée-force [idefɔʀs] n.f. (pl. *idées-forces*). Idée principale d'un raisonnement : *L'idée-force du discours du Premier ministre.*

idem [idɛm] adv. (mot lat.). De même (s'emploie, souvent dans des énumérations écrites, pour éviter les répétitions ; abrév. *id.*).

identifiable [idãtifjabl] adj. Qui peut être identifié : *Cadavre difficilement identifiable.*

identificateur [idãtifikatœʀ] n.m. INFORM. Symbole utilisé en programmation pour désigner une variable ou une fonction.

identification [idãtifikasjɔ̃] n.f. -1. Action d'identifier, d'établir l'identité de : *L'identi-*

fication d'un malfaiteur. - **2.** Fait de s'identifier : *Le processus d'identification au père.*

identifier [idãtifje] v.t. (lat. scolast. *identificare*, du class. *idem* "le même") [conj. 9]. - **1.** Établir l'identité de : *L'anthropométrie permet d'identifier les criminels.* - **2.** Déterminer la nature de qqch : *Pouvez-vous identifier ce parfum ?* (syn. reconnaître). - **3.** Considérer, déclarer qqn, qqch, identique à autre chose : *Identifier un homme politique à un régime* (syn. assimiler). ◆ **s'identifier** v.pr. [à]. Se rendre, en pensée, identique à : *Une romancière qui s'identifie à son héroïne.*

identique [idãtik] adj. (lat. scolast. *identicus*, du class. *idem* "le même"). - **1.** Qui présente avec qqn, avec qqch une parfaite ressemblance : *Les deux vases sont identiques* (syn. pareil). *Mon opinion est identique à la vôtre* (syn. semblable ; contr. différent). - **2.** Qui est unique, bien que se rapportant à deux choses différentes : *Deux mots d'origine identique.*

identiquement [idãtikmã] adv. De façon identique : *Situations identiquement dramatiques* (syn. également).

identité [idãtite] n.f. (bas lat. *identitas*, du class. *idem* "le même"). - **1.** Ce qui fait qu'une chose est exactement de même nature qu'une autre : *Identité de goûts* (syn. similitude ; contr. opposition). - **2.** Caractère permanent et fondamental de qqn, d'un groupe : *Affirmer son identité* (syn. personnalité). - **3.** Ensemble des données de fait et de droit, tels la date et lieu de naissance, le nom, le prénom qui permettent d'affirmer que qqn est telle personne sans confusion possible avec une autre : *Vérifier l'identité de qqn. Se présenter sous leur fausse identité. Papiers, carte d'identité.* - **4.** MATH. Égalité vérifiée pour toutes les valeurs assignables aux termes indéterminés. - **5.** Identité judiciaire, service de police chargé notamm. d'identifier les personnes et les objets, de relever des traces et indices sur les lieux d'une infraction. ‖ MATH. Identité sur un ensemble E, application de E dans E qui, à tout élément, associe cet élément lui-même.

idéogramme [ideɔgram] n.m. (de *idéo-* et -*gramme*). LING. Signe graphique qui représente le sens du mot et non les sons : *Les idéogrammes chinois.*

idéographique [ideɔgrafik] adj. Qui concerne l'écriture par idéogrammes : *L'écriture idéographique représente l'objet, non le son.*

idéologie [ideɔlɔʒi] n.f. (de *idéo-* et -*logie*). Système d'idées constituant un corps de doctrine philosophique et conditionnant le comportement d'un individu ou d'un groupe : *L'idéologie nationaliste. L'idéologie dominante.*

idéologique [ideɔlɔʒik] adj. Relatif à l'idéologie : *Divergences idéologiques.*

idéologue [ideɔlɔg] n. Personne qui est à l'origine de la doctrine d'un groupe : *Les idéologues du marxisme.*

ides [id] n.f. pl. (lat. *idus*). ANTIQ. Quinzième jour des mois de mars, mai, juillet et octobre, et treizième jour des autres mois, dans le calendrier romain : *Les ides de mars.*

id est [idɛst] loc. conj. (loc. lat., par l'angl.). Syn. de *c'est-à-dire* (abrév. *i. e.*).

idiolecte [idjɔlɛkt] n.m. (de *idio-* et [*dia*]*lecte*). LING. Ensemble des particularités langagières propres à un individu donné.

idiomatique [idjɔmatik] adj. Caractéristique de tel ou tel idiome : *Une expression idiomatique* (= un idiotisme).

idiome [idjom] n.m. (lat. *idioma*, mot gr. "particularité propre à une langue"). Langue propre à une communauté : *L'alsacien est un idiome germanique. Les idiomes africains.*

idiosyncrasie [idjɔsɛ̃krazi] n.f. (de *idio-*, et du gr. *sugkrasis* "mélange"). Manière d'être particulière à chaque individu qui l'amène à avoir des réactions, des comportements qui lui sont propres.

idiot, e [idjo, -ɔt] adj. et n. (lat. *idiotes*, du gr. *idios* "particulier" puis "homme du commun, ignorant"). - **1.** Dépourvu d'intelligence, de bon sens : *Tu me prends pour une idiote ?* (syn. imbécile). - **2.** FAM. Étourdi ; irréfléchi : *Idiot, tu m'as marché sur les pieds !* (syn. lourdaud, maladroit). ◆ adj. Inepte, stupide : *Une histoire idiote* (syn. absurde).

idiotement [idjɔtmã] adv. De façon idiote : *Je suis tombée idiotement dans le panneau* (syn. bêtement, sottement).

idiotie [idjɔsi] n.f. (de *idiot*). - **1.** Manque d'intelligence, de bon sens : *Faire preuve d'idiotie* (syn. bêtise, inintelligence). - **2.** Caractère inepte, stupide de qqch : *L'idiotie des paroles d'une chanson* (syn. ineptie). - **3.** Action, parole qui dénote un esprit obtus : *Faire, dire des idioties* (syn. bêtise). *C'était une idiotie de lui cacher ça* (syn. maladresse).

idiotisme [idjɔtism] n.m. (lat. *idiotismus*, gr. *idiotismos*, de *idios* "particulier"). LING. Expression ou construction particulière à une langue donnée et qu'on ne peut traduire littéralement. □ On parle, selon la langue, de gallicisme, d'anglicisme, de germanisme, etc.

idoine [idwan] adj. (lat. *idoneus*). LITT. Convenable ; approprié : *Trouver une solution idoine* (syn. adéquat).

idolâtre [idɔlatr] adj. et n. (lat. *idolatres*, gr. *eidôlolatrês* ; v. idole). - **1.** Qui adore les idoles : *Une tribu idolâtre.* - **2.** Qui voue une sorte de culte à qqn ou qqch : *Manipuler une foule idolâtre* (syn. fanatique).

801 IGNORER

idolâtrer [idɔlɑtʀe] v.t. - **1.** Vouer un culte à : *Idolâtrer l'argent, le pouvoir.* - **2.** Aimer avec passion : *Ils idolâtrent leur fils* (syn. adorer).

idolâtrie [idɔlɑtʀi] n.f. - **1.** Adoration des idoles : *L'idolâtrie des anciens peuples.* - **2.** Passion pour qqn, qqch : *Elle est pour ses fans un objet d'idolâtrie* (syn. adoration, culte).

idole [idɔl] n.f. (lat. *idolum*, gr. *eidôlon*, de *eidos* "forme"). - **1.** Image ou représentation d'une divinité qui est l'objet d'un culte d'adoration : *Des idoles en bois peint.* - **2.** Personne qui est l'objet d'une admiration passionnée : *Cette chanteuse est devenue l'idole des adolescents.*

idylle [idil] n.f. (it. *idillio*, lat. *idyllium*, gr. *eidullion*). - **1.** LITTÉR. Petit poème chantant l'amour dans un décor champêtre. - **2.** Relation amoureuse tendre : *Leur idylle n'a duré qu'un temps.* - **3.** Relation harmonieuse entre individus ou groupes : *Entre le Parlement et le Premier ministre, ce n'est pas l'idylle.*

idyllique [idilik] adj. - **1.** LITTÉR. Relatif à l'idylle : *La poésie idyllique* (syn. bucolique, pastoral). - **2.** Marqué par une entente parfaite : *Un amour idyllique* (= sans nuages). - **3.** Merveilleux, idéal : *Avoir une vue idyllique de la situation.*

if [if] n.m. (gaul. *ivos*). - **1.** Arbre gymnosperme à feuillage persistant et à baies rouges, souvent cultivé et taillé de façon sculpturale dans les jardins. □ Il peut atteindre 15 m de haut et vivre plusieurs siècles. - **2.** If à bouteilles, ustensile de forme conique, garni de pointes, pour égoutter les bouteilles après rinçage.

igloo ou **iglou** [iglu] n.m. (angl. *igloo*, mot esquimau). Habitation en forme de coupole, faite de blocs de neige, que construisent les Esquimaux.

igname [iɲam] n.f. (port. *inhame*, mot d'orig. probabl. bantoue). Plante grimpante des régions chaudes, au gros rhizome riche en amidon et comestible. □ Famille des dioscoréacées.

ignare [iɲaʀ] adj. et n. (lat. *ignarus*). Ignorant ; sans instruction : *Être ignare en musique* (syn. inculte).

igné, e [igne] ou [iɲe] adj. (lat. *igneus*, de *ignis* "feu"). - **1.** Qui est en feu : *La matière ignée qui constituerait les astres* (syn. incandescent). - **2.** Produit par l'action de la chaleur : *Fusion ignée.*

ignifugation [ignifygasjɔ̃] ou [iɲifygasjɔ̃] n.f. Action d'ignifuger ; son résultat.

ignifuge [ignifyʒ] ou [iɲifyʒ] adj. et n.m. (du lat. *ignis* "feu", et de *-fuge*). Se dit d'une substance, d'un produit propre à ignifuger : *Un composé ignifuge.* (On dit aussi *ignifugeant, e.*)

ignifuger [ignifyʒe] ou [iɲifyʒe] v.t. [conj. 17]. Traiter un matériau de telle sorte qu'il devienne peu ou difficilement inflammable : *Ignifuger tous les revêtements de sol.*

ignition [ignisjɔ̃] ou [iɲisjɔ̃] n.f. (du lat. *ignitio*, de *ignis* "feu"). État des corps en combustion.

ignoble [iɲɔbl] adj. (lat. *ignobilis* "non noble"). - **1.** Qui est d'une bassesse écœurante : *Propos ignobles* (syn. abject, vil). *Un individu ignoble* (syn. infâme). - **2.** Très laid ; très mauvais ; très sale : *Une nourriture ignoble* (syn. infect). *Un taudis ignoble* (syn. sordide).

ignoblement [iɲɔbləmɑ̃] adv. De façon ignoble : *Vous vous êtes conduits ignoblement* (syn. indignement).

ignominie [iɲɔmini] n.f. (lat. *ignominia*, de *nomen* "réputation"). LITT. - **1.** État de qqn qui a perdu tout honneur pour avoir commis une action infamante (syn. abjection, infamie). - **2.** Action, parole infâme : *Dire des ignominies* (syn. turpitude).

ignominieusement [iɲɔminjøzmɑ̃] adv. LITT. Avec ignominie.

ignominieux, euse [iɲɔminjø, -øz] adj. LITT. Qui dénote de l'ignominie (syn. abject, infâme, méprisable).

ignorance [iɲɔʀɑ̃s] n.f. (lat. *ignorantia*). - **1.** Défaut général de connaissances ; manque d'instruction : *Faire reculer l'ignorance* (syn. inculture). - **2.** Défaut de connaissance ou d'expérience dans un domaine déterminé : *J'avoue mon ignorance dans cette matière* (syn. incompétence).

ignorant, e [iɲɔʀɑ̃, -ɑ̃t] adj. et n. - **1.** Qui manque de connaissances, de savoir : *Un être ignorant et borné* (syn. inculte ; contr. instruit). - **2.** Qui n'est pas instruit de certaines choses : *Je suis ignorant en géographie* (syn. ignare, incompétent).

ignoré, e [iɲɔʀe] adj. - **1.** Dont l'existence, la nature n'est pas connue : *Phénomène dont la cause demeure ignorée* (syn. inconnu). - **2.** Qui est peu connu : *Chef-d'œuvre ignoré* (syn. inconnu). *Poète ignoré* (syn. méconnu, obscur).

ignorer [iɲɔʀe] v.t. (lat. *ignorare*). - **1.** Ne pas savoir ; ne pas connaître : *On ignore les raisons de son départ.* - **2.** Ne pas connaître par expérience, par la pratique : *Ignorer les difficultés de la vie. Elle ignore le mensonge.* - **3.** Manifester à l'égard de qqn une indifférence complète : *J'ai décidé de l'ignorer désormais.* - **4.** Ne pas tenir compte de : *Ignorer un avertissement.* ◆ **s'ignorer** v.pr. Qui s'ignore, dont on n'a pas conscience, en parlant d'un sentiment ; qui n'est pas conscient de sa valeur, en parlant de qqn : *Une vocation qui s'ignore encore. Un musicien qui s'ignore.*

iguane [igwan] n.m. (de *iguana*, mot d'une langue amérindienne des Antilles). Reptile saurien de l'Amérique tropicale, portant une crête dorsale d'écailles pointues, herbivore et dont la chair est estimée. □ Long. 1,50 m.

iguanodon [igwanɔdɔ̃] n.m. (mot angl., de *iguana* "iguane" et du gr. *odous, odontos* "dent"). Reptile dinosaurien de l'époque crétacée, à démarche bipède. □ Long. 10 m.

I. H. S., monogramme grec de Jésus, que l'Église latine a interprété : *Iesus, Hominum Salvator* (« Jésus, sauveur des hommes »).

ikebana [ikebana] n.m. (mot jap.). Art de la composition florale conforme aux traditions et à la philosophie japonaises et obéissant, depuis le VIIᵉ s., à des règles et à une symbolique codifiées.

il, ils [il] pron. pers. (lat. *ille* "celui-là"). Désigne la 3ᵉ pers. du masc. dans la fonction de sujet : *Il ira loin. Ils sont enthousiastes.* ◆ **il** pron. indéf. Sert à introduire des verbes impersonnels : *Il pleut. Il y a. Il faut.*

ilang-ilang ou **ylang-ylang** [ilɑ̃ilɑ̃] ou [ilɑ̃gilɑ̃g] n.m. (mot d'une langue des Moluques) [pl. *ilangs-ilangs, ylangs-ylangs*]. Arbre cultivé en Indonésie et à Madagascar pour ses fleurs, utilisées en parfumerie. □ Famille des anonacées.

île [il] n.f. (lat. *insula*). **- 1.** Étendue de terre entourée d'eau de tous côtés : *Madagascar est une île.* **- 2.** CUIS. Île flottante, œufs à la neige dont les blancs sont cuits au bain-marie dans un moule.

iléon [ileɔ̃] n.m. (lat. médiév. *ileum*, du gr. *eilein* "enrouler"). Troisième partie de l'intestin grêle, entre le jéjunum et le gros intestin.

iléus [ileys] n.m. (lat. *ileus*, gr. *eileos*, de *eilein* "enrouler"). MÉD. Obstruction de l'intestin. (On dit cour. *une occlusion intestinale.*)

iliaque [iljak] adj. (lat. *iliacus*, de *ilia* "flanc"). **- 1.** ANAT. Relatif aux flancs : *Les artères iliaques.* **- 2.** Fosse iliaque, chacune des deux régions latérales de la partie inférieure de l'abdomen. ‖ Os iliaque, chacun des deux os pairs et symétriques formant le squelette du bassin.

îlien, enne [iljɛ̃, -ɛn] adj. et n. Qui habite une île.

illégal, e, aux [ilegal, -o] adj. (lat. *illegalis*, de *lex, legis* "loi"). Contraire à une loi, aux lois : *Un contrat illégal* (syn. illicite, irrégulier).

illégalement [ilegalmɑ̃] adv. De façon illégale.

illégalité [ilegalite] n.f. **- 1.** Caractère de ce qui est contraire à la loi : *L'illégalité d'une sanction* (syn. irrégularité). **- 2.** Acte illégal : *Commettre une illégalité* (syn. iniquité).

illégitime [ileʒitim] adj. **- 1.** Qui se situe hors des institutions établies par la loi : *Union illégitime* (syn. illégal, irrégulier). **- 2.** Qui n'est pas fondé, justifié : *Prétention illégitime* (syn. déraisonnable, injustifié). **- 3.** Enfant illégitime, enfant né hors mariage et qui n'a pas été légitimé.

illégitimement [ileʒitimmɑ̃] adv. De façon illégitime.

illégitimité [ileʒitimite] n.f. Défaut de légitimité : *Illégitimité d'une demande.*

illettré, e [iletre] adj. et n. **- 1.** Qui ne sait ni lire ni écrire : *Le pourcentage des illettrés dans le monde* (syn. analphabète). **- 2.** Qui n'est pas très instruit (syn. inculte).

illettrisme [iletrism] n.m. État des personnes qui, ayant appris à lire et à écrire, en ont complètement perdu la pratique.

illicite [ilisit] adj. Défendu par la morale ou par la loi : *Amour illicite* (syn. interdit). *Activité illicite* (syn. illégal).

illico [iliko] adv. (mot lat.). FAM. Sur-le-champ ; immédiatement : *Elle est partie illico* (syn. aussitôt).

illimité, e [ilimite] adj. Sans limites : *J'ai en lui une confiance illimitée* (syn. absolu, total). *Des ressources illimitées en matières premières* (syn. immense, infini).

illisible [ilizibl] adj. **- 1.** Qu'on ne peut lire : *Écriture illisible* (syn. indéchiffrable). **- 2.** Dont la lecture est rebutante : *Roman confus, illisible* (syn. incompréhensible).

illogique [iloʒik] adj. Qui n'est pas logique : *Sa conduite est illogique* (syn. incohérent, irrationnel). *Tu es complètement illogique* (syn. inconséquent).

illogisme [iloʒism] n.m. Caractère de ce qui est illogique ; chose illogique : *L'illogisme de leur nouvelle stratégie saute aux yeux* (syn. absurdité, incohérence).

illumination [ilyminasjɔ̃] n.f. **- 1.** Action d'illuminer : *L'illumination d'un monument historique.* **- 2.** Ensemble des lumières disposées pour décorer les rues ou éclairer les monuments publics : *Les illuminations de Noël.* **- 3.** Inspiration subite : *Soudain, elle a eu une illumination.*

illuminé, e [ilymine] n. et adj. Personne qui embrasse une idée ou soutient une doctrine avec une foi aveugle, un zèle fanatique (syn. exalté, mystique, utopiste).

illuminer [ilymine] v.t. (lat. *illuminare*, de *lumen* "lumière"). **- 1.** Éclairer d'une vive lumière : *Des éclairs illuminaient le ciel.* **- 2.** Donner un vif éclat à : *Un sourire illumina son visage* (syn. éclairer).

illusion [ilyzjɔ̃] n.f. (lat. *illusio*, de *illudere* "se jouer de"). **- 1.** Erreur de perception qui fait prendre une apparence pour la réalité : *Vous avez été le jouet d'une illusion, ce n'était pas elle* (syn. hallucination). *Le décor donne l'illusion de la perspective.* - **2.** Erreur de l'esprit : *Se nourrir d'illusions* (syn. chimère, utopie). - **3.** Illusion d'optique, erreur relative à la forme, aux dimensions, etc., des objets : *Un mirage est une illusion d'optique.* ‖ Se faire des illusions, se tromper : *Tu te fais des illusions si tu crois m'avoir persuadé.*

illusionner [ilyzjɔne] v.t. Tromper par une illusion ; créer des illusions chez : *Elle cherche à nous illusionner* (syn. abuser, leurrer). ◆ **s'illusionner** v.pr. Se tromper : *Il s'illusionne sur ses capacités* (syn. s'abuser, se leurrer).

illusionnisme [ilyzjɔnism] n.m. Technique de l'illusionniste (syn. magie, prestidigitation).

illusionniste [ilyzjɔnist] n. Artiste de variétés qui trompe le regard du public par dextérité manuelle ou à l'aide d'accessoires truqués (syn. magicien, prestidigitateur).

illusoire [ilyzwaʀ] adj. (lat. *illusorius*, de *illusio* ; v. *illusion*). Propre à tromper par une fausse apparence : *Des promesses illusoires* (syn. trompeur).

illusoirement [ilyzwaʀmɑ̃] adv. LITT. D'une façon illusoire : *Une gloire illusoirement créée par les médias.*

illustrateur, trice [ilystʀatœʀ, -tʀis] n. Artiste qui exécute des illustrations : *Gustave Doré, l'illustrateur des fables de La Fontaine.*

illustratif, ive [ilystʀatif, -iv] adj. Qui sert d'exemple : *Donner des exemples illustratifs d'une démonstration* (= qui l'éclairent).

illustration [ilystʀasjɔ̃] n.f. - **1.** Action d'illustrer un texte ; image figurant dans un texte : *Livre agrémenté de nombreuses illustrations.* - **2.** Action d'illustrer, de rendre clair : *Cela peut servir d'illustration à sa thèse.*

illustre [ilystʀ] adj. (lat. *illustris*, de *illustrare* "éclairer"). Dont le renom est éclatant : *Famille illustre* (syn. célèbre ; contr. obscur).

illustré, e [ilystʀe] adj. Orné de gravures, d'images, de photographies : *Livre illustré.* ◆ **illustré** n.m. Journal, revue contenant des récits accompagnés de dessins : *Abonner sa fille à un illustré.*

illustrer [ilystʀe] v.t. (lat. *illustrare* ; propr. "éclairer"). - **1.** Orner d'images, de dessins : *Un dictionnaire abondamment illustré.* - **2.** Rendre plus clair par des exemples ; mettre en lumière : *Pour illustrer mon raisonnement* (syn. éclairer). *Son intervention illustre bien sa manière d'agir* (syn. révéler). - **3.** LITT. Rendre illustre, célèbre : *Il a illustré son pays par une importante découverte.* ◆ **s'illustrer** v.pr. LITT. Devenir illustre, célèbre : *S'illustrer par une victoire éclatante* (syn. se distinguer).

illustrissime [ilystʀisim] adj. (de *illustre* et *-issime*). Titre donné à certains personnages, princ. à de hauts dignitaires ecclésiastiques.

îlot [ilo] n.m. (de *île* et *-ot*). - **1.** Très petite île : *Les îlots sableux de la Loire.* - **2.** Élément ayant une unité, un caractère particulier, mais isolé au sein d'un espace plus vaste : *Un désert parsemé d'îlots de végétation. Des îlots de résistance* (syn. poche). - **3.** Groupe de maisons, d'immeubles, délimité par des rues, dans une ville : *Raser les îlots insalubres dans le centre-ville* (syn. bloc).

ilote [ilɔt] n.m. (gr. *heilôs, -ôtos*). - **1.** HIST. Esclave d'État, à Sparte (en ce sens, on écrit aussi *hilote*). - **2.** LITT. Homme réduit au dernier degré de misère, de servilité ou d'ignorance : *Ses employés sont de véritables ilotes* (syn. esclave).

îlotier [ilɔtje] n.m. Agent de police chargé de la surveillance d'un îlot d'habitations, d'une portion de quartier.

ilotisme [ilɔtism] n.m. - **1.** HIST. Condition d'ilote (en ce sens, on écrit aussi *hilotisme*). - **2.** LITT. État de servilité et d'ignorance (syn. esclavage, servitude).

il y a [ilja] loc. verb. - **1.** Indique la durée écoulée depuis un événement donné ou depuis la fin d'un état : *Je l'ai croisée il y a six mois. Il y a sept heures, j'étais encore à New York.* - **2.** (En corrélation avec *que*). Indique la durée d'une action depuis son origine, ou bien la durée écoulée depuis un événement donné dont on considère les suites : *Il y a cinq ans que je ne l'ai pas vu* (= cela fait cinq ans que je ne l'ai pas vu). *Il y a deux jours qu'elle est arrivée, et je ne l'ai pas encore appelée.* **Rem.** On utilise aussi *il y avait, il y aura, il y eut* (LITT.), *il y a eu* : *Il y aura demain deux ans que je n'ai pas fumé.*

image [imaʒ] n.f. (lat. *imago*). - **1.** Représentation d'un être ou d'une chose par la photographie, le film, etc. : *Un livre d'images. Des images de Paris au siècle dernier* (syn. dessin, gravure). *Les dernières images du film sont bouleversantes.* - **2.** Représentation de qqn, qqch par certains effets optiques : *Regarder son image dans la glace. L'image d'un téléviseur.* - **3.** Ce qui reproduit, imite ou évoque qqn, qqch : *Il a donné une image fidèle de la situation* (syn. description, tableau). *Elle est l'image même de la réussite* (syn. incarnation). - **4.** Représentation mentale d'un être ou d'une chose : *Il est poursuivi par l'image de son père à l'agonie* (syn. souvenir). - **5.** Expression évoquant la réalité par analogie ou similitude avec un domaine autre que celui auquel elle s'applique : *S'exprimer par images* (syn. métaphore). - **6.** Image d'Épinal, gravure à usage populaire, de style naïf, dont Épinal (en France) a été le principal centre de fabrication au

XIXe s. ; au fig., présentation naïve, simpliste d'un événement, d'un fait. ‖ Image de marque, idée favorable ou défavorable que le public se fait d'une marque commerciale, des produits de cette marque ; au fig., opinion générale du public sur une personne, une institution : *Le président soigne son image de marque.*

imagé, e [imaʒe] adj. Orné d'images, de métaphores : *Style imagé* (syn. coloré, métaphorique).

imagerie [imaʒʀi] n.f. - **1.** Ensemble d'images représentant des faits, des personnages, etc. : *L'imagerie populaire a beaucoup enrichi l'épopée napoléonienne.* - **2.** Technique permettant d'obtenir des images à partir de différents types de rayonnement, tels que la lumière, les rayons X, etc. : *Imagerie médicale, spatiale. Imagerie par résonance magnétique ou I. R. M.* (v. résonance).

imagier [imaʒje] n. m. (de *image*). - **1.** Au Moyen Âge, sculpteur en figures, plus rarement miniaturiste. - **2.** Livre d'images : *Un imagier pour enfants.*

imaginable [imaʒinabl] adj. Qui peut être imaginé : *Dénouement à peine imaginable* (syn. concevable).

imaginaire [imaʒinɛʀ] adj. (lat. *imaginarius*). Qui n'existe que dans l'esprit : *Une crainte purement imaginaire* (syn. chimérique ; contr. réel). *Personnage imaginaire* (syn. fictif, légendaire ; contr. historique). *Elle vit dans un monde imaginaire* (syn. irréel ; contr. réel, vrai). ◆ n.m. Domaine de l'imagination, des choses créées par l'imagination : *Vivre dans l'imaginaire* (contr. réel).

imaginatif, ive [imaʒinatif, -iv] adj. et n. (bas lat. *imaginativus*). Qui a l'imagination fertile : *Un esprit imaginatif* (syn. inventif).

imagination [imaʒinasjɔ̃] n.f. (lat. *imaginatio* "image, vision"). - **1.** Faculté de se représenter par l'esprit des objets ou des faits irréels ou jamais perçus, de restituer à la mémoire des perceptions ou des expériences antérieures : *S'évader par l'imagination* (syn. rêve). *Revoir en imagination la maison de son enfance.* - **2.** Faculté d'inventer, de créer, de concevoir : *Artiste qui fait preuve d'imagination* (syn. créativité, inventivité). - **3.** LITT. Construction plus ou moins chimérique de l'esprit : *C'est une pure imagination* (syn. invention). *Être le jouet de ses imaginations* (syn. chimère, illusion).

imaginer [imaʒine] v.t. (lat. *imaginari*). - **1.** Se représenter mentalement : *Imaginer le monde au XXIe s.* (syn. concevoir, envisager). *Imaginons que je finisse par accepter* (syn. supposer). - **2.** Avoir l'idée d'une chose ingénieuse : *Torricelli imagina le baromètre* (syn. inventer). *Qu'est-ce qu'elle va encore imaginer pour refu-*

ser ? (syn. trouver). ◆ **s'imaginer** v.pr. - **1.** Se représenter par l'esprit ; concevoir : *Je me l'imaginais très différent* (syn. se figurer, se représenter). *Ne t'imagine pas que nous ferons le travail à ta place* (syn. croire, penser). - **2.** Se représenter soi-même en esprit : *Elle s'imagine être une star* (syn. se figurer). *Je m'imagine déjà sur la plage au soleil* (syn. se voir).

imago [imago] n.m. (mot lat. "image"). Insecte adulte, arrivé à son complet développement et apte à se reproduire.

imam [imam] n.m. (mot ar.). Chef religieux musulman.

imbattable [ɛ̃batabl] adj. Qui ne peut être surpassé : *Coureur imbattable* (syn. invincible).

imbécile [ɛ̃besil] adj. et n. (lat. *imbecillus* "faible"). Dépourvu d'intelligence : *Un comportement imbécile* (syn. sot, stupide). *Passer pour un imbécile* (syn. idiot).

imbécillité [ɛ̃besilite] n.f. Comportement, acte stupide : *Son imbécillité est flagrante* (syn. stupidité). *Dire des imbécillités* (syn. sottise).

imberbe [ɛ̃bɛʀb] adj. (lat. *imberbis*). Qui est sans barbe : *Un visage imberbe* (syn. glabre).

imbiber [ɛ̃bibe] v.t. (lat. *imbibere*, propr. "boire, absorber"). Mouiller d'un liquide : *Imbiber d'eau une éponge* (syn. imprégner). ◆ **s'imbiber** v.pr. **[de]**. Absorber un liquide, en parlant de qqch : *La terre s'est imbibée d'eau pendant l'averse* (syn. s'imprégner).

imbrication [ɛ̃bʀikasjɔ̃] n.f. - **1.** État de choses imbriquées : *L'imbrication des écailles d'un poisson.* - **2.** Liaison étroite, intime : *L'imbrication des éléments d'un récit.*

imbriquer [ɛ̃bʀike] v.t. (lat. *imbricare* "couvrir de tuiles", de *imbrex* "tuile"). - **1.** Faire se chevaucher des choses. - **2.** Engager un objet dans un autre : *Imbriquer deux cubes l'un dans l'autre* (syn. ajuster, emboîter). ◆ **s'imbriquer** v.pr. - **1.** Se chevaucher. - **2.** S'ajuster : *Pièces d'un jeu de construction qui s'imbriquent.* - **3.** Être lié de manière étroite : *Des questions économiques s'imbriquent dans les problèmes politiques* (syn. se combiner, s'entremêler).

imbroglio [ɛ̃bʀɔljo] ou [ɛ̃bʀɔglijo] n.m. (mot it., de *imbrogliare* "embrouiller"). Situation confuse et d'une grande complexité : *L'imbroglio politique créé par le résultat des élections* (syn. confusion, désordre).

imbu, e [ɛ̃by] adj. (lat. *imbutus*, de *imbuere* "imbiber"). - **1.** Imprégné, pénétré profondément d'une idée, d'un sentiment : *Imbu de préjugés* (syn. plein, rempli). - **2.** Être imbu de soi-même, être intimement persuadé de sa supériorité, être prétentieux.

imbuvable [ɛ̃byvabl] adj. - **1.** Qu'on ne peut pas boire : *L'eau de mer est imbuvable.* - **2.** FAM.

Qu'on ne peut accepter : *Un type imbuvable* (syn. odieux, détestable).

imitable [imitabl] adj. Qui peut être imité : *Une signature aisément imitable.*

imitateur, trice [imitatœr, -tris] adj. et n. Qui imite : *Cet écrivain est un imitateur sans talent* (syn. plagiaire). ◆ n. Artiste de music-hall dont la spécialité est l'imitation : *Un homme politique qui est la cible des imitateurs.*

imitatif, ive [imitatif, -iv] adj. De la nature de l'imitation : *Le pouvoir imitatif des enfants.*

imitation [imitasjɔ̃] n.f. - **1.** Action d'imiter qqn ou d'évoquer qqch ; son résultat : *Elle fait une imitation irrésistible du Premier ministre. Ses romans sont de pâles imitations de ceux de Mauriac* (syn. copie, démarquage). - **2.** Action de reproduire artificiellement une matière, un objet ; cette reproduction, cette copie : *Bijoux en imitation. Un sac en imitation cuir.* - **3.** À l'imitation de, à la manière de, sur le modèle de : *Concerto à l'imitation de Mozart.*

imiter [imite] v.t. (lat. *imitari*). - **1.** Reproduire l'allure, le comportement de qqn, d'un animal, le bruit, le mouvement de qqch : *Il imite à la perfection le directeur* (syn. mimer, singer). - **2.** Reproduire exactement, copier : *Imiter une signature* (syn. contrefaire). - **3.** Prendre pour modèle : *Imiter un romancier* (syn. calquer). - **4.** Être une imitation de ; présenter le même aspect que : *Un stratifié qui imite le bois* (syn. rappeler, ressembler à).

immaculé, e [imakyle] adj. (lat. *immaculatus*, de *macula* "tache"). - **1.** Qui n'a pas la moindre tache ou qui est d'une blancheur absolue : *Sa chemise était immaculée.* - **2.** Qui est sans souillure morale : *Une âme immaculée* (syn. pur). - **3.** Immaculée Conception, privilège selon lequel la Vierge Marie a été préservée du péché originel, dogme défini par Pie IX le 8 décembre 1854.

immanence [imanɑ̃s] n.f. - **1.** État de ce qui est immanent. - **2.** PHILOS. Présence en l'homme même de sa finalité, de ses fins morales (par opp. à *transcendance*).

immanent, e [imanɑ̃, -ɑ̃t] adj. (lat. scolast. *immanens*, de *immanere*, de *manere* "rester"). - **1.** PHILOS. Qui est contenu dans un être ; qui résulte de la nature même de cet être. - **2.** PHILOS. Qui relève du monde sensible, du monde de l'expérience (par opp. à *transcendant*). - **3.** Justice immanente, justice qui découle naturellement des actes accomplis, qui frappe le coupable sans intervention d'un agent extérieur.

immangeable [ɛ̃mɑ̃ʒabl] adj. Qui n'est pas bon à manger : *Soupe immangeable* (= très mauvaise ; syn. infect).

immanquable [ɛ̃mɑ̃kabl] adj. - **1.** Qui ne peut manquer d'arriver : *L'échec était immanquable* (syn. inéluctable). - **2.** Que l'on ne peut manquer, rater : *Une cible immanquable.*

immanquablement [ɛ̃mɑ̃kabləmɑ̃] adv. Sans manquer, à coup sûr : *En agissant ainsi, tu vas immanquablement te faire remarquer* (syn. infailliblement, inévitablement).

immatérialité [imaterjalite] n.f. Qualité, état de ce qui est immatériel : *L'immatérialité de l'âme.*

immatériel, elle [imaterjɛl] adj. Qui n'a pas de consistance corporelle : *Les fantômes sont des êtres immatériels.*

immatriculation [imatrikylasjɔ̃] n.f. Action d'immatriculer ; fait d'être immatriculé ; numéro ainsi attribué : *Immatriculation d'un soldat, d'une automobile.*

immatriculer [imatrikyle] v.t. (bas lat. *immatriculare*, de *matricula* "registre"). Inscrire sur la matricule, sur un registre public : *Immatriculer un étudiant, une voiture.*

immature [imatyr] adj. Qui n'a pas encore atteint la maturité intellectuelle, affective : *Adolescent immature.*

immaturité [imatyrite] n.f. Caractère immature : *L'immaturité est très perceptible dans ses premiers romans.*

immédiat, e [imedja, -at] adj. (bas lat. *immediatus*, de *medius* "central"). - **1.** Qui précède ou qui suit sans qu'il y ait d'intermédiaire : *Successeur immédiat* (syn. direct). *Soulagement immédiat* (syn. instantané). - **2.** PHILOS. Connaissance immédiate, connaissance par intuition (par opp. à la *connaissance discursive*, qu'on acquiert par l'intermédiaire d'un raisonnement). ◆ **immédiat** n.m. Dans l'immédiat, pour le moment : *Dans l'immédiat, je n'ai rien à ajouter.*

immédiatement [imedjatmɑ̃] adv. À l'instant même : *Sortez immédiatement* (syn. sur-le-champ).

immémorial, e, aux [imemɔrjal, -o] adj. (lat. médiév. *immemorialis*). Qui est si ancien qu'on n'en connaît plus l'origine : *Tradition immémoriale.*

immense [imɑ̃s] adj. (lat. *immensus* "qui ne peut être mesuré"). Qui présente une étendue, une valeur considérables : *Un espace immense* (syn. vaste, spacieux). *Ils ont une immense fortune* (syn. colossal). *Un immense succès* (syn. énorme).

immensément [imɑ̃semɑ̃] adv. De façon immense : *Être immensément riche* (syn. extrêmement, infiniment).

immensité [imɑ̃site] n.f. - **1.** Caractère de ce qui est immense ; étendue très vaste : *L'immensité de la forêt amazonienne.* - **2.** Caractère de ce qui est considérable en grandeur, en intensité : *L'immensité d'une tâche* (syn. ampleur, énormité).

immergé, e [imɛrʒe] adj. Qui est sous l'eau : *Les terres immergées. La partie immergée d'un iceberg.*

immerger [imɛRʒe] v.t. (lat. *immergere*, de *mergere* "plonger") [conj. 17]. Plonger entièrement dans un liquide, partic. dans la mer : *Immerger des caissons de matières radioactives.*
◆ **s'immerger** v.pr. Se plonger totalement dans un milieu différent de son milieu habituel : *Faire un séjour à Londres pour s'immerger dans la langue anglaise.*

immérité, e [imeRite] adj. Qui n'est pas mérité, en bien ou en mal : *Des félicitations, une punition imméritées* (syn. injustifié, injuste).

immersion [imɛRsjɔ̃] n.f. (lat. *immersio*, de *immergere* ; v. *immerger*). - **1.** Action de plonger un corps dans un liquide : *L'immersion d'un câble téléphonique.* - **2.** Fait de se retrouver dans un milieu étranger sans contact direct avec son milieu d'origine : *Séjour linguistique en immersion.*

immettable [ɛ̃metabl] adj. Qu'on ne peut pas ou que l'on n'ose pas porter : *Costume immettable.*

1. immeuble [imœbl] adj. et n.m. (lat. *immobilis* "immobile"). DR. Se dit d'un bien qui ne peut être déplacé : *Une maison, un terrain sont des biens immeubles.*

2. immeuble [imœbl] n.m. (de 1. *immeuble*). Bâtiment d'une certaine importance, en partic. bâtiment divisé en appartements pour particuliers ou aménagé à usage de bureaux : *Adressez-vous au gardien de l'immeuble.*

immigrant, e [imigRɑ̃, -ɑ̃t] adj. et n. Qui immigre : *Un service d'accueil pour les immigrants.*

immigration [imigRasjɔ̃] n.f. Arrivée, dans un pays, d'étrangers venus s'y installer et y travailler ; ensemble des immigrés : *L'immigration portugaise en France.*

immigré, e [imigRe] adj. et n. Qui a immigré : *Des travailleurs immigrés. L'intégration des immigrés.*

immigrer [imigRe] v.i. (lat. *immigrare*, propr. "passer dans"). Venir se fixer dans un pays étranger au sien : *De nombreux Irlandais ont émigré aux États-Unis.*

imminence [iminɑ̃s] n.f. Caractère de ce qui est imminent : *L'imminence de son départ* (syn. proximité).

imminent, e [iminɑ̃, -ɑ̃t] adj. (lat. *imminens*, de *imminere* "menacer"). Qui est sur le point de se produire : *Son arrivée est imminente* (syn. proche ; contr. lointain).

s'immiscer [imise] v.pr. [dans] (lat. *immiscere*, de *miscere* "mêler") [conj. 16]. Intervenir indûment et indiscrètement dans ce qui est de la compétence d'autrui : *Cessez de vous immiscer dans leurs affaires* (syn. s'ingérer, se mêler de).

immixtion [imiksjɔ̃] n.f. (bas lat. *immixtio* ; v. *s'immiscer*). Action de s'immiscer dans les affaires d'autrui : *Nous ne tolérerons aucune immixtion dans nos affaires intérieures* (syn. ingérence, intervention).

immobile [imɔbil] adj. (lat. *immobilis*). Qui ne se meut pas, qui demeure fixe : *Elle est restée immobile à la fenêtre.*

immobilier, ère [imɔbilje, -ɛR] adj. (de 1. *immeuble*). - **1.** Qui est composé de biens immeubles : *Propriétés immobilières.* - **2.** Relatif à un immeuble : *Société immobilière. Crédit immobilier.* ◆ **immobilier** n.m. Ensemble des professions intervenant dans la commercialisation des immeubles : *Les professionnels de l'immobilier.*

immobilisation [imɔbilizasjɔ̃] n.f. Action d'immobiliser ; fait d'être immobilisé : *Restez à vos places jusqu'à l'immobilisation complète du véhicule* (syn. arrêt).

immobiliser [imɔbilize] v.t. - **1.** Rendre immobile, empêcher ou arrêter le mouvement de : *D'importantes chutes de neige ont immobilisé la colonne de secours* (syn. bloquer, stopper). - **2.** Immobiliser des capitaux, les utiliser à des investissements qui les rendent indisponibles pour un autre objectif. ◆ **s'immobiliser** v.pr. S'arrêter dans sa progression : *L'avion va s'immobiliser devant l'aérogare.*

immobilisme [imɔbilism] n.m. Disposition à se satisfaire de l'état politique, social, etc., présent : *Protester contre l'immobilisme du gouvernement* (syn. inertie). ◆ **immobiliste** adj. et n. Qui fait preuve d'immobilisme : *Une politique immobiliste.*

immobilité [imɔbilite] n.f. État d'un être, d'une chose qui est ou paraît sans mouvement : *L'immobilité des eaux d'un lac* (contr. agitation, mouvement).

immodéré, e [imɔdeRe] adj. Qui dépasse la mesure : *Prétentions immodérées* (syn. exagéré).

immodérément [imɔdeRemɑ̃] adv. De façon immodérée : *Il buvait immodérément* (syn. excessivement).

immodeste [imɔdɛst] adj. LITT. Qui manque de modestie, de pudeur : *Une satisfaction immodeste* (contr. réservé).

immodestie [imɔdɛsti] n.f. LITT. Manque de pudeur, de réserve.

immolation [imɔlasjɔ̃] n.f. Action d'immoler, de s'immoler : *L'immolation d'un agneau* (syn. sacrifice).

immoler [imɔle] v.t. (lat. *immolare*). - **1.** Tuer pour offrir en sacrifice à une divinité : *Agamemnon immola sa fille* (syn. sacrifier). - **2.** Immoler qqn, qqch pour satisfaire une exigence morale, passionnelle, etc. : *Immoler sa liberté à ses intérêts matériels.* ◆ **s'immoler** v.pr. [à]. Faire le sacrifice de sa fortune, de ses intérêts, etc., en considération de : *S'immoler à son devoir, à sa foi.*

immonde [imɔ̃d] adj. (lat. *immundus*, de *mundus* "net"). - **1.** D'une saleté qui provoque le dégoût : *Un taudis immonde* (syn. ignoble, infect). - **2.** D'une bassesse qui écœure : *Des propos immondes* (syn. abject, répugnant).

immondices [imɔ̃dis] n.f. pl. (lat. *immundi- tia*). Ordures ménagères ; déchets de toutes sortes : *Des immondices puantes s'accumulaient dans les rues.*

immoral, e, aux [imɔral, -o] adj. Qui agit contrairement à la morale établie ; qui est contraire à cette morale : *Un individu profon- dément immoral* (syn. dépravé). *Une conduite immorale* (syn. dissolu).

immoralisme [imɔralism] n.m. Doctrine qui nie toute obligation morale.

immoraliste [imɔralist] adj. et n. Qui concerne l'immoralisme ; partisan de l'immoralisme.

immoralité [imɔralite] n.f. Caractère de qqn, qqch qui est immoral : *L'immoralité d'une conduite, d'une œuvre.*

immortaliser [imɔrtalize] v.t. Rendre immortel dans la mémoire des hommes : *Cette découverte l'a immortalisé.*

immortalité [imɔrtalite] n.f. (lat. *immortali- tas*, de *mors, mortis* "mort"). - **1.** Qualité, état de ce qui est immortel, d'un être immortel : *L'immortalité de l'âme.* - **2.** Survivance éter- nelle dans le souvenir des hommes : *L'immortalité de la musique de Mozart.*

immortel, elle [imɔrtɛl] adj. (lat. *immortalis*). - **1.** Qui n'est pas sujet à la mort : *Dieux immortels* (syn. éternel). - **2.** Qu'on suppose devoir durer toujours : *Chercher un amour immortel* (syn. éternel ; contr. éphémère). - **3.** Dont le souvenir reste dans la mémoire des hommes : *Gloire immortelle.* ◆ n. - **1.** Dieu, déesse, dans la mythologie anti- que. - **2.** FAM. Membre de l'Académie fran- çaise.

immortelle [imɔrtɛl] n.f. Immortelles, plan- tes à fleurs persistantes, dont il existe 4 gen- res et près de 400 espèces, dont 8 en France.

immotivé, e [imɔtive] adj. - **1.** Sans motif : *Des craintes immotivées* (syn. injustifié, infondé). - **2.** LING. Se dit d'un signe linguistique dont le signifiant ne possède pas de motivation par rapport au signifié (syn. arbitraire).

immuable [imɥabl] adj. (de l'anc. adj. *muable* "qui bouge, qui change", d'après le lat. *immutabilis*). Qui n'est pas sujet à changer ; constant : *Un horaire immuable. Son immuable sourire* (syn. éternel).

immuablement [imɥabləmɑ̃] adv. De façon immuable : *Son visage immuablement triste* (syn. invariablement).

immunisant, e [imynizɑ̃, -ɑ̃t] adj. Qui immu- nise : *L'action immunisante d'un vaccin.*

immunisation [imynizasjɔ̃] n.f. Action d'immuniser ; fait d'être immunisé : *Le vaccin confère une immunisation temporaire.*

immuniser [imynize] v.t. (du lat. *immunis* "exempt"). - **1.** Rendre réfractaire à une maladie : *Vaccin qui immunise les enfants contre la rougeole.* - **2.** Mettre à l'abri d'un mal, d'une influence nocive : *Cette mésaventure l'a immu- nisé contre l'envie de recommencer* (syn. préser- ver).

immunitaire [imynitɛr] adj. MÉD. Relatif à l'immunité d'un organisme : *Stimuler les réactions immunitaires.*

immunité [imynite] n.f. (lat. *immunitas*, de *munus, -eris* "charge"). - **1.** BIOL. Résistance naturelle ou acquise d'un organisme vivant à un agent infectieux, tel que les microbes ou les virus, ou toxique, tel que les venins ou les toxines de champignons. - **2.** Immunité diplomatique, privilège des agents diploma- tiques en vertu duquel ceux-ci, notamm., ne peuvent être déférés aux juridictions de l'État dans lequel ils sont en poste. ‖ Immu- nité parlementaire, privilège selon lequel les parlementaires ne peuvent être poursuivis sans l'autorisation de l'assemblée à laquelle ils appartiennent.

immunodéficient, e [imynɔdefisjɑ̃, -ɑ̃t] adj. MÉD. Qui souffre d'une déficience des méca- nismes immunitaires.

immunodéficitaire [imynɔdefisitɛr] adj. MÉD. Relatif à la déficience des mécanismes immunitaires : *Syndrome immunodéficitaire acquis (sida).*

immunodépresseur [imynɔdeprɛsœr] et **immunosuppresseur** [imynɔsyprɛsœr] n.m. Médicament ou traitement capable de diminuer ou même de supprimer les réac- tions immunologiques spécifiques d'un organisme vis-à-vis d'un antigène. □ Ce type de médicament est utilisé en partic. lors des greffes d'organes.

immunoglobuline [imynɔglɔbylin] n.f. Anticorps qui assure l'immunité humorale, protéine présente dans le sang et les sécré- tions capable de se combiner spécifique- ment à l'antigène qui est à l'origine de sa production.

immunologie [imynɔlɔʒi] n.f. (de *immunité* et *-logie*). Partie de la biologie et de la médecine qui étudie les phénomènes d'immunité. ◆ **immunologiste** n. Nom du spécialiste.

immunologique [imynɔlɔʒik] adj. Relatif à l'immunologie.

immunosuppresseur n.m. → **immunodé- presseur.**

immutabilité [imytabilite] n.f. (lat. *immuta- bilitas*, de *mutare* "changer"). DR. Caractère des conventions juridiques qui ne peuvent être modifiées par la volonté des contractants : *L'immutabilité d'un contrat.*

impact [ɛpakt] n.m. (lat. *impactus,* de *impingere* "heurter"). **- 1.** Fait pour un corps, un projectile de venir en frapper un autre : *L'impact a été très violent* (syn. choc). **- 2.** Effet produit par qqch ; influence qui en résulte : *L'impact de la publicité.* **- 3.** Influence exercée par qqn, par ses idées : *L'impact d'un écrivain.* **- 4.** Point d'impact, endroit où a frappé un projectile : *Points d'impact sur un mur.*

1. impair, e [ɛpɛʀ] adj. (lat. *impar,* de *par* "égal"). **- 1.** Se dit d'un nombre qui n'est pas divisible par deux (par opp. à *pair*) : *Neuf est un nombre impair.* **- 2.** Qui est exprimé par un nombre, un chiffre impair : *Les nombres impairs se terminent par 1, 3, 5, 7 et 9.* **- 3.** ANAT. Organes impairs, organes qui n'ont pas de symétrique : *L'estomac et le foie sont des organes impairs.* ‖ MATH. Fonction impaire, fonction *f* telle que $f(-x) = -f(x)$.

2. impair [ɛpɛʀ] n.m. (de *1. impair,* p.-ê. par opp. à *parler pair* "parler sans équivoque"). Maladresse choquante ; faute de tact : *Commettre un impair* (syn. balourdise).

impala [impala] n.m. (mot de la langue des Zoulous). Antilope d'Afrique australe et orientale, vivant en grands troupeaux et dont le mâle porte des cornes en forme de lyre.

impalpable [ɛpalpabl] adj. Si fin, si ténu qu'on ne le sent au toucher : *Poussière impalpable.*

imparable [ɛpaʀabl] adj. Impossible à parer, à contrer : *Le coup était imparable. Un argument imparable.*

impardonnable [ɛpaʀdɔnabl] adj. Qui ne peut ou ne doit pas être pardonné : *Vous êtes impardonnable d'avoir agi ainsi. Une étourderie impardonnable* (syn. inexcusable).

1. imparfait, e [ɛpaʀfɛ, -ɛt] adj. (lat. *imperfectus,* de *perficere* "achever, accomplir"). **- 1.** Qui présente des lacunes, qui n'est pas achevé : *Connaissance imparfaite d'une langue* (syn. partiel, rudimentaire). **- 2.** Qui n'atteint pas la perfection absolue ; qui présente des défauts : *Son documentaire donne une idée imparfaite de la situation* (syn. approximatif, inexact).

2. imparfait [ɛpaʀfɛ] n.m. (de *1. imparfait*). GRAMM. Système de formes verbales constituées d'une racine verbale et d'un affixe exprimant le passé et situant l'énoncé dans un moment indéterminé ou le moment présent ou avant le moment du récit.

imparfaitement [ɛpaʀfɛtmã] adv. De façon imparfaite : *Elle a imparfaitement rendu ma pensée.*

imparisyllabique [ɛpaʀisilabik] adj. et n.m. (de *1. impair* et *syllabique*). LING. Se dit des

mots latins qui ont au génitif singulier une syllabe de plus qu'au nominatif singulier (par opp. à *parisyllabique*).

impartial, e, aux [ɛpaʀsjal, -o] adj. Qui ne favorise pas l'un aux dépens de l'autre ; qui n'exprime aucun parti pris : *Avis impartial* (syn. objectif). *Juge impartial* (syn. équitable).

impartialement [ɛpaʀsjalmã] adv. Avec équité ; sans parti pris : *Se prononcer impartialement* (syn. équitablement, objectivement).

impartialité [ɛpaʀsjalite] n.f. Caractère, qualité de qqn qui est impartial ou de ce qui est juste, équitable : *Voici mon avis en toute impartialité* (syn. équité, objectivité).

impartir [ɛpaʀtiʀ] v.t. (bas lat. *impartire* "accorder", de *pars, partis* "partie") [conj. 32]. DR. ou LITT. Attribuer ; accorder : *Impartir un délai pour un paiement.*

impasse [ɛpas] n.f. (de *in-* et *passer*). **- 1.** Rue, ruelle sans issue : *Habiter au fond d'une impasse* (syn. cul-de-sac). **- 2.** Situation ne présentant pas d'issue favorable : *La négociation est dans l'impasse.* **- 3.** JEUX. Tentative de faire une levée avec la plus basse de deux cartes non successives d'une même couleur en spéculant sur la position de la carte intermédiaire. **- 4.** FAM. Faire une, des impasse(s), négliger d'étudier une partie d'un programme d'examen en espérant être interrogé sur les autres. ‖ Impasse budgétaire, fraction des dépenses de l'État qu'on espère couvrir non par des ressources budgétaires, mais par des ressources de trésorerie ou un recours à un emprunt.

impassibilité [ɛpasibilite] n.f. Caractère ou état d'une personne impassible (syn. flegme, sang-froid).

impassible [ɛpasibl] adj. (lat. ecclés. *impassibilis,* de *pati* "souffrir"). Qui ne manifeste aucun trouble, aucune émotion : *Un air impassible. Rester impassible devant le danger* (= maître de soi ; syn. calme, imperturbable).

impassiblement [ɛpasibləmã] adv. Avec impassibilité : *Écouter impassiblement les critiques* (syn. sereinement).

impatiemment [ɛpasjamã] adv. Avec impatience : *Les enfants attendent impatiemment leurs cadeaux.*

impatience [ɛpasjãs] n.f. Manque de patience ; incapacité à se maîtriser ou à attendre : *Apprendre à maîtriser son impatience* (syn. énervement, irritation).

impatient, e [ɛpasjã, -ãt] adj. (lat. *impatiens, -entis*). Qui manque de patience ; qui désire avec un empressement inquiet : *Être impatient de partir* (syn. pressé). ◆ n. Personne impatiente : *Un jeune impatient.*

impatiente [ɛpasjãt] et **impatiens** [ɛpasjãs] n.f. (du lat. *impatiens* [v. *impatient*], en raison de la réaction du fruit). Balsamine, dont le fruit s'ouvre au moindre contact.

impatienter [ɛ̃pasjɑ̃te] v.t. Faire perdre patience à : *Sa lenteur m'impatiente* (syn. énerver, irriter). ◆ **s'impatienter** v.pr. Perdre patience ; marquer son impatience : *Le train en retard et les voyageurs commencent à s'impatienter.*

impavide [ɛ̃pavid] adj. (lat. *impavidus*, de *pavor* "peur"). LITT. Qui n'éprouve ou ne manifeste aucune peur : *Rester impavide dans le tumulte* (syn. imperturbable).

impayable [ɛ̃pɛjabl] adj. (propr. "qu'on ne saurait payer trop cher", d'où "admirable" avec évolution vers un sens iron.). FAM. Incroyablement risible : *Vous êtes impayable avec ce chapeau. Une aventure impayable* (syn. cocasse).

impayé, e [ɛ̃peje] adj. Qui n'a pas été payé : *Trop de factures restent impayées.* ◆ **impayé** n.m. Dette, traite, effet non payés : *Recouvrement des impayés.*

impeccable [ɛ̃pekabl] adj. (lat. *impeccabilis* "incapable de faute", de *peccare* "pécher"). - **1.** Qui est sans défaut : *Parler un français impeccable* (syn. excellent, parfait, pur). - **2.** Parfaitement propre, net : *Uniformes impeccables.*

impeccablement [ɛ̃pekabləmɑ̃] adv. De façon impeccable : *Chaussures impeccablement cirées* (syn. parfaitement).

impécunieux, euse [ɛ̃pekynjø, -øz] adj. (du lat. *pecunia* "argent"). LITT. Qui manque d'argent : *Des familles impécunieuses* (syn. démuni, pauvre).

impédance [ɛ̃pedɑ̃s] n.f. (mot angl., de *to impede* "empêcher", lat. *impedire* "entraver"). PHYS. Quotient de la tension aux bornes d'un circuit par le courant alternatif qui le parcourt.

impedimenta [ɛ̃pedimɛ̃ta] n.m. pl. (mot lat. "bagages"). LITT. Ce qui entrave l'activité, le mouvement : *Une femme et des enfants sont des impedimenta pour un carriériste* (syn. obstacle).

impénétrabilité [ɛ̃penetʀabilite] n.f. Caractère impénétrable : *L'impénétrabilité d'un mystère, d'une forêt.*

impénétrable [ɛ̃penetʀabl] adj. - **1.** Qui ne peut être pénétré, traversé : *Un maquis impénétrable* (syn. dense). - **2.** Impossible à comprendre : *Desseins impénétrables* (syn. mystérieux). *Elle est impénétrable* (syn. énigmatique).

impénitent, e [ɛ̃penitɑ̃, -ɑ̃t] adj. (lat. *impaenitens*, de *paenitere* "se repentir"). - **1.** Qui persiste dans une habitude : *Un buveur impénitent* (syn. invétéré). - **2.** THÉOL. Qui refuse de se repentir : *Un pécheur impénitent.*

impensable [ɛ̃pɑ̃sabl] adj. Qui dépasse l'imagination : *Il est impensable qu'elle ait pu oublier* (syn. inconcevable).

impenses [ɛ̃pɑ̃s] n.f. pl. (lat. *impensa*). DR. Dépense faite pour l'entretien ou l'amélioration d'un bien, notamm. d'un bien immeuble.

1. **impératif, ive** [ɛ̃peʀatif, -iv] adj. (lat. *imperativus*, de *imperare* "commander"). - **1.** Qui a le caractère du commandement ; qui exprime un ordre absolu : *Ton impératif* (syn. autoritaire, péremptoire). *Consigne impérative* (syn. incontournable). - **2.** Qui s'impose comme une nécessité absolue : *Des besoins impératifs* (syn. pressant, urgent).

2. **impératif** [ɛ̃peʀatif] n.m. (de 1. *impératif* et du bas lat. *imperativus* [*modus*]). - **1.** Nécessité absolue qui impose certaines actions comme un ordre : *Les impératifs du moment, de la situation politique* (syn. exigence). - **2.** GRAMM. Mode du verbe caractérisé par l'absence de pronoms de conjugaison et qui exprime un ordre ou une défense.

impérativement [ɛ̃peʀativmɑ̃] adv. De façon impérative : *Vous devez impérativement répondre avant mardi* (syn. obligatoirement).

impératrice [ɛ̃peʀatʀis] n.f. (lat. *imperatrix*, de *imperare* "commander"). - **1.** Femme d'un empereur. - **2.** Femme qui gouverne un empire.

imperceptibilité [ɛ̃pɛʀsɛptibilite] n.f. Caractère de ce qui est imperceptible : *L'imperceptibilité des infrasons.*

imperceptible [ɛ̃pɛʀsɛptibl] adj. - **1.** Qui échappe à nos sens : *Ultrason imperceptible à l'oreille* (= inaudible). *Microbes imperceptibles à l'œil* (= invisible). - **2.** Qui échappe à l'attention : *Progrès, changement imperceptible* (syn. infime, insensible).

imperceptiblement [ɛ̃pɛʀsɛptibləmɑ̃] adv. De façon imperceptible.

imperfectible [ɛ̃pɛʀfɛktibl] adj. Qui n'est pas perfectible.

imperfectif, ive [ɛ̃pɛʀfɛktif, -iv] adj. (de *perfectif*). LING. Se dit de l'aspect verbal qui envisage une action comme non achevée et dans son déroulement (syn. inaccompli, non accompli). ◆ **imperfectif** n.m. LING. Aspect imperfectif ; ensemble des formes verbales imperfectives.

imperfection [ɛ̃pɛʀfɛksjɔ̃] n.f. - **1.** État d'une personne ou d'une chose imparfaite : *L'imperfection des moyens techniques* (syn. défectuosité, médiocrité). - **2.** Ce qui rend qqn ou qqch imparfait : *Ouvrage qui souffre de menues imperfections* (syn. défaut, faute).

impérial, e, aux [ɛ̃peʀjal, -o] adj. (lat. *imperialis*). - **1.** Qui appartient ou se rapporte à un empereur ou à un empire : *La garde impériale. La Rome impériale.* - **2.** LITT. Qui montre beaucoup d'autorité : *Allure impériale* (syn. majestueux, souverain).

impériale [ɛ̃peʀjal] n.f. (de *impérial*, par analogie de forme avec une couronne impériale
pour le sens 1). - **1.** Étage supérieur d'une
diligence, d'un tramway, d'un autobus,
d'un train. - **2.** Autref., petite touffe de barbe
sous la lèvre inférieure, mise à la mode par
Napoléon III.

impérialement [ɛ̃peʀjalmɑ̃] adv. De façon
impériale ; en souverain : *Il a impérialement
dominé ses adversaires.*

impérialisme [ɛ̃peʀjalism] n.m. (angl. *impe-
rialism*). - **1.** Domination culturelle, économique, etc., d'un État ou d'un groupe
d'États sur un autre État ou groupe d'États :
Les pays qui ont souffert de l'impérialisme (syn.
colonialisme). - **2.** Volonté d'expansion et de
domination : *L'impérialisme d'une école littéraire* (syn. domination).

impérialiste [ɛ̃peʀjalist] adj. et n. Qui relève
de l'impérialisme : *Des visées impérialistes.*

impérieusement [ɛ̃peʀjøzmɑ̃] adv. De façon
impérieuse : *Parler impérieusement* (syn. autoritairement).

impérieux, euse [ɛ̃peʀjø, -øz] adj. (lat. *impe-
riosus*, de *imperium* "empire"). - **1.** Qui commande avec énergie : *Prendre un ton impérieux*
(syn. cassant, péremptoire, tranchant). - **2.** Qui
oblige à céder, qui s'impose sans qu'on
puisse résister : *Nécessité impérieuse* (syn.
pressant).

impérissable [ɛ̃peʀisabl] adj. Qui ne saurait
périr : *Ce film ne m'a pas laissé un souvenir
impérissable* (syn. éternel). *Un chef-d'œuvre
impérissable* (syn. immortel).

impéritie [ɛ̃peʀisi] n.f. (lat. *imperitia*, de *peri-
tus* "expérimenté"). ʟɪᴛᴛ. Manque de capa-
cité dans la fonction que l'on exerce :
L'impéritie d'un ministre (syn. incapacité).

imperméabilisant, e [ɛ̃peʀmeabilizɑ̃, -ɑ̃t]
adj. et n.m. Se dit d'un produit qui, pulvérisé sur le cuir ou le tissu, le rend imperméable.

imperméabiliser [ɛ̃peʀmeabilize] v.t. Rendre imperméable : *Imperméabiliser une paire
de chaussures.*

imperméabilité [ɛ̃peʀmeabilite] n.f. Qualité
de ce qui est imperméable : *L'imperméabilité
des sols argileux.*

imperméable [ɛ̃peʀmeabl] adj. - **1.** Qui ne se
laisse pas traverser par les liquides : *Le
caoutchouc est imperméable* (syn. étanche).
- **2.** Imperméable à, inaccessible à certains
sentiments, certaines idées : *Être imperméable
au modernisme* (syn. insensible). *Il est imperméable à tout conseil* (syn. réfractaire). ◆ n.m.
Vêtement de pluie imperméable (abrév.
fam. *imper*).

impersonnel, elle [ɛ̃peʀsɔnɛl] adj. - **1.** Qui
n'appartient ou n'est destiné à personne en
propre : *La loi est impersonnelle.* - **2.** Qui n'a
aucun caractère personnel : *Style impersonnel*
(syn. fade, plat). *Un décor impersonnel* (syn.
quelconque ; contr. original). - **3.** Modes impersonnels, modes du verbe qui n'expriment
pas la personne grammaticale : *L'infinitif et
le participe sont des modes impersonnels.* ‖ Phrase
impersonnelle, phrase dans laquelle le sujet,
placé après le verbe, est remplacé devant le
verbe par le pronom neutre *il* (ex. : « Il est
arrivé un paquet »). ‖ ɢʀᴀᴍᴍ. Verbe impersonnel, verbe qui n'a que la 3ᵉ pers. du sing.,
représentant un sujet neutre indéterminé :
« *Falloir (il faut), pleuvoir (il pleut)* » sont des
verbes impersonnels.

impersonnellement [ɛ̃peʀsɔnɛlmɑ̃] adv. De
façon impersonnelle : *Verbe employé impersonnellement.*

impertinence [ɛ̃peʀtinɑ̃s] n.f. - **1.** Manière
arrogante de parler, d'agir : *Elle nous a toisés
avec impertinence* (syn. effronterie). - **2.** Parole,
action déplacée ou offensante : *Vos impertinences sont intolérables* (syn. insolence).

impertinent, e [ɛ̃peʀtinɑ̃, -ɑ̃t] adj. et n. (bas
lat. *impertinens* "qui ne convient pas"). Qui
parle, agit d'une manière blessante : *Une
réplique impertinente* (syn. irrévérencieux). *C'est
une impertinente* (syn. insolent).

imperturbabilité [ɛ̃peʀtyʀbabilite] n.f. État,
caractère d'une personne imperturbable :
Rien ne m'irrite plus que son imperturbabilité
(syn. flegme, placidité, sang-froid).

imperturbable [ɛ̃peʀtyʀbabl] adj. Que rien
ne peut troubler : *Elle a su rester imperturbable*
(syn. calme, impassible).

imperturbablement [ɛ̃peʀtyʀbabləmɑ̃]
adv. De façon imperturbable.

impétigo [ɛ̃petigo] n.m. (mot lat., de *impetere*
"attaquer"). Affection contagieuse de la
peau, due au streptocoque ou au staphylocoque, caractérisée par l'éruption de pustules qui, en se desséchant, forment des
croûtes épaisses.

impétrant, e [ɛ̃petʀɑ̃, -ɑ̃t] n. (du lat. *impetrare*
"obtenir"). ᴅʀ. Personne qui obtient de
l'autorité compétente qqch qu'elle a sollicité, comme un diplôme, une charge, un
titre.

impétueusement [ɛ̃petɥøzmɑ̃] adv. Avec
impétuosité.

impétueux, euse [ɛ̃petɥø, -øz] adj. (bas lat.
impetuosus, de *impetus* "impulsion"). - **1.** Qui
est animé d'un mouvement puissant,
rapide : *Torrent impétueux* (syn. tumultueux).
- **2.** Qui est vif, emporté, en parlant de qqn :
Un adolescent impétueux (syn. ardent,
bouillant ; contr. nonchalant).

impétuosité [ɛ̃petɥozite] n.f. - **1.** ʟɪᴛᴛ. Caractère, nature de ce qui est impétueux :

L'impétuosité des flots (syn. fureur, violence).
- **2.** Caractère passionné d'une personne :
Elle a défendu sa cause avec impétuosité (syn. ardeur, fougue).

impie [ɛ̃pi] adj. et n. (lat. *impius*, de *pius* "pieux"). LITT. Qui méprise la religion : *Les impies* (syn. athée, incroyant). *Un livre impie* (syn. sacrilège).

impiété [ɛ̃pjete] n.f. (lat. *impietas*, de *impius* ; v. *impie*). LITT. - **1.** Mépris pour les choses religieuses (syn. irréligion). - **2.** Parole, action impie (syn. blasphème, sacrilège).

impitoyable [ɛ̃pitwajabl] adj. - **1.** Qui est sans pitié : *Juge impitoyable* (syn. implacable).
- **2.** Qui ne fait grâce de rien : *Un critique impitoyable* (syn. intransigeant, sévère).

impitoyablement [ɛ̃pitwajabləmɑ̃] adv. Sans pitié : *Il a impitoyablement rejeté toutes les demandes.*

implacable [ɛ̃plakabl] adj. (lat. *implacabilis*, de *placare* "apaiser"). - **1.** Dont on ne peut apaiser la violence, la dureté : *Haine implacable* (syn. acharné). *Un ennemi implacable* (syn. impitoyable). - **2.** À quoi on ne peut échapper : *Une logique implacable* (syn. imparable).

implacablement [ɛ̃plakabləmɑ̃] adv. De façon implacable : *Répression menée implacablement* (syn. impitoyablement).

implant [ɛ̃plɑ̃] n.m. (de *implanter*). - **1.** MÉD. Pastille chargée d'une substance active, telle que médicament, hormone, etc., que l'on place dans le tissu cellulaire sous-cutané, où elle se résorbe lentement. - **2.** Implant dentaire, plaque ou grille introduite au contact de l'os maxillaire pour soutenir une prothèse dentaire.

implantable [ɛ̃plɑ̃tabl] adj. MÉD. - **1.** Se dit d'un organe qui peut être implanté. - **2.** Se dit d'un sujet sur lequel on peut pratiquer une implantation.

implantation [ɛ̃plɑ̃tasjɔ̃] n.f. - **1.** Action d'implanter ; fait d'être implanté : *L'implantation d'une usine dans une région* (syn. installation). - **2.** Manière dont les cheveux sont plantés. - **3.** MÉD., CHIR. Intervention ayant pour but d'insérer un implant sous la peau.

implanter [ɛ̃plɑ̃te] v.t. (it. *impiantare*, bas lat. *implantare* "planter dans"). - **1.** Fixer, introduire, planter dans qqch : *Le lierre implante ses crampons dans les fissures de la muraille.*
- **2.** Établir qqn, qqch quelque part de façon durable : *Implanter un centre commercial près d'une ville* (syn. construire, installer). - **3.** CHIR. Pratiquer l'implantation de. ◆ **s'implanter** v.pr. Se fixer ; s'installer durablement : *Le parti n'a pas réussi à s'implanter dans la région.*

implication [ɛ̃plikasjɔ̃] n.f. - **1.** État d'une personne impliquée dans une affaire : *Son implication dans ce scandale n'a jamais été*

prouvée (syn. complicité, participation).
- **2.** (Surtout au pl.). Ce qui est impliqué par qqch ; conséquence attendue : *Implications politiques d'une décision économique* (syn. conséquence, effet).

implicite [ɛ̃plisit] adj. (lat. *implicitus*, p. passé de *implicare* "envelopper" ; v. *impliquer*). Qui est contenu dans une proposition sans être exprimé en termes précis, formels : *Clause, condition, volonté implicite* (syn. tacite ; contr. explicite).

implicitement [ɛ̃plisitmɑ̃] adv. De façon implicite : *Son silence constitue implicitement une acceptation.*

impliquer [ɛ̃plike] v.t. (lat. *implicare*, de *plicare* "plier"). - **1.** Mettre en cause : *Il a été impliqué dans une affaire de fausses factures* (syn. compromettre, mêler). - **2.** Avoir pour conséquence logique ou inéluctable : *Ces propos impliquent un refus de votre part* (syn. signifier). *Le travail en équipe implique la confiance réciproque* (syn. supposer). ◆ **s'impliquer** v.pr. [dans]. FAM. Se consacrer très activement à qqch : *Il s'est beaucoup impliqué dans le projet* (syn. s'engager).

implorant, e [ɛ̃plɔrɑ̃, -ɑ̃t] adj. LITT. Qui implore : *Voix implorante* (syn. suppliant).

imploration [ɛ̃plɔrasjɔ̃] n.f. Action d'implorer (syn. prière, supplication).

implorer [ɛ̃plɔre] v.t. (lat. *implorare*, de *plorare* "pleurer"). - **1.** Supplier avec insistance, en faisant appel à la pitié : *Implorer Dieu, ses juges* (syn. adjurer, conjurer). - **2.** Demander en suppliant, d'une manière pressante : *Implorer le pardon de qqn* (syn. quémander, solliciter).

imploser [ɛ̃ploze] v.i. Faire implosion : *Le téléviseur a implosé.*

implosif, ive [ɛ̃plozif, -iv] adj. PHON. Se dit d'une consonne dépourvue de sa phase d'explosion : *Dans le mot « aptitude », la consonne « p » est implosive.*

implosion [ɛ̃plozjɔ̃] n.f. (de *[ex]plosion*). - **1.** Irruption brutale et rapide d'un fluide dans une enceinte qui se trouve à une pression nettement moindre que la pression du milieu extérieur : *Implosion d'un tube à vide de téléviseur.* - **2.** PHON. Première phase de l'émission d'une consonne occlusive, caractérisée par la fermeture du conduit expiratoire et de l'articulation (par opp. à *explosion*).

impluvium [ɛ̃plyvjɔm] n.m. (mot lat.). ANTIQ. Espace découvert au milieu de l'atrium des maisons romaines et qui contenait un bassin pour recevoir les eaux de pluie ; ce bassin lui-même.

impoli, e [ɛ̃pɔli] adj. et n. Qui manque de politesse : *Un homme impoli* (syn. grossier, malpoli). *Une demande impolie* (syn. discourtois, incorrect).

impoliment [ɛ̃pɔlimɑ̃] adv. Avec impolitesse.

impolitesse [ɛ̃pɔlitɛs] n.f. **- 1.** Manque de politesse : *Se conduire avec impolitesse* (syn. grossièreté). **- 2.** Action, parole impolie : *C'est une impolitesse de ne pas l'avoir remercié* (syn. incorrection, inconvenance).

impondérable [ɛ̃pɔ̃derabl] adj. (de *pondérable*). LITT. Dont l'importance peut difficilement être évaluée : *Facteurs impondérables* (syn. imprévisible). ◆ n.m. (Surtout au pl.). Élément imprévisible qui influe sur la détermination des événements : *Les impondérables de la politique* (syn. imprévu).

impopulaire [ɛ̃pɔpylɛʀ] adj. Qui n'est pas conforme aux désirs de la population ; qui n'est pas aimé du grand nombre : *Loi très impopulaire.*

impopularité [ɛ̃pɔpylarite] n.f. Manque de popularité ; caractère de ce qui est impopulaire : *L'impopularité d'un gouvernement, d'une loi.*

1. importable [ɛ̃pɔʀtabl] adj. (de *importer*). Qu'il est permis ou possible d'importer : *Liste des marchandises importables.*

2. importable [ɛ̃pɔʀtabl] adj. (de *porter*). Se dit d'un vêtement que l'on ne peut ou que l'on n'ose pas porter : *Ce chemisier est importable* (syn. immettable).

importance [ɛ̃pɔʀtɑ̃s] n.f. (it. *importanza*, du lat. *importare*, propr. "porter dans"). **- 1.** Caractère de ce qui importe par sa valeur, par son intérêt, par son rôle : *Attacher, donner beaucoup d'importance à qqch. Une décision de la plus haute importance* (syn. conséquence, portée). **- 2.** Caractère de ce qui est considérable par la force, le nombre, la quantité : *Une agglomération d'importance moyenne* (syn. taille). **- 3.** Autorité, influence que confère un rang élevé dans la société, un talent reconnu, etc. : *Il a pris de l'importance dans l'entreprise* (syn. crédit). **- 4.** D'importance, important, considérable : *L'affaire est d'importance.*

important, e [ɛ̃pɔʀtɑ̃, -ɑ̃t] adj. (it. *importante* ; v. *2. importer*). **- 1.** Qui a une valeur, un intérêt, un rôle considérable : *Une déclaration importante* (syn. capital). **- 2.** Considérable par ses proportions, sa quantité : *Un investissement assez important* (syn. considérable). ◆ adj. et n. Qui témoigne une prétention à paraître plus qu'il n'est (péjor.) : *Vouloir faire l'important.* ◆ **important** n.m. Point essentiel : *L'important, c'est de guérir* (syn. essentiel, principal).

importateur, trice [ɛ̃pɔʀtatœʀ, -tʀis] adj. et n. Qui fait des importations : *Pays importateur de céréales. Un gros importateur de voitures.*

importation [ɛ̃pɔʀtasjɔ̃] n.f. **- 1.** Action d'importer : *Importation d'objets manufacturés*

(contr. exportation). **- 2.** (Surtout au pl.). Ce qui est importé : *L'excédent des importations* (contr. exportation).

1. importer [ɛ̃pɔʀte] v.t. (lat. *importare* "porter dans"). **- 1.** Faire entrer dans un pays des marchandises provenant de l'étranger : *Importer du bois, du charbon* (contr. exporter). **- 2.** Introduire dans son pays, dans son milieu qqch qui vient de l'étranger : *Importer une danse, une mode* (syn. acclimater).

2. importer [ɛ̃pɔʀte] v.i. et v.t. ind. [à] (it. *importare*, mot lat. "porter dans", susciter"). **- 1.** Avoir de l'importance ; présenter de l'intérêt : *Gagner, voilà ce qui importe* (syn. compter). *Vos histoires m'importent peu* (syn. intéresser). **- 2.** Il importe de, que, il est nécessaire de, que : *Il importe que votre réponse nous parvienne sous huitaine.* ▌ N'importe, il n'importe → n'importe. ▌ N'importe qui, quel, où, etc. → n'importe. ▌ Peu importe, qu'importe, cela n'a aucune importance : *Peu importe qu'elle soit là ou non. Qu'importent vos protestations.* **Rem.** Ce verbe ne s'emploie qu'à l'inf. et aux 3e pers.

import-export [ɛ̃pɔʀɛkspɔʀ] n.m. (pl. *imports-exports*). Commerce de produits importés et exportés.

importun, e [ɛ̃pɔʀtœ̃, -yn] adj. et n. (lat. *importunus* "inabordable"). **- 1.** Qui ennuie, qui gêne par une insistance répétée ou hors de propos : *Des visiteurs importuns* (syn. fâcheux). **- 2.** Qui irrite par sa continuité ou sa répétition : *Ses plaintes sont importunes en la circonstance* (syn. inopportun, intempestif). **- 3.** Qui incommode par son caractère déplacé : *Une question importune* (syn. gênant).

importuner [ɛ̃pɔʀtyne] v.t. Causer du désagrément à : *Vous importunez les autres par vos bavardages incessants* (syn. déranger, gêner).

imposable [ɛ̃pozabl] adj. (de *imposer*). Soumis à l'impôt ; assujetti à l'impôt : *Revenu imposable. Personnes imposables.*

imposant, e [ɛ̃pozɑ̃, -ɑ̃t] adj. Qui impressionne par la grandeur, le nombre, la force : *Une foule imposante* (syn. énorme). *Un film à la mise en scène imposante* (syn. grandiose).

imposé, e [ɛ̃poze] adj. **- 1.** Qui est obligatoire : *Se plier aux règles imposées.* **- 2.** SPORTS. Exercices imposés, figures imposées, exercices, figures obligatoires dans certains concours, comme le patinage, la gymnastique, etc. (on dit aussi *les imposés, les imposées*). ◆ adj. et n. Soumis à l'impôt ; assujetti à l'impôt : *Revenus imposés.*

imposer [ɛ̃poze] v.t. (lat. *imponere* "placer sur"). **- 1.** Obliger à accepter, à faire, à subir : *Imposer sa volonté* (syn. dicter). *Imposer des restrictions* (syn. infliger). **- 2.** Faire accepter par une pression morale : *Elle a su imposer ses* *idées.* - **3.** Charger qqn d'un impôt : *Imposer les contribuables* (contr. exonérer). - **4.** Frapper qqch d'un impôt, d'une taxe : *Imposer les boissons alcoolisées* (syn. taxer ; contr. dégrever). - **5.** Imposer le respect, inspirer un sentiment de respect. ‖ Imposer silence, faire taire. ‖ CATH. Imposer les mains, mettre les mains sur qqn pour le bénir. ◆ v.t. ind. En imposer à qqn, lui inspirer du respect, de l'admiration, de la crainte. ‖ S'en laisser imposer, se laisser impressionner par des apparences faussement remarquables. ◆ s'imposer v.pr. - **1.** Imposer sa présence : *Il a réussi à s'imposer dans l'entourage du directeur.* - **2.** Se faire accepter par le respect que l'on inspire ou par sa valeur : *S'imposer comme la meilleure joueuse de tennis du moment.* - **3.** Avoir un caractère de nécessité ; devenir une obligation : *Des réformes s'imposent. La plus grande prudence s'impose* (= est de rigueur).

imposition [ɛ̃pozisjɔ̃] n.f. (lat. *impositio*, de *imponere* "imposer"). - **1.** Impôt ; procédé de fixation de l'assiette et de liquidation d'un impôt : *Réformer les conditions générales de l'imposition.* - **2.** IMPR. Mise en place des pages de composition, en ménageant des blancs déterminés, de sorte qu'après pliage de la feuille imprimée les pages du cahier obtenu se suivent dans l'ordre de la pagination. - **3.** CATH. Imposition des mains, geste du prêtre ou de l'évêque qui impose les mains pour bénir.

impossibilité [ɛ̃posibilite] n.f. - **1.** Caractère de ce qui est impossible à faire, à concevoir logiquement : *Démontrer l'impossibilité d'une hypothèse.* - **2.** Chose impossible : *Se heurter à une impossibilité matérielle* (syn. obstacle).

impossible [ɛ̃posibl] adj. (lat. *impossibilis*, de *posse* "pouvoir"). - **1.** Qui ne peut pas être ; qui ne peut pas se faire : *Une tâche impossible* (syn. infaisable, irréalisable). - **2.** FAM. Très difficile à faire, à concevoir, à endurer, etc. : *La vie ici est devenue impossible* (syn. insupportable). - **3.** FAM. Avec qui il est difficile de vivre, d'entretenir des relations : *Des gens impossibles* (syn. invivable). - **4.** Jugé bizarre ou extravagant : *Avoir un nom impossible* (syn. inouï, invraisemblable). ◆ n.m. - **1.** Ce qui ne saurait exister, se produire, être réalisé : *Vous demandez l'impossible.* - **2.** Faire l'impossible, recourir à tous les moyens pour : *Les médecins ont fait l'impossible pour le sauver.* ‖ Par impossible, en envisageant une éventualité des plus improbables : *Si, par impossible, ta proposition était acceptée...*

imposte [ɛ̃pɔst] n.f. (it. *imposta*, du lat. *imponere* "placer sur"). - **1.** MENUIS. Partie fixe ou mobile, vitrée ou non, occupant le haut d'une baie au-dessus du ou des battants qui constituent la porte ou la fenêtre proprement dite. - **2.** ARCHIT. Pierre en saillie, supportant le cintre d'une arcade.

imposteur [ɛ̃pɔstœʀ] n.m. (lat. *impostor*, de *imponere* "en imposer à qqn, l'abuser"). LITT. Personne qui trompe par de fausses apparences, qui se fait passer pour qqn d'autre : *Démasquer un imposteur* (syn. mystificateur).

imposture [ɛ̃pɔstyʀ] n.f. (lat. *impostura* ; v. *imposteur*). LITT. Action de tromper par de fausses apparences ou des allégations mensongères, notamm. en usurpant une qualité, un titre, une identité : *Dénoncer les impostures d'un escroc* (syn. mensonge, tromperie). *Sa renommée repose sur une imposture* (syn. mystification).

impôt [ɛ̃po] n.m. (du lat. *impositum*, p. passé de *imponere* "imposer"). - **1.** Prélèvement effectué d'autorité sur les ressources ou les biens des individus ou des collectivités et payé en argent pour subvenir aux dépenses d'intérêt général de l'État ou des collectivités locales : *Impôt sur le revenu.* - **2.** Impôt direct, perçu directement par l'Administration sur les revenus des personnes physiques, sur les bénéfices industriels, commerciaux. ‖ Impôt indirect, perçu, notamm., sur les biens de consommation comme les carburants, les alcools, les tabacs.

impotence [ɛ̃pɔtɑ̃s] n.f. (lat. *impotentia*). État d'une personne ou d'un membre impotent : *Son impotence le cloue à la maison* (syn. infirmité, invalidité).

impotent, e [ɛ̃pɔtɑ̃, -ɑ̃t] adj. et n. (lat. *impotens* "impuissant", de *posse* "pouvoir"). - **1.** Qui éprouve de grandes difficultés à se mouvoir : *Un vieillard impotent* (syn. infirme, invalide). - **2.** Se dit d'un membre qui est dans l'impossibilité d'accomplir les mouvements qui lui sont propres : *Elle a le bras droit impotent* (syn. paralysé).

impraticabilité [ɛ̃pratikabilite] n.f. Caractère, état de ce qui est impraticable : *L'impraticabilité des chemins.*

impraticable [ɛ̃pratikabl] adj. - **1.** Où l'on ne peut pas passer : *Chemins impraticables.* - **2.** Qu'on ne peut mettre à exécution : *Projet impraticable* (syn. irréalisable).

imprécateur, trice [ɛ̃pʀekatœʀ, -tʀis] n. LITT. Personne qui profère des imprécations.

imprécation [ɛ̃pʀekasjɔ̃] n.f. (lat. *imprecatio*, de *precari* "prier"). LITT. Malédiction proférée contre qqn ; parole ou souhait appelant le malheur sur qqn : *Se répandre en imprécations contre qqn* (syn. anathème, malédiction).

imprécatoire [ɛ̃pʀekatwaʀ] adj. LITT. Qui a la forme d'une imprécation : *Des formules imprécatoires.*

imprécis, e [ɛ̃pʀesi, -iz] adj. Qui manque de précision : *C'est une évaluation très imprécise* (syn. approximatif). *Je n'ai que des notions très imprécises sur cette question* (syn. vague).

imprécision [ɛ̃pʀesizjɔ̃] n.f. Manque de précision ; élément imprécis : *Son projet est d'une grande imprécision. Il y a plusieurs imprécisions dans ce compte rendu* (syn. inexactitude).

imprédictible [ɛ̃pʀediktibl] adj. DIDACT. Qui échappe à la prévision (syn. cour. imprévisible).

imprégnation [ɛ̃pʀeɲasjɔ̃] n.f. - **1.** Action d'imprégner ; fait d'être imprégné : *L'imprégnation d'un tissu.* - **2.** Pénétration lente : *L'imprégnation des esprits par la publicité.*

imprégner [ɛ̃pʀeɲe] v.t. (bas lat. *impraegnare* "féconder") [conj. 18]. - **1.** Faire pénétrer un liquide, une odeur dans : *Imprégner une étoffe d'un liquide* (syn. imbiber). *Le tabac imprègne les vêtements de son odeur* (syn. envahir). - **2.** Pénétrer de façon insidieuse et profonde, en parlant d'une influence : *Son éducation l'a imprégné de préjugés* (syn. pénétrer, remplir). ◆ **s'imprégner** v.pr. **[de].** S'imbiber ; au fig., faire pénétrer qqch dans son esprit par un contact étroit : *Les terres se sont imprégnées de pluie. Un séjour à l'étranger destiné à s'imprégner d'une langue* (syn. assimiler).

imprenable [ɛ̃pʀənabl] adj. - **1.** Qui ne peut être pris : *Citadelle imprenable* (syn. inexpugnable). - **2.** Vue imprenable, qui ne peut être masquée par des constructions nouvelles.

imprésario [ɛ̃pʀesaʀjo] n.m. (mot it., de *impresa* "entreprise"). Personne qui négocie, moyennant rémunération, les engagements et les contrats d'un artiste du spectacle.

imprescriptibilité [ɛ̃pʀeskʀiptibilite] n.f. Caractère de ce qui est imprescriptible : *L'imprescriptibilité des crimes contre l'humanité.*

imprescriptible [ɛ̃pʀeskʀiptibl] adj. - **1.** DR. Qui ne peut être atteint par la prescription : *Les biens du domaine public sont inaliénables et imprescriptibles.* - **2.** Qui ne peut être effacé par le temps : *Les droits imprescriptibles de l'homme* (syn. immuable).

impression [ɛ̃pʀesjɔ̃] n.f. (lat. *impressio*, de *imprimere*, propr. "appuyer sur"). - **1.** Marque laissée par un objet qui appuie ou est pressé sur une substance : *L'impression d'un cachet dans la cire* (syn. empreinte). - **2.** Opération par laquelle on transfère sur un support (papier, étoffe, etc.) les caractères disposés dans des formes, les dessins préparés sur les planches, les cylindres ou les pierres lithographiques ; dessin, motif ainsi reproduit : *Impression en relief. Impression offset.* - **3.** VIEILLI. Édition : *La dernière impression d'un livre.* - **4.** Première couche de peinture, de colle, etc., appliquée sur un support destiné à la peinture pour réduire le pouvoir absorbant de celui-ci (syn. apprêt). - **5.** PHOT. Action d'impressionner une surface sensible. - **6.** Sentiment ou sensation résultant de l'effet d'un agent extérieur : *Éprouver une impression d'étouffement.* - **7.** Sentiment, opinion qui naît d'un premier contact : *Faire bonne, mauvaise impression sur un jury* (= bon, mauvais effet). - **8.** Avoir l'impression de, que, croire, s'imaginer que : *Avoir l'impression de tomber, que l'on tombe.* | Faire impression, provoquer l'admiration, l'étonnement : *Sa déclaration a fait impression.*

impressionnable [ɛ̃pʀesjɔnabl] adj. - **1.** Facile à impressionner, à émouvoir : *Cet enfant est très impressionnable* (syn. émotif, sensible). - **2.** PHOT. Qui peut être impressionné par un rayonnement ; sensible.

impressionnant, e [ɛ̃pʀesjɔnɑ̃, -ɑ̃t] adj. - **1.** Qui produit une forte impression sur l'esprit : *Une scène impressionnante* (syn. frappant, saisissant). - **2.** Qui atteint une importance, un nombre considérables : *Le nombre des votants a été impressionnant* (syn. imposant).

impressionner [ɛ̃pʀesjɔne] v.t. - **1.** Produire une vive impression sur : *La menace ne les impressionnera pas* (syn. intimider, émouvoir). *Ce film risque d'impressionner les enfants* (syn. affecter, frapper). - **2.** PHOT. Laisser une trace sur un support sensible, en parlant d'un rayonnement.

impressionnisme [ɛ̃pʀesjɔnism] n.m. (de *impression*). - **1.** École picturale française qui se manifesta notamm., de 1874 à 1886, par huit expositions publiques à Paris et qui marqua la rupture de l'art moderne avec l'académisme. - **2.** Tendance générale, en art, à noter les impressions fugitives, la mobilité des phénomènes plutôt que l'aspect stable et conceptuel des choses.

impressionniste [ɛ̃pʀesjɔnist] adj. et n. - **1.** Relatif à l'impressionnisme en peinture ; qui s'en réclame : *Exposition des impressionnistes.* - **2.** Qui procède par petites touches : *Une description impressionniste.*

imprévisibilité [ɛ̃pʀevizibilite] n.f. Caractère de ce qui est imprévisible : *L'imprévisibilité du temps.*

imprévisible [ɛ̃pʀevizibl] adj. Qu'on ne peut prévoir : *Elle a des réactions tout à fait imprévisibles.*

imprévoyance [ɛ̃pʀevwajɑ̃s] n.f. Défaut, manque de prévoyance : *Faire preuve d'imprévoyance* (syn. négligence).

imprévoyant, e [ɛ̃pʀevwajɑ̃, -ɑ̃t] adj. et n. Qui manque de prévoyance (syn. insouciant, négligent).

imprévu, e [ɛ̃pʀevy] adj. Qui arrive sans avoir été prévu : *Incident imprévu* (syn. inattendu, inopiné). ◆ **imprévu** n.m. Ce qui n'a pas été prévu : *Faire face aux imprévus.*

imprimable [ɛ̃pʀimabl] adj. Qui peut être imprimé ; qui mérite de l'être.

imprimante [ɛ̃pʀimɑ̃t] n.f. Organe périphérique d'un ordinateur servant à éditer sur papier les résultats du travail effectué à l'écran : *Imprimante à laser, à jets d'encre.*

imprimatur [ɛ̃pʀimatyʀ] n.m. inv. (mot lat. "qu'il soit imprimé", de *imprimere* ; v. imprimer). Permission d'imprimer donnée par l'autorité ecclésiastique.

imprimé [ɛ̃pʀime] n.m. - **1.** Livre, journal, brochure imprimés : *Ma boîte aux lettres est envahie par les imprimés.* - **2.** Papier ou tissu à motifs imprimés : *Faire des rideaux dans un imprimé à fleurs.*

imprimer [ɛ̃pʀime] v.t. (lat. *imprimere,* de *premere* "presser"). - **1.** LITT. Laisser une trace, une empreinte, par pression sur une surface : *Imprimer ses pas sur le sable.* - **2.** Transmettre un mouvement à : *Les oscillations que la houle imprime à un navire.* - **3.** LITT. Faire pénétrer dans l'esprit, dans le cœur : *Imprimer la crainte, le respect* (syn. inspirer). - **4.** Reporter sur un support un dessin, des couleurs, un texte, etc., par pression d'une surface sur une autre : *Imprimer du papier, des tissus.* - **5.** Reproduire des caractères graphiques, des gravures, etc., à un certain nombre d'exemplaires par les techniques de l'imprimerie : *Imprimer un texte, une illustration.* - **6.** Faire paraître ; publier : *Un journal ne peut pas tout imprimer.*

imprimerie [ɛ̃pʀimʀi] n.f. - **1.** Ensemble des techniques et des métiers qui concourent à la fabrication d'ouvrages imprimés : *Des caractères d'imprimerie.* - **2.** Établissement où l'on imprime des livres, des journaux, des affiches, des prospectus, etc.

imprimeur [ɛ̃pʀimœʀ] n.m. - **1.** Directeur, propriétaire d'une imprimerie. - **2.** Ouvrier, technicien qui travaille dans une imprimerie.

improbabilité [ɛ̃pʀɔbabilite] n.f. Caractère de ce qui est improbable : *L'improbabilité d'un conflit armé.*

improbable [ɛ̃pʀɔbabl] adj. Qui a peu de chances de se produire : *Succès improbable* (syn. douteux).

improductif, ive [ɛ̃pʀɔdyktif, -iv] adj. Qui ne produit rien : *Une journée improductive. Une terre improductive* (syn. stérile). ◆ adj. et n. Qui ne participe pas à la production.

improductivité [ɛ̃pʀɔdyktivite] n.f. Caractère, état de qqn, de ce qui est improductif.

1. impromptu, e [ɛ̃pʀɔ̃pty] adj. (du lat. *in promptu* "sous les yeux, sous la main"). Fait sur-le-champ ; non préparé : *Dîner impromptu*

(syn. improvisé). ◆ adv. À l'improviste : *Arriver impromptu chez des amis.*

2. impromptu [ɛ̃pʀɔ̃pty] n.m. (de *1. impromptu*). - **1.** LITTÉR. Petite pièce de vers improvisée. - **2.** MUS. Pièce instrumentale de forme libre, génér. pour piano.

imprononçable [ɛ̃pʀɔnɔ̃sabl] adj. Très difficile à prononcer.

impropre [ɛ̃pʀɔpʀ] adj. (lat. *improprius*). - **1.** Qui ne convient pas : *Un terme impropre* (syn. inadéquat). - **2.** Impropre à, qui ne convient pas pour tel usage : *Denrée impropre à la consommation.*

improprement [ɛ̃pʀɔpʀəmɑ̃] adv. De façon impropre : *Expression utilisée improprement.*

impropriété [ɛ̃pʀɔpʀijete] n.f. - **1.** Caractère d'un mot, d'une expression impropre : *Un texte truffé d'impropriétés.* - **2.** Emploi impropre d'un mot : *Il lui a fait remarquer l'impropriété du terme* (syn. incorrection).

improuvable [ɛ̃pʀuvabl] adj. Qu'on ne peut prouver.

improvisateur, trice [ɛ̃pʀɔvizatœʀ, -tʀis] n. Personne qui a le talent d'improviser.

improvisation [ɛ̃pʀɔvizasjɔ̃] n.f. - **1.** Action, art d'improviser : *Orateur doué pour l'improvisation.* - **2.** Ce que l'on improvise : *Une brillante improvisation.*

improviser [ɛ̃pʀɔvize] v.t. (it. *improvvisare,* du lat. *improvisus* "imprévu"). - **1.** Produire, composer sans préparation un discours, un morceau de musique, etc. : *Improviser une allocution* (contr. préparer). - **2.** (Absol.). Interpréter un morceau de musique, un passage, sans suivre une partition précise : *Jazzman qui improvise au piano sur un standard.* - **3.** Réaliser, organiser d'emblée, avec les moyens dont on se trouve disposer : *Improviser un repas.*

à l'improviste [ɛ̃pʀɔvist] loc. adv. (de l'it. *improvvisto* "imprévu"). De façon inattendue ; sans prévenir : *Arriver chez qqn à l'improviste* (syn. inopinément).

imprudemment [ɛ̃pʀydamɑ̃] adv. Avec imprudence : *Parler imprudemment de sa démission.*

imprudence [ɛ̃pʀydɑ̃s] n.f. - **1.** Défaut d'une personne imprudente : *Il a été victime de son imprudence* (syn. imprévoyance). - **2.** Caractère d'une action imprudente : *L'imprudence d'une parole.* - **3.** Action imprudente, irréfléchie : *Ne faites pas d'imprudences au volant.*

imprudent, e [ɛ̃pʀydɑ̃, -ɑ̃t] adj. et n. Qui manque de prudence : *Quel imprudent tu fais !* (syn. inconscient). ◆ adj. Qui dénote l'absence de prudence : *Une déclaration imprudente* (syn. dangereux, périlleux).

impubère [ɛ̃pybɛʀ] adj. et n. (lat. *impubes, -eris*). Qui n'a pas atteint l'âge, l'état de puberté : *Enfant impubère.*

impubliable [ɛ̃pyblijabl] adj. Que l'on ne peut ou que l'on ne doit pas publier.

impudemment [ɛ̃pydamɑ̃] adv. Avec impudence : *Mentir impudemment* (syn. effrontément).

impudence [ɛ̃pydɑ̃s] n.f. - **1.** Caractère de qqn, de ce qui est impudent : *Il a eu l'impudence d'exiger des excuses* (syn. effronterie). - **2.** Action, parole impudente : *Je ne pardonnerai pas ses impudences* (syn. impertinence, insolence).

impudent, e [ɛ̃pydɑ̃, -ɑ̃t] adj. et n. (lat. *impudens*, de *pudere* "avoir honte"). Qui est d'une effronterie, d'une audace extrême : *Un mensonge impudent* (syn. insolent). *Un impudent qui ne rougit pas de se contredire* (syn. effronté, cynique).

impudeur [ɛ̃pydœʀ] n.f. Manque de pudeur, de retenue : *Dévoiler ses émois avec impudeur* (syn. indécence).

impudique [ɛ̃pydik] adj. Qui blesse la pudeur : *Une danseuse impudique. Un geste impudique* (syn. indécent).

impuissance [ɛ̃pɥisɑ̃s] n.f. - **1.** Manque de force, de moyens pour faire une chose : *Réduire qqn à l'impuissance.* - **2.** Impuissance sexuelle, incapacité organique ou psychique pour l'homme à accomplir l'acte sexuel.

impuissant, e [ɛ̃pɥisɑ̃, -ɑ̃t] adj. Qui est réduit à l'impuissance ; qui manque du pouvoir, de la force nécessaire pour faire qqch : *Assister impuissant à un incendie.* ◆ **impuissant** adj. m. et n.m. Atteint d'impuissance sexuelle.

impulser [ɛ̃pylse] v.t. (de *impulsion*). Donner une impulsion à une ligne de conduite, la pousser à s'exprimer, à être active : *Impulser un mouvement de revendication* (syn. lancer).

impulsif, ive [ɛ̃pylsif, -iv] adj. et n. (bas lat. *impulsivus* ; v. *impulsion*). Qui cède à ses impulsions : *Une jeune femme impulsive* (syn. fougueux). *C'est un impulsif.* ◆ adj. Qui est fait par impulsion : *Geste impulsif* (= non contrôlé).

impulsion [ɛ̃pylsjɔ̃] n.f. (lat. *impulsio*, de *impellere* "pousser à"). - **1.** Action d'une force qui agit par poussée sur qqch et tend à lui imprimer un mouvement ; mouvement ainsi produit : *Transmettre une impulsion à un mécanisme.* - **2.** PHYS. Variation brusque d'une grandeur physique suivie d'un retour rapide à sa valeur initiale. - **3.** Action propre à accroître le développement, le dynamisme d'une activité, d'une entreprise ; effet qui en résulte : *Donner une impulsion au tourisme régional* (syn. élan, essor). - **4.** Force, penchant qui pousse à agir : *Être mû par une impulsion généreuse* (syn. mouvement). - **5.** Force incoercible et soudaine qui pousse à agir : *Céder à une impulsion violente.*

impulsivement [ɛ̃pylsivmɑ̃] adv. De façon impulsive : *Il réagit trop impulsivement aux critiques.*

impulsivité [ɛ̃pylsivite] n.f. Caractère impulsif.

impunément [ɛ̃pynemɑ̃] adv. - **1.** Sans subir ou sans encourir de punition : *Ces trafiquants agissent impunément.* - **2.** Sans s'exposer à des conséquences fâcheuses : *On ne peut pas impunément se passer de repos des nuits durant.*

impuni, e [ɛ̃pyni] adj. Qui demeure sans punition : *Un coupable, un crime impuni.*

impunité [ɛ̃pynite] n.f. (lat. *impunitas*). - **1.** Fait de ne pas risquer d'être puni, sanctionné : *Ses relations lui assurent l'impunité.* - **2.** En toute impunité, impunément.

impur, e [ɛ̃pyʀ] adj. - **1.** Qui n'est pas pur, est altéré par la présence d'éléments étrangers : *Une eau impure.* - **2.** LITT. OU VIEILLI. Contraire à la chasteté : *Désirs impurs.*

impureté [ɛ̃pyʀte] n.f. - **1.** État de ce qui est impur, altéré : *L'impureté de l'air* (syn. pollution). - **2.** Ce qui salit, altère qqch : *Il reste encore quelques impuretés dans le métal* (syn. scorie).

imputable [ɛ̃pytabl] adj. - **1.** Qui peut, qui doit être imputé, attribué à qqch, à qqn : *Erreur imputable à l'étourderie.* - **2.** Qui peut être prélevé sur un compte, un budget, etc. : *Frais de mission imputables sur les crédits.*

imputation [ɛ̃pytasjɔ̃] n.f. (bat lat. *imputatio*). - **1.** Fait d'imputer une faute à qqn : *Imputation calomnieuse* (syn. allégation). - **2.** Affectation d'une somme à un compte.

imputer [ɛ̃pyte] v.t. (lat. *imputare* "porter en compte", de *putare* "compter"). - **1.** Attribuer à qqn, à qqch la responsabilité de : *Imputer un vol à qqn.* - **2.** Porter au compte de : *Imputer une dépense sur un chapitre du budget.*

imputrescible [ɛ̃pytʀesibl] adj. Qui ne peut se putréfier : *Le teck de Birmanie est un bois imputrescible.*

in [in] adj. inv. (mot angl. "dedans"). FAM., VIEILLI. À la mode ; branché.

in-, préfixe, de l'élément lat. *in*, pouvant prendre par assimilation à la consonne suivante les formes *il-, ir-, im-*, et exprimant la privation, la négation, le contraire (*inachevé, illisible, irréfléchi, imbattable*).

inabordable [inabɔʀdabl] adj. - **1.** Où l'on ne peut aborder : *Île inabordable* (syn. inaccessible). - **2.** En parlant de personnes, qui est d'un abord difficile : *Le directeur est inabordable.* - **3.** Dont le prix est trop élevé : *Dans ce quartier, les loyers sont inabordables* (syn. exorbitant).

inabouti, e [inabuti] adj. Qui n'a pu aboutir : *Projet inabouti.*

inaccentué, e [inaksɑ̃tɥe] adj. Qui ne porte pas d'accent (par opp. à *accentué*) : *Syllabe inaccentuée* (syn. atone).

inacceptable [inakseptabl] adj. Que l'on ne peut accepter : *Comportement inacceptable* (syn. inadmissible).

inaccessible [inaksesibl] adj. - **1.** Dont l'accès est impossible ; que l'on ne peut atteindre : *Île inaccessible* (syn. inabordable). *Se fixer un but inaccessible.* - **2.** Que l'on ne peut comprendre, connaître : *Poème inaccessible* (syn. incompréhensible). - **3.** Qui ne peut pas être touché par tel sentiment, telle manière de penser : *Être inaccessible à la pitié.*

inaccompli, e [inakɔ̃pli] adj. LITT. Non accompli. ◆ adj. et n.m. LING. Syn. de *imperfectif.*

inaccoutumé, e [inakutyme] adj. Inhabituel, insolite : *Un zèle inaccoutumé* (syn. exceptionnel).

inachevé, e [inaʃve] adj. Qui n'est pas achevé.

inachèvement [inaʃɛvmɑ̃] n.m. État de ce qui n'est pas achevé : *L'inachèvement des travaux.*

inactif, ive [inaktif, -iv] adj. - **1.** Qui n'a pas d'activité : *Rester inactif* (syn. désœuvré, oisif). *Secteur inactif.* - **2.** Qui n'a pas d'action, d'effet : *Remède inactif* (syn. inefficace, inopérant). ◆ adj. et n. Qui n'exerce pas d'activité professionnelle ; qui n'appartient pas à la population active.

inaction [inaksjɔ̃] n.f. Absence de travail, d'activité : *Son inaction commence à lui peser* (syn. désœuvrement, oisiveté).

inactiver [inaktive] v.t. MÉD. Détruire le pouvoir pathogène d'une substance ou d'un micro-organisme : *Inactiver un virus par l'action de la chaleur.*

inactivité [inaktivite] n.f. Absence d'activité ; état de qqn qui n'a pas d'occupation : *L'inactivité forcée d'un malade* (syn. inaction).

inadaptable [inadaptabl] adj. Qui n'est pas susceptible d'être adapté.

inadaptation [inadaptasjɔ̃] n.f. Manque, défaut d'adaptation : *Inadaptation au milieu professionnel. Inadaptation de l'offre à la demande* (syn. inadéquation).

inadapté, e [inadapte] adj. et n. Qui ne peut s'adapter à son milieu, à la société : *Enfant inadapté à la vie scolaire. Rééducation des inadaptés* (syn. asocial). ◆ adj. - **1.** Qui n'est pas adapté : *Matériel inadapté aux besoins.* - **2.** PSYCHOL. Enfance inadaptée, ensemble des enfants qui justifient de mesures éducatives particulières en raison d'un handicap physique, d'une déficience intellectuelle, de troubles affectifs ou de difficultés liées au milieu.

inadéquat, e [inadekwa, -at] adj. Qui n'est pas adéquat (syn. inapproprié, inadapté).

inadéquation [inadekwasjɔ̃] n.f. Caractère de ce qui n'est pas adéquat.

inadmissible [inadmisibl] adj. Qui ne peut pas être admis ou toléré : *Erreur inadmissible* (syn. inacceptable, inexcusable).

inadvertance [inadvɛrtɑ̃s] n.f. (lat. médiév. *inadvertentia*, de *advertere* "tourner [son attention] vers"). - **1.** LITT. Inattention, étourderie ; faute qui en résulte. - **2.** Par inadvertance, par inattention ; par mégarde.

inaliénabilité [inaljenabilite] n.f. DR. Caractère de ce qui est inaliénable : *L'inaliénabilité des biens du domaine public* (syn. incessibilité).

inaliénable [inaljenabl] adj. DR. Qui ne peut être aliéné, cédé : *Une propriété inaliénable* (syn. incessible).

inaltérabilité [inalterabilite] n.f. Caractère de ce qui est inaltérable : *L'inaltérabilité d'un métal.*

inaltérable [inalterabl] adj. - **1.** Qui ne peut être altéré : *Un métal inaltérable* (syn. inoxydable). - **2.** Qui ne peut être amoindri : *Amitié inaltérable* (syn. impérissable).

inaltéré, e [inaltere] adj. Qui n'a subi aucune altération (syn. intact).

inamical, e, aux [inamikal, -o] adj. Qui témoigne de dispositions hostiles ou malveillantes : *Démarche inamicale.*

inamovibilité [inamɔvibilite] n.f. DR. Garantie statutaire de certains agents de l'État, en vertu de laquelle ils sont inamovibles.

inamovible [inamɔvibl] adj. Qui ne peut être révoqué, puni ou déplacé qu'en vertu d'une procédure spéciale offrant des garanties renforcées.

inanimé, e [inanime] adj. - **1.** Qui n'est pas doué de vie : *Objets inanimés* (contr. animé). - **2.** Qui a perdu la vie ou qui semble privé de vie : *Corps inanimé* (syn. inerte). - **3.** LING. Se dit des noms désignant des choses.

inanité [inanite] n.f. (lat. *inanitas*, de *inanis* "vide"). Caractère de ce qui est vain, inutile : *L'inanité d'un effort* (syn. inutilité).

inanition [inanisjɔ̃] n.f. (lat. *inanitio*, de *inanire* "vider"). Privation d'aliments : *Mourir, tomber d'inanition.*

inaperçu, e [inapɛrsy] adj. Passer inaperçu, échapper à l'attention, aux regards.

inappétence [inapetɑ̃s] n.f. (de *appétence*). DIDACT. - **1.** Diminution d'un désir, d'une envie. - **2.** Manque d'appétit ; dégoût pour les aliments (syn. anorexie).

inapplicable [inaplikabl] adj. Qui ne peut être appliqué : *Les mesures décidées se sont révélées inapplicables.*

inapplication [inaplikasjɔ̃] n.f. - **1.** Fait de ne pas mettre en application : *L'inapplication d'un plan.* - **2.** Manque d'application dans ce que l'on fait (syn. laisser-aller).

inappliqué, e [inaplike] adj. Qui manque d'application, d'attention : *Un élève inappliqué* (syn. négligent).

inappréciable [inapresjabl] adj. Dont on ne saurait estimer la valeur : *Rendre un service inappréciable à qqn* (syn. inestimable, précieux).

inapprochable [inaproʃabl] adj. Que l'on ne peut approcher : *Une star inapprochable* (syn. inabordable).

inapproprié, e [inaproprije] adj. Qui n'est pas approprié : *Discours inapproprié aux circonstances* (syn. inadapté).

inapte [inapt] adj. - **1.** Qui n'est pas apte à telle activité : *Il est inapte aux affaires* (syn. incompétent). - **2.** Qui n'est pas apte au service national : *Être déclaré inapte.*

inaptitude [inaptityd] n.f. Défaut d'aptitude : *Son inaptitude à raisonner me désole* (syn. incapacité).

inarticulé, e [inartikyle] adj. Qui n'est pas ou qui est mal articulé : *Cris inarticulés* (syn. indistinct).

inassimilable [inasimilabl] adj. - **1.** Qui ne peut être assimilé par l'organisme : *Aliment inassimilable.* - **2.** Que l'on ne peut assimiler intellectuellement : *Notions inassimilables.* - **3.** Qui ne peut s'assimiler à une communauté, notamm. nationale : *Minorité inassimilable.*

inassouvi, e [inasuvi] adj. LITT. Qui n'est pas assouvi : *Envie restée inassouvie* (syn. insatisfait).

inattaquable [inatakabl] adj. Que l'on ne peut attaquer : *Une argumentation inattaquable* (syn. incontestable).

inattendu, e [inatɑ̃dy] adj. Que l'on n'attendait pas : *Une visite inattendue* (syn. imprévu).

inattentif, ive [inatɑ̃tif, -iv] adj. Qui ne fait pas attention : *Un élève inattentif* (syn. distrait, étourdi).

inattention [inatɑ̃sjɔ̃] n.f. Manque d'attention : *J'ai eu un moment d'inattention* (syn. distraction, étourderie).

inaudible [inodibl] adj. - **1.** Qui ne peut être perçu par l'ouïe : *Vibrations inaudibles.* - **2.** Dont on ne peut supporter l'audition : *Certains jugent la musique pop inaudible.*

inaugural, e, aux [inogyral, -o] adj. Qui concerne une inauguration : *Séance inaugurale d'un congrès.*

inauguration [inogyrasjɔ̃] n.f. - **1.** Cérémonie par laquelle on procède officiellement à la mise en service d'un bâtiment, à l'ouverture d'une exposition, etc. - **2.** LITT. Début, commencement : *L'inauguration d'une ère nouvelle.*

inaugurer [inogyre] v.t. (lat. *inaugurare* "prendre les augures, consacrer"). - **1.** Procéder à l'inauguration d'un monument, d'un établissement, d'une exposition, etc. - **2.** Établir un usage, introduire une chose nouvelle : *Inaugurer un nouveau procédé de fabrication.* - **3.** Marquer le début de : *Événement qui inaugura une ère de troubles.*

inavouable [inavwabl] adj. Qui ne peut être avoué : *Une faute inavouable.*

inavoué, e [inavwe] adj. Qui n'est pas avoué ou qu'on ne s'avoue pas : *Un désir inavoué* (syn. caché, secret).

in-bord [inbɔr] adj. inv. (de l'angl. *inboard* [motor], de même sens, d'apr. *hors-bord*). Se dit d'un moteur fixé à l'intérieur de la coque d'un bateau, en motonautisme (par opp. à *hors-bord*). ◆ n.m. inv. Bateau à moteur in-bord.

incalculable [ɛ̃kalkylabl] adj. - **1.** Que l'on ne peut calculer : *Le nombre des étoiles est incalculable.* - **2.** Difficile ou impossible à évaluer : *Des pertes, des difficultés incalculables.*

incandescence [ɛ̃kɑ̃desɑ̃s] n.f. État d'un corps qu'une température élevée rend lumineux.

incandescent, e [ɛ̃kɑ̃desɑ̃, -ɑ̃t] adj. (lat. *incandescens*, p. présent de *incandescere* "s'embraser"). Qui est en incandescence : *Des braises incandescentes.*

incantation [ɛ̃kɑ̃tasjɔ̃] n.f. (lat. *incantatio*, de *incantare* "prononcer des formules magiques"). Formule magique, chantée ou récitée, pour obtenir un charme, un sortilège.

incantatoire [ɛ̃kɑ̃tatwar] adj. Propre à l'incantation ; qui constitue une incantation : *Des paroles incantatoires.*

incapable [ɛ̃kapabl] adj. - **1.** Qui n'est pas capable de faire qqch : *Il est incapable de marcher.* - **2.** Qui est dans l'impossibilité morale de faire qqch : *Incapable de lâcheté.* ◆ adj. et n. - **1.** Qui manque de capacité, d'aptitude, d'habileté : *C'est un incapable, il ne fera jamais rien.* - **2.** DR. Qui est frappé d'incapacité. - **3.** Incapable majeur, personne majeure dont la capacité juridique est réduite ou supprimée du fait de l'altération de ses facultés mentales ou corporelles. □ L'incapable majeur peut être mis sous sauvegarde de justice, en tutelle ou en curatelle.

incapacitant, e [ɛ̃kapasitɑ̃, -ɑ̃t] adj. et n.m. MIL Se dit d'un produit chimique qui provoque chez l'homme une incapacité immédiate et temporaire en paralysant certains organes ou en annihilant la volonté de combattre.

incapacité [ɛ̃kapasite] n.f. - **1.** État de qqn qui est incapable de faire qqch : *Licencié pour incapacité* (syn. inaptitude, incompétence). *Je suis dans l'incapacité de juger* (syn. impossibilité). - **2.** DR. CIV. Inaptitude à jouir d'un droit ou à l'exercer. - **3.** DR. **Incapacité de travail**, état d'une personne qu'un accident ou une maladie empêche de travailler.

incarcération [ɛ̃karseRasjɔ̃] n.f. - **1.** Action d'incarcérer, d'écrouer : *L'incarcération d'un criminel* (syn. emprisonnement). - **2.** Fait d'être enfermé, à la suite de la déformation de la carrosserie, dans un véhicule accidenté.

incarcérer [ɛ̃karsere] v.t. (lat. médiév. *incarcerare*, de *carcer* "prison") [conj. 18]. Mettre en prison : *Incarcérer des voleurs* (syn. écrouer, emprisonner).

incarnat, e [ɛ̃karna, -at] adj. et n.m. (it. *incarnato*, de *carne* "chair"). D'un rouge clair et vif.

incarnation [ɛ̃karnasjɔ̃] n.f. - **1.** Acte par lequel un être spirituel, une divinité s'incarne, prend les apparences d'un être animé ; forme sous laquelle cet être apparaît : *Les incarnations de Vishnu*. - **2.** THÉOL. (Avec une majuscule). Mystère de Dieu fait homme en Jésus-Christ. - **3.** Personne ou chose qui apparaît comme la représentation concrète d'une réalité abstraite : *C'est l'incarnation du mal* (syn. image, personnification).

1. **incarné, e** [ɛ̃karne] adj. (p. passé de *incarner*). - **1.** THÉOL. Qui s'est fait homme : *Le Verbe incarné*. - **2.** C'est le diable incarné, se dit d'une personne très méchante, d'un enfant très turbulent. ‖ C'est la jalousie, le vice, etc., incarnés, se dit de qqn d'extrêmement jaloux, vicieux, etc.

2. **incarné** [ɛ̃karne] adj.m. (de *1. incarné*). **Ongle incarné**, qui s'enfonce dans la chair et y cause une plaie.

incarner [ɛ̃karne] v.t. (lat. médiév. *incarnare*, de *caro, carnis* "chair"). - **1.** Personnifier une réalité abstraite : *Magistrat qui incarne la justice* (syn. représenter). - **2.** Interpréter un personnage à la scène, à l'écran (syn. jouer). ◆ **s'incarner** v.pr. - **1.** Prendre un corps de chair, en parlant d'une divinité, d'un être spirituel. - **2.** Apparaître, se réaliser en : *Idéaux qui s'incarnent dans un tribun, un mouvement*.

incartade [ɛ̃kartad] n.f. (it. *inquartata*, terme d'escrime). Léger écart de conduite : *À la moindre incartade, vous serez puni. Faire mille incartades* (syn. frasque).

incassable [ɛ̃kasabl] adj. Qui ne peut se casser : *Des verres incassables.*

incendiaire [ɛ̃sɑ̃djɛr] n. Auteur volontaire d'un incendie (syn. pyromane). ◆ adj. - **1.** Destiné à provoquer un incendie : *Projectile incendiaire.* - **2.** Qui manifeste de l'agressivité : *Des articles de presse incendiaires* (syn. virulent).

incendie [ɛ̃sɑ̃di] n.m. (lat. *incendium*). Grand feu qui, en se propageant, cause des dégâts importants : *Maîtriser un incendie* (syn. feu, sinistre).

incendié, e [ɛ̃sɑ̃dje] adj. Détruit par un incendie : *Ville incendiée.*

incendier [ɛ̃sɑ̃dje] v.t. (de *incendie*) [conj. 9]. - **1.** Brûler, détruire par le feu : *Incendier une forêt.* - **2.** FAM. Accabler qqn de reproches : *Il s'est fait incendier* (syn. réprimander).

incertain, e [ɛ̃sɛrtɛ̃, -ɛn] adj. - **1.** Qui n'est pas certain : *Fait incertain* (syn. douteux). *Une couleur incertaine* (syn. indéterminé, vague). *Démarche incertaine* (syn. hésitant). - **2.** Variable, dont on n'est pas sûr qu'il n'va pas se couvrir, tourner à la pluie, en parlant du temps.

incertitude [ɛ̃sɛrtityd] n.f. - **1.** Caractère de ce qui est incertain : *L'incertitude d'une situation.* - **2.** Ce qui ne peut être établi avec exactitude : *Un avenir plein d'incertitudes* (syn. aléa, hasard). - **3.** État d'une personne incertaine : *Être dans l'incertitude* (syn. indécision, doute).

incessamment [ɛ̃sesamɑ̃] adv. (de *incessant*). Sans délai ; sous peu : *Nous aurons des nouvelles incessamment.*

incessant, e [ɛ̃sesɑ̃, -ɑ̃t] adj. Qui ne cesse pas : *Un bruit incessant* (syn. continuel, ininterrompu).

incessibilité [ɛ̃sesibilite] n.f. DR. Qualité des biens incorporels incessibles (syn. inaliénabilité).

incessible [ɛ̃sesibl] adj. DR. Qui ne peut être cédé (syn. inaliénable).

inceste [ɛ̃sɛst] n.m. (lat. *incestus* "impur", de *castus* "chaste"). Relations sexuelles entre deux personnes unies par un lien de parenté étroit. □ Les liens de parenté définissant l'inceste dans une société donnée correspondent génér. à ceux qui entraînent la prohibition du mariage dans cette société.

incestueux, euse [ɛ̃sɛstɥø, -øz] adj. et n. Coupable d'inceste. ◆ adj. - **1.** Entaché d'inceste : *Union incestueuse.* - **2.** Né d'un inceste : *Un enfant incestueux.*

inchangé, e [ɛ̃ʃɑ̃ʒe] adj. Qui n'a subi aucun changement : *Situation inchangée* (syn. identique).

inchiffrable [ɛ̃ʃifrabl] adj. Qui ne peut être chiffré, quantifié : *Pertes inchiffrables.*

inchoatif, ive [ɛ̃kɔatif, -iv] adj. et n.m. (lat. *inchoativus*, de *inchoare* "commencer"). LING. Se dit d'une forme verbale qui indique que l'action est envisagée dans son commencement ou dans sa progression (ex. : *s'endormir, vieillir*).

incidemment [ɛ̃sidamɑ̃] adv. De façon incidente : *Traiter incidemment une question* (= en passant ; syn. accessoirement). *Apprendre incidemment une nouvelle* (syn. accidentellement).

incidence [ɛ̃sidɑ̃s] n.f. (de *1. incident*). - **1.** Conséquence plus ou moins directe de qqch : *L'incidence de la hausse des prix sur le pouvoir d'achat* (syn. répercussion, effet). - **2.** PHYS. Caractéristique géométrique d'un corps ou d'un rayon se dirigeant vers une surface, mesurée par l'angle (*angle d'incidence*) que fait le vecteur vitesse du corps ou la direction du rayon avec la normale à la surface au point de rencontre (*point d'incidence*). - **3.** Incidence fiscale, conséquences économiques de l'impôt, pour ceux qui le paient.

1. incident, e [ɛ̃sidɑ̃, -ɑ̃t] adj. (lat. *incidens*, de *incidere* "tomber sur"). - **1.** Qui interrompt le cours de qqch : *Remarque incidente*. - **2.** PHYS. Se dit d'un corps, d'un rayonnement qui se dirige vers un autre corps, avec lequel il a une interaction. - **3.** Proposition incidente, proposition incise (on dit aussi *une incidente*).

2. incident [ɛ̃sidɑ̃] n.m. (de *1. incident*). - **1.** Événement, le plus souvent fâcheux, qui survient au cours d'une action : *Notre voyage a été interrompu par un incident* (syn. anicroche). - **2.** Difficulté peu importante mais dont les conséquences peuvent être graves : *Incident diplomatique* (syn. accroc).

incinérateur [ɛ̃sineratœr] n.m. Appareil servant à incinérer : *Incinérateur d'ordures*.

incinération [ɛ̃sinerasjɔ̃] n.f. (lat. médiév. *incineratio*). - **1.** Action d'incinérer, de réduire en cendres. - **2.** Crémation.

incinérer [ɛ̃sinere] v.t. (lat. *incinerare*, de *cinis, cineris* "cendre") [conj. 18]. Réduire en cendres : *Incinérer un mort*.

incipit [ɛ̃sipit] n.m. inv. (mot lat. "il commence"). LITT. Premiers mots d'un ouvrage.

incise [ɛ̃siz] n.f. (du lat. *incisa* "coupée"). GRAMM. Proposition, génér. courte, insérée dans une autre : *Dans la phrase « L'homme, dit-on, est raisonnable », « dit-on » est une incise.* (On dit aussi *une incidente*.)

inciser [ɛ̃size] v.t. (lat. pop. **incisare* ; v. *incision*). Faire une incision à, dans : *Inciser l'écorce d'un arbre* (syn. entailler, fendre).

incisif, ive [ɛ̃sizif, -iv] adj. (lat. médiév. *incisivus* ; v. *incision*). Qui va droit au but : *Critique incisive* (syn. mordant).

incision [ɛ̃sizjɔ̃] n.f. (lat. *incisio*, de *incidere* "couper"). Entaille faite par un instrument tranchant : *Faire une incision avec un bistouri*.

incisive [ɛ̃siziv] n.f. (de *incisif*). Dent des mammifères, aplatie, tranchante, pourvue d'une seule racine et située à la partie antérieure de chacun des deux maxillaires.

incitatif, ive [ɛ̃sitatif, -iv] adj. Qui incite ; propre à inciter : *Mesures incitatives*.

incitation [ɛ̃sitasjɔ̃] n.f. Action d'inciter ; ce qui incite : *Incitation au meurtre* (syn. appel, encouragement).

inciter [ɛ̃site] v.t. (lat. *incitare*, de *ciere* "mettre en mouvement"). Pousser à : *Inciter le consommateur à acheter* (syn. inviter). *Inciter à la révolte* (syn. exhorter).

incivilité [ɛ̃sivilite] n.f. Manque de politesse ; acte, comportement impoli (syn. incorrection).

incivique [ɛ̃sivik] adj. Qui n'est pas civique, pas digne d'un citoyen : *Conduite incivique*.

inclassable [ɛ̃klasabl] adj. Qu'on ne peut pas classer : *Une œuvre inclassable*.

inclinable [ɛ̃klinabl] adj. Qui peut s'incliner : *Un fauteuil inclinable*.

inclinaison [ɛ̃klinɛzɔ̃] n.f. - **1.** État de ce qui est incliné par rapport à l'horizon : *L'inclinaison d'une route* (syn. pente, déclivité). - **2.** Position inclinée du corps, d'une partie du corps par rapport à la verticale : *L'inclinaison de la tête*. - **3.** ARM. Angle que fait la trajectoire d'un projectile en un de ses points avec le plan horizontal. - **4.** ASTRON., ASTRONAUT. Angle formé par le plan de l'orbite d'une planète, d'un satellite, avec un plan de référence. □ Ce plan de référence est celui de l'écliptique pour une planète, celui de l'équateur de l'astre dont il est captif pour un satellite.

inclination [ɛ̃klinasjɔ̃] n.f. - **1.** Action de pencher la tête ou le corps en signe d'acquiescement ou de respect : *Il me salua d'une inclination du buste*. - **2.** Disposition, tendance naturelle à qqch : *Avoir une inclination pour qqn* (syn. penchant). *Inclination à la paresse* (syn. propension).

incliné, e [ɛ̃kline] adj. - **1.** Qui s'incline ; oblique : *Terrain incliné*. - **2.** Plan incliné, surface plane oblique, employée pour diminuer l'effort nécessaire à la montée d'un corps ou réduire la vitesse de sa descente.

incliner [ɛ̃kline] v.t. (lat. *inclinare* "pencher"). Mettre qqch dans une position légèrement oblique : *Le vent incline la cime des arbres* (syn. courber). *Incliner la tête vers le sol* (syn. baisser). *Incliner la bouteille pour servir* (syn. pencher). ◆ v.t. ind. [à]. Avoir du penchant pour ; être enclin à : *Incliner à la sévérité*. *J'incline à penser que*. ◆ **s'incliner** v.pr. - **1.** Se courber par respect, par crainte : *S'incliner profondément devant qqn*. - **2.** Renoncer à la lutte en s'avouant vaincu : *Nous avons dû nous incliner* (syn. céder). - **3.** Être dominé, dans une compétition sportive : *L'équipe des visiteurs s'est inclinée sur le score de 3 à 1* (syn. perdre).

inclure [ɛ̃klyʀ] v.t. (de *inclus*, d'apr. *exclure*) [conj. 96]. - **1.** Introduire dans : *Inclure une note dans une lettre* (syn. insérer). - **2.** Comprendre, contenir : *Le contrat inclut cette condition* (syn. comporter).

inclus, e [ɛ̃kly, -yz] adj. (lat. *inclusus*, de *includere* "enfermer"). - **1.** Enfermé, contenu dans qqch : *Je pars en vacances jusqu'au dix inclus* (syn. compris). - **2.** Dent incluse, qui reste enfouie dans le maxillaire ou dans les tissus environnants. - **3.** MATH. Ensemble A inclus dans un ensemble B, ensemble A dont tous les éléments sont éléments de B. □ On le note A ⊂ B.

inclusif, ive [ɛ̃klyzif, -iv] adj. (lat. médiév. *inclusivus ; v. inclus*). - **1.** DIDACT. Qui contient en soi qqch d'autre. - **2.** LOG. Ou inclusif, relation logique indiquée par *ou* mais n'excluant pas la réunion des deux éléments ainsi reliés (*a ou b* représente soit *a*, soit *b*, soit *a et b*) [par opp. à *ou exclusif*].

inclusion [ɛ̃klyzjɔ̃] n.f. - **1.** Action d'inclure ; fait d'être inclus : *L'inclusion d'un nouveau paragraphe dans un texte* (syn. introduction). - **2.** MATH. Relation binaire entre deux ensembles A et B, notée ⊂, définie par A ⊂ B si et seulement si A est inclus dans B. - **3.** Particule se trouvant incluse dans un métal ou un alliage au cours de son élaboration ; corps étranger inclus dans une roche, un cristal. - **4.** Insecte, fleur, etc., conservés dans un bloc de matière plastique transparente.

inclusivement [ɛ̃klyzivmɑ̃] adv. Y compris : *Jusqu'à telle date inclusivement*.

incoercible [ɛ̃kɔɛʀsibl] adj. (de *coercible* "qu'on peut comprimer", du lat. *coercere* "contraindre"). LITT. Qu'on ne peut réprimer : *Rire, toux incoercible* (syn. irrépressible).

incognito [ɛ̃kɔɲito] adv. (mot it. "inconnu", du lat. *incognitus*). Sans se faire connaître : *Voyager incognito.* ◆ n.m. Situation de qqn qui cache son identité : *Garder l'incognito*.

incohérence [ɛ̃kɔeʀɑ̃s] n.f. - **1.** Caractère de ce qui est incohérent : *L'incohérence d'un raisonnement* (contr. logique). - **2.** Parole, action incohérente : *Dire des incohérences*.

incohérent, e [ɛ̃kɔeʀɑ̃, -ɑ̃t] adj. - **1.** Qui manque d'unité, de cohésion : *Une majorité parlementaire incohérente* (syn. hétérogène). - **2.** Qui manque de suite, de logique : *Paroles incohérentes* (syn. décousu).

incollable [ɛ̃kɔlabl] adj. - **1.** Qui ne colle pas pendant la cuisson : *Un riz incollable*. - **2.** FAM. Capable de répondre à toutes les questions : *Il est incollable sur le cinéma muet* (syn. imbattable).

incolore [ɛ̃kɔlɔʀ] adj. - **1.** Qui n'a pas de couleur : *L'eau est incolore*. - **2.** Qui manque d'éclat : *Style incolore* (syn. terne).

incomber [ɛ̃kɔbe] v.t. ind. [à] (lat. *incumbere* "peser sur"). Reposer sur ; revenir à : *Cette tâche lui incombe*.

incombustible [ɛ̃kɔbystibl] adj. Qui ne brûle pas : *L'amiante est incombustible*.

incommensurable [ɛ̃kɔmɑ̃syʀabl] adj. (bas lat. *incommensurabilis*, du class. *mensura* "mesure"). - **1.** D'une étendue, d'une grandeur telles qu'on ne peut les évaluer : *Une foule incommensurable* (syn. innombrable). - **2.** MATH. Se dit de deux grandeurs dont le rapport des mesures est un nombre irrationnel : *Le périmètre du cercle est incommensurable avec son diamètre*.

incommodant, e [ɛ̃kɔmɔdɑ̃, -ɑ̃t] adj. Qui gêne, incommode : *Une odeur incommodante* (syn. déplaisant, gênant).

incommode [ɛ̃kɔmɔd] adj. - **1.** Qui n'est pas d'usage facile, pratique : *Outil incommode* (syn. malcommode). - **2.** Qui cause de la gêne, du désagrément : *Être dans une position incommode* (syn. inconfortable).

incommoder [ɛ̃kɔmɔde] v.t. (lat. *incommodare* "gêner"). Causer de la gêne, un malaise physique à : *L'odeur du tabac vous incommode-t-elle ?* (syn. déranger).

incommodité [ɛ̃kɔmɔdite] n.f. Caractère de ce qui est incommode, peu pratique.

incommunicabilité [ɛ̃kɔmynikabilite] n.f. - **1.** LITT. Caractère de ce qui ne peut pas être communiqué : *L'incommunicabilité d'une pensée*. - **2.** Impossibilité de communiquer avec autrui.

incommunicable [ɛ̃kɔmynikabl] adj. - **1.** Qui n'est pas transmissible : *Biens incommunicables* (syn. intransmissible). - **2.** Qui ne peut être exprimé : *Des sentiments incommunicables* (syn. indicible, inexprimable).

incomparable [ɛ̃kɔpaʀabl] adj. À qui ou à quoi rien ne peut être comparé : *Un spectacle d'une beauté incomparable* (syn. inégalable, unique, remarquable).

incomparablement [ɛ̃kɔpaʀabləmɑ̃] adv. Sans comparaison possible : *Incomparablement meilleur* (syn. infiniment).

incompatibilité [ɛ̃kɔpatibilite] n.f. - **1.** Impossibilité de s'accorder, absence de compatibilité : *Incompatibilité entre un programme politique et les exigences budgétaires* (syn. contradiction). *Incompatibilité d'humeur*. - **2.** DR. Impossibilité légale d'exercer simultanément certaines fonctions. - **3.** MATH. Propriété d'un système d'équations qui n'a pas de solution. - **4.** Incompatibilité sanguine, état de deux sujets dont le sang de l'un ne peut être transfusé à l'autre.

incompatible [ɛ̃kɔpatibl] adj. - **1.** Qui n'est pas compatible, conciliable : *Ces solutions sont incompatibles* (syn. inconciliable). *Des* *dépenses incompatibles avec l'état des finances. Matériels, médicaments incompatibles* (= qui ne peuvent être utilisés simultanément). - **2.** DR. Se dit des fonctions qui ne peuvent être exercées simultanément par une même personne. - **3.** MATH. Système d'équations incompatibles, système n'ayant pas de solution.

incompétence [ɛ̃kɔ̃petɑ̃s] n.f. - **1.** Manque de connaissances pour faire qqch : *Un employé renvoyé pour incompétence* (syn. incapacité). - **2.** DR. Inaptitude d'un juge, d'un tribunal à connaître d'une affaire, à juger.

incompétent, e [ɛ̃kɔ̃petɑ̃, -ɑ̃t] adj. - **1.** Qui n'a pas les connaissances voulues pour décider ou parler de qqch : *Un directeur incompétent* (syn. incapable). - **2.** DR. Qui n'a pas qualité pour juger : *Le tribunal s'est déclaré incompétent.*

incomplet, ète [ɛ̃kɔ̃plɛ, -ɛt] adj. Qui n'est pas complet : *Des renseignements incomplets* (syn. partiel, fragmentaire).

incomplètement [ɛ̃kɔ̃plɛtmɑ̃] adv. De façon incomplète : *Bûches incomplètement consumées* (syn. partiellement).

incomplétude [ɛ̃kɔ̃pletyd] n.f. LOG. Propriété d'une théorie déductive dans laquelle il existe une formule indécidable (c'est-à-dire ni démontrable ni réfutable).

incompréhensible [ɛ̃kɔ̃preɑ̃sibl] adj. - **1.** Qu'on ne peut comprendre : *Texte incompréhensible* (syn. inintelligible, obscur). - **2.** Qu'on ne peut expliquer : *Conduite incompréhensible* (syn. déconcertant).

incompréhension [ɛ̃kɔ̃preɑ̃sjɔ̃] n.f. Incapacité ou refus de comprendre qqn, qqch : *L'incompréhension du public.*

incompressible [ɛ̃kɔ̃presibl] adj. - **1.** Qui ne peut être réduit : *Dépenses incompressibles. Peine incompressible.* - **2.** Se dit d'un corps dont le volume ne peut être diminué par augmentation de la pression : *L'eau est incompressible.*

incompris, e [ɛ̃kɔ̃pri, -iz] adj. et n. Qui n'est pas compris, apprécié à sa valeur : *Poète incompris. Jouer les incompris.*

inconcevable [ɛ̃kɔ̃svabl] adj. Qu'on ne peut concevoir, comprendre, admettre : *Vous avez agi avec une légèreté inconcevable* (syn. inadmissible, inimaginable).

inconciliable [ɛ̃kɔ̃siljabl] adj. Que l'on ne peut concilier avec qqch d'autre : *Ces deux points de vue sont inconciliables.*

inconditionnel, elle [ɛ̃kɔ̃disjɔnɛl] adj. - **1.** Qui n'admet ou ne suppose aucune condition : *Elle lui a promis son appui inconditionnel* (= sans réserve ; syn. absolu). - **2.** PSYCHOL. Qui n'est lié à aucun conditionnement (par opp. à *conditionnel*) : *Réflexe incondition-*

nel. ◆ adj. et n. Partisan sans réserve de qqch ou de qqn : *Un inconditionnel du rock.*

inconduite [ɛ̃kɔ̃dɥit] n.f. Mauvaise conduite : *Son inconduite est notoire* (syn. dévergondage, débauche).

inconfort [ɛ̃kɔ̃fɔr] n.m. - **1.** Manque de confort : *L'inconfort d'un appartement trop petit.* - **2.** Situation de malaise moral dans laquelle se trouve qqn (syn. embarras).

inconfortable [ɛ̃kɔ̃fɔrtabl] adj. Qui n'est pas confortable : *Un siège inconfortable. Une situation inconfortable* (syn. embarrassant).

incongru, e [ɛ̃kɔ̃gry] adj. (bas lat. *incongruus,* de *incongruens* "qui ne convient pas"). Qui va contre les règles du savoir-vivre, de la bienséance : *Des propos incongrus* (syn. déplacé, inconvenant).

incongruité [ɛ̃kɔ̃grɥite] n.f. Caractère de ce qui est incongru ; action ou parole incongrue : *Dire des incongruités* (syn. grossièreté).

incongrûment [ɛ̃kɔ̃grymɑ̃] adv. De façon incongrue.

inconnu, e [ɛ̃kɔny] adj. et n. - **1.** Qui n'est pas connu : *Né de père inconnu. Un inconnu m'a adressé la parole* (syn. étranger). - **2.** Qui n'est pas célèbre : *Auteur inconnu* (syn. obscur). ◆ adj. Qu'on ne connaît pas : *Une joie inconnue* (= qu'on n'a pas encore éprouvée). *Des terres inconnues* (syn. inexploré). ◆ **inconnu** n.m. Ce qui reste mystérieux : *Affronter l'inconnu.*

inconnue [ɛ̃kɔny] n.f. - **1.** Élément d'une question, d'une situation qui n'est pas connu : *La grande inconnue, c'est le coût du projet* (= le point d'interrogation). - **2.** MATH. Élément indéterminé dont on se propose de trouver la ou les valeurs vérifiant une ou plusieurs relations d'égalité ou d'inégalité.

inconsciemment [ɛ̃kɔ̃sjamɑ̃] adv. De façon inconsciente : *Être inconsciemment complice d'une mauvaise action* (syn. involontairement).

inconscience [ɛ̃kɔ̃sjɑ̃s] n.f. - **1.** Perte de connaissance momentanée ou permanente : *Sombrer dans l'inconscience.* - **2.** État de qqn qui agit sans comprendre la portée de ses actes : *Une telle légèreté frise l'inconscience* (syn. folie).

1. inconscient, e [ɛ̃kɔ̃sjɑ̃, -ɑ̃t] adj. (de *conscient*). - **1.** Qui a perdu connaissance ; évanoui : *Rester inconscient quelques minutes.* - **2.** Qui ne se rend pas compte de la portée de ses actes : *Il est inconscient des difficultés qui l'attendent.* - **3.** Qui se produit sans qu'on en ait conscience : *Mouvement inconscient* (syn. involontaire, machinal). ◆ adj. et n. Qui agit de façon inconsidérée : *Il est un peu inconscient pour proposer une chose pareille.*

2. inconscient [ɛ̃kɔ̃sjɑ̃] n.m. (de *1. inconscient*). - **1.** Ensemble des phénomènes psychiques qui échappent à la conscience. **- 2.** PSYCHAN. Dans le premier modèle freudien, instance psychique qui constitue essentiellement le lieu du refoulement (par opp. au *conscient,* au *préconscient*). **- 3.** Inconscient collectif, instance de la psyché commune à tous les individus et faite de la stratification des expériences millénaires de l'humanité. □ Cette notion est due à C. G. Jung.

inconséquence [ɛ̃kɔ̃sekɑ̃s] n.f. (bas lat. *inconsequentia* "défaut de liaison"). **- 1.** Défaut de lien, de suite dans les idées ou les actes ; manque de réflexion : *Tous tes problèmes sont le résultat de ton inconséquence* (syn. incohérence). **- 2.** Chose dite ou faite sans réflexion : *Discours plein d'inconséquences* (syn. incohérence).

inconséquent, e [ɛ̃kɔ̃sekɑ̃, -ɑ̃t] adj. (lat. *inconsequens* "illogique"). **- 1.** Qui parle, agit à la légère : *Un homme inconséquent* (syn. irréfléchi). **- 2.** Fait ou dit à la légère : *Démarche inconséquente* (syn. déraisonnable).

inconsidéré, e [ɛ̃kɔ̃sidere] adj. (lat. *inconsideratus*). Fait ou dit sans réflexion : *Remarque inconsidérée* (syn. irréfléchi).

inconsidérément [ɛ̃kɔ̃sideremɑ̃] adv. De manière inconsidérée : *Agir inconsidérément* (syn. étourdiment).

inconsistance [ɛ̃kɔ̃sistɑ̃s] n.f. **- 1.** Manque de consistance, d'épaisseur : *L'inconsistance d'une pâte.* **- 2.** Manque de fermeté, de force de caractère : *L'inconsistance d'un homme politique.* **- 3.** Manque de logique : *L'inconsistance de ses idées.* **- 4.** LOG. Propriété d'une théorie déductive où une même formule est à la fois démontrable et réfutable.

inconsistant, e [ɛ̃kɔ̃sistɑ̃, -ɑ̃t] adj. **- 1.** Qui manque de consistance, de solidité : *Un programme politique inconsistant* (syn. vide). **- 2.** Qui manque de logique, de cohérence : *Un esprit inconsistant* (syn. incohérent).

inconsolable [ɛ̃kɔ̃sɔlabl] adj. Qui ne peut se consoler : *Une veuve, une peine inconsolable.*

inconsommable [ɛ̃kɔ̃sɔmabl] adj. Qui ne peut être consommé : *Une denrée inconsommable* (syn. immangeable).

inconstance [ɛ̃kɔ̃stɑ̃s] n.f. **- 1.** Tendance à changer facilement d'opinion, de résolution, de conduite : *Déplorer l'inconstance d'un ami* (syn. infidélité, versatilité). **- 2.** Instabilité, mobilité : *L'inconstance du temps* (syn. précarité).

inconstant, e [ɛ̃kɔ̃stɑ̃, -ɑ̃t] adj. et n. Sujet à changer : *Être inconstant dans ses résolutions* (syn. instable). *Être inconstant en amour* (syn. infidèle).

inconstitutionnalité [ɛ̃kɔ̃stitysjɔnalite] n.f. Caractère de ce qui est inconstitutionnel.

inconstitutionnel, elle [ɛ̃kɔ̃stitysjɔnɛl] adj. Non conforme à la Constitution (syn. anticonstitutionnel).

inconstructible [ɛ̃kɔ̃stryktibl] adj. Où l'on ne peut construire (par opp. à *constructible*) : *Zone inconstructible.*

incontestable [ɛ̃kɔ̃tɛstabl] adj. Qui ne peut être contesté, mis en doute : *Preuve incontestable* (syn. indéniable).

incontestablement [ɛ̃kɔ̃tɛstabləmɑ̃] adv. De façon incontestable (syn. indéniablement, indiscutablement).

incontesté, e [ɛ̃kɔ̃tɛste] adj. Qui n'est pas contesté, discuté : *Droit incontesté* (syn. reconnu).

incontinence [ɛ̃kɔ̃tinɑ̃s] n.f. (lat. *incontinentia*). **- 1.** Manque de retenue en face des plaisirs de l'amour. **- 2.** Absence de modération dans les paroles : *Incontinence verbale.* **- 3.** MÉD. Altération ou perte du contrôle du sphincter anal ou de celui de la vessie.

1. **incontinent, e** [ɛ̃kɔ̃tinɑ̃, -ɑ̃t] adj. (lat. *incontinens, -entis*). **- 1.** Qui n'est pas chaste. **- 2.** Qui manque de modération dans ses paroles. **- 3.** MÉD. Atteint d'incontinence.

2. **incontinent** [ɛ̃kɔ̃tinɑ̃] adv. (lat. *in continenti* [*tempore*] "dans un [temps] continu"). LITT. Aussitôt ; immédiatement : *Partir incontinent* (syn. sur-le-champ).

incontournable [ɛ̃kɔ̃turnabl] adj. Dont il faut tenir compte : *Argument incontournable* (syn. imparable).

incontrôlable [ɛ̃kɔ̃trolabl] adj. Qu'on ne peut contrôler : *Des rumeurs incontrôlables* (syn. invérifiable).

incontrôlé, e [ɛ̃kɔ̃trole] adj. Qui n'est pas contrôlé : *Des gestes incontrôlés. Des manifestants incontrôlés.*

inconvenance [ɛ̃kɔ̃vnɑ̃s] n.f. Caractère inconvenant de qqn, de qqch ; acte, propos inconvenants : *Il a eu l'inconvenance de revenir nous voir* (syn. incorrection, grossièreté).

inconvenant, e [ɛ̃kɔ̃vnɑ̃, -ɑ̃t] adj. Qui blesse les convenances : *Paroles inconvenantes* (syn. déplacé, indécent).

inconvénient [ɛ̃kɔ̃venjɑ̃] n.m. (lat. *inconveniens* "qui ne convient pas"). **- 1.** Conséquence fâcheuse d'une situation, d'une action : *Je ne vois pas d'inconvénient à sa présence à la réunion* (syn. mal, risque). **- 2.** Désavantage, défaut : *Avantages et inconvénients du métier* (syn. désagrément).

inconvertibilité [ɛ̃kɔ̃vɛrtibilite] n.f. Caractère de ce qui est inconvertible : *Inconvertibilité d'une monnaie.*

inconvertible [ɛ̃kɔ̃vɛrtibl] adj. Se dit d'une monnaie qui n'est pas convertible.

incorporable [ɛ̃kɔrpɔrabl] adj. Que l'on peut incorporer : *Soldat incorporable.*

incorporation [ɛ̃kɔʀpɔʀasjɔ̃] n.f. (bas lat. *incorporatio*). - **1.** Action d'incorporer ; amalgame, intégration. - **2.** MIL. Phase finale de l'appel du contingent, dans laquelle les recrues rejoignent leurs unités : *Sursis d'incorporation.*

incorporel, elle [ɛ̃kɔʀpɔʀɛl] adj. - **1.** Qui n'a pas de corps : *L'âme est incorporelle* (syn. immatériel). - **2.** DR. **Biens incorporels,** qui n'ont pas d'existence matérielle (nom de société, marque, droits d'auteur, etc.).

incorporer [ɛ̃kɔʀpɔʀe] v.t. (bas lat. *incorporare*, de *corpus, corporis* "corps"). - **1.** Mêler intimement une substance, une matière à une autre ; intégrer un élément dans un tout : *Incorporer des œufs à la farine* (syn. mélanger). *Incorporer un paragraphe dans un texte* (syn. insérer). - **2.** Procéder à l'incorporation d'une recrue.

incorrect, e [ɛ̃kɔʀɛkt] adj. - **1.** Qui comporte des erreurs : *Une phrase incorrecte* (syn. fautif). - **2.** Qui manque aux règles de la bienséance, de la politesse : *Il s'est montré très incorrect* (syn. grossier).

incorrectement [ɛ̃kɔʀɛktəmɑ̃] adv. De façon incorrecte.

incorrection [ɛ̃kɔʀɛksjɔ̃] n.f. - **1.** Faute de grammaire : *Texte plein d'incorrections* (syn. impropriété). - **2.** Manquement aux règles de la correction, de la bienséance : *Incorrection dans les manières* (syn. inconvenance).

incorrigible [ɛ̃kɔʀiʒibl] adj. Qu'on ne peut corriger : *Paresse incorrigible.*

incorrigiblement [ɛ̃kɔʀiʒibləmɑ̃] adv. De façon incorrigible : *Il est incorrigiblement imprudent.*

incorruptibilité [ɛ̃kɔʀyptibilite] n.f. - **1.** Qualité de ce qui ne peut se corrompre : *Incorruptibilité de l'or* (syn. inaltérabilité). - **2.** Qualité de celui qui est incorruptible ; intégrité, probité.

incorruptible [ɛ̃kɔʀyptibl] adj. (bas lat. *incorruptibilis*, de *corrumpere* "gâter"). - **1.** Qui ne se corrompt pas : *Matière incorruptible à l'humidité* (syn. inaltérable, imputrescible). - **2.** Incapable de se laisser corrompre pour agir contre son devoir : *Magistrat incorruptible* (syn. intègre).

incrédule [ɛ̃kʀedyl] adj. et n. (lat. *incredulus*, de *credere* "croire"). - **1.** Qui ne croit pas, ou qui met en doute les croyances religieuses (syn. athée, irréligieux, incroyant). - **2.** Qui se laisse difficilement convaincre : *Tous ces raisonnements me laissent incrédule* (syn. sceptique).

incrédulité [ɛ̃kʀedylite] n.f. Attitude d'une personne qui ne se laisse pas facilement convaincre : *Ces preuves ne sont pas venues à bout de son incrédulité* (syn. défiance, doute).

incrément [ɛ̃kʀemɑ̃] n.m. (lat. *incrementum* "accroissement", avec infl. de l'angl. *increment*). INFORM. Quantité constante ajoutée à la valeur d'une variable à chaque exécution d'une instruction d'un programme.

incrémenter [ɛ̃kʀemɑ̃te] v.t. INFORM. Ajouter un incrément à : *Incrémenter une variable.*

increvable [ɛ̃kʀəvabl] adj. - **1.** Qui ne peut pas être crevé : *Pneu increvable.* - **2.** FAM. Qui n'est jamais fatigué : *Un marcheur increvable* (syn. infatigable).

incrimination [ɛ̃kʀiminasjɔ̃] n.f. Action d'incriminer ; fait d'être incriminé.

incriminer [ɛ̃kʀimine] v.t. (lat. *incriminare*, de *crimen, -inis* "accusation"). Mettre en cause ; rendre responsable d'un acte blâmable : *Incriminer qqn* (syn. accuser, blâmer). *Les produits incriminés ont été saisis* (= mis en cause).

incrochetable [ɛ̃kʀɔʃtabl] adj. Qu'on ne peut crocheter : *Serrure incrochetable.*

incroyable [ɛ̃kʀwajabl] adj. - **1.** À quoi il est difficile ou impossible d'ajouter foi : *Récit incroyable* (syn. invraisemblable, rocambolesque). - **2.** Qui suscite l'étonnement par son caractère excessif ou insolite : *Une chance incroyable* (syn. fantastique, inouï). ◆ n.m. HIST. Au début du Directoire, élégant de la jeunesse dorée royaliste, à la tenue vestimentaire recherchée et excentrique et au langage affecté : *Les incroyables et les merveilleuses.*

incroyablement [ɛ̃kʀwajabləmɑ̃] adv. De façon incroyable : *Elle est incroyablement têtue* (syn. extrêmement, très).

incroyance [ɛ̃kʀwajɑ̃s] n.f. Absence de foi religieuse (syn. athéisme, irréligion).

incroyant, e [ɛ̃kʀwajɑ̃, -ɑ̃t] adj. et n. Qui n'a pas de foi religieuse (syn. athée, irréligieux).

incrustation [ɛ̃kʀystasjɔ̃] n.f. - **1.** Action d'incruster ; ce qui est incrusté : *Des incrustations d'or, de nacre, de dentelle.* - **2.** Dépôt plus ou moins dur que laisse une eau chargée de sels calcaires (syn. tartre). - **3.** Remplacement, par un procédé électronique, d'une partie d'une image de télévision par une autre ; image ainsi obtenue.

incruster [ɛ̃kʀyste] v.t. (lat. *incrustare*, de *crusta* "croûte"). - **1.** Insérer dans une matière des fragments d'une autre matière, génér. plus précieuse : *Incruster de la nacre dans l'ébène.* - **2.** Couvrir d'un dépôt minéral adhérent : *Eaux qui incrustent les canalisations* (syn. entartrer). ◆ **s'incruster** v.pr. - **1.** Se déposer sur une matière en adhérant fortement. - **2.** Se couvrir de dépôts : *Tuyaux qui s'incrustent de calcaire.* - **3.** FAM. Imposer sa présence : *Il s'est incrusté à la maison toute la soirée.*

incubateur [ɛ̃kybatœʀ] n.m. (de *incuber*). Couveuse.

incubation [ɛ̃kybasjɔ̃] n.f. (lat. *incubatio ; v. incuber*). **- 1.** Couvaison ; développement de l'embryon dans son œuf : *Incubation naturelle, artificielle.* **- 2.** BIOL. Protection assurée aux œufs dans une cavité du corps de l'un des parents, chez de nombreux vertébrés. **- 3.** MÉD. Temps qui s'écoule entre l'introduction d'un agent infectieux dans un organisme et l'apparition des premiers symptômes de la maladie qu'il provoque (on dit aussi, de façon pléonastique, *durée, période, temps d'incubation*).

incube [ɛ̃kyb] n.m. (bas lat. *incubus* "cauchemar"). Démon mâle qui, dans la tradition médiévale, abuse des femmes pendant leur sommeil (par opp. à *succube*).

incuber [ɛ̃kybe] v.t. (lat. *incubare* "être couché, couver"). Opérer l'incubation de : *L'hippocampe mâle incube les œufs dans sa poche ventrale.*

inculpation [ɛ̃kylpasjɔ̃] n.f. Acte par lequel le juge d'instruction met en cause une personne présumée coupable d'un délit ou d'un crime : *Arrêté sous l'inculpation de vol.*

inculpé, e [ɛ̃kylpe] n. et adj. Personne présumée coupable d'un délit ou d'un crime, dans le cadre d'une procédure d'instruction.

inculper [ɛ̃kylpe] v.t. (bas lat. *inculpare*, de *culpa* "faute"). Mettre en cause dans une procédure d'instruction une personne présumée coupable d'un crime ou d'un délit.

inculquer [ɛ̃kylke] v.t. (lat. *inculcare* "fouler, presser"). Faire entrer durablement qqch dans l'esprit de qqn : *Inculquer les bonnes manières à un enfant* (syn. enseigner).

inculte [ɛ̃kylt] adj. (lat. *incultus*, de *cultus ; v. cultiver*). **- 1.** Qui n'est pas cultivé : *Terrain inculte* (= en friche). **- 2.** Sans culture intellectuelle : *Esprit inculte* (contr. cultivé).

inculture [ɛ̃kyltyʀ] n.f. Manque de culture intellectuelle.

incunable [ɛ̃kynabl] adj. et n.m. (lat. *incunabula, -orum* "langes, berceau"). Se dit d'un ouvrage qui date des origines de l'imprimerie (antérieur à 1500).

incurable [ɛ̃kyʀabl] adj. et n. (bas lat. *incurabilis*, de *cura* "soin"). Se dit d'un malade qui ne peut être guéri : *Salle réservée aux incurables.* ◆ adj. Qu'on ne peut guérir ; à quoi on ne peut remédier : *Une maladie incurable* (syn. inguérissable). *Une sottise incurable* (syn. irrémédiable).

incurablement [ɛ̃kyʀabləmɑ̃] adv. De façon incurable : *Être incurablement atteint* (syn. irrémédiablement).

incurie [ɛ̃kyʀi] n.f. (lat. *incuria*, de *cura* "soin"). Manque de soin ; laisser-aller (syn. négligence).

incuriosité [ɛ̃kyʀjɔzite] n.f. LITT. Manque de curiosité intellectuelle.

incursion [ɛ̃kyʀsjɔ̃] n.f. (lat. *incursio*, de *incurrere* "faire irruption"). **- 1.** Invasion d'un groupe armé très mobile, génér. de courte durée (syn. raid, razzia). **- 2.** Entrée soudaine et jugée importune : *Votre incursion dans cette réunion a paru déplacée* (syn. irruption). **- 3.** Fait de s'intéresser à un domaine dans lequel on est profane : *Acteur qui fait une incursion dans la chanson.*

incurvation [ɛ̃kyʀvasjɔ̃] n.f. Action d'incurver ; état de ce qui est incurvé.

incurver [ɛ̃kyʀve] v.t. (lat. *incurvare*, de *curvus* "courbe"). Courber de dehors en dedans ; rendre courbe : *Incurver une tige de fer* (syn. courber). *Fauteuil aux pieds incurvés.* ◆ **s'incurver** v.pr. Prendre une forme courbe.

indéboulonnable [ɛ̃debulɔnabl] adj. (de *déboulonner*). FAM. Se dit de qqn qui ne peut être destitué, révoqué : *Un chef de parti indéboulonnable* (syn. intouchable).

indécence [ɛ̃desɑ̃s] n.f. **- 1.** Caractère d'une personne, d'une chose indécente : *L'indécence d'une robe. L'indécence d'un comportement* (syn. impudeur). **- 2.** Caractère de ce qui choque par son côté déplacé : *Cet étalage de luxe frise l'indécence.*

indécent, e [ɛ̃desɑ̃, -ɑ̃t] adj. (lat. *indecens, -entis*, de *decet* "il convient"). **- 1.** Qui viole les règles de la pudeur : *Tenue indécente* (syn. inconvenant). **- 2.** Qui choque la morale : *Gaspillage indécent* (syn. scandaleux).

indéchiffrable [ɛ̃deʃifʀabl] adj. **- 1.** Qu'on ne peut déchiffrer : *Une écriture indéchiffrable* (syn. illisible). **- 2.** Qui est difficile à comprendre : *Visage au regard indéchiffrable* (syn. impénétrable).

indéchirable [ɛ̃deʃiʀabl] adj. Qui ne peut être déchiré.

indécidable [ɛ̃desidabl] adj. LOG. Qui n'est ni démontrable ni réfutable dans une théorie déductive (par opp. à *décidable*) : *Proposition indécidable.*

indécis, e [ɛ̃desi, -iz] adj. et n. (bas lat. *indecisus* "non tranché"). Qui ne sait pas se décider : *Rester indécis sur la solution à adopter* (syn. perplexe, irrésolu). ◆ adj. **- 1.** Qui n'a pas de solution : *Une bataille dont l'issue reste indécise* (syn. incertain). **- 2.** Difficile à reconnaître : *Formes indécises* (syn. indistinct, vague).

indécision [ɛ̃desizjɔ̃] n.f. État, caractère d'une personne indécise : *Mettre fin à son indécision* (syn. irrésolution).

indéclinable [ɛ̃deklinabl] adj. LING. Qui ne se décline pas : *En français, les adverbes sont indéclinables.*

indécollable [ɛ̃dekɔlabl] adj. Impossible à décoller.

indécomposable [ɛ̃dekɔ̃pozabl] adj. Qui ne peut être décomposé, analysé : *Les corps simples sont indécomposables.*

indécrottable [ɛ̃dekʀɔtabl] adj. (de *décrotter*). FAM. Impossible à améliorer : *Un paresseux indécrottable* (syn. incorrigible).

indéfectible [ɛ̃defɛktibl] adj. (du moyen fr. *défectible* "sujet à défaillance", du lat. *defectus* "qui fait défaut"). Qui dure toujours : *Amitié indéfectible* (syn. éternel ; contr. éphémère).

indéfectiblement [ɛ̃defɛktibləmɑ̃] adv. De façon indéfectible (syn. immuablement).

indéfendable [ɛ̃defɑ̃dabl] adj. Qui ne peut être défendu : *Cause indéfendable* (syn. insoutenable).

indéfini, e [ɛ̃defini] adj. (lat. *indefinitus*). - **1.** Qu'on ne peut délimiter : *Espace indéfini* (syn. infini). - **2.** Qu'on ne peut définir : *Tristesse indéfinie* (syn. vague). - **3.** GRAMM. Qui exprime une idée générale sans l'appliquer à un objet déterminé. - **4.** Article indéfini, article qui présente l'être ou l'objet que le nom désigne avec une individualisation indéterminée *(un, une, des).* ∥ Adjectif, pronom indéfinis, adjectif, pronom qui indiquent une indétermination : « *Quelque, chaque* », etc., *sont des adjectifs indéfinis* ; « *quelqu'un, rien* » *sont des pronoms indéfinis.*

indéfiniment [ɛ̃definimɑ̃] adv. De façon indéfinie : *Il répète indéfiniment la même chose* (syn. perpétuellement).

indéfinissable [ɛ̃definisabl] adj. Qu'on ne saurait définir : *Trouble indéfinissable* (syn. vague, confus).

indéformable [ɛ̃defɔʀmabl] adj. Qui ne peut être déformé.

indéhiscent, e [ɛ̃deisɑ̃, -ɑ̃t] adj. BOT. Qui ne s'ouvre pas, mais se détache en entier de la plante mère, en parlant de certains fruits secs, comme l'akène.

indélébile [ɛ̃delebil] adj. (lat. *indelebilis*, de *delere* "détruire"). - **1.** Qui ne peut être effacé : *Encre indélébile* (syn. ineffaçable). - **2.** Dont la marque ne peut disparaître : *Souvenirs indélébiles* (syn. impérissable).

indélicat, e [ɛ̃delika, -at] adj. Qui manque d'honnêteté : *Un employé indélicat* (syn. malhonnête).

indélicatesse [ɛ̃delikatɛs] n.f. Malhonnêteté : *Commettre une indélicatesse* (syn. escroquerie).

indémaillable [ɛ̃demajabl] adj. Tissé de sorte que les mailles ne filent pas si l'une se défait : *Jersey indémaillable.*

indemne [ɛ̃dɛmn] adj. (lat. *indemnis*, de *damnum* "dommage"). - **1.** Qui n'a pas subi de dommage moral ou physique : *Sortir indemne d'un accident* (= sain et sauf). - **2.** Qui n'est pas contaminé : *Être indemne de toute contagion.*

indemnisation [ɛ̃dɛmnizasjɔ̃] n.f. Action d'indemniser ; paiement d'une indemnité : *L'indemnisation des sinistrés.*

indemniser [ɛ̃dɛmnize] v.t. Dédommager qqn de ses frais, d'un préjudice : *Indemniser un propriétaire expulsé.*

indemnité [ɛ̃dɛmnite] n.f. (lat. *indemnitas* "salut, sûreté", de *indemnis* ; v. *indemne*). - **1.** Somme allouée pour dédommager d'un préjudice : *Indemnité pour cause d'expropriation* (syn. dédommagement). - **2.** Élément d'une rémunération ou d'un salaire destiné à compenser une augmentation du coût de la vie ou à rembourser une dépense imputable à l'exercice de la profession : *Indemnités de frais de déplacement* (syn. allocation). - **3.** Indemnité de licenciement, somme versée par l'employeur à un salarié licencié sans faute grave et comptant une certaine ancienneté. ∥ Indemnité journalière, somme versée à un assuré social incapable temporairement de travailler. ∥ Indemnité parlementaire, émoluments des députés et des sénateurs.

indémodable [ɛ̃demɔdabl] adj. Qui ne risque pas de se démoder.

indémontable [ɛ̃demɔ̃tabl] adj. Qui ne peut être démonté : *Une serrure rouillée qui est indémontable.*

indémontrable [ɛ̃demɔ̃tʀabl] adj. Qu'on ne peut démontrer (syn. improuvable, invérifiable).

indéniable [ɛ̃denjabl] adj. Qu'on ne peut dénier : *Preuve indéniable* (syn. certain, incontestable).

indéniablement [ɛ̃denjabləmɑ̃] adv. De façon indéniable : *Elle a indéniablement raison* (syn. indiscutablement).

indentation [ɛ̃dɑ̃tasjɔ̃] n.f. (de *dent*). Échancrure d'une côte, d'un littoral (syn. dentelure).

indépassable [ɛ̃depasabl] adj. Que l'on ne peut dépasser, franchir : *Limite indépassable.*

indépendamment de [ɛ̃depɑ̃damɑ̃də] loc. prép. (de *indépendant*). - **1.** En considérant à part chacun des éléments : *Il faut interpréter ces deux faits indépendamment l'un de l'autre.* - **2.** En plus de ; par surcroît : *Indépendamment du confort, vous avez une vue superbe.*

indépendance [ɛ̃depɑ̃dɑ̃s] n.f. - **1.** État d'une personne indépendante, autonome : *Son salaire lui assure une totale indépendance* (syn. autonomie). - **2.** Caractère, attitude d'une personne qui refuse les contraintes, les règles établies : *On lui reproche son indépendance de caractère* (syn. individualisme). - **3.** Autonomie politique ; souveraineté nationale : *Proclamer l'indépendance d'une nation.* - **4.** Absence de rapports entre plusieurs choses. - **5.** LOG. Propriété d'un axiome qui ne peut être démontré à partir des autres axiomes de la théorie dans laquelle il figure.

indépendant, e [ɛ̃depɑ̃dɑ̃, -ɑ̃t] adj. - **1.** Qui ne dépend d'aucune autorité ; libre : *Travailleur indépendant* (contr. salarié). - **2.** Qui refuse la contrainte, la sujétion : *Elle est trop indépendante pour faire ce métier* (syn. individualiste). - **3.** Qui jouit de l'autonomie politique : *Peuple indépendant* (syn. autonome, souverain). - **4.** Qui n'a aucun rapport avec autre chose : *Point indépendant de la question* (syn. distinct). - **5.** GRAMM. Proposition indépendante, proposition qui ne dépend d'aucune autre et dont aucune ne dépend (on dit aussi *une indépendante*). ‖ MATH. Variables aléatoires indépendantes, telles que la probabilité pour que chacune prenne conjointement à l'autre une valeur donnée soit égale au produit des probabilités pour que chacune prenne séparément la valeur en question. ‖ MATH. Vecteurs (linéairement) indépendants, vecteurs dont les seules combinaisons linéaires nulles sont celles pour lesquelles tous les coefficients sont nuls.

indépendantisme [ɛ̃depɑ̃dɑ̃tism] n.m. Revendication d'indépendance de la part d'un peuple. ◆ **indépendantiste** adj. et n. Partisan de l'indépendance.

indéracinable [ɛ̃deʀasinabl] adj. Qu'on ne peut déraciner : *Préjugés indéracinables* (syn. inextirpable).

indescriptible [ɛ̃dɛskʀiptibl] adj. Qui ne peut être décrit, exprimé : *Joie indescriptible* (syn. indicible).

indésirable [ɛ̃deziʀabl] adj. et n. (angl. *undesirable*). Qu'on n'accepte pas dans un pays, un milieu : *Individu indésirable. Sa présence est indésirable.*

indestructibilité [ɛ̃dɛstʀyktibilite] n.f. Caractère de ce qui est indestructible.

indestructible [ɛ̃dɛstʀyktibl] adj. Qui ne peut être détruit, aboli : *Un bâtiment indestructible* (syn. inaltérable). *Une amitié indestructible* (syn. indissoluble).

indétectable [ɛ̃detɛktabl] adj. Impossible à détecter : *Avion indétectable.*

indéterminable [ɛ̃detɛʀminabl] adj. Qui ne peut être déterminé : *Une couleur indéterminable* (syn. indéfinissable).

indétermination [ɛ̃detɛʀminasjɔ̃] n.f. - **1.** Caractère de ce qui n'est pas déterminé, précisé : *L'indétermination d'une frontière* (syn. imprécision). - **2.** Caractère hésitant, irrésolu de qqn : *Son indétermination lui a coûté cher* (syn. indécision).

indéterminé, e [ɛ̃detɛʀmine] adj. - **1.** Qui n'est pas déterminé, précisé : *Somme d'un montant indéterminé* (syn. indéfini). - **2.** MATH. Équation indéterminée, équation admettant une infinité de solutions.

index [ɛ̃dɛks] n.m. (mot lat. "indicateur"). - **1.** Deuxième doigt de la main, le plus proche du pouce. - **2.** Aiguille d'un cadran ; repère fixe ou mobile. - **3.** Liste alphabétique des mots, des sujets, des noms apparaissant dans un ouvrage, une collection, etc., avec les références permettant de les retrouver. - **4.** INFORM. Valeur fixe permettant de compléter ou de corriger les valeurs de certaines adresses lors de l'exécution d'une instruction. - **5.** L'Index, catalogue officiel des livres interdits aux catholiques, établi au XVIᵉ s. et qui n'a plus force de loi depuis décembre 1965. ‖ Mettre qqn, qqch à l'index, les exclure, les signaler comme dangereux.

indexation [ɛ̃dɛksasjɔ̃] n.f. Action d'indexer ; son résultat : *Indexation d'un prix, d'un livre.*

indexer [ɛ̃dɛkse] v.t. - **1.** Lier la variation d'un salaire, d'un prix, d'un loyer, d'une valeur à la variation d'une autre valeur prise comme référence : *Indexer une retraite sur le coût de la vie. Emprunt indexé sur l'or.* - **2.** Réaliser l'index d'un ouvrage, d'une collection. - **3.** Mettre à sa place dans un index : *Indexer un mot.* - **4.** MÉCAN. Régler un mécanisme en plaçant un élément mobile en face d'un index. - **5.** MATH. Indexer les éléments d'un ensemble E par l'ensemble ordonné I, établir une bijection entre E et I.

indianisme [ɛ̃djanism] n.m. (de *indien,* et *-isme*). Étude des langues et des civilisations de l'Inde. ◆ **indianiste** n. Nom du spécialiste.

1. indicateur, trice [ɛ̃dikatœʀ, -tʀis] adj. Qui indique, qui fait connaître : *Un poteau indicateur.*

2. indicateur [ɛ̃dikatœʀ] n.m. (de *1. indicateur*). - **1.** Livre ou brochure qui sert de guide : *L'indicateur des rues de Paris* (syn. guide). - **2.** Appareil qui sert à indiquer : *Un indicateur de vitesse, de pression.* - **3.** Individu qui renseigne la police en échange d'un privilège ou d'une rémunération (abrév. fam. *indic*). - **4.** ZOOL. Petit oiseau insectivore des régions chaudes, voisin du pic. - **5.** Indicateur coloré, substance qui indique, par un changement de couleur, la concentration d'un constituant d'une solution. ‖ Indicateur économique, chiffre significatif de la situation économique pour une période donnée (produit national brut, commerce extérieur, etc.). ‖ BOURSE. Indicateur de tendance, série de chiffres exprimant les variations des cours de la Bourse et reflétant la tendance du marché financier.

1. **indicatif, ive** [ɛ̃dikatif, -iv] adj. Qui indique, annonce : *Prix communiqué à titre indicatif.*

2. **indicatif** [ɛ̃dikatif] n.m. (du bas lat. *indicativus* [*modus*] et de *1. indicatif*). - **1.** GRAMM. Mode du verbe qui présente le procès de façon neutre, objective, sans interprétation. □ En français, l'indicatif comporte des temps simples : présent, futur, imparfait, passé simple, et des temps composés : passé composé, plus-que-parfait, passé antérieur, futur antérieur. - **2.** Musique que répète une station de radio ou de télévision au début d'une émission, à fin d'identification.

indication [ɛ̃dikasjɔ̃] n.f. - **1.** Action d'indiquer : *Indication d'origine.* - **2.** Ce qui indique, fait connaître ; ce qui est donné comme conseil : *Son embarras est une indication de son erreur* (syn. indice, signe). *Suivre les indications de son médecin* (syn. avis, recommandation). - **3.** MÉD. Opportunité d'un traitement (par opp. à *contre-indication*) : *Indication d'un antibiotique.*

indice [ɛ̃dis] n.m. (lat. *indicium* "indication"). - **1.** Objet, signe qui met sur la trace de qqch : *La police a trouvé des indices* (syn. marque, trace). - **2.** Nombre exprimant un rapport entre deux grandeurs ; rapport entre des quantités du même prix, qui en montre l'évolution : *L'indice des prix de détail.* - **3.** MATH. Signe attribué à une lettre représentant les différents éléments d'un ensemble : *A indice n s'écrit A_n.* - **4.** Nombre affecté à une catégorie d'emploi permettant de calculer la rémunération correspondante. - **5.** Indice d'écoute, nombre des personnes, évalué en pourcentage, ayant écouté ou regardé une émission de radio, de télévision à un moment déterminé.

indiciaire [ɛ̃disjɛr] adj. Rattaché à un indice : *Le classement indiciaire d'un fonctionnaire.*

indicible [ɛ̃disibl] adj. (lat. médiév. *indicibilis*, du class. *dicere* "dire"). LITT. Qu'on ne peut exprimer : *Une joie indicible* (syn. indescriptible, ineffable).

indiciel, elle [ɛ̃disjɛl] adj. Relatif à un indice économique, statistique : *Courbe indicielle.*

indien, enne [ɛ̃djɛ̃, -ɛn] adj. et n. (bas lat. *indianus*). - **1.** De l'Inde. - **2.** Relatif aux autochtones de l'Amérique (les Indes occidentales des premiers navigateurs).

indienne [ɛ̃djɛn] n.f. (de [*toile*] *indienne*). Toile de coton légère colorée par impression.

indifféremment [ɛ̃diferamã] adv. Sans faire de différence : *Tu peux prendre indifféremment l'un ou l'autre.*

indifférence [ɛ̃diferɑ̃s] n.f. État d'une personne indifférente ; absence d'intérêt pour qqch : *Marquer son indifférence par une attitude désinvolte* (syn. détachement). *Cette proposition a rencontré l'indifférence générale* (syn. froideur).

indifférenciation [ɛ̃diferɑ̃sjasjɔ̃] n.f. État de ce qui est indifférencié.

indifférencié, e [ɛ̃diferɑ̃sje] adj. - **1.** Se dit de ce qui ne présente pas de caractéristiques suffisantes pour se différencier. - **2.** ANTHROP. Filiation indifférenciée, dans laquelle les lignées maternelle et paternelle ont socialement les mêmes fonctions.

indifférent, e [ɛ̃diferɑ̃, -ɑ̃t] adj. (lat. *indifferens, -entis*). - **1.** Qui ne provoque ni attirance ni répulsion : *Un grand bâtiment indifférent* (syn. quelconque). - **2.** Qui est de peu d'importance : *Parler de choses indifférentes* (syn. banal, insignifiant). - **3.** Dont on ne se préoccupe pas : *La politique le laisse indifférent* (syn. froid). - **4.** Qui ne tend pas vers un état plus que vers un autre : *Équilibre indifférent.* ◆ adj. et n. Individu que rien ne touche ni n'émeut : *Jouer les indifférents.*

indifférer [ɛ̃difere] v.t. [conj. 18]. Être indifférent à qqn, ne présenter aucun intérêt pour lui : *Cela m'indiffère.*

indigence [ɛ̃diʒɑ̃s] n.f. (lat. *indigentia* "besoin", de *indigens* ; v. *indigent*). - **1.** État d'une personne qui vit dans la misère (syn. dénuement). - **2.** Grande pauvreté intellectuelle ou morale : *L'indigence de sa pensée est affligeante.*

indigène [ɛ̃diʒɛn] adj. et n. (lat. *indigena*). - **1.** Né dans le pays qu'il habite (syn. aborigène, autochtone). - **2.** Se dit d'une plante originaire de la région où elle vit : *Essences indigènes et essences exotiques.* - **3.** Originaire d'un pays d'outre-mer, avant la décolonisation.

indigent, e [ɛ̃diʒɑ̃, -ɑ̃t] adj. et n. (lat. *indigens*, de *indigere* "avoir besoin"). Qui est privé de ressources suffisantes ; qui manque des choses les plus nécessaires : *Vieillard indigent* (syn. nécessiteux). ◆ adj. Qui manifeste une grande pauvreté de moyens : *Vocabulaire indigent* (syn. pauvre).

indigeste [ɛ̃diʒɛst] adj. - **1.** Difficile à digérer : *Mets indigeste* (syn. lourd). - **2.** Difficile à assimiler par l'esprit : *Roman indigeste* (syn. confus, pesant).

indigestion [ɛ̃diʒɛstjɔ̃] n.f. - **1.** Indisposition provenant d'une digestion qui se fait mal, et aboutissant génér. au vomissement. - **2.** FAM. Avoir une indigestion de qqch, en être lassé jusqu'au dégoût.

indignation [ɛ̃diɲasjɔ̃] n.f. (lat. *indignatio*, de *indignari*). Sentiment de colère que provoque qqn, qqch : *Arrestation qui soulève l'indignation de la population.*

indigne [ɛ̃diɲ] adj. (lat. *indignus*). - **1.** Qui n'est pas digne de : *Indigne de confiance.* - **2.** Qui inspire le mépris : *Conduite indigne* (syn. abject, infâme). - **3.** Qui n'est pas digne de son rôle, de sa fonction : *Père indigne.*

indigné, e [ɛ̃diɲe] adj. Qui marque la colère, la révolte ; qui manifeste de l'indignation.

indignement [ɛ̃diɲəmɑ̃] adv. De façon indigne.

indigner [ɛ̃diɲe] v.t. (lat. *indignari* "s'indigner", de *indignus* "indigne"). Exciter, provoquer la colère, la révolte de qqn : *Sa conduite indigne tout le monde* (syn. scandaliser). ◆ **s'indigner** v.pr. Éprouver un sentiment de colère, de révolte : *S'indigner contre l'injustice* (syn. blâmer, vitupérer).

indignité [ɛ̃diɲite] n.f. (de *indignitas*, de *indignus*). - **1.** Caractère d'une personne, d'un acte indignes : *Commettre des indignités* (syn. bassesse, infamie). - **2.** DR. Indignité nationale, peine comportant notamm. la privation des droits civiques.

indigo [ɛ̃digo] n.m. (mot port., du lat. *indicum* "de l'Inde"). Matière colorante qui, dans sa forme première, est d'un bleu légèrement violacé. □ L'indigo est extrait de l'indigotier, ou obtenu par synthèse. ◆ adj. inv. et n.m. D'une couleur bleu foncé légèrement violacé : *Des robes indigo.*

indigotier [ɛ̃digɔtje] n.m. Plante vivace des régions chaudes, autref. cultivée comme plante tinctoriale. □ Famille des papilionacées.

indiquer [ɛ̃dike] v.t. (lat. *indicare*, de *index*). - **1.** Montrer, désigner qqn, qqch d'une manière précise : *Indiquer qqch du doigt.* - **2.** Dénoter, être l'indice de : *Cela indique une grande rouerie* (syn. révéler). *Ma montre indique neuf heures* (syn. marquer). - **3.** Renseigner qqn : *Indiquer une rue à qqn.* - **4.** Être indiqué, conseillé, recommandé : *L'usage de ce médicament n'est pas indiqué.*

indirect, e [ɛ̃diʀɛkt] adj. - **1.** Qui ne conduit pas au but directement : *Itinéraire indirect* (syn. détourné). *Critique indirecte* (syn. voilé). - **2.** GRAMM. Se dit d'une construction prépositive, spécial. de celle qui relie le verbe à son compl. d'objet (par opp. à *direct*) : *Verbe transitif indirect. Complément d'objet indirect.* - **3.** GRAMM. Discours, style indirect, à l'intérieur d'un énoncé, manière de rapporter des paroles par l'intermédiaire d'un subordonnant présent (style indirect) ou sous-entendu (style indirect libre). [Ex. : Elle a dit qu'elle viendrait.] ‖ MATH. Sens indirect, sens inverse du sens trigonométrique ou *sens direct.*

indirectement [ɛ̃diʀɛktəmɑ̃] adv. De façon indirecte.

indiscernable [ɛ̃disɛʀnabl] adj. Qu'on ne peut discerner : *Des nuances de sens indiscernables* (syn. insaisissable).

indiscipline [ɛ̃disiplin] n.f. Attitude de qqn qui ne se soumet pas à la discipline : *Faire preuve d'indiscipline* (syn. désobéissance, indocilité).

indiscipliné, e [ɛ̃disipline] adj. Rebelle à toute discipline : *Esprit indiscipliné* (syn. indocile, rétif).

indiscret, ète [ɛ̃diskʀɛ, -ɛt] adj. et n. - **1.** Qui manque de discrétion ; qui dénote de l'indiscrétion : *Un indiscret qui cherche à savoir ce qui ne le regarde pas* (syn. curieux). *Une question indiscrète.* - **2.** Qui révèle ce qu'on devrait taire : *Des propos indiscrets. Ne lui confie aucun secret, c'est un indiscret* (syn. bavard, cancanier).

indiscrètement [ɛ̃diskʀɛtmɑ̃] adv. De façon indiscrète.

indiscrétion [ɛ̃diskʀesjɔ̃] n.f. Manque de discrétion ; acte, parole indiscrète : *Il a eu l'indiscrétion de m'interroger sur cette affaire* (syn. curiosité). *Commettre des indiscrétions.*

indiscutable [ɛ̃diskytabl] adj. Qui n'est pas discutable : *Une preuve indiscutable* (syn. incontestable, irréfutable).

indiscutablement [ɛ̃diskytabləmɑ̃] adv. De façon indiscutable : *Il est indiscutablement innocent* (syn. incontestablement).

indiscuté, e [ɛ̃diskyte] adj. Qui n'est pas mis en discussion ou en doute : *Un prestige indiscuté* (syn. incontesté).

indispensable [ɛ̃dispɑ̃sabl] adj. (de *dispenser*). Dont on ne peut se passer : *Les protéines sont indispensables à l'organisme* (syn. essentiel, vital). ◆ n.m. Ce dont on ne peut se passer : *N'emporter que l'indispensable* (contr. superflu).

indisponibilité [ɛ̃dispɔnibilite] n.f. État de qqn ou de qqch qui est indisponible.

indisponible [ɛ̃dispɔnibl] adj. - **1.** Dont on ne peut pas disposer : *De l'argent indisponible.* - **2.** Qui est empêché de faire qqch : *Je suis indisponible aujourd'hui.*

indisposé, e [ɛ̃dispoze] adj. (lat. *indispositus*, de *disponere* "arranger"). - **1.** Légèrement malade : *Il est indisposé et ne reçoit personne* (syn. souffrant). - **2.** FAM. Qui a ses règles, en parlant d'une femme.

indisposer [ɛ̃dispoze] v.t. (de *indisposé*, d'apr. *disposer*). - **1.** Rendre un peu malade : *La fumée l'indispose* (syn. incommoder, gêner). - **2.** Mécontenter : *Mon retard l'a indisposé* (syn. froisser, déplaire).

indisposition [ɛ̃dispozisjɔ̃] n.f. (de *indisposé*, d'apr. *disposition*). - **1.** Léger malaise. - **2.** État d'une femme indisposée.

indissociable [ɛ̃disɔsjabl] adj. - **1.** Qu'on ne peut dissocier d'une autre chose ou d'une autre personne : *Un élément indissociable d'un ensemble* (syn. inséparable). - **2.** Qu'on ne peut diviser en parties : *Cela forme un tout indisso-ciable* (syn. indivisible).

indissolubilité [ɛ̃disɔlybilite] n.f. Qualité de ce qui est indissoluble : *L'indissolubilité du mariage religieux.*

indissoluble [ɛ̃disɔlybl] adj. Qui ne peut être dissous : *Attachement indissoluble* (syn. indéfectible).

indissolublement [ɛ̃disɔlybləmã] adv. De façon indissoluble : *Deux êtres indissolublement liés.*

indistinct, e [ɛ̃distɛ̃, -ɛ̃kt] adj. Que l'on distingue mal : *Souvenir indistinct* (syn. vague). *Voix indistinctes* (syn. confus).

indistinctement [ɛ̃distɛ̃ktəmã] adv. - **1.** De façon indistincte : *Silhouettes qui apparaissent indistinctement dans la brume* (syn. vaguement ; contr. nettement). - **2.** Sans faire de différence : *J'aime indistinctement tous les fruits* (syn. indifféremment).

individu [ɛ̃dividy] n.m. (lat. *individuum* "indivisible"). - **1.** Chaque spécimen vivant d'une espèce animale ou végétale, issu d'une cellule unique. - **2.** Être humain, personne par opp. à la collectivité, à la société : *Le droit de l'individu.* - **3.** Être humain indéterminé ; personne quelconque (souvent péjor.) : *Qui est cet individu ?* (syn. personnage, quidam).

individualisation [ɛ̃dividɥalizasjɔ̃] n.f. - **1.** Action d'individualiser ; son résultat : *Individualisation de la prime d'assurance automobile* (syn. personnalisation). - **2.** Fait de s'individualiser.

individualisé, e [ɛ̃dividɥalize] adj. Qui possède les caractères propres d'un individu ; qui est distinct des autres êtres de la même espèce : *Groupe fortement individualisé.*

individualiser [ɛ̃dividɥalize] v.t. (de *individuel*). Rendre individuel, distinct des autres par des caractères propres : *Individualiser l'orientation scolaire en tenant compte des goûts de chaque élève.* ◆ **s'individualiser** v.pr. Se distinguer des autres en affirmant sa personnalité (syn. se singulariser).

individualisme [ɛ̃dividɥalism] n.m. (de *individuel*). - **1.** Tendance à s'affirmer indépendamment des autres : *Faire preuve d'individualisme* (syn. indépendance, non-conformisme). - **2.** Tendance à privilégier la valeur et les droits de l'individu contre les valeurs et les droits des groupes sociaux. - **3.** PHILOS. Doctrine qui fait de l'individu la valeur suprême de la société.

individualiste [ɛ̃dividɥalist] adj. et n. - **1.** Qui tient à s'affirmer indépendamment des autres : *Un esprit individualiste, hostile aux idées toutes faites* (syn. non-conformiste, indépendant). - **2.** Qui ne songe qu'à soi (syn. égoïste). - **3.** PHILOS. Partisan de l'individualisme.

individualité [ɛ̃dividɥalite] n.f. - **1.** Ensemble des caractères propres à un individu. - **2.** Originalité propre à une personne : *L'individualité d'un artiste* (syn. particularité). - **3.** VIEILLI. Personne douée d'un caractère particulièrement marqué et original : *Une forte individualité* (syn. personnalité).

individuel, elle [ɛ̃dividɥɛl] adj. (de *individu*). Qui concerne une seule personne : *Responsabilité individuelle* (syn. personnel ; contr. collectif). *Les cas individuels seront examinés* (syn. particulier).

individuellement [ɛ̃dividɥɛlmã] adv. De façon individuelle : *S'occuper de chaque enfant individuellement.*

indivis, e [ɛ̃divi, -iz] adj. (lat. *indivisus* "qui n'est pas séparé"). DR. Qui ne peut être divisé, partagé : *Succession indivise.* ◆ **indivis** n.m. Par indivis, sans qu'il y ait eu partage : *Maison possédée par indivis* (= en commun).

indivisibilité [ɛ̃divizibilite] n.f. Caractère de ce qui est indivisible.

indivisible [ɛ̃divizibl] adj. Qui ne peut être divisé, séparé : *Famille qui forme un bloc indivisible* (syn. indissociable).

indivision [ɛ̃divizjɔ̃] n.f. (de *indivis,* d'apr. *division*). - **1.** DR. État d'un bien indivis : *Le partage d'un bien met fin à l'indivision* (syn. communauté). - **2.** DR. Situation de qqn qui possède de tels biens.

indo-aryen, enne [ɛ̃dɔarjɛ̃, -ɛn] adj. et n.m. Se dit des langues indo-européennes parlées en Inde. ◻ Les principales sont le sanskrit, le hindi, l'ourdou, le marathi, le bengali, le panjabi, le cinghalais.

indochinois, e [ɛ̃dɔʃinwa, -az] adj. et n. De l'Indochine.

indocile [ɛ̃dɔsil] adj. et n. Qui ne se laisse pas diriger, conduire : *Enfant indocile* (syn. rebelle).

indocilité [ɛ̃dɔsilite] n.f. Caractère de celui qui est indocile : *L'indocilité d'un enfant* (syn. insubordination).

indo-européen [ɛ̃dɔørɔpeɛ̃, -ɛn] n.m. Langue non directement attestée mais reconstituée par comparaison des diverses langues à l'origine desquelles elle se trouve. ◆ **indo-européen, enne** adj. et n. Se dit des langues issues de l'indo-européen et des peuples qui les ont parlées : *Populations, langues indo-européennes.*

indolemment [ɛ̃dɔlamã] adv. Avec indolence.

indolence [ɛ̃dɔlãs] n.f. (lat. *indolentia*). Comportement indolent : *Secouer l'indolence de qqn* (syn. mollesse, apathie).

indolent, e [ɛ̃dɔlã, -ãt] adj. et n. (lat. *indolens,* de *dolere* "souffrir"). Qui évite de se donner de la peine : *C'est un jeune homme indolent* (syn. nonchalant, mou, paresseux).

indolore [ɛ̃dɔlɔʀ] adj. (bas lat. *indolorius,* du class. *dolor* "douleur"). Qui ne cause aucune douleur : *Piqûre indolore* (contr. douloureux).

indomptable [ɛ̃dɔ̃tabl] adj. Qu'on ne peut dompter, maîtriser : *Caractère indomptable* (syn. inflexible, irréductible).

indompté, e [ɛ̃dɔ̃te] adj. Qu'on n'a pu encore dompter, contenir, réprimer : *Orgueil indompté.*

indonésien, enne [ɛ̃dɔnezjɛ̃, -ɛn] adj. et n. D'Indonésie. ◆ **indonésien** n.m. - **1.** Ensemble de langues constituant la branche occidentale de la famille malayo-polynésienne. - **2.** Forme du malais, langue officielle de la République d'Indonésie.

indu, e [ɛ̃dy] adj. (de 2. *dû*). Heure indue, heure où il n'est pas convenable de faire telle ou telle chose : *Il m'a réveillé à une heure indue.*

indubitable [ɛ̃dybitabl] adj. (lat. *indubitabilis,* de *dubitare* "douter"). Dont on ne peut douter : *Preuve indubitable* (syn. incontestable).

indubitablement [ɛ̃dybitabləmã] adv. De manière indubitable ; sans aucun doute : *C'est indubitablement le plus intelligent* (syn. indéniablement).

inductance [ɛ̃dyktɑ̃s] n.f. (du rad. de *induction*). Quotient du flux d'induction à travers un circuit, créé par le courant traversant ce circuit, par l'intensité de ce courant.

inducteur, trice [ɛ̃dyktœʀ, -tʀis] adj. ÉLECTR. Se dit de ce qui produit le phénomène d'induction. ◆ **inducteur** n.m. - **1.** Aimant ou électroaimant destiné à fournir le champ magnétique créateur de l'induction. - **2.** BIOL. Corps, molécule qui a la propriété d'induire une réaction biologique, un processus physiologique : *Inducteur d'ovulation.*

inductif, ive [ɛ̃dyktif, -iv] adj. - **1.** Qui procède par induction : *Méthode inductive.* - **2.** ÉLECTR. Qui possède une inductance.

induction [ɛ̃dyksjɔ̃] n.f. (lat. *inductio,* de *inducere* ; v. *induire*). - **1.** Généralisation d'une observation ou d'un raisonnement établis à partir de cas singuliers. - **2.** LOG. Syn. de *raisonnement par récurrence**. - **3.** Induction électromagnétique, production de courants dans un circuit par suite de la variation du flux d'induction magnétique qui le traverse. ‖ Induction magnétique, vecteur caractérisant la densité du flux magnétique qui traverse une substance.

induire [ɛ̃dɥiʀ] v.t. (lat. *inducere,* de *ducere* "conduire") [conj. 98]. - **1.** VIEILLI. Conduire, mener qqn à une action, à un comportement : *Induire une personne au mal* (syn. pousser). - **2.** Avoir pour conséquence : *Cette* installation induira la création de nombreux emplois (syn. entraîner, occasionner). - **3.** Établir par voie de conséquence : *Que peut-on induire de faits aussi disparates ?* (syn. inférer). - **4.** ÉLECTR. Produire les effets de l'induction. - **5.** Induire qqn en erreur, l'amener à se tromper.

induit, e [ɛ̃dɥi, -it] adj. (p. passé de *induire*). Se dit d'un courant électrique produit par induction.

indulgence [ɛ̃dylʒɑ̃s] n.f. (lat. *indulgentia* "remise d'une peine"). - **1.** Facilité à excuser ou à pardonner les fautes d'autrui : *L'indulgence du jury* (syn. clémence ; contr. sévérité). - **2.** CATH. Rémission totale ou partielle de la peine temporelle due pour les péchés déjà pardonnés.

indulgent, e [ɛ̃dylʒɑ̃, -ɑ̃t] adj. (lat. *indulgens* "qui remet une peine"). Qui est porté à excuser, à pardonner : *Parents indulgents* (syn. compréhensif ; contr. sévère).

indûment [ɛ̃dymɑ̃] adv. (de *indu*). De façon illégitime : *Détenir indûment de l'argent* (syn. illégalement).

induration [ɛ̃dyʀasjɔ̃] n.f. (lat. ecclés. *induratio*). PATHOL. Durcissement anormal d'un tissu ; partie indurée.

s'indurer [ɛ̃dyʀe] v.pr. (lat. *indurare*). PATHOL. Devenir anormalement dur : *Lésion indurée.*

industrialisation [ɛ̃dystʀijalizasjɔ̃] n.f. Action d'industrialiser ; fait de s'industrialiser : *Industrialisation de l'agriculture* (syn. mécanisation). *L'industrialisation d'un pays.*

industrialiser [ɛ̃dystʀijalize] v.t. - **1.** Donner un caractère industriel à une activité. - **2.** Équiper (une région, un pays) en usines, en industries.

industrie [ɛ̃dystʀi] n.f. (lat. *industria* "activité"). - **1.** Ensemble des activités économiques qui produisent des biens matériels par la transformation de matières premières : *Industrie lourde* (= industrie qui met en œuvre directement les matières premières). *Industrie légère* (= industrie qui transforme les produits de l'industrie lourde). - **2.** Chacune de ces activités économiques : *Industrie automobile. Industrie du vêtement.* - **3.** Toute activité économique assimilable à l'industrie et organisée sur une grande échelle : *L'industrie du spectacle.* - **4.** Établissement industriel : *Son père dirigeait une petite industrie textile.* - **5.** LITT. Chevalier d'industrie → chevalier. ‖ Industries de la langue, ensemble des activités liées aux applications de la recherche en linguistique, en informatique et en linguistique informatique.

1. industriel, elle [ɛ̃dystʀijɛl] adj. - **1.** Relatif à l'industrie ; qui relève de l'industrie : *Fabrication industrielle. Produit industriel.* - **2.** Relatif à un lieu où sont implantées des usines, des industries : *Zone industrielle*. - **3**. FAM. Quantité industrielle, très grande quantité : *Elle possède une quantité industrielle de vêtements*. HIST. Révolution industrielle, ensemble des phénomènes qui ont accompagné, à partir du XVIIIᵉ s., la transformation du monde moderne par le développement du capitalisme, de la technique, de la production et des communications.

2. **industriel** [ɛ̃dystʀijɛl] n.m. Propriétaire, dirigeant d'une usine, d'établissements industriels.

industriellement [ɛ̃dystʀijɛlmɑ̃] adv. De façon industrielle : *Production organisée industriellement*.

industrieux, euse [ɛ̃dystʀijø, -øz] adj. (bas lat. *industriosus* "actif"). LITT. Qui a de l'adresse, de l'habileté : *Un ouvrier industrieux* (syn. habile).

inébranlable [inebʀɑ̃labl] adj. - **1**. Qui ne peut être ébranlé : *Mur inébranlable* (syn. solide, résistant). - **2**. Qui ne se laisse pas abattre : *Rester inébranlable dans l'adversité* (syn. ferme, imperturbable). - **3**. Qu'on ne peut pas fléchir : *Décision inébranlable* (syn. inflexible).

inédit, e [inedi, -it] adj. et n.m. (lat. *ineditus*). - **1**. Qui n'a pas été imprimé, publié : *Poème inédit*. - **2**. Que l'on n'a jamais vu, original : *Spectacle inédit* (syn. nouveau).

ineffable [inefabl] adj. (lat. *ineffabilis*, de *effari* "dire"). LITT. Qui ne peut être exprimé : *Joie ineffable* (syn. indicible, inexprimable).

ineffaçable [inefasabl] adj. Qui ne peut être effacé, que l'on ne peut faire disparaître : *Encre ineffaçable* (syn. indélébile). *Souvenir ineffaçable* (syn. impérissable).

inefficace [inefikas] adj. Qui n'est pas efficace. *Moyen inefficace* (syn. inopérant). *Secrétaire inefficace*.

inefficacité [inefikasite] n.f. Manque d'efficacité : *L'inefficacité d'une cure thermale* (syn. inutilité).

inégal, e, aux [inegal, -o] adj. - **1**. Qui n'est pas égal, par rapport à qqch ou à qqn d'autre : *Segments inégaux* (syn. dissemblable). *Répartition inégale des biens* (syn. inéquitable, injuste). - **2**. Qui n'est pas uni : *Terrain inégal* (syn. accidenté, raboteux). - **3**. Dont le rythme n'est pas régulier : *Galop, pouls inégal* (syn. irrégulier). - **4**. Dont la qualité n'est pas constante : *Roman d'un intérêt inégal* (syn. variable). *Cinéaste inégal*. - **5**. Qui change rapidement, en parlant de qqn ou de son caractère : *Humeur inégale* (syn. capricieux, changeant).

inégalable [inegalabl] adj. Qui ne peut être égalé : *Un vin d'une qualité inégalable* (syn. incomparable).

inégalé, e [inegale] adj. Qui n'a pas été égalé ; qui n'a pas d'égal : *Record inégalé. Beauté inégalée* (= sans pareil ; syn. unique).

inégalement [inegalmɑ̃] adv. De façon inégale : *Ressources inégalement réparties*.

inégalitaire [inegalitɛʀ] adj. Fondé sur l'inégalité civile, politique et sociale : *Société inégalitaire*.

inégalité [inegalite] n.f. - **1**. Caractère, état de choses ou de personnes inégales entre elles : *L'inégalité des salaires* (syn. disparité). *Les inégalités sociales*. - **2**. MATH. Expression indiquant que deux éléments d'un ensemble donné sont unis par une relation d'ordre. (Ex. : $a < b$.) - **3**. Caractère de ce qui n'est pas égal, uni : *Inégalités de terrain* (syn. accident). - **4**. Caractère de ce qui n'est pas constant : *Les inégalités du débit d'un fleuve* (syn. irrégularité, variation).

inélégance [inelegɑ̃s] n.f. Défaut d'élégance.

inélégant, e [inelegɑ̃, -ɑ̃t] adj. - **1**. Qui manque d'élégance vestimentaire : *Mise inélégante*. - **2**. Qui manque de délicatesse de sentiments, de savoir-vivre : *Il serait inélégant d'insister* (syn. discourtois, incorrect).

inéligible [ineliʒibl] adj. Qui n'a pas les qualités requises pour être élu.

inéluctable [inelyktabl] adj. (lat. *ineluctabilis*, de *eluctari* "surmonter en luttant"). Qui ne peut être évité, empêché : *Un changement inéluctable* (syn. inévitable).

inéluctablement [inelyktabləmɑ̃] adv. De façon inéluctable : *Elle court inéluctablement à sa perte* (syn. immanquablement).

inemployé, e [inɑ̃plwaje] adj. Qui n'est pas employé : *Forces inemployées* (syn. inutilisé).

inénarrable [inenaʀabl] adj. (lat. *inenarrabilis*, de *enarrare* "raconter en détail"). D'une bizarrerie, d'un comique extraordinaires : *Aventure inénarrable*.

inepte [inɛpt] adj. (lat. *ineptus*, de *aptus* "approprié"). Absurde, dépourvu de sens : *Réponse inepte* (syn. stupide).

ineptie [inɛpsi] n.f. (lat. *ineptia*). - **1**. Caractère d'un comportement, d'un acte inepte : *L'ineptie d'un raisonnement* (syn. stupidité, inintelligence). - **2**. Action ou parole stupide : *Dire des inepties* (syn. insanité, sottise).

inépuisable [inepɥizabl] adj. Qu'on ne peut épuiser : *Une source inépuisable* (syn. intarissable). *Une patience inépuisable* (syn. infini).

inéquation [inekwasjɔ̃] n.f. (de *équation*). MATH. Inégalité qui n'est satisfaite que pour certaines valeurs de paramètres indéterminés appelés *inconnues*.

inéquitable [inekitabl] adj. Qui n'est pas équitable : *Partage inéquitable* (syn. inégal, injuste).

inerte [inɛʀt] adj. (lat. *iners, inertis* "inactif", de *ars, artis* "talent"). - **1.** Sans activité ni mouvement propre : *Matière inerte* (syn. inanimé). - **2.** Sans mouvement : *Le blessé est inerte* (syn. immobile). - **3.** Sans énergie ; sans réaction : *Réagis, ne reste pas inerte* (syn. apathique, passif).

inertie [inɛʀsi] n.f. (lat. *inertia* "incapacité"). - **1.** Manque d'activité, d'énergie, d'initiative : *Tirer qqn de son inertie* (syn. apathie, léthargie). - **2.** PHYS. Propriété de la matière qui fait que les corps ne peuvent d'eux-mêmes modifier leur état de mouvement. - **3.** PHYS. Force d'inertie, résistance que les corps, en raison de leur masse, opposent au mouvement ; au fig., résistance passive de qqn qui consiste princ. à ne pas obéir. ǁ Principe d'inertie, principe au terme duquel tout point matériel qui n'est soumis à aucune force est soit au repos, soit animé d'un mouvement rectiligne uniforme.

inespéré, e [inespeʀe] adj. Qu'on n'espérait pas : *Chance inespérée* (syn. inattendu, imprévu).

inesthétique [inɛstetik] adj. Qui n'est pas esthétique : *Construction inesthétique* (syn. laid). *Cicatrice inesthétique.*

inestimable [inɛstimabl] adj. Dont on ne saurait estimer la valeur : *Un objet inestimable. Votre aide est inestimable* (= très précieuse).

inévitable [inevitabl] adj. - **1.** Qu'on ne peut éviter : *Accident inévitable* (syn. fatal). *Il est inévitable que les mêmes causes produisent les mêmes effets* (syn. inéluctable). - **2.** (Avant le n.). À qui ou à quoi l'on a forcément affaire : *Les inévitables histoires drôles de fin de soirées* (syn. incontournable).

inévitablement [inevitabləmɑ̃] adv. De façon inévitable : *Son attitude attire inévitablement l'attention sur lui* (syn. immanquablement, infailliblement).

inexact, e [inɛgzakt] ou [inɛgza, -akt] adj. - **1.** Qui contient des erreurs : *Calcul, renseignement inexact* (syn. erroné, faux). - **2.** LITT. Qui manque de ponctualité : *Il est fort inexact à ses rendez-vous* (contr. ponctuel).

inexactitude [inɛgzaktityd] n.f. - **1.** Caractère de ce qui est inexact, erroné ; détail contraire à la vérité : *L'inexactitude d'une nouvelle* (syn. fausseté). *Une biographie remplie d'inexactitudes* (syn. erreur). - **2.** Manque de ponctualité.

inexcusable [inɛkskyzabl] adj. Qui ne peut être excusé : *Faute inexcusable* (syn. impardonnable).

inexécution [inɛgzekysjɔ̃] n.f. Absence ou défaut d'exécution : *L'inexécution d'un contrat* (syn. inobservation).

inexigible [inɛgziʒibl] adj. Qui ne peut être exigé : *Dette présentement inexigible.*

inexistant, e [inɛgzistɑ̃, -ɑ̃t] adj. - **1.** Qui n'existe pas : *Difficultés inexistantes* (syn. imaginaire, fictif). - **2.** Qui n'a pas de poids ; qui ne compte pas : *Un appui inexistant* (syn. insignifiant, négligeable).

inexistence [inɛgzistɑ̃s] n.f. - **1.** Défaut d'existence : *L'inexistence de preuves certaines.* - **2.** DR. Qualité d'un acte juridique auquel il manque un élément constitutif essentiel.

inexorable [inɛgzɔʀabl] adj. (lat. *inexorabilis*, de *exorare* "obtenir par des prières"). Qui ne peut être fléchi : *Juge inexorable* (syn. impitoyable). *Volonté inexorable* (syn. inflexible).

inexorablement [inɛgzɔʀabləmɑ̃] adv. De façon inexorable : *Marcher inexorablement à sa perte* (syn. inéluctablement).

inexpérience [inɛkspeʀjɑ̃s] n.f. Manque d'expérience.

inexpérimenté, e [inɛkspeʀimɑ̃te] adj. Qui n'a pas d'expérience : *Pilote inexpérimenté* (syn. novice).

inexpiable [inɛkspjabl] adj. - **1.** Qui ne peut être expié : *Crime inexpiable* (syn. impardonnable, monstrueux). - **2.** Qui est sans merci : *Lutte inexpiable* (syn. implacable).

inexplicable [inɛksplikabl] adj. et n.m. Qui ne peut être expliqué : *Sa disparition est inexplicable* (syn. incompréhensible). *Un comportement inexplicable* (syn. déconcertant).

inexplicablement [inɛksplikabləmɑ̃] adv. De façon inexplicable : *Un dossier qui a disparu inexplicablement* (syn. mystérieusement).

inexpliqué, e [inɛksplike] adj. Qui n'a pas reçu d'explication satisfaisante : *Phénomène inexpliqué* (syn. mystérieux).

inexploitable [inɛksplwatabl] adj. Qui n'est pas susceptible d'être exploité : *Gisement inexploitable.*

inexploité, e [inɛksplwate] adj. Qui n'est pas exploité : *Ressources naturelles inexploitées. Idée inexploitée.*

inexploré, e [inɛksplɔʀe] adj. Qu'on n'a pas encore exploré : *Pays inexploré* (syn. inconnu).

inexpressif, ive [inɛkspʀesif, -iv] adj. Dépourvu d'expression : *Regard inexpressif* (syn. éteint ; contr. vif). *Style inexpressif* (syn. terne ; contr. brillant).

inexprimable [inɛkspʀimabl] adj. et n.m. Qu'on ne peut exprimer : *Bonheur inexprimable* (syn. indicible, ineffable).

inexprimé, e [inɛkspʀime] adj. Qui n'a pas été exprimé ou que l'on n'ose pas exprimer : *Rancœurs inexprimées* (= non dites, tues).

inexpugnable [inɛkspygnabl] adj. (lat. *inexpugnabilis*, de *expugnare* "prendre d'assaut"). Qu'on ne peut prendre par la force : *Forteresse, position inexpugnable* (syn. imprenable).

inextensible [inɛkstɑ̃sibl] adj. Qui ne peut être allongé : *Tissu inextensible.*

in extenso [inɛkstɛ̃so] loc. adv. (mots lat. "dans toute son étendue"). Tout au long ; en entier : *Publier un discours in extenso* (syn. intégralement, entièrement).

inextinguible [inɛkstɛ̃ɡibl] ou [inɛkstɛ̃ɡibl] adj. (lat. *inextinguibilis*, de *extinguere* "éteindre"). Qu'on ne peut apaiser, arrêter : *Rire, soif inextinguibles. Désir inextinguible* (syn. insatiable).

inextirpable [inɛkstiʀpabl] adj. Qu'on ne peut extirper : *Tumeur inextirpable. Erreur inextirpable* (syn. indéracinable).

in extremis [inɛkstʀemis] loc. adv. (mots lat. "à l'extrémité"). Au dernier moment ; à la dernière limite : *Sauvé in extremis.*

inextricable [inɛkstʀikabl] adj. (lat. *inextricabilis*, de *extricare* "débarrasser"). Qui ne peut être démêlé : *Affaire inextricable* (= imbroglio).

inextricablement [inɛkstʀikabləmɑ̃] adv. De façon inextricable.

infaillibilité [ɛ̃fajibilite] n.f. - 1. Qualité de qqn qui ne peut se tromper. - 2. Caractère de ce qui ne peut manquer de réussir : *L'infaillibilité d'un procédé* (syn. fiabilité). - 3. Infaillibilité pontificale, dogme d'après lequel le pape ne peut se tromper en matière de foi.

infaillible [ɛ̃fajibl] adj. - 1. Qui ne peut se tromper : *Nul n'est infaillible.* - 2. Qui produit les résultats attendus : *Remède infaillible* (syn. sûr).

infailliblement [ɛ̃fajibləmɑ̃] adv. De façon infaillible ; immanquablement : *Cela arrivera infailliblement* (= à coup sûr ; syn. inévitablement).

infaisable [ɛ̃fəzabl] adj. Qui ne peut être fait : *Un travail infaisable* (syn. irréalisable).

infalsifiable [ɛ̃falsifjabl] adj. Qui ne peut être falsifié : *Document infalsifiable.*

infamant, e [ɛ̃famɑ̃, -ɑ̃t] adj. (de l'anc. v. *infamer*, lat. *infamare* "déshonorer" ; v. *infâme*). - 1. Qui déshonore : *Accusation infamante* (syn. avilissant). - 2. DR. Peine infamante, peine criminelle politique soumettant le condamné à la réprobation publique : *Le bannissement est une peine infamante.*

infâme [ɛ̃fam] adj. (lat. *infamis*, de *fama* "réputation"). - 1. Qui avilit ou déshonore : *Mensonge infâme* (syn. abject). - 2. Qui provoque le dégoût : *Taudis infâme* (syn. sordide).

infamie [ɛ̃fami] n.f. (lat. *infamia* ; v. *infâme*). - 1. LITT. Grand déshonneur ; atteinte à la réputation de qqn. - 2. Caractère d'une personne ou d'une action infâme : *L'infamie d'un crime* (syn. abjection, ignominie). - 3. Action ou parole vile, honteuse : *Commettre une infamie* (syn. bassesse).

infant, e [ɛ̃fɑ̃, -ɑ̃t] n. (esp. *infante*). Titre des enfants puînés des rois de Portugal et d'Espagne.

infanterie [ɛ̃fɑ̃tʀi] n.f. (anc. it. *infanteria*, de *infante* "fantassin", du lat. *infans* "valet"). Ensemble des troupes capables de combattre à pied. □ L'infanterie peut être *motorisée, mécanisée* (dotée de véhicules blindés), *aérotransportée, parachutée* ; elle assure la conquête, l'occupation et la défense du terrain et sa position finale matérialise le succès ou l'échec d'une opération.

1. infanticide [ɛ̃fɑ̃tisid] n.m. (lat. *infanticidium*). Meurtre d'un enfant et, spécial., d'un nouveau-né ; meurtre d'un enfant dont en est le père ou la mère.

2. infanticide [ɛ̃fɑ̃tisid] n. et adj. (lat. *infanticida*). Personne qui a commis un infanticide.

infantile [ɛ̃fɑ̃til] adj. (bas lat. *infantilis*, de *infans* "enfant"). - 1. Relatif à l'enfant en bas âge : *Maladie infantile.* - 2. Qui a gardé à l'âge adulte certains caractères, notamm. psychologiques, de l'enfant (péjor.) : *Comportement infantile* (syn. puéril).

infantiliser [ɛ̃fɑ̃tilize] v.t. Rendre infantile ; maintenir chez un adulte une mentalité infantile.

infantilisme [ɛ̃fɑ̃tilism] n.m. - 1. Absence de maturité ; comportement infantile, irresponsable : *De tels caprices témoignent de son infantilisme* (syn. puérilité). - 2. Arrêt du développement d'un individu, dû à une insuffisance endocrinienne ou à une anomalie génétique.

infarctus [ɛ̃faʀktys] n.m. (du lat. *infarctus*, var. de *infartus*, de *infarcire* "farcir, bourrer"). - 1. MÉD. Lésion nécrotique des tissus due à un trouble circulatoire, et s'accompagnant le plus souvent d'une infiltration sanguine. □ La cause habituelle des infarctus est l'oblitération d'un vaisseau par artérite, par thrombose ou par embolie. - 2. Infarctus du myocarde, lésion du cœur de gravité variable, consécutive à l'oblitération d'une artère coronaire.

infatigable [ɛ̃fatigabl] adj. Que rien ne fatigue : *Un marcheur infatigable* (syn. résistant). *Une infatigable patience* (syn. inlassable).

infatigablement [ɛ̃fatigabləmɑ̃] adv. De façon infatigable, sans se lasser (syn. inlassablement).

infatué, e [ɛ̃fatye] adj. (du lat. *infatuare*, de *fatuus* "sot"). Qui a une trop bonne opinion de sa personne ; prétentieux.

infécond, e [ɛ̃fekɔ̃, -ɔ̃d] adj. LITT. Qui n'est pas fécond ; qui ne produit rien : *Femelle inféconde. Sol infécond* (syn. stérile, improductif).

infécondité [ɛ̃fekɔ̃dite] n.f. Caractère de qqn ou de qqch d'infécond ; stérilité : *L'infécondité des sables* (syn. infertilité).

infect, e [ɛ̃fɛkt] adj. (lat. *infectus,* de *inficere* "imprégner, souiller"). - **1.** LITT. Qui exhale de mauvaises odeurs : *Marais infect* (syn. pestilentiel, putride). - **2.** FAM. Qui excite le dégoût : *Se montrer infect avec qqn* (syn. abject). - **3.** FAM. Très mauvais : *Ce café est infect* (syn. ignoble).

infecter [ɛ̃fɛkte] v.t. (de *infect*). - **1.** Contaminer par des germes infectieux : *Tu risques d'infecter ta blessure avec tes mains sales.* - **2.** LITT. Remplir d'émanations puantes et malsaines : *Les voitures infectent l'air des grandes villes* (syn. empester). ◆ **s'infecter** v.pr. Être atteint par l'infection : *La plaie s'est infectée.*

infectieux, euse [ɛ̃fɛksjø, -øz] adj. (de *infection*). - **1.** Qui produit ou communique l'infection : *Germe infectieux.* - **2.** Qui résulte ou s'accompagne d'infection : *La rougeole est une maladie infectieuse.*

infection [ɛ̃fɛksjɔ̃] n.f. (bas lat. *infectio* ; v. *infect*). - **1.** Pénétration et développement dans l'organisme de microbes pathogènes dits *agents infectieux.* - **2.** Odeur ou goût particulièrement mauvais : *C'est une infection, ici !* (syn. puanteur).

inféoder [ɛ̃feɔde] v.t. (lat. *infeodare*). - **1.** Mettre qqn, qqch sous la dépendance de : *Petit pays inféodé à une grande puissance* (syn. soumettre, asservir). - **2.** FÉOD. Donner une terre pour qu'elle soit tenue en fief.

inférence [ɛ̃feʀɑ̃s] n.f. (de *inférer*). - **1.** LOG. Opération intellectuelle par laquelle on passe d'une vérité à une autre vérité, jugée telle en raison de son lien avec la première : *La déduction est une inférence.* - **2.** Règles d'inférence, règles qui permettent, dans une théorie déductive, de conclure à la vérité d'une proposition à partir d'une ou de plusieurs propositions, prises comme hypothèses. ‖ INFORM. Moteur d'inférence, programme qui, partant de données d'un système expert, aboutit à des conclusions à l'aide d'inférences successives.

inférer [ɛ̃feʀe] v.t. (lat. *inferre* "porter dans") [conj. 18]. Tirer une conséquence de qqch : *Peut-on inférer de ce témoignage que l'accusé est coupable ?* (syn. déduire, conclure).

inférieur, e [ɛ̃feʀjœʀ] adj. (lat. *inferior,* comparatif de *inferus* "qui est au-dessous"). - **1.** Situé en bas, plus bas, au-dessous (par opp. à *supérieur*) : *Mâchoire inférieure.* - **2.** Moindre en quantité, en importance : *La récolte est inférieure à celle de l'année passée. Jouer un rôle inférieur* (syn. mineur, subalterne). - **3.** Se dit de la partie d'un fleuve la plus rapprochée de la mer (par opp. à *supérieur*) : *Loire inférieure.* - **4.** BIOL. Moins avancé dans l'évolution : *Espèces animales inférieures.* - **5.** MATH. Élément *x* d'un ensemble ordonné,

inférieur à un élément *y,* élément *x* vérifiant la relation d'inégalité $x < y$. ◆ n. Personne qui occupe une position subalterne : *Il refuse de converser avec ses inférieurs* (syn. subordonné ; contr. supérieur).

inférioriser [ɛ̃feʀjɔʀize] v.t. Rendre inférieur ; sous-estimer la valeur de : *Sportif que la maladie a infériorisé.*

infériorité [ɛ̃feʀjɔʀite] n.f. (de *inférieur,* d'apr. le lat. *inferior*). - **1.** Désavantage en ce qui concerne le rang, la force, le mérite, etc. : *Avoir une réelle infériorité intellectuelle* (syn. handicap, faiblesse). *Maintenir qqn en état d'infériorité* (syn. subordination). - **2.** Complexe d'infériorité, sentiment morbide qui pousse le sujet, ayant la conviction intime d'être inférieur à ceux qui l'entourent, à se sous-estimer.

infernal, e, aux [ɛ̃fɛʀnal, -o] adj. (bas lat. *infernalis,* du lat. ecclés. *infernum* ; v. *enfer*). - **1.** LITT. Qui appartient à l'enfer ou aux Enfers : *Les puissances infernales.* - **2.** Digne de l'enfer par son caractère horrible, désordonné : *Ruse infernale* (syn. diabolique, démoniaque). *Rythme infernal* (syn. endiablé). - **3.** Difficile à supporter : *Vacarme infernal* (syn. terrible). *Enfant infernal* (syn. insupportable). - **4.** Machine infernale, engin explosif.

infertile [ɛ̃fɛʀtil] adj. LITT. Qui n'est pas fertile : *Terre infertile* (syn. stérile).

infertilité [ɛ̃fɛʀtilite] n.f. LITT. Stérilité : *Infertilité du désert.*

infester [ɛ̃fɛste] v.t. (lat. *infestare,* de *infestus* "ennemi"). - **1.** Abonder dans un lieu, en parlant d'animaux nuisibles : *Les rats infestent certains navires* (syn. envahir). - **2.** MÉD. Envahir un organisme, en parlant de parasites. - **3.** LITT. Ravager par des actes de brigandage : *Les pirates infestaient ces côtes* (syn. dévaster, saccager).

infeutrable [ɛ̃føtʀabl] adj. Qui ne se feutre pas.

infibulation [ɛ̃fibylasjɔ̃] n.f. (du lat. *infibulare* "attacher avec une agrafe"). ETHNOL. Opération qui consiste à faire passer un anneau *(fibule)* à travers le prépuce chez l'homme, à travers les petites lèvres chez la femme ou à coudre partiellement celles-ci. □ L'infibulation est encore pratiquée de nos jours sur les fillettes et les femmes dans certaines ethnies africaines.

infidèle [ɛ̃fidɛl] adj. - **1.** Qui n'est pas fidèle, en partic. dans le mariage : *Un mari infidèle* (syn. inconstant, volage). - **2.** Qui ne respecte pas sa promesse : *Être infidèle à sa parole* (= parjure). - **3.** Qui n'exprime pas la vérité, la réalité : *Récit infidèle* (syn. inexact, mensonger). ◆ adj. et n. VIEILLI. Qui ne croit pas au Dieu considéré comme le vrai Dieu : *Combattre les infidèles.*

infidélité [ɛ̃fidelite] n.f. - **1.** Manque de fidélité, en partic. dans le mariage : *L'infidélité d'une épouse.* - **2.** Manque d'exactitude, de vérité : *L'infidélité d'une traduction* (syn. inexactitude).

infiltration [ɛ̃filtrasjɔ̃] n.f. (de *infiltrer*). - **1.** Passage lent d'un liquide à travers des interstices d'un corps : *Des infiltrations se sont produites dans les fondations.* - **2.** Action de s'insinuer dans l'esprit de qqn, de pénétrer furtivement quelque part : *L'infiltration des idées subversives* (syn. pénétration). *L'infiltration de la police dans les milieux de la drogue.* - **3.** MIL. Mode de progression utilisant au maximum les accidents de terrain et les zones non touchées par le feu adverse. - **4.** PATHOL. Envahissement d'un organe par un liquide organique (sang, urine, pus, etc.) ou par des cellules. - **5.** THÉRAP. Injection faite de façon à répartir la substance médicamenteuse dans la région à traiter. - **6.** Eaux d'infiltration, eaux de pluie qui pénètrent dans le sol très lentement.

infiltrer [ɛ̃filtre] v.t. (de *filtrer*). - **1.** MÉD. Introduire une substance dans un organe : *Infiltrer de la cortisone dans le genou.* - **2.** Faire entrer des éléments clandestins dans un groupe à des fins de surveillance ou de provocation : *Infiltrer un réseau d'espionnage* (syn. noyauter). ◆ **s'infiltrer** v.pr. - **1.** Pénétrer peu à peu à travers les pores d'un corps solide : *L'eau s'infiltre dans le sable.* - **2.** Pénétrer furtivement : *Ce pique-assiette s'infiltre partout* (syn. se glisser, s'insinuer). - **3.** MIL. Progresser par infiltration.

infime [ɛ̃fim] adj. (lat. *infimus*, superlatif de *inferus* "placé dessous"). Très petit, minime : *Une somme infime* (syn. dérisoire). *Un infime détail m'a échappé* (syn. minuscule).

infini, e [ɛ̃fini] adj. (lat. *infinitus*). - **1.** Qui est sans limites : *L'espace est infini.* - **2.** Très grand ; considérable : *Une plaine infinie* (syn. illimité, immense). *Cela m'a mis un temps infini* (syn. interminable). *Faire preuve d'une infinie patience* (syn. extrême). ◆ **infini** n.m. - **1.** Ce que l'on suppose sans limites : *L'infini des cieux.* - **2.** À l'infini, à une distance infiniment grande ; d'un très grand nombre de manières : *Champs qui s'étendent à l'infini* (= à perte de vue). *On peut varier le procédé à l'infini* (syn. indéfiniment). ‖ MATH. Plus l'infini, moins l'infini, éléments de l'ensemble des réels, notés respectivement $+\infty$ et $-\infty$, tels que tout nombre réel est inférieur à $+\infty$ et supérieur à $-\infty$.

infiniment [ɛ̃finimɑ̃] adv. (de *infini*). - **1.** Extrêmement : *Je vous suis infiniment obligé* (syn. très). *Elle aime infiniment mieux ce nouveau travail* (syn. incomparablement). - **2.** MATH. Quantité infiniment grande, quantité varia-

ble qui peut devenir, en valeur absolue, plus grande que tout nombre positif fixe, si grand soit-il. (On dit aussi *l'infiniment grand*.) ‖ Quantité infiniment petite, quantité variable qui peut devenir, en valeur absolue, inférieure à tout nombre positif, si petit soit-il. (On dit aussi *l'infiniment petit*.)

infinité [ɛ̃finite] n.f. Très grand nombre : *Poser une infinité de questions* (syn. multitude).

infinitésimal, e, aux [ɛ̃finitezimal, -o] adj. (du lat. scientif. *infinitesimus* "de rang infini", du class. *infinitus* "infini"). - **1.** Extrêmement petit : *Une quantité infinitésimale* (syn. infime). - **2.** Calcul infinitésimal, partie des mathématiques recouvrant princ. le calcul différentiel et le calcul intégral.

infinitif, ive [ɛ̃finitif, -iv] adj. (du bas lat. *infinitivus* [*modus*]). - **1.** GRAMM. Caractérisé par l'emploi de l'infinitif : *Tournure infinitive.* - **2.** Proposition infinitive, subordonnée complétive dont le verbe est à l'infinitif (on dit aussi *une infinitive*). ◆ **infinitif** n.m. Forme nominale du verbe, ne portant pas de marque de nombre ni de personne.

infirmation [ɛ̃firmasjɔ̃] n.f. - **1.** DIDACT. Action d'infirmer : *Découverte qui tend à l'infirmation d'une théorie.* - **2.** DR. Annulation en appel d'une décision.

infirme [ɛ̃firm] adj. et n. (lat. *infirmus* "faible"). Qui ne jouit pas de toutes ses facultés physiques : *Rester infirme à la suite d'un accident* (syn. handicapé, invalide).

infirmer [ɛ̃firme] v.t. (lat. *infirmare* "affaiblir", de *firmus* "fort"). - **1.** Détruire la valeur, l'autorité de ; remettre totalement en question : *Hypothèse infirmée par les résultats* (syn. démentir ; contr. valider). *Infirmer un témoignage* (syn. ruiner ; contr. confirmer). - **2.** DR. Déclarer nul : *Le jugement de la cour a été infirmé* (syn. annuler, casser).

infirmerie [ɛ̃firməri] n.f. (réfection, d'apr. *infirme*, de l'anc. fr. *enfermerie* ; v. *infirme*). Local d'un établissement scolaire ou militaire, d'une entreprise, etc., où sont reçues les personnes souffrant de troubles légers ou victimes d'accidents sans gravité.

infirmier, ère [ɛ̃firmje, -ɛr] n. (réfection, d'apr. *infirme*, de l'anc. fr. *enfermier* ; v. *infirme*). Personne habilitée à soigner les malades, sous la direction des médecins, dans les hôpitaux, les cliniques, etc., ou à domicile. ◆ adj. Relatif aux infirmières et aux infirmiers, aux soins qu'ils dispensent.

infirmité [ɛ̃firmite] n.f. (lat. *infirmitas*). Affection particulière qui atteint une partie du corps d'une manière chronique : *La surdité est une infirmité.*

inflammable [ɛ̃flamabl] adj. (du lat. *inflammare* "enflammer"). Qui s'enflamme facilement : *L'essence est un liquide inflammable.*

inflammation [ɛ̃flamasjɔ̃] n.f. (lat. *inflammatio*). - **1.** LITT. Fait de s'enflammer, pour une matière combustible. - **2.** MÉD. Réaction consécutive à une agression traumatique, chimique ou microbienne de l'organisme, et qui se manifeste par divers symptômes (chaleur, rougeur, douleur, tuméfaction, etc.) : *Inflammation des bronches.* (v. *infection.*)

inflammatoire [ɛ̃flamatwar] adj. MÉD. Qui est caractérisé par une inflammation ; dont l'origine est une inflammation : *Maladie inflammatoire.*

inflation [ɛ̃flasjɔ̃] n.f. (lat. *inflatio* "dilatation, enflure"). - **1.** Situation ou phénomène caractérisé par une hausse généralisée, permanente et plus ou moins importante des prix : *Mesures économiques contre l'inflation* (contr. déflation). - **2.** Augmentation, accroissement excessifs : *Inflation de personnel.*

inflationniste [ɛ̃flasjɔnist] adj. Qui est cause ou signe d'inflation : *Politique inflationniste.*

infléchir [ɛ̃fleʃir] v.t. (de *fléchir*) [conj. 32]. Modifier l'orientation de : *Infléchir une politique.* ◆ **s'infléchir** v.pr. Prendre une autre direction : *Le cours du fleuve s'infléchit vers le sud* (syn. dévier).

infléchissement [ɛ̃fleʃismɑ̃] n.m. (de *infléchir*). Modification peu accusée d'un processus, d'une évolution : *L'infléchissement d'une tendance.*

inflexibilité [ɛ̃flɛksibilite] n.f. Caractère, attitude d'une personne inflexible : *L'inflexibilité d'un juge* (syn. sévérité).

inflexible [ɛ̃flɛksibl] adj. - **1.** Que rien ne peut fléchir, vaincre ou émouvoir : *Se montrer inflexible* (syn. impitoyable). *Volonté inflexible* (syn. inébranlable). - **2.** Dénué d'indulgence, de souplesse : *Une morale inflexible* (syn. rigoureux, sévère).

inflexion [ɛ̃flɛksjɔ̃] n.f. (lat. *inflexio*, de *flectere* "plier"). - **1.** Action de plier légèrement, d'incliner : *Saluer d'une inflexion de la tête* (syn. inclination). - **2.** Changement de direction : *L'inflexion brusque de la route* (syn. courbe). - **3.** Changement dans la manière de conduire une affaire, de se comporter : *L'inflexion d'une attitude politique* (syn. modification). - **4.** Changement d'accent ou d'intonation : *Des inflexions ironiques* (syn. modulation). - **5.** PHON. Modification du timbre d'une voyelle sous l'influence d'une voyelle voisine. - **6.** MATH. Point d'inflexion, point où une courbe traverse sa tangente.

infliger [ɛ̃fliʒe] v.t. (lat. *infligere* "frapper") [conj. 17]. - **1.** Frapper d'une peine pour une faute, une infraction : *Infliger un blâme* (syn. donner). - **2.** Faire subir qqch de pénible à qqn : *Il nous a infligé le récit de ses exploits* (syn.

imposer). *Les faits lui ont infligé un cruel démenti.*

inflorescence [ɛ̃flɔresɑ̃s] n.f. (du lat. *inflorescere* "commencer à fleurir"). BOT. - **1.** Mode de groupement des fleurs sur une plante. □ La grappe, l'épi, l'ombelle, le capitule sont des inflorescences. - **2.** Ensemble de ces fleurs.

influençable [ɛ̃flyɑ̃sabl] adj. Qui se laisse influencer : *Cet enfant est influençable* (syn. malléable).

influence [ɛ̃flyɑ̃s] n.f. (lat. *influentia*, de *influere* "couler"). - **1.** Action qu'une personne exerce sur une autre : *Avoir une grande influence sur qqn* (syn. emprise, ascendant). - **2.** Action qu'une chose exerce sur qqn ou sur qqch : *L'influence du tabac sur l'organisme* (syn. effet). - **3.** PHYS. Électrisation par influence, charge électrique prise par un conducteur placé au voisinage d'un autre conducteur électrisé.

influencer [ɛ̃flyɑ̃se] v.t. [conj. 16]. Exercer une influence sur : *La Lune influence les marées* (syn. agir sur). *Ne te laisse pas influencer par les autres* (syn. entraîner).

influent, e [ɛ̃flyɑ̃, -ɑ̃t] adj. Qui a de l'autorité, du prestige : *Personnage influent* (syn. important, puissant).

influenza [ɛ̃flyɑ̃za] ou [ɛ̃flyɛ̃za] n.f. (mot it., "influence, écoulement", d'où "épidémie"). vx. Grippe.

influer [ɛ̃flye] v.t. ind. **[sur]** (lat. *influere* "couler dans"). Exercer une action : *Le climat influe sur la santé* (syn. agir).

influx [ɛ̃fly] n.m. (lat. *influxus, influere* ; v. *influer*). NEUROL. Influx nerveux, phénomène de nature électrique par lequel l'excitation d'une fibre nerveuse se propage dans le nerf.

in-folio [infɔljo] adj. inv. et n.m. inv. (mots lat. "en feuille"). Se dit du format déterminé par le pliage d'une feuille d'impression en 2 feuillets, soit 4 pages ; livre de ce format (on écrit aussi *in-f°*).

infondé, e [ɛ̃fɔ̃de] adj. Dénué de fondement : *Des craintes infondées* (syn. injustifié).

informateur, trice [ɛ̃fɔrmatœr, -tris] n. (de *informer*). Personne qui donne des informations à un enquêteur : *Un informateur bien renseigné.*

informaticien, enne [ɛ̃fɔrmatisjɛ̃, -ɛn] n. Spécialiste d'informatique.

information [ɛ̃fɔrmasjɔ̃] n.f. - **1.** Action d'informer, de s'informer : *L'information des lecteurs.* - **2.** Renseignement : *Recueillir des informations utiles.* - **3.** Nouvelle communiquée par une agence de presse, un média. (Abrév. fam. *info*). - **4.** INFORM. Élément de connaissance susceptible d'être codé pour

être conservé, traité ou communiqué. - **5.** CY-
BERN. Facteur qualitatif désignant la position
d'un système et éventuellement transmis
par ce système à un autre : *Quantité d'information* (= mesure quantitative de l'incertitude d'un message). *Théorie de l'information*
(= qui étudie et définit les quantités d'information). - **6.** DR. Ensemble des actes d'instruction qui ont pour objet de faire la preuve
d'une infraction et d'en connaître les
auteurs. ◆ **informations** n.f.pl. Bulletin
radiodiffusé ou télévisé qui donne des nouvelles du jour. (Abrév. fam. *infos* ; syn. journal
parlé, journal télévisé.)

informatique [ɛ̃fɔʀmatik] n.f. (de *information*). Science du traitement automatique et
rationnel de l'information en tant que support des connaissances et des communications ; ensemble des applications de cette
science, mettant en œuvre des matériels
(ordinateurs) et des programmes (logiciels).
◆ adj. - **1.** Qui a trait à l'informatique :
Matériel informatique. - **2.** Système informatique, ensemble formé par un ordinateur et
les différents éléments qui lui sont rattachés.

informatisation [ɛ̃fɔʀmatizasjɔ̃] n.f. Action
d'informatiser ; fait d'être informatisé :
L'informatisation d'une maison d'édition.

informatiser [ɛ̃fɔʀmatize] v.t. (de *informatique*). - **1.** Traiter par les procédés de l'informatique : *Informatiser une étude de marché.*
- **2.** Doter de moyens informatiques : *Informatiser une usine.*

informe [ɛ̃fɔʀm] adj. (lat. *informis*). - **1.** Qui n'a
pas de forme nette, reconnaissable : *Masse
informe*. - **2.** Qui est insuffisamment élaboré,
pensé : *Projet, ouvrage informe* (syn. imparfait,
fragmentaire). - **3.** Qui a une forme lourde et
sans grâce : *Sculpture informe* (syn. laid). *Corps
informe* (syn. disgracieux).

informé [ɛ̃fɔʀme] n.m. (du p. passé de *informer*). **Jusqu'à plus ample informé**, jusqu'à la
découverte d'un fait nouveau.

informel, elle [ɛ̃fɔʀmɛl] adj. (de *forme,* d'apr.
formel). - **1.** Qui n'obéit pas à des règles
déterminées ; qui n'a pas un caractère officiel : *Réunion informelle*. - **2.** BX-A. Se dit d'une
forme de peinture abstraite (à partir d'env.
1945) marquée par l'absence de composition organisée et traduisant la spontanéité
de l'artiste.

informer [ɛ̃fɔʀme] v.t. (lat. *informare* "donner
une forme"). - **1.** Mettre qqn au courant de
qqch : *Il m'a informé d'un changement* (syn.
aviser, avertir). *Je vous informe que votre
demande a été transmise* (syn. signaler). *La presse
a le devoir d'informer le public.* ◆ v.i. DR.
Procéder à une information : *Informer*

contre X (syn. instruire). ◆ **s'informer** v.pr.
- **1.** Recueillir des renseignements : *S'informer
avant de prendre une décision.* - **2.** S'informer
de, sur qqch, interroger sur qqch : *S'informer
de la santé d'un ami* (syn. s'enquérir de).

informulé, e [ɛ̃fɔʀmyle] adj. Qui n'est pas
formulé : *Une objection restée informulée* (syn.
inexprimé).

infortune [ɛ̃fɔʀtyn] n.f. (lat. *infortunium*).
LITT. - **1.** Mauvaise fortune ; adversité : *Son
infortune fait peine à voir* (syn. malheur).
- **2.** (Souvent au pl.). Événement malheureux : *Subir un certain nombre d'infortunes* (syn.
revers).

infortuné, e [ɛ̃fɔʀtyne] adj. et n. (lat. *infortu-
natus*). LITT. Qui n'a pas de chance : *L'infortuné ne savait plus où s'adresser.*

infra [ɛ̃fʀa] adv. (mot lat.). Plus bas, ci-dessous, dans un texte (par opp. à *supra*).

infraction [ɛ̃fʀaksjɔ̃] n.f. (bas lat. *infractio,* de
frangere "briser"). - **1.** Violation de ce qu'une
institution a défini comme règle : *Infraction
aux usages* (syn. transgression). - **2.** DR. Action
ou comportement défini par la loi et sanctionné par une peine. □ Il y a trois catégories
d'infractions : les contraventions, les délits
et les crimes.

infranchissable [ɛ̃fʀɑ̃ʃisabl] adj. Que l'on ne
peut franchir : *Limites infranchissables* (syn.
indépassable). *Difficultés infranchissables* (syn.
insurmontable).

infrarouge [ɛ̃fʀaʀuʒ] adj. et n.m. (de *infra-* et
rouge). PHYS. Se dit du rayonnement électromagnétique de longueur d'onde comprise
entre 0,8 micromètre (lumière rouge) et
1 mm, émis par les corps chauds et utilisé
pour le chauffage, la photographie aérienne,
en thérapeutique, dans les armements, etc.

infrason [ɛ̃fʀasɔ̃] n.m. (de *infra-* et *son*). PHYS.
Vibration de même nature que le son, mais
de fréquence trop basse (inférieure à 15 Hz)
pour être perçue par l'oreille humaine.

infrastructure [ɛ̃fʀastʀyktyʀ] n.f. (de *infra-* et
structure). - **1.** Ensemble des travaux et des
ouvrages constituant la fondation d'une
route, le remblai d'une voie ferrée, etc.
- **2.** Couche de matériau posée entre la couche de fondation et la plate-forme d'une
route. - **3.** Ensemble des installations, des
équipements nécessaires à une collectivité,
à une activité : *L'infrastructure commerciale,
touristique d'une région.* - **4.** Partie interne,
sous-jacente à une structure abstraite ou
matérielle : *L'infrastructure d'un roman.*
- **5.** Dans l'analyse marxiste, ensemble des
moyens et des rapports de production qui
sont à la base des formations sociales (par
opp. à *superstructure*).

infréquentable [ɛ̃fʀekɑ̃tabl] adj. Qu'on ne
peut pas fréquenter : *Un lieu, une personne
infréquentables.*

infroissable [ɛ̃fʀwasabl] adj. Qui ne peut se froisser, se chiffonner : *Tissu infroissable.*

infructueux, euse [ɛ̃fʀyktɥø, -øz] adj. (lat. *infructuosus,* de *fructus* "revenu"). Qui ne donne pas de résultat utile : *Effort infructueux* (syn. vain, stérile).

infuse [ɛ̃fyz] adj.f. (du lat. *infusus,* de *fundere* "répandre"). Avoir la science infuse, prétendre tout savoir sans avoir besoin d'étudier.

infuser [ɛ̃fyze] v.t. (de *infus* "répandu"). - **1.** Faire macérer une plante aromatique dans un liquide bouillant afin que celui-ci en prenne l'arôme : *Infuser du thé.* - **2.** LITT. Communiquer à qqn un sentiment : *Infuser le doute dans les esprits* (syn. introduire). *Infuser du courage à qqn* (syn. insuffler). ◆ v.i. Communiquer à un liquide ses sucs aromatiques : *Laisser infuser la tisane.*

infusible [ɛ̃fyzibl] adj. (de *fusible*). Qu'on ne peut fondre.

infusion [ɛ̃fyzjɔ̃] n.f. - **1.** Action d'infuser. - **2.** Liquide dans lequel on a mis une plante aromatique à infuser : *Infusion de tilleul* (syn. tisane).

infusoire [ɛ̃fyzwaʀ] n.m. (lat. scientif. *infusorius*). VIEILLI. Protozoaire cilié dont les colonies peuvent se développer dans des infusions végétales.

ingambe [ɛ̃gɑ̃b] adj. (it. *in gambe* "en jambe"). SOUT. Qui se meut avec facilité : *Vieillard encore ingambe* (syn. alerte, gaillard ; contr. impotent).

s'ingénier [ɛ̃ʒenje] v.pr. [**à**] (du lat. *ingenium* "esprit") [conj. 9]. Mettre en œuvre toutes les ressources de son esprit pour parvenir à son but : *S'ingénier à plaire* (syn. s'évertuer à).

ingénierie [ɛ̃ʒeniʀi] n.f. (de *ingénieur,* pour traduire l'angl. *engineering*). Étude d'un projet industriel sous tous ses aspects (techniques, financiers, sociaux, etc.) et qui nécessite un travail de synthèse coordonnant les travaux de plusieurs équipes de spécialistes ; discipline, spécialité que constitue le domaine de telles études (syn. [anglic. déconseillé] engineering).

ingénieur [ɛ̃ʒenjœʀ] n.m. (réfection, d'apr. *s'ingénier,* de l'anc. fr. *engineor,* de *engin* "machine de guerre"). - **1.** Personne, génér. diplômée, que ses connaissances rendent apte à occuper des fonctions scientifiques ou techniques actives, en vue de créer, organiser ou diriger des travaux qui en découlent, ainsi qu'à y tenir un rôle de cadre : *Ingénieur agronome, des Ponts et Chaussées.* - **2.** Ingénieur du son, ingénieur électricien spécialisé dans la technique du son, en partic. dans le tournage d'un film. ‖ Ingénieur militaire, grade de certains services techniques des armées (matériel, essences,

etc.). ‖ Ingénieur système, ingénieur informaticien spécialisé dans la conception, la production, l'utilisation et la maintenance de systèmes d'exploitation d'ordinateurs.

ingénieusement [ɛ̃ʒenjøzmɑ̃] adv. De façon ingénieuse.

ingénieux, euse [ɛ̃ʒenjø, -øz] adj. (anc. fr. *enginios,* lat. *ingeniosus,* de *ingenium* "esprit"). Plein d'esprit d'invention ; qui manifeste un tel esprit : *Bricoleur ingénieux* (syn. astucieux). *Explication ingénieuse* (syn. habile, subtil).

ingéniosité [ɛ̃ʒenjozite] n.f. Qualité de qqn, de qqch qui est ingénieux : *L'ingéniosité d'un mécanisme. Faire preuve d'ingéniosité* (syn. habileté, adresse, astuce).

ingénu, e [ɛ̃ʒeny] adj. et n. (lat. *ingenuus* "né libre", puis "noble, franc"). LITT. Qui agit, parle avec une innocente franchise : *Un jeune homme ingénu* (syn. candide). *Faire l'ingénu* (syn. innocent). ◆ adj. Qui est d'une excessive naïveté : *Réponse ingénue* (syn. naïf). ◆ **ingénue** n.f. THÉÂTRE. Emploi de jeune fille simple et naïve.

ingénuité [ɛ̃ʒenɥite] n.f. (lat. *ingenuitas*). Sincérité excessive dans sa naïveté : *Avouer une faute avec une ingénuité désarmante* (syn. candeur).

ingénument [ɛ̃ʒenymɑ̃] adv. De façon ingénue : *Faire ingénument confiance à tout le monde* (syn. naïvement).

1. ingérable [ɛ̃ʒeʀabl] (de *ingérer*). Qui peut être ingéré, absorbé par la bouche : *Médicament ingérable.*

2. ingérable [ɛ̃ʒeʀabl] adj. (de *gérer*). Impossible à gérer : *Être à la tête d'une entreprise ingérable.*

ingérence [ɛ̃ʒeʀɑ̃s] n.f. Action de s'ingérer : *L'ingérence de l'État dans la gestion des entreprises* (syn. intervention).

ingérer [ɛ̃ʒeʀe] v.t. (lat. *ingerere* "porter dans") [conj. 18]. Introduire par la bouche dans l'estomac : *Ingérer des aliments* (syn. absorber, avaler). ◆ **s'ingérer** v.pr. [**dans**]. Se mêler d'une chose indûment : *S'ingérer dans les affaires d'autrui* (syn. s'immiscer, se mêler de).

ingestion [ɛ̃ʒɛstjɔ̃] n.f. (bas lat. *ingestio*). Action d'ingérer : *Ingestion d'un médicament* (syn. absorption).

ingouvernable [ɛ̃guvɛʀnabl] adj. Qu'on ne peut gouverner : *Pays ingouvernable.*

ingrat, e [ɛ̃gʀa, -at] adj. et n. (lat. *ingratus,* de *gratus* "agréable, reconnaissant"). Qui n'a aucune reconnaissance pour les bienfaits ou les services reçus : *Un enfant ingrat envers ses parents* (contr. reconnaissant). ◆ adj. - **1.** Qui n'est pas agréable à l'œil : *Visage ingrat* (syn.

disgracieux). - **2.** Qui ne dédommage guère de la peine qu'il coûte : *Une terre ingrate* (syn. aride, stérile). - **3.** Qui exige de gros efforts sans résultats appréciables : *Travail ingrat* (syn. pénible). - **4.** L'âge ingrat, le début de l'adolescence, la puberté.

ingratitude [ɛ̃gratityd] n.f. - **1.** Caractère de qqn qui manque de reconnaissance : *Faire preuve d'ingratitude* (contr. gratitude, reconnaissance). - **2.** Acte ou parole ingrate : *Payer qqn d'ingratitude*.

ingrédient [ɛ̃gredjɑ̃] n.m. (lat. *ingrediens*, de *ingredi* "entrer dans"). Produit qui entre dans la composition d'un mélange : *Les ingrédients d'une sauce* (syn. constituant).

inguérissable [ɛ̃gerisabl] adj. Qui ne peut être guéri : *Maladie inguérissable* (syn. incurable).

inguinal, e, aux [ɛ̃gɥinal, -o] adj. (lat. *inguen, -inis* "aine"). ANAT. Relatif à l'aine : *Canal inguinal*.

ingurgitation [ɛ̃gyrʒitasjɔ̃] n.f. Action d'ingurgiter.

ingurgiter [ɛ̃gyrʒite] v.t. (lat. *ingurgitare* "engouffrer", de *gurges, -itis* "gouffre"). - **1.** Avaler rapidement et souvent en grande quantité : *Ingurgiter un paquet de gâteaux en cinq minutes* (syn. engloutir, engouffrer). - **2.** Acquérir massivement des connaissances, sans les assimiler : *Ingurgiter des mathématiques avant un examen*.

inhabile [inabil] adj. (lat. *inhabilis*, de *habilis* "apte à"). - **1.** Qui manque d'habileté : *Un ouvrier inhabile* (syn. malhabile). *Déclaration inhabile* (syn. maladroit). - **2.** DR. Privé de certains droits.

inhabileté [inabilte] n.f. (de *inhabile*). Manque d'adresse : *Elle s'est montrée d'une grande inhabileté dans cette affaire* (syn. maladresse, gaucherie).

inhabilité [inabilite] n.f. (de *inhabile*). DR. Incapacité légale.

inhabitable [inabitabl] adj. Qui ne peut être habité : *Maison, pays inhabitables*.

inhabité, e [inabite] adj. Qui n'est pas habité : *Appartement inhabité* (syn. inoccupé). *Régions inhabitées* (syn. désert).

inhabituel, elle [inabitɥɛl] adj. Qui n'est pas habituel : *Un bruit inhabituel* (syn. anormal, inaccoutumé, insolite).

inhalateur [inalatœr] n.m. Appareil servant à prendre des inhalations.

inhalation [inalasjɔ̃] n.f. - **1.** Action, fait d'inhaler. - **2.** Traitement qui consiste à inhaler des vapeurs d'eau chaude chargées de principes médicamenteux volatils, à l'aide d'un inhalateur.

inhaler [inale] v.t. (lat. *inhalare* "souffler sur"). Absorber par les voies respiratoires : *Inhaler des gaz toxiques*.

inharmonieux, euse [inarmɔnjø, -øz] adj. LITT. Qui n'est pas harmonieux : *Sons inharmonieux* (syn. désagréable).

inhérent, e [inerɑ̃, -ɑ̃t] adj. (lat. *inhaerens, -entis*, de *inhaerere* "adhérer à"). Lié d'une manière intime et nécessaire à qqch : *Responsabilité inhérente à une fonction*.

inhiber [inibe] v.t. (lat. *inhibere* "retenir"). - **1.** Supprimer ou ralentir toute possibilité de réaction, toute activité chez qqn : *Être inhibé par la peur* (syn. paralyser). - **2.** Produire une ou des inhibitions chez qqn : *Mère qui ne critique jamais ses enfants de peur de les inhiber* (syn. complexer). - **3.** Suspendre un processus physiologique.

inhibiteur, trice [inibitœr, -tris] adj. et n.m. Se dit d'une substance qui bloque ou retarde une réaction chimique ou biochimique : *Inhibiteur d'oxydation*.

inhibition [inibisjɔ̃] n.f. (lat. *inhibitio*). - **1.** Phénomène d'arrêt ou de ralentissement d'un processus chimique, psychologique ou physiologique : *La timidité provoque chez lui une inhibition de la parole*. - **2.** Blocage, complexe : *Elle est pleine d'inhibitions*. - **3.** Diminution de l'activité d'un neurone, d'une fibre musculaire ou d'une cellule sécrétrice, sous l'action d'un influx nerveux ou d'une hormone.

inhospitalier, ère [inɔspitalje, -ɛr] adj. Qui n'est pas accueillant : *Personne inhospitalière* (syn. froid, glacial). *Rivage inhospitalier* (syn. sauvage).

inhumain, e [inymɛ̃, -ɛn] adj. - **1.** Qui ne semble pas appartenir à la nature ou à l'espèce humaine ; qui est perçu comme atroce : *Crime inhumain* (syn. monstrueux). - **2.** Très pénible : *Travail inhumain* (syn. insupportable). - **3.** Sans pitié : *Loi inhumaine* (syn. cruel, barbare).

inhumanité [inymanite] n.f. LITT. Manque d'humanité : *Massacre d'une impardonnable inhumanité* (syn. cruauté, férocité, barbarie).

inhumation [inymasjɔ̃] n.f. Action d'inhumer ; fait d'être inhumé : *L'inhumation du défunt aura lieu dans son village natal* (syn. enterrement).

inhumer [inyme] v.t. (du lat. *humus* "terre"). Mettre en terre, avec les cérémonies d'usage, un corps humain : *Il est inhumé dans le caveau de famille* (syn. enterrer, ensevelir).

inimaginable [inimaʒinabl] adj. Qui dépasse tout ce qu'on pourrait imaginer : *Elle a un courage inimaginable* (syn. extraordinaire, incroyable).

inimitable [inimitabl] adj. Qui ne peut être imité : *Un artiste inimitable*.

inimité, e [inimite] adj. Qui n'a pas été imité : *Style inimité*.

inimitié [inimitje] n.f. (lat. *inimicitia*, de *in-* priv. et *amicitia* "amitié"). Sentiment durable d'hostilité : *Encourir l'inimitié de qqn* (syn. animosité, haine).

ininflammable [inɛ̃flamabl] adj. Qui ne peut s'enflammer : *Gaz ininflammable*.

inintelligence [inɛ̃teliʒɑ̃s] n.f. Manque d'intelligence, de compréhension : *Conduite qui dénote une totale inintelligence* (syn. stupidité, ineptie).

inintelligent, e [inɛ̃teliʒɑ̃, -ɑ̃t] adj. Qui manque d'intelligence : *Faire une remarque inintelligente* (syn. idiote, stupide).

inintelligible [inɛ̃teliʒibl] adj. Qu'on ne peut comprendre : *Un texte inintelligible* (syn. incompréhensible, obscur).

inintéressant, e [inɛ̃teresɑ̃, -ɑ̃t] adj. Qui est sans intérêt : *Livre inintéressant* (syn. banal, quelconque).

inintérêt [inɛ̃terɛ] n.m. Absence d'intérêt.

ininterrompu, e [inɛ̃terɔ̃py] adj. Qui n'est pas interrompu dans l'espace ou le temps : *Un bruit ininterrompu* (syn. continu, incessant). *Flot ininterrompu de touristes.*

inique [inik] adj. (lat. *iniquus*, de *aequus* "équitable"). LITT. Qui manque à l'équité ; contraire à l'équité : *Juge inique* (syn. partial). *Jugement inique* (syn. inéquitable, injuste).

iniquité [inikite] n.f. (lat. *iniquitas*). Injustice grave ; comportement inique : *Être victime d'une révoltante iniquité* (syn. injustice). *L'iniquité d'un arbitre* (syn. partialité).

initial, e, aux [inisjal, -o] adj. (lat. *initialis*, de *initium* "commencement"). Qui est au commencement : *La cause initiale de son succès réside dans sa persévérance* (syn. premier). *L'état initial d'une œuvre* (syn. originel, primitif).

initiale [inisjal] n.f. (de [*lettre*] *initiale*). Première lettre d'un mot, du nom, du prénom d'une personne : *Signer un article de ses initiales.*

initialement [inisjalmɑ̃] adv. Au début ; à l'origine.

initialisation [inisjalizasjɔ̃] n.f. INFORM. Ensemble d'opérations précédant la mise en service d'un ordinateur.

initialiser [inisjalize] v.t. INFORM. Effectuer l'initialisation : *Initialiser un ordinateur.*

initiateur, trice [inisjatœr, -tris] n. - **1.** Personne qui initie qqn à qqch : *Il a été mon initiateur en musique baroque* (syn. éducateur, maître). - **2.** Personne qui est à l'origine de qqch, qui ouvre une voie nouvelle : *Dans son domaine, c'est un véritable initiateur* (syn. précurseur, novateur). ◆ adj. Se dit du rôle, de la fonction de qqn qui initie.

initiation [inisjasjɔ̃] n.f. (lat. *initiatio*). - **1.** Action de révéler ou de recevoir la connaissance d'une pratique, les premiers rudiments d'une discipline : *Initiation au latin* (syn. introduction). *Période d'initiation* (syn. apprentissage). - **2.** Cérémonie qui fait accéder un individu à un nouveau groupe d'appartenance (classe d'âge, métier, etc.), dans les sociétés non industrielles. - **3.** Cérémonie, rite par lequel on initie qqn, dans un culte, une société ésotérique : *Initiation maçonnique.*

initiatique [inisjatik] adj. Qui relève de l'initiation, de pratiques secrètes : *Rite initiatique.*

initiative [inisjativ] n.f. (de *initier*). - **1.** Action de celui qui propose ou qui fait le premier qqch ; droit de proposer, de commencer qqch : *Prendre l'initiative d'une démarche* (= entreprendre). *Cela s'est fait sur, à son initiative* (= sur sa proposition). - **2.** Qualité de celui qui sait prendre la décision nécessaire : *Faire preuve d'initiative.* - **3.** Initiative de défense stratégique ou I.D.S., programme d'études initiant par R. Reagan en 1983 et visant à éliminer, notamm. à partir de systèmes spatiaux, la menace représentée par les missiles stratégiques. (On dit cour. *guerre des étoiles.*) ‖ Initiative législative, droit de soumettre à la discussion et au vote des assemblées parlementaires le texte d'une proposition de loi *(initiative parlementaire)* ou un projet de loi *(initiative du gouvernement).*

initié, e [inisje] adj. et n. - **1.** Qui a reçu une initiation ; instruit d'un secret, d'un art. - **2.** DR. Délit d'initié, infraction commise par celui qui, disposant d'informations privilégiées, réalise en Bourse des opérations bénéficiaires.

initier [inisje] v.t. (lat. *initiare*) [conj. 9]. - **1.** Apprendre les rudiments d'une science, d'une technique à qqn : *Initier un apprenti à la mécanique* (syn. former). - **2.** Mettre qqn au courant de choses secrètes ou connues d'un petit nombre : *Initier son fils aux arcanes de la politique* (= les révéler). - **3.** Admettre qqn à la connaissance ou au culte d'un mystère religieux, aux pratiques d'une association : *Initier qqn à l'islam.* - **4.** Révéler, être le premier à faire connaître qqch à qqn : *Initier ses étudiants à l'art roman.* - **5.** (Emploi critiqué.) Mettre en route, prendre l'initiative de qqch : *Initier une enquête* (syn. lancer). ◆ **s'initier** v.pr. [à]. Commencer à s'instruire dans une discipline, une activité : *S'initier à la peinture* (syn. apprendre, étudier).

injectable [ɛ̃ʒɛktabl] adj. Qui peut être injecté : *Solution injectable.*

injecté, e [ɛ̃ʒɛkte] adj. (p. passé de *injecter*). Coloré par l'afflux du sang : *Face injectée. Yeux injectés.*

injecter [ɛ̃ʒɛkte] v.t. (lat. *injectare*). - **1.** Introduire sous pression un liquide, un gaz dans un corps : *Injecter du ciment dans un mur fissuré. Injecter un sérum par voie intraveineuse.* - **2.** Fournir massivement des capitaux à une entreprise, une activité : *Injecter des milliards dans l'économie d'un pays.* ◆ **s'injecter** v.pr. Devenir injecté : *Sous le coup de la colère, ses yeux s'injectèrent.*

injecteur [ε̃ʒεktœr] n.m. TECHN. Appareil au moyen duquel on opère l'introduction forcée d'un fluide dans une machine ou dans un mécanisme.

injectif, ive [ε̃ʒεktif, -iv] adj. (du rad. de *injection*). MATH. Se dit d'une application dans laquelle tout élément de l'ensemble d'arrivée a au plus un antécédent dans l'ensemble de départ.

injection [ε̃ʒεksjɔ̃] n.f. (lat. *injectio*). - **1.** Opération qui consiste à injecter un produit. - **2.** Introduction d'un liquide ou d'un gaz dans l'organisme ; substance ainsi introduite : *Injection de sérum* (syn. piqûre). - **3.** Apport massif de capitaux : *Faire une injection de capitaux dans une entreprise en difficulté.* - **4.** MATH. Application injective. - **5.** ASTRONAUT. Injection sur orbite, fait, pour un engin spatial, de passer de sa trajectoire de lancement à une trajectoire orbitale ; instant de ce passage. ‖ AUTOM. Moteur à injection, moteur dans lequel un injecteur, souvent électronique, dose le mélange carburé sans l'intermédiaire d'un carburateur.

injoignable [ε̃ʒwaɲabl] adj. Que l'on ne peut joindre, contacter : *Un directeur débordé et injoignable.*

injonction [ε̃ʒɔ̃ksjɔ̃] n.f. (bas lat. *injunctio*, de *injungere* "imposer"). Ordre précis, formel d'obéir sur-le-champ : *Céder à l'injonction de la police* (syn. sommation, commandement).

injouable [ε̃ʒwabl] adj. Qui ne peut être joué : *Une pièce injouable.*

injure [ε̃ʒyr] n.f. (lat. *injuria* "injustice"). - **1.** Parole qui blesse d'une manière grave et consciente : *Proférer des injures* (syn. insulte). - **2.** LITT. Action, procédé qui offense : *Il considère cet oubli comme une injure personnelle* (syn. affront, outrage). - **3.** LITT. Les injures du temps, les dommages que le temps provoque.

injurier [ε̃ʒyrje] v.t. (conj. 9). Offenser par des injures : *J'ai été injurié par un inconnu dans le métro* (syn. insulter).

injurieusement [ε̃ʒyrjøzmɑ̃] adv. De façon injurieuse.

injurieux, euse [ε̃ʒyrjø, -øz] adj. Qui constitue une injure ; qui porte atteinte à la réputation, à la dignité de qqn : *Propos injurieux* (syn. insultant). *Article injurieux* (syn. outrageant, offensant).

injuste [ε̃ʒyst] adj. - **1.** Qui n'est pas conforme à la justice, à l'équité : *Châtiment injuste* (syn. arbitraire, inique). - **2.** Qui n'agit pas avec justice, équité : *Il est injuste avec elle. Un professeur injuste dans ses notations* (syn. partial).

injustement [ε̃ʒystəmɑ̃] adv. De façon injuste.

injustice [ε̃ʒystis] n.f. - **1.** Caractère de ce qui est injuste : *L'injustice d'une sanction* (syn. arbitraire, partialité). - **2.** Acte injuste : *Réparer une injustice* (syn. iniquité).

injustifiable [ε̃ʒystifjabl] adj. Qu'on ne saurait justifier : *Une conduite injustifiable* (syn. indéfendable).

injustifié, e [ε̃ʒystifje] adj. Qui n'est pas justifié : *Des reproches injustifiés* (syn. infondé, illégitime).

inlandsis [inlɑ̃dsis] n.m. (mot scand., de *land* "pays" et *is* "glace"). Glacier des hautes latitudes formant une vaste coupole masquant le relief sous-jacent.

inlassable [ε̃lasabl] adj. Qui ne se lasse pas : *Un travailleur inlassable* (syn. infatigable).

inlassablement [ε̃lasabləmɑ̃] adv. Sans se lasser : *Répéter inlassablement la même chose* (= sans arrêt).

inlay [inlε] n.m. (mot angl. "incrustation"). Bloc métallique coulé, inclus dans une cavité dentaire qu'il sert à obturer, reconstituant ainsi la forme anatomique de la dent.

inné, e [ine] adj. (lat. *innatus*). - **1.** Qui existe dès la naissance : *Elle a un don inné pour la musique* (syn. naturel ; contr. acquis). - **2.** Qui appartient au caractère fondamental de qqn : *Avoir un sens inné de la justice.* - **3.** PHILOS. Idées innées, chez Descartes, idées potentielles en notre esprit dès notre naissance, comme celles de Dieu, de l'âme ou du corps.

innéisme [ineism] n.m. DIDACT. Doctrine postulant l'innéité de certaines structures mentales. ◆ **innéiste** n. et adj. Partisan de l'innéisme.

innéité [ineite] n.f. DIDACT. Caractère de ce qui est inné.

innervation [inεrvasjɔ̃] n.f. (du lat. *nervus* "nerf"). Mode de distribution des nerfs dans un tissu ou dans un organe.

innerver [inεrve] v.t. (du lat. *nervus* "nerf"). Atteindre un organe, en parlant d'un nerf : *Le nerf hypoglosse innerve la langue.*

innocemment [inɔsamɑ̃] adv. Sans intention mauvaise : *Répéter innocemment une calomnie* (syn. naïvement).

innocence [inɔsɑ̃s] n.f. (lat. *innocentia*). - **1.** Absence de culpabilité : *Proclamer l'innocence d'un accusé* (contr. culpabilité). - **2.** Simplicité d'esprit ; niaiserie : *Abuser de l'innocence de qqn* (syn. naïveté). - **3.** Pureté de qqn qui ignore le mal : *L'innocence d'un enfant* (syn. candeur). **- 4. En toute innocence,** en toute franchise, en toute simplicité.

innocent, e [inɔsã, -ãt] adj. et n. (lat. *innocens,* de *nocere* "nuire"). **- 1.** Qui n'est pas coupable, responsable de ce dont on le soupçonne : *Il est innocent de ce meurtre. Condamner un innocent.* **- 2.** Qui n'est pour rien dans les événements dont il pâtit : *D'innocentes victimes.* **- 3.** Qui ignore les réalités de la vie : *Âme innocente* (syn. pur). **- 4.** Simple d'esprit : *C'est un innocent qui croit tout ce qu'on lui dit* (syn. naïf, niais). **- 5.** RELIG. CHRÉT. **Massacre des Innocents,** meurtre des enfants de Bethléem de moins de deux ans ordonné par Hérode par crainte de la rivalité d'un futur Messie. ◆ adj. Qui est fait sans intention maligne : *Innocente plaisanterie* (syn. inoffensif ; contr. méchant).

innocenter [inɔsãte] v.t. **- 1.** Déclarer innocent : *Les juges l'ont innocenté* (syn. acquitter). **- 2.** Établir l'innocence de : *Ce témoignage l'a innocenté* (syn. disculper).

innocuité [inɔkɥite] n.f. (lat. *innocuus* "inoffensif", de *nocere* "nuire"). Qualité, caractère d'une chose qui n'est pas nuisible : *L'innocuité d'un remède* (contr. nocivité).

innombrable [inɔ̃brabl] adj. (lat. *innumerabilis*). Qui ne peut se compter ; très nombreux : *Une foule innombrable* (syn. considérable). *Des difficultés innombrables* (syn. incalculable).

innommable [inɔmabl] adj. Trop vil, trop détestable pour être nommé : *Crime innommable* (syn. inqualifiable).

innovateur, trice [inɔvatœr, -tris] adj. et n. Qui innove : *Méthode innovatrice* (syn. révolutionnaire).

innovation [inɔvasjɔ̃] n.f. **- 1.** Action d'innover, d'inventer, de créer qqch de nouveau : *L'innovation artistique.* **- 2.** Ce qui est nouveau : *Détester les innovations* (syn. changement, nouveauté).

innover [inɔve] v.i. (lat. *innovare,* de *novus* "nouveau"). Introduire qqch de nouveau dans un domaine particulier : *Innover en matière d'art* (syn. inventer).

inobservance [inɔpsɛrvãs] n.f. SOUT. Attitude d'une personne qui n'observe pas fidèlement les prescriptions religieuses ou morales.

inobservation [inɔpsɛrvasjɔ̃] n.f. Fait de ne pas observer une loi, un règlement, un engagement, etc. : *L'inobservation de cette loi entraînera des poursuites* (syn. transgression, violation).

inoccupation [inɔkypasjɔ̃] n.f. État d'une personne qui n'a ni travail ni activité : *Végéter dans l'inoccupation* (syn. oisiveté, désœuvrement).

inoccupé, e [inɔkype] adj. **- 1.** Sans occupation : *Il n'est jamais inoccupé* (syn. oisif, désœuvré). **- 2.** Qui n'est pas habité : *Logement inoccupé* (syn. vide).

in-octavo [inɔktavo] adj. inv. et n.m. inv. (mot lat. "en huitième"). Se dit du format déterminé par le pliage d'une feuille d'impression en 8 feuillets, soit 16 pages ; livre de ce format. (On écrit aussi *in-8°* ou *in-8.*)

inoculable [inɔkylabl] adj. Qui peut être inoculé : *La rage est inoculable.*

inoculation [inɔkylasjɔ̃] n.f. (lat. *inoculatio*). MÉD. Introduction volontaire ou pénétration accidentelle dans l'organisme d'un germe vivant (bactérie ou virus).

inoculer [inɔkyle] v.t. (angl. *to inoculate,* du lat. *inoculare,* de *oculus* "œil"). **- 1.** Communiquer un virus, une maladie, etc., par inoculation. **- 2.** LITT. Transmettre par contagion morale : *Inoculer une idée à qqn* (syn. communiquer).

inocybe [inɔsib] n.m. (du gr. *is, inos* "fibre" et *kubê* "tête"). Champignon basidiomycète, de couleur ocre.

inodore [inɔdɔr] adj. (lat. *inodorus,* de *odor* "odeur"). Qui n'a pas d'odeur : *L'eau est inodore* (contr. odorant).

inoffensif, ive [inɔfãsif, -iv] adj. (de *offensif*). Qui ne présente pas de danger : *Animal inoffensif* (syn. doux). *Blague inoffensive* (syn. anodin, bénin).

inondable [inɔ̃dabl] adj. Qui peut être inondé : *Plaine inondable.*

inondation [inɔ̃dasjɔ̃] n.f. (lat. *inundatio*). **- 1.** Submersion des terrains avoisinant le lit d'un cours d'eau, due à une crue ; eaux qui inondent : *Les inondations du Gange lors des crues d'été.* **- 2.** Présence anormale d'une grosse quantité d'eau dans un local : *Il y a une inondation dans la salle de bain.* **- 3.** Afflux considérable de choses : *Une inondation de produits étrangers sur les marchés nationaux.*

inondé, e [inɔ̃de] adj. et n. Qui a souffert d'une inondation : *Terres inondées* (syn. immergé).

inonder [inɔ̃de] v.t. (lat. *inundare,* de *unda* "onde"). **- 1.** Couvrir d'eau un terrain, un lieu : *À la fonte des neiges, les torrents de montagne inondent les terrains avoisinants* (syn. noyer, submerger). **- 2.** Mouiller, tremper : *Inonder la moquette en renversant un vase* (syn. arroser). **- 3.** Affluer au point d'envahir complètement : *La foule inonde la place* (syn. envahir). **- 4.** Répandre abondamment dans : *Inonder le marché d'articles à bas prix.*

inopérable [inɔperabl] adj. Qui ne peut subir une opération chirurgicale : *Un malade, une maladie inopérables.*

inopérant, e [inɔpeʀɑ̃, -ɑ̃t] adj. Qui est sans effet : *Mesures inopérantes* (syn. inefficace).

inopiné, e [inɔpine] adj. (lat. *inopinatus,* de *opinari* "conjecturer"). Qui arrive sans qu'on y ait pensé : *Une nouvelle inopinée* (syn. imprévu, inattendu ; contr. prévisible). *Rencontre inopinée* (syn. fortuit).

inopinément [inɔpinemɑ̃] adv. De façon inopinée.

inopportun, e [inɔpɔʀtœ̃, -yn] adj. Qui n'est pas opportun, qui n'arrive pas à propos : *Une remarque inopportune* (syn. déplacé, intempestif).

inopportunément [inɔpɔʀtynemɑ̃] adv. LITT. De façon inopportune : *Arriver inopportunément chez qqn.*

inopportunité [inɔpɔʀtynite] n.f. LITT. Caractère de ce qui n'est pas opportun : *L'inopportunité d'une démarche* (contr. à-propos).

inorganique [inɔʀganik] adj. - 1. Se dit d'une maladie ou d'une affection qui ne comprend pas de lésion d'organes : *Troubles inorganiques* (syn. fonctionnel). - 2. Chimie inorganique → chimie.

inorganisation [inɔʀganizasjɔ̃] n.f. État de ce qui n'est pas organisé : *Remédier à l'inorganisation d'un service administratif* (syn. désordre).

inorganisé, e [inɔʀganize] adj. Qui n'est pas organisé : *Secteur de l'industrie encore inorganisé.* ◆ adj. et n. Qui n'appartient pas à un parti, à un syndicat : *Les ouvriers de cette usine sont inorganisés.*

inoubliable [inublijabl] adj. Que l'on ne peut oublier : *Souvenir inoubliable* (syn. mémorable).

inouï, e [inwi] adj. (de *ouï,* p. passé de *ouïr*). - 1. Tel qu'on n'a jamais rien entendu de pareil ; qui est sans exemple : *Un homme d'une force inouïe* (syn. incroyable, extraordinaire). - 2. Qui étonne et qui irrite : *C'est inouï cette manie de me contredire systématiquement !* (syn. invraisemblable).

Inox [inɔks] n.m. (nom déposé). Acier, métal inoxydable.

inoxydable [inɔksidabl] adj. Qui résiste à l'oxydation : *L'or est un métal inoxydable* (syn. inaltérable).

in pace ou **in-pace** [inpatʃe] n.m. inv. (mots lat. "en paix"). HIST. Prison, souterrain d'un couvent où l'on enfermait les coupables scandaleux jusqu'à leur mort.

in petto [inpeto] loc. adv. (mots it. "dans le cœur"). À part soi ; en secret : *Protester in petto* (syn. intérieurement).

inqualifiable [ɛ̃kalifjabl] adj. Qui ne peut être qualifié assez sévèrement : *Procédé inqualifiable* (syn. indigne, innommable).

in-quarto [inkwarto] adj. inv. et n.m. inv. (mots lat. "en quart"). Se dit du format déterminé par le pliage d'une feuille d'impression en 4 feuillets, soit 8 pages ; livre de ce format. (On écrit aussi *in-4°.*)

inquiet, ète [ɛ̃kjɛ, -ɛt] adj. et n. (lat. *inquietus,* de *quies* "repos"). Qui est agité par la crainte, l'incertitude : *Être inquiet au sujet de qqn* (syn. soucieux, angoissé). *C'est un inquiet qu'un rien émeut* (syn. anxieux). ◆ adj. Qui témoigne de l'appréhension : *Attente inquiète* (syn. fébrile).

inquiétant, e [ɛ̃kjetɑ̃, -ɑ̃t] adj. Qui cause de l'inquiétude : *Le malade est dans un état inquiétant* (syn. alarmant, grave). *L'avenir est inquiétant* (syn. angoissant).

inquiéter [ɛ̃kjete] v.t. (lat. *inquietare*) [conj. 18]. - 1. Rendre inquiet, alarmer : *Cette nouvelle m'inquiète* (syn. tracasser, préoccuper). - 2. Demander des comptes à qqn : *Après ce cambriolage, il a été inquiété par la police.* - 3. FAM. Porter atteinte à la suprématie de ; risquer de faire perdre sa place à : *La championne du monde n'a pas été inquiétée.* ◆ **s'inquiéter** v.pr. - 1. Se préoccuper de qqn, de qqch ; se faire du souci : *S'inquiéter du sort de qqn* (syn. se soucier). *Il n'y a pas de quoi s'inquiéter* (syn. s'alarmer). - 2. S'inquiéter de qqch, prendre des renseignements sur : *Tu devrais t'inquiéter de l'horaire du train* (syn. s'enquérir de).

inquiétude [ɛ̃kjetyd] n.f. (lat. *inquietudo*). Trouble, état pénible causé par la crainte, l'appréhension d'un événement que l'on redoute : *La perspective du départ ne m'inspire aucune inquiétude* (syn. souci, crainte). *Elle l'a attendu des heures, folle d'inquiétude* (syn. angoisse, anxiété).

inquisiteur, trice [ɛ̃kizitœʀ, -tʀis] adj. (lat. *inquisitor,* de *inquirere* "chercher à découvrir"). Qui marque une curiosité indiscrète : *Regard inquisiteur* (syn. scrutateur, indiscret). ◆ **inquisiteur** n.m. HIST. Membre d'un tribunal de l'Inquisition.

inquisition [ɛ̃kizisjɔ̃] n.f. (lat. *inquisitio* "recherche, investigation"). - 1. LITT. Enquête considérée comme arbitraire et vexatoire. - 2. HIST. (Avec une majuscule). Tribunal ecclésiastique qui était chargé de lutter contre les hérésies par la voie d'une procédure d'enquête *(inquisitio).*

inquisitoire [ɛ̃kizitwaʀ] adj. (du lat. médiév. *inquisitorius*). DR. Se dit du système de procédure où celle-ci est dirigée par le juge (par opp. *accusatoire*).

inquisitorial, e, aux [ɛ̃kizitɔʀjal, -o] adj. (du lat. médiév. *inquisitorius*). - 1. Se dit d'un acte arbitraire : *Mesure inquisitoriale.* - 2. Relatif à l'Inquisition.

inracontable [ɛ̃ʀakɔ̃tabl] adj. Que l'on ne peut raconter : *Histoire inracontable devant des enfants.*

insaisissable [ɛ̃sezizabl] adj. - **1.** Qui ne peut être appréhendé : *Voleur insaisissable*. - **2.** Qui ne peut être compris, apprécié, perçu : *Différence insaisissable* (syn. imperceptible). - **3.** DR. Que la loi défend de saisir.

insalubre [ɛ̃salybʀ] adj. Malsain, nuisible à la santé : *Logement insalubre*.

insalubrité [ɛ̃salybʀite] n.f. État de ce qui est insalubre.

insanité [ɛ̃sanite] n.f. (angl. *insanity*). - **1.** Manque de bon sens : *L'insanité de ses propos est révoltante* (syn. démence, déraison). - **2.** Parole ou action déraisonnable : *Dire des insanités* (syn. sottise, ineptie).

insatiable [ɛ̃sasjabl] adj. (lat. *insatiabilis*, de *satiare* "rassasier"). Qui ne peut être rassasié : *Une curiosité insatiable* (syn. inextinguible). *Un appétit insatiable* (syn. vorace).

insatisfaction [ɛ̃satisfaksjɔ̃] n.f. État de qqn qui n'est pas satisfait de ce qu'il a : *Un sentiment d'insatisfaction*.

insatisfaisant, e [ɛ̃satisfəzɑ̃, -ɑ̃t] adj. Qui ne satisfait pas : *Un devoir insatisfaisant* (syn. insuffisant).

insatisfait, e [ɛ̃satisfɛ, -ɛt] adj. et n. Qui n'est pas satisfait : *Un client insatisfait* (syn. mécontent). *Un besoin de tendresse insatisfait* (syn. inassouvi).

inscription [ɛ̃skʀipsjɔ̃] n.f. (lat. *inscriptio*, de *inscribere* "inscrire"). - **1.** Ensemble de caractères gravés ou écrits sur la pierre, le métal, etc., dans un but commémoratif : *Inscription hiéroglyphique*. - **2.** Ce qui est inscrit quelque part : *Mur couvert d'inscriptions* (syn. graffiti). - **3.** Action d'inscrire sur une liste, un registre officiel ou administratif : *Les inscriptions à l'université se feront à partir du 12*.

inscrire [ɛ̃skʀiʀ] v.t. (lat. *inscribere* "écrire sur") [conj. 99]. - **1.** Porter sur un registre, une liste le nom de : *Inscrire ses enfants dans une école du quartier* (syn. enregistrer, immatriculer). - **2.** Écrire, graver sur le métal, la pierre, etc. : *Inscrire une épitaphe sur une tombe*. - **3.** Noter ce qu'on ne veut pas oublier : *Inscrire une adresse sur un carnet* (syn. noter). - **4.** Faire entrer qqch dans un ensemble : *Inscrire une question à l'ordre du jour* (syn. inclure). ◆ **s'inscrire** v.pr. - **1.** Écrire, faire enregistrer son nom sur une liste, un registre, etc. : *Vous devez vous inscrire avant la fin de la semaine*. - **2.** Entrer dans un groupe, un parti, un établissement : *S'inscrire à un club de bridge* (syn. adhérer, s'affilier). - **3.** Être placé au milieu d'autres éléments : *Les négociations s'inscrivent dans le cadre de la diplomatie secrète* (syn. se situer). - **4.** S'inscrire en faux contre qqch, le nier : *Je m'inscris en faux contre vos insinuations* (= je démens formellement).

inscrit, e [ɛ̃skʀi, -it] adj. (p. passé de *inscrire*). MATH. Se dit d'une courbe, en partic. d'un cercle, tangente à chaque côté d'un polygone dont les sommets appartiennent à un cercle (appelé aussi cercle *circonscrit*). ◆ n. Personne dont le nom est inscrit sur une liste, qui s'est inscrite dans une organisation.

insécable [ɛ̃sekabl] adj. (de *sécable*). Qui ne peut être coupé ou partagé : « *Oui* » *est un mot insécable* (syn. indivisible).

insectarium [ɛ̃sɛktaʀjɔm] n.m. Établissement où l'on élève et conserve les insectes.

insecte [ɛ̃sɛkt] n.m. (lat. *insectus*, traduction du gr. *entoma* "coupé" à cause des étranglements du corps des insectes). - **1.** ZOOL. Animal appartenant à la classe des invertébrés articulés de l'embranchement des arthropodes, respirant par des trachées, et dont le corps est divisé en trois segments (tête, thorax, abdomen). □ Les principaux ordres sont : hyménoptères, coléoptères, diptères, lépidoptères, hétéroptères, homoptères, odonates. - **2.** (Abusif en zool.). Tout animal très petit, qui, au regard de la zoologie, peut être un insecte proprement dit, un arachnide, un myriapode, etc.

insecticide [ɛ̃sɛktisid] adj. et n.m. Se dit d'un produit utilisé pour détruire les insectes nuisibles.

insectivore [ɛ̃sɛktivɔʀ] adj. Se dit d'un animal qui se nourrit principalement ou exclusivement d'insectes, comme le lézard, l'hirondelle. ◆ n.m. Insectivores, ordre de mammifères de petite taille, à 44 dents pointues et qui se nourrissent notamm. d'insectes, comme le hérisson, la taupe, la musaraigne.

insécurité [ɛ̃sekyʀite] n.f. Manque de sécurité ; état de ce qui n'est pas sûr : *L'insécurité de certains quartiers la nuit* (syn. danger). *L'insécurité d'un emploi* (syn. précarité).

insémination [ɛ̃seminasjɔ̃] n.f. (du lat. *inseminare* "semer"). - **1.** Dépôt de la semence du mâle dans les voies génitales de la femelle. - **2.** ZOOL. Insémination artificielle, technique permettant la fécondation d'une femelle en dehors de tout rapport sexuel, par dépôt dans les voies génitales du sperme prélevé sur un mâle. □ Elle est très utilisée dans l'élevage bovin.

inséminer [ɛ̃semine] v.t. Procéder à l'insémination artificielle de.

insensé, e [ɛ̃sɑ̃se] adj. et n. (lat. ecclés. *insensatus*, du class. *sensus* ; v. *sens*). Qui a perdu la raison. ◆ adj. Qui est contraire au bon sens : *Propos insensés* (syn. extravagant).

insensibilisation [ɛ̃sɑ̃sibilizasjɔ̃] n.f. - **1.** Action d'insensibiliser une partie du corps ; perte de la sensibilité. - **2.** Anesthésie locale.

insensibiliser [ɛ̃sɑ̃sibilize] v.t. Rendre insensible : *Insensibiliser la gencive avant le soin dentaire*.

insensibilité [ɛ̃sãsibilite] n.f. Manque de sensibilité physique ou morale : *Insensibilité au froid. Son insensibilité me choque* (syn. indifférence).

insensible [ɛ̃sãsibl] adj. - **1.** Qui n'éprouve pas les sensations habituelles : *Être insensible au froid.* - **2.** Qui n'est pas accessible à la pitié : *Cœur insensible* (syn. indifférent, dur). - **3.** Difficile à percevoir : *Progrès insensibles* (syn. imperceptible, léger).

insensiblement [ɛ̃sãsibləmã] adv. De façon insensible : *Il a pris insensiblement cette position politique* (= peu à peu ; syn. graduellement).

inséparable [ɛ̃separabl] adj. Qui ne peut être séparé : *L'effet est inséparable de la cause* (syn. indissociable). ◆ adj. et n. Se dit de personnes qui sont presque toujours ensemble : *Deux inséparables.* ◆ **inséparables** n.m. pl. Perruches qui vivent en couples permanents.

inséparablement [ɛ̃separabləmã] adv. De façon à ne pouvoir être séparé : *Dans mon souvenir, ils sont inséparablement liés* (syn. indissolublement).

insérer [ɛ̃sere] v.t. (lat. *inserere* "introduire") [conj. 18]. - **1.** Introduire, faire entrer, placer une chose parmi d'autres : *Insérer une feuille dans un livre* (syn. intercaler). *Insérer une clause dans un contrat* (syn. intégrer). - **2.** *Prière d'insérer,* formule imprimée qu'un éditeur envoie aux revues et journaux, et qui contient des indications relatives à un nouvel ouvrage. ◆ **s'insérer** v.pr. - **1.** Trouver place dans un ensemble : *Cette mesure s'insère dans un train de réformes* (syn. s'inscrire, se situer). - **2.** S'intégrer dans un groupe : *Les nouveaux immigrés se sont bien insérés dans la population.* - **3.** S'insérer sur qqch, être attaché sur qqch : *Muscle qui s'insère sur un os.*

insert [ɛ̃sɛʁ] n.m. (mot angl. "ajout"). - **1.** CIN. Gros plan, génér. bref, destiné à mettre en valeur un détail utile à la compréhension de l'action (lettre, nom de rue, carte de visite, etc.). - **2.** Brève séquence ou bref passage introduit dans un programme de télévision ou de radio en direct.

insertion [ɛ̃sɛʁsjɔ̃] n.f. - **1.** Fait de s'insérer, de s'attacher sur, dans qqch : *L'insertion des feuilles sur la tige* (syn. implantation). - **2.** Action d'insérer un texte dans un autre : *L'insertion d'une petite annonce dans le journal* (syn. publication). - **3.** Action, manière de s'insérer dans un groupe : *L'insertion des immigrés* (syn. intégration).

insidieusement [ɛ̃sidjøzmã] adv. De façon insidieuse : *Glisser insidieusement une remarque désobligeante* (syn. sournoisement).

insidieux, euse [ɛ̃sidjø, -øz] adj. (lat. *insidiosus,* de *insidiae* "embûches"). - **1.** Qui constitue un piège, qui cherche à tromper : *Question insidieuse* (syn. sournois). - **2.** Qui se répand graduellement, insensiblement : *Une odeur insidieuse.*

1. insigne [ɛ̃siɲ] adj. (lat. *insignis* "qui porte une marque distinctive", de *signum* "marque, signe"). LITT. Qui s'impose par sa grandeur, son éclat, son importance : *Faveur insigne* (syn. remarquable). *Les honneurs insignes qu'elle a reçus* (syn. éclatant).

2. insigne [ɛ̃siɲ] n.m. (lat. *insigne* "signe, marque", de *insignis* ; v. 1. insigne). - **1.** Marque distinctive d'une dignité, d'une fonction : *Insigne de garde-champêtre* (syn. plaque). - **2.** Signe distinctif des membres d'une association : *Insigne d'un club sportif* (syn. emblème).

insignifiance [ɛ̃siɲifjãs] n.f. Caractère de ce qui est insignifiant, sans valeur : *Un livre d'une totale insignifiance* (syn. banalité, médiocrité).

insignifiant, e [ɛ̃siɲifjã, -ãt] adj. (de *signifier*). - **1.** Qui ne présente pas d'intérêt ; qui a peu d'importance, peu de valeur : *Détail insignifiant* (syn. négligeable). *Somme insignifiante* (syn. dérisoire). - **2.** Qui manque de personnalité, d'intérêt : *Acteur insignifiant* (syn. médiocre). *Film insignifiant* (syn. banal, quelconque).

insinuant, e [ɛ̃sinɥã, -ãt] adj. Qui s'impose par des manières adroites ou hypocrites : *Un homme insinuant* (syn. artificieux, perfide).

insinuation [ɛ̃sinɥasjɔ̃] n.f. - **1.** Manière sournoise de faire accepter sa pensée : *Procéder par insinuation* (syn. sous-entendu). - **2.** Ce que l'on fait entendre en insinuant : *Une insinuation mensongère* (syn. allusion).

insinuer [ɛ̃sinɥe] v.t. (lat. *insinuare,* de *in* "dans" et *sinus* "repli") [conj. 7]. Faire entendre d'une manière détournée, sans dire expressément : *Qu'insinuez-vous par là ?* (syn. sous-entendre). ◆ **s'insinuer** v.pr. - **1.** S'introduire, se faire admettre adroitement : *S'insinuer dans les bonnes grâces de qqn.* - **2.** Pénétrer doucement quelque part : *L'eau s'est insinuée dans les fentes* (syn. s'infiltrer).

insipide [ɛ̃sipid] adj. (lat. *insipidus,* de *sapidus* "qui a du goût"). - **1.** Qui n'a pas de saveur, de goût : *L'eau est insipide* (syn. fade). - **2.** Sans agrément, ennuyeux : *Conversation insipide* (syn. fastidieux).

insipidité [ɛ̃sipidite] n.f. Caractère de ce qui est insipide : *L'insipidité d'une sauce* (contr. saveur). *L'insipidité d'un roman* (contr. intérêt).

insistance [ɛ̃sistãs] n.f. Action d'insister sur qqch : *Réclamer une chose avec insistance* (syn. obstination).

insistant, e [ɛ̃sistã, -ãt] adj. Qui insiste, pressant : *Il se fait insistant. Un regard insistant.*

insister [ɛ̃siste] v.i. (lat. *insistere* "s'attacher à"). - **1.** Persévérer à demander qqch : *Insister pour être reçu* (syn. s'acharner, persister). - **2.** Souligner qqch avec force : *Insister sur un point* (= mettre l'accent sur ; syn. s'étendre sur).

in situ [insity] loc. adv. (loc. lat.). Dans son milieu naturel : *Étudier une roche in situ.*

insolation [ɛ̃sɔlasjɔ̃] n.f. (lat. *insolatio,* de *sol, solis* "soleil"). - **1.** Action des rayons du soleil qui frappent un objet : *L'insolation est nécessaire à la photosynthèse.* - **2.** MÉD. État pathologique provoqué par une exposition trop longue au soleil. - **3.** MÉTÉOR. Syn. de *ensoleillement.* - **4.** PHOT. Exposition d'une substance photosensible à la lumière.

insolemment [ɛ̃sɔlamɑ̃] adv. Avec insolence : *Répondre insolemment* (syn. irrespectueusement).

insolence [ɛ̃sɔlɑ̃s] n.f. (lat. *insolentia*). - **1.** Effronterie ; manque de respect : *Réponse qui va jusqu'à l'insolence* (syn. inconvenance, irrespect). - **2.** Parole, action insolente : *Ses insolences ne sont plus tolérables* (syn. impertinence, impolitesse).

insolent, e [ɛ̃sɔlɑ̃, -ɑ̃t] adj. et n. (lat. *insolens* "insolite", puis "excessif", d'où "effronté"). Qui manque de respect, qui a une attitude effrontée : *Jeune personne insolente* (syn. irrespectueux, irrévérencieux). ◆ adj. - **1.** Qui dénote l'insolence : *Ton insolent* (syn. arrogant). - **2.** Qui constitue une provocation, un défi : *Joie insolente* (syn. indécent).

insoler [ɛ̃sɔle] v.t. (lat. *insolare ; v.* insolation). Exposer une surface photosensible à la lumière.

insolite [ɛ̃sɔlit] adj. (lat. *insolitus,* de *solere* "être habitué"). Qui est différent de l'habitude et qui surprend : *Question insolite* (syn. déroutant). *Bruits insolites* (syn. étrange).

insolubilité [ɛ̃sɔlybilite] n.f. Caractère de ce qui est insoluble : *L'insolubilité d'un corps dans l'eau.*

insoluble [ɛ̃sɔlybl] adj. - **1.** Qui ne peut pas être dissous : *La résine est insoluble dans l'eau.* - **2.** Qu'on ne peut résoudre : *Problème insoluble.*

insolvabilité [ɛ̃sɔlvabilite] n.f. DR. État d'une personne ou d'une société qui ne peut pas payer ses dettes par insuffisance d'actif.

insolvable [ɛ̃sɔlvabl] adj. et n. Qui est en état d'insolvabilité : *Débiteur insolvable* (par opp. à solvable).

insomniaque [ɛ̃sɔmnjak] adj. et n. Qui souffre d'insomnie.

insomnie [ɛ̃sɔmni] n.f. (lat. *insomnia,* de *somnus* "sommeil"). Impossibilité ou difficulté à s'endormir ou à dormir suffisamment : *Avoir des insomnies fréquentes.*

insondable [ɛ̃sɔ̃dabl] adj. - **1.** Qui ne peut être sondé : *Gouffre insondable.* - **2.** Impossible à comprendre : *Mystère insondable* (syn. impénétrable, inexplicable).

insonore [ɛ̃sɔnɔʀ] adj. - **1.** Qui ne produit aucun son sous l'effet d'une percussion, d'un frottement : *Matériau insonore.* - **2.** Qui transmet peu les sons, qui les amortit : *Cloison insonore.* - **3.** Où l'on n'entend que peu de bruit : *Pièce insonore.*

insonorisation [ɛ̃sɔnɔʀizasjɔ̃] n.f. Action d'insonoriser ; son résultat : *Effectuer l'insonorisation d'un bureau. L'insonorisation de leur chambre est insuffisante.*

insonoriser [ɛ̃sɔnɔʀize] v.t. Rendre un local moins sonore ; l'aménager pour le soustraire aux bruits extérieurs : *Insonoriser une salle de cinéma.*

insouciance [ɛ̃susjɑ̃s] n.f. Caractère d'une personne insouciante : *L'insouciance de la jeunesse* (syn. frivolité, imprévoyance).

insouciant, e [ɛ̃susjɑ̃, -ɑ̃t] adj. et n. Qui ne se soucie de rien : *Un adolescent insouciant* (syn. frivole, négligent). ◆ adj. Qui témoigne que l'on ne se soucie de rien : *Air insouciant* (syn. détaché, évaporé).

insoucieux, euse [ɛ̃susjø, -øz] adj. LITT. Qui ne se soucie pas de qqch : *Insoucieux du lendemain* (contr. soucieux).

insoumis, e [ɛ̃sumi, -iz] adj. Qui refuse de se soumettre : *Des officiers insoumis* (syn. insubordonné, rebelle). ◆ **insoumis** n.m. Militaire en état d'insoumission.

insoumission [ɛ̃sumisjɔ̃] n.f. - **1.** Fait de ne pas se soumettre à l'autorité : *Poursuivi pour insoumission à la loi* (syn. désobéissance, inobservation de). *Esprit d'insoumission* (syn. rébellion). - **2.** MIL. Infraction commise par la personne qui, astreinte aux obligations du service national, n'a pas obéi à un ordre de route régulièrement notifié (syn. désertion).

insoupçonnable [ɛ̃supsɔnabl] adj. Que l'on ne peut soupçonner : *Un caissier insoupçonnable.*

insoupçonné, e [ɛ̃supsɔne] adj. Dont on ne peut estimer les limites ou entrevoir l'existence : *Des trésors d'une valeur insoupçonnée.*

insoutenable [ɛ̃sutnabl] adj. - **1.** Qu'on ne peut soutenir, supporter ou poursuivre sans fléchir : *Cadences insoutenables* (syn. excessif). *Douleur insoutenable* (syn. insupportable). - **2.** Qu'on ne peut soutenir, défendre, justifier : *Théorie insoutenable* (syn. indéfendable).

inspecter [ɛ̃spɛkte] v.t. (lat. *inspectare* "examiner"). - **1.** Examiner avec soin pour contrôler, vérifier : *Les douaniers ont inspecté mes bagages* (syn. fouiller). - **2.** Observer attentivement : *Inspecter l'horizon* (syn. scruter).

Inspecter tous les recoins de la maison (syn. explorer).

inspecteur, trice [ɛ̃spɛktœr, -tris] n. - **1.** Titre donné aux agents de divers services publics et à certains officiers chargés d'une mission de surveillance et de contrôle : *Inspecteur des Ponts et Chaussées. Inspecteur des impôts.* - **2.** Inspecteur de police, fonctionnaire de police en civil chargé de missions d'investigations et de renseignements. ‖ Inspecteur du travail, fonctionnaire qui est chargé de contrôler l'application de la législation du travail et de l'emploi.

inspection [ɛ̃spɛksjɔ̃] n.f. - **1.** Action de surveiller, de contrôler : *L'inspection des bagages* (syn. contrôle, fouille). - **2.** Fonction d'inspecteur. - **3.** Corps des inspecteurs : *Inspection générale des Finances, de la Sécurité sociale.*

1. inspirateur [ɛ̃spiratœr] adj.m. Muscles inspirateurs, qui servent à l'inspiration de l'air dans les poumons.

2. inspirateur, trice [ɛ̃spiratœr, -tris] n. - **1.** Personne qui inspire une action : *L'inspirateur de ce complot a été arrêté* (syn. instigateur). - **2.** Auteur, œuvre dont s'inspire un auteur, un artiste, et qu'il prend comme modèle : *Le théâtre antique, inspirateur des écrivains classiques* (syn. modèle). ◆ **inspiratrice** n.f. Femme qui inspire un artiste : *L'inspiratrice de ses plus belles chansons* (syn. égérie, muse).

inspiration [ɛ̃spirasjɔ̃] n.f. - **1.** Action d'inspirer, de faire pénétrer l'air dans ses poumons : *La respiration se décompose en inspiration et expiration.* - **2.** Influence divine ou surnaturelle par laquelle l'homme aurait la révélation de ce qu'il doit dire ou faire : *Inspiration divine* (syn. grâce, illumination). - **3.** Enthousiasme créateur de l'artiste : *Poète sans inspiration* (syn. créativité, souffle). - **4.** Idée soudaine : *Il agit selon l'inspiration du moment* (syn. impulsion). - **5.** Influence exercée sur une œuvre artistique ou littéraire : *Château d'inspiration classique.*

inspiratoire [ɛ̃spiratwar] adj. Relatif à l'inspiration de l'air pulmonaire.

inspiré, e [ɛ̃spire] adj. et n. - **1.** Animé par l'inspiration divine ou créatrice : *Prophète inspiré* (syn. illuminé, visionnaire). - **2.** Mû par un élan créateur : *Poète inspiré.* - **3.** FAM. Être bien, mal inspiré, avoir une bonne, une mauvaise idée : *Il a été bien mal inspiré d'accepter cette proposition.*

inspirer [ɛ̃spire] v.t. (lat. *inspirare* "souffler dans"). - **1.** Faire pénétrer dans la poitrine : *Inspirer de l'air* (contr. expirer). - **2.** Faire naître dans le cœur, dans l'esprit un sentiment, une pensée, un dessein : *Inspirer le respect, la haine* (syn. susciter). *Ce projet lui a été inspiré*

par un de ses amis (syn. suggérer). - **3.** Faire naître l'enthousiasme créateur chez : *La Muse inspire les poètes.* ◆ **s'inspirer** v.pr. [de]. Se servir des idées de qqn ; tirer ses idées de qqch : *Poète qui s'inspire du symbolisme* (syn. imiter).

instabilité [ɛ̃stabilite] n.f. Caractère de ce qui est instable : *L'instabilité des jeunes adolescents* (syn. fragilité). *L'instabilité d'un échafaudage* (syn. déséquilibre).

instable [ɛ̃stabl] adj. - **1.** Qui manque de stabilité : *Temps instable* (syn. variable, changeant). *Une paix instable* (syn. fragile, précaire). - **2.** Se dit d'un équilibre détruit par la moindre perturbation, d'une combinaison chimique pouvant se décomposer spontanément. ◆ adj. et n. Qui n'a pas de suite dans les idées : *C'est une personne instable* (syn. inconstant, versatile).

installateur, trice [ɛ̃stalatœr, -tris] n. Spécialiste assurant l'installation d'un appareil (chauffage central, appareils sanitaires, etc.).

installation [ɛ̃stalasjɔ̃] n.f. - **1.** Action par laquelle on installe ou on est installé : *Installation d'un magistrat* (syn. investiture). *L'installation de son cabinet médical est récente.* - **2.** Mise en place d'un appareil, d'un réseau électrique, téléphonique, etc. : *Procéder à l'installation du chauffage central.* ‖ Ensemble de ces appareils, de ce réseau : *Réparer l'installation électrique* (syn. équipement). - **4.** Mode d'expression artistique contemporain consistant à répartir des éléments arbitrairement choisis dans un espace que l'on peut parcourir.

installer [ɛ̃stale] v.t. (lat. médiév. *installare*, de *stallum* "stalle"). - **1.** Établir officiellement dans une charge : *Installer le président d'un tribunal.* - **2.** Établir dans un lieu pour un certain temps : *Installer sa famille en province* (syn. loger). - **3.** Placer un appareil, un circuit en effectuant certains travaux : *Installer le téléphone* (syn. poser). - **4.** Aménager un local : *Installer un appartement* (syn. agencer). - **5.** Mettre, disposer à une place déterminée : *Installer un fauteuil devant la fenêtre* (syn. placer). - **6.** Être installé, être parvenu à une situation qui assure l'aisance et le confort. ◆ **s'installer** v.pr. S'établir dans un lieu, y établir sa résidence : *S'installer à Paris* (syn. emménager).

instamment [ɛ̃stamɑ̃] adv. De façon pressante : *Je vous prie instamment de renoncer à ce projet* (syn. vivement).

instance [ɛ̃stɑ̃s] n.f. (lat. *instantia*, de *instans* ; v. *1. instant*). - **1.** (Au pl.). Demande pressante : *Céder aux instances de qqn* (syn. sollicitation). - **2.** DR. Série des actes d'une procédure depuis la demande en justice

jusqu'au jugement : *Introduire une instance.*
- **3.** Organisme, service qui exerce le pouvoir de décision : *Les instances du parti* (syn. autorités). - **4.** PSYCHAN. Chacune des structures de l'appareil psychique (le ça, le moi, le surmoi, dans le second modèle freudien). - **5.** En instance, en cours de discussion : *La ratification du traité est en instance.* ‖ En instance de, près de, sur le point de : *Ils sont en instance de divorce.*

1. **instant, e** [ɛ̃stɑ̃, -ɑ̃t] adj. (lat. *instans, -antis,* de *instare* "serrer de près"). SOUT. Qui est pressant, urgent : *Un instant besoin d'argent.*

2. **instant** [ɛ̃stɑ̃] n.m. (de 1. *instant*). - **1.** Moment très court : *Je ne resterai que quelques instants. Il revient dans un instant. Un instant !* (= attendez un peu). - **2.** À chaque instant, continuellement : *Il me harcèle à chaque instant.* ‖ À l'instant, dans l'instant, à l'heure même, tout de suite : *Il vient de partir à l'instant.* ‖ Dès l'instant que, dans la mesure où, puisque : *Dès l'instant que vous êtes satisfait, c'est le principal.*

instantané, e [ɛ̃stɑ̃tane] adj. (de 2. *instant,* d'apr. *momentané*). - **1.** Qui se produit soudainement : *Mort presque instantanée* (syn. immédiat). - **2.** Se dit d'un produit alimentaire déshydraté qui, après adjonction d'eau, est prêt à être consommé : *Un potage instantané.*
‖ **instantané** n.m. Cliché photographique obtenu par une exposition de très courte durée.

instantanéité [ɛ̃stɑ̃taneite] n.f. Caractère de ce qui est instantané.

instantanément [ɛ̃stɑ̃tanemɑ̃] adv. De façon instantanée : *La foule se tut instantanément* (syn. sur-le-champ).

à l'instar de [ɛ̃staʀdə] loc. prép. (lat. *ad instar* "à la ressemblance de", de *instar* "valeur"). LITT. À la manière de qqn, de qqch, à leur exemple : *À l'instar de ses parents, il sera enseignant* (= comme).

instauration [ɛ̃stɔʀasjɔ̃] n.f. Action d'instaurer qqch : *L'instauration d'un gouvernement* (syn. établissement, intronisation).

instaurer [ɛ̃stɔʀe] v.t. (lat. *instaurare*). Établir les bases de ; fonder : *Instaurer un nouveau mode de scrutin* (syn. organiser). *Instaurer la république* (syn. instituer).

instigateur, trice [ɛ̃stigatœʀ, -tʀis] n. Personne qui pousse à faire qqch : *L'instigateur d'un crime* (syn. inspirateur).

instigation [ɛ̃stigasjɔ̃] n.f. (lat. *instigatio,* de *instigare* "pousser"). - **1.** Action de pousser qqn à faire qqch : *Suivre les instigations d'un meneur* (syn. exhortation, incitation). - **2.** Faire qqch à l'instigation de qqn, sur ses conseils, sur son incitation (syn. suggestion).

instillation [ɛ̃stilasjɔ̃] n.f. Action d'introduire goutte à goutte une substance médi-

camenteuse dans une cavité naturelle de l'organisme : *Instillations nasales, auriculaires.*

instiller [ɛ̃stile] v.t. (lat. *instillare,* de *stilla* "goutte"). - **1.** Pratiquer une instillation : *Instiller un médicament dans l'œil d'un patient.* - **2.** LITT. Faire pénétrer lentement : *Instiller le doute dans l'esprit de qqn* (syn. inoculer, infuser).

instinct [ɛ̃stɛ̃] n.m. (lat. *instinctus* "impulsion"). - **1.** Part héréditaire et innée des tendances comportementales de l'homme et des animaux : *Instinct migratoire.* - **2.** Tendance, impulsion souvent irraisonnée qui détermine l'homme dans ses actes, son comportement : *Pressentir par instinct un danger* (syn. intuition). - **3.** Don, disposition naturelle pour qqch : *Instinct des affaires* (syn. sens). - **4.** D'instinct, par un mouvement naturel, spontané : *D'instinct, elle prit à gauche* (= spontanément).

instinctif, ive [ɛ̃stɛ̃ktif, -iv] adj. et n. Qui est poussé par l'instinct : *Elle est plus instinctive que moi* (syn. impulsif, spontané). ◆ adj. Qui naît de l'instinct : *Dégoût instinctif* (syn. irréfléchi, inconscient).

instinctivement [ɛ̃stɛ̃ktivmɑ̃] adv. Par instinct : *Réagir instinctivement.*

instituer [ɛ̃stitɥe] v.t. (lat. *instituere* "établir") [conj. 7]. - **1.** Établir qqch de nouveau : *Richelieu institua l'Académie française* (syn. fonder, instaurer). - **2.** DR. Nommer un héritier par testament : *Instituer qqn son légataire universel* (syn. désigner).

institut [ɛ̃stity] n.m. (lat. *institutum,* de *instituere* "établir"). - **1.** Établissement de recherche scientifique, d'enseignement, etc. : *L'Institut Pasteur. Faire ses études dans un institut universitaire de technologie.* - **2.** CATH. Congrégation de religieux non clercs ou de laïques : *Institut séculier.* - **3.** Institut de beauté, établissement où l'on dispense des soins du visage et du corps à des fins esthétiques. ‖ BANQUE. Institut d'émission, organisme chargé d'émettre la monnaie centrale (en France, la Banque de France).

instituteur, trice [ɛ̃stitytœʀ, -tʀis] n. (lat. *institutor* "précepteur", de *instituere* "établir"). Personne chargée de l'enseignement du premier degré, préélémentaire et élémentaire. (Dénomination off. depuis 1990 : *professeur d'école*.) [Abrév. fam. *instit.*]

institution [ɛ̃stitysjɔ̃] n.f. - **1.** Action d'instituer, d'établir : *L'institution d'un nouveau régime politique* (syn. instauration). - **2.** Établissement d'enseignement privé : *Institution de jeunes filles* (syn. école, collège). - **3.** DR. Ensemble des règles établies en vue de la satisfaction d'intérêts collectifs ; organisme visant à les maintenir : *L'État, le Parlement, le mariage,* *la famille sont des institutions.* ◆ **institutions** n.f. pl. Ensemble des formes ou des structures politiques établies par la loi ou la coutume et relevant du droit public : *Institutions démocratiques.*

institutionnalisation [ɛ̃stitysjɔnalizasjɔ̃] n.f. Action d'institutionnaliser : *L'institutionnalisation du contrôle des naissances.*

institutionnaliser [ɛ̃stitysjɔnalize] v.t. Transformer en institution : *Ce jugement risque d'institutionnaliser la fraude fiscale.*

institutionnel, elle [ɛ̃stitysjɔnɛl] adj. - **1.** Relatif aux institutions de l'État : *Une réforme institutionnelle.* - **2.** PSYCHIATRIE. Psychothérapie institutionnelle, psychothérapie qui favorise la vie en collectivité au travers de réunions, d'ateliers de travail, de clubs.

instructeur [ɛ̃stryktœr] n.m. et adj.m. - **1.** Gradé chargé de faire l'instruction militaire. - **2.** DR. Magistrat instructeur, chargé d'instruire un procès.

instructif, ive [ɛ̃stryktif, -iv] adj. Qui instruit, informe : *Un livre instructif* (syn. éducatif).

instruction [ɛ̃stryksjɔ̃] n.f. (lat. *instructio*). - **1.** Action d'instruire, de donner des connaissances nouvelles : *En France, l'instruction primaire est gratuite, laïque et obligatoire* (syn. enseignement). - **2.** Savoir acquis par l'étude : *Avoir de l'instruction* (syn. connaissances, érudition). - **3.** Ordre de service adressé par un supérieur à ses subordonnés : *Instruction préfectorale* (syn. consigne, directive). - **4.** INFORM. Ordre exprimé en langage de programmation, dont l'interprétation entraîne l'exécution d'une opération élémentaire de type déterminé. □ Une suite d'instructions constitue un programme. - **5.** DR. Phase de la procédure pénale pendant laquelle le juge d'instruction met une affaire en état d'être jugée (recherche des preuves d'une infraction, découverte de son auteur, etc.). - **6.** Instruction militaire, formation donnée aux militaires et notamm. aux recrues. ◆ **instructions** n.f. pl. Explications pour l'utilisation d'un appareil, etc. : *Lire attentivement les instructions avant de brancher la machine* (= mode d'emploi).

instruire [ɛ̃struir] v.t. (lat. *instruere* "bâtir, équiper") [conj. 98]. - **1.** Former l'esprit de qqn en lui donnant des connaissances nouvelles : *Ce livre m'a beaucoup instruit.* - **2.** Mettre qqn au courant : *Instruisez-moi de ce qui se passe* (syn. informer). - **3.** DR. Instruire une cause, une affaire, la mettre en état d'être jugée. ◆ **s'instruire** v.pr. - **1.** Développer ses connaissances, étudier : *Elle lit pour s'instruire* (syn. se cultiver). - **2.** S'informer : *S'instruire auprès d'un employé des formalités à accomplir* (syn. se renseigner).

instruit, e [ɛ̃strui, -it] adj. Qui a des connaissances étendues : *Une personne instruite* (syn. cultivé, érudit).

instrument [ɛ̃strymɑ̃] n.m. (lat. *instrumentum*, de *instruere* "équiper"). - **1.** Outil, machine servant à accomplir une opération quelconque : *Instrument aratoire* (syn. outil). *Instrument de mesure* (syn. appareil). - **2.** MUS. Appareil propre à produire des sons musicaux : *Instrument à vent, à percussion, à cordes.* - **3.** Personne ou chose qui est employée pour atteindre un résultat ; moyen : *Il n'est qu'un instrument au service de la direction* (syn. exécutant).

1. **instrumental, e, aux** [ɛ̃strymɑ̃tal, -o] adj. MUS. Qui se rapporte uniquement aux instruments, à l'orchestre (par opp. à *vocal*) : *Musique instrumentale.*

2. **instrumental** [ɛ̃strymɑ̃tal] n.m. GRAMM. Cas exprimant le moyen, l'instrument, dans certaines langues à déclinaison : *L'instrumental tchèque.*

instrumentation [ɛ̃strymɑ̃tasjɔ̃] n.f. MUS. Action d'attribuer à un instrument déterminé l'exécution d'une phrase musicale.

instrumenter [ɛ̃strymɑ̃te] v.t. MUS. Confier chaque partie d'une œuvre musicale à un instrument (syn. orchestrer). ◆ v.i. DR. Établir un acte authentique (procès-verbal, contrat, etc.) : *Huissier qui se prépare à instrumenter.*

instrumentiste [ɛ̃strymɑ̃tist] n. - **1.** Musicien qui joue d'un instrument. - **2.** Membre d'une équipe chirurgicale qui prépare et présente au chirurgien les instruments nécessaires au cours de l'intervention.

insubmersible [ɛ̃sybmɛrsibl] adj. (de *submersible*). Qui ne peut pas couler : *Canot insubmersible.*

insubordination [ɛ̃sybɔrdinasjɔ̃] n.f. (de *subordination*). Refus d'obéir : *Il a été mis aux arrêts pour insubordination* (syn. indiscipline, insoumission).

insubordonné, e [ɛ̃sybɔrdɔne] adj. Qui fait preuve d'insubordination : *Adolescents insubordonnés* (syn. insoumis, rebelle).

insuccès [ɛ̃syksɛ] n.m. Manque de succès : *L'insuccès d'une entreprise* (syn. échec).

à l'insu de [ɛ̃syda] loc. prép. (de *su*, p. passé de *savoir*). Sans qu'on le sache : *Sortir à l'insu de tous* (contr. au vu et au su de). *Elle l'a fait à mon insu.*

insuffisamment [ɛ̃syfizamɑ̃] adv. De façon insuffisante : *Travailler, manger insuffisamment.*

insuffisance [ɛ̃syfizɑ̃s] n.f. - **1.** Caractère de ce qui est insuffisant : *L'insuffisance d'une récolte* (syn. pauvreté). - **2.** Incapacité, infériorité :

Son insuffisance en anglais ne lui a pas permis d'obtenir ce poste (syn. défaillance, faiblesse). - **3.** MÉD. Diminution qualitative ou quantitative du fonctionnement d'un organe : *Insuffisance cardiaque.*

insuffisant, e [ɛ̃syfizɑ̃, -ɑ̃t] adj. - **1.** Qui ne suffit pas : *Résultats insuffisants en mathématique* (syn. médiocre). - **2.** Qui n'a pas les aptitudes nécessaires : *Un chef insuffisant* (syn. incapable).

insufflation [ɛ̃syflasjɔ̃] n.f. MÉD. Action d'insuffler : *Insufflation d'oxygène à un noyé.*

insuffler [ɛ̃syfle] v.t. (lat. *insufflare*). - **1.** MÉD. Introduire de l'air, du gaz à l'aide du souffle ou d'un appareil : *Insuffler de l'air dans les poumons d'un noyé.* - **2.** Inspirer ; transmettre ; communiquer : *Insuffler du courage à ses troupes* (syn. infuser, instiller).

insulaire [ɛ̃sylɛʀ] adj. et n. (bas lat. *insularis*, du class. *insula* "île"). Qui habite une île, qui y vit : *Faune insulaire.* ◆ adj. Relatif à une île, aux îles.

insularité [ɛ̃sylaʀite] n.f. État, caractère d'un pays situé sur une ou plusieurs îles : *L'insularité de Tahiti.*

insuline [ɛ̃sylin] n.f. (angl. *insulin*, du lat. *insula* "île"). Hormone sécrétée par les cellules des îlots de Langerhans du pancréas. □ L'insuline est employée dans le traitement du diabète.

insulinémie [ɛ̃sylinemi] n.f. (de *insuline* et *-émie*). MÉD. Taux sanguin d'insuline.

insulinodépendance [ɛ̃sylinɔdepɑ̃dɑ̃s] n.f. MÉD. État d'un diabétique dont l'équilibre glucidique ne peut être assuré que par des injections d'insuline.

insultant, e [ɛ̃syltɑ̃, -ɑ̃t] adj. Qui constitue une insulte, une offense : *Des propos insultants* (syn. injurieux).

insulte [ɛ̃sylt] n.f. (bas lat. *insultus*). Parole ou acte qui outrage, blesse la dignité ou l'honneur : *Proférer des insultes* (syn. injure).

insulter [ɛ̃sylte] v.t. (lat. *insultare* "sauter sur"). Offenser par des paroles blessantes ou des actes méprisants, injurieux : *Et, en plus, ce chauffard m'a insulté !* (syn. injurier).

insupportable [ɛ̃sypɔʀtabl] adj. - **1.** Qu'on ne peut supporter : *Douleur insupportable* (syn. intolérable). - **2.** Très turbulent : *Enfant insupportable* (syn. infernal).

insupporter [ɛ̃sypɔʀte] v.t. FAM. (Condamné par l'Acad.). Être insupportable à qqn : *C'est qqn qui m'insupporte* (syn. exaspérer).

insurgé, e [ɛ̃syʀʒe] n. et adj. Personne qui est en insurrection : *Les insurgés ont été encerclés* (syn. mutin, rebelle).

s'insurger [ɛ̃syʀʒe] v.pr. (lat. *insurgere* "se lever contre") [conj. 17]. - **1.** Se révolter, se soulever contre une autorité, un pouvoir, etc. - **2.** Marquer par son attitude ou ses paroles qu'on désapprouve qqch : *S'insurger contre les abus, la fraude fiscale* (syn. se dresser, protester).

insurmontable [ɛ̃syʀmɔ̃tabl] adj. Qui ne peut être surmonté : *Il est en butte à des problèmes insurmontables.*

insurpassable [ɛ̃syʀpasabl] adj. Qui ne peut être surpassé : *Un travail insurpassable.*

insurrection [ɛ̃syʀɛksjɔ̃] n.f. Action de s'insurger, de se soulever contre le pouvoir établi : *Mater une insurrection* (syn. révolte, soulèvement).

insurrectionnel, elle [ɛ̃syʀɛksjɔnɛl] adj. Qui tient de l'insurrection : *Mouvement insurrectionnel* (syn. séditieux).

intact, e [ɛ̃takt] adj. (lat. *intactus*, de *tangere* "toucher"). - **1.** À quoi l'on n'a pas touché ; dont on n'a rien retranché : *Somme intacte* (syn. entier). - **2.** Qui n'a subi aucune atteinte : *Réputation intacte* (syn. net, sauf).

intaille [ɛ̃taj] n.f. (it. *intaglio* "entaille"). Pierre fine gravée en creux (par opp. à *camée*).

intangibilité [ɛ̃tɑ̃ʒibilite] n.f. Caractère de ce qui est intangible : *L'intangibilité de la Constitution.*

intangible [ɛ̃tɑ̃ʒibl] adj. Qui doit rester intact : *Principes intangibles* (syn. inviolable, sacré).

intarissable [ɛ̃taʀisabl] adj. - **1.** Qui ne peut être tari : *Source intarissable* (syn. inépuisable). - **2.** Qui ne s'épuise pas : *Gaieté intarissable* (syn. débordant). - **3.** Qui ne cesse pas de parler : *Causeur intarissable.*

intarissablement [ɛ̃taʀisabləmɑ̃] adv. De façon intarissable : *Discourir intarissablement.*

intégrable [ɛ̃tegʀabl] adj. MATH. Se dit d'une fonction qui admet une intégrale, d'une équation différentielle qui admet une solution.

intégral, e, aux [ɛ̃tegʀal, -o] adj. (bas lat. *integralis*, du class. *integer* "entier"). - **1.** Dont on n'a rien retiré : *Paiement intégral d'une dette* (syn. complet, entier). *L'édition intégrale d'un roman.* - **2.** MATH. Relatif aux intégrales. - **3.** **Calcul intégral,** ensemble des méthodes et des algorithmes relatifs au calcul des primitives, des intégrales et à la résolution des équations différentielles. ‖ **Casque intégral,** casque de motocycliste, de coureur automobile, qui protège la boîte crânienne, le visage et les mâchoires.

intégrale [ɛ̃tegʀal] n.f. (de *intégral*). - **1.** Œuvre complète d'un écrivain, d'un musicien : *L'intégrale des symphonies de Beethoven.* - **2.** MATH. Fonction, solution d'une équation différentielle.

intégralement [ɛ̃tegʀalmɑ̃] adv. En totalité : *Dépenser intégralement une somme* (syn. complètement, entièrement).

intégralité [ɛ̃tegʀalite] n.f. État de ce qui est complet, de ce à quoi il ne manque rien : *Payer l'intégralité d'une somme* (syn. totalité).

intégrant, e [ɛ̃tegʀɑ̃, -ɑ̃t] adj. (lat. *integrans, -antis* ; v. intégrer). Partie intégrante, élément constituant d'un tout et qui ne peut en être retiré : *Cela fait partie intégrante de nos prérogatives.*

intégration [ɛ̃tegʀasjɔ̃] n.f. - **1.** Action d'intégrer ; fait de s'intégrer : *La politique d'intégration des immigrés* (syn. assimilation, insertion). - **2.** ÉCON. Fusion d'entreprises situées à des stades différents du processus de production. - **3.** MATH. Détermination de l'intégrale d'une fonction.

intègre [ɛ̃tegʀ] adj. (lat. *integer* "entier"). D'une probité absolue : *Juge intègre.*

intégré, e [ɛ̃tegʀe] adj. (p. passé de *intégrer*). - **1.** Se dit d'un circuit commercial caractérisé par l'absence de grossiste. - **2.** Se dit d'un élément inclus dès le stade de la construction dans la structure ou l'ensemble dont il fait partie : *Chauffage électrique intégré.* - **3.** Se dit d'un service spécialisé d'une administration, d'une entreprise, etc., assurant des tâches qui pourraient être confiées à des fournisseurs extérieurs : *Maison d'édition qui possède une imprimerie intégrée.* - **4.** Circuit intégré → circuit.

intégrer [ɛ̃tegʀe] v.t. (lat. *integrare* "réparer", de *integer* "entier") [conj. 18]. - **1.** Faire entrer dans un ensemble plus vaste : *Intégrer un nouveau paragraphe au chapitre* (syn. incorporer, inclure). - **2.** FAM. Être reçu au concours d'entrée à une grande école : *Elle a intégré Polytechnique.* - **3.** MATH. Déterminer l'intégrale d'une fonction. ◆ **s'intégrer** v.pr. S'assimiler entièrement à un groupe : *Le nouveau venu s'est bien intégré.*

intégrisme [ɛ̃tegʀism] n.m. (esp. *integrismo*, de *integro* "intégral" ; v. intègre). Attitude et disposition d'esprit de certains croyants qui, au nom d'un respect intransigeant de la tradition, se refusent à toute évolution : *Intégrisme catholique, musulman.* ◆ **intégriste** adj. et n. Relatif à l'intégrisme ; qui en est partisan.

intégrité [ɛ̃tegʀite] n.f. - **1.** État d'une chose qui a toutes ses parties, qui n'a pas subi d'altération : *Défendre l'intégrité d'un territoire. Malgré sa maladie, il a conservé l'intégrité de ses facultés intellectuelles* (syn. plénitude). - **2.** Qualité d'une personne intègre : *L'intégrité de mon collaborateur ne fait aucun doute* (syn. probité, honnêteté).

intellect [ɛ̃telɛkt] n.m. (lat. *intellectus*, de *intellegere* "comprendre"). Faculté de forger et de saisir des concepts (syn. entendement, intelligence).

intellectualisation [ɛ̃telɛktɥalizasjɔ̃] n.f. Action d'intellectualiser.

intellectualiser [ɛ̃telɛktɥalize] v.t. Donner un caractère intellectuel, abstrait à : *Intellectualiser une sensation.*

intellectualisme [ɛ̃telɛktɥalism] n.m. (de *intellectuel*). - **1.** Doctrine philosophique qui affirme la prééminence de l'intelligence sur les sentiments et la volonté. - **2.** Tendance d'une personne à donner la primauté à l'intelligence et aux facultés intellectuelles. - **3.** Caractère d'une œuvre, d'un art où prédomine l'élément intellectuel. ◆ **intellectualiste** adj. et n. Relatif à l'intellectualisme ; qui en est partisan.

intellectualité [ɛ̃telɛktɥalite] n.f. Qualité de qqn, de ce qui est intellectuel : *Une femme d'une grande intellectualité.*

intellectuel, elle [ɛ̃telɛktɥɛl] adj. (bat lat. *intellectualis*). Qui appartient à l'intelligence ; qui fait appel à l'intelligence : *Quotient intellectuel. Un film intellectuel.* ◆ n. et adj. Personne dont la profession comporte essentiellement une activité de l'esprit (par opp. à manuel) ou qui a un goût affirmé pour les activités de l'esprit.

intellectuellement [ɛ̃telɛktɥɛlmɑ̃] adv. Du point de vue de l'intelligence : *Enfant intellectuellement retardé.*

intelligemment [ɛ̃teliʒamɑ̃] adv. Avec intelligence : *Se sortir intelligemment d'un mauvais pas* (syn. habilement).

intelligence [ɛ̃teliʒɑ̃s] n.f. (lat. *intelligentia* ; v. intelligent). - **1.** Faculté de comprendre, de saisir par la pensée : *L'intelligence distingue l'homme de l'animal.* - **2.** Aptitude à s'adapter à une situation, à choisir en fonction des circonstances ; capacité de comprendre, de donner un sens à telle ou telle chose : *Faire preuve d'intelligence* (syn. discernement ; contr. bêtise). *Il a traité cette affaire difficile avec beaucoup d'intelligence* (syn. clairvoyance, perspicacité). - **3.** Être humain considéré dans ses aptitudes intellectuelles : *C'est une intelligence supérieure* (syn. esprit). - **4.** Entente plus ou moins secrète entre personnes : *Intelligence avec l'ennemi* (syn. connivence). - **5.** Capacité de saisir par la pensée : *Pour l'intelligence de ce qui va suivre, lisez la préface* (syn. compréhension). - **6.** Être d'intelligence avec qqn, s'entendre secrètement avec lui (= être complice de). || Vivre en bonne, en mauvaise intelligence avec qqn, vivre en bons, en mauvais termes avec lui. - **7.** Intelligence artificielle (I. A.), intelligence humaine simulée par une machine ; ensemble des théories et des techniques mises en œuvre pour réaliser de telles machines. ◆ **intelligences** n.f. pl. Entente, relations secrètes : *Avoir des intelligences dans la place* (syn. complicités).

intelligent, e [ɛ̃teliʒɑ̃, -ɑ̃t] adj. (lat. *intelligens, -entis,* var. de *intellegens, -entis,* de *intellegere* "comprendre"). - **1.** Doué d'intelligence ; capable de comprendre : *L'homme est un être intelligent* (syn. raisonnable). *Elle est intelligente* (syn. brillant). - **2.** Qui dénote l'intelligence : *Réponse intelligente* (syn. astucieux).

intelligentsia [ɛ̃teliʒɛsja] ou [inteligɛntsja] n.f. (mot russe). Ensemble des intellectuels d'un pays.

intelligibilité [ɛ̃teliʒibilite] n.f. Caractère d'une chose intelligible.

intelligible [ɛ̃teliʒibl] adj. (lat. *intelligibilis ;* v. *intelligent*). - **1.** Qui peut être facilement compris : *Parler à haute et intelligible voix* (syn. audible). *Discours intelligible* (syn. compréhensible ; contr. inintelligible). - **2.** PHILOS. Qui n'est connaissable que par l'entendement.

intelligiblement [ɛ̃teliʒibləmɑ̃] adv. De façon intelligible : *Parler intelligiblement* (syn. clairement).

intempérance [ɛ̃tɑ̃peRɑ̃s] n.f. (lat. *intemperantia* "excès"). - **1.** LITT. Manque de modération dans un domaine quelconque : *Intempérance de langage* (syn. outrance). - **2.** Manque de sobriété dans le manger ou le boire.

intempérant, e [ɛ̃tɑ̃peRɑ̃, -ɑ̃t] adj. Qui fait preuve d'intempérance ; excessif (contr. modéré, sobre).

intempéries [ɛ̃tɑ̃peRi] n.f. pl. (lat. *intemperies* "état déréglé, excessif", de *temperare* "être modéré"). Mauvais temps ; rigueur du climat : *Braver les intempéries.*

intempestif, ive [ɛ̃tɑ̃pɛstif, -iv] adj. (lat. *intempestivus,* de *tempestivus* "à propos", de *tempus* "temps"). Qui est fait à contretemps, se produit mal à propos : *Irruption intempestive* (syn. inopportun). *Une joie intempestive* (syn. déplacé).

intemporel, elle [ɛ̃tɑ̃pɔRɛl] adj. Qui est indépendant du temps qui passe : *Des vérités intemporelles* (syn. immuable).

intenable [ɛ̃tənabl] adj. - **1.** Qui n'est pas supportable : *Chaleur intenable* (syn. insupportable). - **2.** Que l'on ne peut pas discipliner : *Ces enfants sont intenables* (syn. infernal). - **3.** Qui ne peut être conservé, défendu militairement : *Position intenable* (syn. indéfendable).

intendance [ɛ̃tɑ̃dɑ̃s] n.f. - **1.** Fonction, service, bureaux de l'intendant (syn. économat). - **2.** Intendance militaire, service chargé de pourvoir aux besoins des militaires (solde, alimentation, habillement, etc.) et à l'admi-

nistration de l'armée. ‖ FAM. L'intendance, les questions matérielles et économiques : *Problèmes d'intendance.* ‖ L'intendance suivra, les solutions économiques viendront en leur temps, une fois prises les décisions politiques.

intendant, e [ɛ̃tɑ̃dɑ̃, -ɑ̃t] n. (de l'anc. fr. *superintendant,* du bas lat. *superintendere* "surveiller"). - **1.** Fonctionnaire chargé de l'administration financière d'un établissement public ou d'enseignement : *L'intendant d'un pensionnat* (syn. économe). - **2.** Personne chargée d'administrer les affaires, le patrimoine d'une collectivité ou d'un particulier (syn. régisseur). ◆ **intendant** n.m. - **1.** MIL. Fonctionnaire de l'intendance militaire. - **2.** HIST. Sous l'Ancien Régime, commissaire royal d'une circonscription financière.

intense [ɛ̃tɑ̃s] adj. (bas lat. *intensus* "tendu"). D'une puissance, d'une force très grande : *Chaleur intense* (syn. extrême). *Activité économique intense* (syn. fort, grand).

intensément [ɛ̃tɑ̃semɑ̃] adv. De façon intense : *Elle a travaillé intensément à cet ouvrage* (syn. activement).

intensif, ive [ɛ̃tɑ̃sif, -iv] adj. (de *intense*). - **1.** Qui met en œuvre des moyens importants : *Un entraînement sportif intensif.* - **2.** LING. Qui renforce la notion exprimée : *Hyper- est un préfixe intensif* (on dit aussi *un intensif*). - **3.** *Culture intensive, élevage intensif,* destinés à produire des rendements élevés (par opp. à *extensif*).

intensification [ɛ̃tɑ̃sifikasjɔ̃] n.f. Action d'intensifier : *L'intensification des efforts pour augmenter la production* (syn. accroissement, augmentation).

intensifier [ɛ̃tɑ̃sifje] v.t. [conj. 9]. Rendre plus intense, plus fort, plus actif : *Intensifier ses efforts* (syn. accentuer, augmenter). ◆ **s'intensifier** v.pr. Devenir plus intense : *La charge de travail s'est intensifiée ces derniers mois* (syn. s'accroître ; contr. diminuer).

intensité [ɛ̃tɑ̃site] n.f. (de *intense*). - **1.** Très haut degré d'énergie, de force, de puissance atteint par qqch : *La tempête perd de son intensité* (syn. violence). - **2.** Expression de la valeur numérique d'une grandeur, génér. vectorielle : *Intensité d'une force.* - **3.** Quantité d'électricité que débite un courant continu pendant l'unité de temps.

intensivement [ɛ̃tɑ̃sivmɑ̃] adv. De façon intensive : *Athlètes qui se préparent intensivement à une compétition.*

intenter [ɛ̃tɑ̃te] v.t. (lat. *intentare* "diriger"). DR. Entreprendre contre qqn une action en justice.

intention [ɛ̃tɑ̃sjɔ̃] n.f. (lat. *intentio* "action de diriger"). - **1.** Dessein délibéré d'accomplir tel ou tel acte ; volonté : *Ce n'est pas mon intention de vous révéler ce secret* (syn. dessein). *Je n'ai aucun doute sur ses intentions* (syn. objectif, projet). **- 2.** À l'intention de qqn, spécialement pour lui : *La collation était préparée à votre intention.* **- 3.** Procès d'intention, procès fait non pour ce qui est dit expressément, mais pour les idées suggérées.

intentionné, e [ɛ̃tɑ̃sjɔne] adj. Bien, mal intentionné, qui a de bonnes, de mauvaises dispositions d'esprit à l'égard de qqn.

intentionnel, elle [ɛ̃tɑ̃sjɔnɛl] adj. Fait de propos délibéré, avec intention : *Oubli intentionnel* (syn. volontaire).

intentionnellement [ɛ̃tɑ̃sjɔnɛlmɑ̃] adv. De propos délibéré ; à dessein : *Il a intentionnellement omis de nous avertir* (syn. exprès, volontairement).

inter-, préfixe, du lat. *inter* « entre », exprimant soit la mise en relation, en commun (*interdépendant, interministériel*), soit l'intervalle spatial (*intersidéral*) ou temporel (*interclasse*).

interactif, ive [ɛ̃tɛraktif, -iv] adj. **- 1.** Se dit de phénomènes qui réagissent les uns sur les autres. **- 2.** INFORM. Doué d'interactivité. **- 3.** Se dit d'un support de communication favorisant un échange avec le public : *Émission interactive.*

interaction [ɛ̃tɛraksjɔ̃] n.f. **- 1.** Influence réciproque de deux phénomènes, de deux personnes. **- 2.** PHYS. Chacun des types d'action réciproque qui s'exercent entre particules élémentaires. □ Il s'agit des interactions gravitationnelle, électromagnétique, ainsi que des interactions dites faible (radioactivité et désintégration) et forte (force nucléaire).

interactivité [ɛ̃tɛraktivite] n.f. INFORM. Faculté d'échange entre l'utilisateur d'un système informatique et la machine, par l'intermédiaire d'un terminal doté d'un écran de visualisation.

interallié, e [ɛ̃tɛralje] adj. Commun à plusieurs alliés : *Les armées interalliées.*

interarmées [ɛ̃tɛrarme] adj. Commun à plusieurs armées (de terre, de mer ou de l'air).

interarmes [ɛ̃tɛrarm] adj. Commun à plusieurs armes (infanterie, artillerie, etc.) de l'armée de terre : *Manœuvres interarmes.*

intercalaire [ɛ̃tɛrkalɛr] adj. (lat. *intercalarius*). **- 1.** Inséré, ajouté entre d'autres choses de même nature : *Feuille intercalaire.* **- 2.** Se dit du jour ajouté au mois de février dans les années bissextiles (29 février). ◆ n.m. Feuille, feuillet intercalaires.

intercalation [ɛ̃tɛrkalasjɔ̃] n.f. Action d'intercaler ; ce qui est intercalé : *L'interca-*

lation d'un paragraphe dans un texte (syn. insertion).

intercaler [ɛ̃tɛrkale] v.t. (lat. *intercalare*, de *calare* "appeler"). Insérer parmi d'autres choses, dans une série, un ensemble : *Intercaler un nom dans une liste* (syn. incorporer). ◆ **s'intercaler** v.pr. Se placer entre deux éléments : *L'arrière est venu s'intercaler dans la ligne d'attaque* (syn. s'insérer, s'interposer).

intercéder [ɛ̃tɛrsede] v.i. (lat. *intercedere*) [conj. 18]. Intervenir en faveur de qqn : *Intercéder en faveur d'un condamné.*

intercepter [ɛ̃tɛrsɛpte] v.t. (de *interception*). **- 1.** Arrêter au passage : *Les nuages interceptent les rayons du soleil* (syn. cacher, masquer). **- 2.** S'emparer de qqch qui était destiné à autrui : *Intercepter une lettre.* **- 3.** SPORTS. Dans certains sports d'équipe, s'emparer du ballon au cours d'une passe entre deux adversaires. **- 4.** Arrêter qqn, un véhicule, en l'empêchant d'atteindre son but : *La police a intercepté le malfaiteur.*

interception [ɛ̃tɛrsɛpsjɔ̃] n.f. (lat. *interceptio*, de *intercipere*, de *capere* "prendre"). **- 1.** Action d'intercepter ; fait d'être intercepté : *L'interception d'une lettre.* **- 2.** MIL. Action qui consiste, après détection et identification des appareils ou engins adverses, à diriger sur eux des avions de chasse ou des missiles. **- 3.** SPORTS. Action d'intercepter le ballon.

intercesseur [ɛ̃tɛrsesœr] n.m. LITT. Personne qui intercède en faveur d'une autre personne : *Se faire l'intercesseur de qqn* (syn. avocat, défenseur).

intercession [ɛ̃tɛrsesjɔ̃] n.f. Action d'intercéder en faveur de qqn : *Obtenir qqch par l'intercession de qqn* (syn. entremise, médiation).

interchangeable [ɛ̃tɛrʃɑ̃ʒabl] adj. (mot angl., de l'anc. fr. *entre changeable*, de *changer*). Se dit de choses, de personnes qui peuvent être mises à la place les unes des autres.

interclasse [ɛ̃tɛrklas] n.m. Intervalle qui sépare deux heures de classe.

interclubs [ɛ̃tɛrklœb] adj. Qui oppose les équipes de plusieurs clubs sportifs : *Compétition interclubs.*

intercommunal, e, aux [ɛ̃tɛrkɔmynal, -o] adj. Qui concerne plusieurs communes : *Hôpital intercommunal.*

intercommunautaire [ɛ̃tɛrkɔmynotɛr] adj. Qui concerne les relations entre plusieurs communautés.

intercompréhension [ɛ̃tɛrkɔ̃preɑ̃sjɔ̃] n.f. LING. Compréhension réciproque de sujets parlants.

interconnecter [ɛ̃tɛrkɔnɛkte] v.t. Associer, joindre par interconnexion : *Interconnecter des réseaux électriques.*

interconnexion [ɛ̃tɛʀkɔnɛksjɔ̃] n.f. ÉLECTR. Association, par connexion, de réseaux distincts, pour assurer la continuité du service en cas de défaut, la mise en commun des réserves et une production plus économique.

intercontinental, e, aux [ɛ̃tɛʀkɔ̃tinatal, -o] adj. Qui est situé ou qui a lieu entre des continents : *Un vol intercontinental.*

intercostal, e, aux [ɛ̃tɛʀkɔstal, -o] adj. ANAT. Qui se situe entre les côtes du thorax : *Muscles intercostaux.*

interculturel, elle [ɛ̃tɛʀkyltyʀɛl] adj. Qui concerne les contacts entre différentes cultures.

interdépartemental, e, aux [ɛ̃tɛʀdepaʀtəmatal, -o] adj. Commun à plusieurs départements : *Une compétition sportive interdépartementale.*

interdépendance [ɛ̃tɛʀdepãdãs] n.f. Dépendance mutuelle : *L'interdépendance des salaires et des prix.*

interdépendant, e [ɛ̃tɛʀdepãdã, -ãt] adj. Se dit de personnes ou de choses dépendant les unes des autres.

interdiction [ɛ̃tɛʀdiksjɔ̃] n.f. - 1. Action d'interdire : *Interdiction de stationner* (syn. défense ; contr. autorisation). *Interdiction de sortir* (contr. permission). - 2. Défense perpétuelle ou temporaire faite à une personne de remplir ses fonctions : *Prêtre, fonctionnaire frappé d'interdiction.*

interdigital, e, aux [ɛ̃tɛʀdiʒital, -o] adj. Situé entre les doigts : *Espace interdigital.*

interdire [ɛ̃tɛʀdiʀ] v.t. (lat. *interdicere*) [conj. 103]. - 1. Défendre à qqn, empêcher qqn d'utiliser, de faire : *Le médecin lui a interdit l'alcool* (contr. autoriser). - 2. Frapper d'interdiction : *Interdire un prêtre. Le journal a été interdit pendant un mois* (= empêché de paraître). ◆ **s'interdire** v.pr. S'interdire qqch, s'interdire de (+ inf.), décider de ne pas avoir recours à qqch, de ne pas agir de telle manière : *Je me suis interdit d'intervenir dans la discussion.*

interdisciplinaire [ɛ̃tɛʀdisiplinɛʀ] adj. Qui établit des relations entre plusieurs sciences ou disciplines : *Une recherche scientifique interdisciplinaire.*

interdisciplinarité [ɛ̃tɛʀdisiplinaʀite] n.f. Caractère de ce qui est interdisciplinaire.

1. **interdit, e** [ɛ̃tɛʀdi, -it] adj. et n. (p. passé de *interdire*). Qui est l'objet d'une interdiction : *Magistrat interdit. Un interdit de séjour.* ◆ adj. Qui ne sait que répondre ; déconcerté : *Demeurer interdit* (syn. désemparé, pantois). *La nouvelle les laissa interdits* (syn. stupéfait).

2. **interdit** [ɛ̃tɛʀdi] n.m. (lat. *interdictum*). - 1. Condamnation absolue qui met qqn à l'écart d'un groupe : *Jeter l'interdit sur qqn* (syn. exclusive). *Lever un interdit.* - 2. Impératif institué par un groupe, une société et qui prohibe un acte, un comportement : *Transgression d'un interdit* (syn. tabou). - 3. DR. CAN. Censure qui prive les fidèles de certains biens spirituels (par ex. la célébration du culte) sans les exclure de la communauté des fidèles.

interentreprises [ɛ̃tɛʀãtʀəpʀiz] adj. Qui concerne plusieurs entreprises.

intéressant, e [ɛ̃teʀesã, -ãt] adj. - 1. Qui offre de l'intérêt ; digne d'attention : *Un livre intéressant* (syn. captivant, prenant). *Une conférencière intéressante.* - 2. Qui procure un avantage matériel : *Acheter à un prix intéressant* (syn. avantageux ; contr. élevé). - 3. Qui inspire de l'intérêt, excite la sympathie : *Ces gens ne sont vraiment pas intéressants.* ◆ n. Faire l'intéressant, son intéressant, chercher à se faire remarquer.

intéressé, e [ɛ̃teʀese] adj. et n. Qui est concerné par une chose : *Prévenir les intéressés.* ◆ adj. - 1. Qui n'a en vue que son intérêt pécuniaire : *Un homme intéressé* (syn. cupide). - 2. Inspiré par l'intérêt : *Service intéressé.*

intéressement [ɛ̃teʀesmã] n.m. (de *intéresser*). Participation aux bénéfices d'une entreprise : *Intéressement des salariés.*

intéresser [ɛ̃teʀese] v.t. (lat. *interesse*, de *inter* et *esse* "être"). - 1. Avoir de l'importance, de l'utilité pour : *Loi qui intéresse les industriels* (syn. concerner). - 2. Inspirer de l'intérêt ; retenir l'attention de : *Ce jeune homme m'intéresse* (syn. plaire à). *Ce livre vous intéressera* (syn. passionner). - 3. Attribuer une part des bénéfices d'une entreprise à : *Il est intéressé à l'affaire.* ◆ **s'intéresser** v.pr. [à]. Avoir de l'intérêt pour : *Il ne s'intéresse pas à son avenir* (syn. se préoccuper de). *Il s'intéresse au cinéma* (syn. se passionner pour).

intérêt [ɛ̃teʀɛ] n.m. (du lat. *interest* "il importe"). - 1. Ce qui importe, ce qui est avantageux : *Il trouve son intérêt dans cette affaire* (syn. compte). *Agir dans l'intérêt d'un ami* (syn. profit). - 2. Attachement à ce qui est avantageux pour soi, partic. à l'argent : *C'est l'intérêt qui le guide* (syn. cupidité, égoïsme). - 3. (Génér. au pl.). Somme d'argent qu'une personne a dans une affaire : *Avoir des intérêts dans une entreprise* (syn. part). - 4. Somme que le débiteur paie au créancier pour l'usage de l'argent prêté : *Percevoir les intérêts de son épargne* (syn. bénéfice). - 5. Sentiment de curiosité, de bienveillance à l'égard de qqch, de qqn : *Ressentir un vif intérêt pour qqn* (contr. indifférence). *Son intérêt fut éveillé par un petit détail* (syn. attention). - 6. Originalité, importance : *Une déclaration du plus haut intérêt* (syn. poids, portée).

interethnique [ɛ̃tɛʀɛtnik] adj. Relatif aux rapports, aux échanges entre ethnies différentes.

interface [ɛ̃tɛʀfas] n.f. (mot angl.). - 1. DIDACT. Limite commune à deux systèmes, permettant des échanges entre ceux-ci : *L'interface gaz-liquide. L'interface production-distribution.* - 2. INFORM. Frontière conventionnelle entre deux systèmes ou deux unités, permettant des échanges d'informations.

interférence [ɛ̃tɛʀfeʀɑ̃s] n.f. (angl. *interference* ; v. *interférer*). - 1. Rencontre, conjonction de deux séries de phénomènes distincts : *L'interférence des faits démographiques et politiques.* - 2. PHYS. Phénomène résultant de la superposition d'oscillations ou d'ondes de même nature et de fréquences égales ou voisines.

interférer [ɛ̃tɛʀfeʀe] v.i. (angl. *to interfere* "s'interposer", du lat. *ferire* "frapper") [conj. 18]. - 1. Avoir, par son existence, une action sur : *Ces événements ont fini par interférer avec ma vie privée.* - 2. Produire des interférences : *Des rayons qui interfèrent.*

interféron [ɛ̃tɛʀfeʀɔ̃] n.m. (de *interférer*). Protéine produite par les cellules infectées par un virus et qui rend ces cellules, et les autres cellules dans lesquelles a a diffusé, résistantes à toute autre infection virale.

intergalactique [ɛ̃tɛʀgalaktik] adj. ASTRON. Situé entre les galaxies : *Espace intergalactique.*

interglaciaire [ɛ̃tɛʀglasjɛʀ] adj. Se dit des périodes et, notamm. des périodes du quaternaire, comprises entre deux glaciations.

intergroupe [ɛ̃tɛʀgʀup] n.m. Réunion de parlementaires de différents groupes politiques, formée pour étudier un problème déterminé.

1. intérieur, e [ɛ̃teʀjœʀ] adj. (lat. *interior*). - 1. Qui est au-dedans, dans l'espace compris entre les limites de qqch : *Cour intérieure.* - 2. Qui concerne la nature morale, psychologique de l'individu : *Vie intérieure* (syn. psychique, spirituel). - 3. Qui concerne un pays, un territoire : *Politique intérieure* (contr. extérieur).

2. intérieur [ɛ̃teʀjœʀ] n.m. (de *1. intérieur*). - 1. La partie de dedans : *L'intérieur du corps* (syn. dedans). - 2. Espace compris entre les frontières d'un pays ; le pays lui-même, ou sa partie centrale, par opp. aux frontières ou aux côtes : *Le climat de l'intérieur.* - 3. Endroit où l'on habite, maison, appartement : *Un intérieur confortable* (syn. foyer). - 4. De l'intérieur, en faisant partie d'un groupe, en participant à la chose même : *Juger de l'intérieur.* ‖ Femme, homme d'intérieur, qui sait tenir sa maison. ‖ Robe, veste d'inté-

rieur, vêtement confortable que l'on porte chez soi. - 5. Ministère de l'Intérieur, administration chargée de la tutelle des collectivités locales et de la direction de la police.

intérieurement [ɛ̃teʀjœʀmɑ̃] adv. - 1. Au-dedans : *Fruit gâté intérieurement.* - 2. En soi-même : *Se révolter intérieurement.*

intérim [ɛ̃teʀim] n.m. (mot lat. "pendant ce temps-là"). - 1. Temps pendant lequel une fonction est remplie par un autre que par le titulaire ; exercice de cette fonction. - 2. Activité des salariés intérimaires : *Faire de l'intérim. Société d'intérim.* - 3. Par intérim, pendant l'absence du titulaire, provisoirement : *Ministre par intérim.*

intérimaire [ɛ̃teʀimɛʀ] n. et adj. - 1. Personne qui, provisoirement, exerce des fonctions à la place du titulaire. - 2. Travailleur mis temporairement à la disposition d'une entreprise par une entreprise de travail temporaire pour qu'il occupe un emploi ponctuel (remplacement, surcroît de travail). ◆ adj. Qui a lieu, qui s'exerce par intérim : *Fonctions intérimaires.*

intériorisation [ɛ̃teʀjɔʀizasjɔ̃] n.f. Action d'intérioriser.

intérioriser [ɛ̃teʀjɔʀize] v.t. (de *intérieur*, d'apr. *extérioriser*). - 1. Garder pour soi ; contenir en son for intérieur : *Intérioriser sa colère* (syn. contenir ; contr. extérioriser). - 2. Faire siennes des opinions, des règles de conduite qui étaient jusque-là étrangères ou extérieures, au point de ne plus les distinguer comme acquises : *Il a complètement intériorisé les règles de fonctionnement de son parti.* - 3. Rendre plus intime, plus profond : *Intérioriser un rôle.*

interjectif, ive [ɛ̃tɛʀʒektif, -iv] adj. (bas lat. *interjectus*). GRAMM. Qui exprime l'interjection : *Locution interjective.*

interjection [ɛ̃tɛʀʒeksjɔ̃] n.f. (lat. *interjectio* "parenthèse"). GRAMM. Mot invariable, isolé qui exprime un sentiment violent, une émotion, un ordre (ex : *ah !, hélas !, chut !*).

interjeter [ɛ̃tɛʀʒəte] v.t. (de *inter* et *jeter*, d'apr. le lat. *interjicere*) [conj. 27]. DR. Interjeter appel, faire appel d'une décision de justice rendue en premier ressort.

interlignage [ɛ̃tɛʀliɲaʒ] n.m. Action ou manière d'interligner : *Un double interlignage.*

interligne [ɛ̃tɛʀliɲ] n.m. Blanc séparant des lignes composées, écrites ou dactylographiées.

interligner [ɛ̃tɛʀliɲe] v.t. Séparer par des interlignes.

interlocuteur, trice [ɛ̃tɛʀlɔkytœʀ, -tʀis] n. (lat. de la Renaissance *interlocutor*, du class. *interloqui* "couper la parole à qqn, interrompre"). - 1. Toute personne conversant avec une autre : *Il contredit systématiquement ses interlocuteurs.* - **2.** Personne avec laquelle on engage des négociations, des pourparlers : *Interlocuteur valable.*

interlope [ɛ̃tɛʀlɔp] adj. (angl. *interloper* "navire trafiquant en fraude"). - **1.** Qui est le lieu de trafics louches ; qui est suspect de combinaisons malhonnêtes : *Bar interlope. Personnage interlope* (syn. louche, suspect). - **2.** Qui se fait en fraude : *Commerce interlope* (syn. illégal).

interloquer [ɛ̃tɛʀlɔke] v.t. (lat. *interloqui* "interrompre"). Mettre dans l'embarras par un effet de surprise : *Cette réponse l'a interloqué* (syn. déconcerter).

interlude [ɛ̃tɛʀlyd] n.m. (mot angl., du lat. *ludus* "jeu"). Divertissement dramatique ou musical entre deux parties d'un spectacle, d'une émission de télévision, etc.

intermède [ɛ̃tɛʀmɛd] n.m. (it. *intermedio*, lat. *intermedius*). - **1.** Divertissement entre deux pièces ou deux actes d'une représentation théâtrale : *Intermède comique.* - **2.** Temps pendant lequel une action s'interrompt ; période de temps entre deux événements : *Sa carrière professionnelle a été marquée par de longs intermèdes de chômage.*

intermédiaire [ɛ̃tɛʀmedjɛʀ] adj. (du lat. *intermedius*, de *medius* "qui est au milieu"). Qui est entre deux choses, qui forme une transition entre deux termes : *Une période intermédiaire* (syn. charnière). *Une solution intermédiaire* (= de juste milieu). *Une couleur intermédiaire entre le jaune et l'orange.* ◆ n. - **1.** Personne qui sert de lien entre deux autres : *Servir d'intermédiaire dans une affaire* (syn. médiateur). - **2.** Personne, entreprise, etc., qui, dans un circuit de distribution commerciale, se trouve entre le producteur et le consommateur, l'acheteur. - **3.** Par l'intermédiaire de, grâce à l'entremise de qqn ; au moyen de qqch : *Apprendre une nouvelle par l'intermédiaire d'un correspondant.*

intermezzo [ɛ̃tɛʀmedzo] n.m. (mot it. "intermède"). MUS. Divertissement musical intercalé entre les parties d'une œuvre théâtrale.

interminable [ɛ̃tɛʀminabl] adj. Qui dure très longtemps : *Attente interminable* (syn. long).

interminablement [ɛ̃tɛʀminabləmɑ̃] adv. De façon interminable : *Discuter interminablement* (= sans fin).

interministériel, elle [ɛ̃tɛʀministerjɛl] adj. Relatif à plusieurs ministres ou ministères : *Mission interministérielle.*

intermittence [ɛ̃tɛʀmitɑ̃s] n.f. - **1.** Caractère de ce qui est intermittent : *L'intermittence d'un signal lumineux* (syn. discontinuité). - **2.** MÉD. Intervalle qui sépare deux accès de fièvre (syn. rémission). - **3.** Par intermittence,

par moments, de façon discontinue : *Elle travaille par intermittence.*

intermittent, e [ɛ̃tɛʀmitɑ̃, -ɑ̃t] adj. (du lat. *intermittere* "discontinuer"). Qui s'arrête et reprend par intervalles : *Efforts intermittents* (syn. irrégulier). *Un bruit intermittent* (syn. discontinu ; contr. continu, permanent).

internat [ɛ̃tɛʀna] n.m. - **1.** Situation d'un élève interne (par opp. à *externat*). - **2.** Établissement où les élèves sont nourris et logés (syn. pensionnat). - **3.** Concours permettant d'obtenir le titre d'interne des hôpitaux : *Passer l'internat.* - **4.** Fonction d'interne des hôpitaux.

1. international, e, aux [ɛ̃tɛʀnasjɔnal, -o] adj. - **1.** Qui concerne plusieurs nations : *Championnats internationaux. Politique internationale. Une renommée internationale* (syn. mondial, universel). - **2.** Style international, se dit de l'architecture fonctionnelle, aux formes cubiques, sans ornements, créée par Le Corbusier, Gropius, Mies van der Rohe, les architectes du groupe De Stijl, etc., et qui s'est répandue dans de nombreux pays au cours des années 1925-1935 (on dit aussi *mouvement moderne*).

2. international, e, aux [ɛ̃tɛʀnasjɔnal, -o] n. Sportif, sportive qui représente son pays dans des épreuves internationales.

Internationale [ɛ̃tɛʀnasjɔnal] n.f. (Avec une majuscule). Association rassemblant des travailleurs appartenant à diverses nations en vue d'une action visant à transformer la société.

internationalisation [ɛ̃tɛʀnasjɔnalizasjɔ̃] n.f. Action de rendre international : *L'internationalisation d'un conflit* (syn. mondialisation).

internationaliser [ɛ̃tɛʀnasjɔnalize] v.t. Rendre international ; porter sur le plan international : *Internationaliser une guerre locale* (syn. mondialiser).

internationalisme [ɛ̃tɛʀnasjɔnalism] n.m. Doctrine selon laquelle les divers intérêts nationaux doivent être subordonnés à un intérêt général supranational. ◆ **internationaliste** adj. et n. Relatif à l'internationalisme ; qui en est partisan.

internationalité [ɛ̃tɛʀnasjɔnalite] n.f. État, caractère de ce qui est international : *L'internationalité d'un conflit.*

1. interne [ɛ̃tɛʀn] adj. (lat. *internus*). - **1.** Qui est au-dedans : *La paroi interne d'une cuve* (syn. intérieur ; contr. externe). - **2.** Qui concerne la nature profonde de qqch : *Problème interne à l'entreprise* (syn. intérieur, intrinsèque).

2. interne [ɛ̃tɛʀn] n. (de *1. interne*). - **1.** Élève logé et nourri dans un établissement scolaire (par opp. à *demi-pensionnaire, externe*).

- **2.** Interne des hôpitaux, étudiant(e) en médecine, reçu(e) au concours de l'internat, qui seconde le chef de service dans un hôpital.

interné, e [ɛ̃tɛʀne] adj. et n. (p. passé de *interner*). - **1.** Enfermé dans un camp de concentration, une prison : *Les internés politiques.* - **2.** Qui est l'objet d'une mesure d'internement en milieu psychiatrique.

internement [ɛ̃tɛʀnəmɑ̃] n.m. - **1.** Action d'interner ; fait d'être interné : *L'internement d'un suspect* (syn. emprisonnement). - **2.** Mesure d'hospitalisation forcée ou psychiatrique à l'initiative d'un proche (placement volontaire) ou du préfet du département (placement d'office).

interner [ɛ̃tɛʀne] v.t. (de *interne*). - **1.** Enfermer dans un camp, une prison : *Ils internaient les dissidents* (syn. emprisonner). - **2.** Faire entrer un malade mental ou présumé tel dans un hôpital psychiatrique (syn. enfermer).

interocéanique [ɛ̃tɛʀɔseanik] adj. Qui sépare ou relie deux océans : *Isthme, canal interocéanique.*

interpellation [ɛ̃tɛʀpelasjɔ̃] n.f. - **1.** Action d'interpeller : *Cette interpellation me surprit* (syn. apostrophe). - **2.** Demande d'explication adressée à un ministre par un membre du Parlement, et sanctionnée par un ordre du jour : *Interpellation sur la politique agricole.* - **3.** Sommation faite à qqn d'avoir à dire, à faire qqch ; action de poser des questions à qqn au cours d'un contrôle de police : *La police a procédé à plusieurs interpellations.*

interpeller [ɛ̃tɛʀpale] ou [ɛ̃tɛʀpele] v.t. (lat. *interpellare* "interrompre, sommer") [conj. 26]. - **1.** Adresser la parole à qqn pour lui demander qqch : *Interpeller un passant* (syn. apostropher, héler). - **2.** Sommer qqn de répondre, lui demander de s'expliquer sur un fait ; vérifier son identité, l'arrêter : *Interpeller un suspect.* - **3.** Contraindre qqn à regarder en face une situation ; s'imposer à lui : *La misère du monde nous interpelle.*

interpénétration [ɛ̃tɛʀpenetʀasjɔ̃] n.f. Pénétration mutuelle : *L'interpénétration des cultures, des civilisations.*

s'interpénétrer [ɛ̃tɛʀpenetʀe] v.pr. [conj. 18]. Se pénétrer mutuellement : *La politique et l'économie s'interpénètrent* (syn. s'imbriquer).

interphase [ɛ̃tɛʀfaz] n.f. (de *phase*). BIOL. Période qui sépare deux divisions successives d'une cellule vivante. □ C'est pendant l'interphase que la cellule se nourrit et grandit jusqu'à doubler de volume.

Interphone [ɛ̃tɛʀfɔn] n.m. (nom déposé). Téléphone à haut-parleur permettant des communications à courte distance, génér. à l'intérieur du même bâtiment.

interplanétaire [ɛ̃tɛʀplaneteʀ] adj. ASTRON. Situé entre les planètes du système solaire : *Voyage interplanétaire.*

interpolation [ɛ̃tɛʀpɔlasjɔ̃] n.f. - **1.** Action d'interpoler ; passage interpolé : *La dernière édition contient des interpolations* (syn. ajout). - **2.** STAT. Intercalation, dans une suite de valeurs connues, d'une ou de plusieurs valeurs déterminées par le calcul et non par l'observation.

interpoler [ɛ̃tɛʀpɔle] v.t. (lat. *interpolare* "réparer", d'où "falsifier"). Introduire dans un texte des passages qui n'en font pas partie et qui en changent le sens : *Copiste qui interpole son commentaire dans un texte* (syn. ajouter, insérer).

interposer [ɛ̃tɛʀpoze] v.t. (lat. *interponere*, d'apr. *poser*). - **1.** Placer entre deux choses : *Interposer un cordon de police entre deux groupes de manifestants* (syn. intercaler). - **2.** Faire intervenir comme médiation entre deux personnes : *Interposer son autorité entre deux adversaires.* ◆ **s'interposer** v.pr. Se placer entre deux choses, deux personnes : *Des obstacles se sont interposés entre ses projets et leur réalisation* (syn. se dresser, surgir). *Des passants se sont interposés pour les séparer* (syn. s'entremettre).

interposition [ɛ̃tɛʀpozisjɔ̃] n.f. - **1.** Action d'interposer ; fait de s'interposer : *L'interposition de l'O. N. U. dans un conflit entre deux nations* (syn. entremise, médiation). - **2.** DR. Interposition de personnes, fait, pour qqn, de conclure un acte par une autre personne, afin de lui faciliter l'octroi d'avantages que cette dernière ne pourrait pas obtenir directement.

interprétable [ɛ̃tɛʀpʀetabl] adj. Qui peut être interprété.

interprétariat [ɛ̃tɛʀpʀetaʀja] n.m. Métier, fonction d'interprète, traducteur : *École d'interprétariat.*

interprétatif, ive [ɛ̃tɛʀpʀetatif, -iv] adj. Qui contient une interprétation : *Jugement interprétatif* (syn. explicatif).

interprétation [ɛ̃tɛʀpʀetasjɔ̃] n.f. - **1.** Action d'interpréter, de donner un sens à qqch : *Interprétation d'un texte, d'une œuvre* (syn. explication, commentaire). - **2.** Action ou manière de représenter, de jouer, de danser une œuvre dramatique, musicale, chorégraphique, etc. : *Donner une nouvelle interprétation des « Indes galantes » de Rameau* (syn. exécution, version). - **3.** PSYCHAN. Travail effectué par le patient, aidé par son analyste, pour dégager le désir inconscient qui anime certains de ses comportements.

interprète [ɛ̃tɛʀpʀɛt] n. (lat. *interpres, -etis*).
- **1.** Personne qui traduit oralement une langue dans une autre. - **2.** Personne qui est chargée de déclarer, de faire connaître les volontés, les intentions d'une autre : *Soyez mon interprète auprès de votre ami* (syn. porte-parole). - **3.** Personne qui exécute une œuvre musicale vocale ou instrumentale, qui joue un rôle au théâtre ou au cinéma : *Les interprètes du film* (syn. acteur). *C'est une grande interprète de Mozart.*

interpréter [ɛ̃tɛʀpʀete] v.t. (lat. *interpretari*) [conj. 18]. - **1.** Chercher à rendre compréhensible, à traduire, à donner un sens à : *Interpréter un rêve* (syn. expliquer). *Mal interpréter les intentions de qqn* (syn. comprendre). - **2.** Jouer un rôle dans une pièce ou un film ; exécuter un morceau de musique ; danser une œuvre chorégraphique : *Interpréter le rôle d'une ingénue au théâtre* (syn. incarner).
◆ **s'interpréter** v.pr. Être compris, expliqué : *Cette réponse peut s'interpréter de plusieurs façons.*

interprofessionnel, elle [ɛ̃tɛʀpʀɔfesjɔnɛl] adj. Qui groupe, concerne plusieurs professions : *Salaire minimum interprofessionnel de croissance (S. M. I. C.).*

interracial, e, aux [ɛ̃tɛʀasjal, -o] adj. Qui se produit entre des gens de races différentes : *Des conflits interraciaux.*

interrégional, e, aux [ɛ̃tɛʀeʒjɔnal, -o] adj. Qui concerne plusieurs régions : *Un réseau de transport interrégional.*

interrègne [ɛ̃tɛʀɛɲ] n.m. - **1.** Intervalle entre la mort d'un roi et le sacre de son successeur. - **2.** Intervalle pendant lequel une fonction n'est pas assurée par un titulaire (syn. vacance).

interrogateur, trice [ɛ̃tɛʀɔɡatœʀ, -tʀis] adj. et n. Qui interroge : *Regard interrogateur.*

interrogatif, ive [ɛ̃tɛʀɔɡatif, -iv] adj. (bas lat. *interrogativus*). - **1.** Qui exprime une interrogation : *Phrase interrogative. Intonation interrogative.* - **2.** GRAMM. Proposition interrogative indirecte, proposition subordonnée complétive exprimant une interrogation (on dit aussi *une interrogative indirecte*). ◆ adj. et n.m. GRAMM. Se dit d'un mot (adjectif, pronom, adverbe) ou d'une locution qui marque l'interrogation directe ou indirecte : *« Comment », « pourquoi », « si » sont des adverbes interrogatifs.*

interrogation [ɛ̃tɛʀɔɡasjɔ̃] n.f. (lat. *interrogatio*). - **1.** Demande, question ou ensemble de questions : *Répondre à une interrogation. Donner aux élèves une interrogation écrite* (syn. épreuve). - **2.** Interrogation directe, interrogation posée directement à l'interlocuteur, sans l'intermédiaire d'un verbe (ex. : *qui est venu ?*). ‖ Interrogation indirecte, interrogation posée par l'intermédiaire d'un verbe comme *savoir, demander,* etc. (ex. : *je me demande qui est venu*). ‖ Point d'interrogation, signe de ponctuation (?) placé à la fin d'une interrogative directe ; au fig., chose incertaine, imprévisible : *Le point d'interrogation, c'est sa réaction lorsqu'elle sera mise au courant.*

interrogatoire [ɛ̃tɛʀɔɡatwaʀ] n.m. (bas lat. *interrogatorius*). - **1.** Ensemble des questions posées à qqn (prévenu, accusé) et des réponses qu'il y apporte au cours d'une enquête, d'une instruction : *Être soumis à un interrogatoire.* - **2.** Procès-verbal consignant ces demandes et ces réponses.

interrogeable [ɛ̃tɛʀɔʒabl] adj. TÉLÉCOMM. Que l'on peut interroger : *Répondeur interrogeable à distance.*

interroger [ɛ̃tɛʀɔʒe] v.t. (lat. *interrogare*) [conj. 17]. - **1.** Adresser, poser des questions à : *On l'a interrogé sur ses nouveaux projets* (syn. questionner, interviewer). *La police l'a interrogé plus de trois heures* (= lui a fait subir un interrogatoire). - **2.** Examiner avec attention : *Interroger l'histoire* (syn. consulter, étudier). *Interroger le ciel* (syn. scruter). - **3.** TÉLÉCOMM. Consulter, génér. à distance, une base de données pour obtenir un renseignement. ◆ **s'interroger** v.pr. Se poser des questions, être dans l'incertitude : *Il n'a pas donné de réponse, il s'interroge encore.*

interrompre [ɛ̃tɛʀɔ̃pʀ] v.t. (lat. *interrumpere*) [conj. 78]. - **1.** Rompre la continuité ou la continuation de : *Interrompre son travail* (syn. arrêter). *Interrompre un voyage* (syn. suspendre). - **2.** Arrêter qqn dans son discours : *Arrête de m'interrompre quand je parle !* ◆ **s'interrompre** v.pr. Cesser de faire qqch, s'arrêter au cours d'une action : *Elle s'interrompit pour saluer le nouveau venu* (= elle arrêta de parler).

interro-négatif, ive [ɛ̃tɛʀɔnegatif, -iv] adj. (pl. *interro-négatifs, ives*). Se dit d'une tournure, d'une phrase qui exprime une interrogation portant sur un énoncé négatif. (Ex. : *Tu ne veux pas répondre ?*)

interrupteur [ɛ̃tɛʀyptœʀ] n.m. Appareil qui sert à interrompre ou à rétablir un courant électrique en ouvrant ou en fermant son circuit (syn. commutateur).

interruption [ɛ̃tɛʀypsjɔ̃] n.f. (lat. *interruptio*, de *interrumpere* "interrompre"). - **1.** Action d'interrompre : *Travailler sans interruption* (syn. arrêt). *L'interruption des études* (syn. suspension). - **2.** Paroles prononcées pour interrompre : *De bruyantes interruptions.*

intersaison [ɛ̃tɛʀsɛzɔ̃] n.f. Période qui sépare deux saisons commerciales, touristiques, sportives, etc.

intersection [ɛ̃tɛʁsɛksjɔ̃] n.f. (lat. *intersectio*, de *secare* "couper"). - **1.** Endroit où deux routes se croisent : *L'intersection de deux routes nationales* (syn. carrefour, croisement). - **2.** MATH. Ensemble des points ou des éléments communs à deux ou à plusieurs lignes, surfaces ou volumes. - **3.** LOG. Intersection ou produit de deux relations, jonction entre deux relations s'exprimant par « et », et qui se vérifie si – et seulement si – les deux relations se vérifient à la fois. ‖ LOG. Intersection ou produit des classes K et L, classe constituée d'éléments appartenant à la fois à la classe K et à la classe L ; l'opération elle-même (symbolisée par K ∩ L). ‖ MATH. Intersection de deux ensembles A et B, ensemble des éléments communs à ces deux ensembles noté A ∩ B (A inter B).

intersidéral, e, aux [ɛ̃tɛʁsideʁal, -o] adj. ASTRON. Situé entre les astres : *Les espaces intersidéraux.*

interstellaire [ɛ̃tɛʁstelɛʁ] adj. (du lat. *stella* "étoile"). - **1.** ASTRON. Situé entre les étoiles. - **2.** Matière interstellaire, ensemble des matériaux extrêmement diffus (gaz et poussières) existant dans l'espace situé entre les étoiles d'une galaxie.

interstice [ɛ̃tɛʁstis] n.m. (du lat. *interstare* "se trouver entre"). Petit espace vide entre les parties de qqch : *Les interstices des volets* (syn. fente).

interstitiel, elle [ɛ̃tɛʁstisjɛl] adj. Situé dans les interstices de qqch.

intersubjectivité [ɛ̃tɛʁsybʒɛktivite] n.f. (de *subjectivité*). Communication entre deux personnes, considérée sur le plan de l'échange de contenus.

intersyndical, e, aux [ɛ̃tɛʁsɛ̃dikal, -o] adj. Qui concerne plusieurs syndicats : *Réunion intersyndicale.* ◆ **intersyndicale** n.f. Association de plusieurs sections syndicales, de plusieurs syndicats, pour des objectifs pratiques communs : *Communiqué de l'intersyndicale.*

intertextualité [ɛ̃tɛʁtɛkstɥalite] n.f. (de *textuel*). LITTER. Ensemble des relations qu'un texte, et notamm. un texte littéraire, entretient avec un autre ou avec d'autres, tant au plan de sa création (par la citation, le plagiat, l'allusion, le pastiche, etc.) qu'au plan de sa lecture et de sa compréhension, par les rapprochements qu'opère le lecteur.

intertitre [ɛ̃tɛʁtitʁ] n.m. - **1.** Titre secondaire annonçant une partie ou un paragraphe d'un article. - **2.** CIN. Plan ne comportant que du texte, intercalé au montage à l'intérieur d'une scène : *Les intertitres indiquaient le dialogue dans le cinéma muet.*

intertrigo [ɛ̃tɛʁtʁigo] n.m. (mot lat., de *terere* "frotter"). MÉD. Dermatose siégeant dans les plis de la peau.

intertropical, e, aux [ɛ̃tɛʁtʁɔpikal, -o] adj. Qui se trouve entre les tropiques : *Zone intertropicale.*

interurbain, e [ɛ̃tɛʁyʁbɛ̃, -ɛn] adj. Établi entre des villes différentes : *Appel interurbain.* ◆ **interurbain** n.m. VIEILLI. Téléphone interurbain. (Abrév. fam. *inter.*)

intervalle [ɛ̃tɛʁval] n.m. (lat. *intervallum* "espace entre deux palissades"). - **1.** Espace plus ou moins large entre deux corps ; distance d'un point à un autre : *Intervalle entre deux murs* (syn. espace, distance). - **2.** Espace de temps entre deux instants, deux périodes : *Les intervalles entre deux tirs* (syn. pause, répit). - **3.** MUS. Distance qui sépare deux sons (seconde, tierce, quarte, etc.). - **4.** PHYS. Rapport des fréquences de deux sons. - **5.** MATH. Ensemble des nombres x compris entre deux nombres a et b. - **6.** Par intervalles, de temps à autre. - **7.** MATH. Intervalle fermé **[a, b]**, ensemble des nombres x tels que $a \leqslant x \leqslant b$. ‖ Intervalle ouvert **]a, b[**, ensemble des nombres x tels que $a < x < b$. ‖ Intervalle semi-ouvert (ou semi-fermé), ensemble des nombres x tels que $a \leqslant x < b$ ou $a < x \leqslant b$.

intervenant, e [ɛ̃tɛʁvənɑ̃, -ɑ̃t] adj. et n. Qui intervient dans un procès, dans une discussion, dans un processus économique, etc. : *Les intervenants à un congrès.*

intervenir [ɛ̃tɛʁvəniʁ] v.i. (lat. *intervenire*) [conj. 40 ; auxil. *être*]. - **1.** Prendre part volontairement à une action pour en modifier le cours : *Intervenir dans une négociation* (syn. s'entremettre). - **2.** Prendre la parole pour donner son avis : *Il est intervenu dans la conversation* (syn. s'immiscer). - **3.** Procéder à une intervention chirurgicale (syn. opérer). - **4.** Se produire, avoir lieu : *Un événement est intervenu* (syn. advenir). - **5.** MIL. Engager des forces militaires : *Les Casques bleus sont intervenus.*

intervention [ɛ̃tɛʁvɑ̃sjɔ̃] n.f. (de *intervenir*, d'apr. le lat. juridique *interventio*). - **1.** Action d'intervenir dans une situation quelconque, un débat, une action, etc. : *Son intervention a été relatée dans la presse* (= ce qu'il a dit). *L'intervention du gouvernement pour maintenir les prix* (syn. action). *Je compte sur votre intervention en ma faveur* (syn. intercession). - **2.** Acte opératoire ; opération chirurgicale : *Subir une intervention.* - **3.** DR. INTERN. Action d'un État ou d'un groupe d'États s'ingérant dans la sphère de compétence d'un autre État : *Intervention dans la politique économique d'un autre pays* (syn. immixtion, ingérence).

interventionnisme [ɛ̃tɛʁvɑ̃sjɔnism] n.m. - **1.** Doctrine préconisant l'intervention de l'État dans les affaires économiques. - **2.** Doctrine préconisant l'intervention d'un État dans un conflit entre d'autres États. ◆ **interventionniste** adj. et n. Favorable à l'interventionnisme.

interversion [ɛ̃tɛʁvɛʁsjɔ̃] n.f. (bas lat. *interversio*). Modification, renversement de l'ordre habituel ou naturel : *Interversion des lettres dans un mot* (syn. inversion).

intervertébral, e, aux [ɛ̃tɛʁveʁtebʁal, -o] adj. Placé entre deux vertèbres : *Disque intervertébral*.

intervertir [ɛ̃tɛʁveʁtiʁ] v.t. (lat. *intervertere*, de *vertere* "tourner") [conj. 32]. Modifier, renverser l'ordre naturel ou habituel des choses : *Intervertir les mots d'une phrase* (syn. inverser, permuter). *Tu intervertis les rôles.*

interview [ɛ̃tɛʁvju] n.f. ou n.m. (mot angl., du fr. *entrevue*). Entretien avec une personne pour l'interroger sur ses actes, ses idées, ses projets, afin d'en publier ou d'en diffuser le contenu, ou de l'utiliser aux fins d'analyse dans le cadre d'une enquête d'opinion : *Solliciter, accorder une interview.*

interviewer [ɛ̃tɛʁvjuve] v.t. Soumettre à une interview : *Interviewer une artiste.*

intervieweur, euse [ɛ̃tɛʁvjuvœʁ, -øz] n. Personne qui interviewe qqn.

intervocalique [ɛ̃tɛʁvɔkalik] adj. Situé entre deux voyelles : *Consonne intervocalique.*

intestat [ɛ̃tɛsta] adj. inv. et n. (lat. *intestatus*, de *testari* "tester"). Qui n'a pas fait de testament : *Mourir intestat.*

1. intestin, e [ɛ̃tɛstɛ̃, -in] adj. (lat. *intestinus* "intérieur"). LITT. Qui se passe entre des adversaires appartenant à la même communauté : *Luttes intestines* (syn. intérieur).

2. intestin [ɛ̃tɛstɛ̃] n.m. (lat. *intestina*, de *intestinus* "intérieur"). Viscère abdominal creux allant de l'estomac à l'anus, divisé en deux parties, l'*intestin grêle* et le *gros intestin* qui lui fait suite.

intestinal, e, aux [ɛ̃tɛstinal, -o] adj. - **1.** Qui concerne les intestins : *Occlusion intestinale.* - **2.** Suc intestinal, suc digestif sécrété par les glandes du duodénum et du jéjunum, contenant des enzymes qui agissent sur les aliments.

intime [ɛ̃tim] adj. (lat. *intimus*, superlatif de *interior* "intérieur"). - **1.** LITT. Qui est au plus profond d'une chose, d'une personne, qui constitue l'essence d'un être, d'une chose : *Connaître la nature intime de qqn. Conviction intime* (syn. profond). - **2.** Qui appartient à ce qu'il y a de tout à fait privé : *Sa vie intime ne nous regarde pas* (syn. personnel, privé). *Un journal intime.* - **3.** Qui se passe entre des personnes étroitement liées : *Dîner intime. Cérémonie intime. Ambiance intime* (syn. ami-

cal). - **4.** Toilette intime, toilette des organes génitaux. ◆ adj. et n. Avec qui on est étroitement lié : *Amie intime. Un dîner entre intimes* (syn. familier).

intimement [ɛ̃timɑ̃] adv. De façon intime : *Intimement persuadé* (syn. profondément). *Connaître qqn intimement.*

intimer [ɛ̃time] v.t. (bas lat. *intimare* "faire connaître"). - **1.** Signifier, déclarer avec autorité : *Intimer un ordre* (syn. enjoindre, notifier). - **2.** DR. Assigner en appel.

intimidable [ɛ̃timidabl] adj. Que l'on peut intimider (syn. impressionnable).

intimidant, e [ɛ̃timidɑ̃, -ɑ̃t] adj. Qui intimide : *Un silence intimidant.*

intimidateur, trice [ɛ̃timidatœʁ, -tʁis] adj. Propre à intimider : *Manœuvres intimidatrices.*

intimidation [ɛ̃timidasjɔ̃] n.f. Action d'intimider : *Agir par intimidation* (syn. menace, pression).

intimider [ɛ̃timide] v.t. (lat. médiév. *intimidare*, du class. *timidus* ; v. *timide*). - **1.** Remplir de gêne, de timidité ; faire perdre son assurance à : *La solennité de l'endroit l'intimidait terriblement* (syn. impressionner). - **2.** Inspirer de la crainte, de la peur à qqn pour faire pression sur lui : *Chercher à intimider la partie adverse* (syn. inquiéter).

intimisme [ɛ̃timism] n.m. Style, manière intimiste.

intimiste [ɛ̃timist] adj. Se dit d'une œuvre artistique, d'un style, d'un auteur qui représentent des scènes de caractère intime ou familier, qui expriment des sentiments intimes ou secrets : *Peinture, chronique intimiste.* ◆ n. Peintre intimiste : *Les intimistes de l'école hollandaise du XVIIe s.*

intimité [ɛ̃timite] n.f. - **1.** LITT. Caractère de ce qui est intime : *Dans l'intimité de sa conscience* (syn. tréfonds). *L'intimité de leurs rapports* (syn. familiarité). - **2.** Vie privée : *Dans l'intimité, c'est un homme charmant* (= en privé). *Vivre dans l'intimité de qqn* (= en étroites relations avec lui).

intitulé [ɛ̃tityle] n.m. (de *intituler*). Titre d'un livre, d'un chapitre, d'une loi, d'un jugement, etc.

intituler [ɛ̃tityle] v.t. (bas lat. *intitulare*, de *titulus* "inscription"). Désigner par un titre : *Il intitula son recueil de vers « Lointains ».* ◆ **s'intituler** v.pr. Avoir pour titre : *Le livre s'intitule « Histoires anecdotiques »* (syn. s'appeler).

intolérable [ɛ̃tɔleʁabl] adj. - **1.** Qu'on ne peut pas tolérer, supporter : *Une douleur intolérable* (syn. insupportable). - **2.** Qu'on ne peut pas admettre, accepter : *Une conduite intolérable* (syn. inadmissible, inacceptable).

intolérance [ɛ̃tɔleʀɑ̃s] n.f. (de *tolérance*). - **1.** Attitude hostile ou agressive à l'égard de ceux dont on ne partage pas les opinions, les croyances : *Intolérance religieuse* (syn. fanatisme, sectarisme). - **2.** MÉD. Impossibilité, pour un organisme, de supporter certains médicaments ou certains aliments : *Intolérance aux antibiotiques* (syn. allergie).

intolérant, e [ɛ̃tɔleʀɑ̃, -ɑ̃t] adj. et n. Qui fait preuve d'intolérance : *Un professeur intolérant* (syn. intransigeant). *Des idées intolérantes* (syn. fanatique, sectaire).

intonation [ɛ̃tɔnasjɔ̃] n.f. (lat. *intonare* "tonner"). - **1.** Mouvement mélodique de la voix, caractérisé par des variations de hauteur : *L'intonation montante de la phrase interrogative. Prendre une intonation tendre* (syn. ton, inflexion). - **2.** MUS. Façon d'attaquer un son vocal permettant une émission juste.

intouchable [ɛ̃tuʃabl] adj. - **1.** Qui ne peut être touché ; qu'on ne doit pas toucher : *Objet sacré et intouchable* (syn. tabou). - **2.** Que l'on ne peut toucher, joindre, contacter (syn. injoignable). - **3.** Qu'on ne peut toucher, percevoir, encaisser : *Un chèque intouchable.*
◆ adj. et n. - **1.** Qui ne peut être l'objet d'aucune critique, d'aucune sanction ; sacro-saint : *Un ministre incapable, mais intouchable.* - **2.** En Inde, membre des castes les plus basses ; hors caste, paria.

intoxicant, e [ɛ̃tɔksikɑ̃, -ɑ̃t] adj. Qui produit une intoxication : *Gaz intoxicant.*

intoxication [ɛ̃tɔksikasjɔ̃] n.f. (lat. médiév. *intoxicatio* ; v. *intoxiquer*). - **1.** Introduction ou accumulation spontanée d'une substance toxique, d'un poison dans l'organisme : *Intoxication alimentaire* (syn. empoisonnement). - **2.** Effet lent et insidieux sur l'esprit de certaines influences, qui émoussent le sens critique ou le sens moral : *L'intoxication des esprits par la publicité* (abrév. fam. intox).

intoxiqué, e [ɛ̃tɔksike] adj. et n. Qui a l'habitude d'absorber certaines substances toxiques : *Être intoxiqué par le tabac. C'est un intoxiqué* (syn. drogué, toxicomane).

intoxiquer [ɛ̃tɔksike] v.t. (lat. médiév. *intoxicare*, du class. *toxicum* ; v. *toxique*). - **1.** Empoisonner, imprégner de substances toxiques : *Il a été intoxiqué par les champignons vénéneux* (syn. empoisonner). - **2.** Influencer en faisant perdre tout sens critique : *Propagande qui intoxique les esprits.*

intra-, préfixe, du lat. *intra* "à l'intérieur", indiquant une situation interne *(intramusculaire).*

intracellulaire [ɛ̃tʀaselylɛʀ] adj. Qui se trouve ou se produit à l'intérieur de la cellule vivante.

intradermique [ɛ̃tʀadɛʀmik] adj. Qui est situé ou qui est pratiqué dans l'épaisseur du derme : *Injection intradermique.*

intradermo-réaction [ɛ̃tʀadɛʀmɔʀeaksjɔ̃] n.f. (pl. *intradermo-réactions*). Injection intradermique d'une substance pour laquelle on veut étudier la sensibilité de l'organisme (abrév. *intradermo*).

intrados [ɛ̃tʀado] n.m. - **1.** ARCHIT. Surface intérieure ou inférieure d'un arc, d'une voûte (par opp. à *extrados*). - **2.** Face inférieure d'une aile d'avion (par opp. à *extrados*).

intraduisible [ɛ̃tʀaduizibl] adj. Qu'on ne peut traduire : *Jeu de mots intraduisible.*

intraitable [ɛ̃tʀɛtabl] adj. (lat. *intractabilis*). Qui n'accepte aucun compromis : *Il est intraitable sur ce point* (syn. inébranlable, inflexible).

intra-muros [ɛ̃tʀamyʀos] adv. et adj. inv. (mots lat. "en dedans des murs"). Dans l'enceinte des fortifications, dans l'intérieur de la ville (par opp. à *extra-muros*) : *Habiter intra-muros.*

intramusculaire [ɛ̃tʀamyskylɛʀ] adj. Qui est ou qui se fait à l'intérieur d'un muscle : *Injection intramusculaire.* (On dit aussi *une intramusculaire.*)

intransigeance [ɛ̃tʀɑ̃ziʒɑ̃s] n.f. Caractère intransigeant : *L'intransigeance de la jeunesse* (contr. souplesse).

intransigeant, e [ɛ̃tʀɑ̃ziʒɑ̃, -ɑ̃t] adj. et n. (esp. *intransigente*, du lat. *transigere* "transiger"). Qui ne fait aucune concession, qui n'admet aucun compromis : *Être intransigeant sur les principes* (syn. intraitable, inflexible). *Une honnêteté intransigeante* (syn. implacable).

intransitif, ive [ɛ̃tʀɑ̃zitif, -iv] adj. et n.m. GRAMM. Se dit des verbes qui n'admettent pas de complément d'objet, comme *paraître, devenir, dîner, dormir*, etc.

intransitivement [ɛ̃tʀɑ̃zitivmɑ̃] adv. GRAMM. À la façon d'un verbe intransitif : *Verbe transitif employé intransitivement.*

intransmissibilité [ɛ̃tʀɑ̃smisibilite] n.f. Caractère de ce qui est intransmissible : *L'intransmissibilité du talent.*

intransmissible [ɛ̃tʀɑ̃smisibl] adj. Qui ne peut se transmettre : *Parts de société intransmissibles* (syn. incessible).

intransportable [ɛ̃tʀɑ̃spɔʀtabl] adj. Que l'on ne peut transporter : *Blessé intransportable.*

intra-utérin, e [ɛ̃tʀayteʀɛ̃, -in] adj. (pl. *intra-utérins, es*). Qui est situé ou qui a lieu à l'intérieur de l'utérus : *Vie intra-utérine.*

intraveineux, euse [ɛ̃tʀavenø, -øz] adj. Qui est ou qui se fait à l'intérieur d'une veine : *Une injection intraveineuse.* (On dit aussi *une intraveineuse.*)

intrépide [ɛ̃tʀepid] adj. et n. (lat. *intrepidus*, de *trepidus* "tremblant"). Qui ne craint pas le danger et l'affronte volontiers : *Un navigateur intrépide* (syn. audacieux, hardi).

intrépidement [ɛ̃tRepidmɑ̃] adv. Avec intrépidité : *Il s'est lancé intrépidement dans la mêlée* (syn. audacieusement).

intrépidité [ɛ̃tRepidite] n.f. Caractère d'une personne intrépide : *Se lancer avec intrépidité dans une entreprise périlleuse* (syn. audace, hardiesse).

intrication [ɛ̃tRikasjɔ̃] n.f. (lat. *intricatio*, de *intricare* "embrouiller"). État de ce qui est intriqué, emmêlé : *L'intrication des branches, des racines* (syn. enchevêtrement). *L'intrication des événements* (syn. interpénétration).

intrigant, e [ɛ̃tRigɑ̃, -ɑ̃t] adj. et n. Qui recourt à l'intrigue pour parvenir à ses fins (syn. arriviste, aventurier).

intrigue [ɛ̃tRig] n.f. (it. *intrigo*, du lat. *intricare* "embrouiller"). **- 1.** Machination secrète ou déloyale qu'on emploie pour obtenir quelque avantage ou pour nuire à qqn : *Déjouer une intrigue* (syn. complot). *Les intrigues parlementaires* (syn. menées). **- 2.** VIEILLI. Liaison amoureuse passagère : *Nouer une intrigue avec qqn.* **- 3.** Enchaînement de faits et d'actions formant la trame d'une pièce de théâtre, d'un roman, d'un film : *Suivre avec passion les rebondissements de l'intrigue* (syn. action).

intriguer [ɛ̃tRige] v.t. (it. *intrigare*, du lat. *intricare* "embrouiller"). Exciter vivement la curiosité de : *Sa conduite m'intrigue.* ◆ v.i. Se livrer à des intrigues : *Intriguer pour obtenir une place* (syn. manœuvrer).

intrinsèque [ɛ̃tRɛ̃sɛk] adj. (lat. scolast. *intrinsecus* "au-dedans"). Qui appartient à l'objet lui-même, indépendamment des facteurs extérieurs (par opp. à *extrinsèque*) : *Les inconvénients et les difficultés intrinsèques de l'entreprise* (syn. inhérent à). *Reconnaître la valeur intrinsèque d'une œuvre.*

intrinsèquement [ɛ̃tRɛ̃sɛkmɑ̃] adv. De façon intrinsèque, en soi.

intriquer [ɛ̃tRike] v.t. (lat. *intricare*). [Souvent au pass.]. Rendre complexe, entremêler : *Des événements intriqués les uns dans les autres* (syn. enchevêtrer). ◆ **s'intriquer** v.pr. Se mêler, se confondre.

introducteur, trice [ɛ̃tRɔdyktœR, -tRis] n. **- 1.** Personne qui introduit : *Il a été mon introducteur auprès du ministre.* **- 2.** Personne qui introduit quelque part une idée, un usage, une chose nouvelle : *Parmentier fut l'introducteur de la pomme de terre en France.*

introductif, ive [ɛ̃tRɔdyktif, -iv] adj. **- 1.** Qui sert à introduire une question : *Exposé introductif* (syn. préalable). **- 2.** DR. Qui sert de commencement à une procédure : *Requête introductive d'instance.*

introduction [ɛ̃tRɔdyksjɔ̃] n.f. **- 1.** Action d'introduire : *L'introduction de produits étrangers sur le marché français* (syn. importation).

L'introduction d'idées subversives (syn. pénétration). **- 2.** Texte explicatif en tête d'un ouvrage ; entrée en matière d'un exposé, d'un discours : *L'introduction expose la conception de l'ouvrage et en donne le plan* (syn. préface, avant-propos). **- 3.** Ce qui introduit à la connaissance d'une étude ; ouvrage d'initiation à une science : *Introduction aux mathématiques modernes* (syn. initiation). **- 4.** Lettre d'introduction, lettre qui facilite l'accès auprès d'une personne l'accès auprès d'une autre.

introduire [ɛ̃tRɔdyiR] v.t. (lat. *introducere*, francisé d'apr. *conduire*) [conj. 98]. **- 1.** Faire entrer qqn, qqch dans un endroit déterminé : *Introduire un visiteur au salon* (syn. conduire, mener). *Introduire des marchandises en fraude* (syn. importer). **- 2.** Faire entrer, pénétrer une chose dans une autre : *Introduire la clé dans la serrure* (syn. engager, enfoncer). **- 3.** Faire adopter par l'usage : *Introduire une nouvelle mode* (syn. implanter). **- 4.** Faire admettre dans une société : *Introduire un ami dans la famille* (syn. présenter). *Introduire qqn dans un club* (syn. parrainer). *Se faire introduire auprès de qqn.* ◆ **s'introduire** v.pr. Entrer, pénétrer : *Voleurs qui s'introduisent dans une maison.*

introït [ɛ̃tRɔit] n.m. (lat. *introitus* "entrée"). RELIG. CHRÉT. Prière, chant d'entrée de la messe romaine.

intromission [ɛ̃tRɔmisjɔ̃] n.f. (du lat. *intromittere* "mettre dedans"). Introduction d'un corps ou d'un organe dans un autre ; introduction du pénis dans le vagin.

intronisation [ɛ̃tRɔnizasjɔ̃] n.f. Action d'introniser.

introniser [ɛ̃tRɔnize] v.t. (lat. ecclés. *inthronizare*, du gr. *thronos* "trône"). **- 1.** Installer solennellement dans ses fonctions : *Introniser un empereur, un évêque, un pape* (syn. couronner, sacrer, investir). **- 2.** Établir d'une manière officielle et souveraine : *Introniser une mode* (syn. instaurer).

introspectif, ive [ɛ̃tRɔspɛktif, -iv] adj. Fondé sur l'introspection ; relatif à l'introspection : *Psychologie introspective.*

introspection [ɛ̃tRɔspɛksjɔ̃] n.f. (mot angl., du lat. *introspicere* "regarder dans"). Observation méthodique, par le sujet lui-même, de ses états de conscience et de sa vie intérieure, en psychologie.

introuvable [ɛ̃tRuvabl] adj. Que l'on ne peut pas trouver : *Objet introuvable. Solution introuvable.*

introversion [ɛ̃tRɔvɛRsjɔ̃] n.f. (mot all., du lat. *introversus* "vers l'intérieur"). PSYCHOL. Attitude d'une personne qui est surtout attentive à son moi, à sa vie intérieure, à ses émotions, et qui a tendance à se détourner du monde extérieur et du milieu ambiant (par opp. à *extraversion*).

introverti, e [ɛ̃tʀɔvɛʀti] adj. et n. Qui est porté à l'introversion, replié sur soi-même (par opp. à *extraverti*).

intrus, e [ɛ̃tʀy, -yz] adj. et n. (lat. médiév. *intrusus*, de *intrudere*, du class. *introtrudere* "introduire sans droit"). Qui s'introduit quelque part sans avoir qualité pour y être admis, sans y avoir été invité : *Être considéré comme un intrus* (syn. indésirable).

intrusion [ɛ̃tʀyzjɔ̃] n.f. (lat. médiév. *intrusio*, de *intrusus* ; v. *intrus*). - **1.** Action de s'introduire sans y être invité, dans un lieu, dans une société, un groupe ; arrivée, intervention soudaine et intempestive : *Vouloir se protéger contre l'intrusion de visiteurs importuns*. - **2.** Action d'intervenir dans un domaine où l'on n'a aucun titre à le faire : *L'intrusion d'un État dans les affaires intérieures de ses voisins* (syn. immixtion, ingérence). - **3.** GÉOL. Mise en place d'un magma dans les formations préexistantes.

intubation [ɛ̃tybasjɔ̃] n.f. (mot angl., de *tube*). MÉD. Introduction, dans la trachée, d'un tube semi-rigide pour isoler les voies respiratoires des voies digestives et permettre la respiration artificielle en réanimation ou en anesthésie générale.

intuber [ɛ̃tybe] v.t. MÉD. Pratiquer une intubation sur un patient : *Intuber un asthmatique*.

intuitif, ive [ɛ̃tɥitif, -iv] adj. Que l'on a par intuition ; qui procède de l'intuition : *Avoir une réaction intuitive. Les philosophes opposent la connaissance intuitive à la connaissance discursive.* ◆ adj. et n. Doué d'intuition : *C'est un intuitif.*

intuition [ɛ̃tɥisjɔ̃] n.f. (lat. scolast. *intuitio*, de *intueri* "regarder attentivement"). - **1.** Saisie immédiate de la vérité sans l'aide du raisonnement : *Comprendre par intuition*. - **2.** Faculté de prévoir, de deviner : *Avoir l'intuition d'un danger* (syn. pressentiment). *Avoir de l'intuition* (= du flair).

intuitivement [ɛ̃tɥitivmɑ̃] adv. Par intuition.

intumescence [ɛ̃tymesɑ̃s] n.f. (du lat. *intumescere* "gonfler"). DIDACT. Gonflement : *L'intumescence de la rate.*

intumescent, e [ɛ̃tymesɑ̃, -ɑ̃t] adj. DIDACT. Qui commence à enfler.

inuit [inɥit] adj. inv. Relatif aux Inuit ou Esquimaux.

inusable [inyzabl] adj. Qui ne peut s'user : *Tissu inusable* (syn. inaltérable, indestructible).

inusité, e [inyzite] adj. Qui n'est pas usité : *Terme inusité.*

in utero [inytero] loc. adv. et adj. inv. (mots lat. "dans l'utérus"). Qui se produit à l'inté-

rieur de l'utérus, en partic. en parlant des phénomènes physiologiques et pathologiques qui affectent l'embryon et le fœtus : *Infection in utero.*

inutile [inytil] adj. Qui ne sert à rien : *Objet inutile* (syn. superflu ; contr. indispensable). *Paroles inutiles* (syn. vain, oiseux). *C'est inutile d'insister* (= ce n'est pas la peine). ◆ n. Personne qui n'a aucune fonction sociale (syn. parasite).

inutilement [inytilmɑ̃] adv. De façon inutile.

inutilisable [inytilizabl] adj. Impossible à utiliser.

inutilisé, e [inytilize] adj. Qu'on n'utilise pas : *Des ressources inutilisées.*

inutilité [inytilite] n.f. Caractère de ce qui est inutile : *L'inutilité d'un remède* (syn. inefficacité).

invagination [ɛ̃vaʒinasjɔ̃] n.f. (du lat. *vagina* "gaine"). MÉD. Repliement d'un organe creux sur lui-même, comme un doigt de gant retourné : *Invagination intestinale.*

invaincu, e [ɛ̃vɛ̃ky] adj. Qui n'a jamais été vaincu : *L'équipe reste invaincue depuis le début du championnat.*

invalidant, e [ɛ̃validɑ̃, -ɑ̃t] adj. (de *invalider*). Qui constitue une gêne importante, une entrave à l'activité habituelle : *Maladie, handicap invalidants.*

invalidation [ɛ̃validasjɔ̃] n.f. Action d'invalider ; décision par laquelle une assemblée annule l'élection d'un de ses membres (syn. annulation).

invalide [ɛ̃valid] adj. et n. (lat. *invalidus* "faible"). Infirme, qui n'est pas en état d'avoir une vie active : *Il est invalide depuis son accident* (syn. handicapé). *Les invalides de guerre* (syn. blessé, mutilé). ◆ adj. DR. Qui n'est pas valable ; qui est légalement nul.

invalider [ɛ̃valide] v.t. (de *invalide*). Déclarer nul ou non valable : *Invalider une élection* (syn. annuler, casser).

invalidité [ɛ̃validite] n.f. - **1.** État d'une personne invalide ; diminution du potentiel physique : *Invalidité consécutive à un accident* (syn. infirmité). *Évaluer le degré d'invalidité de qqn* (syn. incapacité). - **2.** DR. Manque de validité qui entraîne la nullité.

Invar [ɛ̃vaʀ] n.m. (nom déposé, de *invariable*). Alliage fer à 36 % de nickel, caractérisé par un coefficient de dilatation négligeable.

invariabilité [ɛ̃vaʀjabilite] n.f. État, caractère de ce qui est invariable : *Invariabilité d'un principe* (syn. pérennité).

invariable [ɛ̃vaʀjabl] adj. - **1.** Qui ne change pas : *L'ordre invariable des saisons* (syn. immuable, régulier). - **2.** GRAMM. Se dit d'un mot qui ne subit aucune modification morphologique : *Les adverbes sont invariables.*

invariablement [ɛ̃vaʀjabləmã] adv. De façon invariable : *Il est invariablement en retard* (syn. toujours).

invariance [ɛ̃vaʀjɑ̃s] n.f. **- 1.** MATH. Caractère de ce qui est invariant. **- 2.** PHYS. Propriété de certaines grandeurs physiques qui sont régies par des lois de conservation.

invariant, e [ɛ̃vaʀjɑ̃, -ɑ̃t] adj. (mot angl., de *varier*). **- 1.** MATH. Se dit d'un point, d'une figure qui est sa propre image dans une transformation ponctuelle. **- 2.** CHIM., PHYS. Système invariant, système en équilibre dont la variance est nulle. ◆ **invariant** n.m. **- 1.** Ce qui ne varie pas, ce qui est constant : *Un invariant économique.* **- 2.** MATH. Point, figure globalement invariants.

invasif, ive [ɛ̃vazif, -iv] adj. (de *invasion*). MÉD. **- 1.** Se dit du caractère d'une tumeur qui s'étend et envahit les tissus voisins. **- 2.** Se dit d'une méthode d'exploration ou de soins nécessitant une lésion de l'organisme.

invasion [ɛ̃vazjɔ̃] n.f. (bas lat. *invasio*, de *invadere* "envahir"). **- 1.** Action d'envahir un pays avec des forces armées : *Les grandes invasions du Ve s.* **- 2.** Arrivée massive d'animaux nuisibles : *Invasion de sauterelles* (syn. déferlement). **- 3.** Irruption de personnes ou de choses qui arrivent quelque part en grand nombre : *Invasion de touristes* (syn. envahissement). **- 4.** Diffusion soudaine et massive d'objets, d'idées, de comportements, etc., jugés négatifs : *L'invasion en français des mots d'origine anglo-saxonne* (syn. propagation). **- 5.** MÉD. Période d'invasion, période de début des maladies infectieuses correspondant à l'apparition des premiers signes cliniques.

invective [ɛ̃vɛktiv] n.f. (bas lat. *invectivae* [*orationes*] "[discours] agressifs", de *invehi* "s'emporter"). SOUT. Parole violente et injurieuse : *Proférer des invectives contre qqn* (syn. insulte).

invectiver [ɛ̃vɛktive] v.t. et v.t. ind. **[contre]** (de *invective*). Dire, lancer des invectives : *Invectiver contre qqn, qqch* (syn. crier, fulminer). *Invectiver qqn* (syn. insulter, injurier).

invendable [ɛ̃vãdabl] adj. Qu'on ne peut vendre : *Ce produit est invendable. Ce qui constitue notre patrimoine national est invendable* (syn. inaliénable, incessible).

invendu, e [ɛ̃vãdy] adj. et n.m. Qui n'a pas été vendu : *Liquider les invendus.*

inventaire [ɛ̃vãtɛʀ] n.m. (lat. juridique *inventarium*, de *invenire* "trouver"). **- 1.** État, description et estimation des biens appartenant à qqn, à une collectivité : *Faire l'inventaire d'une succession.* **- 2.** État détaillé et estimatif des biens et droits que possède une entreprise, pour constater les profits ou les pertes : *Le commerçant fait un inventaire en fin*

d'année (syn. bilan). **- 3.** Revue détaillée, minutieuse d'un ensemble : *Procéder à l'inventaire des ressources touristiques d'une région* (syn. dénombrement, recensement).

inventer [ɛ̃vãte] v.t. (de *inventeur*). **- 1.** Créer le premier, en faisant preuve d'ingéniosité, ce qui n'existait pas encore et dont personne n'avait eu l'idée : *Gutenberg inventa l'imprimerie* (syn. concevoir). **- 2.** Concevoir à des fins déterminées : *Il invente toujours quelque chose pour taquiner sa sœur* (syn. imaginer, trouver). **- 3.** Créer de toutes pièces, tirer de son imagination ce que l'on fait passer pour réel ou vrai : *Inventer une histoire, une excuse* (syn. forger, fabriquer).

inventeur, trice [ɛ̃vãtœʀ, -tʀis] n. (lat. *inventor*, de *invenire* "trouver"). **- 1.** Personne qui invente : *L'inventeur du moteur à explosion* (syn. père). *Il invente de génie* (syn. créateur). **- 2.** DR. Celui qui découvre, retrouve un objet caché ou perdu, un trésor (syn. découvreur).

inventif, ive [ɛ̃vãtif, -iv] adj. Qui a le génie, le talent d'inventer : *Esprit inventif* (syn. ingénieux).

invention [ɛ̃vãsjɔ̃] n.f. (lat. *inventio*, de *invenire* "trouver"). **- 1.** Action d'inventer, de créer qqch de nouveau : *L'invention du téléphone* (syn. conception, création). **- 2.** Chose inventée, imaginée : *Les grandes inventions* (syn. découverte). **- 3.** Faculté d'inventer ; don d'imagination : *Avoir l'esprit d'invention. Être à court d'invention* (syn. inspiration). **- 4.** Mensonge imaginé pour tromper : *C'est une pure invention, je n'ai jamais dit cela !* (syn. fable, histoire). **- 5.** MUS. Courte composition musicale de style contrapuntique, pour instruments à clavier : *Les « Inventions » de Bach.* **- 6.** DR. Découverte de choses cachées ; objet ainsi découvert : *L'invention d'un trésor.*

inventivité [ɛ̃vãtivite] n.f. Qualité d'une personne inventive : *Faire preuve d'inventivité* (syn. créativité, fertilité).

inventorier [ɛ̃vãtɔʀje] v.t. (de l'anc. fr. *inventoire* "registre, description") [conj. 9]. Faire l'inventaire de : *Inventorier des marchandises. Inventorier le contenu d'un meuble* (syn. ordonner, trier).

invérifiable [ɛ̃veʀifjabl] adj. Qui ne peut être vérifié : *Hypothèse invérifiable* (syn. improuvable, indémontrable).

inverse [ɛ̃vɛʀs] adj. (lat. *inversus*, de *invertere* "retourner"). **- 1.** Opposé exactement à la direction, à la fonction actuelles ou habituelles : *Sens, ordre inverse* (syn. contraire). *Faire l'opération inverse de celle qu'on avait prévue* (syn. opposé). **- 2.** En raison inverse, se dit d'une comparaison entre objets qui varient en proportion inverse l'un de l'autre.

Figures inverses, figures transformées l'une de l'autre par inversion. ‖ MATH. **Nombres inverses** l'un de l'autre, nombres dont le produit est égal à l'unité. ◆ n.m. -**1.** Contraire : *Faire l'inverse de ce qui est commandé. À l'inverse de sa sœur, elle aime la lecture* (= contrairement à). -**2.** MATH. Élément ou nombre inverse d'un autre. ◆ n.f. MATH. Figure, application, fonction inverse d'une autre.

inversement [ɛ̃vɛʀsəmɑ̃] adv. D'une manière inverse : *Vous pouvez l'aider et, inversement, il peut nous renseigner* (syn. réciproquement, vice versa).

inverser [ɛ̃vɛʀse] v.t. (de *inverse*). -**1.** Renverser la direction, la position relative de : *Inverser les propositions dans une phrase* (syn. permuter). *Inverser les rôles* (syn. intervertir). -**2.** Changer le sens d'un courant électrique.

inverseur [ɛ̃vɛʀsœʀ] n.m. Appareil pour inverser un courant électrique, le sens de marche d'un ensemble mécanique.

inversible [ɛ̃vɛʀsibl] adj. -**1.** MATH. Se dit d'un élément d'un ensemble muni d'une loi de composition interne, admettant un inverse. -**2.** PHOT. Film inversible, film dont le développement par inversion donne une image positive. (On dit aussi *un inversible*.)

inversion [ɛ̃vɛʀsjɔ̃] n.f. (lat. *inversio*, de *invertere* "retourner"). -**1.** Action d'inverser, fait de s'inverser : *Inversion des rôles*. -**2.** LING. Construction par laquelle on donne aux mots un ordre autre que l'ordre normal ou habituel : *L'inversion du sujet dans l'interrogation directe*. -**3.** PATHOL. Retournement d'un organe creux : *Inversion de l'utérus après un accouchement*. -**4.** CHIM. Transformation du saccharose en glucose et en lévulose par hydrolyse. -**5.** MATH. Transformation ponctuelle qui, à tout point M (différent d'un point O appelé *pôle*), associe le point M' de la droite OM tel que le produit $\overline{OM} \times \overline{OM'}$ soit égal à une constante k (appelée *puissance*). -**6.** PHOT. Suite d'opérations permettant d'obtenir directement une image positive sur la couche sensible employée à la prise de vue.

invertébré, e [ɛ̃vɛʀtebʀe] adj. et n.m. Se dit des animaux pluricellulaires sans colonne vertébrale (par opp. à *vertébré*).

inverti, e [ɛ̃vɛʀti] n. (p. passé de *invertir*). VIEILLI. Personne homosexuelle.

invertir [ɛ̃vɛʀtiʀ] v.t. (lat. *invertere* "retourner") [conj. 32]. -**1.** Renverser symétriquement : *Les miroirs invertissent l'image*. -**2.** CHIM. Transformer le saccharose par inversion.

investigateur, trice [ɛ̃vɛstigatœʀ, -tʀis] adj. et n. Qui examine avec soin, qui fait des investigations, des recherches suivies, minu-

tieuses : *Regard investigateur* (syn. curieux, inquisiteur). *Un investigateur scrupuleux* (syn. chercheur, enquêteur).

investigation [ɛ̃vɛstigasjɔ̃] n.f. (lat. *investigatio*, de *investigare* "chercher, suivre à la trace", de *vestigium* "trace"). Recherche attentive et suivie : *La police poursuit ses investigations* (= son enquête).

investiguer [ɛ̃vɛstige] v.i. (de *investigation*). Procéder à des investigations.

1. investir [ɛ̃vɛstiʀ] v.t. (lat. *investire*, de *vestire* "habiller, entourer") [conj. 32]. -**1.** Charger solennellement, officiellement, d'un pouvoir, d'un droit, d'une dignité ; conférer l'investiture à : *On l'a investi de tous les pouvoirs* (syn. doter). *Investir le président de la République*. -**2.** MIL. Encercler (une ville, une position militaire) pour couper les communications avec l'extérieur (syn. assiéger, bloquer). ◆ v.i. ou **s'investir** v.pr. Mettre toute son énergie dans une activité, un objet ; attacher des valeurs affectives à qqch : *S'investir dans son travail*.

2. investir [ɛ̃vɛstiʀ] v.t. et v.i. (angl. *to invest*) [conj. 32]. Placer des fonds en vue d'en retirer des bénéfices : *Investir des capitaux. Investir dans l'industrie chimique.*

1. investissement [ɛ̃vɛstismɑ̃] n.m. (de *1. investir*). -**1.** Action d'entourer de troupes une ville, une position militaire (syn. blocus, encerclement). -**2.** Action d'investir, de s'investir, de mettre de soi dans qqch.

2. investissement [ɛ̃vɛstismɑ̃] n.m. (de *2. investir*, d'apr. l'angl. *investment*). Emploi de capitaux visant à accroître la production d'une entreprise ou à améliorer son rendement ; placement de fonds : *Politique d'investissement. Tu as fait là un excellent investissement* (syn. placement).

investisseur, euse [ɛ̃vɛstisœʀ, -øz] adj. et n. (de *2. investir*). Qui pratique ou un des investissements : *Organisme investisseur*.

investiture [ɛ̃vɛstityʀ] n.f. (lat. médiév. *investitura*). -**1.** Acte par lequel un parti politique désigne son ou ses candidats pour une élection. -**2.** Procédure qui tend, en régime parlementaire, à accorder à un nouveau chef de gouvernement la confiance du Parlement.

invétéré, e [ɛ̃veteʀe] adj. (lat. *inveteratus*, de *inveterare* "faire vieillir"). -**1.** Fortifié, enraciné, par le temps : *Mal invétéré* (syn. chronique). -**2.** Qui a laissé vieillir, s'enraciner en soi telle manière d'être, telle habitude : *Un buveur invétéré* (syn. impénitent).

invincibilité [ɛ̃vɛ̃sibilite] n.f. Caractère de qqn, de qqch d'invincible : *L'invincibilité d'une nation*.

invincible [ɛ̃vɛ̃sibl] adj. (bas lat. *invincibilis*, de *vincere* "vaincre"). -**1.** Qu'on ne peut vain-

cre : *Armée invincible* (syn. imbattable).
- **2.** Qu'on ne peut surmonter : *Peur invincible* (syn. insurmontable). - **3.** Qu'on ne peut réfuter : *Argument invincible* (syn. inattaquable).

invinciblement [ɛ̃vɛ̃sibləmɑ̃] adv. De façon invincible.

inviolabilité [ɛ̃vjɔlabilite] n.f. - **1.** Caractère de ce qui est inviolable. - **2.** DR. CONSTIT. Privilège de certaines personnes de ne pouvoir être poursuivies ou arrêtées : *Inviolabilité parlementaire, diplomatique* (syn. immunité).

inviolable [ɛ̃vjɔlabl] adj. (lat. *inviolabilis*). - **1.** Qu'on ne doit jamais violer, enfreindre : *Serment, droit inviolable* (syn. sacré). - **2.** Que la loi préserve de toute poursuite : *Sous l'Ancien Régime, la personne du roi était inviolable* (syn. intangible). - **3.** Où l'on ne peut pénétrer ; que l'on ne peut forcer : *Citadelle inviolable. Serrure inviolable.*

inviolé, e [ɛ̃vjɔle] adj. Qui n'a pas été violé, outragé, enfreint : *Sanctuaire inviolé. Loi inviolée.*

invisibilité [ɛ̃vizibilite] n.f. Caractère de ce qui est invisible.

invisible [ɛ̃vizibl] adj. Qui ne peut pas être vu : *Réparation invisible* (syn. indécelable). *Certaines étoiles sont invisibles à l'œil nu* (syn. imperceptible).

invitation [ɛ̃vitasjɔ̃] n.f. Action d'inviter ; fait d'être invité : *Lettre d'invitation. Sur l'invitation de qqn* (syn. appel, prière).

invite [ɛ̃vit] n.f. (de *inviter*). Ce qui invite à faire qqch ; appel indirect, adroit : *Répondre aux invites de qqn.*

invité, e [ɛ̃vite] n. Personne que l'on invite à un repas, une cérémonie, une fête, etc.

inviter [ɛ̃vite] v.t. (lat. *invitare*). - **1.** Prier qqn de venir en un lieu, d'assister, de participer à qqch : *Inviter qqn à dîner* (syn. convier). - **2.** (Absol.). Payer le repas, la consommation, etc. : *Bois, c'est Paul qui invite.* - **3.** Demander avec autorité, ordonner à qqn de faire qqch : *Inviter qqn à se taire* (syn. enjoindre). *Je vous invite à la modération* (syn. conseiller). - **4.** Engager, inciter : *Le soleil les invite à la promenade.*

in vitro [invitro] loc. adj. et loc. adv. (mots lat. "dans le verre"). Se dit de toute exploration ou expérimentation biologique qui se fait en dehors de l'organisme (dans des tubes, des éprouvettes, etc.) [par opp. à *in vivo*].

invivable [ɛ̃vivabl] adj. Impossible à vivre ; très difficile à supporter : *Une personne invivable* (syn. insupportable). *Une maison invivable* (syn. inhabitable).

in vivo [invivo] loc. adj. et loc. adv. (mots lat. "dans le vivant"). Se dit d'une réaction physiologique, biochimique, etc., qui se fait dans l'organisme (par opp. à *in vitro*).

invocateur, trice [ɛ̃vɔkatœr, -tris] n. Personne qui invoque.

invocation [ɛ̃vɔkasjɔ̃] n.f. - **1.** Action d'invoquer : *Formule d'invocation* (syn. prière). - **2.** CATH. Patronage, protection, dédicace : *Église placée sous l'invocation de la Vierge.*

invocatoire [ɛ̃vɔkatwar] adj. Qui sert à invoquer : *Formule invocatoire.*

involontaire [ɛ̃vɔlɔ̃tɛr] adj. - **1.** Qui échappe au contrôle de la volonté : *Geste involontaire* (syn. instinctif ; contr. délibéré). - **2.** Qui agit sans le vouloir : *Auteur involontaire d'un accident.*

involontairement [ɛ̃vɔlɔ̃tɛrmɑ̃] adv. Sans le vouloir : *Blesser qqn involontairement.*

involutif, ive [ɛ̃vɔlytif, -iv] adj. - **1.** Qui se rapporte à une involution : *Processus involutif.* - **2.** MÉD. Se dit des processus liés au vieillissement.

involution [ɛ̃vɔlysjɔ̃] n.f. (lat. *involutio*, de *involvere* "enrouler"). - **1.** BIOL. Régression d'un organe, soit chez un individu, soit dans une espèce, suivant un des mécanismes de l'évolution. - **2.** BIOL. Transformation régressive de l'organisme entier ou d'un organe en particulier sous l'influence de la vieillesse ou d'une modification hormonale : *Involution sénile.* - **3.** PHILOS. Passage de l'hétérogène à l'homogène, du multiple à l'un.

invoquer [ɛ̃vɔke] v.t. (lat. *invocare*, de *vox, vocis* "voix"). - **1.** Appeler à l'aide par des prières une puissance surnaturelle : *Invoquer Dieu, les saints* (syn. implorer, supplier, prier). - **2.** Solliciter l'aide, le secours de qqn de plus puissant par des prières, des supplications : *Invoquer la clémence de qqn* (syn. implorer, réclamer). - **3.** Avancer comme justification : *Invoquer un prétexte* (= alléguer, arguer).

invraisemblable [ɛ̃vrɛsɑ̃blabl] adj. - **1.** Qui ne semble pas vrai ou qui ne peut être vrai : *Une coïncidence invraisemblable* (syn. inimaginable, stupéfiant). - **2.** Qui surprend par son côté extraordinaire, bizarre : *Un chapeau invraisemblable* (syn. inénarrable).

invraisemblance [ɛ̃vrɛsɑ̃blɑ̃s] n.f. Manque de vraisemblance ; fait invraisemblable : *Récit plein d'invraisemblances.*

invulnérabilité [ɛ̃vylnerabilite] n.f. Caractère de qqn qui est invulnérable ; fait d'être invulnérable.

invulnérable [ɛ̃vylnerabl] adj. (lat. *invulnerabilis*, de *vulnerare* "blesser"). - **1.** Qui ne peut être blessé : *Achille, selon la légende, était invulnérable, sauf au talon.* - **2.** Qui résiste à toute atteinte morale : *Elle est invulnérable aux critiques.* - **3.** À l'abri de toute atteinte sociale : *Un haut fonctionnaire invulnérable* (syn. intouchable).

iode [jɔd] n.m. (gr. *iôdês* "violet"). Corps simple fusible à 114 °C, qui se présente sous forme de paillettes grises à éclat métallique et répand, quand on le chauffe, des vapeurs violettes. □ Symb. I ; densité 4,93.

iodé, e [jɔde] adj. - **1.** Qui contient de l'iode : *Eau iodée.* - **2.** Qui évoque l'iode, en partic. en parlant d'une odeur.

iodure [jɔdyʀ] n.m. Sel d'un acide formé par la combinaison d'iode et d'hydrogène, l'*acide iodhydrique.*

ion [jɔ̃] n.m. (mot angl., du gr. *iốn,* p. présent de *ienai* "aller"). Atome ou groupe d'atomes ayant gagné ou perdu un ou plusieurs électrons.

ionien, enne [jɔnjɛ̃, -ɛn] adj. et n. De l'Ionie.
◆ **ionien** n.m. Le dialecte principal du grec ancien, parlé en Ionie.

1. ionique [jɔnik] adj. Dû ou relatif à des ions.

2. ionique [jɔnik] adj. - **1.** De l'Ionie. - **2.** Ordre ionique, ordre d'architecture grecque apparu v. 560 av. J.-C., caractérisé par une colonne cannelée, élancée, posée sur une base moulurée, et par un chapiteau flanqué de deux volutes.

ionisant, e [jɔnizɑ̃, -ɑ̃t] adj. Qui produit l'ionisation : *Radiations ionisantes* (= rayons X, alpha, bêta, gamma).

ionisation [jɔnizasjɔ̃] n.f. - **1.** CHIM. Transformation d'atomes, de molécules neutres en ions. - **2.** MÉD. Action thérapeutique des radiations ionisantes.

ioniser [jɔnize] v.t. CHIM. Provoquer l'ionisation de.

ionosphère [jɔnɔsfɛʀ] n.f. Zone de la haute atmosphère d'une planète, caractérisée par la présence de particules chargées (électrons et ions), formées par photo-ionisation sous l'effet du rayonnement solaire.

iota [jɔta] n.m. inv. - **1.** Neuvième lettre de l'alphabet grec (I, ι). - **2.** La moindre chose ; le moindre détail : *J'ai lu votre rapport, n'y changez pas un iota.*

ipéca [ipeka] et **ipécacuana** [ipekakwana] n.m. (mot port., du tupi). Racine d'un arbrisseau du Brésil, aux propriétés expectorantes et vomitives. □ Famille des rubiacées.

ipso facto [ipsofakto] loc. adv. (mots lat. "par le fait même"). Par une conséquence obligée ; automatiquement : *Signer ce traité, c'est reconnaître ipso facto cet État.*

iranien, enne [iʀanjɛ̃, -ɛn] adj. et n. De l'Iran.
◆ **iranien** n.m. LING. - **1.** Groupe de langues indo-européennes parlées en Iran et dans les régions environnantes. - **2.** Persan.

irascibilité [iʀasibilite] n.f. LITT. Caractère d'une personne irascible (syn. irritabilité).

irascible [iʀasibl] adj. (bas lat. *irascibilis,* de *irasci* "se mettre en colère"). Prompt à la colère, porté à la colère : *Individu irascible* (syn. irritable, ombrageux). *Humeur irascible.*

ire [iʀ] n.f. (lat. *ira*). LITT. et VX. Colère.

iridacée [iʀidase] n.f. (de *iris*). Iridacées, famille de plantes monocotylédones, aux fleurs souvent décoratives, comprenant notamm. l'iris, le glaïeul, le crocus.

iridié, e [iʀidje] adj. CHIM. Qui contient de l'iridium.

iridium [iʀidjɔm] n.m. (lat. *iris, iridis* "arc-en-ciel"). Métal blanc extrêmement dur, résistant à l'action des agents chimiques, fondant vers 2 400 °C et contenu dans certains minerais de platine. □ Symb. Ir.

iris [iʀis] n.m. (mot gr.). - **1.** Membrane circulaire, contractile, diversement colorée, occupant le centre antérieur de l'œil et percée en son milieu d'un orifice, la pupille : *L'iris est situé entre la cornée et le cristallin.* - **2.** PHOT. Ouverture à diamètre variable utilisée comme diaphragme. - **3.** Plante cultivée pour ses fleurs ornementales et odorantes et dont le rhizome est employé en parfumerie : *L'iris est le type de la famille des iridacées.*

irisation [iʀizasjɔ̃] n.f. (de *iriser*). - **1.** Propriété qu'ont certains corps de disperser la lumière en rayons colorés comme l'arc-en-ciel. - **2.** Reflets ainsi produits.

irisé, e [iʀize] adj. Qui a les couleurs, les nuances de l'arc-en-ciel : *Verre irisé.*

iriser [iʀize] v.t. (de *iris* "arc-en-ciel"). Nuancer des couleurs de l'arc-en-ciel : *Les rayons du soleil irisent les facettes d'un bouchon de cristal.*

irish-coffee [ajʀiʃkɔfi] n.m. (mot angl. "café irlandais") [pl. *irish-coffees*]. Boisson composée de café très chaud additionné de whisky et nappé de crème fraîche.

irlandais, e [iʀlɑ̃dɛ, -ɛz] adj. et n. De l'Irlande.
◆ **irlandais** n.m. Langue celtique parlée en Irlande.

I. R. M., sigle de *imagerie par résonance* * *magnétique.*

ironie [iʀɔni] n.f. (lat. *ironia,* gr. *eirôneia* "interrogation"). - **1.** Raillerie consistant à ne pas donner aux mots leur valeur réelle ou complète ou à faire entendre le contraire de ce qu'on dit : *Des propos où perce l'ironie* (syn. persiflage). *Une ironie cinglante.* - **2.** Contraste entre une réalité cruelle et ce que l'on pouvait attendre : *Ironie du sort* (= qui apparaît comme une moquerie du destin). - **3.** Ironie socratique, manière d'interroger propre à Socrate et destinée à mettre l'interlocuteur en contradiction avec lui-même.

ironique [iʀɔnik] adj. - **1.** Qui manifeste de l'ironie : *Réponse ironique* (syn. railleur). *Un* sourire *ironique* (syn. moqueur, narquois). - **2.** Qui emploie l'ironie : *Un écrivain ironique* (syn. persifleur). - **3.** Qui fait un contraste étrange : *Un ironique retournement de situation.*

ironiquement [iʀɔnikmɑ̃] adv. De façon ironique.

ironiser [iʀɔnize] v.i. ou v.t. ind. [**sur**]. User d'ironie ; traiter avec ironie : *Ironiser sur qqn, qqch* (syn. se moquer de).

ironiste [iʀɔnist] n. Personne, en partic. écrivain, qui use habituellement de l'ironie ; humoriste.

iroquois, e [iʀɔkwa, -waz] adj. Qui appartient aux Iroquois. ◆ **iroquois** n.m. Famille de langues parlées par les Iroquois.

irradiant, e [iʀadjɑ̃, -ɑ̃t] adj. Qui irradie : *Douleur irradiante dans le bras.*

irradiation [iʀadjasjɔ̃] n.f. - **1.** Fait de se propager par rayonnement à partir d'un centre d'émission : *L'irradiation de la lumière solaire* (syn. rayonnement). *Irradiation d'une douleur.* - **2.** PHYS. Action d'un rayonnement ionisant sur une matière vivante ou inanimée ; fait d'être irradié.

irradier [iʀadje] v.i. (lat. *irradiare* "rayonner", de *radius* "rayon") [conj. 9]. Se propager en s'écartant d'un centre, en rayonnant : *Les rayons d'un foyer lumineux irradient* (syn. rayonner). ◆ v. t. Exposer à certaines radiations, notamm. à des radiations ionisantes : *Irradier une tumeur.*

irraisonné, e [iʀezɔne] adj. Qui n'est pas raisonné ; qui n'est pas contrôlé par la raison : *Crainte irraisonnée* (syn. instinctif).

irrationalité [iʀasjɔnalite] n.f. Caractère de ce qui est irrationnel : *L'irrationalité d'un comportement* (syn. absurdité, incohérence).

irrationnel, elle [iʀasjɔnɛl] adj. (lat. *irrationalis*, de *ratio* "raison"). - **1.** Contraire à la raison ; inaccessible à la raison : *Conduite irrationnelle* (syn. absurde, incohérent). - **2.** MATH. Nombre irrationnel, nombre réel qui n'est pas un nombre rationnel, qui ne peut s'écrire comme quotient de deux entiers ($\sqrt{2}$, π, etc.).

irrattrapable [iʀatʀapabl] adj. Qu'on ne peut pas rattraper, réparer : *Erreur irrattrapable* (syn. irréparable).

irréalisable [iʀealizabl] adj. Qui ne peut être réalisé : *Plan irréalisable* (syn. utopique).

irréalisme [iʀealism] n.m. Manque de sens du réel : *Politique caractérisée par son irréalisme.*

irréaliste [iʀealist] adj. et n. Qui manque du sens du réel, de réalisme : *Projet irréaliste.*

irréalité [iʀealite] n.f. Caractère de ce qui est irréel : *L'irréalité des rêves.*

irrecevabilité [iʀəsəvabilite] n.f. Caractère de ce qui n'est pas recevable : *L'irrecevabilité d'une demande.*

irrecevable [iʀəsəvabl] adj. Qui ne peut être pris en considération : *Témoignage irrecevable* (syn. inacceptable, inadmissible).

irréconciliable [iʀekɔ̃siljabl] adj. Qui ne peut être réconcilié : *Ennemis irréconciliables.*

irrécupérable [iʀekypeʀabl] adj. Qui n'est pas récupérable : *Des vieilleries irrécupérables.*

irrécusable [iʀekyzabl] adj. Qui ne peut être récusé : *Preuves irrécusables* (syn. inattaquable).

irrédentisme [iʀedɑ̃tism] n.m. (it. *irredentismo*, de *irredento* "non délivré"). - **1.** HIST. Après 1870, mouvement de revendication italien sur le Trentin, l'Istrie et la Dalmatie, puis sur l'ensemble des territoires considérés comme italiens. - **2.** Aspiration et mouvement national visant à réunir à la mère patrie les territoires peuplés par le même groupe ethnique et qui se trouvent sous domination étrangère. ◆ **irrédentiste** adj. et n. Relatif à l'irrédentisme ; qui en est partisan.

irréductible [iʀedyktibl] adj. - **1.** Qui ne peut être réduit ; qui ne peut être simplifié. - **2.** Qu'on peut résoudre, faire cesser : *Antagonismes irréductibles* (syn. insoluble). - **3.** Qui ne transige pas, qu'on ne peut fléchir : *Ennemi irréductible.* - **4.** CHIR. Qui ne peut être remis en place : *Fracture irréductible.* - **5.** MATH. Fraction irréductible, fraction dont le numérateur et le dénominateur n'ont pas de diviseur commun autre que 1 : *11/4 est irréductible.*

irréductiblement [iʀedyktiblǝmɑ̃] adv. De façon irréductible.

irréel, elle [iʀeɛl] adj. Qui n'est pas réel ; qui paraît en dehors de la réalité : *Paysage irréel* (syn. fantasmagorique).

irréfléchi, e [iʀefleʃi] adj. - **1.** Qui est fait ou dit sans réflexion : *Action irréfléchie* (syn. inconsidéré). - **2.** Qui agit sans réflexion : *Personne irréfléchie* (syn. écervelé).

irréflexion [iʀeflɛksjɔ̃] n.f. Défaut de réflexion, étourderie : *Sottise commise par irréflexion* (syn. inattention).

irréfragable [iʀefʀagabl] adj. (bas lat. *irrefragabilis*, de *refragari* "s'opposer à"). LITT. Qu'on ne peut récuser, contredire : *Autorité irréfragable* (syn. inattaquable).

irréfutabilité [iʀefytabilite] n.f. Caractère de ce qui est irréfutable.

irréfutable [iʀefytabl] adj. Qui ne peut être réfuté : *Preuve irréfutable* (syn. irrécusable).

irréfutablement [iʀefytablǝmɑ̃] adv. De façon irréfutable.

irrégularité [iʀegylaʀite] n.f. - **1.** Manque de régularité, de symétrie, d'uniformité : *L'irrégularité des horaires. L'irrégularité des traits d'un visage* (syn. asymétrie). - **2.** Caractère de ce qui n'est pas régulier, réglementaire, légal : *L'irrégularité d'une situation* (syn. illégalité). - **3.** Action irrégulière, contraire à la loi, au règlement : *Commettre de graves irrégularités* (syn. faute). - **4.** Chose, surface irrégulière : *Irrégularités de terrain* (syn. inégalité).

irrégulier, ère [iʀegylje, -ɛʀ] adj. et n. - **1.** Qui n'est pas symétrique, uniforme : *Polygone irrégulier* (syn. asymétrique). - **2.** Qui n'est pas régulier, constant dans son travail, ses résultats : *Athlète irrégulier* (syn. inégal). - **3.** Non conforme à l'usage commun ; qui s'écarte d'un type considéré comme normal : *Situation irrégulière d'un couple* (syn. illicite). *Conjugaison irrégulière.* - **4.** Non conforme à une réglementation : *Procédure irrégulière* (syn. illégal). ◆ **irrégulier** n.m. Partisan, franc-tireur qui coopère à l'action d'une armée régulière.

irrégulièrement [iʀegyljɛʀmɑ̃] adv. De façon irrégulière : *Son pouls bat irrégulièrement.*

irréligieux, euse [iʀeliʒjø, -øz] adj. - **1.** Qui n'a pas de convictions religieuses (syn. athée, incroyant). - **2.** Irrespectueux envers la religion : *Discours irréligieux.*

irréligion [iʀeliʒjɔ̃] n.f. Absence de convictions religieuses (syn. athéisme, incroyance).

irrémédiable [iʀemedjabl] adj. À quoi on ne peut remédier : *Désastre irrémédiable* (syn. irréparable).

irrémédiablement [iʀemedjabləmɑ̃] adv. Sans recours, sans remède : *Malade irrémédiablement perdu.*

irrémissible [iʀemisibl] adj. LITT. - **1.** Qui ne mérite pas de pardon, de rémission : *Faute irrémissible* (syn. impardonnable). - **2.** Implacable, fatal : *Le cours irrémissible des événements* (syn. irréversible).

irremplaçable [iʀɑ̃plasabl] adj. Qui ne peut être remplacé : *Personne n'est irremplaçable* (syn. indispensable).

irréparable [iʀepaʀabl] adj. Qui ne peut être réparé : *Dommage, perte irréparable* (syn. irrémédiable).

irréprehensible [iʀepʀeɑ̃sibl] adj. LITT. Que l'on ne saurait blâmer : *Conduite irrépréhensible* (syn. irréprochable).

irrépressible [iʀepʀesibl] adj. Qu'on ne peut réprimer : *Force irrépressible* (syn. irrésistible).

irréprochable [iʀepʀɔʃabl] adj. Qui ne mérite pas de reproche ; qui ne présente pas de défaut : *Collaborateur, travail irréprochable* (syn. inattaquable, parfait).

irrésistible [iʀezistibl] adj. À qui ou à quoi l'on ne peut résister : *Une femme irrésistible. Charme irrésistible.*

irrésistiblement [iʀezistibləmɑ̃] adv. De façon irrésistible.

irrésolu, e [iʀezɔly] adj. et n. (de *résolu*). Qui a de la peine à se déterminer, à prendre parti : *Caractère irrésolu* (syn. indécis, hésitant). ◆ adj. Qui n'a pas reçu de solution : *Problème irrésolu.*

irrésolution [iʀezɔlysjɔ̃] n.f. Incertitude, état d'une personne qui demeure irrésolue : *Son irrésolution l'empêche d'agir* (syn. indécision).

irrespect [iʀɛspɛ] n.m. Manque de respect : *Faire preuve d'irrespect* (syn. incorrection, irrévérence).

irrespectueusement [iʀɛspɛktyøzmɑ̃] adv. De façon irrespectueuse : *Parler irrespectueusement à un supérieur* (syn. insolemment, irrévérencieusement).

irrespectueux, euse [iʀɛspɛktyø, -øz] adj. Qui manque de respect, qui blesse le respect : *Des propos irrespectueux* (syn. incorrect, irrévérencieux).

irrespirable [iʀɛspiʀabl] adj. - **1.** Non respirable ; empuanti : *L'air de cette pièce est irrespirable* (syn. suffocant). - **2.** Difficile à supporter, en parlant d'un milieu : *Climat familial irrespirable* (syn. étouffant, pesant).

irresponsabilité [iʀɛspɔ̃sabilite] n.f. - **1.** État de celui qui n'est pas responsable de ses actes : *Plaider l'irresponsabilité d'un accusé.* - **2.** Caractère de qqn qui agit à la légère (syn. inconscience, légèreté).

irresponsable [iʀɛspɔ̃sabl] adj. et n. - **1.** Qui n'est pas capable de répondre de ses actes, de sa conduite : *Sa maladie mentale le rend partiellement irresponsable.* - **2.** Qui agit avec une légèreté coupable : *C'est un irresponsable qui vous conduira à la ruine* (syn. inconscient).

irrétrécissable [iʀetʀesisabl] adj. Qui ne peut rétrécir au lavage : *Tissu irrétrécissable.*

irrévérence [iʀeveʀɑ̃s] n.f. (lat. *irreverentia*, de *revereri* "révérer"). Manque de respect, insolence (syn. irrespect).

irrévérencieusement [iʀeveʀɑ̃sjøzmɑ̃] adv. LITT. De façon irrévérencieuse.

irrévérencieux, euse [iʀeveʀɑ̃sjø, -øz] adj. Qui manque de respect : *Des propos irrévérencieux* (syn. irrespectueux).

irréversibilité [iʀevɛʀsibilite] n.f. Caractère, propriété de ce qui est irréversible.

irréversible [iʀevɛʀsibl] adj. - **1.** Qui n'est pas réversible : *Mouvement irréversible.* - **2.** Que l'on ne peut suivre que dans une seule direction, dans un seul sens : *Le temps est irréversible.* - **3.** CHIM. Se dit d'une réaction qui se poursuit jusqu'à achèvement et qui n'est pas limitée par la réaction inverse.

irréversiblement [iʀevɛʀsibləmɑ̃] adv. De façon irréversible : *Processus engagé irréversiblement.*

irrévocable [iʀevɔkabl] adj. - **1.** Qui ne peut être révoqué : *Donation irrévocable* (syn.

définitif). *Personne n'est irrévocable* (syn. intangible). - **2.** Sur quoi il est impossible de revenir : *Décision irrévocable* (syn. définitif).

irrévocablement [iʀevɔkabləmɑ̃] adv. De façon irrévocable ; définitivement.

irrigable [iʀigabl] adj. Qui peut être irrigué.

irrigation [iʀigasjɔ̃] n.f. (lat. *irrigatio*). - **1.** Apport d'eau sur un terrain cultivé ou une prairie en vue de compenser l'insuffisance des précipitations et de permettre le plein développement des plantes : *Canaux d'irrigation.* - **2.** MÉD. Action de faire parvenir un liquide à une partie malade : *Irrigation d'une plaie.* - **3.** PHYSIOL. Apport du sang dans les tissus par les vaisseaux sanguins : *L'irrigation du cerveau.*

irriguer [iʀige] v.t. (lat. *irrigare*, de *rigare* "arroser"). Arroser par irrigation : *Irriguer des champs, des cultures.*

irritabilité [iʀitabilite] n.f. - **1.** Caractère, état d'une personne irritable (syn. irascibilité). - **2.** Caractère d'un tissu, d'un organe qui s'irrite facilement.

irritable [iʀitabl] adj. (lat. *irritabilis*). - **1.** Qui se met facilement en colère : *L'inactivité le rend irritable* (syn. nerveux). *Caractère irritable* (syn. irascible). - **2.** Se dit d'un tissu, d'un organe qui s'irrite facilement : *Gorge irritable.*

irritant, e [iʀitɑ̃, -ɑ̃t] adj. - **1.** Qui met en colère, provoque un état d'irritation : *Ces hésitations sont irritantes* (syn. agaçant, énervant). - **2.** Qui irrite les tissus, les organes : *Gaz irritants.*

irritation [iʀitasjɔ̃] n.f. (lat. *irritatio*). - **1.** État de qqn qui est irrité, en colère : *Elle répondit avec une certaine irritation dans la voix* (syn. exaspération). - **2.** Inflammation légère d'un tissu, d'un organe : *Irritation de la peau, des bronches.*

irriter [iʀite] v.t. (lat. *irritare*). - **1.** Provoquer chez qqn un certain énervement, pouvant aller jusqu'à la colère : *Ce contretemps l'a beaucoup irrité* (syn. agacer, contrarier). *Tu l'irrites avec tes plaintes continuelles* (syn. exaspérer, horripiler). - **2.** Enflammer légèrement la peau, un organe, en provoquant une sensation de douleur ou une réaction : *La fumée irrite les yeux.*

irruption [iʀypsjɔ̃] n.f. (lat. *irruptio*, de *irrumpere* "se précipiter"). - **1.** Entrée soudaine et violente de qqn dans un lieu : *L'irruption des manifestants dans l'hôtel de ville* (syn. intrusion). *Elle a fait irruption au beau milieu d'une réunion* (= elle a surgi brusquement dans la pièce). - **2.** Envahissement brusque et violent : *Irruption des eaux dans la ville basse* (syn. inondation). - **3.** Apparition soudaine d'éléments dans un domaine : *L'irruption de techniques nouvelles.*

isabelle [izabɛl] adj. inv. (p.-ê. du n. d'*Isabelle la Catholique*, qui aurait fait vœu de ne pas changer de chemise tant que la ville de Grenade ne serait pas prise). Se dit d'un cheval ou de sa robe d'une couleur brun jaune clair : *Cheval isabelle.* (On dit aussi *un isabelle.*)

isard [izaʀ] n.m. (d'un mot ibérique prélatin). Chamois des Pyrénées.

isatis [izatis] n.m. (mot gr. "pastel"). - **1.** BOT. Pastel. - **2.** Renard des régions arctiques, appelé aussi *renard bleu* ou *renard polaire*, dont la fourrure d'hiver peut être gris bleuté ou blanche.

isba [isba] ou [izba] n.f. (mot russe "maison"). Habitation des paysans russes, faite de rondins de bois de sapin.

ischion [iskjɔ̃] n.m. (mot gr. "hanche"). ANAT. Un des trois os formant l'os iliaque.

islam [islam] n.m. (mot ar. "soumission à Dieu"). - **1.** Religion des musulmans. - **2.** *L'Islam*, le monde musulman ; la civilisation qui le caractérise.

islamique [islamik] adj. Relatif à l'islam.

islamisation [islamizasjɔ̃] n.f. Action d'islamiser.

islamiser [islamize] v.t. - **1.** Convertir à l'islam. - **2.** Appliquer la loi islamique à un secteur, à un domaine.

islamisme [islamism] n.m. - **1.** VIEILLI. Religion musulmane ; islam. - **2.** Mouvement politico-religieux préconisant l'islamisation complète, radicale, du droit, des institutions, du gouvernement, dans les pays islamiques. ◆ **islamiste** adj. et n. Relatif à l'islamisme ; qui en est partisan.

islandais, e [islɑ̃dɛ, -ɛz] adj. et n. D'Islande. ◆ **islandais** n.m. - **1.** En France, marin qui partait pêcher la morue sur les bancs d'Islande : *Les islandais de Paimpol.* - **2.** LING. Langue nordique parlée en Islande.

isobare [izɔbaʀ] adj. (de *iso-* et *-bare*). SC. - **1.** D'égale pression atmosphérique : *Surface isobare.* - **2.** Qui a lieu à une pression constante. ◆ **isobare** n.f. MÉTÉOR. Sur une carte météorologique, courbe qui joint les points de la Terre où la pression atmosphérique est la même.

isobathe [izɔbat] adj. et n.f. (de *iso-*, et du gr. *bathos* "profondeur"). GÉOGR. Se dit d'une courbe reliant les points d'égale profondeur sous terre ou sous l'eau.

isocèle [izɔsɛl] adj. (lat. *isoceles*, de *iso-*, et du gr. *skelos* "jambe"). GÉOM. Qui a deux côtés égaux : *Triangle isocèle. Trapèze isocèle* (= dont les côtés non parallèles sont égaux).

isochrone [izɔkʀon] et **isochronique** [izɔkʀɔnik] adj. (de *iso-*, et du gr. *khronos* "temps"). DIDACT. Qui s'effectue dans des intervalles de temps égaux : *Les oscillations isochrones du pendule.*

isoclinal, e, aux [izɔklinal, -o] adj. (de *isocline*). GÉOL. Pli isoclinal, pli dont les deux flancs sont parallèles. ‖ Structure isoclinale, structure caractérisée par la répétition de plis isoclinaux.

isocline [izɔklin] adj. (gr. *isoklinês*, de *klinein* "pencher"). - **1.** Qui a la même inclinaison. - **2.** GÉOPHYS. Courbe, ligne isocline, courbe reliant les points de la Terre où l'inclinaison magnétique est la même. (On dit aussi *une isocline.*)

isoédrique [izɔedʀik] adj. (de *iso-* et *-èdre* "face"). MINÉR. Dont les facettes sont semblables : *Cristal isoédrique.*

isogamie [izɔgami] n.f. (de *iso-* et *-gamie*). BIOL. Mode de reproduction sexuée dans lequel les deux gamètes sont semblables, et qui se réalise chez diverses espèces d'algues et de champignons inférieurs (par opp. à *hétérogamie*).

isogone [izɔgɔn] adj. (de *iso-* et *-gone*). Qui a des angles égaux.

isolable [izɔlabl] adj. Qui peut être isolé : *Éléments isolables d'un composé* (syn. dissociable, séparable).

isolant, e [izɔlɑ̃, -ɑ̃t] adj. (de *isoler*). - **1.** Qui est mauvais conducteur de la chaleur, de l'électricité ou du son : *Matériau isolant.* - **2.** LING. Langue isolante, langue dans laquelle les mots sont réduits à un radical sans variation morphologique et où les rapports grammaticaux sont marqués par la place des termes : *Le chinois, le tibétain sont des langues isolantes.*
◆ **isolant** n.m. Matériau isolant.

isolat [izɔla] n. m. (de *isoler*, d'apr. *habitat*). - **1.** BIOL. Espèce complètement isolée, au sein de laquelle n'existe aucun échange génétique avec le reste du monde et menacée ainsi par le confinement. - **2.** DÉMOGR. Groupe ethnique que son isolement géographique, social ou culturel contraint aux unions endogamiques.

isolateur [izɔlatœʀ] n.m. Support isolant d'un conducteur électrique.

isolation [izɔlasjɔ̃] n.f. Action de réaliser un isolement acoustique, électrique ou thermique : *Isolation acoustique* (= insonorisation). *Isolation thermique* (= climatisation).

isolationnisme [izɔlasjɔnism] n.m. (anglo-amér. *isolationism*). Politique extérieure d'un État qui reste volontairement à l'écart des affaires internationales, qui s'isole politiquement et économiquement des autres.
◆ **isolationniste** adj. et n. Relatif à l'isolationnisme ; qui en est partisan.

isolé, e [izɔle] adj. (it. *isolato* "séparé comme une île", de *isola* "île"). - **1.** Seul, séparé des autres : *Vivre isolé* (syn. solitaire). *Se sentir isolé* (syn. délaissé). - **2.** À l'écart, éloigné des autres habitations ou de toute activité : *Maison isolée* (syn. écarté). *Un endroit isolé* (syn. reculé). - **3.** Rare, unique : *Un cas isolé* (syn. particulier). *Une protestation isolée* (syn. individuel ; contr. collectif). - **4.** Protégé du contact de tout corps conducteur de l'électricité, de la chaleur ou du son : *Appartement bien isolé* (= climatisé ou insonorisé).

isolement [izɔlmɑ̃] n.m. - **1.** État de qqch, de qqn d'isolé : *L'isolement d'un village. L'isolement des détenus dans une prison* (syn. claustration). *Se complaire dans son isolement* (syn. solitude). *Être tenu dans l'isolement* (syn. abandon). - **2.** État d'un pays, d'une région sans relation politique ou économique, sans engagement avec les autres. - **3.** État d'un corps isolé du point de vue électrique, calorifique ou phonique ; isolation. - **4.** PSYCHIATRIE. Mesure thérapeutique qui vise à soustraire le sujet de son milieu familial et social (syn. internement).

isolément [izɔlemɑ̃] adv. De façon isolée ; à part, individuellement : *Agir isolément.*

isoler [izɔle] v.t. (de *isolé*). - **1.** Séparer qqch, un lieu des objets environnants, de ce qui l'entoure : *Les inondations ont isolé le village.* - **2.** Mettre qqn physiquement ou moralement à l'écart des autres, lui interdire toute relation avec les autres : *Isoler les malades contagieux. Ses idées l'isolent des siens* (syn. couper, détacher). - **3.** Considérer qqch à part, le distinguer du reste : *Isoler une phrase de son contexte* (syn. séparer, abstraire). - **4.** CHIM., BIOL. Dégager de ses combinaisons, séparer de son milieu : *Isoler un métal. Isoler un virus.* - **5.** Protéger des influences thermiques ou acoustiques : *Isoler un local.* - **6.** ÉLECTR. Empêcher la conduction électrique entre des corps conducteurs, notamm. au moyen d'isolants ; déconnecter un circuit, un dispositif : *Isoler un câble.* ◆ **s'isoler** v.pr. Se mettre à l'écart, se séparer des autres : *S'isoler pour méditer.*

isoloir [izɔlwaʀ] n.m. Cabine où l'électeur met son bulletin sous enveloppe, et qui garantit le secret du vote.

isomère [izɔmɛʀ] adj. et n.m. (de *iso-*, et du gr. *meros* "partie"). CHIM. Se dit de deux composés formés des mêmes éléments dans les mêmes proportions, mais présentant des propriétés différentes.

isométrie [izɔmetʀi] n.f. (de *iso-* et *-métrie*). MATH. Transformation ponctuelle conservant les distances : *Translations, symétries et rotations sont des isométries du plan ou de l'espace.*

isométrique [izɔmetʀik] adj. - **1.** MATH. Se dit d'une transformation ponctuelle qui est une

isométrie. -2. CHIM. Dont les dimensions sont égales : *Cristaux isométriques.* -**3.** Figures isométriques, figures qui s'échangent dans une isométrie.

isomorphe [izɔmɔʀf] adj. (de *iso-* et *-morphe*). CHIM. Qui affecte la même forme cristalline.

isopet n.m. → **ysopet.**

isotherme [izɔtɛʀm] adj. (de *iso-* et *-therme*). -**1.** De même température. -**2.** Qui se fait à une température constante : *Réaction isotherme.* -**3.** Maintenu à une température constante ; isolé thermiquement : *Camion isotherme.* ◆ n.f. MÉTÉOR. Courbe qui joint les points de la Terre où la température est identique à un moment donné.

isotope [izɔtɔp] n.m. (mot angl., de *iso-,* et du gr. *topos* "lieu"). -**1.** PHYS. Chacun des différents types de noyaux atomiques d'un même élément, différant par leur nombre de neutrons mais ayant le même nombre de protons et d'électrons, et possédant donc les mêmes propriétés chimiques. -**2.** Isotope radioactif, radio-isotope.

isotopique [izɔtɔpik] adj. Relatif aux isotopes.

isotrope [izɔtʀɔp] adj. (de *iso-* et *-trope*). PHYS. Dont les propriétés physiques sont identiques dans toutes les directions.

israélite [isʀaelit] adj. et n. -**1.** Relatif à l'Israël biblique, à son peuple. -**2.** Syn. de *juif* : *La communauté israélite française.*

issu, e [isy] adj. (p. passé de l'anc. fr. *issir,* lat. *exire* "sortir"). Venu, né de : *Il est issu d'une famille d'agriculteurs. Une révolution issue du mécontentement général* (= résultant de).

issue [isy] n.f. (de *issu*). -**1.** Ouverture ou passage par où l'on peut sortir, s'échapper : *Issue de secours* (syn. porte, sortie). *Une voie sans issue* (= une impasse). -**2.** Moyen de sortir d'une difficulté, d'un embarras ; échappatoire : *Situation sans issue. Il n'y a pas d'autre issue* (syn. solution). -**3.** Manière dont une chose aboutit, dont une affaire se conclut : *L'issue du combat* (syn. résultat). *On craint l'issue fatale* (= la mort). -**4.** À l'issue de, à la fin de : *Une conférence de presse aura lieu à l'issue du conseil des ministres.*

isthme [ism] n.m. (lat. *isthmus,* du gr.). -**1.** Bande de terre étroite, située entre deux mers et réunissant deux terres : *L'isthme de Suez.* -**2.** ANAT. Partie rétrécie de certaines régions du corps, de certains organes : *Isthme du gosier.*

italianisant, e [italjanizɑ̃, -ɑ̃t] adj. et n. -**1.** Spécialiste de la langue ou de la civilisation italiennes. (On dit aussi *un, une italianiste.*) -**2.** BX-A. Se dit d'artistes, d'œuvres marqués par l'italianisme.

italianisme [italjanism] n.m. -**1.** Expression, tournure particulière à la langue italienne.

-**2.** Emprunt à l'italien. -**3.** BX-A. Tendance, chez les artistes étrangers, à l'imitation de la manière italienne, de modèles italiens.

italien, enne [italjɛ̃, -ɛn] adj. et n. -**1.** D'Italie. -**2.** À l'italienne, à la manière italienne. ‖ Format à l'italienne, se dit d'un format de livre dans lequel la longueur est horizontale (par opp. à *format à la française,* plus haut que large). ‖ Théâtre à l'italienne, se dit d'une salle de théâtre, le plus souvent semicirculaire, constituée de plusieurs niveaux en partie divisés en loges. ◆ **italien** n.m. Langue romane parlée principalement en Italie.

1. **italique** [italik] adj. (lat. *Italicus*). Se dit des populations indo-européennes qui pénétrèrent en Italie au cours du IIe millénaire. ◆ n.m. Groupe de langues indo-européennes parlées par ces populations (latin, ombrien, etc.).

2. **italique** [italik] adj. et n.m. (de 1. *italique*). Se dit du caractère d'imprimerie incliné vers la droite, créé à Venise vers 1500 par Alde Manuce.

1. **item** [itɛm] adv. (mot lat.). De même, en outre, de plus (s'emploie dans les comptes, les énumérations, etc.) : *Fourni une paire de souliers ; item, une paire de pantoufles.*

2. **item** [itɛm] n.m. (de 1. *item*). -**1.** LING. Tout élément d'un ensemble (grammatical, lexical, etc.) considéré en tant que terme particulier : *Les noms « père », « frère », « sœur » sont des items lexicaux ; « présent », « passé » sont des items grammaticaux.* -**2.** PSYCHOL. Chacune des questions, chacun des éléments d'un test.

itératif, ive [iteʀatif, -iv] adj. (lat. *iterativus,* de *iterare* "recommencer"). Fait ou répété plusieurs fois : *Remontrances itératives.* ◆ adj. et n.m. LING. Fréquentatif.

itération [iteʀasjɔ̃] n.f. Action de répéter, de faire de nouveau.

itinéraire [itineʀɛʀ] n.m. (lat. *iter, itineris* "chemin"). Chemin à suivre ou suivi pour aller d'un lieu à un autre : *Itinéraire touristique* (syn. circuit). *Choisir l'itinéraire le plus court* (syn. trajet, parcours). ◆ adj. TOPOGR. Mesure itinéraire, évaluation d'une distance.

itinérant, e [itineʀɑ̃, -ɑ̃t] adj. et n. (angl. *itinerant,* du lat. *itinerari* "voyager"). Qui se déplace dans l'exercice de ses fonctions, de son métier : *Troupe itinérante de comédiens* (syn. ambulant ; contr. sédentaire). ◆ adj. -**1.** Qui exige des déplacements, qui n'est pas sédentaire. -**2.** GÉOGR. Culture itinérante, déplacement des zones de cultures et, souvent, de l'habitat, caractéristique des régions tropicales, où le sol s'épuise rapidement.

itou [itu] adv. (altér. du moyen fr. *et tout* "aussi", d'apr. l'anc. fr. *itel* "pareillement").

FAM. et VIEILLI. Aussi, de même : *Et moi itou* (syn. également).

I. U. T. [iyte] n.m. (sigle de *Institut universitaire de technologie*). Établissement d'enseignement assurant la formation de techniciens supérieurs.

ive [iv] et **ivette** [ivɛt] n.f. (de *if*). BOT. Labiée à fleurs jaunes très odorantes, commune dans les jachères des régions tempérées.

I. V. G. [iveʒe] n.f. (sigle de *interruption volontaire de grossesse*). Avortement provoqué sous contrôle médical. □ L'I.V.G. est légale en France pour motifs thérapeutiques, ou avant la dixième semaine de grossesse.

ivoire [ivwaʀ] n.m. (lat. pop. *eboreum*, de l'adj. class. *eboreus*, de *ebur, -oris* [même sens]). - **1.** Partie dure des dents de l'homme et des mammifères, recouverte d'émail au-dessus de la couronne. - **2.** Substance osseuse et dure qui constitue les défenses de l'éléphant et de quelques autres animaux : *Trafiquants d'ivoire*. - **3.** Objet fabriqué, sculpté dans l'ivoire : *Des ivoires du Moyen Âge.*

ivoirin, e [ivwaʀɛ̃, -in] adj. LITT. Qui ressemble à l'ivoire par sa blancheur, son éclat : *Blancheur ivoirine* (syn. éburnéen).

ivraie [ivʀɛ] n.f. (lat. pop. *ebriaca*, du class. *ebrius* "ivre"). - **1.** Graminée à graines toxiques, commune dans les prés et les cultures, où elle gêne la croissance des céréales. - **2.** Séparer le bon grain de l'ivraie, séparer les bons des méchants, le bien du mal.

ivre [ivʀ] adj. (lat. *ebrius*). - **1.** (Sans compl.). Qui a l'esprit troublé par l'effet du vin, de l'alcool : *Tituber comme un homme ivre* (syn. soûl, gris). - **2.** Exalté par une passion, un sentiment, etc. : *Ivre d'amour* (syn. fou de). - **3.** Ivre mort, ivre morte, ivre au point d'avoir perdu connaissance.

ivresse [ivʀɛs] n.f. - **1.** État, marqué par une excitation psychique et une absence de coordination motrice, d'excitation psychique et d'incoordination motrice, dû à l'ingestion massive d'alcool, ou, par ext., à l'absorption de certains stupéfiants : *Conduite en état d'ivresse* (syn. ébriété). *L'ivresse que procure l'opium.* - **2.** État d'euphorie, d'excitation : *Dans l'ivresse du combat* (syn. exaltation). *L'ivresse de la victoire* (syn. transport).

ivrogne [ivʀɔɲ] n. et adj. (du lat. pop. *ebrionia* "ivrognerie", du class. *ebrius* "ivre"). Personne qui a l'habitude de s'enivrer : *Un ivrogne invétéré* (syn. alcoolique).

ivrognerie [ivʀɔɲʀi] n.f. Habitude de s'enivrer : *Sombrer dans l'ivrognerie* (syn. alcoolisme).

J

j [ʒi] n.m. inv. - **1.** Dixième lettre (consonne) de l'alphabet. - **2.** Jour J, jour où doit avoir lieu un événement important et prévu, et, en partic., où doit se déclencher une action militaire, une attaque.

jabot [ʒabo] n.m. (du prélatin *gaba* "gorge"). - **1.** Chez les oiseaux, poche formée par un renflement de l'œsophage, où la nourriture séjourne quelque temps avant de passer dans l'estomac et d'où elle peut être régurgitée. - **2.** Renflement volumineux placé entre l'œsophage et le gésier des insectes. - **3.** Ornement de dentelle ou de tissu léger fixé au plastron d'un vêtement : *Chemise à jabot.*

jacassement [ʒakasmã] n.m. - **1.** Cri de la pie et de quelques oiseaux. - **2.** Bavardage continuel et bruyant.

jacasser [ʒakase] v.i. (altér. de *jaqueter* [v. *jacter*] ; d'apr. *coasser, agacer,* etc.). - **1.** Crier, en parlant de la pie. - **2.** FAM. Bavarder, parler avec volubilité.

jacasseur, euse [ʒakasœʀ, -øz] et **jacassier, ère** [ʒakasje, -ɛʀ] n. et adj. FAM. Celui, celle qui jacasse.

jachère [ʒaʃɛʀ] n.f. (bas lat. *gascaria,* gaul. *gansko* "terre labourée"). - **1.** Terre non ensemencée, subissant des labours de printemps et d'été pour préparer les semailles d'automne. - **2.** Terre non cultivée temporairement pour permettre la reconstitution de la fertilité du sol ou pour limiter une production jugée trop abondante : *Laisser une terre en jachère* (syn. friche).

jacinthe [ʒasɛ̃t] n.f. (lat. *hyacinthus,* gr. *Huakinthos,* personnage mythol. changé en fleur). Plante bulbeuse dont on cultive une espèce de l'Asie Mineure pour ses fleurs en grappes ornementales. □ Famille des liliacées.

jack [dʒak] n. m. (mot angl.). Fiche mâle ou, plus rarement, femelle, à deux conducteurs coaxiaux, utilisée notamm. en téléphonie.

jackpot [dʒakpɔt] n.m. (mot angl.). - **1.** Dans certaines machines à sous, combinaison qui permet de remporter le gros lot ; montant en monnaie de ce gros lot. - **2.** Grosse somme vite gagnée ; pactole.

jacobin, e [ʒakɔbɛ̃, -in] n. (du bas lat. *Jacobus* "Jacques"). - **1.** Autref., religieux, religieuse de la règle de saint Dominique, dont le premier couvent était situé rue Saint-Jacques à Paris. - **2.** HIST. (Avec une majuscule). Membre du club des Jacobins. - **3.** Républicain partisan d'une démocratie centralisée. ◆ adj. Propre aux Jacobins : *Opinions jacobines* (= révolutionnaires).

jacobinisme [ʒakɔbinism] n.m. - **1.** Doctrine démocratique et centralisatrice professée sous la Révolution par les Jacobins. - **2.** Opinion préconisant le centralisme de l'État.

jacquard [ʒakaʀ] n.m. (n. de l'inventeur). - **1.** Métier à tisser inventé par Joseph Jacquard. - **2.** Tricot qui présente des bandes ornées de dessins géométriques sur un fond de couleur différente : *Un pull jacquard.*

jacquemart n.m. → **jaquemart.**

jacquerie [ʒakʀi] n.f. (de *jacques*). - **1.** Révolte paysanne. - **2.** HIST. (Avec une majuscule). Insurrection paysanne de 1358.

jacques [ʒak] n.m. (de *Jacques,* nom que, par dérision, les nobles donnaient aux paysans). - **1.** HIST. (Souvent avec une majuscule). Membre de la Jacquerie. - **2.** FAM. Faire le jacques, se livrer à des excentricités ; se donner en spectacle.

jacquet [ʒakɛ] n. m. (dimin. de *Jacques*). Jeu dérivé du tricrac, joué avec des pions et des dés sur une tablette divisée en quatre compartiments.

jacquier n.m. → **jaquier**.

1. jactance [ʒaktɑ̃s] n.f. (lat. *jactancia*, de *jactare* "lancer"). LITT. Attitude arrogante qui se manifeste par l'emphase avec laquelle une personne parle d'elle-même, se vante : *La jactance d'un fanfaron* (syn. vanité, suffisance).

2. jactance [ʒaktɑ̃s] n.f. (de *jacter*). FAM. Bavardage, bagou, baratin.

jacter [ʒakte] v.i. (moyen français *jaqueter* "jacasser, parler", de *jacque, jaquette*, appellations dialect. de la pie). FAM. Parler ; bavarder.

jaculatoire [ʒakylatwaʀ] adj. (du lat. *jaculari* "lancer"). RELIG. Oraison jaculatoire, prière courte et fervente.

Jacuzzi [ʒakuzi] n.m. (nom déposé). Petit bassin équipé de jets d'eau sous pression destinés à créer des remous relaxants. (On dit aussi *bain à remous*.)

jade [ʒad] n.m. (de l'esp. [*piedre de la*] *ijada* "[pierre du] flanc", le jade passant pour guérir des coliques néphrétiques). - **1.** Silicate naturel d'aluminium, de calcium et de magnésium, utilisé comme pierre fine, d'un vert plus ou moins foncé, à l'éclat laiteux, très employé en Chine : *Statuette de jade*. - **2.** Objet en jade.

jadis [ʒadis] adv. (anc. fr. *ja a dis* "il y a déjà des jours"). Autrefois, dans le passé : *Mon grand-père l'a connu, jadis. Au temps jadis* (= dans l'ancien temps).

jaguar [ʒagwaʀ] n.m. (port. *jaguarette*, empr. au tupi-guarani). Mammifère carnivore de l'Amérique du Sud, voisin de la panthère, à taches ocellées. □ Long. 1,30 m environ.

jaillir [ʒajiʀ] v.i. (probabl. du lat. pop. *galire*, d'orig. gaul.) [conj. 32]. - **1.** Sortir impétueusement, en parlant d'un liquide, d'un gaz : *Le pétrole jaillit du sol* (syn. gicler, sourdre). - **2.** LITT. Se manifester vivement, sortir soudainement : *Les réponses jaillissent de tous côtés* (syn. fuser, surgir). *Du choc des opinions jaillit la vérité* (syn. se dégager).

jaillissant, e [ʒajisɑ̃, -ɑ̃t] adj. Qui jaillit : *Eau jaillissante*.

jaillissement [ʒajismɑ̃] n.m. Action, fait de jaillir : *Le jaillissement d'une source. Un jaillissement d'idées nouvelles.*

jaïnisme [ʒainism] n.m. (de *jaïn*, n. de l'adepte, mot du hindi, de *Jina*, n. du fondateur). Religion fondée en Inde au VIᵉ s. av. J.-C., dont le principe fondamental est la non-violence envers toutes les créatures, et le but de conduire l'homme au nirvana. (On dit aussi *djaïnisme* ou *jinisme*.)

jais [ʒɛ] n.m. (lat. *gagates* "pierre de Gages" [Lycie]). - **1.** Lignite d'une variété d'un noir brillant. - **2.** De jais, d'un noir brillant : *Des yeux de jais.*

jalon [ʒalɔ̃] n.m. (probabl. du lat. pop. *galire ; v. jaillir*). - **1.** Piquet servant à établir des alignements, à marquer des distances : *Placer des jalons pour tracer une rue.* - **2.** Ce qui sert de point de repère, de marque pour suivre une voie déterminée : *Poser les jalons d'un travail futur.*

jalonnement [ʒalɔnmɑ̃] n.m. Action, manière de jalonner : *Le jalonnement d'un itinéraire.*

jalonner [ʒalɔne] v.t. (de *jalon*). - **1.** Déterminer, matérialiser le parcours, la direction, l'alignement de qqch : *Des bouées jalonnent le chenal.* - **2.** Se succéder en marquant des étapes dans le temps, le cours de qqch : *Succès qui jalonnent sa vie* (syn. marquer). *Route jalonnée d'obstacles.*

jalousement [ʒaluzmɑ̃] adv. De façon jalouse : *Garder jalousement un secret* (syn. soigneusement). *Regarder jalousement une rivale* (syn. envieusement).

jalouser [ʒaluze] v.t. Porter envie à, être jaloux de : *Jalouser ses camarades* (syn. envier).

1. jalousie [ʒaluzi] n.f. (de *jaloux*). - **1.** Sentiment d'inquiétude douloureuse chez qqn qui éprouve un désir de possession exclusive envers la personne aimée et qui craint son éventuelle infidélité : *Cette coquetterie excitait sa jalousie.* - **2.** Dépit envieux ressenti à la vue des avantages d'autrui : *Sa réussite a provoqué leur jalousie* (syn. envie).

2. jalousie [ʒaluzi] n.f. (it. *gelosia*). Dispositif de fermeture de fenêtre composé de lamelles mobiles, horizontales ou verticales.

jaloux, ouse [ʒalu, -uz] adj. et n. (lat. pop. *zelosus* "plein de zèle", du class. *zelus*, du gr.). - **1.** Qui éprouve de la jalousie en amour : *Un mari jaloux* (syn. exclusif, possessif). - **2.** Qui éprouve du dépit devant les avantages des autres : *Être jaloux du sort de qqn* (syn. envieux). ◆ adj. Très attaché à : *Se montrer jaloux de son autorité* (syn. soucieux de).

jamais [ʒamɛ] adv. (de l'anc. fr. *jà* "déjà" [lat. *jam*], et *mais* "plus" [lat. *magis*]). - **1.** (En corrélation avec *ne* ou précédé de *sans*). Indique la continuité dans le temps, l'inexistence : *Elle n'en a jamais rien su. Je l'ai croisée cent fois sans jamais lui parler.* - **2.** (Sans négation). Indique une référence quelconque, au passé ou au futur : *Si jamais je te revois* (= si un jour). *Elle est plus belle que jamais.* - **3.** À jamais, à tout jamais, dans tout le temps à venir : *C'est à tout jamais fini entre nous* (= pour toujours). ‖ **Jamais de la vie**, exprime un refus catégorique.

jambage [ʒɑ̃baʒ] n.m. (de *jambe*). - **1.** Trait vertical ou légèrement incliné de certaines lettres : *Le « m » a trois jambages, le « n » n'en a que deux.* - **2.** ARCHIT. Piédroit ou partie antérieure de piédroit.

jambe [ʒɑ̃b] n.f. (bas lat. *gamba* "jarret, patte de cheval", gr. *kampê*). - **1.** Partie du membre inférieur comprise entre le genou et le cou-de-pied (par opp. à la *cuisse*) : *Le squelette de la jambe est formé du tibia et du péroné.* - **2.** Le membre inférieur tout entier : *Avoir des jambes longues, maigres.* - **3.** Partie du membre d'un quadrupède, et spécial. d'un cheval, correspondant à la jambe et à l'avant-bras de l'homme (syn. *patte*). - **4.** Partie du pantalon recouvrant chacune des deux jambes. - **5.** CONSTR. Pilier ou chaîne en pierre de taille que l'on intercale dans un mur en maçonnerie afin de le renforcer. - **6.** À toutes jambes, en courant le plus vite possible : *S'enfuir à toutes jambes.* ‖ FAM. Ça lui (me, etc.) fait une belle jambe, cela ne l'avance en rien, ne présente aucune utilité. ‖ Par-dessous, par-dessus la jambe, avec désinvolture, sans soin : *Travail exécuté par-dessus la jambe.* ‖ Prendre ses jambes à son cou, s'enfuir en courant. ‖ FAM. Tenir la jambe à qqn, l'importuner par un long discours, souvent ennuyeux. ‖ Tirer dans les jambes de qqn, l'attaquer d'une façon déloyale. - **7.** CONSTR. Jambe de force. Pièce de bois ou de fer oblique, posée vers l'extrémité d'une poutre pour la soulager en diminuant sa portée. ‖ SPORTS. Jeu de jambes. Manière de mouvoir les jambes : *Jeu de jambes d'un boxeur.*

jambière [ʒɑ̃bjɛʀ] n.f. - **1.** Morceau de tissu ou de cuir façonné pour envelopper et protéger la jambe : *Les hockeyeurs portent des jambières.* - **2.** Partie d'une armure protégeant la jambe.

jambon [ʒɑ̃bɔ̃] n.m. (de *jambe*). Morceau du porc correspondant au membre postérieur, préparé cru, cuit ou fumé : *Une tranche de jambon.*

jambonneau [ʒɑ̃bɔno] n.m. (de *jambon*). Portion inférieure du membre antérieur ou du membre postérieur du porc.

jamboree [ʒɑ̃bɔʀi] n.m. (mot anglo-amér., d'orig. hindoue). Réunion internationale des scouts.

jam-session [dʒamseʃən] n.f. (mot angl.) [pl. *jam-sessions*]. Réunion de musiciens de jazz improvisant en toute liberté pour leur plaisir.

janissaire [ʒanisɛʀ] n.m. (it. *giannizero*, du turc anc. *geni çeri* "nouvelle troupe"). HIST. Soldat d'un corps d'infanterie ottoman recruté, à l'origine (XIVᵉ-XVIᵉ s.), parmi les enfants enlevés aux peuples soumis : *Les janissaires jouèrent un rôle déterminant dans les conquêtes de l'Empire ottoman.*

jansénisme [ʒɑ̃senism] n.m. (de *Jansénius*). Doctrine de Jansénius et de ses disciples ; mouvement religieux animé par ses partisans.

janséniste [ʒɑ̃senist] adj. et n. - **1.** Qui appartient au jansénisme. - **2.** Qui manifeste une vertu austère évoquant celle des jansénistes.

jante [ʒɑ̃t] n.f. (lat. pop. *cambita*, gaul. *cambo* "courbe"). Cercle qui constitue la périphérie d'une roue de véhicule, d'un volant, d'une poulie : *Pneu monté sur jante en acier.*

janvier [ʒɑ̃vje] n.m. (lat. *januarius* "mois consacré au dieu Janus"). Premier mois de l'année.

japon [ʒapɔ̃] n.m. - **1.** Porcelaine, ivoire fabriqués au Japon. - **2.** Papier japon, papier légèrement jaune, soyeux, satiné, nacré, fabriqué autref. au Japon avec l'écorce d'un mûrier et qui servait aux tirages de luxe ; papier fabriqué à l'imitation du papier japon (on dit aussi *du japon*).

japonais, e [ʒapɔnɛ, -ɛz] adj. et n. Du Japon.
◆ **japonais** n.m. Langue parlée au Japon.

japonaiserie [ʒapɔnɛzʀi] et **japonerie** [ʒapɔnʀi] n.f. Objet d'art ou de curiosité originaire du Japon.

japonisant, e [ʒapɔnizɑ̃, -ɑ̃t] n. Spécialiste de la langue et de la civilisation japonaises.

jappement [ʒapmɑ̃] n.m. - **1.** Aboiement aigre et perçant des jeunes chiens. - **2.** Cri du chacal.

japper [ʒape] v.i. (onomat.). - **1.** Aboyer, en parlant des jeunes chiens. - **2.** Émettre un jappement, en parlant du chacal.

jaquemart ou **jacquemart** [ʒakmaʀ] n.m. (anc. prov. *Jaqueme*, de *Jacques*). Automate qui frappe le timbre ou la cloche de certaines horloges monumentales.

jaquette [ʒakɛt] n.f. (de *jaque* "justaucorps [de paysan]", probabl. de *jacques*). - **1.** Veste de cérémonie portée par les hommes et dont les pans ouverts se prolongent par-derrière. - **2.** Veste de femme ajustée à la taille qui, avec la jupe assortie, compose le costume tailleur. - **3.** Chemise de protection, souvent illustrée, sous laquelle un livre est présenté à la vente.

jaquier ou **jacquier** [ʒakje] n.m. (de *jaque*, n. du fruit de cet arbre, port. *jaca* du tamoul). Arbre cultivé dans les régions tropicales pour ses fruits, les *jaques*, riches en amidon et pouvant peser jusqu'à 15 kg. □ Famille des moracées ; genre artocarpus.

jardin [ʒaʀdɛ̃] n.m. (anc. fr. *jart*, frq. *gart* ou *gardo*). - **1.** Terrain génér. clos où l'on cultive des végétaux utiles ou d'agrément : *Un jardin potager. Jardin à la française.*

-2. **Côté jardin**, partie de la scène d'un théâtre située à la gauche des spectateurs (par opp. à *côté cour*). ‖ **Jeter une pierre dans le jardin de qqn**, l'attaquer par un moyen détourné, le critiquer par une allusion voilée. -3. **Jardin d'enfants**. Établissement qui accueille les jeunes enfants entre la crèche et l'école maternelle ; dans certains établissements privés, classes enfantines avant le cours préparatoire correspondant aux classes maternelles dans l'enseignement public. ‖ **Jardin d'hiver**. Pièce aménagée en serre pour la culture des plantes d'appartement.

jardinage [ʒaʀdinaʒ] n.m. Culture et entretien des jardins.

jardiner [ʒaʀdine] v.i. S'adonner au jardinage.

jardinet [ʒaʀdinɛ] n.m. Petit jardin.

jardinier, ère [ʒaʀdinje, -ɛʀ] n. Personne qui cultive les jardins. ◆ adj. Relatif aux jardins : *Cultures jardinières.*

jardinière [ʒaʀdinjɛʀ] n.f. (de *jardinier*). -1. Meuble, bac contenant une caisse ou des pots dans lesquels on cultive des fleurs, des plantes vertes, etc. : *Un balcon garni de jardinières de géraniums.* -2. Assortiment de différents légumes coupés en petits morceaux : *Jardinière de légumes en salade.* -3. Jardinière d'enfants. Personne chargée des enfants dans un jardin d'enfants.

jargon [ʒaʀgɔ̃] n.m. (du rad. onomat. *garg-* "gosier"). -1. Langage incorrect employé par qqn qui a une connaissance imparfaite, approximative d'une langue : *Il parle un jargon franco-italien et non un français correct.* -2. FAM. Langue qu'on ne comprend pas : *Un étranger m'a interrogé dans son jargon* (syn. baragouin, charabia). -3. Vocabulaire propre à une profession, une discipline, etc. ; argot de métier : *Le jargon judiciaire, médical.*

jargonner [ʒaʀgɔne] v.i. (de *jargon*, avec infl. de *jars*). Émettre un cri, en parlant du jars.

jarre [ʒaʀ] n.f. (prov. *jarra*, ar. *djarra* "vase de terre"). Grand vase pansu en terre cuite, à large ouverture, anses et fond plat, servant à la conservation des aliments.

jarret [ʒaʀɛ] n.m. (gaul. *garra* "jambe"). -1. Partie de la jambe située derrière l'articulation du genou. -2. Endroit où se plie la jambe de derrière des quadrupèdes. -3. BOUCH. Jarret de veau, morceau du veau correspondant à la jambe et à l'avant-bras.

jarretelle [ʒaʀtɛl] n.f. (de *jarretière*). Ruban élastique servant à maintenir le bas attaché à la gaine ou au porte-jarretelles.

jarretière [ʒaʀtjɛʀ] n.f. (de *jarret*). Bande de tissu élastique entourant le bas et le maintenant tiré.

jars [ʒaʀ] n.m. (du frq. *gard* "aiguillon"). Mâle de l'oie. □ Le jars jargonne.

jas [ʒa] n.m. (lat. pop. *jacium*, du class. *jacere* "être couché"). RÉGION. Bergerie, en Provence.

jaser [ʒaze] v.i. (du rad. onomat. *gas-*). -1. Bavarder sans fin pour le plaisir de parler ou de dire des médisances : *On jase beaucoup à son propos* (syn. gloser). -2. Trahir un secret en bavardant : *Faire jaser qqn* (syn. parler). -3. Émettre des sons modulés, un babillage : *Bébé qui jase dans son berceau* (syn. gazouiller). -4. Émettre un cri, en parlant des oiseaux parleurs, tels la pie, le merle, le perroquet, etc.

jasmin [ʒasmɛ̃] n.m. (ar. *yāsemīn*). -1. Arbuste aux fleurs très odorantes blanches, jaunes ou rougeâtres, cultivé dans le Midi pour la parfumerie. □ Famille des oléacées. -2. Parfum que l'on tire de ces fleurs.

jaspe [ʒasp] n.m. (lat. *jaspis*, mot gr.). Roche sédimentaire siliceuse, colorée en rouge, en jaune, en brun, en noir, par bandes ou par taches et employée en joaillerie.

jasper [ʒaspe] v.t. Bigarrer de diverses couleurs imitant le jaspe : *Jasper la tranche d'un livre.*

jaspure [ʒaspyʀ] n.f. Aspect jaspé : *Les jaspures d'une étoffe.*

jatte [ʒat] n.f. (lat. pop. *gabita*, class. *gabata* "plat"). Récipient rond et sans rebord ; son contenu : *Une jatte en porcelaine. Boire une jatte de lait* (syn. bolée).

jauge [ʒoʒ] n.f. (frq. *galga* "perche"). -1. MAR. Capacité totale ou partielle d'un navire de commerce évaluée selon certaines règles précises. □ L'unité de jauge est le tonneau, qui vaut 2,83 m³. -2. TECHN. Instrument servant à contrôler ou à mesurer une cote intérieure, notamm. au cours des opérations d'alésage. -3. AUTOM. Jauge de niveau, indicateur du niveau de l'essence dans le réservoir et de l'huile dans le carter du moteur.

jaugeage [ʒoʒaʒ] n.m. Action de jauger : *Le jaugeage d'un réservoir, d'un bateau.*

jauger [ʒoʒe] v.t. [conj. 17]. -1. Mesurer avec une jauge la capacité, le volume de : *Jauger une barrique.* -2. MAR. Mesurer la capacité d'un navire : *Jauger un bâtiment.* -3. LITT. Apprécier qqn, qqch, les juger à leur valeur : *Jauger les qualités d'un concurrent.* ◆ v.i. MAR. Avoir une capacité de : *Navire qui jauge 1 200 tonneaux.*

jaunâtre [ʒonɑtʀ] adj. D'une couleur qui tire sur le jaune, d'un jaune terne ou sale : *Une chemise jaunâtre au col.*

1. **jaune** [ʒon] adj. (lat. *galbinus*). -1. De la couleur placée, dans le spectre solaire, entre

le vert et l'orangé, qui évoque celle du citron ou du soufre : *Des renoncules jaunes.* - **2.** PATHOL. **Fièvre jaune.** Maladie contagieuse des pays tropicaux, due à un virus transmis par un moustique, la *stégomyie*, et caractérisée par la coloration jaune de la peau et par des vomissements de sang noir. - **3.** JEUX. **Nain jaune.** Jeu de cartes pour 3 à 8 joueurs, qui se joue avec 52 cartes : *Le sept de carreau représente le nain jaune.* - **4.** SPORTS. **Maillot jaune.** Premier du classement général, dans le Tour de France cycliste, et qui porte un maillot de cette couleur. ◆ adv. **Rire jaune,** rire avec contrainte, pour dissimuler son dépit ou sa gêne.

2. **jaune** [ʒon] n. (de *1. jaune*). - **1.** (Avec une majuscule). Personne de race jaune, race (dite aussi *xanthoderme*) caractérisée par une pigmentation brun clair de la peau (par opp. à *Blanc, Noir*) : *Les Jaunes d'Asie.* - **2.** Ouvrier qui travaille quand les autres sont en grève (péjor.). [On dit aussi *briseur de grève*.] ◆ adj. Qui appartient à la race jaune, qui relève de la race jaune : *Les peuples jaunes.*

3. **jaune** [ʒon] n.m. - **1.** Couleur jaune : *Étoffe d'un jaune clair. Jaune paille. Jaune d'or.* - **2.** Partie jaune de l'œuf des oiseaux et des reptiles, surmontée par le germe et riche en protéine et en vitamines A et D (par opp. à *blanc*) : *Séparer les blancs des jaunes avant de verser la farine. Une tache de jaune d'œuf sur sa cravate.*

jaunir [ʒoniʀ] v.t. [conj. 32]. Teindre en jaune, rendre jaune : *La sécheresse a jauni les pelouses. Avoir les doigts jaunis par le tabac.* ◆ v.i. Devenir jaune : *Le papier jaunit en vieillissant.*

jaunissant, e [ʒonisɑ̃, -ɑ̃t] adj. Qui jaunit : *Des feuilles jaunissantes.*

jaunisse [ʒonis] n.f. (de *jaune*). - **1.** Syn. de *ictère.* - **2.** FAM. **En faire une jaunisse,** éprouver un grand dépit à propos de qqch : *Quand il apprendra ta promotion, il va en faire une jaunisse.*

jaunissement [ʒonismɑ̃] n.m. Action de rendre jaune ; fait de devenir jaune : *Prévenir le jaunissement des dents.*

java [ʒava] n.f. (du n. de l'île de *Java*). - **1.** Danse populaire à trois temps, typique des bals musettes et très en vogue au début du XXᵉ s. - **2.** FAM. **Faire la java,** s'amuser, faire la fête, en partic. de manière bruyante.

javanais, e [ʒavanɛ, -ɛz] adj. et n. De Java. ◆ **javanais** n.m. - **1.** Langue du groupe indonésien parlée à Java. - **2.** Argot codé qui consiste à insérer après chaque consonne les syllabes *av* ou *va* : *En javanais, « bonjour » se dit « bavonjavour ».*

Javel (eau de) [ʒavɛl] n.f. (de *Javel*, n. d'un village devenu quartier de Paris). Solution aqueuse contenant du chlore, utilisée comme décolorant et désinfectant.

javeline [ʒavlin] n.f. (de *javel[ot]*). Javelot long et mince.

javelle [ʒavɛl] n.f. (lat. pop. *gabella*, mot gaul.). - **1.** AGRIC. Dans la moisson à la main, petit tas de céréales coupées qu'on laisse sur place quelque temps avant la mise en gerbe. - **2.** Petit tas de sel, dans les salins.

javellisation [ʒavelizasjɔ̃] n.f. Procédé de stérilisation de l'eau, à laquelle on ajoute la quantité juste suffisante d'eau de Javel pour oxyder les matières organiques.

javelliser [ʒavelize] v.t. Stériliser l'eau par addition d'eau de Javel.

javelot [ʒavlo] n.m. (gaul. *gabalaccos*). - **1.** Lance courte qu'on projetait avec la main ou avec une machine. - **2.** SPORTS. Instrument de lancer, en forme de lance, employé en athlétisme. □ La longueur et le poids minimaux du javelot sont de 2,60 m et 800 g pour les hommes, de 2,20 m et 600 g pour les femmes.

jazz [dʒaz] n.m. (de l'anglo-amér. *jazz-band*). Musique afro-américaine, créée au début du XXᵉ s. par les communautés noire et créole du sud des États-Unis, et fondée pour une large part sur l'improvisation, un traitement original de la matière sonore et une mise en valeur spécifique du rythme, le swing : *Le jazz peut être vocal ou instrumental.*

jazz-band [dʒazbɑ̃d] n.m. (mot anglo-amér., de *jazz* et *band* "orchestre") [pl. *jazz-bands*]. VIEILLI. Orchestre de jazz.

jazzique [dʒazik] et **jazzistique** [dʒazistik] adj. Relatif au jazz, propre au jazz.

jazzman [dʒazman] n.m. (mot anglo-amér., de *jazz* et *man* "homme") [pl. *jazzmans* ou *jazzmen*]. Musicien de jazz.

je [ʒə] pron. pers. (lat. *ego*, écrit *eo*, puis *jo*). [Lorsqu'il n'est pas inversé, le pron. *je* s'élide en *j'* devant un verbe commençant par une voyelle ou un *h* muet]. Pronom personnel de la 1ʳᵉ pers. du sing., des deux genres, assurant la fonction de sujet : *Je pars demain, j'ai quelques jours de congé.* ◆ n.m. inv. PHILOS. Principe métaphysique unique et immuable auquel l'individu attribue sa personnalité, par opp. au *moi*, qui peut être multiple et changeant.

jean [dʒin] et **jeans** [dʒins] n.m. (mot anglo-amér. "treillis"). - **1.** Tissu de coton très serré, fabriqué à partir d'une chaîne teinte génér. en bleu et d'une trame écrue. - **2.** Pantalon coupé dans ce tissu (syn. blue-jean). - **3.** Pantalon de tissu quelconque, coupé comme un blue-jean : *Jean de velours.*

jeannette [ʒanɛt] n.f. (dimin. du prénom *Jeanne*). Petite planche à repasser montée sur un pied, utilisée notamm. pour le repassage des manches.

jeep [dʒip] n.f. (nom déposé). Automobile tout terrain à quatre roues motrices, d'un type mis au point pour l'armée américaine pendant la Seconde Guerre mondiale.

jéjunum [ʒeʒynɔm] n.m. (du lat. *jejunum* [*intestinum*] "[intestin] à jeun"). Partie de l'intestin grêle qui fait suite au duodénum.

je-ne-sais-quoi [ʒənsɛkwa] n.m. inv. Chose qu'on ne saurait définir ou exprimer : *Elle a un je-ne-sais-quoi qui la rend irrésistible.*

jérémiade [ʒeʀemjad] n.f. (par allusion aux Lamentations de *Jérémie*). FAM. Plainte, lamentation persistante, importune : *Qu'il est pénible avec ses jérémiades !* (syn. gémissement, pleurnicherie).

jerez n.m. → **xérès**.

jéroboam [ʒeʀɔbɔam] n.m. (mot angl., du n. d'un roi d'Israël). Grosse bouteille de champagne d'une contenance de plus de 3 litres.

jerrican [ʒeʀikan] n.m. (mot anglo-amér., de *Jerry*, surnom donné aux Allemands par les Anglais, et *can* "bidon"). Récipient métallique muni d'un bec verseur, d'une contenance d'env. 20 litres. (On écrit aussi *jerrycan* et *jerricane*.)

jersey [ʒeʀze] n.m. (de l'île de *Jersey*). - **1.** Tricot ne comportant que des mailles à l'endroit sur une même face. - **2.** Vêtement, et en partic. chandail, en jersey. - **3.** Point de jersey, point de tricot obtenu en alternant un rang de mailles à l'endroit et un rang de mailles à l'envers.

jésuite [ʒezɥit] n.m. (du n. de *Jésus*). Membre d'un ordre religieux, la Compagnie de Jésus, fondée par Ignace de Loyola en 1539 et approuvée par le pape en 1540. ◆ adj. et n. Qui admet que ses actes puissent être en contradiction avec ses paroles (péjor.) : *Quel jésuite !* (syn. hypocrite).

jésuitique [ʒezɥitik] adj. - **1.** Qui concerne les jésuites : *Une éducation jésuitique.* - **2.** Qui évoque certains des travers traditionnellement attribués aux jésuites (péjor.) : *Un raisonnement jésuitique* (syn. tortueux).

jésuitisme [ʒezɥitism] n.m. - **1.** Système moral et religieux des jésuites. - **2.** Hypocrisie doucereuse : *Le jésuitisme d'une réponse* (syn. dissimulation, fourberie).

jésus [ʒezy] n.m. (du n. de *Jésus* [par analogie avec un enfant emmailloté pour le sens 2]). - **1.** Représentation de Jésus enfant. - **2.** Jésus (de Lyon), saucisson sec de gros diamètre emballé sous cæcum de porc. ◆ adj. Papier jésus, papier (qui portait autref. en filigrane le monogramme I. H. S. de Jésus) présenté en format normalisé aux dimensions 56 × 72 cm. (On dit aussi *du jésus*.)

1. jet [ʒɛ] n.m. (de *jeter*). - **1.** Action de jeter, de lancer loin de soi : *Le jet d'une pierre* (syn. lancement, projection). *Un jet du javelot exceptionnel* (syn. lancer). - **2.** Mouvement d'un fluide qui jaillit avec force et comme sous l'effet d'une pression : *Un jet de vapeur s'échappa du tuyau* (syn. jaillissement). *Un jet de salive.* - **3.** Distance correspondant à la portée d'un jet : *À un jet de pierre.* - **4.** Apparition, émission vive et soudaine : *Un jet de lumière éclaira la façade de l'immeuble. Un jet de flammes sortit du poêle.* - **5.** Embout placé sur une arrivée d'eau et permettant de la projeter avec force ; eau ainsi projetée : *Passer sa voiture au jet.* - **6.** À jet continu, sans interruption : *Débiter des sornettes à jet continu.* ‖ Arme de jet, arme qui constitue elle-même un projectile, comme le javelot, ou qui la lance, comme l'arc. ‖ D'un jet, d'un seul jet, du premier jet, en une seule fois, d'un seul coup : *Elle dit qu'elle écrit ses romans d'un seul jet* (= sans tâtonnements ni retouches). ‖ Jet d'eau, filet ou gerbe d'eau qui jaillit d'une fontaine et retombe dans un bassin. ‖ Premier jet, ébauche, esquisse d'une œuvre, notamm. littéraire : *Ce n'est qu'un premier jet* (= un brouillon).

2. jet [dʒɛt] n.m. (mot angl., propr. "jet, jaillissement", du fr. *jet*). Avion à réaction.

jetable [ʒətabl] adj. Se dit d'un objet destiné à être jeté après usage : *Rasoir, briquet jetable* (= non rechargeable).

jeté [ʒəte] n.m. (du p. passé de *jeter*). - **1.** Bande d'étoffe placée sur un meuble comme ornement : *Jeté de table. Jeté de lit* (= couvre-lit). - **2.** CHORÉGR. Saut lancé, exécuté d'une jambe sur l'autre.

jetée [ʒəte] n.f. (de *jeter*). - **1.** Ouvrage enraciné dans le rivage et établi pour permettre l'accès d'une installation portuaire, pour faciliter les manœuvres des bateaux et navires dans les chenaux d'accès à un port. - **2.** Couloir reliant une aérogare à un satellite ou à un poste de stationnement d'avion.

jeter [ʒəte] v.t. (lat. pop. *jectare*, class. *jactare*, fréquentatif de *jacere*) [conj. 27]. - **1.** Envoyer loin en lançant : *Jeter une pierre* (syn. lancer). - **2.** Porter vivement le corps ou une partie du corps dans une direction : *Jeter la jambe en avant. Jeter un coup d'œil à son voisin.* - **3.** Se débarrasser de, mettre aux ordures : *Jeter des fruits gâtés.* - **4.** Mettre, poser rapidement ou sans précaution : *Peux-tu jeter cette lettre dans la boîte en passant ?* (syn. déposer). - **5.** Disposer, mettre en place, établir : *Jeter les fondations d'un immeuble. Jeter les bases d'une théorie* (= en fixer les grandes lignes). - **6.** Produire une impression, faire naître un sentiment : *Cette nouvelle jeta le trouble dans les esprits* (syn. semer, susciter). *Le crime a jeté l'effroi dans notre village* (syn. causer). - **7.** Pousser avec violence : *Jeter qqn à* *terre* (= le faire tomber). *La tempête a jeté le navire sur les rochers* (syn. pousser, projeter). - **8.** Mettre brusquement dans un certain état d'esprit : *Sa question me jette dans l'embarras. Sa mort a jeté la famille dans le désespoir* (syn. plonger). - **9.** Lancer, répandre hors de soi : *Animal qui jette son venin. Jeter un cri* (syn. émettre, pousser). *Jeter des injures à la tête de qqn* (syn. proférer). - **10.** FAM. En jeter, avoir de l'allure, une apparence brillante qui impressionne : *Il en jette sur sa nouvelle moto !* ‖ Jeter les yeux, le regard sur qqn, le regarder ; s'intéresser à lui. ‖ Jeter qqch à la face, à la figure, au visage de qqn, le lui dire, le lui reprocher vivement. ◆ **se jeter** v.pr. - **1.** Se porter vivement ; se précipiter : *Se jeter contre un mur. Elle se jeta à l'eau pour le sauver. Il se jeta sur son frère pour le frapper.* - **2.** S'engager, s'adonner complètement, avec passion : *Se jeter dans la politique* (syn. se lancer). - **3.** Déverser ses eaux, en parlant d'un cours d'eau : *La Saône se jette dans le Rhône.* - **4.** T. FAM. S'en jeter un, boire un verre.

jeteur, euse [ʒətœʀ, -øz] n. Jeteur de sort, personne qui lance des malédictions en usant de magie.

jeton [ʒətɔ̃] n.m. (de *jeter*, au sens anc. de "calculer"). - **1.** Pièce ronde et plate en métal, en ivoire, en matière plastique, etc., utilisée pour faire fonctionner certains appareils, comme marque à certains jeux et à divers autres usages : *Jeton de téléphone.* - **2.** T. FAM. Coup : *Prendre un jeton.* - **3.** FAM. Faux jeton, personne à qui on ne peut se fier, hypocrite. - **4.** Jeton de présence, somme forfaitaire allouée aux membres des conseils d'administration.

jet-set [dʒɛtsɛt] n.m. ou f. (mot angl., de *jet* "avion à réaction" et *set* "groupe") [pl. *jet-sets*]. Ensemble des personnalités qui constituent un milieu riche et international habitué des voyages en jet (on dit aussi *jet-society* [dʒɛtsɔsajti]).

jet-stream [dʒɛtstʀim] n.m. (mot angl., de *jet* "avion à réaction" et *stream* "courant") [pl. *jet-streams*]. MÉTÉOR. Courant d'ouest très rapide (parfois plus de 500 km/h), qu'on observe entre 10 000 et 15 000 m, entre 30ᵉ et 45ᵉ parallèles des deux hémisphères. □ Découvert par les aviateurs américains pendant la Seconde Guerre mondiale, il semble jouer un rôle sur le déplacement des masses d'air et donc influer sur le climat.

jeu [ʒø] n.m. (lat. *jocus* "plaisanterie"). - **1.** Activité physique ou intellectuelle non imposée et gratuite, à laquelle on s'adonne pour se divertir, en tirer un plaisir : *Se livrer aux jeux de son âge* (syn. amusement, divertissement). *Elle essaie de résoudre ce problème par jeu* (syn. plaisir). - **2.** Action, attitude de qqn qui n'agit pas sérieusement : *Dire qqch par jeu* (syn. plaisanterie). - **3.** Au Moyen Âge, forme dramatique caractérisée par le mélange des tons et la variété des sujets : *Le Jeu de Robin et Marion.* - **4.** Activité de loisir soumise à des règles conventionnelles, comportant gagnants et perdants, et où interviennent les qualités physiques ou intellectuelles, l'adresse, l'habileté ou le hasard : *Un jeu d'équipe. Le jeu d'échecs. Tricher au jeu.* - **5.** Ensemble des règles d'après lesquelles on joue : *Respecter, jouer le jeu. Ce n'est pas de jeu* (= c'est irrégulier). - **6.** Espace délimité à l'intérieur duquel une partie doit se dérouler : *La balle est sortie du jeu* (syn. terrain). *Un joueur mis hors jeu.* - **7.** Au tennis, division d'un set correspondant, sauf dans le cas d'un *jeu décisif*, à une série de mises en service de la balle par un même joueur : *Perdre, remporter un jeu. Jeu blanc* (= dont les points ont tous été remportés par un seul joueur). - **8.** Ensemble des différents jeux de hasard, notamm. ceux où on risque de l'argent : *Se ruiner au jeu. Jouer gros jeu* (= miser beaucoup d'argent). - **9.** Action, manière de jouer ; partie qui se joue : *Joueur de tennis qui a un jeu rapide et efficace.* - **10.** Ensemble des éléments nécessaires à la pratique d'un jeu : *Acheter un jeu de 32, 54 cartes. Il manque une pièce au jeu de dames.* - **11.** Ensemble des cartes, des jetons, etc., attribués à un joueur : *Avoir un bon jeu. N'avoir aucun jeu.* - **12.** Série complète d'objets de même nature : *Un jeu de clefs.* - **13.** Manière de jouer d'un instrument de musique ; manière de jouer, d'interpréter un rôle : *Le jeu brillant d'un pianiste. Actrice qui a un jeu sobre.* - **14.** Manière d'agir : *Le jeu subtil d'un diplomate* (syn. manège). *J'ai lu dans son jeu* (= j'ai deviné ses intentions ; syn. stratagème). - **15.** Manière de bouger, de se mouvoir en vue d'obtenir un résultat : *Le jeu de jambes d'un boxeur.* - **16.** LITT. Ensemble de mouvements produisant un effet esthétique : *Jeu d'ombre et de lumière dans le feuillage d'un arbre.* - **17.** Mouvement régulier d'un mécanisme, d'un organe : *Jeu du piston dans le cylindre.* - **18.** Fonctionnement normal d'un système, d'une organisation, des éléments d'un ensemble : *Le libre jeu des institutions.* - **19.** MÉCAN. Intervalle laissé entre deux pièces, leur permettant de se mouvoir librement ; excès d'aisance dû à un défaut de serrage entre deux pièces en contact : *Laisser du jeu entre deux surfaces pour éviter un grippage. L'axe a pris du jeu.* - **20.** Avoir beau jeu de, être dans les conditions favorables, avoir toute facilité pour : *Il a beau jeu de critiquer, lui qui ne fait rien !* ‖ Entrer dans le jeu de qqn, faire cause commune avec lui, lui donner son appui. ‖ Entrer en jeu, intervenir dans une affaire, une entreprise, un combat : *Des forces puissantes sont entrées en jeu pour étouffer l'affaire.* ‖ Être en jeu, être mis en question, être menacé : *C'est mon honneur qui est en jeu* (= être en cause). ‖ Faire le jeu de qqn, l'avantager, agir dans son intérêt, le plus souvent involontairement. ‖ Jeu décisif, recomm. off. pour *tie-break*. ‖ Jeu de mots, plaisanterie fondée sur la ressemblance des mots (= calembour). ‖ Jeu d'enfant, chose très facile : *Ce n'est qu'un jeu d'enfant pour lui.* ‖ Jeu de physionomie, mimique du visage exprimant tel ou tel sentiment. ‖ Jeu de scène, au théâtre, attitude, déplacement concourant à un certain effet. ‖ Jouer double jeu, avoir deux attitudes différentes pour tromper. ‖ Les jeux sont faits, tout est décidé. ‖ Mettre en jeu, employer dans une action déterminée : *Ils ont mis en jeu d'importants capitaux.* ‖ Mise en jeu, emploi, usage : *La mise en jeu de forces nouvelles* (= entrée en action). ‖ Se faire un jeu de qqch, le faire très facilement. ‖ Se prendre, se piquer au jeu, se passionner pour une chose à laquelle on n'avait guère pris d'intérêt jusque-là. **- 21.** Vieux jeu. Suranné ; d'une autre époque : *Ses parents sont vieux jeu. Ses vêtements sont vieux jeu* (syn. démodé). ‖ COMPTAB. Jeu d'écriture. Opération purement formelle, n'ayant aucune incidence sur l'équilibre des recettes et des dépenses. ‖ MUS. Jeu d'orgue. Suite, série de tuyaux d'un orgue correspondant à un même timbre. ‖ SPORTS. Jeu à XIII. Rugby à treize joueurs. ◆ **jeux** n.m. pl. Ensemble de compétitions regroupant plusieurs disciplines sportives, et auxquelles participent souvent les représentants de divers pays : *Jeux Olympiques.*

jeudi [ʒødi] n.m. (lat. *Jovis dies* "jour de Jupiter"). **- 1.** Quatrième jour de la semaine. **- 2.** CATH. Jeudi saint, jeudi de la semaine sainte. ‖ FAM. La semaine des quatre jeudis, à un moment qui n'a aucune chance d'arriver : *Ton vélo, tu l'auras la semaine des quatre jeudis* (= tu ne l'auras jamais).

à jeun [ʒœ̃] loc. adv. (lat. *jejunus*). Sans avoir rien mangé ni bu depuis le réveil : *Venez à jeun pour la prise de sang.*

jeune [ʒœn] adj. (lat. pop. *juvenis*, class. *juvenis*). **- 1.** Qui n'est pas avancé en âge : *Adèle, c'est la plus jeune des deux sœurs. Il s'est marié jeune. Jeune homme. Jeune fille.* **- 2.** Qui a encore la vigueur et le charme de la jeunesse : *À soixante ans, il est resté très jeune* (syn. vert). **- 3.** Qui existe depuis relativement peu de temps : *Un pays jeune* (syn. neuf). *La jeune industrie d'un pays* (syn. récent). **- 4.** Qui est moins âgé que les personnes de la même fonction, de la même profession : *Recherchons jeune ingénieur* (= ayant récemment obtenu son diplôme). *Un jeune ministre.* **- 5.** Qui n'a pas encore les qualités de la maturité : *Elle est encore bien jeune* (syn. candide, naïf). **- 6.** S'emploie pour distinguer deux homonymes d'âge ou d'époque différents (par opp. à *aîné, ancien, père*) : *Durand jeune et Cie* (syn. cadet, fils, junior). *Pline le Jeune.* **- 7.** Qui appartient à la jeunesse : *Jeune âge. Sa jeune expérience s'étoffera* (syn. juvénile). **- 8.** Se dit d'un vin auquel il manque encore les qualités qu'il peut acquérir par le vieillissement. **- 9.** Se dit d'un animal qui n'a pas fini sa croissance : *Un jeune chien.* **- 10.** Se dit d'un végétal qui n'a pas atteint son plein développement : *Les jeunes pousses craignent le gel.* **- 11.** FAM. C'est un peu jeune, c'est un peu insuffisant, un peu juste : *Un poulet pour dix personnes, c'est un peu jeune !* ◆ adv. **- 1.** À la manière des personnes jeunes : *S'habiller jeune.* **- 2.** Faire jeune, paraître jeune. ◆ n. **- 1.** Personne jeune : *C'est un (une) jeune qui conduisait.* **- 2.** Animal non encore adulte : *Une portée de cinq jeunes.* **- 3.** Les jeunes, la jeunesse : *Bande de jeunes.*

jeûne [ʒøn] n.m. (de *jeûner*). Privation d'aliments : *Un long jeûne affaiblit.*

jeûner [ʒøne] v.i. (lat. ecclés. *jejunare*, du class. *jejunus* "qui est à jeun"). **- 1.** S'abstenir de manger ; pratiquer le jeûne, la diète. **- 2.** Pratiquer le jeûne pour des raisons religieuses.

jeunesse [ʒœnɛs] n.f. (de *jeune*). **- 1.** Période de la vie humaine comprise entre l'enfance et l'âge mûr : *L'éclat de la jeunesse* (contr. vieillesse). **- 2.** Fait d'être jeune ; ensemble des caractères physiques et moraux d'une personne jeune : *Cette erreur est due à son extrême jeunesse. Jeunesse de cœur, d'esprit.* **- 3.** Ensemble des jeunes, des enfants et des adolescents : *Émissions pour la jeunesse.* **- 4.** Période de croissance, de développement ; état, caractère des choses nouvellement créées ou établies et qui n'ont pas encore atteint leur plénitude : *Science qui est dans sa jeunesse.* **- 5.** N'être plus de la première jeunesse, être déjà assez âgé. **- 6.** FAM., VIEILLI. Une jeunesse, une jeune fille ou une très jeune femme. ◆ **jeunesses** n.f. pl. Mouvement, groupement de jeunes gens : *Les jeunesses musicales.*

jeunet, ette [ʒœnɛ, -ɛt] adj. FAM. Très jeune ; un peu trop jeune : *Il est bien jeunet pour endosser de telles responsabilités.*

jeune-turc, jeune-turque [ʒœntyrk] n. (pl. *jeunes-turcs, -turques*). Personne, souvent assez jeune, qui, dans une organisation politique, est favorable à une action rapide, ferme et volontaire : *Les jeunes-turcs du parti.*

jeûneur, euse [ʒønœr, -øz] n. Personne qui jeûne.

jeunot, otte [ʒøno, -ɔt] adj. et n. FAM. Jeune et naïf.

jingle [dʒiŋɡœl] n.m. (mot angl. "couplet"). Bref thème musical destiné à introduire ou à accompagner une émission ou un message publicitaire. (Recomm. off. *sonal*.)

jiu-jitsu [ʒjyʒitsy] n.m. inv. (mot jap. "art de la souplesse"). Art martial japonais, fondé sur les projections, les luxations, les étranglements et les coups frappés sur les points vitaux du corps, et qui, codifié, a donné naissance au judo.

joaillerie [ʒɔajʀi] n.f. - **1.** Art de mettre en valeur les pierres fines et précieuses, en utilisant leur éclat, leur forme, leur couleur. - **2.** Commerce du joaillier. - **3.** Articles vendus par le joaillier.

joaillier, ère [ʒɔaje, -ɛʀ] n. (de *joyau*). Personne qui crée, fabrique ou vend des joyaux.

job [dʒɔb] n.m. (mot angl. "besogne, tâche"). FAM. Emploi rémunéré : *Avoir un bon job* (syn. métier, travail).

jobard, e [ʒɔbaʀ, -aʀd] adj. et n. (moyen fr. *jobe* "niais", sans doute de *Job*, personnage biblique). FAM. Très naïf, qui se laisse duper facilement : *Il faut qu'il soit bien jobard pour t'avoir cru* (syn. niais, simplet).

jockey [ʒɔkɛ] n. (mot angl., désignant d'abord un valet d'écurie, dimin. de *Jock*, forme écossaise du prénom *Jack*). Professionnel qui monte les chevaux de course.

jocrisse [ʒɔkʀis] n.m. (de *Jocrisse*, n. d'un personnage de théâtre). LITT. Benêt qui se laisse duper (syn. niais, nigaud).

jodhpurs [ʒɔdpyʀ] n.m. pl. (de *Jodhpur*, ville de l'Inde où l'on fabrique des cotonnades). Pantalon long, serré à partir du genou, utilisé pour monter à cheval.

joggeur, euse [dʒɔɡœʀ, -øz] n. Personne qui pratique le jogging.

jogging [dʒɔɡiŋ] n.m. (mot angl.). - **1.** Course à pied pratiquée pour l'entretien de la forme physique, sur les terrains les plus variés, bois et campagne, routes, rues des villes. - **2.** Survêtement utilisé pour cette activité.

joie [ʒwa] n.f. (lat. *gaudia*, pl. de *gaudium*, de *gaudere* "se réjouir"). - **1.** Sentiment de bonheur intense, de plénitude, limité dans sa durée, éprouvé par une personne dont une aspiration, un désir est satisfait : *Ressentir une grande joie* (syn. bonheur, satisfaction ; contr. tristesse). - **2.** État de satisfaction qui se manifeste par de la gaieté et de la bonne humeur ; ces manifestations elles-mêmes : *L'incident les a mis en joie* (syn. gaieté). - **3.** Ce qui provoque chez qqn un sentiment de vif bonheur, de vif plaisir : *C'est une joie de les revoir.* - **4.** Feu de joie, feu allumé dans les réjouissances publiques. ‖ **Les joies de,** les plaisirs, les bons moments que qqch pro-

cure ; par ironie, les ennuis, les désagréments de : *Les joies du mariage.* ‖ FAM. **S'en donner à cœur joie,** profiter pleinement de l'agrément qui se présente : *Ils s'en donnent à cœur joie pendant les vacances.*

joignable [ʒwaɲabl] adj. Que l'on peut joindre, avec qui on peut entrer en contact, notamm. par téléphone : *Vous êtes joignable à partir de quelle heure ?*

joindre [ʒwɛ̃dʀ] v.t. (lat. *jungere*) [conj. 82]. - **1.** Rapprocher des choses de telle sorte qu'elles se touchent : *Joindre les deux bouts d'une ficelle par un nœud* (syn. attacher). *Elle s'agenouilla et joignit les mains* (= les unit en entrecroisant les doigts). - **2.** Unir, assujettir : *Joindre des tôles par des rivets* (syn. aboucher, sceller). - **3.** Établir une communication entre : *Le canal du Centre joint la Saône à la Loire* (syn. relier). - **4.** Ajouter pour former un tout : *Joindre une pièce à un dossier* (syn. insérer). *Joignez ce témoignage aux autres* (syn. adjoindre). *Joindre l'utile à l'agréable* (syn. associer). - **5.** Entrer en rapport, en communication avec : *Je l'ai joint par téléphone* (syn. contacter, toucher). - **6.** FAM. Joindre les deux bouts, boucler son budget : *Avec des salaires pareils, on a du mal à joindre les deux bouts.* ◆ v.i. Être en contact étroit : *Les battants de la fenêtre joignent mal.* ◆ **se joindre** v. pr. - **1.** Être réuni en un tout : *Leurs mains se joignirent.* - **2.** Se joindre à, s'associer à qqn, à un groupe ; participer à qqch : *Se joindre à la conversation* (syn. se mêler).

1. joint, e [ʒwɛ̃, -ɛ̃t] adj. (p. passé de *joindre*). Uni, lié ; qui est en contact : *Sauter à pieds joints.*

2. joint [ʒwɛ̃] n.m. (de *1. joint*). - **1.** Point de raccordement de deux tuyaux, de deux rails : *La soudure du joint va lâcher.* - **2.** CONSTR. Espace entre deux pierres garni de liant. - **3.** Garniture assurant l'étanchéité d'un assemblage : *Changer le joint d'un robinet qui fuit.* - **4.** MÉCAN. Articulation entre deux pièces : *Joint de cardan.* - **5.** Intermédiaire : *Faire le joint entre deux personnes.* - **6.** FAM. Moyen de résoudre une affaire, une difficulté : *Chercher, trouver un joint* (syn. solution). - **7.** Joint de culasse, joint d'étanchéité interposé entre le bloc-cylindres et la culasse d'un moteur à combustion interne. ‖ **Joint de dilatation,** dispositif permettant la libre dilatation et la contraction en fonction de la température.

3. joint [ʒwɛ̃] n.m. (mot anglo-amér.). ARG. Cigarette de haschisch ou de marihuana.

jointif, ive [ʒwɛ̃tif, -iv] adj. Qui joint sans laisser d'intervalle : *Les volets ne sont plus jointifs* (= ils ne se joignent plus bord à bord).

jointoyer [ʒwɛ̃twaje] v.t. (de *1. joint*) [conj. 13]. Remplir avec du mortier ou une autre substance les joints d'une maçonnerie, d'un sol.

jointure [ʒwɛ̃tyʀ] n.f. (lat. *junctura*). - **1.** Endroit où deux choses sont en contact : *La jointure de deux pierres* (syn. assemblage). - **2.** Endroit où deux os se joignent : *La jointure du genou. Faire craquer ses jointures* (syn. articulation).

joint-venture [dʒɔjntvɛntʃəʀ] n.m. (mot angl. "entreprise mixte") [pl. *joint-ventures*]. ÉCON. Association de fait entre deux personnes physiques ou morales pour un objet commun mais limité, avec partage des frais et des risques.

joker [ʒɔkɛʀ] n.m. (mot angl., propr. "farceur"). Carte portant la figure d'un bouffon et susceptible de prendre à certains jeux la valeur que lui donne celui qui la détient.

joli, e [ʒɔli] adj. (p.-ê. de l'anc. scand. *jôl*, n. d'une fête païenne). - **1.** Qui séduit par sa grâce, son charme, dont l'aspect extérieur présente de l'agrément : *Une jolie fille* (syn. beau). *Avoir un joli nez* (syn. gracieux, mignon). *Une jolie voix* (syn. ravissant). - **2.** FAM. Qui mérite d'être considéré, assez important : *Avoir une jolie situation* (syn. intéressant, avantageux). *C'est une jolie somme* (syn. considérable). - **3.** Piquant, amusant : *Jouer un joli tour à qqn* (syn. bon, cocasse). - **4.** (Par antiphrase). Déplaisant, laid : *Embarquez-moi tout ce joli monde !* (= peu recommandable). *C'est vraiment joli, ce que tu lui as fait !* (syn. méchant, vilain). - **5.** Faire le joli cœur, agir avec une coquetterie exagérée. ◆ n. (Précédé d'un adj. possessif). Appellatif affectueux : *Mon joli, ma jolie.* ◆ **joli** n.m. FAM. C'est du joli !, quelle vilaine action !

joliesse [ʒɔljɛs] n.f. LITT. Caractère de ce qui est joli : *La joliesse d'un visage* (syn. charme, grâce).

joliment [ʒɔlimɑ̃] adv. - **1.** Bien, de façon agréable, plaisante : *Maison joliment aménagée* (syn. agréablement, délicieusement). - **2.** (Par antiphrase). Très mal, sévèrement : *Se faire joliment recevoir* (= fortement tancer). - **3.** FAM. Beaucoup, très : *Être joliment content* (syn. extrêmement).

jonc [ʒɔ̃] n.m. (lat. *juncus*). - **1.** Plante des lieux humides, à tiges et feuilles cylindriques. □ Famille des joncacées. - **2.** Bague sans chaton ou bracelet dont le cercle est partout de même grosseur.

joncacée [ʒɔ̃kase] n.f. (de *jonc*). Joncacées, famille de plantes monocotylédones herbacées, à rhizome rampant, comme le jonc.

jonchée [ʒɔ̃ʃe] n.f. (de *joncher*). LITT. Quantité de choses qui jonchent le sol : *Une jonchée de feuilles* (syn. amas, tapis).

joncher [ʒɔ̃ʃe] v.t. (de *jonc*). - **1.** Couvrir en répandant çà et là, étendre : *Joncher le sol de fleurs avant le passage d'un cortège.* - **2.** Être

épars sur, couvrir : *Ses vêtements jonchent le sol* (syn. recouvrir, tapisser).

jonchet [ʒɔ̃ʃe] n.m. (de *jonc*). Chacun des bâtonnets de bois, d'os, etc., mis en tas et qu'il faut, dans un jeu, recueillir un à un sans faire bouger les autres.

jonction [ʒɔ̃ksjɔ̃] n.f. (lat. *junctio*). - **1.** Action de joindre, d'unir ; fait de se joindre : *La jonction de deux lignes de chemin de fer* (syn. raccordement). *Opérer la jonction de deux armées* (syn. fusion, réunion). - **2.** Point de jonction, endroit où deux choses se joignent, se rencontrent : *Au point de jonction de la nationale et de la départementale* (syn. croisement, embranchement).

jongler [ʒɔ̃gle] v.i. (lat. *joculari* "se jouer de", avec infl. de l'anc. fr. *jangler* "bavarder", du frq. *jangalôn*). - **1.** Lancer en l'air, les uns après les autres, divers objets que l'on relance à mesure qu'on les reçoit : *Acrobate qui jongle avec des assiettes.* - **2.** Manier avec une grande habileté, une grande aisance : *Jongler avec les chiffres. Elle a pris l'habitude de jongler avec les difficultés* (syn. se jouer de).

jonglerie [ʒɔ̃gləʀi] n.f. - **1.** Action de jongler ; art du jongleur. - **2.** Habileté hypocrite par laquelle on cherche à donner le change : *Sa manière de présenter les faits est une simple jonglerie* (syn. charlatanisme).

jongleur, euse [ʒɔ̃glœʀ, -øz] n. (lat. *joculator* "homme qui plaisante, rieur"). - **1.** Artiste qui pratique l'art de jongler. - **2.** Personne habile, qui jongle avec les idées, les mots : *Les jongleurs de la politique.* ◆ **jongleur** n.m. HIST. Poète et musicien ambulant du Moyen Âge (syn. ménestrel, troubadour).

jonque [ʒɔ̃k] n.f. (javanais *djong*, du chin. *chu'an*). Bateau à fond plat, à dérive, muni de deux ou trois mâts et gréé de voiles de toile ou de natte raidies par des lattes en bambou, qui sert au transport ou à la pêche, en Extrême-Orient.

jonquille [ʒɔ̃kij] n.f. (esp. *junquillo*, dimin. de *junco* "jonc"). Narcisse à haute collerette, à feuilles cylindriques comme celles des joncs, cultivé pour ses fleurs jaunes. ◆ adj. inv. D'une couleur jaune clair.

jota [xɔta] n.f. (mot esp.). Chanson et danse populaires espagnoles à trois temps, avec accompagnement de castagnettes.

jouable [ʒwabl] adj. - **1.** Qui peut être joué, représenté : *Rôle jouable par un comédien chevronné. Sa dernière pièce n'est pas jouable.* - **2.** Dans un jeu, un match, se dit d'un coup qu'on peut tenter pour remporter la victoire.

joual [ʒwal] n.m. sing. (de [*parler*] *joual*, prononciation canadienne de *cheval*, "parler de manière relâchée"). Parler populaire qué-

bécois à base de français fortement angli-
cisé.

joubarbe [ʒubaʀb] n.f. (lat. *Jovis barba* "barbe
de Jupiter"). Plante vivace poussant sur les
toits, les murs, les rochers, et dont les rosettes
de feuilles ressemblent à de petits artichauts.
□ Famille des crassulacées ; genre sempervi-
vum.

joue [ʒu] n.f. (du prélatin *gaba* "jabot,
gosier"). - **1.** Chacune des parties latérales du
visage de l'homme, comprise entre la bouche, l'œil et l'oreille : *Embrasser qqn sur la
joue, sur les joues. Un bébé aux joues roses.*
- **2.** Partie latérale de la tête de certains animaux. - **3.** BOUCH. Morceau du bœuf correspondant à la région du maxillaire inférieur,
servant à faire du pot-au-feu. - **4.** MÉCAN. Pièce
latérale servant de fermeture ou de support
à un ensemble mécanique. - **5.** Mettre en
joue, viser avec une arme à feu pour tirer.
‖ Tendre l'autre joue, s'exposer à être de
nouveau outragé parce que l'on a pardonné
une première offense.

jouer [ʒwe] v.i. (lat. *jocari* "badiner, plaisanter") [conj. 6]. - **1.** Se divertir, se distraire, se
livrer à des jeux : *Les enfants jouent dans le
jardin* (syn. s'amuser). - **2.** Exercer le métier
d'acteur ; tenir un rôle : *Jouer dans un film.*
- **3.** Fonctionner correctement : *Le piston joue
dans le cylindre.* - **4.** Changer de dimensions,
de forme sous l'effet de l'humidité ; prendre
du jeu, en parlant de ce qui est en bois : *La
porte a joué* (syn. gauchir). - **5.** Agir, produire
un effet : *L'argument ne joue pas en votre faveur.
Le contrat d'assurance ne joue pas en cas d'attentat.* ◆ v.t. ind. **[à]**. Se divertir en pratiquant
un jeu, s'amuser avec un jeu, un jouet ;
pratiquer un sport : *Jouer à la poupée. Jouer au
football.* - **2.** Engager de l'argent dans un jeu :
Jouer à la roulette. - **3.** Se livrer à des spéculations pour en tirer un profit : *Jouer à la
Bourse, en Bourse* (syn. spéculer). - **4. [avec]**.
Exposer à des risques par légèreté : *Jouer avec
sa santé.* - **5. [de]**. Manier un instrument, une
arme : *Jouer du couteau* (syn. manier). - **6. [de]**.
Faire certains gestes, certains mouvements
en vue du résultat à obtenir : *Jouer des coudes.*
- **7. [de]**. Se servir ou savoir se servir d'un
instrument de musique : *Jouer du violon.*
- **8. [de]**. Tirer parti d'un avantage ou d'une
faiblesse pour faire pression sur qqn : *Jouer
de sa force, de son infirmité.* - **9. [sur]** Risquer de
perdre, miser sur : *Ils ont joué sur la baisse du
prix du pétrole.* - **10. [à]**. Chercher à paraître ce
qu'on n'est pas : *Jouer à l'artiste incompris.*
- **11.** Jouer à la hausse, à la baisse, spéculer
sur la hausse ou la baisse des cours des
valeurs ou des marchandises, partic. sur les
marchés à terme. ‖ Jouer au plus fin, chercher à se duper l'un l'autre. ‖ Jouer de
bonheur, de malchance, avoir une chance,

une malchance partic. remarquables ou
durables. ‖ Jouer sur les mots, tirer parti des
équivoques qu'ils peuvent présenter. ◆ v.t.
- **1.** Faire une partie de qqch que l'on considère comme un divertissement ; mettre en
jeu, lancer, déplacer ce avec quoi on joue :
*Jouer une partie d'échecs. Jouer une bille, une
boule, une carte.* - **2.** Mettre comme enjeu sur :
Jouer cent francs sur un cheval (syn. miser). *Ils
jouent des fortunes chaque soir au casino* (syn.
risquer). - **3.** Mettre en danger : *Jouer sa vie*
(syn. risquer). *Jouer sa réputation dans une
affaire* (syn. aventurer, hasarder). - **4.** Exécuter
sur un instrument : *Jouer une sonate, du
Chopin* (syn. interpréter). - **5.** Représenter au
théâtre, au cinéma : *Cette salle joue Hamlet.
Que joue-t-on au cinéma du coin ?* (syn. donner,
passer). - **6.** Interpréter une œuvre ; tenir le
rôle de : *Il joue soit les gendarmes, soit les
gangsters.* - **7.** Faire semblant de ressentir tel
ou tel sentiment : *Jouer la surprise* (syn.
feindre, simuler). *Elle nous joue la comédie.*
- **8.** LITT. Tromper : *Un escroc qui a joué de
nombreuses personnes âgées* (syn. duper, mystifier). - **9.** Jouer un rôle dans qqch, se comporter de telle ou telle manière ; avoir une
certaine importance : *Elle a joué un rôle
ridicule dans cette affaire. Le riz joue un grand
rôle dans leur alimentation.* ◆ **se jouer** v.pr.
- **1.** Être joué : *Le bridge se joue à quatre.* - **2.** Être
en jeu : *C'est le sort de la paix qui se joue dans
ces négociations.* - **3.** Être représenté : *Ce film se
joue dans vingt salles.* - **4.** Être exécuté : *Ce
morceau se joue à quatre mains.* - **5. [de]**. Ne pas
se laisser arrêter par qqch ; n'en faire aucun
cas : *Se jouer des difficultés* (= les surmonter,
les vaincre). *Se jouer des lois* (syn. ignorer, se
moquer). - **6. [de]**. LITT. Tromper qqn,
abuser de sa confiance : *Il s'est joué de vous*
(syn. duper). ‖ En se jouant, aisément : *Il a
triomphé de tous comme en se jouant.*

jouet [ʒwe] n.m. (de *jouer*). - **1.** Objet conçu
pour amuser un enfant : *Le rayon des jouets
dans un magasin.* - **2.** Être le jouet de, être
victime de qqn, d'une volonté supérieure,
de l'action d'éléments, etc. : *Chien qui est le
jouet d'enfants cruels* (syn. cible). *Être le jouet
d'une hallucination.*

joueur, euse [ʒwœʀ, ʒwøz] n. - **1.** Personne
qui pratique un jeu, un sport : *Joueur d'échecs,
de tennis.* - **2.** Personne qui a la passion des
jeux d'argent : *C'est une incorrigible joueuse,
elle y laissera sa fortune.* - **3.** Personne qui joue
d'un instrument de musique : *Joueur de
guitare.* ◆ adj. Qui aime jouer, s'amuser : *Un
enfant joueur.*

joufflu, e [ʒufly] adj. (altér., d'apr. *joue*, du
moyen fr. *giflu*, de *gifle* "joue"). Qui a de
grosses joues : *Un bébé joufflu.*

joug [ʒu] n.m. (lat. *jugum*). - **1.** Pièce de bois
utilisée pour atteler une paire d'animaux de

trait. -**2.** LITT. Contrainte matérielle ou morale exercée à l'encontre de qqn : *Tomber sous le joug de qqn* (syn. domination). *Secouer le joug des occupants.* -**3.** Chez les Romains, javelot attaché horizontalement sur deux autres fichés en terre, et sous lequel le vainqueur faisait passer, en signe de soumission, les chefs et les soldats de l'armée vaincue.

jouir [ʒwiʀ] v.t. ind. [**de**] (lat. pop. *gaudire,* class. *gaudere*) [conj. 32]. -**1.** Tirer un vif plaisir, une grande joie de : *Jouir de sa victoire* (syn. savourer). *Savoir jouir de la vie* (syn. profiter). *Je voyais bien qu'elle jouissait de mon embarras* (syn. se réjouir). -**2.** Avoir la possession de qqch dont on tire des avantages : *Jouir d'une bonne santé* (syn. bénéficier). *Leur famille jouit d'une immense fortune* (syn. posséder). ◆ v.i. Atteindre l'orgasme.

jouissance [ʒwisɑ̃s] n.f. (a remplacé *joiance,* lat. *gaudentia*). -**1.** Plaisir intense tiré de la possession de qqch : *Ce succès lui a provoqué une vive jouissance* (syn. satisfaction). -**2.** Plaisir physique intense ; plaisir sexuel (syn. orgasme, volupté). -**3.** Libre disposition de qqch ; droit d'utiliser une chose, un droit, d'en jouir : *Il a la libre jouissance de la maison de ses parents* (syn. usage).

jouisseur, euse [ʒwisœʀ, -øz] n. Personne qui recherche les plaisirs matériels ou sensuels : *Un jouisseur toujours en quête d'une fête* (syn. épicurien, viveur).

jouissif, ive [ʒwisif, -iv] adj. FAM. Qui procure un plaisir intense.

joujou [ʒuʒu] n.m. (de *jouet, jouer*) [pl. *joujoux*]. (Surtout dans le langage enfantin). -**1.** Petit jouet d'enfant. -**2.** Faire joujou, jouer : *Les enfants font joujou dans leur chambre* (syn. s'amuser).

joule [ʒul] n.m. (du n. du physicien angl. *J.P. Joule*). -**1.** Unité de mesure de travail, d'énergie et de quantité de chaleur, équivalant au travail produit par une force de 1 newton dont le point d'application se déplace de 1 m dans la direction de la force. □ Symb. J. -**2.** Effet Joule, dégagement de chaleur dans un conducteur homogène parcouru par un courant électrique.

jour [ʒuʀ] n.m. (bas lat. *diurnum,* du class. *diurnus* "de jour", de *dies* "jour"). -**1.** Clarté, lumière du Soleil permettant de voir les objets : *En plein jour. Se placer face au jour* (syn. lumière). -**2.** Ouverture, dans un espace plein, qui laisse passer la lumière : *Des jours entre des planches mal jointes* (syn. fente, fissure). -**3.** BROD. Vide pratiqué dans une étoffe soit par le retrait des fils, soit par l'écartement des fils à l'aide d'une grosse aiguille : *Des draps ornés de jours.* -**4.** Intervalle de temps compris entre le lever et le coucher du soleil en un lieu donné : *Les jours diminuent. Une usine qui fonctionne jour et nuit.* -**5.** Durée de la rotation de la Terre, d'une autre planète ou d'un satellite naturel autour de son axe : *Un mois de trente jours.* -**6.** Période de 24 h, assimilée au jour civil, constituant une unité de temps et un repère dans le calendrier : *Quel jour sommes-nous ? Il y a plusieurs jours qu'il est parti.* -**7.** Intervalle de 24 h considéré en fonction des circonstances qui le marquent : *Un jour de chaleur. Les jours de consultation d'un médecin. Un jour férié.* -**8.** Période, moment indéterminé : *Un jour ou l'autre.* -**9.** Moment présent, époque actuelle : *Au goût du jour.* -**10.** À jour, en conformité avec le moment présent : *Ses comptes ne sont jamais à jour* (= sont toujours en retard). *Mettre un dictionnaire à jour* (= le rendre actuel). ‖ Au grand jour, au vu et au su de tous, ouvertement, sans rien dissimuler. ‖ Au jour le jour, régulièrement, sans omettre un jour ; en ne considérant que le temps présent, sans se préoccuper du lendemain : *Noter au jour le jour les péripéties d'un voyage* (= au fur et à mesure). *Vivre au jour le jour.* ‖ FAM. Ce n'est pas mon jour, se dit lorsque rien ne vous réussit. ‖ C'est le jour et la nuit, se dit de deux choses ou de deux personnes totalement différentes ou qui s'opposent en tout. ‖ Dans un bon, un mauvais jour, bien, mal disposé ; de bonne, de mauvaise humeur. ‖ De jour, pendant le jour : *Travailler de jour. Être de jour* (= assurer un service pendant la journée). ‖ De jour en jour, jour après jour, graduellement, peu à peu : *Sa santé s'améliore de jour en jour.* ‖ De tous les jours, qui est utilisé ou fait chaque jour, qui est ordinaire, habituel : *Des vêtements de tous les jours.* ‖ Donner le jour à un enfant, le mettre au monde. ‖ Du jour, du jour présent, de la journée en cours ; de notre époque : *Des œufs du jour* (= pondus aujourd'hui). *L'homme du jour* (= le plus célèbre en ce moment). ‖ Du jour au lendemain, brusquement, sans transition : *Devenir célèbre du jour au lendemain.* ‖ D'un jour, très bref : *Ce fut un bonheur, un succès d'un jour* (= éphémère). ‖ D'un jour à l'autre, à tout moment, incessamment. ‖ Jeter un jour nouveau sur qqch, le faire apparaître sous un aspect jusqu'alors inédit : *Jeter un jour nouveau sur une période historique.* ‖ Jour pour jour, exactement, au jour près : *Dans un an jour pour jour.* ‖ Le petit jour, le point du jour, le moment où le jour se lève, l'aube. ‖ Mettre au jour, sortir de terre, dégager une chose enfouie : *Mettre au jour des vestiges mérovingiens.* ‖ Par jour, indique que l'action se répète chaque intervalle de vingt-quatre heures : *Gagner tant par jour. Je le lui répète plusieurs fois par jour* (= journellement). ‖ Percer qqn à jour, découvrir sa nature cachée ; deviner ses intentions secrètes. ‖ **Se faire jour**, finir par apparaître, par être connu, par devenir notoire : *Sa véritable personnalité s'est fait jour à cette occasion.* ‖ **Sous un jour** (+ adj.), sous tel ou tel éclairage ; selon tel ou tel point de vue : *Présenter un projet sous un jour trop favorable. Montrer une question sous un jour nouveau.* ‖ **Voir le jour**, venir au monde, naître ; être publié, édité : *Elle a vu le jour en Bretagne. Son roman n'a vu le jour que dix ans après avoir été écrit.* **- 11.** **Faux jour.** Lumière mal dirigée sur un objet et qui l'éclaire imparfaitement. ‖ **Jour civil.** Jour solaire moyen dont la durée est de 24 h exactement et qui commence à minuit. ‖ **Jour sidéral.** Durée de la rotation de la Terre sur elle-même. □ Cette durée est d'env. 23 h 56 mn 4 s. ‖ **Jour solaire moyen.** Durée moyenne, constante par définition, d'un jour solaire vrai, fixée à 24 h et commençant à midi. ‖ **Jour solaire vrai.** Durée variable, voisine de 24 h, séparant deux passages consécutifs du Soleil au méridien d'un lieu. □ Il est plus long que le jour sidéral en raison du mouvement de la Terre autour du Soleil.

◆ **jours** n.m. pl. **- 1.** LITT. Époque, temps : *Aux jours héroïques des débuts de l'aviation.* **- 2.** LITT. Vie, existence : *Finir ses jours à la campagne.* **- 3.** **De nos jours**, dans le temps où nous vivons. ‖ **Les beaux jours**, le printemps, la belle saison. ‖ **Les vieux jours**, la vieillesse.

journal [ʒuʀnal] n.m. (bas lat. *diurnalis*, de *diurnum* ; v. *jour*). **- 1.** Publication, le plus souvent quotidienne, qui donne des informations politiques, littéraires, scientifiques, etc. : *Les journaux du matin, du soir* (syn. quotidien). *Je l'ai lu dans le journal.* **- 2.** Bulletin d'informations transmis par la radio, la télévision : *Le journal de vingt-heures sur la deuxième chaîne* (= journal télévisé ; syn. informations). *Écouter tous les matins le journal de sept heures à la radio* (= journal parlé ; syn. informations). **- 3.** Direction et bureaux d'un journal : *Écrire à un journal.* **- 4.** Écrit où l'on relate les faits jour par jour : *Tenir son journal. Un journal intime* (= où l'on note ses impressions personnelles). **- 5.** Ancienne mesure de superficie correspondant à la quantité de terrain qu'un homme pouvait labourer en un jour. **- 6.** **Journal interne d'entreprise**, publication réalisée par une entreprise et destinée à ses différents collaborateurs. ‖ **Journal lumineux, journal électronique**, dispositif visible de la rue, faisant apparaître des annonces par un procédé électrique ou électronique.

1. journalier, ère [ʒuʀnalje, -ɛʀ] adj. (de *journal* "quotidien"). Qui se fait chaque jour : *Accomplir sa tâche journalière* (syn. quotidien).

2. journalier, ère [ʒuʀnalje, -ɛʀ] n. (de *1. journalier*). Ouvrier agricole payé à la journée : *Les journaliers sont souvent des saisonniers.*

journalisme [ʒuʀnalism] n.m. (de *journal*). **- 1.** Profession de ceux qui écrivent dans les journaux, participent à la rédaction d'un journal parlé ou télévisé. **- 2.** Ensemble des journaux ou des journalistes.

journaliste [ʒuʀnalist] n. Personne qui a pour occupation principale, régulière et rétribuée, l'exercice du journalisme dans un ou plusieurs organes de la presse écrite ou audiovisuelle : *Un journaliste sportif* (syn. reporter). *Les journalistes littéraires, économiques* (syn. chroniqueur).

journalistique [ʒuʀnalistik] adj. Qui a trait au journalisme ou aux journalistes : *En style journalistique.*

journée [ʒuʀne] n.f. (de *jorn*, forme anc. de *jour*). **- 1.** Espace de temps compris approximativement entre le lever et le coucher du soleil : *En fin de journée. J'ai perdu ma journée à l'écouter. Je ne l'ai pas vu de toute la journée. Bonne journée ! C'est une belle journée.* **- 2.** Durée imprécise, correspondant à un espace de temps de vingt-quatre heures : *Une journée bien remplie.* **- 3.** Travail, affaires que l'on fait ; rémunération, recette correspondante : *Être payé à la journée. Faire des journées de huit heures.* **- 4.** Jour marqué par un événement historique important : *Journée des Barricades.*

journellement [ʒuʀnɛlmã] adv. (de *journel*, var. de *journal* "quotidien"). **- 1.** Tous les jours : *Être tenu journellement au courant des progrès de la négociation* (syn. quotidiennement). **- 2.** De façon fréquente, continue : *Nous rencontrons journellement ce cas* (syn. continuellement).

joute [ʒut] n.f. (de *jouter*). **- 1.** HIST. Combat courtois à cheval, d'homme à homme, avec la lance. **- 2.** LITT. Lutte spectaculaire où l'on rivalise de talent : *Joute oratoire entre deux hommes politiques* (syn. duel). **- 3.** **Joute nautique, joute lyonnaise**, jeu où deux hommes, debout sur une barque, cherchent à se faire tomber à l'eau en se poussant avec une longue perche.

jouter [ʒute] v.i. (lat. pop. *juxtare* "toucher à", de *juxta* "près de"). **- 1.** Pratiquer la joute à cheval ou la joute nautique. **- 2.** LITT. Rivaliser, se mesurer avec qqn : *Politiciens qui joutent à qui fera le plus de promesses électorales.*

jouteur, euse [ʒutœʀ, -øz] n. **- 1.** Personne qui prend part à une joute. **- 2.** LITT. Personne qui rivalise avec une autre : *Un rude jouteur* (= un adversaire difficile).

jouvence [ʒuvãs] n.f. (altér., d'apr. *jouvenceau* et *adolescence*, de l'anc. fr. *jovente* "jeunesse", du lat. *juventa*). Eau, bain de jouvence, ce qui fait rajeunir qqn, lui redonne de la vitalité : *Ces vacances ont été un véritable bain de jouvence.*

jouvenceau, elle [ʒuvɑ̃so, -ɛl] n. (lat. pop. **juvencellus*, lat. ecclés. *juvenculus*). vx ou par plais. Jeune homme, jeune fille (syn. adolescent).

jouxter [ʒukste] v.t. LITT. Être situé à côté de, être contigu à : *Leur terrain jouxte le nôtre* (syn. avoisiner).

jovial, e, als ou **aux** [ʒɔvjal, -o] adj. (it. *gioviale*, bas lat. *jovialis* "né sous l'infl. de Jupiter"). Qui est d'une gaieté simple et communicative ; qui exprime la gaieté : *C'est un homme jovial* (syn. enjoué, gai ; contr. maussade).

jovialement [ʒɔvjalmɑ̃] adv. De façon joviale : *Elle nous apostropha jovialement* (syn. gaiement, joyeusement).

jovialité [ʒɔvjalite] n.f. Humeur joviale : *La jovialité bien connue des Méridionaux* (syn. enjouement, gaieté).

joyau [ʒwajo] n.m. (de *jo, jou*, formes anc. de *jeu*, avec infl. de l'anc. fr. *joie, joyau*", du lat. *gaudium*). - **1.** Objet fait de matières précieuses, génér. destiné à la parure : *Les femmes étaient parées de leurs plus beaux joyaux* (syn. bijou). - **2.** Chose très belle ou d'une grande valeur : *Un joyau de l'architecture gothique.*

joyeusement [ʒwajøzmɑ̃] adv. Avec joie ; dans la joie : *Les cloches sonnent joyeusement* (syn. allègrement, gaiement).

joyeux, euse [ʒwajø, -øz] adj. - **1.** Qui éprouve de la joie : *Une joyeuse bande d'enfants* (syn. enjoué, gai ; contr. maussade). *Il est joyeux à l'idée de les revoir* (syn. heureux ; contr. sombre, triste). - **2.** Qui exprime la joie : *Des cris joyeux* (syn. enthousiaste). - **3.** Qui inspire la joie : *Une joyeuse nouvelle* (syn. heureux ; contr. douloureux).

jubé [ʒybe] n.m. (du premier mot lat. de la formule liturgique *Jube, Domine, benedicere*). Sorte de galerie transversale, entre le chœur et la nef principale de certaines églises, du haut de laquelle se faisait autref. la lecture de l'Évangile.

jubilaire [ʒybilɛʁ] adj. Relatif à un jubilé : *Les cérémonies jubilaires organisées en l'honneur de l'anniversaire de la reine.*

jubilation [ʒybilasjɔ̃] n.f. (lat. *jubilatio*). Joie intense et expansive : *Tout son visage exprimait la jubilation* (syn. allégresse, gaieté).

jubilatoire [ʒybilatwaʁ] adj. FAM. Qui provoque la jubilation : *Un spectacle jubilatoire* (syn. réjouissant ; contr. affligeant).

jubilé [ʒybile] n.m. (lat. *jubilaeus*, de l'hébr. *yôbel* "sonnerie de cor"). - **1.** Dans la Bible,

année privilégiée revenant tous les 50 ans et marquée par la redistribution égalitaire des terres. - **2.** CATH. Année sainte, revenant avec une périodicité qui a varié selon les époques, où les pèlerins de Rome bénéficient d'une indulgence plénière. - **3.** Anniversaire important, génér. cinquantenaire, d'un mariage, de l'exercice d'une fonction, etc., et partic. du début d'un règne : *Le jubilé de la reine Victoria.*

jubiler [ʒybile] v.i. (lat. *jubilare*). FAM. Manifester une joie intense, souvent intérieure : *L'idée qu'on avait gagné me faisait jubiler* (syn. se réjouir ; contr. se désoler).

jucher [ʒyʃe] v.t. (de l'anc. fr. *joc*, frq. **juk* "joug"). Placer à une hauteur relativement grande par rapport à sa taille : *Jucher un enfant sur ses épaules.* ◆ v.i. Se mettre sur une branche, sur une perche pour dormir, en parlant des poules et de quelques oiseaux : *Les faisans juchent sur les arbres.* ◆ **se jucher** v.pr. Se placer, grimper en un lieu élevé : *Le chat se jucha en haut de l'escabeau* (syn. se percher).

judaïque [ʒydaik] adj. (lat. *judaicus*). Relatif au judaïsme : *La loi judaïque.*

judaïser [ʒydaize] v.t. Rendre juif, convertir au judaïsme.

judaïsme [ʒydaism] n.m. (lat. ecclés. *judaïsmus*). Ensemble de la pensée et des institutions religieuses du peuple d'Israël, des Juifs.

judas [ʒyda] n.m. (du n. de *Judas*, disciple de Jésus). - **1.** Traître : *Ce judas m'a trahi.* - **2.** Petite ouverture ou appareil à lentille aménagé dans un vantail de porte, une cloison, etc., pour voir ce qui se passe de l'autre côté sans être vu : *Regarder par le judas.*

judéité [ʒydeite] et **judaïté** [ʒydaite] n.f. Ensemble des caractères religieux, sociologiques et culturels qui constituent l'identité juive.

judéo-chrétien, enne [ʒydeokʁetjɛ̃, -ɛn] adj. (pl. *judéo-chrétiens, ennes*). Se dit des croyances et des valeurs morales communes au judaïsme et au christianisme.

judéo-espagnol [ʒydeoɛspaɲɔl] n.m. LING. Ladino.

judiciaire [ʒydisjɛʁ] adj. (lat. *judicarius*). - **1.** Qui relève de la justice, de son administration : *Police judiciaire* (= qui constate les infractions à la loi pénale). *Le pouvoir judiciaire est indépendant du pouvoir exécutif. Erreur judiciaire.* - **2.** Qui se fait en justice, par autorité de justice : *Enquête judiciaire.*

judiciairement [ʒydisjɛʁmɑ̃] adv. Par les voies de la justice ; selon les formes judiciaires : *Procéder judiciairement.*

judicieusement [ʒydisjøzmɑ̃] adv. De façon judicieuse, avec pertinence : *Il m'a fait judi-*

cieusement remarquer que j'oubliais un point important (syn. intelligemment).

judicieux, euse [ʒydisjø, -øz] adj. (du lat. *judicium* "jugement"). - **1.** Qui a le jugement bon, droit, juste : *Un esprit judicieux* (syn. raisonnable, sensé). - **2.** Qui témoigne d'un jugement rationnel : *Remarque judicieuse* (syn. pertinent ; contr. absurde). *Faire un emploi judicieux de son argent* (syn. rationnel). *Il serait judicieux de la prévenir* (syn. bon, sage).

judo [ʒydo] n.m. (mot jap., de *ju* "souple" et *do* "méthode"). Sport de combat, dérivé du jiu-jitsu, où la souplesse et la vitesse jouent un rôle prépondérant.

judoka [ʒydoka] n. (mot jap.). Personne qui pratique le judo.

juge [ʒyʒ] n.m. (lat. *judex, judicis*). - **1.** Magistrat chargé de rendre la justice en appliquant les lois : *Un juge de cour d'assises.* - **2.** Commissaire chargé, dans une course, un sport, de constater l'ordre des arrivées, de réprimer les irrégularités qui pourraient se produire au cours d'une épreuve. - **3.** Personne qui est appelée à servir d'arbitre dans une contestation, à donner son avis : *Je vous fais juge de la situation* (= je vous laisse le soin de l'apprécier). - **4.** Juge de l'application des peines, du tribunal de grande instance chargé de suivre et d'individualiser l'exécution des peines des condamnés. ‖ Juge des enfants, chargé, en matière civile, de tout ce qui concerne l'assistance éducative et, en matière pénale, des délits commis par les mineurs. ‖ Juge d'instance, du tribunal d'instance (on disait autref. *juge de paix*). ‖ Juge d'instruction, du tribunal de grande instance chargé de l'instruction préparatoire en matière pénale. □ Il est aussi officier de police judiciaire.

jugé [ʒyʒe] n.m. → **2. juger.**

jugement [ʒyʒmɑ̃] n.m. - **1.** Action de juger une affaire selon le droit ; décision rendue par un tribunal, partic. par un tribunal d'instance, de grande instance, de commerce ou un conseil de prud'hommes : *Le jugement sera rendu sous huitaine* (syn. arrêt, sentence, verdict). - **2.** Faculté de l'esprit qui permet de juger, d'apprécier : *Avoir du jugement* (syn. intelligence, raison). *Une grave erreur de jugement* (syn. discernement, raisonnement). - **3.** Aptitude à bien juger : *Je m'en remets à votre jugement* (syn. avis, sentiment). - **4.** Action de se faire une opinion, manière de juger : *Écrivain qui porte un jugement sévère sur les mœurs de son temps* (syn. appréciation, estimation). - **5.** Jugement de Dieu, volonté divine, décret de la Providence ; ensemble d'épreuves, appelées *ordalies,* auxquelles on soumettait autref. les accusés pour les innocenter ou démontrer leur culpabilité. ‖ Juge-

ment par défaut, prononcé contre une partie qui n'a pas comparu à l'audience. ‖ RELIG. CHRÉT. Jugement dernier, acte par lequel Dieu, à la fin des temps, manifestera le sort de tous les humains.

jugeote [ʒyʒɔt] n.f. FAM. Capacité de juger sainement les choses : *Il n'a pas pour deux sous de jugeote* (= bon sens).

1. juger [ʒyʒe] v.t. (lat. *judicare*) [conj. 17]. - **1.** Prononcer en qualité de juge une sentence sur : *Juger qqn, une affaire. Le tribunal a jugé* (syn. statuer). - **2.** Prendre une décision en qualité d'arbitre : *Juger un litige* (syn. régler). - **3.** Estimer la valeur de : *Juger un candidat* (syn. apprécier). - **4.** Être d'avis, penser : *Il a jugé nécessaire de protester* (syn. estimer). *Le Président juge que la situation est grave* (syn. considérer). ◆ v.t. ind. **[de]**. - **1.** Porter une appréciation sur qqch : *Juger de la distance* (syn. estimer, évaluer). - **2.** Se faire une idée de qqch, imaginer qqch : *Jugez de ma surprise* (syn. se représenter). ◆ **se juger** v.pr. - **1.** Être soumis à la justice : *L'affaire se jugera à la rentrée.* - **2.** Se juger **(+ adj.),** porter un jugement sur soi : *Se juger perdu* (syn. s'estimer).

2. juger ou **jugé** [ʒyʒe] n.m. - **1.** Au juger ou au jugé, d'après une appréciation rapide, une estimation sommaire de la situation : *Il jeta sa grenade au juger.* - **2.** ARM. Tir au juger, exécuté sans épauler ni viser.

jugulaire [ʒygylɛʀ] adj. (du lat. *jugulum* "gorge"). - **1.** ANAT. Qui appartient à la gorge, au cou : *Des ganglions jugulaires.* - **2.** Veine jugulaire, chacune des quatre grosses veines situées de chaque côté des parties latérales du cou (on dit aussi *une jugulaire*). ◆ n.f. Courroie de cuir ou bande métallique servant à assujettir un casque, un shako, une bombe, etc., sous le menton.

juguler [ʒygyle] v.t. (lat. *jugulare* "égorger"). Arrêter dans son développement : *Juguler l'inflation* (syn. enrayer, maîtriser). *Juguler une rébellion* (syn. étouffer, réprimer).

juif, juive [ʒɥif, ʒɥiv] n. (lat. *judaeus* "de Judée"). - **1.** Personne appartenant au peuple sémite qui habitait l'Israël biblique, à la communauté issue de ce peuple : *Un Juif polonais.* - **2.** Personne qui professe le judaïsme : *Un juif pratiquant.* - **3.** Le Juif errant, personnage légendaire condamné à marcher sans s'arrêter jusqu'à la fin du monde pour avoir injurié Jésus portant sa croix. ◆ adj. - **1.** Relatif aux Juifs, au judaïsme : *Le peuple juif. L'histoire juive.* - **2.** Qui professe le judaïsme : *Jeune garçon juif qui fait sa bar-mitsva.*

juillet [ʒɥijɛ] n.m. (de l'anc. fr. *juil,* lat. *julius* "mois consacré à Jules César"). Septième mois de l'année.

juillettiste [ʒɥijetist] n. Personne qui prend ses vacances au mois de juillet.

juin [ʒɥɛ̃] n.m. (lat. *junius* "mois consacré à Junius Brutus"). Sixième mois de l'année.

jujube [ʒyʒyb] n.m. (gr. *zizuphon*). - **1.** Fruit du jujubier, drupe rouge à maturité, à pulpe blanche et sucrée, légèrement laxative, qui sert à fabriquer les fruits pectoraux et la pâte de jujube. - **2.** Suc, pâte extraits du jujube.

jujubier [ʒyʒybje] n.m. Arbre cultivé dans le Midi pour ses fruits. □ Famille des rhamnacées ; haut. jusqu'à 8 m.

juke-box [dʒukbɔks] n.m. (mot anglo-amér., de *juke*, terme d'argot signif. "bordel, désordre", et *box* "boîte") [pl. inv. ou *juke-boxes*]. Électrophone automatique placé génér. dans un lieu public et permettant, après introduction d'une pièce ou d'un jeton, d'écouter un disque sélectionné.

jules [ʒyl] n.m. (du prénom *Jules*). FAM. Homme avec lequel une femme vit, maritalement ou non, avec lequel elle a une relation plus ou moins suivie : *Elle est venue avec son jules* (= petit ami ; syn. amant).

julien, enne [ʒyljɛ̃, -ɛn] adj. (lat. *Julianus* "de Jules César"). **Calendrier julien,** calendrier introduit par Jules César en 46 av. J.-C., qui comportait des années de 365 jours, pour 365 jours et quart, et une année bissextile de 366 jours tous les quatre ans.

julienne [ʒyljɛn] n.f. (du prénom *Julien* ou *Julienne*, par une évolution obsc.). - **1.** Manière de tailler certains légumes en fins bâtonnets : *Préparer des carottes en julienne*. - **2.** Potage fait et servi avec des légumes ainsi taillés.

1. jumeau, elle [ʒymo, -ɛl] adj. (a remplacé *gémeau*, lat. *gemellus*). - **1.** Se dit de deux enfants nés d'un même accouchement : *J'ai un frère jumeau, une sœur jumelle*. - **2.** Se dit de deux choses semblables, symétriques ou faites pour aller ensemble : *Maisons jumelles. Lits jumeaux.* ◆ n. Frère jumeau ou sœur jumelle : *Je ne peux la distinguer de sa jumelle.* ◆ **jumeaux** n.m. pl. Enfants jumeaux : *Elle a eu des jumeaux, un garçon et une fille.*

2. jumeau [ʒymo] n.m. (de *1. jumeau*). ANAT. Chacun des quatre muscles pairs de la fesse et de la jambe.

jumelage [ʒymlaʒ] n.m. - **1.** Action de jumeler : *Le jumelage des roues arrière d'un véhicule.* - **2.** Création et développement de liens entre des villes de pays différents : *Le jumelage de Nantes et de Cardiff.*

jumelé, e [ʒymle] adj. Disposé par couples : *Fenêtres jumelées. Roues jumelées.*

jumeler [ʒymle] v.t. (de *jumeau*) [conj. 24]. - **1.** Ajuster, accoupler côte à côte deux objets semblables et semblablement disposés : *Jumeler des poutres.* - **2.** Associer des villes de pays différents en vue d'établir entre elles des liens et des échanges culturels et touristiques.

jumelle [ʒymɛl] adj.f. et n.f. → **l. jumeau.**

jumelles [ʒymɛl] n.f. pl. (de *jumelle* ; v. *jumeau*). Instrument d'optique formé de deux lunettes identiques accouplées de façon à permettre la vision binoculaire : *Des jumelles de théâtre.* **Rem.** S'emploie aussi au sing. : *jumelle marine.*

jument [ʒymɑ̃] n.f. (lat. *jumentum* "bête de somme"). Femelle adulte de l'espèce chevaline : *Une jument poulinière.*

jumping [dʒœmpiŋ] n.m. (mot angl. "saut"). Concours hippique consistant en une succession de sauts d'obstacles.

jungle [ʒœ̃gl] ou [ʒɔ̃gl] n.f. (mot angl., du hindi). - **1.** En Inde, formation végétale très épaisse qui prospère sous un climat chaud et humide avec une courte saison sèche : *Les tigres vivent dans la jungle.* - **2.** Milieu où l'individu ne peut compter que sur ses seules forces : *La jungle du monde des affaires.* - **3.** La loi de la jungle, la loi du plus fort.

junior [ʒynjɔr] adj. (mot lat. "plus jeune"). - **1.** Désigne le plus jeune d'une famille (par opp. à *aîné*) : *Dubois junior* (syn. cadet, puîné). - **2.** Qui concerne les jeunes, qui leur est destiné : *La mode junior.* ◆ adj. et n. Se dit d'une catégorie d'âge, variable selon les sports ou les jeux, intermédiaire entre les cadets et les seniors. □ Cette catégorie se situe entre 16 et 20 ans.

junkie ou **junky** [ʒœnki] n. (de l'arg. anglo-amér. *junk* "drogue dure") [pl. *junkies*]. FAM. Héroïnomane.

junte [ʒœ̃t] n.f. (esp. *junta*, fém. de *junto* "joint"). - **1.** Autref., conseil politique ou administratif dans les pays ibériques. - **2.** Gouvernement à caractère autoritaire, le plus souvent militaire, issu d'un coup d'État.

jupe [ʒyp] n.f. (ar. *djoubba*). - **1.** Vêtement féminin qui enserre la taille et descend jusqu'aux jambes : *Une jupe droite.* - **2.** Dans les véhicules à coussin d'air, paroi souple limitant une chambre dans laquelle une certaine surpression permet la sustentation du véhicule : *La jupe d'un aéroglisseur.* - **3.** Jupe portefeuille, qui se croise largement par-devant.

jupe-culotte [ʒypkylɔt] n.f. (pl. *jupes-culottes*). Pantalon très ample coupé de manière à tomber comme une jupe.

jupette [ʒypɛt] n.f. Jupe très courte.

jupon [ʒypɔ̃] n.m. Pièce de lingerie qui soutient l'ampleur d'une jupe, d'une robe : *Un jupon de dentelle.*

jurande [ʒyrɑ̃d] n.f. (de *jurer*). HIST. Sous l'Ancien Régime, groupement professionnel autonome, composé de membres égaux unis par un serment.

jurassien, enne [ʒyʀasjɛ̃, -ɛn] adj. et n. - **1.** Du Jura : *Le climat jurassien.* - **2.** GÉOGR. Relief jurassien, type de relief développé dans une structure sédimentaire régulièrement plissée, où alternent couches dures et couches tendres : *Le massif du Vercors est du type jurassien.*

jurassique [ʒyʀasik] n.m. (de *Jura*). GÉOL. Deuxième période de l'ère secondaire, entre le trias et le crétacé, marquée par le dépôt d'épaisses couches calcaires, partic. dans le Jura.

1. juré, e [ʒyʀe] adj. (lat. *juratus*, de *jurare* "jurer"). - **1.** Qui a prêté serment : *Expert juré auprès des tribunaux.* - **2.** Ennemi juré, adversaire acharné, implacable, avec lequel on ne peut se réconcilier.

2. juré [ʒyʀe] n.m. (de *1. juré*). - **1.** Citoyen désigné par voie de tirage au sort en vue de participer au jury d'une cour d'assises : *La défense a récusé deux jurés.* - **2.** Membre d'un jury quelconque : *Les jurés d'un festival.*

1. jurer [ʒyʀe] v.t. (lat. *jurare*, de *jus, juris* "droit, justice"). - **1.** Prononcer solennellement un serment en engageant un être ou une chose que l'on tient pour sacré : *Jurer sur l'honneur de dire la vérité.* - **2.** Affirmer avec vigueur : *Il jure qu'il ne ment pas* (syn. prétendre, soutenir). - **3.** Prendre la ferme résolution de ; s'engager à : *Jurer la ruine d'un ennemi* (syn. décider, décréter). - **4.** Ne jurer que par qqn, approuver tout ce qu'il fait, croire tout ce qu'il dit en raison de la vive admiration qu'on lui porte : *Elle ne jure que par son fils.* ◆ **se jurer** v.pr. - **1.** Se promettre réciproquement qqch : *Ils se sont juré fidélité.* - **2.** Se promettre à soi-même de faire qqch : *Je me suis juré de ne plus y aller.*

2. jurer [ʒyʀe] v.i. (de *1. jurer*). Proférer des jurons : *Il faut l'entendre jurer !* (syn. pester, sacrer). ◆ v.t. ind. Être mal assorti avec qqch ; produire un effet discordant : *Ce vert jure avec cet orangé* (syn. détonner).

juridiction [ʒyʀidiksjɔ̃] n.f. (lat. *jurisdictio* "droit de rendre la justice"). - **1.** Pouvoir de juger, de rendre la justice ; étendue de territoire où s'exerce ce pouvoir : *Le tribunal exerce sa juridiction dans les limites du département.* - **2.** Ensemble des tribunaux de même ordre, de même nature ou de même degré hiérarchique : *La juridiction criminelle.*

juridictionnel, elle [ʒyʀidiksjɔnɛl] adj. Relatif à une juridiction : *L'organisation juridictionnelle française.*

juridique [ʒyʀidik] adj. (lat. *juridicus*, de *jus, juris* "droit"). Qui relève du droit : *Vocabulaire juridique. Il a une formation juridique* (= de juriste).

juridiquement [ʒyʀidikmɑ̃] adv. De façon juridique ; du point de vue du droit : *Sentence juridiquement motivée.*

jurisconsulte [ʒyʀiskɔ̃sylt] n.m. (lat. *juris consultus* "versé dans le droit"). Spécialiste faisant profession de donner des consultations sur des questions de droit (syn. juriste, légiste).

jurisprudence [ʒyʀispʀydɑ̃s] n.f. (lat. *jurisprudentia* "science du droit"). - **1.** Ensemble des décisions des tribunaux, qui constitue une source du droit : *La jurisprudence en matière de droit du travail.* - **2.** Faire jurisprudence, faire autorité et servir d'exemple dans un cas déterminé ; créer un précédent : *La condamnation du violeur va faire jurisprudence.*

juriste [ʒyʀist] n. (lat. médiév. *jurista*). Personne qui connaît, pratique le droit ; auteur d'ouvrages juridiques (syn. jurisconsulte, légiste).

juron [ʒyʀɔ̃] n.m. (de *jurer*). Expression grossière ou blasphématoire qui, sous forme d'interjection, traduit génér. un mouvement vif d'humeur ou de satisfaction, ou bien souligne une injonction : *Lâcher un chapelet de jurons* (syn. blasphème, grossièreté).

jury [ʒyʀi] n.m. (mot angl., de l'anc. fr. *jurée* "serment"). - **1.** Ensemble des jurés appelés à titre temporaire à participer à l'exercice de la justice en cour d'assises : *Le jury s'est retiré pour délibérer.* - **2.** Commission d'examinateurs chargée d'un examen, d'un classement, d'un jugement : *Jury d'agrégation. Le jury du Festival de Cannes.*

jus [ʒy] n.m. (lat. *jus, juris* "sauce"). - **1.** Liquide extrait de la pulpe, de la chair de certains fruits ou légumes ; boisson constituée par ce liquide : *Ces oranges ont beaucoup de jus. Boire un jus de tomate.* - **2.** Suc résultant de la cuisson d'une viande, d'une volaille : *Le jus d'un rôti.* - **3.** FAM. Café noir : *Boire un bon jus.* - **4.** FAM. Courant électrique : *Prendre le jus en changeant une ampoule* (= une décharge électrique). - **5.** FAM. Jus de chaussettes, mauvais café.

jusant [ʒyzɑ̃] n.m. (de l'anc. adv. *jus* "en bas", lat. *deorsum*). MAR. Marée descendante (syn. reflux).

jusqu'au-boutisme [ʒyskobutism] n.m. (de *jusqu'au bout*). FAM. Comportement des jusqu'au-boutistes : *Le jusqu'au-boutisme de certains grévistes.*

jusqu'au-boutiste [ʒyskobutist] n. et adj. (de *jusqu'au bout*). FAM. Partisan d'une action poussée jusqu'à ses limites extrêmes, quelles qu'en soient les conséquences : *Des groupuscules jusqu'au-boutistes.*

jusque [ʒysk] prép. (de l'anc. fr. *enjusque*, lat. pop. *inde usque* "de là jusqu'à"). [*Jusque*

s'élide en *jusqu'* devant un mot commençant par une voyelle ou un *h* muet]. - **1.** Suivi d'une prép. (spécial. *à*, *en*) ou d'un adv. de lieu ou de temps, indique une limite spatiale ou temporelle, un point limite, un degré extrême : *Depuis Paris jusqu'à Rome. Je t'attendrai jusqu'au soir. Il est allé jusqu'à le frapper. La fièvre est montée jusqu'à 40 °C. Elle est allée jusqu'en Amazonie. Jusqu'alors, il n'y avait eu aucun changement.* - **2.** Jusque-là, jusqu'ici, indiquent une limite spatiale ou temporelle qu'on ne dépasse pas : *Jusqu'ici je n'ai pas eu de ses nouvelles. Le sentier va jusque-là.*
◆ **jusqu'à ce que** loc. conj. Indique la limite temporelle : *Restez jusqu'à ce que je revienne.* **Rem.** *Jusque* s'écrit parfois avec un *s* final, surtout en poésie : *Jusques à quand ?*

jussiée [ʒysje] n.f. (du n. de Bernard *Jussieu*). Plante exotique aquatique, employée comme plante ornementale.

justaucorps [ʒystokɔʀ] n.m. (de *juste, au* et *corps*). - **1.** Pourpoint serré à la taille, à basques et à manches, en usage au XVIIᵉ s. - **2.** Sous-vêtement féminin d'un seul tenant, dont le bas se termine en slip. - **3.** Vêtement collant d'une seule pièce utilisé pour la danse et certains sports.

juste [ʒyst] adj. (lat. *justus*). - **1.** Qui juge et agit selon l'équité, en respectant les règles de la morale ou de la religion : *Un professeur juste dans ses notations* (syn. impartial). *Être juste avec ses subordonnés* (syn. équitable ; contr. injuste). - **2.** Conforme à la justice, à la morale : *Sentence juste. La juste récompense des services que vous nous avez rendus* (syn. légitime). *Une juste colère* (syn. fondé). - **3.** Conforme à la raison, à la vérité : *Son raisonnement est juste* (syn. logique ; contr. boiteux). *Je me suis fait une idée assez juste de la situation* (syn. exact ; contr. faux). - **4.** Qui est exact, conforme à la réalité, à la règle ; qui est tel qu'il doit être ; qui fonctionne avec précision : *Note de musique juste* (contr. faux). *Balance juste* (syn. exact, précis). - **5.** Étroit, court : *Des chaussures trop justes* (syn. petit, serré). - **6.** Qui suffit à peine : *Deux heures pour tout recopier, ce sera juste* (syn. insuffisant). ◆ n. - **1.** Personne qui observe la loi morale, agit avec droiture : *La souffrance du juste devant l'iniquité.* - **2.** Dormir du sommeil du juste, dormir d'un sommeil profond et tranquille, comme celui d'une personne qui n'a rien à se reprocher. ◆ n.m. - **1.** Ce qui est conforme au droit, à la justice : *Avoir la notion du juste et du bien.* - **2.** Au juste, exactement : *Je voudrais savoir au juste quel âge il a* (syn. exactement). ‖ Comme de juste, comme il se doit ; comme il fallait s'y attendre (iron.) : *Comme de juste, elle est rentrée la première* (= naturellement). *Comme de juste, il a pris la plus grosse part* (= évidemment). ◆ adv. - **1.** Avec justesse : *Chanter juste* (contr. faux). - **2.** Précisément : *Le café est juste au coin. Prenez juste ce qu'il vous faut* (syn. exactement). - **3.** D'une manière insuffisante : *Prévoir trop juste. C'est tout juste si j'ai pu dire un mot* (= c'est à peine si). - **4.** Seulement : *J'ai juste pris le temps de dîner.*

justement [ʒystəmɑ̃] adv. - **1.** De façon justifiée : *Être justement indigné* (syn. dûment, légitimement). - **2.** De façon précise ; par coïncidence : *Nous parlions justement de vous* (syn. précisément). - **3.** D'une manière exacte : *Comme on l'a dit si justement* (syn. pertinemment).

justesse [ʒystɛs] n.f. (de *juste*). - **1.** Qualité d'une chose bien réglée, exacte et donc bien adaptée à sa fonction : *Justesse d'une montre* (syn. précision). - **2.** Conformité à une norme ou à un modèle : *La justesse d'une comparaison* (syn. correction, exactitude). - **3.** Manière de faire, de penser, etc., sans erreur ni écart : *Viser avec justesse* (syn. précision, sûreté). - **4.** De justesse, de très peu : *Gagner de justesse.*

justice [ʒystis] n.f. (lat. *justicia*). - **1.** Principe moral qui exige le respect du droit et de l'équité : *Faire régner la justice* (syn. légalité). - **2.** Vertu, qualité morale qui consiste à être juste, à respecter les droits d'autrui : *Pratiquer la justice* (syn. équité). - **3.** Caractère de ce qui est juste, impartial : *Il a perdu, certes, mais c'est justice* (= c'est légitime). - **4.** Pouvoir de rendre le droit à chacun ; exercice de ce pouvoir : *Exercer la justice avec rigueur. Une cour de justice* (= où l'on rend la justice). - **5.** Action par laquelle une autorité, un pouvoir judiciaire reconnaît le droit de chacun : *Demander, réclamer justice.* - **6.** Acte par lequel s'exprime le pouvoir juridique de l'État, sa fonction souveraine à trancher les litiges : *Être condamné par décision de justice.* - **7.** Institution qui exerce un pouvoir juridictionnel ; ensemble de ces institutions : *Justice civile, militaire. Justice administrative.* - **8.** Rendre, faire justice à qqn, réparer le tort qu'il a subi ; reconnaître ses mérites. ‖ Se faire justice, se venger ; se tuer, en parlant d'un coupable, en partic. d'un meurtrier. - **9.** Palais de justice. Édifice où siègent les tribunaux.

justiciable [ʒystisjabl] adj. et n. (de l'anc. v. *justicier* "punir"). Qui relève de la justice, des tribunaux : *Un criminel justiciable de la cour d'assises.* ◆ adj. - **1.** Qui doit répondre de ses actes : *Le Premier ministre est justiciable de sa politique.* - **2.** Qui relève de, qui nécessite : *Maladie justiciable d'un traitement prolongé.*

justicier, ère [ʒystisje, -ɛʀ] adj. et n. (de *justice*). Qui agit en redresseur de torts sans en avoir reçu le pouvoir légal : *Un policier justicier. S'ériger en justicier.*

justifiable [ʒystifjabl] adj. Qui peut être justifié : *Son attitude est justifiable* (syn. défendable, explicable).

justifiant, e [ʒystifjɑ̃, -ɑ̃t] adj. (de *justifier* "replacer au nombre des justes"). THÉOL. Grâce justifiante, qui rétablit le pécheur dans l'état de grâce.

justificateur, trice [ʒystifikatœʀ, -tʀis] adj. Qui apporte une justification : *Témoignage justificateur.*

justificatif, ive [ʒystifikatif, -iv] adj. Qui sert à justifier ou à prouver : *Pièces justificatives.* ◆ **justificatif** n.m. Document apportant la preuve que qqch a bien été fait : *N'oubliez pas de joindre le justificatif de paiement à votre lettre.*

justification [ʒystifikasjɔ̃] n.f. - **1.** Action de justifier, de se justifier : *Avancer des arguments pour sa justification* (syn. décharge, défense). - **2.** Preuve d'une chose par titres ou par témoins : *Justification d'identité.* - **3.** IMPR. Longueur d'une ligne pleine.

justifier [ʒystifje] v.t. (lat. ecclés. *justificare*) [conj. 9]. - **1.** Mettre hors de cause ; prouver l'innocence de : *Justifier un ami devant ses accusateurs* (syn. disculper). - **2.** Faire admettre qqch, en établir le bien-fondé, la nécessité : *Le préjudice subi justifie le montant de l'indemnité* (syn. expliquer, motiver). *Ses craintes ne sont pas justifiées* (syn. fonder, légitimer). - **3.** IMPR. Donner à une ligne la longueur requise en insérant des blancs. ◆ v.t. ind. [de]. Apporter la preuve matérielle : *Quittance qui justifie du paiement.* ◆ **se justifier** v.pr. - **1.** Donner des preuves de son innocence ; dégager sa responsabilité : *Il n'a pu se justifier.* - **2.** Être légitimé, fondé : *De tels propos ne se justifient guère.*

jute [ʒyt] n.m. (mot angl., du bengali *jhuto*). - **1.** Fibre textile extraite des tiges d'une plante cultivée principalement au Bangla-

desh. □ Famille des tiliacées. - **2.** Étoffe grossière faite avec ces fibres : *Murs tendus de jute.*

juter [ʒyte] v.i. (de *jus*). FAM. Rendre du jus : *Oranges qui jutent.*

juteux, euse [ʒytø, -øz] adj. - **1.** Qui a beaucoup de jus : *Pêche juteuse* (syn. fondant). - **2.** FAM. Qui rapporte beaucoup d'argent : *Affaire juteuse* (syn. fructueux, lucratif, rentable).

juvénile [ʒyvenil] adj. (lat. *juvenilis*). Qui appartient à la jeunesse, qui en a l'ardeur, la vivacité : *Enthousiasme juvénile.*

juvénilité [ʒyvenilite] n.f. LITT. Caractère de ce qui est juvénile : *La juvénilité d'un visage d'adolescente.*

juxtalinéaire [ʒykstalineɛʀ] adj. (de *juxta-* et *linéaire*). Se dit d'une traduction où le texte original et la version se correspondent ligne à ligne dans deux colonnes contiguës.

juxtaposable [ʒykstapozabl] adj. Que l'on peut juxtaposer : *Des éléments de bibliothèque juxtaposables.*

juxtaposé, e [ʒykstapoze] adj. GRAMM. Se dit d'éléments de la phrase qui ne sont liés par aucune coordination ou subordination : *« Je suis venu, j'ai vu, j'ai vaincu » sont des propositions juxtaposées.*

juxtaposer [ʒykstapoze] v.t. (de *juxta-* et *poser*). Poser, placer côte à côte, dans une proximité immédiate : *Juxtaposer deux petites tables pour en former une grande* (syn. rapprocher, réunir). *Les enfants qui commencent à parler se contentent de juxtaposer les mots* (syn. accoler, joindre).

juxtaposition [ʒykstapozisjɔ̃] n.f. - **1.** Action de juxtaposer : *Une dissertation ne consiste pas en une juxtaposition de paragraphes.* - **2.** GRAMM. Situation d'éléments d'une phrase qui sont juxtaposés ; absence de coordination entre des éléments qui occupent le même plan.

k [ka] n.m. inv. Onzième lettre (consonne) de l'alphabet.

kabbale ou, VX, **cabale** [kabal] n.f. (hébr. *qabbalah* "tradition"). [Souvent avec une majuscule]. Ensemble des commentaires mystiques et ésotériques juifs des textes bibliques et de leur tradition orale. □ Les adeptes des sciences occultes utilisent dans un sens magique les symboles de la kabbale.

kabuki [kabuki] n.m. (mot jap.). Genre théâtral japonais où le dialogue alterne avec des parties psalmodiées ou chantées et avec des intermèdes de ballet.

kabyle [kabil] adj. et n. (ar. *kabaïlyy*). De Kabylie. ◆ n.m. Langue berbère parlée en Kabylie.

kafkaïen, enne [kafkajɛ̃, ɛn] adj. -**1.** Relatif à Kafka, à son œuvre. -**2.** Dont l'absurdité, l'illogisme rappellent l'atmosphère des romans de Kafka : *Situation kafkaienne.*

kaiser [kajzœr] ou [kezɛr] n.m. (mot all. "empereur", du lat. *Caesar*). Titre donné en France à l'empereur d'Allemagne Guillaume II, qui régna de 1888 à 1918.

kakatoès n.m. → cacatoès.

kakemono [kakemono] n.m. (mot jap. "chose suspendue"). Peinture ou calligraphie japonaise, sur soie ou papier, qui se déroule verticalement.

1. kaki [kaki] n.m. (mot jap.). Fruit à pulpe molle et sucrée, ayant l'aspect d'une tomate. □ Le kaki est le fruit du plaqueminier.

2. kaki [kaki] adj. inv. et n.m. inv. (angl. *khakee*, hindi *khâkî* "couleur de poussière"). D'une couleur verte, mêlée de brun clair : *Des uniformes kaki.* □ Le kaki est la couleur de la tenue de campagne de nombreuses armées.

kaléidoscope [kaleidɔskɔp] n.m. (du gr. *kalos* "beau", *eidos* "aspect", et de *-scope*). Appareil formé d'un tube opaque contenant plusieurs miroirs disposés de façon que l'objet regardé ou les petits objets colorés placés dans le tube y produisent des dessins symétriques et constamment changeants lorsqu'on tourne ce dernier.

kaléidoscopique [kaleidɔskɔpik] adj. D'un kaléidoscope ; qui rappelle le kaléidoscope : *Des miroitements kaléidoscopiques.*

kamikaze [kamikaz] ou [kamikaze] n.m. (mot jap. "vents divins"). -**1.** En 1944-45, pilote japonais volontaire pour écraser son avion chargé d'explosifs sur un objectif ; cet avion lui-même. -**2.** Personne téméraire qui se sacrifie pour une cause : *Candidat kamikaze à une élection perdue d'avance.*

kanak, e ou **canaque** [kanak] n. et adj. (polynésien *kanaka* "homme"). Mélanésien de Nouvelle-Calédonie.

kangourou [kɑ̃guru] n.m. (angl. *kangaroo*, d'une langue indigène d'Australie). Mammifère australien aux membres postérieurs très longs, permettant le déplacement par bonds. □ Ordre des marsupiaux ; le mâle peut atteindre 1,50 m de haut. ; la femelle conserve son petit pendant six mois env. dans une poche ventrale.

kantien, enne [kɑ̃sjɛ̃, -ɛn] adj. Relatif au kantisme.

kantisme [kɑ̃tism] n.m. Philosophie de Kant.

kaolin [kaɔlɛ̃] n.m. (chin. *kaoling*, propr. "colline élevée", n. du lieu d'où on l'extrayait). Roche argileuse, blanche et friable, provenant de l'altération du feldspath, qui entre dans la composition de la porcelaine dure.

kapok [kapɔk] n.m. (mot angl., du malais). Duvet végétal, très léger et imperméable, qui entoure les graines de certains arbres, tels le fromager et le kapokier, et que l'on utilise notamm. pour le rembourrage des coussins.

kapokier [kapɔkje] n.m. Arbre asiatique qui produit le kapok. □ Famille des malvacées.

Kaposi (sarcome ou **syndrome de),** maladie maligne de type sarcomateux qui est la complication la plus fréquente du sida.

kappa [kapa] n.m. inv. Dixième lettre de l'alphabet grec (K, k).

karakul ou **caracul** [kaʀakyl] n.m. (de la ville de *Kara-Koul*). Mouton d'Asie centrale, d'une variété à toison longue et ondulée ; cette fourrure. □ Le karakul né avant terme fournit le *breitschwanz.*

karaté [kaʀate] n.m. (mot jap.). Sport de combat et art martial d'origine japonaise, dans lequel les adversaires combattent de façon fictive, les coups étant arrêtés avant de toucher.

karatéka [kaʀateka] n. Personne qui pratique le karaté.

karité [kaʀite] n.m. (mot ouolof). Arbre de l'Afrique tropicale dont les graines fournissent une matière grasse comestible, le beurre de karité.

karma [kaʀma] et **karman** [kaʀmɑ̃] n.m. (mot sanskr.). Principe fondamental des religions indiennes qui repose sur la conception de la vie humaine comme maillon d'une chaîne de vies, chaque vie étant déterminée par les actes accomplis dans la vie précédente.

karstique [kaʀstik] adj. (du n. de la région de Karst). Relief karstique, relief particulier aux régions dans lesquelles les roches calcaires forment d'épaisses assises, et résultant de l'action, en grande partie souterraine, d'eaux qui dissolvent le carbonate de calcium (on dit aussi *relief calcaire*).

kart [kaʀt] n.m. (mot angl.). Petit véhicule automobile de compétition, à embrayage automatique, sans boîte de vitesses, ni carrosserie, ni suspension.

karting [kaʀtiŋ] n.m. Sport pratiqué avec le kart.

kasher et **cachère** [kaʃɛʀ] adj. (mot hébr. "conforme à la loi"). Se dit d'un aliment, notamm. la viande, conforme aux prescriptions rituelles du judaïsme ainsi que du lieu où il est préparé ou vendu : *Une boucherie kasher.* **Rem.** On trouve d'autres graphies, dont *casher, kascher.* Le mot est génér. invariable, sauf sous sa forme francisée *cachère,* cour. accordée en nombre.

kayak [kajak] n.m. (mot esquimau). **- 1.** Embarcation individuelle des Esquimaux, dont la carcasse de bois est recouverte de peaux cousues qui entourent l'emplacement du rameur. **- 2.** Embarcation de sport étanche et légère, inspirée du kayak esquimau et propulsée par une pagaie double ; sport pratiqué avec cette embarcation.

kayakiste [kajakist] n. Sportif pratiquant le kayak.

keffieh [kefje] n.m. (mot ar.). Coiffure traditionnelle des Bédouins, faite d'un morceau de tissu plié et maintenu sur la tête par un cordon.

kéfir n.m. → **képhir.**

kelvin [kɛlvin] n.m. (du n. de *lord Kelvin*). Unité de mesure de température thermodynamique, équivalant à $1/273,16$ de la température du *point triple* de l'eau (point où les trois états - liquide, solide, gazeux - de l'eau sont en équilibre).

kendo [kɛndo] n.m. (mot jap.). Art martial d'origine japonaise dans lequel les adversaires, protégés par un casque et un plastron, luttent avec un sabre de bambou.

képhir ou **kéfir** [kefiʀ] n.m. (mot du Caucase). Boisson gazeuse et acidulée, obtenue en faisant fermenter du petit-lait.

képi [kepi] n.m. (all. de Suisse *Käppi,* dimin. de *Kappe* "bonnet"). Coiffure légère munie d'une visière et d'une fausse jugulaire en galon métallique, portée notamm. par les officiers de l'armée de terre française.

kératine [keʀatin] n.f. (du gr. *keras, -atos* "corne, cornée"). Substance organique imperméable à l'eau, riche en soufre, qui est un constituant fondamental des poils, des ongles, des cornes, des sabots, des plumes.

kératite [keʀatit] n.f. (du gr. *keras, -atos* "corne, cornée"). Inflammation de la cornée.

kératose [keʀatoz] n.f. (du gr. *keras, -atos* "corne, cornée"). Affection de la peau formant un épaississement de la couche cornée.

kermès [kɛʀmɛs] n.m. (mot ar., du persan). **- 1.** Cochenille nuisible qui se fixe sur certains arbres et y pond ses œufs. **- 2.** Chêne kermès, petit chêne méditerranéen à feuilles persistantes et épineuses.

kermesse [kɛʀmɛs] n.f. (flamand *kerkmisse* "messe d'église"). **- 1.** RÉGION. Dans les Flandres, fête patronale et foire annuelle. **- 2.** Fête en plein air comportant des jeux et des stands de vente, organisée le plus souvent au bénéfice d'une œuvre : *La kermesse de l'école, de la paroisse.*

kérosène [keʀozɛn] n.m. (du gr. *kêros* "cire"). Liquide pétrolier jaune pâle, distillant entre 150 et 300 °C, obtenu comme intermédiaire entre l'essence et le gazole à partir du pétrole brut, et utilisé comme carburant d'aviation.

ketch [kɛtʃ] n.m. (mot angl.). Voilier dont le grand mât est à l'avant et l'artimon implanté en avant de la barre, à la différence du yawl.

ketchup [kɛtʃœp] n.m. (mot angl. d'orig. probabl. chin.). Condiment d'origine anglaise, sauce épaisse à base de tomates, de saveur piquante.

khâgne [kaɲ] n.f. Nom cour. donné à la classe de *première* * supérieure des lycées.

khalife, khalifat n.m. → **calife, califat.**

khalkha [kalka] n.m. Langue officielle de la République de Mongolie (syn. mongol).

khamsin ou **chamsin** [Ramsin] n.m. (ar. *khamsin*, propr. "cinquantaine", parce que ce vent souffle parfois pendant des périodes de cinquante jours). Vent de sable en Égypte, analogue au sirocco.

khan [kã] n.m. (mot turc). Titre turc équivalant à l'origine à celui d'empereur, et porté ultérieurement par des souverains vassaux ou des nobles du Moyen-Orient ou de l'Inde.

khédive [kediv] n.m. (du pers. *khadiv* "seigneur"). Titre porté par le vice-roi d'Égypte de 1867 à 1914.

khi [ki] n.m. inv. Vingt-deuxième lettre de l'alphabet grec (X, χ).

khmer, ère [kmɛR] adj. et n. (mot hindou). Des Khmers, peuple du Cambodge.
◆ **khmer** n.m. Langue officielle du Cambodge (syn. cambodgien).

khoin [kwɛ̃] et **khoisan** [kwazã] n.m. (de la langue des Hottentots "homme"). Famille de langues parlées par quelques ethnies du sud de l'Afrique, comme les Bochimans et les Hottentots.

khôl [kol] n.m. (ar. *kuhl* "collyre d'antimoine"). Fard noirâtre provenant de la carbonisation de substances grasses, utilisé pour le maquillage des yeux. (On écrit aussi *kohol*.)

kibboutz [kibuts] n.m. (mot hébr. "collectivité"). En Israël, exploitation communautaire, le plus souvent agricole. **Rem.** Le pluriel savant est *kibboutzim.*

kick [kik] n.m. (de l'angl. *to kick* "donner des coups de pied"). Dispositif de mise en marche d'un moteur de motocyclette, à l'aide du pied.

kidnapper [kidnape] v.t. (angl. *to kidnap*, de *kid* "enfant" et *nap* "enlever"). Enlever qqn pour obtenir une rançon ou pour faire pression sur qqn : *Les terroristes ont kidnappé un ambassadeur et demandent la libération de leur chef.*

kidnappeur, euse [kidnapœr, -øz] n. Personne qui commet un kidnapping.

kidnapping [kidnapiŋ] n.m. (mot angl. ; v. *kidnapper*). Enlèvement d'une personne, en partic. pour obtenir une rançon (syn. rapt).

kif [kif] n.m. (ar. *kif* "état agréable"). Nom du haschisch en Afrique du Nord. (On écrit aussi *kief.*)

kif-kif [kifkif] adj. inv. (de l'ar. dialect.). FAM. C'est kif-kif, c'est pareil : *Que tu cries ou non, c'est kif-kif, il est sourd.*

kilo [kilo] n.m. (de *kilo-*) [pl. *kilos*]. Kilogramme.

kilofranc [kilofRã] n.m. Unité de compte équivalant à 1 000 francs. (Abrév. *kF.*)

kilogramme [kilogRam] n.m. Unité de mesure de masse équivalant à la masse du prototype en platine iridié qui a été sanctionné par la Conférence générale des poids et mesures tenue à Paris en 1889, et qui est déposé au Bureau international des poids et mesures. □ Symb. kg.

kilométrage [kilɔmetraʒ] n.m. - **1.** Action de kilométrer. - **2.** Nombre de kilomètres parcourus.

kilomètre [kilɔmetR] n.m. - **1.** Unité de distance valant 1 000 m. □ Symb. km. - **2.** Kilomètre par heure (cour. **kilomètre à l'heure, kilomètre heure**), unité de mesure de vitesse équivalant à la vitesse d'un mobile qui, animé d'un mouvement uniforme, parcourt un kilomètre en une heure. □ Symb. km/h.

kilométrer [kilɔmetRe] v.t. [conj. 18]. Marquer d'indications kilométriques : *Kilométrer une route.*

kilométrique [kilɔmetRik] adj. Relatif au kilomètre, qui indique les kilomètres : *Borne kilométrique.*

kilotonne [kilɔtɔn] n.f. Unité servant à évaluer la puissance d'une charge nucléaire, équivalant à l'énergie dégagée par l'explosion de 1 000 tonnes de trinitrotoluène (T. N. T.).

kilowatt [kilowat] n.m. Unité de puissance égale à 1 000 watts. □ Symb. kW.

kilowattheure [kilowatœR] n.m. Unité d'énergie ou de travail, équivalant au travail exécuté pendant une heure par une machine dont la puissance est de 1 kilowatt. □ Symb. kWh.

kilt [kilt] n.m. (mot angl., de *to kilt* "retrousser"). - **1.** Jupe courte, en tartan, portée par les montagnards écossais. - **2.** Jupe portefeuille plissée, en tissu écossais.

kimono [kimɔno] n.m. (mot jap. "vêtement"). - **1.** Tunique japonaise très ample, croisée devant et maintenue par une large ceinture appelée *obi ;* peignoir léger évoquant cette tunique par sa coupe. **- 2.** Tenue, composée d'une veste et d'un pantalon amples, portée par les judokas, les karatékas, etc.

kinésithérapeute [kineziterapøt] n. Praticien exerçant le massage thérapeutique et la kinésithérapie. (Abrév. fam. *kiné* ou *kinési.*) □ En France, auxiliaire médical, titulaire d'un diplôme d'État.

kinésithérapie [kineziterapi] n.f. (du gr. *kinêsis* "mouvement" et de *-thérapie*). Ensemble des traitements qui utilisent la mobilisation active ou passive pour donner ou rendre à un malade, à un blessé le geste et la fonction des différentes parties du corps.

kiosque [kjɔsk] n.m. (it. *chiosco* "pavillon de jardin", turc *kyöchk,* du persan). **- 1.** Pavillon ouvert de tous côtés, installé dans un jardin ou sur une promenade publique. **- 2.** Petite boutique sur la voie publique pour la vente de journaux, de fleurs, etc. **- 3.** Superstructure d'un sous- marin, servant d'abri de navigation pour la marche en surface et de logement pour les mâts pendant la plongée.

kippa [kipa] n.f. (mot hébr. "coupole"). Calotte que portent les juifs pratiquants.

Kippour n.m. → **Yom Kippour.**

kir [kiʀ] n.m. (du n. du chanoine *Kir,* anc. maire et député de Dijon). Apéritif constitué par un mélange de liqueur de cassis et de vin blanc.

kirsch [kiʀʃ] n.m. (all. *Kirsch* "cerise"). Eau-de-vie extraite de cerises ou de merises fermentées.

kit [kit] n.m. (mot angl.). Ensemble d'éléments vendus avec un plan de montage et que l'on peut assembler soi-même : *Voilier vendu en kit.* (Recomm. off. *prêt-à-monter.*)

kitchenette [kitʃənɛt] n.f. (abrév. de l'angl. *kitchen* "cuisine"). Petite cuisine souvent intégrée à la salle de séjour. (Recomm. off. *cuisinette.*)

kitsch [kitʃ] adj. inv. et n.m. inv. (mot all. "toc, camelote"). **- 1.** Se dit d'un objet, d'un décor, d'une œuvre d'art d'un mauvais goût jugé esthétique par certains : *Un vase kitsch.* **- 2.** Se dit d'un courant artistique, d'œuvres présentant une outrance volontaire et ironique du mauvais goût.

kiwi [kiwi] n.m. (mot angl.). **- 1.** Syn. de *aptéryx.* **- 2.** Fruit comestible d'un arbuste, *l'actinidia,* à peau couverte d'un duvet brun-roux.

Klaxon [klaksɔn] n.m. (nom déposé ; du n. de l'inventeur). Avertisseur sonore pour les automobiles, les bateaux.

klaxonner [klaksɔne] v.i. Faire fonctionner un Klaxon, un avertisseur sonore : *Klaxonner dans un virage de montagne.* ◆ v.t. Attirer l'attention de qqn d'un coup de Klaxon.

Kleenex [klinɛks] n.m. (mot anglo-amér., nom déposé). Mouchoir jetable en ouate de cellulose.

kleptomanie ou **cleptomanie** [klɛptɔmani] n.f. (du gr. *kleptein* "voler", et de *-manie*). Impulsion pathologique qui pousse certaines personnes à voler. ◆ **kleptomane** ou **cleptomane** n. et adj. Personne atteinte de kleptomanie.

knickers [nikœʀs] n.m. pl. ou **knicker** [nikœʀ] n.m. (angl. *knickers,* abrév. de *knickerbockers,* du n. du héros d'un roman américain). Pantalon large et court, serré au-dessous du genou.

knock-down [nɔkdawn] n.m. inv. (mot angl., de *knock* "coup" et *down* "par terre"). État d'un boxeur envoyé à terre, mais qui n'est pas encore mis hors de combat.

knock-out [nɔkawt] n.m. inv. (mot angl., de *knock* "coup" et *out* "dehors"). Mise hors de combat d'un boxeur resté au moins dix secondes à terre. ◆ adj. inv. **- 1.** SPORTS. Se dit d'un boxeur vaincu par knock-out : *Il a été battu par knock-out.* **- 2.** Assommé : *Mettre qqn knock-out* (abrév. K.-O.).

knout [knut] n.m. (mot russe). **- 1.** Dans l'ancienne Russie, fouet à lanières de cuir. **- 2.** Châtiment qui consistait à frapper le dos avec le knout.

K.-O. [kao] n.m. et adj. (sigle). Knock-out : *Être vainqueur par K.O.* ◆ adj. Épuisé par un effort ou assommé par un choc violent : *Être K.O. de fatigue.*

koala [kɔala] n.m. (mot d'une langue indigène d'Australie). Mammifère marsupial grimpeur, aux oreilles rondes, vivant en Australie. □ Famille des phalangéridés ; long. env. 80 cm.

Koch (bacille de), bacille de la tuberculose.

koinè [kɔjnɛ] n.f. (du gr. *koinê* [*dialektos*] "[langue] commune"). **- 1.** Dialecte attique mêlé d'éléments ioniques, qui est devenu la langue commune de tout le monde grec à l'époque hellénistique et romaine. **- 2.** Toute langue commune se superposant à un ensemble de dialectes ou de parlers sur une aire géographique donnée.

kola ou **cola** [kɔla] n.m. (mot dialect. d'une langue d'Afrique occidentale). **- 1.** Arbre d'Afrique. **- 2.** Fruit de cet arbre (noix de kola), contenant des alcaloïdes stimulants.

kolkhoze ou **kolkhoz** [kɔlkoz] n.m. (russe *kolchoz*). En U.R.S.S., coopérative agricole de production, qui avait la jouissance de la terre qu'elle occupait et la propriété collective des moyens de production.

kolkhozien, enne [kɔlkozjɛ̃, -ɛn] adj. et n. Relatif à un kolkhoze ; membre d'un kolkhoze.

kopeck [kɔpɛk] n.m. (mot russe). - **1.** Unité monétaire divisionnaire de la Russie, valant 1/100 de rouble. - **2.** FAM. Pas un kopeck, pas un sou.

korê ou **coré** [kɔʀe] n.f. (gr. *korê* "jeune fille"). Statue de jeune fille, typique de l'art grec archaïque, sculptée jusqu'au tout début du Vᵉ s. av. J.-C. **Rem.** Pluriel savant : *korai.*

korrigan, e [kɔʀigɑ̃, -an] n. (mot breton). Nain ou fée des légendes bretonnes ; lutin.

kouan-houa [kwanwa] n.m. (mot chin.). LING. Mandarin (langue).

kouglof [kuglɔf] n.m. (mot alsacien, de l'all. *Kugel* "boule"). Gâteau alsacien fait d'une pâte levée, en forme de couronne.

koulak [kulak] n.m. (mot russe). HIST. Paysan enrichi de la Russie de la fin du XIXᵉ s. et du début du XXᵉ s.

kouros ou **couros** [kuʀɔs] n.m. (gr. *kouros* "jeune homme"). Statue représentant un jeune homme nu, typique de l'art grec archaïque. **Rem.** Pluriel savant : *kouroi.*

krach [kʀak] n.m. (mot all. "effondrement"). - **1.** Effondrement des cours des valeurs ou des marchandises, à la Bourse : *Le krach de 1929.* - **2.** Débâcle financière, faillite brutale d'une entreprise.

kraft [kʀaft] n.m. (all. *Kraft* "force"). Papier kraft, papier d'emballage brun ou blanc très résistant.

krill [kʀil] n.m. (mot norvég.). Plancton des mers froides formé de petits crustacés trans-

parents, et qui constitue la nourriture principale des baleines à fanons.

kriss [kʀis] n.m. (malais *kris*). Poignard malais à lame ondulée en forme de flamme.

krypton [kʀiptɔ̃] n.m. (mot angl., du gr. *kruptos* "caché"). Gaz rare de l'atmosphère, utilisé dans certaines ampoules électriques. □ Symb. Kr.

ksi ou **xi** [ksi] n.m. inv. Quatorzième lettre de l'alphabet grec (Ξ, ξ).

kumquat [kumkwat] n.m. (chin. cantonnais *kin kü,* propr. "orange d'or"). - **1.** Arbuste du genre fortunella. - **2.** Fruit de cet arbuste, ressemblant à une petite orange.

kung-fu [kuɲfu] n.m. inv. (mot chin.). Art martial chinois, assez proche du karaté.

kurde [kyʀd] adj. et n. Du Kurdistan. ◆ n.m. Langue du groupe iranien parlée par les Kurdes.

K-way [kawɛ] n.m. inv. (nom déposé). Coupe-vent qui, replié dans une des poches prévues à cet effet, peut être porté en ceinture.

Kyrie [kiʀije] et **Kyrie eleison** [kiʀijeeleisɔn] n.m. inv. (du gr. *Kurie* "Seigneur" et *eleêson* "aie pitié"). RELIG. CHRÉT. Invocation grecque en usage dans la liturgie romaine et dans de nombreuses liturgies orientales, située au début de la messe ; musique composée sur cette invocation.

kyrielle [kiʀjɛl] n.f. (de *Kyrie eleison*). FAM. Longue suite ininterrompue : *Une kyrielle d'injures* (syn. chapelet). *Elle a une kyrielle d'amis* (syn. foule, quantité).

kyste [kist] n.m. (gr. *kustis* "vessie"). Cavité pathologique à contenu liquide ou semi-liquide : *Kyste de l'ovaire.*

kystique [kistik] adj. De la nature du kyste.

L

l [ɛl] n.m. inv. - **1.** Douzième lettre (consonne) de l'alphabet. - **2.** L, chiffre romain valant cinquante.

1. la [la] art. déf. → 1. **le.**

2. la [la] pron. pers. → 2. **le.**

la [la] n.m. inv. (première syllabe de *labii,* dans l'hymne de saint Jean-Baptiste). - **1.** Note de musique, sixième degré de la gamme de *do.* - **2. Donner le la,** donner le ton, l'exemple : *Ce couturier donne le la dans la profession.*

là [la] adv. (lat. *illac* "par là"). - **I.** Indique : - **1.** Un lieu plus ou moins éloigné (par opp. à *ici*) : *Ne restez pas ici, mettez-vous là.* - **2.** Un lieu précis : *C'est là que je voudrais finir mes jours. C'est là que réside la difficulté* (= en cet endroit). - **3.** Un moment d'un récit, d'une situation, un point précis, un degré : *Là, tout le monde a ri.* - **II.** S'emploie en composition après un pron. dém. ou un nom précédé d'un adj. dém. pour apporter une plus grande précision : *Celui-là. Celle-là. Ceux-là. Cette femme-là. Ce soir-là.* - **III.** S'emploie dans certaines locutions. **Çà et là,** disséminés de tous côtés, de côté et d'autre. ‖**De là, de cela ; en conséquence :** *De là, on peut déduire...* ‖**De là à,** il s'en faut de beaucoup : *Il a mal agi, mais de là à trahir ses amis...* ‖ **Être là,** être présent. ‖ **Par là,** par ce lieu ; dans les environs ; par ce moyen : *L'eau passe par là* (= par cet endroit). *Ils habitent par là* (= dans le secteur). ◆ **là, là !** loc. interj. Sert à apaiser, à consoler qqn : *Là, là, calmez-vous !*

là-bas [laba] adv. Indique un lieu que l'on considère comme lointain : *Là-bas, dans la vallée, tout est sombre.*

label [labɛl] n.m. (mot angl. "étiquette"). - **1.** Marque spéciale créée par un syndicat professionnel et apposée sur un produit destiné à la vente, pour en certifier l'origine, les conditions de fabrication. - **2.** Signe, marque sous lesquels se présente qqn, qqch : *Député qui se présente sous le label d'un parti* (syn. étiquette).

labeliser ou **labelliser** [labelize] v.t. Attribuer un label à qqch : *Labelliser un produit.*

labeur [labœr] n.m. (lat. *labor,* propr. "peine"). - **1.** LITT. Travail pénible et prolongé. - **2.** Imprimerie de labeur, imprimerie spécialisée dans les ouvrages typographiques de longue haleine (livres, revues) [par opp. à *imprimerie de presse*]. (On dit aussi *le labeur.*)

labial, e, aux [labjal, -o] adj. (du lat. *labium* "lèvre"). - **1.** Relatif aux lèvres. - **2.** PHON. Consonne labiale, consonne dont l'articulation est située au niveau des lèvres : *Le p et le b sont des consonnes labiales.* (On dit aussi *une labiale.*)

labié, e [labje] adj. (du lat. *labium* "lèvre"). BOT. Se dit d'une corolle dont le bord est découpé en deux lobes principaux opposés l'un à l'autre comme deux lèvres ouvertes.

labiée [labje] n.f. Labiées, famille de plantes dicotylédones, à corolles labiées, souvent parfumées, qui comprend le lamier, la sauge, la menthe, la lavande, le thym, le romarin. (On dit parfois, à tort, *labiacée.*)

labile [labil] adj. (lat. *labilis,* de *labi* "glisser"). - **1.** Se dit des composés chimiques peu stables, notamm. à la chaleur, comme certaines protéines, les vitamines, etc. - **2.** PSYCHOL. Se dit d'une humeur changeante.

labilité [labilite] n.f. - **1.** CHIM. Caractère d'un composé labile. - **2.** PSYCHOL. Caractère d'une humeur labile.

labiodental, e, aux [labjɔdɑ̃tal, -o] adj. PHON. Consonne labiodentale, consonne dont l'articulation se fait au contact de la lèvre inférieure et des incisives supérieures : *Le f et le v sont des consonnes labiodentales.* (On dit aussi *une labiodentale.*)

laborantin, e [labɔʀɑ̃tɛ̃, -in] n. (mot all., du lat. *laborare* "travailler"). Personne employée dans un laboratoire d'analyses ou de recherches.

laboratoire [labɔʀatwaʀ] n.m. (lat. scientif. *laboratorium,* du class. *laborare* "travailler"). - **1.** Local disposé pour faire des recherches scientifiques, des analyses biologiques, des essais industriels, des travaux photographiques, etc. : *Examens de laboratoire* (abrév. fam. *labo*). - **2.** Ensemble de chercheurs effectuant dans un lieu déterminé un programme de recherches. - **3.** Laboratoire de langue, salle insonorisée équipée de magnétophones sur lesquels est enregistré un modèle d'enseignement pour pratiquer une langue étrangère.

laborieusement [labɔʀjøzmɑ̃] adv. Avec beaucoup de peine et de travail ; péniblement : *Finir laborieusement une tâche.*

laborieux, euse [labɔʀjø, -øz] adj. et n. (lat. *laboriosus,* de *labor* "travail"). Qui travaille beaucoup, assidûment : *Une étudiante laborieuse* (syn. travailleur ; contr. paresseux). ◆ adj. Qui coûte beaucoup de travail, d'efforts : *Une recherche laborieuse. Digestion laborieuse* (syn. difficile). *Je ne recommencerai pas, c'était trop laborieux* (syn. pénible ; contr. aisé, facile). *Plaisanterie laborieuse* (syn. lourd).

labour [labuʀ] n.m. Façon qu'on donne aux terres en les labourant. ◆ **labours** n.m. pl. Terres labourées.

labourable [labuʀabl] adj. Propre à être labouré : *Terres labourables* (syn. cultivable).

labourage [labuʀaʒ] n.m. Action, manière de labourer la terre.

labourer [labuʀe] v.t. (lat. *laborare* "travailler"). - **1.** Ouvrir et retourner la terre avec la charrue, l'araire, la houe, la bêche, afin de l'ameublir ; enfouir ce qu'elle porte en surface et préparer ainsi son ensemencement. - **2.** Creuser profondément le sol, l'entailler : *Les pneus du tracteur ont labouré le chemin.* - **3.** Marquer une partie du corps de raies, de stries, d'écorchures profondes : *La balle lui a labouré le torse* (syn. lacérer). *Un front labouré de rides.*

laboureur [labuʀœʀ] n.m. LITT. Celui qui laboure, cultive la terre.

labyrinthe [labiʀɛ̃t] n.m. (lat. *labyrinthus,* du gr.). - **1.** MYTH. (Avec une majuscule). Édifice légendaire, attribué à Dédale, composé d'un grand nombre de pièces disposées de telle manière qu'on n'en trouvait que très difficilement l'issue. □ Dans ce palais, selon la mythologie grecque, résidait le Minotaure. Thésée, après avoir tué le monstre, ne put en sortir qu'avec l'aide d'Ariane. Dédale ne réussit à s'en échapper, avec son fils Icare, que pourvu d'ailes fixées dans la cire. - **2.** Réseau compliqué de chemins où l'on a du mal à s'orienter : *Le labyrinthe des ruelles de Venise* (syn. dédale, lacis). - **3.** Complication inextricable : *Les labyrinthes de la procédure* (syn. maquis). - **4.** ANAT. Ensemble des parties qui composent l'oreille interne (limaçon, ou cochlée, vestibule et canaux). - **5.** Petit bois ou plantation de haies comportant des allées tellement entrelacées qu'on peut s'y égarer facilement.

lac [lak] n.m. (lat. *lacus*). - **1.** Grande étendue d'eau intérieure, génér. douce : *Lac glaciaire, volcanique.* - **2.** FAM. Être, tomber dans le lac, n'aboutir à rien : *Notre projet est dans le lac* (= il a échoué).

laçage [lasaʒ] et **lacement** [lasmɑ̃] n.m. Action ou manière de lacer.

lacédémonien, enne [lasedemɔnjɛ̃, -ɛn] adj. et n. ANTIQ. De Lacédémone (Sparte).

lacer [lase] v.t. (lat. *laqueare,* de *laqueus* "lacet") [conj. 16]. Serrer, maintenir, fermer avec un lacet : *Lacer ses chaussures* (syn. attacher).

lacération [laseʀasjɔ̃] n.f. Action de lacérer.

lacérer [laseʀe] v.t. (lat. *lacerare* "déchirer") [conj. 18]. - **1.** Mettre en pièces : *Lacérer un livre, des affiches* (syn. déchirer). - **2.** Faire des entailles dans un tissu vivant : *Les ongles de la mourante lacéraient mon bras* (syn. labourer).

lacertilien [lasɛʀtiljɛ̃] n.m. (du lat. *lacerta* "lézard"). Lacertiliens, sous-ordre de reptiles à écailles épidermiques cornées, tels que le lézard, le caméléon (syn. saurien).

lacet [lase] n.m. (dimin. de *lacs*). - **1.** Cordon qu'on passe dans des œillets pour serrer un vêtement, des souliers, etc. - **2.** Série de courbes sinueuses : *Route en lacet* (syn. zigzag). - **3.** Mouvement d'oscillation d'un véhicule autour d'un axe vertical, passant par son centre de gravité. - **4.** Nœud coulant pour prendre le gibier (syn. collet).

lâchage [lɑʃaʒ] n.m. - **1.** Action de lâcher : *Le lâchage des chiens de chasse. L'accident est dû au lâchage des freins* (syn. rupture). - **2.** FAM. Action de quitter, d'abandonner qqn : *Le lâchage de ses amis* (syn. abandon, désertion).

1. lâche [lɑʃ] adj. (de lâcher). - **1.** Qui n'est pas tendu, pas serré : *Corde lâche* (syn. mou). *Nœud lâche* (contr. serré). *L'encolure est un peu lâche* (syn. flottant). - **2.** LITT. Qui manque de précision, d'intensité ou de rigueur : *Style lâche* (syn. relâché). *Expression lâche* (contr. vigoureux).

2. lâche [lɑʃ] adj. et n. (de *1. lâche*). - **1.** Qui manque de courage, d'énergie ou de loyauté : *Homme lâche* (syn. poltron, peureux). *Un lâche attentat* (syn. méprisable). *User de lâches procédés* (syn. vil). - **2.** Qui manifeste de la cruauté et de la bassesse, en sachant qu'il ne sera pas puni : *Un lâche qui attaque les plus faibles.*

lâchement [lɑʃmɑ̃] adv. Sans courage ; avec lâcheté : *Fuir lâchement* (contr. courageusement).

1. lâcher [lɑʃe] v.t. (lat. pop. *lascare*, du class. *laxare* "élargir, détendre"). - **1.** Rendre qqch moins tendu, moins serré : *Lâcher un cordage* (syn. détendre, desserrer, relâcher). - **2.** Cesser de tenir, de retenir : *Lâcher une assiette* (= laisser tomber). *Lâcher sa proie. Lâcher les amarres* (syn. détacher, larguer). *Ne lâche pas la rampe.* - **3.** Laisser échapper malgré soi une parole, un geste : *Lâcher une sottise. Voilà le grand mot lâché.* - **4.** Se détacher de qqch, de qqn : *Lâcher ses études* (syn. abandonner). *Lâcher ses amis* (= rompre les relations). *Lâcher le peloton* (syn. distancer). - **5.** Cesser de retenir ; libérer : *Lâcher des pigeons* (= les faire s'envoler). *Lâcher son chien sur qqn* (= le lancer à sa poursuite). - **6. Lâcher pied**, abandonner une position ; renoncer à combattre : *Après cette discussion, il a lâché pied* (= il a cédé). ‖ **Lâcher prise,** cesser de serrer, de tenir ce qu'on avait en main ; au fig., abandonner une tâche, une entreprise : *Le meuble était trop lourd, j'ai dû lâcher prise.* ◆ v.i. Céder, rompre, se casser : *La corde a lâché* (syn. craquer, casser).

2. lâcher [lɑʃe] n.m. (de *1. lâcher*). Action de laisser aller, de laisser partir : *Un lâcher de ballons, de pigeons.*

lâcheté [lɑʃte] n.f. (de *2. lâche*). - **1.** Manque de courage : *Fuir par lâcheté* (syn. peur, couardise). *Céder par lâcheté* (syn. faiblesse). - **2.** Action indigne : *C'est une lâcheté de s'attaquer à plus faible que soi* (syn. bassesse).

lâcheur, euse [lɑʃœr, -øz] n. (de *1. lâcher*). FAM. Personne qui abandonne ceux avec qui elle était engagée.

lacis [lasi] n.m. (de *lacer*). SOUT. Réseau de fils, de vaisseaux, de routes, etc., entrelacés : *Un lacis de fils de fer* (syn. entrelacement).

laconique [lakɔnik] adj. (gr. *lakônikos* "de Laconie", les Laconiens étant connus pour leur concision). Qui s'exprime ou est exprimé en peu de mots : *Se montrer très laconique* (contr. prolixe). *Réponse laconique* (syn. concis, bref).

laconiquement [lakɔnikmɑ̃] adv. De façon laconique ; en peu de mots.

laconisme [lakɔnism] n.m. SOUT. Façon laconique de s'exprimer ; brièveté, concision.

lacrymal, e, aux [lakrimal, -o] adj. (lat. médiév. *lacrimalis*, du class. *lacrima* "larme").

DIDACT. Relatif à la sécrétion des larmes : *Glandes lacrymales.*

lacrymogène [lakrimɔʒɛn] adj. (du lat. *lacrima* "larme", et de *-gène*). Qui provoque la sécrétion des larmes : *Grenades, gaz lacrymogènes.*

lacs [lɑ] n.m. (lat. *laqueus* "lacet"). - **1.** VIEILLI. Nœud coulant pour prendre du gibier (syn. collet, lacet). - **2.** LITT. Piège, traquenard.

lactaire [laktɛr] n.m. (du lat. *lac, lactis* "lait"). Champignon des bois dont la chair brisée laisse écouler un lait blanc ou coloré.

lactarium [laktarjɔm] n.m. (du lat. *lac, lactis* "lait"). Centre de stockage et de distribution du lait maternel.

lactation [laktasjɔ̃] n.f. (bas lat. *lactatio*, du class. *lactare* "allaiter"). Formation et sécrétion du lait après la parturition : *Période de lactation.*

lacté, e [lakte] adj. (lat. *lacteus*, de *lac, lactis* "lait"). - **1.** À base de lait : *Farine lactée. Régime lacté.* - **2.** LITT. Qui ressemble au lait : *Suc lacté.* - **3. Voie lactée,** bande blanchâtre, floue, de forme et d'intensité irrégulières, qui fait le tour complet de la sphère céleste. □ La Voie lactée est la trace dans le ciel du disque de la Galaxie*, où la densité d'étoiles apparaît maximale.

lactescent, e [laktesɑ̃, -ɑ̃t] adj. (lat. *lactescens*, p. présent de *lactescere* "se convertir en lait"). BOT. Qui contient un suc laiteux : *Le lactaire est un champignon lactescent.*

lactique [laktik] adj. CHIM. **Acide lactique,** acide comportant une fonction alcool qui apparaît lors de la transformation des sucres sous l'action des ferments lactiques, et lors de la décomposition du glycogène pendant la contraction musculaire. □ Formule CH₃- CHOH-COOH. ‖ **Ferments lactiques,** ensemble des bacilles (*lactobacilles*) isolés de divers produits laitiers, qui transforment les sucres en acide lactique.

lactoflavine [laktoflavin] n.f. (du lat. *lac, lactis* "lait" et *flavus* "jaune"). Autre nom de la vitamine B2, que l'on trouve dans le lait (syn. riboflavine).

lactose [laktoz] n.m. CHIM. Sucre contenu dans le lait, se dédoublant en glucose et en galactose.

lactosérum [laktoserɔm] n.m. Petit-lait obtenu lors de la fabrication du fromage.

lacunaire [lakynɛr] adj. Qui présente des lacunes : *Texte lacunaire* (syn. incomplet).

lacune [lakyn] n.f. (lat. *lacuna*, propr. "trou"). - **1.** Interruption dans un texte qui brise l'enchaînement : *Manuscrit rempli de lacunes* (syn. omission). - **2.** Ce qui manque pour compléter une chose : *Les lacunes d'une éducation* (syn. carence). *Avoir des lacunes en histoire. Ma mémoire a des lacunes* (syn. trou, défaillance).

lacustre [lakystʀ] adj. (de *lac*, d'apr. *palustre*). - **1.** Qui vit sur les bords ou dans les eaux d'un lac : *Plante lacustre.* - **2.** Cité lacustre, village construit sur pilotis, dans les temps préhistoriques, en bordure des lacs et des lagunes.

lad [lad] n.m. (mot angl. "jeune homme"). Garçon d'écurie qui soigne les chevaux de course et entraîne.

là-dedans [ladədɑ̃] adv. Indique : - **1.** L'intérieur d'un lieu ou d'une chose : *On n'y voit rien, là-dedans.* - **2.** FAM. Le centre d'une situation : *Lorsqu'il s'est retrouvé là-dedans, il a perdu tous ses moyens* (= dans cette situation).

là-dessous [ladəsu] adv. - **1.** Désigne un lieu situé au-dessous de qqch : *Je suis sûre qu'il s'est caché là-dessous* (= sous cela). - **2.** Indique que qqch de suspect se cache derrière certaines apparences : *Il y a une affaire de drogue là-dessous.*

là-dessus [ladəsy] adv. - **1.** Indique un lieu situé au-dessus de qqch : *Votre livre ? Il est là-dessus* (= sur cela). - **2.** Dans un récit, indique un moment qui succède directement à un autre : *Là-dessus, elle se tut* (= sur ces entrefaites). - **3.** Remplace *sur cela*, *dessus* dans certaines expressions : *Je compte là-dessus. Il travaille là-dessus depuis dix ans.*

ladino [ladino] n.m. (mot esp., du lat. *latinus* "latin"). Forme du castillan parlée en Afrique du Nord et au Proche-Orient par les descendants des Juifs expulsés d'Espagne en 1492 (syn. judéo-espagnol).

ladite adj. → **l. dit.**

ladre [ladʀ] adj. et n. (lat. *Lazarus*, n. du pauvre couvert d'ulcères dans la parabole de l'Évangile). - **1.** VX. Lépreux. - **2.** LITT. Avare.

ladrerie [ladʀəʀi] n.f. - **1.** VX. Lèpre. - **2.** Hôpital où l'on recevait les lépreux. - **3.** LITT. Avarice.

lagon [lagɔ̃] n.m. (de l'esp. *lago*, lat. *lacus* "lac"). Étendue d'eau à l'intérieur d'un atoll, ou fermée vers le large par un récif corallien.

lagopède [lagɔpɛd] n.m. (lat. *lagopus, -odis*, n. d'un oiseau nocturne, gr. *lagópous* propr. "patte de lièvre"). Oiseau gallinacé habitant les hautes montagnes et le nord de l'Europe. □ L'espèce écossaise est aussi appelée la *grouse*.

lagunaire [lagynɛʀ] adj. Relatif aux lagunes.

lagune [lagyn] n.f. (it. vénitien *laguna*, lat. *lacuna* "fossé"). Étendue d'eau marine retenue derrière un cordon littoral : *Venise est construite sur les îles d'une lagune.*

là-haut [lao] adv. - **1.** Indique un lieu situé plus haut : *Ma chambre est là-haut, au sixième.* - **2.** Désigne le ciel en tant que lieu et symbole d'une vie future, après la mort (par opp. à *ici-bas*) : *Quand il sera là-haut, vous le regretterez* (= quand il sera mort).

1. lai [lɛ] n.m. (celt. *laid*). Au Moyen Âge, petit poème narratif ou lyrique, à vers courts, génér. de huit syllabes.

2. lai, e [lɛ] adj. (lat. ecclés. *laicus*). Frère lai, sœur laie, religieux qui n'est pas prêtre, religieuse non admise aux vœux solennels, qui assuraient des services matériels dans les couvents.

laïc [laik] adj.m. et n.m. → **laïque.**

laîche [lɛʃ] n.f. (bas lat. *lisca*). Plante vivace, très commune dans les marais, où elle forme des touffes ayant l'aspect de grandes herbes à feuilles coupantes.

laïcisation [laisizasjɔ̃] n.f. Action de laïciser : *La laïcisation des hôpitaux, de l'enseignement.*

laïciser [laisize] v.t. Rendre laïque et, spécial., soustraire à l'autorité religieuse ; organiser selon les principes de la laïcité : *Laïciser des écoles.*

laïcité [laisite] n.f. - **1.** Caractère de ce qui est laïque, indépendant des conceptions religieuses ou partisanes. - **2.** Système qui exclut les Églises de l'exercice du pouvoir politique ou administratif, et en partic. de l'organisation de l'enseignement public. □ La laïcité trouva son application la plus spectaculaire dans les lois scolaires de Jules Ferry (1881-1882).

laid, e [lɛ, lɛd] adj. (frq. **laip*, anc. haut all. *leid* "désagréable"). - **1.** Dont l'aspect heurte le sens esthétique, l'idée qu'on a du beau : *Être laid comme un pou* (syn. hideux, affreux). *Une ville laide et triste* (syn. déplaisant). - **2.** Qui s'écarte des bienséances, de ce qu'on pense être bien, moral, honnête : *Une histoire très laide* (syn. ignoble).

laidement [lɛdmɑ̃] adv. D'une façon laide.

laideron [lɛdʀɔ̃] n.m. Jeune fille, jeune femme laide. **Rem.** Le fém. *laideronne* est rare.

laideur [lɛdœʀ] n.f. - **1.** Fait d'être laid ; caractère de ce qui est laid : *La laideur d'un visage, d'un monument* (syn. horreur). - **2.** Caractère de ce qui est bas, vil : *Une grande laideur de sentiments* (syn. abjection, bassesse). *Les laideurs de la guerre* (syn. horreur, atrocité).

1. laie [lɛ] n.f. (frq. **lêha*). Femelle du sanglier.

2. laie [lɛ] n.f. (frq. **laida* "chemin"). Sentier rectiligne percé dans une forêt (syn. layon).

lainage [lenaʒ] n.m. - **1.** Étoffe de laine : *Une robe en lainage.* - **2.** Vêtement en laine tricotée : *Mettre un lainage pour sortir.* - **3.** Opération qui donne aux tissus de laine et de coton un aspect pelucheux et doux.

laine [lɛn] n.f. (lat. *lana*). - **1.** Fibre épaisse, douce et frisée, provenant de la toison des moutons et autres ruminants : *De la laine à tricoter en pelote ou en écheveau. Laine angora* (= de chèvre ou de lapin angora). *Laine écrue* (= non apprêtée). - **2.** Fil à tricoter de laine pure, mélangée, ou de fibres synthétiques : *Passer la laine sur l'aiguille.* - **3.** FAM. Vêtement de laine tricoté : *Mettre une laine, une petite laine* (syn. lainage, tricot). - **4.** BOT. Duvet qui recouvre certaines plantes. - **5.** Se laisser manger la laine sur le dos, se laisser dépouiller. - **6.** Laine de verre, fibre de verre de très faible diamètre, utilisée pour l'isolation thermique.

lainé, e [lene] adj. Peau lainée, peausserie ayant conservé sa laine ; vêtement fait dans cette peausserie.

lainer [lene] v.t. Opérer le lainage d'une étoffe.

lainerie [lɛnʀi] n.f. - **1.** Fabrication des étoffes de laine ; étoffes ainsi fabriquées. - **2.** Magasin où l'on vendait de la laine, des lainages. - **3.** Atelier où sont lainées les étoffes. - **4.** Lieu où l'on tond les moutons.

laineux, euse [lenø, -øz] adj. - **1.** Qui a beaucoup de laine : *Une étoffe laineuse.* - **2.** Qui a l'apparence de la laine : *Poil laineux.* - **3.** BOT. Se dit d'une plante, d'une tige couverte d'un duvet qui ressemble à de la laine.

lainier, ère [lenje, -ɛR] adj. Relatif à la laine : *L'industrie lainière.* ◆ **lainier** n.m. - **1.** Manufacturier, marchand de laine. - **2.** Ouvrier qui laine le drap.

laïque ou **laïc, ïque** [laik] adj. et n. (bas lat. *laicus*, gr. *laikos* "qui appartient au peuple"). Qui n'appartient pas au clergé : *Juridiction laïque* (syn. séculier). *Les laïques et les prêtres.* ◆ **laïque** adj. - **1.** Indépendant des organisations religieuses ; qui relève de la laïcité : *État laïque.* - **2.** Qui est étranger à la religion, au sentiment religieux : *Un mythe laïque.* - **3.** École, enseignement laïque, école, enseignement indépendants de toute appartenance religieuse (par opp. à *confessionnel*, à *religieux*).

1. laisse [lɛs] n.f. (de *laisser*). - **1.** Corde, lanière servant à mener un chien. - **2.** Tenir qqn en laisse, l'empêcher d'agir librement.

2. laisse [lɛs] n.f. (de *1. laisse*). LITTÉR. Suite de vers qui constitue une section d'un poème médiéval, d'une chanson de geste.

laissé-pour-compte [lesepuʀkɔ̃t] n.m. (pl. *laissés-pour-compte*). Marchandise dont on a refusé de prendre livraison ou article resté en magasin ; invendu. ◆ **laissé-pour-compte, laissée-pour-compte** n. (pl. *laissés-, laissées-pour-compte*). FAM. Personne dont on n'a pas voulu, rejetée par un groupe social : *Les laissés-pour-compte de la société de consommation.*

laisser [lese] v.t. (lat. *laxare* "relâcher"). - **I.** Verbe d'action. - **1.** Ne pas prendre qqch dont on pourrait disposer ; différer une action : *Laisser de la viande dans son assiette. Laisse des fruits pour ce soir* (syn. garder). *Laisse ça pour demain* (= remettez à demain). *Laisse, je m'en occuperai plus tard. Il faut laisser une marge plus grande* (syn. ménager, réserver). - **2.** Ne pas prendre qqch à qqn, afin qu'il puisse en disposer : *Laisser sa part à un ami* (syn. réserver, abandonner). - **3.** Remettre qqch à qqn : *Laisser sa clef au gardien* (syn. confier). *Laisser un pourboire au garçon* (syn. verser, donner). - **4.** Confier qqch à qqn : *Je vous laisse le soin de lui annoncer la nouvelle* (= je vous charge de). *Je peux vous laisser un message pour mon père ?* - **5.** Se séparer de qqch, l'abandonner volontairement ou l'oublier : *Je vous laisse ce lot à 100 F* (syn. vendre, céder). *Laisser ses bagages à la consigne* (syn. déposer, mettre ; contr. garder). *J'ai dû laisser mon parapluie chez toi* (syn. oublier). *Ils ont laissé leur appartement de Paris* (syn. quitter). - **6.** Perdre : *J'y ai laissé beaucoup d'argent. Laisser la vie au combat* (= mourir). - **7.** Donner par testament, par succession : *Laisser toute sa fortune à ses enfants* (syn. léguer). - **8.** Avoir tel acquit (positif ou négatif) au moment de sa mort : *Laisser de grands biens, une grande œuvre. Laisser des dettes.* - **9.** Se séparer de qqn, ne pas l'emmener avec soi : *Laisser ses enfants à la maison.* - **10.** Maintenir qqn, qqch dans tel état, dans telle situation, dans telle position : *Laisser qqn à la porte. Laisser un prévenu en liberté. Laisser un champ en friche. Laisse ton frère tranquille* (= ne l'importune pas). *Laisser de côté les détails* (= ne pas en tenir compte). - **11.** (Sujet qqch). Être la cause de qqch qui se forme ou qqch reste, déposer : *Le détachant a laissé une auréole.* - **II.** Semi-auxiliaire (+ inf.). - **1.** Permettre, ne pas empêcher de : *Laisser passer un piéton. Laisser aller la corde. Je ne la laisserai pas faire. Ces fillettes que j'ai laissées (ou laissé) sortir seules. Laisse-lui prendre ses responsabilités.* - **2.** LITT. Laisser (à qqn) à penser, à juger (si, ce que, etc.), ne pas expliquer à qqn qqch que l'on juge suffisamment clair, explicite : *Je vous laisse à penser si ces paroles m'ont troublée. Cela laisse à penser* (= donne à réfléchir). ‖ Laisser faire, laisser dire, ne pas se soucier de ce que font, de ce que disent les autres. ‖ FAM. Laisser tomber, abandonner : *Il ne veut pas comprendre, laisse tomber* (= n'insiste pas). ‖ LITT. Ne pas laisser de (+ inf.), ne pas manquer de : *Cette réponse ne laisse pas de m'étonner.* ◆ **se laisser** v.pr. (Suivi d'un inf.). - **1.** Être, volontairement ou non, l'objet d'une action : *Se laisser surprendre. Se* *laisser faire* (= céder aux désirs, à la volonté de qqn). -**2.** Être agréable à : *Petit vin qui se laisse boire.* -**3.** Se laisser aller, se laisser vivre, se relâcher, s'abandonner à ses penchants. ‖ Se laisser dire que, entendre dire que : *Je me suis laissé dire que vous alliez démissionner.*

laisser-aller [leseale] n.m. inv. Négligence dans la tenue, dans les manières : *Sévir contre le laisser-aller dans le travail.*

laissez-passer [lesepase] n.m. inv. Permis de circuler délivré par écrit (syn. sauf-conduit).

lait [lɛ] n.m. (lat. *lac, lactis*). -**1.** Liquide blanc sécrété par les glandes mammaires de la femme et des femelles des mammifères, aliment très riche en graisses émulsionnées, en protides, en lactose, en vitamines, en sels minéraux et qui assure la nutrition des enfants, des petits : *Lait de vache, de chèvre, d'ânesse. Lait écrémé. Lait en poudre* (= déshydraté). *Lait frais, pasteurisé, stérilisé. Lait U.H.T.* (= stérilisé à ultra-haute température). *Lait condensé. Café, thé au lait.* -**2.** Liquide qui a l'aspect du lait : *Lait de coco, d'amande. Lait de chaux.* -**3.** Préparation plus ou moins fluide, souvent parfumée, pour les soins de la peau et le maquillage : *Lait de toilette.* -**4.** Frère, sœur de lait, enfant qui a eu pour nourrice la même femme qu'un autre, sans être frère ou sœur de ce dernier. -**5.** Lait de poule. Mélange de jaune d'œuf, de lait chaud et de sucre.

laitage [letaʒ] n.m. Aliment à base de lait.

laitance [letɑ̃s] n.f. (de *lait,* en raison de son apparence). Sperme de poisson (on dit parfois *la laite*).

laiterie [lɛtri] n.f. -**1.** Usine où le lait recueilli dans les fermes est traité pour sa consommation et pour la production de produits dérivés (crème, beurre, fromage, etc.). -**2.** Industrie, commerce du lait. -**3.** Local où l'on conserve le lait et où l'on fait le beurre, dans une ferme.

laiteux, euse [letø, -øz] adj. (de *lait*). Qui ressemble au lait, de couleur blanchâtre : *Teint laiteux.*

1. laitier, ère [letje, -ɛr] n. Personne qui vend des produits laitiers, spécial. qui livre le lait à domicile. ◆ adj. -**1.** Qui concerne le lait et ses dérivés : *Industrie laitière. Produits laitiers.* -**2.** Vache laitière, vache élevée pour la production du lait. (On dit aussi *une laitière*).

2. laitier [letje] n.m. (de *lait,* en raison de son apparence). Scorie de haut-fourneau.

laiton [letɔ̃] n.m. (ar. *latun* "cuivre"). Alliage de cuivre et de zinc : *Le laiton est parfois appelé « cuivre jaune ».*

laitue [lety] n.f. (lat. *lactuca,* de *lac, lactis* "lait"). Plante herbacée annuelle, la plus cultivée des plantes consommées en salade. □ Famille des composées.

laïus [lajys] n.m. (de *Laïus,* père d'Œdipe). FAM. Discours, exposé génér. long et verbeux.

laize [lɛz] n.f. TEXT. Syn. de *lé.*

lallation [lalasjɔ̃] n.f. (de *lallare* "dire la-la"). -**1.** Défaut de prononciation de la consonne *l.* -**2.** Ensemble des émissions vocales des nourrissons (syn. babil, babillage).

1. lama [lama] n.m. (esp. *llama,* du quechua). Mammifère ruminant de la cordillère des Andes, dont il existe deux races sauvages (*guanaco* et *vigogne*) et deux races domestiques (*alpaga* et *lama* proprement dit). □ Famille des camélidés.

2. lama [lama] n.m. (tibétain *blama* "être supérieur"). Moine bouddhiste, au Tibet ou en Mongolie. □ Le chef spirituel est appelé « grand lama » ou « dalaï-lama ».

lamantin [lamɑ̃tɛ̃] n.m. (esp. *manatí*). Mammifère herbivore vivant dans les fleuves d'Afrique et d'Amérique tropicales. □ Ordre des siréniens ; poids max. 500 kg ; long. max. 3 m.

lamaserie [lamazri] n.f. (de *2. lama*). Couvent de lamas.

lambda [lɑ̃bda] n.m. inv. -**1.** Onzième lettre de l'alphabet grec (Λ, λ). -**2.** (En appos.). FAM. Moyen, quelconque : *Individu lambda.*

lambeau [lɑ̃bo] n.m. (frq. **labba* "morceau d'étoffe"). -**1.** Morceau d'étoffe, de papier, d'une matière quelconque, déchiré, détaché, arraché : *Vêtement en lambeaux* (syn. loque). -**2.** Fragment d'un ensemble ; partie détachée d'un tout : *Des lambeaux de chair. Le dessus du lit tombe, part en lambeaux.*

lambi [lɑ̃bi] n.m. (mot du créole antillais). Aux Antilles, nom usuel d'un mollusque, le *strombe,* dont la coquille sert à fabriquer les camées.

lambic [lɑ̃bik] n.m. (flamand *lambiek* "sorte de bière"). Bière forte fabriquée en Belgique, préparée avec du malt et du froment cru par fermentation spontanée.

lambin, e [lɑ̃bɛ̃, -in] (orig. incert., p.-ê. même rad. que *lambeau*). FAM. Qui agit avec lenteur et mollesse : *Quel lambin ! Il met dix minutes à s'habiller.*

lambiner [lɑ̃bine] v.i. FAM. Agir avec lenteur, sans énergie ni vivacité : *Ne lambinez pas, je suis pressé* (syn. traîner).

lambourde [lɑ̃burd] n.f. (du frq. **lado* "planche", et de l'anc. fr. *bourde* "poutre"). -**1.** CONSTR. Pièce de bois de petit équarrissage sur laquelle sont clouées les lames d'un parquet. -**2.** Poutre fixée le long d'un mur et sur laquelle s'appuient les extrémités des solives. -**3.** AGRIC. Rameau d'un arbre fruitier, terminé par des boutons à fruits.

lambrequin [lãbRəkẽ] n.m. (néerl. *lamperkijn*, de *lamper*, voile). Bande d'étoffe festonnée dont on décore les ciels de lit.

lambris [lãbRi] n.m. (de *lambrisser*). - **1.** Revêtement en bois des parois d'une pièce, d'un plafond, d'une voûte. - **2.** Matériau constitué de lames de bois profilées et rainées, qui sert à lambrisser.

lambrisser [lãbRise] v.t. (lat. pop. *lambruscare* "orner de vrilles de vigne", de *lambrusca* "vigne sauvage", class. *labrusca*). Revêtir d'un lambris : *Lambrisser un plafond.*

lambswool [lãbswul] n.m. (de l'angl. *lamb* "agneau" et *wool* "laine"). - **1.** Laine très légère provenant d'agneaux de 6 à 8 mois. - **2.** Tissu fabriqué avec cette laine.

lame [lam] n.f. (lat. *lamina*). - **1.** Partie métallique d'un instrument ou d'un outil propre à couper, à trancher, à scier, à raser, à gratter : *La lame d'un canif, d'un rasoir.* - **2.** Morceau de métal ou d'une autre matière dure, plat et très mince : *Lame de parquet.* - **3.** OPT. Rectangle de verre sur lequel on dépose les objets à examiner au microscope, recouverts d'une lamelle. - **4.** PRÉHIST. Éclat de pierre dont la longueur excède le double de la largeur. - **5.** Partie osseuse formant l'arc postérieur des vertèbres, entre l'apophyse articulaire et l'apophyse épineuse. (On dit aussi *lame vertébrale*.) - **6.** TEXT. Cadre supportant les lisses du métier à tisser. - **7.** BOT. Membrane située sous le chapeau de certains champignons. - **8.** Vague de la mer, forte et bien formée : *Être emporté par une lame, une lame de fond.* - **9.** Une bonne lame, une fine lame, une personne qui manie bien l'épée, un bon escrimeur.

lamé, e [lame] adj. et n.m. (de *lame*). Se dit d'un tissu orné de minces lames d'or ou d'argent ou tissé avec des fils de métal : *Robe en lamé.*

lamellaire [lamelɛR] adj. Dont la structure présente des lames, des lamelles.

lamelle [lamɛl] n.f. (lat. *lamella*). - **1.** Petite lame, petit morceau : *Des lamelles de mica* (syn. feuille). - **2.** Fine tranche : *Découper un oignon en lamelles.* - **3.** Chacune des lames rayonnantes qui portent les éléments producteurs de spores des champignons, au-dessous du chapeau. - **4.** OPT. Mince lame de verre utilisée pour recouvrir les préparations microscopiques.

lamellé-collé [lamelekɔle] n.m. (pl. *lamellés-collés*). Matériau formé de lamelles de bois assemblées par collage.

lamellibranche [lamelibRãʃ] n.m. (de *lamelle* et *branchie*). Syn. de *bivalve*.

lamellicorne [lamelikɔRn] adj. et n.m. ZOOL. Se dit d'un coléoptère dont les antennes sont formées de lamelles (scarabée, hanneton, cétoine, etc.).

lamelliforme [lamelifɔRm] adj. En forme de lamelle.

lamellirostre [lamelirɔstR] adj. (du lat. *lamella* "lamelle" et *rostrum* "bec"). Se dit d'un oiseau, tel le canard, dont le bec est garni de lamelles pour filtrer l'eau.

lamentable [lamãtabl] adj. (lat. *lamentabilis* "plaintif, déplorable"). - **1.** VX. Qui fait pitié : *Un sort lamentable* (syn. pitoyable). - **2.** Mauvais, faible au point d'exciter une pitié méprisante : *Un orateur lamentable* (syn. minable). *Une lamentable histoire d'escroquerie* (syn. affligeant, navrant).

lamentablement [lamãtabləmã] adv. De façon lamentable : *Son entreprise a échoué lamentablement.*

lamentation [lamãtasjɔ̃] n.f. (Surtout au pl.). Plainte prolongée et accompagnée de gémissements et de cris : *Ses lamentations m'exaspèrent* (syn. pleurnicherie).

se lamenter [lamãte] v.pr. (lat. *lamentari* "pleurer, gémir"). Se répandre en plaintes, en gémissements : *Se lamenter sur son sort* (syn. gémir). *Se lamenter sur la conduite d'un enfant* (syn. se désoler de).

lamento [lamento] n.m. (mot it.). Chant de tristesse et de déploration, souvent utilisé dans le madrigal, la cantate, l'opéra italien.

lamifié, e [lamifje] adj. (de *lame*). Constitué de plusieurs feuilles de matériau ; stratifié. ◆ **lamifié** n.m. Matériau stratifié décoratif (appellation commerciale).

laminage [laminaʒ] n.m. - **1.** Action de laminer un métal, un alliage. - **2.** Action de laminer, de réduire ; fait d'être laminé, rogné : *Le laminage des revenus.*

laminaire [laminɛR] n.f. (de *lame*). Algue brune des côtes rocheuses, qui peut servir d'engrais ou fournir de l'iode, de la soude, de la potasse.

laminer [lamine] v.t. (de *lame*). - **1.** Faire subir à un produit métallurgique une déformation permanente par passage entre deux cylindres d'axes parallèles et tournant en sens inverses. - **2.** Réduire progressivement qqch : *La hausse des prix lamine le pouvoir d'achat* (syn. rogner, diminuer).

lamineur [laminœR] n.m. Ouvrier employé au laminage des métaux. ◆ adj.m. Qui lamine : *Cylindre lamineur.*

laminoir [laminwaR] n.m. (de *laminer*). - **1.** Machine à laminer un produit métallurgique par passage entre deux cylindres ; installation métallurgique comprenant un certain nombre de ces machines. - **2.** Passer au laminoir, être soumis ou soumettre à de rudes épreuves : *Les examinateurs l'ont passé au laminoir.*

lampadaire [lɑ̃padɛʀ] n.m. (lat. médiév. *lampadarium*). Dispositif d'éclairage d'appartement ou de voie publique, à une ou à plusieurs lampes montées sur un support élevé.

lampant, e [lɑ̃pɑ̃, -ɑ̃t] adj. (prov. *lampan*, de *lampa* "briller"). Se dit d'un produit pétrolier propre à alimenter une lampe à flamme.

lamparo [lɑ̃paʀo] n.m. (mot prov.). Lampe placée à l'avant du bateau, pour attirer le poisson.

lampas [lɑ̃pa] ou [lɑ̃pas] n.m. (frq. *labba* "chiffon"). Tissu d'ameublement en soie orné de grands motifs décoratifs en relief.

lampe [lɑ̃p] n.f. (lat. *lampas*). - **1.** Appareil d'éclairage fonctionnant à l'électricité ; luminaire : *Lampe de chevet. Lampe au néon. Lampe à vapeur de mercure, de sodium* (= fonctionnant par luminescence). - **2.** Ampoule électrique : *Griller une lampe.* - **3.** Récipient contenant un liquide ou un gaz combustible pour produire de la lumière : *Lampe à huile, à pétrole.* - **4.** Dispositif produisant une flamme et utilisé comme source de chaleur : *Lampe à alcool. Lampe à souder.* - **5.** Lampe de poche, boîtier plat ou cylindrique équipé d'une pile et d'une ampoule électrique. ‖ Lampe de sûreté, que l'on peut utiliser dans une atmosphère explosive. ‖ Lampe témoin, lampe qui signale le fonctionnement et la mise en marche d'un appareil en s'allumant ou en s'éteignant. ‖ Lampe tempête, lampe portative dont la flamme est particulièrement bien protégée contre le vent. (On écrit aussi *lampe-tempête.*)

lampée [lɑ̃pe] n.f. (de *lamper*). FAM. Grande gorgée de liquide qu'on avale d'un coup : *Boire d'une seule lampée.*

lamper [lɑ̃pe] v.t. (forme nasalisée de *laper*). FAM. Boire avidement, par lampées.

lampion [lɑ̃pjɔ̃] n.m. (it. *lampione* "grande lampe"). - **1.** Lanterne vénitienne. - **2.** Petit récipient contenant une matière combustible et une mèche, qui sert aux illuminations lors de fêtes traditionnelles. - **3.** Sur l'air des lampions, en scandant trois syllabes sur une seule note : *Crier : « remboursez ! » sur l'air des lampions.*

lampiste [lɑ̃pist] n.m. - **1.** VX. Personne chargée de l'entretien des lampes et des lanternes dans un établissement ou une exploitation industrielle. - **2.** FAM. Employé subalterne : *S'en prendre au lampiste.*

lamproie [lɑ̃pʀwa] n.f. (bas lat. *lampreda*). Vertébré aquatique sans mâchoires, très primitif, de forme cylindrique et allongée, à peau nue et gluante. □ Classe des agnathes, ordre des cyclostomes ; long. max. 1 m.

lampyre [lɑ̃piʀ] n.m. (lat. *lampyris*, du gr. *lampein* "briller"). Coléoptère, dont la femelle, aptère et lumineuse, est connue sous le nom de *ver luisant.*

lance [lɑ̃s] n.f. (lat. *lancea*). - **1.** Arme d'hast à long manche et à fer pointu. - **2.** Tuyau muni d'un ajutage ou d'un diffuseur servant à former et à diriger un jet d'eau : *Lance à eau. Lance d'incendie.* - **3.** LITT. Rompre une, des lances avec qqn, soutenir âprement une discussion avec qqn.

lancé, e [lɑ̃se] adj. (de *1. lancer*). Qui a acquis une certaine célébrité : *Un acteur lancé.*

lance-bombe ou **lance-bombes** [lɑ̃sbɔ̃b] n.m. (pl. *lance-bombes*). Appareil installé sur un avion pour le largage des bombes.

lancée [lɑ̃se] n.f. (de *1. lancer*). - **1.** Élan pris par qqn, qqch en mouvement. - **2.** Sur sa lancée, en profitant de l'élan pris pour atteindre un objectif : *L'ailier courut sur 10 mètres et, sur sa lancée, dribbla deux adversaires. Elle exposa ses griefs et, sur sa lancée, présenta sa démission* (= dans la foulée).

lance-flamme ou **lance-flammes** [lɑ̃sflam] n.m. (pl. *lance-flammes*). Appareil employé au combat pour projeter des liquides enflammés.

lance-fusée ou **lance-fusées** [lɑ̃sfyze] n.m. (pl. *lance-fusées*). VIEILLI. Lance-roquettes multiples.

lance-grenade ou **lance-grenades** [lɑ̃sgʀənad] n.m. (pl. *lance-grenades*). Appareil qui sert à lancer des grenades.

lancement [lɑ̃smɑ̃] n.m. - **1.** Action de lancer : *Le lancement du javelot* (syn. lancer). *Rampe, base de lancement d'une fusée. Le lancement d'un satellite.* - **2.** Publicité faite pour promouvoir un produit, faire connaître qqn, le mettre en vedette : *Prix de lancement. Lancement d'une nouvelle vedette.*

lance-missile ou **lance-missiles** [lɑ̃smisil] n.m. (pl. *lance-missiles*). Engin servant à lancer des missiles. ◆ adj. Silo lance-missile → silo.

lancéolé, e [lɑ̃seɔle] adj. (lat. *lanceolatus*). BOT. Se dit d'un organe terminé en forme de lance : *Feuille lancéolée.*

lance-pierre ou **lance-pierres** [lɑ̃spjɛʀ] n.m. (pl. *lance-pierres*). - **1.** Dispositif à deux branches, muni de deux élastiques et d'une pièce de cuir, dont les enfants se servent pour lancer des pierres (syn. fronde). - **2.** FAM. Manger avec un lance-pierre, manger très rapidement.

1. lancer [lɑ̃se] v.t. (bas lat. *lanceare* "manier la lance") [conj. 16]. - **1.** Imprimer à qqch un vif mouvement qui l'envoie à travers l'espace : *Lancer des pierres sur une palissade, contre un mur* (syn. jeter). *Lancer la balle à son partenaire* (syn. envoyer, passer). *Lancer une flèche en l'air, une fusée dans l'espace* (syn. projeter). *Lancer le* *poids, le javelot, le disque, le marteau.* - **2.** Mouvoir les bras, les jambes d'un geste vif dans telle direction : *Lancer la jambe, le bras en avant* (syn. tendre). - **3.** Dire de manière soudaine ou assez violente ; émettre des sons avec force : *Lancer un appel, un cri de terreur. Le grand mot est lancé* (syn. lâcher). - **4.** Envoyer qqn, un animal contre qqn, un être animé : *Lancer ses chiens sur un cerf* (syn. lâcher). *Lancer des policiers sur une piste.* - **5.** Faire sortir un cerf, un animal qu'on chasse de l'endroit où il est, le débusquer. - **6.** Émettre : *Lancer un emprunt, un mandat d'arrêt, un ultimatum.* - **7.** Faire connaître ou reconnaître d'un large public : *C'est ce livre qui l'a lancé.* - **8.** Donner l'élan nécessaire à ; entreprendre, déclencher : *Lancer une entreprise, une affaire.* - **9.** Mettre, pousser qqn dans telle voie, telle entreprise : *Lancer son fils dans les affaires. Elle est lancée, on ne pourra plus l'arrêter.* - **10.** Faire parler qqn de qqch qu'il aime, amener la conversation sur l'un de ses sujets favoris : *Quand on le lance sur l'automobile, il est intarissable.* - **11.** Lancer un navire, mettre un navire à l'eau par glissement sur sa cale de construction. ◆ v.t. ind. FAM. OU RÉGION. Élancer : *Ça lui lance très fort dans le genou.* ◆ **se lancer** v.pr. - **1.** Se précipiter, se jeter dans une direction déterminée : *Se lancer dans le vide.* - **2.** S'engager impétueusement dans une action, un exposé : *Se lancer dans des dépenses excessives* (syn. s'embarquer). *Se lancer dans de grands discours. Se lancer dans des explications confuses* (= entrer dans).

2. lancer [lɑ̃se] n.m. (de *1. lancer*). - **1.** Épreuve d'athlétisme consistant à projeter le plus loin possible un engin (poids, disque, javelot, marteau). - **2.** Pêche au lancer, pêche à la ligne consistant à envoyer loin devant soi un appât ou un leurre qu'on ramène grâce à un moulinet.

lance-roquette ou **lance-roquettes** [lɑ̃srɔkɛt] n.m. (pl. *lance-roquettes*). Arme tirant des roquettes.

lance-torpille ou **lance-torpilles** [lɑ̃stɔrpij] n.m. (pl. *lance-torpilles*). Dispositif servant à lancer des torpilles.

lancette [lɑ̃sɛt] n.f. (dimin. de *lance*). - **1.** Petit instrument de chirurgie, utilisé pour la vaccination et l'incision de petits abcès. - **2.** AR-CHIT. Arc allongé.

1. lanceur, euse [lɑ̃sœr, -øz] n. (de *2. lancer*). Athlète qui effectue un lancer : *Un lanceur de javelot.*

2. lanceur [lɑ̃sœr] n.m. (de *1. lancer*). - **1.** Fusée conçue pour placer des satellites sur orbite. - **2.** Sous-marin porteur de missiles stratégiques.

lancier [lɑ̃sje] n.m. Soldat d'un corps de cavalerie, armé de la lance.

lancinant, e [lɑ̃sinɑ̃, -ɑ̃t] adj. Qui lancine, fait souffrir, tourmente : *Douleur lancinante. Souvenir lancinant* (syn. obsédant).

lancinement [lɑ̃sinmɑ̃] n.m. Douleur qui lancine.

lanciner [lɑ̃sine] v.t. et v.i. (lat. *lancinare* "déchiqueter"). Faire souffrir par des élancements répétés : *Panaris qui lancine* (syn. élancer). ◆ v.t. Tourmenter de façon persistante : *La pensée de la maladie le lancine* (syn. obséder).

lançon [lɑ̃sɔ̃] n.m. (de *lance*). Autre nom de l'équille.

Land [lɑ̃d] n.m. (mot all.) [pl. *Länder*]. - **1.** Chacun des États de la République fédérale d'Allemagne. - **2.** Province, en Autriche.

landais, e [lɑ̃dɛ, -ɛz] adj. et n. - **1.** Des Landes. - **2.** Course landaise, jeu traditionnel des Landes dans lequel un homme *(l'écarteur)* doit éviter la charge d'une vache.

land art [lɑ̃dart] n.m. (mots anglo-amér., de *land* "terre" et *art* "art"). Mode d'expression de l'art contemporain caractérisé par un travail dans et sur la nature.

landau [lɑ̃do] n.m. (de *Landau,* n. d'une v. d'Allemagne) [pl. *landaus*]. - **1.** Voiture d'enfant composée d'une nacelle rigide à capote mobile, suspendue dans une armature de métal à roues et à guidon. - **2.** Autref., véhicule hippomobile découvert, à quatre roues et quatre places disposées vis-à-vis.

lande [lɑ̃d] n.f. (gaul. **landa*). Formation végétale de la zone tempérée où dominent bruyères, genêts et ajoncs ; terrain recouvert par cette végétation.

landgrave [lɑ̃dgrav] n.m. (de l'all. *Land* "territoire" et *Graf* "comte"). HIST. - **1.** Titre porté au Moyen Âge par des princes germaniques possesseurs de terres relevant directement de l'empereur. - **2.** Magistrat qui rendait la justice au nom de l'empereur germanique.

landtag [lɑ̃dtag] n.m. (de l'all. *Land* "territoire" et *Tag* "journée"). Assemblée délibérante, dans les États germaniques.

langage [lɑ̃gaʒ] n.m. (de *langue*). - **1.** Faculté propre à l'homme d'exprimer et de communiquer sa pensée au moyen d'un système de signes vocaux ou graphiques ; ce système. - **2.** Système structuré de signes non verbaux remplissant une fonction de communication : *Le langage des abeilles. Langage gestuel.* - **3.** INFORM. Ensemble de caractères, de symboles et de règles permettant de les assembler, utilisé pour donner des instructions à un ordinateur. - **4.** Manière de parler propre à un groupe social ou professionnel, à une discipline, etc. : *Le langage administratif* (syn. jargon). - **5.** Ensemble des procédés utilisés par un artiste dans l'expression de ses sentiments et de sa conception du monde : *Le langage de Van Gogh.* - **6.** Expression propre à un sentiment, une attitude : *Le langage de la raison.* - **7.** Langage évolué, langage proche de la formulation logique ou mathématique des problèmes. ‖ **Langage machine,** langage directement exécutable par l'unité centrale d'un ordinateur, dans lequel les instructions sont exprimées en code binaire.

langagier, ère [lɑ̃gaʒje, -ɛʀ] adj. Relatif au langage ; qui se manifeste par le langage : *Tic langagier.*

lange [lɑ̃ʒ] n.m. (du lat. *laneus* "fait de laine"). Rectangle de coton pour emmailloter un nourrisson.

langer [lɑ̃ʒe] v.t. [conj. 17]. Emmailloter dans un lange ; mettre des couches à un bébé.

langoureusement [lɑ̃guʀøzmɑ̃] adv. De façon langoureuse : *Danser langoureusement.*

langoureux, euse [lɑ̃guʀø, -øz] adj. Qui exprime la langueur : *Regard langoureux* (syn. litt. languide).

langouste [lɑ̃gust] n.f. (prov. *langosta,* lat. *locusta* "sauterelle"). Crustacé marin à fortes antennes, mais sans pinces. □ Ordre des décapodes ; long. max. 40 cm.

langoustier [lɑ̃gustje] n.m. - **1.** Bateau équipé pour la pêche à la langouste. - **2.** Filet en forme de balance profonde pour prendre les langoustes.

langoustine [lɑ̃gustin] n.f. (de *langouste*). Crustacé de la taille et de la forme d'une grosse écrevisse, pêché au large des côtes atlantiques européennes et de la Méditerranée. □ Ordre des décapodes ; long. 15 cm.

langue [lɑ̃g] n.f. (lat. *lingua*). - **1.** Organe charnu, allongé, mobile, situé dans la cavité buccale et qui, chez l'homme, joue un rôle essentiel dans la déglutition, le goût et la parole. - **2.** CUIS. Langue de certains animaux (bœuf, veau) préparée pour la table. - **3.** Système de signes verbaux propre à une communauté d'individus qui l'utilisent pour s'exprimer et communiquer entre eux : *La langue anglaise. La langue technique* (syn. jargon). *Langue maternelle. Langue écrite, langue parlée. Langue morte, langue vivante.* [→ langage.] - **4.** Ce qui a la forme allongée et étroite d'une langue : *Langue de terre. Langue glaciaire. Langue de feu.* - **5.** Avoir avalé sa langue, garder le silence. ‖ FAM. Avoir la langue bien pendue, bien déliée, parler beaucoup. ‖ La langue verte, l'argot. ‖ Langue de bois, manière rigide de s'exprimer usant de stéréotypes et de formules figées, et reflétant une position dogmatique, notamm. en politique. ‖ Mauvaise langue, langue de vipère, personne qui se plaît à médire. ‖ Prendre langue, entrer en pourparlers. ‖ Tenir sa langue, garder un secret. ‖ Tirer la langue, la sortir de la bouche en signe de moquerie ; FAM., être dans le besoin.

langue-de-chat [lɑ̃gdəʃa] n.f. (pl. *langues-de-chat*). Petit gâteau sec en forme de languette arrondie.

languedocien, enne [lɑ̃gdɔsjɛ̃, -ɛn] adj. et n. Du Languedoc.

languette [lɑ̃gɛt] n.f. (dimin. de *langue*). - **1.** Objet de forme mince, étroite et allongée : *Languette de chaussure.* - **2.** TECHN. Petite pièce plate, fixée à l'une de ses extrémités, génér. par encastrement.

langueur [lɑ̃gœʀ] n.f. (lat. *languor* "abattement, faiblesse"). - **1.** Abattement physique ou moral, qui se manifeste par un manque d'énergie (syn. atonie). - **2.** Mélancolie rêveuse : *Être envahi d'une douce langueur* (syn. alanguissement).

languide [lɑ̃gid] adj. LITT. Langoureux : *Un regard languide.*

languir [lɑ̃giʀ] v.i. (lat. *languere*) [conj. 32]. - **1.** LITT. Éprouver une peine qui dure et qui éprouve le corps et l'esprit : *Languir d'ennui* (syn. se morfondre). - **2.** Traîner en longueur ; manquer d'animation : *La conversation languit.* - **3.** Attendre vainement : *Ne me fais pas languir.* ◆ v.t. ind. [après]. FAM. Attendre impatiemment qqn ou qqch et souffrir de cette attente : *Je languis après toi.* ◆ **se languir** v.pr. FAM. et RÉGION. S'ennuyer du fait de l'absence de qqch ou de qqn.

languissant, e [lɑ̃gisɑ̃, -ɑ̃t] adj. Morne, qui languit : *Style languissant* (syn. fade ; contr. énergique).

lanière [lanjɛʀ] n.f. (de l'anc. fr. *lasne,* de même sens, frq. **nastila* "lacet"). Courroie ou bande longue et étroite de cuir ou de matière quelconque.

laniste [lanist] n.m. (lat. *lanista*). ANTIQ. Celui qui formait, louait ou vendait des gladiateurs à Rome.

lanoline [lanɔlin] n.f. (all. *Lanolin,* du lat. *lana* "laine" et *oleum* "huile"). Graisse de consistance solide, jaune ambré, retirée du suint du mouton et employée comme excipient pour les crèmes et les pommades.

lansquenet [lɑ̃skənɛ] n.m. (all. *Landsknecht* "serviteur du pays"). Mercenaire allemand au service de la France et du Saint Empire romain germanique (XVe-XVIIe s.).

lantanier [lɑ̃tanje] et **lantana** [lɑ̃tana] n.m. (lat. scientif. *lantana,* altér. de *lentana* "viorne", du class. *lentus* "souple"). Arbuste grimpant des régions chaudes, cultivé dans les jardins. □ Famille des verbénacées.

lanterne [lɑ̃tɛʀn] n.f. (lat. *lanterna*). - **1**. Boîte à parois transparentes qui abrite une source de lumière. - **2**. Signal lumineux à l'avant ou à l'arrière de certains véhicules : *Lanterne rouge à l'arrière d'un convoi*. - **3**. Construction circulaire percée de baies, couvrant un bâtiment ou une partie de bâtiment. - **4**. Éclairer la lanterne de qqn, lui fournir des explications pour qu'il comprenne. ‖ Lanterne des morts, dans certains cimetières, pilier creux au sommet ajouré où l'on plaçait le soir un fanal, au Moyen Âge. ‖ Lanterne magique, instrument d'optique utilisé autref. pour projeter sur un écran l'image agrandie de figures peintes. ‖ Lanterne vénitienne, lanterne en papier translucide et colorié, employée dans les fêtes, les illuminations. ‖ Mettre à la lanterne, pendre à un réverbère, pendant la Révolution. - **5**. La lanterne rouge, le dernier d'une course, d'un classement. ◆ **lanternes** n.f. pl. Feux de position d'un véhicule automobile (syn. veilleuses).

lanterneau [lɑ̃tɛʀno] n.m. (de *lanterne*). ARCHIT. Construction basse en surélévation sur un toit, pour l'éclairage ou la ventilation.

lanterner [lɑ̃tɛʀne] v.i. (de *lanterne*, au sens anc. de "propos frivole"). - **1**. FAM. Flâner, perdre son temps ; lambiner. - **2**. Faire lanterner, faire attendre qqn.

lanternon [lɑ̃tɛʀnɔ̃] n.m. (de *lanterne*). ARCHIT. Petite lanterne placée au sommet d'un dôme, d'un comble, pour l'éclairage ou l'aération.

lanthanide [lɑ̃tanid] n.m. (de *lanthane*, n. d'un métal). Nom générique d'un groupe d'éléments chimiques, appelés aussi *terres rares*.

lanugineux, euse [lanyʒinø, -øz] adj. (lat. *lanuginosus*, de *lanugo* "duvet"). BOT. Couvert de duvet.

laotien, enne [laɔsjɛ̃, -ɛn] adj. et n. Du Laos. ◆ **laotien** n.m. LING. Une des langues officielles du Laos, appelée aussi le *lao*.

lapalissade [lapalisad] n.f. (du n. de *La Palice*). Affirmation d'une évidence niaise ; vérité de La Palice.

laparotomie [lapaʀɔtɔmi] n.f. (du gr. *lapara* "flanc", et de *-tomie*). Ouverture chirurgicale de l'abdomen.

lapement [lapmɑ̃] n.m. Action de laper.

laper [lape] v.i. et v.t. (d'un rad. onomat. *lap-* exprimant le lapement). Boire en prenant le liquide avec de petits coups de langue, en parlant des animaux.

lapereau [lapʀo] n.m. (d'un rad. préroman **lapparo-* désignant le lapin). Jeune lapin.

1. **lapidaire** [lapidɛʀ] n.m. (lat. *lapidarius*, de *lapis, lapidis* "pierre"). - **1**. Professionnel qui taille et polit les pierres précieuses et fines. - **2**. Commerçant qui vend ces pierres.

2. **lapidaire** [lapidɛʀ] adj. (de *1. lapidaire*). - **1**. Relatif aux pierres fines et précieuses ; qui concerne la pierre. - **2**. Formule, style lapidaire, d'une concision brutale et expressive. ‖ Inscription lapidaire, inscription gravée sur la pierre. ‖ Musée lapidaire, musée consacré à des sculptures sur pierre provenant de monuments.

lapidation [lapidasjɔ̃] n.f. Action de lapider.

lapider [lapide] v.t. (lat. *lapidare*). Tuer, attaquer à coups de pierres.

lapilli [lapili] n.m. pl. (mot it. "*petites pierres*"). Projections volcaniques de petites dimensions.

lapin, e [lapɛ̃, -in] n. (de *lapereau*). - **1**. Mammifère sauvage ou domestique, très prolifique. □ Ordre des lagomorphes. Le lapin clapit. Le lapin sauvage, ou lapin de garenne, qui est un gibier apprécié, vit sur les terrains boisés et sableux, où il creuse des terriers collectifs. - **2**. Chair comestible de cet animal : *Civet de lapin*. - **3**. Fourrure de cet animal : *Manteau de lapin*. - **4**. FAM. Cage ou cabane à lapins, immeuble regroupant de nombreux appartements exigus. ‖ FAM. Chaud lapin, homme d'un fort tempérament amoureux. ‖ FAM. Poser un lapin à qqn, ne pas venir au rendez-vous qu'on lui a fixé.

lapiner [lapine] v.i. Mettre bas, en parlant de la lapine.

lapinière [lapinjɛʀ] n.f. Endroit où l'on élève des lapins (syn. clapier).

lapis-lazuli [lapislazyli] et **lapis** [lapis] n.m. inv. (lat. médiév. *lapis lazuli*, de *lazulum*, de même sens [d'orig. persane ; v. *azur*], et du class. *lapis* "pierre"). Pierre fine opaque d'un bleu intense.

lapon, one ou **onne** [lapɔ̃, -ɔn] adj. et n. (lat. médiév. *Lapo, -onis*, du suédois *Lapp*). De la Laponie. ◆ **lapon** n.m. Langue finno-ougrienne parlée en Laponie.

laps [laps] n.m. (lat. *lapsus* "glissement, écoulement"). Laps de temps, espace de temps, en génér. court.

lapsus [lapsys] n.m. (mot lat. "*glissement*"). Faute commise en parlant (*lapsus linguae*) ou en écrivant (*lapsus calami*) et qui consiste à substituer au terme attendu un autre mot.

laquage [lakaʒ] n.m. Action de laquer ; état de ce qui est laqué.

laquais [lakɛ] n.m. (gr. médiév. *oulakês*, turc *ulaq* "coureur"). - **1**. Valet de pied qui porte la livrée. - **2**. LITT. Homme d'un caractère servile.

1. **laque** [lak] n.f. (anc. prov. *lanca*, ar. *lakk*, mot sanskrit). - **1**. Substance résineuse rouge-

brun, fournie par plusieurs plantes d'Orient. - **2.** Vernis noir ou rouge préparé, notamm. en Chine, avec cette résine. - **3.** Matière colorée contenant de l'aluminium, employée en peinture. - **4.** Produit qui, vaporisé sur la chevelure, la recouvre d'un film qui maintient la coiffure. - **5.** Vernis à ongles non transparent.

2. **laque** [lak] n.m. (de *1. laque*). Objet d'Extrême-Orient revêtu de nombreuses couches de laque, éventuellement peint, gravé, sculpté.

laqué, e [lake] adj. - **1.** Recouvert de laque : *Meuble chinois laqué.* - **2.** Se dit d'une volaille (canard), d'une viande (porc, etc.) enduite, entre deux cuissons, d'une sauce aigredouce (cuisine chinoise).

laquelle pron. relat. et interr. → **lequel**.

laquer [lake] v.t. Couvrir de laque, d'une couche de laque.

laqueur, euse [lakœr, -øz] n. Personne qui décore les ouvrages en bois par application de laques et de vernis.

larbin [larbɛ̃] n.m. (altér. de l'anc. fr. *habin* "chien"). FAM. - **1.** Domestique, valet. - **2.** Homme servile.

larcin [larsɛ̃] n.m. (lat. *latrocinium*, de *latro* "voleur"). Petit vol commis sans effraction et sans violence ; produit de ce vol.

lard [lar] n.m. (lat. *lardum*). - **1.** Tissu adipeux sous-cutané du porc et de certains animaux : *Lard fumé, gras, maigre.* - **2.** FAM. Gros lard, personne grosse. ‖ FAM. Tête de lard, personne entêtée et ayant mauvais caractère.

larder [larde] v.t. - **1.** Piquer une viande de petits morceaux de lard : *Larder un rôti de bœuf.* - **2.** Percer de coups de couteau : *Le corps était lardé de six coups* (syn. cribler).

lardon [lardɔ̃] n.m. - **1.** Petit morceau de lard pour accommoder un plat. - **2.** ARG. Enfant.

lare [lar] n.m. et adj. (lat. *Lar, Laris*). ANTIQ. ROM. Dieu protecteur du foyer domestique.

largage [largaʒ] n.m. Action de larguer, notamm. à partir d'un aéronef.

1. **large** [larʒ] adj. (lat. *largus*, propr. "abondant"). - **1.** Qui a une certaine étendue dans le sens perpendiculaire à la longueur, à la hauteur : *La rivière est large à cet endroit. Avoir les épaules larges, être large d'épaules.* - **2.** Qui n'est pas serré : *Un large cercle de curieux s'était formé* (syn. grand). *Vêtement large* (syn. ample). - **3.** (Avant le n.). Qui est important en quantité : *Faire de larges concessions.* - **4.** Qui n'est pas borné, qui est sans préjugés : *Un esprit large* (syn. ouvert ; contr. étroit). *Des idées larges* (contr. mesquin). - **5.** Se dit de qqn de généreux, de ses actions : *Se montrer large.* - **6.** Large de, qui a telle largeur : *Une table large de 90 cm.* ‖ Sens large, sens général, à ne

pas prendre au pied de la lettre : *Terme à prendre au sens large, dans son sens large.* ‖ MATH. Inégalité au sens large, inégalité du type $a \leqslant b$ (*a* est inférieur ou égal à *b*). ◆ adv. - **1.** De manière large : *Mesurer large.* - **2.** Voir large, voir grand : *En prenant deux mètres de tissu, tu as vu large* (= tu en a trop pris).

2. **large** [larʒ] n.m. (de *1. large*). - **1.** Largeur : *Une planche de 1 m de large. Se promener en long et en large.* - **2.** Haute mer : *Vent du large. Gagner le large.* - **3.** Au large !, du large !, éloignez-vous. ‖ Au large (de), dans les parages, à une certaine distance : *Naviguer au large d'une île. Se tenir au large d'un groupe.* ‖ Être au large, avoir de la place, de l'argent. ‖ FAM. Prendre, gagner le large, décamper.

largement [larʒəmɑ̃] adv. - **1.** De façon large ; abondamment : *Gagner largement sa vie. On a largement le temps de finir la partie* (syn. amplement). - **2.** Au minimum : *Il était largement onze heures* (= il était au moins onze heures).

largesse [larʒɛs] n.f. - **1.** LITT. Qualité d'une personne généreuse : *Profiter de la largesse de qqn* (syn. générosité, libéralité). - **2.** (Surtout au pl.). Don généreux : *Prodiguer ses largesses.*

largeur [larʒœr] n.f. (de *large*). - **1.** Dimension d'un corps dans le sens perpendiculaire à la longueur : *La largeur de la route.* - **2.** Caractère de ce qui n'est pas borné, mesquin, étroit : *Largeur d'idées, de vues* (syn. élévation, ampleur ; contr. étroitesse). - **3.** FAM. Dans les grandes largeurs, complètement : *Être refait dans les grandes largeurs.*

larghetto [largeto] adv. (mot it., dimin. de *largo*). MUS. Un peu moins lentement que largo. ◆ n.m. Morceau exécuté dans ce mouvement.

largo [largo] adv. (mot it.). MUS. Lentement et avec ampleur. ◆ n.m. Morceau exécuté dans un mouvement lent.

largue [larg] n.m. (prov. *largo*, lat. *largus* "abondant"). Vent portant oblique par rapport à l'axe du bateau ; allure du navire qui reçoit ce vent.

larguer [large] v.t. (prov. *larga* "élargir, lâcher"). - **1.** MAR. Détacher, lâcher, laisser aller une amarre, une voile, etc. - **2.** Lâcher d'un aéronef du personnel ou du matériel muni de parachute, des bombes. - **3.** FAM. Abandonner brusquement qqn ou qqch qui embarrasse : *Il a tout largué pour aller vivre à la campagne.* - **4.** FAM. Être largué, être perdu, ne plus rien comprendre.

larme [larm] n.f. (lat. *lacrima*). - **1.** Liquide salé produit par les glandes lacrymales situées sous les paupières, au-dessus des globes oculaires, qui humecte la conjonctive et pénètre dans les fosses nasales : *Fondre en* *larmes. Pleurer à chaudes larmes* (= pleurer abondamment). - **2.** Avoir des larmes dans la voix, parler d'une voix qui trahit le chagrin, l'émotion. ‖ *Larmes de crocodile,* larmes hypocrites. ‖ *Rire aux larmes,* rire très fort, au point que les larmes coulent des yeux. ‖ *Une larme de,* une très petite quantité d'un liquide : *Une larme de lait ?* (= une goutte).

larmier [laʀmje] n.m. (de *larme*). - **1.** ARCHIT. Partie horizontale en saillie sur un mur, servant à en écarter les eaux pluviales. - **2.** ANAT. Angle interne de l'œil.

larmoiement [laʀmwamɑ̃] n.m. - **1.** Écoulement continuel de larmes : *La fièvre provoque souvent un larmoiement.* - **2.** (Surtout au pl.). Plaintes, pleurnicheries.

larmoyant, e [laʀmwajɑ̃, -ɑ̃t] adj. - **1.** Dont les yeux sont humides de larmes : *Vieillard larmoyant.* - **2.** Qui cherche à attendrir : *Ton larmoyant* (syn. plaintif).

larmoyer [laʀmwaje] v.i. (de *larme*) [conj. 13]. - **1.** Être plein de larmes, en parlant des yeux : *Des yeux qui larmoient à cause de la fumée* (syn. pleurer). - **2.** Se lamenter continuellement : *Larmoyer sur son sort* (syn. pleurnicher).

larron [laʀɔ̃] n.m. (lat. *latro*). - **1.** LITT. Voleur. - **2.** Le bon et le mauvais larron, les deux voleurs qui, selon les Évangiles, furent mis en croix avec Jésus-Christ et dont le premier se repentit avant de mourir. ‖ *Le troisième larron,* celui qui tire profit de la querelle de deux autres personnes. ‖ S'entendre comme larrons en foire, s'entendre parfaitement, être d'accord pour jouer un mauvais tour.

larsen [laʀsɛn] n.m. (de *Larsen,* n.pr.). Oscillation parasite se manifestant par un sifflement dû à une interférence entre un microphone et un haut-parleur. (On dit aussi *effet Larsen.*)

larvaire [laʀvɛʀ] adj. - **1.** Relatif à la larve, à son état : *Formes larvaires des insectes.* - **2.** Qui en est à son début et dont l'avenir est imprécis ; embryonnaire : *Mouvement de révolte à l'état larvaire.*

larve [laʀv] n.f. (lat. *larva* "fantôme"). Forme libre apparaissant à l'éclosion de l'œuf et présentant avec la forme adulte de son espèce des différences importantes, tant par sa forme que par son régime alimentaire ou son milieu.

larvé, e [laʀve] adj. (lat. *larva* "masque"). - **1.** MÉD. Se dit d'une maladie qui n'est pas encore apparente ou qui ne se manifeste pas complètement. - **2.** Qui ne s'est pas encore manifesté nettement : *Une opposition larvée* (syn. latent ; contr. ouvert).

laryngal, e, aux [laʀɛ̃gal, -o] adj. PHON. Consonne laryngale, consonne dont le lieu d'articulation se situe dans la région du larynx : *Le coup de glotte est une consonne laryngale.* (On dit aussi *une laryngale.*)

laryngé, e [laʀɛ̃ʒe] et **laryngien, enne** [laʀɛ̃ʒjɛ̃, -ɛn] adj. Relatif au larynx : *Spasme laryngé.*

laryngite [laʀɛ̃ʒit] n.f. Inflammation du larynx.

laryngoscope [laʀɛ̃gɔskɔp] n.m. Appareil avec lequel on peut observer le larynx.

laryngoscopie [laʀɛ̃gɔskɔpi] n.f. Exploration visuelle de l'intérieur du larynx.

laryngotomie [laʀɛ̃gɔtɔmi] n.f. Ouverture chirurgicale du larynx.

larynx [laʀɛ̃ks] n.m. (gr. *larugx*). Organe de la phonation situé sur le trajet des voies respiratoires, entre le pharynx et la trachée artère.

1. las [las] interj. LITT. Hélas !

2. las, lasse [la, las] adj. (lat. *lassus*). - **1.** LITT. Qui éprouve, manifeste une grande fatigue physique : *Se sentir las après une journée de travail* (syn. fatigué, éreinté ; contr. dispos). *Geste las.* - **2.** De guerre lasse → guerre. ‖ Être las de, ne plus supporter ; être ennuyé, dégoûté de : *Être las de vivre* (syn. dégoûté). *Je suis las d'attendre* (syn. irrité, excédé).

lasagne [lazaɲ] n.f. (mot it.) [pl. *lasagnes* ou inv.]. Pâte italienne en forme de larges rubans, disposés en couches alternées avec un hachis de viande et gratinés.

lascar [laskaʀ] n.m. (persan *laskhar* "soldat"). FAM. - **1.** Individu rusé, qui aime jouer des tours. - **2.** Individu quelconque : *Je t'y prends, mon lascar !*

lascif, ive [lasif, -iv] adj. (lat. *lascivus* "folâtre"). - **1.** Enclin aux plaisirs de l'amour. - **2.** Qui évoque la sensualité, les plaisirs de l'amour : *Danse lascive.*

lascivité [lasivite] et **lasciveté** [lasivte] n.f. LITT. Penchant, caractère lascif de qqn, de qqch.

laser [lazɛʀ] n.m. (sigle de l'angl. *light amplification by stimulated emission of radiation*). - **1.** Appareil pouvant engendrer un faisceau de lumière cohérente, susceptible de multiples applications. - **2.** En appos., caractérise les émissions de cet appareil et les systèmes qui utilisent cette technologie : *Des rayons laser. Disque à lecture laser.*

lassant, e [lasɑ̃, -ɑ̃t] adj. Qui lasse par sa monotonie : *Des bavardages lassants* (syn. ennuyeux).

lasser [lase] v.t. Rendre las : *Lasser ses lecteurs* (syn. ennuyer). *Lasser qqn par ses jérémiades* (syn. fatiguer, importuner). ◆ **se lasser** v.pr. Devenir las, dégoûté de qqch, de qqn : *Il parla pendant des heures sans se lasser.*

lassitude [lasityd] n.f. (lat. *lassitudo*). - **1.** Sensation de fatigue physique : *Se sentir envahi*

d'une grande lassitude (syn. épuisement).
- **2.** Dégoût, ennui : *Céder par lassitude.*

lasso [laso] n.m. (esp. *lazo* "lacet"). Corde ou longue lanière de cuir tressé, terminée par un nœud coulant et utilisée pour capturer les animaux : *Prendre un cheval au lasso.*

latence [latᾶs] n.f. - **1.** État, phénomène latent. - **2.** PSYCHOL. Temps écoulé entre le stimulus et la réponse correspondante. - **3.** PSYCHAN. Période de latence, période de la vie sexuelle infantile de 5 ans à 12 ans env., au cours de laquelle les acquis de la sexualité infantile seraient refoulés.

latent, e [latᾶ, -ᾶt] adj. (lat. *latens, -entis,* de *latere* "être caché"). - **1.** Qui existe de manière non apparente mais peut à tout moment se manifester : *Maladie latente* (= qui ne se déclare pas). *Un foyer latent de troubles* (syn. larvé ; contr. ouvert). - **2.** PHYS. Chaleur latente, chaleur nécessaire pour que se produise la fusion, la vaporisation d'une substance. ‖ PSYCHAN. Contenu latent d'un rêve, ensemble des désirs inconscients exprimés par le rêve. ‖ PHOT. Image latente, image photographique qui n'est pas encore développé.

latéral, e, aux [lateral, -o] adj. (lat. *lateralis,* de *latus, lateris* "flanc"). - **1.** Qui se trouve sur le côté : *Porte latérale.* - **2.** Qui double une chose : *Canal latéral et canal principal* (syn. annexe). - **3.** MATH. Aire latérale, aire totale d'un solide, déduction faite de celle de sa ou de ses bases. ‖ PHON. Consonne latérale, consonne occlusive caractérisée par un écoulement de l'air de chaque côté de la langue : *Le* l *est une consonne latérale.* (On dit aussi *une latérale.*)

latéralement [lateralmᾶ] adv. Sur le côté.

latéralisation [lateralizasjɔ̃] n.f. (de *latéral*). PSYCHOL. Spécialisation progressive, au cours de la petite enfance, de chacun des hémisphères du cerveau dans leurs fonctions respectives ; état de latéralité qui en résulte.

latéralisé, e [lateralize] adj. Enfant bien, mal latéralisé, enfant qui présente une latéralisation nette dans toutes les tâches ou fluctuante selon les tâches.

latéralité [lateralite] n.f. (de *latéral*). PSYCHOL. Prédominance fonctionnelle systématisée, droite ou gauche, dans l'utilisation de certains organes pairs (main, œil, pied).

latérisation [laterizasjɔ̃] et **latéritisation** [lateritizasjɔ̃] n.f. (de *latérite*). GÉOL. Transformation d'un sol en latérite.

latérite [laterit] n.f. (lat. *later, -eris* "brique"). Sol rougeâtre de la zone tropicale humide, caractérisé par la présence d'alumine libre et d'oxydes de fer.

latéritique [lateritik] adj. Formé de latérite ; qui en contient : *Sol latéritique.*

latex [latᴇks] n.m. (mot lat. "liquide"). Émulsion sécrétée par certaines plantes, notamm. les plantes à caoutchouc, et ayant souvent un aspect laiteux : *On tire le caoutchouc du latex de l'hévéa et de certains pissenlits.*

laticlave [latiklav] n.m. (du lat. *laticlavus,* de *latus clavus* "large bande"). ANTIQ. - **1.** Bande pourpre qui ornait la tunique des sénateurs romains. - **2.** La tunique elle-même.

latifundium [latifɔ̃djɔm] n.m. (mot lat.). Grand domaine agricole exploité extensivement, caractéristique des économies peu développées. **Rem.** Pluriel savant : *latifundia.*

latin, e [latᴇ̃, -in] adj. et n. (lat. *latinus*). - **1.** Du Latium ; des Latins. - **2.** D'un pays dont la langue a pour origine le latin ; relatif à ces langues : *Amérique latine.* ◆ adj. - **1.** Relatif au latin : *Les déclinaisons latines.* - **2.** Relatif à l'Église romaine d'Occident qui emploie le latin pour langue liturgique : *Rite latin.* - **3.** Alphabet latin, alphabet utilisé pour transcrire les langues romanes et de nombreuses autres langues. ‖ MAR. Bâtiment latin, gréant des voiles latines. ‖ MAR. Voile latine, voile triangulaire à antenne. ◆ **latin** n.m. - **1.** Langue des Latins. - **2.** Bas latin, latin parlé ou écrit après la chute de l'Empire romain et durant le Moyen Âge. ‖ Latin de cuisine, jargon formé de mots français à désinence latine. ‖ Latin populaire, latin parlé qui a donné naissance aux langues romanes. ‖ FAM. Y perdre son latin, n'y rien comprendre.

latinisation [latinizasjɔ̃] n.f. Action de latiniser ; fait d'être latinisé.

latiniser [latinize] v.t. (bas lat. *latinizare*). - **1.** Donner une forme ou une terminaison latine à un mot. - **2.** Donner à une société, à un pays un caractère latin : *L'invasion romaine a latinisé la Gaule.* - **3.** Adapter l'alphabet latin à une langue : *L'alphabet turc a été latinisé en 1928.*

latinisme [latinism] n.m. Mot, expression particuliers à la langue latine.

latiniste [latinist] n. Spécialiste de la langue et de la littérature latines.

latinité [latinite] n.f. - **1.** Caractère latin de qqn, d'un groupe. - **2.** Le monde latin, la civilisation latine. - **3.** Basse latinité, époque où fut parlé le bas latin.

latino-américain, e [latinɔamerikᴇ̃, -ᴇn] adj. et n. (pl. *latino-américains, es*). De l'Amérique latine.

latitude [latityd] n.f. (lat. *latitudo* "largeur"). - **1.** Angle formé, en un lieu donné, par la verticale du lieu avec le plan de l'équateur : *Les latitudes sont comptées à partir de l'équateur vers les pôles de 0 à ± 90°, positivement vers le nord, négativement vers le sud.* - **2.** Lieu considéré sous le rapport du climat : *Plante qui* *peut vivre sous toutes les latitudes* (= sous tous les climats). - **3.** Liberté, pouvoir d'agir à son gré : *Laisser toute latitude à qqn* (= lui laisser le champ libre).

latrie [latri] n.f. (lat. ecclés. *latria* "adoration", du gr. *latreia*). CATH. Culte de latrie, culte d'adoration qui n'est rendu qu'à Dieu (par opp. à *culte de dulie*).

latrines [latrin] n.f. pl. (lat. *latrina*). Lieux d'aisances dans un camp, une caserne, une prison, etc.

latrodecte [latrɔdɛkt] n.m. (du gr. *latris* "captif" et *dēktês* "qui mord"). Araignée venimeuse des régions chaudes, appelée aussi *veuve noire*.

lattage [lataʒ] n.m. Action de latter ; ensemble de lattes, lattis.

latte [lat] n.f. (bas lat. *latta*). Planchette de bois servant d'armature ou de couverture.

latter [late] v.t. Garnir de lattes.

lattis [lati] n.m. Garniture de lattes ; lattage.

laudanum [lodanɔm] n.m. (lat. *ladanum* "résine d'opium"). Teinture d'opium safranée, très utilisée autref. en médecine.

laudateur, trice [lodatœr, -tris] n. (lat. *laudator*). LITT. Personne qui fait des louanges (syn. flatteur ; LITT. thuriféraire).

laudatif, ive [lodatif, -iv] adj. (lat. *laudativus*, de *laudare* "louer"). Qui loue, glorifie, vante : *Article laudatif* (syn. élogieux ; contr. dépréciatif). ◆ adj. et n.m. LING. Syn. de *mélioratif*.

laudes [lod] n.f. pl. (bas lat. *laudes* "louanges"). Prière liturgique du matin.

lauracée [lɔrase] n.f. (du lat. *laurus* "laurier"). Lauracées, famille de plantes comprenant des arbres et des arbustes des régions chaudes, comme le laurier ou le camphrier.

lauréat, e [lɔrea, -at] adj. et n. (lat. *laureatus* "couronné de laurier"). Qui a réussi un examen, qui a remporté un prix dans un concours : *Les lauréats d'un jeu télévisé.*

laurier [lɔrje] n.m. (lat. *laurus*). - **1.** Nom donné à différentes plantes aux feuilles persistantes. - **2.** Arbuste de la région méditerranéenne, appelé aussi *laurier-sauce*, à fleurs blanchâtres et à feuilles persistantes utilisées comme condiment. □ Famille des lauracées. ◆ **lauriers** n.m.pl. - **1.** LITT. Gloire, succès : *Se couvrir de lauriers.* - **2.** S'endormir, se reposer sur ses lauriers, renoncer, par paresse ou par vanité, à poursuivre son action après un premier succès.

laurier-rose [lɔrjeroz] n.m. (pl. *lauriers-roses*). Arbuste à fleurs blanches ou roses, ornemental et toxique. □ Famille des apocynacées.

laurier-sauce [lɔrjesos] n.m. (pl. *lauriers-sauce*). Laurier utilisé en cuisine (par opp. à *laurier-rose*).

laurier-tin [lɔrjetɛ̃] n.m. (pl. *lauriers-tins*). Viorne de la région méditerranéenne, dont les feuilles persistantes rappellent celles du laurier. □ Famille des caprifoliacées.

lause ou **lauze** [loz] n.f. (gaul. *lausa* "dalle"). Pierre plate utilisée comme dalle ou pour couvrir des bâtiments dans le sud et le sud-est de la France.

LAV [lav] n.m. inv. (sigle de *lymphadenopathy associated virus*). Premier nom du V. I. H., isolé en 1983 à l'Institut Pasteur.

lavable [lavabl] adj. Qui peut être lavé : *Pull lavable à 30 °C.*

lavabo [lavabo] n.m. (mot lat. "je laverai"). - **1.** Appareil sanitaire en forme de cuvette et alimenté en eau, permettant de faire sa toilette. - **2.** CATH. Action du prêtre qui se lave les mains à la messe, après la présentation des offrandes. ◆ **lavabos** n.m. pl. Toilettes, dans un lieu public.

lavage [lavaʒ] n.m. - **1.** Action de laver : *Le lavage du linge* (syn. nettoyage, blanchissage). - **2.** Lavage de cerveau, action psychologique exercée sur une personne pour anéantir ses pensées et ses réactions personnelles par l'utilisation de coercition physique ou psychologique.

lavallière [lavaljɛr] n.f. (du n. de la duchesse de *La Vallière*). Cravate souple, nouée en deux larges boucles.

lavande [lavɑ̃d] n.f. (it. *lavanda* "qui sert à laver"). - **1.** Plante aromatique de la région méditerranéenne, à feuilles persistantes et à fleurs bleues ou violettes en épi. □ Famille des labiées. - **2.** Huile essentielle odorante obtenue à partir de ces fleurs. ◆ adj. inv. Bleu lavande, bleu mauve assez clair.

lavandière [lavɑ̃djɛr] n.f. (de *laver*). LITT. Femme qui lavait le linge à la main.

lavandin [lavɑ̃dɛ̃] n.m. Lavande hybride, cultivée pour son essence.

lavasse [lavas] n.f. (de *laver*). FAM. Boisson (notamm. café), soupe, etc., dans laquelle il y a trop d'eau.

lave [lav] n.f. (it. *lava*, lat. *labes* "éboulement"). Matière en fusion émise par un volcan qui se solidifie en refroidissant pour former une roche volcanique.

lavé, e [lave] adj. (de *laver*). Se dit d'une couleur d'un faible degré d'intensité.

lave-auto [lavoto] n.m. (pl. *lave-autos*). CAN. Station de lavage automatique pour automobiles.

lave-glace [lavglas] n.m. (pl. *lave-glaces*). Appareil envoyant un jet de liquide sur le pare-brise d'une automobile pour le laver.

lave-linge [lavlɛ̃ʒ] n.m. inv. Machine à laver le linge.

lave-mains [lavmɛ̃] n.m. inv. Petit lavabo d'appoint, en partic. dans les toilettes.

lavement [lavmɑ̃] n.m. - **1.** Injection d'un liquide dans le gros intestin, par l'anus, pour l'évacuation de son contenu ou dans un but thérapeutique. - **2.** CATH. Lavement des pieds, cérémonie du jeudi saint au cours de laquelle l'officiant lave les pieds de douze personnes, par imitation du geste de Jésus à la dernière Cène.

laver [lave] v.t. (lat. *lavare*). - **1.** Nettoyer avec un liquide, notamm. avec de l'eau : *Laver le visage d'un enfant* (syn. débarbouiller). *Laver la vaisselle. Laver une plaie à l'alcool* (syn. nettoyer). *Machine à laver le linge* (= lave-linge). *Machine à laver la vaisselle* (= lave-vaisselle). - **2.** Prouver l'innocence de qqn : *Laver un inculpé d'une accusation* (syn. blanchir, disculper). - **3.** Laver un dessin, exécuter ou rehausser un dessin au lavis. ◆ **se laver** v.pr. - **1.** Laver son corps. - **2.** S'en laver les mains, décliner toute responsabilité dans une affaire.

laverie [lavʁi] n.f. Blanchisserie équipée de machines à laver individuelles.

lave-tête [lavtɛt] n.m. inv. Cuvette qui, fixée par un support au dossier d'un siège, permet, chez les coiffeurs, de laver les cheveux au-dessus d'un lavabo.

lavette [lavɛt] n.f. - **1.** Carré de tissu-éponge servant à laver la vaisselle, à essuyer une table, etc. - **2.** FAM. Personne veule et sans énergie.

1. laveur, euse [lavœʁ, -øz] n. (de *laver*). Personne dont le métier est de laver : *Un laveur de carreaux. Un laveur de vaisselle, dans un restaurant* (syn. plongeur).

2. laveur [lavœʁ] n.m. (de *1. laveur*). Appareil pour nettoyer certains produits industriels.

lave-vaisselle [lavvɛsɛl] n.m. inv. Appareil qui lave et sèche automatiquement la vaisselle.

lavis [lavi] n.m. (de *laver*). Procédé qui tient du dessin et de la peinture, consistant dans l'emploi de l'encre de Chine ou d'une couleur quelconque unique, étendues d'eau et passées au pinceau ; œuvre exécutée à l'aide de ce procédé : *Un dessin au lavis.*

lavoir [lavwaʁ] n.m. - **1.** Autref. lieu public où on lavait le linge. - **2.** MIN. Atelier de lavage pour le charbon.

laxatif, ive [laksatif, -iv] adj. et n.m. (bas lat. *laxativus*, de *laxare* "relâcher"). Se dit d'une substance qui a une action purgative légère : *Le pruneau est un laxatif.*

laxisme [laksism] n.m. (du lat. *laxus* "large"). - **1.** Indulgence, tolérance excessive : *Faire preuve de laxisme.* - **2.** DIDACT. Système selon lequel on peut suivre une opinion, en partic. dans le domaine théologique, du moment qu'elle est un tant soit peu probable.

laxiste [laksist] adj. et n. - **1.** Qui manifeste du laxisme : *Politique laxiste.* - **2.** Partisan du laxisme théologique.

layette [lɛjɛt] n.f. (de *laie* "boîte", moyen néerl. *laeye*). - **1.** Ce qui sert à habiller un nouveau-né, un bébé. - **2.** Meuble à tiroirs plats et compartimentés, servant à ranger le petit outillage et les fournitures, en horlogerie.

layon [lɛjɔ̃] n.m. (de *2. laie*). Petit sentier forestier.

lazaret [lazaʁɛ] n.m. (it. *lazzaretto*, croisement probable de *S. Lazzaro*, patron des lépreux, et de [*S. Maria di*] *Nazaret*, n. d'un lieu de quarantaine). - **1.** Établissement où l'on isole et où l'on contrôle les arrivants d'un pays infecté par une maladie contagieuse. - **2.** Autref., léproserie.

lazariste [lazaʁist] n.m. (du prieuré *Saint-Lazare*). Membre de la Société des prêtres de la Mission, fondée en 1625 par saint Vincent de Paul.

lazzi [ladzi] ou [lazi] n.m. (mot it.) [pl. *lazzis* ou inv.]. Plaisanterie moqueuse : *Subir les lazzis de la foule* (syn. moquerie, raillerie).

1. le [lə], **la** [la], **les** [le] art. déf. (lat. *ille* "ce"). [*Le* et *la* s'élident en *l'* devant un mot commençant par une voyelle ou un *h* muet ; avec les prép. *à* et *de, le* et *les* se contractent en *au, aux* et *du, des*]. Déterminant défini d'un groupe nominal dont il indique le genre et le nombre : *Le film de la semaine. L'huile est chaude. Les magasins du centre-ville. S'adresser aux électeurs.*

2. le [lə], **la** [la], **les** [le] pron. pers. (lat. *ille* "celui-là"). Désigne la 3e pers., aux deux genres, dans les fonctions de compl. d'objet dir. : *Je le vois tous les jours. Laisse-la passer. Il les a ramenés à la maison.* Rem. Au sing., ce pronom s'élide en *l'* devant un verbe dont il est compl. commençant par une voyelle ou par un *h* muet, ainsi que devant les pron. *en* et *y : Tu l'as vue ? Je l'y rencontre tous les jours.*

lé [le] n.m. (du lat. *latus* "large"). - **1.** TEXT. Largeur d'une étoffe entre ses deux lisières (syn. laize). - **2.** COUT. Panneau d'étoffe incrusté dans une jupe pour lui donner plus d'ampleur. - **3.** Largeur d'une bande de papier peint.

leader [lidœʁ] n.m. (mot angl. "guide"). - **1.** Personne qui est à la tête d'un parti politique, d'un mouvement, d'un groupe : *Le leader de l'opposition* (syn. chef). - **2.** Concurrent, équipe qui est en tête d'une compétition sportive : *Le leader du championnat.* - **3.** Entreprise, groupe, produit qui occupe la première place dans un domaine : *Nous* *sommes leaders dans la fabrication des pots de yaourt.* - **4.** AÉRON. Avion guide d'un dispositif aérien ; son chef de bord.

leadership [lidœrʃip] n.m. (mot angl.). Fonction de leader : *Avoir le leadership* (= la position dominante).

leasing [liziŋ] n.m. (mot angl.). ÉCON. (Anglic. déconseillé). Crédit-bail.

léchage [leʃaʒ] n.m. Action de lécher.

lèche n.f. (de *lécher*). FAM. *Faire de la lèche à qqn,* flatter bassement, servilement qqn.

léché, e [leʃe] adj. - **1.** FAM. Exécuté minutieusement : *Portrait léché.* - **2.** *Ours mal léché,* personne mal élevée, grossière.

lèche-bottes [lɛʃbɔt] n. inv. FAM. Personne qui flatte servilement (syn. flagorneur).

lèchefrite [lɛʃfʀit] n.f. (de *lécher,* et de l'anc. fr. *froie* "frotte", impér. de *froier*). Ustensile de cuisine placé sous la broche ou le gril, et destiné à recevoir le jus et la graisse d'une pièce de viande mise à rôtir.

lécher [leʃe] v.t. (frq. **lekkon*) [conj. 18]. - **1.** Enlever avec la langue, passer la langue sur : *Lécher les fonds de plat. Le chat lèche le lait.* - **2.** Effleurer légèrement, en parlant du feu, de l'eau : *Les flammes léchaient la façade* (syn. frôler). *Les vagues nous lèchent les pieds.* - **3.** FAM. Exécuter avec un soin excessif : *Lécher un tableau* (syn. peaufiner). - **4.** FAM. *Lécher les bottes à qqn,* flatter servilement qqn. ‖ FAM. *Lécher les vitrines,* regarder longuement les étalages des magasins.

lèche-vitrines n.m. inv. ou **lèche-vitrine** [lɛʃvitʀin] n.m. (pl. *lèche-vitrines*). FAM. *Faire du lèche-vitrines,* flâner le long des rues en regardant les étalages des magasins.

leçon [ləsɔ̃] n.f. (lat. *lectio* "lecture"). - **1.** Enseignement donné en une séance sur un professeur, un maître, à une classe, à un auditoire, à un élève : *Une leçon de musique* (syn. cours). - **2.** Ce que le maître donne à apprendre : *Réciter sa leçon.* - **3.** Enseignement tiré d'une faute ou d'un événement : *Les leçons de l'expérience.* - **4.** Avertissement donné à qqn : *Donner, recevoir une bonne leçon. Je me souviendrai de la leçon* (syn. réprimande, semonce). - **5.** Forme particulière d'un texte dont on possède des versions divergentes.

1. lecteur, trice [lɛktœr, -tʀis] n. (lat. *lector,* de *legere* ; v. *lire*). - **1.** Personne qui lit un livre, un journal, etc. : *Un grand lecteur de romans* (syn. liseur). *Courrier des lecteurs.* - **2.** Personne qui lit à haute voix, devant un auditoire. - **3.** Collaborateur qui lit les manuscrits envoyés à un éditeur : *Le lecteur est favorable à la publication de ce manuscrit.* - **4.** Professeur étranger chargé d'exercices pratiques sur la langue du pays dont il est originaire. - **5.** CATH. Autref., clerc qui avait reçu le deuxième des ordres mineurs.

2. lecteur [lɛktœr] n.m. (de *1. lecteur*). - **1.** Appareil qui permet de reproduire des sons enregistrés ou des informations codées et enregistrées dans une mémoire électronique : *Lecteur de cassettes.* - **2.** INFORM. Machine ou dispositif permettant l'introduction des données dans un ordinateur à partir d'une disquette, d'une bande magnétique, perforé, d'une carte perforée, etc.

lectorat [lɛktɔʀa] n.m. - **1.** Ensemble des lecteurs d'un quotidien, d'une revue, etc. : *Journal qui veut fidéliser son lectorat.* - **2.** Fonction de lecteur dans l'enseignement.

lecture [lɛktyʀ] n.f. (lat. médiév. *lectura*). - **1.** Action de lire, de déchiffrer : *Lecture du journal.* - **2.** Fait de savoir lire : *Apprendre la lecture. Un livre de lecture* (= où on apprend à lire). - **3.** Action de lire à haute voix, devant un auditoire : *Donner lecture d'une pièce.* - **4.** Ce qu'on lit : *Avoir de mauvaises lectures.* - **5.** Analyse, interprétation d'un texte, d'une partition, etc. : *Nouvelle lecture de Lautréamont. Ce texte se prête à plusieurs lectures.* - **6.** Discussion et vote d'un texte par une assemblée législative ; délibération sur un projet de loi : *Le texte du gouvernement est venu en première lecture au Sénat.* - **7.** Restitution, par un lecteur, de signaux enregistrés sous forme acoustique ou électromagnétique. - **8.** *Tête de lecture,* organe d'un lecteur électronique ou électroacoustique qui procède à la lecture.

ledit adj. → **l. dit.**

légal, e, aux [legal, -o] adj. (lat. *legalis,* de *lex, legis* "loi"). Conforme à la loi, défini par la loi : *Les dispositions légales en vigueur* (syn. juridique). *Il n'a pas atteint l'âge légal pour voter. Le cours légal de la monnaie* (syn. réglementaire).

légalement [legalmɑ̃] adv. De façon légale : *Ils ont été expropriés légalement* (contr. irrégulièrement).

légalisation [legalizasjɔ̃] n.f. Action de légaliser : *La légalisation d'un acte, d'une signature* (syn. authentification).

légaliser [legalize] v.t. - **1.** Rendre légal : *Ce régime politique n'a pas été légalisé par des élections* (syn. légitimer). - **2.** DR. Certifier l'authenticité des signatures apposées sur un acte, en parlant d'un officier public (syn. authentifier).

légalisme [legalism] n.m. Souci de respecter minutieusement la loi : *Son légalisme lui fait honneur.* ◆ **légaliste** adj. et n. Relatif au légalisme ; qui fait preuve de légalisme : *Un discours légaliste.*

légalité [legalite] n.f. - **1.** Caractère de ce qui est légal : *La légalité d'une mesure* (contr. arbitraire). - **2.** Situation conforme à la loi : *Rester dans la légalité.*

légat [lega] n.m. (lat. *legatus*, p. passé de *legare* "envoyer avec une mission"). - **1.** Représentant officiel du pape. - **2.** ANTIQ. ROM. Personnage chargé d'une mission diplomatique (ambassadeur), administrative (adjoint au gouverneur de province) ou militaire (lieutenant des généraux en campagne).

légataire [legatɛʀ] n. (du lat. *legare* "léguer"). Bénéficiaire d'un legs : *Légataire universel.*

légation [legasjɔ̃] n.f. (lat. *legatio*, de *legare* ; v. *légat*). - **1.** Représentation diplomatique d'un gouvernement auprès d'un État où il n'a pas d'ambassade. - **2.** Bâtiment occupé par cette représentation diplomatique.

legato [legato] adv. (mot it.). MUS. En liant les sons.

légendaire [leʒɑ̃dɛʀ] adj. - **1.** Qui appartient à la légende : *La licorne est un animal légendaire* (syn. fabuleux, mythique). - **2.** Qui est connu de tous : *Sa paresse est légendaire* (syn. célèbre).

légende [leʒɑ̃d] n.f. (lat. médiév. *legenda* "ce qui doit être lu"). - **1.** Récit à caractère merveilleux, où les faits historiques sont transformés par l'imagination populaire ou par l'invention poétique : *Les légendes du Moyen Âge.* - **2.** Histoire déformée et embellie par l'imagination : *Entrer vivant dans la légende.* - **3.** Explication jointe à une photographie, à un dessin, à un plan ou à une carte géographique.

léger, ère [leʒe, -ɛʀ] adj. (lat. *levis*). - **1.** Dont le poids est peu élevé : *Bagage léger* (contr. lourd). - **2.** Dont la densité est faible : *Métal, gaz léger.* - **3.** Dont la texture, l'épaisseur est faible : *Tissu léger. Légère couche de neige* (syn. fin ; contr. épais). - **4.** Qui est peu concentré, peu fort : *Thé, café léger.* - **5.** Qui est facile à digérer : *Faire un repas léger* (syn. digeste). - **6.** Qui met en œuvre des moyens peu importants : *Chirurgie légère* (contr. lourd). - **7.** Qui donne une impression de vivacité, de délicatesse, de grâce : *Allure, démarche légère* (syn. alerte, souple). - **8.** Libre de soucis, de responsabilités : *Avoir le cœur léger.* - **9.** Qui est peu important : *Légère différence* (syn. imperceptible). *Peine légère* (syn. anodin). - **10.** Qui est enjoué, sans gravité : *Ton léger. Poésie, musique légère.* - **11.** Qui manque de sérieux : *Se montrer un peu léger* (syn. désinvolte). *Une femme légère* (syn. volage). - **12.** À la légère, inconsidérément : *Ne prends pas ses menaces à la légère.* ‖ Avoir la main légère, agir avec douceur. ‖ Cigarette légère, dont la teneur en nicotine et en goudrons a été diminuée. ‖ Sommeil léger, que peu de chose suffit à troubler. ‖ SPORTS. Poids léger, catégorie de poids dans divers sports individuels, comme la boxe ; sportif appartenant à cette catégorie.

légèrement [leʒɛʀmɑ̃] adv. - **1.** De façon légère : *S'habiller légèrement* (contr. chaude-

ment). - **2.** Un peu : *Il est légèrement éméché.* - **3.** À la légère ; inconsidérément : *Se conduire légèrement.*

légèreté [leʒɛʀte] n.f. - **1.** Propriété de ce qui est peu pesant, peu dense : *La légèreté d'un bagage* (contr. lourdeur). - **2.** Caractère de ce qui est léger, fin, agile : *Bondir avec légèreté* (syn. aisance, souplesse). - **3.** Caractère de ce qui est sans gravité : *Légèreté d'une punition.* - **4.** Manque de sérieux : *Faire preuve de légèreté* (syn. irréflexion, frivolité).

légiférer [leʒifeʀe] v.i. (du lat. *legifer* "qui établit des lois" de *lex, legis* "loi" et *ferre* "proposer") [conj. 18]. - **1.** Établir des lois : *Le Parlement légifère.* - **2.** Édicter des règles.

légion [leʒjɔ̃] n.f. (lat. *legio*). - **1.** ANTIQ. ROM. Unité fondamentale de l'armée romaine. □ La légion impériale comptait environ 6 000 hommes répartis en 10 cohortes, 30 manipules et 60 centuries. - **2.** Appellation de certaines unités militaires. - **3.** Grand nombre, nombre excessif d'êtres vivants : *Une légion de solliciteurs* (syn. cohorte, meute). - **4.** Être légion, être très nombreux. ‖ Légion étrangère, formation militaire française créée en 1831, en Algérie, et composée de volontaires, en majorité étrangers. □ Une Légion étrangère espagnole, ou *tercio*, fut créée en 1920.

légionnaire [leʒjɔnɛʀ] n.m. - **1.** Soldat d'une légion romaine. - **2.** Militaire de la Légion étrangère. - **3.** Maladie du légionnaire, pneumonie hautement fébrile, d'origine bactérienne, dont le nom savant est *légionellose.* ◆ n. Membre de l'ordre de la Légion d'honneur.

législateur, trice [leʒislatœʀ, -tʀis] adj. et n. (lat. *legislator*, de *lex, legis* "loi" et *lator*, de *ferre* "proposer"). Qui légifère, qui a le pouvoir : *Un souverain législateur.* ◆ **législateur** n.m. - **1.** Autorité qui a mission d'établir des lois ; la loi en général. - **2.** Personne qui fixe les règles d'un art, d'une science.

législatif, ive [leʒislatif, -iv] adj. - **1.** Relatif à la loi, au pouvoir de légiférer : *Pouvoir législatif. Assemblée législative.* - **2.** Élections législatives, destinées à désigner, au suffrage universel, les députés de l'Assemblée nationale, en France (on dit aussi *les législatives*).

législation [leʒislasjɔ̃] n.f. Ensemble des lois, des dispositions législatives d'un pays, ou concernant un domaine particulier : *La législation américaine. Législation financière.*

législature [leʒislatyʀ] n.f. Durée du mandat d'une assemblée législative : *Une législature de cinq ans.*

légiste [leʒist] n.m. (du lat. *lex, legis* "loi"). - **1.** Spécialiste des lois. - **2.** HIST. Juriste faisant partie d'un corps apparu dans l'administration royale au XIIIᵉ s. ◆ adj. **Médecin légiste**, médecin qui fait des expertises afin d'aider la justice dans des affaires criminelles.

légitimation [leʒitimasjɔ̃] n.f. - **1.** Action de légitimer : *La légitimation du nouveau pouvoir.* - **2.** DR. Acte par lequel on rend légitime un enfant naturel.

légitime [leʒitim] adj. (lat. *legitimus*, de *lex, legis* "loi"). - **1.** Qui est consacré, reconnu, admis par la loi : *Autorité légitime.* - **2.** Se dit de personnes unies par les liens du mariage et de leurs enfants. - **3.** Qui est fondé en raison, en droit, en justice : *Demande, revendication légitime* (syn. juste, fondé). - **4.** Légitime défense, cas où la loi considère qu'on ne commet pas de délit en usant de violence, pouvant conduire notamm. jusqu'à l'homicide, pour se protéger ou pour protéger autrui contre une agression.

légitimement [leʒitimmɑ̃] adv. Conformément à la loi, à l'équité, à la justice : *On ne peut, légitimement, le condamner.*

légitimer [leʒitime] v.t. - **1.** Faire admettre comme excusable, juste : *Rien ne légitime sa colère* (syn. justifier, excuser). - **2.** Faire reconnaître comme légitime un pouvoir, un titre, etc. - **3.** DR. Conférer la légitimité à un enfant naturel.

légitimiste [leʒitimist] adj. et n. - **1.** Qui défend une dynastie légitime, les droits de la naissance au trône. - **2.** HIST. En France, partisan de la branche aînée des Bourbons, détrônée en 1830 au profit de la branche d'Orléans. □ La disparition, sans héritiers, en 1883, du comte de Chambord, « Henri V », petit-fils de Charles X, mit en pratiquement aux activités du parti légitimiste.

légitimité [leʒitimite] n.f. - **1.** Qualité de ce qui est fondé en droit, fondé en justice, en équité : *La légitimité de ses droits* (syn. bienfondé). *La légitimité du pouvoir établi* (syn. légalité). - **2.** Qualité d'un enfant légitime.

legs [lɛ] ou [lɛg] n.m. (altération, sous l'infl. du lat. *legatum* "legs", de l'anc. fr. *lais*, de *laisser*). - **1.** DR. Libéralité faite par testament au bénéfice d'une personne (syn. donation). - **2.** LITT. Ce qu'une génération transmet aux générations suivantes : *Le legs du passé* (syn. héritage). - **3.** Legs à titre particulier, legs d'un ou de plusieurs biens déterminés. ‖ Legs à titre universel, legs qui porte sur un ensemble de biens, par ex. une quote-part de l'ensemble de la succession ou la totalité des meubles ou des immeubles. ‖ Legs universel, legs qui porte sur la totalité de la succession ou la quotité disponible, lorsque le légataire universel est en concurrence avec des héritiers réservataires.

léguer [lege] v.t. (lat. *legare*) [conj. 18]. - **1.** Donner par testament : *Son père lui a légué des* immeubles (syn. laisser). - **2.** Transmettre à ceux qui viennent ensuite : *Elle a légué son caractère à sa fille* (syn. passer, transmettre).

1. légume [legym] n.m. (lat. *legumen*). - **1.** Plante potagère dont les graines, les feuilles, les tiges ou les racines entrent dans l'alimentation. □ On distingue les *légumes verts* (racine de la carotte, tige et bourgeon de l'asperge, feuilles du poireau, fleurs du chou-fleur, fruit du haricot) et les *légumes secs* (graines du haricot, du pois). - **2.** BOT. Gousse.

2. légume [legym] n.f. (de *1. légume*). FAM. Grosse légume, personnage important.

légumier, ère [legymje, -ɛR] adj. Qui se rapporte aux légumes : *Culture légumière.* ◆ **légumier** n.m. Plat creux, avec couvercle, dans lequel on sert des légumes.

légumineuse [legyminøz] n.f. Légumineuses, ordre de plantes dicotylédones dont le fruit est une gousse, ou légume, et comprenant trois familles : papilionacées, césalpiniacées et mimosacées. (Ex. : *pois, haricot, lentille, luzerne, trèfle*.)

lei [lej] n.m. pl. → **leu**.

leishmaniose [leʃmanjoz] n.f. (de *leishmania* et *-ose*). MÉD. Groupe de maladies des pays tropicaux causées par les *leishmanias*, protozoaires parasites.

leitmotiv [lajtmɔtif] ou [lɛtmɔtif] n.m. (mot all. "motif conducteur"). - **1.** MUS. Motif, thème caractéristique destiné à rappeler une idée, un sentiment, un personnage. - **2.** Formule, idée qui revient sans cesse dans un discours, une conversation, une œuvre littéraire : *Le thème de la vieillesse est un leitmotiv dans ses romans.* **Rem.** Pluriel savant *leitmotive.*

lek [lɛk] n.m. Unité monétaire principale de l'Albanie.

lemme [lɛm] n.m. (gr. *lêmma* "proposition prise d'avance"). MATH. Proposition déduite d'un ou plusieurs postulats dont la démonstration prépare celle d'un théorème.

lemming [lemiŋ] n.m. (mot norvég.). Petit rongeur de Scandinavie, effectuant parfois des migrations massives vers le sud. □ Long. 10 cm.

lémure [lemyR] n.m. (lat. *lemures*). ANTIQ. ROM. Spectre d'un mort, fantôme.

lémurien [lemyRjɛ̃] n.m. (du lat. *lemures* "âmes des morts"). Lémuriens, sous-ordre de mammifères primates aux lobes olfactifs très développés, comprenant des formes arboricoles et frugivores de Madagascar, d'Afrique et de Malaisie.

lendemain [lɑ̃dmɛ̃] n.m. (de l'anc. fr. *l'endemain*). - **1.** Jour qui suit celui où l'on est, ou celui dont on parle : *Le lendemain de son arrivée.* - **2.** Avenir plus ou moins immédiat : *Songer au lendemain* (syn. futur). *Au lendemain de sa mort* (= aussitôt après). - **3.** Du jour au lendemain → jour.

lendit [lãdi] n.m. (du lat. *indictum* "ce qui est fixé"). HIST. Importante foire qui se tenait au Moyen Âge dans la plaine Saint-Denis.

lénifiant, e [lenifjã, -ãt] adj. Qui lénifie : *Climat lénifiant* (syn. amollissant). *Des propos lénifiants* (syn. apaisant).

lénifier [lenifje] v.t. (bas lat. *lenificare*, de *lenis* "doux") [conj. 9]. - **1.** Amollir qqn, lui ôter toute énergie : *Un climat qui vous lénifie.* - **2.** Calmer, apaiser une peine morale : *Ses paroles nous lénifiaient* (syn. rasséréner).

léninisme [leninism] n.m. (de *Lénine*). Doctrine de Lénine dans son apport au marxisme. ◆ **léniniste** adj. et n. Relatif au léninisme ; qui en est partisan.

lent, e [lã, lãt] adj. (lat. *lentus*). - **1.** Qui n'agit pas avec rapidité, qui se fait avec lenteur : *Exécution lente* (contr. rapide). *Il a l'esprit lent* (contr. vif). - **2.** Dont l'effet tarde à se manifester, qui est progressif : *Poison lent.*

lente [lãt] n.f. (du lat. pop. *lendis, -itis,* class. *lens, lendis*). Œuf que le pou dépose à la base des cheveux.

lentement [lãtmã] adv. Avec lenteur : *Il marche lentement.*

lenteur [lãtœR] n.f. Manque de rapidité, d'activité, de vivacité dans les mouvements, dans le raisonnement : *Parler avec lenteur. Lenteur d'esprit* (contr. vivacité).

lenticulaire [lãtikyleR] et **lenticulé, e** [lãtikyle] adj. (lat. *lenticularis* ; v. *lentille*). En forme de lentille : *Verre lenticulaire.*

lentille [lãtij] n.f. (lat. *lenticula*). - **1.** Plante annuelle cultivée pour sa graine ; la graine elle-même, consommée comme légume sec, et qui a la forme d'un petit disque renflé en son centre. □ Famille des papilionacées. - **2.** Verre taillé en forme de lentille, servant dans les instruments d'optique : *Lentille optique.* - **3.** GÉOL. Formation d'étendue limitée en raison de l'érosion ou de la localisation de la sédimentation. - **4.** Lentille cornéenne, verre de contact qui ne s'applique que sur la cornée. ‖ Lentille d'eau, plante de la taille d'une lentille, à deux ou trois feuilles, vivant en grand nombre à la surface des eaux stagnantes (on dit aussi *lenticule*). □ Famille des lemnacées.

lentisque [lãtisk] n.m. (lat. *lentiscus*). Arbrisseau cultivé dans le Proche-Orient, et dont le tronc fournit une résine appelée *mastic* et employée comme masticatoire. □ Famille des térébinthacées ; genre pistachier.

lento [lento] adv. (mot it.). MUS. Lentement. ◆ n.m. Mouvement exécuté dans ce tempo.

léonin, e [leɔnɛ̃, -in] adj. (lat. *leoninus*, de *leo, leonis* "lion"). - **1.** Propre au lion ; qui rappelle le lion : *Crinière léonine.* - **2.** Se dit d'un partage où qqn se réserve la plus grosse part, d'un contrat qui avantage exagérément l'une des parties : *Des clauses léonines.*

léopard [leɔpaR] n.m. (du lat. *leo* "lion" et *pardus* "panthère"). - **1.** Panthère tachetée d'Afrique. □ Long. 1,20 m. - **2.** Fourrure de cet animal. - **3.** Tenue léopard, tenue de camouflage dont les taches de diverses couleurs évoquent le pelage du léopard, utilisée par certaines troupes de choc (parachutistes, notamm.). - **4.** Léopard de mer. Grand phoque carnassier de l'Antarctique.

lépidoptère [lepidɔptɛR] n.m. (du gr. *lepis, lepidos* "écaille", et de *-ptère*). Lépidoptères, ordre d'insectes à métamorphoses complètes, portant à l'état adulte quatre ailes membraneuses couvertes d'écailles microscopiques colorées. □ La larve du lépidoptère est appelée *chenille,* la nymphe *chrysalide,* l'adulte *papillon.*

lépiote [lepjɔt] n.f. (gr. *lepion* "petite écaille"). Champignon à chapeau couvert d'écailles, croissant dans les bois, les prés : *La coulemelle, comestible, est la lépiote élevée.*

lèpre [lɛpR] n.f. (lat. *lepra,* du gr.). - **1.** Maladie infectieuse chronique, due au bacille de Hansen, qui se manifeste par des lésions cutanées, appelées aussi *lépromes,* ou par des atteintes du système nerveux. - **2.** LITT. Vice ou mal grave qui s'étend comme la lèpre : *La lèpre du chômage.*

lépreux, euse [lepRø, -øz] adj. et n. (bas lat. *leprosus*). Qui a la lèpre ; qui concerne la lèpre : *Un hôpital pour lépreux.* ◆ adj. Couvert de moisissures : *Murs lépreux.*

léprologie [lepRɔlɔʒi] n.f. Étude de la lèpre. ◆ **léprologue** n. Nom du spécialiste.

léproserie [lepRozRi] n.f. (lat. médiév. *leprosaria*). Hôpital pour les lépreux.

lequel [ləkɛl], **laquelle** [lakɛl], **lesquels, lesquelles** [lekɛl] pron. relat. (de *le, la, les* et *quel*). [Avec les prép. *à* et *de, lequel, lesquels* et *lesquelles* se contractent en *auquel, auxquels, auxquelles* et *duquel, desquels, desquelles*]. S'emploie comme sujet à la place de *qui* (spécial. pour éviter une ambiguïté sur l'antécédent) ou comme complément prépositionnel (obligatoirement lorsque l'antécédent est un nom de chose) : *Je suis allé chez la mère de mon ami, laquelle habite en Bourgogne. Le bateau sur lequel nous naviguions. Le portemanteau auquel tu as accroché ta veste.* ◆ adj. relat. - **1.** LITT. S'emploie parfois pour reprendre l'antécédent à l'intérieur de la proposition relative : *Il parvint enfin à voir le ministre, lequel ministre démissionna trois jours* *après*. - **2.** **Auquel cas**, en ce cas, dans ces circonstances : *Il pourrait bien pleuvoir, auquel cas la fête aurait lieu à l'intérieur.* ◆ pron. interr. Indique dans une interrogation une comparaison, un choix entre des personnes, des choses : *Ce modèle existe en deux teintes. Laquelle préférez-vous ? On trouve plusieurs ouvrages sur ce thème. Auquel vous référez-vous ?*

1. les art. déf. → **I. le.**

2. les pron. pers. → **2. le.**

lès ou **lez** [lɛ] prép. (du lat. *latus* "côté"). S'emploie dans certains noms de lieux pour indiquer la proximité : *Villeneuve-lès-Avignon. Lys-lez-Lannoy* (syn. près de).

lesbianisme [lɛsbjanism] n.m. (de *lesbienne*). Homosexualité féminine (syn. litt. saphisme).

lesbienne [lɛsbjɛn] n.f. (de *Lesbos*, patrie de Sappho). Femme homosexuelle.

lesdits, lesdites adj. → **I. dit.**

lésé, e [leze] adj. - **1.** À qui l'on a porté préjudice : *Se sentir lésé.* - **2.** MÉD. Qui comporte une lésion : *Vertèbre lésée.*

lèse-majesté [lɛzmaʒɛste] n.f. inv. (de *léser* et *majesté*). DR. ANC. Attentat à la majesté du souverain : *Un crime de lèse-majesté.*

léser [leze] v.t. (du lat. *laesus*, p. passé de *laedere* "blesser") [conj. 18]. - **1.** Faire tort à qqn, à ses intérêts : *Être lésé par un contrat* (syn. désavantager ; contr. favoriser). - **2.** Produire la lésion d'un organe : *Les émanations toxiques ont lésé les poumons* (syn. endommager).

lésiner [lezine] v.i. (de *lésine*, it. *lesina* "alêne" à propos d'avares qui raccommodaient eux-mêmes leurs chaussures). - **1.** Économiser avec excès, agir avec une trop grande économie de moyens : *À force de lésiner sur tout, on ne réussira pas à mener ce projet à bien.* - **2.** Ne pas lésiner sur, ne pas hésiter à utiliser abondamment, à faire la dépense de.

lésion [lezjɔ̃] n.f. (lat. *laesio* ; v. *léser*). - **1.** Modification de la structure d'un tissu, d'un organe sous l'influence d'une cause morbide : *Le choc a provoqué une lésion de la rate.* - **2.** DR. Préjudice qu'éprouve une partie dans un contrat ou dans un partage.

lesquels, lesquelles pron. relat. et interr. → **lequel.**

lessivable [lesivabl] adj. Que l'on peut lessiver : *Papier peint lessivable.*

lessivage [lesivaʒ] n.m. - **1.** Action de lessiver : *Le lessivage du sol.* - **2.** PÉDOL. Dans un sol, migration d'argile ou de limon vers une couche inférieure par dissolution sélective.

lessive [lesiv] n.f. (du lat. [*aqua*]*lixiva* "eau pour la lessive"). - **1.** Solution alcaline servant à laver et à nettoyer ; produit alcalin (poudre ou liquide) qui entre dans cette solution : *Un baril de lessive.* - **2.** Solution alcaline ou saline servant à la fabrication du savon. - **3.** Action de laver le linge ; linge lavé : *Faire la lessive. Étendre la lessive.* - **4.** FAM. Exclusion rapide et massive de personnes jugées indésirables dans une collectivité : *Après ce scandale, il fallait une bonne lessive* (syn. purge).

lessiver [lesive] v.t. - **1.** Nettoyer avec de la lessive : *Lessiver les murs, du linge* (syn. laver). - **2.** TECHN., CHIM. Débarrasser des parties solubles à l'aide d'une lessive. - **3.** PÉDOL. Entraîner le lessivage de : *Précipitations qui lessivent le sol.* - **4.** FAM. Faire perdre à qqn toute force physique : *Ce travail m'a lessivé* (syn. épuiser, éreinter). - **5.** FAM. Au jeu, dépouiller qqn : *Il s'est fait lessiver au poker.* - **6.** FAM. Battre, écraser un adversaire : *L'équipe adverse a été lessivée.*

lessiveuse [lesivøz] n.f. Récipient en tôle galvanisée pour faire bouillir le linge.

lest [lɛst] n.m. (néerl. *last* "poids"). - **1.** Matière pesante placée dans les fonds d'un navire ou fixée à sa quille pour lui assurer un tirant d'eau ou une stabilité convenable. - **2.** Sable qu'un aéronaute emporte dans la nacelle du ballon, et qu'il jette pour prendre de l'altitude ou ralentir sa descente. - **3.** Jeter, lâcher du lest, faire un sacrifice, des concessions pour rétablir une situation compromise.

lestage [lɛstaʒ] n.m. Action de lester.

leste [lɛst] adj. (it. *lesto* "dégagé"). - **1.** Qui se meut avec agilité, aisance : *Un vieillard leste* (syn. agile, SOUT. preste). *Marcher d'un pas leste* (syn. alerte, vif). - **2.** Trop libre, qui blesse la décence : *Propos lestes* (syn. gaulois, grivois). - **3.** Avoir la main leste, être prompt à frapper, à gifler.

lestement [lɛstəmɑ̃] adv. D'une manière leste : *Mener lestement une affaire* (syn. promptement).

lester [lɛste] v.t. - **1.** Charger de lest : *Lester un navire.* - **2.** FAM. Charger en remplissant : *Lester ses poches d'objets divers.*

let [lɛt] interj. et adj. inv. (mot angl. "obstacle"). Dans les sports où un filet sépare les deux camps adverses, se dit d'une balle de service qui passe dans l'autre camp en heurtant le filet. (Recomm. off. *filet !* [pour l'interj.].)

létal, e, aux [letal, -o] adj. (lat. *letalis*, de *letum* "mort"). - **1.** MÉD. Se dit de toute cause qui entraîne la mort du fœtus avant l'accouchement. - **2.** GÉNÉT. Se dit d'un gène qui entraîne la mort plus ou moins précoce de l'individu qui le porte. - **3.** Dose létale, dose d'un produit toxique qui entraîne la mort (= dose mortelle).

léthargie [letarʒi] n.f. (gr. *lêthargia*, de *lêthê* "oubli"). - **1.** Sommeil profond, anormalement continu, sans fièvre ni infection, avec relâchement musculaire complet : *Tomber en léthargie.* - **2.** Torpeur, nonchalance extrême : *Sortir de sa léthargie* (syn. apathie, atonie).

léthargique [letaʀʒik] adj. - **1.** Qui tient de la léthargie ; atteint de léthargie : *Sommeil léthargique.* - **2.** Dont l'activité est très diminuée : *Industrie léthargique. Cette chaleur me rend léthargique* (syn. apathique).

letton, onne ou **one** [letɔ̃, -ɔn] adj. et n. De Lettonie. ◆ **letton** n.m. Langue balte parlée en Lettonie, appelée aussi le *lette*.

lettre [lɛtʀ] n.f. (lat. *littera*). - **1.** Signe graphique utilisé pour les écritures alphabétiques et dont l'ensemble constitue l'alphabet : *La lettre b.* - **2.** Signe alphabétique envisagé dans sa forme, sa taille, etc. : *Lettre minuscule, majuscule.* - **3.** IMPR. Caractère représentant une des lettres de l'alphabet : *Prendre une lettre dans la casse.* - **4.** GRAV. Inscription gravée sur une estampe. - **5.** Sens strict des mots d'un texte, d'un discours, etc. : *Respecter la lettre d'une loi* (par opp. à *l'esprit*). - **6.** Message personnel écrit adressé à quelqu'un par la poste sous enveloppe : *Lettre d'amour* (syn. missive). *Papier à lettres. Lettre recommandée* (syn. pli). - **7.** Document officiel ou privé : *Lettre ministérielle.* - **8.** À la lettre, au pied de la lettre, au sens propre, exact ; scrupuleusement, ponctuellement : *Suivre le règlement à la lettre.* ‖ Avant la lettre, avant le complet développement de qqch ; qui préfigure ce que sera l'état définitif : *Rousseau fut un romantique avant la lettre.* ‖ En toutes lettres, écrit sans abréviation ; avec des mots (et non avec des chiffres, des signes conventionnels, etc.). ‖ Être, rester, demeurer lettre morte, sans effet, inutile : *Ce conseil est resté lettre morte.* ‖ Les cinq lettres, le mot de cinq lettres, merde ! (par euphémisme). ‖ Lettre ouverte, écrit polémique ou revendicatif adressé à qqn en partic. mais rendu public simultanément. ‖ FAM. Passer comme une lettre à la poste, facilement, sans difficulté : *L'excuse est passée comme une lettre à la poste.* ‖ DR. Lettre d'intention, document dans lequel est déclarée l'intention de passer un contrat, de conclure un accord ultérieur. ‖ HIST. Lettre de cachet → cachet. ‖ MIL. Lettre de service, document ministériel conférant à un officier des attributions particulières. ◆ **lettres** n.f. pl. - **1.** Culture et activités littéraires : *Femme de lettres.* - **2.** Ensemble des connaissances et des études littéraires (par opp. à *sciences*). Faculté des lettres. - **3.** Lettres supérieures, en France, classe préparatoire, appelée également *hypokhâgne*, précédant la classe de première supérieure.

lettré, e [letʀe] adj. et n. (lat. *litteratus*). Qui a du savoir, de la culture littéraire : *C'est un fin lettré.*

lettrine [letʀin] n.f. (it. *letterina*). Grande initiale, ornée ou non, placée au début d'un chapitre ou d'un paragraphe : *Un manuscrit du Moyen Âge orné de lettrines.*

lettrisme [letʀism] n.m. (de *lettre* et *-isme*). Mouvement littéraire qui fait consister la poésie dans la seule sonorité ou tel aspect des lettres disposées en un certain ordre ; école picturale qui fait appel à des combinaisons visuelles de lettres et de signes. □ Isidore Isou est le fondateur du lettrisme.

1. leu [lø] n.m. (forme anc. de *loup*). À la queue leu leu, à la file, à la suite les uns des autres.

2. leu [lø] n.m. (mot roum.) [pl. *lei*]. Unité monétaire principale de la Roumanie.

leucémie [løsemi] n.f. (de *leuco-* et *-émie*). Maladie se manifestant génér. par la prolifération de globules blancs dans le sang (jusqu'à 500 000 par mm³) et de cellules anormales révélant une altération des organes formateurs des globules blancs (moelle osseuse, rate, ganglions).

leucémique [løsemik] adj. et n. Relatif à la leucémie ; atteint de leucémie.

leucocytaire [løkɔsitɛʀ] adj. Formule leucocytaire, exprimant les taux respectifs des différentes variétés de leucocytes dans le sang.

leucocyte [løkɔsit] n.m. (de *leuco-* et *-cyte*). Globule blanc du sang et de la lymphe, assurant la défense contre les microbes. □ Chaque millimètre cube de sang en contient de 5 000 à 8 000, qui se distribuent environ en 65 % de polynucléaires et en 35 % de mononucléaires.

leucocytose [løkɔsitoz] n.f. Augmentation du nombre des globules blancs (leucocytes) du sang.

leucorrhée [løkɔʀe] n.f. (de *leuco-* et *-rrhée*). Écoulement blanchâtre, muqueux ou purulent, provenant des voies génitales de la femme (= pertes blanches).

1. leur [lœʀ] pron. pers. inv. (lat. *illorum* "d'eux", de *ille* "celui-là"). Désigne la 3ᵉ pers. du pl., aux deux genres, dans les fonctions de compl. d'objet indirect et compl. d'attribution (se place immédiatement devant le verbe) : *Je leur parle très souvent de ce livre. Elle leur a donné du chocolat.*

2. leur, leurs [lœʀ] adj. poss. (de *1. leur*). - **I.** Correspond à un possesseur de la 3ᵉ pers. du pl., aux deux genres, pour indiquer : - **1.** Un rapport de possession : *Elles mettent leur chapeau et leurs gants.* - **2.** Un rapport d'ordre social : *Leurs amis.* - **II.** (En fonction d'attribut). Qui est à eux, à elles : *Elles ont fait leurs nos idées.* ◆ pron. poss.

(Précédé de l'art. déf.). - **1.** Désigne ce qui appartient ou se rapporte à un possesseur de la 3ᵉ pers. du pl. : *Ils ont aussi une chatte, mais la leur est grise.* - **2.** Être des leurs, faire partie de leur groupe, partager leur activité. ‖ Les leurs, leurs parents, leurs proches ; leurs alliés, leurs partisans.

leurre [lœʀ] n.m. (frq. *lopr* "appât"). - **1.** Artifice, moyen d'attirer et de tromper : *Ce projet n'est qu'un leurre* (syn. duperie, imposture). - **2.** FAUC. Morceau de cuir rouge façonné en forme d'oiseau, auquel on attache un appât et que l'on jette en l'air pour faire revenir le faucon. - **3.** PÊCHE. Appât factice attaché à un hameçon. - **4.** ARM. Moyen destiné à gêner la détection d'un aéronef, d'un navire, etc., ou à faire dévier les armes offensives dirigées contre eux.

leurrer [løʀe] v.t. Attirer par quelque espérance trompeuse : *Il s'est laissé leurrer* (syn. duper, tromper). ◆ **se leurrer** v.pr. Se faire des illusions : *Tu te leurres sur ses sentiments* (syn. s'illusionner).

lev [lev] n.m. (pl. *leva*). Unité monétaire principale de la Bulgarie.

levage [ləvaʒ] n.m. - **1.** Fait de lever, en parlant d'une pâte. - **2.** Action de lever, de déplacer verticalement une charge : *Appareil de levage.*

levain [ləvɛ̃] n.m. (de *1. lever*). - **1.** Culture de micro-organismes utilisée pour produire la fermentation dans un produit. - **2.** Morceau de pâte en cours de fermentation qui, mêlé à la pâte du pain, la fait lever et fermenter : *Pain au levain.* - **3.** LITT. Ce qui peut faire naître, amplifier un état, un sentiment, une action : *Un levain de discorde* (syn. ferment, germe).

levant [ləvɑ̃] n.m. (p. présent de *lever*). - **1.** Est, orient. - **2.** La flotte du Levant, autref., la flotte de la Méditerranée (par opp. à *la flotte du Ponant* [de l'Atlantique]). ◆ adj.m. Le soleil levant, qui se lève.

levantin, e [ləvɑ̃tɛ̃, -in] adj. et n. (de *levant*). Originaire des pays de la Méditerranée orientale.

1. levé, e [ləve] adj. (p. passé de *1. lever*). - **1.** Soulevé, placé plus haut : *Mains levées.* - **2.** Sorti du lit : *Levé chaque jour à l'aube* (syn. debout). - **3.** Dressé, vertical : *Les menhirs sont des pierres levées.* - **4.** Au pied levé, sans préparation, à l'improviste : *Répondre au pied levé.*

2. levé et **lever** [ləve] n.m. (de *1. lever*). TOPOGR. Établissement d'un plan, d'une carte, sur le terrain ou à l'aide de photographies aériennes ; plan, carte ainsi tracés : *Un levé de terrain.*

levée [ləve] n.f. (de *1. lever*). - **1.** Action d'enlever, de retirer : *Levée des scellés.* - **2.** Action de

faire cesser : *La levée du couvre-feu* (syn. fin). - **3.** Action de recueillir, de collecter ; ce qui a été collecté : *Levée des impôts* (syn. recouvrement). - **4.** Enlèvement des lettres de la boîte par un préposé de l'administration des postes : *Heure de la levée.* - **5.** Enrôlement : *Levée des troupes.* - **6.** Remblai formant digue, élevé parallèlement à un cours d'eau pour protéger la vallée des inondations : *Levée de terre. Les levées de la Loire.* - **7.** JEUX. Ensemble des cartes jouées à chaque coup et ramassées par celui qui a gagné : *J'ai fait cinq levées* (syn. pli). - **8.** Levée du corps, enlèvement du cercueil de la maison mortuaire ; cérémonie qui l'accompagne. ‖ Levée en masse, appel de tous les hommes valides pour la défense du pays.

lève-glace [lɛvglas] et **lève-vitre** [lɛvvitʀ] n.m. (pl. *lève-glaces, -vitres*). Mécanisme servant à ouvrir ou fermer les glaces d'une automobile ; bouton servant à actionner ce mécanisme.

1. lever [ləve] v.t. (lat. *levare*) [conj. 19]. - **1.** Mettre plus haut, à un niveau supérieur : *Lever la vitre du compartiment* (contr. baisser). - **2.** Diriger vers le haut, mouvoir de bas en haut une partie du corps : *Lever la tête de son livre* (syn. redresser ; contr. incliner). *Lever la main* (contr. baisser). - **3.** Placer verticalement, redresser ce qui était horizontal ou penché : *Lever un pont basculant.* - **4.** Retirer ce qui était posé : *Lever les scellés* (syn. ôter). - **5.** Soulever en découvrant ce qui était caché : *Lever le rideau.* - **6.** Représenter sur une surface plane en dessinant : *Lever une carte.* - **7.** CUIS. Prélever : *Lever un blanc de poulet.* - **8.** Recueillir, collecter des fonds : *Lever un impôt.* - **9.** Recruter, mobiliser : *Lever une armée.* - **10.** Faire disparaître, faire cesser : *Lever une interdiction* (syn. abolir, supprimer). - **11.** Faire sortir un animal de son gîte : *Lever un lièvre.* - **12.** Faire sortir du lit ; mettre debout : *Lever un malade, un enfant.* - **13.** Lever la séance, la clore ; partir. ‖ Lever les épaules, manifester son mépris par un haussement d'épaules (syn. hausser). ‖ Lever les yeux sur qqn, qqch, le regarder, s'y intéresser. ‖ Lever le voile, révéler ce qui était secret. ◆ v.i. - **1.** Sortir de terre, pousser : *Les blés lèvent.* - **2.** Gonfler sous l'effet de la fermentation : *La pâte lève.* ◆ **se lever** v.pr. - **1.** Quitter la position couchée ou assise ; se mettre debout. - **2.** Sortir du lit : *À quelle heure vous levez-vous ?* (contr. se coucher). - **3.** Se dresser, se révolter : *Le peuple s'est levé contre la dictature.* - **4.** Apparaître à l'horizon, en parlant d'un astre : *La lune s'est levée* (contr. se coucher). - **5.** Commencer à souffler, en parlant du vent : *Le mistral s'est levé.* - **6.** Se former, devenir forte, en parlant de la houle, de la mer. - **7.** S'éclaircir, devenir meilleur, en parlant du temps. - **8.** Se lever de table, quitter la table.

2. **lever** [ləve] n.m. (de *1. lever*). - **1.** Action de sortir du lit ; moment où l'on se lève : *Elle m'a téléphoné dès mon lever.* - **2.** Instant où un astre apparaît au-dessus de l'horizon. - **3.** TO-POGR. Syn. de *levé.* - **4.** Lever de rideau, moment où le rideau se lève pour découvrir la scène ; petite pièce en un acte jouée avant la pièce principale d'un spectacle théâtral ; match préliminaire dans une réunion sportive.

levier [ləvje] n.m. (de *1. lever*). - **1.** Barre rigide pouvant tourner autour d'un point fixe (point d'appui ou pivot), pour remuer, soulever les fardeaux. - **2.** Tige de commande d'un mécanisme : *Levier de changement de vitesse.* - **3.** Moyen d'action ; ce qui sert à surmonter une résistance : *L'intérêt est un puissant levier.*

lévitation [levitasjɔ̃] n.f. (mot angl., du lat. *levitas* "légèreté"). - **1.** TECHN. État d'un corps restant en équilibre au-dessus d'une surface grâce à une force compensant la pesanteur. - **2.** Phénomène selon lequel certains êtres seraient soulevés du sol et se maintiendraient sans aucun appui naturel.

lévite [levit] n.m. (lat. ecclés. *levita,* mot hébr.). HIST. Membre de la tribu de Lévi, traditionnellement chargé du service du Temple, dans l'ancien Israël.

levraut [ləvʁo] n.m. (dimin. de *lièvre*). Jeune lièvre.

lèvre [lεvʁ] n.f. (lat. *labra,* pl. de *labrum*). - **1.** Chacune des parties extérieures, inférieure et supérieure, de la bouche, qui couvrent les dents : *Avoir les lèvres gercées.* - **2.** ANAT. Chacun des replis cutanés de l'appareil génital externe féminin, situés en dehors (*grandes lèvres*) ou en dedans (*petites lèvres*). - **3.** BOT. Lobe de certaines fleurs. - **4.** TECHN. Arête coupante d'un foret. - **5.** Du bout des lèvres, en remuant à peine les lèvres. ‖ Manger, sourire du bout des lèvres, à peine, avec réticence. ◆ **lèvres** n.f.pl. MÉD. Bords d'une plaie : *Les lèvres d'une blessure.*

levrette [ləvʁεt] n.f. (de *lévrier*). Femelle du lévrier.

lévrier [levʁije] n.m. (de *lièvre*). Chien longiligne, à la tête allongée et à la musculature puissante, très rapide, propre à la chasse du lièvre. □ La femelle du lévrier est la levrette.

lévulose [levyloz] n.m. (du lat. *laevus* "gauche" et *-ose*). CHIM. Sucre de la famille des glucoses (syn. fructose).

levure [ləvyʁ] n.f. (de *1. lever*). - **1.** Champignon unicellulaire qui produit la fermentation alcoolique des solutions sucrées ou qui fait lever les pâtes farineuses. □ Les levures

sont des champignons ascomycètes. Le genre le plus important est le saccharomyces. - **2.** Levure chimique, mélange de produits chimiques utilisés en pâtisserie et en biscuiterie pour faire lever la pâte (et dénommé *poudre à lever* ou *poudre levante* dans la terminologie technique).

lexème [lεksεm] n.m. (de *lex[ique],* d'apr. *morphème*). LING. Unité minimale de signification, appartenant au lexique. (On dit aussi *morphème lexical,* par opp. au *morphème grammatical.*)

lexical, e, aux [lεksikal, -o] adj. Qui concerne le lexique, le vocabulaire d'une langue : *Les unités lexicales.*

lexicalisation [lεksikalizasjɔ̃] n.f. LING. Processus par lequel une suite de morphèmes devient une unité lexicale : *La lexicalisation d'une expression.*

lexicalisé, e [lεksikalize] adj. LING. Se dit d'une suite de morphèmes fonctionnant comme une unité de lexique et employée comme un mot : *« Petit déjeuner » est lexicalisé.*

lexicographie [lεksikɔgʁafi] n.f. (de *lexique* et *-graphie*). LING. Discipline dont l'objet est l'élaboration des dictionnaires. ◆ **lexicographe** n. LING. Nom du spécialiste.

lexicographique [lεksikɔgʁafik] adj. LING. Relatif à la lexicographie.

lexicologie [lεksikɔlɔʒi] n.f. (de *lexique* et *-logie*). LING. Partie de la linguistique qui étudie le vocabulaire, considéré dans son histoire, son fonctionnement, etc. ◆ **lexicologue** n. LING. Nom du spécialiste.

lexicologique [lεksikɔlɔʒik] adj. LING. Relatif à la lexicologie.

lexique [lεksik] n.m. (gr. *lexikon,* de *lexis* "mot"). - **1.** Ensemble des mots formant la langue d'une communauté et considéré abstraitement comme l'un des éléments constituant le code de cette langue (par opp. à *grammaire*). - **2.** Dictionnaire spécialisé regroupant les termes utilisés dans une science ou une technique : *Un lexique de l'informatique* (syn. vocabulaire). - **3.** Dictionnaire bilingue succinct : *Lexique français-anglais à la fin d'un guide de voyage.* - **4.** Glossaire placé à la fin d'un ouvrage. - **5.** Vocabulaire employé par un écrivain, un homme politique, etc., dans son œuvre, ses discours, étudié sous l'angle de sa diversité, de sa complexité : *Étudier le lexique de Stendhal.*

lez prép. → **lès.**

lézard [lezaʁ] n.m. (anc. fr. *laisarde,* lat. *lacerta*). - **1.** Reptile commun près des vieux murs, dans les bois, les prés. □ Le lézard ocellé peut atteindre 60 cm de long ; type du sous-ordre des lacertiliens. - **2.** Peau tannée des grands lézards tropicaux (iguanes, varans), très appréciée en maroquinerie. - **3.** Faire le lézard, se prélasser au soleil pour se réchauffer ou pour bronzer.

lézarde [lezaʀd] n.f. (de *lézard*). - **1.** Crevasse affectant toute l'épaisseur d'un ouvrage de maçonnerie : *Boucher une lézarde* (syn. fissure). - **2.** LITT. Fissure, atteinte qui compromet la solidité de qqch, d'un état, d'un sentiment : *Une lézarde dans un raisonnement* (syn. faille). - **3.** Galon étroit d'ameublement, servant à masquer clous ou coutures.

1. lézarder [lezaʀde] v.i. FAM. Faire le lézard.

2. lézarder [lezaʀde] v.t. Produire des lézardes : *L'humidité a lézardé le mur* (syn. fissurer).
◆ **se lézarder** v.pr. Se fendre, se crevasser, en parlant d'un mur.

liage [ljaʒ] n.m. Action de lier ; son résultat.

liaison [ljɛzɔ̃] n.f. (de *lier*). - **1.** Union, jonction de plusieurs choses, de plusieurs corps ensemble. - **2.** Enchaînement des parties d'un tout : *Liaison dans les idées* (syn. cohérence). *La police a rapidement établi la liaison entre les deux événements* (syn. corrélation). - **3.** CONSTR. Action, manière de joindre les matériaux d'une construction (syn. assemblage). - **4.** Mortier utilisé pour la liaison. - **5.** CUIS. Opération consistant à incorporer un ingrédient (jaune d'œuf, farine, etc.) à une préparation pour l'épaissir ; cet ingrédient. - **6.** GRAMM. Prononciation de la dernière consonne d'un mot, habituellement muette, avec la voyelle initiale du mot suivant. (Ex. : *les oiseaux* [lezwazo].) - **7.** MUS. Trait réunissant deux ou plusieurs notes écrites sur le même degré et indiquant que la seconde et, le cas échéant, les suivantes ne doivent pas être attaquées de nouveau ; signe indiquant que l'on ne doit pas détacher les notes les unes des autres. - **8.** CHIM. Interaction entre ions (liaison ionique), entre atomes (liaison covalente, liaison métallique), entre molécules (liaison de Van der Waals), responsable de la cohésion et de la structure des corps composés. - **9.** MÉCAN. Ensemble de conditions particulières auxquelles est assujetti un corps solide par rapport à un autre, qui limite les mouvements possibles de l'un par rapport à l'autre et qui détermine leur degré de liberté relatif. - **10.** Communication régulièrement assurée entre deux ou plusieurs points du globe : *Liaison aérienne.* - **11.** Action de maintenir les relations entre différents services, différents organismes : *Vous devrez assurer la liaison entre le service informatique et le service de gestion* (syn. contact). - **12.** MIL. Lien permanent établi entre chefs et subordonnés, entre armes, unités différentes : *Agent de liaison.* - **13.** LITT. Lien entre deux personnes, reposant sur des affinités de goût, d'intérêt, de sentiment : *Liaison d'amitié, d'affaires.* - **14.** Relation amoureuse suivie : *Une liaison difficile à rompre.* - **15.** En liaison, en contact ; en communication : *Rester en liaison plusieurs années.* ‖ **Mots de liaison**, conjonctions et prépositions.

liane [ljan] n.f. (de *lier*). Plante dont la tige flexible grimpe en s'accrochant à un support (espèces grimpantes : vigne, lierre, clématite) ou en s'enroulant autour (plantes volubiles : liseron, haricot). □ Les lianes abondent dans la forêt équatoriale et peuvent atteindre 100 m et plus.

1. liant, e [ljɑ̃, -ɑ̃t] adj. (p. présent de *lier*). Qui se lie facilement avec autrui : *Caractère, esprit liant* (syn. sociable).

2. liant [ljɑ̃] n.m. (p. présent de *lier*). - **1.** Matière ajoutée à une autre, qui, en se solidifiant, en agglomère les parties composantes. - **2.** Constituant non volatil des peintures, véhiculant et agglutinant les pigments de couleur. - **3.** Élasticité : *Le liant de l'acier* (syn. malléabilité). - **4.** LITT. Affabilité : *Avoir du liant* (syn. sociabilité). *Mettre un peu de liant dans les relations* (syn. aménité).

liard [ljaʀ] n.m. (orig. incert.,p.-ê. de l'anc. fr. *liart* "grisâtre"). Ancienne monnaie de cuivre qui valait 3 deniers, le quart d'un sou.

lias [ljas] n.m. (mot angl., du fr. *liais* "calcaire grossier"). GÉOL. Partie inférieure du système jurassique.

liasse [ljas] n.f. Paquet de papiers, de billets, etc., liés ensemble : *Elle a sorti une liasse de son portefeuille.*

libanisation [libanizasjɔ̃] n.f. (de *Liban*, en raison des nombreuses factions qui luttèrent dans ce pays pour le pouvoir). Processus de fragmentation d'un État, résultant de l'affrontement entre diverses communautés (syn. balkanisation).

libation [libasjɔ̃] n.f. (lat. *libatio*, de *libare* "verser"). ANTIQ. Offrande rituelle, à une divinité, d'un liquide (vin, huile, lait) que l'on répandait sur le sol ou sur un autel.
◆ **libations** n.f. pl. Faire des libations, de joyeuses libations, bien boire, bien s'amuser en buvant du vin, de l'alcool.

libelle [libɛl] n.m. (lat. *libellus* "petit livre"). LITT. Petit écrit satirique, parfois à caractère diffamatoire (syn. pamphlet).

libellé [libele] n.m. (de *libeller*). Formulation d'un acte, d'un document ; manière dont il est rédigé : *Le libellé de sa lettre m'a surpris* (syn. rédaction, teneur).

libeller [libele] v.t. (de *libelle*). - **1.** Rédiger un acte dans les formes. - **2.** Formuler par écrit : *Libeller une demande* (syn. écrire, rédiger). - **3.** Libeller un chèque, un mandat, en spécifier le montant et la destination (syn. remplir).

libellule [libelyl] n.f. (lat. *libella* "niveau", à cause du vol horizontal de l'insecte). Insecte à quatre ailes transparentes finement nervurées, aux yeux globuleux à facettes, volant rapidement près des eaux en capturant des insectes, et dont la larve est aquatique. □ Ordre des odonates ; long. jusqu'à 5 cm.

liber [liber] n.m. (mot lat. désignant la partie vivante de l'écorce). BOT. Tissu végétal assurant la conduction de la sève élaborée, et se trouvant dans la partie profonde des racines, des tiges et de l'écorce du tronc.

libérable [liberabl] adj. - 1. Qui présente les conditions requises pour être libéré : *Prisonnier libérable*. - 2. Qui va être rendu à la vie civile : *Militaire libérable*.

libéral, e, aux [liberal, -o] adj. et n. (lat. *liberalis*). - 1. Qui est favorable aux libertés individuelles, à la liberté de penser, à la liberté politique : *Idées libérales* (contr. dirigiste). - 2. Qui appartient au libéralisme économique ou politique, qui en est partisan : *Économie libérale. Les libéraux et les conservateurs. Parti libéral*. - 3. Indulgent, tolérant, permissif : *Éducation libérale.* ◆ adj. **Arts libéraux**, au Moyen Âge, ensemble des disciplines intellectuelles fondamentales, divisées en deux cycles, le *trivium* (grammaire, rhétorique, dialectique) et le *quadrivium* (arithmétique, musique, géométrie, astronomie) ; à l'époque classique, arts dans lesquels la conception intellectuelle et l'inspiration prédominent, est, spécial., les beaux-arts. ‖ **Profession libérale**, profession dépendant d'un ordre, d'un organisme professionnel et dont la rémunération ne revêt aucun caractère commercial (avocat, médecin, expert-comptable).

libéralement [liberalmã] adv. Avec libéralité ; avec libéralisme : *Interpréter libéralement une loi*.

libéralisation [liberalizasjɔ̃] n.f. Action de libéraliser : *La libéralisation de l'économie* (contr. étatisation).

libéraliser [liberalize] v.t. Rendre un régime, une économie plus libéraux, en partic. en diminuant les interventions de l'État (contr. étatiser).

libéralisme [liberalism] n.m. (de *liberal* et *-isme*). - 1. Doctrine économique de la libre entreprise, selon laquelle l'État ne doit pas, par son intervention, gêner le libre jeu de la concurrence. - 2. Doctrine politique visant à limiter les pouvoirs de l'État au regard des libertés individuelles. □ Le libéralisme politique s'est opposé, au XVIIIᵉ s., à l'absolu-

tisme monarchique. - 3. Fait d'être libéral, tolérant : *Le libéralisme d'un directeur, d'un règlement*.

libéralité [liberalite] n.f. (lat. *liberalitas*, de *liberalis*). - 1. Disposition à donner largement : *Agir avec libéralité* (syn. générosité, largesse). - 2. (Surtout au pl.). LITT. Don fait avec générosité : *Vivre des libéralités de ses parents*. - 3. DR. Acte procurant un avantage sans contrepartie.

libérateur, trice [liberatœr, -tris] adj. Qui libère de contraintes morales ou physiques : *Un rire libérateur.* ◆ adj. et n. Qui libère du despotisme, d'une occupation étrangère : *Fêter les libérateurs du pays* (syn. sauveur).

libération [liberasjɔ̃] n.f. - 1. Action de rendre libre une personne prisonnière : *La libération d'un détenu* (syn. élargissement). - 2. Renvoi d'un militaire du contingent dans ses foyers après l'accomplissement de son service actif (syn. démobilisation). - 3. Action de délivrer un peuple de la servitude, de l'occupation étrangère : *La libération d'un pays*. - 4. DR. Acquittement d'une dette ; paiement du montant d'une action. - 5. Affranchissement de tout ce qui limite la liberté, le développement de qqn, d'un groupe : *La libération de la femme* (syn. émancipation). - 6. Action de mettre fin à une réglementation, à un contrôle strict : *Libération des prix* (syn. déréglementation). - 7. Cessation d'une contrainte matérielle ou psychologique : *Son départ a été une libération* (syn. délivrance). - 8. PHYS. Dégagement d'énergie lors d'une réaction chimique ou nucléaire. - 9. **Libération conditionnelle**, mise en liberté d'un condamné avant l'expiration de sa peine, sous certaines conditions.

libératoire [liberatwar] adj. Qui a pour effet de libérer d'une obligation, d'une dette : *Une mesure libératoire*.

libéré, e [libere] adj. et n. Dégagé d'une obligation, d'une peine, d'une servitude (syn. libre). ◆ adj. - 1. Affranchi de contraintes sociales ou morales. - 2. Affranchi des contraintes sociales en matière de mœurs : *Des jeunes gens libérés* (syn. affranchi, émancipé).

libérer [libere] v.t. (lat. *liberare*, de *liber* ; v. *libre*) [conj. 18]. - 1. Mettre en liberté un prisonnier : *Libérer un détenu* (syn. élargir, relâcher). - 2. Renvoyer une recrue, une classe dans ses foyers (syn. démobiliser). - 3. Délivrer un pays, un peuple de la domination ou de l'occupation étrangère. - 4. Débarrasser de qqch qui entrave : *Libérer qqn de ses liens*. - 5. Décharger d'une obligation : *Libérer un ami d'une dette* (syn. dégager, délier). - 6. Laisser partir qqn ; rendre sa liberté d'action à qqn : *Je n'ai été libéré de ma réunion qu'à quinze* *heures.* **- 7.** Soustraire à une contrainte physique ou morale : *Tu me libères d'un souci.* **- 8.** Rendre libre un mécanisme : *Libérer le cran de sûreté d'une arme.* **- 9.** Dégager de ce qui obstrue, entrave : *Libérer le passage* (contr. obstruer, boucher). **- 10.** Rendre un lieu libre, disponible : *Libérer un appartement.* **- 11.** Rendre libre ce qui était soumis à des restrictions : *Libérer les échanges* (syn. déréglementer). **- 12.** PHYS. Dégager une énergie, une substance : *Réaction qui libère de l'oxygène.* ◆ **se libérer** v.pr. **- 1.** Se rendre libre de toute occupation : *Elle tâchera de se libérer en soirée.* **- 2.** Se libérer de qqch, acquitter une dette, une obligation : *Se libérer des obligations militaires ;* se défaire de qqch, s'en débarrasser : *Se libérer de ses complexes.*

libero [libeʀo] n.m. (mot it.). Au football, défenseur évoluant librement devant le gardien de but et en couverture de la ligne de défense.

libertaire [libeʀtɛʀ] n. et adj. Partisan de la liberté absolue de l'individu en matière politique et sociale ; anarchiste. ◆ adj. Qui relève de la doctrine libertaire.

liberté [libeʀte] n.f. (lat. *libertas,* de *liber ;* v. *libre*). **- 1.** État d'une personne qui n'est pas soumise à la servitude : *Donner sa liberté à un esclave* (syn. affranchissement). **- 2.** État d'un être qui n'est pas captif : *Animal qui vit en liberté.* **- 3.** Possibilité de se mouvoir sans gêne ni entrave physique : *Recouvrer la liberté de ses mouvements.* **- 4.** Possibilité d'agir, de penser, de s'exprimer selon ses propres choix : *Liberté de réunion. Liberté d'opinion, d'expression. On lui laisse trop peu de liberté dans son travail* (syn. latitude). **- 5.** État d'une personne qui n'est liée par aucun engagement professionnel, conjugal, etc. : *Elle a quitté son mari et a repris sa liberté* (syn. indépendance). **- 6.** Attitude de qqn qui n'est pas dominé par la peur, la gêne, les préjugés : *S'expliquer en toute liberté avec qqn* (syn. franchise). **- 7.** Droit reconnu à l'individu d'aller et de venir sans entraves sur le territoire national, d'y entrer et d'en sortir à son gré. **- 8.** État d'un pays qui se gouverne en pleine souveraineté. **- 9.** État de l'homme qui se gouverne selon sa raison, en l'absence de tout déterminisme. **- 10.** Avoir toute liberté, de, pour, pouvoir, sans aucune surveillance ni contrôle, faire telle chose, agir de telle manière : *Elle a toute liberté pour mener à bien ce projet.* ‖ **Liberté civile,** faculté pour un citoyen de faire tout ce qui n'est pas contraire à la loi et qui ne nuit pas à autrui. ‖ **Liberté de conscience, liberté du culte,** droit de pratiquer la religion de son choix. ‖ **Liberté d'enseignement,** liberté de créer un établissement d'enseignement et, pour l'enseigné, de choisir entre l'enseignement

public et l'enseignement privé. ‖ **Liberté naturelle,** droit que l'homme a par nature d'employer ses facultés comme il l'entend. ‖ **Liberté syndicale,** droit pour les salariés de constituer des syndicats, d'adhérer ou non à un syndicat. ‖ **Prendre la liberté de,** se permettre de : *Je prends la liberté de vous écrire.* ‖ DR. **Liberté surveillée,** régime dans lequel des mineurs délinquants sont maintenus dans leur milieu et soumis à une surveillance assurée par des *délégués à la liberté surveillée* sous le contrôle du juge des enfants. ◆ **libertés** n.f. pl. **- 1.** Immunités et franchises : *Les libertés municipales.* **- 2.** (Surtout dans la loc. *prendre des libertés*). Manières d'agir trop libres, ou jugées telles : *Prendre des libertés avec qqn* (= agir avec lui trop familièrement). *Prendre des libertés avec un texte* (= ne pas le citer ou le traduire exactement). **- 3.** **Libertés publiques,** ensemble des libertés reconnues aux personnes et aux groupes face à l'État.

libertin, e [libɛʀtɛ̃, -in] adj. et n. (lat. *libertinus* "affranchi"). **- 1.** LITTÉR. HIST. Libre-penseur, au XVIIe s. **- 2.** LITT. Qui mène une vie dissolue ; qui est de mœurs très libres : *Il a une réputation de libertin* (syn. dévergondé, viveur). ◆ adj. LITT. Marqué par le libertinage, la licence des mœurs : *Propos libertins* (syn. leste, licencieux).

libertinage [libɛʀtinaʒ] n.m. LITT. Manière de vivre dissolue du libertin : *Vivre dans le libertinage* (syn. débauche, licence).

libidinal, e, aux [libidinal, -o] adj. PSYCHAN. Relatif à la libido : *Objet libidinal. Pulsions, satisfactions libidinales.*

libidineux, euse [libidinø, -øz] adj. (lat. *libidinosus,* de *libido*). LITT. Qui est porté à rechercher sans cesse les plaisirs érotiques : *Un vieillard libidineux. Des regards libidineux* (syn. vicieux, lubrique).

libido [libido] n.f. (mot lat. "désir"). PSYCHAN. Énergie de la pulsion sexuelle. □ La libido peut s'investir sur le moi *(libido narcissique)* ou sur un objet extérieur *(libido d'objet).*

libraire [libʀɛʀ] n. (lat. *librarius,* de *liber ;* v. *livre*). Personne qui vend des livres, des ouvrages imprimés, qui tient une librairie.

librairie [libʀɛʀi] n.f. **- 1.** Magasin du libraire. **- 2.** Activité, commerce de librairie. **- 3.** (Dans des noms de firmes). Maison d'édition qui assure la vente directe d'une partie de sa production par l'intermédiaire d'un ou plusieurs magasins qu'elle possède.

libration [libʀasjɔ̃] n.f. (lat. *libratio,* de *librare* "balancer"). ASTRON. Balancement apparent de la Lune autour de son axe, que l'on perçoit depuis la Terre.

libre [libʀ] adj. (lat. *liber, liberi*). **- 1.** Qui n'est pas esclave ; qui n'est pas prisonnier, retenu en captivité : *L'accusé est libre*. **- 2.** Qui a le pouvoir d'agir, de se déterminer à sa guise : *Vous êtes libre de refuser.* **- 3.** Se dit d'un État, d'un peuple qui exerce le pouvoir en toute souveraineté : *Une nation libre* (syn. souverain). **- 4.** Qui est sans contrainte, sans souci des règles : *Avoir des mœurs très libres.* **- 5.** Qui n'est pas lié par un engagement ; qui dispose de son temps : *Je suis libre à cinq heures* (syn. disponible). **- 6.** Qui n'est pas marié, engagé dans une relation amoureuse. **- 7.** Qui se détermine indépendamment de dogmes, d'idées reçues : *Un esprit libre.* **- 8.** Qui n'éprouve pas de gêne dans ses relations avec autrui : *Être très libre avec qqn* (syn. hardi ; contr. timide, réservé). **- 9.** Qui ne respecte pas la décence, les convenances : *Des plaisanteries un peu libres* (syn. leste, licencieux). **- 10.** Qui n'est pas assujetti, retenu : *Bandage qui laisse les doigts libres.* **- 11.** Qui ne comporte pas d'obstacle, de contrainte : *La voie est libre* (syn. dégagé, vide). **- 12.** Qui n'est pas défini par un règlement, une convention, un programme, etc. : *Figures libres* (contr. imposé). **- 13.** Se dit d'une adaptation, d'une traduction qui n'est pas tout à fait fidèle au texte original : *La libre adaptation d'un roman à l'écran.* **- 14.** Qui n'est pas assujetti à des contraintes fixées par le pouvoir politique, qui ne subit aucune pression : *Une presse libre.* **- 15.** Qui n'est pas occupé ou réservé à qqn : *Le taxi est libre* (syn. inoccupé). *Cette chambre est libre* (syn. vacant ; contr. réservé, occupé). **- 16.** Avoir le champ libre, avoir la possibilité d'agir à sa guise. ‖ Entrée libre → entrée. ‖ Libre entreprise → entreprise. ‖ Libre arbitre → 2. arbitre. ‖ Libre à vous de, il vous est permis de. ‖ Libre-penseur, v. à l'ordre alphabétique. ‖ Papier libre, papier sans en-tête ou non timbré : *Découpez ce bon ou répondez-nous sur papier libre.* ‖ Temps libre, temps dont on peut disposer à sa guise. ‖ LITTÉR. Vers libre → vers.

libre-échange [libʀeʃɑ̃ʒ] n.m. (pl. *libres-échanges*). Système économique dans lequel les échanges commerciaux entre États sont libres et affranchis des droits de douane (par opp. à *protectionnisme*).

libre-échangisme [libʀeʃɑ̃ʒism] n.m. (pl. *libre-échangismes*). Doctrine économique visant à établir le libre-échange. ◆ **libre-échangiste** adj. et n. (pl. *libre-échangistes*). Relatif au libre-échange ; qui en est partisan.

librement [libʀəmɑ̃] adv. **- 1.** Sans entrave, sans restriction, sans contrainte : *Circuler librement.* **- 2.** En toute liberté de choix : *Président librement élu.* **- 3.** Avec franchise, spontanéité : *Parler librement* (syn. spontanément).

libre-penseur [libʀəpɑ̃sœʀ] n.m. (pl. *libres-penseurs*). Personne qui s'est affranchie de toute sujétion religieuse, de toute croyance en quelque dogme que ce soit.

libre-service [libʀəsɛʀvis] n.m. (pl. *libres-services*). **- 1.** Méthode de vente où le client se sert lui-même, dans un magasin, un lieu de services : *Poste à essence en libre-service.* **- 2.** Établissement où l'on se sert soi-même : *Acheter qqch au libre-service.*

librettiste [libʀetist] n. (de *libretto*, mot it. "livret") Auteur du livret d'une œuvre lyrique ou chorégraphique.

1. lice [lis] n.f. (croisement du frq. *°listja* "barrière" et *°lista* "bord"). **- 1.** Palissade de bois dont on entourait les places ou les châteaux fortifiés. **- 2.** Terrain ainsi clos, qui servait aux tournois, aux joutes. **- 3.** Tout champ clos préparé pour des exercices, des joutes de plein air. **- 4.** Bordure intérieure d'une piste d'athlétisme, de cyclisme. **- 5.** SOUT. Entrer en lice, s'engager dans une lutte ; intervenir dans une discussion.

2. lice [lis] n.f. (bas lat. *lyciscus* "chien-loup", du gr. *lukos* "loup"). **- 1.** Femelle d'un chien de chasse. **- 2.** Lice portière, chienne destinée à la reproduction.

3. lice n.f. → **3. lisse.**

licence [lisɑ̃s] n.f. (lat. *licentia* "permission", de *licet* "il est permis"). **- 1.** LITT. Liberté excessive qui tend au dérèglement moral ; caractère de ce qui est licencieux, contraire à la décence : *Licence des mœurs* (syn. dérèglement). **- 2.** Liberté que prend un écrivain, un poète avec les règles de la grammaire, de la syntaxe, de la versification : *Licence poétique.* **- 3.** Diplôme universitaire sanctionnant la première année d'études du second cycle : *Une licence de lettres.* **- 4.** DR. Permis d'exercer une activité soumise à autorisation préalable ; autorisation délivrée par l'Administration d'importer ou d'exporter divers produits : *Une licence de débit de boissons.* **- 5.** SPORTS. Document émanant d'une fédération, délivré à titre personnel et qui permet de prendre part aux compétitions. **- 6.** Licence d'exploitation, autorisation d'exploiter un brevet d'invention.

licencié, e [lisɑ̃sje] n. et adj. (de *licence*). **- 1.** Titulaire d'une licence universitaire : *Licencié en droit. Licencié ès lettres.* **- 2.** Titulaire d'une licence sportive : *Licencié de tennis.* **- 3.** Commerçant vendant des produits relevant d'une licence d'exploitation.

licenciement [lisɑ̃simɑ̃] n.m. (de *licencier*). **- 1.** Rupture, à l'initiative de l'employeur, d'un contrat de travail à durée indéterminée : *Licenciement économique.* **- 2.** Licenciement collectif, concernant plusieurs salariés d'une entreprise et génér. décidé pour des motifs d'ordre économique. ‖ **Licenciement individuel**, ne concernant qu'un seul salarié et pouvant intervenir pour cause économique ou faute professionnelle du salarié. ‖ **Licenciement sec**, qui n'est pas accompagné de mesures sociales.

licencier [lisãsje] v.t. (lat. médiév. *licentiare*, du class. *licentia* "liberté") [conj. 9]. Priver d'emploi, renvoyer un salarié, rompre son contrat de travail : *Il a été licencié il y a quelques mois* (syn. congédier, remercier).

licencieux, euse [lisãsjø, -øz] adj. (lat. *licentiosus*, de *licentia* "liberté"). - **1.** Extrêmement libre dans ses mœurs, ses écrits, ses paroles : *Un écrivain licencieux* (syn. dépravé, libertin, immoral). - **2.** Contraire à la pudeur, à la décence : *Chanson licencieuse. Tenir des propos licencieux* (syn. grivois).

lichen [likɛn] n.m. (mot lat., du gr. *leikhên* "qui lèche"). Végétal composite formé par l'association d'une algue microscopique et d'un champignon filamenteux, qui vivent en symbiose.

lichette [liʃɛt] n.f. (de *licher*, var. de *lécher*). FAM. Petite quantité d'un aliment : *Lichette de pain, de saucisson.*

licier n.m. → **lissier.**

licitation [lisitasjõ] n.f. (lat. *licitatio*, de *licitus* "permis"). DR. Vente aux enchères, par les copropriétaires, d'un bien indivis.

licite [lisit] adj. (lat. *licitus*, de *licet* "il est permis"). Permis par la loi : *User de moyens licites* (syn. légal).

licitement [lisitmã] adv. De façon licite.

licol [likɔl] et **licou** [liku] n.m. (de *lier*, et de l'anc. fr. *col* "cou"). Pièce de harnais qu'on place sur la tête des bêtes de somme pour les attacher, les mener.

licorne [likɔrn] n.f. (lat. *unicornis* "à une seule corne"). Animal fabuleux représenté comme un cheval portant au milieu du chanfrein une longue corne torsadée.

licteur [liktœr] n.m. (lat. *lictor*). ANTIQ. Officier qui marchait devant les principaux magistrats de l'ancienne Rome, portant un faisceau de verges qui, dans certaines circonstances, enserrait une hache.

lie [li] n.f. (du gaul. **liga*). - **1.** Dépôt qui se forme dans les liquides fermentés (bière, vin). - **2.** LITT. Ce qu'il y a de plus vil, de plus mauvais dans une société ; racaille : *La lie de l'humanité* (syn. rebut, LITT. tourbe). - **3.** Boire le calice jusqu'à la lie → **calice.**

lied [lid] n.m. (mot all. "chant") [pl. *lieds* ou *lieder*]. Poème chanté, à une ou à plusieurs voix, avec ou sans accompagnement, dans les pays germaniques.

lie-de-vin [lidvɛ̃] adj. inv. Rouge violacé.

liège [ljɛʒ] n.m. (du lat. *levis* "léger"). - **1.** BOT. Tissu végétal épais, imperméable et léger, fourni par l'écorce de certains arbres, en partic. du chêne-liège. - **2.** Cette partie de l'écorce, propre à divers usages commerciaux : *Un bouchon de liège. Un flotteur en liège.*

liégeois, e [ljeʒwa, -az] adj. et n. De Liège.
◆ adj. **Café, chocolat liégeois**, glace au café ou au chocolat servie alors qu'elle n'est pas entièrement prise et nappée de crème Chantilly.

lien [ljɛ̃] n.m. (lat. *ligamen*, de *ligare*). - **1.** Ce qui sert à lier pour maintenir ou fermer : *Le lien d'une gerbe de fleurs* (syn. attache). - **2.** Ce qui unit, établit un rapport logique ou de dépendance : *Il n'y a pas de lien entre les deux affaires* (syn. corrélation). *Lien de cause à effet.* - **3.** Ce qui lie deux, plusieurs personnes ; relation : *Servir de lien entre deux personnes* (syn. intermédiaire). *Les liens du sang, de l'amitié.* - **4.** LITT. Ce qui impose une contrainte ; ce qui enchaîne : *Briser, rompre ses liens* (syn. chaîne). *Les liens d'un serment.*

lier [lje] v.t. (lat. *ligare*) [conj. 9]. - **1.** Attacher, maintenir avec qqch : *Lier une gerbe d'épis* (syn. ficeler). *Lier un prisonnier avec une corde* (syn. ligoter). *Lier ses cheveux avec un ruban* (syn. nouer). - **2.** Joindre des éléments, établir entre eux une continuité : *Lier des lettres par un trait de plume* (syn. enchaîner, réunir). - **3.** Mettre en relation, faire un lien entre : *Lier un événement à un autre. Tout est lié* (= tout se tient). - **4.** Maintenir, réunir à l'aide d'une substance : *Lier des pierres avec du mortier* (syn. assembler). - **5.** Constituer un lien affectif entre des personnes ; unir par un intérêt, un goût, un rapport quelconque : *Le goût des sports dangereux les avait liés* (syn. rapprocher ; contr. éloigner). *Ils sont liés par une amitié de longue date.* - **6.** Attacher par un engagement juridique ou moral : *Il est lié par son contrat* (syn. engager). *Être lié par une promesse.* - **7.** Avoir partie liée avec qqn, être engagé solidairement avec lui dans une affaire. ‖ **Lier amitié**, engager une relation amicale. ‖ **Lier conversation**, engager la conversation. - **8.** MUS. **Lier des notes**, les rendre par une seule émission de voix ou de souffle, par un seul coup d'archet, etc. ‖ CUIS. **Lier une sauce**, l'épaissir, la rendre homogène avec une liaison. ◆ **se lier** v.pr. Contracter une amitié ; être uni à qqn, rattaché à qqch : *Elle ne se lie pas facilement* (syn. s'attacher).

lierre [ljɛr] n.m. (anc. fr. *l'ierre*, du lat. *hedera*). Plante grimpante, à feuilles persistantes, à baies noires toxiques, qui se fixe aux murs, aux arbres par des racines crampons. □ Famille des hédéracées.

liesse [ljɛs] n.f. (lat. *laetitia* "allégresse", avec infl. de l'anc. adj. *lié* "heureux", lat. *laetus*).

LITT. En liesse, se dit d'une foule qui manifeste une joie débordante : *Le peuple en liesse a accueilli le président.*

1. **lieu** [ljø] n.m. (lat. *locus*) [pl. *lieux*]. - **1.** Partie circonscrite de l'espace où se situe une chose, où se déroule une action : *Lieu de rendez-vous* (syn. place). *Lieu de tournage* (syn. endroit). - **2.** Localité ; pays ; contrée : *Donner sa date et son lieu de naissance. Un lieu charmant.* - **3.** Endroit, édifice, local, etc., considéré du point de vue de sa destination, de son usage : *Lieu de travail.* - **4.** Au lieu de, à la place de ; plutôt que de : *Employer un mot au lieu d'un autre. Écoute au lieu de parler.* ‖ LITT. Au lieu que (+ subj.), plutôt que : *Au lieu qu'il reconnaisse ses erreurs, il s'entête.* ‖ Avoir lieu, se produire, arriver, se dérouler : *La réunion aura lieu à 10 heures.* ‖ Avoir lieu de, avoir tout lieu de, avoir une raison, de bonnes raisons pour : *Nous avons tout lieu de croire qu'il est innocent.* ‖ SOUT. Ce n'est pas le lieu de, ce n'est pas l'endroit, le moment pour : *Ce n'est pas le lieu de parler de cela.* ‖ Donner lieu à, fournir l'occasion de : *Cela donnera lieu à des critiques.* ‖ En dernier lieu, enfin, pour finir : *En dernier lieu, il a fait un commentaire sur la politique internationale.* ‖ En haut lieu, auprès des responsables, des dirigeants : *On a déposé un recours en haut lieu.* ‖ En premier, en second lieu, premièrement, d'abord ; deuxièmement, ensuite : *En premier lieu, nous examinerons la politique économique, en second lieu, la politique sociale.* ‖ En tous lieux, partout : *Elle clame en tous lieux qu'elle obtiendra ce poste.* ‖ Être sans feu ni lieu → 1. feu. ‖ Il y a lieu de, il est permis, opportun de : *Il y a lieu d'être inquiet.* ‖ Lieu commun, réflexion banale, sans originalité. ‖ Lieu public, endroit où le public a accès (jardin public, cinéma, café, etc.). ‖ S'il y a lieu, le cas échéant : *S'il y a lieu, téléphonez-moi.* ‖ Tenir lieu de, se substituer à ; remplacer : *Ce canif lui tient lieu de coupe-papier. Elle nous tenait lieu de mère.* ◆ **lieux** n.m. pl. - **1.** Locaux, site, terrain : *Faire l'état des lieux.* - **2.** Endroit précis où un fait s'est produit : *Notre reporter est sur les lieux.* - **3.** VIEILLI. Lieux d'aisances, cabinets, toilettes. ‖ Lieux saints, les localités et les sanctuaires de Palestine liés au souvenir de Jésus.

2. **lieu** [ljø] n.m. (anc. scand. *lyr*) [pl. *lieus*]. Autre nom du *colin.* (On dit aussi *lieu noir.*)

lieu-dit ou **lieudit** [ljødi] n.m. (pl. *lieux-dits, lieudits*). Lieu qui porte un nom rappelant une particularité topographique ou historique et qui, souvent, constitue un écart d'une commune : *Le lieu-dit « les Trois-Épis ».*

lieue [ljø] n.f. (bas lat. *leuca*, d'orig. gaul.). - **1.** Autref., mesure linéaire, de valeur variable. - **2.** CAN. Mesure linéaire équivalant à 3 milles. - **3.** Être à cent lieues, à mille lieues de, être fort éloigné de : *J'étais à cent lieues de le croire coupable.* ‖ Lieue de poste, 3,898 km. ‖ Lieue de terre ou lieue commune, vingt-cinquième partie du degré terrestre comptée sur un grand cercle, soit 4,445 km. ‖ Lieue kilométrique, lieue de 4 km. ‖ Lieue marine ou lieue géographique, vingtième partie du degré terrestre, soit 3 milles ou env. 5,556 km.

lieutenant [ljøtnɑ̃] n.m. (de *lieu* et *tenant* "tenant lieu de"). - **1.** Celui qui seconde et remplace le chef : *Un mafieux et son lieutenant* (= bras droit ; syn. second). - **2.** Officier dont le grade se situe entre celui de sous-lieutenant et celui de capitaine. - **3.** Lieutenant de vaisseau, officier de marine dont le grade correspond à celui de capitaine dans les armées de terre et de l'air. ‖ HIST. Lieutenant général du royaume, personne que le roi désignait pour exercer temporairement le pouvoir à sa place (le duc de Guise en 1557 ; le comte d'Artois, futur Charles X, en 1814 ; le duc d'Orléans, futur Louis-Philippe, en 1830).

lieutenant-colonel [ljøtnɑ̃kɔlɔnɛl] n.m. (pl. *lieutenants-colonels*). Officier des armées de terre ou de l'air dont le grade est intermédiaire entre celui de commandant et celui de colonel.

lièvre [ljɛvʀ] n.m. (lat. *lepus, -oris*). - **1.** Mammifère à longues pattes postérieures permettant une course rapide, qui a la pointe de ses longues oreilles noire et gîte dans des dépressions du sol. □ Ordre des lagomorphes. La femelle du lièvre se nomme hase. Le lièvre vagit. - **2.** Chair comestible de cet animal : *Un civet de lièvre.* - **3.** SPORTS. Coureur chargé de mener un train rapide au début d'une course, pour faciliter la réalisation d'une performance. - **4.** Courir deux lièvres à la fois, poursuivre deux buts différents. ‖ Lever un lièvre, le faire sortir de son gîte ; au fig., soulever une question embarrassante, une difficulté.

lift [lift] n.m. (de l'angl. *to lift* "soulever"). Au tennis, effet donné à la balle en la frappant de bas en haut, afin d'en augmenter le rebond.

lifter [lifte] v.t. SPORTS. □ Donner un effet de lift à une balle. ◆ v.i. Faire un lift.

liftier, ère [liftje, -ɛʀ] n. (de l'angl. *lift* "ascenseur"). Personne préposée à la manœuvre d'un ascenseur, dans un grand magasin, un hôtel : *Se faire ouvrir la porte par le liftier.*

lifting [liftiŋ] n.m. (mot angl., de *to lift* "relever"). - **1.** Intervention de chirurgie esthétique consistant à enlever des bandelettes de peau et à retendre celle-ci pour supprimer les rides. (Recomm. off. : *lissage.*) - **2.** FAM.

Opération de rajeunissement, de rénovation : *Un lifting idéologique.*

ligament [ligamɑ̃] n.m. (lat. *ligamentum*, de *ligare* "lier"). Ensemble de fibres conjonctives serrées et résistantes, orientées dans le même sens, qui unissent les os au niveau des articulations ou maintiennent des organes en place.

ligamentaire [ligamɑ̃tɛʀ] adj. Relatif aux ligaments.

ligamenteux, euse [ligamɑ̃tø, -øz] adj. De la nature des ligaments.

ligature [ligatyʀ] n.f. (du lat. *ligare* "lier"). - **1.** Opération qui consiste à serrer un lien, une bande autour d'une partie du corps, génér. un vaisseau sanguin ; le lien lui-même : *Faire une ligature à la jambe d'un blessé* (syn. garrot). - **2.** HORTIC. Action d'entourer d'un lien à une plante, une greffe, etc. : *Fixer par une ligature un arbrisseau à un tuteur.* - **3.** Ensemble de lettres liées qui forme un caractère unique. (Ex. : œ.) - **4.** Ligature des trompes, méthode anticonceptionnelle irréversible consistant à ligaturer les trompes de Fallope.

ligaturer [ligatyʀe] v.t. Attacher, serrer avec une ligature : *Ligaturer une artère, les trompes.*

lige [liʒ] adj. (lat. pop. *lit icus, de letus, litus,* mot d'orig. frq. désignant une personne d'une classe intermédiaire entre celle des hommes libres et celle des serfs). - **1.** Se disait d'un vassal lié à son seigneur par une forme d'hommage plus étroite que l'hommage ordinaire. - **2.** LITT. Homme lige, personne totalement dévouée à qqn, à un groupe.

lignage [liɲaʒ] n.m. (de *ligne*). - **1.** Ensemble de personnes issues d'un ancêtre commun (syn. famille, lignée). - **2.** De haut lignage, de haute noblesse.

ligne [liɲ] n.f. (lat. *linea*). - **1.** Trait continu dont l'étendue se réduit pratiquement à la dimension de la longueur : *Tracer une ligne. Une ligne courbe.* - **2.** MATH. Figure qui peut être matérialisée par un fil assez fin : *Un point qui se déplace engendre une ligne.* - **3.** Ensemble des éléments se trouvant sur une même horizontale dans un tableau à double entrée. - **4.** Trait réel ou imaginaire qui sépare deux éléments contigus ; intersection de deux surfaces : *La ligne de démarcation entre deux pays* (syn. frontière). - **5.** Forme, contour, dessin d'un corps, d'un objet, etc. : *La ligne d'une voiture. Faire attention à la ligne.* - **6.** Trait imaginaire marquant une direction suivie de façon continue : *Aller en ligne droite.* - **7.** Règle de vie, orientation : *Avoir une ligne de conduite* (syn. règle). - **8.** Itinéraire régulier desservi par un service de transport ; ce service : *Ligne maritime. Pilote de ligne* (= qui

assure un service régulier de transport par avion). - **9.** Cordeau pour aligner : *Ligne de charpentier, de maçon.* - **10.** Fil terminé par un ou plusieurs hameçons pour pêcher : *Pêche à la ligne. Avoir une truite au bout de sa ligne.* - **11.** Installation servant au transport d'énergie électrique, à la communication : *Ligne à haute tension. Ligne téléphonique* (syn. câble). - **12.** Suite, série continue de personnes ou de choses : *Une ligne de peupliers* (syn. alignement). - **13.** COMM. Série de produits ou d'articles se complétant dans leur utilisation et unis par des qualités communes : *Une ligne de produits de beauté* (syn. gamme). - **14.** MIL. Dispositif formé d'hommes, d'unités ou de moyens de combat placés les uns à côté des autres ; cette troupe elle-même. - **15.** Suite continue de fortifications permanentes destinées à protéger une frontière : *La ligne Maginot.* - **16.** TÉLÉV. Segment de droite décrit lors du balayage d'une image en télévision ou en télécopie, à l'émission ou à la réception. - **17.** Suite de mots écrits ou imprimés sur une longueur déterminée : *Écrire quelques lignes d'un rapport. Aller, mettre à la ligne* (= commencer une nouvelle ligne). - **18.** Ensemble des générations successives de parents : *Il descend en ligne directe d'un héros de la Révolution* (= par filiation directe). *La ligne collatérale* (= descendance par le frère ou la sœur ; syn. branche). - **19.** Ancienne mesure française de longueur représentant la douzième partie du pouce (env. 2,25 mm). - **20.** CAN. Mesure de longueur valant 3,175 mm (huitième partie du pouce). - **21.** FAM. Avoir, garder la ligne, une silhouette fine, élégante. ‖ En première ligne, au plus près du combat. ‖ Entrer en ligne de compte, être inclus dans un compte ; avoir de l'importance : *Ces considérations n'entrent pas en ligne de compte.* ‖ Être en ligne, être branché téléphoniquement avec un correspondant ; en parlant d'un matériel de télé-informatique, fonctionner en relation directe avec un autre. ‖ Hors ligne, exceptionnel, tout à fait supérieur : *Un mécanicien hors ligne.* ‖ Mettre en ligne, présenter des troupes pour affronter l'ennemi. ‖ Monter en ligne, aller au combat. ‖ Sur toute la ligne, d'un bout à l'autre ; tout à fait, complètement : *Se tromper sur toute la ligne.* - **22.** Bâtiment de ligne, grand navire de guerre puissamment armé et formant l'élément principal d'une escadre. ‖ ASTRON. Ligne des nœuds, ligne d'intersection du plan de l'orbite d'un astre avec un plan pris pour référence. ‖ FIN. Ligne de crédit, montant d'un crédit accordé par une banque et que le bénéficiaire peut utiliser au fur et à mesure de ses besoins. ‖ MAR. La Ligne, l'équateur. ‖ ZOOL. Ligne latérale, organe sensoriel des poissons et des larves d'amphibiens, formé par un canal sous-cutané comportant des cellules sensibles aux vibrations de l'eau.

lignée [liɲe] n.f. (de *ligne*). Ensemble des descendants : *Il était le dernier d'une lignée d'aristocrates* (syn. descendance, race).

ligner [liɲe] v.t. Marquer d'une ligne ou de lignes.

ligneux, euse [liɲø, -øz] adj. (lat. *lignosus,* de *lignum* "bois"). - **1.** De la nature du bois : *Matière ligneuse.* - **2.** Dont la tige contient suffisamment de faisceaux lignifiés pour devenir résistante (par opp. à *herbacé*). - **3.** Qui appartient au bois : *Fibre ligneuse.*

lignicole [liɲikɔl] adj. (du lat. *lignum* "bois", et de *-cole*). Qui vit dans le bois des arbres, en parlant d'une espèce animale : *Insectes lignicoles.*

lignification [liɲifikasjɔ̃] n.f. Phénomène par lequel les membranes de certaines cellules végétales s'imprègnent de lignine et prennent l'aspect du bois.

se lignifier [liɲifje] v.pr. (du lat. *lignum* "bois") [conj. 9]. Se changer en bois ; s'imprégner de lignine.

lignine [liɲin] n.f. (du lat. *lignum* "bois"). BOT. Substance organique qui imprègne les cellules, les fibres et les vaisseaux du bois, et les rend imperméables, inextensibles et rigides. □ La lignine est le constituant principal du bois.

lignite [liɲit] n.m. (du lat. *lignum* "bois"). Roche d'origine organique, résultant de la décomposition incomplète de débris végétaux. □ Le lignite est une roche combustible, contenant 70 % de carbone ; il a une valeur calorifique trois fois moindre que celle de la houille.

ligoter [ligɔte] v.t. (de *ligot* "corde", du gascon *ligot* "lien", lat. *ligare* "lier"). - **1.** Attacher étroitement qqn à qqch, ou lui lier les membres : *Ligoter un prisonnier à un arbre* (syn. attacher, enchaîner). *On lui a ligoté les pieds.* - **2.** Priver qqn de sa liberté d'action, d'expression : *Elle est complètement ligotée par ses engagements* (syn. lier, museler).

ligue [lig] n.f. (it. *liga,* du lat. *ligare* "lier"). - **1.** HIST. Union formée entre plusieurs princes, en partic. pour défendre des intérêts politiques, religieux, etc. ; confédération entre plusieurs cités ou États. - **2.** Association de citoyens unis en vue d'une action déterminée : *La Ligue des droits de l'homme* (syn. front, union).

liguer [lige] v.t. (de *ligue*). Unir dans une même coalition, une même alliance : *Liguer tous les mécontents* (syn. coaliser). ◆ **se liguer** v.pr. Unir ses efforts contre qqn, qqch : *Ils se liguèrent pour le perdre* (syn. s'associer, s'unir).

ligueur, euse [ligœr, -øz] n. - **1.** Membre d'une ligue. - **2.** HIST. Personne qui faisait partie de la Sainte Ligue sous Henri III et Henri IV.

ligule [ligyl] n.f. (lat. *ligula* "languette"). Petite languette de certaines fleurs, dites *ligulées ;* cette fleur.

lilas [lila] n.m. (ar. *lilāk,* du persan). - **1.** Arbuste originaire du Moyen-Orient, cultivé pour ses grappes de fleurs mauves ou blanches, odorantes. □ Famille des oléacées. - **2.** Branche fleurie de cet arbre : *Couper des lilas* (ou *du lilas*). ◆ adj. inv. D'une couleur mauve rosé.

liliacée [liljase] n.f. (lat. *liliaceus,* de *lilium* "lis"). Liliacées, famille de plantes monocotylédones, comprenant près de 4 000 espèces dont le lis, la tulipe, la jacinthe, le muguet, l'ail, le poireau, l'aloès, etc.

lilliputien, enne [lilipysjɛ̃, -ɛn] adj. et n. (de *Lilliput,* pays imaginaire des *Voyages de Gulliver*). De très petite taille : *Un jardin lilliputien* (syn. microscopique, minuscule).

limace [limas] n.f. (lat. *limax*). - **1.** Mollusque gastropode terrestre, respirant par un poumon, sans coquille externe. - **2.** FAM. Personne lente et molle.

limaçon [limasɔ̃] n.m. (dimin. de *limace*). - **1.** VIEILLI. Mollusque terrestre à coquille enroulée et, en partic., escargot (syn. colimaçon). - **2.** Organe de l'oreille interne, formé d'un tube enroulé en spirale contenant les terminaisons sensorielles du nerf auditif.

limage [lima3] n.m. Action de limer.

limaille [limaj] n.f. Matière que forment les parcelles de métal détachées par l'action de la lime : *Limaille de fer.*

limande [limɑ̃d] n.f. (anc. fr. *lime*). - **1.** Poisson plat comestible, vivant dans la Manche et l'Atlantique. □ Superfamille des pleuronectes ; long. 40 cm. - **2.** PRÉHIST. Biface plat d'une forme ovale très allongée.

limbe [lɛ̃b] n.m. (lat. *limbus* "bord"). - **1.** Couronne circulaire (en métal, en verre, etc.) portant la graduation angulaire d'un instrument de mesure. - **2.** Bord lumineux du disque d'un astre. - **3.** BOT. Partie principale de la feuille ; partie large et étalée d'un pétale ou d'un sépale.

limbes [lɛ̃b] n.m. pl. (du lat. *limbus* "bord"). - **1.** THÉOL. Séjour où les justes de l'Ancien Testament attendaient la venue rédemptrice du Christ ; séjour de félicité des enfants morts sans baptême. - **2.** État vague, incertain : *Projet encore dans les limbes* (= à l'état embryonnaire).

1. lime [lim] n.f. (lat. *lima*). - **1.** Outil à main, en acier trempé, long et étroit, couvert d'entailles, utilisé pour tailler, ajuster, polir les métaux, le bois, etc., par frottement. - **2.** Mollusque bivalve marin. - **3.** Lime à ongles, petite lime de métal strié ou de papier émeri destinée à raccourcir les ongles, à arrondir leur bout.

2. **lime** [lim] et **limette** [limɛt] n.f. (esp. *lima*, mot ar.). Petit citron de couleur verte, à peau lisse, à chair sans pépins très juteuse. □ C'est le fruit du limettier.

limer [lime] v.t. - **1.** Travailler, entailler un objet, un métal à la lime : *Limer une barre de fer.*

limeur, euse [limœr, -øz] adj. Qui sert à limer : *Outil limeur.*

limicole [limikɔl] adj. (du lat. *limus* "fange", et de *-cole*). BIOL. Qui vit dans la vase ou y cherche sa nourriture : *Oiseau, larve limicole.*

limier [limje] n.m. (de *liem*, anc. forme de *lien*, propr. "chien qu'on mène en laisse"). - **1.** Chien courant, employé, dans la chasse à courre, pour la recherche du gibier. - **2.** FAM. Policier, détective : *C'est un fin limier.*

liminaire [liminɛʁ] adj. (du lat. *limen*, *-inis* "seuil"). Qui est au début d'un livre, d'un poème, d'un débat : *Déclaration liminaire.*

limitatif, ive [limitatif, -iv] adj. Qui limite, qui fixe ou constitue une limite : *Une clause limitative* (syn. restrictif).

limitation [limitasjɔ̃] n.f. - **1.** Action de fixer la limite, la frontière d'un terrain : *Les limitations de la propriété* (syn. bornage). - **2.** Action, fait de fixer un terme, des bornes, des restrictions à qqch : *Limitation de vitesse. La limitation des naissances* (syn. contrôle).

limite [limit] n.f. (lat. *limes*, *-itis*). - **1.** Ligne séparant deux pays, deux territoires, deux terrains contigus : *La limite d'une propriété* (syn. borne). *Les Pyrénées marquent la limite entre la France et l'Espagne* (syn. frontière). - **2.** Ligne qui circonscrit un espace, qui marque le début ou la fin d'une étendue : *La limite du terrain de jeu.* - **3.** Ce qui marque le début ou la fin d'un espace de temps, ce qui le circonscrit : *Dans les limites du temps qui m'est imparti. La dernière limite pour les inscriptions* (syn. terme). - **4.** Borne, point au-delà desquels ne peuvent aller ou s'étendre une action, une influence, un état, etc. : *Ma patience a des limites. Un pouvoir sans limite* (syn. frein). - **5.** (En appos.). Date, prix, vitesse, etc., limite, qu'on ne peut dépasser ; extrême. - **6.** À la limite, si on envisage le cas extrême. ‖ Limite d'âge, âge au-delà duquel on ne peut exercer une fonction.

limité, e [limite] adj. - **1.** Restreint, de peu d'étendue, de peu d'importance : *Une confiance limitée* (contr. absolu, total). *Une édition à tirage limité* (= pour laquelle on a tiré

peu d'exemplaires). - **2.** FAM. Sans grands moyens intellectuels ; peu inventif : *Un cinéaste limité.*

limiter [limite] v.t. (lat. *limitare*). - **1.** Enfermer ; constituer la limite de : *L'Atlantique limite la France à l'ouest* (syn. borner). - **2.** Restreindre dans certaines limites : *Limiter ses dépenses* (syn. freiner). *Limiter les dégâts* (syn. circonscrire). ◆ **se limiter** v.pr. - **1.** S'imposer des limites : *Je me limiterai à exposer l'essentiel* (syn. se contenter de). - **2.** Avoir pour limites : *Mes connaissances en anglais se limitent à quelques mots* (syn. se borner à).

limitrophe [limitʁɔf] adj. (lat. juridique *limitrophus*). - **1.** Situé à la frontière d'un pays, d'une région : *Les villes limitrophes de la frontière* (syn. voisin). - **2.** Qui a des limites communes avec un lieu : *Pays, départements limitrophes* (syn. attenant, contigu).

limnée [limne] n.f. (lat. sc. *limnæa*, du gr. *limnaios* "de lac"). Mollusque gastropode d'eau douce, à coquille pointue, en forme de spirale, et à respiration pulmonaire. □ Long. max. 5 cm.

limnologie [limnɔlɔʒi] n.f. (du gr. *limnê* "lac", et de *-logie*). Étude scientifique des lacs et des eaux lacustres ; hydrologie lacustre.

limogeage [limɔʒaʒ] n.m. Action de limoger : *Le limogeage du directeur* (syn. destitution).

limoger [limɔʒe] v.t. (de la ville de *Limoges*, d'apr. l'action de Joffre qui, en 1914, destitua et envoya à Limoges des généraux incapables) [conj. 17]. Priver un officier, un fonctionnaire de son emploi par révocation, déplacement, etc. : *Limoger un haut fonctionnaire* (syn. révoquer, destituer).

1. **limon** [limɔ̃] n.m. (lat. *limus*). Roche sédimentaire détritique, dont l'épaisseur du grain est intermédiaire entre celle des sables et celle des argiles, constituant des sols légers et fertiles.

2. **limon** [limɔ̃] n.m. (it. *limone*, de l'arabo-perse *limun*). Citron très acide, fruit du limonier.

3. **limon** [limɔ̃] n.m. (du gaul.). - **1.** Bras d'un brancard, d'une voiture à cheval. - **2.** Pièce qui supporte les marches d'un escalier.

limonade [limɔnad] n.f. (de 2. *limon*). Boisson gazeuse à base de sucre, d'acides, d'essence de citron, de gaz carbonique.

limonadier, ère [limɔnadje, -ɛʁ] n. - **1.** Personne qui fait le commerce de boissons au détail (syn. cafetier). - **2.** Personne qui fabrique de la limonade.

limonaire [limɔnɛʁ] n.m. (du n. de l'inventeur). Orgue de Barbarie de la marque de ce nom.

limoneux, euse [limɔnø, -øz] adj. (de 1. *limon*). Qui contient du limon : *Un sol limoneux.*

limonier [limɔnje] n.m. (de 2. *limon*). Citronnier de la variété qui produit les limons.

limousin, e [limuzɛ̃, -in] adj. et n. Du Limousin.

limousine [limuzin] n.f. (fém. de *Limousin*). Automobile à conduite intérieure, possédant quatre portes et six glaces latérales : *La vedette est arrivée à son hôtel en limousine.*

limpide [lɛ̃pid] adj. (lat. *limpidus*). - **1.** Clair et transparent : *Une eau limpide* (syn. pur). - **2.** Aisé à comprendre : *Un exposé limpide* (syn. simple, clair).

limpidité [lɛ̃pidite] n.f. Caractère de ce qui est limpide : *La limpidité d'une eau* (syn. transparence).

lin [lɛ̃] n.m. (lat. *linum*). - **1.** Plante herbacée, à fleur bleue, cultivée dans les régions tempérées, en partic. dans le nord de la France. □ La tige fournit, par rouissage, des fibres dont on fabrique un fil utilisé comme textile. La graine fournit une farine, dont on fait des cataplasmes émollients, une huile siccative, employée notamm. en peinture, et des tourteaux, utilisés pour l'alimentation du bétail. - **2.** Fibre textile issue de cette plante ; tissu fait de cette fibre.

linacée [linase] n.f. Linacées, famille de plantes dicotylédones telles que le lin.

linceul [lɛ̃sœl] n.m. (lat. *linteolum* "petit morceau de toile de lin"). Pièce de toile dans laquelle on ensevelit un mort (syn. suaire).

1. linéaire [lineɛʀ] adj. (lat. *linearis*, de *linea* "ligne"). - **1.** Qui a l'aspect continu d'une ligne : *Représentation linéaire du temps.* - **2.** D'une grande simplicité, sobre, sans complication inutile : *Un discours linéaire.* - **3.** Dessin linéaire, dessin qui ne reproduit que les seuls contours d'un objet. - **4.** MATH. Application ou fonction linéaire réelle, fonction de type *f(x)=a.x* où *a* est un réel déterminé, et dont la représentation graphique est une droite passant par l'origine du repère.

2. linéaire [lineɛʀ] n.m. (de *1. linéaire*). - **1.** Longueur disponible pour la présentation d'une marchandise dans un magasin de détail, notamm. un libre-service. - **2.** Écriture syllabique de la Grèce archaïque. □ Le linéaire A (XVIIIᵉ-XVIᵉ s. av. J.-C.) n'a pas été déchiffré ; le linéaire B (XVᵉ-XIIᵉ s.) notait le mycénien.

linéairement [lineɛʀmɑ̃] adv. MATH. De façon linéaire.

linéament [lineamɑ̃] n.m. (lat. *lineamentum*, de *linea* "ligne"). LITT. - **1.** (Surtout au pl.). Chacun des traits, chacune des lignes élémentaires qui définissent le contour général des êtres, des objets, leur forme globale : *Les linéaments d'un visage.* - **2.** Premiers traits d'un

être, d'une chose appelés à se développer : *Les grands linéaments d'un ouvrage* (syn. esquisse).

linéarité [linearite] n.f. Caractère de ce qui est linéaire.

liner [lajnœʀ] n.m. (mot angl., de *line* "ligne"). Cargo, navire de ligne.

linge [lɛ̃ʒ] n.m. (du lat. *lineus* "de lin"). - **1.** Ensemble des objets de tissu à usage vestimentaire ou domestique : *Laver du linge. Linge de corps* (syn. sous-vêtement). *Linge de maison* (= les articles de literie, de toilette, de table, de cuisine). - **2.** Morceau d'étoffe, de tissu. - **3.** Être blanc comme un linge, très pâle. ‖ FAM. Laver son linge sale en famille, limiter au cadre familial les discussions sur les différends intimes.

lingère [lɛ̃ʒɛʀ] n.f. Personne chargée de l'entretien du linge d'une maison, d'une institution, d'un hôpital, etc.

lingerie [lɛ̃ʒʀi] n.f. - **1.** Fabrication et commerce du linge. - **2.** Lieu où l'on range le linge. - **3.** Ensemble des sous-vêtements et des vêtements de nuit féminins.

lingot [lɛ̃go] n.m. (probabl. du prov. *lingot*, de *lenga* "langue", par analogie de forme). - **1.** Masse de métal ou d'alliage ayant conservé la forme du moule dans lequel elle a été coulée : *Un lingot d'or.* - **2.** Masse coulée d'un kilogramme d'or fin au titre de 995 millièmes.

lingua franca [lingwa frɑ̃ka] n.f. inv. (loc. it. "langue franque", les Européens étant appelés *Francs* dans l'Orient médiéval). - **1.** Sabir utilisé dans les ports de la Méditerranée du XIIIᵉ au XIXᵉ s. - **2.** Langue auxiliaire de relation, utilisée par des groupes de langues maternelles différentes.

lingual, e, aux [lɛ̃gwal, -o] adj. (du lat. *lingua* "langue"). - **1.** De la langue : *Muscle lingual.* - **2.** Consonne linguale, articulée avec la langue (on dit aussi *une linguale*). □ Les consonnes linguales sont : [d], [t], [l], [n], [r].

lingue [lɛ̃g] n.f. (néerl. *leng*). Poisson de mer comestible, souvent pêché au chalut. □ Famille des gadidés.

1. linguistique [lɛ̃gɥistik] n.f. (du lat. *lingua* "langue"). Science qui a pour objet l'étude du langage et des langues. ◆ **linguiste** n. Nom du spécialiste.

2. linguistique [lɛ̃gɥistik] adj. (de *1. linguistique*). - **1.** Qui concerne la langue comme moyen de communication : *Communauté linguistique.* - **2.** Qui concerne l'apprentissage d'une langue étrangère : *Séjour linguistique à l'étranger.* - **3.** Qui concerne la linguistique : *Théorie linguistique.*

liniment [linimɑ̃] n.m. (lat. *linimentum*, de *linire* "oindre"). Médicament onctueux ayant pour excipient un corps gras, savonneux ou alcoolique, et avec lequel on fait des frictions.

links [links] n.m. pl. (mot angl.). Terrain de golf.

linoléum [linɔleɔm] n.m. (mot angl., du lat. *linum* "lin" et *oleum* "huile"). Revêtement de sol imperméable, composé d'une toile de jute recouverte d'un mélange d'huile de lin, de résine et de poudre de liège agglomérée : *Un sol de cuisine en linoléum* (abrév. fam. *lino*).

linon [linɔ̃] n.m. (de *lin*). Batiste, toile de lin fine.

linotte [linɔt] n.f. (de *lin*, la linotte étant friande de graines de lin). - 1. Oiseau passereau à dos brun et à poitrine rouge, granivore, chanteur. □ Famille des fringillidés ; long. 15 cm env. - 2. FAM. Tête de linotte, personne très étourdie.

Linotype [linɔtip] n.f. (non déposé ; de l'angl. *line of types* "ligne de caractères"). IMPR. Ancienne machine de composition mécanique utilisant un clavier pour produire des lignes justifiées fondues en un seul bloc.

linotypie [linɔtipi] n.f. Autref., composition à la Linotype.

linotypiste [linɔtipist] n. Autref., ouvrier qui composait sur une Linotype.

linteau [lɛ̃to] n.m. (anc. fr. *lintier* "seuil", bas lat. *limitaris*, du class. *limes, -itis* "limite"). Support horizontal en pierre, en bois, en métal, en béton qui soutient la maçonnerie au-dessus d'une porte, d'une fenêtre, etc.

lion, lionne [ljɔ̃, ljɔn] n. (lat. *leo, leonis*). - 1. Grand mammifère carnivore au pelage fauve orné d'une crinière chez le mâle, confiné maintenant dans les savanes d'Afrique après avoir vécu au Proche-Orient et en Europe, et qui s'attaque aux zèbres, aux antilopes, aux girafes. □ Famille des félidés ; long. 2 m env. ; longévité 40 ans. Le lion rugit. - 2. FAM. Avoir mangé du lion, faire preuve d'une énergie inaccoutumée. ‖ *C'est un lion*, c'est un homme courageux. ‖ *La part du lion*, la plus grosse part : *Il s'est taillé la part du lion dans ces négociations.* - 3. Lion de mer. Otarie mâle d'une espèce à crinière. ◆ **lion** n. inv. et adj. inv. Personne née sous le signe du Lion : *Elle est lion.*

lionceau [ljɔ̃so] n.m. Petit du lion.

lipide [lipid] n.m. (du gr. *lipos* "graisse"). Corps gras d'origine animale ou végétale, jouant un grand rôle dans les structures cellulaires et dont la fonction énergétique est importante (9 Calories par gramme).

lipidémie [lipidemi] n.f. MÉD. Taux des lipides du plasma sanguin, compris, normalement, entre 5 et 8 g par litre.

lipidique [lipidik] adj. Relatif aux lipides.

lipome [lipom] n.m. (du gr. *lipos* "graisse", et de *-ome*). MÉD. Tumeur bénigne constituée de tissu graisseux siégeant sous la peau surtout au niveau du dos, du cou, de l'épaule.

lipoprotéine [lipɔprɔtein] n.f. Combinaison d'une protéine et d'un lipide. □ C'est sous cette forme que sont véhiculées les graisses du plasma sanguin.

liposuccion [lipɔsysjɔ̃] n.f. (de *lipide* et *succion*). Traitement de certaines surcharges adipeuses par ponction et aspiration sous vide.

lippe [lip] n.f. (néerl. *lippe* "lèvre"). Lèvre inférieure épaisse et proéminente.

lippu, e [lipy] adj. Qui a de grosses lèvres : *Une bouche lippue.*

liquéfaction [likefaksjɔ̃] n.f. - 1. Action de liquéfier ; fait de se liquéfier. - 2. Action de liquéfier un gaz en le refroidissant au-dessous de sa température critique. - 3. Transformation du charbon naturel en produits liquides contenant de l'hydrogène et du carbone. - 4. FAM. État d'amollissement, d'abattement physique et intellectuel.

liquéfiable [likefjabl] adj. Qu'on peut liquéfier : *Un gaz liquéfiable.*

liquéfier [likefje] v.t. (lat. *liquefacere*) [conj. 9]. - 1. Faire passer un gaz, un solide, à l'état liquide : *Liquéfier de l'air.* - 2. FAM. Ôter toute force, toute énergie à qqn : *Cette chaleur me liquéfie.* ◆ **se liquéfier** v.pr. - 1. Passer à l'état liquide : *Le goudron s'est liquéfié sous l'effet de la chaleur.* - 2. FAM. S'amollir, perdre toute énergie : *Il s'est complètement liquéfié quand il a appris la nouvelle.*

liqueur [likœr] n.f. (lat. *liquor* "liquide"). - 1. Boisson alcoolisée, préparée sans fermentation à partir d'alcool, de produits végétaux et de sirop ; eau-de-vie, sucrée ou non : *Liqueur de framboise.* - 2. Toute préparation pharmaceutique liquide.

liquidateur, trice [likidatœr, -tris] adj. et n. DR. Chargé d'une liquidation amiable ou judiciaire.

liquidation [likidasjɔ̃] n.f. - 1. Action de mettre fin à une situation difficile, en partic. par des mesures énergiques : *La liquidation du système féodal.* - 2. Action de se débarrasser d'une personne gênante en l'assassinant : *La liquidation d'un témoin* (syn. meurtre). - 3. Vente de marchandises à bas prix, soit pour une cessation de commerce, soit pour l'écoulement rapide d'un stock : *La liquidation de marchandises.* - 4. Action de calculer et de fixer le montant, jusque-là indéterminé, d'un compte à régler ; règlement de ce compte : *Liquidation d'un impôt. Liquidation en Bourse.* - 5. DR. Ensemble des opérations préliminaires au partage d'une division : *Liquidation de succession, de société.* - **6.** DR. COMM. Liquidation judiciaire, procédure judiciaire qui permet de réaliser l'actif et d'apurer le passif d'un commerçant, d'un artisan ou d'une société en état de cessation de paiements, en vue du règlement de ses créanciers.

1. liquide [likid] adj. (lat. *liquidus*). - **1.** Qui coule ou tend à couler : *Aliment liquide.* - **2.** Qui n'est pas épais, de faible consistance : *Sauce trop liquide* (syn. fluide). - **3.** PHON. Consonne liquide, consonne caractérisée par un écoulement de l'air de part et d'autre de la langue : *[l]* et *[r]* sont des consonnes liquides. (On dit aussi *une liquide*.) ‖ PHYS. État liquide, état de la matière présenté par les corps n'ayant pas de forme propre, mais dont le volume est invariable.

2. liquide [likid] adj. (it. *liquido*). - **1.** FIN. Déterminé dans son montant : *Une créance, une dette liquide.* - **2.** Argent liquide, argent immédiatement disponible, notamm. en espèces.
◆ n.m. Argent liquide : *Payer en liquide.*

3. liquide [likid] n.m. (de *1. liquide*). - **1.** PHYS. Corps qui se trouve à l'état liquide, en partic. à la température et à la pression ordinaires (par opp. aux *solides* et aux *gaz*) : *L'eau, le mercure sont des liquides.* - **2.** Aliments liquides, boissons : *Il ne peut avaler que du liquide.*

liquider [likide] v.t. (de *2. liquide*). - **1.** DR., FIN. Déterminer le montant de qqch en calculant l'actif et le passif ; transformer un bien en argent liquide : *Liquider une succession. Liquider une dette* (syn. régler). *Liquider un commerce* (syn. réaliser). - **2.** Vendre des marchandises à bas prix : *Liquider un stock de vêtements* (syn. solder). - **3.** FAM. Mettre fin à une situation difficile, notamm. par des mesures énergiques : *Liquider une liaison orageuse.* - **4.** FAM. Éliminer qqn, un groupe en le supprimant physiquement : *Liquider les opposants au régime* (syn. exécuter). - **5.** FAM. Consommer complètement un aliment, un repas ; vider un contenant : *Liquider son assiette* (syn. terminer).

liquidité [likidite] n.f. (de *2. liquide*). - **1.** Caractère d'une somme d'argent liquide, dont on peut disposer immédiatement ou presque ; argent liquide (surtout au pl.) : *Manquer de liquidités.* - **2.** Liquidités internationales, ensemble de moyens de paiement, composé d'or, de devises et de droits de tirage, dont dispose un pays pour honorer ses engagements à l'égard des autres.

liquoreux, euse [likɔrø, -øz] adj. (de *liqueur*, d'après le lat. *liquor*). Se dit de boissons alcoolisées sucrées, de saveur douce.

1. lire [liʀ] n.f. (it. *lira*, même mot que *livre*, n. d'une monnaie, lat. *libra*). Unité monétaire principale de l'Italie.

2. lire [liʀ] v.t. (lat. *legere*) [conj. 106]. - **1.** Reconnaître les signes graphiques d'une langue, former mentalement ou à voix haute les sons que ces signes ou leurs combinaisons représentent et leur associer un sens : *Lire le chinois, le braille. Il ne sait ni lire ni écrire.* - **2.** Prendre connaissance du contenu d'un texte par la lecture : *Lire le journal.* - **3.** (Absol.). S'adonner à la lecture : *Il aime lire.* - **4.** Énoncer à voix haute un texte écrit, pour le porter à la connaissance d'autrui : *Lire un conte à un enfant.* - **5.** Comprendre, déchiffrer un ensemble de signes autres que ceux de l'écriture : *Lire une partition musicale* (syn. déchiffrer). *Médecin qui lit une radio* (syn. interpréter). - **6.** Comprendre, reconnaître qqch à certains signes : *Lire de la tristesse dans les yeux de qqn* (syn. discerner, déceler). - **7.** Reconnaître une information présentée à un organe d'entrée ou stockée dans une mémoire, afin de la transmettre vers une autre unité de l'ordinateur. - **8.** Restituer sous leur forme initiale des signaux électriques ou acoustiques enregistrés.

lis ou **lys** [lis] n.m. (lat. *lilium*). - **1.** Plante bulbeuse à grandes fleurs blanches ; cette fleur elle-même. □ Famille des liliacées. - **2.** Fleur de lis, motif héraldique qui était l'emblème de la royauté, en France. ‖ Lis Saint-Jacques, amaryllis.

liseré [lizʀe] ou **liséré** [lizeʀe] n.m. (p. passé substantivé de *liserer*, de *lisière*). - **1.** Ruban étroit dont on borde un vêtement : *Une robe ornée d'un liseré d'or.* - **2.** Raie étroite bordant une étoffe d'une autre couleur : *Ruban blanc à liseré bleu* (syn. bordure).

liseron [lizʀɔ̃] n.m. (dimin. de *lis*). Plante volubile fréquente dans les haies, où elle épanouit ses fleurs à corolle en entonnoir, souvent blanches. **Rem.** Nom scientifique : *convolvulus* ; noms usuels : *volubilis*, belle-de-jour. □ Famille des convolvulacées.

liseur, euse [lizœʀ, -øz] n. et adj. Personne qui aime à lire.

liseuse [lizøz] n.f. - **1.** Petit coupe-papier qui sert à marquer la page d'un livre où l'on arrête sa lecture. - **2.** Couvre-livre. - **3.** Vêtement féminin, chaud et léger, qui couvre le buste et les bras et que l'on met pour lire au lit.

lisibilité [lizibilite] n.f. Qualité de ce qui est lisible.

lisible [lizibl] adj. - **1.** Aisé à lire, à déchiffrer : *Écriture lisible.* - **2.** Qui peut être lu sans fatigue, sans ennui ; digne d'être lu : *Un ouvrage de vulgarisation lisible par tous.*

lisiblement [lizibləmɑ̃] adv. De façon lisible.

lisier [lizje] n.m. (mot de la Suisse romande, p.-ê. du lat. *lotium* "urine"). AGRIC. Mélange liquide des urines et des excréments des animaux domestiques, partic. des bovins et des porcins.

lisière [lizjɛʀ] n.f. (de l'anc. fr. *lis,* forme masc. rare de *lice* "enceinte de tournoi"). **- 1.** Bord longitudinal d'une pièce de tissu. **- 2.** Limite, bord de qqch : *Habiter à la lisière de la forêt* (syn. orée).

lisp [lisp] n.m. (sigle de l'angl. *list processing* "traitement de liste"). INFORM. Langage de programmation symbolique, utilisé notamm. en intelligence artificielle.

lissage [lisaʒ] n.m. **- 1.** Action de lisser. **- 2.** TECHN. Action de disposer les lisses d'un métier à tisser en fonction du genre d'étoffe que l'on veut obtenir. **- 3.** Recomm. off. pour *lifting.* **- 4.** STAT. Procédé d'ajustement des valeurs observées visant à leur substituer des valeurs représentables par une courbe continue.

1. lisse [lis] adj. (de *lisser*). **- 1.** Qui n'offre pas d'aspérités ; uni et poli : *Un visage lisse* (contr. ridé). **- 2. Muscle lisse,** muscle dont la contraction est involontaire ou inconsciente (par opp. à *muscle strié*).

2. lisse [lis] n.f. (var. orthographique de *1. lice*). **- 1.** MAR. Membrure longitudinale qui maintient en place les couples d'un bateau. **- 2.** Pièce plate ou tube métallique servant de main courante ou d'appui.

3. lisse ou **lice** [lis] n.f. (lat. pop. *°licia,* du class. *licium*). **- 1.** Fil de métal portant un maillon ou une lamelle allongée percée d'un trou dans lesquels passe le fil de chaîne, sur un métier à tisser. **- 2. Métier de basse lisse,** métier pour les tapisseries ou les tapis dans lequel les nappes de fils de chaîne sont disposées horizontalement. ‖ **Métier de haute lisse,** métier dans lequel les nappes de fils de chaîne sont disposées verticalement.

lisser [lise] v.t. (lat. *lixare* "extraire par lavage"). Rendre lisse, polir.

lissier ou **licier** [lisje] n.m. **- 1.** Ouvrier qui monte les lisses d'un métier à tisser. **- 2.** Praticien qui exécute des tapisseries sur métier. □ Les *haute-lissiers* travaillent aux métiers de haute lisse, les *basse-lissiers,* à ceux de basse lisse.

lissoir [liswaʀ] n.m. Instrument servant à lisser le papier, le ciment, etc.

listage [listaʒ] n.m. **- 1.** Action de lister. **- 2.** Recomm. off. pour *listing.*

1. liste [list] n.f. (germ. *°lista* "bordure, bande"). Bande de poils blancs occupant le front et le chanfrein de certains chevaux.

2. liste [list] n.f. (it. *lista,* du germ. ; v. *1. liste*). **- 1.** Suite de mots, de nombres, de noms de personnes, de choses la plus souvent inscrits l'un au-dessous de l'autre : *Dresser, établir la liste des invités.* **- 2.** Longue énumération : *La liste des récriminations grossit de jour en jour.* **- 3.** INFORM. Tout ensemble structuré d'éléments d'informations. **- 4.** Recomm. off. pour *listing.* **- 5. Liste civile,** somme allouée annuellement à certains chefs d'État. ‖ **Liste de mariage,** ensemble de cadeaux sélectionnés dans une boutique par les futurs époux. ‖ **Liste électorale,** liste des électeurs. ‖ **Liste noire,** ensemble de personnes que l'on considère avec suspicion. ‖ **Liste rouge,** liste des abonnés au téléphone dont le nom ne figure pas dans l'annuaire.

listel [listɛl] et **listeau** [listo] n.m. (it. *listello,* de *lista ;* v. *2. liste*). **- 1.** CONSTR. Moulure plate saillante, employée notamm. en combinaison avec une ou deux moulures creuses (syn. bandelette). **- 2.** MONN. Cercle périphérique présentant une saillie supérieure aux saillies du type et de la légende, sur chaque côté d'une pièce de monnaie.

lister [liste] v.t. **- 1.** Mettre en liste. **- 2.** INFORM. Imprimer en continu, article par article, tout ou partie des informations traitées par un ordinateur.

listériose [listeʀjoz] n.f. (de *Lister,* n. d'un naturaliste angl.). Maladie infectieuse des animaux et de l'homme, partic. grave chez la femme enceinte et le nouveau-né, due à une bactérie Gram positif, *Listeria monocytogenes.*

listing [listiŋ] n.m. (mot angl., propr. "mise en liste"). INFORM. Sortie sur une imprimante du résultat d'un traitement par ordinateur. (Recomm. off. : *listage* pour cette opération et *liste* pour son résultat.)

lit [li] n.m. (lat. *lectus*). **- 1.** Meuble sur lequel on se couche pour dormir ou se reposer ; literie : *S'allonger sur son lit. Se mettre au lit. Sortir du lit. Faire son lit.* **- 2.** Endroit où l'on couche, en tant que symbole de l'union conjugale : *Enfant du premier, du second lit* (syn. mariage). **- 3.** Tout ce qui, sur le sol, peut être utilisé pour se coucher, s'étendre : *Lit de feuillage.* (syn. couche, tapis). **- 4.** Couche horizontale d'une matière ou d'objets quelconques sur laquelle vient reposer qqch : *Glace servie sur un lit de framboises.* **- 5.** Partie du fond de vallée où s'écoulent les eaux d'un cours d'eau : *Le lit d'un fleuve.* **- 6.** GÉOL. Plus petite subdivision lithologique d'une formation sédimentaire. **- 7.** CONSTR. Intervalle de deux assises superposées, rempli ou non de liant. **- 8.** Garder le lit, être cloué au lit, rester au lit pour cause de maladie. ‖ **Lit clos,** lit à panneaux mobiles, se fermant comme une armoire. ‖ **Lit de camp,** lit démontable composé essentiellement d'un châssis pliable et d'un fond garni de sangles ou de grosse toile. ‖ **Lits jumeaux,** lits de même forme placés l'un à côté de l'autre. ‖ HIST. **Lit de justice,** lit sous dais où siégeait le roi dans un angle de la grand-chambre du parlement ; par ext., séance du parlement tenue en présence du roi. ‖ MAR. **Lit du vent,** direction dans laquelle souffle le vent.

litanie [litani] n.f. (lat. ecclés. *litania,* mot gr. "prière"). FAM. Longue et ennuyeuse énumération : *Dérouler la litanie de ses reproches.*
→ **litanies** n.f. pl. CATH. Prières formées d'une suite de courtes invocations, que les fidèles récitent ou chantent.

litchi ou **lychee** [litʃi] n.m. (chin. *li chi*). **- 1.** Arbre originaire d'Extrême-Orient, cultivé dans les régions tropicales humides pour son fruit et son bois. □ Famille des sapindacées. **- 2.** Fruit de cet arbre.

liteau [lito] n.m. (anc. fr. *listel,* de même orig. que *liste* "lisière"). **- 1.** Raie colorée qui, vers les extrémités, traverse le linge de maison d'une lisière à l'autre : *Torchon à liteaux rouges.* **- 2.** TECHN. Baguette de bois supportant une tablette ; tasseau. **- 3.** Pièce étroite et mince de sapin ou de peuplier placée horizontalement sur les chevrons pour recevoir les tuiles ou les ardoises ; latte.

literie [litʀi] n.f. Tout ce qui concerne l'équipement d'un lit (sommier, matelas, couvertures, draps, oreiller).

lithiase [litjaz] n.f. (gr. *lithiasis* "maladie de la pierre", de *lithos* "pierre"). MÉD. Formation de calculs dans les canaux excréteurs des glandes (voies biliaires, urinaires, etc.).

lithique [litik] adj. (du gr. *lithos* "pierre"). PRÉHIST. Relatif à une industrie de la pierre.

lithium [litjɔm] n.m. (lat. mod. *lithion,* créé par Berzelius). Métal blanc, alcalin, fusible à 180 °C. □ Symb. Li. Le lithium est le plus léger de tous les métaux et ses sels sont utilisés en psychiatrie comme régulateurs de l'humeur.

lithogenèse [litɔʒənɛz] n.f. (de *litho-* et *genèse*). GÉOL. Formation des roches sédimentaires.

lithographe [litɔgʀaf] n. (de *litho-* et *-graphe*). Ouvrier ou artiste qui imprime par les procédés de la lithographie.

lithographie [litɔgʀafi] n.f. (de *litho-* et *-graphie*). **- 1.** Art de reproduire par impression des dessins tracés avec une encre ou un crayon gras sur une pierre calcaire. □ La lithographie a été inventée en 1796 par Senefelder. **- 2.** Estampe imprimée par ce procédé (abrév. fam. *litho*).

lithographique [litɔgʀafik] adj. **- 1.** Relatif à la lithographie. **- 2.** Calcaire lithographique,

calcaire à grain très fin et homogène, utilisé en lithographie.

lithologie [litɔlɔʒi] n.f. (de *litho-* et *-logie*). Nature des roches constituant une formation géologique.

lithologique [litɔlɔʒik] adj. Relatif à la lithologie.

lithophage [litɔfaʒ] adj. (de *litho-* et *-phage*). Qui ronge la pierre : *Coquillages lithophages.*
→ n.m. Mollusque qui, grâce à une sécrétion acide, perfore les roches.

lithosphère [litɔsfɛʀ] n.f. (de *litho-* et *-sphère*). Couche externe du globe terrestre, rigide, constituée par la croûte et le manteau supérieur.

lithosphérique [litɔsfeʀik] adj. De la lithosphère.

lithotriteur [litotʀitœʀ] et **lithotripteur** [litotʀiptœʀ] n.m. (de *litho-* et du lat. *tritor* "broyeur"). MÉD. Appareil permettant le broyage, par des ondes de choc émises électriquement, des calculs urinaires et l'élimination de ceux-ci par les voies naturelles, sans intervention chirurgicale.

litière [litjɛʀ] n.f. (de *lit*). **- 1.** Lit de paille ou d'une autre matière végétale qu'on répand dans les étables et sur lequel se couchent les animaux. **- 2.** Matière faite de particules absorbantes, destinée à recueillir les déjections des animaux d'appartement. ‖ **Litière végétale,** ensemble des feuilles mortes et des débris végétaux en décomposition qui recouvrent le sol des forêts.

litige [litiʒ] n.m. (lat. juridique *litigium,* de *lis, litis* "procès"). **- 1.** Contestation donnant lieu à procès ou à arbitrage : *La Cour internationale de justice règle les litiges qui surgissent entre les nations* (syn. différend, conflit). **- 2.** Contestation quelconque : *Un point reste en litige* (syn. cause, discussion).

litigieux, euse [litiʒjø, -øz] adj. Qui est ou peut être l'objet d'un litige : *Cas litigieux* (syn. contestable).

litorne [litɔʀn] n.f. (var. du mot picard *lutrone,* du moyen néerl. *loteren* "hésiter, tarder", en raison de la réputation de lenteur de cet oiseau). Grive à tête et croupion gris. □ Long. 27 cm env.

litote [litɔt] n.f. (bas lat. *litotes,* mot gr. "simplicité"). RHÉT. Procédé destiné à atténuer l'expression de la pensée, qui consiste à dire moins pour faire entendre plus. (Ex. : *« Je ne te hais point » pour « Je t'aime ».*)

litre [litʀ] n.m. (lat. médiév. *litra* "mesure de capacité", mot gr. ["poids de douze onces"] correspondant au lat. *libra ;* v. 2. *livre*). **- 1.** Unité de volume pour les liquides ou pour les matières sèches, équivalant à 1 décimètre cube. □ Symb. l ou L. **- 2.** Récipient contenant un litre ; son contenu : *Acheter un litre de vin.*

littéraire [literɛʀ] adj. - **1.** Qui concerne la littérature, les lettres ; qui relève de ses techniques et de ses qualités spécifiques : *Prix littéraires. Études littéraires. La langue littéraire.* - **2.** Qui est trop attaché aux effets de style et donne une fausse image du réel (péjor.) : *Une description littéraire des milieux ouvriers* (syn. artificiel ; contr. réaliste). ◆ adj. et n. Qui a des aptitudes pour les lettres, la littérature, plutôt que pour les sciences.

littérairement [literɛʀmɑ̃] adv. Du point de vue littéraire.

littéral, e, aux [literal, -o] adj. (bas lat. *litteralis* "relatif aux lettres [caractères], aux livres"). - **1.** Qui est relatif au sens strict d'un mot, d'un texte (par opp. à *figuré*) : *Sens littéral d'un mot* (syn. propre). *Traduction littérale.* (= mot à mot ; syn. textuel). - **2.** Qui est mot pour mot la copie d'un texte : *Plagiat littéral.* - **3.** Arabe littéral, arabe classique, écrit (par opp. à *arabe parlé*, ou *dialectal*).

littéralement [literalmɑ̃] adv. - **1.** Mot à mot : *Traduire littéralement.* - **2.** FAM. Absolument, tout à fait : *Il est littéralement épuisé* (syn. complètement).

littéralité [literalite] n.f. Caractère de ce qui est littéral, strictement conforme au texte.

littérateur [literatœr] n.m. (lat. *litterator* "grammairien"). Personne qui s'occupe de littérature, qui écrit (souvent péjor.).

littérature [literatyʀ] n.f. (lat. *litteratura* "écriture" puis "érudition"). - **1.** Ensemble des œuvres écrites auxquelles on reconnaît une finalité esthétique : *La littérature francophone du XXᵉ siècle.* - **2.** Activité, métier de l'écrivain, de l'homme de lettres. - **3.** Bibliographie d'une question : *Faire le recensement de toute la littérature existant sur un sujet.* - **4.** Ce qui est ou paraît artificiel, superficiel : *Le reste n'est que littérature* (syn. bavardage).

1. littoral, e, aux [litoral, -o] adj. (lat. *littoralis*, de *litus*, *-oris* "rivage"). - **1.** Qui appartient au bord de la mer : *Les dunes littorales.* - **2.** Érosion littorale, érosion des côtes sous l'action de la mer et des agents atmosphériques.

2. littoral [litoral] n.m. (de *1. littoral*). Étendue de pays le long des côtes, au bord de la mer.

lituanien, enne [litɥanjɛ̃, -ɛn] adj. et n. De la Lituanie. ◆ **lituanien** n.m. Langue baltique parlée en Lituanie.

liturgie [lityʀʒi] n.f. (gr. *leitourgia* "service public, service du culte"). - **1.** RELIG. CHRÉT. Ensemble des règles fixant le déroulement des actes du culte. - **2.** ANTIQ. GR. Service public (spectacle, jeux, armement des vaisseaux, etc.) dont l'organisation et les dépen-

ses étaient prises en charge non par la cité mais par de riches citoyens.

liturgique [lityʀʒik] adj. Relatif à la liturgie religieuse.

live [lajv] adj. inv. et n.m. inv. (mot angl. "en direct"). Se dit d'un disque, d'une émission enregistrés sur scène devant un public.

livide [livid] adj. (lat. *lividus* "bleuâtre"). Qui est extrêmement pâle : *Un teint livide* (syn. blafard, terreux). *Être livide de peur* (syn. blême).

lividité [lividite] n.f. Couleur livide, notamm. de la peau (syn. pâleur).

living-room [liviŋʀum] ou **living** [liviŋ] n.m. (mot angl. "pièce où l'on vit") [pl. *living-rooms, livings*]. Salle de séjour ; séjour.

livrable [livʀabl] adj. Qui peut ou qui doit être livré : *Meubles livrables à domicile.*

livraison [livʀɛzɔ̃] n.f. - **1.** Action de livrer, de remettre une chose vendue à son acquéreur : *La livraison constitue l'obligation du vendeur dans le contrat de vente.* - **2.** Marchandise ainsi remise : *Vérifier que la livraison est conforme à la commande.* - **3.** Partie d'un ouvrage qu'on délivre aux souscripteurs au fur et à mesure de l'impression : *Son article paraîtra dans la prochaine livraison* (syn. fascicule, numéro).

1. livre [livʀ] n.m. (lat. *liber* propr. "partie vivante de l'écorce" [sur laquelle on écrivait autrefois]). - **1.** Assemblage de feuilles imprimées et réunies en un volume relié ou broché ; ce volume imprimé considéré du point de vue de son contenu : *Ranger ses livres dans sa bibliothèque. Le sujet d'un livre* (syn. ouvrage). - **2.** Subdivision de certains ouvrages : *Les dix livres de « la République » de Platon.* - **3.** Registre sur lequel on inscrit qqch., notamm. des comptes, des opérations commerciales : *Livre de comptes.* - À livre ouvert, sans préparation ; à la première lecture : *Traduire un texte à livre ouvert.* ‖ Livre blanc, recueil de documents sur un problème déterminé, publié par un gouvernement ou un organisme quelconque. ‖ Livre d'or, registre sur lequel les visiteurs peuvent apposer leur signature et consigner leurs réflexions : *Le livre d'or d'une exposition, d'une réception officielle.* ‖ Parler comme un livre, parler d'une manière savante. ‖ MAR. Livre de bord, journal* de bord.

2. livre [livʀ] n.f. (lat. *libra*, anc. unité de poids des Romains). - **1.** Anc. unité de poids de valeur variable, dont le nom est encore donné, dans la pratique non officielle, au demi-kilogramme : *En France, la livre représentait 489,5 g. Une livre de beurre.* - **2.** CAN. Unité de masse équivalant à la livre britannique et valant 453,592 g. □ Symb. lb.

LIVRE 938

3. livre [livʀ] n.f. (de *2. livre*). - **1.** Ancienne monnaie de compte dont la valeur a beaucoup varié suivant les temps et les lieux et qui a été remplacée, en France, par le franc. - **2.** Unité monétaire principale de Chypre, de l'Égypte, de la République d'Irlande, du Liban, du Soudan, de la Syrie et de la Turquie. - **3.** Livre sterling, unité monétaire principale de la Grande-Bretagne et de l'Irlande du Nord.

livrée [livʀe] n.f. (de *livrer* [vêtements livrés, fournis par un seigneur]). - **1.** Costume distinctif que portaient autref. les domestiques des grandes maisons : *Des laquais en livrée.* - **2.** ZOOL. Pelage de certains animaux (cerfs, chevreuils) ; plumage de certains oiseaux ; aspect visuel présenté par un insecte.

livrer [livʀe] v.t. (lat. *liberare* "libérer, dégager"). - **1.** Remettre qqn au pouvoir de qqn : *Livrer des malfaiteurs à la police.* - **2.** Abandonner qqn, qqch à l'action de qqn, de qqch : *Livrer un pays à la guerre civile.* - **3.** Remettre par trahison au pouvoir de qqn : *Livrer un allié à l'ennemi.* (syn. dénoncer). *Livrer un secret* (syn. trahir ; contr. taire). - **4.** Remettre une marchandise à un acheteur : *Livrer une commande* (syn. fournir). *Nous n'avons pas été livrés* (syn. approvisionner). - **5.** Livrer passage à qqn, qqch, laisser la place à qqn, qqch pour passer. ‖ Livrer (un) combat, (une) bataille, l'engager ; le (la) mener à terme. ◆ **se livrer** v.pr. [à]. - **1.** Se constituer prisonnier. - **2.** (Absol.). Confier ses sentiments, ses pensées à qqn : *Elle ne se livre pas facilement.* - **3.** S'abandonner sans réserve à un sentiment : *Se livrer à la joie.* - **4.** S'adonner, se consacrer à une activité : *Se livrer à son sport favori* (syn. pratiquer). *Se livrer à une enquête* (syn. procéder à).

livresque [livʀɛsk] adj. Qui provient uniquement des livres et non de l'expérience : *Connaissances purement livresques* (contr. pratique).

livret [livʀɛ] n.m. (dimin. de *1. livre*). - **1.** Carnet, petit registre dans lequel on inscrit certains renseignements. - **2.** MUS. Petit livre contenant les paroles d'une œuvre lyrique. - **3.** Livret de caisse d'épargne, livret que les caisses d'épargne remettent à chacun de leurs déposants sur lequel sont inscrits les dépôts et remboursements ainsi que les intérêts acquis. ‖ Livret de famille, livret remis aux personnes mariées, contenant l'extrait de l'acte de mariage et, quand il y a lieu, les extraits des actes de naissance des enfants, etc. *Rem.* En Belgique, on dit *livret de mariage.* ‖ Livret matricule, livret établi et détenu par l'autorité militaire, où sont consignés les renseignements d'ordre militaire sur l'intéressé. ‖ Livret militaire ou

individuel, extrait du livret matricule, remis à l'intéressé et indiquant sa situation militaire. ‖ Livret scolaire, livret sur lequel figurent les notes d'un élève et les appréciations de ses professeurs.

livreur, euse [livʀœʀ, -øz] n. Personne qui livre aux acheteurs les marchandises vendues.

llanos [ljanos] n.m. pl. (mot esp.). GÉOGR. Grande plaine herbeuse de l'Amérique du Sud.

lob [lɔb] n.m. (mot angl.). SPORTS. Coup qui consiste à faire passer la balle ou le ballon au-dessus d'un adversaire, assez haut pour qu'il ne puisse pas l'intercepter.

lobby [lɔbi] n.m. (mot angl. "couloir") [pl. *lobbys* ou *lobbies*]. Groupe de pression.

lobe [lɔb] n.m. (gr. *lobos*). - **1.** ANAT. Partie arrondie et saillante d'un organe quelconque : *Les lobes du cerveau, du poumon.* - **2.** ARCHIT. Découpe en arc de cercle dont la répétition sert à composer certains arcs et rosaces, certains ornements. - **3.** BOT. Division profonde et génér. arrondie des feuilles, des pétales. - **4.** Lobe de l'oreille, partie molle et arrondie du pavillon auriculaire.

lobé, e [lɔbe] adj. Divisé en lobes : *Le foie est un organe lobé.*

lober [lɔbe] v.t. et v.i. SPORTS. Tromper par un lob ; faire un lob : *L'avant-centre lobe le gardien de but.*

lobotomie [lɔbɔtɔmi] n.f. (de *lobe* et *-tomie*). Section chirurgicale des fibres nerveuses du lobe frontal. □ La lobotomie est encore parfois pratiquée sur des patients atteints d'affections mentales graves.

lobule [lɔbyl] n.m. - **1.** Petit lobe. - **2.** Subdivision d'un lobe : *Lobule hépatique.*

1. local, e, aux [lɔkal, -o] adj. (bas lat. *localis*). - **1.** Particulier à un lieu, à une région, à un pays (par opp. à *national*) : *Journal local* (syn. régional). *Coutumes locales.* - **2.** Qui n'affecte qu'une partie du corps (par opp. à *général*) : *Anesthésie locale.*

2. local [lɔkal] n.m. (de *1. local*). Lieu, partie d'un bâtiment qui a une destination déterminée : *Local d'habitation* (= logement). *Des locaux insalubres.*

localement [lɔkalmɑ̃] adv. De façon locale ; par endroits.

localisable [lɔkalizabl] adj. Qui peut être localisé : *Une douleur localisable.*

localisation [lɔkalizasjɔ̃] n.f. - **1.** Action de localiser, de situer ; fait d'être localisé ou situé dans l'espace ou le temps : *La localisation d'un engin spatial.* - **2.** Action de limiter l'extension de qqch ; fait d'être limité :

Localisation d'un conflit (syn. limitation ; contr. généralisation). - **3.** ANAT. Localisation cérébrale, attribution d'une fonction particulière à une partie précise du cortex cérébral.

localiser [lɔkalize] v.t. - **1.** Déterminer la place, le moment, l'origine, la cause de : *Localiser une sensation. Localiser un appel au secours* (syn. repérer). - **2.** Arrêter l'extension de qqch, limiter : *Localiser un incendie* (syn. circonscrire).

localité [lɔkalite] n.f. (bas lat. *localitas*). Petite ville, bourg, village.

locataire [lɔkatɛʀ] n. (dérivé savant du lat. *locare* "placer, établir, donner à loyer", de *locus* "lieu"). - **1.** Personne qui, en contrepartie d'un loyer versé au propriétaire, a la jouissance momentanée d'une terre, d'une maison, d'un appartement. - **2.** Locataire principal, personne qui prend à loyer un local pour le sous-louer en totalité ou en partie.

1. locatif, ive [lɔkatif, -iv] adj. (dérivé savant du lat. *locare* ; v. *locataire*). - **1.** Qui concerne le locataire ou la chose louée : *Réparations locatives* (= qui sont à la charge du locataire). *Construire des immeubles locatifs* (= destinés à la location). - **2.** Impôts locatifs, taxes locatives, impôts répartis d'après la valeur locative. ‖ Valeur locative, revenu que peut rapporter un bien immeuble en location.

2. locatif [lɔkatif] n.m. (du lat. *locare*, de *locus* "lieu"). GRAMM. Cas exprimant le lieu où se passe l'action, dans certaines langues à déclinaison : *Le latin, le sanskrit comportent un locatif.*

location [lɔkasjɔ̃] n.f. (lat. *locatio*, de *locare*). - **1.** Action de donner ou de prendre à loyer un local, un appareil, etc. : *La location d'une voiture. Prendre un logement en location.* - **2.** Action de retenir à l'avance une place de train, d'avion, de théâtre, etc. : *La location est ouverte deux semaines avant la représentation* (syn. réservation).

location-vente [lɔkasjɔ̃vɑ̃t] n.f. (pl. *locations-ventes*). Contrat aux termes duquel un bien est loué à une personne qui, à l'expiration d'un délai fixé, a la possibilité d'en devenir propriétaire.

1. loch [lɔk] n.m. (néerl. *log* "bûche"). MAR. Appareil servant à mesurer la vitesse apparente d'un navire.

2. loch [lɔk] n.m. (mot écossais). Lac très allongé au fond d'une vallée, en Écosse : *Le monstre du loch Ness.*

loche [lɔʃ] n.f. (gaul. *leuka* "blancheur"). - **1.** Poisson de rivière à corps allongé. □ Famille des cobitidés ; long. 30 cm. - **2.** Poisson marin. □ Famille des gadidés ; long. 25 cm. - **3.** Autre nom de la *limace.*

lochies [lɔʃi] n.f. pl. (gr. *lokheia* "accouchement"). MÉD. Écoulement utérin qui dure de deux à trois semaines après l'accouchement.

lock-out [lɔkawt] ou [lɔkaut] n.m. inv. (de l'angl. *to lock out* "mettre à la porte"). Fermeture temporaire d'une entreprise à l'initiative de l'employeur : *Le lock-out constitue le plus souvent une réponse patronale à une grève.*

locomoteur, trice [lɔkɔmɔtœʀ, -tʀis] adj. - **1.** Relatif à la locomotion : *Muscle locomoteur.* - **2.** MÉCAN. Qui sert à la locomotion : *Machine locomotrice.*

locomotion [lɔkɔmɔsjɔ̃] n.f. (du lat. *motio,* de *movere* "mouvoir"). - **1.** Fonction des êtres vivants, et notamm. des animaux, par laquelle ils assurent activement leur déplacement : *Le mode de locomotion des oiseaux est le vol.* - **2.** Transport de choses ou de personnes d'un lieu vers un autre : *Locomotion aérienne.*

locomotive [lɔkɔmɔtiv] n.f. (de *locomotif* "qui sert à la locomotion", du bas lat. *motivus* "mobile" ; v. *locomotion*). - **1.** Machine anc. à vapeur et auj. électrique, à moteur thermique, à air comprimé, etc., montée sur roues et destinée à remorquer un convoi de voitures ou de wagons sur une voie ferrée : *Stephenson construisit la première locomotive.* - **2.** FAM. Personne, entreprise, région, etc., qui, dans un groupe ou un domaine d'activité, joue le rôle d'un élément moteur en raison de son dynamisme, de son prestige, de son talent : *C'est la locomotive de notre bande d'amis.*

locuteur, trice [lɔkytœʀ, -tʀis] n. (lat. *locutor,* de *loqui* "parler"). LING. - **1.** Sujet parlant (par opp. à *auditeur*). - **2.** Locuteur natif, sujet parlant qui, ayant intériorisé les règles de grammaire de sa langue maternelle, peut porter sur les énoncés émis des jugements de grammaticalité.

locution [lɔkysjɔ̃] n.f. (lat. *locutio,* de *loqui* "parler"). - **1.** Expression, forme particulière de langage : *Locution proverbiale.* - **2.** GRAMM. Groupe de mots figé constituant une unité sur le plan du sens : *« Avoir peur » est une locution verbale* (= elle équivaut à un verbe). *« Côte à côte » est une locution adverbiale. « Loin de » est une locution prépositive. « Bien que » est une locution conjonctive.*

loden [lɔdɛn] n.m. (mot all.). - **1.** TEXT. Lainage épais, feutré et imperméable. - **2.** Manteau fait dans ce lainage.

lœss [løs] n.m. (mot all. *Löss*). Limon d'origine éolienne, très fertile. □ Déposé lors de phases climatiques froides, il recouvre de vastes surfaces en Europe, en Chine, aux États-Unis.

lof [lɔf] n.m. (néerl. *loef*). - **1.** MAR. Côté d'un navire qui se trouve frappé par le vent. - **2.** Aller au lof, se rapprocher de la direction d'où vient le vent. ‖ Virer lof pour lof, virer vent arrière.

lofer [lɔfe] v.i. MAR. Gouverner plus près du vent.

loft [lɔft] n.m. (mot anglo-amér.). Ancien local professionnel (entrepôt, atelier, usine) transformé en logement, en studio d'artiste.

logarithme [lɔgaʀitm] n.m. (lat. *logarithmus*, du gr. *logos* "proportion" et *arithmos* "nombre"). MATH. Logarithme (d'un nombre réel positif dans un système de base *a* positive), exposant de la puissance à laquelle il faut élever *a* (différent de 1) pour retrouver le nombre considéré. □ Symb. log. ‖ Logarithme naturel ou népérien d'un nombre, logarithme de ce nombre dans un système dont la base est le nombre *e*. □ Symb. ln. ‖ Logarithme vulgaire ou décimal d'un nombre, logarithme de ce nombre dans un système dont la base est 10. □ Symb. lg.

logarithmique [lɔgaʀitmik] adj. - **1.** Relatif aux logarithmes. - **2.** Échelle logarithmique, échelle telle que les grandeurs représentées graphiquement le sont par des nombres ou des longueurs proportionnelles au logarithme de ces grandeurs.

loge [lɔʒ] n.f. (frq. *laubja*). - **1.** Petit local à l'entrée d'un immeuble, servant génér. de logement à un gardien, un concierge. - **2.** Petite pièce dans laquelle se préparent les artistes de théâtre, de cinéma : *Aller féliciter une actrice dans sa loge.* - **3.** Compartiment cloisonné dans une salle de spectacle : *Louer une loge de balcon.* - **4.** BX-A. Atelier où est isolé chacun des participants à certains concours (notamm. le prix de Rome, naguère) : *Entrer en loge.* - **5.** ARCHIT. Galerie, le plus souvent en étage, largement ouverte sur l'extérieur par une colonnade, des arcades ou des baies libres : *Les loges du Vatican* (syn. loggia). - **6.** (D'apr. l'angl. *lodge*). Lieu de réunion des francs-maçons ; (avec une majuscule) cellule maçonnique, groupe de francs-maçons réunis autour d'un président qui porte le nom de *vénérable*. - **7.** BIOL. Cavité contenant un organe ; compartiment contenant un individu d'une colonie animale. - **8.** FAM. Être aux premières loges, être bien placé pour voir, suivre le déroulement d'un événement quelconque.

logement [lɔʒmã] n.m. - **1.** Action de loger ; fait de se loger : *Assurer le logement des troupes* (syn. hébergement). *Crise du logement.* - **2.** Lieu où l'on habite : *Un logement de deux pièces* (syn. appartement). *Chercher un logement* (syn. habitation). - **3.** Lieu, en partic. cavité, où vient se loger qqch : *Le logement du pêne d'une serrure.*

loger [lɔʒe] v.i. (de *loge*) [conj. 17]. - **1.** Avoir sa résidence permanente ou provisoire quelque part : *Où logez-vous ?* (syn. habiter, résider, demeurer). - **2.** Trouver place : *Tous les bagages logent dans le coffre* (syn. tenir). ◆ v.t. - **1.** Procurer un lieu d'habitation, un abri à qqn : *Loger ses amis chez soi* (syn. héberger). - **2.** Faire entrer ; faire pénétrer : *Loger une idée dans la tête de qqn* (syn. enfoncer, mettre). ◆ **se loger** v.pr. - **1.** Prendre, trouver un logement : *Il est difficile de se loger à Paris.* - **2.** Se placer, pénétrer quelque part : *La balle s'est logée dans l'articulation.*

logette [lɔʒɛt] n.f. (dimin. de *loge*). - **1.** ARCHIT. Petit ouvrage en surplomb, de plan allongé, à un seul étage. - **2.** Petite loggia.

logeur, euse [lɔʒœʀ, -øz] n. Personne qui loue des chambres meublées.

loggia [lɔdʒja] n.f. (mot it. "loge"). - **1.** ARCHIT. Loge, galerie. - **2.** ARCHIT. Terrasse en retrait de façade, fermée sur les côtés. - **3.** Mezzanine.

1. logiciel [lɔʒisjɛl] n.m. (de *logique*). INFORM. - **1.** Ensemble des programmes, des procédés et éventuellement de la documentation, qui permettent de traiter l'information à l'aide d'ordinateurs (par opp. à *matériel*). [Recomm. off. pour *software*.] - **2.** Un tel ensemble adapté spécial. à la résolution d'un problème donné : *Un logiciel de P. A. O.*

2. logiciel, elle [lɔʒisjɛl] adj. INFORM. Relatif au logiciel : *Génie logiciel.*

logicien, enne [lɔʒisjɛ̃, -ɛn] n. Spécialiste de logique.

1. logique [lɔʒik] n.f. (lat. *logica*, gr. *logikê*, de *logos* "raison"). - **1.** Discipline qui étudie le raisonnement en lui-même, abstraction faite de la matière sur laquelle il porte, comme de tout processus psychologique : *Aristote est le fondateur de la logique traditionnelle.* - **2.** Manière de raisonner juste ; suite cohérente d'idées : *Sa conversation manque de logique* (syn. cohérence). - **3.** Manière de raisonner et d'agir propre à un individu, un groupe : *La logique de l'enfant.* - **4.** Manière dont les faits s'enchaînent, découlent les uns des autres ; ensemble des relations qui règlent l'apparition de phénomènes : *Ce serait dans la logique des choses qu'il gagne. La logique du vivant.* - **5.** Ensemble des procédés d'établissement de la vérité ; leur étude : *La logique de la médecine expérimentale.* - **6.** Logique formelle ou symbolique, étude des raisonnements déductifs, abstraction faite de leur application à des cas particuliers. ‖ Logique mathématique, théorie scientifique des raisonnements, excluant les processus psychologiques mis en œuvre, et qui se divise en *calcul* (ou *logique*) et *calcul* (ou *logique*) *des prédicats.* □ Son développement a permis de mener à bien la formalisation des mathématiques.

2. logique [lɔʒik] adj. (de *1. logique*).
- **1.** Conforme aux règles de la logique, de la cohérence, du bon sens : *Un raisonnement logique* (syn. rationnel ; contr. illogique, absurde). *La suite logique d'un événement* (syn. attendu, nécessaire). *Il est logique d'en parler avec lui* (syn. naturel, normal). - **2.** Qui raisonne de manière cohérente : *Un esprit logique* (syn. cartésien, méthodique).

logiquement [lɔʒikmɑ̃] adv. - **1.** De façon logique : *Raisonner logiquement* (syn. rationnellement). - **2.** Selon le cours normal des choses : *Logiquement, ils devraient arriver ce soir* (syn. normalement).

logis [lɔʒi] n.m. (de *loger*). LITT. Logement.

logistique [lɔʒistik] n.f. (bas lat. *logisticus*, gr. *logistikos* "relatif au calcul, au raisonnement"). - **1.** MIL. Ensemble des opérations ayant pour but de permettre aux armées de vivre, de se déplacer, de combattre et d'assurer les évacuations et le traitement médical du personnel. - **2.** Ensemble de méthodes et de moyens relatifs à l'organisation d'un service, d'une entreprise, etc. : *Améliorer la logistique hospitalière grâce à l'informatique.*
◆ adj. - **1.** Relatif à la logistique militaire : *L'intendance d'une armée assure une partie de son soutien logistique.* - **2.** Qui a trait aux méthodes et aux moyens d'organisation d'une opération, d'un processus.

logo [lɔgo] n.m. (abrév. de *logotype*, de même sens). Représentation graphique d'une marque commerciale, du sigle d'un organisme.

logographe [lɔgɔgraf] n.m. (de *logo-* et *-graphe*). - **1.** Historien antérieur à Hérodote. - **2.** ANTIQ. GR. Rhéteur qui rédigeait pour autrui des accusations ou des plaidoiries.

logomachie [lɔgɔmaʃi] n.f. (gr. *logomakhia* "combat en paroles"). - **1.** Assemblage de mots creux dans un discours, dans un raisonnement. - **2.** LITTÉR. Discussion sur les mots, ou dans laquelle les interlocuteurs emploient les mêmes mots dans des sens différents.

logorrhée [lɔgɔre] n.f. (de *logo-* et *-rrhée*). Flot de paroles désordonnées, besoin irrésistible de parler, que l'on rencontre dans certains états d'excitation psychique.

logos [lɔgos] n.m. (mot gr. "parole, raison"). - **1.** Rationalité suprême, conçue comme gouvernant le monde, dans certaines philosophies. - **2.** THÉOL. Verbe éternel incarné, dans l'Évangile de saint Jean.

loi [lwa] n.f. (lat. *lex, legis*). - **1.** Prescription établie par l'autorité souveraine de l'État, applicable à tous, et définissant les droits et les devoirs de chacun ; l'ensemble de ces prescriptions : *Projet, proposition de loi. Nul n'est censé ignorer la loi* (syn. droit). *Se mettre hors la loi* (syn. légalité). - **2.** Commandements, préceptes que Dieu a révélés aux hommes ; ensemble des prescriptions propres à une religion : *Les tables de la Loi. Loi ancienne ou mosaïque* (= qui est contenue dans l'Ancien Testament). *Loi nouvelle ou loi du Christ* (= qui est contenue dans le Nouveau Testament). - **3.** Règle, obligation imposée à qqn par une autre personne, par la morale, la vie sociale, etc. : *La loi du plus fort. Les lois de l'honneur* (syn. code). - **4.** Ce qu'imposent les choses, les événements, les circonstances : *Il faut manger pour vivre, c'est la loi de la nature* (syn. impératif, nécessité). - **5.** Principe fondamental : *Lois de l'esprit.* - **6.** Proposition générale énonçant des rapports nécessaires et constants entre des phénomènes physiques, économiques, etc. : *Loi de la gravitation universelle. Loi de l'offre et de la demande.* - **7.** Avoir force de loi, être imposé, appliqué, à l'égal d'une loi : *Un usage qui a force de loi.* ‖ Loi(s) fondamentale(s), la Constitution ou les textes formant la Constitution d'un pays ; sous l'Ancien Régime, ensemble des coutumes relatives à la transmission et à l'exercice du pouvoir. ‖ PHILOS. Loi morale, principe universel de détermination d'une volonté libre en vue d'une action. ‖ PHILOS. Loi naturelle, ensemble des règles de conduite édictées par la raison.

loin [lwɛ̃] adv. (lat. *longe*). - **1.** Indique un éloignement relativement à un point situé dans l'espace ou dans le temps : *Il est parti loin pour oublier tout cela. Vous ne la rattraperez pas, elle est loin devant. Tout cela est bien loin, je ne me souviens plus.* - **2.** Aller loin, avoir de grandes conséquences ; être promis à un grand avenir, en parlant de qqn : *Cette affaire risque d'aller loin. Ce garçon a de grandes qualités, il ira loin.* ‖ De loin, d'une grande distance ; longtemps à l'avance : *Je vois très bien de loin. Prévoir le danger de loin.* ‖ De loin en loin, à de grands intervalles : *Je ne le revois que de loin en loin.* ‖ Ne pas aller loin, être de peu de valeur, de peu d'intérêt : *C'est un roman qui ne va pas loin.* ‖ Voir loin, être doué d'une grande prévoyance ; avoir beaucoup de projets ou d'importants projets devant soi : *Voyez loin, préparez votre retraite. Cette réalisation n'est qu'un début, les urbanistes voient loin.* ◆ **loin de** loc. prép. - **1.** À une grande distance de : *Mon domicile est loin de mon lieu de travail.* - **2.** Indique une négation renforcée : *Je suis loin de vous en vouloir* (= je ne vous en veux pas du tout). - **3.** Loin de là, bien au contraire : *Votre fille n'est pas malade, loin de là.* ‖ SOUT. Loin de moi, de toi, de lui, etc., l'idée de, indique que l'on n'en pas du tout l'idée : *Loin de moi l'idée de vous imposer cette corvée.*

1. lointain, e [lwɛ̃tɛ̃, -ɛn] adj. (lat. pop. *longitanus*, du class. *longe* "loin"). **-1.** Qui se trouve à une grande distance dans l'espace ou dans le temps ; éloigné, indirect : *Pays lointains* (contr. proche, voisin). *Une époque lointaine* (syn. reculé ; contr. récent). *Il n'y a qu'un rapport lointain entre les deux affaires* (syn. vague ; contr. direct, étroit). **-2.** Qui est absent, inattentif à ce qui se passe ; dédaigneux : *Elle écoute la conversation, l'air lointain* (syn. distrait ; contr. attentif).

2. lointain [lwɛ̃tɛ̃] n.m. (de *1. lointain*). **-1.** Plan situé à une grande distance : *Distinguer qqch dans le lointain* (= au loin). **-2.** (Souvent au pl.). Partie d'un tableau, d'un dessin représentant les lieux et les objets les plus éloignés.

lointainement [lwɛ̃tɛnmā] adv. Vaguement ; grossièrement : *Forme évoquant lointainement un cœur.*

loir [lwaʀ] n.m. (lat. pop. *lis, liris*, class. *glis, gliris*). Petit rongeur au pelage gris d'Europe méridionale et d'Asie Mineure. ◻ Le loir est frugivore, hibernant et familier des maisons isolées ; long. 15 cm.

loisible [lwazibl] adj. (de l'anc. v. *loisir* "être permis"). Il est loisible de (+ inf.), il est permis, possible de : *Il vous sera toujours loisible ensuite de revenir sur votre décision.*

loisir [lwaziʀ] n.m. (de l'anc. v. *loisir* "être permis", du lat. *licere*). **-1.** Temps dont qqn peut disposer en dehors de ses occupations ordinaires : *J'aurai demain le loisir d'en discuter avec vous plus amplement* (syn. possibilité, occasion). **-2.** À loisir, tout à loisir, à son aise, sans se presser : *Contempler un tableau tout à loisir.* ◆ **loisirs** n.m. pl. Distractions pendant les temps libres : *Des loisirs intellectuels.*

lombago n.m. → lumbago.

lombaire [lɔ̃bɛʀ] adj. (de *lombes*). **-1.** Relatif aux lombes : *Douleur lombaire.* **-2.** Vertèbre lombaire, chacune des cinq vertèbres qui correspondent à la région des lombes (on dit aussi *une lombaire*).

lombalgie [lɔ̃balʒi] n.f. (de *lomb[es]* et *-algie*). Douleur de la région lombaire. (On dit cour. *mal aux* ou *de reins.*)

lombes [lɔ̃b] n.f. pl. (du lat. *lumbus* "rein"). Régions situées de chaque côté de la colonne vertébrale, au-dessous de la cage thoracique, au-dessus de la crête iliaque.

lombostat [lɔ̃bosta] n.m. Corset orthopédique, destiné à soutenir la région lombaire.

lombric [lɔ̃bʀik] n.m. (lat. *lumbricus*). Ver annélide, qui creuse des galeries dans le sol humide contribuant ainsi à son aération et à sa fertilité (nom usuel : *ver de terre*). ◻ Classe des oligochètes ; long. env. 30 cm.

1. long, longue [lɔ̃, lɔ̃g] adj. (lat. *longus*). **-1.** Qui s'étend sur une grande distance, une grande longueur ; qui se caractérise par sa longueur, par opp. à un type normal plus court ou à un type plat, rond, etc. : *Faire un long détour. Cheveux longs* (contr. court). *Muscles longs.* **-2.** Qui dure longtemps : *Long voyage* (contr. bref). *Trouver le temps long* (contr. court). **-3.** Se dit d'une œuvre, d'un discours, d'un texte étendu, fourni : *Écrire une longue lettre.* **-4.** FAM. Se dit d'une personne qui met beaucoup de temps à faire qqch : *N'être pas long à réagir* (syn. lent ; contr. prompt). **-5.** Long de, qui a telle longueur ; qui a telle durée : *Un chemin long de cent mètres. Une attente longue de deux heures.* **-6.** PHON. Voyelle longue → longue. ◆ **long** adv. En dire long, donner beaucoup de renseignements ; être lourd de sens : *Sa conduite en dit long sur son état d'esprit.* ‖ En savoir long, être bien informé : *En savoir long sur les dessous d'une affaire.*

2. long [lɔ̃] n.m. (de *1. long*). **-1.** Longueur : *Une table de 2 m de long.* **-2.** Au long, tout au long, sans abréger, intégralement : *Écrire un mot tout au long.* ‖ De long en large, alternativement en longueur, puis en largeur. ‖ De tout son long, de toute la longueur de son corps : *Tomber de tout son long.* ‖ En long et en large, en tous sens ; sous tous les aspects : *Examiner une question en long et en large* (= en faire le tour). ‖ Le long de, en longeant : *Marcher le long de la rivière* (= longer la rivière). ‖ Tout au long, tout le long de, pendant toute la longueur, toute la durée de : *Lire tout le long du voyage.*

longanimité [lɔ̃ganimite] n.f. (du lat. *longus* "patient" et *animus* "esprit"). LITT. **-1.** Patience à supporter ses propres maux. **-2.** Indulgence qui porte à pardonner ce qu'on pourrait punir ; clémence (syn. litt. mansuétude).

long-courrier [lɔ̃kuʀje] n.m. (de *long cours* ; v. *cours*) [pl. *long-courriers*]. **-1.** Avion de transport destiné à voler sur de très longues distances (6 000 km au moins). **-2.** Navire effectuant une navigation de long cours.

long drink [lɔ̃gdrink] n.m. (mots angl.) [pl. *long drinks*]. Boisson alcoolisée allongée d'eau ou de soda.

1. longe [lɔ̃ʒ] n.f. (de *1. long*). Courroie qui sert à attacher, à mener un cheval ou un autre animal domestique.

2. longe [lɔ̃ʒ] n.f. (lat. pop. *lumbea*, class. *lumbus* "rein"). Longe de porc, partie supérieure des régions cervicale, lombaire et sacrée du porc. ‖ Longe de veau, morceau de veau correspondant aux lombes.

longer [lɔ̃ʒe] v.t. (de *1. long*) [conj. 17]. Suivre le bord de qqch : *Le bois longe la côte* (syn. border). *Elle longe les murs* (syn. raser).

longeron [lɔ̃ʒʀɔ̃] n.m. (de *long*). - **1.** Pièce maîtresse d'une aile, d'un empennage ou d'un fuselage d'avion, disposée dans le sens de la longueur. - **2.** Pièce longitudinale d'un véhicule automobile.

longévité [lɔ̃ʒevite] n.f. (du lat. *longus* "long" et *aevum* "âge"). - **1.** Longue durée de vie : *Souhaiter à qqn prospérité et longévité.* - **2.** Durée de la vie en général : *La longévité moyenne de la population s'est accrue.*

longiligne [lɔ̃ʒiliɲ] adj. (de *1. long* et *ligne*). Se dit d'une personne élancée, aux membres longs et minces : *Une danseuse longiligne.*

longitude [lɔ̃ʒityd] n.f. (lat. *longitudo* "longueur"). Angle formé, en un lieu donné, par le méridien du lieu avec le méridien de Greenwich, et compté de 0 à ± 180, à partir de cette origine, positivement vers l'ouest, négativement vers l'est : *Pour faire le point, il faut mesurer la longitude et la latitude.*

longitudinal, e, aux [lɔ̃ʒitydinal, -o] adj. (lat. *longitudo* "longueur"). Qui est fait dans la longueur, dans le sens de la longueur (par opp. à *transversal*).

longitudinalement [lɔ̃ʒitydinalmɑ̃] adv. Dans le sens de la longueur.

long-métrage ou **long métrage** [lɔ̃metʀaʒ] n.m. (pl. *longs* [-] *métrages*). Film dont la durée dépasse une heure.

longtemps [lɔ̃tɑ̃] adv. Pendant un long espace de temps : *Regarder longtemps un tableau* (syn. longuement ; contr. brièvement, rapidement).

longue [lɔ̃g] n.f. - **1.** Voyelle qui, dans un système phonétique, se distingue d'une voyelle de même timbre par la durée plus importante de son émission (par opp. à *brève*). - **2.** À la longue, le temps aidant : *Se faire à qqch à la longue.*

longuement [lɔ̃gmɑ̃] adv. Pendant un long moment : *Parler longuement* (syn. abondamment).

longuet, ette [lɔ̃gɛ, -ɛt] adj. FAM. Qui dure un peu trop longtemps ; qui est un peu trop long.

longueur [lɔ̃gœʀ] n.f. (de *1. long*). - **1.** Dimension d'une chose dans le sens de sa plus grande étendue (par opp. à *largeur*) ; cette dimension considérée du point de vue de sa mesure : *Mesurer la longueur d'une table. Un jardin de cent mètres de longueur* (syn. long). - **2.** Distance d'une extrémité à l'autre d'un objet, d'une surface : *La longueur des jupes varie selon la mode.* - **3.** Distance, partic. dans une course : *Courir sur une longueur de deux cents mètres.* - **4.** SPORTS. (Précédé de l'art. déf.).

Spécialité du saut en longueur : *Une spécialiste de la longueur.* - **5.** Unité de mesure égale à la longueur d'un cheval, d'un véhicule, d'une embarcation, etc., servant à évaluer la distance entre les concurrents à l'arrivée d'une course : *Cheval qui l'emporte d'une courte longueur.* - **6.** Durée de qqch : *La longueur des jours augmente* (syn. durée). - **7.** Durée supérieure à la normale, étendue excessive : *Veuillez excuser la longueur de ma lettre* (contr. brièveté). - **8.** (Surtout au pl.) Développement long et inutile dans un texte, un film etc. : *Il y a des longueurs au début de la pièce.* - **9.** À longueur de, pendant toute la durée de : *Se plaindre à longueur de temps.* ‖ Traîner, tirer en longueur, durer très longtemps sans progresser : *Procès qui traîne en longueur.*

longue-vue [lɔ̃gvy] n.f. (pl. *longues-vues*). Lunette d'approche.

look [luk] n.m. (mot angl.). FAM. Image donnée par qqn, qqch : *Elle a changé de look* (syn. style, allure, apparence). *Le nouveau look d'un magazine* (syn. aspect).

looping [lupiŋ] n.m. (de la loc. angl. *looping the loop* "action de boucler la boucle"). Exercice de voltige aérienne consistant à faire une boucle dans un plan vertical.

lopin [lɔpɛ̃] n.m. (anc. fr. *lope*, forme anc. de *loupe* ; v. *ce mot*). Petite parcelle de terrain : *Lopin de terre.*

loquace [lɔkas] adj. (lat. *loquax*, de *loqui* "parler"). Qui parle beaucoup : *Elle n'est pas très loquace* (syn. bavard, volubile).

loquacité [lɔkasite] n.f. (lat. *loquacitas*). Fait d'être loquace, disposition à parler beaucoup (syn. prolixité, volubilité).

loque [lɔk] n.f. (moyen néerl. *locke* "boucle"). - **1.** (Souvent au pl.). Vieux vêtement ; vêtement en lambeaux : *Être vêtu de loques* (syn. haillon, guenille). *Un manteau qui tombe en loques.* - **2.** FAM. Personne sans énergie, veule : *Les échecs l'ont miné, il n'est plus qu'une loque* (syn. épave).

loquet [lɔkɛ] n.m. (dimin. du moyen néerl. *loke* ou de l'anglo-normand *loc*, mot de l'anc. anglais). Barre mobile autour d'un pivot, servant à fermer une porte par la pression d'un ressort ou par son propre poids.

loqueteau [lɔkto] n.m. Petit loquet qui sert à la fermeture des fenêtres, des persiennes, etc.

loqueteux, euse [lɔktø, -øz] adj. et n. Vêtu de loques, déguenillé, dépenaillé.

lord [lɔʀ] ou [lɔʀd] n.m. (mot angl.). Titre donné en Grande-Bretagne aux pairs du royaume ainsi qu'aux membres de la Chambre des lords : *Les ducs, les marquis, les comtes, les vicomtes et les barons sont des lords.*

lordose [lɔʀdoz] n.f. (gr. *lordôsis*, de *lordos* "voûte"). - **1.** ANAT. Courbure normale, à convexité antérieure, des parties cervicale et lombaire de la colonne vertébrale. - **2.** MÉD. Exagération pathologique de cette courbure.

lorette [lɔʀɛt] n.f. (du n. du quartier *Notre-Dame-de-Lorette*, à Paris). Jeune femme élégante et de mœurs faciles, au début du XIXᵉ s.

lorgner [lɔʀɲe] v.t. (anc. fr. *lorgne* "louche", du germ. *lurni* "guetter"). - **1.** Regarder du coin de l'œil et avec insistance une chose, une personne qui suscite notre désir : *Lorgner des pâtisseries* (syn. loucher sur). - **2.** Convoiter qqch secrètement : *Lorgner une place* (syn. guigner).

lorgnette [lɔʀɲɛt] n.f. (de *lorgner*, d'apr. *lunette*). - **1.** Petite lunette d'approche portative. - **2.** Regarder les choses par le petit bout de la lorgnette, ne voir les choses que sous un aspect particulier, que l'on grossit exagérément ; ne voir que le côté mesquin des choses.

lorgnon [lɔʀɲɔ̃] n.m. (de *lorgner*). Lunettes sans branches qu'on tient à la main ou qu'un ressort fait tenir sur le nez.

loriot [lɔʀjo] n.m. (anc. prov. *auriol*, lat. *aureolus* "d'or"). Oiseau passereau jaune et noir (mâle) ou verdâtre (femelle), au chant sonore, vivant dans les bois, les vergers, où il se nourrit de fruits et d'insectes. □ Long. 23 cm env.

lorrain, e [lɔʀɛ̃, -ɛn] adj. et n. De la Lorraine.
◆ **lorrain** n.m. Dialecte de langue d'oïl parlé en Lorraine.

lors [lɔʀ] adv. (du lat. *illa hora* "à ce moment-là"). LITT. Lors même que, marque une opposition : *Ce serait ainsi lors même que vous ne le voudriez pas* (= même si). ‖ Depuis lors → depuis. ‖ Dès lors → dès. ◆ **lors de** loc. prép. Indique l'époque de, le moment de : *Lors de mon mariage.*

lorsque [lɔʀskə] conj. sub. (de *lors* et *que*). Marque une relation temporelle (simultanéité approximative ou postériorité de l'action principale) : *Lorsqu'elle est en colère, cela s'entend ! Lorsque vous serez arrivé, envoyez-moi de vos nouvelles* (= au moment où ; syn. quand). **Rem.** Lorsque s'élide devant *il(s), elle(s), on, en, un, une.*

losange [lɔzɑ̃ʒ] n.m. (du gaul. *lausa* "pierre plate"). Quadrilatère dont les quatre côtés sont égaux et les diagonales perpendiculaires. □ Les diagonales d'un losange se coupent en leur milieu et sont perpendiculaires l'une à l'autre. Sa surface est égale au produit de sa base par sa hauteur ou au demi-produit de ses deux diagonales.

loser [luzœʀ] n.m. (mot angl.). FAM. Perdant, raté : *Il vaut mieux ne pas se fier à lui, c'est un loser* (contr. battant).

lot [lo] n.m. (frq. *lot* "héritage, sort"). - **1.** Portion d'un tout : *Propriété foncière divisée en lots* (syn. parcelle). *Le lot d'un héritier* (syn. part). - **2.** Ce qui revient à qqn dont le numéro est sorti dans une loterie : *Obtenir un lot de consolation.* - **3.** Ce que le hasard, la nature, le destin réserve à chacun : *C'est notre lot à tous de mourir un jour* (syn. destinée, sort). - **4.** Ensemble d'articles, d'objets assortis, de marchandises vendues ensemble : *Des livres vendus par lots.* - **5.** Groupe de personnes présentant les mêmes caractères : *Dans le lot il y a des candidats de valeur.* - **6.** INFORM. Ensemble fini de travaux destinés à être traités d'un seul tenant en différé. - **7.** Tirer le gros lot, gagner le lot le plus important ; au fig., jouir d'une aubaine exceptionnelle (parfois iron.) : *Tu as tiré le gros lot en l'invitant : il est ennuyeux à mourir.*

loterie [lɔtʀi] n.f. (néerl. *loterije* ou it. *lotteria*). - **1.** Jeu de hasard qui consiste à tirer au sort des numéros désignant des billets gagnants et donnant droit à des lots : *Le tirage de la loterie.* - **2.** Ce qui est régi par le hasard : *Ce concours est une véritable loterie.*

loti, e [lɔti] adj. (p. passé de *lotir*). Être bien, mal loti, être favorisé, défavorisé par le sort (souvent iron.) : *Je suis bien loti avec quelqu'un d'aussi maladroit !*

lotion [lɔsjɔ̃] n.f. (bas lat. *lotio*, de *lotus*, p. passé de *lavare* "laver"). - **1.** Eau de toilette, souvent légèrement alcoolisée, utilisée pour les soins de l'épiderme ou de la chevelure. - **2.** Lotion après-rasage → après-rasage.

lotir [lɔtiʀ] v.t. [conj. 32]. - **1.** Diviser en lots : *Lotir un terrain pour le vendre* (syn. morceler, démembrer). - **2.** Mettre qqn en possession d'un lot : *Lotir une famille d'une maison* (syn. doter, pourvoir).

lotissement [lɔtismɑ̃] n.m. (de *lotir*). - **1.** Morcellement d'une propriété foncière en lots, en vue d'y construire des habitations. - **2.** Ensemble des habitations construites sur un terrain loti.

loto [lɔto] n.m. (it. *lotto* "lot, sort"). - **1.** Jeu de hasard dans lequel les joueurs sont munis de cartons numérotés dont ils couvrent les cases à mesure qu'ils tirent d'un sac les 90 numéros correspondants. - **2.** Loto national, en France, jeu de hasard institué par l'État en 1976.

lotte [lɔt] n.f. (gaul. *lotta*). - **1.** Poisson d'eau douce à chair estimée, dont la deuxième nageoire dorsale est très longue. □ Famille des gadidés ; long. 30 à 70 cm ; poids jusqu'à 4 kg. - **2.** Lotte de mer, autre nom de la *baudroie.*

lotus [lɔtys] n.m. (mot lat., gr. *lôtos*). Plante représentée par plusieurs espèces ornementales comme les lotus blancs et les lotus bleus d'Égypte, qui sont en fait, selon les botanistes, des nénuphars.

1. **louable** [lwabl] adj. (de *1. louer*). Digne de louanges : *De louables efforts* (syn. méritoire). *Un sentiment louable* (syn. estimable ; contr. blâmable, condamnable).

2. **louable** [lwabl] adj. (de *2. louer*). Qui peut être mis ou pris en location.

louage [lwaʒ] n.m. (de *1. louer*). - 1. DR. Contrat par lequel une personne s'engage à laisser à une autre la jouissance d'une chose pendant un certain temps : *Voiture de louage.* - 2. DR. Louage d'ouvrage et d'industrie, contrat par lequel une personne s'engage à faire qqch pour qqn d'autre ; contrat d'entreprise.

louange [lwɑ̃ʒ] n.f. (de *2. louer*). Action de célébrer les mérites de qqn : *Faire peu de cas de la louange* (syn. éloge). *C'est tout à sa louange d'avoir agi ainsi* (= c'est tout à son honneur). ◆ **louanges** n.f. pl. - 1. Paroles par lesquelles on fait l'éloge de qqn, de qqch : *Combler de louanges* (syn. félicitation, compliment). - 2. Chanter les louanges de qqn, de qqch, vanter les mérites de qqn, de qqch.

louanger [lwɑ̃ʒe] v.t. [conj. 17]. LITT. Décerner des louanges à qqn ; faire l'éloge de qqch : *Louanger un écrivain* (syn. louer, LITT. exalter ; contr. critiquer). *Louanger une mise en scène* (syn. vanter, célébrer ; contr. dénigrer).

louangeur, euse [lwɑ̃ʒœʀ, -øz] adj. LITT. Qui contient des louanges : *Propos louangeurs* (syn. élogieux).

loubard [lubaʀ] n.m. FAM. Jeune voyou ; jeune délinquant.

1. **louche** [luʃ] adj. (anc. fr. *lois*, refait sur le fém. *losche*, lat. *luscus* "borgne"). - 1. Qui manque de franchise, de clarté : *Conduite louche* (syn. équivoque, suspect). *Milieu louche* (syn. interlope). - 2. Qui n'a pas un ton franc, en parlant des couleurs, des liquides, etc. : *Un cidre louche* (syn. trouble).

2. **louche** [luʃ] n.f. (frq. *lôtja*). Grande cuillère à long manche ; contenu de cette cuillère : *Servir le potage avec une louche. Une louche de crème fraîche.*

loucher [luʃe] v.i. (de *1. louche*). Être atteint de strabisme. ◆ v.t. ind. [**sur**]. Regarder qqn, qqch avec envie : *Loucher sur un héritage* (syn. guigner, convoiter).

1. **louer** [lwe] v.t. (lat. *laudare*) [conj. 6]. - 1. Vanter les mérites ou les qualités de qqn, de qqch : *Louer l'orateur pour la clarté de son exposé* (syn. féliciter ; contr. blâmer). *Louer la fantaisie* (syn. célébrer ; contr. critiquer). - 2. Louer Dieu, célébrer sa grandeur, ses bienfaits. ◆ **se louer** v.pr. [**de**]. Se montrer satisfait de qqn, de qqch : *Se louer des services de qqn* (syn. se féliciter ; contr. se plaindre).

2. **louer** [lwe] v.t. (lat. *locare*) [conj. 6]. - 1. Donner la jouissance d'une chose, moyennant un loyer, une rémunération, pour un temps déterminé et en conservant la propriété : *Louer des chambres aux estivants.* - 2. Avoir la possession d'une chose pour un temps déterminé et moyennant le paiement d'une certaine somme à son propriétaire : *Louer une maison, une tenue de soirée.* - 3. Prendre qqn à son service de manière provisoire et moyennant un salaire : *Louer un extra pour une réception* (syn. engager). - 4. Réserver une place dans un train, un théâtre, etc.

loueur, euse [lwœʀ, -øz] n. DR. Bailleur, personne qui donne un bien en location : *Loueur de voitures.*

loufoque [lufɔk] adj. et n. (var. de *louf*, forme argotique de *fou*). FAM. Se dit d'une personne qui a perdu tout bon sens, d'une situation invraisemblable : *Il est complètement loufoque, ce type !* (syn. fou). *Une histoire loufoque* (syn. extravagant, insensé).

loufoquerie [lufɔkʀi] n.f. FAM. Acte, parole d'une personne loufoque ; extravagance.

louis [lwi] n.m. (du n. de *Louis XIII*). - 1. Ancienne monnaie d'or française, d'env. 6,70 g, à l'effigie de Louis XIII et de ses successeurs. - 2. Pièce d'or française de 20 F, aussi appelée *napoléon.*

loukoum [lukum] n.m. (ar. *rāḥat al-ḥulqūm*, propr. "le repos des gorges"). Confiserie orientale faite d'une pâte sucrée parfumée aux amandes, à la pistache, etc. (On dit aussi *un rahat-loukoum* [pl. *rahat-loukoums*].)

loulou [lulu] n.m. (de *loup*). Petit chien à museau pointu, à fourrure longue et abondante.

loup [lu] n.m. (lat. *lupus*). - 1. Mammifère carnivore, à pelage gris jaunâtre, vivant dans les forêts d'Europe, d'Asie et d'Amérique. □ Famille des canidés. Le loup hurle. Le loup a disparu de régions entières, mais on le protège dans divers pays tels que le Canada. - 2. Nom donné à plusieurs poissons voraces, partic. au bar. - 3. Demi-masque de velours ou de satin noir porté dans les bals masqués. - 4. Erreur, oubli, malfaçon irréparable dans la confection d'un ouvrage. - 5. Être connu comme le loup blanc, être connu de tout le monde. ‖ Hurler avec les loups, se ranger à l'opinion du plus grand nombre ou des plus puissants. ‖ Jeune loup, jeune homme ambitieux, soucieux de faire carrière. ‖ Se jeter dans la gueule du loup, s'exposer soi-même à un grand danger. ‖ Vieux loup de mer, marin expérimenté.

loup-cervier [lusɛʀvje] n.m. (de *loup* et du lat. *cervarius* "qui chasse le cerf") [pl. *loups-cerviers*]. Lynx d'Eurasie et d'Amérique du Nord.

loupe [lup] n.f. (frq. *luppa* "masse informe d'un liquide caillé"). - **1.** Lentille de verre convergente qui grossit les objets : *Examiner un timbre à la loupe.* - **2.** BOT. Excroissance ligneuse qui se produit sur le tronc et sur les branches de certains arbres. - **3.** MÉD. Kyste du cuir chevelu dû à l'hypertrophie d'une glande sébacée dont le produit de sécrétion n'est plus évacué. - **4.** Regarder, examiner, observer qqch à la loupe, examiner qqch avec une extrême minutie et des intentions critiques : *Regarder un manuscrit à la loupe avant de l'envoyer à l'impression.*

loupé [lupe] n.m. FAM. Erreur, ratage.

louper [lupe] v.t. (de *loup*, au sens de "malfaçon"). FAM. - **1.** Ne pas réussir ; mal exécuter : *Louper un examen* (syn. échouer à). *Louper la confection d'une robe.* - **2.** Laisser échapper un moyen de transport, une occasion ; rater un rendez-vous, manquer qqn : *Louper le coche* (= laisser passer une occasion). ◆ v.i. FAM. Ça n'a pas loupé, cela s'est produit comme il fallait s'y attendre.

loup-garou [lugaʀu] n.m. (de *loup* et *garou*, calque d'un mot frq. "homme-loup") [pl. *loups-garous*]. Être malfaisant qui, selon certaines croyances, avait le pouvoir de se métamorphoser en loup la nuit et qui reprenait forme humaine le jour.

loupiote [lupjɔt] n.f. FAM. Petite lampe.

lourd, e [luʀ, luʀd] adj. (lat. pop. *lurdus*, du class. *luridus* "blême"). - **1.** Qui est difficile à porter, à remuer à cause de son poids ; pesant : *Ma valise est lourde* (contr. léger). - **2.** Dont la densité est élevée : *Le mercure est le plus lourd de tous les liquides* (syn. dense). - **3.** Se dit d'un sol compact, difficile à remuer. - **4.** Se dit d'un terrain détrempé sur lequel on a du mal à se déplacer. - **5.** Se dit d'un aliment difficile à digérer : *Les ragoûts sont lourds* (syn. indigeste). - **6.** Qui éprouve une sensation de lourdeur ; qui est le siège de cette sensation : *Se sentir lourd après un repas. Avoir les jambes lourdes.* - **7.** Qui met en œuvre des moyens techniques, financiers, etc., importants : *Chirurgie lourde* (contr. léger). *Équipement lourd.* - **8.** Qui est complexe, difficile à gérer : *Une administration, une organisation lourde.* - **9.** Qui est important, qui est difficile à supporter, à faire : *De lourds impôts* (syn. écrasant). *De lourdes présomptions pèsent sur lui* (syn. accablant, grave, fort). - **10.** Chargé de qqch de pesant ou de pénible : *Un arbre lourd de fruits. Un acte lourd de conséquences.* - **11.** Qui manque de finesse, d'intelligence ; maladroit : *Esprit lourd* (syn.

épais, obtus). *Style lourd* (syn. laborieux). - **12.** Avoir la main lourde, frapper, punir rudement ; peser ou verser une chose en trop grande quantité : *La soupe est trop salée, j'ai eu la main un peu lourde.* ‖ DR. Faute lourde, faute commise par un salarié, et qui rend impossible le maintien des relations contractuelles : *Injures et propos calomnieux sont des fautes lourdes.* ‖ Sommeil lourd, sommeil profond. ‖ Temps lourd, temps orageux, accablant. ‖ SPORTS. Poids lourd, catégorie sans limite supérieure de poids dans divers sports individuels, comme la boxe ; sportif appartenant à cette catégorie. (La catégorie inférieure est celle des *mi-lourds.*) - **13.** Eau lourde. Liquide analogue à l'eau ordinaire (mais dans les molécules duquel les atomes d'hydrogène sont remplacés par son isotope, le deutérium), employé comme ralentisseur de neutrons dans certains réacteurs nucléaires. □ Symb. D_2O. ◆ **lourd** adv. Peser lourd, avoir un poids plus élevé que la moyenne ; au fig., avoir une grande importance : *Argument qui a pesé lourd dans sa décision.*

lourdaud, e [luʀdo, -od] adj. et n. (de *lourd*). Maladroit, gauche dans ses mouvements, son attitude, sa conduite. *Rem.* Le fém. est rare.

lourdement [luʀdəmɑ̃] adv. - **1.** Avec un grand poids : *Voiture lourdement chargée.* - **2.** Pesamment : *Tomber lourdement sur le sol.* - **3.** De manière importante : *Charges qui grèvent lourdement le budget.* - **4.** Grossièrement ; maladroitement : *Insister lourdement.*

lourdeur [luʀdœʀ] n.f. - **1.** Caractère de ce qui est lourd : *La lourdeur d'une malle* (contr. légèreté). *Danser avec lourdeur* (syn. maladresse ; contr. aisance, souplesse). *Lourdeur d'une tâche* (syn. importance). - **2.** (Surtout au pl.). Impression de poids, douleur sourde, diffuse : *Avoir des lourdeurs d'estomac.* - **3.** Maladresse dans l'expression : *Récit gâché par trop de lourdeurs.*

loustic [lustik] n.m. (de l'all. *lustig* "gai"). FAM. Mauvais plaisant ; individu en qui on n'a pas grande confiance.

loutre [lutʀ] n.f. (lat. *lutra*). Carnivore aquatique, aux pattes palmées, mangeur de poissons. □ Famille des mustélidés ; long. 80 cm environ. La loutre commune vit près des cours d'eau, des marais, en Europe, en Asie, en Amérique ; la loutre de mer, qui peut peser 40 kg, vit dans le Pacifique. La loutre fournit une fourrure au poil épais et soyeux, d'autant plus précieuse qu'elle est rare.

louve [luv] n.f. (lat. *lupa*). Loup femelle.

louveteau [luvto] n.m. - **1.** Jeune loup de moins d'un an. - **2.** Jeune scout de 8 à 11 ans.

louvoiement [luvwamã] n.m. Action de louvoyer : *Le louvoiement d'un bateau. Son caractère hésitant le condamne à des louvoiements sans fin* (syn. hésitation, tergiversation).

louvoyer [luvwaje] v.i. (de *lof*) [conj. 13]. - **1.** MAR. Naviguer contre le vent, tantôt sur un bord, tantôt sur l'autre. - **2.** User de détours pour parvenir à un but qu'on ne peut pas atteindre directement : *Après avoir longtemps louvoyé, il prit enfin une décision* (syn. hésiter, tergiverser).

lover [lɔve] v.t. (bas all. *lofen* "tourner"). MAR. Rouler un cordage en cercles superposés.
◆ **se lover** v.pr. S'enrouler sur soi-même : *Serpent qui se love sous une pierre.*

loyal, e, aux [lwajal, -o] adj. (lat. *legalis*). Qui obéit aux lois de l'honneur, de la probité, de la droiture : *Un ami loyal* (syn. fidèle ; contr. hypocrite). *Une conduite loyale* (syn. franc, honnête ; contr. perfide).

loyalement [lwajalmã] adv. De façon loyale : *Appliquer loyalement un accord.*

loyalisme [lwajalism] n.m. Fidélité au régime établi ou à une autorité considérée comme légitime.

loyaliste [lwajalist] adj. et n. Fidèle au régime établi. ◆ **loyalistes** n.m. pl. Colons américains qui demeurèrent fidèles aux Anglais durant et après la guerre de l'Indépendance. □ Beaucoup s'exilèrent, surtout dans le Bas-Canada.

loyauté [lwajote] n.f. Caractère loyal de qqn, de qqch : *Un secrétaire d'une grande loyauté* (syn. droiture). *Attitude pleine de loyauté* (contr. félonie).

loyer [lwaje] n.m. (lat. *locarium*, de *locus* "lieu"). - **1.** Prix auquel on loue un logement, une terre : *Payer tous les mois le loyer d'un appartement* (syn. terme). - **2.** Donner, prendre à loyer, donner, prendre en location. ‖ *Loyer de l'argent,* taux d'intérêt de l'argent emprunté.

L. S. D. [ɛlɛsde] n.m. (sigle de l'all. *Lyserg Säure Diäthylamid*). Dérivé d'un hallucinogène, l'*acide lysergique,* qui agit surtout en modifiant les sensations visuelles et auditives.

lubie [lybi] n.f. (p.-ê. du lat. *lubere,* var. de *libere* "trouver bon"). Fantaisie soudaine ; caprice extravagant : *les sandwiches à la sardine, c'est sa dernière lubie* (syn. litt. foucade).

lubricité [lybrisite] n.f. Caractère lubrique de qqn, de qqch.

lubrifiant, e [lybrifjã, -ãt] adj. et n.m. Se dit d'un produit qui lubrifie.

lubrification [lybrifikasjɔ̃] n.f. Action de lubrifier.

lubrifier [lybrifje] v.t. (du lat. *lubricus* "glissant") [conj. 9]. Rendre glissant, pour atté-

nuer le frottement et faciliter le fonctionnement : *Lubrifier une machine* (syn. graisser).

lubrique [lybrik] adj. (lat. *lubricus* "glissant"). Qui a ou qui manifeste un penchant excessif pour les plaisirs charnels, la luxure : *Un jeune homme ivrogne et lubrique* (syn. débauché ; contr. chaste).

lucane [lykan] n.m. (lat. *lucanus* "cerf-volant"). Coléoptère des chênes et des châtaigniers. □ Le mâle atteint 8 cm de long et porte des mandibules de taille très variable, mais parfois énormes. Nom usuel : cerf-volant.

lucarne [lykarn] n.f. (prov. *lucana,* du frq. **lukinna,* d'apr. l'anc. fr. *luiserne* "lumière", lat. *lucerna* "lampe"). - **1.** Ouverture en saillie sur un toit, comportant une ou plusieurs fenêtres donnant du jour au comble. - **2.** SPORTS. Chacun des deux angles supérieurs d'un but de football : *Tirer dans la lucarne.*

lucide [lysid] adj. (lat. *lucidus* "lumineux"). - **1.** Qui est en pleine possession de ses facultés intellectuelles ; conscient : *Bien que très malade, il est tout à fait lucide* (syn. sensé). - **2.** Qui voit les choses telles qu'elles sont ; clairvoyant : *Esprit lucide* (syn. pénétrant, perspicace). *Analyse lucide de la situation* (syn. réaliste, intelligent).

lucidement [lysidmã] adv. De façon lucide.

lucidité [lysidite] n.f. Qualité ou état de qqn, de qqch de lucide : *Regarder les choses avec lucidité. Sa maladie lui laisse parfois des moments de lucidité* (syn. conscience, raison).

luciole [lysjɔl] n.f. (it. *lucciola,* de *luce* "lumière"). Coléoptère lumineux voisin du lampyre. □ Long. 1 cm.

lucratif, ive [lykratif, -iv] adj. (lat. *lucrativus*). Qui rapporte de l'argent, qui procure un profit : *Emploi lucratif* (syn. rémunérateur). *Association à but non lucratif.*

lucre [lykr] n.m. (lat. *lucrum*). LITT. Profit recherché avec avidité : *Esprit de lucre.*

ludion [lydjɔ̃] n.m. (lat. *ludio* "histrion"). Fiole ou figurine creuse, ouverte à sa partie inférieure et lestée de façon à monter ou à descendre dans le liquide où elle est plongée lorsque l'on fait varier la pression à la surface libre du liquide, notamm. en appuyant sur la membrane qui ferme le récipient.

ludique [lydik] adj. (du lat. *ludus* "jeu"). Relatif au jeu ; qui manifeste un certain penchant pour le jeu : *Activité ludique. Comportement ludique.*

ludisme [lydism] n.m. Comportement caractérisé par la recherche du jeu sous toutes ses formes.

ludothèque [lydɔtɛk] n.f. (du lat. *ludus* "jeu" et de -*thèque*). Organisme mettant à la disposition des enfants un local avec des jouets.

luette [lɥɛt] n.f. (pour *l'uette,* dimin. du lat. *uva* "grappe"). Appendice charnu, mobile et contractile, prolongeant le bord postérieur du voile du palais et qui contribue à la fermeture des fosses nasales pendant la déglutition.

lueur [lɥœʀ] n.f. (lat. pop. **lucoris,* de *lucere* "luire"). - **1.** Clarté faible ou éphémère : *Les premières lueurs de l'aube.* - **2.** Éclat fugitif du regard : *Une lueur d'intérêt a brillé dans ses yeux* (syn. éclair). - **3.** Manifestation passagère et vive : *Une lueur d'intelligence* (syn. étincelle).

luge [lyʒ] n.f. (mot savoyard, du bas lat. *sludia*). Petit traîneau dont on se sert pour glisser sur la neige ; sport pratiqué avec ce traîneau. □ La luge est une discipline olympique depuis 1964.

lugubre [lygybʀ] adj. (lat. *lugubris,* de *lugere* "être en deuil"). Qui exprime ou inspire la tristesse : *Un air lugubre* (syn. sinistre ; contr. réjoui). *Une chanson lugubre* (syn. triste ; contr. gai).

lugubrement [lygybʀəmɑ̃] adv. De façon lugubre.

lui [lɥi] pron. pers. (lat. pop. **illui,* du class. *ille* "celui-ci"). - **I.** Désigne la 3e pers. du masc. sing., dans les fonctions de : - **1.** Compl. prépositif : *Elles ont fait tout ça pour lui.* - **2.** Apposition au pron. sujet ou compl., dans des formules d'insistance : *Lui, je l'ai vu traîner devant chez moi hier soir.* - **II.** Désigne la 3e pers. du sing., aux deux genres, dans les fonctions de compl. d'objet indirect et de compl. d'attribution : *Elle lui parle. Je lui ai prêté mon livre.*

luire [lɥiʀ] v.i. (anc. fr. *luisir,* du lat. *lucere*) [conj. 97]. - **1.** Émettre ou réfléchir de la lumière : *La plaque de cuivre astiquée luit* (syn. briller). - **2.** LITT. Apparaître, se manifester comme une lueur : *Un faible espoir luit encore.*

luisant, e [lɥizɑ̃, -ɑ̃t] adj. - **1.** Qui luit : *Des yeux luisants de fièvre* (syn. brillant). - **2.** Ver luisant, lampyre femelle.

lumbago ou **lombago** [lɔ̃bago] n.m. (bas lat. *lumbago* "faiblesse des reins", de *lumbus* "rein"). PATHOL. Affection brutale et douloureuse survenant au niveau lombaire à l'occasion, le plus souvent, d'un effort fait pour soulever qqch ou d'une torsion brusque du rachis lombaire. (On dit cour. un *tour de reins.*)

lumen [lymɛn] n.m. (mot lat. "lumière"). Unité de mesure de flux lumineux. □ Symb. lm.

lumière [lymjɛʀ] n.f. (lat. *luminaria,* "flambeau", de *lumen, -inis* "lumière"). - **1.** Rayonnement émis par des corps portés à haute température (incandescence) ou par des corps excités (luminescence) et qui est perçu par les yeux. - **2.** Clarté du soleil : *Ouvrir les volets pour que la lumière pénètre dans la pièce* (syn. jour ; contr. obscurité). - **3.** Éclairage artificiel ; ce qui produit cet éclairage : *Allumer, éteindre la lumière* (syn. électricité). - **4.** BX-A. Partie claire ou plus éclairée que les autres dans une peinture, un dessin : *La distribution des lumières et des ombres.* - **5.** Ce qui éclaire l'esprit ; élément qui fait comprendre : *La lumière de la raison.* - **6.** (Souvent en tournure nég.). Personne au savoir ou aux mérites éclatants : *Ce n'est pas une lumière* (syn. génie). - **7.** Orifice d'entrée et de sortie de la vapeur dans le cylindre d'une machine à vapeur. - **8.** TECHN. Trou pratiqué dans une pièce afin d'y permettre le passage d'une autre pièce ou d'un fluide. - **9.** À la lumière de, en se référant à : *Opter pour une attitude différente à la lumière des événements récents* (= en fonction de ces événements). ‖ Faire, apporter, jeter (toute) la lumière sur, révéler les tenants et les aboutissants d'un problème, d'une affaire qui restait mystérieuse : *Faire toute la lumière sur un scandale.* ‖ Mettre en lumière, signaler à l'attention, démontrer : *Des savants ont mis en lumière l'action nocive des rayons X.* - **10.** OPT. Lumière noire ou lumière de Wood, rayonnement ultraviolet invisible qui provoque la fluorescence de certains corps. ‖ SC. Lumière zodiacale → zodiacal.
◆ **lumières** n.f. pl. - **1.** Feux d'un véhicule : *Laisser ses lumières allumées.* - **2.** Capacités intellectuelles, savoir que qqn possède : *Nous avons besoin de vos lumières en cette matière* (syn. connaissances). - **3.** Les Lumières, Mouvement philosophique qui domine le monde des idées en Europe au XVIIIe s.

lumignon [lymiɲɔ̃] n.m. (orig. incert., p.-ê. lat. pop. **luminio,* altér. de **lucinium* [du class. *ellychnium,* du gr.] sous l'infl. du class. *lumen* "lumière"). - **1.** Bout de la mèche d'une bougie allumée. - **2.** Petit morceau de chandelle. - **3.** Lampe qui diffuse une lumière faible.

luminaire [lyminɛʀ] n.m. (lat. ecclés. *luminare* "lampe, astre"). - **1.** Tout appareil d'éclairage. - **2.** Lampes, cierges utilisés dans le culte chrétien.

luminance [lyminɑ̃s] n.f. PHYS. Quotient de l'intensité lumineuse d'une surface par l'aire apparente de cette surface, pour un observateur lointain. □ Symb. cd/m².

luminescence [lyminesɑ̃s] n.f. (du lat. *lumen, -inis* "lumière", d'apr. *phosphorescence*). Caractère propre à de nombreuses substances d'émettre de la lumière à basse température sous l'effet d'une excitation.

luminescent, e [lyminesɑ̃, -ɑ̃t] adj. - **1.** Relatif à la luminescence. - **2.** Tube luminescent, tube contenant un gaz ou une vapeur qui s'illumine lorsqu'on y produit une décharge électrique.

lumineusement [lyminøzmɑ̃] adv. De façon lumineuse.

lumineux, euse [lyminø, -øz] adj. (lat. *luminosus*). - **1.** Qui émet de la lumière ou la réfléchit : *Enseigne lumineuse.* - **2.** Qui a beaucoup de lucidité, de clarté : *Idée lumineuse* (syn. ingénieux). *Explication lumineuse* (syn. clair ; contr. confus).

luminosité [lyminozite] n.f. (lat médiév. *luminositas*). - **1.** Qualité de ce qui émet ou renvoie une lumière éclatante : *La luminosité du ciel italien* (syn. clarté, éclat). - **2.** Lumière émise par une source lumineuse : *Luminosité insuffisante pour prendre une photo.* - **3.** ASTRON. Quantité totale d'énergie rayonnée par unité de temps par un astre.

lump [lœp] n.m. (mot angl.). Poisson osseux des mers froides, connu en France pour ses œufs, qui ressemblent au caviar.

lumpenprolétariat [lumpɑ̃prɔletaʀja] n.m. (mot all., de *Lump* "gueux, misérable", et *Prolétariat*). Dans la terminologie marxiste, partie du prolétariat constituée par ceux qui ne disposent d'aucune ressource et caractérisée par l'absence de conscience de classe.

1. lunaire [lynɛʀ] adj. (lat. *lunaris*). - **1.** Qui concerne ou évoque la Lune : *Rayon lunaire. Paysage lunaire* (= sinistre et accidenté). - **2.** LITT. Chimérique, extravagant : *Projet lunaire* (syn. insensé). - **3.** Mois lunaire, lunaison.

2. lunaire [lynɛʀ] n.f. (lat. scientif. *lunaria*, de *luna* "lune"). Plante ornementale cultivée pour ses fleurs odorantes et ses fruits, qui ont la forme de disques blanc argenté, pouvant dépasser 5 cm de diamètre (nom usuel : *monnaie-du-pape*). □ Famille des crucifères.

lunaison [lynɛzɔ̃] n.f. (bas lat. *lunatio*). Espace de temps qui s'écoule entre deux nouvelles lunes consécutives (on dit aussi *mois lunaire*). □ La lunaison dure env. 29,5 j.

lunatique [lynatik] adj. et n. (bas lat. *lunaticus*). Dont l'humeur est changeante : *Il est très lunatique* (syn. versatile).

lunch [lœntʃ] ou [lœʃ] n.m. (mot angl.) [pl. *lunchs* ou *lunches*]. Repas léger que l'on sert en buffet à l'occasion d'une réception.

lundi [lœdi] n.m. (du lat. pop. *lunis dies*, class. *lunae dies* "jour de la lune"). Premier jour de la semaine.

lune [lyn] n.f. (lat. *luna*). - **1.** (Avec une majuscule). Satellite naturel de la Terre : *Les phases de la Lune.* - **2.** Satellite naturel d'une planète quelconque : *Les lunes de Jupiter.* - **3.** Demander, promettre la lune, demander, promettre l'impossible. ‖ Être dans la lune, être distrait. ‖ Lune de miel, premier temps du mariage ; période de bonne entente entre des personnes, notamm. au début de leurs relations. ‖ Tomber de la lune, être surpris par un événement imprévu. - **4.** Lune rousse, lunaison qui commence après Pâques, entre le 5 avril et le 6 mai, souvent accompagnée de gelées ou de vents froids qui font rougir les jeunes pousses. ‖ Nouvelle lune, phase de la Lune dans laquelle celle-ci, se trouvant placée entre le Soleil et la Terre, tourne vers la Terre son hémisphère obscur et, de ce fait, est invisible. ‖ Pleine lune, phase de la Lune dans laquelle celle-ci, se trouvant à l'opposé du Soleil par rapport à la Terre, tourne vers la Terre son hémisphère éclairé et est donc visible sous l'aspect d'un disque entier.

luné, e [lyne] adj. (de *lune*, par allusion à la prétendue influence de la Lune sur le caractère). FAM. Bien, mal luné, de bonne, de mauvaise humeur.

lunetier, ère [lyntje, -ɛʀ] adj. Relatif à la vente, à la fabrication de lunettes : *Industrie lunetière.* ◆ n. Personne qui fabrique ou vend des lunettes.

lunette [lynɛt] n.f. (dimin. de *lune*). - **1.** OPT. Instrument d'optique destiné à l'observation des objets éloignés, partic. des astres, et dont l'objectif est constitué d'une lentille convergente ou d'un système achromatique équivalent. - **2.** Ouverture d'une cuvette de W.-C. - **3.** FORTIF. Ouvrage extérieur d'une place, composé de deux faces et de deux flancs, et constituant une position avancée dans un système muni de bastions. - **4.** PEINT. Partie supérieure, cintrée, d'une peinture murale, d'un retable. - **5.** MÉCAN. Appareil fixe ou mobile, servant de guide supplémentaire pour une pièce de grande longueur sur une machine-outil. - **6.** Lunette arrière, vitre arrière d'une automobile. ‖ ARM. Lunette de pointage, de tir, lunette qui sert à viser un objectif en le grossissant. ‖ OPT. Lunette d'approche, lunette munie d'un redresseur d'image. ◆ **lunettes** n.f. pl. - **1.** Paire de verres correcteurs ou filtrants, enchâssés dans une monture conçue pour être placée sur le nez, devant les yeux. - **2.** Serpent à lunettes, nom usuel du *naja*.

lunetterie [lynɛtʀi] n.f. Métier, commerce du lunetier.

lunule [lynyl] n.f. (lat. *lunula* "petit croissant"). - **1.** Tache blanche en forme de croissant, située à la base de l'ongle chez l'homme. - **2.** Surface limitée par deux arcs de cercle ayant mêmes extrémités, et dont la convexité est tournée du même côté.

lupanar [lypanaʀ] n.m. (mot lat., de *lupa* "fille publique"). LITT. Maison de prostitution.

lupin [lypɛ̃] n.m. (lat. *lupinus*). Plante à feuilles palmées, cultivée comme fourrage ou pour ses fleurs ornementales disposées en épi. □ Famille des papilionacées.

lupus [lypys] n.m. (mot du lat. médiév. "loup", en raison de la violence de cette maladie). Affection de la peau, caractérisée par l'infiltration du derme par des foyers tuberculeux juxtaposés (on dit aussi *lupus tuberculeux*).

lurette [lyʀɛt] n.f. (de *heurette*, dimin. de *heure*). FAM. Il y a belle lurette, il y a bien longtemps : *Il y a belle lurette que je ne l'ai vu.*

luron, onne [lyʀɔ̃, -ɔn] n. (du rad. onomat. *lur-*, servant à former des refrains de chansons). FAM. Personne gaie, insouciante ; bon vivant : *Joyeux luron* (syn. drille).

lusitanien, enne [lyzitanjɛ̃, -ɛn] et **lusitain, e** [lyzitɛ̃, -ɛn] adj. et n. De la Lusitanie, du Portugal.

lusophone [lyzɔfɔn] adj. et n. (de *lus[itanien]* et *-phone*). De langue portugaise.

lustrage [lystʀaʒ] n.m. Action, manière de lustrer : *Le lustrage des fils est différent pour le lin, la soie, le coton et la laine.*

lustral, e, aux [lystʀal, -o] adj. (lat. *lustralis* "expiatoire", de *lustrum* ; v. 1. *lustre*). -**1.** RELIG. Qui sert à purifier : *Eau lustrale* (syn. purificateur). -**2.** ANTIQ. Que l'on fait tous les cinq ans : *Sacrifice lustral.*

lustration [lystʀasjɔ̃] n.f. (lat. *lustratio*, de *lustrum* ; v. 1. *lustre*). RELIG. Rite de purification de qqn, d'un lieu.

1. lustre [lystʀ] n.m. (lat. *lustrum*, de *luere* "laver, effacer par une expiation"). -**1.** LITT. Période de cinq années. -**2.** ANTIQ. À Rome, sacrifice purificatoire pratiqué tous les cinq ans. ◆ **lustres** n.m. pl. FAM. Longue période : *Il y a des lustres que je ne suis allé au théâtre* (syn. siècle).

2. lustre [lystʀ] n.m. (it. *lustro* "lumière, éclat"). -**1.** Appareil d'éclairage décoratif suspendu au plafond. -**2.** Éclat brillant de qqch : *Le vernis donne du lustre au bois* (syn. brillant). -**3.** LITT. Éclat, relief : *Le festival a donné du lustre à la petite ville* (syn. prestige).

lustrer [lystʀe] v.t. (de *2. lustre*). -**1.** Donner du brillant, du poli à qqch : *Lustrer la carrosserie d'une voiture* (syn. astiquer). -**2.** Rendre un vêtement brillant par le frottement, l'usure : *Veston lustré aux coudes.*

lustrerie [lystʀəʀi] n.f. (de *2. lustre*). -**1.** Ensemble des luminaires muraux, des plafonniers d'une maison. -**2.** Fabrication des lustres et des appareils d'éclairage.

lustrine [lystʀin] n.f. (it. *lustrino*, de *lustro* "lumière, éclat"). Étoffe de coton apprêtée et lustrée.

lutéinique [lyteinik] adj. (du lat. *luteus* "jaune"). Relatif au corps jaune de l'ovaire, à la progestérone.

luth [lyt] n.m. (ar. *al-ūd*). -**1.** Instrument de musique à 7, 13 ou 21 cordes pincées, à caisse bombée et à manche court, très en vogue en Europe aux XVIᵉ et XVIIᵉ s. -**2.** Tortue marine des mers chaudes, dépourvue de carapace, mais couverte d'une sorte de cuir. □ Long. max. 2,40 m ; poids max. 600 kg.

luthéranisme [lyteʀanism] n.m. Doctrine religieuse protestante issue de la pensée de Luther ; religion des luthériens.

lutherie [lytʀi] n.f. Métier, commerce du luthier.

luthérien, enne [lyteʀjɛ̃, -ɛn] adj. et n. Relatif au luthéranisme ; qui le professe : *Religion luthérienne.*

luthier [lytje] n.m. (de *luth*). Artisan fabriquant des instruments de musique à cordes et portables tels que les violons, les guitares, etc. **Rem.** Pour les instruments de grande taille (clavecin, piano, harpe, orgue), on dit *facteur*.

luthiste [lytist] n. Personne qui joue du luth.

1. lutin [lytɛ̃] n.m. (anc. fr. *nuitum*, lat. *Neptunus* [Neptune, dont le nom a désigné en bas lat. un démon païen]. -**1.** Petit génie malicieux (syn. farfadet). -**2.** Enfant espiègle, taquin.

2. lutin, e [lytɛ̃, -in] adj. (de *1. lutin*). LITT. Qui a l'esprit éveillé, l'humeur malicieuse : *Un air lutin* (syn. espiègle, mutin).

lutiner [lytine] v.t. (de *2. lutin*). LITT. Embrasser, caresser une femme sous prétexte de jeu.

lutrin [lytʀɛ̃] n.m. (lat. pop. **lectorinum*, du bas lat. *lectrum* "pupitre"). -**1.** Pupitre, fixe ou mobile, destiné à supporter les livres ouverts pour en faciliter la lecture ; un tel meuble, placé dans le chœur d'une église et portant les livres de chant liturgique. -**2.** Enceinte réservée aux chantres dans le chœur.

lutte [lyt] n.f. -**1.** Affrontement entre deux personnes, deux groupes, dont chacun s'efforce de faire triompher sa cause ou d'imposer sa domination à l'autre : *Entrer en lutte avec qqn* (syn. conflit). *Lutte inégale* (syn. combat). -**2.** Sport de combat dans lequel deux adversaires s'affrontent à mains nues, chacun cherchant à renverser l'autre sur le dos : *Lutte gréco-romaine.* -**3.** Ensemble d'actions menées pour triompher d'un mal, de difficultés ou pour atteindre un but que l'on s'est fixé : *Lutte contre le cancer* (syn. combat). *Lutte pour la légalisation de l'avorte-*

ment (syn. campagne). - **4.** Action de deux forces agissant en sens contraire : *Lutte entre le bien et le mal* (syn. opposition, antagonisme). *Lutte d'influences.* - **5.** De haute lutte, à la suite d'un effort vigoureux et continu : *L'emporter de haute lutte.* ‖ Lutte des classes, selon les marxistes, conflit opposant les classes sociales en deux groupes antagonistes : les oppresseurs, qui sont propriétaires des moyens de production, et les opprimés ; elle serait le moteur de l'histoire. ‖ Lutte pour la vie, combat que mène chaque individu, chaque espèce contre les autres en vue d'assurer sa survie. ‖ AGRIC. Lutte biologique, défense des cultures utilisant les prédateurs ou les parasites naturels des espèces indésirables.

lutter [lyte] v.i. (lat. *luctari*). - **1.** Se battre avec qqn : *Lutter corps à corps* (syn. combattre). - **2.** Chercher à l'emporter sur qqn : *Les athlètes luttent de vitesse* (syn. rivaliser). - **3.** Déployer toute son énergie pour empêcher qqch de se produire, pour atteindre un but : *Lutter contre le sommeil* (syn. résister à ; contr. céder à). *Lutter avec la mort. Lutter pour l'indépendance de son pays* (syn. batailler, militer).

lutteur, euse [lytœʀ, -øz] n. - **1.** Sportif qui pratique la lutte. - **2.** Personne énergique, combative ; battant.

lutz [luts] n.m. (n. d'un patineur autrichien). En patinage artistique, saut dont l'appel et la réception se font en arrière, avec changement de jambe.

lux [lyks] n.m. (mot lat. "lumière"). Unité de mesure d'éclairement lumineux, équivalant à l'éclairement d'une surface qui reçoit, d'une manière uniformément répartie, un flux lumineux de un lumen par mètre carré. □ Symb. lx.

luxation [lyksasjɔ̃] n.f. (lat. *luxatio*, de *luxare*). Déboîtement, déplacement d'un os de son articulation.

luxe [lyks] n.m. (lat. *luxus*). - **1.** Caractère de ce qui est raffiné, coûteux, somptueux : *Le luxe d'une toilette* (syn. magnificence, faste ; contr. simplicité). - **2.** Environnement constitué par des objets coûteux ; manière de vivre coûteuse et raffinée : *Faire étalage de luxe.* - **3.** Plaisir que l'on s'offre exceptionnellement : *L'achat d'éditions originales est le seul luxe qu'elle s'autorise.* - **4.** Grande abondance de qqch ; profusion : *S'entourer d'un luxe de précautions* (syn. multiplicité). - **5.** FAM. Ce n'est pas du luxe, cela fait partie du nécessaire ; c'est indispensable : *Ce ne serait pas du luxe de te laver les mains* (= ce ne serait pas superflu). ‖ De luxe, se dit de produits, de services qui correspondent à des goûts recherchés et coûteux et qui sont de l'ordre du superflu ; se dit du commerce de ces produits : *Industrie de luxe.* ‖ FAM. Se payer, s'offrir le luxe de dire, de faire qqch, se permettre qqch d'extraordinaire et d'audacieux : *S'offrir le luxe de dire à qqn ce que l'on pense de lui.*

luxembourgeois, e [lyksãbuʀ ʒwa, -az] adj. et n. Du Luxembourg.

luxer [lykse] v.t. (lat. *luxare*). Provoquer la luxation de : *La torsion a luxé le poignet* (syn. démettre). *Épaule luxée* (syn. déboîter). ◆ **se luxer** v.pr. Se luxer qqch, avoir une de ses articulations déboîtée : *Se luxer le genou.*

luxmètre [lyksmɛtʀ] n.m. (du lat. *lux* "lumière" et de *-mètre*). Appareil servant à mesurer l'éclairement.

luxueusement [lyksɥøzmã] adv. De façon luxueuse, somptueuse.

luxueux, euse [lyksɥø, øz] adj. Qui se caractérise par son luxe : *Ameublement luxueux* (syn. somptueux). *Train de vie luxueux* (syn. fastueux, princier ; contr. modeste).

luxure [lyksyʀ] n.f. (lat. *luxuria* "surabondance", de *luxus*). LITT. Recherche effrénée des plaisirs sexuels : *Sombrer dans la luxure* (syn. débauche, lubricité).

luxuriance [lyksyʀjãs] n.f. LITT. Caractère de ce qui est luxuriant ; foisonnement.

luxuriant, e [lyksyʀjã, -ãt] adj. (lat. *luxurians, -antis*, p. présent de *luxurio* "surabonder"). Qui pousse, se développe avec abondance : *Végétation luxuriante* (syn. foisonnant).

luzerne [lyzɛʀn] n.f. (prov. *luzerno*, lat. *lucerna* "lampe"). Plante fourragère, riche en protéines, très souvent introduite dans les rotations pour enrichir le sol en azote : *Donner de la luzerne aux lapins.* □ Famille des papilionacées.

lycanthrope [likãtʀɔp] n.m. (du gr. *lukos* "loup" et *anthropos* "homme"). Homme métamorphosé en loup ; loup-garou.

lycée [lise] n.m. (lat. *Lyceum*, gr. *Lukeion*, n. du gymnase où enseignait Aristote). - **1.** En France, établissement qui dispense l'enseignement du second cycle du second degré : *Le lycée regroupe les élèves de la seconde à la terminale.* - **2.** BELG. Établissement public d'enseignement secondaire destiné aux jeunes filles. - **3.** Lycée d'enseignement général et technologique, établissement d'enseignement du second cycle du second degré préparant aux baccalauréats d'enseignement général, aux baccalauréats technologiques et aux brevets de technicien et, dans les sections supérieures, aux concours d'entrée dans les grandes écoles et aux brevets de technicien supérieur. ‖ Lycée professionnel, établissement d'enseignement professionnel, préparant aux C. A. P., aux B. E. P. et aux baccalauréats professionnels (sigle *L. P.*). **Rem.** De 1975 à 1985, cet établissement portait le nom de *lycée d'enseignement professionnel* (sigle *L. E. P.*).

lycéen, enne [liseɛ̃, -ɛn] n. Élève d'un lycée. ◆ adj. Relatif au lycée, aux lycéens : *Une manifestation lycéenne.*

lycénidé [lisenide] n.m. (du lat. scientif. *lycæna,* du gr. *lukaina* "louve"). Lycénidés, famille de papillons diurnes, aux couleurs vives et qui diffèrent selon le sexe.

lychee n.m. → **litchi.**

lycoperdon [likɔpɛʀdɔ̃] n.m. (lat. scientif. *lycoperdum,* gr. *perdesthai* "péter"). Champignon en forme de poire retournée, blanc, rejetant une poussière de spores à maturité (nom usuel : *vesse-de-loup*). □ Groupe des gastromycètes.

Lycra [likʀa] n.m. (nom déposé). Élastomère utilisé dans la confection d'articles textiles possédant une grande élasticité.

lymphatique [lɛ̃fatik] adj. -**1.** Relatif à la lymphe. -**2.** Se dit de l'appareil circulatoire contenant la lymphe et des organes annexes : *Ganglions, vaisseaux lymphatiques.* ◆ adj. et n. Qui manque d'énergie ; nonchalant : *Tempérament lymphatique* (syn. flegmatique). *Il ne s'intéresse à rien, c'est un lymphatique* (syn. indolent, mou ; contr. passionné).

lymphe [lɛ̃f] n.f. (lat. *lympha* "eau"). PHYSIOL. Liquide riche en protéines et en lymphocytes, circulant dans l'organisme.

lymphocytaire [lɛ̃fositɛʀ] adj. Relatif aux lymphocytes.

lymphocyte [lɛ̃fosit] n.m. (de *lymphe* et *-cyte*). Leucocyte mononucléaire de petite taille, à cytoplasme réduit et jouant un rôle important dans l'immunité.

lymphocytose [lɛ̃fositoz] n.f. PATHOL. Augmentation du nombre des lymphocytes dans le sang.

lymphoïde [lɛ̃fɔid] adj. -**1.** Qui se rapporte aux ganglions lymphatiques. -**2.** Organes lymphoïdes, ganglions lymphatiques, amygdales, follicules clos de l'intestin, rate et thymus.

lymphome [lɛ̃fom] n.m. (de *lymphe* et *-ome*). Tumeur maligne du tissu lymphoïde.

lynchage [lɛ̃ʃaʒ] n.m. Action de lyncher qqn.

lyncher [lɛ̃ʃe] v.t. (de l'anglo-amér. *to lynch,* de *Lynch,* n. d'un juge de Virginie). Exécuter sommairement, sans jugement régulier, en parlant d'une foule, d'un groupe.

lyncheur, euse [lɛ̃ʃœʀ, -øz] n. Personne qui participe à un lynchage.

lynx [lɛ̃ks] n.m. (gr. *lugx* "loup-cervier"). -**1.** Mammifère carnivore, haut sur pattes, à vue perçante, très vorace, vivant en Europe, en Afrique, en Asie et en Amérique. □ Famille des félidés. -**2.** Yeux de lynx, vue perçante ; esprit d'observation très poussé : *Aucun détail n'échappe à ses yeux de lynx* (= sa vigilance).

lyophilisation [ljɔfilizasjɔ̃] n.f. Déshydratation par sublimation à basse température et sous vide que l'on fait subir à certaines substances pour les conserver.

lyophiliser [ljɔfilize] v.t. (du gr. *luein* "dissoudre", et de *-phile*). Soumettre à la lyophilisation : *Café lyophilisé.*

lyre [liʀ] n.f. (lat. *lyra,* gr. *lura*). Instrument de musique à cordes pincées, connu depuis la plus haute antiquité et qui se compose d'une caisse et de deux montants courbes soutenus par un joug transversal.

lyrics [liʀiks] n.m. pl. (mot angl.). Parties chantées d'un film, d'une œuvre dramatique : *Les lyrics d'une comédie musicale.*

lyrique [liʀik] adj. (lat. *lyricus,* gr. *lurikos,* de *lura* "lyre"). -**1.** ANTIQ. GR. Se disait de la poésie chantée avec accompagnement de la lyre, de ses auteurs : *Pindare, Sappho sont des poètes lyriques.* -**2.** Se dit du genre poétique inspiré de la poésie lyrique grecque, des auteurs d'une telle poésie (par opp. à *épique* ou à *dramatique*) : *Odes et hymnes appartiennent au genre lyrique.* -**3.** Se dit d'une œuvre poétique, littéraire ou artistique où s'expriment avec une certaine passion les sentiments personnels de l'auteur, des auteurs de telles œuvres : *Les poèmes lyriques des romantiques.* -**4.** Qui est mis en scène et chanté : *Art, théâtre lyrique.* -**5.** Qui est plein d'enthousiasme, d'exaltation : *Quand il parle d'elle, il devient lyrique* (syn. passionné). -**6.** Artiste lyrique, chanteur, chanteuse d'opéra, d'opéra-comique, etc.

lyrisme [liʀism] n.m. Expression poétique ou exaltée de sentiments personnels, de passions : *Le lyrisme de Lamartine. Elle fait preuve de lyrisme lorsqu'elle évoque ses souvenirs d'enfance* (syn. enthousiasme ; contr. indifférence).

lys n.m. → **lis.**

lyse [liz] n.f. (gr. *lusis*). BIOL. Dissolution, destruction d'un élément organique tel qu'une cellule, une bactérie, etc.

lyser [lize] v.t. BIOL. Détruire par lyse.

lysine [lizin] n.f. (du gr. *lusis*). Acide aminé indispensable à la croissance.

lytique [litik] adj. Qui provoque la lyse.

m [ɛm] n.m. inv. - **1.** Treizième lettre (consonne) de l'alphabet. - **2.** M, chiffre romain valant mille.

ma [ma] adj. poss. → mon.

maboul, e [mabul] adj. et n. (ar. *mahbūl* "sot, stupide"). FAM. Fou.

macabre [makabʀ] adj. (de [*Danse*] *Macabre* ou *Macabré,* d'orig. incert., var. probable du n. pr. d'orig. biblique *Maccabée*). - **1.** Qui a trait à la mort ; funèbre : *Faire une macabre découverte* (= découvrir un cadavre). *Récit macabre.* - **2.** Danse macabre, au Moyen Âge, allégorie peinte ou sculptée dans laquelle des morts décharnés ou des squelettes entraînent dans leur ronde des personnages de toutes les conditions sociales et de tous les âges.

macadam [makadam] n.m. (du n. de l'inventeur *McAdam*). Assise de chaussée formée de pierres concassées et agglomérées avec un agrégat sableux ; chaussée ainsi revêtue.

macaque [makak] n.m. (port. *macaco,* empr. au bantou). Singe d'Asie. □ Famille des cercopithécidés ; long. 50 à 60 cm sans compter la queue. Le macaque rhésus, de l'Inde, est utilisé dans les laboratoires et a permis la découverte du facteur Rhésus.

macareux [makaʀø] n.m. (orig. obsc.). Oiseau marin au plumage noir et blanc, au gros bec multicolore, vivant en colonies dans les régions tempérées fraîches de l'Atlantique nord. □ Famille des alcidés ; long. 30 cm.

macaron [makaʀɔ̃] n.m. (vénitien *macarone* "macaroni"). - **1.** Petit gâteau rond moelleux, à base de pâte d'amandes, de blancs d'œufs et de sucre. - **2.** Natte de cheveux enroulée sur l'oreille : *Rouler ses nattes en macaron.* - **3.** FAM. Décoration, insigne de forme ronde. - **4.** Vignette, insigne à caractère officiel que l'on appose sur le pare-brise d'une voiture.

macaroni [makaʀɔni] n.m. (pl. du mot it. dialect. *macarone*) [pl. *macaronis* ou inv.]. Pâte alimentaire de semoule de blé dur, moulée en tubes d'environ 5 mm de diamètre.

maccartisme ou **maccarthysme** [makaʀtism] n.m. Programme de « lutte contre les activités antiaméricaines » mis en œuvre aux États-Unis dans les années 50 à l'instigation du sénateur Joseph McCarthy. □ Politique anticommuniste extrémiste qui conduisit à des poursuites (« chasse aux sorcières »), dans l'ensemble de l'administration fédérale ainsi que dans les milieux d'artistes et d'intellectuels (cinéma, universités, presse), contre toute personne soupçonnée de sympathies communistes ou simplement progressistes.

macchabée [makabe] n.m. (orig. incert., allusion probable aux personnages de la *Danse macabre ;* v. *macabre*). FAM. Cadavre.

macédoine [masedwan] n.f. (probabl. par allusion à l'empire disparate d'*Alexandre de Macédoine*). Mélange de plusieurs fruits ou légumes coupés en morceaux.

macédonien, enne [masedɔnjɛ̃, -ɛn] adj. et n. De Macédoine. ◆ **macédonien** n.m. Langue slave du Sud, parlée princ. en Macédoine.

macération [maseʀasjɔ̃] n.f. (lat. *maceratio*). Opération consistant à faire tremper un corps dans un liquide pour en extraire les parties solubles ou un produit alimentaire pour le parfumer ou le conserver : *La macération des fruits dans l'alcool.* ◆ **macérations** n.f. pl. LITT. Mortifications que l'on s'inflige par esprit de pénitence.

macérer [masere] v.t. (lat. *macerare*) [conj. 18]. Laisser tremper qqch dans un liquide pour que celui-ci lui communique sa saveur ou pour le conserver : *Macérer des cornichons dans du vinaigre.* ◆ v.i. Baigner longuement dans un liquide : *Faire macérer des cerises dans de l'eau-de-vie.*

mach [mak] (de [*nombre de*] *Mach*, n. d'un physicien autrichien). Rapport de la vitesse d'un mobile (projectile, avion) à celle du son dans l'atmosphère où il se déplace : *Voler à mach 2* (= à une vitesse double de celle du son). □ Cette unité n'est pas une véritable unité de vitesse, car la vitesse du son dans l'air est proportionnelle à la racine carrée de la température.

machaon [makaɔ̃] n.m. (de *Machaon*, personnage mythol.). Papillon diurne, à ailes jaunes tachetées de noir, de rouge et de bleu, mesurant jusqu'à 9 cm d'envergure (nom usuel : *grand porte-queue*). □ La chenille du machaon vit sur les ombellifères (carotte, persil, etc.).

mâche [mɑʃ] n.f. (du moyen fr. *pomache*, apocope probabl. due à l'attraction de *mâcher*, lat. pop. **pomasca*, du class. *pomum* "fruit"). Plante potagère à petites feuilles, que l'on mange en salade (syn. doucette). □ Famille des valérianacées.

mâchefer [mɑʃfɛʀ] n.m. (p.-ê. de *mâcher* "écraser"). Scorie provenant de la combustion des charbons produisant des cendres à demi fusibles.

mâcher [mɑʃe] v.t. (lat. *masticare*). - **1.** Broyer avec les dents avant d'avaler ou triturer dans la bouche : *Mâcher les aliments* (syn. mastiquer). *Mâcher du chewing-gum.* - **2.** Couper sans netteté, en déchirant les fibres : *Outil qui mâche le bois.* - **3.** Mâcher la besogne, le travail, la leçon à qqn, lui préparer son travail : *Il faut tout lui mâcher.* ‖ Ne pas mâcher ses mots, dire crûment son opinion.

machette [maʃɛt] n.f. (esp. *machete*). Grand coutelas des régions tropicales, à lame épaisse, à poignée courte, utilisé à la volée comme outil ou comme arme.

machiavélique [makjavelik] adj. - **1.** Qui est digne de la doctrine de Machiavel, considérée comme négation de la morale : *Politique machiavélique.* - **2.** Qui est d'une grande perfidie, d'une scélératesse tortueuse : *Un stratège machiavélique* (syn. perfide).

machiavélisme [makjavelism] n.m. - **1.** Système politique de Machiavel. - **2.** Politique faisant abstraction de la morale. - **3.** Caractère d'une conduite tortueuse et sans scrupules (syn. perfidie, fourberie).

mâchicoulis [mɑʃikuli] n.m. (de **machicol*, de *mâcher* et *col* "cou"). FORTIF. Au Moyen Âge, galerie en encorbellement au sommet d'une muraille ou d'une tour, comportant des ouvertures permettant d'observer l'ennemi ou de laisser tomber des projectiles sur lui ; chacune de ces ouvertures.

machin, e [maʃɛ̃, -in] n. (de *machine*). - **1.** FAM. Chose dont on ne veut pas ou dont on ne peut pas dire le nom : *Qu'est-ce que c'est que ce machin ?* - **2.** (Avec une majuscule). Personne inconnue ou que l'on ne peut pas ou ne veut pas nommer.

machinal, e, aux [maʃinal, -o] adj. (de *machine*). Se dit d'un mouvement naturel où la volonté n'a pas de part : *Un geste machinal* (syn. automatique, mécanique).

machinalement [maʃinalmɑ̃] adv. De façon machinale : *Répondre machinalement, sans réfléchir.*

machination [maʃinasjɔ̃] n.f. Intrigues, menées secrètes pour faire réussir un complot, un mauvais dessein : *Déjouer une machination* (syn. manœuvre, agissement).

machine [maʃin] n.f. (lat. *machina* "invention, engin", du gr. dorien *makhana*, class. *mêkhanê* "invention ingénieuse"). - **1.** Appareil ou ensemble d'appareils capable d'effectuer un certain travail ou de remplir une certaine fonction, soit sous la conduite d'un opérateur, soit d'une manière autonome. - **2.** Appareil, instrument destiné à simplifier les tâches, les travaux de la vie quotidienne : *Machine à laver. Taper un texte à la machine* (= le dactylographier). - **3.** Tout véhicule comportant un mécanisme ou un moteur : *Machine électrique.* - **4.** Grande organisation fortement structurée, à rouages complexes : *La machine administrative.* - **5.** Personne dont l'action est automatique et qui semble dénuée de sentiments, de qualités humaines : *Je ne suis pas une machine.* - **6.** Machine à bois, machine-outil pour le travail du bois. ‖ Machine de guerre, dans l'Antiquité et au Moyen Âge, tout engin employé dans la guerre de siège (bélier, catapulte, baliste, etc.) ; par ext., moyen offensif quelconque utilisé contre qqn : *Déployer la machine de guerre.* ‖ PHYS. Machine simple, dispositif mécanique dans lequel la force se transmet directement (levier, poulie, treuil, etc.). - **7.** Machine à sous. Appareil constituant un jeu de hasard où, après introduction d'une mise, le joueur remporte en cas de gain un nombre variable de pièces de monnaie.

machine-outil [maʃinuti] n.f. (pl. *machines-outils*). Machine destinée à façonner la matière au moyen d'un outillage mis en œuvre par des mouvements et des efforts appropriés.

machiner [maʃine] v.t. (lat. *machinari*). Combiner certains moyens d'action avec de mauvais desseins : *Ils ont machiné cette histoire pour la perdre* (syn. manigancer, ourdir).

machinerie [maʃinʀi] n.f. - **1.** Ensemble de machines employées à un travail. - **2.** Endroit où sont les machines d'un navire ; salle des machines.

machinisme [maʃinism] n.m. Emploi généralisé de machines, substituées à la main-d'œuvre dans l'industrie.

machiniste [maʃinist] n. - **1.** Conducteur de machines. - **2.** Conducteur d'autobus. - **3.** Ouvrier chargé de mettre en place et de démonter les décors et les accessoires de théâtre et de cinéma.

machisme [matʃism] ou [maʃism] n.m. (de *macho*). Idéologie fondée sur l'idée que l'homme est supérieur à la femme et que, à ce titre, il a droit à des privilèges de maître ; comportement conforme à cette idéologie (syn. phallocratie).

machiste [matʃist] ou [maʃist] adj. et n. Qui manifeste des tendances au machisme ; phallocrate.

macho [matʃo] adj. et n.m. (mot esp., du lat. *masculus* "mâle"). FAM. Qui fait preuve de machisme : *Quel macho !*

mâchoire [maʃwaʀ] n.f. (de *mâcher*). - **1.** Chacune des deux formations osseuses ou cartilagineuses munies de dents, soutenant l'orifice de la bouche des vertébrés. □ Chez l'homme, la mâchoire supérieure est formée de deux os, les *maxillaires*, soudés entre eux et aux os voisins ; la mâchoire inférieure, ou *mandibule*, ne comporte qu'un maxillaire, articulé au crâne. - **2.** TECHN. Pièce double dont les deux parties peuvent se rapprocher ou s'éloigner à volonté pour serrer et maintenir un objet : *Mâchoires d'un étau, d'une tenaille.* - **3.** MÉCAN. **Mâchoire de frein**, pièce métallique qui assure le ralentissement et l'arrêt d'un véhicule en frottant sur un tambour solidaire de la roue.

mâchonnement [maʃɔnmã] n.m. Action de mâchonner.

mâchonner [maʃɔne] v.t. (de *mâcher*). - **1.** Mâcher lentement : *Mâchonner un chewing-gum.* - **2.** Mordre machinalement un objet qu'on tient entre les dents : *Mâchonner son crayon.* - **3.** Émettre d'une manière indistincte : *Mâchonner une protestation* (syn. bredouiller, marmonner).

mâchouiller [maʃuje] v.t. (de *mâcher*). FAM. Mâchonner.

macle [makl] n.f. (germ. *maskila*, de *maska*). MINÉR. Association de plusieurs cristaux de même espèce, mais orientés différemment, avec interpénétration partielle.

1. **maçon** [masɔ̃] n.m. (bas lat. *macio*, frq. *makjo*, de *makôn* "faire"). Entrepreneur ou ouvrier qui réalise une construction en maçonnerie (gros œuvre) ou de légers ouvrages (enduits, ravalements, etc.).

2. **maçon, onne** [masɔ̃, -ɔn] n. (de [*franç*] *maçon*). Syn. de franc-maçon.

maçonnage [masɔnaʒ] n.m. - **1.** Action de maçonner ; travail du maçon : *Un maçonnage bien exécuté.* - **2.** Travail de l'animal qui se construit une habitation.

maçonner [masɔne] v.t. (de *1. maçon*). - **1.** Construire en pierres, moellons, briques, etc. : *Maçonner un mur.* - **2.** Revêtir d'une maçonnerie. - **3.** Boucher au moyen d'une maçonnerie : *Maçonner une fenêtre* (syn. obturer).

maçonnerie [masɔnʀi] n.f. (de *1. maçon*). - **1.** Ouvrage composé de pierres ou de briques, unies par un liant (mortier, plâtre, ciment, etc.) ; partie des travaux du bâtiment qui s'y rapporte : *Entreprise de maçonnerie.* - **2.** Syn. de franc-maçonnerie.

maçonnique [masɔnik] adj. (de [*franç*]*maçon*). Qui appartient à la franc-maçonnerie : *Loge, assemblée maçonnique.*

macramé [makʀame] n.m. (mot ar., propr. "nœud"). Dentelle d'ameublement assez lourde, obtenue avec des fils tressés et noués à la main.

1. **macreuse** [makʀøz] n.f. (normand *macrouse*, altér. de *macrolle*, p.-ê. du frison *markol* ou du néerl. *meerkol*). Canard des régions boréales, à plumage sombre, qui passe l'hiver sur les côtes de France.

2. **macreuse** [makʀøz] n.f. (de *1. macreuse*). Morceau du bœuf constitué par les muscles de l'épaule.

macrobiotique [makʀɔbjɔtik] adj. et n.f. (de *macro-*, et du gr. *bios* "vie"). Se dit d'un régime végétarien composé essentiellement de céréales, de légumes et de fruits.

macrocosme [makʀɔkɔsm] n.m. (de *macro-*, d'après *microcosme*). L'univers extérieur (dans sa relation analogique avec l'homme (le *microcosme*) dans certaines philosophies et doctrines ésotériques.

macroéconomie [makʀɔekɔnɔmi] n.f. Partie de la science économique qui se propose d'expliquer les relations entre les grands postes d'une comptabilité nationale et envisage les faits économiques globaux.

macro-instruction [makʀɔɛ̃stʀyksjɔ̃] n.f. INFORM. Instruction complexe, définissant des opérations composées à partir des instructions du répertoire de base d'un ordinateur. (Abrév. *fam. macro*.)

macromolécule [makʀɔmɔlekyl] n.f. Très grosse molécule, formée par l'enchaînement et la répétition d'un grand nombre de motifs élémentaires.

macrophotographie [makʀɔfɔtɔgʀafi] n.f. Photographie des petits objets donnant une image grandeur nature ou un peu plus grande.

macroscopique [makʀɔskɔpik] adj. (de *macro*, d'apr. *microscopique*). Qui se voit à l'œil nu.

macula [makyla] n.f. (mot lat. "tache"). ANAT. Dépression de la rétine, appelée aussi *tache jaune*, située au pôle postérieur de l'œil et où l'acuité visuelle est maximale.

maculer [makyle] v.t. (lat. *maculare*). Couvrir de taches : *Maculer sa copie d'encre* (syn. noircir, tacher).

madame [madam] n.f. (de *ma* et *dame*) [pl. *mesdames*]. -**1.** Titre accordé autref. aux dames de qualité et donné aujourd'hui aux femmes mariées et, de plus en plus, à toutes les femmes auxquelles on s'adresse. (Abrév. écrite *Mme*, pl. *Mmes*.) -**2.** Titre précédant la fonction ou la profession d'une femme : *Madame la Directrice.* -**3.** HIST. (Avec une majuscule). Titre que l'on donnait, à la cour de France, aux filles du roi, du Dauphin et à la femme de Monsieur, frère du roi : « *Madame se meurt, Madame est morte* » (Bossuet).

madeleine [madlɛn] n.f. (p.-ê. de *Madeleine Paulmier*, cuisinière). Petit gâteau en forme de coquille bombée, constitué d'une pâte à base d'œufs battus, de sucre, de farine, de beurre fondu et souvent parfumée au citron.

mademoiselle [madmwazɛl] n.f. (de *ma* et *demoiselle*) [pl. *mesdemoiselles*]. -**1.** Titre donné aux jeunes filles ou aux femmes célibataires auxquelles on s'adresse. (Abrév. écrite *Mlle*, pl. *Mlles*) : *Au revoir mademoiselle.* -**2.** Titre donné autref. à une femme mariée dont le mari n'était pas noble. -**3.** HIST. (Avec une majuscule). Titre de la fille aînée du frère puîné du roi. -**4.** La Grande Mademoiselle, la duchesse de Montpensier, fille de Gaston d'Orléans, frère de Louis XIII.

madère [madɛʀ] n.m. -**1.** Vin muté à l'alcool, produit dans l'île de Madère. -**2.** Sauce madère, sauce brune à laquelle est incorporé du madère.

madone [madɔn] n.f. (it. *madonna*, propr. "madame"). -**1.** Image, représentation de la Vierge. -**2.** La Madone, la Vierge : *Prier la Madone.*

madrague [madʀag] n.f. (prov. *madraga*, ar. *almazraba* "enceinte"). Grande enceinte de filets pour la pêche du thon.

madras [madʀas] n.m. (du n. de la ville de l'Inde où l'on fabrique cette étoffe). -**1.** Étoffe à chaîne de soie et à trame de coton, de couleurs vives : *Une jupe de madras.* -**2.** Coiffure traditionnelle des femmes antillaises, formée d'un foulard en étoffe de ce genre.

madré, e [madʀe] adj. et n. (de *madre* "bois veiné", par comparaison avec l'aspect varié de ce bois). LITT. Inventif et retors, sous des allures bonhommes ; malin, rusé.

madrépore [madʀepɔʀ] n.m. (it. *madrepora*, de *madre* "mère" et *poro* "pore"). Cnidaire constructeur jouant un rôle déterminant dans la formation des récifs coralliens.

madrier [madʀije] n.m. (de l'anc. prov. *madier* "couverture de pétrin", du lat. pop. **materium*, class. *materia* "bois de construction"). Pièce de bois très épaisse, employée en construction : *Charpente en madriers de chêne.*

madrigal [madʀigal] n.m. (it. *madrigale*, d'orig. obsc.) [pl. *madrigaux*]. -**1.** Petite pièce en vers exprimant une pensée fine, tendre ou galante. -**2.** MUS. Composition vocale polyphonique a capella, ou monodique avec accompagnement, et qui cherche à traduire les inflexions d'un poème.

maelström [maɛlstʀɔm] ou **malstrom** [malstʀɔm] n.m. (mot néerl., de *malen* "moudre" et de *strom* "courant"). Tourbillon marin formant un gouffre.

maestria [maɛstʀija] n.f. (mot it. "maîtrise", de *maestro*). Aisance, perfection dans l'exécution d'une œuvre d'art, dans la réalisation de qqch : *La maestria d'un peintre. Conduire avec maestria* (syn. brio, virtuosité).

maestro [maɛstʀo] n.m. (mot it. "maître"). Nom donné à un compositeur de musique ou à un chef d'orchestre célèbre et, par plais., à tout chef d'orchestre.

mafia ou **maffia** [mafja] n.f. (mot sicilien, d'orig. obsc.). -**1.** (Avec une majuscule). Réseau d'associations secrètes siciliennes résolues à assurer la justice par elles-mêmes et à empêcher l'exercice de la justice officielle. -**2.** Bande ou association secrète de malfaiteurs (syn. gang). -**3.** FAM. Groupe occulte de personnes qui se soutiennent dans leurs intérêts par toutes sortes de moyens (péjor.) : *La mafia des collectionneurs.*

mafieux, euse ou **maffieux, euse** [mafjø, -øz] adj. et n. De la Mafia : *Organisation mafieuse.*

mafioso ou **maffioso** [mafjozo] n.m. (mot it.) [pl. *maf(f)iosi* ou *maf(f)iosos*]. Membre de la Mafia.

magasin [magazɛ̃] n.m. (ar. *makhâsin* "bureaux", par le prov.). -**1.** Local pour recevoir et conserver des marchandises, des provisions : *Magasin à blé* (syn. entrepôt). -**2.** Établissement de commerce où l'on vend des marchandises en gros ou au détail : *Magasin d'alimentation, de chaussures* (syn. boutique). -**3.** LITT. Lieu renfermant des choses diverses en grande quantité : *Un magasin* *d'idées* (syn. réservoir). - **4.** Cavité qui reçoit les cartouches ou le chargeur dans une arme à répétition. - **5.** PHOT., CIN. Contenant hermétique où est enroulée, à l'abri de la lumière, la pellicule à impressionner ou à projeter. - **6.** PHOT., CIN. Boîte adaptable à un projecteur, conçue pour recevoir des diapositives et les projeter. - **7. Grand magasin**, établissement de vente au détail proposant un large assortiment de marchandises sur une grande surface, génér. en étages et dans le centre-ville. ‖ **Magasin d'usine**, grande surface où sont vendus, à des prix inférieurs à ceux du marché, des articles provenant directement de l'usine.

magasinage [magazinaʒ] n.m. - **1.** Action de mettre en magasin. - **2.** Droit que l'on paie pour ce dépôt. - **3.** CAN. Action de magasiner (syn. shopping).

magasiner [magazine] v.i. (calque de l'angl. *to shop*, d'apr. *magasin*). CAN. Faire du magasinage, faire des courses.

magasinier, ère [magazinje, -ɛʀ] n. Employé chargé de garder les objets amenés en magasin et de tenir des états de stock.

magazine [magazin] n.m. (mot angl., du fr. *magasin*). - **1.** Publication périodique, le plus souvent illustrée, qui traite des sujets les plus divers : *Magazine de mode* (syn. revue). - **2.** Émission de radio, de télévision traitant régulièrement de sujets appartenant à un même domaine de connaissances : *Magazine sportif*.

magdalénien, enne [magdalenjɛ̃, -ɛn] adj. et n.m. (du n. de l'abri de la *Madeleine*, à Tursac, Dordogne, lat. *Magdalena*). Se dit d'un faciès marquant l'apogée du paléolithique supérieur en Europe occidentale, caractérisé par l'épanouissement des outils en os, de l'art pariétal et de la sculpture d'objets usuels. ▢ Vers 15000-9500.

mage [maʒ] n.m. (lat. *magus*, gr. *magos*, d'orig. persane). - **1.** Membre de la caste sacerdotale et savante de l'Iran ancien. - **2.** Celui qui est versé dans les sciences occultes, magicien. - **3. Les Rois mages**, personnages qui vinrent, guidés par une étoile, adorer Jésus à Bethléem. ▢ Une tradition très postérieure aux Évangiles a donné aux Rois mages les noms de Melchior, Gaspard et Balthazar.

magenta [maʒɛ̃ta] n.m. et adj. inv. (du n. de la victoire de *Magenta*, ainsi commémorée par le n. donné à ce colorant qu'on venait de découvrir). Couleur primaire, rouge violacé, utilisée en trichromie.

maghrébin, e [magʀebɛ̃, -in] adj. et n. Du Maghreb.

magicien, enne [maʒisjɛ̃, -ɛn] n. (de *magique*). - **1.** Personne qui pratique la magie.

- **2.** Personne qui fait des choses extraordinaires, qui a comme un pouvoir magique sur les êtres et les choses : *C'est une magicienne, elle a réussi à nous convaincre tous*. - **3.** Illusionniste ; prestidigitateur.

magie [maʒi] n.f. (lat. *magia*, gr. *mageia*, de *magos* "mage"). - **1.** VX. Science, religion des mages. - **2.** Ensemble des pratiques fondées sur la croyance en des forces surnaturelles immanentes à la nature et visant à maîtriser, à se concilier ces forces : *Pratiquer la magie* (syn. sorcellerie). - **3.** Art de l'illusionniste, du magicien. - **4.** Effets comparables à ceux de la magie ; puissance de séduction, d'illusion : *La magie des mots* (syn. sortilège). - **5.** Comme par magie, d'une manière inexplicable : *Mon stylo a disparu comme par magie*. ‖ **Magie noire**, **magie blanche**, respectivement mises en œuvre pour le mal ou pour le bien.

magique [maʒik] adj. - **1.** Qui relève de la magie (syn. occulte, surnaturel). - **2.** Dont les effets sont extraordinaires, sortent du rationnel : *Spectacle magique* (syn. féerique, enchanteur). - **3.** Qui agit d'une manière surprenante : *Mot magique*. - **4.** Carré magique, tableau de nombres, carré, tel que la somme des éléments d'une ligne, d'une colonne ou d'une diagonale soit le même nombre.

magistère [maʒistɛʀ] n.m. (lat. *magisterium*, de *magister* "maître"). - **1.** Ensemble de ceux qui, détenant l'autorité au nom du Christ, ont la charge d'interpréter la doctrine révélée (pape, conciles œcuméniques, évêques). - **2.** Diplôme français de haut niveau, décerné par les universités, sanctionnant une formation de deuxième cycle en trois ans.

magistral, e, aux [maʒistʀal, -o] adj. (du lat. *magister* "maître"). - **1.** Qui porte la marque de la supériorité, de l'excellence : *Une œuvre magistrale* (syn. remarquable). *Réussir un coup magistral* (= un coup de maître ; syn. sensationnel). - **2.** LITT. Qui appartient à un maître : *Ton magistral* (syn. impérieux, imposant). - **3.** Cours magistral, conférence dont le contenu et la présentation dépendent du professeur, par opp. aux *travaux dirigés*. ‖ **Préparation magistrale**, médicament qui se confectionne en pharmacie d'après l'ordonnance (par opp. à *préparation officinale*).

magistralement [maʒistʀalmã] adv. De façon magistrale : *Rôle magistralement interprété* (syn. génialement).

magistrat [maʒistʀa] n.m. (lat. *magistratus*, de *magister* "maître"). - **1.** En France, tout fonctionnaire ou officier civil investi d'une autorité juridictionnelle (membre des tribunaux, des cours, etc.), administrative (maire, préfet, etc.) ou politique (ministre, président de la République, etc.). - **2.** En

France, fonctionnaire exerçant ses fonctions au sein d'une juridiction de l'ordre judiciaire ou administratif et, en partic., membre de la magistrature du siège ou du parquet : *Les magistrats de la cour d'assises.*

magistrature [maʒistʀatyʀ] n.f. - **1.** Dignité, charge de magistrat ; temps pendant lequel un magistrat exerce ses fonctions. - **2.** Corps des magistrats.

magma [magma] n.m. (lat. *magma* "résidu", mot gr. "pâte pétrie"). - **1.** Mélange formant une masse pâteuse, épaisse et visqueuse : *Magma informe* (syn. bouillie). - **2.** GÉOL. Liquide qui se forme à l'intérieur de la Terre, par fusion de la croûte ou du manteau, et qui, en refroidissant, forme une roche. - **3.** Mélange confus de choses abstraites : *Son article est un magma incohérent.*

magmatique [magmatik] adj. - **1.** GÉOL. Relatif au magma. - **2.** Roche magmatique, roche provenant de la cristallisation en profondeur ou en surface d'un magma (on dit aussi *roche éruptive*).

magnanerie [maɲanʀi] n.f. (du prov. *magnan* "ver à soie"). - **1.** Bâtiment destiné à l'élevage des vers à soie. - **2.** Syn. de *sériciculture.*

magnanime [maɲanim] adj. (lat. *magnanimus,* de *magnus* "grand" et *animus* "âme"). SOUT. Dont la générosité se manifeste par la bienveillance et la clémence : *Se montrer magnanime* (syn. clément, généreux).

magnanimement [maɲanimmɑ̃] adv. Avec magnanimité.

magnanimité [maɲanimite] n.f. Caractère de qqn, d'un comportement qui est magnanime : *Faire preuve de magnanimité à l'égard des vaincus* (syn. clémence, générosité).

magnat [magna] n.m. (du lat. *magnus* "grand"). - **1.** HIST. En Hongrie et en Pologne, membre des grandes familles nobles dominantes. - **2.** Personnalité très importante du monde des affaires, de l'industrie, de la finance, de la presse : *Les magnats de la métallurgie.*

se magner [maɲe] v.pr. (de *se manier* "se mouvoir"). FAM. Se dépêcher : *Magne-toi, on va être en retard* (syn. se hâter). [On écrit aussi *se manier.*]

magnésie [maɲezi] n.f. (du lat. *magnes* [*lapis*], gr. *Magnēs lithos* "pierre d'aimant de Magnésie" [ville d'Asie Mineure]). CHIM. Oxyde ou hydroxyde de magnésium : *La magnésie est utilisée en thérapeutique notamm. pour son action laxative et purgative.* □ La magnésie anhydre MgO est une poudre blanche fondant vers 2 500 °C, que l'eau transforme en *magnésie hydratée* Mg(OH)$_2$.

magnésien, enne [maɲezjɛ̃, -ɛn] adj. Qui contient du magnésium : *Sel magnésien.*

magnésium [maɲezjɔm] n.m. (de *magnésie*). Métal solide, blanc argenté, pouvant brûler à l'air avec une flamme éblouissante. □ Symb. Mg ; densité 1,7.

magnétique [maɲetik] adj. (bas lat. *magneticus,* du class. *magnes* "aimant minéral"). - **1.** Doué des propriétés de l'aimant : *Corps magnétique.* - **2.** Qui concerne le magnétisme : *Champ magnétique.* - **3.** Qui a une influence puissante et mystérieuse : *Regard magnétique* (syn. envoûtant, fascinant).

magnétisation [maɲetizasjɔ̃] n.f. Action, manière de magnétiser ; fait d'être magnétisé : *La magnétisation du fer.*

magnétiser [maɲetize] v.t. (de *magnét[ique]*). - **1.** Communiquer une aimantation à un matériau, à un corps : *Magnétiser une barre de fer* (syn. aimanter). - **2.** LITT. Exercer une attraction puissante et mystérieuse sur qqn : *Orateur qui magnétise les foules* (syn. fasciner, hypnotiser).

magnétiseur, euse [maɲetizœʀ, -øz] n. Personne censée posséder un fluide particulier se manifestant notamm. dans l'imposition des mains, les passes à distance, etc. : *Faire appel à un magnétiseur* (syn. guérisseur).

magnétisme [maɲetism] n.m. (de *magnét[ique]*). - **1.** Ensemble des phénomènes que présentent les matériaux aimantés. - **2.** Attrait puissant et mystérieux exercé par qqn sur son entourage : *Le magnétisme d'un comédien* (syn. charme, charisme). - **3.** Magnétisme animal, propriété occulte du corps animal qui le rendrait réceptif à l'influence des corps célestes et à celle des corps qui l'environnent, de même qu'il exercerait la sienne sur ces derniers. ‖ **Magnétisme terrestre,** syn. de *géomagnétisme.*

magnéto [maɲeto] n.f. (abrév. de [*génératrice*] *magnéto-[électrique]*). Génératrice électrique où le champ inducteur est produit par un aimant permanent.

magnétomètre [maɲetɔmetʀ] n.m. (de *magnéto-* et *-mètre*). Appareil destiné à mesurer un champ magnétique.

magnétophone [maɲetɔfɔn] n.m. (de *magnéto-* et *-phone*). Appareil d'enregistrement et de lecture des sons, par aimantation rémanente d'une bande magnétique.

magnétoscope [maɲetɔskɔp] n.m. (de *magnéto-* et *-scope*). Appareil d'enregistrement et de lecture des images et du son sur bande magnétique.

magnétosphère [maɲetɔsfɛʀ] n.f (de *magnéto-* et *sphère*). Zone dans laquelle le champ magnétique d'une planète se trouve confiné par le vent solaire.

magnificat [magnifikat] n.m. inv. (mot lat., du cantique *Magnificat anima mea Dominum* "mon âme magnifie le Seigneur"). **- 1.** Cantique de la Vierge Marie chanté aux vêpres. **- 2.** Musique composée sur ce cantique.

magnificence [maɲifisɑ̃s] n.f. (lat. *magnificentia*). **- 1.** Qualité de ce qui est magnifique : *La magnificence d'une réception* (syn. faste, éclat). *La magnificence d'un palais* (syn. somptuosité, splendeur). **- 2.** LITT. Générosité, prodigalité : *Traiter qqn avec magnificence* (syn. largesse). **Rem.** *Magnificence* est à distinguer de *munificence,* malgré la proximité des sens.

magnifier [maɲifje] v.t. (lat. *magnificare,* de *magnus* "grand") [conj. 9]. Exalter la grandeur : *Magnifier un exploit* (syn. glorifier, vanter).

magnifique [maɲifik] adj. (lat. *magnificus*). **- 1.** Qui a une beauté pleine de grandeur : *Un magnifique spectacle* (syn. somptueux, grandiose). **- 2.** Qui est extrêmement beau : *Un temps magnifique* (syn. superbe, splendide). *Une femme magnifique.* **- 3.** Qui est d'une qualité exceptionnelle : *Un travail magnifique.* **- 4.** Remarquable, admirable : *Une découverte magnifique* (syn. extraordinaire).

magnifiquement [maɲifikmɑ̃] adv. De façon magnifique : *Œuvre magnifiquement écrite* (syn. superbement).

magnitude [maɲityd] n.f. (lat. *magnitudo* "grandeur"). **- 1.** ASTRON. Quantité qui sert à caractériser l'éclat apparent (magnitude *apparente*) ou réel (magnitude *absolue*) d'un astre. ☐ La magnitude s'exprime par un nombre qui diminue quand l'éclat augmente. **- 2.** GÉOL. Représentation numérique, sur une échelle donnée, de l'importance d'un séisme.

magnolia [maɲɔlja] n.m. (du n. du botaniste *Magnol*). Arbre originaire d'Asie et d'Amérique, à port élégant, à grandes fleurs d'odeur suave, recherché pour l'ornement des parcs et des jardins.

magnum [magnɔm] n.m. (mot lat. "grand"). **- 1.** Grosse bouteille contenant l'équivalent de deux bouteilles ordinaires (1,5 litre) : *Magnum de champagne.* **- 2.** Bouteille de 1,5 ou 2 litres d'eau minérale, de jus de fruits, etc.

1. magot [mago] n.m. (de *Magog,* n. d'un peuple séduit par Satan). **- 1.** Singe sans queue, du genre macaque, vivant en Afrique du Nord et à Gibraltar. ◻ Long. 75 cm. **- 2.** Figurine représentant un personnage obèse, souvent hilare ou grimaçant, nonchalamment assis.

2. magot [mago] n.m. (altér. de l'anc. fr. *mugot* ou *musgot* "lieu où l'on conserve les fruits"). FAM. Masse d'argent plus ou moins importante amassée peu à peu et mise en réserve : *Il s'est constitué un joli magot* (syn. pécule).

magouille [maguj] n.f. et **magouillage** [magujaʒ] n.m. (orig. incert., p.-ê. contraction de *margoulin* et de *grenouillage*). FAM. Lutte d'influence, combinaison douteuse entre des groupes, des organisations quelconques ou entre des personnes à l'intérieur d'un groupe : *Magouillage électoral.*

magouiller [maguje] v.t. et v.i. FAM. Se livrer à des magouilles : *Magouiller pour obtenir un poste* (syn. manœuvrer, intriguer).

magouilleur, euse [magujœr, -øz] adj. et n. FAM. Qui magouille (syn. manœuvrier).

magret [magrɛ] n.m. (mot du Sud-Ouest, propr. "maigre"). CUIS. Filet de canard.

magyar, e [magjar] adj. et n. (mot hongr.). Hongrois.

maharaja ou **maharadjah** [maaradʒa] n.m. (mot sanskrit "grand roi"). Titre signifiant *grand roi* et que l'on donne aux princes en Inde.

mahatma [maatma] n.m. (mot sanskrit "grande âme"). Titre donné en Inde à des personnes spirituelles de premier plan : *Le mahatma Gandhi.*

mah-jong [maʒɔ̃g] ou [maʒɔ̃] n.m. (mot chin. "je gagne") [pl. *mah-jongs*]. Jeu chinois utilisant 144 pièces appelées *tuiles.*

mai [mɛ] n.m. (du lat. *maius* "mois consacré à la déesse Maia"). **- 1.** Cinquième mois de l'année. **- 2.** HIST. Arbre vert et enrubanné que l'on plantait le 1er mai en l'honneur de qqn. **- 3.** Premier mai, journée de revendication des syndicats américains dès 1884, adoptée en France par l'Internationale socialiste en 1889 et devenue fête légale et jour férié en 1947.

maie [mɛ] n.f. (lat. *magis, magidis* "plat, pétrin"). **- 1.** Coffre sur pieds qu'on utilisait autref. pour pétrir et conserver le pain (syn. huche). **- 2.** Table de pressoir.

maïeutique [majøtik] n.f. (gr. *maieutikê* "art de faire accoucher"). Dans la philosophie socratique, art de faire découvrir à l'interlocuteur, par une série de questions, les vérités qu'il a en lui.

1. maigre [mɛgr] adj. et n. (lat. *macer*). Qui a très peu de graisse : *Il est très maigre* (contr. gros). *Ce chat est maigre* (syn. efflanqué). ◆ adj. **- 1.** Qui contient peu ou pas de matières grasses : *Fromage maigre* (contr. gras). **- 2.** Peu abondant : *Un maigre repas* (syn. frugal ; contr. copieux). *Végétation maigre* (syn. pauvre). **- 3.** Peu important : *Un maigre salaire* (syn. médiocre, modeste). **- 4.** Mince, peu épais : *Caractères typographiques maigres* (par opp. à *gras*). **- 5.** Jours maigres, jours pendant lesquels les catholiques ne doivent pas manger de viande.

2. maigre [mɛgr] n.m. (de **1.** *maigre*). **- 1.** Partie maigre d'une viande, d'un jambon, etc.

- **2.** Faire maigre, ne pas manger de viande aux jours prescrits par l'Église. ◆ **maigres** n.m. pl. Syn. de *étiage*.

maigrelet, ette [mɛgʀəlɛ, -ɛt] et **maigrichon, onne** [mɛgʀiʃɔ̃, -ɔn] adj. Un peu maigre : *Une petite fille maigrichonne* (syn. fluet, frêle).

maigrement [mɛgʀəmɑ̃] adv. De façon peu abondante : *Être maigrement payé* (syn. médiocrement).

maigreur [mɛgʀœʀ] n.f. - **1.** État de qqn, d'un animal qui est maigre, sans graisse ni chair : *Être d'une maigreur effrayante.* - **2.** Manque d'ampleur, de richesse : *La maigreur d'un sujet* (syn. pauvreté).

maigrir [mɛgʀiʀ] v.i. (conj. 32). Devenir maigre : *Elle a maigri* (= elle a perdu du poids). ◆ v.t. Faire paraître maigre, mince : *Sa longue barbe le maigrit* (syn. amincir).

mail [maj] n. m. (lat. *malleus* "marteau, maillet"). - **1.** Petit maillet muni d'un long manche dont on se servait pour pousser une boule de bois au jeu du mail ; ce jeu lui-même. - **2.** Promenade publique où l'on jouait au mail.

mailing [meliŋ] n.m. (mot anglo-amér.). [Anglic. déconseillé]. Publipostage.

maillage [majaʒ] n.m. (de *mailler*). - **1.** Disposition en réseau : *Le maillage des voies de communication.* - **2.** Interconnexion d'un réseau électrique.

1. maille [maj] n.f. (lat. *macula* "boucle"). - **1.** Boucle de fil reliée à d'autres boucles pour former un tricot ou un filet. - **2.** Tissu tricoté : *L'industrie de la maille.* - **3.** Petit annelet de fer dont on faisait les armures au Moyen Âge : *Cotte de mailles.* - **4.** TECHN. Chacune des ouvertures d'un tamis, d'un grillage. - **5.** ÉLECTR. Ensemble des conducteurs reliant les nœuds d'un réseau et formant un circuit fermé. - **6.** GÉOL. Parallélépipède qui, répété périodiquement dans les trois directions de l'espace, engendre un cristal. - **7.** Maille à l'endroit, à l'envers, maille dont la courbe supérieure est en avant ou en arrière du tricot.

2. maille [maj] n.f. (lat. pop. *medialia*, du class. *medius* "demi"). - **1.** Ancienne monnaie de cuivre de très petite valeur. - **2.** Avoir maille à partir avec qqn, avoir des démêlés avec qqn : *Il a eu maille à partir avec la police.*

maillechort [majʃɔʀ] n.m. (des n. des inventeurs *Maillot* et *Chorier*). Alliage de cuivre, de nickel et de zinc, imitant l'argent.

mailler [maje] v.t. (de *1. maille*). - **1.** Faire avec des mailles : *Mailler un filet.* - **2.** MAR. Mailler une chaîne, fixer une chaîne sur une autre ou sur une boucle au moyen d'une manille.

maillet [majɛ] n. m. (dimin. de *mail*). - **1.** Gros marteau à deux têtes, en bois dur, en cuir parcheminé, en plastique, en caoutchouc, etc., utilisé par les menuisiers, les sculpteurs sur pierre, etc. - **2.** Outil analogue constitué d'une masse tronconique de bois dur munie d'un manche et utilisé par les sculpteurs sur bois.

mailloche [majɔʃ] n.f. (augment. de *mail*). - **1.** Gros maillet à une seule tête, cylindrique et située dans l'axe du manche, utilisé en tonnellerie, en maroquinerie, en cordonnerie, etc. - **2.** MUS. Baguette terminée par une boule garnie de matière souple, pour battre certains instruments à percussion (grosse caisse, xylophone, etc.).

maillon [majɔ̃] n.m. (dimin. de *maille*). - **1.** Anneau d'une chaîne : *Ajouter des maillons à une gourmette* (syn. chaînon). - **2.** MAR. Partie d'une chaîne d'ancre entre deux manilles d'assemblage. - **3.** Être un maillon de la chaîne, ne représenter qu'un élément d'un ensemble complexe.

maillot [majo] n.m. (de *maille*). - **1.** Vêtement souple qui couvre le corps en totalité ou jusqu'à la taille et qui se porte sur la peau : *Un maillot de laine, de coton.* - **2.** Vêtement collant ne couvrant que le haut du corps : *Maillot d'un coureur cycliste.* - **3.** Maillot académique, maillot de danse d'une seule pièce. ‖ Maillot de bain, vêtement de bain. ‖ Maillot de corps, sous-vêtement en tissu à mailles, couvrant le torse.

main [mɛ̃] n.f. (lat. *manus*). - **1.** Organe de la préhension et de la sensibilité, muni de cinq doigts, qui constitue l'extrémité des membres supérieurs de l'homme : *Se laver les mains.* - **2.** La main, utilisée pour donner, recevoir ou exprimer qqch : *Donner, serrer la main à qqn. Faire un signe de la main. Tendre la main* (= demander l'aumône). - **3.** La main, considérée comme un instrument : *Écrire de la main droite. Être doué de ses mains.* - **4.** La main, utilisée pour frapper ou manier les armes : *Lever la main sur qqn* (= le frapper). - **5.** La main, comme symbole de l'aide, de l'acceptation : *Trouver une main secourable* (= une aide). *Prêter la main à un ami* (= l'aider). - **6.** La main, comme symbole de l'activité, de l'effort : *L'affaire est en bonnes mains* (= confiée à une personne capable). *Mettre la dernière main à un travail* (= le terminer). - **7.** La main, comme symbole de la possession ou de la détention : *Changer de mains* (= passer d'un possesseur à un autre). *Passer, circuler de main en main* (= d'un détenteur, d'un possesseur à l'autre). - **8.** La main comme symbole du pouvoir ou de l'autorité : *Mettre la main sur qqn* (= l'arrêter). *Passer la main* (= renoncer à ses pouvoirs, les transmettre). - **9.** Extrémité des membres antérieurs de certains vertébrés : *Les mains* *d'un singe.* - **10.** JEUX. Ensemble des cartes détenues par un joueur au début d'un tour : *Avoir une belle main.* - **11.** À main armée, les armes à la main : *Vol à main armée.* ‖ À pleines mains, largement : *Donner à pleines mains.* ‖ Avoir la haute main sur, commander : *Avoir la haute main sur la presse.* ‖ Avoir la main, être le premier à jouer, aux cartes. ‖ Avoir la main heureuse, malheureuse, réussir, échouer souvent. ‖ Avoir le cœur sur la main, être très généreux. ‖ Avoir les mains libres, avoir toute liberté d'agir. ‖ De la main à la main, sans passer par un intermédiaire ; sans observer les formalités légales : *Payer de la main à la main* (= sans trace écrite). ‖ De longue main, par un travail long et réfléchi. ‖ Demander, obtenir la main de qqn, demander, obtenir une jeune fille en mariage. ‖ De première main, de seconde main, obtenu directement ; obtenu indirectement : *Une information de première main.* ‖ Des deux mains, avec empressement : *Approuver des deux mains.* ‖ Faire main basse sur qqch, s'en emparer indûment. ‖ Mettre la main à la pâte, participer à un travail. ‖ Mettre la main sur qqch, le découvrir, le trouver. ‖ Ne pas y aller de main morte, agir avec brutalité. ‖ Perdre la main, perdre son habileté manuelle ; perdre l'habitude de faire qqch : *Elle a passé deux mois sans utiliser son ordinateur mais elle n'a pas perdu la main.* ‖ Prendre en main, se charger de. ‖ Reprendre en main, redresser une situation compromise. ‖ Se faire la main, s'essayer à un travail. ‖ Se prendre par la main, s'obliger à faire qqch. ‖ Sous la main, à sa portée : *Avoir ses lunettes sous la main.* ‖ Tendre la main à qqn, lui offrir son aide ; lui faire une offre de réconciliation. ‖ Voter à main levée, exprimer son suffrage par ce geste de la main. - **12.** Main courante. Partie supérieure d'une rampe d'escalier, d'une barre d'appui, etc., sur laquelle s'appuie la main : *Prière de tenir la main courante.* ‖ Main de justice. Main d'ivoire à trois doigts levés, placée à l'extrémité du bâton royal, symbole de la justice royale. ‖ Petite main. Apprentie couturière. ‖ Première main. Première ouvrière d'une maison de couture, capable d'exécuter tous les modèles. ‖ COMPTAB. Main courante, syn. de *brouillard.*

mainate [mɛnat] n.m. (mot malais). Passereau originaire de Malaisie, apte à imiter la voix humaine. ▫ Famille des sturnidés.

main-d'œuvre [mɛ̃dœvʀ] n.f. (pl. *mains-d'œuvre*). - **1.** Façon, travail de l'ouvrier dans la confection d'un ouvrage : *Les frais de main-d'œuvre.* - **2.** Ensemble des salariés, en partic. des ouvriers, d'un établissement, d'une région, d'un pays : *Faire appel à la main-d'œuvre étrangère.*

main-forte [mɛ̃fɔʀt] n.f. sing. Prêter main-forte à qqn, lui venir en aide.

mainlevée [mɛ̃lve] n.f. (de *main* et *levée*). DR. Acte qui arrête les effets d'une saisie, d'une opposition, etc.

mainmise [mɛ̃miz] n.f. (de *main* et *mise*, p. passé fém. adjectivé de *mettre*). - **1.** Action de s'emparer de qqch : *La mainmise d'un État sur un territoire étranger.* - **2.** Action de s'assurer une domination exclusive et souvent abusive sur qqch : *La mainmise d'une société sur un secteur de l'économie* (syn. monopole).

mainmorte [mɛ̃mɔʀt] n.f. (de *main* et du fém. de l'adj. *mort*). - **1.** FÉOD. Droit de succession perçu par le seigneur sur les biens de ses serfs. - **2.** DR. État des biens appartenant à des personnes morales (associations, communautés, hospices, etc.).

maint, e [mɛ̃, mɛ̃t] adj. (gaul. *mantî*, ou croisement du lat. *magnus* et du lat. *tantus*, ou du germ. **manigipô* "grande quantité"). LITT. Un grand nombre indéterminé : *En mainte occasion. Maintes fois.*

maintenance [mɛ̃tnɑ̃s] n.f. (de *maintenir*). Ensemble des opérations permettant de maintenir ou de rétablir un système, un matériel, un appareil, etc., dans un bon état de fonctionnement.

maintenant [mɛ̃tnɑ̃] adv. (de *maintenir*, propr. "pendant qu'on tient la main"). À présent ; à partir de l'instant présent : *Maintenant, il connaît la nouvelle. Maintenant, vous devrez manger sans sel* (syn. désormais). *Nous avons maintenant plus de moyens de guérir qu'autrefois* (syn. aujourd'hui, actuellement ; contr. jadis). ◆ **maintenant que** loc. conj. À présent que ; dès lors que : *Maintenant que tu es guéri, tu peux m'accompagner.*

maintenir [mɛ̃tniʀ] v.t. (lat. pop. **manutenere* "tenir avec la main") [conj. 40]. - **1.** Tenir fixe, stable : *Poutre qui maintient la charpente* (syn. soutenir). *Mur qui maintient la terre* (syn. retenir, fixer). - **2.** Empêcher de remuer, d'avancer : *Maintenir les gens à distance* (syn. tenir). *Les policiers maintiennent la foule* (syn. contenir). - **3.** Conserver dans le même état : *Maintenir les coutumes* (syn. sauvegarder, perpétuer). *Maintenir qqn dans ses fonctions* (syn. garder). *Maintenir sa candidature* (syn. confirmer). - **4.** Affirmer avec force : *Je maintiens que cela est vrai* (syn. soutenir). ◆ **se maintenir** v.pr. Rester dans le même état, dans la même situation : *Élève qui se maintient dans la moyenne* (syn. rester). *Le beau temps se maintient* (syn. persister).

maintien [mɛ̃tjɛ̃] n.m. (de *maintenir*). - **1.** Manière de se tenir : *Avoir un maintien simple* (syn. attitude). - **2.** Action de faire durer, de conserver : *Le maintien des traditions* (syn.

conservation, sauvegarde). **- 3.** Maintien de l'ordre, ensemble des mesures de sécurité prises par l'autorité compétente pour maintenir l'ordre public. ‖ Maintien sous les drapeaux, prolongation du service actif d'un contingent décidée par le gouvernement. ‖ DR. Maintien dans les lieux, mesure qui permet à l'occupant de bonne foi d'un logement de rester dans les lieux malgré la volonté du propriétaire.

maire [mɛʀ] n.m. (du lat. *major* "plus grand"). **- 1.** En France, premier magistrat municipal, qui est l'organe exécutif de la commune. *Rem.* On a parfois utilisé le fém. *mairesse*. **- 2.** Maire d'arrondissement, maire élu dans chaque arrondissement de Paris, de Lyon et de Marseille. ‖ HIST. Maire du palais, dignitaire de la cour mérovingienne, qui se substitua peu à peu au roi.

mairie [mɛʀi] n.f. **- 1.** Fonction de maire : *Aspirer à la mairie.* **- 2.** Édifice où se trouvent les services de l'administration municipale. (On dit aussi *hôtel de ville*.) **- 3.** Administration municipale : *Employé de mairie.*

mais [mɛ] conj. coord. (lat. *magis* "plus, davantage"). Introduit : **- 1.** Un contraste, une opposition : *Ce vin est bon mais un peu sec* (syn. quoique). **- 2.** Un renforcement : *Mais naturellement ! Mais je vous en prie !* ◆ adv. LITT. N'en pouvoir mais, n'y rien pouvoir : *Que voulez-vous, je n'en pouvais mais* (= je n'en suis pas responsable). ◆ n.m. inv. Objection ; raison invoquée pour refuser qqch : *Opposer des si et des mais à toutes les propositions.*

maïs [mais] n.m. (esp. *maíz*, du caraïbe *mahis*). Céréale de grande dimension, à tige unique et à gros épi portant des graines en rangs serrés, très cultivée pour l'alimentation humaine et animale. □ Famille des graminées.

maison [mɛzɔ̃] n.f. (lat. *mansio*, de *manere* "demeurer"). **- 1.** Bâtiment construit pour servir d'habitation aux personnes : *Une rue bordée de maisons.* **- 2.** Construction individuelle abritant une famille ; maison de ville, pavillon (par opp. à *appartement*) : *Se faire construire une maison.* **- 3.** Logement où l'on habite : *Rester à la maison* (= chez soi ; syn. domicile, foyer). **- 4.** ASTROL. Chacune des douze divisions égales du ciel, qui concernent les conjonctures formant la trame de l'existence. **- 5.** Édifice public ou privé servant à un usage particulier : *Maison de retraite, de santé. Maison d'arrêt* (= prison). **- 6.** Entreprise commerciale ou industrielle : *Maison de vins en gros* (syn. établissement, firme). *Avoir dix ans de maison* (= être employé depuis dix ans dans la même entreprise). **- 7.** Membres d'une même famille : *C'est un*

ami de la maison. **- 8.** Famille noble : *C'est le dernier descendant d'une grande maison.* **- 9.** De bonne maison, de famille honorable. ‖ Maison des jeunes et de la culture (M. J. C.), établissement destiné à favoriser la diffusion et la pratique des activités culturelles les plus diverses dans un milieu jeune et populaire. ‖ HIST. Maison du roi, de l'empereur, ensemble des personnes civiles *(maison civile)* et militaires *(maison militaire)* attachées à la personne du souverain. ◆ adj. inv. **- 1.** FAM. Fabriqué par la maison et non commandé à l'extérieur, dans un restaurant : *Confitures maison.* **- 2.** Particulier à une entreprise, à un établissement d'enseignement, etc. : *Ingénieurs maison. Un diplôme maison.*

maisonnée [mɛzɔne] n.f. Ensemble des personnes d'une famille vivant dans la même maison : *La maisonnée est réunie* (syn. famille).

maisonnette [mɛzɔnɛt] n.f. Petite maison ; cabane.

1. **maître, maîtresse** [mɛtʀ, mɛtʀɛs] n. (lat. *magister*). **- 1.** Personne qui commande, gouverne, exerce une autorité : *Le maître et l'esclave. Parler en maître.* **- 2.** Possesseur d'un animal : *Chien couché aux pieds de sa maîtresse.* **- 3.** Personne qui enseigne : *Maître, maîtresse d'école* (syn. instituteur). *Le maître interroge l'élève* (syn. professeur). **- 4.** Personne qui dirige sa maison, reçoit les invités, etc. : *Remercier la maîtresse de maison.* **- 5.** VIEILLI. Personne qui possède qqch : *Le maître du domaine* (syn. possesseur, propriétaire). *Voiture de maître.* ◆ **maître** n.m. **- 1.** Personne qui enseigne qqch : *Maître nageur.* **- 2.** Personne qui dirige l'exécution de qqch, qui a autorité sur du personnel : *Maître d'équipage sur un navire.* **- 3.** Personne dont on est le disciple ; personne (artiste, écrivain) éminente, qui est prise comme modèle : *Se réclamer d'un maître* (syn. modèle, initiateur). **- 4.** BX-A. VX. Artiste qui dirigeait un atelier ; artiste du passé dont on ignore le nom et dont on a reconstitué une partie de l'œuvre : *Le Maître de Moulins.* **- 5.** Titre donné aux avocats, à certains officiers ministériels : *L'étude de maître X.* **- 6.** Titre d'un artisan qui a été admis à la maîtrise, dans un métier où subsistent des traditions de corporation : *Les apprentis et les maîtres.* **- 7.** VX. Personne qui enseignait une spécialité : *Maître à danser.* **- 8.** Maître auxiliaire, professeur assurant l'intérim d'un emploi vacant de professeur titulaire. ‖ Maître d'armes, qui enseigne l'escrime. ‖ Maître de conférences, titre donné auj. aux membres de l'enseignement supérieur qui organisent les travaux dirigés et contribuent aux travaux de recherche. ‖ Maître de forges, propriétaire d'un établissement sidérurgique dont il assume personnellement l'admi-

nistration. ‖ **Maître de l'ouvrage**, personne physique ou morale pour le compte de laquelle une construction est réalisée. ‖ **Maître d'œuvre**, responsable de l'organisation et de la réalisation d'un vaste ouvrage ; personne ou organisme qui dirige un chantier du bâtiment après avoir exécuté les plans de l'ouvrage. ‖ **Maître imprimeur**, chef d'entreprise dirigeant une imprimerie. ‖ **Passer maître**, être, devenir très habile dans un art, un métier, etc. : *Passer maître dans l'art de mentir*. ‖ **Second maître, maître, premier maître, maître principal**, grades des officiers mariniers de la Marine nationale, en France. ‖ **Trouver son maître**, rencontrer qqn qui vous est supérieur en qqch.

2. **maître, maîtresse** [mɛtr, mɛtrɛs] adj. (de *1. maître*). - 1. Qui a un rôle capital, essentiel : *L'idée maîtresse d'un ouvrage* (syn. majeur, primordial). - 2. Qui est le plus important dans son genre : *Poutre maîtresse* (= poutre principale d'une charpente). - 3. Se dit de la plus forte carte à jouer dans la couleur et de celui qui la détient : *Carte maîtresse. Être maître à cœur*. - 4. Être maître de qqch, de faire qqch, en disposer librement ; être libre de faire qqch. ‖ **Maîtresse femme**, femme énergique, déterminée.

maître-autel [mɛtrotɛl] n.m. (pl. *maîtres-autels*). Autel principal d'une église.

maître-chien [mɛtrəʃjɛ̃] n.m. (pl. *maîtres-chiens*). Responsable du dressage d'un chien, dans les corps spécialisés de la police et de l'armée, les sociétés de gardiennage, etc.

maîtresse [mɛtrɛs] n.f. (de *maître*). Femme avec laquelle un homme a des relations sexuelles en dehors du mariage : *Avoir une maîtresse. Ils sont amant et maîtresse*.

maîtrisable [mɛtrizabl] adj. Que l'on peut maîtriser : *La douleur n'est pas facilement maîtrisable*.

maîtrise [mɛtriz] n.f. (de *maître*). - 1. Domination de soi : *Conserver sa maîtrise* (syn. calme, sang-froid). - 2. Domination incontestée : *La maîtrise de l'énergie nucléaire* (syn. suprématie, prépondérance). - 3. Perfection, sûreté dans la technique : *Tableau exécuté avec maîtrise* (syn. maestria, habileté). - 4. VX. Situation d'un maître au sein d'une corporation ou d'un corps analogue. - 5. Ensemble des contremaîtres et des chefs d'équipe. - 6. Grade universitaire sanctionnant le second cycle de l'enseignement supérieur. - 7. MUS. École de chant et ensemble des chantres d'une église. - 8. Maîtrise de conférences, emploi de maître de conférences. ‖ **Maîtrise de l'air, de la mer**, supériorité militaire, aérienne ou navale, acquise sur un adversaire dans un espace déterminé. ‖ **Maî-**

trise de soi, contrôle sur la manifestation de ses émotions.

maîtriser [mɛtrize] v.t. (de *maîtrise*). - 1. Se rendre maître de forces difficilement contrôlables : *Maîtriser un incendie* (syn. enrayer, stopper). - 2. Soumettre, contenir par la force : *Maîtriser un forcené*. - 3. Dominer un sentiment, une passion : *Maîtriser sa colère* (syn. réprimer, contenir). ◆ **se maîtriser** v.pr. Rester, redevenir maître de soi : *Faire des efforts pour se maîtriser* (syn. se dominer).

majesté [maʒɛste] n.f. (lat. *majestas*). - 1. Caractère de grandeur, de dignité, de noblesse : *La majesté divine* (syn. gloire, grandeur). - 2. (Avec une majuscule). Titre des empereurs, des rois : *Sa Majesté l'Impératrice*. - 3. Air extérieur de grandeur, de noblesse : *Une allure pleine de majesté*. - 4. Sa Majesté Catholique, le roi d'Espagne. ‖ **Sa Majesté très Chrétienne**, le roi de France. ‖ BX-A. **Christ, Vierge, saint en majesté**, représentés assis sur le trône dans une attitude hiératique.

majestueusement [maʒɛstɥøzmɑ̃] adv. Avec majesté : *S'avancer majestueusement* (syn. solennellement).

majestueux, euse [maʒɛstɥø, -øz] adj. Qui a de la majesté : *Ton majestueux* (syn. solennel, grave).

majeur, e [maʒœr] adj. (lat. *major*, comparatif de *magnus* "grand"). - 1. Plus grand, plus considérable, plus important : *La majeure partie*. - 2. Qui a atteint l'âge de la majorité (par opp. à *mineur*) : *Une fille majeure*. - 3. Très important : *Raison majeure* (syn. capital, essentiel). - 4. MUS. Se dit d'un mode caractérisé par la succession, dans la gamme, de deux tons, un demi-ton, trois tons et un demi-ton ; qui relève de ce mode : *Passer du mode majeur au mode mineur* (ou *de majeur en mineur*). *« Si » bémol majeur. Gamme, tierce majeure*. - 5. Cas de force majeure, événement qu'on ne peut éviter et dont on n'est pas responsable. ‖ **En majeure partie**, pour la plus grande partie : *Ouvrage en majeure partie inspiré de l'œuvre de Proust*. ‖ JEUX. **Tierce majeure**, l'as, le roi, la dame d'une même couleur, aux cartes. ◆ **majeur** n.m. Le troisième et le plus grand des doigts de la main (syn. médius). ◆ **majeure** n.f. LOG. Première proposition d'un syllogisme.

major [maʒɔr] n.m. (esp. *mayor*, lat. *major* "plus grand"). - 1. En France, officier supérieur chargé de l'administration d'un corps de troupes, appelé depuis 1975 *chef des services administratifs*. - 2. En France, grade le plus élevé des sous-officiers des armées. - 3. Officier d'un grade égal à celui de commandant, en France sous l'Ancien Régime et auj. encore dans de nombreuses armées étrangères. **- 4.** VX. Médecin militaire. **- 5.** ARG. SCOL. Premier d'une promotion : *Sortir major de Polytechnique.* **- 6.** Major général, en France, officier général chargé de hautes fonctions d'état-major aux échelons élevés du commandement.

majorant [maʒɔrɑ̃] n.m. (de *majorer*). MATH. Majorant d'une partie d'un ensemble ordonné E, élément de E supérieur à tous les éléments de cette partie (par opp. à *minorant*).

majoration [maʒɔrasjɔ̃] n.f. Action de majorer : *Majoration du prix des transports* (syn. augmentation, hausse).

majordome [maʒɔrdɔm] n.m. (it. *maggiordomo*, influencé par l'esp. *mayordomo*, du lat. *major domus* "chef de la maison"). Maître d'hôtel de grande maison.

majorer [maʒɔre] v.t. (du lat. *major* "plus grand"). **- 1.** Augmenter la valeur du montant d'une facture, d'un impôt, etc. : *Majorer des salaires* (syn. revaloriser, relever). **- 2.** MATH. Trouver un majorant à un ensemble.

majorette [maʒɔrɛt] n.f. (mot anglo-amér., du fr. *major*). Jeune fille en uniforme de fantaisie qui parade dans les fêtes et les défilés.

majoritaire [maʒɔritɛr] adj. et n. **- 1.** Qui appartient à la majorité ; qui s'appuie sur une majorité : *Un groupe financier majoritaire dans une société* (par opp. à *minoritaire*). **- 2.** Scrutin majoritaire, mode de scrutin dans lequel est proclamé élu le candidat ayant obtenu le plus grand nombre de suffrages (par opp. au *scrutin proportionnel*).

majoritairement [maʒɔritɛrmɑ̃] adv. En majorité.

majorité [maʒɔrite] n.f. (lat. médiév. *majoritas*, du class. *major* "plus grand"). **- 1.** Âge auquel, selon la loi, une personne acquiert la pleine capacité d'exercer ses droits (*majorité civile*) ou est reconnue responsable de ses actes (*majorité pénale*) : *À sa majorité, il pourra choisir sa nationalité.* □ En France, la majorité est fixée à 18 ans. **- 2.** Sous-ensemble de personnes, de choses supérieures en nombre par rapport à un autre sous-ensemble (par opp. à *minorité*) : *Il y a ici une majorité de femmes. La majorité des Français possède (ou possèdent) un téléviseur* (= la plupart). **- 3.** Le plus grand nombre des voix ou des suffrages : *Obtenir la majorité.* **- 4.** Parti ou coalition de partis détenant le plus grand nombre de sièges dans une assemblée (par opp. à l'*opposition*) : *La majorité soutient le gouvernement.* **- 5.** En majorité, pour la plupart : *Les sondés sont en majorité hostiles au projet.* ‖ Être en majorité, être les plus nombreux, par rapport à un autre groupe. ‖ Majorité abso-

lue, exigeant la moitié des suffrages exprimés plus un. ‖ Majorité qualifiée ou renforcée, pour laquelle la loi exige que soient réunis plus de suffrages que pour la majorité absolue. ‖ Majorité relative ou simple, obtenue par un candidat qui recueille plus de suffrages que ses concurrents. ‖ Majorité silencieuse, partie majoritaire d'une population qui n'exprime pas publiquement ses opinions.

majuscule [maʒyskyl] adj. et n.f. (lat. *majusculus* "un peu plus grand"). Se dit d'une lettre plus grande que les autres et de forme différente (par opp. à *minuscule*) : *Un M majuscule. Écrire en majuscules* (syn. capitale).

maki [maki] n.m. (mot malgache). Mammifère primate à museau allongé et à longue queue, vivant à Madagascar. □ Sous-ordre des lémuriens.

1. mal [mal] n.m. (lat. *malum*). **- 1.** Ce qui est contraire au bien, à la vertu, ce qui est condamné par la morale : *Faire le mal pour le mal.* **- 2.** Ce qui est susceptible de nuire, de faire souffrir, ce qui n'est pas adapté : *Le mal est fait* (syn. dommage). *La guerre est une source inépuisable de maux* (syn. calamité, malheur). **- 3.** Souffrance physique : *Maux de dents, d'estomac. Le mal a progressé* (syn. maladie). **- 4.** Souffrance morale : *Le mal du pays.* **- 5.** Peine, travail : *Se donner du mal* (syn. application, effort). **- 6.** Mauvais côté de qqch : *Tourner les choses en mal.* **- 7.** Avoir mal, souffrir. ‖ Dire du mal de qqn, le dénigrer, le calomnier. ‖ Être au plus mal, être gravement malade ; être à l'agonie. ‖ Être en mal de qqch, souffrir de son absence : *Être en mal d'inspiration.* ‖ Faire du mal à qqn, le faire souffrir ; lui nuire. ‖ VIEILLI. Haut mal, épilepsie. ‖ Mal blanc, panaris. ‖ Mal de cœur, nausée d'origine gastrique. ‖ Mal de mer, mal de l'air, malaises particuliers éprouvés en bateau, en avion. ‖ Mal de tête, migraine, céphalée. ‖ Mal des montagnes, de l'altitude, des aviateurs, malaises causés par la raréfaction de l'oxygène en altitude. ‖ Mal du siècle, état dépressif caractéristique de la jeunesse romantique.

2. mal [mal] adv. (lat. *male*). **- 1.** D'une manière mauvaise, non satisfaisante, contraire à la morale : *Écrire, parler mal. Aller mal* (= être en mauvaise santé). *Il s'est mal conduit.* **- 2.** S'emploie en composition avec des participes pour former des adjectifs ou des noms : *Les mal-logés.* **- 3.** Pas mal de, un assez grand nombre de ; une assez grande quantité de : *Il y a pas mal de monde* (syn. beaucoup de). ‖ Prendre mal qqch, s'en offenser. ◆ adj. inv. Être bien mal, être très malade. ‖ Être mal avec qqn, être brouillé avec lui. ‖ Pas mal (avec une nég., sinon fam.), assez beau ; assez satisfaisant : *Comment le trouves-tu ? – Pas mal. Ce film n'était pas mal.* ‖ **Se sentir mal,** être dans un état de malaise physique ; être sur le point de défaillir.

malabar [malabaʀ] n.m. (de *Malabār,* région de l'Inde). FAM. Homme grand et fort : *Deux malabars l'ont frappé.*

malachite [malakit] n.f. (lat. *molochitis,* mot gr., de *molokhê* ou *malakhê* "mauve"). Carbonate basique naturel de cuivre, pierre d'un beau vert vif utilisée en joaillerie et en tabletterie.

malacologie [malakɔlɔʒi] n.f. (du gr. *malakos* "mou", et de *-logie*). Étude des mollusques.

malade [malad] adj. et n. (du lat. *male habitus* "qui se trouve en mauvais état"). Dont la santé est altérée : *Tomber malade. Être gravement malade. Avoir l'air malade* (syn. indisposé, souffrant). ◆ adj. - **1.** Qui est en mauvais état : *Une industrie malade.* - **2.** Dans un état général de malaise : *J'étais malade de voir ça* (syn. perturbé, traumatisé). - **3.** FAM. Mentalement dérangé : *Tu es malade* (syn. fou).

maladie [maladi] n.f. (de *malade*). - **1.** Altération de la santé, de l'équilibre des êtres vivants (animaux et végétaux) : *Soigner, guérir une maladie* (syn. affection, mal). *Le phylloxéra est une maladie de la vigne.* - **2.** Altération, dégradation de qqch : *Maladie des pierres, du vin.* - **3.** FAM. Comportement excessif ou obsessionnel : *La maladie de la vitesse* (syn. passion). *Le nettoyage, c'est une maladie chez elle* (syn. manie). - **4.** **Assurance maladie,** une des assurances sociales, qui permet au salarié de percevoir en cas d'arrêt de travail des indemnités journalières et de bénéficier du remboursement des frais occasionnés par sa maladie. ‖ FAM. **En faire une maladie,** être très contrarié par qqch : *Tu ne vas pas en faire une maladie.*

maladif, ive [maladif, -iv] adj. - **1.** Sujet à être malade : *Un tempérament maladif* (syn. délicat, fragile). - **2.** Dont les manifestations ressemblent à celles des troubles mentaux : *Une curiosité maladive* (syn. morbide).

maladivement [maladivmɑ̃] adv. De façon maladive.

maladresse [maladʀɛs] n.f. (de *maladroit,* d'apr. *adresse*). - **1.** Caractère d'une personne maladroite, de ses gestes, de ses réalisations : *Remarquer la maladresse d'un dessin* (syn. inhabileté). - **2.** Défaut de savoir-faire dans les actions, de tact dans la conduite : *Sa maladresse a fait échouer les négociations* (= son manque de tact). - **3.** Acte maladroit : *Accumuler les maladresses* (syn. bévue).

maladroit, e [maladʀwa, -at] adj. et n. (de 2. *mal* et *adroit*). - **1.** Qui manque d'adresse,

d'aisance dans ses mouvements, ses gestes : *Un enfant maladroit* (syn. gauche). *Quel maladroit tu fais !* - **2.** Qui manque d'expérience, de sûreté pour l'exécution de qqch : *Un jeune cinéaste encore maladroit* (syn. inexpérimenté). *Artisan maladroit* (syn. malhabile). - **3.** Qui manque de diplomatie, de sens de l'opportunité : *Tu as été maladroit, tu n'aurais pas dû lui dire cela.* - **4.** Caractérisé par la maladresse ; qui n'est pas approprié au but recherché : *Un geste maladroit.*

maladroitement [maladʀwatmɑ̃] adv. De façon maladroite : *S'exprimer maladroitement.*

mal-aimé, e [maleme] n. (pl. *mal-aimés, es*). Personne qui souffre du rejet des autres : *Les mal-aimés de la société.*

malais, e [male, -ɛz] adj. et n. De la Malaisie. ◆ **malais** n.m. Langue du groupe indonésien, parlée dans la péninsule malaise et sur les côtes de l'Insulinde, auj. langue officielle de la Malaisie et de l'Indonésie (sous le nom d'*indonésien*).

malaise [malez] n. (de 2. *mal* et *aise*). - **1.** Sensation pénible d'un trouble de l'organisme : *Éprouver un malaise* (syn. indisposition). *Avoir un malaise* (= se trouver mal ; syn. évanouissement). - **2.** État d'inquiétude, de trouble mal défini ; début de crise : *Un malaise inexplicable grandissait en lui* (syn. trouble). *Le malaise social* (syn. agitation).

malaisé, e [maleze] adj. (de 2. *mal* et *aisé*). Qui n'est pas facile, pas commode à faire : *Une tâche malaisée* (syn. ardu, difficile).

malaisément [malezemɑ̃] adv. Avec difficulté.

malandrin [malɑ̃dʀɛ̃] n.m. (it. *malandrino* "voleur"). VX. Bandit de grand chemin ; voleur, brigand.

malappris, e [malapʀi, -iz] adj. et n. (de 2. *mal* et *appris,* p. passé de *apprendre*). Qui est mal éduqué : *Espèce de malappris !* (syn. goujat, malotru).

malaria [malaʀja] n.f. (de l'it. *mala aria* "mauvais air"). VIEILLI. Paludisme.

malavisé, e [malavize] adj. (de 2. *mal* et *avisé*). LITT. Qui agit sans discernement : *Il a été malavisé de vendre ses actions en ce moment* (syn. imprudent, irréfléchi).

malaxage [malaksaʒ] n.m. Action de malaxer.

malaxer [malakse] v.t. (lat. *malaxare* "amollir"). - **1.** Pétrir une substance pour la ramollir, pour la rendre plus homogène : *Malaxer du beurre.* - **2.** Masser, triturer du bout des doigts une partie du corps.

malaxeur [malaksœʀ] n.m. et adj.m. Appareil muni d'une cuve, servant à malaxer : *Malaxeur à mortier.*

malayo-polynésien, enne [malajɔpɔlinezjɛ̃, -ɛn] adj. et n.m. LING. Syn de *austronésien*.

malchance [malʃɑ̃s] n.f. (de 2. *mal* et *chance*). - **1.** Sort défavorable : *Être poursuivi par la malchance* (syn. adversité, LITT. infortune). - **2.** Hasard malheureux ; situation défavorable ; issue malheureuse : *J'ai eu la malchance de le voir.*

malchanceux, euse [malʃɑ̃sø, -øz] adj. et n. En butte à la malchance : *Un joueur malchanceux.*

malcommode [malkɔmɔd] adj. Qui n'est pas commode, pas pratique : *Un tiroir malcommode* (syn. incommode).

maldonne [maldɔn] n.f. (déverbal de *mal donner*, d'apr. *donne*). Erreur dans la distribution des cartes.

mâle [mɑl] adj. (lat. *masculus*). - **1.** BIOL. Se dit d'un individu ou d'un organe animal ou végétal appartenant au sexe fécondant, porteur de cellules reproductrices plus nombreuses, plus petites et plus mobiles que celles du sexe femelle : *Souris mâle. Gamète mâle.* - **2.** DR. Qui est du sexe masculin : *Descendants mâles.* - **3.** Qui annonce de la force, de l'énergie : *Voix mâle* (syn. viril ; contr. efféminé). *Une mâle résolution* (syn. courageux). - **4.** TECHN. Se dit d'un élément, d'un instrument qui entre dans un autre, qualifié de *femelle* : *Prise mâle.* - **5.** Fleur mâle, fleur qui ne porte que des étamines. ◆ n.m. - **1.** Individu du règne animal organisé pour féconder : *Le bélier est le mâle de l'espèce ovine.* - **2.** DR. Personne de sexe masculin (par opp. à *femme*) : *Succession de mâle en mâle.* - **3.** FAM. Homme caractérisé par sa vigueur physique, en partic. sexuelle : *Un beau mâle.*

malédiction [malediksjɔ̃] n.f. (lat. *maledictio*). - **1.** LITT. Action de maudire : *Malédiction divine.* - **2.** Malheur fatal : *La malédiction est sur moi* (syn. fatalité).

maléfice [malefis] n.m. (lat. *maleficium* "méfait"). LITT. Pratique magique visant à nuire ; diablerie.

maléfique [malefik] adj. (lat. *maleficus*, de *male facere* "mal faire"). LITT. Qui a une influence nocive, malfaisante : *Exercer un pouvoir maléfique autour de soi* (contr. bénéfique, bienfaisant).

malencontreusement [malɑ̃kɔ̃trøzmɑ̃] adv. De façon malencontreuse.

malencontreux, euse [malɑ̃kɔ̃trø, -øz] adj. (de l'anc. fr. *malencontre* "mauvaise rencontre"). Qui cause de l'ennui en survenant mal à propos : *Circonstance malencontreuse* (syn. fâcheux). *Une allusion malencontreuse* (syn. malheureux ; contr. opportun).

mal-en-point [malɑ̃pwɛ̃] adj. inv. En mauvais état de santé, de fortune, de situation :

Un blessé bien mal-en-point. **Rem.** On écrit aussi *mal en point.*

malentendant, e [malɑ̃tɑ̃dɑ̃, -ɑ̃t] adj. et n. Se dit de qqn dont l'acuité auditive est diminuée.

malentendu [malɑ̃tɑ̃dy] n.m. (de 2. *mal* et *entendu*). Divergence d'interprétation de paroles, d'actions ; désaccord qui en résulte : *Faire cesser un malentendu* (syn. mésentente, dissension). *Querelle qui repose sur un malentendu* (syn. erreur, méprise, quiproquo).

mal-être [malɛtr] n.m. inv. Sentiment de profond malaise : *Le mal-être des adolescents.*

malfaçon [malfasɔ̃] n.f. (de 2. *mal* et *façon*). Défaut, imperfection dans un ouvrage, un travail : *La malfaçon de la charpente est due à une négligence* (syn. défectuosité).

malfaisant, e [malfəzɑ̃, -ɑ̃t] adj. (de *malfaire* "faire du mal"). Qui fait, qui cause du mal : *Être malfaisant* (syn. mauvais, méchant). *Influence malfaisante* (syn. nuisible). *Idée malfaisante* (syn. pernicieux).

malfaiteur [malfɛtœr] n.m. (du lat. *malefactor*, d'apr. *faire*). Individu qui commet des vols, des crimes : *On a arrêté un dangereux malfaiteur* (syn. criminel, bandit).

malfamé, e [malfame] adj. (de l'anc. fr. *fame*, lat. *fama* "renommée"). Qui est fréquenté par des individus de mauvaise réputation : *Un bar malfamé.* **Rem.** On écrit aussi *mal famé.*

malformation [malfɔrmasjɔ̃] n.f. (de 2. *mal* et *formation*). Altération morphologique congénitale d'un tissu, d'un organe du corps humain : *Malformation cardiaque.*

malfrat [malfra] n.m. (du languedocien *malfar* "mal faire"). ARG. Malfaiteur, truand.

malgache [malgaʃ] adj. et n. De Madagascar. ◆ n.m. Langue du groupe indonésien.

malgré [malgre] prép. (réfection de *maugré*, de 2. *mal* et *gré*). - **1.** En allant contre le gré, la volonté de : *Il s'est marié malgré son père.* - **2.** En ne se laissant pas arrêter par tel obstacle : *Sortir malgré la pluie* (syn. en dépit de). - **3.** Malgré soi, en allant contre sa propre volonté ; involontairement : *On m'a forcé, je l'ai fait malgré moi. Nous avons entendu votre conversation malgré nous.* ‖ Malgré tout, introduit une restriction : *Malgré tout c'est un brave homme.* ◆ **malgré que** loc. conj. Suivi du subj., indique une opposition, une concession : *Ils s'entendent bien malgré qu'ils soient très différents* (syn. bien que, quoique). **Rem.** Ce tour est critiqué par plusieurs grammairiens et par l'Académie, sauf dans la formule litt. *malgré que j'en aie (que tu en aies, etc.),* qui signifie « bien que cela me (te, etc.) contrarie ».

malhabile [malabil] adj. Qui manque d'habileté, de capacité : *Un dessinateur malhabile* (syn. maladroit).

malheur [malœʀ] n.m. (de 2. *mal* et *heur*). - **1.** Situation pénible qui affecte douloureusement qqn : *C'est dans le malheur qu'on connaît ses vrais amis* (syn. adversité). - **2.** Événement fâcheux, funeste : *Les malheurs l'assaillent* (syn. épreuve, revers). *Un malheur n'arrive jamais seul* (syn. ennui). *Sois prudent, un malheur est si vite arrivé* (syn. accident). - **3.** Sort hostile, malchance : *Le malheur est sur lui* (syn. fatalité, malédiction). - **4.** FAM. Faire un malheur, se livrer à des accès de violence ou faire un éclat ; obtenir un grand succès : *Si tu m'énerves, je fais un malheur. Chanteur qui fait un malheur.* ‖ Oiseau de malheur, personne qui porte malheur. ‖ Par malheur, par un fâcheux concours de circonstance : *Si, par malheur, tu pars, préviens-moi.* ‖ Porter malheur, avoir une influence fatale, néfaste.

malheureusement [malœʀøzmɑ̃] adv. De façon malheureuse : *Je ne pourrai malheureusement pas venir.*

malheureux, euse [malœʀø, -øz] adj. et n. - **1.** Qui est dans une situation pénible, douloureuse : *Un homme malheureux* (syn. misérable). *Secourir les malheureux* (syn. pauvre, indigent). - **2.** Qui inspire le mépris mêlé de pitié : *Un malheureux ivrogne* (syn. pauvre). ◆ adj. - **1.** Qui exprime le malheur, la douleur : *Air malheureux* (syn. triste, peiné). - **2.** Qui manque de chance : *Être malheureux au jeu* (syn. malchanceux). - **3.** Qui a pour conséquence le malheur : *Entreprise malheureuse* (syn. désastreux). *Faire une rencontre malheureuse* (syn. désagréable). *Parole malheureuse* (syn. regrettable). - **4.** Sans valeur, sans importance : *Pester pour une malheureuse erreur* (syn. insignifiant).

malhonnête [malɔnɛt] adj. et n. - **1.** Qui enfreint les règles de la probité, de l'honnêteté : *Une transaction malhonnête.* - **2.** Qui choque la décence, la pudeur : *Faire des propositions malhonnêtes à une femme* (syn. inconvenant).

malhonnêtement [malɔnɛtmɑ̃] adv. De façon malhonnête : *S'enrichir malhonnêtement.*

malhonnêteté [malɔnɛtte] n.f. - **1.** Caractère malhonnête de qqn, de son comportement : *Malhonnêteté d'un fraudeur* (syn. indélicatesse). *La malhonnêteté des intentions de qqn* (syn. déloyauté). - **2.** Action contraire à l'honnêteté : *Commettre une malhonnêteté* (syn. escroquerie).

malice [malis] n.f. (lat. *malitia* "méchanceté"). Penchant à dire ou à faire de petites méchancetés ironiques, des taquineries : *Sa réponse est pleine de malice* (syn. espièglerie).

malicieusement [malisjøzmɑ̃] adv. Avec malice : *Sourire malicieusement* (syn. moqueusement).

malicieux, euse [malisjø, -øz] adj. et n. Qui a de la malice : *Enfant malicieux* (syn. malin, taquin). ◆ adj. Qui manifeste de la malice : *Regard malicieux* (syn. coquin).

malignement [maliɲəmɑ̃] adv. Avec malignité.

malignité [maliɲite] n.f. (lat. *malignitas*, de *malignus* "méchant"). - **1.** SOUT. Méchanceté mesquine : *Être en butte à la malignité publique* (syn. malveillance). *Dénonciation faite par malignité* (syn. bassesse). - **2.** Caractère dangereux, mortel d'une tumeur, d'un mal.

malin, igne [malɛ̃, -iɲ] adj. et n. (lat. *malignus* "méchant"). - **1.** Qui a de la finesse d'esprit, de la ruse et qui s'en sert pour se tirer d'embarras ou pour se moquer : *Il est malin, il a flairé le piège* (syn. rusé, astucieux). *Ne joue pas au plus malin avec moi* (syn. futé). - **2.** LITT. (Avec une majuscule). Le démon. - **3.** FAM. Faire le malin, vouloir se mettre en avant ; vouloir faire de l'esprit. ◆ adj. - **1.** Qui témoigne d'une intelligence malicieuse, plus ou moins rusée : *Un sourire malin* (syn. espiègle, mutin). - **2.** Qui montre de la méchanceté : *Éprouver un malin plaisir à critiquer* (syn. méchant). - **3.** FAM. Ce n'est pas bien malin, ce n'est pas très difficile : *Ce n'est pas bien malin, tu pourrais le faire.* ‖ FAM. Ce n'est pas malin, c'est stupide. ‖ LITT. L'esprit malin, le démon. ‖ MÉD. Tumeur maligne, tumeur cancéreuse.

malingre [malɛ̃gʀ] adj. (p.-ê. de *mal*, et de l'anc. fr. *haingre* "décharné"). Qui est d'une constitution délicate, fragile : *Enfant malingre* (syn. chétif, frêle ; contr. robuste).

malintentionné, e [malɛ̃tɑ̃sjɔne] adj. (de 2. *mal* et *intentionné*). Qui a de mauvaises intentions ; malveillant.

malle [mal] n.f. (frq.* *malha*). - **1.** Coffre de bois, de cuir, etc., de grandes dimensions, où l'on enferme les objets que l'on emporte en voyage. - **2.** Syn. de *malle-poste*. - **3.** VIEILLI. Malle arrière, coffre arrière d'une automobile. ‖ FAM. Se faire la malle, partir sans prévenir ; s'enfuir.

malléabilité [maleabilite] n.f. - **1.** Caractère de qqn, de son esprit, qui est docile, influençable. - **2.** Qualité d'un métal malléable.

malléable [maleabl] adj. (du lat. *malleare* "marteler", de *malleus* "marteau"). - **1.** Qui se laisse influencer ou former : *Un caractère, un enfant malléable* (syn. docile, maniable). - **2.** TECHN. Métal malléable, métal que l'on peut façonner et réduire facilement en feuilles.

malléole [maleɔl] n.f. (du lat. *malleolus* "petit marteau"). Chacune des apophyses de la région inférieure du tibia et du péroné formant la cheville. □ La *malléole externe* est celle du péroné ; la *malléole interne,* celle du tibia.

malle-poste [malpɔst] n.f. (pl. *malles-poste*). Autref., voiture qui faisait surtout le service des dépêches.

mallette [malɛt] n.f. (de *malle*). Petite valise : *Une mallette de médecin.*

malmener [malmǝne] v.t. (de 2. *mal* et *mener*) [conj. 19]. - **1.** Battre, rudoyer, traiter qqn durement : *La foule malmena le voleur* (syn. brutaliser, battre). *L'auteur de la pièce fut malmené par la critique* (syn. vilipender). - **2.** Mettre un adversaire dans une situation difficile, au cours d'un combat : *Son adversaire l'a malmené au premier round.*

malnutrition [malnytrisjɔ̃] n.f. Défaut d'adaptation de l'alimentation aux conditions de vie d'un individu, d'une population ; déséquilibre alimentaire : *Souffrir de malnutrition.*

malodorant, e [malɔdɔrɑ̃, -ɑ̃t] adj. Qui a une mauvaise odeur : *Vapeurs malodorantes* (syn. nauséabond, fétide).

malotru, e [malɔtry] n. (altér. de **malastru,* lat. pop. **male astrucus* "né sous un mauvais astre"). Personne grossière, mal élevée (syn. goujat, mufle).

malpoli, e [malpɔli] adj. et n. FAM. Qui fait preuve de manque d'éducation ; qui choque la bienséance : *C'est malpoli de ne pas répondre à cette lettre* (syn. impoli).

malpropre [malprɔpr] adj. Qui manque de propreté : *Des mains malpropres* (syn. sale). ◆ adj. et n. - **1.** Contraire à la décence, à la morale : *Raconter une histoire malpropre* (syn. inconvenant). - **2.** FAM. Comme un **malpropre,** sans ménagement et d'une façon indigne : *Il s'est fait renvoyer comme un malpropre.*

malproprement [malprɔprǝmɑ̃] adv. Avec malpropreté.

malpropreté [malprɔprǝte] n.f. - **1.** Défaut de propreté : *La malpropreté de leur maison* (syn. saleté). - **2.** Acte malhonnête ou indécent ; indélicatesse.

malsain, e [malsɛ̃, -ɛn] adj. Qui nuit à la santé physique ou morale ; dangereux : *Climat malsain. Lectures malsaines.*

malséant, e [malseɑ̃, -ɑ̃t] adj. (de *1. séant*). LITT. Qui n'est pas convenable : *Des propos malséants* (syn. grossier, inconvenant). *Il est malséant de partir sans remercier ses hôtes* (syn. incorrect ; contr. courtois, poli).

malstrom n.m. → **maelström.**

malt [malt] n.m. (mot angl.). Orge germée artificiellement, séchée et réduite en farine, utilisée pour fabriquer de la bière.

malté, e [malte] adj. - **1.** Se dit d'une céréale (orge principalement) convertie en malt. - **2.** Additionné de malt : *Du lait malté.*

malthusianisme [maltyzjanism] n.m. (du n. de l'économiste angl. *Malthus*). - **1.** Restriction volontaire de la procréation. - **2.** ÉCON. Ralentissement volontaire de la production, de l'expansion économique.

malthusien, enne [maltyzjɛ̃, -ɛn] adj. et n. - **1.** Qui appartient aux doctrines de Malthus. - **2.** Opposé à l'expansion économique ou démographique.

maltose [maltoz] n.m. (de *malt*). CHIM. Sucre donnant par hydrolyse deux molécules de glucose et qu'on obtient par hydrolyse de l'amidon.

maltraiter [maltrɛte] v.t. Traiter durement qqn, un animal : *Maltraiter des prisonniers* (syn. brutaliser, malmener). *Maltraiter un chien* (syn. frapper).

malus [malys] n.m. (mot lat. "mauvais"). Majoration d'une prime d'assurance automobile en fonction du nombre d'accidents survenus annuellement aux assurés et dont ils ont été responsables (par opp. à *bonus*).

malvacée [malvase] n.f. (du lat. *malva* "mauve"). Malvacées, famille de plantes aux fleurs à pétales séparés, à nombreuses étamines, telles que le fromager, le cotonnier et la mauve.

malveillance [malvɛjɑ̃s] n.f. (de *malveillant*). - **1.** Intention de nuire : *Incendie attribué à la malveillance.* - **2.** Mauvaise disposition d'esprit à l'égard de qqn : *Regarder qqn avec malveillance* (syn. animosité, hostilité).

malveillant, e [malvɛjɑ̃, -ɑ̃t] adj. et n. (de *vueillant,* anc. p. présent de *vouloir*). Porté à vouloir, à souhaiter du mal à autrui ; inspiré par des intentions hostiles : *Un esprit malveillant* (syn. méchant, mauvais). *Des propos malveillants* (syn. désobligeant).

malvenu, e [malvǝny] adj. (de *mal* et *venu*). - **1.** Se dit d'un être vivant dont la croissance, le développement ont été contrariés : *Un enfant malvenu.* - **2.** LITT. Être malvenu à, de (+ inf.), être peu fondé à, peu qualifié pour : *Vous êtes malvenu de juger les autres alors que vous agissez si mal.*

malversation [malvɛrsasjɔ̃] n.f. (de l'anc. fr. *malverser,* du lat. *male versari* "se comporter mal"). Détournement de fonds dans l'exercice d'une charge : *Un caissier coupable de malversations* (syn. prévarication, concussion).

malvoyant, e [malvwajɑ̃, -ɑ̃t] adj. et n. - **1.** Se dit d'une personne aveugle ou d'une personne dont l'acuité visuelle est très diminuée. - **2.** Syn. usuel de *amblyope*.

maman [mamɑ̃] n.f. (lat. *mamma,* formation enfantine par redoublement). Nom affectueux employé, pour désigner la mère, par ses enfants ou les membres de sa famille.

mamelle [mamɛl] n.f. (lat. *mamilla,* de *mamma* "sein"). Glande placée sur la face ventrale du tronc des femelles des mammifères, sécrétant après la gestation le lait dont se nourrissent les jeunes. □ Le nombre de mamelles varie de une paire à six paires selon les espèces.

mamelon [maml5] n.m. (de *mamelle*). - **1.** Éminence charnue qui s'élève vers le centre de la mamelle, du sein : *Le nourrisson prend le mamelon entre ses lèvres pour téter.* - **2.** Sommet, colline de forme arrondie : *Les mamelons boisés des Vosges* (syn. éminence, hauteur).

mamelonné, e [mamlɔne] adj. Qui porte des proéminences en forme de mamelons : *Une région mamelonnée.*

mamelouk ou **mameluk** [mamluk] n.m. (ar. *mamluk*). - **1.** HIST. Soldat esclave faisant partie d'une milice qui joua un rôle considérable dans l'histoire de l'Égypte et, épisodiquement, en Inde. - **2.** Cavalier d'un escadron de la Garde de Napoléon Iᵉʳ.

mamie ou **mamy** [mami] n.f. (de l'angl. *mammy* "maman"). Grand-mère, dans le langage enfantin.

mammaire [mamɛʀ] adj. (du lat. *mamma* "sein"). Relatif aux mamelles, au sein : *Glande, sécrétion mammaire.*

mammectomie [mamɛktɔmi] n.f. (du lat. *mamma* ou du gr. *mastos* "mamelle, sein", et de *-ectomie*). CHIR. Ablation du sein.

mammifère [mamifɛʀ] n.m. (du lat. *mamma* "mamelle", et de *-fère*). Animal vertébré caractérisé par la présence de mamelles, d'une peau génér. couverte de poils, d'un cœur à quatre cavités, d'un encéphale relativement développé, par une température constante et une reproduction presque toujours vivipare.

mammographie [mamɔgrafi] n.f. (du lat. *mamma* "sein", et de [*radio*]*graphie*). Radiographie de la glande mammaire : *La mammographie se pratique dans le dépistage et le diagnostic des tumeurs du sein.*

mammoplastie [mamɔplasti] n.f. (du lat. *mamma* "sein", et du gr. *plassein* "modeler"). Intervention de chirurgie esthétique sur le sein.

mammouth [mamut] n.m. (d'un mot russe, empr. à une langue sibérienne). Éléphant fossile du quaternaire, dont on a retrouvé des cadavres entiers dans les glaces de Sibérie. □ Haut. 3,50 m. Couvert d'une toison laineuse, le mammouth possédait d'énormes défenses recourbées.

mamours [mamuʀ] n.m. pl. (de *m'amour*, contraction de *ma amour* [*amour* ayant été autref. fém.]). FAM. Grandes démonstrations de tendresse : *Faire des mamours à qqn* (syn. câlin, caresse).

mamy n.f. → mamie.

management [manedʒmɛnt] ou [manaʒmā] n.m. (mot angl., de *to manage* "diriger"). - **1.** Ensemble des techniques de direction, d'organisation et de gestion de l'entreprise. - **2.** Ensemble des dirigeants d'une entreprise.

manager [manadʒœʀ] ou [manadʒɛʀ] n.m. (mot angl.). - **1.** Spécialiste du management, dirigeant d'entreprise. - **2.** Personne qui gère les intérêts d'un sportif, qui entraîne une équipe : *Le manager d'un boxeur.*

manant [manā] n.m. (p. présent de l'anc. v. *maneir, manoir* "demeurer", lat. *manere* "rester"). - **1.** Paysan, vilain ou habitant d'un village, sous l'Ancien Régime. - **2.** LITT. Homme grossier : *Cet homme est un manant* (syn. rustre).

mancenille [māsnij] n.f. (esp. *manzanilla*, dimin. de *manzana* "pomme"). Fruit du mancenillier, qui ressemble à une petite pomme d'api.

mancenillier [māsnije] ou [māsnije] n.m. Arbre originaire des Antilles et d'Amérique équatoriale, dit *arbre-poison, arbre de mort*, car son suc, caustique, est très vénéneux. □ Famille des euphorbiacées.

1. manche [māʃ] n.m. (lat. pop. *manicus*, de *manus* "main"). - **1.** Partie par laquelle on tient un instrument, un outil. - **2.** Os apparent des côtelettes et des gigots. - **3.** MUS. Partie d'un instrument à cordes prolongeant la caisse, où sont fixées les chevilles tendant les cordes. - **4.** FAM. Être, se mettre du côté du manche, être, se mettre du côté du plus fort. ‖ FAM. Se débrouiller, s'y prendre comme un manche, se montrer incapable, maladroit.

2. manche [māʃ] n.f. (lat. *manica*, de *manus* "main"). - **1.** Partie du vêtement qui entoure le bras : *Manche ballon* (= courte et bouffante). - **2.** Au jeu, une des parties liées que l'on est convenu de jouer. - **3.** FAM. C'est une autre paire de manches, c'est tout différent : *Participer, c'est facile, gagner, c'est une autre paire de manches.* ‖ Manche à air, tube en toile placé au sommet d'un mât pour indiquer la direction du vent ; conduit métallique servant à aérer l'intérieur d'un navire. ‖ Retrousser ses manches, se mettre au travail avec ardeur.

3. manche [māʃ] n.f. (prov. *mancho* "quête", de l'it. *mancia* "offrande"). FAM. Faire la manche, mendier.

manchette [māʃɛt] n.f. (de *2. manche*). - **1.** Poignet à revers d'une chemise ou d'un chemisier, à quatre boutonnières que l'on réunit avec des boutons, dits *boutons de manchette*. - **2.** Coup porté avec l'avant-bras : *Recevoir une manchette.* - **3.** Titre en gros caractères en tête de la première page d'un journal : *Lire la manchette.* - **4.** Note ou addition marginale dans un texte à composer.

manchon [mɑ̃ʃɔ̃] n.m. (de *2. manche*). - **1.** Rouleau de fourrure dans lequel on met les mains pour les préserver du froid. - **2.** Pièce cylindrique servant à protéger, à assembler : *Poser un manchon d'assemblage* (syn. bague, douille). - **3.** TECHN. Fourreau à parois épaisses pour opérer la liaison de deux tuyaux ou de deux arbres de transmission. - **4.** Rouleau de feutre sur lequel se fait le papier.

1. manchot, e [mɑ̃ʃo, -ɔt] adj. et n. (de l'anc. fr. *manc, manche,* du lat. *mancus* "estropié"). - **1.** Estropié ou privé d'une main ou d'un bras. - **2.** FAM. Ne pas être manchot, être adroit, habile.

2. manchot [mɑ̃ʃo] n.m. (de *1. manchot*). Oiseau des régions antarctiques, dont les membres antérieurs, impropres au vol, servent de nageoires. □ Ordre des sphénisciformes ; le *manchot royal* atteint 1 m de haut et vit en société.

mandant, e [mɑ̃dɑ̃, -ɑ̃t] n. (de *mander*). Personne qui, par un mandat, donne à une autre pouvoir de la représenter dans un acte juridique (par opp. à *mandataire*).

mandarin [mɑ̃daʀɛ̃] n.m. (mot port., altér., sous l'infl. de *mandar* "mander", du malais *mantari,* sanskrit *mantrinah* "ministre d'État"). - **1.** HIST. Titre donné autref. aux fonctionnaires de l'Empire chinois, choisis par concours parmi les lettrés. - **2.** Personnage important et influent dans son milieu, en partic. professeur d'université (péjor.) : *Les mandarins de la médecine.* - **3.** LING. Forme dialectale du chinois, parlée par plus de 70 % de la population et qui sert de base à la langue commune officielle actuelle.

mandarinat [mɑ̃daʀina] n.m. - **1.** HIST. Dignité, fonction de mandarin ; l'ensemble des mandarins chinois. - **2.** Pouvoir arbitraire détenu dans certains milieux par des intellectuels influents (péjor.) : *Mandarinat artistique.*

mandarine [mɑ̃daʀin] n.f. (esp. *[naranja] mandarina* "[orange] des mandarins"). Fruit du mandarinier, sorte de petite orange douce et parfumée, dont l'écorce est facile à décoller.

mandarinier [mɑ̃daʀinje] n.m. Arbre très proche de l'oranger, dont le fruit est la mandarine. □ Famille des rutacées ; genre citrus.

mandat [mɑ̃da] n.m. (lat. juridique *mandatum,* de *mandare* "mander"). - **1.** Pouvoir qu'une personne donne à une autre d'agir en son nom (syn. procuration). - **2.** Mission, que les citoyens confient à certains d'entre eux par voie élective, d'exercer leur nom

le pouvoir politique ; durée de cette mission : *Le mandat parlementaire est de cinq ans en France. Remplir son mandat.* - **3.** Titre remis par le service des postes pour faire parvenir une somme à un correspondant. - **4.** DR. COMM. Effet négociable par lequel une personne doit payer à une autre personne une somme d'argent. - **5.** FIN. En France, pièce délivrée par une administration publique et en vertu de laquelle un créancier se fait payer par le Trésor public. - **6.** Mandat impératif, mandat tel que l'élu est tenu de se conformer au programme qu'il a exposé à ses mandants (par opp. au *mandat représentatif*). ‖ DR. Mandat d'amener, de comparution, ordre de faire comparaître qqn devant un juge. ‖ DR. Mandat d'arrêt, de dépôt, ordre d'arrêter, de conduire qqn en prison. ‖ DR. Mandat légal, conféré par la loi, qui désigne la personne recevant pouvoir de représentation. ‖ HIST. Territoire sous mandat, territoire dont l'administration était confiée à une puissance étrangère.

mandataire [mɑ̃datɛʀ] n. (lat. *mandatarius*). - **1.** Personne qui a reçu mandat ou procuration pour représenter son mandant dans un acte juridique (= fondé de pouvoir ; syn. représentant). - **2.** Mandataire aux Halles, en France, commerçant ayant obtenu de l'autorité administrative la concession d'un emplacement dans un marché d'intérêt national.

mandatement [mɑ̃datmɑ̃] n.m. Opération par laquelle un agent comptable donne l'ordre de payer une somme due : *Le mandatement d'une allocation.*

mandater [mɑ̃date] v.t. (de *mandat*). - **1.** Donner à qqn le pouvoir d'agir en son nom ; l'investir d'un mandat : *Les locataires ont mandaté l'un des leurs pour négocier avec le propriétaire* (syn. déléguer). - **2.** Payer sous la forme d'un mandat : *Le traitement de ces fonctionnaires est mandaté.*

mandement [mɑ̃dmɑ̃] n.m. (de *mander*). CATH. Écrit d'un évêque à ses diocésains ou à son clergé pour éclairer un point de doctrine ou donner des instructions. (On dit aussi *lettre pastorale.*)

mander [mɑ̃de] v.t. (lat. *mandare*). LITT. Intimer l'ordre à qqn de venir : *Mander qqn d'urgence* (syn. appeler, convoquer).

mandibule [mɑ̃dibyl] n.f. (bas lat. *mandibula,* du class. *mandere* "mâcher"). - **1.** Maxillaire inférieur de l'homme et des vertébrés. - **2.** Pièce buccale paire des crustacés, des myriapodes et des insectes, située antérieurement aux mâchoires. - **3.** (Surtout au pl.). FAM. Mâchoire : *Jouer des mandibules* (= manger).

mandingue [mɑ̃dɛ̃g] adj. (de *Mandingo,* n. d'une tribu de la Sierra Leone). Relatif aux

Mandingues. ◆ n.m. LING. Groupe de langues de la famille nigéro-congolaise parlées en Afrique de l'Ouest.

mandoline [mɑ̃dɔlin] n.f. (it. *mandolino*). Instrument de musique à cordes doubles pincées et à caisse de résonance le plus souvent bombée.

mandragore [mɑ̃dʀagɔʀ] n.f. (lat. *mandragoras*, du gr.). Plante des régions chaudes dont la racine rappelle la forme d'un corps humain. □ Famille des solanacées. Autref., on attribuait une valeur magique à la mandragore et on l'utilisait en sorcellerie.

mandrill [mɑ̃dʀil] n.m. (d'une langue de Guinée). Singe d'Afrique au museau rouge bordé de sillons faciaux bleus. □ Famille des cynocéphalidés ; long. 80 cm.

mandrin [mɑ̃dʀɛ̃] n.m. (du prov. *mandre* "manivelle", du bas lat. *mamphur* ou du germ. **manduls*). **- 1.** MÉCAN. Appareil qui se fixe sur une machine-outil ou sur un outil portatif et qui permet de serrer l'élément tournant et d'assurer son entraînement en rotation. **- 2.** Outil, instrument de forme génér. cylindrique, pour agrandir ou égaliser un trou : *Attaquer un mur de béton au mandrin.* **- 3.** Tube creux servant au bobinage du papier.

manège [manɛʒ] n.m. (it. *maneggio*, de *maneggiare* "manier"). **- 1.** Ensemble des exercices destinés à former un cavalier à monter, à dresser correctement son cheval ; lieu où se pratiquent ces exercices d'équitation : *Faire du manège. Manège couvert.* **- 2.** Attraction foraine où des véhicules miniatures, des figures d'animaux servant de montures aux enfants sont ancrés sur un plancher circulaire que l'on fait tourner autour d'un axe vertical : *Faire un tour de manège.* **- 3.** Piste d'un cirque. **- 4.** Manière habile ou étrange de se conduire, d'agir : *Je me méfie du manège de mes adversaires* (syn. manœuvre, agissements).

mânes [mɑn] n.m. pl. (lat. *manes*). ANTIQ. ROM. Âmes des morts, considérées comme des divinités.

manette [manɛt] n.f. (dimin. de *main*). Levier de commande manuelle de certains organes de machines : *Actionner la manette des gaz, dans un avion.*

manganèse [mɑ̃ganɛz] n.m. (it. *manganese*). Métal grisâtre très dur et très cassant, qui existe dans la nature à l'état d'oxyde et qu'on utilise surtout dans la fabrication des aciers spéciaux. □ Symb. Mn ; densité 7,2.

mangeable [mɑ̃ʒabl] adj. **- 1.** Que l'on peut manger : *Ces champignons sont-ils mangeables ?* (syn. comestible). **- 2.** Qui est tout juste bon à manger : *Ce pâté est mangeable, mais il n'est pas fameux.*

mange-disque [mɑ̃ʒdisk] n.m. (pl. *mange-disques*). Électrophone portatif à fonctionnement automatique, comportant une fente dans laquelle on glisse un disque 45 tours.

mangeoire [mɑ̃ʒwaʀ] n.f. Auge où mangent le bétail, les animaux de basse-cour.

1. manger [mɑ̃ʒe] v.t. (lat. *manducare* "mâcher") [conj. 17]. **- 1.** Avaler un aliment, après l'avoir mâché ou non, afin de se nourrir : *Manger du poisson, de la soupe* (syn. absorber, ingérer). **- 2.** (Absol.). Absorber des aliments : *Manger trop vite. Il faut manger un peu* (syn. s'alimenter, se nourrir). **- 3.** Abîmer, détruire en rongeant : *Pull mangé par les mites.* **- 4.** Entamer, ronger, altérer : *La rouille mange le fer* (syn. attaquer). **- 5.** Dépenser, dissiper : *Manger son héritage* (syn. dilapider). **- 6.** Consommer pour son fonctionnement : *Voiture qui mange trop d'huile.* **- 7.** Ça ne mange pas de pain, ça ne coûte rien : *Essaie, ça ne mange pas de pain.* ‖ Manger de l'argent, dépenser de l'argent en pure perte : *Dans cette affaire, il a mangé beaucoup d'argent.* ‖ Manger des yeux, regarder avidement. ‖ FAM. Manger le morceau, faire des aveux, des révélations ; dénoncer ses complices. ‖ FAM. Manger ses mots, prononcer mal ses mots. ◆ v.i. Prendre un repas : *Manger au restaurant.*

2. manger [mɑ̃ʒe] n.m. (de *1. manger*). **- 1.** Ce qu'on a à manger : *On peut apporter son manger.* **- 2.** En perdre le boire et le manger → boire.

mange-tout ou **mangetout** [mɑ̃ʒtu] n.m. inv. Haricot ou pois dont on mange la cosse aussi bien que les grains.

mangeur, euse [mɑ̃ʒœʀ, -øz] n. Personne qui mange ; personne qui aime manger tel ou tel aliment : *Des mangeurs attablés au restaurant. Ce sont des mangeurs de riz.*

mangouste [mɑ̃gust] n.f. (esp. *mangosta*, du marathe). Petit mammifère carnivore d'Afrique et d'Asie (à part une espèce d'Europe, l'*ichneumon*) ayant l'aspect d'une belette, prédateur des serpents, contre le venin desquels il est naturellement immunisé. □ Famille des viverridés ; long. 50 cm env.

mangrove [mɑ̃gʀɔv] n.f. (mot angl., du malais). Formation végétale caractéristique des régions côtières intertropicales, constituée de forêts impénétrables de palétuviers, qui fixent leurs fortes racines dans les baies aux eaux calmes, où se déposent boues et limons.

mangue [mɑ̃g] n.f. (port. *manga*, du tamoul). Fruit comestible du manguier, dont la pulpe jaune est très parfumée.

manguier [mɑ̃gje] n.m. Arbre des régions tropicales produisant les mangues. □ Famille des térébinthacées.

maniabilité [manjabilite] n.f. Qualité de ce qui est maniable : *La maniabilité d'un avion, d'un outil.*

maniable [manjabl] adj. - **1.** Qui est facile à manier ou à manœuvrer : *Un appareil photo très maniable* (syn. commode, pratique). *Voiture maniable* (syn. manœuvrable). - **2.** Qui se laisse diriger : *Un caractère maniable* (syn. docile, malléable).

maniaco-dépressif, ive [manjakɔdepresif, -iv] adj. et n. (pl. *maniaco-dépressifs, ives*). Se dit d'une psychose caractérisée par la succession plus ou moins régulière d'accès maniaques et mélancoliques chez un même sujet ; malade qui en est atteint.

maniaque [manjak] adj. et n. (lat. médiév. *maniacus*, de *mania* ; v. *manie*). - **1.** Qui a un goût et un soin excessifs pour des détails : *Il est très maniaque dans le choix de ses cravates* (syn. méticuleux, pointilleux). - **2.** Qui a des habitudes bizarres, un peu ridicules : *Un vieux garçon maniaque.* - **3.** Qui est obsédé par qqch : *Un maniaque de la ponctualité* (syn. obsédé). - **4.** Qui est extrêmement préoccupé d'ordre et de propreté : *Elle est très maniaque et nettoie ses vitres tous les jours.* - **5.** PSYCHIATRIE. Qui est atteint de manie. ◆ adj. PSYCHIATRIE. - **1.** Propre à la manie : *Euphorie maniaque.* - **2.** État maniaque → manie.

maniaquerie [manjakʀi] n.f. FAM. Comportement d'une personne maniaque, qui a un souci excessif du détail.

manichéen, enne [manikeɛ̃, -ɛn] adj. et n. - **1.** Relatif au manichéisme ; qui en est adepte : *Hérésie manichéenne.* - **2.** Qui apprécie les choses selon les principes du bien et du mal, sans nuances : *Conception manichéenne du monde.*

manichéisme [manikeism] n.m. - **1.** Religion de Mani (ou Manès), fondée sur un strict dualisme opposant les principes du bien et du mal. □ Le manichéisme fut une religion missionnaire rivale du christianisme jusqu'au Moyen Âge. Son influence se fit sentir notamm. chez les cathares. - **2.** Conception qui divise toute chose en deux parties, dont l'une est considérée tout entière avec faveur et l'autre rejetée sans nuance : *Le manichéisme d'un romancier.*

manie [mani] n.f. (lat. *mania*, mot gr. "folie"). - **1.** Habitude, goût bizarre qui provoque la moquerie ou l'irritation : *Avoir la manie de se regarder dans la glace.* - **2.** Goût excessif pour qqch ; idée fixe : *La manie de la persécution* (syn. obsession). - **3.** PSYCHIATRIE. État de surexcitation psychique caractérisé par l'exaltation ludique de l'humeur, l'accélération désordonnée de la pensée et les débordements pulsionnels.

maniement [manimɑ̃] n.m. - **1.** Action ou manière de manier, d'utiliser un instrument, un outil, de se servir d'un moyen quelconque : *Machine d'un maniement simple* (syn. manipulation, utilisation). *Maniement d'une langue étrangère* (syn. emploi). - **2.** Gestion, administration de qqch : *Le maniement des affaires.* - **3.** Maniement d'armes, suite de mouvements réglementaires effectués par les militaires avec leurs armes, notamm. pour défiler.

manier [manje] v.t. (de *main*) [conj. 9]. - **1.** Tenir qqch entre ses mains, le manipuler : *Manier un objet fragile avec précaution.* - **2.** Se servir d'un appareil, d'un instrument ; manœuvrer un véhicule, une machine : *Apprendre à manier le pinceau* (syn. utiliser). *Voiture difficile à manier* (syn. conduire). - **3.** Employer, combiner avec habileté des idées, des mots, des sentiments : *Manier l'ironie avec art* (syn. utiliser). - **4.** Diriger : *Un caractère difficile à manier* (syn. dominer, régenter). - **5.** Pétrir à la main du beurre et de la farine pour les mêler intimement.

manière [manjɛʀ] n.f. (de l'anc. adj. *manier*, bas lat. *manuarius* "de la main"). - **1.** Façon particulière d'être ou d'agir : *Parler d'une manière douce. Employer la manière forte* (= avoir recours à la brutalité). - **2.** Façon de peindre, de composer particulière à un artiste, style propre à un écrivain : *La manière de Raphaël.* - **3.** À la manière de, à l'imitation de : *Écrire à la manière de M. Duras.* ‖ C'est une manière de parler, ce qui est dit ne doit pas être pris au pied de la lettre : *Quand je dis que c'est un génie, c'est une manière de parler.* ‖ De toute manière, quoi qu'il arrive : *De toute manière, elle réussira.* - **4.** Manière noire. Procédé de gravure à l'eau-forte. ◆ **manières** n.f. pl. - **1.** Façons habituelles de parler ou d'agir en société : *Avoir des manières désinvoltes* (syn. attitude). - **2.** Attitude pleine d'affectation : *Un garçon plein de manières* (syn. pose, simagrées). - **3.** Faire des manières, agir, parler sans simplicité ; se faire prier. ‖ Sans manières, en toute simplicité : *Il nous a reçus sans manières.* ◆ **de manière à** loc. prép. Suivi de l'inf., indique le but, la conséquence prévue : *Se dépêcher de manière à être à l'heure.* ◆ **de manière à ce que** loc. conj. Suivi du subj., indique le but : *Je vais t'arranger ça de manière à ce que ce soit confortable* (syn. de façon à ce que, de telle sorte que). [On dit aussi, LITT., *de manière que.*] ◆ **de manière que** loc. conj. LITT. Suivi de l'ind., indique une conséquence réalisée : *Son testament était très clair, de manière qu'aucune contestation n'était possible* (syn. si bien que, de sorte que).

maniéré, e [manjere] adj. (de *manière*). Qui manque de naturel, de simplicité ; précieux : *Une femme maniérée* (syn. affecté). *Style maniéré* (syn. recherché).

maniérisme [manjeʀism] n.m. (it. *manie-rismo*). - **1.** Manque de naturel, affectation, en partic. en matière artistique et littéraire : *Faire preuve d'un insupportable maniérisme* (syn. préciosité, afféterie). - **2.** BX-A. Forme d'art qui s'est développée en Italie puis en Europe au XVIᵉ s., sous l'influence de la *manière* des grands maîtres de la Renaissance. □ Le maniérisme se caractérise par des effets recherchés de raffinement ou d'emphase, par l'élongation élégante des corps (le Parmesan), parfois par une tendance au fantastique (Arcimboldo).

maniériste [manjeʀist] adj. et n. - **1.** Qui verse dans le maniérisme. - **2.** Qui se rattache au maniérisme artistique : *Peintre, sculpteur maniériste.*

manieur, euse [manjœʀ, -øz] n. Manieur d'argent, homme d'affaires, financier. ‖ Manieur d'hommes, homme qui fait preuve de qualités de chef, qui sait diriger, mener les hommes (= un meneur).

manifestant, e [manifɛstɑ̃, -ɑ̃t] n. Personne qui prend part à une manifestation sur la voie publique.

manifestation [manifɛstasjɔ̃] n.f. - **1.** Action de manifester un sentiment : *Des manifestations de tendresse* (= effusion ; syn. témoignage, marque). - **2.** Fait de se manifester : *Manifestation de la vérité* (syn. expression, proclamation). - **3.** Événement organisé dans un but commercial, culturel, etc. : *Manifestation culturelle.* - **4.** Rassemblement collectif, défilé de personnes organisé sur la voie publique et destiné à exprimer publiquement une opinion politique, une revendication (abrév. fam. *manif*) : *Participer à une manifestation pour l'avortement.*

1. manifeste [manifɛst] adj. (lat. *manifestus*). Dont la nature, la réalité, l'authenticité s'imposent avec évidence : *Son erreur est manifeste* (syn. flagrant). *Sa bonne foi est manifeste* (syn. évident, indéniable, incontestable).

2. manifeste [manifɛst] n.m. (it. *manifesto*). - **1.** Écrit public par lequel un chef d'État, un gouvernement, un parti, etc., expose son programme, son point de vue politique, ou rend compte de son action : *Parti qui rédige, lance un manifeste* (syn. proclamation). - **2.** Exposé théorique par lequel les artistes, des écrivains lancent un mouvement artistique, littéraire : *Le manifeste des surréalistes.* - **3.** Document de bord d'un avion comportant l'itinéraire du vol, le nombre de passagers et la quantité de fret emportée.

manifestement [manifɛstəmɑ̃] adv. De façon manifeste, patente : *Manifestement, il est devenu fou* (syn. visiblement). *Ce raisonnement est manifestement erroné* (syn. indiscutablement, indubitablement).

manifester [manifɛste] v.t. (lat. *manifestare*). Faire connaître, donner des preuves de : *Manifester sa volonté* (syn. exprimer). *Manifester son courage* (syn. montrer). *Son discours manifeste son désarroi* (syn. révéler, traduire). ◆ v.i. Participer à une démonstration collective publique : *Manifester pour la paix.* ◆ **se manifester** v.pr. - **1.** Apparaître au grand jour ; se faire reconnaître à s_ signe : *La maladie s'est manifestée par des boutons* (syn. se traduire). - **2.** Donner des signes de son existence, se faire connaître : *Un seul candidat s'est manifesté* (syn. se présenter).

manigance [manigɑ̃s] n.f. (orig. incert., p.-ê. en rapport avec le prov. *manego* "tour de bateleur"). FAM. (Surtout au pl.). Petite manœuvre secrète qui a pour but de tromper : *Je ne suis pas dupe de ses manigances pour obtenir ce poste* (syn. agissements, manège).

manigancer [manigɑ̃se] v.t. (de *manigance*) [conj. 16]. Préparer secrètement et avec des moyens plus ou moins honnêtes : *Manigancer un mauvais coup* (syn. combiner, tramer).

1. manille [manij] n.f. (esp. *malilla*). - **1.** Jeu de cartes qui se joue génér. à quatre, deux contre deux, et où le dix et l'as sont les cartes maîtresses. - **2.** Le dix de chaque couleur au jeu de manille.

2. manille [manij] n.f. (anc. prov. *manelha*, lat. *manicula* "petite main"). Pièce de métal en forme d'anneau ouvert ou d'étrier, servant à relier deux longueurs de chaîne, des câbles, des voilures, etc.

manillon [manijɔ̃] n.m. L'as de chaque couleur au jeu de la manille.

manioc [manjɔk] n.m. (du tupi). Plante des régions tropicales dont la racine tubérisée comestible fournit une fécule dont on tire le tapioca. □ Famille des euphorbiacées.

manipulateur, trice [manipylatœʀ, -tʀis] n. - **1.** Personne qui manipule des produits, des appareils : *Manipulatrice de laboratoire.* - **2.** Personne qui aime à manipuler autrui ; manœuvrier.

manipulation [manipylasjɔ̃] n.f. - **1.** Action ou manière de manipuler un objet, un appareil : *La manipulation des explosifs est dangereuse* (syn. maniement). - **2.** Spécialité du prestidigitateur qui, par sa seule dextérité, fait apparaître et disparaître des objets. - **3.** Manœuvre destinée à tromper : *Manipulation électorale* (syn. manigance). - **4.** Exercice au cours duquel des élèves, des chercheurs, etc., réalisent une expérience ; cette expérience même : *Noter les résultats d'une manipulation.* - **5.** GÉNÉT. Manipulations génétiques, ensemble des opérations faisant appel à la culture *in vitro* de cellules et à la modification, notamm. par fragmentation, de la structure de l'A. D. N. pour obtenir des organismes présentant des combinaisons nouvelles de propriétés héréditaires [→ génétique].

manipuler [manipyle] v.t. (de *manipule* "poignée"). - **1.** Tenir un objet dans ses mains lors d'une utilisation quelconque : *Manipulez ce vase avec précaution* (syn. déplacer, transporter). - **2.** Faire fonctionner un appareil avec la main : *Apprendre à manipuler une caméra* (syn. se servir de, utiliser). - **3.** Soumettre qqch, une substance chimique ou pharmaceutique à certaines opérations : *Manipuler des produits toxiques avec des gants* (syn. manier). - **4.** Transformer par des opérations plus ou moins honnêtes : *Manipuler les statistiques* (syn. trafiquer). - **5.** Amener insidieusement qqn à tel ou tel comportement, le diriger à sa guise : *Il cherche à manipuler les électeurs* (syn. manœuvrer, mener).

manitou [manitu] n.m. (mot algonquin). - **1.** Chez certaines peuplades indiennes d'Amérique du Nord, pouvoir surnaturel pouvant s'incarner dans différentes personnes étrangères ou dans des objets mystérieux, inhabituels. - **2.** FAM. Personnage puissant dans un certain domaine d'activité : *Un grand manitou de la presse* (syn. magnat).

manivelle [manivɛl] n.f. (du lat. *manicula* "mancheron de charrue"). - **1.** Levier coudé deux fois à angle droit, à l'aide duquel on imprime un mouvement de rotation à l'arbre au bout duquel il est placé : *Démarrer une voiture à la manivelle.* - **2.** Partie du pédalier d'une bicyclette portant la pédale. - **3.** Premier tour de manivelle, début du tournage d'un film.

manne [man] n.f. (lat. ecclés. *manna*, de l'hébr. *man*). - **1.** Nourriture providentielle et miraculeuse envoyée aux Hébreux dans leur traversée du désert du Sinaï après leur sortie d'Égypte. - **2.** LITT. Aubaine, chose providentielle.

mannequin [mankɛ̃] n.m. (moyen néerl. *mannekijn* "petit homme"). - **1.** Forme humaine sur laquelle les couturiers essaient et composent en partie les modèles ou qui sert à exposer ceux-ci dans les étalages : *Habiller les mannequins d'une vitrine.* - **2.** Dans une maison de couture, personne sur laquelle le couturier essaie ses modèles et qui présente sur elle-même les nouveaux modèles de collection au public.

manœuvrable [manœvrabl] adj. Facile à manœuvrer, maniable, en parlant d'un véhicule, d'un bateau, d'un aéronef : *Ce gros camion est très manœuvrable.*

1. manœuvre [manœvR] n.f. (lat. pop. *manuopera* "travail avec la main"). - **1.** Ensemble d'opérations permettant de mettre en marche, de faire fonctionner une machine, un véhicule, un aéronef, etc. : *Diriger la manœuvre d'une grue.* - **2.** Action de diriger un véhicule, un appareil de transport ; mouvement ou série de mouvements que détermine cette action : *La manœuvre d'un avion, d'une automobile. Faire une manœuvre pour se garer.* - **3.** Action exercée sur la marche d'un navire par le jeu de la voilure, de la machine ou du gouvernail ; évolution, mouvement particuliers que détermine cette action : *Manœuvre d'accostage.* - **4.** MAR. Cordage appartenant au gréement d'un navire : *Manœuvres courantes, dormantes* (= mobiles, fixes). - **5.** Mouvement d'ensemble d'une troupe ; action ou manière de combiner les mouvements de formations militaires dans un dessein déterminé : *Une manœuvre d'encerclement.* - **6.** (Surtout au pl.). Exercice d'instruction militaire destiné à enseigner les mouvements des troupes et l'usage des armes : *Terrain de manœuvre.* - **7.** Ensemble de moyens employés pour obtenir un résultat : *Il a tenté une ultime manœuvre pour faire passer son projet* (syn. machination, tractation). - **8.** Fausse manœuvre, action inappropriée, mal exécutée ou exécutée à contretemps et susceptible d'avoir des conséquences fâcheuses.

2. manœuvre [manœvR] n.m. (de *1. manœuvre*). Salarié affecté à des travaux ne nécessitant pas de connaissances professionnelles spéciales et qui est à la base de la hiérarchie des salaires.

manœuvrer [manœvRe] v.t. (du lat. *manu operare* "travailler avec la main"). - **1.** Mettre en action un appareil, une machine ; faire fonctionner : *Manœuvrer un levier* (syn. manier). - **2.** Faire exécuter une manœuvre à un véhicule : *Manœuvrer une voiture* (syn. conduire, diriger). - **3.** Amener qqn à agir dans le sens que l'on souhaite ; se servir de qqn comme moyen pour parvenir à ses fins : *Politicien qui sait manœuvrer les foules* (syn. manipuler). ◆ v.i. - **1.** Exécuter une manœuvre, un exercice d'instruction militaire : *Troupe qui manœuvre.* - **2.** Combiner et employer certains moyens, plus ou moins détournés, pour atteindre un objectif : *Il a très bien manœuvré et a eu ce qu'il voulait.*

manœuvrier, ère [manœvRije, -ɛR] adj. et n. Qui sait obtenir ce qu'il veut par des moyens habiles ; manipulateur.

manoir [manwaR] n.m. (de l'anc. v. *manoir* "demeurer", du lat. *manere*). Habitation ancienne et de caractère, d'une certaine importance, entourée de terres : *Un manoir breton* (syn. gentilhommière).

manomètre [manɔmɛtʀ] n.m. (du gr. *manos* "peu dense", et de *-mètre*). Instrument servant à mesurer la pression d'un fluide.

manouche [manuʃ] n. (d'un mot tsigane "homme"). Personne appartenant à l'un des trois groupes qui constituent l'ensemble des Tsiganes. ◆ adj. Relatif aux Manouches, aux Tsiganes : *Coutumes manouches.*

manquant, e [mãkã, -ãt] adj. Qui manque, qui est en moins : *Les pièces manquantes d'un dossier.* ◆ adj. et n. Absent : *Relever le nom des élèves manquants, des manquants.*

manque [mãk] n.m. - **1.** Fait de manquer, de faire défaut ; insuffisance ou absence de ce qui serait nécessaire : *Manque de main-d'œuvre compétente* (syn. pénurie ; contr. abondance). - **2.** Ce qui manque à qqch pour être complet : *Il y a trop de manques dans votre exposé* (syn. lacune, omission). - **3.** Série de numéros de 1 à 18, à la roulette (par opp. à *passe*) : *Pair, rouge et manque.* - **4.** État de manque, état d'anxiété et de malaise physique lié à l'impossibilité de se procurer de la drogue, pour un toxicomane. ‖ **Manque à gagner,** perte portant sur un bénéfice escompté et non réalisé. ‖ **Par manque de,** faute de, en raison de l'absence de : *Cet enfant est mort par manque de soins.*

manqué, e [mãke] adj. - **1.** Qui n'est pas devenu ce qu'il devait ou prétendait être : *Avocat manqué.* - **2.** FAM. **Garçon manqué,** se dit d'une fille ayant les comportements d'un garçon. (V. aussi *manquer.*)

manquement [mãkmã] n.m. Action de manquer à un devoir, à une loi, à une règle : *De graves manquements à la discipline* (syn. infraction, transgression).

manquer [mãke] v.i. (it. *mancare,* du lat. *mancus* "défectueux, manchot"). - **1.** Ne pas réussir : *L'attentat a manqué* (syn. échouer). - **2.** Faire défaut ; être en quantité insuffisante : *L'argent manque.* - **3.** Être absent de son lieu de travail, d'études : *Plusieurs élèves manquent aujourd'hui.* ◆ v.t. ind. - **I.** [à]. - **1.** Faire défaut à : *Les forces lui manquent.* - **2.** Se soustraire, se dérober à une obligation morale : *Manquer à sa parole* (syn. déroger à, trahir). - **3.** LITT. Se conduire de manière irrespectueuse à l'égard de : *Manquer à un supérieur* (syn. offenser). - **II.** [de]. - **1.** Ne pas avoir, ne pas disposer en quantité suffisante de : *Manquer du nécessaire.* - **2.** (Avec ou sans la prép. *de*). Être sur le point de : *Il a manqué se faire, de se faire écraser* (syn. faillir). - **3.** Ne pas manquer de, ne pas oublier, ne pas négliger, ne pas omettre de : *Je ne manquerai pas de le lui dire.* ◆ v.t. - **1.** Ne pas réussir à atteindre, ne pas toucher : *La balle l'a manqué.* - **2.** Ne pas réussir : *Manquer une photo.* - **3.** Laisser échapper : *Manquer une belle occasion.* - **4.** Ne pas rencontrer comme prévu : *Manquer un ami à qui l'on avait donné rendez-vous.* - **5.** Arriver trop tard pour prendre un moyen de transport : *Manquer son train, son avion.* - **6.** Ne pas manquer qqn, ne pas laisser échapper l'occasion de lui donner une leçon, de se venger de lui.

mansarde [mãsaʀd] n.f. (du n. de l'architecte *Fr. Mansart*). Pièce ménagée sous le comble d'un immeuble, dont un mur est en pente et le plafond bas, éclairée par une petite fenêtre, un vasistas.

mansardé, e [mãsaʀde] adj. Qui est disposé en mansarde : *Chambre mansardée.*

mansuétude [mãsɥetyd] n.f. (lat. *mansuetudo*). LITT. Disposition d'esprit qui incline à la patience, au pardon : *Juger avec mansuétude* (syn. bienveillance, indulgence).

mante [mãt] n.f. (lat. scientif. *mantis* "prophète"). Insecte carnassier à la petite tête triangulaire très mobile, aux pattes antérieures qui se replient sur sa proie, qui chasse à l'affût (noms usuels : *mante religieuse, mante prie-Dieu*). □ Ordre des orthoptères ; long. 5 cm.

manteau [mãto] n.m. (lat. *mantellum,* dimin. de *mantum*). - **1.** Vêtement à manches longues, boutonné devant, que l'on porte à l'extérieur pour se protéger du froid. - **2.** Construction qui délimite le foyer d'une cheminée et fait saillie dans la pièce, composée de deux piédroits qui supportent un linteau ou un arc. - **3.** GÉOL. Partie d'une planète tellurique, en partic. de la Terre, intermédiaire entre la croûte et le noyau. - **4.** ZOOL. Chez les oiseaux et les mammifères, région dorsale, quand elle est d'une autre couleur que celle du reste du corps ; chez les mollusques, repli de peau qui recouvre la masse viscérale et dont la face externe sécrète souvent une coquille. - **5.** **Sous le manteau,** clandestinement, en dehors des formes légales ou régulières : *Livre vendu sous le manteau.*

mantille [mãtij] n.f. (esp. *mantilla*). Longue écharpe de dentelle que les femmes portent sur la tête ou sur les épaules.

mantisse [mãtis] n.f. (lat. *mantissa* "surplus de poids"). MATH. - **1.** Partie décimale, toujours positive, d'un logarithme décimal. - **2.** Dans la représentation en virgule flottante, nombre formé des chiffres les plus significatifs du nombre à représenter.

manucure [manykyʀ] n. (du lat. *manus* "main" et *curare* "soigner"). Personne chargée des soins esthétiques des mains et des ongles. ◆ n.f. Ensemble des soins esthétiques donnés aux ongles ; technique, activité de manucure.

1. manuel, elle [manɥɛl] adj. (lat. *manualis*, de *manus* "main"). - **1.** Qui se fait princ. avec la main, où l'activité de la main est importante (par opp. à *intellectuel*) : *Métier manuel.* - **2.** Qui requiert l'intervention active de l'homme, en se servant de sa main (par opp. à *automatique*) : *Commande manuelle.* ◆ adj. et n. - **1.** Qui est plus à l'aise dans l'activité manuelle que dans l'activité intellectuelle : *C'est une manuelle.* - **2.** Qui exerce un métier manuel : *Travailleur manuel.*

2. manuel [manɥɛl] n.m. (même étym. que *1. manuel*). Ouvrage didactique ou scolaire qui expose les notions essentielles d'un art, d'une science, d'une technique, etc. : *N'oubliez pas d'apporter vos manuels* (syn. livre).

manuellement [manɥɛlmã] adv. - **1.** Avec la main, en se servant de la main : *Travailler manuellement.* - **2.** Par une opération manuelle (par opp. à *automatiquement*) : *Il faut actionner le levier manuellement.*

manufacture [manyfaktyʀ] n.f. (lat. médiév. *manufactura* "travail fait à la main"). - **1.** Vaste établissement industriel réalisant des produits manufacturés (ne se dit plus que pour certains établissements) : *La manufacture des tabacs.* **Rem.** Auj., on emploie plutôt *atelier, entreprise, usine.* - **2.** HIST. Manufacture royale, en France, sous l'Ancien Régime, établissement industriel appartenant à des particuliers et bénéficiant de privilèges royaux.

manufacturer [manyfaktyʀe] v.t. - **1.** Transformer industriellement des matières premières en produits finis. - **2.** Produit manufacturé, issu de la transformation en usine de matières premières.

manufacturier, ère [manyfaktyʀje, -ɛʀ] adj. Relatif aux manufactures, à leur production.

manu militari [manymilitari] loc. adv. (mots lat. "par la main militaire"). - **1.** Par l'emploi de la force publique, de la troupe : *Les grévistes ont été délogés de l'usine manu militari.* - **2.** En usant de la force physique : *Expulser un chahuteur manu militari* (syn. violemment).

1. manuscrit, e [manyskʀi, -it] adj. (du lat. *manu scriptus* "écrit à la main"). Qui est écrit à la main : *Envoyez une lettre manuscrite. Une page manuscrite de Victor Hugo* (syn. autographe).

2. manuscrit [manyskʀi] n.m. (de *1. manuscrit*). - **1.** Ouvrage écrit à la main : *Un manuscrit sur parchemin.* - **2.** IMPR. Original, ou copie, d'un texte destiné à la composition, qu'il soit écrit à la main ou dactylographié : *Envoyer son manuscrit à un éditeur.* **Rem.** L'usage du mot *tapuscrit* se répand pour désigner le manuscrit dactylographié.

manutention [manytɑ̃sjɔ̃] n.f. (lat. médiév. *manutentio* "maintien", de *manu tenere* "tenir avec la main"). - **1.** Manipulation, déplacement de marchandises en vue de l'emmagasinage, de l'expédition, de la vente : *Employé à la manutention des bagages.* - **2.** Local réservé à ces opérations : *La manutention d'un grand magasin* (syn. entrepôt, réserve).

manutentionnaire [manytɑ̃sjɔnɛʀ] n. Personne effectuant des travaux de manutention.

manutentionner [manytɑ̃sjɔne] v.t. Soumettre à des opérations de manutention : *Manutentionner des marchandises.*

maoïsme [maɔism] n.m. Théorie et philosophie politique de Mao Zedong. ◆ **maoïste** adj. et n. Relatif au maoïsme ; partisan du maoïsme.

mappemonde [mapmɔ̃d] n.f. (du lat. médiév. *mappa mundi* "carte géographique", propr. "nappe du monde"). - **1.** Carte représentant le globe terrestre divisé en deux hémisphères. - **2.** (Abusif en géogr.). Sphère représentant le globe terrestre.

1. maquereau [makʀo] n.m. (néerl. *makelaer*). Poisson de mer à chair estimée, à dos bleu-vert zébré de noir, objet d'une pêche industrielle en vue de la conserverie. □ Famille des scombridés ; long. jusqu'à 40 cm.

2. maquereau [makʀo] n.m. (moyen néerl. *makelâre* "courtier"). T. FAM. Homme qui vit de la prostitution des femmes (syn. proxénète, souteneur).

maquerelle [makʀɛl] n.f. (de *2. maquereau*). T. FAM. Tenancière d'une maison de prostitution.

maquette [makɛt] n.f. (it. *macchietta* "petite tache"). - **1.** Représentation en trois dimensions, à échelle réduite mais fidèle dans ses proportions et son aspect, d'un bâtiment, d'un décor de théâtre, etc. - **2.** Modèle réduit d'un véhicule, d'un bateau, d'un avion, etc. ; spécial., modèle réduit vendu en pièces détachées prêtes à monter. - **3.** Projet plus ou moins poussé pour la conception graphique d'un imprimé : *La nouvelle maquette d'un magazine.*

maquettiste [makɛtist] n. - **1.** Professionnel capable d'exécuter une maquette d'après des plans, des dessins. - **2.** Graphiste spécialisé dans l'établissement de projets de typographie, d'illustration, de mise en pages.

maquignon [makiɲɔ̃] n.m. (p.-ê. du néerl. *makelen* "trafiquer"). - **1.** Marchand de chevaux et, par ext., marchand de bétail, notamm. de bovins. - **2.** Entrepreneur d'affaires diverses, peu scrupuleux et d'une honnêteté douteuse. **Rem.** Le fém. *maquignonne* est rare.

maquignonnage [makiɲɔnaʒ] n.m. - **1.** Métier de maquignon. - **2.** Manœuvres frauduleuses employées dans les affaires et les négociations ; marchandage honteux : *Il est expert en maquignonnage* (syn. escroquerie).

maquillage [makijaʒ] n.m. - **1.** Action, manière de maquiller ou de se maquiller : *Un maquillage léger, outrancier.* - **2.** Ensemble de produits servant à se maquiller : *Une trousse de maquillage* (syn. cosmétique, fard). - **3.** Action de maquiller pour falsifier, tromper : *Le maquillage d'un meurtre en suicide* (syn. camouflage, falsification).

maquiller [makije] v.t. (moyen néerl. *maken* "faire"). - **1.** Mettre en valeur le visage, les traits au moyen de produits cosmétiques, notamm. de produits colorés qui dissimulent les imperfections et soulignent les qualités esthétiques : *Elle maquille joliment ses yeux* (syn. farder). *Maquiller un acteur* (syn. grimer). - **2.** Modifier pour donner une apparence trompeuse : *Maquiller les faits* (syn. altérer, falsifier).

maquilleur, euse [makijœr, -øz] n. Personne dont le métier consiste à maquiller les acteurs au théâtre, au cinéma, à la télévision.

maquis [maki] n.m. (corse *macchia* "tache"). - **1.** Dans les régions méditerranéennes, association végétale touffue et dense qui caractérise les sols siliceux des massifs anciens et qui est composée d'arbustes (chênes verts, chênes-lièges), de myrtes, de bruyères, d'arbousiers et de lauriers-roses. - **2.** HIST. Lieu retiré où se réunissaient les résistants à l'occupation allemande au cours de la Seconde Guerre mondiale ; groupe de ces résistants : *Les maquis du Vercors.* - **3.** Complication inextricable : *Le maquis de la procédure* (syn. labyrinthe). - **4.** Prendre le maquis, rejoindre les résistants du maquis, sous l'Occupation ; se réfugier, après avoir commis un délit, dans une zone peu accessible couverte par le maquis.

maquisard [makizar] n.m. Résistant d'un maquis, sous l'Occupation.

marabout [marabu] n.m. (ar. *murabit*). - **1.** Dans les pays musulmans, saint personnage, objet de la vénération populaire durant sa vie et après sa mort. - **2.** AFR. Musulman réputé pour ses pouvoirs magiques ; devin, guérisseur. - **3.** Tombeau d'un marabout. - **4.** Grande cigogne des régions chaudes de l'Ancien Monde, à la tête et au cou dépourvus de plumes, au bec fort et épais.

marabouter [marabute] v.t. AFR. Avoir recours à un marabout pour jeter un sort à : *Marabouter son voisin.*

maraca [maraka] n.f. (esp. d'Argentine). MUS. Instrument à percussion d'origine sud-américaine, constitué par une coque contenant des grains durs, avec lequel on scande le rythme des danses : *Une paire de maracas.*

maraîcher, ère [mareʃe, -ɛr] n. (de *marais*). Producteur, productrice de légumes selon les méthodes intensives de culture. ◆ adj. Relatif à la production intensive des légumes : *Culture maraîchère.*

marais [marɛ] n.m. (lat. *mariscus,* frq. **marisk*). - **1.** Région basse où sont accumulées, sur une faible épaisseur, des eaux stagnantes, et qui est envahie par la végétation (syn. marécage). - **2.** Activité, situation, lieu, texte où des difficultés sans fin retardent l'action : *Le marais des textes législatifs* (syn. bourbier). - **3.** Marais salant, ensemble de bassins et de canaux destinés à la production du sel par évaporation des eaux de mer sous l'action du soleil et du vent.

marasme [marasm] n.m. (gr. *marasmos* "consumption", de *marainein* "dessécher"). - **1.** Ralentissement important ou arrêt de l'activité économique ou commerciale : *Le marasme des affaires* (syn. crise, récession). - **2.** Affaiblissement des forces morales : *Depuis son échec, je ne sais que faire pour le tirer de son marasme* (syn. abattement, dépression).

marathe [marat] et **marathi** [marati] n.m. Langue indo-aryenne parlée dans l'État de Mahārāshtra. (On dit aussi *mahratte*.)

marathon [maratɔ̃] n.m. (de *Marathon,* v. grecque). - **1.** Course à pied de grand fond, discipline olympique. □ La distance à parcourir est de 42,195 km. - **2.** Négociation longue et difficile, mettant à rude épreuve la résistance des participants : *Le marathon agricole.*

marathonien, enne [maratɔnjɛ̃, -ɛn] n. Coureur, coureuse de marathon.

marâtre [marɑtr] n.f. (bas lat. *matrastra* "femme du père", du class. *mater* "mère"). - **1.** Autref., seconde épouse du père, par rapport aux enfants qui sont nés d'un premier mariage (syn. belle-mère). - **2.** Mère dénaturée, qui traite ses enfants sans indulgence.

maraud, e [maro, -od] n. (probabl. n. du dialect. *matou,* dans l'Ouest). vx. Individu méprisable, qui ne mérite aucune considération (syn. coquin, vaurien).

maraudage [marodaʒ] n.m. et **maraude** [marod] n.f. (de *marauder*). - **1.** Autref., vol de denrées commis par des gens de guerre en campagne : *Soldats qui se livrent au maraudage* (syn. pillage, sac). - **2.** Vol de récoltes, de fruits, de légumes encore sur pied : *Ils vivaient de maraudage* (syn. larcin, rapine). - **3.** Taxi en maraude, taxi qui circule à vide en quête de clients, au lieu de stationner.

marauder [maʁode] v.i. (de *maraud* "canaille"). - **1.** Commettre des vols de fruits, de légumes sur pied, dans les jardins, les vergers, etc. : *Marauder dans les vergers* (syn. chaparder, voler). - **2.** Être en maraude, en parlant d'un taxi.

maraudeur, euse [maʁodœʁ, -øz] n. Celui, celle qui se livre à la maraude (syn. chapardeur, voleur).

marbre [maʁbʁ] n.m. (lat. *marmor*). - **1.** Roche métamorphique résultant de la transformation d'un calcaire, dure, souvent veinée de couleurs variées, capable de recevoir un beau poli et qui est très employée dans les arts : *Une statue en marbre.* - **2.** Objet, statue en marbre : *Des marbres antiques.* - **3.** Table sur laquelle, dans une imprimerie, on place les pages pour les imprimer, les corriger : *La une est au marbre.* - **4.** De marbre, froid et insensible ; qui ne manifeste aucune émotion : *Elle garda un visage de marbre.*

marbré, e [maʁbʁe] adj. Marqué de veines ou de taches évoquant le marbre : *Ses mains étaient marbrées par le froid.*

marbrer [maʁbʁe] v.t. - **1.** Décorer de dessins, de couleurs évoquant les veines du marbre : *Marbrer la tranche d'un livre.* - **2.** Marquer (la peau, le corps) de marbrures.

marbrerie [maʁbʁəʁi] n.f. - **1.** Travail, industrie de transformation et de mise en œuvre des marbres et des roches dures. - **2.** Atelier dans lequel se pratique ce travail.

marbrier, ère [maʁbʁije, -ɛʁ] adj. Relatif au marbre, à son façonnage : *L'industrie marbrière.* ◆ **marbrier** n.m. - **1.** Spécialiste procédant au sciage, à la taille, au polissage de blocs, de plaques ou d'objets en marbre ou en granite. - **2.** Propriétaire d'une marbrerie ; marchand de marbre. ◆ **marbrière** n.f. Carrière de marbre.

marbrure [maʁbʁyʁ] n.f. - **1.** Décor imitant les veines, les taches du marbre : *Marbrure d'une tranche de livre.* - **2.** Marque semblable à une veine ou à une tache du marbre, qui se voit sur la peau : *Marbrures dues au froid.*

marc [maʁ] n.m. (de l'anc. fr. *marcher* "broyer"). - **1.** Résidu de fruits, en partic. du raisin, que l'on a pressés pour en extraire le jus. - **2.** Eau-de-vie obtenue en distillant du marc de raisin. - **3.** Résidu de certaines substances que l'on a fait infuser, bouillir, etc. : *Marc de café.*

marcassin [maʁkasɛ̃] n.m. (p.-ê. de *marquer*, à cause des rayures qu'il a sur le dos). Petit du sanglier âgé de moins de six mois, au pelage rayé de noir et de blanc.

1. marchand, e [maʁʃɑ̃, -ɑ̃d] adj. (lat. pop. *mercatantem*, du class. *mercatus* "négoce", *marché*"). - **1.** Qui a rapport au commerce.

- **2.** Qui est à vendre, ou qui se vend facilement : *Denrée marchande.* - **3.** Où il se fait beaucoup de commerce, qui vit grâce au commerce : *Rue marchande* (syn. commerçant). - **4.** Marine marchande, celle qui assure le transport des voyageurs et des marchandises (par opp. à la *marine de guerre*). ‖ Valeur marchande d'un objet, sa valeur dans le commerce.

2. marchand, e [maʁʃɑ̃, -ɑ̃d] n. (même étym. que *1. marchand*). - **1.** Personne qui fait du négoce, qui est habile dans l'art du négoce : *Une civilisation de marchands.* - **2.** Commerçant qui vend un certain type de marchandises, de produits : *Marchand de légumes, de meubles, de journaux.* - **3.** Marchand de biens, commerçant qui achète des immeubles, des fonds pour les revendre ou qui sert d'intermédiaire dans ces transactions. ‖ Marchand de canons, fabricant d'armes de guerre (péjor.).

marchandage [maʁʃɑ̃daʒ] n.m. - **1.** Action de marchander pour obtenir qqch à meilleur prix. - **2.** Discussion laborieuse qu'on engage dans un but plus ou moins honorable ou avouable : *Marchandages électoraux* (syn. tractation).

marchander [maʁʃɑ̃de] v.t. (de *2. marchand*). - **1.** Discuter le prix d'une marchandise pour l'obtenir à meilleur compte : *Marchander un meuble ancien.* - **2.** LITT. Accorder à regret, avec parcimonie ou en exigeant certains avantages : *Ne pas marchander les éloges* (syn. ménager). ◆ v.i. Discuter longuement avant de conclure une affaire : *Il aime marchander. Elle a tout payé sans marchander.*

marchandise [maʁʃɑ̃diz] n.f. - **1.** Objet, produit qui se vend et s'achète : *Ils ne vendent que de la marchandise de premier choix.* - **2.** Ce que qqn cherche à placer, à faire accepter en le présentant sous son jour le plus favorable : *Il fera son chemin, il sait vanter sa marchandise.*

1. marche [maʁʃ] n.f. (de *marcher*). - **1.** Action, fait de marcher, mode de locomotion de l'homme : *La marche et la course.* - **2.** Manière de marcher : *Marche rapide, lente* (syn. allure, démarche). - **3.** Action de marcher considérée comme une activité physique, un exercice sportif : *Aimer la marche.* - **4.** Distance parcourue en marchant : *Une longue marche en forêt.* - **5.** Mouvement qu'exécute une troupe pour se porter à pied d'un point à un autre. - **6.** Déplacement à pied d'un groupe constituant une manifestation publique d'opinion, notamm. politique : *Marche pour la paix* (syn. défilé, manifestation). - **7.** Pièce de musique destinée à régler les pas d'un groupe, d'une troupe : *Une marche aux accents entraînants.* - **8.** Déplacement d'un véhicule : *Être assis dans le sens de la marche. J'ai dû être* *marche arrière*. - **9.** Mouvement d'un astre : *La marche de la Lune* (syn. course). - **10.** En parlant d'un mécanisme, action de fonctionner : *La marche d'une horloge* (syn. fonctionnement). - **11.** En parlant d'un organisme, d'une institution, action de fonctionner ; en parlant d'une affaire, action de se dérouler, de progresser : *La bonne marche d'un service* (syn. fonctionnement). *La marche du progrès* (syn. avancée, évolution). *Je suivrai la marche de votre affaire* (syn. cours, développement). - **12.** Être en marche, fonctionner, en parlant d'un mécanisme, d'une machine ; avancer, en parlant d'un véhicule : *Restez à vos places tant que le train est en marche* ; au fig., commencer à avancer, à se manifester : *Un mouvement d'opinion est en marche.* ‖ La marche à suivre, l'ensemble des actions, des démarches pour parvenir à un but. ‖ Marche forcée, marche qui est prolongée au-delà de la durée normale d'une étape. ‖ Mettre en marche, déclencher le fonctionnement de, faire marcher. ‖ Monter, descendre en marche, monter d'un véhicule, en descendre alors que celui-ci est en marche. ‖ Ouvrir, fermer la marche, marcher dans les premiers, dans les derniers rangs, dans un défilé, un groupe.

2. **marche** [maʀʃ] n.f. (de *marcher*). Chacune des surfaces planes sur lesquelles on pose le pied pour monter ou descendre un escalier (syn. litt. degré).

3. **marche** [maʀʃ] n.f. (frq. *marka "frontière"). Sous les Carolingiens, territoire jouant le rôle de zone de protection militaire à proximité d'une frontière ou dans une région mal pacifiée. □ Dirigées par des *marquis* ou des *margraves*, les marches se multiplièrent au IXᵉ s.

marché [maʀʃe] n.m. (lat. *mercatus*). - **1.** Lieu public, en plein air ou couvert, où l'on vend et où l'on achète des marchandises : *Aller au marché. Le marché aux fleurs.* - **2.** Réunion de commerçants ambulants qui, à jours fixes, vendent dans un lieu dépendant du domaine public des produits comestibles ainsi que des articles ménagers, vestimentaires, etc. : *Le marché se tient sous la halle.* - **3.** Ville, pays où se fait princ. le commerce d'un produit déterminé ou de plusieurs : *Anvers est l'un des principaux marchés mondiaux de pierres précieuses.* - **4.** Débouché économique ; ensemble de clients qui achètent ou peuvent acheter une production : *Conquérir de nouveaux marchés* (syn. clientèle). *Il n'y a pas de marché pour ce type de produit* (syn. acheteur, client). *Faire une étude de marché* (= une étude prévisionnelle des débouchés d'un produit donné). - **5.** Lieu théorique où se rencontrent l'offre et la demande ; état de l'offre et de la demande : *Le marché de la voiture d'occasion.* - **6.** Tractation, accord impliquant un

échange à titre onéreux de biens ou de services ; convention d'achat et de vente : *Faire un marché avantageux. Conclure un marché* (syn. affaire). *Rompre un marché* (syn. accord, convention). - **7.** BOURSE. Ensemble de négociations boursières se tenant sur une place financière et définies par une caractéristique commune : *Marché au comptant. Marché monétaire.* - **8.** À bon marché, à bas prix ; à peu de frais, sans grande peine : *Se tirer d'un accident à bon marché* (= sans blessures graves). ‖ Bon marché, meilleur marché, d'un prix peu ou moins élevé : *Vous le trouverez meilleur marché là-bas* (= moins cher). ‖ Économie de marché, système économique dans lequel les mécanismes naturels tendent à assurer seuls, à l'exclusion de toute intervention des monopoles ou de l'État, l'équilibre de l'offre et de la demande. ‖ Faire bon marché de qqch, en faire peu de cas ; ne pas l'épargner : *Elle fait bon marché de ton opinion.* ‖ Faire son marché, le marché, aller acheter ses provisions sur un marché public ou dans les magasins. ‖ Marché du travail, situation de l'offre et de la demande d'emploi dans une région, un pays ou par rapport à un type d'activité. ‖ Marché public, contrat par lequel un entrepreneur s'engage, moyennant un paiement convenu, à fournir une prestation à l'Administration. □ En principe, la passation des marchés publics a lieu par adjudication ou appel d'offres ; le régime des contrats administratifs leur est applicable. ‖ Mettre le marché en main à qqn, lui donner nettement le choix de conclure l'accord ou de rompre. ‖ Par-dessus le marché, en plus de ce qui a été convenu, stipulé ; de plus, en outre.

marchepied [maʀʃəpje] n.m. (de 2. *marche* et *pied*). - **1.** Marche ou série de marches, qui servent à monter dans une voiture, dans un train ou à en descendre. - **2.** Moyen de progresser, de réaliser ses ambitions, de s'élever socialement : *Cet emploi lui a servi de marchepied.*

marcher [maʀʃe] v.i. (frq. *markôn "marquer, imprimer le pas"). - **1.** Se déplacer, se mouvoir en mettant un pied devant l'autre : *Elle apprend à marcher à son petit frère. Marcher vite.* - **2.** Mettre le pied sur, dans qqch, lors de son déplacement : *Marcher dans une flaque d'eau.* - **3.** En parlant d'un véhicule, d'un mobile, se mouvoir, se déplacer : *Navire qui marche à vingt nœuds* (syn. filer). *Sa voiture marche à 130 kilomètres à l'heure* (syn. rouler). - **4.** Être en état de marche, en parlant d'un appareil, d'un organe, etc. : *Cette montre marche* (syn. fonctionner). - **5.** Être en activité, en parlant d'organismes, de services, etc. : *Grâce à de nouvelles commandes l'usine s'est remise à marcher* (syn. tourner). - **6.** Se dérouler correctement ; faire des progrès : *Un commerce qui marche* (syn. se développer, prospérer). - **7.** FAM. Donner son accord à une proposition, consentir à participer à qqch avec qqn : *Je ne marche pas* (= je ne suis pas d'accord). *Les soldats ont refusé de marcher* (syn. obéir). - **8.** FAM. Faire preuve de crédulité : *Tu peux lui raconter n'importe quoi, il marche* (syn. croire). - **9.** Faire marcher qqn, le taquiner ; le mystifier ; abuser de sa crédulité ou de sa gentillesse pour obtenir beaucoup de lui. ‖ Marcher droit, se conduire conformément à la discipline imposée. ‖ Marcher sur les traces, les pas de qqn, suivre son exemple, l'imiter.

marcheur, euse [maʁʃœʁ, -øz] n. Personne qui marche, qui aime à marcher.

marcottage [maʁkɔtaʒ] n.m. Procédé de multiplication végétative des plantes, par lequel une tige aérienne (la *marcotte*) est mise en contact avec le sol et s'y enracine avant d'être isolée de la plante mère.

marcotter [maʁkɔte] v.t. (de *marcotte*, lat. *marcus*, n. d'un cep utilisé en Gaule). Pratiquer le marcottage de : *Marcotter des arbres fruitiers.*

mardi [maʁdi] n.m. (lat. *Martis dies* "jour de Mars"). - **1.** Deuxième jour de la semaine. - **2.** Mardi gras. Dernier jour avant le début du carême.

mare [maʁ] n.f. (anc. scand. *marr* "mer, lac"). - **1.** Petite étendue d'eau dormante : *Il y a des grenouilles dans la mare.* - **2.** Grande quantité de liquide répandu : *Une mare de sang* (syn. flaque).

marécage [maʁekaʒ] n.m. (de *maresc*, anc. forme de *marais*). Terrain humide et bourbeux : *Les marécages de Sologne* (syn. marais).

marécageux, euse [maʁekaʒø, -øz] adj. - **1.** Relatif aux marécages : *Plaines marécageuses.* - **2.** Terrain marécageux, situation difficile où rien n'est sûr, où l'on ne sait pas à quoi ni à quoi se fier.

maréchal [maʁeʃal] n.m. (frq. *°marhskalk*) [pl. *maréchaux*]. - **1.** Dans de nombreux pays, dignité ou grade le plus élevé de la hiérarchie militaire : *Le maréchal de France est titulaire d'une dignité d'État et a pour insigne un bâton de commandement.* - **2.** Maréchal des logis, maréchal des logis-chef (pl. *maréchaux des logis-chefs*). Sous-officier des armes anciennement montées (gendarmerie, cavalerie, artillerie et train) d'un grade correspondant à ceux de sergent et de sergent-chef dans les autres armes de l'armée de terre. ‖ HIST. Maréchal de camp. Officier général des armées de l'Ancien Régime et de la Restauration.

maréchale [maʁeʃal] n.f. Femme d'un maréchal.

maréchal-ferrant [maʁeʃalfeʁɑ̃] n.m. (pl. *maréchaux-ferrants*). Artisan dont le métier est de ferrer les chevaux.

maréchaussée [maʁeʃose] n.f. (de *maréchal*). - **1.** Ancien corps de troupes à cheval chargé d'assurer la sécurité publique et qui a pris en 1791 le nom de *gendarmerie nationale.* - **2.** FAM. La maréchaussée, la gendarmerie, les gendarmes.

marée [maʁe] n.f. (de *mer*). - **1.** Mouvement oscillatoire du niveau de la mer, dû à l'attraction de la Lune et du Soleil sur la masse d'eau des océans : *Marée basse* (= lorsque la mer s'est retirée). *Marée haute* (= lorsque la mer est à son maximum). *Marée montante, descendante. Le calendrier des marées.* - **2.** Foule considérable en mouvement : *Une marée humaine envahit la place* (syn. flot). - **3.** Ensemble des produits frais de la mer destinés à la consommation : *Arrivage de marée chaque jour* (= de poissons, crustacés, coquillages). - **4.** Coefficient de marée, nombre compris entre 20 et 120, caractéristique de chaque marée et indicatif de la différence de niveau entre la haute mer et la basse mer. ‖ Contre vents et marées, en dépit de tous les obstacles. - **5.** Marée noire. Arrivée sur un rivage de nappes de pétrole provenant d'un navire qui a été accidenté ou qui a purgé ses réservoirs, ou de l'éruption accidentelle d'une tête de puits sous-marine.

marelle [maʁɛl] n.f. (anc. fr. *merel* "jeton"). Jeu d'enfant qui consiste à pousser à cloche-pied un palet dans des cases tracées sur le sol : *Dessiner une marelle. Jouer à la marelle.*

marémoteur, trice [maʁemɔtœʁ, -tʁis] adj. Relatif à la force motrice des marées ; qui l'utilise : *Usine marémotrice.*

mareyeur, euse [maʁejœʁ, -øz] n. (de *marée*). Commerçant en gros vendant aux poissonniers et aux écaillers les produits frais de la mer.

margarine [maʁɡaʁin] n.f. (du gr. *margaron* "perle"). Substance grasse comestible, de consistance molle, faite avec diverses huiles et graisses le plus souvent végétales (arachide, soja, noix de coco).

marge [maʁʒ] n.f. (lat. *margo* "bord"). - **1.** Espace blanc latéral d'une page imprimée ou écrite : *Porter des annotations dans les marges d'un livre, en marge.* - **2.** Intervalle de temps ou liberté d'action dont on dispose, entre certaines limites, pour l'exécution de qqch, le choix d'une décision : *Se donner une marge de réflexion* (syn. temps). *Prévoir une marge d'erreur* (syn. écart). *Avoir une grande marge de manœuvre, d'initiative* (syn. latitude, liberté). - **3.** Avoir de la marge, un temps, une latitude suffisants pour agir. ‖ En marge de, plus ou moins en dehors, à l'écart de : *Trafic en* *de la légalité.* ‖ **En marge de la société,** sans s'intégrer au groupe social et sans se soumettre à ses normes (on dit aussi *en marge*) : *Chômeurs qui vivent en marge.* ‖ **Marge bénéficiaire,** différence entre le prix de vente et le prix de revient d'un bien, génér. exprimée en pourcentage du prix de vente. - **4.** OCÉANOGR. **Marge continentale.** Ensemble formé par la plate-forme continentale et la pente continentale qui la limite.

margelle [maʀʒɛl] n.f. (lat. pop. *°margella,* class. *margo* "bord"). Pierre ou assise de pierres qui forme le rebord d'un puits, d'une fontaine, etc.

marginal, e, aux [maʀʒinal, -o] adj. (de *marge,* d'apr. l'angl. *margin*). - **1.** Qui est écrit dans la marge : *Notes marginales.* - **2.** Qui est en marge d'une activité essentielle, principale ; qui n'a qu'un rôle, une importance secondaires : *Entreprise marginale* (syn. secondaire). *Préoccupations marginales* (syn. accessoire). ◆ adj. et n. Qui se situe en marge de la société, qui n'est pas bien intégré au groupe social ni soumis à ses normes : *Cette usine désaffectée est devenue le lieu de rendez-vous des marginaux.*

marginalement [maʀʒinalmɑ̃] adv. De façon marginale ; de façon accessoire, annexe : *Vivre marginalement.*

marginalisation [maʀʒinalizasjɔ̃] n.f. Fait de devenir marginal, d'être marginalisé : *Le risque de marginalisation des jeunes sans travail.*

marginaliser [maʀʒinalize] v.t. - **1.** Placer en marge, mettre à l'écart ; situer en dehors de ce qui est essentiel, principal, central : *Marginaliser une formation politique.* - **2.** Tendre à exclure de la société, à faire perdre son intégration sociale à : *Une population marginalisée.*

marginalité [maʀʒinalite] n.f. Position marginale par rapport à une forme sociale : *Vivre dans la marginalité.*

margoulin [maʀgulɛ̃] n.m. (mot dialect., "individu méprisable"). FAM. Commerçant, homme d'affaires peu scrupuleux.

margrave [maʀgʀav] n.m. (all. *Markgraf* "comte de la frontière"). HIST. Titre donné aux chefs militaires des marches, dans l'Empire carolingien, puis à certains princes du Saint Empire.

marguerite [maʀgəʀit] n.f. (lat. *margarita* "perle"). - **1.** Plante à fleurs centrales jaunes et à fleurs périphériques blanches (nom commun à plusieurs espèces). ▢ Famille des composées. - **2.** Roue portant à sa périphérie les caractères d'impression de certaines machines à écrire et de certaines imprimantes d'ordinateurs.

mari [maʀi] n.m. (lat. *maritus, de mas, maris* "mâle"). Homme uni à une femme par le mariage ; époux.

mariage [maʀjaʒ] n.m. - **1.** Acte solennel par lequel un homme et une femme établissent entre eux une union dont les conditions, les effets et la dissolution sont régis par les dispositions juridiques en vigueur dans leur pays (en France, par le Code civil), par les lois religieuses ou par la coutume ; union ainsi établie (par opp. à *célibat*) : *Contrat de mariage. Mariage civil, religieux* (contr. divorce). *Un mariage mal assorti* (syn. couple, union). - **2.** Cérémonie, réception organisée à l'occasion de la célébration de cette union : *Fixer la date d'un mariage* (syn. noce). - **3.** Combinaison, réunion de plusieurs choses, organismes, etc. : *Mariage de deux firmes industrielles* (syn. alliance, association). *Mariage de deux couleurs* (syn. combinaison). - **4.** Jeu de cartes dans lequel l'un des buts est de réunir dans sa main un roi et une dame de même couleur. - **5.** **Mariage de convenance,** conclu en fonction des rapports de fortune, de position sociale, etc., des conjoints.

marié, e [maʀje] n. - **1.** Personne dont on va célébrer le mariage ou qui vient de se marier : *Vive la mariée ! Les jeunes mariés.* - **2.** Se plaindre que la mariée est trop belle, se plaindre de qqch dont on devrait se réjouir.

marier [maʀje] v.t. (lat. *maritare*) [conj. 9]. - **1.** Unir par le lien conjugal : *C'est l'adjoint au maire qui les a mariés.* - **2.** Donner en mariage : *Marier sa fille.* - **3.** Associer des choses qui peuvent se combiner : *Marier des couleurs entre elles* (syn. assortir, harmoniser). ◆ **se marier** v.pr. [**avec**]. - **1.** Contracter mariage : *Elle s'est mariée avec un ingénieur.* - **2.** S'associer, se combiner : *Ces deux couleurs se marient bien.*

marieur, euse [maʀjœʀ, -øz] n. Personne qui aime à s'entremettre pour faciliter des mariages.

marigot [maʀigo] n.m. (orig. obsc.). Dans les pays tropicaux, bras mort d'un fleuve ou d'une rivière, ou mare d'eau stagnante.

marihuana ou **marijuana** [maʀiɣwana] n.f. (mot hispano-amér.). Substance que forment les feuilles et les inflorescences des pieds femelles du chanvre indien *(Cannabis sativa),* utilisée comme drogue.

1. marin, e [maʀɛ̃, -in] adj. (lat. *marinus,* de *mare* "mer"). - **1.** Qui relève de la mer, qui y vit, qui en provient : *Courants marins. Sel marin.* - **2.** Qui sert à la navigation sur mer ou qui en relève : *Carte marine.* - **3.** Avoir le pied marin, savoir se déplacer à bord d'un bateau malgré le roulis, le tangage ; ne pas être sujet au mal de mer.

2. marin [maʀɛ̃] n.m. (de *1. marin*). - **1.** Personne employée professionnellement à la conduite et à l'entretien des navires de mer :

Marin péri en mer. - **2.** Homme habile dans l'art de la navigation : *Les Phéniciens, peuple de marins.* - **3.** GÉOGR. Vent du sud-est accompagné de pluies qui souffle de la Méditerranée vers le Languedoc et les Cévennes. - **4.** Marin d'eau douce, qui n'a navigué que sur les fleuves ou les rivières ; marin peu expérimenté (péjor.).

marina [maʀina] n.f. (orig. incert., p.-ê. de l'it. "plage"). Ensemble immobilier construit en bord de mer et comprenant à la fois habitations et installations portuaires pour les bateaux de plaisance.

marinade [maʀinad] n.f. (de *mariner*). - **1.** Mélange liquide aromatique composé de vinaigre, de sel, d'épices, etc., qui sert à conserver viandes et poissons et à leur donner un arôme particulier. - **2.** Viande, poisson marinés.

1. marine [maʀin] n.f. (de *1. marin*). - **1.** Ensemble de ce qui relève de l'art de la navigation sur mer, du service de mer : *Le compas est un instrument de marine* (syn. navigation). - **2.** Ensemble des gens de mer, des navires et des activités qui s'y rapportent. - **3.** Ensemble des navires et des activités de navigation du même type : *Marine de plaisance.* - **4.** Puissance navale, marine militaire d'un État : *S'engager dans la marine. La Marine nationale.* - **5.** BX-A. Tableau représentant une vue de mer, de port, etc. - **6.** Artillerie, infanterie, **troupes de marine,** formations de l'armée de terre chargées de la sécurité des territoires français d'outre-mer et constituant une part importante des forces terrestres d'intervention (appelées *troupes coloniales* de 1900 à 1958). ‖ Marine de guerre ou marine militaire, ensemble des forces navales et aéronavales d'un État, destinées à la guerre sur mer. ◆ adj. inv. et n.m. Bleu foncé : *Un gilet marine, bleu marine. Aimer le marine.*

2. marine [maʀin] n.m. (mot angl.). Fusilier marin dans les forces navales britanniques et américaines.

mariner [maʀine] v.t. (de *marine* "eau de mer"). Mettre en marinade, faire tremper dans une marinade : *Mariner du chevreuil* (= le faire mariner). ◆ v.i. - **1.** Tremper dans une marinade, en parlant d'un aliment : *Le rôti de sanglier a mariné deux jours. Faire mariner des harengs.* - **2.** FAM. Attendre longtemps et, souvent, dans une situation inconfortable ou peu agréable : *Il m'a fait mariner une heure.*

marinier, ère [maʀinje, -ɛʀ] adj. - **1.** Qui appartient à la marine. - **2.** Arche marinière. Arche d'un pont, plus large que les autres, sous laquelle passent les bateaux. ◆ **marinier** n.m. Professionnel chargé de la conduite et de l'entretien des bateaux destinés à la navigation intérieure ; batelier).

marinière [maʀinjɛʀ] n.f. (de *marinier*). Blouse très ample, qui se passe par la tête, souvent ornée d'un col carré dans le dos.

mariole [maʀjɔl] adj. et n. (it. *mariolo* "filou"). FAM. - **1.** Individu malin et débrouillard (syn. dégourdi, roublard). - **2.** Faire le mariole, faire l'intéressant ; se vanter.

marionnette [maʀjɔnɛt] n.f. (de *mariole* "petite image de la Vierge", dimin. de *Marie*). - **1.** Petite figure de bois ou de carton qu'une personne cachée fait mouvoir avec la main ou grâce à des fils : *Un spectacle de marionnettes.* - **2.** Personne frivole, sans caractère, que l'on fait mouvoir à sa guise : *Il n'est qu'une marionnette entre leurs mains* (syn. fantoche, pantin).

marionnettiste [maʀjɔnetist] n. Montreur, manipulateur de marionnettes.

marital, e, aux [maʀital, -o] adj. (lat. *maritalis*). DR. Du mari ; qui appartient au mari : *La puissance maritale.*

maritalement [maʀitalmã] adv. Comme des époux mais sans être mariés légalement : *Vivre maritalement.*

maritime [maʀitim] adj. (lat. *maritimus*, de *mare* "mer"). - **1.** Qui est au bord de la mer : *Port maritime.* - **2.** Relatif à la mer ou à la navigation sur mer : *Trafic maritime.*

marivaudage [maʀivodaʒ] n.m. - **1.** LITTÉR. Langage raffiné et précieux propre à l'expression de la passion amoureuse, dont le modèle est le théâtre de Marivaux. - **2.** LITT. Badinage spirituel et superficiel ; échange de propos galants et raffinés.

marivauder [maʀivode] v.i. LITT. Se livrer au marivaudage, au badinage galant : *Elle marivaudait avec ses invités* (syn. badiner, flirter).

marjolaine [maʀʒɔlɛn] n.f. (lat. médiév. *maiorana*). Plante aromatique (syn. origan). □ Famille des labiées.

mark [maʀk] n.m. (mot all., frq. *marka*). - **1.** (Avec une majuscule). Unité monétaire principale de l'Allemagne. (On dit aussi *Deutsche Mark.*) - **2.** Mark finlandais, unité monétaire principale de la Finlande, appelée aussi le *markka.*

marketing [maʀketiŋ] n.m. (mot angl.). Ensemble des actions coordonnées (étude de marché, publicité, promotion sur le lieu de vente, stimulation du personnel de vente, recherche de nouveaux produits, etc.) qui concourent au développement des ventes d'un produit ou d'un service. (Recomm. off. *mercatique.*)

marmaille [maʀmaj] n.f. (de *marmot*). FAM. Bande, troupe désordonnée et bruyante de tout jeunes enfants.

marmelade [maʀməlad] n.f. (port. *marmelada* "confiture de coing"). - **1.** Compote de fruits coupés en morceaux et cuits avec du sucre jusqu'à ce qu'ils aient une consistance de purée. **- 2.** FAM. **En marmelade,** réduit en bouillie ; en piteux état : *Avoir le nez en marmelade* (syn. écrasé).

marmite [maʀmit] n.f. (de l'anc. fr. *marmite* "hypocrite" [de *marm-*, rad. onomat. de *marmotter, et mite,* anc. n. fam. du chat, d'orig. probabl. onomat.], parce que la marmite cache son contenu avec un couvercle). **- 1.** Récipient avec couvercle, sans manche (à la différence de la casserole), en génér. muni d'anses, dans lequel on fait cuire les aliments ; son contenu : *Une marmite en fonte* (syn. cocotte, fait-tout). **- 2.** Marmite de géants ou marmite torrentielle, cavité que l'érosion d'un cours d'eau creuse, avec l'aide de graviers et de galets, dans une roche assez compacte pour s'user sans s'émietter.

marmiton [maʀmitɔ̃] n.m. Apprenti attaché au service de la cuisine, dans un restaurant.

marmonnement [maʀmɔnmɑ̃] n.m. Action de marmonner ; bruit fait en marmonnant : *Arrête tes marmonnements* (syn. grommellement, marmottement).

marmonner [maʀmɔne] v.t. et v.i. (orig. onomat., var. de *marmotter*). Murmurer entre ses dents, d'une manière confuse et, souvent, avec hostilité : *Elle ne cesse de marmonner* (syn. grommeler, marmotter). *Marmonner des injures* (syn. bredouiller).

marmoréen, enne [maʀmɔʀeɛ̃, -ɛn] adj. (lat. *marmoreus* "de marbre"). **- 1.** Qui a la nature ou l'aspect du marbre : *Des calcaires marmoréens.* **- 2.** LITT. Froid, dur, blanc comme le marbre : *Pâleur marmoréenne.*

marmot [maʀmo] n.m. (orig. incert., p.-ê. de *marmotter*). FAM. Petit enfant (syn. bambin, gamin).

marmotte [maʀmɔt] n.f. (de *marmotter*). Mammifère rongeur dont une espèce vit dans les Alpes entre 1 500 et 3 000 m d'altitude et hiberne plusieurs mois dans un terrier. □ Long. 50 cm.

marmottement [maʀmɔtmɑ̃] n.m. Action de marmotter, murmure d'une personne qui marmotte : *Le marmottement des femmes en train de prier* (syn. marmonnement).

marmotter [maʀmɔte] v.t. et v.i. (orig. onomat.). FAM. Murmurer confusément et entre les dents : *Il marmotta une excuse* (syn. bredouiller, grommeler).

marmouset [maʀmuze] n.m. (orig. incert., p.-ê. de l'anc. fr. *marmote* "guenon"). **- 1.** Figurine grotesque : *Marmousets sculptés sur les portails des églises.* **- 2.** FAM., VIEILLI. Petit garçon ; homme de petite taille. **- 3.** ZOOL. Nom parfois donné aux singes ouistitis ou tamarins.

marne [maʀn] n.f. (altér. de *marle,* lat. pop. **margila,* mot gaul.). Roche sédimentaire argileuse contenant une forte proportion de calcaire et qu'on utilise pour amender les sols acides et fabriquer du ciment.

marner [maʀne] v.t. AGRIC. Amender un sol pauvre en calcaire par incorporation de marne. ◆ v.i. FAM. Travailler dur.

marneux, euse [maʀnø, -øz] adj. Qui est de la nature de la marne ou qui en contient : *Calcaire marneux.*

maronite [maʀɔnit] adj. et n. (de *Maron,* d'un patriarche). Se dit d'un fidèle de l'Église maronite. ◆ adj. **- 1.** Relatif aux maronites. **- 2.** Église maronite, Église de rite syrien implantée surtout au Liban.

maronner [maʀɔne] v.i. (mot du Nord-Ouest "miauler"). FAM. Rager, exprimer son mécontentement en marmonnant : *Elle va maronner toute la journée* (syn. bougonner, grommeler, maugréer).

maroquin [maʀɔkɛ̃] n.m. (de *Maroc,* pays où se fabrique ce cuir). **- 1.** Peau de chèvre tannée au moyen de produits végétaux, teinte et utilisée pour la reliure et la maroquinerie. **- 2.** FAM. Portefeuille ministériel.

maroquinerie [maʀɔkinʀi] n.f. **- 1.** Fabrication du maroquin ; lieu où il se prépare. **- 2.** Fabrication de petits objets en cuir ; entreprise industrielle ou artisanale vouée à cette fabrication. **- 3.** Commerce, magasin de petits objets en cuir ; ces objets eux-mêmes.

maroquinier, ère [maʀɔkinje, -ɛʀ] n. Personne qui travaille à la fabrication ou à la vente d'objets de maroquinerie.

marotte [maʀɔt] n.f. (dimin. de *Marie ;* v. *marionnette*). FAM. Idée fixe, goût obsessionnel pour qqch : *Sa nouvelle marotte c'est de collectionner les pin's* (syn. manie, toquade).

maroufler [maʀufle] v.t. (de *maroufle* "colle forte"). **- 1.** Coller (une toile peinte) sur une surface murale ou un plafond ; coller sur une toile de renfort (une toile peinte, une peinture sur papier, un dessin). **- 2.** Poser et coller sur un panneau de bois (un revêtement décoratif) en exerçant un fort pressage dirigé du milieu vers les extrémités.

marquage [maʀkaʒ] n.m. **- 1.** Action de marquer, d'apposer une marque sur qqch : *Le marquage du linge des enfants. Le marquage des arbres à abattre, du bétail.* **- 2.** Marquage radioactif, introduction de radioéléments dans une molécule, une substance, un organisme vivant, permettant de les suivre dans leurs déplacements.

marquant, e [maʀkɑ̃, -ɑ̃t] adj. **- 1.** Qui fait impression, qui laisse une trace : *Faits marquants de l'actualité* (syn. notable, saillant). **- 2.** Qui est remarquable pour sa situation, son mérite : *Personnalité marquante* (syn. éminent).

marque [mark] n.f. - **1.** Trace de contact, empreinte laissée par un corps sur un autre : *Il y a des marques de rouge à lèvres sur le verre* (syn. tache, trace). - **2.** Trace laissée sur le corps par un coup, un choc, etc. : *La marque d'une brûlure* (syn. cicatrice). - **3.** Trace, signe, objet qui sert à repérer, à reconnaître qqch : *Faites une marque devant chaque mot à conserver* (syn. coche). *Garder la page d'un livre avec une marque.* - **4.** Ce qui distingue qqn, qui indique sa fonction, son grade, etc. : *Le caducée est la marque des médecins* (syn. emblème, insigne). - **5.** Caractère propre, trait distinctif de qqn, de qqch : *Un film qui porte la marque de son réalisateur* (syn. manière, style, touche). *C'est la marque de sa mesquinerie* (syn. preuve, signe). - **6.** Signe, indice qui révèle qqch : *Prodiguer à qqn des marques d'estime* (syn. gage, témoignage). - **7.** SPORTS. Repère placé par un athlète pour faciliter un saut, un élan : *Prendre ses marques.* - **8.** SPORTS. Décompte des points gagnés, des buts inscrits au cours d'une compétition : *La marque à la mi-temps est de deux à zéro* (syn. score). - **9.** Ensemble des produits fabriqués, vendus sous un label ; firme, entreprise qui est propriétaire de ce label : *Les grandes marques de champagne.* - **10.** LING. Trait pertinent dont la présence ou l'absence permet d'opposer deux formes ou deux éléments linguistiques dont les autres traits sont identiques : *Pour de nombreux substantifs, le « s » est la marque du pluriel.* - **11.** À vos marques !, en athlétisme, ordre donné par le starter pour amener les athlètes sur la ligne de départ. ‖ *De marque*, se dit d'un produit qui sort d'une maison dont la marque est connue ; de qualité. ‖ **Personnalité de marque**, personnage, hôte important. - **12.** **Marque déposée.** Marque de fabrique ou de commerce ayant fait l'objet d'un dépôt légal, afin de bénéficier de la protection juridique attachée à cette formalité. ‖ **Marque de fabrique, de commerce, de service.** Tout signe servant à distinguer des produits, des objets, des services. ◆ **marques** n.f. pl. Ensemble de repères délimitant un territoire, une zone d'influence : *Chercher, trouver, perdre ses marques.*

marqué, e [marke] adj. - **1.** Indiqué avec netteté : *Une différence marquée* (syn. net, ostensible). - **2.** Se dit de qqn qui est engagé dans qqch, ou compromis par ses agissements antérieurs : *Il est marqué politiquement.*

marque-page [markəpaʒ] n.m. (pl. *marque-pages* ou inv.). Papier, carton, marque qui sert à retrouver une page dans un livre.

marquer [marke] v.t. (de l'anc. scand. *merki* "marque"). - **1.** Faire ou laisser une marque visible, une trace : *Le coup a légèrement marqué* la carrosserie (syn. rayer, zébrer). *La fatigue marque son visage* (syn. creuser, ravager). - **2.** Laisser sur soi, laisser une trace dans le caractère ou la personnalité de qqn : *Son éducation très rigoureuse l'a marquée* (syn. imprégner). *Il a marqué son époque.* - **3.** Signaler, distinguer par un repère, un signe : *Marquer du linge. Marquer les fautes d'une croix en marge* (syn. indiquer, signaler). - **4.** Indiquer par écrit : *Marquer un rendez-vous dans un agenda* (syn. inscrire, noter). *Les frontières sont marquées sur la carte* (syn. matérialiser, tracer). - **5.** Fournir une indication, en parlant d'un instrument de mesure : *L'altimètre marquait neuf mille pieds* (syn. annoncer, indiquer). - **6.** Souligner, rendre plus apparent, plus sensible : *Marquer un temps d'arrêt. Elle marquait ses hésitations d'un hochement de tête* (syn. ponctuer, signaler). - **7.** Faire ressortir, accuser, en partic. en parlant d'un vêtement : *Robe qui marque la taille* (syn. accentuer, souligner). - **8.** Faire connaître à autrui : *Marquer sa désapprobation* (syn. exprimer, manifester). - **9.** Indiquer, être le signe de : *Un geste qui marque sa générosité* (syn. dénoter, révéler). - **10.** SC. Procéder au marquage radioactif de : *Marquer une molécule.* - **11.** SPORTS. Surveiller étroitement un adversaire et rester dans sa proximité immédiate pour contrecarrer ses initiatives, dans les sports d'équipe : *Marquer un avant.* - **12.** Réussir un but, un essai, un panier, au football, au rugby, au basket : *Il a marqué trois buts en deuxième mi-temps.* - **13.** Marquer le pas, continuer à frapper le sol avec les pieds, selon la cadence du pas, sans avancer ; au fig., ralentir, cesser de progresser, en parlant d'un processus. ◆ v.i. - **1.** Faire une marque, laisser une trace : *Ce composteur ne marque plus* (syn. imprimer). - **2.** Laisser une impression, un souvenir durables, en parlant de faits : *Ces moments ont marqué dans ma vie.* - **3.** Marquer un but, un essai, etc., dans les sports d'équipe : *Marquer contre son camp.*

marqueter [markəte] v.t. (de *marquer*) [conj. 27]. Orner de marqueterie : *Un bureau marqueté.*

marqueterie [markɛtri] n.f. Assemblage décoratif de lamelles de bois d'essences variées (ou de marbres, de métaux, etc.), employé en revêtement, notamm. sur un ouvrage de menuiserie.

marqueteur [markətœr] n.m. et adj.m. Ouvrier qui fait des ouvrages de marqueterie.

marqueur [markœr] n.m. - **1.** Feutre formant un trait large. - **2.** Marqueur biologique, substance biochimique caractéristique, retrouvée chez certains sujets normaux (selon les groupes sanguins, par ex.) ou pathologiques (en cas de cancer, par ex.).

marquis [maʀki] n.m. (de *marche* "frontière", d'apr. l'it. *marchese*). - **1.** HIST. Seigneur qui était préposé à la garde d'une marche territoriale, à l'époque carolingienne. - **2.** En France, titre de noblesse situé entre celui de duc et celui de comte, sous l'Ancien Régime.

marquisat [maʀkiza] n.m. (it. *marchesato*). - **1.** Seigneurie, terres auxquelles le titre de marquis était attaché. - **2.** Titre, dignité de marquis.

1. marquise [maʀkiz] n.f. - **1.** Femme d'un marquis. - **2.** Femme qui possède un marquisat.

2. marquise [maʀkiz] n.f. (de *1. marquise*). Auvent en charpente de fer et vitré, placé au-dessus d'une porte d'entrée, d'un perron.

marraine [maʀɛn] n.f. (var. de l'anc. fr. *marrine*, du lat. pop. *°matrina*, de *mater* "mère"). - **1.** Femme qui présente un enfant au baptême ou à la confirmation, et qui se porte garante de sa fidélité à l'Église. - **2.** Celle qui préside au baptême d'un navire, d'une cloche, etc. - **3.** Celle qui présente qqn dans un club, une société, pour l'y faire entrer. - **4.** Marraine de guerre, femme ou jeune fille qui, pendant un conflit, entretient une correspondance avec un soldat, lui envoie des colis, etc.

marrane [maʀan] n.m. (esp. *marrano*, port. *marrao*, de l'ar. *mahram* "illicite"). HIST. Juif d'Espagne ou du Portugal converti de force au catholicisme et qui continuait à pratiquer en secret sa religion.

marrant, e [maʀɑ̃, -ɑ̃t] adj. FAM. Qui amuse, fait rire : *Ce film est marrant* (syn. comique, drôle).

marre [maʀ] adv. (de l'anc. fr. *se marrir* "s'ennuyer"). FAM. En avoir marre, en avoir assez, être excédé.

se marrer [maʀe] v.pr. (anc. fr. *se marrir* "s'ennuyer", puis, par antiphrase, sens actuel). FAM. Rire ou se divertir, s'amuser.

marri, e [maʀi] adj. (de l'anc. fr. *marrir* "affliger", frq. *°marrjan* "fâcher"). LITT. ou PAR PLAIS. Fâché, attristé, contrarié : *Il est bien marri de cette aventure.*

1. marron [maʀɔ̃] n.m. (it. *marrone*, probabl. d'un rad. préroman *marr-* "pierre, rocher"). - **1.** Fruit de certaines variétés cultivées de châtaigniers. - **2.** T. FAM. Coup de poing. - **3.** Tirer les marrons du feu, courir des risques pour le profit de qqn d'autre. - **4.** Marron glacé. Marron confit dans du sucre et glacé au sirop. ‖ Marron d'Inde. Fruit du marronnier d'Inde, qui renferme une graine farineuse, non comestible. □ On l'emploie en pharmacie contre les troubles

circulatoires. ◆ adj. inv. et n.m. D'une couleur brun rouge.

2. marron, onne [maʀɔ̃, -ɔn] adj. (mot hispano-amér. *cimarrón*). - **1.** HIST. Se disait d'un esclave fugitif, dans l'Amérique coloniale. - **2.** Qui exerce une profession libérale dans des conditions illégales : *Avocat marron.* ◆ **marron** adj. inv. T. FAM. Être marron, être dupé, attrapé.

marronnier [maʀɔnje] n.m. (de *1. marron*). - **1.** Châtaignier d'une variété cultivée, qui produit le marron *Castanea.* - **2.** Marronnier d'Inde, arbre à feuilles composées palmées, originaire des Balkans et souvent planté sur les voies publiques. □ Famille des hippocastanacées ; haut. 30 m ; longévité 2 à 3 siècles.

mars [maʀs] n.m. (lat. *martius* "mois consacré au dieu Mars"). Troisième mois de l'année.

marsouin [maʀswɛ̃] n.m. (d'une langue scand. *marsvin* "porc de mer"). - **1.** Mammifère cétacé voisin du dauphin, très vorace, commun dans l'Atlantique, où il suit souvent les navires. □ Long. 1,50 m. - **2.** ARG. MIL. Militaire de l'infanterie de marine.

marsupial [maʀsypjal] n.m. (du lat. *marsupium* "bourse") [pl. *marsupiaux*]. Mammifère d'un type primitif, dont la femelle a une poche ventrale contenant les mamelles et qui est destinée à recevoir les petits après la naissance. □ Types principaux : kangourou, sarigue. Les marsupiaux, qui constituent la sous-classe des métathériens, sont répandus surtout en Australie et en Nouvelle-Guinée ainsi qu'aux Moluques et en Amérique tropicale.

marte n.f. → martre.

marteau [maʀto] n.m. (de *marteaus*, pl. de *martel*, lat. pop. *°martellus* ; v. *martel*). - **1.** Outil formé d'une tête en acier dur trempé et d'un manche, dont le sert pour frapper : *Enfoncer un clou avec un marteau.* - **2.** Battant métallique servant de heurtoir à une porte. - **3.** Pièce garnie de feutre, qui frappe la corde d'un piano. - **4.** Sphère métallique (7,257 kg) munie d'un fil d'acier et d'une poignée, que lancent les athlètes ; épreuve d'athlétisme pratiquée avec cet engin. - **5.** TECHN. Appareil constitué d'un outil perforant et d'un corps cylindrique dans lequel se meut un piston qui frappe l'outil sous l'effet d'un choc pneumatique, hydraulique ou électrique, et qui sert à disloquer les matériaux rocheux *(marteau piqueur)* ou à creuser des trous destinés à recevoir des charges explosives *(marteau perforateur)*. - **6.** ANAT. Premier osselet de l'oreille moyenne, dont le manche est solidaire du tympan et dont la tête s'articule avec l'enclume. - **7.** ZOOL. Requin des mers chaudes, à tête aplatie en deux lobes latéraux portant les yeux, appelé aussi *requin-marteau.*

marteau-pilon [maʀtopilɔ̃] n.m. (pl. *marteaux-pilons*). Machine-outil de forge destinée à provoquer la déformation du métal par action d'une masse tombante.

martel [maʀtɛl] n.m. (lat. pop. **martellus* "marteau", class. *martulus*). Se mettre martel en tête, se faire beaucoup de souci.

martelage [maʀtəlaʒ] n.m. Action de marteler, de façonner ou de forger au marteau.

martèlement [maʀtɛlmã] n.m. - **1.** Action de marteler ; bruit qui en résulte : *Les martèlements qui s'échappent de l'atelier du forgeron.* - **2.** Bruit cadencé rappelant celui des coups de marteau : *Le martèlement des pas sur les pavés.*

marteler [maʀtəle] v.t. (conj. 25). - **1.** Frapper, forger, façonner au moyen du marteau : *Marteler le fer sur l'enclume* (syn. battre). - **2.** Frapper fort et à coups redoublés ; ébranler par un bruit fort et répété : *Elle martelait la porte en appelant au secours.* - **3.** Articuler avec force, en détachant les mots : *Marteler ses phrases.*

martial, e, aux [maʀsjal, -o] adj. (lat. *martialis*, du n. de *Mars*, dieu de la Guerre). - **1.** LITT. Qui manifeste des dispositions pour le combat ; qui encourage cet état d'esprit : *Un discours martial* (syn. belliqueux). - **2.** Décidé, résolu, qui cherche à en imposer : *Prendre un air martial* (syn. combatif). - **3.** Cour martiale, tribunal militaire d'exception (XVIIIᵉ - XIXᵉ s.). ‖ Loi martiale, loi d'exception confiant le maintien de l'ordre aux autorités militaires. - **4.** Arts martiaux. Ensemble des sports de combat d'origine japonaise, tels que le judo, le karaté, l'aïkido, le kendo.

martien, enne [maʀsjɛ̃, -ɛn] adj. Relatif à la planète Mars. ◆ **martien** n. Habitant imaginaire de cette planète.

1. martinet [maʀtinɛ] n.m. (de *Martin*, n.pr.). Oiseau ressemblant à l'hirondelle, mais à ailes plus étroites et à queue plus courte. □ Ordre des micropodiformes ; long. 16 cm env. Le martinet chasse les insectes au cours de son vol rapide.

2. martinet [maʀtinɛ] n.m. (même étym. que *1. martinet*). - **1.** Fouet formé de plusieurs lanières de cuir fixées à un manche. - **2.** Marteau à bascule qui, mis en mouvement par une roue à cames, sert à battre les métaux.

martingale [maʀtɛ̃gal] n.f. (prov. *martegalo* "de Martigues", v. du Midi). - **1.** Ensemble de deux pattes se boutonnant l'une sur l'autre et placées à la taille dans le dos d'un vêtement. - **2.** Système de jeu qui prétend, selon des principes fondés sur le calcul des probabilités, assurer un bénéfice certain dans les jeux de hasard ; combinaison.

martiniquais, e [maʀtinikɛ, -ɛz] adj. et n. De la Martinique.

martin-pêcheur [maʀtɛ̃pɛʃœʀ] n.m. (pl. *martins-pêcheurs*). Petit oiseau au plumage brillant, qui se tient d'ordinaire au bord des cours d'eau et plonge avec rapidité pour prendre de petits poissons. □ Ordre des coraciadiformes ; long. 16 cm env.

martre [maʀtʀ] et **marte** [maʀt] n.f. (germ. **marthor*). Mammifère carnivore à fourrure estimée, dont il existe trois espèces, la martre ordinaire, la fouine et la zibeline. □ Famille des mustélidés.

martyr, e [maʀtiʀ] n. (lat. ecclés. *martyr*, gr. *martur* "témoin de Dieu"). - **1.** Chrétien mis à mort ou torturé en témoignage de sa foi. - **2.** Personne qui a souffert la mort pour sa foi religieuse ou pour une cause à laquelle elle s'est sacrifiée : *Martyrs de la Résistance.* ◆ adj. Qui souffre de mauvais traitements systématiques : *Enfant martyre.*

martyre [maʀtiʀ] n.m. (lat. ecclés. *martyrium*). - **1.** Torture, supplice, mort que qqn endure, en génér. pour la défense de sa foi, de sa cause : *Le martyre des premiers chrétiens* (syn. supplice). - **2.** Grande douleur physique ou morale ; état, situation extrêmement pénible : *Sa vie a été un long martyre* (syn. calvaire). *Nous souffrons le martyre à l'écouter parler* (syn. tourment, torture).

martyriser [maʀtiʀize] v.t. (lat. ecclés. *martyrizare*). Faire endurer de cruels traitements à : *Martyriser un enfant, un animal* (syn. persécuter, torturer).

martyrologe [maʀtiʀɔlɔʒ] n.m. (lat. ecclés. *martyrologium*). - **1.** Liste ou catalogue des martyrs et des saints. - **2.** Liste des victimes d'une cause : *Le martyrologe de la Résistance.*

marxisme [maʀksism] n.m. Ensemble des conceptions politiques, philosophiques, sociales de K. Marx, de F. Engels et de leurs continuateurs. ◆ **marxiste** adj. et n. Relatif au marxisme ; qui en est partisan.

marxisme-léninisme [maʀksismleninism] n.m. sing. Théorie et pratique politiques s'inspirant de Marx et de Lénine. ◆ **marxiste-léniniste** adj. et n. (pl. *marxistes-léninistes*). Relatif au marxisme-léninisme ; qui en est partisan.

mas [ma] ou [mas] n.m. (mot prov.). Maison de campagne, ferme, en Provence.

mascara [maskaʀa] n.m. (de l'it. *maschera* "masque", par l'anglo-amér.). Produit cosmétique coloré pour le maquillage des cils.

mascarade [maskaʀad] n.f. (it. *mascarata*, var. de *mascherata*, de *maschera* "masque"). - **1.** Réunion ou défilé de personnes déguisées et masquées. -**2.** Mise en scène trompeuse, comédie, hypocrisie : *Ce procès n'a été qu'une mascarade* (syn. imposture, supercherie).

mascaret [maskaʀɛ] n.m. (mot gascon "bœuf tacheté", de *mascara* "barbouiller de noir" [v. *masque*], par comparaison entre la course du bœuf et le mouvement des flots). Surélévation brusque des eaux, qui se produit dans certains estuaires au moment du flux et qui progresse rapidement vers l'amont sous la forme d'une vague déferlante.

mascotte [maskɔt] n.f. (prov. *mascoto* "sortilège"). Objet, personne ou animal considérés comme pouvant procurer la chance, le bonheur ; porte-bonheur.

masculin, e [maskylɛ̃, -in] adj. (lat. *masculinus,* de *masculus* "mâle"). -**1.** Qui appartient au mâle, à l'homme, qui a ses caractères : *Voix masculine* (syn. mâle, viril). -**2.** Qui est composé d'hommes : *Population masculine* (contr. féminin). -**3.** Qui appartient au genre masculin (par opp. à *genre féminin*) : *« Bureau » est un substantif masculin.* -**4.** Rime masculine, rime qui ne finit pas par une *e* muet ou une syllabe muette. ◆ **masculin** n.m. GRAMM. Un des genres grammaticaux, qui s'applique, en français, à la plupart des noms d'êtres mâles et à une partie des noms désignant des choses (par opp. à *féminin*).

masculinité [maskylinite] n.f. Ensemble des traits psychologiques, des comportements considérés comme caractéristiques du sexe masculin.

masochisme [mazɔʃism] n.m. (de *L. von Sacher-Masoch,* n. d'un romancier autrichien). -**1.** Perversion dans laquelle le sujet recherche le plaisir sexuel dans la douleur physique et les humiliations qui lui sont infligées. -**2.** Comportement d'une personne qui semble rechercher les situations où elle souffre, se trouve en difficulté, etc. ◆ **masochiste** adj. et n. Relatif au masochisme ; atteint de masochisme (abrév. fam. *maso*).

masque [mask] n.m. (it. *maschera,* d'un rad. *mask-* "noir" antérieur aux langues romanes). -**1.** Faux visage de carton peint, de matière plastique, de tissu, etc., dont on se couvre la figure pour se déguiser ou dissimuler son identité : *Masque de carnaval.* -**2.** Moulage de la face, pris sur le vif ou sur un cadavre : *Masque mortuaire.* -**3.** Préparation, souvent sous forme de crème, de pâte ou de gel, utilisée en application pour les soins esthétiques du visage. -**4.** Appareil que l'on applique sur le nez et la bouche pour administrer les anesthésiques gazeux et l'oxygène. -**5.** Appareil individuel de protection contre les émanations toxiques : *Masque à gaz.* -**6.** Accessoire des plongeurs sous-marins, isolant de l'eau les yeux et le nez : *Masque de plongée.* -**7.** Protection pour le visage, en treillis métallique, portée par les escrimeurs. -**8.** LITT. Apparence, aspect du visage : *Présenter un masque impénétrable* (syn. air, expression). -**9.** Arracher son masque à qqn, révéler, dévoiler sa duplicité. ‖ Lever, tomber le masque, révéler sa vraie nature, tenue jusqu'alors dissimulée.

masqué, e [maske] adj. -**1.** Qui porte un masque : *Danseur masqué. Bandit au visage masqué.* -**2.** Bal masqué, bal où l'on va sous un déguisement.

masquer [maske] v.t. -**1.** Couvrir d'un masque : *Masquer des enfants pour mardi gras.* -**2.** Dérober à la vue : *Ces arbres masquent la maison* (syn. cacher, dissimuler). -**3.** Soustraire à la connaissance, cacher sous de fausses apparences : *Il masque la vérité* (syn. déguiser, travestir).

massacrant, e [masakʀɑ̃, -ɑ̃t] adj. Être d'une humeur massacrante, être de très mauvaise humeur.

massacre [masakʀ] n.m. -**1.** Action de massacrer : *Le massacre de la Saint-Barthélemy* (syn. carnage, hécatombe, tuerie). -**2.** FAM. Exécution très maladroite d'un travail, d'une opération : *Faire un massacre en coupant du tissu* (syn. gâchis). -**3.** T. FAM. Faire un massacre, remporter un grand succès. -**4.** Jeu de massacre. Jeu forain qui consiste à faire basculer des silhouettes avec des balles en chiffon qu'on lance.

massacrer [masakʀe] v.t. (lat. pop. *matteuculare* "tuer en frappant"). -**1.** Tuer sauvagement et en masse (des êtres, des gens sans défense) : *Massacrer des populations civiles* (syn. décimer, exterminer). *Toute sa famille a été massacrée* (syn. abattre, assassiner). -**2.** FAM. Endommager par un travail maladroit, une opération mal menée : *Il a voulu modifier mon article et il l'a massacré* (syn. saccager). -**3.** FAM. Représenter, exécuter maladroitement une œuvre, au point de la défigurer : *Massacrer un concerto.*

massacreur, euse [masakʀœʀ, -øz] n. Personne qui massacre (syn. tueur).

massage [masaʒ] n.m. Action de masser. □ Les massages sont employés, associés à la kinésithérapie, pour la rééducation des blessés et le traitement des affections des os, des articulations, des muscles et des nerfs.

1. masse [mas] n.f. (lat. *massa,* gr. *maza*). -**1.** Grande quantité d'une matière, d'une substance sans forme précise, mais compacte : *La masse d'eau retenue par le barrage* (syn. volume). *Une masse de rocher* (syn. bloc). *Des masses d'air froid* (syn. flux). *La masse du* *sang en circulation.* - **2.** Ensemble imposant dont on ne distingue pas les parties : *On voyait dans la brume la masse du paquebot.* - **3.** Réunion d'éléments distincts de même nature, rassemblés en un tout indistinct : *Reconnaître sa voiture dans la masse des véhicules.* - **4.** Grande quantité d'éléments formant un tout : *Il a réuni une masse de documents sur cette question* (syn. monceau). - **5.** Grande quantité de choses ou de personnes : *J'ai des masses de lettres à écrire. La masse des estivants se presse sur les plages* (syn. foule). - **6.** (Précédé de l'art. déf.). Le commun des hommes, le plus grand nombre (souvent péjor.) : *Un spectacle destiné à la masse* (= au grand public). - **7.** PHYS. Quotient de l'intensité d'une force constante par l'accélération du mouvement qu'elle produit quand on l'applique au corps considéré *(masse inertielle)* ou grandeur qui caractérise ce corps relativement à l'attraction qu'il subit de la part d'un autre *(masse gravitationnelle).* □ L'unité principale de masse est le kilogramme. - **8.** ÉLECTR. Ensemble des pièces conductrices qui, dans une installation électrique, sont mises en communication avec le sol ; ensemble métallique d'une automobile par où se ferment les circuits de l'équipement électrique. - **9.** Comme une masse, sans réagir ou de tout son poids, comme une chose inanimée, inerte : *Tomber comme une masse.* ‖ Dans la masse, dans un seul bloc de matière homogène : *Travailler, sculpter, usiner dans la masse.* ‖ De masse, qui concerne la grande majorité du corps social, considérée comme culturellement homogène : *Communication de masse.* ‖ FAM. Des masses, beaucoup : *Des comme ça, il n'y en a pas des masses.* ‖ En masse, en grand nombre : *Arrivée en masse.* - **10.** PHYS. Masse critique. Quantité minimale de substance fissile nécessaire pour qu'une réaction en chaîne puisse s'établir spontanément et se maintenir. ‖ Masse molaire moléculaire. Masse d'une mole de substance formée de molécules. ‖ Masse spécifique ou volumique. Quotient de la masse d'un corps par son volume. ‖ Nombre de masse. Nombre total de particules (protons et neutrons) constituant le noyau d'un atome. ‖ ARCH. Plan de masse. Plan à petite échelle, ne donnant d'un ensemble de bâtiments que les contours et souvent, par des ombres, une indication des volumes (syn. plan-masse). ‖ FIN. Masse monétaire. Ensemble des billets de banque en circulation, des monnaies divisionnaires et des dépôts à vue. ‖ INFORM. Mémoire de masse, mémoire externe de très grande capacité. ◆ **masses** n.f. pl. Le peuple, les classes populaires : *Les masses laborieuses.*

2. masse [mas] n.f. (lat. pop. **mattea,* du class. *mateola* "outil pour enfoncer"). - **1.** Outil formé d'une lourde tête (métallique ou en bois) percée d'un trou dans lequel est fixé un long manche, servant à frapper, casser, enfoncer, etc. - **2.** HIST. Masse d'armes, arme formée d'un manche assez souple surmonté d'une masse métallique, souvent garnie de pointes, en usage au Moyen Âge et au XVIᵉ s.

massepain [maspɛ̃] n.m. (it. *marzapane*). Petit biscuit rond, fait avec des amandes, du sucre et des blancs d'œufs.

1. masser [mase] v.t. (ar. *mass* "palper"). Presser, pétrir différentes parties du corps avec les mains pour assouplir les tissus, fortifier les muscles, atténuer les douleurs, etc.

2. masser [mase] v.t. (de *1.* masse). Rassembler, disposer en masse : *Masser des troupes* (syn. concentrer, réunir). ◆ **se masser** v.pr. Se réunir en masse, se grouper : *La foule s'est massée sur le passage du cortège* (syn. se rassembler).

masseur, euse [masœr, -øz] n. Personne habilitée à effectuer des massages : *Le masseur d'une équipe de football.*

massicot [masiko] n.m. (de *Massiquot,* n. de l'inventeur). Machine à couper le papier en feuilles.

massicoter [masikɔte] v.t. Couper au massicot.

1. massif, ive [masif, -iv] adj. (de *1.* masse). - **1.** Qui forme un bloc compact ; qui n'est ni creux, ni plaqué, ni mélangé : *Un meuble en acajou massif.* - **2.** Qui a une apparence épaisse, lourde, compacte : *Les portes massives du château* (syn. pesant). *Un homme au visage massif* (syn. épais). - **3.** Qui est donné, fait ou qui existe en grande quantité : *Dose massive de médicaments* (syn. important). - **4.** Qui groupe un grand nombre de personnes : *Manifestation massive* (syn. imposant, impressionnant).

2. massif [masif] n.m. (de *1.* massif). - **1.** Ensemble de plantes fleuries ou d'arbustes groupés sur un espace de terre : *Un massif de tulipes* (syn. parterre). - **2.** Ensemble de hauteurs présentant un caractère montagneux : *Le massif du Mont-Blanc.* - **3.** Massif ancien, région formée de terrains plissés au précambrien ou au primaire, n'ayant subi que de larges déformations ou des cassures.

massique [masik] adj. (de *1.* masse). PHYS. - **1.** Qui concerne la masse. - **2.** Se dit d'une grandeur rapportée à l'unité de masse : *Volume massique. Chaleur massique.*

massivement [masivmɑ̃] adv. (de *1.* massif). En très grand nombre : *Les électeurs ont voté massivement.*

massue [masy] n.f. (lat. pop. *matteuca*, dérivé de *mattea* ; v. 2. *masse*). - **1.** Bâton noueux, beaucoup plus gros à un bout qu'à l'autre, utilisé comme arme contondante de l'Antiquité au XVIᵉ s. - **2.** Argument massue, qui laisse sans réplique l'interlocuteur. ‖ Coup de massue, événement catastrophique et brutal qui abat, bouleverse.

mastaba [mastaba] n.m. (mot ar. "banc"). Monument funéraire trapézoïdal (abritant caveau et chapelle), construit pour les notables de l'Égypte pharaonique de l'Ancien Empire.

mastère [mastɛʀ] n.m. (angl. *master* "maître"). Diplôme à finalité professionnelle, délivré par certaines grandes écoles, sanctionnant une formation spécialisée en un an au moins.

mastic [mastik] n.m. (bas lat. *mastichum*, gr. *mastikhê* "gomme de lentisque"). - **1.** Pâte malléable à base de carbonate de calcium et d'huile de lin pure, durcissant au contact de l'air, qui sert à boucher des trous ou des joints, à faire adhérer des objets de nature différente, etc. - **2.** IMPR. Erreur grave dans la composition typographique (en partic., mélange des caractères).

masticage [mastikaʒ] n.m. Action de mastiquer, de joindre ou de remplir avec du mastic : *Le masticage d'une vitre.*

masticateur, trice [mastikatœʀ, -tʀis] adj. Qui intervient dans la mastication : *Muscles masticateurs.*

mastication [mastikasjɔ̃] n.f. (lat. *masticatio*). Action de mâcher des aliments solides.

masticatoire [mastikatwaʀ] n.m. et adj. Substance qu'on mâche sans l'avaler pour exciter la sécrétion de la salive : *Le chewing-gum est un masticatoire.*

1. mastiquer [mastike] v.t. (lat. *masticare* "mâcher"). Broyer des aliments avec les dents avant de les avaler : *Tu ne mastiques pas assez* (syn. mâcher).

2. mastiquer [mastike] v.t. (de *mastic*). Coller, joindre, boucher avec du mastic : *Mastiquer les vitres d'une fenêtre.*

mastoc [mastɔk] adj. inv. (orig. incert., p.-ê. de l'all. *Mastochs* "bœuf à l'engrais", ou de *massif*). FAM. Qui a des formes lourdes, épaisses : *Des statues mastoc.*

mastodonte [mastɔdɔ̃t] n.m. (du gr. *mastos* "mamelle", et *odous, odontos* "dent"). - **1.** Mammifère fossile de la fin du tertiaire et du début du quaternaire, voisin de l'éléphant, mais muni de molaires mamelonnées et parfois de deux paires de défenses. - **2.** FAM. Personne, animal ou chose énorme : *Ces gros camions sont des mastodontes.*

mastoïde [mastɔid] adj. (gr. *mastoeidês* "qui a l'apparence d'une mamelle"). ANAT. Apo-

physe mastoïde, éminence placée à la partie inférieure et postérieure de l'os temporal, en arrière de l'oreille (on dit aussi *une mastoïde*).

mastoïdien, enne [mastɔidjɛ̃, -ɛn] adj. - **1.** ANAT. Relatif à l'apophyse mastoïde. - **2.** Cavités ou cellules mastoïdiennes, cavités de l'apophyse mastoïde, en communication avec la caisse du tympan.

mastoïdite [mastɔidit] n.f. (de *mastoïde* et *-ite*). MÉD. Inflammation des cellules mastoïdiennes, qui peut accompagner une otite aiguë.

masturbation [mastyʀbasjɔ̃] n.f. Action de masturber, de se masturber.

masturber [mastyʀbe] v.t. (lat. *masturbari*, de *manus* "main" et *stuprare* "polluer"). Procurer le plaisir sexuel par l'excitation manuelle des parties génitales. ◆ **se masturber** v.pr. Se livrer à la masturbation sur soi-même.

m'as-tu-vu [matyvy] n. et adj. inv. (Question qu'emploient les acteurs évoquant entre eux leurs succès). VIEILLI. Personne vaniteuse.

masure [mazyʀ] n.f. (lat. pop. *mansura* "demeure"). Maison misérable, délabrée.

1. mat [mat] n.m. (ar. *mat* "mort", dans la loc. *châh mat*). Aux échecs, position du roi qui est en échec sans pouvoir se mettre hors de prise, ce qui termine la partie. ◆ adj. inv. Se dit du roi en position de mat, du joueur dont le roi est dans une telle situation.

2. mat, e [mat] adj. (bas lat. *mattus*, de *maditus*, p. passé de *madere* "être humide"). - **1.** Qui n'a pas d'éclat, de poli : *Acier mat* (contr. brillant). - **2.** Qui n'a pas de transparence, n'est pas lumineux : *Verre mat* (syn. dépoli, opaque). - **3.** Qui n'a pas de résonance : *Son mat* (syn. assourdi, étouffé). - **4.** Teint mat, peau mate, légèrement bistres.

mât [mɑ] n.m. (frq. *mast*). - **1.** Longue pièce de bois ou de métal, de section génér. circulaire, dressée verticalement ou obliquement sur le pont d'un voilier, maintenue par des haubans et destinée à porter la voilure : *Grand mât* (= mât principal). - **2.** Longue pièce fichée dans le sol, au sommet de laquelle on hisse des drapeaux, des signaux, etc. - **3.** Mât de charge, dispositif comprenant une corne montée sur un pivot ainsi que divers organes de manœuvre, et servant à embarquer et à débarquer les marchandises à bord d'un navire. ‖ Mât de cocagne → cocagne.

matador [matadɔʀ] n.m. (mot esp., de *matar* "tuer"). Dans les courses de taureaux, celui qui est chargé de la mise à mort de l'animal.

matamore [matamɔʀ] n.m. (esp. *Matamoros* "tueur de Maures", n. d'un personnage de la comédie espagnole). Personne qui n'est courageuse qu'en paroles, faux brave (syn. bravache, fanfaron).

match [matʃ] n.m. (mot angl.) [pl. **matchs** ou **matches**]. Compétition sportive disputée entre deux concurrents, deux équipes : *Un match de tennis, de football. Faire match nul* (= terminer à égalité). *Match aller, match retour* (= chacune des deux rencontres qui opposent deux équipes).

maté [mate] n.m. (mot esp., du quechua). Houx d'Amérique du Sud, dont les feuilles fournissent une infusion stimulante et diurétique.

matelas [matla] n.m. (it. *materasso*, de l'ar. *matrah* "chose jetée"). -**1.** Pièce de literie, génér. capitonnée, rembourrée de laine, de mousse, ou à ressorts, et destinée à garnir le sommier. -**2.** Épaisse couche d'un matériau mou, souple ou meuble : *Matelas de feuilles.* -**3.** Matelas pneumatique, enveloppe gonflable de toile caoutchoutée ou plastique, utilisée pour le camping, la plage, etc.

matelassé, e [matlase] adj. Se dit d'un tissu doublé d'une couche moelleuse maintenue par des piqûres. ◆ **matelassé** n.m. Tissu matelassé.

matelasser [matlase] v.t. (de *matelas*). -**1.** Rembourrer (un siège, un coussin, etc.) en fixant la couche intérieure par des piqûres ou des boutons. -**2.** Doubler une étoffe avec un tissu matelassé.

matelassier, ère [matlasje, -ɛʁ] n. Personne qui confectionne ou répare les matelas.

matelot [matlo] n.m. (anc. néerl. *mattenoot* "compagnon de couche"). -**1.** Homme d'équipage qui, à bord, participe à la manœuvre et à l'entretien du navire. -**2.** Militaire du rang, dans la Marine nationale (premier grade).

matelote [matlɔt] n.f. (de *matelot*). Préparation faite de poissons coupés en morceaux, cuits dans du vin avec des oignons : *Matelote d'anguilles au vin rouge.*

mater [mate] v.t. (de 2. *mat*). -**1.** Réduire à l'impuissance, à l'obéissance : *Mater un enfant rebelle* (syn. dompter). -**2.** Empêcher le développement de, se rendre maître de : *Mater une révolte* (syn. étouffer, réprimer).

mâter [mate] v.t. MAR. Pourvoir un navire de son ou de ses mâts.

matérialisation [materjalizasjɔ̃] n.f. -**1.** Action de matérialiser, fait de se matérialiser : *La matérialisation d'un projet* (syn. concrétisation, réalisation). -**2.** Action de matérialiser une voie, un emplacement, etc. : *Matérialisation au sol des places de stationnement* (syn. marquage, traçage).

matérialiser [materjalize] v.t. (de *matériel*). -**1.** Donner une forme concrète, une réalité

sensible à : *La rivière matérialise la frontière* (syn. indiquer, marquer). -**2.** Rendre concret, effectif : *Matérialiser un projet* (syn. concrétiser, réaliser). -**3.** Signaler, rendre visible : *Matérialiser une piste cyclable par des lignes vertes* (syn. marquer, tracer). ◆ **se matérialiser** v.pr. Devenir réel : *Son rêve s'est matérialisé* (syn. se concrétiser, se réaliser).

matérialisme [materjalism] n.m. (de *matériel*). -**1.** PHILOS. Doctrine qui affirme que rien n'existe en dehors de la matière, et que l'esprit est lui-même entièrement matériel (par opp. à *spiritualisme*) : *Matérialisme historique.* -**2.** Manière de vivre, état d'esprit orientés vers la recherche des plaisirs et des satisfactions matériels.

matérialiste [materjalist] adj. et n. -**1.** PHILOS. Qui appartient au matérialisme ; qui en est partisan. -**2.** Orienté vers la seule recherche des satisfactions matérielles : *Être matérialiste.*

matérialité [materjalite] n.f. -**1.** Caractère de ce qui est matériel : *La matérialité de l'Univers.* -**2.** Circonstance matérielle qui constitue un acte : *Établir la matérialité des faits.*

matériau [materjo] n.m. (de *material*, anc. forme de 1. *matériel*). -**1.** Substance, matière destinée à être mise en œuvre : *La pierre est un matériau.* -**2.** Matière de base, ensemble d'informations utilisable pour une recherche, la rédaction d'un ouvrage, etc. : *Cette enquête lui a fourni le matériau de sa thèse* (syn. matière). ◆ **matériaux** n.m. pl. -**1.** Matières d'origine naturelle ou artificielle entrant dans la construction d'un bâtiment, d'un véhicule, etc. : *Matériaux provenant de démolitions.* -**2.** Informations, documents recueillis et combinés pour former un tout : *Rassembler les matériaux d'un procès* (syn. dossier, pièces).

1. **matériel, elle** [materjɛl] adj. (bas lat. *materialis*, de *materia* "matière"). -**1.** Formé de matière (par opp. à *spirituel*, à *intellectuel*, etc.) : *L'univers matériel* (syn. concret). -**2.** Qui concerne les objets (et non les personnes) : *Dégâts matériels.* -**3.** Qui existe effectivement : *Obstacle matériel* (syn. réel, tangible). -**4.** Qui est considéré d'un point de vue purement concret, en dehors de toute subjectivité : *Être dans l'impossibilité matérielle de faire qqch* (syn. effectif). -**5.** Qui concerne les nécessités de la vie humaine, les besoins normaux de l'existence quotidienne : *Confort matériel. Elle a des soucis matériels* (syn. financier, pécuniaire). -**6.** Trop attaché à l'argent, aux plaisirs (péjor.) : *Esprit matériel* (syn. matérialiste, prosaïque).

2. **matériel** [materjɛl] n.m. (de 1. *matériel*). -**1.** Ensemble des objets, des instruments nécessaires pour le bon fonctionnement

d'une exploitation, d'un établissement, la pratique d'un sport, d'une activité, etc. : *Matériel agricole. Du matériel de bureau.* **- 2.** Ensemble d'éléments susceptibles d'être exploités, traités scientifiquement : *Le matériel d'une enquête psychologique* (syn. matériau). **- 3.** Ensemble des équipements, véhicules, armes nécessaires aux forces armées : *Service du matériel.* □ Dans l'armée de terre, le matériel est une arme depuis 1976. **- 4.** INFORM. Ensemble des éléments physiques d'un système informatique (par opp. à *logiciel*). [Recomm. off. pour *hardware.*] **- 5.** Matériel génétique, support de l'information héréditaire dans les organismes, composé d'A. D. N. ou d'A. R. N.

matériellement [materjɛlmɑ̃] adv. **- 1.** D'une manière concrète, objective : *C'est matériellement impossible* (syn. effectivement, pratiquement). **- 2.** Sur le plan financier, matériel : *Être matériellement défavorisé* (syn. financièrement, pécuniairement).

maternage [matɛrnaʒ] n.m. (du lat. *maternus ; v. maternel*). **- 1.** Ensemble des soins qu'une mère, ou la personne qui la remplace, prodigue à son enfant ; ensemble des relations qu'elle entretient avec lui. **- 2.** Relation entre deux personnes sur le modèle de mère à enfant.

maternel, elle [matɛrnɛl] adj. (lat. *maternus,* de *mater* "mère"). **- 1.** Propre à la mère : *L'amour maternel.* **- 2.** Qui concerne les mères : *Centre de protection maternelle et infantile.* **- 3.** Qui rappelle, imite le comportement d'une mère : *Gestes maternels.* **- 4.** Relatif à la mère, qui est du côté de la mère : *Grands-parents maternels.* **- 5.** École maternelle. École facultative mixte accueillant les enfants de deux à six ans (on dit aussi *la maternelle*). ‖ Langue maternelle. Première langue apprise par l'enfant, général. celle de la mère, dans son milieu familial.

maternellement [matɛrnɛlmɑ̃] adv. De façon maternelle : *Elle veille maternellement sur ses petits frères.*

materner [matɛrne] v.t. Entourer de soins excessifs, protéger à la façon d'une mère : *Materner ses élèves.*

materniser [matɛrnize] v.t. (du lat. *maternus*). Donner à un lait animal ou synthétique une composition la plus proche possible de celle du lait de femme.

maternité [matɛrnite] n.f. (du lat. *maternus,* de *mater* "mère"). **- 1.** État, qualité de mère : *La maternité l'a embellie.* **- 2.** Fait de mettre un enfant au monde : *Elle a eu trois maternités rapprochées* (syn. grossesse). **- 3.** Établissement, service hospitalier où s'effectuent la surveillance médicale de la grossesse et l'accouchement.

math ou **maths** [mat] n.f. pl. (abrév.). FAM. **- 1.** Mathématiques : *Un cours de math. Être fort en maths.* **- 2.** Math spé, math sup, classe de mathématiques spéciales, de mathématiques supérieures.

mathématicien, enne [matematisjɛ̃, ɛn] n. Chercheur, enseignant spécialiste des mathématiques.

mathématique [matematik] n.f. (lat. *mathematicus,* gr. *mathêmatikos,* de *mathêma* "science"). **- 1.** (Au sing. ou au pl.). Science qui étudie par le moyen du raisonnement déductif les propriétés d'êtres abstraits (nombres, figures géométriques, fonctions, espaces, etc.) ainsi que les relations qui s'établissent entre eux : *Réussir en mathématiques.* **- 2.** (Au sing.). Ensemble des disciplines mathématiques envisagées comme constituant un tout organique. **- 3.** Méthode d'élaboration du raisonnement propre à ces disciplines. **- 4.** Mathématiques spéciales, supérieures, classes préparatoires aux concours des grandes écoles scientifiques (appelées respectivement, en arg. scol., *taupe* et *hypotaupe*). ◆ adj. **- 1.** Relatif aux mathématiques : *Logique mathématique.* **- 2.** Qui exclut toute incertitude, toute inexactitude : *Précision mathématique* (syn. rigoureux). **- 3.** C'est mathématique, c'est logique, inévitable.

mathématiquement [matematikmɑ̃] adv. **- 1.** Selon les méthodes mathématiques : *Raisonner mathématiquement.* **- 2.** Avec une exactitude rigoureuse : *Démontrer qqch mathématiquement* (syn. rigoureusement). **- 3.** De façon inéluctable, à coup sûr : *Mathématiquement, cela se terminera mal* (syn. immanquablement, inévitablement).

matheux, euse [matø, -øz] n. **- 1.** FAM. Étudiant en mathématique. **- 2.** Personne douée pour les mathématiques.

matière [matjɛr] n.f. (bas lat. *materia,* class. *materies* "bois de construction"). **- 1.** Substance, réalité constitutive des corps, douée de propriétés physiques : *La matière vivante.* **- 2.** PHILOS. Corps, réalité matérielle (par opp. à *âme,* à *esprit*). **- 3.** Substance particulière dont est faite une chose et connaissable par ses propriétés : *Matière combustible.* **- 4.** Ce qui fait l'objet d'une élaboration, d'une transformation d'ordre intellectuel : *Ces questionnaires lui ont fourni la matière principale de son enquête* (syn. matériau). **- 5.** Ce qui peut constituer le thème, le sujet d'un ouvrage, d'une étude : *Il y a là la matière d'un roman* (syn. fond, trame). **- 6.** Ce qui est l'objet d'une étude systématique, d'un enseignement : *Élève brillant dans les matières artistiques* (syn. discipline, domaine). **- 7.** Ce qui fournit l'occasion, ce qui est la cause de : *Donner matière* à discussion (syn. sujet). *Être, donner matière à rire* (syn. objet, prétexte). **- 8.** En matière de (+ n. ou adj.), en ce qui concerne tel domaine : *En matière de sport, en matière sportive.* ‖ **Entrée en matière,** début, introduction d'un exposé, d'un discours, d'une étude, etc. ‖ **Matière première,** matériau d'origine naturelle qui est l'objet d'une transformation artisanale ou industrielle : *La laine, le coton sont des matières premières.* ‖ **Table des matières,** liste fournissant l'indication des sujets traités dans un ouvrage, et leur référence.

matin [matɛ̃] n.m. (lat. *matutinum,* qui a éliminé le class. *mane*). **- 1.** Début du jour : *Quatre heures du matin.* **- 2.** Partie du jour comprise entre le lever du soleil et midi : *J'ai bien travaillé ce matin.* **- 3.** De bon matin, de grand matin, de bonne heure. ◆ adv. **- 1.** LITT. De bonne heure : *Se lever matin* (syn. tôt). **- 2.** Dans la matinée : *Dimanche matin.*

1. mâtin [matɛ̃] n.m. (lat. *mansuetus* "apprivoisé"). Gros chien de garde.

2. mâtin, e [matɛ̃, -in] n. (même étym. que *1. mâtin*). FAM., VIEILLI. Personne vive, délurée.

matinal, e, aux [matinal, -o] adj. **- 1.** Propre au matin : *Brise matinale.* **- 2.** Qui se lève de bonne heure.

mâtiné, e [matine] adj. (de *1. mâtin*). **- 1.** Qui n'est pas de race pure : *Épagneul mâtiné de dogue* (syn. croisé, métissé). **- 2.** Qui est mêlé à qqch d'autre : *Parler un français mâtiné d'italien* (syn. mélangé, panaché).

matinée [matine] n.f. **- 1.** Temps qui s'écoule depuis le point du jour jusqu'à midi : *Passer la matinée à rêvasser.* **- 2.** Spectacle, réunion qui a lieu l'après-midi (par opp. à *soirée*) : *Matinée à 16 heures.*

matines [matin] n.f. pl. (de *matin*). CATH. Premier office divin, chanté avant le lever du jour (appelé auj. *office de lectures*).

matir [matiʀ] v.t. (conj. 32). TECHN. Rendre mat un métal précieux.

matité [matite] n.f. État de ce qui est mat : *La matité d'un son, d'une couleur, d'un papier photographique.*

maton, onne [matɔ̃, -ɔn] n. (de *mater*). ARG. Gardien, gardienne de prison.

matou [matu] n.m. (orig. incert., p.-ê. onomat.). Chat mâle, génér. non castré.

matraquage [matrakaʒ] n.m. Action de matraquer : *Le matraquage publicitaire.*

matraque [matrak] n.f. (ar. d'Algérie *matraqa* "gourdin"). Arme contondante, faite le plus souvent d'un cylindre de bois ou de caoutchouc durci.

matraquer [matrake] v.t. **- 1.** Frapper à coups de matraque. **- 2.** Critiquer, traiter dure-

ment : *La critique l'a matraqué pour son dernier film.* **- 3.** FAM. Demander à un client un prix excessif pour un produit, un service : *On s'est fait matraquer au restaurant* (syn. escroquer). **- 4.** Infliger, en le répétant avec insistance un slogan, une image publicitaire, etc. : *Une chanson que l'on matraque sur les ondes.*

matriarcal, e, aux [matʀijaʀkal, -o] adj. Relatif au matriarcat : *Société matriarcale.*

matriarcat [matʀijaʀka] n.m. (du lat. *mater* "mère", d'apr. *patriarcat*). Forme de société dans laquelle les femmes ont une autorité prépondérante dans la famille et exercent des fonctions politiques dans l'organisation sociale.

matrice [matʀis] n.f. (lat. *matrix, -icis*). **- 1.** VIEILLI. Utérus. **- 2.** TECHN. Moule en creux ou en relief, servant à reproduire une empreinte sur un objet soumis à son action. **- 3.** STAT. Arrangement ordonné d'un ensemble d'éléments. **- 4.** ADMIN. Matrice cadastrale, document énumérant les parcelles appartenant à chaque propriétaire dans la commune. ‖ **Matrice du rôle des contributions,** registre original d'après lequel sont établis les rôles des contributions dans chaque commune.

1. matricide [matʀisid] n.m. (lat. *matricidium*). LITT. Crime de celui, de celle qui a tué sa mère.

2. matricide [matʀisid] n. et adj. (lat. *matricida*). LITT. Personne qui a commis un matricide.

1. matricule [matʀikyl] n.f. (bas lat. *matricula*). **- 1.** Registre où sont inscrits les noms de tous les individus qui entrent dans un hôpital, dans une prison, dans un corps de troupes, etc. : *Matricule militaire.* **- 2.** Inscription sur ce registre. **- 3.** Extrait de cette inscription.

2. matricule [matʀikyl] n.m. (de *1. matricule*). **- 1.** Numéro d'inscription sur la matricule : *Le prisonnier matricule 100* et, ellipt., *le matricule 100.* **- 2.** Numéro d'identification des véhicules et matériels militaires.

matrilinéaire [matʀilineɛʀ] adj. (du lat. *mater* "mère" et *linea* "ligne"). ANTHROP. Se dit d'un système de filiation et d'organisation sociale qui ne prend en compte que l'ascendance maternelle (par opp. à *patrilinéaire*).

matrimonial, e, aux [matʀimɔnjal, -o] adj. (bas lat. *matrimonialis,* de *matrimonium* "mariage"). **- 1.** Relatif au mariage : *L'agence matrimoniale met en rapport des personnes désireuses de se marier.* **- 2.** Régime matrimonial, régime qui règle la répartition et la gestion des biens entre époux.

matrone [matʀɔn] n.f. (lat. *matrona*). **- 1.** ANTIQ. Femme mariée ou mère de famille, chez les Romains. **-2.** Femme d'âge mûr et d'allure respectable. **-3.** Femme corpulente aux manières vulgaires (péjor.). **-4.** Autref., sage-femme.

matronyme [matʀɔnim] n.m. (du lat. *mater*, d'apr. *patronyme*). Nom de famille formé d'après le nom de la mère.

maturation [matyʀasjɔ̃] n.f (lat. *maturatio*, de *maturare* "mûrir"). **-1.** Processus menant au développement complet d'un phénomène, à la plénitude d'une faculté : *Maturation d'un talent*. **-2.** BIOL. Évolution d'un organe animal ou végétal vers sa maturité ; transformation que subit un produit pour arriver à l'état où il peut être livré à la consommation : *Maturation des vins, des fromages*. **-3.** PHYSIOL. Évolution de l'organisme humain vers son état adulte (par opp. à la *croissance*, désignant l'évolution des mensurations) : *Maturation sexuelle*. **-4.** MÉTALL. Maintien à une température voisine de la température ambiante d'un produit en alliage léger préalablement trempé, destiné à en améliorer les qualités mécaniques.

mature [matyʀ] adj. (lat. *maturus*). **-1.** Arrivé à maturité, et notamm. à une certaine maturité psychologique : *Un enfant mature*. **-2.** Se dit du poisson prêt à frayer.

mâture [mɑtyʀ] n.f. MAR. Ensemble des mâts d'un navire.

maturité [matyʀite] n.f. (lat. *maturitas*, de *maturus* "mûr"). **-1.** État d'un fruit quand il est mûr. **-2.** Période de la vie caractérisée par le plein développement physique, affectif et intellectuel : *Être en pleine maturité* (= dans la force de l'âge ; syn. plénitude). **-3.** État de qqn, d'une intelligence, d'une faculté, de qqch qui a atteint son plein développement ; sûreté du jugement : *Manquer de maturité. Talent en pleine maturité* (syn. épanouissement). *Projet qui vient à maturité*. **-4.** En Suisse, examen de fin d'études secondaires, homologue du baccalauréat français.

maudire [modiʀ] v.t. (lat. *maledicere*) [conj. 104]. **-1.** LITT. Appeler la malédiction, la colère divine sur qqn ; vouer à la damnation éternelle, en parlant de Dieu : *Noé maudit son fils Cham*. **-2.** Exprimer son impatience, sa colère contre qqn, qqch : *Maudire le sort* (syn. pester contre). *Maudire la guerre, les tyrans* (syn. exécrer).

maudit, e [modi, -it] adj. et n. **-1.** Voué à la damnation éternelle : *Les supplices des maudits* (syn. damné). **-2.** Réprouvé, rejeté par la société : *Poète maudit*. ◆ adj. (Surtout avant le n.). Qui contrarie désagréablement ; dont on a sujet de se plaindre : *Cette maudite pluie !*

maugréer [mogʀee] v.i. (de l'anc. fr. *maugré*, de *mal* et *gré*) [conj. 15]. LITT. Manifester sa mauvaise humeur, son mécontentement en prononçant des paroles à mi-voix : *Il céda sa place en maugréant* (syn. bougonner). ◆ v.t. Dire en maugréant : *Maugréer des injures* (syn. marmonner).

maure ou **more** [mɔʀ] adj. et n. (lat. *Maurus*, esp. *Moro*). **-1.** HIST. Chez les Romains, qui appartenait à la Mauritanie ancienne (actuel Maghreb). **-2.** HIST. Au Moyen Âge, Berbère appartenant au peuple qui conquit l'Espagne. **-3.** Auj., habitant du Sahara occidental. **-4.** HÉRALD. Tête de Maure, figure représentant une tête de Noir.

mauresque ou **moresque** [mɔʀesk] adj. Propre aux Maures. ◆ **mauresque** n.f. Femme maure.

mausolée [mozɔle] n.m. (lat. *mausoleum*, gr. *mausôleion* "tombeau de Mausole [roi de Carie]"). Monument funéraire de grandes dimensions, à l'architecture somptueuse.

maussade [mosad] adj. (de *mal*, et anc. fr. *sade*, du lat. *sapidus* "savoureux"). **-1.** Qui est d'une humeur chagrine, désagréable ; qui manifeste cette humeur : *Un homme maussade, à l'air maussade* (syn. renfrogné, grognon). **-2.** Qui inspire l'ennui, la tristesse : *Temps maussade*.

mauvais, e [mɔvɛ, -ɛz] adj. (lat. pop. *malifatius*, du class. *male fatum* "mauvais sort"). **-1.** Qui n'est pas de bonne qualité, qui présente un défaut, une imperfection : *Une mauvaise terre* (contr. bon). *Parler un mauvais français* (syn. incorrect). *Avoir une mauvaise mémoire* (syn. défectueux). **-2.** Qui ne convient pas : *Arriver au mauvais moment* (syn. défavorable, inopportun). *C'est une mauvaise raison* (syn. faux). **-3.** Qui n'a pas les qualités requises : *Mauvais acteur. Être mauvais en sciences* (syn. médiocre, nul). **-4.** Dont les conséquences, les résultats sont insatisfaisants : *Mauvaise récolte* (syn. insuffisant). *Faire une mauvaise affaire*. **-5.** Qui provoque une réaction défavorable, qui déplaît : *Faire mauvais effet. Un mauvais rêve. Ce gâteau a mauvais goût* (syn. désagréable). *Passer un mauvais quart d'heure* (syn. pénible). **-6.** Qui peut nuire, causer du mal, présenter un danger : *Fumer est mauvais pour la santé* (syn. dangereux, nuisible, nocif). *Une mauvaise fracture. Mer mauvaise* (= très agitée). **-7.** Qui fait le mal ; dépourvu de qualités morales ; qui manifeste de la méchanceté : *C'est un homme mauvais* (syn. méchant, cruel). *Un mauvais sujet* (= qqn dont la conduite est répréhensible). *Être animé de mauvaises intentions. Une joie mauvaise*. **-8.** Contraire à la morale, à la justice : *Mauvaise conduite* (syn. indigne, corrompu). **-9.** FAM. L'avoir, la trouver mauvaise, être mécontent, déçu de qqch. ‖ *Mauvaise tête*, personne sujette à des coups de tête, qui n'a pas bon caractère. ◆ **mauvais** adv. Il fait mauvais, le temps n'est pas beau. ‖ Sentir mauvais, exhaler une odeur fétide.

mauve [mov] n.f. (lat. *malva*). Plante à fleurs roses ou violacées, dont l'infusion est laxative et calmante. □ Type de la famille des malvacées. ◆ adj. et n.m. Couleur violet pâle.

mauviette [movjɛt] n.f. (dimin. de *mauvis* "grive"). FAM. Personne chétive, maladive ou peu courageuse.

maxillaire [maksilɛʀ] n.m. (lat. *maxillaris,* de *maxilla* "mâchoire"). - 1. Mâchoire supérieure de l'homme et des vertébrés (par opp. à *mandibule*). - 2. Os des mâchoires : *Maxillaire inférieur, supérieur.* ◆ adj. Qui se rapporte aux mâchoires.

maxima [maksima] n.m. pl. → **maximum.**

maximal, e, aux [maksimal, -o] adj. (de *maximum*). - 1. Qui constitue ou atteint le plus haut degré : *Températures maximales* (contr. minimal). - 2. MATH. Élément maximal d'un ensemble ordonné, élément tel qu'il n'existe aucun autre élément dans cet ensemble qui lui soit strictement supérieur.

maximaliser v.t. → **maximiser.**

maximaliste [maksimalist] adj. et n. (de *maximal*). Qui préconise des solutions extrêmes, radicales, partic. dans le domaine politique.

maxime [maksim] n.f. (lat. médiév. *maxima* [*sententia*] "[sentence] la plus générale"). Formule brève énonçant une règle de morale ou de conduite ou une réflexion d'ordre général : *Maximes populaires* (syn. dicton).

maximiser [maksimize] et **maximaliser** [maksimalize] v.t. (de *maximum* et *maximal*). - 1. Donner la plus haute valeur possible à une grandeur, un fait, une idée, etc. - 2. Porter une quantité au plus haut degré.

maximum [maksimɔm] n.m. (neutre substantivé du lat. *maximus,* superlatif de *magnus* "grand") [pl. *maximums* ou *maxima*]. - 1. Le plus haut degré atteint par qqch ou que qqch puisse atteindre : *Prendre le maximum de précautions. Les maximums (ou maxima) de température du mois d'août sont élevés.* - 2. Limite supérieure d'une condamnation pénale : *Être condamné au maximum.* - 3. Au maximum, dans le pire des cas ; au plus haut degré : *Je serai absente deux jours au maximum. Profiter au maximum de ses vacances.* ‖ MATH. Maximum d'une fonction, la plus grande des valeurs de cette fonction dans un intervalle de la variable ou dans son domaine de définition. ‖ MATH. Maximum d'un ensemble ordonné, le plus grand élé-

ment, s'il existe, de cet ensemble. ◆ adj. (Emploi critiqué). Maximal : *Des températures maximums.*

maya [maja] adj. Qui appartient aux Mayas. ◆ n.m. Famille de langues indiennes de l'Amérique centrale.

mayonnaise [majɔnɛz] n.f. (orig. incert., p.-ê. pour *mahonnaise,* de *Port-Mahon,* n. d'une ville). Sauce froide composée d'une émulsion de jaune d'œuf et d'huile.

mazagran [mazagʀɑ̃] n.m. (de *Mazagran,* village d'Algérie). Récipient épais, en faïence, en forme de verre à pied, pour boire le café.

mazdéen, enne [mazdeɛ̃, -ɛn] adj. Du mazdéisme.

mazdéisme [mazdeism] n.m. (de l'anc. perse *mazda* "sage"). Religion dualiste de l'Iran ancien réformée par Zarathoustra : *Le livre sacré du mazdéisme est l'Avesta* (syn. zoroastrisme).

mazette [mazɛt] interj. (probabl. de *mazette* "mésange" en normand et en franc-comtois). VIEILLI. Exprime l'admiration, l'étonnement : *Mazette ! quelle voiture !*

mazout [mazut] n.m. (mot russe, de l'ar.). Fioul, fioul domestique.

mazurka [mazyʀka] n.f. (mot polon.). - 1. Danse à trois temps, d'origine polonaise (Mazurie). - 2. Air sur lequel elle s'exécute : *Jouer une mazurka de Chopin.*

me [mə] pron. pers. (lat. *me*). [*Me* s'élide en *m'* devant un mot commençant par une voyelle ou un *h* muet]. Désigne la 1ʳᵉ pers. du sing., aux deux genres, dans les fonctions de : - 1. Compl. d'objet direct ou indirect, ou compl. d'attribution : *Cela me fatigue. Cela m'est égal. Tu me le donnes ? -* 2. Reprise du sujet *je* dans les formes verbales pronominales : *Je me doute que...*

mé- ou **mès-**, préfixe du frq. *missi,* exprimant une négation (*méconnaître*) ou un caractère péjoratif (*mésalliance*).

mea culpa [meakulpa] n.m. inv. (mots lat. "par ma faute"). - 1. Aveu de la faute commise ; coup dont on se frappe la poitrine en prononçant ces paroles. - 2. Faire, dire son mea culpa, reconnaître ses torts.

méandre [meɑ̃dʀ] n.m. (lat. *Maeander,* gr. *Maiandros* "le Méandre", fl. sinueux d'Asie Mineure). - 1. Sinuosité décrite par un cours d'eau : *Les méandres de la Seine.* - 2. (Surtout au pl.). Détour sinueux et tortueux : *Les méandres de la diplomatie* (syn. dédale). *Il est difficile de suivre les méandres de sa pensée.* - 3. ARTS DÉC. Ornement sinueux.

méat [mea] n.m. (lat. *meatus,* de *meare* "passer"). - 1. BOT. Cavité intercellulaire des végétaux. - **2.** ANAT. Méat urinaire, orifice externe de l'urètre.

mec [mɛk] n.m. T. FAM. - **1.** Garçon ; homme. - **2.** Mari ; amant ; compagnon.

mécanicien, enne [mekanisjɛ̃, -ɛn] n. - **1.** Personne effectuant le montage et les réparations courantes d'ensembles mécaniques : *Conduire sa voiture chez un mécanicien* (abrév. fam. *mécano*). - **2.** Physicien, physicienne spécialiste de mécanique. - **3.** Officier mécanicien de l'air, officier de l'armée de l'air chargé de l'encadrement de certaines formations à caractère technique. ◆ **mécanicien** n.m. CH. DE F. Conducteur d'un engin moteur (locomotive, automotrice, etc.).

1. mécanique [mekanik] n.f. (de *2. mécanique*). - **1.** Combinaison d'organes propres à produire ou à transmettre des mouvements : *La mécanique d'une montre* (syn. mécanisme). - **2.** Science ayant pour objet l'étude des forces et des mouvements : *Mécanique des fluides*. - **3.** Étude des machines, de leur construction et de leur fonctionnement : *Un enfant passionné de mécanique*. - **4.** Machine considérée du point de vue de son fonctionnement de ses organes mécaniques : *Une belle mécanique*. - **5.** LITT. Ensemble des moyens utilisés dans le fonctionnement d'une activité : *La mécanique politique*.

2. mécanique [mekanik] adj. (lat. *mecanicus*, du gr. *mêkhanê* "machine"). - **1.** Relatif aux lois du mouvement et de l'équilibre : *Unité mécanique légale*. - **2.** Qui agit uniquement suivant les lois du mouvement et des forces : *L'action mécanique des vents*. - **3.** Qui est mis en mouvement par une machine ; qui comporte un mécanisme, et notamm. un mécanisme simple sans le recours à l'électricité : *Escalier mécanique. Rasoir mécanique* (contr. électrique). - **4.** Qui est effectué à l'aide d'une machine : *Tapis mécanique. Procédés mécaniques de fabrication*. - **5.** Qui relève du fonctionnement d'une machine, d'un mécanisme et, partic., du moteur d'une automobile : *Difficultés, ennuis mécaniques*. - **6.** Qui ne dépend pas de la volonté : *Un geste mécanique* (syn. machinal, automatique).

mécaniquement [mekanikmɑ̃] adv. - **1.** De façon mécanique : *Travailler mécaniquement* (syn. machinalement). *Le chargement se fait mécaniquement* (= avec des moyens mécaniques). - **2.** Du point de vue de la mécanique : *Les mouvements des astres s'expliquent mécaniquement*.

mécanisation [mekanizasjɔ̃] n.f. Action de mécaniser.

mécaniser [mekanize] v.t. (de *mécanique*). - **1.** Introduire l'emploi des machines dans une activité, une installation : *Mécaniser*

l'agriculture. - **2.** Rendre une action mécanique, automatique : *Mécaniser un travail* (syn. automatiser).

mécanisme [mekanism] n.m. (lat. *mechanisma*). - **1.** Combinaison d'organes ou de pièces disposés de façon à obtenir un résultat déterminé ; ensemble des pièces entrant en jeu dans un fonctionnement : *Régler un mécanisme. Démonter le mécanisme d'une horloge*. - **2.** Mode de fonctionnement de qqch qui est comparé à une machine : *Le mécanisme du corps humain. Mécanisme de défense du moi*. - **3.** PHILOS. Philosophie de la nature qui s'efforce d'expliquer l'ensemble des phénomènes naturels par les seules lois de cause à effet.

mécaniste [mekanist] adj. et n. PHILOS. Qui concerne ou qui professe le mécanisme : *Explication mécaniste de l'Univers*.

mécanographie [mekanɔgrafi] n.f. (du gr. *mêkhanê* "machine" et de *-graphie*). Méthode de dépouillement, de tri ou d'établissement de documents administratifs, comptables ou commerciaux, fondée sur l'utilisation de machines traitant mécaniquement des cartes perforées.

mécanographique [mekanɔgrafik] adj. De la mécanographie : *Classement mécanographique*.

mécénat [mesena] n.m. (de *mécène*). Protection, subvention accordée à des activités culturelles.

mécène [mesɛn] n.m. (de *Mécène*, n. du ministre d'Auguste). Personne physique ou morale qui protège les écrivains, les artistes, les savants, en les aidant financièrement (syn. bienfaiteur, protecteur).

méchamment [meʃamɑ̃] adv. - **1.** De façon méchante, dure : *Agir, parler méchamment* (syn. cruellement, hargneusement). - **2.** FAM. Très : *Il était méchamment en colère* (syn. extrêmement).

méchanceté [meʃɑ̃ste] n.f. - **1.** Penchant à faire du mal : *Agir par méchanceté* (syn. cruauté, malveillance). - **2.** Action, parole méchante : *Faire, dire des méchancetés*.

méchant, e [meʃɑ̃, -ɑ̃t] adj. et n. (p. présent de l'anc. v. *méchoir* "tomber mal"). Qui fait le mal sciemment ; qui manifeste de la malveillance : *Homme méchant* (syn. mauvais). *Regard méchant* (syn. hargneux, malveillant). *Une parole méchante*. ◆ adj. - **1.** Qui attire des ennuis, cause des difficultés ; dangereux : *S'attirer une méchante affaire*. - **2.** LITT. (Avant le n.). Qui n'a aucune valeur ou compétence : *Un méchant poète* (syn. médiocre). - **3.** FAM. Extraordinaire, étonnant, remarquable : *Il est arrivé dans une méchante bagnole* (syn. superbe).

1. **mèche** [mɛʃ] n.f. (lat. pop. *micca, class. myxa, gr. muxa). - **1.** Assemblage de grande longueur de fibres textiles éventuellement maintenues par une légère torsion. - **2.** Cordon, tresse employés dans la confection des bougies ou pour servir à conduire un liquide combustible dans un appareil d'éclairage : *La mèche d'une lampe à huile.* - **3.** Touffe de cheveux : *Une mèche rebelle lui retombe toujours sur le front.* - **4.** Gaine de coton contenant de la poudre noire et servant à mettre le feu à une arme, une mine, un explosif : *Allumer la mèche d'un pétard.* - **5.** TECHN. Outil rotatif en acier servant à percer des trous : *Mèches à bois, à béton.* - **6.** CHIR. Pièce de gaze étroite et longue que l'on introduit dans une plaie pour arrêter l'épanchement du sang, drainer une suppuration. - **7.** FAM. Éventer, vendre la mèche, livrer un secret.

2. **mèche** [mɛʃ] n.f. (it. *mezzo* "moitié, moyen"). FAM. Être de mèche avec qqn, être son complice (syn. connivence). - ARG. Y a pas mèche, il n'y a pas moyen, c'est impossible.

méchoui [meʃwi] n.m. (ar. *machwi*). Mouton ou agneau cuit en entier à la broche ; repas où l'on sert cet animal rôti, partic. en Afrique du Nord.

mécompte [mekɔ̃t] n.m. (de l'anc. v. *se mécompter*, de *compter*). Attente, espérance trompée : *Affaire n'apportant que des mécomptes* (syn. déception, désillusion).

méconnaissable [mekɔnesabl] adj. Transformé au point d'être malaisé à reconnaître : *La maladie l'a rendu méconnaissable.*

méconnaissance [mekɔnesɑ̃s] n.f. Fait de méconnaître, d'ignorer : *Erreur due à une méconnaissance des textes* (syn. ignorance).

méconnaître [mekɔnɛtʀ] v.t. (conj. 91). Ne pas comprendre, ne pas voir les qualités de ; ne pas apprécier à sa juste valeur : *Méconnaître l'importance d'une découverte* (syn. méjuger, mésestimer).

méconnu, e [mekɔny] adj. et n. Qui n'est pas apprécié selon son mérite : *Un auteur méconnu* (syn. incompris).

mécontent, e [mekɔ̃tã, -ãt] adj. et n. Qui n'est pas satisfait ; qui éprouve du ressentiment : *Je suis mécontent de votre travail* (syn. insatisfait). *L'augmentation des charges a fait de nombreux mécontents.*

mécontentement [mekɔ̃tãtmã] n.m. Sentiment, état d'indignation de qqn, d'un groupe qui est mécontent : *Manifester son mécontentement* (syn. insatisfaction).

mécontenter [mekɔ̃tãte] v.t. Rendre mécontent ; exciter le mécontentement de : *Cette réforme a mécontenté tout le monde* (syn. déplaire à).

mécréant, e [mekʀeã, -ãt] n. (de *mécroire*). Irréligieux ou infidèle ; personne qui n'a pas de religion (syn. athée).

médaille [medaj] n.f. (it. *medaglia*). - **1.** Pièce de métal, génér. circulaire, portant un dessin, une inscription en relief, frappée en l'honneur d'une personne ou en souvenir d'un événement : *Frapper une médaille.* - **2.** Pièce de métal représentant un sujet de dévotion : *Médaille de la Vierge.* - **3.** Petite pièce de métal portée comme breloque ou comme plaque d'identité. - **4.** Pièce de métal donnée en prix dans certains concours, certaines épreuves sportives ou en récompense d'actes de dévouement, etc. : *Gagner une médaille d'or aux jeux Olympiques.* - **5.** Médailles commémoratives, décorations attribuées aux militaires ayant participé à certaines guerres (guerres mondiales, Indochine, etc.).

médaillé, e [medaje] adj. et n. Décoré d'une médaille ayant valeur de récompense : *Un médaillé militaire.*

médaillon [medajɔ̃] n.m. (it. *medaglione*). - **1.** Médaille sans revers qui dépasse en poids et en taille les médailles ordinaires. - **2.** Bijou de forme circulaire ou ovale, dans lequel on place un portrait, des cheveux, etc. - **3.** Bas-relief ou autre élément décoratif circulaire ou ovale. - **4.** Préparation culinaire de forme ronde ou ovale : *Médaillon de veau.*

médecin [medsɛ̃] n.m. (lat. *medicus*). - **1.** Titulaire du diplôme de docteur en médecine, qui exerce la médecine : *Médecin de famille* (syn. praticien). *Médecin traitant* (= celui que l'on consulte habituellement). - **2.** Médecin des armées, officier du corps des médecins militaires, depuis 1968.

médecine [medsin] n.f. (lat. *medicina*, de *medicus* "médecin"). - **1.** Ensemble des connaissances scientifiques et des moyens mis en œuvre pour la prévention, la guérison ou le soulagement des maladies, blessures ou infirmités : *Étudiant en médecine.* - **2.** Système médical particulier : *Médecine allopathique, homéopathique.* - **3.** Profession de médecin : *L'exercice illégal de la médecine est sévèrement puni.* - **4.** Médecine du travail, ensemble des mesures préventives destinées à dépister les maladies touchant les travailleurs et à éviter les accidents ou maladies résultant de l'activité professionnelle. ‖ Médecine générale, pratique de la médecine qui s'étend à l'ensemble de l'organisme tant sur le plan du diagnostic et du traitement que sur celui de la prévention. ‖ Médecine légale, branche de la médecine appliquée à différentes questions de droit, de criminologie (constats de décès, expertises auprès des tribunaux).

médecine-ball n.m. → medicine-ball.

média [medja] n.m. (de l'anglo-amér. [*mass*] *media*, propr. "moyens [de diffusion de masse]") [pl. *médias*]. - **1.** Tout support de diffusion de l'information (radio, télévision, presse imprimée, livre, ordinateur, vidéogramme, satellite de télécommunication, etc.) constituant à la fois un moyen d'expression et un intermédiaire transmettant un message à l'intention d'un groupe. *Rem.* On dit encore parfois *mass media* ; on trouve aussi *médium* ou *medium* au sing., et *media*, n.m. inv.). - **2.** Nouveaux médias, qui découlent des technologies récentes (informatique, bureautique, etc.), envisagés partic. du point de vue des débouchés, des marchés qu'ils sont susceptibles de faire naître.

médian, e [medjɑ̃, -an] adj. (lat. *medianus*, de *medius* "qui est au milieu"). - **1.** Qui se trouve au milieu : *Ligne médiane.* - **2.** MATH. Se dit, pour une courbe plane ou une surface, de l'ensemble des milieux des cordes parallèles à une direction donnée : *Plan médian d'un tétraèdre* (= le plan passant par une arête et le milieu de l'arête opposée). - **3.** ANAT. Nerf médian, principal nerf de la flexion du membre supérieur, agissant sur le bras, l'avant-bras et la main.

médiane [medjan] n.f. (de *médian*). MATH. Dans un triangle, droite passant par un sommet et par le milieu du côté opposé ; segment limité par ces deux points.

médiateur, trice [medjatœʀ, -tʀis] adj. et n. (lat. *mediator*, de *mediare* "s'interposer"). - **1.** Qui effectue une médiation ; qui sert d'intermédiaire, d'arbitre, de conciliateur : *Puissance médiatrice. Le médiateur de la paix.* - **2.** Médiateur chimique, substance libérée par l'extrémité des fibres nerveuses en activité et excitant les cellules voisines. ‖ Médiateur de la République, autorité indépendante jouant le rôle d'intermédiaire entre les pouvoirs publics et les particuliers au sujet de leurs revendications concernant le fonctionnement d'un service public.

médiathèque [medjatɛk] n.f. (de *média* et *-thèque*, d'apr. *bibliothèque*). - **1.** Collection rassemblant sur des supports correspondant aux différents médias (bande magnétique, disque, film, papier, etc.) des documents de natures diverses. - **2.** Organisme chargé de la conservation et de la mise à la disposition du public d'une telle collection ; lieu qui l'abrite.

médiation [medjasjɔ̃] n.f. (bas lat. *mediatio*, du class. *mediare* "s'interposer"). - **1.** Entremise destinée à amener un accord ; arbitrage : *Offrir sa médiation* (= bons offices ; syn. intercession). - **2.** DR. Procédure du droit international public ou du droit du travail qui propose une solution de conciliation aux parties en litige.

médiatique [medjatik] adj. (de *média*). - **1.** Des médias : *Les Jeux Olympiques ont donné lieu à un grand battage médiatique.* - **2.** Bien perçu au travers des médias ; rendu populaire grâce aux médias : *Une personnalité très médiatique.*

médiatisation [medjatizasjɔ̃] n.f. Action de médiatiser.

1. médiatiser [medjatize] v.t. (de *média*). Faire passer, diffuser par les médias : *Médiatiser la politique.*

2. médiatiser [medjatize] v.t. (de *médiat* "qui se fait indirectement", contr. de *immédiat*). Servir d'intermédiaire pour transmettre qqch.

médiator [medjatɔʀ] n.m. (lat. *mediator* ; v. *médiateur*). Lamelle d'une matière plus ou moins souple (plastique, corne, écaille, etc.), qui sert à toucher les cordes de certains instruments de musique (mandoline, balalaïka, banjo, guitare, etc.) [syn. plectre].

médiatrice [medjatʀis] n.f. (fém. de *médiateur*). MATH. Médiatrice d'un segment du plan, droite perpendiculaire au segment en son milieu. ‖ Médiatrice d'un triangle, médiatrice d'un côté du triangle.

médical, e, aux [medikal, -o] adj. (du lat. *medicus* "médecin"). - **1.** De la médecine ; des médecins : *Milieu médical.* - **2.** Qui relève de la médecine clinique (par opp. à *chirurgie* ou à *psychothérapie*) : *Traitement médical.* - **3.** Professions médicales, professions des médecins, des chirurgiens-dentistes et des sages-femmes. ‖ Visiteur médical, délégué médical, représentant des laboratoires de spécialités pharmaceutiques auprès des professions médicales.

médicalement [medikalmɑ̃] adv. Du point de vue de la médecine.

médicalisation [medikalizasjɔ̃] n.f. Action de médicaliser.

médicaliser [medikalize] v.t. - **1.** Faire relever du domaine médical des phénomènes naturels ou sociaux : *Médicaliser des phénomènes de délinquance.* - **2.** Doter d'une infrastructure médicale un pays, une région.

médicament [medikamɑ̃] n.m. (lat. *medicamentum*). - **1.** Substance ou composition administrée en vue d'établir un diagnostic médical ou de restaurer, corriger, modifier les fonctions organiques : *Un médicament efficace* (syn. remède). - **2.** Médicament à usage externe, médicament qui s'utilise en application sur la peau, qui ne doit pas être absorbé. ‖ Médicament à usage interne, médicament à introduire dans l'organisme par voie buccale, rectale ou parentérale.

médicamenteux, euse [medikamɑ̃tø, -øz] adj. (lat. *medicamentosus*). Qui a les propriétés d'un médicament ; relatif aux médicaments : *Substance médicamenteuse. Traitement médicamenteux* (par opp. à *chirurgical*).

médication [medikasjɔ̃] n.f. (lat. *medicatio*). Emploi d'agents thérapeutiques, répondant à une indication donnée : *Médication anticoagulante.*

médicinal, e, aux [medisinal, -o] adj. (lat. *medicinalis*). Qui sert de remède : *Une plante médicinale.*

medicine-ball ou **médecine-ball** [medsinbol] n.m. (mot angl., de *medicine* "remède" et *ball* "ballon") [pl. *medicine-balls, médecineballs*]. Ballon plein et lourd, utilisé pour les exercices d'assouplissement et de musculation.

médico-légal, e, aux [medikɔlegal, -o] adj. - 1. De la médecine légale. - 2. Qui est destiné à faciliter la découverte de la vérité par un tribunal civil ou pénal, ou à préparer certaines dispositions administratives : *Expertise médico-légale.* - 3. Institut médico-légal, établissement, tel que la morgue de Paris, destiné à recevoir des cadavres, notamm. pour pratiquer certains examens demandés par les magistrats.

médico-pédagogique [medikɔpedagɔʒik] adj. (pl. *médico-pédagogiques*). Institut médico-pédagogique (*I. M. P.*), institution pédagogique placée sous contrôle médical et accueillant des adolescents déficients intellectuels de 14 à 18 ans pour les initier à la vie professionnelle.

médiéval, e, aux [medjeval, -o] adj. (du lat. *medium aevum* "Moyen Âge", propr. "âge du milieu"). Relatif au Moyen Âge : *Littérature médiévale.*

médiéviste [medjevist] n. et adj. Spécialiste de la littérature, de l'histoire du Moyen Âge.

médina [medina] n.f. (de l'ar. "ville"). Vieille ville, par opp. à la ville neuve européenne, dans les pays d'Afrique du Nord, partic. au Maroc et en Tunisie.

médiocre [medjɔkr] adj. (lat. *mediocris* "faible, petit", de *medium* "milieu"). - 1. Qui est au-dessous de la moyenne ; peu important : *Revenus médiocres* (syn. modique, modeste). *Avoir une note médiocre* (syn. insuffisant, faible). - 2. Qui a peu de capacités dans tel domaine : *Élève médiocre en anglais* (syn. faible). - 3. Qui est sans éclat, sans intérêt : *Film médiocre* (syn. mauvais). ◆ adj. et n. Qui a peu d'intelligence, de capacités, de valeur : *Un écrivain médiocre. Un médiocre, jaloux du succès des autres.*

médiocrement [medjɔkrəmɑ̃] adv. De façon médiocre : *Je suis médiocrement satisfait de votre travail.*

médiocrité [medjɔkrite] n.f. État, caractère de qqn, de ce qui est médiocre : *L'envie est un signe de médiocrité* (contr. valeur). *La médiocrité d'un film* (syn. banalité, platitude).

médique [medik] adj. Relatif aux Mèdes, à la Médie : *Les guerres médiques.* (On dit aussi *mède.*)

médire [medir] v.t. ind. [**de**] (de *mé*[*s*] et *dire*) [conj. 103]. Tenir sur qqn des propos malveillants ; révéler ses défauts avec l'intention de nuire : *Médire de ses voisins* (syn. dénigrer, critiquer).

médisance [medizɑ̃s] n.f. - 1. Action de médire, de dénigrer : *Être victime de la médisance.* - 2. Propos de qqn qui médit : *Se répandre en médisances.*

médisant, e [medizɑ̃, -ɑ̃t] adj. et n. Qui médit, manifeste de la médisance : *Des voisins médisants. Propos médisants.*

méditatif, ive [meditatif, -iv] adj. et n. (bas lat. *meditativus*). Qui est porté à la méditation. ◆ adj. Qui dénote un état de méditation : *Air méditatif* (syn. rêveur, pensif).

méditation [meditasjɔ̃] n.f. (lat. *meditatio*). - 1. Action de réfléchir, de penser profondément à un sujet, à la réalisation de qqch : *Cet ouvrage est le fruit de ses méditations* (syn. réflexion). - 2. Attitude qui consiste à s'absorber dans une réflexion profonde : *La solitude est propice à la méditation.* - 3. Oraison mentale sur un sujet religieux ; application de l'esprit à un tel sujet.

méditer [medite] v.t. (lat. *meditari*). - 1. Soumettre à une profonde réflexion : *Méditer une vérité. Méditez mon conseil.* - 2. Préparer par une longue réflexion : *Méditer un projet* (syn. mûrir, combiner). *Il médite de partir* (syn. projeter). ◆ v.t. ind. [**sur**]. Se livrer à de profondes réflexions sur : *Méditer sur la fuite du temps* (syn. spéculer). ◆ v.i. S'absorber dans ses pensées, dans la méditation : *Assis dans le jardin, il méditait des heures durant.*

méditerranéen, enne [mediteraneɛ̃, -ɛn] adj. - 1. De la Méditerranée, des régions qui l'entourent : *Les côtes méditerranéennes.* - 2. Climat méditerranéen, climat caractérisé par des étés chauds et secs et des hivers génér. doux et pluvieux, typique notamm. des régions proches de la Méditerranée. ◆ n. (Avec une majuscule). Originaire ou habitant des régions qui bordent la Méditerranée.

1. **médium** [medjɔm] n.m. (lat. *medium* "milieu"). MUS. Registre moyen d'une voix, d'un instrument.

2. **médium** [medjɔm] n. (de *1. médium,* par l'angl.). Intermédiaire entre le monde des vivants et le monde des esprits, selon les doctrines spirites.

médius [medjys] n.m. (du lat. [*digitus*] *medius* "[doigt] du milieu"). Doigt du milieu de la main (syn. majeur).

médullaire [medylɛʀ] adj. (lat. *medullaris*, de *medulla* "moelle"). - **1.** Relatif à la moelle épinière ou à la moelle osseuse. - **2.** Qui forme la partie centrale de certains organes : *Substance médullaire de la surrénale.* - **3.** BOT. Relatif à la moelle d'une plante. - **4.** Canal médullaire, canal axial des os longs, qui contient la moelle osseuse.

médulleux, euse [medylø, -øz] adj. (lat. *medullosus*, de *medulla* "moelle"). BOT. Rempli de moelle : *La tige du sureau est médulleuse.*

méduse [medyz] n.f. (de *Méduse*, n. myth.). Animal marin, représentant la forme nageuse de nombreux cnidaires, fait d'une ombrelle contractile, transparente et d'aspect gélatineux dont le bord porte des filaments urticants. □ Embranchement des cœlentérés.

méduser [medyze] v.t. (de *Méduse*, gr. *Medousa*). Frapper de stupeur : *Sa réponse m'a médusé* (syn. pétrifier, stupéfier).

meeting [mitiŋ] n.m. (mot angl., de *to meet* "rencontrer"). - **1.** Importante réunion publique organisée par un parti, un syndicat, etc., pour informer et débattre d'un sujet politique ou social. - **2.** Démonstration, réunion sportive : *Meeting aérien. Meeting d'athlétisme.*

méfait [mefɛ] n.m. (de l'anc. v. *méfaire*). - **1.** Action mauvaise, nuisible et, partic., crime ou délit : *Commettre un méfait* (syn. faute, LITT. forfait). - **2.** Résultat néfaste, effet nuisible de qqch : *Les méfaits du tabac* (syn. ravage).

méfiance [mefjɑ̃s] n.f. État d'esprit de qqn qui se tient sur ses gardes face à qqn d'autre ou à propos de qqch : *Éveiller la méfiance de qqn* (syn. soupçons). *La sentinelle l'a laissé passer sans méfiance* (syn. défiance).

méfiant, e [mefjɑ̃, -ɑ̃t] adj. et n. Qui se méfie, qui dénote la méfiance : *Être de caractère méfiant* (syn. soupçonneux ; contr. confiant).

se méfier [mefje] v.pr. [**de**] (de [se] *fier*) [conj. 9]. - **1.** Manquer de confiance, être soupçonneux : *Se méfier de qqn, de ses conseils* (syn. se défier). - **2.** Faire attention ; se tenir sur ses gardes : *La rue est glissante : méfie-toi !*

méforme [mefɔʀm] n.f. Mauvaise condition physique d'un sportif.

mégahertz [megaɛʀts] n.m. (de *méga-* "un million" et *hertz*). Un million de hertz. □ Symb. MHz.

mégalithe [megalit] n.m. (de *méga-* et *-lithe*). Monument composé d'un ou de plusieurs grands blocs de pierre bruts ou sommairement aménagés.

mégalithique [megalitik] adj. Fait de mégalithes, relatif aux mégalithes : *Les menhirs, les dolmens, les cromlechs sont des monuments mégalithiques.*

mégalomane [megalɔman] adj. et n. (de *mégalo-* et *-mane*). - **1.** PSYCHIATRIE. Atteint de mégalomanie. - **2.** Qui manifeste des idées de grandeur, un orgueil excessifs (abrév. fam. mégalo).

mégalomanie [megalɔmani] n.f. (de *mégalo-* et *-manie*). PSYCHIATRIE. Surestimation de sa valeur physique ou intellectuelle, de sa puissance ; délire, folie des grandeurs.

mégalopole [megalɔpɔl] n.f. (de *mégalo-* et *-pole*). Très grande agglomération urbaine ou ensemble de grandes villes voisines. (On dit aussi une *mégapole*.)

mégaphone [megafɔn] n.m. (de *méga-* et *-phone*). Appareil qui amplifie les sons de la voix (syn. porte-voix).

par mégarde [megaʀd] loc. adv. (de l'anc. v. *mesgarder*, de *garder*). Par inadvertance, par erreur : *Par mégarde, j'ai pris cette clé au lieu de l'autre.*

mégatonne [megatɔn] n.f. (de *méga-* "un million" et *tonne*). Unité servant à évaluer la puissance d'un explosif nucléaire, équivalent de l'énergie produite par l'explosion d'un million de tonnes de trinitrotoluène (T. N. T.).

mégère [meʒɛʀ] n.f. (de *Mégère*, n.pr., lat. *Megaera*, gr. *Megaira*, une des Furies). Femme acariâtre, emportée et méchante (syn. harpie).

mégir [meʒiʀ] et **mégisser** [meʒise] v.t. (anc. fr. *mégier* "soigner") [conj. 32]. TECHN. Tanner à l'alun les peaux délicates.

mégisserie [meʒisʀi] n.f. (de *mégis* "bain pour tanner les peaux"). - **1.** Industrie, commerce des peaux mégies. - **2.** Établissement où l'on mégit les peaux.

mégot [mego] n.m. (du tourangeau *mégauder* "téter"). FAM. Bout d'un cigare ou d'une cigarette que l'on a fini de fumer : *Un cendrier plein de mégots.*

mégoter [megɔte] v.i. (de *mégot*). FAM. Faire des économies sur de petites choses : *Ne mégote pas, prends ce qu'il y a de mieux* (syn. lésiner).

méhari [meaʀi] n.m. (mot ar.) [pl. *méharis* ou *méhara*]. Dromadaire domestique de selle, utilisé en Afrique du Nord pour les courses rapides : *Le méhari peut parcourir 80 km par jour.*

meilleur, e [mejœʀ] adj. (lat. *melior*, comparatif de *bonus* "bon"). - **1.** Comparatif de supériorité de *bon* : *L'espoir d'un monde meilleur* (= plus clément). *Il est meilleur qu'il (n')en a l'air* (= plus généreux, plus gentil). - **2.** Précédé de l'art. déf. ou d'un adj. poss., superlatif de *bon* : *Le meilleur des hommes. C'est sa meilleure comédie. Que le meilleur gagne* (= le meilleur concurrent). - **3.** FAM. J'en passe et des meilleures, je ne vous raconte pas tout. ◆ **meilleur** n.m. Ce qui est excellent chez qqn ou dans qqch : *Donner le meilleur de soi-même. Pour le meilleur et pour le pire.* ◆ adv. Il fait meilleur, le temps est meilleur.

méiose [mejoz] n.f. (gr. *meiôsis* "décroissance"). BIOL. Division de la cellule aboutissant à la réduction de moitié du nombre des chromosomes, se produisant au moment de la formation des cellules reproductrices (gamètes).

méjuger [meʒyʒe] v.t. [conj. 17]. LITT. Porter un jugement défavorable ou erroné sur : *Au fond, elle est très bien, je l'avais méjugée* (syn. mésestimer). ◆ v.t. ind. [de]. Se tromper sur, sous-estimer : *Méjuger de ses capacités.* ◆ **se méjuger** v.pr. Méconnaître sa propre valeur.

mélancolie [melɑ̃kɔli] n.f. (bas lat. *melancholia*, gr. *melagkholia* "bile noire"). -1. État de dépression, de tristesse vague, de dégoût de la vie : *Être enclin à la mélancolie* (syn. spleen). -2. Caractère de ce qui inspire cet état : *La mélancolie d'un paysage d'automne.* -3. PSYCHIATRIE. Dépression intense caractérisée par un ralentissement psychomoteur, et constituant l'une des phases de la psychose maniaco-dépressive. -4. FAM. Ne pas engendrer la mélancolie, être très gai.

mélancolique [melɑ̃kɔlik] adj. et n. -1. Qui éprouve une tristesse vague : *Il était songeur et mélancolique* (syn. maussade, morose). -2. PSYCHIATRIE. Atteint de mélancolie ; dépressif. ◆ adj. Qui manifeste, qui inspire de la mélancolie : *L'orchestre jouait un air mélancolique* (syn. triste).

mélancoliquement [melɑ̃kɔlikmɑ̃] adv. De façon mélancolique.

mélanésien, enne [melanezjɛ̃, -ɛn] adj. et n. De Mélanésie. ◆ **mélanésien** n.m. Groupe de langues de la famille austronésienne, parlées en Mélanésie.

mélange [melɑ̃ʒ] n.m. (de *mêler*). -1. Action de mêler, de mettre ensemble des choses diverses : *Effectuer un mélange. Un mélange de races* (syn. brassage). *Si vous buvez, au moins évitez les mélanges* (= les boissons alcoolisées de nature différente). -2. Substance obtenue en mêlant : *Un mélange détonant. Quels sont les produits qui entrent dans ce mélange ?* (syn. mixture, composition). -3. Réunion de choses ou d'êtres différents formant un tout : *Style qui est un mélange d'ancien et de moderne* (syn. association). *Un mélange d'indulgence et de rigueur morale* (syn. amalgame). -4. CHIM. Association de plusieurs corps sans réaction chimique. -5. Sans mélange, pur, parfait : *Bonheur, joie sans mélange.* ◆ **mélanges** n.m. pl. -1. Recueil portant sur des sujets variés :

Mélanges littéraires. -2. Ouvrage composé d'articles divers, offert en hommage à un professeur par ses collègues et ses disciples.

mélangé, e [melɑ̃ʒe] adj. Composé d'éléments différents : *Public très mélangé* (syn. composite).

mélanger [melɑ̃ʒe] v.t. (de *mélange*) [conj. 17]. -1. Mettre ensemble pour former un tout : *Mélanger des couleurs* (syn. associer). *Mélanger des laines pour faire un pull-over* (syn. mêler). -2. Mettre en désordre : *Mélanger ses dossiers* (syn. brouiller, embrouiller). -3. Confondre des choses, des faits, des idées ; mêler en un tout confus : *Mélanger les dates. Elle n'a plus toute sa tête, elle mélange tout* (= elle s'embrouille). -4. Mélanger les cartes, battre les cartes.

mélangeur [melɑ̃ʒœr] n.m. -1. Appareil, récipient servant à mélanger des substances. -2. Robinetterie à deux têtes et un bec, permettant d'obtenir un mélange d'eau froide et d'eau chaude.

mélanine [melanin] n.f. (du gr. *melas, melanos* "noir"). Pigment de couleur foncée, produit de l'oxydation d'un acide aminé, la *tyrosine*, présent normalement dans la peau, les cheveux et l'iris.

mélanome [melanom] n.m. MÉD. Tumeur cutanée développée à partir des cellules de la peau qui contiennent de la mélanine.

mélasse [melas] n.f. (esp. *melaza*, de *miel*). -1. Résidu sirupeux non cristallisable de la fabrication du sucre, utilisé notamm. pour l'alimentation du bétail. -2. FAM. Être dans la mélasse, être dans une situation inextricable ou dans la misère.

mêlée [mele] n.f. (de *mêler*). -1. Combat opiniâtre et confus où l'on lutte corps à corps : *N'écoutant que son courage, il se jeta dans la mêlée* (syn. bagarre, bataille). -2. Bousculade confuse : *Dans la mêlée, elle a perdu une chaussure* (syn. chaos, confusion). -3. Lutte, conflit d'intérêts, de passions : *Être au-dessus de la mêlée politique.* -4. SPORTS. Phase du jeu de rugby où les avants de chaque équipe se mettent face à face en s'arc-boutant pour récupérer le ballon lancé sur le sol au milieu d'eux par le demi de mêlée : *Mêlée ouverte* (= que les avants forment spontanément).

mêler [mele] v.t. (bas lat. *misculare*, class. *miscere*). -1. Mettre ensemble des choses diverses : *Mêler de l'eau et du vin* (syn. mélanger). *Des fleurs de toutes sortes mêlaient leurs parfums* (syn. marier). -2. Unir, joindre ; faire participer : *Elle mêle la sévérité à un souci extrême de justice* (syn. associer). *Ne mêle pas ta vie privée à ta vie professionnelle. Mêler qqn à une affaire* (syn. impliquer). -3. Mettre dans le plus grand désordre : *Il a mêlé toutes mes photos*

(syn. emmêler, embrouiller). ◆ **se mêler** v.pr.
- **1.** Être mis ensemble, se mélanger : *Les eaux des deux rivières se mêlent au confluent. Une ville où se mêlent les populations les plus diverses* (syn. fusionner). - **2.** Se confondre ; s'embrouiller : *Tous ses souvenirs se mêlent.* - **3.** Entrer dans un tout ; se joindre : *Se mêler à un cortège. Le bruit des pétards se mêlait aux cris.* - **4.** Intervenir dans qqch, partic. de manière inopportune : *Ne te mêle pas de ses affaires.* - **5.** Se mêler de, être mêlé de, être mélangé à, teinté de : *Sa colère se mêlait d'amertume. Plaisir mêlé de crainte.*

mélèze [melɛz] n.m. (mot dauphinois, croisement du rad. gaul. *mel-* et du lat. *larix, -icis* désignant tous deux cet arbre). Arbre croissant dans les montagnes au-dessus de la zone des sapins, à aiguilles caduques insérées par touffes ; haut. 20 à 35 m. □ Ordre des conifères ; haut. 20 à 35 m.

méli-mélo [melimelo] n.m. (anc. fr. *meslemesle*, de *mêler*) [pl. *mélis-mélos*]. FAM. Mélange confus, désordonné : *Cette affaire est un de ces mélis-mélos !* (syn. embrouillamini).

méliioratif, ive [meljɔratif, -iv] adj. et n.m. (du lat. *melior* "meilleur"). LING. Se dit d'un terme qui présente sous un aspect favorable l'idée ou l'objet désigné (par opp. à *péjoratif*) : *Adjectifs mélioratifs.*

mélisse [melis] n.f. (lat. médiév. *melissa*, abrév. de *melissophyllon*, mot gr. "feuille à abeilles"). - **1.** Plante mellifère antispasmodique et stomachique, aussi appelée *citronnelle*. □ Famille des labiées. - **2.** Eau de mélisse, alcoolat obtenu par la distillation des feuilles de mélisse fraîche, et employé comme antispasmodique et stomachique.

mellifère [melifɛʀ] adj. (du lat. *mel, mellis* "miel" et *-fère*). - **1.** Qui produit du miel : *Insecte mellifère.* - **2.** Qui fournit un suc avec lequel les abeilles font le miel : *Plante mellifère.*

mellification [melifikasjɔ̃] n.f. (du lat. *mel, mellis* "miel"). Élaboration du miel par les abeilles.

melliflu, e ou **melliflue** [melifly] adj. LITT. Qui a la douceur, la suavité du miel ; d'une douceur exagérée : *Elle s'exprimait dans une langue melliflue.*

mélodie [melɔdi] n.f. (bas lat. *melodia*, du gr.). - **1.** Suite de sons formant un air : *Les paroles de cette chanson sont stupides mais la mélodie est jolie.* - **2.** MUS. Composition pour voix seule avec accompagnement. - **3.** Suite harmonieuse de mots, de phrases, etc., propre à charmer l'oreille : *La mélodie d'un vers* (syn. harmonie).

mélodieusement [melɔdjøzmɑ̃] adv. De façon mélodieuse.

mélodieux, euse [melɔdjø, -øz] adj. Dont la sonorité est agréable à l'oreille : *Un chant mélodieux. Une phrase mélodieuse* (syn. harmonieux).

mélodique [melɔdik] adj. Relatif à la mélodie : *Ligne mélodique de la phrase.*

mélodramatique [melɔdramatik] adj. - **1.** Qui relève du mélodrame : *Genre mélodramatique.* - **2.** Qui évoque le mélodrame par son emphase, son exagération : *Ton mélodramatique.*

mélodrame [melɔdram] n.m. (de *mélo-* et *drame*). - **1.** ANTIQ. GR. Dialogue de tragédie chanté entre le coryphée et un personnage. - **2.** ANC. Drame où une musique instrumentale accompagnait l'entrée et la sortie des personnages. - **3.** Drame populaire, né à la fin du XVIIIe s., où sont accumulées des situations pathétiques et des péripéties imprévues. (Abrév. fam. *mélo*.)

mélomane [melɔman] n. et adj. (de *mélo-* et *-mane*). Amateur de musique.

melon [məlɔ̃] n.m. (lat. *melo, -onis*). - **1.** Plante rampante cultivée pour ses fruits, demandant de la chaleur et de la lumière. □ Famille des cucurbitacées. - **2.** Fruit de cette plante, arrondi ou ovoïde, vert, jaune ou brun clair, à chair orangée ou vert clair, sucrée et parfumée. - **3.** Chapeau melon, chapeau rond et bombé à bords étroits, ourlés sur les côtés. (On dit aussi *un melon*.) ‖ Melon d'eau, pastèque.

mélopée [melɔpe] n.f. (bas lat. *melopoeia*, gr. *melopoiia*, de *melos* "mélodie" et *poiein* "faire"). - **1.** ANTIQ. Chant rythmé qui accompagnait la déclamation. - **2.** Récitatif, chant monotone et triste.

melting-pot [mɛltiŋpɔt] n.m. (mot angl. "creuset") [pl. *melting-pots*]. - **1.** HIST. Brassage et assimilation d'éléments démographiques divers, aux États-Unis. - **2.** Endroit où se rencontrent des éléments d'origines variées, des idées différentes.

membrane [mɑ̃bran] n.f. (lat. *membrana* "peau qui recouvre les membres"). - **1.** Tissu mince et souple qui enveloppe, forme ou tapisse des organes, qui entoure une cellule, un noyau cellulaire : *Membrane des intestins. La membrane du tympan. Membrane fibreuse, séreuse.* - **2.** Pièce d'une mince couche de matière souple et génér. élastique : *Membrane vibrante d'un haut-parleur, d'un instrument de musique à percussion.* - **3.** PHYS. Mince paroi d'une substance poreuse que l'on interpose entre deux milieux et qui permet d'éliminer ou de concentrer certains constituants par osmose, dialyse, filtration, etc. - **4.** Fausse membrane, enduit blanchâtre constitué de fibrine, se formant sur les muqueuses à la suite de certaines inflammations (angine diphtérique, notamm.).

membraneux, euse [mãbranø, -øz] adj. Relatif à une membrane ; formé d'une membrane : *Tissu membraneux. Ailes membraneuses d'un insecte.*

membre [mãbʀ] n.m. (lat. *membrum*). - 1. Appendice disposé par paires sur le tronc de l'homme et des vertébrés tétrapodes, et servant à la locomotion et à la préhension : *Membres inférieurs et membres supérieurs.* - 2. Personne, groupe, pays faisant partie d'un ensemble, d'une communauté, etc : *Les membres d'un club* (syn. adhérent, sociétaire). *Membres d'un équipage. États membres de la C. E. E.* - 3. MATH. Dans une égalité ou une inégalité, chacun des deux termes figurant de part et d'autre du signe. - 4. LING. Partie d'une phrase correspondant à une unité syntaxique (groupe nominal, verbal) ou à une unité significative (mot). - 5. Membre viril, pénis.

membrure [mãbʀyʀ] n.f. - 1. Ensemble des membres du corps humain : *La membrure délicate d'une jeune fille.* - 2. CONSTR. Forte pièce en bois ou en métal, servant de point d'appui à une charpente ou à un assemblage de pièces ajustées. - 3. Couple, en construction navale.

même [mɛm] adj. (lat. pop. *metipsimus*, superlatif de *metipse*, de la loc. class. *egomet ipse* "moi-même"). - 1. Placé av. le nom, indique la similitude (souvent en corrélation avec *que*) : *Je me suis acheté la même veste que toi. Avoir les mêmes goûts.* - 2. Placé apr. le nom, marque une insistance, souligne une précision : *Cet homme est la bonté même. C'est cela même.* - 3. Lié par un trait d'union à un pronom personnel, insiste sur l'identité, le caractère personnel : *Elle a fait cette couverture elle-même. Connais-toi toi-même.* - 4. De moi-même (de toi-même, etc.), de mon (de ton, etc.) propre mouvement, spontanément : *Je n'y aurais jamais songé de moi-même.* ◆ adv. - 1. Marque un renchérissement, une gradation : *Je vous dirai même que... Même moi je n'ai pas su répondre.* - 2. Renforce un adverbe de temps, de lieu : *Aujourd'hui même. Ici même.* - 3. À même (+ n.), marque un contact étroit : *Boire à même la bouteille* (= directement à la bouteille). ‖ De même, de la même manière : *Agissez de même.* ‖ Être à même de, être en état, en mesure de : *Vous êtes à même de vous renseigner.* ‖ Tout de même, quand même, indique une opposition ; marque la réprobation : *Il a réussi tout de même* (syn. malgré tout). *Quand même, tu exagères !* (= il faut l'avouer). *Rem.* Même est variable en tant qu'adj. et invariable en tant qu'adv. ◆ pron. indéf. (Précédé de l'art. déf.).

Indique l'identité, la ressemblance : *Je connais cette gravure, nous avons la même. Cela revient au même.* ◆ **de même que** loc. conj. Marque une comparaison (parfois en corrélation avec *de même*) : *Elle n'aura aucun mal à remporter ce set, de même qu'elle a gagné le précédent.* ◆ **même que** loc. conj. FAM. Au point que : *Il est bien malade, même qu'il part à la montagne.* ◆ **même si** loc. conj. Marque une concession par rapport à une situation hypothétique : *Je le soutiendrai même s'il ne me le demande pas.*

mémento [memɛ̃to] n.m. (lat. *memento* "souviens-toi"). - 1. Agenda où l'on inscrit ce dont on veut se souvenir. - 2. Livre où est résumé l'essentiel d'une question : *Mémento d'histoire* (syn. aide-mémoire, précis). - 3. CATH. Prière du canon de la messe commençant par ce mot.

1. mémoire [memwaʀ] n.f. (lat. *memoria*). - 1. Activité biologique et psychique qui permet de retenir des expériences antérieurement vécues : *Troubles de la mémoire. Mémoire sensorielle.* - 2. Faculté de conserver et de rappeler les sentiments éprouvés, des idées, des connaissances antérieurement acquises ; ce qui résulte de l'exercice de cette faculté : *Avoir une bonne, une mauvaise mémoire. Garder dans sa mémoire le souvenir d'années heureuses. Remettez-moi en mémoire les points essentiels de la question* (= rappelez-moi). - 3. Souvenir qu'on garde de qqn, de qqch ; ce qui reste ou restera dans l'esprit des hommes : *Dictateur de sinistre mémoire. Venger la mémoire de son père.* - 4. INFORM. Organe de l'ordinateur qui permet l'enregistrement, la conservation et la restitution des données : *Mettre des données en mémoire.* - 5. À la mémoire de, en l'honneur de ; en souvenir de : *Célébrer une messe à la mémoire d'un mort.* ‖ De mémoire, en s'aidant seulement de la mémoire : *Citer une phrase de mémoire.* ‖ De mémoire d'homme, du plus loin qu'on se souvienne. ‖ Pour mémoire, à titre de rappel. - 6. INFORM. Mémoire externe, qui ne fait pas partie de l'unité centrale d'un ordinateur. ‖ Mémoire morte, mémoire dont le contenu enregistré ne peut être modifié par l'utilisateur. ‖ Mémoire vive, mémoire effaçable qui peut être reprogrammée au gré de l'utilisateur.

2. mémoire [memwaʀ] n.m. (même étym. que *1. mémoire*). - 1. Écrit sommaire exposant des faits, des idées : *Mémoire adressé au chef de l'État pour lui demander la grâce d'un condamné.* - 2. Exposé scientifique ou littéraire en vue d'un examen, d'une communication dans une société savante : *Les mémoires de l'Académie des sciences.* - 3. Relevé des sommes dues à un fournisseur (syn. note, relevé). - 4. DR. Acte de procédure conte-

nant les prétentions et arguments du plaideur, devant certaines juridictions.
◆ **Mémoires** n.m.pl. (Avec une majuscule). Relation écrite faite par une personne des événements qui ont marqué sa vie : *Publier ses Mémoires.*

mémorable [memɔrabl] adj. Digne d'être conservé dans la mémoire : *Une journée mémorable* (syn. inoubliable, marquant).

mémorandum [memɔrɑ̃dɔm] n.m. (lat. *memorandum* "qu'on doit se rappeler") [pl. *mémorandums*]. - **1.** Note diplomatique contenant l'exposé sommaire de l'état d'une question. - **2.** Carnet de notes ; mémento.

mémorial [memɔrjal] n.m. [pl. *mémoriaux*]. - **1.** (Avec une majuscule). Ouvrage dans lequel sont consignés des faits mémorables. - **2.** Monument commémoratif. - **3.** Mémoire servant à l'instruction d'une affaire diplomatique.

mémorialiste [memɔrjalist] n. Auteur de mémoires historiques ou littéraires.

mémorisation [memɔrizasjɔ̃] n.f. Action de mémoriser : *Effort de mémorisation.*

mémoriser [memɔrize] v.t. - **1.** Fixer dans sa mémoire : *Comment mémoriser cette liste de mots ?* - **2.** INFORM. Conserver une information dans une mémoire.

menaçant, e [mənasɑ̃, -ɑ̃t] adj. Qui exprime une menace ; qui fait prévoir une menace, un danger : *Geste menaçant* (syn. agressif). *Temps menaçant.*

menace [mənas] n.f. (lat. pop. *"minacia,* qui élimina le class. *minae*). - **1.** Parole, geste, acte par lesquels on exprime la volonté qu'on a de faire du mal à qqn, par lesquels on manifeste sa colère : *Proférer des menaces.* - **2.** Signe, indice qui laisse prévoir un danger : *Menace de pluie, de guerre. La hausse des prix constitue une menace pour l'économie* (syn. péril).

menacé, e [mənase] adj. En danger : *Un bonheur menacé.*

menacer [mənase] v.t. (lat. pop. *"miniciare*) [conj. 16]. - **1.** Chercher à intimider par des menaces : *Menacer qqn de mort. Menacer de sévir.* - **2.** Constituer un danger, un sujet de crainte pour : *Une crise nous menace.* - **3.** (Absol.). Être à craindre : *La pluie menace.* - **4.** Laisser prévoir, laisser craindre : *La neige menace de tomber.* - **5.** Menacer ruine, être dans un état de délabrement qui laisse craindre un prochain écroulement.

ménade [menad] n.f. (lat. *maenas, -adis,* du gr. myth.). ANTIQ. GR. Bacchante adonnée aux transes sacrées.

ménage [menaʒ] n.m. (anc. fr. *maisnie* "famille", de *maneir,* lat. *manere* "rester").

- **1.** Homme et femme vivant ensemble et formant la base de la famille : *Un ménage avec deux enfants.* - **2.** STAT. Unité élémentaire de population (couple, personne seule, communauté) résidant dans un même logement, envisagée dans sa fonction économique de consommation : *Les dépenses des ménages.* - **3.** Ensemble de ce qui concerne l'entretien, la propreté d'un intérieur : *Travaux de ménage.* - **4.** Faire bon, mauvais ménage, s'accorder bien, mal. ‖ **Faire des ménages,** être femme, homme de ménage. ‖ **Faire le ménage,** ranger et nettoyer un local ; réorganiser qqch en se débarrassant de ce qui est inutile ; mettre de l'ordre dans qqch. ‖ **Femme de ménage, homme de ménage,** personne qui fait des ménages, moyennant salaire, chez un particulier, dans une entreprise, etc. ‖ **Monter son ménage,** acheter le nécessaire à la vie domestique. ‖ **Se mettre en ménage,** se marier ou vivre maritalement.

ménagement [menaʒmɑ̃] n.m. (de *ménager*). Attitude destinée à ménager qqn : *Traiter qqn avec ménagement* (syn. égard, douceur). *Annoncer une nouvelle sans ménagement* (= avec une franchise brutale ; syn. précaution).

1. **ménager** [menaʒe] v.t. (de *ménage*) [conj. 17]. - **1.** Employer avec économie, mesure, modération : *Ménager ses forces* (syn. épargner, économiser). *Elle n'a pas ménagé ses efforts pour nous aider. Ménagez vos expressions !* (syn. modérer). - **2.** Traiter avec égards, avec respect, pour ne pas déplaire, indisposer ou fatiguer : *Ménager un adversaire.* - **3.** Préparer avec soin ou avec prudence : *Ménager une surprise à qqn* (syn. organiser, régler). ◆ **se ménager** v.pr. - **1.** Économiser ses forces, prendre soin de sa santé. - **2.** Se ménager qqch, se réserver qqch, s'arranger pour en disposer : *Se ménager quelques heures de repos dans la journée. Se ménager une porte de sortie* (= prévoir un moyen de sortir d'une difficulté).

2. **ménager, ère** [menaʒe, -ɛr] adj. (de *1. ménage*). Relatif aux soins du ménage, à tout ce qui concerne l'entretien, la propreté, la conduite d'une maison : *Occupations ménagères. Équipement ménager* (= l'ensemble des appareils domestiques destinés à faciliter les tâches ménagères). *Enlèvement des ordures ménagères.*

ménagère [menaʒɛr] n.f. - **1.** Femme qui a soin du ménage, qui s'occupe de l'administration du foyer. - **2.** Service de couverts de table (cuillers, fourchettes, etc.) dans leur coffret : *Une ménagère en argent.*

ménagerie [menaʒri] n.f. (de *ménage*). - **1.** Ensemble d'animaux de toutes espèces, entretenus pour l'étude ou pour la présentation au public. - **2.** Lieu où l'on entretient ces animaux.

menchevik [mɛnʃevik] ou [mɛnʃəvik] adj. et n. (du russe, "de la minorité", de *menche* "plus petit"). HIST. De la fraction minoritaire du parti ouvrier social-démocrate russe, qui s'opposa aux bolcheviks à partir de 1903 et que ces derniers éliminèrent après octobre 1917.

mendiant, e [mɑ̃djɑ̃, -ɑ̃t] n. Personne qui mendie : *Donner de l'argent à un mendiant* (= lui faire l'aumône). ◆ adj. Ordres mendiants, ordres religieux fondés ou réorganisés au XIIIᵉ s., auxquels leur règle impose la pauvreté. □ Les plus importants sont les Carmes, les Franciscains, les Dominicains et les Augustins.

mendicité [mɑ̃disite] n.f. (lat. *mendicitas*). - **1.** Action de mendier : *Être arrêté pour mendicité.* - **2.** Condition de celui qui mendie : *Être réduit à la mendicité.*

mendier [mɑ̃dje] v.i. (lat. *mendicare*) [conj. 9]. Demander l'aumône, la charité. ◆ v.t. - **1.** Demander comme une aumône : *Mendier du pain.* - **2.** Solliciter humblement ou avec insistance : *Mendier des éloges* (syn. quémander).

meneau [mɑno] n.m. (de l'anc. fr. *meien*, bas lat. *medianus*, de *medius* "milieu"). ARCHIT. Chacun des montants fixes divisant une baie en compartiments, notamm. dans l'architecture du Moyen Âge et de la Renaissance.

menées [mɑne] n.f. pl. (de *mener*). Manœuvres secrètes et malveillantes pour faire réussir un projet ; machination : *Être victime de menées perfides* (syn. agissements).

mener [mɑne] v.t. (bas lat. *minare* "pousser, mener les bêtes en les menaçant", class. *minari* "menacer") [conj. 19]. - **1.** Faire aller avec soi, accompagner, conduire quelque part : *Mener des enfants à l'école* (syn. emmener). - **2.** Transporter à telle destination : *Le taxi vous mènera à la gare* (syn. conduire). - **3.** Permettre d'accéder à un lieu : *Ce chemin mène à la plage.* - **4.** Guider, diriger, entraîner vers : *Indices qui mènent au coupable. Cette politique nous mènera à la faillite.* - **5.** Assurer la marche, le déroulement de : *Mener les débats* (syn. animer, diriger). *Mener une enquête. Bien mener ses affaires* (syn. gérer). - **6.** Être à la tête de ; diriger, commander : *Mener une coalition. Mener une course.* - **7.** GÉOM. Tracer : *Mener une perpendiculaire à une droite.* - **8.** Mener la vie dure à qqn, lui rendre la vie pénible, partic. en exerçant sur lui une autorité brutale. ‖ Mener loin, avoir de graves conséquences pour qqn. ‖ Mener qqch à bien, le faire réussir. ‖ Mener qqn en bateau, le mystifier ; le tromper. ‖ Mener telle vie, telle existence,

vivre de telle ou telle façon : *Mener une vie paisible, une vie sans souci.* ‖ FAM. Ne pas en mener large, avoir peur ; être inquiet, mal à l'aise. ◆ v.i. Avoir l'avantage sur un adversaire : *Mener par deux buts à zéro.*

ménestrel [menɛstrɛl] n.m. (du bas lat. *ministerialis* "chargé d'un service"). Au Moyen Âge, musicien de basse condition qui récitait ou chantait des vers en s'accompagnant d'un instrument de musique.

ménétrier [menetrije] n.m. (var. de *ménestrel*). Autref., dans les campagnes, homme qui jouait d'un instrument de musique pour faire danser.

meneur, euse [mɑnœr, -øz] n. - **1.** Personne qui, par son ascendant et son autorité, dirige un mouvement, notamm. un mouvement populaire ou insurrectionnel : *Les meneurs seront punis pour ce chahut.* - **2.** Meneur de jeu, animateur d'un jeu, d'un spectacle ; joueur qui anime une équipe. ‖ Meneur d'hommes, personne qui sait par son autorité entraîner les autres à sa suite.

menhir [menir] n.m. (mot breton, de *men* "pierre" et *hir* "long"). Monument mégalithique constitué d'un seul bloc de pierre vertical.

méninge [menɛ̃ʒ] n.f. (lat. scientif. *meninga*, gr. *mêninx*). Chacune des trois membranes (*pie-mère, arachnoïde, dure-mère*) entourant le cerveau et la moelle épinière. ◆ **méninges** n.f. pl. FAM. Cerveau, esprit : *Se creuser les méninges.*

méningé, e [menɛ̃ʒe] adj. Relatif aux méninges, à la méningite : *Artères méningées. Symptômes méningés.*

méningite [menɛ̃ʒit] n.f. Inflammation des méninges, d'origine microbienne ou virale, se traduisant par une raideur de la nuque, des céphalées et des vomissements.

ménisque [menisk] n.m. (gr. *mêniskos* "petite lune"). - **1.** Lentille de verre convexe d'un côté et concave de l'autre : *Ménisque convergent, divergent.* - **2.** Surface incurvée qui forme l'extrémité supérieure d'un liquide contenu dans un tube. - **3.** ANAT. Lame de cartilage située entre les os, dans certaines articulations comme le genou.

ménopause [menopoz] n.f. (du gr. *mên, mênos* "mois" et *pausis* "cessation"). Cessation de l'ovulation chez la femme, caractérisée par l'arrêt définitif de la menstruation ; époque où elle se produit.

ménopausée [menopoze] adj.f. Se dit d'une femme dont la ménopause est accomplie.

menotte [mɑnɔt] n.f. (dimin. de *main*). Petite main ; main d'enfant. ◆ **menottes** n.f. pl. Bracelets métalliques avec lesquels on attache les poignets des prisonniers : *Passer les menottes à un condamné.*

mensonge [mɑ̃sɔ̃ʒ] n.m. (lat. pop. *mentionica*). - **1.** Action de mentir, d'altérer la vérité : *Vivre dans le mensonge* (syn. duplicité, fausseté). - **2.** Affirmation contraire à la vérité : *Raconter des mensonges* (syn. contrevérité).

mensonger, ère [mɑ̃sɔ̃ʒe, -ɛʀ] adj. Fondé sur un mensonge : *Récit mensonger* (syn. inventé ; contr. vrai). *Promesse mensongère* (syn. faux, trompeur).

menstruation [mɑ̃stʀyasjɔ̃] n.f. (de *menstrues*). PHYSIOL. Phénomène physiologique caractérisé par un écoulement sanguin périodique correspondant à l'élimination de la muqueuse utérine, se produisant chez la femme, lorsqu'il n'y a pas eu fécondation, de la puberté à la ménopause.

menstruel, elle [mɑ̃stʀyɛl] adj. Relatif à la menstruation : *Le cycle menstruel est de 28 jours.*

menstrues [mɑ̃stʀy] n.f. pl. (lat. *menstrua*, de *mensis* "mois"). VIEILLI. Perte de sang accompagnant la menstruation (syn. règles).

mensualisation [mɑ̃sɥalizasjɔ̃] n.f. Action de mensualiser.

mensualiser [mɑ̃sɥalize] v.t. - **1.** Rendre mensuel un paiement, un salaire : *Mensualiser les rémunérations.* - **2.** Payer au mois ; faire passer à une rémunération mensuelle qqn qui était payé à l'heure, etc. : *Mensualiser des employés.*

mensualité [mɑ̃sɥalite] n.f. - **1.** Somme versée chaque mois : *Payer par mensualités.* - **2.** Traitement mensuel (syn. mois).

1. mensuel, elle [mɑ̃sɥɛl] adj. (bas lat. *mensualis*, de *mensis* "mois"). Qui se fait, qui paraît tous les mois : *Revue, paiement mensuels.* ◆ n. Employé payé au mois.

2. mensuel [mɑ̃sɥɛl] n.m. (de *1. mensuel*). Publication qui paraît chaque mois.

mensuellement [mɑ̃sɥɛlmɑ̃] adv. Chaque mois : *Être payé mensuellement.*

mensuration [mɑ̃sɥʀasjɔ̃] n.f. (lat. *mensuratio*, de *mensurare* ; v. *mesurer*). Détermination de certaines dimensions anatomiques caractéristiques. ◆ **mensurations** n.f. pl. Ensemble des dimensions caractéristiques du corps humain, notamm. le tour de poitrine, le tour de taille et le tour de hanches : *Avoir des mensurations idéales.*

mental, e, aux [mɑ̃tal, -o] adj. (bas lat. *mentalis*, de *mens, mentis* "esprit"). - **1.** Relatif aux fonctions intellectuelles, au psychisme : *État mental. Maladies mentales* (syn. psychique). - **2.** Qui se fait exclusivement dans l'esprit, sans être exprimé : *Calcul mental.*

mentalement [mɑ̃talmɑ̃] adv. - **1.** Par la pensée, sans s'exprimer à haute voix : *Calculer mentalement.* - **2.** Du point de vue mental, psychique : *Il est mentalement dérangé.*

mentalité [mɑ̃talite] n.f. (de *mental*, par l'angl. *mentality*). - **1.** Ensemble des manières d'agir, de penser de qqn ; état d'esprit : *Il a une mauvaise mentalité.* - **2.** SOCIOL. Ensemble des habitudes intellectuelles, des croyances, des comportements caractéristiques d'un groupe : *Nos enfants ont une mentalité différente de la nôtre.*

menteur, euse [mɑ̃tœr, -øz] adj. et n. Qui ment ; qui a l'habitude de mentir : *Ne le croyez pas, c'est un menteur !* (syn. mythomane). ◆ adj. Qui trompe ; qui induit en erreur : *Le proverbe est menteur qui dit que la fortune vient en dormant.*

menthe [mɑ̃t] n.f. (lat. *mentha*, du gr.). - **1.** Plante odorante des lieux humides, velue, à fleurs roses ou blanches. □ Famille des labiées. - **2.** Essence de cette plante utilisée pour son arôme et ses propriétés médicinales.

menthol [mɑ̃tɔl] ou [mɛ̃tɔl] n.m. Alcool terpénique extrait de l'essence de menthe : *Le menthol est un antinévralgique.*

mentholé, e [mɑ̃tɔle] ou [mɛ̃tɔle] adj. Qui contient du menthol : *Vaseline mentholée.*

mention [mɑ̃sjɔ̃] n.f. (lat. *mentio, -onis*, de *mens, mentis* "esprit"). - **1.** Action de signaler, de citer ; fait d'être signalé, cité : *Faire mention d'un événement.* - **2.** Indication, note dans un texte, un formulaire : *Barrer les mentions inutiles.* - **3.** Appréciation, souvent favorable, donnée par un jury sur une personne, un travail, dans un examen, un concours, une compétition : *Être reçu avec la mention bien.*

mentionner [mɑ̃sjɔne] v.t. Faire mention de ; citer : *Le journal mentionne plusieurs incendies de voitures* (syn. signaler). *Mentionnez vos nom et adresse* (syn. indiquer).

mentir [mɑ̃tiʀ] v.i. (bas lat. *mentire*, class. *mentiri*) [conj. 37]. - **1.** Donner pour vrai ce qu'on sait être faux ou nier ce qu'on sait être vrai : *L'accusé est bien allé au cinéma, mais il a menti sur l'heure de la séance. Il ment comme il respire* (= il a l'habitude de mentir). - **2.** Tromper par de fausses apparences : *Cette photographie ne ment pas.* - **3.** Sans mentir, à dire vrai, sans exagérer.

menton [mɑ̃tɔ̃] n.m. (lat. pop. *mento, -onis*, class. *mentum*). Partie saillante du visage, au-dessous de la bouche.

mentonnière [mɑ̃tɔnjɛʀ] n.f. - **1.** Bande passant sous le menton et retenant une coiffure, et notamm. un casque. - **2.** CHIR. Bandage pour le menton. - **3.** Accessoire épousant la forme du menton et servant à maintenir le violon pendant le jeu. - **4.** HIST. Pièce articulée d'un casque servant à protéger le bas de la figure (XVᵉ-XVIIIᵉ s.).

mentor [mɛtɔʁ] n.m. (de *Mentor,* n. du guide de Télémaque). SOUT. Guide attentif ; conseiller expérimenté.

1. menu, e [məny] adj. (lat. *minutus,* de *minuere* "diminuer"). **- 1.** Qui a peu de volume, d'épaisseur, d'importance : *Menus morceaux* (syn. petit). *Taille menue* (syn. délié, fluet). *Menus frais* (syn. négligeable). **- 2.** Qui est mince, frêle : *Une enfant menue* (syn. litt. gracile). **- 3.** À pas menus, à tout petits pas. ǁ **Menue monnaie,** monnaie de peu de valeur. ǁ LITT. **Menu peuple,** gens de basse condition. ǁ **Menus plaisirs,** dépenses fantaisistes et occasionnelles. ◆ **menu** adv. En petits morceaux : *Hacher menu.* ◆ **menu** n.m. Par le menu, en tenant compte des moindres détails : *Elle m'a raconté son aventure par le menu.*

2. menu [məny] n.m. (de *1. menu*). **- 1.** Liste détaillée des plats servis à un repas : *Consulter le menu* (syn. carte). **- 2.** Repas à prix fixe servi dans un restaurant (par opp. à *repas à la carte,* dont les plats sont choisis par le client). **- 3.** INFORM. Liste d'actions exécutables par un ordinateur exploité en mode interactif.

menuet [mənɥɛ] n.m. (de l'adj. *menuet,* dimin. de *1. menu* "à pas menus"). **- 1.** Danse à trois temps. **- 2.** MUS. Composition dans le caractère de cette danse qui, à la fin du XVIIᵉ s., s'intègre à la suite et, au XVIIIᵉ s., à la symphonie.

menuiser [mənɥize] v.t. (lat. pop. *minutiare* "rendre menu"). Travailler le bois en menuiserie : *Du bois finement menuisé.* ◆ v.i. Faire de la menuiserie ; travailler le bois.

menuiserie [mənɥizʁi] n.f. **- 1.** Métier du menuisier. **- 2.** Ouvrage du menuisier. **- 3.** Atelier de menuisier.

menuisier [mənɥizje] n.m. (de *menuiser*). Artisan ou industriel qui produit des ouvrages en bois pour le bâtiment, constitués de pièces relativement petites (à la différence du charpentier), ou des meubles génér. utilitaires, sans placage ni ornement (à la différence de l'ébéniste).

méphitique [mefitik] adj. (du lat. *mephitis* "odeur infecte"). Qui a une odeur répugnante ou toxique : *Gaz méphitique* (syn. malodorant, nauséabond).

méplat [mepla] n.m. (de *més-* et *plat*). **- 1.** Partie relativement plane : *Les méplats du visage.* **- 2.** CONSTR. Pièce de bois, de métal, plus large qu'épaisse.

se méprendre [mepʁɑ̃dʁ] v.pr. [sur] (de *mé[s]-* et *prendre*) [conj. 79]. **- 1.** Se tromper sur qqn, sur qqch ; prendre une personne ou une chose pour une autre : *Je me suis méprise sur ses intentions. Je veux que la situation soit claire, je ne voudrais pas que tu te méprennes.* **- 2.** À s'y méprendre, au point de se tromper : *Il ressemble à son frère à s'y méprendre.*

mépris [mepʁi] n.m. **- 1.** Sentiment par lequel on juge qqn ou qqch condamnable, inférieur, indigne d'estime, d'attention : *Regarder, considérer avec mépris* (syn. hauteur, morgue). *Des termes de mépris.* **- 2.** Fait de ne tenir aucun compte de qqch : *Mépris des conventions, de la richesse* (syn. dédain). *Mépris de la mort* (contr. crainte). **- 3.** Au mépris de, sans considérer ; contrairement à : *Agir au mépris du danger. Au mépris du bon sens.*

méprisable [mepʁizabl] adj. Digne de mépris : *Des gens méprisables* (syn. indigne, infâme). *Des procédés méprisables* (syn. bas, vil).

méprisant, e [mepʁizɑ̃, -ɑ̃t] adj. Qui a ou qui témoigne de mépris : *Sourire méprisant* (syn. hautain).

méprise [mepʁiz] n.f. (de *se méprendre*). **- 1.** Erreur commise sur qqn, qqch : *Commettre une fâcheuse méprise* (syn. confusion). *Être victime d'une méprise* (syn. malentendu). **- 2.** Par méprise, par suite d'une erreur ; par inadvertance.

mépriser [mepʁize] v.t. (de *mé[s]-* et *priser*). **- 1.** Avoir ou témoigner du mépris pour qqn, pour qqch : *Mépriser la lâcheté* (syn. honnir). **- 2.** Ne faire aucun cas de : *Mépriser le danger* (syn. braver, narguer ; contr. redouter).

mer [mɛʁ] n.f. (lat. *mare*). **- 1.** Très vaste étendue d'eau salée qui couvre une partie de la surface du globe ; partie définie de cette étendue : *La mer Rouge.* **- 2.** Eau de la mer ou de l'océan : *La mer est chaude.* **- 3.** Régions qui bordent la mer : *Aller à la mer pour les vacances. Préférer la mer à la montagne.* **- 4.** Marée : *La mer est basse, haute. La mer sera pleine à 3 heures.* **- 5.** Grande quantité de liquide, d'une chose quelconque : *Mer de sable. Se perdre dans une mer de documents.* **- 6.** À la surface de la Lune, ou de certaines planètes du système solaire, vaste étendue faiblement accidentée. **- 7.** Ce n'est pas la mer à boire, ce n'est pas très difficile. ǁ Une goutte d'eau dans la mer, un apport, un effort insignifiant. **- 8.** Armée de mer, ensemble des navires et des formations aériennes et terrestres relevant de la marine militaire. ǁ **Basse mer,** marée basse. ǁ **Coup de mer,** tempête de peu de durée. ǁ **Haute mer,** partie de la mer libre, en principe, de la juridiction des États. ǁ **Haute mer, pleine mer,** la partie de la mer éloignée du rivage, le large : *Pêche en haute mer.* ǁ DR. **Mer nationale,** eaux intérieures. ǁ DR. **Mer territoriale,** eaux territoriales.

mercantile [mɛʁkɑ̃til] adj. (mot it.). Animé par l'appât du gain, le profit : *Esprit mercantile.*

mercantilisme [mɛʁkɑ̃tilism] n.m. (de *mercantile*). **-1.** LITT. État d'esprit mercantile ; âpreté au gain. **-2.** HIST. Doctrine économique élaborée au XVIe et au XVIIe s., selon laquelle les métaux précieux constituent la richesse essentielle des États, et qui préconise une politique protectionniste.

Mercator (projection de), représentation cartographique qui permet de conserver la forme réelle des territoires, mais non le rapport exact de leurs superficies.

mercenaire [mɛʁsənɛʁ] n.m. (lat. *mercenarius,* de *merces* "salaire"). Soldat recruté pour un conflit ponctuel, et qui sert à prix d'argent un gouvernement étranger.

mercerie [mɛʁsəʁi] n.f. (de *mercier*). **-1.** Ensemble des articles destinés à la couture, aux travaux d'aiguille. **-2.** Commerce, magasin du mercier.

mercerisé, e [mɛʁsəʁize] adj. (de *J. Mercer,* n. d'un chimiste angl.). Se dit de fils, de tissus ayant subi un traitement à la soude, leur donnant un aspect brillant et soyeux : *Coton mercerisé.*

1. merci [mɛʁsi] n.f. (lat. *merces, mercedis* "récompense", puis "prix, faveur"). LITT. Demander merci, demander grâce.‖Être à la merci de, être sous l'entière dépendance de qqn, de qqch : *Les esclaves étaient à la merci de leur maître. Être à la merci des passions, d'un accident.* ‖ **Sans merci,** sans pitié : *Une lutte sans merci.*

2. merci [mɛʁsi] n.m. (de *1. merci*). Parole de remerciement. *Vous pouvez lui dire un grand merci.* ◆ interj. Sert à remercier : *Vous m'avez rendu service, merci !*

mercier, ère [mɛʁsje, -ɛʁ] n. (de l'anc. fr. *merz,* lat. *merx, mercis* "marchandise"). Personne vendant de la mercerie.

mercredi [mɛʁkʁədi] n.m. (du lat. *Mercurii dies* "jour de Mercure"). Troisième jour de la semaine.

mercure [mɛʁkyʁ] n.m. (lat. *Mercurius* "Mercure", messager des dieux et dieu du Commerce). Métal blanc très brillant, liquide à la température ordinaire et se solidifiant à 39 °C, utilisé dans la construction d'appareils de physique (thermomètres, baromètres, etc.), pour l'étamage des glaces et en médecine (syn. vx vif-argent). □ Symb. Hg ; densité 13,6.

1. mercuriale [mɛʁkyʁjal] n.f. (propr. "assemblée du mercredi" [où se dénonçaient les abus de la justice] ; v. *mercredi*). LITT. Remontrance, réprimande d'une certaine vivacité (syn. admonestation, semonce).

2. mercuriale [mɛʁkyʁjal] n.f. (du n. de dieu *Mercure*). Bulletin reproduisant les cours officiels des denrées vendues sur un marché public ; ces cours eux-mêmes.

mercuriel, elle [mɛʁkyʁjɛl] adj. Qui contient du mercure.

Mercurochrome [mɛʁkyʁɔkʁɔm] n.m. (nom déposé). Composé organique mercuriel dont les solutions aqueuses, de couleur rouge, sont antiseptiques.

merde [mɛʁd] n.f. (lat. *merda*). VULG. **-1.** Excrément de l'homme et de quelques animaux. **-2.** Ennui ; difficulté : *Il ne m'arrive que des merdes en ce moment. Je suis dans la merde.* **-3.** Être ou chose sans valeur. ◆ interj. FAM. Exprime la colère, l'indignation, le mépris, etc. : *Et, merde !*

mère [mɛʁ] n.f. (lat. *mater*). **-1.** Femme qui a mis au monde ou nourri un ou plusieurs enfants : *Mère de famille.* **-2.** Femelle d'un animal qui a eu des petits. **-3.** Femme qui donne des soins maternels : *Mère adoptive. Elle est la mère des pauvres et des orphelins.* **-4.** Supérieure d'un couvent. **-5.** LITT. Pays, lieu où une chose a commencé ; source, cause, origine : *La Grèce, mère des arts* (syn. patrie). *L'oisiveté est la mère de tous les vices.* **-6.** (En appos.). Qui est à l'origine, au centre d'autres choses de même nature : *Idée mère* (syn. principale). *Maison mère d'une communauté religieuse. Une société mère et ses filiales.* **-7.** FAM. Titre que l'on donne à une femme d'un certain âge : *La mère Michel. La mère Unetelle* (= madame Unetelle). **-8.** Pellicule qui se forme à la surface des liquides alcooliques, constituée par l'accumulation des *acétobacters,* bactéries responsables de la transformation de l'alcool en acide acétique : *Une mère de vinaigre.* **-9.** Mère célibataire, femme ayant un ou plusieurs enfants sans être mariée. ‖ **Mère patrie,** pays où l'on est né ; patrie considérée sur le plan affectif.

merguez [mɛʁɡɛz] n.f. (mot ar.). Saucisse fraîche pimentée, à base de bœuf ou de bœuf et de mouton, et consommée grillée ou frite (cuisine d'Afrique du Nord).

1. méridien, enne [meʁidjɛ̃, -ɛn] adj. (lat. *meridianus,* de *meridies* "midi"). **-1.** ASTRON. Se dit du plan qui, en un lieu, comprend la verticale de ce lieu et l'axe du monde. **-2.** Se dit d'un instrument servant à observer les astres dans le plan de méridien : *Lunette méridienne.* **-3.** MATH. Se dit d'un plan qui contient l'axe d'une surface de révolution.

2. méridien [meʁidjɛ̃] n.m. (de *1. méridien*). **-1.** Lieu des points ayant même longitude, à la surface de la Terre ou d'un astre quelconque. **-2.** Plan défini par la verticale locale et l'axe de rotation de la Terre. (On dit aussi *plan méridien.*) **-3.** ASTRON. Moitié de grand cercle de la sphère céleste limitée aux pôles et passant par le zénith d'un lieu. **-4.** Méridien magnétique, plan vertical contenant la direction du champ magnétique terrestre.

| Méridien origine ou premier méridien, méridien par rapport auquel on compte les degrés de longitude : *Le méridien origine international passe par l'ancien observatoire de Greenwich à 2° 20′ 14″ à l'ouest de celui de Paris.*

méridienne [meʁidjɛn] n.f. (de *1. méridien*). - **1.** MATH. Section d'une surface de révolution par un plan passant par l'axe de cette surface. - **2.** GÉOGR. Chaîne de triangulation orientée suivant un méridien.

méridional, e, aux [meʁidjɔnal, -o] adj. (lat. *meridionalis*, de *meridies* "midi"). - **1.** Situé au sud : *La côte méridionale de la Grande-Bretagne.* - **2.** Du midi de la France : *Accent méridional.* ◆ n. (Avec une majuscule). Personne originaire du midi de la France : *Les Méridionaux sont très liants.*

meringue [məʁɛ̃g] n.f. (du polon. *marzynka*). Pâtisserie légère, à base de blancs d'œufs et de sucre, que l'on fait cuire au four à feu doux.

meringué, e [məʁɛ̃ge] adj. Garni de meringue : *Tarte meringuée.*

mérinos [meʁinos] n.m. (esp. *merino*). - **1.** Mouton très répandu dans le monde, dont il existe plusieurs races et dont la laine fine est très estimée. - **2.** Étoffe, feutre faits avec la laine de ce mouton.

merise [məʁiz] n.f. (du lat. *amarus* "amer" sous l'infl. de *cerise*). Fruit du merisier, noir, suret et peu charnu.

merisier [məʁizje] n.m. (de *merise*). Cerisier sauvage, appelé aussi *cerisier des oiseaux*, dont le bois est apprécié en ébénisterie. □ Haut. 15 m env.

méritant, e [meʁitɑ̃, -ɑ̃t] adj. Qui a du mérite : *Des gens méritants* (syn. digne, estimable).

mérite [meʁit] n.m. (lat. *meritum*). - **1.** Ce qui rend qqn, sa conduite, dignes d'estime : *Elle a un grand mérite à se consacrer à l'enfance malheureuse. Tout le mérite de cette entreprise lui revient. Il se fait un mérite de refuser tous les honneurs* (syn. gloire). - **2.** Ensemble des qualités intellectuelles et morales partic. dignes d'estime : *Apprécier le mérite d'un écrivain, d'une œuvre* (syn. valeur). - **3.** Qualité louable de qqn, de qqch : *Il a le mérite d'être très ponctuel.* - **4.** (Avec une majuscule). Nom de certaines distinctions honorifiques : *Ordre du Mérite agricole, du Mérite maritime.*

mériter [meʁite] v.t. (de *mérite*). - **1.** Être digne de récompense ou passible de châtiment : *Mériter des éloges, une punition. Elle a bien mérité de sa mère ; il ne mérite pas qu'on s'occupe de lui* (syn. valoir). - **2.** Présenter les conditions requises pour ; donner droit à : *Cette lettre mérite une réponse* (syn. appeler,

exiger). *Cela mérite réflexion. Toute peine mérite salaire.* - **3.** Être digne de qqn, de vivre à ses côtés : *Elle n'a pas le mari qu'elle mérite.* ◆ v.t. ind. [de]. Bien mériter de la patrie, avoir droit à sa reconnaissance.

méritoire [meʁitwaʁ] adj. Digne d'estime, de récompense : *Des efforts méritoires* (syn. louable).

merlan [mɛʁlɑ̃] n.m. (de *merle*, avec suffixe germ.). Poisson des côtes d'Europe occidentale, à trois nageoires dorsales et deux anales, pêché activement pour sa chair tendre et légère. □ Famille des gadidés ; long. 20 à 40 cm.

merle [mɛʁl] n.m. (bas lat. *merulus*, class. *merula*). - **1.** Oiseau passereau voisin de la grive, commun dans les parcs et les bois, à plumage noir pour le mâle, brun pour la femelle. □ Le merle siffle, chante, flûte. - **2.** Merle blanc, personne ou objet des plus rares, introuvables.

merlu [mɛʁly] n.m. (de *merlan* et de l'anc. fr. *luz* "brochet"). Poisson marin commun dans l'Atlantique, à dos gris, portant deux nageoires dorsales et une anale, et commercialisé sous le nom de *colin*. □ Famille des gadidés ; long. 1 m env.

merluche [mɛʁlyʃ] n.f. (anc. prov. *merluce*, var. de *merlu*). - **1.** Poisson de la famille des gadidés, tel que le merlu et la lingue. - **2.** Morue séchée, non salée.

mérou [meʁu] n.m. (esp. *mero*). Poisson osseux à la chair très estimée, vivant dans les mers chaudes. □ Famille des serranidés ; long. jusqu'à 2 m ; poids plus de 100 kg.

mérovingien, enne [meʁovɛ̃ʒjɛ̃, -ɛn] adj. (de *Mérovée*, ou du chef d'une tribu de Francs Saliens). Relatif à la dynastie des Mérovingiens.

merveille [mɛʁvɛj] n.f. (lat. pop. *miravelia*, class. *mirabilia*, de *mirabilis* "admirable"). - **1.** Ce qui inspire une grande admiration par sa beauté, sa grandeur, sa valeur : *Les merveilles de la nature. Ce bas-relief est une pure merveille. Un mécanisme qui est une merveille d'ingéniosité* (syn. prodige). - **2.** Pâte frite, coupée en morceaux, que l'on mange saupoudrée de sucre. - **3.** À merveille, très bien ; parfaitement : *Il se porte à merveille.* ‖ Faire merveille, faire des merveilles, obtenir un remarquable résultat ; faire qqch d'étonnant, de très difficile : *Ce traitement a fait des merveilles.* ‖ La huitième merveille du monde, ce qui inspire une très vive admiration : *Ils regardent leur enfant comme la huitième merveille du monde.* ‖ Les Sept Merveilles du monde, les sept ouvrages les plus remarquables de l'Antiquité. □ Ce sont : les pyramides d'Égypte, les jardins suspendus de Sémiramis à Babylone, la statue en or et ivoire de Zeus Olympien par Phidias, le temple d'Artémis à Éphèse, le mausolée d'Halicarnasse, le colosse de Rhodes, le phare d'Alexandrie.

merveilleusement [mɛʀvejøzmɑ̃] adv. De façon merveilleuse : *Des salons merveilleusement décorés* (syn. admirablement, extraordinairement). *Elles s'entendent merveilleusement* (syn. parfaitement).

merveilleux, euse [mɛʀvejø, -øz] adj. Qui suscite l'admiration par ses qualités extraordinaires, exceptionnelles : *Des jardins merveilleux* (syn. magnifique). *Une merveilleuse réussite* (syn. prodigieux). *Une actrice merveilleuse* (syn. admirable). ◆ **merveilleux** n.m. Caractère de ce qui appartient au surnaturel, au monde de la magie, de la féerie : *L'emploi du merveilleux, du fantastique dans les films de J. Cocteau.* ◆ **merveilleuse** n.f. HIST. Femme élégante et excentrique de la période de la Convention thermidorienne et du Directoire.

mes adj. poss. → **mon**.

mésalliance [mezaljɑ̃s] n.f. (de *més-* et *alliance*). Mariage avec une personne de classe ou de fortune considérée comme inférieure.

se mésallier [mezalje] v.pr. [conj. 9]. Épouser une personne de classe jugée inférieure : *Sa famille a considéré qu'elle se mésalliait en épousant un petit fonctionnaire.*

mésange [mezɑ̃ʒ] n.f. (frq. *meisinga*). Petit passereau au plumage parfois rehaussé de teintes vives, aux joues souvent blanches, répandu dans le monde entier : *Par le grand nombre d'insectes qu'elles détruisent, les mésanges sont très utiles à l'agriculture.* □ Famille des paridés.

mésaventure [mezavɑ̃tyʀ] n.f. (de *més-* et *aventure*). Aventure désagréable qui a des conséquences fâcheuses : *Il nous raconta sa mésaventure* (syn. déboires).

mescaline [mɛskalin] n.f. (mexicain *mexcalli* "peyotl"). Alcaloïde hallucinogène extrait d'une cactacée mexicaine, le *peyotl*.

mesclun [mɛsklœ̃] n.m. (mot prov.). Mélange de jeunes plants de salades de diverses espèces et de plantes aromatiques.

mesdames, mesdemoiselles n.f. pl. → **madame, mademoiselle**.

mésentente [mezɑ̃tɑ̃t] n.f. (de *més-* et *entente*). Mauvaise entente : *La mésentente conjugale* (syn. désaccord, discorde).

mésentère [mezɑ̃tɛʀ] n.m. (gr. *mesenterion*, de *enteron* "intestin"). ANAT. Repli du péritoine reliant le jéjuno-iléon à la paroi postérieure de l'abdomen.

mésestimer [mezɛstime] v.t. (de *més-* et *estimer*). SOUT. Ne pas apprécier qqn, qqch à sa juste valeur : *Il souffre de se sentir mésestimé de ses contemporains* (syn. méconnaître).

mésintelligence [mezɛ̃teliʒɑ̃s] n.f. (de *més-* et 2. *intelligence*). LITT. Défaut d'entente, d'accord entre des personnes ; désunion, mésentente.

mésolithique [mezɔlitik] n.m. et adj. (de *méso-* et du gr. *lithos* "pierre"). Phase du développement technique des sociétés préhistoriques, correspondant à l'abandon progressif d'une économie de prédation (paléolithique) et à l'orientation vers une économie de production (néolithique).

mésosphère [mezɔsfɛʀ] n.f. (de *méso-*, d'apr. *atmosphère*). MÉTÉOR. Couche atmosphérique qui s'étend entre la stratosphère et la thermosphère.

mésothérapie [mezɔteʀapi] n.f. (de *méso-* et *-thérapie*). MÉD. Procédé thérapeutique consistant en injections de doses minimes de médicaments, faites au moyen d'aiguilles très fines le plus près possible du siège de la douleur ou de la maladie.

mésozoïque [mezɔzɔik] n.m. Ère secondaire.

mesquin, e [mɛskɛ̃, -in] adj. (it. *meschino* "pauvre, chétif", de l'ar.). Qui manque de grandeur, de noblesse, de générosité : *Une vie mesquine* (syn. petit, médiocre). *Un esprit mesquin* (syn. étroit, étriqué). *Des calculs mesquins* (syn. sordide ; contr. généreux).

mesquinement [mɛskinmɑ̃] adv. Avec mesquinerie.

mesquinerie [mɛskinʀi] n.f. Caractère de ce qui est mesquin : *La mesquinerie d'un reproche. Je ne la crois pas capable d'une telle mesquinerie* (= étroitesse d'esprit ; syn. petitesse ; contr. générosité).

mess [mɛs] n.m. (mot angl., de l'anc. fr. *mes* "mets"). Salle où les officiers, les sous-officiers d'un corps ou d'une garnison prennent leurs repas.

message [mesaʒ] n.m. (anc. fr. *mes* "envoyé", lat. *missus*, de *mittere*). - **1.** Information, nouvelle transmise à qqn : *J'étais absent, mais on m'a transmis votre message* (= ce que vous vouliez me dire). *Être porteur d'un message* (syn. dépêche). - **2.** Communication adressée avec une certaine solennité à qqn, à une assemblée, à une nation : *Message du chef de l'État* (syn. déclaration, discours). - **3.** Pensée profonde, incitation adressée aux hommes par un être d'exception, un écrivain, un artiste : *Le message du Christ est contenu dans les Évangiles. Film à message.* - **4.** BIOL. Message nerveux, information codée par l'activité électrique des neurones et qui peut se transmettre d'un neurone à l'autre. - **5.** Message publicitaire, information sur un produit, un service, une société transmise par les annonces publicitaires ; annonce publicitaire ou promotionnelle de courte durée diffusée sur un support audiovisuel (syn. déconseillé spot). ‖ **Message téléphoné**, correspondance dictée par téléphone directement par le demandeur au central télégraphique, qui l'achemine par des moyens informatiques au bureau chargé de la distribution.

messager, ère [mesaʒe, -ɛʀ] n. - **1.** Personne chargée de transmettre un message : *Faire porter une dépêche par un messager* (syn. envoyé). *Mercure était le messager des dieux.* - **2.** LITT. Ce qui annonce qqch : *Les hirondelles sont les messagères des beaux jours.* - **3.** (En appos.). BIOL. A. R. N. **messager**, se dit de l'acide ribonucléique assurant le transport du message héréditaire déchiffré dans les cellules de l'organisme.

messagerie [mesaʒʀi] n.f. (de *messager*). - **1.** (Surtout au pl.). Service de transport rapide de marchandises et, autref., de voyageurs ; maison où est établi ce service : *Messageries maritimes.* - **2.** (Surtout au pl.). Entreprise chargée du routage, de l'acheminement, de la distribution d'ouvrages imprimés : *Messageries de presse.* - **3.** Messagerie électronique, service d'envoi de messages en temps réel ou différé entre des personnes connectées sur un réseau télématique. (On dit aussi *courrier électronique* et *télémessagerie.*)

messe [mɛs] n.f. (lat. ecclés. *missa*, de *mittere*). - **1.** CATH. Célébration fondamentale du culte catholique, dont l'acte central, l'eucharistie, commémore sous la forme du pain et du vin le sacrifice du Christ sur la Croix. - **2.** Musique composée pour une grand-messe. - **3.** Messe basse, messe dont toutes les parties sont lues et récitées et non chantées ; FAM., entretien à voix basse entre deux personnes : *Cessez vos messes basses* (syn. aparté). ‖ **Messe de minuit**, messe célébrée dans la nuit de Noël.

messeoir [meswaʀ] v.t. ind. (de *seoir*) [conj. 67]. LITT. Il **messied**, il ne **messied** pas de, il convient, il ne convient pas de.

messianique [mesjanik] adj. Relatif au Messie, au messianisme.

messianisme [mesjanism] n.m. (de *messie*). - **1.** Attente et espérance du Messie, dans la Bible. - **2.** Croyance en la venue d'un libérateur ou d'un sauveur qui mettra fin à l'ordre présent, considéré comme mauvais, et instaurera un ordre nouveau dans la justice et le bonheur.

messidor [mesidɔʀ] n.m. (du lat. *messis* "moisson", et du gr. *dôron* "don"). HIST. Dixième mois du calendrier républicain, du 19 ou 20 juin au 18 ou 19 juillet.

messie [mesi] n.m. (lat. *messias*, de l'araméen *meschîkhâ* "oint, sacré par le Seigneur"). - **1.** (Avec une majuscule). Dans le judaïsme, envoyé de Dieu qui rétablira Israël dans ses droits et inaugurera l'ère de la justice. - **2.** (Avec une majuscule). Chez les chrétiens, le Christ. - **3.** Celui dont on attend le salut, personnage providentiel, sauveur. - **4.** Être attendu comme le Messie, comme un sauveur, avec un grand espoir.

il **messied** → messeoir.

messieurs n.m. pl. → monsieur.

messire [mesiʀ] n.m. (de *mes*, forme de *mon*, et *sire*). Titre d'honneur donné autref. aux personnes nobles.

mesurable [məzyʀabl] adj. Qu'on peut mesurer : *Une distance difficilement mesurable.*

mesure [məzyʀ] n.f. (lat. *mensura*, de *metiri*). - **1.** Action d'évaluer une grandeur d'après son rapport avec une grandeur de même espèce prise comme unité et comme référence : *Appareil de mesure. La mesure du temps.* - **2.** Grandeur déterminée par cette évaluation : *Prendre les mesures d'une personne, d'un costume, d'une pièce* (syn. dimension). *Ce vêtement n'est pas à vos mesures* (= à votre taille). - **3.** Quantité servant d'unité de base pour une évaluation : *Mesures légales. Le service des poids et mesures. Le mètre est la mesure de longueur* (syn. étalon). *Verser deux mesures de sucre* (syn. dose). *Donner double mesure d'avoine à un cheval* (syn. ration). - **4.** Élément, moyen de comparaison et d'appréciation : *L'homme est la mesure de toute chose.* - **5.** Récipient de contenance déterminée servant à mesurer des volumes : *Une série de mesures en étain.* - **6.** Moyen mis en œuvre en vue d'un résultat déterminé : *Mesure conservatoire. Prendre les mesures qui s'imposent* (syn. disposition). - **7.** Modération, retenue dans l'action, le comportement, le jugement : *Parler avec mesure* (syn. réserve). - **8.** MUS. Division du temps musical en unités égales, matérialisées dans la partition par des barres verticales, dites *barres de mesure* : *Mesure à deux temps. Jouer en mesure* (= selon le rythme). *Battre la mesure* (= marquer le rythme, la cadence par des gestes convenus). - **9.** LITTÉR. Quantité de syllabes exigée par le rythme du vers. - **10.** À la mesure de, proportionné à : *Des rêves à la mesure de l'homme* (= à l'échelle de). ‖ **À mesure, à mesure que**, en même temps et en proportion : *À mesure que l'orateur parlait, l'auditoire s'assoupissait.* ‖ **Dans la mesure où**, dans la proportion où, si : *Dans la mesure où vous le croirez nécessaire, avertissez-moi.* ‖ **Dans une certaine mesure**, jusqu'à un certain point ; dans une certaine proportion. ‖ **Donner sa mesure, la mesure de son talent**, montrer ce dont on est capable. ‖ Être en mesure de, pouvoir faire qqch, être à même de. ‖ Faire bonne mesure, donner à un acheteur un peu au-delà de ce qui lui revient ; donner généreusement. ‖ Il n'y a pas de commune mesure entre, il est impossible de comparer ces deux choses, ces deux personnes. ‖ Passer, dépasser la mesure, aller au-delà de ce qui est permis, régulier, convenable. ‖ Sur mesure, confectionné d'après des mesures prises sur la personne même ; particulièrement adapté : *Costume sur mesure. Un emploi du temps sur mesure.*

mesuré, e [məzyʀe] adj. Modéré, fait avec mesure : *Être mesuré dans ses paroles* (syn. réservé).

mesurer [məzyʀe] v.t. (bas lat. *mensurare*, class. *metiri*). -**1.** Déterminer une quantité, une grandeur par le moyen d'une mesure : *Mesurer une pièce de tissu.* -**2.** Déterminer l'importance de : *Mesurer les pertes subies* (syn. estimer, évaluer). -**3.** Proportionner ; régler sur : *Mesurer le châtiment à l'offense.* -**4.** Déterminer avec modération : *Mesurer ses paroles.* -**5.** Donner avec parcimonie : *Mesurer la nourriture à qqn.* ◆ v.i. (Suivi d'un compl. de qualité). Avoir pour mesures : *Cette pièce mesure six mètres sur cinq. Il mesure un mètre soixante-dix.* ◆ **se mesurer** v.pr. Se mesurer avec, à qqn, lutter avec lui ; se comparer à lui.

mesureur [məzyʀœʀ] n.m. -**1.** Agent préposé à la mesure et à la pesée d'objets divers. -**2.** Appareil ou instrument permettant d'effectuer diverses mesures ou analyses.

mésuser [mezyze] v.t. ind. [de] (de *més-* et *user*). LITT. Faire un mauvais usage de : *Mésuser de sa fortune* (syn. galvauder).

métaboliser [metabɔlize] v.t. PHYSIOL. Transformer une substance dans un organisme vivant, au cours du métabolisme.

métabolisme [metabɔlism] n.m. (gr. *metabolê* "changement"). -**1.** PHYSIOL. Ensemble des processus complexes et incessants de transformation de matière et d'énergie par la cellule ou l'organisme, au cours des phénomènes d'édification et de dégradation organiques. -**2.** Métabolisme de base, quantité de chaleur, exprimée en calories, produite par le corps humain, par heure et par mètre carré de la surface du corps, au repos.

métacarpe [metakaʀp] n.m. (gr. *metakarpion*). ANAT. Ensemble des os constituant le squelette de la paume de la main, compris entre le carpe et les phalanges.

métacarpien, enne [metakaʀpjɛ̃, -ɛn] adj. ANAT. Relatif au métacarpe. ◆ **métacarpien** adj. et n.m. Se dit de chacun des cinq os du métacarpe.

métairie [meteʀi] n.f. (de *métayer*). -**1.** Propriété foncière exploitée selon un contrat de métayage. -**2.** Les bâtiments de la métairie.

métal [metal] n.m. (lat. *metallum* "mine, minerai", du gr.) [pl. *métaux*]. -**1.** Corps simple caractérisé par un éclat particulier dit *éclat métallique,* une aptitude à la déformation, une tendance marquée à former des cations et conduisant bien en général la chaleur et l'électricité : *Métaux ferreux, nonferreux. L'or, l'argent, le platine sont des métaux précieux.* -**2.** Matériau constitué d'un de ces corps ou d'un alliage de ces corps : *Une boucle de métal.* -**3.** LITT. Matière, substance dont est fait un être : *Il est du métal dont on forge les héros.* -**4.** Métal blanc, alliage qui ressemble à l'argent, utilisé autref. pour la fabrication des couverts.

métallerie [metalʀi] n.f. CONSTR. Fabrication et pose des ouvrages métalliques pour le bâtiment.

métallier, ère [metalje, -ɛʀ] n. CONSTR. Spécialiste de la métallerie.

métallifère [metalifɛʀ] adj. (lat. *metallifer*). Qui renferme un métal : *Gisement métallifère.*

métallique [metalik] adj. -**1.** Constitué par du métal : *Câble métallique. Encaisse métallique.* -**2.** Qui a l'apparence du métal ; qui évoque le métal par sa dureté, sa sonorité, son éclat, etc. : *Reflet métallique. Bruit métallique.*

métallisé, e [metalize] adj. Qui a un éclat métallique : *Voiture bleu métallisé.*

métalliser [metalize] v.t. Revêtir une surface d'une mince couche de métal ou d'alliage aux fins de protection ou de traitement.

métallographie [metalɔgʀafi] n.f. (de *métal* et *-graphie*). Étude de la structure et des propriétés des métaux et de leurs alliages.

métalloïde [metalɔid] n.m. (de *métal* et *-oïde*). vx. Non-métal.

métallurgie [metalyʀʒi] n.f. (du gr. *metallourgeîn* "exploiter une mine"). -**1.** Ensemble des procédés et des techniques d'extraction, d'élaboration, de formage et de traitement des métaux et des alliages. -**2.** Métallurgie des poudres, ensemble des procédés de la métallurgie permettant d'obtenir des produits ou des pièces par compression et agglomération à chaud à partir de poudres métalliques.

métallurgique [metalyʀʒik] adj. Relatif à la métallurgie : *Industrie métallurgique.*

métallurgiste [metalyʀʒist] n. -**1.** Personne qui s'occupe de métallurgie. -**2.** Ouvrier du travail des métaux. (Abrév. fam. *métallo.*)

métamorphique [metamɔʀfik] adj. -**1.** GÉOL. Relatif au métamorphisme : *Transformation* *métamorphique.* -**2.** GÉOL. Roche métamorphique, roche qui a subi un ou plusieurs métamorphismes.

métamorphisme [metamɔrfism] n.m. (de *méta-* et du gr. *morphé* "forme"). GÉOL. Dans la croûte terrestre, transformation à l'état solide d'une roche préexistante sous l'effet de la température, de la pression.

métamorphose [metamɔrfoz] n.f. (lat. *metamorphosis,* du gr.). -**1.** Changement d'une forme en une autre : *La métamorphose de Jupiter en taureau, en cygne* (syn. avatar, transmigration). -**2.** BIOL. Transformation importante du corps et du mode de vie, au cours du développement, de certains animaux, comme les amphibiens et certains insectes : *Les métamorphoses du papillon, de la grenouille.* -**3.** Changement complet dans l'état, le caractère d'une personne, dans l'aspect des choses : *Le mariage a opéré en lui une véritable métamorphose* (syn. transfiguration).

métamorphoser [metamɔrfoze] v.t. (de *métamorphose*). -**1.** Changer la forme, la nature ou l'individualité d'un être : *Mercure métamorphosa Argus en paon* (syn. transformer). -**2.** Changer profondément l'aspect ou le caractère de : *Les épreuves l'ont métamorphosé* (syn. transfigurer). *L'urbanisation a métamorphosé ce quartier.* ◆ **se métamorphoser** v.pr. Changer complètement de forme, d'état : *L'enfant qu'elle était s'est métamorphosée en une jeune fille réfléchie* (syn. se transformer).

métaphore [metafɔr] n.f. (gr. *metaphora* "transport"). LING., RHÉT. Procédé par lequel on utilise un mot dans un contexte qui ne convient pas à son sens propre, en lui donnant un sens qui repose sur une comparaison sous-entendue. (Ex. : *la lumière de l'esprit, la fleur de l'âge, brûler de désir, etc.*)

métaphorique [metafɔrik] adj. De la métaphore : *Expression métaphorique. Style métaphorique* (syn. allégorique).

métaphoriquement [metafɔrikmɑ̃] adv. De façon métaphorique : *Parler métaphoriquement.*

métaphysicien, enne [metafizisjɛ̃, -ɛn] n. Spécialiste de la métaphysique.

métaphysique [metafizik] n.f. (lat. scolast. *metaphysica,* du gr. *meta ta phusika* "après la physique" [cette connaissance étant, dans les œuvres d'Aristote, traitée après la physique]). -**1.** Partie de la réflexion philosophique qui a pour objet la connaissance absolue de l'être en tant qu'être, la recherche et l'étude des premiers principes et causes premières. -**2.** Conception propre à un philosophe dans ce domaine : *La métaphysique de Heidegger.* ◆ adj. -**1.** Qui appartient à la métaphysique : *Problèmes, questions métaphysiques.* -**2.** Qui présente un caractère particulièrement abstrait : *Langage métaphysique.*

métastase [metastaz] n.f. (gr. *metastasis* "déplacement"). -**1.** PATHOL. Apparition, en un point de l'organisme, d'un phénomène pathologique déjà présent ailleurs. -**2.** Localisation à distance d'une tumeur cancéreuse propagée par voie sanguine ou lymphatique.

métatarse [metatars] n.m. (de *méta-* et du gr. *tarsos* "plat du pied"). ANAT. Partie du squelette du pied comprise entre le tarse et les orteils, et qui reste verticale dans la marche chez les vertébrés onguligrades ou digitigrades.

métatarsien, enne [metatarsjɛ̃, -ɛn] adj. ANAT. Relatif au métatarse. ◆ **métatarsien** n.m. Se dit de chacun des cinq os du métatarse.

métathèse [metatɛz] n.f. (gr. *metathesis* "déplacement"). LING. Déplacement de voyelles, de consonnes ou de syllabes à l'intérieur d'un mot : *Le mot « formage » de l'ancien français est devenu « fromage » par métathèse.*

métayage [metejaʒ] n.m. (de *métayer*). Contrat d'exploitation agricole dans lequel le propriétaire d'un domaine rural le loue au métayer en échange d'une partie des récoltes.

métayer, ère [meteje, -ɛr] n. (de *meitié,* anc. forme de *moitié*). Exploitant agricole lié au propriétaire foncier par un contrat de métayage.

métazoaire [metazɔɛr] n.m. (de *méta-* et du gr. *zôon* "animal"). Animal pluricellulaire (par opp. à *protozoaire*).

métempsycose [metɑ̃psikoz] n.f. (bas lat. *metempsychosis,* du gr. ; v. les éléments *méta-* [indiquant le changement, le déplacement] et *psycho-*). Réincarnation de l'âme après la mort dans un corps humain, ou dans celui d'un animal ou dans un végétal (syn. transmigration).

météore [meteɔr] n.m. (lat. médiév. *meteora,* d'un mot gr. "choses élevées dans les airs"). -**1.** Phénomène lumineux qui résulte de l'entrée dans l'atmosphère terrestre d'un objet solide venant de l'espace (syn. étoile filante). -**2.** Personne ou chose qui brille d'un éclat très vif mais passager : *Cette star fut un météore du cinéma d'avant-guerre.*

météorique [meteɔrik] adj. Qui appartient ou a trait à un météore : *Phénomènes météoriques.*

météorite [meteɔrit] n.f. (de *météore*). Objet solide se mouvant dans l'espace interplanétaire et qui atteint la surface de la Terre ou d'un astre quelconque sans être complètement désintégré.

météoritique [meteɔritik] adj. - **1.** Relatif à une météorite. - **2.** Cratère **météoritique**, dépression creusée à la surface d'une planète par l'impact d'une météorite.

météorologie [meteɔrɔlɔʒi] n.f. (gr. *meteôrologia*). - **1.** Branche de la physique du globe qui se consacre à l'observation des éléments du temps (températures, précipitations, vents, pressions, etc.) et à la recherche des lois des mouvements de l'atmosphère, notamm. en vue de la prévision du temps. - **2.** Organisme chargé de ces études (abrév. fam. *météo*) : *La Météorologie nationale. Écouter le bulletin de la météo marine.*

météorologique [meteɔrɔlɔʒik] adj. Relatif à la météorologie : *Prévisions météorologiques.*

météorologue [meteɔrɔlɔg] et **météorologiste** [meteɔrɔlɔʒist] n. Spécialiste de météorologie.

métèque [metɛk] n.m. (gr. *metoikos*, de *oikos* "maison"). - **1.** ANTIQ. GR. Étranger domicilié dans une cité et jouissant d'un statut particulier. - **2.** Étranger établi dans un pays et dont l'allure est jugée défavorablement (péjor.).

méthane [metan] n.m. (de *méthyle*). Gaz incolore, constituant essentiel du gaz naturel, brûlant à l'air avec une flamme pâle : *Le méthane se dégage des matières en putréfaction et constitue le gaz des marais et le grisou.* □ Densité 0,554 ; formule CH_4.

méthanier [metanje] n.m. Navire servant au transport du méthane liquéfié.

méthanol [metanɔl] n.m. Alcool méthylique.

méthode [metɔd] n.f. (lat. *methodus*, d'un mot gr. "poursuite, recherche"). - **1.** PHILOS. Marche rationnelle de l'esprit pour arriver à la connaissance ou à la démonstration d'une vérité : « *Discours de la méthode pour bien conduire sa raison et chercher la vérité dans les sciences* » *de Descartes. Méthode synthétique, analytique. Méthode expérimentale* (= fondée sur l'observation des phénomènes et l'expérimentation scientifique). - **2.** Manière ordonnée de mener qqch : *Procéder avec méthode* (syn. ordre, logique). *Manquer de méthode.* - **3.** Ensemble ordonné de manière logique de principes, de règles, d'étapes permettant de parvenir à un résultat : *Trouver une méthode pour augmenter la productivité* (syn. système). *Changez de méthode si vous voulez qu'on nous écoute* (= votre manière de faire). *Méthodes de fabrication* (syn. technique, procédé). - **4.** Ensemble des règles qui permettent l'apprentissage d'une technique,

d'une science : *Méthode de lecture.* - **5.** Ouvrage groupant logiquement les éléments d'une science, d'un enseignement : *Acheter une méthode de piano* (syn. manuel).

méthodique [metɔdik] adj. - **1.** Qui agit, qui raisonne avec méthode : *Esprit méthodique* (syn. réfléchi ; contr. brouillon). *Il est très méthodique dans son travail* (contr. désordonné, dispersé). - **2.** Qui procède d'une méthode : *Vérifications méthodiques* (syn. systématique). - **3.** PHILOS. Doute méthodique, première démarche de Descartes dans la recherche de la vérité, qui consiste à rejeter toutes les connaissances déjà acquises comme l'ayant été sans fondement.

méthodiquement [metɔdikmɑ̃] adv. Avec méthode : *Procéder méthodiquement* (= suivant un certain plan).

méthodisme [metɔdism] n.m. (angl. *methodism*, de *méthode*). Mouvement religieux protestant fondé en Angleterre au XVIIIᵉ s. par John Wesley, en réaction contre les formes cultuelles de l'Église anglicane, et prônant la sanctification de ses adeptes. ◆ **méthodiste** adj. et n. Relatif au méthodisme ; qui le professe.

méthodologie [metɔdɔlɔʒi] n.f. (de *méthode* et *-logie*). - **1.** Étude systématique, par observation, de la pratique scientifique, des principes qui la fondent et des méthodes de recherche qu'elle utilise. - **2.** Ensemble des méthodes et des techniques d'un domaine particulier. - **3.** Manière de faire, de procéder ; méthode (abusif en sciences).

méthodologique [metɔdɔlɔʒik] adj. Relatif à la méthodologie.

méthyle [metil] n.m. (de *méthyl[ène]*). - **1.** Radical dérivé du méthane. □ Formule CH_3. - **2.** Chlorure de méthyle, liquide dont l'évaporation abaisse la température à - 55 °C et qui est employé dans plusieurs industries et en médecine. □ Formule CH_3Cl.

méthylène [metilɛn] n.m. (du gr. *methu* "boisson fermentée" et *hulê* "bois, matière"). - **1.** Alcool méthylique. - **2.** Radical bivalent CH_2 : *Chlorure de méthylène* (CH_2Cl_2). - **3.** Bleu de méthylène, colorant et désinfectant extrait de la houille.

méthylique [metilik] adj. (de *méthyle*). - **1.** CHIM. Se dit de composés dérivés du méthane. - **2.** Alcool méthylique, alcool extrait des goudrons de bois ou préparé synthétiquement et utilisé comme solvant, combustible et intermédiaire dans certaines synthèses (syn. méthanol, méthylène). □ Formule CH_3OH.

méticuleusement [metikyløzmɑ̃] adv. De façon méticuleuse : *Observer méticuleusement les règles de la ponctuation* (syn. minutieusement, scrupuleusement).

méticuleux, euse [metikylø, -øz] adj. (lat. *meticulosus* "craintif"). **- 1.** Qui apporte beaucoup d'attention, de soin à ce qu'il fait, jusque dans le moindre détail : *Un esprit méticuleux* (syn. minutieux). **- 2.** Qui manifeste ce soin : *Propreté méticuleuse* (syn. scrupuleux).

méticulosité [metikylozite] n.f. LITT. Caractère d'une personne, d'une action méticuleuse.

métier [metje] n.m. (lat. pop. *misterium*, class. *ministerium* "besoin, service"). **- 1.** Profession caractérisée par une spécificité exigeant un apprentissage, de l'expérience, etc., et entrant dans un cadre légal ; toute activité dont on tire des moyens d'existence : *Choisir, apprendre, exercer un métier. Il est horloger de son métier. Un comédien de métier* (= de profession, professionnel). **- 2.** Savoir-faire, habileté technique résultant de l'expérience, d'une longue pratique : *Avoir du métier* (syn. expérience, qualification). **- 3.** Secteur professionnel : *Elle a une bonne réputation dans le métier* (syn. corporation). **- 4.** Profession artisanale : *Le secteur des métiers*. **- 5.** Fonction, rôle présentant certains des caractères d'une profession : *Le métier de parents* (syn. rôle). **- 6.** Machine servant à la fabrication des textiles : *Métier à tisser*. **- 7.** Cadre rigide sur lequel on tend un ouvrage à broder, une tapisserie.

métis, isse [metis] adj. et n. (bas lat. *mixticius*, de *mixtus* "mélangé"). **- 1.** Qui est issu de l'union de deux personnes de couleur de peau différente. **- 2.** BIOL. Se dit d'un hybride obtenu à partir de deux races, de deux variétés différentes de la même espèce. **- 3.** Toile métisse, toile dont la chaîne est en coton et la trame en lin (on dit aussi *du métis*) : *Draps de métis*.

métissage [metisaʒ] n.m. **- 1.** Union féconde entre hommes et femmes de groupes humains présentant un certain degré de différenciation génétique. **- 2.** Croisement de variétés végétales différentes, mais appartenant à la même espèce. **- 3.** Croisement entre animaux de la même espèce, mais de races différentes, destiné à créer au bout de quelques générations une race aux caractéristiques intermédiaires. **- 4.** Métissage culturel, production culturelle (musique, littérature, etc.) résultant de l'influence mutuelle de civilisations en contact.

métisser [metise] v.t. Croiser par métissage.

métonymie [metɔnimi] n.f. (bas lat. *metonymia*, d'un mot gr. "changement de nom"). LING., RHÉT. Phénomène ou figure par lesquels un concept est désigné par un terme désignant ordinairement un autre concept qui lui est relié par une relation nécessaire (la cause par l'effet, le contenu par le contenant, l'utilisateur par son instrument, etc.). [Ex. : il s'est fait refroidir (tuer) ; toute la ville dort (les habitants) ; une fine lame (escrimeur).]

métonymique [metɔnimik] adj. Qui relève de la métonymie : *Emploi métonymique d'un mot*.

métope [metɔp] n.f. (bas lat. *metopa*, du gr. *metopê*, de *opê* "ouverture"). ARCHIT. Partie de la frise dorique située entre deux triglyphes ; panneau sculpté remplissant cet espace.

métrage [metraʒ] n.m. **- 1.** Action de métrer. **- 2.** Longueur en mètres, notamm. d'un coupon d'étoffe, du métier : *J'ai besoin d'un grand métrage de tissu pour confectionner les rideaux. Film de long-, de moyen-métrage.*

1. mètre [mɛtʀ] n.m. (de 2. *mètre*). **- 1.** Unité SI de longueur égale à la longueur du trajet parcouru dans le vide par la lumière pendant une durée de 1/299 792 458 de seconde. □ Symb. m. **- 2.** Objet servant à mesurer et ayant la longueur d'un mètre : *Un mètre ruban de couturière*. **- 3.** Mètre cube, unité SI de volume équivalant au volume d'un cube ayant 1 mètre de côté. □ Symb. m^3.

2. mètre [mɛtʀ] n.m. (lat. *metrum*, gr. *metron* "mesure"). MÉTR. **- 1.** Dans la prosodie grecque et latine, groupe déterminé de syllabes longues ou brèves, comprenant deux temps marqués. **- 2.** Forme rythmique d'une œuvre poétique ; vers.

métré [metʀe] n.m. (de *métrer*). **- 1.** Mesure d'un terrain, d'une construction. **- 2.** Devis détaillé de tous travaux dans le bâtiment.

métrer [metʀe] v.t. [conj. 18]. Mesurer en mètres : *Métrer une pièce de tissu.*

métreur, euse [metʀœʀ, -øz] n. (de *métrer*). **- 1.** Personne qui établit des métrés pour le compte d'un architecte ou d'un entrepreneur. **- 2.** Personne chargée de contrôler l'état d'avancement d'un travail de construction par la mesure des éléments réalisés.

1. métrique [metʀik] adj. (de *1. mètre*). **- 1.** Relatif au mètre. **- 2.** Relatif aux mesures, aux distances : *Propriété métrique* (= liée à la mesure d'une grandeur). **- 3.** Système métrique, ensemble, système de poids, mesures et monnaies ayant pour base le mètre.

2. métrique [metʀik] adj. (de *2. mètre*). Relatif à la mesure du vers : *Vers métrique* (= fondé sur la quantité prosodique). ◆ n.f. **- 1.** Science qui étudie les éléments dont sont formés les vers. **- 2.** Système de versification propre à un poète, à un pays, à une langue : *La métrique d'Homère*.

métro [metʀo] n.m. (abrév. de *chemin de fer métropolitain*). **- 1.** Chemin de fer souterrain ou aérien qui dessert les quartiers d'une grande ville et de sa banlieue ; ensemble des installations de ce moyen de transport. **Rem.** L'Administration utilise encore le terme vieilli de *métropolitain*. -**2.** Rame d'un tel chemin de fer : *Rater le dernier métro*.

métrologie [metʀɔlɔʒi] n.f. (du gr. *metron* "mesure" et *-logie*). Science des mesures.

métronome [metʀɔnɔm] n.m. (de *métro-* et *-nome*). Appareil servant à marquer la pulsation rythmique d'un morceau de musique et à en indiquer la vitesse d'exécution.

métropole [metʀɔpɔl] n.f. (bas lat. *metropolis*, du gr. *mêtêr* "mère" et *polis* "ville"). -**1.** État considéré par rapport à ses colonies, à ses territoires extérieurs : *Retour en métropole de troupes stationnées outre-mer.* -**2.** Capitale politique ou économique d'une région, d'un État : *Paris, métropole de la France* (syn. capitale). -**3.** Centre le plus important dans un domaine particulier : *Hollywood, la métropole du cinéma.* -**4.** RELIG. Chef-lieu d'une province ecclésiastique et siège de l'archevêque métropolitain (syn. archevêché).

métropolitain, e [metʀɔpɔlitɛ̃, -ɛn] adj. -**1.** Qui appartient à la métropole, à la mère patrie : *La France métropolitaine.* -**2.** Qui appartient à une métropole ecclésiastique : *Église métropolitaine.* ◆ adj. et n. De la métropole (abrév. fam. *métro*).

métropolite [metʀɔpɔlit] n.m. (de *métropole*). Prélat orthodoxe qui occupe un rang intermédiaire entre le patriarche et les archevêques.

mets [mɛ] n.m. (bas lat. *missus* "ce qui est mis sur la table", de *mittere* "mettre"). Tout aliment apprêté qui entre dans la composition d'un repas : *Les ortolans constituent un mets délicat* (syn. plat).

mettable [metabl] adj. Que l'on peut mettre, porter, en parlant d'un vêtement : *Cette vieille robe n'est plus mettable.*

metteur [metœʀ] n.m. (de *mettre*). Avec un n. complément, forme un nom composé qui désigne un technicien, un spécialiste qui réalise tel projet, qui assure telle fonction : *Metteur en œuvre, celui qui met en œuvre, utilise qqch ; ouvrier qui monte les joyaux.* ‖ Metteur en ondes, spécialiste de la réalisation radiophonique d'une œuvre, d'une émission. ‖ Metteur en pages, typographe qui effectue la mise en pages d'un ouvrage. ‖ Metteur en scène, personne qui règle la réalisation scénique d'une œuvre dramatique ou lyrique en dirigeant les acteurs et en harmonisant les divers éléments de cette réalisation (texte, décor, musique, etc.) ; réalisateur d'un film.

mettre [metʀ] v.t. (lat. *mittere* propr. "envoyer") [conj. 84]. -**1.** Placer qqch ou qqn

dans un endroit déterminé : *Mettre ses clefs dans son sac, des papiers dans un tiroir* (syn. ranger). *Mettre un plateau sur la table* (syn. poser, disposer). *Mettre un enfant au lit.* -**2.** Disposer sur le corps, revêtir : *Mettre son chapeau, ses lunettes. Mettre une robe neuve* (syn. endosser, enfiler). -**3.** Adapter, ajouter, adjoindre : *Mettre un manche à un couteau, des draps à un lit. Mettre une taxe sur les alcools* (syn. appliquer). -**4.** Inclure, mêler, introduire : *Mettre du sel dans une sauce. Mettre qqn sur une liste* (syn. inscrire). *L'auteur a mis de lui-même dans son œuvre.* -**5.** Faire consister ; fonder : *Chacun met son bonheur où il lui plaît.* -**6.** Placer dans une certaine position, une certaine situation : *Mettre un enfant debout, sur ses jambes. Mettre qqn en tête de liste. Mettre un employé en disponibilité, en congé.* -**7.** Disposer d'une certaine façon : *Mettre d'aplomb, à l'endroit, en désordre.* -**8.** Disposer un appareil, un mécanisme de manière qu'il fonctionne : *Mettre le contact, le verrou. Mettre la radio.* -**9.** Faire passer dans un certain état ; modifier la forme, la structure de : *Mettre qqn en colère. Mettre un vase en miettes. Mettre un mot au pluriel. Mettre une pièce en vers.* -**10.** Soumettre à une action : *Mettre de l'eau à chauffer. Mettre un appareil en marche.* -**11.** Employer, utiliser un certain temps : *Mettre six mois à répondre à une lettre. Enfin, te voilà ! Tu y as mis le temps !* -**12.** Consacrer, investir : *Mettre mille francs dans un tableau* (syn. dépenser). *Mettre tout son cœur dans un travail.* -**13.** FAM. Mettons, mettez, supposons ; supposez. ‖ Y mettre du sien, faire des concessions, contribuer à. ◆ **se mettre** v.pr. -**1.** Se placer, occuper un lieu, une fonction, une situation : *Se mettre à table. Se mettre devant les autres.* -**2.** Prendre une certaine position : *Se mettre debout.* -**3.** S'habiller de telle manière, avec tel vêtement : *Se mettre en uniforme. N'avoir rien à se mettre.* -**4.** Entrer dans un état, une situation déterminée : *Se mettre en colère. Il s'est mis dans un drôle de guêpier.* -**5.** Se mettre à (+ n. ou inf.), entreprendre qqch ; commencer à : *Se mettre au travail. Se mettre à fumer.* ‖ Se mettre en tête, dans la tête, dans l'esprit, s'imaginer ; vouloir absolument.

1. meuble [mœbl] adj. (lat. *mobilis*, de *movere* "mouvoir"). -**1.** GÉOL. Se dit d'une formation dont les éléments ont peu de cohésion ou n'en ont pas, tels les limons, les vases, les sables, les cendres volcaniques, etc. -**2.** Qui se fragmente, se laboure facilement : *Sol, terre meubles.*

2. meuble [mœbl] adj. (de *1. meuble*). DR. Bien meuble, bien susceptible d'être déplacé (par opp. à *bien immeuble*).

3. meuble [mœbl] n.m. (de *2. meuble*). -**1.** Objet mobile servant à l'aménagement ou à la décoration d'un lieu ; pièce de mobilier : *Meubles anciens, modernes.* -**2.** DR. Bien meuble. -**3.** HÉRALD. Toute pièce qui figure sur l'écu.

meublé, e [mœble] adj. et n.m. Se dit d'un appartement loué avec le mobilier.

meubler [mœble] v.t. -**1.** Garnir, équiper de meubles : *Meubler sa maison* (contr. déménager). *Un lit et une chaise meublent la chambre.* -**2.** Remplir un vide, occuper une période de temps : *Allumer la télévision pour meubler le silence. Savoir meubler ses loisirs* (syn. occuper). ◆ v.i. Produire un effet d'ornementation : *Rideaux qui meublent bien.*

meuglement [møgləmɑ̃] n.m. -**1.** Cri sourd et prolongé des bovins : *Le meuglement d'un taureau* (syn. beuglement). -**2.** Son fort et désagréable : *Le meuglement d'une sirène* (syn. mugissement).

meugler [møgle] v.i. (altér. de *beugler*). Émettre un meuglement, en parlant d'un bovin (syn. beugler, mugir).

1. meule [møl] n.f. (lat. *mola*). -**1.** Lourd cylindre, génér. en pierre, servant à écraser, à broyer, à moudre : *La meule d'un moulin.* -**2.** Corps solide de forme circulaire constitué de matière abrasive, qui sert à aiguiser, à polir : *Aiguiser un couteau à la meule.* -**3.** Grande pièce cylindrique de fromage : *Meule de comté, de gruyère.*

2. meule [møl] n.f. (p.-ê. de *1. meule*). -**1.** Tas de gerbes de céréales, tas de paille ou de foin, liés ou en vrac, constitués en vue de la conservation de ces produits : *Dans le champ moissonné se dressent les meules dorées.* -**2.** Tas de bois recouvert de terre et que l'on carbonise en plein air pour en faire du charbon de bois.

meulier, ère [mølje, -ɛʀ] adj. -**1.** Relatif aux meules à moudre : *Silex meulier.* -**2.** Pierre meulière, roche sédimentaire siliceuse et calcaire, abondante dans les couches tertiaires du Bassin parisien, utilisée autref. pour la fabrication des meules et employée par la suite en construction. ◆ **meulière** n.f. Pierre meulière : *Une maison en meulière.*

meunerie [mønʀi] n.f. (de *meunier*). Industrie, usine, commerce de la transformation des grains en farine : *Apporter son blé à moudre à la meunerie* (syn. minoterie).

meunier, ère [mønje, -ɛʀ] adj. (lat. *molinarius*, de *molina* "moulin"). Qui concerne la meunerie : *Nettoyage meunier du blé.* ◆ n. -**1.** Personne qui dirige une meunerie ou un moulin : *Une meunière qui vend aux boulangers la farine qu'elle a moulue* (syn. minotier). -**2.** Échelle, escalier de meunier, échelle, escalier droits, raides et étroits : *Un escalier de meunier permet d'accéder aux chambres de bonne.* ‖ Truite, sole, etc., (à la) meunière,

truite, sole, etc., farinées, cuites à la poêle et au beurre, citronnées et servies dans leur jus de cuisson.

meurtre [mœʀtʀ] n.m. (de *murtrir, meurtrir* "assassiner"). Action de tuer volontairement un être humain : *Commettre, perpétrer un meurtre* (syn. crime, assassinat, homicide).

meurtrier, ère [mœʀtʀije, -ɛʀ] n. Personne qui a commis un meurtre : *Rechercher un meurtrier* (syn. assassin, criminel). ◆ adj. Propre à causer la mort ; qui fait mourir beaucoup de monde : *Porter un coup meurtrier* (syn. mortel). *Une épidémie très meurtrière.*

meurtrière [mœʀtʀijɛʀ] n.f. (de *meurtrier*). Ouverture étroite pratiquée dans le mur d'un ouvrage fortifié pour permettre l'observation et l'envoi de projectiles : *Poster un soldat derrière chaque meurtrière.*

meurtrir [mœʀtʀiʀ] v.t. (frq. *murthrjan* "assassiner") [conj. 32]. -**1.** Blesser par un choc qui laisse une marque sur la peau : *Visage meurtri par les coups* (syn. contusionner). -**2.** Endommager un fruit par choc ou par contact : *La grêle a meurtri les fruits* (syn. abîmer). -**3.** Blesser moralement : *Ton refus le meurtrit* (syn. peiner ; contr. réjouir).

meurtrissure [mœʀtʀisyʀ] n.f. -**1.** Contusion marquée par une tache bleuâtre : *Avoir des meurtrissures sur tout le corps* (syn. contusion, ecchymose). -**2.** Partie d'un fruit endommagée par un choc : *Le transport a couvert les fruits de meurtrissures* (syn. coup).

meute [møt] n.f. (lat. pop. *movita*, du class. *motus*, de *movere* "mouvoir"). -**1.** Troupe de chiens courants dressés pour la chasse : *Lâcher la meute contre, sur un cerf.* -**2.** Foule, bande de gens acharnés contre qqn : *Une meute hurlante poursuit le voleur* (syn. horde).

mévente [mevɑ̃t] n.f. (de *vente*). Forte chute des ventes : *La mévente des produits laitiers.*

mezzanine [medzanin] n.f. (it. *mezzanino* "entresol"). -**1.** Niveau intermédiaire ménagé dans une pièce haute de plafond : *Une échelle permet d'accéder à la mezzanine.* -**2.** Petit étage situé entre deux grands : *Habiter à la mezzanine.* -**3.** Étage compris entre le parterre et le balcon, dans un théâtre : *Être placé à la mezzanine.*

mezza voce [medzavɔtʃe] loc. adv. (loc. it.). À mi-voix : *Chanter mezza voce* (syn. doucement ; contr. fort).

mezzo-soprano [medzosɔpʀano] n.m. (mot it. "soprano moyenne") [pl. *mezzo-sopranos*]. Voix de femme plus grave et plus étendue que le soprano. ◆ n.f. ou m. Chanteuse qui possède cette voix.

mi [mi] n.m. inv. (première syllabe de *mira*, dans l'hymne de saint Jean-Baptiste). Note de musique, troisième degré de la gamme de *do*.

mi-, préfixe, du lat. *medius*, « qui est au milieu », qui, joint à certains mots par un trait d'union, signifie « à moitié, à demi » : *À mi-jambe. À mi-hauteur. Tissu mi-lin, mi-coton* (= tissu métis). *Un accueil mi-figue, mi-raisin* (= ambigu).

miaou [mjau] n.m. (onomat.). FAM. Cri du chat, miaulement.

miasme [mjasm] n.m. (gr. *miasma* "souillure"). [Surtout au pl.]. Émanation pestilentielle provenant de matières putrides : *L'air est plein de miasmes délétères.*

miaulement [mjolmɑ̃] n.m. - 1. Cri du chat et de certains carnassiers : *Le miaulement du chat, de l'hyène.* - 2. Son, chant désagréables : *Les miaulements des pneus sur la chaussée* (syn. crissement).

miauler [mjole] v.i. (orig. onomat.). - 1. Émettre un miaulement, en parlant du chat et de certains carnassiers. - 2. Se lamenter d'une voix aiguë.

mi-bas [miba] n.m. inv. Longue chaussette fine, s'arrêtant au-dessous du genou : *Des mi-bas en Nylon.*

mica [mika] n.m. (mot lat. "parcelle"). Minéral brillant qui peut être clivé, abondant dans les roches éruptives et métamorphiques, formé de silicate d'aluminium et de potassium : *Les lamelles du mica noir.*

mi-carême [mikaʀɛm] n.f. (pl. *mi-carêmes*). Jeudi de la troisième semaine du carême, que l'on célèbre par des fêtes.

micaschiste [mikaʃist] n.m. (de *mica* et *schiste*). Roche métamorphique feuilletée, formée de lits de mica séparés par de petits cristaux de quartz.

miche [miʃ] n.f. (lat. pop. *micca*, forme renforcée de *mica* "parcelle"). Gros pain rond : *Acheter deux miches.*

micheline [miʃlin] n.f. (du n. de son inventeur, *Michelin*). Autorail qui était monté sur pneus spéciaux ; tout autorail (emploi abusif) : *Les chemins de fer français ont eu recours aux michelines de 1932 à 1953.*

à mi-chemin [miʃmɛ̃] loc. adv. et prép. - 1. Vers le milieu de la distance à parcourir ; avant d'avoir atteint son but : *Faire halte à mi-chemin du trajet* (= à la moitié du trajet). *S'arrêter à mi-chemin dans une entreprise* (syn. à mi-course). - 2. Entre deux lieux, deux choses, à une étape intermédiaire : *Lyon est à mi-chemin entre Paris et Marseille. À mi-chemin du rire et des larmes.*

mi-clos, e [miklo, -oz] adj. À moitié fermé : *Yeux mi-clos.*

micmac [mikmak] n.m. (altér. du moyen fr. *mutemaque*, du moyen néerl. *muetmaken* "faire une rébellion"). FAM. Menées obscu-

res et secrètes ; imbroglio : *Qu'est-ce que c'est que ce micmac ?* (syn. manège, trafic).

micocoulier [mikɔkulje] n.m. (mot prov., lat. mod. *mikrokouli*). Arbre ou arbuste des régions tempérées et tropicales, abondant dans le midi de la France : *Une canne, un manche d'outil en micocoulier.* □ Famille des ulmacées ; haut. jusqu'à 25 m.

à mi-corps [mikɔʀ] loc. adv. Au milieu du corps : *Avoir de l'eau jusqu'à mi-corps* (= jusqu'à la taille).

à mi-côte [mikot] loc. adv. À la moitié de la côte : *S'arrêter à mi-côte.*

à mi-course [mikuʀs] loc. adv. - 1. Vers le milieu de la course : *À mi-course elle était en tête.* - 2. Au milieu du chemin à parcourir pour atteindre un but : *Se relire à mi-course de la rédaction de ses Mémoires* (= quand on en a rédigé la moitié ; syn. à mi-chemin).

micro n.m. (abrév. de *microphone*). Appareil qui transforme les vibrations sonores en oscillations électriques : *Parler devant le micro.*

microbe [mikʀɔb] n.m. (gr. *mikros* "petit" et *bios* "vie"). Syn. de *micro-organisme* : *Un nid de microbes* (syn. germe). *Le microbe de la tuberculose* (syn. bacille, bactérie). *Le microbe de la grippe* (syn. virus). **Rem.** Ce terme est vieilli dans la langue scientifique [→ immunité, micro-organisme].

microbien, enne [mikʀɔbjɛ̃, -ɛn] adj. Relatif aux microbes : *Infection microbienne.*

microbiologie [mikʀɔbjɔlɔʒi] n.f. (de *microbe* et *-logie*, senti auj. comme venant de *micro-* et *biologie*). Ensemble des disciplines biologiques (bactériologie, mycologie, virologie, etc.) qui s'occupent de tous les organismes microscopiques : *Les progrès de la microbiologie.* ◆ **microbiologiste** n. Nom du spécialiste.

microcéphale [mikʀɔsefal] adj. et n. (de *micro-* et *-céphale*). Dont le volume crânien est anormalement réduit.

microchirurgie [mikʀɔʃiʀyʀʒi] n.f. Chirurgie pratiquée sous le contrôle du microscope, avec des instruments miniaturisés spéciaux : *Microchirurgie de l'œil.*

microclimat [mikʀɔklima] n.m. (de *micro-* et *climat*). Ensemble des conditions de température, d'humidité, de vent particulières à un espace de faible étendue : *Le village bénéficie d'un microclimat salubre.*

microcosme [mikʀɔkɔsm] n.m. (bas lat. *microcosmus*, du gr. *kosmos* "monde"). - 1. Image réduite du monde, de la société : *Une entreprise qui est un microcosme de la société.* - 2. Milieu social replié sur lui-même : *Le milieu des artistes constitue un microcosme* (= un monde à part). - 3. Dans certaines philosophies et doctrines ésotériques, l'homme considéré par rapport à un ensemble plus vaste (*macrocosme*) auquel il appartient et dont il reflète la structure : *Pour Platon, l'homme est un microcosme par rapport à la cité.*

micro-cravate [mikʀokʀavat] n.m. (pl. *micros-cravates*). Microphone miniaturisé, que l'on peut accrocher aux vêtements : *Le micro-cravate d'un présentateur de télévision.*

microédition [mikʀoedisjɔ̃] n.f. Ensemble de procédés électroniques et informatiques permettant l'édition de livres à petit tirage (= publication assistée par ordinateur).

microélectronique [mikʀoelɛktʀonik] n.f. Technologie des composants, des circuits, des assemblages électroniques miniaturisés : *La microélectronique des puces.*

microfiche [mikʀofiʃ] n.f. (de *micro-* et *fiche*). Film en feuilles rectangulaires comportant une ou plusieurs images de dimensions très réduites : *Reproduire un document sur microfiches.*

microfilm [mikʀofilm] n.m. Film en rouleau ou en bande composé d'une série d'images de dimensions très réduites : *Consulter des ouvrages sur microfilms.*

microfilmer [mikʀofilme] v.t. Reproduire des documents sur microfilm : *Microfilmer un manuscrit ancien.*

micrographie [mikʀogʀafi] n.f. (de *micro-* et *-graphie*). -1. Étude au microscope de matériaux, notamm. de la structure des métaux et alliages. -2. Photographie prise au microscope : *Micrographie d'un bacille.*

micrographique [mikʀogʀafik] adj. De la micrographie : *Observation micrographique d'un alliage métallique.*

micro-informatique [mikʀoɛ̃fɔʀmatik] n.f. (pl. *micro-informatiques*). Domaine de l'informatique relatif à la fabrication et à l'utilisation des micro-ordinateurs (abrév. fam. *micro*) : *La micro-informatique ne cesse de progresser.*

micromètre [mikʀomɛtʀ] n.m. (de *micro-* et *-mètre*). -1. Instrument permettant de mesurer avec une grande précision des longueurs ou des angles très petits : *Microscope, télescope dotés d'un micromètre.* -2. Unité de mesure de longueur égale à un millionième de mètre (syn. vieilli micron). □ Symb. *μm.*

micrométrique [mikʀomɛtʀik] adj. Vis micrométrique, vis à pas très fin et à tête graduée, permettant de réaliser des réglages très précis.

micron [mikʀɔ̃] n.m. (gr. *mikron,* neutre de *mikros* "petit"). Syn. vieilli de *micromètre.*

micro-onde [mikʀoɔ̃d] n.f. (pl. *micro-ondes*). -1. Onde électromagnétique d'une longueur comprise entre 1 m et 1 mm. -2. Four à

micro-ondes, four dans lequel le rayonnement d'ondes électromagnétiques à fréquence très élevée permet une cuisson, un réchauffage ou une décongélation très rapides des aliments (on dit aussi *un micro-ondes*).

micro-ordinateur [mikʀoɔʀdinatœʀ] n.m. (pl. *micro-ordinateurs*). Petit ordinateur composé d'un ou de plusieurs microprocesseurs et de leur environnement matériel (écran, clavier) (abrév. fam. *micro*).

micro-organisme [mikʀoɔʀganism] n.m. (pl. *micro-organismes*). BIOL. Organisme microscopique, végétal ou animal (syn. vieilli microbe).

microphone [mikʀofɔn] n.m. (de *micro-* et *-phone*). TECHN. ou VIEILLI. Micro.

microphonique [mikʀofɔnik] adj. Relatif au microphone.

microphotographie [mikʀofɔtɔgʀafi] n.f. Photographie des préparations microscopiques.

microphysique [mikʀofizik] n.f. Partie de la physique qui étudie les atomes, les noyaux et les particules élémentaires.

microprocesseur [mikʀopʀosesœʀ] n.m. INFORM. Processeur miniaturisé dont tous les éléments sont rassemblés en un seul circuit intégré : *Le premier microprocesseur date de 1971.*

microscope [mikʀoskɔp] n.m. (de *micro-* et *-scope*). -1. Instrument d'optique composé de plusieurs lentilles, qui sert à regarder les objets très petits : *Observation au microscope.* -2. Microscope électronique, appareil analogue au microscope, mais dans lequel les rayons lumineux sont remplacés par un faisceau d'électrons. □ Son grossissement peut atteindre 100 fois celui du microscope optique.

microscopie [mikʀoskɔpi] n.f. Examen au microscope.

microscopique [mikʀoskɔpik] adj. -1. Fait au moyen du microscope : *Observation microscopique.* -2. Qui ne peut être vu qu'avec un microscope : *Particules microscopiques.* -3. Très petit : *Une pousse microscopique* (syn. minuscule).

microséisme [mikʀoseism] n.m. GÉOPHYS. Chacun des séismes de très faible amplitude, détectables seulement au moyen d'instruments, qui agitent la terre de manière plus ou moins permanente.

microsillon [mikʀosijɔ̃] n.m. (de *micro-* et *sillon*). VIEILLI. Disque portant cent spires en moyenne au centimètre de rayon et tournant à la vitesse de 33, 45, voire 16 tours par minute.

miction [miksjɔ̃] n.f. (bas lat. *mictio,* de *mingere* "uriner"). MÉD. Action d'uriner ; écoulement de l'urine : *Miction douloureuse.* **Rem.** À distinguer de *mixtion.*

midi [midi] n.m. (du lat. *dies* "jour"). **-1.** Milieu du jour ; heure, moment du milieu du jour : *Midi sonne* (= la douzième heure). *Déjeuner tous les midis au restaurant. Le rendez-vous est fixé à midi et demi. Qu'est-ce que tu as mangé ce midi ?* (= pour le déjeuner). **-2.** LITT. Le milieu d'une durée, surtout en parlant de l'existence humaine : *Le midi de la vie.* **-3.** (Avec une majuscule). Région sud de la France : *L'accent du Midi.* **-4.** Le sud comme point cardinal : *Appartement exposé au midi.* **-5.** Chercher midi à quatorze heures, chercher des difficultés là où il n'y en a pas, compliquer les choses. ‖ **Le démon de midi,** les tentations d'ordre sexuel qui assaillent l'homme vers le milieu de la vie.

midinette [midinɛt] n.f. (de *midi* et *dînette*). **-1.** FAM., VX. Jeune ouvrière parisienne de la couture et de la mode. **-2.** Jeune fille frivole et naïvement sentimentale.

1. mie [mi] n.f. (lat. *mica* "parcelle"). Partie molle de l'intérieur du pain (par opp. à la *croûte*) : *Pain de mie.*

2. mie [mi] n.f. (de *amie,* sous la forme *m'amie* "mon amie"). LITT., VX. Amie ; femme aimée.

miel [mjɛl] n.m. (lat. *mel*). **-1.** Substance sucrée et parfumée produite par les abeilles à partir du nectar des fleurs, qu'elles entreposent dans les rayons de la ruche pour ensuite en nourrir leurs larves : *Du miel toutes fleurs. Bonbons au miel.* **-2.** Être tout miel ou être tout sucre, tout miel, être d'une gentillesse intéressée, doucereuse : *Il est tout miel dès qu'il a quelque chose à me demander.*

miellé, e [mjele] adj. Propre au miel ; qui rappelle le miel : *Couleur, odeur miellée.*

mielleusement [mjɛløzmɑ̃] adv. Avec un ton mielleux.

mielleux, euse [mjɛlø, -øz] adj. (de *miel*). D'une douceur hypocrite : *Ton mielleux* (syn. doucereux, LITT. patelin).

mien, enne [mjɛ̃, -ɛn] pron. poss. (du lat. *meum,* accusatif de *meus*). [Précédé de l'art. déf.] **-1.** Désigne ce qui appartient ou se rapporte à un possesseur de la 1re pers. du sing. : *Si ta fille est turbulente, la mienne ne l'est pas moins.* **-2.** Les miens, mes parents ; mes proches. ◆ adj. poss. SOUT. (VX ou LITT. en fonction d'épithète). Qui est à moi : *Je refuse de faire mienne votre proposition. Un mien ami.*

mien [mjɛ̃] n.m. Ce qui m'appartient : *Le tien et le mien.* ◆ pl. Les miens : ma famille, mes proches.

miette [mjɛt] n.f. (de *1. mie*). **-1.** Petit fragment qui tombe du pain, d'un gâteau quand on le coupe : *Faire des miettes en coupant du*

pain. **-2.** Parcelle, reste insignifiant de qqch : *Les miettes d'une fortune* (syn. bribes, débris ; contr. totalité). **-3.** En miettes, en petits morceaux : *L'assiette qui est tombée est en miettes.* ‖ **Ne pas perdre une miette de qqch,** y prêter une grande attention : *Ne pas perdre une miette de la conversation.*

mieux [mjø] adv. (lat. *melius,* comparatif de *bene* "bien"). **-1.** Comparatif de supériorité de *bien* : *Ça vaut mieux. Il se porte mieux.* **-2.** Précédé de l'art. déf., superlatif de *bien* : *C'est la mieux faite. Les enfants les mieux élevés.* **-3.** Aimer mieux, préférer. ‖ À qui mieux mieux, en rivalisant avec les autres : *Tous, à qui mieux mieux, faisaient assaut de flatterie* (= à l'envi). ‖ De mieux en mieux, en progressant de manière constante : *Elle travaille de mieux en mieux.* ‖ Être, aller mieux, être en meilleure santé. ◆ n.m. **-1.** Ce qui est préférable, plus avantageux : *Le mieux serait d'aller voir.* **-2.** Sans art., indique qqch de meilleur : *Je m'attendais à mieux.* **-3.** État meilleur : *Le médecin a constaté un mieux* (syn. amélioration ; contr. aggravation). **-4.** Au mieux, aussi bien que possible ; dans le meilleur des cas : *Les affaires vont au mieux. Ce travail sera achevé au mieux demain.* ‖ De mon, ton... mieux, avec la meilleure volonté ; de la meilleure façon possible : *J'ai fait de mon mieux. Conseiller qqn de son mieux.* ‖ Faute de mieux, à défaut d'une chose plus avantageuse, plus agréable : *Je m'en contenterai, faute de mieux.*

mieux-être [mjøzɛtʀ] n.m. inv. Amélioration de la situation matérielle, de la santé de qqn, etc. : *Agir en vue du mieux-être de tous. Jouir d'un mieux-être* (= se sentir mieux).

mièvre [mjɛvʀ] adj. (var. de *nièvre* "vif", du scand. *snaefr*). Qui est d'une grâce affectée et fade ; qui manque de vigueur, de caractère : *Tableau, jeune femme d'une beauté un peu mièvre* (syn. fade).

mièvrerie [mjɛvʀəʀi] n.f. Caractère de qqn, de qqch qui est fade, affecté, mièvre ; action, propos sans intérêt : *Il tombe facilement dans la mièvrerie* (syn. litt. afféterie, mignardise).

mignardise [miɲaʀdiz] n.f. (de *mignard* "doucereux", de *mignon*). **-1.** LITT. Manque de naturel ; grâce affectée : *Les mignardises d'une coquette* (syn. minauderie, simagrée). *La mignardise d'un peintre* (syn. préciosité, mièvrerie). **-2.** Œillet vivace à petites fleurs très odorantes (on dit aussi un *œillet mignardise*).

mignon, onne [miɲɔ̃, -ɔn] adj. (de *mignot,* de même rac. que *minet* "chat"). **-1.** Qui est pourvu d'attraits physiques ; qui a de la grâce : *Elle est mignonne* (syn. joli). *Un mignon petit nez* (syn. gracieux, charmant). **-2.** FAM. Gentil ; complaisant : *Tu es bien mignon d'accepter* (syn. aimable). **-3.** Filet mignon, morceau de viande coupé dans la pointe du filet. **Péché mignon** → péché. ◆ **mignon** n.m. HIST. Nom donné aux favoris d'Henri III, très efféminés.

migraine [migʀɛn] n.f. (lat. *hemicrania*, mot gr., de *hémi* "moitié" et *kranion* "crâne"). - **1.** MÉD. Douleur violente qui affecte un côté de la tête et qui s'accompagne souvent de nausées et de vomissements : *Souffrir d'atroces migraines.* - **2.** Mal de tête : *Avoir la migraine.*

migraineux, euse [migʀɛnø, -øz] adj. et n. Relatif à la migraine ; sujet à la migraine : *Crise migraineuse.*

migrant, e [migʀɑ̃, -ɑ̃t] adj. et n. Se dit de qqn qui effectue ou a effectué une migration : *Population migrante. Un migrant qui cherche un logement, du travail* (syn. émigrant).

migrateur, trice [migʀatœʀ, -tʀis] adj. et n.m. Se dit d'un animal qui effectue des migrations : *Oiseaux migrateurs.*

migration [migʀasjɔ̃] n.f. (lat. *migratio*, de *migrare* "changer de séjour"). - **1.** Déplacement de population, de groupe, d'un pays dans un autre pour s'y établir, sous l'influence de facteurs économiques ou politiques : *Les grandes migrations humaines du début de notre ère.* - **2.** Déplacement en groupe et dans une direction déterminée, que certains animaux entreprennent à certaines saisons : *La migration annuelle des hirondelles.* - **3.** SC. Déplacement d'un organisme, d'une molécule, etc. : *Migration larvaire.*

migratoire [migʀatwaʀ] adj. Relatif aux migrations : *Un mouvement migratoire des campagnes vers les villes.*

migrer [migʀe] v.i. (lat. *migrare*). Effectuer une migration : *Les anguilles, les saumons migrent.*

mihrab [miʀab] n.m. (mot ar.). Dans une mosquée, niche creusée dans le mur indiquant la direction (qibla) de La Mecque.

mijaurée [miʒɔʀe] n.f. (p.-ê. fr. dialect. *mijolée*, de *mijoler* "cuire à petit feu" puis "cajoler"). Femme, jeune fille qui a des manières affectées et ridicules : *Faire la mijaurée.*

mijoter [miʒɔte] v.t. (de l'anc. fr. *mijot* "lieu où on fait mûrir les fruits", p.-ê. du germ. *musganda*). - **1.** Faire cuire lentement et à petit feu : *Mijoter un bœuf mode* (= faire mijoter ; syn. mitonner). - **2.** Préparer de longue main, avec soin, dans le secret : *Mijoter un complot* (syn. ourdir). *Qu'est-ce que tu mijotes encore ?* (syn. tramer, manigancer). ◆ v.i. - **1.** Cuire lentement : *Un ragoût qui mijote.* - **2.** Faire mijoter qqch, le mijoter : *Faire mijoter un plat.*

mikado [mikado] n.m. (mot jap.). - **1.** Empereur du Japon : *Intronisation du mikado.* - **2.** Jeu

d'adresse constitué de longues et fines baguettes de bois (les *jonchets*) jetées en tas et qu'il s'agit de prendre une à une et sans faire bouger les autres : *Faire une partie de mikado* (syn. jonchet).

1. mil adj. num. → **I. mille.**

2. mil [mil] n.m. (lat. *milium*). Nom générique de diverses céréales caractérisées par la petitesse de leur grain et cultivées en zone tropicale sèche (ex. : millet, sorgho).

milan [milɑ̃] n.m. (lat. pop. *milanus*, class. *miluus*). Oiseau rapace diurne des régions chaudes et tempérées, chassant le menu gibier et les petits rongeurs. □ Famille des accipitridés ; taille 60 cm ; envergure jusqu'à 1,50 m.

mildiou [mildju] n.m. (angl. *mildew*). Maladie des plantes cultivées provoquée par des champignons microscopiques, affectant surtout les jeunes pousses et les feuilles : *Le mildiou de la vigne, de la pomme de terre.*

mile [majl] n.m. (mot angl.). Mesure itinéraire anglo-saxonne valant environ 1 609 m.

milice [milis] n.f. (lat. *militia* "service militaire"). - **1.** HIST. Du Moyen Âge au XVIIIᵉ s., troupe levée dans les communes notamm. pour renforcer l'armée régulière : *Les milices communales, bourgeoises.* - **2.** Organisation paramilitaire constituant l'élément de base de certains partis totalitaires ou de certaines dictatures. - **3.** BELG. Service militaire. - **4.** La Milice, formation paramilitaire créée par le gouvernement de Vichy en 1943 en France.

milicien, enne [milisjɛ̃, -ɛn] n. Personne appartenant à une milice. ◆ **milicien** n.m. BELG. Jeune homme qui accomplit son service militaire ; appelé.

milieu [miljø] n.m. (de *mi-* et *lieu*). - **1.** Lieu également éloigné de tous les points du pourtour ou des extrémités de qqch : *Se tenir au milieu de la pièce* (syn. centre). - **2.** Position, place de qqch, de qqn qui est située entre d'autres : *Le rang du milieu. Le médius est le doigt du milieu.* - **3.** Moment également éloigné du début et de la fin d'une période de temps : *Le milieu de la nuit.* - **4.** Position modérée entre deux partis extrêmes : *Opter pour le juste milieu. Attitude qui tient le milieu entre la prudence et la méfiance* (syn. intermédiaire). - **5.** Entourage social de qqn ; couche de la société dont il est issu : *Milieu populaire. Être du même milieu* (= avoir la même origine sociale ; syn. extraction). - **6.** Groupe de personnes ayant les mêmes activités, les mêmes intérêts : *Les milieux des affaires. Le milieu de la danse* (syn. monde). - **7.** BIOL. Ensemble des facteurs extérieurs qui agissent de façon permanente ou durable sur un animal, une plante, etc. : *Milieu hostile.*

- **8.** BACTÉR. Milieu de culture, produit nutritif artificiel qui permet la croissance plus ou moins rapide des populations bactériennes ou l'isolement de celles-ci en colonies séparées, dans un dessein diagnostique. ‖ BIOL. Milieu intérieur, milieu dans lequel baignent directement les cellules vivantes chez les animaux supérieurs, c'est-à-dire le sang et la lymphe. ‖ GÉOGR. Milieu géographique, ensemble des caractéristiques physiques (relief, climat, etc.) et humaines (environnement politique, économique, etc.) influant sur la vie des hommes. ‖ SPORTS. Milieu de terrain, au football, joueur chargé d'assurer la liaison entre défenseurs et attaquants ; ensemble des joueurs tenant ce rôle dans une équipe. **- 9.** Le milieu. L'ensemble des personnes en marge de la loi, qui vivent de trafics illicites, des revenus de la prostitution. ◆ loc. prép. **- 1.** Au milieu de, au centre de ; à un moment d'une durée qui est également éloigné du début et de la fin ; parmi : *S'arrêter au milieu de la rue. Au milieu de l'été. Disparaître au milieu de la foule.* **- 2.** Au beau milieu de, en plein milieu de, exactement au milieu de qqch ; alors que qqch bat son plein, est à son moment le plus fort : *L'arbre s'est abattu en plein milieu de la maison. S'arrêter au beau milieu de sa phrase.*

1. militaire [militɛʁ] adj. (lat. *militaris*, de *miles, -itis* "soldat"). **- 1.** Qui concerne les armées, leurs membres, les opérations de guerre : *Camp militaire. Un coup d'État militaire* (= un putsch). *Musique militaire.* **- 2.** Considéré comme propre à l'armée : *Une exactitude toute militaire.*

2. militaire [militɛʁ] n. (de *1. militaire*). Personne qui fait partie des forces armées : *Militaire de carrière* (syn. soldat).

militairement [militɛʁmɑ̃] adv. De façon militaire ; par la force armée : *S'emparer militairement d'une ville.*

militant, e [militɑ̃, -ɑ̃t] adj. Qui lutte, milite pour une idée, une opinion, un parti : *Une politique militante.* ◆ n. Adhérent d'une organisation politique, syndicale, sociale, qui participe activement à la vie de cette organisation : *Un militant de base.*

militantisme [militɑ̃tism] n.m. Attitude, activité de militant, de propagandiste actif.

militarisation [militaʁizasjɔ̃] n.f. Action de militariser : *Militarisation d'un pays.*

militariser [militaʁize] v.t. **- 1.** Pourvoir de forces armées : *Militariser une zone frontière* (contr. démilitariser). **- 2.** Donner un caractère, une structure militaire à : *Militariser une usine.*

militarisme [militaʁism] n.m. **- 1.** Système politique fondé sur la prépondérance de l'armée : *Le militarisme prussien du siècle dernier.* **- 2.** Exaltation des valeurs militaires et du rôle de l'armée, considérés comme garants de l'ordre : *Détester le militarisme.*
◆ **militariste** adj. et n. Relatif au militarisme ; qui en est partisan : *Politique militariste.*

militer [milite] v.i. (lat. *militari*, de *miles, -itis* "soldat"). **- 1.** Participer d'une manière active à la vie d'un parti politique, d'un syndicat, d'une organisation : *Militer dans un syndicat.* **- 2.** Constituer un argument en faveur de ou contre qqn, qqch : *Cela milite en sa faveur* (syn. plaider).

milk-shake [milkʃɛk] n.m. (mot anglo-amér., de *milk* "lait" et to *shake* "secouer") [pl. *milk-shakes*]. Boisson frappée, à base de lait aromatisé : *Un milk-shake à la fraise.*

millage [milaʒ] n.m. (de *2. mille,* d'apr. *kilométrage*). CAN. Distance comptée en miles.

1. mille [mil] adj. num. card. inv. (lat. *mille,* pl. de *mille*). **- 1.** Dix fois cent : *Trois mille hommes. L'an deux mille.* Rem. Dans les dates, on écrit indifféremment mille ou mil : *L'an mil* ou *mille huit cent.* **- 2.** (En fonction d'ord.). De rang numéro mille ; millième : *La page mille d'un dictionnaire.* **- 3.** Un très grand nombre de : *Courir mille dangers. Souffrir mille morts. Mille mercis.* **- 4.** FAM. Je vous le donne en mille, vous n'avez pas une chance sur mille de deviner : *Tu sais qui j'ai vu ? Je te le donne en mille...* ◆ n. m. inv. **- 1.** Le nombre qui suit neuf cent quatre-vingt-dix-neuf dans la série des entiers naturels : *Compter jusqu'à mille.* **- 2.** FAM. Des mille et des cents, de très fortes sommes. ‖ FAM. Mettre, taper (en plein) dans le mille, donner juste ; atteindre son objectif : *Tout juste, vous avez tapé dans le mille.*

2. mille [mil] n.m. (de *1. mille*). **- 1.** Mesure itinéraire romaine, qui valait mille pas (1481,5 m). **- 2.** Unité de mesure internationale pour les distances en navigation aérienne ou maritime, correspondant à la distance de deux points de la Terre ayant même longitude et dont les latitudes diffèrent d'une minute (on dit aussi *mille marin* ou *mille nautique*). □ Le mille vaut, par convention, 1 852 m, sauf dans les pays du Commonwealth, où il vaut 1 853,18 m. **- 3.** CAN. Équivalent du mile anglo-saxon.

1. mille-feuille [milfœj] n.f. (anc. fr. *milfoil,* d'apr. le lat. *millefolium*) [pl. *mille-feuilles*]. Nom donné à diverses plantes à feuilles très découpées : *Une mille-feuille à petites fleurs blanchâtres.* □ Famille des composées.

2. mille-feuille [milfœj] n.m. (de *1. mille* et *feuille*) [pl. *mille-feuilles*]. Gâteau de pâte feuilletée garni de crème pâtissière et poudré de sucre glace.

millénaire [milenɛʁ] adj. (lat. *millenarius*). Qui atteint mille ans ; qui est très vieux : *Une* *tradition millénaire.* ◆ n.m. -**1.** Durée de mille ans : *Le deuxième millénaire.* -**2.** Anniversaire d'un événement qui a eu lieu mille ans auparavant : *Le millénaire de la fondation d'une ville.*

millénarisme [milenaʀism] n.m. -**1.** Ensemble de croyances développées par certains courants du christianisme à un règne terrestre du Messie et de ses élus, précédant le Jugement dernier et censé devoir durer mille ans. -**2.** Courant de pensée qui réclame un retour aux conditions sociales telles que les décrivent les mythes de la création du monde. ◆ **millénariste** adj. et n. Relatif au millénarisme ; qui le professe : *Prophétie millénariste.*

mille-pattes [milpat] n.m. inv. Arthropode terrestre dont le corps, formé d'anneaux, porte de nombreuses pattes semblables. (Nom scientif. : *myriapode.*) □ Les mille-pattes forment une classe comprenant l'iule, la scolopendre, le géophile.

millepertuis [milpɛʀtɥi] n.m. inv. (de *1. mille* et *pertuis* "ouverture"). Plante aux fleurs à nombreuses étamines et dont les feuilles sont presque toujours parsemées de petites glandes translucides ressemblant à des petits trous. □ Famille des hypéricacées.

millésime [milezim] n.m. (lat. *millesimus* "millième"). Chiffres indiquant l'année d'émission d'une pièce de monnaie, celle de la récolte du raisin ayant servi à faire un vin, celle de la production d'une voiture, etc. : *Une bouteille d'un grand millésime.*

millésimé, e [milezime] adj. Doté d'un millésime : *Un vin millésimé.*

millet [mijɛ] n.m. (de *2. mil*). Nom usuel de plusieurs céréales à très petits grains, cultivées surtout dans les zones défavorisées, notamm. au Sahel : *Galettes de millet.* □ Famille des graminées.

milliard [miljaʀ] n.m. (de *million,* par changement de suff.). -**1.** Mille millions. -**2.** Nombre extrêmement grand : *Des milliards de petits insectes* (syn. myriade).

milliardaire [miljaʀdɛʀ] adj. et n. Qui possède un capital ou des revenus d'au moins un milliard de francs.

milliardième [miljaʀdjɛm] adj. num. ord. et n. Qui occupe le rang marqué par le nombre d'un milliard : *Le milliardième ouvrage imprimé.* ◆ adj. et n.m. Qui correspond à la division d'un tout en un milliard de parties égales : *Un milliardième de l'humanité.*

millibar [milibaʀ] n.m. MÉTÉOR. Unité de pression atmosphérique, remplacé par l'hectopascal, et équivalant à un millième de bar ou cent pascals, soit environ 3/4 de millimètre de mercure.

millième [miljɛm] adj. num. ord. et n. De rang numéro mille : *La millième année après la naissance de Jésus-Christ.* ◆ adj. et n.m. Qui correspond à la division d'un tout en mille parties égales : *Le litre est le millième du mètre cube.* ◆ n.m. MIL. Unité d'angle utilisée pour le tir et égale à l'angle sous lequel on voit une longueur de 1 m à 1 000 m.

millier [milje] n.m. -**1.** Quantité, nombre de mille, d'environ mille : *Un millier de personnes.* -**2.** Grand nombre indéterminé : *Des étoiles par milliers.*

milligramme [miligʀam] n.m. Millième partie du gramme. □ Symb. mg.

millilitre [mililitʀ] n.m. Millième partie du litre : *Un millilitre de sang.* □ Symb. ml.

millimètre [milimɛtʀ] n.m. Millième partie du mètre : *Mesure établie à un millimètre près.* □ Symb. mm.

millimétré, e [milimetʀe] adj. Papier millimétré, papier quadrillé, gradué en millimètres en longueur et en largeur, servant à faire des schémas.

millimétrique [milimetʀik] adj. Relatif au millimètre ; gradué en millimètres : *Mesure, échelle millimétrique.*

million [miljɔ̃] n.m. (it. *milione*). Mille fois mille : *Une maison qui vaut plus d'un million de francs.*

millionième [miljɔnjɛm] adj. num. ord. et n. Qui occupe le rang marqué par le nombre d'un million : *Le millionième exemplaire vendu.* ◆ adj. et n.m. Qui correspond à la division d'un tout en un million de parties égales : *Je ne dispose même pas du millionième de la somme requise.*

millionnaire [miljɔnɛʀ] adj. et n. Se dit d'une personne dont les revenus s'élèvent à au moins un million de francs : *Comme j'aimerais être millionnaire !*

milliseconde [milisɡɔ̃d] n.f. Millième partie de la seconde. □ Symb. ms.

milord [milɔʀ] n.m. (de l'angl. *my lord* "mon seigneur"). VIEILLI. Homme riche et élégant : *Être habillé comme un milord.*

mime [mim] n.m. (lat. *mimus,* du gr.). -**1.** Genre de comédie où l'acteur représente une action, des sentiments par gestes et sans avoir recours à la parole : *Le mime d'une chasse aux papillons.* -**2.** LITTÉR. GR. ET LAT. Pièce de théâtre comique et réaliste où le geste avait une part prépondérante. ◆ n. -**1.** Acteur spécialisé dans le genre du mime. -**2.** Personne qui imite bien les gestes, les attitudes, le parler d'autrui : *C'est un mime-né* (syn. imitateur).

mimer [mime] v.t. et v.i. (de *mime*). -**1.** Exprimer une attitude, un sentiment, une action par les gestes, par les jeux de physionomie, sans utiliser la parole : *Mimer la douleur.* -**2.** Imiter d'une façon plaisante une personne, ses gestes, ses manières : *Mimer un ami* (syn. contrefaire, singer).

mimétique [mimetik] adj. Relatif au mimétisme : *Le comportement mimétique.*

mimétisme [mimetism] n.m. (du gr. *mimeisthai* "imiter"). -**1.** Aptitude qu'ont certaines espèces vivantes à se confondre par la forme *(homomorphie)* ou la couleur *(homochromie)* avec l'environnement ou avec les individus d'une autre espèce : *Le mimétisme du caméléon.* -**2.** Reproduction inconsciente du comportement, des manières de penser de son entourage, de qqn : *Le mimétisme des jeunes enfants. Faire qqch par mimétisme.*

mimique [mimik] adj. DIDACT. Qui mime, qui exprime par le geste : *Langage mimique.* ◆ n.f. Ensemble d'expressions du visage ; gestuelle : *Une mimique expressive.*

mimosa [mimoza] n.m. (lat. scientif. *mimosa,* de *mimus* "qui se contracte comme un mime"). -**1.** Arbuste aux nombreuses petites fleurs rosées ou blanches et appelé usuellement *sensitive,* car ses feuilles se replient au moindre contact. □ Famille des mimosacées ; ordre des légumineuses. -**2.** Nom donné cour. à plusieurs acacias, partic. à ceux dont les fleurs jaunes sont réunies en petites sphères : *On pratique la culture du mimosa sur la Côte d'Azur.* -**3.** Œuf mimosa, œuf dur dont chaque moitié est farcie d'une mayonnaise épaissie du jaune écrasé.

minable [minabl] adj. et n. (de *miner*). FAM. Qui est d'une médiocrité pitoyable : *Résultat minable* (syn. déplorable ; contr. excellent). *Bande de minables* (syn. médiocre).

minage [minaʒ] n.m. Action de miner : *Le minage d'une carrière.*

minaret [minaʀɛ] n.m. (turc *menare,* ar. *manara* "phare"). Tour d'une mosquée, du haut de laquelle le muezzin fait les cinq appels à la prière quotidienne.

minauder [minode] v.i. (de *1. mine*). Faire des mines ; se montrer d'une amabilité précieuse pour plaire, séduire : *Minauder dans les réunions mondaines* (syn. poser).

minauderie [minodʀi] n.f. Action de minauder ; mines affectées : *Toutes ses minauderies sont horripilantes* (syn. façons, simagrées).

minaudier, ère [minodje, -ɛʀ] adj. et n. Qui minaude ; qui fait des mines : *Elle est très minaudière* (syn. maniéré, poseur).

mince [mɛ̃s] adj. (de l'anc. fr. *mincier* "couper en menus morceaux", var. de *menuisier,* lat. pop. **minutiare* "rendre menu"). -**1.** Qui est peu épais : *Couper la viande en tranches minces* (syn. fin ; contr. gros). -**2.** Qui a peu de largeur ; dont le diamètre est petit : *Taille mince* (syn. fin, élancé ; contr. épais, lourd). *Un mince filet d'eau* (syn. maigre ; contr. puissant). -**3.** Dont les formes sont fines : *Un homme mince* (syn. svelte ; contr. gros). *Elle est mince comme un fil* (= filiforme). -**4.** Qui a peu d'importance ; insignifiant : *Un mérite bien mince* (syn. faible, médiocre). *Ce n'est pas une mince affaire !* (syn. petit, insignifiant). ◆ interj. FAM. Marque l'admiration ou le mécontentement : *Mince alors ! Tu as vu cette voiture ! Mince ! Je me suis trompé.*

minceur [mɛ̃sœʀ] n.f. État, caractère de qqn, de qqch qui est mince : *Un danseur d'une minceur qui confine à la maigreur* (syn. sveltesse ; contr. corpulence, embonpoint). *La minceur d'un tronc d'arbre* (contr. grosseur). *La minceur d'une couche de glace* (syn. finesse ; contr. épaisseur). *Un argument d'une consternante minceur* (syn. faiblesse ; contr. puissance, justesse).

mincir [mɛ̃siʀ] v.i. [conj. 32]. Devenir plus mince : *Se mettre au régime pour mincir* (syn. maigrir ; contr. grossir). ◆ v.t. Faire paraître plus mince : *Cette veste te mincit* (syn. amincir ; contr. grossir).

1. mine [min] n.f. (p.-ê. du breton *min* "bec, museau"). -**1.** Aspect de la physionomie indiquant certains sentiments ou l'état du corps : *Avoir une mine réjouie* (syn. air, visage). -**2.** Aspect extérieur : *Juger qqn sur sa mine* (syn. apparence, physique). -**3.** Avoir bonne mine, avoir un visage qui dénote la bonne santé ; FAM. avoir l'air ridicule (iron.) : *Tu aurais dû tenir ta promesse, tu as bonne mine maintenant !* ‖ Avoir mauvaise mine, une mine de papier mâché, avoir le visage qui dénote une mauvaise santé ou de la fatigue : *Ce que tu as mauvaise mine ! Tu es malade ?* ‖ Faire bonne mine, mauvaise, grise mine à qqn, lui faire bon, mauvais accueil. ‖ Faire mine de, faire semblant de : *Faire mine de s'en aller.* ‖ FAM. Mine de rien, sans en avoir l'air : *Mine de rien, il a obtenu ce qu'il voulait.* ‖ Ne pas payer de mine, ne pas se présenter sous une apparence propre à inspirer confiance : *Un petit restaurant qui ne paie pas de mine, mais où on mange très bien.* ◆ **mines** n.f. pl. Faire des mines, prendre des poses, faire des simagrées : *Chercher à plaire en faisant des mines* (= en minaudant).

2. mine [min] n.f. (p.-ê. du gallo-roman **mina,* d'orig. celt.). -**1.** Petit bâton de graphite ou de toute autre matière formant l'axe d'un crayon et qui laisse une trace sur le papier : *Tailler la mine de son crayon à papier. Mine grasse, sèche.* -**2.** MIN. Gisement de substance minérale ou fossile, renfermée dans le sein de la terre ou existant à la surface : *Une région riche en mines de charbon* (syn. filon). -**3.** MIN.

Cavité creusée dans le sol pour extraire le charbon ou le minerai : *Les galeries de la mine.* - **4.** MIN. Ensemble des installations nécessaires à l'exploitation d'un gisement : *La mine comporte, outre des chantiers d'exploitation, une usine de premier traitement du minerai extrait* (= le siège d'extraction). - **5.** Fonds riche de qqch ; ressource importante : *Ce livre est une mine d'informations* (syn. trésor). - **6.** MIL. Charge explosive sur le sol, sous terre ou dans l'eau et qui agit soit directement par explosion, soit indirectement par éclats ou effets de souffle : *Mine antichar. Sauter sur une mine. Mouiller des mines* (= poser des mines sous-marines). - **7.** MIL. Galerie souterraine pratiquée en vue de détruire, au moyen d'une charge explosive, un ouvrage fortifié ennemi : *Creuser des mines sous un bastion.*

miner [mine] v.t. (de 2. *mine*). - **1.** MIL. Poser des mines : *Miner une rivière, une route.* - **2.** Creuser lentement en dessous, à la base de qqch : *L'eau mine la pierre* (syn. ronger, saper). - **3.** Affaiblir, détruire peu à peu, lentement : *Ses excès ont miné sa santé* (syn. ruiner, user). *Le chagrin le mine* (syn. consumer, ronger).

minerai [minʀɛ] n.m. (de 2. *mine*). Élément de terrain contenant des minéraux utiles en proportion notable, et qui demandent une élaboration pour être utilisés par l'industrie : *Minerai de fer, d'uranium.* ◻ La plupart des minerais métallifères sont des oxydes (bauxite, limonite), des sulfures (galène, blende), des carbonates (malachite, sidérite) ou des silicates (garniérite).

1. **minéral** [mineʀal] n.m. (de 2. *minéral*) [pl. *minéraux*]. Corps inorganique, solide à la température ordinaire, constituant les roches de l'écorce terrestre. ◻ On distingue les *minéraux amorphes,* où les molécules sont disposées sans ordre, comme dans l'opale, et les *minéraux cristallisés,* où les molécules ou les atomes sont régulièrement distribués, comme dans le quartz, le mica.

2. **minéral, e, aux** [mineʀal, -o] adj. (lat. médiév. *mineralis,* de *minera* "mine" ; v. 2. *mine*). - **1.** Propre aux minéraux : *Substances minérales.* - **2.** Chimie minérale → chimie. ‖ Eau minérale, eau qui contient des minéraux en dissolution, et qu'on emploie en boisson, ou en bains, à des fins thérapeutiques.

minéralier [mineʀalje] n.m. Cargo conçu pour le transport des cargaisons en vrac, des minerais.

minéralisation [mineʀalizasjɔ̃] n.f. - **1.** État d'une eau chargée d'éléments minéraux solubles : *Minéralisation équilibrée.* - **2.** CHIM. Transformation d'un métal en minerai par sa combinaison avec un autre corps.

minéralisé, e [mineʀalize] adj. Qui contient des matières minérales : *Eau faiblement minéralisée.*

minéralogie [mineʀalɔʒi] n.f. Branche de la géologie qui traite des minéraux, de leurs propriétés physiques et chimiques et de leur formation. ◆ **minéralogiste** n. Nom du spécialiste.

minéralogique [mineʀalɔʒik] adj. - **1.** Relatif à la minéralogie : *Des recherches minéralogiques.* - **2.** Qui concerne les mines : *Service minéralogique.* - **3.** Numéro, plaque minéralogique, numéro, plaque d'immatriculation des véhicules automobiles enregistrés par l'administration des Mines, en France. ◻ Cette dénomination, officielle jusqu'en 1929, est restée en usage dans la langue courante.

minerve [minɛʀv] n.f. (lat. *Minerva,* n. de la déesse de la Sagesse). CHIR. Appareil orthopédique placé autour du cou et destiné à maintenir la tête en extension et en rectitude : *Après son accident de voiture, il a été obligé de porter une minerve.*

minestrone [minɛstʀɔn] n.m. (mot it.). Soupe italienne aux légumes et au lard additionnée de petites pâtes ou de riz et servie accompagnée de parmesan râpé.

minet, ette [minɛ, -ɛt] n. (de *mine,* n. pop. du chat dans de nombreux parlers gallo-romains). - **1.** FAM. Chat, chatte. - **2.** FAM. Terme d'affection : *Mon minet.* - **3.** Jeune homme, jeune fille qui soigne son apparence, qui suit la mode.

1. **mineur** [minœʀ] n.m. et adj. m. (de 2. *mine*). - **1.** Ouvrier qui travaille à la mine : *Mineur de fond.* - **2.** Militaire qui pose des mines : *Sapeur mineur.*

2. **mineur, e** [minœʀ] adj. (lat. *minor*). - **1.** D'une importance moindre, de peu d'intérêt : *Problème mineur* (syn. secondaire ; contr. capital). *Affaire mineure* (syn. accessoire ; contr. grave, sérieux). *Un écrivain mineur* (= de second plan). - **2.** MUS. Se dit d'un mode caractérisé par la succession, dans la gamme, d'un ton, un demi-ton, deux tons, un demi-ton et deux tons ; qui relève de ce mode : *Passer du mode mineur au mode majeur. Tonalité en la mineur.* - **3.** Qui n'a pas encore atteint l'âge de la majorité légale : *En France on est mineur jusqu'à l'âge de 18 ans.* ◆ **mineure** n.f. LOG. Seconde proposition d'un syllogisme : *La majeure, la mineure et la conclusion d'un syllogisme.*

miniature [minjatyʀ] n.f. (it. *miniatura,* de *minium,* rapproché de *minuscule*). - **1.** Enluminure d'un manuscrit : *Les lettres ornées des débuts de chapitre sont des miniatures.* - **2.** Composition picturale de petite dimension et de facture délicate : *La miniature d'une tabatière, d'un médaillon.* **-3.** **En miniature,** en réduction : *Sa fille est son portrait en miniature.* ◆ adj. Extrêmement petit ; qui est la réduction de qqch : *Autos miniatures.*

miniaturisation [minjatyʀizasjɔ̃] n.f. Action de miniaturiser : *La miniaturisation des appareils domestiques.*

miniaturiser [minjatyʀize] v.t. Donner de très petites dimensions à qqch : *Miniaturiser des circuits électroniques.*

miniaturiste [minjatyʀist] n. Peintre en miniatures : *Une miniaturiste qui exécute des enluminures.*

minibus [minibys] et **minicar** [minikaʀ] n.m. Petit autocar : *Circuler en minibus.*

minier, ère [minje, -ɛʀ] adj. (de *2. mine*). Relatif aux mines ; où il y a des mines : *Exploitation, région minière.*

minijupe [miniʒyp] n.f. Jupe très courte, s'arrêtant à mi-cuisse.

minima n.m. pl. → **minimum.**

a minima [aminima] loc. adj. inv. (lat. jur. *a minima pœna* "à partir de la plus petite peine"). DR. **Appel a minima,** appel que le ministère public interjette quand il estime la peine insuffisante.

minimal, e, aux [minimal, -o] adj. (de *minimum*). **-1.** Le plus petit ; qui a atteint son minimum : *Dose minimale* (syn. minimum ; contr. maximum). *Les températures minimales de la journée* (contr. maximal). **-2.** **Art minimal,** tendance de l'art contemporain qui réduit l'œuvre à des formes géométriques simples ainsi qu'à des modalités élémentaires de matière ou de couleur. (→ conceptuel). ‖ MATH. **Élément minimal,** élément d'un ensemble ordonné tel qu'il n'existe aucun autre élément qui lui soit inférieur.

minimaliser [minimalize] v.t. Réduire jusqu'au seuil minimal : *Minimaliser les coûts* (contr. maximaliser).

minimaliste [minimalist] adj. Qui représente ou défend une position minimale (par opp. à *maximaliste*).

minime [minim] adj. (lat. *minimus* "le plus petit"). Qui est très petit, peu important : *Une erreur minime* (syn. infime, secondaire ; contr. grave). *Dépenses minimes* (syn. dérisoire, insignifiant ; contr. considérable). ◆ n. Jeune sportif, jeune sportive âgés de 11 à 13 ans.

minimiser [minimize] v.t. Accorder une moindre importance à ; réduire l'importance de : *Minimiser le rôle de qqn* (syn. minorer ; contr. exagérer). *Minimiser un problème* (syn. dédramatiser ; contr. grossir).

minimum [minimɔm] n.m. (mot lat. "le plus petit") [pl. *minimums* ou *minima*]. **-1.** La plus

petite quantité possible : *Prendre le minimum de risques.* **-2.** DR. Peine la plus faible qui puisse être appliquée pour ca la déterminé : *Être condamné au minimum.* **-3.** MATH. Plus petit élément (s'il existe) d'un ensemble ordonné. **-4.** **Au minimum,** au moins : *Travailler au minimum huit heures par jour.* ‖ **Minimum garanti, minimum vieillesse,** montant au-dessous duquel ne peut être liquidé un avantage de l'assurance vieillesse, en fonction de certaines conditions d'âge et d'activité : *Avoir droit au minimum vieillesse.* ‖ **Minimum d'une fonction,** minimum des valeurs prises par cette fonction dans un intervalle donné ou dans son domaine de définition. ◆ adj. (Emploi critiqué). Minimal : *Avoir l'âge minimum requis pour voter.*

mini-ordinateur [miniɔʀdinatœʀ] n.m. (pl. *mini-ordinateurs*). Ordinateur de faible volume, d'une capacité moyenne de mémoire, de bonne performance, utilisé de manière autonome ou comme élément périphérique d'un ordinateur central ou d'un réseau informatique.

ministère [ministɛʀ] n.m. (lat. *ministerium* "service"). **-1.** Fonction, charge de ministre ; temps pendant lequel on l'exerce : *Accepter le ministère des Finances.* **-2.** Ensemble des ministres qui composent le gouvernement d'un État : *Réunion du ministère présidée par le chef de l'État.* **-3.** Administration dépendant d'un ministre ; bâtiment où se trouvent ses services : *Travailler dans un ministère.* **-4.** RELIG. Fonctions, charges que l'on exerce, notamm. en parlant du sacerdoce. **-5.** **Ministère public,** magistrature établie près d'une juridiction et requérant l'application des lois au nom de la société (on dit aussi *magistrature debout, parquet*).

ministériel, elle [ministeʀjɛl] adj. Relatif à un ministre ou à un ministère : *Fonctions ministérielles.*

ministre [ministʀ] n.m. (lat. *minister* "serviteur"). **-1.** Membre du gouvernement d'un État à la tête d'un département ministériel : *Ministre de l'Agriculture.* **-2.** **Ministre délégué,** chargé d'exercer pour le compte du Premier ministre certaines missions de ce dernier. ‖ **Ministre d'État,** titre honorifique attribué à certains ministres, en raison de leur personnalité ou de l'importance que l'on veut donner à leur domaine. ‖ **Premier ministre,** chef du gouvernement dans certains régimes parlementaires. ‖ RELIG. **Ministre du culte,** prêtre ou pasteur chargé d'un service paroissial.

Minitel [minitɛl] n.m. (nom déposé). Terminal d'interrogation vidéotex diffusé par l'Administration des télécommunications.

minium [minjɔm] n.m. (mot lat.). **-1.** Pigment rouge-orangé obtenu par oxydation du plomb fondu. **- 2.** Peinture antirouille au minium.

minoen, enne [minɔɛ̃, -ɛn] adj. et n.m. (du n. de *Minos*). Se dit d'une période de l'histoire de la Crète préhellénique : *Le minoen ancien.*

minois [minwa] n. (de *1. mine*). Visage délicat et gracieux d'enfant, de jeune fille, de jeune femme : *Un joli minois.*

minorant [minɔrɑ̃] n.m. (de *minorer*). MATH. Minorant d'une partie d'un ensemble ordonné E, élément de E inférieur à tous les éléments de cette partie (par opp. à *majorant*).

minoration [minɔrasjɔ̃] n.f. Action de minorer.

minorer [minɔre] v.t. (lat. *minorare*). **- 1.** Diminuer l'importance de : *Minorer un incident* (syn. minimiser). **- 2.** Porter à un chiffre inférieur : *Minorer les prix de 10 %* (syn. diminuer). **- 3.** MATH. Déterminer un minorant : *Minorer un élément.*

minoritaire [minɔritɛr] adj. et n. (de *minorité*). Qui appartient à la minorité ; qui s'appuie sur une minorité : *Parti minoritaire.*

minorité [minɔrite] n.f. (lat. médiév. *minoritas*, du class. *minor* "plus petit"). **- 1.** État de qqn qui n'a pas atteint l'âge de la majorité ; période de sa vie pendant laquelle il n'est pas légalement responsable et n'a pas l'exercice de ses droits. **- 2.** Sous-ensemble de personnes, de choses inférieures en nombre à un autre sous-ensemble (par opp. à *majorité*) : *Il y a une minorité de filles dans cette classe. Notre journal ne touche qu'une petite minorité de Parisiens* (= un très petit nombre). **- 3.** Petit groupe de personnes se différenciant des autres au sein d'une assemblée, d'un parti, etc. : *Une minorité dissidente.* **- 4.** Être en minorité, être les moins nombreux, par rapport à un autre groupe. ‖ Mettre qqn, un groupe en minorité, battre, supplanter qqn, un groupe, dans un vote, en obtenant la majorité des suffrages. ‖ Minorité nationale, groupe se distinguant de la majorité de la population par ses particularités ethniques, sa religion, sa langue ou ses traditions.

minoterie [minɔtri] n.f. (de *minotier*). Syn. de *meunerie.*

minotier [minɔtje] n.m. (de *minot*, anc. mesure de capacité, puis "farine de blé"). Industriel exploitant une minoterie, une meunerie.

minou [minu] n.m. (de *minet*). FAM. **- 1.** (Langage enfantin). Chat. **- 2.** Terme d'affection : *Mon minou.*

minuit [minɥi] n.m. (de *mi-* et *nuit*). **- 1.** Milieu de la nuit : *Les tièdes minuits du mois d'août.* **- 2.** Douzième heure après midi ; instant marqué vingt-quatre heures ou zéro heure : *Le train part à minuit.*

minus [minys] n.m. (du lat. *minus habens* "ayant moins"). FAM. Personne sans envergure ; minable.

minuscule [minyskyl] adj. (lat. *minusculus* "assez petit"). **- 1.** Très petit : *Minuscules flocons de neige.* **- 2.** Lettre minuscule, petite lettre (par opp. à *majuscule*) : *Un r minuscule.* (On dit aussi *une minuscule*.)

minutage [minytaʒ] n.m. Action de minuter.

1. minute [minyt] n.f. (lat. médiév. *minuta*, de l'adj. lat. *minutus* "menu"). **- 1.** Unité de mesure du temps valant 60 secondes. □ Symb. min. **- 2.** Court espace de temps : *Je reviens dans une minute* (syn. instant). **- 3.** Unité de mesure d'angle (symb.'), valant 1/60 de degré, soit π/10 800 radian. **- 4.** La minute de vérité, le moment exceptionnel et passager où la vérité éclate. ◆ interj. FAM. Minute ! ou Minute papillon !, attendez !, doucement !

2. minute [minyt] n.f. (lat. médiév. *minuta* "écriture menue"). DR. Écrit original d'un jugement ou d'un acte notarié, dont il ne peut être délivré aux intéressés que des copies ou des extraits.

minuter [minyte] v.t. (de *1. minute*). Fixer avec précision la durée, le déroulement de : *Minuter un spectacle.*

minuterie [minytri] n.f. (de *1. minute*). **- 1.** Dispositif électrique à mouvement d'horlogerie, destiné à assurer le fonctionnement d'un appareil pendant un laps de temps déterminé : *Une minuterie règle l'éclairage de notre escalier.* **- 2.** Partie du mouvement d'une horloge qui sert à marquer les divisions de l'heure.

minuteur [minytœr] n.m. Appareil à mouvement d'horlogerie, permettant de régler la durée d'une opération ménagère.

minutie [minysi] n.f. (lat. *minutia* "parcelle", de *minutus* "menu"). Application attentive et scrupuleuse aux détails : *Décrire avec minutie les péripéties d'un voyage* (syn. exactitude).

minutieusement [minysjøzmɑ̃] adv. Avec minutie : *Noter minutieusement des indications* (syn. consciencieusement).

minutieux, euse [minysjø, -øz] adj. **- 1.** Qui s'attache aux petits détails : *Un observateur minutieux* (syn. méticuleux, pointilleux). **- 2.** Fait avec minutie : *Dessin minutieux* (syn. détaillé, soigné).

miocène [mjɔsɛn] n.m. et adj. (angl. *miocene*, du gr. *meiôn* "moins" et *kainos* "récent"). Troisième période de l'ère tertiaire, entre l'oligocène et le pliocène, qui a vu l'apparition des mammifères évolués.

mioche [mjɔʃ] n. (de *1. mie* et suffixe arg. *-oche*). FAM. Jeune enfant.

mirabelle [miʀabɛl] n.f. (p.-ê. de *Mirabel,* toponyme répandu dans le sud de la France). - **1.** Petite prune jaune, douce et parfumée, fruit du mirabellier. - **2.** Eau-de-vie faite avec ce fruit.

mirabellier [miʀabɛlje] n.m. Prunier cultivé qui produit les mirabelles. □ Famille des rosacées.

mirabilis [miʀabilis] n.m. (mot lat. "admirable, étonnant"). Plante herbacée, originaire d'Afrique et d'Amérique, souvent cultivée pour ses grandes fleurs colorées qui s'ouvrent la nuit, d'où son nom usuel de *belle-de-nuit.* □ Famille des nyctaginacées.

miracle [miʀakl] n.m. (lat. *miraculum* "prodige", interprété comme une intervention divine : *Les miracles de sainte Thérèse de Lisieux.* - **2.** Fait, résultat étonnant, extraordinaire ; chance exceptionnelle : *Cette crème antirides fait des miracles* (syn. prodige). *C'est un miracle qu'il en soit sorti vivant.* - **3.** (En appos.). Indique un résultat inattendu, un effet surprenant ou extraordinaire : *Remède miracle.* - **4.** LITTÉR. Drame religieux du Moyen Âge, mettant en scène une intervention miraculeuse d'un saint ou de la Vierge : *« Le Miracle de Théophile », de Rutebeuf.* - **5.** Crier miracle, au miracle, s'extasier, marquer un étonnement admiratif et, souvent, quelque peu excessif : *Il n'y a pas de quoi crier au miracle !* ‖ Par miracle, de façon heureuse et inattendue ; par enchantement : *Et comme par miracle, il s'est arrêté de pleuvoir.* ‖ Un miracle de (+ n.), ce qui possède une qualité à un point quasi miraculeux : *Un mécanisme qui est un miracle de précision.*

miraculé, e [miʀakyle] adj. et n. - **1.** Qui a été guéri par un miracle : *Les miraculés de Lourdes.* - **2.** Qui a échappé, par une chance exceptionnelle, à une catastrophe.

miraculeusement [miʀakyløzmɑ̃] adv. De façon miraculeuse : *Échapper miraculeusement à la mort.*

miraculeux, euse [miʀakylø, -øz] adj. - **1.** Qui tient du miracle : *Guérison miraculeuse* (syn. inexplicable). - **2.** Étonnant, extraordinaire par ses effets : *Remède miraculeux* (syn. prodigieux).

mirador [miʀadɔʀ] n.m. (mot esp., de *mirar* "regarder"). Tour d'observation ou de surveillance, pour la garde d'un camp de prisonniers, d'un dépôt, etc.

mirage [miʀaʒ] n.m. (de *mirer*). - **1.** Phénomène d'optique dû à la densité inégale des couches de l'air et, par suite, à la réflexion totale des rayons lumineux, et consistant en ce que les objets éloignés ont une ou plusieurs images diversement inversées et superposées : *Les mirages sont surtout observables dans les déserts.* - **2.** Apparence séduisante et trompeuse : *Les mirages de la gloire* (syn. illusion, chimère). - **3.** Action de mirer un œuf.

mire [miʀ] n.f. (de *mirer*). - **1.** OPT. Règle graduée ou signal fixe utilisés pour mesurer les différences de niveau, en géodésie ou en topographie. - **2.** PHOT. Dessin de traits de largeurs et d'orientation différentes servant à étudier les limites de netteté d'un objectif ou d'une surface sensible. - **3.** TÉLÉV. Image géométrique simple permettant d'optimiser le réglage des postes récepteurs. - **4.** ARM. Cran de mire, échancrure pratiquée dans la hausse d'une arme à feu et servant à la visée. ‖ Ligne de mire, ligne droite déterminée par le milieu du cran de mire ou de l'œilleton et par le sommet du guidon d'une arme à feu. ‖ Point de mire, point que l'on veut atteindre en tirant avec une arme à feu ; au fig., personne, chose sur laquelle convergent les regards.

mirer [miʀe] v.t. (lat. *mirari* "contempler, admirer"). - **1.** LITTÉR. Refléter : *Les arbres mirent leurs branches dans l'eau du lac.* - **2.** Observer un œuf par transparence afin de s'assurer de l'état de son contenu. ◆ **se mirer** v.pr. LITTÉR. - **1.** Se regarder avec complaisance dans un miroir ou dans une surface réfléchissante. - **2.** Se refléter : *Le château de Chenonceaux se mire dans le Cher.*

mirifique [miʀifik] adj. (lat. *mirificus,* de *mirare* "admirer"). FAM. Étonnant ; merveilleux ; surprenant : *Des promesses mirifiques* (syn. prodigieux, fabuleux).

mirliton [miʀlitɔ̃] n.m. (p.-ê. d'un anc. refrain). - **1.** Flûte faite d'un roseau garni aux deux bouts d'une membrane, et qui émet des sons nasillards. - **2.** Shako sans visière de certains cavaliers sous la I re République. - **3.** FAM. De mirliton, de mauvaise qualité : *Vers de mirliton.*

mirmillon [miʀmijɔ̃] n.m. (lat. *mirmillo*). ANTIQ. Gladiateur romain, armé d'un bouclier, d'une courte épée et d'un casque, qui luttait habituellement contre le rétiaire.

mirobolant, e [miʀɔbɔlɑ̃, -ɑ̃t] adj. (emploi plaisant de *myrobolan* "fruit desséché jadis employé en pharmacie"). FAM. Si étonnant qu'on a peine à y croire : *Des promesses mirobolantes* (syn. fabuleux, sensationnel).

miroir [miʀwaʀ] n.m. (de *mirer*). - **1.** Surface ou verre polis qui réfléchissent la lumière et les images : *Se regarder dans un miroir* (syn. glace). - **2.** LITTÉR. Surface unie qui réfléchit les choses : *Le miroir des eaux du lac.* - **3.** SOUT. Ce qui offre l'image, le reflet de qqch : *Les yeux sont le miroir de l'âme.* - **4.** Miroir aux alouettes, instrument monté sur un pivot et garni de petits morceaux de miroir qu'on fait tourner au soleil pour attirer les alouettes et d'autres petits oiseaux ; au fig., ce qui fascine par une apparence trompeuse.

miroitant, e [miʀwatɑ̃, -ɑ̃t] adj. LITT. Qui miroite : *La surface miroitante des eaux.*

miroitement [miʀwatmɑ̃] n.m. LITT. Éclat, reflet produit par une surface qui miroite : *Le miroitement des eaux de la mer* (syn. scintillement).

miroiter [miʀwate] v.i. (de *miroir*). - **1.** Réfléchir la lumière avec scintillement : *Les feuilles des arbres miroitent au soleil* (syn. scintiller). - **2.** Faire miroiter, faire entrevoir comme possible pour séduire : *Faire miroiter à qqn une fortune* (= tenter de l'allécher).

miroiterie [miʀwatʀi] n.f. - **1.** Industrie de l'argenture et de l'étamage des glaces. - **2.** Atelier de miroitier.

miroitier, ère [miʀwatje, -ɛʀ] n. Personne qui coupe, encadre, pose ou vend des glaces, des miroirs.

miroton [miʀɔtɔ̃] et **mironton** [miʀɔ̃tɔ̃] n.m. (orig. obsc.). Plat de tranches de bœuf bouilli accommodé avec des oignons et du vin blanc.

misaine [mizɛn] n.f. (it. *mezzana* "voile du mât du milieu", de *mezzo* "médian"). Mât de misaine, mât de l'avant d'un navire, situé entre le grand mât et le beaupré. ‖ Voile de misaine, basse voile du mât de misaine (on dit aussi une *misaine*).

misandre [mizɑ̃dʀ] adj. et n. (de *mis*[o]-, et du gr. *andros* "homme", d'apr. *misogyne*). Qui est hostile aux personnes de sexe masculin.

misanthrope [mizɑ̃tʀɔp] adj. et n. (gr. *misanthrôpos*, de *mis*[o]-, et du gr. *anthrôpos* "homme"). Qui fuit ses semblables : *La mesquinerie de ses semblables en a fait un misanthrope* (syn. sauvage).

misanthropie [mizɑ̃tʀɔpi] n.f. Disposition d'esprit qui pousse à fuir la société.

miscible [misibl] adj. (du lat. *miscere* "mêler"). Qui peut former avec un autre corps un mélange homogène : *L'alcool éthylique est miscible à l'eau.*

1. mise [miz] n.f. (p. passé fém. de *mettre*). Suivi d'un compl. - **1.** Action de mettre, de placer quelque part : *Mise sous enveloppe. Mise en bouteilles, en sac. Mise en pension.* - **2.** Fait d'inscrire, d'enregistrer : *Mise à l'ordre du jour d'une question. Mise à l'index.* - **3.** Action de mettre, de placer dans une certaine situation : *Mise en liberté. Mise à la retraite. Mise en vente. Mise en contact, en rapport.* - **4.** Action d'organiser une certaine manière, de mettre dans un certain état : *Mise en gerbes, en tas. Mise en ondes d'une émission radiophonique. Mise en état de marche. Mise à jour d'un dictionnaire.* - **5.** Action de

présenter d'une certaine manière : *Mise en lumière, en évidence. Mise en valeur.* - **6.** Action de procéder à certaines opérations ou vue d'un résultat ; ensemble de ces opérations : *Mise en eau d'un barrage. Mise sous tension d'une installation électrique. Mise en forme d'un matériau.* - **7.** Action de donner l'impulsion initiale à qqch : *Mise en train. Mise en route. Mise en chantier. Mise en service.* - **8.** Mise à pied, mesure disciplinaire consistant à priver, pendant une courte durée, un salarié de son emploi et du salaire correspondant. ‖ Mise à prix, détermination du prix de ce que l'on vend ou, parfois, de ce que l'on se propose d'acheter ; somme à partir de laquelle démarrent les enchères dans une vente publique ; en Suisse, vente aux enchères. ‖ Mise au point, opération qui consiste, dans un instrument d'optique, à rendre l'image nette ; assemblage, mise en place et réglage d'éléments mécaniques ou électriques ; au fig., explication destinée à éclaircir, à régler des questions restées jusque-là dans le vague. - **9.** Mise en page ou en pages. Assemblage, d'après la maquette, des diverses compositions et des clichés d'un livre, d'un journal, etc., pour obtenir des pages d'un format déterminé, en vue de l'impression. ‖ Mise en plis. Opération qui consiste à mettre en boucles les cheveux mouillés en vue de la coiffure à réaliser après le séchage. ‖ Mise en scène. Réalisation scénique ou cinématographique d'une œuvre lyrique ou dramatique, d'un scénario ; présentation dramatique et arrangée d'un événement.

2. mise [miz] n.f. (de *1. mise*). - **1.** Manière de se vêtir, d'être habillé : *Une mise élégante, débraillée* (syn. tenue). - **2.** Somme d'argent engagée au jeu, ou dans une affaire : *Récupérer sa mise* (= ses fonds). - **3.** SOUT. De mise, convenable, opportun (souvent en tournure nég.) : *Ces propos pessimistes ne sont plus de mise.* ‖ Sauver la mise, à défaut de bénéfices, retirer l'argent engagé. ‖ FAM. Sauver la mise à qqn, tirer qqn d'une situation où il risque de tout perdre.

miser [mize] v.t. (de *mise*). Déposer une mise, un enjeu : *Miser une grosse somme sur un cheval* (syn. jouer, parier). ◆ v.t. ind. [sur]. - **1.** Parier sur qqn, qqch ; investir sa confiance dans : *Miser sur un cheval. Entreprise qui mise sur ses jeunes éléments.* - **2.** Compter sur qqch pour aboutir à un résultat : *Il mise sur la lassitude de son adversaire pour emporter la victoire.* ◆ v.i. HELV. Vendre ou acheter dans une vente aux enchères.

misérabilisme [mizeʀabilism] n.m. Tendance littéraire et artistique caractérisée par un goût systématique pour la représentation de la misère humaine. ◆ **misérabiliste** adj. et n. Qui relève du misérabilisme.

misérable [mizerabl] adj. (lat. *miserabilis*). - **1.** Qui manque de ressources ; qui témoigne d'une extrême pauvreté : *Cette famille est misérable* (syn. indigent, nécessiteux). *Un logement misérable* (syn. sordide). - **2.** De nature à susciter la pitié : *La situation des réfugiés est misérable* (syn. lamentable, déplorable). - **3.** Digne de mépris ; sans valeur : *Un misérable acte de vengeance* (syn. mesquin). *Se brouiller pour une misérable somme d'argent* (syn. infime, insignifiant). ◆ n. Personne digne de mépris : *Un misérable capable de tout.*

misérablement [mizerabləmɑ̃] adv. D'une manière propre à inspirer la pitié : *Vivre misérablement* (syn. pauvrement).

misère [mizɛʀ] n.f. (lat. *miseria*, de *miser* "malheureux"). - **1.** État d'extrême pauvreté ; manque grave de qqch : *Être dans la misère* (syn. dénuement). *La misère morale* (syn. détresse). *Un salaire de misère* (= insuffisant pour vivre décemment). - **2.** Événement douloureux, qui suscite la pitié : *C'est une misère de le voir se détruire ainsi* (syn. malheur). - **3.** Chose de peu d'importance : *Elle a eu cette maison pour une misère* (syn. bagatelle, rien). - **4.** BOT. Nom usuel du *tradescantia*, plante d'appartement au feuillage coloré et à croissance rapide. ◆ interj. Marque le désespoir : *Misère de moi !* ◆ **misères** n.f. pl. - **1.** Ce qui rend la vie douloureuse, pénible : *Les petites misères de l'existence* (syn. souffrance). - **2.** Faire des misères à qqn, taquiner, tracasser qqn.

miserere [mizerere] n.m. inv. (mot lat. "aie pitié"). Psaume dont la traduction dans la Vulgate commence par ce mot, l'un des sept psaumes de la pénitence ; pièce de musique chantée, composée sur les paroles de ce psaume.

miséreux, euse [mizerø, -øz] adj. et n. Qui est dans la misère ; qui donne l'impression de la misère : *Faire l'aumône à des miséreux* (syn. pauvre). *Un quartier miséreux* (syn. pouilleux).

miséricorde [mizerikɔʀd] n.f. (lat. *misericordia*, de *misericors*, de *miseria* "détresse" et *cor* "cœur"). - **1.** LITT. Pitié qui pousse à pardonner à un coupable, à faire grâce à un vaincu ; pardon accordé par pure bonté : *Implorer la miséricorde divine.* - **2.** Console placée sous le siège relevable d'une stalle d'église et servant, quand ce siège est relevé, à s'appuyer tout en ayant l'air d'être debout. ◆ interj. VX. Marque une surprise accompagnée de regret, d'effroi ou de dépit : *Miséricorde ! La corde va lâcher et il va tomber !*

miséricordieux, euse [mizerikɔʀdjø, -øz] adj. Enclin à la miséricorde, au pardon.

misogyne [mizɔʒin] adj. et n. (de *miso-* et *-gyne*). Qui est hostile aux femmes.

misogynie [mizɔʒini] n.f. Haine, mépris pour les femmes.

missel [misɛl] n.m. (anc.fr. *messel*, du lat. *missalis liber* "livre de messe"). Livre qui contient les textes de la liturgie de la messe.

missile [misil] n.m. (mot angl., lat. *missile* "arme de jet"). Projectile faisant partie d'un système d'arme à charge militaire classique ou nucléaire, doté d'un système de propulsion automatique et guidé sur toute ou partie de sa trajectoire par autoguidage ou téléguidage.

mission [misjɔ̃] n.f. (réfection de l'anc. fr. *mession*, lat. *missio*, de *mittere* "envoyer"). - **1.** Charge donnée à qqn d'accomplir une tâche définie : *Recevoir, remplir une mission* (syn. mandat). *Soldats qui partent en mission de reconnaissance.* - **2.** Fonction temporaire et déterminée dont un gouvernement, une organisation charge qqn, un groupe : *Parlementaire en mission* (syn. ambassade). - **3.** Ensemble des personnes ayant reçu cette charge : *Faire partie d'une mission scientifique* (syn. délégation). - **4.** But élevé, devoir inhérent à une profession, une activité et au rôle social qu'on lui attribue : *La mission du journaliste est d'informer* (syn. rôle, fonction). - **5.** RELIG. Organisation visant à la propagation de la foi ; établissement de missionnaires : *Les missions catholiques. La mission comprend un dispensaire et une école.*

missionnaire [misjɔnɛʀ] n. Prêtre, pasteur, religieux envoyé pour prêcher une religion, pour évangéliser un pays, un peuple. ◆ adj. Relatif aux missions, à la propagation de la foi : *Œuvres missionnaires.*

missive [misiv] n.f. (du lat. *missus* "envoyé"). LITT. Lettre : *J'ai bien reçu votre missive* (syn. billet, LITT. épître). ◆ adj. f. DR. Lettre missive, tout écrit confié à un particulier ou à la poste pour le faire parvenir.

mistral [mistʀal] n.m. (mot prov. "vent maître") [pl. *mistrals*]. Vent violent, froid, turbulent et sec, qui souffle du secteur nord, sur la France méditerranéenne, entre les méridiens de Sète et de Toulon.

mitaine [mitɛn] n.f. (de l'anc. fr. *mite* "chatte", à cause de la fourrure). - **1.** Gant s'arrêtant aux premières phalanges. - **2.** CAN., HELV. Moufle.

mitard [mitaʀ] n.m. (arg. *mitte*, de *cachemitte* "cachot"). ARG. Cachot d'une prison.

mite [mit] n.f. (mot du moyen néerl. "racloir"). Petit papillon dont les chenilles rongent et minent les tissus de laine, de soie (syn. teigne).

mité, e [mite] adj. Troué par les mites : *Couverture mitée.*

mi-temps [mitɑ̃] n.f. inv. Chacune des deux périodes d'égale durée que comportent certains sports d'équipe, comme le football, le rugby, etc. ; temps d'arrêt qui sépare ces deux périodes : *Les deux équipes sont à égalité à la mi-temps.*

à mi-temps [mitɑ̃] loc. adv. Pendant la moitié de la durée normale du travail : *Être employé à mi-temps.* ◆ n.m. inv. Travail à mi-temps : *Chercher un mi-temps.*

se miter [mite] v.pr. Être attaqué, abîmé par les mites : *Étoffe qui se mite.*

miteux, euse [mitø, -øz] adj. et n. (de *mite*). D'apparence misérable, pitoyable : *Un hôtel miteux* (syn. misérable, pouilleux).

mithridatiser [mitridatize] v.t. (du n. de *Mithridate*). Immuniser contre un poison par une accoutumance progressive.

mitigé, e [mitiʒe] adj. (du lat. *mitigare,* de *mitis* "doux"). - **1.** Nuancé ; tiède : *Le projet a reçu un accueil mitigé.* - **2.** Relâché ; peu rigoureux : *Un zèle mitigé.*

mitigeur [mitiʒœr] n.m. (de *mitiger* "adoucir"). Appareil de robinetterie permettant un réglage manuel ou thermostatique de la température de l'eau.

mitochondrie [mitɔkɔ̃dri] n.f. (du gr. *mitos* "filament" et *khondros* "grain"). BIOL. Organite aérobie de la cellule, de 0,5 μm de large et 2 à 5 μm de long, qui synthétise l'A.T.P. utilisée comme source d'énergie.

mitonner [mitɔne] v.i. (mot de l'Ouest, de *mitonnée* "panade", d'apr. *miton* "mie de pain"). Mijoter, en parlant d'aliments. ◆ v.t. - **1.** Faire mijoter un aliment : *Mitonner un plat en sauce* (syn. mijoter). - **2.** Préparer qqch peu à peu, avec soin : *Mitonner une vengeance* (syn. méditer, mûrir).

mitose [mitoz] n.f. (du gr. *mitos* "filament"). BIOL. Mode usuel de division de la cellule vivante, assurant le maintien d'un nombre constant de chromosomes.

mitotique [mitɔtik] adj. BIOL. Relatif à la mitose.

mitoyen, enne [mitwajɛ̃, -ɛn] adj. (altér. d'apr. *mi-,* de l'anc. fr. *moiteen* "méteil" [mélange de seigle et de froment]). Qui appartient à deux personnes et sépare leurs propriétés : *Mur mitoyen.*

mitoyenneté [mitwajɛnte] n.f. État de ce qui est mitoyen.

mitraillade [mitrajad] n.f. Décharge simultanée de nombreuses armes à feu.

mitraillage [mitrajaʒ] n.m. Action de mitrailler.

mitraille [mitraj] n.f. (altér. de l'anc. fr. *mitaille* "menu métal", de *mite* "monnaie de cuivre", d'apr. lat. *metallum* "métal, mine"). - **1.** Amas de ferraille dont on chargeait autref. les canons (par opp. à *boulet*). - **2.** Décharge d'obus, de balles : *Fuir sous la mitraille.* - **3.** Ensemble de fragments métalliques divisés, provenant génér. de récupération, pour l'élaboration des alliages. - **4.** FAM. Menue monnaie de métal : *Se débarrasser de sa mitraille.*

mitrailler [mitraje] v.t. (de *mitraille*). - **1.** Tirer par rafales sur un objectif : *Les avions mitraillent les nids de résistance* (syn. bombarder). - **2.** FAM. Photographier ou filmer à de multiples reprises : *Les touristes mitraillent la cathédrale.* - **3.** Mitrailler qqn de questions, soumettre qqn à un grand nombre de questions (syn. assaillir, harceler).

mitraillette [mitrajɛt] n.f. Pistolet-mitrailleur.

mitrailleur [mitrajœr] n.m. Servant d'une mitrailleuse.

mitrailleuse [mitrajøz] n.f. Arme automatique, de petit calibre (inférieur à 20 mm), à tir tendu et par rafales, montée sur un affût.

mitre [mitr] n.f. (lat. *mitra* "bandeau", mot gr.). - **1.** Coiffure liturgique des officiants dans les cérémonies pontificales. - **2.** CONSTR. Appareil ou construction coiffant l'extrémité d'un conduit de cheminée pour empêcher la pluie ou le vent d'y pénétrer.

mitron [mitrɔ̃] n.m. (de *mitre*). - **1.** Apprenti boulanger ou pâtissier. - **2.** CONSTR. Extrémité supérieure d'un conduit de cheminée, sur laquelle repose la mitre.

à mi-voix [mivwa] loc. adv. En émettant un faible son de voix : *Parler à mi-voix* (= à voix basse).

mixage [miksaʒ] n.m. (de l'angl. *mix* "mélange"). Report sur une bande sonore unique, et dans des proportions d'intensité déterminées, des divers sons (paroles, musique, effets sonores) nécessaires à un film et qui ont été enregistrés sur des bandes distinctes.

1. mixer [mikse] v.t. - **1.** Procéder au mixage de. - **2.** Passer au mixeur : *Mixer des aliments pour un bébé.*

2. mixer ou **mixeur** [miksœr] n.m. (mot angl. "mélangeur"). Appareil électrique servant à broyer et à mélanger des denrées alimentaires.

mixité [miksite] n.f. (de *mixte*). Caractère mixte d'un groupe, d'une équipe, d'un établissement scolaire.

mixte [mikst] adj. (lat. *mixtus,* de *miscere* "mélanger"). - **1.** Formé d'éléments de nature, d'origine différentes : *Tribunal mixte. Société d'économie mixte* (= qui associe des capitaux privés et publics). - **2.** Qui comprend des personnes des deux sexes, ou appartenant à des origines ou à des formations différentes : *École mixte* (= pour garçons et filles). *Mariage mixte* (= entre des personnes de religion, de race ou de nationalité différentes).

mixtion [mikstjɔ̃] n.f. (lat. *mixtio*). PHARM. Action de mélanger des substances dans un liquide pour la composition d'un médicament ; ce médicament. *Rem.* À distinguer de *miction*.

mixture [mikstyʀ] n.f. (lat. *mixtura*). - **1.** Médicament liquide obtenu par mixtion. - **2.** Mélange quelconque dont on détermine mal les composants (souvent péjor.) : *Une infâme mixture.*

M. J. C. [ɛmʒise] n.f. (sigle). Maison* des jeunes et de la culture.

mnémotechnique [mnemɔtɛknik] adj. (du gr. *mnême* "mémoire"). Se dit d'un procédé propre à aider à la mémorisation par des associations mentales.

1. mobile [mɔbil] adj. (lat. *mobilis*, pour *movibilis*, de *movere* "mouvoir"). - **1.** Qui peut se mouvoir ; qu'on peut enlever ou changer de position : *Classeur à feuillets mobiles. Cloison mobile.* - **2.** Qui est animé d'un mouvement constant, ou dont l'aspect change constamment : *La surface mobile des eaux* (syn. mouvant). *Visage mobile.* - **3.** Qui est amené ou qui est prêt à se déplacer, à changer d'activité : *Des troupes mobiles* (syn. ambulant). *Une main-d'œuvre mobile* (syn. itinérant). - **4.** Dont la date, la valeur n'est pas fixe : *Fêtes mobiles* (= dont la date varie en fonction de la date de Pâques). *Échelle mobile des salaires* (syn. variable). - **5. Garde mobile,** membre de la gendarmerie mobile. ‖ **Gendarmerie mobile,** partie de la gendarmerie organisée en escadrons motorisés ou blindés.

2. mobile [mɔbil] n.m. (de *1. mobile*). - **1.** Corps en mouvement : *La vitesse d'un mobile.* - **2.** Œuvre d'art composée d'éléments articulés et susceptible de mouvement sous l'action de l'air, d'un moteur : *Les premiers mobiles ont été conçus par Calder.* - **3.** Impulsion qui pousse à agir, qui détermine une conduite : *L'intérêt est son seul mobile* (syn. motivation). *Chercher le mobile d'un crime* (syn. raison, motif).

1. mobilier, ère [mɔbilje, -ɛʀ] adj. (de *mobile*, au sens anc. de "bien meuble"). DR. Qui concerne les biens meubles : *Effets mobiliers. Valeurs mobilières.*

2. mobilier [mɔbilje] n.m. (de *1. mobilier*). - **1.** Ensemble des meubles destinés à l'usage personnel et à l'aménagement d'une habitation : *Mobilier de style contemporain* (syn. ameublement). - **2.** Ensemble des meubles et des objets d'équipement destinés à un usage particulier : *Mobilier scolaire.* - **3.** DR. Ensemble des biens meubles qui dépendent d'un patrimoine. - **4.** Mobilier national, meubles servant à orner les bâtiments nationaux et appartenant à l'État. ‖ **Mobilier urbain,** ensemble des équipements installés au bénéfice des usagers sur la voie publique.

mobilisable [mɔbilizabl] adj. Qui peut être mobilisé : *Il est trop jeune pour être mobilisable.*

mobilisateur, trice [mɔbilizatœʀ, -tʀis] adj. Qui mobilise : *Mot d'ordre mobilisateur.*

mobilisation [mɔbilizasjɔ̃] n.f. - **1.** Action de mobiliser des troupes : *Décréter la mobilisation générale.* - **2.** Action de mobiliser qqn ; fait de se mobiliser : *La mobilisation de toutes les bonnes volontés.* - **3.** MÉD. Action de mobiliser un membre.

mobiliser [mɔbilize] v.t. (de *1. mobile*). - **1.** Mettre sur pied de guerre les forces militaires d'un pays : *Mobiliser plusieurs classes pour faire face à une menace extérieure* (syn. appeler). *Mobiliser les réservistes* (syn. rappeler). *Être mobilisé dans le génie.* - **2.** Faire appel à qqn, à un groupe pour une action collective : *Mobiliser les adhérents d'une association.* - **3.** Présenter pour qqn, un groupe, un intérêt suffisant pour les faire agir : *Cette mesure a mobilisé les militants.* - **4.** Faire appel à qqch : *Mobiliser les ressources d'un pays pour lutter contre la crise.* - **5.** CHIR. Libérer un organe de ses adhérences normales ou pathologiques. - **6.** MÉD. Mettre en mouvement des articulations pour en rétablir la souplesse.

◆ **se mobiliser** v.pr. Rassembler toute son énergie pour l'accomplissement de qqch ; être motivé et prêt à agir.

mobilité [mɔbilite] n.f. (lat. *mobilitas*). - **1.** Facilité à se mouvoir, à changer : *La mobilité du piston dans le cylindre. La mobilité d'un regard* (contr. fixité). *Mobilité de caractère* (syn. inconstance, versatilité). - **2.** Mobilité de la main-d'œuvre, pour les salariés, passage d'une région d'emploi à une autre ; changement de profession, de qualification.

Mobylette [mɔbilɛt] n.f. (nom déposé ; de *mobile* et *bicyclette*). Cyclomoteur de la marque de ce nom.

mocassin [mɔkasɛ̃] n.m. (de l'algonquin *mocksin*, par l'angl.). - **1.** Chaussure des Indiens de l'Amérique du Nord, en peau non tannée. - **2.** Chaussure basse, souple et sans lacets. - **3.** Serpent américain, venimeux, voisin des crotales.

moche [mɔʃ] adj. (mot de l'Ouest "écheveau, pelote", de l'anc. fr. *°mokka* "masse informe"). FAM. Laid : *Ta cravate est moche* (syn. affreux). *Le temps est plutôt moche* (syn. mauvais). *C'est moche de sa part* (syn. méprisable).

modal, e, aux [mɔdal, -o] adj. - **1.** LING. Qui se rapporte aux modes du verbe : *Formes modales.* - **2.** MUS. Se dit d'une musique utilisant d'autres modes que le majeur et le mineur (par opp. à *tonal*).

modalité [mɔdalite] n.f. (de *modal*). - **1.** Condition, particularité qui accompagne un fait, un acte juridique : *Fixer les modalités d'un paiement* (syn. clause, stipulation). **- 2.** MUS. Échelle modale d'un morceau (par opp. à tonalité). **- 3.** PHILOS., LOG., LING. Dans un jugement, dans une proposition, dans l'expression d'une action, caractère qui fait qu'ils sont présentés possibles ou impossibles, nécessaires ou contingents.

1. mode [mɔd] n.f. (lat. *modus* "manière"). **- 1.** Manière passagère d'agir, de vivre, de penser, etc., liée à un milieu, à une époque déterminés : *La mode des cheveux courts. Cette danse est passée de mode* (= est démodée, n'est plus en vogue). **- 2.** Manière particulière de s'habiller conformément au goût d'un certaine société : *La mode parisienne. Un journal de mode.* **- 3.** Commerce, industrie de la toilette et de l'habillement : *Travailler dans la mode.* **- 4.** À la mode, suivant le goût du moment ; en vogue : *Mot, expression à la mode.* ‖ À la mode de, à la manière de : *Tripes à la mode de Caen.* ◆ adj. inv. **- 1.** Au goût du jour : *Un manteau très mode.* **- 2.** CUIS. Bœuf mode, morceau de bœuf piqué de lard et cuit avec carottes et oignons.

2. mode [mɔd] n.m. (de *1. mode*). **- 1.** Manière générale dont un phénomène se présente, dont une action se fait : *Mode de vie* (syn. style). *Le mode de paiement par chèque est le plus commode* (syn. moyen). *Lire le mode d'emploi d'un appareil* (= la notice). **- 2.** GRAMM. Catégorie grammaticale indiquant, par la variation des formes verbales la manière dont le sujet parlant envisage ce qu'il énonce : *En français, les six modes sont l'indicatif, le subjonctif, le conditionnel, l'impératif, l'infinitif et le participe.* □ Dans les phrases complexes, le mode peut perdre sa valeur originelle et être déterminé par les règles purement syntaxiques. **- 3.** MUS. Échelle à structure définie dans le cadre de l'octave et caractérisée par la disposition de ses intervalles.

modelage [mɔdlaʒ] n.m. Action de modeler un objet ; la chose modelée : *Des modelages d'enfants.*

modèle [mɔdɛl] n.m. (it. *modello,* lat. pop. **modellus,* du class. *modulus* "mesure"). **- 1.** Ce qui est donné pour servir de référence (parfois en appos.) : *Modèle de conjugaison* (syn. type). *Ne le prenez pas pour modèle* (syn. exemple). *Un modèle de corrigé pour une dissertation. Visiter l'appartement modèle.* **- 2.** Ce qui est donné, ou choisi, pour être reproduit : *Avais-tu un modèle pour dessiner cela ?* **- 3.** (Suivi d'un compl.). Personne ou objet qui représente idéalement une catégorie, un ordre, une qualité, etc. : *Un modèle de patience* (syn. parangon). **- 4.** Personne qui pose pour un artiste : *Modèle qui pose nu.* **- 5.** Catégorie, variété particulière ; objet particulier qui

sera reproduit en série : *Une machine à écrire d'un modèle récent. Tous nos modèles sont en vitrine. La présentation des modèles de haute couture.* **- 6.** Pièce, génér. en bois, servant d'empreinte pour réaliser des moules de fonderie ; modelage constituant le prototype d'une sculpture. **- 7.** LOG. Structure formalisée utilisée pour rendre compte d'un ensemble de phénomènes qui possèdent entre eux certaines relations : *De nouveaux modèles économiques.* **- 8.** Modèle mathématique, représentation mathématique d'un phénomène physique, économique, humain, etc., réalisée afin de pouvoir mieux étudier celui-ci. ‖ Modèle réduit, reproduction à petite échelle d'une machine, d'un véhicule, d'un navire, etc. (= maquette). ◆ adj. (Seul. épithète). Parfait en son genre : *Un écolier modèle* (syn. exemplaire).

modelé [mɔdle] n.m. (de *modeler*). **- 1.** Relief des formes, en sculpture, en peinture : *Un modelé accusé.* **- 2.** GÉOGR. Aspect que l'érosion donne au relief : *Modelé glaciaire.*

modeler [mɔdle] v.t. (de *modèle*) [conj. 25]. **- 1.** Pétrir de la terre, de la cire, etc., pour obtenir une certaine forme : *Modeler une statuette* (syn. façonner). *De la pâte à modeler.* **- 2.** Donner une forme, un relief particulier : *La robe modelait son corps* (syn. mouler). **- 3.** Fixer, régler d'après un modèle : *Il modèle sa conduite sur celle de ses frères.* ◆ **se modeler** v.pr. [sur]. Régler sa conduite sur qqn : *Se modeler sur ses parents.*

modeleur, euse [mɔdlœr, -øz] n. **- 1.** Artiste qui exécute des sculptures en terre, en cire, en plâtre, etc. **- 2.** IND. Personne qui fait des modèles en bois, en plâtre ou en cire pour le moulage des pièces coulées.

modélisation [mɔdelizasjɔ̃] n.f. Établissement des modèles utilisés en informatique, en économie, etc.

modéliser [mɔdelize] v.t. (de *modèle*). Procéder à une modélisation.

modélisme [mɔdelism] n.m. Activité de celui qui fabrique des modèles réduits.

modéliste [mɔdelist] n. **- 1.** Personne qui crée des modèles dans la couture. **- 2.** Personne qui fabrique des modèles réduits.

modem [mɔdem] n.m. (de *mo[dulateur]* et *dém[odulateur]*). Appareil électronique, utilisé dans les installations de traitement de l'information à distance, qui assure la modulation des signaux émis et la démodulation des signaux reçus.

modérateur, trice [mɔderatœr, -tris] adj. et n. **- 1.** Qui retient dans les bornes de la modération : *Jouer un rôle modérateur dans un conflit.* **- 2.** PHYSIOL. Se dit d'un nerf ou d'une substance qui ralentit l'activité d'un organe.

-3. Ticket modérateur, quote-part du coût des soins que l'assurance maladie laisse à la charge de l'assuré.

modération [mɔderasjɔ̃] n.f. (lat. *moderatio*). **-1.** Caractère de qqn, de qqch qui est éloigné de tout excès : *Faire preuve de modération* (syn. pondération, retenue). **-2.** Action de modérer, de réduire qqch, de ralentir un mouvement : *Modération d'un impôt. Produit à consommer avec modération* (= sans excès).

moderato [mɔderato] adv. (mot it.). MUS. D'un mouvement modéré ; en modérant le mouvement indiqué : *Ce morceau doit se jouer moderato. Allegro moderato.*

modéré, e [mɔdere] adj. **-1.** Qui est situé entre les extrêmes ; qui n'est pas exagéré : *Payer un prix modéré* (syn. raisonnable ; contr. excessif). **-2.** Éloigné de tout excès : *Être modéré dans ses paroles* (syn. mesuré). ◆ adj. et n. Partisan d'une politique génér. conservatrice éloignée des solutions extrêmes.

modérément [mɔderemɑ̃] adv. Avec modération ; sans excès : *Boire modérément* (syn. raisonnablement). *Cela ne me plaît que modérément* (= assez peu).

modérer [mɔdere] v.t. (lat. *moderari*, de *modus* "mesure") [conj. 18]. Diminuer la force, l'intensité de : *Modérer sa colère, son enthousiasme* (syn. retenir, freiner). *Modérer ses dépenses* (syn. limiter). *Modérez vos expressions !* (syn. tempérer). ◆ **se modérer** v.pr. S'écarter de tout excès ; se contenir : *Modère-toi, ce n'est pas si grave* (syn. se calmer).

moderne [mɔdɛrn] adj. (bas lat. *modernus*, du class. *modo* "récemment"). **-1.** Qui appartient au temps présent ou à une époque relativement récente : *Le monde moderne* (syn. actuel ; contr. passé). *Mobilier moderne* (syn. contemporain ; contr. ancien). **-2.** Qui se conforme aux évolutions les plus récentes : *Être moderne dans ses goûts* (contr. traditionnel, classique). *Sens moderne d'un mot* (contr. vieux, vieilli, classique). **-3.** Qui bénéficie des progrès les plus récents : *Équipement très moderne* (syn. nouveau, récent ; contr. désuet). *Techniques modernes.* **-4.** Qui a pour objet l'étude des langues et des littératures vivantes (par opp. à *classique*) : *Lettres modernes.* **-5.** Français moderne, état actuel de la langue française, telle qu'elle est utilisée depuis le milieu du XVIIIe s. ‖ Histoire moderne, histoire de la période qui va de la chute de Constantinople (1453) à la fin du XVIIIe siècle (partic., jusqu'à 1789 pour la France). ‖ ARCHIT. Mouvement moderne, style international*. ◆ n.m. Personne (écrivain, artiste) de l'époque contemporaine : *Les modernes.* ◆ n.m. Ce qui est moderne : *En matière d'ameublement, je préfère le moderne à l'ancien.*

modernisation [mɔdɛrnizasjɔ̃] n.f. Action de moderniser.

moderniser [mɔdɛrnize] v.t. Donner une forme plus moderne, adaptée aux techniques présentes ou aux goûts actuels : *Moderniser ses méthodes de vente* (syn. rajeunir). *Moderniser un magasin* (syn. rénover). *Moderniser l'orthographe d'un texte ancien* (syn. adapter). ◆ **se moderniser** v.pr. Se conformer aux usages modernes.

modernisme [mɔdɛrnism] n.m. **-1.** Goût, recherche de ce qui est moderne. **-2.** Caractère de ce qui est moderne : *Le modernisme d'un appartement* (syn. modernité).

moderniste [mɔdɛrnist] adj. et n. Qui a le goût de ce qui est actuel ; moderne (par opp. à *passéiste*).

modernité [mɔdɛrnite] n.f. Caractère de ce qui est moderne : *Des idées d'une grande modernité* (syn. modernisme).

modern style [mɔdɛrnstil] n.m. inv. et adj. inv. (mots angl.). Art nouveau*.

modeste [mɔdɛst] adj. et n. (lat. *modestus* "modéré", de *modus* "mesure"). Qui est modéré dans l'appréciation de soi-même : *Un homme modeste qui ne cherche pas à se mettre en avant* (syn. effacé ; contr. vaniteux). ◆ adj. **-1.** Qui manifeste l'absence d'orgueil ; pudique : *Maintien modeste* (syn. discret, réservé). **-2.** Éloigné de l'exagération : *Être modeste dans ses prétentions* (syn. modéré). **-3.** Qui est sans richesse, sans éclat, sans faste : *Une somme modeste* (syn. modique). *Un modeste repas* (syn. frugal, simple). *Être issu d'un milieu modeste* (syn. humble). *Il n'est qu'un modeste employé* (syn. simple).

modestement [mɔdɛstəmɑ̃] adv. De façon modeste.

modestie [mɔdɛsti] n.f. Modération dans l'appréciation de soi-même : *Avec une grande modestie, il parla surtout du travail de ses collaborateurs* (syn. humilité ; contr. vanité, orgueil). *Fausse modestie* (= modestie affectée).

modicité [mɔdisite] n.f. Caractère de ce qui est modique : *La modicité d'une somme.*

modifiable [mɔdifjabl] adj. Qui peut être modifié.

modificateur, trice [mɔdifikatœr, -tris] adj. Propre à modifier.

modification [mɔdifikasjɔ̃] n.f. (lat. *modificatio*). Action de modifier ; fait d'être modifié : *L'acide provoque une modification de l'aspect de cette substance* (syn. changement, transformation). *Le manuscrit a subi plusieurs modifications successives* (syn. remaniement).

modifier [mɔdifje] v.t. (lat. *modificare*, de *modus* "mesure") [conj. 9]. **-1.** Changer, sans en altérer la nature essentielle, la forme, la qualité de qqch : *Modifier une loi* (= l'amender). *Les constructions nouvelles ont complète-*

ment modifié l'aspect du village (syn. transformer). **- 2.** GRAMM. En parlant d'un adverbe, déterminer ou préciser le sens d'un verbe, d'un adjectif ou d'un autre adverbe.

modique [mɔdik] adj. (lat. *modicus*, de *modus* "mesure"). De peu d'importance, de faible valeur : *Elle vivait d'une modique pension* (syn. modeste, maigre). *Pour la modique somme de 100 francs* (syn. faible, insignifiant).

modiste [mɔdist] n. (de *1. mode*). Personne qui confectionne ou vend des chapeaux de femme.

modulable [mɔdylabl] adj. Qui peut être modulé : *Prime modulable. Bibliothèque modulable.*

modulaire [mɔdylɛʀ] adj. **- 1.** Qui est constitué d'un ensemble de modules : *Bibliothèque modulaire.* **- 2.** ARCHIT. Qui se conforme à un système proportionnel ayant un module pour unité de base.

modulateur [mɔdylatœʀ] n.m. TÉLÉCOMM. Dispositif électronique qui effectue la modulation d'une oscillation.

modulation [mɔdylasjɔ̃] n.f. (lat. *modulatio*, de *modulari* "mesurer"). **- 1.** Chacun des changements de ton, d'accent, d'intensité dans l'émission d'un son, partic. l'inflexion de la voix. **- 2.** MUS. Passage d'un ton à un autre au cours d'un morceau. **- 3.** Variation recherchée dans le coloris, le modelé, les formes, les manières d'exprimer qqch dans une œuvre. **- 4.** Variation, adaptation, modification de qqch selon certains critères ou certaines circonstances : *Modulation des prix.* **- 5.** PHYS. Variation dans le temps d'une caractéristique d'un phénomène (amplitude, fréquence, etc.) en fonction des valeurs d'une caractéristique d'un autre phénomène. **- 6.** TÉLÉCOMM. Processus par lequel une oscillation de haute fréquence (dite *oscillation porteuse*), est astreinte à suivre les variations d'un signal. **- 7.** Modulation de fréquence, modulation par laquelle on astreint la fréquence d'une onde à varier proportionnellement aux valeurs instantanées d'un signal ; bande de fréquences dans laquelle sont diffusées des émissions de radio selon ce procédé.

module [mɔdyl] n.m. (lat. *modulus*, de *modus* "mesure"). **- 1.** Unité fonctionnelle d'équipements permettant de réaliser un ensemble par juxtaposition ou combinaison : *Une bibliothèque constituée de dix modules.* **- 2.** ARCHIT. Commune mesure conventionnelle déterminant les dimensions des différentes parties d'une construction. **- 3.** ASTRONAUT. Élément d'un véhicule spatial constituant une unité à la fois structurelle et fonctionnelle.

moduler [mɔdyle] v.t. (lat. *modulari*, de *modulus* "cadence"). **- 1.** Exécuter avec des inflexions variées : *Moduler une mélodie.* **- 2.** Adapter d'une manière souple à des circonstances diverses : *Moduler des primes d'assurance selon les clients.* **- 3.** TÉLÉCOMM. Effectuer la modulation d'une oscillation. ◆ v.i. MUS. Passer d'une tonalité à une autre, au cours d'un morceau.

modulo [mɔdylo] prép. (de *modul*[er]). MATH. Congruence modulo *p*, relation d'équivalence entre deux entiers dont la différence est un multiple de *p*.

modus vivendi [mɔdysvivẽdi] n.m. inv. (mots lat. "manière de vivre"). **- 1.** Accord permettant à deux parties en litige de s'accommoder d'une situation. **- 2.** Accommodement, arrangement dans une relation, une manière de vivre : *Trouver un modus vivendi* (syn. compromis).

moelle [mwal] n.f. (anc. fr. *meole*, lat. *medulla*). **- 1.** Substance molle, graisseuse, qui remplit le canal médullaire et les alvéoles de la substance spongieuse des différents os. □ La moelle osseuse se présente sous deux aspects principaux : la moelle rouge, où se trouvent des cellules mères de toutes les cellules sanguines, et la moelle jaune, contenant surtout de la graisse, et qui participe activement à la croissance et au renouvellement de l'os. **- 2.** BOT. Région axiale du cylindre central de la tige et de la racine, occupée génér. par les grosses cellules, non chlorophylliennes. **- 3.** LITT. Partie essentielle de qqch : *La moelle d'un livre* (syn. essence, LITT. quintessence). **- 4.** Jusqu'à la moelle (des os), très profondément. **- 5.** Moelle épinière. Centre nerveux situé dans le canal rachidien et qui assure la transmission de l'influx nerveux entre le cerveau, les organes du tronc et les membres, ainsi que certains réflexes.

moelleux, euse [mwalø, -øz] adj. (de *moelle*). **- 1.** Doux au toucher et comme élastique : *Un lit moelleux* (syn. douillet). **- 2.** Agréable à goûter, à entendre, à voir : *Voix moelleuse* (syn. suave). **- 3.** Vin moelleux, vin qui n'est ni très doux ni très sec.

moellon [mwalɔ̃] n.m. (du lat. pop. *mutulio* "corbeau" [terme d'archit.], du class. *mutulus*, avec infl. de *moelle*). CONSTR. Pierre, non taillée ou grossièrement taillée, de petites dimensions : *Un mur en moellons.*

mœurs [mœʀ] ou [mœʀs] n.f. pl. (lat. *mores*). **- 1.** Pratiques sociales, usages communs à un groupe, un peuple, une époque : *Les mœurs des Romains* (syn. coutumes). **- 2.** Habitudes particulières à chaque espèce animale : *Les mœurs des abeilles.* **- 3.** Habitudes de vie ; comportements individuels : *Avoir des mœurs simples.* **- 4.** Ensemble des principes, des règles codifiées par la morale sociale, partic.

sur le plan sexuel. - **5.** Conduites individuelles considérées par rapport à ces règles : *Femme de mœurs légères.* - **6.** DR. Attentat aux mœurs, atteinte à la liberté d'autrui par un comportement sexuel imposé avec ou sans violence (viol, attentat à la pudeur), ou dont le caractère public heurte les conceptions morales (outrage public à la pudeur).

mofette [mɔfɛt] n.f. (it. *moffetta,* de *muffa* "moisissure"). Émanation de gaz carbonique qui se produit dans les régions volcaniques.

mohair [mɔɛʀ] n.m. (mot angl., de l'ar.). Poil de la chèvre angora, dont on fait des laines à tricoter ; étoffe faite avec cette laine : *Un manteau en mohair.*

1. **moi** [mwa] pron. pers. (anc. fr. *mei,* lat. *me,* en position accentuée). Désigne la 1ʳᵉ pers. du sing., aux deux genres, dans des fonctions de : - **1.** Compl. prép. : *Est-ce un cadeau pour moi ?* - **2.** Appos. au pron. sujet ou compl. dans des formules d'insistance : *Moi, je m'abstiens. Moi, ça ne me dérange pas.* - **3.** À moi !, au secours ! ‖ De vous à moi, entre vous et moi, en confidence ; entre nous.

2. **moi** [mwa] n.m. inv. (de 1. *moi*). - **1.** Ce qui constitue l'individualité, la personnalité du sujet. - **2.** Personnalité s'affirmant en excluant les autres : *Le moi est haïssable.* - **3.** PHILOS. Sujet pensant. - **4.** PSYCHAN. Dans le second modèle freudien, l'une des trois instances psychiques, distinguée du ça et du surmoi et permettant une défense de l'individu contre la réalité et contre les pulsions.

moignon [mwaɲɔ̃] n.m. (de l'anc. fr. *moing* "mutilé", d'un rad. préroman *munnio* "émoussé"). - **1.** Ce qui reste d'un membre coupé ou amputé : *Moignon du bras.* - **2.** Membre rudimentaire : *Les manchots n'ont qu'un moignon d'aile.* - **3.** Ce qui reste d'une grosse branche cassée ou coupée (syn. chicot). - **4.** Partie de la couronne de la dent, taillée afin de recevoir une prothèse fixe.

moindre [mwɛ̃dʀ] adj. (lat. *minor,* comparatif de *parvus* "petit"). - **1.** Comparatif de *petit* dans certaines expressions : *À moindre prix. De moindre importance.* - **2.** Précédé de l'art. déf. ou d'un adj. poss., superlatif de *petit* : *Le moindre bruit l'effraie. J'observais ses moindres gestes.*

moine [mwan] n.m. (lat. pop. *monicus,* du lat. ecclés. *monachus,* gr. *monakhos* "solitaire" de *monos* "seul"). - **1.** Homme lié par des vœux religieux et menant une vie essentiellement spirituelle, le plus souvent en communauté dans un monastère. - **2.** Phoque des mers chaudes à pelage gris tacheté. - **3.** Gras comme un moine, très gras.

moineau [mwano] n.m. (de *moine,* d'apr. la couleur du plumage). - **1.** Oiseau passereau abondant dans les villes et dans les champs. □ Famille des plocéidés. Le moineau pépie. - **2.** FAM. Individu, partic., individu désagréable ou malhonnête : *Un vilain moineau.* - **3.** FAM. Tête, cervelle de moineau, personne étourdie, écervelée.

moins [mwɛ̃] adv. (lat. *minus,* comparatif de *parum* "trop peu"). - **I.** Indique : - **1.** Une soustraction, qqch qui manque : *Quinze moins huit égale sept. J'ai retrouvé le contenu de mon sac moins le portefeuille.* - **2.** Un nombre négatif, une température inférieure à 0 °C : *Moins trois plus moins cinq égale moins huit. Il faisait moins dix hier.* - **II.** Marque : - **1.** Génér. en corrélation avec *que,* une quantité d'infériorité : *Il travaille moins que moi actuellement.* - **2.** Précédé de l'art. défini ou d'un adj. poss., le superlatif relatif d'infériorité : *C'est la moins agréable des îles.* - **III.** Dans des loc. adv., prép. ou conj. À moins, pour un moindre prix ; pour un motif moins important : *On s'inquiéterait à moins.* ‖ À moins de (+ n.), pour un moindre prix : *À moins de cent francs, j'achète.* ‖ À moins de (+ inf.), sauf si, excepté si : *À moins d'être très riche.* ‖ À moins que, suivi d'un subj. et parfois d'un *ne* explétif, indique une condition : *À moins qu'il ne soit trop tard* (= sauf s'il est trop tard). ‖ Au moins, si ce n'est davantage ; en tout cas, de toute façon : *Il a au moins cinquante ans. Tu pourrais au moins la laisser parler.* ‖ À tout le moins, pour le moins, tout au moins, en tout cas, avant tout, au minimum : *C'était son rôle, à tout le moins, de prévoir les échéances.* ‖ Du moins, néanmoins, en tout cas : *C'est du moins ce que je pense.* ‖ Être rien moins que, être bel et bien, véritablement : *Il n'est rien moins qu'un héros.* ‖ Moins de, un nombre, une quantité inférieurs de : *Prends-en moins, sinon tu vas être malade.* ◆ n.m. MATH. Signe noté « - » indiquant une soustraction ou un nombre négatif.

moins-value [mwɛ̃valy] n.f. (d'apr. *plus-value*) [pl. *moins-values*]. - **1.** Diminution de la valeur d'un objet ou d'un droit appréciée à deux moments différents. - **2.** Déficit éventuel des recettes fiscales sur les prévisions établies par la loi de finances (contr. *plus-value*).

moirage [mwaʀaʒ] n.m. Reflet chatoyant d'une substance ou d'un objet moiré. (On dit aussi *la moirure.*)

moire [mwaʀ] n.f. (angl. *mohair*). - **1.** Étoffe à reflet changeant, obtenue en écrasant le grain des étoffes avec une calandre spéciale ; ce reflet. - **2.** LITT. Reflets changeants et chatoyants d'une surface, d'un objet.

moiré, e [mwaʀe] adj. Qui offre les reflets de la moire. ◆ **moiré** n.m. Effet de la moire : *Le moiré d'une étoffe.*

mois [mwa] n.m. (anc. fr. *meis*, lat. *me[n]sis*).
- **1.** Chacune des douze divisions de l'année civile : *Le mois de mars.* - **2.** Espace de temps d'environ trente jours : *Revoyons-nous dans un mois. Un bébé de six mois.* - **3.** Unité de travail et de salaire correspondant à un mois légal ; ce salaire lui-même : *Toucher son mois.* - **4.** Somme due pour un mois de location, de services, etc. : *Payer d'avance deux mois de loyer.*

moisi [mwazi] n.m. Partie moisie de qqch : *Enlever le moisi du pain* (syn. moisissure).

moisir [mwaziʀ] v.i. (lat. pop. *mucire*, class. *mucere*) [conj. 32]. - **1.** Se couvrir de moisissure : *Le pain a moisi.* - **2.** FAM. Rester longtemps au même endroit : *Je n'ai aucune envie de moisir ici* (syn. se morfondre). - **3.** FAM. Rester inutilisé, improductif : *C'est de l'argent qui moisit* (syn. dormir). ◆ v.t. Couvrir de moisissure : *La pluie a moisi les raisins.*

moisissure [mwazisyʀ] n.f. - **1.** Champignon de très petite taille qui provoque une modification chimique du milieu sur lequel il croît : *La moisissure d'un fromage.* - **2.** Corruption de qqch sous l'effet de ces champignons ; partie moisie de qqch (syn. moisi).

moisson [mwasɔ̃] n.f. (lat. *messio, -onis*, de *messis*, de même sens). - **1.** Action de récolter les céréales parvenues à maturité ; époque de cette récolte : *Faire la moisson.* - **2.** Ce qui est récolté ou à récolter : *Rentrer la moisson* (syn. récolte). - **3.** Grande quantité de choses amassées, recueillies : *Une moisson de renseignements* (syn. leu).

moissonnage [mwasɔnaʒ] n.m. Action, manière de moissonner.

moissonner [mwasɔne] v.t. - **1.** Faire la moisson de : *Moissonner le blé.* - **2.** LITT. Recueillir, amasser en quantité : *Moissonner des informations* (syn. collecter).

moissonneur, euse [mwasɔnœʀ, -øz] n. Personne qui fait la moisson.

moissonneuse [mwasɔnøz] n.f. Machine utilisée pour la moisson.

moissonneuse-batteuse [mwasɔnøzbatøz] n.f. (pl. *moissonneuses-batteuses*). Machine servant à récolter les céréales, qui coupe, bat, trie et nettoie sommairement les grains.

moite [mwat] adj. (p.-ê. du lat. pop. *musculus* "moisi, humide", par croisement du class. *mucidus* "moisi", et *musteus* "juteux"). - **1.** Légèrement humide sous l'effet de la transpiration : *Avoir les mains moites.* - **2.** Imprégné d'humidité : *Chaleur moite d'une journée orageuse.*

moiteur [mwatœʀ] n.f. - **1.** Légère humidité de la peau : *La moiteur du front d'un malade fiévreux.* - **2.** État de ce qui est moite, humide : *La moiteur de l'air.*

moitié [mwatje] n.f. (lat. *medietas, -atis* "milieu, moitié", de *medius* "central"). - **1.** Chacune des deux parties égales d'un tout divisé : *Cinq est la moitié de dix.* - **2.** Une des deux parties à peu près égales d'un espace, d'une durée, d'une action : *Il est absent la moitié du temps.* - **3.** FAM. Épouse, par rapport au mari. - **4.** À moitié, à demi, en partie : *Ses arguments ne me convainquent qu'à moitié.* ‖ À moitié prix, pour la moitié du prix normal, ordinaire. ‖ À moitié chemin, au milieu de l'espace à parcourir ; sans continuer une action entreprise. ‖ De moitié, dans la proportion de un sur deux : *Le prix de cet ouvrage a été réduit de moitié.* ‖ Être, se mettre de moitié, participer à égalité avec qqn aux risques et aux résultats d'une entreprise. ‖ Être pour moitié dans qqch, en être responsable pour une part : *Il est pour moitié dans la rédaction de ce rapport.* ‖ Moitié..., en partie..., en partie... : *Couverture moitié grise, moitié blanche.* ‖ Moitié-moitié, à parts égales : *Partager le butin moitié-moitié.*

moka [mɔka] n.m. (de *Moka*, v. du Yémen). - **1.** Café d'une variété estimée, riche en caféine. - **2.** Infusion de ce café. - **3.** Gâteau fait d'une génoise fourrée d'une crème au beurre parfumée au café.

mol adj.m. → **mou.**

1. molaire [mɔlɛʀ] adj. PHYS. Relatif à la mole : *Masse molaire.*

2. molaire [mɔlɛʀ] n.f. (lat. [*dens*] *molaris*, de *mola* "meule"). Grosse dent placée à la partie moyenne et postérieure des maxillaires, qui sert à broyer les aliments.

molasse [mɔlas] n.f. (de *mollasse* ou *pierre molasse*, du lat. *mola* "meule [pierre servant à faire des meules]"). Grès tendre, à ciment calcaire, se formant génér. dans les dépressions au pied des chaînes de montagne.

mole [mɔl] n.f. (de *mol(écule-gramme)*). PHYS. Unité de quantité de matière, équivalant à la quantité de matière d'un système contenant autant d'entités élémentaires qu'il y a d'atomes dans 0,012 kg du principal isotope de carbone (*carbone 12*). ▭ Symb. mol. [→ molécule].

môle [mol] n.m. (it. *molo*, p.-ê. du lat. *moles* "masse"). Ouvrage en maçonnerie qui protège l'entrée d'un port ou divise un bassin en darses.

moléculaire [mɔlekylɛʀ] adj. Relatif aux molécules : *Masse moléculaire.*

molécule [mɔlekyl] n.f. (lat. mod. *molecula*, dimin. de *moles* "masse"). Groupement d'atomes qui représente, dans un corps pur qui en est constitué, la plus petite quantité de matière pouvant exister à l'état libre.

moleskine [mɔleskin] n.f. (angl. *moleskin* "peau de taupe"). Toile de coton fin, recouverte d'un enduit flexible et d'un vernis souple imitant le grain du cuir.

molester [mɔlɛste] v.t. (lat. *molestare*, de *molestus* "importun"). Faire subir des violences physiques à : *Les manifestants ont molesté des passants* (syn. malmener).

molette [mɔlɛt] n.f. (dimin. de *1. meule*). - **1.** Roulette striée servant à actionner un mécanisme mobile : *Une clef à molette.* - **2.** TECHN. Petit disque en acier dur, servant à couper, graver, travailler les corps durs, le verre, etc. ; outil muni d'un tel disque : *Molette de vitrier.* - **3.** ÉQUIT. Partie mobile de l'éperon, en forme de roue étoilée.

mollah [mɔla] n.m. (mot ar. "seigneur"). Dans l'islam chiite, titre donné aux personnalités religieuses, notamm. aux docteurs de la loi coranique.

mollasse [mɔlas] adj. (de *mol*, ou de l'it. *molaccio*). Qui est trop mou : *Chairs mollasses* (syn. flasque). ◆ adj. et n. FAM. Apathique : *Regarde-moi cette grande mollasse !*

mollasson, onne [mɔlasɔ̃, -ɔn] adj. et n. FAM. Qui est très mou, sans énergie.

mollement [mɔlmɑ̃] adv. - **1.** Avec nonchalance, abandon : *Être mollement étendu sur un divan* (syn. nonchalamment). - **2.** Sans conviction ; faiblement : *Protester mollement.*

mollesse [mɔlɛs] n.f. État de qqch qui est mou ; manque de vigueur de qqn : *Diriger une entreprise avec mollesse.*

1. mollet [mɔlɛ] n.m. (de *2. mollet*). Saillie que font les muscles de la partie postérieure de la jambe, entre la cheville et le pli du genou.

2. mollet, ette [mɔlɛ, -ɛt] adj. (dimin. de *mol, mou*). - **1.** LITT. Un peu mou : *Lit mollet* (syn. moelleux). *Rem.* Le fém. est rare. - **2.** Œuf mollet, œuf bouilli peu de temps dans sa coque, dont le blanc est coagulé, le jaune restant liquide. ‖ *Pain mollet*, petit pain au lait.

molletière [mɔltjɛʀ] n.f. et adj.f. (de *1. mollet*). Bande de toile qui couvrait la jambe de la cheville au jarret.

molleton [mɔltɔ̃] n.m. (de *2. mollet*). Étoffe épaisse, cardée et foulée, de coton ou de laine, génér. moelleuse et chaude.

molletonné e [mɔltɔne] adj. Garni, doublé de molleton : *Couvre-lit, gants molletonnés.*

mollir [mɔliʀ] v.i. (conj. 32). Devenir mou ; perdre de sa force, de son énergie, de sa vigueur : *Sentir ses jambes mollir* (syn. flageoler). *Le vent mollit* (syn. tomber). ◆ v.t. MAR. Mollir un cordage, le détendre.

mollo [mɔlo] adv. (de *mollement*). FAM. Doucement ; sans forcer : *Allez-y mollo, c'est fragile.*

mollusque [mɔlysk] n.m. (lat. *mollusca* [*nux*] "[noix] à écorce molle"). Mollusques,

embranchement d'animaux aquatiques ou des lieux humides, invertébrés, au corps mou, portant dorsalement un *manteau* souvent couvert d'une coquille et, ventralement, un *pied.*

molosse [mɔlɔs] n.m. (lat. *molossus*, gr. *molossos* "chien du pays des Molosses [Épire]"). Gros chien de garde.

molybdène [mɔlibdɛn] n.m. (lat. *molybdaena* "veine d'argent mêlé de plomb", gr. *molubdaina*, de *molubdos* "plomb"). Métal blanc, dur, cassant et peu fusible. □ Symb. Mo.

môme [mom] n. (d'un rad. enfantin *mom-*, exprimant la petitesse). FAM. Enfant. ◆ n.f. FAM. Jeune fille.

moment [mɔmɑ̃] n.m. (lat. *momentum*, contraction de **movimentum* "mouvement"). - **1.** Espace de temps considéré dans sa durée plus ou moins brève : *Passer de longs moments à rêver. J'arrive dans un moment* (syn. instant). - **2.** Espace de temps considéré du point de vue de son contenu, des événements qui s'y situent : *Un moment de panique. C'est un mauvais moment à passer* (syn. instant). - **3.** Temps présent : *La mode du moment* (syn. époque). *Le grand succès du moment.* - **4.** Instant opportun ; occasion : *Ce n'est pas le moment de partir. Attendre le moment favorable.* - **5.** À partir du moment où, du moment que, puisque : *Du moment que tu es sûre de ce que tu avances, je n'ai plus qu'à m'incliner.* ‖ À tout moment, continuellement, sans cesse. ‖ Au moment de (+ n. ou inf.), au moment où (+ ind.), marque la simultanéité exacte : *Elle est arrivée au moment du repas, au moment où nous nous mettions à table.* ‖ Avoir de bons moments, être agréable à vivre par périodes ; connaître des périodes heureuses. ‖ En ce moment, pour le moment, actuellement ; pour l'instant. ‖ En un moment, en très peu de temps. ‖ Par moments, par intervalles, de temps à autre. ‖ Sur le moment, sur l'instant, sur le coup. ‖ Un moment !, attendez ! - **6.** PHYS. Moment d'inertie d'un corps, intégrale du produit de chaque élément de masse de ce corps par le carré de sa distance de cet élément à un axe fixe, appelé *axe d'inertie.* ‖ Moment d'un couple de forces, produit de l'une des forces du couple par le bras de levier de ce couple. ‖ Moment d'une force par rapport à un point, vecteur égal au moment du vecteur qui représente la force. ‖ Moment électrique, magnétique d'un dipôle, produit de la charge (électrique, magnétique) d'un des deux pôles par la distance qui les sépare.

momentané, e [mɔmɑ̃tane] adj. Qui ne dure qu'un bref moment : *Une panne d'électricité momentanée* (syn. passager).

momentanément [mɔmɑ̃tanemɑ̃] adv. De façon momentanée : *Il est momentanément absent* (syn. temporairement, provisoirement).

momie [mɔmi] n.f. (lat. médiév. *mummia*, ar. *mūmiya*, de *moum* "cire"). - **1.** Cadavre conservé au moyen de matières balsamiques, de l'embaumement : *Les momies d'Égypte.* - **2.** FAM. Personne très sèche et très maigre.

momification [mɔmifikasjɔ̃] n.f. Action de momifier ; fait de se momifier : *La momification d'un cadavre.*

momifier [mɔmifje] v.t. [conj. 9]. Transformer un corps en momie (syn. embaumer). ◆ **se momifier** v.pr. Se dessécher, physiquement ou intellectuellement ; se fossiliser.

mon [mɔ̃], **ma** [ma], **mes** [mɛ] adj. poss. (forme atone du lat. *meus*). Correspondent à un possesseur de la 1ʳᵉ pers. du sing., pour indiquer : - **1.** Un rapport de possession : *Mon stylo. Mes idées.* - **2.** Un rapport d'ordre, de hiérarchie, de filiation : *Mon père. Mes amis. Mon général.* **Rem.** S'accorde en genre et en nombre avec le nom qu'il introduit, mais on emploie *mon* au lieu de *ma* devant un nom ou un adj. fém. quand celui-ci commence par une voyelle ou un h muet : *Mon histoire.*

monacal, e, aux [mɔnakal, -o] adj. (lat. ecclés. *monachalis*, de *monachus* ; v. moine). Propre au genre de vie des moines : *Mener une vie monacale* (syn. monastique).

monachisme [mɔnaʃism] n.m. (du lat. ecclés. *monachus* "moine"). État de moine ; institution monastique.

monade [mɔnad] n.f. (bas lat. *monas, -adis*, du gr. *monos* "seul"). PHILOS. Chez Leibniz, substance simple, active, indivisible, dont le nombre est infini et dont tous les êtres sont composés.

monarchie [mɔnaʀʃi] n.f. (bas lat. *monarchia*, mot gr., de *monos* "seul" et *arkhein* "commander"). - **1.** Régime dans lequel l'autorité est exercée par un individu et par ses délégués. - **2.** Régime politique dans lequel le chef de l'État est un roi ou un empereur héréditaire ; État ainsi gouverné : *La monarchie anglaise* (syn. royaume). - **3.** **Monarchie absolue,** celle où le pouvoir du monarque n'est contrôlé par aucun autre. ‖ **Monarchie constitutionnelle,** celle où l'autorité du monarque est limitée par une Constitution. ‖ **Monarchie d'Ancien Régime,** système politique en vigueur en France depuis le règne de François Iᵉʳ jusqu'à la Révolution et constituant une monarchie absolue. ‖ **Monarchie parlementaire,** monarchie constitutionnelle dans laquelle le gouvernement est responsable devant le Parlement.

monarchique [mɔnaʀʃik] adj. Qui concerne la monarchie.

monarchisme [mɔnaʀʃism] n.m. Doctrine politique des partisans de la monarchie. ◆ **monarchiste** adj. et n. Relatif au monarchisme ; qui en est partisan.

monarque [mɔnaʀk] n.m. (bas lat. *monarcha*, du gr. ; v. monarchie). Chef de l'État dans une monarchie : *Un monarque absolu* (syn. roi, souverain).

monastère [mɔnastɛʀ] n.m. (lat ecclés. *monasterium*, du gr. *monastês* "moine"). Maison, ensemble des bâtiments qu'habitent des moines ou des moniales (syn. cloître, couvent).

monastique [mɔnastik] adj. Relatif aux moines ou aux moniales : *Mener une vie monastique* (syn. monacal).

monceau [mɔ̃so] n.m. (bas lat. *monticellus*, de *mons* "montagne"). - **1.** Élévation formée par un amoncellement d'objets : *Un monceau d'ordures* (syn. tas). *Des monceaux de livres* (syn. pile). - **2.** Grande quantité de choses : *Raconter un monceau de sottises* (syn. fatras).

mondain, e [mɔ̃dɛ̃, -ɛn] adj. (lat. ecclés. *mundanus*). - **1.** Relatif à la vie sociale des classes riches des villes, à leur luxe, à leurs divertissements : *Dîner mondain. Chronique mondaine.* - **2.** RELIG. Relatif à la vie séculière. - **3.** Danseur mondain, professionnel qui fait danser les clientes dans un dancing. ‖ DR. **Brigade mondaine,** ancienne dénomination de la brigade des stupéfiants et du proxénétisme (on dit aussi *la mondaine*). ◆ adj. et n. Qui aime les mondanités : *Il est très mondain* (syn. snob). *C'est une mondaine.*

mondanité [mɔ̃danite] n.f. - **1.** Caractère de ce qui est mondain, qui relève de la société des gens en vue : *La mondanité de ses manières* (syn. snobisme). - **2.** Fréquentation du beau monde ; goût pour ce genre de vie. ◆ **mondanités** n.f. pl. Habitudes de vie propres aux gens du monde ; politesses conventionnelles : *Fuir les mondanités.*

monde [mɔ̃d] n.m. (lat. *mundus* "univers", et, en lat. ecclés., "siècle" [opposé à vie religieuse]). - **1.** Ensemble de tout ce qui existe : *La création du monde. Les lois qui gouvernent le monde* (syn. univers). - **2.** La Terre ; la surface terrestre ; le globe terrestre : *Faire le tour du monde* (syn. globe, planète). - **3.** La Terre, considérée comme le séjour de l'homme : *En ce bas monde. N'être plus de ce monde* (= n'être plus en vie). - **4.** La nature, ce qui constitue l'environnement des êtres humains : *Enfant qui découvre le monde.* - **5.** Ensemble des êtres humains vivant sur la Terre : *Cette guerre concerne le monde entier.* - **6.** Ensemble de personnes ; nombre indéterminé de personnes : *Il y a du monde ? Pas grand monde.* **-7.** Les gens, l'ensemble des personnes à qui on a affaire : *Il connaît bien son monde.* **-8.** Entourage de qqn ; famille proche : *Avoir tout son monde autour de soi.* **-9.** Milieu, groupe social défini par une caractéristique, un type d'activité : *Être du même monde. Le monde des affaires.* **-10.** Ensemble des personnes constituant les classes sociales les plus aisées, qui se distingue par son luxe, ses divertissements : *Les gens du monde.* **-11.** LITT. Vie séculière, profane, par opposition à la vie spirituelle : *Se retirer du monde.* **-12.** Ensemble de choses ou d'êtres formant un tout à part, organisé : *Le monde sous-marin. Le monde des abeilles.* **-13.** Ensemble de choses abstraites, de concepts du même ordre : *Le monde des idées. Le monde de la folie.* **-14.** Écart important ; grande différence : *Il y a un monde entre eux.* **-15.** Au bout du monde, dans un endroit éloigné. ‖ Avoir du monde, des invités : *Avoir du monde à dîner.* ‖ Beau, joli monde, société brillante, élégante : *Être invité dans le beau monde.* ‖ Courir, parcourir le monde, voyager beaucoup. ‖ Homme, femme du monde, personne qui vit dans la bonne société et en connaît les usages. ‖ Le petit monde, les enfants. ‖ Mettre un enfant au monde, donner naissance à un enfant. ‖ Pour rien au monde, en aucun cas. ‖ Se faire (tout) un monde de, attribuer une importance exagérée à : *Se faire tout un monde d'un examen à passer.* ‖ Venir au monde, naître. **-16.** L'Ancien Monde. L'Europe, l'Asie et l'Afrique. ‖ Le Nouveau Monde. L'Amérique.

monder [mɔ̃de] v.t. (lat. *mundare* "purifier"). **-1.** Débarrasser les grains de leurs enveloppes adhérentes : *Monder l'orge* (syn. émonder). **-2.** Nettoyer en séparant les impuretés, en partic. enlever la pellicule qui enrobe le noyau de certains fruits : *Monder des amandes* (syn. décortiquer). **-3.** Tailler, nettoyer les arbres, les bois.

mondial, e, aux [mɔ̃djal, -o] adj. Qui concerne le monde entier : *La Seconde Guerre mondiale.*

mondialement [mɔ̃djalmɑ̃] adv. Dans le monde entier : *Vedette mondialement connue* (syn. universellement).

mondialisation [mɔ̃djalizasjɔ̃] n.f. Action de mondialiser, de se mondialiser : *La mondialisation d'un conflit.*

mondialiser [mɔ̃djalize] v.t. Donner à qqch un caractère mondial. ◆ **se mondialiser** v.pron. Prendre une extension mondiale : *Une épidémie qui se mondialise.*

mondovision [mɔ̃dɔvizjɔ̃] n.f. Transmission entre divers continents d'images de télévision par l'intermédiaire de satellites relais de télécommunications : *Cette émission sera retransmise en mondovision.*

monétaire [mɔnetɛʀ] adj. Relatif à la monnaie, aux monnaies : *Système monétaire.*

mongol, e [mɔ̃gɔl] adj. et n. (mot indigène). De Mongolie. ◆ **mongol** n.m. Groupe de langues altaïques parlées en Mongolie.

mongolien, enne [mɔ̃gɔljɛ̃, -ɛn] adj. et n. Atteint de trisomie 21, ou mongolisme (syn. trisomique).

mongolisme [mɔ̃gɔlism] n.m. (de *Mongol*, à cause du faciès que présentent les malades). Maladie congénitale due à la présence d'un chromosome surnuméraire sur la 21e paire et caractérisée cliniquement par un déficit intellectuel associé à des modifications morphologiques particulières : petite taille, membres courts, faciès aplati, fentes des paupières obliques et étroites (syn. trisomie 21).

mongoloïde [mɔ̃gɔlɔid] adj. **-1.** Qui rappelle le type mongol. **-2.** MÉD. Qui évoque le mongolisme.

moniale [mɔnjal] n.f. (de *monial* "monacal", de *monie,* anc. forme de *moine*). Religieuse contemplative.

monisme [mɔnism] n.m. (all. *Monismus,* du gr. *monos* "seul"). PHILOS. Système selon lequel le monde n'est constitué que d'une seule substance, et l'objet auquel s'applique la pensée est unique (par opp. à *dualisme,* à *pluralisme*). ◆ **moniste** adj. et n. Relatif au monisme ; qui en est partisan.

1. moniteur, trice [mɔnitœʀ, -tʀis] n. (lat. *monitor,* de *monere* "avertir"). **-1.** Personne chargée d'enseigner ou de faire pratiquer certaines activités, certains sports : *Moniteur de ski.* **-2.** Étudiant rémunéré pour participer à l'activité enseignante, dans l'enseignement supérieur. **-3.** Personne chargée de l'encadrement des enfants dans les activités collectives extrascolaires : *Moniteur de colonie de vacances.* (Abrév. fam. mono.)

2. moniteur [mɔnitœʀ] n.m. (angl. *monitor*). **-1.** Écran de visualisation associé à un microordinateur. **-2.** MÉD. Appareil électronique permettant l'enregistrement permanent des phénomènes physiologiques et déclenchant une alarme au moment des troubles, utilisé surtout en réanimation et dans les unités de soins intensifs.

monitorage n.m. → monitoring.

monitorat [mɔnitɔʀa] n.m. Formation pour la fonction de moniteur ; cette fonction.

monitoring [mɔnitɔʀiŋ] et **monitorage** [mɔnitɔʀaʒ] n.m. Surveillance médicale à l'aide d'un moniteur.

monnaie [mɔnɛ] n.f. (lat. *Moneta* "la Conseillère", surnom de Junon, la monnaie se fabriquant dans le temple de Junon). - **1.** Pièce de métal frappée par l'autorité souveraine pour servir aux échanges. - **2.** Instrument légal des paiements : *Monnaie de papier.* - **3.** Unité monétaire adoptée par un État : *La monnaie du Chili est le peso.* - **4.** Équivalent de la valeur d'un billet ou d'une pièce en billets ou pièces de moindre valeur : *Faire la monnaie de 500 francs.* - **5.** Pièces ou coupures de faible valeur que l'on porte sur soi : *Vous avez de la monnaie ?* - **6.** Différence entre la valeur d'un billet, d'une pièce et le prix exact d'une marchandise : *Rendre la monnaie.* - **7.** Battre monnaie, fabriquer de la monnaie. ‖ Fausse monnaie, qui imite frauduleusement la monnaie légale. ‖ Monnaie de compte, unité monétaire non représentée matériellement et utilisée uniquement pour les comptes. ‖ Monnaie de réserve, monnaie détenue par les banques d'émission et utilisée parallèlement à l'or dans les règlements internationaux. ‖ Petite monnaie, pièces de faible valeur. ‖ Rendre à qqn la monnaie de sa pièce, user de représailles envers lui ; lui rendre la pareille. ‖ Servir de monnaie d'échange, être utilisé comme moyen d'échange dans une négociation.

monnaie-du-pape [mɔnɛdypap] n.f. (pl. *monnaies-du-pape*). Nom usuel de la *lunaire.*

monnayable [mɔnɛjabl] adj. - **1.** Qui peut être monnayé : *Métal monnayable.* - **2.** Susceptible d'être rémunéré, payé : *Talent monnayable. Ce diplôme n'est pas monnayable.*

monnayer [mɔneje] v.t. (conj. 11). - **1.** Convertir un métal en monnaie. - **2.** Tirer de l'argent de : *Vedette de cinéma qui monnaye ses souvenirs.*

monoacide [mɔnɔasid] adj. et n.m. CHIM. Se dit d'un acide qui ne libère qu'un seul ion H^+ par molécule.

monobloc [mɔnɔblɔk] adj. et n.m. TECHN. Qui est fait d'une seule pièce, d'un seul bloc : *Châssis monobloc.*

monocamérisme [mɔnɔkameʀism] ou **monocaméralisme** [mɔnɔkameʀalism] n.m. (du lat. *camera* "chambre"). Système politique dans lequel le Parlement est composé d'une seule chambre.

monochrome [mɔnɔkʀom] adj. (gr. *monokhrômos*, de *khrôma* "couleur"). Qui est d'une seule couleur : *Un écran d'ordinateur monochrome. Une peinture monochrome.*

monochromie [mɔnɔkʀomi] n.f. Caractère de ce qui est monochrome.

monocle [mɔnɔkl] n.m. (bas lat. *monoculus* "qui n'a qu'un œil"). Verre correcteur unique que l'on fait tenir dans l'arcade sourcilière.

monocoque [mɔnɔkɔk] n.m. Bateau, partic. voilier, à une seule coque (par opp. à *multicoque*).

monocorde [mɔnɔkɔʀd] adj. (lat. *monochordon*, mot gr.). Qui est émis sur une seule note et ne varie pas : *Chant monocorde* (syn. monotone).

monocotylédone [mɔnɔkɔtiledɔn] n.f. Monocotylédones, classe de plantes angiospermes dont la graine contient un embryon à un seul cotylédon, présentant des feuilles aux nervures parallèles. □ Les principales familles de monocotylédones sont les graminées, les liliacées, les orchidacées et les palmiers.

monocristal [mɔnɔkʀistal] n.m. (pl. *monocristaux*). PHYS. Domaine d'un milieu cristallin possédant une périodicité parfaite. □ En génér., un cristal est formé d'agrégats de monocristaux. Un monocristal de grandes dimensions possède des propriétés particulières.

monoculaire [mɔnɔkylɛʀ] adj. (du bas lat. *monoculus* ; v. monocle). Relatif à un seul œil : *Microscope monoculaire.*

monoculture [mɔnɔkyltyʀ] n.f. Culture unique ou largement dominante d'une espèce végétale dans une région ou une exploitation.

monocylindre [mɔnɔsilɛ̃dʀ] adj. et n.m. Se dit d'un moteur à un seul cylindre.

monodie [mɔnɔdi] n.f. (lat. *monodia*, mot gr., de *odè* "chant"). Chant à une seule voix.

monodique [mɔnɔdik] adj. Se dit d'une monodie, d'un chant à une seule voix.

monogame [mɔnɔgam] adj. - **1.** Qui n'a qu'un seul conjoint légitime. - **2.** Qui se conforme au système de la monogamie : *Société monogame.*

monogamie [mɔnɔgami] n.f. (lat. *monogamia*, mot gr.). Système dans lequel l'homme ne peut être simultanément l'époux de plus d'une femme, et la femme l'épouse de plus d'un homme. □ La monogamie s'oppose à la polyandrie et à la polygynie, les deux formes de la polygamie.

monogamique [mɔnɔgamik] adj. Relatif à la monogamie.

monogramme [mɔnɔgʀam] n.m. (lat. *monogramma*, du gr.). - **1.** Chiffre composé des lettres ou des principales lettres d'un nom. - **2.** Marque ou signature abrégée.

monographie [mɔnɔgʀafi] n.f. Étude détaillée sur un point précis d'histoire, de science, de littérature, sur une personne, sa vie, etc. : *Publier une monographie sur Stendhal.*

monographique [mɔnɔgʀafik] adj. Qui a le caractère d'une monographie.

monoï [mɔnɔj] n.m. inv. (mot polynésien). Huile parfumée d'origine tahitienne, tirée de la noix de coco et de la fleur appelée le *tiaré*.

monoïque [mɔnɔik] adj. (du gr. *oïkos* "demeure"). BOT. Se dit d'une plante à fleurs unisexuées mais où chaque pied porte des fleurs mâles et des fleurs femelles (comme le maïs, le noisetier, etc.) [par opp. à *dioïque*].

monolingue [mɔnɔlɛ̃g] adj. et n. (d'apr. *bilingue*). **-1.** Qui ne parle qu'une langue (par opp. à *bilingue, trilingue,* etc.). **-2.** Rédigé en une seule langue : *Dictionnaire monolingue* (syn. unilingue).

monolinguisme [mɔnɔlɛ̃gyism] n.m. État d'une personne, d'une région, d'un pays monolingues.

monolithe [mɔnɔlit] n.m. et adj. (bas lat. *monolithus,* du gr. *lithos* "pierre"). **-1.** Se dit d'un ouvrage formé d'un seul bloc de pierre. **-2.** Se dit d'un monument taillé dans le roc.

monolithique [mɔnɔlitik] adj. **-1.** Formé d'un seul bloc de pierre : *Un monument monolithique.* **-2.** Qui présente l'aspect d'un bloc homogène, rigide, sans contradiction : *Organisation, parti monolithiques.*

monolithisme [mɔnɔlitism] n.m. Caractère de ce qui est monolithique : *Le monolithisme d'un parti politique.*

monologue [mɔnɔlɔg] n.m. (d'apr. *dialogue*). **-1.** LITTÉR. Au théâtre, discours qu'un personnage se tient à lui-même pour évoquer le passé, exprimer un sentiment, présenter une situation, etc. **-2.** Histoire, souvent humoristique, destinée à être dite ou interprétée par un seul acteur. **-3.** Discours de quelqu'un qui se parle tout haut à lui-même ou qui, dans la conversation, ne laisse pas parler les autres.

monologuer [mɔnɔlɔge] v.i. Tenir un monologue.

monomanie [mɔnɔmani] n.f. (de *mono-* et *-manie*). **-1.** PSYCHIATRIE. Toute affection psychique qui n'affecte que partiellement l'esprit. **-2.** Idée fixe : *Son désir de vacances est devenue une véritable monomanie* (syn. obsession).

1. monôme [mɔnom] n.m. (du gr. *nomos* "division, partie", d'apr. *binôme*). MATH. Expression algébrique formée d'un seul terme où figurent une ou plusieurs variables.

2. monôme [mɔnom] n.m. (de *1. monôme,* à cause de la suite des termes de l'express. algébrique). Cortège d'étudiants marchant en file indienne en se tenant par les épaules, traditionnel après la fin des examens : *Le monôme du bac.*

monomère [mɔnɔmɛʀ] adj. et n.m. (d'apr. *polymère*). CHIM. Se dit d'un composé consti-

tué de molécules simples pouvant réagir avec d'autres molécules pour donner des polymères.

monomoteur [mɔnɔmɔtœʀ] adj.m. et n.m. Se dit d'un avion équipé d'un seul moteur.

mononucléaire [mɔnɔnykleɛʀ] n.m. et adj. Globule blanc possédant un seul noyau.

mononucléose [mɔnɔnykleoz] n.f. MÉD. Augmentation du nombre des mononucléaires dans le sang.

monoparental, e, aux [mɔnɔpaʀɑ̃tal, -o] adj. D'un seul des deux parents ; où il n'y a que le père ou la mère pour élever l'enfant ou les enfants : *Autorité, famille monoparentale.*

monophasé, e [mɔnɔfaze] adj. Se dit des tensions ou des courants alternatifs simples ainsi que des installations correspondantes (par opp. à *polyphasé*).

monophonie [mɔnɔfɔni] n.f. Technique permettant la transmission d'un signal musical au moyen d'une seule voie (disque, amplificateur, radiorécepteur classique, etc.) [par opp. à *stéréophonie*]. (Abrév. : *mono.*)

monoplace [mɔnɔplas] adj. Se dit d'un véhicule à une seule place. ◆ n.f. Automobile à une place, spécialement conçue pour les compétitions.

monoplan [mɔnɔplɑ̃] adj. et n.m. Se dit d'un avion à un seul plan de sustentation.

monopole [mɔnɔpɔl] n.m. (lat. *monopolium,* gr. *monopôlion* "[droit de] vendre seul"). **-1.** Privilège exclusif, de droit ou de fait, que possèdent un individu, une entreprise ou un organisme public de fabriquer ou de vendre certains biens ou services. **-2.** Possession exclusive de qqch : *S'attribuer le monopole de la vérité* (syn. exclusivité, prérogative).

monopolisation [mɔnɔpɔlizasjɔ̃] n.f. Action de monopoliser.

monopoliser [mɔnɔpɔlize] v.t. **-1.** Exercer son monopole sur une production, un secteur d'activité : *L'État a monopolisé la vente des tabacs.* **-2.** Se réserver, accaparer pour son seul profit : *Monopoliser la parole.*

monopoliste [mɔnɔpɔlist] adj. et n. ÉCON. Qui exerce, détient un monopole.

monoptère [mɔnɔptɛʀ] adj. et n.m. (du gr. *pteron* "aile"). ARCHIT. Se dit d'un temple circulaire à coupole reposant sur une seule rangée de colonnes.

monosémique [mɔnɔsemik] adj. LING. Qui n'a qu'un seul sens : *Mot monosémique* (par opp. à *polysémique*).

monoski [mɔnɔski] n.m. Ski sur lequel on pose les deux pieds pour glisser sur l'eau ou sur la neige ; sport ainsi pratiqué : *Descendre une pente en monoski.*

monosyllabe [mɔnɔsilab] adj. et n.m. Qui n'a qu'une syllabe : *Répondre par monosyllabes* (= par oui ou par non).

monosyllabique [mɔnɔsilabik] adj. Qui comporte une seule syllabe (syn. monosyllabe).

monothéisme [mɔnɔteism] n.m. (du gr. *theos* "dieu"). Doctrine, religion qui n'admet qu'un seul Dieu.

monothéiste [mɔnɔteist] adj. Qui concerne ou professe le monothéisme. □ Le judaïsme, le christianisme et l'islam sont des religions monothéistes.

monotone [mɔnɔtɔn] adj. (bas lat. *monotonus,* du gr.). **- 1.** Qui est toujours sur le même ton : *Chant monotone* (syn. monocorde). **- 2.** Qui lasse par son rythme, ses intonations sans variété : *Acteur monotone* (syn. terne). **- 3.** Qui est uniforme, sans imprévu : *Paysage monotone* (syn. morne). **- 4.** MATH. Fonction monotone (sur un intervalle), fonction croissante ou décroissante sur tout l'intervalle.

monotonie [mɔnɔtɔni] n.f. Caractère, état de ce qui est monotone : *Monotonie d'une voix* (syn. uniformité). *La monotonie d'un paysage* (contr. diversité).

1. monotype [mɔnɔtip] n.m. (de *mono-* et *type*). **- 1.** Estampe obtenue à partir d'une planche sur laquelle le motif a été peint, et non gravé. **- 2.** Yacht à voile faisant partie d'une série de bateaux identiques, tous construits sur le même plan.

2. Monotype [mɔnɔtip] n.m. (nom déposé ; d'apr. *Linotype*). ARTS GRAPH. Machine à composer produisant des lignes justifiées en caractères mobiles.

monovalent, e [mɔnɔvalɑ̃, -ɑ̃t] adj. CHIM. Qui a pour valence 1 : *OH est un radical monovalent* (syn. univalent).

monoxyde [mɔnɔksid] n.m. CHIM. Oxyde qui contient un seul atome d'oxygène dans sa molécule : *Monoxyde de carbone*.

monozygote [mɔnɔzigɔt] adj. BIOL. Se dit de jumeaux issus d'un même œuf, ou *vrais jumeaux* (par opp. à *dizygote*).

monseigneur [mɔ̃sɛɲœr] n.m. (pl. *messeigneurs* [en s'adressant à eux], *nosseigneurs* [en parlant d'eux]). **- 1.** Titre donné aux princes d'une famille souveraine, aux prélats. **- 2.** (Avec une majuscule). Titre du Grand Dauphin, fils de Louis XIV, et, après lui, des Dauphins de France.

monsieur [məsjø] n.m. (de *mon* et *sieur,* forme de *sire*) [pl. *messieurs*]. **- 1.** Titre donné à un homme à qui l'on s'adresse (abrév. écrite *M.,* pl. *MM.*). **- 2.** Titre précédant la fonction ou la profession d'un homme : *Monsieur le Professeur*. **- 3.** (Avec une majuscule). Titre du frère puîné du roi de France, à partir de la seconde moitié du XVIᵉ s. **- 4.** Faire le monsieur, jouer à l'homme important.

monstre [mɔ̃str] n.m. (lat. *monstrum* "prodige, chose incroyable"). **- 1.** SC. DE LA VIE. Être vivant présentant une importante malformation : *L'étude des monstres est la tératologie.* **- 2.** Être fantastique de la mythologie, des légendes : *Le centaure était un monstre, moitié homme, moitié cheval.* **- 3.** Animal, objet effrayant par sa taille, son aspect : *Monstres marins.* **- 4.** Personne d'une laideur repoussante. **- 5.** Personne qui suscite l'horreur par sa cruauté, sa perversité. **- 6.** Personne qui effraie ou suscite une profonde antipathie par quelque défaut, quelque vice qu'elle présente à un degré extrême : *Un monstre d'égoïsme.* **- 7.** Monstre sacré, comédien très célèbre ; personnage hors du commun, auréolé d'une gloire mythique. ◆ adj. FAM. Prodigieux ; énorme : *Une chance monstre* (syn. extraordinaire).

monstrueusement [mɔ̃stryøzmɑ̃] adv. **- 1.** D'une manière monstrueuse : *Il a agi monstrueusement* (syn. abominablement). **- 2.** Prodigieusement ; excessivement : *Il est monstrueusement riche* (syn. incroyablement).

monstrueux, euse [mɔ̃stryø, -øz] adj. (lat. *monstruosus*). **- 1.** Atteint de graves malformations : *Un être monstrueux.* **- 2.** Excessivement laid, horrible : *Un visage monstrueux.* **- 3.** Prodigieux, extraordinaire par une taille hors du commun : *Un potiron monstrueux* (syn. phénoménal). **- 4.** Qui dépasse les limites de ce que l'on peut imaginer, tolérer : *Crime monstrueux* (syn. horrible, abominable).

monstruosité [mɔ̃stryozite] n.f. **- 1.** Caractère de ce qui est monstrueux : *La monstruosité d'un crime* (syn. horreur). **- 2.** Chose monstrueuse : *Commettre des monstruosités* (syn. atrocité).

mont [mɔ̃] n.m. (lat. *mons, montis*). **- 1.** Grande élévation naturelle au-dessus du terrain environnant : *Le mont Everest. Les monts d'Arrée.* **- 2.** GÉOMORPH. Forme d'une région plissée, correspondant à la couche dure d'un anticlinal. **- 3.** Promettre monts et merveilles, des choses extraordinaires mais peu réalisables. **- 4.** ANAT. Mont de Vénus. Nom usuel du *pénil*.

montage [mɔ̃taʒ] n.m. **- 1.** Action de monter, de porter du bas vers le haut : *Le montage des matériaux de construction à l'aide de grues.* **- 2.** Action d'assembler les différents éléments d'un objet, les différentes pièces d'un appareil : *Montage d'une bibliothèque* (syn. assemblage). **- 3.** Action de mettre ensemble des éléments (photos, textes, sons, images, etc.) de diverses origines pour obtenir un effet particulier ; choix et assemblage des divers plans d'un film, des bandes enregistrées pour une émission de radio, etc. : *Cette photo est un montage.* -**4.** BANQUE. **Montage financier,** ensemble de procédés permettant à une entreprise de se procurer des ressources sur le marché des capitaux bancaires ou financiers.

montagnard, e [mɔ̃taɲaʀ, -aʀd] adj. et n. Qui est de la montagne, qui habite les montagnes.

montagne [mɔ̃taɲ] n.f. (lat. pop. *montanea,* du class. *mons, montis*). -**1.** Élévation naturelle du sol, caractérisée par une forte dénivellation entre les sommets et le fond des vallées. -**2.** Région de forte altitude (par opp. à la *plaine*) ; lieu de villégiature (par opp. à la *campagne,* la *mer*) : *Passer ses vacances à la montagne.* -**3.** Amoncellement important d'objets : *Une montagne de livres* (syn. entassement). -**4.** **Montagne à vaches,** dont l'ascension ne présente pas de difficultés. -**5.** **Montagnes russes.** Attraction foraine constituée de montées et de descentes abruptes sur lesquelles roulent très rapidement, sous l'effet de leur propre poids, des rames de petites voitures.

montagneux, euse [mɔ̃taɲø, -øz] adj. Où il y a beaucoup de montagnes : *Une région montagneuse* (contr. plat).

1. montant, e [mɔ̃tɑ̃, -ɑ̃t] adj. -**1.** Qui monte : *La marée montante* (contr. descendant). *Un col montant* (= qui couvre la base du cou). -**2.** MIL. **Garde montante,** celle qui va prendre son service.

2. montant [mɔ̃tɑ̃] n.m. (de *1. montant*). -**1.** Élément vertical d'un ensemble, destiné à servir de support ou de renfort : *Montant de bibliothèque.* -**2.** Élément vertical, central ou latéral du cadre d'un vantail ou d'un châssis de fenêtre, de porte. -**3.** Chacune des deux pièces latérales auxquelles sont fixés les échelons d'une échelle.

3. montant [mɔ̃tɑ̃] n.m. (de *1. montant*). -**1.** Total d'un compte : *Le montant d'une addition.* -**2.** ÉCON. **Montants compensatoires** monétaires, taxes et subventions destinées à compenser les différentes parités monétaires dans la C. E. E. et à harmoniser la circulation des produits agricoles au sein de la Communauté.

mont-de-piété [mɔ̃dpjete] n.m. (it. *monte di pietà* "banque de charité", mal traduit, *monte* signif. "crédit") [pl. *monts-de-piété*]. Appellation vieillie de *crédit municipal.*

monte [mɔ̃t] n.f. (de *monter*). -**1.** Action, manière de monter à cheval. -**2.** Accouplement, dans les espèces équine, bovine, caprine et porcine ; époque de cet accouplement.

monté, e [mɔ̃te] adj. (p. passé de *monter*). -**1.** Pourvu d'une monture, d'un cheval.

-**2.** Pourvu ; équipé : *Être bien monté en cravates.* -**3.** Assemblé ; ajusté : *Émeraude montée sur une bague.* -**4.** Exalté ; irrité : *Avoir la tête montée.*

monte-charge [mɔ̃tʃaʀʒ] n.m. (pl. *monte-charges* ou inv.). Appareil servant à monter des fardeaux d'un étage à l'autre.

montée [mɔ̃te] n.f. (du p. passé de *monter*). -**1.** Action de monter sur un lieu élevé : *La montée a été rude* (syn. ascension, escalade). -**2.** Chemin par lequel on monte au sommet d'une éminence : *Le chemin se termine par une montée* (syn. raidillon). -**3.** Trajectoire d'un aéronef, d'une fusée qui s'élèvent. -**4.** Fait d'être porté à un niveau plus élevé : *La montée des eaux* (syn. crue). -**5.** Élévation en quantité, en valeur, en intensité : *La montée des prix* (syn. hausse ; contr. baisse). -**6.** ARCHIT. Chacune des deux parties comprises entre le faîte et les supports latéraux d'un arc, d'une voûte. -**7.** Flèche d'un arc, d'une voûte. -**8.** Montée en puissance, progression spectaculaire de qqch (utilisation d'un produit, popularité de qqn, etc.). -**9.** Montée de lait, installation de la sécrétion lactée, après l'accouchement.

monte-en-l'air [mɔ̃tɑ̃lɛʀ] n.m. inv. (de *monter en l'air*). FAM. Cambrioleur.

monte-plat ou **monte-plats** [mɔ̃tpla] n.m. (pl. *monte-plats*). Petit monte-charge assurant la circulation des plats entre la cuisine et la salle à manger.

monter [mɔ̃te] v.i. (lat. pop. *montare* ; de *mons, montis* "mont"). -**I.** (Auxil. être). -**1.** Se transporter en un lieu plus élevé : *Monter sur une colline* (syn. gravir). *Monter dans un arbre* (syn. grimper). *Monter au troisième étage.* -**2.** Se rendre en un lieu géographique situé plus au nord, ou considéré comme central : *Il est monté à Paris pour faire carrière.* -**3.** Se placer sur un animal, sur ou dans un véhicule : *Monter sur un cheval* (syn. enfourcher). *Monter en avion, en bateau* (syn. embarquer sur). -**4.** S'élever en pente : *La route monte en lacets jusqu'au col* (syn. grimper). -**5.** Croître en hauteur : *Une construction qui monte rapidement* (syn. s'élever). -**6.** Atteindre telle ou telle hauteur : *La tour Eiffel monte à plus de trois cents mètres* (syn. s'élever). -**7.** Se manifester ou augmenter en intensité en parlant d'un sentiment : *Elle sentait l'angoisse monter en elle.* -**8.** Monter sur le trône, devenir roi. -**II.** (Auxil. être ou avoir). -**1.** Atteindre un niveau plus élevé : *La rivière est montée, a monté après l'orage. La marée monte.* La température a encore monté. -**2.** Pousser, en parlant de certains légumes : *Avec ces pluies torrentielles, les salades ont trop monté.* -**3.** Gravir les échelons de l'avancement : *Il est, a monté en grade.* -**III.** (Auxil. avoir). -**1.** Passer du grave à

l'aigu : *La voix monte par tons et demi-tons.*
- **2.** Atteindre un degré, un prix plus élevé :
Les denrées alimentaires ont monté (syn. augmenter). - **3.** Former un total de : *La dépense monte à mille francs* (syn. se monter, s'élever). ◆ v.t. - **1.** (Auxil. *avoir*). Parcourir de bas en haut : *Monter un escalier* (syn. gravir). - **2.** Utiliser un animal comme monture : *Monter un cheval.* - **3.** Transporter dans un lieu plus élevé : *Monter des bouteilles de la cave* (syn. remonter). - **4.** Accroître la valeur, la force, l'intensité de qqch : *Cet hôtel a monté ses prix* (syn. augmenter). - **5.** Fournir ce qui est nécessaire : *Monter sa maison, son ménage.* - **6.** Assembler les différentes parties de : *Monter une tente* (syn. dresser). *Monter un meuble.* - **7.** Effectuer le montage d'un film, d'une bande magnétique, etc. - **8.** Enchâsser dans une monture : *Monter un diamant* (syn. sertir). - **9.** Préparer, organiser : *Monter un complot* (syn. échafauder, tramer). *Monter une entreprise* (syn. fonder). - **10.** Exciter qqn contre qqn d'autre : *On les a montés contre nous.* - **11.** FAM. Monter le coup à qqn, l'induire en erreur. ‖ Monter un spectacle, une pièce de théâtre, en organiser la représentation, la mise en scène. ‖ Monter une mayonnaise, des blancs en neige, battre les ingrédients qui les composent pour en augmenter la consistance et le volume. ◆ **se monter** v.pr. - **1.** S'élever à un total de : *Les frais se montent à mille francs* (syn. monter). - **2.** Se pourvoir de : *Se monter en linge.*

monteur, euse [mɔ̃tœʀ, -øz] n. - **1.** Ouvrier, ouvrière qui assemble les diverses pièces constitutives d'un ensemble. - **2.** CIN. Spécialiste chargé du montage.

montgolfière [mɔ̃gɔlfjɛʀ] n.f. (du nom des frères *Montgolfier*). Aérostat dont la sustentation est assurée par de l'air chauffé par un foyer situé sous le ballon.

monticule [mɔ̃tikyl] n.m. (bas lat. *monticulus*). Petit mont ; petite élévation du sol (syn. éminence, hauteur).

montrable [mɔ̃tʀabl] adj. Qui peut être montré.

1. montre [mɔ̃tʀ] n.f. (de *montrer*). - **1.** Petit appareil portatif servant à donner l'heure et d'autres indications (date, etc.). - **2.** Montre à quartz, montre électronique qui est dotée soit d'un affichage à aiguilles *(montre analogique)*, soit d'un affichage à cristaux liquides par chiffres et lettres *(montre numérique).* ‖ Montre en main, en un temps précis, vérifié. ‖ Montre mécanique, montre dont l'énergie est fournie par un ressort.

2. montre [mɔ̃tʀ] n.f. (de *montrer*). LITT. Être en montre, être exposé en vitrine. ‖ Faire montre de, montrer, manifester ; faire preuve de : *Faire montre de prudence.*

montrer [mɔ̃tʀe] v.t. (lat. *monstrare*). - **1.** Faire voir, exposer aux regards : *Le vendeur montre au client plusieurs chemises* (syn. présenter). - **2.** Faire voir par un geste, un signe : *Montrer qqn du doigt* (syn. désigner). *Montrer la route sur une carte* (syn. indiquer). - **3.** Manifester ; faire paraître : *Montrer du courage. Montrer son amitié à qqn* (syn. marquer). - **4.** Prouver ; enseigner : *Montrer qu'on a raison. Cet échec nous a montré qu'il fallait être prudent.* ◆ **se montrer** v.pr. - **1.** Apparaître à la vue. - **2.** Se révéler, s'avérer être : *Se montrer intransigeant.*

montreur, euse [mɔ̃tʀœʀ, -øz] n. Personne qui montre tel spectacle, telle attraction : *Montreur d'ours.*

montueux, euse [mɔ̃tɥø, -øz] adj. (lat. *montuosus*). LITT. Accidenté ; coupé de collines : *Un paysage montueux.*

monture [mɔ̃tyʀ] n.f. (de *monter*). - **1.** Bête sur laquelle on monte pour se faire porter : *Cavalier chevauchant sa monture.* - **2.** Partie d'un objet qui sert à fixer, à assembler l'élément principal : *La monture d'une paire de lunettes, d'une bague.*

monument [mɔnymɑ̃] n.m. (lat. *monumentum*). - **1.** Ouvrage d'architecture ou de sculpture destiné à perpétuer le souvenir d'un personnage ou d'un événement : *Un monument aux morts.* - **2.** Édifice remarquable par sa beauté ou son ancienneté : *Les monuments de la Grèce.* - **3.** Toute œuvre considérable, digne de durer : *Un monument de la littérature romanesque.* - **4.** En un monument de, présenter telle caractéristique, surtout négative, à un degré extrême : *C'est un monument de sottise.* - **5.** Monument funéraire, élevé sur une sépulture. ‖ Monument historique, édifice, objet mobilier ou autre vestige du passé qu'il importe de conserver dans le patrimoine national pour les souvenirs qui s'y rattachent ou pour sa valeur artistique.

monumental, e, aux [mɔnymɑ̃tal, -o] adj. - **1.** Qui a les proportions d'un monument : *Statue monumentale.* - **2.** Énorme en son genre ; étonnant : *Erreur, bêtise monumentale.* - **3.** Des monuments : *Plan monumental de Paris.*

monumentalité [mɔnymɑ̃talite] n.f. Caractère puissant ou grandiose d'une œuvre d'art, apporté par ses dimensions, ses proportions, son style.

moquer [mɔke] v.t. (orig. incert., p.-ê. d'une onomat. expressive). LITT. Railler, tourner en ridicule : *Moquer qqn pour ses manies.* ◆ **se moquer** v.pr. **[de]**. - **1.** Faire un objet de plaisanterie de : *On se moquait de ses gaffes continuelles* (syn. railler, plaisanter sur). - **2.** Ne faire nul cas de ; mépriser : *Je me moque pas mal de ce qu'on peut dire* (syn. se désintéresser).

- **3.** Prendre qqn pour un sot ; essayer de le tromper : *Je n'aime pas que l'on se moque de moi.*

moquerie [mɔkʀi] n.f. - **1.** Action ou habitude de se moquer : *Être en butte à la moquerie des gens* (syn. raillerie). - **2.** Action, parole par lesquelles on se moque : *Exciter les moqueries de son entourage* (syn. quolibet, sarcasme).

moquette [mɔkɛt] n.f. (orig. obsc.). Tapis à velours coupé ou à bouclettes recouvrant génér. tout le sol d'une pièce.

moqueur, euse [mɔkœʀ, -øz] adj. et n. Qui se moque ; qui aime à se moquer. ◆ adj. Inspiré par la raillerie : *Sourire moqueur* (syn. ironique, narquois).

moraine [mɔʀɛn] n.f. (savoyard *morêna*). GÉOGR. Matériel transporté ou déposé par un glacier.

1. moral, e, aux [mɔʀal, -o] adj. (lat. *moralis*, de *mores* "mœurs"). - **1.** Qui concerne les règles de conduite en usage dans une société : *Un jugement moral.* - **2.** Conforme à ces règles ; admis comme honnête, juste : *Une histoire très morale* (syn. édifiant). - **3.** Relatif à l'esprit, à la pensée (par opp. à *physique*) : *Avoir la force morale de lutter. Éprouver une grande douleur morale.*

2. moral [mɔʀal] n.m. sing. (de *1. moral*). - **1.** Ensemble des facultés mentales, de la vie psychique : *Le physique influe sur le moral* (syn. mental). - **2.** État d'esprit ; disposition à supporter qqch : *Avoir bon moral.*

morale [mɔʀal] n.f. (de *1. moral*). - **1.** Ensemble des règles d'action et des valeurs qui fonctionnent comme normes dans une société : *Obéir à une morale rigide* (syn. éthique). - **2.** PHILOS. Théorie des fins des actions de l'homme. - **3.** Précepte, conclusion pratique que l'on veut tirer d'une histoire : *La morale de la fable* (syn. moralité). - **4.** Faire la morale à qqn, lui adresser des exhortations, des recommandations morales ; le réprimander.

moralement [mɔʀalmã] adv. - **1.** Conformément à la morale : *Agir moralement* (syn. honnêtement). - **2.** Du point de vue de la morale : *Être moralement responsable.* - **3.** Quant au moral : *Moralement, le malade va mieux.*

moralisant, e [mɔʀalizã, -ãt] adj. Qui moralise ; moralisateur.

moralisateur, trice [mɔʀalizatœʀ, -tʀis] adj. et n. Qui donne des leçons de morale : *Un récit moralisateur* (syn. édifiant).

moralisation [mɔʀalizasjɔ̃] n.f. Action de moraliser, de rendre moral : *La moralisation des mœurs politiques.*

moraliser [mɔʀalize] v.t. - **1.** Rendre conforme à la morale : *Moraliser la vie politique, une profession.* - **2.** Faire la morale à ; réprimander : *Moraliser un enfant.* ◆ v.i. Faire des réflexions morales.

moralisme [mɔʀalism] n.m. Attachement formaliste et étroit à une morale.

moraliste [mɔʀalist] n. Auteur qui écrit sur les mœurs, la nature humaine. ◆ adj. Empreint de moralisme : *Une œuvre moraliste.*

moralité [mɔʀalite] n.f. (lat. *moralitas*). - **1.** Adéquation d'une action, d'un fait, etc., à une morale : *Geste d'une moralité exemplaire.* - **2.** Attitude, conduite morale : *Un homme d'une moralité irréprochable* (syn. honnêteté). - **3.** Conclusion morale que suggère une histoire (syn. morale). - **4.** LITTÉR. Œuvre théâtrale en vers, du Moyen Âge. □ Elle met en scène des personnages allégoriques et a pour objet l'édification morale.

morasse [mɔʀas] n.f. (de l'it. *moraccio* "noiraud"). IMPR. Dernière épreuve d'une page de journal, tirée avant le clichage des formes pour une révision générale.

moratoire [mɔʀatwaʀ] n.m. (lat. *moratorium* "ajournement"). - **1.** DR. Délai légal accordé à certains débiteurs éprouvant des difficultés à s'acquitter de leurs dettes en raison des circonstances (guerre ou crise économique, notamm.). - **2.** Délai que l'on s'accorde avant de poursuivre une activité dans un domaine donné : *Moratoire nucléaire. Débattre du moratoire pour la chasse.*

morbide [mɔʀbid] adj. (lat. *morbidus*, de *morbus* "maladie"). - **1.** Propre à la maladie : *État morbide* (syn. pathologique). - **2.** Qui dénote un déséquilibre moral, mental : *Goûts morbides* (syn. pervers). *Une imagination morbide.*

morbidité [mɔʀbidite] n.f. - **1.** Caractère de ce qui est morbide. - **2.** Rapport entre le nombre de malades et celui d'une population.

morbleu [mɔʀblø] interj. (de *mort* et *Dieu*, par euphémisme). Juron vieilli.

morceau [mɔʀso] n.m. (de l'anc. fr. *mors* "morsure", du lat. *morsus* "mordu"). - **1.** Partie d'un tout, d'une matière : *Un morceau de pain, de papier* (syn. bout). - **2.** Fragment d'une œuvre écrite : *Recueil de morceaux choisis.* - **3.** Œuvre musicale prise isolément ; fragment d'œuvre musicale : *Un morceau de Couperin.* - **4.** FAM. Enlever, emporter le morceau, réussir, avoir gain de cause. ‖ FAM. Manger le morceau, faire des aveux complets.

morceler [mɔʀsəle] v.t. (de *morcel*, anc. forme de *morceau*) [conj. 24]. Diviser en morceaux, en parties : *Morceler un héritage* (syn. démembrer).

morcellement [mɔʀsɛlmã] n.m. Action de morceler ; fait d'être morcelé : *Le morcellement des terres* (contr. remembrement).

mordancer [mɔʀdɑ̃se] v.t. (de *mordant*) [conj. 16]. TECHN. Décaper aux acides une surface métallique.

1. mordant, e [mɔʀdɑ̃, -ɑ̃t] adj. (de *mordre*). - **1.** Qui entame en rongeant : *Acide mordant.* - **2.** Incisif, piquant : *Ironie mordante* (syn. corrosif).

2. mordant [mɔʀdɑ̃] n.m. (de *1. mordant*). - **1.** Vivacité, énergie, entrain dans l'attaque : *Avoir du mordant.* - **2.** Caractère vif, agressif d'une réplique ; causticité. - **3.** Acide ou autre substance employés pour attaquer un métal en surface, partic. dans la gravure à l'eau-forte. - **4.** Substance dont on imprègne les étoffes et les poils de fourrure pour leur faire prendre la teinture. - **5.** Vernis pour fixer l'or en feuille sur le cuivre, le bronze, etc.

mordicus [mɔʀdikys] adv. (mot lat. "en mordant"). FAM. Avec une fermeté opiniâtre : *Soutenir qqch mordicus.*

mordillement [mɔʀdijmɑ̃] n.m. Action de mordiller.

mordiller [mɔʀdije] v.t. Mordre légèrement et à de nombreuses reprises : *Ce chat n'arrête pas de mordiller le tapis.*

mordoré, e [mɔʀdɔʀe] adj. (de *more* et *doré*). D'un brun chaud avec des reflets dorés : *De la soie mordorée.*

mordre [mɔʀdʀ] v.t. et v.t. ind. (lat. *mordere*) [conj. 76]. - **1.** Serrer, saisir fortement avec les dents en entamant, en blessant : *Le chien l'a mordu. Mordre son crayon* (syn. mâchonner, mordiller). - **2.** (Absol.). Attaquer avec les dents : *Ce chien risque de mordre.* - **3.** Ronger, pénétrer dans : *La lime mord le métal* (syn. entamer). *La vis mord dans le bois.* - **4.** S'accrocher, trouver prise : *L'ancre n'a pas mordu.* - **5.** GRAV. Attaquer la planche à graver, en parlant de l'eau-forte, d'un mordant. - **6.** Aller au-delà de la limite fixée : *La balle a mordu la ligne* (syn. empiéter sur). - **7.** Ça mord, le poisson mord à l'appât. ∥ Mordre à l'appât, à l'hameçon, s'en saisir, en parlant du poisson ; au fig., se laisser prendre à qqch, en parlant de qqn. ∥ FAM. Mordre à qqch, y prendre goût ; s'y mettre : *Il mord aux mathématiques.* ∥ Mordre sur, empiéter légèrement sur (un espace, une période). ◆ **se mordre** v.pr. FAM. Se mordre les doigts de qqch, s'en repentir amèrement.

mordu, e [mɔʀdy] adj. (p. passé de *mordre*). FAM. Passionnément amoureux. ◆ adj. et n. FAM. Passionné : *Elle est mordue de cinéma* (syn. fanatique). *C'est un mordu du jazz* (syn. fervent).

more adj. et n. → **maure**.

moresque adj. → **mauresque**.

se morfondre [mɔʀfɔ̃dʀ] v.pr. (de *mor-*, d'un rad. expressif *murr-* "museau", et *fondre* "prendre froid") [conj. 75]. S'ennuyer à attendre trop longtemps : *Se morfondre devant un arrêt d'autobus.*

morganatique [mɔʀganatik] adj. (lat. médiév. *morganaticus*, du bas lat. *morganegiba* "don du matin"). - **1.** Se dit du mariage d'un prince avec une femme de rang inférieur, qui reste exclue des dignités nobiliaires. - **2.** Se dit de la femme ainsi épousée et des enfants nés de ce mariage.

1. morgue [mɔʀg] n.f. (de *morguer* "traiter avec arrogance", du lat. pop. *murricare* "faire la moue"). Attitude hautaine, méprisante : *La morgue d'un supérieur hiérarchique* (syn. outrecuidance, suffisance).

2. morgue [mɔʀg] n.f. (de *1. morgue*). - **1.** Lieu où sont déposés les cadavres non identifiés et ceux qui doivent subir une expertise médico-légale. - **2.** Salle où, dans un hôpital, une clinique, on garde momentanément les morts.

moribond, e [mɔʀibɔ̃, -ɔ̃d] adj. et n. (lat. *moribundus*, de *mori* "mourir"). Qui est près de mourir : *Un blessé moribond* (syn. agonisant, mourant).

morigéner [mɔʀiʒene] v.t. (du lat. médiév. *morigenatus* "bien élevé", class. *morigeratus* "docile") [conj. 18]. SOUT. Réprimander ; sermonner : *Morigéner un enfant* (syn. admonester, tancer).

morille [mɔʀij] n.f. (de *more*, à cause de la couleur du champignon). Champignon des bois, comestible, à chapeau alvéolé. ▫ Classe des ascomycètes.

mormon, e [mɔʀmɔ̃, -ɔn] n. et adj. (de *Mormon*, auteur prétendu de *The book of Mormon*). Membre d'un mouvement religieux, dit aussi *Église de Jésus-Christ et saints des derniers jours*, fondé aux États-Unis en 1830 par Joseph Smith. ▫ Fondateurs de Salt Lake City, les mormons donnèrent à l'État de l'Utah un essor remarquable après l'abandon de certains aspects de leur doctrine (autonomie théocratique et polygamie). La doctrine des mormons tire ses sources de la Bible et du *Livre de Mormon*, ouvrage de Smith publié en 1830.

1. morne [mɔʀn] adj. (frq. *mornôn* "être triste"). - **1.** Empreint de tristesse : *Un regard morne* (syn. triste). - **2.** Qui inspire la tristesse : *Une morne plaine* (syn. lugubre, sinistre). - **3.** Terne, sans éclat : *Style morne* (syn. fade, insipide).

2. morne [mɔʀn] n.m. (mot créole, de l'esp. *morro* "monticule"). CRÉOL. Colline.

morose [mɔʀoz] adj. (lat. *morosus* "exigeant"). - **1.** Qui est d'une humeur sombre et chagrine : *Air morose* (syn. maussade). **- 2.** Se dit d'un secteur économique peu actif : *L'industrie automobile est morose en ce moment.*

morosité [mɔrozite] n.f. Caractère de qqn, de qqch qui est morose : *Sa morosité nous gagnait* (syn. tristesse).

morphème [mɔrfɛm] n.m. (du gr. *morphê* "forme", d'après *phonème*). LING. Unité minimale de signification. □ On distingue les *morphèmes grammaticaux* (par ex. *-ent*, marque de la 3ᵉ personne du pluriel des verbes) et les *morphèmes lexicaux* (par ex. *prudent* dans *imprudemment, voi-* dans *voient*).

morphine [mɔrfin] n.f. (de *Morphée*, dieu des Songes). Principal alcaloïde de l'opium. □ L'usage prolongé de la morphine entraîne une tolérance et une dépendance physique et psychique sévères. Le sevrage est insupportable et susceptible d'entraîner des troubles cardio-vasculaires pouvant aboutir à la mort. Le danger de toxicomanie grave réduit l'usage thérapeutique de la morphine aux états douloureux aigus et aux œdèmes pulmonaires.

morphinomane [mɔrfinɔman] adj. et n. Toxicomane à la morphine.

morphogenèse [mɔrfɔʒɛnɛz] n.f. (de *morpho-* et *genèse*). **- 1.** GÉOMORPH. Création et évolution des formes du relief terrestre. **- 2.** BIOL. Développement embryonnaire.

morphologie [mɔrfɔlɔʒi] n.f. (de *morpho-* et *-logie* ; mot créé en allemand par Goethe). **- 1.** Étude de la forme et de la structure externe des êtres vivants. **- 2.** Aspect général du corps humain : *La morphologie d'un athlète.* **- 3.** LING. Partie de la grammaire qui étudie la forme des mots et les variations de leurs désinences. (→ linguistique). **- 4.** Morphologie de la Terre, géomorphologie.

morphologique [mɔrfɔlɔʒik] adj. Relatif à la morphologie.

morphologiquement [mɔrfɔlɔʒikmã] adv. Du point de vue de la morphologie.

morpion [mɔrpjɔ̃] n.m. (de *mords*, impér. de *mordre*, et *pion* "fantassin"). **- 1.** T. FAM. Pou du pubis. □ Son nom scientif. est *phtirius*. **- 2.** FAM. Garçon très jeune ; petit gamin.

mors [mɔr] n.m. (du lat. *morsus* "morsure"). **- 1.** Pièce métallique fixée à la bride et passée dans la bouche du cheval sur les barres, et qui permet de le conduire. □ Le mors de filet agit sur les commissures des lèvres, le mors de bride, plus puissant, agit sur les barres. **- 2.** TECHN. Chacune des mâchoires d'un étau, d'une pince, de tenailles, etc. **- 3.** Prendre le mors aux dents, en parlant d'un cheval, s'emballer ; au fig., en parlant de qqn, s'emporter brusquement, ou se jeter impétueusement dans l'action.

1. morse [mɔrs] n.m. (russe *morj*, du lapon *morchcha*). Mammifère marin des régions arctiques, au corps épais, aux canines supérieures transformées en défenses. □ Ordre des pinnipèdes ; long 5 m env. ; poids 1 t env.

2. morse [mɔrs] n.m. (n. de l'inventeur). Code Morse, code télégraphique utilisant un alphabet conventionnel fait de traits et de points. (On dit aussi *le morse*.)

morsure [mɔrsyr] n.f. (de *mors*). **- 1.** Action de mordre ; plaie faite en mordant. **- 2.** Action d'entamer une matière : *La morsure de la lime.* **- 3.** GRAV. Attaque du métal par l'acide. **- 4.** Effet nuisible d'un élément naturel : *Les morsures du gel.*

1. mort [mɔr] n.f. (lat. *mors, mortis*). **- 1.** Cessation complète et définitive de la vie : *Mort naturelle, accidentelle* (syn. décès, disparition). **- 2.** Cessation complète d'activité : *La mort du petit commerce* (syn. extinction). **- 3.** À mort, mortellement : *Blessé à mort ;* au fig., de toutes ses forces, à un degré intense : *Freiner à mort.* ‖ À mort ! Mort à !, exclamations pour réclamer la mort de qqn ou le conspuer. ‖ Être à l'article de la mort, sur le point de mourir. ‖ Être entre la vie et la mort, en grand danger de mourir. ‖ La mort dans l'âme, avec un regret très vif, mêlé de chagrin. **- 4.** BIOL. Mort apparente, état de ralentissement extrême des fonctions vitales, donnant à l'individu l'aspect extérieur de la mort. ‖ BIOL. Mort cérébrale, état correspondant au coma dépassé, dans lequel le cerveau n'assure plus aucune fonction normale, l'électroencéphalogramme étant donc complètement plat. ‖ DR. Peine de mort, peine criminelle suprême, peine capitale. □ La peine de mort a été supprimée en France par la loi du 9 octobre 1981. ‖ PSYCHAN. Pulsion de mort, force qui pousse l'être humain à l'autodestruction et qui est à l'œuvre dans les passages à l'acte et dans la dépression.

2. mort, e [mɔr, mɔrt] adj. (lat. pop. **mortus*, class. *mortuus*). **- 1.** Qui a cessé de vivre : *Mort de froid.* **- 2.** Qui semble sans vie : *Un regard mort* (syn. éteint). **- 3.** Privé d'animation, d'activité : *Ville morte* (syn. désert, endormi). **- 4.** Qui ne peut plus être utilisé ; hors d'usage : *Ces piles sont mortes.* **- 5.** (Avec un compl.) Indique un très haut degré : *Être mort de fatigue* (= épuisé). *Être mort de peur. Nous étions morts de rire.* **- 6.** Plus mort que vif, qui, sous l'empire de la peur, paraît incapable de réagir. **- 7.** Camp de la mort, nom donné à certains camps de concentration pendant la Seconde Guerre mondiale. ‖ Eau morte, stagnante. ‖ Langue morte, langue qui n'est plus parlée. ‖ Temps mort, moment où il n'y a pas d'activité, d'action ; au basket-ball et au volley-ball, minute de repos accordée à la demande d'une équipe.

3. mort, e [mɔʀ, mɔʀt] n. (de 2. *mort*). **-1.** Personne décédée : *Honorer la mémoire des morts* (syn. défunt). **-2.** Dépouille mortelle : *Porter un mort en terre* (syn. cadavre). **-3.** MIL. *Aux morts !*, sonnerie et batterie pour honorer le souvenir de ceux qui sont morts pour la patrie. ◆ **mort** n.m. **-1.** Au bridge, celui des quatre joueurs qui étale son jeu sur la table ; les cartes de ce joueur. **-2.** *Faire le mort*, faire semblant d'être mort ; ne donner aucun signe de vie, ne pas manifester sa présence. ‖ FAM. *La place du mort*, celle qui est à côté du conducteur, dans une automobile, et qui est réputée la plus dangereuse en cas de collision.

mortadelle [mɔʀtadɛl] n.f. (it. *mortadella*, du lat. *murtatum* "farce au myrte"). Gros saucisson cuit fait d'un mélange de viande et de dés de gras. □ Spécialité italienne.

mortaise [mɔʀtɛz] n.f. (p.-ê. de l'ar. *murtazza* "fixé"). **-1.** Cavité de section génér. rectangulaire, pratiquée dans une pièce de bois ou de métal, pour recevoir le tenon d'une autre pièce assemblée. **-2.** MÉCAN. Rainure pratiquée dans un alésage et destinée à recevoir une clavette.

mortaiser [mɔʀteze] v.t. Pratiquer une mortaise dans.

mortalité [mɔʀtalite] n.f. (lat. *mortalitas*). **-1.** Ensemble des morts survenues dans un certain espace de temps : *La mortalité due aux épidémies. La mortalité infantile.* **-2.** Rapport des décès dans une population à l'effectif moyen de cette population, durant une période donnée. **-3.** *Tables de mortalité*, tables statistiques permettant d'établir l'espérance de vie d'une population, d'un groupe déterminé.

mort-aux-rats [mɔʀ(t)oʀa] n.f. inv. Préparation empoisonnée, le plus souvent à base d'arsenic, destinée à détruire les rats, les rongeurs.

mortel, elle [mɔʀtɛl] adj. (lat. *mortalis*). **-1.** Sujet à la mort : *Tous les hommes sont mortels* (syn. périssable). **-2.** Qui cause la mort : *Maladie mortelle* (syn. létal). *Un accident mortel* (syn. fatal). **-3.** Très pénible ou très ennuyeux : *Une soirée mortelle* (syn. sinistre). **-4.** *Ennemi mortel*, que l'on hait profondément. ‖ *Péché mortel*, celui qui a pour conséquence la damnation éternelle. ◆ n. Être humain : *Un heureux mortel.*

mortellement [mɔʀtɛlmɑ̃] adv. **-1.** De manière telle qu'elle cause la mort : *Être blessé mortellement.* **-2.** (Toujours avec des adj. péjor.). Extrêmement : *Discours mortellement ennuyeux.*

morte-saison [mɔʀtəsɛzɔ̃] n.f. (pl. *mortes-saisons*). Période où l'activité est faible pour un commerce, une industrie.

mortier [mɔʀtje] n.m. (lat. *mortarium*). **-1.** Récipient en matière dure, à fond demi-sphérique, où l'on broie, avec un pilon, des aliments, certaines substances, en partic. pharmaceutiques. **-2.** Bouche à feu à âme lisse destinée à faire du tir courbe. **-3.** Mélange constitué de sable, d'eau, d'un liant (chaux ou ciment) et éventuellement d'adjuvants, utilisé pour joindre les éléments d'une construction, pour exécuter des chapes et des enduits.

mortifiant, e [mɔʀtifjɑ̃, -ɑ̃t] adj. Qui mortifie, humilie : *Un refus mortifiant* (syn. humiliant).

mortification [mɔʀtifikasjɔ̃] n.f. **-1.** Action de mortifier son corps. **-2.** Blessure d'amour-propre : *Subir une terrible mortification* (syn. humiliation). **-3.** PATHOL. Nécrose.

mortifier [mɔʀtifje] v.t. (bas lat. *mortificare*, de *mors*, *mortis* "mort") [conj. 9]. **-1.** Soumettre le corps à une privation dans un but de pénitence. **-2.** Blesser dans son amour-propre : *Votre refus m'a mortifié* (syn. offenser, vexer).

mort-né, e [mɔʀne] adj. et n. (pl. *mort-nés, mort-nées*). Mort en venant au monde : *Un enfant mort-né.* ◆ adj. Qui échoue dès son commencement : *Projet mort-né.*

mortuaire [mɔʀtɥɛʀ] adj. (lat. *mortuarius*). **-1.** Relatif aux morts, aux cérémonies, aux formalités qui concernent un décès : *Drap, chambre mortuaires.* **-2.** *Maison mortuaire*, où une personne est décédée. ‖ DR. *Registre, extrait mortuaire*, registre des décès d'une localité ; copie d'un acte extrait de ce registre.

morue [mɔʀy] n.f. (var. de *molue*, p.-ê. du celt. *mor* "mer", et de l'anc. fr. *luz* "brochet"). Gros poisson des mers froides, consommé frais sous le nom de *cabillaud*, salé sous le nom de *morue verte*, séché sous le nom de *merluche* et du foie duquel on tire une huile riche en vitamines A et D. □ Famille des gadidés ; long. jusqu'à 1,50 m.

morutier [mɔʀytje] n.m. **-1.** Bateau équipé pour la pêche à la morue. **-2.** Pêcheur de morue.

morve [mɔʀv] n.f. (sans doute var. méridionale de *gourme*). **-1.** Sécrétion des muqueuses du nez. **-2.** VÉTÉR. Maladie contagieuse des équidés (cheval, âne), souvent mortelle, transmissible à l'homme et due à un bacille produisant des ulcérations des fosses nasales.

morveux, euse [mɔʀvø, -øz] adj. **-1.** Qui a la morve au nez : *Enfant morveux.* **-2.** Se sentir morveux, se sentir gêné, confus d'une maladresse ou d'une erreur que l'on a commise. ◆ n. - **1.** FAM. Petit garçon ; petite fille ; gamin. - **2.** Personne jeune qui prend des airs d'importance.

1. **mosaïque** [mɔzaik] n.f. (it. *mosaico*, du lat. médiév. *mosaica*, du class. *musivum opus* "travail auquel présidaient les Muses"). - **1.** Assemblage de petits fragments multicolores (marbre, pâte de verre, etc.), juxtaposés pour former un dessin, et liés par un ciment ; art d'exécuter ce type d'assemblage : *Mosaïque de galets.* - **2.** Ensemble d'éléments juxtaposés et disparates : *Une mosaïque d'États* (syn. patchwork). - **3.** AGRIC. Maladie à virus qui attaque certaines plantes en déterminant sur leurs feuilles des taches de diverses couleurs. - **4.** GÉNÉT. Mode d'hérédité où les caractères parentaux sont répartis par plaques sur le corps de l'hybride. - **5.** BIOL. Ensemble de cellules juxtaposées chez le même être vivant et qui n'ont pas le même génome.

2. **mosaïque** [mɔzaik] adj. Relatif à Moïse : *La loi mosaïque.* (→ Torah.)

mosaïste [mɔzaist] n. Artiste ou artisan qui fait des mosaïques.

mosquée [mɔske] n.f. (it. *moscheta*, de l'esp. *mezquita*, de l'ar. *masdjid* "endroit où l'on adore"). Édifice cultuel de l'islam.

mot [mo] n.m. (bas lat. *muttum* "son émis", de *muttire*, class. *mutire* "dire mu"). - **1.** Élément de la langue constitué d'un ou de plusieurs phonèmes et susceptible d'une transcription graphique comprise entre deux blancs : *Mot mal orthographié. Un néologisme est un mot nouveau* (syn. vocable). - **2.** Petit nombre de paroles, de phrases : *Glisser un mot à l'oreille de qqn. Il n'a pas dit un mot* (= il est resté silencieux). - **3.** Billet ; courte lettre : *Écrire un mot à qqn.* - **4.** Sentence, parole historique. - **5.** Parole remarquable par sa drôlerie, son ingéniosité : *C'est un mot que l'on attribue à plusieurs humoristes.* - **6.** INFORM. Élément d'information stocké ou traité d'un seul tenant dans un ordinateur. - **7.** Au bas mot, en évaluant au plus bas. ‖ Avoir des mots avec qqn, se quereller avec lui. ‖ Avoir le dernier mot, l'emporter dans une discussion, une querelle. ‖ Avoir son mot à dire, être en droit de donner son avis. ‖ Bon mot, mot d'esprit, parole spirituelle. ‖ En un mot, brièvement. ‖ Grand mot, terme emphatique. ‖ Gros mot, terme grossier, injurieux. ‖ Mot à mot, mot pour mot, littéralement ; sans rien changer : *Une traduction mot à mot.* ‖ Mot d'ordre, consigne donnée en vue d'une action déterminée : *Le mot d'ordre de la manifestation.* ‖ Prendre qqn au mot, accepter sur-le-champ une proposition qu'il a faite.

‖ Se donner le mot, se mettre d'accord, convenir de ce qu'il faut dire ou faire. ‖ Toucher un mot à qqn de qqch, lui en parler brièvement. - **8.** Mots croisés. Jeu qui consiste à trouver des mots disposés horizontalement et verticalement sur une grille, d'après des définitions plus ou moins énigmatiques : *Faire des mots croisés. Un mots croisés.*

motard, e [mɔtaʀ, -aʀd] n. (de *moto*). FAM. Motocycliste. ◆ **motard** n.m. Motocycliste de la police, de la gendarmerie ou de l'armée.

motel [mɔtɛl] n.m. (mot anglo-amér., de *motor-car* "automobile" et *hotel*). Hôtel à proximité des grands itinéraires routiers.

motet [mɔtɛ] n.m. (de *mot*). MUS. Composition à une ou plusieurs voix, religieuse ou non, avec ou sans accompagnement, apparue au XIIIᵉ s. et destinée à l'origine à embellir la monodie liturgique.

1. **moteur, trice** [mɔtœʀ, -tʀis] adj. (lat. *motor*, de *movere* "mouvoir"). - **1.** Qui produit un mouvement, qui le transmet. - **2.** Se dit d'un nerf ou d'un muscle qui assure la motricité d'un organe.

2. **moteur** [mɔtœʀ] n.m. (de *1. moteur*). - **1.** Appareil qui transforme en énergie mécanique d'autres formes d'énergie : *Moteur électrique.* - **2.** Personne qui dirige, qui donne l'élan : *Il est le moteur de l'entreprise* (syn. âme, animateur). - **3.** Cause d'action ; motif déterminant : *Le moteur de l'expansion* (syn. ressort). - **4.** INFORM. Moteur d'inférence → inférence.

moteur-fusée [mɔtœʀfyze] n.m. (pl. *moteurs-fusées*). Propulseur à réaction utilisé en aviation et en astronautique, dont le comburant n'est pas fourni par l'air extérieur.

motif [mɔtif] n.m. (de l'anc. adj. *motif* "qui fait mouvoir", bas lat. *motivus* "mobile"). - **1.** Raison d'ordre intellectuel, affectif qui pousse à faire qqch, à agir : *Un motif louable. Se fâcher sans motif* (syn. cause, raison). *Les motifs réels de sa démarche* (syn. mobile). - **2.** DR. Partie du jugement où le juge indique les raisons de sa décision ; ces raisons elles-mêmes (syn. attendu). - **3.** Dessin, ornement qui, le plus souvent, se répète : *Motif à fleurs d'un tissu.* - **4.** MUS. Thème mélodique ou rythmique qui assure l'unité d'une composition. - **5.** BX-A. Modèle, thème plastique d'une œuvre, en partic. d'une peinture de paysage, ou partie de ce thème. - **6.** PHYS. Motif cristallin, arrangement, disposition des atomes d'une maille cristalline les uns par rapport aux autres.

motion [mɔsjɔ̃] n.f. (mot angl. "mouvement, proposition", empr. au fr., lat. *motio*, de movere "mouvoir"). - **1.** Texte soumis à l'approbation d'une assemblée par un de ses membres ou une partie de ses membres : *Voter une motion.* - **2.** Texte voté par une assemblée parlementaire.

motivant, e [motivã, -ãt] adj. Qui motive : *Les propositions de carrière sont motivantes.*

motivation [motivasjɔ̃] n.f. - **1.** Ensemble des motifs qui expliquent un acte : *La motivation d'un refus.* - **2.** PSYCHOL. Facteur conscient ou inconscient qui incite l'individu à agir de telle ou telle façon. - **3.** ÉCON. Étude de motivation, étude visant à déterminer les facteurs psychologiques qui expliquent soit l'achat d'un produit, soit sa prescription, soit son rejet.

motiver [motive] v.t. - **1.** Fournir des motifs pour justifier un acte : *Motiver une visite. Refus motivé* (syn. justifier, fonder). - **2.** Provoquer qqch en le justifiant : *La méfiance motive son attitude* (syn. expliquer). - **3.** Créer chez qqn les conditions qui le poussent à agir : *La réussite le motive à poursuivre* (syn. encourager, inciter).

moto [moto] n.f. (abrév. de *motocyclette*). Motocyclette.

motocross [motokros] n.m. (de *moto* et *cross*). Épreuve motocycliste sur un circuit fermé et très accidenté.

motoculteur [motokyltœr] n.m. (de *motoculture*). AGRIC. Machine automotrice utilisée en jardinage, en culture maraîchère et en arboriculture.

motoculture [motokyltyr] n.f. Utilisation de machines motorisées dans l'agriculture.

motocyclette [motosiklɛt] n.f. Véhicule à deux roues, actionné par un moteur à explosion de plus de 125 cm³.

motocyclisme [motosiklism] n.m. Ensemble des activités sportives disputées sur motocyclettes et side-cars.

motocycliste [motosiklist] n. Personne qui conduit une motocyclette. ◆ adj. Relatif à la moto : *Sport motocycliste.*

motonautisme [motonotism] n.m. Sport de la navigation sur des embarcations rapides à moteur.

motoneige [motonɛʒ] n.f. CAN. Petit véhicule à une ou deux places, muni de skis à l'avant et tracté par des chenilles.

motoneigisme [motonɛʒism] n.m. CAN. Pratique sportive de la motoneige. ◆ **motoneigiste** n. CAN. Nom du sportif.

motopompe [motopɔ̃p] n.f. Pompe actionnée par un moteur.

motorisation [motorizasjɔ̃] n.f. - **1.** Action de motoriser ; fait d'être motorisé : *La motorisation de l'agriculture* (syn. mécanisation).

- **2.** Équipement d'un véhicule automobile en un type déterminé de moteur : *Motorisation du nouveau modèle en essence ou Diesel.*

motorisé, e [motorize] adj. - **1.** Doté de moyens de transport automobiles : *Troupes motorisées.* - **2.** FAM. Être motorisé, disposer d'un véhicule à moteur pour ses déplacements.

motoriser [motorize] v.t. - **1.** Munir d'un moteur : *Motoriser une barque.* - **2.** Doter de véhicules, de machines à moteur : *Motoriser l'agriculture.*

motoriste [motorist] n. - **1.** Spécialiste de la réparation et de l'entretien des automobiles et des moteurs. - **2.** Industriel qui fabrique des moteurs.

motrice [motris] n.f. (abrév. de *locomotrice,* de *locomoteur*). Véhicule à propulsion électrique inclus dans un convoi constitué de plusieurs voitures : *Motrice de rame T. G. V.*

motricité [motrisite] n.f. (de *1. moteur*). Ensemble des fonctions biologiques qui assurent le mouvement et le déplacement, chez l'homme et les animaux.

motte [mot] n.f. (p.-ê. d'un rad. prélat. *"mütt- "élévation de terrain"*). - **1.** Morceau de terre compacte comme on en détache avec un instrument de labour : *Écraser les grosses mottes avec une herse.* - **2.** Masse de beurre pour la vente au détail : *Acheter du beurre à la motte.*

motus [motys] interj. (mot lat.). Invitation à garder le silence sur ce qui se fait ou ce qui va suivre : *On t'a mis au courant, maintenant motus et bouche cousue !* (syn. silence).

mot-valise [movaliz] n.m. (pl. *mots-valises*). Mot constitué par l'amalgame de la partie initiale d'un mot et de la partie finale d'un autre : *« Franglais »* est un mot-valise formé de *« français »* et *« anglais ».*

1. mou [mu] ou **mol** [mɔl] (devant un n.m. commençant par une voyelle ou un *h* muet), **molle** [mɔl] adj. (lat. *mollis*). - **1.** Qui manque de dureté : *Pâte molle* (syn. malléable). *Beurre mou* (contr. dur). - **2.** Qui manque de vigueur, d'énergie, de vivacité : *Un visage aux traits mous* (syn. flasque). *Elle n'a opposé qu'une molle résistance à cette décision* (syn. faible ; contr. fort). *C'est un homme mou* (syn. apathique, indolent). - **3.** PHYS. Se dit des rayons X les moins pénétrants. ◆ **mou, molle** n. FAM. Personne sans énergie : *Il n'ira pas jusqu'au bout, c'est un mou* (syn. apathique ; contr. battant).

2. mou [mu] n.m. (de *1. mou*) - **1.** Poumon de certains animaux de boucherie, souvent donné comme aliment aux chats : *Du mou de veau.* - **2.** Donner du mou à une corde, la détendre. ‖ T. FAM. Rentrer dans le mou à qqn, lui donner des coups sans ménagement.

moucharabieh [muʃarabje] n.m. (ar. *machrabiyya*). Grillage fait de petits bois tournés, permettant de voir sans être vu, dans l'architecture arabe traditionnelle ; balcon garni d'un tel grillage.

mouchard, e [muʃar, -ard] n. (de *mouche* "espion"). FAM. Personne qui en épie une autre, qui dénonce ses faits et gestes (péjor.) : *Les prisonniers se taisaient par crainte des mouchards* (syn. dénonciateur, délateur). ◆ **mouchard** n.m. - **1.** Appareil de contrôle et de surveillance. - **2.** FAM. Judas d'une porte.

mouchardage [muʃardaʒ] n.m. FAM. Action de dénoncer qqn, ses agissements (syn. dénonciation, délation).

moucharder [muʃarde] v.t. FAM. Rapporter à qqn les faits et gestes de qqn d'autre : *Moucharder un camarade* (syn. dénoncer). ◆ v.i. FAM. Pratiquer le mouchardage.

mouche [muʃ] n.f. (lat. *musca*). - **1.** Insecte diptère aux formes trapues, aux antennes courtes, au vol bourdonnant et zigzaguant. □ Sous-ordre des brachycères. La *mouche domestique* est nuisible par les microbes qu'elle transporte sur ses pattes et sa trompe ; les *mouches verte* et *bleue* pondent sur la viande ; la *mouche tsé-tsé*, ou *glossine*, transmet la maladie du sommeil ; la *mouche charbonneuse*, ou *stomoxe*, pique les bestiaux. - **2.** PÊCHE. Leurre imitant un insecte : *Pêche à la mouche.* - **3.** Petite rondelle de taffetas noir que les femmes, aux XVIIᵉ et XVIIIᵉ s., se collaient sur le visage ou sur la gorge pour mettre en valeur la blancheur de leur peau. - **4.** Point ou cercle noir au centre d'une cible. - **5.** Bouton qui garnit la pointe d'un fleuret pour la rendre inoffensive. - **6.** Faire mouche, placer une balle en plein centre de la cible ; au fig., atteindre son but. ‖ Fine mouche, personne très rusée. ‖ Pattes de mouche, écriture fine et très serrée. ‖ Prendre la mouche, se vexer et s'emporter pour peu de chose. ‖ FAM. Quelle mouche le pique ?, pourquoi se fâche-t-il ? ‖ Tomber comme des mouches, se dit de personnes abattues par la maladie, tuées en grand nombre. ‖ SPORTS. Poids mouche, catégorie de poids dans divers sports individuels, comme la boxe ; sportif appartenant à cette catégorie. - **7.** Mouche du vinaigre. Nom usuel de la *drosophile*.

moucher [muʃe] v.t. (lat.pop. *muccare*, de *mucus* "morve"). - **1.** Débarrasser qqn de ses sécrétions nasales : *Moucher un enfant.* - **2.** Enlever la partie carbonisée d'une mèche : *Moucher une chandelle.* - **3.** FAM. Remettre qqn à sa place vertement : *Se faire moucher*

(= recevoir une leçon). ◆ **se moucher** v.pr. Moucher son nez.

moucheron [muʃrɔ̃] n.m. Nom usuel des petits insectes diptères voisins de la mouche.

moucheté, e [muʃte] adj. (de *mouche* "petite tache"). - **1.** Tacheté, en parlant du pelage de certains animaux, d'une étoffe, d'un bois, etc. : *Le pelage moucheté d'une panthère.* - **2.** Garni d'une mouche, en parlant d'une arme d'escrime, de sa pointe : *Fleuret moucheté.*

mouchetis [muʃti] n.m. (de *moucheter*). CONSTR. Crépi à aspect granuleux exécuté par projection de mortier sur la surface extérieure d'un mur.

moucheture [muʃtyr] n.f. (de *moucheter*). Tache naturelle sur le corps de certains animaux : *Les mouchetures d'une panthère.*

mouchoir [muʃwar] n.m. - **1.** Petit carré de tissu fin servant à se moucher. - **2.** VX OU AFR. Étoffe dont les femmes se servent pour se couvrir la tête (syn. fichu, foulard). [On dit aussi *un mouchoir de tête.*] - **3.** Arriver dans un mouchoir, dans un peloton très serré ou à très peu de distance l'un de l'autre ; obtenir des résultats très voisins dans une épreuve, un concours, etc. ‖ Grand comme un mouchoir de poche, de très petites dimensions.

moudre [mudr] v.t. (lat. *molere*, de *mola* "meule") [conj. 85]. Réduire en poudre avec un moulin, avec une meule : *Moudre du café, du blé.*

moue [mu] n.f. (frq. *mawwa*). Grimace faite par mécontentement, dépit, mépris, en allongeant les lèvres : *En voyant la facture, elle a fait la moue.*

mouette [mwɛt] n.f. (anc. fr. *mave*, de l'anglo-saxon *maew*). Oiseau palmipède plus petit que le goéland, au vol puissant mais ne plongeant pas, se nourrissant surtout de mollusques, vivant les côtes et remontant parfois les grands fleuves. □ Famille des laridés ; long. 30 à 40 cm.

moufette ou **mouffette** [mufet] n.f. (it. *mofetta*, du germ. *muffa* "moisissure"). Mammifère carnivore d'Amérique, capable de projeter derrière lui à plusieurs mètres de distance un liquide infect, sécrété par ses glandes anales, qui éloigne les prédateurs (syn. sconse). □ Long. 30 cm sans la queue.

moufle [mufl] n.f. (lat. médiév. *muffula*, du germ. *muffel* "museau arrondi, enveloppe"). - **1.** Gant, génér. fourré, où il n'y a de séparation que pour le pouce. - **2.** Assemblage de poulies dans une même chape, qui permet de soulever de très lourdes charges. □ La réunion de deux moufles par une même corde constitue un palan.

mouflet, ette [muflɛ, -ɛt] n. (du rad. expressif *moff-* "joufflu, rebondi"). FAM. Petit enfant.

mouflon [muflɔ̃] n.m. (it. *muflone*). Ruminant sauvage des montagnes de l'Europe et de l'Amérique du Nord, voisin du mouton.

mouillage [mujaʒ] n.m. - **1.** Action de mouiller, d'imbiber d'eau : *Le mouillage du linge avant le repassage* (syn. humidification). - **2.** Action d'ajouter de l'eau au lait, au vin, etc., notamm. dans une intention frauduleuse (syn. coupage). - **3.** Mise à l'eau de mines sous-marines. - **4.** Emplacement favorable au stationnement d'un bâtiment de navigation (syn. ancrage). - **5.** Manœuvre pour jeter l'ancre.

mouillé, e [muje] adj. PHON. Consonne mouillée, consonne articulée avec le son [j] : *Le « n » mouillé (comme dans « pagne ») est représenté phonétiquement par* [ɲ].

mouiller [muje] v.t. (lat. pop. *molliare* "amollir", de *mollis* "mou"). - **1.** Rendre humide ; imbiber d'eau : *Mouiller du linge* (syn. humecter, humidifier). *Chemise mouillée de sueur* (syn. tremper). - **2.** Étendre d'eau : *Mouiller du vin* (syn. couper, diluer). - **3.** Ajouter un liquide à une préparation en cours de cuisson : *Mouiller un ragoût*. - **4.** Laisser tomber dans la mer : *Mouiller des mines sous-marines* (syn. immerger). *Mouiller l'ancre* (contr. lever). - **5.** FAM. Mouiller qqn, le compromettre (syn. impliquer). ◆ v.i. Jeter l'ancre : *Le navire a mouillé dans le port de Gênes.* ◆ **se mouiller** v.pr. - **1.** Être touché par la pluie, par l'eau : *Tu vas te mouiller si tu sors par ce temps.* - **2.** Prendre des responsabilités, des risques dans une affaire : *Elle a préféré se taire pour ne pas se mouiller* (syn. se compromettre).

mouillette [mujɛt] n.f. Morceau de pain long et mince qu'on trempe dans les œufs à la coque.

mouilleur [mujœʁ] n.m. Mouilleur de mines, petit navire de guerre aménagé pour immerger des mines.

mouillure [mujyʁ] n.f. - **1.** Action de mouiller. - **2.** État de ce qui est humide.

moujik [muʒik] n.m. (mot russe). Paysan, dans la Russie des tsars.

1. moulage [mulaʒ] n.m. (de *mouler*). - **1.** Action de verser, de disposer dans des moules des métaux, des plastiques, des pâtes céramiques, etc. : *Le moulage d'une cloche*. - **2.** Action de prendre de qqch une empreinte destinée à servir de moule : *Prendre un moulage du visage d'une vedette*. - **3.** Reproduction d'un objet faite au moyen d'un moule : *Le moulage d'une statue exposé dans une station de métro*.

2. moulage [mulaʒ] n.m. Action de moudre.

moulant, e [mulɑ̃, -ɑ̃t] adj. Se dit d'un vêtement qui moule le corps : *Robe moulante* (syn. ajusté ; contr. ample).

1. moule [mul] n.m. (du lat. *modulus* "mesure"). - **1.** Objet présentant une empreinte creuse, dans laquelle on introduit une matière pulvérulente, pâteuse ou liquide qui prend, en se solidifiant, la forme de l'empreinte : *Verser de la fonte dans un moule*. - **2.** Récipient pouvant affecter des formes diverses et servant au moulage de certains mets, en cuisine : *Moule à gaufre, à charlotte*. - **3.** Modèle imposé, type selon lesquels on construit qqch, on façonne qqn : *Esprits sortant du même moule. Tous ces romans policiers sont faits sur le même moule* (syn. archétype, canon).

2. moule [mul] n.f. (du lat. *musculus* "coquillage"). - **1.** Mollusque lamellibranche comestible, à coquille bivalve sombre, vivant fixé sur les rochers battus par la mer ou dans les estuaires. □ L'élevage des moules, ou mytiliculture, se pratique sur toutes les côtes françaises. - **2.** FAM. Personne sans énergie, maladroite.

moulé, e [mule] adj. - **1.** Qui porte un vêtement moulant : *Femme moulée dans un fourreau*. - **2.** Se dit d'une écriture bien formée, de lettres qui imitent les caractères d'imprimerie.

mouler [mule] v.t. (de *1. moule*). - **1.** Obtenir un objet en versant dans un moule la substance qui, par solidification, prendra et conservera la forme du moule : *Mouler une statue* (syn. couler, fondre). - **2.** Prendre l'empreinte de : *Mouler le visage d'un mort*. - **3.** Accuser les contours en épousant la forme de : *Robe qui moule le corps* (syn. sangler).

mouleur [mulœʁ] n.m. Ouvrier qui exécute des moulages.

moulin [mulɛ̃] n.m. (bas lat. *molinum*, de *mola* "meule"). - **1.** Machine à moudre les grains de céréales ; bâtiment où elle est installée : *Un moulin à vent, à eau*. - **2.** Appareil servant à moudre, à broyer du grain, des aliments : *Moulin à café, à légumes*. - **3.** Apporter de l'eau au moulin de qqn, lui donner des arguments qui confirment ses dires. ‖ Entrer quelque part comme dans un moulin, comme on veut, sans contrôle. ‖ Se battre contre des moulins à vent, se battre contre des ennemis qui n'existent qu'en imagination, contre des chimères. - **4.** FAM. Moulin à paroles. Personne très bavarde. ‖ Moulin à prières. Cylindre que les bouddhistes font tourner au moyen d'une poignée pour accumuler ainsi les mérites de la récitation des formules sacrées qu'il contient. ‖ CAN. Moulin à scie. Scierie.

moulinage [mulinaʒ] n.m. Action de mouliner des fils textiles.

mouliner [muline] v.t. (de *moulin*). - **1.** Réunir et tordre ensemble plusieurs fils textiles de façon à les consolider : *Mouliner de la soie.* - 2. Écraser un aliment avec un moulin : *Mouliner du poivre. Mouliner des pommes de terre pour faire une purée* (syn. broyer).

moulinet [mulinɛ] n.m. (dimin. de *moulin*). - 1. Appareil fixé au manche d'une canne à pêche et dont l'élément essentiel est une bobine sur laquelle est enroulée la ligne. - 2. Mouvement tournant rapide que l'on fait avec un bâton, avec ses bras, etc., souvent pour empêcher un adversaire d'approcher : *Faire de grands moulinets avec une canne.*

Moulinette [mulinɛt] n.f. (nom déposé). Petit moulin électrique à couteaux pour broyer les aliments.

moult [mult] adv. (lat. *multum*). VX OU PAR PLAIS. Très ; beaucoup de : *Donner moult détails.*

moulu, e [muly] adj. (de *moudre*). Anéanti par la fatigue, par les coups.

moulure [mulyʀ] n.f. (de *mouler*). Ornement linéaire, en relief ou en creux, présentant un profil constant et servant à souligner une forme architecturale, à mettre en valeur un objet : *Les moulures d'une corniche.*

moulurer [mulyʀe] v.t. - 1. Orner de moulures. - 2. Exécuter une moulure sur une pièce de bois, une maçonnerie.

moumoute [mumut] n.f. (de *moute*, var. dialect. de *mite* "chatte"). FAM. - 1. Perruque. - 2. Veste en peau de mouton retournée.

mourant, e [muʀɑ̃, -ɑ̃t] adj. et n. Qui se meurt ; qui va mourir : *Il est mourant* (syn. agonisant). *Le prêtre s'est rendu auprès du mourant* (syn. moribond). ◆ adj. Qui s'affaiblit : *Voix mourante* (= à peine perceptible). *Ranimer un feu mourant* (= presque éteint).

mourir [muʀiʀ] v.i. (lat. pop. *morire*, du class. *mori*) [conj. 42 ; auxil. *être*]. - 1. Cesser de vivre : *Mourir de vieillesse* (syn. décéder). *Elle est morte dans son lit* (syn. s'éteindre). *Mourir assassiné* (syn. périr). - 2. Perdre ses fonctions vitales : *Plante qui meurt faute d'eau* (syn. dépérir). - 3. S'affaiblir progressivement : *Laisser le feu mourir* (syn. s'éteindre). - 4. Se dégrader lentement jusqu'à disparition complète : *Entreprise, civilisation qui meurt* (syn. décliner, péricliter). - 5. C'est à mourir de rire, c'est extrêmement drôle. ‖ Mourir de, être affecté à un très haut degré par : *Mourir de faim, de peur, d'ennui.* ‖ Mourir de sa belle mort, de mort naturelle et non de mort accidentelle ou violente. ◆ **se mourir** v.pr. - 1. LITT. Être sur le point de décéder : *Il se meurt d'un cancer* (syn. s'éteindre). - 2. Être en passe de disparaître : *Une tradition qui se meurt* (syn. s'effacer, s'estomper).

mouroir [muʀwaʀ] n.m. Terme péjoratif désignant une maison de retraite, un service hospitalier, etc., considérés comme le lieu où les personnes âgées ou malades vont mourir.

mouron [muʀɔ̃] n.m. (du moyen néerl. *muer*). - 1. Petite plante commune dans les cultures et les chemins, à fleurs rouges ou bleues, toxique pour les animaux. □ Famille des primulacées. - 2. Mouron des oiseaux ou mouron blanc, plante à petites fleurs, à pétales bifides. □ Famille des caryophyllacées. - 3. FAM. Se faire du mouron, se faire du souci.

mousquet [muskɛ] n.m. (it. *moschetto* "émouchet"). Arme à feu portative employée aux XVIe et XVIIe s. □ Introduit en France après la bataille de Pavie (1525), le mousquet était, jusqu'en 1650, appuyé sur une fourche pour le tir.

mousquetaire [muskətɛʀ] n.m. (de *mousquet*). - 1. Gentilhomme d'une des deux compagnies à cheval de la maison du roi au XVIIe-XVIIIe s. - 2. Bottes à la mousquetaire, bottes à revers. ‖ Gants à la mousquetaire, à large manchette de cuir. ‖ Poignet mousquetaire, poignet à revers d'une chemise d'homme se fermant avec des boutons de manchette.

1. **mousqueton** [muskətɔ̃] n.m. (it. *moschettone*). Fusil court et léger en usage jusqu'à la Seconde Guerre mondiale.

2. **mousqueton** [muskətɔ̃] n.m. (de *1. mousqueton*). Système d'accrochage rapide, constitué par une lame métallique recourbée formant boucle à ressort : *Le mousqueton d'une laisse de chien.*

moussaillon [musajɔ̃] n.m. FAM. Jeune mousse.

moussaka [musaka] n.f. (turc *musaka*). Plat grec ou turc, composé d'aubergines, de viande, de tomates d'oignons, etc., cuits au four.

moussant, e [musɑ̃, -ɑ̃t] adj. Qui produit de la mousse : *Liquide moussant pour le bain.*

1. **mousse** [mus] n.m. (it. *mozzo*, esp. *mozo* "garçon"). Marin de moins de dix-sept ans.

2. **mousse** [mus] n.f. (frq. *mosa*, avec l'infl. d'un dérivé lat. de *mel* "miel"). Plante formée d'un tapis de courtes tiges feuillues serrées l'une contre l'autre, vivant sur le sol, les arbres, les murs, les toits : *Vieux murs couverts de mousse.* □ Embranchement des bryophytes.

3. **mousse** [mus] n.f. (de *2. mousse*). - 1. Couche contenant des bulles d'air, à l'interface d'un liquide et d'un gaz : *La mousse de la bière déborde du verre* (syn. écume). *Mousse de savon, de détergent.* - 2. Préparation culinaire dont les ingrédients ont été battus, et qui présente une consistance onctueuse : *Mousse de foie.*

Mousse au chocolat. -**3.** Matière plastique se présentant sous une forme cellulaire : *Du caoutchouc mousse.* -**4.** Point mousse, point de tricot qui ne comporte que des mailles à l'endroit.

4. mousse [mus] adj. (lat. pop. *mutius* "tronqué"). TECHN. Qui n'est ni aigu ni tranchant : *Lame mousse* (syn. émoussé).

mousseline [muslin] n.f. (it. *mussolina* "tissu de Mossoul"). Tissu peu serré, léger, souple et transparent : *Des rideaux de mousseline.* ◆ adj. inv. Pommes mousseline, purée de pommes de terre très légère.

mousser [muse] v.i. -**1.** Produire de la mousse : *Le champagne mousse. Cette lessive mousse peu.* -**2.** FAM. Faire mousser qqn, qqch, les faire valoir, les vanter de manière exagérée : *Elle fait mousser son fils, sa fortune.*

mousseron [musʀɔ̃] n.m. (bas lat. *mussirio*). Petit champignon comestible délicat, poussant en cercle dans les prés, les clairières. □ Famille des agaricacées ; genre tricholome.

mousseux, euse [musø, -øz] adj. -**1.** Qui mousse : *Se plonger dans l'eau mousseuse d'un bain.* -**2.** Se dit d'un vin ou d'un cidre contenant du gaz carbonique sous pression et qui, fraîchement débouché, produit une légère mousse. ◆ **mousseux** n.m. Vin mousseux, à l'exclusion du champagne.

mousson [musɔ̃] n.f. (port. *monção,* de l'ar. *mausim* "saison"). Vent saisonnier qui souffle, surtout dans l'Asie méridionale, alternativement vers la mer (en hiver : *mousson sèche*) et vers la terre (en été : *mousson humide*) pendant plusieurs mois. [→ climat.]

moussu, e [musy] adj. Couvert de mousse : *Des troncs moussus.*

moustache [mustaʃ] n.f. (it. *mostaccio,* du bas gr. *mustaki,* du gr. *mustax* "lèvre supérieure"). -**1.** Poils qu'on laisse pousser au-dessus de la lèvre supérieure. -**2.** Poils latéraux, longs et raides, de la gueule de certains animaux (appelés proprement les *vibrisses*).

moustachu, e [mustaʃy] adj. Qui a une moustache.

moustérien, enne [musteʀjɛ̃, -ɛn] adj. et n.m. (de *Moustier,* village de Dordogne). Se dit d'un faciès du paléolithique inférieur et moyen caractérisé par un outillage varié sur éclats, parfois associé à des bifaces. □ Ce faciès s'est développé vers 70000-35000.

moustiquaire [mustikɛʀ] n.f. -**1.** Rideau de tulle, de mousseline dont on entoure les lits pour se préserver des moustiques. -**2.** Châssis en toile métallique placé aux fenêtres et ayant le même usage.

moustique [mustik] n.m. (esp. *mosquito*). -**1.** Insecte diptère à abdomen allongé et à

longues pattes fragiles, dont la femelle pique la peau de l'homme et des animaux pour se nourrir de leur sang. □ Le mâle se nourrit du nectar des fleurs. Le moustique du Canada est appelé *maringouin* ; l'*anophèle* est le moustique qui transmet le microbe du paludisme. -**2.** FAM. Enfant ; personne petite et malingre.

moût [mu] n.m. (lat. *mustum*). Jus de raisin non fermenté.

moutard [mutaʀ] n.m. (orig. incert., p.-ê. du franco-prov. *mottet* "jeune homme"). FAM. -**1.** Petit garçon. -**2.** Enfant.

moutarde [mutaʀd] n.f. (de *moût*). -**1.** Plante crucifère annuelle très commune en Europe et en Asie, à fleurs jaunes et dont les fruits fournissent le condiment du même nom ; graine de cette plante. □ Les graines de la moutarde blanche servent à fabriquer le condiment nommé moutarde ; la farine des graines de la moutarde noire est utilisée comme révulsif dans les cataplasmes. -**2.** Condiment préparé avec ces graines broyées et du vinaigre. -**3.** FAM. La moutarde lui monte au nez, il commence à se fâcher. ◆ adj. inv. D'une couleur jaune verdâtre.

moutardier [mutaʀdje] n.m. Petit pot dans lequel on sert la moutarde sur la table.

mouton [mutɔ̃] n.m. (lat. pop. *multo* "bélier", du gaul.). -**1.** Mammifère ruminant porteur d'une épaisse toison bouclée (laine), dont le mâle adulte, chez certaines races, porte des cornes annelées et roulées en spirale et que l'on élève pour sa chair, sa laine et, dans certains cas, pour son lait. □ Long. 1,50 m ; poids 150 kg ; longévité env. 10 ans. Le mouton mâle est le bélier, le mouton femelle, la brebis, leur petit est l'agneau. Le mouton bêle. -**2.** Viande de cet animal : *Un navarin de mouton.* -**3.** Cuir tanné ou fourrure de cet animal : *Un manteau en mouton retourné.* -**4.** Personne qui modèle son attitude sur celle de ceux qui l'entourent : *Mouton de Panurge* (allusion à un épisode du *Pantagruel* de Rabelais). -**5.** ARG. Compagnon de cellule d'un prisonnier chargé d'obtenir de lui des aveux (syn. fam. *mouchard*). -**6.** Dispositif utilisé pour enfoncer dans le sol des pieux servant d'appui aux fondations de construction. -**7.** FAM. Mouton noir, personne qui, dans une famille, un groupe, etc., est ressentie comme très différente et tenue plus ou moins à l'écart. ‖ Revenons à nos moutons, revenons à notre sujet, après une digression (allusion à une scène de *la Farce de Maître Pathelin*). ‖ Un mouton à cinq pattes, un phénomène, une chose, une personne extrêmement rare. ◆ **moutons** n.m. pl. -**1.** Petites vagues couvertes d'écume, apparaissant sur la mer par

brise de force moyenne. -**2.** Petits nuages
floconneux. -**3.** FAM. Amas de poussière
d'aspect laineux.

moutonné, e [mutɔne] adj. Ciel moutonné,
ciel couvert de petits nuages blancs (syn.
moutonneux). ‖ Roches moutonnées, roches
dures, façonnées en bosses et en creux et
polies par les glaciers.

moutonnement [mutɔnmã] n.m. Fait de
moutonner ; aspect de la mer, du ciel qui
moutonnent.

moutonner [mutɔne] v.i. (de *mouton*). -**1.** Se
briser en produisant une écume blanche, en
parlant de la mer. -**2.** Se couvrir de petits
nuages blancs et pommelés.

moutonneux, euse [mutɔnø, -øz] adj. Qui se
couvre de vagues ou de nuages : *Ciel moutonneux* (syn. moutonné).

moutonnier, ère [mutɔnje, -ɛʀ] adj. -**1.** Relatif au mouton : *Élevage moutonnier*. -**2.** Qui
suit aveuglément et stupidement l'exemple
des autres : *Foule moutonnière*.

mouture [mutyʀ] n.f. (lat. pop. *molitura*, de
molere "moudre"). -**1.** Action ou manière de
moudre les céréales, le café ; produit résultant de cette opération : *La mouture de ce café
n'est pas assez fine.* -**2.** Nouvelle présentation
d'un sujet déjà traité : *C'est le même livre, dans
une mouture à peine différente* (syn. version).
-**3.** Première mouture, premier état d'une
œuvre littéraire, d'un projet : *Première mouture d'un rapport* (= ébauche).

mouvance [muvãs] n.f. (de *mouvoir*). -**1.** Domaine dans lequel qqn ou qqch exerce son
influence : *Parti politique qui a plusieurs groupuscules dans sa mouvance.* -**2.** HIST. État de
dépendance d'un fief par rapport au
domaine éminent dont il relevait. -**3.** LITT.
Caractère de ce qui est mouvant : *La mouvance de la situation politique* (syn. instabilité).

mouvant, e [muvã, -ãt] adj. -**1.** Qui bouge
sans cesse ; qui n'est pas stable : *Foule
mouvante* (syn. agité, remuant). *Situation mouvante* (syn. changeant, instable). -**2.** Qui a peu
de consistance, qui s'affaisse : *Sables mouvants.* -**3.** HIST. Domaine mouvant, domaine
en situation de mouvance.

mouvement [muvmã] n.m. (du lat. *movere*
"remuer"). -**1.** Déplacement d'un corps
dans l'espace : *Le mouvement d'un pendule*
(syn. balancement, oscillation). *Mouvement d'un
astre* (syn. cours). -**2.** Ensemble de mécanismes engendrant le déplacement régulier
d'une machine, d'un de ses organes : *Mouvement d'horlogerie.* -**3.** Action ou manière de se
mouvoir ; ensemble des déplacements du
corps : *Mouvement de tête* (syn. geste). *Mouvement de danse* (syn. pas). -**4.** Ensemble des
déplacements d'un groupe : *Mouvements de

troupes.* -**5.** Animation due au va-et-vient
incessant de personnes ou de véhicules :
Quartier où il y a beaucoup de mouvement (syn.
agitation, circulation). -**6.** Changement dans le
domaine économique, social : *Mouvement des
prix* (syn. fluctuation, variation). *Mouvement des
idées* (syn. évolution, marche). -**7.** Action collective visant à un changement : *Mouvement
insurrectionnel* (syn. émeute, sédition). -**8.** Organisation politique, syndicale, culturelle : *Plusieurs mouvements progressistes appellent à la
manifestation* (syn. groupement). -**9.** Impulsion
qui porte à manifester un sentiment : *Mouvement de colère. L'auditoire fut animé de mouvements divers* (syn. remous). -**10.** Rythme d'une
œuvre artistique, d'un récit : *Mouvement d'une
phrase.* -**11.** MUS. Degré de vitesse de la
mesure ; partie d'une œuvre musicale (d'une
symphonie, notamm.) : *Le mouvement est allegro* (syn. tempo). *Le deuxième mouvement d'une
symphonie.* -**12.** Avoir un bon mouvement, se
montrer obligeant, généreux. ‖ FAM. En deux
temps trois mouvements, très rapidement.
‖ Faux mouvement, mouvement inhabituel
du corps, qui n'est pas naturel et entraîne le
plus souvent une douleur. ‖ FAM. Suivre le
mouvement, être au courant de l'actualité,
des nouveautés. -**13.** PHYS. Mouvement ondulatoire. Propagation d'une vibration périodique avec transport d'énergie. ‖ Mouvement
perpétuel. Mouvement qui serait capable de
continuer indéfiniment sans dépense d'énergie. □ L'impossibilité de son existence
découle des lois de la thermodynamique.
‖ Mouvement uniforme. Mouvement dont la
vitesse est constante. ‖ Quantité de mouvement d'un point matériel. Vecteur égal au
produit de la masse de ce point par son vecteur vitesse.

mouvementé, e [muvmãte] adj. Agité ; troublé par des incidents : *Séance mouvementée*
(syn. orageux, tumultueux).

mouvoir [muvwaʀ] v.t. (lat. *movere*) [conj. 54].
-**1.** Mettre en mouvement ; faire changer de
place : *Une turbine mue par la force hydraulique*
(syn. actionner). -**2.** Inciter à agir : *Être mû par
l'intérêt* (syn. pousser). *Il était mû par un
sentiment de bonté* (syn. animer, porter). ◆ **se
mouvoir** v.pr. Exécuter des mouvements :
Elle ne peut se mouvoir qu'avec difficulté (syn.
bouger, se déplacer).

1. moyen, enne [mwajɛ̃, -ɛn] adj. (lat. *medianus* "qui est au milieu"). -**1.** Qui se situe
entre deux extrêmes : *Homme de taille
moyenne, d'âge moyen. Un Français moyen*
(= représentatif de la masse des Français).
-**2.** Qui n'est ni bon ni mauvais : *Élève moyen*
(syn. ordinaire). *Votre rédaction est moyenne*
(syn. passable). -**3.** Qui est obtenu en calculant une moyenne : *Espérance moyenne de vie.*
-**4.** Cours moyen, dans l'enseignement pri-

maire français, cours réparti sur deux ans et succédant au cours élémentaire, pour les enfants de neuf à onze ans. (Abrév. C. M.)
‖ **Moyen terme**, parti qu'on prend pour éviter deux inconvénients extrêmes.
‖ **Moyen français**, état intermédiaire de la langue française (entre l'ancien français et le français classique), telle qu'elle fut utilisée entre le XIVe et le XVIe s. ‖ GRAMM. **Voix moyenne**, voix de la conjugaison grecque qui exprime un retour de l'action sur le sujet (pronominal réfléchi ou réciproque en français) [on dit aussi *le moyen*]. ‖ MATH. **Termes moyens d'une proportion**, termes B et C de l'égalité $\frac{A}{B} = \frac{C}{D}$ (on dit aussi *les moyens*).
‖ SPORTS. **Poids moyen**, catégorie de poids dans divers sports individuels, comme la boxe ; sportif appartenant à cette catégorie.

2. **moyen** [mwajɛ̃] n.m. (de 1. *moyen*). - 1. Procédé qui permet de parvenir à un but : *C'est l'unique moyen de le persuader* (syn. façon, manière). - 2. Ce qui permet d'accomplir qqch : *Moyen d'action. La presse est un moyen d'expression. Moyen de transport* (= véhicule permettant de se déplacer). - 3. GRAMM. **Voix moyenne**. - 4. **Au moyen de**, par le moyen de, en faisant usage de, par l'entremise de.
◆ **moyens** n.m. pl. - 1. Ressources pécuniaires : *Je n'ai pas les moyens de m'offrir cette maison* (syn. fortune, richesse). - 2. Aptitudes physiques ou intellectuelles : *Cet élève manque de moyens* (syn. dons, facilités). - 3. MATH. **Termes moyens d'une proportion**. - 4. **Par ses propres moyens**, avec ses seules ressources. ‖ **Employer les grands moyens**, prendre des mesures énergiques, décisives.

Moyen Âge [mwajɛnaʒ] n.m. - 1. Période de l'histoire du monde située entre l'Antiquité et l'époque moderne. - 2. En Europe, période qui s'étend de la disparition de l'Empire romain en Occident (476) à la chute de Constantinople (1453) et qui se caractérise notamm. par le morcellement politique et une société agricole divisée en une classe noble et une classe paysanne asservie. - 3. **Haut Moyen Âge**, du Ve s. à l'an mille environ.

moyenâgeux, euse [mwajɛnaʒø, -øz] adj. - 1. VIEILLI. Qui appartient au Moyen Âge : *La France moyenâgeuse* (syn. médiéval). - 2. FAM. Qui évoque le Moyen Âge : *Idées moyenâgeuses* (syn. désuet, suranné).

moyen-courrier [mwajɛ̃kurje] n.m. et adj. (pl. *moyen-courriers*). Avion de transport destiné à voler sur des distances moyennes (génér. inférieures à 2 000 km).

moyennant [mwajɛnɑ̃] prép. (de *moyenner*, propr. "mener des tractations"). - 1. Indique le moyen de, la condition pour : *Il y*

parviendra moyennant un effort soutenu (syn. grâce à). - 2. **Moyennant quoi**, en échange de quoi ; cela étant réalisé : *Il faut que nous obtenions ce marché, moyennant quoi nous supplanterons nos principaux concurrents.*

moyenne [mwajɛn] n.f. (de 1. *moyen*). - 1. Quantité, chose, état qui tient le milieu entre plusieurs autres, qui est éloigné des extrêmes et correspond au type le plus répandu : *Une intelligence au-dessus de la moyenne.* - 2. Quantité obtenue en additionnant toutes les quantités données et en divisant ce total par le nombre de quantités : *Calculer, faire la moyenne des températures.* - 3. Note égale à la moitié de la note maximale qui peut être attribuée à un devoir ou à une copie d'examen : *Il a obtenu la moyenne en mathématiques.* - 4. Quotient de la distance parcourue par la durée du parcours : *Rouler à 80 km/h de moyenne.* - 5. **En moyenne**, en évaluant la moyenne ; en compensant les différences en sens opposés : *L'espérance de vie des femmes françaises est de quatre-vingts ans en moyenne.* - 6. **Moyenne arithmétique de *n* nombres**, somme de ces nombres divisée par *n*. ‖ **Moyenne géométrique de *n* nombres**, racine nième de leur produit.

moyennement [mwajɛnmɑ̃] adv. De façon moyenne : *Il travaille moyennement* (syn. passablement).

moyen-oriental, e, aux [mwajɛnɔrjɑ̃tal, -o] adj. Qui se rapporte au Moyen-Orient.

moyeu [mwajø] n.m. (lat. *modiolus*, propr. "petit vase"). - 1. Pièce centrale sur laquelle sont assemblées les pièces qui doivent tourner autour d'un axe. - 2. Pièce centrale traversée par l'essieu, dans la roue d'un véhicule.

mozarabe [mɔzarab] adj. et n. (anc. esp. *moz'arabe*, de l'ar. *musta'rib* "arabisé"). Se dit des chrétiens d'Espagne qui conservèrent leur religion sous la domination musulmane, mais adoptèrent la langue et les coutumes arabes. ◆ adj. Se dit d'un art chrétien d'Espagne dans lequel s'est manifestée une influence du décor islamique (Xe s. et début du XIe, surtout dans les régions, restées indépendantes, de l'Espagne du Nord).

mozartien, enne [mɔzarsjɛ̃, -ɛn] adj. Relatif aux œuvres, au style de Mozart : *Les arias mozartiennes.*

M. S. T., sigle de *maladie sexuellement* transmissible.

mu [my] n.m. inv. Douzième lettre de l'alphabet grec (M, μ).

mucilage [mysilaʒ] n.m. (bas lat. *mucilago*, de *mucus* "morve"). - 1. Substance présente chez de nombreux végétaux, et qui se gonfle au contact de l'eau en donnant des solutions visqueuses. - **2.** PHARM. Liquide visqueux formé par la solution d'une gomme dans l'eau. □ Les mucilages se présentent dans le commerce sous forme de granulés ; ce sont des laxatifs légers.

mucosité [mykɔzite] n.f. (du lat. *mucosus* "mucilagineux"). Sécrétion des muqueuses.

mucoviscidose [mykɔvisidoz] n.f. (anglo-amér. *mucoviscidosis*, de *muco-* "mucus" et *viscid* "visqueux"). Maladie congénitale et familiale, caractérisée par une viscosité excessive de la sécrétion des glandes exocrines et entraînant des troubles digestifs et respiratoires chroniques.

mucus [mykys] n.m. (mot lat. "morve"). Sécrétion visqueuse produite par les glandes muqueuses. □ Le mucus abonde dans l'estomac, dont il protège la paroi, et dans les fosses nasales, où il retient poussières et microbes.

mue [my] n.f. - **1.** Changement dans le plumage, le poil, la peau, auquel les animaux vertébrés sont sujets à certaines époques de l'année ; époque où arrive ce changement. - **2.** Perte de la peau ou de la carapace pendant la croissance de certains animaux (lézards, insectes, crustacés) ; l'élément ainsi abandonné. - **3.** Changement qui s'opère dans le timbre de la voix des jeunes gens au moment de la puberté ; temps où arrive ce changement.

muer [mɥe] v.i. (lat. *mutare* "changer") [conj. 7]. - **1.** Perdre périodiquement sa peau, son poil, son plumage, sa carapace, en parlant de certains animaux : *Les serpents, les oiseaux, les arthropodes muent.* - **2.** Changer de timbre au moment de la puberté, en parlant de la voix ou de celui qui a cette voix. ◆ v.t. LITT. Changer en : *Elle fut muée en statue de sel* (syn. transformer). ◆ **se muer** v.pr. [en]. LITT. Se changer en, devenir : *Sympathie qui se mue en amitié* (syn. se transformer).

muet, ette [mɥɛ, mɥɛt] adj. et n. (anc. fr. *mu*, lat. *mutus*). Qui n'a pas l'usage de la parole : *Il est muet de naissance.* ◆ adj. - **1.** Qui est momentanément empêché de parler par un sentiment violent : *Être muet d'admiration* (syn. coi, interdit). - **2.** Qui refuse de parler : *J'ai essayé d'en savoir plus, mais il est resté muet* (syn. silencieux). - **3.** THÉÂTRE. Se dit d'un acteur qui n'a pas de texte à dire, d'une scène ou d'une action sans paroles. - **4.** Se dit d'un sentiment qui ne se manifeste pas par des paroles : *Un désespoir muet.* - **5.** Qui ne parle pas de qqch, n'en fait pas mention : *La loi est muette à ce sujet.* - **6.** Qui ne comporte pas les indications habituelles : *Carte de géographie muette.* - **7.** PHON. Se dit d'une unité graphique non prononcée : *Le « b » dans « plomb », le « l »*

dans « fils » sont muets. H muet (= qui n'empêche pas la liaison). - **8.** Cinéma, film muet, qui ne comporte pas l'enregistrement de la parole ou du son (par opp. à *cinéma parlant*) [on dit aussi *le muet*].

muezzin [mɥedzin] n.m. (mot turc, de l'ar. *mo'adhdhin* "qui appelle à la prière"). Fonctionnaire religieux musulman chargé d'appeler, du haut du minaret de la mosquée, aux cinq prières quotidiennes de l'islam.

mufle [myfl] n.m. (du moyen fr. *moufle*, germ. *muffel* "museau arrondi"). - **1.** Extrémité du museau de certains mammifères : *Le mufle d'un lion, d'un bœuf.* - **2.** Homme sans éducation, sans délicatesse de manières ni de sentiments : *Se conduire comme un mufle* (syn. goujat, malotru).

muflerie [myflɔʀi] n.f. Manque de délicatesse : *Il est d'une muflerie révoltante* (syn. goujaterie, grossièreté).

muflier [myflije] n.m. (de *mufle*). Plante souvent cultivée pour ses fleurs décoratives rappelant un mufle d'animal (nom usuel *gueule-de-loup*). □ Famille des scrofulariacées.

mufti [myfti] n.m. (mot turco-ar. "juge"). Interprète officiel de la loi musulmane.

muge [myʒ] n.m. (mot prov., lat. *mugil*). Poisson à large tête, vivant près des côtes, mais pondant en mer, et dont la chair est estimée (syn. mulet).

mugir [myʒiʀ] v.i. (anc. fr. *muir*, lat. *mugire*) [conj. 32]. - **1.** Crier, en parlant des bovidés : *Le taureau mugit* (syn. beugler, meugler). - **2.** Produire un son comparable à un mugissement : *La sirène mugit* (syn. hurler).

mugissant, e [myʒisɑ̃, -ɑ̃t] adj. Qui mugit : *Les vents mugissants.*

mugissement [myʒismɑ̃] n.m. - **1.** Cri sourd et prolongé des animaux de l'espèce bovine (syn. beuglement, meuglement). - **2.** Bruit qui ressemble à ce cri : *Le mugissement des flots* (syn. fracas, grondement).

muguet [mygɛ] n.m. (anc. fr. *mugue* "musc [à cause de l'odeur]"). - **1.** Liliacée à petites fleurs blanches d'une odeur douce et agréable, qui fleurit en mai. - **2.** Maladie de la muqueuse buccale due à une levure *(Candida albicans).*

mulâtre [mylatʀ] adj. et n. (esp. *mulato*, de *mulo* "mulet"). Né d'un Noir et d'une Blanche, ou d'une Noire et d'un Blanc. (On disait autref. une *mulâtresse* pour une femme née d'une telle union.)

1. **mule** [myl] n.f. (du lat. *mulleus* "de couleur rouge"). Pantoufle laissant le talon découvert.

2. **mule** [myl] n.f. (lat. *mula*). Hybride femelle d'un âne et d'une jument, presque toujours stérile.

1. **mulet** [mylɛ] n.m. (anc. fr. *mul*, lat. *mulus*). Hybride mâle d'un âne et d'une jument, toujours stérile. □ L'hybride d'un cheval et d'une ânesse s'appelle un bardot.

2. **mulet** [mylɛ] n.m. (lat. *mullus* "rouget"). Muge.

muleta [muleta] n.f. (mot esp.). Morceau d'étoffe écarlate dont se sert le matador pour travailler et fatiguer le taureau avant de lui porter l'estocade.

muletier, ère [myltje, -ɛʀ] adj. (de *1. mulet*). Chemin muletier, chemin étroit et escarpé. ◆ n. Personne qui conduit des mulets.

mulot [mylo] n.m. (du moyen néerl. *mol* "taupe", du frq. *mul*). Petit rat gris fauve des bois et des champs.

multicolore [myltikɔlɔʀ] adj. Qui présente un grand nombre de couleurs (syn. bariolé, bigarré).

multiconfessionnel, elle [myltikɔ̃fɛsjɔnɛl] adj. Où coexistent plusieurs religions.

multicoque [myltikɔk] n.m. Bateau et, en partic., voilier à plusieurs coques (par opp. à *monocoque*).

multiforme [myltifɔʀm] adj. Qui a ou prend plusieurs formes : *Le roman contemporain est multiforme* (syn. varié).

multigrade [myltigrad] adj. -1. Se dit d'un produit dont les propriétés s'étendent simultanément à plusieurs spécifications. -2. Huile multigrade, huile de graissage à haut indice de viscosité qui peut servir en toutes saisons.

multilatéral, e, aux [myltilateral, -o] adj. Qui engage toutes les parties contractantes : *Un pacte multilatéral.*

multilingue [myltilɛ̃g] adj. Qui existe, qui se fait en plusieurs langues : *Une conférence multilingue.*

multilinguisme [myltilɛ̃gɥism] n.m. Situation d'une région, d'un État, etc., où sont parlées plusieurs langues : *Le multilinguisme européen* (syn. plurilinguisme).

multimédia [myltimedja] adj. Qui utilise ou concerne plusieurs médias.

multimilliardaire [myltimiljaʀdɛʀ] n. et adj. Personne plusieurs fois milliardaire.

multimillionnaire [myltimiljɔnɛʀ] n. et adj. Personne plusieurs fois millionnaire.

multinational, e, aux [myltinasjɔnal, -o] adj. -1. Qui concerne ou englobe plusieurs nations : *Un pays multinational.* -2. Société multinationale, groupe industriel, commercial ou financier qui a des filiales implantées dans plusieurs États (on dit aussi *une multinationale*).

multipare [myltipaʀ] adj. et n.f. (du lat. *parere* "enfanter"). -1. Se dit d'une femme qui a mis au monde plusieurs enfants (par opp. à *primipare*, à *nullipare*). -2. Qui met bas plusieurs petits en une seule portée : *La laie est multipare.*

multipartisme [myltipaʀtism] n.m. Système politique caractérisé par la présence de plus de deux partis dans la vie politique et parlementaire.

multiple [myltipl] adj. (lat. *multiplex*). -1. Qui se produit de nombreuses fois ; qui se présente sous des aspects divers : *À de multiples reprises* (syn. nombreux). -2. Qui est composé de plusieurs parties : *Une prise multiple* (= sur laquelle on peut brancher plusieurs appareils). ◆ n.m. -1. Nombre entier qui contient un autre nombre entier plusieurs fois exactement : *8 est un multiple de 2.* -2. Multiple commun à plusieurs nombres, nombre entier multiple de chacun de ces nombres. ‖ Plus petit commun multiple (de plusieurs nombres), le plus petit des multiples communs à ces nombres (abrév. *P. P. C. M.*).

multiplex [myltiplɛks] adj. et n.m. (mot lat. "multiple"). Se dit d'une liaison par voie hertzienne ou téléphonique faisant intervenir des participants qui se trouvent en des lieux distincts : *Un multiplex à la radio.*

multiplexage [myltiplɛksaʒ] n.m. TÉLÉCOMM. -1. Division d'une voie de transmission en plusieurs voies distinctes pouvant transmettre simultanément plusieurs signaux. -2. Combinaison de plusieurs signaux en un seul, qu'on transmet sur une voie commune.

multipliable [myltiplijabl] adj. Qui peut être multiplié : *Tout nombre est multipliable.*

multiplicande [myltiplikɑ̃d] n.m. MATH. Nombre à multiplier par un autre appelé multiplicateur.

multiplicateur, trice [myltiplikatœʀ, -tʀis] adj. Qui multiplie : *Coefficient multiplicateur* (syn. multiplicatif). ◆ **multiplicateur** n.m. MATH. Nombre par lequel on multiplie.

multiplicatif, ive [myltiplikatif, -iv] adj. -1. Qui exprime la répétition : *« Bis » et « ter » sont des adverbes multiplicatifs.* -2. Qui multiplie (syn. multiplicateur). -3. Groupe multiplicatif, groupe dont l'opération est notée ×. ‖ Notation multiplicative, usage du signe × ou . pour noter une multiplication.

multiplication [myltiplikasjɔ̃] n.f. -1. MATH. Opération associant à deux nombres, l'un appelé multiplicande, l'autre multiplicateur, un troisième nombre appelé produit : *Dans le cas des nombres entiers, la multiplication de a par b a pour résultat la somme de a termes tous égaux à b.* -2. Augmentation en nombre : *La multiplication des cellules cancéreuses* (syn.

prolifération). -**3.** MÉCAN. Rapport dont on augmente le régime de deux engrenages dans une transmission de mouvement, et dans lequel la vitesse de rotation de l'arbre entraîné est supérieure à celle de l'arbre entraînant. -**4.** BIOL. Augmentation du nombre d'individus d'une espèce vivante, soit par reproduction sexuée, soit par fragmentation d'un seul sujet (multiplication végétative). -**5.** Table de multiplication, tableau donnant le produit, l'un par l'autre, des dix premiers nombres entiers.

multiplicité [myltiplisite] n.f. (bas lat. *multiplicitas,* du class. *multiplex*). Nombre considérable : *La multiplicité des étoiles* (syn. abondance).

multiplier [myltiplije] v.t. (lat. *multiplicare*) [conj. 10]. -**1.** Augmenter le nombre, la quantité de : *Il faudrait multiplier les expériences pour comprendre ce phénomène* (syn. répéter). *Multiplier les efforts pour réussir* (syn. accroître, intensifier). -**2.** Procéder à la multiplication d'un nombre par un autre : *Quand on multiplie 5 par 4 on obtient 20.* ◆ **se multiplier** v.pr. -**1.** Se répéter un grand nombre de fois : *Les incidents frontaliers se multiplient* (syn. augmenter, redoubler). -**2.** Augmenter en nombre par voie de génération : *Les lapins se multiplient rapidement* (syn. se reproduire). -**3.** Faire preuve d'une activité extrême en donnant l'impression qu'on est partout à la fois : *Il se multiplie avec une inefficacité totale.*

multipolaire [myltipɔlɛʀ] adj. Qui a plusieurs pôles : *Une dynamo multipolaire.*

multiposte [myltipɔst] adj. et n.m. Se dit d'un micro-ordinateur auquel peuvent être reliés directement plusieurs postes de travail.

multipropriété [myltiprɔprijete] n.f. Formule de copropriété d'une résidence secondaire permettant à ses utilisateurs d'user chacun à leur tour du droit de jouissance d'un bien immeuble pendant un temps donné : *Un chalet à la montagne en multipropriété.*

multiracial, e, aux [myltiʀasjal, -o] adj. Où coexistent plusieurs races : *Une équipe multiraciale.*

multirisque [myltiʀisk] adj. Assurance multirisque, assurance couvrant simultanément plusieurs risques.

multitude [myltityd] n.f. (lat. *multitudo*). -**1.** Très grand nombre : *Une multitude d'enfants* (syn. bande). *Une multitude d'oiseaux s'envola* (syn. nuée). -**2.** Rassemblement d'un grand nombre de personnes : *Une multitude de grévistes a suivi la manifestation* (syn. foule). -**3.** LITT. La multitude, le commun des hommes, la masse, la foule.

munichois, e [mynikwa, -az] adj. et n. De Munich. ◆ n. HIST. Partisan des accords de Munich.

municipal, e, aux [mynisipal, -o] adj. (lat. *municipalis*). -**1.** Relatif à l'administration d'une commune : *Un arrêté municipal.* -**2.** Élections municipales, élections du conseil municipal au suffrage universel (on dit aussi *les municipales*).

municipalité [mynisipalite] n.f. -**1.** Territoire soumis à une organisation municipale : *Municipalité rurale* (syn. commune). -**2.** Ensemble formé par le maire et ses adjoints ; conseil municipal.

munificence [mynifisãs] n.f. (lat. *munificentia,* de *munus* "cadeau" et *facere* "faire"). LITT. Disposition qui porte à donner avec largesse (syn. générosité). **Rem.** À distinguer de *magnificence,* malgré la proximité de sens.

munificent, e [mynifisã, -ãt] adj. LITT. Très généreux.

munir [myniʀ] v.t. (lat. *munire* "fortifier") [conj. 32]. Pourvoir de ce qui est nécessaire, utile : *Munir une lampe d'un abat-jour* (syn. équiper). ◆ **se munir** v.pr. [de]. -**1.** Prendre avec soi : *Se munir de provisions pour une longue route.* -**2.** Se munir de patience, de courage, se préparer à supporter ce qui va arriver (syn. s'armer).

munition [mynisjɔ̃] n.f. (lat. *munitio* "fortification"). [Surtout au pl.]. Ce qui est nécessaire à l'approvisionnement des armes à feu : *Les cartouches, les obus sont des munitions.*

muqueuse [mykøz] n.f. (du lat. *mucosus*). Membrane qui tapisse certaines cavités du corps et dont la surface est continuellement humectée de mucus.

mur [myʀ] n.m. (lat. *murus*). -**1.** Ouvrage en maçonnerie, en terre, etc., qui, dans un plan vertical, sert à enclore un espace, à soutenir des terres, à constituer les côtés d'une maison et à en supporter les étages : *Le mur de clôture du parc. Tapisser les murs d'une chambre* (syn. cloison). -**2.** Ce qui constitue un obstacle ; ce qui isole, sépare : *Les gendarmes formaient un mur devant les manifestants* (syn. cordon, écran). *Il y a entre eux un mur d'incompréhension* (syn. fossé). -**3.** Paroi naturelle ; pente abrupte : *Skieur qui descend un mur.* -**4.** SPORTS. Au football, écran formé, entre le but et le tireur d'un coup franc, par un groupe de joueurs serrés les uns contre les autres. -**5.** Coller qqn au mur, le placer devant un mur pour le fusiller. ‖ Entre quatre murs, enfermé, à l'intérieur d'un bâtiment, d'une pièce, en prison. ‖ Être au pied du mur, être mis face à ses responsabilités. ‖ Être le dos au mur, ne plus pouvoir reculer, être obligé de faire front. ‖ FAM. Faire le mur, sortir sans permission (notamm. d'une caserne, d'un internat), en escaladant un mur. ‖ Se cogner, se taper la tête contre les murs, désespérer de parvenir à une solution. - 7. AÉRON. **Mur de la chaleur.** Ensemble des phénomènes calorifiques qui se produisent aux très grandes vitesses et qui limitent très fortement les performances aériennes dans l'atmosphère. ‖ **Mur du son.** Ensemble des phénomènes aérodynamiques qui se produisent lorsqu'un mobile se déplace dans l'atmosphère à une vitesse voisine de celle du son. ◆ **murs** n.m. pl. Limites d'une ville, d'un immeuble ; lieu circonscrit par ces limites.

mûr, e [myʀ] adj. (lat. *maturus*). - **1.** Se dit d'un fruit, d'une graine, complètement développés, en état d'être récoltés : *Le raisin est mûr à l'automne.* - **2.** Se dit d'un bouton, d'un abcès près de percer. - **3.** Se dit de qqn qui a atteint son plein développement physique ou intellectuel : *Un homme mûr. L'âge mûr* (= la maturité). - **4.** Qui, après une longue évolution, est amené au stade de la réalisation : *Mon projet n'est pas mûr.* - **5.** Après mûre réflexion, après avoir bien réfléchi.

murage [myʀaʒ] n.m. Action de murer, d'obturer.

muraille [myʀaj] n.f. - **1.** Mur épais, d'une certaine hauteur : *Les murailles de la ville.* - **2.** Surface verticale abrupte : *Les falaises forment une muraille* (syn. mur).

mural, e, aux [myʀal, -o] adj. - **1.** Qui croît sur les murs : *Plante murale.* - **2.** Appliqué sur un mur : *Peinture murale.*

mûre [myʀ] n.f. (lat. pop. **mora*, pl. neutre devenu fém., class. *morum*). - **1.** Fruit du mûrier. - **2.** Fruit de la ronce.

mûrement [myʀmã] adv. (de *mûr*). Longuement et posément : *Il a mûrement réfléchi à la question.*

murène [myʀɛn] n.f. (lat. *muraena*, du gr. *muraina*). Poisson des fonds rocheux des côtes méditerranéennes, à corps allongé comme l'anguille, très vorace et causant des morsures dangereuses. □ Ordre des apodes ; long. max. 1,50 m.

murer [myʀe] v.t. - **1.** Boucher avec de la maçonnerie : *Murer une porte* (syn. condamner, obturer). - **2.** Enfermer dans un lieu en bouchant les issues : *L'éboulement a muré les mineurs dans une galerie* (syn. emmurer). ◆ **se murer** v.pr. - **1.** Rester enfermé chez soi : *Elle se mure dans sa maison* (syn. se cloîtrer). - **2.** Rester à l'écart des autres : *Se murer dans son silence* (syn. s'isoler, se renfermer).

muret [myʀɛ] n.m. et **murette** [myʀɛt] n.f. Petit mur.

murex [myʀɛks] n.m. (mot lat.). Mollusque gastropode à coquille couverte de pointes,

vivant sur les côtes de la Méditerranée, et dont on tirait la pourpre. □ Les plus grandes espèces atteignent 8 cm de long.

mûrier [myʀje] n.m. Arbre ou arbuste des régions tempérées, à suc laiteux et à feuilles caduques : *Mûrier blanc* (= dont les feuilles nourrissent le ver à soie). *Mûrier noir* (= cultivé pour ses fruits, les mûres).

mûrir [myʀiʀ] v.i. (conj. 32). - **1.** Devenir mûr ; arriver à maturité : *Les blés mûrissent au soleil de juillet.* - **2.** Atteindre un certain degré d'élaboration ou de développement : *Idées qui mûrissent* (syn. évoluer). - **3.** Prendre, acquérir de la sagesse, de l'expérience : *Elle a beaucoup mûri en quelques mois.* ◆ v.t. - **1.** Rendre mûr, faire parvenir à maturation : *Le soleil mûrit les fruits.* - **2.** Porter à l'état de maturité, de complet développement : *Mûrir un projet de revanche* (syn. approfondir, méditer). - **3.** Rendre sage, expérimenté : *Les épreuves l'ont mûri.*

mûrissant, e [myʀisã, -ãt] adj. - **1.** Qui est en train de mûrir. - **2.** Qui atteint l'âge mûr : *Une femme mûrissante.*

mûrissement [myʀismã] n.m. Maturation de certains produits. (On dit parfois *mûrissage.*)

murmure [myʀmyʀ] n.m. (lat. *murmur* "bruit sourd"). - **1.** Bruit de voix léger, sourd et prolongé : *Faire cesser les murmures au fond de la salle* (syn. chuchotement). - **2.** Paroles, plaintes sourdes marquant le mécontentement : *Ce projet souleva des murmures dans la presse* (syn. protestation). - **3.** LITT. Bruit léger, prolongé : *Le murmure d'un ruisseau* (syn. gazouillement).

murmurer [myʀmyʀe] v.i. (lat. *murmurare*). - **1.** Faire entendre un bruit de voix sourd et prolongé : *Il n'a cessé de murmurer pendant toute la réunion* (syn. chuchoter). - **2.** Faire entendre une sourde protestation : *À l'annonce de cette sanction, les élèves murmurèrent* (syn. marmonner, protester). - **3.** LITT. Faire entendre un bruissement léger : *Le vent murmure dans le feuillage* (syn. bruire). ◆ v.t. Dire à voix basse, confidentiellement : *Murmurer des secrets à l'oreille d'une amie* (syn. chuchoter).

musaraigne [myzaʀɛɲ] n.f. (lat. pop. **musaranea*, de *mus* "rat" et *aranea* "araignée"). Mammifère insectivore de la taille d'une souris, à museau pointu, utile, destructeur de vers et d'insectes. □ Famille des soricidés.

musarder [myzaʀde] v.i. (de *muser*). Passer son temps à flâner : *Musarder sur le chemin de l'école* (syn. muser).

musc [mysk] n.m. (bas lat. *muscus*, du persan). Substance odorante utilisée en parfumerie et produite par certains mammifères.

muscade [myskad] n.f. (anc. prov. *muscada*, de *musc*). - **1.** Fruit du muscadier, dont la graine *(noix [de] muscade)* est utilisée comme condiment. - **2.** Accessoire de prestidigitateur en forme de muscade, génér. fait de liège, utilisé pour certains escamotages. - **3.** Passez muscade, le tour est joué ; personne n'a rien vu.

muscadier [myskadje] n.m. Arbre ou arbrisseau des pays chauds, qui fournit la muscade.

muscadin [myskadɛ̃] n.m. (de l'it. *moscardino*, de *moscado* "musc"). HIST. Jeune élégant vêtu de façon excentrique et adversaire actif des Jacobins, après le 9-Thermidor (1794).

muscat [myska] n.m. (mot prov., de *musc*). - **1.** Cépage dont les baies ont une saveur musquée caractéristique. - **2.** Vin doux et sucré obtenu avec ce cépage. ◆ adj. m. Se dit de certains fruits à saveur musquée, notamm. du raisin.

muscle [myskl] n.m. (lat. *musculus* propr. "petite souris"). - **1.** Organe formé de fibres dont la contraction produit le mouvement : *La gymnastique développe les muscles.* - **2.** Force, énergie, vigueur : *Notre industrie manque de muscle* (syn. dynamisme, vitalité).

musclé, e [myskle] adj. - **1.** Qui a les muscles bien développés : *Un athlète musclé.* - **2.** Qui use volontiers de la force : *Régime politique musclé* (syn. autoritaire).

muscler [myskle] v.t. Développer les muscles de : *L'exercice muscle le corps.*

musculaire [myskylɛʀ] adj. Propre aux muscles : *Tissu musculaire. Grande force musculaire.*

musculation [myskylasjɔ̃] n.f. Ensemble d'exercices visant à développer la musculature (syn. body-building).

musculature [myskylatyʀ] n.f. Ensemble des muscles du corps humain : *Une musculature d'hercule.*

musculeux, euse [myskylø, -øz] adj. Qui est de la nature des muscles, qui est formé de muscles : *Membrane musculeuse.*

muse [myz] n.f. (lat. *musa*, du gr.). - **1.** (Avec une majuscule). Chacune des neuf déesses grecques qui présidaient aux arts libéraux - **2.** Inspiratrice d'un poète, d'un écrivain : *La muse de Musset.* - **3.** Taquiner la Muse, s'essayer, en amateur, à faire des vers.

museau [myzo] n.m. (anc. fr. **mus*, bas lat. *musus*). - **1.** Partie antérieure, allongée et plus ou moins pointue, de la face de certains mammifères, située au-dessus de la bouche et dont l'extrémité forme le mufle : *Museau d'un chien, d'un ruminant.* - **2.** FAM. Figure humaine : *Quel joli petit museau !* (syn. visage).

musée [myze] n.m. (lat. *museum*, gr. *mouseion* "temple des Muses"). - **1.** Lieu, établisse-

ment où est conservée, exposée, mise en valeur une collection d'œuvres d'art, d'objets d'intérêt culturel, scientifique ou technique : *Musée de l'automobile. Musée du Louvre, à Paris.* - **2.** Pièce de musée, objet rare et précieux.

museler [myzle] v.t. (de l'anc. fr. *musel* "museau") [conj. 24]. - **1.** Mettre une muselière à : *Museler un chien.* - **2.** Empêcher de s'exprimer : *Museler la presse* (syn. bâillonner).

muselière [myzəljɛʀ] n.f. (de l'anc. fr. *musel* "museau"). Appareil qu'on met au museau de certains animaux pour les empêcher de mordre, de paître, de téter.

musellement [myzelmɑ̃] n.m. Action de museler : *Le musellement d'un chien, d'un veau.*

muséographie [myzeɔgʀafi] n.f. Ensemble des notions techniques nécessaires à la présentation et à la bonne conservation des œuvres des musées.

muséologie [myzeɔlɔʒi] n.f. Science de l'organisation des musées, de la conservation et de la mise en valeur de leurs collections.

muser [myze] v.i. (même rac. que *museau*). LITT. Flâner, musarder.

musette [myzɛt] n.f. (anc. fr. *muse*, de *muser* "jouer de la musette"). - **1.** Instrument de musique à vent, très en vogue au XVIIe s. - **2.** Bal musette, bal populaire où l'on danse au son de l'accordéon (à l'origine, de la musette). - **3.** Sac de toile que l'on porte en bandoulière : *Une musette d'écolier, d'ouvrier* (syn. sacoche).

muséum [myzeɔm] n.m. (lat. *museum*). Musée consacré aux sciences naturelles.

musical, e, aux [myzikal, -o] adj. - **1.** Propre à la musique : *Art musical.* - **2.** Qui comporte de la musique : *Comédie musicale.* - **3.** Qui a les caractères de la musique : *Voix musicale* (syn. mélodieux).

musicalement [myzikalmɑ̃] adv. - **1.** Du point de vue musical : *Musicalement, c'est une réussite.* - **2.** D'une manière harmonieuse : *Une phrase qui sonne musicalement* (syn. mélodieusement).

musicalité [myzikalite] n.f. Qualité de ce qui est musical : *La musicalité d'un poème.*

music-hall [myzikol] n.m. (angl. *music hall*) [pl. *music-halls*]. - **1.** Établissement spécialisé dans des spectacles de fantaisie, de variétés. - **2.** Genre de spectacle que présente un tel établissement : *Aimer le music-hall.*

musicien, enne [myzisjɛ̃, -ɛn] n. Personne qui compose ou exécute de la musique : *Un musicien contemporain.* ◆ adj. Qui a du goût, des aptitudes pour la musique : *Avoir l'oreille musicienne.*

musicologie [myzikɔlɔʒi] n.f. Science de l'histoire de la musique et de la théorie musicale. ◆ **musicologue** n. Nom du spécialiste.

musique [myzik] n.f. (lat. *musica*, du gr. *mousikê* [*tekhnê*] "art des Muses"). **- 1.** Art de combiner les sons ; productions de cet art : *Apprendre la musique. Musique de chambre* (= pour un petit nombre d'instruments). *Musique classique.* **- 2.** Notation écrite d'airs musicaux : *Pianiste qui joue sans musique* (syn. partition). **- 3.** Réunion de gens pratiquant la musique et constituant une institution : *Le régiment défile, musique en tête* (syn. fanfare). **- 4.** Suite de sons produisant une impression harmonieuse : *La musique d'un vers* (syn. mélodie). **- 5.** FAM. Connaître la musique, savoir d'expérience de quoi il s'agit. ‖ *Papier à musique*, papier sur lequel sont imprimées des portées, pour écrire la musique. **- 6.** HELV., BELG., CAN. Musique à bouche. Harmonica.

musiquette [myzikɛt] n.f. Petite musique facile, sans valeur artistique.

musqué, e [myske] adj. **- 1.** Qui est parfumé de musc. **- 2.** Qui rappelle l'odeur du musc. **- 3.** Qui évoque le goût du muscat : *Poire musquée.*

mustang [mystɑ̃g] n.m. (mot anglo-amér., de l'anc. esp. *mestengo* "sans maître"). Cheval sauvage d'Amérique du Nord, capturé pour les rodéos.

musulman, e [myzylmɑ̃, -an] n. et adj. (de l'ar. *muslim* "croyant, fidèle"). Personne qui professe la religion islamique : *Les musulmans d'Espagne. Il est musulman.* ◆ adj. Qui appartient à l'islam : *La religion musulmane. Le calendrier musulman.* [→ islam.]

mutable [mytabl] adj. Susceptible de muter, d'être muté : *Classe de fonctionnaires non mutables.*

mutant, e [mytɑ̃, -ɑ̃t] n. et adj. **- 1.** Animal ou végétal qui présente des caractères nouveaux par rapport à l'ensemble de ses ascendants. **- 2.** Être extraordinaire qui, dans les récits de science-fiction, procède d'une mutation, partic. d'une mutation de l'espèce humaine.

mutation [mytasjɔ̃] n.f. (lat. *mutatio*, de *mutare* "changer"). **- 1.** Variation, modification dans un groupe, un processus : *Industrie en pleine mutation* (syn. changement, révolution). **- 2.** BIOL. Apparition, dans une lignée animale ou végétale, de caractères héréditaires nouveaux, par suite d'un changement dans la structure des chromosomes. **- 3.** Changement d'affectation d'un employé, d'un fonctionnaire : *Demander sa mutation en province.*

1. muter [myte] v.t. (de [*vin*] *muet*, fait avec du moût dont on a empêché la fermentation). Arrêter la fermentation alcoolique des moûts en les additionnant d'alcool ou en les soumettant à l'action du gaz sulfureux.

2. muter [myte] v.t. (lat. *mutare* "changer"). Changer d'affectation, de poste : *Muter un professeur* (syn. déplacer). ◆ v.i. BIOL. Être affecté par une mutation : *Espèce qui mute.*

mutilant, e [mytilɑ̃, -ɑ̃t] adj. Qui entraîne, produit une mutilation : *Gangrène mutilante.*

mutilation [mytilasjɔ̃] n.f. **- 1.** Perte partielle ou complète d'un membre ou d'un organe externe : *Les mutilations d'un blessé* (syn. blessure). **- 2.** Retranchement d'une ou de plusieurs parties d'une œuvre d'art : *La mutilation d'une statue* (syn. dégradation).

mutilé, e [mytile] n. Personne dont le corps a subi une mutilation : *Des mutilés de guerre* (syn. blessé).

mutiler [mytile] v.t. (lat. *mutilare*). **- 1.** Infliger une blessure grave qui altère l'intégrité physique de : *Cette machine est dangereuse et a mutilé deux ouvriers* (syn. estropier). **- 2.** Détériorer, détruire partiellement : *Mutiler une statue, un tableau, un monument.*

1. mutin, e [mytɛ̃, -in] adj. (de 2. *mutin*). LITT. Espiègle, malicieux : *Un air mutin.*

2. mutin [mytɛ̃] n.m. (de *meute*, au sens anc. de "émeute"). Personne qui est en révolte ouverte contre une autorité établie : *Tous les mutins ont été arrêtés* (syn. insurgé).

se mutiner [mytine] v.pr. (de 2. *mutin*). Se révolter collectivement et ouvertement contre l'autorité : *Les prisonniers se mutinèrent* (syn. se soulever).

mutinerie [mytinʀi] n.f. Action de se mutiner : *La mutinerie a été écrasée dans le sang* (syn. rébellion, révolte).

mutisme [mytism] n.m. (du lat. *mutus* "muet"). **- 1.** Attitude de celui qui ne veut pas exprimer sa pensée, qui garde le silence : *La presse observe un mutisme complet sur cette affaire* (syn. silence). **- 2.** MÉD. Absence de communication verbale sans lésion organique, en relation avec des troubles psychiques.

mutité [mytite] n.f. (du lat. *mutus* "muet"). MÉD. Impossibilité de parler, par suite de lésions des centres nerveux ou des organes de la phonation.

mutualiste [mytɥalist] adj. et n. Qui appartient à la mutualité, à une mutuelle. ◆ adj. Société privée, organisme de droit privé sans but lucratif, offrant à ses adhérents un système d'assurance et de protection sociale.

mutualité [mytɥalite] n.f. **- 1.** Système de solidarité entre les membres d'un groupe professionnel à base d'entraide mutuelle. (On dit aussi *mutualisme*.) **-2.** Ensemble des sociétés mutualistes : *La mutualité agricole.*

mutuel, elle [mytɥɛl] adj. (lat. *mutuus* "réciproque"). Qui s'échange entre deux ou plusieurs personnes : *Une mutuelle admiration* (syn. réciproque).

mutuelle [mytɥɛl] n.f. (de *mutuel*). Société d'assurance mutuelle sans but lucratif.

mutuellement [mytɥɛlmɑ̃] adv. De manière réciproque : *S'aider mutuellement* (syn. réciproquement).

myasthénie [mjasteni] n.f. (de *my[o]-* et *asthénie*). Affection caractérisée par un épuisement progressif et rapide de la force musculaire au cours d'efforts répétés ou prolongés.

mycélium [miseljɔm] n.m. (lat. scientif. *mycelium*). Appareil végétatif des champignons, formé de filaments souterrains ramifiés, génér. blancs.

mycénien, enne [misenjɛ̃, -ɛn] adj. et n. De Mycènes : *La civilisation mycénienne.* ◆ **mycénien** n.m. La plus ancienne forme connue du grec (appelée aussi *linéaire B*), écrite dans un syllabaire d'origine crétoise déchiffré en 1953.

mycologie [mikɔlɔʒi] n.f. (de *myco-* et *-logie*). Étude scientifique des champignons. ◆ **mycologue** n. Nom du spécialiste.

mycoplasme [mikɔplasm] n.m. (de *myco-*, et du gr. *plasma* "chose façonnée"). Bactérie dépourvue de paroi, dont plusieurs espèces sont pathogènes (agents de pneumopathies et de maladies sexuellement transmissibles).

mycose [mikoz] n.f. (de *myc[o]-* et *-ose*). MÉD. Affection provoquée par des champignons parasites. □ Les mycoses atteignent la peau, les plis cutanés, les orteils, les ongles, le cuir chevelu ainsi que les viscères.

mycosique [mikozik] adj. Relatif à la mycose.

myéline [mjelin] n.f. (du gr. *muelos* "moelle"). NEUROL. Graisse contenant du phosphore, constitutive de la gaine des fibres du système nerveux central.

myélite [mjelit] n.f. (du gr. *muelos* "moelle"). Inflammation de la moelle épinière.

myélome [mjelom] n.m. (du gr. *muelos* "moelle"). Tumeur de la moelle osseuse.

mygale [migal] n.f. (gr. *mugalê* "musaraigne"). Araignée qui creuse un terrier fermé par un opercule. □ Certaines mygales de l'Amérique tropicale atteignent 18 cm de long ; leur morsure est très douloureuse.

myocarde [mjɔkaʁd] n.m. (de *myo-*, et du gr. *kardia* "cœur"). Ensemble des cellules mus-

culaires cardiaques ; muscle creux formant la partie contractile du cœur.

myopathie [mjɔpati] n.f. (de *myo-* et *-pathie*). Atrophie musculaire grave, à évolution progressive. ◆ **myopathe** adj. et n. Atteint de myopathie.

myope [mjɔp] adj. et n. (bas lat. *myops*, gr. *muôps* "qui cligne des yeux"). **-1.** Qui est atteint de myopie. **-2.** Qui manque de perspicacité, de clairvoyance : *Il faut être myope pour ne pas avoir compris où il voulait en venir.*

myopie [mjɔpi] n.f. (gr. *muôpia*). **-1.** Anomalie de la vue qui fait que l'on voit troubles les objets éloignés. □ La myopie provient d'une trop grande convergence du cristallin, qui forme les images en avant de la rétine ; le port de verres divergents corrige cette anomalie. **-2.** Manque de perspicacité : *Sa myopie nous mène droit à la catastrophe* (contr. clairvoyance).

myorelaxant [mjɔʁəlaksɑ̃] n.m. (de *myo-* et *relaxant*). Médicament qui favorise la détente musculaire.

myosotis [mjɔzɔtis] n.m. (mot lat., du gr. *muosôtis* "oreille de souris"). Plante à fleurs bleues, très petites et élégantes (nom usuel : *oreille-de-souris, ne-m'oubliez-pas*). □ Famille des borraginacées.

myriade [miʁjad] n.f. (du gr. *murias* "dix mille"). Quantité innombrable, indéfinie : *Des myriades d'étoiles.*

myriapode [miʁjapɔd] n.m. (du gr. *murias* "dix mille", et de *-pode*). Myriapodes, classe d'arthropodes terrestres présentant de nombreux segments et de nombreuses paires de pattes, ayant une paire d'antennes, des mandibules aptes à broyer et des trachées respiratoires. □ Le plus connu des myriapodes est le mille-pattes.

myrrhe [miʁ] n.f. (lat. *myrrha*, mot gr.). Résine odorante fournie par un arbre d'Arabie.

myrte [miʁt] n.m. (lat. *myrtus*, du gr.). Arbuste à feuillage toujours vert, à fleurs blanches d'une odeur agréable.

myrtille [miʁtij] n.f. (lat. *myrtillus*, de *myrtus* "myrte"). Baie noire comestible, produite par un sous-arbrisseau des montagnes d'Europe et d'Amérique du Nord ; cet arbrisseau. □ Famille des éricacées ; genre airelle.

mystère [mistɛʁ] n.m. (lat. *mysterium*, gr. *mustêrion* "initié"). **-1.** Ce qui est incompréhensible, caché, inconnu : *Les mystères de la vie* (syn. énigme). **-2.** Question difficile : *Il y a un mystère là-dessous* (syn. problème). **-3.** Chose obscure pour le plus grand nombre et accessible seul. aux initiés : *Les mystères de la politique* (syn. arcanes, coulisses).

L'informatique n'a plus de mystère pour lui (syn. secret). **- 4.** THÉOL. Vérité de foi inaccessible à la seule raison humaine et qui ne peut être connue que par une révélation divine : *Le mystère de la Trinité dans la religion catholique.* **- 5.** LITTER. Au Moyen Âge, pièce de théâtre à sujet religieux et où l'on faisait intervenir Dieu, les saints, les anges et le diable. **- 6.** Faire mystère de, tenir secret : *Elle ne fait pas mystère de sa satisfaction.*

mystérieusement [misteʀjøzmɑ̃] adv. De façon mystérieuse : *Il a mystérieusement disparu* (syn. inexplicablement).

mystérieux, euse [misteʀjø, -øz] adj. **- 1.** Qui contient un sens caché : *Des paroles mystérieuses* (syn. incompréhensible, sibyllin). **- 2.** Difficile à comprendre : *Le monde mystérieux des abîmes sous-marins* (syn. énigmatique). **- 3.** Qui n'est pas divulgué : *Ils se sont rencontrés en un lieu mystérieux* (syn. secret). **- 4.** Se dit de qqn dont on ignore l'identité ou qui s'entoure de mystère : *Un mystérieux visiteur. C'est une femme mystérieuse* (syn. insaisissable).

mysticisme [mistisism] n.m. (de *mystique*). **- 1.** Attitude religieuse ou philosophique qui affirme la possibilité d'une union parfaite avec Dieu ou l'Absolu dans la contemplation ou l'extase ; doctrine qui admet la réalité de cette union. **- 2.** Doctrine ou croyance fondée sur le sentiment religieux ou lui faisant une très grande place.

mystificateur, trice [mistifikatœʀ, -tʀis] adj. et n. Qui aime à mystifier ; auteur d'une mystification.

mystification [mistifikasjɔ̃] n.f. **- 1.** Action de mystifier, de tromper qqn : *Être le jouet d'une mystification* (syn. farce, plaisanterie). **- 2.** Ce qui constitue une duperie : *La mystification de la race pure* (syn. imposture, supercherie).

mystifier [mistifje] v.t. (de *mystère*) [conj. 9]. **- 1.** Abuser de la crédulité de qqn : *Il nous a tous mystifiés* (syn. duper). **- 2.** Tromper en donnant de la réalité une idée séduisante, mais fausse : *Quelques journalistes ont réussi à mystifier l'opinion publique* (syn. berner, leurrer). **Rem.** À distinguer de *mythifier*.

mystique [mistik] adj. (lat. *mysticus*, du gr. *mustikos* "relatif aux mystères"). **- 1.** Qui concerne les mystères de la religion : *Le baptême, naissance mystique.* **- 2.** Qui appartient au mysticisme : *Les phénomènes mystiques.* ◆ adj. et n. **- 1.** Qui pratique le mysticisme : *Les auteurs mystiques. Les mystiques chrétiens.* **- 2.** Qui défend son idéal avec

exaltation : *Chaque révolution a ses mystiques* (syn. illuminé).

mythe [mit] n.m. (bas lat. *mythos,* du gr. "récit"). **- 1.** Récit mettant en scène des êtres surnaturels, des actions imaginaires, des fantasmes collectifs ; ensemble de représentations idéalisées d'un personnage, d'un événement historique qui leur donnent une force, une importance particulière : *Les mythes antiques* (syn. légende). *Le mythe napoléonien.* **- 2.** Construction de l'esprit qui ne repose pas sur un fond de réalité : *Sa fortune est un mythe* (syn. invention). **- 3.** Représentation symbolique qui influence la vie sociale : *Le mythe de la réussite* (syn. illusion, rêve).

mythifier [mitifje] v.t. [conj. 9]. Donner un caractère de mythe à : *Mythifier l'argent.* **Rem.** À distinguer de *mystifier.*

mythique [mitik] adj. Qui concerne les mythes : *Les héros mythiques* (syn. fabuleux, légendaire).

mythologie [mitɔlɔʒi] n.f. **- 1.** Ensemble des mythes et des légendes propres à un peuple, à une civilisation, à une région : *La mythologie romaine.* **- 2.** Étude systématique des mythes : *La mythologie comparée.* **- 3.** Ensemble de croyances se rapportant à la même idée et s'imposant au sein d'une collectivité : *La mythologie du succès.*

mythologique [mitɔlɔʒik] adj. Relatif à la mythologie : *Les divinités mythologiques.*

mythologue [mitɔlɔg] n. Spécialiste de la mythologie.

mythomane [mitɔman] n. et adj. Personne qui fait preuve de mythomanie (syn. fabulateur).

mythomanie [mitɔmani] n.f. (de *mytho-* et *-manie*). Tendance plus ou moins pathologique à l'altération de la vérité et à la fabulation.

mytiliculture [mitilikyltyʀ] n.f. (du lat. *mytilus* "moule"). Élevage des moules. ◆ **mytiliculteur, trice** n. Nom de l'éleveur.

myxomatose [miksɔmatoz] n.f. (du gr. *muxa* "morve"). Maladie infectieuse du lapin, due à un virus.

myxomycète [miksɔmisɛt] n.m. (du gr. *muxa* "morve" et *mukês* "champignon"). Myxomycètes, classe de champignons inférieurs se nourrissant de végétaux en décomposition et constituant des amas gélatineux informes.

n [ɛn] n.m. inv. -**1.** Quatorzième lettre (consonne) de l'alphabet. -**2.** N., abrév. de *nord.* ‖ MATH. **N**, ensemble des nombres entiers naturels : 0, 1, 2, 3...

nabab [nabab] n.m. (mot hindi, de l'ar. *nawwāb,* pl. de *naïb* "lieutenant"). -**1.** Dans l'Inde musulmane, gouverneur ou grand officier de la cour des Moghols. -**2.** Homme riche qui fait étalage de son opulence.

nabi [nabi] n.m. (mot hébr.). -**1.** Prophète hébreu. -**2.** Artiste membre d'un groupe postimpressionniste de la fin du XIXᵉ s.

nabot, e [nabo, -ɔt] n. (de *nain* et *bot*). Personne de très petite taille (péjor.) [syn. nain].

nacelle [nasɛl] n.f. (bas lat. *navicella,* de *navis* "navire"). -**1.** LITT. Petite barque sans mât ni voile. -**2.** Panier suspendu à un ballon, où prennent place les aéronautes. -**3.** Partie d'un landau, d'une poussette, etc., sur laquelle on couche ou on assied un bébé. -**4.** Coque carénée suspendue ou portée par un bras, dans laquelle prend place un ouvrier effectuant certains travaux en élévation.

nacre [nakʀ] n.f. (it. *naccaro,* de l'ar. *naqqâra*). Substance dure, irisée, riche en calcaire, produite par certains mollusques à l'intérieur de leur coquille et utilisée en bijouterie et en tabletterie. ▫ La nacre des coquilles est faite de couches planes, tandis que les perles fines, produites par les coquillages, sont constituées par des couches sphériques et concentriques.

nacré, e [nakʀe] adj. Qui a la couleur, l'apparence de la nacre : *Un teint nacré.*

nadir [nadiʀ] n.m. (ar. *nazīr* "opposé [au zénith]"). Point de la sphère céleste représentatif de la direction verticale descendante en un lieu donné (par opp. à *zénith*).

nævus [nevys] n.m. (mot lat. "tache"). MÉD. Malformation circonscrite de la peau, plate ou en relief (nom usuel : *grain de beauté*). *Rem.* Le pluriel savant est *nævi.*

nage [naʒ] n.f. -**1.** Action, manière de nager : *Le crawl est la nage la plus rapide.* -**2.** MAR. Action de ramer. -**3.** À la nage, en nageant : *Traverser une rivière à la nage.* ‖ Nage libre, style de nage dont le choix est laissé aux concurrents, dans une épreuve de natation. -**4.** Être en nage, être couvert de sueur.

nageoire [naʒwaʀ] n.f. Organe qui permet à de nombreux animaux aquatiques de se déplacer dans l'eau (poissons, cétacés, tortues, etc.).

nager [naʒe] v.i. (lat. *navigare* "naviguer") [conj. 17]. -**1.** Se déplacer à la surface de l'eau ou dans l'eau grâce à des mouvements appropriés : *Apprendre à nager. Les poissons nagent dans l'aquarium.* -**2.** Flotter sur un liquide : *Les débris de l'appareil nageaient sur l'eau* (syn. surnager). -**3.** FAM. Être dans l'embarras, ne pas comprendre : *Je nage dans ce dossier.* -**4.** Être plongé dans un sentiment, un état : *Nager dans la joie.* -**5.** MAR. Ramer. -**6.** FAM. Nager dans un vêtement, y être trop au large. ‖ Nager entre deux eaux, ménager adroitement deux partis opposés. ◆ v.t. Pratiquer tel type de nage ou telle épreuve de natation : *Nager le crawl, le 100 mètres.*

nageur, euse [naʒœʀ, -øz] n. -**1.** Personne qui nage. -**2.** MAR. Rameur. -**3.** Maître nageur, professeur de natation. ◆ adj. Se dit d'un animal qui nage : *Oiseau nageur.*

naguère [nagɛʀ] adv. (de [*il*] *n'[y] a guère* [*de temps*]). LITT. Il y a peu de temps : *Elle était naguère encore pleine d'entrain.*

nahuatl [nawatl] n.m. Langue parlée par les Aztèques.

naïade [najad] n.f. (lat. *naias, naiadis,* du gr.). [Souvent avec une majuscule]. Nymphe des rivières, des fontaines, des ruisseaux.

naïf, ïve [naif, -iv] adj. et n. (du lat. *nativus* "naturel"). - **1.** Confiant et simple par inexpérience ou par nature : *Une jeune fille naïve* (syn. candide, ingénu). - **2.** D'une crédulité excessive : *Réponse naïve* (syn. simplet). *Il me prend pour un naïf* (syn. niais, nigaud). ◆ adj. - **1.** LITT. D'une grande simplicité, sans artifice : *Les grâces naïves de l'enfance* (syn. naturel, spontané). - **2.** Se dit d'un art (peinture, princ.) pratiqué par des artistes autodidactes doués d'un sens plastique naturel et ne prétendant pas à l'art savant (académique ou d'avant-garde), et de ces artistes eux-mêmes. ◆ **naïf** n.m. Peintre pratiquant l'art naïf.

nain [nɛ̃] **naine** [nɛn] adj. et n. (lat. *nanus*). Dont la taille est de beaucoup inférieure à la taille moyenne : *Blanche-Neige et les sept nains* (contr. géant). ◆ adj. - **1.** Se dit de végétaux, d'animaux de taille plus petite que la moyenne : *Un chêne nain.* - **2.** Étoile naine, étoile de forte densité moyenne et de luminosité relativement faible.

naissain [nesɛ̃] n.m. (de *naître*). Ensemble des larves nageuses d'huîtres, de moules, avant leur fixation.

naissance [nesɑ̃s] n.f. (lat. *nascentia*). - **1.** Commencement de la vie indépendante pour un être vivant, au sortir de l'organisme maternel : *Les bébés crient à la naissance* (= à leur venue au monde). - **2.** Mise au monde : *Naissance difficile* (syn. accouchement). - **3.** Enfant qui naît : *Il y aura bientôt une naissance dans la famille. Le nombre des naissances a fortement augmenté dans notre ville.* - **4.** Endroit, point où commence qqch, partic. une partie du corps : *La naissance de la gorge.* - **5.** Moment où commence qqch : *Naissance du jour* (syn. commencement). - **6.** Fait pour qqch d'apparaître, de commencer : *La naissance d'une nouvelle théorie* (syn. apparition, éclosion). - **7.** De naissance, de façon congénitale, non acquise. || Donner naissance à, mettre un enfant au monde ; produire qqch : *Cette fausse nouvelle a donné naissance à des commentaires absurdes.* || Prendre naissance, avoir son origine ; commencer à exister : *La Seine prend naissance sur le plateau de Langres.*

naissant, e [nesɑ̃, -ɑ̃t] adj. Qui naît, qui commence à être, à paraître : *Une barbe naissante. Le jour naissant.*

naître [nɛtʀ] v.i. (lat. *nasci*) [conj. 92 ; auxil. *être*]. - **1.** Venir au monde : *Enfant qui naît à terme, qui est né hier. Molière naquit à Paris.* - **2.** Commencer à exister, à se manifester : *Les conflits naissent d'intérêts opposés* (syn. découler, résulter). - **3.** Prendre sa source, en

parlant d'un cours d'eau. - **4.** Être né pour, avoir des aptitudes spéciales pour. || Faire naître, provoquer, produire : *Faire naître des difficultés* (= susciter). || LITT. Naître à, commencer à montrer de l'intérêt pour : *Naître à l'amour* (syn. découvrir). || Ne pas être né d'hier, être malin, avisé.

naïvement [naivmɑ̃] adv. Avec naïveté : *Dire naïvement ce qu'on pense* (syn. ingénument).

naïveté [naivte] n.f. - **1.** Simplicité d'une personne qui manifeste naturellement ses idées, ses sentiments : *La naïveté d'un enfant* (syn. candeur, ingénuité). - **2.** Excès de crédulité : *Être d'une grande naïveté* (syn. bêtise, niaiserie).

naja [naʒa] n.m. (lat. scientif. *naïa,* du cinghalais). Serpent venimeux d'Asie et d'Afrique (syn. cobra) [nom usuel : *serpent à lunettes*].

nana [nana] n.f. (du nom de l'héroïne du roman de É. Zola). FAM. - **1.** Jeune fille, jeune femme ; femme. - **2.** Épouse, compagne : *J'aime bien sa nana.*

nandou [nɑ̃du] n.m. (esp. d'Amérique *nandu,* du guarani). Gros oiseau coureur des pampas d'Amérique du Sud, au plumage brun, aux ailes invisibles sous les plumes, aux pattes à trois doigts.

nanisme [nanism] n.m. (du lat. *nanus* "nain"). - **1.** État d'un individu caractérisé par une taille très petite, du fait d'un trouble de la croissance des cartilages (par opp. à *gigantisme*). - **2.** État d'une plante naine.

nankin [nɑ̃kɛ̃] n.m. (de *Nankin,* v. de Chine). Tissu de coton, jaune chamois, qui se fabriqua d'abord à Nankin.

nanti, e [nɑ̃ti] adj. et n. Qui ne manque de rien, qui a de la fortune : *L'égoïsme de certains nantis* (syn. riche).

nantir [nɑ̃tiʀ] v.t. (anc. fr. *nant* "gage", de l'anc. scand. *nam* "prise de possession") [conj. 32]. LITT. Mettre qqn en possession de qqch : *Nantir ses enfants d'un solide bagage universitaire* (syn. munir, pourvoir). ◆ **se nantir** v.pr. [de]. LITT. Se munir de : *Se nantir d'un vêtement chaud.*

nantissement [nɑ̃tismɑ̃] n.m. DR. CIV. - **1.** Contrat par lequel un débiteur affecte un bien à la garantie d'une dette. - **2.** Bien remis en nantissement.

naos [naɔs] n.m. (mot gr.). ANTIQ. - **1.** En Grèce, salle centrale du temple, abritant la statue du dieu. - **2.** Dans l'Égypte pharaonique, édicule en bois ou en pierre, abritant, au cœur du temple, la statue du dieu.

napalm [napalm] n.m. (de na[phténique] et palm[itique], n. de deux acides). Essence gélifiée utilisée pour le chargement de projectiles incendiaires : *Bombes au napalm.*

naphtaline [naftalin] n.f. Antimite composé princ. d'un hydrocarbure aromatique appelé le *naphtalène*.

napoléon [napɔleɔ̃] n.m. (du n. pr.). Pièce d'or française de 20 F, restée en usage jusqu'à la Première Guerre mondiale (syn. louis).

napoléonien, enne [napɔleɔnjɛ̃, -ɛn] adj. Relatif à Napoléon, à sa dynastie : *L'épopée napoléonienne*.

napolitain, e [napɔlitɛ̃, -ɛn] adj. et n. - **1.** De Naples. - **2.** Tranche napolitaine, glace disposée par couches diversement parfumées et servie en tranches.

nappage [napaʒ] n.m. Action de napper un mets.

nappe [nap] n.f. (lat. *mappa*). - **1.** Linge dont on couvre la table pour les repas. - **2.** Vaste étendue plane, en surface ou sous terre : *Nappe de pétrole, de brouillard.* - **3.** MATH. Portion d'un seul tenant d'une surface courbe. □ Le sommet d'une surface conique la divise en deux nappes.

napper [nape] v.t. Recouvrir un mets d'un élément fluide : *Napper une sole de sauce au vin blanc.*

napperon [naprɔ̃] n.m. Petite pièce de toile brodée destinée à décorer un meuble ou à le protéger.

narcisse [narsis] n.m. (de *Narcisse*). Herbe vivace et bulbeuse, aux feuilles allongées, aux fleurs printanières blanches (*narcisse des poètes*) ou jaunes (*jonquille*). □ Famille des amaryllidacées.

narcissique [narsisik] adj. Relatif au narcissisme ; qui fait preuve de narcissisme.

narcissisme [narsisism] n.m. (du n. de *Narcisse*) Admiration de soi ; attention exclusive portée à soi-même.

narcolepsie [narkɔlɛpsi] n.f. (du gr. *narkê* "sommeil" et *lêpsis* "crise, accès"). MÉD. Tendance irrésistible au sommeil, se manifestant par accès.

narcose [narkoz] n.f. (gr. *narkê* "sommeil"). Sommeil artificiel obtenu par administration de médicaments.

narcotique [narkɔtik] adj. et n.m. (gr. *narkotikos* "qui engourdit"). Se dit d'une substance qui provoque le sommeil.

nard [nar] n.m. (lat. *nardus,* du gr.). - **1.** Graminée aromatique, commune dans les prés. - **2.** Nom commun à plusieurs espèces odoriférantes (lavande, ail, valériane).

narguer [narge] v.t. (lat. pop. *naricare* "nasiller", du class. *naris* "nez"). Braver avec insolence ou mépris : *Cesse de le narguer* (syn. défier). *Narguer les autorités, le danger.*

narguilé [nargile] n.m. (persan *narguileh,* de *narguil* "noix de coco"). Pipe orientale, à

long tuyau flexible, dans laquelle la fumée passe par un flacon rempli d'eau parfumée avant d'arriver à la bouche.

narine [narin] n.f. (lat. pop. **narina,* class. *naris*). Chacune des deux ouvertures du nez, chez l'homme et chez les mammifères.

narquois, e [narkwa, -az] adj. (mot d'arg., sous l'infl. de *narguer*). Malicieux et moqueur : *Air, sourire narquois* (syn. railleur, ironique).

narrateur, trice [naratœr, -tris] n. Personne qui narre, qui fait un récit.

narratif, ive [naratif, -iv] adj. Qui relève de la narration : *Style narratif.*

narration [narasjɔ̃] n.f. (lat. *narratio*). - **1.** Récit, exposé détaillé d'une suite de faits : *La narration d'un exploit* (syn. relation). - **2.** Exercice scolaire qui consiste à faire un récit écrit sur un sujet donné (syn. rédaction).

narrer [nare] v.t. (lat. *narrare*). LITT. Exposer dans le détail : *Narrer une aventure* (syn. raconter, conter).

narthex [nartɛks] n.m. (mot gr. "férule, cassette"). ARCHIT. - **1.** Portique ou vestibule transversal, à l'entrée de certaines églises paléochrétiennes et médiévales, où se tenaient les catéchumènes et les pénitents. - **2.** Vestibule fermé de certaines églises.

narval [narval] n.m. (dan. *nahrval*) [pl. *narvals*]. Mammifère cétacé des mers arctiques, atteignant 4 m de long, appelé autrefois *licorne de mer* à cause de la longue dent (2 à 3 m) que porte le mâle.

nasal, e, aux [nazal, -o] adj. (du lat. *nasus* "nez"). - **1.** Du nez ; relatif au nez. - **2.** PHON. Se dit d'un phonème pendant l'articulation duquel le voile du palais est abaissé, ce qui permet à l'air expiré de s'écouler, en partie (voyelles nasales) ou totalement (consonnes), à travers les fosses nasales. - **3.** Fosses nasales, cavités de la face servant à l'olfaction et livrant passage à l'air pour la respiration.

nasalisation [nazalizasjɔ̃] n.f. PHON. Action de nasaliser un son : *La nasalisation d'une voyelle.*

nasaliser [nazalize] v.t PHON. Donner un timbre nasal à une voyelle, une consonne.

naseau [nazo] n.m. (lat. *nasus* "nez"). Narine de certains animaux comme le cheval ou les ruminants.

nasillard, e [nazijar, -ard] adj. Qui nasille ; qui vient du nez : *Voix nasillarde.*

nasillement [nazijmɑ̃] n.m. - **1.** Action de nasiller ; bruit d'une voix, d'un son nasillards. - **2.** Cri du canard.

nasiller [nazije] v.i. (du lat. *nasus* "nez"). - **1.** Parler du nez ; émettre un son nasillard :

Ce rhume me fait nasiller. - **2.** Émettre un nasillement, en parlant du canard.

nasse [nas] n.f. (lat. *nassa*). - **1.** Panier conique doté d'une entrée en goulot et se terminant en pointe duquel le poisson ne peut plus ressortir. - **2.** Mollusque gastropode carnassier à coquille striée, vivant sur les côtes de l'Europe.

natal, e, als [natal] adj. (lat. *natalis*). Où l'on est né : *Pays natal.*

nataliste [natalist] adj. Qui vise à favoriser la natalité : *Une politique nataliste.*

natalité [natalite] n.f. (de *natal*). Rapport entre le nombre des naissances et celui des habitants d'une région pendant un temps donné : *Pays à forte natalité.* □ Le taux de natalité exprime le nombre d'enfants nés vivants par rapport à un groupe moyen de 1 000 habitants.

natation [natasjɔ̃] n.f. (lat. *natatio*, de *natare* "nager"). - **1.** Action de nager, en tant qu'exercice, en tant que sport : *Une championne de natation.* - **2.** Natation synchronisée ou **artistique**, ballet nautique comportant un certain nombre de figures notées. □ C'est, depuis 1984, un sport olympique.

natatoire [natatwaʀ] adj. - **1.** Qui sert à la nage : *Organe natatoire.* - **2.** Palette natatoire, organe caudal de nage de certains crustacés. ‖ Vessie natatoire, poche située dans l'abdomen de certains poissons, pleine d'oxygène et d'azote.

natif, ive [natif, -iv] adj. et n. (lat. *nativus*). Natif de, qui est né à ; originaire de : *Il est natif, c'est un natif de Lyon.* ◆ adj. - **1.** LITT. Que l'on a de naissance : *Dispositions natives pour la musique* (syn. inné). - **2.** MINÉR. Se dit d'un métal existant dans le sol à l'état non combiné.

nation [nasjɔ̃] n.f. (lat. *natio, -onis*, de *natus* "né"). - **1.** Grande communauté humaine, le plus souvent installée sur un même territoire et qui possède une unité historique, linguistique, culturelle, économique plus ou moins forte. - **2.** DR. Communauté politique distincte des individus qui la composent et titulaire de la souveraineté.

national, e, aux [nasjɔnal, -o] adj. - **1.** Relatif à une nation ; qui lui appartient : *Hymne national.* - **2.** Qui intéresse l'ensemble d'un pays : *Les intérêts nationaux* (par opp. à *régional*, à *local*). - **3.** POLIT. Nationaliste : *Les partis nationaux.* - **4.** Route nationale, route construite et entretenue par l'État (on dit aussi *une nationale*).

nationalisation [nasjɔnalizasjɔ̃] n.f. Transfert à la collectivité nationale de la propriété de certaines entreprises ou de certains moyens de production privés.

nationaliser [nasjɔnalize] v.t. Procéder à la nationalisation de.

nationalisme [nasjɔnalism] n.m. - **1.** Doctrine qui affirme la prééminence de l'intérêt de la nation par rapport aux intérêts des groupes, des classes, des individus qui la constituent. - **2.** Mouvement politique d'individus qui veulent imposer la prédominance de la nation à laquelle ils appartiennent dans tous les domaines. ◆ **nationaliste** adj. et n. Relatif au nationalisme ; qui en est partisan.

nationalité [nasjɔnalite] n.f. - **1.** Appartenance juridique d'une personne à la population d'un État : *Avoir une double nationalité.* - **2.** État, condition d'un peuple constitué en corps de nation ; cette nation elle-même. - **3.** Groupement d'individus de même origine ou partageant une histoire et des traditions communes, mais qui n'est pas constitué en État.

national-socialisme [nasjɔnalsɔsjalism] n.m. sing. Doctrine nationaliste, raciste (et, plus partic., antisémite), exposée par Adolf Hitler dans *Mein Kampf* (1923-24) et qui fut l'idéologie politique de l'Allemagne hitlérienne (1933-1945) (syn. nazisme).

national-socialiste [nasjɔnalsɔsjalist] adj. et n. (pl. *nationaux-socialistes*). Qui appartient au national-socialisme (syn. nazi).

nationaux [nasjɔno] n.m. pl. Citoyens d'une nation (par opp. à *étrangers*).

nativité [nativite] n.f. (lat. *nativitas*). RELIG. CHRÉT. - **1.** Anniversaire de la naissance de Jésus, de la Vierge et de Jean-Baptiste. - **2.** (Fête de la) Nativité, naissance de Jésus ; fête de Noël.

natte [nat] n.f. (bas lat. *natta*, altér. de *matta*). - **1.** Tissu de paille ou de joncs entrelacés : *S'asseoir sur une natte.* - **2.** Brins de matières diverses que l'on a tressés. - **3.** Ensemble de mèches de cheveux entrelacées (syn. tresse).

natter [nate] v.t. Tresser en natte.

naturalisation [natyʀalizasjɔ̃] n.f. - **1.** DR. Fait d'octroyer la nationalité d'un État à un étranger ou à un apatride qui la demande. - **2.** Acclimatation naturelle et durable des plantes, des animaux dans un lieu qui leur est étranger. - **3.** Action de donner à un animal mort l'apparence du vivant, par taxidermie.

naturalisé, e [natyʀalize] n. et adj. Personne qui a obtenu sa naturalisation.

naturaliser [natyʀalize] v.t. (du lat. *naturalis* "naturel"). - **1.** Donner à un étranger, un apatride, la nationalité d'un État. - **2.** Acclimater définitivement. - **3.** Conserver un animal par naturalisation.

naturalisme [natyʀalism] n.m. (de *1. naturel*). - **1.** École littéraire et artistique du XIXᵉ siè-

qui, par l'application à l'art des méthodes de la science positive, visait à reproduire la réalité avec une objectivité parfaite et dans tous ses aspects, même les plus vulgaires. **-2.** PHILOS. Doctrine qui affirme que la nature n'a pas d'autre cause qu'elle-même et que rien n'existe en dehors d'elle.

naturaliste [natyʀalist] n. (de *1. naturel*). **-1.** Personne qui se livre à l'étude des plantes, des minéraux, des animaux. **-2.** Personne qui prépare des animaux pour la conservation (syn. taxidermiste). ◆ adj. et n. Relatif au naturalisme ; adepte du naturalisme.

1. nature [natyʀ] n.f. (lat. *natura*). **-1.** Ensemble des êtres et des choses qui constituent l'Univers : *Les merveilles de la nature.* **-2.** Ensemble du monde physique, considéré en dehors de l'homme. **-3.** Ensemble de ce qui, dans le monde physique, n'apparaît pas comme transformé par l'homme : *Passer une semaine en pleine nature.* **-4.** Ensemble des lois qui paraissent maintenir l'ordre des choses et des êtres : *Rien ne se perd, rien ne se crée, c'est une loi de la nature.* **-5.** Ensemble des traits qui constituent la personnalité physique ou morale d'un être humain : *Ce n'est pas dans sa nature de commettre de tels actes* (syn. tempérament, caractère). *Une nature fragile* (syn. santé). **-6.** Ensemble des caractères, des propriétés qui définissent les choses : *Des emplois de toute nature* (syn. espèce). **-7.** Modèle réel qu'un artiste a sous les yeux : *Peindre d'après nature.* **-8.** Contre nature, se dit de ce qui est jugé contraire aux lois de la nature, et en partic. de certaines pratiques sexuelles. ‖ De nature à, susceptible de, capable de ; propre à : *Cette action est de nature à nous nuire.* ‖ En nature, en production du sol ; en objets réels et non en argent : *Cadeaux en nature.* ‖ Les forces de la nature, les forces qui semblent animer l'Univers et qui se manifestent notamm. dans les phénomènes météorologiques (tempêtes, orages...), telluriques (éruptions volcaniques, tremblements de terre...), etc. ‖ Nature humaine, ensemble des caractères communs à tous les hommes. ‖ FAM. Payer en nature, accorder ses faveurs en échange d'un service rendu. **-9.** BX-A. Nature morte. Représentation peinte de fruits, de fleurs, de nourritures, de gibier, d'objets divers.

2. nature [natyʀ] adj. inv. (de *1. nature*). **-1.** Au naturel ; sans addition ni mélange : *Omelette, café nature.* **-2.** FAM. Naturel, spontané : *Elle est très nature.*

1. naturel, elle [natyʀɛl] adj. (de *1. nature*). **-1.** Qui appartient à la nature, qui en est le fait, qui est le propre du monde physique : *Phénomène naturel* (par opp. à *surnaturel*). **-2.** Qui est issu directement de la nature ; qui n'est pas dû au travail de l'homme : *Lac naturel* (par opp. à *artificiel*). *Laine naturelle* (par opp. à *synthétique*). **-3.** Qui n'est pas altéré, modifié : *Jus de fruits naturel. Couleur naturelle des cheveux.* **-4.** Qui tient à la nature particulière de l'espèce ou de l'individu : *Avoir des dispositions naturelles pour la peinture* (syn. inné). **-5.** Conforme à l'ordre normal des choses, au bon sens, à la raison : *Il est naturel de s'adresser à lui pour ces négociations* (syn. normal). **-6.** Qui exclut toute affectation, toute contrainte : *Garder un air naturel* (syn. spontané, vrai). **-7.** C'est (tout) naturel, c'est bien normal, cela va de soi. ‖ Mort naturelle, qui ne résulte ni d'un accident ni d'un meurtre (par opp. à *mort violente*). ‖ DR. Enfant naturel, enfant né hors mariage. ‖ MATH. Entier naturel, chacun des entiers positifs de la suite 0,1, 2, 3, 4,... ‖ MUS. Note naturelle, qui n'est pas altérée par un dièse ou un bémol.

2. naturel [natyʀɛl] n.m. (de *1. naturel*). **-1.** Ensemble des tendances et des caractères qui appartiennent à un individu : *Être d'un naturel jaloux* (syn. tempérament). **-2.** Absence d'affectation dans les sentiments, les manières : *Manque de naturel* (syn. simplicité, spontanéité). **-3.** Au naturel, préparé ou conservé sans assaisonnement : *Boîte de thon au naturel.*

naturellement [natyʀɛlmɑ̃] adv. **-1.** Par une impulsion naturelle : *Être naturellement gai.* **-2.** Par une impulsion instinctive : *Cette idée m'est venue naturellement* (syn. spontanément). **-3.** Par une conséquence logique : *Naturellement, il n'est pas encore arrivé* (syn. évidemment).

naturisme [natyʀism] n.m. **-1.** Tendance à suivre de près la nature ; doctrine hygiénique et sportive appliquant cette tendance. **-2.** Pratique du nudisme. ◆ **naturiste** adj. et n. Qui appartient au naturisme ; qui pratique le naturisme : *Une plage naturiste.*

naufrage [nofʀaʒ] n.m. (lat. *naufragium*, de *navis* "navire" et *frangere* "briser"). **-1.** Perte d'un bâtiment en mer. **-2.** Ruine complète : *Le naufrage d'une entreprise* (syn. ruine). **-3.** Faire naufrage, couler, disparaître sous les flots, en parlant d'un bateau, de ses passagers, de son équipage.

naufragé, e [nofʀaʒe] adj. et n. Qui a fait naufrage.

naufrageur, euse [nofʀaʒœʀ, -øz] n. Personne qui, par de faux signaux ou d'autres manœuvres, provoquait des naufrages pour s'emparer des épaves.

naumachie [nomaʃi] n.f. (lat. *naumachia*, du gr.). Dans la Rome antique, spectacle d'un combat naval ; grand bassin aménagé pour un tel spectacle.

nauséabond, e [nozeabɔ̃, -ɔ̃d] adj. (lat. *nauseabundus*). Qui cause des nausées : *Odeur nauséabonde* (syn. infect).

nausée [noze] n.f. (lat. *nausea*, gr. *nautia*). -**1.** Envie de vomir : *Avoir des nausées* (syn. haut-le-cœur). -**2.** Profond dégoût : *Ces actes donnent la nausée* (syn. écœurement).

nauséeux, euse [nozeø, -øz] adj. -**1.** Qui souffre de nausées ; provoqué par des nausées : *Se sentir un peu nauséeux. État nauséeux.* -**2.** LITT. Qui provoque le dégoût moral.

nautile [notil] n.m. (lat. *nautilus*, du gr. *nautilos* "matelot"). Mollusque des mers chaudes, à coquille en forme de spirale et cloisonnée à l'intérieur, et qui existe depuis l'ère primaire. □ Classe des céphalopodes ; diamètre 25 cm.

nautique [notik] adj. (lat. *nauticus*, du gr.). -**1.** Qui appartient à la navigation ; qui relève du domaine de la navigation : *Aller à un salon nautique.* -**2.** Qui concerne les sports pratiqués sur l'eau.

nautisme [notism] n.m. Ensemble des sports nautiques comportant notamm. la navigation de plaisance.

navaja [navaxa] n.f. (mot esp.). Long couteau espagnol, à lame effilée, légèrement recourbée.

naval, e, als [naval] adj. (lat. *navalis*, de *navis* "navire"). -**1.** Qui concerne la navigation : *Construction navale.* -**2.** Relatif aux marines de guerre : *Un combat naval.*

navarin [navaʀɛ̃] n.m. (de *navet*, d'apr. la bataille de *Navarin*). Ragoût de mouton préparé avec des pommes de terre, des navets, des carottes, etc.

navet [navɛ] n.m. (lat. *napus*). -**1.** Plante potagère à racine comestible ; cette racine : *Un canard aux navets.* □ Famille des crucifères. -**2.** Œuvre artistique sans valeur, sans intérêt : *On a vu un navet hier soir au cinéma.*

navette [navɛt] n.f. (de *nef*, par analogie de forme). -**1.** Pièce de métier à tisser pour porter et faire passer les fils de la trame entre les fils de chaîne d'une étoffe par un mouvement de va-et-vient. -**2.** Pièce de la machine à coudre qui renferme la canette. -**3.** Véhicule effectuant des liaisons courtes et régulières entre deux lieux : *Prendre la navette pour aller à l'aéroport.* -**4.** DR. CONSTIT. Va-et-vient d'une proposition ou d'un projet de loi entre le Sénat et l'Assemblée nationale, en France. -**5.** CATH. Petit récipient qui contient l'encens destiné à être brûlé pendant les offices. -**6.** Faire la navette, aller et venir de façon continuelle : *Son travail l'oblige à faire la navette entre Paris et Strasbourg.* ASTRONAUT. **Navette spatiale**, véhicule spatial récupérable, conçu pour assurer la liaison entre la Terre et une orbite basse autour de la Terre.

navigabilité [navigabilite] n.f. -**1.** État d'un cours d'eau navigable. -**2.** État d'un navire pouvant tenir la mer, d'un avion pouvant voler : *Certificat de navigabilité.*

navigable [navigabl] adj. Où l'on peut naviguer : *Rivière navigable.*

navigant, e [navigã, -ãt] adj. et n. **Personnel navigant**, personnel appartenant aux équipages des avions.

navigateur, trice [navigatœʀ, -tʀis] n. -**1.** Membre de l'équipage d'un navire ou d'un avion, chargé de relever le chemin parcouru et de déterminer la route à suivre. -**2.** Personne qui navigue sur mer : *Navigateur solitaire.*

navigation [navigasjɔ̃] n.f. (lat. *navigatio*). -**1.** Action de naviguer, de conduire d'un point à un autre un véhicule maritime, fluvial, aérien ou spatial : *La navigation maritime, aérienne.* -**2.** Technique de déplacement des véhicules maritimes, aériens ou spatiaux, de la détermination de leur position et de leur route ou de leur trajectoire.

naviguer [navige] v.i. (lat. *navigare*). -**1.** Voyager sur l'eau ou dans les airs : *Un bateau qui a beaucoup navigué.* -**2.** Faire suivre à un navire ou à un avion une route déterminée : *Le pilote naviguait en direction de Tokyo.* -**3.** Se comporter à la mer : *Bateau qui navigue bien.* -**4.** Savoir naviguer, savoir diriger habilement ses affaires en évitant les obstacles.

navire [naviʀ] n.m. (bas lat. **navilium*, du class. *navigium*). Bâtiment ponté, d'assez fort tonnage, destiné à la navigation en pleine mer. □ Ce terme entre dans la formation de mots composés, comme *navire-citerne, navire-hôpital.*

navrant, e [navʀã, -ãt] adj. -**1.** Qui cause une vive affliction : *C'est navrant, mais nous n'y pouvons rien* (syn. cruel, poignant). -**2.** Lamentable : *Votre conduite est navrante* (syn. consternant, déplorable).

navrer [navʀe] v.t. (d'un anc. scand. **nafarra* "percer"). Causer une grande peine, une vive affliction à : *Son échec me navre* (syn. chagriner). *Il a pris un air navré pour m'annoncer la nouvelle* (syn. désoler).

nazaréen, enne [nazaʀeɛ̃, -ɛn] adj. De Nazareth. ◆ **nazaréen** n.m. (Avec une majuscule). Nom donné par les Juifs à Jésus et aux premiers chrétiens.

nazi, e [nazi] adj. et n. National-socialiste.

nazisme [nazism] n.m. National-socialisme.

ne [nə] adv. (lat. *non*). [*Ne* s'élide en *n'* devant un mot commençant par une voyelle ou un *h* muet]. -**1.** Indique une négation dans le groupe verbal, ordinairement accompagné des mots *pas, plus, point, rien, aucun, personne, nul, guère, jamais* : *Je ne veux pas. On n'y comprend rien. Je n'ai jamais pu le savoir.* -**2.** Employé seul dans certaines subordonnées n'a aucune valeur négative (le *ne* est alors dit *explétif*) : *Il est plus riche que vous ne le pensez.* -**3.** Ne... que..., indique une restriction : *Il n'y a que vous qui pensez cela.*

né, e [ne] adj. (de *naître*). -**1.** [En composition]. De naissance : *Aveugle-né.* -**2.** Bien né, d'une famille honorable ou, anc., noble. (V. aussi *naître*.)

néanmoins [neɑ̃mwɛ̃] adv. (de *néant* "en rien" et *moins*). (Marquant une articulation logique). Exprime une opposition, un contraste : *Ce sacrifice est pénible, néanmoins il est nécessaire* (syn. pourtant, cependant).

néant [neɑ̃] n.m. -**1.** Le non-être ; ce qui n'existe pas. -**2.** Ce qui n'a pas encore d'existence ou qui a cessé d'être : *Retourner au néant.* -**3.** Réduire qqch à néant, l'annihiler. ‖ Tirer qqn du néant, l'aider à s'élever dans l'échelle sociale à partir d'une situation misérable.

néantiser [neɑ̃tize] v.t. Faire disparaître ; anéantir, éliminer.

nébuleuse [nebyløz] n.f. (de [*étoile*] *nébuleuse*, désignant un amas de pierres cosmiques). -**1.** ASTRON. Nuage de gaz et de poussières interstellaires. -**2.** Rassemblement d'éléments hétéroclites, aux relations imprécises et confuses : *La nébuleuse des mouvements de pensée dans ce parti politique.* -**3.** ASTRON. Nébuleuse diffuse ou à émission, nébuleuse brillante située à proximité d'étoiles chaudes et qui émet de la lumière. ‖ Nébuleuse obscure, nébuleuse riche en poussières interstellaires, qui forme un nuage sombre masquant les astres situés derrière. ‖ Nébuleuse par réflexion, nébuleuse brillante qui réfléchit la lumière des étoiles environnantes.

nébuleux, euse [nebylø, -øz] adj. (lat. *nebulosus*, de *nebula* "brouillard"). -**1.** Obscurci par les nuages : *Ciel nébuleux* (syn. nuageux, voilé). -**2.** Qui manque de précision, de clarté : *Projet nébuleux* (syn. confus, vague).

nébulisation [nebylizasjɔ̃] n.f. (de *nébuliseur*). Action de nébuliser.

nébuliser [nebylize] v.t. Projeter un liquide en fines gouttelettes à l'aide d'un nébuliseur.

nébuliseur [nebylizœr] n.m. (de *nébuleux*). Appareil permettant de nébuliser une substance médicamenteuse.

nébulosité [nebylozite] n.f. (lat. *nebulositas*). -**1.** MÉTÉOR. Nuage ayant l'apparence d'une légère vapeur. -**2.** En météorologie, fraction de ciel couverte par des nuages à un moment donné : *Nébulosité variable.* -**3.** LITT. Manque de clarté : *La nébulosité des idées* (syn. flou).

1. nécessaire [neseser] adj. (lat. *necessarius*). -**1.** Dont on a absolument besoin : *L'eau est nécessaire à la vie* (syn. essentiel, primordial). -**2.** Dont on ne peut se passer : *Le silence lui est nécessaire pour travailler* (syn. indispensable). *L'inscription est nécessaire pour passer le concours* (syn. obligatoire ; contr. inutile). -**3.** Qui se produit inévitablement dans une suite d'événements : *Conséquence nécessaire* (syn. inéluctable). -**4.** Qui ne peut pas ne pas se produire dans des conditions données, au sein d'un processus donné (par opp. à *contingent*).

2. nécessaire [neseser] n.m. (de *1. nécessaire*). -**1.** Ce qui est indispensable pour les besoins de la vie : *Manquer du nécessaire.* -**2.** Ce qu'il est indispensable de faire : *Faites le nécessaire.* -**3.** Boîte, sac, mallette, etc., qui renferme divers objets destinés à un usage précis : *Nécessaire de couture* (syn. trousse).

nécessairement [nesesermɑ̃] adv. -**1.** Absolument ; forcément : *Il faut nécessairement que cela soit fait.* -**2.** Par une conséquence rigoureuse : *L'entreprise comporte nécessairement des risques* (syn. fatalement).

nécessité [nesesite] n.f. -**1.** Caractère de ce qui est nécessaire ; chose, condition ou moyen nécessaire : *La nécessité de gagner sa vie* (syn. obligation). -**2.** De première nécessité, indispensable à la vie humaine : *Des dépenses de première nécessité.*

nécessiter [nesesite] v.t. Rendre nécessaire, indispensable : *Ceci nécessite des explications* (syn. exiger, réclamer).

nécessiteux, euse [nesesitø, -øz] adj. et n. Qui manque des choses nécessaires à la vie (syn. indigent).

nec plus ultra [nɛkplyzyltra] n.m. inv. (mots lat. "rien au-delà"). Ce qu'il y a de mieux : *C'est le nec plus ultra en matière de dictionnaire.*

nécrologie [nekrɔlɔʒi] n.f. (de *nécro-* et *-logie*). -**1.** Liste de personnes notables décédées au cours d'un certain espace de temps : *La nécrologie du mois.* -**2.** Notice biographique consacrée à une personne décédée récemment. -**3.** Avis de décès dans un journal ; rubrique contenant de tels avis.

nécrologique [nekrɔlɔʒik] adj. Relatif à la nécrologie : *Notice nécrologique.*

nécromancie [nekrɔmɑ̃si] n.f. (gr. *nekromanteia*). Évocation des morts pour connaître l'avenir.

nécromancien, enne [nekrɔmɑ̃sjɛ̃, -ɛn] n. Personne qui pratique la nécromancie.

nécrophage [nekrɔfaʒ] adj. (de *nécro-* et *-phage*). Qui se nourrit de cadavres.

nécrophilie [nekʀɔfili] n.f. Satisfaction des pulsions sexuelles sur un cadavre. ◆ **nécrophile** adj. et n. Atteint de nécrophilie.

nécropole [nekʀɔpɔl] n.f. (gr. *nekropolis*, propr. "ville des morts"). - **1.** Vastes lieux de sépultures dans l'Antiquité. - **2.** LITT. Grand cimetière.

nécrose [nekʀoz] n.f. (gr. *nekrôsis*). PATHOL. Mort d'une cellule ou d'un groupe de cellules à l'intérieur d'un corps vivant (syn. mortification).

nécroser [nekʀoze] v.t. Produire la nécrose de. ◆ **se nécroser** v.pr. Être atteint de nécrose.

nectar [nektaʀ] n.m. (mot lat., du gr.). - **1.** MYTH. GR. Breuvage divin à base de miel, qui procurait l'immortalité à ceux qui en buvaient. - **2.** BOT. Liquide sucré plus ou moins visqueux sécrété par un organe situé à la base des plantes. - **3.** Boisson à base de jus ou de purée de fruits additionnés d'eau et de sucre : *Nectar d'abricot*. - **4.** LITT. Boisson délicieuse.

nectarine [nektaʀin] n.f. Pêche à peau lisse dont le noyau n'adhère pas à la chair.

néerlandais, e [neeʀlɑ̃dɛ, -ɛz] adj. et n. Des Pays-Bas. ◆ **néerlandais** n.m. Langue germanique parlée aux Pays-Bas et en Belgique.

nef [nɛf] n.f. (lat. *navis*). - **1.** Grand navire à voiles, au Moyen Âge. - **2.** Partie d'une église de plan allongé qui s'étend depuis le chœur ou le transept jusqu'à la façade principale ou au narthex ; chacun des vaisseaux susceptibles de composer cette partie.

néfaste [nefast] adj. (lat. *nefastus* "opposé à la loi divine"). - **1.** LITT. Marqué par des événements funestes, tragiques : *Journée néfaste* (contr. faste). - **2.** Qui peut avoir des conséquences fâcheuses : *Influence néfaste* (syn. nuisible). - **3.** ANTIQ. ROM. Se dit d'un jour où il était défendu par la religion de vaquer aux affaires publiques.

nèfle [nɛfl] n.f. (bas lat. *mespila*, pl. du class. *mespilum*). - **1.** Fruit comestible du néflier. - **2.** FAM. Des nèfles !, rien à faire ! ; pas du tout ! ; pas question !

néflier [neflije] n.m. Arbrisseau épineux à l'état sauvage, dont le fruit est la nèfle. □ Famille des rosacées.

négateur, trice [negatœʀ, -tʀis] adj. et n. LITT. Qui est porté à tout nier, à tout critiquer : *Un esprit négateur*.

1. négatif, ive [negatif, -iv] adj. (bas lat. *negativus*). - **1.** Qui marque le refus : *Réponse négative* (contr. positif). « *Non* » *est un adverbe négatif* (contr. affirmatif). - **2.** Dépourvu d'éléments constructifs ; inefficace : *Critique négative* (syn. stérile). *Les résultats négatifs d'une conférence internationale* (contr. positif).

- **3.** Charge électrique négative, charge de même nature que celle qu'on développe sur un morceau de verre frotté avec de la soie. - **4.** MATH. Nombre négatif, nombre inférieur ou égal à zéro. ‖ Grandeur négative, grandeur dont le signe est opposé à celui d'une grandeur positive de même nature.

2. négatif [negatif] n.m. (de *1. négatif*). Image photographique sur film, où la valeur des tons est inversée.

négation [negasjɔ̃] n.f. (lat. *negatio*, de *negare* "nier"). - **1.** Action de nier qqch : *La négation de l'existence de Dieu* (syn. dénégation, réfutation). - **2.** Action de rejeter, de ne faire aucun cas de qqch : *La négation chez lui de tout sentiment paternel*. - **3.** GRAMM. Mot ou groupe de mots servant à nier, comme *ne, non, pas*, etc. - **4.** Être la négation de qqch, être en complète contradiction avec qqch : *Cette mesure est la négation de toute justice*. ‖ LOG. Négation d'une proposition *p*, proposition qui résulte de la proposition *p* par l'ajout du connecteur ⌐ (« ⌐ *p* » se lit « non-*p* »). [⌐ *p* n'est vrai que si *p* est faux.] ‖ LOG. Principe de la double négation, principe selon lequel, s'il est faux que A soit faux, alors A est vrai.

négative [negativ] n.f. Répondre par la négative, répondre par un refus.

négativement [negativmɑ̃] adv. De façon négative.

négativisme [negativism] n.m. - **1.** Attitude de refus systématique, de dénigrement. - **2.** PSYCHOL. Ensemble des conduites de refus et d'opposition qui traduisent une rupture du contact avec autrui.

négativité [negativite] n.f. - **1.** Caractère de ce qui est négatif, non constructif. - **2.** État d'un corps électrisé négativement.

négligé [negliʒe] n.m. - **1.** État de qqn dont la tenue est négligée. - **2.** LITT. Léger vêtement féminin d'intérieur.

négligeable [negliʒabl] adj. - **1.** Qui peut être négligé, dont on peut ne pas tenir compte : *Un détail négligeable* (syn. infime, insignifiant). - **2.** Traiter qqn, qqch comme (une) quantité négligeable, ne pas tenir compte de leur existence, de leur opinion, les estimer sans importance.

négligemment [negliʒamɑ̃] adv. Avec indifférence : *Répondre négligemment*.

négligence [negliʒɑ̃s] n.f. (lat. *negligentia*). - **1.** Manque de soin, d'application, d'exactitude : *Montrer de la négligence dans son travail* (syn. laisser-aller, relâchement). - **2.** Faute légère ; manque de précision : *Négligence de style*.

négligent, e [negliʒɑ̃, -ɑ̃t] adj. et n. (lat. *negligens*). Qui montre de la négligence : *Un employé négligent* (contr. consciencieux).

négliger [neɡliʒe] v. t. (lat. *negligere*) [conj. 17].
- **1.** Laisser de côté ; omettre de faire : *Négliger ses devoirs* (syn. manquer à). - **2.** Laisser sans soin : *Négliger sa tenue, sa santé* (contr. soigner). - **3.** Traiter sans attention : *Négliger ses amis* (syn. délaisser). ◆ **se négliger** v.pr. Ne plus prendre soin de sa personne.

négoce [neɡɔs] n.m. (lat. *negotium,* propr. "occupation"). LITT. Ensemble des opérations d'un commerçant ; activité commerciale : *S'enrichir dans le négoce* (syn. commerce).

négociable [neɡɔsjabl] adj. Qui peut être négocié : *Effet de commerce négociable* (syn. cessible).

négociant, e [neɡɔsjɑ̃, -ɑ̃t] n. Personne qui fait le commerce en gros : *Un négociant en vins* (contr. détaillant).

négociateur, trice [neɡɔsjatœʀ, -tʀis] n.
- **1.** Personne qui est chargée de négocier pour le compte de son gouvernement : *Les négociateurs d'un traité.* - **2.** Personne qui sert d'intermédiaire dans une affaire pour favoriser un accord : *Le négociateur d'une vente.*

négociation [neɡɔsjasjɔ̃] n.f. - **1.** Action de négocier, de discuter des affaires communes entre des parties en vue d'un accord : *La négociation d'un contrat.* - **2.** Ensemble de discussions, de pourparlers entre des personnes, des partenaires sociaux, des représentants qualifiés d'États, menés en vue d'aboutir à un accord sur les problèmes posés : *Négociations sur le désarmement* (syn. pourparlers). *Régler un conflit par voie de négociation* (syn. discussion). - **3.** Transmission des effets de commerce : *La négociation d'une traite.*

négocier [neɡɔsje] v.t. (lat. *negotiari*) [conj. 9].
- **1.** Discuter en vue d'un accord : *Négocier un traité de paix.* - **2.** Monnayer un titre, une valeur. - **3.** Négocier un virage, manœuvrer pour le prendre dans les meilleures conditions. ◆ v.i. Engager des pourparlers en vue de régler un différend, de mettre fin à un conflit ou de conclure un accord : *Négocier avec l'ennemi* (syn. parlementer, traiter).

1. nègre, négresse [nɛɡʀ, neɡʀɛs] n. (esp. ou port. *negro,* "noir"). - **1.** Personne de race noire. **Rem.** L'utilisation fréquente de ce mot dans des contextes racistes lui fait génér. préférer le terme neutre de Noir. - **2.** Autref., esclave noir : *Les nègres d'une plantation.* - **3.** Nègre blanc, albinos de race noire. ‖ FAM. Travailler comme un nègre, travailler très dur, sans relâche. ◆ **nègre** n.m. FAM. Personne qui prépare ou rédige anonymement, pour qqn qui le signe, un travail littéraire, artistique ou scientifique.

2. nègre [nɛɡʀ] adj. (même étym. que *1. nègre*). - **1.** Qui appartient aux Noirs, à la culture des Noirs : *Musique nègre.* - **2.** Art nègre, art de l'Afrique noire considéré en tant que source d'inspiration, au XXᵉ s., de certains courants de l'art occidental (fauvisme, cubisme, expressionnisme). [On dit aussi *art négro-africain.*]

négrier, ère [neɡʀije, -ɛʀ] adj. Relatif à la traite des Noirs : *Navire négrier.* ◆ **négrier** n.m. - **1.** Personne qui faisait la traite des Noirs. - **2.** Navire qui servait à ce commerce. - **3.** Employeur qui traite ses employés comme des esclaves.

négrillon, onne [neɡʀijɔ̃, -ɔn] n. FAM. - **1.** Enfant noir. - **2.** Enfant très brun de teint.

négritude [neɡʀityd] n.f. Ensemble des valeurs culturelles et spirituelles des Noirs ; prise de conscience de l'appartenance à cette culture spécifique. □ Le terme est apparu peu avant 1935, notamm. sous la plume de Léopold Sédar Senghor et d'Aimé Césaire.

négro-africain, e [neɡʀoafʀikɛ̃, -ɛn] adj. (pl. *négro-africains, es*). Relatif aux Noirs d'Afrique : *Langues négro-africaines. Art négro-africain* (= art nègre).

négroïde [neɡʀɔid] adj. et n. Qui rappelle les caractéristiques morphologiques des Noirs, notamm. les caractéristiques du visage : *Traits négroïdes.*

negro spiritual [neɡʀospiʀitwol] n.m. (mot anglo-amér.) [pl. *negro spirituals*]. Chant religieux des Noirs d'Amérique, d'inspiration chrétienne, en langue américaine (syn. gospel).

négus [neɡys] n.m. (éthiopien *negûs* "roi"). Titre des souverains d'Éthiopie.

neige [nɛʒ] n.f. (de *neiger*). - **1.** Eau congelée qui tombe des nuages en flocons blancs et légers. - **2.** La montagne l'hiver ; les sports d'hiver : *Aller à la neige.* - **3.** Neige carbonique, anhydride carbonique solidifié. - **4.** Neiges permanentes, neiges amoncelées dans les parties les plus élevées des massifs montagneux, qui peuvent donner naissance aux glaciers (on dit impropr. *neiges éternelles*). - **5.** CUIS. En neige, se dit de blancs d'œufs battus jusqu'à former une mousse blanche et consistante : *Monter des blancs en neige.* ‖ **Œufs à la neige.** Blancs montés en neige, cuits dans du lait ou pochés à l'eau, et servis sur une crème anglaise.

neiger [neʒe] v. impers. (lat. pop. *niviare,* class. *nivere,* de *nix, nivis* "neige") [conj. 23]. Tomber, en parlant de la neige.

neigeux, euse [neʒø, -øz] adj. - **1.** Couvert de neige : *Cimes neigeuses.* - **2.** Temps neigeux, état de l'atmosphère caractérisé par des chutes de neige.

nem [nɛm] n.m. En cuisine vietnamienne, petite crêpe de riz fourrée de soja, de viande, de vermicelle, roulée et frite.

nématode [nematɔd] n.m. (du gr. *nêmatôdes*). Nématodes, classe de vers vivant dans le sol ou en parasites de l'homme et des mammifères (ascaris, oxyures). □ Embranchement des némathelminthes, dont ils constituent la classe principale.

nénuphar [nenyfaʀ] n.m. (lat. médiév., de l'ar. *ninûfar*). Plante aquatique, souvent cultivée dans les pièces d'eau pour ses larges feuilles flottantes et pour ses fleurs blanches, jaunes ou rouges. □ Famille des nymphéacées.

néo-calédonien, enne [neɔkaledɔnjɛ̃, -ɛn] adj. et n. (pl. *néo-calédoniens, ennes*). De la Nouvelle-Calédonie.

néoclassicisme [neɔklasisism] n.m. - **1.** Tendance artistique et littéraire de la fin du XVIIIe s. et du début du XIXe, qui s'est appuyée sur les exemples de l'Antiquité classique ou du classicisme du XVIIe s. - **2.** Tendance à revenir à un certain classicisme, par réaction contre les audaces d'une période antérieure.

néoclassique [neɔklasik] adj. Qui appartient au néoclassicisme.

néocolonialisme [neɔkɔlɔnjalism] n.m. Politique menée par certains pays développés, visant à instituer, sous des formes nouvelles, leur domination sur les États indépendants du tiers-monde naguère colonisés. ◆ **néocolonialiste** adj. et n. Relatif au néocolonialisme ; qui en est partisan.

néolithique [neɔlitik] n.m. (de *néo-* et du gr. *lithos* "pierre"). PRÉHIST. Phase du développement technique des sociétés préhistoriques (pierre polie, céramique), correspondant à leur accession à une économie productive (agriculture, élevage). ◆ adj. Relatif au néolithique.

néolithisation [neɔlitizasjɔ̃] n.f. PRÉHIST. Passage des sociétés préhistoriques du stade de la prédation à celui d'une économie de production, marqué notamm. par l'apparition de l'agriculture et de l'élevage, et par la sédentarisation.

néologie [neɔlɔʒi] n.f. Ensemble des processus de formation des néologismes, comme la dérivation, la composition, l'emprunt, etc.

néologique [neɔlɔʒik] adj. Relatif à la néologie ou aux néologismes : *Une formation néologique.*

néologisme [neɔlɔʒism] n.m. (de *néo-* et du gr. *logos* "parole"). Mot de création ou d'emprunt récent ; acception nouvelle d'un mot existant déjà dans la langue.

néon [neɔ̃] n.m. (du gr. *neon* "nouveau"). - **1.** Gaz rare de l'atmosphère. □ Symb. Ne ; densité 0,7. - **2.** Éclairage par tube fluorescent ; le tube lui-même : *Changer un néon.*

néonatal, e, als [neɔnatal] adj. Relatif au nouveau-né : *Médecine néonatale. Mortalité néonatale.*

néonazi, e [neɔnazi] adj. et n. Relatif au néonazisme ; partisan du néonazisme.

néonazisme [neɔnazism] n.m. Mouvement d'extrême droite dont le programme s'inspire du nazisme.

néophyte [neɔfit] n. (lat. ecclés. *neophytus,* du gr.). - **1.** Dans l'Église ancienne, nouveau baptisé. - **2.** Adepte récent d'une doctrine, d'un parti.

néoplasie [neɔplazi] n.f. PATHOL. Formation pathologique de tissu nouveau chez un être vivant.

néoplatonicien, enne [neɔplatɔnisjɛ̃, -ɛn] adj. et n. Qui appartient au néoplatonisme.

néoplatonisme [neɔplatɔnism] n.m. - **1.** Système philosophique qui naît à Alexandrie (IIIe s.) et qui renouvelle le système platonicien en y adjoignant des éléments mystiques. - **2.** Tout système inspiré du platonisme.

Néoprène [neɔpʀɛn] n.m. (nom déposé). Caoutchouc synthétique thermoplastique : *Colle au Néoprène.*

néoréalisme [neɔrealism] n.m. - **1.** Mouvement cinématographique né en Italie au lendemain de la Seconde Guerre mondiale. - **2.** Tendance, dans les arts plastiques du XXe s., à renouer avec la figuration réaliste (par opp. à *cubisme,* à *abstraction,* etc.). ◆ **néoréaliste** adj. et n. Qui appartient au néoréalisme : *Le cinéma néoréaliste.*

néoténie [neɔteni] n.f. (de *néo-* et du rad. gr. *ten-* "étendre"). BIOL. Coexistence, chez un animal, de caractères larvaires et de l'aptitude à se reproduire, comme chez l'axolotl.

népalais, e [nepalɛ] adj. et n. ◆ **népali** ou **népali** [nepali] n.m. Langue indo-aryenne parlée au Népal, où elle est langue officielle.

népérien [nepeʀjɛ̃] adj.m. (de *J. Neper*). Logarithme népérien, logarithme dont la base est le nombre *e.*

néphrétique [nefʀetik] adj. (du gr. *nephros* "rein"). Qui concerne les reins : *Colique néphrétique.*

1. néphrite [nefʀit] n.f. (du gr. *nephros,* rein). VIEILLI. Néphropathie.

2. néphrite [nefʀit] n.f. (même étym. que *1. néphrite*). Silicate naturel de magnésium, de fer et de calcium. □ C'est une variété de jade.

néphrologie [nefʀɔlɔʒi] n.f. (du gr. *nephros* "rein" et de *-logie*). Étude des reins, de leur physiologie et de leurs maladies. ◆ **néphrologue** n. Nom du spécialiste.

néphropathie [nefʀɔpati] n.f. Maladie du rein en général (syn. vieilli néphrite).

népotisme [nepɔtism] n.m. (it. *nepotismo,* du lat. *nepos* "neveu"). - **1.** Attitude de certains papes qui accordaient des faveurs particulières à leurs parents. - **2.** Abus qu'un homme en place fait de son crédit en faveur de sa famille : *Il a eu ce poste de haut fonctionnaire par népotisme.*

néréide [neʀeid] n.f. et **néréis** [neʀeis] n.m. (gr. *nereis* "nymphe de la mer"). Ver marin vivant dans la vase ou sur les rochers des côtes de l'Europe occidentale. □ Embranchement des annélides ; long. 20 à 30 cm.

nerf [nɛʀ] n.m. (lat. *nervus* "ligament, tendon"). - **1.** Cordon blanchâtre conducteur des messages nerveux du cerveau aux différents organes et réciproquement. - **2.** FAM. Tendon, ligament : *Viande pleine de nerfs.* - **3.** Ce qui fait la force de qqn, l'énergie physique ou morale de qqn : *Il a du nerf* (syn. dynamisme, énergie). *Moteur qui manque de nerf* (syn. puissance). - **4.** Ce qui est la condition d'une action efficace : *Le nerf de la réussite, c'est la ténacité* (syn. ressort). - **5.** Le nerf de la guerre, l'argent. ‖ Nerf de bœuf, ligament cervical postérieur du bœuf ou du cheval, desséché et traité pour fabriquer des cravaches, des matraques. ◆ **nerfs** n.m.pl. - **1.** Système nerveux considéré comme le siège de la résistance psychologique, de l'équilibre mental : *Avoir les nerfs solides.* - **2.** Avoir les nerfs en boule, en pelote, se trouver dans un état de grand agacement. ‖ Crise de nerfs → crise. ‖ Être, vivre sur les nerfs, dans un état de tension nerveuse permanente : *Un métier où l'on est sur les nerfs.* ‖ FAM. Paquet, boule de nerfs, personne très nerveuse, irritable. ‖ Passer ses nerfs sur qqn, sur qqch, manifester contre cette personne ou cette chose une irritation dont la cause est ailleurs. ‖ FAM. Taper, porter, sur les nerfs, causer un vif agacement : *Sa présence me tape sur les nerfs.*

nerprun [nɛʀpʀœ̃] n.m. (du lat. *niger prunus* "prunier noir"). Arbuste à fruits noirs, tel que la bourdaine. □ Famille des rhamnacées.

nervation [nɛʀvasjɔ̃] n.f. Disposition des nervures d'une feuille, d'une aile d'insecte.

nerveusement [nɛʀvøzmɑ̃] adv. De façon nerveuse : *Rire nerveusement* (syn. convulsivement).

nerveux, euse [nɛʀvø, -øz] adj. (lat. *nervosus* "fort"). - **1.** Qui relève des nerfs, du système nerveux : *Maladie nerveuse.* - **2.** Relatif aux nerfs, au siège de l'équilibre psychologique, mental : *Tension nerveuse.* - **3.** Qui est dû à la nervosité ou qui l'exprime : *Un rire nerveux* (syn. convulsif). - **4.** Excité, fébrile, impatient. - **5.** Qui manifeste de la vivacité, de la vigueur : *Style nerveux* (syn. vigoureux). - **6.** Se dit d'une voiture, d'un moteur qui a de

bonnes reprises. - **7.** Centre nerveux, groupe de neurones, substance grise du système nerveux, siège d'une fonction nerveuse déterminée. ‖ Système nerveux, ensemble des nerfs, ganglions et centres nerveux qui assurent la commande et la coordination des fonctions vitales et la réception des messages sensoriels. ◆ adj. et n. Qui est dominé par des nerfs irritables ; très émotif : *Un grand nerveux.*

nervi [nɛʀvi] n.m. (mot it. "vigueur"). Homme de main ; tueur.

nervosité [nɛʀvozite] n.f. - **1.** État d'excitation nerveuse passagère : *Le responsable du projet donne des signes de nervosité* (syn. énervement). - **2.** État permanent ou momentané d'irritabilité ou d'inquiétude : *La nervosité de l'opinion.*

nervure [nɛʀvyʀ] n.f. (de *nerf*). - **1.** BOT. Filet creux, souvent ramifié et saillant, sous le limbe d'une feuille, par où est transportée la sève. - **2.** ARCHIT. Grosse moulure d'une voûte, en partic. d'une voûte gothique. □ Les nervures sont, génér., la partie visible des arcs constituant l'ossature de cette voûte. - **3.** ZOOL. Filet de l'aile des insectes.

n'est-ce pas [nɛspa] adv. interr. S'emploie : - **1.** Pour appeler l'acquiescement de l'interlocuteur à ce qui vient d'être dit : *Vous viendrez, n'est-ce pas ?* - **2.** À l'intérieur d'une phrase comme une simple articulation ou un renforcement : *La question, n'est-ce pas, reste ouverte.*

net, nette [nɛt] adj. (lat. *nitidus* "brillant"). - **1.** Propre ; sans tache : *Une glace nette* (contr. sale). - **2.** Bien marqué ; bien distinct : *Une cassure nette* (syn. franche). *Une différence très nette* (syn. clair ; contr. confus). *Une photographie nette* (contr. flou). - **3.** Qui ne prête à aucun doute : *Nette amélioration* (syn. notable). *Son refus est très net* (syn. catégorique). *Elle a un avis très net sur la question* (syn. tranché). - **4.** Dont on a déduit tout élément étranger : *Poids, prix, salaire net* (par opp. à *brut*). - **5.** Avoir les mains nettes, la conscience nette, être moralement irréprochable. ‖ Faire place nette, débarrasser un endroit de tout ce qui gêne. ‖ FAM. Ne pas être net, être un peu fou ; être louche, suspect. ‖ Net de, exempt de ; non susceptible de : *Des intérêts nets d'impôts.* ‖ Vue, vision nette, qui distingue bien les objets. ◆ **net** adv. - **1.** Brutalement ; tout d'un coup : *Objet qui s'est cassé net.* - **2.** Sans ambiguïté ni ménagement : *Refuser net* (syn. catégoriquement). ◆ **net** n.m. Au net, sous une forme définitive et propre : *Mettre une copie au net.*

nettement [nɛtmɑ̃] adv. D'une manière nette, claire, incontestable : *Condamner nettement l'injustice* (syn. expressément, formellement). *Il a nettement gagné* (= sans conteste ; syn. indéniablement).

netteté [nɛtte] n.f. Caractère de ce qui est net : *La netteté d'une réponse* (syn. précision). *Ce vêtement est d'une netteté douteuse* (syn. propreté).

nettoiement [netwamã] n.m. Ensemble des opérations ayant pour but le nettoyage de lieux, en partic. publics : *Service de nettoiement.*

nettoyage [netwaja3] n.m. - **1.** Action de nettoyer : *Produits de nettoyage. Entreprise de nettoyage. Nettoyage à sec* (= avec un solvant). - **2.** Nettoyage par le vide, élimination énergique de tout ce qui encombre.

nettoyant [netwajã] n.m. Produit de nettoyage.

nettoyer [netwaje] v.t. (lat. pop. *nitidiare*, du class. *nitidus ; v. net*) [conj. 13]. - **1.** Rendre net, propre, en débarrassant de ce qui salit, encombre : *Nettoyer une chambre* (= faire le ménage). - **2.** Débarrasser un lieu d'éléments indésirables, dangereux : *La police a nettoyé ce quartier.* - **3.** FAM. Nettoyer qqn, lui faire perdre tout son argent, ses biens : *Il s'est fait nettoyer au poker* (syn. ruiner).

1. neuf [nœf] adj. num. card. inv. (lat. *novem*). - **1.** Huit plus un : *Les neuf Muses.* - **2.** (En fonction d'ord.). De rang numéro neuf, neuvième : *Charles IX.* - **3.** Preuve par neuf, méthode de contrôle des opérations arithmétiques fondée sur les propriétés de la division des entiers par le nombre neuf. **Rem.** *Neuf se prononce* [nœv] *dans neuf ans, neuf heures.* ◆ n.m. inv. Le nombre qui suit huit dans la série des entiers naturels ; le chiffre représentant ce nombre : *Cinq et quatre font neuf. Le neuf arabe* (9).

2. neuf, neuve [nœf, nœv] adj. (lat. *novus* "nouveau"). - **1.** Fait depuis peu et qui n'a pas ou presque pas servi : *Maison neuve* (contr. ancien). *Bicyclette neuve.* - **2.** Qui n'a pas encore été dit, traité : *Idée neuve* (syn. original). *Sujet neuf* (syn. inédit). - **3.** Qui n'est pas influencé par l'expérience antérieure : *Un regard neuf* (syn. innocent, intact). ◆ **neuf** n.m. - **1.** Ce qui est neuf : *Ces chaussures sentent le neuf.* - **2.** À neuf, de façon à apparaître comme neuf. ‖ De neuf, avec des choses neuves.

neurasthénie [nørasteni] n.f. (de *neur[o]-* et *asthénie*). MÉD. État d'asthénie physique et psychique comportant divers aspects somatiques tels que fatigue, irritabilité, céphalée, difficulté de la concentration intellectuelle, pauvreté de la vie sexuelle, etc.

neurasthénique [nørastenik] adj. Relatif à la neurasthénie. ◆ adj. et n. Atteint de neurasthénie.

neurobiologie [nørɔbjɔlɔ3i] n.f. Discipline biologique qui étudie le système nerveux.

neurochirurgie [nørɔ∫iryr3i] n.f. Chirurgie du système nerveux. ◆ **neurochirurgien, enne** n. Nom du spécialiste.

neuroendocrinien, enne [nørɔɑ̃dɔkrinjẽ, -ɛn] adj. Relatif à la neuroendocrinologie.

neuroendocrinologie [nørɔɑ̃dɔkrinɔlɔ3i] n.f. Étude des hormones sécrétées par certaines structures du système nerveux central.

neuroleptique [nørɔlɛptik] adj. et n.m. (de *neuro-*, et du gr. *leptos* "mince, faible"). Se dit d'une classe de médicaments psychotropes utilisés dans le traitement des psychoses.

neurologie [nørɔlɔ3i] n.f. - **1.** Branche de la médecine qui s'occupe des maladies du système nerveux. - **2.** Discipline qui étudie le système nerveux dans son ensemble. ◆ **neurologue** n. Nom du spécialiste.

neurologique [nørɔlɔ3ik] adj. Relatif à la neurologie : *Une maladie neurologique.*

neuromédiateur [nørɔmedjatœr] n.m. Médiateur chimique élaboré au niveau d'une synapse et qui assure la transmission de l'influx nerveux. (On dit aussi *neurotransmetteur*.)

neurone [nørɔn] n.m. (du gr. *neuron* "nerf"). Cellule différenciée appartenant au système nerveux, comprenant un corps cellulaire et des prolongements (axone et dendrites) et constituant l'unité fonctionnelle du système nerveux.

neurophysiologie [nørɔfizjɔlɔ3i] n.f. Physiologie du système nerveux.

neuropsychiatrie [nørɔpsikjatri] n.f. Spécialité médicale qui regroupe la neurologie et la psychiatrie. ◆ **neuropsychiatre** n. Nom du spécialiste.

neurosciences [nørɔsjɑ̃s] n.f. pl. Ensemble des disciplines biologiques et cliniques qui étudient le système nerveux et ses affections.

neurovégétatif, ive [nørɔve3etatif, -iv] adj. ANAT. Se dit du système nerveux qui règle la vie végétative, formé de ganglions et de nerfs et relié à l'axe cérébro-spinal, qui contient les centres réflexes. □ On distingue, dans le système neurovégétatif, ou système nerveux autonome, le système sympathique et le système parasympathique, qui innervent les mêmes viscères mais qui ont des effets antagonistes.

neutralisant, e [nøtralizɑ̃, -ɑ̃t] adj. Qui neutralise.

neutralisation [nøtralizasjɔ̃] n.f. - **1.** Action de neutraliser ; fait d'être neutralisé : *La neutralisation d'une position ennemie.* - **2.** CHIM.

Traitement d'un acide par une base, ou inversement, jusqu'à l'obtention d'un pH égal à 7.

neutraliser [nøtʀalize] v.t. (du lat. *neutralis* "neutre"). - **1.** Annuler l'effet de ; empêcher d'agir par une action contraire : *Neutraliser la concurrence* (syn. contrecarrer, paralyser). - **2.** Déclarer neutres un État, une ville, un territoire, des personnels, etc. - **3.** CHIM. Rendre neutre : *Neutraliser une solution.* - **4.** Amoindrir ; atténuer la force, l'effet de : *Neutraliser un rouge trop vif en y mêlant du blanc.* - **5.** Arrêter momentanément le trafic, la circulation sur une portion de route ou de voie ferrée. ◆ **se neutraliser** v.pr. S'annuler réciproquement ; se contrebalancer : *Des forces antagonistes qui se neutralisent* (syn. s'équilibrer).

neutralisme [nøtʀalism] n.m. - **1.** Doctrine consistant à refuser d'adhérer à une alliance militaire. - **2.** Doctrine impliquant le refus de s'intégrer à l'un des grands blocs politiques et idéologiques du monde, lors de l'affrontement Est-Ouest. ◆ **neutraliste** adj. et n. Relatif au neutralisme ; qui en est partisan.

neutralité [nøtʀalite] n.f. - **1.** État de celui qui reste neutre, de ce qui est neutre : *Observer la plus stricte neutralité lors d'une discussion.* - **2.** Situation d'un État qui demeure à l'écart d'un conflit international. - **3.** CHIM. PHYS. État, qualité d'un corps ou d'un milieu électriquement neutres.

neutre [nøtʀ] adj. et n. (lat. *neuter* "ni l'un ni l'autre"). - **1.** Qui ne prend parti ni pour l'un ni pour l'autre, dans un conflit, une discussion, un désaccord, etc. : *Rester neutre dans une discussion.* - **2.** Se dit d'un pays qui ne participe pas aux hostilités engagées entre d'autres pays. ◆ adj. - **1.** Qui est objectif, impartial : *Des informations neutres* (contr. partisan). - **2.** Qui n'est marqué par aucun accent, aucun sentiment : *Annoncer une nouvelle dramatique d'un ton neutre.* - **3.** Se dit d'une couleur qui n'est ni franche ni vive : *Porter des couleurs neutres* (syn. terne). - **4.** GRAMM. Dans certaines langues, se dit du genre grammatical qui, dans une classification à trois genres, s'oppose au masculin et au féminin. - **5.** CHIM. Qui n'est ni acide ni basique, dont le pH est égal à 7. - **6.** PHYS. Se dit des corps qui ne présentent aucune électrisation, des conducteurs qui ne sont le siège d'aucun courant. - **7.** MATH. **Élément neutre**, élément d'un ensemble muni d'une loi de composition interne, dont la composition avec tout élément ne modifie pas ce dernier : *0 est élément neutre pour l'addition des nombres.* ◆ n.m. GRAMM. Le genre neutre.

neutron [nøtʀɔ̃] n.m. (mot angl., de *neutral* "neutre", d'apr. *electron*). - **1.** PHYS. Particule

électriquement neutre constituant, avec les protons, les noyaux des atomes. - **2.** **Bombe à neutrons**, charge thermonucléaire dont le rayonnement a été augmenté et les effets de souffle, de chaleur et de radioactivité réduits. □ Permettant d'anéantir les êtres vivants, elle laisserait intacts les matériels et les installations.

neuvième [nœvjɛm] adj. num. ord. De rang numéro neuf : *Il est neuvième sur la liste.* ◆ n. Celui, ce qui occupe le neuvième rang : *Le neuvième vient de franchir la ligne d'arrivée.* ◆ adj. et n.m. Qui correspond à la division d'un tout en neuf parties égales : *La neuvième partie d'une somme. Réserver le neuvième des recettes.*

neuvièmement [nœvjɛmmɑ̃] adv. En neuvième lieu.

névé [neve] n.m. (mot suisse, du lat. *nix, nivis* "neige"). - **1.** Partie amont d'un glacier où la neige, évoluant par tassement et fusion partielle, se transforme en glace. - **2.** Plaque de neige isolée, mais relativement importante, persistant en été.

neveu [nəvø] n.m. (lat. *nepos*). Fils du frère ou de la sœur.

névralgie [nevʀalʒi] n.f. (de *nevr[o]-* et *-algie*). Douleur vive ressentie sur le trajet d'un nerf.

névralgique [nevʀalʒik] adj. - **1.** Qui appartient à la névralgie ; qui est de la nature de la névralgie : *Douleur névralgique.* - **2.** **Point névralgique**, point où les atteintes à l'intérêt d'un pays, à l'amour-propre d'un individu sont les plus vivement ressenties ; point sensible.

névrite [nevʀit] n.f. Lésion inflammatoire d'un nerf.

névropathe [nevʀɔpat] adj. et n. VIEILLI. Atteint de troubles psychiques.

névrose [nevʀoz] n.f. (de *nevr[o]-* et *-ose*). Affection caractérisée par des conflits qui inhibent les conduites sociales et qui s'accompagnent d'une conscience pénible des troubles.

névrosé, e [nevʀoze] adj. et n. Atteint de névrose.

névrotique [nevʀɔtik] adj. Relatif à la névrose : *Comportement névrotique.*

newton [njutɔn] n.m. (de I. *Newton*). - **1.** PHYS. Unité de mesure de force équivalant à la force qui communique à un corps ayant une masse de 1 kilogramme une accélération de 1 mètre par seconde carrée. □ Symb. N. - **2.** **Newton par mètre**, unité de mesure de tension capillaire, équivalant à la tension capillaire d'une surface sur laquelle la force s'exerçant sur un élément est de 1 newton par mètre de longueur. □ Symb. N/m.

newton-mètre [njutɔnmɛtʀ] n.m. (pl. *newtons-mètres*). Unité de mesure du moment d'une force, équivalant au moment d'une force de 1 newton dont la ligne d'action est à la distance de 1 mètre du point par rapport auquel le moment est considéré. □ Symb. N.m.

nez [ne] n.m. (lat. *nasus*). - **1.** Partie saillante du visage, entre la bouche et le front, siège et organe de l'odorat : *Nez droit, aquilin. Parler du nez* (= avoir une voix nasillarde). - **2.** Mufle, museau de quelques mammifères. - **3.** Finesse de l'odorat : *Ce chien a du nez* (syn. flair). - **4.** Visage ; tête : *Il n'a pas levé le nez de son livre.* - **5.** Avant du fuselage d'un avion ou d'une fusée : *L'avion a piqué du nez.* - **6.** MAR. Proue. - **7.** GÉOGR. Cap ; promontoire. - **8.** Au nez de qqn, devant lui, sans se cacher. ‖ Avoir du nez, avoir le nez creux, être perspicace. ‖ FAM. Avoir qqn dans le nez, ne pas le supporter ; lui en vouloir. ‖ FAM. Avoir un verre dans le nez, être ivre. ‖ FAM. À vue de nez, approximativement. ‖ FAM. Mener qqn par le bout du nez, lui faire faire tout ce qu'on veut. ‖ FAM. Mettre, fourrer le nez dans qqch, s'en occuper, les plus souvent indiscrètement. ‖ Mettre le nez dehors, sortir : *C'est un temps à ne pas mettre le nez dehors.* ‖ FAM. Montrer le bout du nez, apparaître, se montrer à peine ; dévoiler ses intentions. ‖ Passer sous le nez de qqn, lui échapper : *L'affaire lui est passée sous le nez.* ‖ Pied de nez, geste de moquerie que l'on fait en appuyant sur l'extrémité du nez le bout du pouce d'une main tenue ouverte et les doigts écartés. ‖ Regarder qqn sous le nez, l'examiner avec indiscrétion, le toiser avec insolence. ‖ Se trouver nez à nez avec qqn, face à face.

ni [ni] conj. coord. (lat. *nec*). S'emploie comme coordination indiquant l'exclusion dans des tournures négatives (le plus souvent répété) : *Il ne veut ni ne peut refuser. Il n'a laissé ni son nom ni son adresse.*

niable [njabl] adj. (Surtout en tournure nég.). Qui peut être nié : *Sa culpabilité n'est pas niable* (syn. contestable).

niais, e [njɛ, -ɛz] adj. et n. (bas lat. **nidax, -cis*, du class. *nidus* "nid"). Naïf et un peu sot : *Un grand garçon un peu niais* (syn. benêt, nigaud). *Prendre un air niais* (syn. sot).

niaisement [njɛzmã] adv. De façon niaise : *Sourire niaisement* (syn. bêtement, stupidement).

niaiser [njeze] v.i. (de *niais*). CAN. - **1.** Perdre son temps à des riens. - **2.** Faire ou dire des niaiseries.

niaiserie [njɛzʀi] n.f. - **1.** Caractère niais : *Sa niaiserie est déroutante* (syn. naïveté). - **2.** Acte, parole niaise, stupide : *Débiter des niaiseries* (syn. fadaise, insanité).

niaiseux, euse [njɛzø, -øz] adj. et n. CAN. Niais ; sot.

1. **niche** n.f. (it. *nicchia*, de *nicchio* "coquille"). - **1.** Renfoncement ménagé dans un mur et pouvant recevoir une statue, un meuble, etc. - **2.** Renfoncement aménagé dans un objet quelconque. - **3.** Petite caisse servant d'abri à un chien. - **4.** Niche écologique, ensemble des conditions d'habitat, de régime alimentaire et de mœurs propres à une espèce vivante déterminée.

2. **niche** [niʃ] n.f. (de *nicher* "agir comme un niais", ou bien forme francisée de *nique*). FAM. Farce jouée à qqn.

nichée [niʃe] n.f. - **1.** Ensemble des oiseaux d'une même couvée encore au nid. - **2.** FAM. Groupe de jeunes enfants d'une même famille.

nicher [niʃe] v.i. (lat. pop. **nidicare*, de *nidus*). Faire son nid. ◆ **se nicher** v.pr. - **1.** Faire son nid. - **2.** Se cacher, se blottir : *Où s'est-il niché ?*

nickel [nikɛl] n.m. (de l'all. *Kupfernickel* "sulfure de nickel"). Métal d'un blanc grisâtre, brillant, à cassure fibreuse. □ Symb. Ni. ◆ adj. inv. FAM. Parfaitement propre, rangé : *C'est nickel chez eux* (syn. impeccable).

nickeler [nikle] v.t. [conj. 24]. Recouvrir d'une couche de nickel : *Pièce d'acier nickelé.*

niçois, e [niswa, -az] adj. et n. - **1.** De Nice. - **2.** Salade niçoise, composée d'un mélange de tomates, de pommes de terre, d'œufs durs, d'olives, d'anchois, etc.

nicotine [nikɔtin] n.f. (de *nicotiana [herba]* "[herbe] à Nicot"). Principal alcaloïde du tabac, dont la teneur varie de 1 à 8 % dans les feuilles des espèces cultivées, et qui est un violent excitant du système neurovégétatif.

nictitant, e [niktitã, -ãt] adj. (du lat. *nictare* "clignoter"). ZOOL. Paupière nictitante, troisième paupière, qui, chez les oiseaux, se déplace horizontalement devant l'œil.

nid [ni] n.m. (lat. *nidus*). - **1.** Construction que font divers animaux (oiseaux, poissons, insectes, etc.) pour y déposer leurs œufs. □ Les oiseaux, en outre, y couvent les œufs et y élèvent les jeunes. - **2.** Habitation que se ménagent certains animaux : *Nid de souris, de guêpes.* - **3.** Habitation de l'homme : *Un nid d'amoureux* (syn. foyer). *Quitter le nid familial* (syn. toit). - **4.** Endroit où se trouvent rassemblés des personnes, des animaux dangereux, des engins : *Un nid de brigands* (syn. repaire). - **5.** Nid d'aigle, construction difficilement accessible, dans la montagne.

nidation [nidasjɔ̃] n.f. (du lat. *nidus* "nid"). BIOL. Implantation de l'œuf ou du jeune embryon dans la muqueuse utérine des mammifères.

nid-d'abeilles [nidabɛj] n.m. - **1.** COUT. Point d'ornement destiné à retenir les plis d'un tissu suivant un dessin géométrique ; tissu ainsi obtenu qui présente de petites alvéoles régulières. **-2.** IND. Structure alvéolaire de carton ou de métal qui constitue la partie centrale d'une structure sandwich (abrév. *nida*).

nid-de-poule [nidpul] n.m. (pl. *nids-de-poule*). Trou dans une route défoncée.

nidification [nidifikasjɔ̃] n.f. Construction d'un nid par un animal.

nidifier [nidifje] v.i. [conj. 9]. Construire son nid : *Tous les oiseaux ne nidifient pas de la même façon.*

nièce [njɛs] n.f. (lat. *neptis*). Fille du frère ou de la sœur.

nier [nje] v.t. (lat. *negare*) [conj. 9]. Dire qu'une chose n'existe pas, n'est pas vraie ; rejeter comme faux : *Nier un fait* (syn. contester). *Nier l'évidence* (syn. refuser). *Il nie l'avoir vu* (contr. affirmer).

nietzschéen, enne [nitʃeɛ̃, -ɛn] adj. et n. Relatif à la philosophie de Nietzsche ; adepte de cette philosophie.

nigaud, e [nigo, -od] adj. et n. (dimin. de *Nicodème*, n.pr.). Qui agit d'une manière sotte, maladroite : *Son nigaud de frère a encore trouvé le moyen de casser l'appareil* (syn. dadais, simplet).

nigéro-congolais, e [niʒerɔkɔ̃gɔlɛ, -ɛz] adj. (pl. *nigéro-congolais, es*). Se dit d'une famille de langues d'Afrique noire à laquelle appartiennent le ouolof, le peul, le mandingue, etc., ainsi que les langues bantoues.

night-club [najtklœb] n.m. (angl. *night club*) [pl. *night-clubs*]. Établissement de spectacle ouvert la nuit ; boîte de nuit.

nihilisme [niilism] n.m. (du lat. *nihil* "rien"). **-1.** Tendance révolutionnaire de l'intelligentsia russe des années 1860, caractérisée par le rejet des valeurs de la génération précédente. **-2.** Négation des valeurs intellectuelles et morales communes à un groupe social ; refus de l'idéal collectif de ce groupe. ◆ **nihiliste** adj. et n. Relatif au nihilisme ; qui en est partisan.

nilotique [nilɔtik] adj. (du gr. *Neilos* "le Nil"). Se dit d'un groupe de langues africaines parlées dans la région du haut Nil.

nimbe [nɛ̃b] n.m. (lat. *nimbus* "nuage"). **-1.** Cercle lumineux placé autour de la tête des dieux et des empereurs romains déifiés, puis, par les chrétiens, autour de celle du Christ et des saints, dans l'iconographie religieuse (syn. auréole). **-2.** LITT. Halo lumineux, auréole entourant qqn, qqch.

nimber [nɛ̃be] v.t. **-1.** Orner d'un nimbe. **-2.** LITT. Entourer d'un halo : *Rochers qu'un pâle soleil nimbe de rose.*

nimbo-stratus [nɛ̃bɔstratys] n.m. inv. Nuage bas, qui se présente en couches épaisses de couleur grise, caractéristique du mauvais temps.

nimbus [nɛ̃bys] n.m. (mot lat. "nuage"). Nuage d'un gris sombre : *Cumulo-nimbus.*

n'importe [nɛ̃pɔrt] adv. (de 2. *importer*). Devant un mot interr. (pron., adj., adv.), indique une indétermination, un choix totalement ouvert : *N'importe qui. N'importe quelle place. N'importe où.* ◆ interj. LITT. Cela est sans importance : *Il avait tout perdu ? N'importe, il s'était bien amusé.* (On dit aussi *il n'importe.*)

nippes [nip] n.f.pl. (de *guenipe*, forme dialect. de *guenille*). FAM. Vêtements usagés.

nippon, onne ou **one** [nipɔ̃, -ɔn] adj. et n. (du jap. "soleil levant"). Du Japon.

nique [nik] n.f. (d'une racine *nik-*, onomat.). Faire la nique à qqn, lui faire un signe de mépris ou de moquerie ; se moquer de lui.

nirvana n.m. (mot sanskr.). Extinction de la douleur, qui correspond à la libération du cycle des réincarnations, dans la pensée orientale, notamm. dans le bouddhisme. **Rem.** Graphie savante *nirvāṇa.*

nitrate [nitrat] n.m. Sel de l'acide nitrique : *Nitrate d'argent.*

nitre [nitr] n.m. (lat. *nitrum*, du gr. *nitron*). Anc. nom du salpêtre, ou nitrate de potassium. □ Ce terme a servi à former le nom de la plupart des composés azotés ; il est à l'origine du N qui est le symbole chimique de l'azote.

nitré, e [nitre] adj. (de *nitre*). Dérivé nitré, composé résultant de la réaction de substitution appelé *nitration*, qui introduit le radical NO_2 dans une molécule organique.

nitrification [nitrifikasjɔ̃] n.f. CHIM. Transformation de l'azote ammoniacal en nitrates, génér. sous l'action de bactéries, notamm. le *nitrobacter.*

nitrifier [nitrifje] v.t. [conj. 9]. Transformer en nitrate.

nitrique [nitrik] adj. (de *nitre*). CHIM. Acide nitrique, composé oxygéné dérivé de l'azote, acide fort et oxydant. ◆ Symb. HNO_3. L'acide nitrique du commerce est cour. appelé *eau-forte.*

nitroglycérine [nitrogliserin] n.f. Ester nitrique de la glycérine, liquide huileux, jaunâtre. □ C'est un explosif puissant, qui entre dans la composition de la dynamite.

nitruration [nitryrasjɔ̃] n.f. (de *nitre*). MÉTALL. Traitement chimique de durcissement superficiel d'alliages ferreux par l'azote.

nival, e, aux [nival, -o] adj. (du lat. *nix, nivis* "neige"). **-1.** Relatif à la neige ; dû à la neige.

-**2.** Régime nival, régime des cours d'eau caractérisé par des crues printanières dues à la fonte des neiges.

niveau [nivo] n.m. (anc. fr. *livel,* lat. pop. **libellus,* class. *libella*). - **1.** Hauteur de qqch par rapport à un plan horizontal de référence : *Le niveau du fleuve a monté* (syn. hauteur). *À deux cents mètres au-dessus du niveau de la mer.* - **2.** Instrument qui permet de vérifier l'horizontalité d'une surface : *Niveau à bulle d'air. Niveau d'eau.* - **3.** Ensemble des locaux situés sur un même plan horizontal d'un bâtiment : *Le rayon vêtement est au deuxième niveau du magasin* (syn. étage). - **4.** Valeur de qqch, de qqn ; degré atteint dans un domaine : *Niveau scolaire. Le niveau de la production automobile.* - **5.** Valeur atteinte par une grandeur : *Niveau d'audition.* - **6.** Échelon d'un ensemble organisé, position dans une hiérarchie : *Tous les niveaux de l'État sont concernés.* - **7.** De niveau, sur le même plan horizontal : *Les deux planches de l'armoire sont de niveau.* ‖ **Niveau mental** ou **intellectuel,** degré d'efficacité intellectuelle d'un sujet, apprécié par divers tests psychotechniques. ‖ ÉCON. **Niveau de vie,** mesure des conditions réelles d'existence d'un individu, d'une famille ou d'une population prise dans son ensemble. ‖ GÉOGR. **Courbe de niveau,** ligne représentant sur une carte les points de même altitude. □ La différence d'altitude entre deux courbes voisines est constante. ‖ LING. **Niveau de langue,** ensemble des caractéristiques d'usage du discours, telles que le locuteur peut les faire varier en fonction des situations et des interlocuteurs. □ Les niveaux de langue sont marqués dans ce dictionnaire par les mentions fam. [familier], arg. [argotique], litt. [littéraire], etc.

niveler [nivle] v.t. (conj. 24). - **1.** Égaliser le niveau de ; rendre plan, horizontal : *Niveler un terrain* (syn. aplanir). - **2.** Rendre égal : *Niveler les fortunes* (syn. égaliser).

nivellement [nivɛlmɑ̃] n.m. - **1.** Action d'égaliser un terrain, de le rendre plan (syn. aplanissement). - **2.** Aplanissement des accidents du relief par l'érosion (syn. arasement). - **3.** Action d'égaliser les fortunes, les conditions sociales, etc. : *Le nivellement des revenus* (syn. égalisation).

nivôse [nivoz] n.m. (lat. *nivosus* "neigeux"). HIST. Quatrième mois du calendrier républicain, du 21, 22 ou 23 décembre au 19, 20 ou 21 janvier.

nô [no] n.m. inv. (mot jap.). Drame lyrique japonais, combinant la musique, la danse et la poésie.

nobiliaire [nɔbiljɛʀ] adj. (lat. *nobilis* "noble"). Qui appartient, qui est propre à la noblesse :

Titre nobiliaire. ◆ n.m. Registre des familles nobles d'une province ou d'un État.

noble [nɔbl] adj. et n. (lat. *nobilis*). Qui appartient à la catégorie sociale qui, de par la naissance ou la décision des souverains, jouit de certains privilèges : *Une famille noble* (syn. aristocratique). *Un noble* (syn. aristocrate). ◆ adj. - **1.** Qui appartient à un noble, à la noblesse : *Sang noble.* - **2.** Qui a de la dignité, de la grandeur, qui manifeste de l'élévation : *De nobles sentiments* (syn. élevé). *Un noble caractère* (syn. généreux). - **3.** Qui suscite l'admiration, le respect par sa distinction, sa majesté : *Un maintien très noble* (syn. majestueux). - **4.** Qui se distingue par sa qualité : *Un vin noble* (syn. supérieur). - **5.** Métal noble, métal précieux. ‖ **Parties nobles,** le cerveau, le cœur, chez l'homme.

noblement [nɔbləmɑ̃] adv. De façon noble : *Se conduire noblement* (syn. dignement).

noblesse [nɔblɛs] n.f. - **1.** Condition de noble : *Noblesse héréditaire.* - **2.** Classe sociale constituée par les nobles : *Les privilèges de la noblesse* (syn. aristocratie). - **3.** Caractère de qqn, de qqch qui est grand, élevé, généreux : *La noblesse de cœur* (syn. grandeur). *La noblesse de sentiments* (syn. générosité). - **4.** Noblesse d'épée, noblesse acquise au Moyen Âge par des services militaires ; ensemble des familles de noblesse ancienne. ‖ **Noblesse de robe,** noblesse formée de bourgeois anoblis grâce aux fonctions ou charges qu'ils avaient exercées.

nobliau [nɔbljo] n.m. Homme de petite noblesse (péjor.).

noce [nɔs] n.f. (lat. pop. **noptiae,* déformé d'apr. **novius* "nouveau marié", du class. *nuptiae*). - **1.** Festin et réjouissances qui accompagnent un mariage ; ensemble des personnes qui s'y trouvent : *Être invité à la noce d'un ami* (syn. mariage). *Toute la noce a traversé le village.* - **2.** Épouser en secondes noces, par un second mariage. ‖ FAM. **Faire la noce,** mener une vie dissolue ; faire la fête, prendre part à une partie de plaisir en buvant, en mangeant avec excès. ‖ FAM. **Ne pas être à la noce,** être dans une situation critique, gênante. ‖ **Noces d'argent, d'or, de diamant,** fêtes que l'on célèbre au bout de 25, 50, 60 ans de mariage.

noceur, euse [nɔsœʀ, -øz] n. FAM. Personne qui fait la noce, qui mène une vie de débauche.

nocher [nɔʃe] n.m. (lat. *nauclerus* "pilote"). LITT. Pilote, homme chargé de conduire un navire, une barque.

nocif, ive [nɔsif, -iv] adj. (lat. *nocivus,* de *nocere* "nuire"). - **1.** Qui est de nature à nuire à l'organisme : *Des émanations nocives* (syn. toxique).

-**2.** Qui peut nuire intellectuellement ou moralement : *Théories nocives* (syn. pernicieux).

nocivité [nɔsivite] n.f. Caractère de ce qui est nocif.

noctambule [nɔktɑ̃byl] adj. et n. (lat. médiév. *noctambulus,* du class. *nox, noctis* "nuit" et *ambulare* "marcher"). Qui aime sortir tard le soir, se divertir la nuit.

noctuelle [nɔktɥɛl] n.f. (du lat. *noctua* "chouette"). Papillon de nuit dont les chenilles sont souvent nuisibles. □ Nom commun à plusieurs espèces, dont la plupart appartiennent à la famille des noctuidés.

nocturne [nɔktyʀn] adj. (lat. *nocturnus,* de *nox, noctis* "nuit"). -**1.** Qui a lieu pendant la nuit : *Tapage nocturne.* -**2.** Se dit d'un animal qui sort, agit, vole ou court pendant la nuit (par opp. à *diurne*). ◆ n.m. Morceau de musique d'un caractère rêveur et mélancolique. ◆ n.f. -**1.** Ouverture en soirée d'un magasin. -**2.** Réunion sportive en soirée.

nodosité [nɔdozite] n.f. (du lat. *nodosus* "noueux"). -**1.** Caractère d'un végétal, d'un arbre qui présente de nombreux nœuds. -**2.** MÉD. Production anormale, généralement arrondie et dure, parfois incluse sous la peau : *Nodosités rhumatismales.* -**3.** Renflement rencontré sur les racines des plantes légumineuses et contenant un microbe fixateur de l'azote, le *rhyzobium.*

nodule [nɔdyl] n.m. (lat. *nodulus* "petit nœud"). -**1.** Petite nodosité. -**2.** Renflement de l'extrémité antérieure de la région médiane inférieure du cervelet. -**3.** Petite concrétion minérale ou rocheuse, de forme arrondie, située dans une roche de nature différente. -**4.** Concrétion de minerai déposée sur le fond des océans.

1. **Noël** [nɔɛl] n.m. (du lat. *natalis [dies]* "[jour] de naissance"). -**1.** RELIG. CHRÉT. Fête de la Nativité du Christ, célébrée le 25 décembre. -**2.** Époque autour de cette fête : *Partir à Noël.* -**3.** Arbre de Noël, arbuste vert (épicéa le plus souvent, parfois sapin vrai) que l'on orne et illumine à l'occasion de la fête de Noël. ‖ Père Noël, personnage légendaire chargé de distribuer des cadeaux aux enfants pendant la nuit de Noël. ◆ n.f. (Précédé de l'art. déf.). Fête de Noël, époque de Noël : *On se reverra à la Noël.*

2. **noël** [nɔɛl] n.m. -**1.** Cantique célébrant la Nativité. -**2.** Chanson populaire inspirée par la fête de Noël. -**3.** Transcription instrumentale d'un noël.

nœud [nø] n.m. (lat. *nodus*). -**1.** Entrecroisement qui réunit étroitement deux brins, deux fils, deux cordes, etc., ou simple enlacement serré d'un brin, d'un fil, d'une corde, etc., sur lui-même : *Faire un nœud à ses lacets.* -**2.** Ornement constitué d'une étoffe nouée : *Mettre un nœud dans ses cheveux.* -**3.** Endroit où se croisent plusieurs voies de communication : *Nœud ferroviaire.* -**4.** Ce qui constitue le point essentiel d'une question, la difficulté d'un problème. -**5.** LITTÉR. Moment d'une pièce de théâtre, d'un roman où l'intrigue est arrivée à son point essentiel mais où le dénouement reste incertain : *Le nœud de la tragédie.* -**6.** ANAT. Amas tissulaire globuleux. -**7.** ÉLECTR. Point de jonction de deux ou de plusieurs branches d'un réseau électrique. -**8.** ASTRON. Chacun des deux points d'intersection de l'orbite d'un astre avec un plan de référence. -**9.** Unité de vitesse, utilisée en navigation maritime ou aérienne, équivalant à 1 mille marin par heure, soit 0,514 4 m par seconde. -**10.** BOT. Point de la tige où s'insère une feuille ; région du tronc d'un arbre d'où part une branche et où les fibres ligneuses prennent une orientation nouvelle. -**11.** BOT. Partie plus dure et plus sombre dans le bois, vestige d'un nœud. -**12.** Nœud coulant, qui se serre ou se desserre sans se dénouer.

1. **noir, e** [nwaʀ] adj. (lat. *niger*). -**1.** Se dit de la couleur la plus foncée, due à l'absence ou à l'absorption totale des rayons lumineux, par opp. au blanc et aux autres couleurs ; qui a cette couleur : *Des cheveux noirs.* -**2.** De couleur relativement foncée : *Raisin noir. Lunettes noires.* -**3.** Qui est sans luminosité : *Nuit noire. Un long couloir tout noir* (syn. obscur, sombre). -**4.** Sale, crasseux : *Avoir les mains noires.* -**5.** Qui marque ou manifeste le pessimisme, la tristesse, le malheur, etc. : *Des idées noires.* -**6.** Inspiré par la perversité, la méchanceté, la colère, etc. : *Une âme noire. Il nourrit de noirs desseins.* -**7.** FAM. Ivre : *Il est complètement noir.* -**8.** Qui est lié aux forces des ténèbres, aux forces du mal : *Magie noire.* -**9.** Se dit d'un genre romanesque apparu en Angleterre à la fin du XVIIIᵉ s. et qui prend pour thème des aventures fantastiques ou horribles. -**10.** Se dit de la fiction romanesque ou cinématographique, notamm. policière, qui unit les scènes de violence à la peinture réaliste d'une société sordide : *Roman noir. Le film noir américain.* -**11.** Regard noir, regard qui exprime la colère. -**12.** PHYS. Corps noir, corps idéal qui absorbe intégralement tout le rayonnement qu'il reçoit. -**13.** Caisse noire. Fonds qui n'apparaissent pas en comptabilité et que l'on peut utiliser sans contrôle. ‖ Marché noir. Marché parallèle, trafic clandestin de marchandises, notamm. de denrées. ‖ Messe noire. Parodie de messe du culte satanique, célébrée en l'honneur du démon. ‖ Travail noir. Activité professionnelle non déclarée et qui échappe

aux réglementations en matière sociale, fiscale, etc.

2. **noir, e** [nwar] n. (de *1. noir*). (Avec une majuscule). Personne de race noire, race (dite aussi *mélanoderme*) caractérisée par une pigmentation très foncée de la peau (par opp. à *Blanc*, à *Jaune*) : *Les Noirs américains.* ◆ adj. Qui appartient à la race noire ; relatif à la race noire : *Un chanteur noir. L'Afrique noire.*

3. **noir** [nwar] n.m. (de *1. noir*). **- 1.** Couleur noire : *Teindre en noir.* **- 2.** Matière colorante de couleur noire : *Un tube de noir.* **- 3.** Étoffe noire ; vêtement ou couleur de deuil : *Être en noir.* **- 4.** Obscurité ; nuit ; ténèbres : *Avoir peur du noir.* **- 5.** FAM. Travail noir ; marché noir : *Travailler au noir. Acheter au noir.* **- 6.** En noir et blanc, qui ne comporte que des valeurs de noir, de blanc et de gris ; qui n'est pas en couleurs : *Film en noir et blanc.* ‖ Noir animal, charbon* animal. ‖ Noir de carbone, noir de fumée, pigment industriel noir, constitué par de fines particules de carbone. **- 7.** Noir sur blanc, par écrit, formellement : *C'est écrit noir sur blanc dans votre contrat.* ‖ FAM. Petit noir, tasse de café noir, dans un débit de boissons (on dit aussi *un noir*). ‖ Voir tout en noir, être très pessimiste. **- 8.** ZOOL. Poche du noir, organe des céphalopodes contenant l'encre.

noirâtre [nwaratr] adj. D'une couleur qui tire sur le noir.

noiraud, e [nwaro, -od] adj. et n. Qui a les cheveux noirs et le teint brun.

noirceur [nwarsœr] n.f. **- 1.** État de ce qui est noir : *La noirceur de l'ébène* (contr. blancheur). **- 2.** Méchanceté extrême, perfidie : *La noirceur d'un crime* (syn. atrocité, monstruosité).

noircir [nwarsir] v.t. (conj. 32). **- 1.** Rendre noir : *Noircir une étoffe* (contr. blanchir). **- 2.** Peindre sous de couleurs noires, inquiétantes : *Noircir la situation* (syn. dramatiser). **- 3.** FAM. Noircir du papier, écrire abondamment ou écrire des choses de peu de valeur. ◆ v.i. Devenir noir : *Le bois noircit au feu.* ◆ se noircir v.pr. Devenir noir : *Le ciel se noircit.*

noircissement [nwarsismã] n.m. Action, fait de noircir.

noircissure [nwarsisyr] n.f. Tache noire.

noire [nwar] n.f. MUS. Note valant le quart d'une ronde.

noise [nwaz] n.f. (lat. *nausea* "mal de mer"). LITT. Chercher noise, des noises à qqn, lui chercher querelle.

noisetier [nwaztje] n.m. Arbrisseau des bois et des haies, dont le fruit est la noisette (syn. coudrier). □ Famille des bétulacées ; haut. max. 7 m.

noisette [nwazet] n.f. (dimin. de *noix*). **- 1.** Fruit du noisetier, comestible, formé d'une grosse amande dans une coque ligneuse, le tout enchâssé dans une cupule foliacée. **- 2.** Petite quantité d'une matière ; de la grosseur d'une noisette : *Noisette de beurre.* ◆ adj. inv. De la couleur brun clair, tirant sur le roux, de la noisette : *Yeux noisette.*

noix [nwa] n.f. (lat. *nux, nucis*). **- 1.** Fruit à coque ligneuse, entourée d'une écorce verte dite *brou*, produit par le noyer. **- 2.** Fruit de divers arbres ou arbustes à enveloppe ligneuse : *Noix de coco. Noix (de) muscade.* **- 3.** FAM. Personne stupide : *Quelle noix, ce type !* (syn. imbécile). **- 4.** FAM. À la noix (de coco), sans valeur ; négligeable. ‖ FAM. Des noix ! rien du tout ! ; pas question ! **- 5.** Noix de cajou, nom usuel de l'*anacarde.* ‖ Noix de veau, morceau du veau formé par les muscles de la partie interne de la cuisse, qui est débité en rôtis ou en escalopes.

noliser [nɔlize] v.t. (lat. médiév. *naulizare*, du class. *naulum* "fret"). **- 1.** Affréter, louer un bateau, un avion. **- 2.** Avion nolisé, charter.

nom [nɔ̃] n.m. (lat. *nomen*). **- 1.** Mot servant à désigner une personne, un animal ou une chose et à les distinguer des êtres de même espèce : *Durand est son nom de famille.* **- 2.** Prénom : *Choisir un nom pour un enfant.* **- 3.** Personnage : *Les grands noms de la littérature.* **- 4.** Réputation ; renom : *Se faire un nom dans le cinéma.* **- 5.** Mot s'appliquant à chacun des individus d'une catégorie donnée : *Noms d'animaux, de choses.* **- 6.** Mot considéré comme titre d'une qualité, comme qualificatif : *Être digne du nom d'ami.* **- 7.** GRAMM. Catégorie grammaticale regroupant les mots qui désignent soit une espèce ou un représentant de l'espèce (*noms communs*), soit un individu particulier (*noms propres*) [syn. substantif]. **- 8.** Au nom de, de la part ou à la place de ; en considération de : *Au nom de ce que vous avez de plus cher.* ‖ De nom, par le nom seulement : *Je le connais de nom, mais je ne l'ai jamais vu.* ‖ FAM. Petit nom, prénom usuel.

nomade [nɔmad] adj. et n. (lat. *nomas, -adis*, du gr. *nomades* "pasteur"). **- 1.** Qui mène un genre de vie non sédentaire et qui vit principalement de l'élevage. **- 2.** Qui n'a pas de domicile fixe et qui se déplace fréquemment : *Il mène une existence nomade* (syn. itinérant, vagabond).

nomadisme [nɔmadism] n.m. **- 1.** Genre de vie nomade : *Le nomadisme des tribus du désert.* **- 2.** Nomadisme pastoral, genre de vie nomade dans lequel l'élevage est la ressource exclusive ou principale.

no man's land [nomanslãd] n.m. inv. (loc. angl. "terre d'aucun homme"). **- 1.** Territoire inoccupé entre les premières lignes de deux belligérants. - **2.** Zone complètement dévastée, abandonnée.

nombre [nɔ̃bʀ] n.m. (lat. *numerus*). - **1.** Notion fondamentale des mathématiques qui permet de dénombrer, de classer les objets ou de mesurer les grandeurs mais qui ne peut faire l'objet d'une définition stricte : *Nombre entier, relatif, fractionnaire, décimal.* - **2.** Ensemble, collection de personnes ou de choses : *L'ennemi était supérieur en nombre* (syn. quantité). - **3.** GRAMM. Catégorie grammaticale qui permet l'opposition entre le singulier et le pluriel. - **4.** LITTÉR. Harmonie, rythme qui résulte de l'arrangement des mots, en prose ou en poésie. - **5.** Au nombre de, dans un groupe de, parmi, comme faisant partie de : *Il n'a pas été compté au nombre des invités.* || En nombre, en grande quantité ; en masse : *Ils sont venus en nombre.* || Être du nombre, être parmi les participants. || Faire nombre, constituer un ensemble nombreux. || Le nombre, le grand nombre, le plus grand nombre, la majorité des gens. || Loi des grands nombres, loi concernant la fréquence de réalisation d'un événement ayant une probabilité d'arrivée déterminée et selon laquelle la possibilité d'un écart de quelque importance entre la fréquence et la probabilité diminue avec le nombre des épreuves. || Nombre de, bon nombre de, beaucoup ; plusieurs : *Bon nombre de spectateurs sortirent mécontents.* || Sans nombre, innombrable : *Des crimes sans nombre.* - **6.** ARCHIT. Nombre d'or, nombre égal à $\dfrac{1 + \sqrt{5}}{2}$, soit env. 1,618, et correspondant à une proportion considérée comme partic. esthétique.

nombreux, euse [nɔ̃bʀø, -øz] adj. - **1.** Qui est en grand nombre : *Elle a de nombreux amis* (syn. innombrable). - **2.** Qui comprend un grand nombre d'éléments : *Famille nombreuse.*

nombril [nɔ̃bʀi] ou [nɔ̃bʀil] n.m. (lat. pop. **umbiliculus*, class. *umbilicus*). - **1.** Cicatrice du cordon ombilical, au milieu du ventre (syn. ombilic). - **2.** FAM. Se prendre pour le nombril du monde, se donner une importance exagérée.

nombrilisme [nɔ̃bʀilism] n.m. FAM. Attitude d'une personne qui ramène tout à soi-même ; égocentrisme.

nome [nɔm] n.m. (gr. *nomos* "portion de territoire"). HIST. Division administrative de l'ancienne Égypte et de la Grèce moderne.

nomenclature [nɔmɑ̃klatyʀ] n.f. (lat. *nomenclatura*, de *calare* "appeler" et *nomen* "nom"). - **1.** Ensemble des termes techniques d'une discipline, présentés selon un classement méthodique : *La nomenclature chimique.* - **2.** Ensemble des entrées d'un dictionnaire.

nomenklatura [nɔmɛnklatuʀa] n.f. (mot russe "liste de noms"). - **1.** Dans l'ex-U. R. S. S., liste des postes de direction politique et économique et des personnes susceptibles de les occuper. - **2.** Ensemble de personnes jouissant de prérogatives particulières ; classe des personnes en vue, des privilégiés.

nominal, e, aux [nɔminal, -o] adj. (lat. *nominalis*). - **1.** Relatif au nom d'une personne : *Appel nominal* (= qui se fait en désignant les noms). - **2.** Qui n'a que le nom, sans avoir les avantages ou les pouvoirs réels : *Chef nominal d'un parti.* - **3.** GRAMM. Relatif au nom : *L'infinitif est une forme nominale du verbe.* - **4.** Puissance nominale, puissance indiquée par le constructeur, correspondant au travail théorique maximal que peut fournir une machine en une seconde. || FIN. Valeur nominale, valeur inscrite sur une monnaie, un effet de commerce ou une valeur mobilière, qui correspond à la valeur théorique d'émission et de remboursement. || GRAMM. Phrase nominale, phrase sans verbe, phrase à prédicat non verbal (ex. : *Plus rien à l'horizon*).

nominalement [nɔminalmɑ̃] adv. De façon nominale : *Figurer nominalement sur une liste.*

nominalisation [nɔminalizasjɔ̃] n.f. LING. Action de nominaliser.

nominaliser [nɔminalize] v.t. (de *nominal*). LING. Transformer une phrase en un groupe nominal (ex. : *le chauffeur est prudent* devient *la prudence du chauffeur*).

nominalisme [nɔminalism] n.m. (de *nominal*). Doctrine philosophique selon laquelle le concept n'est qu'un nom et n'existent effectivement que les individus auxquels renvoient les noms. ◆ **nominaliste** adj. et n. Relatif au nominalisme ; adepte de cette doctrine.

1. nominatif, ive [nɔminatif, -iv] adj. (du lat. *nominare* "nommer, appeler"). - **1.** Qui contient des noms : *État nominatif des employés.* - **2.** Se dit d'un titre dont la preuve de propriété résulte de l'inscription du nom de son possesseur sur un registre de la société émettrice (par opp. à titre *au porteur*).

2. nominatif [nɔminatif] n.m. (lat. *nominativus*). GRAMM. Cas exprimant la fonction grammaticale de sujet ou d'attribut du sujet, dans les langues à déclinaison.

nomination [nɔminasjɔ̃] n.f. (lat. *nominatio*). Désignation d'une personne à un emploi, une fonction ou une dignité : *Nomination d'un directeur.*

nominativement [nɔminativmɑ̃] adv. (de *1. nominatif*). En spécifiant le nom ; par le nom : *Être appelé nominativement.*

nominer [nɔmine] v.t. (angl. *to nominate* "proposer"). Sélectionner des personnes, des œuvres pour un prix, une distinction. **Rem.** Ce calque de l'anglais, critiqué par les puristes, est d'un usage courant dans la langue journalistique. (Recomm. off. *sélectionner*.)

nommé, e [nɔme] adj. et n. - **1.** Qui est appelé, qui porte tel ou tel nom : *Louis XII, nommé le Père du peuple*. - **2.** À point nommé → **point**.

nommément [nɔmemɑ̃] adv. (de *nommé*). En désignant ou en étant désigné par le nom : *Être accusé nommément*.

nommer [nɔme] v.t. (lat. *nominare*). - **1.** Désigner qqn, qqch par un nom. - **2.** Qualifier d'un nom : *Il travaille dans ce local vétuste qu'il nomme son laboratoire*. - **3.** Choisir pour remplir certaines fonctions : *On l'a nommé directeur*. - **4.** Instituer en qualité de : *Nommer qqn son héritier*. ◆ **se nommer** v.pr. - **1.** (Suivi d'un attribut). Avoir pour nom : *Elle se nomme Dominique X* (syn. s'appeler). - **2.** Se faire connaître par son nom : *Il ne s'est même pas nommé*.

non [nɔ̃] adv. (lat. *non*). - **1.** Indique une réponse négative. *Viendrez-vous ? - Non.* - **2.** Équivaut à une proposition négative : *Je lui ai demandé s'il viendrait, il m'a répondu que non.* - **3.** Joint à une interrogative, manifeste une demande de confirmation : *Tu as bien affirmé cela, non ?* (syn. n'est-ce pas). - **4.** Sur un ton interrogatif, marque l'étonnement, le refus de croire à ce qui vient d'être dit : *Non ? C'est vraiment incroyable ! Il n'est pas arrivé. - Non ?* - **5.** Avec une phrase exclamative, indique l'indignation : *Ah non, vous ne sortirez pas !* - **6.** Devant un participe ou un adjectif, en indique la négation, le contraire : *Non vérifiable*. - **7.** S'emploie en composition avec un nom ou un adjectif pour en constituer l'antonyme : *Non-ingérence. Non-violent*. - **8.** **Non pas que, non que**, indiquent que l'on écarte la cause que l'on pourrait supposer pour y substituer la cause véritable : *Il ne réussit pas, non qu'il soit paresseux, mais parce qu'il est malchanceux.* ‖ **Non plus**, équivaut à *aussi* dans une phrase négative : *Je ne veux pas de sucre non plus, merci !* ‖ **Non seulement..., mais encore, pas seulement, pas uniquement** : *Il est non seulement brillant, mais encore extrêmement sympathique*. ◆ n.m. inv. Expression du refus, du désaccord : *J'ai eu droit à un non catégorique*.

non-accompli, e [nɔnakɔpli] adj. et n.m. LING. Syn. de *imperfectif*.

non-activité [nɔnaktivite] n.f. État d'un fonctionnaire, d'un militaire de carrière temporairement sans emploi.

nonagénaire [nɔnaʒenɛʀ] adj. et n. (lat. *nonagenarius* "composé de 90 unités"). Qui a atteint quatre-vingt-dix ans.

non-agression [nɔnagʀesjɔ̃] n.f. - **1.** Absence d'agression ; fait de ne pas attaquer. - **2.** Pacte de **non-agression**, convention conclue entre des États qui s'engagent à ne pas régler leurs différends par la force.

non-aligné, e [nɔnaliɲe] adj. et n. Qui pratique le non-alignement : *La conférence des pays non-alignés*.

non-alignement [nɔnaliɲəmɑ̃] n.m. Position politique de certains États, notamm. du tiers-monde, qui ont refusé de s'intégrer à l'un des blocs antagonistes, lors de l'affrontement Est-Ouest.

nonante [nɔnɑ̃t] adj. num. card. inv. et n.m. inv. (lat. *nonaginta*). BELG., HELV. Quatre-vingt-dix.

non-assistance [nɔnasistɑ̃s] n.f. Abstention volontaire de porter assistance à qqn : *Être poursuivi pour non-assistance à personne en danger*.

non-belligérance [nɔbeliʒeʀɑ̃s] n.f. État d'un pays qui, sans être totalement neutre dans un conflit, ne prend pas part aux opérations militaires : *Accords de non-belligérance*.

non-belligérant, e [nɔbeliʒeʀɑ̃, -ɑ̃t] adj. et n. Qui ne participe pas à un conflit (contr. belligérant).

nonce [nɔ̃s] n.m. (it. *nunzio*, du lat. *nuntius* "envoyé"). **Nonce apostolique**, prélat chargé de représenter le pape auprès d'un gouvernement étranger.

nonchalamment [nɔ̃ʃalamɑ̃] adv. Avec nonchalance.

nonchalance [nɔ̃ʃalɑ̃s] n.f. - **1.** Absence d'ardeur, d'énergie, de zèle : *Il travaille avec nonchalance* (syn. mollesse). - **2.** Manque de vivacité ; lenteur naturelle ou affectée dans l'attitude : *Marcher avec nonchalance* (syn. indolence, langueur).

nonchalant, e [nɔ̃ʃalɑ̃, -ɑ̃t] adj. et n. (de *chalant*, de l'anc. v. *chaloir*, du lat. *calere* "être chaud"). - **1.** Qui manque de zèle, d'ardeur, d'énergie : *Élève nonchalant* (syn. apathique, mou). - **2.** Qui manque de vivacité ; dont les gestes sont lents et vagues : *Allure nonchalante* (syn. traînant).

nonciature [nɔ̃sjatyʀ] n.f. (it. *nunziatura*). - **1.** Fonction d'un nonce du pape ; exercice de cette charge. - **2.** Résidence du nonce.

non-combattant, e [nɔ̃kɔ̃batɑ̃, -ɑ̃t] adj. et n. Qui ne prend pas une part effective au combat, en parlant du personnel militaire : *Les infirmières et les médecins sont considérés comme des non-combattants*.

non-comparution [nɔ̃kɔ̃paʀysjɔ̃] n.f. DR. Fait de s'abstenir de comparaître en justice.

non-conciliation [nɔ̃kɔ̃siljasjɔ̃] n.f. DR. Défaut de conciliation.

non-conformisme [nɔ̃kɔ̃fɔʀmism] n.m. Attitude d'indépendance à l'égard des usages établis, des idées reçues.

non-conformiste [nɔ̃kɔ̃fɔʀmist] adj. et n. - **1.** Se dit de qqn, de son attitude, qui fait preuve de non-conformisme, qui affiche son originalité. - **2.** HIST. Protestant qui ne suit pas la religion anglicane, en Angleterre.

non-conformité [nɔ̃kɔ̃fɔʀmite] n.f. Défaut de conformité : *La non-conformité d'un jouet aux normes de sécurité.*

non-croyant, e [nɔ̃kʀwajɑ̃, -ɑ̃t] adj. et n. Qui n'appartient à aucune confession religieuse (syn. agnostique, athée).

non-dénonciation [nɔ̃denɔ̃sjasjɔ̃] n.f. DR. Fait de ne pas révéler une infraction dont on a eu connaissance.

non-directif, ive [nɔ̃diʀɛktif, -iv] adj. Où l'on évite toute pression sur l'interlocuteur ; qui relève du non-directivisme : *Un entretien non-directif.*

non-directivisme [nɔ̃diʀɛktivism] n.m. PSYCHOL. Théorie qui préconise une attitude de disponibilité absolue et d'abstention de tout conseil ou interprétation, dans les relations de type pédagogique ou psychothérapique.

non-directivité [nɔ̃diʀɛktivite] n.f. Caractère, méthode non-directifs.

non-discrimination [nɔ̃diskʀiminasjɔ̃] n.f. Attitude de ceux qui rejettent toute discrimination sociale, ethnique, religieuse : *Prôner la non-discrimination en matière d'emploi.*

non-dissémination [nɔ̃diseminasjɔ̃] n.f. Non-prolifération : *Non-dissémination des armes nucléaires.*

non-dit [nɔ̃di] n.m. Ce que l'on évite de dire ; ce que l'on tait, génér. de manière délibérée : *Les non-dits d'un texte.*

none [nɔn] n.f. (lat. *nona*, fém. de *nonus* "neuvième"). - **1.** ANTIQ. ROM. Quatrième partie du jour, commençant après la neuvième heure, c'est-à-dire vers 3 heures de l'après-midi. - **2.** CATH. Partie de l'office monastique ou du bréviaire qui se récite à 15 heures.

non-engagé, e [nɔ̃nɑ̃ɡaʒe] adj. et n. Qui pratique le non-engagement : *Les pays non-engagés.*

non-engagement [nɔ̃nɑ̃ɡaʒmɑ̃] n.m. Attitude de celui qui reste libre à l'égard de toute position politique, qui ne s'engage pas dans un conflit.

nones [nɔn] n.f. pl. (lat. *nonae*). ANTIQ. ROM. Septième jour de mars, mai, juillet et octobre, cinquième jour des autres mois.

non-être [nɔ̃nɛtʀ] n.m. inv. PHILOS. - **1.** Ce qui n'a pas d'existence, de réalité. - **2.** Absence d'être ; néant.

non-euclidien, enne [nɔ̃nøklidjɛ̃, -ɛn] adj. Se dit d'une géométrie où l'on nie l'axiome d'Euclide.

non-exécution [nɔ̃neɡzekysjɔ̃] n.f. DR. Défaut d'exécution : *La non-exécution d'une clause d'un contrat.*

non-existence [nɔ̃neɡzistɑ̃s] n.f. Fait de ne pas être, de ne pas exister.

non-figuratif, ive [nɔ̃fiɡyʀatif, -iv] adj. et n. ART CONTEMP. Abstrait : *Toile non-figurative.*

non-fumeur, euse [nɔ̃fymœʀ, -øz] n. - **1.** Personne qui ne fume pas. - **2.** (En appos.). Qui est réservé aux non-fumeurs : *Un compartiment non-fumeur.*

non-ingérence [nɔ̃nɛ̃ʒeʀɑ̃s] n.f. Attitude qui consiste à ne pas s'ingérer dans les affaires d'autrui.

non-initié, e [nɔ̃ninisje] n. et adj. Personne profane dans un certain domaine.

non-inscrit, e [nɔ̃nɛ̃skʀi, -it] n. et adj. Député qui n'est pas inscrit à un groupe parlementaire.

non-intervention [nɔ̃nɛ̃tɛʀvɑ̃sjɔ̃] n.f. Attitude d'un État qui n'intervient pas dans les affaires des autres États, lorsqu'il n'y est pas directement intéressé.

non-interventionniste [nɔ̃nɛ̃tɛʀvɑ̃sjɔnist] n. et adj. Partisan de la non-intervention : *Suivre une politique non-interventionniste.*

non-lieu [nɔ̃ljø] n.m. DR. Arrêt, ordonnance de non-lieu, décision du juge d'instruction ou de la chambre d'accusation, selon laquelle il n'y a pas lieu à poursuivre en justice : *Le tribunal a conclu au non-lieu.*

non-métal [nɔ̃metal] n.m. (pl. *non-métaux*). CHIM. Corps simple non métallique (syn. vx. métalloïde).

nonne [nɔn] n.f. (lat. ecclés. *nonna*, terme de respect équivalent à *mère*). VIEILLI. Religieuse.

nonobstant [nɔnɔpstɑ̃] prép. et adv. (anc. fr. *obstant*, lat. *obstans* "empêchant"). LITT. Marque une opposition très forte à ce qui vient d'être dit : *Nonobstant ses protestations, elle fut emmenée au commissariat* (syn. malgré, en dépit de). *Il perd toujours, nonobstant il continue à jouer* (syn. cependant).

non-paiement [nɔ̃pemɑ̃] n.m. Défaut de paiement : *Le non-paiement de la facture entraînera des poursuites.*

non-prolifération [nɔ̃pʀɔliferasjɔ̃] n.f. Limitation de la production et du stockage des armes nucléaires dans le monde.

non-recevoir [nɔ̃ʀəsəvwaʀ] n.m. - **1.** Fin de non-recevoir, moyen de défense tendant à faire écarter une demande en justice, sous le prétexte que celui qui intente l'action n'est pas fondé à le faire. - **2.** Opposer une fin de non-recevoir à qqn, refuser d'accéder à sa demande sans en examiner le bien-fondé.

non-résident [nɔ̃ʀezidɑ̃] n.m. Personne ayant sa résidence habituelle à l'étranger.

non-respect [nɔ̃ʀɛspɛ] n.m. Fait de ne pas respecter une obligation légale, réglementaire, etc. : *Le non-respect de la loi* (syn. transgression).

non-retour [nɔ̃ʀətuʀ] n.m. Point de non-retour, moment à partir duquel on ne peut plus annuler une action en cours, revenir en arrière : *Atteindre le point de non-retour.*

non-sens [nɔ̃sɑ̃s] n.m. inv. Phrase ou parole dépourvue de sens ; chose absurde : *Non-sens dans une version latine. Cette gestion à court terme est un non-sens* (syn. absurdité).

non-spécialiste [nɔ̃spesjalist] n. et adj. Personne qui n'est pas spécialiste dans un domaine donné : *Ouvrage accessible pour les non-spécialistes.*

non-stop [nɔnstɔp] adj. inv. (mot angl.). - **1.** Continu ; sans interruption : *Vol non-stop de Paris à Vancouver* (syn. direct). - **2.** SPORTS. *Descente non-stop*, en ski, descente d'entraînement effectuée avant la compétition, en génér. d'une seule traite, afin de reconnaître la piste.

non-tissé [nɔ̃tise] n.m. Étoffe obtenue par liage mécanique, chimique ou thermique de fibres ou de filaments textiles disposés en nappes : *Linge en non-tissé.*

non-viable [nɔ̃vjabl] adj. - **1.** Se dit d'un fœtus n'ayant pas atteint le stade de développement intra-utérin suffisant pour être apte à vivre (par opp. à *viable*). - **2.** Se dit d'un nouveau-né ayant des lésions incompatibles avec la vie.

non-violence [nɔ̃vjɔlɑ̃s] n.f. - **1.** Principe de conduite en vertu duquel on renonce à la violence comme moyen d'action politique. - **2.** Abstention de toute violence, dans quelque domaine que ce soit.

non-violent, e [nɔ̃vjɔlɑ̃, -ɑ̃t] n. et adj. - **1.** Partisan de la non-violence : *Des non-violents sont couchés sur la voie.* - **2.** Qui ne participe d'aucune violence : *Manifestation non-violente.*

non-voyant, e [nɔ̃vwajɑ̃, -ɑ̃t] n. Personne qui ne voit pas : *Livre pour non-voyants* (syn. aveugle).

nopal [nɔpal] n.m. (mot esp. du nahuatl *nopalli*) [pl. *nopals*]. Opuntia à rameaux aplatis, cultivé autref. pour l'élevage de la cochenille, et dont les fruits, appelés *figues de Barbarie*, sont comestibles.

nord [nɔʀ] n.m. inv. (anc. angl. *north*). - **1.** L'un des quatre points cardinaux situé dans la direction de l'étoile polaire : *Le vent du nord* (syn. litt. septentrion). □ Le nord est situé sur l'axe de rotation terrestre, dans la direction telle qu'un observateur, placé au point où cet axe perce la Terre et regardant au-dessus de sa tête, voit les étoiles se déplacer dans le sens inverse des aiguilles d'une montre. - **2.** (Avec une majuscule). Partie d'un territoire ou du globe terrestre située vers ce point : *Le Nord canadien. Le grand Nord.* - **3.** (Avec une majuscule). Ensemble des pays industrialisés situés dans l'hémisphère Nord (par opp. à *pays en développement*) : *Dialogue Nord-Sud.* - **4.** FAM. Perdre le nord, ne plus savoir où l'on en est ; perdre la tête : *Dans cette affaire, il n'a pas perdu le nord* (= il ne s'est pas affolé). ◆ adj. inv. Situé au nord : *Escalader une montagne par la face nord* (syn. septentrional).

nord-africain, e [nɔʀafʀikɛ̃, -ɛn] adj. et n. (pl. *nord-africains, es*). De l'Afrique du Nord.

nord-américain, e [nɔʀamerikɛ̃, -ɛn] adj. et n. (pl. *nord- américains, es*). De l'Amérique du Nord.

nord-est [nɔʀɛst] ou [nɔʀdɛst] n.m. inv. et adj. inv. - **1.** Point de l'horizon situé entre le nord et l'est : *Se diriger vers le nord-est.* - **2.** Partie d'un territoire situé vers ce point : *Le nord-est de la France. L'Afrique du Nord-Est.*

nordique [nɔʀdik] adj. et n. (all. *nordisch*). - **1.** Relatif aux pays et aux peuples du nord de l'Europe : *Culture nordique. Une nordique blonde.* - **2.** CAN. Relatif aux régions situées les plus au nord. - **3.** Langues nordiques, groupe de langues germaniques comprenant le suédois, le norvégien, le danois et l'islandais (on dit aussi *langues scandinaves*).

nordiste [nɔʀdist] n. et adj. (de *nord*). Partisan du gouvernement fédéral pendant la guerre de Sécession, aux États-Unis (par opp. à *sudiste*).

nord-ouest [nɔʀwɛst] ou [nɔʀdwɛst] n.m. inv. et adj. inv. - **1.** Point de l'horizon situé entre le nord et l'ouest : *Aller vers le nord-ouest.* - **2.** Partie d'un territoire située vers ce point : *Le nord-ouest de l'Espagne. L'Afrique du Nord-Ouest.*

noria [nɔʀja] n.f. (mot esp. de l'ar. *nāūra*). Machine hydraulique formée de godets attachés à une chaîne sans fin, plongeant renversés et remontant pleins.

normal, e, aux [nɔʀmal, -o] adj. (lat. *normalis*, de *norma* "équerre"). - **1.** Qui est conforme à une moyenne considérée comme une norme ; qui n'a rien d'exceptionnel : *Le prix normal d'une denrée* (syn. courant, ordinaire). *En temps normal* (= d'habitude). - **2.** Qui ne présente aucun trouble pathologique : *Son cœur est normal. Il n'est pas dans son état normal.* - **3.** CHIM. Se dit d'une solution titrée, servant aux dosages chimiques et contenant une mole d'éléments actifs par litre. - **4.** MATH. Perpendiculaire. - **5.** École normale (primaire), établissement de l'enseignement public où l'on formait les instituteurs.

□ Elle est, depuis 1991, remplacée par l'*Institut universitaire de formation des maîtres* (I.U.F.M.). ‖ **École normale supérieure,** établissement de l'enseignement public où l'on forme des professeurs de l'enseignement secondaire, certains membres de l'enseignement supérieur et du personnel de recherche.

normale [nɔʀmal] n.f. - **1.** État normal, habituel : *Revenir à la normale.* - **2.** MATH. Droite perpendiculaire. - **3.** Normale à une surface (en un point), perpendiculaire au plan tangent en ce point.

normalement [nɔʀmalmɑ̃] adv. De façon normale : *Normalement, le train arrive à dix heures* (syn. habituellement, ordinairement ; contr. exceptionnellement).

normalien, enne [nɔʀmaljɛ̃, -ɛn] n. Élève d'une école normale, d'une école normale supérieure.

normalisation [nɔʀmalizasjɔ̃] n.f. Action de normaliser.

normalisé, e [nɔʀmalize] adj. Taille normalisée, taille d'un vêtement de confection établie selon les mesures moyennes.

normaliser [nɔʀmalize] v.t. (de *normal*). - **1.** Faire revenir à une situation normale : *Normaliser des relations diplomatiques.* - **2.** Émettre des normes, des règles techniques destinées à uniformiser et à simplifier des processus ou des produits en vue d'un meilleur rendement ou d'un usage plus facile ; soumettre à ces normes : *Normaliser un appareil* (syn. standardiser). ◆ **se normaliser** v.pr. Devenir normal : *La situation politique tend à se normaliser.*

normalité [nɔʀmalite] n.f. (de *normal*). - **1.** Caractère de ce qui est conforme à une norme ; spécial., caractère de ce qui n'est pas pathologique : *La normalité d'un comportement.* - **2.** CHIM. Rapport de la concentration d'une solution titrée à celle de la solution normale.

normand, e [nɔʀmɑ̃, -ɑ̃d] adj. et n. (frq. *nortmann "homme du Nord"). - **1.** De la Normandie : *Paysages normands.* - **2.** Race normande, race bovine, bonne laitière et bonne race de boucherie, à robe caractéristique tachetée comprenant toujours les trois couleurs blond, noir et blanc. ‖ *Réponse de Normand,* réponse ambiguë. ◆ **normand** n.m. Dialecte de langue d'oïl de la Normandie.

normatif, ive [nɔʀmatif, -iv] adj. (de *norme*). Dont on dégage des règles ou des préceptes ; qui établit une norme : *Grammaire normative.*

norme [nɔʀm] n.f. (lat. *norma,* propr. "équerre"). - **1.** État habituel, conforme à la règle établie : *Rester dans la norme* (syn.

système). - **2.** Critère, principe auquel se réfère tout jugement de valeur moral ou esthétique : *Norme juridique* (syn. modèle). - **3.** TECHN. Règle fixant le type d'un objet fabriqué, les conditions techniques de production : *Appareil qui est conforme aux normes.* - **4.** Norme de productivité, productivité moyenne d'une branche économique.

noroît ou **norois** [nɔʀwa] n.m. (forme dialect. altérée de *nord-ouest*). MAR. Vent soufflant du nord-ouest.

norvégien, enne [nɔʀveʒjɛ̃, -ɛn] adj. et n. De Norvège : *Fjord norvégien.* ◆ **norvégien** n.m. Langue nordique parlée en Norvège.

nos [no] adj. poss. ⟶ **notre.**

nosographie [nɔzɔɡʀafi] n.f. (de *noso-* et *-graphie*). Classification descriptive des maladies.

nostalgie [nɔstalʒi] n.f. (gr. scientif. *nostalgia,* de *nostos* "retour"). - **1.** Tristesse et état de langueur causés par l'éloignement du pays natal : *Nostalgie des exilés* (= mal du pays). - **2.** Regret attendri ou désir vague accompagné de mélancolie : *Avoir la nostalgie de sa jeunesse.*

nostalgique [nɔstalʒik] adj. et n. Qui est atteint de nostalgie, de regret du passé, du pays natal. ◆ adj. Qui provoque la nostalgie, inspiré par la nostalgie : *Chanson nostalgique* (syn. mélancolique).

nota bene [nɔtabene] n.m. inv. (loc. lat. "notez bien"). Note mise dans la marge ou au bas d'un texte écrit. (Abrév. *N. B.*)

notabilité [nɔtabilite] n.f. (de 2. *notable*). Personne en vue par sa situation ou son autorité morale, intellectuelle : *Inviter les notabilités locales* (syn. personnalité, sommité).

1. notable [nɔtabl] adj. (lat. *notabilis,* de *notare* "remarquer"). Digne d'être noté : *Un changement notable* (syn. important, sensible).

2. notable [nɔtabl] n.m. (de 1. *notable*). - **1.** Personne qui a une situation sociale de premier rang dans une ville, une région : *Les notables de la ville* (syn. sommité). - **2.** HIST. Assemblée des notables, assemblée de membres représentatifs des trois ordres du royaume de France, auxquels les rois demandaient avis dans certains cas.

notablement [nɔtabləmɑ̃] adv. D'une manière notable, appréciable : *La tension entre eux a notablement diminué* (syn. considérablement, sensiblement).

notaire [nɔtɛʀ] n.m. (lat. *notarius* "sténographe", de *notare* "noter"). Officier public et ministériel qui reçoit et rédige les actes, les contrats, etc., pour leur conférer un caractère authentique, obligatoire dans certains cas : *Contrat signé devant notaire.*

notamment [nɔtamɑ̃] adv. (de *notant*, p. présent de *noter*). Spécialement ; particulièrement ; entre autres : *Elle adore la littérature, notamment les romans anglais.*

notarial, e, aux [nɔtaRjal, -o] adj. (de *notaire*). Qui se rapporte aux notaires, à leurs fonctions : *Archives notariales.*

notariat [nɔtaRja] n.m. - **1.** Ensemble de la profession notariale. - **2.** Fonction, charge de notaire : *Se destiner au notariat.*

notarié, e [nɔtaRje] adj. Passé devant notaire : *Acte notarié.*

notation [nɔtasjɔ̃] n.f. (lat. *notatio*, de *notare* "noter"). - **1.** Action d'indiquer, de représenter par un système de signes conventionnels ; ce système : *Notation algébrique, chorégraphique, musicale.* - **2.** Courte remarque : *Jeter sur le papier quelques notations rapides* (syn. annotation, observation). - **3.** Action de noter : *La notation d'un devoir.*

note [nɔt] n.f. (lat. *nota*). - **1.** Courte indication que l'on écrit pour se rappeler qqch : *Prendre des notes.* - **2.** Brève communication écrite destinée à informer, notamm. dans un contexte administratif : *Faire une note de service. Une note de la direction* (syn. avis, circulaire). - **3.** Courte remarque apportant un commentaire, un éclaircissement sur un texte : *Notes en bas de page* (syn. annotation). - **4.** Marque distinctive : *Une note de gaieté* (syn. touche, nuance). - **5.** Évaluation, souvent chiffrée, de la valeur de qqn, de sa conduite, de son travail, etc. : *Une note de 12/20* (syn. appréciation). - **6.** Détail d'un compte à acquitter : *Note d'hôtel* (syn. addition, facture). - **7.** MUS. Signe conventionnel qui indique par sa position sur la portée la hauteur d'un son musical et par sa forme *(figure de note)* la durée relative de ce son ; son musical correspondant à ce signe ; syllabe ou lettre le désignant : *Chanter les notes de la gamme (do ou ut, ré, mi, fa, sol, la, si). Note grave, aiguë.* - **8.** Donner la note, indiquer le ton, ce qu'il convient de faire. ‖ Être dans la note, faire ce qui convient : *Quoi qu'elle fasse, elle est toujours dans la note.* ‖ Forcer la note, exagérer. ‖ Note diplomatique, correspondance entre un ministère des Affaires étrangères et les agents d'une mission diplomatique. ‖ Note juste, détail exact, en accord avec la situation. ‖ Prendre (bonne) note de qqch, retenir qqch, le noter pour en tenir compte par la suite.

noter [nɔte] v.t. (lat. *notare*). - **1.** Faire une marque sur ce qu'on veut retenir : *Noter un passage* (syn. cocher, souligner). - **2.** Mettre par écrit : *Noter un rendez-vous* (syn. enregistrer, inscrire). *Noter quelques idées sur le papier* (syn. jeter, consigner). - **3.** Prendre garde à : *Noter un changement dans le comportement de qqn* (syn.

constater, observer). - **4.** Écrire de la musique avec des signes convenus : *Noter un air* (syn. transcrire). - **5.** Apprécier le travail, la valeur de qqn : *Noter des devoirs.*

notice [nɔtis] n.f. (lat. *notitia* "connaissance", et, en bas lat. "liste", de *noscere* "connaître"). Exposé succinct, résumé par écrit sur un sujet particulier ; ensemble d'indications sommaires : *Notice biographique. Consulter la notice avant la mise en marche de l'appareil* (= mode d'emploi).

notification [nɔtifikasjɔ̃] n.f. Action de notifier : *La notification de la résiliation d'un contrat* (syn. avis).

notifier [nɔtifje] v.t. (lat. *notificare* "faire connaître") [conj. 9]. Faire connaître à qqn dans les formes légales ou usitées ; faire part, avertir de : *Notifier à l'accusé l'arrêt de la cour* (syn. signifier). *Il nous a notifié son refus* (syn. annoncer, communiquer).

notion [nɔsjɔ̃] n.f. (lat. *notio*, de *noscere* "connaître"). - **1.** Idée qu'on a de qqch : *La notion de bien, de mal* (syn. concept, idée). - **2.** (Surtout au pl.). Connaissance élémentaire d'une science, d'un art : *Avoir quelques notions d'allemand* (syn. rudiments). - **3.** Connaissance intuitive qu'on a de qqch d'abstrait : *Perdre la notion du temps* (syn. conscience, sens).

notoire [nɔtwaR] adj. (lat. juridique *notorius* "qui fait connaître", de *noscere* "connaître"). - **1.** Se dit de ce qui est connu de façon certaine d'un très grand nombre de personnes : *Le fait est notoire* (syn. avéré, incontestable). - **2.** Se dit de qqn connu comme possédant telle qualité, tel défaut : *Un alcoolique notoire.*

notoirement [nɔtwaRmɑ̃] adv. Manifestement : *Des crédits notoirement insuffisants* (syn. indiscutablement).

notoriété [nɔtɔRjete] n.f. (du lat. juridique *notorius* ; v. *notoire*). - **1.** Caractère d'une personne ou d'un fait notoire : *Leur mésentente est de notoriété publique* (= connue de tout le monde). - **2.** Fait d'être avantageusement connu : *Acquérir une certaine notoriété* (syn. célébrité, renom). - **3.** DR. Acte de notoriété, acte destiné à attester un fait notoire et constant, et délivré par un officier public ou un magistrat.

notre, nos [nɔtR, no] adj. poss. (lat. *noster*). Correspondent au possesseur de la 1re pers. du pl., pour indiquer : - **1.** Un rapport de possession : *Notre maison. Nos livres.* - **2.** Un rapport d'ordre, de hiérarchie, de filiation : *Notre grand-père. Nos amis. Notre instituteur.*

nôtre [notR] pron. poss. (lat. *noster*). [Précédé de l'art. déf.]. - **1.** Désigne ce qui appartient ou se rapporte à un possesseur de 1ʳᵉ pers. du pl. : *Sa famille est plus aisée que la nôtre.* -**2.** Être des nôtres, faire partie de notre groupe, partager notre activité. ‖ **Les nôtres,** nos parents, nos proches ; nos alliés, nos partisans. ◆ adj. poss. SOUT. (En fonction d'attribut). Qui est à nous : *Cette maison est nôtre.*

notule [nɔtyl] n.f. (bas lat. *notula*). Courte note commentant un point de détail d'un texte ou exposant brièvement une question ; annotation.

nouage [nwaʒ] n.m. -**1.** Action de nouer. -**2.** Opération de tissage qui consiste à nouer les fils d'une chaîne terminée à ceux de la chaîne nouvelle qui lui succède.

nouba [nuba] n.f. (mot ar. "tour de rôle"). -**1.** Musique des anciens régiments de tirailleurs nord-africains. -**2.** FAM. Fête : *Faire la nouba.*

nouer [nwe] v.t. (lat. *nodare*) [conj. 6]. -**1.** Faire un nœud à ; réunir par un nœud : *Nouer une cravate.* -**2.** Lier, tenir attaché, fermé par un lien auquel on a fait un nœud : *Nouer ses cheveux* (syn. attacher). -**3.** Former des liens plus ou moins étroits avec qqn, un groupe : *Nouer une amitié* (syn. contracter, lier). -**4.** LITT. Organiser dans le détail une affaire compliquée : *Nouer un complot* (syn. ourdir). -**5.** Avoir la gorge nouée, contractée, serrée par l'émotion. ‖ **Nouer la conversation,** l'engager.

noueux, euse [nwø, øz] adj. (lat. *nodosus,* de *nodus* "nœud". -**1.** Se dit du bois qui a beaucoup de nœuds. -**2.** Qui présente des nodosités : *Des doigts noueux.*

nougat [nuga] n.m. (mot prov. "tourteau de noix"). Confiserie de sucre, de miel et de blancs d'œufs frais ou desséchés, additionnée d'amandes, de noisettes ou encore de pistaches : *Du nougat de Montélimar.*

nougatine [nugatin] n.f. -**1.** Nougat dur, fait d'amandes broyées et de caramel. -**2.** Génoise pralinée et garnie d'amandes ou de noisettes grillées et hachées.

nouille [nuj] n.f. (all. *Nudel*). Pâte alimentaire à base de semoule de blé dur, laminée, découpée en lanières minces, déshydratée et prête à l'emploi culinaire. ◆ adj. et n.f. FAM. Se dit d'une personne sans énergie et peu dégourdie : *Ce qu'il peut être nouille !* (syn. gauche, nigaud).

nounou [nunu] n.f. (de *nourrice*) [pl. *nounous*]. Nourrice, dans le langage enfantin.

nourrice [nuʀis] n.f. (bas lat. *nutricia,* fém. de *nutricius* "nourricier"). -**1.** Femme qui allaitait un enfant d'une autre femme. -**2.** Femme qui garde des enfants à son domicile contre rémunération : *Confier son enfant à une nourrice pendant les heures de bureau.* (On dit aussi auj. *assistante maternelle, gardienne.*) -**3.** Réservoir supplémentaire pour l'alimentation d'une chaudière ou d'un moteur. -**4.** TECHN. Pièce d'où partent plusieurs tuyauteries divergentes.

nourricier, ère [nuʀisje, -ɛʀ] adj. Qui nourrit, procure la nourriture : *Terre nourricière.*

nourrir [nuʀiʀ] v.t. (lat. *nutrire*) [conj. 32]. -**1.** Fournir des aliments à ; faire vivre en donnant des aliments : *Nourrir qqn* (syn. alimenter). *Nourrir des oiseaux avec des graines.* -**2.** Donner les moyens de vivre et de subsister : *Il a cinq personnes à nourrir* (syn. entretenir). -**3.** SOUT. Donner une formation à qqn, lui fournir des idées, etc. : *La lecture nourrit l'esprit* (syn. former). -**4.** Entretenir, faire durer un sentiment : *Nourrir l'espoir* (syn. caresser). -**5.** Entretenir en accroissant l'importance : *Le bois stocké nourrissait l'incendie* (syn. alimenter). -**6.** Renforcer la matière d'un discours, d'un texte, d'une œuvre, etc. : *Nourrir la conversation d'anecdotes amusantes* (syn. entretenir). -**7.** Feu, tir nourri, feu, tir intense. ◆ **se nourrir** v.pr. [de]. -**1.** Absorber des aliments : *Malade qui recommence à se nourrir* (syn. manger, se sustenter). *Se nourrir de légumes* (syn. consommer). -**2.** Tirer sa force, sa substance de : *Préjugés qui se nourrissent de l'ignorance.* -**3.** Se nourrir d'illusions, entretenir des illusions qui donnent une raison d'espérer, de vivre : *Il se nourrit d'illusions alors qu'il n'y a plus d'espoir* (= il s'en repaît, s'en abreuve).

nourrissant, e [nuʀisɑ̃, -ɑ̃t] adj. Qui nourrit bien : *Les lentilles sont nourrissantes* (syn. nutritif).

nourrisson [nuʀisɔ̃] n.m. (du bas lat. *nutritio* "action de nourrir"). Enfant en bas âge, depuis la chute du cordon jusqu'à deux ans. **Rem.** Jusqu'à la chute du cordon, on dit *nouveau-né.*

nourriture [nuʀityʀ] n.f. (bas lat. *nutritura*). -**1.** Action de nourrir un être vivant : *Assurer la nourriture du bétail* (syn. subsistance). -**2.** Toute substance qui sert à l'alimentation des êtres vivants : *Oiseau qui cherche sa nourriture* (= ses aliments). *Une nourriture saine* (syn. alimentation). -**3.** LITT. Ce qui nourrit le cœur, l'esprit : *Les nourritures intellectuelles.*

nous [nu] pron. pers. (lat. *nos*). -**I.** Désigne la 1ʳᵉ pers. du pl., aux deux genres, dans les fonctions de : -**1.** Sujet : *Nous passerons te voir la semaine prochaine.* -**2.** Compl. d'objet direct ou indirect, compl. d'attribution, compl. prépositif : *Ils nous ont trompés. Elle nous a donné un rendez-vous. Tous ces cadeaux sont-ils pour nous ?* -**3.** Reprise du sujet *nous* dans les formes verbales pronominales : *Nous nous en doutons.* -**4.** Apposition au pron. sujet ou compl. dans des formules d'insistance : *Nous, nous partons. Nous, il ne nous dit rien.* - **II.** Désigne la 1re pers. du sing. dans les formules de majesté ou de modestie : *Nous, Préfet de..., décidons que.... Cette recherche nous a permis de démontrer que...*

nouveau [nuvo] ou **nouvel** [nuvɛl] (devant une voyelle ou un *h* muet), **elle** adj. (lat. *novellus,* dimin. de *novus*). - **1.** Qui existe, qui est connu depuis peu : *Un nouveau médicament* (syn. récent). *Mots nouveaux* (= néologismes). - **2.** Qui vient après qqn ou qqch de même espèce, qui vient les remplacer, leur succéder ou s'y ajouter : *Le nouveau directeur* (= le dernier en date ; contr. ancien). - **3.** Qui possède des qualités originales : *Techniques nouvelles* (syn. inédit). *Une vue nouvelle de la situation* (syn. original, hardi). *Un esprit nouveau* (syn. neuf). - **4.** (Avec une valeur d'adv., mais variable devant les adj. ou des p. passés pris comme noms). Qui est tel depuis peu : *Des nouveaux riches. Les nouveaux venus.* - **5.** Art nouveau, mouvement de rénovation des arts décoratifs et de l'architecture survenu en France dans la dernière décennie du XIXe s. (On dit aussi *modern style*.) ◆ adj. et n. Qui est depuis peu quelque part, qui exerce depuis peu une activité : *Être nouveau dans le métier* (syn. novice, inexpérimenté). ◆ **nouveau** n.m. - **1.** Ce qui est original, inattendu : *Artiste qui cherche du nouveau* (syn. inédit). - **2.** Fait, événement récent : *Il y a du nouveau* (syn. neuf). - **3.** À nouveau, de nouveau, une fois de plus ; pour la seconde fois : *Examiner à nouveau un problème. Il a commis de nouveau la même erreur.*

nouveau-né, e [nuvone] adj. et n. (pl. *nouveau-nés, es*). Qui vient de naître.

nouveauté [nuvote] n.f. - **1.** Qualité de ce qui est nouveau : *Œuvre d'une grande nouveauté* (syn. hardiesse, originalité). - **2.** Chose nouvelle : *Les nouveautés l'effraient* (syn. changement, innovation). - **3.** Livre nouvellement publié : *Lire les nouveautés du mois.* - **4.** Produit nouveau de l'industrie, de la mode : *Les nouveautés de l'hiver sont déjà en vitrine.*

1. nouvelle [nuvɛl] n.f. (lat. pop. pl. neutre de *novellus* "nouveau", mais pris pour un n.f. sing.). Première annonce d'un événement arrivé depuis peu ; cet événement : *La nouvelle de son mariage nous a réjouis. Connais-tu la nouvelle ?* ◆ **nouvelles** n.f. pl. - **1.** Renseignements sur la santé, la situation, etc., de personnes que l'on connaît : *Donner de ses nouvelles. Être sans nouvelles de qqn.* - **2.** Informations sur les événements du monde diffusées par les médias : *Écouter les nouvelles à la radio* (syn. informations).

2. nouvelle [nuvɛl] n.f. (it. *novella*). LITTÉR. Composition appartenant au genre du roman, mais qui s'en distingue par un texte plus court, par la simplicité du sujet et par la sobriété du style et de l'analyse psychologique : *Lire une nouvelle de Tourgueniev.*

nouvellement [nuvɛlmɑ̃] adv. (de *nouveau*). LITT. Depuis peu : *Être nouvellement arrivé* (syn. récemment).

nouvelliste [nuvelist] n. (de 2. *nouvelle*). LITTÉR. Auteur de nouvelles.

nova [nɔva] n.f. (lat. *nova* [*stella*] "nouvelle [étoile]") [pl. *novae*]. Étoile qui, augmentant brusquement d'éclat, semble constituer une étoile nouvelle. □ L'accroissement de luminosité s'effectue en quelques jours, mais le retour à la luminosité initiale peut s'étaler sur une dizaine d'années.

novateur, trice [nɔvatœʀ, -tʀis] adj. et n. (bas lat. *novator, -trix,* de *novus* "neuf"). Qui innove : *Esprit novateur* (syn. initiateur, créateur).

novembre [nɔvɑ̃bʀ] n.m. (lat. *november* "neuvième mois", l'année romaine commençant en mars). Onzième mois de l'année.

novice [nɔvis] n. et adj. (lat. *novicius,* de *novus* "nouveau"). Personne peu expérimentée : *Il est novice dans le métier* (syn. débutant). ◆ n. RELIG. Personne qui accomplit son noviciat.

noviciat [nɔvisja] n.m. (de *novice*). RELIG. - **1.** Temps d'épreuve et de préparation imposé aux candidats à la vie religieuse. - **2.** Ensemble des locaux qui sont réservés aux novices, dans un monastère.

noyade [nwajad] n.f. Action de noyer ou de se noyer : *Sauver un enfant de la noyade.*

noyau [nwajo] n.m. (lat. pop. *nodellus,* du class. *nodus* "nœud"). - **1.** Partie centrale de certains fruits charnus (appelés *drupes*) formée d'un endocarpe lignifié qui entoure la graine ou amande : *Noyaux de pêche, de prune.* - **2.** Partie centrale de qqch, d'une densité différente de celle de la masse : *Noyau terrestre.* - **3.** Élément central servant de support à un ensemble : *Le noyau d'une bobine électromagnétique. Le noyau d'une phrase.* - **4.** Petit groupe de personnes à l'origine d'un groupe plus vaste, qui en constitue l'élément essentiel : *Le noyau d'une colonie.* - **5.** Petit groupe cohérent agissant dans un milieu hostile ou dominant : *Un noyau d'opposition, de résistance.* - **6.** MÉTALL. Pièce introduite dans un module pour obtenir des parties creuses sur la pièce coulée. - **7.** Noyau dur, élément essentiel, central, de qqch ; partie la plus intransigeante, la plus déterminée ou la plus influente d'un groupe : *Le noyau dur d'un parti politique.* ‖ ASTRON. Noyau d'une comète, corps solide constituant la partie permanente d'une comète. ‖ BIOL. Noyau d'une cellule, organite central et vital de toute cellule vivante, contenant les chromosomes et un ou plusieurs nucléoles. ‖ PHYS. Noyau d'un atome, partie centrale de l'atome, formée de protons et de neutrons, autour de laquelle gravitent les électrons et où est rassemblée la quasi-totalité de la masse de l'atome. [→ radioactivité.]

noyautage [nwajotaʒ] n.m. (de *noyauter*). Tactique qui consiste à infiltrer dans un syndicat, un parti, etc., des personnes qui ont pour rôle de le désorganiser ou d'en prendre le contrôle : *Le noyautage d'une administration.*

noyauter [nwajote] v.t. (de *noyau*). Procéder au noyautage d'une organisation : *Noyauter un syndicat* (syn. infiltrer).

noyé, e [nwaje] n. Personne morte par noyade : *Ranimer un noyé par la respiration artificielle.*

1. **noyer** [nwaje] v.t. (lat. *necare* "tuer") [conj. 13]. - **1.** Faire mourir par asphyxie dans un liquide : *Noyer qqn, un animal.* - **2.** Recouvrir d'eau ; mouiller abondamment : *Les crues ont noyé les terres* (syn. inonder, submerger). *Yeux noyés de larmes* (= baignés de larmes). - **3.** Étendre d'une trop grande quantité d'eau : *Noyer son vin, une sauce.* - **4.** Combattre, faire disparaître des grandes quantités de liquides : *Noyer une révolte dans le sang* (syn. réprimer). *Noyer son chagrin dans l'alcool.* - **5.** Enfermer, prendre dans une masse solide (= *Armature noyée dans le béton.* - **6.** Faire disparaître dans une masse confuse ; plonger dans la confusion : *Noyer l'essentiel dans des considérations inutiles* (syn. délayer). *Noyer un lecteur dans des digressions.* - **7.** Noyer le poisson, fatiguer un poisson pris à la ligne, de manière à l'amener à la surface ; au fig., embrouiller une question, un problème pour tromper ou lasser : *Quand je l'ai interrogée, elle a noyé le poisson.* ‖ Noyer un moteur, provoquer un afflux excessif d'essence au carburateur, qui rend impossible la combustion. ◆ **se noyer** v.pr. - **1.** Périr par immersion : *Se noyer en mer.* - **2.** Perdre pied, se laisser submerger : *Se noyer dans les détails* (syn. se perdre). - **3.** Fondre, disparaître dans un tout : *Imperfection qui se noie dans la masse* (syn. se diluer, se dissoudre). - **4.** Se noyer dans un verre d'eau, éprouver de grandes difficultés devant un très petit obstacle.

2. **noyer** [nwaje] n.m. (lat. pop. *nucarius*, de *nux* "noix"). - **1.** Grand arbre des régions tempérées, qui porte les *noix*, et dont le bois dur est susceptible d'un beau poli. □ Famille des juglandacées ; haut. 10 à 25 m ; longévité 300 à 400 ans. - **2.** Bois de cet arbre : *Table en noyer.*

1. **nu** [ny] n.m. inv. Treizième lettre de l'alphabet grec (**N**, *ν*).

2. **nu, e** [ny] adj. (lat. *nudus*). - **1.** Qui n'est pas vêtu : *Se baigner nu* (syn. dévêtu). - **2.** Sans accessoires : *Boxer à mains nues.* - **3.** Sans végétation : *Paysage nu et désolé* (syn. aride, stérile). - **4.** Sans ornement : *Les murs nus d'une cellule.* - **5.** Qui n'est pas enveloppé, protégé : *Fil électrique nu* (= sans gaine isolante). *Épée nue* (= hors du fourreau). **Rem.** *Nu* reste invariable devant les noms *jambes, pieds* et *tête*, employés sans article ; il s'y joint par un trait d'union et constitue avec eux des expressions toutes faites : *nu-jambes, nu-pieds, nu-tête.* - **6.** À l'œil nu, sans l'aide d'un instrument d'optique : *Voir les pattes d'un insecte à l'œil nu.* ‖ La vérité toute nue, la vérité sans fard. ‖ Se battre à mains nues, se battre sans arme. ‖ Style nu, style dépouillé, sobre.
◆ **nu** n.m. - **1.** BX-A. Représentation du corps humain totalement ou largement dévêtu, dénudé : *Un nu de Renoir.* - **2.** CONSTR. Parement de mur sans aucune saillie. - **3.** Mettre à nu, découvrir : *Mettre à nu les mensonges de qqn* (syn. démasquer, dévoiler).

nuage [nɥaʒ] n.m. (de *nue*, du lat. pop. *nuba*, du class. *nubes*). - **1.** Ensemble de particules d'eau très fines, liquides ou solides, maintenues en suspension dans l'atmosphère par les mouvements verticaux de l'air : *Ciel chargé de nuages* (= ciel nuageux). - **2.** Tout ce qui forme une masse légère et comme en suspension : *Nuage de fumée, de poussière.* - **3.** Ce qui trouble la sérénité ; menace plus ou moins précise : *Avenir chargé de nuages* (syn. péril). *Bonheur sans nuages* (syn. orage). - **4.** Être dans les nuages, être distrait, rêveur. ‖ Nuage de lait, petite quantité de lait que l'on verse dans le thé, le café.

nuageux, euse [nɥaʒø, -øz] adj. - **1.** Couvert de nuages : *Ciel nuageux* (syn. couvert, nébuleux). - **2.** Qui manque de clarté, de netteté, de rigueur : *Théorie nuageuse* (syn. confus).

nuance [nɥɑ̃s] n.f. (de *nuer* "assortir des couleurs"). - **1.** Chacun des degrés différents d'une même couleur, ou chacun des degrés intermédiaires entre deux couleurs : *Pour chaque couleur, il y a une infinité de nuances* (syn. ton). - **2.** Différence légère, subtile, peu sensible entre des choses, des sentiments, des idées, etc., de même nature : *Les nuances d'un parfum. Saisir les nuances d'une pensée. À quelques nuances près, ils ont les mêmes opinions.* - **3.** MUS. Chacun des différents degrés d'intensité et d'expressivité que l'on peut donner aux sons dans l'exécution. - **4.** Être sans nuances, être intransigeant, tout d'une pièce.

nuancer [nɥɑ̃se] v.t. (de *nuance*) [conj. 16]. - **1.** Ménager des gradations dans les couleurs, dans leurs intensités, leurs valeurs : *Nuancer un rouge avec de l'orangé* (syn. dégrader). - **2.** Exprimer sa pensée en tenant compte des différences les plus subtiles : *Nuancer ses jugements* (syn. modérer, mesurer).

nuancier [nɥɑ̃sje] n.m. Carton, petit album présentant les différentes nuances d'un produit coloré (peinture, maquillage, etc.) : *Nuancier d'une marque de vernis à ongles.*

nubile [nybil] adj. (lat. *nubilis*, de *nubere* "se marier"). Se dit d'une fille en âge de se marier, qui a achevé son évolution physique (syn. pubère).

nubuck [nybyk] n.m. (orig. incert. p.-ê. de l'angl. *new buck* "nouveau daim"). Cuir de bovin qui présente, après ponçage, une surface veloutée semblable à celle du daim.

nucléaire [nykleɛʀ] adj. (du lat. *nucleus* "noyau"). - **1.** Relatif au noyau de l'atome et à l'énergie qui en est issue : *Physique nucléaire. Industrie nucléaire.* - **2.** BIOL. Qui appartient au noyau de la cellule : *Membrane nucléaire.* - **3.** Arme nucléaire, arme qui utilise l'énergie nucléaire. ◆ n.m. Ensemble des techniques, des industries qui concourent à la mise en œuvre de l'énergie nucléaire.

nucléariser [nyklearize] v.t. - **1.** Remplacer des sources d'énergie traditionnelles par l'énergie nucléaire. - **2.** Doter un pays d'armes nucléaires.

nucléide n.m. → nuclide.

nucléique [nykleik] adj. (de *nucleus* "noyau"). Acides nucléiques, acides phosphorés qui comptent parmi les constituants fondamentaux du noyau de la cellule et forment les supports du message héréditaire. □ Les acides nucléiques sont divisés en deux groupes : les *acides ribonucléiques* [A. R. N.] et les *acides désoxyribonucléiques* [A. D. N.].

nucléole [nykleɔl] n.m. (bas lat. *nucleolus* "petit noyau"). Corps sphérique très riche en A. R. N., situé à l'intérieur du noyau des cellules.

nucléon [nykleɔ̃] n.m. (de *nucle[us]* et de [*prot]on, [neutr]on*). Particule constituant le noyau d'un atome. □ On distingue les protons, de charge positive, et les neutrons, de charge nulle.

nuclide [nyklid] et **nucléide** [nykleid] n.m. (du lat. *nucleus* "noyau"). PHYS. Noyau atomique caractérisé par son nombre de protons et par son nombre de neutrons.

nudisme [nydism] n.m. Fait de vivre au grand air dans un état de complète nudité : *Faire du nudisme* (syn. naturisme).

nudiste [nydist] adj. et n. Relatif au nudisme ; qui pratique le nudisme : *Un camp de nudistes* (syn. naturiste).

nudité [nydite] n.f. (bas lat. *nuditas*, du class. *nudus* "nu"). - **1.** État d'une personne, d'une partie du corps nue. - **2.** État de ce que rien ne garnit, qui est dépouillé de tout ornement : *La nudité d'un mur sans tableaux* (syn. dépouillement). - **3.** Simplicité ; absence de fioritures : *La nudité d'un style* (syn. sobriété).

nue [ny] n.f. (lat. pop. *°nuba*, du class. *nubes*). LITT. OU VIEILLI. Nuages. ◆ **nues** n.f. pl. Porter aux nues, exalter, louer excessivement. ‖ Tomber des nues, être extrêmement surpris.

nuée [nɥe] n.f. (de *nue*). - **1.** LITT. Gros nuage épais : *Nuée d'orage.* - **2.** Multitude dense, compacte de petits animaux volants (insectes, oiseaux), évoquant un nuage : *Une nuée de criquets* (syn. essaim). - **3.** Un très grand nombre de choses, de personnes : *Une vedette assaillie par une nuée d'admirateurs* (syn. quantité, foule). - **4.** Nuée ardente, émission d'un nuage de gaz à très haute température, chargé de cendres incandescentes et de blocs, lors de certaines éruptions volcaniques.

nue-propriété [nypʀɔpʀijete] n.f. (pl. *nues-propriétés*). DR. Droit de propriété ne conférant à son titulaire que le droit de disposer d'un bien, mais non d'en user et d'en percevoir les fruits.

nuire [nɥiʀ] v.t. ind. [à] (lat. *nocere*) [conj. 97]. - **1.** Faire du tort, du mal, causer un dommage à : *Agir avec l'intention de nuire* (syn. léser). *Sa mauvaise réputation lui a beaucoup nui* (syn. desservir, discréditer). - **2.** Constituer un danger, une gêne, un obstacle pour : *Le tabac nuit à la santé* (syn. ruiner). *Cet incident risque de nuire aux négociations* (syn. entraver, freiner).

nuisance [nɥizɑ̃s] n.f. (de *nuire*). [Souvent au pl.]. Tout facteur de la vie urbaine ou industrielle qui constitue une gêne, un préjudice, un danger pour la santé, pour l'environnement : *Le bruit, la pollution sont des nuisances.*

nuisible [nɥizibl] adj. Qui nuit ; qui cause des dommages ; qui fait du tort : *Excès nuisibles à la santé* (syn. nocif, mauvais ; contr. bienfaisant). ◆ n.m. Animal (rongeur, insecte, etc.) parasite ou destructeur : *Le ragondin et le renard sont des nuisibles.*

nuit [nɥi] n.f. (lat. *nox, noctis*). - **1.** Durée comprise entre le coucher et le lever du soleil (par opp. à *jour*) ; espace de temps consacré au sommeil et qui se situe normalement pendant cette durée : *Partir en pleine nuit. Faire une longue nuit* (= dormir longtemps). *Souhaiter une bonne nuit.* - **2.** Obscurité qui règne du soir au matin : *À la nuit tombante. Il fait nuit noire.* - **3.** De nuit, qui s'effectue de nuit ou sert pendant la nuit ; qui est actif pendant la nuit : *Service de nuit. Oiseau de nuit.* ‖ La nuit des temps, les temps les plus reculés de l'histoire : *Tradition qui se perd dans la nuit des temps.* ‖ Nuit bleue, nuit marquée par une série d'actions terroristes ou criminelles coordonnées. ‖ **Nuit et jour**, sans arrêt ni le jour ni la nuit ; continuellement : *Elle travaille nuit et jour.*

nuitamment [nɥitamɑ̃] adv. (bas lat. *noctanter*). LITT. Pendant la nuit : *Un vol commis nuitamment* (= de nuit).

nuitée [nɥite] n.f. (de *nuit*). Durée de séjour dans un hôtel, comptée génér. de midi au jour suivant à midi : *Calculer le nombre de nuitées d'un touriste* (= nuits d'hôtel).

1. **nul, nulle** [nyl] adj. indéf. (lat. *nullus*). [En corrélation avec *ne* ou précédé de *sans*]. Indique l'absence totale : *Je n'ai nulle envie de travailler. Sans nul doute* (syn. aucun). ◆ **nul** pron. indéf. masc. sing. Pas un (emploi limité à la langue administrative ou sentencieuse) : *Nul n'a le droit d'entrer. À l'impossible nul n'est tenu* (syn. personne).

2. **nul, nulle** [nyl] adj. (de *1. nul*). [Après le nom]. **-1.** Qui est sans existence, qui se réduit à rien ; qui reste sans résultat : *Les risques sont nuls* (syn. inexistant). *Match nul* (= sans gagnant ni perdant). *Élection nulle* (syn. invalidée). **-2.** Sans aucune valeur : *Devoir nul* (= très mauvais). **-3.** MATH. Qui a zéro pour valeur, pour mesure : *Angle, dièdre nul.* **-4.** **Bulletin nul**, bulletin non valable parce que non conforme à la loi, comportant par ex. un signe distinctif. ◆ adj. et n. **-1.** Qui n'a aucune intelligence, aucune compétence, en parlant de qqn : *Elle est nulle. Un nul.* **-2.** **Être nul en qqch**, être totalement ignorant en qqch : *Je suis nulle en mathématiques.*

nullard, e [nylaʀ, -aʀd] adj. et n. FAM. Sans valeur ; sans aucune compétence : *C'est un nullard* (syn. nullité).

nullement [nylmɑ̃] adv. Pas du tout : *L'automobiliste n'est nullement responsable de l'accident* (syn. aucunement).

nullipare [nylipaʀ] adj. et n.f. (du lat. *nullus* "aucun", et de *-pare*). **-1.** MÉD. Se dit d'une femme qui n'a jamais accouché (par opp. à *multipare*). **-2.** Se dit d'une femelle de mammifère avant sa première gestation.

nullité [nylite] n.f. (lat. médiév. *nullitas*). **-1.** Manque total de talent, de valeur : *Ce film est d'une parfaite nullité* (syn. stupidité, sottise). *Sa nullité en allemand est notoire* (syn. faiblesse). **-2.** Personne sans compétence : *C'est une nullité* (syn. zéro). **-3.** DR. Inefficacité d'un acte juridique, résultant de l'absence d'une des conditions de fond ou de forme requises pour sa validité : *Testament frappé de nullité* (syn. invalidité).

numéraire [nymeʀɛʀ] n.m. (bas lat. *numerarius*, de *numerare* "compter"). Toute monnaie en espèces ayant cours légal : *Payer en numéraire plutôt que par chèque.* ◆ adj. Se dit de la valeur légale des espèces monnayées.

numéral, e, aux [nymeʀal, -o] adj. et n.m. (bas lat. *numeralis*). **-1.** Se dit d'un terme qui exprime une idée de nombre *(adjectif numéral cardinal)* ou de rang *(adjectif numéral ordinal).* **-2.** Se dit des symboles (lettres, chiffres, etc.) servant à représenter les nombres dans un système de numérotation : *Numéral cardinal. Numéral ordinal.*

numérateur [nymeʀatœʀ] n.m. (bas lat. *numerator* "compteur"). MATH. Terme d'une fraction placé au-dessus de la barre horizontale et indiquant de combien de parties de l'unité se compose cette fraction (par opp. à *dénominateur*).

numération [nymeʀasjɔ̃] n.f. (lat. *numeratio*). **-1.** Action de compter, de dénombrer : *La numération décimale* (= à base 10). *La numération binaire* (= à base 2). **-2.** Façon d'écrire les nombres *(numération écrite)* et de les énoncer *(numération parlée).*

numérique [nymeʀik] adj. (du lat. *numerus* "nombre"). **-1.** Qui relève des nombres ; qui se fait avec les nombres, est représenté par des nombres. **-2.** Qui est évalué ou se traduit en nombre, en quantité : *Supériorité numérique.* **-3.** INFORM., TÉLÉCOMM. Se dit de la représentation d'informations ou de grandeurs physiques au moyen de caractères, tels que des chiffres, ou au moyen de signaux à valeurs discrètes (syn. déconseillé digital). **-4.** INFORM., TÉLÉCOMM. Se dit des systèmes, dispositifs ou procédés employant ce mode de représentation discrète (par opp. à *analogique*) [syn. digital]. **-5.** **Disque numérique**, disque audionumérique.

numériquement [nymeʀikmɑ̃] adv. Du point de vue du nombre : *Un ennemi numériquement puissant.*

numérisation [nymeʀizasjɔ̃] n.f. Action de numériser : *La numérisation de l'image.*

numériser [nymeʀize] v.t. (de *numérique*). INFORM. Exprimer sous forme numérique une information analogique.

numéro [nymeʀo] n.m. (it. *numero* "nombre"). **-1.** Chiffre, nombre qui indique la place d'une chose dans une série : *Habiter au numéro 20 de la rue de Vaugirard, à Paris. Relever le numéro d'une voiture.* **-2.** Partie d'un ouvrage périodique, publiée à une date donnée : *Son article vient de paraître dans le dernier numéro* (syn. livraison). **-3.** Billet portant un chiffre et qui donne le droit de participer au tirage d'une loterie. **-4.** Chacune des parties du spectacle, au cirque, au music-hall, etc. : *Voir un numéro fabuleux.* **-5.** FAM. Personnage singulier : *Un drôle de numéro* (syn. gaillard, individu). **-6.** FAM. Faire son numéro, se faire remarquer ; se donner en spectacle. ‖ FAM. **La suite au prochain numéro**, la suite à plus tard. ‖ **Tirer le bon numéro**, bénéficier d'un concours de circonstances partic. heureux ; avoir de la chance.

numérologie [nymeʀɔlɔʒi] n.f. Art supposé de tirer, de l'analyse numérique de caractéristiques individuelles telles que le nom, le prénom, la date de naissance, etc., des conclusions sur le caractère des personnes et des pronostics sur leur possible avenir.

numérotage [nymeʀɔtaʒ] n.m. Action de numéroter des éléments : *Le numérotage des immeubles d'une rue* (syn. numérotation).

numérotation [nymeʀɔtasjɔ̃] n.f. Action de numéroter : *La numérotation de documents* (syn. numérotage). *Erreur de numérotation.* -**2.** Ordre, système de classement : *Modification de la numérotation téléphonique.*

numéroter [nymeʀɔte] v.t. Marquer d'un numéro d'ordre, d'un numéro d'identification : *Numéroter les pages d'un manuscrit* (syn. folioter). ◆ v.i. Composer un numéro de téléphone : *Vous avez mal numéroté.*

numéroteur [nymeʀɔtœʀ] n.m. Appareil servant à imprimer des numéros.

numerus clausus [nymeʀysklozys] n.m. (mots lat. "nombre fermé"). Nombre auquel on limite la quantité de personnes admises à une fonction, à un grade, etc., conformément à une réglementation préalablement établie : *Instaurer le numerus clausus à l'université.*

numismate [nymismat] n. Personne versée dans la connaissance des monnaies et médailles.

numismatique [nymismatik] n.f. (lat. *numisma*, du gr. "monnaie"). Étude scientifique des monnaies, médailles, jetons, etc.

nuoc-mâm [nɥɔkmam] n.m. inv. (mot vietnamien "eau de poisson"). Condiment du Viêt Nam, obtenu par macération de poisson dans une saumure.

nu-pieds [nypje] n.m. inv. Chaussure à semelle mince retenue au pied par des lanières.

nuptial, e, aux [nypsjal, -o] adj. (lat. *nuptialis*, de *nuptiae* "noces"). -**1.** Relatif à la cérémonie du mariage, au jour du mariage : *Bénédiction nuptiale.* -**2.** Qui concerne l'union entre les époux : *Anneau nuptial* (= alliance).

nuque [nyk] n.f. (lat. médiév. *nuca*, de l'ar.). Partie postérieure du cou, au-dessous de l'occiput : *Cheveux recouvrant la nuque.*

nurse [nœʀs] n.f. (mot angl.). VIEILLI. Bonne d'enfant ; gouvernante : *Confier son enfant à une nurse.*

nursery [nœʀsəʀi] n.f. (mot angl.) [pl. *nurserys* ou *nurseries*]. -**1.** VIEILLI. Pièce réservée aux enfants dans une maison. -**2.** Salle réservée aux nouveau-nés dans une maternité, un

hôpital. -**3.** Local où l'on peut changer les bébés, faire chauffer les biberons, dans certains lieux publics (aéroports, stations-service, etc.). -**4.** Lieu d'élevage de poissons, de crustacés.

nutriment [nytʀimɑ̃] n.m. (lat. *nutrimentum* "nourriture"). BIOL. Espèce chimique utilisable telle quelle dans l'alimentation des cellules vivantes (carbone, azote, oligo-éléments, etc.), ou assimilable sans digestion préalable (glucose, acides aminés, etc.).

nutritif, ive [nytʀitif, -iv] adj. -**1.** Qui nourrit : *Substance nutritive.* -**2.** Qui contient en abondance des éléments ayant la propriété de nourrir : *Un aliment particulièrement nutritif* (syn. nourrissant). -**3.** Relatif à la nutrition : *Valeur nutritive d'un aliment.*

nutrition [nytʀisjɔ̃] n.f. (bas lat. *nutritio,* du class. *nutrire* "nourrir"). Ensemble des fonctions digestive, respiratoire, circulatoire, excrétoire et endocrinienne qui permettent l'apport aux cellules des éléments assurant leur croissance, le maintien de leurs formes, leur fonctionnement et l'élimination de leurs déchets : *La maigreur, l'obésité résultent de troubles de la nutrition.*

nutritionnel, elle [nytʀisjɔnɛl] adj. Relatif à la nutrition, aux régimes alimentaires : *Équilibre nutritionnel.*

nutritionniste [nytʀisjɔnist] n. Médecin spécialiste de la nutrition et des troubles qui l'affectent.

Nylon [nilɔ̃] n.m. (nom déposé ; mot anglo-amér.). -**1.** Matière à mouler à base de résine polyamide. -**2.** Fibre, tissu obtenus à partir de ce produit : *Des bas en Nylon.*

nymphe [nɛ̃f] n.f. (lat. *nympha*, du gr. "jeune fille"). -**1.** MYTH. GR. ET ROM. Divinité féminine représentée sous les traits d'une jeune fille et personnifiant divers aspects de la nature. -**2.** LITT. Jeune fille gracieuse et bien faite (syn. sylphide). -**3.** ENTOMOL. Forme que prennent certains insectes, à l'issue de leur développement larvaire.

nymphéa [nɛ̃fea] n.m. (lat. *nymphea*, du gr.). Nénuphar dont une espèce est le lotus sacré des Égyptiens.

nymphette [nɛ̃fɛt] n.f. Très jeune fille au physique attrayant et aux manières aguichantes.

nymphomanie [nɛ̃fɔmani] n.f. (de *nymphe*, ou d'un sens gr. *numphê* "clitoris", et -*manie*). Exagération des besoins sexuels chez la femme. ◆ **nymphomane** n.f. et adj. Femme atteinte de nymphomanie.

nymphose [nɛ̃foz] n.f. Période de vie ralentie, propre aux insectes supérieurs et pendant laquelle la larve se transforme en un adulte très différent.

o [o] n.m. inv. - **1.** Quinzième lettre (voyelle) de l'alphabet. - **2.** O., abrév. de *ouest*.

ô [o] interj. - **1.** LITT. Pour invoquer, interpeller : *Ô mon Dieu. Ô Paul !* - **2.** Marque l'admiration, l'étonnement, la surprise : *Ô joie !*

oasis [ɔazis] n.f. (bas lat. *oasis*, mot gr. d'orig. égyptienne). - **1.** Petite région fertile grâce à la présence d'eau, dans un désert : *La palmeraie d'une oasis.* - **2.** Lieu, situation qui procure du calme : *Une oasis de silence* (syn. îlot, refuge).

obédience [ɔbedjɑ̃s] n.f. (lat. *oboedientia*). - **1.** RELIG. Obéissance à un supérieur ecclésiastique. - **2.** Dépendance d'une maison religieuse par rapport à une maison principale. - **3.** Fidélité et adhésion à une autorité spirituelle, politique ou philosophique : *Des chrétiens de stricte obédience. Pays d'obédience marxiste.* - **4.** Groupement de loges maçonniques à l'échelon national.

obéir [ɔbeiʀ] v.t. ind. [**à**] (lat. *oboedire*) [conj. **32**]. - **1.** Se soumettre à la volonté de qqn, à un règlement : *Obéir à ses parents* (syn. écouter). *Obéir à la loi* (syn. respecter). *Quand on lui donne un ordre, il obéit toujours* (syn. obtempérer, s'incliner). - **2.** Céder à une incitation, à un sentiment : *Obéir à ses instincts* (syn. suivre). - **3.** Répondre au mouvement commandé, fonctionner correctement : *Les freins n'obéissent plus* (syn. répondre). - **4.** Être soumis à une force, à une nécessité naturelle : *Les corps obéissent à la pesanteur* (syn. subir). **Rem.** *Obéir* peut s'employer au passif : *Quand je donne un ordre, j'aime être obéi.*

obéissance [ɔbeisɑ̃s] n.f. Action de celui qui obéit ; fait d'obéir : *L'obéissance d'un soldat à ses chefs* (syn. soumission). *Faire preuve d'obéissance* (syn. discipline, docilité).

obéissant, e [ɔbeisɑ̃, -ɑ̃t] adj. Qui obéit ; qui est soumis : *Des élèves obéissants* (syn. sage, discipliné). *Un chien obéissant* (syn. docile).

obélisque [ɔbelisk] n.m. (lat. *obeliscus*, du gr. *obeliskos*, de *obelos* "broche"). Pierre levée, génér. monolithe, de forme quadrangulaire, terminée par une petite pyramide. ◻ Gravé d'hiéroglyphes, l'obélisque était, dans l'Égypte pharaonique, un symbole solaire que sa forme et sa fonction – capter les rayons de l'astre – apparentaient à la pyramide.

obérer [ɔbeʀe] v.t. (lat. *obaerare* "endetter") [conj. **18**]. - **1.** Faire peser une lourde charge financière sur : *Les guerres obèrent la nation.* - **2.** Compromettre par des engagements anticipés : *Cette décision obère l'avenir.*

obèse [ɔbɛz] adj. et n. (lat. *obesus*, de *edere* "manger"). Atteint d'obésité (syn. gras, gros).

obésité [ɔbezite] n.f. (de *obesitas*). Excès de poids corporel par augmentation de la masse adipeuse de l'organisme : *Régime alimentaire sous contrôle médical et exercice physique sont recommandés contre l'obésité.* ◻ Il y a obésité lorsque la surcharge pondérale dépasse de 20 % le poids idéal.

obier [ɔbje] n.m. (de l'it. *obbio*, ou var. de *aubier*, du lat. *albus* "blanc"). Arbrisseau dont une forme cultivée doit son nom de *boule-de-neige* à ses fleurs blanches groupées en une boule. ◻ Genre viorne ; haut. 2 à 4 m.

objecter [ɔbʒɛkte] v.t. (lat. *objectare* "placer devant, opposer"). Répondre en opposant une objection à ce qui a été dit : *Il n'a rien objecté à mes raisons* (syn. opposer). *On lui objecte que son projet est coûteux* (syn. répondre, rétorquer).

objecteur [ɔbʒɛktœʀ] n.m. (de *objecter*). Objecteur de conscience, jeune homme qui, avant son incorporation, se déclare, en raison de ses convictions religieuses ou philosophiques, opposé en toute circonstance à l'usage personnel des armes. □ En France, l'objecteur de conscience accomplit un service dans une administration de l'État ou dans une collectivité locale.

1. objectif, ive [ɔbʒɛktif, -iv] adj. (lat. *objectivus*). - **1.** Qui existe indépendamment de la pensée (par opp. à *subjectif*) : *Réalité objective* (syn. concret). - **2.** Qui ne fait pas intervenir d'éléments affectifs ou personnels dans ses jugements : *Témoin objectif* (syn. impartial). - **3.** Dont on ne peut contester le caractère scientifique : *Vérités objectives.*

2. objectif [ɔbʒɛktif] n.m. (de *1. objectif*). - **1.** But, cible que qqch doit atteindre : *Les fusées ont atteint leur objectif.* - **2.** But précis, résultat vers lequel tend l'action de qqn, d'un groupe : *Quels sont vos objectifs ?* (syn. dessein, ambition). - **3.** MIL. Point, ligne ou zone de terrain à battre par le feu (bombardement) ou à conquérir par le mouvement et le choc (attaque) : *Objectifs stratégiques, tactiques.* - **4.** OPT. Élément d'un instrument d'optique qui est tourné vers l'objet que l'on veut observer, par opp. à l'*oculaire*, contre lequel on place l'œil. - **5.** PHOT. Système optique d'un appareil de prise de vues ou de projection, qui permet de former l'image sur un support sensible ou sur un écran : *Objectif à grand angle.*

objection [ɔbʒɛksjɔ̃] n.f. (bas lat. *objectio*). - **1.** Argument opposé à une affirmation : *Formuler une objection* (syn. critique, remarque). *Cette explication se heurte à une objection majeure* (syn. réfutation). - **2.** Empêchement, difficulté qui s'oppose à la réalisation de qqch : *Si vous n'y voyez pas d'objection, nous partons* (syn. inconvénient, obstacle).

objectivement [ɔbʒɛktivmɑ̃] adv. - **1.** De façon objective ; en s'en tenant à la réalité des faits : *Objectivement, il n'est pas prouvé que vous ayez tort.* - **2.** PHILOS. En se plaçant du point de vue de l'objet.

objectiver [ɔbʒɛktive] v.t. (de *1. objectif*). - **1.** PSYCHOL. Rapporter à une réalité extérieure : *Objectiver des sensations.* - **2.** Exprimer qqch, le réaliser, le définir, lui donner une forme concrète : *Objectiver une pensée* (syn. manifester, matérialiser).

objectivité [ɔbʒɛktivite] n.f. (de *1. objectif*). - **1.** Qualité d'une personne qui porte un jugement objectif, qui sait faire abstraction de ses préférences personnelles : *L'objectivité d'un juge* (syn. impartialité). - **2.** Qualité de ce qui est conforme à la réalité, de ce qui décrit avec exactitude : *L'objectivité d'un récit* (syn. exactitude, fidélité).

objet [ɔbʒɛ] n.m. (lat. scolast. *objectum*, de *objicere* "jeter devant", de *jacere* "jeter"). - **1.** Toute chose concrète, perceptible par la vue, le toucher : *Enfant qui découvre les objets.* - **2.** Chose solide considérée comme un tout, fabriquée par l'homme et destinée à un certain usage : *Un objet en bois. Rassembler ses objets personnels* (= ses affaires). - **3.** Ce sur quoi porte une activité, un sentiment, etc. : *Il a refusé de révéler l'objet de ses recherches* (syn. sujet, thème). *Cette jeune femme est l'objet de toute son affection.* - **4.** But d'une action, d'un comportement : *Toutes ces précautions ont pour objet la sécurité publique* (syn. objectif). - **5.** DR. Bien, prestation sur lesquels portent un droit, une obligation. - **6.** DR. Résultat auquel tend une action en justice : *L'objet d'un litige, d'un procès.* - **7.** Sans objet, sans motivation, sans fondement : *Vos critiques sont sans objet.* ‖ GRAMM. **Complément d'objet,** nom, groupe nominal ou pronom complément du verbe, qui désigne l'être ou la chose qui subit l'action exprimée par le verbe. □ On distingue le *complément d'objet direct,* qui dépend d'un verbe transitif direct et se construit sans préposition, du *complément d'objet indirect,* qui dépend d'un verbe transitif indirect et nécessite la présence d'une préposition.

objurgation [ɔbʒyRgasjɔ̃] n.f. (lat. *objurgatio* "réprimande"). LITT. (Surtout au pl.). - **1.** Remontrance, mise en garde sévère, en partic. pour dissuader qqn : *Il est resté sourd à nos objurgations* (syn. admonestation). - **2.** Prière pressante : *Céder aux objurgations d'un ami* (syn. adjuration, supplication).

obligataire [ɔbligatɛR] adj. BOURSE. Relatif aux obligations : *Emprunt obligataire.*

obligation [ɔbligasjɔ̃] n.f. (lat. juridique *obligatio*). - **1.** Contrainte, devoir qu'imposent la loi, la morale, les conventions sociales, les circonstances, etc. : *Les obligations professionnelles* (syn. impératif). *Être dans l'obligation de partir* (= devoir, être obligé de). *Se faire une obligation d'assister à une réunion* (syn. devoir). - **2.** DR. Lien de droit par lequel une personne est tenue de faire ou de ne pas faire qqch : *Obligation alimentaire* (= devoir de nourrir ses proches parents). - **3.** BOURSE. Titre négociable, représentant une des fractions égales d'un prêt consenti à une société privée ou à une collectivité publique lors de l'émission d'un emprunt, dit *emprunt obligataire.*

obligatoire [ɔbligatwaR] adj. (lat. juridique *obligatorius*). - **1.** Imposé par la loi ou des circonstances particulières ; exigé par les conventions sociales : *Présence obligatoire* (syn. indispensable ; contr. facultatif). *Tenue de soirée obligatoire* (syn. de rigueur, exigé). - **2.** FAM. Inévitable ; inéluctable : *Avec lui, l'accident était obligatoire* (syn. certain, sûr).

obligatoirement [ɔbligatwaʀmã] adv. - **1.** De façon obligatoire : *Tu dois obligatoirement aller le voir* (syn. absolument, impérativement). - **2.** FAM. Fatalement ; forcément : *En suivant cette rue, on arrive obligatoirement sur la place* (syn. immanquablement, infailliblement).

obligé, e [ɔbliʒe] adj. et n. (de *obliger*). Redevable, reconnaissant : *Je vous suis très obligé de votre sollicitude* (= je vous sais gré). *Je suis votre obligé.* ◆ adj. - **1.** Nécessaire : *Conséquence obligée.* - **2.** FAM. C'est obligé, c'est forcé, obligatoire : *C'est obligé qu'il échoue, il n'a pas travaillé.*

obligeamment [ɔbliʒamã] adv. De façon obligeante ; de manière à rendre service : *Elle a très obligeamment proposé de nous reconduire* (syn. aimablement, gentiment).

obligeance [ɔbliʒãs] n.f. Disposition, penchant à prendre service, à faire plaisir : *Elle est d'une extrême obligeance* (syn. amabilité, prévenance). *Auriez-vous l'obligeance de parler moins fort ?* (syn. gentillesse, bonté).

obligeant, e [ɔbliʒã, -ãt] adj. Qui aime à obliger, à faire plaisir : *Un homme obligeant* (syn. aimable, serviable).

obliger [ɔbliʒe] v.t. (lat. *obligare*, de *ligare* "lier") [conj. 17]. - **1.** Imposer comme devoir ; lier par une loi, une convention : *Le contrat oblige les deux parties signataires* (syn. engager). - **2.** Forcer ; mettre dans la nécessité de : *Obliger qqn à partir, au départ* (syn. contraindre). *On l'a obligé à s'exiler* (syn. condamner, astreindre). - **3.** Rendre service par complaisance ; être agréable à : *Obliger un ami* (syn. aider).

oblique [ɔblik] adj. (lat. *obliquus*). - **1.** Qui est de biais, dévié par rapport à une ligne, à un plan horizontal, vertical : *Un chemin oblique.* - **2.** ANAT. Muscle oblique, muscle dont l'action s'exerce suivant des directions non parallèles au plan de symétrie du corps (on dit aussi *un oblique*). ◆ n.f. - **1.** MATH. Droite qui coupe une autre droite ou un autre plan sans lui être perpendiculaire. - **2.** En oblique, selon une direction oblique : *Traverser une pièce en oblique* (= en diagonale).

obliquement [ɔblikmã] adv. De façon oblique ; selon une direction, une disposition oblique : *Regarder qqn obliquement* (syn. en biais, de côté).

obliquer [ɔblike] v.i. (lat. *obliquare* "faire aller de biais", de *obliquus* "oblique"). - **1.** Quitter le chemin, la route sur laquelle on se trouve pour emprunter une direction différente : *Tu obliqueras après la place pour rattraper l'autoroute* (syn. tourner). - **2.** S'écarter de son axe primitif : *La route oblique légèrement sur la gauche* (syn. dévier).

obliquité [ɔblikɥite] n.f. (lat. *obliquitas*). - **1.** Inclinaison d'une ligne, d'une surface sur une autre. - **2.** ASTRON. Obliquité de l'écliptique, angle de 23° 26′ que forme l'écliptique avec l'équateur céleste.

oblitérateur, trice [ɔbliteratœʀ, -tʀis] adj. Qui oblitère : *Timbre oblitérateur.* ◆ **oblitérateur** n.m. Appareil pour oblitérer des timbres, des reçus, des quittances, etc.

oblitération [ɔbliterasjɔ̃] n.f. Action d'oblitérer : *Timbre qui porte une trace d'oblitération. L'oblitération d'une artère.*

oblitérer [ɔblitere] v.t. (lat. *oblitterare* "faire oublier") [conj. 18]. - **1.** Couvrir d'une empreinte, d'une marque un timbre, un document, etc. : *Le timbre n'a pas été oblitéré* (syn. tamponner). - **2.** LITT. Effacer progressivement : *Le temps a oblitéré tous ses souvenirs* (syn. atténuer, affaiblir). - **3.** DIDACT. Obstruer un canal, un orifice.

oblong, ongue [ɔblɔ̃, -ɔ̃g] adj. (lat. *oblongus*). De forme allongée : *Un visage oblong.*

obnubiler [ɔbnybile] v.t. (lat. *obnubilare*, de *nubes* "nuages"). Obscurcir les facultés mentales ; fausser le jugement de : *Il est obnubilé par son travail* (syn. obséder).

obole [ɔbɔl] n.f. (lat. *obolus*, du gr.). Petite offrande, contribution peu importante en argent : *Apporter son obole à une quête.*

obscène [ɔpsɛn] adj. (lat. *obscenus* "de mauvais augure"). Qui blesse ouvertement la pudeur par des représentations d'ordre sexuel : *Tenir des propos obscènes* (syn. ordurier, inconvenant). *Graffiti obscènes* (syn. pornographique).

obscénité [ɔpsenite] n.f. - **1.** Caractère de ce qui est obscène : *L'obscénité de ce film l'a fait censurer* (syn. inconvenance, indécence). - **2.** Parole, acte obscène : *Ne proférer que des obscénités* (syn. grossièreté).

obscur, e [ɔpskyʀ] adj. (lat. *obscurus*). - **1.** Qui n'est pas ou peu mal éclairé : *Lieu obscur* (syn. sombre ; contr. clair). *Fréquenter les salles obscures* (= aller au cinéma). - **2.** Difficile à comprendre : *Texte obscur* (syn. hermétique, incompréhensible). *Une affaire obscure* (syn. mystérieux, inexplicable). - **3.** Se dit de ce qui n'est pas net, de ce qu'il est difficile d'exprimer, d'analyser : *Un obscur pressentiment* (syn. vague). - **4.** Peu connu : *Mener une existence obscure* (syn. effacé, humble). *Poète obscur* (syn. méconnu).

obscurantisme [ɔpskyʀãtism] n.m. (de *obscur*). Attitude d'opposition à l'instruction, à la raison et au progrès : *Le XVIIIᵉ s. a dénoncé l'obscurantisme.* ◆ **obscurantiste** adj. et n. Qui relève de l'obscurantisme ; qui en est partisan.

obscurcir [ɔpskyʀsiʀ] v.t. (de *obscur*, avec infl. de *noircir*) [conj. 32]. Rendre obscur : *Les rideaux obscurcissent la pièce* (syn. assombrir).

Ses explications confuses ont obscurci la question (syn. embrouiller, compliquer ; contr. clarifier).

◆ **s'obscurcir** v.pr. Devenir obscur : *Le temps s'obscurcit* (syn. se couvrir).

obscurcissement [ɔpskyrsismɑ̃] n.m. Action d'obscurcir ; fait de s'obscurcir : *Obscurcissement de la ville à la tombée de la nuit.*

obscurément [ɔpskyremɑ̃] adv. - 1. De façon obscure, peu intelligible, confuse : *Il sentit obscurément la crainte l'envahir* (syn. confusément). - 2. Sans être connu : *Finir obscurément sa vie* (syn. anonymement).

obscurité [ɔpskyrite] n.f. (lat. *obscuritas*). - 1. État de ce qui est obscur : *Les chats voient dans l'obscurité* (syn. nuit, ténèbres). - 2. Manque de clarté, d'intelligibilité : *L'obscurité de certains poèmes de Mallarmé* (syn. ésotérisme, hermétisme). - 3. LITT. État, situation d'une personne obscure, sans notoriété : *Sortir de l'obscurité* (syn. anonymat).

obsédant, e [ɔpsedɑ̃, -ɑ̃t] adj. Qui obsède, qui importune : *Le rythme obsédant d'une musique* (syn. lancinant).

obsédé, e [ɔpsede] adj. et n. - 1. Qui est la proie d'une obsession, d'une idée fixe : *C'est un obsédé de la mer* (syn. fou, maniaque). - 2. Qui est la proie d'obsessions de nature sexuelle.

obséder [ɔpsede] v.t. (lat. *obsidere* "assiéger") [conj. 18]. Occuper de façon exclusive l'esprit de : *Ce souvenir m'obsède* (syn. hanter, poursuivre).

obsèques [ɔpsɛk] n.f. pl. (bas lat. *obsequiae*, du class. *obsequium* "service funèbre", de *sequi* "suivre"). Cérémonie des funérailles : *Obsèques civiles, religieuses. Assister aux obsèques d'un parent* (syn. enterrement).

obséquieusement [ɔpsekjøzmɑ̃] adv. De façon obséquieuse : *S'incliner obséquieusement* (syn. servilement).

obséquieux, euse [ɔpsekjø, -øz] adj. (lat. *obsequiosus*, de *obsequium* "complaisance"). Poli et empressé à l'excès : *Un subordonné obséquieux* (syn. servile, rampant).

obséquiosité [ɔpsekjozite] n.f. (lat. *obsequiositas*). Caractère d'une personne obséquieuse, de son comportement : *Être poli jusqu'à l'obséquiosité* (syn. flagornerie, servilité).

observable [ɔpsɛrvabl] adj. Qui peut être observé.

observance [ɔpsɛrvɑ̃s] n.f. (lat. *observantia*). - 1. Action d'observer fidèlement une règle religieuse ; cette règle : *L'observance des préceptes du Coran* (syn. pratique). - 2. Communauté religieuse considérée par rapport à la règle qu'elle observe : *L'observance bénédictine.* - 3. Action de se conformer à un modèle, une coutume, de suivre une prescription, de pratiquer une règle de conduite ; cette règle :

L'observance des règles de la versification (syn. respect, soumission). *L'observance d'un régime. La vie en société implique une foule d'observances* (syn. convention). - 4. Stricte observance, branche d'un ordre religieux qui, après des réformes, suit de nouveau la règle primitive.

observateur, trice [ɔpsɛrvatœr, -tris] n. (lat. *observator*). - 1. Personne qui regarde qqch, assiste à qqch en spectateur (par opp. à *participant*) : *Assister à une négociation en simple observateur* (syn. témoin). - 2. Personne présente dans un débat, une commission, mais qui ne peut intervenir ni voter ; auditeur. - 3. Personne dont la mission est de regarder le déroulement de certains événements afin d'en rendre compte : *Journal qui dépêche une observatrice pour suivre un congrès.* - 4. MIL. Celui qui surveille les positions ennemies, observe le combat. - 5. Individu considéré sous le rapport de la position qu'il occupe dans l'espace et des circonstances particulières suivant lesquelles les phénomènes se présentent à lui : *Observateur placé face au nord.* ◆ adj. Qui sait observer avec attention ; qui regarde avec un esprit critique : *Certains enfants sont très observateurs. Regard observateur* (syn. attentif).

observation [ɔpsɛrvasjɔ̃] n.f. (lat. *observatio*). - 1. Action de regarder avec attention les êtres, les choses, les événements, les phénomènes pour les étudier, les surveiller, en tirer des conclusions : *L'observation d'un manuscrit ancien* (syn. examen). *Poste d'observation* (syn. surveillance). - 2. MIL. Surveillance systématique de l'ennemi en vue d'obtenir des renseignements. - 3. MÉD. Surveillance d'un malade pendant un temps donné destinée à permettre au médecin de préciser ou d'infirmer un diagnostic incertain : *Le malade est en observation.* - 4. Compte rendu, ensemble de remarques, de réflexions de qqn qui a observé, étudié qqch : *Consigner ses observations sur un registre* (syn. considération, constatation). - 5. Remarque faite à qqn à propos de qqn : *Le discours appelle deux observations* (syn. commentaire). - 6. Légère réprimande : *Cette absence lui a valu une observation* (syn. reproche, remontrance). - 7. Action de se conformer à ce qui est prescrit : *L'observation du règlement* (syn. respect, observance ; contr. transgression). - 8. Esprit d'observation, disposition ou habileté à observer : *Elle a l'esprit d'observation, rien ne lui échappe.*

observatoire [ɔpsɛrvatwar] n.m. (de *observer*). - 1. Établissement spécialement affecté aux observations astronomiques, météorologiques ou volcanologiques. - 2. Lieu d'où l'on peut observer, aménagé pour l'observation : *La terrasse est un magnifique observatoire.* - 3. Organisme administratif ou syndical chargé de surveiller certains faits économiques : *Observatoire du livre.*

observer [ɔpsɛʁve] v.t. (lat. *observare*). - **1.** Examiner attentivement, considérer avec attention pour étudier : *Observer le visage de qqn pour savoir s'il ment* (syn. fixer, scruter). *Observer une bactérie au microscope* (syn. examiner). - **2.** Regarder attentivement pour surveiller, contrôler : *Observer en cachette les faits et gestes de ses voisins* (syn. épier). - **3.** Remarquer ; constater : *Observer un mieux chez un convalescent* (syn. noter). - **4.** Se conformer à ce qui est prescrit par la loi, les usages, etc. : *Observer le Code de la route* (syn. respecter, se soumettre à ; contr. enfreindre). *Observer les coutumes d'un pays* (syn. adopter, suivre). - **5.** Adopter de façon durable et volontaire un comportement : *Observer un silence prudent* (syn. garder). ◆ **s'observer** v.pr. - **1.** Surveiller, contrôler ses moindres réactions : *S'observer pour éviter de se mettre en colère* (syn. se contrôler, se dominer). - **2.** S'épier, se surveiller réciproquement : *Avant le combat, les deux boxeurs s'observent.*

obsession [ɔpsesjɔ̃] n.f. (lat. *obsessio* propr. "action d'assiéger"). - **1.** PSYCHIATRIE. Idée souvent absurde ou incongrue qui surgit dans la conscience et l'assiège, bien que le sujet soit conscient de son caractère morbide et la ressente comme étrangère. - **2.** Fait d'obséder qqn ; ce qui obsède : *L'obsession de grossir* (syn. hantise, phobie). *Se venger est chez elle une obsession* (= idée fixe).

obsessionnel, elle [ɔpsesjɔnɛl] adj. - **1.** PSYCHIATRIE. Qui relève de l'obsession : *Une idée obsessionnelle.* - **2.** Névrose obsessionnelle, névrose dont les symptômes sont des obsessions et des rituels. ◆ adj. et n. Qui a des obsessions.

obsidienne [ɔpsidjɛn] n.f. (du lat. *obsidianus*, du n. d'*Obsius*, qui aurait découvert ce minéral). Verre volcanique de couleur sombre, très cassant.

obsolescence [ɔpsɔlesɑ̃s] n.f. (mot angl., du lat. *obsolescere* "tomber en désuétude"). - **1.** LITT. Fait d'être périmé : *Coutume frappée d'obsolescence.* - **2.** Dépréciation d'une machine, d'un équipement, qui la rend périmé du seul fait de l'évolution technique et non de l'usure résultant de son fonctionnement.

obsolète [ɔpsɔlɛt] adj. (lat. *obsoletus*, de *solere* "avoir coutume"). LITT. Déprécié, périmé par obsolescence ; sorti de l'usage : *Mot obsolète* (syn. désuet).

obstacle [ɔpstakl] n.m. (lat. *obstaculum*, de *obstare* "se tenir devant"). - **1.** Ce qui empêche d'avancer, s'oppose à la marche : *Rencontrer un obstacle sur la route* (syn. barrière, écueil). - **2.** Ce qui empêche ou retarde une action, une progression : *Se heurter à des obstacles insurmontables* (syn. difficulté). *Je ne vois pas d'obstacle majeur à ce mariage* (syn. empêchement, opposition). - **3.** SPORTS. Chacune des difficultés à franchir, placée sur une piste dans une compétition (hippisme, course à pied, en partic.) ; haie.

obstétrical, e, aux [ɔpstetʁikal, -o] adj. Relatif à l'obstétrique, l'accouchement : *Procédés obstétricaux.*

obstétricien, enne [ɔpstetʁisjɛ̃, -ɛn] n. Médecin spécialiste d'obstétrique.

obstétrique [ɔpstetʁik] n.f. (lat. *obstetrix* "accoucheuse"). Discipline médicale qui traite de la grossesse et de la technique de l'accouchement.

obstination [ɔpstinasjɔ̃] n.f. (lat. *obstinatio*). Caractère d'une personne obstinée : *Réussir à force d'obstination* (syn. ténacité, persévérance). *Son obstination l'a acculé à la ruine* (syn. entêtement).

obstiné, e [ɔpstine] adj. et n. Opiniâtre ; entêté : *Enfant obstiné* (syn. résolu, têtu). ◆ adj. - **1.** Qui marque de l'obstination : *Travail obstiné* (syn. acharné). - **2.** Constant ; répété : *Toux obstinée* (syn. tenace).

obstinément [ɔpstinemɑ̃] adv. Avec obstination : *Défendre obstinément une opinion* (syn. résolument).

s'obstiner [ɔpstine] v.pr. (lat. *obstinare*). - **1.** Persévérer ; s'entêter : *S'obstiner dans un refus, à refuser* (syn. persister). - **2.** (Absol.). Demeurer sur ses positions : *Tu as tort de t'obstiner, il ne cédera pas* (syn. insister, se buter).

obstruction [ɔpstʁyksjɔ̃] n.f. (de *obstruer*). - **1.** Tactique, ensemble de manœuvres employées pour entraver le bon déroulement d'une action, d'un processus, d'un débat : *Les députés de l'opposition font de l'obstruction systématique.* - **2.** PATHOL. Engorgement d'un conduit organique, d'un vaisseau : *Obstruction des voies biliaires par des calculs* (syn. occlusion). - **3.** SPORTS. Action de s'opposer de façon irrégulière au jeu de l'adversaire.

obstructionnisme [ɔpstʁyksjɔnism] n.m. Obstruction systématique dans une assemblée parlementaire. ◆ **obstructionniste** adj. et n. Qui relève de l'obstructionnisme ; qui le pratique : *Une attitude obstructionniste.*

obstruer [ɔpstʁye] v.t. (lat. *obstruere* propr. "construire devant"). Boucher par un obstacle, barrer : *Le conduit est obstrué par des détritus* (syn. encombrer, engorger). *Un bouchon obstrue la circulation* (syn. paralyser, arrêter).

obtempérer [ɔptɑ̃peʁe] v.t. ind. [à] (lat. *obtemperare*) [conj. 18]. Obéir à un ordre, se soumettre à une injonction : *Obtempérer à une sommation* (syn. se plier). *S'il n'obtempère pas, il sera puni* (syn. s'exécuter).

obtenir [ɔptənir] v.t. (lat. *obtinere*, francisé d'après *tenir*) [conj. 40 ; auxil. *avoir*]. -**1.** Parvenir à se faire accorder ce que l'on désire : *Obtenir un délai. Je tâcherai de vous obtenir ce livre gratuitement* (syn. procurer, avoir). -**2.** Atteindre un résultat ; parvenir à ce que qqch se produise : *Obtenir le baccalauréat* (syn. réussir). *Obtenir un grand succès* (syn. recueillir, remporter). *J'ai obtenu qu'il parte* (syn. arriver à).

obtention [ɔptɑ̃sjɔ̃] n.f. Fait d'obtenir, partic. à la suite d'essais, de recherches : *L'obtention d'une nouvelle variété de roses par bouturage* (syn. création, réalisation).

obturateur [ɔptyratœr] n.m. -**1.** Objet qui sert à obturer. -**2.** Dispositif d'un objectif photographique pour obtenir un temps de pose différents. -**3.** Appareil qui sert à interrompre ou à rétablir la circulation dans une conduite d'eau, de gaz, de vapeur : *Fermer l'obturateur* (syn. valve, clapet, robinet).

obturation [ɔptyrasjɔ̃] n.f. Action, manière d'obturer : *L'obturation d'une dent, d'un conduit.*

obturer [ɔptyre] v.t. (lat. *obturare*). -**1.** Boucher hermétiquement par l'introduction ou l'application d'un corps : *Obturer une fuite avec du mastic* (syn. colmater). *Obturer une ouverture* (syn. condamner). -**2.** Combler avec un amalgame les cavités d'une dent cariée ; plomber.

obtus, e [ɔpty, -yz] adj. (lat. *obtusus*). -**1.** Qui manque de finesse, de pénétration : *Esprit obtus* (syn. borné, épais, lourd). -**2.** MATH. Se dit d'un angle géométrique dont la mesure est comprise strictement entre 90° et 180°.

obus [ɔby] n.m. (all. *Haubitze* "obusier", tchèque *haufnice*). Projectile ogival lancé par une bouche à feu. □ On distingue les obus pleins, ou *perforants*, et les obus remplis de balles ou de matières explosives, toxiques, etc.

oc [ɔk], anc. adv. occitan signif. « oui » (du lat. *hoc* "cela"). **Langue d'oc**, ensemble des dialectes romans, appelés auj. *occitan*, parlés dans la moitié sud de la France (par opp. à *langue d'oïl*).

ocarina [ɔkarina] n.m. (mot it., de *oca* "oie"). Petit instrument de musique populaire, à vent, de forme ovoïde et percé de trous.

occasion [ɔkazjɔ̃] n.f. (lat. *occasio*). -**1.** Conjoncture, circonstance qui vient à propos : *Profiter de l'occasion* (syn. aubaine, opportunité ; abrév. fam. *occase*). -**2.** Circonstance qui détermine un événement, une action : *Ce sera une occasion de nous voir.*

Il n'a pas eu l'occasion de se défendre (syn. faculté, possibilité). -**3.** Objet (meuble, voiture, etc.) vendu ou acheté de seconde main ; achat, vente de tels objets : *Marché de l'occasion.* -**4.** À l'occasion, le cas échéant : *À l'occasion, nous en reparlerons.* ‖ À l'occasion de, lors de ; en prenant pour motif, pour prétexte : *Donner une fête à l'occasion d'un anniversaire.* ‖ D'occasion, qui n'est pas vendu ou acheté neuf : *Voiture d'occasion.*

occasionnel, elle [ɔkazjɔnɛl] adj. -**1.** Qui arrive, se produit par hasard, de temps en temps : *Rencontre occasionnelle* (syn. fortuit, accidentel). *Travail occasionnel* (syn. irrégulier). -**2.** Qui est tel par occasion (par opp. à *habituel*) : *Client occasionnel.*

occasionnellement [ɔkazjɔnɛlmɑ̃] adv. Par occasion : *Je ne le vois qu'occasionnellement* (syn. exceptionnellement).

occasionner [ɔkazjɔne] v.t. (de *occasion*). Être la cause de ; entraîner qqch de fâcheux, le plus souvent : *Cette soirée a occasionné des dépenses* (syn. provoquer, susciter).

occident [ɔksidɑ̃] n.m. (lat. *occidens* "[soleil] tombant", adj. verbal de *occidere*). -**1.** Côté de l'horizon où le soleil se couche (syn. couchant, ouest). -**2.** (Avec une majuscule). L'ensemble des pays d'Europe occidentale et d'Amérique du Nord ; en partic. l'ensemble des pays membres du pacte de l'Atlantique Nord. -**3.** L'Église d'Occident, les Églises de rite latin (par opp. à *Églises de rite oriental*).

occidental, e, aux [ɔksidɑ̃tal, -o] adj. -**1.** Situé à l'ouest, à l'occident : *La côte occidentale de l'Amérique.* -**2.** Relatif à l'Occident ; propre à l'Occident, en partic. à la civilisation européenne (par opp. aux civilisations d'Afrique, d'Orient, d'Extrême-Orient et d'Amérique latine) : *Mode, pensée occidentale.* ◆ n. (Avec une majuscule). Personne qui appartient à la civilisation européenne.

occidentalisation [ɔksidɑ̃talizasjɔ̃] n.f. Action d'occidentaliser, de s'occidentaliser ; son résultat.

occidentaliser [ɔksidɑ̃talize] v.t. Modifier un peuple, une société par le contact avec les valeurs et la civilisation de l'Occident, donné en modèle. ◆ **s'occidentaliser** v.pr. Adopter les manières de vivre des pays de l'Occident : *Le Japon s'est beaucoup occidentalisé.*

occipital, e, aux [ɔksipital, -o] adj. -**1.** Qui appartient à l'occiput. -**2.** Lobe occipital, lobe postérieur du cerveau où sont logés les centres visuels. ‖ Os occipital, os qui forme la paroi postérieure et inférieure du crâne (on dit aussi *l'occipital*). ‖ Trou occipital, trou

dans l'os occipital par où passe l'axe cérébro-spinal.

occiput [ɔksipyt] n.m. (mot lat., de *caput*
"tête"). Partie inférieure et postérieure de la
tête, qui fait suite à la nuque.

occire [ɔksiʀ] v.t. (lat. pop. *auccidere*, class.
occidere) [seul. à l'inf. et au p. passé *occis, e*].
LITT. OU PAR PLAIS. Faire mourir ; tuer : *S'il
continue à m'énerver, je vais l'occire.*

occitan, e [ɔksitɑ̃, -an] adj. et n. (lat. médiév.
occitana [*lingua*], latinisation de [*langue*] *d'oc*).
De l'Occitanie, ensemble des régions de
langue d'oc. ◆ **occitan** n.m. Langue d'oc.

occlure [ɔklyʀ] v.t. (lat. *occludere* "fermer")
[conj. 96]. MÉD. Fermer un orifice, un conduit,
etc. : *Occlure les paupières.*

occlusif, ive [ɔklyzif, -iv] adj. - **1.** Qui produit
une occlusion. - **2.** PHON. Consonne occlusive, consonne dont l'articulation comporte
une occlusion : [*p*] *est une consonne occlusive
bilabiale* (on dit aussi *une occlusive*).

occlusion [ɔklyzjɔ̃] n.f. (lat. *occlusio*, de *occludere* "fermer"). - **1.** MÉD. Fermeture pathologique d'un conduit, d'un orifice de
l'organisme. - **2.** CHIR. Opération consistant à
rapprocher les bords d'une ouverture naturelle, notamm. les paupières et les lèvres.
- **3.** Position des mâchoires lorsqu'on serre
les dents. - **4.** PHON. Fermeture complète et
momentanée en un point du canal vocal.
- **5.** CHIM. Emprisonnement de substances par
d'autres, par des mécanismes divers tels que
l'absorption ; substance emprisonnée.
- **6.** Occlusion intestinale, nom usuel de
l'*iléus.*

occultation [ɔkyltasjɔ̃] n.f. - **1.** Action
d'occulter, de cacher qqch : *L'occultation d'un
fait historique* (syn. dissimulation). - **2.** ASTRON.
Disparition momentanée d'un astre der-
rière un autre de diamètre apparent supérieur.

occulte [ɔkylt] adj. (lat. *occultus*). - **1.** Qui agit
ou est resté de façon secrète ; dont les buts
restent inconnus, secrets : *Une influence, un
travail occulte* (syn. clandestin, souterrain).
- **2.** Sciences occultes, doctrines et pratiques
concernant des faits échappant à l'explication rationnelle, fondées génér. sur la
croyance en des correspondances entre les
choses et présentant le plus souvent un
caractère plus ou moins ésotérique : *L'alchimie, la magie, la chiromancie sont des sciences
occultes.*

occulter [ɔkylte] v.t. (lat. *occultare* "cacher").
- **1.** Passer sous silence : *Occulter certains
aspects essentiels d'une question* (syn. dissimuler,
cacher). - **2.** ASTRON. En parlant d'un astre,
cacher un autre astre par occultation.
- **3.** Rendre invisible un signal lumineux dans

un périmètre donné. - **4.** Faire en sorte
qu'une région ne puisse pas recevoir une
émission de télévision.

occultisme [ɔkyltism] n.m. Étude et pratique
des sciences occultes. ◆ **occultiste** adj. et n.
Qui relève de l'occultisme ; adepte de
l'occultisme.

occupant, e [ɔkypɑ̃, -ɑ̃t] adj. et n. - **1.** Qui
occupe un lieu, un local : *Les occupants d'un
immeuble* (syn. habitant). - **2.** Qui occupe militairement un pays : *Lutter contre l'armée
occupante.*

occupation [ɔkypasjɔ̃] n.f. - **1.** Fait d'occuper
un lieu, un local : *L'occupation d'un logement.*
- **2.** Action d'occuper par la force un lieu :
L'occupation d'un pays ennemi (syn. envahissement, invasion). - **3.** HIST. (Avec une majuscule). Période où la France était occupée par
les Allemands, de 1940 à 1945. - **4.** Ce à quoi
on occupe son temps : *La musique est son
occupation favorite* (syn. passe-temps). *Avoir de
multiples occupations* (syn. activité). *Il est actuellement sans occupation* (syn. travail).

occupé, e [ɔkype] adj. - **1.** Qui est pris, utilisé
par qqn : *Tous les appartements sont occupés*
(syn. habité ; contr. libre). *Poste occupé* (contr.
vacant). *La ligne téléphonique est occupée* (contr.
disponible). - **2.** Qui est sous occupation ennemie : *Territoires occupés* (syn. envahi). - **3.** Qui
est pris par une tâche, une activité ; qui n'est
pas disponible : *Il est occupé à ranger. Il ne
viendra pas, il est occupé* (syn. pris).

occuper [ɔkype] v.t. (lat. *occupare*). - **1.** Remplir un espace, une durée : *Le lit occupe
beaucoup de place* (syn. prendre, tenir). *La pêche
occupe ses loisirs* (syn. meubler, remplir).
- **2.** Remplir, exercer une fonction, une
charge : *Occuper un poste subalterne* (syn.
détenir). - **3.** Avoir la possession, l'usage d'un
lieu : *Ses parents occupent le premier étage* (syn.
habiter). - **4.** Rester en masse un lieu pour
manifester un mécontentement, une revendication, etc. : *Occuper une usine en grève.*
- **5.** S'installer et établir son autorité militairement ou par la force sur un territoire :
Occuper un pays conquis (syn. assujettir, envahir). - **6.** Donner du travail à : *L'agriculture
occupe une faible partie de la population* (syn.
employer). - **7.** Remplir le temps, la pensée
de : *Ses études l'occupent entièrement* (syn.
accaparer, prendre). ◆ **s'occuper** v.pr. [de].
- **1.** Travailler, consacrer son temps à : *Il
s'occupe d'enfants inadaptés* (syn. se consacrer
à). *Elle n'a pas le temps de s'occuper de ses
affaires* (syn. veiller à, penser à). - **2.** (Absol.).
Avoir une activité ; ne pas être oisif : *C'est un
homme qui a besoin de s'occuper* (syn. agir).

occurrence [ɔkyʀɑ̃s] n.f. (du lat. *occurrere* "se
présenter"). - **1.** LING. Apparition d'une unité
linguistique (phonologique, grammaticale

ou lexicale) dans un corpus ; cette unité : *Recenser les occurrences du verbe « être » dans un texte* (syn. emploi). - **2.** En l'occurrence, dans cette circonstance : *C'est une cantatrice, une mezzo-soprano en l'occurrence.*

océan [ɔseã] n.m. (lat. *oceanus,* du gr.). - **1.** Vaste étendue du globe terrestre couverte par l'eau de mer. - **2.** Chacune des divisions majeures de l'océan mondial, constituant des entités géographiques partageables en régions : *L'océan Indien.* - **3.** (Avec une majuscule). L'océan Atlantique, en France. - **4.** LITT. Grande quantité ; immensité : *Un océan de verdure* (syn. étendue).

océane [ɔsean] adj.f. LITT. De l'Océan, qui a trait à l'Océan : *Étendues océanes. La brise océane.*

océanien, enne [ɔseanjɛ̃, -ɛn] adj. et n. D'Océanie.

océanique [ɔseanik] adj. - **1.** Relatif à l'océan : *La faune océanique.* - **2.** Climat océanique, dans les zones tempérées, climat de la façade occidentale des continents, caractérisé par des étés frais, des hivers doux, des pluies fines et abondantes, avec un maximum en saison froide, et une prédominance des vents d'ouest.

océanographie [ɔseanɔgʁafi] n.f. Étude physique, chimique et biologique des eaux et des fonds marins. ◆ **océanographe** n. Nom du spécialiste.

océanographique [ɔseanɔgʁafik] adj. Relatif à l'océanographie : *Institut océanographique.*

océanologie [ɔseanɔlɔʒi] n.f. Ensemble des disciplines scientifiques (physique, chimie et biologie) et des techniques (prospection, exploitation) relatives à l'étude et à l'utilisation du domaine océanique. ◆ **océanologue** n. Nom du spécialiste.

océanologique [ɔseanɔlɔʒik] adj. Relatif à l'océanologie.

ocelle [ɔsɛl] n.m. (lat. *ocellus,* dimin. de *oculus* "œil"). - **1.** Œil simple de nombreux arthropodes (insectes, arachnides, etc.). - **2.** Tache ronde sur l'aile d'un insecte ou le plumage d'un oiseau : *Ocelles des plumes d'un paon.*

ocellé, e [ɔsele] adj. Parsemé d'ocelles, de taches évoquant les ocelles : *Une aile ocellée.*

ocelot [ɔslo] n.m. (nahuatl *ocelotl*). Félin sauvage d'Amérique à fourrure grise tachetée très recherchée ; cette fourrure. □ Famille des félidés ; long. 65 cm env.

ocre [ɔkʁ] n.f. (lat. *ochra,* gr. *ôkhra,* de *ôkhros* "jaune"). Argile souvent pulvérulente, colorée en jaune ou en rouge par des oxydes de fer et utilisée comme colorant. ◆ adj. inv. et n.m. D'une couleur brun-jaune clair ou brun-rouge clair : *Papiers ocre.*

octaèdre [ɔktaɛdʁ] n.m. et adj. (bas lat. *octaedros,* mot gr.). Polyèdre à huit faces.

octaédrique [ɔktaedʁik] adj. Qui a la forme d'un octaèdre : *Cristal octaédrique.*

octane [ɔktan] n.m. (du lat. *octo* "huit"). - **1.** Hydrocarbure saturé existant dans l'essence de pétrole. □ Formule : C_8H_{18}. - **2.** Indice d'octane, indice mesurant la résistance à la détonation d'un carburant, par comparaison avec un carburant étalon.

octant [ɔktã] n.m. (lat. *octans, -antis* "huitième partie"). Instrument qui servait autref. à prendre en mer des hauteurs d'astres et des distances, analogue au sextant.

octave [ɔktav] n.f. (lat. *octavus* "huitième"). MUS. Intervalle de huit degrés dans l'échelle diatonique : *Descendre d'une octave.*

octet [ɔktɛ] n.m. (mot angl.). - **1.** INFORM. Ensemble ordonné de huit bits permettant de représenter un chiffre, une lettre, un caractère quelconque sous la forme binaire. - **2.** PHYS. Ensemble de huit électrons formant la couche extérieure complète d'un atome.

octobre [ɔktɔbʁ] n.m. (lat. *october* "huitième mois", l'année romaine commençant en mars). Dixième mois de l'année, de trente et un jours.

octogénaire [ɔktɔʒenɛʁ] adj. et n. (lat. *octogenarius*). Qui a atteint 80 ans.

octogonal, e, aux [ɔktɔgɔnal, -o] adj. - **1.** Qui a la forme d'un octogone. - **2.** Qui a pour base un octogone.

octogone [ɔktɔgɔn] n.m. (lat. *octogonos,* mot gr., de *gônia* "angle"). MATH. Polygone qui a huit angles et, par suite, huit côtés.

octosyllabe [ɔktɔsilab] adj. et n.m. (de *octo-* et de *syllabe*). Se dit d'un vers de huit syllabes.

octroi [ɔktʁwa] n.m. - **1.** Action d'octroyer : *L'octroi de crédits.* - **2.** Droit que certaines instances avaient le droit de prélever sur des marchandises et notamm. les denrées à leur entrée en ville ; administration, bureau chargé de percevoir ce droit : *Payer l'octroi. S'arrêter à l'octroi.* □ En France, l'octroi a été supprimé en 1948.

octroyer [ɔktʁwaje] v.t. (lat. pop. *auctoridiare,* class. *auctorare* "garantir") [conj. 13]. Concéder, accorder à titre de faveur : *Octroyer une prime* (syn. allouer, attribuer). ◆ **s'octroyer** v.pr. S'octroyer qqch, le prendre sans permission : *S'octroyer un jour de repos* (syn. s'accorder, s'offrir).

octuor [ɔktɥɔʁ] n.m. (d'apr. *quatuor*). MUS. - **1.** Composition musicale à huit parties. - **2.** Ensemble vocal ou instrumental de huit exécutants.

oculaire [ɔkylɛʁ] adj. (lat. *ocularius,* de *oculus* "œil"). - **1.** De l'œil : *Globe oculaire.* - **2.** Témoin oculaire, témoin qui a vu la chose dont il témoigne. ◆ n.m. Système optique d'une lunette, d'un microscope, etc., placé du côté de l'œil de l'observateur et qui sert à examiner l'image fournie par l'objectif.

oculiste [ɔkylist] n. Médecin spécialisé dans les troubles de la vision (syn. ophtalmologiste, ophtalmologue).

oculus [ɔkylys] n.m. (mot lat. "œil"). ARCHIT. Petite ouverture circulaire (syn. œil-de-bœuf).

odalisque [ɔdalisk] n.f. (turc. *odaliq,* de *oda* "chambre"). - **1.** Esclave attachée au service des femmes du sultan, dans l'Empire ottoman. - **2.** LITT. Femme d'un harem.

ode [ɔd] n.f. (bas lat. *oda,* gr. *ôdê* "chant"). - **1.** ANTIQ. GR. Poème destiné à être chanté. - **2.** LITTÉR. Poème de type soit héroïque, soit lyrique divisé en strophes semblables entre elles par le nombre et la mesure des vers.

odeur [ɔdœʀ] n.f. (lat. *odor*). - **1.** Émanation transmise par un fluide (air, eau) et perçue par l'appareil olfactif : *Adorer l'odeur du jasmin* (syn. parfum, senteur). *L'odeur nauséabonde d'un œuf pourri* (= la puanteur). - **2.** Ne pas être en odeur de sainteté auprès de qqn, ne pas être apprécié, estimé de lui.

odieusement [ɔdjøzmã] adv. De façon odieuse : *Des prisonniers odieusement torturés* (syn. atrocement, horriblement). *Se conduire odieusement* (syn. abominablement).

odieux, euse [ɔdjø, -øz] adj. (lat. *odiosus,* de *odium* "haine"). - **1.** Qui provoque la haine, l'indignation : *Meurtre odieux* (syn. abject, ignoble). - **2.** Qui déplaît ; qui est désagréable : *Une ambiance odieuse* (syn. insupportable, pénible). - **3.** Déplaisant, insupportable, en parlant de qqn : *Cet enfant a été odieux pendant les vacances* (syn. invivable).

odontalgie [ɔdɔ̃talʒi] n.f. (gr. *odontalgia*). MÉD. Mal de dents.

odontologie [ɔdɔ̃tɔlɔʒi] n.f. (de *odonto-* et *-logie*). Étude des dents, de leurs maladies et du traitement de celles-ci. ◆ **odontologiste** n. Nom du spécialiste.

odorant, e [ɔdɔʀɑ̃, -ɑ̃t] adj. (lat. *odorare,* de *odor* "odeur"). Qui exhale, répand une odeur : *Du bois odorant* (contr. inodore). *Un bouquet odorant* (syn. odoriférant).

odorat [ɔdɔʀa] n.m. (lat. *odoratus,* de *odorare* ; v. *odorant*). Sens permettant la perception des odeurs (syn. didact. olfaction).

odoriférant, e [ɔdɔʀifeʀɑ̃, -ɑ̃t] adj. (lat. médiév. *odoriferens, -entis,* du class. *odorifer* "parfumé"). LITT. Qui répand une odeur agréable : *Effluves odoriférants* (syn. parfumé, odorant). *Plante odoriférante* (syn. aromatique).

odyssée [ɔdise] n.f. (du n. du poème d'Homère, gr. *Odusseia*). Voyage mouve-

menté, riche d'incidents, de péripéties : *Leur voyage au Mexique a été une véritable odyssée.*

œcuménique [ekymenik] adj. (lat. ecclés. *œcumenicus,* gr. *oikoumenikê* [*gê*] "[terre] habitée"). - **1.** RELIG. Qui rassemble, qui intéresse l'ensemble des Églises ; relatif à l'œcuménisme : *Le mouvement œcuménique est né en 1948.* - **2.** RELIG. CHRÉT. Concile œcuménique, concile dont la convocation a été notifiée à l'ensemble des évêques.

œcuménisme [ekymenism] n.m. Mouvement qui préconise l'union de toutes les Églises en une seule. ◆ **œcuméniste** adj. et n. Qui relève de l'œcuménisme ; qui en est partisan.

œdémateux, euse [ødematø, -øz] ou [edematø, -øz] adj. Relatif à l'œdème : *Infiltration œdémateuse.*

œdème [ødɛm] ou [edɛm] n.m. (gr. *oidêma* "tumeur"). MÉD. Accumulation anormale de liquide séreux dans les espaces compris entre les cellules du tissu conjonctif.

œdipe [ødip] ou [edip] n.m. (n.pr.). PSYCHAN. Complexe d'Œdipe, ensemble des sentiments amoureux et hostiles que chaque enfant éprouve à l'égard du couple parental, à savoir attachement sexuel au parent de sexe opposé et haine à l'égard du parent de même sexe considéré comme un rival ; on dit aussi *l'œdipe*). □ L'issue normale du complexe d'Œdipe est l'identification avec le parent de même sexe.

œdipien, enne [ødipjɛ̃, -ɛn] ou [edipjɛ̃, -ɛn] adj. PSYCHAN. Relatif au complexe d'Œdipe : *Conflit œdipien.*

œil [œj] n.m. (lat. *oculus*) [pl. *yeux*]. - **1.** Organe pair de la vue, formé du globe oculaire et de ses annexes (paupières, cils, glandes lacrymales, etc.) : *Ne voir que d'un œil. Avoir une poussière dans l'œil.* - **2.** Cet organe en tant que partie du visage et élément de la physionomie : *Avoir les yeux bleus.* - **3.** Cet organe, en tant qu'il manifeste les traits permanents du caractère, les émotions, les sentiments ou sert à l'expression des désirs, des pensées : *Lire les pensées dans les yeux de qqn* (syn. regard). - **4.** Cet organe considéré dans sa fonction, la vision, ou comme symbole de la faculté d'observation, de la perspicacité, de la vigilance : *Rien n'échappe à l'œil du maître.* - **5.** Cet organe considéré dans les mouvements qui lui sont propres : *Lever, baisser les yeux. Ciller, cligner des yeux.* - **6.** Manière de voir, sentiment : *Voir les choses d'un œil favorable. À ses yeux, il s'agit d'un génie* (= selon lui). - **7.** Trou pratiqué dans un outil ou une pièce mécanique pour le passage de l'articulation d'une autre pièce : *L'œil d'un marteau.* - **8.** [pl. *œils*]. IMPR. Partie du caractère représentant le dessin de la lettre reproduit à l'impression sur le papier. - **9.** Point végétatif situé au-dessus de l'insertion d'une feuille et d'un rameau ou à l'extrémité d'un rameau. - **10.** (Surtout au pl.). Lentille de graisse à la surface du bouillon. - **11.** Cœur d'un cyclone tropical caractérisé par des vents faibles et un temps peu nuageux et autour duquel tournent des vents violents. - **12.** [pl. œils]. MAR. Boucle formée à l'extrémité d'un filin. - **13.** Judas optique : *Œil d'une porte.* - **14.** FAM. À l'œil, gratuitement : *Faire un travail à l'œil.* ‖ Avoir l'œil (à tout), être attentif ; veiller à tout : *Méfie-toi, elle a l'œil.* ‖ Avoir l'œil sur qqn (ou qqch), avoir, tenir qqn (ou qqch) à l'œil, le surveiller. ‖ Avoir l'œil, avoir le coup d'œil, avoir une vue d'œil, de manière si nette ou si rapide que la simple vue suffit à le constater : *Bosse qui grossit à vue d'œil* (= très rapidement). ‖ FAM. Entre quatre yeux (prononcé *entre quat'z-yeux*), en tête à tête. ‖ Faire de l'œil à qqn, lui faire signe en clignant de l'œil, soit pour marquer la connivence, soit pour l'aguicher. ‖ Fermer les yeux (sur qqch), faire semblant de ne pas (le) voir : *Elle sait qu'il la trompe mais elle ferme les yeux.* ‖ Mauvais œil, regard de certaines personnes qui, selon une superstition populaire, porterait malheur. ‖ FAM. Mon œil !, sert à exprimer l'incrédulité : *Il va exposer ses toiles à New York ? Mon œil !* (= c'est impossible). ‖ N'avoir pas froid aux yeux, avoir du courage, de l'énergie. ‖ Ne pas pouvoir fermer l'œil de la nuit, ne pas pouvoir dormir. ‖ Ouvrir de grands yeux, paraître très étonné : *Quand je lui ai appris la nouvelle, elle a ouvert de grands yeux.* ‖ Ouvrir les yeux, voir la réalité telle qu'elle est : *Cesse de te leurrer, ouvre les yeux.* ‖ Ouvrir l'œil, être attentif : *Ouvre l'œil, tu trouveras peut-être un indice.* ‖ FAM. Pour les beaux yeux de qqn, pour lui seul ; sans but intéressé. ‖ Sauter aux yeux, crever les yeux, être évident : *Il est amoureux d'elle, ça crève les yeux.* ‖ FAM. Sortir par les yeux, se dit de qqn, qqch que l'on a trop vu, dont on est dégoûté : *Ce type me sort par les yeux* (= je ne peux plus le supporter).

œil-de-bœuf [œjdəbœf] n.m. (pl. *œils-de-bœuf*). Lucarne à fenêtre ronde ou ovale.

œil-de-perdrix [œjdəpɛrdri] n.m. (pl. *œils-de-perdrix*). Cor entre les doigts du pied.

œillade [œjad] n.f. Coup d'œil furtif, lancé pour marquer la tendresse ou la connivence : *Lancer une œillade à qqn.*

œillère [œjɛr] n.f. - **1.** Partie de la bride qui protège du fouet l'œil du cheval et l'empêche de voir de côté. - **2.** Petite coupe pour baigner l'œil. - **3.** Avoir des œillères, ne pas comprendre qqch par étroitesse d'esprit.

1. **œillet** [œjɛ] n.m. (de *œil*). - **1.** Petite pièce métallique évidée, de forme ronde ou ovale, qui sert de renfort à une perforation faite sur une ceinture, une courroie, une bâche, etc. ; cette perforation elle-même : *Ajouter des œillets à un ceinturon.* - **2.** PAPET. Anneau de papier autocollant renforçant les perforations des feuilles mobiles.

2. **œillet** [œjɛ] n.m. (même étym. que *1. œillet*). - **1.** Plante herbacée aux fleurs parfumées, aux feuilles très découpées, cultivée génér. en jardin. □ Famille des caryophyllacées. - **2.** Œillet d'Inde, plante à fleurs ornementales appelée aussi *tagète*. □ Famille des composées.

œilleton [œjtɔ̃] n.m. (de *2. œillet*). - **1.** OPT. Extrémité du tube d'une lunette ou d'un microscope, qui détermine la position de l'œil. - **2.** AGRIC. Rejeton que produisent certaines plantes et que l'on utilise pour leur multiplication : *L'artichaut, le bananier se reproduisent par œilletons.*

œilletonnage [œjtɔnaʒ] n.m. Multiplication des plantes par séparation et plantation d'œilletons.

œilletonner [œjtɔne] v.t. Pratiquer l'œilletonnage de.

œillette [œjɛt] n.f. (de l'anc. fr. *olie* "huile", lat. *oleum*). Pavot somnifère cultivé pour ses graines, dont on tire une huile comestible et utilisée en peinture ; cette huile.

œkoumène n.m. → **écoumène.**

œnologie [enɔlɔʒi] n.f. (du gr. *oinos* "vin", et de *-logie*). Science et technique de la fabrication et de la conservation des vins.
◆ **œnologue** n. Nom du spécialiste.

œnologique [enɔlɔʒik] adj. Relatif à l'œnologie.

œsophage [ezɔfaʒ] n.m. (gr. *oisophagos* "qui porte ce qu'on mange"). Première partie du tube digestif depuis le pharynx jusqu'au cardia de l'estomac, et dont les parois antérieure et postérieure, normalement appliquées l'une contre l'autre, ne s'écartent qu'au passage du bol alimentaire. □ L'œsophage des oiseaux est muni d'une poche appelée le *jabot.*

œsophagien, enne [ezɔfaʒjɛ̃, -ɛn] et **œsophagique** [ezɔfaʒik] adj. Relatif à l'œsophage : *Tube œsophagien.*

œstral, e, aux [ɛstral, -o] adj. - **1.** PHYSIOL. Relatif à l'œstrus. - **2.** Cycle œstral, modifications périodiques des organes génitaux femelles, en rapport avec la libération des ovules (on dit aussi *cycle menstruel*). □ Chez la femme, le cycle œstral dure environ 28 jours et comporte deux phases : folliculaire et lutéale ; il est sous la dépendance d'hormones, cesse provisoirement pendant la grossesse et définitivement à la ménopause.

œstre [ɛstr] n.m. (lat. *œstrus*, gr. *oistros* "taon"). Mouche parasite de certains mammifères, notamm. des moutons et des chevaux.

œstrogène [ɛstrɔʒɛn] adj. et n.m. Se dit des substances (hormones) qui provoquent l'œstrus.

œstrus [ɛstrys] n.m. (mot lat., gr. *oistros* "fureur"). PHYSIOL. Ensemble des phénomènes physiologiques et comportementaux qui précèdent et accompagnent l'ovulation chez la femme et chez la femelle des mammifères.

œuf [œf], au plur. [ø] n.m. (lat. *ovum*). - **1.** Cellule résultant de la fécondation, et qui, par division, donne un nouvel être, animal ou végétal (syn. **zygote**). - **2.** Gamète femelle mûr, pondu mais non encore fécondé. - **3.** Corps organique pondu par les reptiles et les oiseaux et comprenant le jaune (l'œuf proprement dit), entouré de blanc (albumine) et d'une coquille calcaire poreuse : *Des œufs de poule, de tortue.* - **4.** Produit comestible de l'œuf de certains oiseaux, poissons, etc. : *Des œufs au plat* (= des œufs de poule). *Œufs de lump.* - **5.** Morceau de bois en forme d'œuf qu'on met dans une chaussette pour le tendre, tandis qu'on la reprise. - **6.** Bonbon, confiserie en forme d'œuf : *Œuf de Pâques.* - **7.** Dans l'œuf, dès le commencement, à l'origine : *Étouffer une révolte dans l'œuf.* ‖ **Marcher sur des œufs**, marcher en posant le pied avec précaution ; au fig., parler, agir, avec la plus grande prudence. ‖ **Mettre tous ses œufs dans le même panier**, placer tous ses espoirs, tous ses fonds dans une même affaire. ‖ **Position en œuf**, en ski, position aérodynamique de recherche de vitesse, genoux fléchis et buste incliné en avant. ‖ FAM. **Quel œuf !**, quel idiot !

1. **œuvre** [œvʀ] n.f. (lat. *opera*). - **1.** LITT. Travail, activité : *Entreprendre une œuvre de longue haleine* (syn. **entreprise**, **tâche**). - **2.** Ce qui résulte d'un travail : *Cette décoration est l'œuvre de toute la classe* (syn. **réalisation**). - **3.** Production artistique ou littéraire ; ensemble des réalisations d'un écrivain, d'un peintre : *Une œuvre d'art. L'œuvre de Sartre, de Turner* (syn. **production**). - **4.** Organisation à but religieux, humanitaire ou philanthropique : *Faire un don à une œuvre.* - **5.** Juger qqn à l'œuvre, selon ses actes. ‖ **Mettre en œuvre qqch**, l'employer de façon ordonnée, en vue d'une application : *On a tout mis en œuvre pour éteindre l'incendie* (= on a utilisé tous les moyens possibles). ‖ **Mise en œuvre**, action de mettre en œuvre ; début de réalisation. ‖ **Se mettre à l'œuvre**, commencer à travailler. ◆ **œuvres** n.f. pl. - **1.** Parties d'un navire : *Œuvres mortes* (= parties émergées). *Œuvres vives* (= parties immergées). - **2.** Bonnes œuvres, ensemble

d'actions charitables accomplies dans le cadre d'une organisation religieuse.

2. **œuvre** [œvʀ] n.m. (lat. *opera*). - **1.** Ensemble des productions d'un artiste, notamm. de celles réalisées au moyen d'une technique particulière : *L'œuvre gravé de Pissarro.* - **2.** Être à pied d'œuvre, être à proximité immédiate de l'ouvrage en construction ou du travail à faire ; au fig., être prêt à commencer un travail. - **3.** CONSTR. Gros œuvre, ensemble des ouvrages (fondations, murs, planchers) constituant la structure d'une construction. ‖ **Second œuvre**, ensemble des ouvrages d'achèvement d'une construction.

œuvrer [œvʀe] v.i. (bas lat. *operare*). - **1.** Travailler à réaliser qqch d'important : *Œuvrer au rétablissement économique du pays.* - **2.** Mettre tout en œuvre, travailler pour obtenir qqch : *J'œuvre pour assurer votre sécurité.*

off [ɔf] adj. inv. (mot angl. "hors de [l'écran]"). CIN., TÉLÉV. Se dit d'une voix, d'un son dont la source n'est pas visible sur l'écran. (Recomm. off. *hors champ*).

offensant, e [ɔfãsã, -ãt] adj. Qui offense : *Vous avez eu des paroles offensantes à son égard* (syn. **blessant**, **outrageant**).

offense [ɔfãs] n.f. (lat. *offensa*). - **1.** Parole, action qui blesse qqn dans sa dignité, dans son honneur : *Une offense impardonnable* (syn. **outrage**, **affront**). - **2.** Outrage commis publiquement envers le président de la République ou un chef d'État ou de gouvernement, et qui constitue un délit : *Il y a offense envers le chef de l'État.* - **3.** RELIG. Péché que l'homme commet envers Dieu : *Pardonne-nous nos offenses* (syn. **faute**).

offensé, e [ɔfãse] adj. et n. Qui a subi une offense, qui est atteint dans son honneur : *Je me suis senti offensé par sa remarque* (syn. **blessé**, **humilié**, **outragé**).

offenser [ɔfãse] v.t. (de *offense*). - **1.** Blesser qqn dans sa dignité, son honneur : *Je l'ai offensé sans le vouloir* (syn. **froisser**, **humilier**). - **2.** Enfreindre (un principe, une règle), ne pas respecter : *Offenser le bon goût.* - **3.** Offenser Dieu, pécher. ‖ **Soit dit sans vous offenser**, sans vouloir vous vexer, sans intention désobligeante à votre égard. ◆ **s'offenser** v.pr. [de]. Se sentir blessé moralement, atteint dans sa dignité ou son honneur : *S'offenser d'une plaisanterie innocente* (syn. **se vexer**).

offenseur [ɔfãsœʀ] n.m. Celui qui offense.

offensif, ive [ɔfãsif, -iv] adj. (de l'anc. fr. *offendre*, lat. *offendere* "attaquer", d'apr. *défensif*). Qui attaque, sert à attaquer : *Des armes offensives* (contr. **défensif**).

offensive [ɔfãsiv] n.f. (de *offensif*). - **1.** Action d'envergure menée par une force armée et destinée à imposer à l'ennemi sa volonté, à le chasser de ses positions et à le détruire : *Lancer une vaste offensive* (syn. assaut, attaque). - **2.** Initiative, attaque visant à faire reculer qqn ou qqch : *Offensive contre la pollution* (syn. campagne, croisade).

offertoire [ɔfɛʀtwaʀ] n.m. (bas lat. *offertorium*). - **1.** CATH. Partie de la messe pendant laquelle le prêtre accomplit l'offrande du pain et du vin. - **2.** Morceau de musique que l'on exécute à ce moment de la messe.

office [ɔfis] n.m. (lat. *officium* "service"). - **1.** Fonction, charge exercée par qqn ; rôle joué par qqch : *Remplir l'office de gérant* (syn. rôle). - **2.** Établissement public ou privé se consacrant à une activité déterminée : *Office de publicité* (syn. agence, bureau). - **3.** DR. Service public doté de la personnalité morale et de l'autonomie financière : *Office public des H.L.M.* - **4.** HIST. Charge avec juridiction, fonction publique : *Office de maréchal de France, de chancelier.* □ L'office, dont le titulaire était depuis le XVᵉ s. inamovible, pouvait être vendu et devint héréditaire (1604) ; le système des offices fut aboli le 4 août 1789. - **5.** RELIG. CHRÉT. Cérémonie liturgique (on dit aussi *office divin*) : *Aller à l'office* (= à matines, à la messe, aux vêpres, etc., selon l'heure de la journée). *L'office des morts* (syn. service). - **6.** Envoi périodique d'un nombre limité de livres, venant de paraître ou réimprimés, par un éditeur aux libraires. - **7.** Pièce attenante à la cuisine où l'on dispose tout ce qui dépend du service de la table. **Rem.** Ce nom était autref. féminin. - **8.** D'office, par voie d'autorité, sans demande préalable : *Avocat commis d'office.* ∥ **Faire office de,** jouer le rôle de : *Il fait office de chauffeur.* ∥ DR. **Office ministériel,** fonction conférée à vie par nomination de l'autorité publique ; charge. ◆ **offices** n.m. pl. **Bons offices,** service occasionnel rendu par qqn : *Accepter les bons offices de qqn* (= l'aide). *Le secrétaire général de l'O. N. U. a offert ses bons offices* (= sa médiation).

officialisation [ɔfisjalizasjɔ̃] n.f. Action d'officialiser.

officialiser [ɔfisjalize] v.t. Rendre officiel : *Officialiser une nomination.*

officiant [ɔfisjɑ̃] n.m. et adj. m. (de 1. *officier*). RELIG. Celui qui célèbre un office religieux : *L'officiant se tient devant l'autel* (syn. célébrant, prêtre).

officiel, elle [ɔfisjɛl] adj. (angl. *official,* bas lat. *officialis,* de *officium* ; v. *office*). - **1.** Qui émane du gouvernement, de l'Administration ; qui a un caractère légal : *Nomination officielle* (contr. officieuse). *Texte officiel.* - **2.** Organisé par les autorités : *Cérémonie officielle.* - **3.** Qui a une fonction dans un gouvernement : *Personnage officiel.* - **4.** Qui est donné pour

vrai par une autorité quelconque, mais qui laisse supposer une autre réalité : *La version officielle des événements.* ◆ **officiel** n.m. - **1.** Personne qui a une fonction publique. - **2.** Personne qui a une fonction dans l'organisation d'épreuves sportives, de concours, etc.

officiellement [ɔfisjɛlmɑ̃] adv. De façon officielle : *Il a été officiellement nommé à ce poste* (contr. officieusement).

1. officier [ɔfisje] v.i. (lat. médiév. *officiare,* du class. *officium* "service") [conj. 9]. - **1.** RELIG. Célébrer l'office divin. - **2.** Travailler de façon solennelle et suivant certains rites (iron.) : *Le chef officiait dans sa cuisine.*

2. officier [ɔfisje] n.m. (lat. médiév. *officiarius* "chargé d'une fonction"). - **1.** Militaire qui a un grade au moins égal à celui de sous-lieutenant un d'enseigne de vaisseau. - **2.** Titulaire d'un office, d'une fonction : *Officier ministériel* (= notaire, huissier de justice, etc., titulaire d'un office ministériel). *Officier de l'état civil* (= responsable de la conservation des registres de l'état civil). - **3.** Titulaire de certains titres honorifiques : *Officier de la Légion d'honneur.* - **4.** Officier de police judiciaire, fonctionnaire chargé de constater les infractions et de livrer leurs auteurs à la justice. ∥ **Officier public,** titulaire d'une fonction, dont les affirmations et les constatations ont un caractère authentique (officier de l'état civil, huissier, notaire). ∥ **Officier subalterne,** sous-lieutenant, lieutenant, enseigne ou lieutenant de vaisseau. ∥ **Officier supérieur,** commandant, lieutenant-colonel, colonel ou capitaine de corvette, capitaine de frégate, capitaine de vaisseau.

officieusement [ɔfisjøzmɑ̃] adv. De façon officieuse : *La nouvelle est annoncée officieusement* (contr. officiellement).

officieux, euse [ɔfisjø, -øz] adj. (lat. *officiosus*). Qui émane d'une source autorisée, tout en n'ayant pas l'authenticité garantie : *Une nouvelle officieuse* (contr. officiel).

officinal, e, aux [ɔfisinal, -o] adj. - **1.** Se dit d'un remède préparé et conservé dans l'officine ou pharmacie (par opp. à *magistral*). - **2.** Herbe, plante officinale, dont on se sert en pharmacie.

officine [ɔfisin] n.f. (lat. *officina* "atelier"). - **1.** Ensemble des locaux où le pharmacien entrepose, prépare et vend les médicaments au public ; pharmacie. - **2.** Endroit où se trame qqch de secret, de nuisible, de mauvais (péjor.) : *Une officine d'espionnage.*

offrande [ɔfʀɑ̃d] n.f. (lat. médiév. *offerenda,* du class. *offeranda* "choses à offrir"). - **1.** Don fait à une divinité ou déposé dans un temple avec une intention religieuse. - **2.** Don volontaire et, le plus souvent, modeste : *Verser une offrande* (syn. obole).

offrant [ɔfʀɑ̃] n.m. **Le plus offrant,** celui qui offre le plus haut prix : *Je vendrai ma maison au plus offrant.*

offre [ɔfʀ] n.f. (de *offrir*). - **1.** Action d'offrir ; ce qui est offert : *Accepter une offre avantageuse* (syn. proposition). *Faire des offres de négociation, de paix* (syn. ouvertures). - **2.** Action de proposer un contrat à une autre personne : *Offre d'emploi* (contr. demande). - **3.** ÉCON. Quantité d'un bien ou d'un service qui peut être vendue sur le marché à un prix donné : *La loi de l'offre et de la demande est la base du système libéral.* - **4.** Appel d'offres, mode de conclusion des marchés publics par lequel l'Administration met publiquement les candidats en concurrence. ‖ **Offre publique d'achat** (O. P. A.), offre par laquelle une société fait connaître au public l'intention qu'elle a d'acquérir un certain nombre de titres d'une autre société.

offrir [ɔfʀiʀ] v.t. (lat. pop. *offerire,* class. *offerre*) [conj. 34]. - **1.** Donner, présenter en cadeau : *Offrir des fleurs* (syn. donner). - **2.** Mettre à la disposition de qqn : *Offrir son bras à qqn pour l'aider à marcher* (syn. proposer). - **3.** Être caractérisé par ; procurer ; donner lieu à : *Cette solution offre des avantages* (syn. comporter, présenter). ◆ **s'offrir** v.pr. - **1.** S'accorder le plaisir de : *S'offrir un voyage* (syn. s'accorder). - **2.** S'offrir à, s'exposer : *S'offrir aux regards* (syn. s'exhiber, se montrer). - **3.** S'offrir à (+ inf.), se montrer disposé à : *S'offrir à aider qqn* (syn. se proposer).

offset [ɔfsɛt] n.m. inv. (mot angl. "report"). Procédé d'impression au moyen d'une machine rotative, par l'intermédiaire d'un rouleau de caoutchouc qui passe sur les caractères encrés d'une feuille de zinc ou d'aluminium et les reporte sur le papier. ◆ adj. inv. et n.f. inv. Se dit de la machine, du papier, du matériel utilisés dans l'impression par le procédé offset : *Plaque offset* (= la feuille de métal qui porte l'image imprimante).

offshore ou **off shore** [ɔfʃɔʀ] adj. inv. et n.m. inv. (mot angl. "au large"). - **1.** Se dit de la prospection, du forage et de l'exploitation des gisements de pétrole situés au large des rivages. - **2.** Se dit d'un sport motonautique de grande vitesse sur bateaux très puissants ; le bateau lui-même.

offusquer [ɔfyske] v.t. (lat. *offuscare* "obscurcir"). Choquer, déplaire fortement à : *Il est offusqué par ses manières* (syn. froisser, heurter). ◆ **s'offusquer** v.pr. Se froisser, se choquer : *S'offusquer du langage de qqn* (syn. se scandaliser).

ogival, e, aux [ɔʒival, -o] adj. ARCHIT. Relatif à l'ogive, à l'arc brisé ; qui en a la forme : *Architecture ogivale.*

ogive [ɔʒiv] n.f. (p.-ê. de l'esp. *algibe* "citerne", d'orig. ar. ou de l'anglo-norm. *ogé,* du lat. *obviatum,* de *obviare* "s'opposer"). - **1.** ARCHIT. Arc diagonal de renfort bandé sous la voûte gothique, dont il facilite la construction et dont il reporte la poussée vers les angles. - **2.** Partie antérieure d'un projectile, de forme conique ou ogivale : *Ogive nucléaire* (syn. tête).

ogre, ogresse [ɔgʀ, ɔgʀɛs] n. (probabl. altér. de *orc,* lat. *Orcus,* n. d'une divinité infernale). - **1.** Dans les contes de fées, géant vorace qui mange les petits enfants. - **2.** Personne vorace : *Avoir un appétit d'ogre* (= être affamé).

oh [o] interj. (exclam. lat.). Marque la surprise, l'indignation, la douleur : *Oh ! Vous étiez là ! Oh, la crapule !*

ohé [ɔe] interj. (lat. *ohe*). Sert à appeler, à interpeller : *Ohé ! Il y a quelqu'un ?*

ohm [om] n.m. (du n. du physicien all.). Unité de mesure de résistance électrique, équivalant à la résistance électrique entre deux points d'un conducteur lorsqu'une différence de potentiel constante de 1 volt, appliquée entre ces deux points, produit dans ce conducteur un courant de 1 ampère, ledit conducteur n'étant le siège d'aucune force électromotrice. □ Symb. Ω.

ohmmètre [ommɛtʀ] n.m. (de *ohm* et *-mètre*). Appareil servant à mesurer la résistance électrique d'un conducteur.

oie [wa] n.f. (bas lat. *auca,* forme syncopée de *avica,* du class. *avis* "oiseau"). - **1.** Oiseau palmipède massif, au long cou et au bec large, dont on connaît plusieurs espèces sauvages et une espèce domestique, que l'on élève pour sa chair et son foie surchargé de graisse par gavage. □ Le mâle est le jars, le jeune l'oison ; l'oie criaille, siffle, cacarde. - **2.** FAM. Personne sotte, niaise : *Oie blanche* (= jeune fille candide et un peu sotte). - **3.** **Les oies du Capitole,** oies sacrées du Capitole, qui sauvèrent Rome (390 av. J.-C.) en prévenant par leurs cris Manlius et les Romains de l'attaque nocturne des Gaulois. ‖ **Pas de l'oie,** pas de parade militaire en usage dans certaines armées.

oignon [ɔɲɔ̃] n.m. (lat. pop. *unio, unionis*). - **1.** Plante potagère du genre ail, dont le bulbe, d'une saveur et d'une odeur fortes et piquantes, est très employé en cuisine ; ce bulbe. □ Famille des liliacées. - **2.** Bulbe souterrain de certaines plantes : *Des oignons de lis.* - **3.** Grosse montre de gousset de forme bombée. - **4.** Durillon se formant à la base du gros orteil. - **5.** FAM. **Aux petits oignons,** préparé avec un soin particulier ; parfait. ‖ FAM. **Ce ne sont pas tes oignons,** ça ne te regarde pas. ‖ FAM. **En rang d'oignons,** sur une seule ligne.

oïl [ɔjl], adv. de l'anc. fr. signif. « oui » (du lat. *hoc* "cela" et *il*, pron. pers.). **Langue d'oïl,** ensemble des dialectes romans parlés dans la moitié nord de la France (picard, wallon, champenois, francien, etc.) [par opp. à *langue d'oc*].

oindre [wɛ̃dʀ] v.t. (lat. *ungere*) [conj. 82]. - **1.** Frotter d'huile ou d'une substance grasse : *On oignait les athlètes pour la lutte.* - **2.** RELIG. Procéder à l'onction de : *Oindre un enfant pour lui administrer le sacrement du baptême.*

oing ou **oint** [wɛ̃] n.m. (du lat. *unguen* "onguent"). Graisse servant à oindre.

oint, e [wɛ̃, wɛ̃t] adj. et n. RELIG. Se dit d'une personne qui a été consacrée par l'onction liturgique.

oiseau [wazo] n.m. (lat. pop. *aucellus,* contraction de *avicellus,* dimin. du class. *avis*). - **1.** Vertébré ovipare, couvert de plumes, à respiration pulmonaire, à sang chaud, dont les membres postérieurs servent à la marche, dont les membres antérieurs, ou ailes, servent au vol, et dont les mâchoires forment un bec corné : *Oiseaux migrateurs.* - **2.** FAM. Individu quelconque : *Un drôle d'oiseau.* - **3.** À vol d'oiseau, en ligne droite. **Être comme l'oiseau sur la branche,** être pour très peu de temps dans un endroit. ‖ **Oiseau rare,** personne douée d'éminentes qualités (souvent iron.).

oiseau-lyre [wazoliʀ] n.m. (pl. *oiseaux-lyres*). Nom usuel du *ménure,* passereau d'Australie, ainsi appelé à cause des longues plumes recourbées de la queue des mâles.

oiseau-mouche [wazomuʃ] n.m. (pl. *oiseaux-mouches*). Colibri.

oiseleur [wazlœʀ] n.m. Celui qui prend des petits oiseaux au filet ou au piège.

oiselier, ère [wazəlje, -ɛʀ] n. Personne dont le métier est d'élever et de vendre des oiseaux.

oisellerie [wazɛlʀi] n.f. Métier, commerce de l'oiselier.

oiseux, euse [wazø, -øz] adj. (lat. *otiosus,* de *otium* "loisir"). Qui ne sert à rien, qui est sans intérêt à cause de son caractère superficiel et vain : *Discussion oiseuse* (syn. futile, inutile).

oisif, ive [wazif, -iv] adj. et n. (réfection d'apr. *oiseux,* de l'anc. fr. *huisdif, oidif*). Qui n'a pas d'occupation, ou qui dispose de beaucoup de loisirs : *Passe-temps pour gens oisifs* (syn. désœuvré, inoccupé). ◆ adj. Qui se passe

dans l'inaction, le désœuvrement : *Une vie oisive* (contr. actif).

oisillon [wazijɔ̃] n.m. Jeune oiseau.

oisivement [wazivmɑ̃] adv. De façon oisive ; dans l'oisiveté : *Vivre oisivement.*

oisiveté [wazivte] n.f. État d'une personne qui vit sans travailler et sans avoir d'occupation permanente : *L'oisiveté lui pèse* (syn. désœuvrement, inoccupation).

oison [wazɔ̃] n.m. Petit de l'oie.

o. k. [ɔke] interj. (abrév. de l'anglo-amér. *oll korrect,* orthographe fautive pour *all correct*). FAM. D'accord, c'est entendu. ◆ adj. inv. FAM. Qui est correct, qui convient : *Tout est O. K.* (syn. parfait). *C'est O. K., pour vous ?*

okapi [ɔkapi] n.m. (mot africain). Mammifère ruminant du Zaïre, voisin de la girafe, mais à cou plus court et à pelage rayé à l'arrière. □ Haut. au garrot 1 m.

okoumé [ɔkume] n.m. (mot gabonais). Arbre de l'Afrique équatoriale, au bois rose, utilisé notamm. dans la fabrication du contreplaqué. □ Famille des burséracées.

olé ou **ollé** [ɔle] interj. (mot esp.). S'emploie pour encourager, en partic. dans les corridas.

oléacée [ɔlease] n.f. (du lat. *olea* "olivier"). Oléacées, famille d'arbres ou d'arbustes à fleurs à pétales soudés, tels que l'olivier, le jasmin, le lilas, le frêne.

oléagineux, euse [ɔleaʒinø, -øz] adj. (lat. *oleaginus* "d'olivier"). - **1.** De la nature de l'huile : *Liquides oléagineux.* - **2.** Plante oléagineuse, plante cultivée pour ses graines ou ses fruits riches en lipides, dont on tire de l'huile (on dit aussi *un oléagineux*).

oléicole [ɔleikɔl] adj. Qui concerne l'oléiculture.

oléiculture [ɔleikyltyʀ] n.f. (du lat. *olea* "olivier"). Culture de l'olivier en vue de la production d'huile d'olive.

oléifère [ɔleifɛʀ] adj. (du lat. *oleum* "huile", et de *-fère*). Dont on extrait de l'huile.

oléoduc [ɔleɔdyk] n.m. (du lat. *oleum* "huile" et *ducere* "conduire"). Pipeline servant au transport du pétrole brut.

olfactif, ive [ɔlfaktif, -iv] adj. (lat. méd. *olfactivus,* du class. *olfactus* "odorat"). Relatif à l'odorat : *Les organes olfactifs.*

olfaction [ɔlfaksjɔ̃] n.f. (d'apr. *olfactif*). DIDACT. Odorat.

olibrius [ɔlibʀijys] n.m. (de *Olibrius,* gouverneur des Gaules au Vᵉ s., sot, fanfaron et cruel). FAM. Individu qui se distingue par son excentricité stupide.

olifant ou **oliphant** [ɔlifɑ̃] n.m. (altér. de *éléphant*). HIST. Petit cor d'ivoire dont se servaient les chevaliers du Moyen Âge à la chasse ou à la guerre.

oligarchie [ɔligaʀʃi] n.f. (de *olig[o]-* et *-archie*). Régime politique où l'autorité est entre les mains de quelques personnes ou de quelques familles puissantes ; ensemble de ces personnes, de ces familles.

oligarchique [ɔligaʀʃik] adj. Qui relève d'une oligarchie.

oligocène [ɔligɔsɛn] n.m. (de *olig[o]-* et *-cène*). Deuxième période de l'ère tertiaire, entre l'éocène et le miocène, d'une durée approximative de 10 millions d'années.

oligoélément [ɔligoelemɑ̃] n.m. (de *oligo-* et *élément*). BIOL. Élément chimique nécessaire, à l'état de traces, à la vie des animaux et des végétaux. □ De nombreux métaux (fer, manganèse, bore, magnésium, cobalt, etc.) sont des oligoéléments.

olivaie [ɔlivɛ] et **oliveraie** [ɔlivʀɛ] n.f. Lieu planté d'oliviers.

olivaison [ɔlivɛzɔ̃] n.f. Récolte des olives ; saison où l'on fait cette récolte.

olivâtre [ɔlivɑtʀ] adj. D'une couleur qui tire sur le vert olive : *Un teint olivâtre.*

olive [ɔliv] n.f. (prov. *oliva,* mot lat.). - **1.** Fruit à noyau, ellipsoïdal, de l'olivier, dont on tire une huile alimentaire : *Olive noire, verte.* - **2.** Objet ou ornement ayant la forme d'une olive : *Un manteau qui se ferme avec des olives* (= des boutons en forme d'olive). - **3.** Petit interrupteur de forme ellipsoïdale placé sur un fil électrique. ◆ adj. inv. De la couleur vert clair, tirant un peu sur le jaune, de l'olive verte.

olivette [ɔlivɛt] n.f. - **1.** Raisin à grains en forme d'olive, dont diverses variétés sont cultivées en Provence. - **2.** Tomate d'une variété à fruit allongé, oblong.

olivier [ɔlivje] n.m. Arbre oléagineux cultivé surtout dans le bassin méditerranéen, qui fournit l'olive. □ Famille des oléacées ; l'olivier était dans l'Antiquité un emblème de fécondité et un symbole de paix et de gloire.

ollé interj. → **olé.**

olographe et **holographe** [ɔlɔgʀaf] adj. (lat. *olographus* pour *holographus,* du gr. *holos* "entier"). DR. Testament olographe, testament écrit en entier, daté et signé de la main du testateur.

olympiade [ɔlɛ̃pjad] n.f. (lat. *olympias, -adis,* du n. de la ville d'*Olympie*). Espace de quatre ans entre deux célébrations successives des jeux Olympiques. ◆ **olympiades** n.f. pl. (Emploi critiqué). Jeux Olympiques.

olympien, enne [ɔlɛ̃pjɛ̃, -ɛn] adj. - **1.** De l'Olympe : *Divinités olympiennes.* - **2.** Majestueux et serein, à l'image des dieux de l'Olympe : *Calme olympien.*

olympique [ɔlɛ̃pik] adj. (lat. *olympicus,* gr. *olumpikos,* du n. de la ville d'*Olympie*). - **1.** Relatif aux jeux Olympiques : *Triple champion olympique.* - **2.** Conforme aux règles des jeux Olympiques : *Piscine olympique.* - **3.** Jeux Olympiques, dans l'Antiquité, jeux qui se célébraient en Grèce tous les quatre ans, depuis 776 av. J.-C., à Olympie, en l'honneur de Zeus Olympien et qui comprenaient non seulement des épreuves sportives mais aussi des concours musicaux et littéraires (ils furent supprimés en 394 par Théodose) ; auj., compétition sportive internationale et qui a lieu tous les quatre ans, sauf en période de guerre.

olympisme [ɔlɛ̃pism] n.m. - **1.** Organisation, institution des jeux Olympiques. - **2.** Idéal olympique.

ombelle [ɔbɛl] n.f. (lat. *umbella* "parasol"). Mode d'inflorescence en forme de parasol.

ombellifère [ɔbɛlifɛʀ] n.f. (de *ombelle* et *-fère*). Ombellifères, importante famille de plantes à fleurs disposées en ombelles : *La carotte, le cerfeuil, le persil, l'angélique sont des ombellifères comestibles. La ciguë est une ombellifère vénéneuse.*

ombilic [ɔbilik] n.m. (lat. *umbilicus*). - **1.** Orifice de l'abdomen, chez le fœtus, laissant passer le cordon ombilical. - **2.** Cicatrice arrondie laissée sur l'abdomen après la chute du cordon ombilical (syn. nombril). - **3.** Plante des rochers, à feuilles charnues circulaires. □ Famille des crassulacées. - **4.** GÉOGR. Élargissement et approfondissement d'une vallée glaciaire.

ombilical, e, aux [ɔbilikal, -o] adj. Relatif à l'ombilic : *Hernie ombilicale. Cordon ombilical.*

omble [ɔbl] n.m. (altér. de *amble,* mot de Neuchâtel, du lat. *amulus*). Poisson d'eau douce voisin du saumon, à chair délicate. □ Long. 30 à 60 cm.

ombrage [ɔbʀaʒ] n.m. (de *ombre*). - **1.** Ensemble de branches, de feuilles d'arbres qui donnent de l'ombre ; cette ombre : *Se promener sous les ombrages du parc* (syn. feuillage, frondaison). - **2.** LITT. Faire ombrage à qqn, lui inspirer de l'inquiétude ou du ressentiment. ‖ LITT. Prendre ombrage de qqch, s'en offenser.

ombragé, e [ɔbʀaʒe] adj. Se dit d'un lieu où les arbres donnent de l'ombre : *Une allée ombragée.*

ombrager [ɔbʀaʒe] v.t. (de *ombrage*) [conj. 17]. Couvrir de son ombre, former ombrage sur : *Des tilleuls ombragent la place.*

ombrageux, euse [ɔbʀaʒø, -øz] adj. (de *ombrage*). - **1.** Se dit d'un cheval (ou d'une mule, etc.) qui a peur de son ombre ou d'un objet inaccoutumé. - **2.** Susceptible, soupçonneux : *Un caractère ombrageux* (syn. défiant, méfiant).

1. **ombre** [ɔ̃bʀ] n.m. (lat. *umbra* "poisson de couleur sombre"). Poisson des cours d'eau du centre et de l'est de la France, voisin du saumon, à chair estimée. **Rem.** À distinguer de l'*omble*. ◻ Long. 25 à 40 cm.

2. **ombre** [ɔ̃bʀ] n.f. (lat. *umbra*). - **1.** Zone sombre due à l'absence de lumière ou à l'interception de la lumière par un corps opaque : *L'arbre nous fait de l'ombre* (syn. ombrage). *Je voyais des ombres derrière les rideaux* (syn. silhouette). - **2.** Légère apparence, très petite quantité de qqch : *Une ombre de tristesse passa dans son regard* (syn. trace). - **3.** À l'ombre de, à l'abri de qqch ; sous la protection de qqn. ‖ Courir après son ombre, se livrer à des espérances chimériques. ‖ Il y a une ombre au tableau, la situation comporte un inconvénient. ‖ FAM. Mettre, être à l'ombre, mettre, être en prison. ‖ Vivre, rester dans l'ombre, dans un endroit peu en vue ; dans le mystère et le secret. - **4.** Ombres chinoises ou théâtre d'ombres, spectacle présentant des silhouettes fortement éclairées par-derrière et apparaissant sur un écran transparent.

ombrelle [ɔ̃bʀɛl] n.f. (it. *ombrello* ; bas lat. *umbrella,* class. *umbella* "parasol"). - **1.** Petit parasol portatif de femme. - **2.** Masse transparente, gélatineuse mais rigide, formant l'essentiel du corps des méduses.

ombrer [ɔ̃bʀe] v.t. (lat. *umbrare*). Marquer les ombres dans un dessin, un tableau.

ombreux, euse [ɔ̃bʀø, -øz] adj. LITT. Où il y a de l'ombre.

ombrien, enne [ɔ̃bʀijɛ̃, -ɛn] adj. et n. De l'Ombrie. ◆ **ombrien** n.m. Langue morte du groupe italique, proche de l'osque.

ombudsman [ɔmbydsman] n.m. (mot suédois). Personnalité indépendante chargée d'examiner les plaintes des citoyens contre l'Administration, d'abord dans les pays scandinaves, puis ailleurs (Canada).

oméga [ɔmega] n.m. inv. Vingt-quatrième et dernière lettre de l'alphabet grec (Ω, ω).

omelette [ɔmlɛt] n.f. (altér., sous l'infl. du lat. *ovum* "œuf", de *amelette,* de *alumelle,* de *lemelle,* forme anc. de *lamelle,* à cause de la forme aplatie de l'omelette). - **1.** Œufs battus et cuits dans une poêle : *Une omelette au jambon.* - **2.** On ne fait pas d'omelette sans casser des œufs, on n'arrive pas à un résultat sans peine ni sacrifices.

omettre [ɔmɛtʀ] v.t. (lat. *omittere,* d'apr. *mettre*) [conj. 84]. - **1.** Négliger de faire ou de dire : *J'ai omis de vous téléphoner* (syn. oublier). - **2.** Ne pas comprendre dans une énumération, un ensemble ; passer sous silence : *J'espère n'avoir omis aucun nom de la liste* (syn. sauter).

omicron [ɔmikʀɔ̃] n.m. inv. Quinzième lettre de l'alphabet grec (O, o).

omission [ɔmisjɔ̃] n.f. - **1.** Action d'omettre, de négliger : *L'omission du pronom relatif rend la phrase incompréhensible* (syn. oubli). - **2.** Chose oubliée, volontairement ou non : *Il y a des omissions dans votre liste* (syn. lacune, manque).

omnibus [ɔmnibys] n.m. (mot lat. "pour tous", dans la loc. *voiture omnibus*). - **1.** Anc. voiture fermée de transport en commun, à quatre roues, d'abord hippomobile, puis automobile. - **2.** Train qui dessert toutes les stations de son parcours.

omnipotence [ɔmnipɔtɑ̃s] n.f. (lat. *omnipotentia*). Toute-puissance, pouvoir absolu.

omnipotent, e [ɔmnipɔtɑ̃, -ɑ̃t] adj. (lat. *omnipotens,* de *potens* "puissant"). Dont l'autorité est absolue : *Personne omnipotente au ministère* (syn. tout-puissant).

omnipraticien, enne [ɔmnipʀatisjɛ̃, -ɛn] n. et adj. Médecin qui exerce la médecine générale (syn. généraliste).

omniprésence [ɔmnipʀezɑ̃s] n.f. Présence constante en tous lieux : *L'omniprésence de Dieu.*

omniprésent, e [ɔmnipʀezɑ̃, -ɑ̃t] adj. Présent continuellement en tous lieux : *Dieu est omniprésent.*

omniscience [ɔmnisjɑ̃s] n.f. (lat. médiév. *omniscientia*). Science, connaissance universelle : *L'omniscience des encyclopédistes.*

omniscient, e [ɔmnisjɑ̃, -ɑ̃t] adj. (de *omniscience*). Qui sait tout ou paraît tout savoir ; universel.

omnisports [ɔmnispɔʀ] adj. inv. Où l'on pratique plusieurs sports : *Salle omnisports.*

omnivore [ɔmnivɔʀ] adj. et n. (de *omni-* et *-vore*). Qui se nourrit indifféremment de substances animales ou végétales (par opp. à *carnivore, herbivore*) : *L'homme, le chien, le porc sont omnivores.* ◻ Les mammifères omnivores ont souvent des molaires aux tubercules arrondis.

omoplate [ɔmɔplat] n.f. (gr. *ômoplatê,* de *ômos* "épaule" et *platê* "surface plate"). Os plat, large, mince et triangulaire, situé à la partie postérieure de l'épaule et constituant avec la clavicule la ceinture scapulaire.

on [ɔ̃] pron. indéf. (du lat. *homo* "homme"). Désigne, dans la fonction de sujet : - **1.** Une personne, un groupe de personnes indéterminées : *On frappe à la porte* (syn. quelqu'un). - **2.** Les hommes : *On vivait mieux autrefois.* **Rem.** Dans la langue soutenue, *on* est parfois précédé de l'article *l'* par euphonie : *Si l'on me demande au téléphone... On parle d'une façon et l'on agit de l'autre.* ◆ pron. pers.

Remplace, dans la fonction de sujet : - **1.** Le pron. de la 1re pers. du pl. *(nous)* : *Nous, on n'y peut rien. On est arrivés à temps !* - **2.** LITT. ou FAM. Un pronom de n'importe quelle personne : *On fait ce qu'on peut* (= je fais). *Alors, on se promène ?* (= tu te promènes, vous vous promenez). **Rem.** L'accord peut se faire au féminin et au pluriel : *On est élégante aujourd'hui ! On est tous égaux devant la loi.*

onagre [ɔnagʀ] n.m. (lat. *onager*, gr. *onagros* "âne sauvage"). - **1.** Mammifère ongulé sauvage d'Iran et d'Inde, intermédiaire entre le cheval et l'âne. - **2.** ANTIQ. ROM. Catapulte servant à lancer de gros projectiles.

onanisme [ɔnanism] n.m. (du n. d'*Onan*, personnage biblique). Masturbation.

onc, oncques ou **onques** [ɔ̃k] adv. (lat. *unquam* "quelquefois"). VX OU PAR PLAIS. Jamais.

1. once [ɔ̃s] n.f. (lat. *uncia* "douzième partie"). - **1.** Mesure de poids des anciens Romains valant 1/12 de livre (27,25 g env.). - **2.** En France, ancienne mesure de masse, représentant la seizième partie de la livre et valant 30,594 g. - **3.** Unité de masse anglo-saxonne, utilisée aussi au Canada et valant 28,35 g (31,104 g pour les matières précieuses). □ Symb. oz. - **4.** FAM. Une once de, une très petite quantité de : *Il n'a pas une once de bon sens.*

2. once [ɔ̃s] n.f. (de **lonce*, lat. pop. **lyncea*, dér. de *lynx*). Grand félin vivant dans les régions froides et montagneuses du nord de l'Asie.

oncial, e, aux [ɔ̃sjal, -o] adj. (lat. *uncialis* "haut d'un pouce"). Écriture onciale, écriture composée de lettres capitales aux contours arrondis, utilisée du IVe au VIIe s. (on dit aussi *l'onciale*).

oncle [ɔ̃kl] n.m. (lat. *avunculus*). - **1.** Frère du père ou de la mère. - **2.** Oncle à la mode de Bretagne, cousin germain du père ou de la mère.

oncogène [ɔ̃kɔʒɛn] adj. (du gr. *ogkos* "grosseur", et de *-gène*). Syn. de *cancérogène*. ◆ n.m. Gène pouvant être un facteur du processus de formation du cancer.

oncologie [ɔ̃kɔlɔʒi] n.f. (du gr. *onkos* "grosseur, tumeur"). Cancérologie. ◆ **oncologue** ou **oncologiste** n. MÉD. Cancérologue.

onction [ɔ̃ksjɔ̃] n.f. (lat. *unctio*, de *ungere* "oindre"). - **1.** RELIG. Application d'huile sainte sur une personne pour la consacrer à Dieu, lui conférer la grâce de lutter contre le mal ou contre la maladie : *Les rois de France recevaient l'onction du sacre.* - **2.** LITT. Douceur particulière dans les gestes et la manière de parler : *Discours plein d'onction.*

onctueux, euse [ɔ̃ktɥø, -øz] adj. (lat. médiév. *unctuosus*, de *ungere* "oindre"). - **1.** Dont la

consistance, à la fois légère et douce, donne au toucher l'impression d'un corps gras : *Pommade onctueuse.* - **2.** D'une consistance moelleuse et douce et d'une saveur veloutée : *Fromage onctueux.*

onctuosité [ɔ̃ktɥozite] n.f. Qualité de ce qui est onctueux : *L'onctuosité d'une crème* (syn. velouté).

ondatra [ɔ̃datʀa] n.m. (mot huron). Mammifère rongeur de l'Amérique du Nord, dont la fourrure, recherchée, est appelée *castor du Canada* ou *loutre d'Hudson* (nom usuel : *rat musqué*). □ Long. 60 cm.

onde [ɔ̃d] n.f. (lat. *unda* "eau courante"). - **1.** Mouvement de la surface de l'eau, d'un liquide formant des rides concentriques qui se soulèvent et s'abaissent à la suite d'un choc. - **2.** LITT. Eau de la mer, d'un lac, etc. - **3.** Modification de l'état physique d'un milieu matériel ou immatériel qui se propage à la suite d'une action locale avec une vitesse finie, déterminée par les caractéristiques des milieux traversés : *Onde sonore, hertzienne. Les ondes moyennes* ou *petites ondes correspondent à des fréquences moyennes* (= comprises entre 3 000 et 300 kHz). *Les ondes longues correspondent à des basses fréquences* (= comprises entre 300 et 30 kHz). - **4.** FAM. Être sur la même longueur d'onde, se comprendre, parler le même langage. ‖ Longueur d'onde, distance minimale entre deux points consécutifs de même phase d'un mouvement qui se propage en ligne droite (son inverse est le *nombre d'ondes*). ‖ Onde de choc, surface de discontinuité des vitesses due à la compression de l'air aux grandes vitesses et qui se crée dans les régions où la vitesse d'écoulement dépasse celle du son. □ Tout mobile se déplaçant à une vitesse supersonique crée une onde de choc. ‖ Ondes Martenot, instrument de musique électronique à clavier, qui transforme des oscillations électriques en oscillations mécaniques dans un haut-parleur. ◆ **ondes** n.f. pl. Les ondes, la radio, les émissions radiodiffusées (parfois aussi : la radio et la télévision) : *L'allocution sera diffusée sur les ondes.*

ondée [ɔ̃de] n.f. (de *onde*). Grosse pluie soudaine et de courte durée : *Nous avons reçu une ondée* (syn. averse).

on-dit [ɔ̃di] n.m. inv. (Surtout au pl.). Rumeur, nouvelle répétée de bouche en bouche : *Je me méfie des on-dit* (syn. racontar, ragot).

ondoiement [ɔ̃dwamɑ̃] n.m. (de *ondoyer*). - **1.** LITT. Mouvement d'ondulation : *L'ondoiement des blés sous la brise* (syn. balancement, ondulation). - **2.** CATH. Baptême administré en cas d'urgence, et réduit à l'ablution d'eau accompagnée des paroles sacramentelles.

ondoyant, e [ɔ̃dwajɑ̃, -ɑ̃t] adj. LITT. - **1.** Qui ondoie, qui se meut en formant des ondes ; ondulant : *Démarche ondoyante* (syn. dansant). - **2.** Qui change selon les circonstances : *Caractère ondoyant* (syn. inconstant, versatile).

ondoyer [ɔ̃dwaje] v.i. (de *onde*) [conj. 13]. LITT. - **1.** Flotter souplement en s'élevant et en s'abaissant alternativement : *Les hautes herbes ondoient dans le vent* (syn. se balancer, onduler). - **2.** Former une ligne sinueuse : *La route ondoie dans la vallée.* ◆ v.t. CATH. Baptiser par ondoiement.

ondulant, e [ɔ̃dylɑ̃, -ɑ̃t] adj. Qui ondule ; ondulé.

ondulation [ɔ̃dylasjɔ̃] n.f. (bas lat. *undula* "petite onde"). - **1.** Mouvement léger et régulier d'un fluide qui s'abaisse et s'élève alternativement : *L'ondulation des vagues* (syn. agitation, remous). - **2.** (Surtout au pl.). Mouvement se propageant par vagues successives : *Les ondulations des blés* (syn. balancement, ondoiement). - **3.** Succession de petites hauteurs et de faibles dépressions : *Ondulation du terrain* (syn. vallonnement). - **4.** Forme sinueuse, mouvement des cheveux qui frisent : *Les ondulations de sa chevelure* (syn. cran, frisure). - **5.** ÉLECTR. Composante alternative du courant fourni par les redresseurs.

ondulatoire [ɔ̃dylatwaʀ] adj. - **1.** Qui a les caractères, la forme d'une onde : *Mouvement ondulatoire.* - **2.** PHYS. Qui concerne les ondes. - **3.** Mécanique ondulatoire, théorie créée en 1924 par L. de Broglie, selon laquelle à toute particule en mouvement est associée une onde périodique.

ondulé, e [ɔ̃dyle] adj. - **1.** Qui présente des ondulations : *Une chevelure ondulée* (syn. bouclé, frisé). - **2.** Se dit de tôles, de plaques de matière plastique, de carton, etc., qui présentent une alternance régulière de reliefs et de creux.

onduler [ɔ̃dyle] v.i. (de *ondul[ation]*). Avoir un léger mouvement sinueux : *Les moissons ondulent* (syn. se balancer, ondoyer). ◆ v.t. Donner une forme ondulante à : *Onduler ses cheveux* (syn. boucler, friser).

one-man-show [wanmanʃo] n.m. inv. (mots angl. "spectacle d'un seul homme"). Spectacle de variétés où l'artiste est seul sur scène. (Recomm. off. *spectacle solo* ou *solo*).

onéreux, euse [ɔneʀø, -øz] adj. (lat. *onerosus*, de *onus, oneris* "charge"). - **1.** Qui occasionne des frais importants : *Une réparation onéreuse* (syn. cher, coûteux). - **2.** À titre onéreux, en payant (par opp. à *à titre gracieux*).

ongle [ɔ̃gl] n.m. (lat. *ungula*). - **1.** Lame cornée d'origine épidermique qui couvre le dessus du bout des doigts et des orteils chez l'homme : *Se faire les ongles* (= les couper, les limer, les nettoyer). - **2.** Sabot ou griffe d'autres mammifères. - **3.** Jusqu'au bout des ongles, à un degré extrême ; à la perfection : *Raffinée jusqu'au bout des ongles.*

onglée [ɔ̃gle] n.f. (de *ongle*). Engourdissement douloureux du bout des doigts, causé par un grand froid.

onglet [ɔ̃glɛ] n.m. - **1.** Petite entaille où l'on peut placer l'ongle : *L'onglet d'une lame de canif.* - **2.** TECHN. Extrémité d'une pièce de bois qui forme un angle de 45°. - **3.** Échancrure semi-circulaire pratiquée dans les bords des feuillets d'un livre, d'un cahier pour signaler un chapitre ou une section : *Un dictionnaire à onglets.* - **4.** Morceau du bœuf tiré des muscles du diaphragme : *De l'onglet aux échalotes.*

onguent [ɔ̃gɑ̃] n.m. (lat. *unguentum*, de *ungere* "oindre"). Médicament d'usage externe, à base de résine, de corps gras et de divers principes actifs : *Appliquer un onguent sur une brûlure* (syn. baume, pommade).

ongulé, e [ɔ̃gyle] adj. (du lat. *ungula* "ongle"). ZOOL. Dont les doigts sont terminés par des sabots : *Mammifères ongulés.* ◆ **ongulés** n.m. pl. ZOOL. Superordre de mammifères porteurs d'un sabot. □ Le superordre des ongulés comprend : les proboscidiens (éléphants), les périssodactyles, ou imparidigités (cheval, rhinocéros), et les artiodactyles, ou paridigités (ruminants, suidés, camélidés).

onguligrade [ɔ̃gyligʀad] adj. et n.m. ZOOL. Qui marche sur des sabots : *Le cheval est onguligrade, un onguligrade.*

onirique [ɔniʀik] adj. (du gr. *oneiros* "rêve"). - **1.** Relatif au rêve : *Délire onirique.* - **2.** LITT. Qui évoque le rêve, qui est inspiré par le rêve : *Littérature onirique.*

oniromancie [ɔniʀɔmɑ̃si] n.f. (du gr. *oneiros* "rêve", et de *-mancie*). Divination par les rêves.

onomastique [ɔnɔmastik] n.f. (du gr. *onoma* "nom"). LING. Branche de la lexicologie qui étudie l'origine des noms propres. □ On distingue l'anthroponymie, qui étudie les noms de personnes, et la toponymie qui étudie les noms de lieux.

onomatopée [ɔnɔmatɔpe] n.f. (gr. *onomatopoiia* "création de mots"). Mot dont la prononciation rappelle le son produit par l'être ou la chose qu'il dénote : « *Teuf-teuf* », « *glouglou* » *sont des onomatopées.*

onomatopéique [ɔnɔmatɔpeik] adj. Qui concerne l'onomatopée ; fondé sur l'onomatopée.

ontogenèse [ɔ̃tɔʒenɛz] n.f. (du gr. *ôn, ontos* "être"). BIOL. Développement de l'individu depuis l'œuf fécondé jusqu'à l'état adulte (par opp. à *phylogenèse*).

ontologie [ɔ̃tɔlɔʒi] n.f. (du gr. *ôn, ontos* "être"). PHILOS. Spéculation sur l'être en tant qu'être, sur l'être en soi.

ontologique [ɔ̃tɔlɔʒik] adj. PHILOS. - **1.** Relatif à l'ontologie. - **2.** Preuve ontologique de l'existence de Dieu, argument qui consiste, après avoir posé Dieu comme parfait, à soutenir que, s'il lui manquait l'existence, il ne serait pas parfait, donc qu'il existe. □ Elle a été utilisée en partic. par saint Anselme.

onusien, enne [ɔnyzjɛ̃, -ɛn] adj. Relatif à l'O. N. U. ; qui dépend de l'O. N. U. : *Les forces onusiennes.*

onychophagie [ɔnikɔfaʒi] n.f. (du gr. *onux, onukhos* "ongle", et de *-phagie*). MÉD. Habitude de se ronger les ongles.

onyx [ɔniks] n.m. (gr. *onux* "ongle", à cause de sa transparence). Agate d'une variété caractérisée par des raies concentriques de diverses couleurs.

onze [ɔ̃z] adj. num. card. inv. (lat. *undecim*) [Ne provoque génér. pas l'élision de *le, la, de*]. - **1.** Dix plus un : *Onze heures.* - **2.** (En fonction d'ordinal). De rang numéro onze, onzième : *Louis XI* (= le onzième roi à s'appeler Louis). ◆ n.m. inv. Le nombre qui suit dix dans la série des entiers naturels ; le chiffre représentant ce nombre : *Sept et quatre font onze.*

onzième [ɔ̃zjɛm] adj. num. ord. [Ne provoque pas l'élision de *le, la, de*]. De rang numéro onze : *Il est onzième au classement général. Habiter le, dans le onzième* (= le onzième arrondissement). ◆ n. Celui, celle qui occupe le onzième rang : *La onzième a gagné.* ◆ adj. et n.m. Qui correspond à la division d'un tout en onze parties égales : *La onzième partie d'une somme. Réserver le onzième des recettes.*

onzièmement [ɔ̃zjɛmmɑ̃] adv. En onzième lieu.

oogone [ɔɔgɔn] n.f. (du gr. *ôon* "œuf" et *goné* "génération"). BOT. Organe dans lequel se forment les oosphères chez certaines thallophytes.

oosphère [ɔɔsfɛʁ] n.f. (du gr. *ôon* "œuf" et *sphère*). BOT. Gamète femelle, homologue, chez les végétaux, de l'ovule des animaux.

O. P. [ope], sigle de *ouvrier* professionnel.

O. P. A. [opea], sigle de *offre* publique d'achat.

opacifier [ɔpasifje] v.t. [conj. 9]. Rendre opaque.

opacité [ɔpasite] n.f. - **1.** État de ce qui est opaque, qui ne laisse pas passer la lumière : *L'opacité du plomb aux rayons X. L'opacité du cristallin dans le cas de cataracte.* - **2.** LITT. Caractère de ce qui ne peut être pénétré par l'intelligence : *Un texte d'une grande opacité* (= incompréhensible).

opale [ɔpal] n.f. (lat. *opalus*). Pierre fine, à reflets irisés, variété de silice hydratée.

opalescent, e [ɔpalɛsɑ̃, -ɑ̃t] adj. Qui prend une teinte, un reflet d'opale : *Une lueur opalescente* (syn. opalin).

opalin, e [ɔpalɛ̃, -in] adj. Qui a l'aspect laiteux et bleuâtre de l'opale, ses reflets irisés ; opalescent.

opaline [ɔpalin] n.f. (de *opalin*). - **1.** Verre opalin blanc ou coloré. - **2.** Objet fait avec cette matière.

opaque [ɔpak] adj. (lat. *opacus* "épais"). - **1.** Qui ne se laisse pas traverser par la lumière : *Verre opaque* (contr. translucide, transparent). - **2.** LITT. Sans lumière, impénétrable : *Nuit opaque* (syn. noir, sombre). - **3.** Dont on ne peut pénétrer le sens : *Texte opaque* (syn. inintelligible).

ope [ɔp] n.f. ou m. (lat. *opa*, gr. *opê*). ARCHIT. Ouverture ménagée dans un mur.

open [ɔpœn] ou [ɔpɛn] adj. inv. (mot angl. "ouvert"). - **1.** Se dit d'une compétition réunissant amateurs et professionnels : *Tournoi open.* - **2.** Billet open, billet d'avion, de chemin de fer non daté. ◆ n.m. Compétition open.

opéra [ɔpeʁa] n.m. (mot ital.). - **1.** Œuvre théâtrale mise en musique, composée d'une partie orchestrale (ouverture, interludes, entractes, etc.), d'une partie chantée répartie entre le récitatif, les airs, les ensembles (duos, trios, etc.) et les chœurs : *Un opéra de Mozart.* - **2.** Genre musical que constituent de telles œuvres : *Aimer l'opéra.* - **3.** Théâtre où on les joue : *La Fenice est l'Opéra de Venise.*

opérable [ɔpeʁabl] adj. Qui peut être opéré : *Le malade n'est pas opérable.*

opéra-comique [ɔpeʁakɔmik] n.m. (pl. *opéras-comiques*). Opéra dans lequel alternent des épisodes parlés et chantés.

opérande [ɔpeʁɑ̃d] n.m. INFORM., MATH. Donnée intervenant dans une opération, dans une instruction.

1. opérateur, trice [ɔpeʁatœʁ, tʁis] n. - **1.** Personne qui fait fonctionner un appareil : *Opérateur radio.* - **2.** Personne qui exécute des opérations de Bourse. - **3.** Opérateur de prises de vues, cadreur.

2. opérateur [ɔpeʁatœʁ] n.m. INFORM., MATH. Symbole représentant une opération logique ou mathématique : *« ∩ » est l'opérateur de l'intersection de deux ensembles.*

opération [ɔpeʁasjɔ̃] n.f. (lat. *operatio*). - **1.** Ensemble organisé des processus qui concourent à l'effet, à l'action d'une fonction, d'un organe, etc. : *Les opérations de la digestion.* - **2.** Action concrète et méthodique, individuelle ou collective, qui vise à tel résultat :

Les opérations nécessaires à la confection d'un livre. - **3.** MIL. Ensemble des combats et manœuvres exécutés dans une région en vue d'atteindre un objectif précis : *Les opérations du débarquement* (syn. campagne, offensive). - **4.** MATH. Calcul, à l'aide des tables d'addition et de multiplication, d'une somme, d'une différence, d'un produit ou d'un quotient : *Apprendre les quatre opérations.* - **5.** Affaire dont on évalue le profit financier : *Faire une opération malheureuse en Bourse* (syn. transaction). - **6.** Intervention chirurgicale : *Salle, table d'opération.* - **7.** Par l'opération du Saint-Esprit, par une intervention divine, par un moyen mystérieux (iron.).

opérationnel, elle [ɔperasjɔnɛl] adj. - **1.** Qui est prêt à entrer en activité, à réaliser parfaitement une, des opérations : *Le nouveau système sera bientôt opérationnel.* - **2.** Relatif aux opérations militaires : *Zone opérationnelle.* - **3.** Recherche opérationnelle, ensemble des techniques rationnelles d'analyse et de résolution de problèmes concernant, notamm., l'activité économique.

opératoire [ɔperatwar] adj. - **1.** Relatif à une opération chirurgicale : *Choc opératoire.* - **2.** Qui sert à effectuer les opérations logiques, à former des concepts : *Mode opératoire.*

opercule [ɔpɛrkyl] n.m. (lat. *operculum* "couvercle"). - **1.** Volet osseux qui recouvre les branchies chez les poissons osseux et ne laisse qu'une fente postérieure (d'ouïe). - **2.** Pièce cornée qui ferme la coquille des mollusques gastropodes aquatiques. - **3.** Mince couvercle de cire qui obture les cellules des abeilles. - **4.** BOT. Couvercle de l'organe producteur de spores des mousses. - **5.** TECHN. Pièce servant de fermeture à de petits contenants ; couvercle.

operculé, e [ɔpɛrkyle] adj. SC. Qui est muni d'un opercule : *Coquille operculée.*

opéré, e [ɔpere] adj. et n. Qui a subi une opération chirurgicale.

opérer [ɔpere] v.t. (lat. *operari* "travailler", de *opus* "œuvre") [conj. 18]. - **1.** Accomplir (une action), effectuer (une série d'actes) permettant d'obtenir, d'accomplir qqch : *L'entreprise a opéré un redressement financier* (syn. réaliser). *Opérer une reconversion* (syn. effectuer). - **2.** Avoir pour résultat : *Les vacances ont opéré sur lui un heureux changement* (syn. produire, susciter). - **3.** Effectuer (une opération de calcul, de chimie) : *Opérer une addition, un mélange.* - **4.** Pratiquer un acte chirurgical sur (qqn, une partie du corps) : *Opérer qqn de l'appendicite.* ◆ v.i. - **1.** Agir d'une certaine manière : *Opérer avec méthode* (syn. procéder, s'y prendre). - **2.** Produire un

effet, être efficace : *Le charme a opéré* (syn. agir). - **3.** Pratiquer une intervention chirurgicale sur : *Il faut opérer* (syn. intervenir). ◆ **s'opérer** v.pr. Se produire, avoir lieu : *Une transformation s'est opérée en lui* (syn. s'accomplir, se réaliser).

opérette [ɔpeʀɛt] n.f. (all. *Operette,* d'apr. *operetta,* dimin. de *opera*). - **1.** Œuvre théâtrale de caractère léger, où se mêlent des parties chantées et parlées. - **2.** D'opérette, qui paraît léger ou factice, qu'on ne peut pas prendre au sérieux : *Soldat d'opérette.*

ophidien [ɔfidjɛ̃] n.m. Ophidiens, ordre (ou sous-ordre) de reptiles comprenant tous les serpents.

ophiure [ɔfjyr] n.f. et **ophiuride** [ɔfjyrid] n.m. (du gr. *ophis* "serpent" et *oura* "queue"). Animal marin ayant l'aspect d'une étoile de mer, mais à bras longs, grêles et souples. □ Embranchement des échinodermes.

ophrys [ɔfris] n.m. (mot latin, du gr. *ophrus* "sourcil"). Orchidée terrestre vivace dont les fleurs ressemblent à des araignées, à des mouches, à des abeilles.

ophtalmie [ɔftalmi] n.f. (lat. *ophtalmia,* du gr. *ophtalmos* "œil"). Affection inflammatoire de l'œil.

ophtalmique [ɔftalmik] adj. Relatif aux yeux, aux soins des yeux : *Migraine ophtalmique. Pommade ophtalmique.*

ophtalmologie [ɔftalmɔlɔʒi] n.f. (de *ophtalmo-* et *-logie*). Spécialité médicale dont l'objet est le traitement des affections de l'œil et de ses annexes ainsi que la correction des troubles de la vision. ◆ **ophtalmologiste** et **ophtalmologue** n. Noms du médecin (syn. oculiste).

ophtalmologique [ɔftalmɔlɔʒik] adj. Relatif à l'ophtalmologie.

ophtalmoscope [ɔftalmɔskɔp] n.m. (de *ophtalmo-* et *-scope*). Instrument utilisé pour examiner l'intérieur de l'œil. □ Il permet de pratiquer l'examen dit *fond d'œil.*

opiacé, e [ɔpjase] adj. et n. Se dit d'une substance contenant de l'opium ou exerçant une action comparable à celle de l'opium.

opiner [ɔpine] v.t. ind. (lat. *opinari*). - **1.** Acquiescer à, consentir : *Il opina à ce que je venais de dire* (syn. approuver). - **2.** Opiner de la tête, du bonnet, du chef, approuver sans mot dire, par un simple signe.

opiniâtre [ɔpinjɑtr] adj. (de *opinion*). - **1.** Qui est obstiné dans sa résolution, tenace dans sa volonté : *Un réformateur opiniâtre* (syn. inébranlable, résolu). - **2.** Qui est poursuivi avec ténacité, persévérance : *Travail opiniâtre* (syn. acharné, persévérant). - **3.** Qui est durable dans son état, qui persiste : *Toux opiniâtre* (syn. persistant, tenace).

opiniâtrement [ɔpinjɑtrəmɑ̃] adv. Avec opiniâtreté : *Refuser qqch opiniâtrement* (syn. obstinément, résolument).

opiniâtreté [ɔpinjɑtrəte] n.f. LITT. Volonté tenace : *Travailler avec opiniâtreté* (syn. acharnement, persévérance).

opinion [ɔpinjɔ̃] n.f. (lat. *opinio*, même rad. que *opinari* "opiner"). - **1.** Jugement, façon de penser sur un sujet : *Donner son opinion sur une question* (syn. avis). *Se faire une opinion à propos de qqch. Avoir le courage de ses opinions* (syn. idée). - **2.** (Précédé de l'art. déf.). Manière de penser la plus répandue dans une société, celle de la majorité du corps social (on dit aussi *l'opinion publique*) : *Défier l'opinion* (syn. qu'en-dira-t-on). - **3.** Avoir bonne opinion de, estimer, apprécier. ◆ **opinions** n.f. pl. Croyances, convictions d'une personne, d'un groupe social : *Être inquiété pour ses opinions* (= ses idées politiques).

opiomane [ɔpjɔman] adj. et n. Toxicomane à l'opium.

opium [ɔpjɔm] n.m. (mot lat., gr. *opion* "suc de pavot"). - **1.** Suc épaissi qui s'écoule d'incisions faites aux capsules de diverses espèces de pavot et qui, fumé ou mâché, provoque un état d'euphorie suivi d'un sommeil onirique. □ L'opium a une action proche de celle de la morphine, mais moins puissante ; son usage thérapeutique tend à être abandonné pour celui des opiacés naturels ou synthétiques. - **2.** LITT. Ce qui agit à la manière d'une drogue (en apportant l'oubli, en causant un engourdissement moral et intellectuel, etc.) : *Son opium, c'est le travail.*

opossum [ɔpɔsɔm] n.m. (algonquin *oposon*). - **1.** Petit marsupial d'Amérique et d'Australie, de la taille d'un chat, au museau pointu, aux oreilles nues, à la longue queue écailleuse. □ Groupe des sariques. - **2.** Fourrure de cet animal.

oppidum [ɔpidɔm] n.m. (mot lat.). ANTIQ. Lieu fortifié établi sur une hauteur. **Rem.** Pluriel savant *oppida*.

opportun, e [ɔpɔrtœ̃, -yn] adj. (lat. *opportunus*, propr. "qui conduit au port"). Qui convient au temps, aux lieux, aux circonstances ; qui survient à propos : *Choisir le moment opportun* (syn. convenable, propice). *Je vous avertirai en temps opportun* (= au moment favorable).

opportunément [ɔpɔrtynemɑ̃] adv. Avec opportunité : *Il est arrivé opportunément* (syn. à point, à propos).

opportunisme [ɔpɔrtynism] n.m. Attitude consistant à régler sa conduite selon les

circonstances du moment, que l'on cherche à utiliser toujours au mieux de ses intérêts.

opportuniste [ɔpɔrtynist] adj. et n. Qui agit avec opportunisme, qui manifeste de l'opportunisme : *Politique opportuniste.*

opportunité [ɔpɔrtynite] n.f. - **1.** Qualité de ce qui est opportun : *Je m'interroge sur l'opportunité de cette démarche* (syn. à-propos, justesse). - **2.** Circonstance favorable : *Saisir une opportunité quand elle se présente* (syn. occasion).

opposabilité [ɔpozabilite] n.f. - **1.** DR. Qualité d'un moyen de défense qu'il est possible de faire valoir en justice contre un adversaire, ou d'un contrat dont on peut se prévaloir vis-à-vis d'un tiers. - **2.** Caractère opposable d'un doigt.

opposable [ɔpozabl] adj. - **1.** Qui peut être mis en face et en contact : *Le pouce est opposable aux autres doigts.* - **2.** Qui peut être opposé à qqch, utilisé contre qqch : *Argument opposable à un raisonnement.* - **3.** Se dit d'un acte juridique ou d'un jugement dont les tiers doivent tenir compte.

opposant, e [ɔpozɑ̃, -ɑ̃t] adj. et n. - **1.** Qui forme opposition : *Partie opposante dans un procès.* - **2.** Personne qui s'oppose à une décision, à un gouvernement, à une majorité, etc. : *Les opposants au régime* (contr. défenseur, soutien).

opposé, e [ɔpoze] adj. - **1.** Placé vis-à-vis ; contraire : *Rives opposées.* - **2.** De nature différente, contradictoire : *Intérêts opposés* (syn. contraire, divergent). - **3.** Hostile, défavorable : *Être opposé à la violence* (syn. adverse, ennemi). - **4.** BOT. Se dit de feuilles insérées par deux au même nœud, comme chez l'ortie. - **5.** MATH. Angles opposés par le sommet, angles de même sommet dont les côtés sont des demi-droites opposées deux à deux. ‖ MATH. Demi-droites opposées, qui sont portées par une même droite et n'ont qu'un seul point commun. ‖ MATH. Nombres opposés, qui ont pour somme zéro. □ Ils ont même valeur absolue et des signes contraires. ◆ **opposé** n.m. - **1.** Chose directement contraire : *Dire une chose et faire l'opposé* (syn. contraire, inverse). - **2.** MATH. Nombre opposé d'un autre. - **3.** À l'opposé de, du côté opposé à ; au contraire de : *Ils sont à l'opposé l'un de l'autre* (= aux antipodes).

opposer [ɔpoze] v.t. (lat. *opponere*, d'apr. *poser*). - **1.** Mettre vis-à-vis, en correspondance : *Opposer deux motifs d'ornementation* (syn. confronter, contraster). - **2.** Placer une chose de manière qu'elle fasse obstacle à une autre : *Opposer une digue aux flots.* - **3.** Mettre en avant, présenter comme une objection : *Opposer des arguments valables* (syn. objecter). - **4.** Faire s'affronter : *Opposer* *une équipe à une autre.* -**5.** Comparer en soulignant les différences : *Opposer les avantages de la mer et de la montagne* (= mettre en balance ; syn. confronter). ◆ **s'opposer** v.pr. -**1.** Contraster, être contraire : *Nos opinions s'opposent* (syn. diverger ; contr. concorder). -**2.** S'opposer à, être contre, faire obstacle à : *S'opposer à un mariage* (syn. empêcher).

opposition [ɔpozisjɔ̃] n.f. -**1.** Situation de choses placées vis-à-vis : *Opposition de couleurs* (syn. contraste). -**2.** Différence extrême ; situation de choses ou de personnes qui s'affrontent : *Opposition de caractères* (syn. antagonisme). -**3.** Action de s'opposer, de résister, de faire obstacle à qqn, à qqch : *Faire de l'opposition systématique* (syn. obstruction). *Projet qui rencontre beaucoup d'opposition* (syn. désapprobation, résistance). -**4.** DR. Acte par lequel une personne empêche légalement l'accomplissement d'un acte (*opposition à mariage, à paiement*, etc.) ou rend un titre indisponible entre les mains de son dépositaire : *Faire opposition à un chèque.* -**5.** Ensemble des partis et des forces politiques opposés à la majorité parlementaire, au gouvernement qui en est issu : *Faire partie de l'opposition* (contr. majorité). *Les partis de l'opposition.* -**6.** ASTRON. Situation de deux astres du système solaire qui se trouvent, par rapport à la Terre, en des points du ciel diamétralement opposés : *Phase où la Lune est en opposition avec le Soleil* (par opp. à *conjonction*). -**7.** PSYCHOL. Crise d'opposition, période au cours de laquelle l'enfant, vers 3 ans, affirme son autonomie par une attitude de refus systématique.

oppressant, e [ɔpʀesɑ̃, -ɑ̃t] adj. Qui accable, oppresse : *Une chaleur oppressante* (syn. étouffant, lourd). *Des souvenirs oppressants* (syn. angoissant, poignant).

oppressé, e [ɔpʀese] adj. Qui éprouve une gêne respiratoire.

oppresser [ɔpʀese] v.t. (du lat. *oppressum,* supin de *opprimere* "opprimer"). -**1.** Gêner la respiration de : *La chaleur l'oppresse* (syn. accabler, étouffer). -**2.** Accabler moralement : *Ce souvenir m'oppresse* (syn. angoisser, étreindre).

oppresseur [ɔpʀesœʀ] n.m. (lat. *oppressor*). Celui qui opprime : *Lutter contre l'oppresseur* (syn. despote, tyran).

oppressif, ive [ɔpʀesif, -iv] adj. Qui tend à opprimer : *Système de censure oppressif* (syn. coercitif, tyrannique).

oppression [ɔpʀesjɔ̃] n.f. -**1.** Fait d'oppresser ; sensation de gêne respiratoire : *Souffrir d'oppression à cause de la chaleur* (syn. étouffement, suffocation). -**2.** Malaise psychique sourd, un peu angoissant, qui étreint : *Ressentir un sentiment d'oppression* (syn.

angoisse). -**3.** Action d'opprimer, d'accabler sous une autorité tyrannique : *Lutter contre l'oppression* (syn. tyrannie).

opprimant, e [ɔpʀimɑ̃, -ɑ̃t] adj. Qui opprime : *Un silence opprimant* (syn. angoissant).

opprimé, e [ɔpʀime] adj. et n. Qu'on opprime : *Les peuples opprimés* (syn. asservi, tyrannisé.

opprimer [ɔpʀime] v.t. (lat. *opprimere*). -**1.** Accabler par violence, par abus d'autorité : *Opprimer un peuple* (syn. asservir, assujettir). -**2.** Empêcher de s'exprimer : *Opprimer la presse* (syn. bâillonner, museler).

opprobre [ɔpʀɔbʀ] n.m. (lat. *opprobrium,* de *probum* "infamie"). LITT. -**1.** Réprobation publique qui s'attache à des actions jugées condamnables : *Couvrir d'opprobre les exactions de la dictature* (syn. anathème, blâme). -**2.** Cause, sujet de honte : *Fils qui est l'opprobre de sa famille* (syn. déshonneur). -**3.** État d'abjection, d'avilissement : *Vivre dans l'opprobre* (syn. ignominie, turpitude).

optatif, ive [ɔptatif, -iv] adj. et n.m. (bas lat. *optativus,* de *optare* "souhaiter"). GRAMM. Se dit d'une forme, d'un mode qui exprime le souhait : *L'optatif s'exprime en français par le subjonctif.*

opter [ɔpte] v.i. (lat. *optare* "choisir"). Choisir entre plusieurs possibilités : *À sa majorité, il pourra opter entre la nationalité française et brésilienne* (syn. choisir).

opticien, enne [ɔptisjɛ̃, -ɛn] n. Personne qui vend ou fabrique des instruments d'optique, des lunettes.

optimal, e, aux [ɔptimal, -o] adj. (de *optimum,* d'apr. *maximal*). Se dit de l'état le plus favorable ; optimum.

optimalisation [ɔptimalizasjɔ̃] et **optimisation** [ɔptimizasjɔ̃] n.f. Action d'optimaliser ou d'optimiser ; fait d'être optimalisé ou optimisé : *L'optimisation d'un processus.*

optimaliser [ɔptimalize] et **optimiser** [ɔptimize] v.t. Donner à qqch (une machine, une entreprise) le rendement optimal en créant les conditions les plus favorables ou en en tirant le meilleur parti possible : *Optimiser la production d'une chaîne de montage.*

optimisme [ɔptimism] n.m. (du lat. *optimus,* superlatif de *bonus* "bon"). -**1.** Attitude de ceux qui prétendent que tout est pour le mieux dans le monde ou que la somme des biens l'emporte sur celle des maux : *Voltaire a réfuté l'optimisme dans son « Candide ».* -**2.** Tendance à prendre les choses du bon côté, à être confiant dans l'avenir : *Envisager la suite des événements avec optimisme* (syn. confiance, espoir ; contr. pessimisme).

optimiste [ɔptimist] adj. et n. Qui fait preuve d'optimisme : *Elle est d'un naturel optimiste* (syn. confiant, heureux ; contr. pessimiste).

optimum [ɔptimɔm] n.m. (mot lat. "le meilleur") [pl. *optimums* ou *optima*]. État, degré de développement de qqch jugé le plus favorable au regard de circonstances données : *Atteindre l'optimum de production.* ◆ adj. Meilleur : *Température optimum* (syn. optimal).

option [ɔpsjɔ̃] n.f. (lat. *optio*). - **1.** Fait d'opter, choix à faire, parti à prendre ; chose choisie : *Les grandes options politiques du gouvernement* (syn. choix). - **2.** Accessoire facultatif que l'on peut acheter ou non moyennant un supplément de prix, ou présentation variable à choisir dans une certaine gamme de produits : *Il y a plusieurs options pour ce modèle de voiture. Le toit ouvrant est en option.* - **3.** Matière, épreuve facultative à un examen : *Option musique.* - **4.** Promesse d'achat ou de location qui, pour être effective, doit être confirmée avant une date limite : *Prendre une option sur un appartement.* - **5.** À option, à choisir : *Matière à option à l'examen.*

optionnel, elle [ɔpsjɔnɛl] adj. Qui donne lieu à un choix, à une option : *Matière optionnelle* (contr. obligatoire).

1. optique [ɔptik] adj. (gr. *optikos* "relatif à la vue"). - **1.** Relatif à la vision ou à l'œil : *Lentilles optiques. Nerf optique* (= nerf crânien qui relie l'œil à l'encéphale). - **2.** Relatif à l'optique ; qui sert en optique, qui est fondé sur les lois de l'optique. ‖ Angle optique ou angle de vision, angle ayant son sommet à l'œil de l'observateur et dont les côtés passent par les extrémités de l'objet considéré. ‖ Centre optique, point de l'axe d'une lentille tel qu'à tout rayon lumineux intérieur à la lentille, et passant par ce point, correspondent un rayon incident et un rayon émergent parallèles l'un à l'autre.

2. optique [ɔptik] n.f. (de *1. optique*). - **1.** Partie de la physique qui traite des propriétés de la lumière et des phénomènes de la vision : *Les lois de l'optique.* - **2.** Fabrication, commerce des instruments et des appareils utilisant, notamm., les propriétés des lentilles et des miroirs (dits *instruments d'optique*). - **3.** Partie d'un appareil formée de lentilles, de miroirs ou de leurs combinaisons (par opp. à la *monture*, au *boîtier*) : *L'optique d'un appareil photo.* - **4.** Manière de juger particulière ; point de vue : *Savoir se placer dans l'optique de ses collaborateurs. Situer les événements dans une optique historique* (syn. perspective).

optométrie [ɔptɔmetʁi] n.f. (du gr. *optos* "visible"). MÉD. Ensemble des procédés destinés à étudier la réfraction de l'œil et à dépister les défauts optiques.

opulence [ɔpylɑ̃s] n.f. (lat. *opulentia*). - **1.** Grande richesse, extrême abondance de biens matériels : *Elle a toujours vécu dans l'opulence* (syn. aisance, richesse). *Connaître l'opulence.* - **2.** LITT. Caractère de ce qui est ample, abondant : *L'opulence de ses formes* (syn. plénitude, rondeur).

opulent, e [ɔpylɑ̃, -ɑ̃t] adj. (lat. *opulentus,* de *opes* "richesses"). - **1.** LITT. Très riche : *Une famille opulente* (syn. aisé, riche). *Une maison opulente* (syn. cossu). - **2.** Qui a des formes corporelles développées : *Poitrine opulente* (syn. généreux, plantureux).

opuntia [ɔpɔ̃sja] n.m. (lat. *opuntius* "de la ville d'Oponte"). Plante grasse à rameaux épineux en forme de raquette (noms usuels : *cactus, figuier d'Inde, figuier de Barbarie*). □ Famille des cactacées.

opus [ɔpys] n.m. (mot lat. "œuvre"). Terme qui, suivi d'un numéro, sert à situer un morceau de musique dans la production d'un compositeur (abrév. *op.*) : *La sonate opus 109 de Beethoven.*

opuscule [ɔpyskyl] n.m. (lat. *opusculum,* dimin. de *opus* "ouvrage"). Petit ouvrage, petit livre : *Il a écrit un opuscule sur la vie des fourmis* (syn. brochure).

1. or [ɔʁ] n.m. (lat. *aurum*). - **1.** Métal précieux d'un jaune brillant, inaltérable à l'air et à l'eau, fondant à 1 064 °C. □ Symb. Au. - **2.** Alliage de ce métal avec d'autres métaux (argent, cuivre, nickel, zinc, etc.) utilisé en bijouterie, en dentisterie, etc. : *Or blanc, jaune, rose, etc.* □ Cet alliage a une teneur en or de 18 carats, selon la loi française. - **3.** Monnaie d'or : *Exiger d'être payé en or.* - **4.** Affaire en or, très avantageuse. ‖ Âge d'or, temps heureux d'une civilisation ; époque de bonheur, de prospérité. ‖ À prix d'or, très cher. ‖ Cœur d'or, personne généreuse. ‖ En or, parfait : *Elle a un mari en or.* ‖ Nombre d'or → nombre. ‖ Règle d'or, précepte qu'il convient de respecter absolument. - **5.** Or noir. Pétrole. ◆ adj. inv. Valeur or, valeur exprimée en une unité monétaire convertible en or.

2. or [ɔʁ] conj. coord. (lat. pop. *hora* pour *hac hora* "à cette heure"). Introduit une transition d'une idée à une autre ou une circonstance particulière dans un récit : *Or, il arriva ce que précisément il redoutait.*

oracle [ɔʁakl] n.m. (lat. *oraculum*). - **1.** ANTIQ. Réponse d'une divinité au fidèle qui la consultait ; divinité qui rendait cette réponse ; sanctuaire où cette réponse était rendue : *L'oracle d'Apollon à Delphes.* - **2.** LITT. Décision jugée infaillible et émanant d'une personne de grande autorité : *Ce qu'il dit est un oracle pour ses confrères* (syn. prophétie). - **3.** LITT. Personne considérée comme infaillible : *Son père est un oracle à la Bourse.*

orage [ɔʁaʒ] n.m. (de l'anc. fr. *ore*, lat. *aura* "vent"). - **1.** Perturbation atmosphérique violente, accompagnée d'éclairs, de tonnerre, de rafales, d'averses de pluie ou de grêle. -**2.** LITT. (Surtout au pl.). Ce qui vient troubler violemment un état de calme ou de sécurité : *Les orages de l'amour* (syn. déchirement, tourmente). -**3.** Trouble dans la vie personnelle ou les relations entre individus : *Sentir venir l'orage* (syn. colère, dispute). -**4.** Il y a de l'orage dans l'air, la tension laisse présager un éclat ; cela va mal se passer. -**5.** Orage magnétique, intense perturbation transitoire du champ magnétique terrestre.

orageux, euse [ɔʀaʒø, -øz] adj. -**1.** Qui annonce ou accompagne l'orage : *Temps orageux.* -**2.** Agité, troublé : *Vie, séance orageuse* (syn. houleux, tumultueux).

oraison [ɔʀɛzõ] n.f. (lat. *oratio,* de *orare* "parler, prier"). -**1.** Prière mentale sous forme de méditation. -**2.** Courte prière liturgique récitée, au nom de l'assemblée, par le célébrant d'un office. -**3.** Oraison funèbre, discours public prononcé en l'honneur d'un mort illustre.

1. **oral, e, aux** [ɔʀal, -o] adj. (du lat. *os, oris* "bouche"). -**1.** De la bouche, qui concerne la bouche en tant qu'organe : *Administrer un médicament par voie orale.* -**2.** Fait de vive voix ; transmis par la voix (par opp. à *écrit*) : *Promesse orale* (syn. verbal). *Tradition orale.* -**3.** Se dit d'un phonème dans l'émission duquel l'air expiré s'écoule par la seule cavité buccale (par opp. à *nasal*) : *Voyelles orales.* -**4.** PSYCHAN. Stade oral, premier stade de l'évolution libidinale du nourrisson, lié au plaisir de la succion, de l'alimentation.

2. **oral** [ɔʀal] n.m. (de *1. oral*). -**1.** Examen ou partie d'examen qui consiste uniquement en interrogations et réponses verbales. -**2.** À l'oral, en parlant : *Il a de meilleurs résultats à l'oral qu'à l'écrit.*

oralement [ɔʀalmã] adv. En paroles ; verbalement.

oralité [ɔʀalite] n.f. -**1.** Caractère oral de qqch : *Oralité d'une voyelle.* -**2.** Caractère d'une civilisation dans laquelle la culture est essentiellement ou exclusivement orale : *L'oralité de la civilisation africaine.*

orange [ɔʀɑ̃ʒ] n.f. (anc. it. *melarancia,* de l'ar. *narandj*). Fruit comestible de l'oranger, d'un jaune mêlé de rouge. ◆ adj. inv. et n.m. De la couleur de l'orange (mélange de rouge et de jaune).

orangé, e [ɔʀɑ̃ʒe] adj. Qui tire sur la couleur de l'orange. ◆ **orangé** n.m. Couleur orangée.

orangeade [ɔʀɑ̃ʒad] n.f. Boisson faite de jus d'orange, de sucre et d'eau.

oranger [ɔʀɑ̃ʒe] n.m. -**1.** Arbre du groupe des agrumes, cultivé dans les régions chaudes pour ses fruits, les oranges. □ Famille des rutacées ; genre citrus. -**2.** Eau de fleur d'oranger, essence extraite des fleurs du bigaradier et utilisée comme arôme en pâtisserie.

orangeraie [ɔʀɑ̃ʒʀɛ] n.f. Terrain planté d'orangers.

orangerie [ɔʀɑ̃ʒʀi] n.f. Serre, bâtiment où l'on abrite pendant l'hiver les orangers ou les autres arbres de la même famille plantés en caisses.

orang-outan ou **orang-outang** [ɔʀãutã] n.m. (mot malais "homme des bois") [pl. *orangs-outan(g)s*]. Grand singe anthropomorphe d'un brun roux, aux bras très longs, des îles indo-malaises. □ Famille des pongidés.

orant, e [ɔʀã, -ãt] n. (du lat. *orare* "prier"). BX-A. Personnage représenté dans l'attitude de la prière.

orateur, trice [ɔʀatœʀ, -tʀis] n. (lat. *orator,* de *orare* "parler, prier"). -**1.** Personne qui prononce un discours devant les assistants : *L'orateur captive son auditoire.* -**2.** Personne éloquente, qui sait parler en public (syn. tribun).

1. **oratoire** [ɔʀatwaʀ] adj. (lat. *oratorius,* de *orator ;* v. orateur). DIDACT. Qui concerne l'art de parler en public : *Le génie oratoire de Bossuet. Style oratoire* (syn. déclamatoire).

2. **oratoire** [ɔʀatwaʀ] n.m. (lat. *oratorium,* de *orare* "prier"). Local de dimensions restreintes réservé au culte, génér. situé dans une maison particulière ; chapelle.

oratorio [ɔʀatɔʀjo] n.m. (mot it. "oratoire"). Composition musicale dramatique, à sujet religieux ou parfois profane, avec récitatifs, airs, chœurs et orchestre.

1. **orbe** [ɔʀb] adj. (lat. *orbus* "privé de"). ARCHIT. Se dit d'un mur sans porte ni fenêtre.

2. **orbe** [ɔʀb] n.m. (lat. *orbis* "cercle"). LITT. Surface circulaire ; trajectoire circulaire, cercle décrits par un corps : *Les orbes d'un serpent* (syn. courbe).

orbital, e, aux [ɔʀbital, -o] adj. -**1.** ASTRON. Relatif à une orbite : *Rendez-vous orbital de deux satellites.* -**2.** Station orbitale, station spatiale sur orbite ‖ Véhicule orbital, capable d'être mis en orbite pour effectuer des liaisons avec des satellites ou des stations orbitales.

orbite [ɔʀbit] n.f. (lat. *orbita,* de *orbis* "cercle"). -**1.** Trajectoire fermée d'un corps animé d'un mouvement périodique : *L'orbite décrite dans un atome par un électron autour du noyau.* -**2.** Courbe décrite par une planète autour du Soleil, ou par un satellite autour de sa planète : *La Terre décrit une orbite autour du Soleil.* -**3.** Zone d'action, sphère d'influence :

Être dans l'orbite d'une personnalité politique.
- **4.** Cavité osseuse de la face, dans laquelle l'œil est placé : *Avoir les yeux enfoncés dans les orbites.* - **5.** **Mise sur orbite,** ensemble des opérations visant à placer un satellite artificiel sur une orbite déterminée.

orbiteur [ɔRbitœR] n.m. - **1.** Élément d'une sonde spatiale destiné à être satellisé autour d'un astre. - **2.** Élément récupérable de la navette spatiale américaine.

orchestral, e, aux [ɔRkɛstRal, -o] adj. Relatif à l'orchestre : *Musique orchestrale.*

orchestrateur, trice [ɔRkɛstRatœR, -tRis] n. Musicien, musicienne qui compose des orchestrations.

orchestration [ɔRkɛstRasjɔ̃] n.f. - **1.** Répartition des différentes parties d'une composition musicale entre les instruments de l'orchestre. - **2.** Organisation concertée d'une action, d'un événement : *L'orchestration d'une campagne de dénigrement.*

orchestre [ɔRkɛstR] n.m. (lat. *orchestra,* mot gr., de *orkheîsthai* "danser"). - **1.** Ensemble d'instrumentistes constitué pour exécuter de la musique ; ensemble des instruments dont ils jouent : *Orchestre de jazz. Orchestre symphonique.* - **2.** Lieu d'un théâtre, d'un cinéma où se situent les sièges du rez-de-chaussée, face à la scène ; les spectateurs qui y prennent place : *L'orchestre applaudissait frénétiquement.* - **3.** ANTIQ. Zone circulaire du théâtre, comprise entre la scène et les sièges des spectateurs, et où évoluait le chœur.

orchestrer [ɔRkɛstRe] v.t. - **1.** Procéder à l'orchestration de : *Orchestrer un air populaire.* - **2.** Organiser de manière à donner le maximum d'ampleur et de retentissement : *Orchestrer une campagne de presse* (syn. diriger, organiser).

orchidacée [ɔRkidase] n.f. (de *orchidée*). Orchidacées, famille de plantes monocotylédones, souvent épiphytes, remarquables par leurs belles fleurs, dont on cultive surtout les espèces d'origine tropicale. □ Cette famille comprend plus de 15 000 espèces, comme l'orchis, l'ophrys, le cattleya, le sabot-de-Vénus et la vanille.

orchidée [ɔRkide] n.f. (lat. *orchis,* avec infl. du gr. *orkhidion* "petit testicule"). Plante de la famille des orchidacées.

orchite [ɔRkit] n.f. (du gr. *orkhis* "testicule"). MÉD. Inflammation du testicule.

ordalie [ɔRdali] n.f. (de l'anc. angl. *ordâl* "jugement", d'orig. frq.). HIST. ETHNOL. Épreuve judiciaire dont l'issue, réputée dépendre de Dieu ou d'une puissance surnaturelle, établit la culpabilité ou l'innocence d'un accusé. □ Les ordalies étaient en usage au Moyen Âge sous le nom de *jugement de Dieu.*

ordinaire [ɔRdinɛR] adj. (lat. *ordinarius* "rangé par ordre", de *ordo, -inis* "rang"). - **1.** Qui est conforme à l'ordre des choses, à l'usage habituel : *La manière ordinaire de procéder* (syn. courant, usuel). - **2.** Qui ne dépasse pas le niveau commun : *Qualité ordinaire* (syn. courant, médiocre). *Un esprit ordinaire* (syn. banal, quelconque). ◆ n.m. - **1.** Niveau habituel, commun ; ce qui est courant, banal : *Un film qui sort de l'ordinaire.* - **2.** Ce qu'on sert habituellement à un repas, menu habituel : *Cela améliore l'ordinaire.* - **3.** Comme à l'ordinaire, comme d'habitude. ‖ D'ordinaire, habituellement : *D'ordinaire, nous déjeunons à midi.*

ordinairement [ɔRdinɛRmɑ̃] adv. Le plus souvent ; généralement, habituellement.

ordinal, e, aux [ɔRdinal, -o] adj. (lat. *ordinalis,* de *ordo, -inis* "rang"). **Adjectif numéral ordinal, nombre ordinal,** adjectif, nom, qui exprime le rang, l'ordre d'un élément au sein d'un ensemble (par opp. à *cardinal*) : *Premier, deuxième, troisième sont des adjectifs numéraux ordinaux.*

ordinateur [ɔRdinatœR] n.m. (lat. *ordinator* "qui met en ordre"). - **1.** Machine électronique de traitement de l'information, obéissant à des programmes formés par des suites d'opérations arithmétiques et logiques. - **2.** **Ordinateur domestique, individuel** ou **personnel,** micro-ordinateur construit autour d'un microprocesseur, à l'usage des particuliers (syn. PC [*personal computer*]).

ordination [ɔRdinasjɔ̃] n.f. (lat. *ordinatio* "action de mettre en ordre"). RELIG. - **1.** Rite sacramentel par lequel un chrétien, génér. au cours d'une messe, reçoit des mains d'un évêque le sacrement de l'ordre. - **2.** Dans la religion protestante, acte par lequel l'Église confère à une personne la charge d'un ministère. □ Les anglicans et les luthériens la réservent aux pasteurs.

1. **ordonnance** [ɔRdɔnɑ̃s] n.f. (de *ordonner*). - **1.** Action de disposer, d'arranger selon un ordre ; disposition des éléments d'un ensemble : *Cet incident a troublé l'ordonnance du repas* (syn. déroulement). *Admirer l'ordonnance d'un château de la Renaissance* (syn. agencement, disposition). - **2.** Prescription d'un médecin ; papier sur lequel elle est portée : *Médicament délivré sur ordonnance.* - **3.** DR. En France, acte pris par le gouvernement, avec l'autorisation du Parlement, dans des domaines qui relèvent normalement de la loi ; acte pris par le gouvernement, en vertu des articles 11, 47 et 92 de la Constitution, dans certains domaines (référendum ; budget ; mise en œuvre de la Constitution). - **4.** HIST. Texte de loi émanant du roi, sous l'Ancien Régime. - **5.** MIL.

D'ordonnance, conforme au règlement : *Pistolet d'ordonnance.*

2. ordonnance [ɔʀdɔnɑ̃s] n.f. ou m. (de *1. ordonnance*). Militaire qui était mis à la disposition d'un officier pour son service personnel.

ordonnancement [ɔʀdɔnɑ̃smɑ̃] n.m. -**1.** Organisation, agencement méthodique : *L'ordonnancement d'une cérémonie.* -**2.** DR. Acte par lequel, après avoir liquidé les droits d'un créancier, un administrateur donne l'ordre à un comptable public de payer sur sa caisse.

ordonnancer [ɔʀdɔnɑ̃se] v.t. (de *1. ordonnance*) [conj. 16]. -**1.** Disposer dans un certain ordre, agencer : *Ordonnancer un spectacle* (syn. organiser). -**2.** Délivrer un ordre de payer une somme sur la caisse d'un comptable public.

ordonnancier [ɔʀdɔnɑ̃sje] n.m. -**1.** Registre officiel sur lequel le pharmacien doit inscrire le contenu de certaines ordonnances (nom du médicament, du prescripteur et du malade). -**2.** Bloc de papier à en-tête utilisé par un praticien (médecin, dentiste, etc.) pour rédiger ses ordonnances.

ordonnateur, trice [ɔʀdɔnatœʀ, -tʀis] n. -**1.** Personne qui ordonne, règle selon un certain ordre : *Les ordonnateurs du spectacle* (syn. organisateur). *Ordonnateur des pompes funèbres* (= personne qui accompagne et dirige des convois mortuaires). -**2.** Administrateur qui a qualité pour ordonnancer une dépense publique.

ordonné, e [ɔʀdɔne] adj. -**1.** Qui a de l'ordre et de la méthode : *Élève ordonné* (syn. méticuleux, soigneux). -**2.** Où il y a de l'ordre, bien rangé : *Maison ordonnée.* -**3.** MATH. **Ensemble ordonné,** ensemble muni d'une relation d'ordre.

ordonnée [ɔʀdɔne] n.f. (de *ordonné*). MATH. Deuxième coordonnée cartésienne d'un point.

ordonner [ɔʀdɔne] v.t. (lat. *ordinare* "mettre en rang"). -**1.** Mettre en ordre, ranger : *Ordonner ses idées* (syn. organiser). *Ordonner les diverses parties d'une dissertation* (syn. agencer, classer). -**2.** MATH. **Ordonner un polynôme,** écrire les termes dans l'ordre, croissant ou décroissant, des exposants de la variable. -**3.** Commander, donner l'ordre de : *On nous a ordonné le silence, de nous taire* (syn. demander, enjoindre). -**4.** En parlant d'un médecin, prescrire : *Il m'a ordonné des antibiotiques.* -**5.** RELIG. Consacrer par l'ordination : *Ordonner un prêtre.*

ordovicien [ɔʀdɔvisjɛ̃] n.m. (de *Ordovices,* n. lat. d'un peuple du pays de Galles). GÉOL. Deuxième période de l'ère primaire, entre le cambrien et le silurien.

ordre [ɔʀdʀ] n.m. (lat. *ordo, ordinis* "rang"). -**1.** Manière dont les éléments d'un ensemble organisé sont placés les uns par rapport aux autres : *L'ordre d'un parc* (syn. agencement, arrangement). -**2.** Succession d'éléments rangés, classés d'une manière déterminée ; principe qui détermine le rang de chacun des éléments dans cette succession : *Ordre alphabétique, chronologique* (syn. classement). -**3.** Disposition des objets lorsqu'ils sont rangés, mis à la place qui est la leur : *Mettre de l'ordre dans ses papiers. Pièce en ordre* (contr. désordre). -**4.** Tendance spontanée à disposer les choses à leur place, à les ranger ; qualité de qqn qui sait ranger, qui range volontiers : *Avoir de l'ordre.* -**5.** Manière d'agir ou de raisonner dans laquelle les étapes de l'action, de la pensée se suivent selon une succession logique, cohérente : *Procéder avec ordre et méthode* (= rationnellement ; syn. logique). -**6.** Ensemble de règles qui garantissent le fonctionnement social : *La loi et l'ordre.* -**7.** Respect des règles de la vie en société ; absence de troubles, paix civile : *Troubler l'ordre social* (syn. paix). *La police assure le maintien de l'ordre* (syn. calme). *Les forces de l'ordre* (= celles qui veillent au respect de l'ordre public). *Le service d'ordre d'une manifestation.* -**8.** Ensemble des lois qui régissent l'enchaînement des causes et des effets : *L'ordre de l'univers. C'est dans l'ordre des choses* (= c'est normal, régulier). -**9.** Classe ou rang dans un ensemble organisé, hiérarchisé : *Dans cet ordre d'idées* (= en examinant les choses du même point de vue). *Des affaires de quel ordre ?* (syn. genre, sorte, type). -**10.** DR. Ensemble des tribunaux de même nature : *L'ordre judiciaire. L'ordre administratif.* -**11.** BIOL. Division de la classification des plantes et des animaux, intermédiaire entre la classe et la famille : *L'ordre des hyménoptères.* -**12.** HIST. Chacune des trois classes qui composaient la société française sous l'Ancien Régime : *Les trois ordres étaient le clergé, la noblesse et le tiers état.* -**13.** ARCHIT. Chacun des styles de construction des architectures antique et classique, caractérisés par la forme, les proportions, la disposition et l'ornementation des parties saillantes de l'édifice (colonnes, pilastres, chapiteaux, entablements). -**14.** Manifestation de l'autorité ; commandement : *Donner des ordres* (syn. directive, instruction). *Donner à des manifestants l'ordre de se disperser* (syn. consigne, injonction). -**15.** Texte émanant d'un échelon du commandement militaire et communiqué officiellement aux échelons subordonnés : *Ordre d'attaque. Ordre de mission.* -**16.** COMM. Acte qui détermine une opération commerciale : *Ordre d'achat, de vente.* -**17.** INFORM. Directive pour l'unité de commande d'un organe périphérique d'ordinateur. - **18.** Société dont les membres font vœu de vivre selon certaines règles : *Ordres monastiques. La franc-maçonnerie est un ordre initiatique.* - **19.** Association à laquelle les membres de certaines professions libérales sont légalement tenus d'appartenir : *Ordre des avocats, des médecins, des architectes.* - **20.** Compagnie honorifique instituée pour récompenser le mérite personnel : *Ordre de la Légion d'honneur. Ordre national du Mérite.* - **21.** À l'ordre de, formule pour indiquer le destinataire d'un chèque, d'un effet de commerce. ‖ **De premier ordre**, de grande qualité ; supérieur en son genre. ‖ **Mettre bon ordre à qqch**, porter remède à une situation fâcheuse, la faire cesser. ‖ Mot d'ordre → mot. ‖ Ordre du jour, liste des questions qu'une assemblée doit examiner tour à tour : *Voter l'ordre du jour. C'est à l'ordre du jour* (= cela fait partie des questions à débattre ; au fig., cela fait l'objet des conversations du moment). ‖ MATH. Ordre sur un ensemble, relation binaire, réflexive, antisymétrique et transitive dans cet ensemble (on dit aussi *relation d'ordre sur un ensemble*). - **21.** Entrer dans les ordres, se faire prêtre, religieux (ou religieuse). ‖ Ordres majeurs ou sacrés, diaconat ; sacerdoce (prêtre, évêque). ‖ Ordres mineurs, correspondant à des fonctions de lecteur et de servant d'autel (on les appelle auj. des *ministères*).

ordure [ɔʀdyʀ] n.f. (de l'anc. fr. *ord* "repoussant", lat. *horridus*). - **1.** Action, parole grossière, vile, sale : *Proférer des ordures* (syn. grossièreté, obscénité). - **2.** Personne vile, abjecte : *Il s'est conduit comme une ordure.* ◆ **ordures** n.f. pl. - **1.** Déchets, détritus de la vie quotidienne : *Ordures ménagères.* - **2.** Boîte à ordures, poubelle. ‖ Jeter, mettre aux ordures, mettre au rebut.

ordurier, ère [ɔʀdyʀje, -ɛʀ] adj. - **1.** Qui exprime des grossièretés, des obscénités : *Des propos orduriers* (syn. grossier, obscène). - **2.** Qui contient des obscénités : *Publier un article ordurier* (syn. abject, ignoble, infâme).

orée [ɔʀe] n.f. (de l'anc. fr. *ore*, lat. *ora*). LITT. Bord, lisière d'un bois, d'une forêt.

oreillard [ɔʀejaʀ] n.m. Chauve-souris insectivore aux grandes oreilles. □ Famille des vespertilionidés.

oreille [ɔʀɛj] n.f. (lat. *auricula*). - **1.** Organe de l'ouïe et, en partic., partie externe de l'organe, placée de chaque côté de la tête des hommes et des mammifères : *Elle a des anneaux aux oreilles. Le chien dressa les oreilles.* - **2.** Sens par lequel on perçoit les sons : *Être dur d'oreille* (= presque sourd). *Avoir l'oreille fine* (syn. ouïe). - **3.** Aptitude à reconnaître les sons musicaux, les mélodies, et à s'en sou-

venir : *Avoir de l'oreille.* - **4.** Chacun des appendices qui se présentent par paires et sont destinés à la préhension de certains objets : *Oreilles d'une marmite.* - **5.** Avoir l'oreille basse, être humilié, confus, penaud. ‖ Dire qqch à l'oreille de qqn, le lui dire tout bas et en approchant la bouche de son oreille. ‖ Frotter, tirer les oreilles de qqn, le châtier, le réprimander pour quelque méfait. ‖ Les oreilles ont dû lui siffler, se dit de qqn dont on a parlé en son absence et notamment dont on a médit. ‖ Montrer le bout de l'oreille, laisser deviner son vrai caractère, ses véritables projets. ‖ Se faire tirer l'oreille, se faire prier longtemps. ‖ Tendre l'oreille, écouter attentivement.

oreiller [ɔʀeje] n.m. (de *oreille*). Coussin carré ou rectangulaire qui soutient la tête quand on est couché.

oreillette [ɔʀejɛt] n.f. - **1.** Chacune des deux cavités supérieures du cœur, au-dessus des ventricules, avec lesquels elles communiquent, et qui reçoivent le sang des veines. - **2.** Chacune des parties d'une coiffure que l'on peut rabattre sur les oreilles pour les protéger.

oreillons [ɔʀejɔ̃] n.m. pl. (de *oreille*). Maladie contagieuse due à un virus, qui atteint surtout les enfants et se manifeste par un gonflement et une inflammation des glandes parotides.

ores [ɔʀ] adv. (du lat. *hac hora* "à cette heure"). D'ores et déjà, dès maintenant.

orfèvre [ɔʀfɛvʀ] n. (lat. pop. *aurifaber* "forgeron d'or", réfection, d'apr. le lat. *aurifex*, de *facere* "faire"). - **1.** Artisan qui fait ou commerçant qui vend les gros ouvrages de métaux précieux, argent et or princ. (vaisselle de table et de toilette, luminaires, etc.). - **2.** Être orfèvre en la matière, être expert en qqch.

orfèvré, e [ɔʀfevʀe] adj. Travaillé par un orfèvre ; ouvragé finement comme une pièce d'orfèvrerie.

orfèvrerie [ɔʀfevʀəʀi] n.f. - **1.** Art, métier, commerce de l'orfèvre. - **2.** Ouvrages de l'orfèvre.

orfraie [ɔʀfʀɛ] n.f. (lat. *ossifraga*, propr. "qui brise les os"). - **1.** Oiseau de proie diurne. - **2.** Pousser des cris d'orfraie, pousser des cris épouvantables, très aigus (par confusion avec *effraie*).

organdi [ɔʀgɑ̃di] n.m. (de *Ourgandj*, ville du Turkestan). Mousseline de coton légère et très apprêtée.

organe [ɔʀgan] n.m. (lat. *organum*, gr. *organon* "instrument"). - **1.** Partie d'un corps vivant qui remplit une fonction utile à la vie : *Organes de la digestion.* - **2.** Voix humaine :

Avoir un bel organe. - **3.** Pièce, partie d'une machine assurant une fonction déterminée : *Organes de transmission d'une machine.* - **4.** Publication, média qui est le porte-parole d'un groupe, d'un parti : *Ce journal est l'organe de l'opposition* (syn. voix). - **5.** Ce qui sert d'intermédiaire, d'instrument : *Les magistrats, organes de la justice.*

organeau [ɔʁgano] n.m. (de *organe*). MAR. - **1.** Fort anneau métallique scellé dans la maçonnerie d'un quai pour amarrer les bateaux. - **2.** Anneau d'une ancre sur lequel s'amarre la chaîne ou le câble.

organigramme [ɔʁganigʁam] n.m. (de *organi[ser]* et *-gramme*). Graphique représentant la structure d'une organisation complexe (entreprise, groupement, etc.) avec ses divers éléments et leurs relations.

organique [ɔʁganik] adj. - **1.** Relatif aux organes, aux tissus vivants, aux êtres organisés : *Vie organique.* - **2.** Se dit d'une maladie, d'un trouble dus à une lésion d'un organe ou de plusieurs (par opp. à *fonctionnel*). - **3.** Qui est inhérent à la structure, à la constitution de qqch : *L'unité organique d'une nation.* - **4.** Architecture organique, courant de l'architecture du XXe siècle qui emprunte aux formes de la nature l'idée de certaines de ses structures et articulations, et tend le plus souvent à une liaison étroite avec les sites naturels (Wright, Aalto). - **5.** Chimie organique → chimie. - **6.** GÉOL. Roche organique, roche sédimentaire formée par des débris d'organismes vivants (charbon, pétrole, etc.).

organisateur, trice [ɔʁganizatœʁ, -tʁis] adj. et n. Qui organise, sait organiser.

organisation [ɔʁganizasjɔ̃] n.f. - **1.** Action d'organiser, de structurer, d'arranger : *L'organisation d'une fête* (syn. élaboration, préparation). - **2.** Manière dont les différents organes ou parties d'un ensemble complexe, d'une société, d'un être vivant sont structurés, agencés ; la structure, l'agencement eux-mêmes : *L'organisation d'une entreprise en services* (syn. structuration). - **3.** Groupement, association de personnes qui poursuivent des buts communs : *Organisation syndicale.* - **4.** Organisation non gouvernementale (O. N. G.), organisme dont le financement est assuré essentiellement par des dons privés et qui se voue à l'aide humanitaire.

organisationnel, elle [ɔʁganizasjɔnɛl] adj. Qui concerne l'organisation de qqch.

organisé, e [ɔʁganize] adj. - **1.** Qui a reçu une organisation, qui est aménagé d'une certaine façon : *Travail bien organisé* (syn. planifié, programmé). - **2.** BIOL. Pourvu d'organes dont le fonctionnement constitue la vie. - **3.** Qui sait organiser sa vie, ses affaires : *Être organisé.*

organiser [ɔʁganize] v.t. (de *organe*). - **1.** Combiner, disposer pour le bon fonctionnement : *Organiser un ministère* (syn. structurer). - **2.** Préparer, arranger, dans un but précis : *Organiser une conférence de presse* (syn. arranger, préparer). *Organiser son emploi du temps* (syn. aménager). ◆ **s'organiser** v.pr. - **1.** Arranger son travail, ses affaires de façon efficace, harmonieuse : *Une personne qui sait s'organiser.* - **2.** Prendre forme, s'agencer de manière satisfaisante : *Le projet commence à s'organiser* (syn. se structurer).

organisme [ɔʁganism] n.m. - **1.** Être vivant, animal ou végétal, organisé : *Organisme unicellulaire.* - **2.** Ensemble des organes qui constituent un être vivant : *Un enfant à l'organisme fragile* (syn. corps). - **3.** Ensemble de services affectés à une tâche administrative : *Les organismes de la Sécurité sociale* (syn. agence, bureau).

organiste [ɔʁganist] n. (du lat. *organum* "orgue"). Personne qui joue de l'orgue.

organite [ɔʁganit] n.m. (de *organe*). BIOL. Chacun des éléments différenciés constituant la cellule.

organologie [ɔʁganɔlɔʒi] n.f. (du gr. *organon* "instrument"). Discipline qui étudie les instruments de musique, leur histoire, leur classification, etc.

orgasme [ɔʁgasm] n.m. (gr. *organ* "bouillonner d'ardeur"). Point culminant du plaisir sexuel.

orge [ɔʁʒ] n.f. (lat. *hordeum*). - **1.** Céréale dont les épis portent de longues barbes, cultivée pour son grain utilisé dans l'alimentation animale et pour la fabrication de la bière, et récoltée aussi sous forme de fourrage vert ; sa graine. □ Famille des graminées. - **2.** Sucre d'orge, bâtonnet de sucre cuit (autref. avec une décoction d'orge), coloré et aromatisé.

orgeat [ɔʁʒa] n.m. Sirop d'orgeat, sirop préparé autref. avec une décoction d'orge, auj. avec une émulsion d'amandes.

orgelet [ɔʁʒalɛ] n.m. (du moyen fr. *horgeol*, bas lat. *hordeolus* "grain d'orge"). Petit furoncle, de la grosseur d'un grain d'orge, qui se développe sur le bord libre de la paupière (syn. compère-loriot).

orgiaque [ɔʁʒjak] adj. - **1.** LITT. Qui tient de l'orgie. - **2.** ANTIQ. Relatif aux orgies rituelles propres au culte de certains dieux grecs et romains.

orgie [ɔʁʒi] n.f. (lat. *orgia, -orum* ; mot gr. "fêtes de Dionysos"). - **1.** Partie de débauche où l'on se livre à toutes sortes d'excès : *Une orgie de lumière* (syn. profusion). ◆ **orgies** n.f. pl. ANTIQ. Rites secrets des mystères de certains dieux (notamm., Dionysos chez les Grecs et

Bacchus chez les Romains), pendant lesquels les participants étaient pris de délire sacré.

orgue [ɔʀg] n.m. (lat. ecclés. *organum*, du gr. *organon* "instrument"). - **1.** Instrument de musique à un ou plusieurs claviers, à vent et à tuyaux, en usage princ. dans les églises : *Orgue de chœur. Grand orgue de tribune.* - **2.** Orgue électronique, qui produit des sons grâce à des signaux électriques transformés en signaux mécaniques, amplifiés. - **3.** Orgue de Barbarie. Instrument de musique mécanique des musiciens ambulants, dans lequel l'admission de l'air qui met en vibration les tuyaux sonores est réglée par le défilement de bandes de carton perforées entraînées au moyen d'une manivelle. ‖ Point d'orgue. Signe (⌒) placé au-dessus d'une note ou d'un silence pour en augmenter la durée à volonté ; point final remarquable, apogée d'un spectacle, etc. ◆ **orgues** n.m. pl. GÉOL. Prismes d'une grande régularité, formés lors du refroidissement d'une coulée volcanique, basaltique le plus souvent, perpendiculairement à sa surface. ▫ Ils peuvent atteindre 30 à 45 m de haut. ◆ **orgues** n.f. pl. Autre appellation d'un orgue à tuyaux : *Petites orgues* (= orgue de chœur). *Grandes orgues* (= grand orgue de tribune).

orgueil [ɔʀgœj] n.m. (frq. *urgôli* "fierté"). - **1.** Sentiment exagéré de sa propre valeur : *Être bouffi d'orgueil* (syn. fatuité, suffisance). - **2.** Sentiment de dignité, fierté légitime : *Elle cache sa misère par orgueil* (syn. amour-propre). - **3.** Objet, sujet de fierté : *Cet enfant est l'orgueil de la famille* (syn. gloire, honneur).

orgueilleusement [ɔʀgœjøzmã] adv. Avec orgueil : *Il bombe orgueilleusement le torse* (syn. prétentieusement).

orgueilleux, euse [ɔʀgœjø, -øz] adj. et n. Qui manifeste de l'orgueil, de la prétention.

orient [ɔʀjã] n.m. (lat. *oriens*, de *oriri* "se lever"). - **1.** Côté de l'horizon où le soleil se lève (syn. levant, est). - **2.** (Avec une majuscule). Les pays de l'Ancien Monde situés à l'est par rapport à la partie occidentale de l'Europe (l'Asie, une partie de l'Afrique du Nord-Est, avec l'Égypte, et, anc., une partie de l'Europe balkanique). - **3.** Reflets irisés d'une perle (syn. eau). - **4.** Dans la franc-maçonnerie, ville où se trouve une loge. - **5.** L'Église d'Orient, les Églises de rite oriental (par opp. aux Églises de *rite latin*). ‖ HIST. L'Orient ancien, l'ensemble des pays (Égypte, couloir syrien, Anatolie, Mésopotamie, Iran et golfe Persique) qui ont pratiqué l'écriture et connu la vie urbaine.

orientable [ɔʀjãtabl] adj. Que l'on peut orienter : *Une lampe orientable* (contr. fixe).

oriental, e, aux [ɔʀjãtal, -o] adj. (lat. *orientalis*). - **1.** Situé à l'est, à l'orient : *La frontière orientale d'un pays* (par opp. à *occidental*). - **2.** Relatif à l'Orient ; propre à l'Orient, à la civilisation orientale (par opp. à *occidentale* et à *africaine*). ◆ n. (Avec une majuscule). Personne de culture orientale.

orientalisme [ɔʀjãtalism] n.m. - **1.** Ensemble des disciplines qui ont pour objet l'étude des civilisations orientales. - **2.** Goût pour les choses de l'Orient.

orientaliste [ɔʀjãtalist] adj. Qui se rapporte à l'orientalisme. ◆ n. Spécialiste des civilisations orientales.

orientation [ɔʀjãtasjɔ̃] n.f. - **1.** Action de déterminer, du lieu où l'on se trouve, la direction des points cardinaux : *Avoir le sens de l'orientation.* - **2.** Manière dont qqch est disposé par rapport aux points cardinaux : *Orientation plein sud d'une chambre* (syn. exposition). - **3.** Action d'orienter qqn dans ses études, le choix de son métier : *Orientation scolaire et professionnelle.* - **4.** Direction prise par une action, une activité : *Orientation d'une enquête.* - **5.** Tendance politique, idéologie : *Ce journal a une orientation marquée* (syn. ligne, tendance). - **6.** SPORTS. **Course d'orientation**, compétition sportive consistant à accomplir à pied, le plus rapidement possible, un parcours balisé, en s'aidant d'une carte et d'une boussole. ▫ Née à la fin du XIXe s., la course d'orientation est devenue un sport olympique.

orienté, e [ɔʀjãte] adj. - **1.** Qui a une position, une direction déterminée : *Atelier orienté plein nord* (syn. exposé). - **2.** Marqué par une idéologie ; qui est au service d'une cause, notamm. d'une cause politique déterminée : *Article nettement orienté* (syn. engagé, tendancieux).

orienter [ɔʀjãte] v.t. (de *orient*). - **1.** Disposer (qqch) par rapport aux points cardinaux : *Orienter une maison vers l'est* (syn. exposer). - **2.** Tourner qqch dans une certaine direction : *Orienter la lumière vers le papier* (syn. diriger). - **3.** Indiquer la direction à prendre à qqn : *Orienter le public vers la sortie* (syn. conduire, guider). - **4.** Diriger, engager (qqn, une action) dans une certaine voie : *Orienter le débat* (syn. infléchir). - **5.** Diriger qqn vers un service, une personne, une voie professionnelle : *Orienter un malade vers un spécialiste* (syn. aiguiller). *Orienter un élève.* ◆ **s'orienter** v.pr. - **1.** Reconnaître, du lieu où l'on est, la direction des points cardinaux : *Saura-t-il s'orienter dans la nuit ?* (syn. se repérer). - **2.** Tourner son action, ses activités vers qqch : *Elle s'oriente vers des études de droit* (syn. se diriger).

orifice [ɔʀifis] n.m. (lat. *orificium*, de *os, oris* "bouche"). Ouverture qui donne entrée dans une cavité, qui fait communiquer un conduit avec l'extérieur ou une autre structure.

oriflamme [ɔʁiflam] n.f. (de l'anc. fr. *orie* "doré" et *flamme*). - **1.** Bannière d'apparat, longue et effilée. - **2.** HIST. Enseigne féodale de l'abbaye de Saint-Denis, adoptée par les rois de France du XIIᵉ au XVᵉ s.

origan [ɔʁigã] n.m. (lat. *origanum*, du gr.). Autre nom de la marjolaine.

originaire [ɔʁiʒinɛʁ] adj. Qui vient de, qui tire son origine de tel lieu : *Il est originaire de Savoie* (syn. natif). *Je suis originaire de la région* (syn. autochtone ; contr. étranger).

original, e, aux [ɔʁiʒinal, -o] adj. (lat. *originalis* "qui existe dès l'origine"). - **1.** Qui émane directement de l'auteur, de la source, de la première rédaction : *Un texte original. Gravure originale* (= qui n'est pas une reproduction). - **2.** Qui semble se produire pour la première fois, qui n'imite pas : *Pensée originale* (syn. personnel ; contr. commun, conformiste). - **3.** Qui écrit, compose d'une manière neuve, personnelle : *Musicien original* (syn. créatif, inventif ; contr. traditionnel). - **4.** Qui ne ressemble à aucun autre : *Un caractère original* (syn. excentrique, fantaisiste). - **5.** **Édition originale**, première édition d'un ouvrage imprimé. ◆ n. Personne dont le comportement sort de l'ordinaire : *Un vieil original* (syn. excentrique, farfelu). ◆ **original** n.m. Modèle, ouvrage, texte primitif, document authentique (par opp. à *copie, traduction, reproduction*).

originalité [ɔʁiʒinalite] n.f. - **1.** Caractère de ce qui est original, nouveau, singulier : *L'originalité d'un écrivain* (syn. inventivité). - **2.** Marque, preuve de fantaisie, ou de bizarrerie, d'excentricité : *Se faire remarquer par ses originalités* (syn. bizarrerie, extravagance).

origine [ɔʁiʒin] n.f. (lat. *origo, -inis*). - **1.** Première manifestation, commencement, principe : *L'origine du monde* (syn. genèse). - **2.** Point de départ, cause : *L'origine d'une fortune* (syn. formation, naissance). - **3.** Milieu d'où qqn est issu : *Des origines bourgeoises* (syn. ascendance, extraction). - **4.** Temps, lieu, milieu d'où est issu qqch : *Bière d'origine belge* (syn. provenance). *Mot d'origine latine* (syn. formation, souche). - **5.** À l'origine, dès l'origine, au début. - **6.** MATH. Origine d'un axe, point d'abscisse nulle. ▮ Origine d'un repère, point commun aux axes de coordonnées.

originel, elle [ɔʁiʒinɛl] adj. (lat. *originalis*). Qui remonte jusqu'à l'origine : *Le sens originel d'un mot* (syn. initial, premier). - **2.** Péché originel, péché qui, selon le christianisme, entache tous les hommes, en tant que descendants d'Adam et Ève.

originellement [ɔʁiʒinɛlmã] adv. Dès l'origine ; à l'origine : *La maison devait originellement rester indivise* (syn. initialement).

orignal [ɔʁiɲal] n.m. (basque *oregnac*, pl. de *oregna* "cerf") [pl. *orignaux*]. CAN. Nom usuel de l'élan.

oripeaux [ɔʁipo] n.m. pl. (de l'anc. fr. *orie* "doré" et de *peau*). LITT. - **1.** Vêtements usés qui ont conservé un reste de splendeur. - **2.** Faux éclat, faux brillant : *Les oripeaux d'une fausse poésie.*

O. R. L., sigle de *oto-rhino-laryngologie* et de *oto-rhino-laryngologiste.*

orléaniste [ɔʁleanist] adj. et n. (de *Orléans*, nom de la branche cadette des Bourbons). HIST. En France, partisan de la maison d'Orléans, qui monta sur le trône en 1830 avec Louis-Philippe, au détriment de la branche aînée des Bourbons.

orme [ɔʁm] n.m. (lat. *ulmus*). Arbre à feuilles dentelées, dont le bois solide et souple est utilisé en charpenterie et en ébénisterie. □ Famille des ulmacées ; haut. 20 à 30 m.

1. ormeau [ɔʁmo] n.m. Jeune orme.

2. ormeau [ɔʁmo] n.m. (du lat. *auris maris* "oreille de mer"). Nom usuel de l'*haliotide*, mollusque gastropode marin à coquille plate, appelé aussi *oreille-de-mer.*

orne [ɔʁn] n.m. (lat. *ornus*). Frêne du sud de l'Europe, à fleurs blanches odorantes en grappes très fournies.

ornemaniste [ɔʁnəmanist] n. (de *ornement*). Professionnel spécialisé dans la conception ou la réalisation d'ornements en architecture, décoration, ameublement.

ornement [ɔʁnəmã] n.m. (lat. *ornamentum*). - **1.** Élément qui orne, agrémente un ensemble, ajoute qqch qui embellit : *Ornements d'architecture* (syn. fioriture). *Ornements de style* (syn. fioriture). - **2.** MUS. Groupe de notes brèves, écrites ou improvisées, destinées à embellir ou varier une mélodie vocale ou instrumentale. - **4.** D'ornement, purement décoratif : *Plantes d'ornement.*

ornemental, e, aux [ɔʁnəmãtal, -o] adj. Qui sert ou peut servir à l'ornement : *Motif ornemental* (syn. décoratif).

ornementation [ɔʁnəmãtasjɔ̃] n.f. Action, art, manière de disposer des ornements ; effet qui en résulte : *La splendide ornementation de la tribune officielle* (syn. décoration).

ornementer [ɔʁnəmãte] v.t. Enrichir d'ornements : *Ornementer un livre de dessins* (syn. agrémenter, décorer).

orner [ɔʁne] v.t. (lat. *ornare*). - **1.** Embellir en ajoutant un, des éléments décoratifs : *Orner une façade de sculptures* (syn. embellir). - **2.** Servir d'ornement à : *Une bague ornait sa main* (syn. parer). - **3.** Rendre plus attrayant : *Orner son récit d'anecdotes* (syn. enjoliver).

ornière [ɔʁnjɛʁ] n.f. (de l'anc. fr. *ordière*, lat. pop. *orbitaria*, par croisement avec *orne* "sillon"). - **1.** Trace creusée dans le sol des chemins par les roues des véhicules. - **2.** Sortir de l'ornière, se dégager de la routine ; se tirer d'une situation difficile.

ornithologie [ɔʀnitɔlɔʒi] n.f. (de *ornitho-* et *-logie*). Partie de la zoologie qui étudie les oiseaux. ✦ **ornithologiste** et **ornithologue** n. Nom du spécialiste.

ornithologique [ɔʀnitɔlɔʒik] adj. Relatif à l'ornithologie.

ornithorynque [ɔʀnitɔʀɛ̃k] n.m. (de *ornitho-,* et du gr. *runkhos* "bec"). Mammifère monotrème d'Australie et de Tasmanie, à bec de canard, à pattes palmées et à queue plate, lui permettant de creuser des galeries près de l'eau. □ Sous-classe des monotrèmes ; long. 40 cm env.

orogenèse [ɔʀɔʒənɛz] n.f. (de *oro-* et *genèse*). GÉOL. Formation des chaînes de montagnes.

orogénique [ɔʀɔʒenik] adj. Relatif à l'orogenèse : *Mouvements orogéniques.*

oronge [ɔʀɔ̃ʒ] n.f. (prov. *ouronjo* "orange"). - **1.** Amanite à chapeau jaune orangé, pied et lames jaunes, et large volve membraneuse. □ Champignon comestible très recherché. - **2. Fausse oronge,** amanite à chapeau rouge taché de blanc, à pied et lames blancs, à la volve réduite. □ Champignon vénéneux.

oropharynx [ɔʀɔfaʀɛ̃ks] n.m. (du lat. *os, oris* "bouche"). ANAT. Partie moyenne du pharynx, communiquant avec la bouche.

orpailleur [ɔʀpajœʀ] n.m. (de l'anc. fr. *harpailler* "saisir" avec infl. de *or*). Artisan qui lave les alluvions aurifères pour en retirer les paillettes d'or, appelé aussi *pailleteur.*

orphelin, e [ɔʀfəlɛ̃, -in] n. (lat. ecclés. *orphanus,* du gr.). Enfant qui a perdu son père et sa mère, ou l'un des deux.

orphelinat [ɔʀfəlina] n.m. Établissement où l'on élève des enfants orphelins.

orphéon [ɔʀfeɔ̃] n.m. (de *Orphée,* personnage mythol.). Chorale de voix d'hommes ou de voix mixtes d'enfants.

orphie [ɔʀfi] n.f. (gr. *orphos*). Poisson à bec fin et pointu, à squelette vert émeraude, dit souvent *aiguille, bécassine de mer, aiguillette.*

orphisme [ɔʀfism] n.m. (du n. de *Orphée*). Courant religieux de la Grèce antique, rattaché à Orphée, le maître des incantations.

orpiment [ɔʀpimɑ̃] n.m. (du lat. *aurum* "or" et *pigmentum* "piment"). Sulfure naturel d'arsenic, jaune vif, utilisé en peinture et en pharmacie.

orque [ɔʀk] n.f. (lat. *orca*). Mammifère marin aussi appelé *épaulard.*

ORSEC (plan) [sigle de *ORganisation des SECours*], en France, programme d'organisation des secours permettant au préfet de mobiliser, en cas de catastrophe, tous les moyens, publics et privés, de son département.

orteil [ɔʀtɛj] n.m. (altér. de l'anc. fr. *arteil,* lat. *articulus,* dimin. de *artus* "articulation"). Doigt du pied.

orthocentre [ɔʀtɔsɑ̃tʀ] n.m. (de *ortho-* et *centre*). MATH. Point commun aux trois hauteurs d'un triangle.

orthodontie [ɔʀtɔdɔ̃si] n.f. (de *orth[o],* et du gr. *odous, odontos* "dent"). Spécialité dentaire qui a pour objet la correction des anomalies de position des dents. ✦ **orthodontiste** n. Nom du spécialiste.

orthodoxe [ɔʀtɔdɔks] adj. et n. (lat. ecclés. *orthodoxus,* du gr. *doxa* "opinion"). - **1.** Qui est conforme au dogme, à la doctrine d'une religion (par opp. à *hétérodoxe*). - **2.** Conforme à une doctrine considérée comme seule vraie (contr. *déviationniste*). - **3.** Qui concerne les Églises chrétiennes d'Orient ; fidèle des Églises orthodoxes : *Rite orthodoxe.* - **4. Églises orthodoxes,** Églises chrétiennes orientales, séparées de Rome depuis 1054, mais restées fidèles à la doctrine définie par le concile de Chalcédoine (451).

orthodoxie [ɔʀtɔdɔksi] n.f. - **1.** Caractère de ce qui est orthodoxe : *Orthodoxie politique* (contr. **déviationnisme, hétérodoxie**). - **2.** Ensemble des doctrines des Églises orthodoxes (par opp. à *hérésie*).

orthodromie [ɔʀtɔdʀɔmi] n.f. (du gr. *orthodromein* "courir en ligne droite"). GÉOD. Ligne de plus courte distance entre deux points de la surface de la Terre.

orthogonal, e, aux [ɔʀtɔgɔnal, -o] adj. (lat. *orthogonus* "à angle droit", du gr.). - **1.** En géométrie élémentaire, perpendiculaire. - **2. Projection orthogonale,** projection dont la direction est orthogonale à l'axe ou au plan de projection. ‖ **Symétrie orthogonale,** symétrie axiale. ‖ **Vecteurs orthogonaux** d'un espace vectoriel euclidien, deux vecteurs dont le produit scalaire est nul. ‖ **Vecteurs orthogonaux du plan,** deux vecteurs de directions orthogonales.

orthogonalement [ɔʀtɔgɔnalmɑ̃] adv. Selon une direction orthogonale ; perpendiculairement.

orthographe [ɔʀtɔgʀaf] n.f. (de *ortho-* et *-graphe*). - **1.** Ensemble de règles et d'usages qui régissent la manière d'écrire les mots d'une langue donnée : *L'orthographe des mots composés.* - **2.** Maîtrise de ces règles et de ces usages : *Avoir une bonne orthographe.* - **3.** Manière correcte d'écrire un mot : *Deux orthographes sont possibles pour ce mot* (syn. **graphie**).

orthographier [ɔʀtɔɡʀafje] v.t. [conj. 9]. Écrire selon les règles de l'orthographe.
◆ **s'orthographier** v.pr. Avoir telle orthographe, en parlant d'un mot.

orthographique [ɔʀtɔɡʀafik] adj. Relatif à l'orthographe : *La cédille, le trait d'union, les accents sont des signes orthographiques.*

orthonormé, e [ɔʀtɔnɔʀme] adj. MATH. Base orthonormée, base orthogonale dont les vecteurs ont tous une norme égale à 1.

orthopédie n.f. (de *ortho-* et *-pédie*). Partie de la médecine et de la chirurgie qui a pour objet le traitement des affections du squelette, des articulations, de l'appareil locomoteur.

orthopédique [ɔʀtɔpedik] adj. Relatif à l'orthopédie : *Semelle, chaussure orthopédique.*

orthopédiste [ɔʀtɔpedist] n. et adj. Spécialiste de l'orthopédie.

orthophonie [ɔʀtɔfɔni] n.f. Rééducation de la phonation et du langage écrit et oral.

orthophoniste [ɔʀtɔfɔnist] n. Auxiliaire médical spécialisé dans la rééducation du langage.

orthoptère [ɔʀtɔptɛʀ] n.m. (de *ortho-* et *-ptère*). Orthoptères, ordre d'insectes broyeurs à métamorphoses incomplètes, comme le criquet, la sauterelle, le grillon.

orthoptie [ɔʀtɔpsi] et **orthoptique** [ɔʀtɔptik] n.f. (de *orth[o]-* et *optique*). Branche de l'ophtalmologie qui traite les défauts de la vision binoculaire (strabisme, etc.).

orthoptiste [ɔʀtɔptist] n. Auxiliaire médical spécialiste d'orthoptie.

ortie [ɔʀti] n.f. (lat. *urtica*). Herbe aux fleurs peu visibles, couverte de poils, dont la base renferme un liquide irritant qui pénètre sous la peau par simple contact des pointes. □ Famille des urticacées.

ortolan [ɔʀtɔlɑ̃] n.m. (mot prov., du bas lat. *hortulanus* "de jardin"). Passereau d'Europe, recherché pour sa chair.

orvet [ɔʀvɛ] n.m. (dimin. de l'anc. fr. *orb* "aveugle", lat. *orbus*). Lézard apode insectivore gris ou doré, dont la queue se brise facilement, d'où son nom de *serpent de verre.* □ Famille des anguidés ; long. 30 à 50 cm.

O. S. [ɔɛs], sigle de *ouvrier* * *spécialisé.*

os [ɔs], au pl. [o] n.m. (lat. *ossum*, var. de *os, ossis*). **- 1.** Organe dur et solide qui constitue la charpente de l'homme et des vertébrés. **- 2.** Matière constituée d'os, avec laquelle on fabrique certains objets : *Manche de couteau en os.* **- 3.** FAM. Difficulté, problème : *Tomber sur un os. Il y a un os.* **- 4.** Donner un os à ronger à qqn, lui faire une maigre faveur, lui laisser quelques miettes d'une grosse affaire. ‖ N'avoir que la peau et les os, être

très maigre. ‖ FAM. Ne pas faire de vieux os, ne pas vivre très longtemps ; ne pas rester longtemps quelque part. ‖ FAM. Sac d'os, paquet d'os, personne très maigre. **- 5.** Os à moelle, os qui contient de la moelle utilisé en cuisine. ‖ Os de seiche, coquille interne dorsale de la seiche, formée d'une plaque allongée, poreuse, calcaire, faisant fonction de flotteur.

oscar [ɔskaʀ] n.m. (prénom). **- 1.** Haute récompense cinématographique, matérialisée par une statuette et attribuée chaque année, à Hollywood, à des artistes et à des techniciens du film : *Recevoir un oscar.* **- 2.** Récompense décernée par un jury dans divers domaines : *L'oscar de la publicité.*

oscillateur [ɔsilatœʀ] n.m. (de *osciller*). **- 1.** Appareil produisant des courants électriques alternatifs périodiques de fréquence déterminée. **- 2.** PHYS. Système, mécanique ou électrique, siège d'un phénomène périodique.

oscillation [ɔsilasjɔ̃] n.f. **- 1.** PHYS. Phénomène caractérisé par une ou plusieurs grandeurs qui oscillent. **- 2.** Mouvement de va-et-vient : *Les oscillations du pendule.* **- 3.** Succession des courants de charge et de décharge qui circulent dans un circuit électrique. **- 4.** Changement alternatif et irrégulier : *Les oscillations de l'opinion* (syn. fluctuation). **- 5.** Cycle complet d'un oscillateur durant une période.

oscillatoire [ɔsilatwaʀ] adj. De la nature de l'oscillation : *Mouvement oscillatoire.*

osciller [ɔsile] v.i. (lat. *oscillare* "balancer"). **- 1.** Être animé d'un mouvement alternatif et régulier : *Le pendule oscille.* **- 2.** Être animé d'un mouvement de va-et-vient quelconque qui menace l'équilibre, la régularité, etc. : *La statue oscille sur sa base.* **- 3.** Hésiter entre des attitudes contraires : *Osciller entre la fermeté et le laxisme.* **- 4.** Varier entre deux niveaux : *Les réserves de pétrole oscillent entre 30 et 75 jours.*

oscillographe [ɔsilɔɡʀaf] n.m. Appareil permettant d'observer et d'enregistrer les variations d'une grandeur physique variable en fonction du temps.

oscilloscope [ɔsilɔskɔp] n.m. Appareil servant à rendre visibles les variations temporelles d'une grandeur physique.

ose [oz] n.m. (de *glucose*). CHIM. Glucide ne comportant qu'une seule chaîne et qui contient du carbone sans ramification.

osé, e [oze] adj. **- 1.** Fait avec audace, risqué : *Tentative osée.* **- 2.** Qui choque les bienséances : *Plaisanterie osée* (syn. leste).

oseille [ozɛj] n.f. (bas lat. *acidula*, du class. *acidus* "aigre", avec infl. du lat. *oxalis* "oseille"). **- 1.** Plante potagère dont les feuilles comestibles ont un goût acide. □ Famille des polygonacées. -**2.** FAM. Argent.

oser [ɔze] v.t. (bas lat. *ausare*, du class. *audere*). -**1.** Avoir la hardiesse, le courage de : *Oser se plaindre.* -**2.** LITT. Tenter, entreprendre avec courage, avec audace : *C'est un homme à tout oser.*

oseraie [ɔzʀɛ] n.f. Lieu planté d'osiers.

osier [ɔzje] n.m. (lat. pop. *ausarium*, d'un rad. frq.). Saule à rameaux jaunes, longs et flexibles, servant à tresser des paniers, des corbeilles, à faire des liens, etc. ; ces rameaux.

osmium [ɔsmjɔm] n.m. (du gr. *osmê* "odeur"). Métal extrait du minerai de platine, fondant vers 2 700 °C. □ Symb. Os.

osmose [ɔsmoz] n.f. (gr. *ôsmos* "poussée, impulsion"). -**1.** Transfert du solvant d'une solution diluée vers une solution concentrée au travers d'une membrane dite *permsélective.* -**2.** Influence réciproque, interpénétration : *Osmose entre deux civilisations voisines.*

osque [ɔsk] n.m. (lat. *osci*). Langue morte du groupe italique, proche de l'ombrien, et qui a influencé le latin.

ossature [ɔsatyʀ] n.f. (de *os*). -**1.** Ensemble des os d'un homme ou d'un animal : *Avoir une forte ossature* (syn. charpente, squelette). -**2.** Squelette, charpente qui soutient un ensemble ou lui donne sa rigidité : *Ossature d'un immeuble.* -**3.** Structure, plan, canevas : *L'ossature d'un drame.*

osselet [ɔslɛ] n.m. -**1.** Petit os. -**2.** Petit os du pied de mouton ou sa reproduction en matières diverses (ivoire, métal, plastique), dont les enfants se servent pour un jeu d'adresse. -**3.** Osselet de l'oreille, élément squelettique de l'oreille moyenne des vertébrés tétrapodes, transmettant les vibrations sonores. □ Chez les mammifères, il existe trois osselets : le marteau, l'enclume et l'étrier.

ossements [ɔsmã] n.m. pl. (lat. ecclés. *ossamentum*). Os décharnés d'hommes ou d'animaux morts.

osseux, euse [ɔsø, -øz] adj. -**1.** Qui a des os : *Les poissons osseux et cartilagineux.* -**2.** Dont les os sont saillants : *Main osseuse.* -**3.** ANAT. Relatif aux os : *Système osseux.* -**4.** Tissu osseux, tissu organique constituant la partie dure des os.

ossification [ɔsifikasjɔ̃] n.f. -**1.** PHYSIOL. Conversion en os des parties membraneuses et cartilagineuses. -**2.** Point d'ossification, zone où débute l'ossification d'un os long.

s'ossifier [ɔsifje] v.pr. [conj. 9]. Se transformer en os : *Le cartilage s'est ossifié.*

osso-buco [ɔsobuko] n.m. inv. (mot it. "os [à] trou"). Jarret de veau servi avec l'os à moelle.

ossu, e [ɔsy] adj. LITT. Qui a de gros os.

ossuaire [ɔsɥɛʀ] n.m. (lat. *ossuarium* "urne funéraire"). Bâtiment ou excavation où l'on entasse des ossements humains, près d'un champ de bataille, d'un cimetière, etc.

ostensible [ɔstãsibl] adj. (lat. *ostensus*, de *ostendere* "montrer"). Que l'on ne cache pas, qui est fait avec l'intention d'être vu : *Rire de façon ostensible* (syn. visible).

ostensiblement [ɔstãsiblemã] adv. De façon ostensible : *Porter un insigne ostensiblement.*

ostensoir [ɔstãswaʀ] n.m. (du lat. *ostensus* "montré"). Pièce d'orfèvrerie dans laquelle on expose à l'autel l'hostie consacrée.

ostentation [ɔstãtasjɔ̃] n.f. (lat. *ostentatio*, de *ostendere* "montrer"). -**1.** Affectation qu'on apporte à faire qqch ; attitude de qqn qui cherche à se faire remarquer. -**2.** Étalage indiscret d'un avantage ou d'une qualité.

ostentatoire [ɔstãtatwaʀ] adj. Qui manifeste de l'ostentation, affecté : *Un luxe ostentatoire* (contr. discret).

ostéomyélite [ɔsteɔmjelit] n.f. Inflammation des os et de la moelle osseuse, due au staphylocoque.

ostéopathie [ɔsteɔpati] n.f. (angl. *osteopathy*, de *pathy* "méthode thérapeutique"). MÉD. Pratique thérapeutique consistant à traiter les états pathologiques par des manipulations rachidiennes et articulaires. ◆ **ostéopathe** n. Nom du spécialiste.

ostéoporose [ɔsteɔpɔʀoz] n.f. (de *ostéo-*, et du gr. *poros* "passage"). MÉD. Fragilité des os due à une raréfaction et à un amincissement des travées osseuses.

ostracisme [ɔstʀasism] n.m. (gr. *ostrakismos*, de *ostrakon* "coquille" [les citoyens écrivaient leur suffrage sur une coquille]). -**1.** ANTIQ. GR. Procédure en usage à Athènes, permettant aux membres de l'assemblée des citoyens de bannir pour dix ans un homme politique dont ils redoutaient la puissance ou l'ambition. -**2.** Action d'exclure qqn d'un groupe, d'un parti, de le tenir à l'écart : *Être frappé d'ostracisme.*

ostréicole [ɔstʀeikɔl] adj. Relatif à l'ostréiculture : *Parc ostréicole* (= où l'on élève des huîtres).

ostréiculture [ɔstʀeikyltyʀ] n.f. (du lat. *ostrea* "huître"). Élevage des huîtres. ◆ **ostréiculteur, trice** n. Nom de l'éleveur.

otage [ɔtaʒ] n.m. (de *oste*, forme anc. de *hôte* [les otages séjournaient dans la demeure du souverain qui les tenait captifs]). -**1.** Personne prise ou livrée comme garantie de l'exécution de certaines conventions militaires ou politiques. -**2.** Personne dont on s'empare et qu'on utilise comme moyen de pression contre qqn, un État, pour l'amener à céder à des exigences.

otarie [ɔtaʀi] n.f. (gr. *ôtarion* "petite oreille"). Mammifère voisin du phoque, dont il se distingue par la présence de pavillons aux oreilles et par des membres plus longs permettant un déplacement plus aisé sur terre. □ Les otaries vivent sur les côtes du Pacifique, où on les chasse pour leur peau appelée *loutre de mer*.

ôté [ote] prép. LITT. En ôtant : *Ouvrage excellent, ôté deux ou trois chapitres* (syn. excepté).

ôter [ote] v.t. (lat. *obstare* "faire obstacle", puis "enlever"). - **1.** Tirer qqn, qqch de l'endroit où ils sont : *Ôter un objet de la table.* - **2.** Se débarrasser de : *Ôter son manteau* (syn. enlever ; contr. garder, mettre). - **3.** Retrancher d'une autre chose : *Ôter deux de quatre* (syn. soustraire). - **4.** Retirer : *Ôtez-lui cette idée de l'esprit. Cette maladie lui a ôté toute son énergie* (syn. enlever). ◆ **s'ôter** v.pr. FAM. Se retirer de quelque part, s'en écarter : *Ôte-toi de là.*

otite [ɔtit] n.f. (du gr. *oûs, ôtos* "oreille"). Inflammation de l'oreille.

oto-rhino-laryngologie [ɔtɔʀinɔlaʀɛ̃gɔlɔʒi] n.f. Partie de la médecine qui s'occupe des maladies des oreilles, du nez et de la gorge (abrév. O.R.L.). ◆ **oto-rhino-laryngologiste** et **oto-rhino** n. (pl. *oto-rhino-laryngologistes* et *oto-rhinos*). Nom du spécialiste (abrév. O.R.L.).

otoscope [ɔtɔskɔp] n.m. (du gr. *oûs, ôtos* "oreille", et de *-scope*). Instrument au moyen duquel on examine le conduit auditif.

ottoman, e [ɔtɔmã, -an] adj. et n. (de *Othman*, fondateur d'une dynastie turque). Relatif à l'Empire ottoman, à ses sujets : *La dynastie ottomane.*

ou [u] conj. coord. (lat. *aut*). - **1.** Marque une alternative (parfois renforcé par *bien*) : *Rouge ou noir. Préfères-tu rester ici, ou bien sortir ?* - **2.** Introduit une équivalence, une formulation différente : *Lutèce ou l'ancien Paris.* ‖ Ou... ou, précède les termes d'une alternative : *Il faut ou s'en passer, ou retourner le chercher.*

où [u] adv. interr. (lat. *ubi*). - **1.** Interroge sur le lieu, la direction, le but : *Où courez-vous ? Je ne sais pas où cela me mènera.* - **2.** D'où, de quel endroit : *Dis-moi d'où tu viens.* ‖ D'où vient que, qu'est-ce qui explique que : *D'où vient que tu es toujours en retard ?* ‖ Par où, par quel endroit : *Par où compte-t-elle passer ?* ◆ adv. relat. - **1.** Marque le lieu ou le temps : *La ville où j'habite. Le pays d'où je viens. Le jour où je l'ai rencontré.* - **2.** D'où, marque une conséquence : *D'où je conclus que...* (= je conclus de ce qui précède que...). ‖ Là où, au lieu dans lequel : *Il est toujours là où on ne l'attend pas.*

◆ **où que** loc. relat. indéf. Suivi du subj., introduit une proposition relative à nuance concessive : *Où que tu ailles, je te retrouverai.*

ouaille [waj] n.f. (anc. fr. *oeille*, bas lat. *ovicula*, dimin. du class. *ovis* "brebis"). LITT. ou PAR PLAIS. (Surtout au pl.). Fidèle, par rapport au pasteur spirituel : *Curé et ses ouailles.*

ouais [wɛ] adv. (altér. de *oui*). FAM. - **1.** Exprime le doute, la raillerie : *Ouais ! Tu ne me feras pas avaler ça.* - **2.** Oui.

ouate [wat] n.f. (it. *ovatta*, de l'ar. *bata'in*). - **1.** Laine, soie, filasse, coton, préparés soit pour être placés sous la doublure des objets de literie ou de vêtements, soit pour servir à des pansements. **Rem.** On dit indifféremment *de la ouate* ou *de l'ouate*. - **2.** Ouate de cellulose, matière absorbante constituée par la superposition de minces couches de cellulose. ‖ Ouate hydrophile, ouate purifiée par lavages dans de l'eau alcaline.

ouaté, e [wate] adj. Qui donne une impression de douceur ou de confort douillet : *Une atmosphère ouatée.*

ouater [wate] v.t. Garnir, doubler d'ouate un tissu.

oubli [ubli] n.m. (de *oublier*). - **1.** Fait d'oublier, de perdre le souvenir de qqn, de qqch : *L'oubli d'un détail important. Un écrivain tombé dans l'oubli.* - **2.** Manquement aux règles, à des habitudes : *L'oubli des convenances* (contr. respect). - **3.** Défaillance de la mémoire, de l'attention : *Un oubli involontaire. Réparer un oubli* (syn. étourderie).

oublier [ublije] v.t. (lat. pop. *oblitare*, du class. *oblitus*, p. passé de *oblivisci*) [conj. 10]. - **1.** Ne plus savoir qqch, être incapable de se le remémorer : *Oublier une date. Elle oublie tout ce qu'on lui dit.* - **2.** Ne pas se souvenir de qqch par un défaut d'attention : *J'avais oublié qu'il devait venir. Oublier un anniversaire* (syn. négliger). - **3.** Laisser qqch quelque part, ne pas le prendre par manque d'attention : *Oublier ses gants.* - **4.** Ne plus se préoccuper de qqch : *Oublier ses soucis.* - **5.** Ne plus s'occuper de qqn : *Oublier ses amis* (syn. délaisser). - **6.** Ne pas tenir compte de qqch, n'en faire aucun cas, et, en partic., manquer à une obligation : *Oublier les règles de la politesse* (syn. enfreindre, manquer à). - **7.** Pardonner : *Oublier une injure.* ◆ **s'oublier** v.pr. - **1.** Disparaître de la mémoire : *Tout cela s'oubliera vite.* - **2.** Faire abnégation de soi, ne plus penser à ses intérêts. - **3.** Manquer aux convenances. - **4.** FAM. Faire ses besoins mal à propos : *Le chien s'est oublié sur le tapis.* - **5.** Ne pas s'oublier, être très attentif à son intérêt propre : *Il ne s'est pas oublié dans le partage !* ‖ S'oublier à, se relâcher au point de : *S'oublier à dire un gros mot.*

oubliette [ublijɛt] n.f. (de *oublier*). - **1.** (Surtout au pl.). Cachot où l'on enfermait ceux qui étaient condamnés à la prison perpétuelle : *Jeter qqn aux oubliettes.* □ L'usage de ce cachot et, surtout, de cette fosse, est largement mythique. - **2.** Endroit où l'on relègue qqch, qqn que l'on veut oublier : *Le projet est tombé dans les oubliettes.*

oublieux, euse [ublijø, -øz] adj. LITT. - **1.** Qui ne garde pas le souvenir de qqch, de qqn, ou qui ne s'en préoccupe pas : *Être oublieux des bienséances.* - **2.** Qui est sujet à oublier, en partic. les bienfaits reçus.

oued [wɛd] n.m. (mot ar. "cours d'eau"). - **1.** Rivière, en Afrique du Nord. - **2.** Cours d'eau, le plus souvent intermittent, des régions sèches.

ouest [wɛst] n.m. inv. (angl. *west*). - **1.** L'un des quatre points cardinaux, situé du côté où le soleil se couche : *Se diriger vers l'ouest* (syn. litt. occident, couchant). - **2.** (Avec une majuscule). Partie d'un territoire située vers ce point : *L'Ouest américain.* - **3.** (Avec une majuscule). Ensemble des États du pacte de l'Atlantique. ◆ adj. inv. Situé à l'ouest : *La rive ouest d'un fleuve* (syn. occidental).

ouf [uf] interj. (onomat.). - **1.** Exprime le soulagement après une épreuve pénible ou désagréable, un effort : *Ouf ! Voilà une bonne chose de faite !* - **2.** Ne pas laisser à qqn le temps de dire ouf, de faire ouf, ne pas lui laisser le temps de souffler, de respirer, de dire le moindre mot.

oui [wi] adv. (de *oïl*, de l'anc. fr. *o*, lat. *hoc* "cela", et du pron. pers. *il*). - **1.** Marque une réponse positive, une approbation : *Venez-vous ? - Oui.* - **2.** Équivaut à une proposition affirmative : *Il ne le pense pas, mais moi oui.* - **3.** Renforce une interrogation, une exclamation, une indignation : *Tu te décides, oui ?* - **4.** Ne dire ni oui ni non, ne pas se prononcer : être hésitant. ‖ Oui et non, indique une réponse dubitative : *Êtes-vous content de vos affaires ? - Oui et non.* ◆ n.m. inv. - **1.** Réponse positive : *Tout se résout par des oui ou par des non.* - **2.** Pour un oui, pour un non, à tout bout de champ, sans motif sérieux. **Rem.** L'élision de *que* devant *oui* adv. est facultative ; *oui* n.m. ne provoque pas celle de *le* et *de.*

ouï-dire [widiʀ] n.m. inv. (de *ouï*, p. passé de *ouïr*, et *dire*). - **1.** Ce qu'on sait par la rumeur publique : *Cette histoire n'est fondée que sur des ouï-dire.* - **2.** Par ouï-dire, pour l'avoir entendu dire : *Je n'ai su la nouvelle que par ouï-dire.*

ouïe [wi] n.f. (de *ouïr*). - **1.** Sens par lequel sont perçus les sons : *Les chiens ont l'ouïe fine* (= ils entendent très bien). [→ audition et oreille.] - **2.** Chez les poissons, chacune des deux fentes de rejet de l'eau respiratoire, situées sous le rebord postérieur des opercules ; chacun de ces opercules eux-mêmes.

- **3.** Chacune des ouvertures en forme d'S pratiquées dans la table d'harmonie de certains instruments à cordes (violon, violoncelle, etc.) [syn. esse]. - **4.** FAM. Être tout ouïe, être prêt à écouter attentivement qqn ou qqch : *Il est tout ouïe devant elle.*

ouille [uj] interj. (onomat.). Exprime la douleur, la surprise, la contrariété : *Ouille, je me suis brûlée !*

ouïr [wiʀ] v.t. (lat. *audire* "entendre") [conj. 51]. Entendre, percevoir les sons par l'oreille : *J'ai ouï dire qu'il allait se marier.* **Rem.** Auj., n'est usité qu'à l'inf. prés., au p. passé *ouï, e* et aux temps composés.

ouistiti [wistiti] n.m. (d'un mot amérindien, probabl. d'orig. onomat.). Petit singe arboricole d'Amérique tropicale, à queue touffue et aux fortes griffes. □ Famille des hapalidés ; haut. 20 cm env.

oukase ou **ukase** [ukaz] n.m. (du russe *oukazat* "publier"). - **1.** Édit du tsar, en Russie. - **2.** Décret rendu par l'État, en Union soviétique. - **3.** LITT. Décision autoritaire et arbitraire : *Les oukases du directeur.*

ouléma n.m. → **uléma.**

ouolof ou **wolof** [wɔlɔf] n.m. Langue nigéro-congolaise parlée au Sénégal et en Gambie.

ouragan [uʀagɑ̃] n.m. (esp. *huracán* "tornade", d'une langue des Antilles). - **1.** Tempête très violente, où la vitesse du vent dépasse 120 km à l'heure. - **2.** Déchaînement impétueux, explosion de sentiments, de passions : *Cette mesure a déclenché un ouragan de protestations* (syn. tempête).

ouralien, enne [uʀaljɛ̃, -ɛn] adj. - **1.** De l'Oural. - **2.** Langues ouraliennes, famille de langues réunissant le finno-ougrien et le samoyède (on dit aussi *l'ouralien*).

ouralo-altaïque [uʀalɔaltaik] adj. LING. Se dit d'un vaste ensemble qui réunirait les langues ouraliennes et altaïques.

ourdir [uʀdiʀ] v.t. (lat. pop. *ordire*, class. *ordiri*) [conj. 32]. - **1.** Préparer la chaîne sur l'ourdissoir, pour la monter ensuite sur le métier à tisser. - **2.** LITT. Disposer les éléments d'un complot, d'une machination, plus ou moins secrètement ; tramer, machiner.

ourdissage [uʀdisaʒ] n.m. Action d'ourdir.

ourdissoir [uʀdiswaʀ] n.m. Machine servant à étaler en nappe et à tendre les fils de la chaîne.

ourdou ou **urdu** [uʀdu] n.m. Langue indo-aryenne parlée en Inde du Nord et au Pakistan où c'est la langue officielle. □ Il s'agit en fait de la même langue que le hindi mais écrite en alphabet arabo-persan.

ourler [uʀle] v.t. (lat. pop. *orulare*, du class. *ora* "bord"). Faire un ourlet à : *Ourler une jupe.*

ourlet [urlɛ] n.m. (dimin. de *orle* "bord"). Repli cousu au bord d'une étoffe : *Faire un ourlet à un pantalon.*

ours [urs] n.m. (lat. *ursus*). - **1.** Mammifère carnivore, plantigrade, au corps lourd et massif. □ Famille des ursidés. L'ours grogne, gronde. - **2.** FAM. Personne qui fuit le monde : *Un vieil ours solitaire.* - **3.** Jouet d'enfant en peluche ayant l'apparence d'un ourson. - **4.** Ours blanc, ours des régions arctiques, qui mène une vie aquatique et se nourrit surtout de poissons. □ Son poids atteint 600 kg et sa hauteur, dressé, 2,70 m. ‖ Ours brun, ours qui vit en solitaire dans les forêts montagneuses d'Europe et d'Asie, et qui se nourrit notamm. de fruits et de miel.

ourse [urs] n.f. (lat. *ursa*). Ours femelle.

oursin [ursɛ̃] n.m. (de *ours*). Animal marin à carapace calcaire, couvert de piquants mobiles, et dont les glandes reproductrices sont comestibles. □ Embranchement des échinodermes. Noms usuels : *châtaigne de mer, hérisson de mer.*

ourson [ursɔ̃] n.m. Petit d'un ours.

oust ou **ouste** [ust] interj. (onomat.). FAM. S'emploie pour chasser qqn ou pour l'obliger à se hâter : *Allez, ouste !*

outarde [utard] n.f. (lat. pop. *austarda*, contraction de *avis tarda* "oiseau lent"). Oiseau échassier au corps lourd, recherché pour sa chair savoureuse.

outil [uti] n.m. (lat. *utensilia* "ustensiles", de *uti* "se servir de"). - **1.** Objet fabriqué, utilisé manuellement ou sur une machine pour réaliser une opération déterminée : *Une boîte à outils. Outils de jardinage* (syn. instrument, ustensile). - **2.** Moyen utile à une activité ; instrument : *Les statistiques sont un outil indispensable à une bonne gestion.*

outillage [utijaʒ] n.m. Ensemble des outils nécessaires à une profession ou à un travail : *L'outillage du parfait bricoleur* (syn. équipement).

outillé, e [utije] adj. Qui a les outils nécessaires à un travail : *Je suis mal outillé pour réparer cette voiture.*

outiller [utije] v.t. Munir des outils, des instruments nécessaires pour faire qqch ; équiper en machines un atelier, une usine.

outrage [utraʒ] n.m. (de *2. outre*). - **1.** Grave offense, atteinte à l'honneur, à la dignité de qqn : *Venger un outrage* (syn. affront, injure). - **2.** Action ou parole contraire à une règle, à un principe : *Cette gifle est un outrage à sa fierté* (syn. atteinte). - **3.** DR. Parole, geste, menace, etc., par lesquels un individu exprime sciemment son mépris à un dépositaire de l'autorité ou de la force publique, et qui constituent une infraction : *Outrage à agent.*

- **4.** LITT. Faire subir les derniers outrages à une femme, la violer. ‖ DR. Outrage aux bonnes mœurs, délit consistant à porter atteinte à la moralité publique par écrits, dessins, photographies ou paroles. ‖ DR. Outrage public à la pudeur, délit consistant en un geste contraire à la décence, perçu ou susceptible d'être perçu par des tiers (syn. attentat).

outrageant, e [utraʒɑ̃, -ɑ̃t] adj. Qui outrage : *Il tient des propos outrageants* (syn. insultant).

outrager [utraʒe] v.t. [conj. 17]. Offenser vivement : *Outrager un fonctionnaire* (syn. insulter).

outrageusement [utraʒøzmɑ̃] adv. De façon excessive : *Elle est outrageusement maquillée* (syn. excessivement).

outrance [utrɑ̃s] n.f. (de *2. outre*). - **1.** Caractère de ce qui est outré : *L'outrance d'un propos.* - **2.** Action ou parole qui passe les bornes, la mesure : *Les outrances de sa conduite ont choqué* (syn. excès).

outrancier, ère [utrɑ̃sje, -ɛr] adj. Qui pousse les choses à l'excès : *Une caricature outrancière* (syn. excessif).

1. outre [utr] n.f. (lat. *uter, utris* "ventre"). - **1.** Peau de bouc cousue en forme de sac, pour conserver et transporter des liquides. - **2.** FAM. Être gonflé, plein comme une outre, être gavé de nourriture ou avoir trop bu.

2. outre [utr] prép. (lat. *ultra*). - **1.** En plus de : *Apporter, outre les témoignages, des preuves écrites.* - **2.** S'emploie en composition avec des noms géographiques pour indiquer ce qui est situé au-delà : *Outre-Atlantique.* - **3.** Outre mesure, à l'excès : *Boire outre mesure.* ◆ adv. En outre, de plus : *Être payé et, en outre, logé et nourri.* ‖ Passer outre, ne pas tenir compte de qqch, d'une interruption, d'un avis : *Ils m'ont menacé mais j'ai décidé de passer outre.* ◆ **outre que** loc. conj. En plus du fait que : *Outre qu'ils vivent à six dans trois pièces, ils ont deux chiens.*

outré, e [utre] adj. (p. passé de *outrer*). - **1.** Qui est poussé à l'extrême : *Parole outrée* (syn. exagéré). - **2.** Qui manifeste de l'indignation ; qui est scandalisé : *Je suis outré de tant d'impertinence.*

outre-Atlantique [utratlɑ̃tik] adv. De l'autre côté de l'Atlantique ; en Amérique du Nord, et en partic. aux États-Unis : *Elle voyage souvent outre-Atlantique.*

outrecuidance [utrəkɥidɑ̃s] n.f. (de l'anc. fr. *outrecuider*, de *2. outre* et *cuider* "penser"). - **1.** LITT. Confiance excessive en soi-même : *Parler de son outrecuidance* (syn. suffisance, fatuité). - **2.** Acte désinvolte, impudent : *Répondre avec outrecuidance* (syn. arrogance). *Quelle outrecuidance !* (syn. présomption).

outrecuidant, e [utʀəkɥidɑ̃, -ɑ̃t] adj. Qui manifeste de l'outrecuidance : *Un jeune homme outrecuidant* (syn. présomptueux).

outre-Manche [utʀəmɑ̃ʃ] adv. Au-delà de la Manche, par rapport à la France ; en Grande-Bretagne.

outremer [utʀəmɛʀ] n.m. (de *outre-mer*). Lapis-lazuli. ◆ adj. inv. et n.m. D'un bleu intense.

outre-mer [utʀəmɛʀ] adv. Au-delà des mers par rapport à la France : *Aller s'établir outre-mer.*

outrepasser [utʀəpase] v.t. Aller au-delà de ce qui est permis, de ce qui est légal : *Outrepasser ses pouvoirs.*

outrer [utʀe] v.t. (de *outre*). - **1.** Porter qqch au-delà de la juste raison, lui donner une importance ou une expression exagérée, excessive : *Outrer la vérité. Il a outré certains détails* (syn. exagérer). - **2.** Pousser à bout, provoquer l'indignation de : *Vos paroles l'ont outré* (syn. indigner).

outre-Rhin [utʀəʀɛ̃] adv. Au-delà du Rhin ; en Allemagne.

d'outre-tombe [utʀətɔ̃b] loc. adj. inv. Au-delà de la tombe : *« Les Mémoires d'outre-tombe » de Chateaubriand.*

outsider [autsajdœʀ] n.m. (mot angl. "celui qui est en dehors"). Concurrent dont les chances de remporter une compétition sont réduites, mais non négligeables (par opp. à *favori*).

ouvert, e [uvɛʀ, -ɛʀt] adj. (p. passé de *ouvrir*). - **1.** Qui laisse un passage, où l'on peut entrer : *Porte, fenêtre ouverte* (contr. fermé). - **2.** Qui est en communication avec l'extérieur : *Un pays ouvert à l'importation.* - **3.** Qui est accueillant, accessible : *Milieu ouvert. Être ouvert aux idées nouvelles* (syn. réceptif). *Il est ouvert à la pitié* (syn. vulnérable ; contr. sourd, fermé). - **4.** Qui se confie, franc : *Caractère ouvert* (syn. confiant). - **5.** Qui exprime la franchise : *Visage ouvert* (syn. franc). - **6.** Intelligent, vif : *Esprit ouvert.* - **7.** Déclaré, qui se manifeste publiquement : *Guerre ouverte.* - **8.** SPORTS. JEUX. Dont le résultat est incertain, en raison de la valeur sensiblement égale des adversaires, des concurrents : *Compétition très ouverte.* - **9.** PHON. Se dit d'une voyelle prononcée avec une ouverture plus ou moins grande du canal vocal (par opp. à *fermé*) : *è ouvert* [ɛ] *dans* père. ‖ **Syllabe ouverte,** terminée par une voyelle. ‖ **Tenir ouverte,** recevoir journellement à sa table des invités. ‖ DR. **Milieu ouvert,** régime pénitentiaire caractérisé par l'absence de précautions matérielles et physiques contre l'évasion, en fonction de la personnalité du délinquant. ‖ MATH. **Intervalle ouvert** (d'un

ensemble ordonné), intervalle ne contenant pas ses extrémités.

ouvertement [uvɛʀtəmɑ̃] adv. De façon ouverte, manifeste : *Parler ouvertement* (syn. franchement). *Elle a pris position ouvertement dans le débat* (syn. publiquement).

ouverture [uvɛʀtyʀ] n.f. (lat. pop. *°opertura,* class. *apertura*). - **1.** Action d'ouvrir ; état de ce qui est ouvert : *L'ouverture d'un coffre* (contr. fermeture). - **2.** Fente, trou, espace vide dans un corps : *Faire une ouverture dans un mur* (syn. brèche). - **3.** Action d'inaugurer, de commencer : *Ouverture de la chasse.* - **4.** Dans certains jeux, début d'une partie. - **4.** MUS. Composition instrumentale au début d'un opéra, d'un oratorio, d'une grande œuvre, que l'on trouve, notamm. au XVIIIe s., sous la forme sonate. - **5.** DR. Point de départ d'une situation juridique ou d'un droit. - **6.** SPORTS. En rugby, à la sortie d'une mêlée, action d'adresser le ballon aux trois-quarts, génér. par l'intermédiaire du *demi d'ouverture.* - **7.** Fait d'être ouvert : *L'ouverture des magasins* (contr. fermeture). - **8.** Écartement, espacement : *Ouverture de compas.* - **9.** MIN. Dimension du chantier ou de la galerie creusés dans un gisement. - **10.** OPT. Surface utile, exposée aux rayons lumineux d'un système optique. - **11.** Fait d'être ouvert, réceptif : *Ouverture d'esprit.* - **12.** Possibilité de communiquer avec l'extérieur : *Ouverture sur le monde.* - **13.** Attitude politique visant à des rapprochements avec d'autres ; élargissement des alliances : *Pratiquer une politique d'ouverture.* - **14.** PHOT. **Ouverture relative d'un objectif,** rapport du diamètre du diaphragme à la distance focale. ◆ **ouvertures** n.f. pl. En politique, premières propositions, premières négociations : *Ouvertures de paix.*

ouvrable [uvʀabl] adj. (de *ouvrer*). - **1.** Qui peut être travaillé, ouvré : *Matière ouvrable.* - **2.** **Jour ouvrable,** jour consacré normalement au travail.

ouvrage [uvʀaʒ] n.m. (de *œuvre*). - **1.** Action de travailler : *Se mettre à l'ouvrage* (syn. travail, tâche). *Avoir de l'ouvrage* (= avoir du travail). *Avoir du cœur à l'ouvrage* (= travailler avec entrain). - **2.** Objet produit par le travail, notamm. celui d'un ouvrier, d'un artiste : *Un ouvrage de menuiserie, de sculpture.* - **3.** Travail d'aiguille ou de tricot. - **4.** Texte scientifique ou littéraire : *Publier un ouvrage* (syn. livre). - **5.** Partie d'un haut fourneau au-dessus du creuset, dans laquelle débouchent les tuyères à vent. - **6.** MIL. Élément autonome d'une fortification capable de résister même après encerclement. - **7.** **Ouvrage d'art,** construction de grande importance (pont, tunnel, etc.) entraînée par l'établissement d'une ligne de communication. ◆ n.f. FAM. De la belle ouvrage, du beau travail (souvent par plais.).

ouvragé, e [uvraʒe] adj. (de *ouvrage*). Finement travaillé, décoré : *Un coffret ouvragé.*

ouvrant, e [uvrɑ̃, -ɑ̃t] adj. Conçu de manière à pouvoir être ouvert : *Toit ouvrant d'une automobile.*

ouvré, e [uvre] adj. (de *ouvrer*). - **1.** Façonné : *Fer ouvré.* - **2.** Travaillé, décoré avec soin : *Lingerie ouvrée.* - **3.** Jour ouvré, jour où l'on travaille.

ouvre-boîte ou **ouvre-boîtes** [uvrəbwat] n.m. (pl. *ouvre-boîtes*). Instrument coupant, manuel ou électrique, pour ouvrir les boîtes de conserves.

ouvre-bouteille ou **ouvre-bouteilles** [uvrəbutɛj] n.m. (pl. *ouvre-bouteilles*). Ustensile servant à ouvrir les bouteilles (syn. décapsuleur).

ouvrer [uvre] v.t. (lat. *operari*). TECHN. Façonner, travailler, orner : *Ouvrer du bois, de la lingerie.*

ouvreur, euse [uvrœr, -øz] n. - **1.** Celui, celle qui ouvre, qui sait ouvrir : *Ouvreur d'huîtres.* - **2.** Au bridge, joueur qui commence les enchères. - **3.** Skieur qui ouvre la piste lors d'une compétition de ski. - **4.** Personne chargée de placer les spectateurs dans un théâtre, un cinéma.

ouvrier, ère [uvrije, -ɛr] n. (lat. *operariusi* de *operari* "travailler"). - **1.** Personne salariée ayant une fonction de production et qui se livre à un travail manuel pour le compte d'un employeur. - **2.** LITT. Agent de qqch : *Être l'ouvrier de son destin* (syn. artisan). - **3.** Ouvrier à façon, à qui l'on fournit la matière à mettre en œuvre pour un prix forfaitaire. ‖ Ouvrier spécialisé (O. S.), dont le travail ne demande aucun diplôme mais une simple mise au courant, par opp. à *ouvrier professionnel (O.P.),* ou *ouvrier qualifié,* dont l'apprentissage a été sanctionné au minimum par un certificat d'aptitude professionnelle. ◆ adj. Qui concerne les ouvriers ; qui est composé, constitué d'ouvriers : *Elle habite une cité ouvrière* (= destinée au logement des ouvriers). *Le monde ouvrier* (= les ouvriers). ◆ **ouvrière** n.f. Chez les insectes sociaux (abeilles, fourmis, termites), individu stérile assurant la nutrition, la construction du nid, les soins aux larves, la défense de la colonie.

ouvriérisme [uvrijerism] n.m. - **1.** Tendance, au sein d'un groupe politique ou syndical, à donner la priorité aux revendications ouvrières. - **2.** Idée selon laquelle la classe ouvrière serait, par sa morale et sa culture, supérieure aux autres classes. ◆ **ouvriériste** adj. et n. Qui relève de l'ouvriérisme.

ouvrir [uvrir] v.t. (lat. pop. *°operire,* class. *aperire*) [conj. 34]. - **1.** Dégager ce qui est fermé, déplacer ce qui empêche une communication avec l'extérieur pour ménager un accès : *Ouvrir une armoire* (contr. fermer). *Ouvrir une bouteille* (syn. déboucher). *Ouvrir un paquet* (syn. déballer). *Ouvrir une lettre* (syn. décacheter). *On a ouvert une large avenue dans le quartier* (syn. percer). - **2.** (Absol.). Ouvrir la porte : *On sonne, va ouvrir.* - **3.** Rendre possible l'accès à ; faire communiquer avec l'extérieur : *Ouvrir un port.* - **4.** Faire fonctionner, mettre en marche : *Ouvrir la radio* (syn. allumer, brancher). - **5.** Percer, entamer qqch de solide : *La masse, en tombant, lui a ouvert le crâne.* - **6.** Commencer, inaugurer : *Ouvrir la chasse, le bal, la pêche.* - **7.** Créer, faire fonctionner pour la première fois : *Ouvrir une école* (syn. fonder). - **8.** T. FAM. L'ouvrir, ouvrir la bouche, parler : *Je peux à peine l'ouvrir pour donner mon avis.* ‖ Ouvrir la marque, le score, marquer le premier but. ‖ Ouvrir l'appétit, donner de l'appétit : *Cette petite promenade m'a ouvert l'appétit.* ‖ Ouvrir l'esprit de qqn, le rendre plus capable de comprendre. ‖ Ouvrir un compte, le faire établir. ‖ Ouvrir une piste de ski, y faire la première trace pour s'assurer de son état ou pour établir un temps de référence avant une compétition. ◆ v.i. - **1.** Donner accès à un lieu : *Porte qui ouvre sur le jardin.* - **2.** Ouvrir ses portes : *Le magasin ouvre demain.* - **3.** JEUX. Commencer la partie, la mise, les enchères : *C'est à toi d'ouvrir.* - **4.** SPORTS. Au rugby, pratiquer une ouverture. ◆ **s'ouvrir** v.pr. - **1.** Présenter une ouverture, un passage : *Fenêtre qui s'ouvre mal. Pays qui s'ouvre au commerce.* - **2.** Se couper : *S'ouvrir la lèvre.* - **3.** Commencer : *La fête s'ouvrit sur un discours.* - **4.** S'épanouir, en parlant d'une fleur. - **5.** S'ouvrir à qqn, se confier à lui.

ouzo [uzo] n.m. (mot gr.). Boisson alcoolisée d'origine grecque, qui se boit pure ou étendue d'eau.

ovaire [ɔvɛr] n.m. (lat. scientif. *ovarium,* de *ovum* "œuf"). - **1.** Glande génitale femelle paire, où se forment les ovules et qui produit des hormones (œstrogènes, progestérone). - **2.** BOT. Partie renflée et creuse du pistil, qui contient les ovules et formera le fruit après la fécondation.

ovale [ɔval] adj. (du lat. *ovum* "œuf"). - **1.** Qui a la forme d'œuf : *Un vase ovale.* - **2.** Le ballon ovale, le rugby (par opp. à *ballon rond,* le football). - **3.** MATH. Se dit de toute courbe plane, fermée, convexe et allongée, ayant deux axes de symétrie comme l'ellipse. ◆ **ovale** n.m. - **1.** Figure, forme ovale : *L'ovale du visage.* - **2.** MATH. Courbe ovale.

ovarien, enne [ɔvarjɛ̃, -ɛn] adj. Relatif à l'ovaire.

ovation [ɔvasjɔ̃] n.f. (lat. *ovatio,* de *ovis* "brebis"). - **1.** Acclamations, honneurs rendus à qqn par une assemblée, par la foule. - **2.** ANTIQ. ROM. Cérémonie, accompagnée du sacrifice d'une brebis, en l'honneur d'un général victorieux, inférieure au triomphe.

ovationner [ɔvasjɔne] v.t. Saluer par une ovation : *L'orateur a été ovationné par la foule* (syn. acclamer).

overdose [ɔvœrdoz] n.f. (mot angl.). - **1.** Dose trop forte d'une drogue dure, entraînant des accidents graves ; surdose. - **2.** FAM. Dose excessive : *Overdose de musique.*

ovibos [ɔvibɔs] n.m. (du lat. *ovis* "brebis" et *bos* "bœuf"). Mammifère ruminant des régions boréales, qu'on appelle aussi *bœuf musqué.*

ovin, e [ɔvɛ̃, -in] adj. et n.m. (du lat. *ovis* "brebis"). - **1.** Relatif au mouton, à la brebis : *Élevage ovin.* - **2.** Ovins, sous-famille de bovidés de petite taille, tels que le mouton, le mouflon, etc. (anc. famille des *ovidés*).

ovipare [ɔvipar] adj. et n. (du lat. *ovum* "œuf" et de *-pare*). Qui se reproduit par des œufs pondus avant ou après fécondation, mais avant éclosion : *Une espèce ovipare.*

ovni [ɔvni] n.m. (sigle de *objet volant non identifié*). Objet (« soucoupe volante », etc.) ou phénomène fugitif observé dans l'atmosphère et dont la nature n'est pas identifiée par les témoins.

ovocyte [ɔvɔsit] n.m. (du lat. *ovum* "œuf", et de *-cyte*). BIOL. Cellule femelle des animaux, n'ayant pas encore subi les deux phases de la méiose.

ovoïde [ɔvɔid] adj. (du lat. *ovum* "œuf"). Dont la forme ressemble à celle d'un œuf : *Un crâne ovoïde.*

ovovivipare [ɔvɔvivipar] adj. et n. Se dit d'un animal qui se reproduit par œufs, mais qui les conserve dans ses voies génitales jusqu'à l'éclosion des jeunes : *La vipère est ovovivipare.*

ovulaire [ɔvylɛr] adj. Qui concerne l'ovule.

ovulation [ɔvylasjɔ̃] n.f. BIOL. Production et rejet des ovules par l'ovaire chez la femme et les animaux femelles.

ovulatoire [ɔvylatwar] adj. Relatif à l'ovulation.

ovule [ɔvyl] n.m. (du lat. *ovum* "œuf"). - **1.** BIOL. Cellule femelle destinée à être fécondée. - **2.** BOT. Petit organe contenu dans l'ovaire, qui renferme la cellule femelle, ou oosphère, et qui fournira la graine après la fécondation par le pollen. - **3.** Petit solide ovoïde contenant une matière médicamenteuse, destiné à être placé dans le vagin.

ovuler [ɔvyle] v.i. Avoir une ovulation.

oxacide [ɔksasid] n.m. CHIM. Acide contenant de l'oxygène.

oxford [ɔksfɔrd] ou [ɔksfɔr] n.m. (du n. de la ville angl.). Toile de coton très solide, à grain accentué.

oxhydrique [ɔksidrik] adj. Relatif à un mélange d'hydrogène et d'oxygène.

oxydable [ɔksidabl] adj. Qui peut être oxydé : *Un métal oxydable.*

oxydant, e [ɔksidɑ̃, -ɑ̃t] adj. et n.m. Se dit d'un corps qui a la propriété d'oxyder : *L'oxygène est un oxydant.*

oxydation [ɔksidasjɔ̃] n.f. Combinaison avec l'oxygène et, plus génér., réaction dans laquelle un atome ou un ion perd des électrons ; état de ce qui est oxydé : *L'oxydation du fer produit la rouille.*

oxyde [ɔksid] n.m. (du gr. *oxus* "acide"). CHIM. Corps résultant de la combinaison de l'oxygène avec un autre élément : *Oxyde de carbone.*

oxyder [ɔkside] v.t. - **1.** Faire passer à l'état d'oxyde : *L'air oxyde l'argent qui noircit.* - **2.** Combiner avec l'oxygène. ◆ **s'oxyder** v.pr. Passer à l'état d'oxyde.

oxydoréduction [ɔksidɔredyksjɔ̃] n.f. CHIM. Action d'un corps oxydant sur un corps réducteur. □ Les phénomènes d'oxydoréduction, qui permettent la respiration cellulaire des organismes vivants, sont assurés par des enzymes.

oxygénation [ɔksiʒenasjɔ̃] n.f. Action d'oxygéner.

oxygène [ɔksiʒɛn] n.m. (du gr. *oxus* "acide" et *gennan* "engendrer"). - **1.** Gaz incolore, inodore et sans saveur qui forme la partie de l'air nécessaire à la respiration : *Une bouteille d'oxygène.* □ Symb. O. [→ respiration.] - **2.** Air pur, non pollué : *Respirer l'oxygène à la campagne.* - **3.** Ce qui permet de progresser, ce qui redonne du dynamisme, un souffle nouveau : *Son arrivée a redonné un peu d'oxygène au service.*

oxygéné, e [ɔksiʒene] adj. - **1.** Qui contient de l'oxygène. - **2.** Eau oxygénée, solution aqueuse de dioxyde d'hydrogène. □ Symb. H_2O_2.

oxygéner [ɔksiʒene] v.t. (conj. 18). Opérer la combinaison d'un corps avec l'oxygène. ◆ **s'oxygéner** v.pr. FAM. Respirer l'air pur : *Aller s'oxygéner à la campagne.*

oxymore [ɔksimɔr] n.m. (gr. *oxumôron,* de *oxus* "pointu" et *môros* "émoussé"). RHÉT. Figure de style qui réunit deux mots en apparence contradictoires (par ex. « se faire une *douce violence* »). [On dit aussi une *alliance de mots*.]

oxyton [ɔksitɔ̃] n.m. (du gr. *oxus* "aigu" et *tonos* "ton"). PHON. Mot portant l'accent tonique sur sa syllabe finale.

oxyure [ɔksjyʀ] n.m. (du gr. *oxus* "aigu" et *oura* "queue"). Ver parasite de l'intestin de l'homme (surtout de l'enfant), dont on se débarrasse par des vermifuges. □ Classe des nématodes ; long de 0,5 à 1 cm.

oyat [ɔjat] n.m. (mot picard, d'orig. obsc.). Plante utilisée pour la fixation du sable des dunes. □ Famille des graminées.

ozone [ozon] n.m. (du gr. *ozein* "exhaler une odeur"). Corps simple gazeux, à l'odeur forte, au pouvoir très oxydant, dont la molécule (O_3) est formée de trois atomes d'oxygène. ‖ Trou d'ozone, zone de l'atmosphère terrestre où l'on observe chaque année une diminution temporaire de la concentration en ozone.

ozonosphère [ozonosfɛʀ] n.f. Couche de l'atmosphère terrestre, située entre 15 et 40 km d'altitude, qui contient la quasi-totalité de l'ozone atmosphérique.

p [pe] n.m. inv. Seizième lettre (consonne) de l'alphabet.

pacage [pakaʒ] n.m. (lat. pop. *pascuaticum*, du class. *pascuum* "pâturage"). - **1.** Lieu où l'on mène paître le bétail. - **2.** Action de faire paître le bétail : *Droit de pacage.*

pacemaker [pesmekœʀ] n.m. (mot angl. "régulateur du pas, de l'allure"). Stimulateur cardiaque.

pacha [paʃa] n.m. (mot turc). - **1.** Titre honorifique attaché à de hautes fonctions, et notamm. à celles de gouverneur de province, dans l'Empire ottoman. - **2.** FAM. Une vie de pacha, une vie sans souci, dans l'abondance.

pachto [paʃto] n.m. (mot afghan, propr. "parler"). Langue indo-européenne du groupe iranien parlée en Afghanistan, dont c'est l'une des langues officielles (syn. afghan).

pachyderme [paʃidɛʀm] n.m. (gr. *pakhudermos*, de *pakhus* "épais" et *derma* "peau"). Pachydermes, ancien ordre de mammifères (éléphant, hippopotame, rhinocéros) auj. classés parmi les ongulés.

pacificateur, trice [pasifikatœʀ, -tʀis] adj. et n. Qui vise à rétablir la paix : *Un discours pacificateur.*

pacification [pasifikasjɔ̃] n.f. Action de pacifier.

pacifier [pasifje] v.t. (du lat. *pax, pacis* "paix") [conj. 9]. - **1.** Rétablir le calme, la paix dans une région, un pays en état de guerre. - **2.** LITT. Calmer la colère, l'irritation de qqn, d'un groupe : *Pacifier les esprits* (syn. apaiser).

pacifique [pasifik] adj. (lat. *pacificus*). - **1.** Qui aspire à la paix ; qui s'efforce de l'établir : *Homme, souverain pacifique* (contr. belliqueux).
- **2.** Qui se passe dans la paix ; qui tend à la paix : *Action pacifique* (contr. guerrier).

pacifiquement [pasifikmɑ̃] adv. De façon pacifique : *La foule défile pacifiquement.*

pacifisme [pasifism] n.m. Courant de pensée préconisant la recherche de la paix internationale par la négociation, le désarmement, la non-violence. ◆ **pacifiste** adj. et n. Relatif au pacifisme ; qui en est partisan : *Mouvements pacifistes.*

pack [pak] n.m. (mot angl. "paquet"). - **1.** Emballage qui réunit plusieurs bouteilles ou pots pour en faciliter le stockage et le transport : *Un pack de bière.* - **2.** SPORTS. Ensemble des avants d'une équipe de rugby. - **3.** Dans les régions polaires, ensemble des glaces flottantes arrachées à la banquise par les courants marins et les vents.

packager ou **packageur** [pakedʒœʀ] ou [pakadʒœʀ] n.m. Sous-traitant qui se charge de la réalisation partielle ou totale d'un livre pour le compte d'un éditeur.

packaging [pakedʒiŋ] ou [pakadʒiŋ] n.m. (mot angl. "emballage"). - **1.** Technique de l'emballage et du conditionnement des produits, du point de vue de la publicité. - **2.** L'emballage lui-même. □ Recomm. off. *conditionnement.* - **3.** Activité du packager.

pacotille [pakɔtij] n.f. (esp. *pacotilla*, du rad. de *paquet*). - **1.** Marchandise de peu de valeur : *Il vend de la pacotille au marché.* - **2.** Petit lot de marchandises qu'un officier, un matelot ou un passager d'un navire avait le droit d'embarquer pour commercer pour son propre compte. - **3.** De pacotille, de qualité médiocre : *Bijou de pacotille.*

pacte [pakt] n.m. (lat. *pactum*, de *pax, pacis* "paix"). Accord solennel entre États ou entre particuliers : *Conclure un pacte.*

pactiser [paktize] v.i. - **1.** S'entendre avec qqn d'une façon compromettante : *Pactiser avec l'ennemi* (syn. composer, transiger). - **2.** Avoir pour qqch une indulgence coupable : *Pactiser avec le crime.*

pactole [paktɔl] n.m. (n. d'une rivière de Lydie, qui charriait de l'or). LITT. Source de richesse.

paddock [padɔk] n.m. (mot angl. "enclos"). - **1.** Enclos dans une prairie, pour les juments poulinières et leurs poulains. - **2.** Piste circulaire où les chevaux sont promenés en main, avant une course.

paella [paɛla] ou [paelja] n.f. (mot esp. "poêle"). Plat espagnol à base de riz au safran, doré à l'huile et cuit au bouillon, garni de viande, de poissons, de crustacés, etc.

paf [paf] interj. (onomat.). Exprime le bruit d'un coup, d'une rupture brusque, d'une chute. ◆ adj. inv. FAM. Ivre.

pagaie [pagɛ] n.f. (malais *pengajoeh*). Rame courte, à pelle large, qui se manie sans être appuyée à un point fixe.

pagaille [pagaj] n.f. (mot empr. au langage des marins, orig. obsc.). - **1.** FAM. Désordre, confusion : *C'est la pagaille dans cette maison.* - **2.** En pagaille, en grande quantité : *Elle a de l'argent en pagaille.*

paganisme [paganism] n.m. (lat ecclés. *paganismus*, du class. *paganus* "paysan"). Religion des païens, culte polythéiste, pour les chrétiens, à partir du IVᵉ siècle.

pagayer [pageje] v.i. [conj. 11]. Manier une pagaie ; diriger une embarcation à l'aide d'une pagaie.

pagayeur, euse [pagejœr, -øz] n. Personne qui pagaie.

1. **page** [paʒ] n.f. (lat. *pagina*). - **1.** Chacun des deux côtés d'une feuille ou d'un feuillet de papier : *Une page blanche.* - **2.** Feuille ou feuillet : *Déchirer une page.* - **3.** Ce qui est écrit, imprimé sur la page : *Lire une page de journal.* - **4.** Passage d'une œuvre littéraire ou musicale : *Les plus belles pages de Racine, de Mozart.* - **5.** FAM. Être à la page, être au fait de l'actualité. ‖ Tourner la page, ne plus s'occuper du passé afin de recommencer sur de nouvelles bases.

2. **page** [paʒ] n.m. (du gr. *paidion*, probabl. lat. pop. *paidius*, du gr. *païs, paidos* "enfant"). Jeune noble qui était placé au service d'un seigneur.

page-écran [paʒekrɑ̃] n.f. (pl. *pages-écrans*). INFORM. Informations occupant un écran de visualisation.

pagination [paʒinasjɔ̃] n.f. Numérotation des pages d'un livre : *Une erreur de pagination.*

paginer [paʒine] v.t. (du lat. *pagina*). Numéroter les pages d'un livre, d'un registre, etc.

pagne [paɲ] n.m. (esp. *paño* "pan d'étoffe"). Morceau d'étoffe ou de matière végétale tressée, drapé autour de la taille et qui couvre le corps des hanches aux genoux.

pagode [pagɔd] n.f. (port. *pagoda*, du tamoul *pagavadam* "divinité"). - **1.** Édifice religieux bouddhique, en Extrême-Orient. - **2.** Pavillon à toitures étagées de la Chine et du Japon.

pagre [pagʀ] n.m. (gr. *phagros*). Poisson de mer voisin de la daurade, à chair estimée. □ Long. 50 cm.

pagure [pagyʀ] n.m. (gr. *pagouros* "qui a la queue en forme de corne"). Crustacé très commun sur les côtes de l'Europe occidentale (nom usuel : *bernard-l'ermite*). □ Ordre des décapodes.

pahlavi [palavi] et **pehlvi** [pɛlvi] n.m. Langue iranienne qui fut l'organe de la littérature mazdéenne.

paie [pɛ] ou **paye** [pɛj] n.f. (de *payer*). - **1.** Paiement des salaires ou des soldes : *Jour de paie.* - **2.** Salaire ou solde : *Toucher sa paie.* - **3.** Bulletin, feuille ou fiche de paie, pièce justificative récapitulant notamm. les éléments de calcul (nombre d'heures, retenues sociales, etc.) d'un salaire. ‖ FAM. Ça fait une paie, ça fait longtemps.

paiement ou **payement** [pemɑ̃] n.m. Action de payer une somme d'argent qui est due ; somme payée : *Paiement en espèces, par chèque.*

païen, enne [pajɛ̃, -ɛn] adj. et n. (lat. *paganus* "paysan"). - **1.** Adepte des cultes polythéistes de l'Antiquité, et, partic., du polythéisme gréco-latin (par opp. à *chrétien*). - **2.** Adepte d'une religion polythéiste ou fétichiste. - **3.** LITT. Impie, mécréant.

paierie [peʀi] n.f. (de *payer*). Bureau d'un trésorier-payeur.

paillard, e [pajaʀ, -aʀd] adj. et n. (de *paille*, propr. "qui couche sur la paille"). Qui est porté à la licence sexuelle ; libertin. ◆ adj. Grivois, égrillard : *Chansons paillardes.*

paillardise [pajaʀdiz] n.f. - **1.** Comportement d'une personne paillarde. - **2.** Action, parole paillarde.

paillasse [pajas] n.f. (de *paille*). - **1.** Grand sac rembourré de paille, de feuilles, etc., et servant de matelas. - **2.** Plan de travail d'un évier, à côté de la cuve. - **3.** Plan de travail carrelé, à hauteur d'appui, dans un laboratoire de chimie, de pharmacie, etc.

paillasson [pajasɔ̃] n.m. - **1.** Petite natte épaisse, en fibres dures pour essuyer les semelles des chaussures au seuil d'une habitation (syn. tapis-brosse). - **2.** FAM. Personne plate et servile. - **3.** HORTIC. Claie de paille dont on couvre les couches et les espaliers pour les garantir de la gelée.

paille [paj] n.f. (lat. *palea* "balle de blé"). - **1.** Tige de graminée, et en partic. de céréale, coupée et dépouillée de son grain : *Une botte de paille.* - **2.** Matière que forment ensemble ces tiges : *Un tressage en paille.* - **3.** Petit tuyau utilisé pour boire un liquide en l'aspirant : *Boire avec une paille* (syn. chalumeau). - **4.** TECHN. Défaut interne dans des produits forgés ou laminés, constitué par une cavité allongée et de faible épaisseur. - **5.** Être sur la paille, être dans la misère. ‖ Homme de paille, prête-nom dans une affaire malhonnête. ‖ Paille de fer, tampon formé de longs copeaux métalliques, utilisé pour gratter, pour décaper (les parquets, notamm.). ‖ Tirer à la courte paille, tirer au sort en faisant choisir au hasard des brins de paille de longueur inégale. ‖ FAM. Une paille, presque rien (souvent iron.) : *Un million pour un deux-pièces, une paille !* ◆ adj. inv. De couleur jaune pâle : *Un chemisier paille.*

pailler [paje] v.t. Couvrir, garnir de paille : *Pailler un fauteuil.*

pailleté, e [pajte] adj. Couvert de paillettes : *Une robe pailletée.*

paillette [pajɛt] n.f. (dimin. de *paille*). - **1.** Parcelle d'or que l'on trouve dans les sables aurifères. - **2.** Petite lamelle d'une matière plus ou moins brillante : *Paillette de mica. Savon en paillettes.* - **3.** Petite lamelle d'une matière brillante utilisée pour orner certaines étoffes, certains vêtements : *Costume à paillettes du clown blanc.* - **4.** Petite paille dans une pièce métallique, une pierre précieuse.

paillon [pajɔ̃] n.m. - **1.** Manchon de paille destiné à protéger une bouteille.

paillote [pajɔt] n.f. Hutte à toit de paille, dans les pays chauds.

pain [pɛ̃] n.m. (lat. *panis*). - **1.** Aliment fait d'une pâte composée essentiellement de farine, d'eau, de sel et de levure (ou de levain), pétrie et fermentée puis cuite au four. - **2.** Masse façonnée de cet aliment : *Un pain rond.* - **3.** Symbole de la nourriture, des aliments : *Gagner son pain quotidien.* - **4.** Masse d'une matière moulée : *Pain de cire, de savon.* - **5.** T. FAM. Coup de poing ; gifle. - **6.** Avoir du pain sur la planche, avoir beaucoup de travail à faire. ‖ Enlever, ôter à qqn le pain de la bouche, lui retirer ses moyens de subsistance, notamm. en le privant de la possibilité de travailler. ‖ Je (il, etc.) ne mange pas de ce pain-là, je (il, etc.) n'use pas de ces procédés douteux, malhonnêtes, etc. ‖ Manger son pain blanc (le premier), jouir de circonstances favorables qui ne dureront

pas. - **7.** Pain de mie, fait de farine de gruau et cuit dans des moules. ‖ Pain d'épice (ou d'épices, gâteau de farine de seigle au sucre, au miel et aux aromates (anis, girofle, cannelle, etc.). ‖ Pain perdu, entremets fait de pain rassis trempé dans du lait et de l'œuf battu, sucré et frit. ‖ CUIS. Pain de..., préparation moulée en forme de pain : *Pain de poisson, de légumes.* - **8.** GÉOMORPH. Pain de sucre, piton granitique au sommet arrondi, caractéristique des régions de climat tropical humide.

1. pair, e [pɛʀ] adj. (lat. *par, paris* "égal"). - **1.** Se dit d'un nombre divisible par deux (par opp. à *impair*) : *Nombre pair.* - **2.** ANAT. Organes pairs, organes qui sont au nombre de deux : *Les poumons, les reins sont des organes pairs.* ‖ MATH. Fonction paire, fonction qui prend la même valeur pour deux valeurs opposées de la variable.

2. pair [pɛʀ] n.m. (de *1. pair*). - **1.** Égalité de change de deux monnaies, entre deux pays. - **2.** Égalité entre le cours nominal d'une valeur mobilière et son cours boursier : *Titre au pair.* - **3.** Au pair, logé, nourri et percevant une petite rémunération en échange de certains services : *Une jeune fille au pair.* ‖ Hors (de) pair, sans égal ; exceptionnel, supérieur : *Un informaticien hors pair.*

3. pair [pɛʀ] n.m. (de *1. pair*). - **1.** Personne semblable quant à la dignité, au rang : *Être jugé par ses pairs.* - **2.** FÉOD. Grand vassal de la Couronne. - **3.** Seigneur d'une terre érigée en pairie. - **4.** HIST. Membre de la Chambre nommée par le roi (dite *Chambre des pairs* ou *Chambre haute*), en France, de 1814 à 1848. - **5.** Membre de la Chambre haute, en Grande-Bretagne.

paire [pɛʀ] n.f. (lat. pop. *paria* "choses égales", du class. *par* "égal"). - **1.** Ensemble de deux choses identiques ou symétriques, utilisées simultanément ou formant un objet unique : *Une paire de gants. Une paire de lunettes.* - **2.** Ensemble de deux éléments : *Une paire d'amis.* - **3.** MATH. Ensemble comportant deux éléments. - **4.** Couple d'animaux formé par le mâle et la femelle d'une même espèce.

pairie [peʀi] n.f. (de *3. pair*). - **1.** Titre, dignité d'un pair. - **2.** FÉOD. Fief auquel la dignité de pair était attachée. - **3.** HIST. Dignité des membres de la Chambre haute, en Grande-Bretagne, et en France de 1814 à 1848.

paisible [pezibl] adj. (de *paix*). - **1.** D'humeur douce et tranquille : *Un homme paisible.* - **2.** Que rien ne trouble : *Un sommeil paisible. Un quartier paisible* (syn. tranquille ; contr. agité).

paisiblement [peziblamɑ̃] adv. De manière paisible.

paître [pɛtʀ] v.t. et v.i. (lat. *pascere*) [conj. 91]. - **1.** Manger en broutant : *Paître l'herbe. Mener,* *faire paître un troupeau.* - **2.** FAM. Envoyer paître qqn → envoyer.

paix [pɛ] n.f. (lat. *pax, pacis*). - **1.** Situation d'un pays qui n'est pas en guerre : *Maintenir, préserver la paix* (contr. guerre, conflit). - **2.** Cessation des hostilités ; traité mettant fin à l'état de guerre : *Signer, ratifier la paix.* - **3.** État de concorde, d'accord entre les membres d'un groupe : *Vivre en paix avec ses voisins.* - **4.** Absence de bruit, d'agitation, de désordre : *La paix de la nature, des bois.* - **5.** Tranquillité, sérénité de l'esprit : *Avoir la conscience en paix.* - **6.** Faire la paix, se réconcilier. ‖ **La paix !** silence ! ‖ **Paix armée,** dans laquelle chacun se tient sur le pied de guerre.

pal [pal] n.m. (lat. *palus*) [pl. *pals*]. - **1.** Pieu aiguisé à une extrémité. - **2.** AGRIC. Plantoir de vigneron. - **3.** Pal injecteur, instrument destiné à injecter dans le sol une substance chimique (insecticide, fertilisant, etc.). ‖ Supplice du pal, supplice qui consistait à enfoncer un pal dans le corps du condamné.

palabre [palabʀ] n.f. ou m. (esp. *palabra* "parole"). (Surtout au pl.) - **1.** AFR. Débat coutumier entre les hommes d'une communauté religieuse. - **2.** Discussion, conversation longue et oiseuse : *D'interminables palabres.*

palabrer [palabʀe] v.i. Discuter longuement et de manière oiseuse ; tenir des palabres.

palace [palas] n.m. (mot angl.). Hôtel luxueux.

paladin [paladɛ̃] n.m. (it. *paladino*, lat. médiév. *palatinus* "officier du palais"). - **1.** Seigneur de la suite de Charlemagne, dans la tradition des chansons de geste. - **2.** Chevalier errant.

1. **palais** [palɛ] n.m. (lat. *palatium* "le [mont] Palatin" [sur lequel Auguste avait fait élever son palais]). - **1.** Vaste et somptueuse résidence d'un chef d'État, d'un personnage de marque, d'un riche particulier : *Le palais royal, présidentiel.* - **2.** Vaste édifice public destiné à un usage d'intérêt général : *Palais des sports.*

2. **palais** [palɛ] n.m. (lat. pop. *palatium*, du class. *palatum*). - **1.** Paroi supérieure de la bouche, séparant celle-ci des fosses nasales. - **2.** Avoir le palais fin, être gourmet. ‖ Palais mou, voile du palais. ‖ Voûte du palais ou palais dur, partie antérieure, osseuse.

palan [palɑ̃] n.m. (it. *palanco*, du lat. pop. *palanca*, du gr. *phalanga*). Appareil de levage utilisant un système de poulies.

palanche [palɑ̃ʃ] n.f. (v. *palan*). Morceau de bois concave pour porter sur l'épaule deux charges, deux seaux.

palanquin [palɑ̃kɛ̃] n.m. (de l'hindi *pâlâki*). Chaise ou litière portée à bras d'hommes ou

installée sur le dos d'un animal (chameau, éléphant), dans les pays orientaux.

palatal, e, aux [palatal, -o] adj. (de 2. *palais*). PHON. Se dit d'une voyelle ou d'une consonne qui a son point d'articulation situé dans la région du palais dur (on dit aussi *une palatale*) : *Le* [j] *de* [fij] *(fille) est une palatale.*

1. **palatin, e** [palatɛ̃, -in] adj. (lat. *palatinus*). - **1.** HIST. Se dit d'un seigneur chargé d'un office dans le palais d'un souverain carolingien ou du Saint Empire. - **2.** Du Palatinat. - **3.** Qui dépend d'un palais.

2. **palatin, e** [palatɛ̃, -in] adj. (de 2. *palais*). ANAT. Du palais : *Voûte palatine.*

1. **pale** [pal] n.f. (lat. *pala* "pelle"). - **1.** Chacun des éléments en forme de vrille fixés au moyeu d'une hélice. - **2.** Partie plate d'un aviron, qui entre dans l'eau. - **3.** Palette d'une roue de bateau à aubes. - **4.** TECHN. Vanne d'un réservoir.

pâle [pal] adj. (lat. *pallidus*). - **1.** Peu coloré, d'une blancheur terne, en parlant du teint : *Figure pâle* (syn. blafard, blême). - **2.** Qui a le teint pâle : *Que tu es pâle !* - **3.** Sans éclat, en parlant d'une lumière : *Une pâle lueur* (syn. faible). - **4.** D'une tonalité atténuée, en parlant d'une couleur : *Rose pâle.* - **5.** Terne, sans éclat : *Un pâle imitateur de Corneille.* - **6.** ARG. MIL. Se faire porter pâle, se faire porter malade.

palefrenier, ère [palfʀənje, -ɛʀ] n. (v. *palefroi*). Personne qui panse les chevaux.

palefroi [palfʀwa] n.m. (bas lat. *paraveredus*, de *veredus* "cheval", d'orig. celt.). Autref., cheval de parade ou de marche (par opp. au *destrier*, cheval de bataille).

paléochrétien, enne [paleokʀetjɛ̃, -ɛn] adj. Des premiers chrétiens : *L'art paléochrétien.*

paléographie [paleogʀafi] n.f. Science des écritures anciennes. ◆ **paléographe** n. et adj. Nom du spécialiste.

paléographique [paleogʀafik] adj. Relatif à la paléographie, aux écritures anciennes : *La science paléographique.*

paléolithique [paleolitik] n.m. et adj. (de *paléo-*, et du gr. *lithos* "pierre"). Première période de la préhistoire, caractérisée par l'apparition puis le développement de l'industrie de la pierre, et par une économie de prédation.

paléomagnétisme [paleomaɲetism] n.m. Magnétisme terrestre au cours des époques géologiques ; science qui l'étudie. [→ géomagnétisme.]

paléontologie [paleɔ̃tɔlɔʒi] n.f. (de *paléo-* et *ontologie*). Science des êtres vivants ayant peuplé la Terre aux époques géologiques, fondée sur l'étude des fossiles. ◆ **paléon-tologiste** et **paléontologue** n. Noms du spécialiste.

paléozoïque [paleɔzɔik] n.m. Ère primaire.

palestre [palɛstʀ] n.f. (lat. *palaestra*, gr. *palaistra*). ANTIQ. Partie du gymnase grec et des thermes romains où se pratiquaient les exercices physiques, en partic. la lutte.

palet [palɛ] n.m. (de *pale*). Pierre plate et ronde ou disque épais qu'on lance le plus près possible d'un but marqué, dans certains jeux : *Palet de hockey sur glace, de marelle.*

paletot [palto] n.m. (moyen angl. *paltok,* sorte de jaquette). - **1.** Veste ample et confortable, qui arrive à mi-cuisse, que l'on porte sur d'autres vêtements. - **2.** FAM. **Tomber sur le paletot de qqn,** l'attaquer, le malmener.

palette [palɛt] n.f. (de *pale*). - **1.** Instrument allongé et large : *Palette de potier.* - **2.** Plaque percée d'un trou pour le pouce, sur laquelle les peintres disposent et mêlent leurs couleurs. - **3.** Ensemble des couleurs habituellement utilisées par un peintre : *Ce peintre a une palette très variée.* - **4.** Plateau de chargement destiné à la manutention des marchandises par des chariots élévateurs à fourche. - **5.** Morceau du mouton, du porc, comprenant l'omoplate et la chair qui la recouvre.

palétuvier [paletyvje] n.m. (du tupi *aparahiwa* "arbre courbé"). Arbre des mangroves représenté par plusieurs espèces, toutes caractérisées par des racines en grande partie aériennes formant de nombreux arceaux.

pâleur [palœʀ] n.f. Aspect de qqn, de qqch qui est pâle : *La pâleur du visage d'un malade.*

pali [pali] n.m. (mot hindi). Langue des textes religieux du bouddhisme méridional, apparentée au sanskrit.

pâlichon, onne [paliʃɔ̃, -ɔn] adj. FAM. Un peu pâle.

palier [palje] n.m. (de l'anc. fr. *paele* "poêle", propr. "objet en forme de poêle"). - **1.** Plate-forme ménagée à chaque étage, dans un escalier. - **2.** Partie horizontale d'une voie ferrée, d'une route. - **3.** Phase de stabilité dans le cours d'une évolution : *Les prix ont atteint un nouveau palier.* - **4.** TECHN. Organe mécanique supportant et guidant un arbre de transmission. - **5.** **Par paliers,** progressivement, par étapes.

palière [paljɛʀ] adj.f. **Porte palière,** porte qui ouvre sur un palier.

palimpseste [palɛ̃psɛst] n.m. (gr. *palimpsêstos,* de *palin* "de nouveau" et *psân* "gratter"). Manuscrit sur parchemin dont la première écriture a été lavée ou grattée et sur lequel un nouveau texte a été écrit.

palindrome [palɛ̃dʀom] n.m. et adj. (du gr. *palin* "de nouveau" et *dromos* "course"). Se dit d'un mot ou d'un groupe de mots qui peut être lu indifféremment de gauche à droite ou de droite à gauche. (Par ex. : *Ésope reste ici et se repose.*)

palinodie [palinɔdi] n.f. (du gr. *palin* "de nouveau" et *ôdê* "chant"). - **1.** ANTIQ. Pièce de vers dans laquelle l'auteur rétractait ce qu'il avait précédemment exprimé. - **2.** Changement complet d'opinion : *Les palinodies incessantes des politiciens* (syn. revirement).

pâlir [paliʀ] v.i. (conj. 32). - **1.** Devenir subitement pâle : *Pâlir de colère* (syn. blêmir). - **2.** Perdre de sa luminosité, de son éclat : *Ces couleurs ont pâli au soleil* (syn. passer). - **3.** Faire pâlir qqn **de dépit, de jalousie,** lui inspirer une jalousie, un dépit violents. ‖ *Son étoile pâlit,* son influence diminue. ◆ v.t. LITT. Rendre pâle : *La maladie a pâli ses traits.*

palis [pali] n.m. (de *pal*). Pieu enfoncé avec d'autres pour former une clôture continue ; cette clôture.

palissade [palisad] n.f. (de *palis*). - **1.** Clôture formée d'une rangée de pieux ou de planches plus ou moins jointifs. - **2.** Mur de verdure fait d'arbres taillés verticalement.

palissage [palisaʒ] n.m. (de *palisser*). Opération qui consiste à attacher les branches d'un arbre ou d'un arbuste à un support (mur, treillage, etc.) pour les faire pousser en espalier : *Palissage de la vigne.*

palissandre [palisɑ̃dʀ] n.m. (d'une langue de la Guyane). Bois lourd et dur, d'un brun sombre violacé, très recherché en ébénisterie et provenant de diverses espèces d'arbres d'Amérique du Sud.

pâlissant, e [palisɑ̃, -ɑ̃t] adj. Qui pâlit : *Le jour pâlissant.*

palisser [palise] v.t. (de *palis*). Procéder au palissage de.

palladium [paladjɔm] n.m. (mot angl., d'apr. la planète *Pallas*). Métal blanc, ductile et dur, qui absorbe l'hydrogène. □ Symb. Pd.

palliatif, ive [paljatif, -iv] adj. et n.m. - **1.** MÉD. Se dit d'un traitement, d'un remède agissant sur les symptômes d'une maladie sans s'attaquer à sa cause. - **2.** **Soins palliatifs,** dans un service hospitalier, ensemble des soins et des soutiens destinés à accompagner un malade jusqu'aux derniers moments de sa vie. ◆ **palliatif** n.m. Moyen provisoire de détourner un danger : *Cette proposition n'est qu'un palliatif à la crise économique.*

pallier [palje] v.t. (bas lat. *palliare* "couvrir d'un manteau", de *pallium* "manteau") [conj. 9]. Remédier d'une manière incomplète ou provisoire à : *Pallier les conséquences* *d'une erreur* (syn. obvier à, remédier à). **Rem.** Influencée par *remédier à,* la construction *pallier à,* bien qu'ayant tendance à se répandre, reste considérée comme fautive.

palmarès [palmarɛs] n.m. (du lat. *palmaris* "digne de la palme"). **- 1.** Liste de lauréats : *Le palmarès d'un concours.* **- 2.** Liste de succès, de victoires : *Un sportif au palmarès éloquent.* **- 3.** Classement par ordre de popularité des chansons, des musiques de variétés à la mode (syn. [anglic. déconseillé] hit-parade).

palme [palm] n.f. (lat. *palma*). **- 1.** Feuille de palmier. **- 2.** Symbole de la victoire, dans un concours, un festival, matérialisé par un prix : *Obtenir la Palme d'or au festival de Cannes.* **- 3.** Décoration, distinction dont l'insigne représente une, des palmes : *Palmes académiques* (= décoration attribuée aux enseignants). **- 4.** Nageoire en caoutchouc qui s'ajuste au pied et qui augmente la vitesse, la puissance de la nage. **- 5.** Remporter la palme, l'emporter sur d'autres ; triompher. ‖ *Vin, huile de palme, de palmier.*

palmé, e [palme] adj. **- 1.** ZOOL. Dont les doigts sont réunis par une palmure : *Pattes palmées du canard, de la grenouille.* **- 2.** BOT. *Feuilles composées palmées,* feuilles dont les folioles partent du même point.

palmeraie [palmərɛ] n.f. Lieu planté de palmiers.

palmier [palmje] n.m. (de *palme*). **- 1.** Arbre des régions chaudes du globe, à fleurs unisexuées, dont la tige, appelée *stipe,* se termine par un bouquet de feuilles (palmes), souvent pennées. ▫ Famille des palmacées ; on compte 1 200 espèces. Les palmiers fournissent des produits alimentaires (dattes, noix de coco, huile de palme, chou palmiste) ou industriels (raphia, rotin, ivoire végétal). **- 2.** Gâteau sec plat, en pâte feuilletée, dont la forme évoque vaguement une palme.

palmipède [palmiped] n.m. et adj. (lat. *palmipes, -edis,* de *palma* "palme" et *pes, pedis* "pied"). Oiseau aquatique présentant une palmure aux doigts (oie, canard, cygne, pingouin, pélican, etc.). ▫ Les palmipèdes constituent un groupe formé de six ordres distincts.

palmiste [palmist] n.m. (port. *palmito* "petit palmier"). Palmier représenté par plusieurs espèces (arec, cocotier des Maldives, notamm.) et dont le bourgeon terminal comestible est consommé sous le nom de *chou palmiste.*

palmure [palmyʀ] n.f. (de *palme*). ZOOL. Membrane reliant les doigts des animaux palmipèdes.

palombe [palɔ̃b] n.f. (lat. *palumbus*). Pigeon ramier.

palonnier [palɔnje] n.m. (de l'anc. fr. **palon,* du lat. *palus* "pieu", ou altér. de l'anc. fr. *paronne,* du germ. *sparro* "poutre"). **- 1.** AÉRON. Barre se manœuvrant au pied et agissant sur la gouverne de direction d'un avion. **- 2.** SPORTS. En ski nautique, poignée à la corde de traction et à laquelle se tient le skieur.

pâlot, otte [pɑlo, -ɔt] adj. FAM. Un peu pâle.

palourde [paluʀd] n.f. (lat. pop. **pelorida,* class. *peloris,* du gr.). Clovisse.

palpable [palpabl] adj. **- 1.** Que l'on peut toucher : *Des avantages palpables* (syn. réel, concret). **- 2.** Qui est évident ; que l'on peut contrôler : *Des preuves palpables de son innocence* (syn. patent, vérifiable, tangible).

palpation [palpasjɔ̃] n.f. MÉD. Action de palper.

palpe [palp] n.m. (de *palper*). Petit appendice pair des arthropodes, servant à la gustation et à la préhension : *Palpes maxillaires et palpes labiaux.*

palper [palpe] v.t. (lat. *palpare*). **- 1.** Examiner, apprécier en touchant avec la main, les doigts : *Palper une étoffe. Le médecin lui a palpé le cou* (syn. tâter). **- 2.** FAM. Toucher, recevoir de l'argent : *Il a palpé une grosse somme.*

palpeur [palpœʀ] n.m. Capteur servant à contrôler une dimension ou à réguler une grandeur, un état physique, en partic. la chaleur : *Plaque électrique à palpeur.*

palpitant, e [palpitɑ̃, -ɑ̃t] adj. **- 1.** Qui palpite : *Avoir le cœur palpitant d'émotion* (syn. frémissant, tremblant). **- 2.** Qui suscite un intérêt très vif, mêlé d'émotion : *Un film palpitant* (syn. captivant, passionnant).

palpitation [palpitasjɔ̃] n.f. **- 1.** Mouvement de ce qui palpite : *Avoir une palpitation à la paupière.* **- 2.** (Surtout au pl.). Battements accélérés du cœur : *Avoir des palpitations.*

palpiter [palpite] v.i. (lat. *palpitare,* fréquentatif de *palpare* "palper"). **- 1.** Être agité de mouvements convulsifs, de frémissements, en parlant d'un être que l'on vient de tuer, de sa chair : *Le corps du sanglier palpitait encore.* **- 2.** LITT. Manifester une sorte d'agitation, de frémissement, en parlant de qqch : *Une flamme qui palpite avant de s'éteindre.* **- 3.** Battre plus fort, plus vite, en parlant du cœur, souvent sous l'effet d'une émotion.

paltoquet [paltɔkɛ] n.m. (de *paltoke* "casaque de paysan" ; v. *paletot*). Personnage insignifiant et prétentieux.

paludéen, enne [palydeɛ̃, -ɛn] adj. Dû au paludisme : *Fièvres paludéennes.*

paludier, ère [palydje, -ɛʀ] n. (v. *palus*). Ouvrier, ouvrière qui travaille dans les marais salants.

paludisme [palydism] n.m. (v. *palus*). Maladie parasitaire produite par un protozoaire parasite du sang, le *plasmodium*, et transmise par un moustique des régions chaudes et marécageuses, l'*anophèle* (syn. vieilli malaria).

palus [paly] n.m. (lat. *palus, -udis* "marais"). RÉGION. (Sud-Ouest, Bordelais). Terre d'alluvions au fond des vallées. (On dit aussi *un palud, un palude*.)

palustre [palystʀ] adj. (lat. *paluster* ou *palustris* "marécageux"). Qui vit ou qui croît dans les marais.

se pâmer [pame] v.pr. (lat. pop. *pasmare*, class. *spasmare* "avoir un spasme"). - **1.** LITT. S'évanouir, tomber en syncope. - **2.** Se **pâmer de**, être comme sur le point de défaillir sous l'effet de tel sentiment : *Se pâmer de joie, d'effroi.*

pâmoison [pamwazɔ̃] n.f. VIEILLI OU LITT. Évanouissement, syncope : *Tomber en pâmoison.*

pampa [pɑ̃pa] n.f. (mot esp., du quechua). Vaste prairie d'Amérique du Sud.

pamphlet [pɑ̃flɛ] n.m. (mot angl. altér. de *Pamphilet*, n. d'une comédie en vers lat. du XIIᵉ s.). Écrit génér. court et violent, dirigé contre qqn, une institution ; libelle.

pamphlétaire [pɑ̃fletɛʀ] n. Auteur de pamphlets.

pamplemousse [pɑ̃pləmus] n.m. (du néerl. *pompelmoes* "gros citron"). Fruit comestible du pamplemoussier, à la peau jaune, au goût acidulé et légèrement amer.

pamplemoussier [pɑ̃pləmusje] n.m. Arbre qui produit les pamplemousses. □ Genre citrus.

pampre [pɑ̃pʀ] n.m. (anc. fr. *pampe*, lat. *pampinus*). - **1.** VITIC. Jeune rameau de l'année. - **2.** BX-A. Ornement figurant un rameau de vigne sinueux, avec feuilles et grappes.

1. pan [pɑ̃] n.m. (lat. *pannus* "morceau d'étoffe"). - **1.** Partie tombante et flottante d'un vêtement ; grand morceau d'étoffe : *Pan de chemise, de rideau.* - **2.** Partie de mur, face d'un bâtiment : *Tout un pan de l'immeuble s'est écroulé.* - **3.** Ossature d'un mur dont les intervalles sont comblés par des matériaux de remplissage : *Pan de bois, de fer.* - **4.** LITT. Partie de qqch : *J'ai oublié tout un pan de ma vie.* - **5.** Face d'un corps polyédrique : *Écrou à six pans.*

2. pan [pɑ̃] interj. Onomatopée exprimant un bruit sec, un coup, un éclatement : *Pan ! Un coup de feu...*

panacée [panase] n.f. (lat. *panacea*, du gr. *panakeia*, de *pan* "tout" et *akos* "remède"). Remède prétendu universel contre tous les maux, capable de résoudre tous les problèmes : *Une panacée dans le domaine économique.*

panachage [panaʃaʒ] n.m. - **1.** Action de panacher. - **2.** Inscription par l'électeur, sur un même bulletin de vote, de candidats appartenant à des listes différentes, autorisée dans certains scrutins.

panache [panaʃ] n.m. (it. *pennaccio*, du lat. *penna* "plume"). - **1.** Assemblage de plumes flottantes servant d'ornement : *Panache d'un casque.* - **2.** Objet, forme évoquant un panache par son aspect mouvant, ondoyant : *Un panache de fumée.* - **3.** Éclat, brio : *Ce discours a du panache.* - **4.** Bravoure gratuite, pleine d'élégance et d'allant.

panaché, e [panaʃe] adj. (de *panache*). - **1.** Qui présente des couleurs diverses : *Tulipe panachée.* - **2.** Composé d'éléments différents : *Fruits panachés. Un demi panaché* (= un demi de bière mélangée avec de la limonade). - **3.** Liste panachée, liste électorale résultant d'un panachage.

panacher [panaʃe] v.t. (de *panache*). - **1.** Orner de couleurs variées. - **2.** Composer d'éléments divers.

panade [panad] n.f. (prov. *panado*, du lat. *panis* "pain"). - **1.** VX. Soupe faite de pain bouilli dans l'eau ou du lait. - **2.** FAM. Être, tomber dans la panade, dans la misère.

panafricain, e [panafʀikɛ̃, -ɛn] adj. Relatif au panafricanisme : *Une politique panafricaine.*

panafricanisme [panafʀikanism] n.m. Doctrine politique, mouvement tendant à regrouper, à rendre solidaires les nations du continent africain.

panama [panama] n.m. (de *Panamá*). Chapeau souple, tressé avec la feuille d'un arbuste d'Amérique centrale.

panaméricain, e [panameʀikɛ̃, -ɛn] adj. Relatif au panaméricanisme.

panaméricanisme [panameʀikanism] n.m. Doctrine politique, mouvement tendant à établir une solidarité des nations à l'échelle du continent américain.

panarabisme [panaʀabism] n.m. Doctrine politique, mouvement tendant à regrouper les nations de langue et de civilisation arabes.

panard, e [panaʀ, -aʀd] adj. (prov. *panar* "boiteux"). Se dit d'un cheval dont les pieds sont tournés en dehors.

panaris [panaʀi] n.m. (lat. *panaricium*). Infection aiguë du doigt (= mal blanc).

panathénées [panatene] n.f. pl. (gr. *panathênaia*). ANTIQ. GR. Fêtes célébrées chaque année en juillet à Athènes, en l'honneur d'Athéna.

pancarte [pɑ̃kaʀt] n.f. (lat. médiév. *pancharta*, propr. "charte complète"). Panneau, plaque portant une inscription ou un avis destiné au public : *Lire une pancarte.*

panchromatique [pɑ̃kʀɔmatik] adj. (de *pan-* et *chromatique*). PHOT. Sensible à toutes les couleurs, en parlant d'une émulsion, d'une pellicule.

pancrace [pãkʀas] n.m. (lat. *pancratium,* du gr.). ANTIQ. GR. Combat gymnique combinant la lutte et le pugilat.

pancréas [pãkʀeas] n.m. (gr. *pankreas,* de *kreas* "chair"). Glande abdominale située chez l'homme en arrière de l'estomac, et qui assure à la fois la sécrétion d'un suc digestif, le suc pancréatique, agissant en milieu alcalin sur tous les aliments, et de deux hormones régulatrices du métabolisme des glucides. □ L'insuline est sécrétée par le pancréas.

pancréatique [pãkʀeatik] adj. Du pancréas.

panda [pãda] n.m. (mot népalais). Mammifère des forêts d'Inde et de Chine, dont les deux espèces, le grand panda, voisin de l'ours, qui se nourrit de pousses de bambou, et le petit panda, à l'allure de gros chat, qui mange des feuilles et des fruits, sont auj. classées dans deux familles différentes.

pandémie [pãdemi] n.f. (de *pan-,* et du gr. *demos* "peuple"). Épidémie qui atteint les populations d'une zone géographique très étendue sur un ou plusieurs continents.

pandémonium [pãdemɔnjɔm] n.m. (angl. *pandemonium,* du gr. *pan* "tout" et *daimôn* "démon"). -1. LITT. Capitale imaginaire de l'enfer. -2. Lieu où règnent une agitation infernale et la corruption.

pandore [pãdɔʀ] n.m. (type popularisé par une chanson de Nadaud). FAM. et VIEILLI. Gendarme.

pané, e [pane] adj. (de *paner*). Cuit, grillé dans un enrobage d'œuf battu et de chapelure : *Escalope panée.*

panégyrique [paneʒiʀik] n.m. (lat. *panagyricus,* gr. *panêguris* "assemblée de tout le peuple"). -1. Parole, écrit à la louange de qqn, de qqch. -2. Éloge excessif : *Faire le panégyrique de son collaborateur* (syn. dithyrambe).

panégyriste [paneʒiʀist] n. Auteur d'un panégyrique.

panel [panɛl] n.m. (mot angl. "tableau"). Groupe de personnes formant un échantillon représentatif et destiné à être interrogé à intervalles réguliers, pour des enquêtes, pour des études de marché.

paner [pane] v.t. (du lat. *panis* "pain"). Enrober un aliment de chapelure avant de le faire frire : *Paner une escalope.*

panetière [pantjɛʀ] n.f. (de *pain*). -1. Sac utilisé autref. pour le pain, les provisions. -2. Meuble à claire-voie dans lequel on conserve le pain.

pangermanisme [pãʒɛʀmanism] n.m. Doctrine politique, mouvement visant à regrouper en un État unique toutes les populations d'origine germanique.

pangolin [pãgɔlɛ̃] n.m. (malais *pang-goling*). Mammifère d'Afrique et d'Asie, couvert d'écailles, se nourrissant de termites et de fourmis. □ Ordre des pholidotes ; long. 1 m.

panicaut [paniko] n.m. (mot prov., du lat. *panis* "pain" et *cardus* "chardon"). Plante des terres incultes et des sables littoraux, appelée aussi *chardon bleu,* aux feuilles épineuses bleuâtres. □ Famille des ombellifères.

panier [panje] n.m. (lat. *panarium* "corbeille à pain"). -1. Ustensile fait à l'origine de vannerie, souvent muni d'une ou deux anses, et servant à contenir ou à transporter des objets, des marchandises : *Un panier d'osier. Panier à linge.* -2. Contenu d'un panier : *Un panier de cerises.* -3. Panier à bille : *Jeter un brouillon au panier.* -4. Au basket-ball, filet circulaire sans fond qui sert de but ; tir au but réussi. -5. Au XVIIIe s., jupon, large garnis d'un cercle d'osier dans le bas pour le rendre bouffants. -6. Le dessus du panier, ce qu'il y a de meilleur (par opp. à *fond du panier,* le rebut). ‖ Le panier de la ménagère, la part du budget d'un ménage destinée aux dépenses alimentaires et d'entretien de la maison, et qui sert au calcul du coût de la vie. ‖ Mettre au panier, jeter aux ordures. ‖ Mettre dans le même panier, englober dans un même jugement péjoratif. ‖ Panier à salade, panier à jour permettant de secouer la salade pour l'égoutter ; FAM. voiture cellulaire. ‖ Panier de crabes, collectivité dont les membres se détestent et cherchent à se nuire. ‖ Panier percé, personne très dépensière.

panière [panjɛʀ] n.f. (de *panier*). Grande corbeille d'osier à deux anses.

panier-repas [panjeʀəpa] n.m. (pl. *paniers-repas*). Sac contenant un repas froid pour une personne.

panification [panifikasjɔ̃] n.f. Transformation des matières farineuses en pain.

panifier [panifje] v.t. (conj. 9). Transformer en pain.

panique [panik] n.f. (lat. *panicus* "du dieu *Pan"*). Terreur subite et violente, de caractère souvent collectif. ◆ adj. Peur panique, peur soudaine, irraisonnée.

paniquer [panike] v.i., **se paniquer** v.pr. FAM. Céder à la panique, s'affoler : *Elle panique facilement.* ◆ v.t. FAM. Affoler : *Les responsabilités le paniquent.*

panislamisme [panislamism] n.m. Mouvement politico-religieux visant à unir sous une même autorité tous les peuples de religion musulmane.

panjabi [pãdʒabi] n.m. Langue indo-aryenne parlée au Pendjab.

1. **panne** [pan] n.f. (de l'express. [*mettre en*] *panne*, où *panne* [lat. *penna* "plume, aile"] désigne l'extrémité d'une vergue). - **1.** Arrêt de fonctionnement accidentel et momentané : *Tomber en panne. Panne sèche* (= panne d'essence). - **2.** FAM. **Être en panne de qqch,** en manquer : *Écrivain en panne d'idées.* ‖ MAR. **Mettre en panne,** orienter la ou les voiles de manière à arrêter le navire dans sa marche.

2. **panne** [pan] n.f. (lat. *penna* "plume"). Étoffe comparable au velours, mais à poils plus longs et moins serrés.

3. **panne** [pan] n.f. (de 2. *panne*, par comparaison entre la graisse et l'étoffe servant de doublure). Graisse qui se trouve sous la peau du porc et qui entoure aussi les rognons.

4. **panne** [pan] n.f. (lat. *penna* "partie latérale"). Partie étroite de la tête d'un marteau, opposée au côté plat (ou *table*).

panneau [pano] n.m. (lat. pop. *pannelus,* class. *pannus* ; v. *pan*). - **1.** Élément plan d'un ouvrage de menuiserie, de maçonnerie, etc., délimité ou non par une bordure et génér. quadrangulaire : *Panneau de porte.* - **2.** Plaque destinée à être utilisée comme matériau de remplissage, de revêtement, etc. : *Panneau de fibres, de particules (de bois).* - **3.** Élément plan de bois, de métal, etc., portant des indications, des inscriptions : *Panneau d'affichage. Panneaux électoraux.* - **4.** BX-A. Planche ou assemblage de planches servant de support à une peinture ; compartiment peint : *Panneaux d'un retable, d'un triptyque.* - **5.** COUT. Pièce de tissu rapportée dans un vêtement pour l'orner ou pour lui donner de l'ampleur : *Jupe à panneaux.* - **6.** CHASSE. Filet pour prendre le gibier. - **7. Tomber dans le panneau,** tomber dans le piège ; se laisser duper.

panneton [pantɔ̃] n.m. (var. de *penneton,* de *pêne*). TECHN. Partie d'une clé située à l'extrémité de la tige, qui fait mouvoir le pêne en tournant dans la serrure.

panonceau [panɔ̃so] n.m. (de l'anc. fr. *penon* "écusson d'armoirie"). - **1.** Écusson à la porte des officiers ministériels. - **2.** Petit panneau : *Lire le panonceau d'un hôtel.*

panoplie [panɔpli] n.f. (gr. *panoplia* "armure d'un hoplite", de *pan* "tout" et *hoplon* "arme"). - **1.** Collection d'armes disposées sur un panneau, et servant de trophées, d'ornement. - **2.** Jouet d'enfant constitué par un ensemble de pièces de déguisement et d'accessoires caractéristiques d'un personnage, d'une profession : *Panoplie de Robin des Bois, d'infirmière.* - **3.** Ensemble d'instruments, d'accessoires nécessaires à une activité : *La panoplie du parfait bricoleur.* - **4.** Ensemble des moyens d'action dont on

dispose dans une situation donnée : *Il existe une panoplie de sanctions contre les chauffards* (syn. arsenal, série).

panorama [panɔrama] n.m. (mot angl., de *pan-*, et du gr. *orama* "vue"). - **1.** Vaste paysage qu'on découvre d'une hauteur : *Découvrir un splendide panorama depuis un belvédère* (syn. vue). - **2.** Vue d'ensemble d'un sujet, d'un domaine : *Panorama de la littérature contemporaine.*

panoramique [panɔramik] adj. Qui offre les caractères d'un panorama ; qui permet de découvrir un vaste paysage : *Vue panoramique. Restaurant panoramique.* ◆ n.m. CIN. Procédé consistant à faire pivoter la caméra pendant la prise de vues ; effet visuel résultant de ce procédé.

pansage [pɑ̃saʒ] n.m. Action de panser un cheval.

panse [pɑ̃s] n.f. (lat. *pantex* "intestins"). - **1.** Première poche de l'estomac des ruminants, où les végétaux absorbés s'entassent avant la mastication (syn. rumen). - **2.** FAM. Gros ventre. - **3.** Partie arrondie et renflée de certains récipients : *Panse d'une cruche.* - **4.** Partie d'une cloche où frappe le battant. - **5.** Partie arrondie de certaines lettres (*a, b, p, q*).

pansement [pɑ̃smɑ̃] n.m. - **1.** Action de panser une plaie. - **2.** Ce qui sert à panser une plaie, à protéger de l'infection et à favoriser la cicatrisation ; compresse, bandage : *Faire un pansement compressif.* - **3. Pansement gastrique,** préparation médicamenteuse administrée par la bouche, dans le traitement des affections de l'estomac.

panser [pɑ̃se] v.t. (dérivé de *penser,* dans la construction anc. *penser de* "s'occuper de"). - **1.** Appliquer un pansement sur : *Panser une plaie, un blessé.* - **2.** Adoucir une douleur morale : *Panser son cœur meurtri* (syn. consoler). - **3.** Faire la toilette d'un cheval.

panslavisme [pɑ̃slavism] n.m. Idéologie du XIXᵉ s. et du début du XXᵉ s., reposant sur le sentiment d'un héritage historique commun à tous les Slaves et visant à restaurer leur unité politique.

pansu, e [pɑ̃sy] adj. - **1.** Qui a un gros ventre. - **2.** Renflé : *Bonbonne pansue.*

pantagruélique [pɑ̃tagryelik] adj. (de *Pantagruel,* n. d'un personnage de Rabelais). Qui évoque Pantagruel : *Repas, appétit pantagruélique.*

pantalon [pɑ̃talɔ̃] n.m. (de *Pantalon,* n. d'un personnage à culotte longue de la comédie italienne). Culotte à longues jambes descendant jusqu'aux pieds : *Enfiler son pantalon.*

pantalonnade [pɑ̃talɔnad] n.f. (v. *pantalon*). - **1.** Farce, bouffonnerie grossière. - **2.** Dé-

monstration ridicule et hypocrite : *Sa douleur n'est que pantalonnade.*

pantelant, e [pɑ̃tlɑ̃, -ɑ̃t] adj. (de *panteler*
"haleter", altér. de l'anc. v. *pantoisier* ; v. *pantois*). LITT. **- 1.** VX. Qui respire avec peine (syn.
haletant). **- 2.** Chair pantelante, chair encore
palpitante d'un être que l'on vient de tuer.

panthéisme [pɑ̃teism] n.m. (angl. *pantheism*,
de *pan-* et du gr. *theos* "dieu"). **- 1.** Système
religieux, philosophique qui identifie Dieu
et le monde. **- 2.** Divinisation de la nature.
   ◆ **panthéiste** adj. et n. Qui relève du
panthéisme ; adepte du panthéisme.

panthéon [pɑ̃teɔ̃] n.m. (lat. *pantheon*, gr.
pantheion, de *pan-* et de *theos* "dieu").
- 1. Temple que les Grecs et les Romains
consacraient à tous leurs dieux. **- 2.** Ensemble des dieux d'une mythologie, d'une religion : *Le panthéon égyptien.* **- 3.** (Avec une
majuscule). Monument où sont déposés les
corps des hommes illustres d'une nation : *Le
Panthéon de Paris.*

panthère [pɑ̃tɛʀ] n.f. (lat. *panthera*, mot gr.).
- 1. Mammifère carnassier des régions tropicales, au pelage jaune tacheté de noir :
Panthère d'Afrique (= léopard). □ Famille des
félidés. **- 2.** Fourrure de cet animal.

pantin [pɑ̃tɛ̃] n.m. (de *pantine* "écheveau de
soie"). **- 1.** Figurine burlesque en carton, en
bois découpé, etc., dont on fait mouvoir les
membres en tirant sur un fil. **- 2.** Personne
influençable et versatile : *C'est un pantin
qu'on peut manœuvrer à sa guise* (syn. marionnette, fantoche).

pantois, e [pɑ̃twa, -az] adj. (de l'anc. v.
pantoisier "haleter", lat. pop. *pantasiare*
"avoir des visions", gr. *phantasioun* "imaginer"). Suffoqué par la surprise : *Cet argument
l'a laissé pantois.*

pantomime [pɑ̃tɔmim] n.f. (lat. *pantomimus*,
du gr.). **- 1.** Art de s'exprimer seul. par les
gestes, les attitudes, les jeux de physionomie. **- 2.** Pièce mimée.

pantouflard, e [pɑ̃tuflaʀ, -aʀd] n. et adj. (de
pantoufle). FAM. Qui aime à rester chez soi
(syn. casanier).

pantoufle [pɑ̃tufl] n.f. (orig. incert., p.-ê. de
l'it. *pantofla*). Chaussure d'intérieur, chausson sans talon ni tige.

panure [panyʀ] n.f. Syn. de *chapelure.*

P. A. O., sigle de *publication* assistée par ordinateur.

paon [pɑ̃] n.m. (lat. *pavo, pavonis*). **- 1.** Oiseau
gallinacé originaire d'Asie, dont le mâle
porte une livrée bleutée à reflets métalliques
et une longue queue aux plumes ocellées
qu'il relève en roue dans la parade. □ Famille
des phasianidés ; long. plus de 2,50 m,
queue comprise. Le paon criaille, braille.

- 2. Nom usuel de quelques espèces de
papillons aux ailes ocellées. **- 3.** Se parer des
plumes du paon, se prévaloir de mérites
usurpés.

paonne [pan] n.f. Femelle du paon.

papa [papa] n.m. (du lat. *pappus* "aïeul").
- 1. Père, dans le langage affectif. **- 2.** FAM. À la
papa, sans hâte ; sans risque : *Il conduit à la
papa.* ‖ FAM. De papa, désuet, démodé, vieux
jeu : *L'Université de papa.*

papable [papabl] adj.m. (it. *papabile*). FAM.
Susceptible d'être élu pape : *Cardinal papable.*

papal, e, aux [papal, -o] adj. Qui appartient
au pape.

papauté [papote] n.f. **- 1.** Dignité, fonction de
pape : *Être élevé à la papauté* (syn. pontificat).
- 2. Administration, gouvernement d'un
pape ; durée de son pontificat.

papavéracée [papaveʀase] n.f. (lat. *papaver*
"pavot"). Papavéracées, famille de plantes à
pétales séparés et caducs, à fruit en capsule,
telles que le pavot, le coquelicot, etc.

papaye [papaj] n.f. (mot caraïbe). Fruit
comestible du papayer, semblable à un petit
melon.

papayer [papaje] n.m. Arbre fruitier des
régions tropicales et équatoriales, qui produit la papaye. □ Famille des passifloracées.

pape [pap] n.m. (lat. *papa* ou *pappas*, mot gr.
"père, patriarche"). **- 1.** Chef élu de l'Église
catholique romaine. **- 2.** FAM. Personne jouissant d'une autorité indiscutée : *André Breton,
le pape du surréalisme.*

papelard, e [papelaʀ, -aʀd] adj. et n. (de l'anc.
fr. *papeler* "marmonner des prières"). LITT.
Hypocrite.

paperasse [papʀas] n.f. (de *papier*). Papier,
écrit tenu pour sans valeur : *De la paperasse
administrative.*

paperasserie [papʀasʀi] n.f. Excès de paperasse, abus d'écritures administratives.

paperassier, ère [papʀasje, -ɛʀ] adj. et n. Qui
se complaît dans la paperasserie : *Bureaucratie paperassière.*

papesse [papɛs] n.f. Femme pape, selon une
légende : *La papesse Jeanne.*

papeterie [papetʀi] n.f. **- 1.** Magasin où l'on
vend du papier, des fournitures scolaires et
des articles de bureau. **- 2.** Fabrication du
papier ; fabrique de papier.

papetier, ère [papətje, -ɛʀ] n. **- 1.** Personne
qui fabrique du papier. **- 2.** Personne qui
tient une papeterie. ◆ adj. Relatif au
papier : *Industrie papetière.*

papi n.m. → **papy.**

papier [papje] n.m. (lat. *papyrus*, gr. *papuros*
"roseau d'Égypte"). **- 1.** Matière faite de sub-

stances végétales réduites en une pâte étalée et séchée en couche mince, et qui sert à écrire, à imprimer, à envelopper, etc. : *De la pâte à papier. Papier à dessin. Papier journal. Papier d'emballage.* -**2.** Feuille, morceau de cette matière : *Mettre un papier à la corbeille.* -**3.** Feuille très mince d'un métal : *Papier d'aluminium.* -**4.** Feuille écrite ou imprimée : *Ranger ses papiers personnels* (syn. document, note). -**5.** Article dans la presse écrite : *Écrire un papier sur l'économie.* -**6.** Effet de commerce ; valeur immobilière. -**7.** FAM. **Être dans les petits papiers de qqn,** jouir de sa faveur, de son estime. ‖ **Mine de papier mâché,** visage d'une pâleur maladive. ‖ **Papier bible,** papier d'imprimerie très mince et opaque. ‖ **Papier cristal,** papier transparent, glacé et lustré sur les deux faces : *Envelopper des fleurs dans du papier cristal.* ‖ **Papier de verre,** papier enduit d'une substance abrasive et servant à poncer, à polir. ‖ **Papier mâché,** papier réduit en menus morceaux et mélangé à de l'eau additionnée de colle, de manière à former une pâte que l'on peut modeler, façonner. ‖ **Papier peint,** papier décoré, destiné à tapisser des murs intérieurs. ‖ **Sur le papier,** par écrit ; en projet : *C'est très bien sur le papier, mais c'est irréalisable.* ◆ **papiers** n.m. pl. Pièce d'identité ; document officiel permettant l'identification d'un véhicule : *Montrer ses papiers à un policier. Les papiers d'une voiture, d'un bateau.*

papier-calque [papjekalk] n.m. (pl. *papiers-calque*). Papier translucide permettant de recopier un dessin sur lequel il est appliqué.

papier-monnaie [papjemɔnɛ] n.m. (pl. *papiers-monnaies*). Monnaie fiduciaire, génér. non convertible en métal précieux.

papilionacée [papiljɔnase] n.f. (du lat. *papilio* "papillon"). Papilionacées, famille de plantes de l'ordre des légumineuses, dont la corolle rappelle celle d'un papillon, et qui comprend notamm. le genêt, le cytise, la glycine, le soja, le haricot, le pois, la lentille, le trèfle, l'arachide.

papille [papij] n.f. (lat. *papilla* "mamelon, bouton"). Petite éminence plus ou moins saillante qui s'élève à la surface d'une muqueuse, en partic. de celle de la langue.

papillon [papijɔ̃] n.m. (lat. *papilio, -onis*). -**1.** Insecte adulte de l'ordre des lépidoptères, aux quatre ailes couvertes d'écailles extrêmement fines, et parées de couleurs plus ou moins vives : *Papillons nocturnes, diurnes.* -**2.** FAM. Avis de contravention. -**3.** Écrou à ailettes, qu'on serre et desserre à la main. -**4.** **Brasse papillon.** Nage, dérivée de la brasse, dans laquelle les bras sont ramenés latéralement au-dessus de l'eau.

-**5.** **Nœud papillon.** Nœud de cravate en forme de papillon.

papillonnage [papijɔnaʒ] et **papillonnement** [papijɔnmã] n.m. Action de papillonner.

papillonner [papijɔne] v.i. -**1.** Être agité d'un mouvement rapide évoquant les ailes d'un papillon : *Fanions qui papillonnent dans le vent.* -**2.** Passer constamment d'une chose ou d'une personne à une autre.

papillote [papijɔt] n.f. (de *papillon*). -**1.** Morceau de papier sur lequel on enroulait les cheveux pour les friser. -**2.** Papier beurré ou huilé ou d'aluminium, dont on enveloppe certains aliments pour les cuire au four ou à la vapeur : *Rougets, cailles en papillotes.* -**3.** Papier enveloppant un bonbon ; bonbon ainsi présenté.

papilloter [papijɔte] v.i. (de *papillote*). -**1.** Être animé de reflets mouvants : *La surface du lac papillote* (syn. scintiller). -**2.** En parlant de l'œil, être animé d'un mouvement continuel, qui empêche de fixer un objet : *Sous un soleil vif, les yeux papillotent* (syn. ciller, cligner).

papisme [papism] n.m. (de *pape*). Terme péjor., employé surtout par les protestants, du XVIe au XIXe s., pour désigner le catholicisme romain.

papiste [papist] n. Terme péjor. (mêmes emplois que *papisme*) pour désigner un catholique romain.

papotage [papɔtaʒ] n.m. FAM. Bavardage frivole.

papoter [papɔte] v.i. (anc. fr. *papeter* "babiller", lat. *pappare,* d'un rad. onomat. *pap-*). FAM. Bavarder, dire des choses insignifiantes : *Élèves qui papotent en classe.*

paprika [paprika] n.m. (mot hongr. "poivre rouge"). Piment doux de Hongrie, qu'on utilise en poudre comme condiment.

papule [papyl] n.f. (lat. *papula,* var. de *papilla* ; v. *papille*). MÉD. Petite éminence rouge ne renfermant pas de liquide, qui se forme sur la peau dans certaines maladies.

papy ou **papi** [papi] n.m. (d'apr. *mamy*). Grand-père, dans le langage enfantin.

papyrologie [papirɔlɔʒi] n.f. Étude des manuscrits sur papyrus. ◆ **papyrologue** n. Nom du spécialiste.

papyrus [papirys] n.m. (mot lat., du gr. *papuros* "roseau d'Égypte"). -**1.** Plante des bords du Nil. -**2.** Feuille pour l'écriture, fabriquée par les anciens Égyptiens à partir de cette plante. -**3.** Manuscrit sur papyrus.

Pâque [pɑk] n.f. (gr. *paskha,* hébr. *pessah* "passage par-dessus"). Fête annuelle juive qui commémore la sortie d'Égypte du peuple hébreu, sa libération et l'annonce de sa rédemption messianique (v. aussi Pâques).

paquebot [pakbo] n.m. (de l'angl. *packet-boat* "bateau qui transporte les paquets"). Grand navire aménagé pour le transport des passagers.

pâquerette [pakʀɛt] n.f. (de *Pâques*). - **1.** Petite marguerite blanche qui reste en fleur presque toute l'année. - **2.** FAM. Au ras des pâquerettes, à un niveau très sommaire, très élémentaire : *Il a fait un discours au ras des pâquerettes* (= très terre à terre).

Pâques [pak] n.m. (de *pâque*). - **1.** Fête annuelle de l'Église chrétienne, qui commémore la résurrection de Jésus-Christ. ◆ **pâques** n.f. pl. - **1.** La fête de Pâques : *Joyeuses pâques*. - **2.** Faire ses pâques, communier au cours du temps pascal, selon la prescription de l'Église. □ La fête de Pâques a été fixée par le concile de Nicée (325) au dimanche qui suit la première pleine lune du printemps. (v. aussi *Pâque*.)

paquet [pakɛ] n.m. (anc. fr. *pacque*, du néerl. *pak* "ballot"). - **1.** Réunion de plusieurs choses attachées ou enveloppées ensemble : *Un paquet de linge, de lettres.* - **2.** Objet enveloppé, attaché pour être transporté plus facilement : *Expédier un paquet par la poste* (syn. colis). *Acheter un paquet de bonbons.* - **3.** Grande quantité de choses : *Avoir un paquet d'actions.* - **4.** FAM. Mettre, risquer le paquet, risquer au jeu une grosse somme d'argent ; n'épargner aucun effort, employer tous les moyens dont on dispose : *Les joueurs ont mis le paquet pendant tout le match.* ‖ Paquet de mer, grosse déferlante qui s'abat sur un bateau, un quai, etc.

paquetage [pakta ʒ] n.m. Ensemble des effets et des objets d'équipement d'un soldat.

par [paʀ] prép. (lat. *per* "au travers, au moyen de"). Indique : - **1.** Le lieu par où l'on passe : *Faire un crochet par Montpellier.* - **2.** Le moyen, la manière : *Arriver par bateau. Procéder par étapes successives.* - **3.** La cause, le motif : *Agir par intérêt, par devoir.* - **4.** L'agent : *Faire réparer sa voiture par un garagiste.* - **5.** La distribution : *Gagner tant par mois.* - **6.** Les circonstances : *Sortir par tous les temps.* - **7.** De par, du fait de, étant donné : *De par ses origines, il se trouve handicapé ;* par l'ordre ou l'autorité de : *De par le roi.*

parabole [paʀabɔl] n.f. (lat. ecclés. *parabola*, gr. *parabolê* "comparaison"). - **1.** Comparaison développée dans un récit, sous laquelle se cache un enseignement religieux ou moral : *La parabole des talents, dans l'Évangile.* - **2.** MATH. Courbe plane dont chaque point est équidistant d'un point fixe appelé *foyer* et d'une droite fixe appelée *directrice*. - **3.** TÉLÉCOMM. Antenne parabolique.

parabolique [paʀabɔlik] adj. - **1.** Qui tient de la parabole. - **2.** MATH. Relatif à la parabole :

Fonction parabolique. - **3.** En forme de parabole : *Antenne parabolique.*

paracentèse [paʀasɛtɛz] n.f. (gr. *parakentêsis*, de *kentêsis* "action de piquer"). MÉD. Ponction pratiquée pour retirer d'une cavité du corps un liquide séreux ou purulent : *Paracentèse du tympan.*

paracétamol [paʀasetamɔl] n.m. Médicament analgésique et antipyrétique.

parachèvement [paʀaʃɛvmɑ̃] n.m. Action de parachever ; fait d'être parachevé.

parachever [paʀaʃve] v.t. [conj. 19]. Mener à son complet achèvement avec un soin particulier : *Parachever un travail* (syn. parfaire, peaufiner).

parachutage [paʀaʃytaʒ] n.m. Action de parachuter : *Parachutage d'armes, de vivres.*

parachute [paʀaʃyt] n.m. (de *para*- [protection] et *chute*). - **1.** Appareil destiné à ralentir la chute d'une personne ou d'un objet tombant d'une grande hauteur, constitué d'une voilure en tissu léger relié par des suspentes à un harnais ; ce type d'appareil utilisé pour freiner certains avions à l'atterrissage. - **2.** Dispositif de sécurité d'un ascenseur, qui bloque la cabine en cas de rupture du câble.

parachuter [paʀaʃyte] v.t. - **1.** Larguer d'un aéronef avec un parachute : *Parachuter des troupes, du matériel.* - **2.** FAM. Envoyer qqn exercer une fonction, un mandat dans un lieu où sa nomination n'était pas prévue : *Parachuter un candidat dans une circonscription électorale.*

parachutisme [paʀaʃytism] n.m. Technique, sport du saut en parachute.

parachutiste [paʀaʃytist] n. - **1.** Personne qui pratique le parachutisme. - **2.** Militaire appartenant à une unité aéroportée, spécial. entraîné à combattre après avoir été parachuté. (Abrév. fam. *para.*)

1. parade [paʀad] n.f. (de *1. parer*). - **1.** Cérémonie militaire où les troupes sont rassemblées pour une revue, un défilé. - **2.** ÉTHOL. Ensemble de comportements de séduction précédant l'accouplement, observé chez de nombreuses espèces animales : *Le paon relève sa queue en roue dans la parade.* - **3.** Exhibition burlesque à la porte d'un théâtre forain ou devant un cirque pour engager le public à entrer.

2. parade [paʀad] n.f. (de *2. parer*). - **1.** Action de parer un coup, en escrime, en boxe, etc. : *Cette escrimeuse a une bonne parade.* - **2.** Riposte immédiate et efficace à une attaque : *Avocat qui trouve une bonne parade à une accusation.*

parader [paʀade] v.i. - **1.** Prendre un air avantageux pour attirer l'attention : *Parader dans* *un salon* (syn. plastronner, se pavaner). - **2.** Défiler, manœuvrer, en parlant de troupes.

paradigmatique [paradigmatik] adj. LING. - **1.** Relatif à un paradigme. - **2.** Se dit des relations existant entre des unités qui sont substituables dans un même contexte (par opp. à *syntagmatique*).

paradigme [paradigm] n.m. (gr. *paradeigma* "exemple"). LING. - **1.** Ensemble des formes fléchies d'un mot pris comme modèle (déclinaison d'un nom ou conjugaison d'un verbe). - **2.** Ensemble des unités qui appartiennent à la même classe grammaticale, lexicale ou sémantique, et qui peuvent être substituées les unes aux autres dans un contexte donné.

paradis [paradi] n.m. (lat. ecclés. *paradisus*, gr. *paradeisos*, d'une langue iranienne, *paridaiza* "enclos du Seigneur"). - **1.** RELIG. CHRÉT. Séjour des âmes des justes après la mort : *Aller au paradis* (syn. ciel). - **2.** Lieu, séjour enchanteur : *Cette plage est le paradis des enfants. Sur cette île, je suis au paradis.* - **3.** Galerie supérieure d'une salle de théâtre. - **3.** Il (elle, etc.) ne l'emportera pas au paradis, il (elle, etc.) ne restera pas impuni. ‖ Les paradis artificiels, les plaisirs que procurent les stupéfiants (titre d'une œuvre de Charles Baudelaire). ‖ Oiseau de paradis, paradisier. ‖ Paradis fiscal, pays ou place financière qui fait bénéficier d'avantages fiscaux les personnes qui y font des opérations, des dépôts, etc. ‖ Paradis terrestre, jardin de délices où Dieu plaça Adam et Ève.

paradisiaque [paradizjak] adj. (lat. ecclés. *paradisiacus*). Qui évoque le paradis : *Un séjour paradisiaque* (syn. enchanteur).

paradisier [paradizje] n.m. (de *paradis*). Oiseau passereau de Nouvelle-Guinée dont le mâle porte un plumage nacré. (On dit aussi *un oiseau de paradis*.)

paradoxal, e, aux [paradɔksal, -o] adj. - **1.** Qui tient du paradoxe : *Idée paradoxale.* - **2.** Sommeil paradoxal, phase du sommeil pendant laquelle ont lieu les rêves. □ Dans le sommeil paradoxal, le relâchement musculaire est maximal, mais les ondes cérébrales rappellent celles de l'état de veille.

paradoxalement [paradɔksalmɑ̃] adv. De façon paradoxale : *Paradoxalement, c'est en apprenant sa défaite qu'il manifesta sa joie.*

paradoxe [paradɔks] n.m. (gr. *paradoxos*, de *para* "contre" et *doxa* "opinion"). - **1.** Pensée, opinion contraire à l'opinion commune, et qui heurte la raison ou la logique : *Soutenir un étonnant paradoxe.* - **2.** LOG. Syn. de *antinomie*.

parafe n.m., **parafer** v.t., **parafeur** n.m. → paraphe, parapher, parapheur.

paraffine [parafin] n.f. (lat. *parum affinis* "qui a peu d'affinité"). Substance blanche faite d'un mélange d'hydrocarbures saturés solides, utilisée notamm. dans la fabrication des bougies.

paraffiné, e [parafine] adj. Enduit, imprégné de paraffine : *Papier paraffiné.*

parafiscalité [parafiskalite] n.f. (de *para*- [voisin] et *fiscalité*). Ensemble des taxes et des cotisations perçues, sous l'autorité de l'État, au profit d'administrations, d'organismes autonomes.

parages [paraʒ] n.m. pl. (esp. *paraje* "lieu où l'on s'arrête", du lat. *parare* "s'arrêter"). - **1.** MAR. Étendue de mer proche de la côte : *Les parages d'Ouessant.* - **2.** Dans les parages (de), dans la région environnant un lieu : *Cette boutique est située dans les parages de la gare* (= du côté de). *Cherche-la, elle doit être dans les parages* (= non loin d'ici).

paragraphe [paragraf] n.m. (gr. *paragraphos*, lat. médiév. *paragraphus* "écrit à côté"). Subdivision d'un texte, formant une unité : *Les députés ont repoussé ce paragraphe de la loi.*

paraître [parɛtr] v.i. (bas lat. *parescere*, class. *parere*) [conj. 91 ; auxil. *avoir* ou *être*]. - **1.** Se présenter à la vue : *Une étoile paraît dans le ciel* (syn. apparaître, surgir). - **2.** Manifester sa présence dans tel lieu : *Paraître au balcon* (syn. se montrer). *Paraître en scène* (syn. se produire). - **3.** (Auxil. *avoir* ou plus souvent *être*). Être publié : *Ce livre est paru en librairie depuis six mois* (syn. publier). *Une réédition de ses poèmes a paru en juin dernier.* - **4.** (Suivi d'un attribut). Avoir l'apparence de ; donner l'impression de : *Il paraît souffrant* (syn. sembler). *Elle paraît trente ans.* - **5.** (Absol.). Se faire remarquer par une apparence avantageuse : *Le désir de paraître* (syn. briller). - **6.** Il paraît (que), il paraîtrait que ; à ce qu'il paraît, paraît-il, on dit, le bruit court que ; selon les apparences : *Il paraît que vous êtes allés en Grèce cet été. Vous déménagez, à ce qu'il paraît.* ‖ Sans qu'il y paraisse, sans que cela se voie.

parallaxe [paralaks] n.f. (gr. *parallaxis* "changement"). - **1.** Déplacement de la position apparente d'un corps, dû à un changement de position de l'observateur. - **2.** OPT. Angle formé par l'axe optique et l'axe de visée d'un appareil (viseur et objectif d'un appareil photo, par ex.). - **3.** Erreur de parallaxe, erreur commise en lisant obliquement la graduation d'un appareil de mesure. ‖ ASTRON. Parallaxe d'un astre, angle sous lequel on verrait, de cet astre, une longueur choisie par convention (par ex. le rayon équatorial de la Terre, pour les astres du système solaire).

1. **parallèle** [paralɛl] adj. (lat. *parallelus*, gr. *parallêlos*, de *para* "à côté" et *allêlos* "l'un l'autre"). - **1.** Se dit de droites coplanaires, ou

de plans, qui n'ont aucun point commun ou qui sont confondus (par opp. à *concourant*). - **2.** Se dit de choses, d'actions qui se développent dans la même direction ou en même temps : *Mener des politiques parallèles* (contr. divergent, contraire). - **3.** Qui porte sur le même objet, mais d'une manière illégale, non officielle : *Marché parallèle* (= marché noir). *Police parallèle.* - **4.** Droite parallèle à un plan, droite parallèle à une droite de ce plan. ◆ n.f. - **1.** Droite parallèle à une autre droite ou à un plan. - **2.** Postulat des parallèles, postulat d'Euclide qui pose que par un point situé hors d'une droite, on ne peut mener qu'une seule parallèle à cette droite. ▪ ÉLECTR. En parallèle, se dit de circuits bifurqués entre lesquels le courant se partage (par opp. à *en série*) [syn. en dérivation].

2. **parallèle** [paralɛl] n.m. (de *1. parallèle*). - **1.** Chacun des cercles imaginaires parallèles à l'équateur et servant à mesurer la latitude : *Parallèles et méridiens.* - **2.** MATH. Section d'une surface de révolution par un plan perpendiculaire à l'axe. - **3.** Comparaison suivie entre deux ou plusieurs sujets : *Établir, faire un parallèle entre deux auteurs.*

parallèlement [paralɛlmã] adv. De façon parallèle.

parallélépipède [paralelepipɛd] n.m. (du gr. *parallèlos* et *epipedon* "surface plane"). Polyèdre à six faces (parallélogrammes), parallèles deux à deux : *Parallélépipède droit* (= dont les arêtes sont perpendiculaires au plan de base).

parallélépipédique [paralelepipedik] adj. Qui a la forme d'un parallélépipède.

parallélisme [paralelism] n.m. - **1.** Fait d'être parallèle ; état de ce qui est parallèle : *Vérifier le parallélisme des roues d'une voiture.* - **2.** Évolution similaire de faits, de choses : *Le parallélisme de deux facteurs économiques.*

parallélogramme [paralelɔgram] n.m. Quadrilatère plan dont les côtés sont parallèles deux à deux.

paralysant, e [palalizã, -ãt] adj. De nature à paralyser.

paralysé, e [paralize] adj. et n. Atteint, frappé de paralysie : *Vieillard paralysé* (syn. paralytique). *Bras paralysé.*

paralyser [paralize] v.t. - **1.** Frapper de paralysie : *Une attaque l'a paralysé sur tout le côté droit.* - **2.** Empêcher d'agir ; frapper d'impuissance : *Je ne peux plus bouger, le froid me paralyse. Une grève paralyse les transports en commun* (syn. arrêter, bloquer). *La sévérité de l'examinateur paralysait les candidats* (syn. glacer, figer).

paralysie [paralizi] n.f. (lat. *paralysis*, mot gr., de *lusis* "relâchement"). - **1.** Disparition ou

diminution considérable de la fonction motrice, consécutive génér. à une lésion nerveuse centrale ou périphérique : *Être frappé de paralysie.* - **2.** Impossibilité d'agir ; arrêt complet : *Paralysie de l'économie. La paralysie de l'Administration* (syn. inertie).

paralytique [paralitik] adj. et n. Atteint de paralysie : *Hôpital réservé aux paralytiques* (syn. paralysé).

paramécie [paramesi] n.f. (lat. *paramecium*, gr. *paramêkês* "oblong"). Protozoaire à cils vibratiles commun dans les eaux douces stagnantes.

paramédical, e, aux [paramedikal, -o] adj. Qui concerne les soins, la santé, ou qui s'y consacre, sans relever du corps médical : *La kinésithérapie, l'ergothérapie, le secrétariat médical sont des professions paramédicales.*

paramètre [paramɛtr] n.m. (du gr. *para* "voisin de" et *metron* "mesure") - **1.** MATH. Élément autre que la variable ou l'inconnue, désignant un coefficient en fonction duquel on peut exprimer une proposition ou les solutions d'un problème. - **2.** INFORM. Variable dont la valeur, l'adresse ou le nom ne sont précisés qu'à l'exécution du programme. - **3.** Élément à prendre en compte pour évaluer une situation, comprendre un phénomène dans le détail : *La pluie et l'obscurité sont des paramètres dont il faut tenir compte pour expliquer cet accident* (syn. facteur, donnée).

paramétrer [parametre] v.t. [conj. 18]. MATH., INFORM. Définir les paramètres d'une proposition, d'un problème.

paramilitaire [paramilitɛr] adj. Se dit d'une organisation civile dont la structure et la discipline imitent celles de l'armée.

parangon [parãgɔ̃] n.m. (esp. *parangón* "comparaison", de l'it. *paragone* "pierre de touche", du gr. *parakonê*). LITT. Modèle, type accompli : *Un parangon de vertu.*

paranoïa [paranɔja] n.f. (mot gr. "folie", de *para* "à côté" et *nous* "esprit"). - **1.** Psychose chronique caractérisée par l'organisation logique de thèmes délirants dont la forme la plus fréquente est le délire de persécution. - **2.** Comportement de qqn, d'un groupe qui a tendance à se croire persécuté ou agressé.

paranoïaque [paranɔjak] adj. De la paranoïa ; de la nature de la paranoïa : *Délire paranoïaque.* ◆ adj. et n. Atteint de paranoïa (abrév. fam. *parano*).

paranormal, e, aux [paranɔrmal, -o] adj. et n.m. Se dit de certains phénomènes dont le mécanisme et les causes, inexpliqués dans l'état actuel de la connaissance, seraient imputables à des forces de nature inconnue, d'origine notamm. psychique.

parapente [paʀapɑ̃t] n.m. (de *para*[*chute*] et *pente*). Parachute conçu pour s'élancer d'un versant montagneux, du sommet d'une falaise, etc. ; sport ainsi pratiqué.

parapet [paʀapɛ] n.m. (it. *parapetto* "qui protège la poitrine"). - **1.** Muret à hauteur d'appui formant garde-fou. - **2.** FORTIF. Mur, talus permettant aux défenseurs d'un ouvrage fortifié de tirer en étant à couvert du feu ennemi.

parapharmacie [paʀafaʀmasi] n.f. Ensemble des produits sans usage thérapeutique vendus en pharmacie ; commerce de ces produits.

paraphe ou **parafe** [paʀaf] n.m. (lat. médiév. *paraphus*, altér. de *paragraphus* ; v. *paragraphe*). - **1.** DR. Signature abrégée, souvent formée des initiales, utilisée notamm. pour l'approbation des renvois et des ratures dans un acte officiel : *Apposer son paraphe au bas d'un acte de vente.* - **2.** Trait de plume accompagnant la signature.

parapher ou **parafer** [paʀafe] v.t. Marquer, signer d'un paraphe : *Parapher un procès-verbal.*

parapheur ou **parafeur** [paʀafœʀ] n.m. Classeur, dossier dans lequel le courrier est présenté à la signature.

paraphrase [paʀafʀaz] n.f. (lat. *paraphrasis*, mot gr. "phrase à côté"). - **1.** Développement explicatif d'un texte. - **2.** Commentaire verbeux et diffus d'un texte (péjor.). - **3.** LING. Énoncé synonyme d'un autre.

paraphraser [paʀafʀaze] v.t. Commenter, amplifier par une paraphrase : *Paraphraser une expression.*

paraphrastique [paʀafʀastik] adj. Qui a le caractère d'une paraphrase : *Énoncé paraphrastique.*

paraplégie [paʀapleʒi] n.f. (du gr. *plêgê* "choc"). Paralysie des deux membres inférieurs.

paraplégique [paʀapleʒik] adj. et n. Atteint de paraplégie.

parapluie [paʀaplɥi] n.m. (de *para-* [protection] et *pluie*). - **1.** Accessoire portatif formé d'un manche et d'une étoffe tendue sur une armature pliante, destiné à se protéger de la pluie : *S'abriter sous un parapluie.* - **2.** FAM. Ouvrir le parapluie, prendre toutes les précautions nécessaires pour ne pas avoir à endosser de responsabilités, à subir de désagréments. ‖ Parapluie nucléaire, protection nucléaire assurée par une grande puissance à ses alliés.

parapsychologie [paʀapsikɔlɔʒi] n.f. Étude des phénomènes paranormaux ayant une origine psychique, ou jugés tels.

parapublic, ique [paʀapyblik] adj. Qui s'apparente au secteur public : *Entreprise parapublique.*

parascolaire [paʀaskɔlɛʀ] adj. Qui est en relation avec l'enseignement donné à l'école, qui le complète : *Manuels parascolaires.*

parasismique [paʀasismik] adj. (de *para-* [protection] et *sismique*). Relatif à la prévention des dégâts provoqués par les séismes : *Réglementation parasismique pour les constructions.*

parasitaire [paʀazitɛʀ] adj. - **1.** Dû à un parasite ; relatif aux parasites : *Maladie parasitaire.* - **2.** Qui se développe à la manière d'un parasite : *Commerce parasitaire.*

parasite [paʀazit] n.m. (lat. *parasitus*, gr. *parasitos*, de *sitos* "nourriture"). - **1.** Personne qui vit dans l'oisiveté, aux dépens des autres, de la société. - **2.** BIOL. Être vivant qui puise les substances qui lui sont nécessaires dans l'organisme d'un autre, appelé *hôte* : *Le mildiou est un parasite de la vigne, le ténia un parasite de l'homme.* ◆ **parasites** n.m. pl. Perturbations dans la réception des signaux radioélectriques : *Parasites d'origine atmosphérique.* ◆ adj. BIOL. Qui vit en parasite : *Plante parasite.*

parasiter [paʀazite] v.t. - **1.** Vivre en parasite aux dépens de qqn, au détriment d'un être vivant : *L'ascaris parasite l'intestin de l'homme.* - **2.** Perturber un signal radioélectrique par des parasites : *Le moteur parasite les émissions.*

parasitisme [paʀazitism] n.m. - **1.** État, mode de vie du parasite : *Parasitisme social.* - **2.** BIOL. Condition de vie des parasites, des êtres vivants qui en parasitent d'autres.

parasitologie [paʀazitɔlɔʒi] n.f. Étude des organismes parasites : *Parasitologie médicale.*

parasitose [paʀazitoz] n.f. Maladie due à un parasite.

parasol [paʀasɔl] n.m. (it. *parasole,* propr. "contre le soleil"). - **1.** Objet pliant en forme de grand parapluie, destiné à se protéger du soleil. - **2.** Pin parasol, pin dont les ramifications, étalées au sommet d'un haut fût, évoquent un parasol.

parasympathique [paʀasɛ̃patik] adj. et n.m. (de *para-* [voisin] et *sympathique*). ANAT. Se dit de l'un des deux systèmes nerveux régulateurs de la vie végétative (l'autre étant le système *sympathique*).

paratonnerre [paʀatɔnɛʀ] n.m. (de *para-* [protection] et *tonnerre*). Appareil destiné à préserver les bâtiments des effets de la foudre.

paravent [paʀavɑ̃] n.m. (it. *paravento,* propr. "contre le vent"). Meuble composé de panneaux verticaux articulés, servant à isoler.

parbleu [paʀblø] interj. (euphémisme pour *par Dieu*). VIEILLI. Souligne une évidence, exprime l'approbation : *Il était content ? Parbleu ! C'est ce qu'il attendait* (syn. bien sûr).

parc [paʀk] n.m. (bas lat. *parricus* "enclos"). - **1.** Terrain assez vaste, le plus souvent enclos et boisé, dépendant d'un édifice, aménagé pour la promenade : *Le parc du château.* - **2.** Grand jardin public : *Aller marcher au parc.* - **3.** Ensemble d'équipements, de matériels, d'installations de même nature dont dispose un pays, une entreprise, etc. : *Le parc automobile français* (= le nombre de voitures). - **4.** Emplacement de stockage à l'air libre. - **5.** Petit enclos où l'on place les bébés pour qu'ils s'y ébattent sans danger. - **6.** Bassin artificiel où sont placées les huîtres pour les y laisser grossir. - **7.** Parc de loisirs, vaste terrain aménagé pour les loisirs et comportant diverses installations destinées à la détente et à l'amusement. ‖ Parc de stationnement, emplacement aménagé pour le stationnement des véhicules (syn. parking). ‖ Parc national, parc naturel régional, vaste étendue d'un territoire national, affecté, sous l'autorité de l'État, à la préservation des paysages, de la faune et de la flore.

parcage [paʀkaʒ] n.m. - **1.** Action de parquer : *Le parcage des camions.* - **2.** AGRIC. Action de faire séjourner un troupeau de moutons dans un enclos (parc) qu'on déplace à intervalles réguliers pour fertiliser le sol par les déjections.

parcellaire [paʀseleʀ] adj. Constitué de parcelles ; divisé en parcelles : *Plan parcellaire d'une commune.*

parcellarisation [paʀselaʀizasjɔ̃] et **parcellisation** [paʀselizasjɔ̃] n.f. Action de parcellariser, de parcelliser.

parcellariser [paʀselaʀize] et **parcelliser** [paʀselize] v.t. - **1.** Diviser en parcelles, en petits éléments. - **2.** Fractionner une tâche complexe en opérations élémentaires : *Parcellariser le travail.*

parcelle [paʀsel] n.f. (lat. *particula*, de *pars, partis* "partie"). - **1.** Petite partie, petite quantité : *Une parcelle de mica* (syn. fragment). *Il n'y a pas la moindre parcelle de vérité dans ses affirmations.* - **2.** Pièce de terrain de même culture ou de même utilisation, constituant une unité cadastrale.

parce que [paʀskə] conj. sub. (de *par, ce et que*). - **1.** Marque la cause : *On se chauffe parce qu'on a froid.* - **2.** Employé seul, marque le refus de répondre : *Pourquoi ne voulez-vous pas le rencontrer ? Parce que.*

parchemin [paʀʃəmɛ̃] n.m. (bas lat. *pergamena [charta]*, gr. *pergamênê* "[peau] de Per-

game"). - **1.** Peau de mouton, de chèvre, plus rarement de porc ou d'âne, spécial. traitée pour l'écriture ou la reliure : *Les scribes grattaient les parchemins afin d'écrire de nouveaux textes.* - **2.** Document écrit sur parchemin : *Déchiffrer d'antiques parchemins.*

parcheminé, e [paʀʃəmine] adj. - **1.** Qui a la consistance ou l'aspect du parchemin. - **2.** Peau, visage parcheminés, secs et ridés.

parcimonie [paʀsimɔni] n.f. (lat. *parcimonia*, de *parcere* "épargner"). Épargne rigoureuse, jusque dans les moindres détails : *Dépenser avec parcimonie* (contr. prodigalité). *Faire des compliments avec parcimonie* (syn. réserve).

parcimonieusement [paʀsimɔnjøzmɑ̃] adv. Avec parcimonie (syn. chichement).

parcimonieux, euse [paʀsimɔnjø, -øz] adj. Qui fait preuve de parcimonie : *Une distribution parcimonieuse de récompenses* (contr. abondant).

parcmètre [paʀkmɛtʀ] n.m. Appareil muni d'un dispositif automatique d'encaissement de la monnaie, dans lequel un automobiliste doit déposer une somme correspondant à son temps de stationnement.

parcourir [paʀkuʀiʀ] v.t. (lat. *percurrere*) [conj. 45]. - **1.** Traverser, visiter dans toute son étendue : *Parcourir une ville.* - **2.** Accomplir un trajet déterminé : *Le train parcourt cette distance en deux heures* (syn. couvrir, franchir). - **3.** Traverser qqn de part en part : *Un frisson me parcourt tout entière.* - **4.** Examiner, lire rapidement : *Parcourir un livre.*

parcours [paʀkuʀ] n.m. (bas lat. *percursus*, d'apr. *cours*). - **1.** Chemin, trajet suivi pour aller d'un point à un autre : *Le parcours d'un autobus* (syn. itinéraire). - **2.** Circuit, itinéraire déterminé sur lequel se déroule une compétition sportive ; le terrain où se trouve ce circuit. - **3.** Incident, accident de parcours, difficulté imprévue retardant la réalisation d'un projet. ‖ Parcours du combattant, parcours effectué par les militaires à titre d'entraînement au combat, sur un terrain comportant des obstacles variés.

par-delà [paʀdəla] prép. De l'autre côté de ; en dépassant une limite, une notion abstraite : *Spectacle retransmis par-delà les mers. Mouvement qui se situe par-delà les clivages politiques.*

pardessus [paʀdəsy] n.m. Manteau d'homme qui se porte par-dessus les autres vêtements.

par-devers [paʀdəvɛʀ] prép. - **1.** Devant, en présence de : *Par-devers le juge.* - **2.** Par-devers soi, entre ses mains : *Retenir des documents par-devers soi.*

pardi [paʀdi] interj. (de *par Dieu*). Souligne une évidence, exprime l'approbation : *S'il *l'a fait, c'est qu'il y trouvait son intérêt, pardi !* (syn. bien sûr).

pardon [paʀdɔ̃] n.m. (de *pardonner*). - **1.** Action de pardonner ; rémission d'une faute, d'une offense : *Demander pardon à qqn. Je n'ai pas obtenu son pardon.* - **2.** Pèlerinage religieux annuel et fête populaire, en Bretagne. - **3.** Formule de politesse pour s'excuser ou pour faire répéter ce qu'on n'a pas entendu, compris : *Pardon, je vous dérange ?* (= excusez-moi). *Pardon ? Pourriez-vous répéter votre question ?* (syn. comment). - **4.** FAM. Formule pour souligner la pensée, renforcer l'expression, appuyer une contradiction : *Lui, il est déjà grand, mais son frère, alors, pardon !* - **5.** (Avec une majuscule). **Grand Pardon,** autre nom du Yom Kippour.

pardonnable [paʀdɔnabl] adj. Qui peut être pardonné : *C'est une erreur bien pardonnable* (syn. excusable).

pardonner [paʀdɔne] v.t. (de *par* et *donner*). - **1.** Renoncer à punir une faute, à se venger d'une offense : *Pardonner un crime, une injure.* - **2.** Avoir de l'indulgence pour ; excuser : *Pardonnez ma franchise.* - **3.** Accepter sans dépit, sans jalousie : *On ne lui pardonne pas ses succès.* ◆ v.t. ind. [à]. - **1.** Cesser d'entretenir à l'égard de qqn de la rancune ou de l'hostilité : *Pardonner à ses ennemis.* - **2.** (Absol.). Ça ne pardonne pas, cela ne manque jamais d'avoir de graves conséquences : *La vitesse sur le verglas, ça ne pardonne pas.*

pare-balles [paʀbal] adj. inv. Qui protège des balles : *Un gilet pare-balles.*

pare-brise [paʀbʀiz] n.m. inv. Plaque de verre spécial ou de matière transparente à l'avant de l'habitacle d'un véhicule.

pare-chocs [paʀʃɔk] n.m. inv. Dispositif débordant l'aplomb d'un véhicule automobile à l'avant et à l'arrière, et destiné à protéger la carrosserie des chocs.

parèdre [paʀɛdʀ] n. et adj. (gr. *paredros* "qui siège à côté"). MYTH. Divinité associée, à un rang subalterne, au culte et aux fonctions d'une autre divinité.

pare-feu [paʀfø] adj. inv. Qui protège du feu, de l'incendie : *Porte pare-feu.* ◆ n.m. inv. Syn. de *coupe-feu.*

parégorique [paʀegɔʀik] adj. (lat. *paregoricus,* du gr. *parêgorein* "adoucir"). **Élixir parégorique,** teinture à base d'anis et d'opium camphré, employée contre les douleurs intestinales et la diarrhée.

pareil, eille [paʀɛj] adj. (du lat. *par, paris* "égal"). - **1.** Qui présente une ressemblance ou une similitude : *Toutes les assiettes sont pareilles* (syn. identique, semblable). - **2.** (Souvent avant le n.). Avec une valeur démons-

trative, indique le cas présent, la situation actuelle, la singularité de qqn, d'une action : *Je n'ai encore jamais vu une pareille obstination* (syn. tel, semblable). *Que faut-il faire en pareil cas ?* (= dans ce cas). ◆ n. - **1.** Personne de même condition : *Vous et vos pareils* (syn. semblable). - **2.** FAM. C'est du pareil au même, c'est exactement la même chose : *Toi et ton frère, c'est du pareil au même.* ‖ Il n'a pas son pareil, elle n'a pas sa pareille pour, il, elle est supérieur(e) à n'importe qui dans un domaine, une activité. ‖ Rendre la pareille à qqn, lui faire subir le traitement qu'on a reçu de lui. ‖ Sans pareil, que rien ne peut égaler : *C'est un désordre sans pareil.* ◆ **pareil** adv. FAM. De la même façon : *Ils sont toujours habillés pareil.*

pareillement [paʀɛjmɑ̃] adv. De la même manière : *Ils étaient tous pareillement mécontents* (syn. aussi).

parement [paʀmɑ̃] n.m. (de *1. parer*). - **1.** Revers des manches de certains vêtements : *Jaquette à parements de dentelle.* - **2.** TECHN. Face extérieure, visible, d'un ouvrage de maçonnerie, de menuiserie.

parenchyme [paʀɑ̃ʃim] n.m. (gr. *paregkhuma*). - **1.** HISTOL. Tissu formé de cellules différenciées, doué d'une fonction physiologique spécifique : *Parenchyme rénal.* - **2.** BOT. Tissu fondamental des végétaux supérieurs, formé de cellules vivantes peu différenciées, aux parois minces, et assurant différentes fonctions.

parent, e [paʀɑ̃, -ɑ̃t] n. et adj. (lat. *parens, -entis,* de *parere* "enfanter"). - **1.** Personne qui a des liens familiaux plus ou moins étroits avec qqn : *Deux beaux-frères sont parents par alliance.* - **2.** Père ou mère d'un enfant scolarisé : *Association de parents d'élèves.* - **3.** Traiter qqn en parent pauvre, le négliger, le considérer comme secondaire. ◆ **parents** n.m. pl. Le père et la mère : *Ses parents sont enseignants.* ◆ adj. Qui a des traits communs avec qqn, qqch d'autre : *Ces deux interprétations sont parentes.*

parental, e, aux [paʀɑ̃tal, -o] adj. Des parents ; du père et de la mère : *Autorité parentale. Image parentale.*

parenté [paʀɑ̃te] n.f. (lat. pop. *°parentatus*). - **1.** Relation de consanguinité ou d'alliance qui unit deux ou plusieurs personnes entre elles : *Degré, lien de parenté.* - **2.** DR. Lien juridique qui unit des personnes qui descendent l'une de l'autre *(parenté directe)* ou qui descendent d'un ancêtre commun *(parenté collatérale).* - **3.** Ensemble des parents et des alliés de qqn : *Il a une nombreuse parenté* (syn. litt. parentèle). - **4.** Ressemblance, point commun entre des choses : *La parenté des goûts, des caractères* (syn. affinité). - **5.** ANTHROP.

Système de parenté, ensemble des relations qui existent entre les parents et les classes de parents d'une même famille dans une ethnie.

parentèle [paʀɑ̃tɛl] n.f. (lat. *parentela*). - **1.** VX. Lien de parenté ; consanguinité. - **2.** LITT. Ensemble des parents.

parentéral, e, aux [paʀɑ̃teʀal, -o] adj. (du gr. *para* "à côté" et *enteron* "intestin"). MÉD. Qui se fait par une voie autre que la voie digestive, en parlant de l'administration d'un médicament : *Préparation pour usage parentéral.*

parenthèse [paʀɑ̃tɛz] n.f. (lat. *parenthesis*, mot gr. "action de mettre auprès de"). - **1.** Élément (phrase, membre de phrase, mot) qui interrompt la continuité syntaxique d'un discours, d'un texte, et apporte une information accessoire. - **2.** Chacun des deux signes typographiques ( ) qui indiquent l'intercalation d'un tel élément : *Ouvrir, fermer la parenthèse.* - **3.** MATH. Ces signes, isolant une expression algébrique. - **4.** Remarque incidente, accessoire : *J'en ai terminé avec cette parenthèse.* - **5.** Par parenthèse, entre parenthèses, incidemment, sans rapport avec ce qui précède ou ce qui suit : *Je vous signale, entre parenthèses, que je serai en vacances la semaine prochaine.*

paréo [paʀeo] n.m. (mot tahitien). Pagne traditionnel des Tahitiennes, fait d'un tissu imprimé de couleurs vives.

1. parer [paʀe] v.t. (lat. *parare* "préparer, disposer"). - **1.** Garnir d'objets qui embellissent : *Parer une salle pour un bal* (syn. décorer, orner). - **2.** Revêtir de beaux habits, d'ornements élégants : *Parer une mariée.* - **3.** Préparer pour divers usages : *Parer de la viande* (= enlever les nerfs, la graisse, etc.). - **4.** Préparer, tenir prêt à servir : *Parer une ancre.* ◆ **se parer** v.pr. [de]. - **1.** Se vêtir avec soin, élégance : *Se parer pour le bal.* - **2.** LITT. S'adjuger, s'attribuer plus ou moins indûment : *Se parer d'un faux titre.*

2. parer [paʀe] v.t. (it. *parare*, mot lat.). Détourner de soi une attaque, un coup : *Un boxeur qui pare un direct du droit* (syn. esquiver). ◆ v.t. ind. [à]. Se prémunir contre ; se préserver de : *Parer à toute éventualité* (syn. remédier).

pare-soleil [paʀsɔlɛj] n.m. inv. Dispositif protégeant des rayons directs du soleil sur une automobile, un appareil photo, etc.

paresse [paʀɛs] n.f. (lat. *pigritia*, de *piger* "paresseux"). - **1.** Répugnance au travail, à l'effort ; goût pour l'inaction : *Climat chaud qui incite à la paresse* (syn. oisiveté, fainéantise). - **2.** MÉD. Lenteur anormale dans le fonctionnement d'un organe : *Paresse intestinale.*

paresser [paʀese] v.i. Se laisser aller à la paresse : *Elle aime paresser le matin* (syn. traînasser).

paresseusement [paʀesøzmɑ̃] adv. Avec paresse : *Feuilleter paresseusement un magazine* (syn. mollement).

1. paresseux, euse [paʀesø, -øz] adj. et n. Qui montre, manifeste de la paresse : *Sa sœur est paresseuse* (syn. fainéant). ◆ adj. MÉD. Lent dans son fonctionnement : *Estomac paresseux.*

2. paresseux [paʀesø] n.m. (de *1. paresseux*). Nom usuel de l'aï.

parfaire [paʀfɛʀ] v.t. (lat. *perficere*) [conj. 109]. Mener à son complet développement, à la perfection : *Parfaire une œuvre* (syn. parachever).

1. parfait, e [paʀfɛ, -ɛt] adj. (lat. *perfectus*, de *perficere* ; v. *parfaire*). - **1.** Qui réunit toutes les qualités : *Bonheur parfait* (syn. absolu). *Travail parfait* (syn. irréprochable). - **2.** Qui présente toutes les caractéristiques propres à sa catégorie, à son espèce : *Un parfait homme du monde. Un garçon d'une parfaite correction.* - **3.** C'est parfait ! Parfait !, tout est pour le mieux : *C'est parfait, vous pouvez vous retirer.* | MATH. Nombre parfait, nombre égal à la somme de tous ses diviseurs (lui-même étant exclu).

2. parfait [paʀfɛ] n.m. (lat. *perfectum*). GRAMM. Dans certaines langues, temps verbal qui, marqué par l'aspect perfectif, dénote un état présent résultant d'une action passée : *Le parfait grec, latin.*

parfaitement [paʀfɛtmɑ̃] adv. - **1.** De façon parfaite : *Connaître parfaitement une langue* (syn. impeccablement). *Une boîte parfaitement étanche* (syn. totalement, complètement). - **2.** Insiste sur la véracité d'une affirmation : *Vous avez parfaitement le droit de refuser* (syn. incontestablement). *Tout ceci est parfaitement exact* (syn. absolument).

parfois [paʀfwa] adv. (de *par* et *fois*). De temps à autre : *Cela m'amuse parfois* (syn. quelquefois).

parfum [paʀfœ̃] n.m. (it. *perfumo*). - **1.** Odeur agréable, senteur : *Le parfum des roses* (syn. arôme). *Le parfum capiteux d'un vin* (syn. bouquet). - **2.** Substance aromatique d'origine naturelle ou synthétique utilisée pour donner à la peau, au corps, aux vêtements, une odeur agréable : *Un flacon de parfum.* - **3.** Arôme donné à certains aliments : *Glace à deux parfums.*

parfumer [paʀfyme] v.t. (it. anc. *perfumare*, du lat. *fumare* "fumer"). - **1.** Remplir, imprégner d'une bonne odeur : *Ce mimosa parfume délicatement la pièce* (syn. embaumer). - **2.** Imprégner de parfum : *Parfumer du linge.*

- **3.** Aromatiser : *Parfumer une crème au citron.*
◆ **se parfumer** v.pr. Mettre du parfum sur soi : *Elle se parfume discrètement.*

parfumerie [paʀfymʀi] n.f. - **1.** Fabrication, commerce des parfums. - **2.** Magasin, rayon d'un magasin où l'on vend les parfums et des produits de beauté. - **3.** Ensemble des parfums et des produits de toilette à base de parfum.

parfumeur, euse [paʀfymœʀ, -øz] n. - **1.** Personne qui crée ou fabrique des parfums. - **2.** Personne qui fait commerce des parfums et des produits de beauté.

pari [paʀi] n.m. (de *parier*). - **1.** Convention par laquelle des personnes soutenant des opinions contradictoires s'engagent à verser une somme d'argent à celle d'entre elles qui se trouvera avoir raison : *Faire, tenir, gagner un pari.* - **2.** Jeu d'argent où le gain dépend de l'issue d'une compétition sportive : *Recueillir les paris sur un match de football.* - **3.** Affirmation qu'un événement hypothétique se produira, sans enjeu défini : *Je te fais le pari qu'il ne viendra pas.* - **4.** Pari mutuel urbain, organisme détenant le monopole de l'organisation et de l'enregistrement des paris sur les courses de chevaux. (Abrév. courante *P. M. U.*) ‖ PHILOS. Pari de Pascal, argument des *Pensées* destiné à montrer aux incroyants qu'en pariant sur l'existence de Dieu ils ont tout à gagner et rien à perdre.

paria [paʀja] n.m. (mot port., du tamoul *pareyan*). Individu hors caste, considéré comme au plus bas de l'échelle sociale, en Inde (avant l'abolition officielle des castes, en 1947) [syn. intouchable]. ◆ n. Personne tenue à l'écart, méprisée de tous : *Être traité en paria, comme un paria.*

parier [paʀje] v.t. (lat. *pariare* "égaler", de *par* "égal") [conj. 9]. - **1.** Mettre en jeu qqch, une somme dans un pari : *Il a parié cent francs, une bouteille de champagne qu'il gagnerait. Parier sur un outsider.* - **2.** Affirmer, soutenir qqch comme très probable : *Je parie qu'il viendra.*

pariétaire [paʀjetɛʀ] n.f. (lat. *paries, -etis* "muraille"). Plante herbacée, annuelle ou vivace, appelée cour. *perce-muraille,* qui croît près des murs ou sur ceux-ci. □ Famille des urticacées.

pariétal, e, aux [paʀjetal, -o] adj. (du lat. *paries, -etis* "muraille"). - **1.** ANAT. Se dit des deux os qui forment les côtés et la voûte du crâne. - **2.** Peinture, gravure pariétale, peinture, gravure faite sur les parois d'une grotte, en partic. d'une grotte ayant servi d'habitat à l'époque préhistorique (syn. rupestre).

parieur, euse [paʀjœʀ, -øz] n. Personne qui parie : *Les parieurs des champs de courses.*

parisianisme [paʀizjanism] n.m. - **1.** Usage, habitude, langage propres aux Parisiens. - **2.** Tendance à n'accorder d'importance qu'à Paris, à ce qui s'y fait, s'y crée et à négliger le reste de la France ou de la francophonie.

parisien, enne [paʀizjɛ̃, -ɛn] adj. et n. De Paris : *La banlieue parisienne* (= autour de Paris). ◆ adj. Marqué par le parisianisme, par l'importance accordée à ce qui se passe à Paris : *Une soirée très parisienne.*

parisyllabique [paʀisilabik] adj. (du lat. *par* "égal" et *syllabique*). LING. Se dit des mots latins qui ont le même nombre de syllabes au nominatif et au génitif singulier (par opp. à *imparisyllabique*).

paritaire [paʀitɛʀ] adj. (de *parité*). Qui est formé d'un nombre égal de représentants de chaque partie : *Commission, négociation paritaire.*

parité [paʀite] n.f. (bas lat. *paritas,* du class. *par* "égal"). - **1.** Équivalence parfaite : *La parité des salaires des hommes et des femmes.* - **2.** Égalité dans deux pays de la valeur d'échange de deux monnaies ; taux de change d'une monnaie par rapport à une autre. - **3.** MATH. Caractère pair d'un nombre ou d'une fonction.

parjure [paʀʒyʀ] n.m. (lat. *perjurium,* de *perjurare*). Faux serment ; violation de serment : *Commettre un parjure.* ◆ adj. et n. Qui prononce un faux serment ; qui viole son serment : *Être parjure à sa foi.*

se parjurer [paʀʒyʀe] v.pr. (lat. *perjurare*). Violer son serment ; faire un faux serment : *Le témoin s'est parjuré.*

parka [paʀka] n.m. ou n.f. (mot inuit). Manteau court à capuche, souvent en tissu imperméable.

parking [paʀkiŋ] n.m. (mot angl.). Parc de stationnement automobile.

Parkinson (maladie de), affection dégénérative du système nerveux, caractérisée par un tremblement et une rigidité musculaire.

parlant, e [paʀlɑ̃, -ɑ̃t] adj. - **1.** Expressif, suggestif : *Un portrait parlant.* - **2.** Qui n'a pas besoin de commentaires ; très convaincant : *La comparaison est parlante* (syn. éloquent). - **3.** Qui reproduit ou enregistre la parole : *Machine parlante. Voiture parlante. Cinéma, film parlant* (= accompagné de paroles synchronisées, par opp. à *cinéma muet*).

parlé, e [paʀle] adj. Exprimé, réalisé par la parole : *Langue parlée et langue écrite.*

parlement [paʀləmɑ̃] n.m. (de *parler*). - **1.** (Avec une majuscule). Assemblée ou ensemble des assemblées exerçant le pouvoir législatif ; spécial., ensemble des deux chambres, dans les pays où existe le bicamérisme. - **2.** HIST. Institution judiciaire, administrative et politique de la France, au Moyen Âge et sous l'Ancien Régime. □ À côté du parlement de Paris, il existait des parlements de province.

1. parlementaire [paʁləmɑ̃tɛʁ] adj. - **1.** Relatif au Parlement : *Les débats parlementaires.* - **2.** Régime parlementaire, régime politique dans lequel le gouvernement est responsable devant le Parlement (= parlementarisme).

2. parlementaire [paʁləmɑ̃tɛʁ] n. - **1.** Membre du Parlement. - **2.** Personne qui, en temps de guerre, est chargée de parlementer avec l'ennemi.

parlementarisme [paʁləmɑ̃taʁism] n.m. Régime parlementaire.

parlementer [paʁləmɑ̃te] v.i. (de *parlement* "discours"). - **1.** Discuter en vue d'un accommodement : *Parlementer avec le gardien de l'immeuble pour se faire ouvrir la porte.* - **2.** Tenir des pourparlers avec l'ennemi ; négocier avec lui les termes d'un accord.

1. parler [paʁle] v.i. (lat. ecclés. *parabolare*, du class. *parabola* "parabole"). - **1.** Articuler des paroles : *Enfant qui commence à parler.* - **2.** Manifester, exprimer sa pensée par la parole : *Parler en public* (= prononcer un discours). *Parler librement* (syn. s'exprimer). - **3.** Manifester, exprimer sa pensée autrement que par la parole, le langage articulé : *Parler par gestes* (syn. communiquer). - **4.** Révéler ce qui devait être tenu caché : *Son complice a parlé* (syn. avouer). - **5.** Ne pas nécessiter d'explications détaillées ; être éloquent, révélateur : *Les faits parlent d'eux-mêmes.* - **6.** Parlant (précédé d'un adv.), de tel point de vue : *Scientifiquement parlant, le problème est soluble.* ‖ Parler d'or, s'exprimer avec justesse, pertinence, sagesse. ‖ Parler en l'air, parler à la légère, sans réfléchir. ‖ FAM. Tu parles !, vous parlez !, naturellement, je crois bien (souvent iron.) : *Eux courageux ? Vous parlez !* (= vous plaisantez). ◆ v.t. ind. - **1.** [à, avec]. Communiquer avec qqn par la parole : *Je voudrais parler au directeur* (= m'entretenir avec lui). - **2.** [de]. S'entretenir de qqch ; faire part de ses pensées, de son avis sur un sujet : *Parler d'un projet avec un collaborateur. Parler de la pluie et du beau temps* (= de choses insignifiantes). - **3.** [de]. Avoir tel sujet, traiter tel thème, en parlant d'un écrit, d'un film, etc. : *De quoi parle ce livre ?* - **4.** [de]. Évoquer qqch, qqn, en parlant de qqch : *Tout ici me parle de lui.* - **5.** Ne pas, ne plus parler à qqn, être fâché avec lui. ‖ Parler au cœur, aux yeux, à l'imagination, toucher, émouvoir, porter à la rêverie. ‖ Parler de (+ inf.), annoncer son intention de faire qqch : *Il a parlé de venir nous voir.* ‖ Trouver à qui parler, avoir affaire à un interlocuteur ou à un adversaire capable de résister, de l'emporter. ◆ v.t. - **1.** Parler une langue, pouvoir s'exprimer dans cette langue : *Parler un anglais correct. Parler tchèque.* - **2.** Parler politique, affaires, etc., s'entretenir de ces sujets. ◆ **se parler** v.pr. - **1.** Communiquer l'un avec l'autre par le langage articulé : *Nous nous sommes longuement parlé pendant le week-end.* - **2.** Être utilisé, en parlant d'une langue, d'un dialecte : *Le portugais se parle au Brésil.*

2. parler [paʁle] n.m. - **1.** Manière dont qqn s'exprime : *Un parler truculent* (syn. langage). - **2.** LING. Moyen de communication linguistique (langue, dialecte, patois) partic. à une région.

parleur, euse [paʁlœʁ, -øz] n. Un beau parleur, celui qui s'exprime de façon séduisante (péjor.).

parloir [paʁlwaʁ] n.m. Salle où l'on reçoit les visiteurs dans certains établissements : *Le parloir d'une prison.*

parlote ou **parlotte** [paʁlɔt] n.f. FAM. Conversation insignifiante, oiseuse : *La réunion s'est passée en vaines parlotes.*

parme [paʁm] adj. inv. et n.m. (n. d'une v. d'Italie, en raison de la couleur des violettes de Parme). D'une couleur mauve soutenu.

parmesan [paʁməzɑ̃] n.m. (it. *parmigiano* "de Parme"). Fromage italien au lait de vache, à pâte très dure.

parmi [paʁmi] prép. (de *par* et *mi* "milieu"). (Devant un nom au pl. ou devant un nom collectif). Entre ; au milieu de, au nombre de : *Se frayer un chemin parmi la foule. Compter qqn parmi ses amis.*

parnassien, enne [paʁnasjɛ̃, -ɛn] adj. et n. LITTÉR. Qui appartient au groupe du Parnasse (Leconte de Lisle, Banville, Heredia, Sully Prudhomme, Coppée) qui défendait le lyrisme impersonnel et la théorie de l'art pour l'art. □ *Le Parnasse contemporain* est le titre de trois recueils de vers parus de 1866 à 1876, qui forment le manifeste et l'illustration de l'école dite *parnassienne*.

parodie [paʁɔdi] n.f. (gr. *parôdía*, de *para*[voisin] et *ôdê* "chant"). - **1.** Imitation burlesque d'une œuvre littéraire ou artistique : *Une parodie du « Cid ».* - **2.** Imitation grossière : *Une parodie de procès.*

parodier [paʁɔdje] v.t. [conj. 9]. Faire la parodie d'une œuvre, d'une action quelconque : *Parodier une tragédie. Parodier le ton doctoral d'un professeur* (syn. singer).

parodique [paʁɔdik] adj. Qui tient de la parodie.

parodiste [paʁɔdist] n. Auteur d'une parodie.

parodonte [paʀɔdɔ̃t] n.m. (du gr. *para* "à côté" et *odous, odontos* "dent"). ANAT. Ensemble des tissus de soutien de la dent (os alvéolaire, ligaments, gencives).

parodontologie [paʀɔdɔ̃tɔlɔʒi] n.f. Partie de l'odontologie qui étudie le parodonte et sa pathologie. ◆ **parodontologue** n. Nom du spécialiste. (On dit aussi *parodontiste*.)

paroi [paʀwa] n.f. (lat. *paries, -etis* "mur"). - **1.** Surface apparente d'un ouvrage de bâtiment : *Les parois d'une chambre* (syn. cloison, mur). - **2.** Surface matérielle qui délimite intérieurement un objet creux : *Parois étanches d'un réservoir.* - **3.** ANAT. Partie qui circonscrit une cavité du corps : *Paroi de l'estomac.* - **4.** Surface latérale d'une cavité naturelle : *La paroi d'une grotte.* - **5.** Versant abrupt d'une montagne : *Escalader la paroi nord d'un pic* (syn. face).

paroisse [paʀwas] n.f. (bas lat. *parochia*, gr. *paroikia* "groupement d'habitations", de *oikia* "maison"). Territoire sur lequel s'exerce le ministère d'un curé, d'un pasteur.

paroissial, e, aux [paʀwasjal, -o] adj. Relatif à une paroisse : *Les œuvres paroissiales.*

paroissien, enne [paʀwasjɛ̃, -ɛn] n. - **1.** Fidèle d'une paroisse. - **2.** FAM. Un drôle de paroissien, un individu louche dont il faut se méfier.

parole [paʀɔl] n.f. (lat. pop. **paraula*, lat. ecclés. *parabola* ; v. *parabole*). - **1.** Faculté naturelle de parler : *La parole est le propre de l'homme* (syn. langage). - **2.** Fait de parler : *Couper la parole à qqn* (= l'interrompre). - **3.** Possibilité, droit de parler dans un groupe, une assemblée : *Avoir, demander, prendre la parole. Passer la parole à son voisin.* - **4.** Capacité personnelle à parler, à s'exprimer oralement : *Il a la parole facile* (= il s'exprime avec aisance). - **5.** Mot ou suite de mots ; phrase : *Il n'a pas prononcé une parole de toute la journée. Échanger quelques paroles avec un voisin. C'était une parole en l'air* (= prononcée à la légère, sans réfléchir). - **6.** LING. Usage concret qu'un individu fait de la langue : *L'opposition entre parole et langue, dans la théorie du langage.* - **7.** Assurance donnée à qqn : *Donner sa parole, sa parole d'honneur* (= promettre fermement, s'engager). *Reprendre sa parole* (= se dédire, se rétracter). - **8.** La parole de Dieu, la bonne parole, l'Évangile. ‖ Ma parole !, formule par laquelle on atteste la vérité de ce qu'on dit : *Il est complètement sourd, ma parole !* ‖ FAM. Prêcher la bonne parole, endoctriner qqn, un groupe. ‖ Sur parole, sur une simple affirmation ; sur la garantie de la bonne foi : *Je vous crois sur parole. Prisonnier libéré sur parole.* ◆ **paroles** n.f. pl. Texte d'une chanson, d'un morceau de musique vocale.

parolier, ère [paʀɔlje, -ɛʀ] n. Personne qui écrit les paroles d'une chanson.

paronomase [paʀɔnɔmaz] n.f. (lat. *paronomasia*, mot gr.). RHÉT. Figure qui consiste à rapprocher des paronymes dans une phrase : *« Une pente rude et raide »* est une *paronomase.*

paronyme [paʀɔnim] adj. et n.m. (gr. *paronumos*, de *para* "à côté" et *onoma* "nom"). Se dit de mots de sens différents mais de formes relativement voisines : *« Conjecture »* et *« conjoncture »* sont des *paronymes.*

paronymie [paʀɔnimi] n.f. Caractère des mots paronymes.

parotide [paʀɔtid] n.f. et adj.f. (lat. *parotis*, mot gr., de *para* et *oûs, ôtos* "oreille"). ANAT. Glande salivaire paire, située en avant de l'oreille.

paroxysme [paʀɔksism] n.m. (gr. *paroxusmos* "exacerbation", de *oxus* "pointu"). - **1.** Le plus haut degré d'un état affectif : *Être au paroxysme de la colère.* - **2.** MÉD. Phase d'une maladie pendant laquelle tous les symptômes se manifestent avec leur maximum d'intensité.

paroxysmique [paʀɔksismik], **paroxysmal, e, aux** [paʀɔksismal, -o] et **paroxystique** [paʀɔksistik] adj. Qui présente les caractères d'un paroxysme : *Phase paroxysmique de la douleur.*

paroxyton [paʀɔksitɔ̃] n.m. (gr. *paroxutonos*). PHON. Mot portant l'accent tonique sur son avant-dernière syllabe.

parpaillot, e [paʀpajo, -ɔt] n. (de l'occitan *parpalhol* "papillon"). VX. Terme péjoratif pour désigner un protestant.

parpaing [paʀpɛ̃] n.m. (bas lat. *perpetaneus*, du class. *perpes, -etis* "ininterrompu"). - **1.** Élément de construction (pierre, moellon, etc.) qui traverse toute l'épaisseur d'un mur. - **2.** Aggloméré parallélépipédique moulé et comprimé, employé en maçonnerie.

parquer [paʀke] v.t. (de *parc*). - **1.** Mettre des animaux dans un lieu entouré d'une clôture : *Parquer des bœufs dans un pâturage.* - **2.** Enfermer des personnes dans un espace étroit : *Parquer des réfugiés dans un camp* (syn. entasser). - **3.** Mettre un véhicule en stationnement : *Il a parqué sa voiture dans une rue avoisinante* (syn. garer).

1. parquet [paʀke] n.m. (de *parc*). - **1.** Assemblage de planches (lames de parquet) formant le sol de certaines pièces d'habitation : *Cirer, vitrifier un parquet* (syn. plancher). - **2.** MAR. Assemblage de tôles, formant plateforme ou constituant le sol d'un compartiment du navire.

2. parquet [paʀke] n.m. (de *1. parquet*). DR. Ensemble des magistrats qui exercent les fonctions du ministère public et forment la *magistrature debout* (par opp. aux *magistrats du siège*, ou *magistrature assise*).

parqueter [paʀkəte] v.t. [conj. 27]. Garnir d'un parquet.

parrain [paʀɛ̃] n.m. (bas lat. *patrinus*, de *pater* "père"). - **1.** Celui qui présente un enfant au baptême ou à la confirmation et se porte garant de sa fidélité à l'Église. - **2.** Celui qui préside au baptême d'une cloche, d'un navire, etc. - **3.** Celui qui présente qqn dans un club, une société, pour l'y faire entrer. - **4.** Chef de la Mafia ou d'une famille de la Mafia.

parrainage [paʀɛnaʒ] n.m. - **1.** Qualité, fonction de parrain ou de marraine. - **2.** Soutien moral accordé à qqn, à qqch : *Bénéficier d'un prestigieux parrainage* (syn. patronage, protection). - **3.** Soutien financier, à but publicitaire, accordé par une firme à une association sportive, de loisirs, etc. (syn. anglic. déconseillé *sponsoring*).

parrainer [paʀene] v.t. - **1.** Se porter garant de qqn ; patronner une œuvre, un projet : *Parrainer un jeune romancier.* - **2.** Recomm. off. pour *sponsoriser.*

1. **parricide** [paʀisid] n.m. (lat. *parricidium*). - **1.** Meurtre du père ou de la mère ou de tout autre ascendant. - **2.** Meurtre du souverain, dans l'ancien droit.

2. **parricide** [paʀisid] n. et adj. (lat. *parricida*). Personne qui a commis un parricide : *Juger un parricide.* ◆ adj. LITT. Relatif au parricide : *Geste parricide.*

parsec [paʀsɛk] n.m. (de *par*[*allaxe*] et *sec*[*onde*]). ASTRON. Unité correspondant à la distance à la Terre d'une étoile dont la parallaxe annuelle est égale à une seconde de degré. □ Le parsec vaut 3,26 années de lumière ; symb.pc.

parsemer [paʀsəme] v.t. (de *par* et *semer*) [conj. 19]. - **1.** Couvrir un lieu de choses répandues çà et là : *Parsemer une allée de gravillons.* - **2.** Être épars sur une surface, dans qqch : *Des feuilles mortes parsèment la pelouse.*

part [paʀ] n.f. (lat. *pars, partis*). - **1.** Partie d'un tout destinée à qqn ; portion résultant d'une division, d'un partage : *Faire quatre parts d'un gâteau.* - **2.** Ce qui revient, échoit à qqn : *Se réserver la meilleure part.* - **3.** (Avec un poss.). Ce qu'on apporte en partage ; contribution : *Chacun doit fournir sa part d'efforts. Payer sa part.* - **4.** DR. FISC. Unité de base servant au calcul de l'impôt sur le revenu : *Le nombre de parts est proportionnel au nombre de personnes qui composent la famille.* - **5.** À part, différent des autres, du reste : *Ça, c'est un cas à part* (= particulier, spécial) ; séparément : *J'ai mis vos affaires à part. Prendre qqn à part pour lui* confier un secret ; excepté : *À part toi, personne n'est au courant* (syn. sauf). ‖ À part entière, se dit de qqn qui jouit de tous les droits attachés à telle qualité, telle catégorie : *Artiste à part entière.* LITT. À part moi (toi, soi, etc.), en moi-même ; en mon for intérieur. ‖ De la part de qqn, en son nom : *Remettez-lui ce paquet de ma part.* ‖ De part en part, d'un côté à l'autre, en traversant l'épaisseur : *Le projectile a transpercé le mur de part en part.* ‖ De part et d'autre, des deux côtés, chez les uns comme chez les autres : *Les deux clans se faisaient face et les injures fusaient de part et d'autre.* ‖ De toute(s) part(s), de tous côtés ; partout : *Les lettres de réclamations affluent de toutes parts.* ‖ D'une part..., d'autre part..., d'un côté..., de l'autre... : *D'une part il est timide, d'autre part il est séduisant.* ‖ Faire la part de, tenir compte de : *Faire la part du hasard.* ‖ Faire la part du feu, abandonner, pour ne pas tout perdre, ce qui ne peut plus être sauvé. ‖ Faire part de qqch à qqn, l'en informer : *Je lui ai fait part de ma décision.* ‖ Pour ma (ta, sa, etc.) part, en ce qui me (te, le, etc.) concerne : *Pour ma part, je ne crois pas un mot de tout cela.* ‖ Pour une bonne, une large part, dans une large mesure : *Des considérations financières entraient pour une large part dans son choix.* ‖ Prendre en bonne, en mauvaise part, prendre du bon, du mauvais côté ; interpréter en bien ou en mal : *Ne prenez pas son intervention en mauvaise part.* ‖ Prendre part à qqch, y participer, s'y associer, y jouer son rôle : *Prendre part au chagrin de qqn. Elle a pris part au complot.* - **6.** Autre part, nulle part → autre, nul. Quelque part, v. à son ordre alphabétique.

partage [paʀtaʒ] n.m. (de l'anc. v. *partir* "partager"). - **1.** Action de partager, de diviser en portions, en parties : *Le partage d'un gâteau. Cette maison lui est échue en partage à la mort de sa mère.* - **2.** Fait de partager, d'avoir qqch en commun avec qqn, avec d'autres : *Le partage du pouvoir.* - **3.** MATH. Division d'une grandeur ou d'un nombre en parties. - **4.** Recevoir en partage, avoir comme don naturel : *Romancière qui a reçu en partage une imagination débordante.* ‖ Sans partage, entier, total : *Une fidélité sans partage.* ‖ GÉOGR. Ligne de partage des eaux, ligne de plus faible pente séparant deux bassins hydrographiques.

partagé, e [paʀtaʒe] adj. - **1.** Se dit de qqch qui n'est pas imputable à une seule personne : *Les torts sont partagés.* - **2.** Se dit de qqn qui est animé de sentiments, de tendances contraires : *Il était partagé entre la joie et la crainte.* - **3.** Réciproque : *Amour partagé.*

partager [paʀtaʒe] v.t. (de *partage*) [conj. 17]. - **1.** Diviser en plusieurs parts : *Partager un terrain* (syn. fractionner, morceler). - **2.** Diviser en parts destinées à être attribuées à des personnes différentes : *Partager les bénéfices avec ses associés. Partager un gâteau en trois* (syn. couper). - **3.** Séparer en parties distinctes : *Raie qui partage en deux une chevelure.* - **4.** Donner une part de ce que l'on possède : *Je vais partager mes provisions avec vous.* - **5.** Avoir en commun avec qqn, avec d'autres ; s'associer, être associé à qqn : *Elle partage son studio avec une amie. Partager les joies, les responsabilités de qqn.* - **6.** Diviser en groupes dont les avis diffèrent, s'opposent : *Question qui partage l'opinion publique.*

partageur, euse [paʁtaʒœʁ, -øz] adj. Qui partage de bon gré : *Il n'est pas très partageur.*

partance [paʁtãs] n.f. **En partance,** sur le point de partir : *Navire en partance.*

1. **partant, e** [paʁtã, -ãt] n. (de *partir*). Celui, celle qui part ; concurrent(e) qui prend le départ d'une course : *Sur les quinze partants, dix ont terminé la course.* ◆ adj. FAM. Être partant (pour), être disposé, prêt (à) : *Je suis partante pour cette randonnée.*

2. **partant** [paʁtã] adv. (de *par* et *tant*). LITT. Marque une articulation logique de conséquence : *La crise économique s'est aggravée, partant la situation politique s'est dégradée* (syn. par conséquent).

partenaire [paʁtənɛʁ] n. (angl. *partner,* altér. d'après *part,* de *parcener,* anc. fr. *parçonier* "associé"). - **1.** Personne avec qui on est associé contre d'autres, dans un jeu. - **2.** Personne avec qui l'on pratique certaines activités (danse, sport, etc.). - **3.** Personne avec qui l'on a une relation sexuelle. - **4.** Pays, groupe qui entretient avec un ou plusieurs autres des relations politiques, économiques, etc. : *Les partenaires européens.* - **5.** Partenaires sociaux, représentants du patronat et des syndicats ou de la direction et du personnel, considérés en tant que parties dans des accords, des négociations.

partenarial, e, aux [paʁtənaʁjal, -o] adj. Du partenariat ; relatif au partenariat : *Négociations partenariales.*

partenariat [paʁtənaʁja] n.m. Système associant des partenaires sociaux ou économiques.

parterre [paʁtɛʁ] n.m. (de *par* "sur" et *terre*). - **1.** Partie d'un jardin où fleurs, bordures, gazon, etc., sont disposés de manière à former une composition décorative : *Les parterres d'un jardin à la française.* - **2.** Partie d'une salle de théâtre située derrière les fauteuils d'orchestre ; spectateurs qui y sont placés : *Un parterre enthousiaste.*

parthénogenèse [paʁtenɔʒenɛz] n.f. (du gr. *parthenos* "vierge" et *genèse*). BIOL. Reproduction à partir d'un ovule ou d'une oos-

phère non fécondés : *La parthénogenèse s'observe chez les abeilles et donne naissance aux faux bourdons.*

1. **parti** [paʁti] n.m. (de l'anc. v. *partir* "partager"). - **1.** Association de personnes constituée en vue d'une action politique : *Le système du parti unique.* - **2.** Ensemble de personnes ayant des opinions, des aspirations, des affinités communes : *Le parti des mécontents* (syn. clan, camp). - **3.** LITT. Résolution à prendre pour agir : *Hésiter entre deux partis* (syn. solution). - **4.** Esprit de parti, partialité en faveur de son propre parti ; sectarisme. ‖ Faire un mauvais parti à qqn, le maltraiter, le mettre à mal. ‖ Parti pris, opinion préconçue : *Sans parti pris, je le crois incapable de traverser le désert à moto* (syn. partialité). ‖ Prendre parti, se prononcer pour ou contre qqn, qqch : *Les enfants ont pris parti pour leur mère contre leur père.* ‖ Prendre son parti de qqch, l'accepter comme inévitable. ‖ Prendre un parti, opter pour une solution : *Assez tergiversé, il est temps de prendre un parti* (= se déterminer). ‖ Tirer parti de qqch, de qqn, l'utiliser, le faire servir au mieux de ses possibilités : *On ne peut pas tirer parti d'un document apocryphe.* ‖ Un beau parti, personne à marier considérée du point de vue des avantages financiers.

2. **parti, e** [paʁti] adj. (même étym. que *1. parti*). HÉRALD. Se dit d'un écu divisé verticalement en deux parties égales.

partial, e, aux [paʁsjal, -o] adj. (lat. médiév. *partialis,* de *pars* "partie"). Qui manque d'équité : *Juge partial.*

partialement [paʁsjalmã] adv. Avec partialité.

partialité [paʁsjalite] n.f. Attitude partiale ; manque d'objectivité : *Juger qqn sans partialité* (= en toute honnêteté).

participant, e [paʁtisipã, -ãt] n. et adj. Qui participe : *Les participants étaient peu nombreux.*

participatif, ive [paʁtisipatif, -iv] adj. Qui correspond à une participation financière : *Prêts participatifs.*

participation [paʁtisipasjɔ̃] n.f. (bas lat. *participatio*). - **1.** Action, fait de participer : *Sa participation à notre œuvre a été très efficace* (syn. aide, collaboration). - **2.** Fait de recevoir une part d'un profit et spécial. système dans lequel les salariés sont associés aux profits et, le cas échéant, à la gestion de leur entreprise. - **3.** Action de payer sa part : *Participation aux frais* (syn. contribution).

participe [paʁtisip] n.m. (lat. *participium*). GRAMM. Forme verbale impersonnelle, qui joue tantôt le rôle d'adjectif (variable), tantôt celui de verbe : *Participe présent, passé.*

participer [paʀtisipe] v.t. ind. (lat. *participare*, de *particeps* "qui prend part"). - **1.** S'associer, prendre part à qqch : *Participer à une manifestation.* - **2.** Payer sa part de : *Participer aux frais du repas.* - **3.** Avoir part à, recevoir sa part de : *Participer aux bénéfices d'une société.* - **4.** LITT. Participer de qqch, en présenter certains caractères : *En littérature, le drame participe à la fois de la tragédie et de la comédie* (= relève de).

participial, e, aux [paʀtisipjal, -o] adj. Proposition participiale, proposition subordonnée dont le verbe est un participe : « *Sa colère apaisée* » dans la phrase « *Sa colère apaisée, on a pu enfin lui parler* » est une proposition participiale.

particulariser [paʀtikylaʀize] v.t. Différencier par des caractères particuliers : *Une prononciation qui particularise une région.*

particularisme [paʀtikylaʀism] n.m. Fait, pour un groupe social, une ethnie, de chercher à préserver ses particularités (culturelles, linguistiques) ; ensemble de ces particularités.

particularité [paʀtikylaʀite] n.f. Caractère particulier, trait distinctif de qqn, de qqch : *Quelle particularité offre cette ville ?* (syn. caractéristique, originalité).

particule [paʀtikyl] n.f. (lat. *particula*, dimin. de *pars* "partie"). - **1.** Très petite partie d'un élément matériel, d'un corps : *De fines particules de calcaire, de sable.* - **2.** LING. Petit mot invariable servant à préciser le sens d'autres mots ou à indiquer des rapports grammaticaux (par ex. *-ci* dans *celui-ci*). - **3.** Préposition *de* précédant certains noms de famille (noms de familles nobles, en partic.) : *Avoir un nom à particule.* - **4.** PHYS. Particule élémentaire, constituant fondamental de la matière (électron, quark, etc.) ou de la lumière (photon) apparaissant, dans l'état actuel des connaissances, comme non décomposable en d'autres éléments.

particulier, ère [paʀtikylje, -ɛʀ] adj. (bas lat. *particularis*, de *pars* "partie"). - **1.** Affecté en propre à qqn, à qqch : *Avoir une voiture particulière* (syn. personnel). *Les appartements particuliers d'un directeur* (syn. privé). - **2.** Qui concerne spécialement qqn, qqch : *Les tournures particulières à cette langue* (syn. propre). - **3.** Remarquable, spécial, spécifique : *Signe particulier, une cicatrice au menton.* - **4.** Qui est défini, précis, limité : *Sur ce point particulier, je ne l'approuve pas* (contr. général). - **5.** Qui se distingue par qqch d'anormal que l'on considère péjorativement : *Un film d'un genre particulier. Des amitiés particulières.* - **6.** Conversation particulière, en tête à tête avec qqn. ‖ Cours particulier, leçon particulière, faits à un seul élève ou à un petit groupe d'élèves. ‖ En particulier, à part, séparément ; notamment : *Je l'ai rencontré en particulier* (= en privé). *Il a fait beau toute la semaine, en particulier hier* (= spécialement).
◆ **particulier** n.m. - **1.** Personne privée (par opp. aux *collectivités professionnelles, administratives,* etc.). - **2.** Ce qui constitue un élément d'un ensemble : *Le particulier et le général.*

particulièrement [paʀtikyljɛʀmɑ̃] adv. De façon particulière : *Il aime particulièrement les fruits* (syn. spécialement).

partie [paʀti] n.f. (de l'anc. v. *partir* "partager"). - **1.** Portion, élément d'un tout : *Les différentes parties d'une machine* (syn. pièce). *Passer une partie des vacances à la mer* (syn. fraction). - **2.** Chacune des voix, instrumentales ou vocales, d'une composition musicale : *Partie de soprano, de basse.* - **3.** Durée pendant laquelle des adversaires s'opposent, dans un jeu, un sport ; totalité des coups à faire, des points à gagner pour déterminer un gagnant et un perdant : *Partie de cartes, de tennis.* - **4.** Ensemble de manœuvres, d'opérations demandant une certaine habileté : *Jouer une partie serrée* (syn. lutte, compétition). - **5.** Divertissement pris à plusieurs : *Partie de chasse, de pêche.* - **6.** Profession, spécialité, domaine de qqn : *Il est très fort dans sa partie. La chimie, ce n'est pas ma partie.* - **7.** DR. Chacune des personnes qui plaident l'une contre l'autre : *L'avocat a contesté les arguments de la partie adverse. Se porter partie civile.* - **8.** Chacune des personnes qui prennent part à une négociation : *Les diverses parties en présence.* - **9.** Avoir affaire à forte partie, se trouver en face d'un adversaire puissant, contre lequel la lutte est difficile. ‖ Ce n'est pas une partie de plaisir, c'est un travail pénible, une occupation ennuyeuse. ‖ Ce n'est que partie remise, c'est qqch qui est simplement différé, mais qui se fera, qui aura lieu. ‖ En partie, pour seulement une fraction, une part ; pas totalement : *Bâtiment en partie détruit* (syn. partiellement). *C'est en partie pour lui que j'ai annulé mon voyage* (contr. uniquement). ‖ Faire partie de, être un élément d'un ensemble : *Vous faites partie des heureux gagnants.* ‖ Prendre qqn à partie, s'en prendre à lui, l'attaquer. ‖ MATH. Partie d'un ensemble, sous-ensemble de cet ensemble. ◆ **parties** n.f. pl. FAM. Les parties, les organes génitaux masculins.

1. **partiel, elle** [paʀsjɛl] adj. (lat. médiév. *partialis*). - **1.** Qui ne constitue ou qui ne concerne qu'une partie d'un tout : *Des résultats partiels* (syn. incomplet). - **2.** Qui n'a lieu, n'existe que pour une partie : *Une éclipse partielle de lune* (contr. total). - **3.** Élection partielle, élection faite en dehors des élections générales, à la suite d'un décès, d'une démis-

sion, etc. (On dit aussi *une partielle*.) ‖ MATH. Ordre partiel sur un ensemble, relation d'ordre sur E telle qu'il n'est pas toujours possible de comparer deux éléments quelconques de E.

2. partiel [paʀsjɛl] n.m. (de *1. partiel*). Épreuve portant sur une partie du programme d'un examen, dans le contrôle continu des connaissances, et constituant un élément de la note finale.

partiellement [paʀsjɛlmɑ̃] adv. En partie, pour une part : *Une déclaration partiellement vraie.*

partir [paʀtiʀ] v.i. (lat. pop. *partire*, class. *partiri* "partager") [conj. 43 ; auxil. *être*]. **-1.** Quitter un lieu ; se mettre en route, s'en aller : *Il est trois heures, elle est déjà partie. Partir pour l'Amérique.* **-2.** Se mettre en marche ; commencer à fonctionner : *Moteur qui part difficilement. Le coup est parti tout seul.* **-3.** S'enlever, disparaître : *Cette tache ne partira pas.* **-4.** À partir de, à dater de, depuis : *À partir d'aujourd'hui les choses vont changer.* ‖ FAM. C'est parti, l'action est commencée. ‖ FAM. Être mal parti, commencer mal. ‖ Partir de, avoir pour commencement, pour origine, pour point de départ : *Trois routes partent du village. Son geste part d'une bonne intention.* ‖ Partir d'un éclat de rire, rire tout à coup aux éclats.

1. partisan [paʀtizɑ̃] n.m. (it. *partigiano*, de *parte* "parti"). **-1.** Personne dévouée à une organisation, à un parti, à un idéal, à qqn, etc. **-2.** Combattant volontaire n'appartenant pas à une armée régulière. ◆ **partisan** adj. Partisan de qqch, favorable à : *Elle est partisan de ce projet.*

2. partisan, e [paʀtizɑ̃, -an] adj. (de *1. partisan*). De parti pris, inspiré par l'esprit de parti : *Des querelles partisanes.*

partita [paʀtita] n.f. (mot it.). MUS. **-1.** Suite de pièces ou de danses en Italie et en Allemagne, aux XVIIᵉ et XVIIIᵉ siècles. (On dit parfois *suite allemande.*) **-2.** Variation ou série de variations sur un thème : *Les partitas de J.-S. Bach.*

partitif, ive [paʀtitif, -iv] adj. et n.m. (lat. *partitus*, de *partire* "partager"). GRAMM. Article partitif, l'article *du (de la, des),* lorsqu'il désigne une partie d'un tout (par ex. « Manger *du* chocolat, *de la* confiture, *des* fruits »).

partition [paʀtisjɔ̃] n.f. (lat. *partitio* "partage"). **-1.** Partage politique d'une unité territoriale : *La partition de l'Inde* (syn. division). **-2.** MUS. Ensemble des parties d'une composition musicale réunies pour être lues simultanément ; feuillet, cahier où ces parties sont transcrites. **-3.** HÉRALD. Division d'un écu en un nombre pair de parties égales

d'émaux alternés. **-4.** MATH. Partition d'un ensemble, famille de parties non vides de cet ensemble, deux à deux disjointes et dont la réunion est égale à l'ensemble.

partout [paʀtu] adv. (de *par* et *tout*). **-1.** En tout lieu, n'importe où : *Ses vêtements traînent partout.* **-2.** Se dit lorsque deux joueurs ou deux équipes totalisent le même nombre de points : *Trois partout, match nul.*

parturiente [paʀtyʀjɑ̃t] n.f. (du lat. *parturire* "être en couches"). MÉD. Femme qui accouche.

parturition [paʀtyʀisjɔ̃] n.f. (bas lat. *parturitio*). **-1.** MÉD. Accouchement naturel. **-2.** Mise bas des animaux.

parure [paʀyʀ] n.f. **-1.** LITT. Ce qui pare, embellit : *Les fleurs sont la parure d'un jardin.* **-2.** Ensemble de bijoux assortis destinés à être portés en même temps : *Une parure d'or et rubis.* **-3.** Ensemble assorti de pièces de linge : *Une parure de lit.*

parution [paʀysjɔ̃] n.f. Fait de paraître en librairie ; moment de la publication : *La parution de son dernier roman* (syn. publication).

parvenir [paʀvəniʀ] v.i. (lat. *pervenire,* de *venire* "venir") [conj. 40 ; auxil. *être*]. **-1.** Arriver, venir jusqu'à un point donné : *Nous devons parvenir au refuge avant la nuit* (syn. atteindre). **-2.** Arriver à destination : *Ma lettre lui est parvenue.* **-3.** S'élever socialement : *Il a mis vingt ans à parvenir* (syn. arriver, réussir). **-4.** Parvenir à (+ inf.), réussir au prix d'un certain effort : *Je ne parviens pas à déchiffrer ce mot* (syn. arriver à).

parvenu, e [paʀvəny] n. Personne qui s'est élevée au-dessus de sa condition première sans avoir acquis les manières qui conviendraient à son nouveau milieu (péjor.).

parvis [paʀvi] n.m. (lat. ecclés. *paradisus* "paradis"). Place qui s'étend devant l'entrée principale d'une église (parfois, auj., d'un grand bâtiment public).

1. pas [pa] n.m. (lat. *passus*). **-1.** Mouvement que fait l'homme ou l'animal en portant un pied devant l'autre pour se déplacer : *Faire des grands pas* (syn. enjambée). **-2.** Manière de marcher : *Le pas lourd d'un vieillard* (syn. démarche). *Presser le pas* (syn. allure). **-3.** Longueur d'une enjambée : *Avancez de trois pas. C'est à deux pas d'ici* (= tout près). **-4.** L'allure la plus lente des animaux quadrupèdes, caractérisée par la pose successive des quatre membres : *Passer du pas au trot puis au galop.* **-5.** Empreinte des pieds de qqn qui marche : *Des pas dans la neige.* **-6.** CHORÉGR. Mouvement exécuté par un danseur avec ses pieds, à terre, avec ou sans parcours ; fragment d'un ballet interprété par un ou plusieurs danseurs : *Pas de quatre.* **-7.** Ensemble des installations permettant le tir d'un lanceur spatial. **- 8.** GÉOGR. Détroit, passage resserré : *Le pas de Calais.* **- 9.** Distance qui sépare deux filets consécutifs d'une vis, d'un écrou : *Pas d'une hélice.* **- 10.** À pas de loup, sans bruit. ‖ Faire le premier pas, prendre l'initiative d'une relation, d'une rencontre. ‖ Faire les cent pas, aller et venir pour tromper son attente. ‖ Faire un faux pas, trébucher ; au fig., commettre une erreur, un impair. ‖ Franchir, sauter le pas, se décider à faire qqch. ‖ Mauvais pas, endroit où il est dangereux de passer ; au fig., situation difficile. ‖ Pas à pas, lentement. ‖ Prendre le pas sur, devancer, précéder. ‖ Sur le pas de la porte, sur le seuil.

2. pas [pa] adv. (de *1. pas,* d'abord employé avec des v. du type *avancer, marcher* ; a éliminé *mie* depuis le XVIe s.). **- 1.** (En corrélation avec *ne* ou dans une phrase nominale). Marque la négation ; indique l'absence de qqn, de qqch : *Il ne voudra pas. Elle n'a pas de monnaie. L'avez-vous su ? - Absolument pas.* **- 2.** Pourquoi pas ?, indique que l'on envisage une autre possibilité : *Je ne peux tout de même pas lui fausser compagnie. - Pourquoi pas ?*

1. pascal, e, als ou **aux** [paskal, -o] adj. (lat. *paschalis*). Qui concerne la fête de Pâques ou la Pâque juive : *L'agneau pascal.*

2. pascal [paskal] n.m. (de *Blaise Pascal*) [pl. *pascals*]. Unité mécanique de contrainte et de pression, équivalant à la contrainte ou à la pression uniforme qui, agissant sur une surface plane de 1 mètre carré, exerce perpendiculairement à cette surface une force totale de 1 newton. □ Symb. Pa ; 10⁵ Pa = 1 bar.

3. pascal [paskal] n.m. (de *Blaise Pascal*) [pl. *pascals*]. INFORM. Langage de programmation adapté au traitement d'applications scientifiques.

pas-de-porte [padpɔrt] n.m. inv. Somme que paie un commerçant afin d'obtenir la jouissance d'un local, soit directement du bailleur, soit du locataire sortant.

paso doble [pasodɔbl] n.m. inv. (mots esp. "pas double"). Danse de rythme vif, à deux temps, d'origine espagnole.

passable [pasabl] adj. (de *passer*). Qui est d'une qualité moyenne : *Un devoir passable* (syn. moyen).

passablement [pasabləmɑ̃] adv. **- 1.** De façon passable : *Savoir sa leçon passablement* (syn. moyennement). **- 2.** De façon notable : *Une scène passablement ridicule* (syn. assez).

passacaille [pasakaj] n.f. (esp. *pasacalle,* de *pasar* "passer" et *calle* "rue"). MUS. Danse de cour à mouvement très lent, au XVIIe s.

passade [pasad] n.f. (it. *passata*). **- 1.** Courte liaison amoureuse (syn. caprice, toquade). **- 2.** Engouement passager : *L'équitation n'aura été qu'une passade pour lui.*

passage [pasaʒ] n.m. **- 1.** Action, fait de passer : *Le passage des hirondelles. Le passage de l'équateur* (syn. franchissement). *Guetter le passage du facteur* (syn. venue). **- 2.** Lieu où l'on passe pour aller d'un endroit à un autre : *Ôtez-vous du passage* (syn. accès, chemin). *Passage pour piétons.* **- 3.** Somme payée pour emprunter une voie, un moyen de transport (notamm. maritime ou fluvial) : *Travailler pour payer son passage* (syn. traversée). **- 4.** Fragment d'une œuvre littéraire, musicale : *J'ai lu quelques passages de ce roman* (syn. extrait, morceau). **- 5.** Avoir un passage à vide, être momentanément fatigué, déprimé. ‖ De passage, qui reste peu de temps dans un endroit. ‖ Passage à niveau, croisement au même niveau d'une voie ferrée et d'une route. ‖ Passage protégé, croisement où la priorité est accordée à la voie principale et non à la voie de droite.

1. passager, ère [pasaʒe, -ɛr] adj. (de *passage*). De brève durée : *Leur bonheur fut passager* (syn. éphémère, fugace).

2. passager, ère [pasaʒe, -ɛr] n. (de *passage*). Personne qui emprunte un moyen de transport sans en assurer la marche : *Les passagers d'un train, d'un avion, d'un navire.*

passagèrement [pasaʒɛrmɑ̃] adv. De manière passagère ; pour peu de temps (syn. provisoirement, temporairement).

1. passant [pasɑ̃] n.m. (de *passer*). **- 1.** Anneau qui maintient l'extrémité libre d'une courroie ou d'une sangle : *Le passant d'un bracelet de montre.* **- 2.** Bande étroite de tissu fixée à un vêtement pour y glisser une ceinture.

2. passant, e [pasɑ̃, -ɑ̃t] adj. (de *passer*). Où il y a beaucoup de circulation : *Une rue passante* (syn. fréquenté).

3. passant, e [pasɑ̃, -ɑ̃t] n. (de *passer*). Personne qui circule à pied dans un lieu, une rue : *Les passants s'attroupèrent autour du camelot* (syn. piéton, promeneur).

passation [pasasjɔ̃] n.f. (de *passer*). **- 1.** Action de rédiger dans la forme juridiquement prescrite : *Passation d'un acte.* **- 2.** Passation des pouvoirs, action de transmettre les pouvoirs administratifs, politiques à son successeur.

passe [pas] n.f. **- 1.** SPORTS. Action de passer le ballon ou le palet à un partenaire, dans les jeux d'équipe (football, rugby, hockey, etc.). **- 2.** Mouvement par lequel le torero fait passer le taureau près de lui. **- 3.** Mouvement de la main de l'hypnotiseur, près du sujet, de son visage. **- 4.** En escrime, action d'avancer sur son adversaire. **-5.** MAR. Passage praticable à la navigation ; chenal. **-6.** Série de numéros de 19 à 36, à la roulette (par opp. à *manque*) : *Impair, noir et passe.* **-7.** T. FAM. Rencontre tarifée entre une personne qui se prostitue et un client. **-8.** Être dans une **bonne, une mauvaise passe,** dans une situation avantageuse, difficile. ‖ Être **en passe de,** être sur le point de, en situation de : *Il est en passe de réussir.* ‖ **Maison, hôtel de passe,** établissement servant à la prostitution. ‖ **Mot de passe,** mot ou phrase convenus par lesquels on se fait reconnaître. ‖ **Passe d'armes,** enchaînement d'attaques, de parades, de ripostes, en escrime ; au fig., vif échange verbal : *Une passe d'armes entre adversaires politiques.*

1. passé [pase] prép. (de *passer*). Après, au-delà de (dans l'espace ou le temps) : *Passé le coin de la rue, vous obliquerez légèrement. Passé ce jour, vous perdrez vos droits.*

2. passé, e [pase] adj. (p. passé de *passer*). **-1.** Écoulé, révolu, en parlant du temps : *L'an passé* (syn. dernier). **-2.** Qui a perdu de son éclat, en parlant d'une couleur : *Des couleurs passées* (syn. décoloré, pâli).

3. passé [pase] n.m. (de 2. *passé*). **-1.** Temps écoulé : *Le passé, le présent et l'avenir.* **-2.** GRAMM. Ensemble des formes du verbe situant l'énoncé dans un moment antérieur à l'instant présent. **-3.** Vie de qqn avant le moment présent : *Se pencher sur son passé* (= ses souvenirs). **-4.** Par le passé, autrefois. **-5.** GRAMM. **Passé antérieur,** marquant qu'un fait s'est produit avant un autre dans le passé (ex. : dès qu'il *eut fini* d'écrire, il fut soulagé). ‖ **Passé composé,** formé avec un auxiliaire, et donnant un fait pour accompli (ex. : cette semaine j'*ai beaucoup lu*). ‖ **Passé simple,** marquant un fait achevé dans un passé révolu ou historique (ex. : Napoléon *mourut* à Sainte-Hélène).

passe-droit [pasdRwa] n.m. (pl. *passe-droits*). Faveur accordée contre le droit, le règlement, l'usage : *Aucun passe-droit ne sera accepté* (syn. privilège).

passéisme [paseism] n.m. Attachement au passé : *Critiquer le passéisme de certains écrivains* (contr. modernisme).

passéiste [paseist] adj. et n. Qui manifeste une tendance au passéisme (par opp. à *moderniste*).

passement [pasmã] n.m. (de *passer*). Galon dont on orne des rideaux, des habits, etc.

passementerie [pasmãtRi] n.f. Ensemble des articles tissés ou tressés (passements, franges, galons, etc.) utilisés comme garniture dans l'ameublement ou l'habillement ; fabrication, commerce de ces articles.

passe-montagne [pasmõtaɲ] n.m. (pl. *passe-montagnes*). Coiffure de tricot qui couvre la tête et le cou, ne laissant que le visage à découvert.

passe-partout [paspaRtu] n.m. inv. **-1.** Clé ouvrant plusieurs serrures : *Le gardien a ouvert la porte avec son passe-partout.* (Abrév. fam. *passe.*) **-2.** Scie à lame large, avec une poignée à chaque extrémité, pour débiter de grosses pièces (troncs d'arbre, quartiers de pierre, etc.). ◆ adj. inv. Dont on peut faire usage en toutes circonstances ; d'un emploi très étendu : *Mot, réponse passe-partout.*

passe-passe [paspas] n.m. inv. Tour de passe-passe, tour d'adresse des prestidigitateurs ; au fig., artifice, tromperie adroite.

passe-plat [paspla] n.m. (pl. *passe-plats*). Ouverture pratiquée dans une cloison pour passer directement les plats et les assiettes de la cuisine à la salle à manger.

passepoil [paspwal] n.m. **-1.** Bande de tissu, de cuir, etc., prise en double dans une couture et formant une garniture en relief. **-2.** Liseré qui borde la couture de l'uniforme de certaines armes, dont il constitue un signe distinctif.

passeport [paspɔR] n.m. (de *passe* et *port* "issue, passage"). Document délivré à ses ressortissants par une autorité administrative nationale en vue de certifier leur identité au regard des autorités étrangères et de leur permettre de circuler librement hors des frontières.

passer [pase] v.i. (lat. pop. *passare*, de *passus* "pas") (auxil. *être* ou, plus rarement, *avoir*). **-1.** Aller d'un lieu à un autre par rapport à un point situé ou non sur la ligne du mouvement : *Les voitures passent dans la rue* (syn. circuler). *Si tu passes par Paris, viens nous voir.* **-2.** (Suivi d'un inf.). Aller quelque part un bref instant : *Passer voir qqn à l'hôpital* (syn. aller). **-3.** Franchir une limite ou un obstacle : *Marchandises qui passent en fraude.* **-4.** Couler au travers d'un filtre, d'un tamis : *Le café passe.* **-5.** Être digéré : *Le déjeuner ne passe pas.* **-6.** Être admis, accepté : *Passer dans la classe supérieure.* **-7.** Venir dans une certaine position : *Pour lui, le plaisir passe avant tout* (syn. l'emporter sur, primer). **-8.** VIEILLI. Dépasser : *Le jupon passe sous la robe.* **-9.** Aller d'un lieu dans un autre : *Passer au salon, dans le salon. Laissez-la passer* (syn. entrer, venir). *Le poison est passé dans le sang.* **-10.** Changer d'état, de situation : *Passer de vie à trépas.* **-11.** (Avec un attribut). Être promu à telle fonction : *Il est passé chef de service* (syn. devenir). **-12.** En venir à : *Passer aux aveux.* **-13.** Se joindre à, rejoindre : *Passer dans l'opposition* (syn. rallier). **-14.** Se transmettre à un autre possesseur : *À sa mort, la*

propriété passera à ses fils (syn. aller, revenir).
- **15.** Se soumettre à, subir : *Passer à la visite médicale.* - **16.** Se produire en public ; être représenté, projeté : *Passer à la télévision. Ce film passe dans quelques salles.* - **17.** S'écouler : *Trois minutes passèrent.* - **18.** Avoir une durée limitée : *Cette mode passera vite. La douleur va passer* (syn. finir). - **19.** Perdre son éclat, en parlant d'une couleur : *Le bleu des rideaux a passé au soleil* (syn. se décolorer, se faner). - **20.** En passant, sans s'attarder. ‖ Il faudra bien en passer par là, en venir à faire cela, s'y résoudre. ‖ Laisser passer, ne pas s'opposer à ; ne pas remarquer, ne pas corriger. ‖ Ne pas passer, ne pas être admis, toléré : *Sa remarque n'est pas passée.* ‖ Passer par, trouver dans tel état, telle situation : *Passer par de graves difficultés* (syn. traverser). ‖ Passer pour, être considéré comme : *Dans le village, il passe pour fou.* ‖ Passer sur, ne pas s'arrêter à : *Passons sur les détails* (syn. omettre). ‖ Y passer, subir une épreuve, un désagrément : *Moi aussi, j'y suis passé* (= j'ai connu ce genre de difficultés) ; être dilapidé : *Tout son héritage y a passé.* ◆ v.t. [auxil. avoir]. - **1.** Franchir, traverser : *Passer une rivière sur un pont.* - **2.** Subir un examen ; réussir à un examen : *Passer le bac.* - **3.** Faire aller d'un lieu dans un autre : *Passer des marchandises en fraude.* - **4.** Tamiser, filtrer : *Passer un bouillon.* - **5.** Donner, transmettre : *Passe-moi le sel.* - **6.** Laisser derrière soi, dépasser : *Passer qqn à la course* (syn. devancer). - **7.** Aller au-delà de, dépasser : *Cela passe mes forces.* - **8.** Omettre, sauter : *Passer une ligne.* - **9.** (Absol.). S'abstenir de jouer ou d'annoncer, quand vient son tour, à certains jeux (de cartes, etc.) : *Je passe.* - **10.** Laisser s'écouler, dépenser, employer du temps : *Passer ses vacances à la mer.* - **11.** Satisfaire, contenter, assouvir : *Il passe son envie de fumer en suçant des bonbons.* - **12.** Ternir les couleurs d'un tissu, d'un papier, etc. : *Le soleil a passé ces bleus* (syn. décolorer, délaver). - **13.** Étendre sur une surface : *Passer une couche de peinture sur un mur* (syn. appliquer). - **14.** Mettre sur soi, enfiler rapidement : *Passer une veste.* - **15.** Inscrire une écriture comptable : *Passer un article en compte.* - **16.** Dresser, établir dans les formes légales : *Passez votre commande avant la fin du mois.* - **17.** Exposer, soumettre à l'action de : *Passer un bistouri à la flamme pour le stériliser.* - **18.** Passer au fil de l'épée, tuer, exécuter au moyen de l'épée. ◆ **se passer** v.pr. - **1.** Avoir lieu, arriver : *La scène se passe à Venise. Que se passe-t-il ?* (syn. se produire). - **2.** S'écouler : *Deux semaines se sont passées.* - **3.** Se passer de qqch, ne pas en avoir besoin, le refuser : *Je me passe de tes conseils.* ‖ Se passer de, se priver de qqch, de qqn ; renoncer à faire qqch : *Se passer de tabac, de vacances.*

passereau [pasʀo] n.m. (du lat. *passer, -eris* "moineau"). Passereaux, ordre d'oiseaux de taille génér. petite, arboricoles, chanteurs et bâtisseurs de nids, pourvus de pattes à quatre doigts : *Le moineau, le merle, le rossignol sont des passereaux.*

passerelle [pasʀɛl] n.f. (de *passer*). - **1.** Pont, souvent étroit, réservé aux piétons : *Une passerelle permet de passer au-dessus de la route.* - **2.** Escalier ou plan incliné mobile permettant l'accès à un avion, à un navire : *Passerelle d'embarquement.* - **3.** Passage, communication : *Ménager une passerelle entre deux cycles d'études.* - **4.** MAR. Plate-forme située au-dessus du pont supérieur d'un navire et s'étendant sur toute sa largeur : *Passerelle de commandement.*

passe-temps [pastɑ̃] n.m. inv. Occupation divertissante, qui fait passer le temps agréablement : *Passe-temps pour les jours de pluie* (syn. amusement, distraction).

passeur, euse [pasœʀ, -øz] n. - **1.** Personne qui conduit un bac, un bateau pour traverser un cours d'eau. - **2.** Personne qui fait passer une frontière clandestinement ou qui passe une marchandise en fraude.

passible [pasibl] adj. (lat. *passibilis*, de *passus* "ayant souffert"). Passible de, qui encourt une sanction ou qui peut entraîner son application : *Il est passible de la détention à perpétuité. Délit passible d'un an de prison.*

1. passif, ive [pasif, -iv] adj. (bas lat. *passivus*, de *pati* "souffrir"). - **1.** Qui n'agit pas de soi-même : *Être le témoin passif d'un événement* (contr. actif). - **2.** Qui manque d'énergie : *Un gros garçon mou et passif* (syn. apathique, indolent). - **3.** GRAMM. Se dit de l'ensemble des formes verbales (constituées, en français, à l'aide de l'auxiliaire *être* et du p. passé du verbe actif) indiquant que le sujet subit l'action, laquelle est accomplie par l'agent : *L'ensemble des formes passives est appelé la voix passive* (par opp. à *voix active*). ‖ Défense passive, ensemble des moyens mis en œuvre en temps de guerre pour protéger les populations civiles contre les attaques aériennes.

2. passif [pasif] n.m. (de *1. passif*). - **1.** Ensemble des dettes d'une personne physique ou morale : *Le passif de l'entreprise est lourd* (contr. actif, avoir). - **2.** GRAMM. Voix passive.

passiflore [pasiflɔʀ] n.f. (du lat. *passio* "passion" et *flos, floris* "fleur"). Plante tropicale au fruit comestible *(fruit de la Passion),* dite aussi *fleur de la Passion* à cause de la forme de sa fleur dont les organes évoquent les instruments de la Passion (couronne d'épines, clous, marteaux, etc.).

passim [pasim] adv. (mot lat. "çà et là"). En de nombreux autres passages d'un livre : *Page douze et passim.*

passing-shot [pasinʃɔt] n.m. (mot angl.) [pl. *passing-shots*]. Au tennis, balle rapide et liftée évitant un adversaire monté à la volée.

passion [pasjɔ̃] n.f. (lat. *passio*, de *pati* "souffrir"). - **1.** Amour violent et durable inspiré par une personne : *La passion qu'il ressentait pour elle* (syn. adoration, idolâtrie). - **2.** Objet de cet amour : *Elle a été la grande passion de sa vie* (syn. amour). - **3.** Inclination très vive pour qqch : *C'est une femme qui a la passion de son métier* (syn. culte). - **4.** RELIG. CHRÉT. (Avec une majuscule ; précédé de l'art. déf.). L'ensemble des événements de la vie de Jésus, de son arrestation à sa mort : *Un sermon sur la Passion.* - **5.** Fruit de la Passion, fruit comestible de certaines passiflores.

passionnant, e [pasjɔnɑ̃, -ɑ̃t] adj. Qui passionne : *Un récit passionnant* (syn. captivant, fascinant). *Le match a été passionnant* (syn. exaltant, excitant).

passionné, e [pasjɔne] adj. et n. Animé par la passion : *Débat passionné* (syn. véhément, vif). *Un passionné de cinéma* (syn. fanatique, fou).

passionnel, elle [pasjɔnɛl] adj. Inspiré par la passion amoureuse : *Crime passionnel.*

passionnément [pasjɔnemɑ̃] adv. Avec passion : *Aimer passionnément* (syn. follement).

passionner [pasjɔne] v.t. - **1.** Intéresser vivement : *Ce roman m'a passionné* (syn. captiver, fasciner, enthousiasmer). - **2.** Donner un caractère animé, violent à : *Passionner un débat.* ◆ **se passionner** v.pr. [pour]. Prendre un intérêt très vif à : *Elle se passionne pour son nouveau travail* (syn. s'enthousiasmer).

passivement [pasivmɑ̃] adv. De façon passive : *Obéir passivement* (syn. aveuglément).

passivité [pasivite] n.f. Attitude de qqn qui est passif : *Réagir avec passivité* (syn. apathie, indolence).

passoire [paswaʀ] n.f. (de *passer*). Ustensile de cuisine percé de trous, pour égoutter des aliments ou filtrer des liquides.

pastel [pastɛl] n.m. (it. *pastello*, du bas lat. *pastellus*, class. *pastillum* "petit pain"). - **1.** Type de crayon de couleur en bâtonnet fait d'un matériau colorant aggloméré. - **2.** Dessin exécuté au pastel. ◆ adj. inv. Se dit de couleurs, de tons clairs et doux : *Les tons pastel d'une layette.*

pastèque [pastɛk] n.f. (port. *pateca*, mot hindi). Plante cultivée dans les pays méditerranéens pour son fruit à pulpe rouge très juteuse et rafraîchissante ; ce fruit. (On dit aussi *melon d'eau*.) □ Famille des cucurbitacées.

pasteur [pastœʀ] n.m. (lat. *pastor*, de *pascere* "paître"). - **1.** LITT. Homme qui garde les troupeaux : *Les Peuls sont un peuple de pasteurs* (syn. berger). - **2.** LITT. Prêtre ou évêque, en tant qu'il a charge d'âmes (ses « brebis »). - **3.** Ministre du culte protestant.

pasteurisation [pastœʀizasjɔ̃] n.f. (du n. de L. *Pasteur*). Stérilisation par chauffage de certains produits alimentaires, qui vise à détruire les micro-organismes pathogènes et la majorité des autres germes : *La pasteurisation du lait, du beurre, de la bière.*

pasteuriser [pastœʀize] v.t. Opérer la pasteurisation de : *Pasteuriser de la crème, du cidre. Lait pasteurisé.*

pastiche [pastiʃ] n.m. (it. *pasticcio* "pâté"). Œuvre littéraire ou artistique où l'on imite le style d'un auteur, soit pour assimiler sa manière, soit dans une intention parodique.

pasticher [pastiʃe] v.t. Faire le pastiche d'un artiste, d'un écrivain : *Pasticher un romancier* (syn. contrefaire, parodier).

pastille [pastij] n.f. (esp. *pastilla*, du lat. *pastillum*, dimin. de *panis* "pain"). Petit morceau de pâte à sucer, de forme génér. ronde : *Pastille de menthe.*

pastis [pastis] n.m. (mot prov.). - **1.** Boisson apéritive alcoolisée parfumée à l'anis, qui se boit étendue d'eau. - **2.** FAM. Situation embrouillée, confuse : *Quel pastis !*

pastoral, e, aux [pastɔʀal, -o] adj. (du lat. *pastor* ; v. *pasteur*). - **1.** Qui évoque les bergers : *Vie pastorale* (syn. agreste, champêtre). - **2.** RELIG. Du pasteur, du ministre du culte : *Tournée pastorale. Anneau pastoral.*

pastorale [pastɔʀal] n.f. (de *pastoral*). - **1.** Poème, peinture dont les personnages sont des bergers, des bergères. - **2.** Pièce de musique de caractère champêtre.

pastoureau, elle [pasturo, -ɛl] n. LITT. Petit berger, petite bergère.

pastourelle [pasturɛl] n.f. (de *pastoureau*). LITTÉR. Genre lyrique du Moyen Âge dans lequel une bergère dialogue avec un chevalier qui cherche à la séduire.

pat [pat] adj. inv. et n.m. (it. *patta* "quitte"). Aux échecs, se dit du roi quand, seule pièce restant à jouer, il ne peut être déplacé sans être mis en échec : *Le pat rend la partie nulle.*

patachon [pataʃɔ̃] n.m. (du n. du conducteur de *patache*, voiture publique peu confortable). FAM. Mener une vie de patachon, mener une vie désordonnée de plaisirs et de débauche.

pataquès [patakɛs] n.m. (de la phrase plaisante *je ne sais pas-t-à qui est-ce*). - **1.** Faute de liaison qui consiste à prononcer un *t* pour un *s*, ou vice versa, ou à confondre deux lettres quelconques : *Dire « ce n'est point-z-à moi » constitue un pataquès.* - **2.** Discours confus, inintelligible : *Je ne comprends rien à ce pataquès* (syn. charabia).

patate [patat] n.f. (esp. *batata*). - **1.** FAM. Pomme de terre. - **2.** Plante de la famille des convolvulacées, cultivée en Amérique et en Asie pour son tubercule comestible ; tubercule (on dit aussi *patate douce*). - **3.** FAM. Personne stupide. **En avoir gros sur la patate,** éprouver un vif ressentiment ou une profonde tristesse.

patatras [patatʀa] interj. Exprime le bruit d'une chose qui tombe avec fracas : *Patatras ! Toute la vaisselle par terre !*

pataud, e [pato, -od] n. et adj. (de *patte*). FAM. Personne lourde et lente, aux mouvements gauches ; au fig., personne qui manque de tact, de délicatesse.

Pataugas [patogas] n.m. (nom déposé). Chaussure montante de toile forte, utilisée notamm. pour la randonnée.

pataugeoire [patoʒwaʀ] n.f. Bassin peu profond réservé à la baignade des enfants (dans une piscine, notamm.).

patauger [patoʒe] v.i. (de *patte*) [conj. 17]. - **1.** Marcher sur un sol détrempé : *Les ouvriers pataugent dans la boue du chantier.* - **2.** S'embarrasser, s'embrouiller dans des difficultés : *Patauger dans un exposé* (syn. s'empêtrer).

patch [patʃ] n.m. (mot angl.). [Anglic. déconseillé]. - **1.** CHIR. Syn. de *pièce*. - **2.** MÉD. Syn. de *timbre*.

patchouli [patʃuli] n.m. (angl. *patchleaf,* de *patch,* n. hindou de la plante, et *leaf* "feuille"). Plante voisine de la menthe, originaire des régions tropicales d'Asie et d'Océanie, dont on extrait un parfum ; ce parfum. ◆ Famille des labiées.

patchwork [patʃwœʀk] n.m. (mot angl., de *patch* "pièce" et *work* "travail"). - **1.** Ouvrage fait de morceaux de tissu de couleurs différentes, cousus les uns aux autres : *Couvre-lit en patchwork.* - **2.** Ensemble quelconque formé d'éléments hétérogènes : *Un patchwork de nationalités* (syn. mosaïque).

pâte [pɑt] n.f. (bas lat. *pasta,* gr. *pastê* "sauce mêlée de farine"). - **1.** Préparation à base de farine délayée (à l'eau, au lait), pétrie le plus souvent avec d'autres ingrédients (levure, sel, sucre, etc.) et destinée à être consommée cuite : *Pâte à tarte, à crêpes.* - **2.** Préparation de consistance intermédiaire entre le liquide et le solide, et destinée à des usages divers : *Pâte de fruits. Pâte dentifrice. Pâte à modeler.* - **3.** FAM. **Une bonne pâte,** une personne de caractère facile et bon. ◆ **pâtes** n.f. pl. Petits morceaux de pâte de semoule de blé dur prêts à l'emploi en cuisine, et se présentant sous des formes variées (on dit aussi *pâtes alimentaires*) : *Les vermicelles, les nouilles, les macaronis sont des pâtes.*

pâté [pɑte] n.m. - **1.** Préparation à base de hachis de viande ou de poisson, cuite dans une terrine ou enrobée d'une pâte feuilletée : *Du pâté de foie gras. Un pâté en croûte.* - **2.** Tache d'encre sur le papier. - **3.** Petit tas de sable humide moulé (dans un seau de plage, etc.) que les enfants confectionnent par jeu. - **4.** **Pâté de maisons,** groupe de maisons isolé par des rues.

pâtée [pɑte] n.f. (de *pâte*). - **1.** Mélange d'aliments réduits en pâte, de consistance plus ou moins épaisse, avec lequel on nourrit les animaux domestiques : *Donner sa pâtée au chien.* - **2.** FAM. Défaite écrasante : *Prendre la pâtée.*

1. patelin [patlɛ̃] n.m. (de l'anc. fr. *pastiz* "pacage"). FAM. Village : *Y a-t-il un hôtel dans ce patelin ?* (syn. localité).

2. patelin, e [patlɛ̃, -in] adj. et n. (de *Maître Pathelin,* d'un personnage de farce célèbre). LITT. D'une douceur insinuante et hypocrite : *Un ton patelin* (syn. mielleux).

patelle [patɛl] n.f. (lat. *patella* "petit plat"). Mollusque comestible à coquille conique, très abondant sur les rochers découverts à marée basse (noms usuels : *bernicle, bernique, chapeau chinois*). ◻ Classe des gastropodes ; taille 5 cm.

patène [patɛn] n.f. (lat. *patena* "plat"). CATH. Petit plat rond destiné à recevoir l'hostie.

patenôtre [patnotʀ] n.f. (du lat. *Pater noster* "Notre Père"). - **1.** (Souvent au pl.). Prière où dominait les *Pater.* - **2.** Prière dite machinalement (péjor.) : *Marmotter des patenôtres.*

patent, e [patɑ̃, -ɑ̃t] adj. (lat. *patens, -entis* "ouvert"). - **1.** Qui apparaît avec évidence : *C'est un fait patent* (syn. incontestable, manifeste). - **2.** HIST. **Lettres patentes,** lettres portant le sceau royal et qui, à la différence des *lettres de cachet,* étaient expédiées ouvertes.

patente [patɑ̃t] n.f. (de *[lettres] patentes,* par ellipse). Anc. nom de la taxe* professionnelle.

patenté, e [patɑ̃te] adj. - **1.** Qui payait patente : *Commerçant patenté.* - **2.** Qui a le monopole de telle activité : *Défenseur patenté d'une institution* (syn. attitré, confirmé).

Pater [patɛʀ] n.m. inv. (mot lat.). Prière en latin qui commence par les mots *Pater noster,* « Notre Père ».

patère [patɛʀ] n.f. (lat. *patera* "coupe"). - **1.** ANTIQ. Coupe à boire évasée et peu profonde. - **2.** Support fixé à un mur pour accrocher des vêtements ou pour soutenir des rideaux, une draperie, etc.

paternalisme [patɛʀnalism] n.m. (angl. *paternalism*). Attitude marquée de bienveillance condescendante d'un directeur, d'un supérieur envers son personnel.

paternaliste [patɛʀnalist] adj. et n. Qui relève du paternalisme : *Une gestion paternaliste.*

paternel, elle [patɛʀnɛl] adj. - **1.** Propre au père : *Domicile paternel.* - **2.** Qui est du côté du père : *Grands-parents paternels.* - **3.** Qui évoque un père par son caractère protecteur : *Ton, regard paternel* (syn. indulgent).

paternellement [patɛʀnɛlmɑ̃] adv. En père, comme un père : *S'adresser paternellement à qqn.*

paternité [patɛʀnite] n.f. - **1.** État, qualité de père : *Les joies de la paternité.* - **2.** Qualité d'auteur, d'inventeur : *Revendiquer la paternité d'une invention.*

pâteux, euse [patø, -øz] adj. - **1.** Qui a la consistance d'une pâte : *Matière pâteuse* (contr. fluide). - **2.** Qui manque d'aisance ; lourd et embarrassé : *Discours, style pâteux.* - **3.** Avoir la bouche, la langue pâteuse, comme encombrée d'une salive épaisse.

pathétique [patetik] adj. (bas lat. *patheticus,* gr. *pathêtikos* "relatif à la passion"). Qui émeut profondément : *Un appel pathétique* (syn. bouleversant, poignant). ◆ n.m. Caractère pathétique : *Le pathétique d'une situation.*

pathogène [patɔʒɛn] adj. (de patho- et -gène). Qui provoque la maladie : *Virus pathogène.*

pathologie [patɔlɔʒi] n.f. (gr. *pathologia*). - **1.** Étude des maladies. - **2.** Ensemble des manifestations d'une maladie : *La pathologie du cancer.*

pathologique [patɔlɔʒik] adj. - **1.** Qui tient de la pathologie : *Une peur pathologique de l'eau* (syn. maladif). - **2.** Qui relève de l'étude des maladies : *Analyse pathologique.*

pathos [patos] n.m. (mot gr. "souffrance, passion"). Recherche inopportune d'effets de style dramatiques : *Un article écrit dans un pathos insupportable* (syn. emphase).

patibulaire [patibylɛʀ] adj. (du lat. *patibulum* "gibet"). Qui inspire la défaillance : *Mine, air patibulaire* (syn. inquiétant, louche).

patiemment [pasjamɑ̃] adv. Avec patience.

patience [pasjɑ̃s] n.f. (lat. *patientia,* de *pati* "supporter"). - **1.** Aptitude à supporter les désagréments de l'existence : *Malade qui endure ses souffrances avec patience* (syn. résignation). - **2.** Constance dans l'effort : *La patience d'une dentellière* (syn. persévérance). - **3.** Jeu de cartes que l'on joue en solitaire (syn. réussite). - **4.** Perdre patience, ne plus supporter d'attendre, de subir. ‖ Prendre son mal en patience, s'efforcer de le supporter sans se plaindre.

1. patient, e [pasjɑ̃, -ɑ̃t] adj. (lat. *patiens, -entis*). Qui a de la patience ; qui la manifeste : *De patientes recherches* (syn. acharné, assidu, obstiné). *Soyez patients, cela vient.*

2. patient, e [pasjɑ̃, -ɑ̃t] n. (de *1. patient*). Personne qui subit un traitement, une opération chirurgicale, etc.

patienter [pasjɑ̃te] v.i. Prendre patience ; attendre : *Prenez un magazine pour patienter.*

patin [patɛ̃] n.m. (de *patte*). - **1.** Pièce de tissu (génér. du feutre) sur laquelle on pose le pied pour avancer en glissant sur un parquet, sans risque de le rayer ou de le salir. - **2.** Organe mobile venant frotter sur une surface, soit pour servir d'appui à un ensemble en mouvement (guidage), soit pour absorber de la puissance en excédent (freinage) dans une machine, un mécanisme : *Patin de frein.* - **3.** Patin à glace, dispositif constitué d'une lame fixée sous une chaussure pour glisser sur la glace. ‖ Patin à roulettes, dispositif monté sur quatre roulettes et qui s'adapte au pied au moyen de lanières, ou qui est fixé directement à une chaussure spéciale.

1. patinage [patinaʒ] n.m. (de *1. patiner*). - **1.** Pratique du patin à glace, du patin à roulettes : *Patinage artistique.* - **2.** Rotation sans entraînement des roues motrices d'un véhicule, par suite d'une adhérence insuffisante : *Le patinage des roues d'une voiture sur la neige durcie.*

2. patinage [patinaʒ] n.m. (de *2. patiner*). Action de revêtir d'une patine ; fait de se patiner.

patine [patin] n.f. (it. *patina*). Aspect que prennent certains objets, certaines surfaces avec le temps : *La table a pris une belle patine.*

1. patiner [patine] v.i. (de *patte*). - **1.** Glisser, avancer avec des patins (à glace, à roulettes). - **2.** Glisser par manque d'adhérence : *Roue qui patine* (syn. chasser, déraper).

2. patiner [patine] v.t. (de *patine*). Donner, naturellement ou artificiellement, une patine : *Plusieurs générations ont patiné cette rampe d'escalier.* ◆ **se patiner** v.pr. Prendre la patine : *Bronzes qui se patinent.*

patinette [patinɛt] n.f. (de *1. patiner*). Trottinette.

patineur, euse [patinœʀ, -øz] n. (de *1. patiner*). Personne qui patine.

patinoire [patinwaʀ] n.f. - **1.** Lieu aménagé pour le patinage sur glace. - **2.** Surface très glissante : *La chaussée verglacée est une vraie patinoire.*

patio [patjo] ou [pasjo] n.m. (mot esp., d'orig. obsc.). Cour intérieure des maisons de type espagnol.

pâtir [patiʀ] v.i. (lat. *pati* "subir") [conj. 32]. Subir un dommage à cause de : *Les oliviers ont pâti du gel* (syn. souffrir).

pâtisserie [patisʀi] n.f. (de *pâtisser* "travailler la pâte"). - **1.** Préparation, sucrée ou salée, de pâte travaillée, garnie et cuite au four : *Faire de la pâtisserie.* - **2.** Profession, commerce, boutique de pâtissier : *Aller à la pâtisserie.*

pâtissier, ère [patisje, -ɛʀ] n. Personne qui confectionne ou qui vend de la pâtisserie. ◆ **pâtissière** adj. f. *Crème pâtissière,* crème cuite, assez épaisse, souvent parfumée, qui garnit certaines pâtisseries (choux, éclairs, etc.).

pâtisson [patisɔ̃] n.m. (de l'anc. fr. *pastitz* "pâté"). Courge d'une espèce, dite aussi *artichaut d'Espagne* ou *d'Israël.*

patois [patwa] n.m. (du rad. onomat. *patt-* exprimant la familiarité ; v. *patte*). Parler propre à une région rurale : *Le patois d'Auvergne, savoyard.*

patoisant, e [patwazɑ̃, -ɑ̃t] adj. et n. Qui s'exprime en patois.

patraque [patʀak] adj. (prov. *patraco* "monnaie usée"). FAM. Un peu fatigué ou souffrant : *Se sentir patraque* (syn. incommodé, indisposé).

pâtre [patʀ] n.m. (lat. *pastor*). LITT. Celui qui fait paître des troupeaux (syn. berger, pasteur).

patriarcal, e, aux [patʀijakal, -o] adj. (lat. ecclés. *patriarchalis*). SOCIOL. Qui relève du patriarcat : *Société patriarcale.*

patriarcat [patʀijaʀka] n.m. (lat. ecclés. *patriarchatus*). - **1.** RELIG. CHRÉT. Dignité, fonction de patriarche ; territoire sur lequel s'exerce la juridiction d'un patriarche. - **2.** SOCIOL. Organisation familiale et sociale fondée sur la descendance par les mâles et sur le pouvoir exclusif ou prépondérant du père.

patriarche [patʀijaʀʃ] n.m. (lat. ecclés. *patriarcha,* gr. *patriarkhês* "chef de famille"). - **1.** LITT. Vieillard respectable, qui vit entouré d'une nombreuse famille. - **2.** Évêque d'un siège épiscopal ayant autorité sur les autres évêques, dans les Églises orientales.

patricien, enne [patʀisjɛ̃, -ɛn] n. (lat. *patricius*). ANTIQ. ROM. Citoyen appartenant à la classe aristocratique. ◆ adj. LITT. Noble : *Famille patricienne.*

patrie [patʀi] n.f. (lat. *patria* propr. "pays du père"). - **1.** Communauté politique d'individus vivant sur le même sol et liés par un sentiment d'appartenance à une même collectivité ; pays habité par une telle communauté : *Défendre le sol de la patrie. Mère patrie* (= pays où l'on est né). - **2.** Pays, province, ville d'origine d'une personne : *Saint-Malo est la patrie de Jacques Cartier.*

patrilinéaire [patʀilineɛʀ] adj. (du lat. *pater* "père", et de *linéaire*). ANTHROP. Se dit d'un mode de filiation ou d'organisation sociale

qui ne prend en compte que l'ascendance paternelle (par opp. à *matrilinéaire*).

patrimoine [patʀimwan] n.m. (lat. *patrimonium,* de *pater* "père"). - **1.** Ensemble des biens hérités du père et de la mère : *Dilapider le patrimoine familial* (syn. succession). - **2.** Héritage commun d'une collectivité : *Les œuvres littéraires font partie du patrimoine de la nation.* - **3.** BIOL. Patrimoine génétique, héréditaire, ensemble des caractères héréditaires, génotype d'un individu, d'une lignée.

patrimonial, e, aux [patʀimɔnjal, -o] adj. (lat. *patrimonialis*). Relatif à un patrimoine : *Richesses patrimoniales.*

patriote [patʀijɔt] adj. et n. (bas lat. *patriota*). Qui aime sa patrie et le prouve par ses actes : *Une famille très patriote. Des groupes de patriotes.*

patriotique [patʀijɔtik] adj. Qui exprime le patriotisme : *Des chants patriotiques.*

patriotisme [patʀijɔtism] n.m. Amour de la patrie : *Un ardent patriotisme le jeta dans les rangs des maquisards.*

1. patron, onne [patʀɔ̃, -ɔn] n. (lat. *patronus* "protecteur", de *pater* "père"). - **1.** Chef d'une entreprise industrielle ou commerciale ; employeur, par rapport à ses employés : *Un patron d'usine* (syn. directeur). - **2.** Professeur de médecine ; personne qui dirige un service hospitalier. - **3.** Professeur, maître qui dirige un travail de recherche : *Patron de thèse.* - **4.** MAR. Commandant d'un bateau de pêche. - **5.** Saint, sainte dont on porte le nom ou qui sont désignés comme protecteurs d'une ville, d'une corporation, etc. : *Saint Crespin est le patron des cordonniers.*

2. patron [patʀɔ̃] n.m. (de *1. patron*). - **1.** Modèle (en tissu, en papier fort, etc.) d'après lequel on taille un vêtement. - **2.** Tailles *demi-patron, patron, grand patron,* chacune des trois tailles masculines, en bonneterie.

patronage [patʀɔnaʒ] n.m. (de *1. patron*). - **1.** Appui, soutien accordé par une personnage influent : *Cérémonie sous le patronage d'un ministre.* - **2.** Protection d'un saint. - **3.** Organisation, œuvre qui veille sur les enfants, les adolescents, en partic., en organisant leurs loisirs pendant les congés : *Patronage laïque.*

patronal, e, aux [patʀɔnal, -o] adj. - **1.** Du patronat : *Syndicat patronal.* - **2.** Du saint patron : *Fête patronale.*

patronat [patʀɔna] n.m. Ensemble des patrons, des chefs d'entreprise : *Patronat et salariat.*

patronner [patʀɔne] v.t. (de *1. patron*). Donner le soutien de son autorité, de son influence à : *Acteur qui patronne une œuvre caritative* (syn. parrainer).

patronnesse [patʀɔnɛs] adj. f. Dame patronnesse, femme qui patronne une œuvre de bienfaisance.

patronyme [patʀɔnim] n.m. Nom patronymique.

patronymique [patʀɔnimik] adj. (bas lat. *patronymicus*, du gr. *patrônumikos*, de *patêr* "père" et *onoma* "nom"). Nom patronymique, nom de famille (par opp. à *prénom*).

patrouille [patʀuj] n.f. (de *patrouiller*). Mission de surveillance, de renseignements ou de liaison confiée à une petite formation militaire (terrestre, aérienne ou navale) ou policière ; cette formation elle-même.

patrouiller [patʀuje] v.i. (var. de *patouiller* "partager"). Effectuer une, des patrouilles ; aller en patrouille.

patrouilleur [patʀujœʀ] n.m. - **1.** Membre, élément d'une patrouille (soldat, aéronef, etc.). - **2.** MAR. Petit bâtiment de guerre spécial. conçu pour les patrouilles.

patte [pat] n.f. (orig. onomat. sur le rad. gallo-romain *patt-*). - **1.** Membre ou appendice des animaux supportant le corps et assurant la marche, le saut, le grimper, la préhension, etc. : *Les insectes ont trois paires de pattes.* - **2.** FAM. Pied, jambe : *Se casser une patte.* - **3.** Habileté de la main particulière à un artiste : *Reconnaître la patte d'un peintre.* - **4.** Languette de cuir, d'étoffe, etc., servant à fermer, à décorer un vêtement : *Les pattes d'une poche.* - **5.** Pièce longue et plate servant à fixer, maintenir, assembler : *Les pattes d'un miroir.* - **6.** MAR. Pièce triangulaire de chacun des bras d'une ancre. - **7.** (Surtout au pl.). Cheveux qu'on laisse pousser en avant de l'oreille. - **8.** FAM. Coup de patte, critique, trait malveillants lancés à qqn. ‖ Marcher à quatre pattes, marcher sur les mains et les genoux. ‖ Montrer patte blanche, présenter toutes les garanties nécessaires pour être admis quelque part. ‖ Pantalon à pattes d'éléphant, pantalon dont les jambes s'évasent du genou aux chevilles. ‖ FAM. Retomber sur ses pattes, sortir sans dommage d'un mauvais pas. ‖ FAM. Tirer dans les pattes de qqn, lui causer sournoisement des difficultés.

patte-d'oie [patdwa] n.f. (pl. *pattes-d'oie*). - **1.** Carrefour où trois voies (ou davantage) s'ouvrent selon des directions obliques les unes par rapport aux autres. - **2.** Rides divergentes à l'angle externe de l'œil.

pattemouille [patmuj] n.f. (de *patte* "chiffon" et de *mouiller*). Linge mouillé que l'on utilise pour repasser un tissu à la vapeur.

pâturage [pɑtyʀaʒ] n.m. Lieu où le bétail pâture : *Les pâturages de Normandie* (syn. herbage, pacage, pâture).

pâture [pɑtyʀ] n.f. (bas lat. *pastura*, de *pascere* "paître"). - **1.** Nourriture des animaux : *Oiseaux qui cherchent leur pâture* (syn. becquée). - **2.** Lieu où l'on fait paître le bétail (syn. herbage, pacage). - **3.** Ce sur quoi peut s'exercer une activité : *Fait donné en pâture aux journalistes.*

pâturer [pɑtyʀe] v.t. et v.i. AGRIC. Paître.

paturon [patyʀɔ̃] n.m. (de l'anc. fr. *pasture* "corde attachant l'animal par la jambe", lat. *pastoria* "corde de pâtre"). Partie de la jambe du cheval, entre le boulet et le sabot, correspondant à la première phalange.

paulownia [polɔnja] n.m. (de *Anna Paulowna*, fille du tsar Paul Iᵉʳ). Arbre ornemental originaire de l'Extrême-Orient, à fleurs mauves odorantes, à grandes feuilles. ▢ Famille des scrofulariacées ; haut. jusqu'à 15 m.

paume [pom] n.f. (lat. *palma*). - **1.** Intérieur, creux de la main, entre le poignet et les doigts. - **2.** Jeu où l'on se renvoie une balle avec une raquette.

paumé, e [pome] adj. et n. (de *paumer*). FAM. Qui est désorienté, perdu ; qui vit en dehors de la réalité.

paumelle [pomɛl] n.f. (de *paume*). Ferrure double qui permet le pivotement d'une porte, d'une fenêtre, et dont les deux parties, l'une fixe, portant un gond, l'autre mobile, peuvent être séparées.

paumer [pome] v.t. (de *paume*). FAM. Perdre : *J'ai paumé mon stylo* (syn. égarer). ◆ **se paumer** v.pr. FAM. Perdre son chemin : *On s'est paumé en banlieue* (syn. s'égarer).

paupérisation [popeʀizasjɔ̃] n.f. (du lat. *pauper* "pauvre"). Appauvrissement progressif et continu d'une population.

paupérisme [popeʀism] n.m. (angl. *pauperism*, du lat. *pauper* "pauvre"). État de pauvreté d'une population.

paupière [popjɛʀ] n.f. (lat. *palpebra*). Membrane de peau mobile qui protège la partie antérieure de l'œil : *Paupière supérieure, inférieure.*

paupiette [popjɛt] n.f. (anc. fr. *poupe* "partie charnue"). Mince tranche de viande roulée autour d'une farce, bardée de lard et braisée : *Paupiette de veau.*

pause [poz] n.f. (lat. *pausa*, du gr.). - **1.** Arrêt momentané d'une activité, d'un travail, génér. consacré au repos : *C'est l'heure de la pause* (syn. détente, repos). *Faire une pause (-) café.* - **2.** Suspension dans le déroulement d'un processus : *Marquer une pause dans des réformes.* - **3.** MUS. Silence dont la durée correspond à celle d'une mesure, quelle qu'elle soit ; signe qui note ce silence. - **4.** BELG. Faire les pauses, travailler en équipes par roulement.

pauvre [povʀ] adj. et n. (lat. *pauper*). Qui a peu de ressources, de biens, d'argent : *Né d'une famille pauvre* (syn. indigent, nécessiteux ; contr. aisé). *Faire l'aumône à un pauvre* (syn. miséreux). ◆ adj. - **1.** Qui dénote le manque d'argent : *De pauvres habits* (syn. misérable). - **2.** (Avant le n.). Qui attire la pitié, la commisération : *Le pauvre homme !* (syn. infortuné, malheureux). - **3.** Qui n'a pas l'abondance voulue : *La récolte a été pauvre* (syn. maigre). *Un vocabulaire pauvre* (syn. médiocre, réduit). - **4.** Qui produit peu ; qui est peu fécond : *Terre pauvre* (syn. infertile, stérile). - **5. Pauvre en**, qui contient peu de ; qui manque de : *Alimentation pauvre en vitamines*. - **6.** ART CONTEMP. Art pauvre, tendance caractérisée par un refus des techniques traditionnelles et des matériaux nobles de la création artistique.

pauvrement [povʀəmɑ̃] adv. De façon pauvre : *Vivre pauvrement* (syn. misérablement). *C'est pauvrement écrit.*

pauvresse [povʀɛs] n.f. VIEILLI. Femme sans ressources, indigente (syn. mendiante, miséreuse).

pauvret, ette [povʀɛ, -ɛt] n. et adj. Terme de commisération adressé à un enfant : *Oh, le pauvret !*

pauvreté [povʀəte] n.f. (lat. *paupertas*). - **1.** Manque d'argent, de ressources ; état d'une personne pauvre : *Des familles vivant dans la pauvreté* (syn. dénuement, indigence). - **2.** État de qqch qui est pauvre : *Pauvreté d'un sol* (syn. aridité, stérilité). *La pauvreté du vocabulaire d'un écrivaillon* (syn. médiocrité, sécheresse).

pavage [pavaʒ] n.m. - **1.** Action de paver : *Le pavage d'une rue*. - **2.** Revêtement d'un sol, constitué de pavés ou d'éléments de petite taille et de forme plus ou moins régulière : *Pavage en mosaïque* (syn. pavé, pavement).

pavane [pavan] n.f. (de l'it. dialect. [*danza*] *pavana* "[danse] de Padoue"). Danse et composition musicale de caractère noble et lent, à deux temps, qui, dans la suite ancienne, est suivie de la gaillarde.

se pavaner [pavane] v.pr. (croisement entre *pavane* et *se paonner*, de *paon*). Marcher ou se tenir en prenant des poses avantageuses, faire l'important : *Il se pavanait au milieu d'un cercle d'admiratrices* (syn. parader, plastronner).

pavé [pave] n.m. (de *paver*). - **1.** Bloc de pierre, génér. de forme cubique, utilisé pour le revêtement de certaines voies. - **2.** Revêtement formé de tels blocs : *Le pavé du boulevard* (syn. pavage, pavement). - **3.** FAM. Livre très épais ; texte trop long : *Un pavé de dix-huit cents pages*. - **4.** Dans un journal, texte souvent publicitaire, de grandes dimen-

sions, distingué du reste de la publication par un encadré, une typographie particulière, etc. - **5.** Bifteck très épais : *Pavé aux herbes*. - **6.** MATH. Ensemble des points d'un espace métrique dont chacune des coordonnées est prise dans un intervalle donné et dont le parallélépipède rectangle est l'image la plus simple. - **7. Être sur le pavé**, être sans domicile, sans emploi. ‖ **Tenir le haut du pavé**, tenir le premier rang, être en vue. ‖ **Un pavé dans la mare**, une vérité, une révélation brutale, qui jette la perturbation. - **8.** INFORM. **Pavé numérique**, sur un clavier, ensemble distinct de touches numériques et de touches d'opérations.

pavement [pavmɑ̃] n.m. Sol de dalles, de carreaux, de mosaïque, etc. (syn. pavage, pavé).

paver [pave] v.t. (lat. pop. **pavare*, du class. *pavire* "niveler"). Revêtir un sol de pavés : *Paver une rue. Sol pavé.*

pavillon [pavijɔ̃] n.m. (lat. *papilio, -onis* "papillon"). - **1.** Maison particulière de petite ou de moyenne dimension : *Un pavillon de banlieue*. - **2.** Bâtiment ou corps de bâtiment caractérisé par un plan sensiblement carré : *Un pavillon de chasse*. - **3.** L'une des trois enceintes d'un champ de courses (par opp. à *pesage* et à *pelouse*). - **4.** Partie extérieure visible de l'oreille où s'ouvre le conduit auditif. - **5.** Extrémité évasée d'un instrument de musique à vent : *Le pavillon d'un cor de chasse*. - **6.** MAR. Drapeau : *Battre pavillon italien*. - **7.** SOUT. **Baisser pavillon**, s'avouer vaincu ; renoncer, céder.

pavillonnaire [pavijɔnɛʀ] adj. Formé de pavillons : *Banlieue pavillonnaire*.

pavlovien, enne [pavlɔvjɛ̃, -ɛn] adj. De Pavlov ; relatif aux expériences, aux théories de Pavlov.

pavois [pavwa] n.m. (it. *pavese* "de Pavie"). - **1.** Partie de la coque d'un navire au-dessus du pont. - **2.** Ornementation de fête des navires. - **3. Grand pavois**, constitué par le petit pavois et par une guirlande de pavillons de signaux tendue de l'avant à l'arrière et passant par le haut des mâts. ‖ **Petit pavois**, consistant en pavillons nationaux hissés en tête de chaque mât.

pavoiser [pavwaze] v.t. (de *pavois*). Orner de pavillons, de drapeaux : *Pavoiser les édifices publics*. ◆ v.i. FAM. Manifester une grande joie : *Elle pavoise maintenant qu'elle a réussi* (syn. se rengorger). *Il n'y a pas de quoi pavoiser.*

pavot [pavo] n.m. (lat. pop. **papavus*, class. *papaver*). Plante cultivée soit pour ses fleurs ornementales, soit, dans le cas du pavot somnifère, pour ses capsules, qui fournissent l'opium, et pour ses graines, qui donnent l'huile d'œillette. □ Famille des papavéracées.

payant, e [pejɑ̃, -ɑ̃t] adj. - **1.** Qui paie : *Hôtes payants.* - **2.** Que l'on obtient en payant : *Spectacle payant* (contr. gratuit). - **3.** Qui rapporte de l'argent ; qui produit l'effet recherché : *Une entreprise payante* (syn. lucratif, rentable). *Des efforts payants* (syn. profitable).

paye n.f., **payement** n.m. → **paie, paiement.**

payer [peje] v.t. (lat. *pacare* "pacifier", de *pax, pacis* "paix") [conj. 11]. - **1.** Verser (une somme due) ; acquitter (une dette) : *Ils ne paient plus leurs cotisations. Payer une amende.* - **2.** Verser la somme due pour : *Payer des achats* (syn. acquitter). - **3.** Donner à qqn ce qui lui est dû : *Payer un fournisseur* (syn. régler). *Être payé mensuellement* (syn. rémunérer, rétribuer). - **4.** Récompenser, dédommager : *Ce succès le paie de ses efforts.* - **5.** Racheter par un châtiment subi ; expier : *Il a payé son crime.* - **6.** Il me le paiera, je me vengerai de lui. ‖ Je suis payé pour le savoir, je l'ai appris à mes dépens. ‖ Payer cher qqch, l'obtenir au prix de grands sacrifices. ‖ Payer qqn de retour, lui rendre la pareille. ◆ v.i. - **1.** Acquitter ce qu'on doit par tel ou tel moyen : *Payer par chèque. Je paie avec ma carte de crédit.* - **2.** Procurer un avantage, un bénéfice pécuniaire : *C'est un commerce qui paie. Le crime ne paie pas.* - **3.** Payer d'audace, faire preuve d'audace ; obtenir à force d'audace. ‖ Payer de sa personne, s'engager personnellement en affrontant les difficultés, les dangers, etc. ◆ **se payer** v.pr. - **1.** Retenir une somme d'argent en paiement : *Voilà un billet de cent francs, payez-vous.* - **2.** FAM. Acheter pour soi : *Se payer une robe neuve* (syn. s'offrir).

payeur, euse [pejœR, -øz] adj. et n. Qui paie : *Adressez-vous à l'organisme payeur. Bon, mauvais payeur.*

1. pays [pei] n.m. (du bas lat. *page[n]sis* "habitant d'un bourg", de *pagus*). - **1.** Territoire d'une nation : *Visiter des pays étrangers. Défendre son pays* (syn. patrie). - **2.** Ensemble des habitants d'une nation : *Le Président s'est adressé au pays* (syn. peuple, population). - **3.** Région envisagée du point de vue physique, climatique, économique, etc. : *Pays chauds* (syn. contrée). - **4.** Lieu, région d'origine : *Penser aux gens du pays.* - **5.** Village, agglomération : *Un petit pays de deux cents habitants* (syn. localité). - **6.** En pays de connaissance, parmi des gens connus ; dans une situation connue. ‖ Mal du pays, nostalgie de la terre natale. ‖ Vin de pays, produit par un terroir déterminé mais qui ne bénéficie pas de l'appellation contrôlée. ‖ Voir du pays, voyager beaucoup.

2. pays, e [pei, peiz] n. (de *1. pays*). FAM. Personne du même village, de la même région (syn. compatriote).

paysage [peizaʒ] n.m. - **1.** Étendue de pays qui s'offre à la vue : *Du sommet on découvre un paysage magnifique* (syn. panorama, vue). *Paysage urbain.* - **2.** Représentation d'un paysage, d'un site naturel (ou, moins souvent, d'un site urbain) par la peinture, le dessin, la photographie, etc. : *Les paysages de Cézanne.* - **3.** Aspect d'ensemble, situation dans un domaine : *Paysage politique, audiovisuel.*

paysager, ère [peizaʒe, -ɛR] adj. - **1.** Relatif au paysage. - **2.** Disposé de manière à rappeler un paysage naturel : *Jardin, parc paysager.*

paysagiste [peizaʒist] n. et adj. - **1.** Artiste spécialisé dans la représentation de paysages. - **2.** Architecte ou jardinier qui conçoit les plans d'ensemble de jardins et de parcs.

paysan, anne [peizɑ̃, -an] n. (de *1. pays*). - **1.** Homme, femme de la campagne, qui vit du travail de la terre (syn. agriculteur, cultivateur). - **2.** Personne peu raffinée : *Des manières de paysan* (syn. rustre). ◆ adj. Des paysans ; relatif aux paysans : *Vie paysanne* (syn. campagnard, rural).

paysannat [peizana] n.m. ÉCON. Ensemble des paysans ; condition de paysan.

paysannerie [peizanRi] n.f. Ensemble des paysans : *La paysannerie française* (syn. paysannat).

1. P. C., sigle de *poste* * *de commandement.*

2. P. C., sigle de *parti communiste.*

P.-D. G. [pedeʒe], sigle de *président* *-directeur général.*

péage [peaʒ] n.m. (lat. pop. *°pedaticum* "droit de mettre le pied", de *pes, pedis* "pied"). - **1.** Droit qu'on paie pour emprunter une autoroute, un pont, etc. ; lieu où est perçu ce droit : *Une file de voitures au péage.* - **2.** TÉLÉV. Chaîne à péage, dont certains programmes ne sont accessibles qu'aux usagers abonnés (on dit aussi une *chaîne cryptée*).

peau [po] n.f. (lat. *pellis* "peau [d'animal]"). - **1.** Organe constituant le revêtement extérieur du corps de l'homme et des animaux : *Une peau douce, mate.* - **2.** Cuir détaché du corps d'un animal et traité : *Une fourrure en peau de coyote.* - **3.** Enveloppe des fruits, de certaines plantes : *Peau de banane* (syn. pelure). - **4.** Croûte légère qui se forme sur certaines substances liquides ou onctueuses comme le lait bouilli, le fromage, etc. (syn. film, pellicule). - **5.** FAM. Avoir qqn dans la peau, en être passionnément amoureux. ‖ Bien, mal dans sa peau, à l'aise, mal à l'aise ; plein d'allant, déprimé. ‖ ARG. Faire la peau à qqn, le tuer. ‖ Faire peau neuve, changer de vêtements ; au fig., changer de conduite, d'opinion. ‖ FAM. Peau de vache, personne dure, méchante. ‖ Risquer sa peau, risquer sa vie. ▌ Se mettre, entrer dans la peau de qqn, se mettre mentalement à sa place pour comprendre sa pensée, ses réactions : *Acteur qui entre dans la peau de son personnage.* ▌ Vendre chèrement sa peau, se défendre vigoureusement avant de succomber.

peaufinage [pofinaʒ] n.m. Action de peaufiner.

peaufiner [pofine] v.t. (de *peau* et *fin*). - 1. Nettoyer, polir à la peau de chamois. - 2. Mettre au point avec un soin minutieux : *Peaufiner un article* (syn. parachever, parfaire).

peausserie [posʀi] n.f. - 1. Commerce, travail du peaussier. - 2. Marchandise, article de peau.

peaussier [posje] n.m. et adj.m. - 1. Ouvrier, artisan qui prépare les peaux. - 2. Commerçant en peaux.

pécari [pekaʀi] n.m. (mot caraïbe). - 1. Cochon sauvage d'Amérique. - 2. Cuir de cet animal : *Des gants en pécari.*

peccadille [pekadij] n.f. (esp. *pecadillo*, dimin. de *pecado*, du lat. *peccatum* "péché"). Faute légère, sans gravité : *Des peccadilles de jeunesse* (syn. erreur).

pechblende [pɛʃblɛ̃d] n.f. (de l'all. *Pech* "poix" et *Blende* "sulfure"). Oxyde naturel d'uranium, le plus important des minerais d'uranium (40 à 90 %), dont on extrait aussi le radium. □ Symb. UO₂.

1. pêche [pɛʃ] n.f. (du lat. *persicum* [*pomum*] "fruit de Perse"). - 1. Fruit comestible du pêcher, à chair juteuse et à noyau dur : *Pêche abricot* (= à chair jaune). - 2. FAM. Avoir la pêche, se sentir plein d'allant, de dynamisme. ▌ Peau, teint de pêche, rose et velouté. ▌ T. FAM. Se fendre la pêche, bien rire. ◆ adj. inv. D'un rose pâle légèrement doré.

2. pêche [pɛʃ] n.f. (de *2. pêcher*). - 1. Action, manière de pêcher : *Aller à la pêche.* - 2. Poissons, produits pêchés : *Vendre sa pêche.* - 3. Lieu où l'on pêche : *Pêche gardée.*

péché [peʃe] n.m. (lat. *peccatum* "faute"). - 1. RELIG. Transgression consciente et volontaire de la loi divine : *Commettre un péché.* - 2. Péché mignon, menu travers auquel on s'abandonne volontiers : *Le chocolat est son péché mignon.*

pécher [peʃe] v.i. (lat. *peccare*) [conj. 18]. - 1. RELIG. Commettre un péché, des péchés. - 2. Commettre une erreur, faillir : *Pécher par excès d'optimisme.* - 3. Présenter un défaut : *Cet exposé pèche par sa longueur.*

1. pêcher [peʃe] n.m. (de *pêche*). Arbre originaire d'Asie, cultivé dans les régions tempérées pour ses fruits, les pêches. □ Famille des rosacées.

2. pêcher [peʃe] v.t. (lat. *piscari*). - 1. Prendre ou chercher à prendre du poisson, des animaux aquatiques : *Pêcher la truite, l'écrevisse.* - 2. FAM. Trouver qqch d'inhabituel, d'étonnant : *Où a-t-il péché cette nouvelle ?* ◆ v.i. - 1. S'adonner à la pêche : *Pêcher à la ligne, en mer.* - 2. Pêcher en eau trouble, chercher à tirer profit d'une situation confuse.

pêcherie [peʃʀi] n.f. - 1. Lieu où l'on pêche : *Les pêcheries de Terre-Neuve.* - 2. Lieu où le poisson pêché est traité.

pécheur, eresse [peʃœʀ, -ʀɛs] n. (lat. ecclés. *peccator*). - 1. Personne qui a commis ou commet des péchés : *Pécheur qui se repent.* - 2. Ne pas vouloir la mort du pécheur, ne pas demander de sanctions trop dures.

pêcheur, euse [peʃœʀ, -øz] n. (lat. *piscator*). Personne qui pêche par métier ou par plaisir : *Pêcheur à la ligne.*

pécore [pekɔʀ] n.f. (it. *pecora* "brebis", du lat. pop. *pecus, -oris* "bétail"). FAM. Femme sotte et prétentieuse (syn. pimbêche).

pectine [pɛktin] n.f. (gr. *pêktos* "coagulé"). BIOCHIM. Substance gélifiante contenue dans de nombreux végétaux et utilisée comme épaississant dans les industries alimentaire (confitures) et pharmaceutique.

pectique [pɛktik] adj. Matières pectiques, substances contenues dans la pulpe et l'enveloppe des fruits charnus, dans la pectine.

pectoral, e, aux [pɛktɔʀal, -o] adj. (lat. *pectoralis*). - 1. De la poitrine : *Muscles pectoraux.* - 2. Se dit de médicaments destinés au traitement des affections broncho-pulmonaires : *Du sirop pectoral.* - 3. Nageoires pectorales, nageoires antérieures des poissons, fixées non loin des ouïes. ◆ **pectoral** n.m. Ornement ou protection couvrant le haut de la poitrine : *Pectoral des pharaons.* ◆ **pectoraux** n.m. pl. Muscles du thorax.

pécule [pekyl] n.m. (lat. *peculium*, de *pecus* "bétail"). Petit capital économisé peu à peu par qqn ou qui lui est versé par un organisme : *Amasser un petit pécule. Le pécule d'un militaire, d'un prisonnier.*

pécuniaire [pekynjɛʀ] adj. (lat. *pecuniaris*, de *pecunia* "argent"). - 1. Qui a rapport à l'argent : *Situation pécuniaire difficile* (syn. financier). - 2. Qui consiste en argent : *Soutien pécuniaire.*

pécuniairement [pekynjɛʀmɑ̃] adv. Au point de vue pécuniaire : *Aider qqn pécuniairement* (syn. financièrement).

pédagogie [pedagɔʒi] n.f. (gr. *paidagôgia*). - 1. Théorie, science de l'éducation des enfants. - 2. Qualité du bon pédagogue : *Avoir de la pédagogie.* - 3. Méthode d'enseignement : *Utiliser une pédagogie entièrement nouvelle.*

pédagogique [pedagɔʒik] adj. - **1.** De la pédagogie : *Formation pédagogique des maîtres.* - **2.** Conforme aux exigences de la pédagogie : *Cet exercice est fort peu pédagogique* (syn. didactique, éducatif).

pédagogiquement [pedagɔʒikmɑ̃] adv. Du point de vue pédagogique : *Exercice pédagogiquement formateur.*

pédagogue [pedagɔg] n. - **1.** Spécialiste de pédagogie. - **2.** Personne qui a les qualités d'un bon enseignant : *Un bon pédagogue.* ◆ adj. Qui a le sens, le don de l'enseignement : *Elle est très pédagogue.*

pédalage [pedalaʒ] n.m. Action de pédaler.

pédale [pedal] n.f. (it. *pedale,* du lat. *pes, pedis* "pied"). - **1.** Organe d'un appareil, d'une machine, d'un véhicule, qu'on actionne avec le pied : *La pédale d'un tour de potier. Les pédales d'une bicyclette.* - **2.** Levier, touche d'un instrument de musique qui s'actionne avec le pied : *Pédales d'un piano, d'un orgue.* - **3.** FAM. **Perdre les pédales,** ne plus savoir ce qu'on dit ou ce qu'on fait.

pédaler [pedale] v.i. - **1.** Actionner les pédales d'une bicyclette : *Pédaler en danseuse.* - **2.** Rouler à bicyclette : *Le peloton pédale vers l'arrivée.* - **3.** T. FAM. **Pédaler dans la choucroute, dans la semoule, dans le yoghourt,** se démener, agir de manière confuse et inefficace.

pédalier [pedalje] n.m. - **1.** Ensemble mécanique comprenant les pédales et le ou les plateaux d'une bicyclette. - **2.** Clavier actionné par les pieds de l'organiste ; système de pédales du piano.

Pédalo [pedalo] n.m. (nom déposé). Embarcation reposant sur des flotteurs, mue par de petites roues à aubes actionnées par les pieds.

pédant, e [pedɑ̃, -ɑ̃t] adj. et n. (it. *pedante,* du gr. *paideuein* "enseigner aux enfants"). Qui fait prétentieusement étalage de son savoir (syn. cuistre, poseur). *Un ton pédant* (syn. doctoral, suffisant).

pédanterie [pedɑ̃tʀi] n.f. et **pédantisme** [pedɑ̃tism] n.m. Affectation de savoir, d'érudition du pédant ; caractère de ce qui est pédant : *Ce livre est d'un pédantisme insupportable* (syn. prétention ; contr. simplicité).

pédéraste [pedeʀast] n.m. (gr. *paiderastês,* de *pais, paidos* "enfant, jeune garçon" et *erastês* "amoureux"). Celui qui s'adonne à la pédérastie.

pédérastie [pederasti] n.f. - **1.** Attirance sexuelle d'un homme adulte pour les jeunes garçons. - **2.** Homosexualité masculine.

pédérastique [pederastik] adj. De la pédérastie : *Tendances pédérastiques.*

pédestre [pedɛstʀ] adj. (lat. *pedestris*). - **1.** Qui se fait à pied : *Randonnée pédestre.* - **2.** Qui représente un personnage à pied (par opp. à équestre) : *Statue pédestre.*

pédiatrie [pedjatʀi] n.f. (de *ped*[o]-, et du gr. *iatreia* "traitement, guérison"). Branche de la médecine consacrée à l'enfance et à ses maladies. ◆ **pédiatre** n. Nom du spécialiste.

pédicule [pedikyl] n.m. (lat. *pediculus* "petit pied", de *pes, pedis* "pied"). - **1.** BOT. Support ou pied d'un organe végétal : *Pédicule d'un champignon.* - **2.** ZOOL., ANAT. Structure allongée et étroite supportant un organe : *Pédicule vertébral.*

pédicure [pedikyʀ] n. (du lat. *pes, pedis* "pied" et *cura* "soin"). Spécialiste qui traite les affections de la peau et des ongles des pieds.

pedigree [pedigʀe] n.m. (mot angl.). Généalogie d'un animal de race ; document qui l'atteste.

pédologie [pedɔlɔʒi] n.f. (du gr. *pedon* "sol" et *-logie*). Étude des sols, de leurs caractères chimiques, physiques et biologiques, de leur évolution. ◆ **pédologue** n. Nom du spécialiste.

pédoncule [pedɔ̃kyl] n.m. (lat. *pedunculus* "petit pied"). BOT., ZOOL. Toute tige ou cordon reliant un organe animal ou végétal à son point d'insertion sur l'ensemble du corps : *Le pédoncule d'une fleur, d'un fruit* (syn. queue).

pédophilie [pedɔfili] n.f. (de *pédo-* et *-philie*). Attirance sexuelle d'un adulte pour les enfants. ◆ **pédophile** adj. et n. Qui manifeste de la pédophilie.

pédopsychiatrie [pedɔpsikjatʀi] n.f. Psychiatrie de l'enfant et de l'adolescent. ◆ **pédopsychiatre** n. Nom du spécialiste.

peeling [piliŋ] n.m. (mot angl.). Intervention dermatologique qui consiste à faire desquamer la peau du visage pour en atténuer les cicatrices, les lésions d'acné, etc.

pègre [pɛgʀ] n.f. (arg. marseillais *pego* "voleur"). Milieu des voleurs, des escrocs, etc. : *La pègre des grandes villes* (syn. canaille, racaille).

pehlvi n.m. → pahlavi.

peignage [pɛɲaʒ] n.m. TECHN. Opération consistant à peigner les fibres textiles avant la filature.

peigne [pɛɲ] n.m. (réfection d'apr. *peigner,* de l'anc. fr. *pigne,* du lat. *pecten*). - **1.** Instrument à dents fines et serrées qui sert à démêler et à coiffer les cheveux ; instrument analogue, de forme génér. incurvée, pour retenir les cheveux : *Se donner un coup de peigne.* - **2.** Instrument pour peigner, carder les fibres textiles. - **3.** Mollusque bivalve dont le genre comporte plusieurs espèces comestibles, parmi lesquelles la coquille Saint-Jacques. - **4.** Passer au peigne fin, inspecter minutieusement : *La police a passé tout le quartier au peigne fin.*

peigné, e [peɲe] adj. - **1.** Coiffé, en parlant des cheveux de qqn : *Être bien, mal peigné.* - **2.** Se dit de fibres textiles ayant subi l'opération du peignage : *Laine peignée.*

peigner [peɲe] v.t. - **1.** Démêler (les cheveux, la barbe) avec un peigne : *Elle joue à peigner sa poupée* (syn. coiffer). - **2.** TEXT. Apprêter des fibres textiles, les trier au peigne ou à l'aide d'un instrument appelé la *peigneuse.* ◆ **se peigner** v.pr. Démêler ses cheveux : *Va te peigner.*

peignoir [peɲwaʀ] n.m. (de *peigner*). - **1.** Vêtement ample, en tissu éponge, pour la sortie du bain. - **2.** Vêtement d'intérieur, en tissu léger. - **3.** Blouse légère destinée à protéger les vêtements, dans un salon de coiffure, un institut de beauté.

peinard, e [penaʀ, -aʀd] adj. (de *peine*). FAM. Tranquille, calme : *Une vie peinarde.*

peindre [pɛ̃dʀ] v.t. (lat. *pingere*) [conj. 81]. - **1.** Enduire, couvrir de peinture : *Peindre un mur en vert.* - **2.** Représenter par l'art de la peinture : *Peindre un paysage.* - **3.** (Absol.). Pratiquer la peinture, l'art de la peinture : *Elle sait peindre.* - **4.** Décrire, représenter par la parole, l'écriture, etc. : *Il a peint la scène avec beaucoup d'humour* (syn. dépeindre, raconter). ◆ **se peindre** v.pr. Être apparent, se manifester : *La joie s'est peinte sur son visage* (syn. éclater, percer).

peine [pen] n.f. (lat. *poena*). - **1.** Douleur morale : *Sa mort nous a plongés dans la peine* (syn. affliction). *Elle m'a raconté ses joies et ses peines* (syn. chagrin). - **2.** Inquiétude, souci : *Ne vous mettez pas en peine pour elle, elle saura se débrouiller.* - **3.** Punition appliquée à qqn pour une infraction à la loi : *Les coupables ont été condamnés à des peines sévères* (syn. sanction). - **4.** Châtiment infligé par Dieu au pécheur : *Les peines de l'enfer.* - **5.** Travail, effort pour venir à bout d'une difficulté : *Je me donne beaucoup de peine pour satisfaire tout le monde* (syn. mal). *On comprend sans peine ce qu'il a voulu dire* (syn. effort, embarras). - **6.** À peine, depuis très peu de temps ; presque pas, tout juste : *À peine guérie, elle a repris le travail. Savoir à peine lire.* ‖ Avoir de la peine à, parvenir difficilement à : *J'ai de la peine à croire tout ceci.* ‖ Cela en vaut la peine, c'est assez important pour justifier le mal que l'on se donne. ‖ Ce n'est pas la peine, cela ne sert à rien, c'est inutile. ‖ En être pour sa peine, ne rien obtenir en échange de ses efforts. ‖ Être bien en peine de, être fort embarrassé pour. ‖ Être comme une âme en peine, se sentir triste et désemparé. ‖ Homme, femme de peine, sans qualification déterminée, qui font les travaux pénibles. ‖ Sous peine de, sous la menace de telle sanction : *Défense de pêcher sous peine d'amende.*

peiner [pene] v.t. Faire de la peine à : *Son ingratitude m'a beaucoup peiné* (syn. désoler). *Nous sommes peinés de ne pouvoir vous aider* (syn. affliger, désoler). ◆ v.i. Éprouver de la fatigue, de la difficulté : *Il peinait en montant la côte.*

peintre [pɛ̃tʀ] n.m. (lat. pop. *pinctor*, du class.). - **1.** Artiste qui exerce l'art de peindre : *Artiste peintre. Les peintres figuratifs.* - **2.** Ouvrier ou artisan dont le métier consiste à appliquer la peinture sur des matériaux, des surfaces : *Peintre en bâtiment.*

peinture [pɛ̃tyʀ] n.f. (lat. pop. *pinctura*, class. *pictura*). - **1.** Matière colorante liquide propre à recouvrir une surface, constituée de pigments de couleur dispersés dans un liant fluide ou pâteux destiné à sécher : *Un pot, un tube de peinture.* - **2.** Action de recouvrir une surface, un support avec cette matière : *Peinture au pistolet, au rouleau.* - **3.** Couche de couleur recouvrant un objet, un matériau : *La peinture s'écaille.* - **4.** Art et technique de représentation qu'utilise l'artiste peintre : *Faire de la peinture à l'huile. Un livre sur la peinture.* - **5.** Œuvre d'un artiste peintre ; ensemble des œuvres d'un pays, d'une époque : *Une galerie de peintures* (syn. tableau). *La peinture hollandaise du XVIIᵉ s.* - **6.** Représentation par l'écrit : *La peinture des mœurs* (syn. description, fresque). - **7.** Ne pas pouvoir voir qqn en peinture, ne pas pouvoir le supporter.

peinturlurer [pɛ̃tyʀlyʀe] v.t. FAM. Peindre grossièrement ou avec des couleurs criardes : *Les enfants ont peinturluré les murs de leur chambre* (syn. barbouiller, peinturer).

péjoratif, ive [peʒɔʀatif, -iv] adj. (du bas lat. *pejorare* "rendre pire", du class. *pejor* "pire"). Qui comporte une nuance dépréciative (par opp. à *laudatif, mélioratif*) : *Les suffixes « -âtre », « -ard » sont péjoratifs.*

péjorativement [peʒɔʀativmɑ̃] adv. D'une manière péjorative.

pékan [pekɑ̃] n.m. (mot algoquin). Martre du Canada, à la fourrure très estimée ; cette fourrure.

1. **pékinois, e** [pekinwa, -az] adj. et n. De Pékin. ◆ **pékinois** n.m. Forme du mandarin parlée dans le nord de la Chine, et constituant la base de la langue officielle.

2. **pékinois** [pekinwa] n.m. (de 1. *pékinois*). Petit chien à poil long et à tête massive, au museau comme écrasé.

pelade [pəlad] n.f. (de *peler*). Maladie qui fait tomber par plaques les cheveux et les poils.

pelage [pəlaʒ] n.m. (de *pel*, anc. dérivé de *poil*). Ensemble des poils d'un animal : *Le pelage d'un renard* (syn. robe).

pélagique [pelaʒik] adj. (du gr. *pelagos* "mer"). De la haute mer ou des fonds marins : *Dépôts pélagiques*.

pelé, e [pəle] adj. - 1. Dont les poils, les cheveux sont tombés : *Le dos pelé d'un vieux chien.* - 2. Dont la végétation est rare : *Collines pelées* (syn. nu). ◆ **pelé** n.m. FAM. Quatre pelés et un tondu, un tout petit nombre de personnes.

pêle-mêle [pɛlmɛl] adv. (anc. fr. *mesle-mesle*, redoublée de l'impér. de *mêler*). En désordre, en vrac : *Jeter quelques vêtements pêle-mêle dans un sac.*

peler [pəle] v.t. (bas lat. *pilare* "enlever le poil") [conj. 25]. Ôter la peau d'un fruit, d'un légume : *Peler un oignon* (syn. éplucher). ◆ v.i. Perdre sa peau par lamelles : *J'ai attrapé un coup de soleil et j'ai le nez qui pèle* (syn. desquamer).

pèlerin [pɛlʀɛ̃] n.m. (lat. *peregrinus* "voyageur"). - 1. Personne qui fait un pèlerinage : *Les pèlerins de Lourdes, de La Mecque.* - 2. Criquet migrateur dont l'aire d'extension s'étend depuis l'Inde jusqu'au Maroc et dont les nuées ravagent la végétation, les cultures. - 3. Très grand requin (jusqu'à 15 m de long et 8 t) qui se nourrit de plancton, inoffensif pour l'homme. - 4. Faucon du sud de la France, le plus employé des oiseaux de fauconnerie.

pèlerinage [pɛlʀinaʒ] n.m. - 1. Voyage fait vers un lieu de dévotion dans un esprit de piété ; ce lieu : *Faire un pèlerinage. Un pèlerinage très fréquenté.* - 2. Visite faite pour honorer la mémoire de qqn en un lieu où il a vécu.

pèlerine [pɛlʀin] n.f. (de *pèlerin*). Manteau sans manches, couvrant les épaules.

pélican [pelikɑ̃] n.m. (lat. *pelicanus*, du gr.). Oiseau palmipède au long bec extensible où sont emmagasinés les poissons destinés à la nourriture des jeunes.

pelisse [pəlis] n.f. (bas lat. *pellicia*, du class. *pellis* "peau"). Manteau garni intérieurement de fourrure.

pellagre [pelagʀ] n.f. (du lat. *pellis* "peau" et du gr. *agra* "prise [de chasse]"). Maladie due à une carence en vitamine PP et se manifestant par des lésions cutanées, des troubles digestifs et nerveux.

pelle [pɛl] n.f. (lat. *pala*). - 1. Outil formé d'une plaque, souvent incurvée et arrondie, ajustée à un manche et servant notamm. à creuser la terre, à déplacer des matériaux pulvérulents : *Une pelle à charbon, à poussière.* - 2. Extrémité plate et large d'un aviron. - 3. FAM. À la pelle, en grande quantité : *Gagner de l'argent à la pelle.* - 4. Pelle mécanique, engin automoteur de grande puissance pour l'exécution des terrassements, agissant par un godet situé à l'extrémité d'un bras articulé.

pelletée [pɛlte] n.f. Ce que l'on enlève en une fois avec une pelle : *Une pelletée de terre.*

pelleterie [pɛltʀi] n.f. (du lat. *pellis* "peau"). - 1. Travail et commerce des fourrures. - 2. Peaux, fourrures travaillées par le pelletier.

pelleteuse [pɛltøz] n.f. Engin de déblayage automoteur dont le godet se remplit en pénétrant dans le tas de matériau à charger et se vide en basculant en arrière.

pelletier, ère [pɛltje, -ɛʀ] n. (de l'anc. fr. *pel* "peau", du lat. *pellis*). Personne qui travaille ou vend des fourrures.

pellicule [pelikyl] n.f. (lat. *pellicula* "petite peau"). - 1. Feuille de matière souple recouverte d'une couche sensible, destinée à la photographie, au cinéma : *Une pellicule photographique* (syn. film). - 2. Petite lamelle épidermique qui se détache du cuir chevelu : *Shampooing contre les pellicules.* - 3. Matière solidifiée ou déposée en couche mince à la surface de qqch : *Pellicule de givre sur une vitre.*

pelote [pəlɔt] n.f. (lat. pop. **pilotta*, dimin. de *pila* "balle"). - 1. Boule formée de fils, de cordes, de rubans, etc., roulés sur eux-mêmes. - 2. Balle du jeu de pelote basque, du jeu de paume. - 3. Petit coussinet pour piquer des aiguilles, des épingles. - 4. FAM. Avoir les nerfs en pelote, être énervé. - 5. Pelote basque. Sport traditionnel du Pays basque, dans lequel le joueur *(pelotari)* lance la pelote contre un fronton, à main nue ou avec une raquette de bois *(pala)*, ou encore avec un étroit panier recourbé *(chistera)*.

peloter [pəlɔte] v.t. (de *pelote*). FAM. Toucher sensuellement en palpant (syn. caresser).

peloton [pəlɔtɔ̃] n.m. - 1. Petite pelote : *Un peloton de ficelle.* - 2. SPORTS. Groupe compact de concurrents dans une course : *Rejoindre le peloton de tête.* - 3. MIL. Petite unité élémentaire constitutive de l'escadron, dans la cavalerie, l'arme blindée, la gendarmerie ou le train.

se pelotonner [pəlɔtɔne] v.pr. (de *peloton*). Se blottir en ramassant bras et jambes près du tronc : *Se pelotonner sous ses couvertures.*

pelouse [pəluz] n.f. (anc. fr. *pelous*, du lat. *pilosus* "poilu"). - 1. Terrain planté d'une herbe courte et dense. - 2. Partie gazonnée d'un stade : *Le quinze de France entre sur la pelouse.* - 3. L'une des trois enceintes d'un champ de courses, délimitée par la ou les pistes (par opp. à *pesage* et à *pavillon*).

peluche [pəlyʃ] n.f. (de l'anc. fr. *peluchier ; v. éplucher*). - **1.** Étoffe analogue au velours, présentant d'un côté des poils très longs, couchés, soyeux et brillants : *Un ours en peluche*. - **2.** Animal, jouet en peluche : *Enfant qui ne se sépare jamais de ses peluches*.

pelucher [pəlyʃe] v.i. Prendre un aspect qui rappelle la peluche, en parlant d'un tissu : *Un pull qui peluche*.

pelucheux, euse [pəlyʃø, -øz] adj. Qui peluche ; qui a l'aspect de la peluche : *Un tissu pelucheux*.

pelure [pəlyʀ] n.f. (de *peler*). Peau ôtée d'un fruit, d'un légume : *Des pelures de pommes de terre* (syn. épluchure).

pelvien, enne [pɛlvjɛ̃, -ɛn] adj. (du lat. *pelvis* "bassin"). - **1.** ANAT. Du pelvis, du bassin : *Cavité pelvienne*. - **2.** Ceinture pelvienne, ceinture formée, chez les mammifères, des deux os iliaques et du sacrum. ‖ ZOOL. Nageoires pelviennes, nageoires abdominales paires des poissons.

pelvis [pɛlvis] n.m. (mot lat.). ANAT. Bassin.

pénal, e, aux [penal, -o] adj. (du lat. *poenalis*, de *poena* "châtiment"). - **1.** Relatif aux infractions et aux peines qui peuvent frapper leurs auteurs : *Droit pénal*. - **2.** Code pénal, recueil de lois et de règlements concernant les infractions (contraventions, délits, crimes), et déterminant les peines qui leur sont applicables. ◆ **pénal** n.m. Voie pénale (par opp. à *civil*) : *Poursuivre qqn au pénal*.

pénalement [penalmɑ̃] adv. Du point de vue pénal : *Être pénalement responsable. Infraction sanctionnée pénalement*.

pénalisant, e [penalizɑ̃, -ɑ̃t] adj. Qui pénalise : *Réglementations douanières pénalisantes pour nos exportations*.

pénalisation [penalizasjɔ̃] n.f. - **1.** SPORTS. Désavantage infligé à un concurrent, à une équipe qui a commis une faute au cours d'une épreuve, d'un match. - **2.** Fait d'être pénalisé, désavantagé : *Cette mesure est une pénalisation pour les familles défavorisées*.

pénaliser [penalize] v.t. - **1.** Frapper d'une pénalité ; infliger une pénalisation à. - **2.** Être la cause d'une infériorité ; constituer un handicap pour : *Dispositions fiscales qui pénalisent certaines entreprises* (syn. désavantager, léser).

pénaliste [penalist] n. DR. Spécialiste de droit pénal.

pénalité [penalite] n.f. (de *pénal*). - **1.** Sanction qui frappe un délit ou une faute (syn. peine). - **2.** SPORTS. Sanction pour un manquement aux règles : *Coup de pied de pénalité, au rugby*.

penalty [penalti] n.m. (mot angl.) [pl. *penaltys* ou *penalties*]. SPORTS. Sanction prise contre une équipe pour une faute grave commise par un de ses joueurs dans sa surface de réparation, au football : *Siffler, tirer un penalty*.

pénates [penat] n.m. pl. (lat. *penates*, de *penus* "intérieur de la maison"). - **1.** MYTH. ROM. Divinités du foyer ; statues, effigies de ces divinités. - **2.** FAM. Maison, foyer : *Regagner ses pénates*.

penaud, e [pəno, -od] adj. (de *peine*). Confus, honteux après avoir commis une maladresse : *Il était tout penaud*.

penchant [pɑ̃ʃɑ̃] n.m. - **1.** Tendance qui incline à un certain comportement : *Elle a un penchant à la paresse* (syn. prédisposition, propension). *Lutter contre ses mauvais penchants* (syn. instinct). - **2.** Attirance, sympathie que l'on éprouve pour qqn : *Penchant amoureux* (syn. inclination).

pencher [pɑ̃ʃe] v.t. (lat. pop. *pendicare*, du class. *pendere* "pendre"). Incliner vers le bas ou de côté : *Pencher la tête* (syn. courber, fléchir). *Pencher un pichet pour verser de l'eau*. ◆ v.i. - **1.** Ne pas être d'aplomb ; être incliné : *La pile de livres penche*. - **2.** Pencher pour, vers, être porté à, avoir tendance à, préférer : *Il penche pour la seconde solution* (syn. opter). ◆ **se pencher** v.pr. - **1.** S'incliner, se baisser : *Il se pencha vers moi pour me glisser un mot à l'oreille*. - **2.** Se pencher sur, examiner ; s'occuper de, s'intéresser à : *Se pencher sur un problème, une question*.

pendable [pɑ̃dabl] adj. (propr. "qui mérite d'être pendu", de *pendre*). Un tour pendable, une méchante plaisanterie, une mauvaise farce : *Jouer un tour pendable à qqn*.

pendaison [pɑ̃dɛzɔ̃] n.f. - **1.** Action de pendre qqn, de se pendre : *Condamné à la pendaison. Suicide par pendaison*. - **2.** Action de pendre qqch : *Pendaison de crémaillère*.

1. pendant, e [pɑ̃dɑ̃, -ɑ̃t] adj. (de *pendre*). - **1.** Qui pend : *Les oreilles pendantes d'un épagneul* (syn. tombant). - **2.** DR. En instance : *Dossiers pendants. Affaires pendantes*.

2. pendant [pɑ̃dɑ̃] n.m. (de *pendre*). - **1.** Chacune des deux pièces de mobilier ou de décoration, des deux œuvres d'art, etc., qui constituent une paire destinée à former symétrie : *Deux chandeliers qui se font pendant*. - **2.** Personne, chose semblable, complémentaire : *Il est le pendant de sa sœur*. - **3.** Pendants d'oreilles, boucles d'oreilles à pendeloques.

3. pendant [pɑ̃dɑ̃] prép. (de *1. pendant*, d'après les loc. *le temps pendant, le siège pendant*). Durant une certaine période de temps : *Pendant l'été, le voyage, la semaine*. ◆ **pendant que** loc. conj. - **1.** Indique la concomitance par rapport à l'action principale : *Tais-toi pendant qu'elle parle*. - **2.** Pendant que j'y pense, indique que qqch revient à la mémoire. ‖ **Pendant que j'y suis (que tu y es,** etc.)**, fait ressortir la possibilité, offerte par la situation même ou par l'action menée, de faire qqch : *Pendant que j'y suis, je vais finir de remplir ces papiers.*

pendeloque [pɑ̃dlɔk] n.f. (de l'anc. fr. *pendeler* "pendiller"). - **1.** Ornement suspendu à un bijou. - **2.** Morceau de cristal taillé à facettes, en partic., suspendu à un lustre.

pendentif [pɑ̃dɑ̃tif] n.m. (du lat. *pendens, -entis* "qui pend"). Bijou, ornement suspendu à une chaînette de cou, à un collier, à une boucle d'oreille.

penderie [pɑ̃dʀi] n.f. Placard, armoire, ou petite pièce où l'on suspend des vêtements.

pendiller [pɑ̃dije] v.i. Être suspendu en oscillant légèrement en l'air : *Des chaussettes pendillent sur la corde à linge.*

pendouiller [pɑ̃duje] v.i. FAM. Pendre mollement, de manière ridicule : *Ses cheveux pendouillent dans son cou.*

pendre [pɑ̃dʀ] v.t. (lat. *pendere*) [conj. 73]. - **1.** Attacher qqch par le haut de façon que la partie inférieure tombe librement vers le sol : *Pendre un lustre, des rideaux* (syn. suspendre). *Pendre un miroir au mur* (syn. accrocher). - **2.** Mettre à mort en suspendant par le cou : *Le bourreau a pendu le condamné.* - **3.** Dire pis que pendre de qqn, en dire le plus grand mal. ◆ v.i. - **1.** Être suspendu : *Les fruits pendent aux branches.* - **2.** Tomber trop bas : *Cette robe pend d'un côté.* - **3.** Pendre au nez de qqn, risquer fort de lui arriver, en parlant d'une chose fâcheuse. ◆ **se pendre** v.pr. - **1.** Se suspendre, s'accrocher : *Se pendre à une branche* (syn. s'agripper). - **2.** Se suicider par pendaison : *Le suspect s'est pendu dans sa cellule.*

pendu, e [pɑ̃dy] adj. - **1.** Suspendu, accroché : *Un jambon pendu au plafond.* - **2.** Être pendu au téléphone, l'utiliser longtemps, souvent. ‖ Être pendu aux lèvres de qqn, l'écouter avec une attention passionnée. ◆ adj. et n. Mort par pendaison.

pendulaire [pɑ̃dylɛʀ] adj. Du pendule : *Mouvement pendulaire.*

1. **pendule** [pɑ̃dyl] n.m. (lat. *pendulus* "qui est suspendu"). Corps solide suspendu à un point fixe et oscillant sous l'action de la pesanteur : *Le pendule d'un sourcier.*

2. **pendule** [pɑ̃dyl] n.f. (de *1. pendule*). Petite horloge destinée à être posée horizontalement ou à être fixée en applique sur un mur : *Pendule qui sonne les heures.*

pendulette [pɑ̃dylɛt] n.f. Petite pendule.

pêne [pɛn] n.m. (altér. de *pesle,* lat. *pessulus* "verrou"). Pièce mobile d'une serrure, qui,

actionnée par une clef, ferme la porte en s'engageant dans la gâche.

pénéplaine [peneplɛn] n.f. (angl. *peneplain,* du lat. *paene* "presque" et de *plaine*). GÉOMORPH. Relief caractérisé par des pentes faibles, des vallées évasées et des dépôts superficiels, stade final du cycle d'érosion.

pénétrant, e [penetʀɑ̃, -ɑ̃t] adj. - **1.** Qui traverse, transperce : *Une pluie pénétrante.* - **2.** Perspicace, doué de discernement : *Un esprit pénétrant* (syn. aigu).

pénétration [penetʀasjɔ̃] n.f. (lat. *penetratio*). - **1.** Action de pénétrer : *La pénétration de l'armée ennemie sur notre sol.* - **2.** Faculté de comprendre des sujets difficiles : *Un esprit plein de pénétration* (syn. perspicacité).

pénétré, e [penetʀe] adj. - **1.** Intimement persuadé : *Homme pénétré de son importance* (syn. convaincu). - **2.** Ton, air pénétré, convaincu ou, par plais., d'une gravité affectée.

pénétrer [penetʀe] v.t. (lat. *penetrare*) [conj. 18]. - **1.** Passer à travers : *La pluie a pénétré mon imperméable* (syn. transpercer, traverser). - **2.** Parvenir à découvrir les sentiments, les idées de qqn : *Pénétrer les intentions d'autrui* (syn. deviner). - **3.** Toucher profondément, intimement : *Émotion qui vous pénètre le cœur* (syn. inonder, submerger). - **4.** Se faire admettre dans un milieu : *Elle a réussi à pénétrer ce club très fermé* (syn. s'introduire dans). ◆ v.i. Entrer, s'introduire dans : *Pénétrer dans une maison par la fenêtre. La balle a pénétré dans le poumon.* ◆ **se pénétrer** v.pr. **[de].** S'imprégner profondément d'une idée, d'un sentiment, etc. : *Se pénétrer d'une vérité.*

pénible [penibl] adj. (de *peine*). - **1.** Qui se fait avec peine, fatigue : *Un travail pénible* (syn. fatigant). - **2.** Qui cause une peine morale : *Une pénible nouvelle* (syn. triste). *Une séparation pénible* (syn. douloureux). - **3.** FAM. Désagréable, en parlant d'une personne : *Il est pénible avec ses questions incessantes* (syn. insupportable).

péniblement [peniblmɑ̃] adv. Avec peine : *Il atteint péniblement la moyenne* (= tout juste). *Marcher péniblement* (syn. difficilement, malaisément).

péniche [peniʃ] n.f. (angl. *pinnace,* du fr. *pinasse*). Long bateau à fond plat pour le transport fluvial des marchandises : *Des péniches remontent la Seine.*

pénicilline [penisilin] n.f. (angl. *penicillin*). Antibiotique isolé à partir d'une espèce de pénicillium, dont les propriétés antibactériennes furent découvertes en 1928 par Alexander Fleming.

pénicillium [penisiljɔm] n.m. (du lat. *penicillum* "pinceau"). Champignon ascomycète qui se développe sous la forme d'une moisissure verte dans certains fromages (roquefort, bleu), sur les fruits (agrumes) et les confitures, et dont une espèce fournit la pénicilline.

pénil [penil] n.m. (lat. pop. *pectiniculum, de pecten "peigne"). ANAT. Éminence large et arrondie située au-devant du pubis chez la femme, et qui se couvre de poils à l'époque de la puberté (nom usuel : mont de Vénus).

péninsulaire [penɛ̃sylɛʀ] adj. Relatif à une péninsule.

péninsule [penɛ̃syl] n.f. (lat. paeninsula, de paene "presque" et insula "île"). Avancée d'une masse de terre dans la mer (syn. presqu'île).

pénis [penis] n.m. (lat. penis "queue des quadrupèdes"). ANAT. Organe mâle de la copulation et de la miction (syn. verge).

pénitence [penitɑ̃s] n.f. (lat. paenitentia, de paenitere "se repentir"). RELIG. CHRÉT. - **1.** Repentir, regret d'avoir offensé Dieu, accompagné de la ferme intention de ne plus recommencer : Faire pénitence. - **2.** Un des sept sacrements de l'Église catholique, par lequel le prêtre absout les péchés. - **3.** Peine imposée au pénitent par le confesseur. - **4.** Mortification que l'on s'impose pour expier ses péchés.

pénitencier [penitɑ̃sje] n.m. (de pénitence). Établissement où étaient subies les longues peines d'emprisonnement.

pénitent, e [penitɑ̃, -ɑ̃t] n. RELIG. CHRÉT. Personne qui confesse ses péchés au prêtre.
◆ **pénitent** n.m. Membre de certaines confréries qui, par esprit de pénitence, s'imposent des pratiques de piété et de charité, et qui portent un costume à cagoule lors des solennités religieuses.

pénitentiaire [penitɑ̃sjɛʀ] adj. Relatif aux prisons, aux détenus : L'administration pénitentiaire.

penne [pɛn] n.f. (lat. penna "plume, aile"). - **1.** Longue plume de l'aile ou de la queue des oiseaux. - **2.** Chacun des éléments en plume de l'empennage d'une flèche. - **3.** MAR. Extrémité supérieure d'une antenne.

penné, e [pene] adj. BOT. Dont les nervures sont disposées de part et d'autre d'un pétiole commun, comme les barbes d'une plume : Feuilles, folioles pennées.

pénombre [penɔ̃bʀ] n.f. (de pén[é]- et ombre). - **1.** Lumière faible, demi-jour : La pénombre d'un couloir mal éclairé. - **2.** PHYS. État d'une surface incomplètement éclairée par un corps lumineux dont un corps opaque intercepte en partie les rayons.

pensable [pɑ̃sabl] adj. (Surtout en tournure nég.). Concevable, imaginable : Ce n'est pas pensable.

pensant, e [pɑ̃sɑ̃, -ɑ̃t] adj. Qui est capable de penser.

pense-bête [pɑ̃sbɛt] n.m. (pl. pense-bêtes). FAM. Indication quelconque destinée à rappeler une tâche à accomplir.

1. **pensée** [pɑ̃se] n.f. (de penser). - **1.** Faculté de penser ; activité de l'esprit : Les démarches de la pensée (syn. entendement, intelligence). - **2.** Manière dont l'activité de l'esprit s'exprime : Avoir une pensée claire (syn. réflexion). - **3.** Façon de penser : Parler sans déguiser sa pensée (syn. opinion, point de vue). - **4.** Ensemble des idées, des doctrines d'un individu, d'un groupe : La pensée d'un philosophe. - **5.** Acte particulier de l'esprit qui se porte sur un objet : Pensée ingénieuse (syn. idée). Être assailli par de sombres pensées (syn. réflexion). - **6.** Réflexion brève : Une pensée de La Rochefoucauld (syn. sentence, maxime). - **7.** En pensée, par la pensée, dans l'esprit ; par l'imagination.

2. **pensée** [pɑ̃se] n.f. (de 1. pensée, cette fleur symbolisant le souvenir). Plante ornementale aux fleurs veloutées roses, jaunes ou violettes, dont les pétales latéraux sont rapprochés des supérieurs. □ Famille des violacées.

penser [pɑ̃se] v.i. (bas lat. pensare, class. pendere "peser", puis "réfléchir"). - **1.** Former des idées dans son esprit ; concevoir des notions par l'activité de l'intelligence : Il faut penser avant d'agir (syn. raisonner, réfléchir). Les animaux ne pensent pas. - **2.** Avoir une certaine opinion : Je pense comme vous. ◆ v.t. - **1.** Avoir dans l'esprit ; avoir pour opinion : Il dit ce qu'il pense. - **2.** Croire ; avoir la conviction que : Je pense qu'elle a raison. Je ne pense pas qu'elle puisse finir ce travail (syn. présumer, supposer). - **3.** Avoir l'intention de : Nous pensons partir bientôt (syn. envisager, projeter de). - **4.** Concevoir, imaginer en fonction d'une fin déterminée : Penser un projet dans ses moindres détails (syn. élaborer). ◆ v.t. ind. [à]. - **1.** Songer à : Il pense à autre chose (syn. réfléchir). - **2.** Se souvenir de ; ne pas oublier : As-tu pensé à son anniversaire ?. - **3.** Concevoir la possibilité de qqch ; prendre en considération : Penser aux conséquences de ses actes (syn. évoquer, imaginer). Elle pense divorcer (syn. envisager). - **4.** Faire penser à, évoquer par une ressemblance : Elle me fait penser à sa mère. ‖ Sans penser à mal, sans mauvaise intention.

penseur, euse [pɑ̃sœʀ, -øz] n. - **1.** Personne qui s'applique à penser, à réfléchir, à méditer. - **2.** Personne dont la pensée personnelle exerce une influence notable par sa qualité, sa profondeur.

pensif, ive [pɑ̃sif, -iv] adj. Absorbé dans ses pensées : Tu es bien pensif aujourd'hui (syn. songeur, rêveur).

pension [pɑ̃sjɔ̃] n.f. (lat. *pensio* "paiement", de *pendere* "peser, payer"). - **1.** Somme d'argent versée par un organisme social, par l'État, à qqn, pour subvenir à ses besoins, pour rétribuer d'anciens services, l'indemniser, etc. : *Pension de guerre.* - **2.** Somme que l'on verse pour être logé, nourri : *Pension complète.* - **3.** Fait d'être logé, nourri, moyennant rétribution : *Prendre pension chez l'habitant.* - **4.** Établissement d'enseignement privé où les élèves peuvent être internes (syn. internat, pensionnat). - **5.** Pension de famille, établissement où des hôtes payants sont logés dans des conditions rappelant la vie familiale.

pensionnaire [pɑ̃sjɔnɛʀ] n. - **1.** Personne qui est logée et nourrie dans un hôtel, chez un particulier, etc., moyennant une pension. - **2.** Élève interne, dans un établissement scolaire.

pensionnat [pɑ̃sjɔna] n.m. (de *pension*). Établissement d'enseignement qui reçoit des internes ; ensemble des élèves de cet établissement.

pensionné, e [pɑ̃sjɔne] adj. et n. Qui reçoit une pension : *Pensionné de guerre.*

pensionner [pɑ̃sjɔne] v.t. Allouer une pension à.

pensivement [pɑ̃sivmɑ̃] adv. De manière pensive.

pensum [pɛ̃sɔm] n.m. (mot lat. "tâche"). - **1.** Devoir supplémentaire imposé à un élève pour le punir. - **2.** Besogne ennuyeuse : *Ce rapport, quel pensum !* (syn. corvée).

pentaèdre [pɛ̃taɛdʀ] n.m. et adj. (de *penta-* et *-èdre*). GÉOM. Polyèdre à cinq faces.

pentaédrique [pɛ̃taedʀik] adj. Relatif au pentaèdre ; qui a la forme d'un pentaèdre.

pentagonal, e, aux [pɛ̃tagɔnal, -o] adj. Qui a pour forme, pour base un pentagone ; relatif à un pentagone.

pentagone [pɛ̃tagɔn] n.m. (de *penta-* et *-gone*). GÉOM. Polygone qui a cinq sommets et, par suite, cinq côtés.

pentasyllabe [pɛ̃tasilab] adj. et n.m. (de *penta-* et *syllabe*). Se dit d'un vers de cinq syllabes.

pentathlon [pɛ̃tatlɔ̃] n.m. (mot gr., de *athlos* "combat"). - **1.** ANTIQ. GR. Ensemble des cinq exercices des athlètes (lutte, course, saut, disque et javelot). - **2.** Pentathlon moderne, discipline olympique comportant cinq épreuves (cross, équitation, natation, escrime, tir).

pentatonique [pɛ̃tatɔnik] adj. (de *penta-*, et du gr. *tonos* "ton"). MUS. Constitué de cinq sons : *Gamme pentatonique.*

pente [pɑ̃t] n.f. (lat. pop. **pendita*, de *pendere* "pendre"). - **1.** Inclinaison d'un terrain, d'une surface : *Une forte pente* (syn. déclivité). - **2.** Terrain incliné par rapport à l'horizontale : *Pentes enneigées de la montagne* (syn. versant). - **3.** Tendance dominante de qqn ; inclination profonde : *Sa pente naturelle le porte à boire* (syn. penchant). - **4.** Être sur la mauvaise pente, se laisser aller à ses mauvais penchants. ‖ Être sur une pente glissante, savonneuse, aller vers les pires difficultés. ‖ Remonter la pente, être dans une situation qui s'améliore, après une période de difficultés.

Pentecôte [pɑ̃tkot] n.f. (gr. *pentêkostê* [*hêmera*] "cinquantième [jour]"). - **1.** Fête juive célébrée sept semaines après le second jour de la Pâque, en souvenir de la remise des tables de la Loi à Moïse. - **2.** Fête chrétienne célébrée le septième dimanche après Pâques, en mémoire de la descente de l'Esprit-Saint sur les apôtres.

pentu, e [pɑ̃ty] adj. En pente ; incliné : *Un toit pentu.*

pénultième [penyltjɛm] adj. et n.f. (lat. *paenultimus*, de *paene* "presque" et *ultimus* "dernier"). Se dit de l'avant-dernière syllabe d'un mot, d'un vers.

pénurie [penyʀi] n.f. (lat. *penuria*). Manque de ce qui est nécessaire : *Pénurie d'énergie* (syn. insuffisance).

pépère [pepɛʀ] adj. (redoublement de *père*). FAM. Tranquille ; paisible ; confortable : *Mener une vie pépère.*

pépie [pepi] n.f. (lat. pop. **pittita*, puis **pippita*, class. *pituita* "pituite"). - **1.** Pellicule qui se forme sur la langue des oiseaux atteints d'affections respiratoires, et qui les empêche de manger mais non de boire. - **2.** Avoir la pépie, avoir très soif.

pépiement [pepimɑ̃] n.m. Cri des jeunes oiseaux.

pépier [pepje] v.i. (orig. onomat.) [conj. 9]. Émettre un pépiement, en parlant des petits oiseaux, des poussins.

1. **pépin** [pepɛ̃] n.m. (d'un rad. *pipp-, pep-*, exprimant l'exiguïté). - **1.** Graine de certains fruits (baies, agrumes) : *Fruits à pépins et fruits à noyau.* - **2.** FAM. Ennui sérieux et imprévu : *Il accumule les pépins de santé* (syn. problème).

2. **pépin** [pepɛ̃] n.m. (du n. d'un personnage de vaudeville). FAM. Parapluie.

pépinière [pepinjɛʀ] n.f. (de *1. pépin*). - **1.** Lieu où l'on cultive des jeunes végétaux destinés à être transplantés ; ensemble de ces jeunes plants. - **2.** Lieu, établissement d'où sortent en grand nombre des personnes propres à une activité : *Une pépinière de jeunes talents.*

pépiniériste [pepinjeʀist] n. et adj. Personne qui cultive une pépinière.

pépite [pepit] n.f. (esp. *pepita* "pépin"). Petite masse de métal telle qu'on la trouve sous terre, notamm., d'or.

péplum [peplɔm] n.m. (lat. *peplum*, gr. *peplon*). - **1.** ANTIQ. Tunique de femme sans manches, s'agrafant sur l'épaule. - **2.** FAM. Film d'aventures s'inspirant de l'histoire ou de la mythologie antiques : *Regarder un péplum à la télévision.*

pepsine [pepsin] n.f. (du gr. *pepsis* "digestion"). Une des enzymes du suc gastrique, qui commence la digestion des protéines.

peptide [peptid] n.m. (de *pepsine*). Molécule constituée par l'union d'un petit nombre de molécules d'acides aminés.

peptique [peptik] adj. Relatif à la pepsine.

péquiste [pekist] n. et adj. CAN. Partisan du P.Q. (parti québécois) ; relatif à ce parti.

perçage [pɛrsaʒ] n.m. Action de percer une matière.

percale [pɛrkal] n.f. (du persan *pargāla* "toile très fine"). Tissu de coton ras et très serré.

percaline [pɛrkalin] n.f. (de *percale*). Toile de coton légère et lustrée, utilisée pour les doublures.

perçant, e [pɛrsɑ̃, -ɑ̃t] adj. - **1.** Qui pénètre l'organisme : *Froid perçant* (syn. vif). - **2.** Aigu et puissant : *Voix perçante* (syn. strident). - **3.** D'une grande acuité : *Vue perçante.*

perce [pɛrs] n.f. (de *percer*). - **1.** Outil servant à percer. - **2.** MUS. Canal axial d'un instrument à vent. - **3.** Mettre un tonneau en perce, y faire un trou pour en tirer le contenu.

percée [pɛrse] n.f. (de *percer*). - **1.** Ouverture ménageant un chemin, ou dégageant une perspective : *Abattre des arbres pour faire une percée dans la forêt* (syn. trouée). - **2.** MIL. Action de rompre et de traverser une position défensive adverse : *Nos troupes ont fait une percée dans le dispositif de défense ennemi* (syn. brèche). - **3.** Franchissement de la défense adverse, dans les sports collectifs (football, rugby, etc.). - **4.** Progrès rapide et spectaculaire : *Une percée technologique* (syn. avancée, progression).

percement [pɛrsəmɑ̃] n.m. Action de percer : *Le percement d'une cloison.*

perce-muraille [pɛrsmyraj] n.f. (pl. *perce-murailles*). Nom usuel de la *pariétaire.*

perce-neige [pɛrsnɛʒ] n.m. ou n.f. inv. Plante des prés et des bois, dont les fleurs blanches s'épanouissent à la fin de l'hiver, quand le sol est encore recouvert de neige. □ Famille des amaryllidacées ; genre galanthus ; haut. 25 cm.

perce-oreille [pɛrsɔrɛj] n.m. (pl. *perce-oreilles*). Insecte qui vit sous les pierres et dans les fruits, dont les deux appendices qui terminent son abdomen sont en forme de pince. (On dit aussi un *forficule*.)

percepteur [pɛrsɛptœr] n.m. (du lat. *perceptus*, de *percipere* "recueillir"). Fonctionnaire du Trésor, chargé essentiellement de recouvrer les impôts directs.

perceptibilité [pɛrsɛptibilite] n.f. Qualité, caractère de ce qui est perceptible : *La perceptibilité d'un son.*

perceptible [pɛrsɛptibl] adj. - **1.** Qui peut être saisi, perçu par les sens : *Objet perceptible à la vue* (= visible). - **2.** Qui peut être compris, perçu par l'esprit : *Intention, ironie perceptible* (syn. clair, intelligible).

perceptif, ive [pɛrsɛptif, -iv] adj. PSYCHOL. Relatif à la perception : *Champ perceptif.*

perception [pɛrsɛpsjɔ̃] n.f. (lat. *perceptio*). - **1.** Action, fait de percevoir par les sens, par l'esprit : *La perception des couleurs, des odeurs.* - **2.** PSYCHOL. Représentation consciente à partir des sensations ; conscience d'une sensation. - **3.** Recouvrement des impôts par le percepteur : *La perception d'une amende* (syn. encaissement). - **4.** Fonction, emploi de percepteur ; bureau du percepteur : *Aller à la perception pour négocier un abattement.*

percer [pɛrse] v.t. (lat. pop. *pertusiare*, du class. *pertusus*, de *pertundere* "trouer") [conj. 16]. - **1.** Faire un trou de part en part dans : *Percer un trou dans le mur* (syn. forer, ouvrir). *Percer un abcès* (syn. crever). - **2.** Pratiquer une ouverture, un passage : *Percer un tunnel, une rue* (syn. ouvrir). - **3.** Passer au travers de ; traverser : *Vent qui perce les vêtements* (syn. transpercer). - **4.** Découvrir, comprendre ce qui était caché, secret : *Percer un mystère* (syn. pénétrer). *Percer qqn à jour.* - **5.** LITT. Percer le cœur, faire une grande peine à ; affliger. ‖ Son qui perce les oreilles, les tympans, qui fait mal aux oreilles tant il est aigu et puissant. ◆ v.i. - **1.** Apparaître, poindre en se frayant un passage à travers qqch : *Le soleil perce à travers les nuages* (syn. poindre, sortir). - **2.** S'ouvrir, en laissant échapper qqch : *L'abcès a percé* (syn. crever). - **3.** Se montrer ; se manifester : *Rien n'a percé des délibérations* (syn. filtrer). - **4.** Acquérir de la notoriété : *Ce chanteur est en train de percer* (syn. s'imposer, réussir).

perceuse [pɛrsøz] n.f. Machine, outil servant à percer : *Une perceuse électrique.*

percevable [pɛrsəvabl] adj. Qui peut être perçu, encaissé par le percepteur : *Un impôt percevable.*

percevoir [pɛrsəvwar] v.t. (lat. *percipere*) [conj. 52]. - **1.** Saisir par les sens ou par l'esprit : *Percevoir un son* (syn. discerner). *Percevoir les nuances d'une pensée* (syn. distinguer). - **2.** Recevoir, recueillir de l'argent : *Percevoir des impôts* (syn. lever, recouvrer).

1. **perche** [pɛrʃ] n.f. (lat. *perca*, du gr. *perkē*). Poisson des lacs et des cours d'eau lents, à deux nageoires dorsales, vorace, à chair estimée. □ Long. jusqu'à 50 cm.

2. **perche** [pɛrʃ] n.f. (lat. *pertica*). - **1.** Pièce longue et mince et de section ronde d'une matière dure (bois, en partic.) : *Une perche de téléski.* - **2.** SPORTS. En athlétisme, longue tige de fibre de verre (naguère de bois, de métal léger) dont on se sert pour franchir une barre horizontale dans la spécialité dite du *saut à la perche* ; (précédé de l'art. déf.) cette spécialité : *Un spécialiste de la perche.* - **3.** CIN., TÉLÉV. Long support mobile au bout duquel est suspendu le micro et qui permet de placer celui-ci au-dessus des comédiens, en dehors du champ de la caméra. - **4.** Tige métallique permettant aux tramways, aux trolleybus de capter le courant des fils aériens. - **5.** FAM. Grande perche, personne grande et maigre. ‖ Tendre la perche à qqn, lui offrir l'occasion de mettre fin à une situation difficile, l'aider à se tirer d'embarras.

percher [pɛrʃe] v.i. (de 2. *perche*). - **1.** Se poser sur une branche, un perchoir, etc., en parlant d'un oiseau. - **2.** FAM. Loger, demeurer, en partic., en un lieu élevé : *Percher au dernier étage.* ◆ v.t. Placer en un endroit élevé : *Percher un livre sur la plus haute étagère d'une bibliothèque.* ◆ **se percher** v.pr. - **1.** Se poser sur un endroit élevé, en parlant d'un oiseau. - **2.** Monter, se tenir en un endroit élevé, en parlant de qqn : *Il s'est perché sur un lampadaire pour voir le défilé* (syn. se jucher).

percheron, onne [pɛrʃərɔ̃, -ɔn] adj. et n. Se dit d'une race de chevaux de trait du Perche, grands et puissants.

perchiste [pɛrʃist] n. - **1.** SPORTS. Sauteur à la perche. - **2.** CIN., TÉLÉV. Technicien chargé du maniement de la perche.

perchman [pɛrʃman] n.m. (de *perche*, et de l'angl. *man*), CIN., TÉLÉV. (Faux anglic. déconseillé). Perchiste.

perchoir [pɛrʃwar] n.m. - **1.** Lieu où perchent les oiseaux domestiques. - **2.** FAM. Endroit élevé où se tient qqn : *Le président de séance monta à son perchoir* (syn. estrade). - **3.** (Précédé de l'art. déf.). Siège du président, à l'Assemblée nationale, en France.

perclus, e [pɛrkly, -yz] adj. (lat. *perclusus*, de *percludere* "obstruer"). Privé, complètement ou en partie, de la faculté de se mouvoir : *Être perclus de rhumatismes.*

percolateur [pɛrkɔlatœr] n.m. (du lat. *percolare* "filtrer"). Appareil servant à faire du café à la vapeur.

percussion [pɛrkysjɔ̃] n.f. (lat. *percussio*). - **1.** Choc résultant de l'action brusque d'un corps sur un autre. - **2.** Choc du percuteur d'une arme à feu contre l'amorce, provoquant la détonation. - **3.** MÉD. Méthode d'examen clinique consistant à frapper avec les doigts certaines régions du corps (thorax, abdomen), et permettant de déceler par le son les limites d'un organe et son état de réplétion ou de vacuité. - **4.** MUS. Instruments à percussion, dont on tire le son en les frappant avec les mains, des baguettes, des mailloches, etc.

percussionniste [pɛrkysjɔnist] n. Musicien qui joue d'un instrument à percussion.

percutané, e [pɛrkytane] adj. (du lat. *per* "à travers", et de *cutané*). MÉD. Qui se fait à travers la peau : *Absorption percutanée d'un médicament.*

percutant, e [pɛrkytɑ̃, -ɑ̃t] adj. - **1.** Qui produit un choc : *Un mécanisme percutant.* - **2.** Qui atteint son but avec force, sûreté : *Un argument percutant* (syn. frappant, saisissant). - **3.** ARM. Projectile percutant, qui n'explose qu'en percutant l'objectif, un obstacle.

percuter [pɛrkyte] v.t. (lat. *percutere* "frapper violemment"). Heurter, frapper : *Les marteaux du piano percutent les cordes.* ◆ v.i. Exploser au choc, en parlant d'un projectile percutant : *Obus qui retombe sans avoir percuté.* ◆ v.t. et v.i. Heurter avec une grande violence : *La voiture a percuté (contre) un mur* (syn. tamponner, télescoper).

percuteur [pɛrkytœr] n.m. - **1.** Pièce métallique dont la pointe frappe l'amorce et la fait détoner, dans une arme à feu. - **2.** PRÉHIST. Outil destiné à frapper sur les roches cassantes pour en tirer des éclats : *Tailler un silex avec un percuteur.*

perdant, e [pɛrdɑ̃, -ɑ̃t] adj. et n. - **1.** Qui perd : *L'équipe perdante* (contr. gagnant). *Dans cette affaire, c'est lui le perdant* (contr. bénéficiaire). - **2.** Partir perdant, entreprendre qqch sans croire à la réussite.

perdition [pɛrdisjɔ̃] n.f. (lat. ecclés. *perditio*). - **1.** THÉOL. État de péché menant à la ruine de l'âme. - **2.** Ruine morale : *Lieu de perdition.* - **3.** En perdition, en danger de faire naufrage, en parlant d'un navire ; au fig., menacé d'être ruiné, anéanti, en parlant d'une entreprise.

perdre [pɛrdr] v.t. (lat. *perdere*) [conj. 77]. - **1.** Cesser de posséder, d'avoir à sa disposition un bien, un avantage : *Perdre son emploi. Perdre une partie de sa fortune.* - **2.** Cesser d'avoir une partie de soi, une faculté : *Perdre ses cheveux. Perdre la vue.* - **3.** Être privé d'une de ses parties : *La fourrure perd ses poils.* - **4.** Abandonner un comportement ; ne plus éprouver un sentiment : *Perdre une habitude. Perdre courage* (= se décourager). - **5.** Ne plus pouvoir trouver : *J'ai perdu mon parapluie dans le métro* (syn. égarer, oublier). - **6.** Ne plus suivre ; ne plus contrôler : *Perdre la trace de qqn. Perdre son sang-froid.* - **7.** Être séparé de qqn par la mort : *Perdre un proche.* - **8.** Être quitté par qqn : *L'association a perdu en un an le tiers de ses adhérents.* - **9.** Avoir le dessous dans une lutte, une compétition : *Perdre un procès, une bataille* (contr. gagner). - **10.** Faire un mauvais emploi de : *Perdre son temps* (syn. gâcher, gaspiller). - **11.** Ne pas profiter de : *Perdre une occasion.* - **12.** Faire subir un grave préjudice matériel ou moral à : *Le jeu le perdra.* - **13.** Perdre de vue, cesser d'être en relation avec qqn, de s'occuper de qqch. ‖ **Perdre du terrain,** aller moins vite que son adversaire, reculer. ‖ **Perdre la raison, la tête,** ne plus avoir tout son bon sens ; devenir fou. ‖ **Vous ne perdez rien pour attendre,** vous n'échapperez pas à une punition ou à une revanche. ◆ v.i. - **1.** Avoir le dessous ; être vaincu, battu : *Il déteste perdre.* - **2.** Faire une perte d'argent : *Perdre gros.* - **3.** Ne pas bénéficier d'un avantage : *La soirée était très réussie, tu as perdu en ne venant pas.* ◆ **se perdre** v.pr. - **1.** Ne plus trouver son chemin : *Se perdre dans un bois* (syn. s'égarer). - **2.** Disparaître : *Se perdre dans la foule* (syn. se fondre). - **3.** S'avarier : *Avec la chaleur, les marchandises se sont perdues* (syn. se gâter, pourrir). - **4.** Cesser d'être en usage : *Cette coutume s'est perdue* (syn. disparaître, s'éteindre). - **5.** Je m'y perds, je n'y comprends plus rien. ‖ **Se perdre dans les détails,** s'y attarder trop longuement.

perdreau [pɛʀdʀo] n.m. (anc. prov. *perdigal,* du lat. *perdix ; v. perdrix*). Perdrix de l'année, qui constitue un gibier estimé.

perdrix [pɛʀdʀi] n.f. (lat. *perdix, -icis*). Oiseau gallinacé au corps épais, qui niche dans un creux du sol. □ Ordre des gallinacés ; long. 30 cm. La perdrix cacabe. La *perdrix grise,* commune dans le nord et le centre de la France, et la *perdrix rouge,* au sud de la Loire, sont très recherchées comme gibier.

perdu, e [pɛʀdy] adj. (p. passé de *perdre*). - **1.** Dont on est définitivement privé, en parlant d'un bien : *Fortune perdue.* - **2.** Que l'on ne retrouve plus : *Objets perdus* (syn. égaré). - **3.** Qui échappe à toute direction, à tout contrôle : *Une balle perdue.* - **4.** Qui a été mal employé ou employé sans profit : *Temps perdu. Peine perdue.* - **5.** Ruiné : *Un homme perdu.* - **6.** Dont la situation est désespérée : *Un malade perdu* (syn. condamné, incurable). - **7.** Situé à l'écart ; isolé : *Pays perdu.* - **8.** À mes (tes, ses, etc.) moments perdus, à mes moments de loisir, quand je n'ai rien d'autre à faire. ‖ Être perdu dans ses pensées, y être profondément plongé, au point de n'être sensible à rien d'autre. ◆ n. Comme un(e)

perdu(e), de toutes ses forces, avec toute son énergie : *Elle travaille comme une perdue pour voir son projet aboutir.*

perdurer [pɛʀdyʀe] v.i. (lat. *perdurare*). LITT. Continuer d'être, se perpétuer : *Le projet perdure malgré les obstacles.*

père [pɛʀ] n.m. (lat. *pater, -tris*). - **1.** Celui qui a un ou plusieurs enfants : *Père de famille.* - **2.** Celui qui agit en père, qui manifeste des sentiments paternels : *Il a été pour moi plus qu'un ami, un père.* - **3.** Titre donné aux prêtres réguliers et séculiers. - **4.** FAM. Suivi du nom propre, appellation familière pour désigner un homme d'un certain âge ou s'adresser à lui : *Le père Mathurin.* - **5.** (Avec une majuscule). Dieu, en tant que Créateur et première personne de la Trinité : *Dieu le Père. Le Père éternel.* - **6.** Parent mâle d'un être vivant, d'un animal : *Ce poulain a pour père un étalon fameux.* - **7.** De père en fils, par transmission successive du père aux enfants. ‖ **Le père de,** l'initiateur, le créateur, le fondateur de : *Le père du positivisme.* ‖ **Le Saint-Père** (ou, appellatif, **Saint-Père**), le pape. ‖ **Les Pères de l'Église,** les écrivains de l'Antiquité chrétienne (IIᵉ-VIIᵉ s.) dont les œuvres font autorité en matière de foi. (On dit aussi *les docteurs de l'Église.*) ‖ **Père spirituel,** celui qu'on prend comme directeur de conscience ou comme modèle. ◆ **pères** n.m. pl. LITT. (Précédé d'un déterminant poss.). Les ancêtres, les aïeux : *Du temps de nos pères.*

pérégrination [peʀegʀinasjɔ̃] n.f. (lat. *peregrinatio,* de *peregrinari* "voyager"). [Surtout au pl.]. Allées et venues incessantes : *Après de nombreuses pérégrinations dans le monde, il a fini par s'installer* (syn. voyage).

péremption [peʀɑ̃psjɔ̃] n.f. (lat. juridique *peremptio,* de *perimere ; v. périmer*). - **1.** DR. Prescription qui anéantit les actes de procédure lorsqu'un certain délai s'est écoulé sans qu'un nouvel acte intervienne. - **2.** Date de péremption, au-delà de laquelle un produit ne doit plus être utilisé, consommé.

péremptoire [peʀɑ̃ptwaʀ] adj. (lat. juridique *peremptorius*). - **1.** À quoi l'on ne peut rien répliquer : *Un ton péremptoire* (syn. tranchant). - **2.** DR. Qui a force obligatoire.

pérennisation [peʀenizasjɔ̃] n.f. Action de pérenniser.

pérenniser [peʀenize] v.t. Rendre durable, perpétuel : *La négligence a pérennisé cet abus.*

pérennité [peʀenite] n.f. (lat. *perennitas,* de *perennis* "durable"). Caractère de ce qui dure toujours : *Des lois qui visent à assurer la pérennité des institutions.*

péréquation [peʀekwasjɔ̃] n.f. (lat. juridique *peraequatio,* de *paraequare* "égaliser"). - **1.** Répartition des charges financières, des impôts, etc., proportionnellement aux possibilités de chacun. - **2.** Rajustement du montant des traitements, des pensions.

perfectible [pɛʀfɛktibl] adj. Susceptible d'être perfectionné ou de se perfectionner.

perfectif, ive [pɛʀfɛktif, -iv] adj. (du lat. *perfectus ; v. 1. parfait*). LING. Se dit de l'aspect verbal qui envisage une action comme achevée (syn. accompli). ◆ **perfectif** n.m. LING. Aspect perfectif ; ensemble des formes verbales perfectives.

perfection [pɛʀfɛksjɔ̃] n.f. (lat. *perfectio*, de *perficere* "achever"). - **1.** Qualité, état de ce qui est parfait : *Ce peintre a atteint la perfection dans l'utilisation de la couleur.* - **2.** Personne, chose parfaite en son genre : *Cette montre est une petite perfection* (syn. bijou). - **3.** À la perfection, d'une manière parfaite : *Il joue du piano à la perfection.*

perfectionnement [pɛʀfɛksjɔnmã] n.m. Action de perfectionner, de se perfectionner ; son résultat : *Une caméra dotée des derniers perfectionnements. Le perfectionnement de la sécurité sur un véhicule* (syn. amélioration).

perfectionner [pɛʀfɛksjɔne] v.t. Rendre plus proche de la perfection : *Cet ingénieur a été embauché pour perfectionner cette machine-outil* (syn. améliorer). ◆ **se perfectionner** v.pr. Améliorer ses connaissances : *Il va à Madrid pour se perfectionner en espagnol* (syn. progresser).

perfectionnisme [pɛʀfɛksjɔnism] n.m. Recherche excessive de la perfection en toute chose.

perfectionniste [pɛʀfɛksjɔnist] adj. et n. Qui fait preuve de perfectionnisme, qui le dénote.

perfide [pɛʀfid] adj. et n. (lat. *perfidus* "qui viole sa foi"). LITT. Déloyal ; sournois : *Des allusions perfides.*

perfidement [pɛʀfidmã] adv. LITT. Avec perfidie.

perfidie [pɛʀfidi] n.f. LITT. - **1.** Caractère d'une personne perfide, de sa conduite : *La perfidie d'une attaque politique* (syn. traîtrise). - **2.** Acte ou parole perfide : *Dire des perfidies.*

perforant, e [pɛʀfɔʀã, -ãt] adj. - **1.** Qui perfore : *Un ulcère perforant.* - **2.** Projectile perforant, doté d'un noyau de métal dur qui le rend capable de percer des blindages.

perforateur, trice [pɛʀfɔʀatœʀ, -tʀis] adj. Qui perfore, sert à perforer. ◆ **perforatrice** n.f. Machine servant à établir des cartes, des bandes perforées.

perforation [pɛʀfɔʀasjɔ̃] n.f. - **1.** Action de perforer ; trou qui en résulte : *Appareil qui sert à la perforation du cuir.* - **2.** MÉD. Ouverture

accidentelle ou pathologique dans la paroi d'un organe : *Une perforation du tube digestif.*

perforer [pɛʀfɔʀe] v.t. (lat. *perforare*). Pratiquer un trou dans : *La balle lui a perforé le poumon* (syn. transpercer).

performance [pɛʀfɔʀmãs] n.f. (mot angl., de l'anc. fr. *parformance*, de *parformer* "accomplir"). - **1.** Résultat obtenu par un athlète ou un cheval de course dans une épreuve ; chiffre qui mesure ce résultat : *Homologuer une performance* (syn. record). - **2.** Réussite remarquable : *Faire si vite un tel travail, c'est une performance* (syn. exploit). - **3.** Résultat obtenu dans l'exécution d'une tâche. - **4.** (Surtout au pl.). Ensemble des indications chiffrées caractérisant les possibilités optimales d'un matériel ; ces possibilités : *Performances d'une voiture.* - **5.** LING. Mise en œuvre par les locuteurs de la compétence linguistique dans la production et la réception d'énoncés effectifs. - **6.** Mode d'expression artistique contemporain qui consiste à produire un événement dont le déroulement constitue l'œuvre.

performant, e [pɛʀfɔʀmã, -ãt] adj. Capable de bonnes performances : *Entreprise performante* (syn. compétitif).

perfuser [pɛʀfyze] v.t. Pratiquer une perfusion sur : *Perfuser un malade.*

perfusion [pɛʀfyzjɔ̃] n.f. (du lat. *per* "à travers", d'apr. *transfusion*). Introduction lente d'une substance médicamenteuse ou de sang dans un organisme : *Malade sous perfusion.*

pergola [pɛʀgɔla] n.f. (mot it. du lat. *pergula* "treille"). Petite construction de jardin composée de poutres horizontales reposant sur des piliers légers et destinée à servir de support à des plantes grimpantes : *Déjeuner sous la pergola.*

péricarde [peʀikaʀd] n.m. (gr. *perikardion*). ANAT. Membrane formée de deux feuillets, l'un séreux, l'autre fibreux, qui enveloppe le cœur.

péricarpe [peʀikaʀp] n.m. (gr. *perikarpion*). BOT. Partie du fruit qui entoure et protège la graine.

péricliter [peʀiklite] v.i. (lat. *periclitari*, de *periculum* "péril"). Aller à la ruine : *Affaire qui périclite* (syn. décliner).

péridural, e, aux [peʀidyʀal, -o] adj. - **1.** MÉD. Qui est situé, qui se fait autour de la dure-mère. - **2.** Anesthésie péridurale, anesthésie régionale du bassin par une injection dans un espace situé entre le canal osseux rachidien et la dure-mère de la région du sacrum, pratiquée surtout en obstétrique (on dit aussi *une péridurale*).

périgée [peʀiʒe] n.m. (gr. *perigeios*, de *peri* "autour" et *gê* "terre"). ASTRON. Point de l'orbite d'un astre ou d'un satellite artificiel le plus rapproché de la Terre (par opp. à *apogée*).

périglaciaire [periglasjɛʀ] adj. GÉOL. Se dit des régions proches des glaciers, où l'alternance du gel et du dégel joue un rôle prépondérant dans les phénomènes d'érosion, ainsi que de ces phénomènes eux-mêmes : *Érosion périglaciaire.*

périhélie [peʀjeli] n.m. (de *péri-*, et du gr. *hélios* "soleil"). ASTRON. Point de l'orbite d'une planète le plus proche du Soleil (par opp. à *aphélie*).

péri-informatique [peʀjɛ̃fɔʀmatik] n.f. (pl. *péri-informatiques*). Ensemble des activités concernant les composants périphériques d'un système informatique (terminaux, liaisons, imprimantes, etc.).

péril [peʀil] n.m. (lat. *periculum*). LITT. - **1.** Situation, état où un danger menace l'existence de qqn ou de qqch : *Être, mettre en péril.* - **2.** Danger ; risque : *Courir de graves périls.* - **3.** Au péril de sa vie, en s'exposant à la mort.

périlleux, euse [peʀijø, -øz] adj. Où il y a du péril : *Une aventure périlleuse* (syn. dangereux).

périmé, e [peʀime] adj. - **1.** Qui n'est plus valable, valide : *Carte d'identité périmée.* - **2.** Qui est passé de mode : *Idées, conceptions périmées* (syn. désuet, dépassé).

se périmer [peʀime] v.pr. (lat. juridique *perimere*, propr. "détruire"). Perdre sa validité après un certain délai.

périmètre [peʀimɛtʀ] n.m. (gr. *perimetros*). - **1.** GÉOM. Longueur d'une courbe fermée. - **2.** Contour d'un espace quelconque : *Périmètre d'un champ.* - **3.** Étendue ; surface : *L'explosion a détruit les vitres dans un vaste périmètre* (syn. zone).

périnatal, e, als ou **aux** [peʀinatal, -o] adj. (de *péri-* et *natal*). MÉD. Qui concerne la période qui précède et qui suit immédiatement la naissance : *Médecine périnatale.*

périnée [peʀine] n.m. (gr. *perineos*). ANAT. Région du corps comprise entre l'anus et les parties génitales.

période [peʀjɔd] n.f. (bas lat. *periodus*, gr. *periodos* "circuit"). - **1.** Espace de temps : *Les travaux s'étendront sur une période assez longue* (syn. durée). - **2.** Espace de temps caractérisé par certains événements : *Traverser une période difficile* (syn. époque). - **3.** MÉD. Phase d'une maladie : *Période d'incubation de la rougeole.* - **4.** MIL. Temps d'instruction militaire de durée limitée, destiné à préparer le réserviste à son emploi de mobilisation. - **5.** GÉOL. Chacune des grandes divisions des ères géologiques. - **6.** PHYS. Intervalle de temps constant après lequel une grandeur, dite *périodique*, reprend la même valeur.

- **7.** CHIM. Ensemble des éléments figurant sur une même ligne dans le tableau de la classification périodique des éléments. - **8.** MATH. Tranche de chiffres qui, dans le développement décimal de certaines fractions, dites *périodiques*, se répète indéfiniment. - **9.** RHÉT. Phrase de prose assez longue et de structure complexe, dont les constituants sont organisés de manière à donner une impression d'équilibre et d'unité : *Un discours constitué de périodes.* - **10.** ASTRON. Période de révolution, intervalle de temps entre deux passages consécutifs d'un astre en un point quelconque de son orbite.

◆ **périodes** n.f. pl. VX. Périodes (menstruelles), règles.

périodicité [peʀjɔdisite] n.f. Caractère de ce qui est périodique : *La périodicité de parution d'une revue.*

1. **périodique** [peʀjɔdik] adj. (lat. *periodicus*, du gr.). - **1.** Qui revient, qui se reproduit à intervalles fixes : *Une publication périodique. Le retour périodique des hirondelles* (syn. régulier). - **2.** Se dit des protections destinées aux femmes pendant leurs règles. - **3.** CHIM. Classification périodique des éléments, tableau des éléments, présentés selon l'ordre croissant de leurs numéros atomiques, qui groupe par colonnes les éléments offrant des propriétés voisines.

2. **périodique** [peʀjɔdik] n.m. (de *1. périodique*). Publication (journal, revue) qui paraît à intervalles réguliers.

périodiquement [peʀjɔdikmã] adv. De façon périodique ; par périodes : *Il revient périodiquement au printemps* (syn. régulièrement).

périoste [peʀjɔst] n.m. (gr. *periosteon*, de *peri* "autour" et *osteon* "os"). ANAT. Membrane conjonctive qui entoure les os et assure leur croissance en épaisseur.

péripatéticien, enne [peʀipatetisjɛ̃, -ɛn] adj. et n. (gr. *peripatêtikos*, de *peripatein* "se promener" [parce que Aristote enseignait en marchant]). Qui suit la doctrine d'Aristote.

péripatéticienne [peʀipatetisjɛn] n.f. LITT. Terme plaisant pour désigner une prostituée qui racole dans la rue.

péripétie [peʀipesi] n.f. (gr. *peripeteia* "événement imprévu"). - **1.** Changement imprévu : *Les péripéties d'un voyage* (syn. incident). - **2.** LITTER. Revirement subit dans une situation, une intrigue, menant au dénouement.

périphérie [peʀifeʀi] n.f. (gr. *periphereia* "circonférence"). Ensemble des quartiers éloignés du centre d'une ville : *Habiter à la périphérie.*

périphérique [peʀifeʀik] adj. - **1.** De la périphérie ; situé à la périphérie : *Les quartiers* *périphériques.* - **2.** INFORM. Qui n'appartient ni à l'unité de traitement ni à la mémoire centrale, en parlant d'un système informatique : *Le clavier est un élément périphérique de l'ordinateur.* - **3.** Boulevard périphérique, voie sans croisements à niveau, facilitant la circulation rapide autour d'une ville. ‖ Radio, poste, station périphériques, dont les émetteurs sont situés hors du territoire national, dans un pays limitrophe. ◆ n.m. - **1.** Boulevard périphérique d'une grande ville. - **2.** INFORM. Élément périphérique d'un système (mémoire auxiliaire, imprimante, console, etc.).

périphrase [peʁifʁaz] n.f. (lat. *periphrasis,* mot gr., de *periphrazein* "parler par circonlocutions"). - **1.** Expression formée de plusieurs mots, que l'on substitue à un mot unique : « *La messagère du printemps* » *est une périphrase pour* « *l'hirondelle* ». - **2.** Détour de langage : *Parler par périphrases* (syn. circonlocution).

périphrastique [peʁifʁastik] adj. Qui forme une périphrase : *Une tournure périphrastique.*

périple [peʁipl] n.m. (lat. *periplus,* gr. *periplous,* de *plein* "naviguer"). - **1.** Voyage de découverte, d'exploration par voie maritime : *Le long périple de Christophe Colomb.* - **2.** Long voyage touristique comportant de nombreuses étapes : *Faire un grand périple en Grèce* (syn. circuit, tour).

périptère [peʁiptɛʁ] adj. et n.m. (gr. *peripteros,* de *peri* "autour" et *pteron* "aile"). ARCHIT. Qui est entouré de tous côtés par une colonnade formant portique le long des murs, en parlant d'un édifice.

périr [peʁiʁ] v.i. (lat. *perire* "aller à travers" [de *ire* "aller"], d'où "disparaître, mourir") [conj. 32 ; auxil. *avoir*]. LITT. - **1.** Mourir : *Périr noyé* (syn. succomber). - **2.** Disparaître ; tomber en ruine, dans l'oubli, etc.

périscolaire [peʁiskɔlɛʁ] adj. Qui complète l'enseignement scolaire : *Activités périscolaires* (syn. parascolaire).

périscope [peʁiskɔp] n.m. (du gr. *periskopein* "regarder autour"). - **1.** Instrument d'optique formé de lentilles et de prismes à réflexion totale, permettant de voir par-dessus un obstacle : *Périscope de tranchée.* - **2.** Tube métallique coulissant, équipé d'un système optique, qui permet à un sous-marin de voir ce qui se passe à la surface de l'eau lors des plongées à faible profondeur.

périscopique [peʁiskɔpik] adj. - **1.** À grand champ, en parlant d'un dispositif optique : *Objectif, verres périscopiques.* - **2.** Qui permet l'observation au périscope : *Plongée périscopique d'un sous-marin.*

périssable [peʁisabl] adj. - **1.** Susceptible de s'altérer : *Denrées périssables.* - **2.** LITT. Qui est

sujet à périr, à disparaître : *L'homme est un être périssable* (syn. mortel).

périssoire [peʁiswaʁ] n.f. (de *périr,* propr. "embarcation qui chavire facilement"). Embarcation longue et étroite, mue le plus souvent au moyen d'une pagaie double.

péristaltique [peʁistaltik] adj. (du gr. *peristellein* "envelopper"). Mouvements, contractions péristaltiques, qui se produisent dans le tube digestif et provoquent le déplacement du contenu de l'organe (aliments, etc.).

péristyle [peʁistil] n.m. (lat. *peristylum,* gr. *peristylon,* de *stulos* "colonne"). - **1.** Colonnade formant portique autour d'un édifice ou de la cour intérieure d'un édifice. - **2.** Colonnade formant porche devant un édifice.

Péritel (prise) [nom déposé] connecteur électronique placé sur un téléviseur et permettant de le relier à d'autres appareils (magnétoscopes, jeu vidéo, etc.).

péritoine [peʁitwan] n.m. (lat. médic. *peritonaeum,* gr. *peritonaion* "ce qui est tendu autour"). ANAT. Membrane séreuse qui revêt la plus grande partie de la cavité abdominale (*péritoine pariétal*) et les organes qui y sont logés (*péritoine viscéral*).

péritonite [peʁitɔnit] n.f. Inflammation du péritoine.

perle [pɛʁl] n.f. (it. *perla,* du lat. *perna*). - **1.** Concrétion globuleuse, brillante et dure, formée de nacre qui s'est agglomérée en couches concentriques autour d'un corps étranger entre le manteau et la coquille de certains mollusques, en partic. des huîtres, et qui est utilisée en joaillerie. - **2.** Petite boule percée d'un trou pour l'enfilage : *Un collier de perles en bois.* - **3.** Goutte de liquide ronde et brillante : *Perle de rosée, de sang.* - **4.** Personne, chose remarquable, sans défaut : *La perle de sa collection de timbres. Ma femme de ménage est une perle.* - **5.** FAM. Erreur grossière, ridicule dans les propos ou les écrits de qqn : *Relever des perles dans un discours.* - **6.** Insecte proche de l'éphémère, vivant près de l'eau, où se développe sa larve.

perlé, e [pɛʁle] adj. - **1.** Orné de perles : *Tissu perlé.* - **2.** Qui rappelle la forme, l'éclat, la disposition des perles. - **3.** Coton perlé, fil retors mercerisé. ‖ Grève perlée, succession de ralentissements du travail à différents postes.

perler [pɛʁle] v.i. Se former en gouttelettes : *La sueur perle sur son front.*

perlier, ère [pɛʁlje, -ɛʁ] adj. - **1.** De la perle : *Industrie perlière.* - **2.** Qui produit des perles : *Huître perlière.*

perlimpinpin [pɛʁlɛ̃pɛ̃pɛ̃] n.m. (mot de fantaisie). Poudre de perlimpinpin, poudre vendue comme remède par les charlatans.

perlingual, e, aux [pɛʀlɛ̃gwal, -o] adj. (du lat. *per* "au travers", et de *lingual*). MÉD. Qui se fait par la langue et la muqueuse buccale : *Administrer un médicament par voie perlinguale.*

permanence [pɛʀmanɑ̃s] n.f. - **1.** Caractère de ce qui est permanent : *La permanence d'une coutume* (syn. persistance ; contr. changement). - **2.** Service chargé d'assurer le fonctionnement d'une administration, d'un organisme, etc., de manière continue ; lieu où se tient ce service : *Tenir une permanence. Être de permanence.* - **3.** Salle d'un collège, d'un lycée où les élèves travaillent sous surveillance en dehors des heures de cours. - **4.** Permanence, sans interruption : *Il me harcèle en permanence* (syn. constamment).

permanent, e [pɛʀmanɑ̃, -ɑ̃t] adj. (lat. *permanens*, de *permanere* "demeurer jusqu'au bout"). - **1.** Qui dure sans discontinuer ni changer : *Une tension permanente* (syn. constant ; contr. fugace). - **2.** Qui ne cesse pas ; qui exerce une activité continuelle : *Une collaboration permanente* (syn. durable). *Envoyé permanent d'un journal.* - **3.** Cinéma permanent, dont les séances se succèdent au cours de la journée. ◆ n. Membre rémunéré par une organisation politique, syndicale, pour assurer des tâches administratives.

permanente [pɛʀmanɑ̃t] n.f. Traitement que l'on fait subir aux cheveux pour les onduler de façon durable.

permanganate [pɛʀmɑ̃ganat] n.m. CHIM. Sel des peroxydes du manganèse.

perméabilité [pɛʀmeabilite] n.f. Propriété des corps perméables : *La perméabilité d'un sol calcaire.*

perméable [pɛʀmeabl] adj. (bas lat. *permeabilis*, du class. *permeare* "passer à travers"). - **1.** Qui se laisse traverser par des liquides, par des gaz : *Un terrain perméable à l'eau.* - **2.** Qui est ouvert aux influences extérieures : *Une personne perméable à certaines idées* (syn. accessible).

permettre [pɛʀmɛtʀ] v.t. (lat. *permittere*) [conj. 84]. - **1.** Donner la liberté, le pouvoir de faire, de dire : *Ses parents lui ont permis de sortir* (syn. autoriser). - **2.** Accepter qu'une chose soit : *Le règlement ne permet pas de stationner ici* (syn. autoriser, tolérer). - **3.** Donner le moyen, l'occasion de ; rendre possible : *Venez si vos occupations vous le permettent* (contr. empêcher). ◆ **se permettre** v.pr. Prendre la liberté de ; s'autoriser à : *Elle s'est permis de le lui dire.*

permien [pɛʀmjɛ̃] n.m. (de *Perm*, n. d'une ville russe). Période de l'ère primaire, qui a succédé au carbonifère, d'une durée approximative de 40 millions d'années.

permis [pɛʀmi] n.m. (de *permettre*). Autorisation officielle, document écrit requis pour exercer certaines activités : *Permis de chasse. Permis de construire, de conduire.*

permissif, ive [pɛʀmisif, -iv] adj. Caractérisé par une tendance générale à permettre, à tolérer, plutôt qu'à interdire et à punir : *Société permissive.*

permission [pɛʀmisjɔ̃] n.f. (lat. *permissio*). - **1.** Action de permettre : *Demander, donner la permission de sortir* (syn. autorisation). - **2.** Congé de courte durée accordé à un militaire : *Il a eu trois jours de permission.*

permissionnaire [pɛʀmisjɔnɛʀ] n. Militaire titulaire d'une permission : *Le train était plein de permissionnaires.*

permissivité [pɛʀmisivite] n.f. Fait d'être permissif.

permutable [pɛʀmytabl] adj. Qui peut être permuté : *Des opérateurs permutables.*

permutation [pɛʀmytasjɔ̃] n.f. - **1.** Action, fait de permuter ; son résultat : *La permutation des lettres d'un mot.* - **2.** Échange d'un poste, d'un emploi contre un autre. - **3.** MATH. Bijection d'un ensemble sur lui-même. □ Le nombre de permutations d'un ensemble de *m* objets est *m* ! (factorielle *m*).

permuter [pɛʀmyte] v.t. (lat. *permutare*, de *mutare* "déplacer"). Intervertir deux choses, les substituer l'une à l'autre : *Permuter les chiffres d'un nombre.* ◆ v.i. Échanger un poste, un emploi avec qqn : *Il a permuté avec un collègue.*

pernicieusement [pɛʀnisjøzmɑ̃] adv. De manière pernicieuse.

pernicieux, euse [pɛʀnisjø, -øz] adj. (lat. *perniciosus*, de *pernicies* "destruction"). - **1.** Qui présente un grave danger pour la santé : *Abus pernicieux d'alcool* (syn. nuisible). - **2.** MÉD. Se dit de certaines affections particulièrement graves, à évolution très rapide : *Accès pernicieux de paludisme.* - **3.** Dangereux, nuisible, d'un point de vue moral, social : *Doctrines pernicieuses* (syn. malsain).

péroné [peʀɔne] n.m. (gr. *peronê* "cheville"). Os long et grêle de la partie externe de la jambe, parallèle au tibia.

péronnelle [peʀɔnɛl] n.f. (n. d'un personnage de chanson). FAM. Fille, femme sotte et bavarde.

péroraison [peʀɔʀɛzɔ̃] n.f. (lat. *peroratio*, d'apr. *oraison*). - **1.** RHÉT. Conclusion d'un discours. - **2.** Discours ennuyeux, pédant, de qqn qui pérore (péjor.).

pérorer [peʀɔʀe] v.i. (lat. *perorare* "parler jusqu'au bout"). Discourir longuement et avec emphase (péjor.).

peroxyde [peʀɔksid] n.m. CHIM. Oxyde qui contient plus d'oxygène que l'oxyde normal.

perpendiculaire [pɛʁpɑ̃dikylɛʁ] adj. (bas lat. *perpendicularis,* de *perpendiculum* "fil à plomb"). - **1.** Qui forme un angle de 90° avec une droite, un plan (syn. orthogonal). - **2.** Droite perpendiculaire à un plan, qui est perpendiculaire à toutes les droites du plan qu'elle rencontre. ‖ **Plans perpendiculaires,** tels qu'une droite de l'un est perpendiculaire à l'autre. ◆ n.f. Droite perpendiculaire à une autre, à un plan.

perpendiculairement [pɛʁpɑ̃dikylɛʁmɑ̃] adv. Selon une perpendiculaire.

perpétration [pɛʁpetʁasjɔ̃] n.f. DR. Fait de perpétrer : *La perpétration d'un crime.*

perpétrer [pɛʁpetʁe] v.t. (lat. *perpetrare*) [conj. 18]. Commettre, exécuter un acte criminel.

perpétuation [pɛʁpetɥasjɔ̃] n.f. LITT. Fait de perpétuer, de se perpétuer : *La perpétuation de l'espèce humaine.*

perpétuel, elle [pɛʁpetɥɛl] adj. (lat. *perpetualis*). - **1.** Qui dure indéfiniment ; qui n'a pas de fin : *Mouvement perpétuel* (syn. incessant). - **2.** Qui a lieu sans interruption : *Ce sont de perpétuelles jérémiades* (syn. constant, continuel ; contr. passager). - **3.** Qui dure toute la vie : *Rente perpétuelle.* - **4.** Qui assure la même fonction à vie : *Secrétaire perpétuel.*

perpétuellement [pɛʁpetɥɛlmɑ̃] adv. D'une manière perpétuelle : *La maison est perpétuellement en travaux* (syn. continuellement).

perpétuer [pɛʁpetɥe] v.t. (lat. *perpetuare*) [conj. 7]. LITT. Rendre perpétuel ; faire durer toujours ou longtemps : *Perpétuer les abus* (syn. maintenir). ◆ **se perpétuer** v.pr. LITT. Continuer, durer : *Une tradition qui se perpétue.*

perpétuité [pɛʁpetɥite] n.f. - **1.** LITT. Durée perpétuelle ou très longue : *La perpétuité de l'espèce* (syn. pérennité). - **2.** À **perpétuité,** pour toujours ; pour toute la vie : *Il a été condamné à la prison à perpétuité.*

perplexe [pɛʁplɛks] adj. (lat. *perplexus* "embrouillé", de *plectere* "tisser"). Qui est embarrassé face à une situation : *Cette situation nous laisse perplexes* (syn. indécis).

perplexité [pɛʁplɛksite] n.f. Embarras d'une personne perplexe : *Cette question nous a jetés dans la plus grande perplexité* (syn. incertitude).

perquisition [pɛʁkizisjɔ̃] n.f. (bas lat. *perquisitio* "recherche"). DR. PÉN. Acte d'enquête ou d'instruction consistant en une inspection minutieuse effectuée par un juge ou un officier de police sur les lieux où peuvent se trouver des éléments de preuve d'une infraction : *Un mandat de perquisition.*

perquisitionner [pɛʁkizisjɔne] v.i. Faire une perquisition : *La police a perquisitionné chez plusieurs suspects.* ◆ v.t. Fouiller au cours

d'une perquisition : *Ils ont perquisitionné toute la maison.*

perron [pɛʁɔ̃] n.m. (de *pierre*). Escalier extérieur de quelques marches se terminant par une plate-forme sur laquelle donne une porte d'entrée : *Le perron de l'Élysée.*

perroquet [pɛʁɔkɛ] n.m. (probabl. de *Pierre,* employé comme terme d'affection). - **1.** Oiseau exotique grimpeur, de grande taille, au plumage coloré, capable d'imiter des sons articulés. □ Famille des psittacidés. - **2.** Boisson composée de pastis et de sirop de menthe (parfois de café). - **3.** MAR. Voile haute, carrée, qui se grée au-dessus d'un mât de hune. - **4.** Parler, répéter comme un perroquet, sans comprendre ce que l'on dit.

perruche [pɛʁyʃ] n.f. (anc. fr. *perrique* ; v. *roquet*). - **1.** Oiseau exotique, grimpeur, de petite taille, à longue queue et au plumage coloré, qui siffle et chante. □ Famille des psittacidés. - **2.** Femelle du perroquet. - **3.** MAR. Voile haute du mât d'artimon.

perruque [pɛʁyk] n.f. (it. *perrucca*). Coiffure postiche de cheveux naturels ou artificiels.

perruquier [pɛʁykje] n.m. Personne qui fabrique, qui vend des perruques, des postiches.

pers, e [pɛʁ, pɛʁs] adj. (bas lat. *persus* "persan" d'après *la* couleur des tissus persans). D'une couleur intermédiaire entre le bleu et le vert : *Des yeux pers.*

persan, e [pɛʁsɑ̃, -ɑn] adj. et n. - **1.** De Perse (depuis la conquête par les Arabes Omeyyades, au VIIᵉ s.) : *La littérature persane.* - **2.** Chat persan, chat à poil long et soyeux. ◆ **persan** n.m. Langue du groupe iranien parlée en Iran, en Afghanistan et au Tadjikistan.

perse [pɛʁs] adj. et n. De la Perse (avant la conquête arabe) : *L'Empire perse. Les Perses furent battus par l'armée grecque à Marathon.* ◆ n.m. Vieux perse, langue indo-européenne parlée dans l'Empire achéménide et qui est l'ancêtre du pahlavi (moyen perse) et du persan (iranien moderne) [on dit aussi *le perse*].

persécuté, e [pɛʁsekyte] n. et adj. Personne en butte ou qui se croit en butte à une persécution.

persécuter [pɛʁsekyte] v.t. (lat. *persequi* "poursuivre"). - **1.** Opprimer par des mesures tyranniques et cruelles : *Les nazis ont persécuté les juifs* (syn. martyriser, opprimer). - **2.** Importuner sans cesse : *Arrête de persécuter ton frère* (syn. harceler).

persécuteur, trice [pɛʁsekytœʁ, -tʁis] adj. et n. (lat. ecclés. *persecutor*). Qui persécute.

persécution [pɛʁsekysjɔ̃] n.f. - **1.** Action de persécuter : *Être en butte aux persécutions de ses collègues.* - **2.** Traitement répressif arbitraire de l'autorité constituée, contre un groupe religieux, politique, ethnique, etc. - **3.** PSYCHOPATH. Délire de persécution, dans lequel le malade est convaincu d'être persécuté.

persévérance [pɛRseveRɑ̃s] n.f. Qualité ou action de qqn qui persévère : *Il travaille avec persévérance sur sa thèse* (syn. constance, ténacité).

persévérant, e [pɛRseveRɑ̃, -ɑ̃t] adj. et n. Qui persévère : *Il n'est pas très persévérant* (syn. tenace).

persévérer [pɛRseveRe] v.i. (lat. *perseverare*, de *severus* "sévère") [conj. 18]. Persister, demeurer ferme et constant dans une décision, une action entreprise : *Il persévère dans son erreur* (syn. s'obstiner ; contr. renoncer à).

persienne [pɛRsjɛn] n.f. (de l'anc. adj. *persien* "de Perse"). Panneau extérieur à claire-voie, qui sert à protéger une fenêtre du soleil ou de la pluie, tout en laissant pénétrer de l'air et de la lumière : *Ouvrir, fermer les persiennes.*

persiflage [pɛRsiflaʒ] n.m. Action de persifler : *Un persiflage insolent* (syn. raillerie).

persifler [pɛRsifle] v.t. (de *siffler*). LITT. Ridiculiser par des propos ironiques ; se moquer en raillant : *L'écrivain persiflait les mœurs parlementaires* (syn. railler).

persifleur, euse [pɛRsiflœR, -øz] adj. et n. Qui persifle : *Un ton persifleur.*

persil [pɛRsi] n.m. (lat. pop. *petrosilium*, class. *petroselinum*, du gr. *petroselinon*). Plante potagère aromatique, utilisée en garniture et en assaisonnement de préparations culinaires. □ Famille des ombellifères.

persillade [pɛRsijad] n.f. Persil haché, souvent additionné d'ail, que l'on ajoute à certains plats.

persillé, e [pɛRsije] adj. - **1.** Accompagné de persil haché : *Du jambon persillé.* - **2.** Fromage persillé, qui développe dans sa pâte des moisissures verdâtres (roquefort, bleu d'Auvergne). ∥Viande persillée, parsemée de petits filaments de graisse.

persistance [pɛRsistɑ̃s] n.f. - **1.** Action de persister : *Il nie avec persistance* (syn. obstination, opiniâtreté). - **2.** Fait de persister : *La persistance du mauvais temps* (syn. durée).

persistant, e [pɛRsistɑ̃, -ɑ̃t] adj. - **1.** Qui persiste ; qui ne disparaît pas : *Une odeur, une fièvre persistante* (syn. continu, durable). - **2.** BOT. Qui reste vert en toutes saisons : *Feuillage persistant* (par opp. à *caduc*).

persister [pɛRsiste] v.i. (lat. *persistere*, de *sistere* "placer"). - **1.** Demeurer ferme, constant dans ses décisions, ses actions, malgré les difficultés : *Il persiste dans ses résolutions* (syn. s'obstiner, persévérer). - **2.** Durer, continuer d'exister : *Un symptôme qui persiste* (syn.

demeurer, se maintenir). - **3.** DR. Persiste et signe, formule de conclusion des déclarations faites à la police, à l'autorité judiciaire, dans un procès-verbal.

persona grata [pɛRsɔnagRata] loc. adj. inv. (mots lat. "personne bienvenue"). - **1.** Agréé dans ses fonctions de représentant d'un État par la puissance étrangère auprès de laquelle il est accrédité, en parlant d'un membre du personnel diplomatique (par opp. à *persona non grata*). - **2.** En faveur, bien considéré, en parlant de qqn.

personnage [pɛRsɔnaʒ] n.m. (de *1. personne*). - **1.** Personne imaginaire représentée dans une œuvre de fiction : *Jouer le personnage de l'infirme.* - **2.** Manière de se comporter dans la vie courante, comparée à un rôle : *Il prend un air distant, ça fait partie de son personnage.* - **3.** Personne en vue, influente : *Un personnage important* (syn. personnalité, sommité). - **4.** Personne considérée du point de vue de son comportement, de son aspect extérieur : *Un triste, un odieux personnage.*

personnalisation [pɛRsɔnalizasjɔ̃] n.f. Action de personnaliser : *La personnalisation d'un bureau.*

personnaliser [pɛRsɔnalize] v.t. - **1.** Donner à qqch un caractère original, personnel : *Personnaliser un appartement.* - **2.** Adapter à chaque cas particulier, à chaque personne : *Personnaliser le crédit.*

personnalité [pɛRsɔnalite] n.f. (lat. *personalitas*, de *personalis* "personnel"). - **1.** Ensemble des comportements, des aptitudes, des motivations, etc., dont l'unité et la permanence constituent l'individualité, la singularité de chacun. - **2.** Force, énergie avec laquelle se caractère, l'originalité de qqn : *Avoir de la personnalité.* - **3.** Personne connue en raison de son rôle social, de son influence : *De hautes personnalités* (syn. personnage, sommité). - **4.** DR. **Personnalité morale, juridique,** aptitude de l'individu à jouir des droits attachés par la loi à l'être vivant défini comme personne.

1. **personne** [pɛRsɔn] n.f. (lat. *persona*, d'orig. étrusque, "masque de théâtre", puis "personnage"). - **1.** Être humain, individu : *Qui sont ces personnes ? Un groupe d'une dizaine de personnes.* - **2.** Individu considéré en lui-même : *Je conteste ses idées mais je respecte sa personne.* - **3.** Individu considéré en tant qu'être particulier, physique ou moral : *Être bien fait de sa personne.* - **4.** Jeune fille ; femme : *Une charmante personne.* - **5.** DR. Individu, en tant que sujet de droits et devoirs : *L'éminente dignité de la personne humaine.* - **6.** GRAMM. Forme de la conjugaison et du pronom permettant de distinguer le ou les locuteurs (*première personne*), le ou les

auditeurs *(deuxième personne)*, celui, ceux ou ce dont on parle *(troisième personne)*. **- 7.** En personne, soi-même : *Le pape est venu en personne.* ‖ **Grande personne,** personne adulte, considérée dans ses rapports avec les enfants. ‖ **Par personne interposée,** par l'intermédiaire de qqn. ‖ CATH. **Les trois personnes divines,** le Père, le Fils et le Saint-Esprit (la Trinité). ‖ DR. **Personne morale,** groupement d'individus auquel la loi reconnaît une personnalité juridique distincte de celle de ses membres (par opp. à la *personne physique*, l'individu).

2. personne [pɛʀsɔn] pron. indéf. masc. sing. (de *1. personne*). **- 1.** (En corrélation avec *ne* ou précédé de *sans*, ou bien dans une phrase nominale). Aucun être humain : *Il n'y a personne dans la rue. Personne n'a réagi. Je suis parti sans que personne s'en aperçoive. Avez-vous trouvé quelqu'un ? - Non, personne.* **- 2.** (Sans négation). Quelqu'un : *Il le sait mieux que personne* (syn. quiconque).

1. personnel, elle [pɛʀsɔnɛl] adj. (bas lat. *personalis*). **- 1.** Propre à qqn, à une personne : *Fortune personnelle* (syn. individuel, particulier). **- 2.** Qui porte la marque d'une individualité singulière : *Des idées très personnelles* (syn. original, particulier). **- 3.** Qui ne pense qu'à soi : *Il est trop personnel* (syn. individualiste). **- 4.** Mode personnel, mode de la conjugaison dont les terminaisons marquent le changement de personne (indicatif, conditionnel, impératif et subjonctif). ‖ **Pronom personnel,** pronom qui désigne un être ou une chose et qui sert à marquer la personne grammaticale (*je, tu, il,* etc.).

2. personnel [pɛʀsɔnɛl] n.m. (de *1. personnel*). Ensemble des personnes employées par un service public, une entreprise, un particulier, etc., ou exerçant le même métier : *Le directeur s'est adressé à son personnel.*

personnellement [pɛʀsɔnɛlmɑ̃] adv. **- 1.** En personne : *L'avez-vous vu personnellement ?* **- 2.** En ce qui me (te, vous, les, etc.) concerne : *Personnellement, je ne le crois pas.*

personne-ressource [pɛʀsɔnʀəsuʀs] n.f. (pl. *personnes-ressources*). CAN. Expert auquel on fait appel pour ses connaissances dans un domaine particulier.

personnification [pɛʀsɔnifikasjɔ̃] n.f. Action de personnifier : *C'est la personnification du mal* (syn. incarnation).

personnifier [pɛʀsɔnifje] v.t. (de *personne*) [conj. 9]. **- 1.** Représenter qqch, une idée sous l'apparence d'une personne : *Personnifier la justice par une femme tenant une balance* (syn. symboliser). **- 2.** Rassembler dans sa personne tous les traits caractéristiques d'une vertu ou d'un vice : *Il personnifie l'avarice* (syn. incarner).

perspective [pɛʀspɛktiv] n.f. (lat. médiév. *perspectiva*, du class. *perspicere* "apercevoir"). **- 1.** Art, technique permettant de représenter sur une surface les objets tels qu'on les voit : *Peindre selon les règles de la perspective.* **- 2.** Aspect que présentent, du lieu où on les regarde, divers objets vus de loin ou considérés comme un tout : *D'ici, on a une belle perspective* (syn. vue). **- 3.** Vaste dégagement, grande voie en ligne droite que la vue peut embrasser dans sa totalité : *La perspective des Champs-Élysées* (syn. échappée, panorama). **- 4.** Manière de voir ; point de vue : *Perspective historique* (syn. angle, optique). **- 5.** En perspective, dans l'avenir ; en vue : *Elle a un emploi en perspective.*

perspicace [pɛʀspikas] adj. (lat. *perspicax,* de *perspicere* "pénétrer par le regard"). Qui comprend, juge avec clairvoyance et sagacité : *Un femme fine et perspicace.*

perspicacité [pɛʀspikasite] n.f. Qualité d'un esprit perspicace : *Elle a fait preuve de perspicacité dans cette affaire* (syn. clairvoyance, sagacité).

persuader [pɛʀsɥade] v.t. (lat. *persuadere*). **- 1.** Amener qqn à croire, à faire, à vouloir qqch : *Elle l'a persuadé de revenir* (syn. convaincre, décider à). **- 2.** Être persuadé (de), être sûr, certain de : *Je suis persuadé de sa bonne foi.* ◆ **se persuader** v.pr. S'imaginer ; se figurer : *Ils se sont persuadés* (ou *persuadé*) *qu'on les trompait.* **Rem.** L'accord est facultatif.

persuasif, ive [pɛʀsɥazif, -iv] adj. Qui a le pouvoir, le talent de persuader : *Un ton persuasif* (syn. convaincant).

persuasion [pɛʀsɥazjɔ̃] n.f. **- 1.** Action de persuader : *Recourir à la persuasion plutôt qu'à la force.* **- 2.** Fait d'être persuadé : *Sa persuasion était totale* (syn. conviction).

perte [pɛʀt] n.f. (lat. pop. *perdita,* du class. *perdere* "perdre"). **- 1.** Fait d'avoir perdu qqch : *La perte d'un document.* **- 2.** Fait d'être privé de ce que l'on possédait : *La perte d'un privilège.* **- 3.** Disparition, destruction d'un bien matériel : *Perte de corps et biens d'un navire.* **- 4.** Fait de perdre une somme d'argent ; somme perdue : *La perte de sa fortune. Une perte sèche de mille francs.* **- 5.** Fait d'être privé d'une faculté physique ou intellectuelle : *Un produit qui retarde la perte des cheveux* (syn. chute). *La perte de la vue.* **- 6.** Fait d'être privé de la présence d'un proche par la mort ou la séparation : *La perte d'un être cher.* **- 7.** Issue malheureuse ; échec, insuccès : *perte d'un procès. La perte d'une bataille.* **- 8.** Mauvais emploi, gaspillage : *Perte de temps.* **- 9.** Ruine matérielle ou morale : *Aller, courir à sa perte.* **- 10.** GÉOGR. Disparition totale ou partielle d'un cours d'eau qui devient souterrain et réapparaît plus loin en formant une résurgence (infiltration en région calcaire). - **11.** À perte, en perdant de l'argent. ‖ À perte de vue, aussi loin que s'étend la vue ; très loin. ‖ Avec perte(s) et fracas, sans ménagement et avec éclat : *On l'a renvoyé avec pertes et fracas.* ‖ Être en perte de vitesse, perdre de sa popularité, de son prestige, de son dynamisme, etc. ◆ **pertes** n.f.pl. - **1.** Militaires et civils tués au cours d'une guerre, d'un combat, d'une catastrophe : *Subir de lourdes pertes.* - **2.** Pertes blanches. Leucorrhée.

pertinemment [pɛʀtinamã] adv. - **1.** De façon pertinente, judicieuse : *Répondre pertinemment* (syn. judicieusement). - **2.** Savoir pertinemment qqch, avoir de bonnes raisons pour en être informé.

pertinence [pɛʀtinãs] n.f. Caractère de ce qui est pertinent : *La pertinence d'une réflexion* (syn. bien-fondé).

pertinent, e [pɛʀtinã, -ãt] adj. (lat. *pertinens*, de *pertinere* "concerner"). - **1.** Qui se rapporte exactement à ce dont il est question : *Une remarque tout à fait pertinente* (syn. approprié). - **2.** LING. Qui joue un rôle distinctif dans la structure d'une langue : *Trait pertinent.*

perturbateur, trice [pɛʀtyʀbatœʀ, -tʀis] adj. et n. Qui cause du trouble, du désordre : *Expulser les éléments perturbateurs* (syn. séditieux, subversif).

perturbation [pɛʀtyʀbasjɔ̃] n.f. (lat. *perturbatio*). - **1.** Dérèglement dans un fonctionnement, un système : *Enregistrer des perturbations dans le trafic aérien* (syn. désordre). - **2.** Trouble dans la société, au sein d'un groupe : *Jeter la perturbation dans la classe* (syn. agitation, confusion). - **3.** MÉTÉOR. Modification de l'état de l'atmosphère, caractérisée par des vents violents et des précipitations : *La perturbation atmosphérique arrivera demain sur la côte ouest.* - **4.** ASTRON. Effet, sur le mouvement d'un corps céleste autour d'un autre, de toute force s'ajoutant à l'attraction du corps principal.

perturber [pɛʀtyʀbe] v.t. (lat. *perturbare*). - **1.** Empêcher le déroulement, le fonctionnement normal de : *Perturber une conférence* (syn. troubler). - **2.** Bouleverser l'équilibre psychologique ou physique : *Cet incident l'a beaucoup perturbé* (syn. déranger, troubler).

pervenche [pɛʀvɑ̃ʃ] n.f. (lat. *pervinca*). - **1.** Plante herbacée des lieux ombragés, aux fleurs bleu clair, aux pétales incurvés. ▫ Famille des apocynacées. - **2.** FAM. Contractuelle de la police parisienne, vêtue d'un uniforme bleu pervenche. ◆ adj. inv. De la couleur bleu clair de la pervenche : *Des yeux pervenche.*

pervers, e [pɛʀvɛʀ, -ɛʀs] adj. et n. (lat. *perversus*, de *pervertere* "renverser, retourner").

- **1.** Qui accomplit par plaisir des actes immoraux ou cruels. - **2.** PSYCHIATRIE. Atteint de perversion sexuelle. ◆ adj. - **1.** Qui dénote la perversité : *Acte pervers.* - **2.** Effet pervers, conséquence indirecte d'une action concertée, qui est contraire au résultat recherché.

perversion [pɛʀvɛʀsjɔ̃] n.f. (lat. *perversio*). - **1.** Action de pervertir ; fait d'être perverti : *La perversion des institutions politiques.* - **2.** Déviation pathologique des tendances, des instincts, se traduisant par des troubles du comportement. - **3.** PSYCHIATRIE. Pratique érotique d'un sujet adulte dont les pulsions trouvent leur satisfaction en dehors du coït avec un partenaire adulte et de sexe opposé.

perversité [pɛʀvɛʀsite] n.f. (lat. *perversitas*). - **1.** Tendance à vouloir faire le mal, souvent avec un certain plaisir. - **2.** Action perverse.

pervertir [pɛʀvɛʀtiʀ] v.t. (lat. *pervertere* "retourner, renverser") [conj. 32]. - **1.** Changer en mal : *Pervertir la jeunesse* (syn. corrompre, dévoyer). - **2.** Altérer ; dénaturer : *Pervertir le goût* (syn. fausser, vicier).

pesage [pəzaʒ] n.m. - **1.** Action de peser ; mesure des poids. - **2.** Action de peser les jockeys avant une course. - **3.** Lieu réservé au pesage des jockeys ; enceinte pour le public autour du lieu (par opp. à *pavillon* et à *pelouse*).

pesamment [pəzamã] adv. - **1.** Avec un grand poids : *Être pesamment chargé* (syn. lourdement). - **2.** Sans grâce : *Danser pesamment* (syn. gauchement).

pesant, e [pəzã, -ãt] adj. - **1.** Qui pèse ; lourd : *Une malle pesante* (contr. léger). - **2.** Pénible à supporter moralement : *Atmosphère pesante* (syn. écrasant, oppressant). - **3.** Lent ; sans vivacité : *Gestes pesants* (syn. gauche). - **4.** Sans finesse ; qui manque de grâce : *Style pesant* (syn. laborieux). ◆ **pesant** n.m. Valoir son pesant d'or, avoir une très grande valeur.

pesanteur [pəzɑ̃tœʀ] n.f. (de *pesant*). - **1.** Résultante des accélérations exercées sur les diverses parties d'un corps au repos à la surface de la Terre ; force d'attraction qui en résulte : *Les lois de la pesanteur* (par opp. à *apesanteur*). - **2.** Sensation de gêne, de lourdeur dans une partie du corps : *Pesanteur d'estomac.* - **3.** Manque de finesse, de légèreté : *Pesanteur d'esprit* (syn. lourdeur). - **4.** (Surtout au pl.). Force d'inertie, résistance au changement : *Les pesanteurs administratives.*

pèse-alcool [pɛzalkɔl] n.m. inv. Alcoomètre.

pèse-bébé [pɛzbebe] n.m. (pl. *pèse-bébés* ou inv.). Balance spécialement conçue pour peser les nourrissons.

pesée [pəze] n.f. (de *peser*). - **1.** Action de peser : *La pesée d'une marchandise* (syn.

pesage). - **2.** Ce qui est pesé en une fois : *Une pesée de trente kilogrammes.* - **3.** Pression exercée sur qqch : *Exercer une pesée sur une barre de fer* (syn. poussée).

pèse-lettre [pɛzlɛtʀ] n.m. (pl. *pèse-lettres* ou inv.). Petite balance ou peson pour peser les lettres.

pèse-personne [pɛzpɛʀsɔn] n.m. (pl. *pèse-personnes* ou inv.). Petite balance plate à cadran gradué, sur laquelle on monte pour se peser.

peser [pəze] v.t. (lat. pop. *pesare,* class. *pensare,* de *pendere* "peser") [conj. 19]. - **1.** Déterminer, par comparaison avec l'unité de masse, la masse de : *Peser un paquet sur une balance.* - **2.** Examiner attentivement ; réfléchir avec soin : *Peser le pour et le contre* (syn. apprécier, mesurer). - **3.** Peser ses paroles, ses mots, les choisir soigneusement, en en mesurant toute la portée. ◆ v.i. - **1.** (Suivi d'un compl. de quantité ou d'un adv.). Avoir un certain poids : *Le platine pèse plus lourd que l'or.* - **2.** Être lourd : *Ce qu'elle peut peser, cette valise !* - **3.** Peser lourd, ne pas peser lourd, avoir un poids, un rôle déterminant ou négligeable. ◆ v.t. ind. - **1.** Appuyer, exercer une pression : *Peser contre une porte.* - **2.** [sur]. Influencer : *Vos conseils ont pesé sur ma décision.* - **3.** [à]. Être pénible à supporter pour qqn : *Ta présence lui pèse* (syn. importuner). - **4.** Peser sur l'estomac, être indigeste.

peseta [peseta] ou [pezeta] n.f. Unité monétaire principale de l'Espagne.

peso [peso] n.m. Unité monétaire principale de plusieurs pays d'Amérique latine et des Philippines.

peson [pəzɔ̃] n.m. (de *peser*). Instrument pour la mesure des poids, constitué essentiellement d'un ressort muni d'un index se déplaçant le long d'une échelle graduée.

pessimisme [pesimism] n.m. (du lat. *pessimus,* superlatif de *malus* "mauvais"). Tournure d'esprit qui porte à n'envisager que les choses que sous leur plus mauvais aspect : *Envisager l'avenir avec pessimisme* (contr. optimisme).

pessimiste [pesimist] adj. et n. Porté au pessimisme : *C'est un pessimiste de nature* (contr. optimiste).

peste [pɛst] n.f. (lat. *pestis* "épidémie, fléau"). - **1.** Maladie infectieuse et épidémique, transmise du rat à l'homme par l'intermédiaire des puces, pratiquement disparue en Occident. - **2.** VÉTÉR. Maladie virale qui atteint les animaux de basse-cour, les bovins, les porcins (nom commun à plusieurs affections). - **3.** FAM. Personne ou chose nuisible, néfaste, dangereuse. - **4.** Enfant turbulent et désagréable : *Petite peste !* - **5.** LITT. Peste soit de..., maudit soit...

pester [pɛste] v.i. (de *peste*). Manifester en paroles de la mauvaise humeur, de l'irritation contre qqn, qqch : *Pester contre le mauvais sort* (syn. fulminer).

pesticide [pɛstisid] adj. et n.m. (mot angl., de *pest* "insecte nuisible"). Se dit d'un produit chimique destiné à lutter contre les parasites animaux et végétaux nuisibles aux cultures.

pestiféré, e [pɛstifeʀe] adj. et n. (du lat. *pestifer* "qui porte la peste"). Atteint de la peste.

pestilence [pɛstilɑ̃s] n.f. (lat. *pestilentia,* de *pestis ;* v. *peste*). Odeur infecte, putride.

pestilentiel, elle [pɛstilɑ̃sjɛl] adj. Qui dégage une odeur infecte : *Air pestilentiel* (syn. fétide, nauséabond).

pet [pɛ] n.m. (lat. *peditum*). FAM. Gaz intestinal qui sort de l'anus avec bruit (syn. flatulence, vent).

pétale [petal] n.m. (lat. bot. *petalum,* du gr. *petalon* "feuille"). Chacun des éléments qui composent la corolle d'une fleur et qui entourent les étamines.

pétanque [petɑ̃k] n.f. (prov. *ped tanco* "pied fixé [au sol]"). Jeu de boules originaire du midi de la France, dans lequel le but est une boule plus petite en bois, dite *cochonnet,* et qui se joue sur un terrain non préparé.

pétarade [petaʀad] n.f. (prov. *petarrada,* de *pet*). Suite de détonations : *La pétarade d'un feu d'artifice.*

pétarader [petaʀade] v.i. Faire entendre une pétarade.

pétard [petaʀ] n.m. (de *pet*). - **1.** Petite pièce d'artifice qui détone avec un bruit sec et fort, utilisée pour la signalisation acoustique (chemins de fer) ou, traditionnellement, dans les réjouissances publiques. - **2.** Charge d'explosif entourée d'une enveloppe légère, génér. utilisée dans la démolition. - **3.** FAM. Pistolet. - **4.** FAM. Bruit ; tapage ; scandale : *Faire du pétard* (= protester bruyamment). - **5.** FAM. Être en pétard, en colère.

pétaudière [petodjɛʀ] n.f. (du roi *Pétaud,* personnage légendaire du XVIe s.). FAM. Lieu, groupe, etc., où règnent la confusion et le désordre, où chacun agit à sa guise.

pet-de-nonne [pɛdnɔn] n.m. (pl. *pets-de-nonne*). Beignet soufflé très léger.

péter [pete] v.i. (de *pet,* a remplacé l'anc. fr. *poire,* lat. *pedere*) [conj. 18]. - **1.** T. FAM. Faire un, des pets. - **2.** FAM. Faire entendre un bruit sec et bref : *Le bois sec pète dans le feu* (syn. exploser). - **3.** FAM. Se rompre ; se casser : *Le câble a pété net.* ◆ v.t. FAM. - **1.** Casser, briser : *Péter une lampe.* - **2.** Péter le feu, déborder d'énergie, de dynamisme.

Peters (projection de), représentation cartographique qui permet de conserver le rapport exact entre les superficies des territoires, mais non leur forme réelle.

pète-sec [pεtsεk] n. inv. et adj. inv. FAM. Personne autoritaire, au ton sec et cassant.

péteux, euse [petø,-øz] n. et adj. (forme pop. de *péteur*, de *péter*). FAM. - 1. Personne peureuse ou honteuse : *Se sauver comme un péteux.* - 2. Personne aux manières prétentieuses : *Quel petit péteux !*

pétillant, e [petijã, -ãt] adj. Qui pétille : *Vin pétillant.*

pétillement [petijmã] n.m. - 1. Bruit léger produit par ce qui pétille : *Le pétillement du champagne.* - 2. Éclat vif : *Le pétillement d'un regard* (syn. scintillement).

pétiller [petije] v.i. (de *pet*). - 1. Éclater en produisant de petits bruits secs et rapprochés : *Bois qui pétille en brûlant* (syn. crépiter). - 2. Dégager des bulles de gaz ; mousser légèrement : *Le champagne pétille.* - 3. Briller d'un vif éclat : *Des yeux qui pétillent.* - 4. Pétiller de, manifester avec éclat : *Elle pétille d'intelligence.*

pétiole [pesjɔl] n.m. (lat. *petiolus* "petit pied"). BOT. Partie rétrécie reliant le limbe d'une feuille à la tige.

petiot, e [pətjo, -ɔt] adj. et n. FAM. Tout petit.

1. **petit, e** [pəti, -it] adj. (lat. pop. *pittitus*, d'un rad. expressif *pitt-*). - 1. Dont les dimensions, la superficie, le volume sont inférieurs à la normale : *Petit paquet. Petit jardin* (syn. exigu ; contr. grand). - 2. De taille peu élevée ; de faible hauteur : *Un homme petit. Un petit arbre* (contr. grand). - 3. Qui n'a pas encore atteint le terme de sa croissance : *Un petit enfant* (syn. jeune). - 4. Qui n'est pas élevé en nombre, en quantité : *Petite somme d'argent* (syn. faible ; contr. gros). - 5. Qui est peu considérable par son intensité ou sa durée : *Petite pluie.* - 6. Qui n'a pas beaucoup d'importance, d'intérêt : *Petite affaire.* - 7. Qui manifeste de la mesquinerie : *Un esprit petit* (syn. médiocre, mesquin). - 8. Qui occupe un rang modeste dans la société, dans une hiérarchie : *Un petit commerçant* (contr. grand). *Un petit fonctionnaire* (contr. haut). - 9. Employé comme terme de mépris : *Mon petit monsieur.* - 10. Employé comme terme d'amitié, d'affection : *Mon petit gars.* - 11. En composition, indique en partic. un degré de descendance dans les liens de parenté : *Un petit-fils.* - 12. Petite main, jeune apprentie dans une maison de couture. ‖ Petites gens, personnes qui n'ont que de faibles ressources. ‖ Petit frère, petite sœur, frère, sœur moins âgés. ‖ Se faire tout petit, s'efforcer de ne pas se faire remarquer, de

passer inaperçu. ◆ **petit** adv. - 1. De façon étroite, étriquée ; mesquinement : *Voir petit* (= avoir des projets sans envergure). - 2. En petit, sur une petite échelle : *Elle a repris le même projet, mais en petit.* ‖ Petit à petit, peu à peu, progressivement.

2. **petit, e** [pəti, -it] n. (de *1. petit*). - 1. Personne de petite taille : *Mettre les petits devant.* - 2. Garçon ou fille jeune : *La cour des petits.* - 3. Enfant de qqn : *Le petit Untel.* ◆ **petit** n.m. - 1. Jeune animal : *La chatte et ses petits.* - 2. Personne, groupe, entreprise qui, par rapport à d'autres, se situe au bas de l'échelle. - 3. Aux tarots, atout le plus faible. - 4. Ce qui est petit : *L'infiniment petit.* - 5. Faire des petits, mettre bas ; au fig., s'agrandir, en parlant de qqch, d'un bien.

petit-beurre [pətibœR] n.m. (pl. *petits-beurre*). Petit gâteau sec rectangulaire au beurre.

petit-bourgeois, petite-bourgeoise [pətiburʒwa, pətiburʒwaz] n. et adj. (pl. *petits-bourgeois, petites-bourgeoises*). - 1. Personne qui appartient à la petite bourgeoisie. - 2. Qui manifeste le conformisme, les conceptions étriquées jugées caractéristiques de la petite bourgeoisie (péjor.) : *Préjugés petits-bourgeois.*

petit déjeuner [pətideʒøne] n.m. (pl. *petits déjeuners*). Premier repas pris le matin.

petite-fille [pətitfij] n.f. (pl. *petites-filles*). Fille du fils ou de la fille, par rapport à un grand-père, à une grand-mère.

petitement [pətitmã] adv. - 1. À l'étroit : *Être petitement logé.* - 2. Modestement ; chichement : *Manger, vivre petitement.* - 3. Mesquinement : *Juger petitement.*

petitesse [pətitɛs] n.f. - 1. État, caractère de ce qui est petit : *Petitesse de la taille, d'un revenu.* - 2. Caractère mesquin : *Petitesse d'esprit* (syn. étroitesse ; contr. largeur). - 3. Acte mesquin : *Commettre des petitesses* (syn. bassesse).

petit-fils [pətifis] n.m. (pl. *petits-fils*). Fils du fils ou de la fille, par rapport à un grand-père, à une grand-mère.

petit-four [pətifuR] n.m. (pl. *petits-fours*). Menue pâtisserie de la taille d'une bouchée, que l'on sert en assortiment.

petit-gris [pətigRi] n.m. (pl. *petits-gris*). - 1. Écureuil de Russie ou de Sibérie au pelage d'hiver gris argenté. - 2. Fourrure de cet animal. - 3. Petit escargot comestible à coquille grisâtre finement rayée de brun.

pétition [petisjɔ̃] n.f. (lat. juridique *petitio*, de *petere* "chercher à atteindre"). - 1. Écrit adressé par une ou plusieurs personnes à une autorité pour exprimer une opinion, une plainte, présenter une requête : *Signer une pétition.* - 2. Pétition de principe, raisonnement vicieux consistant à tenir pour vrai ce qui fait l'objet même de la démonstration.

pétitionnaire [petisjɔnɛʀ] n. Personne qui présente ou signe une pétition.

petit-lait [pətilɛ] n.m. (pl. *petits-laits*). - **1.** Liquide résiduel de l'écrémage du lait *(lait écrémé)*, de la fabrication du beurre *(babeurre)*, de la fabrication du fromage *(lactosérum)*. - **2.** Boire du petit-lait, éprouver une vive satisfaction d'amour-propre devant qqch de flatteur.

petit-nègre [pətinɛgʀ] n.m. sing. FAM. Français rudimentaire et incorrect, dans lequel les éléments grammaticaux tels que déterminants et désinences sont omis ou mal employés (péjor.).

petit-neveu [pətinəvø] n.m., **petite-nièce** [pətitnjɛs] n.f. (pl. *petits-neveux, petites-nièces*). Fils, fille du neveu ou de la nièce. (On dit parfois *arrière-neveu, arrière-nièce*.)

petit pois [pətipwa] n.m. (pl. *petits pois*). Pois écossé vert.

petits-enfants [pətizɑ̃fɑ̃] n.m. pl. Enfants du fils ou de la fille.

petit-suisse [pətisɥis] n.m. (pl. *petits-suisses*). Fromage frais moulé en forme de petit cylindre.

peton [pətɔ̃] n.m. (dimin. de *pied*). FAM. Petit pied.

pétoncle [petɔ̃kl] n.m. (lat. *pectunculus*, de *pecten* "peigne"). Mollusque bivalve comestible, vivant sur les fonds sableux des côtes d'Europe occidentale. □ Diamètre 6 cm env.

pétrel [petʀɛl] n.m. (angl. *pitteral*). Oiseau palmipède vivant au large, dans les mers froides, et ne venant à terre que pour nicher. □ Long. 20 cm env.

pétrifiant, e [petʀifjɑ̃, -ɑ̃t] adj. LITT. Qui stupéfie, paralyse : *Peur pétrifiante.*

pétrification [petʀifikasjɔ̃] n.f. - **1.** Transformation de la substance d'un corps organique en une matière pierreuse. - **2.** Incrustation d'un corps qui, plongé dans certaines eaux calcaires, se couvre d'une couche pierreuse ; ce corps pétrifié.

pétrifier [petʀifje] v.t. (du lat. *petra* "pierre") [conj. 9]. - **1.** Transformer en pierre ; recouvrir d'une couche minérale. - **2.** Paralyser par l'émotion, la peur, etc. : *La nouvelle de sa mort les avait pétrifiés.*

pétrin [petʀɛ̃] n.m. (lat. *pistrinum* "moulin à blé"). - **1.** Coffre, appareil dans lequel on pétrit la pâte à pain. - **2.** FAM. Situation difficile, pénible : *Être dans le pétrin.*

pétrir [petʀiʀ] v.t. (bas lat. *pistrire*, du class. *pistrix* "celle qui pétrit", de *pistor* "boulanger") [conj. 32]. - **1.** Malaxer, travailler une

pâte, notamm., la pâte à pain. - **2.** Presser, malaxer dans sa main : *Pétrir de la pâte à modeler.* - **3.** LITT. Former, façonner qqn, un esprit, etc. : *Les échecs ont pétri sa personnalité.* - **4.** Être pétri d'orgueil, de contradictions, etc., plein d'orgueil, de contradictions, etc.

pétrissage [petʀisaʒ] n.m. Action de pétrir.

pétrochimie [petʀɔʃimi] n.f. TECHN. Chimie des dérivés du pétrole ; ensemble de ses développements scientifiques, techniques, industriels.

pétrochimique [petʀɔʃimik] adj. De la pétrochimie.

pétrographie [petʀɔgʀafi] n.f. (du gr. *petros* "pierre"). Branche de la géologie qui a pour objet la description et la systématique des roches.

pétrographique [petʀɔgʀafik] adj. Relatif à la pétrographie.

pétrole [petʀɔl] n.m. (lat. médiév. *petroleum*, du class. *petra* "pierre" et *oleum* "huile"). Huile minérale naturelle combustible, formée princ. d'hydrocarbures, de couleur très foncée et à l'odeur caractéristique plus ou moins prononcée. □ Densité variant de 0,8 à 0,95.

pétroleuse [petʀɔløz] n.f. - **1.** HIST. Femme du peuple qui, selon les journaux de Versailles, aurait utilisé, pendant la Commune (1871), du pétrole pour allumer des incendies. - **2.** FAM. Femme qui affirme avec véhémence des opinions politiques résolument progressistes.

pétrolier, ère [petʀɔlje, -ɛʀ] adj. Relatif au pétrole : *Industrie pétrolière. Produits pétroliers.* ◆ **pétrolier** n.m. - **1.** Navire-citerne pour le transport en vrac du pétrole. - **2.** Technicien, industriel du pétrole.

pétrolifère [petʀɔlifɛʀ] adj. Qui contient du pétrole : *Un sol pétrolifère.*

pétulance [petylɑ̃s] n.f. (lat. *petulantia*). Vivacité impétueuse ; ardeur exubérante.

pétulant, e [petylɑ̃, -ɑ̃t] adj. (lat. *petulans*, de *petere* "assaillir"). Qui manifeste de la pétulance : *Une femme pétulante* (syn. vif, impétueux).

pétunia [petynja] n.m. (de *pétun* "tabac"). Plante ornementale aux fleurs violettes, roses ou blanches, voisine du tabac. □ Famille des solanacées.

peu [pø] adv. (lat. pop. *paucum*, du class. *pauci* "un petit nombre de"). - **1.** Marque une petite quantité, une faible intensité : *Boire peu. Cette voiture a peu roulé* (contr. beaucoup). *Nous l'avons peu vue* (syn. rarement). - **2.** Avant peu, sous peu, bientôt : *Vous aurez avant peu de mes nouvelles.* ‖ De peu, avec une faible différence : *Vous l'avez raté de peu* (= de justesse). ‖ **Depuis peu**, récemment : *Il a arrêté de fumer depuis peu.* ‖ **Peu de**, un petit nombre, une petite quantité de : *Il y avait bien peu de monde.* ‖ **Très peu pour moi**, sert à exprimer un refus. ◆ n.m. sing. - **1.** Quantité faible ou insuffisante : *Le peu que je sais, je le sais bien. Je prendrais bien un peu de café.* - **2.** Peu à peu, progressivement, insensiblement : *Peu à peu, on s'habitue* (= petit à petit). ‖ **Pour un peu**, indique que qqch a de très peu failli se produire : *Pour un peu, il se serait installé chez moi.* ‖ SOUT. **Quelque peu**, légèrement : *Un garçon quelque peu menteur.* ‖ **Un peu**, dans une faible mesure : *J'ai un peu dormi ;* dans une faible proportion : *Ah ! c'est un peu mieux ;* FAM., marque l'assentiment, l'affirmation : *Un peu que je vais venir* (= je viendrai à coup sûr). ◆ pron. indéf. pl. **Un petit nombre de personnes :** *Peu le savent, mais il arrive demain.* ◆ **pour peu que** loc. conj. Dans le cas où, si jamais, à condition que : *Il doit réussir, pour peu qu'il se donne la peine de travailler.*

peul, e ou **peuhl, e** [pøl] adj. Des Peuls. ◆ **peul** ou **peuhl** n.m. Langue nigéro-congolaise parlée depuis le Sénégal jusqu'au Cameroun et au lac Tchad.

peuplade [pøplad] n.f. (de *peupler*, d'apr. l'esp. *poblado*). Groupement humain peuplant un territoire non clairement délimité, à la culture souvent archaïque.

peuple [pøpl] n.m. (lat. *populus*). - **1.** Ensemble d'hommes constituant une communauté sociale ou culturelle : *La dispersion du peuple juif.* - **2.** Ensemble d'hommes habitant sur un même territoire, régis par les mêmes lois, et formant une nation : *Le peuple français.* - **3.** Ensemble des citoyens en tant qu'ils exercent des droits politiques : *Un élu du peuple.* - **4.** (Précédé de l'art. déf.). La masse de ceux qui ne jouissent d'aucun privilège et qui vivent que de leur travail par opp. aux classes possédantes, à la bourgeoisie : *Un homme issu du peuple.* - **5.** FAM. Grand nombre de personnes : *Il y a du peuple !* (syn. monde).

peuplé, e [pøple] adj. Où il y a des habitants : *Une région peu, très peuplée.*

peuplement [pøpləmã] n.m. - **1.** Action de peupler : *Le peuplement de ce pays s'est fait lentement.* - **2.** État d'un territoire, d'une région peuplée : *Peuplement fort, faible.*

peupler [pøple] v.t. (de *peuple*). - **1.** Établir (un groupement humain, une espèce animale ou végétale dans un lieu : *Peupler un étang d'alevins.* - **2.** Vivre dans un endroit en assez grand nombre : *Les premiers hommes qui ont peuplé ce désert* (syn. occuper, habiter).

peupleraie [pøpləʀɛ] n.f. Lieu planté de peupliers.

peuplier [pøplije] n.m. (de l'anc. fr. *peuple*, du lat. *populus* "peuplier"). Arbre des régions tempérées et humides, dont le tronc étroit peut s'élever à une grande hauteur, et dont le bois est recherché en menuiserie et en papeterie. ◆ Famille des salicacées.

peur [pœʀ] n.f. (lat. *pavor, -oris*). - **1.** Sentiment de forte inquiétude, d'alarme, en présence ou à la pensée d'un danger, d'une menace : *Avoir peur* (= être effrayé). *Trembler de peur* (syn. terreur, affolement). *Faire peur à qqn* (= l'effrayer). - **2.** État de crainte, de frayeur dans une situation précise : *La peur de la mort* (syn. angoisse). *Vivre dans la peur* (syn. crainte). - **3.** Avoir plus de peur que de mal, avoir subi peu de dommages par rapport à ce qui aurait pu se passer. ‖ **De peur de, que**, par crainte de, que : *De peur d'une méprise. De peur qu'il se méprenne.* ‖ **Prendre peur**, commencer à ressentir une crainte. ‖ **Une peur bleue**, une peur très vive : *Quand son bateau s'est retourné, il a eu une peur bleue.*

peureusement [pœʀøzmã] adv. De façon peureuse : *Se cacher peureusement* (syn. craintivement).

peureux, euse [pœʀø, -øz] adj. et n. Qui a peur : *Un enfant peureux* (syn. craintif, poltron ; contr. courageux).

peut-être [pøtɛtʀ] adv. (de l'anc. fr. *puet cel estre* "cela peut être"). - **1.** Exprime le doute, la possibilité : *Il viendra peut-être. Peut-être neigera-t-il demain.* - **2.** À la fin d'une phrase interr., indique un défi : *Je ne sais pas conduire, peut-être ?*

pfennig [pfenig] n.m. (mot all.). Unité monétaire divisionnaire allemande, égale à 1/100 de Mark.

P. G. C. D., sigle de *plus grand commun diviseur*.

pH [peaʃ] n.m. (abrév. de *potentiel d'hydrogène*). CHIM. Coefficient caractérisant l'acidité ou la basicité d'un milieu. □ Une solution est acide si son pH est inférieur à 7, basique s'il est supérieur à 7.

phacochère [fakɔʃɛʀ] n.m. (du gr. *phakos* "lentille" et *khoîros* "cochon"). Mammifère ongulé voisin du sanglier, aux défenses incurvées, abondant dans les savanes d'Afrique. □ Famille des suidés ; haut. au garrot 80 cm env.

phagocyte [fagɔsit] n.m. (de *phago-* et *-cyte*). PHYSIOL. Cellule de l'organisme capable d'effectuer la phagocytose.

phagocyter [fagɔsite] v.t. - **1.** MÉD. Détruire par phagocytose : *Les leucocytes phagocytent les bactéries.* - **2.** FAM. Absorber et neutraliser à la façon des phagocytes : *Grand parti qui phagocyte un groupuscule politique.*

phagocytose [fagɔsitoz] n.f. Processus par lequel certaines cellules (amibes, phagocytes) englobent des particules ou d'autres cellules par leurs pseudopodes, les absorbent puis les digèrent.

phalange [falɑ̃ʒ] n.f. (lat. *phalanx, phalangis,* mot gr.). - **1.** Chacun des segments articulés qui composent les doigts et les orteils ; le premier de ces segments à partir de la base du doigt (par opp. à *phalangine* et à *phalangette*). - **2.** Chacun des petits os qui constituent le squelette de ces segments. - **3.** ANTIQ. GR. Formation des fantassins en une masse compacte. - **4.** HIST. Groupement politique et paramilitaire, d'inspiration souvent fasciste.

phalangette [falɑ̃ʒɛt] n.f. Dernière phalange des doigts qui porte l'ongle, la griffe ou le sabot.

phalangine [falɑ̃ʒin] n.f. Deuxième phalange des doigts, lorsqu'ils en comportent trois, par ex. la main de l'homme, pouce excepté.

phalangiste [falɑ̃ʒist] n. et adj. Membre d'une phalange, groupement politique et paramilitaire ; qui appartient à une phalange.

phalanstère [falɑ̃stɛʀ] n.m. (de *phalange,* d'apr. *monastère*). Vaste association de production au sein de laquelle les travailleurs vivent en communauté, dans le système de Fourier.

phalène [falɛn] n.f. (gr. *phalaina*). Grand papillon nocturne ou crépusculaire dont plusieurs espèces sont nuisibles aux cultures ou aux arbres forestiers (syn. géomètre). □ Famille des géométridés.

phallique [falik] adj. - **1.** Relatif au phallus, à sa forme, au culte du phallus : *Emblème phallique.* - **2.** PSYCHAN. Relatif au phallus en tant que s'y rapportent le désir et la fonction symbolique : *La fonction phallique.*

phallocrate [falɔkʀat] adj. et n. Qui fait preuve de phallocratie : *Un individu phallocrate.*

phallocratie [falɔkʀasi] n.f. (de *phallus* et *-cratie*). Attitude tendant à assurer et à justifier la domination des hommes sur les femmes.

phalloïde [falɔid] adj. - **1.** En forme de phallus. - **2.** Amanite phalloïde, amanite d'une espèce mortellement toxique, très commune, à chapeau jaunâtre ou verdâtre, apparaissant en été et en automne.

phallus [falys] n.m. (mot lat., du gr. *phallos*). - **1.** Verge en érection. - **2.** ANTIQ. Représentation du membre viril en érection, symbole de la fécondité de la nature. - **3.** PSYCHAN. Membre viril en tant que symbole de la différence des sexes. - **4.** Champignon de

forme phallique et à l'odeur repoussante. □ Famille des basidiomycètes.

phanère [fanɛʀ] n.m. (du gr. *phaneros* "apparent"). ANAT. Production protectrice de l'épiderme des vertébrés (poils, plumes, ongles, griffes, sabots, etc.).

phanérogame [faneʀɔgam] n.m. ou n.f. (du gr. *phaneros* "visible", et de *-game*). BOT. Phanérogames, embranchement comprenant les plantes se reproduisant par fleurs et par graines, telles que les angiospermes et les gymnospermes.

phantasme n.m. → **fantasme**.

pharaon [faʀaɔ̃] n.m. (lat. *pharao,* mot gr., de l'égyptien). Souverain de l'Égypte ancienne.

pharaonique [faʀaɔnik] et **pharaonien, enne** [faʀaɔnjɛ̃, -ɛn] adj. - **1.** Relatif aux pharaons, à leur époque : *L'Égypte pharaonique.* - **2.** Qui évoque les pharaons par son gigantisme : *Une construction pharaonique.*

phare [faʀ] n.m. (lat. *pharus,* n. de l'île de *Pharos*). - **1.** Tour élevée portant au sommet un foyer plus ou moins puissant destiné à guider les navires durant la nuit. - **2.** Dispositif analogue pour la navigation aérienne : *Phare d'un terrain d'aviation.* - **3.** LITT. Personne ou chose qui sert de guide ou de modèle : *Ce poète était notre phare* (syn. flambeau) ; en apposition, avec ou sans trait d'union en langue courante : *Des idées-phares. Une pensée phare.* - **4.** Projecteur de lumière placé à l'avant d'un véhicule ; position où ce dispositif éclaire le plus (par opp. à *code*) : *Un appel de phares.*

pharisien, enne [faʀizjɛ̃, -ɛn] n. et adj. (lat. ecclés. *pharisaeus,* du gr.). - **1.** Membre d'une secte juive apparue au IIe s. av. J.-C. qui prétendait observer rigoureusement la loi de Moïse mais qui, dans l'Évangile, est accusé de formalisme et d'hypocrisie. - **2.** VX. Personne dont la piété, la vertu sont purement extérieures.

pharmaceutique [faʀmasøtik] adj. Qui relève de la pharmacie : *Un produit pharmaceutique.*

pharmacie [faʀmasi] n.f. (lat. médiév. *pharmacia,* gr. *pharmakeia,* de *pharmakon* "remède"). - **1.** Science des médicaments, de leur composition et de leur préparation : *Faire ses études de pharmacie.* - **2.** Magasin, local où l'on prépare, où l'on vend des médicaments : *Pharmacie de garde.* - **3.** Petite armoire où l'on range les médicaments : *La pharmacie est au-dessus du lavabo.*

pharmacien, enne [faʀmasjɛ̃, -ɛn] n. Personne qui exerce la pharmacie, qui tient une pharmacie.

pharmacologie [faʀmakɔlɔʒi] n.f. Étude scientifique des médicaments et de leur emploi. ◆ **pharmacologue** et **pharmaco-logiste** n. Noms du spécialiste.

pharmacologique [faʀmakɔlɔʒik] adj. De la pharmacologie : *La science pharmacologique.*

pharmacopée [faʀmakɔpe] n.f. (gr. *pharmakopoiia* "confection de remèdes"). - **1.** (Avec une majuscule). Recueil officiel contenant la nomenclature des médicaments, leur composition, leurs effets, etc., appelé naguère *Codex* en France. - **2.** (Avec une minuscule). Ensemble de remèdes et autres produits pharmaceutiques : *La pharmacopée des médecines extrême-orientales.*

pharyngé, e [faʀɛʒe] et **pharyngien, enne** [faʀɛ̃ʒjɛ̃, -ɛn] adj. Du pharynx : *Affections pharyngées.*

pharyngite [faʀɛ̃ʒit] n.f. Inflammation du pharynx.

pharynx [faʀɛks] n.m. (gr. *pharugx, pharuggos* "gorge"). Conduit entre la bouche et l'œsophage, où se croisent les voies digestives et les voies respiratoires.

phase [faz] n.f. (gr. *phasis* "apparition d'une étoile"). - **1.** Chacun des changements, des aspects successifs d'un phénomène en évolution : *Les diverses phases de la fabrication des livres* (syn. étape). *Les phases d'une maladie* (syn. stade). - **2.** Chacun des aspects différents que présentent la Lune et quelques planètes selon leur position par rapport à la Terre et au Soleil. - **3.** CHIM. Partie homogène d'un système : *L'eau et la glace sont deux phases d'un même corps pur.* - **4.** PHYS. Constante angulaire d'un mouvement vibratoire. - **5.** **Être en phase avec qqn, qqch,** être en accord, en harmonie avec qqn, qqch. | Phénomènes périodiques en phase, phénomènes périodiques de même fréquence qui varient de la même façon et qui présentent des maximums et des minimums simultanés.

phasme [fasm] n.m. (gr. *phasma* "fantôme"). Insecte sans ailes dont le corps allongé ressemble aux brindilles ou aux branches sur lesquelles il vit.

phénicien, enne [fenisjɛ̃, -ɛn] adj. et n. De la Phénicie. ◆ **phénicien** n.m. Langue sémitique ancienne dont l'alphabet est considéré comme l'ancêtre de toutes les écritures alphabétiques.

phénix [feniks] n.m. (lat. *phœnix,* du gr.). LITT. Personne exceptionnelle, unique en son genre ; prodige, génie.

phénol [fenɔl] n.m. (du gr. *phainein* "briller"). CHIM. Dérivé oxygéné du benzène, présent dans le goudron de houille et utilisé comme désinfectant ainsi que dans l'industrie des colorants, des matières plastiques, des médicaments, des explosifs, etc ; tout composé analogue à ce dérivé. □ Formule C_6H_5OH.

phénolique [fenɔlik] adj. CHIM. Qui dérive du phénol.

phénoménal, e, aux [fenɔmenal, -o] adj. Qui tient du phénomène : *Une mémoire phénoménale* (syn. extraordinaire, prodigieux).

phénomène [fenɔmɛn] n.m. (gr. *phainomena* "phénomènes célestes", de *phainesthai* "apparaître"). - **1.** Fait observable, événement : *La délinquance juvénile est un phénomène inquiétant* (syn. manifestation). - **2.** Fait, événement qui frappe par sa nouveauté ou son caractère exceptionnel : *C'est un phénomène de vous voir ici* (syn. miracle, prodige). - **3.** Être humain ou animal exhibé en public pour quelque particularité rare : *Phénomène de foire.* - **4.** FAM. Individu bizarre, excentrique : *Sa fille est un phénomène* (syn. original).

phénoménologie [fenɔmenɔlɔʒi] n.f. PHILOS. Méthode philosophique qui vise à saisir, par un retour aux données immédiates de la conscience, les structures transcendantes de celle-ci et les essences des êtres : *La phénoménologie de Husserl, de Merleau-Ponty.*

phénoménologique [fenɔmenɔlɔʒik] adj. De la phénoménologie.

phénotype [fenɔtip] n.m. (du gr. *phainein* "paraître", et de *-type*). BIOL. Ensemble des caractères somatiques apparents d'un individu, qui expriment l'interaction du génotype et du milieu.

phi [fi] n.m. inv. Vingt et unième lettre de l'alphabet grec (Φ, φ).

philanthrope [filɑ̃tʀɔp] n. (gr. *philanthrôpos,* de *philos* "ami" et *anthrôpos* "homme"). - **1.** Personne qui aime tous les hommes (par opp. à *misanthrope*). - **2.** Personne qui cherche à améliorer le sort de ses semblables : *Un philanthrope a fondé cet institut* (syn. altruiste).

philanthropie [filɑ̃tʀɔpi] n.f. Fait d'être philanthrope : *Agir par philanthropie et non par intérêt* (syn. altruisme).

philanthropique [filɑ̃tʀɔpik] adj. Qui relève de la philanthropie : *Association philanthropique* (syn. charitable).

philatélie [filateli] n.f. (du gr. *ateleia* "exemption d'impôt", d'où "affranchissement"). Étude, collection des timbres-poste et des objets connexes.

philatélique [filatelik] adj. Relatif à la philatélie : *Bourse philatélique.*

philatéliste [filatelist] n. Collectionneur de timbres-poste.

philharmonique [filaʀmɔnik] adj. (de *phil[o],* et du gr. *harmonia* "harmonie" d'apr. l'it. *filarmonico*). Se dit de certaines associations musicales de musiciens amateurs ou de certains grands orchestres symphoniques : *L'Orchestre philharmonique de Berlin.*

philippique [filipik] n.f. (du gr. *philippikoi* [*logoi*] "harangues de Démosthène contre Philippe de Macédoine"). LITT. Discours violent et polémique : *Homme politique renommé pour ses philippiques* (syn. diatribe, réquisitoire).

philistin [filistɛ̃] n.m. (de l'all. *Philister*, "bourgeois [hostile à l'esprit]", dans l'arg. des étudiants, de l'hébr. *phelichti*, n. d'un peuple de Palestine hostile aux Juifs). LITT. Personne à l'esprit vulgaire, fermée aux lettres (syn. béotien).

philodendron [filɔdɛ̃dʀɔ̃] n.m. (de *philo-* et du gr. *dendron* "arbre"). Plante d'ornement originaire de l'Amérique centrale, aux feuilles découpées en forme de doigts, aux fleurs très odorantes. □ Famille des aracées.

philologie [filɔlɔʒi] n.f. (lat. *philologia*, mot gr., "amour des lettres"). **- 1.** Étude d'une langue ou d'une famille de langues, fondée sur l'analyse critique des textes. **- 2.** Établissement ou étude critique de textes par la comparaison systématique des manuscrits ou des éditions, pour l'histoire. ◆ **philologue** n. Nom du spécialiste.

philologique [filɔlɔʒik] adj. Relatif à la philologie.

philosophale [filɔzɔfal] adj.f. (de *philosophe*, au sens anc. de "alchimiste"). Pierre philosophale, pierre qui, selon les alchimistes, pouvait opérer la transmutation des métaux en or.

philosophe [filɔzɔf] n. (gr. *philosophos* "ami de la sagesse"). **- 1.** Spécialiste de philosophie. **- 2.** Penseur qui élabore une doctrine, un système philosophique : *Sartre était un philosophe et un romancier.* **- 3.** HIST. Partisan des « Lumières », au XVIIIᵉ s. ◆ adj. et n. Se dit de qqn qui supporte les épreuves avec constance et résignation, qui prend la vie du bon côté (syn. calme, stoïque).

philosopher [filɔzɔfe] v.i. (lat. *philosophari*). **- 1.** Tenir une réflexion sur des problèmes philosophiques. **- 2.** Argumenter sur un sujet quel qu'il soit : *Amis qui philosophent sur leurs peines d'amour* (syn. disserter). **- 3.** Raisonner abstraitement et de manière oiseuse (syn. ratiociner).

philosophie [filɔzɔfi] n.f. (lat. *philosophia*, mot gr., de *sophia* "science, sagesse"). **- 1.** Domaine d'activité de la pensée qui s'assigne pour fin une réflexion sur les êtres, les causes et les valeurs envisagés au niveau le plus général : *Le rôle de l'homme dans l'Univers, la divinité, les valeurs morales, le sens de l'histoire, etc., constituent les grands problèmes de la philosophie.* **- 2.** Enseignement donné dans les

établissements secondaires et supérieurs sur ces problèmes (abrév. fam. *philo*) : *Une dissertation de philosophie.* **- 3.** Étude des principes fondamentaux d'une activité, d'une pratique, et réflexion sur leur sens et leur légitimité : *Philosophie des sciences, de l'art, du droit.* **- 4.** Doctrine, système philosophique d'un auteur, d'une école, d'une époque, etc. : *La philosophie de Platon* (syn. doctrine). **- 5.** Enseignement tiré d'un événement : *La presse essaie de tirer la philosophie de l'attentat* (syn. morale, moralité). **- 6.** Sagesse acquise avec l'expérience des difficultés ; constance, fermeté d'âme : *Une attitude pleine de philosophie* (syn. raison). *Subir un revers avec philosophie* (syn. résignation, calme). **- 7.** Conception de qqch fondée sur un ensemble de principes ; ces principes : *Une nouvelle philosophie de l'entreprise* (syn. idée).

philosophique [filɔzɔfik] adj. **- 1.** Relatif à la philosophie : *Réflexions philosophiques sur l'Univers.* **- 2.** Empreint de philosophie, de sagesse : *Une indifférence philosophique.*

philosophiquement [filɔzɔfikmɑ̃] adv. **- 1.** Du point de vue philosophique. **- 2.** Avec sagesse, sérénité : *Accueillir un refus philosophiquement* (syn. sereinement).

philtre [filtʀ] n.m. (lat. *philtrum*, gr. *philtron*, de *philein* "aimer"). Breuvage magique propre à inspirer l'amour.

phimosis [fimozis] n.m. (mot gr. "rétrécissement"). Étroitesse du prépuce, qui empêche de découvrir le gland.

phlébite [flebit] n.f. (du gr. *phlebs, phlebos* "veine"). Inflammation d'une veine pouvant provoquer la formation d'un caillot : *Les anticoagulants peuvent prévenir les phlébites.*

phlébologie [flebɔlɔʒi] n.f. (du gr. *phleps, phlebos* "veine"). Spécialité médicale qui s'occupe des maladies des veines. ◆ **phlébologue** n. Nom du spécialiste.

phlegmon ou, vx, **flegmon** [flɛgmɔ̃] n.m. (lat. *phlegmone*, mot gr., de *phlegein* "brûler"). MÉD. Inflammation du tissu conjonctif, évoluant ou non vers la formation d'un abcès.

phobie [fɔbi] n.f. (gr. *phobos* "crainte"). **- 1.** Aversion très vive ; peur instinctive : *Il a la phobie de l'avion* (syn. terreur). **- 2.** PSYCHIATRIE. Crainte déraisonnable à l'égard d'objets, de situations ou de personnes, dont le sujet reconnaît le caractère injustifié, mais qu'il ne peut surmonter.

phobique [fɔbik] adj. Qui a les caractères de la phobie : *Une obsession phobique.* ◆ adj. et n. Atteint de phobie.

phocéen, enne [fɔseɛ̃, -ɛn] adj. et n. (lat. *Phocaeus*, gr. *Phôkeus*, n. d'un peuple). **- 1.** De Phocée. **- 2.** De Marseille.

phonation [fɔnasjɔ̃] n.f. (du gr. *phônê* "voix"). Ensemble des facteurs qui concourent à la production de la voix.

phonème [fɔnɛm] n.m. (gr. *phônêma* "son de voix"). LING. Son d'une langue, défini par les propriétés distinctives (traits pertinents) qui l'opposent aux autres sons de cette langue.

phonétique [fɔnetik] adj. (du gr. *phônêtikos*). - **1.** Relatif aux sons du langage : *Alphabet phonétique international.* (→ linguistique.) - **2.** Écriture phonétique, écriture où chaque signe graphique correspond à un son du langage et réciproquement. ◆ n.f. - **1.** Étude scientifique des sons du langage et des processus de la communication parlée. - **2.** Représentation par des signes conventionnels de la prononciation des mots d'une langue. ◆ **phonéticien, enne** n. Nom du spécialiste.

phonétiquement [fɔnetikmã] adv. Du point de vue de la phonétique ; en écriture phonétique : *Texte transcrit phonétiquement.*

phoniatrie [fɔnjatri] n.f. Partie de la médecine qui étudie les troubles de la phonation.

phonique [fɔnik] adj. (du gr. *phônê* "son, voix"). Relatif aux sons ou à la voix : *L'isolation phonique d'un appartement.*

phonographe [fɔnɔgraf] n.m. Ancien appareil de reproduction du son par des procédés mécaniques, remplacé auj. par l'électrophone. (Abrév. *phono.*)

phonographique [fɔnɔgrafik] adj. - **1.** Relatif à l'enregistrement par gravure des sons : *Procédé, enregistrement phonographique.* - **2.** Relatif aux droits des œuvres sonores enregistrées : *Droits de reproduction phonographique.*

phonologie [fɔnɔlɔʒi] n.f. (du gr. *phônê* "voix"). Étude des phonèmes d'une langue du point de vue de leurs fonctions et de leurs relations dans le système des sons de cette langue.

phonologique [fɔnɔlɔʒik] adj. De la phonologie.

phonothèque [fɔnɔtɛk] n.f. Lieu où sont rassemblés des documents sonores constituant des archives de la parole.

phoque [fɔk] n.m. (lat. *phoca*, mot gr. *phôkê*). - **1.** Mammifère à cou court et aux oreilles sans pavillon, vivant près des côtes arctiques, dans des mers plus chaudes (phoque moine de la Méditerranée) ou dans l'hémisphère austral (éléphant de mer des Kerguelen). □ Ordre des pinnipèdes ; long. 1,50 à 2 m. - **2.** Fourrure de cet animal.

phosphate [fɔsfat] n.m. (de *phosph[ore]*, du gr. *phôs* "lumière"). - **1.** Sel de l'acide phosphorique. - **2.** AGRIC. Engrais phosphaté.

phosphaté, e [fɔsfate] adj. Qui contient du phosphate : *Engrais phosphaté.*

phosphore [fɔsfɔr] n.m. (gr. *phôsphoros* "lumineux", de *phôs* "lumière"). Corps simple représenté par plusieurs formes allotropiques, dont les deux plus répandues sont le phosphore blanc, légèrement ambré, très inflammable, lumineux dans l'obscurité, hautement toxique, et le phosphore rouge, non toxique. □ Symb. P.

phosphoré, e [fɔsfɔre] adj. Qui contient du phosphore.

phosphorescence [fɔsfɔresãs] n.f. (de *phosphore*). - **1.** Luminescence dans laquelle l'émission de lumière persiste un temps appréciable après qu'a cessé l'excitation. - **2.** Émission de lumière par certains êtres vivants : *La phosphorescence du lampyre.*

phosphorescent, e [fɔsfɔresã, -ãt] adj. Doué de phosphorescence : *Animaux, végétaux phosphorescents.*

phosphorique [fɔsfɔrik] adj. Acide phosphorique, acide correspondant à une combinaison de phosphore et d'oxygène, formé par combustion vive ; spécial., l'acide H_3PO_4.

photo [fɔto] n.f. (abrév. de *photographie*). - **1.** Photographie : *Faire de la photo.* - **2.** Image photographique : *Une jolie photo.* ◆ adj. inv. Photographique : *Appareil photo.*

photochimie [fɔtoʃimi] n.f. Étude de transformations chimiques provoquées ou accélérées par la lumière.

photochimique [fɔtoʃimik] adj. Qui concerne la photochimie : *Le brunissement de la peau au soleil s'explique par des réactions photochimiques.*

photocompositeur [fɔtokɔ̃pozitœr] et **photocomposeur** [fɔtokɔ̃pozœr] n.m. Industriel spécialisé dans la photocomposition.

photocomposition [fɔtokɔ̃pozisjɔ̃] n.f. IMPR. Procédé de composition fournissant directement des textes sur films photographiques.

photocopie [fɔtokɔpi] n.f. Procédé de reproduction rapide des documents par photographie ou par un procédé de reprographie ; reproduction ainsi obtenue : *Faire une photocopie.*

photocopier [fɔtokɔpje] v.t. (conj. 9). Faire la photocopie de : *Photocopier un diplôme.*

photocopieur [fɔtokɔpjœr] n.m. et **photocopieuse** [fɔtokɔpjøz] n.f. Appareil de photocopie.

photoélectricité [fɔtoelɛktrisite] n.f. Production d'électricité par l'action de la lumière ; électricité ainsi produite.

photoélectrique [fɔtoelɛktrik] adj. - **1.** Qui a trait à la photoélectricité : *Cellule photoélectrique.* - **2.** Effet photoélectrique, propriété qu'ont certains métaux d'émettre des électrons sous l'effet de radiations lumineuses.

photogénique [fɔtoʒenik] adj. (de *photo-* et du gr. *gennân* "produire"). Dont l'image photographique ou cinématographique produit un bel effet : *Visage photogénique.*

photographe [fɔtɔgʀaf] n. - **1.** Personne qui prend des photos, en amateur ou à titre professionnel. - **2.** Personne qui développe, tire des clichés et accessoirement vend du matériel photographique.

photographie [fɔtɔgʀafi] n.f. (de *photo-* et *-graphie,* d'apr. l'angl. *photograph*). - **1.** Technique permettant de fixer l'image des objets sur une surface rendue sensible à la lumière par des procédés chimiques. - **2.** Cette technique employée comme moyen d'expression artistique ; art du photographe (abrév. *photo*) : *Faire de la photographie.* - **3.** Image obtenue par cette technique : *Album de photographies* (abrév. *photo*) [syn. cliché, épreuve]. - **4.** Description, reproduction rigoureuse et fidèle de qqch : *Ce sondage donne une photographie de l'opinion* (syn. image).

photographier [fɔtɔgʀafje] v.t. [conj. 9]. - **1.** Obtenir par la photographie l'image de qqn, de qqch : *Photographier un défilé de mode.* - **2.** Imprimer fortement dans sa mémoire l'image de qqn, de qqch : *Elle est très physionomiste et photographie tous les visages.* - **3.** Décrire, représenter avec une grande fidélité et une grande précision : *Les statistiques photographient l'état d'un pays.*

photographique [fɔtɔgʀafik] adj. - **1.** Relatif à la photographie : *Appareil photographique.* - **2.** Qui a la fidélité, la précision de la photographie.

photograveur [fɔtɔgʀavœʀ] n.m. Professionnel spécialiste de la photogravure.

photogravure [fɔtɔgʀavyʀ] n.f. Technique de la gravure des clichés d'impression par des procédés photographiques et chimiques.

photolyse [fɔtɔliz] n.f. (de *photo-* et du gr. *lusis* "dissolution"). CHIM. Décomposition chimique par la lumière.

photomètre [fɔtɔmɛtʀ] n.m. OPT. Instrument de mesure de l'intensité d'une source lumineuse.

photométrie [fɔtɔmetʀi] n.f. Partie de la physique qui traite de la mesure des grandeurs relatives aux rayonnements lumineux ; cette mesure.

photométrique [fɔtɔmetʀik] adj. Relatif à la photométrie : *Moyens photométriques.*

photomontage [fɔtɔmɔ̃taʒ] n.m. Montage ou collage réalisé à partir de plusieurs images photographiques [→ collage.]

photon [fɔtɔ̃] n.m. (de *phot[o]* - et [*électr*]*on*). PHYS. Quantum spécifique de la lumière, véhicule des interactions électromagnétiques.

photophore [fɔtɔfɔʀ] n.m. Coupe décorative en verre le plus souvent teinté, destinée à abriter une bougie ou une veilleuse. ◆ adj. BIOL. Organe photophore, organe luminescent, chez certains animaux comme le ver luisant.

photosensible [fɔtɔsɑ̃sibl] adj. Sensible aux rayonnements lumineux : *Émulsion, plaque photosensible.*

photosphère [fɔtɔsfɛʀ] n.f. Région de l'atmosphère, partic. d'une étoile, du Soleil, d'où provient la quasi-totalité du rayonnement visible à l'œil nu.

photosynthèse [fɔtɔsɛ̃tɛz] n.f. Processus par lequel les végétaux chlorophylliens, sous l'action de la lumière, synthétisent des matières organiques à partir d'éléments minéraux, en absorbant le gaz carbonique et l'eau, et en rejetant l'oxygène (syn. assimilation chlorophyllienne).

photothèque [fɔtɔtɛk] n.f. - **1.** Collection d'archives photographiques. - **2.** Lieu où une telle collection est conservée.

phototropisme [fɔtɔtʀɔpism] n.m. (de *photo-* et *tropisme*). Action particulière de la lumière sur l'orientation de la croissance des tiges et des racines des végétaux.

phototype [fɔtɔtip] n.m. Image négative ou positive réalisée sur un support photographique opaque ou transparent.

phrase [fʀaz] n.f. (lat. *phrasis,* mot gr. "élocution, style"). - **1.** Unité du discours, partie d'un énoncé génér. formée de plusieurs mots ou groupes de mots dont la construction présente un sens complet : *Une phrase interrogative, exclamative.* - **2.** MUS. Suite de notes formant une unité mélodique expressive. - **3.** Faire des phrases, tenir un discours creux, conventionnel. ‖ Petite phrase, élément d'un discours, en partic. politique, repris par les médias pour son impact potentiel sur l'opinion. ‖ Phrase toute faite, formule conventionnelle ; cliché. ‖ Sans phrases, sans détour ; directement et franchement.

phrasé [fʀaze] n.m. MUS. Art d'interpréter une pièce musicale en respectant la dynamique expressive de ses phrases (accents mélodiques, pauses, rythme, etc.) ; l'interprétation elle-même : *Le phrasé d'un pianiste.*

phraséologie [fʀazeɔlɔʒi] n.f. (du gr. *phrasis* "langage" et *-logie*). - **1.** Ensemble des constructions et expressions propres à une langue, à un milieu, à une spécialité, à une époque : *Phraséologie judiciaire* (syn. jargon). - **2.** Assemblage de formules pompeuses, de termes emphatiques : *Son discours n'est que de la phraséologie* (syn. bavardage, verbiage).

phraseur, euse [fʀazœʀ, -øz] n. et adj. Personne qui s'exprime avec affectation et grandiloquence : *Un phraseur insupportable* (syn. discoureur).

phratrie [fratʀi] n.f. (gr. *phratia*). - **1.** ANTIQ. GR. Groupement de familles, subdivision de la tribu, constitués sur une base religieuse, sociale et politique. - **2.** ANTHROP. Groupe de plusieurs clans, souvent exogamique.

phréatique [fʀeatik] adj. (du gr. *phreas, -atos* "puits"). GÉOGR. **Nappe phréatique**, nappe d'eau souterraine, formée par l'infiltration des eaux de pluie et alimentant des puits et des sources.

phrygien, enne [fʀiʒjɛ̃, -ɛn] adj. et n. - **1.** De la Phrygie. - **2.** Bonnet phrygien, coiffure semblable au bonnet d'affranchi de la Rome antique et qui devint pendant la Révolution l'emblème de la liberté, de la république. - **3.** MUS. **Mode phrygien**, mode de *mi*, en musique d'église.

phtisie [ftizi] n.f. (lat. *phthisis*, mot gr. "dépérissement"). VX. Tuberculose pulmonaire ; consomption.

phtisiologie [ftizjɔlɔʒi] n.f. Partie de la médecine qui étudie la tuberculose.

phtisique [ftizik] adj. et n. VX. Atteint de phtisie.

phylactère [filaktɛʀ] n.m. (lat. ecclés. *phylacterium*, du gr. *phulaktêrion* "ce qui sert à protéger", calque de l'hébr. *thephilin*). - **1.** Chacun des deux petits étuis renfermant un morceau de parchemin où sont inscrits des versets de la Torah et que les juifs pieux portent attachés au front et au bras gauche lors de certaines prières. - **2.** Banderole où les artistes du Moyen Âge inscrivaient les paroles prononcées par les personnages d'un tableau, d'un vitrail, etc. - **3.** Bulle, dans une bande dessinée.

phylloxéra ou **phylloxera** [filɔkseʀa] n.m. (de *phyllo-*, et du gr. *xeros* "sec"). - **1.** Minuscule puceron se présentant successivement sous forme aptère puis ailée au cours de son cycle de vie, et dont une espèce attaque la vigne. - **2.** Maladie de la vigne causée par *Phylloxera vastatrix*. □ Le phylloxéra fut introduit accidentellement en France avec des plants américains vers 1865 et détruisit plus de la moitié du vignoble ; celui-ci fut reconstitué depuis par des greffes sur plants américains résistant au parasite.

physicien, enne [fizisjɛ̃, -ɛn] n. (de *2. physique*). Spécialiste de la physique.

physico-chimique [fizikoʃimik] adj. (pl. *physico-chimiques*). Qui relève à la fois de la physique et de la chimie ; qui concerne l'application des lois de la physique à l'étude des systèmes chimiques.

physiocratie [fizjɔkʀasi] n.f. Au XVIIIᵉ s., doctrine de certains économistes qui, avec

Quesnay, considéraient la terre et l'agriculture comme les sources essentielles de la richesse. ◆ **physiocrate** n. Partisan de cette doctrine.

physiologie [fizjɔlɔʒi] n.f. (lat. *physiologia*, mot gr.). Science qui étudie les fonctions organiques par lesquelles la vie se manifeste et se maintient sous sa forme individuelle : *Physiologie animale, végétale.* ◆ **physiologiste** n. Nom du spécialiste.

physiologique [fizjɔlɔʒik] adj. - **1.** Relatif à la physiologie : *Action physiologique d'un médicament.* - **2.** Qui concerne la vie de l'organisme d'un être humain (par opp. à *psychologique*) : *Troubles physiologiques.*

physionomie [fizjɔnɔmi] n.f. (lat. *physiognomia*, altér. de *physiognomonia*). - **1.** Ensemble des traits du visage ayant un caractère particulier et exprimant l'humeur, le tempérament : *Physionomie ouverte* (syn. expression, figure). - **2.** Caractère, aspect qu'une chose possède en propre, qui la singularise : *Physionomie d'un quartier* (syn. aspect). *Physionomie d'un scrutin* (syn. caractéristique).

physionomiste [fizjɔnɔmist] adj. et n. Qui est capable de reconnaître immédiatement une personne déjà rencontrée : *Le gardien est très physionomiste.*

physiothérapie [fizjɔteʀapi] n.f. Traitement médical au moyen d'agents physiques (lumière, chaleur, froid, électricité, irradiations, etc.).

1. physique [fizik] adj. (lat. *physicus*, gr. *phusikos*, de *phusis* "nature"). - **1.** Qui appartient à la nature, s'y rapporte : *Géographie physique.* - **2.** Qui concerne le corps humain : *Exercices physiques* (syn. corporel). *Culture, éducation physique* (= gymnastique). - **3.** Relatif à la physique : *Propriétés physiques d'un corps.* - **4.** Sciences physiques, la physique et la chimie.

2. physique [fizik] n.f. (de *1. physique*). Science qui étudie les propriétés générales de la matière, de l'espace, du temps et établit les lois qui rendent compte des phénomènes naturels.

3. physique [fizik] n.m. (de *1. physique*). - **1.** Aspect extérieur d'une personne : *Avoir un physique avantageux.* - **2.** Constitution du corps ; état de santé : *Le physique influe sur le moral.* - **3.** Avoir le physique de l'emploi, avoir un physique conforme au rôle interprété, ou, par ext., au métier exercé.

physiquement [fizikmɑ̃] adv. - **1.** Du point de vue de la physique : *Phénomène physiquement inexplicable.* - **2.** En ce qui concerne l'aspect physique : *Elle n'est pas mal physiquement.* - **3.** Sexuellement : *Ils ne s'entendent pas physiquement.*

phytophage [fitɔfaʒ] adj. et n.m. (de *phyto-* et *-phage*). Se dit d'un animal, en partic. d'un insecte, qui se nourrit de matières végétales.

phytothérapie [fitoteʀapi] n.f. (de *phyto-* et *-thérapie*). Traitement des maladies par les plantes.

pi [pi] n.m. inv. (mot gr.). - **1.** Seizième lettre de l'alphabet grec (π). - **2.** MATH. Symbole représentant le rapport constant de la circonférence d'un cercle à son diamètre, soit approximativement 3,1416.

piaf [pjaf] n.m. (orig. onomat.). FAM. Moineau.

piaffement [pjafmɑ̃] n.m. Action de piaffer.

piaffer [pjafe] v.i. (p.-ê. onomat.). - **1.** En parlant du cheval, frapper la terre des pieds de devant. - **2.** S'agiter ; piétiner : *Piaffer d'impatience* (syn. trépigner).

piaillement [pjajmɑ̃] n.m. - **1.** Cri de certains oiseaux (syn. piaulement). - **2.** FAM. Bruit de personnes qui piaillent.

piailler [pjaje] v.i. (p.-ê. d'orig. onomat.). - **1.** Émettre un piaillement, en parlant de certains oiseaux (syn. piauler). - **2.** FAM. Parler en criant, sur un ton aigu.

pian [pjɑ̃] n.m. (d'une langue du Brésil). Maladie tropicale infectieuse et contagieuse, due à un tréponème et provoquant des lésions cutanées.

pianissimo [pjanisimo] adv. (mot it.). MUS. Avec une très faible intensité de son. (Abrév. *pp.*) ◆ n.m. Passage joué pianissimo.

pianiste [pjanist] n. Artiste qui joue du piano.

pianistique [pjanistik] adj. MUS. Relatif à l'art du pianiste : *Technique pianistique.*

1. **piano** [pjano] n.m. (abrév. de *pianoforte*) [pl. *pianos*]. - **1.** Instrument de musique à cordes frappées par de petits marteaux et à clavier : *Jouer du piano.* - **2.** TECHN. Grand fourneau occupant le milieu de la cuisine, dans un restaurant, un hôtel. - **3.** Piano à bretelles, accordéon. ‖ Piano à queue, dont les cordes et la table d'harmonie sont horizontales. ‖ Piano droit, dont les cordes et la table d'harmonie sont verticales.

2. **piano** [pjano] adv. (mot it. "doux"). - **1.** MUS. Avec une faible intensité de son. (Abrév. *p.*) - **2.** FAM. Aller, y aller piano, doucement. ◆ n.m. Passage joué piano.

piano-bar [pjanobar] n.m. (pl. *pianos-bars*). Bar dans lequel un pianiste entretient une ambiance musicale.

pianoforte [pjanofɔʀte] n.m. inv. (de l'it. *piano* et *forte,* cet instrument pouvant jouer doucement et fort). MUS. Instrument à cordes frappées et à clavier, inventé au XVIIIe s., dont l'évolution a donné naissance au piano moderne.

pianoter [pjanɔte] v.i. - **1.** Jouer du piano maladroitement. - **2.** Tapoter sur qqch avec les doigts : *Pianoter avec impatience sur une vitre, une table* (syn. tambouriner). - **3.** FAM. Taper sur les touches d'un clavier de matériel informatique, de Minitel.

piastre [pjastʀ] n.f. (it. *piastra* "lame de métal"). - **1.** Dans de nombreux pays, unité monétaire principale ou divisionnaire. - **2.** CAN., FAM. Dollar.

piaule [pjol] n.f. (p.-ê. de l'anc. fr. *pier* "boire"). FAM. Chambre : *Une piaule d'étudiant.*

piaulement [pjolmɑ̃] n.m. Cri des poulets, de certains oiseaux (syn. piaillement).

piauler [pjole] v.i. (orig. onomat.) - **1.** Émettre un piaulement, en parlant des poulets, de certains oiseaux (syn. piailler). - **2.** Crier en pleurant, en parlant des enfants.

1. **pic** [pik] n.m. (mot de l'anc. prov., lat. pop. *piccus,* class. *picus*). Oiseau grimpeur, qui frappe avec le bec sur l'écorce des arbres pour en faire sortir les larves dont il se nourrit.

2. **pic** [pik] n.m. (probabl. de *1. pic,* d'apr. *piquer*). Instrument composé d'un fer pointu, souvent légèrement courbé, ajusté à un manche, pour démolir, creuser la terre, ébaucher ou dresser une pièce, etc.

3. **pic** [pik] n.m. (d'un rad. préroman *pikk-* ; v. *piquer*). Montagne isolée, dont le sommet dessine une pointe : *Le pic du Midi* (syn. aiguille).

à pic [pik] loc. adv. (de *piquer*). - **1.** Verticalement : *La falaise tombe à pic dans la mer* (syn. verticalement). - **2.** FAM. Au bon moment ; à point nommé : *Vous arrivez à pic.* - **3.** Couler à pic, être brusquement entraîné au fond de l'eau.

picador [pikadɔʀ] n.m. (mot esp., du rad. de *piquer*). Cavalier qui, dans une corrida, fatigue le taureau avec une pique.

picard, e [pikaʀ, -aʀd] adj. et n. De Picardie. ◆ **picard** n.m. Dialecte de langue d'oïl de la Picardie et de l'Artois.

picaresque [pikaʀɛsk] adj. (esp. *picaresco,* de *pícaro* "vaurien"). LITTER. Se dit des romans, des pièces de théâtre dont le héros est un aventurier issu du peuple et volontiers vagabond, voleur ou mendiant : *La « Vie de Lazarillo de Tormes » (1554) est le premier roman picaresque.*

piccolo [pikɔlo] n.m. (mot it. "petit"). Petite flûte traversière accordée à l'octave supérieure de la grande flûte.

pichenette [piʃnɛt] n.f. (p.-ê. altér. du prov. *pichouneto* "petite"). FAM. Petit coup appliqué avec le doigt replié et brusquement détendu : *Ôter une poussière d'une pichenette* (syn. chiquenaude).

pichet [piʃɛ] n.m. (anc. fr. *pichier*, altér. de *bichier*, bas lat. *becarius*, gr. *bikos* "vase"). Petite cruche à anse et à bec pour les boissons.

pickles [pikœls] n.m. pl. (mot angl.). Petits légumes, fruits conservés dans du vinaigre aromatisé et utilisés comme condiment.

pickpocket [pikpɔkɛt] n.m. (mot angl. de *to pick* "cueillir" et *pocket* "poche"). Voleur à la tire.

pick-up [pikœp] n.m. inv. (mot angl., de *to pick up* "ramasser"). VIEILLI. Tourne-disque ; électrophone.

picoler [pikɔle] v.i. et v.t. (de l'anc. fr. *pier* "boire"). FAM. Boire de l'alcool : *Il a picolé tout le whisky.*

picorer [pikɔʀe] v.t. (probabl. de *piquer*, avec suffixe issu de *picore* "pièce de bétail"). - **1.** Saisir de la nourriture avec le bec, en parlant des oiseaux : *Les poules picorent des graines* (syn. becqueter). - **2.** Prendre çà et là des aliments : *Elle ne mange rien, elle picore* (syn. grignoter).

picot [piko] n.m. (de *2. pic*). Petite pointe, petite dent qui fait saillie : *Les picots d'une dentelle.*

picotement [pikɔtmɑ̃] n.m. Sensation de piqûre légère et répétée : *J'ai des picotements dans les jambes* (syn. fourmillement).

picoter [pikɔte] v.t. (de *picot* ou dimin. de *piquer*). - **1.** Causer un, des picotements : *La fumée picote les yeux* (syn. piquer). - **2.** En parlant des oiseaux, piquer avec le bec à coups répétés (syn. becqueter, picorer).

picotin [pikɔtɛ̃] n.m. (de l'anc. fr. *picot* "mesure de vin", p.-ê. dérivé de *picoter* "butiner"). vx. Mesure d'avoine pour un cheval □ À Paris, le picotin équivalait à 2,50 l.

pictogramme [piktɔgʀam] n.m. (du lat. *pictus* "peint, coloré", et de -*gramme*). - **1.** Dessin, signe d'une écriture pictographique. - **2.** Dessin schématique normalisé, destiné à signifier, notamm. dans les lieux publics, certaines indications simples telles que direction de la sortie, interdiction de fumer, emplacement des toilettes, etc.

pictographique [piktɔgʀafik] adj. (du lat. *pictus* "peint, coloré", et du gr. *graphein* "écrire"). Se dit d'une écriture dans laquelle les concepts sont représentés par des scènes figurées ou par des symboles complexes : *L'écriture pictographique se rencontre chez les Esquimaux, les Amérindiens.*

pictural, e, aux [piktyʀal, -o] adj. (du lat. *pictura* "peinture"). Relatif à la peinture en tant qu'art : *Technique picturale.*

pic-vert n.m. (pl. *pics-verts*) → **pivert**.

pidgin [pidʒin] n.m. (mot angl., altér. du mot *business* prononcé par les Chinois). Parler rudimentaire né de la simplification de langues en contact et ne servant qu'à des besoins limités, notamm. commerciaux.

1. **pie** [pi] n.f. (lat. *pica*, fém. de *picus* ; v. *1. pic*). - **1.** Passereau à plumage noir bleuté et blanc et à longue queue, commun en France. □ La pie jacasse, jase. - **2.** FAM. Personne bavarde.

2. **pie** [pi] adj. inv. (de *1. pie*). Cheval, jument, vache pie, à robe noir et blanc, ou roux et blanc. ‖ Voiture pie, voiture de police noir et blanc.

3. **pie** [pi] adj. (du lat. *pius* "pieux"). LITT. Œuvre pie, action charitable ; acte pieux.

pièce [pjɛs] n.f. (lat. pop. d'orig. gaul. *pettia*). - **1.** Chacun des espaces habitables délimités par des murs ou des cloisons, et dont l'ensemble constitue un logement : *Un appartement de deux pièces.* - **2.** Morceau de métal plat, génér. façonné en disque et servant de valeur d'échange, de monnaie : *Une pièce d'un franc.* - **3.** Composition littéraire, musicale : *Une pièce de vers. Une pièce pour hautbois.* - **4.** Document écrit servant à apporter une information, à établir un fait, etc : *Pièces justificatives* (syn. acte, certificat). *Présenter une pièce d'identité.* - **5.** HÉRALD. Figure représentée sur l'écu : *Pièces honorables.* - **6.** Partie constitutive d'un tout : *Un vêtement de trois pièces* (= composé de trois éléments). - **7.** Élément d'un ensemble, d'une collection : *Les pièces d'un service de table.* - **8.** Objet considéré comme une unité : *Fruit vendu à la pièce* (syn. unité). *Articles vendus cent francs pièce, la pièce.* - **9.** Objet considéré en soi, constituant à lui seul un tout envisagé sous le rapport de son utilité, de sa fonction (suivi d'un compl.) : *Pièce de drap, de coton. Pièce de viande. Pièce de charpente.* - **10.** Figure ou pion du jeu d'échecs. - **11.** Morceau de tissu pour le raccommodage d'un vêtement, etc : *Mettre une pièce à un pantalon.* - **12.** Partie constitutive d'un ensemble mécanique : *Les pièces d'un moteur.* - **13.** CHIR. Petit morceau de tissu organique ou artificiel, que l'on coud sur un vaisseau lésé (syn. patch). - **14.** À la pièce, aux pièces, en proportion du travail réalisé : *Ouvrier payé aux pièces.* ‖ De toutes pièces, sans utiliser aucun élément existant préalablement : *Forger une histoire de toutes pièces.* ‖ FAM. Donner la pièce à qqn, donner un pourboire à qqn. ‖ En pièces détachées, démonté, dont les parties sont disjointes. ‖ LITT. Faire pièce à qqn, contrecarrer qqn, le mettre en échec. ‖ Fait de pièces et de morceaux, composé de parties disparates. ‖ Juger pièces à l'appui, sur pièces, se faire une opinion d'après des faits que l'on a soi-même constatés. ‖ Mettre, tailler en pièces, détruire ; mettre en déroute : *Mettre en pièces un vase. Tailler en pièces une armée ennemie.* ‖ FAM. On n'est pas aux pièces, on a tout le temps ; on n'est pas pressé. ‖ Pièce à conviction, destinée à servir d'élément de preuve dans un litige, un procès-verbal, etc. ‖ Pièce d'artillerie, bouche à feu, canon. ‖ Pièce d'eau, petit étang, bassin dans un parc. ‖ Pièce de bétail, tête de bétail. ‖ Pièce de terre, espace de terre cultivable. ‖ Pièce de vin, tonneau de vin. ‖ Tout d'une pièce, d'un seul morceau, d'un seul bloc ; au fig., entier, sans souplesse, en parlant de qqn, d'un caractère : *Tempérament tout d'une pièce.* ‖ Une belle pièce, une grosse prise faite par un chasseur, un pêcheur. ‖ MÉD. Pièce anatomique, partie d'un cadavre préparée pour l'étude, la dissection. - 15. Pièce (de théâtre). Ouvrage dramatique : *Une pièce en trois actes.* ‖ Pièce montée. Grande pâtisserie d'effet décoratif, souvent formée de petits choux disposés en pyramide.

piécette [pjesɛt] n.f. Petite pièce de monnaie.

pied [pje] n.m. (lat. *pes, pedis*). - 1. Partie de l'extrémité de la jambe munie de cinq orteils qui sert à l'homme à se tenir debout et à marcher : *Avoir de grands pieds.* - 2. Le pied dans la manière de marcher, d'agir : *Avoir le pied sûr, le pied agile.* - 3. Partie terminale de la patte des mammifères et des oiseaux : *Pieds d'un porc, d'un mouton* (syn. patte). - 4. Organe musculeux des mollusques, qui leur sert à se déplacer. - 5. Partie inférieure d'une chose élevée : *Le pied d'un mur* (syn. base, fondement). - 6. Partie d'un objet (meuble, ustensile, etc.) servant de support : *Les pieds d'une table.* - 7. Partie du tronc ou de la tige d'un végétal qui est le plus près du sol : *Le pied d'un arbre, d'un champignon.* - 8. Arbre, plante, en tant qu'unité : *Un pied de vigne, de laitue.* - 9. Anc. mesure de longueur valant env. 33 cm. - 10. Anc. unité de mesure anglo-saxonne valant 12 pouces, soit 30,48 cm : *Une altitude de 25 000 pieds.* Rem. Cette unité est encore utilisée dans l'aviation. - 11. Groupe de syllabes constituant la mesure élémentaire du vers, dans la métrique grecque et latine. - 12. (Emploi critiqué). Syllabe, dans un vers français : *L'alexandrin est un vers de douze pieds.* - 13. À pied, en marchant ; sans être transporté par un véhicule ou une monture : *Aller au bureau à pied.* ‖ Au petit pied, en petit, en raccourci ; sans grandeur : *Un tyran au petit pied.* ‖ FAM. Ça lui fera les pieds, ça lui servira de leçon. ‖ FAM. C'est le pied !, c'est très agréable : *Trois semaines de vacances au soleil, c'est le pied !* ‖ De pied ferme, sans reculer ; au fig., avec la ferme résolution de ne pas céder : *Son avocat*

attend l'adversaire de pied ferme. ‖ Être sur pied, être debout, rétabli après une maladie. ‖ Faire du pied à qqn, lui toucher le pied avec le sien pour attirer son attention, en signe de connivence ou dans une intention galante. ‖ Lever le pied, en parlant d'un automobiliste, cesser d'accélérer ; au fig., ralentir ses activités : *Depuis son infarctus, il a décidé de lever le pied.* ‖ Mettre à pied un salarié, suspendre son activité pendant un certain temps, sans salaire, notamm. par mesure disciplinaire. ‖ Mettre les pieds quelque part, y aller, y passer : *Je refuse de mettre les pieds dans ce restaurant.* ‖ Mettre qqch sur pied, organiser qqch ; mettre qqch en état de fonctionner. ‖ Mettre qqn au pied du mur, le mettre en demeure de prendre parti, de répondre. ‖ Perdre pied, perdre son appui sur le fond ; au fig., perdre contenance ou ne plus pouvoir suivre ce qui se dit. ‖ Pied à pied, pas à pas ; graduellement, insensiblement : *Lutter, avancer pied à pied.* ‖ Pied de lit, l'extrémité du lit où se trouvent les pieds du dormeur (par opp. à *chevet*). ‖ Portrait en pied, portrait représentant la totalité du corps d'une personne debout. ‖ Prendre pied, s'établir solidement, fermement : *Prendre pied sur un terrain, une position.* ‖ T. FAM. Prendre son pied, éprouver un vif plaisir, notamm. sexuel. ‖ Sur le pied de guerre, se dit d'une armée telle qu'elle est organisée en temps de guerre. ‖ Sur pied, avant que le végétal ne soit moissonné, cueilli : *Vendre une récolte sur pied.* ‖ Sur un grand pied, avec un grand train de vie : *Vivre sur un grand pied.* ‖ Sur un, sur le pied de, en prenant pour mesure, pour base ; sur un plan de : *Discuter sur un pied d'égalité.* - MATH. Pied d'une perpendiculaire, point de rencontre de cette perpendiculaire avec la droite ou le plan sur lequel elle est abaissée. - 14. Pied à coulisse. Instrument de précision pour la mesure des épaisseurs et des diamètres.

pied-à-terre [pjetatɛʀ] n.m. inv. Logement que l'on n'occupe qu'occasionnellement, en passant : *Avoir un pied-à-terre à Paris.*

pied-bot [pjebo] n.m. (pl. *pieds-bots*). Personne atteinte d'un pied bot*.

pied-de-biche [pjedbiʃ] n.m. (pl. *pieds-de-biche*). - 1. Levier métallique dont la tête, en biais, est aplatie et fendue pour l'arrachage des clous. - 2. Pièce d'une machine à coudre qui maintient et guide l'étoffe, et entre les branches de laquelle passe l'aiguille.

pied-de-mouton [pjedmutɔ̃] n.m. (pl. *pieds-de-mouton*). Hydne (champignon).

pied-de-poule [pjedpul] n.m. et adj. inv. (pl. *pieds-de-poule*). Tissu dont les fils de chaîne et de trame, de couleurs différentes, sont croisés de manière à former un dessin évoquant l'empreinte d'une patte de poule : *Des tissus pied-de-poule.*

pied-droit n.m. → **piédroit.**

piédestal [pjedɛstal] n.m. (it. *piedestallo,* de *piede* "pied", et *stallo* "support") [pl. *piédestaux*]. - **1.** Socle d'une colonne, d'une statue, d'un vase décoratif, composé d'une base, d'un corps de forme cubique et d'une corniche : *Inscription gravée sur un piédestal.* - **2.** Descendre, tomber de son piédestal, perdre tout son prestige. ‖ Mettre qqn sur un piédestal, l'idéaliser, le considérer comme supérieur aux autres (= le porter au pinacle).

pied-noir [pjenwaʀ] n. (surnom donné aux chauffeurs des bateaux, souvent algériens, parce qu'ils marchaient pieds nus dans la soute à charbon) [pl. *pieds-noirs*]. FAM. Français d'origine européenne installé en Afrique du Nord, et plus partic. en Algérie, jusqu'à l'indépendance, en 1962. ◆ adj. Relatif aux pieds-noirs. **Rem.** L'accord de l'adj. au fém., bien que rare, est attesté *(la foule pied-noire).*

piédroit ou **pied-droit** [pjedʀwa] n.m. (pl. *piédroits, pieds-droits*). - **1.** Chacune des parties latérales verticales qui supportent la naissance d'une voûte ou d'un arc. - **2.** Chacun des montants latéraux d'une baie, d'un manteau de cheminée (syn. jambage).

piège [pjɛʒ] n.m. (lat. *pedica* "lien pour les pieds", de *pes, pedis* "pied"). - **1.** Engin, dispositif pour attirer et prendre des animaux : *Tendre, poser des pièges.* - **2.** Moyen détourné dont on se sert contre une personne pour la tromper, la mettre dans une situation difficile : *Tomber dans un piège* (syn. traquenard). - **3.** Difficulté cachée : *Dictée pleine de pièges* (syn. embûche).

piéger [pjeʒe] v.t. [conj. 22]. - **1.** Chasser au moyen de pièges : *Piéger un renard.* - **2.** Prendre au piège ; faire tomber dans un piège : *Le voleur s'est fait piéger par la police.* - **3.** Parvenir à retenir, à fixer un phénomène physique : *Piéger de l'énergie, des particules.* - **4.** Piéger un lieu, un véhicule, etc., y disposer un engin, une charge qui explose lorsque l'on y pénètre.

pie-grièche [piɡʀijɛʃ] n.f. (de *pie* et de l'anc. fr. *grieche* "grecque") [pl. *pies-grièches*]. Passereau des bois et des haies, à bec crochu, surtout insectivore.

pie-mère [pimɛʀ] n.f. (lat. médiév. *pia mater* "mère pieuse", parce qu'elle enveloppe le cerveau comme la mère son fils) [pl. *pies-mères*]. ANAT. Méninge interne, qui enveloppe immédiatement les centres nerveux.

piémont [pjemɔ̃] n.m. (de *Piémont,* région d'Italie, angl. *piedmont-glacier,* de l'it. *piemonte*). GÉOGR. Plaine alluviale étalée en un glacis continu, de pente assez forte, au pied d'un massif montagneux, et formée de cônes de déjection soudés les uns aux autres. (On écrit parfois *piedmont.*)

piéride [pjeʀid] n.f. (de *Piérides,* nom donné aux Muses). Papillon à ailes blanches ou jaunâtres, plus ou moins tachetées de noir ou de gris suivant les espèces, et dont la chenille se nourrit des feuilles du chou, de la rave, etc.

pierraille [pjeʀaj] n.f. Amas de petites pierres ; étendue parsemée de pierres : *Chemin de pierraille.*

pierre [pjɛʀ] n.f. (lat. *petra*). - **1.** Matière minérale dure et solide, que l'on trouve à l'état naturel agglomérée en blocs ou en masses de taille inégale, et dont il existe de nombreuses variétés : *Pierre dure, tendre* (syn. roche). - **2.** Morceau, fragment de cette matière, façonné ou non : *Lancer une pierre dans l'eau* (syn. caillou, galet). - **3.** Morceau de cette matière utilisé pour bâtir, paver, etc. : *Bordure de pierres* (syn. moellon). - **4.** Fragment d'un minéral recherché pour sa couleur, son éclat, sa pureté et employé en joaillerie, en bijouterie, en ornementation : *Châsse ciselée enrichie de pierres* (syn. pierreries, gemme). - **5.** VX. Calcul dans les reins, la vessie : *Être opéré de la pierre* (syn. lithiase). - **6.** Chacun des petits grains durs qui se forment dans la pulpe de certains fruits : *Une poire pleine de pierres.* - **7.** (Précédé de l'art. déf.). L'immobilier : *Investir dans la pierre.* - **8.** VIEILLI. Âge de la pierre taillée, de la pierre polie, époques de la préhistoire caractérisées par la taille, le polissage des instruments en pierre (et dénommées auj. par les spécialistes, respectivement, *paléolithique* et *néolithique*). ‖ Jeter la pierre à qqn, l'accuser ; le blâmer : *Ne lui jette pas la pierre, elle a cru bien faire.* ‖ Marquer un jour d'une pierre blanche, noire, le compter au nombre des jours heureux, malheureux. - **9.** En pierres sèches, en moellons posés les uns sur les autres, sans mortier ni liant quelconque : *Muraille en pierres sèches.* ‖ Pierre à chaux, carbonate de calcium naturel. ‖ Pierre à fusil, à briquet, silex blond très dur qui donne des étincelles au choc. ‖ Pierre à plâtre, gypse. ‖ Pierre bénite, pierre bénite enchâssée dans l'autel sur lequel le prêtre officie. ‖ Pierre de taille, bloc de roche, partic. de calcaire, taillé et destiné à être utilisé sans enduit extérieur dans une construction. ‖ Pierre fine, utilisée en bijouterie (topaze, améthyste, etc.) ou pour la sculpture de petits objets d'art (pierre dure). ‖ Pierre précieuse, utilisée en joaillerie (diamant, émeraude, rubis, saphir). ‖ Pierres levées, monuments composés de grands blocs de pierre dressés : *Les dolmens, les menhirs, les cromlechs sont des pierres levées.*

pierreries [pjɛʀʀi] n.f. pl. Pierres précieuses et pierres fines taillées : *Une montre enrichie de pierreries* (syn. gemme).

pierreux, euse [pjɛʀø, -øz] adj. - **1.** Couvert de pierres : *Un chemin pierreux* (syn. rocailleux, caillouteux). - **2.** De la nature de la pierre : *Une concrétion pierreuse.*

pierrot [pjɛʀo] n.m. (de *Pierrot*, trad. de l'it. *Pedrolino*, personnage de la comédie italienne). Homme déguisé en Pierrot, personnage de la comédie italienne.

pietà [pjeta] n.f. (mot it. "pitié"). Tableau, sculpture représentant une Vierge de pitié*.

piétaille [pjetaj] n.f. (lat. pop. *peditalia*, de *pedes, peditis* "fantassin"). - **1.** vx. L'infanterie. - **2.** Les petits, les subalternes (péjor.) : *Mépriser la piétaille.*

piété [pjete] n.f. (lat. *pietas*). - **1.** Attachement respectueux et fervent à Dieu et à la religion : *Croyant d'une piété fervente* (syn. dévotion). - **2.** Affection déférente et tendre : *Piété filiale* (syn. amour, vénération).

piétement [pjetmɑ̃] n.m. (de *pied*). TECHN. Ensemble des pieds d'un meuble, d'un siège et des traverses qui les relient.

piétinement [pjetinmɑ̃] n.m. - **1.** Action de piétiner : *Le piétinement de la foule* (syn. piaffement). - **2.** Bruit fait en piétinant : *Entendre un piétinement sourd.* - **3.** Absence de progrès : *Le piétinement de l'économie* (syn. stagnation).

piétiner [pjetine] v.i. (de *piéter* "marcher"). - **1.** S'agiter en remuant vivement les pieds : *Piétiner d'impatience* (syn. piaffer, trépigner). - **2.** Effectuer les mouvements de la marche en avançant très peu ou pas du tout : *Le cortège piétine* (= marque le pas). - **3.** Ne faire aucun progrès ; ne pas avancer : *La négociation piétine* (syn. stagner). ◆ v.t. - **1.** Frapper avec les pieds de manière vive et répétée : *Piétiner le sol.* - **2.** Malmener ; s'acharner contre : *Piétiner les lois* (syn. transgresser, enfreindre).

piétisme [pjetism] n.m. (mot all., du lat. *pietas* "piété"). Mouvement religieux né dans l'Église luthérienne allemande du XVIIIᵉ s., mettant l'accent sur la nécessité de l'expérience religieuse individuelle. ◆ **piétiste** adj. et n. Qui concerne le piétisme ; qui le pratique.

1. **piéton, onne** [pjetɔ̃, -ɔn] n. (de *pied*). Personne qui va à pied : *Les trottoirs sont réservés aux piétons.*

2. **piéton, onne** [pjetɔ̃, -ɔn] et **piétonnier, ère** [pjetɔnje, -ɛʀ] adj. (de *1. piéton*). Réservé aux piétons ; des piétons : *Rue piétonne. Passage piétonnier.*

piètre [pjɛtʀ] adj. (lat. *pedester* [opposé à *chevalier*] "qui va à pied" avec infl. de *pire*).

SOUT. Qui est de peu de valeur ; très médiocre : *Un piètre écrivain* (syn. minable). *Une piètre consolation* (syn. mince, maigre).

piètrement [pjɛtʀəmɑ̃] adv. SOUT. D'une piètre façon : *Symphonie piètrement interprétée* (syn. médiocrement).

1. **pieu** [pjø] n.m. (forme picarde du pl. *peus*, de l'anc. fr. *pel*, lat. *palus*) [pl. **pieux**]. Pièce de bois, de métal, etc., pointue à une extrémité et destinée à être fichée dans le sol : *Les pieux d'une clôture* (syn. piquet, poteau).

2. **pieu** [pjø] n.m. (orig. obsc.) [pl. **pieux**]. T. FAM. Lit.

pieusement [pjøzmɑ̃] adv. De façon pieuse : *Mourir pieusement* (syn. religieusement).

pieuvre [pjœvʀ] n.f. (mot normand, du lat. *polypus*). - **1.** Mollusque céphalopode portant huit bras garnis de ventouses (tentacules), vivant dans les creux de rochers près des côtes et se nourrissant de crustacés, de mollusques (syn. poulpe). - **2.** LITT. Personne avide, insatiable, qui accapare tout.

pieux, euse [pjø, -øz] adj. (anc. fr. *piu, pieu,* lat. *pius*). - **1.** Qui a de la piété ; qui manifeste de la piété : *Une femme pieuse* (syn. dévot). - **2.** Un pieux mensonge, un mensonge inspiré par la pitié, la générosité.

piézoélectrique [pjezoelɛktʀik] adj. (du gr. *piezein* "presser"). Se dit de la propriété qu'ont certains cristaux de voir apparaître à leur surface des charges électriques lorsqu'ils sont soumis à une contrainte mécanique ou, inversement, de se déformer lorsqu'on leur applique une tension électrique ; se dit d'un dispositif utilisant ces propriétés : *Le quartz est piézoélectrique.*

pif [pif] n.m. (rad. pop. *piff-*). - **1.** FAM. Nez. - **2.** Au pif, à vue de nez ; au hasard.

pige [piʒ] n.f. (du lat. *pinsare* "fouler"). - **1.** ARTS GRAPH. Quantité de travail exécutée par un typographe en un temps donné et qui sert de base à sa rémunération. - **2.** Mode de rémunération d'un journaliste payé à la ligne : *Travailler à la pige.*

pigeon [piʒɔ̃] n.m. (lat. *pipio, -onis* "pigeonneau"). - **1.** Oiseau granivore au plumage diversement coloré selon les espèces, au bec droit, aux ailes courtes et larges, de mœurs sociales et parfois migratrices. □ Ordre des colombins. Le pigeon roucoule. Les trois espèces représentées en France sont le *pigeon de roche,* ou *biset,* le *pigeon colombin* et le *pigeon ramier.* - **2.** FAM. Homme naïf, facile à duper. - **3.** Pigeon vole, jeu d'enfants qui consiste à dire rapidement si tel être ou tel objet vole. ▌Pigeon voyageur, qui revient à son nid quel que soit le lieu où on le lâche, très utilisé autref. pour le transport des messages.

pigeonnant, e [piʒɔnɑ̃, -ɑ̃t] adj. (de *pigeon*). Se dit d'un soutien-gorge qui maintient la poitrine haute et ronde, et de la poitrine ainsi maintenue.

pigeonne [piʒɔn] n.f. Femelle du pigeon.

pigeonneau [piʒono] n.m. Jeune pigeon.

pigeonnier [piʒɔnje] n.m. Petit bâtiment aménagé pour l'élevage des pigeons domestiques (syn. colombier).

piger [piʒe] v.t. (du lat. pop. *pedicus* "qui prend au piège" [v. *piège*], propr. "attraper") [conj. 17]. FAM. Comprendre ; saisir : *Ne rien piger.*

pigiste [piʒist] n. Journaliste rémunéré à la pige : *Elle est pigiste dans un hebdomadaire.*

pigment [pigmã] n.m. (lat. *pigmentum*). - **1.** Substance naturelle colorée produite par les organismes vivants, en partic. végétaux : *La chlorophylle, l'hémoglobine sont des pigments.* - **2.** Substance insoluble dans l'eau et dans la plupart des milieux de suspension usuels, douée d'un pouvoir colorant élevé et destinée à donner une coloration superficielle au support sur lequel on l'applique : *Les pigments sont utilisés dans la préparation des peintures.*

pigmentation [pigmãtasjɔ̃] n.f. - **1.** Formation de pigments dans les tissus vivants, en partic. dans la peau : *La quantité de mélanine joue un rôle essentiel dans la pigmentation de la peau.* - **2.** Action de colorer un produit avec un pigment : *Pigmentation d'un enduit.*

pigmenter [pigmãte] v.t. Colorer avec un pigment.

1. **pignon** [piɲɔ̃] n.m. (lat. pop. *pinnio, -onis*, class. *pinna* "créneau"). - **1.** Partie supérieure, en génér. triangulaire, d'un mur de bâtiment, parallèle aux fermes et portant les versants du toit : *Installer une antenne au pignon de la maison.* - **2.** Avoir pignon sur rue, avoir une situation bien établie.

2. **pignon** n.m. (de *peigne*). - **1.** La plus petite des roues dentées d'un engrenage cylindrique ou conique. - **2.** Roue dentée située sur l'axe de la roue arrière d'une bicyclette (par opp. à *plateau*).

3. **pignon** [piɲɔ̃] n.m. (anc. prov. *pinhon* "cône de pin"). Graine comestible du pin parasol (ou *pin pignon*).

pilaf [pilaf] n.m. (mot turc qui se rattache au persan *pûlâd, pôlâd* "riz bouilli"). [Souvent en appos.]. Plat composé de riz au gras fortement assaisonné. (On dit aussi *riz pilaf*.)

pilastre [pilastʀ] n.m. (it. *pilastro*, du lat. *pila* "colonne"). ARCHIT. Pilier rectangulaire engagé dans un mur, de faible saillie, auquel on donne les mêmes proportions et les mêmes ornements qu'aux colonnes.

1. **pile** [pil] n.f. (anc. fr. *pille* "coin servant à frapper le revers d'une monnaie"). - **1.** Côté d'une pièce de monnaie portant génér. l'indication de la valeur de la pièce (par opp. à *face*). - **2.** Pile ou face, jeu de hasard qui consiste à parier sur le côté que présentera, en retombant au sol, une pièce de monnaie jetée en l'air : *Jouer à pile ou face.*

2. **pile** [pil] n.f. (lat. *pila* "colonne"). - **1.** Amas, tas d'objets placés les uns sur les autres : *Une pile de bois* (syn. tas). *Une pile de disques.* - **2.** Massif de maçonnerie soutenant les arches d'un pont. - **3.** Pile à combustible, appareil qui transforme en énergie électrique l'énergie chimique d'un couple combustible-comburant, stocké à l'extérieur. ‖ VIEILLI. Pile atomique, réacteur nucléaire. ‖ Pile électrique, appareil transformant directement l'énergie développée dans une réaction chimique en énergie électrique (on dit aussi *une pile*).

3. **pile** [pil] adv. (de *1. pile*). FAM. - **1.** Très exactement ; de façon précise : *À 9 heures pile.* - **2.** S'arrêter pile, s'arrêter brusquement. ‖ Tomber pile, arriver, survenir au bon moment : *Vous tombez pile, nous allions partir.* ‖ Tomber pile sur, trouver exactement ce que l'on cherchait.

1. **piler** [pile] v.t. (bas lat. *pilare* "enfoncer"). - **1.** Broyer, réduire en poudre ou en très petits morceaux : *Piler des amandes* (syn. écraser, pulvériser). - **2.** FAM. Infliger une défaite écrasante à qqn : *Je l'ai pilé au poker* (syn. écraser.)

2. **piler** [pile] v.i. (de *3. pile*). FAM. Freiner brutalement : *Nous avons dû piler pour ne pas l'écraser.*

pileux, euse [pilø, -øz] adj. (lat. *pilosus*). Relatif aux poils, aux cheveux : *Système pileux peu fourni.*

pilier [pilje] n.m. (lat. pop. *pilare*, du class. *pila* "colonne"). - **1.** Support, massif de maçonnerie isolé, élevé pour recevoir une charge (syn. colonne, pilastre). - **2.** MIN. Masse verticale de minerai laissée au milieu d'une exploitation pour empêcher les éboulements. - **3.** Personne, chose qui sert de support à qqch, qui en assure la stabilité : *Vieux militants qui sont les piliers du parti* (syn. défenseur, soutien). - **4.** Au rugby, chacun des deux avants de première ligne, qui encadrent le talonneur dans la mêlée. - **5.** Pilier de, personne qui passe beaucoup de temps dans un lieu déterminé, qui n'en bouge guère : *Pilier de bar.*

pillage [pijaʒ] n.m. Action de piller ; dégâts qui en résultent : *Le pillage d'un magasin, d'une région* (syn. saccage).

pillard, e [pijar, -ard] adj. et n. Qui pille : *Soldats pillards.*

piller [pije] v.t. (de l'anc. fr. *p[e]ille* "chiffon", du lat. *pilleum* "bonnet"). - **1.** Dépouiller un lieu des biens, des richesses qui s'y trouvent, en usant de violence, en causant des destructions : *Piller une ville* (= mettre à sac ; syn. saccager). *Piller un magasin* (syn. dévaliser). - **2.** Voler par des détournements frauduleux : *Piller les deniers de l'État* (syn. détourner, voler). - **3.** Plagier une œuvre, un auteur : *Piller un ouvrage scientifique, un historien* (syn. démarquer).

pilleur, euse [pijœʀ, -øz] n. Personne qui vole, qui pille.

pilon [pilɔ̃] n.m. (de *1. piler*). - **1.** Instrument pour piler ou tasser, fouler une substance à la main dans un mortier ; lourde masse mue mécaniquement, destinée à un usage analogue : *Pilon à papier*. - **2.** Partie inférieure d'une cuisse de volaille. - **3.** FAM. Jambe de bois. - **4.** Mettre un livre au pilon, en détruire les exemplaires invendus.

pilonnage [pilɔnaʒ] n.m. Action de pilonner.

pilonner [pilɔne] v.t. (de *pilon*). - **1.** Écraser, broyer au pilon. - **2.** Mettre un livre au pilon. - **3.** Soumettre à un bombardement intensif : *Pilonner une position.*

pilori [pilɔʀi] n.m. (lat. médiév. *pilorium*, de *pila* "pilier", ou du prov. *espelori*). - **1.** Tourelle à étage ou poteau où étaient exposés, en signe d'infamie, certains délinquants, sous l'Ancien Régime. - **2.** Mettre, clouer au pilori, signaler à l'indignation publique.

pilo-sébacé, e [pilɔsebase] adj. (pl. *pilo-sébacés, es*). ANAT. Relatif au poil et à la glande sébacée qui lui est annexée.

pilosité [pilɔzite] n.f. PHYSIOL. Revêtement que forment les poils sur la peau.

pilotage [pilɔtaʒ] n.m. Action, art de piloter : *Le pilotage d'un avion.*

pilote [pilɔt] n.m. (it. *piloto, pedoto* du gr. byzantin *opêdotês*, de *pêdon* "gouvernail"). - **1.** Personne qui conduit un avion, une voiture de course, etc. : *Passer son brevet de pilote dans un aéro-club.* - **2.** Professionnel qualifié qui guide les navires dans les passages difficiles, à l'entrée des ports. - **3.** Personne qui sert de guide : *Servir de pilote à qqn dans une ville* (syn. litt. cicérone). - **4.** Petit poisson des mers chaudes et tempérées qui suit les navires et passait autref. pour guider les requins. - **5.** (En appos. avec ou sans trait d'union). Qui sert de modèle, qui ouvre la voie : *Une classe-pilote. Des industries pilotes.* - **6.** Pilote automatique, dispositif, génér. doté d'un gyroscope, qui permet la conduite d'un avion sans intervention de l'équipage ; dispositif mécanique ou électronique qui assure à un bateau la conservation d'un cap fixé, sans intervention humaine. ‖ Pilote de ligne, professionnel chargé de la conduite d'un avion sur une

ligne commerciale. ‖ Pilote d'essai, professionnel chargé de vérifier en vol les performances et la résistance d'un nouvel avion.

piloter [pilɔte] v.t. - **1.** Conduire un avion, une voiture, un navire, etc., en tant que pilote. - **2.** Guider une ou plusieurs personnes dans une ville, un musée, etc. : *Piloter des touristes dans Paris.*

pilotis [pilɔti] n.m. (de *pilot* "pieu", de *2. pile*). Ensemble de gros pieux de bois à pointe ferrée *(pilots)* qu'on enfonce dans un sol peu consistant ou qui sont immergés pour soutenir une construction : *Maison bâtie sur pilotis.*

pilou [pilu] n.m. (de l'anc. fr. *peloux* "poilu", lat. *pilosus*). Tissu de coton pelucheux : *Pyjama de pilou.*

pilule [pilyl] n.f. (lat. *pilula*, dimin. de *pila* "boule"). - **1.** Médicament de forme sphérique, destiné à être avalé. - **2.** (Précédé de l'art. déf.). Contraceptif oral : *Prendre la pilule.* - **3.** FAM. Avaler la pilule, supporter une chose pénible sans protester. ‖ FAM. **Dorer la pilule à qqn**, présenter à qqn une chose désagréable sous des dehors avantageux, pour la lui faire accepter.

pimbêche [pɛ̃bɛʃ] n.f. (orig. incert., p.-ê. altér. d'un anc. *pince-bêche*, de *pincer* et *bêche* "donner des coups de bec"). FAM. Jeune fille ou femme prétentieuse, qui fait des manières (syn. mijaurée).

piment [pimɑ̃] n.m. (lat. *pigmentum* "drogue", et en bas lat. "aromate"). - **1.** Plante cultivée pour ses fruits, le *piment rouge* ou *brûlant*, qui est utilisé comme épice, et le *piment doux*, ou *poivron*. ▭ Famille des solanacées. - **2.** Ce qui met, ajoute un élément piquant ou licencieux à qqch : *Ce quiproquo a mis du piment dans l'affaire* (syn. piquant, sel).

pimenter [pimɑ̃te] v.t. - **1.** Assaisonner de piment : *Pimenter une sauce* (syn. épicer). - **2.** Rendre excitant, plus intéressant : *Pimenter un récit d'anecdotes croustillantes.*

pimpant, e [pɛ̃pɑ̃, -ɑ̃t] adj. (de l'anc. fr. *pimper* "enjôler", anc. prov. *pimpar* "parer", d'un rad. expressif *pimp-*). Qui a un air de fraîcheur et d'élégance : *Une toilette pimpante* (syn. coquet).

pin [pɛ̃] n.m. (lat. *pinus*). Arbre à feuillage persistant, à feuilles en aiguilles, insérées le plus souvent par deux, et dont le bois est très employé en menuiserie, en charpente, etc. : *Pin sylvestre, maritime, parasol. Pin d'Autriche.* ▭ Ordre des conifères. Le pin peut atteindre 50 m de hauteur ; son fruit (la pomme de pin) est un cône d'écailles lignifiées qui s'entrouvre à maturité pour laisser échapper des graines ailées.

pinacle [pinakl] n.m. (lat. ecclés. *pinnaculum*, de *pinna* "créneau"). - **1.** ARCHIT. Couronnement conique d'une culée, dans l'architecture gothique. **-2.** Porter au pinacle, placer très haut, faire un très grand éloge de : *Porter un auteur au pinacle* (= le mettre sur un piédestal).

pinacothèque [pinakɔtɛk] n.f. (lat. *pinacotheca*, du gr. *pinax, -akos* "tableau"). Musée de peinture.

pinaillage [pinajaʒ] n.m. FAM. Action de pinailler.

pinailler [pinaje] v.i. (orig. incert., p.-ê. de l'anc. fr. *épinocher* "s'occuper à des bagatelles"). FAM. Critiquer, ergoter sur des questions de détail : *À force de pinailler, il ne finira jamais son travail à temps.*

pinailleur, euse [pinajœr, -øz] n. et adj. FAM. Personne qui pinaille.

pinard [pinar] n.m. (de *pinot*, n. d'un cépage). ARG. Vin.

pince [pɛs] n.f. (de *pincer*). **-1.** Outil à branches articulées dont les extrémités, plates ou rondes, servent à saisir, à tenir qqch : *Pince de menuisier, de chirurgien.* **-2.** Dispositif à deux branches pour pincer : *Pince à épiler. Pince à linge.* **-3.** Pied-de-biche. **-4.** Extrémité des grosses pattes de certains crustacés : *Pince de crabe.* **-5.** ARG. Main : *Se serrer la pince.* **-6.** Devant du sabot d'un cheval. **-7.** Incisive médiane des mammifères herbivores. **-8.** COUT. Pli cousu sur l'envers d'un vêtement pour l'ajuster plus près du corps : *Faire des pinces à la taille d'une veste.* **-9.** Pince universelle, pince réunissant plusieurs fonctions (pince plate, pince coupante, pince à tubes).

pincé, e [pɛse] adj. (de *pincer*). **-1.** Qui exprime du dédain, de la froideur : *Prendre des airs pincés* (syn. hautain). **-2.** Avoir les lèvres pincées, avoir les lèvres minces et serrées.

pinceau [pɛso] n.m. (lat. pop. *penicellus*, du class. *penicillus*, de *penis* "queue"). **-1.** Instrument formé d'un assemblage serré de poils ou de fibres fixé à l'extrémité d'un manche, utilisé pour peindre, pour coller, etc. **-2.** Faisceau lumineux de faible ouverture : *Un pinceau de lumière.* **-3.** ARG. Pied ; jambe : *S'emmêler les pinceaux.*

pincée [pɛse] n.f. (de *pincer*). Petite quantité d'une matière poudreuse ou granulée, que l'on peut prendre entre deux ou trois doigts : *Une pincée de sel.*

pincement [pɛsmɑ̃] n.m. **-1.** Action de pincer : *Le pincement des cordes d'un violon.* **-2.** ARBOR. Suppression des bourgeons ou de l'extrémité des rameaux pour faire refluer la sève sur d'autres parties du végétal. (On dit aussi *pinçage*.) **-3.** Pincement au cœur, sensation passagère de peur, d'anxiété ou de

tristesse que l'on ressent notamm. à l'annonce d'une mauvaise nouvelle (syn. serrement).

pince-monseigneur [pɛsmɔ̃seɲœr] n.f. (pl. *pinces-monseigneur*). Levier court aux extrémités aplaties, utilisé notamm. par les cambrioleurs pour forcer les portes.

pince-nez [pɛsne] n.m. inv. VIEILLI. Lorgnon qui tient sur le nez grâce à un ressort.

pincer [pɛse] v.t. (lat. pop. *pinctiare*, croisement entre *punctiare*, de *punctus* "point" et *piccare* "piquer" ou d'un rad. expressif *pints-*) [conj. 16]. **-1.** Presser, serrer plus ou moins fort qqch entre ses doigts : *Pincer la joue de qqn.* **-2.** Donner une sensation de pincement : *Le froid leur pinçait les joues* (syn. mordre, piquer). **-3.** ARBOR. Opérer le pincement de : *Pincer la vigne.* **-4.** Serrer étroitement : *La porte lui a pincé un doigt* (syn. coincer). **-5.** FAM. Prendre sur le fait ; arrêter : *Pincer un voleur.* **-6.** FAM. Ça pince, il fait très froid. ‖ FAM. En pincer pour qqn, être amoureux de qqn. ‖ Pincer les lèvres, les rapprocher en serrant.

pince-sans-rire [pɛssɑ̃rir] n. inv. (de *pincer*). Personne qui fait ou dit qqch de drôle, ou qui se moque de qqn, en restant impassible.

pincette [pɛsɛt] n.f. **-1.** (Surtout au pl.). Ustensile à deux branches pour attiser le feu. **-2.** Petite pince à deux branches pour les travaux minutieux : *Pincette de bijoutier.* **-3.** FAM. N'être pas à prendre avec des pincettes, être de très mauvaise humeur.

pinçon [pɛsɔ̃] n.m. Marque que l'on garde sur la peau lorsque celle-ci a été pincée.

pineau [pino] n.m. (n. d'un cépage, de *pin*, en raison de la forme d'une grappe). Vin de liqueur charentais, obtenu en ajoutant du cognac au jus de raisin.

pinède [pinɛd] n.f. (prov. *pinedo*, lat. *pinetum*). Bois de pins. (On dit parfois *pineraie* ou *pinière*.)

pingouin [pɛ̃gwɛ̃] n.m. (angl. *penguin*, d'orig. obsc.). Oiseau des mers arctiques, piscivore, à pieds palmés, qui niche sur les côtes de l'Europe occidentale. ◻ Long. 40 cm.

ping-pong [piŋpɔ̃g] n.m. (anc. nom déposé ; d'orig. onomat.) [pl. *ping-pongs*]. Tennis* de table : *Jouer au ping-pong.*

pingre [pɛ̃gr] n. et adj. (autref. n. propre, d'orig. obsc.). FAM. Personne d'une avarice sordide : *C'est un vieux pingre* (syn. avare, LITT. ladre).

pingrerie [pɛ̃grəri] n.f. Avarice sordide et mesquine (syn. litt. ladrerie).

pinnipède [pinipɛd] n.m. (du lat. *pinna* "nageoire"). Pinnipèdes, ordre de mammifères carnivores adaptés à la vie marine (pattes transformées en nageoires, corps en fuseau), tels que le phoque, le morse, l'otarie.

pin's [pins] n.m. inv. (de l'angl. *pin* "épingle"). Petit badge métallique muni d'une pointe, qui se fixe à un embout à travers un vêtement. (Recomm. off. *épinglette*.)

pinson [pɛ̃sɔ̃] n.m. (lat. pop. *pincio*, d'orig. gaul.). - **1.** Oiseau passereau chanteur de l'Europe occidentale, à plumage bleu et verdâtre coupé de noir, à la gorge rouge. □ Le pinson ramage. - **2.** Gai comme un pinson, très gai.

pintade [pɛ̃tad] n.f. (port. *pintada* "tachetée", de *pintar* "peindre"). Oiseau gallinacé au plumage sombre, originaire d'Afrique, acclimaté dans le monde entier. □ La pintade criaille.

pintadeau [pɛ̃tado] n.m. Jeune pintade.

pinte [pɛ̃t] n.f. (lat. pop. *pincta* "[mesure] peinte, marquée", du class. *picta*, de *pingere* "peindre"). Unité de mesure anglo-saxonne de capacité, valant 1,136 litre au Canada et 0,568 litre en Grande-Bretagne.

pin-up [pinœp] n.f. inv. (de l'angl. *to pin up* "épingler au mur"). - **1.** Jolie fille peu vêtue dont on épingle la photo au mur. - **2.** Toute jolie fille au charme sensuel.

pinyin [pinjin] n.m. (mot chin.). Système de transcription phonétique des idéogrammes chinois, adopté en République populaire de Chine depuis 1958. □ Le pinyin est fondé sur la prononciation du pékinois.

pioche [pjɔʃ] n.f. (de *pic*, prononcé *pi*, avec le suff. pop. *-oche*). - **1.** Outil formé d'un fer, muni d'un manche, et servant à creuser la terre et à défoncer. - **2.** FAM. Tête de pioche, personne très têtue.

piocher [pjɔʃe] v.t. - **1.** Creuser, remuer la terre avec une pioche. - **2.** Puiser dans un tas : *Piocher un bonbon dans une boîte.*

piolet [pjɔlɛ] n.m. (piémontais *piola* "hache"). Canne d'alpiniste ferrée à un bout et munie d'un petit fer de pioche à l'autre, utilisée pour les courses de neige et de glace.

1. pion [pjɔ̃] n.m. (bas lat. *pedo, pedonis* "fantassin"). - **1.** Chacune des huit plus petites pièces du jeu d'échecs. - **2.** Chacune des pièces du jeu de dames. - **3.** N'être qu'un pion sur l'échiquier, jouer un rôle mineur ; avoir peu de liberté d'action.

2. pion, pionne [pjɔ̃, pjɔn] n. (de *1. pion*). ARG. SCOL. Surveillant.

pionnier, ère [pjɔnje, -ɛR] n. (angl. *pioneer*, d'orig. fr.). - **1.** Personne qui ouvre la voie dans un certain domaine : *Une pionnière de la biologie. Les pionniers de l'espace.* - **2.** Personne qui part défricher des contrées inhabitées : *Les pionniers de l'Ouest américain.*

pioupiou [pjupju] n.m. (d'une onomat. enfantine désignant les poussins). FAM., VIEILLI. Jeune soldat.

pipe [pip] n.f. (de *piper*). - **1.** Objet formé d'un fourneau et d'un tuyau, servant à fumer ; son contenu : *Bourrer sa pipe. Fumer la pipe.* - **2.** Tuyau, conduit : *Pipe d'aération.* - **3.** FAM. Casser sa pipe, mourir. ‖ FAM. Nom d'une pipe, juron qui sert à exprimer la surprise ou l'indignation. ‖ FAM. Par tête de pipe, par personne : *100 francs par tête de pipe.*

pipeau [pipo] n.m. (dimin. de *pipe*). - **1.** Petite flûte à bec à six trous : *Jouer du pipeau.* - **2.** CHASSE. Appeau. - **3.** FAM. C'est du pipeau, c'est sans intérêt, cela ne mérite aucune considération : *Dites ce que vous voulez, tout ça c'est du pipeau* (= c'est du vent).

pipelet, ette [piplɛ, -ɛt] n. (n. d'un personnage des *Mystères de Paris,* d'Eugène Sue). FAM. (Surtout au fém.). Personne bavarde, qui aime les potins : *Quel pipelet, celui-là !*

pipeline ou **pipe-line** [piplin] ou pajplajn] n.m. (mot angl., de *pipe* "tuyau", et *line* "ligne") [pl. *pipelines* ou *pipe-lines*]. Canalisation pour le transport à distance de liquides, notamm. de pétrole (*oléoduc*) ou de gaz (*gazoduc*).

piper [pipe] v.t. (lat. pop. *pippare*, class. *pipare* "glousser"). FAM. Ne pas piper mot, ne pas piper, garder le silence. ‖ Piper les dés, les cartes, truquer les dés, les cartes.

piperade [piperad] n.f. (béarnais *piper* "poivron", mot lat. *piper* "poivre"). Spécialité basque composée de poivrons cuits, de tomates et d'œufs battus en omelette.

pipette [pipɛt] n.f. (dimin. de *pipe*). Petit tube pour prélever un liquide : *Pipette graduée.*

pipi [pipi] n.m. (redoublement enfantin de la première syllabe de *pisser*). FAM. Urine : *Faire pipi* (= uriner).

pipistrelle [pipistrɛl] n.f. (it. *pipistrello*, altér. de *vipistrello*, du lat. *vespertilio* "oiseau de nuit", de *vesper* "soir"). Petite chauve-souris commune en France.

piquage [pikaʒ] n.m. Action de piquer à la machine à coudre.

piquant, e [pikɑ̃, -ɑ̃t] adj. - **1.** Qui pique : *Barbe piquante.* - **2.** LITT. Qui provoque l'intérêt, excite la curiosité : *Détail piquant* (syn. croustillant, pittoresque). ◆ **piquant** n.m. - **1.** Épine d'une plante : *Les piquants d'un cactus.* - **2.** LITT. Attrait, agrément, cocasserie de qqch : *Le piquant de la situation, c'est qu'il ne se doutait de rien* (syn. piment, sel).

1. pique [pik] n.f. (néerl. *pike*). - **1.** Arme ancienne composée d'un fer plat et pointu placé au bout d'une hampe de bois. - **2.** FAM. Lancer des piques à qqn, faire à qqn des réflexions blessantes ou méchantes.

2. pique [pik] n.m. (de *1. pique*). JEUX. Une des quatre couleurs du jeu de cartes français, dont la marque est un fer de pique noir stylisé ; carte de cette couleur : *L'as de pique. Avoir deux piques en main.*

1. piqué, e [pike] adj. - **1.** Cousu par un point de couture : *Ourlet mal piqué.* - **2.** Marqué de petits trous, de petites taches : *Ce coffre est piqué par les vers* (syn. vermoulu). - **3.** Se dit d'une boisson devenue aigre au goût : *Le vin est piqué.* - **4.** FAM. Se dit d'une personne un peu folle. - **5.** FAM. Ce n'est pas piqué des vers, des hannetons, ce n'est vraiment pas banal, c'est très étonnant. ‖ MUS. Note piquée, note attaquée de manière incisive et détachée avec vivacité.

2. piqué [pike] n.m. (de *piquer*). - **1.** Étoffe de coton formée de deux tissus appliqués l'un sur l'autre et unis par des points formant des dessins : *Un col de piqué blanc.* - **2.** CHORÉGR. Mouvement qui consiste à faire passer le poids du corps d'un pied sur l'autre en étant sur la pointe ou la demi-pointe. - **3.** PHOT. Qualité d'une image bien contrastée et qui restitue le maximum de détails. - **4.** AÉRON. Mouvement, trajectoire d'un avion qui pique : *Faire un piqué. Bombardement en piqué.*

pique-assiette [pikasjɛt] n. (pl. *pique-assiettes* ou inv.). FAM. Personne qui a l'habitude de se faire nourrir par les autres (syn. parasite).

pique-feu [pikfø] n.m. (pl. *pique-feux* ou inv.). Syn. de *tisonnier*.

pique-fleur ou **pique-fleurs** [pikflœr] n.m. (pl. *pique-fleurs*). Objet servant à maintenir en place les fleurs dans un vase, ou qui constitue lui-même un vase.

pique-nique [piknik] n.m. (de *piquer* et *nique* "petite chose sans valeur") [pl. *pique-niques*]. Repas pris en plein air, au cours d'une promenade : *Un pique-nique en forêt.*

pique-niquer [piknike] v.i. Faire un pique-nique.

pique-niqueur, euse [piknikœr, -øz] n. (pl. *pique-niqueurs, euses*). Personne qui pique-nique.

piquer [pike] v.t. (lat. pop. *pikkare*, d'orig. onomat. préromane). - **1.** Percer la peau avec qqch de pointu : *Piquer son doigt avec une épingle.* - **2.** Enfoncer par la pointe : *Piquer une aiguille dans une pelote* (syn. ficher, planter). - **3.** Injecter un produit par une piqûre : *Faire piquer un chat contre la rage.* - **4.** Faire à un animal une piqûre entraînant la mort : *Ils ont fait piquer leur chien.* - **5.** Enfoncer son dard, son aiguillon dans la peau, en parlant d'un insecte, d'un serpent : *Une guêpe m'a piqué.* - **6.** Parsemer de petits trous, en parlant d'un insecte : *Les vers piquent le bois* (syn. attaquer,

ronger). - **7.** Parsemer de taches d'humidité : *L'humidité pique le papier, le linge* (syn. moucheter, tacheter). - **8.** Fixer avec une pointe : *Piquer un papillon sur une planche* (syn. épingler). - **9.** Prendre avec qqch de pointu : *Piquer une olive avec une fourchette.* - **10.** Larder de la viande : *Piquer d'ail un gigot.* - **11.** Coudre des étoffes ensemble à la main ou à la machine : *La robe est bâtie, il reste à la piquer.* - **12.** Produire une sensation âpre au goût ou à l'odorat, ou aiguë sur la peau : *Cette moutarde pique la langue* (syn. irriter). *Le froid pique la peau* (syn. pincer). - **13.** LITT. Exciter un sentiment : *Piquer l'amour-propre, la curiosité de qqn* (syn. aiguillonner, attiser). - **14.** FAM. Voler : *Qui m'a piqué mon stylo ?* (syn. dérober). - **15.** FAM. Prendre qqn sur le fait ; l'arrêter : *Piquer un élève en train de copier* (syn. attraper). *Il s'est fait piquer par la police à l'aéroport* (syn. appréhender). - **16.** Piquer qqn au vif, irriter son amour-propre. ‖ Piquer une crise, une colère, avoir une crise, une colère subite. ‖ FAM. Piquer un fard ➙ *fard.* ◆ v.i. - **1.** En parlant d'une boisson, commencer à aigrir : *Ce vin pique.* - **2.** AÉRON. Effectuer une descente suivant une trajectoire de très forte pente. - **3.** Piquer du nez, pencher vers l'avant. ◆ **se piquer** v.pr. - **1.** Se faire une piqûre : *Se piquer avec une épine.* - **2.** FAM. S'injecter de la drogue. - **3.** LITT. Se fâcher : *Il se pique pour un rien* (syn. se froisser, se vexer). - **4.** Se piquer au jeu, prendre intérêt à qqch que l'on avait entrepris sans ardeur. ‖ SOUT. Se piquer de qqch, prétendre être connaisseur dans un certain domaine et en tirer vanité : *Se piquer de musique, de théâtre.*

1. piquet [pikɛ] n.m. (de *piquer*). - **1.** Petit pieu destiné à être enfoncé dans la terre : *Planter un piquet avec un maillet.* - **2.** VIEILLI. Mettre un enfant au piquet, le punir en l'envoyant à un coin dans une classe. ‖ Piquet de grève, groupe de grévistes qui, sur le lieu de travail, assurent l'exécution des consignes de grève. ‖ Piquet d'incendie, détachement de soldats formés pour la lutte contre le feu.

2. piquet [pikɛ] n.m. (orig. incert., p.-ê. de *piquer*). Jeu qui se jouait à deux avec trente-deux cartes.

piquetage [piktaʒ] n.m. - **1.** Action de piqueter. - **2.** CAN. Faire du piquetage, manifester collectivement à l'occasion d'une grève, aux abords de son lieu de travail.

piqueter [pikte] v.t. (de *1. piquet*) [conj. 27]. - **1.** Tacheter de petits points isolés : *Des étoiles piquetaient le ciel noir* (syn. moucheter). - **2.** Marquer le tracé d'une route au moyen de piquets. ◆ v.i. CAN. Faire du piquetage.

piquette [pikɛt] n.f. (de *piquer*). - **1.** Boisson que l'on obtient en jetant de l'eau sur du marc de raisin ou sur d'autres fruits sucrés et en laissant fermenter. - **2.** FAM. Mauvais vin.

1. piqueur, euse [pikœʀ, -øz] adj. ZOOL. Se dit des organes propres à piquer, des animaux possédant de tels organes : *Insecte piqueur.*

2. piqueur, euse [pikœʀ, -øz] n. - **1.** Personne qui pique à la machine. - **2.** Personne qui s'occupe des écuries dans un manège. - **3.** VÉN. Valet de chiens qui suit à cheval la bête poursuivie par la meute.

piqûre [pikyʀ] n.f. - **1.** Petite plaie produite par un instrument pointu ou faite par un insecte, un serpent, etc. - **2.** Introduction dans l'organisme d'une aiguille creuse *(injection, ponction)* ou pleine *(acupuncture)* dans un but thérapeutique ou diagnostique. - **3.** Trou laissé dans un matériau par un insecte (syn. vermoulure). - **4.** Tache d'humidité sur du papier. - **5.** Sensation produite par qqch d'urticant : *Piqûre d'ortie.* - **6.** COUT. Série de points serrés réunissant deux tissus.

piranha [piʀaɲa] et **piraya** [piʀaja] n.m. (mot port., d'orig. tupi). Petit poisson carnassier très vorace, qui vit en bandes dans les eaux douces d'Amazonie.

piratage [piʀataʒ] n.m. Action de pirater.

pirate [piʀat] n.m. (lat. *pirata,* du gr. *peiratês*). - **1.** Bandit qui parcourait les mers pour piller. - **2.** Homme d'affaires cupide et sans scrupules : *Les pirates de la finance* (syn. requin). - **3.** Pirate de l'air, personne qui, sous la menace, détourne un avion en vol. ◆ adj. Clandestin ; illicite : *Une radio pirate.*

pirater [piʀate] v.t. - **1.** Reproduire une œuvre sans payer les droits de reproduction : *Pirater un enregistrement.* - **2.** FAM. Escroquer ; voler. ◆ v.i. Se livrer à la piraterie.

piraterie [piʀatʀi] n.f. - **1.** Crime, actes de déprédation commis en mer contre un navire, son équipage ou sa cargaison. - **2.** Vol effronté ; escroquerie. - **3.** Piraterie aérienne, détournement illicite d'un avion par une ou par plusieurs personnes se trouvant à bord. ‖ Piraterie commerciale, imitation frauduleuse de produits de grande marque.

piraya n.m. → **piranha.**

pire [piʀ] adj. (lat. *pejor,* comparatif de *malus* "mauvais"). - **1.** Comparatif de *mauvais* : *Il est devenu pire qu'avant.* - **2.** Précédé de l'art. déf. ou d'un adj. poss., superlatif de *mauvais* : *C'est la pire des catastrophes. Voici votre pire ennemi.* ◆ n.m. - **1.** Ce qu'il y a de plus mauvais, de plus regrettable : *Les époux sont unis pour le meilleur et pour le pire.* - **2.** Pratiquer la politique du pire, provoquer une aggravation de la situation pour en tirer parti.

pirogue [piʀɔg] n.f. (esp. *piragua,* mot caraïbe). Embarcation légère d'Amérique, d'Afrique et d'Océanie, de forme allongée, propulsée à la voile ou à la pagaie.

piroguier [piʀɔgje] n.m. Conducteur de pirogue.

pirouette [piʀwɛt] n.f. (d'un rad. *pir-* "cheville", d'orig. gr., *p(e)irô* "je transperce"). - **1.** Tour complet qu'on fait sur la pointe ou le talon d'un seul pied, sans changer de place : *Faire une pirouette* (syn. virevolte). - **2.** CHORÉGR. Tour entier que les danseurs effectuent sur eux-mêmes en prenant leur jambe d'appui comme pivot. - **3.** Changement brusque d'opinion : *Les pirouettes d'un politicien* (syn. revirement, volte-face). - **4.** S'en tirer par une pirouette, éviter une question embarrassante en répondant à côté.

pirouetter [piʀwɛte] v.i. - **1.** Tourner sur soi-même : *Pirouetter sur ses talons.* - **2.** CHORÉGR. Faire une pirouette.

1. pis [pi] n.m. (lat. *pectus* "poitrine"). Mamelle de la vache, de la brebis, etc.

2. pis [pi] adv. et adj. (lat. *pejus,* comparatif de *male* "mal"). - **1.** LITT. Plus mauvais ; plus mal ; pire : *C'est encore pis, c'est bien pis que je ne pensais. Faire pis.* - **2.** Au pis aller, dans l'hypothèse la plus défavorable. ‖ De mal en pis, de plus en plus mal : *Sa situation financière va de mal en pis.* ‖ Tant pis !, exprime le dépit qu'on a de qqch.

pis-aller [pizale] n.m. inv. Solution à laquelle il faut recourir faute de mieux.

piscicole [pisikɔl] adj. Relatif à la pisciculture : *Établissement piscicole.*

pisciculture [pisikyltyʀ] n.f. (du lat. *piscis* "poisson"). Production des poissons par l'élevage. ◆ **pisciculteur, trice** n. Nom de l'éleveur.

piscine [pisin] n.f. (lat. *piscina*). Bassin artificiel pour la natation : *Aller à la piscine. Piscine couverte, en plein air.*

piscivore [pisivɔʀ] adj. et n. Qui se nourrit de poissons : *Le phoque est un animal piscivore.*

pisé [pize] n.m. (du franco-prov. *piser* "broyer", lat. *pinsare*). Matériau de construction constitué de terre argileuse moulée sur place à l'aide de panneaux de coffrage.

pissat [pisa] n.m. (de *pisser*). Urine de certains animaux.

pissenlit [pisɑ̃li] n.m. (de *pisser, en* et *lit,* à cause de ses vertus diurétiques). - **1.** Plante composée à feuilles dentelées, dite aussi *dent-de-lion,* dont les petits fruits secs sont surmontés d'une aigrette qui facilite leur dissémination par le vent : *Une salade de pissenlits.* - **2.** FAM. Manger les pissenlits par la racine, être mort et enterré.

pisser [pise] v.t. et v.i. (lat. pop. *pissiare*). T. FAM. - **1.** Uriner. - **2.** Couler ou s'écouler fort : *La tuyauterie pisse de partout.* - **3.** Pisser de la copie, rédiger abondamment et mal : *C'est* *un journaliste médiocre qui pisse de la copie.* ‖ **Pisser du sang,** évacuer du sang avec l'urine ; laisser échapper un flot de sang, en parlant d'une plaie, d'un organe.

pisseux, euse [pisø, -øz] adj. - **1.** Qui est imprégné d'urine : *Linge pisseux.* - **2.** FAM. Jauni, terne, en parlant d'une couleur : *Un vert pisseux* (syn. jaunâtre).

pissotière [pisɔtjɛʀ] n.f. FAM. Urinoir public (syn. vespasienne).

pistache [pistaʃ] n.f. (it. *pistaccio*, lat. *pistacium*, d'orig. gr.). Graine du pistachier, utilisée en confiserie et en cuisine : *Glace à la pistache.* ◆ adj. inv. Vert pistache, vert clair.

pistachier [pistaʃje] n.m. Arbre des régions chaudes qui produit les pistaches. □ Famille des anacardiacées.

piste [pist] n.f. (anc. it. *pista*, var. de *pesta*, de *pestare* "broyer", bas lat. *pistare*, class. *pinsare*). - **1.** Trace laissée par un animal : *Les chasseurs suivent la piste d'un lion.* - **2.** Ensemble d'indications, d'indices qui orientent les recherches de qqn lancé à la poursuite de qqn d'autre ; chemin, voie ainsi tracés : *Suivre, perdre une piste. Se lancer sur la piste d'un voleur.* - **3.** Chemin rudimentaire : *Prendre une piste qui mène à la route* (syn. sentier). - **4.** Chemin réservé à certaines catégories d'usagers : *Piste cyclable.* - **5.** Pente balisée pour les descentes à ski. - **6.** Terrain spécialement aménagé pour les épreuves d'athlétisme, les courses de chevaux, le sport automobile, etc. - **7.** Emplacement, souvent circulaire, servant de scène dans un cirque, d'espace pour danser dans une boîte de nuit, etc. - **8.** Bande de terrain aménagée pour le décollage et l'atterrissage des avions : *L'avion s'arrête en bout de piste.* - **9.** ÉLECTRON. Élément linéaire d'un support mobile d'informations enregistrées (bande magnétique, disque). - **10.** Piste sonore, partie de la bande d'un film ou d'une bande magnétique servant à enregistrer et à reproduire les sons.

pister [piste] v.t. Suivre à la piste : *Pister un suspect* (syn. filer).

pisteur [pistœʀ] n.m. Personne qui entretient et surveille les pistes de ski.

pistil [pistil] n.m. (lat. *pistillus* "pilon"). Ensemble des pièces femelles d'une fleur, résultant de la soudure de plusieurs carpelles, et comprenant l'ovaire, le style et le stigmate (syn. gynécée).

pistole [pistɔl] n.f. (tchèque *pištal* "arme à feu"). - **1.** Ancienne monnaie d'or espagnole. - **2.** Ancienne monnaie de compte française, valant 10 livres.

pistolet [pistɔlɛ] n.m. - **1.** Arme à feu individuelle, légère, au canon court : *Pistolet*

d'alarme. - **2.** Dispositif manuel associé à une pompe et projetant un liquide : *Peindre au pistolet.* - **3.** FAM. Urinal. - **4.** FAM. Un drôle de pistolet, une personne un peu bizarre : *Méfie-toi, c'est un drôle de pistolet.*

pistolet-mitrailleur [pistɔlɛmitʀajœʀ] n.m. (pl. *pistolets-mitrailleurs*). Arme automatique individuelle, tirant par rafales (syn. mitraillette).

piston [pistɔ̃] n.m. (it. *pistone*, de *pestare* "broyer" ; v. *piste.*) - **1.** Disque se déplaçant dans le corps d'une pompe ou dans le cylindre d'un moteur à explosion ou d'une machine à vapeur. - **2.** Mécanisme de certains instruments de musique à vent, grâce auquel on peut avoir tous les degrés de l'échelle chromatique : *Cornet à pistons.* - **3.** FAM. Appui donné à qqn pour obtenir plus facilement une faveur, un avantage : *Arriver par piston.*

pistonner [pistɔne] v.t. (de *piston*). FAM. Recommander, appuyer qqn pour une place, un avantage, etc : *Pistonner un ami auprès du directeur.*

pistou [pistu] n.m. (mot prov., de *pestar* ou *pistar*, du lat. *pinsare* "piler, broyer"). - **1.** Nom donné au basilic dans le Midi provençal. - **2.** Soupe provençale de légumes, liée avec du basilic et de l'ail pilés au mortier. (On dit aussi *soupe au pistou.*)

pita [pita] n.m. (mot gr.). CAN. Pain non levé que l'on fourre de viande, de fromage, de légumes, etc.

pitance [pitɑ̃s] n.f. (de *pitié*). FAM. Nourriture journalière : *Une maigre pitance.*

pitchpin [pitʃpɛ̃] n.m. (angl. *pitchpine* "pin à résine"). Arbre résineux d'Amérique du Nord, dont on utilise le bois en ébénisterie. □ Famille des pinacées.

piteusement [pitøzmɑ̃] adv. De manière piteuse : *Échouer piteusement à un examen* (syn. lamentablement).

piteux, euse [pitø, -øz] adj. (lat. médiév. *pietosus*, de *pietas* "pitié"). - **1.** Propre à exciter une pitié où se mêlent de la raillerie, du mépris : *Une piteuse apparence* (syn. navrant). - **2.** Ridiculement médiocre ou insuffisant : *Piteux résultats* (syn. déplorable, lamentable). - **3.** En piteux état, se dit de qqch qui est en mauvais état, délabré ; se dit de qqn en mauvais état de santé : *Revenir en piteux état d'un voyage.* ‖ FAM. Faire piteuse mine, piteuse figure, avoir un air triste, confus.

pithécanthrope [pitekɑ̃tʀɔp] n.m. (du gr. *pithêkos* "singe" et *anthrôpos* "homme"). ANTHROP. Fossile humain découvert à Java.

pitié [pitje] n.f. (lat. *pietas, -atis* "piété"). - **1.** Sentiment qui rend sensible aux souffrances, au malheur d'autrui : *Faire pitié*

(= exciter la compassion). - **2.** FAM. À faire pitié, très mal : *Elle dessine à faire pitié.* ‖ Avoir, prendre pitié de qqn, éprouver de la commisération pour qqn. ‖ Par pitié !, de grâce ! : *Par pitié, laissez-moi tranquille.* ‖ **Prendre qqn en pitié**, témoigner de l'intérêt à qqn au nom de la pitié qu'il inspire. ‖ **Vierge de pitié**, Vierge représentée éplorée, avec le corps du Christ reposant sur ses genoux, après la descente de Croix (= pietà).

piton [pitɔ̃] n.m. (d'un rad. lat. *pitt-* "pointe", à rapprocher de **pikkare ;* v. *piquer*). - **1.** Clou ou vis dont la tête est en forme d'anneau ou de crochet : *Piton d'alpiniste.* - **2.** Pointe d'une montagne élevée.

pitonner [pitɔne] v.t. Planter des pitons.
◆ v.i. CAN. Changer fréquemment de chaîne à l'aide d'une télécommande lorsqu'on regarde la télévision (syn. zapper).

pitoyable [pitwajabl] adj. - **1.** Qui éveille un sentiment de pitié : *Spectacle pitoyable de la misère humaine* (syn. navrant). - **2.** Mauvais ; sans valeur : *Un auteur, un style pitoyable* (syn. lamentable, minable).

pitoyablement [pitwajabləmɑ̃] adv. De façon pitoyable : *Nos vacances se sont terminées pitoyablement* (syn. lamentablement, piteusement).

pitre [pitʀ] n.m. (mot franc-comtois, var. de *piètre*). Personne qui fait des bouffonneries : *Faire le pitre* (syn. clown, guignol).

pitrerie [pitʀəʀi] n.f. Action, comportement de pitre : *Il ne cesse de faire des pitreries* (syn. clownerie, facétie).

pittoresque [pitɔʀɛsk] adj. et n.m. (it. *pittoresco,* de *pittore* "peintre"). - **1.** Qui frappe la vue, l'attention par sa beauté, son originalité : *Site pittoresque.* - **2.** Qui a du relief, de l'originalité, de la fantaisie : *Un personnage pittoresque* (syn. cocasse, original). *Un récit pittoresque* (syn. coloré, vivant).

pityriasis [pitiʀjazis] n.m. (gr. *pituriasis,* de *pituron* "son du blé"). MÉD. Dermatose à desquamation en fines écailles.

pivert ou **pic-vert** [pivɛʀ] n.m. (de *1. pic* "oiseau"). Pic de grande taille, commun en France, à plumage vert et jaune sur le corps et à tête rouge.

pivoine [pivwan] n.f. (lat. *paeonia,* du gr.). Plante à bulbe que l'on cultive pour ses grosses fleurs rouges, roses ou blanches. □ Famille des renonculacées.

pivot [pivo] n.m. (orig. obsc.). - **1.** Pièce cylindrique qui sert de support à une autre pièce et lui permet de tourner sur elle-même : *Le pivot d'une boussole.* - **2.** Support d'une dent artificielle, enfoncé dans la racine. - **3.** BOT. Racine qui s'enfonce verticalement dans la terre. - **4.** Agent, élément principal de qqch :

Être le pivot d'une entreprise (= cheville ouvrière).

pivotant, e [pivɔtɑ̃, -ɑ̃t] adj. Qui pivote : *Siège pivotant.*

pivotement [pivɔtmɑ̃] n.m. Mouvement que peuvent prendre, l'un par rapport à l'autre, deux corps reliés par un seul point : *Le pivotement d'une manette.*

pivoter [pivɔte] v.i. Tourner sur un pivot, autour d'un axe ; tourner sur soi-même : *Une porte pivote sur ses gonds. L'enfant pivota sur ses talons et prit la fuite.*

pixel [piksɛl] n.m. (contraction de l'angl. *picture element*). Le plus petit élément de teinte homogène d'une image enregistrée (photographie, télévision, télécommunications).

pizza [pidza] n.f. (mot it.). Tarte salée garnie de tomates, d'anchois, d'olives, de fromage, etc. □ Spécialité italienne.

pizzeria [pidzeʀja] n.f. (mot it.). Restaurant où l'on sert des pizzas et des spécialités italiennes.

pizzicato [pidzikato] n.m. (mot it.) [pl. *pizzicatos* ou *pizzicati*]. Pincement des cordes d'un instrument à archet.

placage [plakaʒ] n.m. (de *plaquer*). - **1.** Revêtement, en bois précieux, de la surface de certains meubles : *Placage en acajou.* - **2.** SPORTS. Syn. de *plaquage.*

placard [plakaʀ] n.m. (de *plaquer*). - **1.** Armoire aménagée dans ou contre un mur : *Placard à balais.* - **2.** Avis affiché publiquement : *Faire mettre un placard sur un panneau d'affichage.* - **3.** IMPR. Épreuve en colonnes, pour les corrections. - **4.** FAM. Mettre qqn au placard, le cantonner dans un poste sans responsabilité. ‖ **Placard publicitaire**, annonce publicitaire occupant une surface importante, dans un journal, une revue.

placarder [plakaʀde] v.t. (de *placard*). Afficher qqch, le coller sur les murs : *Des avis ont été placardés.*

place [plas] n.f. (lat. pop. **plattea,* class. *platea,* de *platus* "large"). - **1.** Espace qu'occupe ou que peut occuper une personne, une chose : *Ce meuble prend beaucoup de place. Je n'ai pas assez de place.* - **2.** Rang obtenu dans un classement ; rang qu'une personne ou une chose doit occuper : *Ceux qui ont obtenu les premières places au concours.* - **3.** Rang dans une file d'attente : *Je te garde ta place.* - **4.** Emplacement réservé à un voyageur dans un moyen de transport, à un spectateur dans une salle : *Il reste deux places dans ce compartiment* (syn. siège). - **5.** Emplacement pour garer une voiture : *Il y a une place libre au coin de la rue.* - **6.** Charge, fonctions de qqn : *Avoir une bonne place* (syn. emploi, métier, situation). - **7.** BELG. Pièce d'habitation : *Un appartement de cinq places.* - **8.** Espace public découvert, dans une agglomération : *Ils jouent aux boules sur la place du village.* - **9.** Ville défendue par des fortifications ; toute ville de garnison. - **10.** COMM. Ensemble des négociants, des banquiers d'une ville. - **11.** À la place de, au lieu de : *Ils ont diffusé un film à la place du débat prévu.* ‖ À votre place, si j'étais dans votre cas. ‖ **Entrer dans la place,** s'introduire dans un milieu plutôt fermé. ‖ **Être en place,** se trouver à l'endroit convenable pour fonctionner, pour entrer en action : *Les forces de police sont déjà en place.* ‖ **Faire place à,** être remplacé par : *Le vieux cinéma a fait place à un garage.* ‖ **Mise en place,** installation préliminaire à une action, à une activité donnée : *Procéder à la mise en place d'un réseau informatique.* ‖ **Ne pas tenir en place,** s'agiter sans cesse. ‖ **Prendre place,** s'installer : *Les passagers prennent place dans l'avion.* ‖ **Remettre qqn à sa place,** le rappeler aux égards qu'il doit. ‖ **Sur place,** à l'endroit même dont il est question : *La voiture accidentée est restée sur place pendant deux jours.*

placé, e [plase] adj. **Être bien, mal placé (pour),** être dans une situation favorable, défavorable pour avoir telle action : *Tu es bien placé pour la convaincre.* ‖ **Personne haut placée,** personne qui a une position sociale ou hiérarchique élevée, une fonction importante. ‖ TURF. **Jouer un cheval placé,** parier qu'il arrivera dans les trois premiers.

placebo [plasebo] n.m. (mot lat. "je plairai"). MÉD. Substance inactive substituée au médicament pour étudier l'efficacité réelle de celui-ci en éliminant toute participation psychologique du malade.

placement [plasmɑ̃] n.m. - **1.** Action de placer de l'argent ; capital ainsi placé : *Elle a fait un bon placement en achetant cette maison* (syn. investissement). - **2.** Action de procurer un emploi à qqn : *Bureau de placement.* - **3.** Action de mettre selon un certain ordre : *Le placement des convives autour d'une table.* - **4.** Action de placer qqn dans une institution sociale, un hôpital psychiatrique : *Placement volontaire, d'office* (v. aussi *internement*).

placenta [plasɛ̃ta] n.m. (mot lat. "galette"). Organe reliant l'embryon à l'utérus maternel pendant la gestation. ◻ Le placenta humain, pesant de 500 à 600 g, est expulsé après l'accouchement.

placentaire [plasɛ̃tɛʀ] adj. Relatif au placenta.

placer [plase] v.t. (conj. 16). - **1.** Mettre à une certaine place, à un endroit déterminé : *Placer les invités à table* (syn. installer). *Placer les fleurs dans un vase* (syn. disposer). - **2.** Assigner une place, un rang à : *Je place la générosité*

avant l'intelligence. - **3.** Procurer un emploi à : *L'école place ses anciens élèves à la fin de leurs études* (syn. établir). - **4.** Faire admettre qqn dans un hôpital, une institution sociale, etc. : *Placer un enfant dans un institut médico-pédagogique.* - **5.** Donner place à, loger : *Placer un bon mot dans une conversation* (syn. glisser, introduire). - **6.** Mettre de l'argent dans une entreprise dans l'intention de le faire fructifier : *Placer ses économies à la Caisse d'épargne* (syn. déposer). *Placer son argent dans un terrain* (syn. investir). - **7.** Réussir à vendre, à écouler : *Les grossistes ont du mal à placer leurs stocks.* - **8.** FAM. **En placer une,** intervenir dans une conversation ; répliquer à un interlocuteur : *Avec elle, impossible d'en placer une.* ‖ MUS. **Placer sa voix,** lui donner le registre qui convient le mieux à sa propre tessiture. ◆ **se placer** v.pr. - **1.** Prendre une place, un certain rang : *Placez-vous autour de moi. Se placer parmi les premiers* (syn. se classer). - **2.** FAM. Se mettre en bonne position pour réussir : *C'est quelqu'un qui sait se placer.* - **3.** TURF. En parlant d'un cheval, arriver à la deuxième ou à la troisième place dans une course (rapportant ainsi un gain aux parieurs).

placeur, euse [plasœʀ, -øz] n. Personne qui place les gens dans une salle de spectacle, dans une cérémonie, etc.

placide [plasid] adj. (lat. *placidus,* de *placere* "plaire", avec infl. de *pax* "paix"). Qui garde son calme en toute circonstance : *Rester placide sous les critiques* (syn. imperturbable).

placidement [plasidmɑ̃] adv. Avec placidité : *Il a répondu placidement* (syn. calmement, posément).

placidité [plasidite] n.f. Caractère placide : *Garder sa placidité* (syn. calme, sérénité).

placier [plasje] n.m. (de *place*). Représentant de commerce qui propose ses articles à des particuliers (syn. courtier).

Placoplâtre [plakoplɑtʀ] n.m. (nom déposé). Matériau de construction constitué de panneaux standardisés de plâtre coulé entre deux feuilles de carton : *Une cloison en Placoplâtre.*

plafond [plafɔ̃] n.m. (de *plat* et *fond*). - **1.** Surface horizontale formant la partie supérieure d'une pièce, d'un lieu couvert, d'un véhicule, etc. : *Un lustre pend au plafond.* - **2.** Limite supérieure d'une vitesse, d'une valeur, etc. : *Le plafond des salaires dans l'entreprise. Prix plafond.* - **3.** FAM. **Crever le plafond,** dépasser la limite normale. ‖ **Plafond nuageux,** hauteur moyenne de la base des nuages au-dessus du sol.

plafonnement [plafɔnmɑ̃] n.m. État de ce qui atteint sa limite supérieure : *Plafonnement des prix, de la vitesse.*

plafonner [plafɔne] v.i. - **1.** Atteindre sa vitesse, sa valeur, sa hauteur maximale : *Cette voiture plafonne à 200 km/h. Les salaires, les ventes plafonnent.* - **2.** Salaire plafonné, fraction maximale d'un salaire soumise aux cotisations de sécurité sociale.

plafonnier [plafɔnje] n.m. Système d'éclairage fixé au plafond d'une pièce, d'un véhicule, etc.

plage [plaʒ] n.f. (it. *piaggia* "coteau", du gr. *plagios* "oblique"). - **1.** Étendue presque plate couverte de sable ou de galets au bord de la mer, sur la rive d'un cours d'eau, d'un lac : *Une plage de sable. Aller à la plage.* - **2.** Station balnéaire : *Les plages bretonnes.* - **3.** Surface délimitée d'une chose, d'un lieu, etc. : *Plage arrière d'une voiture* (= tablette située sous la lunette arrière). - **4.** Laps de temps, durée limitée : *Des plages musicales dans un programme de radio.* - **5.** Plage d'un disque, sillon ininterrompu d'une même face de disque, supportant un enregistrement.

plagiaire [plaʒjɛʀ] n. (lat. *plagiarius*, du gr. *plagios* "oblique, fourbe"). Personne qui plagie les œuvres des autres : *Être victime d'un plagiaire* (syn. contrefacteur).

plagiat [plaʒja] n.m. Action du plagiaire : *Condamné pour plagiat* (syn. copie, démarquage, imitation).

plagier [plaʒje] v.t. (de *plagiaire*) [conj. 9]. Piller les ouvrages d'autrui en donnant pour siennes les parties copiées : *Plagier un écrivain* (syn. copier, imiter).

plagiste [plaʒist] n. Personne qui s'occupe de la gestion et de l'entretien d'une plage payante.

plaid [plɛd] n.m. (mot angl.). Couverture de voyage à carreaux.

plaider [plede] v.t. (de l'anc. fr. *plaid* "assemblée judiciaire"). - **1.** Défendre oralement en justice la cause d'une partie : *Plaider une affaire devant les assises.* - **2.** Exposer dans sa plaidoirie : *Plaider la légitime défense.* - **3.** Plaider coupable, se défendre en admettant sa culpabilité. ‖ Plaider le faux pour savoir le vrai, dire qqch qu'on sait faux pour amener qqn à dire la vérité. ◆ v.i. - **1.** Défendre une partie, une cause, un accusé devant une juridiction : *Les avocats plaideront demain.* - **2.** Plaider pour, en faveur de qqn, de qqch, lui être favorable : *Son passé plaide en sa faveur.*

plaideur, euse [pledœʀ, -øz] n. Personne qui plaide sa cause dans un procès, qui est en procès.

plaidoirie [pledwaʀi] n.f. (de l'anc. v. *plaidoyer*). Exposé oral visant à défendre un accusé, à soutenir une cause : *L'avocat termina sa plaidoirie en demandant l'indulgence du jury* (syn. plaidoyer).

plaidoyer [pledwaje] n.m. (de l'anc. v. *plaidoyer*). - **1.** Discours prononcé devant un tribunal pour défendre une cause : *Un plaidoyer éloquent et émouvant* (syn. plaidoirie). - **2.** Défense en faveur d'une opinion, d'une personne, etc. : *Un plaidoyer pour la liberté* (syn. apologie, défense).

plaie [plɛ] n.f. (lat. *plaga* "coup"). - **1.** Déchirure provoquée dans les chairs par une blessure, une brûlure, un abcès : *Une plaie au front.* - **2.** LITT. Cause de douleur, de chagrin : *La mort d'un enfant est une plaie qui ne guérit pas* (syn. déchirement, peine). - **3.** FAM. Personne ou événement désagréable : *Quelle plaie, cette pluie !* - **4.** Remuer, retourner le couteau dans la plaie, insister lourdement sur un sujet douloureux.

plaignant, e [plɛɲɑ̃, -ɑ̃t] n. et adj. Personne qui dépose une plainte contre une autre, ou qui fait un procès à qqn.

plain-chant [plɛ̃ʃɑ̃] n.m. (pl. *plains-chants*). Chant d'église médiéval à une voix.

plaindre [plɛ̃dʀ] v.t. (lat. *plangere*) [conj. 80]. - **1.** Éprouver de la compassion pour qqn : *Je ne le plains pas, il l'a cherché !* (syn. compatir). - **2.** Être, ne pas être à plaindre, mériter ou non la compassion des autres. ‖ Ne pas plaindre sa peine, son temps, se dépenser sans compter. ◆ **se plaindre** v.pr. - **1.** Se lamenter, exprimer sa souffrance : *Le malade s'est plaint toute la nuit* (syn. geindre, gémir). - **2.** [de] Manifester son mécontentement : *Il se plaint surtout du bruit* (syn. protester contre).

plaine [plɛn] n.f. (lat. pop. **planea*, du class. *planus* "plat"). Étendue plate, aux vallées peu enfoncées dans le sol : *La plaine d'Alsace.*

de plain-pied [plɛ̃pje] loc. adv. - **1.** Au même niveau : *Deux pièces de plain-pied.* - **2.** Sur un pied d'égalité : *Se sentir de plain-pied avec son interlocuteur.*

plainte [plɛ̃t] n.f. - **1.** Parole, cri provoqués par une douleur, physique ou morale : *On entendait les plaintes des blessés* (syn. gémissement). - **2.** Mécontentement que l'on exprime : *Elle commence à lasser tout le monde avec ses plaintes incessantes* (syn. jérémiade, récrimination). - **3.** Dénonciation en justice d'une infraction par la personne qui en a été la victime : *Porter plainte contre qqn.*

plaintif, ive [plɛ̃tif, -iv] adj. Qui a l'accent d'une plainte : *Voix, ton plaintifs* (syn. dolent, gémissant).

plaintivement [plɛ̃tivmɑ̃] adv. D'une voix plaintive.

plaire [plɛʀ] v.t. ind. [à] (réfection de l'anc. inf. *plaisir*, lat. *placere*) [conj. 110]. Convenir aux goûts de qqn, lui faire plaisir : *Cette peinture lui a beaucoup plu, il l'a achetée* (syn. convenir). *Je ne fais que ce qui me plaît* (syn.

agréer à). ◆ **v. impers. Comme il vous plaira**, selon vos désirs. ‖ **Plaît-il ?**, formule de politesse pour faire répéter ce qu'on a mal entendu. ‖ **Plût, plaise au ciel que**, formules de souhait ou de regret : *Plaise au ciel qu'il soit encore vivant.* ‖ **S'il te plaît, s'il vous plaît**, formule de politesse exprimant une demande, un ordre : *Puis-je sortir, s'il vous plaît ? Signe ici, s'il te plaît.* ◆ **se plaire** v.pr. - **1.** Se convenir, s'aimer l'un l'autre : *Ils se plaisent beaucoup.* - **2.** Prendre plaisir à faire qqch, à se trouver quelque part : *Elle se plaît beaucoup dans sa nouvelle maison.* - **3.** Se développer dans un lieu : *Cette plante se plaît à l'ombre* (syn. prospérer).

plaisamment [plɛzamɑ̃] adv. De façon plaisante : *Raconter plaisamment un incident* (contr. sérieusement).

plaisance [plɛzɑ̃s] n.f. (de *1. plaisant*). De plaisance, que l'on pratique pour l'agrément, pendant les loisirs : *Bateau, navigation de plaisance.*

plaisancier, ère [plɛzɑ̃sje, -ɛʀ] n. Personne qui pratique la navigation de plaisance.

1. plaisant, e [plɛzɑ̃, -ɑ̃t] adj. - **1.** Qui plaît, qui charme : *Un séjour très plaisant à la montagne* (syn. agréable). - **2.** Qui fait rire : *Une histoire plaisante* (syn. amusant, drôle).

2. plaisant [plɛzɑ̃] n.m. (de *1. plaisant*). Mauvais plaisant, personne qui aime à jouer de mauvais tours.

plaisanter [plɛzɑ̃te] v.i. (de *1. plaisant*). - **1.** Dire des choses drôles : *Elle plaisante tout le temps.* - **2.** Faire des choses avec l'intention de faire rire ou par jeu : *J'ai dit ça pour plaisanter* (syn. rire). - **3.** Ne pas plaisanter avec, sur qqch, être très strict sur ce chapitre : *Il ne plaisante pas avec l'exactitude* (syn. badiner). ◆ **v.t.** Se moquer gentiment de qqn : *Ses collègues la plaisantent sur ses chapeaux* (syn. railler, taquiner).

plaisanterie [plɛzɑ̃tʀi] n.f. - **1.** Chose que l'on dit ou que l'on fait pour amuser : *Aimer la plaisanterie.* - **2.** Chose ridicule ou très facile à faire : *Faire cela, c'est une plaisanterie pour elle !* (= un jeu d'enfant).

plaisantin [plɛzɑ̃tɛ̃] n.m. FAM. - **1.** Personne qui aime à plaisanter, à faire rire : *C'est un plaisantin* (syn. farceur, pitre). - **2.** Personne en qui on ne peut avoir confiance (péjor.) : *Tu n'es qu'un petit plaisantin* (syn. dilettante).

plaisir [plɛziʀ] n.m. (de l'anc. inf. *plaisir*, lat. *placere* "plaire"). - **1.** État de contentement que crée chez qqn la satisfaction d'une tendance, d'un besoin, d'un désir : *J'ai lu ce roman avec plaisir* (syn. contentement, délectation). *J'ai le plaisir de vous annoncer que vous êtes reçu* (syn. joie, satisfaction). - **2.** Ce qui plaît, ce qui procure à qqn un sentiment de contentement : *La musique est pour moi un plaisir* (syn. bonheur). - **3.** À plaisir, par caprice ; sans motif valable : *Elle se tourmente à plaisir.* ‖ Au plaisir, formule d'adieu. ‖ Avec plaisir, volontiers. ‖ Avoir, prendre plaisir à, trouver de l'agrément à. ‖ Faites-moi le plaisir de..., formule pour demander ou ordonner qqch : *Faites-moi le plaisir de recommencer ce travail tout de suite.* ‖ Je vous souhaite bien du plaisir, se dit ironiquement à qqn qui va faire qqch de difficile, de désagréable. ‖ Le plaisir, plaisir des sens ; satisfaction sexuelle. ‖ HIST. Car tel est notre bon plaisir, formule terminale des édits royaux pour dire « telle est notre décision ».

1. plan [plɑ̃] n.m. (de *2. plan*). - **1.** Représentation graphique d'un ensemble de constructions, d'un bâtiment, d'une machine, etc. : *Dessiner les plans d'une maison.* - **2.** Carte à différentes échelles d'une ville, etc. : *Un plan de la banlieue parisienne.* - **3.** Surface unie : *Un plan incliné.* - **4.** MATH. Surface illimitée qui contient toute droite joignant deux de ses points. - **5.** Projet élaboré servant de base à une réalisation : *Faire des plans d'avenir.* - **6.** Organisation en différentes parties d'un texte, d'un ouvrage : *Écrire le plan d'une dissertation.* - **7.** Ensemble des mesures gouvernementales prises en vue de planifier l'activité économique : *Plan quinquennal.* - **8.** Éloignement relatif des objets dans la perception visuelle, dans un tableau, une photo : *Au premier plan, on voit des enfants et, au second plan, une maison.* - **9.** CIN. Fragment d'un film tourné en une seule fois ; façon de cadrer la scène filmée : *Plan fixe* (= enregistré par une caméra immobile). *Gros plan* (= qui montre un visage ou un objet). - **10.** Aspect sous lequel on considère qqn, qqch : *C'est une opération risquée sur tous les plans* (= à tous égards). - **11.** Place occupée par une personne ou par une chose relativement à d'autres : *Un homme politique de premier plan* (syn. importance). *La réussite du projet est au premier plan de mes préoccupations.* - **12.** Laisser en plan, laisser inachevé ; abandonner : *Laisser son travail en plan. Ne me laisse pas en plan dans cette ville.* ‖ Plan d'eau, étendue d'eau sur laquelle on peut, notamm., pratiquer les sports nautiques. ‖ Plan de cuisson, ensemble encastrable supportant des plaques électriques. ‖ AÉRON. Plan de travail, surface horizontale formant table, dans une cuisine. ‖ Sur le même plan, au même niveau : *Deux artistes qu'on peut placer sur le même plan.* ‖ Sur le plan (de), du point de vue (de) : *Sur le plan du talent il est remarquable, mais, sur le plan moral, il y a beaucoup à dire.* ‖ Plan de vol, document écrit par le pilote d'un avion avec des indications sur l'itinéraire, l'altitude, etc.

2. plan, e [plɑ̃, plan] adj. (lat. *planus* "plat"). - **1.** Sans inégalité de niveau, uni : *Miroir plan* (syn. plat). - **2.** Figure plane, figure dont tous les points sont dans un même plan. ‖ Géométrie plane, étude des figures planes (par opp. à *géométrie dans l'espace*).

planche [plɑ̃ʃ] n.f. (bas lat. *planca*, fém. de *plancus* "aux pieds plats"). - **1.** Pièce de bois sciée, nettement plus large qu'épaisse : *Une cabane en planches*. - **2.** Illustration ou ensemble d'illustrations relatives à un même sujet et occupant dans un livre la plus grande partie ou la totalité d'une page : *Une planche de papillons dans un dictionnaire.* - **3.** Portion de jardin affectée à une culture : *Une planche de salades, de radis.* - **4.** Faire la planche, rester étendu sur le dos à la surface de l'eau et sans faire de mouvements. ‖ Planche à billets, plaque gravée sur laquelle on tire les billets de banque. ‖ Planche à dessin, plateau de bois parfaitement plan, sur lequel les dessinateurs fixent leur papier. ‖ Planche à pain, tablette de bois pour couper le pain ; au fig. et fam., femme qui a peu de poitrine. ‖ Planche à repasser, planche recouverte de tissu, souvent montée sur pieds et dont une extrémité est arrondie, utilisée pour repasser le linge. ‖ Planche à roulettes, planche montée sur quatre roues, sur laquelle on se déplace, on exécute des sauts, des figures, etc. ; sport ainsi pratiqué (syn. skateboard). ‖ Planche à voile, flotteur plat muni d'une voile fixée à un mât articulé, utilisé pour la voile de loisir ou de compétition ; sport ainsi pratiqué. ‖ Planche de salut, dernière ressource dans une situation désespérée. ◆ planches n.f. pl. Le théâtre, la scène : *Monter sur les planches* (= devenir acteur).

1. plancher [plɑ̃ʃe] n.m. (de *planche*). - **1.** Élément de construction horizontal entre deux étages, dans une maison, un édifice, etc. : *Les planchers sont faits de dalles de béton.* - **2.** Sol d'une pièce : *Couvrir le plancher avec de la moquette* (syn. parquet). - **3.** (Souvent en appos.). Niveau minimal, seuil inférieur : *Prix plancher.* - **4.** FAM. Débarrasser le plancher, partir. ‖ FAM. Le plancher des vaches, la terre ferme. ‖ FAM. Pied au plancher, en accélérant au maximum.

2. plancher [plɑ̃ʃe] v.i. (de *1. plancher*). ARG. SCOL. Être interrogé à une leçon, à un examen ; faire un exposé : *Demain, je plancherai en physique.* ◆ v.t. ind. [sur] FAM. Travailler sur un texte : *Plancher sur un rapport.*

planchette [plɑ̃ʃɛt] n.f. Petite planche.

planchiste [plɑ̃ʃist] n. Personne qui pratique la planche à voile (syn. véliplanchiste).

plancton [plɑ̃ktɔ̃] n.m. (gr. *plagkton* "qui erre"). Ensemble des êtres microscopiques en suspension dans la mer ou l'eau douce.

plané [plane] adj. m. FAM. Faire un vol plané, une chute par-dessus qqch.

planer [plane] v.i. (bas lat. *planare*, du class. *planus* "plat"). - **1.** Se soutenir en l'air, les ailes étendues, sans mouvement apparent, en parlant d'un oiseau : *Un aigle qui plane au-dessus de sa proie.* - **2.** Évoluer sous la seule sollicitation de son poids et des forces aérodynamiques, en parlant d'un planeur (ou d'un avion dont le moteur n'est pas en marche). - **3.** Flotter dans l'air : *Un épais nuage de fumée planait au-dessus de la maison incendiée.* - **4.** Peser d'une manière plus ou moins menaçante : *Un mystère plane sur cette affaire.* - **5.** Ne pas avoir le sens des réalités ; être dans un état de bien-être euphorique, en partic. du fait de l'absorption d'une drogue : *Tu planes complètement* (syn. rêver).

1. planétaire [planetɛʀ] adj. (de *planète*). - **1.** Qui se rapporte aux planètes : *Mouvement planétaire.* - **2.** Qui se rapporte à la Terre : *Un phénomène planétaire* (syn. mondial, universel).

2. planétaire [planetɛʀ] n.m. (de *1. planétaire*). Pignon monté directement sur les arbres à commander, dans un mécanisme différentiel.

planétarisation [planetaʀizasjɔ̃] n.f. Propagation dans le monde entier d'un phénomène humain local : *Éviter la planétarisation du sida* (syn. mondialisation).

planétarium [planetaʀjɔm] n.m. Installation qui représente les mouvements des astres sur une voûte hémisphérique grâce à des projections lumineuses.

planète [planɛt] n.f. (bas lat. *planeta*, du gr. *planêtês* "errant"). - **1.** Corps céleste sans lumière propre, qui gravite autour d'une étoile, spécial. du Soleil : *Les planètes du système solaire.* - **2.** Petite planète, astéroïde.

planétologie [planetɔlɔʒi] n.f. Science qui a pour objet l'étude des planètes et, plus génér., de tous les corps du système solaire, à l'exception du Soleil.

planeur [planœʀ] n.m. Aéronef sans moteur que l'on fait évoluer dans les airs en utilisant les courants atmosphériques pour la pratique du vol à voile.

planificateur, trice [planifikatœʀ, -tʀis] adj. et n. Qui a pour objet ou fonction la planification.

planification [planifikasjɔ̃] n.f. Action de planifier.

planifier [planifje] v.t. (de *1. plan*) [conj. 9]. Organiser, régler selon un plan le développement, le déroulement d'une activité, de : *Planifier l'économie. Planifier ses vacances.*

planimétrie [planimetʀi] n.f. (de *2. plan* et *-métrie*). - **1.** Géométrie appliquée à la mesure des aires planes. - **2.** Détermination de la projection, sur un plan horizontal, de chaque point d'un terrain dont on veut lever le plan.

planisphère [planisfɛʀ] n.m. (de 2. *plan* et *sphère*). Carte représentant les deux hémisphères terrestres ou célestes.

plan-masse [plɑ̃mas] n.m. (pl. *plans-masses*). ARCHIT. Plan de masse*.

planning [planiŋ] n.m. (mot angl.). - **1.** Programme de fabrication dans une entreprise ; plan de travail détaillé ; plan de production : *Établir, tenir un planning.* - **2.** Planning familial, ensemble des moyens mis en œuvre pour la régulation des naissances.

planque [plɑ̃k] n.f. (de *planquer*). FAM. - **1.** Cachette : *La police a trouvé leur planque.* - **2.** Situation où l'on est à l'abri, en partic. en temps de guerre. - **3.** Emploi bien rémunéré et où le travail est facile (syn. sinécure).

planqué, e [plɑ̃ke] n. et adj. FAM. Personne qui a trouvé une planque : *Les combattants et les planqués* (syn. embusqué).

planquer [plɑ̃ke] v.t. (var. de *planter*, d'apr. *plaquer*). Mettre à l'abri, cacher qqn, qqch : *Planquer ses économies, un fugitif.* ◆ **se planquer** v.pr. FAM. Se mettre à l'abri : *Se planquer derrière un mur* (syn. se cacher).

plant [plɑ̃] n.m. (de *planter*). - **1.** Jeune plante que l'on vient de planter ou que l'on doit repiquer : *Des plants de géraniums.* - **2.** Ensemble des végétaux plantés dans un même terrain ; ce terrain lui-même : *Un plant d'asperges.*

plantain [plɑ̃tɛ̃] n.m. (lat. *plantago*). - **1.** Plante très commune dont la semence sert à la nourriture des petits oiseaux. □ Famille des plantaginacées. - **2.** Plantain d'eau, plante des étangs. □ Famille des alismacées.

plantaire [plɑ̃tɛʀ] adj. (lat. *plantaris*). De la plante du pied : *Verrue, voûte plantaire.*

plantation [plɑ̃tasjɔ̃] n.f. (lat. *plantatio*). - **1.** Action de planter : *La plantation d'arbres.* - **2.** Terrain planté : *Les plantations ont été détruites par la grêle.* - **3.** Grande exploitation agricole des pays tropicaux : *Une plantation de caféiers.*

1. plante [plɑ̃t] n.f. (lat. *planta*). - **1.** Tout végétal vivant fixé en terre et dont la partie supérieure s'épanouit dans l'air ou dans l'eau douce : *Racines, tige, feuillage d'une plante.* - **2.** FAM. Une belle plante, une belle femme.

2. plante [plɑ̃t] n.f. (lat. *planta*). Face inférieure du pied de l'homme et des animaux (on dit aussi *plante du pied*).

planter [plɑ̃te] v.t. (lat. *plantare* "tasser la terre avec le pied"). - **1.** Mettre en terre une plante, un arbrisseau, un tubercule, une

bouture pour qu'ils y croissent : *Planter des salades, des rosiers.* - **2.** Garnir (un lieu) d'arbres, de végétaux : *Avenue plantée d'arbres.* - **3.** Enfoncer dans une matière plus ou moins dure : *Planter un piquet dans le sol* (syn. ficher). *Planter un clou dans un mur.* - **4.** Poser, placer debout : *Planter une tente* (syn. monter). *Planter un décor* (syn. dresser). *Le peintre planta son chevalet devant la mer* (syn. installer). - **5.** FAM. Abandonner, quitter brusquement : *Il m'a planté là, au coin de la rue.* ◆ **se planter** v.pr. - **1.** Se camper debout et immobile : *Il s'est planté devant moi.* - **2.** FAM. Faire une erreur ; subir un échec : *Elle s'est plantée dans ses prévisions* (syn. se tromper).

planteur [plɑ̃tœʀ] n.m. Propriétaire d'une plantation dans les pays tropicaux.

plantigrade [plɑ̃tigʀad] adj. et n.m. (de 2. *plante* et -*grade*). Qui marche sur toute la plante des pieds, et non sur les seuls doigts : *L'ours est un animal plantigrade.*

plantoir [plɑ̃twaʀ] n.m. (de *planter*). Outil servant à faire des trous dans la terre pour y mettre des jeunes plants.

planton [plɑ̃tɔ̃] n.m. (de *planter*). - **1.** Personne (soldat, en partic.) qui assure des liaisons entre différents services. - **2.** AFR. Garçon de bureau. - **3.** FAM. Faire le planton, attendre debout assez longtemps.

plantureux, euse [plɑ̃tyʀø, -øz] adj. (altér. de l'anc. fr. *pleinteïveus*, du bas latin "abondance"). - **1.** D'une grande abondance : *Un dîner plantureux* (syn. copieux). - **2.** Bien en chair, épanoui : *Elle a des formes plantureuses* (syn. rebondi). - **3.** Qui est d'une grande fertilité : *Une vallée plantureuse* (syn. fécond).

plaquage [plakaʒ] n.m. - **1.** Action de plaquer une surface, de la recouvrir d'un placage : *Le plaquage de meubles de cuisine.* - **2.** SPORTS. Au rugby, action de plaquer. (On écrit aussi *placage.*)

plaque [plak] n.f. (de *plaquer*). - **1.** Élément d'une matière quelconque, plein, relativement peu épais par rapport à sa surface, et rigide : *Plaque de marbre. Plaque d'égout en fonte.* - **2.** Objet ayant la forme, l'aspect d'une plaque : *Plaque chauffante d'une cuisinière.* - **3.** Pièce de métal portant une indication ; insigne de certaines professions, de certains grades : *Plaque d'immatriculation d'un véhicule. Plaque de garde-chasse.* - **4.** Couche peu épaisse, plus ou moins étendue, de certaines matières : *Une plaque de verglas.* - **5.** Tache colorée qui se forme sur la peau ; surface couverte d'excoriations, de boutons : *Avoir des plaques rouges sur le visage.* - **6.** GÉOL. Unité structurale rigide, d'environ 100 km d'épaisseur, qui constitue, avec d'autres unités semblables, l'enveloppe externe de la

Terre. -**7.** FAM. Être, mettre à côté de la **plaque**, se tromper, manquer le but. ‖ **Plaque dentaire**, enduit visqueux et collant, mélange complexe de constituants salivaires, de débris alimentaires et de bactéries, qui se forme à la surface des dents et qui joue un rôle notable dans la formation de la carie. ‖ **Plaque tournante**, plate-forme horizontale pivotant sur un axe, qui servait à faire passer d'une voie à une autre des wagons, des locomotives, etc. ; au fig., centre de multiples opérations ; chose ou personne occupant une position centrale, à partir de laquelle tout rayonne : *Ville qui est la plaque tournante du trafic de la drogue.* ‖ **Sclérose en plaques** → sclérose.

plaqué [plake] n.m. - **1.** Métal commun recouvert d'or ou d'argent : *Une montre en plaqué or.* - **2.** Bois recouvert d'une feuille de placage.

plaquer [plake] v.t. (moyen néerl. *placken* "coller"). - **1.** Appliquer fortement, étroitement contre qqch : *Le souffle de l'explosion l'a plaqué au mur* (syn. appuyer). - **2.** Appliquer de manière à rendre plat et lisse : *Plaquer ses cheveux sur son front* (syn. aplatir). - **3.** SPORTS. Au rugby, faire tomber un adversaire qui porte le ballon en le saisissant aux jambes. - **4.** Couvrir d'une feuille mince de métal précieux un autre métal plus commun ; appliquer une feuille de bois précieux sur du bois ordinaire : *Plaquer de l'acajou sur une commode.* - **5.** FAM. Quitter soudainement : *Elle l'a plaqué du jour au lendemain* (syn. abandonner). - **6.** MUS. **Plaquer un accord**, en jouer simultanément toutes les notes, au piano.

plaquette [plakɛt] n.f. (de *plaque*). - **1.** Petit livre peu épais : *Une plaquette de poèmes.* - **2.** Petite plaque, de forme le plus souvent rectangulaire, de certaines substances, notamm. alimentaires : *Plaquette de beurre, de chocolat.* - **3.** PHARM. Conditionnement sous plastique, comportant un certain nombre d'alvéoles destinées à contenir chacune un comprimé, une gélule : *Plaquette de pilules.* - **4.** Petite plaque métallique frappée, comme une médaille, en l'honneur d'un personnage, en souvenir d'un événement, etc. : *Plaquette commémorative en l'honneur du président.* - **5.** MÉD. Petit élément figuré du sang qui joue un rôle fondamental dans l'hémostase et la coagulation. ▫ Le nombre normal de plaquettes est de 150 000 à 400 000 par millimètre cube.

plasma [plasma] n.m. (mot gr. "ouvrage façonné"). - **1.** BIOL. Liquide clair dans lequel les cellules du sang sont en suspension. - **2.** PHYS. Fluide composé de molécules gazeuses, d'ions et d'électrons. ▫ On estime que 99 % de la matière de l'Univers est sous forme de plasma.

plasmatique [plasmatik] adj. BIOL. Qui se rapporte au plasma.

plasmique [plasmik] adj. (de [*cyto*]*plasme*). BIOL. **Membrane plasmique**, membrane qui entoure la cellule vivante. (On dit aussi *membrane cellulaire*.)

plastic [plastik] n.m. (mot angl.). Explosif plastique*.

plasticage n.m. → plastiquage.

plasticien, enne [plastisjɛ̃, -ɛn] n. - **1.** Artiste qui se consacre aux arts plastiques. - **2.** Spécialiste de chirurgie plastique.

plasticité [plastisite] n.f. - **1.** Caractéristique d'une matière très malléable. - **2.** Possibilité pour qqn de s'adapter avec souplesse à une situation nouvelle : *La plasticité de son caractère l'a beaucoup aidé* (syn. malléabilité, souplesse).

plastification [plastifikasjɔ̃] n.f. Action de plastifier.

plastifier [plastifje] v.t. [conj. 9]. Recouvrir d'une pellicule de matière plastique transparente : *Plastifier une carte d'identité.*

plastiquage ou **plasticage** [plastikaʒ] n.m. Action de plastiquer : *Le plastiquage de la voiture a fait plusieurs blessés.*

plastique [plastik] adj. (lat. *plasticus*, gr. *plastikos* "relatif au modelage"). - **1.** Qui peut être façonné par modelage : *L'argile est plastique* (syn. malléable). - **2.** Qui vise à donner des corps, des objets une représentation, une impression esthétiques : *La beauté plastique d'une mise en scène.* - **3.** **Arts plastiques**, la sculpture et la peinture, principalement. ‖ **Chirurgie plastique**, spécialité chirurgicale qui vise à restaurer les formes normales en cas d'accident, de malformation, etc. (on dit aussi *chirurgie réparatrice*). ‖ **Explosif plastique**, explosif d'une consistance proche de celle du mastic de vitrier, et qui ne détone que sous l'influence d'un dispositif d'amorçage. ‖ **Matière plastique**, matière synthétique constituée essentiellement de macromolécules et susceptible d'être modelée ou moulée, en génér. à chaud et sous pression. ◆ n.m. - **1.** Matière plastique. - **2.** Explosif plastique (syn. plastic). ◆ n.f. - **1.** Art de sculpter : *La plastique grecque.* - **2.** Conformation physique de qqn : *La belle plastique d'un danseur.*

plastiquer [plastike] v.t. Détruire, endommager avec du plastic : *Plastiquer un établissement public.*

plastiqueur, euse [plastikœr, -øz] n. Auteur d'un attentat au plastic.

plastron [plastrɔ̃] n.m. (it. *piastrone* "haubert"). - **1.** Empiècement cousu sur le devant d'un corsage ou d'une chemise d'homme : *Un plastron en dentelle.* - **2.** Pièce de cuir ou de toile rembourrée avec laquelle les escrimeurs se couvrent la poitrine pour se protéger.

plastronner [plastʀɔne] v.i. (de *plastron*). FAM. Prendre devant qqn une attitude fière, assurée : *Il adore plastronner devant les invités* (syn. parader, se pavaner).

1. **plat, e** [pla, plat] adj. (lat. pop. *plattus*, gr. *platus* "large, étendu"). - **1.** Dont la surface est unie, qui a peu de relief : *Sol plat* (syn. égal, plan). *Mer plate* (= mer sans vagues ; syn. uni). - **2.** Dont le creux est peu accusé : *Assiette plate. Avoir les pieds plats* (= peu cambrés). - **3.** Qui a peu d'épaisseur ; qui a peu de hauteur : *La sole est un poisson plat. Chaussures à talons plats* (contr. haut). - **4.** Qui manque de saveur, de caractère, de personnalité : *Vin plat* (syn. fade). *Eau plate* (= non gazeuse). *Sa dernière comédie est bien plate* (syn. banal, terne). *Une plate imitation* (syn. médiocre). - **5.** Qui montre de la bassesse, de la servilité : *Il est trop plat devant ses supérieurs* (syn. obséquieux, servile). - **À plat**, sur la surface la plus large : *Poser un livre à plat.* ‖ **Calme plat**, absence de vent sur la mer ; au fig., état, situation où rien de notable ne se produit. ‖ **Être à plat**, être dégonflé, en parlant d'un pneu, ou déchargé, en parlant d'un accumulateur ; FAM., être fourbu, manquer de courage, d'énergie. ‖ **Mettre qqch à plat**, en reconsidérer un à un tous les éléments, procéder à une révision d'ensemble susceptible de conduire à de nouvelles décisions. ‖ **Tomber à plat**, ne trouver aucun écho : *Sa plaisanterie est tombée à plat.* - **7.** GÉOM. **Angle plat**, angle de 180° dont les côtés sont deux demi-droites opposées. ‖ **Rimes plates**, qui se suivent deux à deux (deux masculines, deux féminines).

2. **plat** [pla] n.m. (de *1. plat*). - **1.** Partie plate de qqch : *Le plat de la main* (syn. paume). *Le plat d'un sabre.* - **2.** Terrain plat, en partic. dans un cadre sportif : *Cycliste spécialiste du plat.* - **3.** FAM. **Faire du plat à qqn**, le flatter ; le courtiser. ‖ SPORTS. **Course de plat**, épreuve se déroulant sur une piste sans obstacles. - **4.** **Plat de côtes**. Partie du bœuf comprenant les côtes prises dans le milieu de leur longueur et les muscles correspondants (on dit aussi *plates côtes*).

3. **plat** [pla] n.m. (de *1. plat*). - **1.** Pièce de vaisselle de table plus grande que l'assiette, pouvant affecter des formes diverses ; son contenu : *Un plat long, creux, rond. Elle apporta un plat de charcuterie.* - **2.** Chacun des éléments d'un repas : *Il a repris de tous les plats.* - **3.** FAM. **Faire tout un plat de qqch**, donner une importance exagérée à qqch. ‖ FAM.

Mettre les petits plats dans les grands, préparer un repas très soigné, un peu cérémonieux. ‖ FAM. **Mettre les pieds dans le plat**, intervenir de façon maladroite ou brutale.

platane [platan] n.m. (gr. *platanos*). - **1.** Arbre commun en France, planté le long des avenues ou des routes, et dont l'écorce se détache par plaques : *Le garçon de café pose les verres sur son plateau. Un plateau à fromages.* - **2.** Faux platane, érable sycomore.

plat-bord [plabɔʀ] n.m. (pl. *plats-bords*). MAR. Latte de bois entourant le pont d'un navire.

plateau [plato] n.m. (de *3. plat*). - **1.** Support plat et rigide qui sert à transporter, à présenter des objets divers (notamm. de la vaisselle, des aliments) : *Le garçon de café pose les verres sur son plateau. Un plateau à fromages.* - **2.** Partie d'une balance recevant les poids ou les matières à peser. - **3.** Étendue de terrain relativement plane, pouvant être située à des altitudes variées, mais toujours entaillée de vallées encaissées (à la différence de la plaine) : *Les hauts plateaux du Tibet.* - **4.** Pièce circulaire où l'on place les disques, sur un tourne-disque. - **5.** Roue dentée servant à mouvoir, par l'intermédiaire d'une chaîne, la roue arrière d'une bicyclette (par opp. à *pignon*) : *Plateau à cinq vitesses.* - **6.** Scène d'un théâtre ; lieu où sont plantés les décors et où évoluent les acteurs dans un studio de cinéma ou de télévision. - **7.** **Plateau continental**, prolongement du continent sous la mer, limité par le talus continental et s'étendant à des profondeurs génér. inférieures à 200 m (on dit aussi *plate-forme continentale* ou *littorale*).

plateau-repas [platoʀəpa] n.m. (pl. *plateaux-repas*). Plateau compartimenté où l'on peut mettre tous les éléments d'un repas servi dans un self-service, en avion, etc.

plate-bande [platbɑ̃d] n.f. (pl. *plates-bandes*). - **1.** Espace de terre plus ou moins large qui entoure un carré de jardin, où l'on plante des fleurs, des arbustes, etc. - **2.** FAM. **Marcher sur les plates-bandes de qqn**, empiéter sur ses attributions, ses prérogatives.

platée [plate] n.f. (de *3. plat*). Contenu d'un plat : *Une platée de choucroute* (syn. assiettée, plat).

plate-forme [platfɔʀm] n.f. (pl. *plates-formes*). - **1.** Support plat, de dimensions très variables, souvent surélevé, destiné à recevoir certains matériels, certains équipements, etc. : *Plate-forme de chargement d'un entrepôt.* - **2.** Partie arrière de certains autobus, dépourvue de siège, et où les voyageurs se tiennent debout. - **3.** Structure utilisée pour le forage ou l'exploitation des puits de pétrole sous-marins. - **4.** GÉOGR. Type de structure caractérisé par de légères déformations des couches. - **5.** Ensemble d'idées constituant la base d'un programme politique ou revendicatif : *Plate-forme électorale.* - **6.** **Plate-forme continentale** ou **littorale**, plateau* continental.

platement [platmɑ̃] adv. - **1.** De façon plate, banale : *S'exprimer platement* (syn. banalement). - **2.** De façon basse, servile : *Il s'est excusé platement* (syn. obséquieusement).

1. platine [platin] n.f. (de *1. plat*). - **1.** Plaque d'un électrophone regroupant le moteur, le dispositif d'entraînement du disque et les commandes de l'appareil. - **2.** Plaque soutenant les pièces du mouvement d'une montre. - **3.** Plaque de métal percée pour faire passer l'aiguille d'une machine à coudre ou la clef d'une serrure. - **4.** Plate-forme qui sert de support dans un microscope et où l'on place l'objet à étudier.

2. platine [platin] n.m. (anc. esp. *platina*, de *plata* "argent"). Métal précieux blanc-gris. □ Symb. Pt. ◆ adj. inv. Se dit d'une couleur de cheveux d'un blond presque blanc (syn. platiné).

platiné, e [platine] adj. (de *2. platine*). - **1.** D'un blond très pâle : *Cheveux platinés* (syn. platine). - **2.** Vis platinée, pastille au tungstène qui permet l'allumage d'un moteur d'automobile, de motocycle, etc.

platitude [platityd] n.f. (de *1. plat*). - **1.** Manque d'originalité, d'imprévu : *Un roman d'une rare platitude* (syn. banalité). - **2.** Parole banale, lieu commun : *Il ne dit que des platitudes* (syn. banalité). - **3.** LITT. Acte empreint de bassesse, de servilité : *Faire des platitudes pour obtenir qqch.*

platonicien, enne [platɔnisjɛ̃, -ɛn] adj. et n. Qui se rapporte à la philosophie de Platon ; adepte de cette philosophie.

platonique [platɔnik] adj. (lat. *platonicus*, de *Platon*). - **1.** Imaginaire, idéal, sans réalisation : *Un amour platonique* (syn. chaste, pur). - **2.** LITT. Sans effet, sans aboutissement : *Des protestations platoniques* (syn. formel).

platoniquement [platɔnikmɑ̃] adv. De façon platonique : *Aimer platoniquement* (syn. chastement).

platonisme [platɔnism] n.m. Philosophie de Platon et de ses disciples.

plâtrage [platʀaʒ] n.m. Action de plâtrer ; ouvrage fait de plâtre : *Il faudrait refaire le plâtrage du plafond* (syn. plâtre).

plâtras [platʀa] n.m. (de *plâtre*). Débris de matériaux de construction : *Déblayer des plâtras* (syn. gravats).

plâtre [platʀ] n.m. (de *emplâtre*). - **1.** Matériau résultant de la déshydratation du gypse, et qui se présente sous forme de poudre blanche qui, mélangée à l'eau, fait prise en formant une masse à la fois solide et tendre :

Boucher un trou avec du plâtre. - **2.** Ouvrage moulé en plâtre ; sculpture en plâtre : *Un plâtre de Molière.* - **3.** Appareil d'immobilisation d'un membre cassé, moulé directement sur le patient avec du plâtre à modeler et de la tarlatane : *Être dans le plâtre* (= avoir un membre immobilisé par cet appareil). ◆ **plâtres** n.m. pl. Ouvrages légers (ravalement, enduits, etc.) ; murs en plâtre.

plâtrer [platʀe] v.t. - **1.** Couvrir de plâtre : *Plâtrer un mur.* - **2.** Immobiliser par un plâtre : *Plâtrer un poignet.*

plâtrier [platʀije] n.m. et adj.m. Personne dont le métier consiste à préparer et à travailler le plâtre ; ouvrier qui construit des cloisons en plâtre, qui enduit au plâtre les murs et les plafonds.

plausible [plozibl] adj. (lat. *plausibilis* "digne d'être applaudi"). - **1.** Qui peut être considéré comme vrai : *Alibi plausible* (syn. admissible, recevable). - **2.** Que l'on peut admettre comme valable : *Hypothèse plausible* (syn. acceptable).

play-back [plɛbak] n.m. inv. (angl. *play back*). Interprétation mimée d'un enregistrement sonore effectué préalablement : *Chanter en play-back.*

play-boy [plɛbɔj] n.m. (angl. *play boy* "viveur") [pl. *play-boys*]. Jeune homme élégant et fortuné, à la mode, qui recherche les succès féminins et les plaisirs de la vie facile.

plèbe [plɛb] n.f. (lat. *plebs*). - **1.** ANTIQ. ROM. Classe populaire de la société romaine. - **2.** LITT. Peuple, bas peuple (péjor.) [syn. populace].

plébéien, enne [plebejɛ̃, -ɛn] adj. (lat. *plebeius*). - **1.** ANTIQ. ROM. De la plèbe (par opp. à *patricien*). - **2.** Sans éducation, peu raffiné (péjor.) : *Avoir des goûts plébéiens* (syn. populacier, vulgaire).

plébiscitaire [plebisitɛʀ] adj. Qui se rapporte à un plébiscite ; issu d'un plébiscite : *Un pouvoir plébiscitaire.*

plébiscite [plebisit] n.m. (lat. *plebiscitum* "décision du peuple"). - **1.** Consultation électorale par laquelle un homme ayant accédé au pouvoir demande à l'ensemble des citoyens de lui manifester leur confiance en se prononçant par oui ou par non sur un texte donné : *Le plébiscite de 1851 a légalisé le coup d'État de Louis Napoléon Bonaparte.* - **2.** HELV. Référendum.

plébisciter [plebisite] v.t. (de *plébiscite*). Élire, approuver à une très forte majorité : *Le peuple a plébiscité la nouvelle orientation politique.*

plectre [plɛktʀ] n.m. (lat. *plectrum*, gr. *plêktron*, de *plêssein* "frapper"). - **1.** ANTIQ. Baguette avec laquelle on touchait les cordes de la lyre, de la cithare. **-2.** MUS. Média-tor.

pléiade [plejad] n.f. (gr. *Pleiades,* constellation de sept étoiles). LITT. Groupe important (de personnes, en partic.) : *Une pléiade de célébrités* (syn. foule, kyrielle).

1. plein, e [plɛ̃, plɛn] adj. (lat. *plenus*). **-1.** Qui contient tout ce qu'il peut contenir : *Un verre plein d'eau* (syn. rempli). *Une salle pleine de monde* (= comble). **-2.** Qui contient qqch en grande quantité : *Lettre pleine de fautes. La place était pleine de gens* (syn. noir). **-3.** Qui est exactement ce qu'il est censé être : *Donner pleine satisfaction* (syn. total). *J'en ai pleine conscience* (syn. entier). **-4.** Qui atteint son maximum : *La pleine lune* (syn. entier). *Travailler à temps plein* (contr. partiel). **-5.** Dont toute la masse est occupée par une matière : *Mur plein* (contr. creux). *Un visage plein* (syn. épanoui, rebondi). **-6.** Qui est au cœur de qqch : *Le bateau est maintenant en pleine mer* (= au large). *Ils se disputaient en pleine rue* (= au milieu de la rue). **-7.** Infatué : *Elle est vraiment trop pleine d'elle-même* (syn. imbu). **-8.** Entièrement occupé, préoccupé : *Un romancier plein de son sujet* (syn. imprégné, pétri). **-9.** Se dit d'une femelle qui porte des petits : *Chatte pleine* (syn. gros). **-10.** À plein (+ n.), indique l'abondance, l'intensité : *Moteur qui tourne à plein régime. Crier à plein gosier.* ‖ **En plein,** dans le milieu ; FAM. complètement : *En plein dans le mille.* ‖ **Le plein air,** l'air libre, l'extérieur : *Jeux de plein air. Vivre en plein air.* ‖ FAM. **Plein comme un œuf,** rempli au maximum ; repu. ‖ **Pleins pouvoirs,** délégation du pouvoir législatif accordée temporairement par un Parlement à un gouvernement ; autorisation de négocier et de traiter au nom de la personne ou de la puissance qu'on représente. ‖ **Sens plein d'un mot,** sens originel, sens fort d'un mot : « *Être* » *perd son sens plein d'« exister » quand il est auxiliaire ou copule.*

2. plein [plɛ̃] n.m. (de *1. plein*). **-1.** Contenu total d'un réservoir : *Faire le plein d'essence.* **-2.** Partie forte et large d'une lettre calligraphiée : *Des pleins et des déliés.* **-3.** Battre son plein, être étale avant de commencer à redescendre, en parlant de la mer ; en être au moment où il y a le plus de monde, d'animation, en parlant d'une réunion, d'une fête, etc. ‖ **Faire le plein de qqch,** remplir totalement un lieu ; obtenir le maximum de qqch : *Artiste qui fait le plein des salles où il se produit. Député qui ne fait pas le plein des voix de son parti.*

3. plein [plɛ̃] adv. (de *1. plein*). **-1.** FAM. Beaucoup, en grande quantité : *Tu veux des disques ? J'en ai plein.* **-2.** Plein de, beaucoup de : *Tu as fait plein de fautes. Elle a plein d'amis.*

‖ **Tout plein,** très, extrêmement : *Il est mignon tout plein, ce petit.* ◆ prép. **-1.** FAM. En grande quantité, en grand nombre dans : *Il a des bonbons plein les poches. Des vieux journaux ? Il y en a plein le grenier.* **-2.** FAM. En avoir plein la bouche de qqn, de qqch, en parler sans cesse avec admiration. ‖ FAM. En avoir plein le dos, plein les bottes (de), être fatigué ou dégoûté (par). ‖ FAM. En mettre plein la vue à qqn, l'impressionner, le séduire.

pleinement [plɛnmɑ̃] adv. Entièrement, tout à fait, sans réserve : *Il est parti pleinement rassuré* (syn. totalement).

plein-emploi ou **plein emploi** [plɛnɑ̃plwa] n.m. sing. Emploi de toute la main-d'œuvre disponible dans un pays : *Des mesures pour assurer le plein-emploi.*

plein-temps [plɛ̃tɑ̃] n.m. et adj. inv. (pl. *pleins-temps*). Activité professionnelle absorbant la totalité du temps de travail : *Faire un plein-temps.*

pléistocène [pleistɔsɛn] n.m. et adj. (du gr. *pleistos* "nombreux" et *kainos* "nouveau"). Période la plus ancienne du quaternaire.

plénier, ère [plenje, -ɛʀ] adj. (lat. *plenarius,* de *plenus* "plein"). **-1.** Se dit d'une assemblée où tous les membres sont convoqués. **-2.** Adoption plénière → adoption.

plénipotentiaire [plenipɔtɑ̃sjɛʀ] n. (du lat. *plenus* "plein" et *potentia* "puissance"). Agent diplomatique muni des pleins pouvoirs. ◆ adj. Ministre plénipotentiaire, grade le plus élevé de la carrière diplomatique.

plénitude [plenityd] n.f. (lat. *plenitudo,* de *plenus* "plein"). **-1.** LITT. Totalité : *Garder la plénitude de ses facultés* (syn. intégrité). **-2.** Plein épanouissement : *Sentiment de plénitude.*

plénum [plenɔm] n.m. (du lat. *plenus* "plein"). Réunion plénière d'une assemblée.

pléonasme [pleɔnasm] n.m. (gr. *pleonasmos* "surabondance, excès"). Combinaison de plusieurs mots ou expressions dénotant la même idée : « *Monter en haut* » *est un pléonasme.*

pléonastique [pleɔnastik] adj. (gr. *pleonastikos*). Qui constitue un pléonasme : *Phrase pléonastique.*

plésiosaure [plezjɔzɔʀ] n.m. (du gr. *plêsios* "voisin" et *saura* "lézard"). Reptile marin fossile du secondaire, pouvant atteindre 5 m de long.

pléthore [pletɔʀ] n.f. (gr. *plêthôrê* "plénitude"). Abondance excessive de choses, de personnes, etc. : *La pléthore de fruits va entraîner une baisse des prix* (syn. surabondance ; contr. pénurie). *Une pléthore de candidats à un poste* (syn. excès).

pléthorique [pletɔʀik] adj. En nombre excessif : *Des stocks pléthoriques* (syn. démesuré, surabondant). *Des effectifs pléthoriques* (syn. surchargé).

pleur [plœr] n.m. LITT. (Surtout au pl.). Larme : *Verser, répandre des pleurs*.

pleurage [plœraʒ] n.m. (de *pleurer*). En électroacoustique, variation parasite de la hauteur des sons, sur un disque ou une bande magnétique.

pleural, e, aux [plœral, -o] adj. (du gr. *pleura* "côté"). Qui se rapporte à la plèvre : *Épanchement pleural*.

pleurant [plœrɑ̃] n.m. BX-A. Sculpture funéraire représentant un personnage affligé, dont le visage est souvent caché par un capuchon.

pleurard, e [plœrar, -ard] adj. et n. FAM. Qui pleure souvent. ◆ adj. Plaintif : *Une voix pleurarde* (syn. gémissant).

pleurer [plœre] v.i. (lat. *plorare* "crier, se lamenter"). - **1.** Verser des larmes : *Cet enfant pleure toute la journée* (syn. pleurnicher). *À cette nouvelle, elle se mit à pleurer* (syn. sangloter). - **2.** Pleurer sur, déplorer : *Cesse de pleurer sur ton sort* (syn. geindre, gémir). ◆ v.t. - **1.** Déplorer la mort de qqn, la perte de qqch : *Pleurer un proche*. - **2.** FAM. Ne pas pleurer sa peine, son argent, ne pas les épargner.

pleurésie [plœrezi] n.f. (lat. médiév. *pleuresis*, du gr. *pleuritis*, de *pleura* "côté"). PATHOL. Inflammation de la plèvre avec épanchement de liquide dans la cavité pleurale.

pleureur, euse [plœrœr, -øz] adj. (de *pleurer*). Se dit de certains arbres dont les branches retombent vers le sol : *Saule pleureur*.

pleureuse [plœrøz] n.f. Femme appelée spécial. pour pleurer les morts, dans certaines régions de l'Europe du Sud et de l'Afrique du Nord.

pleurnichement [plœrniʃmɑ̃] n.m. et **pleurnicherie** [plœrniʃri] n.f. - **1.** Habitude, fait de pleurnicher. - **2.** Douleur feinte, peu sincère : *Elle nous a trompés avec ses pleurnicheries* (syn. lamentation, plainte).

pleurnicher [plœrniʃe] v.i. - **1.** Pleurer souvent et sans raison : *Cet enfant pleurniche pour des riens*. - **2.** Se lamenter d'un ton larmoyant : *Elle est toujours à pleurnicher* (syn. geindre, se lamenter).

pleurnicheur, euse [plœrniʃœr, -øz] et, FAM., **pleurnichard, e** [plœrniʃar, -ard] adj. et n. Qui pleurniche.

pleurote [plœrɔt] n.m. (du gr. *pleura* "côté" et *ous, ôtos* "oreille"). Champignon basidiomycète comestible, qui vit sur le tronc des arbres.

pleutre [pløtr] n.m. et adj. (flam. *pleute* "chiffon"). LITT. Homme sans courage (syn. couard, lâche).

pleutrerie [pløtrəri] n.f. LITT. Caractère du pleutre ; action lâche (syn. lâcheté, poltronnerie).

pleuvoir [pløvwar] v. impers. (bas lat. *plovere*, class. *pluere*) [conj. 68]. Tomber, en parlant de la pluie : *Il pleut à seaux, à torrents, à verse, des cordes* (= beaucoup). ◆ v.i. Tomber en abondance : *Les bombes pleuvaient sur la ville* (syn. s'abattre). *Les critiques, les injures pleuvent.*

pleuvoter [pløvɔte] v. impers. FAM. Pleuvoir légèrement (syn. bruiner).

plèvre [plɛvr] n.f. (gr. *pleura* "côté"). Membrane séreuse qui tapisse le thorax et enveloppe les poumons.

Plexiglas [plɛksiglas] n.m. (nom déposé). Matière plastique dure, transparente, déformable à chaud, employée en partic. comme verre de sécurité.

plexus [plɛksys] n.m. (mot lat. "entrelacement"). - **1.** ANAT. Amas de filets nerveux enchevêtrés. - **2.** Plexus solaire, centre du système sympathique, formé de plusieurs ganglions nerveux et situé dans l'abdomen entre l'estomac et la colonne vertébrale.

pli [pli] n.m. (de *plier*). - **1.** Partie repliée en double, ou pincée, d'une matière souple (étoffe, papier, cuir, etc.) : *Les plis d'un rideau, d'un soufflet d'accordéon*. - **2.** Marque qui résulte d'une pliure : *Carte routière qui se déchire aux plis* (syn. pliure). - **3.** Enveloppe de lettre ; lettre : *Mettre une lettre sous pli. J'ai bien reçu votre pli* (syn. lettre, missive). - **4.** GÉOL. Ondulation des couches de terrain, qui peut être soit convexe (*anticlinal*), soit concave (*synclinal*). - **5.** Levée, aux cartes : *Le dernier pli est pour moi*. - **6.** Endroit de la peau formant une sorte de sillon : *Le pli de l'aine*. - **7.** FAM. Ça ne fait pas un pli, cela ne présente aucune difficulté ; cela se produit infailliblement. ‖ Faux pli, pliure faite à une étoffe là où il ne devrait pas y en avoir : *Faire des faux plis en repassant une chemise*. ‖ Prendre le pli de, prendre l'habitude de. ‖ Un mauvais pli, une mauvaise habitude.

pliable [plijabl] adj. Qu'on peut plier ; facile à plier : *Une chaise pliable*.

pliage [plijaʒ] n.m. Action de plier : *Le pliage des feuilles imprimées se fait automatiquement.*

pliant, e [plijɑ̃, -ɑ̃t] adj. Articulé de manière à pouvoir être replié sur soi : *Lit pliant. Mètre pliant*. ◆ **pliant** n.m. Siège qui se plie, génér. sans bras ni dossier.

plie [pli] n.f. (bas lat. *platessa*). Poisson plat à chair estimée, commun dans la Manche et l'Atlantique, remontant parfois les estuaires (syn. carrelet). □ Famille des pleuronectes ; long. 40 cm env.

plier [plije] v.t. (lat. *plicare*) [conj. 10]. - **1.** Mettre en double une ou plusieurs fois en rabattant sur elle-même une chose souple : *Plier une nappe, un drap. Plier un papier en deux, en quatre.* **- 2.** Rabattre les unes sur les autres les parties articulées d'un objet : *Plier une tente, un éventail.* **- 3.** Faire prendre une position courbe à : *Plier de l'osier* (syn. courber). *Plier les genoux* (syn. fléchir, ployer). **- 4.** Faire céder ; assujettir : *Plier qqn à sa volonté* (syn. soumettre). ◆ v.i. **- 1.** S'affaisser, se courber : *Les branches plient sous le poids des fruits* (syn. fléchir, ployer). **- 2.** Se soumettre à une contrainte, une influence : *Plier devant l'autorité* (syn. céder, reculer). ◆ **se plier** v.pr. [à]. Se soumettre à qqn, à qqch : *Se plier au règlement* (syn. céder).

plieuse [plijøz] n.f. Machine à plier (le papier, notamm.).

plinthe [plɛ̃t] n.f. (lat. *plinthus,* du gr.). CONSTR. Planche posée à la base des murs intérieurs d'un appartement ; bande, saillie à la base d'une colonne, d'un bâtiment, etc.

pliocène [plijɔsɛn] n.m. (angl. *pliocene,* du gr. *pleîon* "plus" et *kainos* "nouveau"). Dernière période de l'ère tertiaire, succédant au miocène.

plissage [plisaʒ] n.m. Action de plisser : *Le plissage d'un tissu pour faire une jupe plissée.*

plissé [plise] n.m. **- 1.** Série de plis : *Le plissé d'une chemise.* **- 2.** Type de plissage : *Plissé soleil.*

plissement [plismɑ̃] n.m. **- 1.** Action de plisser : *Le plissement de ses paupières trahissait sa perplexité.* **- 2.** Déformation des couches géologiques ; ensemble de plis.

plisser [plise] v.t. (de *plier*). Marquer de plis : *Plisser une jupe. Il plissait le front d'un air soucieux* (syn. froncer). ◆ v.i. Faire des plis, présenter des plis : *Tes collants plissent.*

pliure [plijyʀ] n.f. **- 1.** Marque formée par un pli : *Renforcer les pliures d'une carte routière* (syn. pli). **- 2.** IMPR. Action de plier les feuilles d'un livre.

ploiement [plwamɑ̃] n.m. LITT. Action, fait de ployer : *Saluer qqn d'un ploiement des genoux.*

plomb [plɔ̃] n.m. (lat. *plumbum*). **- 1.** Métal dense, d'un gris bleuâtre : *Un tuyau de plomb. Des soldats de plomb.* □ Symb. Pb. **- 2.** Coupe-circuit à fil de plomb : *Les plombs ont sauté* (syn. fusible). **- 3.** Petite masse de plomb ou d'un autre métal, servant à lester un fil* à plomb. **- 4.** Balle, grain de plomb dont on charge une arme à feu : *Une décharge de plombs.* **- 5.** Composition typographique formée de caractères en alliage à base de plomb. **- 6.** Morceau de métal fixé à une ligne, à un filet pour les lester. **- 7.** À plomb, verticalement : *Le soleil tombe à plomb sur la campagne.* ‖ Avoir du plomb dans l'aile, être

atteint dans sa santé, sa fortune, sa réputation. ‖ N'avoir pas de plomb dans la tête, être étourdi, irréfléchi. ‖ **Sommeil de plomb,** sommeil profond et lourd.

plombage [plɔ̃baʒ] n.m. **- 1.** Action de plomber : *Le plombage d'une caisse à la douane.* **- 2.** Amalgame avec lequel on obture une dent : *Se faire refaire un plombage.*

plombagine [plɔ̃baʒin] n.f. (lat. *plumbago, -inis* "mine de plomb"). Graphite naturel appelé aussi *mine de plomb.*

plombé, e [plɔ̃be] adj. **- 1.** Garni de plomb : *Canne plombée.* **- 2.** Scellé par un plomb, par des plombs : *Wagon plombé.* **- 3.** Qui a la couleur du plomb : *Ciel plombé* (syn. chargé). *Teint plombé* (syn. cireux, livide).

plomber [plɔ̃be] v.t. **- 1.** Garnir de plomb : *Plomber une ligne, un filet.* **- 2.** Sceller d'un sceau de plomb : *Plomber un camion.* **- 3.** Plomber une dent, l'obturer avec un alliage, un amalgame.

plomberie [plɔ̃bʀi] n.f. **- 1.** Métier, ouvrage, atelier du plombier. **- 2.** Ensemble d'installations et de canalisations domestiques ou industrielles d'eau et de gaz : *La plomberie de la maison est à refaire entièrement.*

plombier [plɔ̃bje] n.m. (de *plomb*). Entrepreneur, ouvrier qui installe, entretient et répare les canalisations et les appareils de distribution d'eau et de gaz.

plonge [plɔ̃ʒ] n.f. (de *plonger*). Faire la plonge, laver la vaisselle (dans un café, un restaurant).

plongeant, e [plɔ̃ʒɑ̃, -ɑ̃t] adj. **- 1.** Qui va de haut en bas : *Du balcon, on a une vue plongeante sur le jardin.* **- 2.** Tir plongeant, tir exécuté avec un angle au niveau inférieur à 45°.

plongée [plɔ̃ʒe] n.f. **- 1.** Action de plonger, de s'enfoncer dans l'eau ; séjour plus ou moins prolongé en immersion complète : *À chaque plongée, ils espèrent rapporter des perles.* **- 2.** Mouvement de descente plus ou moins rapide : *L'avion fit une plongée.* **- 3.** Au cinéma, prise de vues effectuée par une caméra dirigée de haut en bas. **- 4.** Plongée sous-marine, activité consistant à descendre sous la surface de l'eau, muni d'appareils divers (tuba, scaphandre, palmes, etc.), soit à titre sportif, soit à des fins scientifiques ou militaires. ‖ **Sous-marin en plongée,** sous-marin naviguant au-dessous de la surface de la mer.

plongeoir [plɔ̃ʒwaʀ] n.m. Plate-forme, tremplin d'où l'on plonge dans l'eau.

1. plongeon [plɔ̃ʒɔ̃] n.m. (bas lat. *plumbio,* de *plumbum* "plomb"). Oiseau palmipède à long bec droit, que l'on rencontre l'hiver sur les côtes et qui plonge à la recherche de poissons. □ Famille des colymbidés ; long. 70 cm.

2. **plongeon** [plɔ̃ʒ̃ɔ] n.m. (de *plonger*). - **1.** Action de se lancer dans l'eau d'une hauteur plus ou moins grande : *Faire un plongeon en avant, en arrière.* - **2.** Chute de qqn, de qqch qui tombe en avant ou de très haut : *La voiture a fait un plongeon dans le ravin* (syn. saut). - **3.** SPORTS. Au football, détente horizontale, bras en avant, du gardien de but en direction du ballon ou du possesseur du ballon. - **4.** FAM. **Faire le plongeon,** essuyer un échec dans une opération financière ou faire faillite.

plonger [plɔ̃ʒe] v.t. (lat. pop. *°plumbicare,* de *plumbum* "plomb") [conj. 17]. - **1.** Faire entrer qqch, entièrement ou en partie, dans un liquide : *Plonger sa plume dans l'encrier* (syn. tremper). - **2.** Enfoncer vivement : *Plonger la main dans un sac* (syn. enfouir, introduire). - **3.** Mettre brusquement ou complètement dans un certain état physique ou moral : *Ma réponse la plongea dans l'embarras* (syn. jeter, précipiter). ◆ v.i. - **1.** S'enfoncer entièrement dans l'eau : *Sous-marin qui plonge.* - **2.** Sauter dans l'eau, la tête et les bras en avant : *Elle a plongé du haut de la falaise.* - **3.** Aller du haut vers le bas ; descendre brusquement vers qqch : *Rapace qui plonge sur sa proie* (syn. s'abattre, fondre). - **4.** Être enfoncé profondément dans qqch : *Racines qui plongent dans le sol.* - **5.** Au football, effectuer un plongeon. ◆ **se plonger** v.pr. S'adonner entièrement à une activité : *Se plonger dans la lecture* (syn. s'abîmer, s'absorber).

plongeur, euse [plɔ̃ʒœʀ, -øz] n. - **1.** Personne qui plonge, qui est habile à plonger : *Ce plongeur a un très bon style.* - **2.** Personne qui pratique la plongée sous-marine : *Plongeur démineur.* - **3.** Personne chargée de laver la vaisselle dans un café, un restaurant.

plot [plo] n.m. (p.-ê. croisement du lat. *plautus* "plat" et du germ. *block* "bloc"). - **1.** ÉLECTR. Pièce métallique faisant contact. - **2.** Dans une piscine, cube numéroté pour le départ des compétitions.

plouf [pluf] interj. (onomat.). Indique le bruit que fait un objet en tombant dans un liquide.

ploutocratie [plutɔkʀasi] n.f. (de *plouto-* et *-cratie*). Gouvernement où le pouvoir appartient aux riches ; pays où prévaut un tel gouvernement.

ployer [plwaje] v.t. (lat. *plicare* "plier") [conj. 13]. LITT. Tordre en fléchissant ou en courbant : *Le vent ploie la cime des arbres* (syn. courber). ◆ v.i. LITT. - **1.** S'infléchir, se courber : *Charpente qui ploie* (syn. courber, fléchir). - **2.** Céder devant qqch, sous la contrainte : *Ployer sous le joug* (syn. s'incliner, obéir).

pluie [plɥi] n.f. (lat. pop. *°ploia,* class. *pluvia*). - **1.** Chute d'eau sous forme de gouttes qui tombent des nuages sur terre : *Une pluie fine, battante.* - **2.** Chute d'objets serrés, en grand nombre : *Une pluie de cendres.* - **3.** Ce qui est dispensé, distribué en abondance : *Une pluie de cadeaux* (syn. avalanche, flot). - **4.** **Faire la pluie et le beau temps,** être très influent. ‖ **Parler de la pluie et du beau temps,** parler de choses banales. ‖ ÉCOL. **Pluies acides,** chargées d'ions acides (sulfuriques et nitriques surtout) d'origine industrielle, très nuisibles à la végétation, en partic. aux forêts.

plumage [plymaʒ] n.m. Ensemble des plumes recouvrant un oiseau : *Le plumage coloré d'un geai.*

plumard [plymaʀ] n.m. (de *plume*). FAM. Lit.

plume [plym] n.f. (lat. *pluma*). - **1.** Organe produit par l'épiderme des oiseaux, formé d'une tige souple portant des barbes, et servant au vol, à la protection du corps et à la régulation de la température : *Le gibier à plume* (par opp. à *gibier à poil*). - **2.** Tuyau des grosses plumes de l'oie, etc., taillé en pointe, dont on se servait pour écrire. - **3.** Morceau de métal en forme de bec et qui, fixé à un porte-plume, à un stylo, sert à écrire : *Plume en or.* - **4.** Prendre la plume, se mettre à écrire : *Je prends la plume pour vous annoncer une bonne nouvelle.* ‖ **Vivre de sa plume,** faire profession d'écrivain. ‖ FAM. **Voler dans les plumes à qqn,** attaquer qqn brusquement ‖ FAM. **Y laisser des plumes,** subir des pertes en une circonstance donnée. ‖ SPORTS. **Poids plume,** catégorie de poids dans divers sports individuels, comme la boxe ; sportif appartenant à cette catégorie.

plumeau [plymo] n.m. Ustensile de ménage fait de plumes assemblées autour d'un manche, et servant à épousseter : *Passer un coup de plumeau sur les meubles.*

plumer [plyme] v.t. - **1.** Arracher les plumes d'une volaille, d'un oiseau : *Plumer un poulet avant de le vider.* - **2.** FAM. Dépouiller qqn de son argent : *Ils l'ont plumé au jeu* (syn. ruiner).

plumet [plymɛ] n.m. Bouquet de plumes ornant une coiffure : *Plumet de casque, de shako.*

plumetis [plymti] n.m. (de *plumet*). - **1.** Broderie exécutée en relief, au moyen de points horizontaux ou obliques sur du bourrage ; le point ainsi exécuté. - **2.** Étoffe légère en broché mécanique, imitant cette broderie.

plumier [plymje] n.m. (de *plume*). Boîte oblongue dans laquelle les écoliers rangeaient leurs crayons, leur gomme, etc.

plumitif [plymitif] n.m. (de *plumetis,* "brouillon d'un acte", d'apr. *primitif* "texte original", avec infl. de *plume*). FAM. Écrivain médiocre ou employé aux écritures.

plum-pudding [plumpudiŋ] n.m. (de l'angl. *plum* "prune" et *pudding* "gâteau") [pl. *plum-puddings*]. Pudding d'une variété caractérisée par l'emploi de graisse de bœuf. □ Spécialité britannique préparée pour Noël (*Christmas pudding*).

la plupart [plypar] n.f. (de *plus* et *part*). - **1.** (Avec un compl. du n. au pl., ou reprenant un n. au pl., avec accord au pl. dans les deux cas). Le plus grand nombre de ; la quasi-totalité de : *Dans la plupart des cas, il vaut mieux opérer. La plupart des spectateurs ont aimé ce film.* - **2.** (Absol., avec accord au pl.). Le plus grand nombre de personnes ; presque tout le monde : *La plupart croient que la réponse à un problème purement technique peut être immédiate.* - **3.** La plupart du (de mon, de ton, etc.) temps, la plus grande partie du temps : *Il passe la plupart de son temps à écrire.* ‖ La plupart du temps, le plus souvent. ‖ Pour la plupart, quant au plus grand nombre.

plural, e, aux [plyral, -o] adj. (lat. *pluralis*). Vote plural, système de vote qui attribue plusieurs voix à certains électeurs.

pluralisme [plyralism] n.m. (lat. *pluralis*). Conception qui admet la pluralité des opinions et des tendances en matière politique, sociale, économique, syndicale, etc.

pluraliste [plyralist] adj. et n. Du pluralisme ; partisan du pluralisme : *Une démocratie pluraliste.*

pluralité [plyralite] n.f. (lat. *pluralitas*, de *pluralis*). Fait d'être plusieurs : *La pluralité des partis.*

pluricellulaire [plyriselylɛr] adj. Se dit des espèces vivantes formées de plusieurs cellules. (On dit aussi *multicellulaire*.)

pluridimensionnel, elle [plyridimɑ̃sjɔnɛl] adj. Qui a plusieurs dimensions.

pluridisciplinaire [plyridisiplinɛr] adj. Qui concerne simultanément plusieurs disciplines.

pluridisciplinarité [plyridisiplinarite] n.f. Caractère de ce qui est pluridisciplinaire (enseignement, etc.).

pluriel, elle [plyrjɛl] adj. (anc. fr. *plurier*, de *plurel*, lat. *pluralis*). Qui marque la pluralité, le pluriel : *Soulignez les formes plurielles que vous trouverez dans le texte.* ◆ **pluriel** n.m. GRAMM. Forme particulière d'un mot indiquant un nombre supérieur à l'unité : *En français, « s » et « x » sont les marques écrites du pluriel des noms et des adjectifs.*

plurilingue [plyrilɛ̃g] adj. Qui peut utiliser cour. plusieurs langues (syn. polyglotte).

plurilinguisme [plyrilɛ̃gɥism] n.m. Syn. de multilinguisme.

pluripartisme [plyripartism] n.m. Système politique admettant l'existence de plusieurs partis.

1. plus [plys] ou [ply] adv. (mot lat. "une plus grande quantité de"). - **I.** [plys]. Indique : - **1.** Une addition : *Une table plus six chaises.* - **2.** Un nombre positif ou une température supérieure à 0° : *Moins douze divisé par plus quatre égale moins trois. Il fait plus deux.* - **II.** Marque : - **1.** Génér. en corrélation avec *que*, le comparatif de supériorité : *Il est plus intelligent que vous ne croyez.* - **2.** Précédé de l'art. déf. ou d'un adj. poss., le superlatif relatif de supériorité : *Elle est la plus adroite des trois. C'est ce qui me passionne le plus.* - **III.** S'emploie dans certaines expressions : Au plus, tout au plus, en considérant ceci comme la limite, la quantité maximale : *Il est sorti au plus dix minutes* (= au maximum). ‖ Bien plus, de plus, qui plus est, en plus de cela, par-dessus le marché : *Il est faible et de plus malhonnête.* ‖ D'autant plus → autant. ‖ Ni plus ni moins, exactement : *Il est ni plus ni moins le meilleur joueur de tennis.* ‖ Plus de, un nombre, une quantité supérieure à de : *Il me faut plus de temps.* ‖ Plus ou moins, presque : *C'est plus ou moins intentionnel de sa part.* ‖ Sans plus, sans rien ajouter. ◆ n.m. [plys] - **1.** MATH. Signe de l'addition (+). - **2.** Un plus, qqch de mieux, un atout supplémentaire : *Cette expérience est un plus pour vous.*

2. plus [ply] adv. (de *1. plus*). [En corrélation avec *ne* ou précédé de *sans*]. Indique - **1.** La cessation d'une action, d'un état : *Il ne travaille plus. Elle n'est plus fatiguée.* - **2.** La privation, la disparition de qqn, de qqch : *Il n'a plus d'ami.*

plusieurs [plyzjœr] adj. et pron. indéf. (lat. pop. *plusiores*, du class. *plures* "plus nombreux"). Indique un nombre de personnes, de choses, supérieur ou égal à deux : *Il y a plusieurs réponses possibles. J'en ai vu plusieurs passer.*

plus-que-parfait [plyskəparfɛ] n.m. (lat. grammatical *plus quam perfectum*). GRAMM. Temps du verbe qui exprime une action passée antérieure à une autre action passée : *Dans la phrase « j'avais fini quand vous êtes arrivé », « j'avais fini » est au plus-que-parfait.*

plus-value [plyvaly] n.f. (de *1. plus*, et de l'anc. fr. *value*, p. passé fém. substantivé de *valoir*) [pl. *plus-values*]. - **1.** Accroissement de la valeur d'une ressource, d'un avoir. - **2.** Excédent de recettes entre le produit d'un impôt et son évaluation budgétaire (contr. moins-value).

plutonique [plytɔnik] adj. (de *Pluton*). GÉOL. Roche plutonique, roche éruptive qui s'est mise en place en profondeur et qui présente une structure grenue : *Le granite est une roche plutonique.*

plutonium [plytɔnjɔm] n.m. Métal obtenu par irradiation de l'uranium avec des neutrons, utilisé dans les surgénérateurs et pour la fabrication des armes nucléaires. □ Symb. Pu.

plutôt [plyto] adv. (de *plus* et *tôt*). - **1.** (Parfois en corrélation avec *que*). Indique une préférence, un choix : *Lisez plutôt ce livre. Plutôt mourir que céder !* - **2.** (Toujours en corrélation avec *que*). Marque une précision dans le jugement porté : *Il est plutôt indolent que paresseux.* - **3.** Indique une tendance : *Son discours est plutôt ennuyeux* (syn. assez, passablement). - **4.** Ou plutôt, sert à corriger une affirmation, à améliorer une expression : *Elle est partie, ou plutôt s'est enfuie* (= en réalité ; pour mieux dire). ◆ **plutôt que** loc. conj. SOUT. (Suivi du *ne* explétif). Indique un choix préférentiel : *Il se distrait plutôt qu'il ne travaille* (= il préfère se distraire). ◆ **plutôt que de** loc. prép. Suivi d'un inf., indique un choix préférentiel : *Plutôt que de parler, vous feriez mieux d'écouter* (syn. au lieu de).

pluvial, e, aux [plyvjal, -o] adj. (lat. *pluvialis*). - **1.** Qui provient de la pluie : *Eaux pluviales.* - **2.** Régime pluvial, régime des cours d'eau où domine l'alimentation par les pluies.

pluvier [plyvje] n.m. (lat. pop. *plovarius*, de *plovere* "pleuvoir"). Oiseau échassier vivant au bord des eaux et hivernant dans les régions chaudes, chassé en France lors de ses passages. □ Famille des charadriidés.

pluvieux, euse [plyvjø, -øz] adj. (lat. *pluviosus*). Caractérisé par la pluie : *Une région pluvieuse. Un été pluvieux.*

pluviomètre [plyvjɔmɛtR] n.m. Appareil servant à mesurer la pluviosité d'un lieu.

pluviométrie [plyvjɔmetRi] n.f. Étude de la répartition des pluies ; cette répartition.

pluviométrique [plyvjɔmetRik] adj. (de *pluviomètre*). Relatif à la pluviométrie.

pluviôse [plyvjoz] n.m. (lat. *pluviosus* "pluvieux"). HIST. Cinquième mois du calendrier républicain, du 20, 21 ou 22 janvier au 18, 19 ou 20 février.

pluviosité [plyvjɔzite] n.f. (de *pluvieux*). Quantité moyenne de pluie tombée en un lieu pendant un temps donné.

P. M. U. [peɛmy], Sigle de *Pari* mutuel urbain.

pneu [pnø] n.m. (abrév. de *pneumatique*) [pl. *pneus*]. Bandage déformable et élastique que l'on fixe à la jante des roues de certains véhicules et qui, le plus souvent, protège, en l'enveloppant, une chambre à air : *Vérifier la pression des pneus.*

pneumatique [pnømatik] adj. (lat. *pneumaticus*, gr. *pneumatikos*, de *pneuma* "souffle"). - **1.** Qui fonctionne à l'aide d'air comprimé : *Marteau pneumatique.* - **2.** Qui prend sa forme utilisable quand on le gonfle d'air : *Matelas pneumatique.* - **3.** Machine pneumatique, machine servant à faire le vide dans un récipient. ◆ n.m. Correspondance sur imprimé spécial expédiée naguère dans certaines villes, d'un bureau postal à un autre, par des tubes à air comprimé (abrév. fam. *pneu*).

pneumocoque [pnømɔkɔk] n.m. (de *pneumo-* et *-coque*). Bactérie, agent de diverses infections (pneumonie, notamm.).

pneumogastrique [pnømɔgastRik] n.m. et adj.m. (de *pneumo-* et *gastrique*). Nerf crânien faisant partie du système parasympathique et qui, partant du bulbe, innerve les bronches, le cœur, l'appareil digestif, les reins. (On l'appelle aussi *nerf vague*.)

pneumologie [pnømɔlɔʒi] n.f. Spécialité médicale qui traite du poumon et de ses maladies. ◆ **pneumologue** n. Nom du spécialiste.

pneumonie [pnømɔni] n.f. (du gr. *pneumôn* "poumon"). Infection aiguë d'un lobe entier de poumon due, le plus souvent, au pneumocoque.

pneumopathie [pnømɔpati] n.f. Toute affection du poumon.

pneumothorax [pnømɔtɔRaks] n.m. Épanchement de gaz dans la cavité pleurale.

pochade [pɔʃad] n.f. (de *pocher* "dessiner prestement"). - **1.** Peinture exécutée en quelques coups de pinceau. - **2.** Œuvre littéraire sans prétention, écrite rapidement.

poche [pɔʃ] n.f. (frq. *pokka*). - **1.** Partie d'un vêtement en forme de petit sac où l'on peut mettre de menus objets : *Poche intérieure d'un veston.* - **2.** Sac, contenant : *Poche en papier, en plastique.* - **3.** Partie, compartiment d'un sac, d'un cartable, etc. : *Poche extérieure d'un sac de voyage.* - **4.** Cavité de l'organisme, normale ou pathologique ; boursouflure : *Poche mammaire. Avoir des poches sous les yeux.* - **5.** Fluide contenu dans une cavité souterraine : *Poche de gaz.* - **6.** Déformation, faux pli d'un tissu, d'un vêtement : *Pantalon qui fait des poches aux genoux.* - **7.** Zone non encore soumise à l'intérieur d'un territoire contrôlé par un ennemi : *Réduire une poche de résistance* (syn. îlot). - **8.** Argent de poche, somme destinée aux petites dépenses personnelles. ‖ FAM. C'est dans la poche, c'est réussi, c'est une affaire réglée. ‖ De poche, se dit d'un objet de petites dimensions, que l'on peut porter sur soi ; se dit de livres édités dans un format réduit, tirés à un relativement grand nombre d'exemplaires : *Lampe de poche. Édition de poche.* ‖ En être de sa poche, essuyer une perte d'argent. ‖ Ne pas avoir la langue, les yeux dans sa poche, parler avec facilité ; être observateur. ▌ **Payer de sa poche**, avec son argent. ▌ **Se remplir les poches**, s'enrichir (souvent malhonnêtement).

pocher [pɔʃe] v.t. (de *poche*). Pocher l'œil, un œil à qqn, lui donner un coup qui provoque une tuméfaction à l'œil. ▌ Pocher des œufs, les faire cuire entiers sans leur coquille dans un liquide bouillant.

pochette [pɔʃɛt] n.f. - **1.** Enveloppe, sachet en papier, en tissu, etc., servant à contenir un, des objets : *Mettre des photos, des disques dans leur pochette.* - **2.** Sac à main plat et sans poignée. - **3.** Mouchoir de fantaisie destiné à agrémenter la poche supérieure d'une veste.

pochette-surprise [pɔʃɛtsyʁpʁiz] n.f. [pl. *pochettes-surprises*]. Cornet de papier contenant, avec des bonbons, un jouet dont la nature n'est pas connue au moment de l'achat.

pochoir [pɔʃwaʁ] n.m. (de *pocher* "dessiner prestement"). Plaque de carton, de métal découpée permettant de peindre facilement la forme évidée : *Faire un titre au pochoir.*

podagre [pɔdagʁ] adj. et n. (lat. *podagra*, mot gr.). VX. Qui souffre de la goutte (syn. goutteux).

podestat [pɔdɛsta] n.m. (it. *podestà*, du lat. *potestas* "puissance"). Premier magistrat de certaines villes d'Italie aux XIIIᵉ et XIVᵉ s.

podium [pɔdjɔm] n.m. (mot lat., du gr. *podion* "petit pied"). - **1.** Plate-forme installée pour accueillir les vainqueurs d'une épreuve sportive, les participants à un jeu, à un récital, etc. : *Athlète qui espère monter sur le podium.* - **2.** ANTIQ. Mur épais dressé autour de l'arène d'un amphithéâtre, où se trouvaient les places d'honneur.

podologie [pɔdɔlɔʒi] n.f. (de *podo-* et *-logie*). MÉD. Étude du pied et de ses maladies. ◆ **podologue** n. Nom du spécialiste.

podomètre [pɔdɔmɛtʁ] n.m. (de *podo-* et *-mètre*). Appareil qui compte le nombre de pas faits par un piéton et indique ainsi, approximativement, la distance parcourue.

podzol [pɔdzɔl] n.m. (mot russe "cendreux"). Dans les régions humides à hiver froid, sol formé en surface par une couche brune, au centre par une couche grisâtre, cendreuse et, à la base, par une couche sombre, imperméable, où s'accumule le fer.

1. **poêle** [pwal] n.m. (lat. *pallium* "manteau"). Drap mortuaire dont le cercueil est couvert pendant les funérailles : *Tenir les cordons du poêle.*

2. **poêle** [pwal] n.m. (du lat. *pensilis* "suspendu"). Appareil de chauffage à combustible : *Poêle à bois, à charbon.*

3. **poêle** [pwal] n.f. (lat. *patella* "petit plat"). Ustensile de cuisine à long manche, en

métal, peu profond, pour frire, fricasser : *Poêle à crêpes. Cuire un steak à la poêle.*

poêlée [pwale] n.f. Contenu d'une poêle : *Une poêlée de pommes de terre frites.*

poêler [pwale] v.t. Cuire à la poêle : *Poêler des champignons.*

poêlon [pwalɔ̃] n.m. (de 3. *poêle*). Casserole en terre ou en métal épais, à manche creux.

poème [pɔɛm] n.m. (lat. *poema*, du gr.). - **1.** Texte en vers ou en prose ayant les caractères de la poésie : *Poème épique, élégiaque.* - **2.** FAM. C'est (tout) un poème, un vrai poème, c'est extravagant, incroyable. - **3.** MUS. Poème symphonique. Œuvre orchestrale construite sur un argument littéraire, philosophique, etc.

poésie [pɔezi] n.f. (lat. *poesis*, gr. *poiêsis* "création"). - **1.** Art de combiner les sonorités, les rythmes, les mots d'une langue pour évoquer des images, suggérer des sensations, des émotions : *La poésie d'Aragon.* - **2.** Genre poétique : *Poésie épique, lyrique.* - **3.** Œuvre, poème en vers de peu d'étendue : *Réciter une poésie* (syn. poème). - **4.** Caractère de ce qui touche la sensibilité, émeut : *La poésie d'une nuit d'été.*

poète [pɔɛt] n.m. (lat. *poeta*, du gr.). - **1.** Écrivain qui pratique la poésie : *Baudelaire et Verlaine sont des poètes du siècle dernier.* - **2.** Personne qui n'a pas le sens des réalités : *C'est un poète, il n'arrivera à rien* (syn. rêveur, utopiste).

poétesse [pɔetɛs] n.f. Femme poète.

poétique [pɔetik] adj. (lat. *poeticus*, du gr. *poetikos*). - **1.** Relatif à la poésie ; propre à la poésie : *Œuvre, style poétiques.* - **2.** Plein de poésie, qui touche, émeut : *Un coucher de soleil poétique.* ◆ n.f. - **1.** Étude critique du fonctionnement de l'écriture poétique. - **2.** Système poétique propre à un écrivain, à une époque : *La poétique de Mallarmé.*

poétiquement [pɔetikmɑ̃] adv. De façon poétique.

poétiser [pɔetize] v.t. Rendre poétique, idéaliser : *Poétiser des souvenirs* (syn. embellir, enjoliver).

pognon [pɔɲɔ̃] n.m. (de *poigner* "saisir avec la main"). T. FAM. Argent.

pogrom ou **pogrome** [pɔgrɔm] n.m. (russe *pogrom*). - **1.** HIST. Émeute accompagnée de pillage et de meurtres, dirigée contre une communauté juive (d'abord dans l'Empire russe, partic. en Pologne, en Ukraine et en Bessarabie entre 1881 et 1921). - **2.** Toute émeute dirigée contre une communauté ethnique ou religieuse.

poids [pwa] n.m. (lat. *pensum* "ce qui est pesé"). - **1.** Force égale au produit de la masse d'un corps par l'accélération de la pesanteur : *Le poids de l'eau.* - **2.** Mesure de cette force par rapport à une unité déterminée : *Le poids de ce sac est de deux kilos* (syn. masse). - **3.** Morceau de métal de masse déterminée, servant à peser d'autres corps : *Poser un poids de 500 grammes sur le plateau d'une balance.* - **4.** Corps pesant suspendu aux chaînes d'une horloge, pour lui donner le mouvement : *Remonter le poids d'une horloge.* - **5.** SPORTS. Sphère métallique pesant 7,257 kg pour les hommes, 4 kg pour les femmes, qu'on lance d'un seul bras le plus loin possible, dans les concours d'athlétisme : *Le lancer du poids.* - **6.** Sensation physique de lourdeur, d'oppression : *Avoir un poids sur l'estomac.* - **7.** Ce qui est pénible à supporter ; ce qui oppresse, accable, tourmente : *Accablé sous le poids des impôts* (syn. fardeau). *Tout le poids de l'entreprise repose sur ses épaules* (syn. charge, responsabilité). - **8.** Capacité d'exercer une influence décisive sur qqn ou qqch : *Cela donne du poids à vos paroles* (syn. importance). *Des découvertes récentes donnent du poids à cette théorie* (syn. consistance). - **9.** Au poids de l'or, très cher. ‖ Avoir deux poids, deux mesures, juger différemment selon la situation, la diversité des intérêts. ‖ De poids, important : *Un argument de poids.* ‖ Faire le poids, pour un boxeur, un lutteur, un judoka, etc., avoir le poids correspondant à la catégorie dans laquelle il cherche à combattre ; au fig., avoir l'autorité, les qualités requises. ‖ Poids mort, masse d'une partie en mouvement d'une machine, sans utilité directe pour le bon fonctionnement de celle-ci ; au fig., fardeau inutile. - **10.** Poids lourd. Véhicule automobile destiné au transport des lourdes charges (= camion).

poignant, e [pwaɲɑ̃, -ɑ̃t] adj. (de *poindre* "piquer"). Qui cause une vive douleur morale : *La situation poignante des réfugiés* (syn. douloureux, dramatique).

poignard [pwaɲaʀ] n.m. (anc. fr. *poignal,* du lat. pop. **pugnalis,* de *pugnus* "poing"). Arme formée d'un manche et d'une lame courte et pointue.

poignarder [pwaɲaʀde] v.t. Frapper avec un poignard : *Henri IV fut poignardé par Ravaillac.*

poigne [pwaɲ] n.f. (de *poing*). - **1.** Force de la main, du poignet : *Une poigne de fer.* - **2.** FAM. Énergie dans l'exercice de l'autorité : *Un homme à poigne.*

poignée [pwaɲe] n.f. (de *poing*). - **1.** Quantité d'une matière que la main fermée contient : *Une poignée de sel.* - **2.** Petit nombre de personnes : *Il n'y avait qu'une poignée de spectateurs.* - **3.** Partie d'un objet par où on le saisit, l'empoigne : *Poignée d'une valise.* - **4.** À poignée(s), par poignée(s), à pleine(s) main(s), en abondance : *Ils jetaient des dragées par poignées.* ‖ Poignée de main, geste par lequel on serre la main de qqn en guise de salutation ou d'accord : *Une poignée de main scella leur réconciliation.*

poignet [pwaɲɛ] n.m. (de *poing*). - **1.** Région du membre supérieur correspondant à l'articulation entre la main et l'avant-bras. - **2.** Extrémité de la manche d'un vêtement : *Poignet de chemise.* - **3.** À la force du poignet, en se servant seulement de ses bras ; au fig., uniquement par ses efforts personnels, par ses propres moyens.

poil [pwal] n.m. (lat. *pilus*). - **1.** Production filiforme de l'épiderme, couvrant la peau de certains animaux et, en divers endroits, le corps humain : *Gibier à poil* (par opp. à *gibier à plume*). *Il a quelques poils au menton.* □ Chaque poil est pourvu, à sa racine, d'une glande sébacée. - **2.** Pelage : *Le poil d'un cheval.* - **3.** Partie velue des étoffes : *Tissu à long poil.* - **4.** BOT. Organe filamenteux et duveteux qui naît sur les diverses parties des plantes. - **5.** FAM. À poil, tout nu. ‖ FAM. À un poil près, à très peu de chose près, presque. ‖ FAM. Au poil, parfait ; parfaitement. ‖ FAM. Avoir un poil dans la main, être paresseux. ‖ De tout poil, de toute nature, de toute sorte. ‖ Être de mauvais poil, de mauvaise humeur. ‖ FAM. Reprendre du poil de la bête, reprendre des forces ou du courage. ‖ FAM. Un poil, une très petite quantité.

poil-de-carotte [pwaldəkaʀɔt] adj. inv. FAM. D'un roux lumineux, éclatant, en parlant des cheveux.

poilu, e [pwaly] adj. Velu, couvert de poils : *Il a des jambes poilues* (syn. velu). ◆ **poilu** n.m. FAM. Soldat français, pendant la Première Guerre mondiale.

poinçon [pwɛ̃sɔ̃] n.m. (lat. *punctio, -onis* "piqûre"). - **1.** Tige de métal pointue servant à percer ou à graver : *Un poinçon de cordonnier.* - **2.** Morceau d'acier gravé en relief pour former les matrices, ou coins, des monnaies et des médailles. - **3.** Marque appliquée aux pièces d'orfèvrerie, notamm. pour en garantir le titre : *Apposer un poinçon sur une montre en or.*

poinçonnage [pwɛ̃sɔnaʒ] et **poinçonnement** [pwɛ̃sɔnmɑ̃] n.m. Action de poinçonner.

poinçonner [pwɛ̃sɔne] v.t. - **1.** Marquer au poinçon : *Poinçonner des pièces d'orfèvrerie* (syn. estampiller). - **2.** Percer, découper à la poinçonneuse : *Poinçonner des tôles* (syn. perforer). - **3.** Perforer des billets de train, de métro pour attester un contrôle.

poinçonneur, euse [pwɛ̃sɔnœʀ, -øz] n. Personne qui poinçonne. ◆ **poinçonneuse** n.f. Machine à poinçonner.

poindre [pwɛ̃dʀ] v.i. (lat. *pungere* "piquer") [conj. 82]. LITT. - **1.** Commencer à paraître, en parlant du jour : *Le jour point* (syn. se lever, naître). - **2.** Commencer à sortir de terre, en parlant des plantes (syn. percer, pointer).

poing [pwɛ̃] n.m. (lat. *pugnus*). - **1.** Main fermée : *Frapper du poing sur la table.* - **2.** Dormir à poings fermés, profondément. ‖ Pieds et poings liés, dans une totale dépendance, dans l'incapacité complète d'agir.

1. **point** [pwɛ̃] n.m. (lat. *punctum*, de *pungere* "piquer"). - **1.** Signe graphique approximativement rond et de très petite dimension : *Elle ne met jamais de point sur les « i ».* - **2.** Signe de ponctuation utilisant une telle marque graphique : *Une phrase se termine par un point. Point d'exclamation (!), d'interrogation (?).* - **3.** Petite marque de forme indéterminée : *Une angine à points blancs.* - **4.** Unité d'une échelle de notation d'un travail scolaire, d'une épreuve, etc. : *Combien faut-il de points pour être reçu ?* - **5.** Unité de compte dans un jeu, un match : *Jouer une partie en cent points.* - **6.** Unité de compte, dans un système de calcul : *Ce parti a perdu trois points aux élections.* - **7.** Unité de calcul des avantages d'assurance vieillesse, dans certains régimes de retraite. - **8.** Piqûre faite dans une étoffe au moyen d'une aiguille enfilée de fil, de coton, de laine : *Coudre à petits points.* - **9.** Appellation de certains travaux faits à l'aiguille : *Point de croix, de chaînette.* - **10.** Lieu qui permet de situer qqch ou qui sert de point de repère : *Il a des ecchymoses en plusieurs points du corps. Point d'arrivée, de départ.* - **11.** MATH. Figure géométrique sans dimension : *Le point d'intersection de deux droites.* - **12.** Question particulière ; problème précis : *N'insistez pas sur ce point. Nous allons en discuter point par point.* - **13.** Degré atteint, moment dans le cours de qqch : *La situation en est toujours au même point* (syn. stade). - **14.** À point, au degré de cuisson convenable (spécial. entre « cuit » et « saignant », pour la viande) ; au bon moment : *Ce chèque est arrivé à point.* ‖ À point nommé, à propos, au moment opportun. ‖ Au point, bien réglé, parfaitement prêt : *Le moteur est maintenant au point.* ‖ Au point de, à tel point que, tellement que : *Il ne fait pas froid au point de mettre un manteau.* ‖ En tout point, entièrement : *Vous serez obéi en tout point.* ‖ Être mal en point, être dans un piteux état, être malade. ‖ Faire le point, déterminer la position d'un navire, d'un avion ; déterminer où l'on en est dans un processus quelconque. ‖ Marquer un point, prendre un avantage ; montrer sa force, sa supériorité. ‖ Mettre au point, régler : *Mettre au point le déroulement d'une cérémonie.* ‖ Point d'attache, endroit où l'on retourne habituellement. ‖ Point d'eau,

lieu où se trouve une source, un puits dans une région aride. ‖ Point de contact, point commun à une courbe et à sa tangente, à une surface et à son plan tangent, à deux courbes tangentes. ‖ Point d'orgue → orgue. ‖ Point noir, endroit où la circulation automobile est dangereuse ou difficile. ‖ Sur le point de, indique un futur immédiat : *Le vase est sur le point de tomber* (= près de). - **15.** Mise au point. Opération qui consiste, dans un appareil d'optique, à rendre l'image nette ; explication destinée à éclaircir, à régler des questions restées jusque-là dans le vague. ‖ Point de côté. Douleur aiguë le plus souvent localisée dans la partie droite du thorax. ‖ Point de vue, v. à son ordre alphabétique. ‖ Point du jour. Moment où le soleil commence à poindre. ‖ Point mort. Position du levier de changement de vitesse d'un véhicule où celui-là n'est enclenché dans aucune vitesse ; état de qqch, d'une situation qui cesse d'évoluer avant de parvenir à son terme. ‖ Point noir. Syn. de *comédon*.

2. **point** [pwɛ̃] adv. (de *1. point*). - **1.** Équivalent vieilli ou région. de *pas* : *Je n'irai point.* - **2.** Point n'est besoin de, il n'y a pas besoin de.

pointage [pwɛ̃taʒ] n.m. - **1.** Action de pointer, de contrôler : *Le pointage des électeurs sur les listes électorales.* - **2.** Action de pointer, de diriger sur un objectif : *Le pointage d'un canon.*

point de vue [pwɛ̃dvy] n.m. (pl. *points de vue*). - **1.** Endroit d'où on domine un paysage ; spectacle qui s'offre à l'observateur : *Il ne faut pas manquer le point de vue sur la vallée. Un point de vue grandiose* (syn. panorama, paysage). - **2.** Manière de considérer les choses : *Votre point de vue sur la question n'est pas acceptable* (syn. idée, vue).

pointe [pwɛ̃t] n.f. (bas lat. *puncta* "estocade", du class. *pungere* "piquer"). - **1.** Extrémité pointue ou étroite d'un objet qui va en s'amincissant : *Pointe d'aiguille. Une girouette à la pointe d'un clocher. Pointe d'asperge.* - **2.** HÉRALD. Partie inférieure de l'écu. - **3.** Langue de terre qui s'avance dans la mer : *Le phare est à la pointe de l'île* (= extrémité). - **4.** Clou avec ou sans tête, de même grosseur sur toute sa longueur. - **5.** Allusion ironique, blessante : *Elle ne cesse de me lancer des pointes* (syn. pique). - **6.** Moment où une activité, un phénomène connaissent leur intensité maximale : *Vitesse de pointe* (par opp. à *vitesse de croisière*). - **7.** À la pointe de, à l'avant-garde de : *Industrie à la pointe de l'innovation.* ‖ LITT. À la pointe du jour, à la première clarté du jour. ‖ De pointe, d'avant-garde : *Technologies de pointe.* ‖ En pointe, dont l'extrémité va en s'amincissant : *Une barbe en pointe.* ‖ **Heure de pointe,** moment où la consommation de gaz, d'électricité, etc., est la plus grande, où le nombre de voyageurs, de clients est le plus élevé (par opp. à *heure creuse*). ‖ **La pointe des pieds,** le bout des pieds opposé au talon. ‖ **Pointe sèche,** stylet qu'utilise le graveur en taille-douce ; estampe obtenue en utilisant cet outil. ‖ **Pousser, faire une pointe jusqu'à un endroit,** faire un détour pour y aller. ‖ **Sur la pointe des pieds,** sans faire de bruit ; en prenant des précautions : *Il faut aborder ce sujet sur la pointe des pieds.* ‖ **Une pointe de,** une petite quantité de ; un rien de, un soupçon de : *Une pointe d'ail, de piment. Parler avec une pointe d'accent du Midi* (syn. **trace**). ◆ **pointes** n.f. pl. - **1.** CHORÉGR. Attitude, pas de la danseuse qui se tient sur la pointe du pied, sur l'extrémité d'un chausson à bout rigide ; ce chausson : *Faire des pointes. Une paire de pointes.* - **2.** Pointes de feu, cautérisation cutanée pratiquée à l'aide d'un stylet porté au rouge.

pointeau [pwɛto] n.m. (de *pointe*). - **1.** Poinçon en acier servant à marquer la place d'un trou à percer. - **2.** Tige métallique conique pour régler le débit d'un fluide à travers un orifice.

1. pointer [pwɛte] v.t. (de *point*). - **1.** Marquer d'un point, d'un signe indiquant une vérification, un contrôle : *Pointer un mot, les noms d'une liste* (syn. **cocher**). - **2.** Contrôler les heures d'entrée et de sortie des ouvriers, des employés : *Pointer des employés, des ouvriers.* - **3.** Diriger sur un point, dans une direction : *Pointer son doigt vers qqn. Il pointa son revolver sur nous* (syn. **braquer**). - **4.** MUS. Pointer une note, la marquer d'un point qui augmente de moitié sa valeur : *Noire pointée.* ◆ v.i. - **1.** Enregistrer son heure d'arrivée ou de départ sur une pointeuse : *Employé qui pointe au bureau.* - **2.** Au jeu de boules, à la pétanque, lancer sa boule aussi près que possible du but en la faisant rouler (par opp. à *tirer*). ◆ **se pointer** v.pr. FAM. Se présenter à un endroit : *Elle s'est pointée avec une heure de retard* (syn. **arriver**).

2. pointer [pwɛte] v.t. (de *pointe*). Dresser en pointe : *Chien qui pointe les oreilles.* ◆ v.i. - **1.** LITT. S'élever, se dresser verticalement : *Les arbres pointent au-dessus des toits.* - **2.** Commencer à paraître : *Le jour pointe à l'horizon.*

pointeuse [pwɛtøz] n.f. (de *1. pointer*). Machine servant à enregistrer l'heure d'arrivée et de départ d'un salarié.

pointillé [pwɛtije] n.m. (de *pointiller* "tracer avec des points"). - **1.** Trait fait de points : *Découpez suivant le pointillé.* - **2.** En pointillé, d'une manière qui laisse deviner ce que sera telle ou telle chose.

pointilleux, euse [pwɛtijø, -øz] adj. (it. *puntiglioso*, de *puntiglio* "petit point"). Susceptible dans ses rapports avec les autres : *Examinateur pointilleux* (syn. **exigeant, maniaque**).

pointillisme [pwɛtijism] n.m. BX-A. Technique, appelée aussi *divisionnisme,* mise en œuvre par les peintres *néo-impressionnistes* de la fin du XIXe s., et consistant à juxtaposer des petites touches de différentes couleurs sur la toile au lieu de mélanger ces couleurs sur la palette. ◆ **pointilliste** adj. et n. Qui appartient au pointillisme.

pointu, e [pwɛty] adj. - **1.** Terminé en pointe, aigu : *S'écorcher la main sur un clou pointu* (syn. **acéré**). - **2.** Qui présente un degré élevé de spécialisation : *Avoir une formation pointue.* - **3.** Voix pointue, ton pointu, de timbre aigu, aigre. ◆ adv. **Parler pointu,** de la manière sèche et affectée que les Méridionaux attribuent aux Parisiens.

pointure [pwɛtyʀ] n.f. (bas lat. *punctura* "piqûre"). - **1.** Nombre qui indique la dimension des chaussures, des gants, des coiffures. - **2.** FAM. **Une grosse pointure,** une personne d'une grande valeur dans son domaine.

point-virgule [pwɛviʀgyl] n.m. (pl. *points-virgules*). Signe de ponctuation (;) qui indique une pause intermédiaire entre la virgule et le point.

poire [pwaʀ] n.f. (lat. *pirum*). - **1.** Fruit comestible du poirier, à pépins, charnu, de forme oblongue. - **2.** Objet en forme de poire : *Poire électrique.* - **3.** FAM. **Couper la poire en deux,** partager par moitié les avantages et les inconvénients ; composer, transiger. ‖ FAM. **Entre la poire et le fromage,** à la fin du repas, lorsque la gaieté et la liberté sont plus grandes. ‖ FAM. **Garder une poire pour la soif,** se réserver qqch pour les besoins à venir. ◆ n.f. et adj. FAM. Personne qui se laisse facilement duper : *Comment peut-on être aussi poire ?* (syn. **naïf**).

poireau [pwaʀo] n.m. (altér., d'apr. *poire,* de *porreau,* dér. anc. du lat. *porrum*). - **1.** Plante potagère comestible aux longues feuilles vertes engainantes, formant à leur base un cylindre blanc, qui en constitue la partie la plus appréciée. □ Famille des liliacées. - **2.** FAM. **Faire le poireau,** attendre longuement.

poireauter [pwaʀote] v.i. FAM. Faire le poireau, attendre longuement. (On écrit aussi *poiroter.*)

poirée [pwaʀe] n.f. (de *poir[eau]*). Bette d'une variété dite *bette à carde,* voisine de la betterave, dont on consomme les feuilles, les côtes et les pétioles.

poirier [pwaʀje] n.m. - **1.** Arbre cultivé pour ses fruits, les poires. □ Famille des rosacées. - **2.** Faire le poirier, se tenir en équilibre à la verticale, le sommet de la tête et les mains appuyés sur le sol.

pois [pwa] n.m. (lat. *pisum*). - **1.** Plante annuelle cultivée dans les régions tempérées pour ses graines, destinées à l'alimentation humaine (petits pois) ou animale. □ Famille des papilionacées. - **2.** Graine de cette plante. - **3.** Petit disque de couleur différente de celle du fond, disposé, avec d'autres, de manière à former un motif ornemental (sur une étoffe, un papier, un objet, etc.) : *Cravate à pois.* - **4.** Pois cassés, pois secs décortiqués divisés en deux, consommés surtout en purée. - **5.** Pois de senteur. Plante grimpante ornementale.

poison [pwazɔ̃] n.m. (lat. *potio, potionis* "breuvage"). - **1.** Toute substance qui détruit ou altère les fonctions vitales : *L'arsenic est un poison* (syn. toxique). - **2.** Ce qui exerce une influence dangereuse, pernicieuse : *Cette doctrine est un poison pour la démocratie.* - **3.** FAM. Personne méchante, acariâtre ; enfant insupportable, capricieux.

poisse [pwas] n.f. (de *poisser*). FAM. Manque de chance : *Quelle poisse, ce retard !* (syn. déveine, malchance).

poisser [pwase] v.t. (de *poix*). Salir en rendant collant, gluant : *La confiture poisse les doigts.*

poisseux, euse [pwasø, -øz] adj. Qui poisse ; qui est gluant : *Un pot de miel poisseux* (syn. collant, visqueux).

poisson [pwasɔ̃] n.m. (lat. *piscis*). - **1.** Vertébré aquatique, génér. ovipare, à respiration branchiale, muni de nageoires paires (pectorales et pelviennes) et impaires (dorsales, caudale et anales), à la peau recouverte d'écailles : *Pêcher du poisson. Le thon est un grand poisson.* - **2.** Être comme un poisson dans l'eau, être parfaitement à l'aise dans la situation où l'on se trouve. - **3.** Poisson rouge. Carassin doré. ‖ Poisson volant. Exocet. ◆ **poissons** n. inv. et adj. inv. Personne née sous le signe des Poissons : *Elle est poissons.*

poisson-chat [pwasɔ̃ʃa] n.m. (pl. *poissons-chats*). Poisson d'eau douce à longs barbillons, importé d'Amérique (syn. silure).

poissonnerie [pwasɔnʀi] n.f. Marché, magasin où l'on vend du poisson, des fruits de mer, des crustacés.

poissonneux, euse [pwasɔnø, -øz] adj. Qui abonde en poissons : *Eaux poissonneuses.*

poissonnier, ère [pwasɔnje, -ɛʀ] n. Personne qui vend du poisson, des fruits de mer, des crustacés.

poisson-scie [pwasɔ̃si] n.m. (pl. *poissons-scies*). Poisson sélacien des mers chaudes et

tempérées, au long rostre bordé de dents. □ Long. jusqu'à 9 m.

poitevin, e [pwatvɛ̃, -in] adj. et n. De Poitiers, du Poitou.

poitrail [pwatʀaj] n.m. (lat. *pectorale* "cuirasse", de *pectus, -oris* "poitrine"). Devant du corps du cheval et des quadrupèdes domestiques, situé au-dessous de l'encolure, entre les épaules.

poitrinaire [pwatʀinɛʀ] adj. et n. (de *poitrine*). vx. Tuberculeux.

poitrine [pwatʀin] n.f. (lat. pop. *pectorina*, de *pectus, -oris* "poitrine"). - **1.** Partie du tronc, entre le cou et l'abdomen, qui contient le cœur et les poumons ; thorax, torse. - **2.** Seins de la femme : *Elle a une belle poitrine* (syn. buste, LITT. gorge). - **3.** Partie inférieure de la cage thoracique des animaux de boucherie (les côtes avec leur chair) : *Poitrine de veau.*

poivre [pwavʀ] n.m. (lat. *piper*). - **1.** Condiment à saveur piquante formé par le fruit *(poivre noir)* ou la graine *(poivre blanc)*, habituellement pulvérisés, du poivrier : *Steak au poivre.* - **2.** Cheveux, barbe poivre et sel, grisonnants. - **3.** Poivre de Cayenne. Condiment tiré d'une espèce de piment. ‖ Poivre vert. Grains immatures du poivrier.

poivré, e [pwavʀe] adj. - **1.** Assaisonné de poivre. - **2.** Qui a le goût ou l'odeur du poivre : *Senteur poivrée.*

poivrer [pwavʀe] v.t. Assaisonner de poivre : *Poivrer un ragoût.*

1. **poivrier** [pwavʀije] n.m. Arbuste grimpant des régions tropicales produisant le poivre. □ Famille des pipéracées.

2. **poivrier** [pwavʀije] n.m. et **poivrière** [pwavʀijɛʀ] n.f. Petit ustensile de table où on met le poivre.

poivrière [pwavʀijɛʀ] n.f. - **1.** Plantation de poivriers. - **2.** Échauguette cylindrique à toit conique.

poivron [pwavʀɔ̃] n.m. (de *poivre*). - **1.** Piment doux à gros fruits verts, jaunes ou rouges. - **2.** Fruit de cette plante, utilisé en cuisine comme légume : *Poivrons farcis.*

poivrot, e [pwavʀo, -ɔt] n. (de *poivre* "eau-de-vie"). FAM. Ivrogne.

poix [pwa] n.f. (lat. *pix, picis*). Mélange mou et agglutinant à base de résines et de goudrons végétaux.

poker [pɔkɛʀ] n.m. (mot angl.). - **1.** Jeu de cartes d'origine américaine où le vainqueur est celui qui possède la combinaison de cartes la plus forte ou qui réussit à le faire croire à ses adversaires. - **2.** Coup de poker, tentative hasardeuse. ‖ Partie de poker, opération, en partic. politique ou commerciale, dans laquelle on recourt au bluff pour l'emporter.

polaire [pɔlɛR] adj. - **1.** Situé près des pôles terrestres ; qui leur est propre : *Mers polaires.* - **2.** Glacial : *Température, froid polaire.* - **3.** ÉLECTR. Relatif aux pôles d'un aimant ou d'un électroaimant. - **4.** Cercle polaire, cercle parallèle à l'équateur et situé à 66°34' de latitude nord ou sud, qui marque la limite des zones polaires où, lors des solstices, il fait jour ou nuit pendant vingt-quatre heures.

polar [pɔlaR] n.m. (de [*roman*] *policier* et suffixe arg.). FAM. Roman, film policier (syn. thriller).

polarisation [pɔlaRizasjɔ̃] n.f. - **1.** Propriété des ondes électromagnétiques (et plus spécial. de la lumière) de présenter une répartition privilégiée de l'orientation des vibrations qui les composent. - **2.** Production, dans une pile, un accumulateur parcourus par un courant, d'une force électromotrice de sens opposé à celle qui engendre le courant. - **3.** Concentration de l'attention, des activités, des influences sur un même sujet : *La polarisation de l'opinion sur les scandales.*

polarisé, e [pɔlaRize] adj. - **1.** Qui a subi une polarisation : *Lumière polarisée.* - **2.** ÉLECTR. Qui présente deux pôles de signes opposés. - **3.** Intéressé, préoccupé par un seul sujet, une seule question.

polariser [pɔlaRize] v.t. (de *polaire*). - **1.** Faire subir la polarisation (optique, électrochimique, etc.) à : *Polariser une pile.* - **2.** Attirer l'attention, faire converger sur soi : *Ce problème polarise toute l'activité de l'entreprise.* ◆ **se polariser** v.pr. [**sur**]. Concentrer, orienter toute son attention sur (qqn, qqch) : *L'opinion s'est polarisée sur ce scandale.*

polarité [pɔlaRite] n.f. (de *polaire*). Qualité qui permet de distinguer l'un de l'autre chacun des pôles d'un aimant ou d'un générateur électrique.

Polaroid [pɔlaRɔid] n.m. (nom déposé). Appareil photographique à développement instantané.

polder [pɔldɛR] n.m. (mot néerl.). Terre fertile conquise par l'homme sur la mer ou les marais.

pôle [pol] n.m. (lat. *polus*, gr. *polos*, de *polein* "tourner"). - **1.** Chacun des deux points de la sphère céleste formant les extrémités de l'axe autour duquel elle semble tourner en 23 h 56 min : *Le pôle Nord. Le pôle Sud.* - **2.** MATH. Point unique qui reste invariant dans une homothétie, une similitude, une rotation ; chacune des extrémités du diamètre d'une sphère, perpendiculaire au plan d'un cercle tracé sur cette sphère. - **3.** ÉLECTR. Chacune des deux extrémités d'un générateur ou d'un récepteur, utilisées pour les connexions au circuit extérieur ; borne. - **4.** Élément en complète opposition avec un autre : *Le pôle de la joie et le pôle de la tristesse.* - **5.** Pôle d'attraction, ce qui attire l'attention, l'intérêt : *Cette nouvelle librairie est le pôle d'attraction du quartier.* ‖ Pôle magnétique, chacun des deux points d'intersection de l'axe magnétique d'un astre avec sa surface. ‖ Pôles d'un aimant, extrémités de l'aimant, où la force d'attraction est à son maximum.

polémique [pɔlemik] n.f. (gr. *polemikos* "relatif à la guerre"). Vif débat public, mené le plus souvent par écrit ; controverse. ◆ adj. Qui appartient à la polémique : *Vous avez toujours un ton polémique* (syn. agressif ; contr. conciliant).

polémiquer [pɔlemike] v.i. Faire de la polémique : *Les journaux polémiquent à propos d'un nouveau projet de loi* (syn. débattre).

polémiste [pɔlemist] n. Personne qui polémique : *Journal qui engage un polémiste de talent* (syn. pamphlétaire).

polémologie [pɔlemɔlɔʒi] n.f. (du gr. *polemos* "guerre"). Étude de la guerre considérée comme phénomène d'ordre social et psychologique.

polenta [pɔlɛnta] n.f. (mot it., lat. *polenta* "farine d'orge"). Bouillie, galette de farine de maïs (en Italie) ou de châtaignes (en Corse).

pole position [polpozisjɔ̃] n.f. (mot angl. "position en flèche") [pl. *pole positions*]. Position en première ligne et à la corde, au départ d'une course automobile.

1. poli, e [pɔli] adj. (p. passé de *polir*). Dont la surface est assez lisse pour refléter la lumière : *Du marbre poli.* ◆ **poli** n.m. Qualité, aspect d'une surface polie : *Le poli d'une commode en merisier.*

2. poli, e [pɔli] adj. (de *polir*, avec infl. du lat. *politus*). Qui observe les usages, les règles de la politesse : *Un enfant très poli* (= bien élevé ; syn. courtois, respectueux).

1. police [pɔlis] n.f. (lat. *politia*, gr. *politeia* "organisation politique"). - **1.** Administration, force publique qui veille au maintien de la sécurité publique ; ensemble des agents de cette administration : *Car de police. Agent de police.* - **2.** Faire la police, surveiller, maintenir l'ordre ; au fig., tout régenter : *Partout où elle passe, elle donne des ordres et fait la police.* ‖ Police judiciaire (P. J.), celle qui a pour but de rechercher et de livrer à la justice les auteurs d'infractions.

2. police [pɔlis] n.f. (it. *polizza*, du lat. médiév. *apodixa*, du gr. *apodeixis* "preuve"). - **1.** Document écrit qui consigne les clauses d'un contrat d'assurance. - **2.** ARTS GRAPH. **Police (de caractères),** syn. de *fonte.*

policé, e [pɔlise] adj. (de *policer* "civiliser" ; de *1. police*). LITT. Qui a atteint un certain degré de civilité, de raffinement : *Société policée* (syn. civilisé ; contr. barbare).

polichinelle [pɔliʃinɛl] n.m. (napolitain *Polecenella,* n. d'un personnage de farce, it. *Pulcinella*). - **1.** (Avec la majuscule). Personnage grotesque, bossu et pansu, du théâtre de marionnettes, issu de la comédie italienne. - **2.** Personne ridicule, en qui l'on ne peut placer sa confiance : *Ce politicien est un polichinelle* (syn. fantoche, pantin). - **4.** Secret de Polichinelle, chose que l'on croit ignorée mais qui est connue de tous.

policier, ère [pɔlisje, -ɛʀ] adj. (de *1. police*). - **1.** De la police, relatif à la police : *Une enquête policière.* - **2.** Qui s'appuie sur la police : *Régime, État policier.* - **3.** Film, roman policier, dont l'intrigue repose sur une enquête criminelle. ◆ n. Membre de la police. **Rem.** Le fém. est rare.

policlinique [pɔliklinik] n.f. (du gr. *polis* "ville" et de *clinique*). Établissement où l'on traite les malades sans les hospitaliser. **Rem.** À distinguer de *polyclinique.*

poliment [pɔlimɑ̃] adv. Avec courtoisie, politesse : *Il lui a poliment tenu la porte* (syn. courtoisement).

poliomyélite [pɔljɔmjelit] n.f. (du gr. *polios* "gris" et *muelos* "moelle"). Maladie infectieuse due à un virus qui se fixe sur les centres nerveux, en partic. la moelle épinière, et peut provoquer des paralysies graves (abrév. *polio*).

poliomyélitique [pɔljɔmjelitik] adj. Relatif à la poliomyélite. ◆ n. Personne atteinte de la poliomyélite (abrév. fam. *polio*).

polir [pɔliʀ] v.t. (lat. *polire*) [conj. 32]. - **1.** Rendre poli, donner un aspect uni et luisant à : *Polir un métal* (syn. lisser). - **2.** LITT. Rendre aussi soigné, aussi parfait que possible : *Polir ses phrases* (syn. parachever, parfaire).

polissage [pɔlisaʒ] n.m. Action de polir : *Le polissage d'une pièce d'ébénisterie.*

polisseur, euse [pɔlisœʀ, -øz] n. Personne spécialisée dans le polissage. ◆ **polisseuse** n.f. Machine à polir.

polisson, onne [pɔlisɔ̃, -ɔn] n. (de l'anc. arg. *polir* "vendre"). Enfant espiègle, désobéissant : *Petit polisson !* (syn. coquin, galopin). ◆ adj. et n. Qui est un peu trop libre, un peu osé : *Une chanson polissonne* (syn. grivois, paillard).

polissonnerie [pɔlisɔnʀi] n.f. Action, propos de polisson : *Dire, faire des polissonneries* (syn. gaillardise, paillardise).

politesse [pɔlitɛs] n.f. (anc. it. *pulitezza,* de *polito* "charmant, civilisé"). - **1.** Ensemble des règles de savoir-vivre, de courtoisie en usage dans une société ; respect de ces règles : *Je vais vous apprendre la politesse* (syn. bienséance, courtoisie). *Formule de politesse* (= celle qu'on écrit à la fin d'une lettre). - **2.** Action, parole conforme à ces règles : *Échanger quelques politesses* (syn. civilité, compliment).

politicard, e [pɔlitikaʀ, -aʀd] n. et adj. Politicien sans envergure qui se complaît en intrigues (péjor.).

politicien, enne [pɔlitisjɛ̃, -ɛn] n. (angl. *politician*). Personne qui fait de la politique, qui exerce des responsabilités politiques (souvent péjor.) : *Un politicien sans scrupule.* ◆ adj. Qui relève d'une politique intrigante et intéressée : *Politique politicienne. Manœuvre politicienne.*

1. politique [pɔlitik] adj. (lat. *politicus,* gr. *politikos* "de la cité"). - **1.** Relatif à l'organisation du pouvoir dans l'État, à son exercice : *Institutions politiques.* - **2.** LITT. Qui a ou qui manifeste beaucoup d'habileté, qui agit de façon avisée : *Invitation toute politique* (syn. intéressé). *Un directeur très politique* (syn. diplomate). - **3.** Droits politiques, droits en vertu desquels un citoyen peut participer à l'exercice du pouvoir, directement ou par son vote. ‖ Homme, femme politique, personne qui s'occupe des affaires publiques, qui fait de la politique. ‖ Prisonnier politique, personne emprisonnée pour des motifs politiques (par opp. à *prisonnier de droit commun*). ◆ n. Responsable des affaires publiques : *Le Pouvoir des politiques.* ◆ n.m. Ce qui est politique : *Le politique et le social.*

2. politique [pɔlitik] n.f. (de *1. politique*). - **1.** Ensemble des pratiques, faits, institutions et déterminations du gouvernement d'un État ou d'une société : *Politique extérieure.* - **2.** Manière d'exercer l'autorité dans un État ou dans une société : *Politique libérale.* - **3.** Manière concertée d'agir, de conduire une affaire : *Avoir une politique des prix* (syn. stratégie, tactique).

politique-fiction [pɔlitikfiksjɔ̃] n.f. (pl. *politiques-fictions*). Fiction fondée sur l'évolution, imaginée dans le futur, d'une situation politique présente ; ce type de fiction en tant que genre (littéraire, cinématographique, etc.).

politiquement [pɔlitikmɑ̃] adv. - **1.** D'un point de vue politique : *Politiquement, le résultat du scrutin est significatif.* - **2.** Avec habileté, à-propos : *Elle a agi très politiquement.*

politisation [pɔlitizasjɔ̃] n.f. Action de politiser ; fait d'être politisé : *La politisation d'une grève.*

politiser [pɔlitize] v.t. - **1.** Donner un caractère politique à : *Politiser un débat.* - **2.** Donner une formation, une conscience politique à : *Chercher à politiser les étudiants.*

politologie [pɔlitɔlɔʒi] n.f. Étude des faits politiques dans l'État et dans la société. (On dit aussi *politicologie*.) ◆ **politologue** n. Nom du spécialiste.

poljé [pɔlje] n.m. (mot slave "plaine"). GÉOGR. Vaste dépression fermée, dans les régions karstiques.

polka [pɔlka] n.f. (mot d'orig. polon. ou tchèque). Danse assez vive, à deux temps, importée de Pologne en France v. 1830.

pollen [pɔlɛn] n.m. (mot lat. "farine"). Poudre que forment les grains microscopiques produits par les étamines des plantes à fleurs, et dont chacun constitue un élément reproducteur mâle.

pollinisation [pɔlinizasjɔ̃] n.f. Transport du pollen des étamines jusqu'au stigmate d'une fleur de la même espèce, permettant la fécondation.

polluant, e [pɔlɥɑ̃, -ɑ̃t] adj. et n.m. Se dit d'un produit, d'un agent responsable d'une pollution.

polluer [pɔlɥe] v.t. (lat. *polluere* "souiller") [conj. 7]. Souiller, dégrader, rendre malsain ou dangereux par pollution : *Usine qui pollue une rivière en y déversant ses déchets.*

pollueur, euse [pɔlɥœr, -øz] adj. et n. Qui pollue, accroît la pollution : *Une usine pollueuse.*

pollution [pɔlysjɔ̃] n.f. (bas lat. *pollutio*). - **1.** Dégradation d'un milieu naturel par des substances chimiques, des déchets industriels ; dégradation de l'environnement humain par une, des nuisances : *La pollution atmosphérique par des fumées. Pollution par le bruit.* - **2.** MÉD. Pollution nocturne, éjaculation survenant pendant le sommeil.

polo [polo] n.m. (mot angl., du tibétain). - **1.** Sport qui oppose deux équipes de quatre cavaliers munis chacun d'un long maillet au moyen duquel ils doivent envoyer une balle de bois dans les buts adverses. - **2.** Chemise de sport en tricot, à col rabattu, génér. en jersey.

polochon [pɔlɔʃɔ̃] n.m. (p.-ê. de l'anc. fr. *pouloucel* "petit oiseau"). FAM. Traversin.

polonais, e [pɔlɔnɛ, -ɛz] adj. et n. (polon. *poljane*). De Pologne. ◆ **polonais** n.m. Langue slave parlée en Pologne. ◆ **polonaise** n.f. - **1.** Danse nationale polonaise. - **2.** Composition musicale dans le tempo et le caractère de cette danse.

polonium [pɔlɔnjɔm] n.m. (du n. de la Pologne, pays d'origine de Marie Curie). Métal radioactif, souvent associé au radium dans ses minerais. □ Symb. Po.

poltron, onne [pɔltrɔ̃, -ɔn] adj. et n. (it. *poltrone* "poulain"). Qui manque de courage (syn. couard, lâche, peureux).

poltronnerie [pɔltrɔnri] n.f. Comportement de poltron : *Sa poltronnerie est risible* (syn. couardise, lâcheté).

polyacide [pɔliasid] n.m. et adj. CHIM. Corps possédant plusieurs fonctions acide.

polyamide [pɔliamid] n.m. (de *poly-* et *amide*). Composé chimique utilisé dans la fabrication des fibres textiles.

polyandre [pɔliɑ̃dr] adj. et n.f. SOCIOL. Se dit d'une femme qui pratique la polyandrie. ◆ adj. BOT. Qui a plusieurs étamines.

polyandrie [pɔliɑ̃dri] n.f. - **1.** SOCIOL. Fait, pour une femme, d'avoir plusieurs maris (cas particulier de la polygamie). - **2.** BOT. Caractère d'une plante polyandre.

polyarthrite [pɔliartrit] n.f. Rhumatisme atteignant simultanément plusieurs articulations.

polychlorure [pɔliklɔryr] n.m. Polychlorure de vinyle (PVC), polymère du chlorure de vinyle, importante classe de matières plastiques.

polychrome [pɔlikrom] adj. (du gr. *khrôma* "couleur"). De plusieurs couleurs : *Vitrail polychrome* (syn. multicolore).

polychromie [pɔlikrɔmi] n.f. Caractère de ce qui est polychrome.

polyclinique [pɔliklinik] n.f. Clinique où l'on soigne des maladies diverses. **Rem.** À distinguer de *policlinique.*

polycopie [pɔlikɔpi] n.f. Procédé de duplication par stencil ou par report de l'écriture manuscrite sur un papier spécial.

polycopié [pɔlikɔpje] n.m. Texte, cours reproduit par polycopie (abrév. fam. *poly*).

polycopier [pɔlikɔpje] v.t. [conj. 9]. Reproduire par polycopie : *Professeur qui fait polycopier son cours.*

polyculture [pɔlikyltyr] n.f. Culture d'espèces végétales différentes dans une même exploitation agricole, une même région (par opp. à *monoculture*).

polyèdre [pɔliɛdr] n.m. (de *poly-* et *-èdre*). Solide ayant pour frontière des polygones plans appelés *faces* ou *facettes,* dont les côtés communs sont les arêtes ; frontière de ce solide.

polyédrique [pɔliedrik] adj. Relatif à un polyèdre ; qui en a la forme.

polyester [pɔliɛstɛr] n.m. Matériau synthétique résultant de la condensation de polyacides avec certains alcools.

polyéthylène [pɔlietilɛn] n.m. Matière plastique résultant de la polymérisation de l'éthylène.

polygame [pɔligam] adj. et n.m. (gr. *polugamos*). Se dit d'un homme qui pratique la polygamie. ◆ adj. BOT. Qui présente des fleurs hermaphrodites et des fleurs unisexuées, mâles et femelles, sur le même pied.

polygamie [pɔligami] n.f. - **1.** Fait, pour un homme, d'avoir plusieurs épouses. - **2.** SOCIOL. Fait d'avoir plusieurs conjoints, soit pour un homme *(polygynie)*, soit pour une femme *(polyandrie)*. - **3.** BOT. Caractère d'une plante polygame.

polyglotte [pɔliglɔt] adj. et n. (gr. *poluglottos*, de *glôtta* "langue"). Qui peut parler plusieurs langues ; plurilingue.

polygonal, e, aux [pɔligɔnal, -o] adj. - **1.** Qui a plusieurs angles : *Des dalles polygonales.* - **2.** Dont la base est un polygone, en parlant d'un solide : *Une pyramide polygonale.*

polygone [pɔligɔn] n.m. (de *poly-* et *-gone*). - **1.** MATH. Figure formée par une suite ordonnée de segments *(côtés)*, dont chacun a une extrémité commune *(sommet)* avec le précédent et le suivant. - **2.** MIL. Champ de tir et de manœuvre.

polygynie [pɔliʒini] n.f. (de *poly-* et du gr. *gunê* "femme"). SOCIOL. Fait, pour un homme, d'être marié à plusieurs femmes (cas particulier de la polygamie*).

polymère [pɔlimɛʀ] adj. et n.m. (de *poly-*, et du gr. *merês* "partie"). CHIM. Se dit d'un corps formé par polymérisation.

polymérisation [pɔlimerizasjɔ̃] n.f. CHIM. Réaction qui, à partir de molécules de faible masse moléculaire (monomères), forme, par les liaisons de celles-ci, des composés de masse moléculaire élevée (macromolécules).

polymériser [pɔlimerize] v.t. CHIM. Produire la polymérisation de.

polymorphe [pɔlimɔʀf] adj. (de *poly-* et *-morphe*). - **1.** Qui se présente sous diverses formes. - **2.** CHIM. BIOL. Qui présente un polymorphisme. (En biologie, on dit aussi *hétéromorphe*.)

polymorphisme [pɔlimɔʀfism] n.m. - **1.** Propriété de ce qui est polymorphe. - **2.** CHIM. Propriété que possèdent certaines substances d'affecter plusieurs formes cristallines différentes. - **3.** BIOL. Caractère des espèces dont les individus de même sexe présentent des formes diverses d'un individu à l'autre.

polynésien, enne [pɔlinezjɛ̃, -ɛn] adj. et n. De Polynésie. ◆ **polynésien** n.m. Groupe de langues parlées en Polynésie, branche de la famille austronésienne.

polynévrite [pɔlinevʀit] n.f. Atteinte simultanée de plusieurs nerfs par une intoxication ou une infection.

polynôme [pɔlinom] n.m. (de *poly-* et du gr. *nomos* "division"). MATH. Somme algébrique de monômes.

polynucléaire [pɔlinykleɛʀ] adj. BIOL. Se dit d'une cellule dont le noyau, segmenté ou irrégulier, paraît multiple. ◆ n.m. BIOL. Globule blanc polynucléaire.

polype [pɔlip] n.m. (lat. *polypus*, gr. *polupous*, de *pous* "pied"). - **1.** Forme fixée des cnidaires (par opp. à *forme libre*, ou *méduse*), comportant un corps cylindrique à paroi double et une cavité digestive en cul-de-sac ; animal marin affectant cette forme. - **2.** PATHOL. Tumeur bénigne, molle, qui se développe sur une muqueuse.

polyphasé, e [pɔlifaze] adj. ÉLECTR. Se dit d'un circuit, d'un dispositif, d'une machine, etc., qui comporte plusieurs phases : *Courant polyphasé* (par opp. à *monophasé*).

polyphonie [pɔlifɔni] n.f. - **1.** Art, technique de l'écriture musicale à plusieurs parties (en partic. à plusieurs parties vocales superposées en contrepoint). - **2.** Pièce chantée à plusieurs voix.

polyphonique [pɔlifɔnik] adj. Qui comporte plusieurs voix, qui constitue une polyphonie : *Musique polyphonique.*

polypier [pɔlipje] n.m. Squelette sécrété par les polypes, solitaires ou coloniaux, d'un grand nombre de cnidaires (en partic. de ceux qui participent à la constitution des récifs coralliens).

polypode [pɔlipɔd] n.m. (de *poly-* et *-pode*). Fougère des rochers et des murs humides, à feuilles profondément lobées, très commune en France.

polypropylène [pɔlipʀɔpilɛn] n.m. Matière plastique obtenue par polymérisation du propylène, très utilisée dans la fabrication des moquettes, des non-tissés, des tableaux de bord et en corderie.

polyptyque [pɔliptik] n.m. (de *poly-* et du gr. *ptux, ptukhos* "pli"). Ensemble de panneaux peints ou sculptés liés entre eux et comprenant en génér. des volets qui peuvent se replier sur une partie centrale.

polysémie [pɔlisemi] n.f. (du gr. *sêma* "signe, marque"). Propriété d'un mot qui présente plusieurs sens.

polysémique [pɔlisemik] adj. Qui présente plusieurs sens ; qui relève de la polysémie (par opp. à *monosémique*).

polystyrène [pɔlistiʀɛn] n.m. Matière thermoplastique obtenue par polymérisation du styrène.

polysyllabe [pɔlisilab] adj. et n.m. Se dit d'un mot qui a plusieurs syllabes (par opp. à *monosyllabe*).

polysyllabique [pɔlisilabik] adj. Qui comporte plusieurs syllabes (syn. polysyllabe).

polytechnicien, enne [pɔlitɛknisjɛ̃, -ɛn] n. Élève ou ancien élève de l'École polytechnique.

polythéisme [pɔliteism] n.m. (du gr. *polutheos,* de *theos* "dieu"). Religion qui admet l'existence de plusieurs dieux.
◆ **polythéiste** n. et adj. Adepte du polythéisme.

polytransfusé, e [pɔlitʀɑ̃sfyze] adj. et n. Qui a reçu des transfusions de sang répétées ou massives (provenant d'un ou de plusieurs donneurs).

polytraumatisé, e [pɔlitʀomatize] adj. et n. Se dit d'un blessé qui présente simultanément plusieurs lésions traumatiques.

polyuréthanne ou **polyuréthane** [pɔliyʀetan] n.m. CHIM. Matière plastique employée dans l'industrie des peintures, des vernis ou pour faire des mousses et des élastomères.

polyvalence [pɔlivalɑ̃s] n.f. Caractère de ce qui est polyvalent.

polyvalent, e [pɔlivalɑ̃, -ɑ̃t] adj. (du lat. *valens,* p. présent de *valere* "valoir"). - **1.** Qui est efficace dans plusieurs cas différents : *Vaccin polyvalent.* - **2.** Qui offre plusieurs usages possibles : *Salle polyvalente.* - **3.** Qui possède des aptitudes, des capacités variées : *Une secrétaire polyvalente.* - **4.** CHIM. Dont la valence est supérieure à 1.

polyvalente [pɔlivalɑ̃t] n.f. CAN. École secondaire où sont dispensés à la fois un enseignement général et un enseignement professionnel.

polyvinyle [pɔlivinil] n.m. Polymère obtenu à partir de monomères dérivés du vinyle et qui a de très nombreuses applications.

pomelo [pɔmelo] n.m. (mot anglo-amér., du lat. *pomum* "fruit"). - **1.** Arbre du groupe des agrumes. - **2.** Fruit de cet arbre, semblable à un gros pamplemousse à peau et à pulpe jaunes ou rouge rosé, de saveur légèrement amère.

pommade [pɔmad] n.f. (it. *pomata*). - **1.** Composition molle, formée d'un excipient et de médicaments, que l'on applique sur la peau ou les muqueuses : *Enduire une plaie de pommade* (syn. baume, onguent). - **2.** FAM. Passer de la pommade à qqn, le flatter pour en obtenir qqch.

pommadé, e [pɔmade] adj. Enduit de pommade, d'un cosmétique : *Des cheveux pommadés.*

pomme [pɔm] n.f. (lat. pop. *poma,* du class. *pomum* "fruit"). - **1.** Fruit comestible du pommier, que l'on consomme frais ou en com-

pote, en gelée, en beignet et dont le jus fermenté fournit le cidre : *Une tarte aux pommes.* - **2.** Cœur du chou, de la laitue. - **3.** Objet dont la forme évoque une pomme : *La pomme d'un arrosoir.* - **4.** T. FAM. Individu crédule ou niais : *Quelle pomme !* (syn. naïf, sot). - **5.** Pomme de discorde, sujet de querelle et de division. || FAM. **Tomber dans les pommes,** s'évanouir. - **6.** Pomme d'Adam. Saillie placée à la partie antérieure du cou, formée par le cartilage thyroïde. || **Pomme d'amour.** Tomate. || **Pomme de pin.** Fruit du pin.

pommé, e [pɔme] adj. Arrondi comme une pomme : *Chou pommé.*

pommeau [pɔmo] n.m. (de l'anc. fr. *pom,* masc. de *pomme*). - **1.** Extrémité renflée de la poignée d'une canne, d'un parapluie, d'une épée, etc. - **2.** Partie antérieure de l'arçon d'une selle.

pomme de terre [pɔmdətɛʀ] n.f. (trad. du lat. *malum terrae* "fruit de terre") [pl. *pommes de terre*]. Plante originaire d'Amérique du Sud, cultivée pour ses tubercules riches en amidon ; tubercule comestible de cette plante. □ Famille des solanacées. La pomme de terre fut introduite en Europe en 1534, mais son usage ne devint général en France qu'au XVIIIᵉ s., sous l'influence de Parmentier.

pommelé, e [pɔmle] adj. (de *pomme*). - **1.** Marqué de taches rondes mêlées de gris et de blanc : *Un cheval pommelé.* - **2.** Couvert de petits nuages blancs ou grisâtres, de forme arrondie : *Ciel pommelé.*

pommer [pɔme] v.i. Se former en pomme, en parlant des choux, des laitues, etc.

pommeraie [pɔmʀɛ] n.f. Lieu planté de pommiers.

pommette [pɔmɛt] n.f. (de *pomme*). Partie la plus saillante de la joue, sous l'angle externe de l'œil.

pommier [pɔmje] n.m. Arbre à feuilles ovales et dentées, à fleurs blanches ou roses, cultivé pour ses fruits, les pommes. □ Famille des rosacées.

pompage [pɔ̃paʒ] n.m. Action de pomper : *Le pompage des eaux d'égout. Station de pompage* (= installation sur le trajet d'un pipeline pour pomper le fluide transporté).

1. pompe [pɔ̃p] n.f. (lat. *pompa,* gr. *pompê* "cortège pompeux"). - **1.** LITT. Cérémonial somptueux, déploiement de faste : *La pompe d'un couronnement* (syn. apparat, éclat, magnificence). - **2.** En grande pompe, avec beaucoup d'éclat. ◆ **pompes** n.f. pl. Service des pompes funèbres, service chargé de l'organisation des funérailles.

2. pompe [pɔ̃p] n.f. (mot néerl., d'orig. incert., p.-ê. du rad. lat. *pupp-* "sucer, téter").

- **1.** Appareil pour aspirer, refouler ou comprimer les fluides : *Amorcer une pompe. Pompe aspirante* (= où le liquide monte dans le corps de la pompe par l'effet de la pression atmosphérique). - **2.** Appareil utilisé pour la distribution et la vente au détail des carburants : *Pompe à essence.* - **3.** FAM. Chaussure. - **4.** FAM. Mouvement de gymnastique qui consiste à soulever le corps, à plat ventre sur le sol, en poussant sur les bras : *Faire des pompes.* - **5.** FAM. À toute pompe, très vite. ‖ FAM. Coup de pompe, fatigue soudaine. ‖ FAM. Marcher, être à côté de ses pompes, ne pas avoir les idées nettes ; être indécis, désorienté, très distrait, etc. ‖ Pompe à incendie, pompe pour éteindre le feu au moyen d'un jet d'eau continu très puissant. ‖ Pompe à vélo, petite pompe à air pour gonfler les chambres à air des pneus de bicyclette.

pompéien, enne [pɔ̃pejɛ̃, -ɛn] adj. et n. - **1.** Qui se rapporte à Pompéi ; inspiré du style antique de Pompéi : *Décor pompéien.* - **2.** Qui se rapporte à Pompée.

pomper [pɔ̃pe] v.t. (de 2. *pompe*). - **1.** Puiser, aspirer (un fluide) au moyen d'une pompe : *Pomper l'eau d'une cave inondée.* - **2.** Absorber (un liquide) : *L'éponge a pompé toute l'eau.* - **3.** FAM. Fatiguer, épuiser : *Ce travail l'a pompé* (syn. éreinter). - **4.** ARG. SCOL. Copier, tricher en copiant. - **5.** FAM. Pomper l'air à qqn, l'ennuyer, le lasser.

pompette [pɔ̃pɛt] adj. (de l'anc. fr. *pompette* "pompon" et de *pomper* "boire"). FAM. Un peu ivre (syn. gris, éméché).

pompeusement [pɔ̃pøzmɑ̃] adv. Avec emphase.

pompeux, euse [pɔ̃pø, -øz] adj. (lat. *pomposus*). Qui est empreint d'une solennité excessive ou déplacée : *Discours pompeux* (syn. ampoulé, emphatique).

1. **pompier** [pɔ̃pje] n.m. (de 2. *pompe*). - **1.** Personne faisant partie d'un corps organisé pour combattre les incendies et intervenir en cas de sinistres ; sapeur-pompier. □ Les pompiers de Paris, créés en 1716, font partie de l'armée depuis 1811 et forment auj. une brigade du génie. - **2.** FAM. Fumer comme un pompier, fumer beaucoup.

2. **pompier, ère** [pɔ̃pje, -ɛʀ] adj. (de *1. pompe*). D'un académisme emphatique, en parlant d'un style, d'un art ou de qqn qui le pratique. ◆ **pompier** n.m. - **1.** Art, style, genre pompier. - **2.** Artiste pompier.

pompiste [pɔ̃pist] n. (de 2. *pompe*). Personne chargée de la distribution du carburant dans une station-service.

pompon [pɔ̃pɔ̃] n.m. (p.-ê. d'un rad. expressif *pomp-*, ou du lat. *pupa* "sein"). - **1.** Touffe serrée de fibres textiles formant une houppe arrondie qui sert d'ornement dans le costume et l'ameublement : *Le pompon rouge d'un béret de marin.* - **2.** FAM. Avoir, tenir le pompon, l'emporter sur les autres (souvent iron.). ‖ FAM. C'est le pompon !, c'est le comble ! ◆ adj. Rose, chrysanthème, dahlia pompon, appartenant à des variétés à fleurs petites et aux pétales nombreux.

pomponner [pɔ̃pɔne] v.t. (de *pompon*). Arranger avec beaucoup d'attention, de soin la toilette de : *Mère qui adore pomponner sa fille.* ◆ **se pomponner** v.pr. S'occuper de sa toilette avec beaucoup de coquetterie, de soin : *Passer des heures à se pomponner.*

ponant [pɔnɑ̃] n.m. (anc. prov. *ponen*, du lat. pop. [*sol*] *ponens* "[soleil] couchant"). LITT. Ancienne appellation de l'occident : *Le ponant et le levant* (syn. couchant).

ponçage [pɔ̃saʒ] n.m. Action de poncer.

ponce [pɔ̃s] n.f. et adj. (bas lat. *pomex, -icis*, class. *pumex*). Roche volcanique poreuse, légère, très dure, dont on se sert pour polir. (On dit aussi *pierre ponce*.)

poncer [pɔ̃se] v.t. (de *ponce*) [conj. 16]. Polir, décaper avec un abrasif (ponce, émeri, etc.), à la main ou à la machine : *Poncer une poutre avant de la teinter.*

ponceuse [pɔ̃søz] n.f. Machine à poncer.

poncho [pɔ̃ʃo] ou [pɔntʃo] n.m. (mot esp.). - **1.** Manteau fait d'une pièce de laine rectangulaire avec une ouverture pour passer la tête, en usage en Amérique latine. - **2.** Chausson d'intérieur dont le dessus en tricot forme socquette ou chaussette.

poncif [pɔ̃sif] n.m. (de *poncer*). Lieu commun, idée sans originalité ; travail conventionnel, où il n'y a aucune recherche de nouveauté : *Discours plein de poncifs* (syn. banalité, cliché).

ponction [pɔ̃ksjɔ̃] n.f. (lat. *punctio* "piqûre"). - **1.** CHIR. Introduction d'une aiguille, d'un trocart, etc., dans un organe ou une cavité pour faire une exploration ou un prélèvement : *Ponction lombaire.* - **2.** Action de prélever une partie importante de qqch (somme d'argent, en partic.).

ponctionner [pɔ̃ksjɔne] v.t. - **1.** CHIR. Prélever ou vider par une ponction. - **2.** Prendre de l'argent à ; prélever (de l'argent) sur le compte de : *On nous ponctionne un tiers de notre salaire.*

ponctualité [pɔ̃ktɥalite] n.f. Qualité d'une personne ponctuelle, qui arrive à l'heure : *Elle est connue pour sa ponctualité* (syn. exactitude, régularité).

ponctuation [pɔ̃ktɥasjɔ̃] n.f. Action, manière de ponctuer : *L'absence de ponctuation rend la phrase incompréhensible. Signes de ponctuation* (= signes graphiques tels que le point, la virgule, les tirets, etc., marquant les pauses entre phrases ou éléments de phrase ainsi que les rapports syntaxiques).

ponctuel, elle [pɔ̃ktɥɛl] adj. (lat. médiév. *punctualis,* du class. *punctum* "point"). - **1.** Qui arrive à l'heure : *Il est très ponctuel* (syn. exact, régulier). - **2.** Qui porte sur un détail ; qui vise un objectif isolé ou limité : *Opération ponctuelle.* - **3.** OPT. Constitué par un point : *Image ponctuelle.*

ponctuellement [pɔ̃ktɥɛlmã] adv. De manière ponctuelle : *Arriver ponctuellement à un rendez-vous* (= à l'heure).

ponctuer [pɔ̃ktɥe] v.t. (lat. médiév. *punctuare,* du class. *punctum* "point") [conj. 7]. - **1.** Marquer un texte de signes de ponctuation. - **2.** Renforcer certains mots par des gestes ou des exclamations : *Il ponctuait ses phrases de coups de poings sur la table.*

pondérable [pɔ̃deʀabl] adj. (lat. *ponderabilis,* de *ponderare* "peser"). Qui peut être pesé ; qui a une masse mesurable.

pondéral, e, aux [pɔ̃deʀal, -o] adj. Relatif au poids : *Surcharge pondérale.*

pondérateur, trice [pɔ̃deʀatœʀ, -tʀis] adj. LITT. Qui pondère, qui maintient l'équilibre : *Il manque un élément pondérateur dans cette équipe* (syn. modérateur).

pondération [pɔ̃deʀasjɔ̃] n.f. (lat. *ponderatio*). - **1.** Caractère d'une personne pondérée : *Elle a montré beaucoup de pondération dans cette circonstance délicate* (syn. mesure, modération). - **2.** Juste équilibre de tendances contraires dans le domaine politique ou social : *La pondération des pouvoirs* (syn. balancement, équilibre). - **3.** STAT. Attribution à chacun des éléments servant à élaborer une note, un indice, etc., d'une place proportionnelle à son importance réelle : *Pondération de la hausse des prix.*

pondéré, e [pɔ̃deʀe] adj. - **1.** Qui sait se contrôler ; calme, modéré dans ses manières, ses prises de position (syn. modéré, réfléchi). - **2.** STAT. Dont la valeur a été calculée par une méthode de pondération : *Indice pondéré.*

pondérer [pɔ̃deʀe] v.t. (lat. *ponderare,* de *pondus, ponderis* "poids") [conj. 18]. - **1.** Équilibrer qqch par qqch d'autre qui l'atténue : *Pondérer les pouvoirs de l'exécutif par l'indépendance du législatif* (syn. balancer). - **2.** STAT. Procéder à la pondération des variables en calculant un indice, etc.

pondeur, euse [pɔ̃dœʀ, -øz] adj. - **1.** Qui pond ; qui pond souvent : *Papillon pondeur.* - **2.** Poule pondeuse, poule élevée pour la production d'œufs de consommation (on dit aussi *une pondeuse*).

pondre [pɔ̃dʀ] v.t. (lat. *ponere* "poser") [conj. 75]. - **1.** Produire, déposer un, des œufs, en parlant de la femelle d'un ovipare : *Les tortues marines pondent leurs œufs dans le sable. Le cri d'une poule qui vient de pondre.* - **2.** FAM. Produire une œuvre écrite : *Pondre un rapport* (syn. écrire, rédiger).

poney [pɔnɛ] n.m. (angl. *pony,* de l'anc. fr. *poulenet* "petit poulain"). Cheval de petite taille, à crinière épaisse.

pongiste [pɔ̃ʒist] n. (de *ping-pong*). Joueur, joueuse de tennis de table.

pont [pɔ̃] n.m. (lat. *pons, pontis*). - **1.** Construction en pierre, en bois ou en métal, pour relier les deux rives d'un cours d'eau, pour franchir une voie ferrée, une route, un estuaire, ou un obstacle quelconque : *Traverser un pont. Pont suspendu.* - **2.** Jour ouvrable mais qui, situé entre deux jours fériés ou chômés, est aussi chômé : *Le 14-Juillet tombe un mardi, on fera le pont.* - **3.** Figure d'acrobatie au sol dans laquelle le corps, arqué en arrière, repose sur les pieds et sur les mains : *Faire le pont.* - **4.** Plancher formant une surface d'un seul tenant, qui ferme par en haut la coque d'un navire ou divise le navire horizontalement en compartiments : *Les passagers prennent le soleil sur le pont arrière.* - **5.** Ce qui réunit, forme une jonction ou une transition : *Pont jeté entre le passé et l'avenir* (syn. passerelle). - **6.** Couper les ponts, rompre les relations avec qqn. ‖ Faire un pont d'or à qqn, lui offrir beaucoup d'argent pour le décider à faire qqch. ‖ Il passera de l'eau sous les ponts avant que..., on peut attendre longtemps avant que... ‖ Pont aérien, liaison aérienne entre deux points séparés par une zone où les autres communications sont impossibles ou trop lentes. ‖ Pont aux ânes, démonstration graphique du théorème sur le carré de l'hypoténuse ; au fig., difficulté qui ne peut arrêter que les ignorants. ‖ Pont de bateaux, pont fait de bateaux reliés entre eux. ‖ Pont d'envol, piste de décollage et d'atterrissage sur un porte- avions. ‖ Pont élévateur, appareil de levage pour entretenir et réparer un véhicule à hauteur d'homme. ‖ Pont mobile, pont dont le tablier, mobile en partie ou en totalité, permet d'interrompre le passage des véhicules pour laisser le passage aux navires. ‖ Pont roulant, portique se déplaçant sur un chemin de roulement et muni d'un treuil, pour soulever et déplacer latéralement de lourdes charges. ‖ Ponts et chaussées, service public chargé, en France, de la construction et de l'entretien des routes et des voies navigables.

pontage [pɔ̃taʒ] n.m. (de 2. *ponter*). - **1.** CHIR. Opération qui consiste à rétablir la circulation en aval de la partie obstruée d'une artère par une greffe vasculaire ou un tube plastique. □ On y a souvent recours en chirurgie cardiaque. - **2.** CHIM. Création de liaisons transversales entre les atomes de chaînes adjacentes de macromolécules.

1. ponte [pɔ̃t] n.m. (de *1. ponter*). - **1.** Au baccara, à la roulette, etc., joueur qui joue contre le banquier. - **2.** FAM. Personne ayant un grand pouvoir, une grande autorité dans un domaine quelconque : *Un grand ponte de la faculté.*

2. ponte [pɔ̃t] n.f. (de *pondre*). - **1.** Action de pondre ; saison pendant laquelle les animaux pondent. - **2.** Quantité d'œufs pondus : *La ponte est moins abondante en hiver.*

ponté, e [pɔ̃te] adj. (de *2. ponter*). Se dit d'une embarcation dont le creux est couvert par un pont : *Canot ponté.*

1. ponter [pɔ̃te] v.i. (de *pont*, anc. p. passé de *pondre*, du lat. *ponere* "poser"). Miser contre le banquier, aux jeux de hasard.

2. ponter [pɔ̃te] v.t. (de *pont*). - **1.** Établir un pont sur un navire, une embarcation. - **2.** CHIR. Réunir des vaisseaux par pontage.

pontet [pɔ̃tɛ] n.m. (de *pont*). Pièce métallique protégeant la détente d'une arme à feu portative.

pontife [pɔ̃tif] n.m. (lat. *pontifex*). - **1.** Titre donné au pape, chef suprême de la chrétienté, appelé *souverain pontife.* - **2.** FAM. Homme qui fait autorité dans sa spécialité et qui se donne des airs d'importance.

pontifiant, e [pɔ̃tifjɑ̃, -ɑ̃t] adj. Qui pontifie : *Un professeur pontifiant* (syn. doctoral, pédant).

pontifical, e, aux [pɔ̃tifikal, -o] adj. Qui se rapporte au pape et aux évêques : *Insignes pontificaux* (syn. épiscopal). *La bénédiction pontificale* (syn. papal).

pontificat [pɔ̃tifika] n.m. Dignité, fonction de pape ; durée de cette fonction.

pontifier [pɔ̃tifje] v.i. (lat. chrét. *pontificare* "exercer le pontificat") [conj. 9]. FAM. Prendre des airs d'importance, parler avec emphase, avec prétention : *Il adore pontifier devant ses élèves* (syn. pérorer).

pont-levis [pɔ̃ləvi] n.m. (de *pont* et *levis* "qui se lève") [pl. *ponts-levis*]. Pont qui, dans les constructions fortifiées du Moyen Âge, pouvait s'abaisser ou se lever : *Un pont-levis protégeait l'accès du château fort.*

ponton [pɔ̃tɔ̃] n.m. (lat. *ponto, pontonis* "bac", de *pons* ; v. *pont*). - **1.** Appontement utilisé comme débarcadère. - **2.** Plate-forme flottante : *Ponton de ski nautique.* - **3.** Vieux navire désarmé servant de dépôt de matériel, de prison, etc. - **4.** Grand chaland ponté.

pontonnier [pɔ̃tɔnje] n.m. Militaire du génie spécialisé dans la construction des ponts.

pool [pul] n.m. (mot angl.). - **1.** Groupement de producteurs, d'entreprises similaires, qui s'entendent momentanément pour contingenter la production, unifier les conditions d'exploitation. - **2.** Ensemble de personnes effectuant le même travail dans une entreprise : *Un pool de dactylos.*

pop [pɔp] n.m. ou n.f. et **pop music** [pɔpmyzik] ou [pɔpmjuzik] n.f. (mot angloamér., abrév. de *popular music* "musique populaire") [pl. *pop musics*]. Musique populaire d'origine anglo-saxonne, issue princ. du rock and roll et enrichie d'influences diverses (jazz, folk-song, musique classique, électronique, etc.). ◆ **pop** adj. inv. Relatif à cette musique : *Des groupes pop.*

pop art [pɔpart] n.m. (mot angl., abrév. de *popular art* "art populaire") [pl. *pop arts*]. Courant artistique essentiellement angloaméricain, apparu en Grande-Bretagne vers 1945-1955.

pop-corn [pɔpkɔrn] n.m. inv. (mot angloamér.). Grains de maïs éclatés à la chaleur, sucrés ou salés.

pope [pɔp] n.m. (russe *pop*, du gr. ecclés. *pappos* "grand-père"). Prêtre de l'Église orthodoxe slave.

popeline [pɔplin] n.f. (angl. *poplin*, du fr. *papeline*, du n. de la ville flamande *Poperinghe*). - **1.** Étoffe légère à chaîne de soie et trame de laine. - **2.** Tissu d'armure très serré, comprenant beaucoup moins de fils en trame qu'en chaîne : *Chemise en popeline de coton.*

pop music n.f. → **pop.**

popote [pɔpɔt] n.f. (arg. mil. "soupe"). FAM. - **1.** Préparation des repas : *Faire la popote* (syn. cuisine). - **2.** Table, lieu où plusieurs personnes (spécial. des militaires) prennent leurs repas en commun (syn. cantine, mess). ◆ adj. inv. FAM. Très préoccupé par les détails, les soins du ménage : *Elle est très popote.*

populace [pɔpylas] n.f. (it. *populaccio*, de *popolo* "peuple"). Bas peuple, classe défavorisée de la population, à laquelle on prête des goûts et des mœurs vulgaires (péjor.).

populacier, ère [pɔpylasje, -ɛr] adj. Propre à la populace (syn. vulgaire).

populaire [pɔpylɛr] adj. (lat. *popularis*, de *populus* "peuple"). - **1.** Qui appartient au peuple ; qui concerne le peuple ; issu du peuple : *Expression populaire. Art populaire. Gouvernement populaire.* - **2.** Qui s'adresse au peuple, au public le plus nombreux : *Roman populaire.* - **3.** Connu et aimé de tous, du plus grand nombre : *Chanteur très populaire.* - **4.** LING. Se dit d'un mot ou d'une expression courants dans la langue parlée, mais considérés comme choquants ou vulgaires dans un écrit ou dans une communication orale plus formelle. - **5.** LING. Se dit d'une forme qui résulte d'une évolution phonétique et non d'un emprunt (par opp. à *savant*).

populairement [pɔpylɛrmɑ̃] adv. Dans le langage courant ou familier.

popularisation [pɔpylarizasjɔ̃] n.f. Action de populariser ; fait d'être popularisé.

populariser [pɔpylarize] v.t. **- 1.** Rendre populaire : *Les médias ont popularisé de nombreux sportifs.* **- 2.** Faire connaître au plus grand nombre : *Journal qui s'attache à populariser les découvertes médicales.*

popularité [pɔpylarite] n.f. **- 1.** Fait d'être connu, aimé du plus grand nombre : *Sa popularité est en baisse* (syn. célébrité, notoriété, renommée). **- 2.** Soigner sa popularité, chercher à conserver la faveur du public.

population [pɔpylasjɔ̃] n.f. (du bas lat. *populatio*, par l'angl.). **- 1.** Ensemble des habitants d'un espace déterminé (continent, pays, etc.) : *La population de l'Europe.* **- 2.** Ensemble des personnes constituant, dans une catégorie particulière : *La population rurale.* **- 3.** Ensemble des animaux ou des végétaux de même espèce vivant sur un territoire déterminé (syn. peuplement).

populeux, euse [pɔpylø, -øz] adj. Très peuplé : *Les banlieues populeuses* (syn. surpeuplé).

populisme [pɔpylism] n.m. **- 1.** littér. Mouvement littéraire qui s'attachait à la description de la vie et des sentiments des milieux populaires. **- 2.** Idéologie et mouvement politiques des années 1870, en Russie, préconisant une voie spécifique vers le socialisme. **- 3.** Idéologie de certains mouvements de libération nationale, en Amérique latine notamm. ◆ **populiste** adj. et n. Relatif au populisme ; partisan du populisme.

porc [pɔr] n.m. (lat. *porcus*). **- 1.** Mammifère omnivore très répandu dans le monde, au museau terminé par un groin : *Les grognements d'un porc* (syn. cochon). □ Le porc mâle s'appelle le verrat ; la femelle s'appelle la truie ; les petits du porc sont les porcelets, les cochonnets ou les gorets. **- 2.** Viande de cet animal : *Rôti, côtelettes de porc.* **- 3.** Peau tannée de cet animal : *Une ceinture en porc.* **- 4.** fam. Homme sale, débauché ou glouton (syn. cochon).

porcelaine [pɔrsəlɛn] n.f. (it. *porcellana* "coquillage", de *porcella* "truie"). **- 1.** Produit céramique à pâte fine, translucide, vitrifiée, recouvert d'une glaçure incolore : *Vase, vaisselle de porcelaine.* [→ faïence.] **- 2.** Objet de porcelaine : *Casser une porcelaine de Chine.* **- 3.** Mollusque gastropode à coquille vernissée et émaillée de couleurs vives, assez commun dans les mers chaudes. □ Long. env. 15 cm.

porcelet [pɔrsəlɛ] n.m. Jeune porc.

porc-épic [pɔrkepik] n.m. (anc. prov. *porcespin*, de l'it. *porcospino* "porc-épine", d'apr. *piquer*) [pl. *porcs-épics*]. **- 1.** Mammifère rongeur à longs piquants dorsaux, qui vit dans le sud de l'Europe, en Asie et en Afrique. □ Il est inoffensif, nocturne et se nourrit de racines et de fruits ; long. 60 cm env. **- 2.** Personne revêche, irritable.

porche [pɔrʃ] n.m. (lat. *porticus*). Espace couvert en avant de l'entrée d'un édifice : *S'abriter sous un porche d'immeuble.*

porcher, ère [pɔrʃe, -ɛr] n. Personne qui garde, qui soigne les porcs.

porcherie [pɔrʃəri] n.f. **- 1.** Bâtiment où l'on élève des porcs. **- 2.** Lieu extrêmement sale, désordonné : *Sa chambre est une porcherie.*

porcin, e [pɔrsɛ̃, -in] adj. (lat. *porcinus*). **- 1.** Du porc : *La production porcine. Des maladies porcines.* **- 2.** Qui évoque un porc : *Des petits yeux porcins.* ◆ **porcin** n.m. Porcins, groupe d'ongulés à quatre doigts complets par patte, comprenant les porcs sauvages et le cochon domestique.

pore [pɔr] n.m. (lat. *porus*, gr. *poros* "trou"). **- 1.** Très petit orifice à la surface de la peau par où s'écoulent la sueur, le sébum : *Un pore bouché peut provoquer un bouton.* **- 2.** Trou, interstice minuscule dans la texture de certaines matières : *Les pores du bois, d'une pierre* (syn. orifice).

poreux, euse [pɔrø, -øz] adj. Qui présente des pores ; dont la texture comporte de très nombreux petits trous : *Pierre poreuse. Sol poreux* (syn. perméable).

porno [pɔrno] adj. (abrév.). fam. Pornographique : *Un film porno* (= classé X ; syn. obscène). ◆ n.m. fam. Genre pornographique : *Bannir le porno des émissions télévisées.*

pornographie [pɔrnɔgrafi] n.f. (du gr. *pornê* "prostituée" et *-graphie*). Représentation complaisante de sujets, de détails obscènes, dans une œuvre littéraire, artistique ou cinématographique.

pornographique [pɔrnɔgrafik] adj. Qui relève de la pornographie.

porosité [pɔrozite] n.f. État de ce qui est poreux : *La porosité de la pierre ponce* (syn. perméabilité).

porphyre [pɔrfir] n.m. (it. *porfiro*, lat. *porphyrites*, gr. *porphuritês* [*lithos*] "[pierre] pourprée"). Roche magmatique contenant de grands cristaux de feldspath contrastant avec un fond finement cristallisé, de couleur variable.

porridge [pɔridʒ] n.m. (mot angl., altér. du fr. *potage*). Bouillie de flocons d'avoine.

1. port [pɔr] n.m. (lat. *portus*). **- 1.** Abri naturel ou artificiel pour les navires, aménagé pour l'embarquement et le débarquement du fret et des passagers : *Port maritime, fluvial.* -**2.** Ville bâtie auprès, autour d'un port : *Toulon est un port militaire.* -**3.** Arriver à bon port, arriver à destination sans accident. Faire naufrage en arrivant au port, échouer au moment même de réussir. ‖ Port autonome, grand port maritime de commerce administré par un établissement public national.

2. port [pɔʀ] n.m. (mot occitan). Col, dans les Pyrénées.

3. port [pɔʀ] n.m. (de *porter*). -**1.** Action de porter ; fait d'avoir sur soi : *Le port du casque est obligatoire sur le chantier. Le port de la barbe, de lunettes.* -**2.** Prix du transport d'une lettre, d'un colis : *Colis en port dû* (= à la charge du destinataire). -**3.** Manière dont une personne marche, se tient : *Un port de reine* (syn. allure, maintien). -**4.** Port d'armes, fait de porter une arme sur soi : *Demander un permis de port d'armes.*

portabilité [pɔʀtabilite] n.f. Caractère d'un appareil, d'un ordinateur, d'un matériel ou d'un programme portable.

portable [pɔʀtabl] adj. -**1.** Que l'on peut porter : *Un téléviseur portable* (syn. portatif). -**2.** INFORM. Se dit d'un programme capable de fonctionner, sans grande modification, sur des ordinateurs de types différents. ◆ n.m. Appareil (notamm. ordinateur, téléviseur, magnétoscope) portable.

portage [pɔʀtaʒ] n.m. -**1.** Transport d'une charge à dos d'homme : *Le portage du matériel des alpinistes.* -**2.** CAN. Transport par voie de terre d'une embarcation, pour éviter un obstacle sur un cours d'eau ; sentier utilisé pour cette opération : *Portage le long d'un rapide.*

portail [pɔʀtaj] n.m. (de *1. porte*). -**1.** Porte principale de grande largeur, parfois de caractère monumental. -**2.** Composition architecturale comportant une ou plusieurs portes, sur une façade d'édifice.

portance [pɔʀtɑ̃s] n.f. (de *1. porter*). -**1.** PHYS. Force perpendiculaire à la direction de la vitesse et dirigée vers le haut, résultant du mouvement d'un corps dans un fluide. □ La sustentation d'un avion est assurée par la portance qu'engendre le mouvement de l'air autour des ailes. -**2.** TR. PUBL. Aptitude d'un sol, d'un élément de soutènement, à supporter des charges, des poussées.

1. portant [pɔʀtɑ̃] n.m. (de *3. portant*). -**1.** Montant qui soutient les décors d'un théâtre. -**2.** SPORTS. Armature métallique portant le point d'appui des avirons à l'extérieur des bordages, sur certaines embarcations.

2. portant, e [pɔʀtɑ̃, -ɑ̃t] adj. (de *1. porter*). Être bien, mal portant, être en bonne, en mauvaise santé.

3. portant, e [pɔʀtɑ̃, -ɑ̃t] adj. (de *1. porter*). -**1.** TECHN. Qui porte, soutient : *Mur portant* (syn. porteur). -**2.** MAR. Allures portantes, allures d'un voilier comprises entre le vent arrière et le vent de travers.

portatif, ive [pɔʀtatif, -iv] adj. Conçu pour être facilement porté avec soi : *Machine à écrire portative* (syn. portable).

1. porte [pɔʀt] n.f. (lat. *porta*). -**1.** Ouverture permettant d'accéder en un lieu fermé ou enclos et d'en sortir ; panneau mobile, vantail qui permet de fermer cette ouverture : *Ouvrir, fermer la porte. Porte en bois, vitrée, blindée.* -**2.** Battant, vantail (fermant autre chose qu'une baie) : *Porte d'un buffet, d'un placard.* -**3.** Ouverture, accès ménagé autref. dans l'enceinte fortifiée d'une ville ; emplacement d'une ancienne porte de ville ; quartier qui l'environne : *Habiter (à la) porte de Versailles, à Paris.* -**4.** En ski, espace compris entre deux piquets surmontés de fanions et dont le franchissement est obligatoire dans les épreuves de slalom. -**5.** Aux portes de la mort, sur le point de mourir. ‖ C'est la porte à côté, c'est tout près d'ici. ‖ C'est la porte ouverte à (qqch), cela va inéluctablement entraîner telle chose : *C'est la porte ouverte à bien des excès.* ‖ De porte à porte, du point de départ au point d'arrivée : *Il faut vingt minutes de porte à porte.* ‖ Entre deux portes, très rapidement, sans prêter beaucoup d'attention à : *Recevoir qqn entre deux portes.* ‖ Entrer par la grande, la petite porte, accéder d'emblée à un poste important dans une filière, une carrière ; commencer par un emploi modeste. ‖ Frapper à la bonne, à la mauvaise porte, s'adresser à qui convient ; s'adresser à qqn qui ne peut rien pour vous. ‖ Mettre à la porte, chasser, renvoyer. ‖ Opération, journée porte(s) ouverte(s), possibilité offerte au public de visiter librement une entreprise, un service public, etc. ‖ Porte de sortie, moyen de se tirer d'affaire. ‖ Refuser, interdire sa porte à qqn, lui interdire l'entrée de sa maison.

2. porte [pɔʀt] adj. (de *1. porte*). ANAT. Veine porte, qui conduit le sang depuis l'intestin grêle, le pancréas, la rate et l'estomac jusqu'au foie.

1. porté, e [pɔʀte] adj. (de *1. porter*). Être porté à, être enclin à. ‖ Être porté sur, éprouver un goût très vif pour. ‖ PEINT. Ombre portée, ombre projetée.

2. porté et **porter** [pɔʀte] n.m. (de *1. porter*). CHORÉGR. Mouvement exécuté dans un pas de deux, au cours duquel le danseur soulève sa partenaire.

porte-à-faux [pɔʀtafo] n.m. inv. - **1.** Partie d'une construction qui n'est pas directement soutenue par un appui. - **2.** (Aussi sans trait d'union). **En porte-à-faux,** qui n'est pas d'aplomb ; au fig., dont la situation est ambiguë, mal assurée : *Un rocher en porte-à-faux qui risque de basculer. Ses mensonges l'ont mise en porte à faux.*

porte-à-porte [pɔʀtapɔʀt] n.m. inv. Technique de prospection ou de vente dans laquelle un démarcheur visite systématiquement les particuliers à leur domicile : *Faire du porte-à-porte pour une maison d'édition.*

porte-avions [pɔʀtavjɔ̃] n.m. inv. Bâtiment de guerre spécial. aménagé pour le transport, le décollage et l'appontage des avions.

porte-bagages [pɔʀtəbagaʒ] n.m. inv. - **1.** Dispositif accessoire d'un véhicule (bicyclette, motocyclette ; voiture de sport) pour arrimer les bagages. - **2.** Filet, treillis, casier, etc., destiné à recevoir les bagages à main, dans un véhicule de transports en commun.

porte-bébé [pɔʀtəbebe] n.m. (pl. *porte-bébés* ou inv.). - **1.** Nacelle ou petit siège munis de poignées, servant à transporter un bébé. - **2.** Sac ou harnais en tissu fort, permettant de transporter un bébé contre soi, sur le ventre ou dans le dos.

porte-bonheur [pɔʀtəbɔnœʀ] n.m. inv. Objet, bijou, etc., qui est censé porter chance ; amulette, talisman.

porte-bouteille ou **porte-bouteilles** [pɔʀtəbutɛj] n.m. (pl. *porte-bouteilles*). - **1.** Casier pour ranger les bouteilles couchées. - **2.** Panier, génér. divisé en cases, pour transporter les bouteilles debout.

porte-carte ou **porte-cartes** [pɔʀtəkaʀt] n.m. (pl. *porte-cartes*). Petit portefeuille à compartiments transparents pour les pièces d'identité, les cartes de visite, etc.

porte-cigarette ou **porte-cigarettes** [pɔʀtəsigaʀɛt] n.m. (pl. *porte-cigarettes*). Étui à cigarettes.

porte-clefs ou **porte-clés** [pɔʀtəkle] n.m. inv. Anneau ou étui pour porter les clefs.

porte-couteau [pɔʀtəkuto] n.m. (pl. *porte-couteaux* ou inv.). Ustensile de table sur lequel on pose l'extrémité du couteau, pour ne pas salir la nappe.

porte-document ou **porte-documents** [pɔʀtədɔkymã] n.m. (pl. *porte-documents*). Serviette plate ne comportant génér. qu'une seule poche.

porte-drapeau [pɔʀtədʀapo] n.m. (pl. *porte-drapeaux* ou inv.). - **1.** Celui qui porte le drapeau d'un régiment ou le fanion, la bannière d'une association. - **2.** Chef actif et reconnu : *Elle est devenue le porte-drapeau des mal-logés.*

portée [pɔʀte] n.f. (de *1. porter*). - **1.** Distance la plus grande à laquelle une arme peut lancer un projectile : *Quelle est la portée de ce canon ?* - **2.** Distance séparant deux points d'appui consécutifs d'une construction, d'un élément long : *Portée d'un pont, d'une poutre.* - **3.** Capacité intellectuelle : *Un esprit d'une grande portée* (syn. envergure). - **4.** Importance, valeur de qqch : *Événement d'une portée considérable* (syn. retentissement). *La portée historique d'une déclaration* (syn. conséquence). - **5.** Série de cinq lignes horizontales, équidistantes et parallèles, utilisée pour inscrire les notes de musique. - **6.** Ensemble des petits qu'une femelle porte et met bas en une fois : *Une portée de quatre chiots.* - **7.** À **portée de,** qui peut être atteint, touché par : *Être à portée de vue, de voix. Ne pas laisser les médicaments à la portée des enfants.* ‖ **Cela est hors de sa portée,** cela dépasse ses facultés de compréhension. ‖ **Être à la portée de qqn,** lui être accessible.

portefaix [pɔʀtəfɛ] n.m. (de *porter* et *faix*). Homme dont le métier était autref. de porter des fardeaux.

porte-fenêtre [pɔʀtəfənɛtʀ] n.f. (pl. *portes-fenêtres*). Porte vitrée, souvent à deux battants, qui ouvre sur une terrasse, un balcon, etc.

portefeuille [pɔʀtəfœj] n.m. (de *porter* et *feuille* [*de papier*]). - **1.** Étui, muni de compartiments, que l'on porte sur soi et dans lequel on met ses billets de banque, ses papiers d'identité, etc. - **2.** Titre, fonction de ministre ; département ministériel : *Il voudrait le portefeuille de l'Agriculture* (syn. ministère). - **3.** Ensemble des effets de commerce, des valeurs mobilières appartenant à une personne ou à une entreprise : *Confier la gestion de son portefeuille à son banquier.*

porte-greffe [pɔʀtəgʀɛf] n.m. (pl. *porte-greffes* ou inv.). ARBOR. Sujet sur lequel on fixe le ou les greffons.

porte-hélicoptères [pɔʀtelikɔptɛʀ] n.m. inv. Navire de guerre spécial. équipé pour le transport, le décollage et l'appontage des hélicoptères.

porte-jarretelles [pɔʀtəʒaʀtɛl] n.m. inv. Pièce de lingerie féminine composée d'une ceinture à laquelle sont fixées les jarretelles.

porte-malheur [pɔʀtəmalœʀ] n.m. inv. Personne, objet censé porter malheur.

portemanteau [pɔʀtəmãto] n.m. - **1.** Support mural ou sur pied pour suspendre les vêtements : *Accrocher sa veste au portemanteau.* - **2.** Support incurvé à crochet permettant de suspendre les vêtements à une tringle (syn. cintre).

portement [pɔʀtəmã] n.m. BX-A. Portement de Croix, représentation de Jésus portant sa Croix.

portemine [pɔʀtəmin] n.m. Instrument pour écrire constitué d'un tube destiné à recevoir une mine de graphite.

porte-monnaie [pɔʀtəmɔnɛ] n.m. inv. Étui, pochette en matière souple (cuir, plastique, etc.), pour mettre les pièces de monnaie, l'argent de poche.

porte-parapluie [pɔʀtəpaʀaplɥi] n.m. (pl. *porte-parapluies* ou inv.). Ustensile dans lequel on dépose les parapluies.

porte-parole [pɔʀtəpaʀɔl] n.m. inv. - **1.** Personne qui parle au nom d'autres personnes, d'un groupe : *Négocier avec le porte-parole des grévistes* (syn. représentant). - **2.** Journal qui se fait l'interprète de qqn, d'un groupe : *Journal qui est le porte-parole de l'opposition* (syn. organe).

porte-plume [pɔʀtəplym] n.m. (pl. *porte-plumes* ou inv.). Petit instrument servant de manche pour les plumes à écrire ou à dessiner.

1. **porter** [pɔʀte] v.t. (lat. *portare*). - **1.** Soutenir (un poids, une charge) ; être chargé de : *Porter un sac sur ses épaules. Une mère qui porte son enfant dans ses bras.* - **2.** Avoir sur soi : *Porter un chemisier blanc. Il porte des lunettes.* - **3.** Mouvoir une partie du corps : *Porter la main à son front en signe de lassitude.* - **4.** Tenir (une partie du corps) de telle ou telle manière : *Porter la tête haute, le buste droit.* - **5.** Laisser paraître sur soi, présenter à la vue : *Porter un air de gaieté sur le visage* (syn. afficher, arborer). *La ville porte encore les traces des bombardements.* - **6.** Être désigné par tel nom, tel surnom, tel titre : *Elle porte son nom de jeune fille. Il porte le titre de comte.* - **7.** Écrire, inscrire : *Porter une mention sur un document* (syn. noter). *Porter le chiffre des recettes dans le registre approprié* (syn. entrer). - **8.** Faire aller, déplacer d'un endroit à un autre : *Porter de l'argent à la banque, une lettre à la poste. Porter un verre à ses lèvres.* - **9.** Transmettre qqch à qqn ; faire parvenir qqch quelque part : *Portez-lui la bonne nouvelle. Ils ont porté le différend devant les tribunaux.* - **10.** Avoir dans son corps pendant la grossesse ou la gestation : *La femme porte son bébé neuf mois. Chatte qui porte des petits.* - **11.** Produire, en parlant d'un végétal : *Un arbre qui porte de beaux fruits.* - **12.** Diriger, mouvoir vers : *Porter ses regards sur qqn. Porter ses pas vers sa demeure.* - **13.** Pousser qqn à qqch, à faire qqch : *Tout ceci me porte à croire qu'il a menti* (syn. inciter, induire). *Son tempérament le porte à l'indulgence* (syn. incliner). - **14.** Éprouver (un sentiment) : *L'amour qu'elle lui porte* (syn. vouer). - **15.** Transposer une œuvre d'un domaine artistique dans un autre : *Porter un roman à la scène, à l'écran* (syn. adapter). - **16.** Suivi d'un n., avec ou sans art., forme une loc. équi-

valant à un verbe simple : *Porter tort* (= nuire). *Porter secours* (= secourir). *Porter un jugement sur* (= juger). - **17.** Porter bien son âge, paraître vigoureux, alerte, en dépit de l'âge. ‖ Porter les armes, être militaire. ‖ Porter ses fruits, donner un bon résultat, avoir des conséquences heureuses : *Mes efforts ont porté leurs fruits* (= ont été récompensés). ◆ v.i. - **1.** Être efficace, perceptible jusqu'à une certaine distance : *Sa voix porte loin.* - **2.** Atteindre un objectif, avoir de l'effet : *Sa remarque a porté.* - **3.** Porter beau, avoir de la prestance, de l'élégance en dépit de l'âge. ◆ v.t. ind. - **1.** [sur]. Être soutenu par, s'appuyer sur : *Le poids de la voûte porte sur quatre colonnes* (syn. reposer). *Le poids du corps doit porter sur la jambe d'appel.* - **2.** [sur]. Tomber sur : *L'accent porte sur la dernière syllabe.* - **3.** [sur]. Avoir pour objet ; se rapporter à : *La discussion portera sur ce point. Leur divergence porte sur un détail.* - **4.** [contre, sur]. Venir heurter : *Sa tête a porté contre le mur, sur le coin de la table.* - **5.** [à]. Avoir telle direction, en parlant du vent ou du courant : *Le courant porte au large, à la côte.* - **6.** Porter à faux, n'être pas à l'aplomb de son point d'appui, en parlant d'une charge, d'une pièce. ‖ Porter à la tête, être fort, entêtant, en parlant d'un parfum ; provoquer l'ivresse en parlant d'un vin. ‖ Porter sur les nerfs de qqn, l'irriter énormément (= agacer, énerver). ◆ **se porter** v.pr. - **1.** Avoir tel état de santé : *Se porter bien, mal.* - **2.** Aller vers : *Il s'est porté à la rencontre des nouveaux arrivants.* - **3.** Se porter à, se laisser aller à, en venir jusqu'à : *Il s'est porté à des voies de fait* (syn. se livrer à). - **4.** Se porter sur, se diriger vers : *Les regards, les soupçons se portent sur lui.* - **5.** Se porter + n., se présenter en tant que : *Se porter acquéreur d'un immeuble.*

2. **porter** [pɔʀte] n.m. → **porté.**

porte-savon [pɔʀtəsavɔ̃] n.m. (pl. *porte-savons* ou inv.). Support ou récipient disposé près d'un évier, d'une baignoire, etc., pour recevoir le savon.

porte-serviette ou **porte-serviettes** [pɔʀtəsɛʀvjɛt] n.m. (pl. *porte-serviettes*). Support pour suspendre les serviettes de toilette.

1. **porteur, euse** [pɔʀtœʀ, -øz] adj. - **1.** Qui porte ou supporte qqch : *Mur porteur. Onde porteuse.* - **2.** Qui est promis à un développement certain, qui est riche de possibilités (surtout commerciales, techniques) : *Marché porteur. Créneau porteur.* - **3.** Mère porteuse, femme qui porte dans son utérus l'ovule, fécondé in vitro, d'une autre femme pour mener la grossesse à son terme.

2. **porteur, euse** [pɔʀtœʀ, -øz] n. - **1.** Personne dont le métier est de porter des

bagages, des colis, notamm. dans une gare. - **2.** Celui qui est chargé de remettre une lettre, un télégramme : *Dites au porteur qu'il n'y a pas de réponse.* - **3.** Personne au profit de laquelle un effet de commerce a été souscrit ou endossé. - **4.** Personne qui porte sur soi, qui est en possession de qqch ; détenteur : *Les porteurs de faux papiers.* - **5.** Au porteur, mention inscrite sur un effet de commerce ou sur un chèque dont le bénéficiaire n'est pas désigné nominativement.

porte-voix [pɔʀtəvwa] n.m. inv. Instrument destiné à diriger et à amplifier le son de la voix, formé d'un pavillon évasé (souvent associé auj. à un haut-parleur).

portfolio [pɔʀtfɔljo] n.m. (mot angl. "portefeuille", de l'ital.). Ensemble d'estampes ou de photographies, à tirage limité, réunies sous emboîtage.

portier, ère [pɔʀtje, -ɛʀ] n. (bas lat. *portarius*, du class. *porta* "porte"). - **1.** Employé qui se tient à l'entrée de certains établissements publics (hôtels et cabarets, notamm.) pour accueillir et guider les clients. - **2.** Personne qui garde la porte d'un couvent, d'un monastère.

1. portière [pɔʀtjɛʀ] n.f. (de *1. porte*). - **1.** Porte d'une voiture automobile ou de chemin de fer : *J'ai entendu claquer des portières de voiture.* - **2.** Tenture, tapisserie destinée à masquer une porte.

2. portière [pɔʀtjɛʀ] adj.f. (de *1. porter*). Se dit d'une femelle en âge d'avoir des petits : *Brebis portière.*

portillon [pɔʀtijɔ̃] n.m. (de *1. porte*). Porte à battant génér. assez bas : *Pousser le portillon d'accès au quai.*

portion [pɔʀsjɔ̃] n.f. (lat. *portio*). - **1.** Partie d'un tout divisé : *La portion d'une droite comprise entre deux points* (syn. segment). *Une portion de la route est défoncée* (syn. tronçon). *La portion la plus pauvre de la population* (syn. fraction). - **2.** Quantité d'aliments servie à une personne ; part de nourriture : *Une portion de viande* (syn. ration).

portique [pɔʀtik] n.m. (lat. *porticus*). - **1.** Galerie couverte, devant une façade ou sur une cour intérieure, dont la voûte est soutenue par des colonnes ou des arcades. - **2.** Poutre horizontale soutenue par des poteaux, et à laquelle on accroche les agrès de gymnastique. - **3.** Appareil de levage et de manutention comportant une ossature horizontale portée par des pieds, se déplaçant le plus souvent au sol sur des rails et sur laquelle se meut l'engin de levage. - **4.** Portique électronique ou de sécurité, dispositif de détection des métaux permettant, dans les aéroports notamm., de déceler si les passagers sont porteurs d'armes.

porto [pɔʀto] n.m. (de *Porto*, v. du Portugal). Vin de liqueur produit sur les rives du Douro (Portugal).

portrait [pɔʀtʀɛ] n.m. (de l'anc. fr. *pourtraire* "dessiner"). - **1.** Image donnée d'une personne par la peinture, le dessin, la sculpture ou la photographie : *Un portrait très ressemblant.* - **2.** Représentation, description (de qqn ; d'une réalité complexe) par la parole, l'écriture, le cinéma, etc. : *Brosser le portrait d'une société* (syn. peinture, tableau). - **3.** FAM. Visage, figure : *Abîmer le portrait à qqn* (= le frapper au visage). - **4.** Être le portrait de qqn, lui ressembler de manière frappante : *Cet enfant est le portrait de son père.*

portraitiste [pɔʀtʀɛtist] n. Artiste (notamm. peintre) qui fait des portraits.

portrait-robot [pɔʀtʀɛʀɔbo] n.m. (pl. *portraits-robots*). Dessin du photomontage du visage d'un individu (en génér., d'un individu recherché par la police), exécuté d'après la description de divers témoins : *Tous les journaux ont diffusé le portrait-robot du malfaiteur.*

portuaire [pɔʀtɥɛʀ] adj. Relatif à un port, aux ports : *Moderniser des installations portuaires.*

portugais, e [pɔʀtygɛ, -ɛz] adj. et n. Du Portugal. ◆ **portugais** n.m. Langue romane parlée princ. au Portugal et au Brésil.

portugaise [pɔʀtygɛz] n.f. Huître d'une variété à valves inégales, naguère abondante sur les côtes portugaises, espagnoles et françaises.

portulan [pɔʀtylɑ̃] n.m. (it. *portolano* "pilote", de *porto* "port"). Carte marine de la fin du Moyen Âge et de la Renaissance, indiquant la position des ports et le contour des côtes.

pose [poz] n.f. (de *poser*). - **1.** Action de poser, de mettre en place, d'installer qqch : *La pose d'un tapis, d'une serrure* (syn. installation). - **2.** Manière de se tenir, position du corps : *Une pose gracieuse* (syn. attitude). - **3.** Attitude dans laquelle un modèle se tient pour un artiste, pour une photographe : *Tenir la pose pendant des heures.* - **4.** Affectation, manque de naturel : *Sa prétendue lassitude, c'est de la pose* (syn. manières). - **5.** PHOT. Durée pendant laquelle le film est exposé aux rayons lumineux à travers l'objectif de l'appareil ; durée pendant laquelle le papier photographique est exposé à la lumière lors du tirage : *Temps de pose.*

posé, e [poze] adj. (de *poser*). Calme et mesuré dans ses gestes et ses paroles ; qui manifeste ce calme, cette pondération : *Une personne posée* (syn. pondéré, sérieux). *Un air posé* (syn. grave, réfléchi).

posément [pozemɑ̃] adv. Sans se presser : *Il a répondu posément à toutes nos questions* (syn. calmement).

posemètre [pozmεtʀ] n.m. PHOT. Appareil servant à déterminer les temps de pose ; cellule photoélectrique.

poser [poze] v.t. (lat. pop. *pausare "s'arrêter", de *pausa* "pose"). - **1.** Cesser de porter, de tenir ; mettre qqch à une place, sur un support : *Poser des livres sur une table* (syn. placer). *Poser une échelle contre un mur* (syn. appuyer). *Pose ta valise sur la bascule* (syn. déposer). - **2.** Placer à l'endroit convenable, installer : *Poser des rideaux* (syn. accrocher). *Poser une moquette.* - **3.** Appliquer un produit, qqch sur une surface : *Poser de l'enduit, du papier peint sur un mur.* - **4.** Écrire conformément aux règles de l'arithmétique, de l'algèbre : *Poser une opération. Sept et cinq font douze, je pose deux et je retiens un.* - **5.** Admettre ou avancer comme principe, comme hypothèse : *Posons son élection comme acquise. Poser que qqn donnera son accord à une proposition.* - **6.** Conférer de l'importance à qqn, accroître la considération dont il jouit : *Sa dernière publication le pose dans les milieux scientifiques.* - **7.** Énoncer, émettre : *Quelqu'un veut-il poser une question ?* (syn. formuler). *Je vais te poser une devinette.* - **8. Poser les armes,** cesser un combat armé, faire la paix. ‖ **Poser sa candidature,** la présenter dans les formes requises. ‖ **Poser un problème,** être un objet de préoccupation : *L'avenir de ses enfants pose un problème.* ◆ v.i. - **1.** Prendre appui sur ; être soutenu par : *Les solives posent sur ce mur* (syn. reposer). - **2.** Prendre une certaine attitude, une pose qu'un artiste (peintre, photographe, etc.) va reproduire : *Elle pose pour un magazine de mode.* - **3.** Se tenir, se comporter de façon artificielle, affectée : *Regarde-le poser devant ses collaboratrices.* - **4.** Observer un temps de pose en photographiant. - **5. Poser à,** chercher à se faire passer pour : *Poser au redresseur de torts.* ◆ **se poser** v.pr. - **1.** Cesser de voler et se mettre sur qqch : *Des hirondelles se sont posées sur les fils téléphoniques. L'avion s'est posé sur la piste centrale* (syn. atterrir). - **2.** S'appuyer, s'appliquer sur (en parlant d'une partie du corps) : *Sa main s'est posée sur la mienne.* - **3.** S'arrêter, rester fixé, en parlant du regard : *Tous les yeux s'étaient posés sur lui.* - **4.** Être ou pouvoir être mis en place, installé : *Ce papier peint se pose très facilement.* - **5.** Être d'actualité, intervenir : *La question se pose de savoir s'il faut continuer à négocier. Ce problème se posera à nouveau.* - **6.** **Se poser en, comme,** se donner pour, se définir comme : *Se poser en justicier, en victime.* ‖ FAM. **Se poser là,** être notable, remarquable dans son genre : *Comme égoïste, tu te poses là !*

poseur, euse [pozœʀ, -øz] n. et adj. - **1.** Personne qui procède à la pose de certains objets : *Poseur de parquets.* - **2.** Personne qui met de l'affectation dans ses attitudes, ses gestes : *Quel poseur !* (syn. prétentieux, snob). *Elle est terriblement poseuse* (syn. maniéré).

1. positif, ive [pozitif, -iv] adj. (lat. *positivus*). - **1.** Qui affirme, accepte : *Une réponse positive.* - **2.** Qui relève de l'expérience concrète ; qui a un caractère de réalité objective : *Un fait positif* (syn. avéré, incontestable, réel). - **3.** Qui montre la présence de l'élément ou de l'effet recherché : *Test de cuti-réaction positif* (contr. négatif). - **4.** Qui fait preuve de réalisme, qui a le sens pratique : *Un esprit positif* (syn. réaliste ; contr. chimérique). - **5.** Bon, heureux, bénéfique : *Un résultat positif.* - **6. Charge électrique positive,** charge de même nature que celle qu'on développe sur un morceau de verre frotté avec de la laine. ‖ **Nombre positif,** nombre supérieur ou égal à 0.

2. positif [pozitif] n.m. (de *1. positif*). - **1.** Ce qui est vraiment utile ; ce qui repose sur des faits, sur l'expérience (par opp. à *imaginaire,* à *spéculatif*) : *Maintenant, il me faut du positif. Cette information, voilà du positif.* - **2.** Image photographique sur film (diapositive) ou sur papier après développement et tirage.

position [pozisjɔ̃] n.f. (lat. *positio,* de *ponere* "placer, poser"). - **1.** Situation dans l'espace ; place occupée par rapport à ce qui est autour : *La position des pièces sur un échiquier* (syn. place). *Repérer la position des meubles dans une pièce* (syn. emplacement, localisation). *La position d'un navire.* - **2.** Situation relative de qqn dans un ensemble hiérarchisé : *Notre candidat occupe la première position* (syn. place). - **3.** Situation sociale de qqn : *Viser une position brillante* (syn. poste, rang). - **4.** Circonstances particulières dans lesquelles qqn se trouve placé : *Une position critique.* - **5.** Emplacement occupé par une troupe, une armée : *Chercher une position de repli* (= un endroit où se replier, le cas échéant). - **6.** Posture du corps ou d'une partie du corps : *Une position inconfortable* (syn. attitude). *Cet enfant est assis dans une mauvaise position* (syn. posture). - **7.** Opinion professée, parti adopté par qqn sur un sujet donné, dans une discussion, etc. : *Avoir une position claire, nette* (syn. point de vue). *Prendre position sur qqch.* - **8. Rester sur ses positions,** ne pas céder de terrain ; ne pas changer d'avis.

positionnement [pozisjɔnmɑ̃] n.m. Action de positionner ; fait de se positionner, d'être positionné.

positionner [pozisjɔne] v.t. - **1.** Mettre en position avec une précision imposée : *Positionner une pièce sur une machine-outil.* - **2.** Déterminer la situation d'un produit sur un marché, compte tenu, notamm., de la concurrence des autres produits. - **3.** Indiquer ou déterminer les coordonnées géographiques, l'emplacement exact de :

Positionner un missile. ◆ **se positionner** v.pr. Se placer en un lieu, à un rang précis, déterminé.

positivement [pozitivmã] adv. - **1.** Avec certitude, précision : *Être positivement sûr de qqch* (syn. réellement, vraiment). - **2.** D'une façon heureuse, bénéfique : *Situation qui évolue positivement* (syn. avantageusement). - **3.** Par de l'électricité positive : *Corps électrisé positivement.*

positivisme [pozitivism] n.m. - **1.** Système philosophique d'Auguste Comte ; tout système qui, écartant la métaphysique, considère l'expérience comme le seul fondement de la connaissance. - **2.** Positivisme logique, école de pensée contemporaine, issue des travaux du *cercle de Vienne,* déniant toute signification aux énoncés métaphysiques et se donnant les formes du langage comme objet d'étude. ◆ **positiviste** adj. et n. Qui relève du positivisme ; partisan du positivisme.

positivité [pozitivite] n.f. - **1.** Caractère de ce qui est positif, constructif : *La positivité de leurs propositions.* - **2.** État d'un corps électrisé positivement.

positron [pozitrɔ̃] et **positon** [pozitɔ̃] n.m. (de *posit[if]* et *[élect]ron*). Antiparticule de l'électron possédant même masse et une charge égale et de signe contraire, c'est-à-dire positive.

posologie [pozɔlɔʒi] n.f. (du gr. *posos* "combien"). - **1.** Quantité et rythme d'administration d'un médicament prescrit : *Respectez la posologie.* - **2.** Étude du dosage et des modalités d'administration des médicaments.

possédant, e [posedã, -ãt] adj. et n. Qui possède des biens, de la fortune : *Les grands possédants* (syn. capitaliste). *Les classes possédantes* (syn. aisé, fortuné, riche).

possédé, e [posede] adj. et n. En proie à une possession démoniaque, occulte : *Exorciser un possédé.*

posséder [posede] v.t. (lat. *possidere*) [conj. 18]. - **1.** Avoir à soi, disposer de : *Posséder une maison.* - **2.** Avoir en soi, contenir : *Cette région possède des réserves d'eau* (syn. renfermer). - **3.** Avoir en soi une caractéristique, une qualité, etc. : *Posséder de bons réflexes, une bonne mémoire* (syn. bénéficier, jouir). - **4.** Connaître parfaitement : *Posséder l'anglais* (syn. savoir). - **5.** FAM. Duper, tromper : *Tu l'as bien possédé !* (syn. berner). - **6.** Posséder une femme, avoir des rapports sexuels avec elle. ◆ **se posséder** v.pr. LITT. Se maîtriser, se contrôler : *Quand il est en colère, il ne se possède plus* (syn. se contenir, se dominer).

possesseur [posesœr] n.m. Personne qui a qqch en sa possession : *Ils sont possesseurs*

d'une grande propriété (syn. propriétaire). *Les possesseurs du permis de conduire* (syn. détenteur).

possessif, ive [posesif, -iv] adj. Qui éprouve un besoin de possession, de domination à l'égard de qqn : *Mère possessive.* ◆ adj. et n.m. GRAMM. Se dit des adjectifs déterminatifs et des pronoms qui expriment la possession, l'appartenance (ex. : *mon* dans *c'est mon crayon*).

possession [posesjɔ̃] n.f. (lat. *possessio*). - **1.** Fait de posséder un bien ; chose possédée : *La possession d'une grande fortune* (syn. détention, propriété). - **2.** Territoire possédé par un État : *Cette île était une possession française* (syn. colonie). - **3.** Maîtrise de son comportement, de ses facultés : *Elle est encore en possession de tous ses moyens.* - **4.** État d'une personne possédée par une force démoniaque, occulte : *Divers cas de possession ont été recensés dans cette région.* - **5.** Avoir en sa possession, être en possession de, posséder. ‖ Prendre possession de qqch, s'en emparer ; en prendre livraison : *Vous pourrez prendre possession de votre nouvelle voiture dès demain.* ‖ Rentrer en possession de, recouvrer, pouvoir de nouveau disposer de.

possessivité [posesivite] n.f. Fait de se montrer possessif, dominateur : *La possessivité d'un père à l'égard de sa fille.*

possibilité [posibilite] n.f. (lat. *possibilitas*). - **1.** Caractère de ce qui est possible : *Je ne vois pas la possibilité de finir ceci pour ce soir* (syn. éventualité). - **2.** Moyen de faire qqch : *En avez-vous la possibilité ?* (syn. loisir, pouvoir). - **3.** Ce qui est possible : *Avez-vous envisagé toutes les possibilités ?* ◆ **possibilités** n.f. pl. Aptitudes physiques ou intellectuelles d'une personne : *Cet élève a de grandes possibilités* (syn. ressources).

possible [posibl] adj. (lat. *possibilis*, de *posse* "pouvoir"). - **1.** Qui peut exister, se produire : *Un retard est toujours possible* (syn. envisageable). *C'est une solution possible* (syn. admissible, réalisable). *Envisager tous les cas possibles.* - **2.** FAM. Que l'on peut éventuellement accepter, supporter : *Il n'est pas possible, ce gosse !* (= il est insupportable). - **3.** Le(s) plus... possible, le(s) moins... possible, renforce le superlatif : *Prenez les moins chers possible.* - **4.** C'est possible, peut-être. ◆ n.m. - **1.** Ce qui est réalisable, qui peut être : *Évaluer le souhaitable et le possible.* - **2.** Au possible, extrêmement : *Il est avare au possible.* ‖ Faire son possible, tout son possible, faire ce qu'on peut, agir au mieux de ses moyens.

post-, préfixe, du lat. *post* "après", marquant la postériorité spatiale *(postposé)* ou temporelle *(postclassique).*

postage [pɔstaʒ] n.m. Action de poster, de mettre à la poste.

postal, e, aux [pɔstal, -o] adj. De la poste : *Code postal.*

postclassique [pɔstklasik] adj. Postérieur à l'époque classique.

postcombustion [pɔstkɔ̃bystjɔ̃] n.f. Deuxième combustion, provoquée par l'injection de carburant dans le gaz d'échappement d'un turboréacteur, et qui permet d'augmenter la poussée de celui-ci ; dispositif assurant cette combustion supplémentaire.

postcure [pɔstkyr] n.f. Période de repos et de réadaptation progressive à l'activité après une longue maladie, une opération, une cure de désintoxication, etc.

postdater [pɔstdate] v.t. Apposer sur un document une date postérieure à la date réelle de sa rédaction.

1. **poste** [pɔst] n.f. (it. *posta*, de *porre* "poser"). - **1.** Entreprise publique chargée du ramassage, du transport et de la distribution du courrier et de certains colis, ainsi que des télécommunications et d'opérations financières à l'usage du public : *Le cachet de la poste fera foi.* - **2.** Bureau, local où s'effectuent les opérations postales : *La poste ouvre à huit heures. Aller à la poste.* - **3.** Relais de chevaux établi autref. le long d'un trajet afin de remplacer les attelages fatigués. - **4.** Poste restante → restant.

2. **poste** [pɔst] n.m. (it. *posto*). - **1.** Local, lieu affecté à une destination particulière, où qqn, un groupe remplit une fonction déterminée : *Poste de garde d'un hôpital. Un poste de secours.* - **2.** Emploi professionnel ; lieu où s'exerce cette activité : *Occuper un poste important. Fonctionnaire qui doit rejoindre son poste.* - **3.** Installation distributrice ; emplacement aménagé pour recevoir certaines installations techniques : *Poste d'incendie, de ravitaillement.* - **4.** Appareil récepteur de radio ou de télévision : *Un poste portatif.* - **5.** Chacun des différents appareils d'une installation téléphonique intérieure : *Je vais prendre la communication sur le poste de la chambre.* - **6.** Endroit fixé à un militaire ou à une petite unité pour assurer une mission de surveillance ou de combat ; ensemble des militaires chargés de cette mission : *Établir des postes le long de la frontière. Poste de commandement. Abandonner son poste (= déserter).* - **7.** Être fidèle au poste, rester fidèlement là où l'on a été placé ; au fig., ne pas manquer à ses obligations. ‖ **Poste d'aiguillage**, cabine de commande et de contrôle des signaux et des aiguillages d'une gare. ‖ **Poste d'équipage**, partie d'un navire où loge l'équipage. ‖ **Poste de pilotage**, dans un avion, une fusée, lieu où se tiennent le pilote, le commandant de bord, etc. (= cabine, habitacle). ‖ **Poste de police**, locaux d'un commissariat de police ou antenne d'un commissariat. ‖ **Poste de travail**, emplacement où s'effectue une phase dans l'exécution d'un travail ; centre d'activité comprenant tout ce qui est nécessaire (machine, outillage, etc.) à l'exécution d'un travail défini.

posté, e [pɔste] adj. (de *2. poste*). Se dit d'un travail organisé suivant un système d'équipes successives.

1. **poster** [pɔste] v.t. (de *1. poste*). Mettre à la poste ou dans une boîte aux lettres publique : *Poster son courrier.*

2. **poster** [pɔste] v.t. (de *2. poste*). Placer à un poste, dans un endroit déterminé pour guetter, surveiller : *Poster des sentinelles* (syn. disposer). ◆ **se poster** v.pr. Se placer quelque part pour une action déterminée : *Il se postait derrière un buisson pour le regarder passer* (syn. s'embusquer).

3. **poster** [pɔstɛʀ] n.m. (mot angl. "affiche"). Affiche illustrée ou photo tirée au format d'une affiche, sur papier souple, destinée à la décoration : *Les murs de sa chambre sont tapissés de posters de rockers.*

postérieur, e [pɔsteʀjœʀ] adj. (lat. *posterior*). - **1.** Qui vient après dans le temps : *La date de sa naissance est postérieure au début du siècle* (syn. ultérieur ; contr. antérieur). - **2.** Qui est placé derrière : *Partie postérieure de la tête* (contr. antérieur). - **3.** Se dit d'une voyelle ou d'une consonne dont l'articulation se situe dans la partie arrière de la bouche. ◆ **postérieur** n.m. FAM. Fesses.

postérieurement [pɔsteʀjœʀmɑ̃] adv. Plus tard, dans un temps postérieur : *Les réponses arrivées postérieurement à la date limite ne seront pas prises en compte* (syn. après).

postériorité [pɔsteʀjɔʀite] n.f. État d'une chose postérieure à une autre : *Établir la postériorité d'un fait par rapport à un autre* (contr. antériorité).

postérité [pɔsteʀite] n.f. (lat. *posteritas*). - **1.** LITT. Suite de ceux qui descendent d'une même souche : *Mourir sans laisser de postérité* (syn. descendance, lignée). - **2.** Ensemble des générations futures : *La postérité jugera.*

postface [pɔstfas] n.f. (d'apr. *préface*). Commentaire placé à la fin d'un livre (contr. préface).

postglaciaire [pɔstglasjɛʀ] adj. GÉOL. Qui suit une période glaciaire (en partic. la dernière glaciation quaternaire).

posthume [pɔstym] adj. (lat. *postumus* "dernier"). - **1.** Qui se produit, existe après la mort : *Il a été décoré à titre posthume.* - **2.** Publié après le décès de l'auteur : *Ouvrage posthume.*

-**3.** Né après la mort de son père : *Fils posthume.*

postiche [pɔstiʃ] adj. (it. *posticcio*, p. passé de *porre* "mettre"). -**1.** Fait et ajouté après coup : *Ornement postiche.* -**2.** Mis à la place de qqch qui n'existe plus : *Barbe postiche* (syn. artificiel, faux). ◆ n.m. -**1.** Faux cheveux (syn. perruque). -**2.** Fausse barbe, fausse moustache.

postier, ère [pɔstje, -ɛʀ] n. Employé(e) de la poste.

postillon [pɔstijɔ̃] n.m. (it. *postiglione*, de *posta ;* v. *1.* poste). -**1.** Autref., conducteur des chevaux des voitures de poste. -**2.** FAM. Gouttelette de salive projetée en parlant : *Envoyer, lancer des postillons.*

postillonner [pɔstijɔne] v.i. FAM. Projeter des postillons en parlant.

postimpressionnisme [pɔstɛ̃pʀesjɔnism] n.m. Ensemble des courants artistiques qui, durant la période allant approximativement de 1885 à 1905, divergent de l'impressionnisme ou s'opposent à lui (pointillisme, synthétisme, symbolisme, nabis...). ◆ **postimpressionniste** adj. et n. Relatif à ces courants ; qui s'en réclame.

postnatal, e, als ou **aux** [pɔstnatal, -o] adj. Qui suit immédiatement la naissance : *Le taux de mortalité postnatale.*

postopératoire [pɔstɔpeʀatwaʀ] adj. Qui se produit, se fait à la suite d'une intervention chirurgicale : *Des complications postopératoires. Assurer les soins postopératoires.*

postposé, e [pɔstpoze] adj. LING. Se dit d'un mot, d'un morphème placé après un autre.

post-scriptum [pɔstskʀiptɔm] n.m. inv. (lat. *post scriptum* "écrit après"). Ajout fait à une lettre après sa signature (abrév. : *P.-S.*) : *En post-scriptum, il nous annonce sa venue.*

postsynchronisation [pɔstsɛ̃kʀɔnizasjɔ̃] n.f. Enregistrement des dialogues d'un film en synchronisme avec les images, postérieurement au tournage.

postsynchroniser [pɔstsɛ̃kʀɔnize] v.t. Effectuer la postsynchronisation de : *Les scènes d'extérieur seront postsynchronisées.*

postulant, e [pɔstylɑ̃, -ɑ̃t] n. -**1.** Personne qui postule une place, un emploi. -**2.** Personne qui se prépare à entrer dans un noviciat religieux.

postulat [pɔstyla] n.m. (lat. *postulatum*). -**1.** Principe premier, indémontrable ou qui n'est pas démontré. -**2.** Temps qui précède le noviciat religieux.

postuler [pɔstyle] v.t. (lat. *postulare*). -**1.** Être candidat à un emploi, demander une place : *Les personnes intéressées peuvent postuler ce poste jusqu'au 31 mars* (syn. solliciter). -**2.** Poser comme postulat au départ d'une démons-

tration : *Postulons que x = 0* (syn. poser, présupposer). ◆ v.i. Être candidat à un emploi, une fonction : *Postuler à, pour le poste de directeur.*

posture [pɔstyʀ] n.f. (it. *postura*). -**1.** Position particulière du corps : *Être assis dans une posture inconfortable* (syn. attitude). -**2.** Être en **bonne, mauvaise posture,** être dans une situation favorable, défavorable : *Après cet échec, il est en mauvaise posture pour l'avancement de sa carrière.*

pot [po] n.m. (bas lat. *potus*). -**1.** Récipient de terre, de métal, etc., de formes et d'usages divers ; son contenu : *Pot de yaourt. Pot à eau. Pot de fleurs. Elle a mangé tout un pot de confiture au petit déjeuner.* -**2.** FAM. Verre d'une boisson quelconque ; réunion où l'on boit : *Prendre un pot dans un café* (syn. consommation). *Être invité à un pot.* -**3.** FAM. Chance : *Avoir du pot.* -**4.** **À la fortune du pot,** sans cérémonie (= à la bonne franquette). ‖ **Découvrir le pot aux roses,** découvrir le secret d'une affaire. ‖ FAM. **Payer les pots cassés,** payer le dommage causé. ‖ **Pot au noir,** zone des calmes équatoriaux (en partic., celle de l'Atlantique), où d'épais nuages s'accompagnant de fortes pluies et où les navires restaient longuement encalminés au temps de la navigation à voile. ‖ **Poule au pot,** poule bouillie. ‖ **Tourner autour du pot,** user de détours inutiles, ne pas aller droit au but. -**5.** **Pot de chambre.** Petit récipient destiné aux besoins naturels. ‖ **Pot d'échappement.** Appareil cylindrique où se détendent les gaz brûlés à leur sortie du moteur d'une automobile.

potable [pɔtabl] adj. (bas lat. *potabilis*, de *potare* "boire"). -**1.** Qui peut être bu sans danger : *Attention, eau non potable* (syn. buvable, consommable). -**2.** FAM. Qui convient à peu près ; dont on peut se contenter : *Travail tout juste potable* (syn. acceptable, passable).

potache [pɔtaʃ] n.m. (de *pot-à-chien* [chapeau de soie porté autref. dans les collèges]). FAM. Collégien, lycéen.

potage [pɔtaʒ] n.m. (de *pot*). Bouillon préparé à partir de viandes, de légumes, de farineux, etc.

potager, ère [pɔtaʒe, -ɛʀ] adj. (de *potage*). -**1.** Se dit des plantes dont on fait une utilisation culinaire : *Les légumes sont des plantes potagères.* -**2.** Jardin potager, où l'on cultive des plantes potagères (on dit aussi *un potager*).

potasse [pɔtas] n.f. (néerl. *potasch*, all. *Potasche* "cendre de pot"). -**1.** Dérivé potassique utilisé comme engrais, tel que la *potasse d'Alsace* (chlorure de potassium). -**2.** Potasse **caustique,** hydroxyde de potassium, solide blanc, basique, très soluble dans l'eau. □ Symb. KOH. Ce produit est utilisé pour le blanchiment du linge, la fabrication du savon noir, etc.

potasser [pɔtase] v.t. (orig. obsc.). FAM. Étudier avec application : *Potasser ses maths.*

potassique [pɔtasik] adj. Qui dérive du potassium, de la potasse.

potassium [pɔtasjɔm] n.m. Métal alcalin extrait de la potasse, léger, mou et très oxydable. □ Symb. K.

pot-au-feu [pɔtofø] n.m. inv. Plat composé de viande de bœuf bouilli avec carottes, poireaux, navets, etc.

pot-de-vin [podvɛ̃] n.m. (pl. *pots-de-vin*). Somme payée en dehors du prix convenu, génér. pour obtenir illégalement un marché ou un avantage, ou pour remercier la personne par l'intermédiaire de laquelle se conclut l'affaire (syn. dessous-de-table).

pote [pɔt] n.m. (de l'argot *poteau* "camarade"). FAM. Camarade, copain.

poteau [pɔto] n.m. (anc. fr. *post*, du lat. *postis* "jambage de porte"). - 1. Toute pièce de charpente dressée verticalement sur un sol, pour servir de support, d'indicateur : *Poteau de bois, de métal, de ciment. Un poteau télégraphique.* - 2. Chacun des éléments verticaux d'un but : *Placer la balle entre les poteaux.* - 3. Poteau de départ, d'arrivée, marquant le départ, l'arrivée d'une course. ‖ Poteau d'exécution, où l'on attache ceux que l'on va fusiller.

potée [pɔte] n.f. (de *pot*). - 1. Plat composé de viandes diverses et de légumes variés (notamm. de choux, de pommes de terre) cuits longuement ensemble. - 2. Composition servant à faire les moules de fonderie.

potelé, e [pɔtle] adj. (de l'anc. fr. *pote* "gros"). Qui a les formes rondes et pleines : *Enfant potelé* (syn. dodu, rebondi).

potence [pɔtɑ̃s] n.f. (lat. *potentia* "puissance"). - 1. Assemblage de pièces de bois ou de métal formant équerre, pour soutenir ou pour suspendre qqch : *Une enseigne suspendue à une potence.* - 2. Instrument servant au supplice de la pendaison ; le supplice lui-même (syn. gibet).

potentat [pɔtɑ̃ta] n.m. (bas lat. *potentatus* "souveraineté"). - 1. Souverain absolu d'un État puissant : *Louis XIV fut le plus grand potentat de son époque* (syn. monarque). - 2. Homme qui use de son pouvoir de façon despotique : *Directeur qui se comporte en vrai potentat* (syn. despote).

potentialité [pɔtɑ̃sjalite] n.f. (de *1. potentiel*). État de ce qui existe virtuellement : *Les potentialités qui se trouvent en chacun de nous* (syn. possibilité, virtualité).

1. **potentiel, elle** [pɔtɑ̃sjɛl] adj. (lat. médiév. *potentialis*). - 1. Qui existe virtuellement, en puissance, mais non réellement : *Nous avons deux acheteurs potentiels pour la maison* (syn. éventuel, virtuel). - 2. LING. Qui exprime la possibilité : *La phrase « il viendrait si on l'en priait » est une tournure potentielle.* - 3. PHYS. Énergie potentielle, énergie d'un système physique due à la position d'une partie du système par rapport à l'autre.

2. **potentiel** [pɔtɑ̃sjɛl] n.m. (de *1. potentiel*). - 1. Ensemble des ressources de tous ordres que possède en puissance un pays, un groupe humain, une personne, un être vivant : *Le potentiel militaire d'une nation* (syn. force, puissance). - 2. ÉLECTR. Grandeur définie à une constante près, caractérisant les corps électrisés et les régions de l'espace où règne un champ électrique, et liée au travail produit par le champ électrique (on mesure des *différences de potentiel*, ou *tensions*). - 3. LING. Forme verbale qui exprime l'action qui se réaliserait dans l'avenir si telle condition était réalisée : *Dans la phrase « si on me remplaçait, je viendrais », on a un potentiel.*

potentiellement [pɔtɑ̃sjɛlmɑ̃] adv. De façon potentielle ; virtuellement.

potentiomètre [pɔtɑ̃sjɔmɛtʀ] n.m. ÉLECTR. - 1. Appareil pour la mesure des différences de potentiel ou des forces électromotrices. - 2. Rhéostat à trois bornes permettant d'obtenir une tension variable à partir d'une source de courant à tension constante.

poterie [pɔtʀi] n.f. (de *pot*). - 1. Fabrication de récipients en terre cuite, en grès, façonnés par modelage, moulage ou tournage dans une pâte argileuse : *La poterie est un art artisanal.* [→ faïence et porcelaine]. - 2. Objet obtenu selon les procédés de cette fabrication : *Les poteries étrusques.*

poterne [pɔtɛʀn] n.f. (bas lat. *posterula*). Porte dérobée percée dans la muraille d'une fortification ancienne et donnant souvent sur le fossé.

potiche [pɔtiʃ] n.f. (de *pot*). - 1. Grand vase décoratif en porcelaine, souvent à couvercle : *Il cache les clefs dans la potiche de l'entrée* (syn. urne, vase). - 2. Personne qui a un rôle de représentation, sans pouvoir réel ; fantoche.

potier, ère [pɔtje, -ɛʀ] n. Personne qui fabrique ou vend de la poterie.

potin [pɔtɛ̃] n.m. (orig. normande, de *potiner* "bavarder"). FAM. - 1. (Surtout au pl.). Petit commérage ; cancan : *Faire courir des potins sur qqn* (syn. ragot). - 2. Grand bruit : *Ils ont fait un potin épouvantable hier soir* (syn. tapage, vacarme).

potion [posjɔ̃] n.f. (lat. *potio* "boisson"). Préparation médicamenteuse liquide, aqueuse et sucrée destinée à être bue : *On lui a fait prendre une potion calmante.*

potiron [pɔtiRɔ̃] n.m. (p.-ê. du syriaque *pâturtâ* "morille"). Plante potagère voisine de la courge, dont on consomme les énormes fruits à chair orangée, pouvant peser jusqu'à 100 kg.

pot-pourri [popuRi] n.m. (pl. *pots-pourris*). - **1.** Mélange de plusieurs airs, de plusieurs couplets ou refrains de chansons diverses : *Un pot-pourri des succès des années soixante.* - **2.** Mélange hétéroclite de choses diverses, en partic. production littéraire formée de divers morceaux. - **3.** Mélange de fleurs séchées odorantes.

potron-minet [pɔtRɔ̃minɛ] n.m. sing. (de *poitron*, du lat. pop. *posterio* "cul", et *minet* "chat"). VIEILLI. Dès **potron-minet**, dès la pointe du jour.

pou [pu] n.m. (du lat. *pediculus*, de *pedis* "pou") [pl. *poux*]. - **1.** Insecte sans ailes, parasite externe des mammifères et de l'homme, dont il suce le sang. □ Long. 2 mm. - **2.** FAM. Chercher des poux à qqn, lui chercher querelle à tout propos.

pouah [pwa] interj. Exprime le dégoût : *Pouah ! ce café est imbuvable !*

poubelle [pubɛl] n.f. (du n. du préfet de la Seine qui en imposa l'usage en 1884). Récipient destiné à recevoir les ordures ménagères d'un appartement ou d'un immeuble.

pouce [pus] n.m. (lat. *pollex, -icis*). - **1.** Le plus gros et le plus court des doigts de la main, opposable aux autres doigts chez l'homme et les primates. - **2.** Le gros orteil du pied. - **3.** Ancienne unité de mesure de longueur qui valait 27,07 mm. □ Le mot sert parfois, en partic. au Canada, pour la traduction du mot anglais *inch*. Une entente industrielle des pays anglo-saxons lui a attribué la valeur commune de 25,4 mm. - **4.** Très petite quantité : *Ne pas céder un pouce de territoire.* - **5.** FAM. Manger sur le pouce, manger à la hâte et sans s'asseoir. ‖ FAM. Mettre les pouces, céder après une résistance plus ou moins longue. ‖ FAM. Se tourner les pouces, être inoccupé, oisif. ◆ interj. Dans le langage enfantin, se dit en levant le pouce pour arrêter momentanément un jeu : *Pouce ! je ne joue plus !*

poudingue [pudɛ̃g] n.m. (angl. *pudding-stone*). Aggloméré de cailloux réunis par un ciment naturel.

poudrage [pudRaʒ] n.m. - **1.** Action de poudrer, de se poudrer ; son résultat : *Un poudrage blafard.* - **2.** TECHN. Réalisation d'un revêtement protecteur ou décoratif par application de résine sous forme de poudre, puis par cuisson du dépôt pour obtenir un revêtement dense et continu.

poudre [pudR] n.f. (lat. *pulvis, -eris* "poussière"). - **1.** Substance solide broyée, divisée en grains très fins et homogènes : *Sucre en poudre.* - **2.** Préparation destinée à unifier le teint et à parfaire le maquillage : *Se mettre de la poudre.* - **3.** Substance pulvérulente explosive non détonante utilisée notamm. pour le lancement des projectiles d'armes à feu et pour la propulsion d'engins. - **4.** Jeter de la poudre aux yeux, chercher à faire illusion. ‖ Mettre le feu aux poudres, déclencher, faire éclater un conflit jusqu'alors larvé. ‖ N'avoir pas inventé la poudre, être peu intelligent. ‖ Se répandre comme une traînée de poudre, se répandre très rapidement : *La nouvelle de leur rupture s'est répandue comme une traînée de poudre.*

poudrer [pudRe] v.t. Couvrir de poudre : *Poudrer son nez.* ◆ **se poudrer** v.pr. Se mettre de la poudre sur le visage.

poudrerie [pudRǝRi] n.f. - **1.** Fabrique de poudre, d'explosifs. - **2.** CAN. Neige fraîche que le vent fait tourbillonner.

poudreux, euse [pudRø, -øz] adj. Qui a la consistance d'une poudre ; qui est couvert d'une fine poussière : *Route poudreuse.* ◆ **poudreuse** n.f. Neige fraîchement tombée ayant la consistance de la poudre : *Skier dans la poudreuse.*

poudrier [pudRije] n.m. - **1.** Boîte à poudre pour maquillage. - **2.** Fabricant de poudre, d'explosifs.

poudrière [pudRijɛR] n.f. - **1.** Autref., dépôt de poudre, de munitions. - **2.** Endroit, région où règnent des tensions susceptibles de dégénérer à tout instant en conflit généralisé : *La poudrière du Proche-Orient.*

poudroiement [pudRwamã] n.m. LITT. Aspect de ce qui poudroie : *Le poudroiement de la neige au soleil* (syn. scintillement).

poudroyer [pudRwaje] v.i. (de *poudre*) [conj. 13]. LITT. - **1.** S'élever en poussière : *Des tourbillons de sable poudroyaient dans le vent.* - **2.** Être couvert de poussière brillante : *La route poudroie.* - **3.** Faire scintiller les grains de poussière en suspension dans l'air, en parlant du soleil : *La neige poudroie* (syn. miroiter, scintiller).

1. **pouf** [puf] n.m. (de 2. *pouf*). Siège bas en cuir ou en tissu rembourré.

2. **pouf** [puf] interj. (onomat.). Exprime un bruit sourd de chute, un choc : *Pouf ! par terre !*

pouffer [pufe] v.i. (de 2. *pouf*). Éclater d'un rire involontaire, qu'on essaie de réprimer ou de cacher (on dit aussi *pouffer de rire*) : *Elle ne put se retenir de pouffer.*

pouilleux, euse [pujø, -øz] n. et adj. (de *pouil*, anc. forme de *pou*). Couvert de poux, de vermine : *Des mendiants pouilleux.* ◆ adj. Qui dénote une misère extrême : *Quartier pouilleux* (syn. misérable).

poujadisme [puʒadism] n.m. (de *P. Poujade,* n. de son inspirateur). - **1.** Doctrine politique antiparlementaire et nationaliste dont les succès s'appuyèrent, dans la France des années cinquante, sur le mécontentement des commerçants et artisans. - **2.** Attitude politique revendicative, étroitement catégorielle et corporatiste (péjor.). ◆ **poujadiste** adj. et n. Relatif au poujadisme ; partisan du poujadisme.

poulailler [pulaje] n.m. - **1.** Abri, enclos pour les poules, les volailles. - **2.** FAM. Galerie la plus élevée d'un théâtre, où les places sont les moins chères.

poulain [pulɛ̃] n.m. (bas lat. *pullamen,* class. *pullus* "petit d'un animal"). - **1.** Jeune cheval âgé de moins de 3 ans. - **2.** Peau de cet animal apprêtée en fourrure. - **3.** Débutant à la carrière prometteuse, appuyé par telle personnalité : *Le poulain d'un entraîneur de boxe.*

poulaine [pulɛn] n.f. (fém. de l'anc. fr. *poulain* "polonais"). Chaussure à longue pointe relevée, à la mode aux XIVᵉ et XVᵉ s.

poularde [pulaʀd] n.f. Jeune poule engraissée pour la table.

poulbot [pulbo] n.m. (de *Poulbot,* n. du dessinateur qui créa ce type). Enfant des rues de Montmartre.

1. **poule** [pul] n.f. (lat. *pulla,* fém. de *pullus* "petit d'un animal"). - **1.** Volaille, femelle du coq domestique, élevée pour sa chair et pour ses œufs : *La poule au riz. La poule vient de pondre.* □ Ordre des gallinacés ; la poule glousse, caquette ; ses petits sont les poussins, les poulets. - **2.** Femelle de divers gallinacés : *Poule faisane* (= faisan femelle). *Poule d'eau* (= oiseau échassier vivant dans les roseaux). - **3.** FAM. Terme d'affection à l'adresse d'une femme : *Ma poule.* - **4.** T. FAM. Épouse ; maîtresse. - **5.** T. FAM. Femme légère ; prostituée. - **6.** Avoir la chair de poule, des frissons de froid ou de peur. ‖ Mère poule, mère qui entoure ses enfants d'attentions excessives. ‖ Poule mouillée, personne lâche, irrésolue. ‖ Quand les poules auront des dents, jamais. ‖ Se coucher, se lever avec les poules, très tôt. ‖ Tuer la poule aux œufs d'or, détruire une source durable de revenus en cédant à l'appât d'un gain immédiat.

2. **poule** [pul] n.f. (de 1. *poule*). - **1.** Épreuve sportive dans laquelle chaque concurrent, chaque équipe rencontre successivement chacun de ses adversaires. - **2.** Groupe de concurrents, d'équipes concurrentes, destiné(e)s à se rencontrer à un niveau donné dans une telle épreuve.

poulet [pulɛ] n.m. - **1.** Petit de la poule. □ Le poulet piaule. - **2.** Poule ou coq non encore adulte : *Poulet de grain.* - **3.** Chair comestible de la poule ou du coq non adulte : *Vider un poulet. Poulet rôti.* - **4.** ARG. Policier.

poulette [pulɛt] n.f. - **1.** Jeune poule. - **2.** FAM. Terme d'affection à l'adresse d'une fillette, d'une jeune fille : *Bonjour, ma poulette !*

pouliche [puliʃ] n.f. (mot picard, du lat. *pullinum,* de *pullus* "petit d'un animal"). Jument non adulte.

poulie [puli] n.f. (gr. tardif *polidion,* du class. *polos* "pivot"). Roue portée par un axe et dont la jante est conçue pour recevoir un lien flexible (câble, chaîne, courroie, etc.) destiné à transmettre un effort de levage, de traction, etc. : *Ils ont hissé l'armoire au premier étage avec une poulie.*

pouliner [puline] v.i. (du lat. *pullinum* ; v. *pouliche*). Mettre bas, en parlant d'une jument.

poulinière [pulinjɛʀ] adj.f. et n.f. Se dit d'une jument destinée à la reproduction.

poulpe [pulp] n.m. (lat. *polypus,* mot gr.). Pieuvre.

pouls [pu] n.m. (lat. *pulsus* [*venarum*] "battement des artères"). - **1.** Battement des artères dû aux contractions cardiaques, perceptible notamm. au poignet. - **2.** Prendre, tâter le pouls de qqch, chercher à connaître la façon dont qqch se présente, en observer l'état ou la tendance : *Prendre le pouls de l'économie.* ‖ Prendre, tâter le pouls de qqn, compter le nombre des pulsations par minute ; au fig., sonder ses dispositions, ses intentions.

poumon [pumɔ̃] n.m. (lat. *pulmo, -onis*). - **1.** Organe pair de la respiration, situé dans le thorax, entouré de la plèvre, et qui est le principal organe de l'appareil respiratoire : *Chaque poumon est constitué d'une multitude d'alvéoles. Respirer à pleins poumons* (= en inspirant et en expirant à fond). - **2.** Crier à pleins poumons, crier de toutes ses forces. - **3.** Poumon d'acier ou poumon artificiel. Appareil d'assistance respiratoire dans lequel on faisait rentrer le malade jusqu'au cou (de plus en plus remplacé par les respirateurs).

poupe [pup] n.f. (du lat. *puppis*). - **1.** Arrière d'un navire (par opp. à *proue*). - **2.** Avoir le vent en poupe, être dans une période favorable pour réussir ; être en faveur auprès de beaucoup de gens.

poupée [pupe] n.f. (lat. pop. *puppa,* class. *pupa*). - **1.** Jouet représentant un personnage souvent féminin ou d'enfant : *Jouer à la poupée.* - **2.** Jeune fille, jeune femme fraîche et jolie, au physique un peu frêle ; femme jolie, coquettement mise mais futile et un peu sotte (péjor.). - **3.** FAM. Pansement entourant un doigt : *Je lui ai fait une poupée avec un mouchoir.* - **4.** MÉCAN. Pièce d'un tour qui supporte l'objet à travailler, lui transmet son mouvement de rotation : *Poupée fixe et poupée mobile.* - **5.** De poupée, très petit : *Maison de poupée.*

poupin, e [pupɛ̃, -in] adj. (lat. pop. **puppa*, class. *pupa* "poupée"). Qui a les traits rebondis, le visage rond : *Enfant poupin. Figure poupine.*

poupon [pupɔ̃] n.m. (lat. pop. **puppa*, de *pupa* "poupée"). - **1.** Bébé encore au berceau. - **2.** Poupée représentant un bébé (syn. baigneur).

pouponner [pupɔne] v.i. FAM. S'occuper assidûment d'un bébé, de bébés : *Elle adore pouponner.*

pouponnière [pupɔnjɛʀ] n.f. Établissement public accueillant de jour et de nuit des enfants de moins de trois ans qui ne peuvent rester au sein de leur famille.

pour [puʀ] prép. (lat. *pro*). Indique : - **1.** Le but : *La lutte pour le pouvoir. Se dépêcher pour terminer à temps.* - **2.** La destination de qqch, son usage : *Une émission pour tous. Une crème pour les mains.* - **3.** Le bénéfice procuré : *Travailler pour un patron.* - **4.** La destination géographique : *Partir pour la campagne. L'avion pour New York.* - **5.** Le moment où qqch doit se faire : *Nous nous verrons pour Noël.* - **6.** Le terme d'un délai ; la durée : *Ce sera fait pour samedi. Elle est en Espagne pour deux mois.* - **7.** La cause : *Être condamné pour vol, pour avoir commis un forfait.* - **8.** Le point de vue : *Pour moi, cela n'est pas important mais pour lui ça l'est peut-être.* - **9.** L'équivalence ou la substitution : *Employer un mot pour un autre* (= à la place de). - **10.** L'objet ou la personne concernés : *Pour moi, je préfère rentrer* (= en ce qui me concerne ; syn. quant à). *Pour ce qui est de ton affaire, nous en reparlerons demain.* - **11.** (LITT. ou, plus souvent, en corrélation avec *assez, trop*, etc.). La conséquence : *J'en ai assez entendu pour me faire une idée. Il y a des gens pour penser que...* (= qui pensent que...). - **12.** Être pour qqn, qqch, en être partisan. ∥ LITT. Être pour (+ inf.), être sur le point de : *Elle était pour partir.* ∥ Ne pas être pour (+ inf.), ne pas être de nature à : *Cela n'est pas pour me déplaire.* ∥ LITT. Pour... que (+ subj.), indique une concession ou une opposition : *Pour insensible qu'elle soit* (= bien qu'elle soit insensible). ◆ n. m. Le pour et le contre, les avantages et les inconvénients : *Peser le pour et le contre avant de prendre une décision.* ◆ **pour que** loc. conj. Suivi du subj., marque : - **1.** Le but : *Je te l'ai dit pour que tu saches à quoi t'en tenir* (syn. afin que). - **2.** (En corrélation avec *assez, trop*, etc.). La conséquence : *Il parle trop pour qu'on ait*

vraiment envie de l'écouter (= il parle tellement qu'on n'a pas envie de...).

pourboire [puʀbwaʀ] n.m. (de *pour boire*). Somme d'argent donnée par un client à titre de gratification, en sus du prix d'un service : *Laisser un pourboire royal au garçon.*

pourceau [puʀso] n.m. (lat. *porcellus*, dimin. de *porcus* "porc"). LITT. Porc.

pourcentage [puʀsɑ̃taʒ] n.m. (de *pour cent*). - **1.** Proportion pour cent unités, cent éléments : *Donner des résultats en pourcentage.* - **2.** Quantité correspondant à cette proportion : *Le pourcentage des votants.* - **3.** Somme qui est fonction d'une autre : *Toucher un pourcentage sur les ventes.*

pourchasser [puʀʃase] v.t. (de l'anc. fr. *por* "pour" et *chacier* "chasser"). Poursuivre, rechercher sans répit : *Pourchasser un fugitif. Pourchasser les injustices.*

pourfendeur, euse [puʀfɑ̃dœʀ, -øz] n. LITT. Celui, celle qui pourfend : *Il se veut le pourfendeur des abus.*

pourfendre [puʀfɑ̃dʀ] v.t. (de *pour* et *fendre*) [conj. 73]. Critiquer, attaquer vigoureusement : *Pourfendre les mensonges, ses adversaires.*

se pourlécher [puʀleʃe] v.pr. (de *pour* et *lécher*) [conj. 18]. FAM. Passer sa langue sur ses lèvres en signe de gourmandise, de satisfaction : *Se pourlécher les babines.*

pourparlers [puʀpaʀle] n.m. pl. (de l'anc. v. *pourparler* "comploter, discuter"). Conversations, entretiens préalables à la conclusion d'une entente : *Engager des pourparlers pour résoudre un conflit* (syn. discussion, négociation).

pourpier [puʀpje] n.m. (altér. de *polpié*, lat. pop. **pullipes* "pied de poule"). Plante à petites feuilles charnues, dont une espèce est cultivée comme légume et une autre, originaire de l'Amérique du Sud, pour ses fleurs à coloris variés. □ Famille des portulacacées.

pourpoint [puʀpwɛ̃] n.m. (de l'anc. fr. *pourpoindre* "piquer"). Vêtement ajusté d'homme, en usage du XIIᵉ au XVIIᵉ s., qui couvrait le corps du cou à la ceinture.

pourpre [puʀpʀ] n.f. (lat. *purpura*, gr. *porphura*). - **1.** Matière colorante d'un rouge foncé, tirée autref. d'un coquillage. - **2.** Étoffe teinte en pourpre : *Les sénateurs romains portaient une tunique garnie d'une bande de pourpre.* - **3.** Vêtement que portaient autref. les rois et les empereurs. - **4.** Robe rouge des cardinaux ; dignité de cardinal. (On dit aussi *la pourpre romaine.*) ◆ adj. et n.m. D'une couleur rouge violacé.

pourpré, e [puʀpʀe] adj. LITT. De couleur pourpre.

pourquoi [puʀkwa] adv. interr. (de *pour* et *quoi*). - **1.** Interroge sur la cause ou le but : *On* *se fâche sans savoir pourquoi. Je me demande pourquoi il est ici.* - **2.** C'est pourquoi, c'est la raison pour laquelle : *C'est pourquoi j'ai décidé de ne plus la voir.* ◆ n.m. inv. - **1.** Cause, raison : *Le pourquoi de toutes choses.* - **2.** Question : *Comment répondre à tous les pourquoi ?*

pourri, e [puʀi] adj. - **1.** Qui est altéré, qui est devenu inconsommable : *Fruit pourri* (syn. avarié, gâté). - **2.** Dont la texture normale est abîmée : *Les planches du plancher sont pourries.* - **3.** Corrompu moralement : *Un monde pourri* (syn. perverti). - **4.** Enfant pourri, enfant mal élevé, trop gâté (syn. choyé). ǀ FAM. Être pourri de qqch, en avoir beaucoup trop : *Il est pourri d'argent* (syn. bourré, plein). ǀ Temps pourri, temps humide, pluvieux. ◆ pourri n.m. Partie pourrie de qqch : *Enlever le pourri d'une pomme.*

pourrir [puʀiʀ] v.i. (lat. pop. *putrire*, class. *putrescere*) [conj. 32]. - **1.** Se gâter, s'altérer par décomposition lente et continue : *La barque a pourri. La viande pourrit si elle n'est pas conservée au froid* (syn. se putréfier). - **2.** Se détériorer progressivement : *Situation qui pourrit* (syn. dégénérer, se dégrader). - **3.** Rester longtemps dans une situation fâcheuse ou dégradante : *Pourrir en prison* (syn. croupir, moisir). ◆ v.t. - **1.** Causer la décomposition, la putréfaction de : *L'eau pourrit le bois* (syn. corrompre, putréfier). - **2.** Altérer la moralité de : *La fortune l'avait pourri* (syn. corrompre, pervertir). *Pourrir un enfant* (syn. gâter).

pourrissement [puʀismɑ̃] n.m. - **1.** État de ce qui pourrit : *La réfrigération évite le pourrissement des légumes* (syn. décomposition, putréfaction). - **2.** Détérioration progressive d'une situation : *Le pourrissement d'une grève* (syn. dégradation).

pourriture [puʀityʀ] n.f. - **1.** État d'un corps en décomposition : *Une odeur de pourriture montait de la cave* (syn. putréfaction). - **2.** Corruption morale de qqn, d'un milieu (syn. avilissement, dépravation). - **3.** AGRIC. Maladie cryptogamique des végétaux.

poursuite [puʀsɥit] n.f. - **1.** Action de poursuivre, de chercher à rattraper : *Se lancer à la poursuite d'un voleur.* - **2.** Recherche assidue de qqch : *L'éternelle poursuite du bonheur.* - **3.** Course cycliste sur piste dans laquelle deux coureurs ou deux équipes, placés à des points diamétralement opposés, cherchent à se rejoindre. - **4.** Procédure mise en œuvre par un plaideur en vue de se faire rendre justice, ou par le ministère public en vue de faire punir l'auteur d'une infraction pénale : *Un article diffamatoire expose son auteur à des poursuites.*

poursuivant, e [puʀsɥivɑ̃, -ɑ̃t] n. Personne qui poursuit : *Il se jeta à l'eau pour essayer de semer ses poursuivants.*

poursuivre [puʀsɥivʀ] v.t. (lat. *prosequi*) [conj. 89]. - **1.** Courir après pour atteindre : *Le chien poursuit le gibier. Les journalistes ont poursuivi la star jusqu'à son hôtel* (syn. pourchasser). - **2.** Chercher à obtenir, à réaliser : *Poursuivre un rêve.* - **3.** Continuer sans relâche, persévérer : *Poursuivre l'œuvre entreprise.* - **4.** Ne pas cesser d'accabler qqn : *La malchance le poursuit* (syn. harceler, persécuter). *Image qui poursuit qqn sans cesse* (syn. obséder). - **5.** Agir en justice contre qqn ; engager un procès contre qqn.

pourtant [puʀtɑ̃] adv. (de *pour* et *tant*). - **1.** (Marquant une articulation logique). Exprime une opposition forte avec ce qui vient d'être dit (parfois combiné à *et*) : *La douleur était très vive, et pourtant il m'était impossible de la situer exactement* (= malgré cela ; syn. cependant, néanmoins). *Il faut que nous nous séparions et pourtant nous nous aimons toujours* (= bien que nous nous aimions...). - **2.** Exprime une opposition entre deux aspects d'une même réalité : *Il avait pourtant l'air bien gentil* (= cette apparence était trompeuse). *Je vous l'ai pourtant répété cent fois.*

pourtour [puʀtuʀ] n.m. (de *pour* et *tour*). Ligne qui fait le tour d'un lieu, d'un objet ; surface qui borde cette ligne : *Le pourtour de la salle était orné de fresques* (syn. circonférence). *Les maisons construites sur le pourtour de la place* (syn. périphérie).

pourvoi [puʀvwa] n.m. (de *se pourvoir*). Recours porté devant la plus haute juridiction compétente (Cour de cassation ou Conseil d'État) en vue de faire annuler une décision rendue en dernier ressort : *Adresser un pourvoi au président de la République* (= recours en grâce).

pourvoir [puʀvwaʀ] v.t. ind. [à] (lat. *providere*, propr. "voir en avant") [conj. 64]. Donner, fournir à qqn ce qui est nécessaire : *Ses parents pourvoient à ses besoins* (syn. subvenir). ◆ v.t. Mettre en possession de ce qui est nécessaire, utile : *Pourvoir sa maison de toutes les commodités* (syn. équiper, garnir). *Elle est pourvue de grandes qualités* (syn. doter). *Ses amis l'ont pourvu de solides recommandations* (syn. munir, nantir). ◆ se pourvoir v.pr. - **1.** Faire en sorte d'avoir ce qui est nécessaire : *Se pourvoir d'argent* (syn. se munir). - **2.** Former un pourvoi : *Se pourvoir en cassation.*

pourvoyeur, euse [puʀvwajœʀ, -øz] n. (de *pourvoir*). Personne qui fournit qqch, approvisionne ; fournisseur.

pourvu que [puʀvykə] conj. sub. (de *pourvoir*). [Suivi du subj.]. - **1.** Introduit une condition : *Nous irons faire du ski pourvu qu'il y ait de la neige* (= à condition qu'il y ait).

-**2.** Dans une phrase exclamative, sert à exprimer un souhait nuancé d'inquiétude : *Pourvu qu'il vienne !*

poussah [pusa] n.m. (chin. *pu-sà* "idole bouddhique"). Figurine montée sur une demiboule lestée qui la fait toujours revenir à la verticale.

pousse [pus] n.f. (de 2. *pousser*). -**1.** Croissance, développement d'un végétal ou d'une de ses parties : *La chaleur active la pousse des plantes.* -**2.** Bourgeon, plante à son premier état de développement : *Les jeunes pousses des arbres au printemps.* -**3.** Croissance de certaines parties d'un corps vivant : *La pousse des dents, des cheveux.*

poussé, e [puse] adj. (de 1. *pousser*). -**1.** Qui a atteint un degré élevé de spécialisation, de précision : *Des études très poussées. Une analyse très poussée* (syn. pointu). -**2.** Se dit d'un moteur dont les performances sont améliorées après sa construction.

pousse-café [puskafe] n.m. inv. FAM. Petit verre d'alcool que l'on boit après le café.

poussée [puse] n.f. (de 1. *pousser*). -**1.** Action de pousser, fait d'être poussé : *Sous la poussée de la foule, la barrière s'effondra* (syn. pression). -**2.** Pression exercée par le poids d'un corps contre un obstacle ou un autre corps : *La poussée des eaux sur un barrage.* -**3.** Manifestation soudaine et violente d'un trouble organique : *Une poussée de fièvre* (syn. accès, crise). -**4.** Développement net et soudain d'un mouvement, d'une force, d'un phénomène : *La poussée de tel parti aux élections* (syn. montée, progression). -**5.** AÉRON., ASTRONAUT. Force de propulsion développée par un moteur à réaction. -**6.** PHYS. Poussée d'Archimède, force verticale dirigée de bas en haut, à laquelle est soumis tout corps plongé dans un fluide.

pousse-pousse [puspus] n.m. inv. Voiture légère tirée par un homme, pour le transport des personnes, en Extrême-Orient.

1. **pousser** [puse] v.t. (lat. *pulsare* "bousculer, secouer"). -**1.** Exercer une pression, avec ou sans effort, sur qqch pour le déplacer, l'écarter sans le soulever : *Pousser un sac, une voiture. Le vent pousse les nuages dans le ciel* (syn. chasser). *Le courant pousse le canot vers le large* (syn. entraîner). -**2.** Faire avancer, écarter qqn en imprimant une pression sur lui : *Pousser son voisin* (syn. bousculer). -**3.** Faire aller, diriger devant soi : *Pousser un troupeau vers l'étable.* -**4.** Faire fonctionner plus vite, avec davantage de puissance : *Pousser un moteur.* -**5.** Engager vivement, inciter qqn à : *Pousser un écolier à travailler* (syn. encourager, exhorter). -**6.** Porter une situation, un comportement jusqu'à ses extrémités : *Pousser la familiarité jusqu'aux limites de l'inconvenance.*

-**7.** Faire entendre : *Pousser un cri. Elle poussa un profond soupir* (syn. émettre). ◆ v.i. -**1.** Prolonger, poursuivre sa marche, son voyage : *Nous avons poussé jusqu'à Dublin* (syn. continuer). -**2.** FAM. Il ne faut pas pousser, il ne faut pas exagérer. ◆ **se pousser** v.pr. -**1.** Se déplacer pour faire place : *Poussez-vous un peu que je puisse m'asseoir aussi.* -**2.** Obtenir une place sociale plus élevée : *Il a su se pousser jusqu'au sommet de la hiérarchie* (syn. s'imposer).

2. **pousser** [puse] v.i. (de 1. *pousser*). Croître, se développer : *Ses cheveux ont poussé. Mes plantes poussent très bien ici. Qu'est-ce que cet enfant a poussé !* (syn. grandir).

poussette [puset] n.f. -**1.** Petite voiture d'enfant, génér. pliable, formée d'un siège inclinable suspendu à un châssis sur roulettes, et que l'on pousse devant soi. -**2.** Armature d'acier légère montée sur roues et munie d'une poignée, destinée à soutenir un sac à provisions.

pousseur [pusœʀ] n.m. ASTRONAUT. Recomm. off. pour *booster*.

poussier [pusje] n.m. (de *poussière*). Débris pulvérulents d'une matière quelconque, notamm. de charbon.

poussière [pusjɛʀ] n.f. (de l'anc. fr. *pous*, du lat. pop. *pulvus*, class. *pulvis*). -**1.** Poudre très fine et très légère en suspension dans l'air et provenant de matières diverses (terre sèche notamm.) par choc ou frottement : *Essuyer la poussière sur les meubles. Une voiture soulevait un nuage de poussière sur la piste.* -**2.** Très petite particule de matière : *Poussières interplanétaires.* -**3.** Avoir une poussière dans l'œil, avoir dans l'œil un très petit corps étranger provoquant une gêne. ‖ FAM.... et des poussières, se dit d'unités qui s'ajoutent à un chiffre rond : *Trois mille francs et des poussières* (= et un peu plus). ‖ Une poussière de, une grande quantité de choses de petites dimensions ou de peu d'importance : *Archipel constitué par une poussière d'îlots* (syn. myriade).

poussiéreux, euse [pusjeʀø, -øz] adj. Couvert, rempli de poussière : *Des vitres poussiéreuses. Un salon poussiéreux.*

poussif, ive [pusif, -iv] adj. (de *pousser*, au sens anc. de "haleter"). -**1.** FAM. Qui s'essouffle, respire avec peine (syn. essoufflé, haletant). -**2.** Qui fonctionne avec peine : *Une voiture poussive.* -**3.** Sans inspiration, sans souffle créateur : *Un style poussif* (syn. laborieux).

poussin [pusɛ̃] n.m. (bas lat. *pullicenus*, class. *pullus* "petit d'un animal"). -**1.** Poulet ou jeune oiseau nouvellement éclos : *Des poussins d'un jour.* □ Le poussin piaule. -**2.** Catégorie de jeunes sportifs de moins de 11 ans.

poussivement [pusivmã] adv. De façon poussive : *Une vieille voiture qui monte poussivement une côte.*

poussoir [puswaʀ] n.m. Bouton qu'on pousse pour déclencher le fonctionnement d'un mécanisme : *Le poussoir d'un chronomètre.*

poutre [putʀ] n.f. (de l'anc. fr. *poutre* "pouliche"). **-1.** Pièce de forme allongée en bois, en métal, en béton armé, etc., servant de support de plancher, d'élément de charpente, dans la construction : *De vieilles poutres en chêne.* **-2.** Agrès de gymnastique féminine, constitué d'une poutre de bois située à 1,20 m du sol.

poutrelle [putʀɛl] n.f. Petite poutre : *Des poutrelles métalliques.*

1. **pouvoir** [puvwaʀ] v.t. (lat. pop. *potere*, réfection du class. *posse*) [conj. 58]. **-1.** Être capable de ; avoir la faculté, la possibilité de : *Comment pouvez-vous travailler dans un endroit aussi bruyant ? Ce vieux manteau peut encore servir.* **-2.** Avoir le droit, l'autorisation de : *Les élèves peuvent sortir pendant l'interclasse. Puis-je emprunter votre dictionnaire ?* **-3.** (Semi-auxiliaire). Indique l'éventualité, la probabilité : *Il peut pleuvoir demain* (syn. risquer de). *Ce cas pourrait bien être plus compliqué que prévu.* **-4.** N'en pouvoir plus, être épuisé par la fatigue, accablé par le chagrin ; être complètement rassasié ; être très usé. ǁ Pouvoir quelque chose, beaucoup, et pour, apporter une aide, un soutien : *Puis-je quelque chose pour vous ? On ne peut plus rien pour lui.* ǁ Y pouvoir (qqch), n'y pouvoir rien, avoir ou non de l'influence sur : *C'est bien regrettable qu'il abandonne, mais qu'y pouvons-nous ? Moi, je n'y peux rien.* ◆ **se pouvoir** v.pr. impers. Il se peut que (+ subj.), il est possible que : *Il se peut que je me sois trompé.*

2. **pouvoir** [puvwaʀ] n.m. (de *1. pouvoir*). **-1.** Possibilité de faire qqch, d'accomplir une action, de produire un effet : *Il n'est pas en mon pouvoir de vous aider* (= je n'ai pas la capacité de...). **-2.** Autorité, puissance, de droit ou de fait, détenue sur qqn, sur qqch : *Abuser de son pouvoir. Le pouvoir de l'éloquence.* **-3.** Aptitude à agir pour le compte de qqn ; document constatant cette délégation : *Donner un pouvoir par-devant notaire* (syn. mandat, procuration). **-4.** Autorité constituée, gouvernement d'un pays : *Parvenir au pouvoir.* **-5.** Fonction de l'État, correspondant à un domaine distinct et exercée par un organe particulier : *La séparation des pouvoirs.* **-6.** Pouvoir calorifique, quantité de chaleur dégagée lors de la combustion, dans des conditions normalisées, d'une quantité donnée (kilogramme, litre, mètre cube) d'un corps, d'une substance. ǁ Pouvoir d'achat, quantité de biens et de services que permet d'obtenir, pour une unité de base donnée (individu, famille, etc.), une somme d'argent déterminée : *Enrayer la baisse du pouvoir d'achat.* ǁ Pouvoir exécutif, chargé de l'administration de l'État et de veiller à l'exécution des lois. ǁ Pouvoir judiciaire, chargé de rendre la justice. ǁ Pouvoir législatif, chargé d'élaborer les lois. ǁ Pouvoir spirituel, autorité de l'Église en matière religieuse. ◆ **pouvoirs** n.m. pl. **-1.** Droits d'exercer certaines fonctions : *Les pouvoirs d'un ambassadeur.* **-2.** Pouvoirs publics, ensemble des autorités qui détiennent la conduite de l'État.

pouzzolane [pu(d)zɔlan] n.f. (de *Pouzzoles*, v. d'Italie du Sud). Roche volcanique à structure alvéolaire, recherchée en construction pour ses qualités d'isolation thermique et phonique.

P. P. C. M. [pepeseɛm] , sigle de *plus petit commun multiple*.

practice [pʀaktis] n.m. (mot angl.). Au golf, terrain ou ensemble d'installations en salle destinés à l'entraînement.

praesidium ou **présidium** [pʀezidjɔm] n.m. (mot russe, du lat.). Organe du Soviet suprême qui a exercé jusqu'en 1990 la présidence collégiale de l'État.

pragmatique [pʀagmatik] adj. (lat. *pragmaticus*, gr. *pragmatikos*, de *pragma* "action"). **-1.** Fondé sur l'action, la pratique, cautionné par la réussite : *Une politique pragmatique.* **-2.** Fondé sur l'étude des faits : *Histoire pragmatique.*

pragmatisme [pʀagmatism] n.m. (angl. *pragmatism*). **-1.** PHILOS. Doctrine qui prend pour critère de la vérité la valeur pratique. □ Pour le pragmatisme, est vrai ce qui réussit, et il n'y a pas de vérité absolue. **-2.** Attitude de qqn qui s'adapte à toutes les situations, qui est orienté vers l'efficacité pratique.

praire [pʀɛʀ] n.f. (mot prov. "prêtre"). Mollusque bivalve comestible, fouisseur, qui vit dans le sable. □ Long. 5 cm ; nom scientif. vénus.

prairial [pʀeʀjal] n.m. (de *prairie*) [pl. *prairials*]. HIST. Neuvième mois du calendrier républicain, du 20 ou 21 mai au 18 ou 19 juin.

prairie [pʀeʀi] n.f. (dérivé anc. de *pré*, ou du lat. pop. *prataria*, de *pratum* "pré"). **-1.** Terrain couvert d'herbe destinée à l'alimentation du bétail, par pâture ou après fenaison : *Les grasses prairies de Normandie* (syn. herbage, pâturage, pré). **-2.** Prairie artificielle, terre semée de légumineuses (luzerne, sainfoin, trèfle), d'une durée de production de un à trois ans.

pralin [pʀalɛ̃] n.m. (de *praliner*). Préparation à base d'amandes, de sucre et de vanille, utilisée en pâtisserie et en confiserie.

pralinage [pʀalinaʒ] n.m. Action de praliner.

praline [pʀalin] n.f. (du n. du duc de Choiseul de *Plessis-Praslin*, dont le cuisinier inventa cette confiserie). Amande ou noisette grillée enrobée de sucre cuit et glacé.

praliné, e [pʀaline] adj. Se dit d'une pâtisserie, d'une confiserie parfumée au pralin. ◆ **praliné** n.m. Mélange de chocolat et de pralines écrasées.

praliner [pʀaline] v.t. (de *praline*). Fourrer, parfumer au pralin : *Praliner un gâteau.*

praticable [pʀatikabl] adj. - **1.** Où l'on peut circuler, passer : *Route praticable* (syn. carrossable). - **2.** Qui peut être mis en pratique, en application : *Cette idée n'est absolument pas praticable* (syn. exécutable, réalisable). ◆ n.m. - **1.** Plate-forme amovible servant d'estrade, de support pour des personnes ou des objets (caméra, projecteurs), sur une scène ou au cours d'un tournage. - **2.** Élément d'un décor de théâtre consistant en un objet réel, et non pas seulement figuré.

praticien, enne [pʀatisjɛ̃, -ɛn] n. - **1.** Personne qui pratique une activité, un métier (par opp. à *théoricien*). - **2.** Médecin, dentiste, vétérinaire ou auxiliaire médical qui exerce sa profession en donnant des soins.

pratiquant, e [pʀatikɑ̃, -ɑ̃t] adj. et n. - **1.** Qui observe les pratiques de sa religion : *Une famille très pratiquante.* - **2.** Qui pratique habituellement un sport, une activité : *Un pratiquant du handball.*

1. pratique [pʀatik] adj. (bas lat. *practicus*). - **1.** Qui s'attache aux faits, à l'action (par opp. à *théorique*) : *Avoir le sens pratique. Un esprit pratique* (syn. concret, positif ; contr. chimérique). - **2.** Commode, d'application ou d'utilisation facile, efficace : *Instrument pratique* (syn. maniable). *Mon nouvel horaire est très pratique.* - **3.** Travaux pratiques, exercices d'application de cours théoriques, magistraux.

2. pratique [pʀatik] n.f. (lat. *practice,* gr. *praktikê*). - **1.** Fait d'avoir, d'exercer une activité concrète ; habileté qui résulte de l'exercice suivi de telle activité : *Elle a une longue pratique du bénévolat* (syn. expérience, habitude). *Manquer de pratique dans les affaires* (syn. savoir-faire). *La pratique d'un sport est souvent bénéfique.* - **2.** (Souvent au pl.). Comportement habituel, façon d'agir : *Des pratiques curieuses* (syn. coutume, usage). *Les pratiques inhumaines des geôliers ont été condamnées* (syn. agissement). - **3.** Observation des prescriptions d'une religion : *Une région où la pratique religieuse est élevée.* - **4.** En pratique, dans la pratique, en réalité, en fait. ‖ Mettre en pratique, appliquer les règles, les principes (d'une activité). ◆ **pratiques** n.f. pl.

Actes, exercices de piété : *Les pratiques et la foi.*

pratiquement [pʀatikmɑ̃] adv. - **1.** Dans la pratique, en fait : *Théoriquement, on peut être reçu au concours la première année, mais, pratiquement, il faut deux ans de préparation.* - **2.** (Emploi critiqué mais très cour.). À peu près, quasiment, pour ainsi dire : *Des résultats pratiquement nuls.*

pratiquer [pʀatike] v.t. (de *2. pratique*). - **1.** Faire, exécuter : *Pratiquer un trou dans un mur* (syn. ménager). - **2.** Se livrer à une activité, à un sport : *Pratiquer la médecine* (syn. exercer). *Il pratique le tennis.* - **3.** Pratiquer une religion, en observer les prescriptions. ◆ **se pratiquer** v.pr. Être en usage : *Le ski d'été se pratique de plus en plus.*

pré [pʀe] n.m. (lat. *pratum*). - **1.** Prairie permanente (syn. herbage, pâturage, prairie). - **2.** Pré carré, domaine réservé de qqn, d'un groupe : *La diplomatie est le pré carré du président.*

pré-, préf., du lat. *prae* "devant", marquant l'antériorité spatiale (*préalpin*) ou temporelle (*préhistoire*).

préadolescent, e [pʀeadɔlesɑ̃, -ɑ̃t] n. Jeune garçon, fillette qui va entrer dans l'adolescence.

préalable [pʀealabl] adj. (de *allable,* anc. adj. de *aller*). - **1.** Qui doit normalement être fait, dit, examiné d'abord : *Je ne peux entreprendre cette démarche sans votre accord préalable.* - **2.** DR. CONSTIT. Question préalable, question posée par un parlementaire pour faire décider par l'assemblée qu'il n'y a pas lieu de délibérer sur le texte, le sujet à l'ordre du jour. ◆ n.m. - **1.** Condition fixée par une des parties en présence avant le début d'une négociation, d'une discussion : *Les préalables d'un traité.* - **2.** Au préalable, avant toute chose, d'abord : *Les candidats doivent au préalable subir un examen médical* (syn. auparavant).

préalablement [pʀealabləmɑ̃] adv. Au préalable : *Les questions préalablement traitées. Préalablement à toute nouvelle discussion* (syn. avant).

préalpin, e [pʀealpɛ̃, -in] adj. Des Préalpes.

préambule [pʀeɑ̃byl] n.m. (de *ambulare* "marcher"). - **1.** Introduction à un discours, à un exposé : *Après un court préambule, l'orateur entra dans le vif du sujet* (syn. avant-propos). - **2.** Partie préliminaire d'une Constitution, d'un traité, énonçant des principes fondamentaux : *Le préambule de la Déclaration des droits de l'homme.* - **3.** Ce qui précède, annonce qqch : *Cet incident était le préambule d'une crise grave* (syn. prélude, prémices).

préamplificateur [pʀeɑ̃plifikatœʀ] n.m. ÉLECTRON. Amplificateur de tension du signal de sortie d'un détecteur ou d'une tête de lecture, avant entrée dans un amplificateur de puissance (abrév. fam. *préampli*).

préapprentissage [pʀeapʀɑ̃tisaʒ] n.m. Période de formation effectuée dans une entreprise au cours des dernières années de la scolarité.

préau [pʀeo] n.m. (de *pré*). - **1.** Galerie couverte, dans une cour d'école. - **2.** Cour intérieure d'une prison.

préavis [pʀeavi] n.m. - **1.** Avertissement préalable avant la dénonciation, la rupture d'un contrat, d'une convention, etc. ; délai qui s'écoule entre cet avertissement et le moment où il prend effet : *Préavis de licenciement.* - **2.** Préavis de grève, délai légal à observer avant d'entreprendre une grève.

prébende [pʀebɑ̃d] n.f. (lat. *praebendus* "qui doit être fourni"). - **1.** Revenu attaché à une situation lucrative. - **2.** CATH. Revenu attaché à un titre ecclésiastique, notamm. celui de chanoine ; ce titre lui-même.

précaire [pʀekɛʀ] adj. (lat. *precarius* "obtenu par prière"). Qui n'a rien de stable, d'assuré : *Santé précaire* (syn. chancelant, fragile). *Situation précaire* (syn. incertain, instable).

précairement [pʀekɛʀmɑ̃] adv. De façon précaire ; à titre précaire : *Nous sommes précairement installés.*

précambrien [pʀekɑ̃bʀijɛ̃] n.m. (de *cambrien*). Première ère de l'histoire de la Terre, dont on évalue la durée à 4 milliards d'années. □ Les roches datant du précambrien n'ont livré que des vestiges rares et fragmentaires d'êtres vivants.

précancéreux, euse [pʀekɑ̃seʀø, -øz] adj. Se dit de lésions qui précèdent certains cancers.

précarisation [pʀekaʀizasjɔ̃] n.f. Action de précariser ; fait d'être précarisé.

précariser [pʀekaʀize] v.t. Rendre précaire, peu stable, peu durable : *La crise économique précarise notre situation.*

précarité [pʀekaʀite] n.f. Caractère, état de ce qui est précaire : *La précarité de leurs ressources devient inquiétante* (syn. incertitude). *Les grèves ont aggravé la précarité de ce gouvernement* (syn. fragilité, instabilité).

précaution [pʀekosjɔ̃] n.f. (lat. *praecautio*, de *praecavere* "prendre garde"). - **1.** Disposition prise par prévoyance pour éviter un mal ou pour en limiter les conséquences : *Prendre ses précautions.* - **2.** Fait de prendre garde, d'agir avec circonspection : *Ils s'engagèrent avec précaution sur la passerelle branlante* (syn. prudence). - **3.** Précautions oratoires, moyens plus ou moins adroits utilisés pour se ménager la bienveillance de son auditoire.

précautionneusement [pʀekosjɔnøzmɑ̃] adv. LITT. Avec précaution (syn. prudemment).

précautionneux, euse [pʀekosjɔnø, -øz] adj. LITT. Qui prend des précautions ; qui dénote la précaution : *Une mère très précautionneuse* (syn. prudent). *Gestes précautionneux.*

précédemment [pʀesedamɑ̃] adv. Auparavant : *Comme je vous l'ai dit précédemment* (syn. antérieurement).

précédent, e [pʀesedɑ̃, -ɑ̃t] adj. (lat. *praecedens, -entis*). Qui est immédiatement avant, qui précède : *Le jour précédent* (contr. suivant). *J'ai traité cette question dans un précédent article* (syn. antérieur). ◆ **précédent** n.m. - **1.** Fait, exemple antérieur invoqué comme référence ou comme justification pour qqch d'analogue : *Créer un précédent.* - **2.** Sans précédent, dont il n'existe pas d'exemple antérieur : *Un exploit sans précédent* (syn. extraordinaire, inouï). *C'est une catastrophe sans précédent.*

précéder [pʀesede] v.t. (lat. *praecedere*) [conj. 18]. - **1.** Marcher devant : *Je vais vous précéder pour vous montrer le chemin* (syn. devancer). - **2.** Être situé avant, dans l'espace ou dans le temps : *L'article précède le nom. Le jour qui précéda son départ. Plusieurs symptômes ont précédé sa maladie* (syn. annoncer, préluder à). - **3.** Devancer qqn ; arriver, se trouver en un lieu avant lui : *Il m'a précédé au bureau de quelques minutes. Les locataires qui nous ont précédés.*

précellence [pʀeselɑ̃s] n.f. (du lat. *praecellere* "exceller"). LITT. Supériorité marquée, échappant à toute hiérarchie commune : *Tenter de démontrer la précellence de la poésie.*

précepte [pʀesɛpt] n.m. (lat. *praeceptum*). Règle, enseignement dans un domaine particulier : *Les préceptes de la morale* (syn. loi, principe).

précepteur, trice [pʀesɛptœʀ, -tʀis] n. (lat. *praeceptor* "maître qui enseigne"). Personne chargée de l'éducation d'un enfant à domicile.

préceptorat [pʀesɛptɔʀa] n.m. Fonction de précepteur.

préchauffage [pʀeʃofaʒ] n.m. Chauffage préliminaire.

préchauffer [pʀeʃofe] v.t. Procéder au préchauffage de : *Préchauffez le four dix minutes.*

prêche [pʀɛʃ] n.m. - **1.** Sermon, notamm. d'un ministre protestant (syn. prédication). - **2.** FAM. Discours moralisateur et ennuyeux (syn. sermon).

prêcher [pʀeʃe] v.t. (lat. *praedicare*). - **1.** Annoncer, enseigner la parole de Dieu : *Prêcher l'Évangile.* - **2.** Recommander avec insistance : *Prêcher la modération* (syn. préconiser).

◆ v.i. - **1.** Prononcer un sermon, des sermons. - **2.** Prêcher dans le désert, parler devant un auditoire inattentif, ne pas être écouté. ‖ Prêcher pour sa paroisse, pour son saint, parler pour son propre intérêt.

prêcheur, euse [pʀeʃœʀ, -øz] adj. et n. - **1.** FAM. Qui aime sermonner, faire la morale : *Il est très prêcheur* (syn. moralisateur). *C'est une prêcheuse* (syn. sermonneur). - **2.** Frères prêcheurs, dominicains, religieux voués à la prédication.

prêchi-prêcha [pʀeʃipʀeʃa] adj. inv. et n.m. inv. (redoublement de *prêcher*). FAM. Se dit d'un discours, d'une personne moralisateurs et ennuyeux : *Elle m'a infligé un interminable prêchi-prêcha* (syn. sermon).

précieuse [pʀesjøz] n.f. LITTÉR. Au XVIIe s., femme du monde qui cherchait à se distinguer par l'élégance de ses manières et de son langage.

précieusement [pʀesjøzmɑ̃] adv. Avec grand soin : *Garder précieusement des lettres* (syn. soigneusement).

précieux, euse [pʀesjø, -øz] adj. (lat. *pretiosus*, de *pretium* "prix"). - **1.** Qui a une grande valeur marchande : *Bijoux précieux.* - **2.** Dont on fait grand cas ou qui rend de grands services ; très utile : *De précieux conseils* (syn. inappréciable). *Un collaborateur précieux* (syn. irremplaçable). - **3.** LITTÉR. Relatif à la préciosité : *La littérature précieuse.* ◆ adj. et n. Affecté dans son langage, ses manières : *Je la trouve un peu précieuse* (syn. affecté, maniéré).

préciosité [pʀesjozite] n.f. - **1.** LITTÉR. Tendance au raffinement des sentiments, des manières et de l'expression littéraire, qui se manifesta en France, dans certains salons, au début du XVIIe s. - **2.** Affectation dans les manières, le langage, le style : *La préciosité des tournures qu'il utilise prête à sourire* (syn. affectation).

précipice [pʀesipis] n.m. (lat. *praecipitium*). - **1.** Lieu très profond et escarpé : *Tomber dans un précipice* (syn. abîme, gouffre). *La voiture stoppa juste au bord du précipice* (syn. ravin). - **2.** Situation catastrophique : *Sa gestion nous a conduits au bord du précipice* (syn. désastre, ruine).

précipitamment [pʀesipitamɑ̃] adv. Avec précipitation : *J'ai dû partir précipitamment* (syn. brusquement, soudainement).

précipitation [pʀesipitasjɔ̃] n.f. - **1.** Grande hâte ; vivacité excessive excluant la réflexion : *Parler, agir avec précipitation* (syn. hâte, irréflexion). - **2.** CHIM. Phénomène par lequel un corps insoluble se forme dans un liquide et se dépose au fond du récipient. ◆ **précipitations** n.f. pl. Formes variées

sous lesquelles l'eau solide ou liquide contenue dans l'atmosphère se dépose à la surface du globe (pluie, brouillard, neige, grêle, rosée) : *Nombreuses précipitations prévues sur le nord du pays demain.*

1. **précipité, e** [pʀesipite] adj. Accompli à la hâte : *Départ précipité* (syn. brusque, soudain).

2. **précipité** [pʀesipite] n.m. CHIM. Dépôt formé dans un liquide par une précipitation : *Un précipité bleu se forma dans l'éprouvette.*

précipiter [pʀesipite] v.t. (lat. *praecipitare*, de *praeceps* "qui tombe la tête en avant"). - **1.** Faire tomber d'un lieu élevé dans un lieu beaucoup plus bas : *L'avalanche a précipité de gros rochers dans la vallée.* - **2.** Pousser, faire tomber dans une situation funeste : *Précipiter un pays dans la guerre* (syn. entraîner, jeter, plonger). - **3.** Rendre plus rapide le rythme de : *Précipiter le mouvement, les événements* (syn. accélérer, hâter, presser). - **4.** Accomplir avec trop de hâte : *Précipiter son départ* (syn. brusquer). - **5.** CHIM. Provoquer la précipitation de. ◆ v.i. CHIM. Former un précipité. ◆ **se précipiter** v.pr. - **1.** Se jeter de haut en bas : *La malheureuse s'est précipitée du dernier étage* (syn. sauter). - **2.** S'élancer vivement, accourir en hâte : *Se précipiter vers un blessé* (syn. se ruer). - **3.** Agir avec trop de hâte : *Ne nous précipitons pas !* - **4.** Prendre un rythme accéléré : *Les événements se précipitent* (syn. s'accélérer).

1. **précis, e** [pʀesi, -iz] adj. (lat. *praecisus*, de *praecidere* "couper ras, retrancher"). - **1.** Qui ne laisse aucune incertitude, qui est exactement déterminé : *Mesure précise* (syn. exact, juste). *Avoir des idées précises sur une question* (syn. net). - **2.** Fixé, déterminé rigoureusement : *À 15 heures précises* (syn. sonnant). - **3.** Qui agit avec exactitude, rigueur : *Soyez précis, venez à 10 heures* (syn. exact, ponctuel). - **4.** Qui est exécuté d'une façon nette : *Un dessin précis* (contr. vague).

2. **précis** [pʀesi] n.m. (de *1. précis*). Ouvrage qui expose brièvement l'essentiel d'une matière : *Un précis de grammaire latine* (syn. abrégé, mémento).

précisément [pʀesizemɑ̃] adv. - **1.** D'une manière précise, avec précision : *Répondez précisément à ma question* (syn. expressément, nettement). - **2.** Marque la coïncidence ou la concordance entre deux séries de faits : *Il est arrivé précisément au moment où je partais* (syn. justement).

préciser [pʀesize] v.t. (de *1. précis*). - **1.** Déterminer, fixer avec précision : *Préciser la date d'un examen.* - **2.** Apporter des précisions ; rendre plus précis, plus exact : *Préciser sa pensée* (syn. expliciter). ◆ **se préciser** v.pr. Prendre forme, devenir distinct : *Peu à peu, l'idée s'est précisée.*

précision [pʀesizjɔ̃] n.f. (lat. *praecisio*). - **1.** Caractère de ce qui est précis, exact : *La précision de sa description* (syn. fidélité). - **2.** Exactitude dans l'action : *Des gestes d'une grande précision* (syn. sûreté). - **3.** Netteté rigoureuse dans la pensée, l'expression : *La précision du vocabulaire qu'elle emploie* (syn. exactitude, rigueur). - **4.** Détail précis qui apporte une plus grande information : *Donnez-moi des précisions*. - **5.** Qualité globale d'un instrument de mesure lui permettant de donner des indications qui coïncident, à une haute approximation près, avec la valeur vraie de la grandeur à mesurer : *La précision d'une horloge.*

précité, e [pʀesite] adj. Cité précédemment : *Reportez-vous à l'ouvrage précité.*

préclassique [pʀeklasik] adj. Antérieur à la période classique : *La littérature préclassique.*

précoce [pʀekɔs] adj. (lat. *praecox*). - **1.** Mûr avant le temps normal ou habituel : *Fruit précoce* (syn. hâtif). - **2.** Dont le développement physique ou intellectuel correspond à un âge supérieur : *Enfant précoce* (syn. avancé). - **3.** Qui survient plus tôt que d'ordinaire : *Printemps précoce. Calvitie précoce.*

précocement [pʀekɔsmɑ̃] adv. De façon précoce : *Les bourgeons ont éclaté précocement* (syn. prématurément).

précocité [pʀekɔsite] n.f. Caractère d'une personne, d'une chose précoce : *La précocité d'un fruit, d'un enfant.*

précolombien, enne [pʀekɔlɔ̃bjɛ̃, -ɛn] adj. Antérieur à la venue de Christophe Colomb, en Amérique : *Art précolombien* (syn. préhispanique).

précombustion [pʀekɔ̃bystjɔ̃] n.f. Phase du fonctionnement d'un moteur Diesel précédant l'inflammation du combustible.

préconçu, e [pʀekɔ̃sy] adj. Imaginé par avance, sans examen critique : *Idée préconçue.*

préconiser [pʀekɔnize] v.t. (bas lat. *praeconizare* "publier", de *praeco* "crieur public"). Recommander vivement : *Les médecins préconisent qu'il arrête de fumer. Parti qui préconise l'abstention aux élections* (syn. conseiller).

préconscient [pʀekɔ̃sjɑ̃] n.m. PSYCHAN. Dans le premier modèle freudien, instance constituant le lieu des actes psychiques qui, non refoulés, sont susceptibles de devenir conscients (par opp. à *inconscient*, à *conscient*).

précontraint, e [pʀekɔ̃tʀɛ̃, -ɛ̃t] adj. Soumis à la précontrainte : *Béton précontraint.*

précontrainte [pʀekɔ̃tʀɛ̃t] n.f. Technique de mise en œuvre du béton consistant à le soumettre à des compressions permanentes destinées à augmenter sa résistance.

précuit, e [pʀekɥi, -it] adj. Se dit d'un aliment soumis à une cuisson préalable avant d'être

conditionné et qui ne nécessite qu'un temps réduit de cuisson : *Riz précuit.*

précurseur [pʀekyʀsœʀ] n.m. (lat. *praecursor*, de *praecurrere* "courir en avant"). - **1.** Personne qui, par son action, ouvre la voie à qqn, à une doctrine, à un mouvement : *Poète qui fut un précurseur du romantisme.* - **2.** BIOCHIM. Composé qui en précède un autre dans une séquence métabolique. ◆ adj.m. Qui vient avant et annonce qqch : *Signes précurseurs d'un orage* (syn. annonciateur, avant-coureur).

prédateur, trice [pʀedatœʀ, -tʀis] adj. et n.m. (lat. *praedator*, de *praeda* "proie"). - **1.** Qui vit de proies animales ou végétales : *Espèces prédatrices.* - **2.** ANTHROP., PRÉHIST. Se dit de l'homme qui vit de la chasse et de la cueillette.

prédation [pʀedasjɔ̃] n.f. (lat. *praedatio*). - **1.** Mode de nutrition des animaux prédateurs. - **2.** Mode de subsistance des populations prédatrices.

prédécesseur [pʀedesesœʀ] n.m. (bas lat. *praedecessor*). Personne qui a précédé qqn dans une fonction, un emploi : *Exalter l'œuvre de son prédécesseur* (syn. devancier).

prédécoupé, e [pʀedekupe] adj. Découpé à l'avance ou présenté en éléments facilement séparables : *Pain de mie prédécoupé. Un rôti prédécoupé.*

prédélinquant, e [pʀedelɛ̃kɑ̃, -ɑ̃t] n. Mineur en danger moral, et susceptible de devenir délinquant.

prédestination [pʀedɛstinasjɔ̃] n.f. (lat. *praedestinatio*). - **1.** Détermination fatale et immuable des événements futurs (syn. fatalité, sort). - **2.** THÉOL. Décret éternel de Dieu concernant la fin dernière (salut éternel ou damnation) de la créature humaine.

prédestiné, e [pʀedɛstine] adj. et n. Dont le destin, heureux ou malheureux, est fixé à l'avance : *Il semble prédestiné au malheur* (syn. voué).

prédestiner [pʀedɛstine] v.t. (lat. *praedestinare* "réserver à l'avance"). - **1.** Vouer, réserver d'avance à un destin, à un rôle particulier : *Ses origines ne la prédestinaient pas à une carrière aussi prestigieuse.* - **2.** THÉOL. Destiner de toute éternité au salut ou à la damnation.

prédéterminer [pʀedetɛʀmine] v.t. Déterminer à l'avance : *Le comportement de l'accusé était prédéterminé par son éducation.*

prédicat [pʀedika] n.m. (lat. *praedicatum*, de *praedicare* "proclamer"). - **1.** LING. Ensemble des éléments d'une proposition constituant ce qu'on dit de l'être ou de la chose dont on parle (le *thème*) : *Dans la phrase « Pierre mange beaucoup », « mange beaucoup » est le prédicat, « Pierre » est le thème.* - **2.** LOG. Expression contenant une ou plusieurs variables et qui est susceptible de devenir une proposition vraie ou fausse selon les valeurs attribuées à ces variables. **- 3.** Calcul des prédicats, partie de la logique qui traite des propriétés analysées en prédicats.

prédicateur, trice [pʀedikatœʀ, -tʀis] n. (lat. ecclés. *praedicator*). Personne qui prêche : *Bossuet fut un grand prédicateur.*

prédication [pʀedikasjɔ̃] n.f. (lat. ecclés. *praedicatio*). Action de prêcher ; chose prêchée : *Ma mère ne manquait aucune prédication de l'abbé* (syn. homélie, sermon).

prédiction [pʀediksjɔ̃] n.f. (lat. *praedictio*). **- 1.** Action de prédire : *La prédiction de l'avenir* (syn. divination). **- 2.** Ce qui est prédit : *Les faits ont démenti tes prédictions* (syn. prévision, pronostic).

prédilection [pʀedilɛksjɔ̃] n.f. (lat. *praedilectio*). **- 1.** Préférence marquée pour qqn, pour qqch : *J'ai une prédilection pour les romans policiers* (syn. faible). **- 2.** De prédilection, favori : *Proust est son auteur de prédilection.*

prédire [pʀediʀ] v.t. (lat. *praedicere*) [conj. 103]. Annoncer d'avance ce qui doit se produire soit par intuition ou divination, soit par des règles certaines, soit par conjecture ou raisonnement : *Prédire l'avenir* (syn. deviner, prophétiser, prévoir). *Prédire une crise économique* (syn. pronostiquer). *La voyante lui a prédit qu'elle serait princesse.*

prédisposer [pʀedispoze] v.t. Mettre par avance dans certaines dispositions : *Mon éducation m'a prédisposé à une vie austère* (syn. préparer).

prédisposition [pʀedispozisjɔ̃] n.f. Disposition, aptitude naturelle à qqch : *Elle a des prédispositions musicales* (syn. goût, inclination). *Une prédisposition à la bonté* (syn. propension, tendance).

prédominance [pʀedɔminɑ̃s] n.f. Caractère prédominant : *La prédominance des tons bleus dans ses tableaux* (syn. prépondérance).

prédominant, e [pʀedɔminɑ̃, -ɑ̃t] adj. Qui prédomine : *Trouver du travail est leur souci prédominant* (syn. majeur, primordial).

prédominer [pʀedɔmine] v.i. Être en plus grande quantité, avoir une importance prépondérante : *La culture du maïs prédomine dans cette région* (syn. dominer). *Son avis a prédominé* (syn. prévaloir, primer).

préélectoral, e, aux [pʀeelɛktɔʀal, -o] adj. Qui précède des élections : *L'atmosphère préélectorale.*

préélémentaire [pʀeelemɑ̃tɛʀ] adj. Enseignement préélémentaire, enseignement donné dans les écoles maternelles ou les classes enfantines.

prééminence [pʀeeminɑ̃s] n.f. (lat. *praeeminentia*). Supériorité absolue sur les autres : *Se disputer la prééminence économique* (syn. suprématie).

prééminent, e [pʀeeminɑ̃, -ɑ̃t] adj. (lat. *praeeminens*). LITT. Qui a la prééminence : *Sa qualité prééminente est la générosité* (syn. majeur, premier, prépondérant). *Occuper un rang prééminent* (syn. supérieur).

préemption [pʀeɑ̃psjɔ̃] n.f. (du lat. *emptio* "achat"). Faculté que détient une personne ou une administration, de préférence à toute autre, d'acquérir un bien : *L'État a un droit de préemption sur les œuvres d'art.*

préenregistré, e [pʀeɑ̃ʀəʒistʀe] adj. **- 1.** Enregistré à l'avance (par opp. à *en direct*) : *Émission préenregistrée.* **- 2.** Qui contient déjà un enregistrement (par opp. à *vierge*) : *Cassette préenregistrée.*

préétabli, e [pʀeetabli] adj. **- 1.** Établi d'avance : *Les plans préétablis doivent toujours être révisés.* **- 2.** Harmonie préétablie, harmonie qui, dans la philosophie de Leibniz, explique l'accord entre l'âme et le corps.

préexistant, e [pʀeɛgzistɑ̃, -ɑ̃t] adj. Qui préexiste : *Une lésion préexistante à une tumeur.*

préexistence [pʀeɛgzistɑ̃s] n.f. Existence antérieure : *La préexistence du monde.*

préexister [pʀeɛgziste] v.i. et v.t. ind. [à]. Exister avant : *Une instabilité maladive préexistait à sa dépression.*

préfabrication [pʀefabʀikasjɔ̃] n.f. Système de construction au moyen d'éléments préfabriqués.

préfabriqué, e [pʀefabʀike] adj. **- 1.** Se dit d'un élément ou d'un ensemble d'éléments standardisés, fabriqués à l'avance et destinés à être assemblés sur place : *Des cloisons préfabriquées.* **- 2.** Composé exclusivement par un assemblage d'éléments préfabriqués : *Maison préfabriquée.* **- 3.** Préparé à l'avance : *Accusation préfabriquée* (syn. arrangé, fabriqué). *Le sourire préfabriqué d'un camelot* (syn. artificiel, factice). ◆ **préfabriqué** n.m. Élément ou ensemble d'éléments préfabriqués.

préface [pʀefas] n.f. (lat. *praefatio* "préambule", de *praefari* "dire d'avance"). **- 1.** Texte de présentation placé en tête d'un livre : *L'auteur explique son choix dans sa préface* (syn. avant-propos, introduction ; contr. postface). **- 2.** Ce qui précède ou prépare qqch : *En préface à la conférence au sommet, les ministres se sont réunis* (syn. préliminaire, prélude). **- 3.** RELIG. CHRÉT. Partie de la messe qui introduit la grande prière d'action de grâces.

préfacer [pʀefase] v.t. (conj. 16]. Écrire la préface de : *Préfacer un livre.*

préfacier [pʀefasje] n.m. Auteur d'une préface.

préfectoral, e, aux [pʀefɛktɔʀal, -o] adj. Du préfet : *Arrêté préfectoral.*

préfecture [pʀefɛktyʀ] n.f. -**1.** En France, circonscription administrative d'un préfet, correspondant à un département. -**2.** Ville, appelée chef-lieu de département, où siège cette administration : *Périgueux est la préfecture de la Dordogne.* -**3.** Ensemble des services de l'administration préfectorale ; édifice où ils sont installés : *Aller à la préfecture.* -**4.** ANTIQ. ROM. Charge de préfet ; territoire sur lequel s'étendait son autorité. -**5.** Préfecture de police, administration chargée de la police à Paris ; siège de cette administration. ‖ Préfecture maritime, port de guerre, chef-lieu d'une région maritime, en France.

préférable [pʀefeʀabl] adj. Qui mérite d'être préféré ; qui convient mieux : *Je trouve la deuxième solution préférable* (syn. meilleur). *Il serait préférable de ne pas s'attarder* (= il vaudrait mieux).

préféré, e [pʀefeʀe] adj. et n. Que l'on préfère : *Quelle est ta chanson préférée ? Le cadet est son préféré.*

préférence [pʀefeʀɑ̃s] n.f. -**1.** Fait de préférer : *J'ai une préférence marquée pour sa période anglaise* (syn. prédilection). *Par ordre de préférence, je choisirais la bleue, puis la rouge.* -**2.** Ce que l'on préfère : *Quelle est ta préférence ?* -**3.** De préférence (à), plutôt (que) : *Choisis le grand modèle de préférence au petit.*

préférentiel, elle [pʀefeʀɑ̃sjɛl] adj. -**1.** Qui établit une préférence à l'avantage de qqn : *Tarif préférentiel* (= de faveur). -**2.** Vote préférentiel, système électoral dans lequel l'électeur peut modifier l'ordre des candidats d'une liste.

préférer [pʀefeʀe] v.t. (lat. *praeferre* "porter en avant") [conj. 18]. -**1.** Considérer une personne, une chose avec plus de faveur qu'une autre, la choisir plutôt que qqn ou qqch d'autre ; aimer mieux, estimer davantage : *Il préfère aller au bord de la mer* (syn. choisir, opter). *Il a toujours préféré sa fille* (syn. pencher pour). *Si tu préfères, on ira au cinéma.* -**2.** Se développer plus particulièrement dans certains lieux, certaines conditions : *Le bouleau préfère les terrains humides* (syn. aimer, se plaire).

préfet [pʀefɛ] n.m. (lat. *praefectus* "préposé", de *facere* "faire"). -**1.** En France, grade de la fonction publique qui donne vocation à occuper l'emploi de représentant de l'État dans le département et la Région : *Les préfets sont nommés par le gouvernement.* -**2.** ANTIQ. ROM. Haut fonctionnaire exerçant une charge dans l'armée ou dans l'administration. -**3.** Préfet de police, haut fonctionnaire chargé de la police à Paris. ‖ Préfet maritime, amiral chargé du commandement d'une région maritime, en France.

préfète [pʀefɛt] n.f. -**1.** Femme d'un préfet. -**2.** Femme préfet. **Rem.** La langue administrative garde la forme du masculin pour désigner les femmes préfets.

préfiguration [pʀefigyʀasjɔ̃] n.f. Fait de préfigurer qqch ; ce qui préfigure, annonce : *Ce mouvement de révolte fut la préfiguration de ce qui allait se passer par la suite* (syn. préliminaire, prélude, présage).

préfigurer [pʀefigyʀe] v.t. (lat. *praefigurare*). Présenter les caractères d'une chose future, annoncer par avance : *Cette dispute préfigurait leur rupture* (syn. annoncer, préluder à).

préfixation [pʀefiksasjɔ̃] n.f. Formation d'un mot nouveau par adjonction d'un préfixe à un mot préexistant : *À partir de « racisme », on forme « antiracisme » par préfixation.*

préfixe [pʀefiks] n.m. (du lat. *praefixus* "fixé devant"). Élément qui s'adjoint au début d'un mot pour constituer un mot nouveau : *En ajoutant le préfixe « re- » à « faire », on obtient le mot « refaire ».*

préfixé, e [pʀefikse] adj. Pourvu d'un préfixe ; employé comme préfixe : *« Relire » est un verbe préfixé. « Extra » est un élément préfixé dans « extraordinaire ».*

préglaciaire [pʀeglasjɛʀ] adj. GÉOL. Antérieur à une période glaciaire (en partic., aux glaciations du quaternaire).

prégnant, e [pʀeɲɑ̃, -ɑ̃t] adj. (lat. *praegnans*). LITT. Qui s'impose à l'esprit, qui produit une forte impression : *Le lyrisme prégnant des poètes romantiques.*

préhellénique [pʀeelenik] adj. Se dit des civilisations installées sur les bords de la Méditerranée avant la venue des Grecs (XIIᵉ s. av. J.-C.).

préhenseur [pʀeɑ̃sœʀ] adj.m. Qui sert à la préhension : *Organes préhenseurs de certains insectes.*

préhensile [pʀeɑ̃sil] adj. Qui a la faculté de saisir ; qui est propre à saisir : *Singe à queue préhensile.*

préhension [pʀeɑ̃sjɔ̃] n.f. (lat. *prehensio*, de *prehendere* "saisir"). Action de prendre, de saisir matériellement : *La trompe est l'organe de préhension de l'éléphant.*

préhispanique [pʀeispanik] adj. Antérieur à la colonisation espagnole ou portugaise, en Amérique (syn. précolombien).

préhistoire [pʀeistwaʀ] n.f. -**1.** Période chronologique de la vie de l'humanité depuis l'apparition de l'homme jusqu'à celle de l'écriture. -**2.** Ensemble des disciplines scientifiques s'attachant à retracer l'évolution du comportement humain au cours de cette période.

préhistorien, enne [pʀeistɔʀjɛ̃, -ɛn] n. Archéologue spécialisé dans la préhistoire.

préhistorique [pʀeistɔʀik] adj. - **1.** De la préhistoire ; relatif à la préhistoire : *Homme préhistorique*. - **2.** FAM., PAR PLAIS. Qui est très vieux ou démodé, dépassé : *Une guimbarde préhistorique* (syn. antédiluvien).

préindustriel, elle [pʀeɛ̃dystʀijɛl] adj. Antérieur à la révolution industrielle de la fin du XVIIIᵉ s.

préinscription [pʀeɛ̃skʀipsjɔ̃] n.f. Inscription provisoire dans un établissement d'enseignement supérieur, avant de remplir les conditions requises pour une inscription définitive.

préislamique [pʀeislamik] adj. Antérieur à l'islam. (On dit aussi *antéislamique*.)

préjudice [pʀeʒydis] n.m. (lat. *praejudicium* "jugement anticipé", de *praejudicare*). - **1.** Atteinte portée aux droits, aux intérêts de qqn : *Causer un préjudice* (syn. dommage, tort). *Préjudice matériel, préjudice moral*. - **2.** Au préjudice de, contre les intérêts de ; au détriment de : *Escroquerie commise au préjudice de l'État. Décision prise au préjudice de la justice* (= au mépris de). ‖ **Porter préjudice à qqn**, lui nuire. ‖ **Sans préjudice de**, sans porter atteinte à ; sans compter, sans parler de : *Vous risquez une amende sans préjudice d'une peine de prison.*

préjudiciable [pʀeʒydisjabl] adj. Qui porte ou qui est susceptible de porter préjudice : *Erreur préjudiciable* (syn. attentatoire, dommageable).

préjugé [pʀeʒyʒe] n.m. (du p. passé de *préjuger*). - **1.** Jugement provisoire formé par avance à partir d'indices qu'on interprète : *Il a un préjugé en sa faveur, contre elle* (= un parti pris ; syn. prévention). - **2.** Opinion adoptée sans examen par généralisation hâtive d'une expérience personnelle ou imposée par le milieu, l'éducation (péjor.) : *Savoir s'élever au-dessus des préjugés de son milieu.*

préjuger [pʀeʒyʒe] v.t. (lat. *praejudicare*) [conj. 17]. LITT. Juger, décider d'avance avant d'avoir tous les éléments d'information nécessaires : *Je ne peux préjuger la conduite à tenir* (syn. conjecturer). ◆ v.t. ind. [**de**] Prévoir par conjecture, porter un jugement prématuré sur : *Son attitude ne laisse rien préjuger de sa décision* (syn. augurer, présager).

se prélasser [pʀelase] v.pr. (de *prélat*, par croisement avec *lasser*). S'abandonner avec nonchalance : *Se prélasser dans un fauteuil.*

prélat [pʀela] n.m. (lat. médiév. *praelatus* "porté en avant"). Dignitaire ecclésiastique : *Les archevêques et les évêques sont des prélats.*

prélatin, e [pʀelatɛ̃, -in] adj. et n.m. Antérieur à la civilisation et à la langue latines : *Les parlers italiques prélatins.*

prélavage [pʀelavaʒ] n.m. Lavage préliminaire dans le cycle d'un lave-linge ou d'un lave-vaisselle.

prêle ou **prèle** [pʀɛl] n.f. (pour *aprêle*, du lat. pop. *asperella*, du class. *asper* "rugueux"). Plante cryptogame des lieux humides, à tige creuse, dont les spores sont produites par des épis terminaux de sporanges disposés en écailles. □ Ordre des équisétales ; haut. jusqu'à 1,50 m.

prélèvement [pʀelɛvmɑ̃] n.m. - **1.** Action de prélever ; quantité, somme prélevée : *Le prélèvement est proportionnel à la somme totale. On met le prélèvement de sang dans des flacons aseptisés.* - **2.** Prélèvement automatique, règlement d'une somme, d'une redevance retenues directement et selon une périodicité régulière sur le compte bancaire ou postal du débiteur.

prélever [pʀelve] v.t. (bas lat. *praelevare*) [conj. 19]. - **1.** Prendre une certaine portion sur un total, une masse : *Prélever une taxe sur une recette* (syn. retenir). - **2.** Extraire de l'organisme (notamm. en vue d'une analyse médicale) : *Prélever du sang à un malade.*

préliminaire [pʀeliminɛʀ] adj. (bas lat. *praeliminaris*). Qui précède et prépare qqch : *Réunion préliminaire* (syn. préalable, préparatoire). ◆ **préliminaires** n.m. pl. Ensemble des négociations, des actes qui préparent un accord, un traité : *Préliminaires de paix.*

prélude [pʀelyd] n.m. (du lat. *praeludere* ; v. *préluder*). - **1.** Pièce musicale de forme libre servant d'introduction à une œuvre vocale ou instrumentale ou se suffisant à elle-même : *Les préludes de Chopin.* - **2.** Suite de notes chantées ou jouées pour essayer sa voix ou son instrument. - **3.** Ce qui annonce, précède, fait présager qqch : *Ces événements sont le prélude d'un conflit plus grave* (= signe avant-coureur ; syn. annonce, prodrome).

préluder [pʀelyde] v.i. (lat. *praeludere* "se préparer à jouer"). - **1.** Essayer sa voix, son instrument avant d'interpréter une œuvre : *Le pianiste préluda par une suite d'accords.* - **2.** Improviser un prélude. ◆ v.t. ind. [**à**] Préparer, marquer le début de qqch de plus important : *Ces incidents préludaient à une crise plus grave* (syn. annoncer).

prématuré, e [pʀematyʀe] adj. et n. (lat. *praematurus* "mûr avant"). Né avant terme (avant la 37ᵉ semaine, c'est-à-dire avant le 259ᵉ jour de la grossesse), mais viable. ◆ adj. - **1.** Qu'il n'est pas temps d'entreprendre encore : *Une démarche prématurée.* - **2.** Qui se produit, se manifeste avant le temps normal : *Une mort prématurée.*

prématurément [pʀematyʀemɑ̃] adv. Avant le temps normal ; trop tôt : *Elle est morte prématurément.*

prémédication [pʀemedikasjɔ̃] n.f. (de *médication*). Ensemble des soins préparant un patient à un acte chirurgical.

préméditation [pʀemeditasjɔ̃] n.f. (lat. *praemeditatio*). Dessein réfléchi qui a précédé l'exécution d'un acte délictueux : *La préméditation transforme le meurtre en assassinat.*

préméditer [pʀemedite] v.t. (lat. *praemeditari*). Préparer avec soin et calcul (le plus souvent un acte coupable ou délictueux) : *Il prémédite un mauvais coup* (syn. tramer).

prémices [pʀemis] n.f. pl. (lat. *primitiae*, de *primus* "premier"). -**1.** ANTIQ. Premiers fruits de la terre et nouveaux-nés du bétail, offerts à la divinité. -**2.** LITT. Commencement, premières manifestations : *Les prémices de l'amitié. Les prémices de la guerre.* **Rem.** Ne pas confondre avec *prémisses.*

premier, ère [pʀəmje, -ɛʀ] adj. (lat. *primarius*, de *primus*). -**1.** Adjectif numéral ordinal correspondant au nombre *un* : *Le premier jour du mois. « A » est la première lettre de l'alphabet.* -**2.** Qui est à l'origine, initial ou dans l'état de son origine : *Examiner un manuscrit dans son état premier* (syn. originel, primitif). -**3.** Qui précède tout le reste dans une explication rationnelle, qui ne dépend de rien : *Les principes premiers de la connaissance* (syn. fondamental). -**4.** Qui est classé avant les autres pour son importance, sa valeur : *Acheter des fruits de première qualité. Obtenir la première place à un concours.* -**5.** Cause première, en philosophie, cause qui serait à l'origine de l'enchaînement des causes et des effets, c'est-à-dire de tout l'univers. ‖ **En premier,** d'abord ; au premier rang, en tête. ‖ **Matière première →** matière. ‖ **Nombre premier,** nombre qui n'admet pas d'autre diviseur que lui-même et l'unité. ‖ **Nombres premiers entre eux,** nombres entiers ayant pour seul diviseur commun l'unité. ‖ **Premier ministre →** ministre. ◆ n. -**1.** Celui, celle qui occupe le premier rang : *La première de la classe.* -**2.** Jeune premier, jeune première, comédien, comédienne qui joue les premiers rôles d'amoureux. ‖ **Le premier venu, la première venue,** qui que ce soit, la première personne prise au hasard.

première [pʀəmjɛʀ] n.f. -**1.** Classe la plus chère dans certains moyens de transports publics : *Un billet de première.* -**2.** Première représentation d'une pièce, première projection d'un film : *La première mondiale de son dernier film a eu lieu à Paris.* -**3.** En montagne, première ascension, premier parcours d'un itinéraire nouveau : *La première du versant nord.* -**4.** En France, classe de l'enseignement secondaire qui précède la terminale. -**5.** Vitesse la plus démultipliée d'une automobile, d'une moto : *Passez en première et embrayez*

doucement. -**6.** Employée principale d'un atelier de couture. -**7.** FAM. **De première,** de première qualité ; excellent : *Elle nous avait préparé un repas de première.* ‖ **Première supérieure,** en France, classe préparatoire à l'École normale supérieure (lettres), appelée aussi *khâgne.*

premièrement [pʀəmjɛʀmɑ̃] adv. En premier lieu, d'abord : *Je dois vous informer, premièrement que la réunion est reportée, deuxièmement que vous devez y assister* (syn. primo).

premier-né, première-née [pʀəmjene, pʀəmjɛʀne] adj. et n. (pl. *premiers-nés, premières-nées*). Enfant né le premier dans une famille (par opp. à *cadet* et à *benjamin*).

prémisse [pʀemis] n.f. (lat. *praemissa* [*sententia*] "[proposition] mise en avant"). -**1.** LOG. Chacune des deux premières propositions d'un syllogisme (la majeure et la mineure). -**2.** Fait, proposition d'où découle une conséquence : *Poser les prémisses d'un raisonnement.* **Rem.** Ne pas confondre avec *prémices.*

prémolaire [pʀemɔlɛʀ] n.f. Dent située entre la canine et les molaires. □ Il existe deux prémolaires par demi-mâchoire chez l'homme.

prémonition [pʀemɔnisjɔ̃] n.f. (lat. *praemonitio* "avertissement"). Intuition qu'un événement va se produire : *Avoir une prémonition* (syn. intuition, pressentiment).

prémonitoire [pʀemɔnitwaʀ] adj. Qui relève de la prémonition : *Rêve prémonitoire. Cet incident était un signe prémonitoire* (= annonciateur de ce qui allait se passer).

prémunir [pʀemyniʀ] v.t. (lat. *praemunire* "protéger") [conj. 32]. LITT. Garantir, protéger par certaines précautions ; mettre en garde contre qqch : *Pour le moment, aucun produit ne prémunit contre cette maladie* (syn. préserver). *Prémunir les jeunes contre les dangers de la drogue* (syn. armer). ◆ **se prémunir** v.pr. [**contre**]. Prendre des précautions, des mesures contre qqch : *Se prémunir contre le froid.*

prenable [pʀənabl] adj. Qui peut être pris, en parlant d'une ville, d'une place forte : *Fort difficilement prenable.*

prenant, e [pʀənɑ̃, -ɑ̃t] adj. (de *prendre*). -**1.** Qui captive, qui intéresse profondément : *Livre prenant* (syn. captivant). -**2.** Qui occupe beaucoup : *Un travail très prenant* (syn. absorbant). -**3.** Partie prenante, en termes juridiques, personne qui reçoit de l'argent, une fourniture ; personne, organisation, entreprise, etc., qui est directement concernée par une affaire, un processus quelconque ou qui y est impliquée : *Puisque les choses tournent ainsi, je ne suis plus partie prenante* (= je me retire de l'entreprise).

prénatal, e, als ou **aux** [pʀenatal, -o] adj. Qui précède la naissance : *Allocations prénatales.*

prendre [pʀɑ̃dʀ] v.t. (lat. *prehendere*) [conj. 79]. **– I.** Sens actif plein. **- 1.** Saisir avec les mains ou avec un instrument : *Prendre un livre sur une étagère. Prendre qqn par le bras. Prendre des crevettes avec une épuisette* (syn. attraper). **- 2.** Emporter, se munir de : *Prenez des vêtements chauds. Elle a pris le dossier avec elle.* **- 3.** Se rendre acquéreur de : *Je prends mon pain à la boulangerie du coin* (syn. se fournir en). *N'oublie pas de prendre des fruits* (syn. acheter). *Laquelle prenez-vous ?* (syn. choisir). **- 4.** S'emparer de qqch, le voler : *Ils ont pris tous les bijoux* (syn. dérober, subtiliser). *Il m'a pris mon idée* (= il l'a utilisée pour son compte). **- 5.** S'emparer de qqn, d'un lieu : *La ville a été prise par les rebelles. Nous avons pris des soldats ennemis* (syn. capturer). *La police a pris le malfaiteur* (syn. arrêter). **- 6.** Aller chercher qqn : *Je passerai prendre les enfants à l'école.* **- 7.** S'assurer les services de qqn : *Prendre un secrétaire, un avocat* (syn. engager). *Prenez trois hommes avec vous* (syn. emmener). **- 8.** Ingérer qqch : *Prendre son petit déjeuner. Prenez un comprimé toutes les quatre heures* (syn. absorber). *Je lui ai fait prendre un bouillon* (syn. avaler). *Que désirez-vous prendre ?* (syn. boire). **- 9.** Prendre pour (+ n.), choisir en tant que : *Prendre pour femme une amie d'enfance* (= l'épouser). *Prendre qqn pour allié.* **– II.** Sens actifs affaiblis ou particuliers. **- 1.** Enregistrer, noter : *Prendre les mesures de qqn. Prendre des notes. Prendre une photo.* **- 2.** Se procurer des informations : *Prendre des nouvelles de qqn* (syn. demander). *Prendre des renseignements sur qqn* (syn. recueillir). **- 3.** Utiliser un moyen de transport : *Prendrez-vous le train ou l'avion ?* (= voyagerez-vous par le train ou l'avion ?). **- 4.** S'engager sur une voie de communication, dans une direction ; passer par : *Prendre un raccourci* (syn. emprunter). *Prenez la direction de Lille. Nous prendrons la route vers huit heures* (= nous partirons par la route). *Veuillez prendre la porte* (= sortir d'ici). **- 5.** S'installer dans : *Je prendrai une chambre à l'hôtel* (syn. louer). *Elle prendra son nouveau poste en septembre.* **- 6.** Livrer son corps à un élément naturel : *Prendre une douche, un bain de soleil. Prendre l'air, le frais* (= s'aérer). **- 7.** Opter pour un comportement, une action : *Des mesures ont été prises pour enrayer l'épidémie* (syn. décider). *Prendre des précautions* (syn. s'entourer de). *Prendre une décision.* **- 8.** Se charger de, assumer : *Prendre ses responsabilités. Prendre la parole* (= se mettre à parler). **- 9.** Aborder qqn, qqch de telle manière : *Prendre un enfant par la douceur* (syn. traiter). *Il faut prendre le problème autrement* (syn. envisager, traiter). *Prendre son mal en patience* (= le supporter). **- 10.** Surprendre qqn en train de commettre une action répréhensible : *Je l'ai pris qui copiait sur son voisin.* **- 11.** Occuper qqn : *Ses nouvelles fonctions la prennent énormément* (= l'accaparent). **- 12.** Envahir soudain qqn, en parlant d'un sentiment : *Devant tant d'insolence, la colère le prit* (syn. s'emparer de). **- 13.** Noyau de loc. verbales : *Prendre part à. Prendre parti. Prendre garde à. Prendre soin de. Prendre (du) plaisir à. Prendre pitié de. Prendre langue.* (v. aussi ces mots.) **- 14.** À tout prendre, tout bien considéré : *À tout prendre, je préfère encore ses œuvres de jeunesse.* ‖ **Prendre en** (+ n.), se mettre à éprouver un sentiment à l'égard de : *Prendre qqn en amitié, en grippe. Prendre qqch en horreur.* ‖ **Prendre pour** (+ n.), se tromper sur le caractère, l'identité de : *Je vous avais pris pour votre frère* (= confondu avec). *Elle a pris mon silence pour un aveu* (= considéré comme). ‖ **Prendre qqch sur soi,** en assumer la responsabilité. **– III.** Sens passif. **- 1.** Recevoir en cadeau, en prime : *Prenez ce livre, je vous le donne* (syn. accepter). *Prends cet argent, tu l'as bien mérité.* **- 2.** Se faire donner, recevoir : *Prendre des leçons particulières. Je ne prends mes ordres que de lui. Prendre un message pour qqn.* **- 3.** Recevoir un coup, qqch sur le corps : *Tu vas prendre une gifle. Il a pris le ballon en pleine figure. Prendre la pluie.* **- 4.** Subir une modification de forme, d'aspect : *Le bébé prend du poids régulièrement.* **- 5.** Être affecté de telle manière par ce qui arrive : *Il prend tout de travers. Comment a-t-elle pris la nouvelle ? Bien prendre les choses.* **- 6.** Accueillir, se charger de : *Prendre un autostoppeur. Cet autobus ne prend pas les colis. Le docteur vous prendra à quinze heures* (syn. recevoir). *Le lycée ne prend pas de pensionnaires* (syn. accepter). **- 7.** Accrocher, coincer involontairement un vêtement, une partie de son corps : *Elle a pris sa jupe dans les ronces.* **- 8.** Absorber, se laisser pénétrer par, en parlant d'un objet, d'un lieu : *Bottes qui prennent l'eau.* **- 9.** Comporter telle lettre, tel signe, en parlant d'un mot : *« Colonne » ne prend qu'un « l ».* **- 10.** Noyau de loc. verbales : *Prendre forme, tournure. Prendre feu. Prendre racine. Prendre peur. Prendre froid.* (v. aussi ces mots.) ◆ v.t. ind. [à]. **- 1.** (Suivi d'un compl. de qualité ou d'un adv.). Demander comme rémunération : *Il ne nous a pas pris cher. Il prend 100 F de l'heure.* **- 2.** (Suivi d'un compl. de qualité ou d'un adv.). Nécessiter un certain temps : *Ce travail leur a pris une semaine.* **- 3.** Venir soudain à qqn, en parlant d'une envie, d'une idée, d'un comportement : *Il lui prit une envie de voyager. Qu'est-ce qui lui prend ? Ça vous prend souvent ?* (= ça vous arrive souvent ?). **- 4.** Bien, mal m'en a pris, cela m'a été profitable, préjudiciable. ◆ v.i. **- 1.** Épaissir, se figer : *Il fait trop froid, le béton a du mal à* *prendre* (syn. se solidifier). - **2.** Commencer à se développer : *Bouture qui prend* (syn. s'enraciner). *Arrose tes plantations si tu veux qu'elles prennent* (syn. croître, pousser). - **3.** Commencer à brûler : *Le feu ne veut pas prendre. L'incendie a pris dans la cuisine* (syn. se déclarer). - **4.** Produire l'effet recherché : *Le vaccin a pris* (syn. réussir). - **5.** Suivre une direction ; s'engager dans une voie : *Prenez à gauche* (syn. tourner). *Nous avons pris à travers champs* (syn. couper). - **6.** Ça ne prend pas, je n'en crois rien, je ne me laisse pas duper. ‖ Prendre sur soi, réprimer un mouvement d'humeur, se contraindre. ◆ **se prendre** v.pr. - **1.** S'accrocher : *Sa veste s'est prise à un clou.* - **2.** S'en prendre à qqn, qqch, s'attaquer à, incriminer. ‖ LITT. Se prendre à (+ inf.), se mettre à : *Il se prit à douter* (= il commença à avoir des doutes). ‖ Se prendre au jeu, s'investir de plus en plus dans qqch. ‖ Se prendre de, commencer à éprouver tel sentiment : *Se prendre d'amitié pour qqn.* ‖ Se prendre pour, se considérer vaniteusement comme : *Il se prend pour plus fort qu'il n'est.* ‖ S'y prendre, agir d'une certaine manière en vue d'un résultat : *Tu t'y prends mal. Il aurait fallu s'y prendre plus tôt.*

preneur, euse [pʀənœʀ, -øz] n. - **1.** DR. Personne qui prend à bail (par opp. à *bailleur*). - **2.** Personne qui offre d'acheter à un certain prix : *Il n'a pas trouvé preneur pour sa voiture* (syn. acheteur, acquéreur). - **3.** Preneur de son, opérateur chargé de la prise de son. ◆ adj. Qui sert à prendre : *Une benne preneuse.*

prénom [pʀenɔ̃] n.m. (lat. *praenomen*). Nom particulier joint au patronyme et qui distingue chacun des membres d'une même famille : *Si c'est un garçon, son prénom sera Christophe.*

prénommé, e [pʀenɔme] adj. et n. Qui a pour prénom : *Untel, prénommé Étienne...*

prénommer [pʀenɔme] v.t. Donner tel prénom à : *Nous l'avons prénommée Lucie.* ◆ **se prénommer** v.pr. (Suivi d'un attribut). Avoir pour prénom : *Elle se prénomme Nicole* (syn. s'appeler).

prénuptial, e, aux [pʀenypsjal, -o] adj. Qui précède le mariage : *Examen prénuptial.*

préoccupant, e [pʀeɔkypɑ̃, -ɑ̃t] adj. Qui préoccupe : *Une situation préoccupante* (syn. alarmant, grave, inquiétant).

préoccupation [pʀeɔkypasjɔ̃] n.f. (lat. *praeoccupatio*). Souci vif et constant qui absorbe l'esprit : *La maladie de sa mère est sa principale préoccupation* (syn. inquiétude, tourment).

préoccuper [pʀeɔkype] v.t. (lat. *praeoccupare* "occuper le premier"). Causer du souci à :

Cette affaire le préoccupe (syn. inquiéter, tourmenter). ◆ **se préoccuper** v.pr. [**de**]. Être absorbé par un souci très vif : *Il se préoccupe de l'avenir de ses enfants* (syn. s'inquiéter, se tourmenter).

préopératoire [pʀeɔpeʀatwaʀ] adj. Qui précède une opération chirurgicale : *Des examens préopératoires.*

préparateur, trice [pʀepaʀatœʀ, -tʀis] n. - **1.** Collaborateur d'un chercheur, d'un professeur de sciences, qui aide celui-ci à préparer ses expériences. - **2.** Préparateur en pharmacie, employé (en France, titulaire d'un brevet professionnel) qui exerce sa profession dans une pharmacie d'officine ou hospitalière.

préparatif [pʀepaʀatif] n.m. (Surtout au pl.). Arrangement pris en vue de qqch : *Les préparatifs d'un voyage.*

préparation [pʀepaʀasjɔ̃] n.f. - **1.** Action de préparer, de se préparer : *Préparation d'un plan* (syn. étude, élaboration). *La préparation d'un attentat* (syn. organisation, maturation). - **2.** Chose préparée : *Préparation culinaire, préparation pharmaceutique.* - **3.** Préparation militaire, instruction militaire donnée à certains jeunes gens volontaires (spécialistes ou futurs cadres) avant leur service militaire (abrév. *P. M.*).

préparatoire [pʀepaʀatwaʀ] adj. - **1.** Qui prépare : *Exercices préparatoires à un sport.* - **2.** Classe préparatoire, en France, classe de certains lycées destinée à préparer des candidats au concours d'entrée d'une grande école (abrév. fam. *prépa*). ‖ Cours préparatoire, première année de l'enseignement primaire (abrév. *C. P.*).

préparer [pʀepaʀe] v.t. (lat. *praeparare*). - **1.** Mettre en état de servir prochainement : *Préparer une chambre, sa monnaie, des bagages.* - **2.** Accommoder : *Préparer le dîner, un plat.* - **3.** Créer, organiser ce qui n'existait pas : *Préparer une surprise* (syn. réserver, ménager). *Préparer un complot* (syn. tramer, LITT. ourdir). - **4.** Réserver pour l'avenir, annoncer : *Le mauvais temps nous prépare un retour difficile* (syn. promettre). - **5.** Rendre capable de faire qqch : *Préparer un élève à un examen* (syn. entraîner). *Enseignement qui prépare aux technologies nouvelles* (syn. former). - **6.** Rendre psychologiquement prêt à accepter qqch : *Préparer qqn à une mauvaise nouvelle.* - **7.** CHIM. Fabriquer, isoler. ◆ **se préparer** v.pr. - **1.** Être imminent : *Une catastrophe se prépare* (syn. menacer). - **2.** Se préparer à qqch, à faire qqch, se disposer à, se mettre en état de faire, de subir qqch : *Se préparer à partir* (syn. s'apprêter à).

prépondérance [pʀepɔ̃deʀɑ̃s] n.f. Qualité de ce qui est prépondérant : *La prépondérance* *d'un État* (syn. hégémonie, domination). *La prépondérance d'un facteur économique.*

prépondérant, e [pʀepɔ̃deʀɑ̃, -ɑ̃t] adj. (du lat. *praeponderare* "peser plus, l'emporter", de *pondus, -eris* "poids"). - **1.** Qui a plus d'importance, d'autorité que les autres : *Jouer un rôle prépondérant* (syn. capital, primordial). - **2.** **Voix prépondérante,** voix qui l'emporte en cas de partage des voix : *La voix du président est prépondérante.*

préposé, e [pʀepoze] n. (de *préposer*). - **1.** Personne chargée d'une fonction spéciale, en génér. subalterne : *Les préposés au vestiaire.* - **2.** ADMIN. (Désignation officielle). En France, facteur, factrice des postes.

préposer [pʀepoze] v.t. (lat. *praeponere,* refait d'apr. *poser*). Placer qqn à la garde, à la surveillance de qqch : *Préposer qqn à la garde d'un immeuble.*

prépositif, ive [pʀepozitif, -iv] et **prépositionnel, elle** [pʀepozisjɔnɛl] adj. GRAMM. - **1.** Relatif à la préposition : *La valeur prépositionnelle d'un mot.* - **2.** **Locution prépositive,** locution qui équivaut à une préposition : « *À cause de* », « *vis-à-vis de* » *sont des locutions prépositives.*

préposition [pʀepozisjɔ̃] n.f. (lat. *praepositio* "action de mettre en avant"). GRAMM. Mot invariable qui, placé devant un complément, explicite le rapport entre celui-ci et l'élément complété : « *De* », « *à* », « *avant* » *sont des prépositions.*

prépuce [pʀepys] n.m. (lat. *praeputium*). Repli de la peau qui recouvre le gland de la verge.

préraphaélite [pʀeʀafaelit] adj. et n. (de *Raphaël*). Se dit d'un groupe de peintres anglais de l'ère victorienne, qui, sous l'influence de Ruskin, se donnèrent comme modèles idéals les œuvres des prédécesseurs de Raphaël. □ Une inspiration littéraire et symbolique, biblique ou historique caractérise les principaux membres de la « confrérie préraphaélite » : Rossetti, Hunt, Millais, Burne-Jones.

prérégler [pʀeʀegle] v.t. [conj. 18]. TECHN. Effectuer la présélection d'un appareil, d'un circuit, etc.

prérentrée [pʀeʀɑ̃tʀe] n.f. Rentrée des personnels enseignants et administratifs dans les établissements scolaires, précédant de quelques jours la rentrée des élèves, et destinée à préparer celle-ci.

préretraite [pʀeʀətʀɛt] n.f. Retraite anticipée ; prestation sociale versée, sous certaines conditions, à un travailleur sans emploi ou qui cesse son emploi avant l'âge légal de la retraite : *Partir, être en préretraite.*

préretraité, e [pʀeʀətʀɛte] n. Personne qui bénéficie d'une préretraite : *Un préretraité de 55 ans.*

prérogative [pʀeʀɔɡativ] n.f. (lat. juridique *praerogativa* "[centurie] qui vote la première", du class. *rogare* "demander, consulter"). Avantage particulier attaché à certaines fonctions, certains titres : *Les prérogatives d'un ministre* (syn. privilège).

préroman, e [pʀeʀɔmɑ̃, -an] adj. et n.m. - **1.** Se dit de l'art qui précède, prépare l'art roman. - **2.** Se dit des langues antérieures aux langues romanes, en Romania.

près [pʀɛ] adv. (lat. *pressus,* de *premere* "presser, serrer"). - **1.** À petite distance, non loin (dans l'espace, le temps) : *Demeurer tout près.* - **2.** À cela près, cela mis à part. ‖ À peu près, environ ; presque : *Cela vaut à peu près cent francs. Il est à peu près aveugle.* ‖ À... près, sauf, à la différence de, à l'exception de : *C'est vrai à quelques détails près.* ‖ Au franc près, avec une marge d'erreur maximale d'un franc. ‖ De près, à une faible distance : *Suivi de près par qqn. Être rasé de près* (= très ras) ; à peu de temps d'intervalle : *Les deux coups se sont suivis de près* ; avec attention, vigilance : *Surveiller qqn de près.* ‖ MAR. Au (plus) près, dans la direction la plus rapprochée de celle d'où vient le vent. ◆ prép. DR. Auprès de : *Expert près les tribunaux.* ◆ **près de** loc. prép. - **1.** Dans le voisinage de : *Près du pôle.* - **2.** Sur le point de : *Être près de partir.* - **3.** Presque : *Près de 8 000 F.* - **4.** Être près de ses sous, être avare.

présage [pʀezaʒ] n.m. (lat. *praesagium*). - **1.** Signe par lequel on pense pouvoir juger de l'avenir : *Un heureux présage.* - **2.** Conjecture tirée d'un tel signe : *Tirer un présage d'un événement* (syn. prédiction, prévision).

présager [pʀezaʒe] v.t. et v.t. ind. [de] [conj. 17]. LITT. - **1.** Annoncer par quelque signe : *L'horizon rouge, le soir, présage le vent.* - **2.** Prévoir ce qui va arriver, conjecturer : *Cela ne laisse rien présager de bon* (syn. litt. augurer). *Se refuser à présager de l'avenir.*

pré-salé [pʀesale] n.m. (de *pré* et *salé*) [pl. *prés-salés*]. Mouton engraissé dans les pâturages proches de la mer, dont la chair acquiert de ce fait une saveur particulière (on dit aussi *mouton de pré-salé*) ; viande de cet animal.

presbyte [pʀɛsbit] adj. et n. (gr. *presbutês* "vieillard"). Atteint de presbytie : *Un homme âgé est souvent presbyte.*

presbytère [pʀɛsbitɛʀ] n.m. (lat. ecclés. *presbyterium,* de *presbyter* "prêtre"). Habitation du curé, du pasteur, dans une paroisse.

presbytérianisme [pʀɛsbiteʀjanism] n.m. (angl. *presbyterianism* ; v. *presbytère*). - **1.** Système préconisé par Calvin, dans lequel le gouvernement de l'Église est confié à un corps mixte, le *presbyterium,* formé de laïcs et de pasteurs. - **2.** Ensemble des Églises réformées ayant adopté ce système ; spécial. ensemble des Églises calvinistes de langue anglaise.

presbytérien, enne [pʀɛsbiteʀjɛ̃, -ɛn] adj. et n. Qui appartient au presbytérianisme : *Ministre presbytérien.*

presbytie [pʀɛsbisi] n.f. (de *presbyte*). Diminution du pouvoir d'accommodation du cristallin, empêchant de voir les objets proches : *Correction de la presbytie par des verres convexes.*

prescience [pʀesjɑ̃s] n.f. (lat. ecclés. *praescientia*, du class. *praescire* "saisir d'avance"). sout. - **1.** Connaissance de l'avenir : *Don de prescience* (syn. anticipation, prévision). *Une étonnante prescience lui a permis d'annoncer cet événement.* - **2.** Intuition : *Avoir la prescience qu'un malheur est arrivé* (syn. pressentiment, prémonition).

préscolaire [pʀeskɔlɛʀ] adj. Relatif à la période qui précède la scolarité obligatoire : *Enfants d'âge préscolaire.*

prescripteur [pʀɛskʀiptœʀ] n.m. Personne qui exerce une influence sur le choix d'un produit ou d'un service : *Les vedettes sont les plus efficaces prescripteurs de la mode.*

prescriptible [pʀɛskʀiptibl] adj. DR. Sujet à la prescription : *Biens, droits prescriptibles.*

prescription [pʀɛskʀipsjɔ̃] n.f. (lat. *praescriptio*, de *praescribere* "prescrire"). - **1.** Ordre qui est donné de manière formelle et précise : *Agir conformément aux prescriptions de ses supérieurs* (syn. instruction). - **2.** Règle générale de conduite qu'il faut observer : *Les prescriptions de la morale.* - **3.** Recommandation précise, éventuellement consignée sur ordonnance, en matière de traitement médical : *Suivre les prescriptions du médecin.* - **4.** DR. Délai au terme duquel une situation de fait prolongée devient source de droit. - **5.** DR. Délai au terme duquel l'action publique s'éteint en matière de poursuites et de sanctions pénales : *Il ne sera pas condamné, il y a prescription.*

prescrire [pʀɛskʀiʀ] v.t. (lat. *praescribere*, de *scribere* "écrire") [conj. 99]. - **1.** Donner un ordre formel et précis : *Accomplir les formalités que prescrit le règlement* (syn. ordonner, exiger). - **2.** Donner une règle de conduite : *Fais ce que l'honneur te prescrit.* - **3.** Préconiser un traitement médical, un régime : *Prescrire des antibiotiques à un malade.* - **4.** DR. Acquérir qqch ou être libéré de qqch par prescription : *Une dette depuis longtemps prescrite.*
 ◆ **se prescrire** v.pr. DR. S'acquérir ou se perdre par prescription : *Les peines correctionnelles se prescrivent par cinq ans.*

préséance [pʀeseɑ̃s] n.f. (de *séance* "fait de siéger"). Droit consacré par l'usage ou fixé par l'étiquette d'être placé avant les autres, de les précéder dans l'ordre honorifique : *Placer les gens par ordre de préséance.*

présélection [pʀeselɛksjɔ̃] n.f. - **1.** Sélection, choix préalable : *Présélection des candidats, des concurrents.* - **2.** TECHN. Réglage préliminaire permettant la sélection automatique du mode de fonctionnement choisi pour un appareil, une machine (vitesse, longueur d'onde, etc.). - **3.** AUTOM. Manœuvre par laquelle un conducteur amène son véhicule dans la file de circulation correspondant à la direction qu'il compte prendre : *Flèches de présélection.*

présélectionner [pʀeselɛksjɔne] v.t. Choisir par présélection : *Présélectionner des joueurs.*

présence [pʀezɑ̃s] n.f. (lat. *praesentia*). - **1.** Fait de se trouver présent (par opp. à *absence*) : *Le maire a honoré la cérémonie de sa présence.* - **2.** Qualité d'une personne qui s'impose au public par son talent, sa personnalité : *Avoir de la présence sur scène.* - **3.** En présence, face à face ; au fig., en opposition : *Mettre des adversaires en présence* (= les confronter). *Thèses en présence.* ‖ **En présence de** qqn, celui-ci étant présent : *Personne n'ose parler en sa présence.* ‖ **Faire acte de présence,** se montrer brièvement par respect des convenances. ‖ CATH. **Présence réelle,** existence réelle du corps et du sang du Christ dans l'eucharistie, sous les apparences du pain et du vin.

1. **présent, e** [pʀezɑ̃, -ɑ̃t] adj. et n. (lat. *praesens, -entis*, de *praeesse* "être en avant"). Qui est ici, dans le lieu dont on parle (par opp. à *absent*) : *Personnes présentes. Combien y a-t-il de présents ?* ◆ adj. - **1.** Qui est, qui existe maintenant, dans le moment, la période où l'on parle : *La situation présente* (syn. actuel). - **2.** La présente lettre, la lettre en question, que l'on a sous les yeux (on dit aussi *la présente*).

2. **présent** [pʀezɑ̃] n.m. (de *1. présent*). - **1.** Partie du temps qui est actuelle, qui correspond au moment où l'on parle ; la réalité, les événements présents (par opp. à *passé*, à *futur*) : *Ne songer qu'au présent.* - **2.** GRAMM. Temps qui indique que l'action marquée par le verbe se passe actuellement, ou qu'elle est valable tout le temps. - **3.** À présent, maintenant : *À présent, parlons un peu.*

3. **présent** [pʀezɑ̃] n.m. (de *présenter*). LITT. Cadeau, don : *Faire un présent à qqn.*

présentable [pʀezɑ̃tabl] adj. - **1.** Que l'on peut montrer sans arrière-pensée, sans réticence : *Devoir, copie à peine présentable* (syn. convenable, correct). - **2.** Qui peut paraître dans une société, en public : *Jeune homme tout à fait présentable* (syn. bien élevé, montrable ; FAM. sortable).

présentateur, trice [pʀezɑ̃tatœʀ, -tʀis] n. Personne qui présente au public un programme, un spectacle, une émission de radio ou de télévision : *La présentatrice du journal télévisé.*

présentation [pʀezɑ̃tasjɔ̃] n.f. - **1.** Action, manière de présenter qqch à qqn, de le faire connaître, en partic. pour le vendre, le promouvoir : *Mannequins chargés de la présentation des modèles de haute couture.* - **2.** Réunion au cours de laquelle on présente un produit, une œuvre : *Être invité à la présentation d'un film.* - **3.** Action de présenter une personne à une autre, à d'autres : *Présentation d'un roturier enrichi à un souverain.* - **4.** Manière d'être, de se présenter de qqn : *Avoir une excellente présentation* (syn. allure, apparence). - **5.** MÉD. Manière dont se présente l'enfant lors de l'accouchement : *Présentation de l'épaule, du siège.* - **6.** CATH. **Présentation de la Vierge au Temple**, fête commémorée le 21 novembre. ‖ CATH. **Présentation de l'Enfant Jésus au Temple**, fête commémorée, en même temps que la Purification de la Vierge, à la Chandeleur (2 février).
◆ **présentations** n.f. pl. Paroles par lesquelles on présente une personne à une autre : *La maîtresse de maison fait les présentations.*

présentement [pʀezɑ̃tmɑ̃] adv. VIEILLI OU RÉGION. Maintenant, à présent : *Le directeur est présentement en voyage* (syn. actuellement).

présenter [pʀezɑ̃te] v.t. (lat. *praesentare* "offrir"). - **1.** Mettre une chose devant qqn pour qu'il la prenne, en fasse usage, l'examine : *Présenter des rafraîchissements aux invités* (syn. proposer). *Présenter ses papiers d'identité* (syn. montrer). - **2.** Faire connaître, mettre en valeur : *Commerçant qui sait présenter ses articles* (syn. exposer, exhiber). - **3.** Faire l'exposé de : *Présenter un projet. Présenter ses idées* (syn. exposer). - **4.** Mettre en présence, introduire une personne auprès d'une autre : *Présenter un parent à un ami.* - **5.** Exposer une partie de son corps dans un geste : *Présenter le bras par courtoisie, galanterie* (syn. donner, tendre). - **6.** Faire apparaître sous tel ou tel jour : *Présenter qqn comme un exemple à suivre.* - **7.** Laisser apparaître : *Solution qui présente des inconvénients* (syn. comporter, comprendre). - **8.** Présenter ses vœux, ses excuses, etc., les exprimer. ‖ **Présenter une émission, un spectacle**, en être l'animateur. ‖ MIL. **Présenter les armes**, rendre les honneurs par un maniement d'armes.
◆ v.i. **Présenter bien, mal**, faire bonne, mauvaise impression par sa tenue, ses manières. ◆ **se présenter** v.pr. - **1.** Apparaître, survenir : *Une difficulté se présente* (syn. se produire). - **2.** Avoir ou prendre telle tournure : *L'affaire se présente bien.* - **3.** Paraître en

un lieu : *Se présenter à 15 heures à l'audience* (syn. comparaître). - **4.** Paraître devant qqn et se faire connaître : *Se présenter à ses nouveaux collègues.* - **5.** Se mettre sur les rangs, être candidat : *Se présenter pour un emploi* (syn. se proposer). *Se présenter à un concours* (= le passer).

présentoir [pʀezɑ̃twaʀ] n.m. Petit meuble ou élément de vitrine servant à présenter des objets à vendre.

préservatif [pʀezɛʀvatif] n.m. (de *préserver*). Dispositif en matière souple (caoutchouc, matière plastique, etc.) utilisé comme contraceptif à action mécanique : *Préservatif féminin* ou *diaphragme. Le préservatif masculin* (appelé aussi *condom* et, familièrement, *capote anglaise*) est également utilisé comme protection contre les maladies sexuellement transmissibles.

préservation [pʀezɛʀvasjɔ̃] n.f. Action de préserver : *Préservation de la nature* (syn. sauvegarde, protection).

préserver [pʀezɛʀve] v.t. (lat. *praeservare*). - **1.** Garantir d'un mal, mettre à l'abri de qqch : *Préserver du froid, de la contagion* (syn. protéger, prémunir). - **2.** Soustraire à l'altération, la destruction : *Préserver une espèce animale en voie de disparition* (syn. sauvegarder).

présidence [pʀezidɑ̃s] n.f. - **1.** Fonction de président ; temps pendant lequel cette fonction est exercée : *Briguer la présidence.* - **2.** Résidence, bureaux d'un président : *L'ambassadeur s'est rendu à la présidence de la République.*

président [pʀezidɑ̃] n.m. (lat. *praesidens*). - **1.** Personne qui dirige les délibérations d'une assemblée, d'une réunion, d'un tribunal : *Président du Sénat.* - **2.** Personne qui représente, dirige une collectivité, une société : *Président d'une association culturelle.* - **3.** HELV. **Président de commune**, maire. ‖ **Président de la République**, chef de l'État, dans une république, notamm. en France. ‖ **Président-directeur général (P.-D. G.)**, président du conseil d'administration d'une société anonyme assumant également les fonctions de directeur général. ***Rem.*** L'usage reste hésitant quant au genre, pour désigner une femme exerçant l'une des fonctions définies ci-dessus. On dira volontiers *la présidente* en parlant d'elle, mais l'appellatif formel reste en principe *Mme le Président.*

présidente [pʀezidɑ̃t] n.f. - **1.** Femme exerçant des fonctions de président (v. ci-dessus, rem.). - **2.** VX. Épouse d'un président.

présidentiable [pʀezidɑ̃sjabl] adj. et n. Susceptible de devenir président de la République : *Homme politique trop jeune pour être présidentiable.*

présidentiel, elle [prezidɑ̃sjɛl] adj. - **1.** Qui concerne un président, une présidence : *Fonctions présidentielles.* - **2.** Du président de la République : *Résidence présidentielle.* - **3.** Élection présidentielle, processus électoral permettant la désignation du président de la République (on dit aussi *les présidentielles*). ‖ **Régime présidentiel**, régime fondé sur la séparation des pouvoirs exécutif et législatif et dans lequel le président, chef de l'État et chef du gouvernement, jouit de prérogatives importantes : *Les États-Unis ont un régime présidentiel.*

présider [prezide] v.t. (lat. *praesidere*, de *sedere* "s'asseoir"). Diriger une assemblée, ses débats ; être le président de : *Présider un jury d'examen. Présider plusieurs amicales sportives.* ◆ v.t. ind. [à]. Avoir la responsabilité de, veiller à l'exécution de : *Présider aux préparatifs d'une fête.*

présidium n.m. → **praesidium**.

présocratique [presɔkratik] adj. et n. Se dit des philosophes grecs qui ont précédé Socrate. □ On range parmi les présocratiques Thalès, Anaxagore, Héraclite, Parménide.

présomptif, ive [prezɔ̃ptif, -iv] adj. (lat. *praesumptivus*, de *praesumere* ; v. *présumer*). Héritier présomptif, celui, celle qui est appelé(e) à hériter. ‖ **Héritier présomptif de la Couronne**, prince destiné à régner.

présomption [prezɔ̃psjɔ̃] n.f. (lat. *praesumptio*, de *praesumere* ; v. *présumer*). - **1.** Opinion par laquelle on tient pour vrai, pour très vraisemblable, ce qui n'est que probable : *Il s'agit d'une simple présomption* (syn. supposition, hypothèse). - **2.** Accusation fondée non sur des preuves mais sur des indices : *Certaines présomptions pèsent sur l'accusé* (syn. charge). - **3.** Opinion trop avantageuse qu'on a de soi-même : *Se présenter à un examen, plein de présomption* (syn. suffisance, prétention).

présomptueux, euse [prezɔ̃ptɥø, -øz] adj. et n. (bas lat. *praesumptuosus*, du class. *praesumere* ; v. *présumer*). Qui a une trop haute opinion de soi : *Un jeune présomptueux* (syn. prétentieux, vaniteux).

presque [prɛskə] adv. (de *près* et *que*). - **1.** Indique qu'un certain stade est très proche, sans être tout à fait atteint : *Il est presque sourd. J'ai presque tout bu.* - **2.** Ou presque, sert à corriger, à rectifier une affirmation : *Il n'y avait personne ou presque.* **Rem.** *Presque* ne s'élide que dans le mot *presqu'île.*

presqu'île [prɛskil] n.f. Portion de terre reliée au continent par un isthme étroit : *La presqu'île de Quiberon.*

pressage [presaʒ] n.m. Action de presser.

pressant, e [presɑ̃, -ɑ̃t] adj. - **1.** Qui ne souffre pas d'être différé : *Affaires pressantes* (syn.

urgent, pressé). - **2.** Qui insiste, qui exerce une vive pression pour arriver à ses fins : *Créancier qui se fait pressant* (syn. exigeant, insistant).

press-book [prɛsbuk] n.m. (mot angl.) [pl. *press-books*]. - **1.** Reliure réunissant une série de pochettes transparentes destinées à la présentation de photos, de documents. - **2.** Ensemble de documents (photos, coupures de presse, etc.) concernant la carrière ou les créations d'un mannequin, d'un comédien, d'un styliste, etc., et que ce dernier présente sous forme reliée lors de ses contacts professionnels : *Mannequins et acteurs doivent se munir de leur press-book lors d'un casting.*

presse [prɛs] n.f. (de *presser*). - **1.** Machine équipée d'un dispositif permettant de comprimer, d'emboutir ou de fermer ce qu'on y introduit : *Presse à fourrage.* - **2.** Machine à imprimer : *Presse typographique. Presse offset.* - **3.** Ensemble des journaux ; activité, monde du journalisme : *Presse d'opinion, presse d'information. Convoquer la presse* (= les journalistes). - **4.** Nécessité de se hâter : *Moment de presse* (syn. hâte, empressement). - **5.** Avoir bonne, mauvaise presse, avoir bonne, mauvaise réputation. ‖ **Liberté de la presse**, liberté de créer un journal, de publier ses opinions dans un journal. ‖ **Sous presse**, en cours d'impression : *Livre sous presse.*

pressé, e [prese] adj. - **1.** Qui a été pressé : *Fromage à pâte pressée.* - **2.** Qui a hâte ; qui se hâte : *Pressé de partir. Je suis pressé, dépêche-toi.* - **3.** Urgent : *Travail pressé* (syn. pressant). - **4.** Citron, orange pressés, jus extrait de ces fruits. ‖ **N'avoir rien de plus pressé que de**, se dépêcher de (souvent péjor.) : *Tu n'as rien de plus pressé que de regarder la télévision sitôt rentré chez toi ?* ‖ **Parer, aller au plus pressé**, s'occuper de ce qui est le plus urgent.

presse-citron [prɛssitrɔ̃] n.m. (pl. *presse-citrons* ou inv.). Ustensile servant à extraire le jus des citrons, des agrumes. (On dit aussi *un presse-agrumes*.)

pressentiment [presɑ̃timɑ̃] n.m. (de *pressentir*). Sentiment vague, instinctif, qui fait prévoir ce qui doit arriver : *J'ai le pressentiment qu'un accident est arrivé* (syn. prémonition, intuition).

pressentir [presɑ̃tir] v.t. (lat. *praesentire*, de *sentire* "sentir") [conj. 37]. - **1.** Prévoir confusément, se douter de : *Pressentir un malheur* (syn. deviner, flairer). - **2.** Sonder les dispositions de qqn avant de l'appeler à certaines fonctions : *Pressentir qqn comme ministre.*

presse-papiers [prɛspapje] n.m. inv. Objet lourd pour maintenir des papiers sur une table, un bureau : *Se servir d'un galet comme presse-papiers.*

presse-purée [pʀɛspyʀe] n.m. inv. Ustensile de cuisine pour réduire les légumes en purée.

presser [pʀese] v.t. (lat. *pressare*, fréquentatif de *premere*, même sens). - **1.** Comprimer de manière à extraire un liquide : *Presser un citron.* - **2.** Soumettre à l'action d'une presse ou d'un pressoir ; fabriquer à la presse : *Presser du raisin* (syn. pressurer). *Presser un disque.* - **3.** Exercer une pression sur : *Presser un bouton* (syn. appuyer sur). - **4.** Hâter, précipiter : *Presser son départ* (syn. accélérer, activer). - **5.** Obliger à se hâter : *Presser les retardataires* (syn. bousculer, brusquer). *Presser qqn de terminer un travail.* - **6.** Presser le pas, marcher plus vite. ◆ v.i. - **1.** Être urgent : *L'affaire presse.* - **2.** Le temps presse, il ne reste plus beaucoup de temps. ◆ **se presser** v.pr. - **1.** Se hâter : *Pourquoi se presser ?* (syn. se dépêcher). - **2.** Venir en grand nombre, s'entasser : *La foule se presse à ce spectacle* (syn. affluer, se bousculer).

pressing [pʀesiŋ] n.m. (mot angl. "repassage"). - **1.** Boutique où l'on nettoie les vêtements, le linge et où on les repasse à la vapeur. - **2.** SPORTS. Attaque massive et continue : *Faire le pressing.*

pression [pʀesjɔ̃] n.f. - **1.** Action de presser ou de pousser avec effort : *Une pression de la main.* - **2.** PHYS. Force exercée sur une surface ; mesure de cette force, appliquée normalement à la surface, exprimée par le quotient de son intensité par l'aire de la surface : *Régler la pression des pneus.* - **3.** Influence coercitive exercée sur qqn : *Faire pression sur qqn pour le décider* (= l'intimider). *Agir sous la pression de l'opinion publique* (syn. contrainte). - **4.** Ensemble de deux petites pièces métalliques entrant par pression l'une dans l'autre et servant à fermer un vêtement, une enveloppe de tissu (on dit aussi *bouton-pression*) : *Poser des pressions sur un chemisier.* - **5.** Être sous pression, être agité, énervé, tendu. ‖ Groupe de pression, groupe de personnes ayant des intérêts communs et agissant sur l'opinion publique, l'État (= lobby). ‖ Pression artérielle, produite par le sang sur la paroi des artères. ‖ Pression atmosphérique, exercée par l'air en un lieu donné, et mesurée à l'aide d'un baromètre. ◻ La pression atmosphérique, qui diminue avec l'altitude, est en moyenne de 1 013 hectopascals au niveau de la mer. ‖ Pression fiscale, charge d'impôts supportée par les contribuables.

pressoir [pʀeswaʀ] n.m. - **1.** Machine servant à presser certains fruits, notamm. le raisin, pour en extraire le jus : *Pressoir à olives.* - **2.** Lieu, salle où se trouve cette machine.

pressurage [pʀesyʀaʒ] n.m. Action de pressurer.

pressurer [pʀesyʀe] v.t. (de *pressoir*). - **1.** Soumettre à l'action du pressoir : *Pressurer la vendange, les pommes.* - **2.** Écraser, accabler en obligeant à payer, notamm. des impôts, des charges : *Pressurer les contribuables.* ◆ **se pressurer** v.pr. FAM. Se pressurer le cerveau, faire un effort intellectuel intense.

pressurisation [pʀesyʀizasjɔ̃] n.f. Action de pressuriser ; dispositif de pressurisation.

pressuriser [pʀesyʀize] v.t. (angl. *to pressurize*). Maintenir sous une pression atmosphérique normale une enceinte fermée, en partic. un avion volant à haute altitude, un vaisseau spatial.

prestance [pʀɛstɑ̃s] n.f. (lat. *praestantia*, de *praestare* "être supérieur"). Maintien fier et élégant : *Avoir de la prestance* (= avoir de l'allure). *Manquer de prestance.*

prestataire [pʀɛstatɛʀ] n. - **1.** Bénéficiaire d'une prestation. - **2.** Personne qui fournit une prestation. - **3.** Prestataire de services, personne, collectivité qui vend des services à une clientèle.

prestation [pʀɛstasjɔ̃] n.f. (bas lat. *praestatio*, de *praetare* "fournir"). - **1.** Fourniture, allocation ; service fourni : *Prestation attribuée aux militaires. Prestations de service.* - **2.** (Surtout au pl.). Sommes versées au titre d'une législation sociale : *Prestations familiales.* - **3.** (Emploi critiqué). Fait, pour un acteur, un chanteur, un danseur, un orateur, un sportif, etc., de se produire en public : *La prestation réussie d'un chanteur. Prestation télévisée.* - **4.** Prestation de serment, action de prononcer un serment.

preste [pʀɛst] adj. (it. *presto* "prompt"). SOUT. Agile, leste ; vif dans ses mouvements : *Avoir la main preste.*

prestement [pʀɛstəmɑ̃] adv. SOUT. De façon rapide, lestement (syn. vivement, rapidement).

prestidigitateur, trice [pʀɛstidiʒitatœʀ, -tʀis] n. Personne qui fait de la prestidigitation : *Les trucs d'un prestidigitateur* (syn. illusionniste, magicien).

prestidigitation [pʀɛstidiʒitasjɔ̃] n.f. (de *preste*, et du lat. *digitus* "doigt"). Art de produire l'illusion d'opérations de magie par des manipulations et des artifices : *Des tours de prestidigitation* (syn. illusionnisme, magie).

prestige [pʀɛstiʒ] n.m. (lat. *praestigium* "artifice, illusion"). Attrait, éclat pouvant séduire et impressionner ; influence, ascendant qu'exerce une chose ou une personne : *Le prestige d'une actrice* (syn. séduction). *Jouir d'un grand prestige* (syn. renom, réputation).

prestigieux, euse [pʀɛstiʒjø, -øz] adj. Qui a du prestige, de l'éclat : *Un musicien prestigieux* (syn. éblouissant, fascinant).

prestissimo [prɛstisimo] adv. (mot it.). MUS. Très vite : *Jouer prestissimo.* ◆ n.m. Morceau de musique exécuté prestissimo.

presto [prɛsto] adv. (mot it.). MUS. Vite. ◆ n.m. Morceau de musique exécuté presto : *De nombreux concertos se terminent par un presto.*

présumé, e [prezyme] adj. Estimé tel par supposition, en présumant : *Le présumé coupable* (syn. hypothétique, supposé). *Une tâche présumée facile* (syn. censé, réputé).

présumer [prezyme] v.t. (lat. *praesumere* "prendre par avance"). Croire d'après certains indices : *Je présume, à votre bronzage, que vous avez eu beau temps* (syn. conjecturer, supposer). ◆ v.t. ind. **[de]**. Avoir une trop bonne opinion de : *Présumer de son talent, de ses forces* (syn. surestimer).

présupposé [presypoze] n.m. Ce qui est supposé vrai, préalablement à une action, une énonciation, une démonstration : *Les présupposés d'une phrase.*

présupposer [presypoze] v.t. - **1.** Admettre préalablement : *Ce refus présuppose qu'on en a évalué les conséquences.* - **2.** Nécessiter l'hypothèse de : *Cette tâche présuppose une très grande habileté chez lui.*

présure [prezyʀ] n.f. (lat. pop. *prensura* "ce qui est pris, ce qui fait prendre", du class. *prendere* "prendre"). Sécrétion (enzyme) de l'estomac des jeunes ruminants non sevrés (veau, agneau), utilisée dans l'industrie fromagère pour faire cailler le lait. □ La présure a pour homologue, chez l'homme, une enzyme appelée le *labferment.*

1. **prêt** [prɛ] n.m. (de *prêter*). - **1.** Action de prêter : *Le prêt d'un livre.* - **2.** Chose ou somme prêtée : *Rembourser un prêt.* - **3.** Contrat par lequel une chose, une somme sont prêtées sous certaines conditions : *Prêt à intérêt.* - **4.** Prestation en argent à laquelle ont droit les soldats et sous-officiers accomplissant leur service militaire légal (syn. solde).

2. **prêt, e** [prɛ, prɛt] adj. (bas lat. *praestus,* du class. *praesto* "à portée de main"). - **1.** **[à]**. Disposé, décidé à ; en état de : *Il est prêt à tout pour la revoir* (syn. déterminé, résolu). *Prêt à partir.* - **2.** Dont la préparation est terminée ; disponible : *Le repas est prêt. Votre robe sera prête lundi.*

prétantaine ou **prétentaine** [pretɑ̃tɛn] n.f. (orig. incert., p.-ê. du normand *pertintaille* "ornement de robe"). VIEILLI. Courir la prétantaine, vagabonder au hasard ; chercher des aventures galantes.

prêt-à-porter [prɛtapɔrte] n.m. (pl. *prêts-à-porter*). Ensemble des vêtements exécutés selon des mesures normalisées, par opp. à *vêtements sur mesure : Boutique de prêt-à-porter* (syn. confection).

prêté [prɛte] n.m. C'est un prêté pour un rendu, c'est une juste revanche.

prétendant, e [pretɑ̃dɑ̃, -ɑ̃t] n. Personne qui revendique un pouvoir souverain auquel elle prétend avoir droit : *Prétendant au trône.* ◆ **prétendant** n.m. VIEILLI OU PAR PLAIS. Celui qui veut épouser une femme.

prétendre [pretɑ̃dʀ] v.t. (lat. *praetendere* "tendre en avant") [conj. 73]. - **1.** Affirmer, soutenir une opinion : *Il prétend qu'il est déjà venu. Elle prétend avoir terminé son roman* (syn. déclarer, alléguer). - **2.** Avoir la prétention de, se flatter de : *Je ne prétends pas vous convaincre* (syn. se targuer). ◆ v.t. ind. **[à]**. LITT. Aspirer à : *Prétendre aux honneurs.* ◆ **se prétendre** v.pr. Se prétendre (+ attr.), affirmer qu'on est telle personne, qu'on occupe telle fonction : *Il se prétend directeur de la police !*

prétendu, e [pretɑ̃dy] adj. Qui n'est pas ce qu'il paraît être : *Cette prétendue maladie n'est qu'un prétexte* (syn. supposé). *Un prétendu architecte* (syn. soi-disant).

prétendument [pretɑ̃dymɑ̃] adv. D'après ce qu'on prétend, faussement : *Un homme prétendument riche* (syn. soi-disant).

prête-nom [prɛtnɔ̃] n.m. (pl. *prête-noms*). Personne dont le nom apparaît dans un acte où le véritable contractant ne peut pas ou ne veut pas laisser figurer le sien : *Employer un prête-nom.*

prétentaine n.f. → **prétantaine.**

prétentieusement [pretɑ̃sjøzmɑ̃] adv. De façon prétentieuse.

prétentieux, euse [pretɑ̃sjø, -øz] adj. et n. (de *prétention*). Qui cherche à en imposer, à se mettre en valeur pour des qualités qu'il n'a pas : *Un homme intelligent mais prétentieux* (syn. vaniteux, présomptueux). *Un jeune prétentieux* (syn. fat, poseur). ◆ adj. Empreint de prétention, de suffisance : *Un style prétentieux* (contr. simple, sobre).

prétention [pretɑ̃sjɔ̃] n.f. (du lat. *praetendere* ; v. *prétendre*). - **1.** Complaisance vaniteuse envers soi-même : *Être plein de prétention* (syn. fatuité, suffisance). - **2.** Exigence, revendication : *Cette prétention est légitime* (syn. requête). *Avoir des prétentions sur un héritage.* - **3.** Avoir la prétention de (+ inf.), se flatter de : *J'ai la prétention de bien connaître ce pays* (= j'affirme bien le connaître). ‖ Sans prétention, simple ; (parfois par antiphrase) sans affectation : *Un intérieur douillet mais sans prétention. Un air sans prétention* (= modeste). *Sans prétention de ma part...* ◆ **prétentions** n.f. pl. Salaire, rétribution demandés pour un travail déterminé : *Quelles sont vos prétentions ?*

prêter [prɛte] v.t. (lat. *praestare* "fournir"). - **1.** Céder pour un temps, à charge de restitution : *Prêter de l'argent* (contr. emprunter). - **2.** Accorder, offrir spontanément : *Prêter assistance à qqn.* - **3.** Attribuer une parole, un acte, etc., à qqn qui n'en est pas l'auteur : *Vous me prêtez des intentions que je n'ai pas* (syn. imputer, supposer). - **4.** Prêter attention, être attentif : *Prêter attention à ce qui se passe.* ‖ Prêter l'oreille à, écouter attentivement. ‖ Prêter serment, prononcer un serment. ◆ v.t. ind. [à]. SOUT. Fournir matière à : *Prêter à la critique* (syn. être sujet à, donner lieu). *Prêter à rire* (syn. inciter). ◆ **se prêter** v.pr. [à]. - **1.** Se plier à, consentir à : *Se prêter à un arrangement malhonnête* (syn. céder, souscrire). - **2.** Être propre à : *Bois qui se prête bien à la sculpture* (syn. convenir).

prétérit [preterit] n.m. (lat. *praeteritum* [*tempus*] "[temps] passé"). GRAMM. Forme verbale exprimant le passé, dans les langues qui ne font pas de distinction entre l'imparfait, l'aoriste et le parfait : *Le prétérit anglais et allemand équivaut à l'imparfait et au passé simple français.*

prétérition [preterisjɔ̃] n.f. (bas lat. *praeteritio*, du class. *praeterire* "passer sous silence"). Figure de rhétorique par laquelle on déclare ne pas vouloir parler d'une chose dont on parle néanmoins par ce moyen (ex. : Je n'ai pas besoin de vous dire que...).

préteur [pretœʀ] n.m. (lat. *praetor*). ANTIQ. ROM. Magistrat qui rendait la justice à Rome ou qui gouvernait une province.

prêteur, euse [pretœʀ, -øz] adj. et n. Qui prête : « *La fourmi n'est pas prêteuse* » (La Fontaine). *Prêteur de fonds.*

1. **prétexte** [pretɛkst] n.m. (lat. *praetextus*, de *praetexere* "border, pourvoir de"). - **1.** Raison apparente qu'on met en avant pour cacher le véritable motif d'une manière d'agir : *Trouver un prétexte pour s'absenter* (syn. motif, raison). *Sa fatigue n'est qu'un prétexte* (syn. couverture, échappatoire). - **2.** Sous prétexte de, que, en prenant pour prétexte : *Sous prétexte de se rendre utile, il s'est fait inviter. Il se croit tout permis sous prétexte qu'il est puissant. N'acceptez sous aucun prétexte* (= en aucun cas).

2. **prétexte** [pretɛkst] n.f. et adj.f. (lat. *praetexta* [*toga*], de *praetexere* "border"). Toge (dite aussi *toge prétexte*) bordée de pourpre que portaient à Rome les magistrats et les praticiens adolescents, de la puberté à l'âge de seize ans.

prétexter [pretɛkste] v.t. (de *prétexte*). Alléguer comme prétexte : *Prétexter un voyage. Prétexter un malaise pour se retirer* (syn. simuler, feindre).

pretium doloris [presjɔmdɔlɔʀis] n.m. inv. (mots lat. "prix de la douleur"). DR. Ensem-

ble des dommages et intérêts alloués à titre de réparation morale d'un événement dommageable et des souffrances qui en découlent.

prétoire [pretwaʀ] n.m. (lat. *praetorium*). - **1.** Salle d'audience d'un tribunal. - **2.** ANTIQ. ROM. Emplacement du camp où se trouvait la tente du général. - **3.** ANTIQ. ROM. Palais du gouverneur, dans les provinces.

prétorien, enne [pretɔʀjɛ̃, -ɛn] adj. (lat. *praetorianus*, de *praetorium* "prétoire"). Garde prétorienne, dans la Rome antique, troupe commise à la garde du préteur et, plus tard, de l'empereur ; auj., garde personnelle d'un dictateur. ◆ **prétorien** n.m. ANTIQ. ROM. Soldat de la garde personnelle de l'empereur.

prétraité, e [pretʀɛte] adj. Qui a subi un traitement préalable : *Riz prétraité.*

prêtre [pʀɛtʀ] n.m. (lat. ecclés. *presbyter*, gr. *presbuteros* "vieillard"). - **1.** Ministre d'un culte religieux : *Les prêtres de Jupiter, à Rome.* - **2.** Celui qui a reçu le sacrement de l'ordre dans l'Église catholique et les Églises orientales : *Prêtre catholique. Les prêtres de Bouddha.*

prêtresse [pʀɛtʀɛs] n.f. (de *prêtre*). Femme, jeune fille consacrée au culte d'une divinité : *Les prêtresses de Diane.*

prêtrise [pʀɛtʀiz] n.f. - **1.** Fonction et dignité de prêtre (syn. sacerdoce). - **2.** CATH. Degré du sacrement de l'ordre qui donne le pouvoir de célébrer la messe, de confesser, de donner le sacrement des malades et de bénir les mariages : *Recevoir la prêtrise.*

préture [pʀetyʀ] n.f. (lat. *praetura*, de *praetor* "préteur"). ANTIQ. ROM. Charge, fonction de préteur.

preuve [pʀœv] n.f. (de *prouver*). - **1.** Ce qui démontre, établit la vérité de qqch : *J'ai la preuve qu'il ment. Accuser, juger sans preuves.* - **2.** MATH. Procédé permettant de vérifier l'exactitude d'un calcul ou la justesse de la solution d'un problème : *Preuve par neuf.* - **3.** Marque, indice, témoignage : *Cet appartement est la preuve de sa réussite sociale* (syn. signe). *Donner une preuve d'amour* (syn. gage). - **4.** Faire preuve de, manifester : *Faire preuve d'un grand courage.* ‖ Faire ses preuves, manifester sa valeur, ses capacités, etc. : *Artiste qui a déjà fait ses preuves.* ‖ FAM. La preuve, après une affirmation, introduit la preuve qu'on en donne : *Tu savais qu'il comptait revenir : la preuve, tu l'as attendu.*

preux [pʀø] adj.m. et n.m. (bas lat. *prodis*, du class. *prodesse* "être utile"). LITT. Brave, vaillant : *Preux chevaliers.*

prévaloir [pʀevalwaʀ] v.i. (lat. *praevalere*) [conj. 61]. SOUT. Avoir l'avantage, l'emporter : *Son opinion a prévalu* (syn. dominer, prédominer). ◆ **se prévaloir** v.pr. [de]. Tirer avantage, faire valoir : *Se prévaloir de son ancienneté.*

prévaricateur, trice [prevarikatœr, -tris] adj. et n. Qui se rend coupable de prévarication.

prévarication [prevarikasjɔ̃] n.f. (lat. *praevaricatio*). Action de celui qui manque aux devoirs de sa charge ; spécial. détournement de fonds publics : *Fonctionnaire qui se rend coupable de prévarication* (syn. concussion).

prévenance [prevnɑ̃s] n.f. (de *prévenant*). Manière obligeante d'aller au-devant de ce qui peut plaire à qqn : *Faire preuve de prévenance, manquer de prévenance.*

prévenant, e [prevnɑ̃, -ɑ̃t] adj. (de *prévenir*). Plein de sollicitude, d'attention à l'égard de qqn : *Un homme prévenant* (syn. attentionné, obligeant). *Des manières prévenantes.*

prévenir [prevnir] v.t. (lat. *praevenire* "devancer") [conj. 40]. - **1.** Informer par avance : *Prévenir qqn de ce qui se passe* (syn. avertir). *Prévenir d'un changement* (syn. aviser). - **2.** Aller au-devant de qqch, l'empêcher de se produire en prenant les précautions, les mesures nécessaires : *Les moyens de prévenir une maladie* (syn. éviter, parer à). - **3.** Satisfaire par avance : *Prévenir les désirs de qqn* (syn. devancer). - **4.** Prévenir qqn contre ou en faveur de, faire adopter par avance à qqn une opinion défavorable ou favorable à l'égard de : *On vous a prévenu contre moi* (syn. monter). *Des juges prévenus en faveur de l'accusé.*

préventif, ive [prevɑ̃tif, -iv] adj. (du lat. *praeventus*, de *praevenire* ; v. *prévenir*). - **1.** Qui a pour effet d'empêcher un mal prévisible : *Médecine préventive.* - **2.** Détention préventive, détention subie avant un jugement, appelée en France *détention provisoire* depuis 1970 (on dit aussi, fam., *la préventive*) : *Faire six mois de préventive.*

prévention [prevɑ̃sjɔ̃] n.f. (lat. *praeventio, praevenire* ; v. *prévenir*). - **1.** Ensemble des mesures prises pour prévenir un danger, un risque, un mal, pour l'empêcher de survenir : *Prévention des accidents du travail. Prévention routière.* - **2.** Opinion défavorable formée sans examen ; partialité : *Artiste qui se heurte aux préventions du public* (syn. préjugé, parti pris). - **3.** DR. État d'un individu contre lequel il existe une présomption de délit ou de crime ; détention d'un prévenu.

préventivement [prevɑ̃tivmɑ̃] adv. De façon préventive : *Vacciner préventivement les enfants.*

prévenu, e [prevny] n. (du p. passé de *prévenir*). Personne poursuivie pour une infraction et qui n'a pas encore été jugée : *Circonstance favorable au prévenu* (syn. inculpé).

prévisible [previzibl] adj. Qui peut être prévu : *Cette catastrophe était prévisible.*

prévision [previzjɔ̃] n.f. (bas lat. *praevisio*, du class. *praevidere* "prévoir"). - **1.** Action de prévoir ; chose prévue : *La prévision du temps, des recettes. Ses prévisions se sont révélées exactes* (syn. hypothèse, conjecture). - **2.** En prévision de qqch, en pensant que cela pourra se produire : *Prendre un pull en prévision du froid.*

prévisionnel, elle [previzjɔnɛl] adj. Qui comporte des calculs de prévision, se fonde sur des prévisions : *Budget prévisionnel. Mesures prévisionnelles.*

prévoir [prevwar] v.t. (lat. *praevidere*) [conj. 63]. - **1.** Se représenter à l'avance ce qui doit arriver, ce qui est prévisible : *Prévoir un malheur* (syn. pressentir, présager). *Prévoir les conséquences d'un acte* (syn. calculer, pronostiquer). - **2.** Organiser à l'avance, envisager : *Tout prévoir pour un voyage. Qu'as-tu prévu pour ce soir ?*

prévôt [prevo] n.m. (lat. *praepositus* "préposé"). - **1.** HIST. Agent royal ou seigneurial aux attributions diverses (judiciaires, administratives, militaires) au Moyen Âge et sous l'Ancien Régime : *Prévôt de Paris. Étienne Marcel, prévôt des marchands.* - **2.** MIL. Officier de gendarmerie exerçant un commandement dans une prévôté.

prévôté [prevote] n.f. - **1.** HIST. Titre, fonction de prévôt ; juridiction ; résidence d'un prévôt. - **2.** MIL. Détachement de gendarmerie affecté, en opérations, à une grande unité ou à une base, et chargé des missions de police.

prévoyance [prevwajɑ̃s] n.f. (de l'anc. *pourvoyance*, d'apr. *prévoir*). Qualité de qqn qui sait prévoir et qui prend des dispositions en conséquence : *Faire preuve d'une grande prévoyance.*

prévoyant, e [prevwajɑ̃, -ɑ̃t] adj. Qui fait preuve de prévoyance : *Un chef d'entreprise prévoyant* (syn. avisé, prudent ; contr. insouciant).

priapisme [prijapism] n.m. (de *Priape*). PATHOL. Érection prolongée, douloureuse, non liée à une stimulation érotique, symptomatique de diverses affections.

prie-Dieu [pridjø] n.m. inv. Sorte de chaise basse, muni d'un accoudoir, sur lequel on s'agenouille pour prier.

prier [prije] v.t. (lat. *precari*) [conj. 10]. - **1.** S'adresser par la prière à Dieu, à une divinité : *Prier Dieu à genoux.* - **2.** Demander avec instance, fermeté, déférence ou humilité à qqn de faire qqch : *Je vous prie de tout faire pour le sauver* (syn. supplier, conjurer). *On les a priés de sortir* (syn. ordonner à, sommer). - **3.** Je vous en prie, formule de politesse qui sert à répondre à un remerciement, à des excuses : *Merci. - Je vous en prie.* ‖ **Je vous prie, je vous en prie,** formules accompagnant une demande, une invite polie, ou soulignant au contraire une injonction : *Suivez-moi, je vous prie* (= s'il vous plaît). *Taisez-vous, je vous prie. Ah ! non, je t'en prie, ça suffit.* ‖ **Se faire prier,** n'accepter de faire qqch qu'après avoir été longuement sollicité : *Accepter sans se faire prier* (= avec empressement). ◆ v.i. Intercéder auprès de Dieu, des saints : *Prier pour les morts.*

prière [pʀijɛʀ] n.f. (lat. pop. **precaria,* du class. *precarius* "qui s'obtient en priant"). - **1.** Acte par lequel on s'adresse à Dieu, à une divinité pour exprimer l'adoration ou la vénération, une demande, une action de grâces : *Lieu de prière* (= oratoire). - **2.** Ensemble de phrases, de formules souvent rituelles par lesquelles on s'adresse à Dieu, à une divinité : *Faire, réciter sa prière.* - **3.** Demande instante : *Écoutez ma prière* (syn. supplique, requête). - **4. Prière de,** il est demandé de : *Prière de ne pas fumer.*

prieur, e [pʀijœʀ] n. et adj. (lat. *prior* "le premier des deux"). Supérieur(e) de certaines communautés religieuses.

prieuré [pʀijœʀe] n.m. - **1.** Communauté religieuse placée sous l'autorité d'un prieur, d'une prieure. - **2.** Église, maison d'une telle communauté.

prima donna [pʀimadɔna] n.f. (mots it. "première dame") [pl. *prime donne* (pʀimedɔne)]. Première chanteuse dans un opéra.

1. primaire [pʀimɛʀ] adj. (lat. *primarius* "du premier rang"). - **1.** Qui est premier dans le temps, dans une série : *Symptôme primaire d'une affection.* - **2.** Qui appartient à l'enseignement du premier degré (de l'école maternelle à l'entrée au collège) : *École, enseignement primaire.* - **3.** Simpliste et borné (péjor.) : *Un raisonnement primaire.* - **4.** PSYCHOL. Se dit, en caractérologie, d'une personne chez laquelle prédominent les réactions immédiates (par opp. à *secondaire*). - **5. Couleurs primaires,** le rouge, le jaune et le bleu (on dit aussi *couleurs fondamentales*). ‖ **Élection primaire,** élection qui voit s'affronter plusieurs candidats appartenant à des partis politiques d'ordinaire alliés ; spécial., aux États-Unis, désignation, par les électeurs de chacun des deux grands partis, des candidats aux élections locales ou nationales (on dit aussi *une primaire*). ‖ ÉCON. **Secteur primaire,** ensemble des activités économiques productrices de matières premières, notamm. l'agriculture et les industries d'extraction. ‖ GÉOL. **Ère primaire,** deuxième division des temps géologiques, succédant au précambrien et d'une durée d'environ 350 millions d'années, elle-même divisée en six périodes (cambrien, ordovicien, silurien, dévonien, carbonifère, permien).

2. primaire [pʀimɛʀ] n.m. - **1.** Enseignement primaire. - **2.** GÉOL. Ère primaire (syn. paléozoïque). - **3.** ÉCON. Secteur primaire. - **4.** ÉLECTR. Enroulement, alimenté par le réseau, d'un transformateur ou d'une machine asynchrone.

primat [pʀima] n.m. (lat. *primas, -atis* "qui est au premier rang"). - **1.** Titre honorifique attaché à un siège épiscopal en vertu d'une tradition fondée sur l'importance historique de ce siège : *Le titre de primat donne un droit de préséance sur les archevêques.* - **2.** Dominance, antériorité logique : *Affirmer le primat du cœur sur la raison* (syn. primauté).

primate [pʀimat] n.m. (lat. *primas, -atis* "qui est au premier rang"). Primates, ordre de mammifères aux mains préhensiles, aux ongles plats, possédant une denture complète et un cerveau très développé, tels que les lémuriens, les singes et l'homme.

primauté [pʀimote] n.f. (lat. *primus* "premier", d'apr. *royauté*). - **1.** Prééminence, premier rang ; supériorité : *La primauté du spirituel sur le temporel* (syn. prépondérance, suprématie). - **2.** Primauté du pape, autorité suprême du pape, niée par les Églises protestantes, reconnue par les Églises orientales à titre purement honorifique.

1. prime [pʀim] n.f. (angl. *premium,* lat. *praemium* "récompense"). - **1.** Somme que l'assuré doit à l'assureur : *Le montant de la prime varie en fonction du risque couvert.* - **2.** Somme versée à un salarié en plus de son salaire à titre de gratification ou pour l'indemniser de certains frais ; somme ou don accordés à titre de récompense ou d'encouragement : *Prime de transport.* - **3.** Ce qu'on donne en plus ; cadeau offert à un client pour l'attirer ou le retenir : *Stylo en prime pour tout acheteur.* - **4.** BOURSE. Dédit payé par l'acheteur en cas de résiliation d'une transaction, dans les opérations dites *à prime* : *Marché à prime.*

2. prime [pʀim] adj. (lat. *primus*). - **1.** LITT. Premier (seul. dans quelques expressions) : *La prime jeunesse* (= le tout jeune âge). *De prime abord* (= tout d'abord). - **2.** MATH. Se dit d'un symbole littéral affecté d'un accent : *b′ s'énonce « b prime ».*

3. prime [pʀim] n.f. (de *2. prime*). Partie de l'office divin qui se récitait au lever du jour : *Chanter, dire prime.*

1. primer [pʀime] v.t. (de *1. prime*). Accorder une récompense, un prix à : *Film primé dans un festival.*

2. primer [pʀime] v.t. ou v.t. ind. [sur] (de 2. *prime*). L'emporter sur qqn, qqch : *Chez lui, la mémoire prime l'intelligence* (syn. dominer). *Cette raison prime sur toutes les autres.*

primerose [pʀimʀoz] n.f. (de 3. *prime* et *rose*). Rose trémière.

primesautier, ère [pʀimsotje, -ɛʀ] adj. (anc. fr. *prinsalter*, de *prin saut* "prime abord"). LITT. Qui réfléchit avec spontanéité : *Une jeune fille primesautière* (syn. spontané ; contr. réfléchi, pondéré).

primeur [pʀimœʀ] n.f. (de 3. *prime*). - **1.** VIEILLI. Caractère de ce qui est nouveau : *Jeune talent dans sa primeur.* - **2.** Avoir la primeur de qqch, être le premier ou parmi les premiers à connaître qqch, à en jouir : *Avoir la primeur d'une information.* ‖ Vin de primeur, vin de l'année mis sur le marché le troisième jeudi de novembre avec la mention *primeur* ou *nouveau* (on dit aussi *vin primeur*). ◆ **primeurs** n.f. pl. - **1.** Fruits ou légumes commercialisés avant la saison normale, provenant d'une culture forcée ou d'une région plus chaude. - **2.** Marchand de primeurs, marchand de fruits et légumes en général.

primevère [pʀimvɛʀ] n.f. (anc. fr. *primevoire*, propr. "printemps", lat. pop. *prima vera*, du class. *primum ver* "début du printemps"). Plante des prés et des bois, à fleurs jaunes, blanches ou mauves, qui fleurit au printemps. □ Famille des primulacées. La primevère officinale est appelée usuellement *coucou.*

primipare [pʀimipaʀ] adj. et n.f. (lat. *primipara*, de *primus* "premier" et *parere* "accoucher"). Qui accouche ou qui met bas pour la première fois.

primitif, ive [pʀimitif, -iv] adj. (lat. *primitivus* "premier-né"). - **1.** Qui appartient au premier état d'une chose : *Forme primitive d'un continent* (syn. initial, premier, originel). - **2.** Qui constitue l'élément premier, fondamental : *Couleurs primitives* (= les sept couleurs du spectre). - **3.** Simple, fruste, rudimentaire : *Mœurs primitives. Installation primitive* (syn. sommaire). - **4.** VIEILLI. Se dit des sociétés humaines restées à l'écart de la civilisation mécanique et industrielle et qui ont conservé leurs structures socio-économiques propres. (On dit plutôt auj. *archaïque*). - **5.** Église primitive, Église des deux premiers siècles du christianisme. ‖ MATH. Fonction primitive d'une autre fonction, fonction dont cette dernière est la dérivée (on dit aussi *la primitive*). ◆ n. et adj. - **1.** VIEILLI. Personne appartenant à une société primitive. - **2.** Personne fruste. ◆ **primitif** n.m. BX-A Peintre, sculpteur de la période antérieure à la Renaissance : *Les primitifs italiens, flamands.*

primitivement [pʀimitivmɑ̃] adv. À l'origine : *Primitivement fixée au 15 mars, la cérémonie a ensuite été repoussée* (syn. initialement).

primo [pʀimo] adv. (mot lat.). Premièrement, en premier lieu : *Primo il est intelligent, secundo il est agréable.*

primo-infection [pʀimoɛ̃fɛksjɔ̃] n.f. (pl. *primo-infections*). - **1.** MÉD. Première atteinte de l'organisme par un germe. - **2.** Primo-infection tuberculeuse, caractérisée par le virage de la cuti-réaction.

primordial, e, aux [pʀimɔʀdjal, -o] adj. (bas lat. *primordialis*, du class. *primordium* "commencement"). - **1.** Qui existe depuis l'origine, qui est le plus ancien : *Instincts primordiaux.* - **2.** D'une grande importance : *Rôle primordial* (syn. fondamental, principal ; contr. mineur, secondaire). *Il est primordial que tu restes* (syn. essentiel, capital).

primulacée [pʀimylase] n.f. (du lat. scientif. *primula* "primevère"). Primulacées, famille de plantes dont les fleurs, à pétales soudés, présentent une corolle régulière, comme la primevère, le cyclamen, le mouron rouge.

prince [pʀɛ̃s] n.m. (lat. *princeps* "premier", puis "empereur"). - **1.** Noble qui possède une souveraineté ou qui appartient à une famille souveraine : *Le prince de Monaco.* - **2.** En France, titre de noblesse le plus élevé sous l'Empire. - **3.** LITT. Le premier par son talent, son mérite : *Le prince des poètes.* - **4.** FAM. Être bon prince, se montrer accommodant. ‖ Fait du prince, acte arbitraire d'un pouvoir absolu, d'une autorité quelconque. ‖ Le prince charmant, le jeune et beau héros qui, dans les contes, vient délivrer l'héroïne persécutée ; l'homme dont rêvent les jeunes filles romanesques : *Attendre son prince charmant.* ‖ Les princes de l'Église, les cardinaux et les évêques.

prince-de-galles [pʀɛ̃sdəgal] n.m. inv. et adj. inv. (de *prince de Galles,* titre britannique). Tissu présentant des motifs à lignes croisées en plusieurs tons d'une même couleur : *Costume en prince-de-galles.*

princeps [pʀɛ̃sɛps] adj. (mot lat. "premier"). - **1.** Édition princeps, la première de toutes les éditions d'un ouvrage. - **2.** Observation princeps, première description scientifique d'un phénomène.

princesse [pʀɛ̃sɛs] n.f. - **1.** Fille ou femme d'un prince ; fille d'un souverain ou d'une souveraine. - **2.** Souveraine d'un pays. - **3.** FAM. Aux frais de la princesse, aux frais de l'État ou d'une collectivité, sans payer de sa poche : *Voyager aux frais de la princesse.* ‖ FAM. Faire la princesse, prendre de grands airs.

princier, ère [pʀɛ̃sje, -ɛʀ] adj. - **1.** De prince : *Famille princière.* - **2.** Somptueux, digne d'un prince : *Cadeau princier* (syn. luxueux, splendide).

princièrement [pʀɛ̃sjɛʀmɑ̃] adv. D'une façon princière : *Recevoir princièrement ses hôtes* (syn. somptueusement).

1. **principal, e, aux** [pʀɛ̃sipal, -o] adj. (lat. *principalis*, de *princeps* "premier"). - 1. Qui est le plus important : *Le personnage principal* (= le protagoniste ; syn. fondamental, essentiel). *Bâtiment principal* (contr. annexe). *Raison principale* (syn. décisif, prédominant ; contr. accessoire). - 2. GRAMM. **Proposition principale**, proposition dont les autres dépendent et qui ne dépend d'aucune autre, par opp. à *proposition subordonnée* (on dit aussi *une principale*) : *Dans la phrase « je souhaite que vous ayez raison », « je souhaite » est la principale.* ◆ n. - 1. En France, directeur, directrice d'un collège d'enseignement secondaire. - 2. Premier clerc d'une étude.

2. **principal** [pʀɛ̃sipal] n.m. (de *1. principal*). - 1. Ce qu'il y a de plus important : *Vous oubliez le principal* (syn. essentiel). - 2. Capital d'une dette : *Le principal et les intérêts.* - 3. DR. Montant d'une demande en justice (capital, fruits et intérêts, par opp. à *accessoires* [dépens, etc.]).

principalement [pʀɛ̃sipalmɑ̃] adv. Avant tout, par-dessus tout : *Dans ce tableau, vous remarquerez principalement l'audace des couleurs* (syn. particulièrement, surtout).

principauté [pʀɛ̃sipote] n.f. (lat. *principalitas ;* v. *principal*). État indépendant dont le souverain a le titre de prince : *Principauté de Monaco.*

principe [pʀɛ̃sip] n.m. (lat. *principium* "commencement"). - 1. Origine, cause première : *Remonter jusqu'au principe de toutes choses* (syn. fondement, source). - 2. Proposition admise comme base d'un raisonnement : *Je pars du principe que...* (syn. hypothèse). - 3. Loi générale régissant un ensemble de phénomènes et vérifiée par l'exactitude de ses conséquences : *Principe d'Archimède.* - 4. (Surtout au pl.). Connaissance, règle élémentaire d'une science, d'un art, d'une technique, etc. : *Apprendre les principes de la géométrie* (syn. base, rudiments). - 5. Élément constitutif d'une chose ; élément actif : *Fruit riche en principes nutritifs.* - 6. Règle générale théorique qui guide la conduite : *Être fidèle, manquer à ses principes.* - 7. De principe, qui porte sur l'essentiel mais demande confirmation : *Accord de principe.* ‖ **En principe**, en théorie, selon les prévisions : *En principe, il devrait être là* (syn. théoriquement). ‖ **Par principe**, en vertu d'une décision a priori : *Il n'est tenu compte, par principe, d'aucune réclamation.* ‖ **Pour le principe**, pour respecter au moins formellement une règle ; par acquit de cons-

cience : *Elle a protesté, mais seulement pour le principe.*

printanier, ère [pʀɛ̃tanje, -ɛʀ] adj. Du printemps.

printemps [pʀɛ̃tɑ̃] n.m. (du lat. *primus tempus* [*anni*] "première saison"). - 1. Saison qui succède à l'hiver et précède l'été et qui, dans l'hémisphère boréal, commence le 20 ou 21 mars et finit le 21 ou 22 juin : *Au printemps, la végétation renaît. Printemps tardif, précoce.* - 2. LITT. Année d'âge, surtout en parlant d'une personne jeune ou, par plais., d'une personne âgée : *Jeune fille de seize printemps.* - 3. LITT. Jeunesse, jeune âge : *Le printemps de la vie.*

prioritaire [pʀijɔʀitɛʀ] adj. et n. Qui a la priorité : *Trouver un travail est son souci prioritaire. Véhicule prioritaire.*

prioritairement [pʀijɔʀitɛʀmɑ̃] adv. En priorité.

priorité [pʀijɔʀite] n.f. (lat. médiév. *prioritas*, du class. *prior* "le premier des deux"). - 1. Fait de venir le premier, de passer avant les autres en raison de son importance ; spéc., droit, établi par un règlement, de passer avant les autres : *Le problème du chômage est une priorité pour le gouvernement. Laisser la priorité aux véhicules venant de droite.* - 2. Antériorité dans le temps : *Établir la priorité d'un fait par rapport à un autre.* - 3. En priorité, par priorité, avant toute autre chose : *Les enfants ont été évacués en priorité.*

pris, e [pʀi, pʀiz] adj. (p. passé de *prendre*). - 1. Accaparé par une occupation : *Le directeur est très pris ce matin.* - 2. Atteint par une maladie : *Avoir le nez, la gorge prise* (= enflammé). - 3. Taille bien prise, taille qui a de justes proportions, mince (v. aussi *prendre*).

prise [pʀiz] n.f. (de *pris*). - 1. Action de saisir, de tenir serré : *Maintenir la prise.* - 2. Action, manière de saisir l'adversaire, dans une lutte, un corps à corps : *Prise de judo.* - 3. Ce qui permet de saisir : *Alpiniste qui cherche une prise* (syn. aspérité, saillie). - 4. Action de s'emparer de qqch, de faire ou de retenir prisonnier qqn ; ce qui est pris : *Prise de la Bastille. Prise d'otages. Prise de guerre* (syn. butin). - 5. Action de recueillir, de capter qqch : *Prise de sang* (syn. prélèvement). - 6. Dispositif servant à capter ; bifurcation au moyen de laquelle on détourne une partie de la masse d'un fluide : *Prise d'eau.* - 7. Action d'absorber, notamm. un médicament ; quantité administrée en une fois : *La prise d'un médicament* (syn. ingestion, absorption). *La dose sera répartie en plusieurs prises.* - 8. Pincée de tabac en poudre aspirée par le nez. - 9. Action de prendre une attitude, d'adopter un comportement : *Prise de position.*

- **10.** Fait de se figer, de se durcir : *Ciment à prise rapide.* - **11.** Avoir prise sur, avoir des moyens d'action sur : *Il n'a aucune prise sur elle.* ‖ Donner, laisser prise à, fournir la matière ou l'occasion de s'exercer à : *Donner prise à la critique.* ‖ Être aux prises avec, lutter contre ; être tourmenté par : *Être aux prises avec un problème.* ‖ Lâcher prise → lâcher. ‖ Prise à partie, action d'attaquer qqn ; spécial., en dr., voie de recours qui était exercée contre un juge qui avait abusé de son autorité : *Prise à partie en cas de déni de justice.* ‖ Prise de conscience, fait de devenir conscient de qqch, notamm. de son rôle, de sa situation, etc. ‖ Prise de contact, première rencontre : *Cette prise de contact a été très prometteuse.* ‖ Prise de possession, acte par lequel on entre en possession d'un bien, d'une fonction, d'un territoire, etc. ‖ Prise de son, ensemble des opérations permettant un enregistrement sonore. ‖ Prise de vues, enregistrement des images d'un film ; au pl., ces images elles-mêmes. ‖ Prise directe, sur un véhicule automobile, combinaison du changement de vitesse dans laquelle la transmission du mouvement est directe ; au fig., contact immédiat, étroit : *Être en prise directe avec les réalités du terrain.* - **12.** Prise (de courant). Dispositif de branchement électrique relié à une ligne d'alimentation. ‖ Prise de terre, conducteur servant à établir une liaison avec la terre ; prise de courant comportant un tel conducteur.

1. **priser** [pʀize] v.t. (bas lat. *pretiare,* du class. *pretium* "prix"). LITT. Faire cas de : *Priser l'élégance par-dessus tout* (syn. estimer, apprécier).

2. **priser** [pʀize] v.t. (de *prise*). Aspirer par le nez du tabac ou une autre substance (telle que la cocaïne, etc.).

prismatique [pʀismatik] adj. - **1.** Du prisme, qui a la forme d'un prisme : *Corps prismatiques.* - **2.** Qui contient un ou plusieurs prismes : *Jumelle prismatique.* - **3.** MATH. Surface prismatique, ensemble des droites de direction fixe qui s'appuient sur un polygone.

prisme [pʀism] n.m. (gr. *prisma,* de *prizein* "scier"). - **1.** GÉOM. Solide limité par une surface prismatique et deux plans parallèles coupant celle-ci selon deux polygones *(bases).* - **2.** PHYS. Prisme à base triangulaire, en matériau transparent, qui dévie et décompose les rayons lumineux. - **3.** SOUT. Ce qui déforme la réalité : *Voir à travers le prisme de ses préjugés.*

prison [pʀizɔ̃] n.f. (lat. *prehensio* "action d'appréhender"). - **1.** Établissement pénitentiaire où sont détenues les personnes condamnées à une peine privative de liberté ou en instance de jugement : *Mettre un voleur*

en *prison.* - **2.** Peine d'emprisonnement : *Mériter la prison.* - **3.** Lieu, situation, dans lesquels qqn se trouve ou se sent enfermé, séquestré, isolé : *Cet hôpital est une vraie prison.*

prisonnier, ère [pʀizɔnje, -ɛʀ] n. et adj. - **1.** Personne détenue en prison : *Rendre visite à un prisonnier* (syn. détenu). - **2.** Personne privée de liberté : *Rester prisonnier dans sa chambre.* - **3.** Prisonnier de guerre, militaire pris au combat. ◆ adj. Prisonnier de, dont l'indépendance de jugement ou la liberté morale est entravée par : *Être prisonnier de certains préjugés de caste.*

privatif, ive [pʀivatif, -iv] adj. - **1.** Qui prive : *Peine privative de liberté.* - **2.** Dont l'usage est réservé exclusivement à une personne déterminée : *Jardin privatif* (syn. privé). - **3.** LING. Qui marque la privation, l'absence, le manque : *Dans « insuccès », « in- » est un préfixe privatif.*

privation [pʀivasjɔ̃] n.f. Action de priver, de se priver de qqch ; état de qqn qui est privé : *La privation des droits civiques. La privation de la vue* (syn. perte). ◆ **privations** n.f. pl. Manque, volontaire ou dû aux circonstances, des choses nécessaires et, notamm., de nourriture : *Être affaibli par les privations. S'imposer des privations.*

privatisation [pʀivatizasjɔ̃] n.f. (de *privé,* d'apr. *étatisation*). Action de transférer au domaine de l'entreprise privée ce qui était du ressort de l'État : *Privatisation d'un service public.*

privatiser [pʀivatize] v.t. Procéder à la privatisation de : *Privatiser une chaîne de télévision.*

privauté [pʀivote] n.f. (de *1. privé*). Familiarité excessive à l'égard de qqn dont on ne partage pas l'intimité. ◆ **privautés** n.f. pl. Familiarités, libertés qu'un homme se permet avec une femme et, le plus souvent, jugées déplacées : *Se permettre des privautés en public.*

1. **privé, e** [pʀive] adj. (lat. *privatus*). - **1.** Qui est strictement personnel : *Vie privée. Correspondance privée* (syn. intime). - **2.** Qui n'est pas ouvert à tout public : *Club privé.* - **3.** Qui appartient en propre à un ou à plusieurs individus : *Propriété privée* (syn. individuel, particulier ; contr. collectif). - **4.** Qui ne dépend pas directement de l'État (par opp. à *public* ou à *étatique) : École privée* (syn. libre). *Secteur privé. Employer un détective privé* (ou, fam., *un privé*).

2. **privé** [pʀive] n.m. - **1.** Secteur privé : *Le public et le privé.* - **2.** En privé, dans le privé, dans l'intimité, hors de la présence de témoins étrangers : *Puis-je vous parler en privé ?* (= en particulier).

priver [pʀive] v.t. (lat. *privare*). - **1.** Ôter ou refuser à qqn la possession, la jouissance de qqch : *Priver un enfant de dessert.* **-2.** Faire perdre l'usage de : *L'émotion l'a privé de paroles. La panne a privé la ville d'électricité.* **-3.** Frustrer qqn d'un plaisir, d'une joie, d'une présence : *Un incident nous a privés de notre ami ce soir.* **-4.** Créer un manque : *Cela ne vous prive pas de ne plus fumer ?* ◆ **se priver** **-1.** S'interdire la jouissance, la possession de qqch : *Se priver de vacances.* **-2.** S'imposer des privations : *Ils se sont privés pour élever leurs enfants.* **-3.** **Ne pas se priver**, prendre, consommer sans restriction. ‖ **Ne pas se priver de** + inf., ne pas se retenir de, ne pas hésiter à : *Elle ne s'est pas privée de lui dire son fait.*

privilège [pʀivilɛ‿ʒ] n.m. (lat. *privilegium*). **-1.** Droit, avantage particulier attaché à qqn ou possédé par qqn et que les autres n'ont pas : *Se battre pour conserver ses privilèges* (syn. prérogative). **-2.** Avantage procuré par une situation quelconque : *Le privilège de l'âge.* **-3.** Ce que l'on considère comme un avantage : *J'ai eu le privilège de la voir sur scène* (syn. chance). **-4.** HIST. En France, sous l'Ancien Régime, autorisation d'imprimer accordée par le pouvoir souverain. (On disait aussi *privilège du Roi, privilège royal.*)

privilégié, e [pʀivileʒje] adj. et n. Qui jouit de privilèges : *Seuls quelques privilégiés ont assisté à la réception.*

privilégier [pʀivileʒje] v.t. (conj. 9]. **-1.** Accorder un avantage, un privilège à : *Privilégier des candidats* (syn. favoriser). **-2.** Attribuer une importance, une valeur particulière à : *Privilégier la pratique sur la théorie.*

prix [pʀi] n.m. (lat. *pretium*). **-1.** Valeur d'une chose, exprimée en monnaie : *Prix d'une marchandise* (syn. coût). *Afficher le prix des consommations* (syn. tarif). **-2.** Valeur, importance attachée à qqch ; ce qu'il en coûte pour obtenir qqch : *Le prix de la liberté* (syn. tribut, paiement). **-3.** Récompense décernée à qqn pour son mérite ou son excellence dans une discipline intellectuelle, un art, une technique, etc. : *Distribution des prix. Premier prix du conservatoire.* **-4.** **À aucun prix**, en aucun cas : *Tu ne dois accepter à aucun prix.* ‖ **À tout prix**, coûte que coûte : *Il faut à tout prix rattraper cet homme* (syn. absolument). ‖ **Hors de prix**, très cher. ‖ **Objet de prix**, objet de grande valeur. ‖ **Prix fixe**, qu'il n'y a pas à débattre. ‖ **Prix garanti**, au-dessous duquel un bien ne peut être payé au producteur, en vertu d'une décision des pouvoirs publics.

pro-, préfixe, du lat. ou du gr. *pro* "en avant, pour, en faveur de, à la place de", exprimant le mouvement ou la position en avant *(projeter)*, la sympathie *(proaméricain)* ou le remplacement *(pronom).*

probabilité [pʀɔbabilite] n.f. **-1.** Caractère de ce qui est probable ; opinion, événement

probable : *Il y a de fortes probabilités pour que...* (syn. éventualité, chance). *Ça fait partie des probabilités* (syn. possibilité). **-2.** MATH. Quotient du nombre des cas favorables à la réalisation d'un événement aléatoire par le nombre total des cas possibles : *Calcul des probabilités.* **-3.** MATH. Nombre, compris entre zéro et un, associé à un événement aléatoire par une loi de probabilité. **-4.** **Selon toute probabilité**, très probablement. ‖ MATH. **Loi de probabilité**, application associant à chaque partie d'un ensemble A, appelé *univers des possibles*, un nombre positif de manière que la probabilité de A soit 1 et que la probabilité de la réunion de deux parties disjointes soit égale à la somme de leurs probabilités respectives.

probable [pʀɔbabl] adj. (lat. *probabilis*, de *probare* "prouver"). Qui a beaucoup de chances de se produire : *Succès probable* (syn. plausible, vraisemblable, attendu).

probablement [pʀɔbabləmã] adv. Vraisemblablement : *Elle est probablement partie* (= sans doute).

probant, e [pʀɔbã, -ãt] adj. (du lat. *probare* "vérifier, approuver"). Qui emporte l'approbation, qui convainc : *Ses raisons ne m'ont pas semblé très probantes* (syn. concluant, décisif).

probation [pʀɔbasjɔ̃] n.f. (lat. *probatio*, de *probare* "vérifier"). **-1.** RELIG. Temps d'épreuve qui précède le noviciat. **-2.** DR. Suspension provisoire et conditionnelle de la peine d'un condamné, assortie d'une mise à l'épreuve et de mesures d'assistance et de contrôle.

probatoire [pʀɔbatwaʀ] adj. (lat. *probatorius*, de *probare* "vérifier"). Qui permet de vérifier que qqn a bien les capacités, les qualités, les connaissances requises : *Examen probatoire.*

probe [pʀɔb] adj. (lat. *probus*). LITT. D'une honnêteté stricte, scrupuleuse : *Un homme probe* (syn. intègre, droit).

probité [pʀɔbite] n.f. (lat. *probitas*). Caractère d'une personne probe ; observation rigoureuse des principes de la justice et de la morale : *Faire preuve de probité* (syn. intégrité, droiture).

problématique [pʀɔblematik] adj. Dont l'issue, la réalisation, l'action, la réalité est douteuse, hasardeuse : *Le succès de l'entreprise est problématique* (syn. aléatoire, incertain ; contr. assuré). ◆ n.f. DIDACT. Ensemble de questions qu'une science ou une philosophie se pose relativement à un domaine particulier.

problème [pʀɔblɛm] n.m. (lat. *problema*, mot gr.). **-1.** Question à résoudre par des méthodes logiques, rationnelles, dans le domaine scientifique : *Le problème de l'origine de* *l'homme* (syn. question). - **2.** Exercice scolaire consistant à trouver les réponses à une question posée à partir de données connues : *Problème de géométrie*. - **3.** Difficulté d'ordre spéculatif, à laquelle on cherche une solution satisfaisante pour l'esprit : *Problème philosophique*. - **4.** Difficulté, souvent complexe, à laquelle on est confronté : *Problème technique. J'ai un problème !* (syn. ennui).

procédé [pʀɔsede] n.m. (de *procéder*). - **1.** Moyen, méthode pratique pour faire qqch, pour obtenir un résultat : *Procédé de fabrication* (syn. processus, technique). - **2.** Manière d'agir, de se comporter : *Un procédé inqualifiable* (syn. conduite, agissement). - **3.** Technique, moyen utilisés de manière trop systématique et qui lassent, en partic. dans le domaine artistique : *Les procédés du roman d'espionnage* (syn. cliché, poncif). *Œuvre qui sent le procédé*.

procéder [pʀɔsede] v.i. (lat. *procedere* "s'avancer") [conj. 18]. Agir d'une certaine façon : *Procéder méthodiquement* (syn. progresser, avancer). *Procédons par ordre !* ◆ v.t. ind. - **1.** [à]. Faire, exécuter une tâche, une opération dans ses différentes phases : *Procéder à l'établissement d'un dossier. Nous allons procéder au tirage au sort* (syn. effectuer). - **2.** [de]. LITT. Tirer son origine de : *Presque tous ses ennuis procèdent de son égoïsme* (syn. résulter de, découler de).

procédural, e, aux [pʀɔsedyʀal, -o] adj. DR. Qui concerne la procédure.

procédure [pʀɔsedyʀ] n.f. (de *procéder*). - **1.** Manière de procéder ; méthode, marche à suivre pour obtenir un résultat : *Procédure expérimentale*. - **2.** DR. Ensemble des règles et des formes qu'il convient d'observer pour agir en justice, avant, pendant un procès et jusqu'à son terme ainsi que pour accomplir les actes d'exécution forcée : *Les lenteurs de la procédure*. - **3.** DR. Ensemble des règles à suivre, des démarches à effectuer pour l'établissement de certains droits ou de certaines situations juridiques : *Procédure de divorce*. - **4.** INFORM. Sous-programme.

procédurier, ère [pʀɔsedyʀje, -ɛʀ] adj. et n. Qui aime la procédure, la chicane (péjor.).

procès [pʀɔsɛ] n.m. (lat. *processus* "progression"). - **1.** Instance en justice : *Intenter un procès. Être en procès avec qqn. Procès criminel*. - **2.** LING. Action ou état exprimé par le verbe : *Le futur de l'indicatif situe le procès dans l'avenir*. - **3.** Faire le procès de, accuser, condamner : *Faire le procès de la politique gouvernementale*. ‖ *Sans autre forme de procès*, sans formalité, de manière abrupte : *On l'a renvoyé sans autre forme de procès*.

processeur [pʀɔsesœʀ] n.m. (de l'angl. *process* "procédé"). INFORM. Organe capable

d'assurer le traitement complet d'une série d'informations.

procession [pʀɔsesjɔ̃] n.f. (lat. *processio*, de *procedere* "s'avancer"). - **1.** Cérémonie de caractère religieux consistant en un cortège solennel, accompagné de chants et de prières. - **2.** Longue suite de personnes, de véhicules : *Une procession de visiteurs attendait* (syn. défilé, cortège).

processionnaire [pʀɔsesjɔnɛʀ] adj. Chenilles processionnaires, chenilles qui se déplacent l'une derrière l'autre en files nombreuses, très nuisibles.

processus [pʀɔsesys] n.m. (mot lat. "progression"). - **1.** Enchaînement ordonné de faits ou de phénomènes, répondant à un certain schéma et aboutissant à un résultat déterminé : *Le processus d'une intoxication* (syn. marche, développement). *Le processus inflationniste* (syn. mécanisme). - **2.** Suite continue d'opérations constituant la manière de fabriquer, de faire qqch : *Processus de fabrication* (syn. procédé, technique).

procès-verbal [pʀɔsɛvɛʀbal] n.m. (pl. *procès-verbaux*). - **1.** Acte établi par un magistrat, un officier ou un agent de police administrative ou judiciaire, ou par un officier public, qui rend compte de ce qu'il a fait, entendu ou constaté dans l'exercice de ses fonctions ; spécial., cet acte, constatant une contravention au Code la route : *On m'a dressé un procès-verbal* (ou, FAM., *un P.-V.*) *pour excès de vitesse* (syn. contravention). - **2.** Compte-rendu écrit des débats et des travaux d'une réunion, d'une assemblée, etc. : *Établir le procès-verbal d'une séance*.

prochain, e [pʀɔʃɛ̃, -ɛn] adj. (lat. pop. *propeanus* "proche", du class. *prope* "près de"). - **1.** Qui suit immédiatement, qui est le plus rapproché : *Vendredi prochain. Nous nous arrêterons au prochain arrêt* (syn. premier, suivant). - **2.** Qui va survenir, arriver (sans précision dans le temps) : *Nous en parlerons une prochaine fois*. ◆ **prochain** n.m. Tout homme, ou l'ensemble des hommes, par rapport à l'un d'entre eux : *Aimer son prochain* (= aimer autrui). ◆ **prochaine** n.f. FAM. - **1.** À la prochaine, à une autre fois, à bientôt. - **2.** La prochaine, la station suivante : *Descendez-vous à la prochaine ?*

prochainement [pʀɔʃɛnmɑ̃] adv. Bientôt : *Il doit revenir prochainement*.

proche [pʀɔʃ] adj. (de *prochain*). - **1.** Qui n'est pas éloigné, dans l'espace ou dans le temps : *Une maison proche de la mer* (syn. voisin). *L'heure du départ est proche* (syn. imminent). - **2.** Peu différent : *Prévisions proches de la vérité* (syn. approchant, voisin). - **3.** De proche en proche, par degrés, progressivement : *L'incendie gagne de proche en proche toutes les* maisons (= peu à peu). ‖ Un proche parent, un ami proche, une personne qui a d'étroites relations de parenté, d'amitié. ◆ **proche** n.m. (Souvent au pl.). Proche parent, ami intime : *Avertir ses proches d'un décès* (= en avertir son entourage).

proclamation [pʀɔklamasjɔ̃] n.f. - **1.** Action de proclamer : *La proclamation des résultats d'un scrutin* (syn. annonce). - **2.** Ce qui est proclamé ; appel, manifeste.

proclamer [pʀɔklame] v.t. (lat. *proclamare*). - **1.** Reconnaître, révéler au plus grand nombre possible : *Proclamer la vérité* (syn. divulguer). *Proclamer son innocence* (syn. clamer, crier). - **2.** Faire connaître publiquement et solennellement : *Proclamer un verdict, les résultats d'un concours.*

proclitique [pʀɔklitik] n.m. et adj. (du gr. *proklinein* "incliner en avant", d'après *enclitique*). LING. Mot privé d'accent tonique, qui constitue avec le mot suivant une seule unité accentuée : *L'article français est proclitique.*

proconsul [pʀɔkɔ̃syl] n.m. (mot lat.). ANTIQ. ROM. Consul sorti de charge et prorogé dans ses pouvoirs pour gouverner une province ou pour mener à son terme une campagne entreprise.

procréateur, trice [pʀɔkʀeatœʀ, -tʀis] adj. et n. LITT. Qui procrée : *Pouvoir procréateur.*

procréation [pʀɔkʀeasjɔ̃] n.f. - **1.** SOUT. Action de procréer. - **2.** Procréation médicalement assistée, ensemble des méthodes (insémination artificielle, fécondation in vitro, etc.) permettant la procréation, lorsque celle-ci ne peut se réaliser dans les conditions naturelles (abrév. P. M. A.).

procréer [pʀɔkʀee] v.t. (lat. *procreare*) [conj. 15]. Engendrer, donner la vie, en parlant de la femme et de l'homme : *Désir de procréer.*

procurateur [pʀɔkyʀatœʀ] n.m. (lat. *procurator* "mandataire"). - **1.** ANTIQ. ROM. Fonctionnaire de l'ordre équestre placé par l'empereur à la tête d'un service important ou d'une province impériale. - **2.** HIST. Haut magistrat des Républiques de Venise et de Gênes.

procuration [pʀɔkyʀasjɔ̃] n.f. (lat. *procuratio* "commission"). - **1.** Pouvoir qu'une personne donne à une autre d'agir en son nom ; acte authentique conférant ce pouvoir : *Donner (sa) procuration à qqn.* - **2.** Par procuration, en vertu d'une procuration ; au fig., en s'en remettant à qqn d'autre pour agir, pour éprouver des sentiments, etc. : *Voter par procuration. Vivre des émotions par procuration.*

procurer [pʀɔkyʀe] v.t. (lat. *procurare* "s'occuper de", de *cura* "soin"). - **1.** Obtenir

pour qqn : *Procurer un travail à qqn* (syn. fournir). - **2.** Apporter, occasionner à qqn : *Cela nous a procuré bien des ennuis* (syn. causer, valoir). *Le plaisir que lui procure la lecture* (syn. offrir).

procureur [pʀɔkyʀœʀ] n.m. (de *procurer*). Procureur de la République, magistrat qui exerce les fonctions du ministère public près le tribunal de grande instance. ‖ Procureur général, magistrat qui exerce les fonctions du ministère public près la Cour de cassation, la Cour des comptes et les cours d'appel.

prodigalité [pʀɔdigalite] n.f. - **1.** Qualité d'une personne prodigue : *Accorder son temps avec prodigalité.* - **2.** (Surtout au pl.). Action, fait d'une personne prodigue : *Ses prodigalités le ruinent* (syn. dépense, largesse).

prodige [pʀɔdiʒ] n.m. (lat. *prodigium*). - **1.** Fait, événement extraordinaire, qui semble de caractère magique ou surnaturel : *Une éclipse du soleil apparaissait comme un prodige à ce peuple* (syn. miracle). - **2.** Ce qui surprend, émerveille : *Les prodiges de la science* (syn. merveille). - **3.** Personne d'un talent ou d'une intelligence rare, remarquable : *Seul un prodige était capable d'une telle découverte.* - **4.** Enfant prodige, enfant exceptionnellement précoce et doué. ‖ Tenir du prodige, être prodigieux, incroyable : *Un redressement économique qui tient du prodige.* ‖ Un prodige de (+ n.), ce qui possède une qualité à un point prodigieux : *Cette interprétation est un prodige d'équilibre.*

prodigieusement [pʀɔdiʒjøzmɑ̃] adv. De façon prodigieuse : *Prodigieusement intelligent* (syn. extrêmement).

prodigieux, euse [pʀɔdiʒjø, -øz] adj. (lat. *prodigiosus*). Qui surprend, qui est extraordinaire par ses qualités, sa rareté, etc. : *Taille prodigieuse* (syn. colossal, gigantesque). *Obtenir un succès prodigieux* (syn. inouï, inimaginable).

prodigue [pʀɔdig] adj. et n. (lat. *prodigus*). - **1.** Qui dépense à l'excès, de façon inconsidérée : *Un héritier prodigue* (syn. dépensier, gaspilleur). - **2.** Enfant, fils prodigue, enfant, fils qui revient au domicile paternel après avoir dissipé son bien, par allusion à la parabole évangélique de l'*Enfant prodigue.* ‖ Prodigue de (+ n.), qui donne qqch sans compter : *Prodigue de son temps* (contr. avare de).

prodiguer [pʀɔdige] v.t. (de *prodigue*) LITT. - **1.** Dépenser sans compter : *Prodiguer son argent, ses biens* (syn. dilapider, gaspiller). - **2.** Donner généreusement : *Prodiguer des conseils, des attentions.*

prodrome [pʀɔdʀom] n.m. (lat. *prodromus*, gr. *prodromos* "précurseur"). LITT. Fait qui présage quelque événement ; signe avant-coureur : *Les prodromes d'une révolution* (syn. prélude).

producteur, trice [pʀɔdyktœʀ, -tʀis] n. et adj. - **1.** Personne, pays, activité, etc., qui produit des biens, des services (par opp. à *consommateur*) : *Les pays producteurs de pétrole.* - **2.** CIN. Personne ou entreprise qui rassemble l'ensemble des éléments nécessaires à la réalisation d'un film (moyens financiers, personnel, etc.). - **3.** RADIO. TÉLÉV. Personne qui conçoit une émission et, éventuellement, la réalise.

productif, ive [pʀɔdyktif, -iv] adj. - **1.** Qui produit, fournit qqch : *Un sol peu productif* (syn. fertile). - **2.** Qui rapporte de l'argent, qui est rentable : *Capital, investissement productif* (syn. lucratif, fructueux).

production [pʀɔdyksjɔ̃] n.f. - **1.** Action de produire, de faire exister ; fait de se produire, de se former : *La production d'un son strident* (syn. émission). *La production de gaz carbonique au cours d'une réaction chimique* (syn. formation). - **2.** Action de produire, de créer des biens de consommation ou des richesses économiques ; le stade du circuit économique correspondant à cette action (par opp. à la *distribution*, etc.) : *La production du tabac. Le coût à la production.* - **3.** Résultat de cette action, bien produit ; quantité produite : *Entreprise qui écoule sa production. Accélérer sa production* (syn. rendement). - **4.** Ce qui est produit par la nature : *Les productions maraîchères* (syn. produit). - **5.** Ce qui est produit par l'art, l'esprit : *La production d'un écrivain.* - **6.** CIN. Activité de producteur ; branche de l'industrie cinématographique qui exerce cette activité : *Maison de production.* - **7.** Film, émission, spectacle, envisagés du point de vue économique : *C'est une production coûteuse.* - **8.** PÉTR. Ensemble des techniques relatives à l'exploitation d'un gisement de pétrole. - **9.** Action de montrer, de présenter à l'appui de ses dires, de ses prétentions : *La production d'un acte de naissance.* - **10.** Moyens de production, selon Marx, ensemble formé par les matières premières, les instruments de travail et les conditions de production.

productivisme [pʀɔdyktivism] n.m. Tendance à rechercher systématiquement l'amélioration ou l'accroissement de la productivité. ◆ **productiviste** adj. Relatif au productivisme.

productivité [pʀɔdyktivite] n.f. - **1.** Fait d'être productif : *La productivité d'un sol* (syn. fécondité, fertilité). *La productivité d'un mot.* - **2.** Rapport mesurable entre une quantité produite (de biens, etc.) et les moyens (machines, matières premières, etc.) mis en

œuvre pour l'obtenir : *Calculer la productivité horaire, annuelle* (syn. rendement). - **3.** BIOL. Quantité de richesses (naturelles, vivantes) que peut fournir une surface ou un volume donné d'un milieu naturel par unité de temps : *La productivité d'un écosystème.*

produire [pʀɔdɥiʀ] v.t. (lat. *producere* "mener en avant, faire avancer", adapté d'apr. *conduire*) [conj. 98]. - **1.** Assurer la production de richesses économiques ; créer des biens, des services, etc. : *Cette région produit du blé* (syn. fournir, donner). - **2.** Procurer comme profit : *Intérêts produits par un capital* (syn. rapporter, rendre). - **3.** Créer, élaborer, concevoir : *Produire un roman* (syn. écrire). *Produire des vers* (syn. composer). - **4.** Financer un film, assurer les moyens de sa réalisation. - **5.** Causer ; permettre d'obtenir : *La guerre produit toutes sortes de maux* (syn. entraîner, provoquer). *Cette méthode produit de bons résultats* (syn. donner). *Produire une sensation de fraîcheur* (syn. procurer). - **6.** Montrer, présenter à l'appui de ses dires, de sa cause : *Produire des témoins.* ◆ **se produire** v.pr. - **1.** Arriver, survenir : *Un changement s'est produit* (syn. avoir lieu, s'accomplir). - **2.** Se faire connaître, se montrer : *Se produire dans les salons* (syn. s'introduire, se lancer). - **3.** Donner un récital, interpréter un rôle, etc. : *Se produire sur scène.*

produit [pʀɔdɥi] n.m. (de *produire*). - **1.** Ce qui naît d'une activité quelconque de la nature : *Les produits de la terre* (syn. fruit, production). - **2.** Ce qui est obtenu par une activité : *Produit du travail* (syn. fruit). - **3.** Bénéfices, fonds, sommes obtenues : *Le produit de l'impôt, d'une collecte* (syn. recette, gain). - **4.** Personne ou chose considérée comme résultant d'une situation, d'une activité quelconque : *C'est le produit de votre imagination* (syn. rançon, effet). *Un jeune ingénieur, pur produit des grandes écoles.* - **5.** Chacun des articles, objets, biens, services proposés sur le marché par une entreprise : *Ce marchand n'a que de bons produits* (syn. marchandise). - **6.** Substance que l'on utilise pour l'entretien, les soins ou un usage particulier : *Produit pour la vaisselle.* - **7.** MATH. Résultat de la multiplication de deux nombres ; élément résultant de la composition de deux éléments d'un ensemble muni d'une opération à notation multiplicative. - **8.** Résultat d'une réaction chimique. - **9.** Produit financier, recette dégagée par des activités financières (intérêts, agios, etc.). ‖ **Produit intérieur brut**, somme des valeurs ajoutées réalisées annuellement par les entreprises d'un pays (abrév. *P. I. B.*). ‖ **Produit national brut**, somme totale du P. I. B. et du solde des revenus des facteurs de production transférés par l'étranger ou à l'étranger, souvent retenue pour caractériser la puissance économique d'un pays (abrév. *P. N. B.*).

proéminence [pʀɔeminɑ̃s] n.f. Caractère de ce qui est proéminent ; ce qui est proéminent, saillie : *La proéminence de la mâchoire, du nez. Une proéminence anormale sur le front* (syn. bosse, protubérance).

proéminent, e [pʀɔeminɑ̃, -ɑ̃t] adj. (bas lat. *proeminens,* du class. *priminere* "être saillant"). En relief par rapport à ce qui est autour : *Mâchoire proéminente* (syn. saillant).

profanateur, trice [pʀɔfanatœʀ, -tʀis] adj. et n. LITT. Qui profane : *Acte profanateur* (syn. impie, sacrilège).

profanation [pʀɔfanasjɔ̃] n.f. Action de profaner : *La profanation d'une sépulture* (syn. violation, sacrilège).

1. profane [pʀɔfan] adj. (lat. *profanus* "hors du temple"). Qui ne fait pas partie des choses sacrées ; qui ne relève pas de la religion : *Art profane* (syn. laïque ; contr. religieux, sacré). ◆ n.m. Ensemble des choses profanes : *Le profane et le sacré.*

2. profane [pʀɔfan] n. et adj. (de *1. profane).* - **1.** Personne étrangère à une religion, non initiée à un culte : *Les croyants et les profanes.* - **2.** Personne étrangère à une association, à un groupement, etc. ; personne qui ignore les usages, les règles d'une activité, etc. : *En musique, c'est un profane* (syn. ignorant, béotien). *Être profane en la matière* (syn. incompétent).

profaner [pʀɔfane] v.t. (lat. *profanare).* - **1.** Violer le caractère sacré d'un lieu, d'un objet de culte, etc. : *Profaner un vase sacré.* - **2.** LITT. Avilir, dégrader : *Profaner son talent.*

proférer [pʀɔfeʀe] v.t. (lat. *proferre* "porter en avant") [conj. 18]. Prononcer, articuler à haute voix : *Proférer des injures.*

professer [pʀɔfese] v.t. (de *profession* et *professeur).* - **1.** Déclarer, reconnaître publiquement : *Professer une opinion. Professer que Mozart est le plus grand des compositeurs* (syn. proclamer). - **2.** VIEILLI. Enseigner.

professeur [pʀɔfesœʀ] n.m. (lat. *professor,* de *profiteri* "déclarer, enseigner"). - **1.** Personne qui enseigne une matière, une discipline précise : *Professeur de tennis, de piano. C'est un excellent professeur* (syn. enseignant). - **2.** Membre de l'enseignement secondaire ou supérieur. (Abrév. fam. *prof.* au masc. ou au fém. dans les deux acceptions.)

profession [pʀɔfesjɔ̃] n.f. (lat. *professio,* de *profiteri* "déclarer enseigner"). - **1.** Activité régulière exercée pour gagner sa vie : *Mme Dupont, trente ans, sans profession. La profession de journaliste* (syn. métier, carrière). - **2.** Ensemble des personnes qui exercent le même métier ; réunion de leurs intérêts

communs : *Défendre les intérêts de la profession.* - **3.** CATH. Acte par lequel un religieux, une religieuse prononce ses vœux, après le noviciat. - **4.** De profession, dont c'est la profession, professionnel ; au fig., par habitude, qui est habituellement tel : *Médecin de profession. Paresseux de profession.* ‖ Faire profession de, déclarer, reconnaître ouvertement : *Faire profession d'athéisme.* ‖ Profession de foi, affirmation faite publiquement par qqn concernant sa foi religieuse et, par ext., ses opinions, ses idées, etc. ‖ CATH. Profession de foi, engagement d'un enfant baptisé quant à sa foi, marqué par une cérémonie solennelle (syn. vieilli communion solennelle).

professionnalisation [pʀɔfesjɔnalizasjɔ̃] n.f. - **1.** Tendance que présente un secteur d'activité à être exercé uniquement par des gens de métier, spécialistes de ce domaine. - **2.** Fait pour une personne de se professionnaliser.

professionnaliser [pʀɔfesjɔnalize] v.t. - **1.** Assimiler une activité à une profession : *Professionnaliser un sport.* - **2.** Faire devenir professionnel : *Club qui cherche à professionnaliser un de ses membres.* ◆ se professionnaliser v.pr. Devenir professionnel : *Sportif qui se professionnalise.*

professionnalisme [pʀɔfesjɔnalism] n.m. - **1.** Fait, pour une personne, d'exercer une activité de façon professionnelle (par opp. à *amateurisme).* - **2.** Qualité de qqn qui exerce une profession avec une grande compétence : *Son professionnalisme lui vaut le respect de tous ses collègues.*

1. professionnel, elle [pʀɔfesjɔnɛl] adj. - **1.** Relatif à une profession ; propre à une profession : *Exercer une activité professionnelle. Secret professionnel. Conscience professionnelle.* - **2.** Se dit d'un sport pratiqué comme une profession : *Le cyclisme professionnel.* - **3.** École professionnelle, établissement d'enseignement technique préparant à divers métiers. ‖ Maladie professionnelle, maladie provoquée par l'exercice d'une activité professionnelle et qui fait l'objet d'une protection légale.

2. professionnel, elle [pʀɔfesjɔnɛl] n. et adj. - **1.** Personne qui exerce régulièrement une profession, un métier (par opp. à *amateur*) : *Un professionnel de l'informatique.* - **2.** Se dit d'un sportif de profession, rétribué pour la pratique d'un sport (par opp. à *amateur*) : *Un joueur de tennis professionnel.* - **3.** Personne qui a une expérience particulière dans un métier, une activité : *Du travail de professionnel* (contr. amateur, dilettante). [Abrév. fam. *pro,* dans les trois acceptions.]

professionnellement [pʀɔfesjɔnɛlmɑ̃] adv. Du point de vue professionnel : *Professionnellement, elle est inattaquable.*

professoral, e, aux [pʀɔfesɔʀal, -o] adj.
- **1.** Relatif à un professeur, au professorat :
Corps professoral (syn. enseignant). - **2.** Qui
affecte, avec une certaine solennité, la
manière de parler d'un professeur (péjor.) :
Ton professoral (syn. doctoral, pédant).

professorat [pʀɔfesɔʀa] n.m. Fonction de
professeur : *Choisir le professorat comme métier*
(syn. enseignement).

profil [pʀɔfil] n.m. (anc. fr. *porfil* "bordure",
it. *profilo*). - **1.** Contour, aspect d'un visage vu
de côté : *Avoir un profil régulier.* - **2.** Aspect,
contour général extérieur de qqch vu de
côté : *Profil d'une voiture* (syn. ligne, silhouette).
- **3.** Ensemble des traits qui caractérisent qqn
par rapport à son aptitude à exercer un
emploi, à occuper une fonction : *Il a le profil
d'un diplomate.* - **4.** Configuration générale
d'une situation, d'une évolution, à un
moment donné : *Le profil des ventes en mars.*
- **5.** Section, coupe d'un objet par un plan
perpendiculaire à une direction donnée :
Profil d'une aile d'avion. - **6.** Adopter, choisir
un profil bas, adopter une attitude de
mesure, de modération dans ses paroles, ses
projets, ses actions, génér. pour des raisons
d'opportunité. ‖ **De profil**, vu de côté (par
opp. à *de face, de trois quarts*) : *Peindre qqn de
profil.* ‖ **Droite** ou **plan de profil**, droite ou
plan orthogonal à la ligne de terre, en
géométrie descriptive. ‖ **Profil psychologique**, figure obtenue en notant les résultats
des divers tests passés par un même sujet.
‖ BX-A. **Profil perdu** ou **fuyant**, représentation
d'une tête de profil qui montre davantage la
nuque et moins la face : *Dessiner un visage en
profil perdu.*

profilage [pʀɔfilaʒ] n.m. TECHN. Opération
par laquelle on donne un profil déterminé à
une pièce, une carrosserie, etc.

profilé [pʀɔfile] n.m. Produit métallurgique
de grande longueur, ayant une section constante et de forme déterminée : *Un rail est un
profilé.*

profiler [pʀɔfile] v.t. - **1.** Représenter en profil : *Profiler un édifice.* - **2.** TECHN. Donner un
profil déterminé, spécial, à un objet : *Profiler
une carlingue.* ◆ **se profiler** v.pr. - **1.** Se
présenter, se détacher de profil, en silhouette : *Nuages qui se profilent à l'horizon*
(syn. se dessiner, se découper). - **2.** S'ébaucher,
apparaître : *Une solution se profilait enfin.*

profit [pʀɔfi] n.m. (lat. *profectus*, de *proficere*
"progresser"). - **1.** Avantage matériel ou
moral que l'on retire de qqch : *La connaissance de l'allemand lui a été d'un grand profit*
(syn. intérêt, utilité). - **2.** ÉCON. Gain réalisé par
une entreprise, correspondant à la différence entre les dépenses nécessitées par la
production et les recettes correspondant à la

commercialisation : *Cette société a réalisé
d'importants profits l'an passé* (syn. bénéfice).
- **3.** Au profit de, dont la recette sera réservée
à : *Gala au profit de sinistrés.* ‖ FAM. **Faire du
profit**, être avantageux, être longtemps utilisable : *C'est un achat qui vous fera du profit.*
‖ **Faire son profit, tirer profit de qqch**, en
retirer un bénéfice, un avantage : *Faire son
profit de l'expérience d'un ami* (= en tirer une
leçon utile). *Tirer profit des malheurs d'autrui
est atroce* (= en profiter). ‖ **Mettre à profit**,
employer utilement : *Mettre à profit ses
vacances.*

profitable [pʀɔfitabl] adj. Qui procure un
avantage : *Une source de revenus très profitable*
(syn. lucratif, rentable). *Son séjour à la mer lui
a été profitable* (syn. salutaire, utile).

profiter [pʀɔfite] v.t. ind. - **1.** [de]. (de *profit*).
Tirer un avantage matériel ou moral de :
Profiter du beau temps. Profiter des bons exemples
(= en tirer parti). *Profiter de qqn* (syn. exploiter). - **2.** [à]. Être utile, procurer un avantage
à : *Vos conseils lui ont profité* (syn. servir).
*Dépenses gouvernementales qui ne profitent à
personne.* ◆ v.i. FAM. - **1.** Se fortifier, grandir :
Cet enfant profite bien (syn. pousser). - **2.** Être
avantageux, partic. apte à sa destination, fait
pour durer longtemps : *Vêtement, plat qui
profite* (= qui fait du profit).

profiterole [pʀɔfitʀɔl] n.f. (de *profit*). Petit
chou fourré de glace ou de crème pâtissière,
arrosé d'une crème au chocolat servie
chaude.

profiteur, euse [pʀɔfitœʀ, -øz] n. (de *profiter*). Personne qui tire profit en toute occasion, souvent au dépens d'autrui.

profond, e [pʀɔfɔ̃, -ɔ̃d] adj. (lat. *profundus*).
- **1.** Dont le fond est éloigné de la surface, du
bord : *Puits profond. Placard profond.* - **2.** Profond de, qui a telle dimension dans le sens
de la profondeur : *Une armoire profonde de
60 cm.* - **3.** Qui est, qui existe à un degré
élevé : *Joie, douleur profonde* (syn. intense,
extrême). - **4.** Qui est d'une grande ampleur,
qui semble venir du fond du corps : *Un
profond soupir. Une voix profonde* (syn. grave).
- **5.** Se dit de ce qui, dans les êtres et dans les
choses, est difficile à saisir, mais joue un rôle
essentiel : *La nature profonde d'une personne*
(syn. intime). *Les raisons profondes d'une décision* (syn. réel, fondamental). - **6.** Qui reflète les
tendances sous-jacentes, la mentalité quotidienne, en parlant d'un peuple, d'un pays :
La France profonde. - **7.** Qui pénètre loin, à une
grande distance : *De profondes racines. Une
blessure profonde* (contr. léger, superficiel).
- **8.** Qui est d'une grande pénétration, d'une
grande portée : *Une œuvre profonde* (syn.
élevé, fort). *Un esprit profond* (syn. pénétrant,
sagace). - **9.** PSYCHIATRIE. **Arriéré, débile pro-**

fond, sujet atteint d'une grave déficience mentale. ◆ adv. À une grande profondeur : *Creuser profond.*

profondément [pʀɔfɔ̃demɑ̃] adv. - **1.** De manière profonde ; à une grande profondeur : *Respirer profondément* (= à fond). - **2.** À un haut degré : *Profondément triste* (syn. infiniment, extrêmement). *Souhaiter profondément qqch* (syn. intensément, ardemment).

profondeur [pʀɔfɔ̃dœʀ] n.f. - **1.** Caractère de ce qui est profond : *La profondeur d'un puits.* - **2.** Dimension de certaines choses, prise de l'entrée, de l'orifice, de la partie antérieure à l'extrémité opposée : *Mesurer la hauteur, la largeur, la profondeur d'une armoire.* - **3.** Distance du fond à la surface, à l'ouverture : *Une rivière de plusieurs mètres de profondeur.* - **4.** Grande pénétration d'esprit : *La profondeur d'un écrivain* (syn. perspicacité, sagacité). - **5.** Impénétrabilité : *La profondeur d'un mystère.* - **6.** **En profondeur,** dans la partie profonde de qqch ; dans les parties essentielles, fondamentales, au-delà du superficiel : *Creuser en profondeur. Agir, travailler en profondeur. Changer en profondeur* (= radicalement). ◆ **profondeurs** n.f. pl. - **1.** Endroits très profonds : *Les profondeurs sous-marines.* - **2.** Partie secrète, intime de l'être, difficile à atteindre : *Les profondeurs de l'âme* (syn. tréfonds).

profusion [pʀɔfyzjɔ̃] n.f. (lat. *profusio,* de *profundere* "répandre"). - **1.** Grande abondance, surabondance : *Une profusion de lumière, de couleurs* (syn. débauche, luxe). - **2.** À profusion, abondamment : *Au carnaval, on jetait des confettis à profusion* (= à foison).

progéniture [pʀɔʒenityʀ] n.f. (de *géniture* "enfant engendré", lat. *genitura,* d'apr. *progéniteur* "aïeul", lat. *progenitor*). LITT. Les enfants, par rapport aux parents ; la descendance (aussi par plais.) : *Emmener sa progéniture en voyage.*

progestatif, ive [pʀɔʒɛstatif, -iv] adj. et n.m. (du lat. *gestare* "engendrer"). MÉD. Se dit d'une substance qui favorise la nidation de l'œuf et la gestation.

progestérone [pʀɔʒɛsteʀɔn] n.f. (du bas lat. *progestare* "porter en avant" et [*horm*]*one*). Hormone progestative.

prognathe [pʀɔgnat] adj. et n. (du gr. *gnathos* "mâchoire"). Caractérisé par le prognathisme.

prognathisme [pʀɔgnatism] n.m. Saillie en avant des os maxillaires.

programmable [pʀɔgʀamabl] adj. Que l'on peut programmer : *Magnétoscope programmable.*

1. **programmateur, trice** [pʀɔgʀamatœʀ, -tʀis] n. Personne qui établit un programme de cinéma, de radio, etc.

2. **programmateur** [pʀɔgʀamatœʀ] n.m. Dispositif intégré à certains appareils ménagers, qui commande automatiquement l'exécution des différentes opérations correspondant à un programme.

programmation [pʀɔgʀamasjɔ̃] n.f. - **1.** Action, fait de programmer qqch : *La programmation des vacances.* - **2.** Établissement d'un programme audiovisuel, d'un programme de fabrication, etc. - **3.** Ensemble des activités liées à la définition, à l'écriture et à l'exécution de programmes informatiques : *Langage de programmation.*

programme [pʀɔgʀam] n.m. (gr. *programma* "inscription"). - **1.** Ensemble des activités prévues pour un événement particulier ou pour le travail, l'emploi du temps de qqn : *Avoir un programme chargé. Changement de programme, nous dînons au restaurant.* - **2.** Liste des émissions de radio, de télévision, indiquant, pour une période donnée, les horaires, les sujets, etc. : *Il y a un programme intéressant à la télévision.* - **3.** Imprimé, livret indiquant le titre d'un spectacle, le nom des interprètes, etc., ou le thème et le déroulement prévu d'une manifestation, d'une fête. - **4.** Énoncé des thèmes d'une discipline dont l'étude est prévue dans une classe ou sur lesquels doit porter un examen : *Les programmes de la classe de 6ᵉ sont très chargés.* - **5.** Exposé, déclaration des intentions, des projets d'une personne, d'un groupe, etc. (notamm. en politique) : *Établir un programme de réformes.* - **6.** INFORM. Séquence d'instructions et de données enregistrée sur un support et susceptible d'être traitée par un ordinateur. - **7.** Succession des opérations établies à l'avance dans le fonctionnement d'un appareil ménager : *Lave-linge à dix programmes.* - **8.** C'est tout un programme, cela laisse prévoir une suite intéressante, cela sous-entend bien des choses.

programmé, e [pʀɔgʀame] adj. - **1.** Inscrit à un programme : *Émission programmée à 20 heures.* - **2.** Commandé par un programme : *Machine-outil programmée.*

programmer [pʀɔgʀame] v.t. (de *programme*). - **1.** Établir à l'avance une suite d'opérations, les phases d'un projet, etc. : *Ils avaient programmé cet achat* (syn. planifier). *J'ai programmé d'acheter une maison, que j'achèterais une maison.* - **2.** Prévoir, inscrire une œuvre, une émission au programme d'une salle de cinéma, d'une chaîne de radio, etc. : *Programmer un film tchèque inédit.* - **3.** INFORM. Fournir à un ordinateur les données et les instructions concernant un problème à résoudre, une tâche à exécuter, etc.

programmeur, euse [pʀɔgʀamœʀ, -øz] n. Spécialiste chargé de la mise au point de programmes d'ordinateur.

progrès [pʀɔgʀɛ] n.m. (lat. *progressus*, de *progredi* "avancer"). - **1.** Amélioration, développement des connaissances, des capacités de qqn : *Faire des progrès en musique. Élève en progrès* (= qui s'améliore). - **2.** (Surtout au pl.). Extension d'un phénomène ; accroissement : *Les progrès d'une inondation.* - **3.** Développement de la civilisation et, spécial., développement technique : *Croire au progrès.*

progresser [pʀɔgʀese] v.i. (de *progrès*). - **1.** Avancer, se développer, se propager : *Les troupes progressent. Sa maladie progresse* (syn. s'aggraver). *Théorie qui progresse.* - **2.** Développer ses connaissances dans un domaine, améliorer ses résultats : *Élève qui progresse* (= qui fait des progrès).

progressif, ive [pʀɔgʀesif, -iv] adj. - **1.** Qui avance par degrés ; qui se développe régulièrement, selon une progression : *Taux progressif de l'intérêt* (syn. croissant ; contr. dégressif). *L'extension progressive d'un conflit.* - **2.** Forme progressive, en grammaire anglaise, forme verbale indiquant qu'une action est en train de s'accomplir (ex. : *I am swimming*, je suis en train de nager, je nage).

progression [pʀɔgʀesjɔ̃] n.f. (lat. *progressio*, *-onis*, de *progredi* "avancer"). - **1.** Mouvement en avant : *La progression d'une troupe* (syn. avance, marche). - **2.** Développement, accroissement, propagation : *La progression d'une idée, d'une doctrine. Ce secteur de l'économie est en pleine progression* (contr. régression). - **3.** MATH. Progression arithmétique, suite de nombres réels tels que chaque terme est la somme du précédent et d'un nombre constant, appelé *raison* (ex. de progression croissante de raison 3 : 1, 4, 7, 10...). ∥ Progression géométrique, suite de nombres réels tels que chaque terme est le produit du précédent par un nombre constant appelé *raison* (ex. de progression géométrique de raison 2 : 5, 10, 20, 40...).

progressisme [pʀɔgʀesism] n.m. Doctrine progressiste (par opp. à *conservatisme*).

progressiste [pʀɔgʀesist] adj. et n. (de *progrès*). Qui a des idées politiques, sociales avancées (par opp. à *conservateur, réactionnaire*) : *Journal progressiste. C'est un progressiste.*

progressivement [pʀɔgʀesivmɑ̃] adv. D'une manière progressive, graduellement : *Réduire progressivement sa vitesse* (= peu à peu, petit à petit).

progressivité [pʀɔgʀesivite] n.f. Caractère de ce qui est progressif : *Progressivité d'un taux d'intérêt.*

prohibé, e [pʀɔibe] adj. Défendu par la loi : *Être condamné pour port d'arme prohibé.*

prohiber [pʀɔibe] v.t. (lat. *prohibere* "écarter"). Interdire légalement : *Prohiber le commerce des stupéfiants* (contr. autoriser).

prohibitif, ive [pʀɔibitif, -iv] adj. (lat. *prohibitus*). - **1.** Qui interdit, défend : *Loi prohibitive.* - **2.** Qui est d'un montant si élevé qu'il interdit en fait l'achat : *Prix prohibitif.*

prohibition [pʀɔibisjɔ̃] n.f. (lat. *prohibitio*). - **1.** Défense, interdiction légale : *La prohibition de certaines armes.* - **2.** Interdiction de la fabrication et de la vente d'alcool aux États-Unis, entre 1919 et 1933 ; cette époque.

proie [pʀwa] n.f. (lat. *praeda*). - **1.** Être vivant capturé et dévoré par un animal (le *prédateur*) : *Le tigre épie sa proie.* - **2.** Personne qu'on tourmente ou qu'on peut manœuvrer facilement : *Voilà une proie toute désignée pour les escrocs* (syn. victime). - **3.** Être en proie à qqch, être tourmenté par un sentiment violent : *Être en proie à la jalousie.* ∥ Être la proie de qqch, être détruit, ravagé par : *Ce vieil immeuble a été la proie des flammes.* ∥ Oiseau de proie, oiseau qui se nourrit d'autres animaux ; rapace.

projecteur [pʀɔʒɛktœʀ] n.m. - **1.** Appareil qui renvoie au loin la lumière d'un foyer en un ou plusieurs faisceaux d'une grande intensité : *Projecteurs de chantier, de théâtre.* - **2.** Appareil qui sert à projeter sur un écran des vues fixes ou animées : *Projecteur de diapositives, de films super-8.*

projectif, ive [pʀɔʒɛktif, -iv] adj. (anglo-amér. *projective* ; v. projection). PSYCHOL. Test projectif, test par lequel un sujet est amené, à partir d'un matériel dépourvu de signification (taches d'encre, par ex.), à exprimer les éléments de sa personnalité.

projectile [pʀɔʒɛktil] n.m. (du lat. *projectus* "jeté en avant"). - **1.** Corps lancé avec force vers un but, une cible. - **2.** Corps lancé par une arme de jet ou une arme à feu : *On a extrait le projectile de sa jambe* (= la balle).

projection [pʀɔʒɛksjɔ̃] n.f. (lat. *projectio*, de *projicere* "projeter"). - **1.** Action de projeter, de lancer qqch dans l'espace : *Projection de vapeur, de gravillons.* - **2.** Ce qui est projeté ; matière projetée : *Projections volcaniques.* - **3.** Action de projeter, de faire apparaître sur une surface qui forme écran ; image projetée : *La projection d'une ombre sur le sol.* - **4.** Action de projeter un film, des photos sur un écran ; image éclairée ainsi formée : *La projection commence. Salle, cabine de projection.* - **5.** PSYCHAN. Mécanisme de défense du moi qui consiste à attribuer à autrui un sentiment qu'on éprouve soi-même mais qu'on refuse d'accepter. - **6.** MATH. Application qui fait correspondre à un point l'intersection d'une droite ou d'un plan donnés avec la droite de direction donnée passant par ce point ; image d'un point, d'une figure par cette application. - **7.** Plans de projection, plan horizontal et plan frontal sur lesquels on projette orthogonalement les figures de l'espace. - **8.** Projection cartographique, permettant de représenter sur une surface plane un modèle du globe terrestre (sphère ou ellipsoïde) : *Projection de Mercator.*

projectionniste [pʀɔʒɛksjɔnist] n. Professionnel chargé de la projection des films.

projet [pʀɔʒɛ] n.m. (de *projeter*). - **1.** Ce qu'on a l'intention de faire : *Avoir un projet de vacances tout à fait original* (syn. programme). *Avoir, faire des projets d'avenir.* - **2.** Idée de qqch à faire qu'on présente dans ses grandes lignes : *Votre projet est irréalisable* (syn. idée, étude). *Donner suite à un projet.* - **3.** Première rédaction d'un texte : *Un projet de plaquette publicitaire* (syn. ébauche, esquisse). *Soumettre un projet de loi au Parlement.* - **4.** Étude en vue d'une réalisation particulière, notamm. en architecture.

projeter [pʀɔʒte] v.t. (de *jeter*) [conj. 27]. - **1.** Jeter, lancer qqch, qqn avec force en l'air ou au loin : *Projeter du sable sur un mur. L'explosion l'a projeté contre le sol.* - **2.** Projeter une ombre, une silhouette, les faire apparaître sur une surface qui forme écran : *Les arbres projettent leur ombre sur la route.* - **3.** Faire passer un film, des diapositives dans un appareil qui en envoie les images sur un écran. - **4.** MATH. Déterminer l'image d'un point, d'une figure par une projection. - **5.** Avoir l'intention de faire qqch : *Il projette un voyage aux États-Unis* (syn. prévoir, préparer). *Elle projette de repartir bientôt* (syn. envisager).

prolapsus [pʀɔlapsys] n.m. (du lat. *prolabi* "glisser en avant"). PATHOL. Descente d'un organe ou d'une portion d'organe : *Prolapsus de l'utérus.*

prolégomènes [pʀɔlegɔmɛn] n.m. pl. (gr. *prolegomena* "choses dites avant"). - **1.** SOUT. Longue introduction. - **2.** DIDACT. Ensemble des notions préliminaires à une science.

prolepse [pʀɔlɛps] n.f. (gr. *prolêpsis* "anticipation"). Procédé syntaxique consistant à placer dans la principale un terme qui devrait se trouver dans la subordonnée (ex. : *tu as vu ce type comme il est grand ?*).

prolétaire [pʀɔletɛʀ] n. (lat. *proletarius*, de *proles* "descendance, lignée"). - **1.** Personne exerçant un métier manuel et ne disposant pour vivre que d'une rémunération, génér. peu élevée (par opp. à *bourgeois, capitaliste*). - **2.** ANTIQ. ROM. Citoyen de la dernière classe, exempt d'impôts et qui n'était considéré comme utile que par les enfants qu'il engendrait. ◆ adj. Relatif au prolétaire ; qui appartient au prolétariat : *Un quartier prolétaire.*

prolétariat [pʀɔletaʀja] n.m. - **1.** Ensemble, classe des prolétaires. - **2.** Condition de prolétaire.

prolétarien, enne [pʀɔletaʀjɛ̃, -ɛn] adj. Du prolétariat.

prolétarisation [pʀɔletaʀizasjɔ̃] n.f. Fait d'être prolétarisé, de se prolétariser.

prolétariser [pʀɔletaʀize] v.t. Donner un caractère de prolétaire à qqn, à qqch. ◆ se **prolétariser** v.pr. Tendre à devenir prolétaire, passer à la condition de prolétaire.

prolifération [pʀɔlifeʀasjɔ̃] n.f. - **1.** Action de proliférer, augmentation, multiplication rapide : *La prolifération des cafards* (syn. foisonnement, pullulement). - **2.** BIOL. Accroissement du nombre de cellules par division, sans différenciation : *La prolifération des cellules d'une tumeur.*

proliférer [pʀɔlifeʀe] v.i. (de *prolifère* "qui se multiplie") [conj. 18]. - **1.** Se reproduire en grand nombre et rapidement, en parlant d'organismes vivants : *Les insectes prolifèrent dans cette région marécageuse.* - **2.** Être de plus en plus nombreux : *Les clubs de micro-informatique prolifèrent dans le quartier* (syn. se multiplier, foisonner).

prolifique [pʀɔlifik] adj. (du lat. *proles* "descendance"). - **1.** Qui se multiplie rapidement ; fécond : *Les lapins sont très prolifiques.* - **2.** Qui produit beaucoup, en parlant d'un artiste, d'un écrivain.

prolixe [pʀɔliks] adj. (lat. *prolixus* "qui se répand abondamment"). - **1.** Se dit de qqn qui parle ou qui écrit très ou trop abondamment, se dit de son discours : *Un écrivain prolixe* (syn. bavard). - **2.** Ne pas être prolixe, parler peu.

prolixité [pʀɔliksite] n.f. (lat. *prolixitas*). Caractère d'une personne, d'un texte prolixe : *La prolixité d'un journaliste* (syn. bavardage ; contr. brièveté, concision).

prologue [pʀɔlɔg] n.m. (lat. *prologus*, du gr.). - **1.** Première partie d'une œuvre littéraire ou artistique relatant des événements antérieurs à ceux qui se déroulent dans l'œuvre elle-même. - **2.** Ce qui annonce, prépare qqch : *Cette réception a servi de prologue à la conférence* (syn. introduction). - **3.** MUS. Tableau qui suit l'ouverture dans un opéra, avant le premier acte. - **4.** ANTIQ. Partie de la pièce précédant l'entrée du chœur et exposant le sujet. - **5.** SPORTS. Brève épreuve précédant le départ réel d'une compétition.

prolongateur [pʀɔlɔ̃gatœʀ] n.m. Rallonge électrique.

prolongation [pʀɔlɔ̃gasjɔ̃] n.f. - **1.** Action de prolonger : *La prolongation d'un débat.* - **2.** Temps ajouté à la durée normale de qqch : *Obtenir une prolongation de congé.* ◆ **prolongations** n.f. pl. SPORTS. Période de jeu ajoutée au temps réglementaire d'un match pour départager les équipes : *Jouer les prolongations.*

prolongement [pʁɔlɔ̃ʒmɑ̃] n.m. - **1.** Action d'accroître qqch en longueur : *Travaux de prolongement d'une route.* - **2.** Ce qui prolonge : *Cette impasse est située dans le prolongement de la rue.* ◆ **prolongements** n.m. pl. Conséquences, suites d'un événement : *Cette affaire aura des prolongements.*

prolonger [pʁɔlɔ̃ʒe] v.t. (bas lat. *prolongare*, du class. *longus* "long") [conj. 17]. - **1.** Augmenter la durée de qqch : *Prolonger un séjour.* - **2.** Accroître la longueur de qqch : *Prolonger une route.*

promenade [pʁɔmnad] n.f. - **1.** Action de se promener : *Faire une promenade. Partir en promenade.* - **2.** VIEILLI. (ou dans des dénominations). Lieu, voie aménagés pour se promener : *Promenade sur les remparts. Promenade des Anglais, à Nice.*

promener [pʁɔmne] v.t. (de *mener*) [conj. 19]. - **1.** Conduire à l'extérieur pour donner de l'air, de l'exercice, pour divertir : *Promener ses enfants.* - **2.** Laisser aller, laisser traîner çà et là : *Promener son regard d'une table à l'autre.* ◆ v.i. FAM. Envoyer promener qqn, qqch, éconduire vivement qqn ; rejeter qqn, qqch : *Envoyer promener un importun* (= se débarrasser de lui). ◆ **se promener** v.pr. Aller d'un endroit à un autre, avec ou sans but, pour se distraire ou se détendre : *Se promener sur la plage.*

promeneur, euse [pʁɔmnœʁ, -øz] n. Personne qui se promène.

promenoir [pʁɔmənwaʁ] n.m. - **1.** Partie d'une salle de spectacle et, spécial., d'un music-hall où l'on pouvait circuler ou se tenir debout. - **2.** Lieu couvert destiné à la promenade : *Le promenoir d'une prison, d'un hôpital.*

promesse [pʁɔmɛs] n.f. (lat. *promissa*, de *promittere* ; v. *promettre*). Action de promettre, fait de s'engager à faire, à dire ou à fournir qqch : *Tu as ma promesse. Tenir sa promesse* (= la réaliser). *Manquer à sa promesse* (= ne pas la tenir). *Ce sont des promesses en l'air.*

prometteur, euse [pʁɔmɛtœʁ, -øz] adj. Qui promet, fait naître des espérances : *Un sourire prometteur.*

promettre [pʁɔmɛtʁ] v.t. (lat. *promittere*) [conj. 84]. - **1.** S'engager verbalement ou par écrit à faire, à dire, à donner qqch : *Promettre une récompense. Je vous promets de vous aider. Il lui a promis le mariage* (= qu'il l'épouserait). *Il a promis à sa mère qu'il rentrerait tôt* (syn. assurer, garantir). - **2.** Annoncer l'avenir, laisser présager qqch : *La météo promet du soleil* (syn. prévoir). ◆ v.i. - **1.** Faire naître des espérances : *La vigne promet beaucoup* (= permet d'espérer une bonne récolte). *Cet enfant* *promet, il sait lire à quatre ans.* - **2.** FAM. **Ça promet !**, c'est un mauvais signe pour l'avenir (iron.) : *Il gèle déjà au mois d'octobre ! Ça promet !* ◆ **se promettre** v.pr. Prendre la ferme résolution de faire qqch, d'agir d'une certaine manière ou d'obtenir qqch : *Elle s'est promis de retourner en Grèce. Se promettre du bon temps.*

promis, e [pʁɔmi, -iz] adj. (p. passé de *promettre*). - **1.** Dont on a fait la promesse : *Chose promise, chose due.* - **2.** Promis à qqch, se dit de qqn qui est destiné à qqch, à qui qqch doit sûrement arriver : *Jeune fille promise à un brillant avenir.* - **3. La Terre promise**, la terre de Canaan, promise par Dieu aux Hébreux ; au fig. et litt., contrée très fertile. ◆ n. vx ou RÉGION. Fiancé, fiancée.

promiscuité [pʁɔmiskɥite] n.f. (lat. *promiscuus* "commun, mêlé", de *miscere* "mêler"). Situation de voisinage, de proximité, désagréable ou choquante : *Une promiscuité gênante.*

promontoire [pʁɔmɔ̃twaʁ] n.m. (lat. *promuntorium*). Cap élevé s'avançant dans la mer.

promoteur, trice [pʁɔmɔtœʁ, -tʁis] n. (bas lat. *promotor*, du class. *promovere* "faire avancer"). - **1.** LITT. Personne qui donne la première impulsion à qqch : *Le promoteur d'une réforme.* - **2.** Promoteur immobilier, personne qui finance et organise la construction d'immeubles.

promotion [pʁɔmɔsjɔ̃] n.f. (lat. *promotio* "avancement"). - **1.** Nomination, accession d'une ou de plusieurs personnes à un grade ou à une dignité plus élevés, à une fonction ou à une position hiérarchique plus importante : *Cette promotion est assortie d'une augmentation. Sa promotion au poste de directrice fut une surprise.* - **2.** Ensemble des personnes bénéficiant simultanément d'une telle nomination : *Une promotion de généraux.* - **3.** Accession à un niveau social ou professionnel plus élevé : *Mesures qui favorisent la promotion ouvrière.* - **4.** Ensemble des personnes entrées la même année comme élèves dans une école, en partic. dans une grande école (abrév. fam. *promo*) : *Une camarade de promotion.* - **5.** Action de favoriser le développement, l'essor de qqch : *Faire la promotion d'une politique.* - **6.** Développement des ventes par des actions appropriées du réseau de distribution (publicité, expositions, démonstrations, rabais, etc.). - **7.** En promotion, se dit d'un article vendu à un prix moins élevé pendant une campagne de promotion des ventes. - **8.** Promotion immobilière, activité du promoteur.

promotionnel, elle [pʁɔmɔsjɔnɛl] adj. Qui se rapporte à la promotion d'un produit :

Tarifs promotionnels (= à prix réduits). *Article promotionnel*.

promouvoir [prɔmuvwar] v.t. (lat. *promovere* "faire avancer") [conj. 56]. (Usité surtout à l'inf., aux temps composés et au passif). - **1.** Élever à une dignité ou à un grade supérieurs : *Les officiers de la Légion d'honneur ont été promus commandeurs.* - **2.** Favoriser le développement, l'essor de qqch : *Promouvoir une politique de progrès.* - **3.** Mettre en œuvre la promotion d'un article, d'un produit : *Promouvoir une nouvelle marque de lessive.*

prompt, e [prɔ̃, prɔ̃t] adj. (lat. *promptus*). LITT. - **1.** Qui agit rapidement : *Un esprit prompt* (syn. rapide, vif). - **2.** Qui ne tarde pas, se produit rapidement : *Une prompte repartie.*

promptement [prɔ̃tmɑ̃] adv. LITT. De façon prompte : *L'affaire a été promptement réglée* (syn. vivement).

prompteur [prɔ̃ptœr] n.m. (de l'anglo-amér. *teleprompter*, de l'angl. *prompter* "souffleur de théâtre"). Appareil sur lequel défilent des textes qui sont lus par le présentateur face à une caméra de télévision. (On dit aussi *un téléprompteur* ; recomm. off. *télésouffleur*.)

promptitude [prɔ̃tityd] n.f. LITT. Rapidité à agir ou à penser : *Exécuter des ordres avec promptitude* (syn. rapidité).

promu, e [prɔmy] n. et adj. Personne qui a reçu une promotion : *Les officiers promus.*

promulgation [prɔmylɡasjɔ̃] n.f. Acte par lequel le chef de l'État constate qu'une loi a été régulièrement adoptée par le Parlement et la rend applicable.

promulguer [prɔmylɡe] v.t. (lat. *promulgare*). Procéder à la promulgation d'une loi.

pronaos [prɔnaos] n.m. (mot gr., de *naos* "temple"). ANTIQ. GR. Vestibule d'un temple antique, donnant accès au naos.

pronation [prɔnasjɔ̃] n.f. (bas lat. *pronatio*, du class. *pronare* "pencher en avant"). PHYSIOL. Mouvement de l'avant-bras qui fait exécuter à la main une rotation du dehors en dedans ; position de la main résultant de ce mouvement, le dos au-dessus (par opp. à *supination*).

prône [pron] n.m. (lat. pop. *protinum*, du class. *protirum*, gr. *prothyra* "vestibule"). CATH. Ensemble des annonces que le prêtre fait avant le sermon.

prôner [prone] v.t. (de *prône*). Vanter, recommander vivement, avec insistance : *Prôner la modération* (syn. préconiser).

pronom [prɔnɔ̃] n.m. (lat. *pronomen*). GRAMM. Mot représentant un nom, un adjectif, une phrase et dont les fonctions syntaxiques sont identiques à celles du nom : *Pronoms personnels, possessifs, démonstratifs, interrogatifs, relatifs, indéfinis.*

pronominal, e, aux [prɔnɔminal, -o] adj. - **1.** Du pronom ou qui s'y rapporte ; qui est en fonction de pronom : *L'emploi pronominal de « tout ».* Forme pronominale. - **2.** Verbe pronominal, verbe qui se conjugue avec deux pronoms de la même personne (ex. : *il se flatte ; nous nous avançons.* Verbe essentiellement pronominal (= qui n'existe qu'à la forme pronominale, comme *s'évanouir*).

pronominalement [prɔnɔminalmɑ̃] adv. En fonction de pronom ou de verbe pronominal.

prononçable [prɔnɔ̃sabl] adj. Qui peut être prononcé : *Ce mot est à peine prononçable.*

1. prononcé, e [prɔnɔ̃se] adj. Qui apparaît tout de suite, en raison de son importance ou de son caractère marqué : *Nez à la courbure prononcée* (syn. accentué, accusé). *Avoir les traits du visage prononcés* (syn. marqué ; contr. effacé).

2. prononcé [prɔnɔ̃se] n.m. DR. Lecture d'une décision du tribunal à l'audience (syn. prononciation).

prononcer [prɔnɔ̃se] v.t. (lat. *pronuntiare* "déclarer", de *nuntius* "nouvelle") [conj. 16]. - **1.** Articuler d'une certaine manière : *Prononcer les mots. Il prononce très mal.* - **2.** Dire : *Prononcer un discours. Elle n'a pas prononcé un seul mot* (syn. émettre). - **3.** DR. Déclarer avec autorité, faire connaître une décision : *Prononcer un arrêt.* - **4.** Prononcer des vœux, entrer en religion. ◆ v.i. DR. Rendre un arrêt, un jugement : *Le tribunal a prononcé* (syn. statuer). ◆ **se prononcer** v.pr. - **1.** Exprimer nettement une opinion sur qqch : *Le médecin ne s'est pas encore prononcé.* - **2.** Choisir tel parti : *Se prononcer pour, en faveur d'une mesure fiscale* (syn. opter).

prononciation [prɔnɔ̃sjasjɔ̃] n.f. - **1.** Manière de prononcer les sons du langage, les mots : *Avoir une prononciation défectueuse* (syn. accent). - **2.** DR. Syn. de *prononcé*.

pronostic [prɔnɔstik] n.m. (bas lat. *prognosticus*, du gr. *prognôstikein* "connaître d'avance"). - **1.** Prévision, supposition sur ce qui doit arriver : *Journaliste qui se trompe dans ses pronostics.* - **2.** MÉD. Jugement porté à l'avance sur l'évolution d'une maladie : *Le médecin a réservé son pronostic.*

pronostiquer [prɔnɔstike] v.t. Faire un pronostic ; prédire, prévoir : *Il avait pronostiqué le résultat des élections.*

pronostiqueur, euse [prɔnɔstikœr, -øz] n. Personne qui fait des pronostics (notamm. des pronostics sportifs).

pronunciamiento [prɔnunsjamjɛnto] n.m. (mot esp.). Coup d'État militaire.

propagande [prɔpaɡɑ̃d] n.f. (du lat. *congregatio de propaganda fide* "congrégation pour

la propagation de la foi"). Action systématique exercée sur l'opinion pour faire accepter certaines idées ou doctrines, notamm.
dans le domaine politique et social : *Affiches
de propagande.*

propagandiste [pʀɔpagɑ̃dist] n. et adj. Personne qui fait de la propagande : *Un fervent
propagandiste de l'Europe.*

propagateur, trice [pʀɔpagatœʀ, -tʀis] n. et
adj. Personne qui propage un produit, des
idées, etc. : *Se faire le propagateur des idées
nouvelles.*

propagation [pʀɔpagasjɔ̃] n.f. - **1.** Multiplication des êtres vivants par voie de reproduction. - **2.** Fait de s'étendre de proche en
proche : *La propagation d'une épidémie* (syn.
extension). - **3.** Action de propager, de répandre une idée, une nouvelle, etc. : *La propagation de fausses rumeurs.* - **4.** PHYS.
Déplacement progressif d'énergie dans un
milieu déterminé : *La propagation des ondes
sonores.*

propager [pʀɔpaʒe] v.t. (lat. *propagare*
"reproduire par bouture") [conj. 17]. - **1.** Multiplier par voie de reproduction : *Propager les
espèces utiles.* - **2.** Développer, étendre largement qqch : *Le vent a propagé le feu jusqu'à la
côte.* - **3.** Diffuser, répandre dans le public :
Propager une nouvelle (syn. divulguer). ◆ **se
propager** v.pr. - **1.** S'étendre, se répandre : *Le
son ne peut pas se propager dans le vide.* - **2.** Se
communiquer, se diffuser : *Les mauvaises
nouvelles se propagent vite* (syn. circuler).

propane [pʀɔpan] n.m. (de [*acide*] *propioni-
que*, du gr. *pro, proto* "premier" et *piôn*
"gras"). Hydrocarbure saturé gazeux
(C_3H_8), employé comme combustible.

proparoxyton [pʀɔpaʀɔksitɔ̃] n.m. PHON.
Mot portant l'accent tonique sur sa syllabe
antépénultième (ex. le mot latin *dominus*).

propédeutique [pʀɔpedøtik] n.f. (all. *Pro-
pädeutik*, du gr. *paideuein* "enseigner"). En
France, première année d'études dans les
facultés des lettres et des sciences, de 1948
à 1966.

propène n.m. → **propylène.**

propension [pʀɔpɑ̃sjɔ̃] n.f. (lat. *propensio*, de
propendere "pencher"). Inclination, tendance à faire qqch : *Avoir une certaine propension à mentir.*

propergol [pʀɔpɛʀgɔl] n.m. (de *prop*[*ulsion*],
et du gr. *ergon* "travail"). Substance ou
mélange de substances (*ergols*) utilisé pour
alimenter les moteurs-fusées.

prophète [pʀɔfɛt] n.m. (lat. ecclés. *propheta*,
du gr.). - **1.** Dans la Bible, homme qui, inspiré par Dieu, parle en son nom pour faire
connaître son message : *Isaïe, Jérémie, Ézé-
chiel et Daniel sont les grands prophètes de*
l'Ancien Testament. - **2.** Le Prophète, Mahomet, pour les musulmans. - **3.** Personne qui
annonce un événement futur : *Prophète de
malheur* (= personne qui prédit que des
malheurs).

prophétie [pʀɔfesi] n.f. (lat. ecclés. *prophe-
tia*). - **1.** Oracle d'un prophète. - **2.** Prédiction
d'un événement futur : *Ses prophéties en
matière politique se sont réalisées.*

prophétique [pʀɔfetik] adj. - **1.** Qui se rapporte à un prophète, aux prophètes : *Les
livres prophétiques.* - **2.** Qui tient de la prophétie : *Paroles prophétiques.*

prophétiser [pʀɔfetize] v.t. - **1.** Annoncer,
par inspiration surnaturelle, les desseins de
Dieu. - **2.** Prévoir par divination, pressentiment ou conjecture : *Prophétiser l'avènement
de temps nouveaux* (syn. prédire).

prophylactique [pʀɔfilaktik] adj. Qui se rapporte à la prophylaxie : *Mesures prophylacti-
ques.*

prophylaxie [pʀɔfilaksi] n.f. (gr. *prophulaxis*,
de *prophulaktein* "veiller sur"). Ensemble des
mesures prises pour prévenir l'apparition
ou la propagation d'une maladie, des maladies : *Centre de prophylaxie dentaire.*

propice [pʀɔpis] adj. (lat. *propitius*). - **1.** Qui
convient bien, se prête bien à qqch : *Elle a
choisi le moment propice pour lui parler* (syn.
favorable, opportun). *Un temps propice à la
pêche* (= bon pour). - **2.** SOUT. Marqué par la
bienveillance d'un dieu : *Les oracles sont
propices* (syn. favorable).

propitiatoire [pʀɔpisjatwaʀ] adj. (lat. *propi-
tiatorius*). RELIG. Qui a pour but de rendre
propice : *Sacrifice propitiatoire.*

proportion [pʀɔpɔʀsjɔ̃] n.f. (lat. *proportio*).
- **1.** Rapport de grandeur entre deux quantités : *Mettre la même proportion de sucre et de lait
dans un gâteau.* - **2.** MATH. Égalité de deux
rapports, de forme a/c = b/d. (Dans une
proportion, le produit des extrêmes $a \div d$
est égal au produit des moyens $b \div c$).
- **3.** Rapport établi entre les parties d'un
tout : *Ce bâtiment a de belles proportions.*
- **4.** Importance matérielle ou morale de
qqch : *L'incident a pris de proportions considérables.* - **5.** En proportion, en rapport : *Avoir
une famille nombreuse et un appartement en
proportion.* ‖ En proportion de, suivant
l'importance de : *Ce travail est mal rémunéré
en proportion des risques encourus* (= eu égard
à, par rapport à). ‖ Hors de proportion,
beaucoup trop grand. ◆ **proportions** n.f.
pl. - **1.** Dimensions considérées par référence à une mesure, à une échelle : *Un pilier
de très grandes proportions* (syn. dimension).
- **2.** Toutes proportions gardées, en tenant
compte de la différence d'importance ou de

grandeur entre les éléments comparés : *Toutes proportions gardées, le mobilier a plus de valeur que la maison.*

proportionnalité [pRɔpɔRsjɔnalite] n.f. Relation dans laquelle se trouvent des quantités proportionnelles entre elles : *Proportionnalité de l'impôt.*

proportionné, e [pRɔpɔRsjɔne] adj. Bien proportionné, mal proportionné, dont les proportions sont harmonieuses, équilibrées ou, au contraire, inharmonieuses, sans grâce : *Une femme bien proportionnée* (= bien faite).

proportionnel, elle [pRɔpɔRsjɔnɛl] adj. - **1.** Se dit d'une quantité qui est dans un rapport de proportion avec une autre ou avec d'autres du même genre, de quantités qui sont dans un rapport de proportion, notamm. en mathématiques : *Grandeur directement proportionnelle. Une rétribution proportionnelle au travail fourni* (= en proportion de). - **2.** Représentation proportionnelle, système électoral accordant aux diverses listes un nombre de représentants proportionnel au nombre des suffrages obtenus. (On dit aussi *la proportionnelle.*) - **3.** MATH. Moyenne proportionnelle de deux nombres, moyenne* géométrique de ces nombres. ‖ **Nombres proportionnels,** suites de nombres tels que le rapport de deux nombres de même rang est constant. ‖ **Nombres inversement proportionnels,** suites de nombres tels que les nombres de l'une sont proportionnels aux inverses des nombres de l'autre.

proportionnellement [pRɔpɔRsjɔnɛlmɑ̃] adv. Suivant une certaine proportion ; comparativement : *Les salaires n'ont pas augmenté proportionnellement à la hausse des prix.*

proportionner [pRɔpɔRsjɔne] v.t. Mettre en exacte proportion : *Proportionner ses dépenses à ses ressources.*

propos [pRɔpo] n.m. (de *proposer*). - **1.** (Souvent au pl.). Paroles dites, mots échangés dans une conversation : *Tenir des propos insensés.* - **2.** Ce qu'on se propose de faire ou de dire : *Il n'est pas dans mon propos de vous critiquer* (syn. intention). - **3.** À propos, à façon opportune, au bon moment : *Ce mandat arrive fort à propos.* ‖ À propos !, au fait : *À propos, vous a-t-elle téléphoné ?* ‖ À propos de, au sujet de : *À propos de cela, à ce propos. Faire des histoires à propos de tout.* ‖ À tout propos, sans cesse, en n'importe quelle occasion : *Il parle à tout propos de son travail.* ‖ Hors de propos, sans rapport avec ce dont il est question : *Votre intervention était hors de propos* (= inopportune). ‖ Mal à propos, de façon inopportune : *Vous tombez mal à propos* (= vous tombez mal).

proposer [pRɔpoze] v.t. (lat. *proponere* "poser devant", puis "offrir, présenter"). - **1.** Offrir

au choix, à l'appréciation de qqn : *Proposer une date* (syn. soumettre). *Proposer un nouveau produit à ses clients* (syn. présenter). *Je vous propose de venir à neuf heures* (= je vous invite à). *Je propose qu'on se retrouve devant l'église* (syn. suggérer). - **2.** Présenter qqn comme postulant, candidat à un poste, à une fonction.

◆ **se proposer** v.pr. - **1.** Offrir ses services : *Elle s'est proposée pour assurer la permanence.* - **2.** Se proposer de (+ inf.), avoir l'intention de : *Il se propose de vous écrire.*

proposition [pRɔpozisjɔ̃] n.f. - **1.** Action de proposer ; ce qui est proposé qu'on en délibère : *Faire une proposition à une assemblée. Avancer, rejeter une proposition.* - **2.** Condition qu'on propose pour arriver à un arrangement : *Vos propositions ne sont pas raisonnables* (syn. offre). - **3.** GRAMM. Unité syntaxique élémentaire de la phrase, génér. construite autour d'un verbe : *Proposition indépendante. Proposition principale et propositions subordonnées.* - **4.** LOG. Énoncé ne comportant pas de variable et susceptible d'être vrai ou faux. - **5.** MATH. Énoncé d'une propriété concernant un ensemble défini par des axiomes. - **6.** FAM. Faire des propositions à qqn, lui proposer une aventure, lui faire des avances amoureuses. ‖ Sur proposition de, sur la proposition de, à l'initiative de. ‖ LOG. Calcul, logique des propositions, partie de la logique qui traite des propriétés analysées en propositions.

propositionnel, elle [pRɔpozisjɔnɛl] adj. LOG. Qui concerne les propositions : *Logique propositionnelle.*

1. propre [pRɔpR] adj. (lat. *proprius*). - **1.** Net, sans trace de souillure, de poussière ; qui a été lavé, nettoyé : *Mains propres* (contr. sale). *Mettre une chemise propre.* - **2.** Bien entretenu, régulièrement nettoyé : *Un restaurant propre.* - **3.** Soigné, correct, convenable : *Rendre un travail propre* (= fait avec soin). - **4.** Se dit d'un enfant, d'un animal domestique qui contrôle ses sphincters. - **5.** Honnête, moral : *Son passé n'est pas très propre.* - **6.** Nous voilà propres !, se dit iron. lorsqu'on se trouve dans une situation fâcheuse, désagréable.

◆ n.m. Mettre au propre, mettre sous forme définitive ce qui n'était qu'un brouillon.

2. propre [pRɔpR] adj. (lat. *proprius*). - **1.** Qui appartient spécial. à qqn, à qqch, qui lui est particulier, personnel : *L'enthousiasme propre à la jeunesse* (= caractéristique de). *Chaque être a ses caractères propres* (syn. particulier, spécifique). - **2.** (Avant le n.). Qui appartient à la personne même dont il est question, ou qui émane d'elle ; qui est exactement conforme à ce qu'elle a dit ou fait : *C'est écrit de sa propre main. Ce sont ses propres paroles.*

- **3.** Juste, qui convient exactement, en parlant d'un mot, d'une expression : *C'est le terme propre* (syn. approprié, exact). - **4.** Propre à, apte à, qui convient pour : *Bois propre à la construction.* - **5.** /pxbal/dloc **Nom propre**, nom qui désigne un être ou un objet considérés comme uniques (par opp. à *nom commun*). ‖ **Remettre qqch en main(s) propre(s)**, à la personne même, et non à un intermédiaire. ‖ **Sens propre**, sens premier d'un mot, d'une expression, le plus proche du sens étymologique (par opp. à *sens figuré*). ‖ DR. **Bien propre**, bien qui fait partie du patrimoine personnel de l'un des époux (par opp. à *acquêt*). ‖ ÉCON. **Capitaux propres**, capitaux qui, figurant au passif d'un bilan, ne proviennent pas de l'endettement (le capital social et les réserves essentiellement).
◆ n.m. - **1.** **En propre**, en propriété particulière : *Posséder une maison en propre.* - **2.** Le **propre de**, la qualité particulière, spécifique de qqn, de qqch : *Le rire est le propre de l'homme.*

propre-à-rien [prɔprarjɛ̃] n. (de *2. propre*) [pl. *propres-à-rien*]. FAM. Personne sans aucune capacité (= bon à rien ; syn. incapable).

proprement [prɔprəmɑ̃] adv. - **1.** D'une façon propre, avec propreté : *Manger proprement.* - **2.** Honnêtement : *Se conduire proprement.* - **3.** Au sens propre, à la lettre : *C'est proprement de l'escroquerie.* - **4.** À proprement parler, pour parler en termes exacts : *On ne peut pas, à proprement parler, le traiter de lâche.* ‖ **Proprement dit**, au sens exact, restreint : *Les Parisiens proprement dits.*

propret, ette [prɔprɛ, -ɛt] adj. Propre et joli : *Une villa proprette* (syn. pimpant).

propreté [prɔprəte] n.f. - **1.** Qualité de ce qui est propre, exempt de saleté : *Veillez à la propreté des lieux.* - **2.** Qualité de qqn qui est propre : *Négliger les règles élémentaires de la propreté* (syn. hygiène). - **3.** Fait, pour un enfant, un animal domestique, d'être propre.

propréteur [prɔpretœr] n.m. (lat. *propraetor*). ANTIQ. ROM. Préteur sortant de charge, délégué au gouvernement d'une province.

propriétaire [prɔprijetɛr] n. (bas lat. *proprietarius*). - **1.** Personne qui possède qqch en propriété : *Le propriétaire d'un tableau, d'un chien, d'une moto.* - **2.** Bailleur d'un immeuble, d'une maison (par opp. à *locataire*) : *Donner deux mois de caution à son propriétaire.* - **3.** Faire le tour du propriétaire, contrôler l'état de sa propriété, ou, en parlant de qqn qui vient pour la première fois chez une autre personne, visiter la maison, l'appartement.

propriété [prɔprijete] n.f. (lat. jur. *proprietas*, de *proprius* "propre"). - **1.** Droit d'user, de jouir et de disposer de qqch de façon exclusive et absolue sous les seules restrictions établies par la loi : *Accéder à la propriété. Propriété individuelle, collective. Propriété collective des moyens de production* (= système du collectivisme). - **2.** Grande maison, entourée de terres, de dépendances, etc., génér. à la campagne : *Avoir une belle propriété dans le sud de la France.* - **3.** Ce qui est le propre, la qualité particulière de qqch : *Les propriétés de l'oxygène.* - **4.** Adéquation d'un mot, d'une expression à l'idée, à la situation, etc. : *La propriété des termes* (syn. convenance, justesse). - **5.** La grande, la petite propriété, régimes économiques caractérisés par la possession de terres de grande, de petite surface ; ensemble des propriétaires de ces terres. ‖ **Propriété artistique et littéraire**, droit moral et pécuniaire exclusif d'un auteur et de ses ayants droit sur son œuvre. ‖ **Propriété commerciale, industrielle**, droit exclusif d'exploiter un nom commercial, un brevet, une marque de fabrique, etc.

proprioceptif, ive [prɔprijosɛptif, -iv] adj. (de *2. propre* et [*ré*]*ceptif*, [*per*]*ceptif*). Sensibilité proprioceptive, sensibilité propre aux os, aux muscles, aux tendons et aux articulations et qui renseigne sur l'équilibre, le déplacement du corps dans l'espace.

propulser [prɔpylse] v.t. (de *propuls*[*ion*]). - **1.** Envoyer au loin, projeter au moyen d'un propulseur : *Propulser un bateau, un avion, une fusée.* - **2.** Projeter en avant avec violence : *L'explosion a propulsé les passants à vingt mètres.*

propulseur [prɔpylsœr] n.m. - **1.** Organe, machine ou moteur destinés à imprimer un mouvement de propulsion à un navire, à une fusée. - **2.** ETHNOGR. Planchette destinée à accélérer la vitesse de frappe des sagaies. - **3.** ASTRONAUT. Syn. de *moteur-fusée*. - **4.** Propulseur auxiliaire, recomm. off. pour *booster*.

propulsif, ive [prɔpylsif, -iv] adj. Relatif à la propulsion, au mouvement de propulsion : *Hélice propulsive.*

propulsion [prɔpylsjɔ̃] n.f. (du lat. *propulsus*, de *propellere* "pousser devant soi"). Action de propulser ; fait d'être propulsé : *La propulsion à réaction.*

propylée [prɔpile] n.m. (gr. *propulaion* "ce qui est devant la porte"). - **1.** ANTIQ. GR. Entrée monumentale d'un palais, d'un sanctuaire grecs, constituée essentiellement d'une façade à colonnade doublée d'un vestibule. - **2.** Les Propylées, les propylées de l'Acropole d'Athènes.

propylène [prɔpilɛn] et **propène** [prɔpɛn] n.m. (de *propane*, d'apr. *éthyle*). Hydrocarbure comportant une double liaison carbone-carbone. □ Formule : C_3H_6.

prorata [prɔrata] n.m. inv. (lat. *pro rata* [*parte*] "selon la part déterminée"). **Au prorata de**, en proportion de : *Percevoir des bénéfices au prorata de sa mise de fonds.*

prorogation [prɔrɔgasjɔ̃] n.f. Action de proroger : *La prorogation d'un délai* (syn. prolongation).

proroger [prɔrɔʒe] v.t. (lat. *prorogare*) [conj. 17]. - **1.** Reporter à une date ultérieure, prolonger la durée de : *Proroger un contrat.* - **2.** DR. Prolonger les fonctions d'une assemblée délibérante au-delà de la date légale ; suspendre et fixer à une date ultérieure les séances d'une assemblée.

prosaïque [prɔzaik] adj. (bas lat. *prosaicus* "écrit en prose", du class. *prosa* "prose"). Qui manque de noblesse, d'idéal : *Avoir des goûts prosaïques* (syn. banal, commun). *Mener une vie très prosaïque* (syn. ordinaire, terre à terre).

prosaïquement [prɔzaikmɑ̃] adv. De façon prosaïque.

prosaïsme [prɔzaism] n.m. Caractère de ce qui est prosaïque : *Le prosaïsme de ses remarques est navrant* (syn. banalité, platitude).

prosateur [prɔzatœr] n.m. Auteur qui écrit en prose.

proscenium [prɔsenjɔm] n.m. (mot lat., du gr. *proskênion*, de *skênê* "scène"). - **1.** ANTIQ. GR. Devant de la scène d'un théâtre antique. - **2.** Syn. de *avant-scène*.

proscription [prɔskripsjɔ̃] n.f. (lat. *proscriptio* ; v. *proscrire*). - **1.** ANTIQ. ROM. Condamnation arbitraire annoncée par voie d'affiches, et qui donnait licence à quiconque de tuer ceux dont les noms étaient affichés. - **2.** Autref., condamnation au bannissement. - **3.** Action de proscrire : *La proscription d'un usage* (syn. interdiction, prohibition).

proscrire [prɔskrir] v.t. (lat. *proscribere* "afficher", puis "porter sur une table de proscription") [conj. 99]. - **1.** ANTIQ. ROM. Mettre hors la loi par proscription. - **2.** Autref., condamner au bannissement. - **3.** Interdire formellement, rejeter l'usage de : *Proscrire le recours à la violence* (syn. prohiber).

proscrit, e [prɔskri, -it] adj. et n. Frappé de proscription : *Vivre en proscrit* (syn. exilé).

prose [proz] n.f. (lat. *prosa*, de *prosa oratio* "discours qui va en droite ligne", de *prorsus* "en avant"). Forme ordinaire du discours parlé ou écrit, qui n'est pas assujettie aux règles de rythme et de musicalité propres à la poésie : *Faire de la prose. Poème en prose.*

prosélyte [prɔzelit] n. (lat. ecclés. *proselytus* "converti", gr. *prosêlutos* "étranger domicilié"). - **1.** HIST. Païen converti au judaïsme. - **2.** Nouveau converti à une foi religieuse.

- **3.** Personne récemment gagnée à une cause, une doctrine : *L'ardeur d'un prosélyte.*

prosélytisme [prɔzelitism] n.m. Zèle ardent pour recruter des adeptes, pour tenter d'imposer ses idées : *Faire du prosélytisme politique.*

prosodie [prɔzɔdi] n.f. (gr. *prosôdia* "accent tonique", de *ôdê* "chant"). - **1.** LITTÉR. Ensemble des règles relatives à la quantité des voyelles qui régissent la composition des vers, notamm. grecs et latins. - **2.** LING. Partie de la phonétique qui étudie l'intonation, l'accentuation, les tons, le rythme, les pauses, la durée des phonèmes. - **3.** MUS. Étude des règles de concordance des accents d'un texte et de ceux de la musique qui l'accompagne.

prosodique [prɔzɔdik] adj. Relatif à la prosodie : *Les règles prosodiques.*

prosopopée [prɔzɔpɔpe] n.f. (lat. *prosopopeia*, mot gr. de *prosôpon* "personne"). RHÉT. Procédé par lequel l'orateur ou l'écrivain prête la parole à des morts ou à des absents, à des êtres inanimés qu'il personnifie.

prospecter [prɔspɛkte] v.t. (angl. *to prospect*, du lat. *prospectus* "vue, perspective"). - **1.** Étudier un terrain afin d'en découvrir les gisements minéraux : *Prospecter une région, un terrain pour trouver du pétrole.* - **2.** Parcourir méthodiquement un lieu, une région pour y découvrir qqch : *J'ai prospecté tout le quartier pour trouver une boulangerie.* - **3.** Rechercher par divers moyens de la clientèle : *Prospecter une clientèle.* ◆ v.i. Faire de la prospection quelque part, y chercher qqch : *J'ai prospecté dans toute la ville pour trouver un appartement.*

prospecteur, trice [prɔspɛktœr, -tris] n. et adj. Personne qui prospecte : *Agent prospecteur.*

prospectif, ive [prɔspɛktif, -iv] adj. (bas lat. *prospectivus*, de *prospectus*, de *prospicere* "regarder devant"). Orienté vers l'avenir : *Étude prospective du marché.*

prospection [prɔspɛksjɔ̃] n.f. - **1.** Action de prospecter un terrain : *Prospection pétrolière.* - **2.** Exploration méthodique d'un lieu pour y trouver qqn ou qqch : *Il a fait de la prospection dans le quartier pour trouver un club d'informatique.* - **3.** Recherche systématique de la clientèle (notamm. par des envois de circulaires, des visites de représentants, etc.) : *Faire de la prospection par sondages.*

prospective [prɔspɛktiv] n.f. (de *prospectif*). Science ayant pour objet l'étude des causes qui accélèrent l'évolution du monde moderne, et la prévision des situations qui en découlent.

prospectus [prɔspɛktys] n.m. (mot lat. "vue, aspect"). Imprimé diffusé gratuitement à des fins d'information ou de publicité : *Distribuer des prospectus publicitaires.*

prospère [prɔspɛr] adj. (lat. *prosperus* "favorable"). - **1.** Qui est dans un état heureux de succès, de réussite : *Commerce, affaires prospères* (syn. florissant). *Notaire prospère* (syn. fortuné). - **2.** Qui est en bonne santé, qui a belle apparence : *Une mine prospère* (syn. resplendissant).

prospérer [prɔspere] v.i. (lat. *prosperare* ; v. *prospère*) [conj. 18]. Connaître un accroissement rapide : *Son commerce prospère* (contr. péricliter). - **2.** Se développer au mieux : *Les kiwis prospèrent dans cette région.*

prospérité [prɔsperite] n.f. État de ce qui est prospère : *Je vous souhaite bonheur et prospérité* (syn. richesse, abondance). *L'état de prospérité des affaires* (contr. marasme).

prostate [prɔstat] n.f. (gr. *prostatês* "qui se tient en avant"). Glande de l'appareil génital masculin, qui entoure la partie initiale de l'urètre jusqu'au col de la vessie et sécrète un des composants du sperme.

prostatique [prɔstatik] adj. Relatif à la prostate.

prosternation [prɔsternasjɔ̃] n.f. et **prosternement** [prɔsternəmɑ̃] n.m. Action de se prosterner ; attitude d'une personne prosternée : *Les prosternations des fidèles.*

se prosterner [prɔsterne] v.pr. (lat. *prosternere* "coucher en avant"). Se courber jusqu'à terre en signe d'adoration, de respect : *Se prosterner devant un autel* (syn. s'incliner).

prostitué, e [prɔstitɥe] n. Personne qui se prostitue.

prostituer [prɔstitɥe] v.t. (lat. *prostituere* "exposer en public" puis "déshonorer") [conj. 7]. - **1.** Livrer à la prostitution. - **2.** Avilir, dégrader en utilisant pour des tâches indignes ou à des fins vénales : *Prostituer son talent.* ◆ **se prostituer** v.pr. - **1.** Se livrer à la prostitution. - **2.** Avilir son talent : *Artiste qui se prostitue.*

prostitution [prɔstitɥsjɔ̃] n.f. (lat. ecclés. *prostitutio*). - **1.** Acte par lequel une personne consent à des rapports sexuels contre de l'argent. - **2.** Usage dégradant de dons, de talents, de valeurs : *La prostitution de l'art par des marchands sans scrupule* (syn. avilissement, dégradation).

prostration [prɔstrasjɔ̃] n.f. (lat. *prostratio* "prosternement"). État de profond abattement.

prostré, e [prɔstre] adj. (lat. *prostratus*, de *prosternere* "abattre"). En état de prostration : *Elle demeura prostrée à l'annonce de la catastrophe* (syn. abattu, anéanti).

protagoniste [prɔtagɔnist] n. (gr. *prôtagonistês*, de *prôtos* "premier" et *agôn* "combat").

- **1.** LITTÉR. Acteur, actrice qui a le rôle principal : *Le protagoniste dans la tragédie grecque.* - **2.** Personnage important d'une pièce de théâtre, d'un film, d'un roman. - **3.** Personne qui joue le rôle principal ou l'un des rôles principaux dans une affaire : *Les protagonistes d'une révolte* (syn. meneur, instigateur).

protecteur, trice [prɔtektœr, -tris] adj. et n. Qui protège : *Société protectrice des animaux* (= qui recueille et défend les animaux contre les sévices). *Le protecteur des faibles. Protecteur des arts* (= mécène). ◆ adj. Qui marque une attitude de protection condescendante : *Air, ton protecteur.*

protection [prɔtɛksjɔ̃] n.f. (bas lat. *protectio*). - **1.** Action de protéger : *Assurer la protection de qqn* (syn. défense, sauvegarde). *Se placer sous la protection d'un ami* (= lui demander secours et assistance). - **2.** Ce qui protège, assure contre un risque, un danger, un mal : *C'est une protection contre le froid.* - **3.** Avoir des protections, de hautes protections, avoir des protecteurs haut placés. - **4.** Par protection, par faveur : *Obtenir un poste par protection.* ‖ Protection civile, sécurité* civile. ‖ Protection rapprochée, moyens mis en œuvre pour empêcher toute action menée à courte distance contre une personnalité. ‖ Protection sociale, ensemble des régimes qui assurent ou complètent une couverture sociale ainsi que diverses prestations à caractère familial ou social.

protectionnisme [prɔtɛksjɔnism] n.m. Politique de protection de la production nationale contre la concurrence étrangère, notamm. par des mesures douanières (par opp. à *libre-échange*). ◆ **protectionniste** adj. et n. Propre au protectionnisme ; partisan du protectionnisme.

protectorat [prɔtɛktɔra] n.m. Régime juridique caractérisé par la protection qu'un État fort assure à un État faible en vertu d'une convention ou d'un acte unilatéral : *La Tunisie a été sous protectorat français de 1881 à 1939.*

protégé, e [prɔteʒe] n. Personne qui bénéficie de la protection de qqn : *C'est la protégée du professeur.* ◆ adj. À l'abri des dangers, des dommages : *Site protégé.* (V. aussi *protéger.*)

protège-cahier [prɔtɛʒkaje] n.m. (pl. *protège-cahiers*). Couverture souple servant à protéger un cahier.

protéger [prɔteʒe] v.t. (lat. *protegere* "couvrir en avant") [conj. 22]. - **1.** Mettre à l'abri de dangers, d'incidents : *Un étui pour protéger les lunettes* (= les préserver des chocs). *Policiers chargés de protéger le ministre. Un imperméable protège de la pluie* (syn. garantir). *Le vaccin protège contre les épidémies* (syn. immuniser). - **2.** Assurer son patronage, son soutien à qqn : *Protéger un candidat* (syn. favoriser, soutenir). - **3.** Favoriser par une aide le développement d'un domaine d'activité : *Protéger les arts* (syn. encourager).

protéiforme [pRɔteifɔRm] adj. (de *Protée,* qui avait le don de se métamorphoser à volonté). Susceptible de prendre diverses formes, d'en changer fréquemment.

protéine [pRɔtein] n.f. (du gr. *prôtos* "premier"). Macromolécule constituée par l'association d'acides aminés reliés par des liaisons peptiques.

protéinique [pRɔteinik] et **protéique** [pRɔteik] adj. Relatif aux protéines.

protestant, e [pRɔtɛstɑ̃, -ɑ̃t] n. et adj. (de *protester*). Personne qui professe le protestantisme : *L'Édit de Nantes a accordé aux protestants le libre exercice de leur culte.* ◆ adj. Qui appartient au protestantisme : *La religion protestante.*

protestantisme [pRɔtɛstɑ̃tism] n.m. Ensemble des Églises et des communautés chrétiennes issues de la Réforme ; leur doctrine.

protestataire [pRɔtɛstatɛR] adj. et n. SOUT. Qui proteste contre qqn, qqch : *Les députés protestataires* (syn. contestataire).

protestation [pRɔtɛstasjɔ̃] n.f. - **1.** Action de protester : *Faire grève en signe de protestation.* - **2.** SOUT. Affirmation vigoureuse de ses bons sentiments : *Multiplier les protestations d'amitié* (syn. assurance, témoignage).

protester [pRɔtɛste] v.i. (lat. *protestari* "déclarer publiquement"). Déclarer avec force son opposition, s'élever contre qqch : *Protester contre une mesure* (= s'opposer à ; syn. s'indigner). *J'ai eu beau protester, rien n'y a fait* (syn. réclamer). ◆ v.t. ind. **[de]**. SOUT. Donner l'assurance formelle de sa bonne foi, de ses bons sentiments : *Protester de son innocence.*

protêt [pRɔtɛ] n.m. (de *protester*). DR. Acte constatant le non-paiement ou le refus d'acceptation d'un effet de commerce et permettant des poursuites immédiates contre le débiteur.

prothalle [pRɔtal] n.m. (du gr. *thallos* "branche"). BOT. Petite lame verte résultant de la germination des spores de fougères ou de plantes voisines et portant les gamètes mâles ou femelles (ou à la fois les uns et les autres).

prothèse [pRɔtɛz] n.f. (gr. *prothesis* "addition"). - **1.** Pièce ou appareil de remplacement d'un organe ou d'un membre : *Prothèse dentaire* (syn. dentier, bridge). *Avoir une prothèse à la jambe.* - **2.** Technique ayant pour objet le remplacement partiel ou total d'un organe ou d'un membre.

prothésiste [pRɔtezist] n. Fabricant de prothèses et, notamm., de prothèses dentaires.

prothrombine [pRɔtRɔ̃bin] n.f. Substance contenue dans le sang et qui participe à sa coagulation.

protide [pRɔtid] n.m. Syn. de *protéine,* spécial. dans le domaine de la diététique : *Régime riche en protides.*

protidique [pRɔtidik] adj. Relatif aux protides : *Apport protidique journalier.*

protiste [pRɔtist] n.m. (du gr. *prôtos* "premier"). Protistes, groupe rassemblant toutes les espèces vivantes unicellulaires à noyau distinct.

protocolaire [pRɔtɔkɔlɛR] adj. Conforme au protocole, qui relève du protocole : *Visite protocolaire.*

protocole [pRɔtɔkɔl] n.m. (lat. *protocollum* "document notarié", gr. *prôtokollon,* propr. "ce qui est collé en premier"). - **1.** Ensemble des règles établies en matière d'étiquette, d'honneur et de préséances dans les cérémonies officielles : *Respecter le protocole.* - **2.** Procès-verbal consignant les résolutions d'une assemblée, d'une conférence ; ces résolutions elles-mêmes : *Signer un protocole d'accord.* - **3.** Énoncé des conditions et des règles de déroulement d'une expérience : *Protocole thérapeutique.* - **4.** Formulaire utilisé pour la rédaction des actes publics, des lettres officielles.

protohistoire [pRɔtɔistwaR] n.f. Période chronologique, intermédiaire entre la préhistoire et l'histoire, correspondant à l'existence de documents écrits rares ou indirects sur l'histoire des sociétés.

proton [pRɔtɔ̃] n.m. (mot angl., du gr. *prôtos* "premier"). Particule fondamentale chargée d'électricité positive, entrant avec le neutron dans la composition des noyaux atomiques : *Dans un atome, le nombre de protons est égal au nombre d'électrons.*

prototype [pRɔtɔtip] n.m. (lat. *prototypus,* du gr. *prôtotupos*). - **1.** Premier exemplaire, modèle original : *Faire le prototype d'une médaille.* - **2.** Premier exemplaire construit d'un ensemble mécanique, d'un appareil, d'une machine, destiné à en expérimenter les qualités en vue de la construction en série : *Un prototype d'avion.*

protoxyde [pRɔtɔksid] n.m. CHIM. Oxyde le moins oxygéné d'un élément : *Protoxyde d'azote* N_2O.

protozoaire [pRɔtɔzɔɛR] n.m. (de *proto-* et du gr. *zôon* "animal"). Être vivant unicellulaire, dépourvu de chlorophylle et se multipliant par mitose ou par reproduction sexuée. □ L'embranchement des protozoaires comprend les ciliés, les flagellés, les rhizopodes et l'hématozoaire.

protubérance [pRɔtybeRɑ̃s] n.f. (de *protubérant*). - **1.** Saillie en forme de bosse à la surface d'un corps : *Avoir une protubérance sur le cou* (syn. excroissance). **- 2.** ASTRON. Protubérance solaire, éjection de matière souvent observée autour du disque solaire.

protubérant, e [pʀɔtybeʀɑ̃, -ɑ̃t] adj. (bas lat. *protuberans*, de *protuberare* "devenir saillant", du class. *tuber*, *-eris* "excroissance"). Qui forme une protubérance : *Pomme d'Adam protubérante* (syn. proéminent, saillant).

prou [pʀu] adv. (anc. fr. *proud* "beaucoup", de *prou* "profit, avantage", du lat. *prodesse* "être utile"). LITT. Peu ou prou, plus ou moins : *Tout le monde le connaît, peu ou prou.*

proue [pʀu] n.f. (prov. *proa*, lat. *prora*). Partie avant d'un navire (par opp. à *poupe*).

prouesse [pʀus] n.f. (de *preux*). Exploit, action d'éclat : *Prouesses sportives* (syn. performance). *Improviser un repas pour dix personnes, c'est une prouesse.*

proustien, enne [pʀustjɛ̃, -ɛn] adj. **- 1.** Relatif à Marcel Proust, à son œuvre. **- 2.** Qui évoque le style, l'atmosphère des œuvres de Proust : *Phrase à la musicalité très proustienne.*

prouvable [pʀuvabl] adj. Qui peut être prouvé.

prouver [pʀuve] v.t. (lat. *probare* "éprouver"). **- 1.** Établir par des raisonnements, des témoignages incontestables la vérité de qqch : *Il cherche à prouver qu'il était absent* (syn. démontrer). *Prouver sa bonne foi.* **- 2.** Marquer, dénoter, faire apparaître la réalité de qqch : *Comment vous prouver ma reconnaissance ?* (syn. témoigner).

provenance [pʀɔvnɑ̃s] n.f. (de *provenir*). Origine : *Marchandises de provenance étrangère. Avion en provenance de Lisbonne* (= venant de).

provençal, e, aux [pʀɔvɑ̃sal, -o] adj. et n. (du lat. *provincia* [*romana*] "province romaine"). **- 1.** De la Provence : *La cuisine provençale. Une réunion de Provençaux.* **- 2.** CUIS. À la provençale, épicé avec de l'ail. ◆ n.m. **- 1.** Groupe de dialectes occitans parlés princ. dans la basse vallée du Rhône et à l'est de celle-ci. **- 2.** Par ext., syn. de *occitan.*

provenir [pʀɔvniʀ] v.i. (lat. *provenire*) [conj. 40 ; auxil. *être*]. **- 1.** Tirer son origine de qqch, avoir pour cause : *Ce résultat provient d'une erreur de calcul* (syn. résulter de). **- 2.** (Surtout au p. présent). Venir d'un lieu : *Un vin provenant de Californie* (= en provenance de).

proverbe [pʀɔvɛʀb] n.m. (lat. *proverbium*, de *verbum* "mot"). Court énoncé exprimant un conseil populaire, une vérité de bon sens ou d'expérience, et qui sont devenus d'usage commun (ex. : *À chaque jour suffit sa peine*).

proverbial, e, aux [pʀɔvɛʀbjal, -o] adj. **- 1.** Qui tient du proverbe : *Expression proverbiale.* **- 2.** Qui est comme passé en proverbe, qui est connu de tous : *Sa maladresse est proverbiale* (syn. célèbre, légendaire).

proverbialement [pʀɔvɛʀbjalmɑ̃] adv. De façon proverbiale : *On dit proverbialement que...*

providence [pʀɔvidɑ̃s] n.f. (lat. *providentia*, de *providere* "prévoir"). **- 1.** Suprême sagesse qu'on attribue à Dieu et par laquelle il gouvernerait toutes choses. **- 2.** (Avec une majuscule). Dieu en tant qu'il gouverne le monde. **- 3.** Personne, événement, etc., qui arrive à point nommé pour sauver une situation, ou qui constitue une chance, un secours exceptionnels : *C'est une providence que vous soyez ici précisément maintenant.* **- 4.** Personne qui veille, aide, protège : *Il est la providence des sans-logis.*

providentiel, elle [pʀɔvidɑ̃sjɛl] adj. **- 1.** Relatif à la Providence ; réglé, voulu, provoqué par elle. **- 2.** Qui arrive par un heureux hasard, d'une manière opportune et inattendue : *Des secours providentiels* (syn. inespéré).

providentiellement [pʀɔvidɑ̃sjɛlmɑ̃] adv. De façon providentielle : *Il est arrivé providentiellement.*

province [pʀɔvɛ̃s] n.f. (lat. *provincia*, de *vincere* "vaincre"). **- 1.** Division territoriale d'un État placée sous l'autorité d'un délégué du pouvoir central ; habitants de ce territoire. **- 2.** Ensemble de toutes les régions de France à l'exception de Paris et sa banlieue : *Être nommé en province.* **- 3.** ANTIQ. ROM. Pays, territoire conquis hors de l'Italie, assujetti à Rome et administré par un magistrat romain. **- 4.** Province ecclésiastique, ensemble de diocèses dépendant d'un même archevêché ou d'une même métropole.

provincial, e, aux [pʀɔvɛ̃sjal, -o] adj. **- 1.** D'une province : *Administration provinciale.* **- 2.** De la province, par opp. à la capitale : *La vie provinciale.* **- 3.** Qui n'a pas l'aisance que l'on prête habituellement aux habitants de la capitale (péjor.) : *Avoir un air provincial.* ◆ n. Personne qui habite la province : *Un jeune provincial qui arrive à Paris.*

provincialisme [pʀɔvɛ̃sjalism] n.m. **- 1.** Mot, tournure propre à une province. **- 2.** Gaucherie que l'on prête parfois aux gens de la province (péjor.).

proviseur [pʀɔvizœʀ] n.m. (lat. *provisor* "qui pourvoit à"). Fonctionnaire chargé de la direction d'un lycée (s'il s'agit d'une femme, elle est désignée sous le nom de *directrice*).

provision [pʀɔvizjɔ̃] n.f. (lat. *provisio* "prévoyance", de *providere* "pourvoir"). **- 1.** Accumulation de choses nécessaires en vue d'un usage ultérieur : *Provision de bois* (syn. réserve, stock). - **2.** Somme déposée en banque destinée à couvrir des paiements ultérieurs : *Chèque sans provision.* - **3.** Somme versée à titre d'acompte à un avocat, un notaire, etc. ; avance. - **4.** FIN. Somme inscrite au passif d'un bilan pour parer à une perte probable : *Provision pour créance douteuse.* - **5.** Une provision de, une forte quantité de. ◆ **provisions** n.f. pl. Produits alimentaires ou d'entretien nécessaires à l'usage quotidien.

provisionnel, elle [pʀɔvizjɔnɛl] adj. Qui se fait par provision, en attendant le règlement définitif : *Payer son tiers provisionnel à l'administration fiscale. Acompte provisionnel.*

provisionner [pʀɔvizjɔne] v.t. BANQUE. Créditer un compte d'un montant suffisant pour assurer son fonctionnement.

provisoire [pʀɔvizwaʀ] adj. (du lat. *provisus* "prévu", de *providere* "prévoir"). Qui a lieu, qui se fait, qui existe en attendant un état définitif : *Solution provisoire* (syn. transitoire). *Un gouvernement provisoire.* ◆ n.m. Ce qui dure peu de temps, état transitoire : *Sortir du provisoire.*

provisoirement [pʀɔvizwaʀmɑ̃] adv. De façon provisoire : *Loger provisoirement à l'hôtel* (syn. temporairement).

provocant, e [pʀɔvɔkɑ̃, -ɑ̃t] adj. - **1.** Qui constitue une provocation, qui est volontairement agressif : *Paroles provocantes.* - **2.** Qui excite la sensualité, qui incite au désir : *Poses, allures provocantes.*

provocateur, trice [pʀɔvɔkatœʀ, -tʀis] adj. et n. - **1.** Qui provoque le désordre, la violence : *Des provocateurs sont à l'origine de l'émeute.* - **2.** Se dit d'une personne qui incite à des actes séditieux ou délictueux dans le but de justifier des représailles : *Agent provocateur.*

provocation [pʀɔvɔkasjɔ̃] n.f. - **1.** Action de provoquer, incitation à commettre des actes répréhensibles, une infraction : *Cet article est une véritable provocation au meurtre* (syn. appel, incitation). - **2.** Fait ou geste destiné à provoquer : *Ne pas répondre à une provocation.*

provoquer [pʀɔvɔke] v.t. (lat. *provocare* "appeler dehors"). - **1.** Exciter par un comportement agressif, inciter à des réactions violentes : *Il m'a attaqué sans que je l'aie provoqué* (syn. défier). - **2.** Exciter le désir érotique par son attitude : *Hier, elle n'a pas cessé de le provoquer.* - **3.** Produire, être la cause de qqch : *Ces paroles provoquèrent sa colère* (syn. susciter). *Provoquer une catastrophe* (syn. déclencher).

proxénète [pʀɔksenɛt] n. (lat. *proxeneta* "courtier", gr. *proxenêtês*, de *xenos* "hôte", médiateur"). Personne qui se livre au proxénétisme.

proxénétisme [pʀɔksenetism] n.m. Activité consistant à tirer profit de la prostitution d'autrui ou à la favoriser.

proximité [pʀɔksimite] n.f. (lat. *proximitas*, de *proximus* "très proche"). Voisinage immédiat : *La proximité des commerçants est appréciable* (contr. éloignement). *Y a-t-il un restaurant à proximité ?* (= tout près).

prude [pʀyd] adj. et n.f. (de *preux*). D'une pudeur affectée, outrée ou hypocrite : *Une personne prude* (syn. pudibond).

prudemment [pʀydamɑ̃] adv. Avec prudence : *Avancer prudemment* (= avec précaution, circonspection).

prudence [pʀydɑ̃s] n.f. (lat. *prudentia*). Attitude qui consiste à peser à l'avance tous ses actes, à entrevoir les dangers qu'ils comportent et à agir de manière à éviter toute erreur, tout risque inutile : *Faire preuve de prudence* (syn. circonspection, sagesse).

prudent, e [pʀydɑ̃, -ɑ̃t] adj. et n. (lat. *prudens*). Qui agit avec prudence, qui dénote de la prudence : *Un automobiliste prudent. Une conduite prudente dans une affaire* (syn. modéré, mesuré). *Il jugea qu'il était plus prudent d'attendre* (syn. raisonnable, sage).

pruderie [pʀydʀi] n.f. (de *prude*). Affectation de vertu : *La pruderie d'une sainte-nitouche* (syn. pudibonderie).

prud'homal, e, aux [pʀydɔmal, -o] adj. Relatif aux conseils de prud'hommes : *Conseiller prud'homal.*

prud'homme [pʀydɔm] n.m. (de *preux* et *homme*). - **1.** Conseil de prud'hommes, tribunal composé à égalité de représentants des salariés et des employeurs, et dont le rôle est de trancher les conflits individuels du travail (on dit cour. les *prud'hommes*). - **2.** Membre du conseil de prud'hommes.

prune [pʀyn] n.f. (lat. *prunum*). - **1.** Fruit comestible du prunier, à la pulpe molle, juteuse et sucrée. - **2.** FAM. **Pour des prunes,** pour rien : *Je suis venue pour des prunes, elle n'était pas là.* ◆ adj. inv. D'une couleur violet foncé.

pruneau [pʀyno] n.m. Prune séchée au four ou au soleil en vue de sa conservation.

1. prunelle [pʀynɛl] n.f. (de *prune*). - **1.** Fruit du prunellier. - **2.** Liqueur, eau-de-vie faite avec ce fruit.

2. prunelle [pʀynɛl] n.f. (de *1. prunelle*). - **1.** Pupille de l'œil. - **2.** Tenir à qqch comme à la prunelle de ses yeux, le considérer comme ce qu'on a de plus précieux.

prunellier [pʀynɛlje] n.m. Prunier sauvage épineux.

prunier [pʀynje] n.m. Arbre aux fleurs blanches cultivé surtout pour ses fruits, les prunes. □ Famille des rosacées.

prunus [pʀynys] n.m. (lat. scientif. "prunier"). Prunier ou prunellier cultivé comme arbre d'ornement.

prurigineux, euse [pʀyʀiʒinø, -øz] adj. (du lat. *prurigo*). MÉD. Qui provoque un prurit, une démangeaison.

prurigo [pʀyʀigo] n.m. (mot lat. "démangeaison"). MÉD. Dermatose caractérisée par des papules surmontées d'une vésicule et par des démangeaisons intenses.

prurit [pʀyʀit] n.m. (lat. *pruritus*, de *prurire* "démanger"). MÉD. Vive démangeaison.

prytanée [pʀitane] n.m. (gr. *prutaneion*). ANTIQ. GR. - **1.** Édifice public des cités grecques, où l'on entretenait le feu sacré et où les responsables de l'État (*prytanes*) et leurs hôtes prenaient leurs repas. - **2.** Établissement militaire d'enseignement du second degré.

psalliote [psaljɔt] n.f. (du gr. *psalis* "voûte"). Champignon comestible à lames et à anneau dont une variété est cour. appelée *champignon de couche*. □ Classe des basidiomycètes, famille des agaricacées.

psalmodie [psalmɔdi] n.f. (lat. ecclés. *psalmodia*, du gr. *psalmos* "psaume" et *ôdê* "chant"). - **1.** Manière de chanter, de réciter les psaumes. - **2.** LITT. Manière monotone de réciter, de chanter.

psalmodier [psalmɔdje] v.t. et v.i. [conj. 9]. - **1.** Réciter, chanter un, des psaumes sans inflexion de voix, avec des repos marqués. - **2.** Dire, débiter d'une manière monotone : *Psalmodier une poésie.*

psaume [psom] n.m. (lat. ecclés. *psalmus*, gr. *psalmos*, de *psalleîn* "faire vibrer une corde"). Chant liturgique de la religion d'Israël passé dans le culte chrétien et constitué d'une suite variable de versets.

psautier [psotje] n.m. (lat. *psalterium*, du gr.). Recueil de psaumes.

pschent [pʃɛnt] ou [pskɛnt] n.m. (mot égyptien). Coiffure des pharaons.

pseudo-, préfixe, de l'élément gr. *pseudo*, de *pseudês* « trompeur », exprimant l'idée de fausseté, de tromperie (*pseudo-intellectuel*) ou d'approximation (*pseudopode*). **Rem.** Le recours au trait d'union est quasi systématique lorsque *pseudo* est utilisé de manière productive dans la langue savante.

pseudonyme [psødɔnim] n.m. (gr. *pseudônumos*, de *onuma* "nom"). Nom d'emprunt choisi par qqn pour dissimuler son identité, notamm. dans le domaine littéraire ou artistique : *George Sand est le pseudonyme d'Aurore Dupin.* (Abrév. fam. *pseudo.*)

pseudopode [psødɔpɔd] n.m. (de *pseudo-* et *-pode*). BIOL. Expansion du cytoplasme de la cellule servant à la locomotion et à la phagocytose chez certains protozoaires.

psi [psi] n.m. inv. Vingt-troisième lettre de l'alphabet grec (Ψ, ψ).

psitt [psit] ou **pst** [pst] interj. Sert à appeler, attirer l'attention : *Psitt ! Par ici !*

psittacisme [psitasism] n.m. (du lat. *psittacus* "perroquet"). Répétition mécanique de phrases, de formules par un sujet qui ne les comprend pas.

psoriasis [psɔʀjazis] n.m. (mot gr. "éruption galeuse"). Dermatose chronique caractérisée par des plaques rouges recouvertes d'épaisses squames blanches.

psychanalyse [psikanaliz] n.f. (all. *Psychoanalyse*, du gr. *psukhê* "âme" et *analyse*). - **1.** Théorie de la vie psychique, formulée par S. Freud, posant l'inconscient comme instance qui régit certains comportements à partir d'éléments refoulés. - **2.** Méthode d'investigation psychologique reposant sur cette théorie. - **3.** Cure mettant en œuvre cette méthode : *Faire une psychanalyse* (syn. analyse).

psychanalyser [psikanalize] v.t. Soumettre à un traitement psychanalytique ; analyser.

psychanalyste [psikanalist] n. Praticien de la psychanalyse (abrév. fam. *psy* ; syn. analyste).

psychanalytique [psikanalitik] adj. Relatif à la psychanalyse : *Cure psychanalytique.*

psychasthénie [psikasteni] n.f. État névrotique caractérisé notamm. par l'aboulie, l'asthénie et le doute.

1. **psyché** [psiʃe] n.f. (de *Psyché*, n. mythol.). Grand miroir inclinable, pivotant sur un châssis reposant sur le sol.

2. **psyché** [psiʃe] n.f. (gr. *psukhê* "âme"). PSYCHOL. PSYCHAN. Ensemble des composants relationnels et affectifs du moi.

psychédélique [psikedelik] adj. (angl. *psychedelic*, du gr. *delos* "manifeste, visible"). - **1.** Se dit de l'état résultant de l'absorption d'hallucinogènes. - **2.** Qui évoque cet état : *Musique psychédélique.*

psychiatrie [psikjatri] n.f. Discipline médicale dont l'objet est l'étude et le traitement des maladies mentales. ◆ **psychiatre** n. Nom du spécialiste.

psychiatrique [psikjatrik] adj. Relatif à la psychiatrie : *Hôpital psychiatrique.*

psychique [psiʃik] adj. (du gr. *psukhê* "âme"). Qui concerne la psyché, la vie mentale, les états de conscience : *Les phénomènes psychiques* (syn. mental).

psychisme [psiʃism] n.m. Structure mentale, ensemble des caractères psychiques d'un individu.

psychodrame [psikɔdʀam] n.m. - **1.** Improvisation dirigée de scènes dans lesquelles, dans un but thérapeutique, les personnes d'un groupe jouent un rôle proche de leur situation réelle. - **2.** Situation où s'expriment entre des personnes des rapports fortement marqués par l'affectivité et évoquant le psychodrame.

psychogène [psikɔʒɛn] adj. DIDACT. Dont la cause est purement psychique : *Troubles psychogènes.*

psycholinguistique [psikɔlɛ̃gҷistik] n.f. Étude scientifique des facteurs psychiques qui permettent la production et la compréhension du langage. ◆ adj. Relatif à la psycholinguistique.

psychologie [psikɔlɔʒi] n.f. (de *psycho-* et *-logie*). - **1.** Étude scientifique des faits psychiques. - **2.** Connaissance empirique ou intuitive des sentiments, des idées, des comportements d'autrui : *Manquer de psychologie.* - **3.** Analyse des sentiments, des états de conscience : *La fine psychologie de Racine.* - **4.** Ensemble des manières de penser, de sentir, d'agir qui caractérisent une personne, un groupe : *La psychologie des Français* (syn. mentalité).

psychologique [psikɔlɔʒik] adj. - **1.** Relatif à la psychologie, aux faits psychiques : *Analyse, étude psychologique. Roman psychologique* (= qui s'attache à l'étude des sentiments). - **2.** Qui agit sur le psychisme : *Action, guerre psychologique.* - **3.** Qui relève de la vie psychique : *Il se croit malade mais c'est psychologique.* - **4.** **Moment psychologique,** moment opportun pour une action efficace.

psychologiquement [psikɔlɔʒikmã] adv. Au point de vue psychologique : *Un personnage psychologiquement invraisemblable.*

psychologue [psikɔlɔg] n. - **1.** Spécialiste de psychologie ; professionnel de la psychologie appliquée (abrév. fam. *psy*). - **2.** **Psychologue scolaire,** psychologue attaché à un ou plusieurs établissements d'enseignement pour faire passer des tests aux élèves et, le cas échéant, conseiller leur famille. ◆ adj. et n. Se dit de qqn qui discerne, comprend intuitivement les sentiments, les mobiles d'autrui : *Il n'a pas été très psychologue et il l'a vexé. Serge est un fin psychologue.*

psychométrie [psikɔmetʀi] n.f. Ensemble des méthodes de mesure des phénomènes psychologiques (tests, etc.).

psychométrique [psikɔmetʀik] adj. Qui se rapporte à la psychométrie.

psychomoteur, trice [psikɔmɔtœʀ, -tʀis] adj. - **1.** Qui concerne à la fois la motricité et l'activité psychique : *Le développement psychomoteur chez l'enfant.* - **2.** Qui se rapporte

aux troubles de la motricité sans support organique : *Rééducation psychomotrice.*

psychomotricité [psikɔmɔtʀisite] n.f. Intégration des fonctions motrices et mentales sous l'effet de la maturation du système nerveux.

psychopathe [psikɔpat] n. - **1.** Malade mental. - **2.** PSYCHIATRIE. Malade atteint d'un trouble de la personnalité se manifestant par des comportements antisociaux sans culpabilité apparente.

psychopompe [psikɔpɔ̃p] adj. et n. (gr. *psukhopompos*, de *psukhê* "âme" et *pompaios* "qui conduit"). MYTHOL. Se dit des conducteurs ou des accompagnateurs des âmes des morts (Charon, Hermès, Orphée).

psychose [psikoz] n.f. - **1.** Affection mentale caractérisée par une altération globale de la personnalité et des fonctions intellectuelles bouleversant les rapports du sujet avec la réalité. ▫ La psychiatrie range dans les psychoses la schizophrénie et la psychose maniaco-dépressive. - **2.** Obsession collective provoquée par un événement ou un fléau vécu comme une menace permanente : *Psychose de la guerre.*

psychosensoriel, elle [psikɔsãsɔʀjɛl] adj. Qui concerne à la fois les fonctions psychiques et les fonctions sensorielles : *Phénomènes psychosensoriels* (= hallucinations).

psychosomatique [psikɔsɔmatik] adj. (de *psycho-* et *somatique*). - **1.** Qui concerne à la fois le corps et l'esprit : *Médecine psychosomatique.* - **2.** Se dit de troubles organiques liés princ. à des facteurs d'ordre psychique (conflits, etc.), alors que les symptômes de maladie mentale font défaut.

psychotechnique [psikɔtɛknik] adj. Se dit des tests permettant de mesurer les aptitudes d'un individu, utilisés pour l'orientation et la sélection professionnelles.

psychothérapie [psikɔteʀapi] n.f. Thérapie par des moyens psychiques, fondée généralement sur la relation personnelle qu'entretiennent le thérapeute et le patient. ◆ **psychothérapeute** n. Nom du spécialiste.

psychotique [psikɔtik] adj. et n. Relatif à la psychose ; atteint de psychose : *Troubles psychotiques.*

psychotrope [psikɔtʀɔp] adj. et n.m. (de *psycho-* et *-trope*). PHARM. Se dit d'une substance chimique naturelle ou artificielle dont l'effet essentiel s'exerce sur le psychisme.

ptéranodon [pteʀanɔdɔ̃] n.m. (de *ptér[o]-*, et du gr. *anodous* "édenté"). Reptile fossile volant du secondaire. ▫ Ordre des ptérosauriens.

ptérodactyle [pterodaktil] n.m. (de *ptéro-* et *-dactyle*). Reptile fossile volant du jurassique supérieur d'Europe, à queue courte, à mâchoires recouvertes d'un bec corné. □ Ordre des ptérosauriens.

ptôse [ptoz] n.f. (gr. *ptôsis* "chute"). PATHOL. Descente, chute d'un organe, due au relâchement des muscles ou des ligaments qui le maintiennent : *Ptôse gastrique.*

puant, e [pɥɑ̃, -ɑ̃t] adj. - **1.** Qui sent mauvais, qui exhale une odeur forte et fétide : *Une mare puante* (syn. nauséabond). *La fouine est une bête puante.* - **2.** FAM. Se dit d'une personne qui se rend odieuse par sa vanité, ses manières hautaines : *Il est puant d'orgueil. Elle est devenue puante.*

puanteur [pɥɑ̃tœʀ] n.f. (de *puant*). Odeur forte et nauséabonde : *La puanteur d'un cadavre en décomposition.*

pub [pœb] n.m. (mot angl., abrév. de *public-house*). - **1.** Établissement où l'on sert des boissons alcoolisées, en Grande-Bretagne et en Irlande. - **2.** Café décoré à la manière des pubs anglais, en France.

pubalgie [pybalʒi] n.f. MÉD. Inflammation des tendons qui s'insèrent sur la symphyse pubienne.

pubère [pybɛʀ] adj. et n. (lat. *puber*). Qui a atteint l'âge de la puberté : *Une fille, un garçon pubère.*

pubertaire [pybɛʀtɛʀ] adj. Qui se rapporte à la puberté.

puberté [pybɛʀte] n.f. (lat. *pubertas*). Période de la vie d'un être humain, entre l'enfance et l'adolescence, marquée par le début de l'activité des glandes reproductrices et la manifestation des caractères sexuels secondaires (pilosité, mue de la voix, menstruation, etc.).

pubien, enne [pybjɛ̃, -ɛn] adj. Du pubis.

pubis [pybis] n.m. (mot lat., var. de *pubes* "poil"). - **1.** Partie antérieure de chacun des os iliaques. - **2.** Partie inférieure et médiane du bas-ventre, de forme triangulaire, qui se couvre de poils au moment de la puberté.

publiable [pyblijabl] adj. Qui peut être publié.

1. **public, ique** [pyblik] adj. (lat. *publicus*). - **1.** Qui concerne la collectivité dans son ensemble ou qui en émane (par opp. à *privé*) : *Opinion publique. Il est de notoriété publique qu'il n'est pas l'auteur de ce livre* (= il est notoire que..., tout le monde sait que...). *L'ennemi public numéro un. Personnage public* (= connu de tout le monde). *Faire une déclaration publique* (syn. officiel). - **2.** Qui est à l'usage de tous, accessible à tous : *Jardin public. Le procès a lieu en séance publique* (contr. à huis clos). - **3.** Qui relève de l'État, de l'admi-

nistration d'un pays, qui est géré par l'État (par opp. à *privé*) : *Affaires publiques. Monument public. École publique. Entrer dans la fonction publique* (= devenir fonctionnaire). - **4.** Qui relève de l'Administration ou des finances de l'État : *Secteur public. Trésor public.*

2. **public** [pyblik] n.m. (de 1. *public*). - **1.** Ensemble des gens : *Avis au public* (syn. population). *Porte interdite au public.* - **2.** Ensemble des personnes visées ou atteintes par un média, à qui s'adresse un écrit, qui assistent à un spectacle, etc. : *Ce journal intéresse un public de professionnels* (= des lecteurs). *Le public applaudit* (= les spectateurs). *Parler en public* (= en présence de nombreuses personnes). - **3.** Être bon public, réagir d'emblée, apprécier sans façon une histoire drôle, un spectacle, etc. | **Le grand public,** l'ensemble du public (par opp. à *spécialistes*). | **Grand public,** qui est fait pour le grand public : *Un film grand public.*

publication [pyblikasjɔ̃] n.f. - **1.** Action de faire paraître un écrit : *Publication d'un livre.* - **2.** Ouvrage imprimé, et en partic. ouvrage périodique : *Publications pour la jeunesse* (syn. revue, journal). - **3.** Action de rendre public : *Publication des bans de mariage.* - **4.** Publication assistée par ordinateur (P. A. O.), syn. de microédition.

publiciste [pyblisist] n. - **1.** VX. Journaliste. - **2.** Juriste spécialiste du droit public. - **3.** (Emploi critiqué). Publicitaire.

publicitaire [pyblisitɛʀ] adj. et n. Qui s'occupe de publicité : *Un rédacteur publicitaire.* ◆ adj. Qui concerne la publicité, qui relève de la publicité : *Campagne, slogan publicitaire.*

publicité [pyblisite] n.f. (de 1. *public*). - **1.** Activité ayant pour objet de faire connaître une marque, d'inciter le public à acheter un produit, à utiliser un service ; ensemble des moyens et des techniques employés à cet effet : *Agence de publicité. Cette entreprise fait beaucoup de publicité.* (Abrév. fam. *pub.*) - **2.** Annonce, encart, film, etc., conçus pour faire connaître et vanter un produit, un service : *Passer une publicité à la télévision.* (Abrév. fam. *pub.*) - **3.** Caractère de ce qui est public : *La publicité d'un débat.*

publier [pyblije] v.t. (lat. *publicare*, de *publicus* "public") [conj. 10]. - **1.** Faire paraître un ouvrage, le mettre en vente : *Maison d'édition qui publie des romans* (syn. éditer). *Ce professeur a beaucoup publié.* - **2.** Faire connaître légalement : *Publier une loi.* - **3.** Divulguer, répandre, notamm. par voie de presse : *Publier une information.*

publipostage [pyblipɔstaʒ] n.m. Prospection d'un marché et vente par voie postale (syn. [anglic. déconseillé] mailing).

publiquement [pyblikmã] adv. En public, en présence de nombreuses personnes : *Reconnaître publiquement ses torts.*

puce [pys] n.f. (lat. *pulex, -icis*). - **1.** Insecte sans ailes et à pattes postérieures sauteuses, parasite de l'homme et des mammifères dont il puise le sang par piqûre. □ Type de la famille des pulicidés. - **2.** Puce d'eau, syn. de *daphnie.* - **3.** Petite surface de matériau semi-conducteur (silicium) qui supporte un ou plusieurs circuits intégrés, et notamm. un microprocesseur. - **4.** FAM. Être excité comme une puce, être très excité. ‖ FAM. Mettre la puce à l'oreille, éveiller les doutes ou les soupçons de qqn. ‖ FAM. Secouer les puces à qqn, le réprimander fortement. - **5.** Marché aux puces, Endroit où l'on vend des objets d'occasion (on dit aussi *les puces*).
◆ adj. inv. D'un rouge brun.

puceau, elle [pyso, -ɛl] n. et adj. (bas lat. *pullicellus,* dimin. de *puellus* "jeune garçon"). - **1.** FAM. Garçon, fille vierge. - **2.** La Pucelle, la Pucelle d'Orléans, Jeanne d'Arc.

pucelage [pyslaʒ] n.m. (de *pucelle*). FAM. Virginité.

puceron [pysʀɔ̃] n.m. (de *puce*). Petit insecte qui vit souvent en colonies sur les végétaux dont il puise la sève. □ Ordre des homoptères ; long. 1 mm env.

pudding [pudiŋ] n.m. (mot angl.). Entremets sucré à base de farine, de sucre et de beurre en proportions égales, et garni de fruits. (On écrit aussi *pouding*.)

pudeur [pydœʀ] n.f. (lat. *pudor*). - **1.** Discrétion, retenue qui empêche de dire ou de faire ce qui peut blesser la décence, spécial. en ce qui concerne les questions sexuelles : *Outrage public à la pudeur.* - **2.** Réserve de qqn qui évite de choquer le goût des autres, de les gêner moralement : *Il a eu la pudeur de se taire* (syn. délicatesse).

pudibond, e [pydibɔ̃, -ɔ̃d] adj. (lat. *pudibundus,* de *pudere* "avoir honte"). Qui manifeste une pudeur excessive ; prude.

pudibonderie [pydibɔ̃dʀi] n.f. Attitude, caractère pudibonds ; pruderie.

pudique [pydik] adj. (lat. *pudicus*). - **1.** Qui manifeste de la pudeur : *Un geste pudique. Une jeune fille pudique* (syn. chaste). - **2.** Qui ne manifeste pas facilement ses sentiments, qui est plein de réserve : *Faire une remarque pudique sur ses difficultés financières* (syn. discret).

pudiquement [pydikmã] adv. D'une manière pudique : *Baisser pudiquement les yeux.*

puer [pɥe] v.i. (lat. *putere*) [conj. 7]. - **1.** (Suivi d'un compl. de qualité). Exhaler l'odeur désagréable de : *Il puait le tabac.* - **2.** (Absol.).

Répandre une odeur désagréable : *Ça pue dans cette pièce* (= ça sent mauvais). - **3.** T. FAM. Porter l'empreinte évidente et désagréable de : *Ça pue le fric ici.*

puéricultrice [pɥeʀikyltʀis] n.f. Infirmière diplômée, spécialiste de puériculture.

puériculture [pɥeʀikyltyʀ] n.f. (du lat. *puer* "enfant"). Ensemble des connaissances et des techniques nécessaires aux soins des tout-petits.

puéril, e [pɥeʀil] adj. (lat. *puerilis,* de *puer* "enfant"). - **1.** Qui appartient à l'enfance, qui rappelle l'enfance par sa fraîcheur, sa franchise : *Visage, geste puéril* (syn. enfantin). - **2.** Qui est naïf, enfantin, et paraît déplacé de la part d'un adulte : *Un comportement puéril.*

puérilement [pɥeʀilmã] adv. SOUT. De façon puérile.

puérilité [pɥeʀilite] n.f. - **1.** Caractère de ce qui est puéril, enfantin : *La puérilité d'un comportement.* - **2.** Action ou chose peu sérieuse : *Dire des puérilités* (syn. banalité, enfantillage, futilité).

puerpéral, e, aux [pɥeʀpeʀal, -o] adj. (du lat. *puerpera* "accouchée", de *puer* "enfant" et *parere* "enfanter"). MÉD. Qui est propre aux femmes en couches, à l'accouchement : *Fièvre puerpérale.*

pugilat [pyʒila] n.m. (lat. *pugilatus,* du rad. de *pugnus* "poing"). - **1.** ANTIQ. Combat à coups de poing faisant partie des concours athlétiques, en Grèce. - **2.** Combat, rixe à coups de poing.

pugiliste [pyʒilist] n.m. - **1.** ANTIQ. Athlète qui pratiquait le pugilat. - **2.** LITT. Boxeur.

pugnace [pygnas] adj. (lat. *pugnax, -acis*). LITT. Combatif.

pugnacité [pygnasite] n.f. (lat. *pugnacitas,* de *pugnax* "combatif"). LITT. Combativité, amour de la lutte, de la polémique : *Réussir grâce à sa pugnacité.*

puîné, e [pɥine] adj. et n. (de *puis* et *né*). SOUT. Né après un de ses frères ou une de ses sœurs ; cadet.

puis [pɥi] adv. (lat. pop. *postium,* du class. *post* "après"). - **1.** Introduit un élément qui vient s'ajouter à un élément précédent, dans le temps ou l'espace : *On entendit un crissement de pneus, puis un bruit de tôles froissées* (syn. ensuite). - **2.** FAM. Et puis, d'ailleurs, au reste, de plus : *Je n'ai pas le temps d'aller voir ce film, et puis il ne me tente pas.*

puisage [pɥizaʒ] n.m. Action de puiser.

puisard [pɥizaʀ] n.m. (de *puits*). Égout vertical fermé dans lequel les eaux usées et les eaux de pluie s'écoulent peu à peu par infiltration.

puisatier [pɥizatje] n.m. et adj.m. Terrassier spécialisé dans le forage des puits de faible diamètre.

puiser [pɥize] v.t. et i. (de *puits*). - **1.** Prendre un liquide avec un récipient : *Puiser de l'eau dans la rivière.* - **2.** Extraire, tirer de qqch : *Puiser des thèmes d'inspiration dans le folklore* (syn. emprunter, trouver). - **3.** Puiser aux sources, consulter, utiliser les auteurs originaux.

puisque [pɥiskə] conj. sub. (de *puis* et *que*). - **1.** Marque une relation de cause lorsque la raison est connue ou évidente : *Puisque personne ne vous attend, restez donc avec nous* (syn. vue que, attendu que). - **2.** Dans une exclamative, introduit une justification impatiente : *Mais puisqu'on vous le dit !* **Rem.** *Puisque* s'élide devant les mots *il(s), elle(s), on, en, un, une.*

puissamment [pɥisamɑ̃] adv. D'une manière puissante : *Avion puissamment armé* (syn. fortement).

puissance [pɥisɑ̃s] n.f. (de *puissant*). - **1.** Pouvoir de commander, de dominer, d'imposer son autorité : *La puissance des lois. Il donne une impression de puissance* (syn. force). *User de sa puissance pour obtenir des avantages* (syn. pouvoir, influence). - **2.** Force pouvant produire un effet, énergie : *La puissance d'un moteur est exprimée en chevaux-vapeur. La puissance des éléments. La puissance d'une nation* (= son potentiel économique). - **3.** Qualité de qqn qui agit avec force : *La puissance d'un raisonnement. Sa puissance de travail est considérable* (syn. capacité). - **4.** État souverain : *Les grandes puissances. Espionnage au profit d'une puissance ennemie.* - **5.** PHYS. Quotient du travail accompli par une machine par le temps qu'il lui a fallu pour l'accomplir : *Puissance nominale d'une machine.* - **6.** MIN. Épaisseur d'une couche de minerai ou d'un filon. - **7.** PHILOS. Possibilité, virtualité : *La puissance et l'acte. Exister en puissance.* - **8.** MATH. Fonction qui, à un nombre *a* muni d'un exposant *n* ou *-n*, fait correspondre le produit de *a* fois par lui-même dans le cas de a^n *(a puissance n),* et l'inverse de ce produit dans le cas de a^{-n} *(a puissance moins n).* - **9.** OPT. Caractéristique d'un instrument grossissant (loupe, microscope, etc.) dont la valeur, d'autant plus élevée que le pouvoir de résolution est fort, est égale au quotient de l'angle sous lequel on voit un objet à travers l'instrument par la longueur de cet objet. - **10.** En puissance, de manière virtuelle : *L'avenir est en puissance dans le présent* (syn. virtuellement). ‖ *Puissance administrative* ou *fiscale,* puissance d'un moteur d'automobile ou de motocyclette, calculée pour servir de base à l'imposition fiscale. ◆ **puissances** n.f. pl. - **1.** LITT. Les puissances des ténèbres, de l'enfer, les démons. - **2.** Puissances occultes, forces, personnes qui agissent secrètement.

puissant, e [pɥisɑ̃, ɑ̃t] adj. (anc. p. présent de *pouvoir*). - **1.** Qui a beaucoup de pouvoir, d'autorité, d'influence : *Un homme d'affaires puissant.* - **2.** Qui a un grand potentiel économique, militaire : *De puissants alliés. Une nation puissante.* - **3.** Qui a de la force physique ; qui la manifeste : *Un puissant athlète. Une foulée puissante.* - **4.** Qui agit avec force, qui produit une grande énergie dans un temps déterminé : *Un médicament puissant* (syn. énergique). *Un moteur extrêmement puissant.* ◆ **puissants** n.m. pl. Ceux qui détiennent le pouvoir, la richesse : *Les puissants de la terre.*

puits [pɥi] n.m. (lat. *puteus*). - **1.** Trou vertical creusé dans le sol et souvent maçonné, pour atteindre la nappe aquifère souterraine. - **2.** Trou creusé dans le sol en vue d'extraire du charbon ou un minerai, ou destiné à toute autre fin industrielle : *Puits de pétrole.* - **3.** Puits de science, personne très érudite.

pull [pyl] et **pull-over** [pylɔvɛʀ] n.m. (de l'angl. *to pull-over* "tirer par-dessus [la tête]") [pl. *pulls* et *pull-overs*]. Vêtement en laine, en jersey ou en coton qui s'arrête à la taille et qu'on enfile par la tête (syn. chandail).

pullman [pulman] n.m. (du n. de l'inventeur). - **1.** Autocar très confortable. - **2.** VIEILLI. Voiture de luxe dans certains trains. (On dit aussi *voiture pullman.*)

pullulation [pylylasjɔ̃] n.f. Augmentation très rapide du nombre des individus d'une même espèce, notamm. par disparition de leur prédateur.

pullulement [pylylmɑ̃] n.m. - **1.** Multitude et multiplication d'êtres vivants : *Pullulement d'insectes* (syn. prolifération). - **2.** Profusion, surabondance : *Le pullulement des sectes.*

pulluler [pylyle] v.i. (lat. *pullulare,* de *pullus* "jeune animal"). - **1.** Se reproduire vite en très grand nombre ; proliférer. - **2.** Se trouver, être en très grand nombre : *Les vers pullulent dans les restes de nourriture* (syn. grouiller). *Les fautes pullulent dans ce texte* (syn. abonder, fourmiller).

pulmonaire [pylmɔnɛʀ] adj. (lat. *pulmonarius* ; v. *poumon*). Du poumon, des poumons : *Congestion pulmonaire.*

pulpe [pylp] n.f. (lat. *pulpa*). - **1.** Partie tendre et charnue des fruits, de certains légumes : *La pulpe du raisin, de la betterave.* - **2.** Extrémité charnue des doigts. - **3.** Pulpe dentaire, tissu conjonctif de la cavité dentaire.

pulpeux, euse [pylpø, -øz] adj. - **1.** Qui contient de la pulpe, qui en a la consistance. - **2.** Lèvres pulpeuses, lèvres charnues et sensuelles.

pulsar [pylsaʀ] n.m. (mot angl., de *pulsating star* "étoile à pulsations"). ASTRON. Source de rayonnement radioélectrique, lumineux, X ou gamma, dont les émissions sont très brèves (50 millisecondes env.) et se reproduisent à intervalles extrêmement réguliers.

pulsation [pylsasjɔ̃] n.f. (lat. *pulsatio*). Battement du cœur, des artères : *Son cœur bat à cent pulsations à la minute.*

pulser [pylse] v.t. (angl. *to pulse*). - **1.** TECHN. Faire circuler un fluide par pression. - **2.** Air pulsé, air soufflé par un mécanisme de ventilation mis en circulation par pression : *Chauffage à air pulsé.*

pulsion [pylsjɔ̃] n.f. (de *impulsion*). PSYCHAN. Force à la limite du psychique et de l'organique, qui pousse le sujet à accomplir une action visant à réduire une tension : *Pulsions sexuelles.*

pulsionnel, elle [pylsjɔnɛl] adj. PSYCHAN. Relatif aux pulsions.

pulvérisateur [pylveʀizatœʀ] n.m. Instrument ou machine servant à projeter un liquide en fines gouttelettes.

pulvérisation [pylveʀizasjɔ̃] n.f. Action de pulvériser ; fait d'être pulvérisé : *Pulvérisation de produits insecticides.*

pulvériser [pylveʀize] v.t. (bas lat. *pulverizare*, de *pulvis, -eris* "poussière"). - **1.** Réduire en poudre, en fines parcelles : *Pulvériser de la craie.* - **2.** Projeter un liquide en fines gouttelettes : *Pulvériser de l'eau sur une plante verte.* - **3.** Détruire complètement : *Le choc a pulvérisé l'auto* (syn. broyer, écraser). - **4.** Pulvériser un record, le dépasser très largement.

pulvérulent, e [pylveʀylɑ̃, -ɑ̃t] adj. (lat. *pulverulentus*, de *pulvis, -eris* "poussière"). Qui est à l'état de poudre ou qui est réduit en poudre : *La chaux pulvérulente.*

puma [pyma] n.m. (mot quechua). Mammifère carnivore d'Amérique, arboricole (syn. cougouar). □ Famille des félidés ; long. 2,50 m env.

punaise [pynɛz] n.f. (de l'anc. adj. *punais* "fétide", du lat. *putere* "puer" et *nasus* "nez"). - **1.** Insecte à corps aplati dégageant une odeur âcre et repoussante. □ Ordre des hétéroptères. - **2.** Petit clou à tête large, à pointe courte et très fine, qui s'enfonce par simple pression du pouce.

punaiser [pyneze] v.t. Fixer à l'aide de punaises : *Punaiser une photo au mur.*

1. **punch** [pɔ̃ʃ] n.m. (mot angl. ; du hindi) [pl. *punchs*]. Boisson aromatisée, à base de rhum, de sirop de canne et de jus de fruits.

2. **punch** [pœnʃ] n.m. inv. (mot angl. "coup"). - **1.** Grande puissance de frappe, pour un boxeur. - **2.** FAM. Efficacité, dynamisme : *Avoir du punch.*

puncheur [pœnʃœʀ] n.m. Boxeur dont le punch est la principale qualité.

punching-ball [pœnʃiŋbol] n.m. (de l'angl. *punching* "en frappant", et *ball* "ballon") [pl. *punching-balls*]. Ballon maintenu à hauteur d'homme par des liens élastiques et servant à s'entraîner à la boxe.

punique [pynik] adj. (lat. *punicus*). Relatif à Carthage, aux Carthaginois.

punir [pyniʀ] v.t. (lat. *punire*) [conj. 32]. - **1.** Châtier pour un acte délictueux, pour une faute ; infliger une peine à : *Le tribunal a puni le délinquant* (syn. condamner). - **2.** Frapper d'une sanction ; réprimer un délit, une faute, etc. : *La loi punit les escroqueries* (syn. sanctionner). - **3.** Faire subir un mal, un désagrément à qqn pour sa conduite : *Une indigestion a puni sa gourmandise.*

punissable [pynisabl] adj. Qui mérite une punition : *Un crime punissable de dix ans de réclusion* (syn. passible).

punitif, ive [pynitif, -iv] adj. Qui a pour objet de punir : *Expédition punitive.*

punition [pynisjɔ̃] n.f. (lat. *punitio*). - **1.** Action de punir : *La punition des coupables* (syn. châtiment). - **2.** Peine infligée pour un manquement au règlement : *Recevoir une punition. Infliger une punition* (syn. sanction).

punk [pɔ̃k] ou [pœnk] adj. inv. (mot anglo-amér.). Se dit d'un mouvement musical et culturel apparu en Grande-Bretagne vers 1975, alliant provocation et dérision : *Groupe punk. Mode punk.* ◆ n. Adepte de ce mouvement.

pupillaire [pypilɛʀ] adj. (lat. *pupillaris*). DR. Qui concerne un, une pupille : *Les intérêts pupillaires.*

1. **pupille** [pypij] n. (lat. juridique *pupillus* "enfant qui n'a plus ses parents"). - **1.** Orphelin(e) mineur(e) ou incapable majeur(e) placé(e) en tutelle : *Tuteur qui néglige les intérêts de sa pupille.* - **2.** Pupille de la Nation, orphelin de guerre bénéficiant d'une tutelle particulière de l'État. ‖ Pupille de l'État, dont la tutelle est déférée à l'État.

2. **pupille** [pypij] n.f. (lat. *pupilla* "petite fille"). Orifice central de l'iris de l'œil (syn. prunelle).

pupitre [pypitʀ] n.m. (lat. *pulpitrum* "estrade"). - **1.** Petit meuble à plan incliné pour lire, écrire, à une hauteur commode : *Pupitre d'écolier. Pupitre d'orchestre.* - **2.** CYBERN., INFORM. Tableau de commande et de contrôle d'une machine-outil, d'un ordinateur.

pupitreur, euse [pypitʀœʀ, -øz] n. Technicien travaillant au pupitre d'un ordinateur.

pur, e [pyʀ] adj. (lat. *purus*). - **1.** Qui est sans mélange : *Vin pur. Une veste en pure laine.*

- **2.** Qui n'est ni altéré, ni vicié, ni pollué : *Air pur. Eau pure. Rendre un son pur. Une voix pure.* - **3.** Qui est sans corruption, sans défaut moral : *Conscience pure* (syn. net). - **4.** Qui est absolument, exclusivement tel : *Un pur génie* (syn. authentique, véritable). - **5.** Se dit d'une activité intellectuelle, artistique, etc., considérée hors de toute préoccupation pratique : *Poésie, recherche pure.* - **6.** Qui présente une harmonie dépouillée et sans défaut : *Ligne pure.* - **7.** Chaste : *Un amour pur* (syn. platonique ; contr. charnel). - **8.** Pur et simple, qui n'est rien d'autre que cela ; sans aucune condition ni restriction : *C'est de la folie pure et simple.* ‖ CHIM. Corps pur, composé chimique dans lequel aucun élément étranger ne peut être décelé expérimentalement. ◆ n. - **1.** Personne d'une grande rigueur morale, qui conforme rigoureusement son action à ses principes : *C'est un pur qui n'acceptera aucune compromission.* - **2.** Personne fidèle à l'orthodoxie d'un parti : *Il ne restait que les purs dans ce parti.*

purée [pyre] n.f. (anc. fr. *purer* "presser pour faire sortir le jus", du bas lat. *purare,* class. *purus* "pur"). - **1.** Préparation culinaire faite avec des légumes cuits à l'eau et écrasés : *Une purée de pommes de terre.* - **2.** FAM. Grande gêne, misère : *Être dans la purée.* - **3.** Purée de pois, brouillard épais.

purement [pyrmã] adv. - **1.** Exclusivement et totalement : *Faire une chose purement par intérêt* (syn. uniquement). - **2.** Purement et simplement, sans réserve ni condition : *Ceci est purement et simplement ridicule.*

pureté [pyrte] n.f. - **1.** Qualité de ce qui est pur, sans mélange ni défaut : *La pureté de l'air. La pureté d'un diamant* (syn. limpidité). - **2.** Qualité d'une personne moralement pure (syn. honnêteté, innocence).

purgatif, ive [pyrgatif, -iv] adj. et n.m. (lat. *purgativus*). Se dit d'un remède qui purge : *Boire un purgatif.*

purgatoire [pyrgatwar] n.m. (bas lat. *purgatorius,* de *purgare* "purger"). - **1.** CATH. État ou lieu symbolique de purification temporaire pour les défunts morts en état de grâce, mais qui n'ont pas encore atteint la perfection qu'exige la vision béatifique. - **2.** Période d'épreuve transitoire : *Cet emploi a été un véritable purgatoire.*

purge [pyrʒ] n.f. - **1.** Médication provoquant l'évacuation du contenu intestinal : *Prendre une purge.* - **2.** Action de purger, de vidanger, d'éliminer des résidus : *Faire la purge d'une citerne.* - **3.** Élimination des personnes jugées indésirables dans un groupe : *Faire une purge dans un parti* (syn. épuration). - **4.** DR. Opération par laquelle un bien immeuble est libéré des hypothèques qui le grèvent.

purger [pyrʒe] v.t. (lat. *purgare*) [conj. 17]. - **1.** Provoquer l'évacuation du contenu intestinal ; traiter par une purge. - **2.** TECHN. Vidanger entièrement : *Purger un radiateur.* - **3.** Éliminer d'un récipient ou d'une enceinte fermée les gaz, les liquides ou les résidus indésirables. - **4.** Purger une peine de prison, demeurer détenu pendant le temps de la peine. ‖ DR. Purger les hypothèques, effectuer les formalités nécessaires pour qu'un bien ne soit plus hypothéqué.

purgeur [pyrʒœr] n.m. Appareil, dispositif pour purger une tuyauterie, une installation, etc.

purificateur, trice [pyrifikatœr, -tris] adj. Qui sert à purifier : *Prière purificatrice* (syn. purificatoire). *Le feu purificateur.* ◆ **purificateur** n.m. Appareil électrique qui aspire l'air et le restitue après l'avoir purifié à travers des filtres.

purification [pyrifikasjɔ̃] n.f. (lat. *purificatio*). - **1.** Action de purifier : *La purification de l'eau par ébullition.* - **2.** CATH. Purification de la Vierge, fête en l'honneur de la Sainte Vierge et de sa purification au Temple après la naissance de Jésus. □ On la célèbre avec la Présentation de l'Enfant Jésus au Temple, le 2 février, jour de la Chandeleur.

purificatoire [pyrifikatwar] adj. Qui purifie, redonne une pureté religieuse : *Cérémonie purificatoire.* ◆ n.m. CATH. Linge avec lequel le prêtre essuie le calice, après la communion.

purifier [pyrifje] v.t. (lat. *purificare*) [conj. 9]. - **1.** Rendre un liquide, une matière, etc., plus sains en les débarrassant des impuretés : *Purifier l'eau* (syn. filtrer). *Purifier l'air* (syn. assainir). - **2.** Rendre pur religieusement, moralement.

purin [pyrɛ̃] n.m. (de l'anc. fr. *purer* "dégoutter"). Fraction liquide, principalement constituée d'urines, qui s'écoule du fumier, utilisée comme engrais.

purisme [pyrism] n.m. (de *pur*). - **1.** Attitude selon laquelle l'utilisation de la langue doit se conformer à une norme idéale et s'opposer à l'évolution et, notamm., aux emprunts. - **2.** Souci de la perfection, observation très ou trop stricte des règles dans la pratique d'un art, d'une discipline, d'un métier. - **3.** BX-A. Tendance picturale (1917-1925) issue du cubisme et promue par A. Ozenfant et Le Corbusier, où dominent la simplicité géométrique des contours, la recherche de formes épurées.

puriste [pyrist] adj. et n. - **1.** Propre au purisme ; partisan du purisme. - **2.** Personne qui se montre particulièrement soucieuse de la correction et de la pureté de la langue.

puritain, e [pyʀitɛ̃, -ɛn] n. et adj. (angl. *puritan*). - **1.** Membre d'une communauté de presbytériens hostiles à l'Église anglicane et rigoureusement attachés à la lettre des Écritures, que les Stuarts persécutèrent au XVIIᵉ s. et dont beaucoup émigrèrent en Amérique. - **2.** Personne qui montre ou affecte, affiche une grande rigidité de principes : *Des parents puritains.* ◆ adj. - **1.** Du puritanisme ; des puritains. - **2.** Qui évoque la rigidité des puritains : *Une éducation puritaine* (syn. austère, rigoriste).

puritanisme [pyʀitanism] n.m. - **1.** Doctrine, attitude des puritains. - **2.** Grande austérité de principes : *Un puritanisme étroit* (syn. rigorisme).

purpura [pyʀpyʀa] n.m. (mot lat. "pourpre"). MÉD. Éruption de taches rouges *(pétéchies)* à la surface de la peau, due à de petites hémorragies consécutives à la rupture de capillaires dans le derme.

purpurin, e [pyʀpyʀɛ̃, -in] adj. (du lat. *purpura* "pourpre"). LITT. D'une couleur pourpre ou proche du pourpre.

pur-sang [pyʀsɑ̃] n.m. inv. Cheval d'une race française élevée pour la course, dite autref. *pur-sang anglais.*

purulence [pyʀylɑ̃s] n.f. Production de pus.

purulent, e [pyʀylɑ̃, -ɑ̃t] adj. (lat. *purulentus*). Mêlé de pus ; qui produit du pus : *Abcès purulent. Plaie purulente.*

pus [py] n.m. (lat. *pus, puris*). Liquide jaunâtre, constitué surtout de débris cellulaires et de microbes, qui se forme à la suite d'une inflammation ou d'une infection.

pusillanime [pyzilanim] adj. et n. (lat. *pusillanimus*, de *pusillus animus* "esprit mesquin"). LITT. Qui manque d'audace, de courage ; qui a peur des responsabilités : *Un esprit pusillanime* (syn. pleutre, timoré). *Une conduite pusillanime* (syn. craintif ; contr. courageux).

pusillanimité [pyzilanimite] n.f. LITT. Caractère d'une personne pusillanime : *Faire preuve de pusillanimité.*

pustule [pystyl] n.f. (lat. *pustula*). - **1.** Petite bulle contenant du pus et apparaissant sur la peau dans certaines dermatoses et maladies éruptives. - **2.** Petite tache ronde sur la peau des crapauds. - **3.** Petite vésicule sur la feuille, la tige de certaines plantes.

pustuleux, euse [pystylø, -øz] adj. - **1.** Couvert de pustules. - **2.** Qui a l'aspect clinique d'une pustule.

putain [pytɛ̃] n.f. (de l'anc. fr. *pute*, lat. *putidum*, de *putere* "puer"). T. FAM. Prostituée ; injurieusement, femme débauchée. (Abrév. *pute.*)

putatif, ive [pytatif, -iv] adj. (lat. ecclés. *putativus*, de *putare* "croire, supposer"). - **1.** DR. Qu'on suppose légal, légitime, malgré l'absence d'un fondement juridique réel : *Titre putatif.* - **2.** Mariage putatif, mariage nul, mais dont les effets juridiques subsistent pour les enfants *(enfants putatifs)*, par suite de la bonne foi de l'un au moins des époux contractants.

putois [pytwa] n.m. (de l'anc. fr. *put* "puant"). - **1.** Mammifère carnivore des bois, s'attaquant aux animaux de basse-cour, et dont la fourrure, brun foncé, est recherchée. □ Famille des mustélidés ; long. 40 cm env. Le furet est un putois à fourrure blanche. - **2.** Fourrure de cet animal. - **3.** Pinceau rond des peintres sur porcelaine. - **4.** Crier comme un putois, crier très fort, protester.

putonghua [pytɔ̃ga] n.m. (mot chin.). Langue commune chinoise officielle, fondée sur le dialecte mandarin, prononcé à la manière de Pékin.

putréfaction [pytʀefaksjɔ̃] n.f. (bas lat. *putrefactio*). Décomposition bactérienne d'un cadavre, d'un organisme mort : *Un corps en état de putréfaction avancée* (syn. décomposition).

putréfier [pytʀefje] v.t. (du lat. *putrefacere* "pourrir") [conj. 9]. Provoquer la putréfaction de : *La chaleur a putréfié la viande* (syn. avarier, gâter). ◆ **se putréfier** v.pr. Être en putréfaction : *Les cadavres se putréfiaient dans la plaine* (syn. se décomposer).

putrescible [pytʀesibl] adj. (bas lat. *putrescibilis*). Susceptible de pourrir : *Une matière putrescible.*

putride [pytʀid] adj. (lat. *putridus*, de *putris* "pourri"). - **1.** LITT. En état de putréfaction : *Un étang putride.* - **2.** Qui présente les phénomènes de la putréfaction : *Fermentation putride.*

putsch [putʃ] n.m. (mot all. "échauffourée"). Coup d'État ou soulèvement organisé par un groupe armé en vue de s'emparer du pouvoir.

putschiste [putʃist] adj. et n. Relatif à un putsch ; qui y participe : *Les putschistes ont échoué dans leur tentative de coup d'État.*

putt [pœt] n.m. (mot angl., de *to put* "placer, mettre"). Au golf, coup joué sur le green, pour faire rouler doucement la balle vers le trou. (On dit aussi *un putting.*)

puy [pɥi] n.m. (lat. *podium* "tertre"). Montagne volcanique, dans le Massif central.

puzzle [pœzl] n.m. (mot angl.). - **1.** Jeu de patience fait de fragments découpés qu'il faut rassembler pour reconstituer une image. - **2.** Problème très compliqué dont la résolution exige que soient rassemblés de nombreux éléments épars : *C'est le dernier élément du puzzle* (syn. énigme).

P.V. [peve] n.m. (sigle de *procès-verbal*). Syn. fam. de *contravention*.

PVC [pevese] n.m. inv. (sigle de l'angl. *PolyVinylChloride*). Polychlorure* de vinyle, matière plastique très répandue.

pyjama [piʒama] n.m. (mot angl., empr. à l'hindi). Vêtement de nuit ou d'intérieur, ample et léger, composé d'une veste et d'un pantalon.

pylône [pilon] n.m. (gr. *pulôn* "portail"). - **1.** Support en charpente métallique, en béton, etc., d'un pont suspendu, d'une ligne électrique aérienne, etc. - **2.** ARCHÉOL. Massif quadrangulaire en pierre, construit de part et d'autre des portails successifs d'un temple égyptien.

pylore [pilɔʀ] n.m. (gr. *pulôros* "qui garde la porte"). ANAT. Orifice faisant communiquer l'estomac et le duodénum.

pyorrhée [pjɔʀe] n.f. (gr. *puorroia*, de *puon* "pus"). MÉD. Écoulement de pus.

Pyralène [piʀalɛn] n.m. (nom déposé). Composé organique liquide utilisé pour l'isolation et le refroidissement des transformateurs électriques, et dont la décomposition accidentelle, sous l'effet de la chaleur, provoque des dégagements toxiques de dioxine.

pyramidal, e, aux [piʀamidal, -o] adj. - **1.** Qui a la forme d'une pyramide : *Un clocher pyramidal.* - **2.** BOT. Dont le port évoque une pyramide : *Peuplier pyramidal.* - **3.** ANAT. Faisceau pyramidal, faisceau de fibres nerveuses allant du cortex cérébral à la moelle épinière.

pyramide [piʀamid] n.f. (lat. *pyramis, -idis*, du gr.). - **1.** Grand monument à base rectangulaire et à quatre faces triangulaires, sépulture royale de l'ancienne Égypte. - **2.** Monument d'une forme comparable, mais comportant des degrés, et dont le sommet tronqué porte une plate-forme servant de base à un temple, dans le Mexique précolombien. - **3.** Polyèdre formé d'un polygone convexe plan (appelé *base*) et de tous les triangles ayant pour base les différents côtés du polygone et un sommet commun (*sommet* de la pyramide). □ Le volume d'une pyramide est égal au tiers du produit de l'aire de la base par la hauteur.

- **4.** Représentation graphique évoquant la forme d'une pyramide. - **5.** Entassement d'objets, s'élevant en forme de pyramide : *Pyramide de fruits.* - **6.** Pyramide des âges, représentation graphique donnant, à une date déterminée, la répartition par âge et par sexe d'un groupe d'individus.

pyrénéen, enne [piʀeneɛ̃, -ɛn] adj. et n. Des Pyrénées.

Pyrex [piʀɛks] n.m. (nom déposé). Verre peu fusible et très résistant : *Un plat en Pyrex.*

pyrite [piʀit] n.f. (gr. *puritês* [*lithos*] "[pierre] de feu"). Sulfure naturel de fer, donnant des cristaux à reflets dorés. □ Symb. FeS_2.

pyroclastique [piʀɔklastik] adj. (de *pyro-*, et du gr. *klastos* "brisé"). - **1.** Se dit d'une roche formée de projections volcaniques. - **2.** Éruption pyroclastique, éruption volcanique s'accompagnant de projections de débris.

pyrogravure [piʀɔgʀavyʀ] n.f. Décoration du bois, du cuir, etc., au moyen d'une pointe métallique portée au rouge vif.

pyrolyse [piʀɔliz] n.f. (de *pyro-* et *lyse*). Décomposition chimique obtenue par chauffage, sans catalyseur : *Un four à pyrolyse* (= qui se nettoie par ce procédé).

pyromanie [piʀɔmani] n.f. Impulsion obsédante qui pousse certaines personnes à allumer des incendies. ◆ **pyromane** n. Personne sujette à la pyromanie ; incendiaire.

pyromètre [piʀɔmɛtʀ] n.m. Instrument pour la mesure des hautes températures.

pyrotechnie [piʀɔtɛkni] n.f. Fabrication et emploi des pièces explosives servant dans les feux d'artifice.

pyrotechnique [piʀɔtɛknik] adj. Qui concerne la pyrotechnie.

pythagoricien, enne [pitagɔʀisjɛ̃, -ɛn] adj. et n. Qui appartient à la doctrine de Pythagore ; qui en est partisan.

pythie [piti] n.f. (lat. *Pythia*, gr. *Puthia* "la Pythienne", de *Puthô*, anc. n. de la région de Delphes). ANTIQ. GR. Prophétesse de l'oracle d'Apollon, à Delphes.

python [pitɔ̃] n.m. (gr. *Puthôn*, n. d'un serpent fabuleux tué par Apollon). Serpent d'Asie et d'Afrique, non venimeux, qui étouffe ses proies dans ses anneaux. □ Le python de la péninsule Malaise mesure de 7 à 10 m et pèse env. 100 kg ; c'est le plus grand serpent vivant.

q [ky] n.m. inv. - **1.** Dix-septième lettre (consonne) de l'alphabet. - **2.** MATH. Q, ensemble des nombres rationnels.

Q.C.M. [kyseɛm], sigle de *questionnaire* à *choix multiple.*

Q.G. [kyʒe], sigle de *quartier* général.

Q.I. [kyi], sigle de *quotient* intellectuel.

Q.S. [kyɛs] et **Q.S.P.** [kyɛspe], sigle de *quantité suffisante,* de *quantité suffisante pour,* introduisant, dans une formule pharmaceutique, le poids ou le volume d'excipient entrant dans la composition du médicament.

quadragénaire [kwadraʒenɛr] adj. et n. (lat. *quadragenarius*). Qui a atteint quarante ans.

quadrangulaire [kwadrãgylɛr] adj. (bas lat. *quadrangularis*). Qui a quatre angles ; dont la base a quatre angles.

quadrant [kadrã] ou [kwadrã] n.m. (lat. *quadrus* "quart de jour"). MATH. Région du plan limitée par deux demi-droites perpendiculaires de même origine.

quadrature [kwadratyr] n.f. (lat. *quadratura*). - **1.** ASTRON. Position de deux astres par rapport à la Terre quand leurs directions forment un angle droit. - **2.** Phase du premier ou du dernier quartier de la Lune. - **3.** GÉOM. Construction d'un carré ayant la même aire que celle de l'intérieur d'un cercle donné. □ Cette construction est impossible si on utilise seulement la règle et le compas. - **4.** MATH. Détermination d'une aire ; calcul d'une intégrale. - **5.** C'est la quadrature du cercle, se dit d'un problème impossible ou presque impossible à résoudre : *C'est la quadrature du cercle que de tenir ce délai.*

quadriceps [kwadrisɛps] n.m. (mot lat.). Muscle antérieur de la cuisse, formé de quatre faisceaux se réunissant sur la rotule.

quadrichromie [kwadrikrɔmi] n.f. Impression en quatre couleurs (jaune, magenta, cyan et noir) : *Un livre d'art imprimé en quadrichromie.*

quadriennal, e, aux [kwadrijenal, -o] adj. (bas lat. *quadriennalis*). Qui dure quatre ans ; qui revient tous les quatre ans : *Un plan d'aménagement quadriennal.*

quadrige [kwadriʒ] ou [kadriʒ] n.m. (lat. *quadrigae*). ANTIQ. Char de course et de parade à deux roues, attelé de quatre chevaux de front.

quadrilatéral, e, aux [kwadrilateral, -o] ou [kadrilateral, -o] et **quadrilatère** [kwadrilatɛr] ou [kadrilatɛr] adj. Qui a quatre côtés : *Un polygone quadrilatéral.*

quadrilatère [kwadrilatɛr] ou [kadrilatɛr] n.m. (bas lat. *quadrilaterus*). - **1.** MATH. Polygone à quatre côtés ; surface intérieure d'un tel polygone s'il est non croisé. □ Les quadrilatères ayant des propriétés particulières sont le trapèze, le parallélogramme, le rectangle, le losange et le carré. - **2.** MIL. Position stratégique appuyée sur quatre points ou zones fortifiées.

quadrillage [kadrijaʒ] n.m. (de *quadriller*). - **1.** Disposition en carrés contigus ; ensemble des lignes qui divisent une surface en carrés : *Le quadrillage d'une feuille.* - **2.** Division en carrés, en secteurs, d'une ville, d'une région. - **3.** Opération militaire ou policière ayant pour objet de s'assurer le contrôle d'une zone limitée : *Procéder au quadrillage d'un quartier après une attaque à main armée.*

quadrille [kadrij] n.m. (esp. *cuadrilla*). - **1.** Troupe de cavaliers dans un carrousel. - **2.** Danse de la fin du XVIIIᵉ s., exécutée par quatre couples de danseurs ; groupe formé par ces quatre couples ; série de figures exécutées par ce groupe. - **3.** CHORÉGR. Second et premier quadrille, échelons de la hiérarchie du corps de ballet de l'Opéra de Paris.

quadriller [kadrije] v.t. (de *quadrille* "jour, point en losange", de l'esp. *cuadrillo*). - **1.** Diviser au moyen d'un quadrillage : *Quadriller du papier.* - **2.** Procéder à un quadrillage militaire ou policier : *Quadriller un quartier.*

quadrimoteur [kadrimɔtœr] ou [kwadrimɔtœr] n.m. et adj.m. Avion qui possède quatre moteurs.

quadripartite [kwadripartit] adj. (lat. *quadripartitus*). Composé de quatre parties ou éléments : *Une conférence quadripartite.*

quadriphonie [kwadrifɔni] n.f. Procédé d'enregistrement et de reproduction des sons faisant appel à quatre canaux : *Un disque enregistré en quadriphonie.*

quadriplégie [kwadripleʒi] n.f. Syn. de *tétraplégie.*

quadriplégique [kwadripleʒik] adj. Syn. de *tétraplégique.*

quadriréacteur [kwadrireaktœr] ou [kadrireaktœr] n.m. et adj.m. Avion muni de quatre réacteurs.

quadrivalent, e [kwadrivalɑ̃, -ɑ̃t] adj. Qui a pour valence chimique 4.

quadrumane [kwadryman] ou [kadryman] adj. et n.m. Qui a quatre mains : *Les singes sont quadrumanes.*

quadrupède [kwadrypɛd] ou [kadrypɛd] adj. et n. Qui marche sur quatre pattes, en parlant d'un vertébré terrestre.

quadruple [kwadrypl] ou [kadrypl] adj. et n.m. (lat. *quadruplus*). Qui vaut quatre fois autant.

quadruple-croche [kwadryplakrɔʃ] ou [kadryplakrɔʃ] n.f. Note valant le quart d'une croche.

quadrupler [kwadryple] ou [kadryple] v.t. Multiplier par quatre : *La publicité a quadruplé les ventes.* ◆ v.i. Être multiplié par quatre : *Sa fortune a quadruplé en quelques années.*

quadruplés, ées [kwadryple] ou [kadryple] n. pl. Groupe de quatre enfants nés d'une même grossesse.

quai [ke] n.m. (mot normanno-picard, du gaul. *caio*). - **1.** Terre-plein aménagé au bord de l'eau pour l'accostage et la circulation des véhicules. - **2.** Dans les gares, plate-forme ou trottoir qui s'étend le long des voies : *Le train arrive quai numéro quatre.*

quaker, eresse [kwekœr, kwekrɛs] n. (de l'angl. *to quake* "trembler"). Membre d'un groupement religieux protestant fondé en 1652 par un jeune cordonnier anglais,

George Fox, et répandu surtout aux États-Unis, où il s'implanta en 1681.

qualifiable [kalifjabl] adj. (Surtout en tournure nég.). Se dit d'un acte qu'on peut qualifier : *Sa conduite est difficilement qualifiable.*

qualificatif, ive [kalifikatif, -iv] adj. (de *qualifier*). - **1.** GRAMM. Qui exprime la qualité, la manière d'être : *Adjectif qualificatif.* - **2.** Qui permet de se qualifier pour une compétition : *Épreuve qualificative.* ◆ **qualificatif** n.m. - **1.** Terme indiquant la manière d'être : *Un qualificatif injurieux.* - **2.** GRAMM. Adjectif qualificatif.

qualification [kalifikasjɔ̃] n.f. (lat. scolast. *qualificatio*). - **1.** Attribution d'une valeur, d'un titre : *La qualification de faussaire est exagérée.* - **2.** Appréciation, sur une grille hiérarchique, de la valeur professionnelle d'un travailleur, suivant sa formation, son expérience et ses responsabilités : *Acquérir une qualification professionnelle.* - **3.** Fait de satisfaire à un ensemble de conditions pour pouvoir participer à une épreuve, à la phase ultérieure d'une compétition : *Elle a obtenu sa qualification pour les jeux Olympiques.*

qualifié, e [kalifje] adj. - **1.** Être qualifié pour, avoir la compétence pour : *Il n'est pas qualifié pour diriger un journal.* - **2.** Ouvrier qualifié, ouvrier professionnel. ‖ Vol qualifié, vol commis avec circonstances aggravantes, comme l'effraction, l'abus de confiance, etc.

qualifier [kalifje] v.t. (lat. scolast. *qualificare*, de *qualis* "quel") [conj. 9]. - **1.** Exprimer la qualité de, attribuer une qualité, un titre à : *La loi qualifie d'assassinat le meurtre avec préméditation* (syn. appeler, désigner). *L'adjectif qualifie le nom auquel il se rapporte.* - **2.** Donner à un concurrent, une équipe le droit de participer à une autre épreuve : *Cette victoire les a qualifiés pour la finale.* - **3.** Donner à qqn la qualité, la compétence : *Ce diplôme ne vous qualifie pas pour tenir un tel poste.* ◆ **se qualifier** v.pr. Obtenir sa qualification : *L'équipe s'est qualifiée pour la finale.*

qualitatif, ive [kalitatif, -iv] adj. (lat. scolast. *qualitativus*) Relatif à la qualité, à la nature des objets : *Analyse qualitative* (par opp. à *quantitatif*).

qualitativement [kalitativmɑ̃] adv. Du point de vue de la qualité.

qualité [kalite] n.f. (lat. *qualitas*, de *qualis* "quel"). - **1.** Manière d'être, bonne ou mauvaise, de qqch, état caractéristique : *La qualité d'une étoffe, d'une terre.* - **2.** Supériorité, excellence en qqch : *Préférer la qualité à la quantité. Une œuvre romanesque de qualité* (syn. valeur). - **3.** Ce qui fait le mérite de qqn :

Réunir un grand nombre de qualités (contr. défaut). *Elle a des qualités que je n'ai pas* (syn. aptitude, capacité). **-4.** Condition sociale, civile, juridique, etc. : *Qualité de citoyen, de maire, de légataire.* **-5.** **En qualité de,** comme, à titre de : *Intervenir en qualité de parent.* ‖ **Ès qualités,** en tant qu'exerçant telle fonction. ‖ vx. **Homme de qualité,** homme de naissance noble. ‖ **Qualité de la vie,** tout ce qui contribue à créer des conditions de vie plus harmonieuses ; ces conditions elles-mêmes.

1. quand [kɑ̃] adv. interr. (lat. *quando*). Sert à interroger sur le moment d'une action, d'un événement : *Quand vient-il ? Dites-moi quand vous viendrez.*

2. quand [kɑ̃] conj. sub. (de *1. quand*). **-1.** Marque une relation temporelle (simultanéité approximative ou postériorité de l'action principale) : *Quand vous serez vieux, vous comprendrez* (syn. **lorsque**). *Quand il écrit, il tire légèrement la langue* (= chaque fois que). **-2.** SOUT. **Quand, quand (bien) même** (+ cond.), marque une relation d'opposition : *Quand vous le plaindriez, il n'en serait pas pour autant sauvé* (= même si vous le plaigniez). ‖ **Quand même,** sous la forme exclamative, exprime la fin d'une attente : *Ah ! quand même ! tu arrives* (= enfin) [v. aussi *même*].

quanta [kɑ̃ta] ou [kwɑ̃ta] n.m. pl. → **quantum.**

quant à [kɑ̃ta] prép. (du lat. *quantum* "autant que" et *ad* "vers"). Sert à isoler qqch, qqn qui se distingue du reste, des autres : *Quant à moi, je pars* (= en ce qui me concerne).

quant-à-soi [kɑ̃taswa] n.m. inv. Attitude distante : *Il reste sur son quant-à-soi* (syn. réserve). *Rem.* Renvoie à un sujet à la troisième personne.

quantième [kɑ̃tjɛm] n.m. (de l'anc. fr. *quant,* du lat. *quantus*). Quantième du mois, numéro d'ordre du jour dans le mois.

quantifiable [kɑ̃tifjabl] adj. Qui peut être mesuré, chiffré : *Augmentation quantifiable.*

quantificateur [kɑ̃tifikatœr] n.m. MATH., LOG. Symbole indiquant qu'une propriété s'applique à tous les éléments d'un ensemble (*quantificateur universel f*), ou seulement à certains d'entre eux (*quantificateur existentiel h*).

quantification [kɑ̃tifikasjɔ̃] n.f. Action de quantifier : *La quantification d'une variable.*

quantifier [kɑ̃tifje] v.t. (du lat. *quantus* "combien grand") [conj. 9]. **-1.** Déterminer la quantité de. **-2.** PHYS. Imposer à une grandeur une variation discontinue par quantités distinctes et multiples d'une même variation élémentaire : *Une grandeur quantifiée.* **-3.** LOG. Attribuer une quantité à une variable.

quantique [kɑ̃tik] ou [kwɑ̃tik] adj. PHYS. Relatif aux quanta, à la théorie des quanta : *La physique quantique.*

quantitatif, ive [kɑ̃titatif, -iv] adj. Relatif à la quantité : *Analyse quantitative* (par opp. à *qualitatif*).

quantitativement [kɑ̃titativmɑ̃] adv. Du point de vue de la quantité.

quantité [kɑ̃tite] n.f. (lat. *quantitas*). **-1.** Propriété de ce qui peut être mesuré, compté : *Mots qui expriment la quantité.* **-2.** Poids, volume, nombre déterminant une portion d'un tout, une collection de choses : *Mesurer une quantité.* **-3.** Grand nombre (de) : *Quantité de gens ignorent cela* (syn. **nombre**). *Il a reçu une quantité de lettres de vœux* (syn. **avalanche**). *Il y a des fraises en quantité cette année* (= il y en a beaucoup). **-4.** PHON. Durée relative d'un phonème ou d'une syllabe.

quantum [kwɑ̃tɔm] n.m. (mot lat. "combien grand") [pl. *quanta*]. **-1.** Quantité déterminée, proportion d'une grandeur dans une répartition, un ensemble. **-2.** PHYS. Discontinuité élémentaire d'une grandeur quantifiée (en partic. de l'énergie) : *La théorie des quanta est la base de la physique moderne.*

quarantaine [karɑ̃tɛn] n.f. **-1.** Nombre de quarante ou d'environ quarante : *Une quarantaine de pages.* **-2.** Âge d'à peu près quarante ans : *Il a la quarantaine.* **-3.** BOT. Herbe ornementale aux fleurs odorantes, voisine de la giroflée. ◻ Famille des crucifères. **-4.** MAR. Isolement imposé à un navire portant des personnes, des animaux ou des marchandises en provenance d'un pays où règne une maladie contagieuse. **-5.** **Mettre qqn en quarantaine,** l'exclure temporairement d'un groupe.

quarante [karɑ̃t] adj. num. card. inv. (lat. *quadraginta*). **-1.** Quatre fois dix : *J'ai invité quarante personnes.* **-2.** (En fonction d'ordinal). De rang numéro quarante ; quarantième : *Page quarante.* **-3.** **Les Quarante,** les membres de l'Académie française. ‖ **Se moquer, se soucier de qqch comme de l'an quarante,** n'en tenir aucun compte. ◆ n.m. inv. Le nombre qui suit trente-neuf dans la série des entiers naturels : *Quarante plus dix égale cinquante.*

quarante-huitard, e [karɑ̃tɥitar, -ard] adj. (pl. *quarante-huitards, es*). HIST. Se dit des révolutionnaires de 1848, de ce qui les concerne.

quarantième [karɑ̃tjɛm] adj. num. ord. et n. De rang numéro quarante : *Elle habite au quarantième étage d'une tour.* ◆ adj. et n.m. Qui correspond à la division d'un tout en quarante parties égales : *La quarantième partie d'une somme. Un quarantième des recettes.*

quark [kwaʀk] n.m. (mot angl., tiré d'un roman de James Joyce). PHYS. Particule hypothétique qui entrerait dans la constitution des protons, des neutrons, ainsi que d'autres particules lourdes.

quart [kaʀ] n.m. (lat. *quartus* "quatrième"). **- 1.** La quatrième partie d'une unité : *Trois est le quart de douze. Manger un quart de tarte.* **- 2.** Bouteille d'un quart de litre ; son contenu : *Boire un quart de vin.* **- 3.** Petit gobelet métallique muni d'une anse et contenant un quart de litre. **- 4.** MAR. Service de veille de quatre heures, sur un bateau : *Être de quart.* **- 5.** Au quart de tour, immédiatement, avec une grande précision : *Une voiture qui démarre au quart de tour.* ∥ Aux trois quarts, en grande partie : *Ce devoir est fini aux trois quarts.* ∥ De trois quarts, se dit de qqn qui se tient de telle manière qu'on voit les trois quarts de son visage : *Une photographie de trois quarts.* ∥ FAM. Les trois quarts du temps, la plupart du temps : *Il passe les trois quarts du temps à dormir.* ∥ Officier de quart ou officier chef de quart, officier responsable de la conduite d'un navire suivant les ordres de son commandant. **- 6.** Quart d'heure. Quatrième partie d'une heure, soit quinze minutes ; bref espace de temps. *Je reviens dans un petit quart d'heure. Passer un mauvais quart d'heure* (= vivre un moment pénible). ∥ MUS. Quart de soupir. Signe de silence d'une durée égale à la double-croche. ∥ SPORTS. Quart de finale. Phase éliminatoire d'une compétition opposant deux à deux huit équipes ou concurrents. ◆ adj.m. **- 1.** VX. Quatrième : *Le Quart Livre.* **- 2.** Quart monde → quart-monde.

quart-de-rond [kaʀdəʀɔ̃] n.m. (pl. *quarts-de-rond*). Moulure pleine dont le profil est proche du quart de cercle et qui relie deux lignes décalées verticalement.

1. quarte [kaʀt] adj. f. (lat. *quartus* "quatrième"). Fièvre quarte, fièvre paludéenne intermittente se manifestant tous les trois jours.

2. quarte [kaʀt] n.f. (it. *quarta*). **- 1.** MUS. Intervalle de quatre degrés dans l'échelle diatonique. **- 2.** JEUX. Série de quatre cartes qui se suivent dans une même couleur.

quarté [kaʀte] n.m. TURF. Pari dans lequel il faut déterminer les quatre premiers arrivants d'une course.

1. quarteron [kaʀtəʀɔ̃] n.m. (de *quart*). **- 1.** VX. Quart d'un cent, vingt-cinq. **- 2.** Petit nombre : *Un quarteron de mécontents* (péjor.).

2. quarteron, onne [kaʀtəʀɔ̃, -ɔn] n. (esp. *cuarterón*, de *cuarto* "quart"). Métis ayant un quart de sang de couleur et trois quarts de sang blanc.

quartette [kwaʀtɛt] n.m. (it. *quartetto*). Formation de jazz composée de quatre musiciens.

quartier [kaʀtje] n.m. (de *quart*). **- 1.** Portion de qqch divisé en quatre parties : *Un quartier de pomme.* **- 2.** Portion de qqch divisé en parties inégales : *Un quartier de fromage.* **- 3.** Division naturelle de certains fruits : *Un quartier d'orange* (syn. tranche). **- 4.** Masse importante détachée d'un ensemble : *Un quartier de viande* (syn. morceau). **- 5.** ASTRON. Phase de la Lune dans laquelle la moitié du disque lunaire est visible : *La Lune est dans son premier quartier.* **- 6.** Division administrative d'une ville : *Le bureau de poste du quartier.* **- 7.** Partie d'une ville ayant certaines caractéristiques ou une certaine unité : *Quartier commerçant.* **- 8.** Environs immédiats, dans une ville, du lieu où on se trouve et, en partic., du lieu d'habitation : *Être connu dans son quartier.* **- 9.** MIL. Tout lieu occupé par une formation militaire, dans une garnison ; autref., zone d'action d'un bataillon sur une position de défense : *Rentrer au quartier le soir.* **- 10.** DR. Partie d'une prison affectée à une catégorie particulière de détenus. **- 11.** HÉRALD. Chacune des quatre parties d'un écu écartelé. **- 12.** Avoir quartier libre, être autorisé à sortir de la caserne ; au fig., être autorisé à sortir ou à faire ce qu'on veut : *Tu as quartier libre ce soir, mais n'en abuse pas.* ∥ Ne pas faire de quartier, massacrer tout le monde ; n'avoir aucune pitié. ∥ Quartiers de noblesse, ensemble des ascendants nobles d'un individu, pris à la même génération. ∥ Quartiers d'hiver, lieux qu'occupent les troupes pendant la mauvaise saison, entre deux campagnes ; durée de leur séjour. **- 13.** Quartier général (Q.G.). Poste de commandement d'un officier général et de son état-major.

quartier-maître [kaʀtjemɛtʀ] n.m. (all. *Quartiermeister*) [pl. *quartiers-maîtres*]. Grade le moins élevé de la hiérarchie de la marine militaire, correspondant à celui de caporal ou de brigadier (*quartier-maître de 2ᵉ classe*), ou à celui de caporal-chef ou de brigadier-chef (*quartier-maître de 1ʳᵉ classe*).

quart-monde [kaʀmɔ̃d] n.m. (pl. *quarts-mondes*). **- 1.** Ensemble formé par les pays du tiers-monde les plus défavorisés. **- 2.** Dans un pays développé, partie la plus défavorisée de la population, ensemble de ceux qui vivent dans la misère.

quarto [kwaʀto] adv. (mot lat.). Quatrièmement, en quatrième lieu.

quartz [kwaʀts] n.m. (mot all.). Silice cristallisée que l'on trouve dans de nombreuses roches (granite, sable, grès). □ Le quartz, habituellement incolore, peut être laiteux, teinté en violet (améthyste), en noir (quartz fumé), etc.

quasar [kwazaʀ] ou [kazaʀ] n.m. (de l'anglo-amér. *quas*[*i*] [*stell*]*ar* [*object*]). Astre d'apparence stellaire et de très grande luminosité, dont le spectre présente un fort décalage vers le rouge.

1. quasi [kazi] adv. (mot lat.). - **1.** LITT. Presque ; à peu près : *Il était quasi mort.* - **2.** En composition avec un trait d'union devant un nom, marque une très légère restriction : *J'ai la quasi-certitude de ce que j'avance.*

2. quasi [kazi] n.m. (orig. incert., p.-ê. du turc *kasi*). Morceau de la cuisse du veau correspondant à la région du bassin.

quasiment [kazimɑ̃] adv. (de *1. quasi*). Presque ; à peu près : *J'ai quasiment fini. Elle était quasiment folle de joie* (syn. litt. quasi).

quaternaire [kwatɛʀnɛʀ] adj. (du lat. *quaterni* "quatre à la fois"). - **1.** Se dit des composés chimiques contenant quatre éléments différents. - **2.** Se dit d'un atome de carbone ou d'azote lié à quatre atomes de carbone. - **3. Ère quaternaire,** ère la plus récente de l'histoire de la Terre, d'une durée approximative de 2 à 4 millions d'années, caractérisée par de grandes glaciations et par l'apparition et l'évolution de l'homme (on dit aussi *le quaternaire*).

quatorze [katɔʀz] adj. num. card. inv. (lat. *quattuordecim*). - **1.** Treize plus un : *Il a invité quatorze personnes à table.* - **2.** (En fonction d'ordinal). De rang numéro quatorze ; quatorzième : *Louis quatorze.* ◆ n.m. inv. Le nombre qui suit treize dans la série des entiers naturels : *Douze et deux font quatorze.*

quatorzième [katɔʀzjɛm] adj. num. ord. et n. De rang numéro quatorze : *Le quatorzième siècle. C'est le quatorzième de la liste.* ◆ adj. et n.m. Qui correspond à la division d'un tout en quatorze parties égales : *La quatorzième partie d'une somme.*

quatorzièmement [katɔʀzjɛmmɑ̃] adv. En quatorzième lieu.

quatrain [katʀɛ̃] n.m. (de *quatre*). Strophe de quatre vers.

quatre [katʀ] adj. num. card. inv. (lat. *quatuor*). - **1.** Trois plus un : *Les quatre membres. Les quatre cinquièmes d'une somme.* - **2.** (En fonction d'ordinal). De rang numéro quatre ; quatrième : *Henri quatre. Page quatre.* - **3. Comme quatre,** comme s'il s'agissait de quatre personnes au lieu d'une ; beaucoup : *Il mange comme quatre* (syn. énormément). ‖ **Monter, descendre (un escalier) quatre à quatre,** très vite, comme si l'on franchissait chaque fois quatre marches. ‖ **Ne pas y aller par quatre chemins,** aller droit au but. ‖ FAM. **Se mettre, se couper en quatre,** s'employer de tout son pouvoir pour rendre service. ◆ n.m. inv. - **1.** Le nombre qui suit trois dans la série des entiers naturels ; le chiffre représentant ce nombre : *Quatre et deux font six.* - **2.** JEUX. Face d'un dé marquée de quatre points ; carte comportant quatre figures, marquée par le numéro quatre : *Tirer un quatre. Le quatre de trèfle.*

quatre-quarts [katkaʀ] n.m. inv. Gâteau dans lequel la farine, le beurre, le sucre, les œufs sont à poids égal.

quatre-quatre [katkatʀ] n.f. ou m. inv. Automobile à quatre roues motrices. (On écrit aussi 4×4.)

quatre-saisons [katsezɔ̃] n.f. inv. Marchand(e) de(s) quatre-saisons, marchand(e) qui vend des fruits et des légumes, dans une voiture à bras, sur la voie publique.

quatre-vingt-dix [katʀəvɛ̃dis] adj. num. card. inv. - **1.** Quatre-vingts plus dix ; neuf fois dix. - **2.** (En fonction d'ordinal). De rang numéro quatre-vingt-dix ; quatre-vingt-dixième : *La page quatre-vingt-dix.* ◆ n.m. inv. Le nombre qui suit quatre-vingt-neuf dans la série des entiers naturels.

quatre-vingt-dixième [katʀəvɛ̃dizjɛm] adj. num. ord. et n. De rang numéro quatre-vingt-dix : *Le quatre-vingt-dixième étage d'une tour.* ◆ adj. et n.m. Qui correspond à la division d'un tout en quatre-vingt-dix parties égales : *Le quatre-vingt-dixième des recettes. La quatre-vingt-dixième partie d'une somme.*

quatre-vingtième [katʀəvɛ̃tjɛm] adj. ord. et n. De rang numéro quatre-vingt. ◆ adj. et n.m. Qui correspond à la division d'un tout en quatre-vingts parties égales : *Le quatre-vingtième des recettes.*

quatre-vingts [katʀəvɛ̃] ou **quatre-vingt** (quand ce mot est suivi d'un autre adj. num. ou se trouve en fonction d'ordinal). adj. num. card. - **1.** Quatre fois vingt ; huit fois dix : *Quatre-vingts hommes. Quatre-vingt-deux francs.* - **2.** (En fonction d'ordinal). De rang numéro quatre-vingt ; quatre-vingtième : *Page quatre-vingt.* ◆ **quatre-vingts** n.m. inv. Le nombre qui suit soixante-dix-neuf dans la série des entiers naturels.

quatrième [katʀijɛm] adj. num. ord. et n. - **1.** De rang numéro quatre : *Au quatrième top, il sera midi. C'est au quatrième* (= au quatrième étage). - **2. En quatrième vitesse,** très vite (= à toute vitesse). ◆ n. Celui, ce qui occupe le quatrième rang : *C'est le quatrième de la classe.* ◆ n.f. - **1.** En France, classe constituant la troisième année du premier cycle de l'enseignement secondaire : *Passer en quatrième.* - **2.** Quatrième vitesse d'un véhicule : *Passer la quatrième.*

quatrièmement [katʀijɛmmɑ̃] adv. En quatrième lieu.

quattrocento [kwatrɔtʃɛnto] n.m. sing.
(mot it., de *quattro* "quatre" et *cento* "cent").
[Précédé de l'art. déf.] Le XVᵉ siècle italien.

quatuor [kwatyɔʀ] n.m. (mot lat. "quatre").
- **1.** MUS. Composition musicale à quatre parties : *Quatuor à cordes* (= pour deux violons,
un alto et un violoncelle). *Quatuor vocal*
(= pour soprano, alto, ténor et basse).
- **2.** MUS. Ensemble vocal ou instrumental de
quatre exécutants : *Faire partie d'un quatuor.*
- **3.** Groupe de quatre personnes.

1. que [kə] conj. sub. (lat. *quia* "parce que").
[*Que* s'élide en *qu'* devant un mot commençant par une voyelle ou un *h* muet]. - **1.** Introduit une proposition complétive : *On dit que
l'hiver sera très long cette année. Je veux que vous
veniez. L'espoir qu'on le retrouve vivant diminue
chaque jour.* - **2.** (Suivi du subj.). Dans une
proposition principale ou indépendante,
introduit un ordre à la 3ᵉ personne, un
souhait, etc. : *Qu'il aille au diable. Que
viennent des temps meilleurs.* - **3.** Dans une
proposition subordonnée, coordonnée ou
juxtaposée à une autre, reprend la conjonction, quelle qu'elle soit, qui introduit la
première subordonnée : *Puisque je l'affirme et
que j'en donne les preuves, on peut me croire.*
- **4.** Introduit le complément du comparatif :
Cette maison est plus ancienne que l'autre.
- **5.** Sert de corrélatif à de nombreux adv. ou
adj. : *Il n'est pas tel que vous l'imaginez.*
- **6.** Ne... que, seulement : *Je ne vois ici que des
amis.* ‖ LITT. Que... ne (+ subj.), sans que : *Il
ne se passait pas une journée que quelque incident
ne se produisît.*

2. que [kə] pron. relat. (lat. *quem*, accusatif de
qui). [Forme élidée *qu'*, comme *1. que*].
Assure, dans une proposition relative, la
fonction de compl. d'objet direct : *La leçon
que j'étudie.*

3. que [kə] pron. interr. (lat. *quid* "quoi").
[Forme élidée *qu'*, comme *1. que*]. Dans une
phrase interrogative, représente une chose,
dans les fonctions de compl. d'objet direct,
d'attribut ou de sujet réel : *Que dites-vous ? Je
ne sais que penser. Que devient ce projet ? Que
se passe-t-il ?*

4. que [kə] adv. interr. (de *3. que*). [Forme
élidée *qu'*, comme *1. que*]. LITT. Interroge sur
la cause : *Que ne te disais-vous plus tôt ?* (syn.
pourquoi). ◆ adv. exclam. - **1.** Indique une
intensité : *Que cette histoire est compliquée !*
(syn. comme). - **2.** FAM. Ce que, indique une
intensité : *Ce que tu peux être bête !* ‖ Que de
(+ n.), quelle grande quantité, quel grand
nombre de : *Que de difficultés nous avons
rencontrées avant de réussir !* (syn. combien).

québécisme [kebesism] n.m. Fait de langue
propre au français parlé au Québec.

québécois, e [kebekwa, -az] adj. et n. De la
province du Québec ou de la ville de Québec.

quechua [ketʃwa] ou **quichua** [kitʃwa] n.m.
Langue indienne du Pérou et de la Bolivie,
et qui fut la langue de l'Empire inca.

quel, quelle [kɛl] adj. interr. (lat. *qualis*).
Interroge sur l'identité, la qualité : *Quel est
cet homme ? Quelle heure est-il ? Quel temps
fait-il ?* ◆ adj. exclam. Marque l'admiration,
l'indignation : *Quel bel objet ! Quel goujat !*
◆ **quel que, quelle que** loc. relat. indéf.
Suivi du subj., introduit une proposition
relative à une nuance concessive : *Quelles
qu'aient été ses erreurs, il s'est à présent racheté.*

quelconque [kɛlkɔ̃k] adj. indéf. (lat. *qualiscumque*). N'importe quel : *Donner un prétexte
quelconque.* ◆ adj. Médiocre ; sans valeur :
C'est un homme bien quelconque.

1. quelque [kɛlk] adj. indéf. (de *quel* et *que*).
- **1.** (Au sing.). Indique une quantité, une
durée, une valeur, un degré indéterminés,
génér. faibles : *À quelque distance. Pendant
quelque temps. J'ai eu quelque peine à le reconnaître.* - **2.** (Au pl.). Indique un petit nombre :
Quelques personnes. Il a écrit quelques articles.
- **3.** Et quelques, après un nom de nombre,
indique une addition peu importante : *Il a
vingt ans et quelques.* ‖ LITT. Quelque... que
(+ subj.), indique une concession ou une
opposition (avec un adj., reste invariable) :
*Quelques objections qu'il mette en avant, il finira
par se rallier à notre cause* (= quelles que soient
les objections). *Quelque profondes que soient
les réformes, elles arrivent trop tard.* **Rem.** Quelque ne s'élide que devant un et une.

2. quelque [kɛlk] adv. (de *1. quelque*). Indique
une approximation : *Il y a quelque cinquante
ans* (= à peu près ; syn. environ). **Rem.** Cet
adverbe ne s'élide jamais.

quelque chose [kɛlkəʃoz] pron. indéf.
m.- **1.** Désigne une chose indéterminée : *Dis
quelque chose. Vous prendrez bien quelque chose
de chaud.* - **2.** Indique un événement, une
situation, etc., dont on n'ose pas dire ou
dont on ignore la nature : *Il y a quelque chose
entre eux. Il se passe quelque chose d'étrange.*

quelquefois [kɛlkəfwa] adv. Dans certaines
circonstances ; de temps à autre : *Il souriait
quelquefois* (syn. parfois).

quelque part [kɛlkəpaʀ] adv. - **1.** Indique un
lieu quelconque : *Tu vas quelque part pour les
vacances ?* - **2.** Indique un lieu, un point abstrait, qu'on a du mal à définir : *Il y a quelque
part dans ce contrat un point obscur.* - **3.** FAM.
S'emploie par euphémisme pour désigner
telle ou telle chose considérée comme
inconvenante : *Je vais lui flanquer mon pied
quelque part* (= dans le derrière).

quelques-uns [kɛlkəzœ̃], **quelques-unes** [kɛlkəzyn] pron. indéf. pl. Indique un nombre indéterminé mais limité de personnes ou de choses : *J'ai écrit à tous mes amis, quelques-uns n'ont pas répondu* (syn. certains). *Quelques-unes de ces comédies de boulevard sont fort drôles.*

quelqu'un, e [kɛlkœ̃, -yn] pron. indéf. LITT. Indique une personne quelconque entre plusieurs : *Quelqu'un de vos parents. Quelqu'une de vos amies.* ◆ **quelqu'un** pron. indéf. masc. - **1.** Désigne une personne indéterminée : *Quelqu'un vous demande en bas.* - **2.** Être, se croire quelqu'un, être, se croire une personne d'importance, de valeur. ‖ Quelqu'un de (+ adj.), une personne ayant telle qualité : *C'est quelqu'un de très aimable.*

quémander [kemɑ̃de] v.t. et v.i. (de l'anc. fr. *caimand* "mendiant"). Solliciter humblement et avec insistance : *Il quémande sans cesse de l'argent.*

quémandeur, euse [kemɑ̃dœʀ, -øz] n. LITT. Personne qui quémande, qui sollicite.

qu'en-dira-t-on [kɑ̃diʀatɔ̃] n.m. inv. FAM. Ce que peuvent dire les autres sur la conduite de qqn ; l'opinion d'autrui : *Se moquer du qu'en-dira-t-on.*

quenelle [kənɛl] n.f. (de l'all. *Knödel* "boule de pâte"). Rouleau de poisson ou de viande hachés, lié à l'œuf.

quenotte [kənɔt] n.f. (mot dialect., dimin. de *quenne* "dent"). FAM. Dent de petit enfant.

quenouille [kənuj] n.f. (du bas lat. *conocula*, du class. *colus*). - **1.** Tige, génér. de bois ou d'osier, munie d'une tête renflée ou fourchue, souvent décorée, utilisée autref. pour maintenir le textile à filer. - **2.** Chanvre, lin, soie, etc., dont une quenouille est chargée.

querelle [kəʀɛl] n.f. (lat. *querela* "plainte en justice"). - **1.** Contestation amenant des échanges de mots violents : *Elle est restée à l'écart de cette querelle* (syn. conflit, dispute). - **2.** Chercher querelle à qqn, le provoquer.

quereller [kəʀele] v.t. (bas lat. *querellare*). SOUT. Faire des reproches à qqn : *On l'a querellé sur son retard.* ◆ **se quereller** v.pr. S'adresser mutuellement des reproches : *Ils se querellent sans arrêt pour des broutilles* (syn. se disputer).

querelleur, euse [kəʀelœʀ, -øz] adj. et n. Qui aime à se quereller : *Un gamin querelleur* (syn. batailleur).

quérir [keʀiʀ] v.t. (anc. fr. *querre*, lat. *quaerere* "chercher"). LITT. Chercher avec l'intention d'amener, d'apporter : *Envoyer quérir le médecin.* Rem. Seulement à l'inf., après les verbes *aller, venir, envoyer, faire.*

questeur [kɥestœʀ] n.m. (lat. *quaestor*). - **1.** Magistrat romain chargé surtout de fonctions financières. - **2.** Membre élu du bureau d'une assemblée parlementaire, chargé de la gestion financière et de l'administration intérieure. □ Il y a trois questeurs à l'Assemblée nationale et au Sénat, en France.

question [kɥestjɔ̃] n.f. (lat. *quaestio*, de *quaerere* "rechercher"). - **1.** Demande faite pour obtenir une information, vérifier des connaissances : *La police l'a pressé de questions* (= l'a interrogé). *Poser une question embarrassante.* - **2.** Sujet à examiner ou à discuter : *La question a été débattue* (syn. problème, sujet). - **3.** Ce dont il s'agit ; affaire, problème : *Ils se sont disputés pour des questions d'argent.* - **4.** Technique de contrôle parlementaire qui permet aux membres des assemblées d'obtenir du gouvernement des renseignements ou des explications : *Question écrite, orale, avec ou sans débat.* - **5.** HIST. Torture légale appliquée aux accusés et aux condamnés pour leur arracher des aveux : *Soumettre qqn à la question.* □ La question a été définitivement abolie par la Révolution. - **6.** En question, dont il s'agit, dont on parle : *Dans le texte en question, le sujet n'a pas été abordé.* ‖ Être en question, poser un problème : *Sa compétence est en question.* ‖ Faire question, être douteux, discutable : *Ses qualités d'organisateur font question.* ‖ Il est question de, il s'agit de : *Un film où il est question de l'exil.* ‖ (Il n'en est) pas question, exprime un refus catégorique : *Finirez-vous par céder ? – Il n'en est pas question.* ‖ Mettre en question, soumettre à une discussion. ‖ FAM. Question (de) [+ n.], en ce qui concerne… : *Question argent, tout est réglé.* ‖ Question de confiance → confiance. ‖ Question de principe, question essentielle d'où dérive le reste ; règle à observer en toutes circonstances : *Il refuse de changer d'avis, pour lui c'est une question de principe.*

questionnaire [kɥestjɔnɛʀ] n.m. - **1.** Série de questions auxquelles on doit répondre : *Remplir un questionnaire.* - **2.** PSYCHOL., SOCIOL. Dans une enquête par sondage, série de questions écrites ou orales posées aux membres d'un échantillon représentatif pour connaître leur opinion sur les sujets abordés par l'enquête. - **3.** Questionnaire à choix multiple (Q.C.M.). Questionnaire utilisé pour certains examens scolaires et universitaires et dans lequel, à chaque question posée, sont associées plusieurs réponses entre lesquelles il faut choisir.

questionnement [kɥestjɔnmɑ̃] n.m. Fait de s'interroger sur un problème.

questionner [kɥestjɔne] v.t. Poser des questions à : *La police l'a questionné sur ses relations* (syn. interroger).

questionneur, euse [kɥestjɔnœʀ, -øz] n. et adj. LITT. Personne qui pose sans cesse des questions.

questure [kɛstyʀ] n.f. (lat. *quaestura*). - **1.** Bureau des questeurs d'une assemblée délibérante. - **2.** ANTIQ. ROM. Charge de questeur.

quête [kɛt] n.f. (de l'anc. fr. *querre*, lat. *quaerere* "chercher"). - **1.** LITT. Action de chercher : *La quête du bonheur.* - **2.** Action de demander et de recueillir des dons en argent ou en nature pour des œuvres pieuses ou charitables ; somme recueillie : *Faire une quête à l'église* (syn. collecte). - **3.** En quête de, à la recherche de : *Partir en quête d'un taxi.*

quêter [kete] v.t. (de *quête*). Rechercher comme une faveur : *Quêter des louanges* (syn. solliciter). ◆ v.i. Recueillir des aumônes, faire la quête : *Quêter à domicile.*

quêteur, euse [ketœʀ, -øz] n. Personne qui quête.

quetsche [kwɛtʃ] n.f. (mot alsacien). - **1.** Grosse prune oblongue, de couleur violette. - **2.** Eau-de-vie faite avec ce fruit.

1. queue [kø] n.f. (lat. *cauda*). - **1.** Partie du corps de nombreux vertébrés, postérieure à l'anus, souvent allongée et flexible, dont l'axe squelettique est un prolongement de la colonne vertébrale : *Le chien remue la queue.* - **2.** Extrémité du corps, plus ou moins effilée, opposée à la tête, chez diverses espèces animales : *Queue d'un scorpion.* - **3.** Appendice en forme de queue : *Queue d'une note, d'une lettre.* - **4.** Pétiole d'une feuille ; pédoncule des fleurs et des fruits : *Queue d'une poire.* - **5.** Partie d'un objet, de forme allongée, servant à le saisir : *Queue d'une casserole* (syn. manche). - **6.** ASTRON. Traînée lumineuse, constituée de gaz ou de poussières, issue de la chevelure d'une comète et toujours dirigée à l'opposé du Soleil sous l'effet du vent solaire ou de la pression de rayonnement solaire. - **7.** Dernière partie, derniers rangs d'un groupe qui avance : *La queue d'un cortège.* - **8.** File de personnes qui attendent leur tour : *Faire la queue.* - **9.** Ensemble des dernières voitures d'un train, d'une rame de métro : *Monter dans le wagon de queue.* - **10.** Derniers rangs d'un classement : *Être à la queue de sa classe.* - **11.** Ce qui est à la fin, au bout de qqch : *La queue d'un orage.* - **12.** Tige de bois garnie à son extrémité la plus petite d'une rondelle de cuir, avec laquelle on pousse les billes, au billard. - **13.** À la queue leu leu → 1. leu. ‖ Faire une queue de poisson, se rabattre brusquement après avoir dépassé un véhicule. ‖ Finir en queue de poisson, se terminer brusquement, sans conclusion satisfaisante : *Le film a fini en queue de poisson.* ‖ FAM. Sans queue ni tête, incohérent : *Un récit sans queue ni tête.*

2. queue n.f. → **2. queux.**

queue-d'aronde [kødaʀɔ̃d] n.f. (pl. *queues-d'aronde*). Tenon en forme de queue d'hirondelle, pénétrant dans une entaille de même forme pour constituer un assemblage.

queue-de-cheval [kødʃəval] n.f. (pl. *queues-de-cheval*). Coiffure aux cheveux resserrés sur le sommet de la tête par un nœud ou une barrette, et flottant sur la nuque et les épaules.

queue-de-pie [kødpi] n.f. (pl. *queues-de-pie*). FAM. Habit de cérémonie aux basques en pointe.

queue-de-rat [kødʀa] n.f. (pl. *queues-de-rat*). Lime ronde et pointue pour limer dans les creux.

queuter [køte] v.i. (de *queue*). Au billard, garder la queue en contact avec la bille au moment où celle-ci rencontre la seconde bille ou une bande.

1. queux [kø] n.m. (lat. *coquus*, de *coquere* "cuire"). LITT. Maître queux, cuisinier.

2. queux ou **queue** [kø] n.f. (lat. *cos, cotis*). Pierre à aiguiser : *Queux à faux.*

1. qui [ki] pron. relat. (mot lat.). - **I.** Assure, dans une proposition relative, les fonctions de : - **1.** Sujet : *C'est une région qui m'a séduit.* - **2.** Compl. prépositif (désignant seul. des personnes) : *L'homme avec qui je vis* (syn. lequel). - **3.** Sujet ou compl. indéterminé (sans antécédent) : *Rira bien qui rira le dernier* (= celui qui rira le dernier). *Qui est déjà passé par cette épreuve me comprendra* (syn. quiconque). *Consultez qui vous voudrez.* - **II.** LITT. Qui... qui..., l'un..., l'autre... ; les uns..., les autres... : *Ils se sont dispersés qui d'un côté, qui de l'autre.* ◆ **qui que** loc. relat. indéf. Suivi du subj., introduit une proposition relative à nuance concessive : *Qui que vous soyez, vous êtes la bienvenue.*

2. qui [ki] pron. interr. (lat. *quis*). Dans une phrase, une proposition interrogative, représente une personne dans les fonctions de : - **1.** Sujet : *Qui est là ? Je sais qui a fait cela.* - **2.** Compl. d'objet direct : *Qui avez-vous vu ?* - **3.** Compl. prépositif : *De qui parlez-vous ?*

à quia [akɥija] loc. adv. (lat. *quia* "parce que"). LITT. Être à quia, mettre qqn à quia, être réduit, réduire qqn à ne pouvoir répondre.

quiche [kiʃ] n.f. (de l'alsacien *küchen* "gâteau"). Tarte salée en pâte brisée garnie de lardons et recouverte d'un mélange d'œufs battus et de crème. □ La quiche est une spécialité lorraine.

quichua n.m. → **quechua.**

quick [kwik] n.m. (mot angl. "rapide"). Matière synthétique dure, poreuse et légèrement granuleuse, utilisée comme revêtement de certains courts de tennis en plein air.

quiconque [kikɔ̃k] pron. relat. indéf. (de l'anc. fr. *qui qu'onques,* rapproché ensuite du lat. *quicumque*). Dans une proposition relative, représente une personne indéterminée dans la fonction de sujet : *La loi punit quiconque est coupable. Il sera critiqué par quiconque a un peu de connaissances en la matière* (= toute personne qui ; syn. qui). ◆ pron. indéf. À l'intérieur d'une proposition (surtout après un comparatif), représente une personne indéterminée : *Il est à la portée de quiconque de résoudre ce problème* (syn. n'importe qui). *Je sais mieux que quiconque ce qu'il me reste à faire* (syn. personne).

quidam [kidam] n.m. (mot lat. "un certain"). FAM. Homme dont on ignore ou dont on tait le nom : *Un quidam est passé voir si tu étais là.*

quiescence [kɥiɛsɑ̃s] n.f. (du lat. *quiescere* "se reposer"). BIOL. Arrêt de développement des insectes en cas de conditions extérieures défavorables (température insuffisante ou sécheresse).

quiet, ète [kjɛ, kjɛt] adj. (lat. *quietus*). LITT. Tranquille, calme : *Existence quiète.*

quiétude [kjetyd] n.f. (bas lat. *quietudo*). LITT. Tranquillité d'esprit ; atmosphère calme : *Attendre en toute quiétude le résultat d'un examen* (syn. sérénité).

quignon [kiɲɔ̃] n.m. (altér. de *coignon,* de *coin*). Morceau de gros pain ou extrémité d'un pain long, contenant beaucoup de croûte.

1. quille [kij] n.f. (de l'all. *Kiel*). MAR. Élément axial de la partie inférieure de la charpente d'un navire, prolongé à l'avant par l'étrave et à l'arrière par l'étambot.

2. quille [kij] n.f. (de l'anc. haut all. *kegil*). - **1.** Chacune des pièces de bois tournées, posées verticalement sur le sol, qu'un joueur doit renverser en lançant une boule, dans le jeu dit *jeu de quilles.* - **2.** ARG. La quille, la fin du service militaire.

quimboiseur [kɛ̃bwazœr] n.m. (mot du créole antillais). CRÉOL. Sorcier ; jeteur de sorts.

quincaillerie [kɛ̃kajri] n.f. (altér. de *clinquaille,* du rad. onomat. *clinq-*). - **1.** Ensemble d'objets, d'ustensiles en métal servant au ménage, à l'outillage, etc. ; industrie correspondante. - **2.** Magasin où l'on vend ces objets. - **3.** FAM. Bijoux faux, ou d'un luxe ostentatoire, tapageur.

quincaillier, ère [kɛ̃kaje, -ɛr] n. Marchand ou fabricant de quincaillerie.

quinconce [kɛ̃kɔ̃s] n.m. (lat. *quincunx* [par analogie avec la disposition des points marqués sur la monnaie de ce nom]). En quinconce, selon un assemblage d'objets disposés par cinq dont quatre aux quatre angles d'un carré, d'un losange ou d'un rectangle et le cinquième au milieu : *Dans ce parc, les arbres sont plantés en quinconce.*

quinine [kinin] n.f. (de *quinquina*). Alcaloïde amer contenu dans l'écorce de quinquina, employé comme fébrifuge et pour son action sur le paludisme.

quinquagénaire [kɛ̃kwaʒenɛr] ou [kɛ̃kaʒenɛr] adj. et n. (lat. *quinquagenarius*). Qui a atteint cinquante ans.

quinquennal, e, aux [kɛ̃kɛnal, -o] adj. (lat. *quinquennalis*). - **1.** Qui se fait, se célèbre tous les cinq ans : *Élection quinquennale.* - **2.** Qui s'étend sur cinq ans : *Plan, mandat quinquennal.*

quinquennat [kɛ̃kɛna] n.m. Durée d'un plan, d'un mandat quinquennal : *Un quinquennat présidentiel.*

quinquet [kɛ̃kɛ] n.m. (de A. *Quinquet,* qui perfectionna cette lampe). - **1.** Lampe à huile à double courant d'air, et dont le réservoir est plus haut que la mèche. - **2.** FAM. Œil : *Ouvre tes quinquets !*

quinquina [kɛ̃kina] n.m. (mot esp., du quechua). Arbre tropical cultivé pour son écorce, riche en quinine. □ Famille des rubiacées.

quintal [kɛ̃tal] n.m. (bas lat. *quintale,* ar. *quintar*) [pl. *quintaux*]. Unité de mesure de masse, valant 10^2 kilogrammes. □ Symb. q.

quinte [kɛ̃t] n.f. (du lat. *quintus* "cinquième"). - **1.** MUS. Intervalle de cinq degrés dans l'échelle diatonique. - **2.** JEUX. Série de cinq cartes qui se suivent. - **3.** Accès de toux.

quinté [kɛ̃te] n.m. TURF. Pari dans lequel il faut déterminer les cinq premiers arrivants d'une course.

quintessence [kɛ̃tesɑ̃s] n.f. (de l'anc. fr. *quinte essence* "la cinquième essence", désignant l'éther, le plus subtil des cinq éléments de l'Univers). LITT. Ce qu'il y a de principal, de meilleur, de plus parfait dans qqch : *La quintessence d'un livre.*

quintet [kɛ̃tɛt] n.m. (mot angl.). Formation de jazz composée de cinq musiciens.

quintette [kɛ̃tɛt] ou [kwɛ̃tɛt] n.m. (it. *quintetto*). MUS. - **1.** Composition musicale à cinq parties. - **2.** Ensemble vocal ou instrumental de cinq exécutants.

quinto [kɛ̃tɔ] adv. (mot lat.). Cinquièmement, en cinquième lieu.

quintuple [kɛ̃typl] adj. et n.m. (bas lat. *quintuplex*). Qui vaut cinq fois autant : *Trente est le quintuple de six.*

quintupler [kɛ̃typle] v.t. Multiplier par cinq : *Quintupler une somme.* ◆ v.i. Être multiplié par cinq : *Les prix ont quintuplé.*

quintuplés, ées [kε̃typle] n. pl. Groupe de cinq enfants nés d'une même grossesse.

quinzaine [kε̃zεn] n.f. **- 1.** Groupe d'environ quinze unités : *Une quinzaine de francs.* **- 2.** Deux semaines : *On se revoit dans une quinzaine* (= quinze jours). *La dernière quinzaine de juillet* (= les deux dernières semaines).

quinze [kε̃z] adj. num. card. inv. (lat. *quindecim*). **- 1.** Quatorze plus un. **- 2.** (En fonction d'ordinal). De rang numéro quinze ; quinzième : *Louis quinze. Le chapitre quinze* (= le quinzième chapitre). ◆ n.m. inv. **- 1.** Le nombre qui suit quatorze dans la suite des entiers naturels ; le chiffre représentant ce nombre : *Douze et trois font quinze.* **- 2.** (Précédé de l'art. déf. et suivi d'un adj. ou d'un compl.). Équipe de rugby : *Le quinze de France.*

quinzième [kε̃zjεm] adj. num. ord. et n. De rang numéro quinze : *Le quinzième arrondissement. Habiter le quinzième étage. Le quinzième de la liste.* ◆ adj. et n.m. Qui correspond à la division d'un tout en quinze parties égales : *La quinzième partie d'une somme. Un quinzième des bénéfices.*

quinzièmement [kε̃zjεmmɑ̃] adv. En quinzième lieu.

quiproquo [kipʀɔko] n.m. (lat. scolast. *quid pro quod* "une chose pour une autre" désignant une faute d'interprétation) [pl. *quiproquos*]. Méprise, erreur qui fait prendre une chose, une personne pour une autre : *Cette pièce de théâtre repose sur une série de quiproquos* (syn. malentendu).

quittance [kitɑ̃s] n.f. (de *quitter*). Attestation écrite par laquelle un créancier déclare un débiteur quitte envers lui : *Apportez une quittance de loyer ou d'électricité.*

quitte [kit] adj. (lat. médiév. *quitus,* du class. *quietus* "tranquille"). **- 1.** Libéré d'une dette pécuniaire, d'une obligation, d'un devoir moral : *Être quitte d'une corvée, d'une visite.* **- 2.** En être quitte pour, n'avoir à subir que l'inconvénient de : *L'accident n'a pas été grave, nous en avons été quittes pour la peur.* ‖ Jouer quitte ou double, risquer, hasarder tout. ‖ Tenir quitte, dispenser : *On ne peut le tenir quitte de sa promesse.* ◆ **quitte à** loc. prép. (suivi de l'inf.). Sans s'interdire de ; au risque de : *Il vaut mieux vérifier les comptes, quitte à perdre du temps.*

quitter [kite] v.t. (lat. médiév. *quitare,* du class. *quietus* "tranquille"). **- 1.** Laisser une personne, se séparer provisoirement ou définitivement d'elle : *Je vous quitte pour un moment. Elle a quitté son mari.* **- 2.** Abandonner un lieu, une activité : *Quitter la ville pour la campagne* (= s'en aller de). *Il a quitté ses fonctions* (= il s'est retiré). *Elle quitte son travail tous les jours à six heures* (= elle en sort). **- 3.** Ôter un vêtement ; se déshabiller : *Quittez votre manteau* (syn. retirer). **- 4.** LITT. Mourir : *Il nous a quittés hier soir.* **- 5.** Ne pas quitter des yeux, avoir toujours les regards fixés sur. ‖ Ne quitte (quittez) pas, reste (restez) en ligne, au téléphone.

quitus [kitys] n.m. (mot lat.). Acte par lequel la gestion d'une personne est reconnue exacte et régulière : *Donner quitus à un trésorier.*

qui vive [kiviv] loc. interj. Cri poussé par les sentinelles pour reconnaître un isolé, une troupe. ◆ **qui-vive** n.m. inv. Sur le qui-vive, sur ses gardes dans l'attente d'une attaque.

1. quoi [kwa] pron. relat. (lat. *quid,* forme neutre de *quis* "quel"). **- 1.** Assure la fonction de compl. prépositif pour renvoyer à un antécédent indéfini ou à une proposition, une phrase entière : *Il n'est rien à quoi je ne sois prêt. C'est justement ce pour quoi je viens.* **- 2.** De quoi, ce qui est suffisant pour ; ce qui est nécessaire pour : *Avoir de quoi vivre. Il n'y a pas de quoi rire* (= il n'y a pas de raison pour rire). *Je vous remercie. – Il n'y a pas de quoi* (= cela n'en vaut pas la peine). ◆ **quoi que** loc. relat. indéf. **- 1.** Suivi du subj., introduit une proposition relative marquant une nuance concessive : *Quoi que vous disiez, je m'en tiendrai à ma première idée.* **Rem.** À distinguer de *quoique* en un seul mot, conj. de subordination. **- 2.** Quoi qu'il en soit, en tout état de cause, en tout cas.

2. quoi [kwa] pron. interr. (de *1. quoi*). Dans une phrase, une proposition interrogative, représente qqch d'indéfini, dans les fonctions de : **- 1.** Compl. d'objet direct : *Quoi faire ? Je ne sais quoi dire.* **- 2.** Compl. prépositif : *À quoi pensez-vous ? Devinez avec quoi il joue.* **- 3.** SOUT. Sujet (en partic. dans des phrases nominales) : *Quoi de plus triste que cette histoire ?* (= qu'y a-t-il de plus triste ?). ◆ adv. exclam. **- 1.** Exprime une surprise, une indignation : *Quoi, il est dix heures et tu n'es toujours pas levé !* **- 2.** Sert à souligner une affirmation : *Je menais une vie réglée et monotone, insipide quoi !*

quoique [kwakə] conj. sub. (de *quoi* et *que*). Suivi du subj. ou du p. présent, marque l'opposition, la concession : *Quoiqu'il se sente soutenu, il hésite encore à agir. Quoique étant riche (quoique riche), il n'était guère généreux* (syn. bien que). **Rem.** Quoique s'élide devant *il(s), elle(s), on, en, un, une.*

quolibet [kɔlibε] n.m. (du lat. [*disputationes de*] *quolibet,* "discussion qui avait lieu deux fois par an dans l'enseignement scolast".). Plaisanterie ironique ou injurieuse lancée à qqn ; raillerie malveillante : *Être victime de quolibets incessants* (syn. pique, sarcasme).

quorum [kɔrɔm] ou [kwɔrɔm] n.m. (de *quorum,* mot lat. par lequel commence le bill du Parlement angl. relatif à la présence de ses membres). - **1.** Nombre de membres qu'une assemblée doit réunir pour pouvoir valablement délibérer. - **2.** Nombre de votants nécessaire pour qu'une élection soit valable.

quota [kɔta] ou [kwɔta] n.m. (angl. *quota,* mot lat.). - **1.** Pourcentage, part, contingent : *Le gouvernement a réduit les quotas d'importation.* - **2.** STAT. Modèle réduit d'une population donnée, permettant la désignation d'un échantillon représentatif.

quote-part [kɔtpaʀ] n.f. (lat. *quota pars* "part qui revient à chacun") [pl. *quotes-parts*]. Part que chacun doit payer ou recevoir dans la répartition d'une somme : *Payer sa quote-part à un dîner* (syn. contribution, écot).

1. quotidien, enne [kɔtidjɛ̃, -ɛn] adj. (lat. *quotidianus*). Qui se fait ou revient chaque jour : *Le travail quotidien.*

2. quotidien [kɔtidjɛ̃] n.m. (de *1. quotidien*). Journal qui paraît tous les jours : *Quotidien national, régional.*

quotidiennement [kɔtidjɛnmɑ̃] adv. Tous les jours.

quotidienneté [kɔtidjɛnte] n.f. Caractère quotidien de qqch.

quotient [kɔsjɑ̃] n.m. (lat. *quotiens* "autant de fois que"). - **1.** MATH. Résultat de la division : *Le quotient de douze divisé par quatre est trois.* - **2.** Quotient de deux entiers ou quotient euclidien, quotient d'une division euclidienne. - **3.** PSYCHOL. Quotient intellectuel (Q. I.). Rapport entre l'âge mental mesuré par les tests et l'âge réel de l'enfant ou de l'adolescent, multiplié par 100. □ La notion de Q. I. est parfois étendue aux adultes, elle correspond alors à une mesure de l'efficience intellectuelle.

quotité [kɔtite] n.f. (lat. *quotus,* d'apr. *quantité*). - **1.** Somme fixe à laquelle se monte chaque quote-part. - **2.** Quotité disponible, fraction des biens dont on peut disposer par donation ou testament.

r [ɛR] n.m. inv. - **1.** Dix-huitième lettre (consonne) de l'alphabet. - **2.** R, ensemble des nombres réels.

rabâchage [Rabɑʃaʒ] n.m. FAM. Défaut de celui qui rabâche ; ses propos (syn. radotage).

rabâcher [Rabɑʃe] v.t. et v.i. (de l'anc. fr. *rabaster* "faire du tapage"). FAM. Redire sans cesse et de manière lassante la même chose : *Rabâcher les mêmes histoires* (syn. ressasser).

rabâcheur, euse [Rabɑʃœʀ, -øz] adj. et n. FAM. Qui ne fait que rabâcher (syn. radoteur).

rabais [Rabɛ] n.m. (de *rabaisser*). - **1.** Diminution faite sur le prix d'une marchandise : *Ils m'ont fait un rabais* (syn. remise, ristourne). - **2.** Au rabais, avec une réduction : *Acheter une marchandise au rabais.*

rabaisser [Rabese] v.t. - **1.** Mettre plus bas, ramener à un degré inférieur : *Il faudra qu'il rabaisse ses prétentions.* - **2.** Mettre qqn, qqch au-dessous de leur valeur : *Rabaisser les mérites de qqn* (syn. déprécier, dévaluer). ◆ **se rabaisser** v.pr. S'avilir (syn. s'abaisser, déchoir).

rabane [Raban] n.f. (du malgache *rebana*). TEXT. Tissu de fibre de raphia.

rabat [Raba] n.m. - **1.** Partie d'un objet conçue pour pouvoir se rabattre, se replier : *Poches à rabat.* - **2.** Rabattage. - **3.** Revers de col faisant office de cravate, porté par les magistrats et les avocats en robe, les professeurs d'université en toge et, autref., par les hommes d'Église.

rabat-joie [Rabaʒwa] n.m. inv. et adj. inv. Personne qui trouble la joie des autres par son humeur chagrine : *Il est un peu rabat-joie* (syn. trouble-fête).

rabattage [Rabataʒ] n.m. Action de rabattre le gibier (syn. rabat).

rabattement [Rabatmã] n.m. Action de rabattre.

rabatteur, euse [Rabatœʀ, -øz] n. - **1.** CHASSE. Personne chargée de rabattre le gibier. - **2.** Personne qui essaie d'amener la clientèle chez un commerçant, dans une entreprise ou de recruter des adhérents pour un parti.

rabattre [RabatR] v.t. (conj. 83). - **1.** Ramener qqch vers le bas ; replier : *Rabattre son col de chemise* (syn. baisser ; contr. relever). *Rabattre le couvercle d'un coffre.* - **2.** Amener dans une direction, dans une position plus basse : *Rabattre une balle de tennis.* - **3.** Consentir un rabais : *Rabattre 5 % sur le prix affiché* (syn. diminuer, réduire). - **4.** CHASSE. Rassembler, pousser le gibier vers les chasseurs ou vers des panneaux tendus. ◆ v.i. - **1.** Quitter soudain une direction pour se diriger vers un endroit : *Il rabattait à travers champs.* - **2.** En rabattre, réduire ses prétentions : *Il est très sûr de lui, mais il en a rabattu.* ◆ **se rabattre** v.pr. - **1.** Quitter brusquement une direction pour en prendre une autre : *Le camion s'est rabattu trop vite.* - **2.** [sur]. Accepter qqch, qqn, faute de mieux : *Se rabattre sur une formule de vacances moins onéreuse.*

rabbin [Rabɛ̃] n.m. (de l'hébr. *rabbi* "mon maître"). - **1.** Chef religieux, guide spirituel et ministre du culte d'une communauté juive. - **2.** Grand rabbin, chef d'un consistoire israélite.

rabbinat [Rabina] n.m. - **1.** Fonction de rabbin. - **2.** Ensemble du corps des rabbins, dans un pays donné.

rabbinique [Rabinik] adj. Relatif aux rabbins.

rabelaisien, enne [Rablezjɛ̃, -ɛn] adj. - **1.** Relatif à Rabelais, à son œuvre. - **2.** Qui évoque le style truculent de Rabelais : *Une chronique gastronomique rabelaisienne.*

rabibocher [ʀabibɔʃe] v.t. FAM. - **1.** Réparer sommairement qqch. - **2.** Réconcilier, remettre d'accord.

rabiot [ʀabjo] n.m. (gascon *rabiot* "rebut de pêche", de *rabe* "œufs de poissson"). FAM. - **1.** Ce qui reste de vivres après la distribution. - **2.** Temps de service supplémentaire imposé à des recrues. - **3.** Supplément : *Avoir un rabiot de sommeil.* (Abrév. fam. *rabe* ou *rab* pour les trois sens.)

rabioter [ʀabjɔte] v.t. FAM. Prendre en plus de la part convenue ; gagner : *Rabioter un jour de vacances.*

rabique [ʀabik] adj. (du lat. *rabies* "rage"). Relatif à la rage.

râble [ʀabl] n.m. (de *râble,* sorte de râteau, par analogie de forme). Partie du lièvre et du lapin, qui s'étend depuis le bas des épaules jusqu'à la queue.

râblé, e [ʀable] adj. - **1.** Qui a le râble épais : *Un lièvre bien râblé.* - **2.** Se dit d'une personne plutôt petite et de forte carrure : *Un garçon râblé et trapu.*

rabot [ʀabo] n.m. (de l'anc. fr. *rabotte* "lapin"). Outil de menuisier servant à moulurer et à aplanir le bois.

rabotage [ʀabɔtaʒ] n.m. Action de raboter.

raboter [ʀabɔte] v.t. Aplanir avec un rabot : *Raboter une planche.*

raboteur [ʀabɔtœʀ] n.m. Ouvrier qui rabote : *Raboteur de parquets.*

raboteuse [ʀabɔtøz] n.f. (de *raboter*). - **1.** Machine-outil de grandes dimensions servant à usiner des pièces métalliques. - **2.** Machine servant à raboter le bois.

raboteux, euse [ʀabɔtø, -øz] adj. (de *rabot*). Inégal ; couvert d'aspérités : *Bois raboteux* (syn. rugueux).

rabougri, e [ʀabugʀi] adj. Qui n'a pas atteint son développement normal : *Quelques plantes rabougries* (syn. chétif).

rabougrir [ʀabugʀiʀ] v.t. (de l'anc. fr. *abougrir,* de *bougre* "faible") [conj. 32]. Retarder la croissance de : *Le froid rabougrit les arbres* (syn. atrophier). ◆ **se rabougrir** v.pr. Se recroqueviller sous l'effet de la sécheresse, de l'âge, etc. : *Son visage s'est rabougri* (syn. se ratatiner).

rabouter [ʀabute] v.t. Assembler bout à bout des pièces de bois, de métal, de tissu, etc.

rabrouer [ʀabʀue] v.t. (du moyen fr. *brouer* "gronder"). Accueillir, traiter avec rudesse une personne envers laquelle on est mal disposé : *Rabrouer un gamin coléreux.*

racaille [ʀakaj] n.f. (de **rasquer,* du lat. pop. **rasicare* "gratter", class. *radere*). Ensemble de personnes jugées viles et méprisables.

raccommodage [ʀakɔmɔdaʒ] n.m. Action de raccommoder.

raccommodement [ʀakɔmɔdmã] n.m. FAM. Réconciliation.

raccommoder [ʀakɔmɔde] v.t. (de *accommoder*). - **1.** Remettre en bon état, réparer : *Raccommoder des chaussettes* (syn. repriser). - **2.** FAM. Réconcilier après une brouille. ◆ **se raccommoder** v.pr. FAM. Se réconcilier.

raccompagner [ʀakɔ̃paɲe] v.t. Reconduire qqn qui s'en va : *Je l'ai raccompagné à son hôtel.*

raccord [ʀakɔʀ] n.m. (de *raccorder*). - **1.** Liaison destinée à assurer la continuité entre deux parties séparées ou différentes, ou à rétablir l'homogénéité des diverses parties d'un ensemble : *Faire un raccord de peinture.* - **2.** TECHN. Pièce destinée à assurer l'assemblage, sans fuite, de deux éléments de tuyauterie, auxquels elle est fixée par des brides ou au moyen de filetages : *Un raccord de tuyau.* - **3.** CIN. Ajustement des éléments de l'image ou du son entre deux plans successifs, destiné à éviter les incohérences visuelles ou sonores ; plan tourné pour assurer cet ajustement : *Faire un raccord au montage d'un film.*

raccordement [ʀakɔʀdmã] n.m. - **1.** Action de raccorder ; la jonction elle-même : *Le raccordement de deux conduites de gaz. Travaux de raccordement d'une route nationale à l'autoroute.* - **2.** CH. DE F. Court tronçon de ligne servant à relier deux lignes distinctes.

raccorder [ʀakɔʀde] v.t. (de *accorder*). - **1.** Réunir deux choses distinctes, séparées : *Raccorder deux canalisations* (syn. rabouter). - **2.** Constituer une jonction entre : *Plusieurs ponts raccordent les deux rives* (syn. relier).

raccourci [ʀakuʀsi] n.m. - **1.** Chemin plus court : *Prendre un raccourci.* - **2.** Manière de s'exprimer en termes concis : *Un raccourci saisissant.* - **3.** Réduction de certaines dimensions des objets et des figures sous l'effet de la perspective.

raccourcir [ʀakuʀsiʀ] v.t. [conj. 32]. Rendre plus court : *Raccourcir une robe, un texte.* ◆ v.i. Devenir plus court : *Les jours raccourcissent en hiver* (syn. diminuer).

raccourcissement [ʀakuʀsismã] n.m. Action, fait de raccourcir ; son résultat : *Le raccourcissement des jours en automne* (syn. diminution, réduction).

raccroc [ʀakʀo] n.m. (de *raccrocher*). Par raccroc, d'une manière heureuse et inattendue : *Réussir son examen par raccroc.*

raccrocher [ʀakʀoʃe] v.t. - **1.** Accrocher de nouveau ; remettre à sa place ce qui avait été décroché : *Raccrocher un tableau* (contr. décrocher). - **2.** FAM. Ressaisir, rattraper ce qu'on croyait perdu ou très compromis : *Raccrocher* *une affaire* (syn. rattraper). ◆ v.i. - **1.** Remettre sur son support le combiné du téléphone : *Il a raccroché brutalement.* - **2.** FAM. Abandonner définitivement une activité : *Ce grand champion a raccroché l'année dernière.* ◆ **se raccrocher** v.pr. - **1.** Se cramponner à qqch pour ne pas tomber : *Se raccrocher à une branche* (syn. s'agripper). - **2.** Trouver dans qqch ou auprès de qqn un réconfort : *Il se raccroche à tout ce qui lui rappelle le passé.*

race [ʀas] n.f. (it. *razza*, du lat. *ratio*). - **1.** Subdivision de l'espèce humaine. □ Les généticiens et les anthropologues lui préfèrent le terme de « population » : [→ racisme]. - **2.** Subdivision d'une espèce animale : *Races canines.* - **3.** LITT. Ensemble des ascendants ou des descendants d'une famille. - **4.** Ensemble de personnes présentant des caractères communs et que l'on réunit dans une même catégorie : *La race des poètes.* - **5.** De race, de bonne lignée, non métissé, en parlant d'un animal : *Chien de race.*

racé, e [ʀase] adj. - **1.** Se dit d'un animal possédant les qualités propres à une race : *Cheval racé.* - **2.** Qui a de la classe, de l'élégance.

rachat [ʀaʃa] n.m. - **1.** Action de racheter qqch, d'acheter de nouveau : *Rachat d'une voiture.* - **2.** Pardon d'une faute : *Le rachat d'un péché* (syn. rédemption). - **3.** Délivrance au moyen d'une rançon. - **4.** Extinction d'une obligation au moyen d'une indemnité : *Négocier le rachat d'une pension.*

racheter [ʀaʃte] v.t. (conj. 28). - **1.** Acheter ce qu'on a vendu : *Racheter un tableau.* - **2.** Acheter de nouveau : *J'ai dû racheter du pain.* - **3.** Acheter d'occasion : *Racheter la voiture d'un ami.* - **4.** Compenser ; faire oublier : *Sa loyauté rachète son mauvais caractère.* - **5.** Délivrer en payant une rançon : *Racheter des prisonniers.* - **6.** Se libérer à prix d'argent de : *Racheter une rente.* - **7.** Racheter ses péchés, en obtenir le pardon : *Racheter ses péchés par la pénitence* (syn. expier). ◆ **se racheter** v.pr. Réparer ses fautes passées par une conduite méritoire : *Donner à qqn l'occasion de se racheter.*

rachidien, enne [ʀaʃidjɛ̃, -ɛn] adj. - **1.** Relatif au rachis : *Bulbe rachidien.* - **2.** Canal rachidien, canal formé par les vertèbres et qui contient la moelle épinière. ‖ **Nerfs rachidiens**, nerfs qui naissent de la moelle épinière. □ L'homme en possède 31 paires.

rachis [ʀaʃis] n.m. (gr. *rhakhis*). ANAT. Colonne vertébrale ou épine dorsale.

rachitique [ʀaʃitik] adj. et n. (gr. *rhakhitês*, de *rhakhis* "épine dorsale"). Atteint de rachitisme : *Un enfant rachitique.*

rachitisme [ʀaʃitism] n.m. (de *rachitique*). Maladie de la croissance, observée chez le nourrisson et le jeune enfant, caractérisée par une insuffisance de calcification des os et des cartilages, et due à une carence en vitamine D.

racial, e, aux [ʀasjal, -o] adj. Relatif à la race : *Discrimination raciale.*

racine [ʀasin] n.f. (bas lat. *radicina*, du class. *radix, -icis*). - **1.** Organe propre aux végétaux supérieurs, dont la fonction est de fixer la plante au sol et de puiser, par les poils absorbants, l'eau et les sels minéraux dissous. - **2.** Partie par laquelle un organe est implanté dans un tissu : *Racine des cheveux, des dents.* - **3.** Ce qui est à la base, à l'origine de qqch : *Attaquer le mal par la racine.* - **4.** LITT. Lien solide, attache profonde à un lieu, un milieu, un groupe : *Ce parti a de profondes racines dans le pays.* - **5.** LING. Forme abstraite obtenue après élimination des affixes et des désinences, et qui est porteuse de la signification du mot. □ Ainsi *chanter, chanteur, cantique, incantation* au même racine qui se réalise en français par deux radicaux : *chant-* et *cant-.* - **6.** Prendre racine, s'attarder quelque part, y demeurer longtemps : *Il a pris racine toute la soirée.* - **7.** MATH. Racine carrée (d'un nombre réel), tout nombre réel dont le carré est égal au nombre initial. □ Tout entier positif A a deux racines carrées opposées $\sqrt{A}$ et $-\sqrt{A}$. ‖ MATH. **Racine d'une équation**, solution de cette équation.

racinien, enne [ʀasinjɛ̃, -ɛn] adj. - **1.** Relatif à Jean Racine, à son œuvre. - **2.** Qui évoque le caractère des œuvres, des personnages de Racine : *Un héros racinien.*

racisme [ʀasism] n.m. - **1.** Idéologie fondée sur la croyance qu'il existe une hiérarchie entre les groupes humains, les « races » ; comportement inspiré par cette idéologie. - **2.** Attitude d'hostilité systématique à l'égard d'une catégorie déterminée de personnes.

raciste [ʀasist] adj. et n. Qui relève du racisme ; qui fait preuve de racisme : *Des propos racistes.*

racket [ʀakɛt] n.m. (mot anglo-amér.). Extorsion d'argent par intimidation et violence : *Être victime d'un racket.*

racketter [ʀakɛte] v.t. Soumettre à un racket.

racketteur [ʀakɛtœʀ] n.m. Malfaiteur exerçant un racket.

raclée [ʀakle] n.f. (de *racler*). FAM. - **1.** Volée de coups : *Si tu continues à me harceler, tu vas prendre une raclée !* - **2.** Défaite écrasante : *Notre équipe a pris une raclée.*

racler [ʀakle] v.t. (du prov. *rasclar*, du lat. pop. *rasicular*, du class. *rasus* "rasé"). - **1.** Enlever les aspérités d'une surface en grattant pour nettoyer, égaliser : *Racler l'intérieur d'une* casserole (syn. frotter). - **2**. FAM. **Racler les fonds de tiroirs**, chercher le peu d'argent encore disponible. ◆ **se racler** v.pr. Se racler la gorge, s'éclaircir la voix.

raclette [Raklɛt] n.f. - **1**. Mets préparé en présentant à la flamme un fromage coupé en deux et dont on racle la partie ramollie ; fromage qui sert à cette préparation. - **2**. TECHN. Outil pour gratter et lisser les surfaces planes (syn. racloir).

racloir [Raklwar] n.m. - **1**. TECHN. Raclette. - **2**. PRÉHIST. Outil de pierre obtenu par une retouche sur les bords.

raclure [RaklyR] n.f. Petite partie qu'on enlève d'un corps en le raclant : Des raclures de bois (syn. déchet, rognure).

racolage [Rakɔlaʒ] n.m. Action de racoler.

racoler [Rakɔle] v.t. (de accoler "embrasser"). - **1**. Attirer, recruter par des moyens publicitaires ou autres : Racoler des clients. - **2**. Accoster des passants, en parlant de qqn qui se livre à la prostitution. - **3**. HIST. Recruter par surprise ou par force pour le service militaire (syn. embrigader).

racoleur, euse [RakɔlœR, -øz] adj. et n. Qui racole : Publicité racoleuse.

racontable [Rakɔ̃tabl] adj. Qui peut être raconté : Cette anecdote est difficilement racontable devant les enfants.

racontar [Rakɔ̃taR] n.m. FAM. Propos médisant : Il ajoute foi à des racontars invraisemblables.

raconter [Rakɔ̃te] v.t. (de conter). - **1**. Faire le récit de ; rapporter : Raconter une histoire (syn. narrer). - **2**. Tenir des propos peu crédibles : Ne crois pas tout ce qu'on te raconte.

raconteur, euse [Rakɔ̃tœR, -øz] n. LITT. Personne qui raconte, aime raconter.

racornir [RakɔrniR] v.t. (de corne) [conj. 32]. Dessécher ; rendre dur et coriace comme de la corne : Travail qui racornit le bout des doigts (syn. durcir). ◆ **se racornir** v.pr. Devenir dur et sec : Le morceau de viande s'est racorni sur le grill (syn. se dessécher).

racornissement [Rakɔrnismɑ̃] n.m. Fait de se racornir : Le racornissement des plantes sous l'effet du gel.

rad [Rad] n.m. (de radiation). Nom parfois donné à une unité de dose absorbée de rayonnements puissants équivalant à 1/100 de gray.

radar [RadaR] n.m. (sigle de l'angl. Radio Detection And Ranging "détection et télémétrie par radio"). Appareil qui permet de déterminer la position et la distance d'un obstacle, d'un aéronef, etc., par l'émission d'ondes radioélectriques et la détection des ondes réfléchies à sa surface : L'avion volait trop bas pour être détecté par les radars.

radariste [RadaRist] n. Spécialiste de la mise en œuvre et de l'entretien des radars.

rade [Rad] n.f. (de l'angl. rad). - **1**. Grand bassin naturel ou artificiel ayant issue libre vers la mer, et où les navires peuvent mouiller. - **2**. FAM. **Laisser en rade**, laisser tomber ; abandonner. ‖ FAM. **Rester, être en rade**, être en panne : La voiture est en rade sur l'autoroute.

radeau [Rado] n.m. (de l'anc. prov. radel, de rat, du lat. ratis). - **1**. Petite construction flottante plate, en bois ou en métal : Radeau de sauvetage. - **2**. Train de bois sur une rivière.

radial, e, aux [Radjal, -o] adj. (du lat. radius "rayon"). - **1**. Relatif au rayon ; disposé suivant un rayon. - **2**. ANAT. Relatif au radius : Nerf radial.

radiale [Radjal] n.f. (de radial). Voie routière reliant un centre urbain à sa périphérie.

radian [Radjɑ̃] n.m. (mot angl., du lat. radius "rayon"). Unité de mesure d'angle équivalant à l'angle qui, ayant son sommet au centre d'un cercle, intercepte sur la circonférence de ce cercle un arc d'une longueur égale à celle du rayon du cercle : 1 radian est égal à 180/π degrés. □ Symb. rad.

radiant, e [Radjɑ̃, -ɑ̃t] adj. (lat. radians). Qui se propage par radiations ; qui émet des radiations : Chaleur radiante.

radiateur [RadjatœR] n.m. (de 1. radiation). - **1**. Réservoir dans lequel se refroidit l'eau chaude en provenance du moteur d'une automobile. - **2**. Élément du chauffage central assurant l'émission de la chaleur.

1. radiation [Radjasjɔ̃] n.f. (lat. radiatio, de radiare "rayonner"). PHYS. Émission de particules ou d'un rayonnement monochromatique ; ces particules ou ce rayonnement lui-même.

2. radiation [Radjasjɔ̃] n.f. (du lat. médiév. radiare, fausse étym. de rayer). - **1**. Action de radier d'une liste ; fait d'être radié : Radiation des listes électorales. - **2**. Sanction à l'égard de qqn qu'on radie d'une liste de professionnels habilités : Radiation de l'ordre des médecins.

1. radical, e, aux [Radikal, -o] adj. (du bas lat. radicalis, de radix, -icis "racine"). - **1**. Qui appartient à la nature profonde de qqn, de qqch ; qui vise à atteindre qqch dans ses causes profondes : Nous avons constaté un changement radical dans son attitude (syn. complet, total). - **2**. Se dit d'un genre d'action ou de moyen très énergique, très efficace, dont on use pour combattre qqch : Une action radicale contre la fraude (syn. draconien, strict). Un remède radical contre la toux (syn. infaillible, souverain). - **3**. Qui appartient à la racine d'une plante.

2. radical, e, aux [Radikal, -o] adj. et n. (de *1. radical*). Qui est partisan du radicalisme, doctrine des républicains libéraux et laïques, dont le rôle politique a été prédominant sous la IIIᵉ République. ◆ adj. Se dit d'une organisation, d'une attitude visant à des réformes profondes de la société : *Un journal très radical.*

3. radical [Radikal] n.m. (de *1. radical*). **-1.** CHIM. Partie d'un composé moléculaire qui peut exister à l'état non combiné (*radical libre*) ou qui reste inchangée dans une réaction (*radical organique*). **-2.** LING. Forme réelle prise par la racine d'un mot : *Les formes du verbe « chanter » sont formées sur le radical « chant- ».* **-3.** MATH. Signe désignant une racine $\sqrt{\ }$ pour la racine carrée, $\sqrt[n]{\ }$ pour la racine $n^{ième}$.

radicalement [Radikalmã] adv. De façon radicale : *Être radicalement opposé au changement.*

radicalisation [Radikalizasjɔ̃] n.f. Action de radicaliser ; fait de se radicaliser.

radicaliser [Radikalize] v.t. (de *1. radical*). Rendre plus intransigeant, plus dur : *Les dernières mesures gouvernementales n'ont fait que radicaliser les revendications* (syn. durcir, renforcer). ◆ **se radicaliser** v.pr. Devenir plus dur, plus intransigeant : *Le mouvement de grève s'est radicalisé.*

radicalisme [Radikalism] n.m. (de *2. radical*). **-1.** Attitude d'esprit et doctrine de ceux qui veulent une rupture complète avec le passé institutionnel et politique. **-2.** Ensemble des positions du parti radical et radical-socialiste, en France. **-3.** Attitude d'esprit d'une intransigeance absolue : *Son radicalisme ne permet aucune discussion.*

radical-socialisme [Radikalsɔsjalism] n.m. sing. Doctrine politique apparentée au socialisme, apparue en France dans les années 1880-1890. ◆ **radical-socialiste** adj. et n. (pl. *radicaux-socialistes*). Relatif au radical-socialisme ; qui en est partisan. **Rem.** On trouve la forme *radicale-socialiste* (pl. *radicales-socialistes*) pour le fém.

radicelle [Radisɛl] n.f. (lat. *radicula* "petite racine"). Racine secondaire, très petite.

radiculaire [Radikylɛʀ] adj. (du lat. *radicula*). **-1.** Relatif aux racines, aux radicules. **-2.** ANAT. Relatif à la racine des nerfs crâniens ou rachidiens, à la racine d'une dent.

radicule [Radikyl] n.f. (lat. *radicula* "petite racine"). Partie de l'embryon d'une plante qui fournit la racine.

radier [Radje] v.t. (de *radiation*) [conj. 9]. **-1.** Rayer le nom de qqn sur une liste, sur un registre : *Radier un candidat.* **-2.** Exclure qqn d'un groupe ; lui interdire d'exercer une activité : *Avocat radié du barreau.*

radiesthésie [Radjɛstezi] n.f. (de *radi[ation]* et du gr. *aisthēsis* "sensation"). **-1.** Faculté que posséderaient certaines personnes de capter les radiations émises par différents corps. **-2.** Méthode de détection fondée sur cette faculté : *La radiesthésie s'exerce à l'aide d'une baguette ou d'un pendule.*

radiesthésiste [Radjɛstezist] n. Personne qui pratique la radiesthésie.

radieux, euse [Radjø, -øz] adj. (lat. *radiosus*). **-1.** Qui émet des rayons lumineux d'un vif éclat, en parlant du Soleil ; très ensoleillé, en parlant du temps : *Soleil radieux* (syn. éblouissant, éclatant). *Journée radieuse* (syn. lumineux, splendide). **-2.** Qui rayonne de joie, de bonheur : *Visage radieux* (syn. épanoui, rayonnant).

radin, e [Radɛ̃, -in] adj. et n. (d'un mot arg. signif. "gousset"). FAM. Qui regarde à la dépense : *Ce qu'il peut être radin !* (syn. avare, regardant). **Rem.** Au fém., l'adj. peut rester inv. en genre.

radinerie [Radinʀi] n.f. FAM. Avarice.

radio [Radjo] n.f. (abrév.). **-1.** Radiodiffusion ; station de radiodiffusion : *Les radios locales privées dites « radios libres » ont été légalisées en France en 1981.* **-2.** Radiographie : *Passer une radio.* **-3.** Tout type de radiocommunication : *La radio de bord.* **-4.** Poste récepteur de radiodiffusion sonore. (Au Canada, on dit souvent *un radio* dans ce sens.) ◆ adj. inv. Produit par radiocommunication : *Message, liaison radio.*

radioactif, ive [Radjaktif, iv] adj. (de *radio-* et *actif*). Doué de radioactivité : *Le plutonium est un minerai radioactif.*

radioactivité [Radjoaktivite] n.f. Propriété que possèdent certains éléments chimiques (radium, uranium, etc.) de désintégrer leurs noyaux atomiques en émettant des particules, des électrons ou des rayonnements électromagnétiques : *Nous devons la découverte de la radioactivité à Pierre et Marie Curie.*

radioamateur [Radjoamatœʀ] n.m. (de *radio*). Amateur pratiquant l'émission et la réception sur ondes courtes.

radioastronomie [Radjoastʀɔnɔmi] n.f. Branche de l'astronomie qui a pour objet l'étude du rayonnement radioélectrique des astres. ◆ **radioastronome** n. Nom du spécialiste.

radiocommande [Radjokɔmãd] n.f. (de *radio*). Commande à distance, génér. d'un engin mobile, grâce à des ondes radioélectriques.

radiocommunication [Radjokɔmynikasjɔ̃] n.f. Télécommunication réalisée à l'aide d'ondes radioélectriques.

radiodiffuser [Radjodifyze] v.t. Diffuser par la radio : *Le match sera radiodiffusé en direct.*

radiodiffusion [radjɔdifyzjɔ̃] n.f. - **1.** Radiocommunication à usage public qui comporte des programmes sonores, des programmes de télévision, etc. : *Les premières émissions de radiodiffusion réalisées en France eurent lieu en 1921 à partir de la tour Eiffel.* - **2.** Organisme spécialisé dans cette activité. [→ télécommunication.]

radioélectricité [radjɔelɛktrisite] n.f. Technique permettant la transmission à distance de messages et de sons à l'aide des ondes électromagnétiques.

radioélectrique [radjɔelɛktrik] adj. Qui concerne la radioélectricité (syn. hertzien).

radioélément [radjɔelemɑ̃] n.m. Élément chimique radioactif (syn. radio-isotope).

radiofréquence [radjɔfrekɑ̃s] n.f. Fréquence d'une onde hertzienne utilisée en radiocommunication.

radiogramme [radjɔgram] n.m. Message transmis par radiotélégraphie.

radiographie [radjɔgrafi] n.f. (de *radio-* et *-graphie*). - **1.** Utilisation de la propriété qu'ont les rayons X de traverser certains corps opaques et d'impressionner une pellicule sensible ; image ainsi obtenue. - **2.** LITT. Description objective et en profondeur d'un phénomène, d'une personnalité : *Une radiographie de l'électorat.*

radiographier [radjɔgrafje] v.t. [conj. 9]. - **1.** Photographier à l'aide de rayons X : *Radiographier les poumons d'un patient.* - **2.** LITT. Analyser avec précision et objectivité : *Radiographier l'opinion publique.*

radioguidage [radjɔgidaʒ] n.m. - **1.** Guidage d'un engin mobile par ondes radioélectriques : *Le radioguidage d'une fusée.* - **2.** Diffusion d'informations radiophoniques concernant la circulation routière.

radioguider [radjɔgide] v.t. Procéder au radioguidage de : *Radioguider un satellite* (syn. télécommander).

radio-isotope [radjɔizɔtɔp] n.m. (pl. *radio-isotopes*). Radioélément.

radiolaire [radjɔlɛr] n.m. (lat. scientif. *radiolaria*, du class. *radiolus*, dimin. de *radius* "rayon"). Radiolaires, classe de protozoaires des mers chaudes formés d'un squelette siliceux autour duquel rayonnent de fins pseudopodes. □ Embranchement des rhizopodes.

radiologie [radjɔlɔʒi] n.f. (de *radio-* et *-logie*). Partie de la médecine qui utilise les rayons X, les isotopes radioactifs et les radiations non ionisantes (ultrasons) à des fins diagnostiques ou thérapeutiques. ◆ **radiologue** et **radiologiste** n. Noms du spécialiste.

radiologique [radjɔlɔʒik] adj. Relatif à la radiologie ; obtenu par la radiologie : *Un examen radiologique.*

radiolyse [radjɔliz] n.f. (de *radio-* et *-lyse*). CHIM., PHYS. Décomposition de substances chimiques par action de rayonnements ionisants.

radiomètre [radjɔmɛtr] n.m. (angl. *radiometer*). Appareil qui permet de mesurer le flux d'énergie transportée par les ondes électromagnétiques ou acoustiques.

radionavigant [radjɔnavigɑ̃] n.m. Opérateur de radio faisant partie de l'équipage d'un navire ou d'un avion.

radionavigation [radjɔnavigasjɔ̃] n.f. Technique de navigation faisant appel à des procédés radioélectriques.

radiophare [radjɔfar] n.m. Station émettrice d'ondes radioélectriques, permettant à un navire ou à un avion de déterminer sa position et de suivre la route prévue.

radiophonie [radjɔfɔni] n.f. Système de transmission des sons utilisant les propriétés des ondes radioélectriques, en partic. pour la radiodiffusion.

radiophonique [radjɔfɔnik] adj. Relatif à la radiophonie, à la radiodiffusion : *Jeux radiophoniques.*

radiorécepteur [radjɔresɛptœr] n.m. Poste récepteur de radiocommunication.

radioreportage [radjɔrəpɔrtaʒ] n.m. Reportage diffusé par le moyen de la radiodiffusion.

radioréveil ou **radio-réveil** [radjɔrevɛj] n.m. (pl. *radios-réveils*). Appareil de radio associé à un réveil électronique.

radioscopie [radjɔskɔpi] n.f. (de *radio-* et *-scopie*). Examen d'un corps ou d'un organe d'après leur image portée sur un écran fluorescent au moyen de rayons X. (Abrév. fam. *scopie*.) □ L'examen se fait habituellement par l'intermédiaire d'une chaîne de télévision grâce à un amplificateur de brillance.

radiosondage [radjɔsɔ̃daʒ] n.m. Mesure météorologique effectuée au moyen d'un ballon-sonde équipé d'appareils radioélectriques émetteurs.

radiosonde [radjɔsɔ̃d] n.f. Appareil qui transmet automatiquement les renseignements météorologiques recueillis par un ballon-sonde au cours de son ascension.

radio-taxi [radjɔtaksi] n.m. (pl. *radio-taxis*). Taxi relié à sa compagnie par un équipement radiophonique.

radiotechnique [radjɔtɛknik] n.f. Ensemble des techniques d'utilisation des rayonnements radioélectriques. ◆ adj. Relatif à la radiotechnique.

radiotélégraphie [radjɔtelegrafi] n.f. Télégraphie sans fil.

radiotélégraphiste [radjɔtelegrafist] n. Spécialiste de radiotélégraphie (abrév. *radio*).

radiotéléphone [ʀadjotelefɔn] n.m. Téléphone placé dans un véhicule, et qui fonctionne en utilisant des ondes radioélectriques.

radiotélescope [ʀadjoteleskɔp] n.m. ASTRON. Instrument destiné à capter les ondes radioélectriques émises par les astres.

radiotélévisé, e [ʀadjotelevize] adj. Transmis à la fois par la radiodiffusion et par la télévision : *Discours radiotélévisé.*

radiotélévision [ʀadjotelevizjɔ̃] n.f. Ensemble des installations et des programmes de radio et de télévision.

radiothérapie [ʀadjoteʀapi] n.f. (de *radio-* et *-thérapie*). Traitement d'une maladie par les rayons X, les rayons γ et les radiations ionisantes. ◆ **radiothérapeute** n. Nom du spécialiste.

radis [ʀadi] n.m. (it. *radice,* du lat. *radix, -icis* "racine"). - **1.** Plante potagère, à racine comestible ; cette racine. □ Famille des crucifères. - **2.** FAM. N'avoir pas un radis, ne pas avoir d'argent.

radium [ʀadjɔm] n.m. (lat. *radius* "rayon"). Élément chimique extrêmement radioactif. □ Symb. Ra. Découvert en 1898 par P. et M. Curie, le radium est un métal analogue au baryum.

radius [ʀadjys] n.m. (mot lat. "rayon"). Le plus externe des deux os de l'avant-bras. □ Le radius tourne autour du cubitus, permettant les mouvements de pronation et de supination.

radjah n.m. → raja.

radôme [ʀadom] n.m. (angl. *radome,* de *ra[dar]* et *dome* "dôme"). Dôme, coupole destinés à protéger une antenne de télécommunication contre les intempéries.

radon [ʀadɔ̃] n.m. Élément gazeux radioactif. □ Symb. Rn.

radotage [ʀadɔtaʒ] n.m. Action de radoter ; propos de qqn qui radote : *J'en ai assez d'écouter ses radotages* (syn. divagation, élucubration).

radoter [ʀadɔte] v.i. (du préf. *re-,* renforcé en *ra,* et du moyen néerl. *doten* "rêver, retomber en enfance"). - **1.** Tenir des propos peu cohérents ou peu sensés : *Vieillard qui radote* (syn. divaguer). - **2.** Répéter sans cesse les mêmes choses : *Tu radotes, tu nous l'as déjà dit !* (syn. ressasser).

radoteur, euse [ʀadɔtœʀ, -øz] n. Personne qui radote.

radoub [ʀadu] n.m. Réparation, entretien de la coque d'un navire : *Bassin de radoub.*

radouber [ʀadube] v.t. (de *adouber* "armer chevalier", puis "équiper"). - **1.** Réparer un navire. - **2.** Refaire les mailles qui manquent à un filet de pêche.

radoucir [ʀadusiʀ] v.t. [conj. 32]. - **1.** Rendre plus doux : *La pluie a radouci la température* (syn. réchauffer). - **2.** Rendre plus conciliant : *Mes excuses ont radouci son humeur* (syn. adoucir, apaiser). ◆ **se radoucir** v.pr. - **1.** Devenir plus doux : *Le temps se radoucit* (syn. se réchauffer). - **2.** Devenir plus conciliant : *Il a fini par se radoucir* (syn. s'apaiser, se calmer).

radoucissement [ʀadusismɑ̃] n.m. Action de radoucir ; fait de se radoucir : *Radoucissement des températures.*

rafale [ʀafal] n.f. (de *affaler,* avec infl. de l'ital. *raffica*). - **1.** Coup de vent violent et momentané : *Le vent soufflait par rafales* (syn. bourrasque). - **2.** Ensemble de coups tirés sans interruption par une arme automatique, une pièce ou une unité d'artillerie : *Des rafales de mitrailleuses* (syn. salve, volée). - **3.** Manifestation soudaine, violente : *Une rafale d'applaudissements* (syn. salve).

raffermir [ʀafeʀmiʀ] v.t. [conj. 32]. - **1.** Rendre plus ferme : *Raffermir les gencives* (syn. durcir). - **2.** Rendre plus assuré, plus fort : *Le succès aux élections a raffermi le gouvernement* (syn. consolider). ◆ **se raffermir** v.pr. Devenir plus stable, plus fort : *Sa situation s'est raffermie.*

raffermissement [ʀafeʀmismɑ̃] n.m. Action de raffermir ; fait de se raffermir : *Le raffermissement des muscles par l'exercice* (syn. durcissement).

raffinage [ʀafinaʒ] n.m. - **1.** Action de purifier le sucre, les métaux, l'alcool, le caoutchouc, etc. - **2.** Ensemble des procédés de fabrication des produits pétroliers.

raffiné, e [ʀafine] adj. - **1.** Débarrassé de ses impuretés : *Sucre raffiné.* - **2.** Qui témoigne d'une grande délicatesse, d'une recherche subtile : *Goût raffiné* (syn. distingué, fin). *Nourriture raffinée* (syn. choisi, délicat). ◆ adj. et n. Se dit d'une personne de goût, d'esprit très délicats.

raffinement [ʀafinmɑ̃] n.m. - **1.** Caractère d'une personne ou d'une chose raffinée, délicate : *Le raffinement dans les manières* (syn. distinction, élégance). - **2.** Recherche de qqch poussée à un degré extrême : *Un raffinement de cruauté.*

raffiner [ʀafine] v.t. (de *affiner*). - **1.** Soumettre (un produit industriel) au raffinage. - **2.** LITT. Rendre plus subtil, plus délicat : *Raffiner ses manières, son langage* (syn. affiner, châtier, épurer). ◆ v.i. Chercher le détail subtil.

raffinerie [ʀafinʀi] n.f. Usine où l'on raffine certaines substances (sucre, pétrole, notamm.).

raffineur, euse [ʀafinœʀ, -øz] n. Personne qui travaille dans une raffinerie, qui exploite une raffinerie.

raffoler [ʀafɔle] v.t. ind. **[de]** (de *affoler*). FAM. Aimer à l'excès : *Elle raffole de danse* (syn.

adorer). *Tous les adolescents raffolent d'elle* (syn. aduler, idolâtrer).

raffut [Rafy] n.m. (de *raffuter* "battre, faire du bruit"). FAM. **-1.** Bruit violent : *Quel raffut chez les voisins !* (syn. tapage, vacarme). **-2.** Éclat scandaleux : *La nouvelle a fait du raffut* (syn. esclandre, scandale).

rafiot [Rafjo] n.m. (orig. obsc.). FAM. Mauvais ou vieux bateau.

rafistolage [Rafistɔlaʒ] n.m. FAM. Action de rafistoler ; son résultat : *C'est du rafistolage* (= c'est une réparation de fortune).

rafistoler [Rafistɔle] v.t. (de l'anc. fr. *afistoler* "tromper"). FAM. Réparer grossièrement : *Rafistoler un livre déchiré.*

rafle [Rafl] n.f. (all. *Raffel*, de *raffen* "emporter vivement"). **-1.** Action de rafler, de tout emporter : *Les cambrioleurs ont fait une rafle dans le musée.* **-2.** Opération policière exécutée à l'improviste dans un lieu suspect ; arrestation massive de personnes : *Être pris dans une rafle.*

rafler [Rafle] v.t. (de *rafle*). **-1.** FAM. S'emparer de choses recherchées : *Cet élève rafle tous les prix* (syn. remporter). **-2.** Saisir avec rapidité : *Rafler un livre* (syn. dérober, voler).

rafraîchir [RafReʃiR] v.t. (conj. 32). **-1.** Rendre frais ou plus frais : *Rafraîchir du vin.* **-2.** Remettre en meilleur état, redonner de l'éclat à : *Rafraîchir un tableau, une peinture* (syn. rénover, restaurer). **-3.** FAM. Rafraîchir la mémoire, rappeler à qqn le souvenir d'une chose. ‖ Rafraîchir une coupe de cheveux, les couper légèrement. ◆ v.i. Devenir frais : *On a mis le champagne à rafraîchir.* ◆ **se rafraîchir** v.pr. **-1.** Devenir plus frais : *Le temps se rafraîchit* (contr. se réchauffer). **-2.** Se désaltérer : *Se rafraîchir au buffet.*

rafraîchissant, e [RafReʃisɑ̃, -ɑ̃t] adj. **-1.** Qui donne de la fraîcheur : *Brise rafraîchissante.* **-2.** Qui calme la soif : *Boisson rafraîchissante.*

rafraîchissement [RafReʃismɑ̃] n.m. **-1.** Action de rendre ou de devenir plus frais : *Le rafraîchissement de la température.* **-2.** Action de réparer, de redonner l'éclat du neuf : *Le rafraîchissement d'un mobilier.* **-3.** Boisson fraîche que l'on prend en dehors des repas.

raft [Raft] et **rafting** [Raftiŋ] n.m. (angl. *raft* "radeau"). Descente sportive, en radeau pneumatique, de cours d'eau coupés de rapides.

ragaillardir [RagajaRdiR] v.t. (de *gaillard*) [conj. 32]. FAM. Redonner de la gaieté, de la force à : *Buvez une tasse de thé, cela va vous ragaillardir* (syn. revigorer).

rage [Raʒ] n.f. (lat. pop. *ragia*, class. *rabies*). **-1.** Maladie due à un virus, transmissible à l'homme par morsure de certains animaux, et caractérisée par des phénomènes d'exci-

tation, puis de la paralysie et enfin la mort : *La vaccination contre la rage fut mise au point par Pasteur.* **-2.** Mouvement violent de dépit, de colère, de désir, de haine : *Fou de rage. Trembler de rage.* **-3.** Faire rage, se déchaîner, atteindre une grande violence : *L'incendie fait rage.* **-4.** Rage de dents. Mal de dents provoquant une violente douleur.

rageant, e [Raʒɑ̃, -ɑ̃t] adj. FAM. Qui fait rager (syn. exaspérant, irritant).

rager [Raʒe] v.i. (de *rage*) [conj. 17]. FAM. Être très irrité : *Ce qui me fait rager, c'est d'être injustement accusé* (syn. enrager).

rageur, euse [Raʒœʀ, -øz] adj. **-1.** FAM. Sujet à des colères violentes : *Un enfant rageur* (syn. coléreux, emporté). **-2.** Qui dénote la mauvaise humeur : *Répondre sur un ton rageur* (syn. hargneux).

rageusement [Raʒøzmɑ̃] adv. D'une manière rageuse : *Se précipiter rageusement sur qqn* (syn. agressivement).

raglan [Raglɑ̃] adj. inv. (de lord *Raglan*, général angl.). Manches raglan, manches qui remontent jusqu'à l'encolure par des coutures en biais.

ragondin [Ragɔ̃dɛ̃] n.m. (orig. obsc.). Mammifère rongeur originaire de l'Amérique du Sud, de mœurs aquatiques, à fourrure estimée. □ Long. 50 cm.

ragot [Rago] n.m. (d'un rad. *rag*, bas lat. *ragere* "pousser des cris, grogner"). FAM. Bavardage malveillant : *Elle ignore les ragots du voisinage* (syn. commérage).

ragoût [Ragu] n.m. (de *ragoûter* ; v. *ragoûtant*). Plat de viande, de légumes ou de poisson, coupés en morceaux et cuits dans une sauce : *Un ragoût de mouton.*

ragoûtant, e [Ragutɑ̃, -ɑ̃t] adj. (de *ragoûter* "réveiller le goût", de *goût*). [Seul. en tournure négative]. **-1.** Qui excite l'appétit : *Mets peu ragoûtant* (syn. appétissant). **-2.** Qui est agréable, qui plaît : *Une besogne qui n'est pas ragoûtante* (syn. plaisant).

ragtime [Ragtajm] n.m. (mot anglo-amér., de *rag* "chiffon" et *time* "temps"). Style musical très syncopé en vogue vers la fin du XIXe s., issu à la fois du folklore négro-américain et des airs de danse blancs, et qui fut une des sources du jazz ; style pianistique et orchestral qui en découle.

rai [Rɛ] n.m. (lat. *radius* "rayon"). LITT. Faisceau lumineux : *Un rai de soleil* (syn. rayon).

raid [Rɛd] n.m. (forme écossaise de l'anc. angl. *râd* "route"). **-1.** Opération militaire rapide et de durée limitée menée en territoire inconnu ou ennemi par une formation très mobile en vue de démoraliser l'adversaire, de désorganiser ses arrières, de recueillir des renseignements, etc. : *Commando qui opère un* *raid* (= coup de main ; syn. incursion). **- 2.** Longue épreuve, génér. sportive, destinée à montrer l'endurance des hommes qui l'accomplissent et du matériel que ceux-ci utilisent : *Le raid Paris-Dakar.* **- 3.** Opération boursière destinée à prendre le contrôle d'une entreprise.

raide [REd] adj. (lat. *rigidus*). **- 1.** Très tendu, difficile à plier : *Une corde raide* (syn. rigide ; contr. élastique). *Jambe raide* (contr. flexible). **- 2.** Que la pente, l'inclinaison rend difficile à monter : *Le sentier qui mène à la maison est raide* (syn. abrupt). **- 3.** Sans souplesse, sans grâce : *Attitude raide* (syn. gourmé, guindé). **- 4.** Peu accommodant : *Son caractère raide en fait une directrice redoutée* (syn. autoritaire, inflexible). **- 5.** FAM. Étonnant, difficile à croire, à accepter : *Votre histoire est un peu raide !* (syn. étonnant, incroyable). **- 6.** FAM. Se dit d'une boisson alcoolisée forte et âpre : *Elle est raide lon eau-de-vie.* **- 7.** Qui choque la bienséance : *Il y a des passages un peu raides dans ce roman* (syn. osé, hardi). ◆ adv. **- 1.** Tout d'un coup ; brutalement : *Tomber raide mort.* **- 2.** De façon abrupte : *Un escalier qui monte raide.*

raideur [REdŒR] n.f. **- 1.** État de ce qui est raide ou raidi : *La raideur des membres après la mort* (syn. rigidité). **- 2.** Manque de grâce dans les gestes, d'abandon dans les rapports avec autrui : *Danser avec raideur. Répondre avec raideur.*

raidillon [Redijɔ̃] n.m. Court chemin en pente raide.

raidir [RediR] v.t. (conj. 32). **- 1.** Rendre raide, tendre avec force : *Raidir ses muscles* (syn. bander, contracter). **- 2.** Rendre intransigeant, inflexible : *Cette remarque n'a fait que le raidir dans une attitude négative* (syn. conforter). ◆ **se raidir** v.pr. **- 1.** Devenir raide : *Ses membres se raidissent* (syn. se durcir). **- 2.** Résister à une menace, à un danger en rassemblant son courage, sa volonté : *Se raidir contre la douleur.*

raidissement [Redismɑ̃] n.m. **- 1.** Action de raidir ; fait de se raidir : *Un raidissement de la nuque* (syn. contraction, tension). **- 2.** Augmentation de la tension entre personnes, groupes, etc. : *On constate un raidissement dans l'attitude des négociateurs* (syn. durcissement).

1. raie [RE] n.f. (gaul. **rica*, du bas lat. *riga* "ligne, sillon"). **- 1.** Ligne tracée sur une surface avec une substance colorante ou un instrument : *Tracer des raies au crayon sur un papier* (syn. trait). **- 2.** Ligne ou bande étroite sur le pelage de certains animaux, sur du tissu, du papier, etc. : *Les raies noires du pelage d'un zèbre* (syn. rayure). **- 3.** Séparation des cheveux : *Porter la raie au milieu.* **- 4.** PHYS. Ligne obscure interrompant un spectre

continu, ou ligne brillante formant avec d'autres un spectre d'émission.

2. raie [RE] n.f. (lat. *raia*). Poisson cartilagineux à corps aplati et nageoires pectorales triangulaires très développées et soudées à la tête, vivant génér. près des fonds marins. □ Sous-classe des sélaciens.

raifort [RefɔR] n.m. (de l'anc. fr. *raiz* "racine", et de *fort*). Plante cultivée pour sa racine charnue à saveur poivrée, utilisée comme condiment. □ Famille des crucifères.

rail [Raj] n.m. (mot angl. *rail* "barrière, barreau" ; anc. fr. *raille* ou *reille*, du lat. *regula* "barre"). **- 1.** Bande d'acier laminé, constituant le chemin de roulement et de guidage des roues des trains. **- 2.** Voie ferrée, chemin de fer : *Transport par rail.* **- 3.** Remettre sur les rails, donner de nouveau les moyens de fonctionner normalement.

railler [Raje] v.t. (anc. prov. *ralhar* "plaisanter", anc. pop. **ragulare* "bramer"). Tourner en ridicule : *Il ne peut souffrir qu'on le raille* (syn. se moquer de, ridiculiser).

raillerie [RajRi] n.f. Action de railler : *Ses railleries sont insupportables* (syn. moquerie, persiflage, sarcasme).

railleur, euse [RajŒR, -øz] adj. et n. Qui raille : *Prendre un ton railleur* (syn. caustique, ironique, narquois).

rainer [Rene] v.t. Creuser d'une rainure, de rainures : *Rainer une planche.*

rainette [Renet] n.f. (anc. fr. *raine*, lat. *rana* "grenouille"). Petite grenouille arboricole, à doigts adhésifs. □ Long. 5 cm env. L'espèce française, normalement verte, modifie sa couleur selon le milieu.

rainurage [RenyRaʒ] n.m. Ensemble de rainures creusées sur certaines chaussées en béton pour les rendre moins glissantes aux véhicules à quatre roues.

rainure [RenyR] n.f. (de *roisner* "faire une rainure avec la *roisne* [outil tranchant]"). **- 1.** Entaille longue et étroite, dans une pièce de bois, de métal, etc. : *La porte coulisse dans la rainure.* **- 2.** Entaille faite à la surface d'une chaussée en béton pour la rendre moins glissante.

raire [RER] [conj. 112] et **réer** [Ree] [conj. 15]. v.i. (bas lat. *ragere*). Bramer, crier, en parlant du cerf, du chevreuil.

raïs [Rais] n.m. (ar. *ra'is* "chef"). Dans les pays arabes (Égypte surtout), chef de l'État, président.

raisin [Rezɛ̃] n.m. (lat. *racemus* "grappe de raisin"). **- 1.** Fruit de la vigne, ensemble de baies (*grains de raisin*) formant une grappe : *Raisin rouge, blanc, noir.* **- 2.** Raisins de Corinthe, raisins secs, à petits grains, venant des îles Ioniennes et utilisés en cuisine.

raison [rɛzɔ̃] n.f. (lat. *ratio, -onis* "calcul, compte"). - **1.** Faculté propre à l'homme par laquelle il peut connaître, juger et agir selon des principes : *La raison s'oppose parfois à l'instinct* (syn. entendement, intelligence). - **2.** Manières de penser, ensemble des principes permettant de bien juger et de bien agir : *J'en appelle à votre raison* (= bon sens ; syn. discernement). - **3.** Ensemble des facultés intellectuelles considérées dans leur fonctionnement normal : *Il n'a plus toute sa raison* (syn. lucidité). - **4.** Ce qui explique, justifie un acte, un fait : *S'absenter pour raison de santé* (syn. motif). *Une angoisse sans raison s'empara d'elle* (syn. cause, sujet). *Il n'y a pas de raison.* - **5.** MATH. Différence entre deux termes consécutifs d'une suite arithmétique ; quotient de deux termes consécutifs d'une suite géométrique. - **6.** Âge de raison, âge auquel les enfants sont censés être conscients de leurs actes et des conséquences de ceux-ci. ‖ À plus forte raison, pour un motif d'autant plus fort. ‖ À raison de, sur la base de ; à proportion de. ‖ Avec raison, en ayant une justification valable, fondée. ‖ Avoir raison, avoir raison de (+ inf.), être dans le vrai. ‖ Avoir raison de (+ n), vaincre la résistance de, venir à bout de. ‖ Comme de raison, comme il est juste. ‖ Donner raison à, approuver qqn ; être conforme à ce qui a été prédit. *Les événements lui ont donné raison.* ‖ En raison de, en considération de, à cause de. ‖ Entendre raison, se soumettre à ce qui est raisonnable. ‖ Mariage de raison, mariage fondé sur des considérations matérielles (par opp. à *mariage d'amour*). ‖ Mettre qqn à la raison, le réduire par force ou par persuasion. ‖ Plus que de raison, plus qu'il n'est convenable ; d'une façon excessive. ‖ Raison de plus, c'est un motif, un argument supplémentaire pour continuer dans la même voie. ‖ Raison de vivre, raison d'être, ce qui justifie l'existence de qqn à ses propres yeux : *Cet enfant était sa seule raison de vivre.* ‖ Se faire une raison, se résigner, accepter à contrecœur. - **7.** Raison d'État → État. - **8.** Raison directe. Rapport entre deux quantités qui augmentent ou diminuent dans la même proportion. ‖ Raison inverse. Rapport entre deux quantités dont l'une diminue dans la proportion où l'autre augmente. ‖ Raison sociale. Dénomination de certaines sociétés commerciales, comportant le nom de tout ou partie des associés suivi de « et Cⁱᵉ ».

raisonnable [rɛzɔnabl] adj. - **1.** Doué de raison : *L'homme est un animal raisonnable. Ses propos ne sont pas très raisonnables* (syn. rationnel, réfléchi). - **2.** Qui est conforme à la sagesse, à l'équité : *Prétention raisonnable* (syn. fondé, légitime). - **3.** Qui est conforme à la moyenne : *Leurs prix sont raisonnables* (syn. acceptable, convenable).

raisonnablement [rɛzɔnabləmɑ̃] adv. D'une manière raisonnable : *Agir raisonnablement* (syn. rationnellement). *Boire raisonnablement* (syn. modérément).

raisonné, e [rɛzɔne] adj. (de *raisonner*). - **1.** Fondé sur le raisonnement : *Analyse raisonnée* (syn. logique, rationnel). - **2.** Classé, organisé, et éventuellement accompagné d'explications, de références : *Catalogue raisonné d'une exposition. Bibliographie raisonnée.*

raisonnement [rɛzɔnmɑ̃] n.m. (de *raison*). - **1.** Faculté, action ou manière de raisonner : *Faire appel au raisonnement pour convaincre qqn.* - **2.** Suite de propositions déduites les unes des autres : *Élaborer un raisonnement* (syn. argumentation, démonstration).

raisonner [rɛzɔne] v.i. (lat. *rationare*). - **1.** Se servir de sa raison pour connaître, pour juger : *Raisonner juste, faux.* - **2.** Passer d'un jugement à un autre pour aboutir à une conclusion : *Nous devons raisonner avant de conclure* (syn. argumenter). - **3.** Répliquer, alléguer des excuses : *Il est inutile de raisonner avec elle, elle n'écoute pas* (syn. discuter). ◆ v.t. - **1.** Chercher par des raisonnements à amener qqn à une attitude raisonnable : *Raisonner un enfant.* - **2.** Appliquer le raisonnement à ce qu'on fait : *Raisonner un problème pour tenter de le résoudre* (syn. analyser, étudier).

raisonneur, euse [rɛzɔnœr, -øz] adj. et n. Qui veut raisonner sur tout : *Un insupportable raisonneur* (syn. chicaneur, ergoteur).

raja, rajah ou **radjah** [radʒa] n.m. (mot hindi). - **1.** Roi, dans les pays hindous. - **2.** Grand vassal de la Couronne, dans l'Inde britannique.

rajeunir [raʒœnir] v.t. (de *jeune*) [conj. 32]. - **1.** Donner la vigueur, l'apparence de la jeunesse à ; faire paraître plus jeune : *Ce séjour à la montagne l'a rajeunie. Cette coiffure vous rajeunit.* - **2.** Attribuer à une personne un âge moindre qu'elle n'a : *Vous me rajeunissez !* - **3.** Donner une apparence, une fraîcheur nouvelle à qqch : *Rajeunir le mobilier d'une entreprise* (syn. moderniser). - **4.** Abaisser l'âge moyen d'un groupe en y incluant des éléments jeunes : *Rajeunir les cadres.* ◆ v.i. Recouvrer la vigueur de la jeunesse : *Je rajeunis quand j'ai mes petits-enfants autour de moi.* ◆ **se rajeunir** v.pr. Se dire plus jeune qu'on ne l'est.

rajeunissement [raʒœnismɑ̃] n.m. Fait de rajeunir : *Cure de rajeunissement. Le rajeunissement des cadres d'une entreprise.*

rajout [raʒu] n.m. Action de rajouter ; chose rajoutée : *Faire des rajouts à un texte.*

rajouter [raʒute] v.t. - **1.** Ajouter de nouveau ; mettre en plus : *Rajouter du sel dans une* *sauce.* - **2.** FAM. En rajouter, forcer la vérité, la réalité ; exagérer.

rajustement [ʀaʒystəmɑ̃] et **réajustement** [ʀeaʒystəmɑ̃] n.m. Action de rajuster : *Rajustement des salaires.*

rajuster [ʀaʒyste] et **réajuster** [ʀeaʒyste] v.t. - **1.** Remettre en bonne place, en ordre : *Rajuster sa cravate.* - **2.** Relever en fonction du coût de la vie : *Rajuster les salaires.*

râlant, e [ʀɑlɑ̃, -ɑ̃t] adj. FAM. Qui provoque du dépit : *C'est râlant d'échouer pour un point !* (syn. contrariant, vexant).

1. râle [ʀɑl] n.m. (de *râler*). Oiseau échassier, très estimé comme gibier, et qui vit en plaine (*râle des genêts*) ou aux abords des marécages (*râle d'eau*). □ Famille des rallidés.

2. râle [ʀɑl] n.m. (de *1. râle*). - **1.** Bruit anormal perçu à l'auscultation des poumons et naissant dans les alvéoles ou les bronches. - **2.** Respiration des agonisants.

ralenti [ʀalɑ̃ti] n.m. - **1.** Faible régime de rotation du moteur lorsqu'il ne transmet plus d'énergie au véhicule. - **2.** CIN. Effet spécial, réalisé le plus souvent à la prise de vues, donnant l'illusion de mouvements plus lents que dans la réalité : *Le ralenti augmente la sensation d'angoisse.* - **3.** Au ralenti, en diminuant la vitesse, l'énergie, le rythme : *Travailler, vivre au ralenti.*

ralentir [ʀalɑ̃tiʀ] v.t. (de l'anc. fr. *alentir*) [conj. 32]. - **1.** Rendre plus lent : *Ralentir sa marche* (contr. accélérer). - **2.** Rendre moins intense : *Ralentir son effort* (syn. diminuer, freiner). ◆ v.i. Aller plus lentement : *Les voitures doivent ralentir aux carrefours.*

ralentissement [ʀalɑ̃tismɑ̃] n.m. Diminution de mouvement, de vitesse, d'énergie : *Le ralentissement du train. Le ralentissement de l'expansion* (syn. baisse, récession).

ralentisseur [ʀalɑ̃tisœʀ] n.m. - **1.** Dispositif monté sur la transmission d'un véhicule lourd, et ayant pour fonction de réduire sa vitesse. - **2.** Dos-d'âne en travers d'une chaussée, destiné à contraindre les véhicules à ralentir.

râler [ʀale] v.i. (doublet de *racler*). - **1.** Faire entendre des râles en respirant ; avoir la respiration bruyante et précipitée propre aux agonisants : *Des soldats mourants râlaient sur le champ de bataille.* - **2.** FAM. Manifester son mécontentement par des plaintes, des récriminations : *Elle râle tout le temps* (syn. grogner, protester).

râleur, euse [ʀalœʀ, -øz] adj. et n. FAM. Qui râle : *C'est un râleur* (syn. grincheux).

ralingue [ʀalɛ̃g] n.f. (d'un anc. scand., de *rad* "vergue" et *lik* "lisière d'une voile"). MAR. Cordage auquel sont cousus les bords d'une voile pour les renforcer.

ralliement [ʀalimɑ̃] n.m. - **1.** Action de rallier, de se rallier : *Le ralliement des troupes* (syn. rassemblement, regroupement ; contr. dispersion). - **2.** Mot, signe de ralliement, signe caractéristique qui permet aux membres d'un groupe de se reconnaître. ‖ Point de ralliement, endroit où des troupes, des groupes de personnes doivent se réunir.

rallier [ʀalje] v.t. (de *allier*) [conj. 9]. - **1.** Rassembler (des gens dispersés) : *Rallier ses troupes* (syn. regrouper, réunir). - **2.** Se rendre en un endroit ; rejoindre un groupe : *Fonctionnaire appelé à rallier son poste* (syn. rejoindre). - **3.** Constituer l'élément qui rassemble un groupe, qui fait son unité : *Solution qui rallie tous les suffrages* (syn. emporter). ◆ se rallier v.pr. [à]. Donner son adhésion : *Se rallier à un avis* (syn. adopter, souscrire à).

rallonge [ʀalɔ̃ʒ] n.f. (de *rallonger*). - **1.** Pièce qu'on ajoute à un objet pour en augmenter la longueur : *Table à rallonges.* - **2.** Câble électrique souple comportant à l'une de ses extrémités une fiche mâle et à l'autre une fiche femelle, et permettant le raccordement d'un appareil à une prise de courant trop éloignée (syn. prolongateur). - **3.** FAM. Supplément qui augmente ce qui était prévu : *Obtenir une rallonge de vacances* (syn. supplément). *J'ai réussi à avoir une rallonge de deux mille francs* (syn. augmentation). - **4.** FAM. À rallonge(s), se dit d'un nom de famille comportant plusieurs éléments réunis par des particules.

rallongement [ʀalɔ̃ʒmɑ̃] n.m. Action de rallonger ; fait d'être rallongé : *Le rallongement d'une jupe, d'un congé.*

rallonger [ʀalɔ̃ʒe] v.t. [conj. 17]. Rendre qqch plus long : *Rallonger un rideau avec un galon.* ◆ v.i. Devenir plus long : *Les jours rallongent* (syn. allonger).

rallumer [ʀalyme] v.t. - **1.** Allumer de nouveau : *Rallumer le feu, la lumière.* - **2.** Faire renaître : *Rallumer de vieilles haines* (syn. ranimer, réveiller). ◆ se rallumer v.pr. Être allumé de nouveau ; reprendre de l'intensité : *La guerre s'est rallumée* (syn. renaître, reprendre).

rallye [ʀali] n.m. (de l'angl. *to rally* "rassembler"). - **1.** Compétition dans laquelle les concurrents (génér. en voiture) doivent rallier un lieu après avoir satisfait à diverses épreuves (consistant notamm. à répondre à diverses questions qui les guident) : *Un rallye dans la campagne champenoise.* - **2.** Course automobile comportant des épreuves chronométrées sur routes fermées : *Le rallye de Monte-Carlo.* - **3.** Suite de réunions dansantes organisées de façon à favoriser les rencontres entre les jeunes gens en vue d'éventuels mariages, dans les familles aisées.

ramadan [ʀamadɑ̃] n.m. (mot ar.). Neuvième mois du calendrier islamique, période de jeûne et de privations (abstention de nourriture, de boisson, de tabac et de relations sexuelles du lever au coucher du soleil).

ramage [ʀamaʒ] n.m. (du lat. *ramus* "rameau"). Chant des oiseaux dans les arbres (syn. gazouillement). ◆ **ramages** n.m. pl. Dessins représentant des rameaux, des fleurs, etc., sur une étoffe : *Tenture à ramages*.

ramassage [ʀamasaʒ] n.m. - **1.** Action de ramasser : *Le ramassage des vieux papiers* (syn. collecte). - **2.** Organisation du transport par autocar des écoliers, des travailleurs, entre leur domicile et leur école ou leur lieu de travail.

ramassé, e [ʀamase] adj. (de *ramasser*). - **1.** Exprimé en peu de mots : *Expression ramassée* (syn. concis). - **2.** Qui a des formes épaisses, courtes et larges, en parlant d'un être animé : *Une personne ramassée* (syn. courtaud, trapu).

ramasse-miettes [ʀamasmjɛt] n.m. inv. Ustensile qui sert à ramasser les miettes sur la table.

ramasser [ʀamase] v.t. - **1.** Rassembler des choses plus ou moins éparses : *Ramasser les feuilles mortes. Le professeur ramasse les copies.* - **2.** Prendre, relever (ce qui est à terre) : *Ramasser ses gants. Il aime ramasser les champignons* (syn. cueillir). - **3.** Présenter sous une forme réduite, en éliminant le superflu : *Ramasser sa pensée en un raccourci saisissant* (syn. condenser). - **4.** FAM. Recevoir, attraper (qqch de fâcheux) : *Ramasser une gifle* (syn. prendre). - **5.** Ramasser ses forces, rassembler toute son énergie pour fournir un ultime effort. ‖ FAM. Se faire ramasser, se faire réprimander brutalement ; subir une déconvenue, un échec. ◆ **se ramasser** v.pr. - **1.** Se replier sur soi pour se défendre ou attaquer : *Le hérisson se ramasse dès qu'on le touche* (syn. se pelotonner). - **2.** FAM. Se remettre debout après être tombé (syn. se relever). - **3.** FAM. Subir un échec : *Il s'est encore ramassé à l'examen* (syn. échouer).

1. ramasseur, euse [ʀamasœʀ, øz] n. Personne qui ramasse qqch par terre : *Ramasseur de balles au tennis.*

2. ramasseur [ʀamasœʀ] n.m. Organe de ramassage de nombreuses machines de récolte.

ramassis [ʀamasi] n.m. Réunion de choses de peu de valeur, de personnes jugées peu estimables : *Ses discours ne sont qu'un ramassis de vieux clichés* (syn. amas, fatras). *Un ramassis de crapules* (syn. bande, clique).

rambarde [ʀɑ̃baʀd] n.f. (anc. it. *rambata*, de *arrembar* "aborder un bateau"). Rampe légère formant garde-corps (syn. garde-fou).

1. rame [ʀam] n.f. (fém. de l'anc. fr. *raim*, du lat. *ramus* "branche"). Branche ou perche de bois servant de tuteur à certaines plantes grimpantes cultivées : *Soutenir des pois, des haricots avec des rames.*

2. rame [ʀam] n.f. (lat. *remus*). Longue pièce de bois élargie à une extrémité dont on se sert pour faire avancer une embarcation (syn. aviron, pagaie).

3. rame [ʀam] n.f. (esp. *resma*, de l'ar. *rizma* "ballot"). - **1.** Ensemble de cinq cents feuilles de papier vierge : *La rame est l'unité adoptée pour la vente en gros du papier.* - **2.** Ensemble de wagons attelés ensemble : *Une rame de métro.*

rameau [ʀamo] n.m. (lat. *ramus*). - **1.** Petite branche, division d'une branche d'arbre : *Le rameau d'olivier est un symbole de paix.* - **2.** Subdivision d'un ensemble (linguistique, généalogique, etc.) représenté sous forme d'arbre : *Le gaulois est un rameau de la branche de l'indo-européen.* ◆ **Rameaux** n.m. pl. RELIG. CHRÉT. Les Rameaux, fête commémorant l'entrée triomphale de Jésus à Jérusalem, célébrée le dernier dimanche du carême, qui précède la fête de Pâques.

ramée [ʀame] n.f. (de *1. rame*). LITT. Ensemble des branches feuillues d'un arbre (syn. frondaison, ramure).

ramener [ʀamne] v.t. [conj. 19]. - **1.** Amener de nouveau dans un endroit : *Ramener ses enfants à l'école.* - **2.** Faire revenir une personne dans le lieu d'où elle était partie : *Elle était souffrante, je l'ai ramenée chez elle* (syn. raccompagner, reconduire). - **3.** Remettre en place ; mettre dans une certaine position : *Ramener un châle sur ses épaules.* - **4.** Faire revenir à un état antérieur : *Ramener qqn à la raison* (syn. rappeler). - **5.** Faire renaître : *Ramener la paix* (syn. restaurer, rétablir). - **6.** Porter à un certain point de simplification : *Ramener une équation à sa plus simple expression* (syn. réduire). - **7.** Faire converger vers le même point : *L'égoïste ramène tout à lui.* - **8.** FAM. La ramener, ramener sa fraise, intervenir dans une discussion en faisant l'important. ◆ **se ramener** v.pr. - **1.** Être réductible à qqch : *Le problème se ramène à une question de financement* (syn. se réduire à). - **2.** FAM. Venir : *Il s'est ramené à 8 heures* (syn. arriver).

ramequin [ʀamkɛ̃] n.m. (néerl. *rammeken*). - **1.** Petit récipient en terre ou en porcelaine utilisé pour la cuisson au four. - **2.** Tartelette garnie d'une crème au fromage.

ramer [ʀame] v.i. (lat. pop. *remare*, de *remus* "rame"). - **1.** Manœuvrer une rame ; faire avancer un bateau à la rame : *Ramer en cadence* (syn. souquer). - **2.** FAM. Avoir beaucoup de peine à faire qqch : *Il rame pour gagner sa vie* (syn. se démener, peiner).

ramette [ʀamɛt] n.f. (de 3. *rame*). Paquet de cent vingt-cinq feuilles de papier : *Une ramette de papier à lettres.*

rameur, euse [ʀamœʀ, -øz] n. (de 2. *ramer*). Personne qui rame : *Un bateau à quatre, huit rameurs.*

rameuter [ʀamøte] v.t. Rassembler, mobiliser pour une action : *Parti qui rameute ses militants* (syn. regrouper).

ramier [ʀamje] adj.m. et n.m. (de l'anc. fr. *raim* "rameau"). Se dit d'un gros pigeon à tête et dos gris-bleu, aux ailes barrées de blanc, très commun dans les villes d'Europe (on dit aussi *pigeon ramier*) [syn. palombe]. □ Long. 40 cm.

ramification [ʀamifikasjɔ̃] n.f. (lat. scientif. *ramificatio*). - **1.** Division d'un végétal arborescent : *Les ramifications d'une tige.* - **2.** Division d'une artère, d'un nerf, etc., en parties plus petites qui en sont comme les rameaux. - **3.** Subdivision d'une organisation, d'un centre d'activités : *Complot qui a des ramifications dans l'Europe entière.*

se ramifier [ʀamifje] v.pr. (lat. médiév. *ramificare*, de *ramus* "rameau") [conj. 9]. - **1.** Se partager en plusieurs branches : *Tige qui se ramifie.* - **2.** S'étendre par des prolongements : *Organisation qui s'est ramifiée dans le monde entier* (syn. se subdiviser).

ramille [ʀamij] n.f. (de l'anc. fr. *raim* ; v. *1. rame*). [Surtout au pl.]. Dernière division des rameaux : *Ramasser des ramilles pour allumer le feu* (syn. brindille).

ramollir [ʀamɔliʀ] v.t. (conj. 32). Rendre mou : *Les pluies ont ramolli le sol* (syn. ameublir). ◆ **se ramollir** v.pr. - **1.** Devenir mou : *La cire chauffée se ramollit* (syn. fondre). - **2.** FAM. Perdre peu à peu ses facultés mentales : *Se ramollir avec l'âge* (syn. baisser, décliner).

ramollissement [ʀamɔlismɑ̃] n.m. Fait de se ramollir, d'être ramolli : *Le ramollissement d'un sorbet sous l'effet de la chaleur.*

ramonage [ʀamɔnaʒ] n.m. Action de ramoner : *Le ramonage des cheminées est à la charge du locataire.*

ramoner [ʀamɔne] v.t. (de l'anc. fr. *ramon* "balai", de *raim* "rameau"). Débarrasser un conduit, un appareil de la suie qui s'y est déposée : *Ramoner une cheminée.*

ramoneur [ʀamɔnœʀ] n.m. Personne dont le métier est de ramoner les cheminées.

1. rampant, e [ʀɑ̃pɑ̃, -ɑ̃t] adj. (de *ramper*). - **1.** Qui rampe : *Animal rampant.* - **2.** Bassement soumis devant les supérieurs : *Un individu rampant* (syn. obséquieux, servile). - **3.** Dont l'évolution est peu sensible : *Inflation rampante.* - **4.** Se dit de plantes qui se développent en s'étalant sur le sol.

2. rampant [ʀɑ̃pɑ̃] n.m. (de *ramper*). FAM. Membre du personnel au sol de l'aviation (par opp. à *navigant*).

rampe [ʀɑ̃p] n.f. (de *ramper*). - **1.** Partie inclinée d'une rue, d'une route, d'une voie de chemin de fer : *Gravir la rampe d'accès d'un garage* (= plan incliné). - **2.** Balustrade portant une main courante et bordant un escalier du côté du vide : *Tenir la rampe.* - **3.** Rangée de lumières sur le devant de la scène d'un théâtre, dans la devanture d'un magasin, etc. : *Affronter les feux de la rampe.* - **4.** Passer la rampe, toucher le public. ‖ Rampe de lancement, plan incliné pour le lancement des avions catapultés ou des projectiles autopropulsés.

ramper [ʀɑ̃pe] v.i. (frq. *hrampon "grimper avec des griffes"). - **1.** Progresser grâce à des mouvements divers du corps qui prend appui par sa face ventrale ou inférieure, en parlant de certains animaux : *Les reptiles, les vers, les gastropodes rampent.* - **2.** Avancer lentement, le ventre au contact du sol et en s'aidant des quatre membres, en parlant de qqn : *Passer sous un barbelé en rampant.* - **3.** S'étaler sur un support en s'y accrochant au moyen de vrilles ou de crampons, ou se développer sur le sol, en parlant de certaines plantes : *Lierre qui rampe à terre.* - **4.** Se montrer soumis, servile, devant qqn : *Ramper devant ses supérieurs.*

ramure [ʀamyʀ] n.f. (de *1. rame*). - **1.** Ensemble des branches et des rameaux d'un arbre (syn. branchage, frondaison, ramée). - **2.** Bois du cerf, du daim.

rancard ou **rancart** [ʀɑ̃kaʀ] n.m. (orig. incert., p.-ê. de *rancart*). - **1.** ARG. Renseignement. - **2.** FAM. Rendez-vous.

rancart [ʀɑ̃kaʀ] n.m. (du normand "mettre au récart", de *récarter* "éparpiller"). FAM. Mettre au rancart, se débarrasser de ce dont on ne se sert plus (= mettre au rebut).

rance [ʀɑ̃s] adj. (lat. *rancidus*). Se dit d'un corps gras qui a contracté une odeur forte et une saveur âcre : *Lard rance.* ◆ n.m. Odeur ou saveur rance : *Beurre qui sent le rance.*

ranch [ʀɑ̃ʃ] n.m. (mot anglo-amér.) [pl. *ranchs* ou *ranches*]. Grande ferme d'élevage extensif de la Prairie américaine.

ranci [ʀɑ̃si] n.m. Odeur, goût de rance.

rancir [ʀɑ̃siʀ] v.i. (conj. 32). Devenir rance : *Lard qui rancit.* ◆ v.t. Rendre rance : *La chaleur a ranci le jambon.*

rancissement [ʀɑ̃sismɑ̃] n.m. Altération des aliments contenant des matières grasses, caractérisée par l'apparition de goût et d'odeur désagréables.

rancœur [ʀɑ̃kœʀ] n.f. (bas lat. *rancor* "état de ce qui est rance"). Amertume profonde que l'on garde à la suite d'une déception, d'une injustice (syn. rancune, ressentiment).

rançon [ʀɑ̃sɔ̃] n.f. (du lat. *redemptio* "rachat"). - **1.** Somme d'argent exigée pour la délivrance de qqn retenu prisonnier : *Les kidnappeurs exigent une rançon.* - **2.** Inconvénient accompagnant inévitablement un plaisir : *La rançon de la gloire* (syn. contrepartie, tribut).

rançonnement [ʀɑ̃sɔnmɑ̃] n.m. Action de rançonner qqn : *Le rançonnement des commerçants du quartier par des mafieux* (syn. racket).

rançonner [ʀɑ̃sɔne] v.t. (de *rançon*). - **1.** Exiger de qqn, par la contrainte, la remise d'argent : *Voleurs qui rançonnent les passants.* - **2.** FAM. Faire payer un prix excessif : *Hôtelier qui rançonne les touristes* (syn. escroquer).

rancune [ʀɑ̃kyn] n.f. (de l'anc. fr. *rancure*, du lat. pop. **rancura*, de *rancor* ; v. rancœur). - **1.** Ressentiment qu'on garde d'une offense, d'une injustice, et qui s'accompagne d'un désir de vengeance : *Garder rancune à qqn de qqch* (syn. animosité, rancœur). - **2.** Sans rancune, formule qui invite à la réconciliation après une brouille passagère.

rancunier, ère [ʀɑ̃kynje, -ɛʀ] adj. et n. Qui garde facilement rancune : *Elle est très rancunière* (syn. vindicatif ; contr. indulgent).

randomiser [ʀɑ̃dɔmize] v.t. (de l'angl. *random* "fortuit"). STAT. Introduire un élément aléatoire dans un calcul ou dans un raisonnement.

randonnée [ʀɑ̃dɔne] n.f. (de l'anc. fr. *randonner* "courir rapidement"). - **1.** Promenade de longue durée où, génér., on revient à son point de départ : *Une randonnée à pied, à skis* (syn. excursion, tour). - **2.** Sentier de grande randonnée, sentier spécial. balisé qui permet des randonnées sur les itinéraires très longs (abrév. G. R.).

randonneur, euse [ʀɑ̃dɔnœʀ, -øz] n. Personne qui fait une randonnée ou qui pratique la randonnée de loisir.

rang [ʀɑ̃] n.m. (frq. **hring* "cercle, anneau"). - **1.** Suite de personnes ou de choses disposées les unes à côté des autres, sur une même ligne : *Le premier rang des spectateurs* (syn. rangée). *Un collier à trois rangs de perles.* - **2.** Catégorie de personnes ayant les mêmes opinions, les mêmes intérêts : *Elle a demandé à être admise dans nos rangs. Ils iront grossir le rang des mécontents* (syn. nombre). - **3.** Situation de qqn dans une classification : *Classer par rang d'ancienneté, de taille.* - **4.** Place occupée par qqn dans la hiérarchie sociale et qui lui est attribuée en raison de son emploi, de sa valeur, de sa naissance : *Il a désormais rang d'ambassadeur* (syn. grade). *Il a été traité avec les honneurs dus à son rang* (syn. poste, situation). - **5.** Degré d'importance, de valeur attribué à

qqn, qqch : *Un écrivain de second rang* (syn. ordre). *Ce projet est au premier rang de nos préoccupations.* - **6.** Au rang de, dans la catégorie de, des ; au nombre de, parmi ; au grade de : *Expression passée au rang de proverbe. Mettre qqn au rang de ses amis.* ‖ Militaire du rang, militaire qui n'est ni officier ni sous-officier (on disait autref. *homme de troupe, homme du rang*). ‖ Rentrer dans le rang, renoncer à ses prérogatives ; abandonner ses ambitions ou ses velléités d'indépendance. ‖ Serrer les rangs, se rapprocher les uns des autres pour tenir moins de place ; au fig., se soutenir mutuellement. ‖ Sortir du rang, avoir conquis ses grades sans passer par une école militaire, en parlant d'un officier. - **7.** MATH. Rang d'une matrice. Ordre maximal des déterminants non nuls que l'on peut former avec les éléments de cette matrice en supprimant un certain nombre de lignes et de colonnes de celle-ci.

rangé, e [ʀɑ̃ʒe] adj. (de *1. ranger*). - **1.** Qui a de l'ordre, qui mène une vie régulière : *Homme rangé* (syn. sérieux ; contr. dévergondé). - **2.** Bataille rangée, bataille que se livrent deux armées régulières disposées l'une en face de l'autre ; rixe générale.

rangée [ʀɑ̃ʒe] n.f. (de *1. ranger*). Suite de personnes ou d'objets disposés sur une même ligne : *Rangée d'arbres. Deux rangées de soldats le long d'un cortège* (syn. cordon).

rangement [ʀɑ̃ʒmɑ̃] n.m. - **1.** Action ou manière de ranger : *Se mettre au rangement de ses papiers* (syn. classement). - **2.** Endroit où l'on peut ranger des objets : *Appartement moderne où les rangements sont encastrés* (syn. placard).

1. ranger [ʀɑ̃ʒe] v.t. (de *rang*) [conj. 17]. - **1.** Mettre en rang : *Ranger des troupes en ordre de bataille* (syn. aligner). - **2.** Arranger selon un ordre déterminé : *Ranger des dossiers par année* (syn. classer). - **3.** Mettre de l'ordre dans : *Ranger une chambre.* - **4.** Mettre de côté un véhicule pour laisser la voie libre à la circulation : *L'agent lui demanda de ranger son véhicule sur le bas-côté* (syn. garer, parquer). - **5.** LITT. Gagner qqn à sa cause, à son opinion : *L'orateur a réussi à ranger l'auditoire à son avis.* - **6.** Mettre au nombre de : *Ranger un auteur parmi les classiques* (syn. compter, placer). ◆ **se ranger** v.pr. - **1.** Se placer dans un certain ordre : *Se ranger avant d'entrer en classe* (syn. s'aligner). - **2.** S'écarter pour faire de la place : *Rangez-vous pour laisser passer l'ambulance* (syn. se garer). - **3.** Revenir à une conduite régulière, moins désordonnée : *Depuis son mariage, il s'est rangé* (syn. s'assagir). - **4.** Se ranger à l'avis de, adopter le point de vue de. ‖ Se ranger du côté de, s'engager dans le parti de.

2. ranger [ʁɑ̃dʒœʁ] n.m. (mot anglo-amér.).
- **1.** Soldat d'une unité de choc de l'armée américaine. - **2.** Scout âgé de plus de seize ans (syn. anc. routier). - **3.** Chaussure de marche, génér. en cuir et pourvue d'une courte guêtre.

ranidé [ʁanide] n.m. (du lat. *rana* "grenouille"). **Ranidés**, famille des grenouilles.

ranimer [ʁanime] v.t. - **1.** Faire revenir à soi ; réanimer : *Nous avons eu du mal à la ranimer après sa syncope.* - **2.** Redonner de l'activité, de la vigueur à : *Ranimer le feu. Son acte ranima le courage des autres* (syn. attiser, éperonner). *Ne ranimez pas sa colère* (syn. réveiller). ◆ **se ranimer** v.pr. - **1.** Revenir à soi : *Le boxeur commençait à se ranimer après son knock-out* (syn. revivre). - **2.** Reprendre une activité ou une intensité nouvelle : *Volcan qui se ranime* (syn. se réveiller).

raout [ʁaut] n.m. (angl. *rout*, anc. fr. *route* "compagnie"). vx. Réunion, fête mondaine.

rap [ʁap] n.m. (mot angl. "tape"). Style de musique soutenant un chant aux paroles, improvisées ou non, scandées sur un rythme très martelé.

rapace [ʁapas] adj. (lat. *rapax, -acis*). - **1.** LITT. Avide d'argent : *Un usurier rapace* (syn. cupide). - **2.** Se dit d'un oiseau qui poursuit ses proies avec voracité : *Un vautour rapace* (syn. vorace). ◆ n.m. **Rapaces**, oiseaux carnivores, à bec crochu et à griffes fortes et recourbées : *L'aigle est un rapace diurne, la chouette un rapace nocturne.*

rapacité [ʁapasite] n.f. (lat. *rapacitas*). - **1.** Caractère d'une personne rapace : *La rapacité d'un usurier* (syn. avidité, cupidité). - **2.** Caractère rapace d'un animal : *La rapacité d'un tigre* (syn. férocité, voracité).

rapatrié, e [ʁapatʁije] n. - **1.** Personne ramenée dans son pays d'origine par les soins des autorités officielles : *Un premier avion transportant les rapatriés est arrivé ce soir.* - **2.** Français d'Algérie installé en métropole après l'indépendance de ce pays (1962).

rapatriement [ʁapatʁimɑ̃] n.m. Action de rapatrier : *Le rapatriement des prisonniers, des capitaux.*

rapatrier [ʁapatʁije] v.t. (conj. 10). Faire revenir des personnes, des biens, des capitaux dans leur pays d'origine : *Des prisonniers ont été rapatriés.*

râpe [ʁɑp] n.f. (du germ. *raspôn*, par le lat. *raspa* "grappe de raisin sans ses grains"). - **1.** Ustensile de ménage pour réduire en poudre certaines substances alimentaires : *Une râpe à fromage, à muscade.* - **2.** Grosse lime d'acier plate ou demi-ronde, pour user la surface des matières tendres : *Râpe de cordonnier, de menuisier.*

1. râpé, e [ʁɑpe] adj. (de *râper*). - **1.** Réduit en poudre, en miettes, avec une râpe : *Gruyère râpé.* - **2.** Usagé au point que l'étoffe montre la trame : *Vêtement râpé* (syn. élimé). - **3.** FAM. Raté, fichu : *C'est râpé pour demain, je ne pourrai pas me libérer* (syn. manqué).

2. râpé [ʁɑpe] n.m. (de *1. râpé*). Fromage râpé : *Mettre du râpé sur un gratin.*

râper [ʁɑpe] v.t. (germ. *raspôn* "rafler"). - **1.** Réduire en poudre avec une râpe : *Râper du fromage, de la muscade.* - **2.** User la surface d'un corps avec une râpe, pour la dresser ou l'arrondir : *Sculpteur qui râpe un morceau de marbre.* - **3.** Donner une sensation d'âpreté : *Ce vin râpe le gosier* (syn. gratter, racler).

rapetasser [ʁaptase] v.t. (prov. *petas* "morceau de cuir ou d'étoffe"). FAM. Réparer sommairement : *Rapetasser de vieux vêtements* (syn. raccommoder, ravauder).

rapetissement [ʁaptismɑ̃] n.m. Action ou fait de rapetisser.

rapetisser [ʁaptise] v.t. - **1.** Rendre plus petit ; faire paraître plus petit : *La distance rapetisse les objets.* - **2.** Diminuer le mérite de : *Rapetisser les actions des autres* (syn. amoindrir, déprécier). ◆ v.i. Devenir plus petit, plus court : *Les jours rapetissent* (syn. diminuer).

râpeux, euse [ʁapø, -øz] adj. (de *râpe*). - **1.** Rude au toucher : *La langue râpeuse d'un chat* (syn. rêche, rugueux). - **2.** Qui a une saveur âpre : *Vin râpeux* (syn. aigre).

raphia [ʁafja] n.m. (mot malgache). - **1.** Palmier d'Afrique et d'Amérique, fournissant une fibre très solide, qui sert à faire des liens. - **2.** La fibre qu'on en tire : *Un sac en raphia.*

rapiat, e [ʁapja, -at] adj. (de l'arg. scol. *faire rapiamus* "duper"). FAM. Qui dépense avec parcimonie : *Ils sont très rapiats* (syn. avare ; contr. dépensier).

1. rapide [ʁapid] adj. (lat. *rapidus*). - **1.** Qui parcourt beaucoup d'espace en peu de temps : *Un coureur rapide* (syn. véloce). *Voiture très rapide.* - **2.** Qui s'accomplit très vite ou trop vite : *Guérison rapide* (syn. fulgurant, prompt). *Une lecture rapide* (syn. hâtif, sommaire). - **3.** Où l'on circule rapidement : *Voie rapide.* - **4.** Très incliné : *Pente rapide* (syn. abrupt, raide). - **5.** Qui agit vite ; qui comprend facilement : *Rapide dans son travail* (syn. diligent). *Intelligence rapide* (syn. vif). - **6.** Qui fait effet très vite : *Colle à prise rapide.*

2. rapide [ʁapid] n.m. (de *1. rapide*). - **1.** Section d'un cours d'eau où l'écoulement est accéléré en raison d'une augmentation brutale de la pente du lit. - **2.** Train effectuant un parcours à vitesse élevée, et ne s'arrêtant qu'à des gares très importantes.

rapidement [ʁapidmɑ̃] adv. Avec rapidité : *Essayez de terminer ce travail rapidement* (syn.

promptement, vite). *Ne répondez pas trop rapidement* (syn. hâtivement).

rapidité [ʀapidite] n.f. Caractère de ce qui est rapide : *La rapidité d'un coureur* (syn. vélocité). *La rapidité d'une fusée* (syn. vitesse).

rapiècement [ʀapjɛsmɑ̃] et **rapiéçage** [ʀapjesaʒ] n.m. Action de rapiécer (syn. raccommodage).

rapiécer [ʀapjese] v.t. [conj. 20]. Réparer un vêtement en y posant une ou des pièces : *Un pantalon tellement déchiré qu'on ne peut plus le rapiécer* (syn. raccommoder).

rapière [ʀapjɛʀ] n.f. (de [espee] *rapiere,* de *râper*). Épée à lame fine et longue, dont on se servait dans les duels (XVᵉ-XVIIIᵉ s.).

rapine [ʀapin] n.f. (lat. *rapina,* de *rapere* "prendre"). LITT. - **1.** Action de s'emparer de qqch par la violence : *Les soldats se sont livrés à la rapine* (syn. pillage). - **2.** Ce qui est volé par rapine : *Vivre de ses rapines* (syn. larcin, vol).

rapparier [ʀapaʀje] v.t. [conj. 9]. Réassortir deux choses qui vont par paire : *Rapparier des gants.*

rappel [ʀapɛl] n.m. (de *rappeler*). - **1.** Action par laquelle on rappelle, on fait revenir qqn : *Le rappel d'un ambassadeur. Le pianiste a eu trois rappels.* - **2.** Paiement d'une portion d'appointements ou d'arrérages restée en suspens : *Toucher un rappel.* - **3.** En alpinisme, procédé de descente d'une paroi verticale à l'aide d'une corde double. - **4.** Action de rappeler, de faire se souvenir : *Le rappel de ces moments tragiques l'a bouleversé* (syn. évocation, mention). - **5.** Système de retour en arrière d'un mécanisme : *Ressort de rappel.* - **6.** Nouvelle injection d'un vaccin pratiquée un certain temps après une vaccination pour consolider l'immunité conférée par le vaccin : *N'oubliez pas de faire le rappel dans un an.* - **7.** Battre le rappel, s'employer à rassembler, réunir toutes les personnes ou toutes les choses exigées par les circonstances.

rappelé, e [ʀaple] adj. et n. Convoqué de nouveau sous les drapeaux.

rappeler [ʀaple] v.t. [conj. 24]. - **1.** Appeler de nouveau, spécial., au téléphone : *Elle est sortie, rappelez-la demain.* - **2.** Faire revenir en appelant ; faire revenir une personne absente : *Rappeler le médecin. Rappeler les acteurs* (syn. bisser). *Rappeler des militaires sous les drapeaux.* - **3.** Faire revenir qqn d'un pays étranger où il exerçait des fonctions : *Rappeler un ambassadeur.* - **4.** Faire revenir à la mémoire : *Tout ici me rappelle mon enfance* (syn. évoquer). - **5.** Présenter une ressemblance avec : *Fille qui rappelle son père.* - **6.** Rappeler qqn à la vie, lui faire reprendre connaissance (= le ranimer). ◆ **se rappeler**

v.pr. Se rappeler qqn, qqch, en garder le souvenir, s'en souvenir : *Je me rappelle très bien notre première rencontre* (syn. se remémorer). *Elle se rappelle que vous lui avez posé la question* (syn. se souvenir). **Rem.** Influencée par *se souvenir de,* la construction *se rappeler de qqn, qqch,* bien qu'ayant tendance à se répandre dans la langue non soutenue, reste considérée comme fautive.

rappliquer [ʀaplike] v.i. (de *appliquer*). FAM. Venir ou revenir en un lieu : *Il a rappliqué illico* (syn. arriver).

rapport [ʀapɔʀ] n.m. (de *rapporter*). - **1.** Profit tiré de l'exploitation d'un bien : *Des terres en plein rapport* (syn. rendement). *Immeuble d'un bon rapport* (syn. bénéfice, revenu). - **2.** Exposé dans lequel on relate ce qu'on a vu ou entendu : *Rédiger un rapport sur une réunion* (syn. compte rendu). - **3.** Réunion au cours de laquelle un chef militaire expose ses intentions et donne ses ordres : *Tous les officiers doivent être au rapport.* - **4.** Lien ou relation entre deux ou plusieurs choses : *Étudier le rapport entre deux événements* (syn. corrélation, relation). - **5.** Élément commun à certaines choses et que l'esprit peut percevoir : *Étudier les rapports entre le français et le latin* (syn. analogie, correspondance). - **6.** De rapport, dont la location procure des revenus au propriétaire : *Immeuble de rapport.* ‖ En rapport avec, proportionné à : *Trouver un emploi en rapport avec ses capacités.* ‖ Mettre en rapport, en communication : *J'ai tout fait pour les mettre en rapport.* ‖ Par rapport à, relativement à : *La Terre est petite par rapport au Soleil.* ‖ Sous le rapport de, du point de vue de, eu égard à. ‖ MATH. Rapport de *a* à (ou sur) *b,* quotient de *a* par *b.* ‖ MATH. Rapport de projection orthogonale (de deux axes), quotient A'B'/AB, A et B étant deux points quelconques d'un axe et A' et B' leurs projections orthogonales sur l'autre axe.
◆ **rapports** n.m. pl. - **1.** Relations entre des personnes ou des groupes : *Avoir de bons rapports avec ses voisins.* - **2.** Avoir des rapports avec qqn, avoir des relations sexuelles avec lui (on dit aussi *rapports sexuels*). ‖ Sous tous (les) rapports, à tous égards : *Jeune homme bien sous tous rapports.*

rapporté, e [ʀapɔʀte] adj. - **1.** Qui a été ajouté pour compléter : *Jardin en terrasse avec des terres rapportées.* - **2.** Pièce rapportée, élément d'un ensemble, assemblé après avoir été façonné à part ; FAM., personne alliée à une famille : *Il dit que sa belle-sœur est une pièce rapportée.*

rapporter [ʀapɔʀte] v.t. (de *apporter*). - **1.** Remettre une chose à l'endroit où elle était ; rendre à qqn : *Rapporte les fourchettes à la cuisine. Rapportez-lui son livre* (syn. restituer).

-**2.** Apporter de nouveau ou en plus : *Pouvez-vous nous rapporter du pain ?* -**3.** Apporter avec soi en revenant d'un lieu : *Rapporter des fleurs de la campagne.* -**4.** Déclarer nulle une décision administrative : *Le ministre a annoncé qu'il rapportait le décret* (syn. abroger, annuler). -**5.** Appliquer une pièce de tissu sur qqch : *Rapporter des poches unies sur une jupe écossaise.* -**6.** Procurer un gain, un bénéfice à : *Cette terre rapporte beaucoup de blé* (syn. produire). *Ce mensonge ne vous rapportera rien.* -**7.** Faire le récit de ce qu'on a vu et entendu : *Rapporter un fait comme il s'est passé* (syn. relater, retracer). -**8.** Répéter qqch à qqn de façon indiscrète ou malicieuse : *On n'ose rien dire devant lui, il rapporte tout.* -**9.** Établir un rapport exclusif avec : *Il est égoïste et rapporte tout à lui* (syn. concentrer, ramener). -**10.** Mettre qqch en relation, en partic. numérique, avec qqch d'autre pour permettre une comparaison : *Rapporter l'histoire de la Terre à l'échelle humaine.* ◆ **se rapporter** v.pr. [à]. -**1.** Avoir un rapport avec qqch ; être relatif à qqn : *La réponse ne se rapporte pas à la question* (syn. s'appliquer à, cadrer avec). *Le pronom relatif se rapporte à son antécédent.* -**2.** S'en rapporter à, s'en remettre à, faire confiance à.

1. **rapporteur, euse** [ʀapɔʀtœʀ, -øz] adj. et n. (de *rapport*). Qui rapporte, par indiscrétion ou par malice, ce qu'il a vu et entendu : *Un enfant rapporteur.* ◆ **rapporteur** n.m. Celui qui est chargé de faire l'exposé d'un procès, d'une affaire, de faire le rapport des conclusions que propose une commission parlementaire, etc. : *Le rapporteur de la commission des finances.*

2. **rapporteur** [ʀapɔʀtœʀ] n.m. (de *rapporter*). Instrument en forme de demi-cercle gradué, servant à mesurer des angles sur un dessin.

rapprendre v.t. → **réapprendre.**

rapprochement [ʀapʀɔʃmɑ̃] n.m. -**1.** Action de rapprocher, de se rapprocher : *Le rapprochement des lèvres d'une plaie avant suture* (syn. jonction, réunion). -**2.** Rétablissement de bonnes relations : *Le rapprochement de deux nations* (syn. réconciliation). -**3.** Action de mettre en parallèle des faits, des idées, pour les comparer ; rapport que l'on discerne entre elles : *Faire un rapprochement entre deux événements* (syn. association, comparaison).

rapprocher [ʀapʀɔʃe] v.t. -**1.** Mettre, faire venir plus près en déplaçant : *Rapprocher une chaise d'une table* (syn. avancer). *Rapprocher les bouts de deux tuyaux* (syn. joindre, réunir). -**2.** Rendre plus proche dans l'espace ou le temps : *L'avion rapproche l'Europe de l'Amérique.* -**3.** Mettre en évidence les rapports entre des choses : *Rapprocher des textes* (syn. com-

parer). -**4.** Établir ou rétablir de bonnes relations entre des personnes ou des groupes : *Leurs goûts communs les ont rapprochés* (syn. lier, réunir). ◆ **se rapprocher** v.pr. [de]. -**1.** Venir plus près : *Rapproche-toi du feu.* -**2.** Avoir des relations plus étroites : *Pays qui se rapprochent après des années d'hostilité* (syn. se réconcilier). -**3.** Avoir certaines ressemblances avec qqn, qqch : *École de peinture qui se rapproche du cubisme* (syn. ressembler).

rapsode n.m., **rapsodie** n.f. → **rhapsode, rhapsodie.**

rapt [ʀapt] n.m. (lat. *raptus* "enlèvement"). Enlèvement illégal d'une personne, kidnapping.

raptus [ʀaptys] n.m. (mot lat. "enlèvement"). PSYCHIATRIE. Comportement paroxystique à caractère impulsif et irrésistible : *Raptus anxieux.*

raquette [ʀakɛt] n.f. (lat. médiév. *rasceta* [*manus*], de l'ar. *râhat* "paume de la main"). -**1.** Instrument formé d'un cadre ovale garni de coroles (boyaux ou fibres synthétiques) et terminé par un manche, pour jouer notamm. au tennis. -**2.** Lame plus ou moins large, recouverte génér. de caoutchouc et munie d'un manche, pour jouer au tennis de table. -**3.** Large semelle pour marcher sur la neige molle.

rare [ʀaʀ] adj. (lat. *rarus*). -**1.** Qui n'est pas commun, qu'on ne voit pas souvent : *Un livre rare* (syn. introuvable). -**2.** Peu fréquent : *De rares visites* (syn. espacé). -**3.** Qui existe en petit nombre : *Les commerçants sont rares dans ce quartier.* -**4.** Surprenant par son caractère inhabituel : *C'est rare de vous voir à cette heure* (syn. étonnant, extraordinaire). -**5.** Peu dense : *Une herbe rare* (syn. clairsemé). -**6.** Se faire rare, espacer ses visites ; se trouver de moins en moins souvent.

raréfaction [ʀaʀefaksjɔ̃] n.f. (lat. *rarefactio*). Le fait de se raréfier : *La raréfaction de l'air en altitude.*

raréfier [ʀaʀefje] v.t. (lat. *rarefacere*) [conj. 9]. -**1.** Rendre rare : *La sécheresse a raréfié les légumes.* -**2.** PHYS. Diminuer la densité, la pression de : *Raréfier l'air.* ◆ **se raréfier** v.pr. Devenir plus rare, moins dense, moins fréquent : *Ses cheveux commencent à se raréfier. Ses visites se sont raréfiées.*

rarement [ʀaʀmɑ̃] adv. Peu souvent : *Il gagne rarement aux jeux de hasard.*

rareté [ʀaʀte] n.f. Caractère de ce qui est rare ; chose rare : *La neige en mai est une rareté en France* (syn. curiosité).

rarissime [ʀaʀisim] adj. Très rare : *Un timbre rarissime* (syn. unique).

ras, e [ʀa, ʀaz] adj. (lat. *rasus* "rasé"). -**1.** Coupé au niveau de la peau, en parlant des poils, des cheveux : *Barbe rase*. -**2.** Très court : *Chien à poil ras*. -**3.** Jusqu'au niveau du bord : *Mesure rase*. -**4.** Faire table rase, mettre de côté, considérer comme nul ce qui a été dit ou fait antérieurement. ‖ Rase campagne, pays plat et découvert. ◆ **ras** adv. De très près : *Ongles coupés ras*. ◆ **ras** n.m. À ras, très court : *Gazon tondu à ras*. ‖ À ras de, au ras de, au niveau de, au plus près de : *À ras de terre*. ‖ Ras du cou, se dit d'un vêtement dont l'encolure s'arrête au niveau du cou.

rasade [Razad] n.f. (de *ras*). Quantité de boisson représentant un verre rempli à ras bord : *Une rasade d'eau*.

rasage [Razaʒ] n.m. Action de raser ou de se raser : *Lotion à utiliser avant, après le rasage*.

rasant, e [Razɑ̃, -ɑ̃t] adj. -**1.** FAM. Qui ennuie, lasse : *Livre rasant* (syn. ennuyeux, fastidieux). -**2.** Qui passe au plus près d'une surface, en partic. du sol : *La lumière rasante du soleil couchant* (syn. frisant). -**3.** MIL. Qui ne s'élève pas à une hauteur supérieure à celle de l'objectif : *Tir rasant*.

rascasse [Raskas] n.f. (prov. *rascasso*, de *rasco* "teigne"). Poisson à chair très estimée des eaux tropicales et tempérées chaudes, à la tête épineuse, aussi appelé *scorpion* ou *crapaud de mer*.

rase-mottes [Razmɔt] n.m. inv. AÉRON. Vol effectué par un avion au plus près du sol : *Avion qui fait du rase-mottes*.

raser [Raze] v.t. (lat. pop. *rasare*, class. *radere* "tondre"). -**1.** Couper avec un rasoir et au ras de la peau les cheveux, la barbe : *Le coiffeur rase un client. Avoir le crâne rasé*. -**2.** Abattre à ras de terre : *Raser un édifice* (syn. abattre, démolir). -**3.** Passer tout près de : *Raser les murs* (syn. frôler). *La balle a rasé le filet* (syn. effleurer). -**4.** FAM. Importuner, ennuyer : *Elle nous rase avec ses jérémiades* (syn. lasser). ◆ **se raser** v.pr. -**1.** Se couper la barbe : *Se raser avec un rasoir électrique*. -**2.** FAM. S'ennuyer : *On se rase à ses cours*.

raseur, euse [Razœr, -øz] n. FAM. Personne ennuyeuse (syn. importun).

ras le bol [Ralbɔl] loc. adv. FAM. En avoir ras le bol (de), être excédé, ne plus supporter qqch. ◆ **ras-le-bol** n.m. inv. FAM. Fait d'être excédé (syn. exaspération).

rasoir [Razwar] n.m. Instrument servant à raser, à se raser : *Rasoir électrique. Coupe de cheveux au rasoir*.

rassasiement [Razazimɑ̃] n.m. État d'une personne rassasiée.

rassasier [Razazje] v.t. (de l'anc. fr. *assasier*, du lat. médiév. *assatiare*, class. *satiare*, de *satis* "assez") [conj. 9]. -**1.** Apaiser la faim de : *Nous manquons de vivres pour rassasier tous les réfugiés* (syn. contenter). -**2.** Satisfaire pleine-

ment les désirs de : *Il n'est jamais rassasié de la voir* (syn. combler).

rassemblement [Rasɑ̃bləmɑ̃] n.m. -**1.** Action de rassembler, de se rassembler : *Rassemblement de documents* (syn. collecte, réunion). *À mon signal, rassemblement !* -**2.** Grande réunion de personnes : *Disperser un rassemblement* (syn. attroupement).

rassembler [Rasɑ̃ble] v.t. -**1.** Faire venir dans le même lieu : *Il est difficile de rassembler toute la famille* (syn. réunir). *Rassembler des moutons dans un enclos* (syn. regrouper). -**2.** Mettre ensemble ce qui est épars : *Rassembler des documents pour écrire un ouvrage* (syn. amasser, collecter). -**3.** Remettre en ordre pour entreprendre qqch : *Rassembler ses souvenirs. Rassembler ses idées* (= se concentrer). ◆ **se rassembler** v.pr. Se réunir, se grouper : *Les manifestants se sont rassemblés sur la place* (syn. se masser).

rasseoir [Raswar] v.t. [conj. 65]. Asseoir de nouveau : *Rasseoir un enfant dans sa poussette*. ◆ **se rasseoir** v.pr. S'asseoir de nouveau, après s'être levé.

rasséréner [Raserene] v.t. (de *serein*) [conj. 18]. Rendre la sérénité, le calme à : *Cette bonne nouvelle l'a rasséréné* (syn. rassurer, tranquilliser). ◆ **se rasséréner** v.pr. Retrouver son calme (syn. se calmer).

rassir [Rasir] v.i. (de *rassis*) [conj. 32 ; auxil. *avoir* ou *être*]. Se dessécher progressivement : *Pain qui a rassi*.

rassis, e [Rasi, -iz] adj. (p. passé de *rasseoir* "diminuer"). -**1.** Qui n'est plus frais, en parlant du pain, de produits à base de farine : *Pâtisserie rassise*. -**2.** SOUT. Esprit rassis, personne calme, réfléchie (syn. pondéré, posé).

rassortiment n.m., **rassortir** v.t. → réassortiment, réassortir.

rassurant, e [Rasyrɑ̃, -ɑ̃t] adj. Propre à rendre confiance, à tranquilliser : *Nouvelle rassurante* (syn. tranquillisant ; contr. alarmant).

rassurer [Rasyre] v.t. Rendre sa confiance, sa tranquillité à qqn, dissiper ses craintes : *Ce que vous me dites là me rassure* (syn. rasséréner, tranquilliser).

rasta [Rasta] et **rastafari** [Rastafari] adj. inv. et n. (de *ras Tafari*, nom porté par Hailé Sélassié). Se dit d'un mouvement mystique, politique et culturel propre aux Noirs de la Jamaïque et des Antilles anglophones. □ La musique reggae en est, notamment, une manifestation.

rastaquouère [Rastakwɛr] et **rasta** [Rasta] n.m. (esp. *rastacuero* "traîne-cuir"). FAM., VIEILLI. Étranger étalant un luxe suspect (péjor.).

rat [Ra] n.m. (orig. obsc.). -**1.** Mammifère rongeur, très nuisible, originaire d'Asie.

□ Famille des muridés. Le *rat noir* a envahi l'Europe au XIIIᵉ s. et a été supplanté au XVIIᵉ s. par le *surmulot*, ou *rat d'égout*. -**2.** Jeune élève de la classe de danse, à l'Opéra. -**3.** FAM. **Être fait comme un rat,** être pris, dupé, arrêté. ‖ FAM. **Rat de bibliothèque,** personne qui passe son temps à consulter des livres dans les bibliothèques. ‖ **Rat d'hôtel,** filou qui dévalise les hôtels. ‖ **Rat musqué,** ondatra. ◆ adj. et n.m. FAM. Très avare : *Il est si rat !* (syn. pingre).

ratafia [ʀatafja] n.m. (p.-ê. du mot créole *tafia,* même sens, du lat. *rata fiat* "que le marché soit conclu"). Liqueur préparée par macération de fruits, de fleurs, de tiges, etc., dans l'alcool ou par mélange de marc et de moût de raisin.

ratage [ʀataʒ] n.m. Action de rater : *Sa vie est un ratage complet* (syn. échec, insuccès).

ratatiné, e [ʀatatine] adj. -**1.** Rapetissé et déformé : *Des pommes ratatinées* (syn. flétri, ridé). -**2.** FAM. Démoli : *Sa voiture est ratatinée* (syn. endommagé).

ratatiner [ʀatatine] v.t. (mot expressif tiré d'un rad. *tat-* exprimant l'amoindrissement). -**1.** Rapetisser en déformant : *L'âge et la misère l'ont ratatinée.* -**2.** FAM. Endommager gravement : *Il a ratatiné sa moto contre un mur* (syn. démolir). -**3.** FAM. Battre à plate couture : *Notre équipe a ratatiné l'équipe adverse* (syn. écraser). ◆ **se ratatiner** v.pr. Se tasser, se recroqueviller : *Vieillard qui paraît se ratatiner* (syn. se rabougrir, rapetisser).

ratatouille [ʀatatuj] n.f. (du croisement de *tatouiller* et *ratouiller* "salir, tremper"). Mélange d'aubergines, de courgettes, de poivrons, d'oignons et de tomates assaisonnés et cuits.

1. rate [ʀat] n.f. (de *rat*). Femelle du rat.

2. rate [ʀat] n.f. (p.-ê. du moyen néerl. *rate* "rayon de miel", par analogie de forme). -**1.** Organe situé dans l'abdomen, sous la partie gauche du diaphragme, au-dessus du rein gauche et en arrière de l'estomac : *La rate fabrique des globules blancs et tient en réserve des globules rouges.* -**2.** FAM. **Se dilater la rate,** rire beaucoup.

1. raté [ʀate] n.m. (de *rater*). -**1.** Fonctionnement défectueux de qqch : *La négociation a connu des ratés.* -**2.** Coup d'une arme à feu qui n'est pas parti. -**3.** Légère détonation produite par un moteur à explosion lorsque l'allumage est défectueux : *Le moteur eut quelques ratés puis cala.*

2. raté, e [ʀate] n. et adj. (de *rater*). FAM. Personne qui n'a pas réussi : *C'est un raté. Une actrice ratée.*

râteau [ʀato] n.m. (lat. *rastellus,* de *raster* ; v. *ratine*). -**1.** Outil agricole et de jardinage

formé d'une traverse portant des dents et munie d'un manche. -**2.** Raclette à manche avec laquelle le croupier ramasse les mises et les jetons sur les tables de jeu.

râtelier [ʀatəlje] n.m. (de *râteau*). -**1.** Assemblage à claire-voie de barres de bois, pour mettre le foin et la paille qu'on donne aux animaux. -**2.** Tringle, support destinés à recevoir des outils ou d'autres objets : *Un râtelier à pipes, à tubes à essai. Râtelier d'armes* (= pour ranger les fusils). -**3.** FAM. Dentier. -**4.** FAM. **Manger à tous les râteliers,** servir indifféremment plusieurs causes dans le seul but d'en tirer profit.

rater [ʀate] v.i. (de [prendre un] *rat* "ne pas lâcher son coup", en parlant d'une arme à feu). -**1.** Ne pas partir, en parlant du coup d'une arme à feu : *J'ai tiré sur le faisan, mais le coup a raté.* -**2.** Ne pas réussir : *Projet qui rate* (syn. échouer). ◆ v.t. -**1.** Ne pas atteindre son objectif : *Rater un lièvre* (syn. manquer). -**2.** Ne pas rencontrer qqn : *Je l'ai raté à deux minutes* (syn. manquer). -**3.** FAM. **Ne pas en rater une,** commettre tous les impairs possibles. ‖ FAM. **Ne pas rater qqn,** lui faire une réponse bien sentie ; le prendre sur le fait pour le punir.

ratiboiser [ʀatibwaze] v.t. (croisement de *ratisser* et d'*emboiser* "tromper"). FAM. -**1.** Prendre, rafler : *Il m'a ratiboisé tout mon argent* (syn. voler). -**2.** Ruiner qqn au jeu : *Ratiboiser un joueur de poker* (syn. couler). -**3.** Couper ras les cheveux de qqn.

ratière [ʀatjɛʀ] n.f. Piège à rats.

ratification [ʀatifikasjɔ̃] n.f. (lat. médiév. *ratificatio*). Action de ratifier : *La ratification d'un traité* (syn. confirmation).

ratifier [ʀatifje] v.t. (lat. médiév. *ratificare,* de *ratum facere* "rendre valable") [conj. 9]. -**1.** Approuver ce qui a été fait ou dit : *Ratifier un contrat* (syn. entériner, sanctionner). -**2.** Reconnaître comme vrai : *Je ratifie ce qu'on vous a promis en mon nom* (syn. confirmer).

ratio [ʀasjo] n.m. (mot lat.). ÉCON. Rapport entre deux grandeurs économiques ou financières, et qui est utilisé comme indicateur de gestion des entreprises.

ratiocination [ʀasjɔsinasjɔ̃] n.f. (lat. *ratiocinatio*). LITT. Abus du raisonnement ; raisonnement trop subtil.

ratiociner [ʀasjɔsine] v.i. (lat. *ratiocinari,* de *ratio* "raison"). LITT. Raisonner d'une façon trop subtile.

ration [ʀasjɔ̃] n.f. (lat. *ratio* "calcul, compte"). -**1.** Quantité d'un aliment attribuée à qqn ou à un animal pour une journée : *Ration de fourrage pour un cheval.* -**2.** Ce qui est apporté par le sort à qqn : *Elle a eu sa ration d'épreuves* (syn. lot, part). -**3.** **Ration de combat,** ensemble des diverses denrées nécessaires à l'alimentation d'un ou de plusieurs combattants pendant une journée.

rationalisation [ʁasjɔnalizasjɔ̃] n.f. - **1.** Action de rendre rationnel ; résultat de cette action : *Rationalisation du travail d'une équipe.* - **2.** Perfectionnement d'une organisation technique en vue de son meilleur fonctionnement : *La rationalisation d'une chaîne de montage* (syn. normalisation).

rationaliser [ʁasjɔnalize] v.t. (de *rationnel*). - **1.** Organiser suivant des calculs ou des raisonnements : *Rationaliser le fonctionnement d'une administration.* - **2.** Rendre plus efficace et moins coûteux un processus de production : *Rationaliser une fabrication* (syn. normaliser).

rationalisme [ʁasjɔnalism] n.m. (du lat. *rationalis* "rationnel"). - **1.** Doctrine qui rejette toute autre autorité que celle de la raison, et qui, en partic., refuse toute croyance religieuse : *Diderot et Voltaire furent des tenants du rationalisme.* - **2.** Disposition d'esprit qui n'accorde de valeur qu'à la raison, au raisonnement. ◆ **rationaliste** adj. et n. Qui relève du rationalisme ; qui en est partisan.

rationalité [ʁasjɔnalite] n.f. (du lat. *rationalis* "rationnel"). Caractère de ce qui est rationnel : *La rationalité d'un fait scientifique.*

rationnel, elle [ʁasjɔnɛl] adj. (lat. *rationalis,* de *ratio* "raison"). - **1.** Qui est fondé sur la raison : *Méthode rationnelle.* - **2.** Qui est déduit par le raisonnement et n'a rien d'empirique : *Certitude rationnelle.* - **3.** Déterminé par des calculs ou par des raisonnements : *Organisation rationnelle de la production* (syn. méthodique). - **4.** Conforme au bon sens : *Ce que vous dites n'est pas rationnel* (syn. raisonnable, sensé). - **5.** MATH. Fraction ou fonction rationnelle, fonction numérique égale au quotient de deux polynômes. ‖ **Nombre rationnel,** élément de l'ensemble **Q** égal au quotient de deux entiers.

rationnellement [ʁasjɔnɛlmã] adv. De façon rationnelle : *Procéder rationnellement* (syn. méthodiquement).

rationnement [ʁasjɔnmã] n.m. Action de rationner ; fait d'être rationné : *On envisage le rationnement de l'essence.*

rationner [ʁasjɔne] v.t. - **1.** Réduire, par une répartition en quantités limitées, la consommation de : *Rationner l'eau en raison de la sécheresse.* - **2.** Limiter dans sa consommation d'un produit donné : *On a rationné les troupes en prévision du siège de la ville.*

ratissage [ʁatisaʒ] n.m. Action de ratisser : *Le ratissage des allées d'un jardin. Le ratissage d'un quartier* (syn. fouille).

ratisser [ʁatise] v.t. (de l'anc. v. *raster* "racler", d'apr. *râteau*). - **1.** Nettoyer et éga-

liser avec un râteau : *Ratisser une allée.* - **2.** Fouiller méthodiquement un lieu pour rechercher qqn : *La police ratisse la région* (syn. contrôler, fouiller). - **3.** FAM. **Ratisser qqn,** le ruiner. ◆ v.i. FAM. **Ratisser large,** tenter, sans trop se soucier des critères de sélection, de rassembler le plus grand nombre de personnes ou de choses : *Politicien qui ratisse large pour tâcher d'être élu.*

raton [ʁatɔ̃] n.m. - **1.** Petit rat. - **2.** **Raton laveur,** mammifère carnivore d'Amérique, recherché pour sa fourrure de couleur gris fauve. □ Omnivore, il trempe ses aliments dans l'eau avant de les manger.

ratonnade [ʁatɔnad] n.f. (d'un sens injurieux et raciste de *raton*). FAM. Expédition punitive ou brutalités exercées contre des Maghrébins (péjor.).

rattachement [ʁataʃmã] n.m. Action de rattacher : *Le rattachement de la Savoie à la France.*

rattacher [ʁataʃe] v.t. - **1.** Attacher de nouveau : *Rattacher les lacets de ses chaussures.* - **2.** Faire dépendre qqch d'une chose principale ; établir un rapport entre des choses ou des personnes : *Rattacher une commune à un canton* (syn. incorporer). *Rattacher une chose à une autre* (syn. relier). ◆ **se rattacher** v.pr. [à]. Être lié : *Dialectes qui se rattachent à la langue d'oc* (syn. dériver de).

rattrapable [ʁatʁapabl] adj. Qui peut être rattrapé : *Cette erreur est rattrapable* (syn. réparable).

rattrapage [ʁatʁapaʒ] n.m. - **1.** Action de rattraper ou de se rattraper : *Le rattrapage d'une maladresse.* - **2.** Action de compenser un manque, de combler un retard : *Classe, cours de rattrapage.*

rattraper [ʁatʁape] v.t. - **1.** Attraper, saisir de nouveau : *Rattraper un prisonnier* (syn. reprendre). - **2.** Saisir qqch, qqn afin de les empêcher de tomber : *J'ai rattrapé le vase au moment où il basculait* (syn. retenir). - **3.** Rejoindre qqn, qqch qui a de l'avance : *Allez devant, je vous rattraperai.* - **4.** Atténuer un défaut, une erreur : *Il a essayé de rattraper cette parole malheureuse* (syn. racheter, réparer). ◆ **se rattraper** v.pr. - **1.** Regagner l'argent ou le temps qu'on a perdu : *J'ai pris du retard dans mon travail, mais je me rattraperai la semaine prochaine.* - **2.** Atténuer une erreur qu'on était en train de commettre : *J'allais dire une bêtise, mais je me suis rattrapé à temps* (syn. se reprendre, se ressaisir). - **3.** Se rattraper à, se retenir : *Se rattraper à une branche* (syn. s'accrocher, s'agripper).

rature [ʁatyʁ] n.f. (lat. pop. *raditura,* de *radere* "raser, gratter"). Trait tracé sur ce qu'on a écrit pour l'annuler : *Sa lettre est pleine de ratures* (syn. biffure).

raturer [ʀatyʀe] v.t. Annuler ce qui est écrit en traçant un trait dessus : *Raturer un mot* (syn. barrer, biffer, rayer).

rauque [ʀok] adj. (lat. *raucus*). Se dit d'une voix rude et comme enrouée (syn. éraillé).

ravage [ʀavaʒ] n.m. (de *ravir*). - **1.** Dommage ou dégât matériel important, causé de façon violente par l'action des hommes, par les agents naturels, etc. : *Les ravages de la guerre* (syn. dévastation). *L'inondation a causé des ravages* (syn. destruction). - **2.** Effet désastreux de qqch sur qqn, sur l'organisme, dans la société : *Les ravages de l'alcoolisme.* - **3.** Faire des ravages, susciter des passions amoureuses.

ravager [ʀavaʒe] v.t. [conj. 17]. - **1.** Causer des dommages considérables par l'effet d'une action violente : *Le séisme a ravagé cette région* (syn. dévaster, saccager). - **2.** LITT. Causer à qqn de graves troubles physiques ou moraux : *Le chagrin l'a ravagé* (syn. anéantir, miner). - **3.** FAM. Être ravagé, être fou.

ravageur, euse [ʀavaʒœʀ, -øz] adj. et n. LITT. Qui ravage : *Un cyclone ravageur* (syn. destructeur, dévastateur).

ravalement [ʀavalmɑ̃] n.m. - **1.** Nettoyage d'une façade d'immeuble par grattage, lavage et, le cas échéant, application d'un enduit. - **2.** LITT. Action de déprécier ; fait d'être déprécié : *Ravalement à une condition inférieure* (syn. abaissement).

ravaler [ʀavale] v.t. (de l'anc. fr. *avaler* "descendre"). - **1.** Procéder au ravalement de : *Ravaler un immeuble.* - **2.** Avaler de nouveau : *Ravaler sa salive.* - **3.** Garder pour soi ce qu'on s'apprêtait à manifester : *Ravaler sa colère* (syn. contenir, retenir). - **4.** Mettre, placer à un niveau inférieur : *Des instincts qui ravalent l'homme au niveau de la bête* (syn. abaisser, avilir). - **5.** FAM. Faire ravaler ses paroles à qqn, l'obliger à se rétracter.

ravaleur [ʀavalœʀ] n.m. Ouvrier qui effectue le ravalement d'un immeuble.

ravaudage [ʀavodaʒ] n.m. VIEILLI. Raccommodage.

ravauder [ʀavode] v.t. (de l'anc. fr. *ravault* "diminution de valeur", de *ravaler*). VIEILLI. Raccommoder à l'aiguille.

rave [ʀav] n.f. (franco-prov. *rava*, du lat. *rapa*, var. de *rapum*). Nom donné à plusieurs plantes potagères cultivées pour leurs racines : *Chou rave. Céleri rave.*

ravi, e [ʀavi] adj. - **1.** Très content : *Avoir un air ravi* (syn. radieux, rayonnant). - **2.** S'emploie dans une formule de politesse : *Ravi de vous revoir* (syn. enchanté).

ravier [ʀavje] n.m. (de *rave*). Petit plat oblong, dans lequel on sert des hors-d'œuvre.

ravigotant, e [ʀavigɔtɑ̃, -ɑ̃t] adj. FAM. Qui ravigote, revigore : *Un petit vin ravigotant.*

ravigote [ʀavigɔt] n.f. (de *ravigoter*). Vinaigrette additionnée de fines herbes, de câpres et d'échalotes : *Tête de veau à la ravigote.*

ravigoter [ʀavigɔte] v.t. (de l'anc. fr. *ravigorer*, par changement de suffixe, du lat. *vigor* "vigueur"). FAM. Redonner de la vigueur, de la force à qqn : *Cette boisson chaude va vous ravigoter* (syn. revigorer).

ravin [ʀavɛ̃] n.m. (de *ravine*). - **1.** Dépression allongée et profonde creusée par un torrent : *La voiture est tombée dans le ravin.* - **2.** Vallée sauvage et encaissée.

ravine [ʀavin] n.f. (lat. *rapina*, de *rapere* "saisir"). - **1.** Petit ravin. - **2.** Amorce d'un ravinement.

ravinement [ʀavinmɑ̃] n.m. Formation de sillons, de ravines par les eaux de pluie : *Le ravinement d'un versant.*

raviner [ʀavine] v.t. Creuser le sol de ravines : *L'orage a raviné les terres.*

ravioli [ʀavjɔli] n.m. (mot it., pl. de *raviolle* [pl. *raviolis* ou inv.]. Petit carré de pâte à nouille farci de viande, d'herbes hachées, etc., et poché.

ravir [ʀaviʀ] v.t. (lat. pop. *rapire*, class. *rapere* "saisir") [conj. 32]. - **1.** Plaire vivement à qqn : *Cette musique me ravit* (syn. enchanter). - **2.** LITT. Enlever de force : *qqn* (syn. kidnapper). - **3.** LITT. Arracher qqn à l'affection de ses proches : *La mort leur a ravi leur fille* (syn. enlever). - **4.** À ravir, admirablement : *Cette robe lui va à ravir.*

se raviser [ʀavize] v.pr. (de *aviser*). Revenir sur une résolution : *Elle allait dire quelque chose mais elle se ravisa.*

ravissant, e [ʀavisɑ̃, -ɑ̃t] adj. Qui est extrêmement joli ; qui plaît par sa beauté : *Une jeune fille ravissante* (syn. séduisant, délicieux).

ravissement [ʀavismɑ̃] n.m. État de l'esprit transporté de joie, d'admiration : *Elle écoutait une symphonie avec ravissement* (syn. extase).

ravisseur, euse [ʀavisœʀ, -øz] n. Personne qui enlève qqn par la force ou la ruse : *Les ravisseurs exigent une forte rançon en échange de l'otage* (syn. kidnappeur).

ravitaillement [ʀavitajmɑ̃] n.m. - **1.** Action de ravitailler : *Le ravitaillement d'une troupe, d'une ville* (syn. approvisionnement). - **2.** Denrées nécessaires à la consommation : *Nous avons du ravitaillement pour une semaine* (syn. provisions, vivres).

ravitailler [ʀavitaje] v.t. (de l'anc. fr. *avitailler*, de *vitaille* "victuailles"). - **1.** Fournir des vivres, des munitions à qqn : *Ravitailler un village isolé* (syn. approvisionner). - **2.** Fournir du carburant à un véhicule : *Ravitailler un avion en plein vol.*

ravitage [Ravivaʒ] n.m. Action de raviver.

raviver [Ravive] v.t. (de *aviver*). - **1.** Rendre plus vif : *Raviver le feu* (syn. ranimer). - **2.** Redonner de l'éclat, de la fraîcheur à : *Raviver des couleurs* (syn. rafraîchir). - **3.** TECHN. Aviver de nouveau une pièce pour améliorer son éclat ou ses arêtes tranchantes.

ravoir [RavwaR] v.t. (Seul. à l'inf.). - **1.** Avoir de nouveau ; reprendre possession de qqch : *Je lui avais prêté mon vélo et j'ai dû attendre longtemps pour le ravoir* (syn. récupérer). - **2.** FAM. Redonner l'aspect du neuf à qqch : *Frotter des cuivres pour essayer de les ravoir.*

rayé, e [Reje] adj. Qui a des raies ou des rayures : *Du papier rayé. Un tissu rayé* (contr. uni). *Canon rayé.*

rayer [Reje] v.t. (de *raie*) [conj. 11]. - **1.** Faire des raies sur ; détériorer une surface polie par des rayures : *Rayer une glace* (syn. érafler). - **2.** Annuler au moyen d'un trait : *Rayer un mot* (syn. barrer, biffer). - **3.** Exclure, éliminer : *Rayer qqn d'une liste* (syn. radier). - **4.** TECHN. Pratiquer des rayures dans le canon d'une arme à feu.

1. **rayon** [Rejɔ̃] n.m. (anc. fr. *ree*, du frq. **hrâta* "miel vierge"). - **1.** Chaque tablette d'une bibliothèque, d'une armoire, etc. (syn. étagère). - **2.** Ensemble des comptoirs d'un magasin affectés à un même type de marchandises : *Le rayon de l'alimentation, de la parfumerie. Chef de rayon.* - **3.** Gâteau de cire fait par les abeilles et constitué d'une juxtaposition d'alvéoles : *Les rayons d'une ruche.* - **4.** FAM. **Ce n'est pas mon (ton, son, etc.) rayon,** cela ne me regarde pas, cela n'est pas mon affaire. ‖ FAM. **En connaître un rayon,** être très compétent dans un domaine.

2. **rayon** [Rejɔ̃] n.m. (de *rai,* lat. *radius*). - **1.** Trait, ligne qui part d'un centre lumineux : *Les rayons du soleil.* - **2.** Ce qui laisse espérer qqch : *Un rayon d'espoir* (syn. lueur). - **3.** MATH. Segment qui relie le centre d'un cercle, d'une sphère, à un point quelconque de la circonférence ; longueur de ce segment : *Le rayon est égal à la moitié du diamètre.* - **4.** Pièce de bois ou de métal qui relie le moyeu à la jante d'une roue. - **5.** ZOOL. Chacune des pièces squelettiques qui soutiennent les nageoires des poissons. - **6.** **Dans un rayon de,** à une certaine distance à la ronde : *Chercher qqn dans un rayon de 10 km.* ‖ **Rayon d'action,** distance maximale que peut franchir à une vitesse donnée un navire, un avion etc., sans ravitaillement en combustible ; zone d'influence, d'activité : *Cette industrie a étendu son rayon d'action.* ‖ **Rayon vert,** bref éclat vert que l'on aperçoit, dans une atmosphère très pure, au point de l'horizon où le soleil commence à se lever ou vient de se coucher. ‖ **Rayon visuel,** ligne idéale allant de l'objet à l'œil de l'observateur. ◆ **rayons** n.m. pl. Nom générique de certains rayonnements : *Rayons X. Rayons alpha, bêta, gamma.*

rayonnage [Rejɔnaʒ] n.m. Assemblage de planches, d'étagères constituant une bibliothèque, une vitrine, etc. : *J'ai fait faire des rayonnages pour ranger mes livres.*

rayonnant, e [Rejɔnɑ̃, -ɑ̃t] adj. - **1.** Qui produit des rayonnements ou des radiations : *Chaleur rayonnante.* - **2.** Qui est disposé en forme de rayons traçant des lignes droites à partir d'un centre : *Motif rayonnant.* - **3.** Éclatant, radieux : *Un visage rayonnant de joie, de santé.*

rayonne [Rejɔn] n.f. (anglo-amér. *rayon,* du mot fr. "sillon"). Fil textile continu réalisé en viscose ; étoffe tissée avec ce fil. (On disait aussi autref. *soie artificielle.*)

rayonnement [Rejɔnmɑ̃] n.m. - **1.** Fait de rayonner : *Le rayonnement d'une chandelle.* - **2.** Mode de propagation de l'énergie sous forme d'ondes ou de particules : *Chauffage par rayonnement.* - **3.** Ensemble des radiations émises par un corps : *Rayonnement solaire.* - **4.** Action, influence qui se propage : *Le rayonnement d'une civilisation. Le rayonnement d'un pays par sa culture* (syn. prestige). - **5.** LITT. Éclat qui se manifeste sur le visage du fait d'une vive satisfaction.

rayonner [Rejɔne] v.i. - **1.** Émettre des rayons, des rayonnements : *Les feux de joie rayonnent dans la nuit* (syn. briller, flamboyer). - **2.** Être disposé comme les rayons d'un cercle : *Les avenues qui rayonnent de l'Arc de triomphe.* - **3.** Se déplacer dans un certain rayon : *Rayonner autour de Paris.* - **4.** Faire sentir son influence sur une certaine étendue : *La civilisation grecque a rayonné sur tout l'Occident.* - **5.** S'éclairer sous l'effet d'une vive satisfaction : *Visage qui rayonne de joie* (syn. irradier).

rayure [RejyR] n.f. (de *rayer*). - **1.** Trace laissée sur un objet par un corps pointu, coupant ou rugueux : *Faire des rayures sur un meuble* (syn. éraflure). - **2.** Bande ou ligne qui se détache sur un fond : *Une étoffe à rayures* (syn. raie). *Le zèbre a un pelage à rayures* (syn. zébrure). - **3.** Rainure hélicoïdale d'une arme à feu, pour imprimer au projectile un mouvement de rotation qui en augmente la précision.

raz de marée ou **raz-de-marée** [Radmare] n.m. inv. (de *raz,* mot breton, de l'anc. scand. *râs* "courant"). - **1.** Énorme vague, qui peut atteindre 20 à 30 m de hauteur, provoquée par un tremblement de terre ou une éruption volcanique sous-marine. - **2.** Phénomène brutal et massif qui bouleverse une situation donnée : *Un raz de marée électoral.*

razzia [ʁazja] ou [ʁadzja] n.f. (mot ar.). - **1.** Incursion en territoire ennemi afin d'enlever les troupeaux, de faire du butin, etc. (syn. raid). - **2.** Faire une razzia sur qqch, l'emporter par surprise ou par violence.

razzier [ʁazje] ou [ʁadzje] v.t. [conj. 9]. Faire une razzia sur : *Razzier un village* (syn. piller).

ré [ʁe] n.m. inv. (première syllabe de *resonare*, dans l'hymne de saint Jean-Baptiste). Note de musique, deuxième degré de la gamme de *do*.

re-, préfixe, de l'élément lat. *re-*, pouvant aussi prendre les formes *ré-, r-, res-,* et exprimant la répétition de l'action (ex. : *relire, réaffirmer, rajuster, ressaigner*).

réabonnement [ʁeabɔnmɑ̃] n.m. Nouvel abonnement.

réabonner [ʁeabɔne] v.t. ; **se réabonner** v.pr. Abonner, s'abonner de nouveau.

réaccoutumer [ʁeakutyme] v.t. ; **se réaccoutumer** v.pr. Accoutumer, s'accoutumer de nouveau : *Elle se réaccoutume lentement à la vie active.*

réacteur [ʁeaktœʁ] n.m. (de *réaction*). - **1.** (Impropre en aéron. pour *turboréacteur*). Propulseur aérien utilisant l'air ambiant comme comburant, et fonctionnant par réaction directe sans entraîner d'hélice. - **2.** Installation industrielle où s'effectue une réaction chimique en présence d'un catalyseur. - **3.** Réacteur nucléaire, appareil dans lequel il est possible de produire et de diriger une réaction nucléaire de fission ou de fusion.

réactif [ʁeaktif] n.m. CHIM. Substance qui peut réagir avec une ou plusieurs espèces chimiques : *Le nitrate d'argent est un réactif.*

réaction [ʁeaksjɔ̃] n.f. (de *action*). - **1.** Modification d'un organe, d'un organisme résultant de l'action d'une excitation extérieure, d'une cause morbide, d'un remède, etc. : *Réaction au chaud, au froid, à l'altitude.* - **2.** Manière dont qqn, un groupe réagit face à un événement ou à l'action de qqn d'autre : *Avoir des réactions violentes* (syn. riposte). *Quelle a été sa réaction quand a su la nouvelle ?* (syn. attitude). *Réaction à un stimulus* (syn. réponse). - **3.** CHIM. Transformation se produisant lorsque plusieurs corps chimiques sont mis en présence ou lorsqu'un corps reçoit un apport extérieur de nouvelles substances. - **4.** MÉCAN. Force qu'exerce en retour un corps soumis à l'action d'un autre corps : *La réaction est toujours égale et opposée à l'action.* - **5.** Mouvement d'opinion opposé à un mouvement antérieur : *La Contre-Réforme, réaction de l'Église catholique contre la Réforme protestante.* - **6.** POLIT. Tendance politique qui s'oppose au progrès social et s'efforce de rétablir un état de choses

ancien ; hommes, partis qui s'en réclament. - **7.** Avion à réaction, avion propulsé par un moteur fonctionnant par éjection d'un flux gazeux sous pression et à grande vitesse *(moteur à réaction).* ‖ Réaction nucléaire, phénomène obtenu en bombardant le noyau d'un atome par une particule élémentaire, un autre noyau, etc., et qui donne naissance au noyau d'un nouvel élément. [→ radioactivité].

réactionnaire [ʁeaksjɔnɛʁ] adj. et n. Qui appartient à la réaction politique : *Gouvernement réactionnaire.* (Abrév. fam. *réac.*)

réactionnel, elle [ʁeaksjɔnɛl] adj. - **1.** Relatif à une réaction chimique, physiologique, etc. : *Mécanisme réactionnel.* - **2.** Se dit de tout trouble psychique se manifestant après un événement traumatisant, qui en serait responsable.

réactivation [ʁeaktivasjɔ̃] n.f. Action de réactiver.

réactiver [ʁeaktive] v.t. - **1.** Activer de nouveau : *Réactiver le feu* (syn. ranimer). - **2.** Redonner une nouvelle vigueur à : *Réactiver les pourparlers* (syn. relancer). - **3.** CHIM. Régénérer.

réactualisation [ʁeaktyalizasjɔ̃] n.f. Action de réactualiser ; fait d'être réactualisé.

réactualiser [ʁeaktyalize] v.t. Remettre à jour : *Réactualiser les abattements fiscaux.*

réadaptation [ʁeadaptasjɔ̃] n.f. Action de réadapter ; fait de se réadapter : *Réadaptation d'un mutilé* (syn. rééducation). *Réadaptation à de nouvelles conditions d'existence.*

réadapter [ʁeadapte] v.t. - **1.** Adapter de nouveau : *Réadapter un joint à un tuyau.* - **2.** Rendre de nouveau fonctionnel un organe : *Réadapter les muscles de la jambe après un accident* (syn. rééduquer). ◆ **se réadapter** v.pr. S'adapter de nouveau : *Se réadapter à la vie civile après le service militaire.*

ready-made [ʁedimɛd] n.m. (mot angl., de *ready* "prêt" et *made* "fait") [pl. inv. ou *ready-mades*]. BX-A. Objet manufacturé, modifié ou non, promu au rang d'objet d'art par le seul choix de l'artiste. □ Notion élaborée par M. Duchamp en 1913.

réaffirmer [ʁeafiʁme] v.t. Affirmer de nouveau et avec force : *Réaffirmer l'hostilité de son parti à un projet de loi.*

réagir [ʁeaʒiʁ] v.i. (de *agir*) [conj. 32]. - **1.** Présenter une modification qui est un effet direct de l'action exercée par un agent extérieur : *Organe qui réagit à une excitation* (syn. répondre). - **2.** CHIM. Entrer en réaction : *Le tournesol réagit en présence d'un acide.* - **3.** Répondre d'une certaine manière à une action, à un événement : *Bien réagir à une critique.* - **4.** S'opposer activement à l'action de qqch, résister : *Organisme qui réagit contre l'infection*

(syn. lutter, se défendre). *Réagir contre les abus*
(syn. s'élever). - **5.** Agir en retour sur qqch :
Trouble psychique qui réagit sur l'organisme
(syn. se répercuter).

réajustement n.m., **réajuster** v.t. → raju-
tement, rajuster.

réalignement [Realiɲmɑ̃] n.m. Nouvelle
définition du taux de change d'une monnaie
par rapport à une autre : *Le réalignement du
franc par rapport au Mark.*

réaligner [Realiɲe] v.t. Procéder au réalignement d'une monnaie.

réalisable [Realizabl] adj. - **1.** Qui peut être
réalisé : *Projet réalisable* (syn. faisable, possible).
- **2.** Qui peut être vendu ou escompté :
Valeurs réalisables.

réalisateur, trice [Realizatœr, -tris] n.
- **1.** Personne qui réalise qqch : *Il n'est pas que
le concepteur du projet, il en est aussi le réalisateur.* - **2.** Personne responsable de la réalisation d'un film, d'une émission de télévision
ou de radio : *Le réalisateur contrôle toutes les
opérations de tournage.*

réalisation [Realizasjɔ̃] n.f. - **1.** Action de réaliser : *La réalisation d'un projet* (syn. accomplissement, exécution). - **2.** Ce qui a été réalisé :
Une remarquable réalisation (syn. création).
- **3.** Direction de la préparation et de l'exécution d'un film ou d'une émission de
télévision ou de radio ; fait d'assurer leur
mise en scène et en ondes ; le film ou
l'émission ainsi réalisés. - **4.** DR. Vente de
biens en vue de leur transformation en
argent (syn. liquidation).

réaliser [Realize] v.t. (de *réel,* d'apr. le lat.
realis). - **1.** Rendre réel et effectif : *Réaliser un
rêve* (syn. concrétiser). *Réaliser un projet* (syn.
exécuter). *Réaliser un exploit* (syn. accomplir).
- **2.** Procéder à la réalisation d'un film, d'une
émission de télévision ou de radio. - **3.** (Par
l'angl. *to realize*). Prendre une conscience
nette de la réalité d'un fait : *Réaliser la gravité
de la situation* (syn. comprendre, saisir).
- **4.** Convertir un bien en argent liquide :
Réaliser un portefeuille d'actions (syn. vendre,
liquider). ◆ **se réaliser** v.pr. - **1.** Devenir réel :
Son rêve s'est réalisé. - **2.** Rendre effectives les
virtualités qui sont en soi : *Se réaliser dans son
travail* (syn. s'épanouir).

réalisme [Realism] n.m. (de *réel,* d'apr. le lat.
realis). - **1.** Disposition à voir la réalité telle
qu'elle est et à agir en conséquence : *Faire
preuve de réalisme et de bon sens* (contr. irréalisme). - **2.** Caractère de ce qui est une description objective de la réalité, qui ne
masque rien de ses aspects les plus crus : *Le
réalisme d'un récit, d'une peinture.* - **3.** Tendance littéraire et artistique de la seconde
moitié du XIXᵉ s., qui privilégie la représen-

tation exacte, non idéalisée, de la nature et
des hommes. - **4.** PHILOS. Doctrine qui affirme
que la connaissance du réel constitue le réel
lui-même, que cette connaissance soit le
seule réalité ou qu'à côté d'elle figure une
autre réalité, l'objet auquel elle s'applique.
- **5.** Réalisme socialiste, doctrine esthétique,
proclamée en U. R. S. S., en 1934, sous
l'influence déterminante de Jdanov, qui
condamne les recherches formelles ainsi
que l'attitude critique de l'écrivain à l'égard
de la société.

réaliste [Realist] adj. - **1.** Qui appartient au
réalisme, en philosophie, en art, en littérature : *Roman réaliste. Une romancière réaliste.*
- **2.** Qui dépeint les aspects vulgaires du réel :
Ce film comporte des scènes très réalistes (syn.
cru). - **3.** Qui témoigne du sens des réalités :
Un point de vue réaliste (contr. utopique).
◆ adj. et n. Qui a l'esprit pratique : *Un
homme d'État réaliste* (syn. pragmatique ; contr.
idéaliste, utopiste).

réalité [Realite] n.f. (bas lat. *realitas*). - **1.** Caractère de ce qui est réel : *Douter de la réalité
d'un fait* (syn. matérialité). - **2.** Ce qui est réel,
par opp. à ce qui est rêvé, fictif : *La réalité
dépasse la fiction. Regarder la réalité en face.*
- **3.** Chose réelle ; fait réel : *Être confronté à de
dures réalités.* - **4.** En réalité, en fait ; réellement.

réaménagement [Reamenaʒmɑ̃] n.m.
Action de réaménager.

réaménager [Reamenaʒe] v.t. [conj. 17].
- **1.** Aménager de nouveau, sur de nouvelles
bases : *Réaménager des horaires.* - **2.** Transformer les caractéristiques d'une dette,
notamm., en allégeant les taux ou en allongeant les délais de remboursement.

réanimateur, trice [Reanimatœr, -tris] n.
Spécialiste de réanimation.

réanimation [Reanimasjɔ̃] n.f. MÉD. Ensemble
des moyens propres à rétablir et à maintenir
un équilibre des fonctions vitales normales
(respiration, circulation, rythme cardiaque,
etc.) ; mise en œuvre de ces moyens.

réanimer [Reanime] v.t. Soumettre à la réanimation.

réapparaître [ReaparεtR] v.i. [conj. 91 ; auxil.
être ou *avoir*]. Apparaître de nouveau après
une absence : *Les fruits et légumes ont réapparu
sur les marchés.*

réapparition [Reaparisjɔ̃] n.f. Fait de réapparaître.

réapprendre [ReapRɑ̃dR] et **rapprendre**
[RapRɑ̃dR] v.t. [conj. 79]. Apprendre de nouveau : *Réapprendre à marcher.*

réapprovisionnement [ReapRɔvizjɔnmɑ̃]
n.m. Action de réapprovisionner : *Le réapprovisionnement du pays en matières premières.*

réapprovisionner [ʀeapʀɔvizjɔne] v.t. Approvisionner de nouveau : *Les producteurs ont réapprovisionné les marchés.*

réarmement [ʀeaʀməmɑ̃] n.m. Action de réarmer : *Poursuivre une politique de réarmement.*

réarmer [ʀeaʀme] v.t. **- 1.** Armer de nouveau : *Réarmer un navire. Réarmer un appareil photo.* **- 2.** Doter d'une armée : *Réarmer un pays vaincu.* ◆ v.i. Reconstituer ses forces armées, sa puissance militaire.

réassort [ʀeasɔʀ] n.m. (de *réassortir*). COMM. Ensemble de marchandises destinées au réassortiment.

réassortiment [ʀeasɔʀtimɑ̃] et **rassortiment** [ʀasɔʀtimɑ̃] n.m. COMM. Action de réassortir ; réassort.

réassortir [ʀeasɔʀtiʀ] et **rassortir** [ʀasɔʀtiʀ] v.t. [conj. 32]. COMM. Fournir de nouveau des marchandises pour rétablir un assortiment.

réassurance [ʀeasyʀɑ̃s] n.f. Opération par laquelle une compagnie d'assurances, après avoir assuré un client, se couvre de tout ou partie du risque, en se faisant assurer à son tour par une ou plusieurs autres compagnies.

rébarbatif, ive [ʀebaʀbatif, -iv] adj. (de l'anc. fr. *se rebarber* "tenir tête"). **- 1.** Qui a un aspect rebutant : *Visage rébarbatif* (syn. revêche ; contr. engageant). **- 2.** Qui manque d'attrait, ennuyeux : *Sujet rébarbatif* (syn. fastidieux).

rebâtir [ʀəbɑtiʀ] v.t. [conj. 32]. Bâtir de nouveau ce qui a été détruit : *Rebâtir une ville* (syn. reconstruire).

rebattre [ʀəbatʀ] v.t. [conj. 83]. **- 1.** Battre de nouveau : *Rebattre les cartes.* **- 2.** Rebattre les oreilles à qqn de qqch, répéter sans cesse la même chose à qqn : *On nous rebat les oreilles des prochaines élections.*

rebattu, e [ʀəbaty] adj. Répété à satiété ; sans originalité : *Un sujet rebattu* (syn. banal).

rebelle [ʀəbɛl] adj. et n. (lat. *rebellis*, de *bellum* "guerre"). Qui est en révolte ouverte contre une autorité constituée : *Troupes rebelles.* ◆ adj. **- 1.** Qui est fortement opposé, hostile à qqch : *Un enfant rebelle à toute discipline* (syn. rétif, récalcitrant). **- 2.** Qui manque de dispositions pour qqch : *Être rebelle à la musique* (syn. fermé, réfractaire). **- 3.** Qui est difficile à guérir : *Fièvre rebelle* (syn. tenace).

se rebeller [ʀəbele] v.pr. (lat. *rebellare*). **- 1.** Refuser de se soumettre à l'autorité légitime : *Plusieurs peuplades se sont rebellées* (syn. se soulever). **- 2.** Ne plus vouloir accepter la tutelle de ce qu'on estime être une contrainte insupportable : *Artistes qui se rebellent contre l'académisme* (syn. s'élever, se révolter).

rébellion [ʀebeljɔ̃] n.f. **- 1.** Action de se rebeller : *La rébellion a éclaté dans le pays* (syn.

révolte, sédition). *Être puni pour rébellion* (syn. insoumission). **- 2.** Ensemble des rebelles : *Engager des pourparlers avec la rébellion.*

se rebiffer [ʀəbife] v.pr. (orig. incert., p.-ê. du même rad. que *biffer*). FAM. Se refuser à qqch avec brusquerie : *Se rebiffer contre un ordre stupide* (syn. regimber).

rebiquer [ʀəbike] v.i. (de *bique*, au sens dialect. de "corne"). FAM. Se dresser ; se retrousser : *Cheveux qui rebiquent.*

reboisement [ʀəbwazmɑ̃] n.m. Plantation d'arbres sur un terrain nu ou sur un sol anc. boisé.

reboiser [ʀəbwaze] v.t. Pratiquer le reboisement : *Reboiser le versant d'une montagne.*

rebond [ʀəbɔ̃] n.m. Fait de rebondir ; mouvement de qqch qui rebondit : *Les rebonds d'une balle* (syn. rebondissement).

rebondi, e [ʀəbɔ̃di] adj. (de *rebondir*). Se dit d'une partie du corps bien ronde : *Un visage rebondi* (syn. dodu, potelé).

rebondir [ʀəbɔ̃diʀ] v.i. [conj. 32]. **- 1.** Faire un ou plusieurs bonds après avoir touché un obstacle : *La balle a rebondi sur un mur* (syn. ricocher). **- 2.** Avoir des conséquences imprévues, des développements nouveaux : *Sa question a fait rebondir la discussion* (syn. reprendre). *L'action de la pièce rebondit* (syn. renaître, repartir).

rebondissement [ʀəbɔ̃dismɑ̃] n.m. **- 1.** Mouvement de ce qui rebondit (syn. rebond). **- 2.** Développement nouveau et imprévu d'une affaire après un arrêt momentané : *Scandale qui connaît de nombreux rebondissements.*

rebord [ʀəbɔʀ] n.m. (de *bord*, ou de *reborder*). **- 1.** Partie en saillie qui forme le bord de qqch : *Rebord en pierre d'un bassin* (syn. bordure). **- 2.** Bord naturel le long d'une excavation, d'une dénivellation : *Le rebord du fossé.*

reboucher [ʀəbuʃe] v.t. Boucher de nouveau : *Reboucher un trou, une bouteille.*

à rebours [ʀəbuʀ] loc. adv. (bas lat. *reburrus* "hérissé", puis *rebursus*, par croisement avec *reversus*). **- 1.** À contre-pied ; à contresens : *Prendre l'ennemi à rebours. Faire tout à rebours* (syn. à l'envers). **- 2.** À rebours de, au contraire de, à l'inverse de : *Il fait tout à rebours de ce qu'on lui dit.* ‖ Compte à rebours, séquence des opérations de lancement qui précèdent la mise à feu d'un véhicule spatial.

reboutex, euse [ʀəbutø, -øz] et **rebouteur, euse** [ʀəbutœʀ, -øz] n. (de *rebouter* "remettre", *bouter* "mettre", du frq. *button* "frapper"). Personne qui guérit ou prétend guérir fractures, luxations, douleurs par des moyens empiriques.

à rebrousse-poil [ʀəbʀuspwal] loc. adv. - **1.** Dans le sens opposé à la direction des poils : *Caresser un chat à rebrousse-poil* (syn. à contre-poil). - **2.** **Prendre qqn à rebrousse-poil,** agir avec lui si maladroitement qu'il se vexe.

rebrousser [ʀəbʀuse] v.t. (anc. fr. *reborser*, de *rebours*). - **1.** Relever en sens contraire du sens naturel : *Le vent lui rebroussait les cheveux.* - **2.** Rebrousser chemin, retourner en arrière ; revenir sur ses pas.

rebuffade [ʀəbyfad] n.f. (anc. fr. *rebuffe*, it. *rebuffo*). Mauvais accueil ; refus accompagné de paroles dures : *Essuyer une rebuffade* (syn. affront, camouflet).

rébus [ʀebys] n.m. (du lat. *de rebus quae geruntur* "au sujet des choses qui se passent", libelle comportant des dessins énigmatiques). Jeu d'esprit qui consiste à exprimer des mots ou des phrases par des dessins ou des signes dont la lecture phonétique révèle ce que l'on veut faire entendre.

rebut [ʀəby] n.m. (de *rebuter*). - **1.** Ce qui est rejeté, considéré comme sans valeur : *Marchandises de rebut.* - **2.** SOUT. En parlant des personnes, ce qu'il y a de plus vil : *Rebut de l'humanité* (syn. lie). - **3.** Mettre au rebut, se débarrasser d'une chose sans valeur ou inutilisable.

rebutant, e [ʀəbytɑ̃, -ɑ̃t] adj. Qui rebute : *Travail rebutant* (syn. fastidieux). *Mine rebutante* (syn. rébarbatif).

rebuter [ʀəbyte] v.t. (de *but*, propr. "écarter du but"). - **1.** Décourager, dégoûter : *Il voulait apprendre le piano, mais le solfège l'a rebuté* (syn. refroidir). - **2.** Inspirer de l'antipathie à : *Ses manières me rebutent* (syn. déplaire).

récalcitrant, e [ʀekalsitʀɑ̃, -ɑ̃t] adj. et n. (du lat. *recalcitrare* "ruer", de *calx, calcis* "talon"). Qui résiste avec entêtement : *Un cheval récalcitrant* (syn. rétif). *Son patron se montre récalcitrant à toute augmentation de salaire* (syn. rebelle).

recaler [ʀəkale] v.t. (de *caler*). FAM. Refuser qqn à un examen.

récapitulatif, ive [ʀekapitylatif, -iv] adj. et n.m. Se dit d'un tableau, d'un résumé, etc., qui récapitule, qui contient une récapitulation.

récapitulation [ʀekapitylasjɔ̃] n.f. (lat. *recapitulatio*). Rappel, reprise sommaire de ce qu'on a déjà dit ou écrit.

récapituler [ʀekapityle] v.t. (lat. *recapitulare*, de *capitulum* "chapitre"). - **1.** Résumer, redire sommairement : *Récapituler les principaux points d'un discours* (syn. reprendre). - **2.** Rappeler en examinant de nouveau : *Récapituler*

les événements de l'année passée (= passer en revue).

recéder [ʀəsede] v.t. [conj. 18]. Céder à qqn ce qu'on a acheté : *Il m'en a recédé la moitié* (syn. revendre).

recel [ʀəsɛl] n.m. (de *receler*). Infraction consistant à détenir sciemment des choses enlevées, détournées ou obtenues à l'aide d'un crime ou délit, ou à soustraire qqn aux recherches de la justice.

receler [ʀəsəle] v.t. (de *celer* "cacher") [conj. 25]. - **1.** Garder et cacher une chose volée par un autre : *Receler des bijoux.* - **2.** Soustraire aux recherches de la justice : *Receler un meurtrier* (syn. cacher). - **3.** SOUT. Contenir en soi : *Ce pays recèle d'ineffables beautés.*

receleur, euse [ʀəsəlœʀ, -øz] n. Personne qui pratique le recel.

récemment [ʀesamɑ̃] adv. Dans un passé proche : *Elle a été nommée récemment à ce poste* (syn. dernièrement).

recensement [ʀəsɑ̃smɑ̃] n.m. Action de recenser : *Le recensement de la population. Faire le recensement des livres d'une bibliothèque* (syn. inventaire).

recenser [ʀəsɑ̃se] v.t. (lat. *recensere* "passer en revue"). - **1.** Faire le dénombrement officiel d'une population. - **2.** Dénombrer, inventorier des personnes, des choses : *Recenser les volontaires pour un travail déterminé.*

recenseur, euse [ʀəsɑ̃sœʀ, -øz] n. et adj. Personne chargée d'un recensement.

récent, e [ʀesɑ̃, -ɑ̃t] adj. (lat. *recens, -entis* "humide, frais"). Qui appartient à un passé proche ; qui existe depuis peu : *Découverte récente. Immeuble récent* (syn. moderne).

recentrage [ʀəsɑ̃tʀaʒ] n.m. Action de recentrer ; fait d'être recentré.

recentrer [ʀəsɑ̃tʀe] v.t. (de *centrer*). - **1.** Remettre dans l'axe ce qui a été désaxé. - **2.** Déterminer une politique par rapport à un nouvel objectif.

récépissé [ʀesepise] n.m. (lat. *recepisse*, de *recipere* "recevoir"). Écrit par lequel on reconnaît avoir reçu un colis, une somme, etc. : *Récépissé d'un mandat* (syn. reçu).

réceptacle [ʀeseptakl] n.m. (lat. *receptaculum*, de *receptare*, fréquentatif de *recipere* "recevoir"). - **1.** SOUT. Lieu où se rassemblent les choses, des personnes venues de plusieurs endroits : *Cet hôtel est le réceptacle de la pègre du quartier* (syn. rendez-vous). - **2.** BOT. Extrémité du pédoncule d'une fleur, sur laquelle s'insèrent les pièces florales, et qui peut être bombée, plate ou creusée en coupe.

1. récepteur, trice [ʀeseptœʀ, -tʀis] adj. Qui reçoit un courant, un signal, une onde, etc. : *Poste récepteur* (contr. émetteur).

2. récepteur [ʀesɛptœʀ] n.m. (lat. *receptor*).
- **1.** Dispositif qui reçoit une énergie ou un signal et fournit une énergie ou un signal différents : *Récepteur d'un radiotélescope.*
- **2.** Appareil recevant un signal de télécommunication et le transformant en sons, en images : *Récepteur téléphonique* (syn. appareil). *Récepteur de télévision* (syn. poste). - **3.** BIOCHIM. Molécule sur laquelle vient se lier et agir une autre molécule. - **4.** ÉLECTR. Dispositif dans lequel l'énergie électrique produit un effet énergétique (mécanique, chimique, etc.) autre que l'effet Joule, et qui se trouve, de ce fait, doué de force contre-électromotrice. - **5.** LING. Personne qui reçoit et décode le message (par opp. à *émetteur*). - **6.** PHYSIOL. Partie d'un organe sensoriel (rétine, oreille, peau, etc.) assurant la transduction entre la stimulation et le message nerveux.

réceptif, ive [ʀesɛptif, -iv] adj. (lat. *receptus*).
- **1.** Susceptible d'accueillir facilement des impressions, des suggestions : *Caractère peu réceptif* (syn. perméable, sensible à). - **2.** MÉD. Se dit d'un organisme particulièrement sensible à l'action de certains agents pathogènes.

réception [ʀesɛpsjɔ̃] n.f. (lat. *receptio*). - **1.** Action de recevoir : *Accuser réception d'une lettre. La réception d'une émission radiophonique.* - **2.** Action, manière de recevoir qqn : *Une réception glaciale* (syn. accueil). - **3.** Réunion mondaine : *Donner une réception en l'honneur de qqn.* - **4.** Cérémonie qui marque l'entrée officielle de qqn dans un cercle, une société, etc. : *Discours de réception à l'Académie.* - **5.** Service d'une entreprise, d'un hôtel où l'on accueille les visiteurs ; personnel affecté à ce service : *S'adresser à la réception.* - **6.** SPORTS. Manière de se recevoir, de retomber au sol après un saut : *Se fouler la cheville à la suite d'une mauvaise réception.* - **7.** SPORTS. Manière de recevoir, de réceptionner un ballon, une balle.

réceptionnaire [ʀesɛpsjɔnɛʀ] n. - **1.** Personne chargée de la réception de marchandises. - **2.** Chef de la réception dans un hôtel.

réceptionner [ʀesɛpsjɔne] v.t. (de *réception*). - **1.** Prendre livraison de marchandises et vérifier leur état. - **2.** Recevoir la balle, le ballon, dans un jeu.

réceptionniste [ʀesɛpsjɔnist] n. (de *réception*). Personne chargée d'accueillir les visiteurs, les clients d'un hôtel, d'un magasin, etc.

réceptivité [ʀesɛptivite] n.f. - **1.** Aptitude à recevoir des impressions, des informations, à répondre à certaines stimulations (syn. sensibilité). - **2.** MÉD. Aptitude à contracter certaines maladies, notamm. les maladies infectieuses : *La fatigue accroît la réceptivité* (contr. résistance).

récessif, ive [ʀesesif, -iv] adj. (de *récession*). BIOL. Se dit d'un caractère héréditaire, ou d'un gène, qui ne se manifeste qu'en l'absence du gène contraire, dit *dominant*.

récession [ʀesesjɔ̃] n.f. (lat. *recessio*, de *cedere* "aller"). - **1.** Ralentissement ou fléchissement de l'activité économique. - **2.** Mouvement de fuite des galaxies les unes par rapport aux autres, avec une vitesse proportionnelle à leur distance, dû à l'expansion de l'Univers.

recette [ʀəsɛt] n.f. (lat. *recepta*, de *recipere* "recevoir"). - **1.** Montant total des sommes reçues, gagnées, qui sont entrées en caisse à un moment donné : *Compter la recette de la journée* (syn. gain). - **2.** Description détaillée de la façon de préparer un mets : *Un livre de recettes de cuisine.* - **3.** Méthode empirique pour atteindre un but, pour réussir dans telle circonstance : *Une recette pour enlever les taches* (syn. secret). - **4.** Fonction de receveur des deniers publics ; bureau d'un receveur des impôts : *Être nommé à une recette générale.* - **5.** Faire recette, rapporter beaucoup d'argent ; avoir du succès. ‖ *Recettes publiques*, ensemble des ressources financières de l'État ou des collectivités locales.

recevabilité [ʀəsəvabilite] n.f. DR. Qualité de ce qui est recevable : *La recevabilité d'une demande en justice.*

recevable [ʀəsəvabl] adj. - **1.** Qui peut être reçu, admis : *Excuse recevable* (syn. acceptable, admissible). - **2.** DR. Se dit de qqn admis à poursuivre en justice, ou d'une demande en justice à laquelle ne s'oppose aucune fin de non-recevoir.

receveur, euse [ʀəsəvœʀ, -øz] n. - **1.** Personne chargée de recevoir les deniers publics : *Receveur des contributions directes.* - **2.** Employé qui perçoit la recette dans les transports publics. - **3.** Chef d'établissement d'un bureau de poste. - **4.** Sujet à qui l'on injecte du sang ou un de ses composants, ou sur lequel on a greffé un tissu ou transplanté un organe prélevé sur un donneur. - **5.** Receveur universel, individu appartenant au groupe sanguin AB, à qui l'on peut transfuser le sang de tous les groupes.

recevoir [ʀəsəvwaʀ] v.t. (anc. fr. *recivre*, lat. *recipere*) [conj. 52]. - **1.** Entrer en possession de ce qui est donné, offert, transmis, envoyé : *Recevoir une lettre. Recevoir des ordres. Recevoir sa pension* (syn. toucher). - **2.** Subir ; éprouver : *Recevoir des coups* (syn. attraper, prendre). *Le projet a reçu des modifications* (syn. subir). - **3.** Laisser entrer ; recueillir : *Un bassin qui reçoit les eaux de pluie. La Lune reçoit la lumière du Soleil.* - **4.** Inviter chez soi ; accueillir : *Recevoir des amis.* - **5.** Admettre à un examen : *Recevoir un candidat.* ◆ **se**

recevoir v.pr. Reprendre contact avec le sol après un saut.

de rechange [ʀəʃɑ̃ʒ] n.m. (de *rechanger*, de *changer*). **- 1.** Qui sert à remplacer les objets non disponibles ou hors d'usage : *Vêtements, pièces de rechange.* **- 2.** Qui peut se substituer à ce qui s'est révélé inadéquat : *Une solution de rechange.*

rechaper [ʀəʃape] v.t. (de *chape*). Remplacer ou rénover la bande de roulement d'un pneu usagé.

réchapper [ʀeʃape] v.i. ou v.t. ind. [à, de] (auxil. *avoir* ou *être*). Échapper par chance à un danger menaçant : *Réchapper à un accident* (= s'en tirer). *Réchapper d'un cancer* (syn. guérir).

recharge [ʀəʃaʀʒ] n.f. (de *recharger*). **- 1.** Remise en état de fonctionnement : *Recharge d'une batterie.* **- 2.** Ce qui permet de recharger ; partie d'un équipement qui peut remplacer un élément usé : *Une recharge de briquet, de stylo.*

rechargeable [ʀəʃaʀʒabl] adj. Que l'on peut recharger : *Stylo rechargeable.*

recharger [ʀəʃaʀʒe] v.t. (de *charger*) [conj. 17]. **- 1.** Placer de nouveau une charge sur un véhicule. **- 2.** Approvisionner de nouveau qqch pour le remettre en état de fonctionner : *Recharger un fusil, un appareil photo.* **- 3.** Ajouter de la matière dans les parties usées d'une pièce, d'un outil.

réchaud [ʀeʃo] n.m. (de *réchauffer*, d'apr. *chaud*). Appareil de cuisson portatif : *Réchaud électrique, à gaz.*

réchauffage [ʀeʃofaʒ] n.m. Action de réchauffer.

réchauffé [ʀeʃofe] n.m. **- 1.** Nourriture réchauffée : *Ce café a un goût de réchauffé.* **- 2.** Ce qui est vieux, trop connu : *Ta plaisanterie, c'est du réchauffé !*

réchauffement [ʀeʃofmɑ̃] n.m. Fait de se réchauffer : *Le réchauffement du climat.*

réchauffer [ʀeʃofe] v.t. **- 1.** Chauffer, rendre chaud ou plus chaud ce qui s'est refroidi : *Réchauffer du potage. Une tasse de thé te réchauffera.* **- 2.** Ranimer un sentiment, lui redonner de la force : *Réchauffer l'ardeur des soldats* (syn. ranimer, réveiller). ◆ **se réchauffer** v.pr. **- 1.** Redonner de la chaleur à son corps : *Courir pour se réchauffer.* **- 2.** Devenir plus chaud : *La mer s'est réchauffée.*

rechausser [ʀəʃose] v.t. **- 1.** Chausser de nouveau : *Rechausser un enfant.* **- 2.** Rechausser un arbre, remettre de la terre au pied d'un arbre. ‖ Rechausser un mur, réparer le pied d'un mur par une substitution de matériaux.

rêche [ʀɛʃ] adj. (frq. *rubisk*). **- 1.** Qui est rude au toucher : *Drap rêche* (syn. rugueux ; contr.

doux). **- 2.** Qui est âpre au goût : *Vin rêche* (syn. râpeux). **- 3.** LITT. D'un abord désagréable : *Un homme rêche* (syn. revêche, rude).

recherche [ʀəʃɛʀʃ] n.f. **- 1.** Action de rechercher : *La recherche d'un appartement* (syn. prospection). **- 2.** Ensemble des activités, des travaux scientifiques auxquels se livrent les chercheurs : *La recherche scientifique.* **- 3.** Souci de se distinguer du commun : *S'habiller avec recherche.*

recherché, e [ʀəʃɛʀʃe] adj. **- 1.** Auquel on attache du prix, difficile à trouver : *Ouvrage très recherché* (syn. rare). **- 2.** Qu'on cherche à voir, à entendre, à fréquenter : *Acteur, conférencier recherché* (syn. prisé). **- 3.** Qui est raffiné, original, ou qui manque de naturel : *Décoration recherchée. Style trop recherché* (syn. affecté, maniéré).

rechercher [ʀəʃɛʀʃe] v.t. **- 1.** Reprendre qqn, qqch à l'endroit où ils sont : *Je passerai vous rechercher demain.* **- 2.** Tâcher de retrouver avec soin, persévérance : *Rechercher un livre rare.* **- 3.** Chercher à définir ce qui est peu ou mal connu : *Rechercher la cause d'un phénomène* (syn. étudier). **- 4.** Tenter de retrouver par une enquête policière ou judiciaire : *Criminel recherché par toutes les polices* (syn. poursuivre). **- 5.** Tâcher d'obtenir : *Rechercher l'amitié de qqn.* **- 6.** Essayer d'établir des relations avec qqn : *Rechercher les gens influents* (contr. éviter).

rechigner [ʀəʃiɲe] v.i. et v.t. ind. [à] (anc. fr. *rechignier les denz* "grincer des dents", du frq. *kinan* "tordre la bouche"). Témoigner, par sa mauvaise humeur, de la mauvaise volonté à faire qqch : *Rechigner à un travail* (syn. renâcler).

rechute [ʀəʃyt] n.f. (de *chute*, d'apr. l'anc. fr. *rechoir* "retomber"). **- 1.** Reprise évolutive d'une maladie qui était en voie de guérison : *La rechute se distingue de la récidive.* **- 2.** Action de retomber dans une mauvaise habitude.

rechuter [ʀəʃyte] v.i. Faire une rechute : *Elle a arrêté de fumer quelques mois, mais elle a rechuté.*

récidive [ʀesidiv] n.f. (lat. médiév. *recidiva*, class. *recidivus* "qui retombe, qui revient"). **- 1.** DR. Action de commettre, dans des conditions précisées par la loi, une deuxième infraction après une première condamnation pénale définitive. **- 2.** MÉD. Réapparition d'une maladie, d'un mal dont un sujet déjà atteint avait complètement guéri.

récidiver [ʀesidive] v.i. (lat. médiév. *recidivare* ; v. *récidive*). **- 1.** Commettre de nouveau la même infraction, la même faute ; retomber dans la même erreur (syn. rechuter). **- 2.** MÉD. En parlant d'une maladie, d'un mal, réapparaître après une guérison (syn. reprendre).

récidiviste [Residivist] n. et adj. DR. Personne qui est en état de récidive : *Un dangereux récidiviste.*

récif [Resif] n.m. (esp. *arrecife*, de l'ar. *ar-rasîf* "chaussée, digue"). - **1.** Rocher ou groupe de rochers à fleur d'eau, génér. au voisinage des côtes. - **2.** Récif corallien, formé de coraux, dans les mers tropicales.

récipiendaire [Resipjɑ̃dɛʀ] n. (du lat. *recipiendus* "qui doit être reçu"). - **1.** Personne que l'on reçoit dans une compagnie, dans un corps savant, avec un certain cérémonial : *À l'Académie française, le récipiendaire prononce un discours.* - **2.** Personne qui reçoit un diplôme universitaire, une médaille, etc.

récipient [Resipjɑ̃] n.m. (lat. *recipiens*, p. présent de *recipere* "recevoir"). Tout ustensile creux capable de contenir des substances liquides, solides ou gazeuses.

réciprocité [ResipʀɔSite] n.f. (bas lat. *reciprocitas*). Caractère de ce qui est réciproque : *Traité de réciprocité entre États.*

réciproque [Resipʀɔk] adj. (lat. *reciprocus*). - **1.** Qui marque un échange équivalent entre deux personnes, deux groupes, deux choses : *Une aide réciproque* (syn. mutuel). - **2.** GRAMM. Se dit d'un verbe pronominal qui exprime l'action exercée par deux ou plusieurs sujets les uns sur les autres (ex. : *ils se battent*). - **3.** LOG. Se dit de deux propositions dont l'une implique nécessairement l'autre. - **4.** Proposition réciproque (de la proposition « A implique B »), la proposition « B implique A » (on dit aussi *une réciproque*). ◆ n.f. L'action inverse : *Rendre la réciproque à qqn* (= la pareille). *La réciproque est vraie* (syn. inverse).

réciproquement [ResipʀɔkmÃ] adv. - **1.** De façon réciproque : *Ils se sont rendu réciproquement des services* (syn. mutuellement). - **2.** Et réciproquement, et vice versa ; et inversement.

récit [Resi] n.m. (de *réciter*). Relation écrite ou orale de faits réels ou imaginaires : *Récit historique* (syn. relation). *Elle nous a fait le récit de sa mésaventure* (syn. narration).

récital [Resital] n.m. (angl. *recital*, du v. *to recite*, du fr. *réciter*) [pl. *récitals*]. - **1.** Concert où se fait entendre un seul exécutant : *Pianiste qui donne un récital.* - **2.** Spectacle artistique donnée par un seul interprète ou consacrée à un seul genre : *Un récital de danse.*

récitant, e [Resitɑ̃, -ɑ̃t] n. - **1.** Personne qui récite un texte. - **2.** MUS. Narrateur qui, dans une œuvre musicale, déclame un texte.

récitatif [Resitatif] n.m. (it. *recitativo*). MUS. Dans l'opéra, l'oratorio ou la cantate, fragment narratif, dont la déclamation chantée se rapproche du langage parlé, et qui est soutenu par un accompagnement très léger.

récitation [Resitasjɔ̃] n.f. - **1.** Action, manière de réciter : *La récitation des leçons.* - **2.** Texte littéraire que les élèves doivent apprendre par cœur et réciter de mémoire : *Apprendre sa récitation.*

réciter [Resite] v.t. (lat. *recitare*). Dire à haute voix un texte qu'on sait par cœur : *Réciter une leçon.*

réclamation [Reklamasjɔ̃] n.f. Action de réclamer ou de protester : *Bureau des réclamations* (syn. plainte).

réclame [Reklam] n.f. (de *réclamer*). - **1.** VX. Petit article d'un journal faisant l'éloge d'un produit. - **2.** VIEILLI. Publicité. - **3.** En réclame, à prix réduit pour attirer la clientèle : *Article, produit en réclame* (= en promotion). ◆ Faire de la réclame, attirer l'attention sur qqch ou sur qqn.

réclamer [Reklame] v.t. (lat. *reclamare* "protester"). - **1.** Demander avec insistance : *Enfant qui pleure et réclame sa mère.* - **2.** Demander une chose due ou juste : *Réclamer sa part d'héritage* (syn. revendiquer). - **3.** Nécessiter ; avoir besoin de : *La vigne réclame beaucoup de soins* (syn. demander). ◆ v.i. Faire une réclamation : *Il est victime d'une injustice, mais il n'ose pas réclamer* (syn. protester). ◆ se réclamer v.pr. [de]. Invoquer la caution de : *Se réclamer d'appuis officiels pour obtenir un avantage* (syn. se prévaloir de, se recommander de).

reclassement [Rəklasmɑ̃] n.m. - **1.** Action de reclasser : *Le reclassement des objets d'une collection.* - **2.** Action de placer dans une activité nouvelle des personnes qui ont dû abandonner leur précédente activité : *Reclassement des chômeurs, des handicapés.*

reclasser [Rəklase] v.t. - **1.** Classer de nouveau : *Reclasser les timbres, des fiches.* - **2.** Procéder au reclassement de personnes : *Reclasser des ouvriers licenciés.* - **3.** Rétablir les traitements, les salaires, par référence à ceux d'autres catégories : *Reclasser des fonctionnaires.*

reclus, e [Rəkly, -yz] adj. et n. (de l'anc. fr. *reclure*, du bas lat. *recludere* "enfermer"). Qui vit retiré du monde : *Mener une existence recluse* (syn. solitaire, isolé).

réclusion [Reklyzjɔ̃] n.f. (de *reclus*, d'apr. le lat. *reclusio*). - **1.** État de qqn qui vit retiré du monde (syn. claustration, isolement). - **2.** DR. Réclusion criminelle, peine criminelle de droit commun consistant en une privation de liberté.

recoiffer [Rəkwafe] v.t. Coiffer de nouveau. ◆ se recoiffer v.pr. - **1.** Remettre ses cheveux en ordre (syn. se repeigner). - **2.** Remettre son chapeau.

recoin [Rəkwɛ̃] n.m. (de *coin*). - **1.** Endroit caché, le moins en vue : *Chercher qqch dans* *tous les recoins d'une maison.* - **2.** Partie la plus cachée, la plus secrète : *Les recoins du cœur.*

recollage [ʀəkɔlaʒ] et **recollement** [ʀəkɔlmɑ̃] n.m. Action de recoller : *Le recollage d'un vase brisé.*

recoller [ʀəkɔle] v.t. Coller de nouveau ce qui est décollé ; réparer en collant : *Recoller une semelle de chaussure.* ◆ v.t. ind. [à]. SPORTS. Rejoindre : *Recoller au peloton.*

récoltant, e [ʀekɔltɑ̃, -ɑ̃t] adj. et n. Qui récolte ; qui procède lui-même à la récolte : *Propriétaire récoltant.*

récolte [ʀekɔlt] n.f. (it. *ricolta,* de *ricogliere,* lat. *recolligere* "recueillir"). - **1.** Action de recueillir les produits de la terre ; ces produits eux-mêmes : *La récolte du raisin* (= les vendanges). *Une récolte abondante.* - **2.** Ce qu'on rassemble à la suite de recherches : *Récolte de documents* (syn. collecte).

récolter [ʀekɔlte] v.t. (de *récolte).* - **1.** Faire la récolte de : *Récolter du blé* (syn. moissonner). - **2.** Obtenir qqch comme conséquence de son action : *Dans cette affaire, il n'a récolté que des ennuis* (syn. recueillir).

recommandable [ʀəkɔmɑ̃dabl] adj. Qui mérite d'être recommandé : *Une personne tout à fait recommandable* (syn. estimable).

recommandation [ʀəkɔmɑ̃dasjɔ̃] n.f. - **1.** Exhortation pressante sur la conduite à tenir : *Avant son départ, ses parents lui firent les recommandations d'usage* (syn. conseil, avertissement). - **2.** Action de recommander qqn, qqch : *Se présenter avec une lettre de recommandation. Suivre les recommandations d'un ami.* - **3.** Opération par laquelle la poste assure la remise en main propre d'une lettre, d'un paquet, moyennant une taxe spéciale pour l'expéditeur.

recommandé, e [ʀəkɔmɑ̃de] adj. et n.m. Se dit d'un envoi ayant fait l'objet d'une recommandation postale : *Lettre recommandée. Envoyer un colis en recommandé.*

recommander [ʀəkɔmɑ̃de] v.t. (de *commander).* - **1.** Conseiller vivement qqch à qqn : *Recommander la prudence* (syn. préconiser). *Je vous recommande cet hôtel, il est très bien.* - **2.** Signaler qqn à l'attention, à la bienveillance : *Se faire recommander pour obtenir une place* (syn. appuyer). *Il m'a été chaudement recommandé* (syn. vanter). - **3.** Envoyer une lettre, un paquet sous recommandation. ◆ **se recommander** v.pr. Invoquer en sa faveur l'appui de qqn pour obtenir qqch : *Vous pouvez vous recommander de moi* (syn. se réclamer de).

recommencement [ʀəkɔmɑ̃smɑ̃] n.m. Action de recommencer ; fait d'être recommencé : *L'histoire est un perpétuel recommencement* (syn. répétition).

recommencer [ʀəkɔmɑ̃se] v.t. [conj. 16]. - **1.** Refaire depuis le début : *Recommencer un travail.* - **2.** Reprendre une action interrompue : *Recommencer à travailler à 14 heures.* - **3.** Faire une nouvelle fois : *Recommencer les mêmes erreurs* (syn. refaire, répéter). ◆ v.i. Reprendre après une interruption : *La pluie recommence* (syn. reprendre).

récompense [ʀekɔ̃pɑ̃s] n.f. (de *récompenser).* Ce qui est offert, accordé à qqn en reconnaissance d'un service rendu, d'un mérite particulier, d'un comportement exemplaire : *Élève qui a reçu de nombreuses récompenses* (syn. prix).

récompenser [ʀekɔ̃pɑ̃se] v.t. (lat. *recompensare).* Accorder une récompense à : *Récompenser un bon élève.*

recomposer [ʀəkɔ̃poze] v.t. Composer, organiser de nouveau : *Recomposer un bouquet. Recomposer une équipe, un parti.*

recomposition [ʀəkɔ̃pozisjɔ̃] n.f. Action de recomposer.

réconciliation [ʀekɔ̃siljasjɔ̃] n.f. (lat. *reconciliatio).* Action de réconcilier des personnes brouillées ; fait de se réconcilier : *Un baiser de réconciliation. Travailler à la réconciliation de deux États* (syn. rapprochement).

réconcilier [ʀekɔ̃silje] v.t. (lat. *reconciliare)* [conj. 9]. - **1.** Rétablir des relations amicales entre des personnes brouillées : *Réconcilier deux amis* (syn. réunir). - **2.** Inspirer à qqn une opinion plus favorable de qqn, de qqch : *Ce concert m'a réconcilié avec la musique contemporaine* (syn. rapprocher de). ◆ **se réconcilier** v.pr. Faire cesser le désaccord qui existait avec qqn (syn. renouer avec).

reconductible [ʀəkɔ̃dyktibl] adj. Qui peut être reconduit, renouvelé : *Mandat reconductible.*

reconduction [ʀəkɔ̃dyksjɔ̃] n.f. (lat. *reconductio).* - **1.** Action de reconduire, de poursuivre : *Reconduction de la politique actuelle* (syn. continuation). - **2.** DR. Renouvellement d'un bail, d'une location, d'un crédit. - **3.** Tacite reconduction, renouvellement d'un contrat au-delà du terme prévu, sans qu'il soit besoin d'accomplir une formalité.

reconduire [ʀəkɔ̃dɥiʀ] v.t. (de *conduire)* [conj. 98]. - **1.** Accompagner une personne qui s'en va, ou la ramener chez elle : *Reconduire un visiteur jusqu'à sa voiture* (syn. raccompagner). *Reconduire un enfant chez ses parents* (syn. ramener). - **2.** Continuer selon les mêmes modalités : *Reconduire une politique.* - **3.** DR. Renouveler par reconduction : *Reconduire un bail.*

réconfort [ʀekɔ̃fɔʀ] n.m. Soutien, secours, consolation : *Les lettres sont un puissant réconfort pour les prisonniers.*

réconfortant, e [ʀekɔ̃fɔʀtɑ̃, -ɑ̃t] adj. Qui réconforte, console : *Paroles réconfortantes.*

réconforter [ʀekɔ̃fɔʀte] v.t. (de *conforter*).
- **1.** Redonner des forces physiques, de la vigueur à : *Une boisson chaude l'a réconforté* (syn. revigorer). - **2.** Aider à supporter une épreuve : *L'affection de ses amis l'a un peu réconforté dans son malheur* (syn. consoler ; contr. désespérer).

reconnaissable [ʀəkɔnesabl] adj. Facile à reconnaître.

reconnaissance [ʀəkɔnesɑ̃s] n.f. - **1.** Action de reconnaître comme sien, comme vrai, réel ou légitime : *Reconnaissance d'un crime. Reconnaissance du talent de qqn.* - **2.** Action de reconnaître, d'identifier en fonction de certains signes : *Porter un œillet à la boutonnière en signe de reconnaissance. Reconnaissance automatique des formes, de la parole.* - **3.** Sentiment qui incite à se considérer comme redevable envers la personne de qui on a reçu un bienfait : *Témoigner sa reconnaissance à qqn* (syn. gratitude). - **4.** Examen détaillé d'un lieu ; mission de recherche de renseignements sur le terrain ou sur l'ennemi : *La reconnaissance d'un terrain. Aviation de reconnaissance.* - **5.** DR. Acte par lequel on admet l'existence d'une obligation : *Signer une reconnaissance de dettes.* - **6.** Acte par lequel on reconnaît un gouvernement ou un nouvel État comme légal.

reconnaissant, e [ʀəkɔnesɑ̃, -ɑ̃t] adj. (de *reconnaître*). Qui a de la reconnaissance : *Se montrer reconnaissant envers un bienfaiteur* (contr. ingrat).

reconnaître [ʀəkɔnɛtʀ] v.t. (lat. *recognoscere*) [conj. 91]. - **1.** Juger, déterminer comme déjà connu : *Reconnaître un air, une écriture. Je vous reconnais bien là, vous êtes toujours aussi ponctuelle* (syn. retrouver). - **2.** Identifier en fonction d'un caractère donné : *Reconnaître qqn à sa voix. Reconnaître un arbre à ses feuilles.* - **3.** Admettre comme vrai, réel, légitime : *Reconnaître un État, un gouvernement. Je reconnais qu'elle avait raison* (syn. concéder). *Reconnaître ses torts* (syn. avouer, confesser). - **4.** Chercher à déterminer la situation d'un lieu : *Reconnaître un parcours* (syn. explorer). - **5.** Reconnaître un enfant, se déclarer le père ou la mère d'un enfant naturel. ◆ **se reconnaître** v.pr. - **1.** Retrouver ses traits, ses manières dans une autre personne : *Se reconnaître dans ses enfants.* - **2.** Localiser sa position et être capable de retrouver son chemin : *Se reconnaître dans un dédale de rues* (syn. se situer). - **3.** Comprendre clairement une situation ou explication complexe : *Laissez-moi le temps de m'y reconnaître* (syn. retrouver). - **4.** S'avouer comme étant tel : *Se reconnaître coupable.*

reconnu, e [ʀəkɔny] adj. - **1.** Admis pour vrai, pour incontestable : *Un fait reconnu* (syn.

avéré, notoire). - **2.** Admis comme ayant une vraie valeur : *Un auteur reconnu.*

reconquérir [ʀəkɔ̃keʀiʀ] v.t. [conj. 39]. Conquérir de nouveau ; recouvrer par une lutte : *Reconquérir l'estime de qqn* (syn. regagner, retrouver).

reconquête [ʀəkɔ̃kɛt] n.f. Action de reconquérir.

reconsidérer [ʀəkɔ̃sideʀe] v.t. (de *considérer*) [conj. 18]. Reprendre l'examen d'une question en vue d'une nouvelle décision : *Votre nouvelle situation nous oblige à reconsidérer votre demande* (syn. réexaminer).

reconstituant, e [ʀəkɔ̃stitɥɑ̃, -ɑ̃t] adj. et n.m. Se dit d'un médicament qui ramène l'organisme fatigué à l'état normal (syn. fortifiant, remontant).

reconstituer [ʀəkɔ̃stitɥe] v.t. [conj. 7]. - **1.** Constituer, former de nouveau : *Reconstituer un parti dissous* (syn. reformer). - **2.** Rétablir dans sa forme primitive : *Reconstituer le plan d'une ville d'après des documents.* - **3.** Rétablir la chronologie des faits au moyen des documents.

reconstitution [ʀəkɔ̃stitysjɔ̃] n.f. Action de reconstituer : *Ce film est une bonne reconstitution historique. Reconstitution d'un crime.*

reconstruction [ʀəkɔ̃stʀyksjɔ̃] n.f. Action de reconstruire : *La reconstruction d'une région dévastée.*

reconstruire [ʀəkɔ̃stʀɥiʀ] v.t. [conj. 98]. Construire de nouveau : *Reconstruire un immeuble* (syn. rebâtir). *Tenter de reconstruire une amitié* (syn. rétablir, reconstituer). *C'est un idéaliste qui voudrait reconstruire le monde* (syn. refaire).

reconversion [ʀəkɔ̃vɛʀsjɔ̃] n.f. Action de reconvertir, de se reconvertir.

reconvertir [ʀəkɔ̃vɛʀtiʀ] v.t. (de *convertir*) [conj. 32]. - **1.** Adapter une activité économique à de nouveaux besoins, à une production nouvelle : *Reconvertir des chantiers navals.* - **2.** Affecter à un nouvel emploi ; donner une nouvelle formation à qqn : *Reconvertir les ouvriers de la sidérurgie.* ◆ **se reconvertir** v.pr. Changer de profession, d'activité : *Se reconvertir dans l'hôtellerie.*

recopier [ʀəkɔpje] v.t. [conj. 9]. - **1.** Copier un texte déjà écrit : *Recopier une citation* (syn. transcrire). - **2.** Mettre au net, au propre : *Recopier un brouillon.*

record [ʀəkɔʀ] n.m. (mot angl., de *to record* "enregistrer", de l'anc. fr. *recorder* "rappeler"). - **1.** Performance sportive officiellement constatée et surpassant toute autre performance précédente dans la même épreuve ou discipline : *Battre, détenir un record. Le record du monde de saut à la perche.* - **2.** Résultat, niveau supérieur à tous ceux obtenus antérieurement dans un domaine quelconque : *Un record d'affluence.* ◆ adj. inv. Qui constitue un maximum jamais atteint ou très exceptionnel : *Chiffres record.*

recordman [ʀəkɔʀdman] n.m., **recordwoman** [ʀəkɔʀdwuman] n.f. [pl. *recordmans, recordwomans* ou *recordmen, recordwomen*]. (Faux anglicisme). Détenteur, détentrice d'un ou de plusieurs records.

recoucher [ʀəkuʃe] v.t., **se recoucher** v.pr. Coucher, se coucher de nouveau.

recoudre [ʀəkudʀ] v.t. [conj. 86]. Coudre ce qui est décousu, mal cousu ou disjoint.

recoupement [ʀəkupmɑ̃] n.m. Vérification d'un fait au moyen de renseignements issus de sources différentes : *On a pu établir la date par recoupement.*

recouper [ʀəkupe] v.t. - **1.** Couper de nouveau : *Recouper du pain.* - **2.** Donner une coupe différente à un vêtement, le retoucher. - **3.** Coïncider avec ; apporter une confirmation à : *Témoignage qui en recoupe un autre.*

recourber [ʀəkuʀbe] v.t. Courber par le bout : *Recourber l'extrémité d'un bâton pour en faire une canne.*

recourir [ʀəkuʀiʀ] v.t. et v.i. (de *courir*) [conj. 45]. Courir de nouveau. ◆ v.t. ind. [à]. - **1.** S'adresser à qqn pour obtenir de l'aide : *Recourir à un expert.* - **2.** Se servir de qqch dans une circonstance donnée : *Recourir à la force* (syn. user de).

recours [ʀəkuʀ] n.m. (lat. juridique *recursus*). - **1.** Action de recourir à qqn ou à qqch : *Le recours à la force peut quelquefois s'avérer nécessaire* (syn. emploi, usage). - **2.** Personne ou chose à laquelle on recourt : *Vous êtes mon dernier recours* (syn. ressource, secours). - **3.** DR. Action de déférer à une autorité ou à une juridiction administrative un acte ou une décision en vue d'en obtenir le retrait, l'annulation, l'abrogation, la réformation ou l'interprétation. - **4.** Avoir recours à qqn, qqch, faire appel à, user de : *J'aurai recours à elle pour une traduction. Avoir recours à la ruse.* ‖ Avoir un recours contre qqn, qqch, avoir les moyens légaux de réclamer la réparation d'un dommage. ‖ En dernier recours, comme ultime ressource. ‖ Recours en grâce, demande adressée au chef de l'État en vue de la remise ou de la commutation d'une peine.

recouvrable [ʀəkuvʀabl] adj. Qui peut être recouvré : *Somme recouvrable.*

1. recouvrement [ʀəkuvʀəmɑ̃] n.m. - **1.** Action de recouvrer ce qui était perdu. - **2.** Perception de sommes dues : *Le recouvrement des taxes.*

2. recouvrement [ʀəkuvʀəmɑ̃] n.m. - **1.** Action de recouvrir : *Le recouvrement des terres*

par l'inondation. - **2.** MATH. **Recouvrement d'un ensemble E**, famille d'ensembles dont la réunion inclut E.

recouvrer [ʀəkuvʀe] v.t. (lat. *recuperare*). - **1.** Rentrer en possession de ce qu'on avait perdu : *Recouvrer la vue* (syn. retrouver). - **2.** Opérer la perception de : *Recouvrer l'impôt* (syn. percevoir).

recouvrir [ʀəkuvʀiʀ] v.t. [conj. 34]. - **1.** Couvrir de nouveau : *Recouvrir des sièges.* - **2.** Pourvoir d'une couverture, d'un élément protecteur : *Recouvrir des livres.* - **3.** Couvrir entièrement : *La neige recouvre la plaine.* - **4.** Correspondre, se superposer, s'appliquer à : *Cette réalisation recouvre les deux projets* (syn. embrasser). - **5.** Masquer sous de fausses apparences : *Son attitude désinvolte recouvre une grande timidité* (syn. cacher, dissimuler).

recracher [ʀəkʀaʃe] v.t. et v.i. Cracher ce qu'on a pris dans la bouche.

récréatif, ive [ʀekʀeatif, -iv] adj. Qui divertit, récrée : *Lecture, séance récréative* (syn. amusant, délassant).

récréation [ʀekʀeasjɔ̃] n.f. (lat. *recreatio*). - **1.** Ce qui interrompt le travail et délasse : *Prendre un peu de récréation* (syn. détente). - **2.** Temps accordé aux enfants dans les écoles pour jouer : *Surveiller des élèves en récréation.*

recréer [ʀəkʀee] v.t. (de *créer*) [conj. 15]. - **1.** Reconstruire ; refaire : *Recréer le monde.* - **2.** Rendre l'aspect de qqch qui a disparu : *Recréer l'atmosphère de la Belle Époque* (= la faire revivre).

récréer [ʀekʀee] v.t. (lat. *recreare*) [conj. 15]. LITT. Divertir par un amusement quelconque.

se récrier [ʀekʀije] v.pr. (de *s'écrier*) [conj. 10]. - **1.** LITT. Laisser échapper des exclamations exprimant des sentiments vifs et agréables (admiration, surprise, etc.) : *Ils se sont récriés à la vue de ce tableau.* - **2.** Manifester avec véhémence son désaccord : *Ils se sont récriés contre cette loi.*

récrimination [ʀekʀiminasjɔ̃] n.f. Action de récriminer ; reproche, critique amère : *Se répandre en continuelles récriminations* (syn. plainte, critique).

récriminer [ʀekʀimine] v.i. (lat. médiév. *recriminari*, du class. *crimen* "accusation"). Trouver à redire ; critiquer amèrement : *Il n'est jamais content, il ne fait que récriminer à propos de tout* (syn. se plaindre, protester).

récrire v.t. → **réécrire**.

recroquevillé, e [ʀəkʀɔkvije] adj. Ramassé, replié sur soi : *Des fleurs fanées aux pétales recroquevillés.*

se recroqueviller [ʀəkʀɔkvije] v.pr. (de l'anc. fr. *recoquiller,* avec infl. de *croc* et de l'anc. fr. *ville* "vis"). - **1.** Se rétracter, se tordre sous l'action de la sécheresse, du froid : *Les feuilles brûlées par le gel se recroquevillent* (syn. = racornir). - **2.** Se ramasser, se replier sur soi : *Il se recroquevillait sous la couverture* (syn. se pelotonner).

recru, e [ʀəkʀy] adj. (anc. fr. *se recroire* "se rendre", bas lat. *se recredere* "se remettre à la merci"). LITT. Harassé : *Recru de fatigue.*

recrudescence [ʀəkʀydesɑ̃s] n.f. (du lat. *recrudescere* "saigner davantage", de *crudus* "saignant"). - **1.** Reprise, avec une intensité accrue, des manifestations d'une maladie, des ravages d'une épidémie : *Une recrudescence de la grippe.* - **2.** Brusque réapparition de qqch avec redoublement d'intensité : *Recrudescence du froid* (syn. regain). *Recrudescence des combats* (syn. reprise).

recrudescent, e [ʀəkʀydesɑ̃, -ɑ̃t] adj. LITT. Qui reprend de l'intensité : *Une épidémie recrudescente.*

recrue [ʀəkʀy] n.f. (de *recroître* "compléter [un régiment]"). - **1.** Jeune militaire qui vient d'être appelé au service (syn. conscrit). - **2.** Nouveau membre d'une société, d'un groupe : *Le parti vient de faire une excellente recrue.*

recrutement [ʀəkʀytmɑ̃] n.m. Action de recruter : *La valeur d'une entreprise dépend de son recrutement.*

recruter [ʀəkʀyte] v.t. (de *recrue*). - **1.** Appeler des recrues ; lever des troupes (syn. enrôler, mobiliser). - **2.** Engager du personnel : *Recruter des rédacteurs, des collaborateurs* (syn. embaucher). - **3.** Amener à faire partie d'une société, d'un parti (syn. enrôler, embrigader).

recruteur, euse [ʀəkʀytœʀ, -øz] n. Personne qui recrute des adhérents, des clients, du personnel.

recta [ʀɛkta] adv. (adv. lat. "tout droit"). FAM. Ponctuellement ; exactement : *Payer recta.*

rectal, e, aux [ʀɛktal, -o] adj. Du rectum : *Température rectale.*

rectangle [ʀɛktɑ̃gl] n.m. (lat. *rectangulus,* de *angulus* "angle"). Quadrilatère plan dont les quatre angles sont droits. ◆ adj. Qui a deux faces ou deux côtés perpendiculaires : *Parallélépipède rectangle* (= dont deux faces non parallèles sont perpendiculaires). *Trapèze rectangle* (= dont deux côtés consécutifs sont perpendiculaires). *Triangle rectangle* (= dont deux côtés sont perpendiculaires).

rectangulaire [ʀɛktɑ̃gylɛʀ] adj. - **1.** Qui a la forme d'un rectangle : *Un champ rectangulaire.* - **2.** Qui forme un angle droit.

recteur [ʀɛktœʀ] n.m. (lat. *rector,* de *regere* "gouverner"). - **1.** Haut fonctionnaire de l'Éducation nationale, placé à la tête d'une académie. - **2.** Prêtre desservant une église non paroissiale. - **3.** Supérieur d'un collège de jésuites. - **4.** En Bretagne, curé d'une paroisse.

rectificatif, ive [ʀɛktifikatif, -iv] adj. et n.m. Qui rectifie, qui sert à rectifier : *Note rectificative. Publier un rectificatif.*

rectification [ʀɛktifikasjɔ̃] n.f. - **1.** Action de rectifier ; texte, paroles qui rectifient : *La rectification d'un alignement, d'une adresse.* - **2.** CHIM. Distillation fractionnée d'un liquide volatil pour le purifier ou en séparer les constituants.

rectifier [ʀɛktifje] v.t. (bas lat. *rectificare* "redresser", du class. *rectus* "droit") [conj. 9]. - **1.** Modifier pour rendre adéquat : *Rectifier le tracé d'une route* (syn. redresser). - **2.** Rendre exact en corrigeant : *Rectifier un calcul* (syn. corriger). - **3.** MÉCAN. Parachever par meulage la surface d'une pièce usinée. - **4.** CHIM. Soumettre à la rectification.

rectiligne [ʀɛktiliɲ] adj. (bas lat. *rectilineus,* de *rectus* "droit" et *linea* "ligne"). - **1.** Qui est ou qui se fait en ligne droite : *Un tracé de route rectiligne.* - **2.** GÉOM. Formé de droites ou de segments de droites : *Triangle rectiligne.*

rectitude [ʀɛktityd] n.f. (bas lat. *rectitudo*). - **1.** LITT. Caractère de ce qui est droit, rectiligne : *La rectitude d'une ligne.* - **2.** Conformité à la raison, à la justice, à la rigueur : *Rectitude de jugement* (syn. justesse).

recto [ʀɛkto] n.m. (de la loc. lat. *folio recto* "sur le feuillet qui est à l'endroit"). Première page d'un feuillet (par opp. à *verso*) : *Le recto correspond à la page de droite d'un livre ouvert.*

rectoral, e, aux [ʀɛktɔʀal, -o] adj. Du recteur : *Décision rectorale.*

rectorat [ʀɛktɔʀa] n.m. - **1.** Charge de recteur. - **2.** Bureau de l'administration rectorale d'une académie.

recto verso [ʀɛktoveʀso] loc. adv. (de *recto* et *verso*). Sur les deux pages d'un feuillet : *Écrire recto verso.*

rectum [ʀɛktɔm] n.m. (du lat. *rectum intestinum* "intestin droit"). Dernière partie du côlon, qui aboutit à l'anus.

1. reçu, e [ʀəsy] adj. (p. passé de *recevoir*). Se dit de ce qui est admis, reconnu par le plus grand nombre : *Idées reçues* (syn. consacré, établi) [v. aussi recevoir].

2. reçu [ʀəsy] n.m. (du p. passé de *recevoir*). Écrit sous seing privé dans lequel on reconnaît avoir reçu une somme, un objet : *L'Administration délivre un reçu pour un paquet recommandé* (syn. récépissé).

recueil [ʀəkœj] n.m. (de *recueillir*). Ouvrage où sont réunis des écrits, des documents, des gravures, etc. : *Recueil de lois. Recueil de poésies* (syn. anthologie, florilège).

recueillement [Rəkœjmɑ̃] n.m. Fait de se recueillir : *Un lieu propice au recueillement* (syn. méditation). *Écouter qqn avec recueillement* (syn. ferveur).

recueillir [RəkœjiR] v.t. (lat. *recolligere*) [conj. 41]. - **1.** Réunir en collectant, en ramassant : *Recueillir des documents, des dons, des témoignages* (syn. amasser, collecter). - **2.** Prendre, retenir, ramasser pour garder, conserver : *Recueillir la résine* (syn. récolter). *Bassin qui recueille les eaux de pluie* (syn. recevoir). *Recueillir une déposition* (syn. enregistrer). - **3.** Obtenir : *Recueillir la moitié des suffrages* (syn. gagner, remporter). - **4.** Retirer un avantage, un profit : *Recueillir le fruit de son travail, de ses efforts.* - **5.** Recevoir par héritage : *Recueillir une succession.* - **6.** Accueillir chez soi ; donner l'hospitalité à : *Recueillir des sinistrés.* ◆ **se recueillir** v.pr. - **1.** S'abstraire du monde extérieur pour réfléchir, méditer. - **2.** Se plonger dans une méditation religieuse.

recuire [RəkɥiR] v.t. [conj. 98]. - **1.** Soumettre à une seconde cuisson. - **2.** Améliorer les qualités d'un métal, d'un verre, par le recuit. ◆ v.i. Subir une nouvelle cuisson.

recuit [Rəkɥi] n.m. (du p. passé de *recuire*). - **1.** Action de recuire, de soumettre de nouveau à l'action de la chaleur. - **2.** Chauffage d'un produit métallurgique à une température suffisante pour assurer son équilibre physico-chimique et structural, et que l'on fait suivre d'un refroidissement lent. - **3.** VERR. Chauffage d'un verre à la température permettant le relâchement des contraintes, que l'on fait suivre d'un refroidissement lent.

recul [Rəkyl] n.m. (de *reculer*). - **1.** Mouvement en arrière : *Recul d'une armée* (syn. repli, retraite). *Recul de la civilisation* (syn. régression ; contr. progrès). - **2.** Mouvement vers l'arrière d'une arme à feu, au départ du coup. - **3.** Espace libre pour reculer : *Dans cette galerie, on manque de recul pour voir les tableaux.* - **4.** Éloignement dans l'espace et le temps pour juger d'un événement : *Il faut un certain recul pour apprécier l'importance d'un fait historique.*

reculade [Rəkylad] n.f. Action de reculer, de céder : *Des fanfaronnades qui aboutissent à une piteuse reculade.*

reculé, e [Rəkyle] adj. - **1.** Isolé : *Région reculée* (syn. perdu, retiré). - **2.** Éloigné dans le temps : *Époque reculée* (syn. lointain).

reculer [Rəkyle] v.t. (de *cul*). - **1.** Déplacer vers l'arrière : *Reculer sa chaise.* - **2.** Reporter plus loin : *Reculer une clôture* (syn. repousser).

- **3.** Reporter à une date plus éloignée : *Reculer un paiement* (syn. retarder, ajourner, différer). ◆ v.i. - **1.** Aller en arrière : *Reculer d'un pas.* - **2.** Perdre du terrain, rétrograder : *Faire reculer la criminalité.* - **3.** Renoncer, céder devant une difficulté : *Cette voiture me plaisait beaucoup, mais j'ai reculé devant son prix.* - **4.** Reculer pour mieux sauter, retarder une décision désagréable mais inévitable.

à reculons [Rəkylɔ̃] loc. adv. En reculant ; en allant en arrière : *Marcher, s'éloigner à reculons.*

reculotter [Rəkylɔte] v.t., **se reculotter** v. pr. Remettre sa culotte, son pantalon à : *Reculotter un petit enfant.*

récupérable [Rekyperabl] adj. Qui peut être récupéré : *Matériaux récupérables. Journées récupérables.*

récupérateur, trice [Rekyperatœr, -tris] adj. - **1.** Qui permet de récupérer, de reprendre des forces : *Sieste récupératrice.* - **2.** Qui relève de la récupération politique. ◆ adj. et n. Qui récupère des matériaux usagés. ◆ **récupérateur** n.m. IND. Appareil destiné à la récupération de la chaleur ou de l'énergie.

récupération [Rekyperasjɔ̃] n.f. - **1.** Action de récupérer ; fait d'être récupéré : *Récupération des métaux non ferreux.* - **2.** Fait de reprendre à son profit une action collective : *Récupération d'un mouvement de grève spontané par un syndicat.*

récupérer [Rekypere] v.t. (lat. *recuperare*) [conj. 18]. - **1.** Rentrer en possession de qqch qui avait été perdu ou confié pour un temps : *Récupérer une somme que l'on avait prêtée* (syn. ravoir, recouvrer). - **2.** Recueillir pour utiliser ce qui pourrait être perdu : *Récupérer de la ferraille.* - **3.** Reprendre des idées, un mouvement social, en les détournant de leur but premier : *Récupérer un mouvement syndical.* - **4.** Fournir un temps de travail compensant celui qui a été perdu ; prendre un congé compensant un temps de travail supplémentaire. ◆ v.i. Reprendre ses forces après un effort, après une maladie : *Un athlète qui récupère très vite* (syn. se remettre, se rétablir).

récurage [Rekyraʒ] n.m. Action de récurer.

récurer [Rekyre] v.t. (de *écurer*, du lat. *curare* "prendre soin"). Nettoyer en frottant : *Récurer des casseroles.*

récurrence [Rekyrɑ̃s] n.f. - **1.** Caractère de ce qui est récurrent ; répétition d'un phénomène : *Récurrence d'un thème dans une symphonie* (syn. réapparition, retour). - **2.** MATH. Démonstration utilisant le principe selon lequel une propriété qui est vérifiée pour tout entier $n + 1$ dès qu'elle l'est pour n est vérifiée pour tout entier dès qu'elle l'est pour 0. **-3.** LOG. **Raisonnement par récurrence,** raisonnement par lequel on étend à une série de termes homogènes la vérité d'une propriété d'au moins deux de ces termes (syn. induction).

récurrent, e [ʀekyʀɑ̃, -ɑ̃t] adj. (lat. *recurrens*, de *recurrere* "courir en arrière"). **-1.** Qui revient, réapparaît, se reproduit : *Rêves récurrents.* **-2.** ANAT. Qui revient en arrière : *Nerf récurrent. Artère récurrente.* **-3.** Image récurrente, image qui subsiste après que l'œil a reçu une vive impression lumineuse. ‖ MATH. Série récurrente, suite dont le terme général s'exprime à partir de termes le précédant.

récursif, ive [ʀekyʀsif, -iv] adj. (angl. *recursive*, du lat. *recurrere*). INFORM. Se dit d'un programme qui prévoit de s'appeler lui-même, de relancer sa propre exécution au cours de son déroulement.

récursivité [ʀekyʀsivite] n.f. Propriété de ce qui est récursif.

récusable [ʀekyzabl] adj. Qui peut être récusé : *Témoin, témoignage récusable.*

récusation [ʀekyzasjɔ̃] n.f. (lat. *recusatio*). DR. Fait de refuser, par soupçon de partialité, un juge, un juré, un arbitre, un expert, dans les cas spécifiés par la loi.

récuser [ʀekyze] v.t. (lat. *recusare*, de *causa* "cause"). **-1.** User de la faculté ou du droit de récusation à l'encontre de : *Récuser un juge, un expert.* **-2.** Ne pas admettre l'autorité de qqn, la valeur de qqch dans une décision : *Je récuse votre témoignage* (syn. contester). ◆ **se récuser** v.pr. **-1.** Se déclarer incompétent pour juger une cause. **-2.** Refuser une charge, une mission, un poste.

recyclable [ʀəsiklabl] adj. Que l'on peut recycler : *Déchets recyclables.*

recyclage [ʀəsiklaʒ] n.m. (de *cycle*). **-1.** Formation complémentaire donnée à un professionnel pour lui permettre de s'adapter aux progrès industriels et scientifiques. **-2.** Action de récupérer la partie utile des déchets et de la réintroduire dans le cycle de production dont ils sont issus : *Recyclage du verre.*

recycler [ʀəsikle] v.t. Soumettre à un recyclage : *Recycler du papier. Recycler des ingénieurs.* ◆ **se recycler** v.pr. Acquérir une formation nouvelle par recyclage.

rédacteur, trice [ʀedaktœʀ, -tʀis] n. (du lat. *redactus*, p. passé de *redigere* "arranger"). Personne qui rédige un texte, qui participe à la rédaction d'un journal, d'un livre.

rédaction [ʀedaksjɔ̃] n.f. **-1.** Action ou manière de rédiger un texte : *Une commission est chargée de la rédaction des statuts.* **-2.** Exercice scolaire destiné à apprendre aux élèves

à rédiger : *Un sujet de rédaction* (syn. narration). **-3.** Ensemble des rédacteurs d'un journal, d'une maison d'édition ; locaux où ils travaillent.

rédactionnel, elle [ʀedaksjɔnɛl] adj. Relatif à la rédaction : *Travail rédactionnel.*

reddition [ʀedisjɔ̃] n.f. (lat. *redditio*, de *reddere* "rendre"). Action de se rendre, de mettre bas les armes : *La reddition d'une armée.* (syn. capitulation).

redécouvrir [ʀədekuvʀiʀ] v.t. (conj. 34). Découvrir de nouveau : *Redécouvrir un auteur oublié.*

redéfinir [ʀədefiniʀ] v.t. (conj. 32). Définir de nouveau ou autrement : *Redéfinir une orientation politique.*

redemander [ʀədmɑ̃de] v.t. Demander de nouveau, ou davantage.

redémarrage [ʀədemaʀaʒ] n.m. Action de redémarrer : *Le redémarrage d'une activité économique* (syn. reprise).

redémarrer [ʀədemaʀe] v.i. Démarrer de nouveau : *Il a calé et n'a pas réussi à redémarrer. L'économie redémarre* (syn. repartir, reprendre).

rédempteur, trice [ʀedɑ̃ptœʀ, -tʀis] adj. et n. (lat. ecciés. *redemptor*, de *redimere* "racheter"). **-1.** LITT. Qui rachète, réhabilite : *Des souffrances rédemptrices* (syn. litt. salvateur). *Le travail considéré comme un rédempteur* (syn. sauveur). **-2.** Le Rédempteur, Jésus-Christ, qui a racheté le genre humain du péché (syn. le Sauveur).

rédemption [ʀedɑ̃psjɔ̃] n.f. (lat. *redemptio*). **-1.** LITT. Action de ramener qqn au bien, de se racheter : *Le repentir est le chemin vers la rédemption* (syn. salut). **-2.** THÉOL. La Rédemption, le salut apporté par Jésus-Christ à l'humanité pécheresse.

redéploiement [ʀədeplwamɑ̃] n.m. (de *déploiement*). **-1.** ÉCON. Réorganisation d'une activité économique, notamm. par l'accroissement des échanges avec l'extérieur. **-2.** MIL. Réorganisation d'un dispositif militaire.

redescendre [ʀədesɑ̃dʀ] v.i. (conj. 73). Descendre de nouveau ou après s'être élevé : *Ballon qui redescend* (contr. remonter). ◆ v.t. Porter de nouveau en bas : *Vous redescendrez les valises à la cave.*

redevable [ʀədəvabl] adj. (de *redevoir*). **-1.** Qui doit encore qqch après un paiement : *Je vous suis encore redevable de mille francs.* **-2.** Qui a une obligation envers qqn : *Elle vous est redevable de sa réussite* (= elle vous la doit). ◆ n. Personne tenue de verser une redevance.

redevance [ʀədəvɑ̃s] n.f. (de *redevoir*). **-1.** Dette, charge, taxe, rente qui doit être acquittée à termes fixes : *Payer la redevance de* *la télévision.* **-2.** Somme due au détenteur d'un droit, d'un brevet, au propriétaire d'un sol où sont assurées certaines exploitations, etc. (syn. royautés, [anglic. déconseillé] royalties).

redevenir [ʀədəvniʀ] v.i. (de *devenir*) [conj. 40 ; auxil. *être.*] Recommencer à être ce que l'on était auparavant : *Ils sont redevenus amis.*

rédhibition [ʀedibisjɔ̃] n.f. (lat. juridique *redhibitio*). DR. Annulation d'une vente obtenue par l'acheteur, lorsque la chose achetée est entachée d'un vice rédhibitoire.

rédhibitoire [ʀedibitwaʀ] adj. (lat. juridique *redhibitorius*, de *redhibere* "restituer"). **-1.** Qui constitue un obstacle radical : *Un prix rédhibitoire* (syn. prohibitif). **-2.** DR. Qui peut motiver l'annulation d'une vente : *Vice rédhibitoire.*

rediffuser [ʀədifyze] v.t. Diffuser une nouvelle fois : *Rediffuser un film, une émission de radio.*

rediffusion [ʀədifyzjɔ̃] n.f. **-1.** Action, fait de rediffuser. **-2.** Émission rediffusée : *Trop de rediffusions à la télévision.*

rédiger [ʀediʒe] v.t. (lat. *redigere* "ramener, arranger") [conj. 17]. Exprimer par écrit, dans l'ordre voulu et selon une forme donnée : *Rédiger le compte rendu d'une conférence* (syn. libeller). *Elle rédige bien* (syn. écrire).

redingote [ʀədɛ̃gɔt] n.f. (de l'angl. *riding-coat* "vêtement pour aller à cheval"). **-1.** Manteau de femme ajusté à la taille. **-2.** ANC. Ample veste d'homme croisée, à longues basques.

redire [ʀədiʀ] v.t. [conj. 102]. **-1.** Répéter ce qu'on a déjà dit ou ce qu'un autre a dit : *Il redit toujours les mêmes choses* (syn. rabâcher). **-2.** Répéter, rapporter par indiscrétion : *N'allez pas le lui redire* (syn. raconter). **-3.** Avoir, trouver à redire à, critiquer : *Je n'ai rien à redire à cette décision.*

rediscuter [ʀədiskyte] v.t. Discuter de nouveau : *Nous en rediscuterons demain* (syn. reparler).

redistribuer [ʀədistʀibɥe] v.t. **-1.** Distribuer de nouveau : *Redistribuer les cartes.* **-2.** Distribuer selon des principes nouveaux, plus équitables : *Redistribuer les richesses.*

redistribution [ʀədistʀibysjɔ̃] n.f. **-1.** Action de redistribuer. **-2.** Correction dans la répartition des revenus grâce, notamm., à l'impôt.

redite [ʀədit] n.f. (de *redire*). Répétition inutile : *Évitez les redites* (syn. redondance).

redondance [ʀədɔ̃dɑ̃s] n.f. (lat. *redundantia*). **-1.** Superfluité de mots, de paroles ; terme redondant : *S'exprimer avec redondance* (syn. verbiage). *Les redondances sont souvent ennuyeu-*

ses (syn. redite). **-2.** LING. Caractère d'un énoncé qui réitère sous plusieurs formes différentes un même trait signifiant.

redondant, e [ʀədɔ̃dɑ̃, -ɑ̃t] adj. (lat. *redundans*). **-1.** Qui est superflu dans un texte : *Épithètes redondantes.* **-2.** Qui présente des redondances : *Style redondant.*

redonner [ʀədɔne] v.t. **-1.** Donner de nouveau la même chose : *Redonner du dessert.* **-2.** Rendre ce qui avait été perdu ou retiré : *Passe-moi le ballon, je te le redonnerai* (syn. restituer). *Redonner confiance* (syn. rendre).

redorer [ʀədɔʀe] v.t. **-1.** Dorer de nouveau : *Faire redorer un cadre.* **-2.** Retrouver un prestige, un lustre ancien : *Redorer sa réputation.* **-3.** Redorer son blason, épouser une riche roturière, en parlant d'un noble ruiné ; recouvrer de son prestige.

redoublant, e [ʀədublɑ̃, -ɑ̃t] n. Élève qui redouble sa classe.

redoublé, e [ʀəduble] adj. Qui est répété : *Consonne redoublée. Frapper à coups redoublés.*

redoublement [ʀədubləmɑ̃] n.m. **-1.** Fait de redoubler, de croître en force, en intensité : *Redoublement de fureur* (syn. recrudescence). **-2.** Fait de redoubler une classe. **-3.** LING. Répétition d'un ou de plusieurs éléments d'un mot (ex. : *fifille*).

redoubler [ʀəduble] v.t. **-1.** Rendre double : *Redoubler une consonne.* **-2.** Augmenter la force, l'intensité de : *Redoubler ses efforts* (syn. intensifier). **-3.** Recommencer une année d'études dans la même classe. ◆ v.t. ind. [de]. Faire preuve d'encore plus de : *Redoubler de prudence.* ◆ v.i. Augmenter en intensité : *La fièvre redouble.*

redoutable [ʀədutabl] adj. Qui est à redouter, à craindre : *Adversaire redoutable* (syn. dangereux, terrible). *Maladie redoutable* (syn. sérieux, inquiétant). *Aspect redoutable* (syn. effrayant, terrifiant).

redouter [ʀədute] v.t. (de *douter* "craindre"). Craindre vivement : *Redouter l'avenir* (syn. appréhender). *Je redoute qu'elle apprenne la nouvelle* (syn. trembler).

redoux [ʀədu] n.m. (de *doux*). Radoucissement de la température au cours de la saison froide.

redressement [ʀədʀɛsmɑ̃] n.m. **-1.** Action de redresser ; fait de se redresser : *Le redressement d'un pays après une guerre* (syn. redémarrage, relèvement). **-2.** ÉLECTR. Transformation d'un courant alternatif en un courant unidirectionnel. **-3.** DR. FISC. Correction conduisant à une majoration des sommes dues au titre de l'impôt. **-4.** ANC. Maison de redressement, établissement chargé de la rééducation de jeunes délinquants.

redresser [ʀədʀese] v.t. (de *dresser*). **-1.** Remettre à la verticale : *Redresser un poteau* (syn.

relever). - **2.** Remettre droit ce qui est déformé, courbé, tordu : *Redresser une barre* (syn. **dégauchir, détordre**). - **3.** Rétablir dans son état primitif ; remettre en ordre : *Redresser la situation.* - **4.** ÉLECTR. Effectuer le redressement d'un courant alternatif. ◆ v.i. - **1.** Remettre en ligne droite les roues d'un véhicule automobile après un virage, lors d'une manœuvre, etc. - **2.** Faire reprendre de la hauteur à un avion après une perte de vitesse. ◆ **se redresser** v.pr. - **1.** Se remettre droit ou vertical ; donner au corps une attitude droite. - **2.** Reprendre sa progression après un fléchissement : *L'économie se redresse* (syn. **se relever**).

redresseur [ʀədʀesœʀ] n.m. - **1.** ÉLECTR. Convertisseur d'énergie qui transforme un système de courants alternatifs en un courant unidirectionnel. - **2.** Redresseur de torts, chevalier errant qui vengeait les victimes de l'injustice ; personne qui prétend corriger les abus.

réducteur, trice [ʀedyktœʀ, -tʀis] adj. Qui réduit, qui diminue : *Analyse trop réductrice d'une situation.* ◆ adj. et n.m. CHIM. Se dit d'un corps qui a la propriété de réduire : *Le carbone est un réducteur.*

réductible [ʀedyktibl] adj. - **1.** Qui peut être réduit, diminué : *Dépenses réductibles.* - **2.** MATH. Se dit d'une équation dont le degré peut être abaissé. - **3.** MÉD. Se dit d'un luxé ou fracturé qui peut être remis en place. - **4.** Fraction réductible, fraction dont le numérateur et le dénominateur ne sont pas premiers entre eux.

réduction [ʀedyksjɔ̃] n.f. (lat. *reductio*). - **1.** Action de réduire, de diminuer : *Réduction des dépenses* (syn. **diminution** ; contr. **augmentation**). *Réduction du personnel dans une entreprise* (syn. **compression**). - **2.** Diminution de prix : *Consentir une réduction à un client* (syn. **rabais, remise**). - **3.** Action de reproduire à une échelle plus petite ; copie ainsi exécutée : *Une réduction en plâtre de la Vénus de Milo.* - **4.** MATH. Opération par laquelle on remplace une figure géométrique par une figure semblable, mais plus petite. - **5.** CHIM. Réaction dans laquelle une partie de son oxygène est enlevée à un corps ou, plus génér., dans laquelle un atome ou un ion gagne des électrons. - **6.** MÉD. Action de remettre en place un os luxé ou fracturé. - **7.** BIOL. Réduction chromatique, diminution de moitié du nombre des chromosomes d'une cellule, qui se réalise au cours de la méiose. ‖ MATH. Réduction de fractions au même dénominateur, recherche d'un dénominateur commun à ces fractions. ‖ MATH. Réduction d'une somme algébrique, réduction du nombre de ses termes.

réduire [ʀedyiʀ] v.t. (lat. *reducere* "ramener", de *ducere* "conduire") [conj. 98]. - **1.** Ramener à une dimension, à une quantité moindres : *Réduire une longueur* (syn. **raccourcir**). *Réduire un texte* (syn. **abréger**). *Réduire ses dépenses* (syn. **diminuer**). *Réduire les prix de 20 %* (syn. **baisser**). - **2.** Reproduire en plus petit, avec les mêmes proportions : *Réduire une photo.* - **3.** Ramener à une forme plus simple, plus élémentaire : *Réduire une fraction. Réduire une question à l'essentiel.* - **4.** Transformer, mettre sous une autre forme : *Réduire le grain en farine* (= moudre). - **5.** Amener à une situation pénible par force, par autorité, par nécessité : *Réduire au silence, à la mendicité* (syn. **contraindre, obliger**). - **6.** Amener à se soumettre ; vaincre : *Réduire les poches de résistance* (syn. **mater**). - **7.** MÉD. Remettre en place un os fracturé, luxé : *Réduire une fracture.* - **8.** CHIM. Effectuer la réduction de : *Réduire un oxyde.* - **9.** Rendre plus concentré par évaporation : *Réduire une sauce.* - **10.** HELV. Ranger qqch, le remettre à sa place. - **11.** Réduire une équation, abaisser le degré d'une équation. ◆ v.i. Diminuer en quantité, par évaporation, et devenir plus concentré : *Ce sirop n'a pas assez réduit.* ◆ **se réduire** v.pr. [à, en]. - **1.** Se transformer en : *Les bûches se réduisent en cendres.* - **2.** Se ramener à : *Leur querelle se réduit à un simple malentendu* (syn. **se limiter**).

1. réduit, e [ʀedyi, -yit] adj. Qui a subi une réduction : *Prix, tarif réduit.*

2. réduit [ʀedyi] n.m. (lat. pop. *reductum* "qui est à l'écart", du class. *reducere*, d'apr. *réduire*). Petite pièce retirée ; recoin : *Un réduit qui peut servir de débarras* (syn. **cagibi**).

rééchelonnement [ʀeeʃlɔnmɑ̃] n.m. (de *échelonnement*). ÉCON. Allongement de la durée de remboursement d'une dette, notamm. d'une dette internationale.

réécouter [ʀeekute] v.t. Écouter de nouveau.

réécrire [ʀeekʀiʀ] et **récrire** [ʀekʀiʀ] v.t. [conj. 99]. - **1.** Écrire de nouveau : *Ce texte est plein de fautes, réécris-le.* - **2.** (Seul. *réécrire*). Assurer la réécriture d'un texte (syn. [anglic.] **rewriter**).

réécriture [ʀeekʀityʀ] n.f. Remaniement d'un texte, qui en améliore le style et la présentation : *Faire de la réécriture* (syn. [anglic.] **rewriting**).

rééditer [ʀeedite] v.t. - **1.** Faire une nouvelle édition de : *Rééditer un ouvrage ancien, un auteur.* - **2.** Accomplir de nouveau : *Rééditer un exploit* (syn. **réitérer**).

réédition [ʀeedisjɔ̃] n.f. - **1.** Nouvelle édition. - **2.** Répétition du même fait, du même comportement : *Cette émeute apparaît comme une réédition des troubles précédents.*

rééducation [ʀeedykasjɔ̃] n.f. - **1.** Action de rééduquer un membre, une fonction ;

ensemble des moyens mis en œuvre pour rééduquer : *Rééducation motrice.* - **2.** Ensemble des mesures d'assistance, de surveillance ou d'éducation ordonnées par le juge à l'égard de l'enfance délinquante ou des mineurs en danger.

rééduquer [ʀeedyke] v.t. - **1.** Soumettre qqn à un traitement afin de rétablir chez lui l'usage d'un membre, d'une fonction. - **2.** Corriger, amender par une éducation nouvelle ; en partic., réadapter socialement un délinquant.

réel, elle [ʀeɛl] adj. (lat. médiév. *realis,* du class. *res* "chose"). - **1.** Qui existe ou a existé véritablement : *Un personnage réel* (syn. historique ; contr. imaginaire, fictif). - **2.** Qui est conforme à ce qu'il doit être ou prétend être : *Il a un réel désir de vous aider* (syn. authentique, véritable ; contr. feint). - **3.** OPT. Se dit d'une image qui se forme à l'intersection de rayons convergents (contr. virtuel). - **4.** MATH. Nombre réel, élément du corps ℝ qui peut être construit axiomatiquement ou défini par extension du corps **Q** des rationnels, un nombre réel étant alors une limite de suites de nombres rationnels : *L'ensemble des nombres réels comprend les nombres entiers, rationnels et irrationnels.* ◆ **réel** n.m. Ce qui existe effectivement : *Le réel et l'imaginaire* (syn. réalité).

réélection [ʀeelɛksjɔ̃] n.f. Action de réélire.

réélire [ʀeeliʀ] v.t. [conj. 106]. Élire de nouveau.

réellement [ʀeɛlmɑ̃] adv. Effectivement, véritablement : *Ceci a réellement eu lieu* (syn. vraiment).

réémetteur [ʀeemetœʀ] n.m. TÉLÉCOMM. Émetteur servant à retransmettre les signaux provenant d'un émetteur principal (syn. relais).

réemployer v.t. → **remployer**

réemprunter v.t. → **remprunter.**

réengagement n.m., **réengager** v.t. → **rengagement, rengager.**

rééquilibrage [ʀeekilibʀaʒ] n.m. Action de rééquilibrer.

rééquilibrer [ʀeekilibʀe] v.t. Rétablir l'équilibre de : *Rééquilibrer le budget.*

réer v.i. → **raire.**

réescompte [ʀeeskɔ̃t] n.m. BANQUE. Opération qui consiste, pour une banque centrale, à acheter un effet déjà escompté avant son échéance.

réessayer [ʀeeseje] et **ressayer** [ʀeseje] v.t. [conj. 11]. Essayer de nouveau.

réévaluation [ʀeevalɥasjɔ̃] n.f. - **1.** Action de réévaluer. - **2.** Relèvement de la parité d'une monnaie (contr. dévaluation).

réévaluer [ʀeevalɥe] v.t. [conj. 7]. - **1.** Évaluer de nouveau : *Réévaluer un mobilier en vue de l'assurer.* - **2.** Effectuer la réévaluation d'une monnaie.

réexaminer [ʀeɛgzamine] v.t. Examiner de nouveau : *Votre cas sera réexaminé* (syn. reconsidérer).

réexpédier [ʀeɛkspedje] v.t. [conj. 9]. Expédier de nouveau ; renvoyer : *Réexpédier le courrier de qqn* (= faire suivre).

refaire [ʀəfɛʀ] v.t. [conj. 109]. - **1.** Faire de nouveau ce qui a déjà été fait : *Refaire une addition* (syn. recommencer). - **2.** Remettre en état ce qui a subi un dommage : *Refaire une toiture* (syn. réparer). - **3.** FAM. Tromper, duper : *On ne le refait pas facilement* (syn. berner). ◆ **se refaire** v.pr. - **1.** FAM. Rétablir sa situation financière, partic. après des pertes au jeu : *Il a tout perdu, mais il compte bien se refaire.* - **2.** Se refaire (+ n.), rétablir un état antérieur : *Se refaire une santé. Se refaire des amis.*

réfection [ʀefɛksjɔ̃] n.f. (lat. *refectio,* de *reficere* "refaire"). Action de refaire, de remettre à neuf : *Réfection d'une route.*

réfectoire [ʀefɛktwaʀ] n.m. (lat. ecclés. *refectorium,* bas lat. *refectorius* "qui restaure"). Salle où les membres d'une communauté prennent leurs repas : *Un réfectoire de collège.*

refend [ʀəfɑ̃] n.m. (de *refendre*). CONSTR. Bois de refend, bois scié en long. ‖ Mur de refend, mur porteur de séparation et de soutien dans un bâtiment.

référé [ʀefeʀe] n.m. (de *référer*). DR. Procédure d'urgence qui permet d'obtenir du juge une mesure provisoire, appelée *ordonnance de référé* : *Être condamné en référé.*

référence [ʀefeʀɑ̃s] n.f. (angl. *reference,* même orig. que *référer*). - **1.** Action de se référer à qqch : *Indemnité fixée par référence au règlement. Cette scène du film fait référence à l'œuvre d'un autre cinéaste* (= elle y renvoie). - **2.** Ce à quoi on se réfère ; texte auquel on renvoie : *Citer ses références.* - **3.** Base d'une comparaison, personne ou chose à partir de laquelle on définit, estime, calcule qqch : *On prendra l'année 1992 comme référence pour estimation.* - **4.** Indication précise permettant de se reporter à un texte, d'identifier qqch : *Fournir la référence d'une citation : Pour toute réclamation, rappeler le numéro de référence.* - **5.** LING. Fonction par laquelle un signe linguistique renvoie à un objet du monde réel. - **6.** Ouvrage de référence, ouvrage qui est destiné à la consultation et non à la lecture : *Les dictionnaires sont des ouvrages de référence.*
◆ **références** n.f. pl. Attestations servant de recommandation : *Avoir de bonnes références.*

référencer [ʀeferɑ̃se] v.t. [conj. 16]. Donner une référence à qqch : *Référencer un produit.*

référendaire [ʀeferɑ̃dɛʀ] adj. Relatif à un référendum.

référendum [ʀeferɛ̃dɔm] n.m. (du lat. *ad referendum* "ce qui doit être rapporté"). - **1.** Procédure qui permet à tous les citoyens d'un pays de manifester par un vote l'approbation ou le rejet d'une mesure proposée par les pouvoirs publics : *Soumettre un projet de loi au référendum.* - **2.** HELV. Institution de droit public en vertu de laquelle les citoyens se prononcent sur une décision de chambres fédérales, à condition qu'un tel vote soit expressément demandé par un nombre déterminé de signatures. - **3.** Consultation des membres d'une collectivité : *Revue qui organise un référendum auprès de ses lecteurs.*

référent [ʀeferɑ̃] n.m. (angl. *referent* ; v. *référence*). LING. Être ou objet auquel renvoie un signe linguistique.

référentiel [ʀeferɑ̃sjɛl] n.m. (de *référence*). - **1.** DIDACT. Ensemble d'éléments formant un système de référence. - **2.** MATH. Ensemble dont on étudie les sous-ensembles. - **3.** PHYS. Système de repérage permettant de situer un événement dans l'espace et le temps (syn. repère).

référer [ʀefeʀe] v.t. ind. [à] (lat. *referre* "rapporter") [conj. 18]. - **1.** Faire référence à ; se rapporter à : *Cette note réfère à un passé déjà ancien.* - **2.** LING. Avoir pour référent. - **3.** En référer à, en appeler à : *En référer aux autorités concernées.* ◆ **se référer** v.pr. [à]. - **1.** Se rapporter à : *Se référer à un texte* (syn. consulter). - **2.** S'en rapporter, recourir à : *Je m'en réfère à vous* (syn. s'en remettre).

refiler [ʀəfile] v.t. (de *filer*). FAM. - **1.** Donner, vendre, écouler qqch dont on veut se débarrasser : *On lui a refilé un faux billet.* - **2.** Transmettre : *Il m'a refilé sa grippe.*

réfléchi, e [ʀefleʃi] adj. - **1.** Qui est dit, pensé, fait avec réflexion : *Une action réfléchie* (syn. calculé, raisonné). - **2.** Qui agit avec réflexion : *Un garçon réfléchi* (syn. pondéré, posé). - **3.** Se dit d'une onde, d'une particule, etc., qui est renvoyée par la surface qu'elle vient de frapper dans le milieu d'où elle provient : *Rayon réfléchi.* - **4.** **Pronom réfléchi,** pronom personnel complément représentant la personne ou la chose qui est le sujet du verbe (ex. : *me* dans *je me suis promis de revenir*). ‖ **Verbe pronominal réfléchi,** verbe pronominal qui indique que le sujet exerce l'action sur lui-même (ex. : *se laver*).

réfléchir [ʀefleʃiʀ] v.t. (lat. *reflectere* "recourber, ramener", d'apr. *fléchir*) [conj. 32]. En parlant d'une surface qui sépare deux milieux, renvoyer les rayonnements dans le milieu d'où ils proviennent : *Les miroirs réfléchissent la lumière* (syn. refléter, réverbérer). ◆ v.i. et v.t. ind. [à, sur]. Penser, examiner longuement : *Réfléchir aux conséquences d'un acte* (syn. considérer, envisager). *Réfléchir sur une question* (syn. étudier). ◆ **se réfléchir** v.pr. Donner une image par réflexion : *Les arbres se réfléchissent dans le lac.*

réfléchissant, e [ʀefleʃisɑ̃, -ɑ̃t] adj. Qui réfléchit la lumière, le son : *Une surface réfléchissante.*

réflecteur [ʀeflɛktœʀ] n.m. (du lat. *reflectus,* de *reflectere* ; v. *réfléchir*). - **1.** Dispositif servant à réfléchir la lumière, la chaleur, les ondes. - **2.** Télescope (par opp. à *réfracteur*). ◆ adj.m. Qui renvoie par réflexion : *Un miroir réflecteur.*

reflet [ʀəflɛ] n.m. (it. *riflesso,* du bas lat. *reflexus,* du class. *reflexum,* supin de *reflectere* ; v. *réfléchir*). - **1.** Image provenant de la réflexion de la lumière par la surface d'un corps : *Les reflets du soleil sur la neige.* - **2.** Nuance colorée variant selon l'éclairage : *Cheveux aux reflets roux.* - **3.** Ce qui reproduit, comme par réflexion, les traits dominants de qqch : *L'art, reflet d'une époque* (syn. écho).

refléter [ʀəflete] v.t. (de *reflet*) [conj. 18]. - **1.** Renvoyer la lumière : *Les carreaux blancs reflètent la lumière* (syn. réfléchir, réverbérer). - **2.** Reproduire, traduire : *Presse qui reflète l'image d'un monde violent. Visage qui reflète le bonheur* (syn. exprimer). ◆ **se refléter** v.pr. Transparaître : *Sa joie se reflète dans ses yeux.*

refleurir [ʀəflœʀiʀ] v.i. et v.t. [conj. 32]. Fleurir de nouveau : *Le géranium est en train de refleurir.*

reflex [ʀeflɛks] adj. inv. (mot angl.). Se dit d'un système de visée photographique caractérisé par le renvoi de l'image sur un verre dépoli au moyen d'un miroir incliné à 45°. ◆ n.m. inv. Appareil muni d'un système reflex.

réflexe [ʀeflɛks] n.m. (lat. *reflexus* "réfléchi"). - **1.** Réaction très rapide anticipant toute réflexion, en présence d'un événement : *Un bon conducteur doit avoir des réflexes rapides.* - **2.** PHYSIOL. Réponse motrice inconsciente ou involontaire provoquée par une stimulation sensitive ou sensorielle. - **3.** Réflexe conditionné ⟶ conditionné. ◆ adj. Relatif au réflexe, qui se fait par réflexe : *Mouvement réflexe.*

réflexif, ive [ʀeflɛksif, -iv] adj. (de *reflexivus*). - **1.** PHILOS. Se dit de la conscience qui se prend elle-même pour objet. - **2.** MATH. Relation réflexive, relation binaire sur un ensemble telle que tout élément est en relation avec lui-même : *L'égalité est une relation réflexive.*

réflexion [ʀeflɛksjɔ̃] n.f. (bas lat. *reflexio,* du class. *reflexum,* supin de *reflectere* ; v. *réfléchir*).

- **1.** Phénomène par lequel des ondes, particules ou vibrations, se réfléchissent sur une surface : *La réflexion des rayons du soleil sur un mur blanc* (syn. réverbération). - **2.** Action de réfléchir, d'arrêter sa pensée sur qqch pour l'examiner en détail : *Un moment de réflexion lui a suffi pour se décider* (syn. délibération, méditation). - **3.** Capacité de réfléchir : *Manquer de réflexion* (syn. discernement). - **4.** Pensée, conclusion auxquelles conduit le fait de réfléchir : *Se laisser aller à des réflexions amères* (syn. considération). - **5.** Observation critique adressée à qqn : *Faire des réflexions désobligeantes à qqn* (syn. remarque). - **6.** Réflexion faite, après avoir bien réfléchi : *Réflexion faite, je ne céderai pas.* - **7.** OPT. Angle de réflexion, angle formé par le rayon réfléchi avec la normale à la surface réfléchissante au point d'incidence.

réflexivité [refleksivite] n.f. MATH. Propriété d'une relation réflexive : *La réflexivité est une propriété des relations d'équivalence.*

refluer [Rǝflye] v.i. (lat. *refluere* "couler en arrière"). - **1.** Retourner vers le lieu d'où il a coulé, en parlant d'un liquide : *Liquide qui reflue dans un conduit bouché* (syn. remonter). - **2.** Revenir vers le lieu d'où elles sont parties, en parlant de personnes : *Les visiteurs refluent vers la sortie.*

reflux [Rǝfly] n.m. (de *flux*). - **1.** Mouvement de la mer descendante (syn. jusant). - **2.** Mouvement de personnes qui reviennent en arrière : *Reflux des manifestants* (syn. recul). - **3.** MÉD. Retour d'un liquide organique dans le sens opposé au sens physiologique : *Reflux œsophagien.*

refondre [Rǝfɔ̃dR] v.t. [conj. 75]. - **1.** Fondre de nouveau : *Refondre un métal.* - **2.** Refaire entièrement : *Refondre un dictionnaire* (syn. remanier).

refonte [Rǝfɔ̃t] n.f. Action de refondre : *La refonte d'une monnaie. Commencer la refonte d'un dictionnaire.*

réformateur, trice [RefɔRmatœR, -tRis] n. (lat. *reformator*). - **1.** Personne qui pratique des réformes : *S'ériger en réformateur de la langue.* - **2.** Promoteur de la Réforme protestante du XVIᵉ s. ◆ adj. Qui réforme, vise à réformer : *Un esprit réformateur.*

réforme [RefɔRm] n.f. (de *réformer*). - **1.** Changement important apporté à qqch en vue d'une amélioration : *Réforme de la Constitution* (syn. révision). - **2.** Retour à une observance stricte de la règle primitive, dans un ordre religieux : *Réforme monastique.* - **3.** MIL. Classement comme inapte au service dans les armées.

1. réformé, e [RefɔRme] adj. et n. - **1.** Religieux d'un ordre réformé. - **2.** Protestant de confession calviniste (par opp. à *luthérien* et à *anglican*). ◆ adj. - **1.** Né de la Réforme : *Église réformée.* - **2.** Religion réformée, protestantisme.

2. réformé [RefɔRme] n.m. Militaire qui a été mis à la réforme.

reformer [RǝfɔRme] v.t., **se reformer** v. pr. Reconstituer, se reconstituer : *Reformer un gouvernement. Reformer les rangs. Parti qui se reforme après avoir été dissous.*

réformer [RefɔRme] v.t. (lat. *reformare*). - **1.** Changer en mieux : *Réformer les méthodes de travail* (syn. améliorer, amender). - **2.** DR. Modifier une décision de justice d'une juridiction inférieure. - **3.** Supprimer ce qui est nuisible : *Réformer un abus.* - **4.** MIL. Prononcer la réforme de : *Être réformé pour déficience cardiaque.*

réformisme [Refɔrmism] n.m. - **1.** Doctrine et comportement visant à la transformation et à l'amélioration, par des voies légales, des structures politiques, économiques et sociales. - **2.** Dans les partis politiques, en partic. ceux qui se réclament du marxisme, courant préconisant une évolution de la doctrine. ◆ **réformiste** adj. et n. Relatif au réformisme ; qui en est partisan.

refoulé, e [Rǝfule] adj. et n. Qui empêche ses désirs, spécial. ses pulsions sexuelles, de se manifester, de se réaliser. ◆ **refoulé** n.m. PSYCHAN. Ce qui a subi le refoulement dans l'inconscient : *Retour du refoulé.*

refoulement [Rǝfulmã] n.m. - **1.** Action de refouler, de repousser qqn : *Refoulement d'un intrus.* - **2.** Action, fait d'empêcher une réaction d'ordre affectif de s'extérioriser, de refuser d'accepter ou de satisfaire une tendance naturelle : *Le refoulement de la colère.* - **3.** PSYCHAN. Mécanisme de défense du moi par lequel le sujet cherche à maintenir dans l'inconscient un désir inconciliable avec la morale ou avec ses autres désirs : *Le refoulement, selon Freud, serait à l'origine des psychoses et des névroses.*

refouler [Rǝfule] v.t. (de *fouler*). - **1.** Faire reculer : *Refouler l'ennemi* (syn. rejeter, repousser). - **2.** Faire refluer un liquide en s'opposant à son écoulement : *La marée refoule les eaux d'un fleuve dans son estuaire.* - **3.** Empêcher une réaction, un sentiment de s'extérioriser : *Refouler ses larmes* (syn. contenir, réprimer). - **4.** PSYCHAN. Soumettre au refoulement (syn. censurer).

réfractaire [RefRakteR] adj. (lat. *refractarius*, de *refringere* "briser"). - **1.** Qui refuse de se soumettre : *Un individu réfractaire à toute autorité* (syn. rebelle). - **2.** Qui résiste à certaines influences physiques ou chimiques ; qui résiste à de très hautes températures : *Argile* *réfractaire*. - **3.** Insensible, inaccessible à qqch., à un sentiment : *Un juge réfractaire à la pitié. Il est réfractaire à la peinture moderne.* - **4.** MÉD. Qui résiste à une infection microbienne.

réfracter [ʀefʀakte] v.t. (angl. *to refract*, du lat. *refractum*, de *refringere* "briser"). Produire la réfraction de : *Le prisme réfracte la lumière* (= il la fait dévier).

réfracteur, trice [ʀefʀaktœʀ, -tʀis] adj. Qui réfracte : *Prisme réfracteur.* ◆ **réfracteur** n.m. Lunette astronomique (par opp. à *réflecteur*).

réfraction [ʀefʀaksjɔ̃] n.f. (lat. *refractio*, de *refringere* "briser"). - **1.** PHYS. Changement de direction d'une onde passant d'un milieu dans un autre : *Un bâton, plongé en partie dans l'eau, paraît brisé à cause de la réfraction.* - **2.** MÉD. Pouvoir réfringent de l'œil.

refrain [ʀəfʀɛ̃] n.m. (altér. de l'anc. fr. *refrait*, d'apr. *refraindre*, lat. pop. *refrangere* "briser"). - **1.** Suite de mots ou phrases identiques qui se répètent à la fin de chaque couplet d'une chanson ou d'un poème. - **2.** Phrase musicale qui revient après chaque couplet d'une composition en strophe ou en rondeau. - **3.** FAM. Paroles sans cesse répétées : *Change de refrain !* (syn. antienne).

réfrangible [ʀefʀɑ̃ʒibl] adj. (angl. *refrangible*, du lat. pop. *refrangere* "briser"). Susceptible de réfraction : *Les rayons violets sont les plus réfrangibles.*

refréner [ʀəfʀene] et **réfréner** [ʀefʀene] v.t. (lat. *refrenare*, de *frenum* "frein") [conj. 18]. Mettre un frein à : *Refréner sa colère* (syn. retenir, réprimer).

réfrigérant, e [ʀefʀiʒeʀɑ̃, -ɑ̃t] adj. - **1.** Propre à abaisser la température : *Appareil réfrigérant.* - **2.** Qui refroidit, coupe tout élan : *Un accueil réfrigérant* (syn. glaçant).

réfrigérateur [ʀefʀiʒeʀatœʀ] n.m. Appareil ménager muni d'une source de froid artificiel capable de réfrigérer et conserver les aliments et de produire de la glace. (Abrév. fam. *frigo*.)

réfrigération [ʀefʀiʒeʀasjɔ̃] n.f. (lat. *refrigeratio* ; v. *réfrigérer*). Refroidissement d'un produit alimentaire, par un moyen artificiel, sans que soit atteint son point de congélation.

réfrigéré, e [ʀefʀiʒeʀe] adj. - **1.** Qui a subi la réfrigération : *Légumes réfrigérés.* - **2.** FAM. Qui a très froid (syn. frigorifié, gelé). - **3.** Wagon réfrigéré, wagon utilisé pour le transport des denrées périssables.

réfrigérer [ʀefʀiʒeʀe] v.t. (lat. *refrigerare*, de *frigus, -oris* "froid") [conj. 18]. - **1.** Soumettre à la réfrigération : *Réfrigérer de la viande* (syn. frigorifier). - **2.** Mettre mal à l'aise par un comportement désagréable : *Ses remarques m'ont réfrigéré* (syn. refroidir, glacer).

réfringence [ʀefʀɛ̃ʒɑ̃s] n.f. (de *réfringent*). PHYS. Propriété de réfracter la lumière : *La réfringence du verre.*

réfringent, e [ʀefʀɛ̃ʒɑ̃, -ɑ̃t] adj. (lat. *refringens, -entis*, de *refringere* "briser"). PHYS. Qui réfracte la lumière : *Milieu réfringent.*

refroidir [ʀəfʀwadiʀ] v.t. (conj. 32). - **1.** Abaisser la température de : *Refroidir une tasse de thé* (syn. tiédir). - **2.** Diminuer l'ardeur de : *Cet échec l'a refroidi* (syn. décourager ; contr. stimuler). *Son attitude nous a refroidis* (syn. geler, glacer). ◆ v.i. Devenir froid : *Ton café va refroidir.* ◆ **se refroidir** v.pr. - **1.** Devenir plus froid : *Le temps se refroidit.* - **2.** Prendre froid : *Il s'est refroidi à attendre l'autobus* (syn. s'enrhumer). - **3.** Devenir moins vif : *Son zèle s'est refroidi.*

refroidissement [ʀəfʀwadismɑ̃] n.m. - **1.** Abaissement de la température : *Constater un net refroidissement du temps.* - **2.** Indisposition causée par un froid subit : *Souffrir d'un refroidissement.* - **3.** Relâchement d'un lien affectif, d'une relation : *Refroidissement dans les rapports entre deux pays* (syn. éclipse). - **4.** Évacuation de l'excédent de chaleur produit dans un moteur, une machine.

refuge [ʀəfyʒ] n.m. (lat. *refugium*). - **1.** Lieu où l'on se retire pour échapper à un danger, se mettre à l'abri : *Les églises étaient jadis des lieux de refuge* (syn. asile). - **2.** Abri de haute montagne : *Passer la nuit dans un refuge.* - **3.** Emplacement aménagé au milieu d'une voie large et passante, ou sur le tablier d'un pont, permettant aux piétons et aux véhicules de se mettre à l'abri de la circulation. - **4.** ÉCON. Valeurs refuges, valeurs achetées en période de crise par les épargnants qui craignent une dépréciation de la monnaie (biens fonciers, métaux précieux, œuvres d'art, etc.).

réfugié, e [ʀefyʒje] adj. et n. Qui est d'une personne qui a quitté son pays pour des raisons politiques, religieuses, raciales : *Venir en aide aux réfugiés.*

se réfugier [ʀefyʒje] v.pr. (de *refuge*) [conj. 9]. Se retirer en un lieu pour y trouver la sécurité : *Se réfugier sous un arbre* (syn. s'abriter). *Se réfugier à l'étranger pour échapper à des persécutions* (syn. émigrer, s'expatrier).

refus [ʀəfy] n.m. - **1.** Action de refuser : *Un refus catégorique* (contr. acceptation, approbation). - **2.** FAM. Ce n'est pas de refus, volontiers : *Voulez-vous du thé ? - Ce n'est pas de refus.*

refuser [ʀəfyze] v.t. (lat. pop. *refusare*, croisement de *recusare* "refuser" et *refutare* "réfuter"). - **1.** Ne pas accepter ce qui est proposé : *Refuser une invitation* (syn. décliner, rejeter).

-2. Ne pas accorder ce qui est demandé ; ne pas consentir : *Refuser sa signature.* **-3.** Ne pas laisser entrer en surnombre : *Ce théâtre refuse du monde tous les soirs.* **-4.** Ne pas recevoir à un examen : *Refuser un candidat* (syn. ajourner). **-5.** ÉQUIT. S'arrêter devant un obstacle, en parlant d'un cheval. ◆ v.i. MAR. En parlant du vent, prendre une direction moins favorable à la marche. ◆ **se refuser** v.pr. **-1.** Se priver volontairement de : *Il se refuse tout plaisir* (syn. s'interdire). **-2.** Se refuser à, ne pas consentir à : *Il se refuse à me croire.*

réfutable [Refytabl] adj. Qui peut être réfuté : *Argument facilement réfutable* (syn. attaquable).

réfutation [Refytasjɔ̃] n.f. Action de réfuter ; paroles, actions qui réfutent : *Réfutation d'une théorie* (syn. infirmation).

réfuter [Refyte] v.t. (lat. *refutare*). Démontrer la fausseté d'une affirmation par des preuves contraires : *Réfuter une hypothèse* (syn. ruiner, infirmer).

regagner [Rəgaɲe] v.t. **-1.** Retrouver, reprendre, recouvrer ce qu'on avait perdu : *Joueur qui regagne son argent en fin de partie* (syn. récupérer). *Regagner le cœur de qqn* (syn. reconquérir). **-2.** Revenir vers, rejoindre un lieu : *Regagner Paris* (syn. revenir à). **-3.** Regagner le temps perdu, compenser une perte de temps par un effort accru.

1. **regain** [Rəgɛ̃] n.m. (de l'anc. fr. *gaïn*, lat. pop. *waidimen*, frq. *waidan* "prairie"). Herbe qui repousse dans un pré après la fauche : *Faucher le regain.*

2. **regain** [Rəgɛ̃] n.m. (de *regagner*, avec infl. de 1. *regain*). Recrudescence ; renouveau : *Regain de jeunesse, d'activité.*

régal [Regal] n.m. (anc. fr. *gale* "réjouissance", avec infl. de *rigoler* "se divertir") [pl. *régals*]. **-1.** Mets particulièrement apprécié : *Le chocolat est son régal* (syn. délice). **-2.** Vif plaisir pris à qqch : *Cette musique est un régal.*

régalade [Regalad] n.f. (d'un mot dialect. *galade*, de *galet* "gosier" [lat. *galla*], d'apr. *régal*). Boire à la régalade, boire en faisant couler la boisson dans la bouche sans que le récipient la contient ne touche les lèvres.

régale [Regal] adj.f. (p.-ê. lat. *regalis* "royal"). CHIM. Eau régale, mélange d'acide nitrique et d'acide chlorhydrique qui dissout l'or et le platine.

régaler [Regale] v.t. (de *régal*). **-1.** Offrir des boissons, des mets savoureux à : *Régaler qqn de son plat préféré.* **-2.** (Absol.). Offrir à boire et à manger : *Aujourd'hui, c'est moi qui régale !* (syn. inviter). ◆ **se régaler** v.pr. **-1.** Prendre un vif plaisir à boire ou à manger qqch : *Se régaler de gigot.* **-2.** Éprouver un grand plaisir : *Se régaler à lire un roman, d'un bon film* (syn. se délecter, savourer).

régalien, enne [Regaljɛ̃, -ɛn] adj. (du lat. *regalis* "royal"). Qui est le propre de la royauté et, par ext., de l'État : *La frappe de la monnaie est un droit régalien.*

regard [Rəgar] n.m. (de *regarder*). **-1.** Action, manière de regarder : *Parcourir l'assistance du regard. Jeter un regard sur qqn* (= coup d'œil). **-2.** Expression des yeux : *Un regard tendre* (syn. œillade). **-3.** TECHN. Ouverture pour faciliter la visite d'un conduit. **-4.** Au regard de, par rapport à : *Être en règle au regard de la loi.* ‖ Droit de regard, droit de surveillance que peut se réserver l'une des parties dans un contrat. ‖ En regard, vis-à-vis, en face : *Traduction avec texte en regard.*

regardant, e [Rəgardã, -ãt] adj. **-1.** FAM. Qui regarde de trop près à la dépense : *Un patron très regardant* (syn. chiche, parcimonieux). **-2.** (Souvent en tournure nég.). Minutieux : *Ils ne sont pas très regardants sur la propreté, ici !*

regarder [Rəgarde] v.t. (de *garder* "veiller"). **-1.** Porter la vue sur : *Regarder qqn en face* (syn. contempler, examiner). *Regarder les gens qui passent* (syn. observer). **-2.** Avoir en vue, considérer, envisager : *Regardez dans quelle situation nous sommes ! Il ne regarde que son intérêt* (syn. rechercher). **-3.** Concerner, intéresser : *Cette affaire me regarde.* **-4.** (Absol.). Diriger son regard vers, observer : *J'ai regardé partout.* **-5.** Regarder qqn, qqch d'un bon œil, considérer qqn, qqch avec bienveillance : *Ils regardent ce mariage d'un bon œil.* ◆ v.i. Être orienté dans telle direction : *Notre maison regarde vers la mer, au sud.* ◆ v.t. ind. [à]. **-1.** Être très attentif à qqch : *Regardez bien à ce que vous faites !* (syn. penser à). **-2.** Regarder à la dépense, être excessivement économe. ‖ Regarder de près à qqch, y regarder de près, y prêter grande attention : *Il ne faut pas y regarder de trop près* (= il ne faut pas être trop exigeant). ‖ Y regarder à deux fois, bien réfléchir avant d'agir. ◆ **se regarder** v.pr. **-1.** Contempler sa propre image : *Se regarder dans une glace.* **-2.** S'observer l'un l'autre : *Elles se regardaient avec animosité.* **-3.** Être l'un en face de l'autre : *Maisons qui se regardent.*

régate [Regat] n.f. (vénitien *regata* "défi", de *regatar* "rivaliser", de *gatto* "chat"). Course de bateaux à voile.

régence [Reʒɑ̃s] n.f. (de *régent*). Fonction de régent ; durée de cette fonction. ◆ adj. inv. **-1.** Qui rappelle les mœurs, le style de la Régence : *Une atmosphère très régence.* **-2.** Style Régence, style de transition entre le Louis XIV et le Louis XV.

régénérateur, trice [Reʒeneratœr, -tris] adj. et n. Qui régénère : *Crème régénératrice. Principe régénérateur.*

régénération [Reʒenerasjɔ̃] n.f. **-1.** Action de régénérer : *La régénération de la société.* **-2.** BIOL.

Reconstitution naturelle d'un organe détruit ou supprimé : *La régénération de l'épiderme après une coupure.* -**3.** CHIM. Rétablissement de l'activité d'une substance (catalyseur, résine).

régénérer [ʀeʒeneʀe] v.t. (lat. *regenerare*) [conj. 18]. -**1.** Reconstituer des tissus organiques après destruction : *L'organisme régénère les tissus lésés.* -**2.** Rendre à une substance ses propriétés initiales, altérées ou modifiées au cours d'un traitement : *Caoutchouc régénéré.* -**3.** LITT. Réformer en ramenant à un état antérieur jugé meilleur : *Régénérer les mœurs* (syn. assainir).

régent, e [ʀeʒɑ̃, -ɑ̃t] n. (lat. *regens*, de *regere* "diriger"). -**1.** Chef du gouvernement pendant la minorité, l'absence ou la maladie du souverain : *Anne d'Autriche fut régente pendant la minorité de Louis XIV.* -**2.** HIST. Le Régent, Philippe II, duc d'Orléans, régent de France de 1715 à 1723.

régenter [ʀeʒɑ̃te] v.t. (de *régent*). Diriger de manière trop autoritaire : *Il veut régenter tout le monde.*

reggae [ʀege] n.m. (mot angl. de la Jamaïque). Musique populaire jamaïquaine caractérisée par un rythme binaire syncopé ; morceau de cette musique ; danse sur cette musique. ◆ adj. inv. Relatif au reggae : *Groupe reggae.*

1. régicide [ʀeʒisid] n.m. (lat. médiév. *regicidium*). Meurtre d'un roi : *Commettre un régicide.*

2. régicide [ʀeʒisid] n. et adj. (lat. médiév. *regicida*). -**1.** Assassin d'un roi. -**2.** HIST. Chacun de ceux qui avaient voté la condamnation à mort de Charles Iᵉʳ d'Angleterre, de Louis XVI.

régie [ʀeʒi] n.f. (de *régir*). -**1.** Gestion d'un service public qu'assurent soit des agents nommés par l'autorité (État, Région, etc.) et appointés par elle, soit une personne physique ou morale n'en supportant pas les risques mais intéressée au résultat de l'exploitation. -**2.** Nom de certaines entreprises publiques : *Régie autonome des transports parisiens (R.A.T.P.).* -**3.** Perception directe des impôts et revenus par l'État ou les collectivités locales : *Régie des tabacs.* -**4.** Organisation matérielle d'un spectacle (théâtre, cinéma, audiovisuel, etc.). -**5.** Local attenant à un studio de radio ou de télévision où sont groupés les organes de commande et de contrôle permettant de réaliser un programme.

regimber [ʀeʒɛ̃be] v.i. (anc. fr. *regiber* "ruer", de *giber* "secouer", d'orig. obsc.). -**1.** Résister en se cabrant, en ruant, en parlant d'un cheval. -**2.** Résister, se montrer récalcitrant : *Regimber contre l'autorité* (syn. s'insurger).

1. régime [ʀeʒim] n.m. (lat. *regimen*, de *regere* "diriger"). -**1.** Mode de fonctionnement d'une organisation politique, sociale, économique, d'un État : *Régime parlementaire.* -**2.** Ensemble des dispositions légales qui régissent un objet particulier : *Régime matrimonial.* -**3.** LING. Mot, groupe de mots régi par un autre, partic. un verbe ou une préposition (ex. : dans la phrase *Paul descend l'escalier*, le syntagme *l'escalier* est le régime de *descend*). -**4.** Ensemble de prescriptions concernant l'alimentation et destinées à maintenir ou rétablir la santé : *Régime lacté. Suivre un régime, être au régime* (= souvent, un régime amaigrissant ; syn. diète). -**5.** PHYS. Caractère de l'écoulement d'un fluide : *Régime turbulent.* -**6.** Ensemble des variations subies par le débit d'un cours d'eau. -**7.** Mode de fonctionnement d'une machine à l'état normal ; vitesse de rotation d'un moteur : *Tourner à plein régime.* -**8.** Cas régime, en ancien français, cas exprimant les fonctions grammaticales autres que celle de sujet. ‖ **Régime de croisière,** régime d'une machine, d'un moteur tel qu'en même temps le rendement soit élevé, la consommation faible et l'usure acceptable. ‖ **Régime pénitentiaire,** ensemble des règles qui régissent la vie en prison ; vie des détenus ainsi réglée.

2. régime [ʀeʒim] n.m. (mot des Antilles, p.-ê. de l'esp. *racimo* "raisin", d'apr. *1. régime*). Assemblage en grappe des fruits du bananier, du palmier dattier.

régiment [ʀeʒimɑ̃] n.m. (bas lat. *regimentum* "direction", de *regere* "diriger"). -**1.** Unité militaire de l'armée de terre formant corps, commandée par un colonel et groupant plusieurs formations. -**2.** FAM. Service militaire : *Faire son régiment.* -**3.** FAM. Grand nombre : *Il a un régiment de cousins* (syn. multitude).

régimentaire [ʀeʒimɑ̃tɛʀ] adj. MIL. Relatif au régiment.

région [ʀeʒjɔ̃] n.f. (lat. *regio*, de *regere* "diriger"). -**1.** Étendue de pays qui doit son unité à des causes naturelles (climat, végétation) ou humaines (peuplement, économie, etc.) : *Une région industrielle. Les régions polaires* (syn. terre, contrée). -**2.** (Avec une majuscule). En France, collectivité territoriale dont l'organe exécutif est le président du conseil régional : *La Région Rhône-Alpes.* □ Il y a 22 Régions en métropole et 4 Régions outre-mer. -**3.** Partie déterminée du corps : *La région lombaire* (syn. zone). -**4.** Région aérienne, maritime, homologue pour l'armée de l'air ou la marine de la région militaire pour l'armée de terre. ‖ **Région militaire,** circonscription territoriale militaire correspondant à plusieurs départements et commandée par un officier général (abrév. *R.M.*).

régional, e, aux [ʀeʒjɔnal, -o] adj. Qui concerne une région : *Une coutume régionale. Conseil régional.*

régionalisation [ʀeʒjɔnalizasjɔ̃] n.f. Transfert aux Régions de compétences qui appartenaient au pouvoir central : *La régionalisation du budget.*

régionaliser [ʀeʒjɔnalize] v.t. Procéder à la régionalisation de : *Régionaliser l'entretien des routes.*

régionalisme [ʀeʒjɔnalism] n.m. **- 1.** Mouvement ou doctrine affirmant l'existence d'entités régionales et revendiquant leur reconnaissance. **- 2.** Tendance à conserver et à développer les caractères originaux d'une région. **- 3.** LING. Mot, tournure propres à une région : *Employer un régionalisme.*

régionaliste [ʀeʒjɔnalist] adj. et n. Qui concerne le régionalisme ; qui en est partisan : *Revendications régionalistes.*

régir [ʀeʒiʀ] v.t. (lat. *regere* "diriger") [conj. 32]. **- 1.** Déterminer l'organisation, le déroulement, la nature de : *Les lois qui régissent le mouvement des astres* (syn. régler). **- 2.** Gouverner : *Régir les actes de quelqu'un* (syn. commander). **- 3.** GRAMM. Être suivi de telle catégorie grammaticale, tel cas, tel mode en parlant d'un verbe ou d'une préposition : *La conjonction « bien que » régit le subjonctif.*

régisseur [ʀeʒisœʀ] n.m. (de *régir*). **- 1.** Personne chargée d'administrer un domaine pour le compte d'un propriétaire (syn. intendant). **- 2.** Personne responsable de l'organisation matérielle d'un spectacle.

registre [ʀeʒistʀ] n.m. (adaptation, d'apr. *epistre* "épître", de l'anc. fr. *regeste* "récit, histoire", bas lat. *regesta, de regerere* "reporter, transcrire, consigner"). **- 1.** Livre, public ou particulier, sur lequel on inscrit les faits, les actes dont on veut garder le souvenir ou la trace : *Registre de l'état civil. Registre comptable d'un commerçant* (syn. livre). **- 2.** INFORM. Organe de base d'un ordinateur capable de stocker une information élémentaire pour la mettre en relation directe avec les organes de calcul. **- 3.** MUS. Chacune des trois parties (le *grave*, le *médium*, l'*aigu*) qui composent l'échelle sonore ou la tessiture d'une voix. **- 4.** Commande de chacun des jeux de l'orgue. **- 5.** Ton, caractère particulier d'une œuvre artistique : *Film dans le registre intimiste* (syn. tonalité). **- 6.** LING. Niveau de langue : *Le registre familier.* **- 7.** Étendue des moyens dont on dispose dans un domaine artistique ou littéraire : *Poète qui a un registre très étendu* (syn. palette, éventail).

réglable [ʀeglabl] adj. Qui peut être réglé : *Une perceuse à vitesse réglable.*

réglage [ʀeglaʒ] n.m. **- 1.** Action, manière de régler un mécanisme : *Le réglage d'une montre, d'un moteur.* **- 2.** Action, manière de régler du papier.

règle [ʀegl] n.f. (lat. *regula* "principe"). **- 1.** Instrument long, à arêtes vives et rectilignes, pour tracer des lignes ou pour mesurer des longueurs : *Une règle de dessinateur.* **- 2.** Prescription qui s'impose à qqn dans un cas donné ; principe de conduite : *Les règles de la politesse* (syn. loi, usage). *Avoir pour règle de faire confiance aux gens* (syn. précepte). **- 3.** Principe qui dirige l'enseignement d'une science, d'une technique : *Règles de grammaire* (syn. norme). *Les règles du jeu* (syn. convention). **- 4.** RELIG. Ensemble des statuts imposés par son fondateur à un ordre religieux : *La règle de saint Benoît* (syn. observance). **- 5.** Ce qui se produit ordinairement dans une situation donnée : *Fait qui n'échappe pas à la règle* (syn. norme). **- 6.** En bonne règle, selon le bon usage, la bonne méthode. ‖ En règle, dans les règles, conforme aux prescriptions légales : *Demande en règle.* ‖ En règle générale, dans la plupart des cas : *En règle générale, il ne se trompe pas.* ‖ Être en règle, être dans une situation régulière au regard de la loi. **- 7.** Règle à calcul, instrument utilisé pour les calculs rapides, constitué de deux règles coulissant l'une dans l'autre et portant une graduation logarithmique. ‖ MATH. Règle de trois, calcul d'un nombre inconnu à partir de trois autres connus, dont deux varient soit en proportion directe, soit en proportion inverse. ◆ **règles** n.f. pl. Écoulement sanguin de la menstruation (syn. vx menstrues).

réglé, e [ʀegle] adj. **- 1.** Rayé de lignes droites : *Papier réglé.* **- 2.** Soumis à des règles, des principes : *Avoir une vie bien réglée* (syn. régulier). **- 3.** Fixé définitivement : *Affaire réglée* (syn. terminé, résolu). **- 4.** MATH. Surface réglée, surface engendrée par une droite mobile dépendant d'un paramètre.

règlement [ʀeglamɑ̃] n.m. **- 1.** Action de régler, de fixer, d'arrêter de manière définitive : *Règlement d'une affaire* (syn. conclusion). *Règlement d'un conflit* (syn. arbitrage). **- 2.** Action de régler, d'acquitter une somme due : *Règlement par chèque* (syn. acquittement, paiement). **- 3.** Ensemble des prescriptions, auxquelles sont soumis les membres d'un groupe : *Observer, transgresser le règlement* (syn. réglementation). **- 4.** Règlement intérieur, écrit fixant les conditions du travail et de la discipline dans une entreprise ; ensemble des règles d'organisation et de fonctionnement d'une assemblée délibérante (syn. statuts).

réglementaire [ʁɛgləmɑ̃tɛʁ] adj. - **1.** Qui concerne le règlement : *Dispositions réglementaires.* - **2.** Conforme au règlement : *Tenue réglementaire.*

réglementation [ʁɛgləmɑ̃tasjɔ̃] n.f. - **1.** Action de réglementer : *S'opposer à toute réglementation des prix* (syn. fixation). - **2.** Ensemble des mesures légales et réglementaires régissant une question : *La réglementation du travail.*

réglementer [ʁɛgləmɑ̃te] v.t. Soumettre à un règlement : *Réglementer la circulation. Stationnement réglementé.*

régler [ʁegle] v.t. (de *règle*) [conj. 18]. - **1.** Tracer à la règle des lignes droites sur du papier. - **2.** Assujettir à certaines règles, conformer : *Régler sa dépense sur son revenu.* - **3.** Soumettre à un certain ordre : *Régler l'emploi de son temps* (syn. fixer, arrêter). *Régler le déroulement d'une cérémonie* (syn. établir, déterminer). - **4.** Donner une solution complète, définitive : *Régler une affaire* (syn. conclure). *Régler un différend* (syn. trancher). - **5.** Payer : *Régler une note* (syn. acquitter). - **6.** Rendre exact un instrument de mesure : *Régler sa montre.* - **7.** Mettre au point un mécanisme, une machine : *Régler le ralenti d'une voiture. Régler un moteur.* - **8.** FAM. Régler son compte à qqn, le punir, le tuer par vengeance.

réglette [ʁɛglɛt] n.f. Petite règle.

réglisse [ʁeglis] n.f. (contraction, sous l'infl. de *règle*, de *ricolice* et *licorice*, bas lat. *liquiritia*, gr. *glukurrhiza* "racine douce"). - **1.** Papilionacée dont la racine est employée pour composer des pâtes à sucer et des boissons rafraîchissantes : *Bâton de réglisse.* - **2.** Jus de cette plante, à saveur sucrée, et qui a des propriétés adoucissantes.

régnant, e [ʁeɲɑ̃, -ɑ̃t] adj. - **1.** Qui règne : *Prince régnant.* - **2.** Dominant : *La morale régnante.*

règne [ʁɛɲ] n.m. (lat. *regnum*, de *rex, regis* "roi"). - **1.** Gouvernement d'un souverain ; durée de ce gouvernement : *Le règne de Louis XIV. Un long règne.* - **2.** Pouvoir absolu exercé par qqn, qqch : *Le règne d'une favorite. Le règne de la mode.* - **3.** BIOL. Chacune des grandes divisions du monde vivant : *Règne animal, végétal.* □ Chaque règne se divise en embranchements. L'expression *règne minéral* n'est plus usitée.

régner [ʁeɲe] v.i. (lat. *regnare*, de *regnum* ; v. *règne*) [conj. 18]. - **1.** Gouverner un État en tant que souverain : *Louis XIV régna de 1643 à 1715.* - **2.** Dominer ; être en vogue : *La mode qui règne en ce moment* (syn. prédominer, prévaloir). - **3.** S'établir, être établi : *La confiance règne.*

regonfler [ʁəgɔ̃fle] v.t. - **1.** Gonfler de nouveau : *Regonfler un ballon.* - **2.** FAM. Redonner

du courage à : *Ces propos optimistes l'ont complètement regonflé* (syn. remonter).

regorger [ʁəgɔʁʒe] v.i. (de *gorge*) [conj. 17]. - **1.** Refluer d'un contenant trop plein, en parlant d'un liquide : *Eau qui regorge d'une canalisation.* - **2.** Regorger de, avoir en très grande abondance : *Magasins qui regorgent de marchandises* (syn. foisonner, abonder en).

régresser [ʁegʁese] v.i. (de *régression,* d'apr. *progresser*). Subir une régression : *Mal qui régresse* (syn. reculer ; contr. se développer, progresser).

régressif, ive [ʁegʁesif, -iv] adj. - **1.** Qui revient sur soi-même ; qui constitue une régression : *Une phase régressive.* - **2.** Impôt régressif, impôt dégressif*.

régression [ʁegʁesjɔ̃] n.f. (lat. *regressio*). - **1.** Retour à un état antérieur : *Régression de la mortalité infantile* (syn. baisse). *La production automobile est en pleine régression* (syn. récession, déclin). - **2.** BIOL. Perte ou atrophie, chez une espèce vivante, d'un organe qui était développé chez ses ancêtres. - **3.** PSYCHAN. Retour du sujet à un état antérieur de sa vie libidinale par suite de frustrations : *La régression constitue un mécanisme de défense.*

regret [ʁəgʁɛ] n.m. (de *regretter*). - **1.** Chagrin causé par la perte de qqch ou par la mort de qqn ; contrariété causée par la non-réalisation d'un désir : *Le regret du passé* (syn. nostalgie). *C'est avec regret que je l'ai vu partir* (syn. déplaisir, peine). - **2.** Repentir : *Regret d'une faute commise.* - **3.** À regret, à contrecœur, malgré soi : *Accepter à regret.* | Avoir le regret de, être au regret de, éprouver un déplaisir d'avoir à faire qqch : *Je suis au regret de ne pouvoir satisfaire à votre requête.*

regrettable [ʁəgʁetabl] adj. Qui mérite d'être regretté : *Un incident regrettable* (syn. fâcheux, déplorable). *Il est regrettable qu'il ait échoué* (syn. malheureux).

regretter [ʁəgʁete] v.t. (p.-ê. de l'anc. scand. *grāta* "pleurer"). - **1.** Ressentir comme un manque douloureux l'absence de : *Regretter ses amis disparus, sa jeunesse* (syn. pleurer sur). - **2.** Se reprocher ce qu'on a fait : *Regretter une faute* (syn. se repentir de).

regroupement [ʁəgʁupmɑ̃] n.m. Action de regrouper.

regrouper [ʁəgʁupe] v.t. Rassembler des êtres dispersés : *Regrouper les bêtes d'un troupeau.*

régularisation [ʁegylaʁizasjɔ̃] n.f. Action de régulariser ; fait d'être régularisé : *La régularisation d'un compte, d'une situation.*

régulariser [ʁegylaʁize] v.t. (du lat. *regula* "règle"). - **1.** Rendre conforme aux règlements, à la loi : *Faire régulariser un passeport.*

-**2.** Rendre régulier : *Régulariser un cours d'eau.*

régularité [ʀegylaʀite] n.f. -**1.** Caractère de ce qui est conforme aux règles : *Régularité des élections* (syn. légalité). -**2.** Caractère de ce qui est proportionné, équilibré : *Régularité des traits du visage* (syn. harmonie, symétrie). -**3.** Caractère de ce qui se produit de manière ponctuelle : *Régularité des repas.*

régulateur, trice [ʀegylatœʀ, -tʀis] adj. (du bas lat. *regulare* "diriger, régler"). Qui règle, régularise : *Système régulateur.* ◆ **régulateur** n.m. Appareil capable de maintenir ou de faire varier suivant une loi déterminée un élément de fonctionnement d'une machine : *Régulateur de débit.*

régulation [ʀegylasjɔ̃] n.f. (de l'anc. v. *réguler* "décider, déterminer", bas lat. *regulare* "diriger, régler"). -**1.** Fait d'assurer un bon fonctionnement, un rythme régulier : *Régulation du trafic ferroviaire.* -**2.** CYBERN. Mode de fonctionnement d'un système asservi dans lequel la grandeur réglée tend à se rapprocher d'une grandeur de référence. -**3.** PHYSIOL. Fonctions de régulation, fonctions qui assurent la constance des caractères du milieu intérieur d'un animal en dépit des variations du milieu extérieur.

régulier, ère [ʀegylje, -ɛʀ] adj. (lat. *regularis,* de *regula* "règle"). -**1.** Qui est conforme aux dispositions légales, constitutionnelles : *Gouvernement régulier* (contr. illégal). *Procédure régulière* (syn. réglementaire). -**2.** Qui répond aux règles, aux conventions sociales : *Mener une vie régulière* (syn. réglé, rangé). -**3.** Qui respecte les usages : *Être régulier en affaires* (syn. honnête, loyal). -**4.** Conforme à un modèle : *Poème de forme régulière.* -**5.** Qui est soumis à un rythme constant : *Mouvement régulier* (syn. égal, uniforme ; contr. intermittent). *Travail régulier* (syn. continu, suivi). -**6.** Qui se produit à moments fixes : *Visites régulières* (syn. périodique). -**7.** Qui a un caractère permanent : *Service régulier d'autocars* (syn. habituel ; contr. exceptionnel). -**8.** Qui est exact, ponctuel : *Employé régulier* (syn. assidu). -**9.** Dont la forme présente des proportions harmonieuses, équilibrées, égales : *Visage régulier* (syn. symétrique). -**10.** BOT. Se dit d'une corolle, d'un calice dont les éléments sont égaux. -**11.** Clergé régulier, appartenant à un ordre, et donc soumis à une règle (par opp. à *clergé séculier*). ‖ Troupes régulières, troupes recrutées et organisées par les pouvoirs publics pour constituer les forces armées officielles d'un État (par opp. à *francs-tireurs*). ‖ Verbes réguliers, verbes conformes aux types de conjugaison donnés comme modèle. ‖ MATH. Polyèdre régulier, polyèdre dont les faces sont des polygones réguliers

égaux. ‖ MATH. Polygone régulier, polygone dont les côtés ont la même longueur.

régulièrement [ʀegyljɛʀmɑ̃] adv. De façon régulière : *Des hachures régulièrement espacées* (syn. uniformément). *Payer régulièrement son loyer* (syn. ponctuellement).

régurgitation [ʀegyʀʒitasjɔ̃] n.f. -**1.** Retour dans la bouche, sans effort de vomissement, de matières contenues dans l'estomac ou l'œsophage. -**2.** Chez certains oiseaux, rejet dans le bec des jeunes d'aliments prédigérés dans le jabot des parents.

régurgiter [ʀegyʀʒite] v.t. (du lat. *gurges, gurgitis* "gorge"). Rejeter involontairement les aliments qui viennent d'être avalés : *Régurgiter son repas* (syn. vomir).

réhabilitation [ʀeabilitasjɔ̃] n.f. Action de réhabiliter : *La réhabilitation d'un homme politique. La réhabilitation d'un immeuble délabré* (syn. rénovation, restauration).

réhabiliter [ʀeabilite] v.t. (de *habiliter*). -**1.** Rétablir une personne dans des droits, une capacité, une situation juridique qu'elle avait perdus : *Réhabiliter un condamné.* -**2.** Rétablir qqn, qqch dans l'estime d'autrui : *Cette action l'a réhabilité dans l'opinion publique* (syn. revaloriser). -**3.** Remettre en état, rénover un immeuble, un quartier ancien.

réhabituer [ʀeabitɥe] v.t. [conj. 7]. Faire reprendre une habitude à : *Réhabituer peu à peu ses yeux à la lumière.*

rehaussement [ʀəosmɑ̃] n.m. Action de rehausser : *Le rehaussement d'une muraille.*

rehausser [ʀəose] v.t. -**1.** Placer plus haut ; augmenter la hauteur de : *Rehausser un plancher* (syn. surélever). *Rehausser un plafond* (syn. remonter). -**2.** Faire ressortir : *Les bijoux rehaussent la beauté des femmes.* -**3.** BX-A. Accentuer, relever par des rehauts : *Rehausser un lavis gris de gouache blanche.*

rehaut [ʀəo] n.m. (de *rehausser*). BX-A. Dans un dessin, une peinture, retouche d'un ton clair, servant à faire ressortir la partie à laquelle elle s'applique : *Rehauts de bleu, de rose.*

réhydrater [ʀeidʀate] v.t. Hydrater ce qui a été desséché : *Crème qui réhydrate la peau.*

réifier [ʀeifje] v.t. (dérivé savant du lat. *res* "chose") [conj. 9]. PHILOS. Transformer qqch de mouvant, de dynamique en qqch de statique : *La mécanisation des tâches réifie la conscience de l'homme* (syn. chosifier).

réimpression [ʀeɛ̃pʀesjɔ̃] n.f. Impression nouvelle d'un ouvrage : *Roman en cours de réimpression.*

réimprimer [ʀeɛ̃pʀime] v.t. Imprimer de nouveau.

rein [ʀɛ̃] n.m. (lat. *renes,* n.m. pl.). -**1.** Viscère pair qui sécrète l'urine, placé de chaque côté de la colonne vertébrale dans les fosses lombaires, et chargé de filtrer certains déchets (urée, acide urique, etc.). [→ urinaire.] -2. **Rein artificiel,** appareillage permettant d'épurer le sang des personnes atteintes d'insuffisance rénale. ◆ n.m. pl. -1. Lombes, partie inférieure de l'épine dorsale : *Avoir mal aux reins.* -2. FAM. Avoir les reins solides, être assez riche et puissant pour faire face à une épreuve. ‖ Casser les reins à qqn, ruiner qqn, briser sa carrière.

réincarnation [ʀeɛ̃kaʀnasjɔ̃] n.f. -1. Fait de se réincarner. -2. Dans certaines religions, migration de l'âme dans un autre corps au moment de la mort : *Cycle des réincarnations* (syn. métempsycose, transmigration).

se réincarner [ʀeɛ̃kaʀne] v.pr. (de *incarner*). Revivre sous une nouvelle forme corporelle : *Se réincarner en chat.*

reine [ʀɛn] n.f. (lat. *regina*). -1. Souveraine d'un royaume. -2. Femme d'un roi. -3. Femme qui domine, dirige, l'emporte en qqch : *La reine de la soirée* (syn. vedette). -4. Ce qui domine, s'impose : *Ici l'ironie est reine.* -5. Femelle reproductrice, chez les insectes sociaux (abeilles, fourmis, termites). -6. Dame, aux échecs, aux cartes.

reine-claude [ʀɛnklod] n.f. (abrév. de *prune de la reine Claude* [femme de François Iᵉʳ]) [pl. *reines-claudes*]. Prune de couleur dorée ou verte.

reine-marguerite [ʀɛnmaʀɡəʀit] n.f. (de *marguerite,* n. de fleur) [pl. *reines-marguerites*]. Plante voisine de la marguerite, originaire d'Asie, cultivée pour ses capitules à languettes blanches, rouges, bleues.

reinette [ʀɛnɛt] n.f. (de *reine*). Pomme de l'ouest de la France dont il existe plusieurs variétés.

réinscription [ʀeɛ̃skʀipsjɔ̃] n.f. Action de se réinscrire : *Les réinscriptions ont lieu en septembre.*

se réinscrire [ʀeɛ̃skʀiʀ] v.pr. [conj. 99]. S'inscrire de nouveau : *Se réinscrire en faculté.*

réinsérer [ʀeɛ̃seʀe] v.t. [conj. 18]. Insérer, introduire de nouveau : *Réinsérer un marginal dans la société.*

réinsertion [ʀeɛ̃sɛʀsjɔ̃] n.f. Action de réinsérer ; fait d'être réinséré : *La réinsertion sociale des délinquants.*

réintégration [ʀeɛ̃teɡʀasjɔ̃] n.f. Action de réintégrer ; fait d'être réintégré : *Obtenir sa réintégration dans un poste.*

réintégrer [ʀeɛ̃teɡʀe] v.t. (lat. médiév. *reintegrare,* class. *redintegrare* "rétablir", de *integer* "intact") [conj. 18]. -1. Revenir dans un lieu qu'on avait quitté : *Réintégrer son domicile* (syn. regagner). -2. DR. Rendre la possession

intégrale de ses droits à : *Réintégrer un salarié licencié.*

réinventer [ʀeɛ̃vɑ̃te] v.t. Donner une nouvelle dimension à qqch qui existe déjà : *Réinventer le monde.*

réinvestir [ʀeɛ̃vɛstiʀ] v.t. et v.i. [conj. 32]. Investir de nouveau : *Réinvestir dans l'industrie.*

réitération [ʀeiteʀasjɔ̃] n.f. LITT. Action de réitérer : *La réitération des mêmes actes* (syn. répétition).

réitérer [ʀeiteʀe] v.t. et v.i. (bas lat. *reiterare* "recommencer", du class. *iterum* "de nouveau") [conj. 18]. LITT. Faire de nouveau ce qu'on a déjà fait : *Réitérer une demande* (syn. renouveler, répéter).

reître [ʀɛtʀ] n.m. (all. *Reiter* "cavalier"). -1. HIST. Du XVᵉ au XVIIᵉ s., cavalier allemand mercenaire au service de la France. -2. LITT. Guerrier brutal (syn. soudard).

rejaillir [ʀəʒajiʀ] v.i. (de *jaillir*) [conj. 32]. -1. Jaillir avec force, en parlant des liquides : *L'eau du caniveau rejaillit sur les passants* (syn. gicler sur, éclabousser). -2. Atteindre en retour : *La honte rejaillit sur lui* (syn. retomber sur).

rejaillissement [ʀəʒajismɑ̃] n.m. Mouvement de ce qui rejaillit ; fait de rejaillir : *Le rejaillissement d'une cascade. Le rejaillissement de son succès sur son entourage.*

rejet [ʀəʒɛ] n.m. (de *rejeter*). -1. Action de rejeter, de ne pas agréer : *Rejet d'un projet de loi* (syn. refus). -2. AGRIC. Pousse qui se développe à partir d'une tige ou à partir d'une souche d'arbre coupé. -3. MÉD. Réaction de défense caractérisée par l'apparition d'anticorps qui détruisent le greffon, après une greffe d'organe. -4. MÉTR. Action de rejeter au début du vers suivant un ou plusieurs mots nécessaires au sens (ex. : « Même il m'est arrivé quelquefois de manger / Le berger » [La Fontaine]).

rejeter [ʀəʒte] v.t. (lat. *rejectare*) [conj. 27]. -1. Renvoyer en lançant ; repousser : *Rejeter une balle* (syn. relancer). *Rejeter l'envahisseur hors des frontières* (syn. chasser, refouler). -2. Renvoyer ; jeter hors de soi : *Rejeter la nourriture* (syn. vomir). -3. Ne pas admettre, refuser : *Rejeter une offre* (syn. décliner ; contr. accepter). -4. Rejeter qqch sur qqn, désigner un autre que soi comme responsable de qqch : *Rejeter les torts sur son adversaire.* ◆ v.i. AGRIC. Donner des rejets : *Arbre qui rejette de souche.* ◆ **se rejeter** v.pr. -1. Se porter vivement en arrière. -2. LITT. Se reporter faute de mieux sur : *Se rejeter sur une solution de compromis* (syn. se rabattre sur).

rejeton [ʀəʒtɔ̃] n.m. (de *rejeter*). -1. Pousse qui apparaît au pied de la tige d'une plante.

- **2.** FAM. Descendant ; enfant : *Le dernier rejeton d'une famille.*

rejoindre [ʀəʒwɛ̃dʀ] v.t. (de *joindre*) [conj. 82]. - **1.** Aller retrouver ; rattraper : *Je vous rejoindrai d'ici peu* (syn. retrouver). - **2.** Aboutir à un endroit : *Ce chemin rejoint la nationale.* - **3.** Devenir membre d'un groupe : *Il a rejoint l'opposition* (syn. rallier).

rejouer [ʀəʒwe] v.t. et v.i. [conj. 6]. Jouer de nouveau : *Rejouer un morceau, une pièce.*

réjoui, e [ʀeʒwi] adj. Qui exprime la joie, la gaieté : *Air réjoui* (syn. radieux, épanoui).

réjouir [ʀeʒwiʀ] v.t. (de l'anc. fr. *esjouir*) [conj. 32]. Donner de la joie à : *Cette nouvelle réjouit tout le monde* (syn. ravir, enchanter). ◆ **se réjouir** v.pr. Éprouver de la joie, de la satisfaction : *Se réjouir d'un succès* (syn. se féliciter).

réjouissance [ʀeʒwisɑ̃s] n.f. Joie collective : *Maisons illuminées en signe de réjouissance* (syn. liesse). ◆ **réjouissances** n.f. pl. Fêtes destinées à célébrer un événement heureux : *De grandes réjouissances célébrèrent sa naissance.*

réjouissant, e [ʀeʒwisɑ̃, -ɑ̃t] adj. Qui réjouit : *Une nouvelle qui n'est pas réjouissante* (syn. gai, drôle).

1. relâche [ʀəlɑʃ] n.f. ou, vx, n.m. (de *relâcher*). - **1.** LITT. Interruption dans un travail, un exercice : *S'accorder un moment de relâche* (syn. pause, répit). - **2.** Suspension momentanée des représentations d'un théâtre : *Le dimanche est le jour de relâche.* - **3.** Sans relâche, sans interruption : *Travailler sans relâche* (= constamment).

2. relâche [ʀəlɑʃ] n.f. (de *relâcher*). MAR. Action de relâcher ; lieu où l'on relâche : *Ce bateau fait relâche à Tahiti* (syn. escale).

relâché, e [ʀəlɑʃe] adj. Qui manque de fermeté, de rigueur : *Style relâché* (syn. négligé ; contr. châtié, soigné). *Mœurs relâchées* (syn. dissolu ; contr. strict, sévère).

relâchement [ʀəlɑʃmɑ̃] n.m. - **1.** Diminution de tension : *Le relâchement des cordes d'un violon* (syn. distension). - **2.** Ralentissement d'activité, d'ardeur, de sévérité, etc. : *Relâchement dans le travail* (syn. laisser-aller, négligence).

relâcher [ʀəlɑʃe] v.t. (anc. fr. *relaschier* "pardonner une faute", lat. *relaxare*). - **1.** Rendre plus lâche ; diminuer la tension de : *Relâcher une corde* (syn. détendre). *Lutteur qui relâche son étreinte* (syn. desserrer). - **2.** Remettre en liberté : *Relâcher un prisonnier* (syn. libérer). - **3.** Rendre moins sévère, moins intense : *Relâcher la discipline* (syn. assouplir). *Relâcher ses efforts* (syn. v.i. MAR. Faire relâche. ◆ **se relâcher** v.pr. - **1.** Devenir moins tendu : *Muscles qui se relâchent* (syn. se détendre). - **2.** Perdre de son ardeur ; dimi-

nuer d'activité : *Cet écolier se relâche* (syn. fléchir, mollir). *La discipline se relâche* (syn. s'assouplir).

relais [ʀəlɛ] n.m. (de *relayer*, d'apr. *relaisser*). - **1.** Autref., chevaux de poste frais et placés de distance en distance sur une route pour remplacer les chevaux fatigués ; lieu où ces chevaux étaient placés. - **2.** Personne, chose qui sert d'intermédiaire : *Servir de relais.* - **3.** ÉLECTR. Appareil destiné à produire des modifications dans un circuit de sortie lorsque certaines conditions sont remplies dans le circuit d'entrée dont il subit l'action. - **4.** TÉLÉCOMM. Réémetteur. - **5.** Prendre le relais de, succéder à ; poursuivre l'action de : *Les jeunes ont pris le relais de leurs aînés pour la sauvegarde de la nature.* ‖ SPORTS. Course de relais, épreuve dans laquelle les membres d'une même équipe se succèdent à distances déterminées (on dit aussi *un relais*).

relance [ʀəlɑ̃s] n.f. (de *relancer*). - **1.** Action de donner un nouvel élan, un nouvel essor : *Relance de l'économie.* - **2.** Action de relancer qqn : *La relance de la clientèle.* - **3.** À certains jeux de cartes, action de surenchérir sur l'adversaire ; somme ainsi engagée.

relancer [ʀəlɑ̃se] v.t. [conj. 16]. - **1.** Lancer de nouveau : *Relancer la balle* (syn. renvoyer). - **2.** Solliciter de nouveau pour tenter d'obtenir qqch : *Relancer qqn pour le faire changer d'avis.* - **3.** Donner un nouvel essor à : *Relancer la production.* ◆ v.i. Au jeu, faire une relance.

relaps, e [ʀəlaps] adj. et n. (lat. *relapsus* "retombé", de *labi* "tomber"). Se disait d'un chrétien retombé dans l'hérésie : *Jeanne d'Arc fut condamnée comme relapse.*

relater [ʀəlate] v.t. (du lat. *relatus*, de *referre* "raconter"). Raconter en détaillant les circonstances de : *Relater un incident* (syn. rapporter, retracer).

relatif, ive [ʀəlatif, -iv] adj. (lat. *relativus*, de *relatum*, supin de *referre* "rapporter"). - **1.** Qui se rapporte à : *Études relatives à l'histoire* (syn. concernant). - **2.** Qui n'a rien d'absolu ; qui dépend d'autre chose : *Les goûts sont relatifs* (syn. subjectif ; contr. objectif). - **3.** Incomplet ; approximatif : *Un silence relatif* (syn. partiel). - **4.** GRAMM. Proposition relative, proposition subordonnée introduite par un mot relatif (on dit aussi *une relative*). ‖ MATH. Entier relatif, élément de l'ensemble **Z**. ‖ MATH. Nombre relatif, nombre positif ou négatif (on dit aussi *un relatif*). ◆ adj. et n.m. GRAMM. Se dit d'un mot qui met en relation un nom ou un pronom qu'il représente (l'antécédent) et une proposition subordonnée complétant cet antécédent : *Pronoms relatifs (qui, que, quoi, etc.). Adjectifs relatifs (lequel, laquelle, etc.). Adverbes relatifs (où, quand, etc.). Locutions relatives (qui que, quoi que, etc.).*

relation [ʀəlasjɔ̃] n.f. (lat. *relatio* "rapport, récit"). - **1.** Action de relater : *Relation de voyage* (syn. récit, narration). - **2.** Lien existant entre deux choses : *Relation de cause à effet* (syn. rapport, corrélation). - **3.** Personne avec laquelle on est en rapport : *Relation d'affaires* (syn. connaissance). - **4.** LOG. Prédicat à plusieurs variables : *L'égalité (=) est une relation à deux variables*, ou *relation binaire*. - **5.** MATH. Propriété de certains couples d'éléments d'un ensemble. - **6.** Avoir des relations, connaître des personnes influentes. ‖ **Relations internationales**, relations entre États, constituant une branche du droit international public. ‖ **Relations publiques**, activités professionnelles visant à informer l'opinion sur les réalisations d'une collectivité et à les promouvoir. ‖ **Théorie des relations**, partie fondamentale de la logique moderne, comprenant le calcul des relations et l'étude des divers types de relations et de leurs propriétés générales. □ On étudie notamm. les relations d'équivalence et d'ordre.

relationnel, elle [ʀəlasjɔnɛl] adj. Relatif aux relations entre les individus : *Avoir des problèmes relationnels.*

relationniste [ʀəlasjɔnist] n. CAN. Spécialiste des relations publiques.

relativement [ʀəlativmɑ̃] adv. - **1.** D'une manière relative : *Elle est relativement sérieuse* (= jusqu'à un certain point). - **2.** Relativement à, par comparaison avec : *Ce n'est pas cher relativement à ce qu'on a obtenu* (= par rapport à).

relativiser [ʀəlativize] v.t. Rendre relatif ; faire perdre son caractère absolu à : *Relativiser un problème.*

relativisme [ʀəlativism] n.m. - **1.** PHILOS. Doctrine soutenant la relativité de la connaissance : *Le relativisme de la philosophie kantienne.* - **2.** Attitude de celui qui pense que les valeurs sont relatives.

relativiste [ʀəlativist] adj. Qui relève de la théorie de la relativité.

relativité [ʀəlativite] n.f. - **1.** Caractère de ce qui est relatif : *La relativité de la connaissance.* - **2.** PHYS. Théories de la relativité, ensemble de théories selon lesquelles, à partir de référentiels équivalents, les grandeurs relatives à l'un se déduisant des mêmes grandeurs relatives à un autre, on peut exprimer des lois physiques invariantes.

relax ou **relaxe** [ʀəlaks] adj. (de l'angl. *to relax* "se détendre"). FAM. - **1.** Reposant ; calme : *Vacances relaxes.* - **2.** À l'aise, détendu : *Elle est très relax* (syn. décontracté).

relaxant, e [ʀəlaksɑ̃, -ɑ̃t] adj. Qui relaxe : *Bain relaxant.*

relaxation [ʀəlaksasjɔ̃] n.f. - **1.** Action de se relaxer ; détente progressive : *Relaxation mus-*

culaire. - **2.** PSYCHOL. Action psychothérapique utilisant le relâchement conscient et la maîtrise du tonus musculaire.

relaxe [ʀəlaks] n.f. (de *relaxer*). DR. Décision d'un tribunal correctionnel déclarant un prévenu non coupable.

relaxer [ʀəlakse] v.t. (lat. *relaxare* "relâcher"). - **1.** Mettre en état de décontraction : *Un bain moussant qui relaxe* (syn. reposer). - **2.** DR. Accorder la relaxe à un prévenu (syn. libérer).
◆ **se relaxer** v.pr. FAM. Détendre ses muscles, son esprit : *Se relaxer après le travail* (syn. se détendre).

relayer [ʀəleje] v.t. (de l'anc. fr. *laier* "laisser") [conj. 11]. - **1.** Remplacer qqn dans un travail, une action pour éviter toute interruption : *Relayer un camarade fatigué* (syn. relever). - **2.** SPORTS. Succéder à un équipier dans une course de relais. - **3.** Substituer à qqch qqch d'autre : *Relayer un appareil défaillant par un autre.* - **4.** TÉLÉCOMM. Retransmettre un programme par émetteur, par satellite. ◆ **se relayer** v.pr. Se remplacer, alterner pour assurer la continuité d'une tâche : *Se relayer auprès d'un malade.*

relecture [ʀəlɛktyʀ] n.f. Nouvelle lecture : *La relecture d'un manuscrit.*

relégation [ʀəlegasjɔ̃] n.f. DR. Action de reléguer, d'exiler.

reléguer [ʀəlege] v.t. (lat. *relegare* "éloigner") [conj. 18]. - **1.** DR. Exiler dans un endroit déterminé : *Reléguer un condamné* (syn. bannir). - **2.** Éloigner ; mettre à l'écart : *Reléguer un meuble au grenier* (syn. remiser). *Reléguer qqn au bout de la table.*

relent [ʀəlɑ̃] n.m. (du lat. *lentus* "tenace, humide"). - **1.** Mauvaise odeur qui persiste : *Un relent d'égout.* - **2.** LITT. Trace, reste : *Un relent de jansénisme.*

relève [ʀəlɛv] n.f. (de *relever*). - **1.** Action de remplacer une équipe par une autre ; équipe qui assure ce remplacement : *La relève de la garde. La relève arrive.* - **2.** Prendre la relève, relayer : *Les nouveaux prendront la relève.*

1. relevé, e [ʀəlve] adj. (de *relever*). Épicé : *Sauce très relevée* (syn. fort).

2. relevé [ʀəlve] n.m. (de *relever*). - **1.** Action de relever, de noter par écrit ; son résultat : *Faire le relevé des dépenses* (syn. liste). - **2.** Représentation en plan, coupe ou élévation, d'un bâtiment existant : *Faire un relevé topographique.* - **3.** Relevé d'identité bancaire (R.I.B.), pièce délivrée par une banque à ses clients, et permettant d'identifier leur compte.

relèvement [ʀəlɛvmɑ̃] n.m. - **1.** Action de relever : *Relèvement d'un mur, des impôts.* - **2.** Redressement : *Le relèvement d'un pays.* - **3.** MAR. Détermination de l'angle que fait avec le nord la direction d'un point à terre, d'un bateau, d'un astre, etc. ; valeur de cet angle.

relever [rəlve] v.t. (de *lever*) [conj. 19]. **-1.** Remettre debout ; remettre dans sa position naturelle : *Relever un enfant. Relever une statue tombée* (syn. redresser). *Relever un mur en ruine* (syn. reconstruire). **-2.** Ramasser, collecter : *Relever les copies.* **-3.** Rendre la prospérité à : *Relever l'économie.* **-4.** Mettre en valeur : *La parure relève la beauté* (syn. rehausser). **-5.** Constater ; faire remarquer : *Relever des traces* (syn. noter, observer). *Relever une faute* (syn. souligner). **-6.** Consigner, noter par écrit : *Relever le compteur. Relever une cote* (syn. copier, inscrire). **-7.** Marquer que l'on entend, que l'on voit qqch : *Ne pas relever une impertinence.* **-8.** Diriger vers le haut ; remettre plus haut : *Relever la tête* (syn. lever, redresser). *Relever la vitre d'une voiture* (syn. remonter). **-9.** Accroître le niveau, la valeur de : *Relever les salaires* (syn. augmenter, majorer). **-10.** Donner un goût plus prononcé à : *Relever une sauce* (syn. assaisonner, épicer). **-11.** Remplacer dans un travail, une fonction : *Relever une équipe* (syn. relayer). **-12.** Libérer d'une obligation, d'un engagement : *Relever un religieux de ses vœux* (syn. dégager, délier). **-13.** Priver de sa charge, de son poste : *Relever un officier de son commandement* (syn. destituer, révoquer). ◆ v.t. ind. [**de**]. **-1.** Se remettre ; se rétablir : *Relever d'une grippe.* **-2.** Dépendre de l'autorité de ; être du ressort de : *Ne relever de personne. Affaire qui relève de la cour d'assises* (syn. ressortir de). ◆ **se relever** v.pr. **-1.** Se remettre debout : *Enfant qui se relève tout seul* (syn. se redresser). **-2.** Sortir d'une situation pénible : *Il ne s'en relèvera jamais* (syn. se remettre).

releveur, euse [rəlvœr, -øz] n.m. Personne employée par une compagnie de distribution d'eau, de gaz, etc., pour relever les compteurs.

relief [rəljɛf] n.m. (de *relever,* d'apr. les anc. formes toniques comme *je relief,* avec infl. de l'ital. *rilievo* [en sculpture], de *rilevare* "relever"). **-1.** Ce qui fait saillie sur une surface : *Le relief d'une médaille. Lettres en relief.* **-2.** Ensemble des inégalités de la surface terrestre : *Le relief d'un pays.* **-3.** Sculpture dans laquelle le motif se détache en saillie plus ou moins forte sur un fond. **-4.** Éclat qui naît de l'opposition, du contraste : *Portrait qui a du relief.* **-5.** Ce qui ressort, se distingue du commun : *Personnage de roman qui a beaucoup de relief* (syn. caractère, force). **-6.** Mettre en relief, faire ressortir, mettre en évidence : *Cet exploit a mis en relief son courage.* ◆ **reliefs** n.m. pl. LITT. Restes d'un repas.

relier [rəlje] v.t. (de *lier*) [conj. 9]. **-1.** Lier ensemble : *Relier les points d'une figure par un trait* (syn. réunir, joindre). **-2.** Unir ; établir un lien entre : *Relier plusieurs phénomènes à une même cause* (syn. associer). **-3.** Faire communiquer : *Relier les deux berges d'une rivière par un pont* (syn. joindre). **-4.** Effectuer la reliure d'un livre.

relieur, euse [rəljœr, -øz] n. et adj. (de *relier*). **-1.** Personne qui effectue la reliure des livres. **-2.** Propriétaire d'une entreprise de reliure.

religieuse [rəliʒjøz] n.f. (de *religieuse* "nonne", par analogie de forme). Gâteau composé de deux choux superposés fourrés de crème pâtissière et glacés au fondant.

religieusement [rəliʒjøzmɑ̃] adv. **-1.** D'une manière religieuse : *Être élevé religieusement* (syn. pieusement). **-2.** Avec une exactitude scrupuleuse : *Observer religieusement un traité* (syn. minutieusement).

religieux, euse [rəliʒjø, -øz] adj. (lat. *religiosus*). **-1.** Qui appartient à une religion ; qui se fait selon les rites d'une religion : *Chant religieux* (syn. sacré ; contr. profane). *Mariage religieux* (contr. civil). **-2.** Qui concerne des gens dont la vie est vouée à la religion : *L'habit religieux.* **-3.** Qui pratique sa religion avec piété : *Il est très religieux* (syn. croyant, pieux). **-4.** Qui est empreint de gravité et invite au recueillement : *Silence religieux.* ◆ n. Personne qui a prononcé des vœux dans un institut religieux : *Les religieux de Saint-Benoît* (syn. moine). *Un couvent de religieuses* (syn. vieilli, nonne).

religion [rəliʒjɔ̃] n.f. (lat. *religio* "vénération", de *relegere* "recueillir, rassembler"). **-1.** Ensemble de croyances et de dogmes définissant le rapport de l'homme avec le sacré : *Prôner la tolérance en matière de religion.* **-2.** Ensemble de pratiques et de rites propres à chacune de ces croyances : *Religion chrétienne, juive, musulmane* (syn. confession, culte). **-3.** Adhésion à une doctrine religieuse : *Homme sans religion* (= athée ; syn. foi, croyance). **-4.** Entrer en religion, se consacrer à la religion au sein d'un monastère, d'un institut religieux.

religiosité [rəliʒjozite] n.f. **-1.** vx. Fait d'être religieux, de pratiquer sa religion avec piété. **-2.** Effet de la sensibilité sur l'attitude religieuse, conduisant à une vague religion personnelle.

reliquaire [rəlikɛr] n.m. Boîte, coffret, etc., souvent en orfèvrerie, destiné à contenir des reliques.

reliquat [rəlika] n.m. (lat. *reliqua* "choses restantes"). **-1.** SOUT. Ce qui subsiste de qqch : *Garder un reliquat de haine à l'égard de qqn* (syn. reste, résidu). **-2.** DR. Ce qui reste dû après un arrêté de comptes : *Toucher un reliquat.*

relique [Rəlik] n.f. (lat. *reliquiae* "restes").
- **1.** Ce qui reste du corps d'un martyr, d'un saint ou d'un objet relatif à son histoire, qui fait l'objet d'un culte : *On vénère à Paris les reliques de sainte Geneviève.* - **2.** Objet auquel on attache une valeur sentimentale : *Conserver des reliques de son passé.*

relire [Rəliʀ] v.t. (conj. 106). Lire de nouveau ce qu'on a déjà lu ou ce qu'on vient d'écrire.
◆ **se relire** v.pr. Lire ce qu'on a soi-même écrit : *Il n'arrive pas à se relire.*

reliure [Rəljyʀ] n.f. - **1.** Couverture cartonnée, recouverte de cuir, de toile, etc., dont on habille un livre pour le protéger ou le décorer : *Reliure en maroquin.* - **2.** Activité industrielle ou artisanale consistant à relier les livres.

reloger [Rələɔʒe] v.t. (conj. 17). Trouver un logement de remplacement à qqn : *Reloger des sinistrés.*

reluire [Rəlɥiʀ] v.i. (lat. *relucere*) [conj. 97]. - **1.** Briller, luire : *Faire reluire des cuivres* (syn. étinceler). - **2.** FAM. Passer, manier la brosse à reluire, flatter qqn.

reluisant, e [Rəlɥizɑ̃, -ɑ̃t] adj. - **1.** Qui reluit : *Un mobilier reluisant* (syn. miroitant). - **2.** Peu reluisant, médiocre : *Situation peu reluisante* (syn. brillant).

reluquer [Rəlyke] v.t. (du moyen fr. *luquer* "regarder", moyen néerl. *loeken*, même sens, par l'intermédiaire des parlers wallons et picards). FAM. Regarder avec curiosité ou convoitise : *Reluquer une femme* (syn. lorgner).

rem [Rɛm] n.m. (sigle, de l'angl. *Röntgen equivalent man* "équivalent-homme de Röntgen"). Unité d'équivalent de dose*. □ 1 rem égale 0,01 sievert.

remâcher [Rəmɑʃe] v.t. - **1.** Mâcher une seconde fois, en parlant des ruminants. - **2.** Retourner dans son esprit : *Remâcher ses ennuis, ses souvenirs* (syn. ruminer).

remaillage [Rəmajaʒ] ou **remmaillage** [Rɑ̃majaʒ] n.m. Action ou manière de remailler.

remailler [Rəmaje] ou **remmailler** [Rɑ̃maje] v.t. Reconstituer les mailles d'un tricot, d'un filet.

remake [Rimɛk] n.m. (mot angl. de *to remake* "refaire"). Nouvelle version d'un film, d'une œuvre littéraire, théâtrale, etc. : *Tourner un remake.*

rémanent, e [Remanɑ̃, -ɑ̃t] adj. (lat. *remanens*, de *remanere* "rester"). - **1.** LITT. Qui subsiste : *Chagrin rémanent* (syn. persistant). - **2.** Image rémanente, image qui reste après la disparition du stimulus.

remaniement [Rəmanimɑ̃] n.m. Action de remanier ; résultat de cette action : *Un*

remaniement ministériel (syn. changement, modification).

remanier [Rəmanje] v.t. (de *manier*) [conj. 9]. Changer complètement la composition de : *Remanier un ouvrage* (syn. modifier, retoucher, transformer).

remariage [Rəmaʀjaʒ] n.m. Nouveau mariage.

se remarier [Rəmaʀje] v.pr. [conj. 9]. Se marier de nouveau : *Après son divorce, il ne s'est pas remarié.*

remarquable [Rəmaʀkabl] adj. Digne d'être remarqué : *Événement remarquable* (syn. marquant, notable). *Un médecin remarquable* (syn. émérite).

remarquablement [Rəmaʀkabləmɑ̃] adv. De façon remarquable : *Une femme remarquablement intelligente.*

remarque [Rəmaʀk] n.f. (de *remarquer*). - **1.** Observation : *Remarque judicieuse* (syn. réflexion). *Faire une remarque à qqn sur sa tenue* (syn. critique, remontrance). - **2.** Note, observation écrite : *Ouvrage plein de remarques* (syn. annotation, commentaire).

remarquer [Rəmaʀke] v.t. (de *marquer*). - **1.** Faire attention à : *Tu n'as rien remarqué d'anormal ?* (syn. constater, observer). *Faire remarquer une erreur* (= relever). - **2.** Distinguer parmi d'autres : *Remarquer qqn dans la foule* (syn. apercevoir, discerner). - **3.** Se faire remarquer, se singulariser (péjor.) : *Se faire remarquer par ses excentricités.*

remballer [Rɑ̃bale] v.t. Emballer de nouveau : *Remballer les produits invendus.*

rembarquement [Rɑ̃baʀkəmɑ̃] n.m. Action de rembarquer ou de se rembarquer : *Le rembarquement des troupes.*

rembarquer [Rɑ̃baʀke] v.t. et v.i. Embarquer de nouveau : *Rembarquer du matériel. Corps expéditionnaire qui rembarque après une mission.*

rembarrer [Rɑ̃baʀe] v.t. (de *embarrer* "enfoncer"). FAM. Reprendre vivement qqn, le remettre à sa place : *J'ai voulu me parler de vous en mal, je l'ai vite rembarré* (syn. rabrouer).

remblai [Rɑ̃blɛ] n.m. (de *remblayer*). - **1.** Action de remblayer ; son résultat : *Le remblai d'une excavation* (syn. remblayage). - **2.** TR. PUBL. Masse de terre rapportée pour élever un terrain ou combler un creux.

remblaiement [Rɑ̃blɛmɑ̃] n.m. (de *remblayer*). Action de l'eau qui dépose tout ou partie des matériaux qu'elle transporte.

remblayage [Rɑ̃blɛjaʒ] n.m. Action de remblayer (syn. remblai).

remblayer [Rɑ̃blɛje] v.t. (de l'anc. v. *emblaer* "remplir, ensemencer de blé") [conj. 11]. Remettre des matériaux pour hausser ou combler : *Remblayer une route.*

rembobiner [Rãbɔbine] v.t. Enrouler de nouveau ce qui est débobiné : *Rembobiner du fil, une bande magnétique.*

remboîter [Rãbwate] v.t. (de *emboîter*). Remettre en place ce qui est déboîté : *Remboîter un barreau de chaise.*

rembourrage [RãbuRaʒ] n.m. -**1.** Action de rembourrer : *Le rembourrage d'un fauteuil* (syn. capitonnage). -**2.** Matière avec laquelle on rembourre : *Siège qui perd son rembourrage* (syn. bourre).

rembourrer [RãbuRe] v.t. (de *embourrer*, de *1. bourre*). Garnir, remplir de crin, de bourre, etc. : *Rembourrer un fauteuil* (syn. capitonner).

remboursable [RãbuRsabl] adj. Qui peut, qui doit être remboursé : *Emprunt remboursable en vingt ans.*

remboursement [RãbuRsəmã] n.m. -**1.** Action de rembourser : *Le remboursement des frais de déplacement.* -**2.** Envoi contre remboursement, envoi d'une marchandise délivrable contre paiement de sa valeur et, éventuellement, des frais de port.

rembourser [RãbuRse] v.t. (de *embourser* "mettre de l'argent en poche, en réserve"). -**1.** Rendre à qqn l'argent emprunté : *Rembourser un créancier.* -**2.** Rendre à qqn l'argent qu'il a déboursé : *Rembourser qqn de ses frais.*

se rembrunir [RãbRyniR] v.pr. (de *brun*, au sens anc. de "sombre") [conj. 32]. Devenir sombre, triste : *À ce souvenir, il s'est rembruni* (syn. s'assombrir).

remède [Rəmɛd] n.m. (lat. *remedium*). -**1.** VIEILLI. Tout ce qui peut servir à prévenir ou à combattre une maladie : *Prendre les remèdes ordonnés par le médecin* (syn. médicament). -**2.** Ce qui sert à prévenir ou à combattre une souffrance morale : *Il n'y a pas de remède à son angoisse* (syn. antidote, recours). -**3.** Moyen, mesure propre à diminuer un mal, à résoudre une difficulté : *Chercher un remède à l'inflation* (syn. solution, expédient).

remédiable [Rəmedjabl] adj. À quoi l'on peut apporter remède : *C'est là un mal remédiable* (syn. curable, guérissable). *Une perte remédiable* (syn. réparable).

remédier [Rəmedje] v.t. ind. [à] (lat. *remediare*) [conj. 9]. Apporter un remède à : *Remédier à une rage de dent* (syn. soulager, calmer). *Remédier au déséquilibre budgétaire.*

remembrement [RəmãbRəmã] n.m. (de *remembrer*). Aménagement foncier qui a pour but de substituer au morcellement excessif des terres des parcelles moins nombreuses, plus grandes et pourvues d'accès faciles.

remembrer [RəmãbRe] v.t. (de *membre*, d'apr. *démembrer*). Effectuer le remembrement de : *Remembrer une région.*

remémorer [RəmemɔRe] v.t. (bas lat. *rememorari*). LITT. Remettre en mémoire, rappeler : *Remémorer un fait* (syn. évoquer). ◆ **se remémorer** v.pr. Se rappeler : *Essaie de te remémorer cette histoire* (syn. se souvenir de).

remerciement [RəmɛRsimã] n.m. Action de remercier ; paroles par lesquelles on remercie : *Lettre de remerciement.*

remercier [RəmɛRsje] v.t. (de l'anc. fr. *mercier*, de *merci*) [conj. 9]. -**1.** Exprimer sa gratitude à qqn pour qqch : *Je vous remercie de, pour vos conseils.* -**2.** Congédier : *Remercier un employé* (syn. renvoyer, licencier).

remettre [RəmɛtR] v.t. (lat. *remittere* "renvoyer, laisser") [conj. 84]. -**1.** Replacer qqn, qqch à l'endroit où il était : *Remettre un livre à sa place* (syn. rapporter, reposer). -**2.** Reconnaître : *Je vous remets très bien à présent.* -**3.** Replacer ; remboîter : *Remettre un os démis.* -**4.** Mettre de nouveau : *Remettre un manteau sur soi.* -**5.** Mettre en remplacement ou un supplément de qqch : *Remettre des cordes à une raquette. Remettre du lait dans une purée* (syn. ajouter). -**6.** Rétablir la santé de qqn : *L'air de la campagne l'a remis* (syn. revigorer, remonter). -**7.** Mettre entre les mains, en la possession, le pouvoir, à la discrétion de qqn : *Remettre une lettre en main propre* (syn. donner). *Remettre les clefs de son appartement au concierge* (syn. laisser, confier). *Remettre un criminel à la justice* (syn. livrer). -**8.** Faire grâce de : *Remettre la peine de qqn* (= gracier qqn). -**9.** Différer : *Remettre une affaire au lendemain* (syn. ajourner, repousser). -**10.** FAM. En remettre, exagérer. | FAM. Remettre ça, recommencer : *Les voisins remettent ça avec leurs disputes.* | Remettre qqn au pas, le contraindre à faire son devoir. ◆ **se remettre** v.pr. -**1.** Se replacer : *Se remettre à table.* -**2.** Recommencer à : *Se remettre à jouer.* -**3.** Revenir à un meilleur état de santé : *Se remettre après un accident* (syn. récupérer, se rétablir). -**4.** S'en remettre à qqn, s'en rapporter à lui : *Il s'en est remis à un avocat pour régler son litige* (syn. se reposer sur).

rémige [Remiʒ] n.f. (lat. *remex, remigis* "rameur"). Chacune des grandes plumes de l'aile d'un oiseau.

réminiscence [Reminisãs] n.f. (bas lat. philos. *reminiscentia*, du class. *reminisci* "se souvenir"). -**1.** Retour à la conscience d'un souvenir qui n'est pas reconnu comme tel. -**2.** Souvenir vague et imprécis : *Il a des réminiscences de son accident.*

remise [Rəmiz] n.f. (de *remettre*). -**1.** Action de remettre dans un lieu : *La remise en place d'un meuble.* -**2.** Action de remettre, de livrer : *La remise d'un paquet à son destinataire* (syn. livraison, délivrance). -**3.** Rabais consenti sur le prix de certaines marchandises : *Consentir* une remise de 5% (syn. **réduction**). **-4.** Local servant d'abri à des véhicules ou à du matériel : *L'échelle est dans la remise* (syn. **hangar**, **resserre**). **-6.** DR. **Remise de peine**, grâce que l'on accorde à un condamné de tout ou partie de sa peine.

remiser [ʀəmize] v.t. **-1.** Placer dans une remise, un garage : *Remiser un tracteur* (syn. **garer**). **-2.** Mettre à sa place habituelle : *Remiser ses affaires* (syn. **ranger**).

rémissible [ʀemisibl] adj. (lat. *remissibilis*). Digne de pardon : *Péché rémissible* (syn. **pardonnable**).

rémission [ʀemisjɔ̃] n.f. (lat. ecclés. *remissio*, de *remittere* "remettre"). **-1.** CATH. Pardon : *Rémission des péchés* (= absolution). **-2.** MÉD. Atténuation momentanée d'un mal : *Rémission de la douleur* (syn. **accalmie**, **répit**).

remmaillage n.m., **remmailler** v.t. → **remaillage**, **remailler**.

remmener [ʀɑ̃mne] v.t. [conj. 19]. Emmener après avoir amené : *Accompagner un enfant chez le médecin, puis le remmener chez lui* (syn. **ramener**, **reconduire**).

remodelage [ʀəmɔdlaʒ] n.m. **-1.** Action de remodeler. **-2.** Remaniement, rénovation effectués sur de nouvelles bases : *Remodelage d'un vieux quartier*.

remodeler [ʀəmɔdle] v.t. (de *modeler*) [conj. 25]. **-1.** Modifier la forme ou l'aspect de qqch pour la rendre conforme à un modèle ou améliorer son esthétique : *Remodeler un visage*. **-2.** Donner à qqch une forme nouvelle adaptée aux besoins actuels, à une fonction spécifique : *Remodeler le système scolaire* (syn. **restructurer**).

remontage [ʀəmɔ̃taʒ] n.m. (de *remonter*). **-1.** Action d'assembler de nouveau les diverses pièces d'une machine : *Le remontage d'un moteur*. **-2.** Action de tendre le ressort d'un mécanisme : *Remontage d'une montre*.

1. remontant, e [ʀəmɔ̃tɑ̃, -ɑ̃t] adj. (de *remonter*). Se dit d'une plante qui refleurit à diverses époques de l'année : *Rosiers, fraisiers remontants*.

2. remontant [ʀəmɔ̃tɑ̃] n.m. (de *remonter*). Aliment, boisson ou médicament qui redonnent des forces : *Prendre un remontant* (syn. **fortifiant**, **reconstituant**).

remontée [ʀəmɔ̃te] n.f. **-1.** Action de remonter : *La remontée des spéléologues*. **-2.** **Remontée mécanique**, toute installation utilisée par les skieurs pour remonter les pentes (télésièges, téléskis, télécabines).

remonte-pente [ʀəmɔ̃tpɑ̃t] n.m. (pl. *remonte-pentes*). Téléski.

remonter [ʀəmɔ̃te] v.i. **-1.** Monter de nouveau quelque part ; regagner l'endroit d'où

l'on est descendu : *Remonter dans sa chambre. Remonter du fond d'une mine.* **-2.** Atteindre un niveau supérieur après avoir baissé : *Les températures remontent.* **-3.** Suivre une courbe ascendante : *La route remonte après la rivière. L'avion descend puis remonte.* **-4.** Aller vers la source d'un cours d'eau ; retourner dans un endroit situé plus au nord : *Vacanciers qui remontent vers la ville.* **-5.** Se reporter à une époque ou à un fait antérieurs ; établir une relation de dépendance entre deux faits : *Remonter à la source d'une rumeur.* **-6.** MAR. **Remonter au vent, dans le vent**, naviguer au plus près du vent, louvoyer. ◆ v.t. **-1.** Parcourir de bas en haut ce qu'on a descendu : *Remonter l'escalier en vitesse.* **-2.** Rattraper un concurrent : *Coureur qui remonte ceux qui l'avaient dépassé* (syn. **rejoindre**). **-3.** Parcourir un cours d'eau ou le longer d'aval en amont : *Remonter un fleuve de son embouchure à sa source.* **-4.** Aller dans le sens inverse du mouvement général : *Remonter le flot des voyageurs.* **-5.** Mettre, placer qqch à un niveau plus élevé : *Remonter un mur* (syn. **exhausser**). *Remonter le col de sa veste* (syn. **relever**). **-6.** Redonner à un ressort l'énergie nécessaire à son fonctionnement : *Remonter une montre.* **-7.** Redonner à qqn de la vigueur, de l'énergie : *Elle est très déprimée et a besoin qu'on la remonte* (syn. **soutenir**, **réconforter**). *Ce médicament m'a remonté* (syn. **tonifier**, **revigorer**). **-8.** Pourvoir de nouveau qqch de ce qui lui a fait défaut : *Remonter sa garde-robe* (syn. **regarnir**, **reconstituer**). **-9.** Réajuster les parties d'un objet démonté : *Remonter une armoire, un moteur.* **-10.** Remonter le moral, redonner du courage. ◆ **se remonter** v.pr. Se redonner des forces, du dynamisme.

remontoir [ʀəmɔ̃twaʀ] n.m. Organe au moyen duquel on peut remonter un mécanisme : *Montre à remontoir.*

remontrance [ʀəmɔ̃tʀɑ̃s] n.f. (de *remontrer*). Avertissement ; réprimande : *Faire des remontrances à un enfant désobéissant* (syn. **observation**, **reproche**).

remontrer [ʀəmɔ̃tʀe] v.t. **-1.** Montrer de nouveau qqch à qqn : *Je te remontrerai les photos un autre jour.* **-2.** **En remontrer à qqn**, lui prouver qu'on lui est supérieur : *Il se croit très fort et veut en remontrer à tout le monde.*

rémora [ʀemɔʀa] n.m. (lat. *remora* "retard"). Poisson marin, possédant sur la tête un disque formant ventouse, qui lui permet de se faire transporter par d'autres poissons, des cétacés, des bateaux parfois. □ Long. 40 cm.

remords [ʀəmɔʀ] n.m. (de *remordre*, lat. *remordere* "mordre, ronger en retour"). Douleur morale causée par la conscience d'avoir mal agi : *Être bourrelé de remords.*

remorquage [ʀəmɔʀkaʒ] n.m. Action de remorquer ; fait d'être remorqué : *Le remorquage d'un bateau, d'un planeur.*

remorque [ʀəmɔʀk] n.f. (de *remorquer*). - **1.** Traction exercée par un véhicule sur un autre véhicule : *Prendre un bateau en remorque.* - **2.** Véhicule sans moteur remorqué par un autre. - **3.** Être à la remorque, rester en arrière. ‖ Être à la remorque de qqn, se laisser conduire, diriger entièrement par qqn.

remorquer [ʀəmɔʀke] v.t. (it. *rimorchiare*, du bas lat. *remulcare*, de *remulcum* "corde de halage"). Tirer un véhicule, un bateau derrière soi : *Remorquer une voiture en panne* (syn. haler).

remorqueur [ʀəmɔʀkœʀ] n.m. Bâtiment de navigation conçu pour déplacer d'un point à un autre d'autres bâtiments dans un port, sur un fleuve, une rivière ou en mer.

rémoulade [ʀemulad] n.f. (probabl. du picard *rémola, ramolas*, du lat. *armoracia* "raifort" d'apr. *salade*, et p.-ê. infl. de *remolade* "onguent de vétérinaire"). Mayonnaise additionnée de moutarde et de fines herbes : *Céleri rémoulade.*

rémouleur [ʀemulœʀ] n.m. (de l'anc. fr. *rémoudre* "aiguiser de nouveau", de *émoudre*). Personne qui aiguise les couteaux et les instruments tranchants.

remous [ʀəmu] n.m. (prov. *remou*, réfection de *revou* "tourbillon", du lat. *revolvere* "retourner"). - **1.** Tourbillon d'eau qui se forme derrière un navire en marche. - **2.** Tourbillon qui se forme après le passage de l'eau sur un obstacle. - **3.** Mouvement en sens divers : *Les remous de la foule* (syn. agitation). - **4.** Mouvements divers qui divisent et agitent l'opinion : *Cette réforme va faire des remous.*

rempaillage [ʀɑ̃pajaʒ] n.m. Action de rempailler ; ouvrage du rempailleur : *Le rempaillage d'un fauteuil.*

rempailler [ʀɑ̃paje] v.t. (de *empailler*). Regarnir de paille le siège des chaises, des fauteuils, etc.

rempailleur, euse [ʀɑ̃pajœʀ, -øz] n. Personne qui rempaille des sièges (syn. empailleur).

rempaqueter [ʀɑ̃pakte] v.t. [conj. 27]. Empaqueter de nouveau : *Rempaqueter ses affaires.*

rempart [ʀɑ̃paʀ] n.m. (de l'anc. v. *remparer* "fortifier" [de *s'emparer*], avec *t* final, par analogie avec l'anc. forme *boulevart*). - **1.** Levée de terre ou forte muraille entourant une place de guerre ou un château fort : *Abattre les remparts* (syn. enceinte). - **2.** LITT. Ce qui sert de défense : *Faire à qqn un rempart de son corps* (syn. bouclier).

rempiler [ʀɑ̃pile] v.i. (de l'anc. fr. *soi rempiler* "se joindre à un groupe", de *empiler*). ARG. MIL. Se rengager.

remplaçant, e [ʀɑ̃plasɑ̃, -ɑ̃t] n. Personne qui en remplace une autre : *Professeur remplaçant* (syn. suppléant).

remplacement [ʀɑ̃plasmɑ̃] n.m. Action de remplacer une chose par une autre, ou une personne dans une fonction ; fait d'être remplacé : *Le remplacement des pneus usés. Assurer le remplacement d'un professeur* (syn. intérim, suppléance).

remplacer [ʀɑ̃plase] v.t. (de l'anc. fr. *emplacer* "mettre en place") [conj. 16]. - **1.** Mettre à la place de : *Remplacer un carreau cassé* (syn. changer). - **2.** Prendre la place de qqn, de qqch d'autre : *Remplacer qqn pendant son absence* (syn. suppléer). *Son fils le remplaçais à la direction* (syn. succéder). *Quand tu seras fatigué, je te remplacerai* (syn. relayer).

remplir [ʀɑ̃pliʀ] v.t. (de *emplir*) [conj. 32]. - **1.** Mettre qqch en assez grande quantité dans un contenant, le rendre plein : *Remplir une bouteille* (contr. vider). - **2.** Occuper entièrement un espace libre : *Faits divers qui remplissent les journaux* (syn. envahir). *Les vacanciers remplissent les plages* (syn. envahir, inonder). - **3.** Pénétrer qqn d'un sentiment : *Cette nouvelle me remplit de joie* (syn. gonfler). - **4.** Accomplir, réaliser une fonction, un rôle, etc. : *Remplir ses engagements, une promesse* (syn. respecter, tenir). - **5.** Compléter un imprimé en portant les indications demandées dans les espaces prévus à cet effet : *Remplir un questionnaire.* - **6.** Remplir l'attente, les espérances de qqn, accomplir ce qu'il attendait, ne pas trahir sa confiance.

◆ **se remplir** v.pr. Recevoir qqch comme contenu : *La citerne est en train de se remplir.*

remplissage [ʀɑ̃plisaʒ] n.m. - **1.** Action de remplir : *Le remplissage d'un tonneau, d'un bassin.* - **2.** Développement inutile ou étranger au sujet : *Il y a beaucoup de remplissage dans cette pièce* (syn. longueurs). - **3.** CONSTR. Blocage compris entre deux appareils de revêtement.

remployer [ʀɑ̃plwaje] et **réemployer** [ʀeɑ̃plwaje] v.t. [conj. 13]. Employer de nouveau : *Remployer des matériaux. Réemployer une expression célèbre.*

se remplumer [ʀɑ̃plyme] v.pr. (de *emplumer*). - **1.** Se recouvrir de nouveau de plumes, en parlant des oiseaux. - **2.** FAM. Rétablir sa situation financière : *Joueur malchanceux qui se remplume.* - **3.** FAM. Reprendre du poids : *Il a beaucoup maigri, il faut qu'il se remplume* (syn. grossir).

remporter [ʀɑ̃pɔʀte] v.t. - **1.** Emporter ce qu'on avait apporté : *N'oubliez pas de remporter votre livre* (syn. reprendre). - **2.** Gagner, obtenir : *Remporter une victoire.*

rempotage [ʀɑ̃pɔtaʒ] n.m. Action de rempoter.

rempoter [ʀɑ̃pɔte] v.t. Changer une plante de pot.

remprunter [ʀɑ̃pʀœ̃te] et **réemprunter** [ʀeɑ̃pʀœ̃te] v.t. Emprunter de nouveau : *Puis-je remprunter votre livre ?*

remuant, e [ʀǝmɥɑ̃, -ɑ̃t] adj. Qui est sans cesse en mouvement : *Un enfant remuant* (syn. agité, turbulent).

remue-ménage [ʀǝmymenaʒ] n.m. inv. - **1.** Déplacement bruyant de meubles, d'objets : *Les enfants ont fait du remue-ménage dans leur chambre* (syn. branle-bas, dérangement). - **2.** Agitation bruyante de gens qui vont en tous sens : *Le remue-ménage d'un quai de gare un jour de départ en vacances* (syn. confusion, grouillement).

remuement [ʀǝmymɑ̃] n.m. LITT. Action, mouvement de ce qui remue : *Le remuement des lèvres.*

remuer [ʀǝmɥe] v.t. (de *muer*) [conj. 7]. - **1.** Changer de place : *Remuer des meubles* (syn. bouger, déplacer). - **2.** Mouvoir une partie du corps : *Remuer la tête* (syn. agiter). - **3.** Émouvoir profondément : *Remuer l'auditoire* (syn. bouleverser, toucher). - **4.** Imprimer un mouvement à qqch : *Remuer son café* (syn. tourner). ◆ v.i. Changer de place, faire un ou des mouvements : *Cet enfant remue continuellement* (syn. s'agiter, bouger). ◆ **se remuer** v.pr. - **1.** Se déplacer, se mouvoir : *Depuis son accident, elle a de la peine à se remuer.* - **2.** Se donner de la peine pour réussir : *Il s'est beaucoup remué pour que tout aille bien* (syn. se démener, se dépenser).

remugle [ʀǝmygl] n.m. (d'un anc. scand. *mygla* "moisissure"). Odeur particulière que prennent les objets longtemps enfermés ou exposés à l'air vicié.

rémunérateur, trice [ʀemyneʀatœʀ, -tʀis] adj. (bas lat. *remunerator*). Qui est avantageux, qui procure des bénéfices : *Un placement rémunérateur* (syn. lucratif, rentable).

rémunération [ʀemyneʀasjɔ̃] n.f. (lat. *remuneratio*). Prix d'un travail, d'un service rendu : *Ils m'offraient une meilleure rémunération* (syn. rétribution, salaire).

rémunérer [ʀemyneʀe] v.t. (lat. *remunerare*, de *munus*, *-eris* "cadeau") [conj. 18]. Payer pour un travail, un service : *Rémunérer un employé* (syn. rétribuer).

renâcler [ʀǝnakle] v.i. (de *renifler*, et du moyen fr. *renaquer*, de *naquer* "flairer", lat. pop. *nasicare*, du class. *nasus* "nez"). - **1.** Faire du bruit en reniflant, en parlant d'un animal : *Les porcs renâclent dans leur enclos.* - **2.** FAM. Témoigner de la répugnance pour qqch, se refuser à faire : *Elle a tout fait sans renâcler* (syn. rechigner).

renaissance [ʀǝnesɑ̃s] n.f. - **1.** Action de renaître : *La renaissance du Phénix* (syn. résur-

rection). - **2.** Action de connaître un nouvel essor, de réapparaître : *La renaissance du cinéma français* (syn. renouveau, réveil). ◆ adj. inv. (Avec une majuscule). Qui appartient à la Renaissance : *Des plafonds Renaissance.*

renaissant, e [ʀǝnesɑ̃, -ɑ̃t] adj. - **1.** Qui renaît : *L'antagonisme renaissant entre deux nations.* - **2.** De la Renaissance : *L'art renaissant.*

renaître [ʀǝnɛtʀ] v.i. (conj. 92 ; inusité aux temps composés]. - **1.** Naître de nouveau, revenir à la vie : *On dit que le Phénix renaissait de ses cendres* (syn. ressusciter). - **2.** Croître de nouveau, en parlant des végétaux : *Les fleurs renaissent au printemps* (syn. repousser, reverdir). - **3.** Reparaître, recommencer à exister : *L'espoir renaît* (syn. reparaître, ressurgir). ◆ v.t. ind. [à]. LITT. Retrouver un certain état, une aptitude à éprouver tel ou tel sentiment : *Renaître à l'espérance.*

rénal, e, aux [ʀenal, -o] adj. (du lat. *ren*, *renis* "rein"). Relatif aux reins : *Souffrir d'insuffisance rénale.*

renard [ʀǝnaʀ] n.m. (de *Renart*, n. pr., qui a éliminé l'anc. *goupil*, à cause du succès du *Roman de Renart*, du frq. *Reginhart*). - **1.** Mammifère carnivore à queue touffue et à museau pointu, grand destructeur d'oiseaux et de petits mammifères. □ Famille des canidés. Le renard glapit. - **2.** Fourrure de cet animal : *Renard roux, argenté.* - **3.** Homme rusé et parfois fourbe : *Prenez garde, c'est un vieux renard.* - **4.** TECHN. Fissure dans un bassin, un barrage, par où se produit une fuite (syn. fente).

renarde [ʀǝnaʀd] n.f. Renard femelle.

renardeau [ʀǝnaʀdo] n.m. Jeune renard.

renardière [ʀǝnaʀdjɛʀ] n.f. - **1.** Tanière du renard. - **2.** CAN. Ferme d'élevage de renards.

renchérir [ʀɑ̃ʃeʀiʀ] v.i. [conj. 32]. - **1.** VIEILLI. Devenir plus cher : *Les loyers renchérissent* (syn. augmenter, monter). - **2.** Faire une enchère supérieure (syn. surenchérir). ◆ v.t. ind. [sur]. En dire ou faire plus : *Il renchérit sur tout ce que je dis.*

renchérissement [ʀɑ̃ʃeʀismɑ̃] n.m. Augmentation de prix.

rencogner [ʀɑ̃kɔɲe] v.t. (de *cogner*). Pousser, serrer dans un coin : *Rencogner qqn dans une embrasure* (syn. acculer, coincer). ◆ **se rencogner** v.pr. Se serrer dans un coin : *Il se rencogna dans son siège et fit mine de dormir* (syn. se blottir).

rencontre [ʀɑ̃kɔ̃tʀ] n.f. - **1.** Fait de rencontrer fortuitement qqn ; fait pour des choses de se trouver en contact : *Faire une rencontre inattendue. La rencontre de deux trains entrant en gare* (syn. collision, télescopage). - **2.** Entrevue, conversation concertée entre deux ou plusieurs personnes : *Une rencontre de chefs d'État* (syn. conférence, réunion). - **3.** Compétition sportive : *Une rencontre de rugby* (syn. match). *Une rencontre de boxe* (syn. combat). - **4.** Combat singulier (syn. duel). - **5.** Aller à la rencontre de, aller au-devant de. ‖ De rencontre, qui arrive, survient par hasard : *Amour de rencontre.*

rencontrer [Rɑ̃kɔ̃tRe] v.t. (de l'anc. v. *encontrer* "venir en face", de *encontre*). - **1.** Se trouver en présence de qqn sans l'avoir voulu ; faire la connaissance de qqn, entrer en relation avec qqn : *Je la rencontre tous les jours dans la rue* (syn. croiser). *Rencontrer des gens intéressants durant un voyage.* - **2.** Affronter un adversaire, une équipe dans un match, une compétition : *L'équipe de France rencontrera celle d'Angleterre le mois prochain.* - **3.** Trouver qqch sur son chemin : *Rencontrer des difficultés* (syn. se heurter à). ◆ **se rencontrer** v.pr. - **1.** Se trouver en même temps au même endroit : *Nous nous sommes rencontrés au marché.* - **2.** Faire connaissance de : *Quand nous sommes-nous rencontrés ?* - **3.** LITT. Être du même avis que qqn : *Sur ce point-là, nous nous rencontrons* (syn. converger).

rendement [Rɑ̃dmɑ̃] n.m. (de *rendre*). - **1.** Production évaluée par rapport à une norme, à une unité de mesure : *Cette terre a un rendement de dix quintaux à l'hectare* (syn. rapport). - **2.** Rentabilité d'une somme placée ou investie : *Le rendement de ces actions est intéressant* (syn. profit). - **3.** Efficacité de qqn dans le travail : *Son rendement est insuffisant* (syn. productivité). - **4.** Rapport de l'énergie ou d'une autre grandeur fournie par une machine à l'énergie ou à la grandeur correspondante consommée par cette machine.

rendez-vous [Rɑ̃devu] n.m. - **1.** Convention que font deux ou plusieurs personnes de se trouver à la même heure en un même lieu ; lieu où l'on doit se trouver : *Prendre des rendez-vous. Arriver le premier au rendez-vous.* - **2.** Lieu où l'on a l'habitude de se réunir : *Ce parc est le rendez-vous des promeneurs.* - **3.** Rendez-vous spatial ou orbital, rapprochement volontaire dans l'espace de deux ou de plusieurs satellites, génér. en vue de leur amarrage mutuel.

rendormir [Rɑ̃dɔRmiR] v.t., **se rendormir** v.pr. [conj. 36]. Endormir, s'endormir de nouveau : *Je n'ai pas pu me rendormir.*

rendre [Rɑ̃dR] v.t. (lat. pop. *rendere,* class. *reddere* avec infl. de *prendere* "saisir") [conj. 73]. - **1.** Restituer à qqn ce qui lui appartient ou ce qui lui revient de droit : *Rendre des livres empruntés* (syn. rembourser). *Je vous rendrai cet argent demain* (syn. rembourser). - **2.** Renvoyer, rapporter à qqn ce qu'on a reçu de lui et qu'on ne veut ou ne peut

garder : *Rendre un cadeau à qqn. Rendre un article défectueux à un commerçant* (syn. rapporter, retourner). - **3.** Faire revenir qqn à un état antérieur : *Cette cure lui a rendu la santé.* - **4.** Donner en retour, en échange : *Rendre une invitation* (syn. retourner). *Rendre la monnaie.* - **5.** Formuler un avis, un jugement : *Rendre un arrêt* (syn. émettre, prononcer). - **6.** FAM. Expulser par la bouche ce qui est contenu dans l'estomac : *Rendre son déjeuner* (syn. vomir). - **7.** Émettre tel ou tel son : *Violon qui rend des sons harmonieux* (syn. produire). - **8.** Fournir qqch en plus ou moins grande quantité, en parlant d'une terre : *Cette terre rend peu de blé* (syn. donner, produire). - **9.** Faire passer qqn, qqch à un nouvel état : *Votre arrivée l'a rendu heureux.* - **10.** Rendre les armes, s'avouer vaincu. ◆ **se rendre** v.pr. - **1.** Aller quelque part : *Se rendre à Paris.* - **2.** Cesser le combat : *Se rendre à l'ennemi* (syn. capituler). *Se rendre à la police* (syn. se livrer). - **3.** Agir de façon à être, à devenir, à apparaître tel : *Se rendre utile.* - **4.** Se rendre à l'évidence, admettre ce qui est incontestable. ‖ Se rendre maître de, s'emparer de.

1. rendu, e [Rɑ̃dy] adj. (de *rendre*). - **1.** VIEILLI. Extrêmement fatigué : *Nous étions rendus après cette course en plein soleil* (syn. épuisé, harassé). - **2.** Parvenu à destination : *Enfin, nous voilà rendus* (syn. arrivé).

2. rendu [Rɑ̃dy] n.m. (de *1. rendu*). Qualité expressive de l'exécution dans une œuvre d'art : *Le rendu des chairs dans un tableau.*

rêne [Rɛn] n.f. (lat. pop. **retina,* du class. *retinaculum* "lien", de *retinere* "retenir"). - **1.** Courroie fixée au mors du cheval et que tient le cavalier pour guider sa monture : *Tirer sur les rênes pour ralentir l'allure d'un cheval* (syn. bride). - **2.** Tenir les rênes de qqch, en avoir la direction.

renégat, e [Rənega, -at] n. (it. *rinnegato,* de *rinnegare* "renier"). - **1.** Personne qui renie sa religion (syn. apostat). - **2.** Personne qui abjure ses opinions ou trahit sa patrie : *On le considère comme un renégat* (syn. parjure, traître).

renégocier [Rənegɔsje] v.t. [conj. 9]. Négocier de nouveau : *Renégocier l'échelonnement d'un remboursement.*

1. renfermé, e [Rɑ̃fɛRme] adj. (de *renfermer*). FAM. Peu communicatif : *Un enfant très renfermé* (syn. secret).

2. renfermé [Rɑ̃fɛRme] n.m. (de *1. renfermé*). Mauvaise odeur qu'exhale une pièce qui a été longtemps fermée : *Sa chambre sent le renfermé.*

renfermement [Rɑ̃fɛRməmɑ̃] n.m. Fait de se renfermer sur soi-même : *Essayer de tirer un timide de son renfermement* (syn. isolement, repliement).

renfermer [ʀɑ̃fɛʀme] v.t. - **1.** Enfermer de nouveau : *Renfermer un prisonnier évadé.* - **2.** Avoir en soi : *Ce livre renferme de grandes vérités* (syn. comprendre, contenir). *Le sous-sol renferme des matières premières* (syn. receler). ◆ **se renfermer** v.pr. Ne rien communiquer de ses sentiments : *Se renfermer dans le silence* (syn. se murer).

renfiler [ʀɑ̃file] v.t. Enfiler de nouveau : *Il faisait froid, j'ai dû renfiler mon chandail* (syn. remettre).

renflé, e [ʀɑ̃fle] adj. Plus épais en une partie ; dont le diamètre est plus grand vers la partie médiane : *Un vase à la panse renflée* (syn. bombé). *Colonne renflée.*

renflement [ʀɑ̃fləmɑ̃] n.m. État de ce qui est renflé ; partie renflée : *Le renflement d'un bulbe, d'une tige.*

renfler [ʀɑ̃fle] v.t. (de *enfler*). Donner une forme convexe à : *Le vent renfle les voiles* (syn. gonfler).

renflouage [ʀɑ̃flua ʒ] et **renflouement** [ʀɑ̃flumɑ̃] n.m. Action de renflouer : *Le renflouage d'un pétrolier accidenté. Le renflouement d'une entreprise* (syn. redressement).

renflouer [ʀɑ̃flue] v.t. (du normand *flouée* "marée, flot"). - **1.** Remettre à flot : *Renflouer un paquebot échoué.* - **2.** Fournir les fonds nécessaires pour rétablir une situation financière : *Renflouer une entreprise de construction.*

renfoncement [ʀɑ̃fɔ̃smɑ̃] n.m. - **1.** Ce qui est en creux, renfoncé : *Se cacher dans le renfoncement d'une porte* (syn. décrochement). - **2.** IMPR. Blanc qui précède une ou plusieurs lignes en retrait sur le reste du texte.

renfoncer [ʀɑ̃fɔ̃se] v.t. [conj. 16]. Enfoncer de nouveau ou plus avant : *Renfoncer le bouchon d'une bouteille.*

renforcement [ʀɑ̃fɔʀsəmɑ̃] n.m. Action de renforcer : *Le renforcement d'un mur* (syn. consolidation, étaiement).

renforcer [ʀɑ̃fɔʀse] v.t. (de l'anc. fr. *enforcier*) [conj. 16]. - **1.** Rendre plus fort, plus solide, plus vif : *Renforcer une poutre* (syn. consolider). *Renforcer une couleur* (syn. aviver, intensifier). - **2.** Rendre plus puissant, plus nombreux : *Renforcer des équipes de secours* (syn. grossir).

renfort [ʀɑ̃fɔʀ] n.m. (de *renforcer*). - **1.** Accroissement du nombre des personnes ou des moyens matériels d'un groupe, lui permettant une action plus efficace : *Les pompiers ont reçu le renfort de bénévoles. Attendre une équipe de renfort.* - **2.** (Souvent au pl.). Effectif ou matériel supplémentaire destinés à renforcer ceux qui existent : *Les renforts leur sont-ils parvenus ?* - **3.** Pièce qui en double une autre pour en augmenter la résistance ou pour remédier à l'usure : *Collants, chaussettes*

avec des renforts aux talons. - **4.** À grand renfort de qqch, en employant une grande quantité de, en recourant abondamment à tel moyen : *Laver un local à grand renfort d'eau de Javel.*

se renfrogner [ʀɑ̃fʀɔɲe] v.pr. (var. de *refrogner*, de l'anc. fr. *frogner* "froncer le nez"). Manifester son mécontentement, sa mauvaise humeur en contractant le visage.

rengagement [ʀɑ̃gaʒmɑ̃] n.m. Acte par lequel un militaire libérable contracte un nouvel engagement. (On dit aussi *réengagement*.)

rengager v.i. et **se rengager** [ʀɑ̃gaʒe] v.pr. [conj. 17]. Contracter un rengagement. (On dit aussi [se] *réengager*.)

rengaine [ʀɑ̃gɛn] n.f. (de *rengainer*). - **1.** Paroles répétées à satiété : *Avec toi, c'est toujours la même rengaine* (syn. refrain). - **2.** Refrain populaire ou chanson à succès.

rengainer [ʀɑ̃gene] v.t. (de *engainer* "enserrer dans une gaine"). - **1.** Remettre dans la gaine, dans le fourreau : *Rengainer son épée.* - **2.** Supprimer ou ne pas achever ce qu'on voulait dire : *Rengainer son discours* (syn. ravaler).

se rengorger [ʀɑ̃gɔʀʒe] v.pr. [conj. 17]. - **1.** Avancer, faire saillir la gorge en ramenant la tête en arrière, en parlant d'un oiseau : *Le paon se rengorge.* - **2.** Faire l'important, se gonfler d'orgueil : *Depuis qu'elle a eu cette promotion, elle se rengorge* (syn. parader, plastronner).

reniement [ʀənimɑ̃] n.m. Action de renier : *Certains ne lui ont pas pardonné ses reniements* (syn. abjuration, apostasie).

renier [ʀənje] v.t. (lat. pop. *renegare*, du class. *negare* "nier") [conj. 9]. - **1.** Déclarer, contre la vérité, qu'on ne connaît pas qqn, qqch : *Saint Pierre renia Jésus.* - **2.** Refuser de reconnaître comme sien : *Renier son fils* (syn. désavouer, répudier). - **3.** Ne pas rester fidèle à un engagement, une idée : *Renier ses opinions, sa foi* (syn. abjurer).

reniflement [ʀəniflɑ̃mɑ̃] n.m. Action de renifler ; bruit fait en reniflant.

renifler [ʀənifle] v.i. (de l'anc. fr. *nifler*, onomat.). Aspirer fortement par le nez en faisant du bruit : *Cesse de renifler et mouche-toi !* ◆ v.t. - **1.** Aspirer par le nez : *Renifler les odeurs environnantes* (syn. humer, sentir). - **2.** FAM. Soupçonner, flairer : *Renifler une bonne affaire* (syn. subodorer).

renne [ʀɛn] n.m. (all. *Reen*, empr. au scand.). Mammifère ruminant vivant en Sibérie, en Scandinavie, au Groenland et au Canada (où on l'appelle *caribou*). □ Famille des cervidés.

renom [ʀənɔ̃] n.m. (de *renommer* "célébrer, louer"). Opinion favorable, largement répandue dans le public : *Savant qui doit son renom à une découverte majeure* (syn. célébrité, notoriété, renommée).

renommé, e [Rənɔme] adj. (de *renommer* ; v. *renom*). Qui jouit d'un grand renom : *Vin renommé* (syn. fameux, réputé).

renommée [Rənɔme] n.f. (de *renommé*). Considération favorable largement répandue dans le public sur qqn, qqch : *Cantatrice dont la renommée est universelle* (syn. célébrité, renom). *La renommée des vins de France* (syn. réputation).

renoncement [Rənɔ̃smɑ̃] n.m. - **1.** Action de renoncer : *Le renoncement du candidat républicain a surpris l'électorat* (syn. renonciation, retrait). - **2.** Abnégation, sacrifice complet de soi-même : *Mener une vie de renoncement* (syn. sacrifice).

renoncer [Rənɔ̃se] v.t. ind. [à] (lat. *renuntiare* "annoncer en réponse") [conj. 16]. - **1.** Se désister du droit qu'on a sur qqch : *Renoncer à un droit* (syn. se désister de). *Renoncer au pouvoir* (= abdiquer). - **2.** Cesser de s'attacher à qqch ; se résoudre à cesser toute relation avec qqn : *Renoncer à ses opinions* (syn. abjurer, renier). *Renoncer à celle qu'on aime*. - **3.** Cesser de considérer comme possible : *Renoncer à un projet de voyage* (syn. abandonner). *Je renonce à vous convaincre* (contr. persévérer, persister).

renonciation [Rənɔ̃sjasjɔ̃] n.f. Action de renoncer à qqch : *Renonciation à un projet* (syn. abandon, renoncement).

renonculacée [Rənɔ̃kylase] n.f. Renonculacées, vaste famille de plantes à pétales séparés, aux carpelles indépendants fixés sur un réceptacle bombé, telles que la renoncule, la clématite, l'anémone, l'ancolie, la pivoine, etc. □ Ordre des ranales.

renoncule [Rənɔ̃kyl] n.f. (lat. *ranunculus* "petite grenouille [une des espèces, la *grenouillette*, est aquatique]"). Herbe aux fleurs jaunes (bouton-d'or) ou blanches (bouton-d'argent), abondante dans les prairies au printemps. □ Famille des renonculacées.

renouer [Rənwe] v.t. [conj. 6]. - **1.** Nouer une chose dénouée : *Renouer sa cravate. Renoue ton lacet* (syn. rattacher). - **2.** Reprendre après interruption : *Renouer la conversation* (syn. reprendre). ◆ v.i. Se lier de nouveau : *Renouer avec qqn* (syn. se réconcilier).

renouveau [Rənuvo] n.m. - **1.** Retour à un état précédent : *Mode qui connaît un renouveau de succès* (syn. recrudescence, regain). - **2.** LITT. Retour du printemps.

renouvelable [Rənuvlabl] adj. - **1.** Qui peut être renouvelé : *Bail renouvelable*. - **2.** **Énergie renouvelable**, dont la consommation n'aboutit pas à la diminution des ressources naturelles, parce qu'elle fait appel à des éléments qui se recréent naturellement (la biomasse, l'énergie solaire).

renouveler [Rənuvle] v.t. (de l'anc. fr. *noveler*, de *novel* "nouveau") [conj. 24]. - **1.** Remplacer une personne ou une chose par une nouvelle : *Renouveler les membres d'une équipe* (syn. changer). *Renouveler sa garde-robe* (syn. remonter). - **2.** Remplacer une chose altérée par qqch de neuf : *Renouveler l'air d'une pièce, l'eau d'une piscine* (syn. régénérer). - **3.** Rendre nouveau en transformant : *Renouveler son style* (syn. rénover). - **4.** Faire, donner de nouveau : *Renouveler une promesse* (syn. réitérer, répéter). *Renouveler sa confiance à qqn*. - **5.** Conclure un nouveau contrat du même type que celui qui expire : *Renouveler un bail* (syn. prolonger, proroger). ◆ **se renouveler** v.pr. - **1.** Se transformer : *La nature se renouvelle au printemps* (syn. renaître). - **2.** Prendre une forme nouvelle : *Écrivain qui ne sait pas se renouveler* (syn. évoluer, se transformer). - **3.** Se produire de nouveau : *Que cet incident ne se renouvelle pas !* (syn. recommencer, se répéter).

renouvellement [Rənuvɛlmɑ̃] n.m. Action de renouveler ; fait de se renouveler : *Le renouvellement d'un stock* (syn. réapprovisionnement). *Le renouvellement d'un passeport* (syn. prorogation).

rénovateur, trice [RenɔvatœR, -tRis] adj. et n. (bas lat. *renovator*). - **1.** Qui rénove : *Une théorie picturale rénovatrice*. - **2.** Partisan d'une évolution au sein d'une organisation : *Les rénovateurs du parti*.

rénovation [Renɔvasjɔ̃] n.f. (lat. *renovatio*). Changement en mieux ; transformation : *La rénovation des méthodes de travail* (syn. modernisation). *La rénovation d'un quartier*.

rénover [Renɔve] v.t. (lat. *renovare*). - **1.** Remettre à neuf : *Rénover un appartement* (syn. moderniser, restaurer). - **2.** Donner une nouvelle forme : *Rénover les institutions politiques* (syn. rajeunir, réformer).

renseignement [Rɑ̃sɛɲəmɑ̃] n.m. - **1.** Parole ou écrit qui fait connaître qqch à qqn : *Demander, obtenir un renseignement* (syn. éclaircissement, précision, information). - **2.** (Souvent au pl.). Ensemble des connaissances de tous ordres sur un adversaire potentiel, utiles aux pouvoirs publics et au commandement militaire : *Service de renseignements*. ◆ **renseignements** n.m. pl. Bureau, service chargé d'informer le public (dans une administration, etc.) : *Les renseignements sont près de l'entrée*.

renseigner [Rɑ̃sɛɲe] v.t. (de *enseigner*). Donner des indications, des éclaircissements à qqn : *Renseigner un passant* (syn. éclairer, informer). ◆ **se renseigner** v.pr. Prendre des renseignements : *Renseignez-vous dans les gares* (syn. demander, s'informer).

rentabilisation [ʀɑ̃tabilizasjɔ̃] n.f. Action de rentabiliser : *La rentabilisation de la production.*

rentabiliser [ʀɑ̃tabilize] v.t. Rendre rentable : *Rentabiliser un service, une entreprise.*

rentabilité [ʀɑ̃tabilite] n.f. Caractère de ce qui est rentable : *La rentabilité d'un placement financier.*

rentable [ʀɑ̃tabl] adj. (de *rente*). Qui donne un bénéfice satisfaisant : *Une affaire rentable* (syn. lucratif).

rente [ʀɑ̃t] n.f. (lat. pop. *rendita,* class. *reddita* "somme rendue"). - **1.** Revenu annuel ; ce qui est dû tous les ans pour des fonds placés ou un bien mis à bord : *Rente foncière. Vivre de ses rentes.* - **2.** Emprunt d'État à long ou à moyen terme négociable en Bourse : *Acheter de la rente à 5%.* - **3.** Somme d'argent versée périodiquement à qqn : *Servir une rente à un vieux serviteur* (syn. retraite). - **4.** FAM. Personne ou chose dont on tire un profit régulier : *Avec ses migraines, elle est une vraie rente pour son médecin !* - **5.** Rente de situation, avantage tiré du seul fait que l'on a une situation protégée ou bien placée.

rentier, ère [ʀɑ̃tje, -ɛʀ] n. Personne qui possède des rentes ou qui vit de revenus non professionnels.

rentoiler [ʀɑ̃twale] v.t. Renforcer la toile usée d'une peinture en la collant sur une toile neuve : *Rentoiler un tableau de Rembrandt.*

rentrant, e [ʀɑ̃tʀɑ̃, -ɑ̃t] adj. Angle ou secteur angulaire rentrant, angle dont la mesure est supérieure à celle d'un angle plat (180°).

1. rentré, e [ʀɑ̃tʀe] adj. (de *rentrer*). - **1.** Qui ne se manifeste pas extérieurement : *Colère rentrée* (syn. contenu, refoulé). - **2.** En parlant d'une partie du visage, qui est renfoncé : *Yeux rentrés* (syn. enfoncé). *Joues rentrées* (syn. cave, creux).

2. rentré [ʀɑ̃tʀe] n.m. (de *1. rentré*). Repli du tissu sur l'envers d'un vêtement : *Faire un rentré avant de faufiler un ourlet.*

rentrée [ʀɑ̃tʀe] n.f. (de *1. rentré*). - **1.** Action de mettre qqch à l'intérieur : *La rentrée des foins.* - **2.** Action de revenir dans un lieu qu'on avait quitté, de reparaître après une absence : *Député qui prépare sa rentrée politique.* - **3.** Action de reprendre ses fonctions, ses activités après l'interruption des vacances ; période qui succède aux congés annuels, en début d'automne : *La rentrée des classes* (syn. reprise). *Le premier mardi après la rentrée.* - **4.** Retour d'un engin spatial dans l'atmosphère terrestre. - **5.** Recouvrement de fonds ; somme recouvrée : *Attendre une rentrée importante.*

rentrer [ʀɑ̃tʀe] v.i. (auxil. être). - **1.** Entrer de nouveau quelque part après être sorti :

Rentrer tous les jours déjeuner chez soi (syn. revenir). - **2.** Revenir dans une situation, un état qu'on avait quittés : *Rebelles qui rentrent dans la légalité.* - **3.** Revenir chez soi ou à son lieu habituel : *Rentrer de voyage. Elle rentrera lundi.* - **4.** Reprendre ses activités, ses occupations après une interruption : *Les tribunaux sont rentrés.* - **5.** Être reçu, perçu : *Fonds qui rentrent mal.* - **6.** Recouvrer, récupérer : *Rentrer dans ses droits* (syn. retrouver). - **7.** Entrer : *L'eau rentre par les fissures* (syn. s'infiltrer). - **8.** Se loger avec précision dans qqch : *Les rallonges rentrent sous la table* (syn. s'emboîter). - **9.** Être compris, contenu, inclus : *Cela ne rentre pas dans mes attributions.* - **10.** Se jeter violemment sur qqch, qqn : *La voiture est rentrée dans un mur* (syn. percuter, télescoper). - **11.** FAM. Rentrer dans qqn, lui rentrer dedans, dans le chou, dans le lard, se jeter sur lui pour le battre, le mettre à mal ou se livrer à une violente attaque verbale contre lui. ‖ Rentrer en grâce auprès de qqn, obtenir son pardon. ‖ Rentrer en soi-même, faire un retour sur soi-même, sur son passé ; réfléchir sur sa conduite. ◆ v.t. (auxil. avoir). - **1.** Mettre ou remettre à l'abri, à l'intérieur : *Rentrer des foins, des bestiaux.* - **2.** Faire pénétrer : *Rentrer la clé dans la serrure* (syn. introduire). - **3.** Ramener en arrière certaines parties du corps : *Rentrer la tête dans les épaules. Chat qui rentre ses griffes* (syn. rétracter). - **4.** Refouler, cacher : *Rentrer ses larmes, sa colère* (syn. contenir, étouffer, ravaler).

renversant, e [ʀɑ̃vɛʀsɑ̃, -ɑ̃t] adj. FAM. Qui étonne au plus haut point : *Une nouvelle renversante* (syn. stupéfiant).

renverse [ʀɑ̃vɛʀs] n.f. À la renverse, sur le dos, en arrière : *Tomber à la renverse.*

renversé, e [ʀɑ̃vɛʀse] adj. - **1.** Qui est ou paraît être dans une position contraire à la position normale : *L'image d'un objet est renversée sur la rétine.* - **2.** FAM. Étonné au plus haut point : *Elle était renversée d'apprendre que tu te mariais* (syn. abasourdi, déconcerté). - **3.** C'est le monde renversé, cela va contre la raison, contre le bon sens.

renversement [ʀɑ̃vɛʀsəmɑ̃] n.m. Action de renverser ; fait de se renverser : *Le renversement d'un gouvernement* (syn. chute, écroulement). *Renversement de situation* (syn. retournement).

renverser [ʀɑ̃vɛʀse] v.t. (de l'anc. fr. *enverser,* de *2. envers*). - **1.** Mettre à l'envers, sens dessus dessous : *Renverser un sablier* (syn. retourner). - **2.** Pencher, incliner, rejeter en arrière : *Renverser la tête pour regarder en l'air.* - **3.** Faire tomber qqn, qqch ou lui faire quitter sa position d'équilibre : *Renverser son adversaire d'un croc-en-jambe* (syn. faucher). *Renverser une chaise* (syn. culbuter). - **4.** Changer brusquement et complètement qqch : *Cet événement a renversé mon opinion sur la question* (syn. bouleverser). **- 5.** Provoquer la chute de : *Renverser un gouvernement.* **- 6.** FAM. Plonger dans l'étonnement : *Cette nouvelle nous a renversés* (syn. ébahir, stupéfier). **- 7.** Renverser la vapeur, changer le sens de la circulation de la vapeur dans le cylindre d'une machine pour la freiner ou l'arrêter rapidement ; au fig., changer totalement sa façon d'agir : *Si tu veux réussir tes examens, il faut renverser la vapeur.* ◆ **se renverser** v.pr. **- 1.** Incliner le corps en arrière : *Il se renversa sur sa chaise et se mit à réfléchir.* **- 2.** Se retourner sens dessus dessous : *La voiture s'est renversée* (syn. capoter). *Le voilier s'est renversé* (syn. chavirer).

renvoi [ʀɑ̃vwa] n.m. **- 1.** Action de renvoyer : *Le renvoi des marchandises est aux frais du client* (syn. retour). *Renvoi d'un élève* (syn. expulsion). **- 2.** Action d'ajourner ou de renvoyer devant une commission, une autre juridiction : *Renvoi d'un procès à huitaine* (syn. report). **- 3.** Indication par laquelle le lecteur d'un livre est invité à se reporter à un autre endroit du texte. **- 4.** Émission, par la bouche, de gaz provenant de l'estomac (syn. éructation, rot).

renvoyer [ʀɑ̃vwaje] v.t. [conj. 30]. **- 1.** Envoyer qqn, qqch une nouvelle fois : *Je l'ai renvoyé chercher ce qu'il avait oublié.* **- 2.** Faire retourner qqn d'où il vient : *Renvoyer un élève malade dans sa famille.* **- 3.** Retourner ce qu'on a reçu ; envoyer en sens contraire : *Renvoyer une lettre à l'expéditeur* (syn. réexpédier). *Elle lui a renvoyé sa bague de fiançailles* (syn. rendre). *Renvoyer le ballon. Renvoyer un compliment* (syn. retourner). **- 4.** Réfléchir la lumière, le son, en parlant d'une surface : *La vitre renvoie les rayons du soleil* (syn. réfléchir, réverbérer). **- 5.** Congédier, mettre à la porte : *Renvoyer un élève* (syn. expulser). *Ils ont renvoyé une partie du personnel* (syn. licencier). **- 6.** Inviter qqn à s'adresser à qqn d'autre, à se rendre à un autre endroit, à consulter tel texte : *Renvoyer le lecteur à des notes en bas de page.* **- 7.** Remettre à plus tard : *Renvoyer un débat* (syn. ajourner, reporter). **- 8.** DR. Ajourner une audience ou attribuer une affaire à une autre juridiction.

réorganisation [ʀeɔʀganizasjɔ̃] n.f. Action de réorganiser : *Réorganisation des services administratifs.*

réorganiser [ʀeɔʀganize] v.t. Organiser de nouveau, sur de nouvelles bases : *Réorganiser les services de police.*

réorientation [ʀeɔʀjɑ̃tasjɔ̃] n.f. Action de réorienter : *La réorientation d'un élève vers des études scientifiques.*

réorienter [ʀeɔʀjɑ̃te] v.t. Orienter dans une nouvelle direction : *Réorienter la politique économique d'un pays.*

réouverture [ʀeuvɛʀtyʀ] n.f. Action de rouvrir : *Réouverture du magasin à 14 heures 30.*

repaire [ʀəpɛʀ] n.m. (de *repairer* "être au gîte", en parlant d'une bête). **- 1.** Lieu de refuge des bêtes sauvages : *Le repaire d'un ours* (syn. antre, tanière). **- 2.** Lieu où se réunissent des malfaiteurs, des individus dangereux.

repaître [ʀəpɛtʀ] v.t. (de *paître*) [conj. 91]. LITT. Fournir à qqn ce qui peut satisfaire son esprit, ses aspirations : *Repaître son esprit de connaissances nouvelles* (syn. nourrir). ◆ **se repaître** v.pr. [de]. LITT. Trouver une satisfaction dans : *Se repaître de romans policiers.*

répandre [ʀepɑ̃dʀ] v.t. (de *épandre*) [conj. 74]. **- 1.** Laisser tomber en dispersant : *Répandre du vin par terre* (syn. renverser). **- 2.** Envoyer hors de soi ; être la source de : *Répandre des larmes* (syn. verser). *Répandre une odeur* (syn. exhaler). **- 3.** Faire connaître : *Répandre une nouvelle* (syn. colporter, publier). *Répandre des idées* (syn. diffuser, propager). **- 4.** Distribuer : *Répandre des bienfaits.* ◆ **se répandre** v.pr. **- 1.** S'écouler, se dégager : *La fumée se répand dans la pièce* (syn. emplir, envahir). **- 2.** Se propager : *Cet usage se répand* (syn. s'étendre, gagner). **- 3.** Se répandre en invectives, en compliments, dire beaucoup d'injures, faire beaucoup de compliments.

répandu, e [ʀepɑ̃dy] adj. Communément admis : *L'opinion la plus répandue* (syn. commun).

réparable [ʀepaʀabl] adj. Qui peut être réparé.

reparaître [ʀəpaʀɛtʀ] v.i. [conj. 91 ; auxil. *avoir* ou *être*]. Paraître de nouveau : *Ne reparaissez plus ici* (syn. revenir).

réparateur, trice [ʀepaʀatœʀ, -tʀis] n. **- 1.** Personne qui répare : *Un réparateur de vélos.* ◆ adj. Qui redonne des forces : *Un sommeil réparateur.* **- 2.** Chirurgie réparatrice, chirurgie plastique*.

réparation [ʀepaʀasjɔ̃] n.f. (lat. chrét. *reparatio*). **- 1.** Action de réparer qqch d'endommagé ; résultat de cette action : *La réparation sera terminée demain.* **- 2.** Fait, pour un organisme, de se rétablir, de revenir à un état normal : *La réparation des forces, des tissus lésés* (syn. reconstitution, restauration). **- 3.** Action de réparer une faute commise, un préjudice moral : *Demander la réparation d'une offense.* **- 4.** DR. Dédommagement d'un préjudice par la personne qui en est responsable ; peine frappant l'auteur d'une infraction (syn. dommages-intérêts, indemnité). **- 5.** Surface de réparation, au football, zone délimitée devant le but à l'intérieur de laquelle toute faute commise peut donner lieu à un *coup de pied de réparation* (ou *penalty**). ◆ **réparations** n.f. pl. - **1.** Travaux effectués en vue de la conservation ou de l'entretien de locaux : *Les grosses réparations sont à la charge du propriétaire.* - **2.** Prestations dues par les États vaincus aux États vainqueurs, à la suite d'une guerre, et tendant à réparer les dommages dont les États sont considérés comme responsables (syn. dédommagement). - **3.** HIST. Question des réparations, ensemble des problèmes posés par le paiement des dommages de guerre imposé à l'Allemagne par le traité de Versailles en 1919.

réparer [ʀepaʀe] v.t. (lat. *reparare*, de *parare* "apprêter, arranger"). - **1.** Remettre en état ce qui a subi une détérioration : *Réparer une montre* (syn. arranger). - **2.** Faire disparaître un mal ou en atténuer les conséquences : *Réparer des négligences* (syn. remédier à). - **3.** Donner en compensation d'un préjudice matériel ou moral : *Réparer une offense* (syn. racheter). - **4.** Réparer ses forces, les restaurer, se rétablir.

reparler [ʀəpaʀle] v.i. et v.t. ind. Parler de nouveau : *On en reparlera.*

repartie [ʀəpaʀti] ou [ʀepaʀti] n.f. Réponse vive et spirituelle : *Une repartie adroite* (syn. réplique, riposte). *Avoir de la repartie, l'esprit de repartie.*

1. **repartir** [ʀəpaʀtiʀ] ou [ʀepaʀtiʀ] v.t. (de *partir* "se séparer de") [conj. 43 ; auxil. *avoir*]. LITT. Répliquer promptement : *Il ne lui a reparti que des impertinences.*

2. **repartir** [ʀəpaʀtiʀ] v.i. [conj. 43 ; auxil. *être*]. Partir de nouveau : *Je suis reposée, nous pouvons repartir.*

répartir [ʀepaʀtiʀ] v.t. (de l'anc. fr. *partir* "partager") [conj. 32]. Partager, distribuer d'après certaines règles : *Répartir une somme entre des héritiers* (syn. diviser). *Répartir les troupes dans les points stratégiques* (syn. disperser).

répartition [ʀepaʀtisjɔ̃] n.f. - **1.** Action de répartir : *Répartition des tâches* (syn. attribution). *Une répartition inégale des revenus* (syn. distribution, partage). - **2.** Manière dont sont distribués, répartis les êtres ou les choses : *La répartition des pièces dans un appartement* (syn. distribution, agencement).

reparution [ʀəpaʀysjɔ̃] n.f. Fait de reparaître : *On annonce la reparution de ce magazine.*

repas [ʀəpa] n.m. (anc. fr. *past* "nourriture", du lat. *pascere* "paître", d'apr. *repaître*). Nourriture qu'on prend chaque jour à certaines heures : *Le repas du soir* (= dîner). *Le repas de midi* (= déjeuner).

repassage [ʀəpasaʒ] n.m. - **1.** Action d'aiguiser un couteau, un canif, etc. - **2.** Action de repasser du linge ; linge à repasser : *Avoir du repassage en retard.*

repasser [ʀəpase] v.i. - **1.** Passer de nouveau dans un endroit : *Je repasserai ce soir* (syn. revenir). - **2.** Vérifier que qqch a été bien fait ; suivre une nouvelle fois un tracé existant : *Il faut toujours repasser derrière elle. Repasser à l'encre sur un dessin au crayon.* ◆ v.t. - **1.** Passer, franchir de nouveau : *L'armée a repassé la frontière* (syn. retraverser). - **2.** *Repasser un couteau* (syn. aiguiser). - **3.** Défriper au moyen d'un fer chaud : *Repasser du linge.* - **4.** Relire, redire pour s'assurer que l'on sait : *Repasser sa leçon* (syn. réviser, revoir).

repasseuse [ʀəpasøz] n.f. - **1.** Femme dont le métier est de repasser le linge. - **2.** Machine électrique qui repasse le linge entre deux tambours.

repêchage [ʀəpɛʃaʒ] n.m. - **1.** Action de repêcher, de ressortir de l'eau qqn, qqch qui y était tombé : *Le repêchage d'un noyé.* - **2.** Épreuve supplémentaire réservée à des candidats éliminés : *Obtenir son examen à la session de repêchage.*

repêcher [ʀəpɛʃe] v.t. - **1.** Pêcher d'autres poissons, en pêcher une autre fois. - **2.** Retirer de l'eau : *On a repêché le corps dans la Saône.* - **3.** FAM. Recevoir après une épreuve de repêchage : *On l'a repêché car il lui manquait deux points.*

repeindre [ʀəpɛ̃dʀ] v.t. [conj. 81]. Peindre de nouveau : *Repeindre une cuisine, un plafond.*

repenser [ʀəpɑ̃se] v.t. ind. [à]. Penser de nouveau à : *J'ai repensé à son attitude.* ◆ v.t. Examiner d'un point de vue différent : *Repenser une question* (syn. reconsidérer).

repentant, e [ʀəpɑ̃tɑ̃, -ɑ̃t] adj. Qui se repent : *Un pécheur repentant.*

repenti, e [ʀəpɑ̃ti] adj. et n. Qui s'est repenti : *Les âmes repenties.*

repentir [ʀəpɑ̃tiʀ] n.m. (de *se repentir*). Action de reconnaître une faute et de promettre de la réparer : *Exprimer un repentir sincère* (syn. contrition, remords).

se repentir [ʀəpɑ̃tiʀ] v.pr. (bas lat. *repoenitere*, du class. *poenitere*) [conj. 37]. - **1.** Manifester du remords d'avoir commis une faute : *Se repentir de ses péchés.* - **2.** Regretter vivement d'avoir fait ou de n'avoir pas fait qqch : *Elle se repent d'avoir dit oui* (syn. se reprocher).

repérable [ʀəpeʀabl] adj. - **1.** Qui peut être repéré : *Le camouflage rendait les chars difficilement repérables.* - **2.** Grandeur, quantité repérable, telle qu'on peut définir l'égalité ou l'inégalité, mais non la somme ou le rapport de deux grandeurs de cette espèce :

Les degrés d'une échelle de température sont des grandeurs repérables.

repérage [ʀəpeʀaʒ] n.m. - **1.** Action de repérer qqch dans un espace : *Patrouille chargée du repérage des mouvements de l'ennemi.* - **2.** CIN. Recherche, effectuée pendant la préparation d'un film, des lieux où se déroulera le tournage.

répercussion [ʀepeʀkysjɔ̃] n.f. (lat. *repercussio*). - **1.** Action de répercuter ; fait de se répercuter : *Répercussion du son* (syn. réverbération). - **2.** Conséquence : *Événement qui aura de graves répercussions* (syn. retentissement).

répercuter [ʀepeʀkyte] v.t. (lat. *repercutere* "repousser"). - **1.** Renvoyer en prolongeant : *Paroi qui répercute la voix* (syn. réfléchir, réverbérer). - **2.** Faire en sorte que qqch soit transmis : *Répercuter les consignes* (syn. transmettre). - **3.** DR. FISC. Faire supporter par d'autres personnes la charge de : *Répercuter la taxe à la valeur ajoutée sur les consommateurs.* ◆ **se répercuter** v.pr. - **1.** Être renvoyé : *Le grondement du tonnerre se répercute dans la montagne.* - **2.** Avoir des conséquences directes : *L'augmentation du prix de l'essence se répercute sur les tarifs des transports* (syn. influer sur).

repère [ʀəpeʀ] n.m. (anc. fr. *repaire*, du lat. *reperire* "retrouver"). - **1.** Marque ou objet permettant de s'orienter dans l'espace, de localiser qqch, d'évaluer une distance, une mesure, une valeur, etc. : *On a tracé des repères pour mesurer le niveau des eaux.* - **2.** PHYS. Référentiel. - **3.** MATH. Ensemble d'éléments de l'espace permettant de définir un système de coordonnées : *Repère affine, cartésien, orthonormé.* - **4.** Point de repère, point déterminé qui permet de s'orienter ; indice qui permet de situer un événement dans le temps : *Fait qui sert de point de repère dans l'étude d'une période* (syn. jalon).

repérer [ʀəpeʀe] v.t. (conj. 18). - **1.** Marquer de repères : *Repérer le tracé d'une course* (syn. baliser, jalonner). - **2.** Déterminer la position exacte de : *Repérer un sous-marin* (syn. localiser). - **3.** Apercevoir, trouver parmi d'autres : *Repérer un ami dans la foule* (syn. distinguer). ◆ **se repérer** v.pr. Déterminer sa position exacte grâce à des repères : *On a du mal à se repérer avec ce brouillard* (syn. s'orienter).

répertoire [ʀepeʀtwaʀ] n.m. (bas lat. *repertorium*, de *reperire* "trouver"). - **1.** Table, recueil où les matières sont rangées dans un ordre qui les rend faciles à trouver : *Répertoire alphabétique. Répertoire des métiers* (syn. catalogue, fichier). - **2.** Cahier dont les pages sont munies d'onglets pour permettre une consultation rapide : *Un répertoire de numéros de téléphone* (syn. agenda, carnet). - **3.** Ensemble des œuvres qui constituent le fonds d'un

théâtre, d'une compagnie de ballet. - **4.** Ensemble des œuvres interprétées habituellement par un artiste : *Chanteuse qui inscrit une nouvelle chanson à son répertoire.*

répertorier [ʀepeʀtɔʀje] v.t. (conj. 9). Inscrire dans un répertoire : *Répertorier les livres d'une bibliothèque.*

répéter [ʀepete] v.t. (lat. *repetere*, de *petere* "chercher à obtenir") [conj. 18]. - **1.** Dire qqch une nouvelle fois : *Je vais répéter ma question* (syn. réitérer). *Je vous le dis, mais ne le répétez à personne* (syn. raconter, rapporter). - **2.** Refaire ce qu'on a déjà fait : *Répéter une expérience* (syn. renouveler). - **3.** Reproduire plusieurs fois : *Répéter un motif décoratif* (syn. recopier). - **4.** S'exercer à dire, à exécuter : *Répéter un rôle* (syn. repasser, réviser). ◆ **se répéter** v.pr. - **1.** Redire les mêmes choses sans nécessité : *Orateur qui se répète.* - **2.** Se produire à nouveau, en parlant d'un événement : *L'histoire, dit-on, ne se répète pas.*

répétiteur, trice [ʀepetitœʀ, -tʀis] n. (lat. *repetitor*). Personne qui donne des leçons particulières à des élèves.

répétitif, ive [ʀepetitif, -iv] adj. (de *répétition*). Qui se répète sans cesse : *Un travail répétitif.*

répétition [ʀepetisjɔ̃] n.f. (lat. *repetitio*). - **1.** Retour de la même idée, du même mot : *Évitez les répétitions dans vos dissertations* (syn. redite). - **2.** Séance de travail au cours de laquelle des artistes mettent au point ce qu'ils présenteront au public : *Répétition générale* (= celle qui précède la première et à laquelle on convie la critique). - **3.** Leçon particulière donnée autref. par un professeur à un ou à plusieurs élèves. - **4.** Fait de recommencer une action : *La répétition d'un geste* (syn. réitération). - **5.** Arme à répétition, arme à feu dont la cadence de tir est augmentée par le chargement automatique des munitions dans la chambre (on dit aussi *arme semi-automatique*).

répétitivité [ʀepetitivite] n.f. Caractère de ce qui est répétitif : *La répétitivité du travail à la chaîne.*

repeuplement [ʀəpœpləmɑ̃] n.m. - **1.** Action de repeupler un lieu ; fait de se repeupler, d'être repeuplé : *Repeuplement d'une région en personnes, en animaux.* - **2.** Reconstitution d'un massif forestier.

repeupler [ʀəpœple] v.t. - **1.** Peupler une région dépeuplée ; s'installer dans un lieu : *Des colons ont repeuplé cette région.* - **2.** Regarnir un lieu d'espèces animales ou végétales : *Repeupler un lac* (syn. aleviner). *Repeupler une forêt de nouvelles essences* (syn. reboiser).

repiquage [ʀəpikaʒ] n.m. - **1.** Action de transplanter une jeune plante venue de semis : *Le repiquage de salades.* - **2.** Opération consistant à copier un disque, une bande magnétique ; enregistrement obtenu : *C'est le repiquage d'un vieux 78 tours.*

repiquer [ʀəpike] v.t. (de *piquer*). - **1.** Copier un enregistrement. - **2.** Faire le repiquage d'un jeune plant : *Repiquer des poireaux* (syn. transplanter). ◆ v.i. et v.t. ind. [à]. FAM. Recommencer, se remettre à faire qqch : *Il avait arrêté de fumer, mais il a repiqué.*

répit [ʀepi] n.m. (lat. *respectus* "regard en arrière" puis "délai"). - **1.** Arrêt momentané de qqch de pénible : *Ses crises ne lui laissent aucun répit* (syn. rémission, trêve). - **2.** Interruption dans une occupation : *Vous devriez vous accorder un moment de répit* (syn. relâche, repos). - **3.** Sans répit, sans arrêt : *Travailler sans répit* (syn. continuellement).

replacer [ʀəplase] v.t. (conj. 16). - **1.** Remettre à sa place, dans la bonne position : *Replacer un livre dans la bibliothèque.* - **2.** Placer, situer dans telles circonstances : *Replacer un événement dans son contexte.*

replanter [ʀəplɑ̃te] v.t. Planter de nouveau ; regarnir de plantes : *Replanter de la vigne. Replanter un terrain.*

replat [ʀəpla] n.m. (de *plat*). Sur un versant, adoucissement très prononcé de la pente.

replâtrage [ʀəplɑtʀaʒ] n.m. - **1.** Réparation en plâtre : *Le replâtrage d'un mur.* - **2.** Remaniement sommaire et imparfait : *Replâtrage ministériel.*

replâtrer [ʀəplɑtʀe] v.t. - **1.** Recouvrir de plâtre : *Replâtrer un plafond.* - **2.** Arranger superficiellement pour donner l'apparence du neuf : *Replâtrer des programmes scolaires.* - **3.** Tenter de recréer une certaine cohésion au sein d'un groupe : *Replâtrer un ménage* (syn. raccommoder).

replet, ète [ʀəplɛ, -ɛt] adj. (lat. *repletus* "rempli"). Qui a de l'embonpoint : *Un homme replet* (syn. empâté, grassouillet).

réplétion [ʀeplesjɔ̃] n.f. (bas lat. *repletio*). MÉD. État d'un organe rempli : *Réplétion gastrique.*

repli [ʀəpli] n.m. (de *replier*). - **1.** Pli double, rabattu : *Faire un repli au bas d'un pantalon* (syn. revers). - **2.** Fait de revenir à une position qui marque une régression : *Repli des valeurs boursières* (syn. baisse, recul). - **3.** Retraite volontaire d'une armée : *Le bataillon a effectué un repli de quelques kilomètres* (syn. recul, retraite). ◆ **replis** n.m. pl. Ondulations d'une surface : *Les replis de la peau* (syn. pli, ride).

repliable [ʀəplijabl] adj. Qui peut être replié : *Carte routière aisément repliable.*

réplication [ʀeplikasjɔ̃] n.f. BIOL. Syn. de *duplication.*

replier [ʀəplije] v.t. (conj. 10). - **1.** Plier une chose qui avait été dépliée : *Replier une*

couverture. - **2.** Ramener en pliant : *Au repos, l'aigle replie ses ailes.* ◆ **se replier** v.pr. - **1.** Se plier, se courber sur une ou plusieurs fois : *Serpent qui se replie dans son vivarium* (syn. se lover). - **2.** Faire un mouvement en arrière et en bon ordre : *La brigade se replia au pied de la colline* (syn. reculer). - **3.** Se replier sur soi-même, s'isoler du monde extérieur ; intérioriser ses émotions.

réplique [ʀeplik] n.f. - **1.** Réponse vive à ce qui a été dit ou écrit : *Sa réplique était habile* (syn. objection, repartie). *Un argument sans réplique* (= auquel on ne peut rien objecter). - **2.** Partie d'un dialogue théâtral dite par un acteur : *Oublier, manquer une réplique.* - **3.** Personne, action, œuvre qui semble être l'image d'une autre : *Ce garçon est la réplique de son père* (syn. portrait, sosie). - **4.** Copie plus ou moins fidèle d'une œuvre d'art, exécutée ou non sous le contrôle de l'auteur : *La réplique d'une statuette* (syn. copie, reproduction).

répliquer [ʀeplike] v.t. et v.i. (lat. jur. *replicare* "répondre"). Répondre avec vivacité, en s'opposant : *Il répliqua qu'il n'était pas d'accord. Obéis sans répliquer.*

replonger [ʀəplɔ̃ʒe] v.t. [conj. 17]. Plonger de nouveau qqch dans un liquide : *Replonger des frites dans un bain de friture.* ◆ v.i. Plonger de nouveau : *À peine sorti de l'eau, il replongeait.* ◆ **se replonger** v.pr. S'adonner de nouveau avec ardeur à qqch : *Se replonger dans sa lecture.*

répondant, e [ʀepɔ̃dɑ̃, -ɑ̃t] n. Personne qui se porte garante de qqn : *Être le répondant de qqn* (syn. caution). ◆ **répondant** n.m. FAM. Avoir du répondant, avoir des capitaux servant de garantie.

répondeur [ʀepɔ̃dœʀ] n.m. Appareil relié à un poste téléphonique, permettant de faire entendre un message enregistré aux correspondants, et, dans le cas d'un *répondeur-enregistreur,* d'enregistrer leurs messages.

répondre [ʀepɔ̃dʀ] v.t. (lat. *respondere*) [conj. 75]. Dire, énoncer qqch en retour à qqn qui a parlé, posé une question : *Il ne voyait rien à répondre à cela* (syn. objecter, répliquer). *Répondre « présent » à l'appel de son nom.* ◆ v.i. Faire une réponse : *Ce n'est pas la peine de lui écrire, il ne répond jamais. Un enfant bien élevé ne répond pas quand on le gronde* (syn. répliquer, riposter). ◆ v.t. ind. [à]. - **1.** Fournir la réponse demandée : *Répondre à un questionnaire.* - **2.** Être conforme à ce qui est attendu : *Cela répond à notre attente* (syn. convenir, correspondre). - **3.** Envoyer une lettre à qqn faisant suite à celle qu'il a adressée : *Écrivez-moi, je vous répondrai.* - **4.** Apporter des raisons contre : *Répondre à une objection* (syn. riposter). - **5.** Manifester en retour une certaine attitude à l'égard de qqn:

Réponde à un sourire par un sourire. Répondre par la violence. - **6.** (Absol.). Produire une réaction, l'effet attendu : *Les freins ne répondent plus* (syn. obéir, réagir). ◆ v.t. ind. **[de].** Se porter garant pour qqn : *Je réponds de son honnêteté* (syn. garantir). ◆ **se répondre** v.pr. Faire entendre un son alternativement : *La trompette et les violons se répondent.*

répons [repɔ̃] n.m. (lat. ecclés. *responsum*). Chant alterné dans l'office liturgique romain.

réponse [repɔ̃s] n.f. (fém. de *répons*). - **1.** Parole ou écrit adressés pour répondre : *Réponse affirmative.* - **2.** Solution, éclaircissement apportés à une question : *Il n'y a pas de réponse à cette énigme* (syn. explication). - **3.** Réaction d'un organe, d'un appareil, etc., à une excitation : *Une réponse musculaire.* - **4.** Avoir réponse à tout, n'être jamais à court d'arguments ; écarter toutes les objections pour se donner raison. ‖ **Droit de réponse,** droit accordé à toute personne désignée ou mise en cause par un organe de presse, un média, d'exiger l'insertion gratuite de sa réponse.

report [rəpɔr] n.m. - **1.** Action de reporter un total d'une colonne ou d'une page sur une autre ; la somme ainsi reportée : *Faire un report, le report d'une somme.* - **2.** Action de remettre à un autre moment : *Le report d'une question à une autre séance. Obtenir un report d'incorporation dans l'armée* (= sursis).

reportage [rəpɔrtaʒ] n.m. (de *1. reporter*). - **1.** Article de journal, programme radiodiffusé ou télévisé écrit d'après l'enquête d'un reporter : *Reportage de notre envoyé spécial. Diffuser des reportages.* - **2.** Fonctions, service de reporter dans un journal : *Un spécialiste du reportage.*

1. reporter [rəpɔrtɛr] n.m. (mot angl.). Journaliste qui recueille les informations qui sont diffusées par la presse, la radio, la télévision (Recomm. off. *reporteur, reportrice*).

2. reporter [rəpɔrte] v.t. (de *porter*). - **1.** Porter une chose au lieu où elle était auparavant : *Reporter un livre dans la bibliothèque* (syn. rapporter). - **2.** Placer à un autre endroit : *Reporter une somme à une autre page.* - **3.** Appliquer une chose à une autre destination : *Électeurs qui reportent leurs voix sur un autre candidat.* - **4.** Remettre à un autre moment : *Reporter une fête* (syn. repousser). ◆ **se reporter** v.pr. - **1.** Se transporter en pensée : *Se reporter aux jours de son enfance.* - **2.** Se référer à : *Se reporter à un document.*

repos [rəpo] n.m. - **1.** Absence de mouvement : *Tous ses muscles étaient au repos* (syn. immobilité). - **2.** Fait pour qqn de se reposer : *Prendre un peu de repos* (syn. délassement,

détente). - **3.** LITT. État de qqn qui se repose ou dort : *Être respectueux du repos des autres* (syn. sommeil). - **4.** Période, jour pendant lesquels qqn cesse son travail : *Une heure de repos l'après-midi* (syn. pause). *Le lundi est mon jour de repos* (syn. congé). - **5.** LITT. État de qqn qui est sans inquiétude ni préoccupation : *Ce grave problème lui ôte tout repos* (syn. sérénité, tranquillité). - **6.** De tout repos, qui ne présente aucun risque, qui offre toute garantie : *Une occupation de tout repos.*

reposant, e [rəpozɑ̃, -ɑ̃t] adj. Qui repose : *Une lecture reposante* (syn. délassant).

repose [rəpoz] n.f. (de *1. reposer*). Action de remettre en place ce qui avait été enlevé ou déposé : *Facturer la dépose et la repose d'un moteur.*

reposé, e [rəpoze] adj. (de *2. reposer*). - **1.** Qui ne présente plus trace de fatigue : *Air, visage reposé* (syn. détendu). - **2.** À tête reposée, après avoir réfléchi hors de toute contrainte : *Faire un choix à tête reposée.*

repose-pieds n.m. inv. ou **repose-pied** [rəpozpje] n.m. (pl. *repose-pieds*). - **1.** Appui pour les pieds, attenant à un fauteuil. - **2.** Appui fixé au cadre d'une motocyclette, sur lequel on peut poser le pied.

1. reposer [rəpoze] v.t. (de *poser*). - **1.** Poser ce qu'on a soulevé : *Reposer son livre sur la table.* - **2.** Remettre en place ce qui a été enlevé, déposé : *Reposer une serrure.*

2. reposer [rəpoze] v.t. (bas lat. *repausare,* de *pausare* "s'arrêter"). Mettre qqn, son corps, son esprit dans des conditions propres à les délasser : *Une bonne nuit vous reposera* (syn. délasser, détendre). *Reposer ses yeux.* ◆ v.i. - **1.** LITT. En parlant d'un défunt, être étendu ou enseveli en tel endroit : *Reposer sur son lit de mort. Ici repose X* (= ci-gît X). - **2.** Rester au repos, de sorte que les éléments en suspension tombent au fond du récipient, ou que telle modification se produise : *Laisser reposer le mélange.* - **3.** Laisser reposer une terre, la laisser sans culture. ◆ v.t. ind. **[sur].** - **1.** Être posé sur qqch qui sert de support : *Les chevrons reposent sur des poutres* (syn. s'appuyer). - **2.** Être établi, fondé sur : *Ce raisonnement ne repose sur rien.* ◆ **se reposer** v.pr. - **1.** Cesser de faire qqch pour éliminer la fatigue : *Reposez-vous un instant* (syn. se délasser, se détendre). - **2.** Se reposer sur qqn, lui faire confiance, s'en remettre à lui. ‖ Se reposer sur ses lauriers, vivre sur une gloire, un succès passés sans chercher à se renouveler.

repose-tête [rəpoztɛt] n.m. inv. Appui-tête.

repoussant, e [rəpusɑ̃, -ɑ̃t] adj. Qui inspire du dégoût, de l'aversion : *Une laideur repoussante* (syn. hideux).

repousse [ʀəpus] n.f. (de 2. *repousser*). Action de repousser : *Un nouveau produit pour activer la repousse des cheveux.*

1. repousser [ʀəpuse] v.t. - **1.** Pousser en arrière, faire reculer : *Repousser les manifestants* (syn. refouler). - **2.** S'opposer avec succès à : *Repousser l'ennemi*. - **3.** Résister à : *Repousser une tentation* (syn. chasser, refuser). - **4.** Ne pas admettre, ne pas accepter : *Repousser une demande* (syn. écarter, rejeter).

2. repousser [ʀəpuse] v.i. Pousser, croître de nouveau : *Laisser repousser sa barbe.*

repoussoir [ʀəpuswaʀ] n.m. (de *1. repousser*). - **1.** Tons vivement colorés appliqués sur les premiers plans d'un tableau pour faire paraître les autres plus éloignés et créer un effet de profondeur. - **2.** Chose ou personne qui en fait valoir une autre par opposition, par contraste : *Ce comique sert de repoussoir au jeune premier.* - **3.** Personne très laide.

répréhensible [ʀepʀeãsibl] adj. (bas lat. *reprehensibilis*). Digne de blâme : *Un acte répréhensible* (syn. blâmable). *Il n'y a rien de répréhensible dans son attitude* (syn. critiquable).

reprendre [ʀəpʀãdʀ] v.t. (conj. 79). - **1.** Prendre de nouveau ; prendre une autre fois, en plus : *Reprendre sa place* (syn. regagner). *Reprendre du pain.* - **2.** Rentrer en possession de : *Reprendre ses bagages à la consigne* (syn. récupérer, retirer). - **3.** Devenir le propriétaire ou le responsable de : *Reprendre une boutique, une entreprise* (syn. racheter). - **4.** Admettre de nouveau qqn près de soi, dans un groupe : *Il a repris son ancienne secrétaire.* - **5.** Prendre, arrêter de nouveau : *La police a repris les évadés.* - **6.** Récupérer une marchandise vendue en acceptant d'en annuler la vente : *Les soldes ne sont pas repris.* - **7.** Retrouver un état, une disposition, une faculté : *Convalescent qui reprend des forces* (syn. recouvrer). - **8.** Continuer une chose interrompue : *Reprendre son travail* (syn. se remettre à). *Elle a repris ses études* (syn. recommencer). - **9.** Jouer, donner de nouveau : *Reprendre une tragédie de Racine.* - **10.** Énoncer de nouveau : *Reprendre en chœur un refrain.* - **11.** (Souvent en incise). Parler de nouveau, après un silence : *« Ce n'est qu'un fat », reprit-il en riant.* - **12.** Apporter des corrections, faire subir des transformations à : *Il n'y a rien à reprendre dans cet article* (syn. retoucher). - **13.** Rétrécir en refaisant les coutures ou les pinces : *Reprendre une robe à la taille.* - **14.** Critiquer qqn sur ce qu'il dit ou fait : *Reprendre un enfant sur sa conduite* (syn. réprimander). - **15.** On ne m'y reprendra plus, je me garderai désormais d'une telle erreur ; je ne m'exposerai plus à pareil désagrément ; je ne me laisserai plus duper. ◆ v.i. - **1.** Se développer normalement après avoir été transplanté : *Cet arbre reprend bien* (syn. repousser). - **2.** Se manifester de nouveau : *Le froid reprend* (syn. recommencer). - **3.** Continuer après une interruption : *La séance reprend.* - **4.** En parlant du commerce, redevenir actif après une stagnation : *Le tourisme reprend lentement.* ◆ se reprendre v.pr. - **1.** Retrouver la maîtrise de soi : *Il se reprend après une période de dépression* (syn. réagir, se ressaisir). - **2.** Se corriger, rectifier un propos : *Commettre un lapsus et se reprendre.* - **3.** Se reprendre à (+ inf.), se remettre à : *Tout le monde se reprend à espérer.* ‖ S'y reprendre à plusieurs fois pour, faire plusieurs tentatives infructueuses avant de réussir à : *J'ai dû m'y reprendre à deux fois pour soulever la caisse.*

repreneur [ʀəpʀənœʀ] n.m. Personne qui reprend, rachète une entreprise en difficulté.

représailles [ʀəpʀezaj] n.f. pl. (lat. médiév. *represalia*, de l'it. médiév. *ripresaglia*, de *riprendere* "reprendre"). - **1.** Violences que l'on fait subir à un ennemi à titre de réciprocité ou à titre de punition : *Des otages furent exécutés en représailles* (syn. rétorsion). - **2.** Action par laquelle on riposte aux mauvais procédés de qqn (syn. vengeance).

représentant, e [ʀəpʀezãtã, -ãt] n. - **1.** Personne qui représente une autre personne ou un groupe : *Le ministre a reçu les représentants des grévistes* (syn. délégué, porte-parole). *Élire les représentants du personnel.* - **2.** Intermédiaire chargé de prospecter une clientèle et de prendre des commandes pour une entreprise (on dit aussi *représentant de commerce*). - **3.** MATH. Élément d'une classe d'équivalence. - **4.** Représentant du peuple, parlementaire.

représentatif, ive [ʀəpʀezãtatif, -iv] adj. - **1.** Qui représente une collectivité et peut parler en son nom : *Syndicat représentatif.* - **2.** Considéré comme le modèle d'une catégorie : *Échantillon représentatif des électeurs.* - **3.** Régime représentatif, régime fondé sur le principe de la souveraineté nationale, dans lequel les citoyens donnent mandat à leurs élus au Parlement de décider en leur nom.

représentation [ʀəpʀezãtasjɔ̃] n.f. (lat. *repraesentatio*). - **1.** Action de représenter qqch au moyen d'une figure, d'un symbole, d'un signe : *L'écriture est la représentation de la langue parlée.* - **2.** Image, figure, symbole, signe qui représentent un phénomène, une idée : *Le bonnet phrygien est la représentation de la République* (syn. emblème). - **3.** Action de représenter par le moyen de l'art : *La représentation d'une scène biblique sur le plafond d'une église* (syn. figuration). - **4.** Action de donner un spectacle devant un public, en partic. au théâtre ; ce spectacle lui-même :

Donner une représentation supplémentaire (syn. séance). - **5.** Fait de représenter des électeurs dans une assemblée ; la personne, les personnes qui en sont chargées : *Le Parlement assure la représentation du peuple.* - **6.** Activité de qqn qui représente une entreprise commerciale dans un secteur déterminé : *Faire de la représentation pour une maison d'articles de bureau.* - **7.** MATH. **Représentation graphique (d'une fonction),** ensemble des points du plan qui, relativement à un repère, ont pour abscisse une nombre quelconque et pour ordonnée l'image de ce nombre pour la fonction.

représentativité [ʀəpʀezɑ̃tativite] n.f. - **1.** Qualité de qqn, d'un parti ou d'un syndicat dont l'audience dans la population fait qu'il peut s'exprimer valablement en son nom : *Nous contestons la représentativité d'un président élu dans ces conditions.* - **2.** Qualité d'un échantillon constitué de façon à contenir les mêmes caractéristiques que la population qu'il représente.

représenter [ʀəpʀezɑ̃te] v.t. (lat. *repraesentare* "rendre présent"). - **1.** Rendre perceptible, sensible par une figure, un symbole, un signe : *Représenter l'évolution des salaires par un graphique* (syn. figurer). - **2.** Évoquer, reproduire par un moyen artistique ou un autre procédé : *Le décor représente une place publique.* - **3.** Décrire, évoquer par le langage, l'écriture : *Balzac a représenté la société de son époque dans ses romans* (syn. dépeindre). - **4.** Jouer ou faire jouer devant un public : *Troupe qui représente « l'Avare »* (syn. donner, interpréter). - **5.** Avoir reçu mandat pour agir au nom de qqn : *Représenter son pays à une conférence internationale.* - **6.** Être le représentant d'une entreprise commerciale : *Il représente une entreprise de cycles.* - **7.** Être le symbole, l'incarnation de qqch : *Ces personnes représentent la classe moyenne* (syn. personnifier). - **8.** Correspondre à qqch : *Découvre qui représente une révolution* (syn. constituer). ◆ **se représenter** v.pr. - **1.** Se figurer, imaginer : *Je ne me représentais pas son père comme ça !* (syn. s'imaginer). - **2.** Se présenter de nouveau : *Se représenter à un examen.*

répressif, ive [ʀepʀesif, -iv] adj. (du lat. *repressus,* de *reprimere,* d'après *oppressif,* pour servir d'adj. à *réprimer*). Qui réprime ; qui a pour but de réprimer : *Juridiction répressive.*

répression [ʀepʀesjɔ̃] n.f. (du lat. *repressus,* d'apr. *oppression,* pour servir de subst. à *réprimer*). - **1.** Action de réprimer, de punir : *La répression d'une insurrection* (syn. écrasement). - **2.** Action d'exercer des contraintes graves, des violences sur qqn ou un groupe afin d'empêcher le développement d'un désordre : *La répression des menées terroristes* (syn. châtiment, punition).

réprimande [ʀepʀimɑ̃d] n.f. (du lat. *reprimenda* [*culpa*] "[faute] qui doit être réprimée"). Reproche que l'on adresse à qqn pour une faute (syn. remontrance, semonce).

réprimander [ʀepʀimɑ̃de] v.t. Faire une réprimande à : *Son père l'a réprimandé sur sa conduite* (syn. admonester, gronder, tancer).

réprimer [ʀepʀime] v.t. (lat. *reprimere*). - **1.** Arrêter la manifestation, le développement de : *Réprimer un mouvement de colère* (syn. contenir, refouler). - **2.** Empêcher par la contrainte le développement d'une action jugée dangereuse : *Réprimer une révolte* (syn. écraser, étouffer).

repris [ʀəpʀi] n.m. (de *reprendre*). **Repris de justice,** personne qui a déjà subi une condamnation pénale.

reprise [ʀəpʀiz] n.f. (de *reprendre*). - **1.** Action de reprendre, de s'emparer de nouveau de : *La reprise d'une ville tombée aux mains de l'ennemi* (syn. reconquête). - **2.** Continuation d'une chose interrompue : *La reprise des travaux sur un chantier* (syn. recommencement). - **3.** Nouvel essor : *La reprise économique* (syn. redémarrage). - **4.** Fait de jouer de nouveau une pièce, un film : *Reprise des premiers films de Charlie Chaplin.* - **5.** MUS. Répétition d'une partie d'un morceau, indiquée par des *barres de reprise ;* toute partie d'une chanson, qui doit être exécutée deux fois, bien qu'elle ne soit écrite qu'une fois. - **6.** SPORTS. Chacune des parties d'un combat de boxe (syn. round). - **7.** Rachat d'un matériel, d'un objet usagé à celui à qui on vend un matériel neuf ; somme correspondante. - **8.** Somme d'argent versée par un nouveau locataire à son prédécesseur pour entrer dans un local : *Reprise justifiée.* - **9.** Réparation faite à une étoffe déchirée : *La reprise est presque invisible* (syn. réparation, stoppage). - **10.** TECHN. Passage d'un bas régime de moteur à un régime supérieur sans utilisation du changement de vitesse : *Voiture qui a d'excellentes reprises* (syn. accélération). - **11.** À plusieurs reprises, plusieurs fois successivement : *Je vous l'ai demandé à plusieurs reprises.*

repriser [ʀəpʀize] v.t. Réparer en faisant des reprises (syn. raccommoder).

réprobateur, trice [ʀepʀɔbatœʀ, -tʀis] adj. Qui exprime la réprobation : *Moue réprobatrice* (syn. désapprobateur).

réprobation [ʀepʀɔbasjɔ̃] n.f. (lat. ecclés. *reprobatio*). Jugement par lequel qqn blâme la conduite de qqn d'autre : *Encourir la réprobation de ses collègues* (syn. désapprobation).

reproche [ʀəpʀɔʃ] n.m. - **1.** Ce qu'on dit à qqn pour lui exprimer son mécontentement, sa désapprobation sur son comportement :

Vos reproches sont fondés (syn. critique, remontrance). - **2.** Sans reproche, à qui ou à quoi l'on ne peut rien reprocher.

reprocher [ʀəpʀɔʃe] v.t. (lat. pop. *repropriare* "rapprocher, mettre sous les yeux"). - **1.** Adresser des reproches à qqn en le rendant responsable d'une faute, d'une chose fâcheuse : *Reprocher à qqn son ingratitude.* - **2.** Trouver un défaut à : *Qu'est-ce que tu reproches à cette voiture ?* ◆ **se reprocher** v.pr. Se considérer comme responsable de qqch : *Se reprocher d'avoir été si négligent* (syn. se blâmer).

reproducteur, trice [ʀəpʀɔdyktœʀ, -tʀis] adj. Qui sert à la reproduction des êtres vivants ; qui concerne la reproduction : *Organes reproducteurs.* ◆ **reproducteur** adj. m. et n.m. Se dit d'un animal employé à la reproduction.

reproductible [ʀəpʀɔdyktibl] adj. Qui peut être reproduit : *Une expérience reproductible* (syn. renouvelable).

reproduction [ʀəpʀɔdyksjɔ̃] n.f. - **1.** Fonction par laquelle les êtres vivants perpétuent leur espèce : *La reproduction des abeilles. Reproduction de végétaux par bouturage.* - **2.** Image obtenue à partir d'un original : *Une reproduction d'un dessin de Picasso* (syn. copie, imitation). - **3.** Action de reproduire un texte, une illustration, des sons ; imitation fidèle : *Autoriser la reproduction d'un article dans une revue.*

reproduire [ʀəpʀɔdyiʀ] v.t. (de *produire*) [conj. 98]. - **1.** Donner un équivalent aussi fidèle que possible de : *Reproduire les sons avec un magnétophone. Peintre qui reproduit un tableau* (syn. copier, imiter). - **2.** Faire paraître un texte, une œuvre qui a déjà fait l'objet d'une publication : *Demander l'autorisation de reproduire une photographie.* ◆ **se reproduire** v.pr. - **1.** Donner naissance à des individus de son espèce : *Les mulets ne se reproduisent pas.* - **2.** Se produire de nouveau : *Cet incident ne se reproduira plus* (syn. se renouveler, se répéter).

reprogrammer [ʀəpʀɔgʀame] v.t. - **1.** Programmer de nouveau : *Reprogrammer une émission.* - **2.** En génie génétique, pratiquer une manipulation permettant à une bactérie d'accomplir un programme précis (fabrication de vaccins, d'hormones, etc.).

reprographie [ʀəpʀɔgʀafi] n.f. (de *repro[duction]* et *-graphie*). Ensemble des techniques permettant de reproduire un document.

réprouver [ʀepʀuve] v.t. (bas lat. *reprobare* "condamner", de *probare* "trouver bon"). - **1.** Rejeter un acte en désapprouvant : *Des actes que la morale réprouve* (syn. condamner). *Nous réprouvons sa conduite* (syn. désavouer). - **2.** En parlant de Dieu, exclure un pécheur du salut éternel.

reps [ʀɛps] n.m. (mot angl.). Étoffe d'ameublement à côtes perpendiculaires aux lisières.

reptation [ʀɛptasjɔ̃] n.f. (lat. *reptatio*, de *repere* "ramper"). - **1.** Action de ramper : *La reptation de soldats lors des manœuvres.* - **2.** Mode de locomotion animale dans lequel le corps progresse sans l'aide des membres, sur une surface solide ou dans le sol : *La reptation d'un serpent.*

reptile [ʀɛptil] n.m. (bas lat. *reptilis*, de *repere* "ramper"). Reptiles, classe de vertébrés aériens, à température variable, respirant dès la naissance par des poumons, se déplaçant avec ou sans pattes, comme les serpents, les lézards, les tortues, etc. □ Ils formaient au secondaire une classe beaucoup plus nombreuse et diverse que de nos jours. Parmi les reptiles actuels, on distingue quatre grands groupes : *lacertiliens* (lézards), *ophidiens* (serpents), *chéloniens* (tortues) et *crocodiliens.*

reptilien, enne [ʀɛptiljɛ̃, -ɛn] adj. Relatif aux reptiles.

repu, e [ʀəpy] adj. (de *repaître*). Qui a satisfait sa faim : *Les convives, repus, se mirent à chanter* (syn. gavé, rassasié).

républicain, e [ʀepyblikɛ̃, -ɛn] adj. Qui appartient à une république ou à la République : *Régime, gouvernement républicain.* ◆ adj. et n. - **1.** Qui est partisan de la république. - **2.** Relatif au parti républicain, l'un des deux grands partis politiques des États-Unis ; membre ou sympathisant de ce parti.

républicanisme [ʀepyblikanism] n.m. Doctrine des républicains ; attachement au régime républicain.

république [ʀepyblik] n.f. (du lat. *res publica* propr. "chose publique"). - **1.** Forme d'organisation politique dans laquelle les détenteurs du pouvoir l'exercent en vertu d'un mandat conféré par le corps social : *République fédérale.* - **2.** (Avec une majuscule). État, pays ayant cette forme d'organisation : *La République française.*

répudiation [ʀepydjasjɔ̃] n.f. (lat. *repudiatio*). Action de répudier : *La répudiation d'une épouse.*

répudier [ʀepydje] v.t. (lat. *repudiare* "repousser") [conj. 9]. - **1.** Dans les législations antiques et dans le droit musulman, renvoyer sa femme en vertu de dispositions légales par décision du mari : *Répudier une épouse.* - **2.** LITT. Renoncer à qqch : *Répudier une opinion* (syn. rejeter, renier).

répugnance [ʀepyɲɑ̃s] n.f. (lat. *repugnantia*). Vif sentiment de dégoût, de mépris pour qqn, qqch : *Avoir de la répugnance pour les huîtres* (syn. dégoût, répulsion).

répugnant, e [ʀepynɑ̃, -ɑ̃t] adj. Qui inspire de la répugnance : *Une odeur répugnante* (syn. fétide, infect). *Un individu répugnant* (syn. abject).

répugner [ʀepyɲe] v.t. ind. [à] (lat. *repugnare* "lutter contre"). -**1.** Inspirer de la répugnance, de l'aversion à : *Cette nourriture, cet homme me répugnent* (syn. dégoûter, écœurer). -**2.** Éprouver de l'aversion à faire qqch : *Je répugne à l'accuser* (syn. rechigner, renâcler).

répulsif, ive [ʀepylsif, -iv] adj. (du lat. *repulsus*, de *repellere* "repousser"). Qui repousse : *Une laideur répulsive* (syn. rebutant, repoussant).

répulsion [ʀepylsjɔ̃] n.f. (bas lat. *repulsio* "action de repousser"). -**1.** Vive répugnance pour qqn, qqch : *Éprouver de la répulsion pour qqn* (syn. dégoût, écœurement). *Avoir de la répulsion pour le mensonge* (syn. aversion, exécration). -**2.** PHYS. Force en vertu de laquelle certains corps se repoussent mutuellement.

réputation [ʀepytasjɔ̃] n.f. (lat. *reputatio, -onis* "évaluation"). -**1.** Manière dont qqn, qqch est considéré : *Il a la réputation d'être honnête.* -**2.** Opinion favorable ou défavorable : *Jouir d'une bonne réputation* (syn. estime, renommée). -**3.** De réputation, seulement par ce qu'on en a entendu dire : *Je le connais de réputation.*

réputé, e [ʀepyte] adj. (de *réputer*, du lat. *reputare* "évaluer"). -**1.** Qui est considéré comme : *Homme réputé égoïste. Plante réputée guérir les maux d'estomac.* -**2.** Qui jouit d'un grand renom : *Région réputée pour ses vins* (syn. célèbre, fameux). *Une avocate réputée* (syn. connu).

requérir [ʀəkeʀiʀ] v.t. (lat. pop. *requaerere*, du class. *requirere*, d'après "quérir") [conj. 39]. -**1.** Impliquer le recours à : *Cette phrase requiert une explication* (syn. nécessiter, réclamer). -**2.** DR. Demander en justice : *Requérir la réclusion criminelle à perpétuité.* -**3.** DR. Effectuer une réquisition, en parlant de l'Administration : *Le maire a requis les propriétaires de ravaler leurs immeubles* (syn. enjoindre). -**4.** Délivrer à une autorité militaire une réquisition de la force armée.

requête [ʀəkɛt] n.f. (anc. fr. *requeste*, p. passé de *requerre* "requérir"). -**1.** Demande instante, écrite ou verbale : *Présenter une requête à un ministre* (syn. supplique). -**2.** DR. Demande effectuée auprès d'une juridiction ou d'un juge, dans le dessein d'obtenir une décision provisoire : *Adresser une requête au président d'un tribunal* (syn. pétition).

requiem [ʀekɥijɛm] n.m. inv. (mot lat., de *requies* "repos", commençant la prière qu'il désigne). Prière de l'Église catholique pour les morts ; musique composée sur cette prière.

requin [ʀəkɛ̃] n.m. (orig. incert., p.-ê. du lat. *requiem*). -**1.** Poisson sélacien au corps fuselé terminé par un rostre pointu et aux fentes branchiales situées sur le côté du corps. □ Certains sont dangereux (requin bleu, requin blanc, requin taupe ou lamie) mais les plus grandes espèces (pèlerin : 15 m de long, 8 tonnes) sont en génér. inoffensives et se nourrissent de plancton. -**2.** Homme, femme d'affaires impitoyable : *Les requins de la finance.*

requinquer [ʀəkɛ̃ke] v.t. (de l'anc. fr. *reclinquer* "donner du clinquant"). FAM. Redonner des forces, de l'entrain à : *Buvez un peu de café, ça va vous requinquer* (syn. remonter, revigorer). ◆ **se requinquer** v.pr. FAM. Se rétablir après une maladie (syn. récupérer, se remettre).

requis, e [ʀəki, -iz] adj. (p. passé de *requérir*). Conforme à ce qui est demandé : *Les conditions requises pour obtenir un avancement* (syn. exigé, prescrit).

réquisition [ʀekizisjɔ̃] n.f. (lat. *requisitio*). -**1.** Procédure qui autorise l'Administration à contraindre un particulier à lui céder un bien ou à effectuer une prestation : *Le préfet a ordonné la réquisition des grévistes.* -**2.** Réquisition de la force armée, acte écrit par lequel certaines autorités publiques confèrent à une autorité militaire une mission de maintien de l'ordre ou de police judiciaire.

réquisitionner [ʀekizisjɔne] v.t. (de *réquisition*). -**1.** Se procurer des biens, utiliser les services de qqn par acte de réquisition : *Réquisitionner du matériel, les troupes.* -**2.** FAM. Faire appel à qqn pour un service quelconque : *Réquisitionner des amis pour un déménagement* (syn. mobiliser).

réquisitoire [ʀekizitwaʀ] n.m. (du lat. *requisitus*, p. passé de *requirere* ; v. requérir). -**1.** DR. Plaidoirie par laquelle le ministère public requiert l'application ou non de la loi pénale envers le prévenu ou l'accusé. -**2.** Discours dans lequel on accumule les accusations contre qqn, une institution, etc. : *Dresser un réquisitoire contre le gouvernement.*

rescapé, e [ʀɛskape] adj. et n. (forme wallonne de *réchappé*, répandu lors de la catastrophe minière de Courrières, le 10 mars 1906). Sorti vivant d'un accident : *Les personnes rescapées ont été dirigées vers les hôpitaux de la région.*

rescousse [ʀɛskus] n.f. (réfection de l'anc. fr. *recousse*, p. passé f. de *rescourre* "reprendre, délivrer"). À la rescousse, en renfort, pour porter assistance : *Venir à la rescousse de qqn.*

réseau [ʀezo] n.m. (lat. *retiolus*, dimin. de *retis* "filet"). -**1.** Ensemble de lignes entrecroisées : *Un réseau de fines veines sur une main.*

-2. Ensemble de voies ferrées, de lignes électriques, de canalisations d'eau ou de gaz, etc., reliant une même unité géographique : *Réseau routier, téléphonique.* **-3.** Ensemble de personnes qui sont en liaison en vue d'une action clandestine : *Un réseau de résistance.* **-4.** PHYS. Surface striée d'un ensemble de traits fins, parallèles et très rapprochés qui diffractent la lumière. **-5.** INFORM. Système d'ordinateurs géographiquement éloignés les uns des autres, interconnectés par des télécommunications. **-6.** Réseau hydrographique, ensemble de fleuves et de leurs affluents drainant une région.

résection [Reseksjɔ̃] n.f. (du lat. *resecare* "retrancher"). CHIR. Action de retrancher une portion d'organe, en rétablissant la continuité de sa fonction : *Résection intestinale.*

réséda [Rezeda] n.m. (du lat. *reseda*, impér. de *resedare* "calmer"). Plante herbacée dont on cultive une espèce, originaire d'Afrique, pour ses fleurs odorantes.

réséquer [Reseke] v.t. (lat. *resecare*, de *secare* "couper") [conj. 18]. CHIR. Pratiquer la résection.

réservataire [RezeRvatɛR] adj. et n. DR. CIV. Se dit de l'héritier qui bénéficie légalement de tout ou partie de la réserve héréditaire.

réservation [RezeRvasjɔ̃] n.f. (angl. *reservation*). Action de retenir une place dans un avion, un train, une chambre dans un hôtel, etc. : *Avez-vous une réservation ?*

réserve [RezeRv] n.f. **-1.** Chose mise de côté pour un usage ultérieur : *Avoir une bonne réserve d'argent. Constituer des réserves de denrées alimentaires* (syn. provisions). **-2.** Local où l'on entrepose les marchandises : *Aller dans la réserve chercher un article qu'on n'a plus en magasin* (syn. arrière-boutique). **-3.** Fraction d'un héritage dont une personne ne peut disposer au détriment de certains héritiers : *Réserve héréditaire.* **-4.** Période faisant suite au service militaire actif ; ensemble des citoyens soumis à cette obligation : *Être versé dans la réserve. Officier de réserve.* **-5.** Attitude de qqn qui agit avec prudence : *C'est un modèle de discrétion et de réserve* (syn. retenue). *Faire preuve de réserve dans une circonstance délicate* (syn. modération). **-6.** Territoire dans lequel sont cantonnées certaines ethnies survivant (au Canada, aux États-Unis, en Australie) aux guerres et au génocide subis lors de la conquête européenne : *Réserve indienne.* **-7.** Portion de territoire soumis à une réglementation spéciale pour la protection d'espèces animales ou végétales : *Réserve botanique, ornithologique. Réserve de chasse, de pêche.* **-8.** Ensemble des œuvres d'un musée non exposées, des livres d'une

bibliothèque publique qui ne sont pas accessibles sans contrôle : *Demander à consulter un ouvrage de la réserve.* **-9.** De réserve, destiné à être utilisé en temps opportun : *Du matériel de réserve.* ‖ En réserve, à part, de côté : *Avoir de grosses sommes en réserve.* ‖ Obligation de réserve, obligation à la discrétion qui s'impose aux agents de l'Administration, dans l'expression de leurs opinions. ‖ Sans réserve, sans limite, sans restriction : *Je vous approuve sans réserve.* ‖ Sous toute réserve, en faisant la part d'une rectification possible ; sans garantie : *Publier une nouvelle sous toute réserve.* ◆ **réserves** n.f. pl. **-1.** Limitation apportée à un jugement que l'on émet, à un accord que l'on donne : *Une acceptation assortie de réserves* (syn. restriction). **-2.** Quantités identifiées de ressources naturelles : *Réserves de pétrole.* **-3.** PHYSIOL. Substances entreposées dans un organe en vue de leur utilisation ultérieure (ex. les lipides dans la moelle jaune des os).

réservé, e [RezeRve] adj. (p. passé de *réserver*). **-1.** Qui fait preuve de retenue : *Être réservé dans ses jugements* (syn. circonspect, modéré). **-2.** Destiné exclusivement à une personne, à son usage : *Chasse réservée. Places réservées.*

réserver [RezeRve] v.t. (lat. *reservare*). **-1.** Mettre de côté en vue d'un usage particulier : *Réserver une bonne bouteille pour des amis* (syn. garder). **-2.** Destiner : *Nul ne sait ce que l'avenir nous réserve.* **-3.** Faire la réservation de : *Réserver une chambre d'hôtel* (syn. retenir). **-4.** Affecter à une destination : *On réserve le local aux réunions.* ◆ **se réserver** v.pr. **-1.** S'accorder qqch à soi-même : *Se réserver quelques jours de liberté.* **-2.** S'abstenir de manger afin de conserver l'appétit pour un autre plat : *Je me réserve pour le dessert.* **-3.** Se réserver de (+ inf.), envisager la possibilité de faire qqch au moment convenable : *Je me réserve d'intervenir.*

réserviste [RezeRvist] n.m. Celui qui appartient à la réserve des forces armées.

réservoir [RezeRvwaR] n.m. (de *réserver*). **-1.** Lieu aménagé pour accumuler et conserver certaines choses : *Un réservoir d'eau potable* (syn. citerne). **-2.** Lieu où sont amassées diverses réserves : *Réservoir de matières premières.* **-3.** Récipient contenant des produits liquides ou gazeux.

résidant, e [Rezidɑ̃, -ɑ̃t] adj. et n. Se dit de qqn qui réside dans un lieu : *Avis à tous les résidants de l'immeuble.*

résidence [Rezidɑ̃s] n.f. (lat. médiév. *residentia*). **-1.** Demeure habituelle dans un lieu déterminé : *Famille qui change de résidence* (syn. domicile). **-2.** Ensemble d'habitations destinées à une catégorie donnée de personnes : *Résidence universitaire. Résidence pour* *personnes âgées.* - **3.** Groupe d'habitations d'un certain confort : *Les luxueuses résidences des beaux quartiers.* - **4.** Résidence secondaire, lieu d'habitation s'ajoutant au logement habituel, et dans lequel, en génér., on séjourne pendant les vacances et les week-ends. ‖ Résidence surveillée, imposée à un individu jugé dangereux pour l'ordre public et que les autorités veulent pouvoir surveiller.

résident, e [Rezidã, -ãt] n. (lat. *residens* "qui réside"). Personne résidant habituellement dans un pays, une région, un quartier : *Les résidents français à l'étranger. Tarif de stationnement spécial pour les résidents.*

résidentiel, elle [Rezidãsjɛl] adj. (de *résidence*). - **1.** Qui est réservé à l'habitation, en parlant d'une ville, d'un quartier : *Banlieue résidentielle.* - **2.** Qui offre un haut niveau de confort, de luxe : *Immeuble résidentiel.*

résider [Rezide] v.i. (lat. *residere*, de *sidere* "être assis"). - **1.** Avoir sa résidence à tel endroit : *Ils ont choisi de résider à Paris* (syn. demeurer, habiter). - **2.** Être, consister en qqch : *L'inconvénient de cet appareil réside dans son prix.*

résidu [Rezidy] n.m. (du lat. *residuum* "qui reste"). - **1.** Matière qui subsiste après une opération physique ou chimique, un traitement industriel, etc. - **2.** LITT. Ce qui reste, inutilisable ou sans valeur, de qqch.

résiduel, elle [Rezidɥɛl] adj. (de *résidu*). - **1.** Qui est de la nature des résidus ; qui constitue un résidu : *Matières résiduelles.* - **2.** GÉOL. Roches résiduelles, roches exogènes formées par concentration sélective de certains éléments d'une roche préexistante, les autres étant dissous.

résignation [Rezinasjɔ̃] n.f. Fait de se résigner ; renoncement : *Accepter son sort avec résignation* (syn. fatalisme).

résigné, e [Rezine] adj. et n. Qui a renoncé à lutter ; qui s'est soumis au sort qui lui est réservé : *Un malade résigné.*

résigner [Rezine] v.t. (du lat. *resignare* "annuler"). LITT. Renoncer volontairement à : *Résigner sa fonction* (syn. démissionner de). ◆ **se résigner** v.pr. Se soumettre sans protestation à qqch de pénible, de désagréable : *Se résigner à son sort* (syn. se soumettre).

résiliable [Rezijabl] adj. Qui peut être résilié : *Bail résiliable tous les trois ans.*

résiliation [Rezijasjɔ̃] n.f. Annulation d'un contrat par l'accord des parties ou la volonté de l'une d'entre elles : *Résiliation d'une vente.*

résilier [Rezilje] v.t. (lat. *resilire*, propr. "sauter en arrière") [conj. 9]. Mettre fin à un contrat : *Locataire qui résilie son bail* (syn. annuler ; contr. reconduire).

résille [Rezij] n.f. (de l'esp. *redecilla*, d'apr. *réseau*). - **1.** Filet à larges mailles qui sert à maintenir la chevelure. - **2.** Bas résille, bas formé d'un réseau de larges mailles.

résine [Rezin] n.f. (lat. *resina*). - **1.** Produit solide ou semi-liquide, translucide et insoluble dans l'eau, que sécrètent certaines espèces végétales, notamm. les conifères. - **2.** Composé naturel ou synthétique utilisé dans la fabrication des matières plastiques, des peintures, etc. [→ plastique].

résiner [Rezine] v.t. - **1.** Extraire la résine de : *Résiner un pin.* - **2.** Enduire de résine : *Résiner des allumettes.*

résineux, euse [Rezinø, -øz] adj. Qui tient de la résine ; qui en produit : *Matière résineuse. Bois résineux.* ◆ **résineux** n.m. Arbre forestier gymnosperme, riche en matières résineuses. □ Les principaux résineux sont des conifères : pin, sapin, épicéa, mélèze, if, cyprès, cèdre, genévrier et thuya.

résinier, ère [Rezinje, -ɛR] n. Professionnel effectuant des saignées dans les pins et récoltant la résine qui s'en écoule. ◆ adj. Qui a trait aux produits résineux.

résipiscence [Resipisãs] n.f. (lat. ecclés. *resipiscentia*, de *resipiscere* "revenir à la raison"). LITT. Venir, amener à résipiscence, reconnaître, amener à reconnaître sa faute avec la volonté de s'amender.

résistance [Rezistãs] n.f. - **1.** Action de résister, de s'opposer à qqn : *Se laisser arrêter sans résistance* (syn. réaction). - **2.** Capacité à résister à une épreuve physique ou morale : *Avoir une bonne résistance à la fatigue* (syn. endurance). - **3.** Propriété que possède un corps de résister, de s'opposer aux effets d'un agent extérieur : *Ce tissu a été utilisé pour sa résistance* (syn. solidité). - **4.** PHYS. Force qui s'oppose au mouvement d'un corps dans un fluide : *La résistance de l'air.* - **5.** Propriété d'un conducteur caractérisant sa capacité à s'opposer au passage du courant. □ La résistance est égale au quotient de la tension aux bornes des conducteurs par l'intensité du courant qui le parcourt (R = U/I, ce qui constitue l'expression de la loi d'Ohm). - **6.** ÉLECTR. Dipôle passif dans lequel toute l'énergie électrique mise en jeu est convertie en chaleur par l'effet Joule : *Changer la résistance d'un fer à repasser.* - **7.** PSYCHAN. Manifestation du refus du sujet de reconnaître des contenus inconscients. - **8.** Plat de résistance, plat principal d'un repas. - **9.** Résistance des matériaux, partie de la mécanique appliquée ayant pour objet l'évaluation des contraintes et des déformations subies par une structure sous l'action de forces extérieures données. ‖ HIST. La Résistance, nom donné à l'action clandestine menée pendant la Seconde Guerre mondiale contre l'occupation allemande par des organisations civiles et militaires de plusieurs pays d'Europe.

résistant, e [ʀezistɑ̃, -ɑ̃t] adj. - **1.** Qui supporte bien les épreuves physiques : *Homme résistant* (syn. robuste). - **2.** Qui résiste à une force extérieure, à l'usure : *Tissu résistant* (contr. fragile). ◆ adj. et n. - **1.** Qui s'oppose à une occupation ennemie. - **2.** Membre de la Résistance pendant la Seconde Guerre mondiale.

résister [ʀeziste] v.t. ind. [à] (lat. *resistere*, de *sistere* "s'arrêter"). - **1.** S'opposer par la force à celui ou à ceux qui emploient des moyens violents : *Résister à un agresseur* (= se défendre contre). - **2.** Ne pas céder sous l'action d'un choc, d'une force : *Le plancher ne pourra pas résister à un tel poids* (syn. supporter). - **3.** S'opposer à la volonté de qqn, à ses desseins, à ses désirs : *Ses parents n'osent pas lui résister* (syn. contrarier). - **4.** Lutter contre ce qui attire : *Résister à une proposition malhonnête* (syn. repousser ; contr. céder). - **5.** Supporter victorieusement des épreuves physiques ou morales : *Résister à la fatigue.*

résistivité [ʀezistivite] n.f. ÉLECTR. Caractéristique d'une substance conductrice, exprimant sa résistance en fonction des dimensions dans lesquelles elle est utilisée.

résolu, e [ʀezɔly] adj. (p. passé de *résoudre*). Ferme dans ses projets ; hardi, déterminé : *Il se montre très résolu à ne pas céder* (syn. décidé). *Une attitude résolue.*

résoluble [ʀezɔlybl] adj. (de *résoudre*). DR. Qui peut être annulé : *Contrat résoluble.*

résolument [ʀezɔlymɑ̃] adv. De manière résolue, décidée ; sans hésitation : *Il s'est mis résolument au travail* (syn. fermement).

résolutif, ive [ʀezɔlytif, -iv] adj. et n.m. (du lat. *resolutum*, de *resoluere* ; v. *résoudre*). MÉD. - **1.** Se dit d'un médicament qui fait disparaître une inflammation. - **2.** Se dit d'une substance qui favorise le relâchement musculaire.

résolution [ʀezɔlysjɔ̃] n.f. (lat. *resolutio*, de *resolvere* ; v. *résoudre*). - **1.** Fait de trancher un cas douteux, une question : *Résolution d'une difficulté, d'un problème.* - **2.** Décision prise avec la volonté de s'y tenir : *Résolution inébranlable* (syn. détermination). - **3.** Fait de se résoudre, de se réduire : *Résolution d'un nuage en pluie.* - **4.** DR. Dissolution d'un contrat pour inexécution des engagements. - **5.** MÉD. Retour à l'état normal, sans suppuration, d'un tissu enflammé. - **6.** PHYSIOL. État de relâchement des muscles. - **7.** POLIT. Motion adoptée par une assemblée délibérante, qui constitue soit un simple vœu, soit une disposition du règlement intérieur. - **8.** MATH. Résolution d'une équation, détermination de ses solutions. ‖ MUS. Résolution d'un accord, manière satisfaisante à l'oreille d'enchaîner une dissonance à une conso-

nance. ‖ OPT. Pouvoir de résolution, pouvoir séparateur d'un instrument d'observation.

résolutoire [ʀezɔlytwaʀ] adj. DR. Qui entraîne la résolution d'un acte, d'un contrat : *Une clause résolutoire.*

résonance [ʀezɔnɑ̃s] n.f. (lat. *resonantia*). - **1.** Propriété d'accroître la durée ou l'intensité du son : *La résonance d'une salle.* - **2.** Effet, écho produit dans l'esprit, le cœur : *Ce poème éveille des résonances profondes.* - **3.** PHYS. Augmentation de l'amplitude d'une oscillation sous l'influence d'impulsions périodiques de fréquence voisine. - **4.** CHIM. Particularité de certaines molécules organiques qui ne peuvent être représentées que par un ensemble de structures différant par la localisation des électrons. - **5.** PHYS. Particule élémentaire instable de vie moyenne très courte. - **6.** Résonance magnétique nucléaire (R. M. N.), méthode d'analyse spectroscopique utilisée en imagerie médicale (dite *imagerie par résonance magnétique,* ou *I. R. M.*).

résonant, e ou **résonnant, e** [ʀezɔnɑ̃, -ɑ̃t] adj. Susceptible d'entrer en résonance.

résonateur [ʀezɔnatœʀ] n.m. PHYS. Appareil, système qui vibre par résonance.

résonner [ʀezɔne] v.i. (lat. *resonare*, de *sonus* "son"). - **1.** Renvoyer le son en augmentant sa durée ou son intensité : *Cette salle résonne trop* (syn. retentir, vibrer). - **2.** Produire un son : *Cette cloche résonne faiblement* (syn. sonner, tinter).

résorber [ʀezɔʀbe] v.t. (lat. *resorbere*). - **1.** Faire disparaître peu à peu : *Résorber un déficit.* - **2.** MÉD. Opérer la résorption d'une tumeur, d'un abcès, etc. ◆ se résorber v.pr. Disparaître progressivement : *Catgut qui se résorbe bien.*

résorption [ʀezɔʀpsjɔ̃] n.f. (de *résorber,* d'apr. *absorption*). - **1.** Disparition progressive, totale ou partielle, d'une tumeur, d'un corps étranger, d'un organe. - **2.** Disparition progressive : *Un plan économique qui vise à la résorption du chômage* (syn. élimination).

résoudre [ʀezudʀ] v.t. (adaptation, d'apr. l'anc. fr. *soudre,* du lat. *resolvere* "délier") [conj. 88]. - **1.** LITT. Décomposer un corps en ses éléments constituants : *Le temps résout les corps en poussière* (syn. réduire). - **2.** MÉD. Faire disparaître peu à peu et sans suppuration. - **3.** Prendre le parti, la détermination de faire qqch : *Il a résolu de partir à l'étranger* (syn. décider). - **4.** Trouver une solution, une réponse à une question, un problème : *La police n'a pas réussi à résoudre cette énigme* (syn. débrouiller, démêler). - **5.** ASTRON. Mettre en évidence des astres distincts au sein d'un objet céleste : *Résoudre une galaxie en étoiles.*

- **6.** MATH. **Résoudre une équation**, déterminer l'ensemble des solutions d'une équation, d'un système d'équations. ◆ **se résoudre** v.pr. [à]. - **1.** Consentir finalement à : *Se résoudre à partir* (syn. **se décider**). - **2.** Se ramener, aboutir finalement à tel résultat ; consister en : *Un différend qui se résout à une querelle de personnes.*

respect [Rɛspɛ] n.m. (lat. *respectus*, de *respicere* "regarder en arrière"). - **1.** Sentiment qui porte à traiter qqn, qqch, avec de grands égards, à ne pas porter atteinte à qqch : *Respect filial* (syn. **déférence**). *Respect des lois.* - **2.** VX. **Sauf votre respect**, que cela ne vous offense pas. ‖ **Tenir qqn en respect**, le contenir, lui en imposer ; le menacer avec une arme. ◆ **respects** n.m. pl. LITT. (Dans des formules de politesse). Civilités, hommages : *Présenter ses respects.*

respectabilité [Rɛspɛktabilite] n.f. (angl. *respectability*). Qualité d'une personne respectable : *Le souci de sa respectabilité lui donnait un air compassé* (syn. **dignité**).

respectable [Rɛspɛktabl] adj. - **1.** Digne de respect : *Un homme respectable* (syn. **honorable**). *Une attitude respectable.* - **2.** D'une importance dont on doit tenir compte ; assez grand : *Un nombre respectable de spectateurs* (syn. **appréciable** ; contr. **insignifiant**).

respecter [Rɛspɛkte] v.t. (de *respect*). - **1.** Traiter, considérer avec respect : *Respecter les convictions de qqn.* - **2.** Ne pas porter atteinte à qqch ; ne pas troubler : *Respecter les traditions* (contr. **enfreindre**). *Respecter le sommeil de qqn.* ◆ **se respecter** v.pr. SOUT. Se comporter avec la dignité qui convient : *Un acteur qui se respecte n'accepte pas n'importe quel rôle.*

respectif, ive [Rɛspɛktif, -iv] adj. (lat. scolast. *respectivus*, du class. *respectus* "égard, considération"). Qui concerne chaque personne, chaque chose, par rapport aux autres : *Les droits respectifs du salarié et de l'entreprise* (syn. **particulier, personnel**). *Déterminer la position respective des astres.*

respectivement [Rɛspɛktivmɑ̃] adv. Chacun en ce qui le concerne : *Trois points désignés respectivement par a, b et c.*

respectueusement [Rɛspɛktɥøzmɑ̃] adv. Avec respect.

respectueux, euse [Rɛspɛktɥø, -øz] adj. Qui témoigne du respect ; qui marque du respect : *Un homme respectueux des convenances.* *Présenter ses respectueuses salutations.*

respirable [Rɛspirabl] adj. Que l'on peut respirer : *Atmosphère à peine respirable.*

respirateur [RɛspiratœR] n.m. - **1.** Masque qui filtre l'air. - **2.** MÉD. Appareil destiné à assurer une ventilation pulmonaire artificielle.

respiration [Rɛspirasjɔ̃] n.f. - **1.** Le fait de respirer : *Avoir une respiration difficile. Perdre la respiration.* - **2.** PHYSIOL., BOT. Ensemble des fonctions qui permettent l'absorption de l'oxygène et le rejet du gaz carbonique chez l'homme, l'animal et les espèces végétales. - **3.** MÉD. **Respiration artificielle**, ensemble des manœuvres destinées à suppléer, à rétablir chez un asphyxié la respiration naturelle.

respiratoire [RɛspiratwaR] adj. - **1.** Qui sert à respirer : *Appareil respiratoire.* - **2.** Relatif à la respiration : *Troubles respiratoires.*

respirer [Rɛspire] v.i. (lat. *respirare*, de *spirare* "souffler"). - **1.** Absorber l'air ambiant et le rejeter après qu'il a régénéré le sang : *Respirer par le nez. Respirer à fond.* - **2.** Absorber l'oxygène de l'air et rejeter du gaz carbonique, en parlant des êtres vivants. - **3.** FAM. Avoir un moment de répit : *Je viens de rentrer, laissez-moi respirer un moment.* ◆ v.t. - **1.** Absorber en aspirant : *Respirer un bon air* (syn. **inhaler**). *Respirer un parfum* (syn. **sentir**). - **2.** Marquer ; manifester, exprimer : *Cet homme respire la santé.*

resplendir [Rɛsplɑ̃diR] v.i. (lat. *resplendere* "être éclatant") [conj. 32]. Briller avec grand éclat : *La lune resplendit. Son visage resplendit de joie* (syn. **rayonner**).

resplendissant, e [Rɛsplɑ̃disɑ̃, -ɑ̃t] adj. Qui resplendit : *Une femme resplendissante* (syn. **rayonnant, radieux**).

resplendissement [Rɛsplɑ̃dismɑ̃] n.m. LITT. Éclat de ce qui resplendit.

responsabilisation [Rɛspɔ̃sabilizasjɔ̃] n.f. Action de responsabiliser ; fait d'être responsabilisé : *La responsabilisation des conducteurs.*

responsabiliser [Rɛspɔ̃sabilize] v.t. - **1.** Rendre responsable. - **2.** Rendre conscient de ses responsabilités : *Responsabiliser un adolescent.*

responsabilité [Rɛspɔ̃sabilite] n.f. - **1.** Capacité de prendre une décision sans en référer préalablement une autorité supérieure : *Avoir une lourde responsabilité.* - **2.** DR. Obligation de réparer une faute, de remplir une charge, un engagement : *Responsabilité civile.*

responsable [Rɛspɔ̃sabl] adj. (du lat. *responsus*, de *respondere* "répondre"). - **1.** Qui doit répondre de ses actes ou de ceux des personnes dont il a la charge : *Les parents sont responsables des dommages causés par leurs enfants mineurs.* - **2.** Qui est l'auteur de qqch : *Être responsable d'un accident.* - **3.** Qui est réfléchi ; qui pèse les conséquences de ses actes : *Agir en homme responsable.* ◆ adj. et n. - **1.** Qui est à l'origine d'un mal, d'une erreur : *Le vrai responsable, c'est l'alcool* (syn. **coupable**). - **2.** Personne qui a la charge d'une fonction, qui exerce un pouvoir de décision : *Un responsable syndical* (syn. dirigeant).

resquille [ʀɛskij] n.f. et **resquillage** [ʀɛskijaʒ] n.m. FAM. Action de resquiller.

resquiller [ʀɛskije] v.t. (du prov. *resquiha* "glisser"). FAM. Se procurer par quelque menue fraude un avantage auquel on n'a pas droit : *Resquiller une place au match.* ◆ v.i. FAM. Se faufiler dans une salle de spectacle, un moyen de transport sans attendre son tour, sans payer sa place.

resquilleur, euse [ʀɛskijœʀ, -øz] n. FAM. Personne qui resquille.

ressac [ʀəsak] n.m. (esp. *resaca*, de *resacar* "tirer en arrière"). MAR. Retour violent des vagues sur elles-mêmes, lorsqu'elles se brisent contre un obstacle.

ressaisir [ʀəsɛziʀ] v.t. [conj. 32]. Saisir de nouveau ; reprendre possession : *Il n'a pas ressaisi l'occasion.* ◆ **se ressaisir** v.pr. Reprendre son calme, son sang-froid ; redevenir maître de soi.

ressasser [ʀəsase] v.t. (de *sas* "tamis"). Répéter sans cesse : *Ressasser les mêmes histoires* (syn. rabâcher).

ressaut [ʀəso] n.m. (de l'anc. v. *ressaillir*). - 1. CONSTR. Rupture d'alignement d'un mur, notamm. liée à une avancée ou à un renfoncement du bâtiment. - 2. Saillie qui interrompt un plan horizontal.

ressayer v.t. → **réessayer.**

ressemblance [ʀəsãblɑ̃s] n.f. (de *ressembler*). - 1. Rapport entre des personnes présentant des traits physiques, psychologiques, etc., communs : *Il y a une certaine ressemblance entre les deux frères.* - 2. Rapport entre deux choses ayant certains éléments communs : *Je ne vois aucune ressemblance entre ces situations* (syn. similitude, analogie). - 3. Conformité entre une œuvre d'art, une représentation et son modèle : *Parfaite ressemblance d'un portrait.*

ressemblant, e [ʀəsãblɑ̃, -ɑ̃t] adj. Qui a de la ressemblance avec un modèle : *Portrait ressemblant.*

ressembler [ʀəsãble] v.t. ind. [à] (de *sembler*). Avoir de la ressemblance avec qqn, qqch : *Elle ressemble à sa mère* (syn. tenir de). *Il cherche à ressembler à l'idole du moment* (syn. copier, imiter). ◆ **se ressembler** v.pr. Offrir une ressemblance mutuelle : *Les deux maisons se ressemblent.*

ressemelage [ʀəsəmlaʒ] n.m. Action de ressemeler.

ressemeler [ʀəsəmle] v.t. (de *semelle*) [conj. 24]. Mettre une semelle neuve à une chaussure.

ressentiment [ʀəsãtimã] n.m. (de *ressentir*). Souvenir que l'on garde d'une injure, d'une injustice avec désir de s'en venger : *Nourrir de sombres ressentiments* (syn. rancune, rancœur).

ressentir [ʀəsãtiʀ] v.t. (de *sentir*) [conj. 37]. - 1. Éprouver une sensation, un sentiment, de façon agréable ou pénible : *Ressentir une douleur* (syn. endurer). *Ressentir une joie profonde* (syn. sentir). - 2. Être affecté par qqch, en subir les effets : *Économie qui ressent les contrecoups de la crise.* ◆ **se ressentir** v.pr. [de]. Éprouver les suites, les conséquences fâcheuses de : *Il se ressent de son opération à la jambe.*

resserre [ʀəsɛʀ] n.f. (de *reserrer*, au sens vieilli de "ranger, remettre en place"). Endroit où l'on met qqch à l'abri : *Mettre les outils dans la resserre* (syn. réserve, remise).

resserré, e [ʀəseʀe] adj. Contenu étroitement dans ses limites : *Défilé resserré* (syn. encaissé, étranglé).

resserrement [ʀəseʀmã] n.m. Action de resserrer ; fait d'être resserré : *Resserrement d'un lien* (syn. renforcement).

resserrer [ʀəseʀe] v.t. (de *serrer*). - 1. Serrer de nouveau ou davantage : *Resserrer sa ceinture.* - 2. Rendre qqch plus serré, plus étroit, ou plus compact : *Resserrer le cercle des badauds.* - 3. Renforcer, raffermir des relations : *Resserrer des liens, une amitié* (syn. cimenter, consolider). ◆ **se resserrer** v.pr. - 1. Devenir plus étroit : *Rue qui se resserre* (syn. se rétrécir). - 2. Devenir plus intime, plus proche : *Nos relations se sont resserrées* (syn. se raffermir).

resservir [ʀəsɛʀviʀ] v.t. [conj. 38]. Servir qqch de nouveau ou en plus : *Je vous ressers du poulet ?* ◆ v.i. Être encore utilisable : *Cela peut toujours resservir.*

1. ressort [ʀəsɔʀ] n.m. (de *1. ressortir*). - 1. Organe élastique pouvant supporter d'importantes déformations, et destiné à exercer une force en tendant à reprendre sa forme initiale après avoir été plié, tendu, comprimé ou tordu : *Les ressorts d'un sommier.* - 2. LITT. Force qui fait agir : *L'argent est le ressort de bien des conflits* (syn. moteur). - 3. Force morale, énergie qui permet de faire face : *Manquer de ressort* (syn. caractère, courage).

2. ressort [ʀəsɔʀ] n.m. (de *2. ressortir*). - 1. DR. Limite de la compétence matérielle et territoriale d'une juridiction : *Le ressort d'un tribunal.* - 2. Être du ressort de qqn, être de sa compétence : *Je ne peux pas vous aider, le problème n'est pas de mon ressort.* ‖ Juger en premier, en dernier ressort, juger une affaire susceptible, non susceptible d'appel.

1. ressortir [ʀəsɔʀtiʀ] v.i. (de *sortir*) [conj. 43 ; auxil. *être*]. - 1. Sortir une nouvelle fois ; sortir après être entré : *Il est ressorti acheter du pain.*

-**2.** Reparaître à l'extérieur après avoir pénétré dans qqch : *Le clou est ressorti de l'autre côté de la paroi.* -**3.** Se détacher sur un fond, paraître par contraste : *Le dessin ressort bien sur ce fond beige* (syn. trancher). -**4.** Être mis en relief, en valeur : *La crise économique a fait ressortir les difficultés de l'entreprise* (= les a mises en évidence ; syn. souligner). -**5.** Être de nouveau publié, joué, représenté : *Vieux film qui ressort.* ◆ v. impers. Résulter : *Il ressort de l'enquête que son alibi est faux* (= il se dégage de).

2. ressortir [RəsɔRtiR] v.t. ind. [à] (de *1. ressortir*) [conj. 32 ; auxil. *être*]. -**1.** Être du ressort d'une juridiction, de sa compétence : *Votre affaire ressortissait au tribunal de première instance.* -**2.** LITT. Se rapporter à ; concerner ; dépendre de : *Une question qui ressortit à l'économie.*

ressortissant, e [RəsɔRtisɑ̃, -ɑ̃t] n. (de *2. ressortir*). Personne protégée par les représentants diplomatiques ou consulaires d'un pays donné, lorsqu'elle réside dans un autre pays : *Les ressortissants français.*

ressouder [Rəsude] v.t. -**1.** Souder de nouveau : *Ressouder un tuyau.* -**2.** Recréer une union, une cohésion : *Couple ressoudé par les malheurs.*

ressource [RəsuRs] n.f. (de *resours*, p. passé de l'anc. v. *resourdre* "se relever", lat. *resurgere*). Ce qu'on emploie dans une situation fâcheuse pour se tirer d'embarras : *À présent, vous êtes ma dernière ressource* (syn. recours, secours). ◆ **ressources** n.f. pl. -**1.** Moyens d'existence d'une personne : *Elle n'a que de maigres ressources pour vivre* (syn. revenu). -**2.** Éléments de la richesse ou de la puissance d'une nation : *Les ressources agricoles du pays.* -**3.** Ressources naturelles, ensemble des potentialités qu'offre le milieu physique, notamm. dans les domaines énergétique, minier, forestier, etc.

se ressourcer [RəsuRse] v.pr. (de *ressource*) [conj. 16]. Revenir à ses sources ; retrouver ses racines profondes : *Se ressourcer à la campagne.*

ressurgir v.i. → resurgir.

ressusciter [Resysite] v.i. (lat. *ressuscitare* "ranimer"). -**1.** Revenir de la mort à la vie, d'une grave maladie à la santé (syn. renaître, revivre). -**2.** LITT. Réapparaître, manifester une vie nouvelle : *Cette coutume a ressuscité.* ◆ v.t. -**1.** Ramener de la mort à la vie, d'une grave maladie à la santé : *Ressusciter un noyé* (syn. ranimer, sauver). -**2.** LITT. Faire réapparaître : *Ressusciter une mode* (syn. restaurer, rétablir).

restant, e [Rɛstɑ̃, -ɑ̃t] adj. -**1.** Qui reste : *Le seul héritier restant.* -**2.** Poste restante, mention

indiquant qu'une lettre doit rester au bureau de poste pendant un certain délai afin de permettre à son destinataire de venir la réclamer : *Écrivez-moi poste restante.* ◆ **restant** n.m. Ce qui reste : *Payer le restant d'une somme* (syn. reliquat, reste).

restaurant [RɛstɔRɑ̃] n.m. (de *2. restaurer*). Établissement public où l'on sert des repas moyennant paiement : *Manger dans un restaurant de bas étage* (= une gargote). *Manger au restaurant d'entreprise* (= à la cantine).

restaurateur, trice [RɛstɔRatœR, -tRis] n. -**1.** Personne qui répare une œuvre d'art : *Restaurateur de tableaux.* -**2.** Personne qui tient un restaurant.

1. restauration [RɛstɔRasjɔ̃] n.f. (lat. *restauratio*). -**1.** Réparation, réfection : *Restauration d'un monument* (syn. rénovation). -**2.** Nouvelle vigueur, nouvelle existence donnée à qqch : *Restauration des arts.* -**3.** Rétablissement d'une dynastie déchue : *Restauration des Bourbons.* -**4.** Opération ponctuelle qui consiste à sauvegarder et à mettre en valeur des immeubles à conserver : *Procéder à la restauration d'un quartier* (syn. réhabilitation, rénovation). -**5.** Style Restauration, en France, style décoratif des années 1815-1830, époque de la restauration des Bourbons.

2. restauration [RɛstɔRasjɔ̃] n.f. (de *1. restauration*, d'apr. *restaurant*). -**1.** Métier de restaurateur ; ensemble des restaurants et de leur administration. -**2.** Restauration rapide, recomm. off. pour *fast-food*.

1. restaurer [RɛstɔRe] v.t. (lat. *restaurare*). -**1.** Réparer ; remettre en bon état : *Restaurer une statue* (syn. arranger, rénover). -**2.** LITT. Remettre en vigueur, en honneur : *Restaurer la liberté* (syn. rétablir). -**3.** Restaurer une dynastie, la remettre sur le trône.

2. restaurer [RɛstɔRe] v.t. (lat. *restaurare*). LITT. Faire manger qqn. ◆ **se restaurer** v.pr. Reprendre des forces en mangeant : *Prévoir une halte pour se restaurer.*

reste [Rɛst] n.m. (de *rester*). -**1.** Ce qui reste d'un ensemble dont on a retranché ou dont on considère à part une ou plusieurs parties : *Il occupe trois pièces et loue le reste de la maison. Le reste de la journée, de la vie.* -**2.** Ce qui reste ou resterait à dire, à faire, etc. ; toute chose qui vient en plus : *Je terminerai le reste de mon travail ce soir* (syn. restant, reliquat). -**3.** Au reste, du reste, au surplus, d'ailleurs : *Il est avocat, comme son père, du reste.* ‖ Demeurer, être en reste avec qqn, lui devoir encore qqch. ‖ De reste, plus qu'il ne faut. ‖ Ne pas demander son reste, se retirer promptement de crainte d'avoir à subir d'autres désagréments. ‖ Un reste de, une petite quantité demeurant de. -**4.** MATH. Reste d'une division, différence entre le dividende et le produit du diviseur par le quotient. ◆ **restes** n.m. pl. -**1.** Ce qui n'a pas été consommé au cours d'un repas : *On mangera les restes ce soir* (syn. rogatons, LITT. reliefs). -**2.** Cadavre, ossements, cendres d'un être humain. -**3.** FAM. Avoir de beaux restes, conserver des signes certains de sa beauté ou de son intelligence d'autrefois.

rester [Rɛste] v.i. (lat. *restare*) [auxil. *être*]. -**1.** Subsister après disparition de qqch, de qqn, d'un groupe : *Voilà tout ce qui reste de sa fortune.* -**2.** Continuer à séjourner dans un lieu ou auprès de qqn : *Rester à Paris tout l'été. Il est resté deux ans à l'étranger* (syn. séjourner). *Restez ici, je reviens tout de suite* (syn. attendre). -**3.** Demeurer en un endroit ; ne pas changer de place : *La voiture est restée au garage.* -**4.** AFR., CAN. Habiter, résider quelque part : *Il reste près du port.* -**5.** Se maintenir, continuer à être dans la même position, le même état : *Il est resté fidèle.* -**6.** En rester là, ne pas poursuivre une action, une collaboration, des relations. ‖ Il reste que, il n'en reste pas moins que, on ne peut cependant nier que : *Toutes les précautions ont été prises, il n'en reste pas moins qu'il y a encore des risques.*

restituable [Rɛstityabl] adj. Qui peut ou qui doit être restitué : *Une somme restituable.*

restituer [Rɛstitɥe] v.t. (lat. *restituere*, de *statuere* "établir") [conj. 7]. -**1.** Rendre ce qui a été pris ou ce qui est possédé indûment : *Restituer le bien d'autrui* (syn. remettre). -**2.** Rétablir, remettre en son premier état : *Restituer un texte, le plan d'un édifice* (syn. reconstituer). -**3.** Reproduire un son enregistré : *Un magnétophone qui restitue fidèlement les sons.* -**4.** TOPOGR. Opérer une restitution.

restitution [Rɛstitysjɔ̃] n.f. -**1.** Action de restituer ; fait d'être restitué : *La restitution d'un objet volé.* -**2.** TOPOGR. Reconstitution, en plan ou en élévation, d'un objet ou d'un terrain photographié en stéréoscopie.

restreindre [Rɛstʀɛ̃dʀ] v.t. (lat. *restringere* "resserrer") [conj. 81]. Réduire à des limites plus étroites, limiter : *Restreindre les crédits* (syn. diminuer). ◆ **se restreindre** v.pr. Réduire ses dépenses.

restrictif, ive [Rɛstʀiktif, -iv] adj. Qui restreint ; qui limite : *Clause restrictive.*

restriction [Rɛstʀiksjɔ̃] n.f. (bas lat. *restrictio*, du class. *restringere* ; v. *restreindre*). -**1.** Condition, modification qui restreint : *Cette mesure a été adoptée sans restriction* (syn. réserve). -**2.** Action de limiter, de réduire la quantité, l'importance de qqch : *Restriction des crédits* (syn. diminution). ◆ **restrictions** n.f. pl. Mesures de rationnement édictées en temps de pénurie économique : *Des restrictions alimentaires* (syn. limitation, réduction).

restructuration [Rəstʀyktyʀasjɔ̃] n.f. Action de réorganiser selon de nouveaux principes, avec de nouvelles structures, un ensemble devenu inadapté : *Restructuration d'une industrie* (syn. réorganisation).

restructurer [Rəstʀyktyʀe] v.t. Effectuer la restructuration de : *Restructurer une entreprise* (syn. réorganiser).

resucée [Rəsyse] n.f. (de *resucer* "sucer de nouveau"). FAM. Chose déjà faite, vue, entendue, goûtée plusieurs fois : *Chanson qui est une resucée d'un grand succès* (syn. répétition, reprise).

résultante [Rezyltɑ̃t] n.f. -**1.** Résultat de l'action conjuguée de plusieurs facteurs : *Cette crise est la résultante de plusieurs erreurs accumulées* (syn. conséquence). -**2.** MATH. Vecteur unique (s'il existe) équivalent à un système de vecteurs. □ Des vecteurs concourants ont toujours une résultante : leur somme géométrique appliquée au point de concours de leurs supports.

résultat [Rezylta] n.m. (lat. scolast. *resultatum*, de *resultare* ; v. *résulter*). -**1.** Ce qui résulte d'une action, d'un fait, d'un principe, d'un calcul : *Le résultat d'une addition* (syn. somme). *Le résultat d'une division* (syn. quotient). *Le résultat d'une multiplication* (syn. produit). *Le résultat d'une soustraction* (syn. reste). *Les résultats d'une négociation* (syn. conclusion). -**2.** Réussite ou échec à un examen ou à un concours. ◆ **résultats** n.m. pl. -**1.** Réalisations concrètes : *Obtenir des résultats.* -**2.** ÉCON. Bénéfices ou pertes d'une entreprise au cours d'un exercice.

résulter [Rezylte] v.i. et v. impers. [**de**] (lat. scolast. *resultare* "rebondir", de *saltare* "sauter") [auxil. *être* ou *avoir*]. S'ensuivre, être la conséquence, l'effet de : *Que résultera-t-il de toutes ces démarches ? Ma conviction résulte d'une observation attentive* (syn. découler).

résumé [Rezyme] n.m. (de *résumer*). -**1.** Exposé donnant en peu de mots l'essentiel de ce qui a été dit ou écrit : *Résumé d'un discours* (syn. récapitulation, sommaire). -**2.** En résumé, en résumant, en récapitulant : *En résumé, je proposerai cette conclusion.*

résumer [Rezyme] v.t. (lat. *resumere* "reprendre, recommencer", de *sumere* "prendre"). Rendre en moins de mots ce qui a été dit, écrit, représenté plus longuement : *Résumer un livre, un film* (syn. récapituler, synthétiser). ◆ **se résumer** v.pr. -**1.** Reprendre sommairement ce qu'on a dit : *Pour me résumer, je dirais que...* [à]. Consister essentiellement dans : *Le problème se résume à trouver les crédits.*

résurgence [RezyRʒɑ̃s] n.f. (de *résurgent*). -**1.** Réapparition à l'air libre, sous forme de grosse source, d'eaux infiltrées dans un massif calcaire. - **2**. LITT. Fait de réapparaître, de resurgir : *La résurgence des doctrines racistes* (syn. renaissance, réveil).

résurgent, e [RezyRʒɑ̃, -ɑ̃t] adj. (lat. *resurgens*, de *resurgere* "renaître, rejaillir"). HYDROL. Qui réapparaît à l'air libre après un trajet souterrain : *Rivière résurgente.*

resurgir ou **ressurgir** [RəsyRʒiR] v.i. [conj. 32]. - **1**. Surgir de nouveau : *La source resurgit plus loin.* - **2**. Réapparaître ; revenir à la conscience : *Faire ressurgir de vieux souvenirs.*

résurrection [RezyRɛksjɔ̃] n.f. (lat. ecclés. *resurrectio*, de *resurgere* "se relever"). - **1**. Retour de la mort à la vie : *La résurrection du Christ.* - **2**. Réapparition, nouvel essor d'un phénomène artistique, littéraire, etc. : *La résurrection du théâtre* (syn. renaissance, renouveau). - **3**. BX-A. (Avec une majuscule). Œuvre qui représente la résurrection du Christ.

retable [Rətabl] n.m. (esp. *retablo*, de *tabla* "planche"). Dans une église, construction verticale portant un décor peint ou sculpté, placée sur un autel ou en retrait de celui-ci.

rétablir [RetabliR] v.t. (de *établir*) [conj. 32]. - **1**. Remettre en son premier état ou en meilleur état : *Des mesures destinées à rétablir la situation économique* (syn. relever). *Rétablir le courant.* - **2**. Ramener, faire exister de nouveau, remettre en vigueur : *Rétablir l'ordre. Rétablir la monarchie* (syn. restaurer). - **3**. Redonner des forces à : *Ce régime l'a rétabli* (syn. guérir). - **4**. Rétablir les faits, la vérité, dissiper les erreurs en faisant connaître la vérité. ◆ **se rétablir** v.pr. Recouvrer la santé (syn. récupérer, se remettre).

rétablissement [Retablismɑ̃] n.m. - **1**. Action de rétablir : *Le rétablissement des relations diplomatiques.* - **2**. Retour à la santé : *Je vous souhaite un prompt rétablissement* (syn. guérison). - **3**. Mouvement de gymnastique permettant de s'élever en prenant un point d'appui sur chaque poignet, après une traction sur les bras.

rétamage [Retamaʒ] n.m. Action de rétamer.

rétamer [Retame] v.t. - **1**. Étamer de nouveau une surface métallique. - **2**. FAM. Se faire rétamer, se faire battre au jeu ; échouer à un examen.

rétameur [RetamœR] n.m. Ouvrier qui procède au rétamage des objets métalliques.

retape [Rətap] n.f. (de *retaper*). T. FAM. - **1**. Racolage. - **2**. Publicité tapageuse. - **3**. Faire de la retape, racoler.

retaper [Rətape] v.t. (de *taper*). FAM. - **1**. Remettre sommairement en état : *Ils ont retapé une vieille maison dans le Midi* (syn. réparer, arranger). - **2**. Remettre en forme ; redonner des forces : *Les vacances l'ont retapé* (syn.

guérir, remettre). - **3**. Retaper un lit, le refaire sommairement en tirant draps et couvertures. ◆ **se retaper** v.pr. FAM. Recouvrer la forme, la santé ; récupérer, se rétablir.

retard [RətaR] n.m. (de *retarder*). - **1**. Action d'arriver, d'agir trop tard : *Apporter du retard à qqch. Combler son retard.* - **2**. Différence entre l'heure marquée par une pendule, une horloge, etc., qui retarde et l'heure réelle : *Votre montre a dix minutes de retard* (contr. avance). - **3**. État de qqn, de qqch qui n'est pas aussi développé, avancé qu'il le devrait le être : *Un enfant en retard pour son âge. Le retard économique d'un pays.* - **4**. Sans retard, sans délai. ◆ adj. inv. PHARM. Se dit d'un médicament préparé de manière à libérer progressivement et avec un taux efficace et constant son principe dans l'organisme (ex. : *pénicilline retard*) ; se dit de l'injection et de l'effet pharmacologique d'un tel médicament.

retardataire [RətaRdatɛR] n. et adj. Personne qui est en retard : *On attend les retardataires.*

retardateur, trice [RətaRdatœR, -tRis] adj. Qui ralentit un mouvement, une action chimique.

retardé, e [RətaRde] adj. et n. FAM. Qui est en retard dans son développement intellectuel : *Un enfant retardé.*

retardement [RətaRdəmɑ̃] n.m. - **1**. SOUT. Action de retarder ; fait d'être retardé : *Ce projet ne doit souffrir aucun retardement* (syn. retard). - **2**. À retardement, se dit d'un engin muni d'un dispositif qui en retarde l'explosion jusqu'à un moment déterminé : *Une bombe à retardement.*

retarder [RətaRde] v.t. (lat. *retardare*, de *tardus* "tard"). - **1**. Faire perdre un temps plus ou moins long sur la durée prévue ; faire arriver ou se produire plus tard que prévu : *La pluie nous a retardés* (syn. ralentir). - **2**. Remettre à un temps ultérieur : *Retarder son départ* (syn. reculer, repousser ; contr. avancer). - **3**. Remettre qqch à plus tard : *Retarder la date d'un examen* (syn. ajourner, reporter). - **4**. Régler une montre, une horloge sur une heure moins avancée. ◆ v.i. - **1**. Indiquer une heure antérieure à l'heure légale, en parlant d'une montre, d'une pendule ou de celui qui la possède : *Votre montre retarde. Je retarde de cinq minutes.* - **2**. FAM. Ignorer ce que les autres connaissent déjà, ne pas être au fait de l'actualité, de la mode, etc.

retendre [Rətɑ̃dR] v.t. [conj. 73]. Tendre de nouveau ce qui était détendu : *Retendre une corde* (contr. détendre).

retenir [RətəniR] v.t. (bas lat. **retenere*, du class. *retinere*) [conj. 40]. - **1**. Garder par-devers soi ce qui est à un autre : *Retenir chez* *soi des livres empruntés* (syn. conserver). - **2.** Prélever une partie d'une somme : *Retenir tant sur un salaire* (syn. retrancher, soustraire). - **3.** MATH. Déterminer une retenue lors d'une opération arithmétique. - **4.** Se faire réserver qqch pour pouvoir en disposer le moment voulu : *Retenir une place dans le train* (syn. louer, réserver). - **5.** Considérer une idée, une proposition, etc., comme digne d'intérêt : *Retenir un projet*. - **6.** Empêcher de se mouvoir, de se déplacer, de tomber : *Il a été retenu dans sa chute par un arbre* (syn. arrêter, bloquer). - **7.** Empêcher de partir, inviter à demeurer quelque part : *Retenir qqn à dîner* (syn. garder). - **8.** Maintenir en place, contenir : *Retenir les eaux d'une rivière* (syn. endiguer). - **9.** Empêcher un sentiment, une réaction, etc., de se manifester : *Retenir sa colère, ses larmes* (syn. ravaler, rentrer). - **10.** Fixer dans sa mémoire : *Retenir une adresse* (syn. se souvenir ; contr. oublier). - **11.** FAM. Je te (vous, le, etc.) retiens, se dit à qqn ou de qqn qui a mal agi, mal accompli une tâche. ◆ **se retenir** v.pr. - **1.** Se rattraper à qqch pour éviter une chute, ralentir un mouvement vers le bas (syn. s'agripper, se raccrocher). - **2.** Résister à une envie : *Se retenir de rire*. - **3.** FAM. Différer de satisfaire un besoin naturel.

rétention [Retɑ̃sjɔ̃] n.f. (lat. *retentio*, de *retinere* ; v. retenir). - **1.** GÉOGR. Phénomène par lequel l'eau des précipitations ne rejoint pas immédiatement les cours d'eau : *Rétention des éboulis, des terrains perméables*. - **2.** MÉD. Accumulation excessive dans l'organisme de produits qui doivent normalement être éliminés : *Faire de la rétention d'eau*. - **3.** PSYCHOL. Propriété de la mémoire qui consiste à conserver de l'information.

retentir [Rətɑ̃tiʀ] v.i. (de l'anc. fr. *tentir*, lat. pop. *tinnitire*, class. *tinnire* "résonner") [conj. 32]. - **1.** Rendre, renvoyer un son éclatant, puissant, qui résonne : *Un violent coup de tonnerre a retenti dans la vallée* (syn. éclater). *La chambre retentit du bruit d'un camion qui passe* (syn. résonner). - **2.** Avoir des effets, des répercussions sur qqch d'autre : *Cet événement retentit loin des frontières* (syn. se répercuter).

retentissant, e [Rətɑ̃tisɑ̃, -ɑ̃t] adj. - **1.** Qui rend un son puissant : *Voix retentissante* (syn. tonitruant). - **2.** Qui attire l'attention du public : *Scandale retentissant*.

retentissement [Rətɑ̃tismɑ̃] n.m. - **1.** LITT. Fait de retentir ; son répercuté : *Le retentissement d'une trompette*. - **2.** Réactions suscitées dans le public par un événement : *Cette nouvelle a eu un grand retentissement* (syn. répercussion).

retenue [Rətəny] n.f. (de *retenir*). - **1.** Action de retenir, de garder : *Retenue des marchan-*

dises par la douane. - **2.** Somme qu'un employeur peut ou doit déduire du salaire ou du traitement dû : *Une retenue sur salaire*. - **3.** Privation de récréation ou de sortie, dans les établissements scolaires : *Si tu continues, tu auras une heure de retenue*. - **4.** Qualité d'une personne qui contient ses sentiments, garde une réserve discrète : *Une femme d'une très grande retenue* (syn. modération, réserve). - **5.** Ralentissement de la circulation routière : *Une retenue de 12 km*. - **6.** CONSTR. Assujettissement des extrémités d'une poutre dans un mur. - **7.** MATH. Dans une opération mathématique élémentaire, chiffre reporté pour être ajouté au chiffre du rang suivant. - **8.** TR. PUBL. Hauteur d'eau emmagasinée dans un réservoir, un bief ; l'eau ainsi emmagasinée.

rétiaire [Resjɛʀ] ou [Retjɛʀ] n.m. (lat. *retiarius*, de *rete* "filet"). Chez les Romains, gladiateur armé d'un trident et d'un filet, qui était génér. opposé à un mirmillon.

réticence [Retisɑ̃s] n.f. (lat. *reticentia* "silence obstiné", de *reticere*, de *tacere* "taire"). - **1.** Omission volontaire de qqch qu'on devrait ou qu'on pourrait dire : *Parler sans réticence* (syn. dissimulation, sous-entendu). - **2.** Attitude de qqn qui hésite à dire sa pensée, à prendre une décision : *Elle m'a invité sans aucune réticence* (syn. hésitation, réserve).

réticent, e [Retisɑ̃, -ɑ̃t] adj. Qui manifeste de la réticence : *Se montrer réticent devant un projet* (syn. hésitant, réservé).

réticulaire [Retikylɛʀ] adj. (du lat. *reticulum* ; v. réticule). - **1.** Qui a la forme d'un réseau. - **2.** Relatif à un réseau cristallin.

réticule [Retikyl] n.m. (lat. *reticulum* "réseau, sac à mailles", de *rete* "rets, filet"). - **1.** Petit sac à main. - **2.** OPT. Disque percé d'une ouverture circulaire coupée par deux fils très fins se croisant à angle droit, et qui sert à faire des visées dans une lunette.

réticulé, e [Retikyle] adj. (de *réticule*). Marqué de nervures formant réseau : *Élytre réticulé*.

rétif, ive [Retif, -iv] adj. (lat. pop. *restivus*, de *restitivus*, du class. *restare* "s'arrêter, résister"). - **1.** Qui s'arrête ou recule au lieu d'avancer : *Cheval rétif* (syn. récalcitrant). - **2.** Difficile à conduire, à persuader : *Un enfant rétif* (syn. indocile, rebelle).

rétine [Retin] n.f. (lat. médiév. *retina*, du class. *rete* "filet"). Membrane du fond de l'œil, formée de cellules nerveuses en rapport avec les fibres du nerf optique, et sensible à la lumière.

rétinien, enne [Retinjɛ̃, -ɛn] adj. Relatif à la rétine : *Les images rétiniennes*.

retirage [Rətiraʒ] n.m. Nouveau tirage d'un livre, d'une photo.

retiré, e [ʀətiʀe] adj. (p. passé de *retirer*). - **1.** Peu fréquenté : *Village retiré* (syn. écarté, isolé). - **2.** Qui a cessé toute activité professionnelle : *Un artisan retiré* (syn. retraité).

retirer [ʀətiʀe] v.t. (de *tirer*). - **1.** Tirer à soi, ramener en arrière : *Retirer une écharde du doigt de qqn* (syn. extirper, extraire). - **2.** Faire sortir qqn, qqch de l'endroit où ils étaient : *Retirer un enfant du lycée. Elle retira son mouchoir de son sac* (syn. sortir). - **3.** Enlever qqch qu'on porte sur soi : *Retirer un bijou* (syn. enlever). - **4.** Reprendre, ôter : *Retirer à qqn sa confiance*. - **5.** Renoncer à : *Retirer ses accusations, sa candidature*. - **6.** Tirer un bien matériel ou moral de qqch : *Il n'a retiré que des désagréments de cette affaire* (syn. recueillir, obtenir). ◆ **se retirer** v.pr. - **1.** S'en aller ; s'éloigner : *Se retirer à la campagne*. - **2.** Aller dans un lieu pour y trouver refuge : *Se retirer dans sa chambre*. - **3.** Prendre sa retraite. - **4.** Cesser de participer à qqch : *Se retirer de la compétition*. - **5.** La mer se retire, elle descend. ‖ La rivière se retire, elle rentre dans son lit après avoir inondé les berges.

retombée [ʀətɔ̃be] n.f. (de *retomber*). - **1.** Action de retomber après s'être élevé : *La retombée d'une fusée. Retombées radioactives*. - **2.** (Surtout au pl.). Conséquence fâcheuse : *Les retombées politiques d'un scandale* (syn. répercussion). - **3.** LITT. Action de retomber après une exaltation : *La retombée de l'enthousiasme populaire* (syn. chute). - **4.** CONSTR. Partie intérieure de chacune des deux montées d'un arc, d'une voûte, au-dessus des piédroits.

retomber [ʀətɔ̃be] v.i. (auxil. *être*). - **1.** Tomber de nouveau ; tomber après s'être élevé ou après avoir été élevé ou lancé : *La vapeur retombe en pluie*. - **2.** Se trouver une nouvelle fois dans un état (en partic. mauvais) ; avoir de nouveau tel type de comportement, d'action (en partic. négatif) : *Retomber dans ses erreurs. Retomber malade* (= rechuter). - **3.** Disparaître ou faiblir : *Sa colère est retombée*. - **4.** Atteindre qqn, lui revenir par contrecoup : *Tout retombe toujours sur moi*.

retordre [ʀətɔʀdʀ] v.t. (lat. *retorquere*) [conj. 76]. - **1.** Tordre de nouveau : *Retordre du linge*. - **2.** TECHN. Tordre ensemble deux ou plusieurs fils textiles.

rétorquer [ʀetɔʀke] v.t. (lat. *retorquere* "tourner en arrière, renvoyer"). Répondre vivement : *Il m'a rétorqué que j'avais tort* (syn. répliquer).

retors, e [ʀətɔʀ, -ɔʀs] adj. (anc. p. passé de *retordre*). - **1.** Qui a été tordu plusieurs fois : *Soie retorse*. - **2.** Qui manie la ruse avec une finesse tortueuse : *Un politicien retors prêt à toutes les intrigues* (syn. machiavélique, roué).

rétorsion [ʀetɔʀsjɔ̃] n.f. (lat. médiév. *retorsio*, de *retorquere* ; v. rétorquer). Action de répli-

quer par des procédés, des mesures analogues à celles dont qqn s'est servi contre soi : *Mesures de rétorsion* (syn. représailles).

retouche [ʀətuʃ] n.f. (de *retoucher*). - **1.** Action de retoucher un texte, une photo, une peinture ; correction : *Elle apporte les dernières retouches à son roman*. - **2.** Rectification d'un vêtement de prêt-à-porter, aux mesures d'un client.

retoucher [ʀətuʃe] v.t. (de *toucher*). Apporter des modifications à, perfectionner, corriger : *Retoucher une photo, un vêtement* (syn. reprendre).

retoucheur, euse [ʀətuʃœʀ, -øz] n. - **1.** Personne qui fait la retouche des photographies. - **2.** Personne qui effectue les retouches d'un vêtement.

retour [ʀətuʀ] n.m. (de *retourner*). - **1.** Action de se déplacer, de se mouvoir en sens inverse du mouvement précédent. - **2.** Fait pour qqn, qqch, de repartir, de revenir vers l'endroit d'où il est venu ; déplacement, voyage ainsi accompli : *Il va falloir penser au retour*. - **3.** Titre de transport permettant de faire à l'inverse le voyage fait à l'aller : *Prendre un billet aller et retour*. - **4.** Fait d'être de nouveau quelque part après un congé, une absence : *Il est de mauvaise humeur depuis son retour*. - **5.** Action ou fait de revenir à un état antérieur : *Retour au calme*. - **6.** Fait pour qqch d'être rendu, réexpédié : *Le retour d'un colis*. - **7.** COMM. Renvoi à un éditeur des volumes invendus ; ces volumes eux-mêmes. - **8.** Fait de se répéter, de se reproduire : *Le retour de la fièvre* (syn. reprise). - **9.** Retour imprévu ou brutal en sens opposé : *Retour offensif du froid*. - **10.** Mouvement de va-et-vient, de réciprocité : *Un amour qui ne peut se passer de retour* (syn. réciprocité). - **11.** Coude, angle que fait une ligne : *Retour d'une façade*. - **12.** Partie destinée à être retournée, rabattue : *Un retour de drap*. - **13.** En retour, en échange. ‖ Être de retour, être revenu. ‖ Être sur le retour, être sur le point de partir pour regagner le lieu d'où l'on est venu ; au fig., commencer à vieillir, à décliner. ‖ Par retour du courrier, dès la réception d'une correspondance, sans délais. ‖ Retour d'âge, moment de l'existence où l'on commence à vieillir ; ménopause. ‖ Retour de couches, première menstruation après un accouchement. ‖ Retour de flamme, poussée brusque et inattendue de flammes qui jaillissent hors du foyer ; au fig., renouveau d'activité, de passion. ‖ FAM. Retour de manivelle, conséquence néfaste ou dangereuse ; choc en retour, contrecoup subi. ‖ Retour en arrière, vue rétrospective ; dans un récit, un film, évocation d'événements passés (recomm. off. pour *flash-back*). ‖ Sans retour, pour toujours, à jamais. ‖ PHILOS. Éternel retour, théorie d'une évolution cyclique où le monde passe éternellement par les mêmes phases.

retournement [ʀətuʀnəmɑ̃] n.m. - **1.** Action de retourner, de se retourner : *Il m'avait donné son accord, je ne comprends pas son retournement* (syn. revirement, volte-face). - **2.** Changement brusque et complet de direction, d'orientation : *Le retournement de la situation* (syn. renversement).

retourner [ʀətuʀne] v.t. (de *tourner*) [auxil. *avoir*]. - **1.** Mettre qqch à l'envers, le tourner de façon à placer le dessus en dessous, le devant derrière, etc. : *Retourner une carte, un vêtement.* - **2.** Tourner qqch en tous sens : *Retourner la salade* (syn. remuer). *Retourner des idées dans sa tête* (= les examiner sous tous les aspects). - **3.** Renvoyer à l'expéditeur son envoi, à un commerçant, un fabricant une marchandise qui ne convient pas : *Retourner une lettre.* - **4.** FAM. Faire changer qqn, un groupe, d'opinion, de camp : *On le retourne comme une crêpe.* - **5.** Troubler qqn profondément, lui causer une violente émotion : *La vue de l'accident l'a retourné* (syn. bouleverser). ◆ v.i. (auxil. *être*). - **1.** Se rendre de nouveau dans un lieu où l'on est déjà allé : *Retourner chaque année à la mer* (syn. revenir). - **2.** Revenir à l'endroit d'où l'on est parti ; regagner son domicile ou le lieu que l'on a quitté : *Retourner chez soi prendre un livre.* - **3.** Revenir à une attitude, à un sentiment dont on s'était défait : *Retourner à ses premières amours.* - **4.** Être restitué à qqn, à un groupe : *Maison qui retourne aux héritiers* (syn. revenir). ◆ **se retourner** v.pr. - **1.** Se tourner dans un autre sens, sur un autre côté : *Se retourner dans son lit.* - **2.** Tourner la tête, le buste ou le corps tout entier : *Elle se retourna pour mieux voir la scène.* - **3.** Se renverser : *Le véhicule s'est retourné dans le fossé.* - **4.** FAM. Agir au mieux, prendre ses dispositions dans une circonstance donnée : *Laissez-lui donc le temps de se retourner.* - **5.** Nuire après avoir été utile : *L'argument s'est retourné contre lui.* - **6.** DR. Reporter contre qqn les charges d'une faute ou d'un dommage dont on est considéré comme responsable : *Se retourner contre le propriétaire.* - **7.** S'en retourner (quelque part), partir pour regagner le lieu d'où l'on est venu. ◆ **retourner** v. impers. Savoir de quoi il retourne, ce qui se passe, ce dont il s'agit.

retracer [ʀətʀase] v.t. (conj. 16). - **1.** Tracer de nouveau ou autrement : *Retracer un plan.* - **2.** Raconter, exposer, rappeler au souvenir : *Retracer des faits.*

rétractable [ʀetʀaktabl] adj. Se dit d'un matériau qui peut présenter une rétraction.

rétractation [ʀetʀaktasjɔ̃] n.f. (lat. *retractatio*). Action de se rétracter, de désavouer ce qu'on a fait ou dit : *Une rétractation des témoins* (syn. désaveu).

1. rétracter [ʀetʀakte] v.t. (lat. *retractare* "retirer"). LITT. Désavouer ce qu'on a dit, fait : *Il a refusé de rétracter ses déclarations* (syn. retirer, démentir). ◆ **se rétracter** v.pr. Revenir sur ce qu'on a dit : *Se rétracter publiquement* (syn. se dédire).

2. rétracter [ʀetʀakte] v.t. (lat. *retractum*, de *retrahere* "tirer en arrière"). Faire se rétrécir ; contracter : *L'escargot rétracte ses cornes* (syn. rentrer). ◆ **se rétracter** v.pr. Se contracter ; subir une rétraction : *Le muscle s'est rétracté.*

rétractile [ʀetʀaktil] adj. (du lat. *retractus*, de *retrahere* ; v. 2. *rétracter*). Qui a la possibilité de se rétracter : *Le chat a des griffes rétractiles.*

rétraction [ʀetʀaksjɔ̃] n.f. (lat. *retractio*). - **1.** MÉD. Raccourcissement, contraction de certains tissus ou organes : *Rétraction musculaire.* - **2.** TECHN. Diminution de volume d'un matériau (plâtre, béton, etc.) durant sa prise.

retrait [ʀətʀɛ] n.m. (de l'anc. fr. *retraire* "se retirer"). - **1.** Action de retirer : *Retrait bancaire* (syn. prélèvement). *Retrait du permis de conduire* (syn. suppression). - **2.** Action de se retirer : *Retrait des troupes* (syn. évacuation). - **3.** TECHN. Diminution de volume d'un matériau due à une perte d'eau *(retrait hydraulique)* ou à une baisse de température *(retrait thermique).* - **4.** Aptitude du bois à varier de dimensions et de volume en fonction de son humidité. - En retrait, en arrière d'un alignement, d'une ligne déterminée, d'une opinion.

retraite [ʀətʀɛt] n.f. (de l'anc. fr. *retraire* "se retirer"). - **1.** Action de se retirer de la vie active ; état de qqn qui a cessé ses activités professionnelles : *Prendre sa retraite. Il est à la retraite depuis un an.* - **2.** Pension versée à qqn qui a pris sa retraite : *Toucher sa retraite.* - **3.** Éloignement momentané des ses occupations habituelles, pour se recueillir, se préparer à un acte important ; lieu où l'on se retire : *Faire une retraite dans un monastère.* - **4.** Action de se retirer d'un lieu ; départ. - **5.** Marche en arrière d'une armée après des combats malheureux (syn. débâcle, repli). - **6.** Signal équivalant autref. au couvre-feu et marquant auj. la fin d'une manœuvre ou d'un tir : *Sonner la retraite.* - **7.** Battre en retraite → battre. ‖ Caisse de retraite, organisme qui gère un régime légal ou complémentaire de retraite. ‖ Retraite aux flambeaux, défilé nocturne organisé à l'occasion d'une fête publique.

retraité, e [ʀətʀete] n. et adj. Personne qui a pris sa retraite et qui perçoit une retraite : *C'est un retraité très actif.*

retraitement [ʀətʀetmɑ̃] n.m. (de *traitement*). - **1.** Traitement chimique permettant d'isoler et de récupérer les éléments utilisables contenus dans un produit déjà employé : *Le retraitement des déchets.* **- 2.** Retraitement nucléaire, traitement chimique du combustible nucléaire irradié, après son utilisation dans un réacteur. □ Son but est de récupérer l'uranium et le plutonium en les séparant des produits de fission fortement radioactifs.

retraiter [ʀətʀete] v.t. (de *traiter*). Pratiquer le retraitement du combustible nucléaire.

retranchement [ʀətʀɑ̃ʃmɑ̃] n.m. (de *retrancher*). **- 1.** Obstacle naturel ou artificiel, organisé pour défendre une position. **- 2.** VX. Suppression, diminution : *Le retranchement d'une scène dans une pièce de théâtre* (syn. coupure). **- 3.** Attaquer qqn dans ses derniers retranchements, détruire ses derniers et ses plus forts arguments.

retrancher [ʀətʀɑ̃ʃe] v.t. (de *trancher*). Ôter d'un tout : *Retrancher un nombre d'un autre* (syn. soustraire). *Retrancher les cotisations du salaire* (syn. déduire). *Retrancher un passage d'un ouvrage* (syn. couper). ◆ **se retrancher** v.pr. **- 1.** Se mettre à l'abri derrière des défenses. **- 2.** Se retrancher derrière qqch, l'invoquer comme moyen de défense contre des demandes, des accusations, etc.

retransmettre [ʀətʀɑ̃smɛtʀ] v.t. (conj. 84). **- 1.** Transmettre de nouveau ou à d'autres : *Retransmettre un message.* **- 2.** Diffuser une émission radiophonique ou télévisée : *Cette émission sera retransmise en direct de New-York.*

retransmission [ʀətʀɑ̃smisjɔ̃] n.f. Action de retransmettre ; émission retransmise : *La retransmission d'un match.*

retravailler [ʀətʀavaje] v.t. Soumettre qqch à un nouveau travail pour l'améliorer : *Retravailler un roman.* ◆ v.i. Travailler de nouveau.

rétrécir [ʀetʀesiʀ] v.t. (de l'anc. fr. *étrécir,* du lat. *strictus* "étroit") [conj. 32]. **- 1.** Rendre plus étroit : *Rétrécir une robe* (syn. ajuster, resserrer). **- 2.** Diminuer l'ampleur, la capacité : *Des restrictions budgétaires ont rétréci son champ d'action* (syn. limiter, restreindre). ◆ v.i. Devenir plus étroit : *Ce pull a rétréci au lavage* (contr. s'agrandir). ◆ **se rétrécir** v.pr. Devenir de plus en plus étroit.

rétrécissement [ʀetʀesismɑ̃] n.m. **- 1.** Action de rétrécir. **- 2.** MÉD. Diminution du diamètre d'un orifice, d'un vaisseau, d'un canal (syn. sténose).

retremper [ʀətʀɑ̃pe] v.t. Tremper de nouveau : *Retremper du linge dans l'eau.* ◆ **se retremper** v.pr. Reprendre contact avec qqch, qqn : *Se retremper dans les problèmes.*

rétribuer [ʀetʀibɥe] v.t. (lat. *retribuere* "donner en retour, en échange") [conj. 7]. Payer

pour un travail : *Rétribuer un employé* (syn. appointer). *Rétribuer un service* (syn. rémunérer).

rétribution [ʀetʀibysjɔ̃] n.f. Somme d'argent donnée en échange d'un travail, d'un service : *Percevoir une rétribution* (syn. rémunération, salaire).

rétro [ʀetʀo] adj. inv. et n.m. (de *rétrograde*). FAM. Se dit d'une mode, d'un style, d'une œuvre (littéraire, artistique, cinématographique, etc.) inspirés par un passé récent (notamm. celui des années 1920 à 1960).

rétroactif, ive [ʀetʀoaktif, -iv] adj. (du lat. *retroactus,* de *retroagere* "ramener en arrière"). Qui exerce une action sur des faits survenus antérieurement : *La loi n'a pas d'effet rétroactif.*

rétroaction [ʀetʀoaksjɔ̃] n.f. (du lat. *retroactus,* d'apr. *action*). **- 1.** Effet rétroactif. **- 2.** CYBERN. Feed-back.

rétroactivement [ʀetʀoaktivmɑ̃] adv. De façon rétroactive.

rétroactivité [ʀetʀoaktivite] n.f. Caractère rétroactif : *La rétroactivité d'une augmentation de salaire.*

rétrocéder [ʀetʀosede] v.t. (lat. *retrocedere* "reculer") [conj. 18]. **- 1.** Céder ce qui nous a été cédé auparavant : *Rétrocéder une donation* (syn. rendre, restituer). **- 2.** Céder une chose achetée pour soi-même : *Ils ont rétrocédé leur appartement à leur fils* (syn. revendre).

rétrocession [ʀetʀosesjɔ̃] n.f. (lat. médiév. *retrocessio*). Acte par lequel on rétrocède un droit, un bien acquis.

rétrocontrôle [ʀetʀokɔ̃tʀol] n.m. PHYSIOL. Feed-back.

rétrofusée [ʀetʀofyze] n.f. Fusée utilisée pour freiner un engin spatial.

rétrogradation [ʀetʀoɡʀadasjɔ̃] n.f. **- 1.** Action de rétrograder : *La rétrogradation de certaines valeurs morales* (syn. recul, régression). **- 2.** Mesure disciplinaire par laquelle un militaire ou un fonctionnaire est placé dans une situation hiérarchique inférieure à celle qu'il occupait.

rétrograde [ʀetʀoɡʀad] adj. (lat. *retrogradus*). **- 1.** Qui va, qui se fait en arrière : *Marche rétrograde.* **- 2.** Opposé au progrès : *Esprit rétrograde* (syn. immobiliste, réactionnaire). **- 3.** MÉCAN., ASTRON. Se dit du sens du mouvement des aiguilles d'une montre.

rétrograder [ʀetʀoɡʀade] v.i. (lat. *retrogradare*). **- 1.** Revenir en arrière : *L'armée a été contrainte de rétrograder* (syn. reculer, se replier). **- 2.** Perdre ce que l'on avait acquis : *L'économie du pays a rétrogradé* (syn. régresser). **- 3.** Passer le rapport de boîte de vitesses inférieur à celui qui est utilisé présentement : *Rétrogradez avant de freiner.* ◆ v.t. Soumettre à la rétrogradation : *Rétrograder un militaire.*

rétroprojecteur [ʀetʀopʀɔʒɛktœʀ] n.m. Appareil permettant de projeter, sans obscurcir la salle, des textes rédigés ou imprimés sur un support transparent.

rétrospectif, ive [ʀetʀɔspɛktif, -iv] adj. (lat. *retro* "en arrière", et *spectare* "regarder"). - **1.** Qui concerne le passé, l'évolution antérieure de qqch : *Un examen rétrospectif de la situation.* - **2.** Qui se manifeste après coup, à l'évocation d'un événement : *Une peur rétrospective.*

rétrospective [ʀetʀɔspɛktiv] n.f. (du lat. *spectare* "regarder"). - **1.** Exposition présentant de façon récapitulative les œuvres d'un artiste, d'une école, d'une époque : *Voir la rétrospective Picasso.* - **2.** Émission, film, récit, etc., qui présentent de façon récapitulative et chronologique des faits appartenant à un domaine précis : *Une rétrospective des événements de l'année.*

rétrospectivement [ʀetʀɔspɛktivmã] adv. De façon rétrospective : *J'ai eu peur rétrospectivement* (= après coup).

retroussé, e [ʀɔtʀuse] adj. Nez retroussé, dont le bout est un peu relevé.

retrousser [ʀɔtʀuse] v.t. (de *trousser*). - **1.** Relever le bas, les manches d'un vêtement vers le haut : *Retrousser ses manches.* - **2.** Relever vers le haut : *Retrousser ses babines.*

retrouvailles [ʀɔtʀuvaj] n.f. pl. Fait de retrouver des personnes dont on était séparé : *De touchantes retrouvailles.*

retrouver [ʀɔtʀuve] v.t. - **1.** Trouver qqch qui avait disparu, qui était égaré ou oublié : *Retrouver ses clefs* (syn. récupérer). - **2.** Découvrir qqn qui avait disparu ; reprendre qqn qui était en fuite : *Retrouver les auteurs d'un vol* (syn. rattraper). - **3.** Recouvrer un état, une faculté : *Il a retrouvé ses forces* (syn. recouvrer). - **4.** Rejoindre : *Je te retrouverai à midi au café.* ◆ **se retrouver** v. pr. - **1.** Être de nouveau en un lieu, parmi les personnes, dans une situation qu'on avait quittées : *Nous nous retrouverons aux prochaines vacances* (syn. se rencontrer, se revoir). - **2.** Être soudainement ou finalement dans telle situation : *Se retrouver seul.* - **3.** S'orienter dans un lieu, dans une question, dans une situation complexes : *Ne pas se retrouver dans un dédale de rues* (syn. reconnaître). - **4.** FAM. S'y retrouver, équilibrer les recettes et les dépenses ; faire un profit.

rétroversion [ʀetʀɔvɛʀsjɔ̃] n.f. (du lat. *vertere* "tourner"). MÉD. Position d'un organe, en partic. l'utérus, basculé en arrière.

rétrovirus [ʀetʀoviʀys] n.m. Virus à A.R.N. dont la famille comprend notamm. le virus V. I. H., responsable du sida.

rétroviseur [ʀetʀovizœʀ] n.m. (du lat. *visere,* d'apr. *viseur*). Miroir disposé à l'intérieur ou à l'extérieur d'un véhicule pour permettre au conducteur de surveiller les véhicules qui suivent (abrév. fam. *rétro.*)

rets [ʀɛ] n.m. (bas lat. *retis,* class. *rete*). LITT. - **1.** Filet pour prendre du gibier, des poissons. - **2.** Piège qu'on tend à qqn : *Prendre qqn dans ses rets* (= le prendre au piège).

réunification [ʀeynifikasjɔ̃] n.f. Action de réunifier : *La réunification de l'Allemagne.*

réunifier [ʀeynifje] v.t. (de *unifier*) [conj. 9]. Rétablir l'unité d'un pays, d'un parti, etc.

réunion [ʀeynjɔ̃] n.f. - **1.** Action de réunir des personnes ; fait de se rassembler ; groupe de personnes rassemblées ; temps pendant lequel on se réunit : *Réunion d'anciens élèves* (syn. assemblée). *Une réunion de chercheurs* (syn. congrès). *La réunion a duré deux heures* (syn. séance). - **2.** Action de réunir des éléments épars : *La réunion des pièces d'un dossier* (syn. rassemblement). - **3.** Action de rattacher un territoire à un autre ou à un État.

réunionnais, e [ʀeynjɔnɛ, -ɛz] adj. et n. De la Réunion.

réunir [ʀeyniʀ] v.t. (de *unir*) [conj. 32]. - **1.** Rassembler, grouper : *Réunir des preuves* (syn. collecter, recueillir). *Réunir des amis chez soi* (syn. inviter). - **2.** Rapprocher des choses séparées de façon à les mettre en contact : *Réunir les deux bouts d'un cordage* (syn. joindre). - **3.** Faire communiquer : *Réunir deux villes par une voie rapide* (syn. raccorder). - **4.** Rassembler en soi des éléments différents : *Cette époque réunit des styles architecturaux très différents* (syn. associer, combiner). ◆ **se réunir** v.pr. Se retrouver ensemble en un lieu ; former une assemblée : *Le conseil des ministres se réunit demain* (syn. se rencontrer, se retrouver).

réussi, e [ʀeysi] adj. - **1.** Exécuté avec succès : *Une photographie tout à fait réussie* (contr. raté). - **2.** Parfait en son genre : *Une soirée réussie* (syn. brillant).

réussir [ʀeysiʀ] v.i. (it. *riuscire* "ressortir", de *uscire* "sortir") [conj. 32]. - **1.** Avoir un résultat heureux ; se terminer par un succès : *Le lancement de la fusée a réussi* (syn. aboutir ; contr. échouer). - **2.** Obtenir un succès, en partic. réaliser ses ambitions : *Elle réussit dans tout ce qu'elle entreprend* (syn. gagner, triompher). - **3.** S'acclimater ; se développer favorablement : *La vigne réussit dans cette région* (syn. pousser, prospérer). ◆ v.t. ind. [à]. - **1.** Parvenir à faire qqch : *J'ai réussi à lui parler* (syn. parvenir). - **2.** Être bénéfique à qqn : *L'air de la mer lui réussit.* ◆ v.t. Faire avec succès : *Réussir un plat. Réussir un but* (syn. marquer).

réussite [ʀeysit] n.f. (it. *riuscita*). - **1.** Succès, résultat favorable : *La réussite d'une entreprise* (syn. réalisation ; contr. échec). - **2.** Entreprise, action, œuvre qui connaît le succès : *Notre voyage n'a pas été une réussite* (syn. succès). - **3.** Jeu de cartes au cours duquel un joueur solitaire s'efforce de placer ou d'employer toutes les cartes selon certaines règles, dans une combinaison déterminée par le hasard (syn. patience).

réutiliser [ʀeytilize] v.t. Utiliser de nouveau.

revaloir [ʀəvalwaʀ] v.t. (de *valoir*) [conj. 60]. Rendre la pareille à qqn, en bien ou en mal : *Je vous revaudrai cela.*

revalorisation [ʀəvalɔʀizasjɔ̃] n.f. Action de revaloriser.

revaloriser [ʀəvalɔʀize] v.t. (de *valoriser*). Rendre son ancienne valeur ou une valeur plus grande à : *Revaloriser une monnaie, les salaires* (syn. majorer, relever).

revanchard, e [ʀəvɑ̃ʃaʀ, -aʀd] adj. et n. FAM. Qui est dominé par le désir de revanche, partic. militaire.

revanche [ʀəvɑ̃ʃ] n.f. (de l'anc. fr. *revancher*, de *vencher*, var. de *venger*). - **1.** Action de rendre la pareille pour qqch, souvent pour un mal que l'on a reçu : *J'aurai ma revanche* (syn. vengeance). - **2.** Seconde partie qu'on joue après avoir perdu la première : *Le match de revanche.* - **3.** **En revanche**, en retour ; inversement, au contraire : *Le début du film est médiocre, en revanche, la fin est brillante* (syn. par contre).

rêvasser [ʀevase] v.i. (de *rêver*). Se laisser aller à la rêverie : *Arrête de rêvasser pendant les cours* (syn. rêver).

rêvasserie [ʀevasʀi] n.f. LITT. Fait de rêvasser ; pensée vague (syn. rêverie).

rêve [ʀɛv] n.m. (de *rêver*). - **1.** Production psychique survenant pendant le sommeil, et pouvant être partiellement mémorisée (syn. songe) [→ sommeil]. - **2.** Représentation, plus ou moins idéale ou chimérique, de ce qu'on veut réaliser, de ce qu'on désire : *Accomplir un rêve de jeunesse. Trouver la maison de ses rêves.* - **3.** De rêve, qui présente des qualités telles qu'on a peine à le croire réel ; irréel : *Des vacances de rêve.*

rêvé, e [ʀeve] adj. Qui convient tout à fait : *C'est un endroit rêvé pour travailler tranquillement* (syn. idéal).

revêche [ʀəvɛʃ] adj. (orig. incert., p.-ê. du lat. pop. *reversicus*, de *reverti* "revenir en arrière"). Peu accommodant ; rébarbatif ; bourru : *Une concierge revêche* (syn. acariâtre).

1. réveil [ʀevɛj] n.m. (de *réveiller*). - **1.** Passage de l'état de sommeil à l'état de veille : *Sauter du lit dès son réveil.* - **2.** LITT. Retour à l'activité : *Le réveil d'une douleur. Le réveil d'un volcan* (syn. renaissance). - **3.** Sonnerie de clairon qui annonce aux soldats l'heure du lever.

2. réveil [ʀevɛj] n.m. et, VIEILLI, **réveille-matin** [ʀevɛjmatɛ̃] n.m. inv. Petite pendule à sonnerie, pour réveiller à une heure déterminée à l'avance.

réveiller [ʀeveje] v.t. (de *éveiller*). - **1.** Tirer du sommeil : *Réveiller un enfant* (syn. éveiller ; contr. endormir). - **2.** Susciter de nouveau ; faire renaître : *Réveiller l'appétit, le courage* (syn. attiser, ranimer). ◆ **se réveiller** v.pr. - **1.** Cesser de dormir (syn. s'éveiller). - **2.** Se ranimer : *De vieilles rancœurs se réveillent* (syn. réapparaître, renaître).

réveillon [ʀevɛjɔ̃] n.m. (de *réveiller*). Repas pris au milieu de la nuit de Noël et du jour de l'an ; réjouissances qui l'accompagnent.

réveillonner [ʀevɛjɔne] v.i. Prendre part à un réveillon : *Réveillonner en famille.*

révélateur, trice [ʀevelatœʀ, -tʀis] adj. Qui indique, révèle : *Symptôme révélateur d'une maladie* (syn. caractéristique, significatif). ◆ **révélateur** n.m. - **1.** Ce qui révèle, indique, manifeste : *Être le révélateur de la crise.* - **2.** PHOT. Bain transformant l'image latente en image visible.

révélation [ʀevelasjɔ̃] n.f. - **1.** Action de révéler ; ce qui est révélé : *Révélation d'un secret* (syn. divulgation). *Faire des révélations* (syn. confidence, aveu). - **2.** Personne ou chose dont le public découvre brusquement les qualités exceptionnelles : *Cet artiste est une révélation.* - **3.** RELIG. Manifestation d'un mystère ou dévoilement d'une vérité par Dieu ou par un homme inspiré de Dieu.

révélé, e [ʀevele] adj. Communiqué par révélation divine : *Dogme révélé. Religion révélée.*

révéler [ʀevele] v.t. (lat. *revelare* "découvrir", de *velum* "voile") [conj. 18]. - **1.** Faire connaître ce qui était inconnu et secret : *Révéler ses desseins, ses projets* (syn. dévoiler, communiquer, divulguer). - **2.** Laisser voir ; être l'indice, la marque de : *Ce roman révèle un grand talent* (syn. indiquer, montrer). - **3.** RELIG. Faire connaître par révélation. ◆ **se révéler** v.pr. Se manifester : *Son génie se révéla tout à coup.*

revenant [ʀəvənɑ̃] n.m. (de *revenir*). - **1.** Âme d'un mort qui se manifesterait à un vivant sous une forme physique (syn. apparition, esprit, fantôme). - **2.** FAM. Personne qu'on n'a pas vue depuis longtemps et qu'on ne s'attendait pas à revoir.

revendeur, euse [ʀəvɑ̃dœʀ, -øz] n. Personne qui achète pour revendre : *Un revendeur de voitures.*

revendicateur, trice [ʀəvɑ̃dikatœʀ, -tʀis] n. et adj. Personne qui exprime une revendication.

revendicatif, ive [ʀəvɑ̃dikatif, -iv] adj. Qui exprime ou comporte une revendication : *Un esprit revendicatif.*

revendication [ʀəvɑ̃dikasjɔ̃] n.f. (du lat. juridique *rei vindicatio* "réclamation d'une chose"). **- 1.** Action de revendiquer ; son résultat : *Des revendications syndicales* (syn. réclamation). **- 2.** DR. Action en justice dont l'objet est de faire reconnaître un droit de propriété.

revendiquer [ʀəvɑ̃dike] v.t. (de l'anc. fr. *vendiquer,* lat. *vindicare* "réclamer en justice"). **- 1.** Réclamer ce dont on est le possesseur et dont on est privé : *Revendiquer sa part d'héritage* (syn. exiger, requérir). **- 2.** Réclamer l'exercice d'un droit politique ou social, une amélioration des conditions de vie ou de travail, en parlant d'une collectivité. **- 3.** Réclamer pour soi ; assumer : *Revendiquer la responsabilité de ses actes* (syn. endosser).

revendre [ʀəvɑ̃dʀ] v.t. (conj. 73). **- 1.** Vendre ce qu'on a acheté. **- 2.** Vendre de nouveau : *Revendre des voitures d'occasion.* **- 3.** FAM. Avoir de qqch à revendre, en avoir en abondance : *Avoir de l'esprit à revendre.*

revenez-y [ʀəvənezi] n.m. inv. FAM. Un goût de revenez-y, un goût agréable, qui incite à recommencer : *Ce vin a un goût de revenez-y.*

revenir [ʀəvniʀ] v.i. (de *venir*) [conj. 40 ; auxil. *être*]. **- 1.** Venir de nouveau, une autre fois, quelque part : *Il revient ici tous les ans.* **- 2.** Regagner le lieu où l'on était, où l'on est habituellement : *Revenir à la maison* (syn. rentrer). **- 3.** Se livrer, s'adonner de nouveau à qqch : *Revenir au projet initial* (syn. retourner à). *Revenir à ses études* (syn. se remettre à). *Revenir à une conversation* (syn. reprendre). **- 4.** Passer de nouveau à un état physique ou moral antérieur, quitter un état : *Revenir à de meilleures dispositions.* **- 5.** Reconsidérer ce que l'on a dit ou fait, changer d'avis : *On ne reviendra pas sur cette décision* (syn. reconsidérer, réexaminer). **- 6.** Abandonner une manière de sentir, de penser, la désavouer : *Revenir d'une illusion. Revenir sur ses aveux* (= se rétracter). **- 7.** Se présenter, se manifester de nouveau : *Le froid est revenu* (syn. réapparaître). **- 8.** Se présenter de nouveau à l'esprit, à la conscience de qqn : *Son nom ne me revient pas* (= je l'ai oublié). **- 9.** Être recouvré, récupéré par qqn : *L'appétit lui revient.* **- 10.** Être dévolu à qqn ; appartenir à qqn : *Cela lui revient de droit. C'est à vous qu'il revient de diriger cette affaire* (syn. incomber). **- 11.** S'élever au total, à la somme de ; coûter tant à qqn : *L'entretien de cette voiture me revient cher.* **- 12.** Être équivalent à qqch d'autre, s'y ramener : *Cela revient au même* (syn. équivaloir). **- 13.** FAM. Plaire ; inspirer confiance : *Sa tête ne me revient pas.* **- 14.** SPORTS. Se rapprocher d'un concurrent, d'une équipe : *Coureur qui revient sur le peloton* (syn. rattraper). **- 15.** En revenir, être revenu de tout, être complètement désabusé, indifférent à tout. ‖ Faire revenir un aliment, le faire dorer dans un corps gras chaud, en début de cuisson. ‖ Il m'est revenu que, je me suis rappelé que. ‖ FAM. Ne pas en revenir ou n'en pas revenir, être extrêmement surpris : *Quand on lui a rapporté la nouvelle, il n'en est pas revenu.* ‖ Revenir à soi, reprendre conscience après un évanouissement. ‖ Revenir de loin, échapper à un grand danger, guérir d'une maladie grave. ‖ Revenir sur ses pas, rebrousser chemin.

revente [ʀəvɑ̃t] n.f. Action de vendre ce qu'on a acheté.

revenu [ʀəvəny] n.m. (du p. passé de *revenir*). **- 1.** Somme annuelle perçue par une personne ou une collectivité soit à titre de rente, soit à titre de rémunération d'une activité ou d'un travail : *Avoir de faibles revenus* (syn. gain). *Les revenus d'un domaine agricole* (syn. profit, rentrée). *Impôt sur le revenu.* **- 2.** Revenu minimum d'insertion (R. M. I.), revenu garanti par la loi aux personnes les plus démunies, et destiné à faciliter leur insertion sociale. ‖ Revenu national, valeur nette des biens économiques produits par la nation.

rêver [ʀeve] v.i. (d'un anc. v. *esver,* du gallo-romain *esvo* "vagabond", du bas lat. *exvagus,* class. *vagus*). **- 1.** Faire des rêves pendant son sommeil : *Se souvenir d'avoir rêvé.* **- 2.** Laisser aller sa pensée, son imagination : *Rester des heures à rêver* (syn. rêvasser). **- 3.** Concevoir, exprimer des choses déraisonnables, chimériques ! *Si tu crois que tout se passera bien, tu rêves !* (syn. divaguer). **- 4.** CAN. Rêver en couleurs, faire des projets chimériques. ◆ v.t. ind. [à, de]. **- 1.** Voir en rêve pendant la nuit : *J'ai rêvé de lui.* **- 2.** Désirer vivement : *Rêver d'une vie meilleure* (syn. espérer, souhaiter). *Je rêve à ce projet depuis longtemps* (syn. songer à). ◆ v.t. **- 1.** Voir en rêve : *J'ai rêvé que nous partions.* **- 2.** Imaginer : *Ce n'est pas vrai, tu l'as rêvé* (syn. inventer). **- 3.** Ne rêver que plaies et bosses, être batailleur, querelleur.

réverbération [ʀeveʀbeʀasjɔ̃] n.f. (de *réverbérer*). **- 1.** Renvoi, réflexion de la lumière par une surface qui la diffuse : *La réverbération du soleil sur la neige.* **- 2.** Persistance d'un son dans un espace clos ou semi-clos après interruption de la source sonore.

réverbère [ʀeveʀbeʀ] n.m. (de *réverbérer*). Appareil comportant un dispositif à réflecteurs, pour l'éclairage des lieux publics.

réverbérer [ʀeveʀbeʀe] v.t. (lat. *reverberare* "repousser") [conj. 18]. Renvoyer la lumière, la chaleur, le son : *Les murs réverbèrent la chaleur du soleil* (syn. réfléchir).

reverdir [ʀəveʀdiʀ] v.t. [conj. 32]. Rendre de nouveau vert. ◆ v.i. Redevenir vert : *Les arbres reverdissent.*

révérence [ʀeveʀɑ̃s] n.f. (lat. *reverentia*). - **1.** LITT. Respect profond, vénération : *Traiter qqn avec révérence* (syn. **déférence**). - **2.** Mouvement du corps que l'on fait pour saluer soit en s'inclinant, soit en pliant les genoux. - **3.** Tirer sa révérence, saluer en s'en allant ; s'en aller.

révérencieux, euse [ʀeveʀɑ̃sjø, -øz] adj. LITT. Qui marque la révérence, le respect : *Des manières révérencieuses* (syn. **respectueux**).

révérend, e [ʀeveʀɑ̃, -ɑ̃d] adj. et n. (lat. ecclés. *reverendus* "qui doit être révéré"). - **1.** Titre d'honneur donné aux religieux et aux religieuses. - **2.** Titre donné aux membres du clergé anglican.

révérendissime [ʀeveʀɑ̃disim] adj. et n.m. (lat. ecclés. *reverendissimus*). RELIG. Titre d'honneur donné aux prélats aux supérieurs de congrégations ou d'ordres religieux.

révérer [ʀeveʀe] v.t. (lat. *revereri*) [conj. 18]. Honorer, traiter avec un profond respect : *Révérer la mémoire de qqn* (syn. **vénérer**).

rêverie [ʀɛvʀi] n.f. (de *rêver*). État de distraction pendant lequel l'activité mentale n'est plus dirigée par l'attention et s'abandonne à des souvenirs, à des images vagues ; objet qui occupe alors l'esprit : *Être perdu dans de continuelles rêveries* (syn. **rêvasserie, songerie**).

revers [ʀəvɛʀ] n.m. (lat. *reversus*, de *revertere* "retourner"). - **1.** Côté d'une chose opposé au côté principal ou à celui qui se présente le premier ou le plus souvent à la vue : *Le revers d'une tapisserie* (syn. **dos, envers, verso**). - **2.** Côté d'une médaille, d'une monnaie, opp. au *droit*, ou *avers*. - **3.** Envers, replié sur l'endroit, d'un col, d'un bas de manche ou de pantalon (syn. **parement, rabat**). - **4.** Coup de raquette, au tennis et au tennis de table, effectué à gauche par un droitier et à droite par un gaucher (par opp. à *coup droit*). - **5.** Événement malheureux qui transforme une situation ; défaite : *Subir des revers de fortune* (= des échecs). - **6.** GÉOGR. Plateau doucement incliné qui forme l'une des deux pentes d'une côte, par opp. au talus. - **7.** À revers, par-derrière. ‖ *Revers de la main, dos de la main, surface opposée à la paume.* ‖ *Revers de la médaille, mauvais côté d'une chose ; inconvénient d'une situation.*

reversement [ʀəvɛʀsəmɑ̃] n.m. Transfert de fonds d'une caisse à une autre : *Le reversement d'une pension.*

reverser [ʀəvɛʀse] v.t. - **1.** Verser de nouveau : *Reverser de l'orangeade à tout le monde.* - **2.** Transporter, reporter sur : *Reverser une somme d'un compte sur un autre.*

réversibilité [ʀevɛʀsibilite] n.f. Qualité de ce qui est réversible : *La réversibilité d'un mouvement.*

réversible [ʀevɛʀsibl] adj. (du lat. *reversus* "retourné"). - **1.** Qui peut revenir en arrière, qui peut se produire en sens inverse : *Mouvement réversible.* - **2.** Se dit d'une transformation mécanique, physique ou chimique qui peut, à un instant quelconque, changer de sens sous l'influence d'une modification infinitésimale dans les conditions de production du phénomène. - **3.** Se dit d'une étoffe, d'un vêtement qui peuvent être mis à l'envers comme à l'endroit : *Un imperméable réversible.* - **4.** DR. Se dit d'un bien devant faire l'objet d'une réversion ou d'une rente assurée à d'autres personnes après la mort du titulaire.

réversion [ʀevɛʀsjɔ̃] n.f. (lat. *reversio*). - **1.** DR. Droit en vertu duquel les biens dont une personne a disposé en faveur d'une autre lui reviennent quand celle-ci meurt sans enfants ou si le donataire meurt avant le donateur. - **2.** Pension de réversion, retraite versée au conjoint survivant d'une personne décédée qui avait acquis des droits à la retraite.

revêtement [ʀəvɛtmɑ̃] n.m. (de *revêtir*). - **1.** Tout ce qui sert à recouvrir pour protéger, consolider : *Revêtement de sol.* - **2.** Partie supérieure d'une chaussée : *Un revêtement antidérapant.* - **3.** Placage en pierre, en bois, en plâtre, en ciment, etc., dont on recouvre le gros œuvre d'une construction. - **4.** Dépôt effectué sur une pièce métallique pour lui conférer des propriétés particulières.

revêtir [ʀəvɛtiʀ] v.t. (de *vêtir*) [conj. 44]. - **1.** Mettre sur soi un vêtement : *Revêtir un manteau* (syn. **endosser**). - **2.** Recouvrir, garnir d'un revêtement : *Revêtir un mur de papier peint* (syn. **couvrir, tapisser**). - **3.** Pourvoir un acte, un document de ce qui est nécessaire pour qu'il soit valide : *Revêtir un passeport d'un visa.* - **4.** Prendre tel ou tel aspect : *Des arbres qui revêtent des formes étranges.*

rêveur, euse [ʀɛvœʀ, -øz] adj. et n. Qui se laisse aller à la rêverie ; qui se complaît dans des pensées vagues ou chimériques. ◆ adj. - **1.** Qui indique la rêverie : *Un air rêveur* (syn. **songeur**). - **2.** FAM. Cela laisse rêveur, perplexe.

rêveusement [ʀɛvøzmɑ̃] adv. En rêvant ; avec un air rêveur : *Elle le contemplait rêveusement* (syn. **pensivement**).

revient [ʀəvjɛ̃] n.m. (de *revenir*). Prix de revient, somme représentant le total des dépenses nécessaires pour élaborer et distribuer un produit ou un service.

revigorer [ʀəvigɔʀe] v.t. (du bas lat. *vigorare*). Redonner des forces, de la vigueur à : *Ce déjeuner m'a revigoré* (syn. **remonter**).

revirement [ʀəviʀmɑ̃] n.m. (de l'anc. v. *revirer*, de *virer*). Changement brusque et complet dans les opinions, les comportements : *Il y a eu un revirement dans l'opinion publique* (syn. retournement, volte-face).

réviser [Revize] v.t. (lat. *revisere* "revenir voir"). **-1.** Revoir, examiner de nouveau, pour modifier s'il y a lieu : *Réviser son jugement* (syn. reconsidérer). *Réviser une pension.* **-2.** Examiner en vue de réparer ; remettre en bon état de marche : *Réviser un moteur* (syn. vérifier). **-3.** Étudier de nouveau une matière en vue d'un examen, d'un concours : *Révise ton programme d'histoire* (syn. revoir).

réviseur, euse [Revizœr, -øz] n. **-1.** Personne qui revoit après une autre. **-2.** IMPR. Correcteur chargé de vérifier les corrections sur la première feuille imprimée.

révision [Revizjɔ̃] n.f. (lat. *revisio*). **-1.** Action d'examiner de nouveau, de mettre à jour, de modifier : *La révision de la Constitution* (syn. réforme, remaniement). **-2.** Opération périodique de vérification et de remise en état d'un moteur : *La voiture a besoin d'une révision* (syn. vérification). **-3.** Action d'étudier de nouveau un sujet, un programme, en vue d'un examen, d'un concours : *Il est en pleine révision pour le bac.* **-4.** DR. Voie de recours extraordinaire destinée à faire rétracter une décision de justice passée en force de chose jugée, en raison de l'erreur qui l'entache.

révisionnisme [Revizjɔnism] n.m. (de *révision*). **-1.** Doctrine remettant en cause un dogme ou une théorie, notamm. celle d'un parti politique. **-2.** Remise en question de l'histoire de la Seconde Guerre mondiale, tendant à nier ou à minimiser le génocide des Juifs par les nazis.

révisionniste [Revizjɔnist] adj. et n. **-1.** Qui relève du révisionnisme ; partisan du révisionnisme. **-2.** HIST. Partisan de la révision du procès qui déclencha l'affaire Dreyfus.

revisiter [Revizite] v.t. **-1.** Visiter de nouveau. **-2.** Donner un éclairage nouveau à une œuvre, un artiste : *Revisiter les classiques.*

revisser [Revise] v.t. Visser de nouveau ce qui est dévissé.

revitaliser [Revitalize] v.t. Donner une vitalité nouvelle à : *Revitaliser l'industrie textile* (syn. réveiller, vivifier).

revivifier [Revivifje] v.t. (de *vivifier*) [conj. 9]. LITT. Redonner des forces, de la vitalité à qqn : *Ce séjour à la montagne l'a revivifié* (syn. remonter, revigorer).

reviviscence [Revivisɑ̃s] n.f. (du lat. *reviviscere* "revenir à la vie"). **-1.** Propriété de certains animaux ou végétaux qui peuvent, après avoir été longtemps desséchés, reprendre vie à l'humidité. **-2.** LITT. Réapparition d'un état de conscience déjà éprouvé : *La reviviscence d'une émotion.*

revivre [Revivr] v.i. (lat. *revivere*) [conj. 90]. **-1.** Revenir à la vie (syn. ressusciter). **-2.** Reprendre des forces, de l'énergie : *Dès que j'arrive à la campagne, je revis* (syn. renaître). **-3.** Apparaître une nouvelle fois ; se produire de nouveau : *L'espoir revit dans les cœurs* (syn. réapparaître, renaître). ◆ v.t. **-1.** Vivre de nouveau qqch : *Elle ne voudrait pas revivre ce qu'elle a enduré.* **-2.** Faire revivre qqch, renouveler, lui rendre son éclat.

révocabilité [Revɔkabilite] n.f. État de celui ou de ce qui est révocable.

révocable [Revɔkabl] adj. Qui peut être révoqué : *Un fonctionnaire révocable.*

révocation [Revɔkasjɔ̃] n.f. (lat. *revocatio* "rappel"). **-1.** Action de révoquer : *Révocation d'un testament* (syn. annulation, invalidation). **-2.** Sanction disciplinaire frappant un fonctionnaire, et consistant en son éviction des cadres de l'Administration (syn. destitution, limogeage).

revoici [Revwasi] prép. Voici de nouveau : *Me revoici parmi vous.*

revoilà [Revwala] prép. Voilà de nouveau : *Revoilà le soleil.*

1. revoir [Revwar] v.t. [conj. 62]. **-1.** Voir de nouveau : *Je vous reverrai demain* (syn. retrouver). **-2.** Revenir dans un lieu, s'y retrouver après un temps assez long : *Revoir sa maison natale.* **-3.** Regarder de nouveau ce à quoi on porte de l'intérêt ; assister une nouvelle fois à un spectacle : *J'ai revu ce film plusieurs fois.* **-4.** Examiner qqch pour le corriger ou le vérifier : *Revoir un article avant publication* (syn. réviser). **-5.** Étudier de nouveau une matière d'enseignement, un texte, pour se les remettre en mémoire : *Il n'a pas revu son programme de physique* (syn. réviser). ◆ **se revoir** v.pr. Être de nouveau en présence l'un de l'autre : *Nous nous reverrons à Noël* (syn. se retrouver).

2. revoir [Revwar] n.m. (de *1. revoir*). Au revoir, formule de politesse pour prendre congé.

révoltant, e [Revɔltɑ̃, -ɑ̃t] adj. Qui révolte, indigne : *Un procédé révoltant* (syn. choquant, écœurant, scandaleux).

révolte [Revɔlt] n.f. (de *révolter*). **-1.** Rébellion, soulèvement contre l'autorité établie : *Fomenter une révolte* (syn. sédition). *Réprimer une révolte* (syn. insurrection). **-2.** Refus d'obéissance ; opposition à une autorité quelconque : *Esprit de révolte* (syn. contestation).

révolté, e [Revɔlte] adj. et n. En état de révolte : *Un adolescent révolté* (syn. contestataire, insoumis).

révolter [Revɔlte] v.t. (it. *rivoltare* "retourner", de *rivolgere*, lat. *revolvere* "rouler en arrière").

Choquer violemment ; susciter l'indignation, la réprobation : *Ses procédés révoltent ses partenaires* (syn. écœurer, indigner, scandaliser). ◆ **se révolter** v.pr. - **1.** Se soulever contre une autorité : *Se révolter contre le gouvernement* (syn. se rebeller, se mutiner). - **2.** S'indigner, s'irriter : *Se révolter contre une mesure injuste* (syn. s'élever, s'insurger).

révolu, e [Revɔly] adj. (lat. *revolutus,* p. passé de *revolvere* "rouler en arrière"). - **1.** Achevé, complet : *Avoir vingt ans révolus. Une année révolue* (syn. accompli). - **2.** Qui est passé ; qui n'existe plus : *Une époque révolue.*

révolution [Revɔlysjɔ̃] n.f. (bas lat. *revolutio*). - **1.** ASTRON. Mouvement orbital périodique d'un corps céleste, notamm. d'une planète ou d'un satellite, autour d'un autre de masse prépondérante ; période de ce mouvement, appelée aussi *période de révolution* : *La révolution de la Terre autour du Soleil.* - **2.** GÉOM. Mouvement périodique d'un objet autour d'un axe ou d'un point central. - **3.** Changement brusque et violent dans la structure politique et sociale d'un État, souvent d'origine populaire : *La révolution de 1848.* - **4.** (Précédé d'un art. déf., avec une majuscule). La Révolution française de 1789. - **5.** Changement brusque, d'ordre économique, moral, culturel, qui se produit dans une société : *Une révolution dans l'art* (syn. bouleversement). - **6.** FAM. Agitation soudaine et passagère, provoquée par un fait inhabituel : *Le quartier est en révolution* (syn. émoi). - **7.** Révolution culturelle, bouleversement profond des valeurs fondamentales d'une société. ‖ Révolution de palais, action qui porte au pouvoir de nouveaux responsables, à la suite d'intrigues ; changement soudain, mais limité, dans le personnel dirigeant d'une institution, d'une entreprise. ‖ GÉOM. Surface de révolution, surface engendrée par la rotation d'une courbe (la *génératrice*) autour d'une droite fixe appelée *axe de révolution.*

révolutionnaire [Revɔlysjɔnɛʀ] adj. - **1.** Relatif à des révolutions politiques ou à une révolution en partic. : *Période révolutionnaire.* - **2.** Qui apporte de grands changements, qui est radicalement nouveau : *Une découverte révolutionnaire* (syn. novateur, original). ◆ adj. et n. Partisan d'une transformation radicale des structures d'un pays : *Avoir des opinions révolutionnaires.*

révolutionner [Rvɔlysjɔne] v.t. Apporter des innovations importantes dans un domaine : *L'invention de la machine à vapeur a révolutionné l'industrie* (syn. bouleverser, métamorphoser).

revolver [Revɔlvɛʀ] n.m. (mot angl., de *to revolve* "tourner"). - **1.** Arme à feu individuelle, à répétition, approvisionnée par un magasin cylindrique, le *barillet,* contenant

génér. cinq ou six cartouches. - **2.** Poche revolver, poche fendue ou plaquée située au dos d'un pantalon.

révoquer [Revɔke] v.t. (lat. *revocare*). - **1.** Ôter à qqn les fonctions, le pouvoir qu'on lui avait donnés : *Révoquer un fonctionnaire* (syn. destituer). - **2.** DR. Déclarer nul : *Révoquer un testament* (syn. annuler, invalider).

revue [Ravy] n.f. (de *revoir*). - **1.** Action d'examiner avec soin et de façon méthodique un ensemble d'éléments : *Faire la revue de ses vêtements* (syn. inventaire). - **2.** Inspection détaillée des effectifs ou du matériel d'un corps de troupes : *Passer une revue de détail.* - **3.** Parade militaire : *La revue du 14 juillet* (syn. défilé). - **4.** Publication périodique spécialisée dans un domaine donné : *Revue littéraire, scientifique* (syn. périodique, magazine). - **5.** Spectacle de music-hall comportant une succession de tableaux fastueux, animés par des danseuses habillées de plumes ou bien dévêtues : *La revue des Folies-Bergère.* - **6.** Pièce comique ou satirique évoquant des événements de l'actualité, des personnages connus : *Une revue de chansonniers.* - **7.** Passer en revue, examiner tour à tour ou successivement. ‖ Revue de presse, compte rendu comparatif des principaux articles de journaux sur le même sujet.

révulsé, e [Revylse] adj. Retourné ; bouleversé : *Avoir les yeux révulsés. Les traits révulsés par la douleur.*

révulser [Revylse] v.t. (du lat. *revulsus,* p. passé de *revellere* "arracher"). - **1.** LITT. Marquer une émotion par un bouleversement du visage : *La frayeur révulsait son visage.* - **2.** FAM. Provoquer chez qqn une vive réaction de dégoût, de rejet : *Ça me révulse de voir ça.* - **3.** MÉD. Produire une révulsion.

révulsif, ive [Revylsif, -iv] adj. et n.m. Se dit d'un médicament qui produit une révulsion.

révulsion [Revylsjɔ̃] n.f. (lat. *revulsio,* de *revulsus*). MÉD. Irritation locale provoquée pour faire cesser un état congestif : *Le cataplasme est un moyen de révulsion.*

1. rewriter [RəRajtœʀ] n.m. (mot angl., de *to rewrite* "réécrire"). Personne qui fait de la réécriture, qui assure la réécriture d'un texte.

2. rewriter [RəRajte] v.t. (de l'angl. *to rewrite* "réécrire"). Réécrire un texte, le remanier en vue de sa publication.

rewriting [RəRajtiŋ] n.m. (mot angl.). *Syn. de* réécriture.

rez-de-chaussée [Redʃose] n.m. inv. (de l'anc. fr. *rez,* var. de *ras* et de *chaussée*). Partie d'un bâtiment située au niveau du sol ; appartement occupant cette partie.

rez-de-jardin [ʀɛdʒaʀdɛ̃] n.m. inv. (d'apr. *rez-de-chaussée*). Partie d'un bâtiment de plain-pied avec un jardin.

rhabillage [ʀabijaʒ] n.m. - **1.** Action de rhabiller, de se rhabiller. - **2.** Action de remettre en état, de réparer : *Le rhabillage d'une montre*.

rhabiller [ʀabije] v.t. - **1.** Habiller de nouveau : *Rhabiller un enfant après le bain.* - **2.** Remettre en état : *Rhabiller une vieille horloge* (syn. réparer, restaurer). ◆ **se rhabiller** v.pr. Remettre ses habits.

rhapsode ou **rapsode** [ʀapsɔd] n.m. (gr. *rhapsôdos*, de *rhaptein* "coudre" et *ôdê* "chant"). ANTIQ. GR. Chanteur qui allait de ville en ville en récitant des poèmes épiques, spécial. les poèmes homériques.

rhapsodie ou **rapsodie** [ʀapsɔdi] n.f. (gr. *rhapsodia*, de *rhapsôdos ; v. rhapsode*). - **1.** ANTIQ. Chant ou morceau contenant un épisode épique. - **2.** MUS. Composition musicale de caractère improvisé, de style brillant, écrite sur des thèmes populaires.

rhénan, e [ʀenɑ̃, -an] adj. (lat. *rhenanus*). Relatif au Rhin, à la Rhénanie : *Légende rhénane*.

rhéologie [ʀeɔlɔʒi] n.f. (de *rhéo-* et *-logie*). Branche de la physique qui étudie l'élasticité, la plasticité, la viscosité et l'écoulement de la matière en général.

rhéostat [ʀeɔsta] n.m. (de *rhéo-*, et du lat. *stare* "rester immobile"). Résistance électrique réglable qui, placée dans un circuit, permet de modifier l'intensité du courant.

rhésus [ʀezys] n.m. (lat. *Rhesus*, gr. *Rhêsos* "roi légendaire de Thrace"). - **1.** Macaque à queue courte de l'Asie du Sud-Est, dont le nom reste attaché à la découverte du facteur sanguin Rhésus. - **2.** (Avec une majuscule). Antigène du système Rhésus : *Facteur Rhésus positif, négatif*.

rhéteur [ʀetœʀ] n.m. (lat. *rhetor*, du gr.). - **1.** ANTIQ. Professeur d'art oratoire. - **2.** LITT. Homme dont l'éloquence est emphatique et formelle.

rhétoricien, enne [ʀetɔʀisjɛ̃, -ɛn] adj. et n. Qui use de la rhétorique. ◆ n. - **1.** Spécialiste de rhétorique. - **2.** BELG. Élève de la classe de rhétorique.

rhétorique [ʀetɔʀik] n.f. (lat. *rhetorica*, du gr. *rhêtorikê*, de *rhêtôr* "orateur"). - **1.** Ensemble de procédés et de techniques permettant de s'exprimer correctement et avec éloquence : *La métaphore est une figure de rhétorique.* - **2.** BELG. Classe de première des lycées. - **3.** FAM. Affectation, déploiement d'éloquence : *Ce n'est que de la rhétorique* (syn. emphase, grandiloquence). ◆ adj. Qui relève de la rhétorique : *Procédé, style rhétorique*.

rhinencéphale [ʀinɑ̃sefal] n.m. (de *rhin(o)-* et *encéphale*). Ensemble des formations nerveuses situées à la face interne et inférieure de chaque hémisphère cérébral. □ Le rhinencéphale intervient dans le contrôle de la vie végétative, dans l'olfaction et le goût.

rhingrave [ʀɛ̃gʀav] n.m. (all. *Rheingraf*). HIST. Titre de princes allemands de la région rhénane.

rhinite [ʀinit] n.f. (de *rhin(o)-* et *-ite*). Inflammation de la muqueuse nasale (syn. coryza).

rhinocéros [ʀinɔseʀɔs] n.m. (de *rhino-* et gr. *keras* "corne"). Grand mammifère des régions chaudes, caractérisé par la présence d'une ou deux cornes médianes sur le museau. □ Le rhinocéros barrit. Le rhinocéros d'Asie n'a génér. qu'une corne sur le nez ; celui d'Afrique en a deux.

rhino-pharyngé, e [ʀinofaʀɛ̃ʒe] et **rhino-pharyngien, enne** [ʀinofaʀɛ̃ʒjɛ̃, -ɛn] adj. (pl. *rhino-pharyngés, es, rhino-pharyngiens, ennes*). Relatif au rhino-pharynx.

rhino-pharyngite [ʀinofaʀɛ̃ʒit] n.f. (pl. *rhino-pharyngites*). Inflammation du rhino-pharynx, rhume.

rhino-pharynx [ʀinofaʀɛ̃ks] n.m. inv. Partie du pharynx située en arrière des fosses nasales.

rhizome [ʀizom] n.m. (du gr. *rhiza* "racine"). Tige souterraine vivante, souvent horizontale, émettant chaque année des racines et des tiges aériennes.

rhô [ʀo] n.m. inv. Dix-septième lettre de l'alphabet grec (P, ρ).

rhodanien, enne [ʀɔdanjɛ̃, -ɛn] adj. (du lat. *Rhodanus* "Rhône"). Relatif au Rhône : *Le sillon rhodanien* (= la région drainée par le Rhône de Lyon vers la Méditerranée).

rhododendron [ʀɔdɔdɛ̃dʀɔ̃] n.m. (de *rhodo-*, et du gr. *dendron* "arbre"). Arbrisseau de montagne, dont certaines espèces sont cultivées pour leurs grandes fleurs ornementales. □ Famille des éricacées.

Rhodoïd [ʀɔdɔid] n.m. (nom déposé). Matière thermoplastique à base d'acétate de cellulose.

rhomboèdre [ʀɔ̃bɔɛdʀ] n.m. (du gr. *rhombos* "losange", et de *-èdre*). Cristal parallélépipédique dont les six faces sont des losanges égaux.

rhomboïde [ʀɔ̃bɔid] adj.m. et n.m. (du gr. *rhombos* "losange", et de *-oïde*). ANAT. Se dit d'un muscle large et mince de la région dorsale, en forme de losange.

Rhovyl [ʀɔvil] n.m. (nom déposé). Fibre synthétique obtenue par filage de polychlorure de vinyle.

rhubarbe [ʀybaʀb] n.f. (bas lat. *rheubarbarum* "racine barbare"). Plante vivace aux larges feuilles, dont les pétioles sont comestibles. □ Famille des polygonacées.

rhum [ʀɔm] n.m. (angl. *rum*, abrév. de *rumbullion* "grand tumulte"). Eau-de-vie obtenue par la fermentation et la distillation des jus de canne à sucre ou, le plus souvent, des mélasses : *Rhum blanc. Rhum agricole des Antilles.*

rhumatisant, e [ʀymatizɑ̃, -ɑ̃t] adj. et n. Atteint de rhumatisme.

rhumatismal, e, aux [ʀymatismal, -o] adj. Qui relève du rhumatisme : *Douleur rhumatismale.*

rhumatisme [ʀymatism] n.m. (lat. *rheumatismus*, gr. *rheumatismos* "écoulement d'humeurs", de *rheîn* "couler"). Nom générique d'affections d'origines très diverses, caractérisées par une atteinte inflammatoire ou dégénérative des os et des articulations.

rhumatoïde [ʀymatɔid] adj. Se dit d'une douleur analogue à celle des rhumatismes.

rhumatologie [ʀymatɔlɔʒi] n.f. Partie de la médecine qui traite les affections rhumatismales et les affections de l'appareil locomoteur (squelette, articulations, nerfs, muscles). ◆ **rhumatologue** n. Nom du spécialiste.

rhume [ʀym] n.m. (lat *rheuma,* mot gr., de *rheîn* "couler"). **- 1.** Toute affection qui produit la toux et, en partic., catarrhe de la muqueuse nasale : *Attraper un rhume.* **- 2.** Rhume de cerveau, coryza, rhinite. ‖ Rhume des foins, irritation de la muqueuse des yeux et du nez, d'origine allergique (pollen, poussière, etc.).

rhumerie [ʀɔmʀi] n.f. Usine où l'on fabrique le rhum.

ria [ʀija] n.f. (mot esp.). GÉOGR. Partie aval d'une vallée encaissée, envahie par la mer.

rial [ʀjal] n.m. Unité monétaire principale de l'Iran, de la République du Yémen et du sultanat d'Oman.

riant, e [ʀijɑ̃, -ɑ̃t] adj. **- 1.** Qui annonce la gaieté, la bonne humeur : *Visage riant* (syn. radieux, réjoui). **- 2.** Se dit d'un cadre naturel agréable à la vue : *Campagne riante.*

ribambelle [ʀibɑ̃bɛl] n.f. (orig. incert., p.-ê. du dialect. *riban* "ruban"). FAM. Longue suite de personnes ; grande quantité de choses : *Une ribambelle d'enfants* (syn. défilé, procession). *J'ai encore une ribambelle de choses à faire* (syn. kyrielle).

riboflavine [ʀiboflavin] n.f. Vitamine B2 (syn. lactoflavine).

ribonucléique [ʀibonykleik] adj. BIOCHIM. Acide ribonucléique → A.R.N.

ribosome [ʀibozom] n.m. Organite du cytoplasme des cellules vivantes, assurant la synthèse des protéines.

ricanement [ʀikanmɑ̃] n.m. Action de ricaner : *Il ne peut retenir ses petits ricanements.*

ricaner [ʀikane] v.i. (anc. fr. *recaner* "braire", avec infl. de *rire*). Rire d'une manière méprisante, sarcastique ou stupide : *Au lieu de répondre, elle s'est mise à ricaner.*

ricaneur, euse [ʀikanœʀ, -øz] adj. et n. Qui ricane : *Un visage ricaneur* (syn. moqueur).

richard, e [ʀiʃaʀ, -aʀd] n. FAM. Personne très riche (péjor.) : *Une grosse voiture de richard.*

riche [ʀiʃ] adj. et n. (frq. **riki* "puissant"). Qui possède de l'argent, de la fortune, des biens importants : *Des loisirs réservés aux riches* (syn. nanti). ◆ adj. **- 1.** Dont la situation financière ou économique est prospère, florissante : *Les pays riches.* **- 2.** Qui a des ressources abondantes et variées, qui produit beaucoup : *Une terre riche* (syn. fécond, fertile). *Vocabulaire riche* (syn. étendu). **- 3.** Rimes riches, rimes qui comportent trois éléments vocaliques ou consonantiques communs (ex. : *vaillant, travaillant*).

richement [ʀiʃmɑ̃] adv. De manière riche : *Appartement richement décoré* (syn. luxueusement, magnifiquement).

richesse [ʀiʃɛs] n.f. **- 1.** Abondance de biens : *Faire étalage de sa richesse* (syn. fortune, opulence). *Le commerce fait la richesse de notre région* (syn. prospérité). **- 2.** Caractère de ce qui renferme ou produit qqch en abondance : *La richesse d'un sol.* **- 3.** Qualité de ce qui est précieux, luxueux : *La richesse d'un bijou* (syn. somptuosité). *Ameublement d'une grande richesse* (syn. luxe, magnificence). ◆ **richesses** n.f. pl. **- 1.** Ressources naturelles d'un pays, d'une région, exploitées ou non : *Les richesses du sol.* **- 2.** Produits de l'activité économique d'une collectivité : *Circulation des richesses* (syn. biens, ressources). **- 3.** Valeurs d'ordre intellectuel, spirituel : *Les richesses d'une œuvre musicale.*

richissime [ʀiʃisim] adj. FAM. Extrêmement riche.

Richter (échelle de), échelle logarithmique numérotée de 1 à 9, et mesurant la magnitude des séismes.

ricin [ʀisɛ̃] n.m. (lat. *ricinus*). **- 1.** Herbe ou arbre aux grandes feuilles palmées, aux graines toxiques d'aspect bigarré. ▢ Famille des euphorbiacées. **- 2.** Huile de ricin, huile fournie par les graines de ricin et utilisée en pharmacie pour son action laxative et purgative ainsi que dans l'industrie comme lubrifiant.

ricocher [ʀikɔʃe] v.i. Faire ricochet : *Le projectile a ricoché sur le mur* (syn. rebondir).

ricochet [ʀikɔʃe] n.m. (orig. incert., p.-ê. de *cochet*, dimin. de *coq* dans une ritournelle où le mot *coq* revient souvent). **- 1.** Rebond que fait un objet plat lancé obliquement sur la surface de l'eau ou un projectile frappant obliquement un obstacle : *Les ricochets d'un galet à la surface d'un lac.* - **2.** Par ricochet, indirectement, par contrecoup : *Elle est débordée de travail et, par ricochet, sa secrétaire aussi.*

ric-rac [ʁikʁak] adv. (onomat. ; v. *riquiqui*). FAM. De façon juste suffisante, de justesse : *Réussir ric-rac son examen.*

rictus [ʁiktys] n.m. (mot lat. "ouverture de la bouche"). Contraction des muscles de la face, donnant au visage l'expression d'un rire crispé : *Rictus de colère.*

ride [ʁid] n.f. (de *rider*). - **1.** Pli de la peau, provoqué par l'âge, l'amaigrissement, etc. : *Un visage couvert de rides.* - **2.** Légère ondulation sur une surface : *Le vent forme des rides sur l'étang.* - **3.** Léger sillon sur une surface : *Une pomme couverte de rides.*

ridé, e [ʁide] adj. Couvert de rides : *Des mains ridées* (syn. flétri, fripé, parcheminé).

rideau [ʁido] n.m. (de *rider* "plisser"). - **1.** Voile ou pièce d'étoffe mobile que l'on peut tendre à volonté pour tamiser ou intercepter le jour, isoler du froid, du bruit, protéger des regards, etc. : *Ouvrir, fermer les rideaux. Doubles rideaux* (= rideaux en tissu épais qui se rejoignent au centre). - **2.** Grande toile peinte ou draperie qu'on lève ou qu'on abaisse devant la scène d'un théâtre. - **3.** Ensemble, suite de choses susceptibles de masquer la vue ou de former un obstacle ou une protection : *Un rideau d'arbres isole la maison de la rue* (syn. écran). - **4.** FAM. En rideau, en panne : *Mon ordinateur est en rideau.* ‖ FAM. Rideau !, c'est assez ! ça suffit ! ‖ Rideau de fer, fermeture métallique qui sert à protéger la devanture d'un magasin ; dispositif obligatoire qui sépare la scène de la salle d'un théâtre en cas d'incendie ; au fig., frontière qui séparait les anciens États socialistes de l'Europe de l'Est des États d'Europe occidentale (il a été démantelé en 1989).

ridelle [ʁidɛl] n.f. (moyen haut all. *reidel* "rondin"). Châssis léger, plein ou à claire-voie, composant chacun des côtés d'un chariot, d'une remorque, d'un camion découvert, pour maintenir la charge.

rider [ʁide] v.t. (anc. haut all. *rîdan* "tordre"). Marquer de rides : *Les soucis ont ridé son visage* (syn. flétrir, friper). *Le vent ride la surface de l'eau* (syn. onduler). ◆ **se rider** v.pr. Se couvrir de rides : *Quand son front se ride, cela signifie qu'elle est contrariée* (syn. se plisser).

ridicule [ʁidikyl] adj. (lat. *ridiculus*, de *ridere* "rire"). - **1.** Propre à exciter le rire, la moquerie : *Un chapeau ridicule* (syn. grotesque, risible). - **2.** Qui n'est pas sensé : *C'est ridicule de se fâcher pour si peu* (syn. déraisonnable). - **3.** Qui est insignifiant, qui est de peu

d'importance : *Une somme ridicule* (syn. dérisoire, infime). ◆ n.m. - **1.** Ce qui est ridicule ; côté ridicule de qqch : *Ne pas avoir peur du ridicule. Molière a peint les ridicules de son temps* (syn. travers). - **2.** Tourner en ridicule, se moquer, en soulignant les aspects qui prêtent à rire : *Un cynique qui tourne tout en ridicule.*

ridiculement [ʁidikylmɑ̃] adv. De façon ridicule : *Elle est toujours ridiculement coiffée.*

ridiculiser [ʁidikylize] v.t. Tourner en ridicule, rendre ridicule : *Les chansonniers ridiculisent souvent les hommes politiques* (syn. persifler, railler). ◆ **se ridiculiser** v.pr. Se couvrir de ridicule : *Il s'est ridiculisé en se fâchant ainsi.*

ridule [ʁidyl] n.f. Petite ride : *Des ridules au coin des yeux.*

riemannien, enne [ʁimanjɛ̃, -ɛn] adj. (de *Bernhard Riemann,* mathématicien). Géométrie riemannienne, géométrie selon laquelle deux droites ne sont jamais parallèles.

1. rien [ʁjɛ̃] pron. indéf. (lat. *rem,* accusatif de *res* "chose"). - **1.** (En corrélation avec *ne* ou précédé de *sans,* ou bien dans une phrase nominale). Aucune chose, aucun autre vivant : *Je ne vois rien. Rien ne l'arrête. Rien à l'horizon. Rien de cassé ? Sans rien oublier.* - **2.** (Sans négation). Quelque chose : *Avez-vous jamais rien vu d'aussi drôle ?* - **3.** Cela ne fait rien, cela importe peu. ‖ FAM. Ce n'est pas rien, c'est très important. ‖ Ce n'est rien, ce n'est pas grave, c'est sans importance. ‖ Comme si de rien n'était, comme s'il ne s'était rien passé : *Il a fait comme si de rien n'était.* ‖ FAM. De rien, se dit par politesse après avoir reçu des remerciements : *Mille mercis. – De rien.* ‖ De rien du tout, sans importance, insignifiant : *Une égratignure de rien du tout.* ‖ En moins que rien, en très peu de temps : *Il a terminé ses devoirs en moins que rien.* ‖ En rien, en quoi que ce soit : *Il n'a en rien changé ses habitudes* (syn. nullement). ‖ Il n'en est rien, c'est faux. ‖ N'avoir rien de (+ n.), ne pas être précisément : *Elle n'a rien d'une star.* ‖ N'être rien à, pour qqn, n'être nullement lié à lui par parenté ou affection. ‖ Pour rien, sans utilité : *Se déplacer pour rien ;* gratuitement ou pour très peu d'argent : *Acheter une maison pour rien.* ‖ FAM. Rien que, seulement : *Ce n'est rien qu'un petit rhume.*

2. rien [ʁjɛ̃] n.m. (de *1. rien*). - **1.** Chose sans importance : *Un rien l'irrite* (syn. broutille, vétille). *S'amuser à des riens* (syn. bagatelle, futilité). - **2.** FAM. Comme un rien, très facilement : *Ce dîner coûtera 1 000 francs comme un rien.* ‖ En un rien de temps, en très peu de temps : *Réparer qqch en un rien de temps* (= en un tour de main). ‖ Un rien de, un petit peu de : *Ajoutez un rien de curry.* ‖ Un(e) rien du tout, un(e) moins que rien, une personne tout à fait méprisable.

rieur, euse [ʀijœʀ, -øz] adj. et n. - **1.** Qui rit volontiers, qui aime à rire, à railler, à plaisanter : *Un enfant rieur* (syn. enjoué, gai). - **2.** Avoir, mettre les rieurs de son côté, faire rire aux dépens de son adversaire. ◆ adj. Qui exprime la joie, la gaieté : *Des yeux rieurs.*

rififi [ʀififi] n.m. (de *rif* "bagarre", arg. it. *ruffo* "feu", lat. *rufus* "rouge"). ARG. Rixe, échauffourée.

riflard [ʀiflaʀ] n.m. (de l'anc. fr. *rifler* "érafler"). - **1.** Rabot à deux poignées pour dégrossir le bois. - **2.** Ciseau à lame large employé par les maçons.

rifle [ʀifl] n.m. (mot angl., de *to rifle* "faire des rainures", de l'anc. fr. *rifler*). **Carabine (de) 22 long rifle**, carabine d'un calibre de 22/100 de pouce, employée pour le sport et le tir du moyen gibier.

rigaudon [ʀigodɔ̃] et **rigodon** [ʀigɔdɔ̃] n.m. (orig. incert., p.-ê. de *Rigaud*, n. de l'inventeur de cette danse). Air et danse vive à deux temps, d'origine provençale (XVIIe-XVIIIe s.).

rigide [ʀiʒid] adj. (lat. *rigidus*). - **1.** Qui résiste aux efforts de torsion : *Une barre de fer rigide* (syn. raide ; contr. flexible, souple). - **2.** D'une grande sévérité, qui se refuse aux compromis : *Un juge rigide* (syn. inflexible, intraitable, rigoureux). *Une morale rigide* (syn. austère, puritain).

se rigidifier [ʀiʒidifje] v.t. (conj. 9). Devenir rigide : *Le corps s'est rigidifié.*

rigidité [ʀiʒidite] n.f. (lat. *rigiditas*). - **1.** Résistance qu'oppose une substance solide aux efforts de torsion ou de cisaillement : *La rigidité d'un étui à lunettes.* - **2.** Rigueur intransigeante, austérité inflexible, manque de souplesse : *La rigidité d'un magistrat* (syn. rigorisme). - **3.** Rigidité cadavérique, durcissement des muscles qui, apparaissant de 1 h à 6 h après la mort, rend les membres rigides.

rigolade [ʀigɔlad] n.f. FAM. - **1.** Action de rire, de se divertir sans contrainte : *Aimer la rigolade* (syn. amusement, divertissement). - **2.** Propos peu sérieux ou fantaisiste : *Tout ça, c'est de la rigolade* (syn. baliverne, sornettes). - **3.** Chose faite sans effort, comme par jeu : *Soulever cette malle, pour lui c'est une rigolade* (= un jeu d'enfant).

rigolard, e [ʀigɔlaʀ, -aʀd] adj. et n. FAM. Qui aime à rire : *C'est un rigolard* (syn. plaisantin, farceur). ◆ adj. FAM. Qui exprime l'amusement : *Air rigolard* (syn. facétieux).

rigole [ʀigɔl] n.f. (moyen néerl. *regel* "rangée" et *richel* "fossé d'écoulement", du lat. *regula* "règle"). - **1.** Canal étroit et en pente pour l'écoulement des eaux. - **2.** Petite tranchée

creusée pour recevoir les fondations d'un mur.

rigoler [ʀigɔle] v.i. (orig. incert., p.-ê. croisement de *rire*, de l'anc. fr. *galer* "s'amuser" et de *riole* "partie de plaisir"). FAM. - **1.** S'amuser beaucoup : *Il faisait le pitre pour faire rigoler ses camarades* (syn. rire). - **2.** Ne pas parler sérieusement : *Tu rigoles en disant ça ?* (syn. plaisanter).

rigolo, ote [ʀigɔlo, -ɔt] adj. FAM. - **1.** Plaisant, amusant : *Raconter des histoires rigolotes* (syn. comique, drôle). - **2.** Qui est étrange, qui dit ou fait qqch d'étrange : *C'est rigolo cette coïncidence* (syn. cocasse, curieux). ◆ n. FAM. - **1.** Personne qui fait rire : *C'est une vraie rigolote* (syn. farceur). - **2.** Personne qu'on ne peut pas prendre au sérieux : *C'est un rigolo, votre fameux spécialiste* (syn. fumiste).

rigorisme [ʀigɔʀism] n.m. (du lat. *rigor, -oris* "rigueur"). Attachement rigoureux aux règles morales ou religieuses : *Son rigorisme nous fait fuir* (syn. austérité, rigidité). ◆ **rigoriste** adj. et n. Qui manifeste du rigorisme.

rigoureusement [ʀiguʀøzmɑ̃] adv. - **1.** Avec rigueur et précision : *Accomplir rigoureusement son devoir* (syn. scrupuleusement). - **2.** D'une manière incontestable : *C'est rigoureusement vrai* (syn. absolument, totalement).

rigoureux, euse [ʀiguʀø, -øz] adj. (lat. *rigorosus*). - **1.** Qui fait preuve ou qui est empreint de rigueur, de sévérité : *Une discipline rigoureuse* (syn. rigide, sévère, strict). - **2.** Pénible, difficile à supporter : *Hiver rigoureux* (syn. rude ; contr. doux). - **3.** Qui est d'une exactitude inflexible : *Examen rigoureux des faits* (syn. précis, strict).

rigueur [ʀigœʀ] n.f. (lat. *rigor, -oris* "dureté"). - **1.** Caractère, manière d'agir de qqn qui se montre sévère, inflexible : *Réprimer un soulèvement avec une extrême rigueur* (syn. dureté, sévérité). - **2.** Dureté extrême d'une règle, d'une obligation, d'une action. - **3.** Caractère de ce qui est dur à supporter, notamm. des conditions atmosphériques : *La rigueur des hivers canadiens* (syn. âpreté, inclémence). - **4.** Grande exactitude, exigence intellectuelle : *La rigueur d'une analyse* (syn. justesse, précision, rectitude). - **5.** À la rigueur, au pis aller, en cas de nécessité absolue. ‖ De rigueur, imposé par les usages, les règlements, indispensable : *Tenue de soirée de rigueur* (= obligatoire). ‖ Tenir rigueur à qqn de qqch, lui en garder du ressentiment.

rikiki adj. inv. → **riquiqui.**

rillettes [ʀijɛt] n.f. pl. (de l'anc. fr. *rille* "morceau de porc", var. dialect. de *reille* "planchette", lat. *regula*). Préparation réalisée par cuisson dans la graisse de viandes découpées de porc, de lapin, d'oie ou de volaille.

rimailler [Rimaje] v.t. et v.i. (de *rimer*). VIEILLI. Faire de mauvais vers, de la poésie médiocre.

rimailleur, euse [Rimajœʀ, -øz] n. Poète médiocre.

rime [Rim] n.f. (de *rimer*). - **1.** Retour du même son à la fin de deux ou plusieurs vers : *Rimes masculines, féminines*. - **2.** N'avoir ni rime ni raison, être absurde, incohérent ; n'avoir pas de sens.

rimer [Rime] v.i. (frq. *riman*, de *rim* "série, nombre"). - **1.** Avoir les mêmes sons, en parlant des finales des mots : *« Étude »* et *« solitude » riment*. - **2.** Ne rimer à rien, être dépourvu de sens et d'utilité : *Cette dispute ne rime à rien*.

Rimmel [Rimɛl] n.m. (nom déposé). Fard pour les cils.

rinçage [Rɛ̃saʒ] n.m. Action de rincer ; passage à l'eau pure de ce qui a été lavé : *Le lave-linge effectue trois rinçages*.

rinceau [Rɛ̃so] n.m. (du bas lat. *ramusculus* "petit rameau"). BX-A. ARTS DÉC. Ornement fait d'éléments végétaux disposés en enroulements successifs.

rince-doigts [Rɛ̃sdwa] n.m. inv. Bol d'eau tiède, génér. parfumée de citron, pour se rincer les doigts à table.

rincer [Rɛ̃se] v.t. (anc. fr. *recincier*, lat. pop. *recentiare*, du class. *recens* "frais") [conj. 16]. - **1.** Nettoyer en passant à l'eau : *Rincer un verre*. - **2.** Passer dans une eau nouvelle après un nettoyage pour retirer toute trace des produits de lavage : *Rincer le linge*. ◆ **se rincer** v.pr. Se rincer la bouche, se laver la bouche avec un liquide que l'on recrache. ‖ FAM. Se rincer l'œil, regarder avec plaisir une personne attrayante, un spectacle érotique.

1. ring [Riŋ] n.m. (mot angl. "cercle"). Estrade entourée de cordes pour des combats de boxe, de catch.

2. ring [Riŋ] n.m. (mot all. "cercle"). BELG. Boulevard circulaire, rocade.

ringard, e [Rɛ̃gaʀ] n. (orig. obsc.). FAM. - **1.** Acteur, comédien médiocre ou oublié : *Un ringard qui cherche à décrocher un petit rôle*. - **2.** Bon à rien ; minable. ◆ adj. FAM. Qui est médiocre, dépassé, démodé : *Une chanson ringarde*.

ripage [Ripaʒ] et **ripement** [Ripmɑ̃] n.m. - **1.** Action de riper : *Le ripage d'un cordage* (syn. glissement). - **2.** Déplacement des marchandises d'un navire dont l'arrimage ne tient pas du fait d'un roulis violent.

ripaille [Ripaj] n.f. (de *riper*). Faire ripaille, se livrer à des excès de nourriture et de boisson (= faire bombance).

ripailler [Ripaje] v.i. FAM. et VX. Faire ripaille (syn. banqueter, festoyer).

ripe [Rip] n.f. (de *riper*). Outil de maçon et de sculpteur en forme de S allongé, à deux extrémités tranchantes.

riper [Ripe] v.t. (moyen néerl. *rippen* "racler"). - **1.** Gratter à la ripe. - **2.** MAR. Faire glisser, déplacer sans soulever, en laissant frotter contre le sol, le support, etc. : *Riper des caisses*. ◆ v.i. Déraper : *La voiture a ripé sur le pavé mouillé* (syn. glisser).

riposte [Ripɔst] n.f. (it. *risposta*, de *rispondere* "répondre"). - **1.** Réponse vive et immédiate à une attaque verbale : *Avoir la riposte facile* (syn. repartie, réplique). - **2.** Action qui répond sur-le-champ à une attaque : *La riposte d'une armée à un acte de sabotage* (syn. contre-attaque).

riposter [Ripɔste] v.t. ind. [à] (de *riposte*). - **1.** Répondre vivement à : *Riposter à une raillerie* (syn. repartir, répliquer). - **2.** Rendre immédiatement à un adversaire la contre-partie de ce qu'on a subi : *Nos troupes riposteront à toute agression* (syn. contre-attaquer). ◆ v.t. Répondre qqch à qqn : *Il m'a riposté qu'il n'était pas d'accord*.

riquiqui ou **rikiki** [Rikiki] adj. inv. (rad. *ric, rik*, onomat. désignant ce qui est petit, médiocre). FAM. Petit et d'aspect mesquin, étriqué : *Un appartement riquiqui*.

1. rire [RiR] v.i. (lat. *ridere*) [conj. 95]. - **1.** Manifester un sentiment de gaieté par un mouvement des lèvres, de la bouche, accompagné de sons rapidement égrenés : *Sa plaisanterie nous a fait rire. Rire aux éclats*. - **2.** Prendre une expression de gaieté : *Des yeux qui rient*. - **3.** S'amuser, prendre du bon temps : *Aimer à rire* (syn. se divertir). - **4.** Agir, parler, faire qqch par jeu, sans intention sérieuse : *J'ai dit cela pour rire* (syn. plaisanter). - **5.** Avoir le mot pour rire, savoir dire des choses plaisantes. ‖ Prêter à rire, donner sujet de rire, de railler : *Une coiffure qui prête à rire*. ‖ Rire au nez, à la barbe de qqn, se moquer de lui en face. ‖ Vous me faites rire, ce que vous dites est absurde. ‖ Vous voulez rire, vous ne parlez pas sérieusement. ◆ v.t. ind. [de]. - **1.** Se moquer de : *Tous rient de sa sottise* (syn. persifler, railler). ◆ **se rire** v.pr. [de]. Se moquer, ne pas tenir compte de : *Il se rit de tous nos avertissements* (syn. ignorer).

2. rire [RiR] n.m. (de *1. rire*). - **1.** Action de rire : *Éclater, pouffer de rire. Son rire est communicatif. Déclencher le rire* (syn. hilarité). - **2.** Fou rire, rire qu'on ne maîtrise pas, qu'on ne peut arrêter.

1. ris [Ri] n.m. pl. (lat. *risus* "rire"). LITT. Plaisirs : *Aimer les jeux et les ris*.

2. ris [Ri] n.m. (anc. scand. *rif*, pl. *rifs*). MAR. Partie d'une voile destinée à être serrée sur une vergue ou une bôme pour pouvoir être soustraite à l'action du vent.

3. ris [Ri] n.m. (orig. obsc.). Thymus du veau et de l'agneau, qui constitue un mets délicat.

1. risée [Rize] n.f. (de *1. ris*). - **1.** Moquerie collective : *Mauvais acteur qui essuie la risée du public* (syn. dérision, raillerie). - **2.** Être la risée de, être un objet de moquerie pour : *Cet enfant est la risée de ses camarades.*

2. risée [Rize] n.f. (anc. scand. *rif* ; v. *2. ris*). En mer, petite brise subite et passagère.

risette [Rizεt] n.f. (de *1. ris*). FAM. Sourire d'un jeune enfant à l'adresse de qqn : *Bébé qui fait des risettes à sa mère.*

risible [Rizibl] adj. (bas lat. *risibilis*). Qui provoque le rire ou la moquerie : *Aventure risible* (syn. burlesque, ridicule).

risque [Risk] n.m. (anc. it. *risco*, bas lat. *risicus*, p.-ê. du lat. *resecare* "couper" ou du gr. *rhizikon*, de *rhiza* "racine"). - **1.** Danger, inconvénient plus ou moins probable auquel on est exposé : *Courir un risque. Il faut savoir prendre des risques* (= agir audacieusement). - **2.** Préjudice, sinistre éventuel que les compagnies d'assurance garantissent moyennant le paiement d'une prime : *S'assurer contre le risque d'incendie. Une assurance tous risques pour une voiture.* - **3.** À risque(s), prédisposé à certains inconvénients ; qui expose à un danger, à une perte, à un échec : *Grossesse à risque. Capitaux à risques.* ‖ À ses risques et périls, en assumant toute la responsabilité de qqch, d'une entreprise. ‖ **Au risque de,** en s'exposant au danger de : *J'ai dit ce que j'en pensais au risque de le vexer.*

risqué, e [Riske] adj. Qui comporte un risque : *Une entreprise risquée* (syn. dangereux, hasardeux).

risquer [Riske] v.t. (de *risque*). - **1.** Exposer à un risque, à un danger, à une éventualité fâcheuse : *Risquer de l'argent dans une affaire* (syn. engager, hasarder). - **2.** S'exposer à faire ou à subir telle chose : *Vous risquez un accident grave.* - **3.** Risquer le coup, tenter une entreprise malgré son issue incertaine. ◆ v.t. ind. [de]. Avoir une chance de ; s'exposer à subir telle ou telle chose : *Ce cadeau risque de lui plaire. Attention, tu risques de tomber.* ◆ **se risquer** v.pr. - **1.** Aller dans un lieu où l'on court un risque, un danger : *Ne vous risquez pas dans les sentiers non balisés* (syn. s'aventurer). - **2.** S'engager dans une entreprise incertaine : *Se risquer dans une spéculation douteuse* (syn. s'engager, se lancer). - **3.** Se hasarder à : *Je ne me risquerai pas à la contredire.*

risque-tout [Riskətu] n. inv. Personne très audacieuse, imprudente (syn. casse-cou, téméraire).

rissoler [Risɔle] v.t. et v.i. (de *rissole,* sorte de pâtisserie salée). Rôtir de manière à faire prendre une couleur dorée : *Rissoler des pommes de terre dans une cocotte.*

ristourne [RistuRn] n.f. (it. *ristorno*). Avantage pécuniaire consenti à un client par un commerçant : *Obtenir une ristourne sur le prix d'une voiture* (syn. rabais, réduction, remise).

ritardando [RitaRdãdo] adv. (mot it.). MUS. En retenant le mouvement.

rite [Rit] n.m. (lat. *ritus*). - **1.** Ensemble des règles et des cérémonies qui se pratiquent dans une Église, une communauté religieuse : *Le rite romain.* - **2.** Ensemble des règles fixant le déroulement d'un cérémonial quelconque ; rituel : *Les rites maçonniques.* - **3.** Action accomplie conformément à des règles et faisant partie d'un cérémonial : *Rites de la remise des prix.* - **4.** Manière d'agir propre à qqn ou à un groupe social et revêtant un caractère invariable : *Ses soirées se déroulent selon un rite immuable* (syn. coutume, tradition).

ritournelle [RituRnεl] n.f. (it. *ritornello,* de *ritorno* "retour"). - **1.** Courte phrase musicale qui précède et termine un air ou en sépare les strophes. - **2.** FAM. Propos que qqn répète continuellement (syn. chanson, refrain, rengaine).

ritualisme [Ritɥalism] n.m. (de *rituel*). Respect strict des rites, poussé jusqu'au formalisme.

1. rituel, elle [Ritɥεl] adj. (lat. *ritualis*). - **1.** Conforme aux rites, réglé par un rite : *Chant rituel.* - **2.** Qui est comme réglé par une coutume immuable : *Les visites rituelles à la famille pour Noël* (syn. habituel, traditionnel).

2. rituel [Ritɥεl] n.m. (de l'anc. adj. *rituel* "relatif aux rites"). - **1.** Ensemble des rites d'une religion (gestes, symboles, prières) : *Le rituel orthodoxe.* - **2.** Dans l'Église latine, recueil liturgique des rites accomplis par le prêtre, notamm. lors de la célébration des sacrements. - **3.** Ensemble des règles et des habitudes fixées par la tradition : *Le rituel de la rentrée parlementaire.*

rituellement [Ritɥεlmã] adv. D'une manière rituelle : *Il arrive rituellement à 9 heures.*

rivage [Rivaʒ] n.m. (de *rive*). Bande de terre qui borde une étendue d'eau marine : *Les rivages de la Méditerranée.*

rival, e, aux [Rival, -o] n. (lat. *rivalis*, pl. *rivales* "riverain faisant usage d'un même cours d'eau", de *rivus* "ruisseau"). - **1.** Personne, groupe en compétition ouverte avec d'autres pour l'obtention d'un avantage ne pouvant revenir qu'à un seul : *C'est un rival redoutable* (syn. adversaire, compétiteur, concurrent). - **2.** Se dit d'une personne qui

dispute à une autre l'amour de qqn : *Le mari ne connaît pas son rival*. - **3.** Sans rival, sans équivalent, inégalable : *Un athlète sans rival.*
◆ adj. Opposé à d'autres pour l'obtention d'un avantage : *Des équipes rivales.*

rivaliser [Rivalize] v.i. (de *rival*). Chercher à égaler ou à surpasser qqn : *Rivaliser d'élégance* (= faire assaut de).

rivalité [Rivalite] n.f. (lat. *rivalitas*). Concurrence de personnes qui prétendent à la même chose : *Il n'y a plus de rivalité entre eux* (syn. compétition, concurrence).

rive [Riv] n.f. (lat. *ripa*). - **1.** Bande de terre qui borde une étendue d'eau : *La rive d'un lac* (syn. bord). *Les rives d'un fleuve* (syn. berge). - **2.** Partie d'une ville qui borde un cours d'eau ou en est proche : *Habiter sur la rive gauche.*

river [Rive] v.t. (de *rive*). - **1.** Assembler deux ou plusieurs éléments par écrasement d'une partie de l'un d'eux dans une partie adéquate de l'autre. - **2.** LITT. Attacher étroitement qqn à : *Il est rivé à son travail* (syn. enchaîner). - **3.** Riveter. - **4.** Rabattre et aplatir la pointe d'un clou, d'un rivet, etc., sur l'autre côté de l'objet qu'il traverse. - **5.** River ses yeux, son regard sur qqn, qqch, les regarder fixement et longuement. ‖ FAM. River son clou à qqn, lui répondre vertement, le réduire au silence.

riverain, e [Rivrɛ̃, -ɛn] adj. et n. (de *rivière*). - **1.** Qui se situe ou habite le long d'une rivière : *Les propriétés riveraines.* - **2.** Qui est situé ou qui habite à proximité d'un lieu quelconque : *Stationnement interdit sauf pour les riverains.*

rivet [Rivɛ] n.m. (de *river*). Élément d'assemblage de pièces plates, formé d'une tige cylindrique renflée à une extrémité et dont on écrase l'autre extrémité après l'avoir enfilée dans un trou ménagé dans les pièces à assembler.

riveter [Rivte] v.t. [conj. 27]. Assembler, assujettir, fixer au moyen de rivets : *Riveter deux tôles* (syn. river).

rivière [Rivjɛr] n.f. (lat. pop. *riparia*, du class. *riparius* "qui se trouve sur la rive"). - **1.** Cours d'eau de faible ou de moyenne importance qui se jette dans un autre cours d'eau. - **2.** ÉQUIT. Obstacle de steeple-chase constitué d'une étendue d'eau peu profonde, génér. précédée d'une petite haie. - **3.** Rivière de diamants, collier composé de diamants sertis dans une monture très discrète.

rixe [Riks] n.f. (lat. *rixa*). Querelle violente accompagnée de menaces et de coups (syn. bagarre).

riyal [Rijal] n.m. Unité monétaire principale de l'Arabie saoudite et du Qatar.

riz [Ri] n.m. (it. *riso*, du lat. *oryza*, mot gr. d'orig. orientale). - **1.** Céréale des régions chaudes, cultivée sur un sol humide ou submergé (rizière) et dont le grain est très utilisé dans l'alimentation humaine. □ Famille des graminées ; genre oryza. - **2.** Grain de cette plante, préparé pour la consommation : *Un paquet de riz. Un gâteau de riz.* - **3.** Paille de riz, paille fournie par la partie ligneuse du riz, utilisée pour la confection de chapeaux. ‖ Poudre de riz, fécule de riz réduite en poudre et parfumée pour le maquillage, les soins de beauté.

rizerie [Rizri] n.f. Usine où l'on traite le riz.

riziculture [Rizikyltyr] n.f. Culture du riz.
◆ **riziculteur, trice** n. Personne qui cultive le riz.

rizière [Rizjɛr] n.f. Terrain où l'on cultive le riz.

R. M. N. [ɛremɛn], sigle de *résonance* magnétique nucléaire.*

robe [Rɔb] n.f. (germ. **rauba* "butin", spécial. "vêtement pris comme butin"). - **1.** Vêtement féminin composé d'un corsage et d'une jupe d'un seul tenant : *Robe longue, courte. Robe de mariée. Robe du soir* (syn. tenue, toilette). - **2.** Vêtement long et ample, que portent les juges, les avocats dans l'exercice de leurs fonctions, les professeurs dans certaines cérémonies officielles (syn. toge). - **3.** Feuille de tabac constituant l'enveloppe d'un cigare. - **4.** Ensemble des poils du cheval, des bovins, considéré du point de vue de sa couleur : *Robe isabelle* (syn. pelage, toison). - **5.** Couleur d'un vin. - **6.** Enveloppe de certains fruits ou légumes : *Robe d'une fève, d'un oignon* (syn. peau, pelure). - **7.** Homme de robe, magistrat. ‖ Pommes de terre en robe des champs, en robe de chambre, cuites dans leur peau. ‖ Robe de chambre, vêtement d'intérieur descendant le plus souvent en dessous du genou.

robinet [Rɔbinɛ] n.m. (de *Robin*, surnom donné au mouton au Moyen Âge, l'extrémité des tuyaux de fontaines étant souvent ornée d'une tête de mouton). Appareil servant à interrompre ou à rétablir la circulation d'un fluide dans une canalisation, à l'aide d'un obturateur commandé de l'extérieur : *Fermer, ouvrir un robinet.*

robinetterie [Rɔbinɛtri] n.f. - **1.** Industrie des robinets. - **2.** Ensemble des robinets d'une installation d'eau.

robinier [Rɔbinje] n.m. (de *Robin* "jardinier du roi" [1550-1629]). Arbre épineux aux feuilles composées pennées à folioles arrondies, aux grappes de fleurs blanches et parfumées, souvent appelé *acacia*. □ Famille des papilionacées.

roboratif, ive [ʀɔbɔʀatif] adj. (du lat. *roborare* "fortifier"). LITT. Qui donne ou redonne des forces ; fortifiant.

robot [ʀɔbo] n.m. (du tchèque *robota* "corvée", mot créé par K. Čapek pour désigner des "travailleurs artificiels"). - **1.** Dans les œuvres de science-fiction, machine à l'aspect humain, capable de se mouvoir, d'exécuter des opérations, de parler. - **2.** Appareil automatique capable de manipuler des objets ou d'exécuter des opérations selon un programme fixe ou modifiable : *Utiliser les robots pour des opérations de déminage.* - **3.** Bloc-moteur électrique combinable avec divers accessoires, destiné à différentes opérations culinaires : *Le batteur et le mixeur sont des robots ménagers.* - **4.** Personne qui agit comme un automate.

robotique [ʀɔbɔtik] n.f. Science et technique de la conception et de la construction des robots. ◆ adj. De la robotique.

robotisation [ʀɔbɔtizasjɔ̃] n.f. Action de robotiser : *Introduire la robotisation dans une usine.*

robotiser [ʀɔbɔtize] v.t. - **1.** Introduire l'emploi de robots industriels : *Robotiser une chaîne de montage.* - **2.** Enlever à qqn toute initiative, réduire un travail à une tâche automatique, comparable à celle d'un robot.

robuste [ʀɔbyst] adj. (lat. *robustus,* de *robur* "force"). - **1.** Capable de supporter la fatigue, solidement constitué : *Une personne robuste* (syn. fort, vigoureux). *Un joueur de rugby aux jambes robustes* (syn. puissant). - **2.** Dont les qualités principales sont la résistance et la solidité, en parlant de qqch : *Une voiture robuste* (syn. solide).

robustesse [ʀɔbystɛs] n.f. Caractère de qqn, de qqch de robuste ; résistance, solidité.

roc [ʀɔk] n.m. (forme masc. de *roche*). - **1.** Masse de pierre très dure et cohérente faisant corps avec le sous-sol : *Un escalier creusé dans le roc* (syn. roche, rocher). - **2.** Symbole de fermeté ou d'insensibilité d'une personne : *Cet homme est un roc, il ne se laissera pas fléchir.*

rocade [ʀɔkad] n.f. (de *roquer,* terme d'échecs, à cause du va-et-vient qui s'opère sur la ligne de rocade). Voie destinée à détourner la circulation d'une région ou qui relie deux voies principales.

rocaille [ʀɔkaj] n.f. (de *roc*). - **1.** Amas de petites pierres sur le sol ; terrain rempli de cailloux : *Marcher dans la rocaille* (syn. pierraille). - **2.** Tendance des arts décoratifs en vogue en France d'env. 1710 à 1750. □ Aspect particulier du style Louis XV, la rocaille se caractérise par la fantaisie de composi-

tions dissymétriques, où règnent les formes contournées, déchiquetées, évoquant concrétions minérales, coquillages, sinuosités végétales. ◆ adj. inv. Relatif au style rocaille.

rocailleux, euse [ʀɔkajø, -øz] adj. - **1.** Couvert de rocaille, de cailloux : *Chemin rocailleux* (syn. cailouteux, pierreux). - **2.** Dénué d'harmonie, de grâce, en parlant d'une expression littéraire : *Style rocailleux* (syn. heurté, raboteux). - **3.** Voix rocailleuse, voix rauque, râpeuse.

rocambolesque [ʀɔkɑ̃bɔlɛsk] adj. (de *Rocambole,* héros des romans-feuilletons de Ponson du Terrail). Rempli de péripéties invraisemblables, extraordinaires : *Raconter une histoire rocambolesque* (syn. extravagant, fantastique).

roche [ʀɔʃ] n.f. (lat. pop. **rocca*). - **1.** Matière constitutive de l'écorce terrestre, formée d'un agrégat de minéraux et présentant une homogénéité de composition, de structure et de mode de formation : *Roches calcaires, granitiques, volcaniques* (syn. roc, rocher). - **2.** Morceau de cette matière : *Un éboulis de roches obstruait la route* (syn. caillou, pierre, rocher). - **3.** Clair comme l'eau de roche, limpide, évident. - **4.** GÉOL. Roche mère. Roche à partir de laquelle se développe un sol et que l'on retrouve inaltérée à la base de ce dernier ; couche géologique dans laquelle se sont formés les hydrocarbures.

rocher [ʀɔʃe] n.m. (de *roche*). - **1.** Grande masse de pierre dure, éminence, génér. escarpée : *Grimper au sommet d'un rocher. Le rocher de Gibraltar.* - **2.** ANAT. Partie massive de l'os temporal, qui renferme l'oreille moyenne et l'oreille interne. - **3.** Gâteau ou bouchée au chocolat ayant la forme et l'aspect rugueux de certains rochers.

rocheux, euse [ʀɔʃø, -øz] adj. Couvert, formé de roches, de rochers : *Un littoral rocheux.*

rock [ʀɔk] n.m. et **rock and roll** [ʀɔkɛndʀɔl] n.m. inv. (mot angl., de *to rock* "balancer" et *to roll* "rouler"). - **1.** Musique de danse très populaire, à prédominance vocale, née aux États-Unis vers 1954, issue du jazz, du blues et du rhythm and blues noirs et empruntant des éléments au folklore rural. - **2.** Danse sur cette musique : *Danser un rock.* ◆ **rock** adj. inv. De rock, de rock and roll : *Concert rock.*

rocker [ʀɔkœʀ] n.m. et **rockeur, euse** [ʀɔkœʀ, -øz] n. - **1.** Chanteur de rock. - **2.** FAM. Adepte de la musique rock, qui dans son comportement imite les chanteurs de rock.

rocking-chair [ʀɔkinʃɛʀ] n.m. (mot angl., de *to rock* "balancer" et *chair* "siège") [pl. *rocking-chairs*]. Fauteuil à bascule.

rococo [ʀɔkoko] n.m. (de *rocaille*). Style artistique en vogue au XVIIIᵉ s. (en Allemagne, Autriche, Espagne, notamment.), inspiré à la fois du baroque* italien et du décor rocaille français. ◆ adj. inv. - **1.** Qui appartient au rococo : *Le style rococo.* - **2.** Ridiculement compliqué et qui appartient aux goûts d'un autre âge : *Elle porte toujours des chapeaux rococo* (syn. démodé, vieillot).

rodage [ʀɔdaʒ] n.m. - **1.** Fonctionnement contrôlé d'un moteur neuf, au cours duquel les pièces soumises à un frottement subissent une très légère usure, entraînant un ajustage parfait de celles-ci ; période correspondant à cette mise en route pendant laquelle le moteur ne doit pas être soumis à des efforts excessifs. - **2.** Action de mettre progressivement qqch en pratique ou d'entraîner qqn à une tâche nouvelle ; durée de cette adaptation : *Le rodage des nouvelles institutions.*

rodéo [ʀɔdeo] n.m. (hispano-amér. *rodeo* propr. "encerclement du bétail"). - **1.** Dans la pampa argentine, rassemblement des troupeaux pour marquer les jeunes animaux. - **2.** Jeu sportif, aux États-Unis et au Mexique, comportant plusieurs épreuves chronométrées de lutte avec des animaux qu'il faut maîtriser (chevaux, taureaux, etc.). - **3.** FAM. Course bruyante de voitures, de motos.

roder [ʀɔde] v.t. (lat. *rodere* "ronger"). - **1.** Utiliser un appareil, un véhicule dans les conditions voulues par le rodage : *Il faut rouler environ 3 000 km pour roder un moteur de voiture.* - **2.** Mettre progressivement au point, rendre efficace, par des essais répétés : *Roder une équipe.*

rôder [ʀode] v.i. (anc. prov. *rodar* "tourner", lat. *rotare* "faire tourner"). Aller çà et là, sans but précis : *Des chiens abandonnés rôdaient dans les rues* (syn. errer, vagabonder). *Un individu rôde autour de la maison.*

rôdeur, euse [ʀodœʀ, -øz] n. Personne qui rôde ; individu louche aux intentions douteuses (syn. vagabond).

rodomontade [ʀɔdɔmɔ̃tad] n.f. (de *Rodomont*, n. d'un roi d'Alger, brave mais altier et insolent, personnage du *Roland furieux* de l'Arioste). LITT. Fanfaronnade.

rœntgen n.m. → **röntgen**.

rogatoire [ʀɔgatwaʀ] adj. (du lat. *rogatus* "interrogé"). Commission rogatoire, acte par lequel un juge d'instruction charge un autre juge ou un officier de police judiciaire de procéder à certaines opérations de l'instruction.

rogaton [ʀɔgatɔ̃] n.m. (lat. médiév. *rogatum* "demande"). FAM. - **1.** Rebut, reste de peu de valeur ; vieillerie : *Se contenter des rogatons.* - **2.** (Souvent pl.). Bribe d'aliment, reste d'un repas : *Dîner de rogatons de fromage.*

rogne [ʀɔɲ] n.f. (de *rogner* "grogner"). FAM. Mécontentement, mauvaise humeur : *Se mettre en rogne* (syn. colère).

rogner [ʀɔɲe] v.t. (lat. pop. *rotundiare* "couper en rond"). - **1.** Couper qqch sur son pourtour, sur les bords : *Rogner un livre.* - **2.** Diminuer faiblement ce qui doit revenir à qqn pour en tirer un petit profit : *Rogner les revenus de qqn.* - **3.** Rogner les ailes à qqn, limiter ses moyens d'action, l'empêcher d'agir. ◆ v.t. ind. [sur]. Faire de petites économies sur qqch : *Rogner sur la nourriture, les loisirs.*

rognon [ʀɔɲɔ̃] n.m. (lat. pop. *renio*, class. *ren* "rein"). - **1.** Rein de certains animaux, considéré pour son utilisation culinaire : *Des rognons de veau.* - **2.** GÉOL. Masse minérale irrégulièrement arrondie contenue dans une roche de nature différente : *Rognon de silex dans la craie.*

rognure [ʀɔɲyʀ] n.f. - **1.** Ce qui tombe, se détache de qqch qu'on rogne : *Rognures d'ongles.* - **2.** Restes, débris : *Rognures de viande pour le chat* (syn. déchet).

rogue [ʀɔg] adj. (anc. scand. *hrókr* "arrogant"). D'une raideur hautaine et déplaisante : *Air, ton rogue* (syn. arrogant, outrecuidant).

roi [ʀwa] n.m. (lat. *rex, regis*). - **1.** Homme qui, en vertu de l'élection ou, le plus souvent, de l'hérédité, exerce, d'ordinaire à vie, le pouvoir souverain dans une monarchie : *Couronner un roi* (syn. monarque, souverain). - **2.** Personne, être, chose qui domine, qui est supérieur, dans un domaine particulier : *Le roi de la java. Le roi du pétrole* (syn. magnat). - **3.** Aux échecs, pièce la plus importante : *Mettre le roi blanc échec et mat.* - **4.** Chacune des quatre figures d'un jeu de cartes représentant un roi : *Le roi de cœur.* ‖ Le jour des Rois, l'Épiphanie. ‖ Le Roi Catholique, le roi d'Espagne. ‖ Le roi des, le plus grand des : *Le roi des imbéciles.* ‖ Le roi des animaux, le lion. ‖ Le Roi des rois, le souverain d'Éthiopie. ‖ Le Roi Très Chrétien, le roi de France. ‖ Les Rois Catholiques, Isabelle Iʳᵉ, reine de Castille, et Ferdinand II, roi d'Aragon. ‖ Tirer les Rois, partager la galette des Rois, dans laquelle est placée une fève qui désignera le roi. ‖ Un morceau de roi, un mets exquis.

roitelet [ʀwatlɛ] n.m. (de l'anc. fr. *roitel* "petit roi"). - **1.** Roi d'un tout petit État (iron.) ; roi peu puissant (péjor.). - **2.** Très petit oiseau passereau insectivore, dont le mâle porte une huppe orange ou jaune.

rôle [ʀol] n.m. (du lat. *rota* "rouleau"). - **1.** Ce que doit dire ou faire un acteur dans un film, une pièce de théâtre, un danseur dans un ballet, un chanteur dans une œuvre musicale ; le personnage ainsi représenté : *Apprendre, revoir son rôle.* **- 2.** Emploi, fonction, influence exercés par qqn : *Le rôle du maire dans la commune* (syn. mandat, mission, attributions). *Quel est son rôle dans cette affaire ?* **- 3.** Fonction d'un élément (dans un ensemble) : *Le rôle du verbe dans la phrase.* **- 4.** Liste de personnes qui composent une équipe : *Rôle d'équipage* (= liste des membres de l'équipage d'un bateau). **- 5.** DR. Registre sur lequel sont inscrites dans l'ordre chronologique les affaires soumises à un tribunal : *Affaire inscrite au rôle.* **- 6.** DR. Feuillet sur lequel est transcrit recto et verso un acte juridique (acte notarié, etc.). **- 7.** À tour de rôle, chacun à son tour, au rang qui est le sien. ‖ **Avoir le beau rôle**, agir, être dans une position où l'on paraît à son avantage. ‖ Jeu de rôle, jeu de stratégie où chaque joueur incarne un personnage qui devra réagir aux événements du jeu.

rôle-titre [ʁoltitʁ] n.m. (pl. *rôles-titres*). Rôle du personnage qui donne son nom à l'œuvre interprétée : *Jouer le rôle-titre dans « le Cid »* (= jouer ce personnage).

rollmops [ʁɔlmɔps] n.m. (mot all., de *rollen* "enrouler"). Hareng cru, fendu et maintenu roulé autour d'un cornichon sur une brochette de bois, mariné dans du vinaigre.

rom [ʁɔm] adj. inv. Relatif au peuple tsigane.

romain, e [ʁɔmɛ̃, -ɛn] adj. et n. (lat. *romanus*). **- 1.** Qui appartient à l'ancienne Rome, à l'Empire romain : *Le calendrier romain.* **- 2.** Qui appartient à la Rome moderne, actuelle ; qui y habite : *Les musées romains. La population romaine.* **- 3.** Qui concerne l'Église catholique latine : *Rite romain.* **- 4.** Chiffres romains, lettres I, V, X, L, C, D, M servant de symboles pour la numération romaine et représentant respectivement 1, 5, 10, 50, 100, 500 et 1 000 (par opp. à *chiffres arabes*). ‖ Un travail de Romain, un travail long et pénible. ◆ **romain** adj.m. et n.m. IMPR. Se dit d'un caractère droit, dont le dessin est perpendiculaire à sa ligne de base (par opp. à *italique*).

1. romaine [ʁɔmɛn] adj.f. et n.f. (anc. prov. *romana*, ar. *rummāna* "grenade" [les grenades ayant servi de poids en Orient]). Balance romaine ou romaine, balance à levier, formée d'un fléau à bras inégaux (sur le bras le plus long, qui est gradué, on fait glisser un poids pour équilibrer l'objet suspendu à l'autre bras).

2. romaine [ʁɔmɛn] n.f. (abrév. de *[laitue] romaine*). Laitue d'une variété à feuilles allongées et croquantes.

1. roman, e [ʁɔmɑ̃, -an] adj. (de *2. roman*). **- 1.** Se dit des langues dérivées du latin populaire (catalan, espagnol, français, italien, portugais, occitan, roumain). **- 2.** Se dit de l'art (architecture, sculpture, peinture...) qui s'est épanoui en Europe aux XIᵉ et XIIᵉ s : *Églises romanes.* ◆ **roman** n.m. **- 1.** Langue dérivée du latin, parlée entre le vᵉ et le xᵉ s., et qui se différenciait, selon les régions, en *gallo-roman, hispano-roman, italo-roman,* etc. **- 2.** Art, style roman.

2. roman [ʁɔmɑ̃] n.m. (lat. pop. **romanice* "à la façon des Romains [par opp. aux Francs]", puis "récit en langue courante [par opp. au latin]"). **- 1.** Œuvre littéraire, récit en prose génér. assez long, dont l'intérêt est dans la narration d'aventures, l'étude de mœurs ou de caractères, l'analyse de sentiments ou de passions, la représentation objective ou subjective, du réel : *Un roman de Balzac.* **- 2.** LITTÉR. Œuvre narrative, en prose ou en vers, écrite en langue romane : *Le Roman de la Rose. Le Roman de Renart.* **- 3.** Longue histoire compliquée, riche en épisodes imprévus ; récit dénué de vraisemblance : *Sa vie est un roman.* **- 4.** LITTÉR. Nouveau roman, tendance littéraire contemporaine qui refuse les conventions du roman traditionnel (rôle et psychologie des personnages, déroulement chronologique et relation prétendument objective des événements, etc.) et met l'accent sur les techniques du récit.

1. romance [ʁɔmɑ̃s] n.m. (mot esp.). LITTÉR. ESP. Poème en vers octosyllabes, dont les vers pairs sont assonancés, et les impairs libres.

2. romance [ʁɔmɑ̃s] n.f. (de *1. romance*). **- 1.** Mélodie accompagnée, d'un style simple et touchant. **- 2.** Pièce instrumentale inspirée de la mélodie du même nom : *Les romances de Schubert, de Brahms.* **- 3.** Chanson à couplets, dont les paroles, accompagnées d'une musique facile, ont un caractère tendre et sentimental : *Les romances populaires de l'entre-deux-guerres* (syn. refrain, rengaine).

romancer [ʁɔmɑ̃se] v.t. (de l'anc. fr. *romanz* "roman") [conj. 16]. Donner la forme ou le caractère d'un roman à : *Romancer une biographie.*

romancero [ʁɔmɑ̃seʁo] n.m. (mot esp.) [pl. *romanceros*]. LITTÉR. ESP. Recueil de romances de la période préclassique contenant les plus anciennes légendes nationales ; ensemble de tous les romances.

romanche [ʁɔmɑ̃ʃ] n.m. (du lat. pop. **romanice* "en langue latine"). Langue romane, parlée en Suisse, dans le canton des Grisons. □ C'est, depuis 1937, la 4ᵉ langue officielle de la Suisse. ◆ adj. Relatif au romanche.

romancier, ère [ʁɔmɑ̃sje, -ɛʁ] n. Auteur de romans.

romand, e [ʁɔmɑ̃, -ɑ̃d] adj. et n. (autre forme de l'adj. *roman*). Se dit de la partie de la

Suisse où l'on parle le français, de ses habitants.

romanesque [ʀɔmanɛsk] adj. et n.m. (it. *romanesco*). - **1.** Propre au genre du roman : *La littérature romanesque.* - **2.** Qui présente les caractères attribués traditionnellement au roman : *Aventure romanesque.* - **3.** Rêveur, qui voit la vie comme un roman : *Esprit romanesque. Une jeune femme romanesque* (syn. sentimental).

roman-feuilleton [ʀɔmãfœjtɔ̃] n.m. (pl. *romans-feuilletons*). - **1.** Roman dont le récit, publié en épisodes dans un quotidien, un magazine, suscite l'intérêt du lecteur par les rebondissements répétés de l'action. - **2.** Histoire aux épisodes multiples et inattendus : *Leur liaison est un véritable roman-feuilleton.*

roman-fleuve [ʀɔmãflœv] n.m. (pl. *romans-fleuves*). - **1.** Roman très long mettant en scène de nombreux personnages. - **2.** FAM. Récit très long, qui n'en finit pas : *Les lettres de ma mère sont des romans-fleuves.*

romani [ʀɔmani] n.m. LING. Langue des tsiganes.

romanichel, elle [ʀɔmaniʃɛl] n. (de *romani*). - **1.** Personne appartenant à n'importe quel groupe tsigane. - **2.** Individu sans domicile fixe (péjor.).

romaniser [ʀɔmanize] v.t. (de *romain*). - **1.** Imposer la civilisation des Romains, la langue latine à. - **2.** Transcrire une langue grâce à l'alphabet latin.

romaniste [ʀɔmanist] n. - **1.** Spécialiste des langues romanes. - **2.** Spécialiste de droit romain.

roman-photo [ʀɔmãfɔto] n.m. (pl. *romans-photos*). Récit romanesque présenté sous forme de photos accompagnées de textes succincts intégrés aux images.

romantique [ʀɔmãtik] adj. (angl. *romantic* "pittoresque"). - **1.** Propre au romantisme ; relatif au romantisme : *La littérature romantique.* - **2.** Qui touche la sensibilité, invite à l'émotion, à la rêverie : *Site romantique.* ◆ adj. et n. - **1.** Se dit des écrivains et des artistes qui se réclament du romantisme, au XIXe s. : *Les classiques et les romantiques.* - **2.** Chez qui la sensibilité et l'imagination l'emportent sur la rationalité : *Un projet romantique* (syn. chimérique, utopique). *Un jeune homme romantique.*

romantisme [ʀɔmãtism] n.m. (de *romantique*). - **1.** Ensemble des mouvements intellectuels et artistiques qui, à partir de la fin du XVIIIe s., firent prévaloir le sentiment sur la raison et l'imagination sur l'analyse critique : *Le romantisme littéraire et le romantisme musical.* - **2.** Caractère, comportement d'une personne romantique, dominée par sa sensibilité : *Le romantisme de l'adolescence.*

romarin [ʀɔmaʀɛ̃] n.m. (lat. *rosmarinus* propr. "rosée de la mer"). Arbuste aromatique du littoral méditerranéen, à feuilles persistantes et à fleurs bleues. □ Famille des labiées.

rombière [ʀɔ̃bjɛʀ] n.f. (orig. incert., p.-ê. du rad. expressif *rom-* qui évoque le grondement). FAM. Femme, génér. d'âge mûr, un peu ridicule et prétentieuse.

rompre [ʀɔ̃pʀ] v.t. (lat. *rumpere*) [conj. 78]. - **1.** LITT. Mettre en morceaux, faire céder, par effort ou par pression : *Le vent a rompu une branche* (syn. briser). *Le chien essayait de rompre sa chaîne* (syn. casser). - **2.** Faire cesser, mettre fin à un contrat : *Rompre un marché* (syn. annuler, dénoncer). *Rompre des fiançailles.* - **3.** Applaudir à tout rompre, applaudir très fort, avec enthousiasme. ‖ **Rompre les rangs,** se séparer à la fin d'une manœuvre d'ordre serré ; se disperser. ◆ v.i. - **1.** LITT. Céder brusquement : *Les amarres ont rompu.* - **2.** En escrime, reculer. ◆ v.t. ind. **[avec]**. - **1.** Mettre fin brutalement à des relations, spécial. des relations amoureuses : *Elle a rompu avec son petit ami.* - **2.** Renoncer à qqch : *Rompre avec une habitude.* - **3.** Être très différent de qqch, s'y opposer : *Son film rompt avec la tradition.* ◆ **se rompre** v.pr. - **1.** LITT. Se briser, se casser brusquement : *La corde s'est rompue et la chèvre s'est sauvée* (syn. se casser). - **2.** Se rompre le cou, se tuer ou se blesser grièvement en faisant une chute.

rompu, e [ʀɔ̃py] adj. LITT. Être rompu à la discussion, y être entraîné, exercé. ‖ Être rompu de fatigue, être très fatigué. ‖ BX-A. Ton rompu, ton, teinte résultant d'un mélange par lequel on a altéré la pureté d'une couleur.

romsteck et **rumsteck** [ʀɔmstɛk] n.m. (angl. *rumpsteak*, de *rump* "croupe" et *steak* "tranche de viande à griller"). Partie tendre du bœuf correspondant à la croupe.

ronce [ʀɔ̃s] n.f. (du lat. *rumex, -icis* "dard"). Arbuste souvent épineux, très envahissant, aux baies noires (*mûrons* ou *mûres sauvages*) rafraîchissantes. □ Famille des rosacées. Le framboisier est une espèce cultivée de ronce.

ronceraie [ʀɔ̃sʀɛ] n.f. Terrain envahi par les ronces.

ronchon, onne [ʀɔ̃ʃɔ̃, -ɔn] adj. et n. FAM. Qui ronchonne pour un oui ou pour un non (syn. bougon, grincheux).

ronchonnement [ʀɔ̃ʃɔnmã] n.m. FAM. Action de ronchonner ; son, parole émis en ronronnant.

ronchonner [ʀɔ̃ʃɔne] v.i. (du mot dialect. *roncher* "ronfler", du lat. *roncare*). FAM. Manifester son mécontentement, sa mauvaise humeur par des grognements, des murmures (syn. bougonner, grogner, maugréer).

ronchonneur, euse [ʁɔ̃ʃɔnœʁ, -øz] n. et adj.
FAM. Personne qui ronchonne sans cesse
(syn. bougon, grincheux, grognon).

roncier [ʁɔ̃sje] n.m. et **roncière** [ʁɔ̃sjɛʁ] n.f.
Buisson de ronces.

1. rond, e [ʁɔ̃, ʁɔ̃d] adj. (lat. *rotundus*, de *rota*
"roue"). - **1.** Qui a la forme d'un cercle, d'une
sphère, d'un cylindre : *Un plat rond* (syn.
circulaire). - **2.** Dont la forme est arrondie ou
présente une courbe : *Des tuiles rondes* (contr.
plat). - **3.** FAM. Court et assez corpulent : *Un
petit homme rond* (syn. replet). - **4.** Charnu et
bien rempli : *Joues rondes* (syn. charnu, potelé,
rebondi). - **5.** FAM. Qui a trop bu : *Il est rentré
chez lui complètement rond* (syn. ivre). - **6.** Se dit
d'un nombre entier ou, selon sa grandeur,
d'un nombre sans dizaine ou centaine : *Faire
un compte rond* (= supprimer les décimales ou
les dizaines). - **7.** Le ballon rond, le football
(par opp. au *ballon ovale*, le rugby). ◆ **rond**
adv. Avaler tout rond, avaler sans mâcher.
‖ FAM. Ne pas tourner rond, n'être pas dans
son état normal ; présenter des troubles
psychiques. ‖ FAM. Tourner rond, tourner
régulièrement sans ratés, en parlant d'un
moteur.

2. rond [ʁɔ̃] n.m. (de *1. rond*). - **1.** Figure, tracé
en forme de circonférence : *Dessiner un rond*
(syn. cercle). - **2.** FAM. Sou ; argent : *Il n'a pas
un rond, pas le rond.* - **3.** En rond, en cercle ; au
fig., en revenant toujours au point de
départ : *Les élèves sont assis en rond autour du
professeur. Discussion qui tourne en rond* (= qui
ne progresse pas). ‖ Faire des ronds de jambe,
faire des politesses exagérées.

rond-de-cuir [ʁɔ̃dkɥiʁ] n.m. (par allusion à
la forme du coussin de cuir posé sur le siège)
[pl. *ronds-de-cuir*]. VIEILLI. Employé de
bureau (péjor.).

1. ronde [ʁɔ̃d] n.f. (de *2. ronde*). - **1.** Parcours et
visite d'un lieu effectués par des officiers,
policiers, gardiens chargés de veiller au bon
ordre et au respect des consignes : *Les
gendarmes font des rondes de nuit.* - **2.** Groupe
de personnes chargé de cette mission (syn.
patrouille).

2. ronde [ʁɔ̃d] n.f. (de *1. rond*). - **1.** Danse où
les danseurs se tiennent par la main ; chan-
son, air sur lesquels s'exécute cette danse :
Les enfants font une ronde dans le jardin.
- **2.** Écriture à jambages courbes, à panses et
à boucles presque circulaires. - **3.** MUS. Note
dont la durée correspond à quatre temps
dans une mesure qui a la noire pour unité.
- **4.** À la ronde, dans l'espace qui s'étend tout
autour d'un lieu : *Être connu à dix lieues à la
ronde* (= alentour).

rondeau [ʁɔ̃do] n.m. (de *1. rond*). Poème à
forme fixe sur deux rimes et un refrain. (On
disait autref. *un rondel*.)

ronde-bosse [ʁɔ̃dbɔs] n.f. (pl. *rondes-bosses*).
Ouvrage de sculpture (statue, groupe) pleinement développé dans les trois dimensions (par opp. à *relief*). **Rem.** On écrit la
locution *en ronde bosse* sans trait d'union.

rondelet, ette [ʁɔ̃dlɛ, -ɛt] adj. (dimin. de
1. rond). - **1.** FAM. Qui présente un certain
embonpoint, des rondeurs agréables : *Une
fillette rondelette* (syn. dodu, replet). - **2.** Se dit
d'une somme d'argent assez importante : *Il
a retiré une somme rondelette de cette transaction.*

rondelle [ʁɔ̃dɛl] n.f. (de *1. rond*). - **1.** Petit
disque percé que l'on place entre une vis et
un écrou et la pièce à serrer pour répartir
l'effort de serrage sur la pièce. - **2.** Petite
tranche ronde découpée dans un produit
comestible : *Rondelle de saucisson.* - **3.** CAN.
Palet de hockey sur glace.

rondement [ʁɔ̃dmã] adv. (de *1. rond*).
- **1.** Avec décision et rapidité : *Affaire rondement menée* (syn. promptement, vivement).
- **2.** De façon franche et directe, sans façon :
Dire rondement les choses (syn. nettement).

rondeur [ʁɔ̃dœʁ] n.f. (de *1. rond*). - **1.** État de
ce qui est rond, sphérique : *La rondeur d'une
pomme.* - **2.** État du corps, des parties du
corps charnues, arrondies : *Les rondeurs des
jambes d'un bébé.*

rondin [ʁɔ̃dɛ̃] n.m. (de *1. rond*). - **1.** Bois de
chauffage rond et court. - **2.** Bille de bois non
équarrie, dans le commerce des bois tropicaux.

rondo [ʁɔ̃do] n.m. (it. *rondo*). MUS. Forme
instrumentale ou vocale caractérisée par
l'alternance d'un refrain et de couplets.

rondouillard, e [ʁɔ̃dujaʁ, -aʁd] adj. (dimin.
de *1. rond*). FAM. Qui a des formes plutôt
rondes, de l'embonpoint : *Un petit homme
rondouillard* (syn. grassouillet, replet).

rond-point [ʁɔ̃pwɛ̃] n.m. (pl. *ronds-points*).
Carrefour, place circulaire où aboutissent
plusieurs voies.

Ronéo [ʁɔneo] n.f. (nom déposé). Machine
servant à reproduire des textes dactylographiés ou des dessins préalablement portés
sur un stencil.

ronéoter [ʁɔneɔte] et **ronéotyper**
[ʁɔneɔtipe] v.t. Reproduire à la Ronéo.

ronflant, e [ʁɔ̃flã, -ãt] adj. (de *ronfler*).
- **1.** Plein d'emphase et creux : *Discours plein
de phrases ronflantes* (syn. ampoulé, déclamatoire, pompeux). - **2.** Promesses ronflantes,
magnifiques, mais qui resteront sans effet.

ronflement [ʁɔ̃fləmã] n.m. - **1.** Bruit que fait
un dormeur en ronflant : *Ses ronflements
m'empêchent de dormir.* - **2.** Sonorité sourde et
prolongée : *Le ronflement d'un moteur.*

ronfler [ʁɔ̃fle] v.i. (de l'anc. fr. *ronchier*, du lat.
runcare, d'apr. *souffler*). - **1.** Produire, en res-

pirant pendant le sommeil, un bruit sonore venant de la gorge et des narines : *À peine endormi, il commence à ronfler.* **-2.** Produire un bruit sourd, régulier : *Le poêle plein de bûches ronflait.*

ronfleur, euse [ʀɔ̃flœʀ, -øz] n. (de *ronfler*). Personne qui ronfle : *Intervention chirurgicale qui guérit les ronfleurs.*

ronger [ʀɔ̃ʒe] v.t. (du lat. *rumigare* "ruminer", croisé avec *rodere* "ronger") [conj. 17]. **-1.** Entamer, déchiqueter avec les dents : *Le chien ronge un os* (syn. grignoter). *Ronger ses ongles* (syn. mordiller). **-2.** En parlant des vers, des insectes, attaquer, détruire : *Les chenilles rongent les feuilles.* **-3.** Attaquer, user par une action lente, progressive : *La rouille ronge le fer* (syn. corroder, entamer). **-4.** Consumer à force d'inquiétude, de soucis : *Le chagrin le ronge* (syn. miner). *La jalousie la ronge* (syn. tenailler).

rongeur, euse [ʀɔ̃ʒœʀ, -øz] adj. Qui ronge : *Un mammifère rongeur.* ◆ **rongeur** n.m. Rongeurs, ordre de mammifères, végétariens ou omnivores, souvent nuisibles aux cultures, possédant de longues incisives tranchantes, tels que le rat, l'écureuil et le porc-épic.

ronron [ʀɔ̃ʀɔ̃] n.m. (onomat.). **-1.** Ronflement sourd par lequel le chat manifeste son contentement. **-2.** FAM. Bruit sourd et continu : *Être bercé par le ronron d'un moteur* (syn. bourdonnement, ronflement). **-3.** Monotonie, routine : *Le ronron de la vie quotidienne* (syn. train-train).

ronronnement [ʀɔ̃ʀɔnmɑ̃] n.m. Action, fait de ronronner ; bruit de ce qui ronronne.

ronronner [ʀɔ̃ʀɔne] v.i. **-1.** Faire entendre des ronrons, en parlant du chat. **-2.** Émettre, en fonctionnant, un bruit sourd et régulier : *Le moteur ronronne.*

röntgen ou **roentgen** [ʀœntgɛn] n.m. (de *W.C. Röntgen,* physicien). Unité d'exposition de rayonnement X ou γ équivalant à $2,58 \times 10^{-4}$ coulomb par kilogramme. □ Symb. R.

roque [ʀɔk] n.m. (de *roquer*). Aux échecs, mouvement consistant à placer l'une de ses tours auprès de son roi et à faire passer le roi de l'autre côté de la tour.

roquefort [ʀɔkfɔʀ] n.m. (de *Roquefort-sur-Soulzon*). Fromage à moisissures internes, fabriqué avec du lait de brebis.

roquer [ʀɔke] v.i. (de *roc,* anc. n. de la tour aux échecs). Aux échecs, faire un roque.

roquet [ʀɔkɛ] n.m. (de "croquer", mot dialect.). Petit chien hargneux qui aboie sans cesse.

roquette [ʀɔkɛt] n.f. (angl. *rocket* "fusée"). Projectile autopropulsé employé à bord des avions et des navires ainsi qu'à terre, dans les tirs d'artillerie et les tirs antichars.

rorqual [ʀɔʀkwal] n.m. (anc. norvég. *raudhhwalr* "baleine rouge") [pl. *rorquals*]. Balénoptère.

rosace [ʀozas] n.f. (de *1. rose,* d'apr. le lat. *rosaceus* "de rose"). **-1.** Ornement d'architecture, en forme de rose épanouie inscrite dans un cercle. **-2.** Grand vitrail d'église de forme circulaire : *La rosace est l'un des éléments développés par l'architecture religieuse gothique* (syn. rose).

rosacée [ʀozase] n.f. (lat. *rosaceus,* de *rosa* "rose"). Rosacées, famille de plantes aux fleurs à pétales séparés, à nombreuses étamines, souvent pourvues d'un double calice, et dont les types sont le rosier et la plupart des arbres fruitiers d'Europe.

rosaire [ʀozɛʀ] n.m. (lat. ecclés. *rosarium* "couronne de roses [de la Vierge]"). Grand chapelet composé de quinze dizaines de petits grains, représentant les Ave, que séparent des grains plus gros, les Pater ; prière récitée en égrenant le rosaire : *Dire son rosaire.*

rosâtre [ʀozɑtʀ] adj. Qui a une teinte rose peu vive.

rosbif [ʀɔsbif] n.m. (de l'angl. *roast* "rôti" et *beef* "bœuf"). Pièce de bœuf ou de cheval destinée à être rôtie.

1. rose [ʀoz] n.f. (lat. *rosa*). **-1.** Fleur du rosier : *Des roses rouges, jaunes.* **-2.** Grande baie circulaire d'église, à armature de pierre décorée garnie de vitraux : *Les roses latérales d'une cathédrale* (syn. rosace). **-3.** FAM. À l'eau de rose, mièvre et sentimental : *Roman à l'eau de rose.* ‖ Eau de rose, eau de toilette préparée au cours de la distillation de l'essence de rose. ‖ FAM. Envoyer qqn sur les roses, le repousser avec rudesse, s'en débarrasser vivement. ‖ Être frais, fraîche comme une rose, avoir le teint éclatant, l'air reposé. ‖ FAM. Ne pas sentir la rose, sentir mauvais. **-4.** Bois de rose. Palissandre de l'Amérique tropicale, de couleur jaune-blanc veiné de rose, dont une espèce est utilisée en ébénisterie. ‖ Rose de Jéricho. Plante des régions sèches de l'Afrique du Nord et du Proche-Orient, qui se contracte en boule par temps sec et s'étale à l'humidité. ‖ Famille des crucifères. ‖ Rose de Noël. Hellébore noir. ‖ Rose des sables. Concrétion de gypse, jaune ou rose, qui se forme par évaporation dans les marécages salés des régions désertiques. ‖ Rose des vents. Étoile à trente-deux branches, correspondant à chacune des divisions du cadran de la boussole qui indiquent la direction du vent par rapport aux points cardinaux. ‖ Rose trémière. Guimauve d'une variété à très haute tige, cultivée pour ses grandes fleurs de couleurs variées, appelée aussi *primerose, passerose, althœa.* □ Famille des malvacées.

2. **rose** [roz] adj. (de *1. rose*). - **1.** Qui a la couleur pourpre pâle de la rose commune : *Des corsages roses. Des étoffes rose clair.* - **2.** Dont les idées politiques sont socialistes ou progressistes, sans être révolutionnaires (par opp. à *rouge*). - **3.** Qui a rapport au sexe, au commerce charnel : *Messageries roses.* - **4.** Ce n'est pas (tout) rose, ce n'est pas agréable, pas gai : *Ce n'est pas rose de vivre avec toi.* ‖ Rose bonbon, rose vif. ‖ Rose thé, d'un jaune rosé (comme la fleur du même nom). ‖ Vieux rose, d'une couleur évoquant la rose fanée.

3. **rose** [roz] (de *2. rose*). n.m. - **1.** Couleur rose : *Le rose lui va bien.* - **2.** Voir tout en rose, voir le bon côté des choses, être optimiste.

rosé, e [roze] adj. (de *3. rose*). - **1.** Faiblement teinté de rouge : *Un teint rosé.* - **2.** Vin de couleur rosée obtenu le plus souvent avec des raisins rouges ou, dans certains cas, avec un mélange de raisins rouges et de raisins blancs (on dit aussi *du rosé*).

roseau [rozo] n.m. (de l'anc. fr. *ros*, du germ. *raus* "roseau"). Plante à rhizome du bord des étangs, à tige droite, lisse, creuse ou remplie de moelle et pourvue d'un épi de fleurs terminal. □ Classe des monocotylédones.

rosé-des-prés [rozedepre] n.m. (pl. *rosés-des-prés*). Psalliote comestible à lames rosées.

rosée [roze] n.f. (bas lat. *rosata*, du class. *ros, roris*). - **1.** Vapeur d'eau qui se dépose, le matin et le soir, en gouttelettes très fines sur les végétaux et d'autres corps à l'air libre. - **2.** Point de rosée, température à laquelle la vapeur d'eau de l'air commence à se condenser.

roséole [rozeɔl] n.f. (de *3. rose*, d'apr. *rougeole*). MÉD. Éruption de taches rosées caractéristique de certaines maladies infectieuses ou manifestant une intolérance à certains médicaments.

roseraie [rozrɛ] n.f. (de *roser*). Terrain planté de rosiers.

rosette [rozɛt] n.f. (de *1. rose*). - **1.** Nœud formé d'une ou deux boucles qu'on peut détacher en tirant les bouts : *Faire des rosettes aux lacets de ses souliers.* - **2.** Insigne de certains ordres civils ou militaires, qui se porte à la boutonnière : *La rosette de la Légion d'honneur.* - **3.** Saucisson cru de Lyon.

rosier [rozje] n.m. (de *1. rose*). Arbuste épineux à tige dressée ou rampante, cultivé pour ses superbes fleurs odorantes. □ Famille des rosacées.

rosir [rozir] v.t. (de *2. rose*) [conj. 32]. Donner une teinte rose à : *L'air froid nous rosissait les joues* (syn. colorer). ◆ v.i. Devenir rose : *L'horizon rosit au levant, le soleil va se lever.*

rosse [ros] n.f. (all. *Ross* "cheval"). FAM. - **1.** Mauvais cheval, sans vigueur : *Une carriole tirée par une vieille rosse* (syn. haridelle). - **2.** Personne méchante, dure : *Quelle rosse, il a refusé tous nos projets* (syn. chameau). ◆ adj. FAM. - **1.** D'une ironie mordante : *Une caricature rosse* (syn. sarcastique). - **2.** Exigeant, sévère : *Un professeur rosse* (syn. dur, méchant).

rosser [rose] v.t. (anc. fr. *roissier*, du lat. pop. *rustiare*, de *rustia* "gaule"). FAM. Battre qqn violemment, le rouer de coups.

rosserie [rosri] n.f. FAM. Caractère d'une personne rosse ; parole ou action rosse : *Elle est d'une incroyable rosserie* (syn. cruauté, dureté). *Lancer des rosseries* (syn. méchanceté).

rossignol [rosiɲɔl] n.m. (lat. *luscinia*, altéré par *russus* "roux"). - **1.** Oiseau passereau brun clair, renommé pour son chant crépusculaire. □ Famille des turdidés ; le rossignol chante. - **2.** FAM. Crochet dont se servent les serruriers et les cambrioleurs pour ouvrir les serrures. - **3.** FAM. Marchandise défraîchie, objet démodé, sans valeur.

rossinante [rosinãt] n.f. (esp. *Rocinante*, n. du cheval de don Quichotte). LITT. Cheval maigre.

rostre [rostr] n.m. (lat. *rostrum* "bec, éperon"). - **1.** Éperon d'un navire de guerre antique. - **2.** Ensemble des pièces buccales saillantes et piqueuses de certains insectes (punaises, pucerons) ; prolongement antérieur de la carapace de certains crustacés (crevettes).

rot [ro] n.m. (bas lat. *ruptus*, du class. *ructus*). Émission par la bouche de gaz stomacaux (syn. éructation, renvoi).

rôt [ro] n.m. vx. Rôti.

rotang [rotãg] n.m. (mot malais). Palmier d'Inde et de Malaisie à tige grêle, appelé aussi *jonc d'Inde*, et dont une espèce fournit le rotin.

rotatif, ive [rotatif, -iv] adj. Qui agit en tournant ; qui est animé d'un mouvement de rotation : *Axe rotatif.*

rotation [rotasjɔ̃] n.f. (lat. *rotatio, -onis*, de *rotare* "tourner"). - **1.** Mouvement d'un corps autour d'un point, d'un axe fixe, matériel ou non : *La rotation de la Terre.* - **2.** Emploi méthodique et successif de matériel, de procédés, etc. ; alternance périodique d'activités, de fonctions : *Rotation des stocks, des équipes.* - **3.** AGRIC. Succession, au cours d'un nombre d'années donné, d'un certain nombre de cultures, selon un ordre déterminé, sur une même parcelle.

rotative [ʀɔtativ] n.f. (de *rotatif*). Presse dont la forme imprimante est cylindrique et dont le mouvement rotatif continu permet une très grande vitesse d'impression : *Les rotatives d'un journal.*

rotatoire [ʀɔtatwaʀ] adj. Relatif à une rotation, caractérisé par la rotation : *Mouvement rotatoire.*

roter [ʀɔte] v.i. (bas lat. *ruptare*, class. *ructare*). FAM. Faire un, des rots (syn. éructer).

rôti [ʀoti] n.m. (p. passé de *rôtir*). Pièce de viande, de volaille ou de gibier, cuite à la broche ou au four.

rôtie [ʀoti] n.f. (de *rotir*). Tranche de pain rôtie ou grillée (syn. toast).

rotin [ʀɔtɛ̃] n.m. (de *rotang*). Partie de la tige du rotang dont on fait des cannes, des sièges, etc.

rôtir [ʀotiʀ] v.t. (frq. *raustjan* "griller") [conj. 32]. -**1.** Faire cuire de la viande à la broche ou au four, à feu vif et sans sauce : *Rôtir un gigot, un poulet* (= le faire rôtir). -**2.** Produire un effet comparable à une brûlure : *Le soleil rôtit les fleurs* (syn. brûler, griller). ◆ v.i. ou **se rôtir** v.pr. FAM. Être exposé à une chaleur, à un soleil très vifs : *Se rôtir au soleil. Vacanciers qui rôtissent sur la plage.*

rôtissage [ʀotisaʒ] n.m. Action de rôtir : *Le rôtissage de volailles.*

rôtisserie [ʀotisʀi] n.f. -**1.** Boutique du rôtisseur. -**2.** Restaurant où l'on fait rôtir les viandes dans la salle des repas.

rôtisseur, euse [ʀotisœʀ, -øz] n. Personne qui prépare et rôtit des viandes rôties.

rôtissoire [ʀotiswaʀ] n.f. -**1.** Ustensile de cuisine qui sert à rôtir la viande, et qui comprend une broche et une lèchefrite : *Installer une rôtissoire devant le feu d'une cheminée.* -**2.** Appareil électrique comportant un tournebroche et un élément chauffant à feu vif.

rotonde [ʀɔtɔ̃d] n.f. (it. *rotonda*, du lat. *rotundus* "rond"). Bâtiment de plan circulaire, ou proche du cercle, souvent surmonté d'une coupole : *La rotonde du Panthéon de Rome.*

rotondité [ʀɔtɔ̃dite] n.f. (lat. *rotunditas*). -**1.** État de ce qui est rond : *La rotondité de la Terre* (syn. rondeur). -**2.** FAM. Embonpoint, obésité.

rotor [ʀɔtɔʀ] n.m. (contraction du lat. *rotator* "qui fait tourner"). -**1.** Ensemble constitué par le moyeu et les surfaces en rotation assurant la sustentation et la propulsion des hélicoptères. -**2.** ÉLECTR. Partie mobile d'un générateur (par opp. à la partie fixe, le *stator*).

rotule [ʀɔtyl] n.f. (lat. *rotula* "petite roue"). -**1.** Petit os circulaire et plat situé à la partie antérieure du genou. -**2.** MÉCAN. Pièce de forme sphérique, utilisée comme articulation : *La rotule d'une lampe de bureau.* -**3.** FAM. Être sur les rotules, être sur les genoux, être fourbu.

roture [ʀɔtyʀ] n.f. (lat. *ruptura* "fracture, rupture", et par ext. "terre rompue", puis "redevance due à un seigneur pour une terre à défricher"). -**1.** Condition de qqn qui n'est pas noble. -**2.** Ensemble des roturiers, par opp. à la *noblesse* (syn. masse, peuple).

roturier, ère [ʀɔtyʀje, -ɛʀ] adj. et n. Qui n'est pas noble.

rouage [ʀwaʒ] n.m. -**1.** Chacune des roues d'un mécanisme : *Les rouages d'une montre.* -**2.** Chaque élément d'un organisme, considéré dans sa participation au fonctionnement de l'ensemble : *Les rouages de l'Administration.*

rouan, anne [ʀwɑ̃, ʀwan] adj. (esp. *roano*, du lat. *ravus* "gris foncé"). Se dit d'un cheval, d'une vache dont la robe est composée d'un mélange de poils blancs, alezans et noirs. ◆ **rouan** n.m. Cheval rouan.

roublard, e [ʀublaʀ, -aʀd] adj. et n. (orig. incert., p.-ê. arg. anc. *roubliou* "feu"). FAM. Habile et capable d'user de moyens peu délicats : *Un marchand roublard* (syn. malin, retors, rusé).

roublardise [ʀublaʀdiz] n.f. FAM. -**1.** Caractère de qqn qui est roublard : *Méfie-toi de sa roublardise* (syn. rouerie). -**2.** Acte de roublard : *Ses roublardises ne se comptent plus* (syn. fourberie, stratagème).

rouble [ʀubl] n.m. Unité monétaire principale de la Russie et de certains États issus du démembrement de l'U.R.S.S.

roucoulade [ʀukulad] n.f. -**1.** Chant que font entendre les pigeons, les tourterelles qui roucoulent. -**2.** LITT. Échange de propos tendres entre amoureux.

roucoulement [ʀukulmɑ̃] n.m. Cri des pigeons et des tourterelles (syn. roucoulade).

roucouler [ʀukule] v.i. (onomat.). -**1.** Émettre un roucoulement, un chant tendre et monotone, en parlant du pigeon, de la tourterelle. -**2.** Tenir des propos tendres et langoureux. ◆ v.t. Dire ou chanter langoureusement : *Roucouler une romance.*

roue [ʀu] n.f. (anc. fr. *rode*, refait sur *rouer*, lat. *rota*). -**1.** Organe de forme circulaire, destiné à tourner autour d'un axe passant par son centre, et qui permet à un véhicule de rouler : *Les roues d'une automobile, d'un train. La roue d'une brouette.* -**2.** Organe de forme circulaire entrant dans la constitution d'une machine, et qui transmet le mouvement soit grâce aux dents dont son pourtour est garni, soit grâce à un lien flexible passant sur sa périphérie : *Les roues d'une horloge* (syn. rouage). **-3.** Objet circulaire que l'on fait tourner : *Roue de loterie.* **-4.** Supplice qui consistait à laisser mourir sur une roue un condamné dont on avait rompu les membres : *Condamné à la roue.* **-5.** Faire la roue, tourner latéralement sur soi-même en s'appuyant successivement sur les mains et sur les pieds ; déployer en éventail les plumes de sa queue, en parlant de certains volatiles comme le paon ; au fig., faire l'avantageux, se pavaner. ‖ **Grande roue,** attraction foraine en forme de roue dressée. ‖ **Pousser à la roue,** aider à la réussite d'une affaire. ‖ **Roue à aubes,** propulseur de navire, à aubes articulées ou fixes. ‖ **Roue de gouvernail** ou **roue à barre,** roue garnie de rayons prolongés par des poignées que l'on fait tourner pour agir sur la barre du gouvernail. ‖ **Roue libre,** dispositif permettant à un organe moteur d'entraîner un mécanisme sans être entraîné par lui.

roué, e [Rwe] adj. et n. (de *roué,* propr. "débauché qui mérite le supplice de la roue", de *rouer*). Sans moralité et sans scrupule : *Méfie-t'en, c'est une rouée* (syn. madré). ◆ adj. Éreinté, courbatu : *Être roué de fatigue.*

rouelle [Rwεl] n.f. (bas lat. *rotella* "petite roue"). Tranche épaisse tirée du cuisseau de veau.

rouer [Rwe] v.t. (de *roue*) [conj. 6]. **-1.** HIST. Faire mourir par le supplice de la roue. **-2.** Rouer qqn de coups, le frapper violemment, à coups répétés.

rouergat, e [Rwεrga, -at] adj. et n. Du Rouergue.

rouerie [Ruri] n.f. (de *roué*). LITT. Ruse, fourberie.

rouet [Rwε] n.m. (de *roue*). **-1.** Ancien instrument à roue mû par une pédale, et servant à filer la laine, le chanvre et le lin. **-2.** Rondelle d'acier dentée qui, en butant sur un silex, provoquait l'étincelle des anciennes armes à feu.

rouflaquette [Ruflakεt] n.f. (orig. obsc.). FAM. (Surtout au pl.). Chez un homme, patte de cheveux descendant sur la joue (syn. favori).

1. rouge [Ruʒ] adj. (lat. *rubeus* "roux", de *ruber*). **-1.** De la couleur du sang, du coquelicot, etc. : *Fruits rouges. Des tissus rouge foncé. Du vin rouge.* **-2.** Qui a le visage coloré par l'émotion, l'effort, le froid : *Être rouge de colère, de honte.* **-3.** Se dit des cheveux, d'un pelage d'un roux ardent : *Un garçon aux cheveux rouges.* **-4.** Qui a été chauffé et porté à l'incandescence : *Le dessus du poêle était rouge.* ◆ adj. et n. Se dit des partisans de l'action révolutionnaire et de groupements

politiques de gauche. ◆ adv. **Se fâcher tout rouge,** manifester violemment sa colère. ‖ **Voir rouge,** avoir un vif accès de colère.

2. rouge [Ruʒ] n.m. (de *1. rouge*). **-1.** Couleur rouge : *Teindre une robe en rouge.* □ Cette couleur est placée à l'extrémité du spectre visible correspondant aux grandes longueurs d'onde. **-2.** Couleur que prend un métal porté à l'incandescence : *Barre de fer portée au rouge.* **-3.** Fard rouge : *Rouge à lèvres, à joues.* **-4.** Couleur caractéristique des signaux d'arrêt ou de danger : *Le feu de signalisation va passer au rouge.* **-5.** Coloration vive de la peau du visage sous l'effet du froid, d'une émotion : *Le rouge de la honte lui monta au visage.* **-6.** FAM. Vin rouge : *Un litre de rouge. Du gros rouge* (= du vin rouge de mauvaise qualité). **-7.** Situation déficitaire, solde débiteur de qqn, d'une entreprise, d'un pays : *La balance commerciale sort du rouge. Compte en rouge à la banque.*

rougeâtre [RuʒɑtR] adj. D'une couleur qui tire sur le rouge : *Une brique rougeâtre.*

rougeaud, e [Ruʒo, -od] adj. et n. Qui a le visage rouge : *Un gros homme rougeaud* (syn. congestionné, empourpré, sanguin).

rouge-gorge [RuʒgɔRʒ] n.m. (pl. *rouges-gorges*). Oiseau passereau brun, à gorge et poitrine d'un rouge vif, appelé aussi *rubiette.* □ Famille des turdidés.

rougeoiement [Ruʒwamɑ̃] n.m. Lueur, reflet rouge : *Les derniers rougeoiements d'un feu qui s'éteint.*

rougeole [Ruʒɔl] n.f. (altér., d'apr. *vérole,* de *rougeule,* du lat. pop. **rubeola,* class. *rubeus* "rouge"). Maladie infectieuse contagieuse, due à un virus atteignant essentiellement les enfants, et caractérisée par une éruption de taches rouges sur la peau.

rougeoyant, e [Ruʒwajɑ̃, -ɑ̃t] adj. Qui rougeoie : *Les lueurs rougeoyantes de l'incendie.*

rougeoyer [Ruʒwaje] v.i. (conj. 13). Prendre une teinte rougeâtre : *Le soleil rougeoie au couchant.*

rouget [Ruʒε] n.m. (de *1. rouge*). **-1.** Poisson marin à chair recherchée, au menton garni de barbillons (d'où son nom de *rouget barbet*). **-2.** Rouget grondin, grondin rouge.

rougeur [Ruʒœr] n.f. **-1.** Couleur rouge : *La rougeur de l'horizon au couchant.* **-2.** Tache rouge sur la peau : *Avoir des rougeurs sur la figure.* **-3.** Teinte rouge passagère qui apparaît sur la peau du visage et qui révèle une émotion : *Sa rougeur trahissait son embarras.*

rough [Rœf] n.m. (mot angl. "brut") [pl. *roughs*]. Maquette plus ou moins élaborée d'une illustration, avant-projet d'une campagne publicitaire. (Recomm. off. *crayonné, esquisse.*)

rougir [ʀuʒiʀ] v.t. [conj. 32]. Rendre rouge : *Fer rougi au feu.* ◆ v.i. **- 1.** Devenir rouge : *Le soleil rougit au crépuscule. Elle ne bronze pas, elle rougit.* **- 2.** Devenir rouge sous l'effet d'une émotion, en parlant du visage : *Rougir de plaisir, de honte.*

rougissant, e [ʀuʒisɑ̃, -ɑ̃t] adj. **- 1.** Qui devient rouge : *Feuilles d'automne rougissantes.* **- 2.** Qui rougit d'émotion : *Un jeune homme rougissant.*

rougissement [ʀuʒismɑ̃] n.m. Action de rendre rouge ; fait de devenir rouge : *Le rougissement du métal en fusion.*

rouille [ʀuj] n.f. (lat. *robigo, -inis*). **- 1.** Oxyde ferrique hydraté, d'un brun roux, qui altère les métaux ferreux exposés à l'air humide : *Une grille attaquée par la rouille.* **- 2.** BOT. Maladie cryptogamique atteignant surtout les céréales et se manifestant par des taches brunes ou jaunes sur les tiges et les feuilles. **- 3.** CUIS. Aïoli relevé de piments rouges, accompagnant la soupe de poisson et la bouillabaisse. ◆ adj. inv. De la couleur de la rouille ; brun roux.

rouiller [ʀuje] v.t. **- 1.** Produire de la rouille sur un corps ferreux : *L'humidité rouille le fer.* **- 2.** Faire perdre sa souplesse physique ou intellectuelle à qqn : *La paresse finit par rouiller l'esprit* (syn. engourdir, paralyser). ◆ v.i. ou **se rouiller** v.pr. **- 1.** Se couvrir de rouille : *Passer du minium sur une grille pour l'empêcher de rouiller.* **- 2.** Perdre de sa souplesse, de ses facultés, par manque d'activité : *Sportif qui se rouille faute d'entraînement* (syn. se scléroser).

rouir [ʀwiʀ] v.t. (frq. **rotjan*) [conj. 32]. Éliminer partiellement, par immersion dans l'eau ou par exposition à l'air, les matières pectiques dans lesquelles sont noyées les faisceaux de fibres de certaines plantes textiles : *Rouir du lin.*

rouissage [ʀwisaʒ] n.m. Action de rouir.

roulade [ʀulad] n.f. (de *rouler*). **- 1.** Roulé-boulé. **- 2.** MUS. Effet de voix qui alterne deux ou plusieurs notes sur un même son ; vocalise : *Faire des roulades.* **- 3.** CUIS. Tranche de veau ou de porc, roulé sur elle-même autour d'une farce et cuite.

roulage [ʀulaʒ] n.m. **- 1.** Action de rouler qqch. **- 2.** VX. Transport de marchandises par voiture. **- 3.** MAR. Transport des marchandises entre la terre et le bord par engins roulants. **- 4.** MIN. Transport du charbon ou du minerai dans la mine.

roulant, e [ʀulɑ̃, -ɑ̃t] adj. **- 1.** Qui peut être déplacé grâce à ses roues : *Table roulante.* **- 2.** FAM. Très plaisant, comique : *Histoire roulante* (syn. désopilant). **- 3.** Cuisine roulante, cuisine ambulante employée par les troupes en campagne (on dit aussi une *roulante*). ▌Escalier, trottoir roulant, escalier, plate-forme mobiles actionnés mécaniquement, pour le déplacement des piétons ou des marchandises. ▌Feu roulant, tir d'une troupe dont les hommes font feu à volonté ; au fig., succession vive et ininterrompue : *Un feu roulant de questions, de critiques, de bons mots.* ▌Personnel roulant, personnel employé à bord de véhicules de transport en commun.

roulé, e [ʀule] adj. **- 1.** Enroulé ; disposé en rond, en rouleau, en boule : *Un pull à col roulé. Faire cuire une épaule roulée* (= un morceau d'épaule désossée et parée sous forme de rouleau). **- 2.** FAM. Bien roulé, bien proportionné, surtout en parlant d'une femme.

rouleau [ʀulo] n.m. (de *rôle*, et de l'anc. fr. *ruele* "petite roue", bas lat. *rotella*, dimin. du class. *rota* "roue"). **- 1.** Objet de forme cylindrique : *Rouleau à pâtisserie. Déplacer des blocs de marbre à l'aide de rouleaux.* **- 2.** Bande de papier, à tissu, de métal, etc., enroulée sur elle-même ou sur une tige cylindrique : *Rouleau de parchemin. Rouleau de pellicule photo.* **- 3.** Instrument composé de cylindres que l'on passe sur le sol pour briser les mottes, tasser le sol : *Passer le rouleau sur un court de tennis en terre battue.* **- 4.** PEINT. Manchon en peau de mouton ou en plastique pour étaler la peinture. **- 5.** Gros bigoudi. **- 6.** Vague déferlante dont la crête est enroulée. **- 7.** SPORTS. Saut en hauteur effectué en passant la barre sur le ventre. **- 8.** FAM. Être au bout du rouleau, être sans ressources ; être à bout de forces ; être sur le point de mourir. ▌TR. PUBL. Rouleau compresseur, engin automoteur composé d'un ou de plusieurs cylindres formant des roues et utilisé pour le compactage des sols.

roulé-boulé [ʀulebule] n.m. (pl. *roulés-boulés*). Action de se rouler en boule au cours d'une chute, afin d'amortir le choc (syn. roulade).

roulement [ʀulmɑ̃] n.m. **- 1.** Action de rouler ; mouvement de ce qui roule : *Le roulement d'une bille. Un roulement des épaules.* **- 2.** Bruit, son sourd et continu évoquant un objet, un véhicule qui roule : *Roulement de tonnerre, de tambour* (syn. grondement). **- 3.** MÉCAN. Organe destiné, dans un système en rotation, à substituer un frottement de roulement à un frottement de glissement entre les paliers et les arbres : *Roulement à billes, à rouleaux, à aiguilles.* **- 4.** Circulation et utilisation de l'argent pour les paiements, les transactions. **- 5.** Succession de personnes, d'équipes, dans un travail : *Le roulement des membres d'un tribunal. Équipes qui travaillent par roulement* (= à tour de rôle).

rouler [Rule] v.t. (de *rouelle* "roue"). - **1.** Déplacer qqch en le faisant tourner sur lui-même : *Rouler un fût.* - **2.** Pousser qqch qui est muni de roues : *Rouler un chariot.* - **3.** Mettre en rouleau : *Rouler un tapis, une cigarette.* - **4.** Enrouler, envelopper : *Rouler qqn dans une couverture.* - **5.** Tourner et retourner sur toute la surface : *Rouler des fraises dans le sucre.* - **6.** Tourner et retourner dans sa tête : *Rouler de sombres pensées* (syn. ressasser, ruminer). - **7.** Imprimer un balancement à : *Rouler les épaules, les hanches* (syn. onduler). - **8.** FAM. Duper, tromper : *Rouler un acheteur* (syn. berner). - **9.** FAM. **Rouler les mécaniques,** marcher en balançant les épaules pour faire valoir sa carrure ; faire le fier-à-bras. ‖ **Rouler les « r »,** les faire vibrer fortement. ‖ **Rouler les yeux,** les porter vivement de côté et d'autre par émotion, par surprise. ◆ v.i. - **1.** Avancer, tomber en tournant sur soi-même : *Bille qui roule. Rouler dans l'escalier* (syn. dégringoler). - **2.** Se déplacer, en parlant d'un véhicule, de ses passagers : *Rouler à grande vitesse* (syn. circuler). - **3.** MAR. En parlant d'un navire, être affecté par le roulis. - **4.** Faire entendre des roulements : *Coup de tonnerre qui roule dans la montagne* (syn. gronder). - **5.** FAM. **Ça roule,** tout va bien. ‖ **Rouler sur,** avoir pour objet principal ; dépendre de : *Conversation qui roule sur l'argent. Tout roule là-dessus.* ‖ **Rouler sur l'or,** être fort riche. ◆ **se rouler** v.pr. - **1.** Se tourner de côté et d'autre ; se retourner dans, sur qqch : *Se rouler sur le gazon, dans la boue* (syn. se vautrer). - **2.** S'envelopper : *Se rouler dans une couverture* (syn. s'enrouler). ‖ **Se rouler en boule,** s'enrouler sur soi-même. ‖ FAM. **Se rouler les pouces, se les rouler,** ne rien faire. ‖ FAM. **Se rouler par terre,** se tordre de rire : *Des histoires à se rouler par terre.*

roulette [Rulɛt] n.f. (de *rouelle,* rattaché à *rouler*). - **1.** Petite roue tournant en tous sens, fixée sur un pied, un support, le pied d'un meuble, etc. : *Fauteuil à roulettes.* - **2.** FAM. Fraise dentaire. - **3.** Ustensile constitué d'une petite roue dentée montée sur un manche, servant à imprimer des marques sur une surface, en couture, en cuisine, etc. - **4.** Jeu de casino où le gagnant est désigné par l'arrêt d'une bille sur l'un des numéros (de 0 à 36) d'un plateau tournant. - **5.** FAM. **Aller, marcher comme sur des roulettes,** ne rencontrer aucun obstacle, en parlant d'une affaire, d'un travail.

rouleur [RulœR] n.m. Cycliste spécialiste du plat et, partic., des épreuves contre la montre.

roulis [Ruli] n.m. (de *rouler*). Mouvement d'oscillation d'un bord sur l'autre que prend un véhicule, partic. un bateau, autour d'un axe longitudinal, sous l'influence d'une force perturbatrice.

roulotte [Rulɔt] n.f. (de *rouler*). - **1.** Grande voiture où logent les forains, les bohémiens, etc. - **2.** Voiture hippomobile de louage aménagée en caravane pour le tourisme itinérant. - **3.** FAM. Vol à la roulotte, vol commis dans une voiture en stationnement.

roulure [RulyR] n.f. (de *rouler*). - **1.** T. FAM. Femme dépravée ; prostituée (terme injurieux). - **2.** AGRIC. Décollement des couches ligneuses du bois des arbres sous l'effet de la gelée.

roumain, e [Rumɛ̃, -ɛn] adj. et n. De Roumanie. ◆ **roumain** n.m. Langue romane parlée en Roumanie.

round [Rawnd] ou [Rund] n.m. (mot angl. "tour"). Reprise, dans un combat de boxe.

1. roupie [Rupi] n.f. (orig. obsc.). FAM. - **1.** VX. Goutte sécrétée par les fosses nasales et qui pend au nez. - **2.** De la roupie de sansonnet, une chose insignifiante, sans valeur.

2. roupie [Rupi] n.f. Unité monétaire principale de l'Inde, du Népal et du Pakistan.

roupiller [Rupije] v.i. (orig. incert., probabl. onomat.). FAM. Dormir.

roupillon [Rupijɔ̃] n.m. (de *roupiller*). FAM. Petit somme : *Piquer un roupillon.*

rouquin, e [Rukɛ̃, -in] adj. et n. (altér. arg. de *rouge* ou *roux*). FAM. Qui a les cheveux roux.

rouspéter [Ruspete] v.i. (de l'anc. fr. *rousser* "gronder" et *péter*) [conj. 18]. FAM. Manifester en paroles son opposition, son mécontentement : *Il n'est jamais content, il rouspète tout le temps* (syn. grogner, protester).

rouspéteur, euse [Ruspetœr, -øz] adj. et n. FAM. Qui a l'habitude de rouspéter ; grincheux, râleur.

roussâtre [Rusɑtr] adj. Qui tire sur le roux : *Une barbe roussâtre.*

rousserolle [RusRɔl] n.f. (du germ. *rusk* "jonc"). Passereau voisin des fauvettes et construisant près des eaux un nid suspendu. □ Famille des sylviidés ; long. 20 cm.

roussette [Rusɛt] n.f. (de l'anc. fr. *rousset* "roux"). - **1.** Grande chauve-souris frugivore au pelage roux, d'Afrique et d'Asie. - **2.** Petit requin inoffensif des eaux littorales, à robe claire parsemée de taches brunes.

rousseur [RusœR] n.f. - **1.** Couleur rousse. - **2.** Tache de rousseur, éphélide.

roussi [Rusi] n.m. (de *roussir*). - **1.** Odeur d'une chose que le feu a brûlée superficiellement. - **2.** FAM. Ça sent le roussi, les choses prennent une mauvaise tournure.

roussillonnais, e [Rusijɔnɛ, -ɛz] adj. et n. Du Roussillon.

roussir [ʀusiʀ] v.t. [conj. 32]. - **1.** Rendre roux : *La gelée a roussi l'herbe.* - **2.** Brûler superficiellement : *Roussir du linge en le repassant.* ◆ v.i. Devenir roux : *Barbe qui roussit.*

roussissement [ʀusismɑ̃] n.m. et **roussissure** [ʀusisyʀ] n.f. Action de roussir ; état de ce qui est roussi.

routage [ʀutaʒ] n.m. - **1.** Triage d'imprimés, de journaux, de prospectus, etc., à diffuser par lieux de destination, effectué par l'entreprise éditrice ou la messagerie. - **2.** MAR. Action de router un navire.

routard, e [ʀutaʀ, -aʀd] n. (de *route*). FAM. Personne qui voyage à pied ou en auto-stop à peu de frais.

route [ʀut] n.f. (lat. pop.* [*via*] *rupta* "voie frayée"). - **1.** Voie carrossable, aménagée hors agglomération : *Route à grande circulation. Construire, aménager une route. La route d'Orléans* (= qui mène à Orléans). - **2.** Moyen de communication utilisant ce genre de voie : *La concurrence du rail et de la route.* - **3.** Espace à parcourir, itinéraire à suivre pour aller d'un endroit à un autre : *Nous avons une longue route à faire* (syn. trajet, parcours). *Souhaiter bonne route à qqn* (syn. voyage). *Demander sa route* (syn. chemin). *La route des Indes.* - **4.** Ligne de conduite suivie par qqn ; direction de vie : *Des obstacles se sont trouvés sur ma route. Elle est sur la bonne route* (syn. voie). - **5.** En route, en cours de route, pendant le trajet, pendant le temps que dure qqch : *On l'a semé en cours de route. J'ai commencé ce roman mais je me suis arrêté en route.* ‖ Faire fausse route, s'écarter de sa route, s'égarer ; se tromper. ‖ Faire route vers, se diriger vers. ‖ Mettre en route, mettre en marche ; faire fonctionner.

router [ʀute] v.t. (de *route*). - **1.** Effectuer le routage de journaux, d'imprimés, de prospectus, etc. - **2.** MAR. Diriger un navire sur une route déterminée.

routeur [ʀutœʀ] n.m. - **1.** Professionnel du routage. - **2.** MAR. Personne qui effectue le routage d'un navire.

1. routier [ʀutje] n.m. (de *route*). - **1.** Chauffeur spécialisé dans la conduite de camions à longue distance. - **2.** FAM. Restaurant situé en bordure des routes à grande circulation. - **3.** Chez les scouts, anc. nom du *ranger*.

2. routier [ʀutje] n.m. (de l'anc. fr. *route* "bande"). - **1.** HIST. Soldat appartenant à l'une des bandes d'irréguliers et de pillards qui sévirent du XIIᵉ au XVᵉ s. - **2.** FAM. Vieux routier, homme devenu habile, et parfois même retors, par une longue expérience.

3. routier, ère [ʀutje, -ɛʀ] adj. Relatif aux routes : *Réseau routier. Carte routière.* ◆ n. Cycliste spécialisé des courses sur routes.

◆ **routière** n.f. Automobile permettant de réaliser de longues étapes dans d'excellentes conditions.

1. routine [ʀutin] n.f. (de *route*). Manière d'agir toujours de la même façon ; ce qu'on accomplit de manière répétitive : *Être esclave de la routine. Une vérification de routine.*

2. routine [ʀutin] n.f. (angl. *routin*). INFORM. Sous-programme.

routinier, ère [ʀutinje, -ɛʀ] adj. et n. Qui se conforme à une routine ; qui agit par routine : *Un esprit routinier.*

rouvre [ʀuvʀ] n.m. (anc. fr. *robre*, du lat. *robur* "chêne"). Chêne des forêts plutôt sèches, à feuilles pétiolées et à glands sessiles.

rouvrir [ʀuvʀiʀ] v.t. [conj. 34]. - **1.** Ouvrir de nouveau : *Rouvrir une porte, un livre, une école.* - **2.** Rouvrir une blessure, une plaie, ranimer, raviver une peine, un chagrin. ◆ v.i. Être de nouveau ouvert : *Les magasins rouvrent à 14 h.*

1. roux, rousse [ʀu, ʀus] adj. (lat. *russus*). D'une couleur orangée tirant sur le marron ou sur le rouge. ◆ adj. et n. Qui a les cheveux roux : *Une jolie rousse.*

2. roux [ʀu] n.m. - **1.** Couleur rousse : *Un blond tirant sur le roux.* - **2.** Préparation faite avec de la farine roussie dans du beurre, et qui sert à lier les sauces.

royal, e, aux [ʀwajal, -o] adj. (lat. *regalis*). - **1.** Qui est propre au roi, à sa fonction : *Pouvoir royal* (syn. régalien). - **2.** Qui appartient, se rapporte à un roi : *Famille royale* (syn. princier). - **3.** Qui relève de l'autorité du roi : *Ordonnance royale.* - **4.** Digne d'un roi : *Cadeau royal* (syn. magnifique, somptueux). *Mépris royal* (syn. souverain). *Avoir une paix royale* (syn. parfait). - **5.** Prince royal, princesse royale, héritier, héritière présomptifs de la Couronne. ‖ Voie royale, moyen le plus glorieux pour parvenir à qqch. ◆ **royale** n.f. FAM. La Royale, la Marine nationale, en France.

royalement [ʀwajalmɑ̃] adv. - **1.** De manière royale : *Ils nous ont reçus royalement* (syn. magnifiquement). - **2.** Indique un degré extrême : *Je m'en moque royalement.*

royalisme [ʀwajalism] n.m. Attachement à la monarchie.

royaliste [ʀwajalist] adj. et n. - **1.** Qui est partisan du roi, de la monarchie (syn. monarchiste). - **2.** Être plus royaliste que le roi, défendre qqn, un parti avec plus d'ardeur que ne le font les principaux intéressés eux-mêmes.

royalties [ʀwajaltiz] n.f. pl. (mot angl. "royautés"). Anglic. déconseillé pour *redevance* (syn. royautés).

royaume [ʀwajom] n.m. (altér., d'apr. *royal*, de l'anc. fr. *roiame*, lat. *regimen, -minis* "direction, gouvernement"). **-1.** État à régime monarchique (syn. **monarchie**). **-2.** Le royaume des cieux, le paradis. ‖ MYTH. Le royaume des morts, le séjour des morts.

royauté [ʀwajote] n.f. **-1.** Dignité de roi : *Renoncer à la royauté.* **-2.** Régime monarchique : *Les luttes de la royauté et de la papauté.* ◆ **royautés** n.f. pl. Somme reversée au détenteur d'un droit, etc. (syn. **redevance,** [anglic. déconseillé] **royalties**).

ru [ʀy] n.m. (lat. *rivus*). LITT. Petit ruisseau.

ruade [ʀɥad] n.f. Action de ruer ; mouvement d'un animal qui rue.

ruban [ʀybɑ̃] n.m. (moyen néerl. *ringhband* "collier"). **-1.** Ornement de tissu plat et étroit : *Attacher ses cheveux avec un ruban* (syn. **faveur**). **-2.** Marque de décoration portée à la boutonnière : *Le ruban de la croix de guerre. Le ruban rouge* (= la Légion d'honneur). **-3.** Bande mince et étroite de matière souple et flexible : *Ruban adhésif. Un ruban d'acier.* **-4.** LITT. Ce qui est long et étroit comme un ruban : *Ruban d'une rivière.* **-5.** Ruban bleu, trophée symbolique accordé autref. au paquebot qui traversait le plus rapidement l'Atlantique ; reconnaissance symbolique d'une réussite, d'un mérite.

rubéole [ʀybeɔl] n.f. (du lat. *rubeus* "roux", d'apr. *rougeole*). Maladie virale éruptive, contagieuse et épidémique, ressemblant à la rougeole.

rubiacée [ʀybjase] n.f. (du lat. *rubia* "garance"). Rubiacées, famille de plantes à fleurs à pétales soudés, telles que le caféier, le quinquina, la garance, le gardénia.

rubicond, e [ʀybikɔ̃, -ɔ̃d] adj. (lat. *rubicundus,* de *ruber* "rouge"). Rouge, en parlant du visage : *Face rubiconde* (syn. **vermeil, rougeaud**).

rubigineux, euse [ʀybiʒinø, -øz] adj. (du lat. *rubigo, -inis* "rouille"). Qui a la couleur de la rouille.

rubis [ʀybi] n.m. (lat. *rubeus* "rougeâtre"). **-1.** Pierre précieuse, variété de corindon, transparente et d'un rouge vif nuancé de rose ou de pourpre. **-2.** Pierre dure servant de support à un pivot de rouage d'horlogerie. **-3.** Payer rubis sur l'ongle, payer immédiatement et intégralement ce qu'on doit.

rubrique [ʀybʀik] n.f. (lat. *rubrica* "terre rouge", puis "titre en rouge"). **-1.** Indication de la matière d'un article, d'un développement, dans un ouvrage : *Ce mot entre dans la rubrique « MATH. »* (= dans le domaine des mathématiques). **-2.** Catégorie d'articles sur un sujet déterminé paraissant chaque semaine, dans un journal : *Tenir la rubrique sportive* (syn. **chronique**). **-3.** Catégorie, dans un classement : *La rubrique « dépenses »* (syn. **chapitre**). **-4.** CATH. Dans les livres liturgiques,

indication en lettres rouges concernant les rites à observer dans la célébration des actes.

rubriquer [ʀybʀike] v.t. Mettre en rubrique ; donner une rubrique à un article.

ruche [ʀyʃ] n.f. (bas lat. *rusca* "écorce", d'orig. gaul.). **-1.** Habitation d'une colonie d'abeilles ; colonie qui la peuple : *Ruche d'osier, de paille, de bois. Dans une ruche, il n'y a qu'une seule reine* (syn. **essaim**). **-2.** Endroit où s'activent de nombreuses personnes : *Cette usine est une vraie ruche* (syn. **fourmilière**).

rucher [ʀyʃe] n.m. **-1.** Endroit où sont placées des ruches. **-2.** Ensemble de ruches.

rude [ʀyd] adj. (lat. *rudis* "brut, grossier"). **-1.** Dur, rugueux au toucher : *Peau rude* (syn. **rêche** ; contr. **doux**). **-2.** Désagréable à entendre : *Voix rude* (syn. **rauque**). **-3.** Difficile à supporter ; qui exige de la résistance, des efforts : *Hiver, climat rude* (syn. **dur, rigoureux**). *Le métier de mineur est très rude* (syn. **épuisant, fatigant**). *Être soumis à rude épreuve* (syn. **pénible**). *Soutenir un rude combat* (syn. **violent**). **-4.** Qui mène une vie simple, dure ; qui est dépourvu de raffinement : *Un rude montagnard* (syn. **fruste**). *Des manières rudes et gauches* (syn. **grossier** ; contr. **distingué, raffiné**). *Être rude avec qqn* (syn. **sévère, brutal**). **-5.** Difficile à vaincre : *Un rude adversaire* (syn. **redoutable**). **-6.** FAM. Remarquable en son genre : *Un rude appétit* (syn. **fameux**).

rudement [ʀydmɑ̃] adv. **-1.** De façon rude, brutale : *Être rudement éprouvé* (syn. **cruellement**). *Traiter qqn rudement* (syn. **sèchement**). **-2.** FAM. Très : *Il fait rudement froid* (syn. **extrêmement**).

rudesse [ʀydɛs] n.f. **-1.** Caractère de ce qui est dur à supporter : *Rudesse du climat* (syn. **rigueur**). **-2.** Caractère de ce qui manque de délicatesse : *Rudesse des traits, de la voix, des manières* (syn. **grossièreté, rusticité**). *La rudesse d'un tissu* (syn. **rugosité**). **-3.** Caractère de qqn, de son comportement qui est dur, insensible : *Traiter qqn avec rudesse* (syn. **brusquerie, brutalité**).

rudiment [ʀydimɑ̃] n.m. (lat. *rudimentum* "apprentissage", de *rudis* "grossier, informe"). **-1.** LITT., VX. Élément encore grossier, ébauche de qqch : *Rudiment de technique.* **-2.** Organe animal ou végétal inachevé, non fonctionnel. ◆ **rudiments** n.m. pl. Notions élémentaires d'une science, d'un art : *Des rudiments de physique* (syn. **bases, éléments**).

rudimentaire [ʀydimɑ̃tɛʀ] adj. Élémentaire, peu développé : *Connaissances rudimentaires* (syn. **sommaire**). *Organe rudimentaire.*

rudoiement [ʀydwamɑ̃] n.m. LITT. Action de rudoyer.

rudoyer [ʀydwaje] v.t. (de *rude*) [conj. 13]. Traiter rudement, sans ménagement ; maltraiter : *Vous n'obtiendrez rien en la rudoyant* (syn. brutaliser, malmener).

rue [ʀy] n.f. (lat. *ruga* "ride", d'où en lat. pop. "chemin"). - **1.** Voie publique aménagée dans une agglomération, entre les maisons ou les propriétés closes : *Une rue passante, déserte* (syn. artère). - **2.** Ensemble des habitants des maisons qui bordent une rue : *Toute la rue commentait la nouvelle.* - **3.** À tous les coins de rue, partout. ‖ Être à la rue, être sans abri. ‖ L'homme de la rue, le citoyen moyen ; n'importe qui.

ruée [ʀɥe] n.f. Action de se ruer quelque part, sur qqch ; mouvement impétueux d'une foule : *La ruée des banlieusards vers le métro* (syn. rush). *La ruée vers l'or.*

ruelle [ʀɥɛl] n.f. (dimin. de *1.* rue). - **1.** Petite rue étroite (syn. venelle). - **2.** Espace entre un côté du lit et le mur. - **3.** LITTÉR. Au XVIᵉ et au XVIIᵉ s., partie de la chambre à coucher où se trouvait le lit, et où les dames de haut rang recevaient leurs visiteurs.

ruer [ʀɥe] v.i. (bas lat. *rutare*, intensif du class. *ruere* "pousser violemment") [conj. 7]. Jeter en l'air avec force les pieds de derrière, en parlant d'un cheval, d'un âne, etc. ◆ **se ruer** v.pr. [sur]. Se jeter avec violence, se précipiter en masse sur qqn, qqch : *Il se rua sur lui et le frappa* (syn. s'élancer). *Les invités se ruèrent sur le buffet* (syn. se jeter sur).

ruffian ou **rufian** [ʀyfjã] n.m. (it. *ruffiano* "moisisseur", du rad. germ. *hruf* "croûte"). Homme hardi et sans scrupule qui vit d'expédients ; aventurier.

rugby [ʀygbi] n.m. (de *Rugby*, école angl. où fut inventé ce sport). Sport qui oppose deux équipes de 15 joueurs et qui consiste à porter un ballon ovale, joué au pied ou à la main, derrière le but adverse (essai), ou à le faire passer, par un coup de pied, au-dessus de la barre transversale entre les poteaux de but (transformation, drop-goal).

rugbyman [ʀygbiman] n.m. (faux anglic.) (pl. *rugbymans* ou *rugbymen*). Joueur de rugby.

rugir [ʀyʒiʀ] v.i. (lat. *rugire*) [conj. 32]. - **1.** Émettre un rugissement, en parlant du lion. - **2.** Pousser des cris de fureur, de menace ; produire des cris, des bruits rauques et terribles : *Rugir de colère* (syn. hurler, vociférer).

rugissant, e [ʀyʒisã, -ãt] adj. Qui rugit.

rugissement [ʀyʒismã] n.m. - **1.** Cri du lion. - **2.** Cri, bruit violent : *Pousser des rugissements de colère* (syn. hurlement). *Le rugissement de la tempête* (syn. mugissement).

rugosité [ʀygozite] n.f. - **1.** État d'une surface rugueuse : *La rugosité de la langue du chat* (syn. rudesse). - **2.** Petite saillie, point dur et rêche au toucher, sur une surface, sur la peau : *Les rugosités d'une planche* (syn. aspérité).

rugueux, euse [ʀygø, -øz] adj. (lat. *rugosus* "ridé"). Dont la surface présente des aspérités ; rude au toucher : *Peau rugueuse* (syn. rêche ; contr. doux).

ruine [ʀɥin] n.f. (lat. *ruina* "écroulement", de *ruere* "tomber, s'écrouler". - **1.** Dégradation, écroulement d'une construction pouvant aboutir à sa destruction : *Maison qui tombe en ruine, qui menace ruine, qui est en ruine* (syn. délabrement). - **2.** Bâtiment délabré : *Restaurer une ruine.* - **3.** Destruction progressive de qqch, de qqn, qui aboutit à sa perte ; chute, écroulement : *Le gouvernement va à sa ruine.* - **4.** Perte de ses biens, de sa fortune : *Les prodigalités de leur fils les mèneront à la ruine* (syn. naufrage). - **5.** Ce qui entraîne des dépenses importantes : *L'entretien de cette voiture est une ruine* (syn. gouffre). ◆ **ruines** n.f. pl. Restes, décombres de construction partiellement écroulée : *Les ruines de Pompéi* (syn. vestiges).

ruiner [ʀɥine] v.t. - **1.** Causer la ruine, la perte de la fortune de : *La guerre a ruiné le pays.* - **2.** Infirmer ; détruire : *Ruiner un raisonnement* (syn. annihiler, démolir). - **3.** Ravager ; endommager gravement : *La grêle a ruiné les vignes* (syn. saccager). *L'alcool a ruiné sa santé* (syn. miner, user). ◆ **se ruiner** v.pr. Causer sa propre ruine ; dépenser trop : *Se ruiner au jeu.*

ruineux, euse [ʀɥinø, -øz] adj. (lat. *ruinosus* "écroulé"). Qui provoque des dépenses excessives : *Un voyage ruineux* (syn. dispendieux).

ruisseau [ʀɥiso] n.m. (lat. pop. *rivuscellus*, dimin. du class. *rivus*). - **1.** Petit cours d'eau peu profond ; son lit. - **2.** Caniveau. - **3.** LITT. Liquide coulant en abondance : *Un ruisseau de larmes.* - **4.** SOUT. Situation dégradante ; origine vile ou méprisable : *Tirer qqn du ruisseau.*

ruisseler [ʀɥisle] v.i. (de *ruisseau*) [conj. 24]. - **1.** Couler, se répandre sans arrêt : *La pluie ruisselle sur les vitres.* - **2.** Être couvert d'un liquide qui coule : *Ruisseler de sueur.*

ruisselet [ʀɥislɛ] n.m. Petit ruisseau (syn. ru).

ruissellement [ʀɥisɛlmã] n.m. - **1.** Fait de ruisseler : *Le ruissellement des eaux de pluie. Un ruissellement de lumière.* - **2.** GÉOGR. Écoulement instantané et temporaire des eaux sur un versant, à la suite d'une averse.

rumba [ʀumba] n.f. (mot esp. des Antilles). Danse cubaine caractérisée par un déhanchement latéral alterné.

rumen [ʀymɛn] n.m. (mot lat. "mamelle"). ZOOL. Premier compartiment de l'estomac des ruminants (syn. panse).

rumeur [ʀymœʀ] n.f. (lat. *rumor, -oris* "bruit, rumeur publique"). - **1.** Bruit confus de voix :

Une rumeur de protestation s'éleva dans l'assistance (syn. murmure). - **2.** Nouvelle vraie ou fausse qui se répand dans le public : *Faire courir une rumeur.*

ruminant, e [ʀyminɑ̃, -ɑ̃t] adj. Qui rumine.
◆ **ruminant** n.m. Ruminants, important sous-ordre de mammifères ongulés munis d'un estomac à trois ou quatre poches et pratiquant la rumination. □ Ils comprennent les bovidés (bœuf, mouton, chèvre, gazelle, etc.), les cervidés (cerf, daim, renne, etc.), les girafes et, pour certains auteurs, les camélidés (chameau, dromadaire, lama).

rumination [ʀyminasjɔ̃] n.f. - **1.** Action de ruminer. - **2.** PSYCHOL. Méditation irrépressible et anxieuse de la même préoccupation.

ruminer [ʀymine] v.t. (lat. *ruminare*, de *rumen*, *-inis* "gosier"). - **1.** Remâcher les aliments ramenés de la panse dans la bouche, en parlant des ruminants. - **2.** Tourner et retourner qqch dans son esprit : *Ruminer un projet.*

rumsteck n.m. → **romsteck.**

rune [ʀyn] n.f. (scand. *runar*). Caractère de l'ancien alphabet utilisé par les peuples germaniques et scandinaves.

runique [ʀynik] adj. Relatif aux runes ; formé de runes : *Inscription runique.*

rupestre [ʀypɛstʀ] adj. (du lat. *rupes* "rocher"). - **1.** Qui croît dans les rochers : *Plante rupestre.* - **2.** Réalisé sur des rochers, sur les parois des grottes ; taillé dans la roche : *Peintures rupestres. Art rupestre.*

rupin, e [ʀypɛ̃, -in] adj. et n. (de l'arg. anc. *rupe* "dame", du moyen fr. *ripe* "gale"). T. FAM. Riche ; luxueux : *Un quartier rupin.*

rupteur [ʀyptœʀ] n.m. (de *rompre*). Dispositif servant à interrompre périodiquement le courant.

rupture [ʀyptyʀ] n.f. (bas lat. *ruptura*, du class. *ruptum*, supin de *rumpere* "rompre"). - **1.** Fait de se rompre sous l'effet d'un choc : *Rupture d'un câble, d'une digue. Rupture d'un tendon* (syn. déchirure). - **2.** Action de considérer comme nul un engagement : *Rupture de contrat* (syn. annulation). *Rupture de fiançailles.* - **3.** Fait d'interrompre des relations : *Scène de rupture* (syn. séparation). *Rupture des relations diplomatiques entre deux pays.* - **4.** Absence de continuité ; opposition entre des choses : *Rupture de rythme.* - **5.** Rupture de charge, interruption d'un transport due à un changement de véhicule ou de mode de transport. ‖ **Rupture de stock,** niveau d'un stock de marchandises devenu insuffisant pour satisfaire la demande.

rural, e, aux [ʀyʀal, -o] adj. (bas lat. *ruralis*, de *rus, ruris* "campagne"). Qui concerne les paysans, la campagne : *Vie rurale* (syn. champêtre ; contr. urbain). ◆ n. Habitant de la campagne (contr. citadin).

ruse [ʀyz] n.f. (de *ruser*). - **1.** Procédé habile et déloyal dont on se sert pour parvenir à ses fins : *Déjouer les ruses de qqn* (syn. stratagème, subterfuge). - **2.** Adresse de qqn à agir de façon trompeuse, déloyale : *Obtenir qqch par ruse.*

rusé, e [ʀyze] adj. et n. Qui dénote la ruse ; qui agit avec ruse : *Rusé comme un renard* (syn. matois, malin).

ruser [ʀyze] v.i. (lat. *recusare* "refuser", puis "repousser"). Se servir de ruses ; agir avec ruse : *Savoir ruser pour parvenir à ses fins* (syn. louvoyer, manœuvrer).

rush [ʀœʃ] n.m. (mot angl. "ruée") [pl. *rushs* ou *rushes*]. - **1.** Effort final impétueux ; assaut. - **2.** Afflux d'une foule : *Le rush des vacanciers* (syn. ruée).

rushes [ʀœʃ] n.m. pl. (mot angl.). CIN. Copies positives tirées au fur et à mesure du tournage, et permettant de sélectionner les prises de vues avant le montage. (Recomm. off. *épreuves de tournage.*)

russe [ʀys] adj. et n. (de *Russie*). De la Russie.
◆ n.m. Langue slave parlée en Russie, s'écrivant à l'aide de l'alphabet cyrillique, et qui a été la langue officielle de l'U. R. S. S.

russification [ʀysifikasjɔ̃] n.f. Action de russifier ; fait d'être russifié.

russifier [ʀysifje] et **russiser** [ʀysize] v.t. [conj. 9]. Faire adopter les institutions ou la langue russe à.

russule [ʀysyl] n.f. (lat. scientif. *russula*, du class. *russulus* "rougeâtre"). Champignon dont certaines variétés sont comestibles (*russule charbonnière*) et d'autres toxiques.

rustaud, e [ʀysto, -od] adj. et n. (de *rustre*). Gauche ou grossier dans ses manières.

rusticité [ʀystisite] n.f. - **1.** Caractère de ce qui est rustique, simple, de ce qui appartient à la campagne et à ses habitants : *La rusticité d'un habitat* (syn. simplicité). - **2.** Absence de raffinement, d'élégance : *La rusticité des mœurs* (syn. rudesse). - **3.** Caractère d'une plante ou d'un animal rustique.

Rustine [ʀystin] n.f. (nom déposé ; de *Rustin*, n. d'un industriel). Petite rondelle de caoutchouc, servant à réparer une chambre à air de bicyclette.

rustique [ʀystik] adj. (lat. *rusticus*, de *rus* "campagne"). - **1.** Se dit d'un mobilier fabriqué artisanalement dans le style traditionnel d'une province : *Bureau rustique provençal. Style rustique* (syn. campagnard). - **2.** Qui a le caractère, la simplicité de la campagne ; d'une simplicité un peu fruste : *Mener une vie rustique* (syn. agreste, champêtre). *Avoir des manières un peu trop rustiques* (syn. rustaud, rustre). - **3.** AGRIC. Qui est apte à supporter des conditions de vie difficiles, en parlant d'une plante, d'un animal : *L'âne est un animal rustique* (syn. résistant).

rustre [ʀystʀ] adj. et n. (du lat. *rusticus*). Grossier ; qui manque d'éducation : *Se conduire comme un rustre* (syn. butor, malappris).

rut [ʀyt] n.m. (lat. *rugitus* "rugissement", par allusion au cri du cerf en rut). Période d'activité sexuelle des mammifères mâles.

rutabaga [ʀytabaga] n.m. (suéd. *rotabaggar*). Variété de navet à chair jaunâtre, appelée aussi *chou-navet*. □ Famille des crucifères.

rutacée [ʀytase] n.f. (du lat. *ruta* ; v. 2. *rue*). Rutacées, famille de plantes dicotylédones, telles que le citronnier, l'oranger, le pamplemoussier.

rutilant, e [ʀytilɑ̃, -ɑ̃t] adj. - **1.** LITT. D'un rouge vif, éclatant : *Soleil rutilant.* - **2.** Qui brille d'un vif éclat : *Une carrosserie rutilante* (syn. étincelant).

rutiler [ʀytile] v.i. (lat. *rutilare*). - **1.** LITT. Briller d'un rouge éclatant. - **2.** Briller d'un vif éclat (syn. flamboyer).

ruz [ʀy] n.m. (mot jurassien "ruisseau"). GÉOGR. Vallée creusée sur le flanc d'un anticlinal, dans le Jura ou dans un relief jurassien.

rythme [ʀitm] n.m. (lat. *rhythmus*, gr. *rhuthmos*). - **1.** En prosodie, cadence régulière imprimée par la distribution d'éléments linguistiques (temps forts et temps faibles, accents, etc.) à un vers, une phrase musicale, etc. ; mouvement général qui en résulte. - **2.** MUS. Combinaison des valeurs des notes, des durées : *Le rythme syncopé du jazz* (syn. cadence, tempo). - **3.** Balancement harmonieux de lignes, de volumes, de couleurs, de valeurs ; succession de temps forts et de temps faibles imprimant un mouvement général : *Le rythme d'un tableau, d'une façade. Le rythme d'un film* (syn. mouvement). - **4.** Retour à intervalles réguliers des diverses phases d'un mouvement, d'un phénomène, d'un processus périodique : *Le rythme des saisons. Le rythme respiratoire, cardiaque.* - **5.** Allure à laquelle s'effectue une action, un processus : *Le rythme trépidant de la vie moderne.*

rythmer [ʀitme] v.t. Donner du rythme à ; régler selon un rythme, une cadence : *Rythmer son pas au son du tamtam.*

rythmique [ʀitmik] adj. (lat. *rhytmicus*, gr. *rhuthmikos*). - **1.** Relatif au rythme ; soumis à un certain rythme : *Section rythmique d'un jazz-band.* - **2.** Gymnastique rythmique, méthode d'éducation physique, musicale et respiratoire visant l'harmonisation des mouvements du corps (on dit aussi *la rythmique*).

S

s [ɛs] n.m. inv. - **1.** Dix-neuvième lettre (consonne) de l'alphabet. - **2.** Succession de deux courbes de sens contraire : *Virage en S.* - **3.** S., abrév. de *sud.*

sa adj. poss. → **son.**

sabayon [sabajɔ̃] n.m. (it. *zabaione*). Crème liquide à base de vin ou de liqueur, d'œufs et de sucre.

sabbat [saba] n.m. (lat. ecclés. *sabbatum*, de l'hébr. *shabbāt* "repos", par le gr. *sabbakon*). - **1.** RELIG. Dans la religion juive, jour de repos hebdomadaire (du vendredi soir au samedi soir), consacré à Dieu (syn. shabbat). - **2.** Assemblée nocturne de sorciers et de sorcières qui, suivant la tradition populaire, se tenait le samedi à minuit sous le patronage de Satan.

sabbatique [sabatik] adj. - **1.** Propre au sabbat : *Repos sabbatique.* - **2.** Année sabbatique, année de congé accordée à certains employés ou cadres dans les entreprises, à des professeurs d'université de certains pays ; dans la loi mosaïque, chaque septième année, durant laquelle les terres étaient laissées en jachère et leurs produits naturels abandonnés aux pauvres.

sabir [sabir] n.m. (de l'esp. *saber* "savoir"). Toute langue composite née du contact de communautés linguistiques différentes pour permettre notamm. les transactions commerciales. □ Le sabir était à l'origine un jargon mêlé d'arabe, de français, d'italien, d'espagnol en usage dans les ports méditerranéens.

sablage [sablaʒ] n.m. Action de sabler ; son résultat.

1. sable [sabl] n.m. (lat. *sabulum* "sable"). - **1.** Roche sédimentaire meuble, formée de grains, souvent de quartz, dont la taille varie de 0,02 à 2 mm : *Plage de sable fin. Carrière de sable.* - **2.** Bâtir sur le sable, fonder une entreprise sur qqch de peu solide. ◆ **sables** n.m. pl. - **1.** Vaste étendue de sable : *Les sables du désert.* - **2.** Sables mouvants, sable humide, peu consistant et où l'on risque de s'enliser. ◆ adj. inv. D'une couleur beige clair.

2. sable [sabl] n.m. (polon. *sabol*, russe *sobol* "marte zibeline", par le lat. médiév. *sabellum*). HÉRALD. La couleur noire.

sablé, e [sable] adj. - **1.** Couvert de sable : *Allée sablée.* - **2.** CUIS. Pâte sablée, pâte friable comportant une forte proportion de jaunes d'œufs et de sucre. ◆ **sablé** n.m. Petite galette en pâte sablée.

sabler [sable] v.t. - **1.** Couvrir de sable : *Sabler une allée.* - **2.** Nettoyer, décaper par projection d'un jet de sable ou de tout autre abrasif : *Sabler une façade.* - **3.** Sabler le champagne, boire du champagne à l'occasion d'une réjouissance.

sableuse [sabløz] n.f. - **1.** Appareil tracté pour le sablage des chaussées. - **2.** Machine à l'aide de laquelle on projette avec force un jet de sable fin pour décaper, dépolir.

sableux, euse [sablø, -øz] adj. (anc. prov. *sablos*). Qui contient du sable : *Une eau sableuse.*

sablier [sablije] n.m. Appareil pour mesurer le temps, constitué de deux récipients superposés en verre, communiquant par un étroit conduit où s'écoule du sable fin.

sablière [sablijɛr] n.f. - **1.** Carrière de sable. - **2.** CH. DE F. Réservoir contenant du sable et qui est relié à un conduit amenant le sable devant les roues motrices en cas de patinage. - **3.** CONSTR. Grosse pièce de charpente posée horizontalement sur l'épaisseur d'un mur et recevant le bas des chevrons de la couverture.

sablonner [sablɔne] v.t. Couvrir de sable une surface.

sablonneux, euse [sablɔnø, -øz] adj. Où il y a beaucoup de sable : *Terre sablonneuse.*

sabord [sabɔʀ] n.m. (de *bord* et d'un premier élément obscur). Ouverture quadrangulaire pratiquée dans la muraille d'un navire.

sabordage [sabɔʀdaʒ] et **sabordement** [sabɔʀdəmɑ̃] n.m. Action de saborder : *Le sabordage d'une flotte.*

saborder [sabɔʀde] v.t. (de *sabord*). - 1. Couler volontairement un navire pour éteindre un incendie ou pour l'empêcher de tomber entre les mains de l'ennemi. - 2. Ruiner, détruire volontairement une entreprise, un projet : *Il préféra saborder l'entreprise plutôt que de la voir tomber dans d'autres mains* (syn. couler, torpiller).

sabot [sabo] n.m. (probabl. croisement de l'anc. fr. *bot*, masc. de *botte*, et de *savate*). - 1. Chaussure faite d'une pièce de bois creusée ou d'une semelle de bois et d'un dessus en cuir. - 2. Ongle développé entourant l'extrémité des doigts des mammifères ongulés (cheval, bœuf, porc, etc.) et sur lequel ils marchent. - 3. Garniture de métal aux pieds de certains meubles. - 4. Garniture protégeant l'extrémité d'un poteau, d'une pièce de charpente, etc. - 5. Baignoire sabot, baignoire de longueur réduite conçue pour être utilisée en position assise (on dit aussi *un sabot*). ‖ Sabot de Denver, dispositif utilisé par la police afin d'immobiliser les voitures en stationnement illicite par le blocage d'une roue. ‖ FAM. Voir venir qqn avec ses gros sabots, deviner clairement les intentions de qqn.

sabotage [sabotaʒ] n.m. - 1. Action de saboter un travail. - 2. Acte qui a pour but de détériorer ou de détruire intentionnellement du matériel, des installations : *Le sabotage d'une voie ferrée.*

saboter [sabote] v.t. (de *sabot*). - 1. Mal exécuter un travail, le faire sans soin : *C'est du travail saboté !* (syn. bâcler). - 2. Détériorer ou détruire volontairement qqch : *Saboter des installations militaires. Saboter une négociation* (= la faire échouer). - 3. AFR. Mépriser, dédaigner qqn.

saboteur, euse [sabotœʀ, -øz] n. Personne qui exécute mal un travail, détériore une machine, du matériel, entrave la bonne exécution d'une tâche, d'une entreprise.

sabotier, ère [sabotje, -ɛʀ] n. Artisan qui fabrique et vend des sabots.

sabre [sabʀ] n.m. (all. *Säbel*, du hongr. *szablya*). - 1. Arme blanche, droite ou recourbée, qui ne tranche que d'un côté ; art du maniement de cette arme : *Sabre de cavalerie.* - 2. En escrime, arme légère (500 g) présentant une coquille prolongée pour protéger le dessus de la main ; discipline utilisant cette arme. - 3. FAM., VIEILLI. Rasoir à manche et à longue lame : *Se raser au sabre.* - 4. Symbole de la force militaire, de l'armée (souvent péjor.) : *L'alliance du sabre et du goupillon* (= de l'armée et de l'Église). - 5. Sabre d'abattis, sabre assez court, à large lame, utilisé pour se frayer un chemin à travers la brousse.

sabrer [sabʀe] v.t. - 1. Frapper à coups de sabre : *Sabrer une patrouille ennemie.* - 2. Sillonner de traits, de hachures : *Un devoir sabré de coups de stylo rouge* (syn. barrer, biffer). - 3. Faire de larges coupures dans un texte : *Sabrer un manuscrit* (syn. caviarder). - 4. FAM. Noter sévèrement ; refuser à un examen ; renvoyer qqn d'un poste : *Examinateur qui sabre les copies. Le directeur s'est fait sabrer* (syn. congédier).

sabreur [sabʀœʀ] n.m. - 1. Personne qui se bat au sabre ou qui donne des coups de sabre. - 2. Escrimeur spécialiste du sabre.

1. **sac** [sak] n.m. (lat. *saccus*, gr. *sakkos*, d'orig. sémitique). - 1. Contenant ouvert seulement par le haut, fait de diverses matières souples : *Sac à pommes de terre. Sac de plage. Sac à provisions* (= cabas). *Sac de voyage. Un sac d'écolier* (= un cartable, une serviette). - 2. Contenu d'un sac : *Moudre un sac de café.* - 3. Accessoire servant à ranger des objets personnels que l'on garde avec soi lors de déplacements (on dit aussi *sac à main*) : *Mettre ses clés dans son sac.* - 4. ANAT. Cavité de l'organisme formant une membrane : *Sac lacrymal.* - 5. FAM., VIEILLI. Somme de dix francs. - 6. FAM. Avoir plus d'un tour dans son sac, être rusé, habile. ‖ FAM. L'affaire est dans le sac, l'affaire est pratiquement réglée ; le succès est assuré. ‖ FAM. Mettre dans le même sac, confondre dans le même mépris, la même réprobation. ‖ FAM. Prendre qqn la main dans le sac, prendre qqn sur le fait, en flagrant délit de malhonnêteté. ‖ FAM. Sac à vin, ivrogne. ‖ FAM. Sac d'embrouilles, de nœuds, affaire très compliquée. ‖ FAM. Vider son sac, dire tout ce qu'on a sur le cœur. ‖ BOT. Sac embryonnaire, masse centrale de l'ovule, contenant la gamète. - 7. Sac à dos. Sac de toile muni de sangles et d'une armature, utilisé par les campeurs, les alpinistes, etc. (= havresac) ; accessoire de même principe utilisé à la façon d'un sac à main, d'un cartable, etc. ‖ Sac à viande. Enveloppe de tissu fin isolant le campeur de son sac de couchage. ‖ Sac de couchage. Grand sac de toile, de Nylon, de coton garni de duvet, dans lequel le campeur, l'alpiniste se glisse pour dormir (syn. duvet).

2. sac [sak] n.m. (it. *sacco*, de l'all. *Sakman* "pillard, brigand", de *sak* "sac"). **-1.** LITT. Pillage d'une ville ; massacre de ses habitants. **-2.** Mettre à sac, piller, dévaster.

saccade [sakad] n.f. (de l'anc. fr. *saquer* "tirer"). Mouvement brusque et irrégulier : *Le moteur fonctionnait mal et la voiture avançait par saccades* (syn. à-coup, secousse).

saccadé, e [sakade] adj. Qui se fait par saccades : *Mouvements, gestes saccadés. Style saccadé* (= aux phrases courtes, hachées).

saccage [sakaʒ] n.m. Action de saccager : *Les cambrioleurs ont fait un saccage dans l'appartement.*

saccager [sakaʒe] v.t. (it. *saccheggiare*, de *saccheggio*, de *sacco* "pillage") [conj. 17]. **-1.** Mettre à sac, livrer au pillage : *Saccager une ville* (syn. piller, ravager). **-2.** FAM. Mettre en désordre, dévaster : *Les enfants ont saccagé les parterres de fleurs* (syn. abîmer, endommager).

saccageur, euse [sakaʒœʀ, -øz] n. Personne qui saccage.

saccharide [sakaʀid] n.m. VX. Glucide.

saccharine [sakaʀin] n.f. (du lat. *saccharum* "sucre"). Substance blanche sans rapport avec les vrais sucres, sans valeur nutritive, donnant cependant une saveur sucrée, et utilisée comme succédané du sucre.

saccharose [sakaʀoz] n.m. (du lat. *saccharum* "sucre"). Glucide, constituant des sucres de canne et de betterave, fournissant, par hydrolyse, du glucose et du fructose.

sacerdoce [saseʀdɔs] n.m. (lat. *sacerdotium*, de *sacerdos* "prêtre"). **-1.** Dignité et fonctions du prêtre, dans diverses religions (syn. prêtrise). **-2.** Fonction qui présente un caractère respectable en raison du dévouement qu'elle exige : *Le sacerdoce des infirmières.*

sacerdotal, e, aux [saseʀdɔtal, -o] adj. (lat. *sacerdotalis*). Relatif aux prêtres, au sacerdoce.

sachem [saʃɛm] n.m. (mot iroquois). Chef de tribu, chez les Indiens de l'Amérique du Nord.

sachet [saʃɛ] n.m. Petit sac : *Thé en sachets.*

sacoche [sakɔʃ] n.f. (it. *saccoccia*). **-1.** Sac de toile ou de cuir de formes diverses. **-2.** BELG., CAN. Sac à main.

sac-poubelle [sakpubɛl] n.m. (pl. *sacs-poubelle*). Sac de plastique destiné à contenir les ordures ménagères.

sacquer ou **saquer** [sake] v.t. (de *1. sac*). FAM. **-1.** Chasser ; renvoyer : *Sacquer un employé* (syn. congédier, licencier). **-2.** Noter, punir sévèrement ; se montrer sévère : *Professeur qui sacque ses élèves.* **-3.** Ne pas pouvoir sacquer qqn, détester qqn, ne pas le supporter.

sacral, e, aux [sakʀal, -o] adj. (lat. médiév. *sacralis*). Relatif au sacré ; qui a un caractère sacré : *Langue sacrale* (contr. profane).

sacralisation [sakʀalizasjɔ̃] n.f. (de *sacraliser*). Action d'attribuer un caractère sacré à ; fait d'être sacralisé : *La sacralisation de la royauté.*

sacraliser [sakʀalize] v.t. (de *sacral*). Attribuer un caractère sacré à : *Les religions qui ont sacralisé le mariage.*

sacramentel, elle [sakʀamɑ̃tɛl] adj. (var. de l'anc. adj. *sacramental*). Se dit des paroles ou d'une action par lesquelles est conféré un sacrement : *Formules sacramentelles.*

1. sacre [sakʀ] n.m. (de *sacrer*). **-1.** Cérémonie religieuse pour le couronnement d'un souverain. **-2.** Ordination d'un évêque conférant la plénitude du sacrement de l'ordre (on dit auj. *ordination épiscopale*). **-3.** CAN. FAM. Juron ou formule de juron souvent formés par le nom d'objets liturgiques.

2. sacre [sakʀ] n.m. (ar. *çaqr*). Grand faucon de l'Europe méridionale et de l'Asie.

1. sacré, e [sakʀe] adj. (p. passé de *sacrer*, pour traduire l'adj. lat. *sacer*). **-1.** Qui a rapport au religieux, au divin (par opp. à *profane*) : *Musique sacrée. Art sacré* (syn. religieux). **-2.** À qui ou à quoi l'on doit un respect absolu ; qui s'impose par sa haute valeur : *Les lois sacrées de l'hospitalité* (syn. inviolable). **-3.** FAM. Renforce un terme injurieux ou admiratif : *C'est un sacré menteur* (syn. fieffé). **-4.** Livres sacrés, la Bible, pour les chrétiens. ‖ Sacré Collège, collège des cardinaux formant le sénat de l'Église romaine et le conseil du pape. ◆ **sacré** n.m. Dans l'interprétation des phénomènes religieux, caractère de ce qui transcende l'humain (par opp. à *profane*).

2. sacré, e [sakʀe] adj. ANAT. Qui appartient au sacrum : *Vertèbres sacrées.*

sacrebleu [sakʀəblø] interj. (de *1. sacre*, et altér. euphémique de *Dieu*). Juron vieilli (on trouve aussi la forme non euphémique *sacredieu*).

sacrement [sakʀəmɑ̃] n.m. (lat. *sacramentum* "serment" puis "acte ou objet sacré"). **-1.** Acte rituel ayant pour but la sanctification de celui qui en est l'objet. □ L'Église catholique et les Églises orientales reconnaissent sept sacrements : le *baptême*, la *confirmation*, l'*eucharistie*, la *pénitence*, le *sacrement des malades (extrême-onction)*, l'*ordre* et le *mariage*. Les Églises protestantes n'en retiennent que deux : le *baptême* et l'*eucharistie*, ou *Sainte Cène*. **-2.** Les derniers sacrements, la pénitence, l'onction des malades et la communion en viatique. ‖ Le saint sacrement, l'eucharistie, l'hostie consacrée.

sacrément [sakʀemɑ̃] adv. FAM. Extrêmement : *Je suis sacrément contente d'avoir fini.*

sacrer [sakʀe] v.t. (lat. *sacrare*). Conférer un caractère sacré, notamm. par la cérémonie du sacre, à : *Charlemagne fut sacré empereur par le pape Léon III* (syn. consacrer). ◆ v.i. Proférer des jurons, blasphémer (syn. jurer).

sacrificateur, trice [sakʀifikatœʀ, -tʀis] n.m. ANTIQ. Prêtre ou prêtresse qui offrait les sacrifices.

sacrifice [sakʀifis] n.m. (lat. *sacrificium*, de *sacrificare*). - **1.** Offrande à une divinité et, en partic., immolation de victimes : *Sacrifice humain* (= immolation d'un être humain). - **2.** Renoncement volontaire à qqch : *Faire le sacrifice de sa vie.* - **3.** CATH. Le Saint Sacrifice, la messe. ◆ **sacrifices** n.m. pl. Perte qu'on accepte, privation, en partic. sur le plan financier : *Faire des sacrifices.*

sacrificiel, elle [sakʀifisjɛl] adj. Propre à un sacrifice religieux : *Rite sacrificiel.*

sacrifié, e [sakʀifje] adj. et n. Se dit de qqn qui est sacrifié ou qui se sacrifie : *Jouer les sacrifiés.* ◆ adj. Prix sacrifiés, prix très bas de marchandises que l'on veut absolument écouler.

sacrifier [sakʀifje] v.t. (lat. *sacrificare*, de *sacrum facere* "faire un acte sacré") [conj. 9]. - **1.** Offrir comme victime en sacrifice : *Abraham consentit à sacrifier son fils à Dieu* (syn. immoler). - **2.** Abandonner, négliger volontairement qqn, qqch au profit de qqn, de qqch qu'on fait passer avant : *Sacrifier ses amis à ses intérêts. Elle a tout sacrifié à sa famille.* - **3.** Faire ou laisser périr qqn pour la réalisation d'un intérêt ; renoncer à qqn, à qqch, s'en défaire avec peine : *Sacrifier des troupes pour sauver une situation. Sacrifier des marchandises* (= s'en débarrasser à bas prix). ◆ v.t. ind. **[à].** LITT. Se conformer à qqch par faiblesse ou conformisme : *Sacrifier à la mode.* ◆ **se sacrifier** v.pr. Faire le sacrifice de sa vie, de ses intérêts.

1. sacrilège [sakʀilɛʒ] n.m. (lat. *sacrilegium* "vol d'objets sacrés"). - **1.** Acte impie commis contre des personnes, des lieux ou des choses sacrés (syn. profanation). - **2.** Action qui porte atteinte à qqn ou à qqch de respectable, de vénérable : *C'est un sacrilège d'abîmer un livre* (syn. crime).

2. sacrilège [sakʀilɛʒ] adj. et n. (lat. *sacrilegus* "impie, profanateur"). Qui se rend coupable d'un sacrilège (syn. profanateur). ◆ adj. Qui a le caractère d'un sacrilège : *Intention sacrilège.*

sacripant [sakʀipā] n.m. (de *Sacripante*, n. d'un personnage que l'Arioste a emprunté à Boiardo). Mauvais sujet capable de toutes les violences (syn. chenapan, vaurien).

sacristain [sakʀistɛ̃] n.m. (lat. ecclés. *sacristanus*). Employé chargé de l'entretien de l'église et des objets du culte.

sacristi interj. → **sapristi.**

sacristie [sakʀisti] n.f. (lat. ecclés. *sacristia*, de *sacer* "sacré"). Annexe d'une église où l'on conserve les vases sacrés, les ornements d'église et où les prêtres se préparent pour célébrer le service divin.

sacristine [sakʀistin] n.f. (de *sacristain*). Femme, religieuse ou laïque, qui s'occupe de l'église et de la sacristie.

sacro-iliaque [sakʀoiljak] adj. (pl. *sacro-iliaques*). Relatif au sacrum et à l'os iliaque : *Articulation sacro-iliaque.*

sacro-saint, e [sakʀosɛ̃, -sɛ̃t] adj. (lat. *sacrosanctus*) [pl. *sacro-saints, es*]. PAR PLAIS., FAM. Qui est l'objet d'un respect quasi religieux : *Sa sacro-sainte collection de papillons.*

sacrum [sakʀɔm] n.m. (lat. *os sacrum* "os sacré" [offert aux dieux en sacrifice]). Os formé par la soudure des cinq vertèbres sacrées et s'articulant avec les os iliaques pour former le bassin.

sadique [sadik] adj. - **1.** PATHOL. Relatif au sadisme. - **2.** Qui témoigne d'une méchanceté systématique ; cruel. ◆ adj. et n. - **1.** PATHOL. Qui fait preuve de sadisme. - **2.** Qui manifeste une méchanceté gratuite.

sadisme [sadism] n.m. (du n. du marquis de *Sade*). - **1.** Plaisir à faire ou à voir souffrir les autres ; cruauté. - **2.** PSYCHAN. Perversion dans laquelle la satisfaction sexuelle ne peut être obtenue qu'en infligeant des souffrances physiques, morales au partenaire.

sadomasochisme [sadɔmazɔʃism] n.m. PSYCHAN. Perversion sexuelle qui associe des pulsions sadiques et masochistes.

sadomasochiste [sadɔmazɔʃist] adj. et n. Qui relève du sadomasochisme.

safari [safaʀi] n.m. (mot swahili, de l'ar. *safara* "voyager"). Expédition de chasse aux gros animaux sauvages, en Afrique noire.

safari-photo [safaʀifoto] n.m. (pl. *safaris-photos*). Excursion dans une réserve naturelle, destinée à photographier ou à filmer des animaux sauvages.

1. safran [safʀā] n.m. (lat. médical *safranum*, de l'ar. *za' farān*). - **1.** Crocus cultivé pour ses fleurs, dont le stigmate fournit une teinture jaune et une poudre servant d'assaisonnement ; cette teinture ; cette poudre. - **2.** Safran des prés, colchique. ◆ adj. inv. et n.m. Couleur jaune-orangé.

2. safran [safʀā] n.m. (esp. *azafrán*, d'orig. ar.). MAR. Pièce plate qui constitue la partie essentielle du gouvernail.

safrané, ée [safʀane] adj. Aromatisé au safran ; de la couleur du safran : *Riz safrané.*

saga [saga] n.f. (mot scand. "conte"). - **1.** Ensemble de récits et de légendes en prose, caractéristiques des littératures scandinaves (Norvège, Islande) du XIIᵉ au XIVᵉ s. - **2.** Épopée familiale quasi légendaire se déroulant sur plusieurs générations ; œuvre romanesque la relatant.

sagace [saɡas] adj. (lat. *sagax, -acis* "qui a l'odorat subtil"). Doué de sagacité : *Esprit sagace* (syn. fin, subtil).

sagacité [saɡasite] n.f. (lat. *sagacitas*). Perspicacité, pénétration, finesse d'esprit.

sagaie [saɡɛ] n.f. (esp. *azagaya*, de l'ar. *az-zaghâya*, d'orig. berbère). Javelot utilisé comme arme par certains peuples.

1. sage [saʒ] adj. et n. (lat. pop. *sapius*, du class. *sapidus* "qui a du goût", avec infl. de *sapiens*). Qui fait preuve de sûreté dans ses jugements et sa conduite : *Agir en homme sage, en sage. Vous avez été sage de partir à temps* (syn. raisonnable, avisé ; contr. imprudent). ◆ adj. - **1.** Qui n'est pas turbulent ; qui se comporte avec calme, docilité : *Un enfant sage comme une image* (syn. docile, gentil). - **2.** Qui se conduit avec pudeur et chasteté : *Un jeune homme sage* (syn. vertueux ; contr. dévergondé). - **3.** Conforme aux règles de la raison et de la morale : *Un sage conseil* (syn. judicieux, sensé). *Une conduite sage* (contr. déréglé).

2. sage [saʒ] n.m. (de *1. sage*). - **1.** Personne qui est parvenue à la maîtrise de soi et tend à réaliser un modèle idéal de vie. - **2.** Personne compétente et indépendante, chargée par les pouvoirs publics d'étudier une question délicate : *Conseil des Sages*.

sage-femme [saʒfam] n.f. (de *sage* "savant") [pl. *sages-femmes*]. Praticienne exerçant une profession médicale à compétence limitée au diagnostic et à la surveillance de la grossesse et à la pratique de l'accouchement normal. □ Depuis 1982, la profession est ouverte aux hommes.

sagement [saʒmã] adv. De façon sage : *Agir, parler, vivre sagement* (syn. raisonnablement). *Enfant qui joue sagement* (syn. tranquillement).

sagesse [saʒɛs] n.f. (de *sage*). - **1.** Qualité de qqn qui fait preuve d'un jugement droit, sûr, averti dans ses décisions, ses actions : *Agir avec sagesse* (syn. circonspection, discernement, prudence). - **2.** Comportement d'un enfant tranquille, obéissant : *Enfant d'une sagesse exemplaire* (syn. docilité). - **3.** Caractère de ce qui demeure traditionnel, classique, éloigné des audaces ou des outrances : *La sagesse d'une mode* (syn. sobriété). - **4.** Idéal supérieur de vie proposé par une doctrine morale ou philosophique ; comportement de qqn qui s'y conforme : *La sagesse orientale*.

1. sagittaire [saʒitɛʀ] n.m. (lat. *sagittarius* "archer", de *sagitta* "flèche"). ANTIQ. ROM. Archer. ◆ n. inv. et adj. inv. Personne née sous le signe du Sagittaire : *C'est une sagittaire.*

2. sagittaire [saʒitɛʀ] n.f. (du lat. *sagitta*, "flèche"). Plante des eaux douces calmes, à feuilles aériennes en forme de fer de flèche (on l'appelle aussi *la flèche d'eau, la sagette*). □ Famille des alismacées.

sagittal, e, aux [saʒital, -o] adj. (du lat. *sagitta* "flèche"). - **1.** En forme de flèche. - **2.** Suivant le plan de symétrie : *Coupe sagittale.* - **3.** MATH. Diagramme sagittal (d'une relation), schéma d'une relation d'un ensemble fini vers un ensemble fini où les flèches joignent les éléments associés par cette relation.

sagouin [saɡwɛ̃] n.m. (port. *saguim*, var. de *sagui*, du tupi *sahy*). - **1.** Petit singe d'Amérique du Sud. - **2.** FAM. Personne malpropre, grossière. *Rem.* Dans ce sens, on rencontre le fém. *sagouine.*

saharien, enne [saaʀjɛ̃, -ɛn] adj. et n. Du Sahara.

saharienne [saaʀjɛn] n.f. Veste de toile ceinturée, aux nombreuses poches, inspirée de l'uniforme militaire.

sahélien, enne [saeljɛ̃, -ɛn] adj. Relatif au Sahel.

saie [sɛ] n.f. (lat. *sagum*, empr. au gaul.). Manteau court en laine, vêtement militaire des Romains et des Gaulois.

saïga [saiga] n.m. (mot russe, d'orig. turque). Antilope des steppes entre la Caspienne et l'Oural.

saignant, e [sɛɲɑ̃, -ɑ̃t] adj. - **1.** Qui saigne, dégoutte de sang : *Blessure saignante* (syn. sanguinolent). - **2.** Se dit d'une viande cuite de manière à laisser perler le sang à la surface, mais pas davantage : *Steak saignant* (= entre « bleu » et « à point »).

saignée [sɛɲe] n.f. (de *saigner*). - **1.** Ouverture d'une veine que l'on pratiquait autref. pour tirer du sang à des fins thérapeutiques ; quantité de sang ainsi évacuée. - **2.** Pli formé par le bras et l'avant-bras. - **3.** Entaille faite le long d'une surface ; entaille pratiquée dans un arbre pour en recueillir la sève : *Faire une saignée dans un mur pour faire passer des fils électriques.* - **4.** Rigole creusée dans un terrain pour faciliter l'écoulement des eaux. - **5.** Prélèvement d'argent qui affecte sensiblement un budget (syn. ponction). - **6.** LITT. Pertes humaines importantes au cours d'une guerre.

saignement [sɛɲmɑ̃] n.m. Écoulement de sang : *Saignement de nez.*

saigner [sɛɲe] v.t. (lat. *sanguinare*, de *sanguis, -inis* "sang"). - **1.** Faire une saignée à qqn. - **2.** Tuer un animal en le vidant de son sang : *Saigner un poulet.* - **3.** Soutirer de l'argent à qqn : *Saigner les contribuables.* - 4. TECHN. Pratiquer une entaille, une rigole dans : *Saigner un hévéa pour récolter le latex.* ◆ v.i. - 1. Laisser du sang s'échapper, perdre du sang : *Saigner du nez.* - 2. LITT. Ressentir une grande douleur morale : *Son cœur saigne à cette pensée.* ◆ **se saigner** v.pr. S'imposer de lourdes dépenses : *Se saigner aux quatre veines* (= se priver de tout au profit de qqn).

saillant, e [sajã, -ãt] adj. (p. présent de *saillir*). - 1. Qui avance, dépasse : *Balcon saillant.* - 2. Qui attire l'attention, remarquable, frappant : *Trait saillant.* - 3. Angle (ou secteur angulaire) saillant, angle (ou secteur) dont la mesure est inférieure à celle d'un angle plat (180°) [contr. rentrant]. ◆ **saillant** n.m. Partie d'un ouvrage, partic. de fortification, qui fait saillie.

1. saillie [saji] n.f. (de *1. saillir*). - 1. Éminence à la surface de certains objets, partie qui avance : *Toit en saillie.* - 2. LITT. Trait d'esprit brillant et imprévu (syn. repartie).

2. saillie [saji] n.f. (de *2. saillir*). Accouplement des animaux domestiques.

1. saillir [sajiʀ] v.i. (lat. *salire* "sauter") [conj. 50]. S'avancer en dehors ; dépasser l'alignement : *Balcon qui saille trop* (syn. déborder). *Ses côtes saillent* (syn. ressortir).

2. saillir [sajiʀ] v.t. (lat. *salire* "couvrir une femelle") [conj. 32]. S'accoupler à, en parlant d'un animal mâle (syn. couvrir) : *Étalon qui saillit une jument.*

sain, e [sɛ̃, sɛn] adj. (lat. *sanus*). - 1. Dont l'organisme est bien constitué ; qui ne présente aucune atteinte pathologique ou anomalie (par opp. à *malade*) : *Un enfant sain* (= bien portant). *Une race de chiens robuste et saine.* - 2. En bon état ; qui n'est pas gâté : *Des dents saines. Des fruits sains* (contr. pourri). *Une économie saine.* - 3. Qui n'est pas corrompu, perverti : *Un esprit sain* (syn. équilibré). *Un jugement sain. Avoir de saines lectures.* - 4. Qui est favorable à la santé des individus : *Air, climat sain* (syn. salubre). - 5. MAR. Qui ne présente aucun danger ; où il n'y a pas d'écueils : *Une côte saine.* - 6. Sain et sauf, en bon état physique après un danger : *Elle est sortie saine et sauve de son accident* (syn. indemne).

saindoux [sɛ̃du] n.m. (du lat. *sagina* "graisse" et *doux*). Graisse de porc fondue.

sainement [sɛnmã] adv. D'une manière saine.

sainfoin [sɛ̃fwɛ̃] n.m. (de *sain* et *foin*). Plante fourragère vivace utilisée dans les prairies artificielles. □ Famille des papilionacées.

saint, e [sɛ̃, sɛ̃t] adj. et n. (lat. *sanctus* "vénéré"). - 1. Se dit d'un chrétien qui a été béatifié ou canonisé et auquel est rendu un culte public : *La Sainte Vierge. L'Évangile selon saint Jean. La vie des saints* (syn. bienheureux). - 2. Se dit d'une personne d'une piété, d'une bonté, d'une vie exemplaires : *Un saint homme* (syn. pieux). - 3. La Saint-X, la Sainte-Y., la fête de saint X, de sainte Y : *La Saint-Jean.* ‖ Les saints de glace, saint Mamert, saint Pancrace et saint Servais, dont les fêtes (autref. 11, 12 et 13 mai) passent pour être souvent accompagnées de gelées tardives. ◆ adj. - 1. Essentiellement pur, souverainement parfait : *Dieu est saint. La Sainte-Trinité.* - 2. Qui est dédié à Dieu ; qui sert à un usage sacré : *La sainte hostie. Les livres saints.* - 3. Se dit de chacun des jours de la semaine qui précède le dimanche de Pâques : *Vendredi saint.* - 4. FAM. Profond, extrême : *Avoir une sainte horreur du mensonge.* - 5. Année sainte, année jubilaire de l'Église catholique, célébrée ordinairement tous les 25 ans. ‖ FAM. Toute la sainte journée, la journée tout entière, sans arrêt. ◆ **saint** n.m. Le saint des saints, la partie du Temple de Jérusalem où se trouvait l'arche d'alliance ; l'endroit le plus protégé dans une demeure ; réunion de gens importants qui se tient à huis clos : *Être admis dans le saint des saints.*

saint-bernard [sɛ̃bɛʀnaʀ] n.m. inv. (du n. du col du *Grand-Saint-Bernard*). Chien de très forte taille, à la robe rouge et blanche, dressé pour le sauvetage en montagne.

saintement [sɛ̃tmã] adv. D'une manière sainte ; comme un saint : *Vivre saintement.*

sainte-nitouche [sɛ̃tnituʃ] n.f. (de *sainte* et *n'y touche* [*pas*]). [pl. *saintes-nitouches*]. Personne qui se donne une apparence de sagesse, qui affecte l'innocence et, en partic., femme qui affecte la pruderie.

Saint-Esprit [sɛ̃tɛspʀi] n.m. sing. THÉOL. Troisième personne de la Trinité, nommée après le Père et le Fils.

sainteté [sɛ̃tte] n.f. (réfection, d'apr. le lat. *sanctitas*, de l'anc. fr. *saintée*). - 1. Qualité de celui ou de ce qui est saint. - 2. Sa Sainteté, titre d'honneur et de respect donné au pape.

saint-frusquin [sɛ̃fʀyskɛ̃] n.m. inv. (de l'arg. *frusquin* "habit"). FAM. - 1. Ensemble d'affaires personnelles et de vêtements sans grande valeur que possède qqn. - 2. Et tout le saint-frusquin, et tout le reste.

à la saint-glinglin [sɛ̃glɛ̃glɛ̃] loc. adv. (probabl. altér. de *seing* [lat. *signum* "signal", puis "sonnerie de cloche"], confondu avec *saint*, et du dialect. *glinguer* "sonner"). FAM. À une date indéterminée, à un moment qui n'arrivera jamais : *Il te paiera à la saint-glinglin.*

saintpaulia [sɛ̃polja] n.m. (du n. de *W. von Saint-Paul*, qui découvrit cette plante ornementale). Plante herbacée, à feuilles velues, vert foncé, aux fleurs ornementales bleu-violet ou roses.

saint-père [sɛ̃pɛR] n.m. (pl. *saints-pères*). Nom par lequel on désigne le pape.

saint-pierre [sɛ̃pjɛR] n.m. inv. Poisson comestible, commun dans toutes les mers tempérées. □ Long. 30 à 50 cm.

Saint-Siège [sɛ̃sjɛʒ] n.m. sing. Ensemble des organismes (curie romaine) qui secondent le pape dans l'exercice de ses fonctions de gouvernement.

saint-simonien, enne [sɛ̃simɔnjɛ̃, -ɛn] adj. et n. (pl. *saint-simoniens, ennes*). Relatif au saint-simonisme ; adepte du saint-simonisme.

saint-simonisme [sɛ̃simɔnism] n.m. sing. Doctrine du comte de Saint-Simon et de ses disciples.

saint-synode [sɛ̃sinɔd] n.m. (pl. *saints-synodes*). Conseil suprême de l'Église russe de 1721 à 1917, institué en remplacement du patriarcat, supprimé par Pierre le Grand.

saisi, e [sezi] n. (de *saisir*). DR. Personne dont on saisit un bien. ◆ adj. Se dit du bien ayant fait l'objet d'une saisie.

saisie [sezi] n.f. (de *saisir*). -**1.** DR. Prise de possession, par l'administration fiscale ou la justice, des produits d'une infraction ; voie d'exécution forcée par laquelle un créancier s'assure des biens de son débiteur en vue de garantir le paiement d'une dette. -**2.** INFORM. Enregistrement d'une information en vue de son traitement ou de sa mémorisation.

saisie-arrêt [seziaRɛ] n.f. (pl. *saisies-arrêts*). DR. Saisie par laquelle un créancier (le *saisissant*) immobilise entre les mains d'un tiers (le *tiers saisi*) des sommes dues ou des objets mobiliers appartenant au débiteur du saisissant (le *saisi*).

saisine [sezin] n.f. (de *saisir*). DR. Fait de porter un litige devant une juridiction.

saisir [seziR] v.t. (bas lat. *sacire* "prendre possession", du frq. *sakjan* "revendiquer" et *satjan* "poser") [conj. 32]. -**1.** Prendre fermement de la main, d'un mouvement précis et rapide : *Saisir une barre de fer pour se défendre* (syn. empoigner). *Elle fit un faux pas et saisit la rampe pour ne pas tomber* (syn. agripper). -**2.** Prendre qqch en main ou avec un instrument de façon à pouvoir le porter, le déplacer, en faire usage : *Saisir un outil par le manche* (syn. tenir). *Saisir un fer chaud avec une pince* (syn. attraper). -**3.** Prendre qqch ou qqn de vive force pour l'immobiliser, l'arrêter dans son mouvement ou sa trajectoire : *Saisir qqn aux épaules*. -**4.** Mettre à profit un événement au moment où il se présente :

Saisir l'occasion. -**5.** Comprendre qqch, en percevoir le sens : *Avez-vous bien saisi la différence entre les deux mots ?* (syn. discerner). -**6.** Faire une impression vive et forte sur les sens, sur l'esprit : *Froid qui saisit. Le désespoir l'a saisi* (syn. s'emparer de). -**7.** Exposer un aliment à un feu vif : *Saisir une viande*. -**8.** DR. Opérer une saisie ; porter un litige devant une juridiction ; faire une saisine. -**9.** INFORM. Effectuer une saisie. -**10.** Être saisi, être ému, frappé subitement d'étonnement, de douleur : *Elle fut tellement saisie par la nouvelle qu'elle ne put rien dire* (syn. ébranler, retourner). ◆ **se saisir** v.pr. [de]. S'emparer de qqch, de qqn : *Se saisir d'un bâton pour se défendre. Les agents se sont saisis du malfaiteur.*

saisissable [sezisabl] adj. -**1.** Qui peut être saisi, compris. -**2.** DR. Qui peut faire l'objet d'une saisie.

saisissant, e [sezisɑ̃, -ɑ̃t] adj. -**1.** Qui surprend tout d'un coup : *Froid saisissant*. -**2.** Qui émeut vivement : *Spectacle saisissant* (syn. frappant, surprenant).

saisissement [sezismɑ̃] n.m. (de *saisir*). Impression subite et violente causée par le froid ou par une émotion forte et soudaine : *Être muet de saisissement.*

saison [sezɔ̃] n.f. (lat. *satio, -onis* "semailles"). -**1.** Chacune des quatre parties (le printemps, l'été, l'automne et l'hiver) en lesquelles l'année se trouve divisée par les équinoxes et les solstices. -**2.** Climat, conditions atmosphériques, activité de la nature, qui correspond à chacune de ces parties de l'année : *La saison des pluies. La belle saison* (= la fin du printemps et l'été). *La mauvaise saison* (= la fin de l'automne et l'hiver). *La saison des amours*. -**3.** Époque de l'année correspondant à la récolte de certains produits ou à des travaux agricoles : *La saison des vendanges*. -**4.** Époque de l'année correspondant au maximum d'activité d'un secteur donné : *La saison théâtrale. La saison des courses*. -**5.** Période de l'année où, dans certains lieux touristiques, affluent les vacanciers : *La saison a été bonne. En saison. Hors saison*. -**6.** Cure que l'on fait dans une station balnéaire, thermale, etc. : *Faire une saison à Vittel*. -**7.** Être de saison, être opportun, approprié. ‖ **Haute saison**, période correspondant au maximum d'affluence dans une région touristique (par opp. à *basse saison*). ‖ **Hors de saison**, fait ou dit mal à propos, déplacé, incongru.

saisonnier, ère [sezɔnje, -ɛR] adj. -**1.** Propre à une saison : *Température saisonnière*. -**2.** Qui ne s'exerce, qui n'est actif que pendant une certaine période de l'année : *Travail, travailleur saisonnier*. -**3.** DR. **Propriété saisonnière**, multipropriété. ◆ n. Personne qui

loue ses services pour des travaux saisonniers (moisson, vendanges, etc.).

sajou [saʒu] n.m. (mot tupi). Autre nom du
sapajou.

saké [sake] n.m. (mot jap.). Boisson japonaise
alcoolisée, à base de riz fermenté.

salace [salas] adj. (lat. *salax, -acis* "lubrique",
de *salire* "couvrir une femelle"). LITT. Porté,
de façon exagérée, aux plaisirs sexuels ;
lubrique.

1. salade [salad] n.f. (it. *insalata*, prov. *salada*
"mets salé"). - **1.** Plante potagère feuillue
telle que la laitue, la chicorée, le cresson,
etc. : *Cultiver des salades.* - **2.** Plat composé de
feuilles de ces plantes, crues et assaison-
nées : *Manger la salade avant le fromage.*
- **3.** Mets composé de légumes crus ou cuits,
de viande ou de poisson, etc., assaisonnés
avec une vinaigrette : *Salade de tomates.*
- **4.** FAM. Mélange confus, hétéroclite : *Son
devoir est une de ces salades !* - **5.** Salade de
fruits, assortiment de fruits coupés, accommodés avec du sucre et, souvent, de l'alcool.
‖ Salade russe, macédoine de légumes coupés en petits morceaux et assaisonnés de
mayonnaise. ‖ FAM. Vendre sa salade,
essayer de convaincre. ◆ **salades** n.f. pl.
FAM. Mensonges ; histoires : *Raconter des
salades* (syn. sornettes).

2. salade [salad] n.f. (it. *celata* "pourvue d'une
voûte"). Casque en usage du XVᵉ au XVIIᵉ s.

saladier [saladje] n.m. Récipient où l'on
prépare et sert la salade ; contenu de ce
récipient.

salage [salaʒ] n.m. Action de saler ; son
résultat : *Le salage d'un jambon. Le salage des
routes en hiver.*

salaire [salɛʀ] n.m. (lat. *salarium,* de *sal* "sel",
propr. "argent pour acheter du sel", d'où
"solde militaire"). - **1.** Rémunération du travail effectué par une personne pour le
compte d'une autre, en vertu d'un contrat
de travail : *Salaire mensuel, horaire* (syn.
appointements, paie, traitement). - **2.** Récompense : *Toute peine mérite salaire.* - **3.** Salaire
brut ou salaire réel, salaire avant retenue des
cotisations sociales (par opp. au *salaire net*).
‖ Salaire de base, salaire mensuel fixé suivant
un coefficient ou des points et qui correspond à une fonction. ‖ Salaire minimum de
croissance (autref. salaire minimum interprofessionnel de croissance), salaire minimum au-dessous duquel, en France, aucun
salarié ne peut en principe être rémunéré
(abrév. *S. M. I. C.*).

salaison [salɛzɔ̃] n.f. - **1.** Opération consistant
à saler une denrée alimentaire pour faciliter
sa conservation. - **2.** (Surtout au pl.). Produit
de charcuterie traité au sel.

salamalecs [salamalɛk] n.m. pl. (ar. *salām
'alaïk* "paix sur toi", formule de salut des
musulmans). FAM. Marques de politesse
exagérées et hypocrites : *Faire des salamalecs.*

salamandre [salamɑ̃dʀ] n.f. (lat. *salamandra,*
du gr.). - **1.** Amphibien urodèle de l'Europe,
ayant la forme d'un lézard. - **2.** (Nom
déposé ; avec une majuscule). Poêle à combustion lente.

salami [salami] n.m. (pl. de l'it. *salame* "chose
salée"). Gros saucisson sec à viande finement hachée.

salangane [salɑ̃gan] n.f. (du malais *sarang*
"nid", ou de *salanga,* mot des Philippines).
Oiseau passereau de l'Asie et de l'Océanie,
dont on consomme, sous le nom de « nids
d'hirondelle », les nids faits de gélose.

salant [salɑ̃] adj.m. (p. présent de *saler*). Qui
produit ou qui contient du sel : *Puits salant.
Marais salants.*

salarial, e, aux [salaʀjal, -o] adj. - **1.** Relatif au
salaire : *Conventions salariales.* - **2.** Masse salariale, somme des rémunérations, directes
ou indirectes, perçues par l'ensemble des
salariés d'un pays, d'une entreprise.

salariat [salaʀja] n.m. - **1.** État, condition de
salarié ; mode de rémunération du travail
par le salaire. - **2.** Ensemble des salariés (par
opp. au *patronat*).

salarié, e [salaʀje] n. et adj. Personne liée à
une autre par un contrat de travail, qui
prévoit la rémunération, par un salaire, du
travail qu'elle lui fournit : *Un travailleur
salarié. Une simple salariée* (syn. employé,
ouvrier).

salarier [salaʀje] v.t. (conj. 9). - **1.** Donner un
salaire à. - **2.** Conférer le statut de salarié à.

salaud [salo] n.m. (de *sale*). T. FAM. (Terme
d'injure). Homme méprisable, qui agit de
manière déloyale. **Rem.** Au fém., on emploie
la forme *salope.* ◆ adj.m. T. FAM. Méprisable, ignoble ; moralement répugnant.

salchow [salko] n.m. (n. du patineur suédois). En patinage artistique, saut consistant
en une rotation d'un tour avec appel sur la
jambe arrière et changement de jambe.

sale [sal] adj. (frq. *salo*). - **1.** Couvert de crasse,
de poussière, de taches : *Avoir la figure sale*
(syn. malpropre, barbouillé). *Avoir les mains
sales* (syn. crasseux, poisseux). *Des chaussures
sales* (syn. boueux, crotté). *De la vaisselle, du
linge sale* (syn. souillé). - **2.** Qui néglige les
soins de propreté élémentaire : *Un enfant sale*
(syn. dégoûtant, malpropre ; contr. soigné).
- **3.** Qui manque de soin dans ce qu'il fait :
Un écolier sale et brouillon (contr. soigneux).
- **4.** Susceptible de salir : *Faire un travail sale*
(syn. salissant). - **5.** Se dit d'une couleur qui
manque d'éclat : *Un blanc sale.* - **6.** Qui blesse

la pudeur : *Histoires sales* (syn. ordurier, obscène). - **7.** (Avant le n.). FAM. Très désagréable ; très ennuyeux : *Sale temps* (syn. vilain). *Sale coup* (syn. méchant). *Une sale tête* (syn. antipathique). *Sale histoire*. - **8.** Méprisable : *Un sale type* (syn. ignoble, infâme).

1. salé, e [sale] adj. (de *saler*). - **1.** Qui contient du sel, qui en a le goût : *Beurre salé*. - **2.** Conservé dans du sel, de la saumure : *Viande, poisson salés*. - **3.** FAM. Très libre ; grivois : *Une histoire salée* (syn. cru, leste). - **4.** FAM. Exagéré ; excessif : *L'addition est salée !* (syn. exorbitant).

2. salé [sale] n.m. (de *salé*). - **1.** Chair de porc salée. - **2.** Petit salé, chair de porc conservée par salaison, qui se consomme cuite à l'eau.

salement [salmã] adv. - **1.** De façon sale : *Manger salement* (syn. malproprement). - **2.** FAM. Indique un haut degré : *Il est salement malade* (= très).

saler [sale] v.t. (du lat. *sal* "sel"). - **1.** Assaisonner avec du sel : *Saler la soupe*. - **2.** Imprégner une denrée de sel, la plonger dans la saumure pour la conserver : *Saler du porc, du poisson*. - **3.** Répandre du sel pour faire fondre la neige, le verglas : *Saler les routes*. - **4.** FAM. Faire payer un prix excessif : *Saler la note* (syn. majorer).

saleté [salte] n.f. - **1.** État de ce qui est sale : *Être d'une saleté repoussante* (syn. malpropreté). *Vivre dans la saleté* (syn. crasse). - **2.** Chose malpropre ; ordure : *Il y a des saletés dans l'eau* (syn. impureté). *Le chat a fait des saletés dans le salon* (syn. excréments). - **3.** FAM. Chose sans valeur : *Vendre des saletés* (syn. pacotille). - **4.** Action vile, procédé peu délicat : *Il m'a fait une saleté* (syn. méchanceté, LITT. vilenie). - **5.** Propos, acte obscène : *Dire des saletés*.

salicorne [salikɔʀn] n.f. (de l'ar. *salcoran*, avec attraction de *corne*). Plante des rivages et des lieux salés, à tige charnue sans feuilles, dont on extrayait la soude. □ Famille des chénopodiacées.

salicylé, e [salisile] adj. Relatif à l'acide salicylique ou à ses sels : *Dérivés salicylés*.

salicylique [salisilik] adj. (du lat. *salix* "saule"). Se dit d'un acide doué de propriétés antiseptiques et dont les dérivés (tels que l'aspirine et le salicylate de soude) ont une action anti-inflammatoire.

salière [saljɛʀ] n.f. - **1.** Petit récipient pour présenter le sel sur la table. - **2.** Enfoncement au-dessus des yeux des vieux chevaux. - **3.** FAM. Creux en arrière des clavicules, chez les personnes maigres.

salifier [salifje] v.t. (du lat. *sal* "sel") [conj. 9]. CHIM. Transformer en sel.

1. salin, e [salɛ̃, -in] adj. (lat. *salinus*). - **1.** Qui contient du sel : *Concrétion saline*. *Goût salin*. - **2.** CHIM. Qui a les caractères d'un sel. - **3.** Roches salines, roches sédimentaires solubles dans l'eau et provenant de l'évaporation de l'eau de mer dans des lagunes (gypse [sulfate de calcium hydraté], sel gemme [chlorure de sodium], etc.).

2. salin [salɛ̃] n.m. (lat. *salinum*). Marais salant.

saline [salin] n.f. (lat. *salinae*). Établissement industriel dans lequel on produit du sel en extrayant le sel gemme ou en faisant évaporer des eaux saturées extraites du sous-sol.

salinité [salinite] n.f. Teneur en sel : *La salinité d'une eau*.

salique [salik] adj. (lat. médiév. *salicus*, du bas lat. *Salii*, n. d'une tribu franque établie sur les bords de la rivière *Sala*, auj. l'*Yssel*). - **1.** HIST. Relatif aux Francs Saliens. - **2.** Loi salique, recueil de lois des anciens Francs Saliens et, notamm., disposition excluant les femmes de la succession à la terre, interprétée plus tard de façon à les évincer de la Couronne de France.

salir [saliʀ] v.t. (conj. 32). - **1.** Rendre sale : *Salir ses vêtements* (syn. tacher, maculer). - **2.** Déshonorer ; porter atteinte à : *Salir la réputation de qqn* (syn. souiller). *Ses ennemis ont cherché à le salir* (syn. diffamer).

salissant, e [salisã, -ãt] adj. - **1.** Qui se salit aisément : *Le blanc est une couleur salissante*. - **2.** Qui salit : *Travail salissant*. - **3.** En parlant des plantes et des cultures, qui favorise le développement des mauvaises herbes.

salissure [salisyʀ] n.f. Ce qui rend une chose sale : *Un meuble couvert de salissures* (syn. tache, souillure).

salivaire [salivɛʀ] adj. - **1.** Relatif à la salive : *Sécrétion salivaire*. - **2.** ANAT. Glandes salivaires, glandes qui sécrètent la salive. □ On en compte trois paires chez l'homme : les *parotides,* les *sous-maxillaires* et les *sublinguales*.

salivation [salivasjɔ̃] n.f. Sécrétion de la salive.

salive [saliv] n.f. (lat. *saliva*). - **1.** Liquide clair et filant produit par la sécrétion des glandes salivaires et qui facilite la déglutition. - **2.** FAM. Dépenser beaucoup de salive, parler beaucoup et, souvent, en vain.

saliver [salive] v.i. - **1.** Sécréter de la salive. - **2.** FAM. Faire saliver qqn, donner, faire envie à qqn.

salle [sal] n.f. (frq. **sal*). - **1.** Pièce d'une habitation destinée à un usage particulier (indiqué par un compl. du n.) : *Salle de bains. Salle à manger*. - **2.** Autref., vaste pièce de réception dans une grande demeure : *Salle basse. Salle haute*. - **3.** Lieu vaste et couvert, aménagé en fonction de sa destination et destiné à recevoir un public : *Salle de spectacle. Salle de classe.* - **4.** Public qui remplit une salle : *Toute la salle applaudit* (syn. assistance, auditoire). - **5.** Dortoir dans un hôpital : *Salle commune.* - **6.** **Salle d'armes**, local où les maîtres d'armes donnent leurs leçons d'escrime. ‖ **Salle de marché**, lieu où, dans les banques, sont regroupés les spécialistes réalisant des opérations sur les devises, les titres et les produits financiers. ‖ **Salle des pas perdus**, grande salle, hall d'un palais de justice ou d'une gare. ‖ **Les salles obscures**, les salles de cinéma.

salmigondis [salmigɔ̃di] n.m. (de *sel* et du suff. *-gondin, -gondis*, p.-ê. tiré du moyen fr. *condir* "assaisonner"). FAM. Assemblage confus et disparate.

salmis [salmi] n.m. (abrév. de *salmigondis*). Ragoût de pièces de gibier ou de volailles déjà cuites à la broche.

salmonelle [salmɔnɛl] n.f. (de *Salmon*, n. d'un médecin américain). Bactérie responsable des salmonelloses.

salmonellose [salmɔneloz] n.f. MÉD. Infection due à des salmonelles (fièvres typhoïde et paratyphoïde ; gastro-entérites).

salmonidé [salmɔnide] n.m. (du lat. *salmo, -onis* "saumon"). Salmonidés, famille de poissons osseux à deux nageoires dorsales, dont la seconde est adipeuse, aimant les eaux fraîches et oxygénées, tels le saumon et la truite.

saloir [salwaʀ] n.m. Récipient dans lequel on place les viandes, les poissons, etc., à saler.

salon [salɔ̃] n.m. (it. *salone*, augment. de *sala* "salle"). - **1.** Pièce d'un appartement, d'une maison, destinée à recevoir les visiteurs : *Salon contigu à la salle à manger.* - **2.** Mobilier propre à cette pièce : *Salon Louis XVI.* - **3.** Société mondaine : *Fréquenter des salons huppés. Conversation de salon.* - **4.** LITTÉR. Réunion de personnalités des lettres, des arts et de la politique qui, partic. aux XVIIᵉ et XVIIIᵉ s., se tenait chez une femme distinguée. - **5.** Salle de certains établissements commerciaux : *Salon de thé, de coiffure.* - **6.** (Avec une majuscule). Manifestation commerciale permettant périodiquement aux entreprises de présenter leurs nouveautés : *Le Salon de l'automobile.* - **7.** (Avec une majuscule). Exposition collective périodique d'artistes vivants : *Le Salon d'automne.*

salonnard, e ou **salonard, e** [salɔnaʀ, -aʀd] n. FAM., VIEILLI. Personne qui fréquente les salons, les gens du monde.

saloon [salun] n.m. (mot anglo-amér., du fr. *salon*). Bar du Far West américain.

salopard [salɔpaʀ] n.m. (de *salop*, var. de *salaud*). T. FAM. Individu sans scrupule qui agit d'une façon ignoble.

salope [salɔp] n.f. (de *sale* et de *hoppe,* forme dialect. de *huppe*). VULG. (Terme d'injure). Femme dévergondée, de mauvaise vie ; femme méprisable, qui agit de manière déloyale.

saloper [salɔpe] v.t. (de *salope*). T. FAM. - **1.** Exécuter un travail très mal, sans soin : *Du travail salopé* (syn. gâcher). - **2.** Salir ; couvrir de taches : *Il a salopé son pantalon neuf.*

saloperie [salɔpʀi] n.f. (de *salope*). FAM. - **1.** Saleté ; grande malpropreté. - **2.** Chose de très mauvaise qualité, sans valeur ; camelote : *Débarrasse-toi des saloperies qui encombrent ta cave !* (syn. saleté). - **3.** Action, propos bas et vils : *Faire une saloperie à qqn.*

salopette [salɔpɛt] n.f. (de *salope*). Vêtement constitué par un pantalon prolongé par une bavette à bretelles : *Salopette de mécanicien* (syn. combinaison, bleu, cotte).

salpêtre [salpɛtʀ] n.m. (du lat. *sal* "sel" et *petrae* "de pierre"). - **1.** Nitrate et, partic., nitrate de potassium. - **2.** Salpêtre du Chili, nitrate de sodium.

salpingite [salpɛ̃ʒit] n.f. (du gr. *salpigx, salpingos* "trompe"). MÉD. Inflammation d'une trompe utérine.

salsepareille [salsəpaʀɛj] n.f. (esp. *zarzaparrilla,* de *zarza* "ronce" et *parilla,* dimin. de *parra* "treille"). Plante volubile croissant surtout au Mexique et en Asie centrale, naguère d'usage médicinal. □ Famille des liliacées.

salsifis [salsifi] n.m. (it. *salsefica,* d'orig. obsc.). Plante cultivée pour sa longue racine charnue comestible à la saveur mucilagineuse et sucrée. □ Famille des composées.

saltimbanque [saltɛ̃bɑ̃k] n.m. (it. *saltimbanco,* propr. "[celui qui] saute sur l'estrade"). Personne qui fait des tours d'adresse, des acrobaties sur les places publiques, dans les foires (syn. bateleur).

salto [salto] n.m. (mot it. "saut"). SPORTS. Saut périlleux.

salubre [salybʀ] adj. (lat. *salubris,* de *salus* "santé"). Favorable à la santé : *Air, appartement salubre* (syn. sain).

salubrité [salybʀite] n.f. (lat. *salubritas*). - **1.** Caractère de ce qui est salubre : *La salubrité de l'air marin.* - **2.** Salubrité publique, ensemble des mesures édictées par l'Administration en matière d'hygiène des personnes, des animaux et des choses.

saluer [salɥe] v.t. (lat. *salutare* "souhaiter la santé") [conj. 7]. - **1.** Donner à qqn une marque d'attention, de civilité, de respect : *Saluer un ami de la main.* - **2.** Honorer du salut militaire ou d'une marque de respect précisée par un règlement : *Saluer un supérieur, le drapeau.* - **3.** Accueillir par des manifestations d'approbation ou d'hostilité : *Saluer par des sifflets l'équipe perdante*. **- 4.** Rendre hommage : *Saluer le courage des sauveteurs*. **- 5.** Reconnaître en tant que tel : *On l'a salué comme le chef de file*.

salure [salyʀ] n.f. Caractère de ce qui est salé ; teneur en sel : *La salure d'une viande*.

1. salut [saly] n.m. (lat. *salus, -utis* "santé, conservation, action de saluer, compliment"). **- 1.** Fait d'échapper à un danger, à un malheur : *Ne devoir son salut qu'à la fuite*. **- 2.** RELIG. Fait d'être sauvé de l'état de péché et d'accéder à la vie éternelle.

2. salut [saly] n.m. (lat. *salus, -utis* ; v. *1. salut*). **- 1.** Action ou manière de saluer ; marque de civilité donnée à qqn qu'on rencontre ou qu'on quitte : *Adresser un salut de la main*. **- 2.** Acte réglementaire par lequel on exprime son respect à qqn, à qqch ou son appartenance à un corps : *Salut militaire*. **- 3.** CATH. Court office du soir. ◆ interj. FAM. (Pour aborder des amis ou les quitter). Bonjour ; au revoir : *Salut, ça va ? Salut, je m'en vais*.

salutaire [salytɛʀ] adj. (lat. *salutaris* ; v. *1. salut*). **- 1.** Qui est propre à conserver ou à rétablir la santé physique ou morale : *Remède salutaire*. **- 2.** Qui peut avoir un effet bienfaisant sur la conduite de qqn : *Un conseil salutaire* (syn. utile).

salutation [salytasjɔ̃] n.f. (lat. *salutatio*). **- 1.** Action de saluer ; salut : *Faire de grandes salutations*. **- 2.** (Au pl.). Terme employé dans des formules de politesse en fin de lettre : *Salutations distinguées*.

salvateur, trice [salvatœʀ, -tʀis] adj. (lat. *salvatrix*). LITT. Qui sauve : *Des mesures salvatrices*.

salve [salv] n.f. (du lat. *salve* "salut !", de *salvere* "se bien porter"). **- 1.** Décharge simultanée d'armes à feu, au combat, en l'honneur de qqn ou en signe de réjouissance : *Salve d'artillerie*. **- 2.** Salve d'applaudissements, applaudissements qui éclatent tous en même temps.

samba [sɑ̃ba] n.f. (mot port. du Brésil). Danse de salon, d'origine brésilienne, de rythme scandé ; air sur lequel elle se danse.

samedi [samdi] n.m. (lat. pop. *sambati dies* "jour du sabbat", du class. *sabbatum* "sabbat" et *dies* "jour"). Sixième jour de la semaine.

samouraï [samuʀaj] n.m. (mot jap., de *samurau* "servir"). Membre de la classe des guerriers, dans l'organisation shogunale du Japon d'avant 1868.

samovar [samɔvaʀ] n.m. (mot russe). Bouilloire à robinet destinée à fournir l'eau chaude pour le thé, en Russie.

samoyède [samɔjɛd] n.m. Langue ouralienne parlée par les Samoyèdes.

sampan ou **sampang** [sɑ̃pɑ̃] n.m. (mot chin., de *san* "trois" et *pan* "bords"). Embarcation asiatique à fond plat, marchant à la godille ou à l'aviron et qui comporte, au centre, un dôme en bambou tressé pour abriter les passagers.

S. A. M. U. [samy] n.m. (sigle de *Service d'aide médicale d'urgence*). En France, service hospitalier disposant d'unités mobiles, équipé pour assurer les premiers soins aux victimes d'accidents, leur transport vers un centre hospitalier ou toute réanimation urgente.

sanatorium [sanatɔʀjɔm] n.m. (mot angl., du bas lat. *sanator* "celui qui guérit") [pl. *sanatoriums*]. Établissement de cure destiné au traitement des différentes formes de tuberculose ou de certaines maladies chroniques (abrév. fam. *sana*).

sanctifiant, e [sɑ̃ktifjɑ̃, -ɑ̃t] adj. Qui sanctifie : *Grâce sanctifiante*.

sanctificateur, trice [sɑ̃ktifikatœʀ, -tʀis] adj. et n. Se dit d'une personne ou d'une chose qui sanctifie.

sanctification [sɑ̃ktifikasjɔ̃] n.f. **- 1.** Action de sanctifier ; effet de ce qui sanctifie : *La sanctification des âmes*. **- 2.** Célébration selon la loi religieuse : *La sanctification d'une fête religieuse*.

sanctifier [sɑ̃ktifje] v.t. (du lat. *sanctus* "saint") [conj. 9]. **- 1.** Rendre saint : *La grâce nous sanctifie*. **- 2.** Révérer comme saint : *Que son nom soit sanctifié*. **- 3.** Célébrer suivant la loi religieuse : *Sanctifier le dimanche*.

sanction [sɑ̃ksjɔ̃] n.f. (lat. *sanctio*, de *sancire* "rendre irrévocable, prescrire" puis "punir"). **- 1.** Consécration, confirmation considérée comme nécessaire : *Mot qui a reçu la sanction de l'usage*. **- 2.** Mesure répressive infligée par une autorité pour l'inexécution d'un ordre, l'inobservation d'un règlement, d'une loi : *Prendre des sanctions. Une sanction scolaire* (syn. punition). **- 3.** DR. PÉN. Peine prévue par la loi et appliquée aux personnes ayant commis une infraction. **- 4.** Conséquence, bonne ou mauvaise, d'un acte : *L'échec a été la sanction de son imprudence*.

sanctionner [sɑ̃ksjɔne] v.t. (de *sanction*). **- 1.** Apporter une consécration officielle ou quasi officielle à : *Sanctionner les propositions d'un médiateur* (syn. consacrer, approuver). **- 2.** Réprimer, punir une infraction, une faute : *La loi sanctionne ce genre d'infractions*.

sanctuaire [sɑ̃ktɥɛʀ] n.m. (lat. ecclés. *sanctuarium*, de *sanctus* "saint"). **- 1.** Partie de l'église, située autour de l'autel, où s'accomplissent les cérémonies liturgiques. **- 2.** Édifice religieux, lieu saint en général. **- 3.** Asile, espace inviolable : *Cette île est un sanctuaire pour les oiseaux.*

sanctus [sɑ̃ktys] n.m. (mot lat. "saint"). CATH. Hymne de louange à Dieu commençant par ce mot et qui se place à la messe après la préface ; musique composée sur cette hymne.

sandale [sɑ̃dal] n.f. (lat *sandalium,* du gr.). Chaussure formée d'une simple semelle retenue au pied par des cordons, des lanières.

sandalette [sɑ̃dalɛt] n.f. Sandale légère faite d'une tige cousue directement sur le semelage et fermée par une boucle.

Sandow [sɑ̃do] ou [sɑ̃dɔv] n.m. (nom déposé). Câble en caoutchouc, utilisé notamm. dans les extenseurs et pour le lancement des planeurs ou pour fixer des objets sur un porte-bagages, une galerie de voiture, etc.

sandre [sɑ̃dʀ] n.m. ou n.f. (lat. scientif. *sandra,* d'orig. néerl.). Poisson osseux voisin de la perche, à chair estimée. □ Long. jusqu'à 1 m.

sandwich [sɑ̃dwitʃ] n.m. (du n. de *lord Sandwich,* qui se faisait servir ce mets à sa table de jeu) [pl. *sandwichs* ou *sandwiches*]. - **1.** Tranches de pain entre lesquelles on met une tranche de jambon, de fromage, etc. - **2.** FAM. Prendre en sandwich, coincer ou attaquer de deux côtés à la fois. ◆ adj. et n.m. Se dit de tout matériau dont la structure évoque un sandwich (une couche entre deux couches d'un matériau plus noble, par ex.) ou de cette structure elle-même.

sang [sɑ̃] n.m. (lat. *sanguis, -inis*). - **1.** Liquide rouge qui circule dans les veines, les artères, le cœur et les capillaires et qui irrigue tous les tissus de l'organisme, auxquels il apporte éléments nutritifs et oxygène et dont il recueille les déchets pour les conduire vers les organes qui les éliminent (reins, poumons, peau). - **2.** Vie, existence : *Payer de son sang.* - **3.** LITT. Race, famille, extraction : *Elle est d'un sang noble* (syn. origine). - **4.** Apport de sang frais, arrivée d'éléments nouveaux, plus jeunes ; apport de capitaux. ‖ FAM. Avoir du sang dans les veines, être énergique, audacieux. ‖ Avoir le sang chaud, être impétueux, ardent, irascible. ‖ Avoir le sang qui monte à la tête, être frappé d'une émotion violente, être sur le point d'éclater de colère. ‖ FAM. Avoir qqch dans le sang, y être porté instinctivement, être passionné : *Il a la musique dans le sang.* ‖ Donner son sang, sacrifier sa vie. ‖ La voix du sang, l'esprit de famille. ‖ Le sang a coulé, il y a eu des blessés ou des morts. ‖ Liens du sang, relation de parenté ; liens affectifs entre personnes de la même famille. ‖ Mettre un pays à feu et à

sang, le saccager. ‖ Prince du sang, prince issu de la famille royale par les mâles. ‖ FAM. Se faire du mauvais sang, un sang d'encre ; se ronger, se manger les sangs, se tourmenter à l'extrême, être très inquiet. ‖ Un être de chair et de sang, un être bien vivant, avec ses passions, ses appétits.

sang-froid [sɑ̃fʀwa] n.m. inv. - **1.** Tranquillité, maîtrise de soi : *Garder son sang-froid dans une situation grave* (syn. calme). - **2.** De sang-froid, de façon délibérée ; calmement, sans emportement : *Tuer qqn de sang-froid.*

sanglant, e [sɑ̃glɑ̃, -ɑ̃t] adj. (bas lat. *sanguilentus,* du class. *sanguinolentus*). - **1.** Taché de sang : *Mains sanglantes.* - **2.** Qui contribue à répandre le sang ou s'accompagne d'une grande effusion de sang ; meurtrier : *Des combats sanglants.* - **3.** LITT. Qui a la couleur rouge du sang : *Les lueurs sanglantes du soleil couchant.* - **4.** Dur, blessant : *S'exposer à de sanglants reproches.* - **5.** Mort sanglante, mort violente avec effusion de sang.

sangle [sɑ̃gl] n.f. (lat. *cingula,* de *cingere* "ceindre"). - **1.** Bande de cuir ou de toile large et plate, qui sert à entourer, à serrer, etc. - **2.** Lit de sangle, lit composé de deux châssis croisés en X sur lesquels sont tendues des sangles ou une toile.

sangler [sɑ̃gle] v.t. - **1.** Serrer avec une sangle : *Sangler la selle d'un cheval.* - **2.** Serrer fortement la taille : *Cette veste le sanglait de façon ridicule.*

sanglier [sɑ̃glije] n.m. (du lat. *singularis* [*porcus*] "[porc] solitaire"). - **1.** Porc sauvage des forêts, à énorme tête triangulaire (hure) et à poil raide, qui peut causer des dégâts dans les champs. □ Famille des suidés. La femelle est la laie, et les petits sont les marcassins. Le sanglier grogne, grommelle. - **2.** Chair de cet animal.

sanglot [sɑ̃glo] n.m. (lat. pop. *singluttus,* altér., d'apr. *gluttire* "avaler", du class. *singultus* "hoquet"). [Souvent au pl.]. Contraction spasmodique du diaphragme sous l'effet de la douleur ou de la peine, accompagnée de larmes, suivie de l'émission brusque et bruyante de l'air contenu dans la poitrine : *Éclater en sanglots.*

sangloter [sɑ̃glɔte] v.i. (lat. pop. *singluttare,* du class. *singultare* ; v. *sanglot*). Pousser des sanglots ; pleurer en sanglotant : *Il s'est mis à sangloter sans raison.*

sang-mêlé [sɑ̃mele] n. inv. vx. Métis, métisse.

sangria [sɑ̃gʀija] n.f. (mot esp., de *sangre* "sang"). Boisson d'origine espagnole faite de vin sucré où macèrent des morceaux de fruits.

sangsue [sɑ̃sy] n.f. (lat. *sanguisuga* "suceuse de sang"). - **1.** Ver marin ou d'eau douce dont le corps est terminé par une ventouse à chaque extrémité. □ Embranchement des annélides ; classe des hirudinées. **- 2.** LITT. Personne avide, qui tire de l'argent par tous les moyens. **- 3.** FAM. Personne importune, dont on ne peut se défaire.

sanguin, e [sɑ̃gɛ̃, -in] adj. (lat. *sanguineus*). **- 1.** Relatif au sang : *Écoulement sanguin. Vaisseaux sanguins.* **- 2.** Tempérament sanguin, se dit de qqn qui a un tempérament impulsif (on dit aussi *un sanguin*).

sanguinaire [sɑ̃ginɛʀ] adj. **- 1.** Qui n'hésite pas à répandre le sang : *Un être sanguinaire* (syn. cruel, féroce). **- 2.** LITT. Qui est marqué par des effusions de sang : *Luttes sanguinaires.* **- 3.** LITT. Cruel ; qui incite à la cruauté.

sanguine [sɑ̃gin] n.f. (de *sanguin*). **- 1.** Minerai d'hématite rouge, à base d'oxyde de fer. **- 2.** Crayon fait avec ce minerai ; dessin, de couleur rouge, fait avec ce crayon : *Portrait à la sanguine. Une sanguine de Watteau.* **- 3.** Orange à chair plus ou moins rouge, très estimée.

sanguinolent, e [sɑ̃ginɔlɑ̃, -ɑ̃t] adj. (lat. *sanguinolentus*). Teinté ou mêlé de sang ; couleur de sang : *Des crachats sanguinolents.*

sanhédrin [sanedʀɛ̃] n.m. (araméen *sanhedrîn*, du gr. *synedrion* "assemblée, conseil"). Ancien conseil suprême du judaïsme, siégeant à Jérusalem et présidé par le grand prêtre. □ Créé à la fin du IIIᵉ s. av. J.-C., il cessa d'exister en fait à la disparition de l'État juif, en 70 apr. J.-C.

sanitaire [sanitɛʀ] adj. (du lat. *sanitas* "santé"). **- 1.** Relatif à la conservation de la santé publique : *Règlement sanitaire.* **- 2.** Relatif aux installations et appareils destinés aux soins de propreté, d'hygiène : *Équipement sanitaire.* ◆ **sanitaires** n.m. pl. Ensemble des installations de propreté (lavabos, water-closets, etc.) d'un lieu.

sans [sɑ̃] prép. (lat. *sine*). **- I.** Indique : **- 1.** La privation, l'absence, l'exclusion : *Sans argent. Sans effort. Rester plusieurs jours sans manger.* **- 2.** Une condition négative : *Sans vous, j'aurais gagné mon procès* (= si vous ne vous en étiez pas mêlé). **- II.** S'emploie en composition avec certains noms, pour indiquer l'absence : *Les sans-abri. Quel sans-gêne ! Un sans-faute.* **- III.** S'emploie dans certaines expressions : **Non sans**, souligne une circonstance, une action : *Je l'ai trouvée non sans peine. Il nous a brutalement quittés non sans avoir empoché ses gains.* ‖ **Sans quoi**, sinon, autrement : *Partez, sans quoi vous serez en retard.* ◆ **sans que** loc. conj. (Suivi du subj.). Indique une circonstance non réalisée : *Il est parti sans que je m'aperçoive de rien.*

sans-abri [sɑ̃zabʀi] n. inv. Personne qui n'a pas de logement (syn. litt. sans-logis).

sans-cœur [sɑ̃kœʀ] adj. inv. et n. inv. FAM. Qui est sans pitié, sans sensibilité : *Ces enfants sont sans-cœur* (syn. insensible).

sans-culotte [sɑ̃kylɔt] n.m. (pl. *sans-culottes*). Révolutionnaire qui appartenait aux couches les plus populaires et qui portait le pantalon de bure à rayures, sous la Convention.

sans-faute [sɑ̃fot] n.m. inv. Parcours ou prestation sans faute, parfait : *Faire un sans-faute.*

sans-gêne [sɑ̃ʒɛn] n.m. inv. Manière d'agir sans tenir compte des formes habituelles de politesse, indélicatesse. ◆ n. inv. Personne qui agit de cette manière.

sanskrit ou **sanscrit** [sɑ̃skʀi] n.m. (sanskrit *samskrita* "parfait"). Langue indo-aryenne qui fut la langue sacrée et la langue littéraire de l'Inde ancienne. ◆ **sanskrit, e** ou **sanscrit, e** adj. Relatif au sanskrit : *Textes sanskrits.*

sans-logis [sɑ̃loʒi] n. LITT. Sans-abri.

sansonnet [sɑ̃sɔnɛ] n.m. (dimin. de *Samson*). Étourneau.

santal [sɑ̃tal] n.m. (lat. médiév. *sandalum,* du sanskrit *candana*) [pl. *santals*]. **- 1.** Arbuste d'Asie dont le bois est utilisé en parfumerie, en petite ébénisterie, etc. □ Type de la famille des santalacées. **- 2.** Bois de cet arbre : *Un marque-page en santal.* **- 3.** Essence qui en est extraite : *Un parfum à base de santal.*

santé [sɑ̃te] n.f. (lat. *sanitas, -atis,* de *sanus* "sain"). **- 1.** État de qqn dont l'organisme fonctionne bien : *Être plein de santé. Ménager sa santé. Respirer la santé.* **- 2.** État de l'organisme, bon ou mauvais : *Être en bonne santé. Elle a une santé de fer* (= une santé excellente). *Avoir une santé délicate.* **- 3.** Équilibre de la personnalité, maîtrise de ses moyens intellectuels : *Santé mentale.* **- 4.** État sanitaire des membres d'une collectivité : *Constater une amélioration de la santé du pays.* **- 5.** État d'un système, d'une branche d'activité quelconques : *Société économique d'une région.* **- 6.** Formule de vœux exprimée lorsqu'on lève son verre en l'honneur de qqn : *Santé ! À votre santé !* **- 7.** Boire à la santé de qqn, former des vœux relatifs à sa santé, considérée comme condition de son bonheur. ‖ **Maison de santé,** établissement privé où l'on traite spécialement les maladies mentales. ‖ **Santé publique,** service administratif chargé du contrôle et de la protection sanitaires des citoyens.

santon [sɑ̃tɔ̃] n.m. (prov. *santoun,* propr. "petit saint"). Petite figurine en terre cuite peinte servant, en Provence, à décorer les crèches de Noël.

saoul, e adj., **saouler** v.t. → soûl, soûler.

sapajou [sapaʒu] n.m. (tupi *sapaiou*). Petit singe de l'Amérique centrale et de l'Amérique du Sud, à longue queue, appelé aussi *sajou*.

1. sape [sap] n.f. (de *saper*). - **1.** Tranchée creusée sous un mur, un ouvrage, etc., pour le renverser. - **2.** MIL. Dans la guerre de siège, communication enterrée ou souterraine. - **3.** Travail de sape, menées plus ou moins secrètes pour détruire qqn, qqch.

2. sape [sap] n.f. (de *se saper*). FAM. (Surtout au pl.). Vêtement, habit.

sapement [sapmɑ̃] n.m. - **1.** Action de saper. - **2.** Destruction d'un relief par la base, sous la forme d'une mise en porte à faux génér. due à l'action d'un cours d'eau.

saper [sape] v.t. (it. *zapparo*, de *zappa* "boyau"). - **1.** Creuser une sape sous les fondements d'une construction pour provoquer son écroulement : *Saper un mur.* - **2.** En parlant des eaux, entamer une formation à sa partie inférieure et y causer des éboulements : *La mer sape les falaises* (syn. creuser). - **3.** Chercher à détruire qqch à la base par une action progressive et secrète : *Saper le moral de la population* (syn. ébranler, miner).

se saper [sape] v.pr. (orig. obsc.). FAM. S'habiller, se vêtir : *Il se sape comme un prince*.

saperlipopette [sapɛʀlipɔpɛt] interj. Juron plaisant ou vieilli marquant souvent l'étonnement.

sapeur [sapœʀ] n.m. (de *saper*). Soldat de l'arme du génie.

sapeur-pompier [sapœʀpɔ̃pje] n.m. (pl. *sapeurs-pompiers*). Pompier.

saphique [safik] adj. Relatif au saphisme.

saphir [safiʀ] n.m. (bas lat. *sapphirus*, gr. *sappheiros*, d'orig. sémitique). - **1.** Pierre précieuse transparente, le plus souvent bleue, variété de corindon. - **2.** Petite pointe qui fait partie de la tête de lecture d'un électrophone, d'un tourne-disque. ◆ adj. inv. D'un bleu lumineux.

saphisme [safism] n.m. (du n. de *Sappho*, poétesse grecque). LITT. Homosexualité féminine (syn. lesbianisme).

sapide [sapid] adj. (lat. *sapidus*). DIDACT. Qui a de la saveur.

sapidité [sapidite] n.f. Caractère de ce qui est sapide.

sapin [sapɛ̃] n.m. (lat. *sapinus*, du gaul. *sappus*, croisé avec *pinus* "pin"). - **1.** Arbre résineux au tronc grisâtre commun dans les montagnes d'Europe occidentale entre 500 et 1 500 m et dont les feuilles, persistantes, portent deux lignes blanches en dessous (ce qui les distingue de celles de l'épicéa).

□ Ordre des conifères. - **2.** CAN., FAM. **Passer un sapin à qqn**, le berner, le duper.

sapine [sapin] n.f. (de *sapin*). - **1.** Grue fixe ou mobile de faible puissance. - **2.** Planche, solive de sapin. - **3.** Baquet en bois de sapin.

sapinière [sapinjɛʀ] n.f. Terrain planté de sapins.

saponacé, e [saponase] adj. (du lat. *sapo, -onis* "savon"). Qui a les caractères du savon, qui peut être employé aux mêmes usages que le savon.

saponaire [saponɛʀ] n.f. (lat. médiév. *saponaria*, du class. *sapo, -onis* "savon"). Plante à fleurs roses, préférant les lieux humides, dont la tige et les racines contiennent une substance (la *saponine*) qui fait mousser l'eau comme du savon. □ Famille des caryophyllacées ; haut. 50 cm.

saponification [saponifikasjɔ̃] n.f. - **1.** Transformation des matières grasses en savon à la suite de leur décomposition par une base telle que la soude. - **2.** CHIM. Action de saponifier.

saponifier [saponifje] v.t. (du lat. *sapo, -onis* "savon") [conj. 9]. - **1.** Transformer en savon : *Saponifier des huiles.* - **2.** CHIM. Décomposer un ester par une base.

sapote [sapɔt] et **sapotille** [sapɔtij] n.f. (esp. *zapote, zapotillo*, du nahuatl *tzapotl*). Grosse baie charnue et très sucrée, fruit du *sapotier*, ou *sapotillier*, arbre des Antilles.

sapristi [sapʀisti] et **sacristi** [sakʀisti] interj. (de *sacré* et *Christ*, avec modifications euphémiques). VIEILLI. Juron marquant souvent l'étonnement.

saprophyte [sapʀɔfit] n.m. et adj. (du gr. *sapros* "putride", et de *-phyte*). - **1.** Végétal qui tire sa nourriture de substances organiques en décomposition. □ Divers champignons sont saprophytes : amanites, bolets, etc. - **2.** Microbe saprophyte, germe qui vit sur un hôte sans y provoquer de maladie.

saquer v.t. → **sacquer**.

sar [saʀ] n.m. (mot prov.). Poisson comestible, commun en Méditerranée. □ Famille des sparidés.

sarabande [saʀabɑ̃d] n.f. (esp. *zarabanda*, arabo-persan *serbend* "danse"). - **1.** Danse noble et composition musicale à trois temps (XVIIe-XVIIIe s.). - **2.** FAM. Jeux bruyants, vacarme.

sarbacane [saʀbakan] n.f. (altér., d'apr. *canne*, de *sarbatane*, de l'esp. *zerbatana*, de l'ar. *zarbatana*). Long tuyau dans lequel on souffle pour lancer de petits projectiles.

sarcasme [saʀkasm] n.m. (lat. *sarcasmus*, gr. *sarkasmos*, de *sarkazein* "mordre la chair"). Raillerie insultante, ironie mordante : *Accabler qqn de sarcasmes* (syn. moquerie).

sarcastique [saʀkastik] adj. - **1.** Qui tient du sarcasme : *Rire sarcastique* (syn. sardonique). - **2.** Qui emploie le sarcasme : *Écrivain sarcastique.*

sarcelle [saʀsɛl] n.f. (lat. pop. *cercedula,* class. *querquedula*). Canard sauvage de petite taille, qui niche souvent en France. □ Long. jusqu'à 40 cm.

sarclage [saʀklaʒ] n.m. Action de sarcler : *Sarclage de la vigne.*

sarcler [saʀkle] v.t. (bas lat. *sarculare,* du class. *sarculum* "houe"). Débarrasser une culture de ses mauvaises herbes, manuellement ou à l'aide d'un outil.

sarcloir [saʀklwaʀ] n.m. Outil voisin de la houe, utilisé pour sarcler.

sarcomateux, euse [saʀkɔmatø, -øz] adj. Relatif au sarcome.

sarcome [saʀkom] n.m. (bas lat. *sarcoma,* mot gr. "excroissance de chair"). Tumeur maligne du tissu conjonctif.

sarcophage [saʀkɔfaʒ] n.m. (lat. *sarcophagus,* gr. *sarkophagos* "qui mange de la chair"). - **1.** Cercueil de pierre de l'Antiquité et du haut Moyen Âge. - **2.** Sac de couchage à capuchon.

sarcopte [saʀkɔpt] n.m. (de *sarco-* et du gr. *koptein* "couper"). Acarien parasite de l'homme et de certains vertébrés. □ La femelle provoque la gale en creusant dans l'épiderme des galeries, où elle dépose ses œufs. Long. 0,3 mm.

sardane [saʀdan] n.f. (catalan *sardana*). Air et ronde qu'on danse sur cet air, populaires en Catalogne.

sarde [saʀd] adj. et n. (lat. *Sardus,* gr. *Sardô* "Sardaigne"). De la Sardaigne. ◆ n.m. Langue romane parlée en Sardaigne.

sardine [saʀdin] n.f. (lat. *sardina,* gr. *sardênê* "[poisson] de Sardaigne"). - **1.** Poisson voisin du hareng, au dos bleu-vert, au ventre argenté et commun dans la Méditerranée et l'Atlantique. □ Famille des clupéidés ; long. 20 cm. Pendant la belle saison, les sardines se déplacent par bancs en surface ; on les pêche alors pour les consommer fraîches ou conservées dans l'huile. - **2.** FAM. Galon de sous-officier.

sardinerie [saʀdinʀi] n.f. Endroit où l'on prépare les conserves de sardines.

sardinier, ère [saʀdinje, -ɛʀ] n. - **1.** Pêcheur, pêcheuse de sardines. - **2.** Ouvrier, ouvrière travaillant à la mise en conserve de la sardine. ◆ **sardinier** n.m. Bateau pour la pêche de la sardine.

sardonique [saʀdɔnik] adj. (gr. *sardonikos* ou *sardonios,* rattaché au lat. *sardonia herba* "herbe de Sardaigne" [dont l'ingestion pro-

voque un rictus]). Qui exprime une moquerie méchante : *Un rire sardonique* (syn. sarcastique).

sargasse [saʀgas] n.f. (port. *sargaço,* du lat. *salix, -icis* "saule"). Algue brune flottante, dont l'accumulation forme, au large des côtes de Floride *(mer des Sargasses),* une couche épaisse où pondent les anguilles.

sari [saʀi] n.m. (mot hindi). En Inde, costume féminin composé d'une pièce de coton ou de soie, drapée et ajustée sans coutures ni épingles.

sarigue [saʀig] n.f. (du tupi). Mammifère de la sous-classe des marsupiaux, d'Amérique, dont la femelle possède une longue queue préhensile à laquelle s'accrochent les jeunes montés sur son dos. □ Il existe plusieurs espèces de sarigues, parmi lesquelles l'opossum.

sarment [saʀmɑ̃] n.m. (lat. *sarmentum*). - **1.** Jeune rameau de vigne. - **2.** BOT. Tige ou branche ligneuse grimpante.

saroual [saʀwal] ou **sarouel** [saʀwɛl] n.m. (ar. *sirwāl*) [pl. *sarouals* ou *sarouels*]. Pantalon traditionnel d'Afrique du Nord, à jambes bouffantes et à entrejambe bas.

1. **sarrasin, e** [saʀazɛ̃, -in] n. et adj. (bas lat. *Sarracenus,* de l'ar. *charqïyïn,* de *charkī* "oriental"). Nom par lequel les Occidentaux du Moyen Âge désignaient les musulmans.

2. **sarrasin** [saʀazɛ̃] n.m. (de 1. *sarrasin,* à cause de la couleur noire du grain). Plante herbacée annuelle, très rustique, cultivée pour ses graines riches en amidon *(blé noir).*

sarrau [saʀo] n.m. (moyen haut all. *sarrok*) [pl. *sarraus*]. - **1.** Tablier d'enfant boutonné derrière. - **2.** Blouse de travail ample que l'on porte par-dessus les vêtements.

sarriette [saʀjɛt] n.f. (dimin. de l'anc. fr. *sarrice,* lat. *satureia*). Plante aromatique utilisée dans les assaisonnements. □ Famille des labiées.

sas [sas] ou [sa] n.m. (lat. médiév. *setacium,* class. *seta* "soie de porc, crin"). - **1.** Partie d'un canal comprise entre les deux portes d'une écluse. - **2.** Petite chambre munie de deux portes étanches, permettant de mettre en communication deux milieux dans lesquels les pressions sont différentes : *Le sas d'un sous-marin.* - **3.** Tamis de crin, de soie, entouré d'un cercle de bois. - **4.** Sas de sécurité, petit local servant de passage, pour contrôler les entrées : *Sas de sécurité d'une banque, d'une ambassade.*

sassafras [sasafʀa] n.m. (esp. *sasafras,* mot amérindien). Lauracée d'Amérique, dont les feuilles sont employées comme condiment.

satané, e [satane] adj. (de *Satan*). FAM. (Avant le nom). Abominable : *Satané farceur* (syn. sacré). *Quel satané temps !* (syn. mauvais).

satanique [satanik] adj. - **1.** Propre à Satan, au satanisme : *Culte satanique*. - **2.** Qui est ou semble inspiré par Satan : *Ruse satanique* (syn. diabolique).

satellisation [satɛlizasjɔ̃] n.f. Action de satelliser ; fait d'être satellisé.

satelliser [satɛlize] v.t. - **1.** Placer un engin en orbite autour d'un astre. - **2.** Réduire un pays à la condition de satellite d'un autre pays, le rendre dépendant d'un point de vue économique et administratif.

satellite [satɛlit] n.m. (lat. *satelles, satellitis* "escorte"). - **1.** ASTRON. Corps qui gravite autour d'une planète : *Un satellite géostationnaire*. - **2.** Astre qui gravite autour d'un autre, de masse plus importante : *La Lune est le satellite de la Terre*. - **3.** Bâtiment annexe d'une aérogare, à proximité immédiate de l'aire de stationnement des avions, relié, en génér., au bâtiment principal par un couloir souterrain. - **4.** ASTRONAUT. Satellite artificiel, engin placé sur un système de transport spatial (fusée, navette) en orbite autour de la Terre ou d'un astre quelconque. ◆ adj. et n.m. Qui dépend d'un autre sur le plan politique ou économique : *Pays satellite*.

satiété [sasjete] n.f. (lat. *satietas,* de *satis* "assez"). - **1.** État d'une personne complètement rassasiée : *Boire à satiété*. - **2.** À satiété, jusqu'à la lassitude : *Répéter qqch à satiété*.

satin [satɛ̃] n.m. (ar. *zaytūnī* ; de *Zaytūn,* n. ar. d'une ville chinoise où l'on fabriquait cette étoffe). Étoffe de soie, de laine, de coton ou de fibre synthétique, fine, moelleuse et brillante.

satiné, e [satine] adj. - **1.** Qui a l'apparence, le brillant du satin : *Un papier photographique satiné. Un tissu satiné*. - **2.** Peau satinée, peau douce comme du satin.

satiner [satine] v.t. Donner à une étoffe, du papier, un métal, etc., un caractère satiné.

satinette [satinɛt] n.f. Étoffe de coton et de soie, ou de coton seul, offrant l'aspect du satin.

satire [satiʀ] n.f. (lat. *satira,* var. de *satura* "farce"). - **1.** LITTÉR. Pièce de vers dans laquelle l'auteur attaque les vices et les ridicules de son temps : *Les satires de Boileau*. - **2.** Discours, écrit, dessin, etc., qui s'attaque aux mœurs publiques ou privées, ou qui tourne qqn ou qqch en ridicule : *Ce film est une satire du monde politique*.

satirique [satiʀik] adj. et n. - **1.** LITTÉR. Qui appartient au genre de la satire : *Un poète satirique*. - **2.** Enclin à la médisance, à la raillerie, qui tient de la satire : *Chanson, dessin satirique*.

satiriste [satiʀist] n. Auteur de satires, de dessins satiriques.

satisfaction [satisfaksjɔ̃] n.f. (lat. *satisfactio*). - **1.** Action de satisfaire une réclamation, un besoin, un désir : *La satisfaction d'une envie* (syn. assouvissement). - **2.** Contentement, plaisir qui résulte de l'accomplissement de ce qu'on attend, de ce qu'on désire : *Éprouver une profonde satisfaction* (syn. joie). *Apprendre la nouvelle avec satisfaction*. - **3.** LITT. Acte par lequel on obtient la réparation d'une offense, en partic. par les armes : *Réclamer satisfaction*.

satisfaire [satisfɛʀ] v.t. (lat. *satisfacere,* de *satis* "assez" et *facere* "faire") [conj. 109]. - **1.** Accorder à qqn ce qu'il désire, répondre à sa demande : *On ne peut pas satisfaire tout le monde* (syn. contenter). - **2.** Agir de façon à contenter un désir, à assouvir un besoin : *Satisfaire son besoin d'évasion*. ◆ v.t. ind. [à]. Répondre à ce qui est exigé, remplir les conditions requises : *Satisfaire à ses obligations*. ◆ **se satisfaire** v.pr. [de]. Considérer qqch comme acceptable, s'en contenter : *Il se satisfait de cette explication*.

satisfaisant, e [satisfəzɑ̃, -ɑ̃t] adj. Qui contente, satisfait : *Réponse satisfaisante. Résultat satisfaisant*.

satisfait, e [satisfɛ, -ɛt] adj. - **1.** Content de ce qui est, ou de ce qui a été fait ou dit : *Je suis satisfait de vos progrès*. - **2.** Assouvi : *Curiosité, désir satisfaits*.

satisfecit [satisfesit] n.m. inv. (mot lat. "il a satisfait"). - **1.** LITT. Témoignage d'approbation : *Obtenir un satisfecit pour son travail*. - **2.** VX. Billet attestant le bon travail d'un élève.

satrape [satʀap] n.m. (lat. *satrapes,* mot gr., empr. au perse). Gouverneur d'une satrapie, chez les anciens Perses.

satrapie [satʀapi] n.f. Province de l'Empire perse gouvernée par un satrape.

saturant, e [satyʀɑ̃, -ɑ̃t] adj. - **1.** Qui sature, qui a la propriété de saturer. - **2.** PHYS. Vapeur saturante, vapeur d'un corps en équilibre avec la phase liquide de ce corps.

saturateur [satyʀatœʀ] n.m. - **1.** Récipient plein d'eau adapté aux radiateurs d'appartement et qui humidifie l'air par évaporation. - **2.** Appareil servant à saturer divers liquides de certains gaz.

saturation [satyʀasjɔ̃] n.f. - **1.** Action de saturer ; fait d'être saturé : *La saturation d'un marché* (syn. encombrement). *Manger jusqu'à saturation* (syn. satiété). - **2.** CHIM. Transformation en liaisons simples des liaisons multiples d'un composé organique.

saturé, e [satyʀe] adj. - **1.** Qui est rempli, imprégné à l'excès de qqch : *Sol saturé de sel*. - **2.** Encombré à l'excès : *Marché saturé. Autoroute saturée*. - **3.** Qui a atteint le degré au-delà duquel qqch n'est plus supportable : *Être saturé de publicité.* **- 4.** Se dit d'une solution qui ne peut dissoudre une quantité supplémentaire de la substance dissoute. **- 5.** CHIM. Se dit d'un composé organique ne possédant pas de liaisons multiples.

saturer [satyʀe] v.t. (lat. *saturare* "rassasier"). **- 1.** Encombrer, remplir à l'excès : *Ne pas saturer un marché.* **- 2.** Amener une solution à contenir la plus grande quantité possible de corps dissous. **- 3.** CHIM. Transformer les liaisons multiples d'un composé en liaisons simples.

saturnales [satyʀnal] n.f. pl. (lat. *saturnalia*). Fêtes de la Rome antique célébrées au solstice d'hiver en l'honneur de Saturne, durant lesquelles régnait la plus grande licence.

saturnisme [satyʀnism] n.m. (de *saturne*, n. donné au plomb par les alchimistes). MÉD. Intoxication chronique par les sels de plomb.

satyre [satiʀ] n.m. (lat. *satyrus*, gr. *saturos*). **- 1.** MYTH. GR. Demi-dieu rustique à jambes de bouc, avec de longues oreilles pointues, des cornes et une queue, et au corps couvert de poils (syn. silène). **- 2.** Exhibitionniste. **- 3.** ZOOL. Papillon de jour aux grandes ailes variées de brun, de roux, de gris et de jaune.

sauce [sos] n.f. (lat. pop. **salsa*, du class. *salsus* "salé"). **- 1.** Préparation plus ou moins liquide servie avec certains aliments : *Une sauce au vin blanc. Une sauce tomate.* **- 2.** FAM. Ce qui est accessoire ; accompagnement souvent inutile : *Allonger la sauce.* **- 3.** Crayon noir très friable pour dessiner à l'estompe. **- 4.** En sauce, se dit d'un mets accompagné d'une sauce. ‖ FAM. Mettre qqn, qqch à toutes les sauces, l'utiliser de toutes sortes de façons.

saucée [sose] n.f. (de *saucer*). FAM. Averse.

saucer [sose] v.t. (conj. 16). **- 1.** Débarrasser de la sauce avec un morceau de pain : *Saucer son assiette.* **- 2.** FAM. Être saucé, se faire saucer, être mouillé par une pluie abondante.

saucier [sosje] n.m. **- 1.** Cuisinier chargé des sauces. **- 2.** Appareil électroménager pour faire les sauces.

saucière [sosjɛʀ] n.f. Récipient dans lequel on sert une sauce sur la table.

saucisse [sosis] n.f. (lat. pop. **salsicia*, du class. *salsicius*, de *salsus* "salé"). Produit de charcuterie, boyau rempli de chair de porc, de bœuf, etc., hachée et assaisonnée.

saucisson [sosisɔ̃] n.m. (it. *salsiccione*). **- 1.** Grosse saucisse que l'on consomme crue ou cuite. **- 2.** Charge de poudre ayant la forme d'un long rouleau.

saucissonner [sosisɔne] v.i. (de *saucisson*). FAM. Prendre un repas froid sur le pouce :

Saucissonner sur l'herbe (syn. pique-niquer). ◆ v.t. FAM. **- 1.** Diviser en tranches, tronçonner : *Saucissonner un livre en fascicules.* **- 2.** Ficeler, attacher comme un saucisson.

1. sauf, sauve [sof, sov] adj. (lat. *salvus*). **- 1.** Sauvé, tiré d'un péril de mort : *Avoir la vie sauve. Être sain et sauf.* **- 2.** Qui n'est point atteint : *L'honneur est sauf* (syn. intact).

2. sauf [sof] prép. (de *1. sauf*). **- 1.** Marque l'exception : *J'ai toute la collection sauf deux numéros* (syn. hormis, excepté). **- 2.** Sous la réserve de ; excepté le cas de : *Sauf erreur. Sauf avis contraire.* **- 3.** LITT. Sauf à (+ inf.), quitte à : *Décidons de clore le débat, sauf à le reprendre plus tard* (= ce qui ne nous empêche pas de le reprendre). ‖ FAM. Sauf que, excepté que : *Tout a bien marché, sauf qu'on s'est ennuyé* (= sinon que). ‖ Sauf votre respect, sauf le respect que je vous dois, expressions utilisées pour s'excuser d'une formule que l'on trouve choquante, irrévérencieuse.

sauf-conduit [sofkɔ̃dɥi] n.m. (pl. *sauf-conduits*). Permission donnée par une autorité d'aller en quelque endroit, d'y séjourner un certain temps et de s'en retourner librement, sans crainte d'être arrêté : *Solliciter un sauf-conduit.*

sauge [soʒ] n.f. (lat. *salvia*, de *salvus* "sauf"). Plante à fleurs, ligneuse ou herbacée, dont diverses variétés sont cultivées pour leurs propriétés toniques ou comme plantes ornementales. □ Famille des labiées. La sauge officinale est utilisée en cuisine et en pharmacie.

saugrenu, e [sogʀəny] adj. (de *sau*, forme de *sel* et *grenu*, de *grain*). D'une bizarrerie ridicule : *Question saugrenue* (syn. absurde).

saulaie [solɛ] et **saussaie** [sosɛ] n.f. Lieu planté de saules.

saule [sol] n.m. (frq. **sahla*, a éliminé l'anc. fr. *saus*, du lat. *salix*). Arbre ou arbrisseau à feuilles lancéolées, vivant près de l'eau. □ Famille des salicacées. Le saule pleureur a des rameaux retombants.

saumâtre [somɑtʀ] adj. (lat. pop. **salmaster*, du class. *salmacidus*). **- 1.** Qui a un goût salé ; qui est mélangé d'eau de mer : *Eaux saumâtres.* **- 2.** FAM. La trouver saumâtre, trouver qqch très désagréable, de mauvais goût.

saumon [somɔ̃] n.m. (lat. *salmo, salmonis*). Poisson voisin de la truite, à chair rose-orangé, atteignant jusqu'à 1,50 m de long. □ Famille des salmonidés. ◆ adj. inv. D'une teinte rose-orangé qui rappelle la chair du saumon.

saumoné, e [somone] adj. Se dit des poissons à la chair rose-orangé, comme celle du saumon : *Truite saumonée.*

saumurage [somyʀaʒ] n.m. Action de saumurer.

saumure [somyʀ] n.f. (lat. pop. *salmuria,* du class. *sal* "sel" et *muria* "saumure"). - **1.** Solution aqueuse de sel, dans laquelle on conserve des viandes, des poissons ou des légumes. - **2.** Eau salée concentrée qu'on évapore pour en retirer le sel.

saumurer [somyʀe] v.t. Conserver dans la saumure.

sauna [sona] n.m. (mot finnois). - **1.** Bain de vapeur sèche, d'origine finlandaise. - **2.** Établissement où l'on prend ce bain. - **3.** Appareil permettant de prendre ce bain.

saunier [sonje] n.m. (lat. pop. *salinarius*). - **1.** Personne qui travaille à la production du sel. - **2.** Celui qui le vend. - **3.** HIST. Faux saunier, celui qui se livrait à la contrebande du sel.

saupoudrage [sopudʀaʒ] n.m. Action de saupoudrer.

saupoudrer [sopudʀe] v.t. (de *sau,* forme atone de *sel* et *poudrer*). - **1.** Poudrer de sel, de farine, de sucre, etc. : *Saupoudrer un gâteau de sucre.* - **2.** Mettre qqch en divers endroits : *Saupoudrer son discours de citations* (syn. parsemer).

saupoudreuse [sopudʀøz] n.f. Flacon à bouchon percé de trous, servant à saupoudrer.

saur [sɔʀ] adj.m. (moyen néerl. *soor* "séché"). Hareng saur, hareng salé puis séché à la fumée.

saurien [soʀjɛ̃] n.m. (gr. *saura* "lézard"). Syn. de *lacertilien.*

saussaie n.f. → **saulaie.**

saut [so] n.m. (lat. *saltus*). - **1.** Mouvement brusque avec détente musculaire, par lequel le corps s'enlève du sol et se projette en l'air. - **2.** Action de sauter d'un lieu élevé à un lieu plus bas : *Saut en parachute.* - **3.** Exercice physique qui consiste à sauter de telle ou telle manière : *Saut à la corde.* - **4.** Mode de déplacement de certains animaux (sauterelle, lapin, grenouille, etc.). - **5.** Passage sans transition à une situation, à un état, à un degré différents : *Saut dans l'inconnu.* - **6.** SPORTS. Nom donné à diverses épreuves d'athlétisme exigeant que l'athlète décolle du sol : *Saut en hauteur* (= dans le sens vertical, au-dessus d'une barre et sans l'aide d'aucun instrument). *Saut en longueur* (= dans le sens horizontal). *Triple saut* (= enchaînement de trois sauts en longueur exécutés différemment). *Saut à la perche* (= dans le sens vertical, au-dessus d'une barre, en s'aidant d'une perche* en fibre de verre). - **7.** INFORM. Instruction provoquant une modification de la séquence normale des instructions d'un programme d'ordinateur. - **8.** Au saut du lit, dès le lever. ‖ Faire le saut, se décider à faire qqch qui posait

problème ; franchir le pas. ‖ FAM. **Faire un saut quelque part,** y passer rapidement. ‖ **Saut périlleux,** saut acrobatique sans appui consistant en une rotation du corps dans l'espace (syn. salto). ◆ **sauts** n.m. pl. CHORÉGR. Ensemble de tous les temps d'élévation, simples ou battus, avec ou sans parcours.

saut-de-lit [sodli] n.m. (pl. *sauts-de-lit*). Peignoir léger porté par les femmes au sortir du lit.

saute [sot] n.f. (de *sauter*). Changement brusque : *Saute d'humeur. Saute de température. Saute de vent.*

sauté [sote] n.m. (de *sauter*). Aliment en morceaux cuit à feu vif avec un corps gras dans une sauteuse ou une poêle : *Un sauté de veau.*

saute-mouton [sotmutɔ̃] n.m. inv. Jeu dans lequel un joueur saute par-dessus un autre joueur qui se tient courbé.

sauter [sote] v.i. (lat. *saltare* "danser", de *salire* "sauter"). - **1.** S'élever de terre avec effort ou s'élancer d'un lieu dans un autre : *Sauter haut. Sauter sur la table* (syn. bondir). *Sauter à pieds joints.* - **2.** S'élancer d'un lieu élevé vers le bas : *Sauter en parachute.* - **3.** S'élancer et saisir avec vivacité : *Sauter à la gorge de qqn* (syn. assaillir, attaquer). - **4.** Passer d'une chose à une autre sans transition : *Sauter d'un sujet à l'autre. Sauter de troisième en première.* - **5.** Être projeté ou déplacé soudainement : *Le bouchon de la bouteille a sauté.* - **6.** Être détruit par une explosion, voler en éclats : *La poudrière a sauté.* - **7.** Être affecté de brusques variations : *L'image de télévision saute.* - **8.** Fondre, en parlant de fusibles : *Les plombs ont sauté.* - **9.** Être oublié, effacé, annulé : *Un mot a sauté dans la phrase. Faire sauter une contravention.* - **10.** Faire sauter un aliment, le faire revenir à feu vif, avec un corps gras : *Faire sauter un poulet. Pommes de terre sautées.* - **11.** FAM. **Et que ça saute !** dépêchez-vous ! ‖ FAM. **Faire sauter qqn,** lui faire perdre sa place. ‖ **Faire sauter une serrure,** la forcer. ‖ FAM. **Sauter aux nues, au plafond,** se mettre en colère, être fort surpris. ‖ FAM. **Se faire sauter la cervelle,** se tuer d'un coup de pistolet à la tête. ◆ v.t. - **1.** Franchir en faisant un saut : *Sauter un fossé.* - **2.** Omettre : *Sauter un repas.* - **3.** Passer qqch pour aller directement à ce qui suit : *Sauter son tour. Sauter une classe.*

sauterelle [sotʀɛl] n.f. (de *sauter*). - **1.** Insecte sauteur de couleur jaune ou verte, aux longues pattes postérieures et à tarière chez la femelle. □ On appelle abusivement *sauterelle* le *criquet,* et en partic. le criquet pèlerin : tous deux appartiennent à l'ordre des orthoptères, mais le criquet est plutôt gris ou brun et n'a jamais de tarière. -2. FAM. Personne maigre.

sauterie [sotʀi] n.f. (de *sauter*). FAM. Petite réunion dansante.

sauteur, euse [sotœʀ, -øz] n. et adj. -1. SPORTS. Athlète spécialisé dans les épreuves de saut : *Sauteur en hauteur*. -2. Cheval dressé pour le saut d'obstacles. -3. ZOOL. Insecte orthoptère qui a les pattes postérieures propres au saut. ◆ adj. Scie sauteuse, scie à lame très étroite utilisée pour le découpage de planches de bois de faible épaisseur (on dit aussi *une sauteuse*).

sauteuse [sotøz] n.f. Casserole à bords bas, pour faire sauter les aliments.

sautillant, e [sotijɑ̃, -ɑ̃t] adj. Qui sautille, qui se déplace par petits bonds : *Une allure sautillante*.

sautillement [sotijmɑ̃] n.m. Action de sautiller : *Le sautillement des oiseaux*.

sautiller [sotije] v.i. -1. Avancer par petits sauts : *Marcher en sautillant. Danser en sautillant*. -2. S'exprimer de façon décousue, en petites phrases : *Sautiller d'un sujet à un autre*.

sautoir [sotwaʀ] n.m. (de *sauter*). -1. Collier féminin très long. -2. SPORTS. Aire sur laquelle un sauteur prend son élan et se reçoit. -3. Disposition de deux objets mis l'un sur l'autre de manière à former une espèce d'x ou de croix de Saint-André : *Deux épées en sautoir sur un cercueil*. ◆ Porter une décoration en sautoir, en porter le ruban ou le cordon en forme de collier tombant en pointe sur la poitrine.

sauvage [sovaʒ] adj. (bas lat. *salvaticus*, altér. du class. *silvaticus*, de *silva* "forêt"). -1. Qui n'est pas apprivoisé : *Animaux sauvages*. -2. Qui pousse naturellement, sans culture : *Chicorée sauvage*. -3. Désert, inculte : *Site sauvage*. -4. Qui a qqch de féroce, de cruel, de violent, de grossier : *Haine sauvage*. -5. Qui s'organise spontanément, en dehors des lois, des règlements : *Grève, vente sauvage*. ◆ adj. et n. -1. Qui n'est pas civilisé, qui vit en dehors de la civilisation : *Peuplade sauvage*. -2. Qui fuit la société des hommes, qui vit seul : *On ne le voit jamais avec qqn, c'est un vrai sauvage* (syn. solitaire).

sauvagement [sovaʒmɑ̃] adv. Avec sauvagerie.

1. sauvageon [sovaʒɔ̃] n.m. AGRIC. Jeune arbre poussé sans avoir été cultivé.

2. sauvageon, onne [sovaʒɔ̃, -ɔn] n. Enfant farouche, sauvage.

sauvagerie [sovaʒʀi] n.f. -1. Caractère de celui qui fuit la société, les contacts humains : *Enfant d'une grande sauvagerie*. -2. Caractère, comportement de celui qui agit avec violence, haine, cruauté : *Frapper qqn avec sauvagerie*.

sauvagine [sovaʒin] n.f. (de *sauvage*). -1. Gibier d'eau (mer, rivière, marais) caractérisé par un goût, une odeur particuliers. -2. Peaux de petits animaux à fourrure (renards, fouines, blaireaux, etc.), servant à faire des fourrures communes.

sauvegarde [sovgaʀd] n.f. (de *1. sauf* et *garde*). -1. Garantie, protection accordées par une autorité ou assurées par une institution : *Les lois sont la sauvegarde de la liberté*. -2. Protection, défense : *Servir de sauvegarde*. -3. INFORM. Copie destinée à éviter l'effacement de données, de résultats : *Une disquette de sauvegarde*. -4. MAR. Corde, chaîne qui empêche le gouvernail ou tout autre objet de tomber à la mer.

sauvegarder [sovgaʀde] v.t. -1. Effectuer la protection, la défense de qqch : *Sauvegarder l'indépendance d'un pays* (syn. protéger, défendre, préserver). -2. INFORM. Effectuer une sauvegarde par copie périodique des informations : *Sauvegarder un fichier sur une disquette* (syn. sauver).

sauve-qui-peut [sovkipø] n.m. inv. (de *sauver* et *pouvoir*, propr. "que se sauve celui qui le peut"). Fuite désordonnée, débandade générale due à une panique.

sauver [sove] v.t. (bas lat. *salvare*, du class. *salvus* "sauf"). -1. Tirer qqn du danger, de la mort, du malheur : *Sauver qqn de la noyade*. -2. Préserver de la perte, de la destruction : *Sauver un vieux quartier*. -3. Pallier, masquer ce qui est défectueux : *La forme de ce livre sauve le fond*. -4. RELIG. Procurer le salut éternel. -5. INFORM. Sauvegarder. -6. FAM. Sauver les meubles, réussir à tirer d'un désastre ce qui permet de survivre. ◆ **se sauver** v.pr. -1. Fuir, s'échapper : *Se sauver à toutes jambes*. -2. FAM. S'en aller vivement ; prendre congé rapidement : *Je me sauve, il est tard*. -3. RELIG. Assurer son salut éternel.

sauvetage [sovtaʒ] n.m. -1. Action de soustraire qqn, qqch à ce qui menace sa vie, sa sécurité : *Équipe de sauvetage*. -2. Action de tirer qqn, qqch d'une situation critique : *Sauvetage d'une entreprise en difficulté*. -3. MAR. Secours porté à un navire ou à un engin flottant par un autre navire. -4. Ceinture, brassière ou gilet de sauvetage, accessoire gonflable ou constitué d'un matériau insubmersible et qui permet à une personne de se maintenir à la surface de l'eau.

sauveteur [sovtœʀ] n.m. Personne qui prend part à un sauvetage, qui le réalise.

à la sauvette [sovεt] loc. adv. (de *se sauver*). -1. Avec hâte, avec le sentiment d'être soupçonné : *Il est parti à la sauvette*. -2. Vente à la sauvette, vente sur la voie publique sans autorisation.

sauveur [sovœʀ] n.m. et adj.m. (lat. ecclés. *salvator*, *-oris*). - **1.** Celui qui sauve, qui apporte le salut. - **2.** (Précédé de l'art. déf., avec une majuscule). Jésus-Christ.

savamment [savamɑ̃] adv. - **1.** De façon savante : *Discuter savamment d'une question* (syn. doctement). - **2.** Avec habileté : *Intrigue savamment concertée* (syn. adroitement, habilement). - **3.** En connaissance de cause : *Ce n'est pas facile d'obtenir des crédits, j'en parle savamment.*

savane [savan] n.f. (esp. *sabana*, d'une langue d'Haïti). - **1.** Formation végétale à hautes herbes caractéristique des régions chaudes à longue saison sèche. - **2.** CAN. Terrain marécageux. - **3.** CRÉOL. Place principale d'une ville.

savant, e [savɑ̃, -ɑ̃t] adj. (de *savoir*). - **1.** Qui a des connaissances étendues dans divers domaines ou dans une discipline particulière : *C'est une femme très savante en astronomie* (syn. érudit, instruit). - **2.** Qui porte la marque de connaissances approfondies : *Un savant exposé.* - **3.** Qui dénote du savoir-faire, de l'habileté : *Manœuvre savante* (syn. astucieux, ingénieux). - **4.** Difficile à comprendre : *Un problème de géométrie trop savant pour des élèves de ce niveau* (syn. ardu, compliqué, dur). - **5.** Se dit d'un animal dressé à exécuter certains tours ou exercices : *Chien savant.* - **6.** LING. Se dit d'une forme qui résulte d'un emprunt direct et non d'une évolution phonétique (par opp. à *populaire*). - **7.** Société savante, association dont les membres rendent compte de leurs travaux et recherches, se réunissent pour en discuter. ◆ **savant** n.m. Personne qui a une compétence exceptionnelle dans une discipline scientifique : *Marie Curie a été un grand savant.*

savarin [savaʀɛ̃] n.m. (de [*Brillat-*]*Savarin*, gastronome et écrivain). Gâteau en pâte levée, ayant la forme d'une couronne, imbibé de rhum ou de kirsch et souvent garni de crème.

savate [savat] n.f. (turc *çabata*, par l'it. *ciabatta*). - **1.** Pantoufle, chaussure vieille et usée. - **2.** Sport de combat codifié, dans lequel on peut frapper avec les pieds et les poings, proche de la boxe française. - **3.** FAM. Traîner la savate, être dans l'indigence ; ne rien faire.

savetier [savtje] n.m. vx. Cordonnier.

saveur [savœʀ] n.f. (du lat. *sapor*, *-oris*). - **1.** Sensation produite par certains corps sur l'organe du goût : *Saveur piquante, amère* (syn. goût). - **2.** Ce qui est susceptible de plaire par son originalité : *Un récit plein de saveur* (syn. charme, piquant, sel).

1. savoir [savwaʀ] v.t. (du lat. *sapere* "avoir du goût") [conj. 59]. - **1.** Être instruit dans (qqch), posséder un métier, être capable d'exercer une activité dont on a la pratique : *Savoir nager. Savoir l'anglais* (syn. connaître). - **2.** Avoir le pouvoir, le talent, le moyen : *Savoir se défendre.* - **3.** Avoir dans la mémoire, de manière à pouvoir répéter : *Savoir sa leçon.* - **4.** Être informé de : *Savoir un secret.* - **5.** Prévoir : *Qui sait ce qui nous attend ?* - **6.** BELG. Être en mesure de : *Je ne saurai pas venir* (syn. pouvoir). - **7.** À savoir, savoir, marquent une énumération : *Il y a trois solutions, à savoir...* ‖ À savoir que, introduit une explication : *Vous oubliez une chose, à savoir qu'il est en vacances.* ‖ Faire savoir, informer : *Elle nous a fait savoir que la réunion s'était bien passée* (= elle nous l'a appris). ‖ Que je sache, autant que je peux en juger. ‖ Qui sait ?, ce n'est pas impossible ; peut-être. ◆ **se savoir** v.pr. - **1.** Avoir conscience d'être dans telle situation : *Malade qui se sait incurable.* - **2.** Être su, connu : *Cela finira par se savoir* (syn. filtrer, se répandre).

2. savoir [savwaʀ] n.m. (de *1. savoir*). Ensemble des connaissances acquises par l'étude : *Une personne qui possède un grand savoir* (syn. culture, érudition, instruction).

savoir-faire [savwaʀfɛʀ] n.m. inv. Habileté à réussir ce qu'on entreprend ; compétence professionnelle : *Faites-lui confiance, il a du savoir-faire* (syn. compétence, talent).

savoir-vivre [savwaʀvivʀ] n.m. inv. Connaissance et pratique des usages du monde : *Ils n'ont aucun savoir-vivre* (syn. correction, éducation).

savon [savɔ̃] n.m. (lat. *sapo*, *-onis*; du germ. **saipon*). - **1.** Produit obtenu par l'action d'une base sur un corps gras, et servant au nettoyage ainsi qu'au blanchissage ; morceau moulé de ce produit : *Un savon doux. Du savon en poudre. Du savon liquide.* - **2.** FAM. Verte réprimande ; remontrance : *Passer un savon à qqn.* - **3.** Bulle de savon, bulle transparente, irisée, que l'on produit en soufflant de l'air dans l'eau chargée de savon.

savonnage [savɔnaʒ] n.m. Lavage au savon : *Savonnage des cols et des poignets de chemises.*

savonner [savɔne] v.t. - **1.** Laver au savon : *Savonne tes mains, elles sont très sales.* - **2.** FAM. Réprimander : *Son père l'a savonné quand il est rentré* (syn. chapitrer, sermonner).

savonnerie [savɔnʀi] n.f. Établissement industriel où l'on fabrique le savon.

savonnette [savɔnɛt] n.f. Petit savon parfumé pour la toilette.

savonneux, euse [savɔnø, -øz] adj. - **1.** Qui contient du savon : *Eau savonneuse.* - **2.** Mou et onctueux comme le savon : *Argile savonneuse.*

1. savonnier, ère [savɔnje, -ɛʀ] adj. Relatif au savon, à sa fabrication, à son commerce :

Industrie savonnière. ◆ **savonnier** n.m. Fabricant de savon ; ouvrier qui travaille dans une savonnerie.

2. **savonnier** [savɔnje] n.m. (de *savon*). Arbre des régions chaudes d'Asie et d'Amérique dont l'écorce et les graines font mousser l'eau comme du savon. □ Famille des sapindacées.

savourer [savuʀe] v.t. (de *saveur*). - **1.** Goûter lentement avec attention et plaisir : *Savourer une tasse de café* (syn. déguster). - **2.** Jouir sans réserve de qqch : *Savourer sa vengeance* (syn. se délecter de, se repaître de).

savoureux, euse [savuʀø, -øz] adj. - **1.** Qui a une saveur très agréable : *Goûte ce sorbet, il est savoureux* (syn. délicieux, succulent). - **2.** Qu'on entend ou qu'on voit avec grand plaisir, qui a du piquant : *Il connaît des histoires savoureuses* (syn. délectable).

savoyard, e [savwajaʀ, -aʀd] adj. et n. De la Savoie.

saxe [saks] n.m. Porcelaine de Saxe : *Une collection de saxes.*

saxhorn [saksɔʀn] n.m. (de *Sax,* n. de l'inventeur, et de l'all. *Horn* "cor"). Instrument de musique à vent, en cuivre, à embouchure et à pistons : *Famille des saxhorns* (= qui comprend les bugles et le tuba).

saxifrage [saksifʀaʒ] n.f. (bas lat. *saxifraga* [*herba*], du class. *saxifragum* "[herbe qui] brise les rochers", de *saxum* "roc" et de *frangere* "briser"). Plante herbacée qui pousse au milieu des pierres et dont on cultive certaines espèces ornementales.

saxophone [saksɔfɔn] n.m. (de *Sax,* n. de l'inventeur, et de *-phone*). Instrument de musique à vent à anche simple, muni d'un bec semblable à celui de la clarinette et de clés (abrév. *saxo*). □ Quatre modèles sont surtout utilisés : le soprano, l'alto, le ténor, le baryton.

saxophoniste [saksɔfɔnist] n. Musicien qui joue du saxophone (abrév. *saxo*).

saynète [sɛnɛt] n.f. (esp. *sainete* "morceau délicat", dimin. de *sain* "graisse", rattaché à *scène*). - **1.** LITTÉR. Petite pièce comique du théâtre espagnol. - **2.** Petite pièce comique, à deux ou trois personnages (syn. sketch).

sbire [sbiʀ] n.m. (it. *sbirro,* altér. de *birro,* du lat. *birrus* "roux", gr. *purrhos* "couleur de feu", à cause de la casaque rouge des sbires ou de la valeur symbolique du rouge). Individu chargé d'exécuter certaines basses besognes : *Le maffioso et ses sbires* (= les hommes de main).

scabreux, euse [skabʀø, -øz] adj. (bas lat. *scabrosus,* du class. *scaber* "rude, rugueux"). - **1.** Qui présente des difficultés, des risques : *Une entreprise scabreuse* (syn. dangereux, périlleux, risqué). - **2.** De nature à choquer la décence : *Un sujet scabreux* (syn. indécent, licencieux, osé).

1. **scalaire** [skalɛʀ] adj. (angl. *scalar,* du lat. *scalaris* "d'escalier"). - **1.** MATH. Se dit d'une grandeur entièrement définie par sa mesure. - **2.** Produit scalaire de deux vecteurs, somme des produits de leurs composantes de même rang ramenées à une base orthonormée. ◆ n.m. Élément du corps des réels ou des complexes sur lequel est défini un espace vectoriel.

2. **scalaire** [skalɛʀ] n.m. (lat. *scalaris,* de *scalae* "escalier"). Poisson d'Amérique du Sud à corps aplati verticalement, souvent élevé en aquarium. □ Long. 15 cm env.

scalène [skalɛn] adj. et n.m. (lat. *scalenus,* gr. *skalênos* "oblique"). ANAT. Se dit des muscles inspirateurs tendus entre les vertèbres cervicales et les deux premières paires de côtes. ◆ adj. MATH. Se dit d'un triangle dont les trois côtés sont de longueur inégale.

scalp [skalp] n.m. (mot angl. "cuir chevelu"). Chevelure détachée du crâne avec la peau et que certains Indiens d'Amérique conservaient comme trophée.

scalpel [skalpɛl] n.m. (lat. *scalpellum,* de *scalpere* "inciser"). Instrument en forme de petit couteau à manche étroit et à lame, qui sert pour inciser et disséquer.

scalper [skalpe] v.t. (angl. *to scalp*). Détacher la peau du crâne avec un instrument tranchant.

scandale [skãdal] n.m. (bas lat. *scandalum* "piège, obstacle", du gr.). - **1.** Effet fâcheux, indignation produits dans l'opinion publique par un fait, un acte estimé contraire à la morale, aux usages : *Sa grossièreté a fait scandale.* - **2.** Affaire malhonnête qui émeut l'opinion publique : *Un scandale financier.* - **3.** Querelle bruyante ; tapage : *Faire du scandale* (syn. esclandre). - **4.** Fait qui heurte la conscience, le bon sens, la morale, suscite l'émotion, la révolte : *Le scandale de la faim dans le monde* (syn. honte).

scandaleusement [skãdaløzmã] adv. De façon scandaleuse : *Star qui vit scandaleusement.*

scandaleux, euse [skãdalø, -øz] adj. - **1.** Qui cause ou est capable de causer du scandale : *Vie scandaleuse* (syn. choquant, déshonorant). - **2.** Qui choque par son excès : *Prix scandaleux* (syn. honteux, révoltant).

scandaliser [skãdalize] v.t. (bas lat. *scandalizare*). Soulever l'indignation de, choquer très vivement : *Sa conduite scandalise tout le monde* (syn. choquer, offusquer). *L'acquittement de ce criminel a scandalisé l'opinion* (syn. horrifier, outrer). ◆ **se scandaliser** v.pr. [de].

Ressentir de l'indignation à propos de qqch : *Beaucoup se sont scandalisés de sa conduite* (syn. s'indigner, s'offusquer).

scander [skɑ̃de] v.t. (lat. *scandere* "monter"). - **1.** MÉTR. Prononcer un vers grec ou latin en le rythmant, en marquant l'alternance des longues et des brèves et en insistant sur les temps forts. - **2.** Prononcer une phrase, des mots en détachant les groupes de mots ou de syllabes : *Manifestants qui scandent des slogans.*

scandinave [skɑ̃dinav] adj. et n. (lat. *Scandinavia,* anc. germ. **skadinaja*). - **1.** De la Scandinavie. - **2.** Langues scandinaves, langues nordiques.

scanner [skanɛʁ] n.m. (de l'angl. *to scan* "examiner"). - **1.** MÉD. Appareil d'exploration du corps humain, qui associe la technique des rayons X et l'informatique (syn. tomodensitomètre). [Recomm. off. *scanographe.*] - **2.** Appareil de télédétection utilisé en cartographie et capable de capter, grâce à un dispositif opérant par balayage, les radiations émises par des surfaces étendues. (Recomm. off. *scanneur.*) - **3.** IMPR. Appareil servant à réaliser, par balayage électronique d'un document original en couleurs, les sélections nécessaires à sa reproduction.

scanographie [skanɔgʁafi] n.f. MÉD. - **1.** Tomodensitométrie. - **2.** Image obtenue par tomodensitométrie, à l'aide d'un scanner.

scansion [skɑ̃sjɔ̃] n.f. MÉTR. Action ou façon de scander des vers.

scaphandre [skafɑ̃dʁ] n.m. (du gr. *skaphê* "barque" et *anêr, andros* "homme"). - **1.** Équipement hermétiquement clos, dans lequel est assurée une circulation d'air au moyen d'une pompe, et dont se revêtent les plongeurs pour travailler sous l'eau. - **2.** Scaphandre autonome, appareil respiratoire individuel permettant à un plongeur d'évoluer sous les eaux sans lien avec la surface. ‖ Scaphandre spatial, équipement que portent les astronautes à l'intérieur de leurs vaisseaux, lors du lancement et du retour, ou pour sortir dans l'espace.

scaphandrier [skafɑ̃dʁije] n.m. Plongeur utilisant un scaphandre non autonome.

1. scapulaire [skapylɛʁ] adj. (lat. médiév. *scapulare,* du class. *scapula* "épaule"). - **1.** ANAT. Relatif à l'épaule. - **2.** Ceinture scapulaire, squelette de l'épaule, formé de deux os chez l'homme et les mammifères, auxquels s'adjoint l'os dit *coracoïde* chez les autres tétrapodes.

2. scapulaire [skapylɛʁ] n.m. (du lat. *scapula* "épaule"). CATH. Pièce du costume monastique consistant en un capuchon et deux pans d'étoffe rectangulaires couvrant les épaules et retombant jusqu'aux pieds.

scarabée [skaʁabe] n.m. (lat. *scarabeus,* gr. *karabos*). Insecte coléoptère lamellicorne dont il existe de nombreuses espèces. □ Famille des scarabéidés.

scarificateur [skaʁifikatœʁ] n.m. - **1.** AGRIC. Instrument agricole équipé de dents métalliques, servant à ameublir la terre sans la retourner. - **2.** CHIR. Instrument pour faire de petites incisions sur la peau.

scarification [skaʁifikasjɔ̃] n.f. (lat. *scarificatio*). - **1.** Petite incision superficielle de la peau (notamm., incision faite avec une petite lancette pour les cuti-réactions ou certaines vaccinations). - **2.** AFR. (Souvent au pl.). Incision superficielle de la peau pratiquée de manière à laisser une cicatrice, dans un dessein symbolique ou rituel ; cicatrice laissée par une telle incision.

scarifier [skaʁifje] v.t. (lat. *scarificare,* du gr. *skariphasthai,* de *skariphos* "stylet") [conj. 9]. Faire des scarifications, des incisions sur : *Scarifier la peau.*

scarlatine [skaʁlatin] n.f. (lat. médiév. *scarlatinum,* du lat. *scarlatum* "écarlate"). Maladie fébrile contagieuse, caractérisée par l'existence de plaques écarlates sur la peau et les muqueuses.

scarole [skaʁɔl] n.f. (it. *scariola,* du bas lat. *escariola* "endive"). Chicorée à larges feuilles, mangée en salade.

scatologie [skatɔlɔʒi] n.f. (du gr. *skôr, skatos* "excrément", et de *-logie*). Propos ou écrits grossiers où il est question d'excréments.

scatologique [skatɔlɔʒik] adj. Relatif à la scatologie.

sceau [so] n.m. (lat. pop. **sigellum,* class. *sigillum,* de *signum* "marque"). - **1.** Cachet officiel sur lequel sont gravées des armes, une devise ou une effigie et qui authentifie un acte : *Le sceau de l'État, de l'Université.* - **2.** L'empreinte même de ce cachet sur la cire : *Apposer son sceau sur un traité.* - **3.** LITT. Caractère distinctif ; ce qui donne une marque particulière, éminente : *Récit marqué du sceau de la sincérité* (syn. cachet, empreinte). - **4.** Sous le sceau du secret, sous la condition que le secret sera bien gardé.

scélérat, e [selera, -at] n. (lat. *sceleratus,* de *scelus, sceleris* "crime"). Personne qui a commis ou qui est capable de commettre des crimes : *La bande de scélérats est sous les verrous* (syn. bandit, criminel). ◆ adj. LITT. Qui manifeste des intentions ou des sentiments criminels ou perfides : *Conduite scélérate* (syn. ignoble, vil).

scélératesse [seleratɛs] n.f. LITT. - **1.** Caractère, manière d'agir d'un scélérat : *Il a eu la scélératesse de m'accuser* (syn. perfidie). - **2.** Action scélérate : *Capable des pires scélératesses* (syn. noirceur, vilenie).

scellement [sɛlmɑ̃] n.m. Action de fixer une pièce dans un trou (en génér. de maçonnerie) ou sur un support, à l'aide d'un liant qui s'y durcit : *Le scellement d'une grille.*

sceller [sele] v.t. (du lat. *sigillare*). - **1.** Appliquer un sceau sur : *Sceller un acte à la cire rouge.* - **2.** Apposer les scellés sur : *Sceller la porte d'un logement.* - **3.** Fermer hermétiquement. - **4.** Faire un scellement : *Sceller un lavabo.* - **5.** Confirmer solennellement : *Sceller un pacte de non-agression* (syn. entériner, ratifier). - **6.** Sceller une lettre, la cacheter.

scellés [sele] n.m. pl. (de *sceller*). Ensemble de la bande de papier ou d'étoffe et des cachets de cire revêtus d'un sceau officiel, apposé par autorité de justice pour empêcher l'ouverture d'un meuble, d'un local : *Briser les scellés.*

scénario [senarjo] n.m. (mot it., du lat. *scena* "scène"). - **1.** Canevas d'une pièce, d'un roman (syn. plan). - **2.** CIN. Document écrit décrivant scène par scène ce qui sera tourné (syn. script, synopsis). - **3.** Récit d'une bande dessinée. - **4.** Déroulement programmé ou prévu d'une action : *Le cambriolage s'est déroulé selon le scénario habituel* (syn. schéma). ***Rem.*** Graphie savante : *scenario* (pl. *scenarii*).

scénariste [senarist] n. Auteur de scénarios pour le cinéma, la télévision, la bande dessinée, etc.

scène [sɛn] n.f. (lat. *scaena*, gr. *skênê*). - **1.** Partie du théâtre où jouent les acteurs : *Un groupe de personnages traverse la scène* (syn. plateau). - **2.** Lieu où se passe l'action théâtrale : *La scène représente une forêt* (syn. décor). - **3.** Lieu où se passe une action quelconque : *La scène du crime* (syn. lieu). - **4.** Le théâtre, l'art dramatique : *Vedettes de la scène et de l'écran.* - **5.** Subdivision d'un acte d'une pièce de théâtre : *La première scène du troisième acte.* - **6.** Action dans une pièce de théâtre : *La scène se passe en 1789.* - **7.** Toute action partielle ayant une unité (dans une œuvre littéraire, cinématographique, etc.) : *Ce film comporte des scènes susceptibles de heurter la sensibilité des spectateurs* (syn. séquence, tableau). - **8.** Spectacle, action à laquelle on assiste en simple spectateur : *Une scène attendrissante.* - **9.** Emportement auquel on se livre ; querelle violente : *Faire une scène à qqn. Scènes de ménage, de jalousie.* - **10.** Mettre en scène, assurer la réalisation de (une œuvre théâtrale, cinématographique). ‖ Mettre, porter à la scène (un événement, un personnage, etc.), en faire le sujet d'une pièce. ‖ Occuper le devant de la scène, être connu du public, être au centre de l'actualité. ‖ Quitter la scène, en parlant d'un acteur, abandonner le théâtre ; au fig., ne plus être d'actualité.

scénique [senik] adj. (lat. *scaenicus*, du gr.). Relatif à la scène, au théâtre : *Indication scénique.*

scénographie [senɔgrafi] n.f. (lat. *scaenographia*, du gr.). - **1.** Art de l'organisation de la scène et de l'espace théâtral. - **2.** Décor scénique. ◆ **scénographe** n. Nom du spécialiste.

scénographique [senɔgrafik] adj. Relatif à la scénographie : *Procédés, aménagements scénographiques.*

scepticisme [sɛptisism] n.m. (de *sceptique*). - **1.** Attitude incrédule ou méfiante touchant la véracité d'un fait, la réussite d'un projet, etc. : *Accueillir une information avec scepticisme* (syn. incrédulité, méfiance). - **2.** PHILOS. Doctrine qui soutient que la vérité absolue n'existe pas et qu'en conséquence il faut suspendre son jugement.

sceptique [sɛptik] adj. et n. (lat. *scepticus*, gr. *skeptikos*, de *skeptomai* "observer"). - **1.** Qui manifeste du scepticisme : *Je reste sceptique devant sa promesse* (syn. défiant, méfiant). - **2.** PHILOS. Qui appartient au scepticisme ; adepte du scepticisme.

sceptre [sɛptr] n.m. (lat. *sceptrum*, gr. *skêptron* "bâton"). - **1.** Bâton de commandement, qui est un des insignes du pouvoir suprême (royauté, empire). - **2.** LITT. Symbole du pouvoir monarchique, de la royauté, de l'autorité suprême : *S'emparer du sceptre.*

schako n.m. → **shako.**

schéma [ʃema] n.m. (lat. *schema*, gr. *skhêma* "figure"). - **1.** Dessin, tracé figurant les éléments essentiels d'un objet, d'un ensemble complexe, d'un phénomène, d'un processus, et destinés à faire comprendre sa conformation et/ou son fonctionnement : *Un schéma de la révolution des planètes dans le système solaire* (syn. croquis, diagramme). - **2.** Grandes lignes, points principaux qui permettent de comprendre un projet, un ouvrage, etc. : *Le ministre a présenté le schéma de sa réforme* (syn. canevas, plan).

schématique [ʃematik] adj. - **1.** Qui a le caractère d'un schéma : *Coupe schématique de l'oreille.* - **2.** Qui schématise à l'excès : *Interprétation schématique* (syn. simpliste, sommaire).

schématiquement [ʃematikmɑ̃] adv. De façon schématique : *Voici, schématiquement, comment j'envisage de procéder* (= en gros, dans les grandes lignes).

schématisation [ʃematizasjɔ̃] n.f. Action de schématiser : *Gardons-nous de toute schématisation* (syn. simplification).

schématiser [ʃematize] v.t. - **1.** Représenter au moyen d'un schéma : *Schématiser la circulation du sang dans l'organisme.* - **2.** Sim-

plifier à l'excès : *En disant cela, vous schéma-
tisez.*

schématisme [[ematism] n.m. Caractère
schématique, simplificateur de qqch ; simplisme.

schème [[ɛm] n.m. (de *schéma*). DIDACT. Structure d'ensemble d'un objet, d'un processus,
telle qu'elle est reconstruite par la raison à
partir des éléments de l'expérience.

scherzo [skɛʀtzo] n.m. (mot it., propr. "badinage"). MUS. Morceau de mesure ternaire,
d'un style léger et brillant, qui peut remplacer le menuet dans la sonate et la symphonie ou constituer une pièce isolée.

schilling [[ʃiliŋ] n.m. Unité monétaire principale de l'Autriche.

schismatique [[ʃismatik] adj. et n. Qui provoque un schisme ; qui adhère à un
schisme : *Prise de position schismatique. Ramener les schismatiques dans le sein de l'Église.*

schisme [[ʃism] n.m. (lat. ecclés. *schisma*, gr.
skhisma "séparation", de *skhizein* "fendre").
- **1.** Rupture de l'union dans l'Église chrétienne : *Le schisme d'Orient.* - **2.** Division dans
un parti, un groupement : *Un schisme littéraire, philosophique* (syn. dissidence, scission).

schiste [[ʃist] n.m. (lat. *schistus*, du gr. *skhistos*
"fendu"). - **1.** Toute roche susceptible de se
débiter en feuilles et, en partic., roche à
grain fin et à structure foliacée. □ Les schistes peuvent être sédimentaires ou métamorphiques. - **2.** Schiste bitumineux, schiste à
forte concentration en matière organique,
dont on peut extraire, par traitement thermique, une huile semblable au pétrole.

schisteux, euse [[ʃistø, -øz] adj. De la nature
du schiste.

schizophrène [skizɔfʀɛn] n. et adj. Malade
atteint de schizophrénie.

schizophrénie [skizɔfʀeni] n.f. (du gr. *skhizein* "fendre" et *phrēn, phrenos* "pensée").
Psychose délirante chronique caractérisée
par une discordance de la pensée, de la vie
émotionnelle et du rapport au monde extérieur.

schizophrénique [skizɔfʀenik] adj. Relatif à
la schizophrénie : *Comportement schizophrénique.*

schlittage [[ʃlitaʒ] n.m. Transport du bois au
moyen de la schlitte.

schlitte [[ʃlit] n.f. (all. *Schlitten* "traîneau").
Autref., traîneau servant à descendre le bois
des montagnes, notamm. dans les Vosges,
et glissant sur une voie faite de troncs
d'arbres.

schnaps [[ʃnaps] n.m. (mot all., de *schnappen*
"aspirer"). FAM. Dans les pays germaniques,
eau-de-vie.

scholie n.f. → scolie.

schuss [[ʃus] n.m. (all. *Schuss* "élan"). Descente
directe à skis suivant la ligne de la plus
grande pente et sans ralentissement. ◆ adv.
FAM. **Tout schuss,** très vite, à tombeau
ouvert : *Descendre, prendre tout schuss.*

sciage [sjaʒ] n.m. Action de scier ; travail de
celui qui scie le bois, la pierre : *Le sciage de
bûches, d'un bloc de marbre.*

scialytique [sjalitik] n.m. (nom déposé ; du
gr. *skia* "ombre" et *luein* "dissoudre"). Dispositif d'éclairage qui ne projette pas
d'ombre, utilisé en chirurgie.

sciatique [sjatik] adj. (bas lat. *sciaticus, du gr.
iskhiadikos,* de *iskhion* "hanche"). - **1.** Qui a
rapport à la hanche ou à l'ischion. - **2.** Nerf
sciatique, nerf qui innerve les muscles de la
cuisse et de la jambe (on dit aussi *le sciatique*).
◆ n.f. Affection très douloureuse du nerf
sciatique.

scie [si] n.f. (de *scier*). - **1.** Lame, ruban, disque
ou chaîne d'acier portant sur un côté une
suite de dents tranchantes et servant à
débiter le bois, la pierre, les métaux, etc. :
Scie circulaire (= constituée d'un disque
d'acier à bord denté). - **2.** Chose trop souvent répétée et qui devient ennuyeuse ;
rengaine. - **3.** Scie musicale, instrument de
musique constitué par une lame d'acier qui,
frottée par un archet, vibre plus ou moins
selon sa tension.

sciemment [sjamã] adv. (du lat. *sciens* "qui
sait"). En pleine connaissance de cause : *Elle
a agi ainsi sciemment* (syn. exprès, volontairement).

science [sjãs] n.f. (lat. *scientia, de scire*
"savoir"). - **1.** Ensemble cohérent de connaissances relatives à certaines catégories de
faits, d'objets ou de phénomènes obéissant
à des lois et vérifiées par les méthodes
expérimentales : *Les progrès de la science.*
- **2.** Manière habile de mettre en œuvre des
connaissances acquises dans une technique : *Professeur qui a une science étendue de la
psychologie des adolescents.* - **3.** Science pure,
recherche fondamentale (par opp. à *science
appliquée*). ◆ **sciences** n.f. pl. - **1.** Discipline
ayant pour objet l'étude des faits, des relations vérifiables : *Les sciences physiques.*
- **2.** Disciplines scolaires et universitaires
comprenant la physique, la chimie, les
mathématiques, la biologie, les sciences de
la Terre (par opp. aux *lettres* et aux *sciences
humaines*) : *Étudiant en sciences.* - **3.** Sciences
humaines, ensemble des disciplines ayant
pour objet l'homme et ses comportements
individuels et collectifs, passés et présents :
*La psychologie, la sociologie et la linguistique font
partie des sciences humaines.*

science-fiction [sjãsfiksjɔ̃] n.f. (pl. *sciences-
fictions*). Genre littéraire et cinématographi-

que où l'on présente un avenir plus ou moins lointain ou une civilisation extraterrestre techniquement plus avancée que la nôtre.

scientificité [sjɑ̃tifisite] n.f. Caractère de ce qui est scientifique : *La scientificité d'une expérience de chimie.*

scientifique [sjɑ̃tifik] adj. (bas lat. *scientificus*). - **1.** Relatif à la science, à une science : *La recherche scientifique.* - **2.** Qui, dans le domaine de la connaissance, présente les caractères de rigueur, d'exigence, d'objectivité caractéristiques des sciences. ◆ adj. et n. Spécialiste d'une science, des sciences.

scientifiquement [sjɑ̃tifikmɑ̃] adv. D'une manière, d'un point de vue scientifique : *Démontrer scientifiquement qqch.*

scientisme [sjɑ̃tism] n.m. Opinion philosophique de la fin du XIXᵉ s., qui affirme que la science nous fait connaître la totalité des choses qui existent et que cette connaissance suffit à satisfaire toutes les aspirations humaines. □ C'est une forme de positivisme. ◆ **scientiste** adj. et n. Qui relève du scientisme ; qui en est adepte.

scier [sje] v.t. (lat. *secare,* avec *c,* d'apr. *scieur* pour distinguer de *sieur*) [conj. 9]. - **1.** Couper, diviser avec une scie : *Scier du bois, du marbre.* - **2.** FAM. Étonner vivement : *Cette nouvelle m'a scié* (syn. abasourdir, stupéfier).

scierie [siʀi] n.f. Usine où le bois est débité en planches, poutres, etc., à l'aide de scies mécaniques.

scieur [sjœʀ] n.m. Ouvrier qui exécute un travail de sciage.

scinder [sɛ̃de] v.t. (lat. *scindere* "fendre"). Diviser un tout en parties séparées et indépendantes : *Scinder une question pour mieux la traiter* (syn. fragmenter, morceler). *Scinder une classe en deux groupes* (syn. fractionner, séparer). ◆ **se scinder** v.pr. [en]. Se séparer en plusieurs parties : *Parti qui se scinde en deux tendances* (syn. se diviser).

scintigraphie [sɛ̃tigʀafi] n.f. (de *scinti*[*llation*] et -*graphie*). Procédé d'étude ou d'analyse de la structure des corps opaques au moyen de rayons gamma, utilisé notamm. en médecine.

scintillant, e [sɛ̃tijɑ̃, -ɑ̃t] adj. Qui scintille : *Bijoux scintillants* (syn. étincelant).

scintillation [sɛ̃tijasjɔ̃] n.f. (lat. *scintillatio*). - **1.** Fluctuation rapide de l'éclat lumineux : *Scintillation d'une étoile.* - **2.** PHYS. Fluctuation rapide de l'intensité, de la vitesse, de la fréquence ou d'une autre caractéristique d'un phénomène physique ou d'un appareil.

scintillement [sɛ̃tijmɑ̃] n.m. (de *scintiller*). - **1.** Fluctuation de l'éclat lumineux, scintilla-

tion. - **2.** En télévision, sensation de discontinuité de la perception des images lumineuses, due à l'intervalle de temps séparant les images successives.

scintiller [sɛ̃tije] v.i. (lat. *scintillare,* de *scintilla* "étincelle"). - **1.** Émettre des reflets à l'éclat variable ; présenter une scintillation : *Les étoiles scintillent.* - **2.** Briller en jetant des éclats par intermittence : *Joyau qui scintille* (syn. étinceler, flamboyer).

scion [sjɔ̃] n.m. (frq. *kîth* "rejeton"). - **1.** Pousse de l'année. - **2.** Jeune branche destinée à être greffée.

scission [sisjɔ̃] n.f. (lat. *scissio,* de *scindere ;* v. *scinder*). Division dans une assemblée, un parti politique, un syndicat, une association, une entreprise : *La grève a provoqué une scission à la direction du syndicat* (syn. dissidence).

scissionniste [sisjɔnist] adj. et n. Qui tend à provoquer une scission : *Un groupe scissionniste* (syn. dissident).

scissipare [sisipaʀ] adj. (du lat. *scissum,* de *scindere* "fendre"). Se dit des êtres qui se multiplient par scissiparité.

scissiparité [sisipaʀite] n.f. Mode de division des êtres unicellulaires consistant à doubler de longueur, puis à se partager en deux cellules identiques qui peuvent se séparer, comme le font de nombreuses bactéries.

scissure [sisyʀ] n.f. (lat. *scissura,* de *scindere* "fendre"). ANAT. Fente naturelle à la surface de certains organes (poumon, foie, cerveau).

sciure [sjyʀ] n.f. Déchet en poussière qui tombe d'une matière qu'on scie, en partic. du bois.

sciuridé [sjyʀide] n.m. (du lat. *sciurus,* gr. *skiouros* "écureuil"). Sciuridés, famille de mammifères rongeurs de petite taille, tels que l'écureuil.

sclérose [skleʀoz] n.f. (gr. *sklêrôsis*). - **1.** MÉD. Induration pathologique d'un organe ou d'un tissu, due à une augmentation du tissu conjonctif qu'il contient : *Sclérose cicatricielle.* - **2.** Incapacité à évoluer, à s'adapter à une nouvelle situation par manque de dynamisme, par vieillissement : *La sclérose d'un parti politique* (syn. immobilisme). - **3.** Sclérose en plaques, affection de la substance blanche du système nerveux.

sclérosé, e [skleʀoze] adj. Atteint de sclérose : *Tissu anatomique sclérosé. Administration sclérosée.*

scléroser [skleʀoze] v.t. - **1.** MÉD. Provoquer la sclérose d'un organe, d'un tissu : *Scléroser des varices.* - **2.** Empêcher d'évoluer : *Son manque de dynamisme a fini par scléroser l'entreprise* (syn. engourdir, paralyser). ◆ **se scléroser**

v.pr. - **1.** MÉD. S'altérer sous l'effet de la sclérose : *Tissus cicatriciels qui se sclérosent* (syn. se durcir). - **2.** Perdre toute capacité de réagir à des situations nouvelles : *Se scléroser dans ses habitudes* (syn. se figer, se fossiliser).

sclérotique [sklerɔtik] n.f. (lat. médiév. *sclerotica*, du gr. *sklêrotês* "dureté"). Membrane externe du globe oculaire, résistante, formant le blanc de l'œil.

scolaire [skɔlɛʀ] adj. (bas lat. *scholaris*, du class. *schola* "école"). - **1.** Qui a rapport à l'école, à l'enseignement : *Programme scolaire.* - **2.** Qui évoque l'école et l'enseignement qu'on y délivre, sans originalité (péjor.) : *Une critique théâtrale très scolaire* (syn. livresque). - **3.** Âge scolaire, période de la vie durant laquelle les enfants sont légalement soumis à l'obligation d'aller à l'école.

scolarisable [skɔlaʀizabl] adj. Susceptible d'être scolarisé : *Enfants scolarisables.*

scolarisation [skɔlaʀizasjɔ̃] n.f. - **1.** Action de scolariser : *La scolarisation des régions rurales.* - **2.** Fait d'être scolarisé : *Le taux de scolarisation de ces pays est en hausse.*

scolarisé, e [skɔlaʀize] adj. Qui suit l'enseignement d'un établissement scolaire : *Des enfants scolarisés à quatre ans.*

scolariser [skɔlaʀize] v.t. - **1.** Doter des établissements nécessaires à l'enseignement de toute une population : *Scolariser une région.* - **2.** Soumettre à l'obligation de fréquenter l'école : *Scolariser les jeunes jusqu'à l'âge de seize ans.*

scolarité [skɔlaʀite] n.f. (lat. médiév. *scholaritas*). - **1.** Fait de suivre régulièrement les cours dans un établissement d'enseignement : *En France, la scolarité est obligatoire de six à seize ans. Scolarité perturbée par la maladie.* - **2.** Études ainsi faites ; leur durée : *Elle a fait toute sa scolarité dans le même établissement. Prolonger la scolarité.*

scolastique [skɔlastik] adj. (lat. *scholasticus*, gr. *skholastikos* "de l'école"). - **1.** Relatif à la scolastique : *La philosophie scolastique.* - **2.** Se dit de toute doctrine considérée comme dogmatique et sclérosée (péjor.) : *Une interprétation scolastique d'un poème* (syn. formaliste, traditionnel). ◆ n.f. Enseignement philosophique et théologique propre au Moyen Âge, fondé sur la tradition aristotélicienne interprétée par les théologiens.

scolie ou **scholie** [skɔli] n.f. (gr. *skholion* "explication", de *skholê* "école"). Remarque grammaticale, critique ou historique faite dans l'Antiquité sur un texte.

scoliose [skɔljoz] n.f. (gr. *skoliôsis*, de *skolios* "tortueux"). Déviation latérale de la colonne vertébrale.

scolopendre [skɔlɔpɑ̃dʀ] n.f. (lat. *scolopendrium* et *scolopendra*, du gr.). - **1.** Fougère à feuilles en fer de lance atteignant 50 cm de long. - **2.** Mille-pattes venimeux du midi de la France et des régions chaudes. □ Long. max. 30 cm.

sconse ou **skunks** [skɔ̃s] n.m. (angl. *skunk*, de l'algonquin *segankw*). - **1.** Petit mammifère d'Amérique (syn. mouffette). - **2.** Fourrure provenant des carnassiers du genre mouffette.

scoop [skup] n.m. (mot anglo-amér.). Information importante ou sensationnelle donnée en exclusivité par une agence de presse ou par un journaliste. (Recomm. off. *exclusivité, primeur*).

scooter [skutœʀ] ou [skutɛʀ n.m. (mot anglo-amér.). Véhicule à moteur, à deux roues, génér. petites, à cadre ouvert et plus ou moins caréné, où le conducteur n'est pas assis à califourchon.

scorbut [skɔʀbyt] n.m. (lat. médiév. *scorbutus*, d'orig. scand.). Maladie due à de graves carences en vitamine C, caractérisée par des hémorragies multiples et un affaiblissement général progressif.

scorbutique [skɔʀbytik] adj. et n. Relatif au scorbut ; atteint du scorbut : *Symptômes scorbutiques.*

score [skɔʀ] n.m. (mot angl.). - **1.** Nombre de points acquis par chaque équipe ou par chaque adversaire dans un match : *Le score final est de deux buts à zéro* (syn. marque). - **2.** Nombre de points à un test ; nombre de voix à une élection : *Candidat qui fait un excellent score aux municipales.*

scoriacé, e [skɔʀjase] adj. De la nature des scories : *Lave scoriacée.*

scorie [skɔʀi] n.f. (lat. *scoria*, gr. *skôria* "écume du fer"). [Surtout au pl.]. - **1.** Sous-produit d'opération d'élaboration métallurgique, ayant une composition à base de silicates. - **2.** GÉOL. Fragment rugueux de lave solidifiée, comportant des bulles de gaz.

scorpion [skɔʀpjɔ̃] n.m. (lat. *scorpio*, du gr.). Arthropode des régions chaudes portant en avant une paire de pinces, et dont l'abdomen mobile se termine par un aiguillon venimeux. □ Classe des arachnides ; long. entre 3 et 20 cm. ◆ n. inv. et adj. inv. Personne née sous le signe du Scorpion : *Elle est scorpion.*

1. **scotch** [skɔtʃ] n.m. (mot angl. "écossais"). Whisky écossais.

2. **Scotch** [skɔtʃ] n.m. (nom déposé). Ruban adhésif transparent.

scotcher [skɔtʃe] v.t. Coller avec du Scotch.

scottish-terrier [skɔtiʃtɛʀje] n.m. (de l'angl. *scottish* "écossais", et de *terrier*) [pl. *scottish-terriers*]. Chien terrier à poil dur, d'origine écossaise.

scoumoune [skumun] ou [ʃkumun] n.f. (du bas lat. *excommunicare* [v. *excommunier*], par le corse ou l'it.). ARG. Malchance : *Avoir la scoumoune* (= être malchanceux).

scout, e [skut] n. (abrév. de l'angl. *boy-scout* "garçon-éclaireur"). Jeune garçon ou, plus rarement, jeune fille faisant partie d'une association de scoutisme. ◆ adj. - **1.** Relatif aux scouts, au scoutisme : *Camp scout. Chansons scoutes.* - **2.** Qui rappelle les règles et les comportements des scouts : *Avoir un petit côté scout.*

scoutisme [skutism] n.m. Organisation créée en 1908 par Baden-Powell, ayant pour but d'organiser des jeunes garçons et des jeunes filles en groupes hiérarchisés, afin de développer chez eux des qualités morales et sportives.

Scrabble [skʀabəl] ou [skʀabl] n.m. (nom déposé). Jeu d'origine américaine consistant à former des mots et à les placer sur une grille spéciale.

scrabbleur, euse [skʀablœʀ, -øz] n. Joueur, joueuse de Scrabble.

scratcher [skʀatʃe] v.t. (de l'angl. *to scratch* "rayer"). SPORTS. Éliminer un concurrent pour absence, retard, etc.

scribe [skʀib] n.m. (lat. *scriba*, de *scribere* "écrire"). - **1.** Dans l'Égypte ancienne, fonctionnaire chargé de la rédaction des actes administratifs, religieux ou juridiques. - **2.** Employé de bureau chargé des écritures, des copies (péjor.). - **3.** Docteur juif, interprète officiel des Saintes Écritures, dans les écrits du Nouveau Testament.

scribouillard [skʀibujaʀ] n.m. FAM. Employé aux écritures (péjor.).

script [skʀipt] n.m. (mot angl., du lat. *scriptum* "écrit"). - **1.** CIN. Scénario (syn. synopsis). - **2.** Type d'écriture manuscrite simplifiée dans lequel les lettres se rapprochent des capitales d'imprimerie.

scripte [skʀipt] n.m. ou n.f. (francisation de l'angl. *script-girl*). Auxiliaire du réalisateur d'un film ou d'une émission de télévision chargé de noter tous les détails techniques et artistiques relatifs à chaque prise de vues. (On dit aussi *secrétaire de plateau* ; on disait autref. *script-girl*, qui ne pouvait désigner qu'une femme.)

scriptural, e, aux [skʀiptyʀal, -o] adj. (du lat. *scriptura* "écriture"). - **1.** Relatif à l'écriture (par opp. à *oral*). - **2.** *Monnaie scripturale*, ensemble de moyens de paiement autres que les billets de banque et les pièces de monnaie, qui circulent par des jeux d'écritures.

scrofule [skʀɔfyl] n.f. (bas lat. *scrofulae*). Maladie des écrouelles.

scrotum [skʀɔtɔm] n.m. (mot lat.). Enveloppe cutanée des testicules ; bourses.

scrupule [skʀypyl] n.m. (lat. *scrupulum* "petit caillou"). - **1.** Inquiétude de conscience, hésitation inspirées par une grande délicatesse morale. - **2.** Se faire un scrupule de qqch, hésiter à le faire par délicatesse de conscience, par sentiment du devoir.

scrupuleusement [skʀypyløzmã] adv. De façon scrupuleuse : *Vérifier scrupuleusement un compte* (syn. méticuleusement, minutieusement).

scrupuleux, euse [skʀypylø, -øz] adj. - **1.** D'une grande exigence quant à l'honnêteté : *Un caissier scrupuleux* (syn. probe). - **2.** Qui met un soin minutieux à exécuter ce qu'il a à faire : *Un ouvrier scrupuleux* (syn. consciencieux ; méticuleux). *Être scrupuleux dans le remboursement de ses dettes* (syn. exact, ponctuel).

scrutateur, trice [skʀytatœʀ, -tʀis] adj. LITT. Qui vise à découvrir qqch en observant attentivement : *Un coup d'œil scrutateur.* ◆ n. Personne qui concourt au bon déroulement et au dépouillement d'un scrutin.

scruter [skʀyte] v.t. (lat. *scrutari* "fouiller"). - **1.** Chercher à pénétrer à fond, à comprendre : *Scruter les intentions de qqn* (syn. sonder). - **2.** Examiner attentivement en parcourant du regard : *Scruter l'horizon* (syn. inspecter, observer).

scrutin [skʀytɛ̃] n.m. (bas lat. *scrutinium* "examen"). Ensemble des opérations qui constituent un vote ou une élection : *Premier tour de scrutin.*

sculpter [skylte] v.t. (lat. *sculpere*, d'apr. *sculpteur*). - **1.** Tailler un matériau dur avec divers outils en vue de dégager des formes, des volumes d'un effet artistique : *Sculpter de la pierre, du marbre, du bois.* - **2.** Créer une œuvre d'art à trois dimensions par tout procédé, y compris le modelage : *Sculpter un bas-relief* (syn. ciseler). *Sculpter un buste dans de l'argile* (syn. modeler). ◆ v.i. Pratiquer la sculpture : *Apprendre à sculpter.*

sculpteur, trice [skyltœʀ, -tʀis] n. (lat. *sculptor*). Artiste qui sculpte : *Sculpteur sur bois.*

sculptural, e, aux [skyltyʀal, -o] adj. - **1.** Relatif à la sculpture, qui évoque la sculpture : *Art sculptural. Les décorations sculpturales d'une église.* - **2.** Qui évoque la beauté formelle d'une sculpture classique : *Un corps sculptural.*

sculpture [skyltyʀ] n.f. (lat. *sculptura*). - **1.** Art de sculpter : *Pratiquer la sculpture sur métal.* - **2.** Ensemble d'œuvres sculptées : *La sculpture romane.*

se [sə] pron. pers. (lat. *se*). [*Se* s'élide en *s'* devant un mot commençant par une voyelle ou un *h* muet]. Désigne, dans les formes verbales pronominales, la 3e pers. (sing. et pl.), aux deux genres, avec les fonctions de : - **1.** Compl. d'objet direct : *Ils se sont battus. Elle s'est regardée dans la glace.* - **2.** Compl. d'objet indirect : *Ils se sont succédé. Elle s'est dit que...* - **3.** Compl. d'attribution : *Ils se sont donné trois jours pour réfléchir.* - **4.** Simple reprise du sujet dans des formes où le pronom ne représente aucun complément particulier : *Elle s'est aperçue de sa duplicité.*

séance [seɑ̃s] n.f. (de *séant*, p. présent de *seoir*). - **1.** Réunion d'une assemblée constituée ; durée de cette réunion : *Ouvrir, suspendre, lever la séance.* - **2.** Temps consacré à une occupation ininterrompue, à un travail avec d'autres personnes : *Des séances de culture physique.* - **3.** Temps où l'on donne un spectacle, une conférence, etc. : *Séance de marionnettes* (syn. spectacle). *Aller au cinéma à la séance de 14 heures* (syn. représentation).

1. **séant, e** [seɑ̃, -ɑ̃t] adj. (de *seoir*). LITT. Qui sied, qui convient à qqn ou à qqch : *Il n'est pas séant de vous habiller ainsi* (syn. convenable, décent).

2. **séant** [seɑ̃] n.m. (de *seoir*). LITT. Se mettre, être sur son séant, s'asseoir, être assis.

seau [so] n.m. (lat. pop. *sitellus*, class. *sitella*). - **1.** Récipient cylindrique en bois, en métal, en plastique, etc., pour puiser et transporter de l'eau, etc. : *Aller chercher un seau d'eau à la fontaine.* - **2.** Récipient de même forme, servant à divers usages ; son contenu : *Un seau à glace, à charbon.* - **3.** FAM. Il pleut à seaux, il pleut très fort.

sébacé, e [sebase] adj. (lat. *sebaccus*, de *sebum* "suif"). Relatif au sébum : *Glandes sébacées* (= qui produisent le sébum). *Kyste sébacé* (= résultant de la dilatation kystique d'une glande sébacée).

sébile [sebil] n.f. (p.-ê. de l'ar. *sabil* "aumône"). LITT. Récipient en forme de coupe peu profonde où les mendiants recueillaient les aumônes.

séborrhée [sebɔʀe] n.f. (de *sébum* et *-rrhée*). Augmentation de la sécrétion des glandes sébacées, qui est à l'origine de diverses affections cutanées.

sébum [sebɔm] n.m. (lat., *sebum* "suif"). Sécrétion grasse produite par les glandes sébacées.

sec, sèche [sɛk, sɛʃ] adj. (lat. *siccus*). - **1.** Qui ne renferme pas d'eau, qui n'est pas ou plus mouillé, qui a perdu son élément liquide : *Un terrain sec* (syn. aride, desséché). *Des vêtements secs* (contr. humide). *Peinture sèche* (contr. fraîs). - **2.** Sans humidité atmosphérique ; qui reçoit peu de pluies : *Air, climat sec. Saison sèche*

(contr. pluvieux). - **3.** Qui a perdu son humidité naturelle, sa fraîcheur ; se dit d'aliments qu'on a laissés se déshydrater ou qu'on a soumis à un traitement spécial pour être conservés : *Du bois sec* (contr. vert). *Légumes secs et légumes frais. Saucisson sec.* - **4.** Qui n'est pas additionné d'eau : *Un whisky sec.* - **5.** Se dit d'un son rapide, sans ampleur ou résonance, ou de qqch qui provoque sur les sens une impression vive mais sans prolongement : *Un claquement, un bruit sec.* - **6.** Qui manque de douceur, d'ampleur et d'ornements : *Un style sec. Un récit bien sec* (syn. rébarbatif, rebutant). - **7.** Se dit d'une partie de l'organisme qui manque de sécrétions appropriées : *Avoir la bouche, la peau sèche.* - **8.** Qui est maigre, dépourvu de graisse : *Un homme grand et sec.* - **9.** Qui est dépourvu de chaleur, de générosité, de sensibilité : *Un cœur sec* (syn. dur, insensible). - **10.** Se dit d'une manière de parler brusque, rude : *Un ton sec et tranchant* (syn. âpre, brutal, cassant). - **11.** À pied sec, sans se mouiller les pieds. ‖ Coup sec, coup donné vivement en retirant aussitôt la main ou l'instrument. ‖ Être au pain sec, n'avoir que du pain comme seul aliment. ‖ Perte sèche, perte qui n'est atténuée par aucune compensation. ‖ Regarder d'un œil sec, sans être ému, sans ressentir de pitié. ‖ FAM. Régime sec, régime sans alcool. ‖ Vin sec, vin peu sucré et dont la saveur est plus ou moins acide. - **12.** Guitare sèche, guitare acoustique traditionnelle dont le son n'est pas amplifié électriquement. ‖ Toux sèche, toux sans expectorations (par opp. à *toux grasse*). ‖ PHYS. Vapeur sèche, vapeur non saturante. ◆ **sec** adv. - **1.** D'une manière rude, brusque : *Démarrer sec* (syn. brutalement). - **2.** FAM. Aussi sec, immédiatement et sans la moindre hésitation. ‖ Boire sec, boire abondamment des boissons alcoolisées. ‖ FAM. L'avoir sec, être déçu, contrarié. ‖ FAM. Rester sec, être incapable de répondre à une question. ◆ **sec** n.m. - **1.** Lieu qui n'est pas humide : *Tenir des médicaments au sec.* - **2.** À sec, sans eau ; au fig., sans argent, à court d'idées : *Tous les puits sont à sec* (= sont taris). ‖ Se mettre au sec, échouer son bateau.

sécable [sekabl] adj. (lat. *secabilis*, de *secare* "couper"). Qui peut être coupé : *Comprimés sécables.*

sécant, e [sekɑ̃, -ɑ̃t] adj. (lat. *secans*, de *secare* "couper"). MATH. Se dit de deux courbes ou surfaces ayant un ou plusieurs points communs sans être tangentes. ◆ **sécante** n.f. MATH. Droite sécante (relativement à une courbe, à une surface).

sécateur [sekatœʀ] n.m. (du lat. *secare* "couper"). - **1.** Outil en forme de gros ciseaux pour tailler les rameaux, les branches. - **2.** Instrument analogue pour découper les volailles.

sécession [sesesjɔ̃] n.f. (lat. *secessio,* de *secedere* "se retirer"). Action menée par une fraction de la population d'un État en vue de se séparer de la collectivité nationale pour former un État distinct ou se réunir à un autre ; dissidence : *Guerre de Sécession.*

sécessionniste [sesesjɔnist] adj. et n. Qui fait sécession (syn. séparatiste).

séchage [seʃaʒ] n.m. - **1.** Action de sécher ou de faire sécher : *Le séchage des cheveux.* - **2.** Opération qui a pour but d'éliminer d'un corps, en totalité ou en partie, l'eau qui s'y trouve incorporée : *Séchage d'une peau avant tannage.*

sèche-cheveux [sɛʃʃəvø] n.m. inv. Appareil électrique qui sèche les cheveux grâce à un courant d'air chaud (syn. séchoir).

sèche-linge [sɛʃlɛ̃ʒ] n.m. inv. Appareil électroménager permettant de sécher le linge grâce à un courant d'air chaud.

sèche-mains [sɛʃmɛ̃] n.m. inv. Dispositif à air chaud pulsé qui permet de se sécher les mains.

sèchement [sɛʃmɑ̃] adv. (de *sec*). - **1.** D'une façon dure, forte, brusque : *Frapper sèchement une balle* (syn. brutalement, violemment). - **2.** D'une façon brève et brutale : *Répliquer sèchement* (syn. froidement, rudement).

sécher [seʃe] v.t. (lat. *siccare*) [conj. 18]. - **1.** Rendre sec, débarrasser de son humidité : *Sécher ses vêtements devant le feu.* - **2.** Consoler : *Sécher les larmes de qqn.* - **3.** FAM. Ne pas assister à un cours, à une réunion : *Sécher le lycée* (syn. manquer). ◆ v.i. - **1.** Devenir sec : *Ces fleurs ont séché.* - **2.** FAM. Ne pouvoir répondre à une question : *Là, je sèche.*

sécheresse [seʃRɛs] n.f. (de *sécher*). - **1.** État de ce qui est sec : *La sécheresse du sol* (syn. aridité, dessèchement). - **2.** Absence de pluie : *Période de sécheresse.* - **3.** Caractère d'une personne qui manque de sensibilité, de générosité : *Répondre avec sécheresse* (syn. dureté, froideur).

séchoir [seʃwaR] n.m. - **1.** Support pour faire sécher le linge. - **2.** Sèche-cheveux. - **3.** Local servant au séchage de diverses matières : *Un séchoir à bois.*

1. second, e [səgɔ̃, -ɔ̃d] adj. (lat. *secundus* "suivant", de *sequi* "suivre"). - **1.** Qui vient immédiatement après le premier : *C'est son second mariage* (syn. deuxième). - **2.** Qui s'ajoute à qqch de nature identique : *Une seconde jeunesse* (syn. nouveau). - **3.** Qui vient après le premier dans l'ordre de la valeur, du rang, de la hiérarchie : *Obtenir le second prix, la seconde place. Voyager en seconde classe. Un second rôle.* - **4.** De seconde main, indirectement : *Renseignements obtenus de seconde main.* ‖ État second, état anormal, où l'on cesse d'avoir la pleine conscience de ses actes.

◆ **seconde** adj. inv. en genre. MATH. Se dit d'un symbole littéral affecté de deux accents : *A″ s'énonce « A seconde ».*

2. second [səgɔ̃] n. (de *1. second*). - **1.** Personne qui en aide une autre dans une affaire, dans un emploi : *Elle y arrivera, elle a une brillante seconde* (syn. adjoint, assistant, auxiliaire). - **2.** Officier venant immédiatement après le commandant sur un navire de commerce (on dit aussi *capitaine en second*) ; officier qui vient immédiatement après le commandant d'un bâtiment de guerre (on dit aussi *officier en second*). - **3.** En second, au second rang ; sous les ordres d'un autre : *Commander en second.*

1. secondaire [səgɔ̃dɛR] adj. (lat. *secundarius*). - **1.** Qui n'occupe pas le premier rang dans un domaine donné, qui n'a qu'une importance de second ordre : *Son intervention est tout à fait secondaire* (syn. accessoire, mineur ; contr. principal). - **2.** Qui se produit dans un deuxième temps, comme conséquence de qqch : *Les effets secondaires de ces mesures, de ce médicament* (syn. indirect). - **3.** Qui appartient, en France, à l'enseignement du second degré (de la sixième à la terminale) : *Enseignement secondaire.* - **4.** PSYCHOL. Se dit, en caractérologie, d'une personne dont les réactions aux événements sont lentes, durables et profondes (par opp. à *primaire*). - **5.** Ère secondaire, troisième division des temps géologiques, succédant à l'ère primaire, d'une durée de 165 millions d'années environ, caractérisée par le développement des gymnospermes, l'abondance des bélemnites et des ammonites, la prépondérance et la variété des reptiles, l'apparition des oiseaux et des mammifères. ‖ Secteur secondaire, ensemble des activités économiques correspondant à la transformation des matières premières en biens productifs ou en biens de consommation. ‖ BIOL. Caractère sexuel secondaire, différence entre les adultes mâle et femelle d'une espèce animale ne portant pas sur l'appareil génital lui-même. □ La multiplication et la netteté de ces caractères aboutissent au dimorphisme sexuel.

2. secondaire [səgɔ̃dɛR] n.m. (de *1. secondaire*). - **1.** Enseignement secondaire. - **2.** GÉOL. Ère secondaire (syn. mésozoïque). - **3.** ÉCON. Secteur secondaire. - **4.** ÉLECTR. Enroulement relié au circuit d'utilisation dans un transformateur, ou enroulement non connecté au réseau dans une machine asynchrone.

secondairement [səgɔ̃dɛRmɑ̃] adv. De façon secondaire, accessoire (syn. accessoirement).

seconde [səgɔ̃d] n.f. (du lat. [*minuta*] *secunda,* par opp. à [*minuta*] *prima*). - **1.** Unité SI de mesure de temps, équivalant à la durée de

9 192 631 770 périodes de la radiation correspondant à la transition entre deux niveaux spécifiés de l'état fondamental de l'atome de césium 133 ; soixantième partie de la minute. □ Symb. s. -**2.** Temps très court, moment : *Attendez une seconde* (syn. instant). -**3.** En France, classe constituant la cinquième année de l'enseignement secondaire : *La seconde est la première année du second cycle.* -**4.** MUS. Intervalle de deux degrés dans l'échelle diatonique. -**5.** Unité de mesure d'angle (symb. ") plan valant 1/60 de minute, soit π/648 000 radian.

secondement [səgɔ̃dmɑ̃] adv. SOUT. Deuxièmement (syn. secundo).

seconder [səgɔ̃de] v.t. (de *2. second*). Servir d'aide (à qqn) dans un travail ; venir en aide à : *Elle me seconde très bien* (syn. assister).

secouer [səkwe] v.t. (réfection de l'anc. fr. *secourre*, d'apr. les formes *secouons, secouez*) [conj. 6]. -**1.** Agiter fortement et à plusieurs reprises : *Secouer un tapis. Secouer la salade.* -**2.** Agiter vivement la tête, la main, les épaules, etc., de manière répétée en signe de dénégation : *Secouer la tête* (syn. branler, hocher). -**3.** Se débarrasser de qqch par des mouvements brusques : *Secouer la poussière de ses chaussures.* -**4.** Ne pas ménager qqn, réprimander, inciter à l'effort : *Il faut le secouer, sinon il ne fera rien* (syn. bousculer, harceler). -**5.** Causer un choc physique ou moral : *Cette maladie l'a secoué* (syn. ébranler, traumatiser). ◆ **se secouer** v.pr. -**1.** S'agiter vivement pour se débarrasser de qqch qui incommode : *Un chien qui se secoue en sortant de l'eau* (syn. s'ébrouer). -**2.** FAM. Réagir contre le découragement, l'inertie : *Allons, secoue-toi, nous avons bientôt fini.*

secourable [səkuʀabl] adj. Qui porte secours aux autres : *Un homme secourable* (syn. bon, obligeant).

secourir [səkuʀiʀ] v.t. (adaptation, d'apr. *courir,* de l'anc. fr. *succurre,* du lat. *succurrere*) [conj. 45]. Venir en aide, porter assistance à : *Secourir un blessé* (syn. aider). *Secourir un ami dans la gêne* (syn. assister, soutenir).

secourisme [səkuʀism] n.m. Ensemble des moyens pratiques et thérapeutiques simples mis en œuvre pour porter secours aux personnes en danger et leur donner les premiers soins.

secouriste [səkuʀist] n. -**1.** Membre d'une organisation de secours pour les victimes d'un accident, d'une catastrophe. -**2.** Personne capable de pratiquer les gestes ou les méthodes du secourisme.

secours [səkuʀ] n.m. (lat. *succursum,* de *succurrere*). -**1.** Action de secourir qqn qui est en danger : *Demander secours. Appeler un ami à son secours. Porter secours à qqn* (syn. assistance). -**2.** Aide financière, matérielle : *Distribuer des secours* (syn. subside, subvention). -**3.** Moyens pour porter assistance à qqn en danger : *Secours aux blessés* (syn. soins). *Secours en mer.* -**4.** Ce qui est utile : *Sans le secours d'une carte routière je me serais perdu* (syn. aide). -**5.** Renfort en hommes, en matériel : *Les sauveteurs ont besoin de secours.* -**6.** De secours, destiné à servir en cas de nécessité, en remplacement de qqch : *Roue de secours. Sortie de secours.* ◆ n.m. pl. Choses qui servent à secourir : *Des secours en espèces* (syn. appui, ressource).

secousse [səkus] n.f. (de l'anc. fr. *secourre* "secouer"). -**1.** Mouvement brusque qui agite un corps, ébranlement : *Donner une secousse* (syn. choc, ébranlement). *La voiture démarra sans secousse* (syn. à-coup, saccade). -**2.** Chacune des oscillations du sol, dans un tremblement de terre : *La première secousse a détruit tout le centre de la ville.* -**3.** Choc psychologique : *Cette maladie a été pour lui une secousse* (syn. bouleversement, commotion).

1. secret, ète [səkʀɛ, -ɛt] adj. (lat. *secretus,* de *secernere* "séparer, écarter"). -**1.** Peu connu, que l'on tient caché : *Documents, renseignements secrets* (syn. confidentiel). *Des menées secrètes* (syn. clandestin). *Négociation secrète.* -**2.** Qui est placé de façon à être dissimulé : *Escalier secret* (syn. dérobé). -**3.** Qui n'est pas apparent, qui ne se manifeste pas : *Vie secrète* (syn. caché, intime). -**4.** LITT. Qui ne fait pas de confidences : *C'est un garçon secret* (syn. insaisissable, renfermé).

2. secret [səkʀɛ] n.m. (lat. *secretum*). -**1.** Ce qui doit être tenu caché : *Confier un secret à un ami. Trahir un secret.* -**2.** Silence qui entoure qqch : *Promettre le secret absolu sur une affaire* (syn. discrétion). -**3.** Moyen caché, peu connu ou difficile à acquérir pour réussir qqch : *Le secret du bonheur* (syn. clef, recette). -**4.** Mécanisme caché, combinaison dont la connaissance est nécessaire pour faire fonctionner qqch : *Une serrure à secret.* -**5.** Dans le secret de son cœur, dans son for intérieur. ‖ En secret, secrètement, sans témoins. ‖ Être, mettre dans le secret, dans la confidence. ‖ Ne pas avoir de secret pour qqn, ne rien lui cacher ; être connu parfaitement de lui. ‖ Secret d'État, chose dont la divulgation nuirait aux intérêts de la nation. ‖ Secret professionnel, silence, discrétion auxquels sont tenues certaines professions sur l'état ou la vie privée de leurs clients.

1. secrétaire [səkʀetɛʀ] n. (lat. *secretarium,* de *secretus* ; v. *1. secret*). -**1.** Personne chargée de rédiger le courrier de qqn, de classer ses documents, de préparer des dossiers, etc. : *Secrétaire de direction. Une secrétaire sténodactylo.* -**2.** Personne qui met par écrit les délibérations d'une assemblée, qui est chargée de son organisation, de son fonctionnement : *Secrétaire de séance.* - **3.** Personne chargée de tâches concernant la gestion, l'organisation, la coordination de qqch : *Secrétaire de mairie. Secrétaire d'une organisation. Secrétaire de rédaction* (= qui coordonne les activités rédactionnelles d'un journal). *Secrétaire de plateau* (= scripte). - **4.** **Secrétaire d'État,** membre du gouvernement, en France, génér. placé sous l'autorité d'un ministre ou du Premier ministre, et qui agit sur délégation. ‖ **Secrétaire général** (ou, parfois, **premier secrétaire**), personne assumant des responsabilités dans l'organisation et la direction de certains organismes publics ou privés, de certains partis politiques, etc. : *Secrétaire général du gouvernement. Le secrétaire général de l'O.N.U.*

2. secrétaire [səkʀetɛʀ] n.m. (même étym. que *1. secrétaire*). - **1.** Meuble à tiroirs et à casiers comportant une surface pour écrire, escamotable ou non. - **2.** ZOOL. Serpentaire.

secrétariat [səkʀetaʀja] n.m. - **1.** Emploi, fonction de secrétaire ; métier de secrétaire : *Apprendre le secrétariat.* - **2.** Bureau où un(e) ou plusieurs secrétaires travaillent à des écritures, des expéditions, des enregistrements, des classements : *Adressez-vous au secrétariat.* - **3.** Ensemble des tâches concernant la gestion, l'organisation de qqch : *C'est elle qui assure le secrétariat de notre organisation.* - **4.** **Secrétariat d'État,** ensemble des services dirigés par un secrétaire d'État. ‖ **Secrétariat général,** organe administratif dirigé par un secrétaire général.

secrètement [səkʀetmɑ̃] adv. En secret : *S'introduire secrètement dans un lieu* (syn. clandestinement, furtivement).

sécréter [sekʀete] v.t. (de *sécrétion*) [conj. 18]. - **1.** Opérer la sécrétion de : *Le foie sécrète la bile.* - **2.** Sécréter l'ennui, le répandre autour de soi, le distiller.

sécréteur, trice [sekʀetœʀ, -tʀis] adj. Qui sécrète : *Glande sécrétrice. Canal sécréteur.*

sécrétion [sekʀesjɔ̃] n.f. (lat. *secretio* "dissolution", de *secernere* "éliminer"). - **1.** PHYSIOL. Opération par laquelle les cellules, spécial. les éléments des épithéliums glandulaires, élaborent des matériaux qui sont évacués par un canal excréteur vers un autre organe ou vers l'extérieur *(sécrétion externe* ou *exocrine)* ou encore déversés directement dans le sang *(sécrétion interne* ou *endocrine)* : *Sécrétion salivaire.* - **2.** Substance ainsi élaborée.

sectaire [sɛktɛʀ] adj. et n. (de *secte*). Se dit de qqn qui, par intolérance ou étroitesse d'esprit, se refuse à admettre les opinions différentes de celles qu'il professe : *Un esprit sectaire* (syn. fanatique, intolérant). ◆ adj. Qui

témoigne de ce comportement : *Un parti politique sectaire.*

sectarisme [sɛktaʀism] n.m. Caractère d'une personne sectaire (syn. fanatisme, intolérance).

sectateur, trice [sɛktatœʀ, -tʀis] n. (lat. *sectator*). - **1.** LITT. Partisan déclaré de la doctrine, des opinions de qqn : *Les sectateurs de Platon* (syn. adepte). - **2.** Membre d'une secte.

secte [sɛkt] n.f. (lat. *secta,* de *sequi* "suivre"). - **1.** Ensemble de personnes professant une même doctrine (philosophique, religieuse, etc.) : *La secte d'Épicure* (syn. école). - **2.** Groupement religieux, clos sur lui-même et créé en opposition à des idées et à des pratiques religieuses dominantes. - **3.** Petit groupe animé par une idéologie doctrinaire : *Essayer d'arracher son enfant de l'emprise d'une secte.*

secteur [sɛktœʀ] n.m. (lat. *sector,* de *secare* "couper"). - **1.** Domaine défini d'activité économique, sociale dans un État, une organisation, une institution : *Un secteur de pointe. Un secteur clé de l'industrie. Secteur primaire, secondaire, tertiaire.* - **2.** Division de l'activité économique nationale sur la base de la propriété des entreprises : *Secteur privé, public, semi-public.* - **3.** FAM. Endroit quelconque : *Qu'est-ce que tu fais dans le secteur ?* (syn. environs, parages). - **4.** Subdivision d'une zone d'urbanisme soumise à un régime particulier : *Secteur sauvegardé.* - **5.** Subdivision d'un réseau de distribution électrique : *Une panne de secteur.* - **6.** Secteur angulaire, en géométrie, partie de plan limitée par deux demi-droites de même sommet. ‖ **Secteur circulaire,** en géométrie, partie d'un disque limitée par deux rayons.

section [sɛksjɔ̃] n.f. (lat. *sectio* "division", de *secare* "couper"). - **1.** Action de couper ; fait d'être coupé : *La section des tendons* (syn. sectionnement). *Section accidentelle de la moelle épinière.* - **2.** TECHN. Dessin en coupe mettant en évidence certaines particularités d'une construction, d'une machine, etc. - **3.** Partie d'une voie de communication : *Section d'autoroute en réparation.* - **4.** Division du parcours d'une ligne d'autobus, servant de base au calcul du prix d'un trajet : *Fin de section.* - **5.** Groupe local d'adhérents d'un parti, d'un syndicat, constituant une subdivision de celui-ci : *Réunion de la section syndicale.* - **6.** MIL. Petite unité élémentaire constitutive de la batterie dans l'artillerie, de la compagnie dans l'armée de l'air, l'infanterie, le génie, les transmissions et la plupart des services. - **7.** MATH. Section droite (d'un cylindre ou d'un prisme), intersection de la surface avec un plan perpendiculaire aux génératrices. ‖ MATH. Section plane d'un volume, intersection du volume avec un plan.

sectionnement [sɛksjɔnmɑ̃] n.m. Action de sectionner ; fait d'être sectionné (syn. section).

sectionner [sɛksjɔne] v.t. - **1.** Diviser par sections : *Sectionner une administration* (syn. fractionner, morceler). - **2.** Couper net : *La balle a sectionné l'artère* (syn. trancher).

sectoriel, elle [sɛktɔrjɛl] adj. Relatif à un secteur, à une catégorie professionnelle : *Revendications sectorielles.*

sectorisation [sɛktɔrizasjɔ̃] n.f. Répartition en plusieurs secteurs géographiques : *La sectorisation des universités autonomes.*

sectoriser [sɛktɔrize] v.t. Procéder à la sectorisation de.

séculaire [sekylɛr] adj. (lat. *saecularis,* de *saeculum* "siècle"). - **1.** Qui a lieu tous les cent ans : *Cérémonie séculaire.* - **2.** Qui existe depuis plusieurs siècles : *Un chêne séculaire.* - **3.** Année séculaire, qui termine le siècle.

sécularisation [sekylarizasjɔ̃] n.f. Action de séculariser : *La sécularisation d'un couvent.*

séculariser [sekylarize] v.t. (de *séculier,* d'apr. le bas lat. ecclés. *secularis* "du siècle"). - **1.** Rendre à la vie laïque : *Séculariser des moines.* - **2.** Laïciser des biens d'église : *Les biens du clergé furent sécularisés en 1789.*

séculier, ère [sekylje, -ɛr] adj. (bas lat. ecclés. *saecularis* "du siècle"). - **1.** Se dit d'un prêtre qui n'appartient à aucun ordre ou institut religieux (par opp. à *régulier*). - **2.** Se disait de la justice laïque, temporelle (par opp. à *ecclésiastique*). - **3.** Bras séculier, puissance de la justice laïque temporelle.

secundo [sekɔ̃do] ou [sǝgɔ̃do] adv. (mot lat.). Secondement, en second lieu : *Primo, cela ne te regarde pas, secundo, il peut se débrouiller tout seul.*

sécurisant, e [sekyrizɑ̃, -ɑ̃t] adj. Qui sécurise : *Créer une atmosphère sécurisante* (syn. rassurant).

sécuriser [sekyrize] v.t. - **1.** Donner un sentiment de sécurité à ; enlever la crainte, l'anxiété : *Sécuriser un malade* (syn. rassurer, tranquilliser). - **2.** Rendre plus sûr (qqch) : *Sécuriser l'emploi des jeunes* (syn. assurer, stabiliser).

sécuritaire [sekyritɛr] adj. - **1.** Relatif à la sécurité publique : *Mettre en place une politique sécuritaire.* - **2.** CAN. Qui offre des garanties de sécurité, qui ne présente pas de danger : *Installation sécuritaire.*

sécurité [sekyrite] n.f. (lat. *securitas,* de *securus* "sûr"). - **1.** Situation dans laquelle qqn, qqch n'est exposé à aucun danger, à aucun risque d'agression physique, d'accident, de vol, de détérioration : *Cette installation présente une sécurité totale. Sécurité de l'emploi.*

- **2.** Situation de qqn qui se sent à l'abri du danger, qui est rassuré : *J'avais une impression de totale sécurité* (syn. quiétude, sérénité). - **3.** ARM. Dispositif du mécanisme d'une arme à feu interdisant tout départ intempestif du coup : *Revolver muni d'une sécurité* (syn. sûreté). - **4.** De sécurité, destiné à prévenir un accident ou un événement dommageable ou à en limiter les effets : *Ceinture de sécurité. Marge de sécurité.* ‖ Sécurité civile, ensemble des mesures de prévention et de secours que requiert, en toutes circonstances, la sauvegarde des populations. ‖ Sécurité publique, ensemble des conditions que l'État doit assurer pour permettre à ses citoyens de vivre en paix. ‖ Sécurité routière, ensemble des règles et des services visant à la protection des usagers de la route. ‖ Sécurité sociale, ensemble des mesures législatives et administratives qui ont pour objet de garantir les individus et les familles contre certains risques, appelés « risques sociaux » ; ensemble des organismes administratifs chargés d'appliquer ces mesures.

sédatif, ive [sedatif, -iv] adj. et n.m. (lat. médiév. *sedativus,* du class. *sedatum,* de *sedare* "calmer"). MÉD. Se dit de toute substance qui agit contre la douleur, l'anxiété, l'insomnie ou qui modère l'activité d'un organe : *Prescrire des sédatifs* (syn. analgésique, tranquillisant).

sédentaire [sedɑ̃tɛr] adj. et n. (lat. *sedentarius,* de *sedere* "être assis"). - **1.** Qui sort peu, qui reste ordinairement chez soi : *Un vieux couple sédentaire* (syn. casanier). - **2.** Qui reste dans une région déterminée (par opp. à *nomade*) : *Peuplades sédentaires.* ◆ adj. Qui ne comporte ou n'exige pas de déplacements : *Emploi sédentaire.*

sédentarisation [sedɑ̃tarizasjɔ̃] n.f. Passage de l'état de nomade à l'état sédentaire.

sédentariser [sedɑ̃tarize] v.t. Rendre sédentaire : *Sédentariser une population nomade.*

sédiment [sedimɑ̃] n.m. (lat. *sedimentum* "dépôt", de *sedere* "être assis"). Dépôt meuble laissé par les eaux, le vent, les autres agents d'érosion, et qui, d'après son origine, peut être marin, fluvial, lacustre, glaciaire, etc.

sédimentaire [sedimɑ̃tɛr] adj. Roche sédimentaire, roche formée par le dépôt plus ou moins continu de matériaux prélevés sur les continents après altération des roches préexistantes et transport par des agents mécaniques externes (eau ou vent).

sédimentation [sedimɑ̃tasjɔ̃] n.f. - **1.** GÉOL. Ensemble des phénomènes qui conduisent à la formation et au dépôt d'un sédiment. - **2.** Vitesse de sédimentation (globulaire), examen du sang qui consiste à mesurer la vitesse de chute des hématies dans une éprouvette contenant du sang rendu incoagulable, et qui permet de connaître l'importance d'un processus infectieux ou inflammatoire.

sédimenter [sedimɑ̃te] v.i., **se sédimenter** [sedimɑ̃te] v.pr. Être affecté d'un processus de sédimentation : *Bras de mer qui se sédimente.*

séditieux, euse [sedisjø, -øz] adj. et n. (lat. *seditiosus*). LITT. Qui prend part à une sédition, qui fomente une sédition : *Journaliste séditieux* (syn. agitateur, frondeur). *Mesures prises contre les séditieux* (syn. contestataire, émeutier). ◆ adj. LITT. Qui révèle une sédition, qui porte à la sédition : *Des écrits séditieux* (syn. incendiaire, subversif).

sédition [sedisjɔ̃] n.f. (lat. *seditio*). LITT. Soulèvement concerté et préparé contre l'autorité établie : *Fomenter, réprimer une sédition* (syn. insurrection, rébellion).

séducteur, trice [sedyktœʀ, -tʀis] adj. et n. (lat. *seductor*). Qui exerce un attrait irrésistible ; qui fait des conquêtes amoureuses : *Le pouvoir séducteur des mots* (syn. envoûtant). *C'est une grande séductrice* (syn. charmeur, ensorceleur).

séduction [sedyksjɔ̃] n.f. (lat. *seductio*). - **1.** Action, fait d'attirer par un charme irrésistible : *Le pouvoir de séduction de l'argent* (= l'attraction, la fascination). - **2.** Moyen, pouvoir de séduire : *Une femme pleine de séduction* (syn. attrait, charme).

séduire [sedɥiʀ] v.t. (lat. *seducere* propr. "emmener à l'écart") [conj. 98]. - **1.** Attirer fortement, s'imposer (à qqn) par telle qualité : *Son style et sa voix ont séduit le public* (syn. charmer, fasciner). - **2.** LITT. Amener qqn à avoir des relations sexuelles hors du mariage : *Il a séduit la fille des voisins.*

séduisant, e [sedɥizɑ̃, -ɑ̃t] adj. - **1.** Qui exerce un vif attrait sur autrui par son charme, ses qualités : *Un homme très séduisant* (syn. charmeur, envoûtant). - **2.** Qui est propre à tenter qqn : *Des propositions séduisantes* (syn. alléchant, tentant).

séfarade [sefaʀad] n. et adj. (de l'hébr. *Sefarad* "Espagne"). Juif originaire des pays méditerranéens (par opp. à *ashkénaze*).

segment [sɛgmɑ̃] n.m. (lat. *segmentum*, de *secare* "couper"). - **1.** Portion bien délimitée, détachée d'un ensemble : *Les morphèmes et les phonèmes sont des segments de la chaîne parlée.* - **2.** ZOOL. Anneau du corps des annélides et des arthropodes. - **3.** Segment circulaire, portion de plan limitée par un arc de cercle et la corde qui le sous-tend. ‖ Segment de droite, portion de droite limitée par deux points. □ Le segment de droite orienté est doté d'un sens.

segmentation [sɛgmɑ̃tasjɔ̃] n.f. - **1.** Division en segments ; fractionnement, morcellement. - **2.** BIOL. Ensemble des premières divisions de l'œuf après la fécondation.

segmenter [sɛgmɑ̃te] v.t. Partager en segments, diviser, couper : *Segmenter une barre de fer* (syn. sectionner).

ségrégatif, ive [segʀegatif, -iv] adj. Qui relève de la ségrégation, qui la pratique ou la favorise : *Demander la levée des mesures ségrégatives* (syn. ségrégationniste).

ségrégation [segʀegasjɔ̃] n.f. (lat. *segregatio*, de *segregare* "séparer du troupeau"). Action de séparer les personnes en raison de leur race, de leur religion, de leur niveau social, de leur sexe, etc., à l'intérieur d'un même pays, d'une collectivité : *Ségrégation raciale, sociale* (syn. discrimination).

ségrégationnisme [segʀegasjɔnism] n.m. Politique de ségrégation raciale. ◆ **ségrégationniste** adj. et n. Du ségrégationnisme ; partisan de la ségrégation raciale.

séguedille [segədij] n.f. (esp. *seguidilla*, de *seguida* "suite"). Chanson et danse populaires espagnoles rapides, à trois temps, d'origine andalouse.

seiche [sɛʃ] n.f. (lat. *sepia*, mot gr.). Mollusque marin voisin du calmar, à flotteur interne *(os)*, dont la tête porte des bras courts munis de ventouses et deux grands tentacules, et qui projette un liquide noir *(sepia)* lorsqu'il est attaqué. □ Classe des céphalopodes ; long. env. 30 cm.

séide [seid] n.m. (de l'ar. *Zayd*, n. d'un affranchi de Mahomet). LITT. Homme d'un dévouement aveugle et fanatique : *Politicien fasciste et ses séides* (syn. partisan, nervi).

seigle [sɛgl] n.m. (lat. *secale*, de *secare* "couper"). Céréale cultivée sur les terres pauvres et froides pour son grain et comme fourrage. □ Famille des graminées.

seigneur [sɛɲœʀ] n.m. (du lat. *seniorem*, de *senior* "plus âgé"). - **1.** Propriétaire féodal. - **2.** Personne noble de haut rang, sous l'Ancien Régime. - **3.** En grand seigneur, avec luxe, magnificence, ou avec noblesse. ‖ Être grand seigneur, dépenser sans compter et de manière ostentatoire. ‖ Le Seigneur, Dieu.

seigneurial, e, aux [sɛɲœʀjal, -o] adj. - **1.** Qui dépendait d'un seigneur, qui appartenait à un seigneur : *Droits seigneuriaux.* - **2.** LITT. Digne d'un seigneur : *Train de vie seigneurial.*

seigneurie [sɛɲœʀi] n.f. - **1.** Droit, puissance, autorité d'un seigneur sur les personnes et les biens relevant de ses domaines. - **2.** Terre sur laquelle s'exerce une puissance seigneuriale. - **3.** Votre Seigneurie, titre d'honneur des anciens pairs de France et des membres actuels de la Chambre des lords, en Angleterre.

sein [sɛ̃] n.m. (lat. *sinus* "pli, courbe" et par extension "poitrine" [la toge faisant un pli en travers de la poitrine]). - **1.** Chacune des mamelles de la femme : *Elle a une douleur au sein gauche.* - **2.** Le même organe, atrophié et rudimentaire, chez l'homme. - **3.** LITT. Partie antérieure du thorax : *Presser qqn contre son sein* (syn. buste, poitrine). - **4.** LITT. Siège de la conception : *Enfant encore dans le sein de sa mère* (syn. entrailles, ventre). - **5.** LITT. Partie interne que renferme qqch : *Le sein de la terre, de l'océan.* - **6.** Au sein de, au milieu de, dans le cadre de. - **7.** Donner le sein à un enfant, l'allaiter.

seine n.f. → senne.

seing [sɛ̃] n.m. (lat. *signum* "signe"). - **1.** DR. Signature d'une personne sur un acte, pour en attester l'authenticité. - **2.** Sous seing privé, se dit d'un acte non établi devant un officier public.

séisme [seism] n.m. (gr. *seismos* "tremblement de terre"). - **1.** Mouvement brusque de l'écorce terrestre, produit à une certaine profondeur, à partir d'un épicentre (= secousse sismique ou tellurique). - **2.** Bouleversement de l'ordre des choses : *Un séisme électoral.*

séismicité n.f., **séismique** adj., **séismographe** n.m., **séismologie** n.f. → sismicité, sismique, sismographe, sismologie.

seize [sɛz] adj. num. card. inv. (lat. *sedecim*). - **1.** Quinze plus un : *Elle a seize ans.* - **2.** (En fonction d'ordinal). De rang numéro seize, seizième : *Page seize.* ◆ n.m. inv. Le nombre qui suit quinze dans la série des entiers naturels : *Quatorze et deux font seize.*

seizième [sɛzjɛm] adj. num. ord. et n. De rang numéro seize : *Le seizième jour du mois. C'est la seizième de la liste.* ◆ adj. et n.m. Qui correspond à la division d'un tout en seize parties égales : *La seizième partie d'une somme. Un seizième des recettes.*

seizièmement [sɛzjɛmmɑ̃] adv. En seizième lieu.

séjour [seʒuʀ] n.m. - **1.** Fait de séjourner dans un lieu, dans un pays, pendant un certain temps ; durée pendant laquelle on séjourne : *Faire un séjour à la montagne. Un séjour de deux semaines.* - **2.** LITT. Lieu où l'on séjourne : *Ce village est un agréable séjour d'été* (syn. résidence, villégiature). - **3.** Salle de séjour, pièce d'un appartement servant à la fois de salle à manger et de salon (on dit aussi *le séjour*) [syn. living-room].

séjourner [seʒuʀne] v.i. (lat. pop. *subdiurnare*, du bas lat. *diurnare* "durer", du class. *diurnus* "de chaque jour"). Rester quelque

temps dans un endroit : *Séjourner à Paris pendant un mois* (syn. demeurer, résider). *J'ai séjourné chez eux l'an passé* (syn. habiter).

sel [sɛl] n.m. (lat. *sal*). - **1.** Substance incolore, cristallisée, friable, soluble et d'un goût âcre, employée pour l'assaisonnement ou la conservation des aliments : *Sel fin* ou *sel de table.* - **2.** Ce qu'il y a de piquant, de savoureux dans un propos, un écrit, une situation, ou ce qui augmente vivement leur intérêt : *Plaisanterie pleine de sel* (syn. humour, piquant). - **3.** CHIM. Corps de structure ionique résultant de l'action d'un acide sur une base ou d'un acide ou d'une base sur un métal. - **4.** Gros sel, sel marin en gros cristaux. || LITT. Le sel de la terre, l'élément actif, généreux, l'élite d'un groupe. || Sel gemme → gemme. || Sel marin, chlorure de sodium tiré de l'eau de mer. ◆ **sels** n.m. pl. - **1.** Mélanges acides ou alcalins qui servaient à ranimer par inhalation les personnes défaillantes : *Faire respirer des sels à une personne évanouie.* - **2.** Sels de bain, mélange parfumé de sels minéraux ajoutés à l'eau du bain, pour la parfumer et l'adoucir.

sélacien [selasjɛ̃] n.m. (du gr. *selakhos* "requin"). Sélaciens, sous-classe de poissons marins à squelette cartilagineux, à la peau recouverte d'écailles rugueuses, comprenant les raies et les torpilles, les roussettes et les requins.

sélect, e [selɛkt] adj. (angl. *select*). FAM. Où ne sont admis que des personnes choisies, élégantes, en parlant d'un groupe, d'un lieu : *Un club sélect* (syn. distingué, chic).

sélecteur [selɛktœʀ] n.m. (de *sélect[ion]*). - **1.** Commutateur ou dispositif permettant de choisir un organe, un parcours, une gamme ou un canal de fréquences, etc., parmi un certain nombre de possibilités : *Sélecteur de programmes d'un récepteur de radio, de télévision.* - **2.** Pédale actionnant le changement de vitesse sur une motocyclette ou certains vélomoteurs.

sélectif, ive [selɛktif, -iv] adj. - **1.** Qui vise à opérer une sélection ou qui repose sur une sélection : *Méthode sélective. Recrutement sélectif.* - **2.** Se dit d'un poste récepteur de radiodiffusion qui opère une bonne séparation des ondes de fréquences voisines.

sélection [selɛksjɔ̃] n.f. (lat. *selectio, -onis* "tri"). - **1.** Action de sélectionner, de choisir les personnes ou les choses qui conviennent le mieux : *Faire une sélection parmi des candidats* (syn. choix). - **2.** Ensemble des éléments choisis : *Présenter une sélection de modèles de haute couture* (syn. assortiment, collection). - **3.** (Précédé de l'art. déf.). Limitation du nombre de personnes autorisées à suivre un enseignement donné par l'élévation du niveau des connaissances requises et par un contrôle accru de ces dernières : *Être pour, contre la sélection.* - **4.** Sur un matériel, un appareil, choix de ce qui correspond à une demande ponctuelle : *Bouton de sélection des programmes, sur un lave-linge.* - **5.** MIL. Opération préliminaire à l'appel du contingent, à l'engagement. - **6.** Choix, dans une espèce animale ou végétale, des individus reproducteurs dont les qualités ou les caractéristiques permettront d'améliorer l'espèce ou de la modifier dans un sens déterminé. - **7.** BIOL. **Sélection naturelle,** survivance des variétés animales ou végétales les mieux adaptées aux dépens des moins aptes.

sélectionné, e [selɛksjɔne] adj. et n. Choisi parmi d'autres, en vue d'une épreuve, d'un concours : *Les joueurs sélectionnés disputeront le match.* ◆ adj. Qui a fait l'objet d'un choix répondant à un critère de qualité : *Vins sélectionnés.*

sélectionner [selɛksjɔne] v.t. Choisir, dans un ensemble, les éléments qui répondent le mieux à un critère donné : *Sélectionner des graines pour la semence.*

sélectionneur, euse [selɛksjɔnœr, -øz] n. Personne (dirigeant sportif, technicien) qui procède à une sélection : *Le sélectionneur de l'équipe de football.*

sélectivement [selɛktivmɑ̃] adv. De façon sélective ; par sélection : *Recruter sélectivement des candidats.*

sélène [selɛn] adj. (gr. *selênê* "la Lune"). DIDACT. Qui appartient, qui a rapport à la Lune.

sélénium [selenjɔm] n.m. (du gr. *selênê* "Lune" [par anal. avec le *tellure*]). Non-métal solide, analogue au soufre, fusible à 216 °C, dont la conductivité électrique augmente avec la lumière qu'il reçoit. □ Symb. Se ; densité 4,8.

self [sɛlf] n.m. FAM. Self-service.

self-control [sɛlfkɔ̃trol] n.m. (mot angl.) [pl. *self-controls*]. Maîtrise, contrôle de soi.

self-made-man [selfmɛdman] n.m. (mot angl. "homme qui s'est fait lui-même") [pl. *self-made-mans* ou *self-made-men*]. Personne qui ne doit sa réussite qu'à elle-même.

self-service [sɛlfsɛrvis] et **self** [self] n.m. (mot angl. "libre-service") [pl. *self-services* et *selfs*]. Restaurant dans lequel le client se sert lui-même : *Aller manger au self.*

selle [sɛl] n.f. (lat. *sella* "siège"). - **1.** Siège incurvé en cuir que l'on place sur le dos d'une monture : *Sauter en selle.* - **2.** Petit siège sur lequel s'assoit un cycliste, un motocycliste ou un conducteur de tracteur. - **3.** Morceau de viande (agneau, mouton, chevreuil) correspondant à la région lombaire avec les muscles abdominaux. - **4.** Support muni d'un plateau tournant sur lequel le sculpteur place le bloc de matière qu'il modèle. - **5.** Aller à la selle, déféquer. ‖ Cheval de selle, cheval propre à servir de monture. ‖ Être bien en selle, bien affermi dans sa situation, dans son emploi. ‖ Remettre qqn en selle, se remettre en selle, l'aider à rétablir ses affaires, rétablir sa propre situation. ◆ **selles** n.f. pl. Matières fécales.

seller [sele] v.t. Munir d'une selle (un cheval, un mulet, un dromadaire, etc.).

sellerie [sɛlri] n.f. - **1.** Ensemble des selles et des harnais des chevaux d'une écurie ; lieu où l'on range les selles et les harnais des chevaux. - **2.** Technique de fabrication des selles et harnais ; activité et commerce du sellier.

sellette [sɛlɛt] n.f. (dimin. de *selle*). - **1.** Petit siège de bois sur lequel on faisait asseoir un accusé au tribunal. - **2.** Petite selle de sculpteur. - **3.** Petit siège suspendu à une corde, à l'usage des ouvriers du bâtiment. - **4.** Être sur la sellette, être accusé, mis en cause. ‖ Mettre qqn sur la sellette, le presser de questions, chercher à le faire parler.

sellier [selje] n.m. Artisan, ouvrier qui fabrique, répare et vend des selles et des articles de harnachement.

selon [səlɔ̃] prép. (lat. pop. *sublongum* "le long de"). - **1.** Conformément à : *J'ai agi selon vos désirs.* - **2.** Proportionnellement à : *Dépenser selon ses moyens.* - **3.** Du point de vue de, d'après : *Selon vous, que faut-il faire ?* - **4.** En fonction de, suivant : *Choisir tel itinéraire selon l'état des routes.* - **5.** FAM. C'est selon, cela dépend des circonstances. ◆ **selon que** loc. conj. (En corrélation avec *ou*). Indique une alternative : *Selon qu'il fera beau ou non.*

semailles [səmaj] n.f. pl. (lat. *seminalia*, de *semen* "graine"). - **1.** Action de semer : *Les semailles se font au printemps ou en automne.* - **2.** Ensemble des travaux agricoles comprenant les semis ; époque où l'on sème.

semaine [səmɛn] n.f. (lat. ecclés. *septimana*). - **1.** Période de sept jours consécutifs du lundi au dimanche inclus : *Je reviendrai au début de la semaine prochaine.* - **2.** Cette période, consacrée aux activités professionnelles ; ensemble des jours ouvrables : *Semaine de cinq jours. Semaine de 39 heures.* **Rem.** Une recommandation internationale préconise de considérer le lundi comme premier jour de la semaine. - **3.** Suite de sept jours consécutifs sans considération du jour de départ : *Louer une voiture à la semaine.* - **4.** Salaire hebdomadaire : *Toucher sa semaine.* - **5.** Période de sept jours consacrée à une activité ou marquée par un trait dominant : *La semaine des arts ménagers.* - **6.** FAM. À la **petite semaine**, sans plan d'ensemble, au jour le jour : *Gérer une entreprise à la petite semaine.* **-7.** CAN. Fin de semaine. Week-end.

semainier [səmɛnje] n.m. **-1.** Calendrier, agenda de bureau qui indique les jours en les groupant par semaines. **-2.** Petit meuble à sept tiroirs. **-3.** Bracelet à sept anneaux.

sémantique [semɑ̃tik] adj. (gr. *sêmantikos* "qui signifie"). **-1.** Relatif au sens, à la signification des unités linguistiques : *Contenu sémantique d'un mot.* **-2.** Qui relève de la sémantique : *Analyse sémantique.* **-3.** Trait sémantique, sème. ◆ n.f. **-1.** Étude scientifique du sens des unités linguistiques et de leurs combinaisons (par opp. à l'étude des formes, ou *morphologie,* et à celle des rapports entre les termes de la phrase, ou *syntaxe*). **-2.** LOG. Étude de propositions d'une théorie déductive du point de vue de leur vérité ou de leur fausseté.

sémaphore [semafɔʀ] n.m. (de *séma-* et *-phore*). **-1.** Poste de signalisation établi sur une côte pour communiquer par signaux optiques avec les navires en vue. **-2.** CH. DE F. Signal d'arrêt des trains, constitué par une aile rouge horizontale en signalisation mécanique.

semblable [sɑ̃blabl] adj. (de *sembler*). **-1.** Qui ressemble à qqn, à qqch d'autre, qui est de même nature, de même qualité : *Une maison semblable à la nôtre* (syn. pareil, similaire). *Que faire dans un cas semblable ?* (syn. analogue, identique). *Je me suis déjà trouvée dans des circonstances semblables* (syn. comparable). **-2.** De cette nature : *Qui vous a raconté de semblables histoires ?* (syn. pareil). **-3.** GÉOM. Figures semblables, figures du plan telles qu'il existe une similitude transformant l'une en l'autre. ◆ n. **-1.** (Avec un poss.). Être humain, personne semblable : *Toi et tes semblables* (syn. pareil). ◆ **-2.** Être animé, considéré par rapport à ceux de son espèce : *Partager le sort de ses semblables* (syn. congénère).

semblant [sɑ̃blɑ̃] n.m. Faire semblant (de), donner l'apparence de : *Faire semblant de chanter* (syn. feindre). *Elle ne dort pas, elle fait semblant* (syn. simuler). ‖ Ne faire semblant de rien, feindre l'indifférence, l'ignorance ou l'inattention. ‖ Un semblant de, une apparence de : *Il y a un semblant de vérité dans ses propos.*

sembler [sɑ̃ble] v.i. (bas lat. *simulare,* du class. *similis* "semblable"). Présenter l'apparence de, donner l'impression d'être, de faire qqch : *Ce vin semble trouble. Vous semblez préoccupé* (syn. paraître). ◆ v. impers. Ce me semble, me semble-t-il, à ce qu'il me semble, à mon avis, selon moi. ‖ Il me semble que, je crois que : *Il me semble qu'elle ne pouvait faire*

autrement. ‖ Il semble que, il y a fort à penser que, on dirait que : *Il semble que tu aies* ou *que tu as raison.* ‖ LITT. Que vous en semble ?, qu'en pensez-vous ? ‖ Si (comme, quand) bon me semble, si (comme, quand) cela me plaît : *Je le ferai si bon me semble.*

sème [sɛm] n.m. (de *sém*[antique] d'apr. *phonème, morphème*). LING. Unité minimale de signification entrant, comme composant, dans le sens d'une unité lexicale. (On dit aussi *trait sémantique.*)

séméiologie [semejɔlɔʒi] et **sémiologie** [semjɔlɔʒi] n.f. (du gr. *sêmeion* "signe" et *-logie*). Partie de la médecine qui traite des signes cliniques et des symptômes des maladies.

séméiologique [semejɔlɔʒik] et **sémiologique** [semjɔlɔʒik] adj. Relatif à la séméiologie.

semelle [səmɛl] n.f. (p.-ê. altér. du picard *lemelle,* lat. *lamella* "petite lame"). **-1.** Pièce de cuir, de corde, de caoutchouc, etc., qui forme le dessous de la chaussure et qui se trouve en contact avec le sol : *Mes semelles sont trouées.* **-2.** Pièce de garniture que l'on place à l'intérieur d'une chaussure. **-3.** FAM. Viande coriace : *On nous a servi de la semelle.* **-4.** Pièce plate servant d'appui : *Semelle d'un fer à repasser. Semelle de béton d'un édifice. La semelle d'un ski.* **-5.** Battre la semelle, frapper le sol de ses pieds, pour les réchauffer. ‖ Ne pas bouger, ne pas avancer d'une semelle, ne faire aucun progrès : *La négociation n'a pas avancé d'une semelle.* ‖ Ne pas quitter, ne pas lâcher qqn d'une semelle, l'accompagner, le suivre partout. ‖ Ne pas reculer d'une semelle, rester ferme sur ses positions.

semence [səmɑ̃s] n.f. (bas lat. *sementia,* du class. *sementis* "ensemencement", de *semen*). **-1.** Graine, ou autre partie d'un végétal, apte à former une plante complète après semis ou enfouissement : *Semences sélectionnées* (syn. grain). **-2.** Sperme. **-3.** Petit clou à tige courte et tête plate, aminci de la tête à la pointe, utilisé par les tapissiers.

semer [səme] v.t. (lat. *seminare,* de *semen, -inis* "graine") [conj. 19]. **-1.** Mettre en terre (une graine destinée à germer) : *Semer des céréales.* **-2.** Répandre, jeter çà et là : *Les gens semaient des fleurs sur le passage du cortège.* **-3.** SOUT. Propager : *Semer la discorde.* **-4.** FAM. Quitter adroitement, se débarrasser de : *Semer un importun* (syn. distancer).

semestre [səmɛstʀ] n.m. (lat. *semestris* "de six mois"). **-1.** Espace de six mois consécutifs, à partir du début de l'année civile ou scolaire ; chacune des deux moitiés de l'année. **-2.** Rente, pension qui se paie tous les six mois.

semestriel, elle [səmɛstrijɛl] adj. - **1.** Qui a lieu tous les six mois : *Assemblée semestrielle.* - **2.** Qui dure six mois : *Congé semestriel.*

semeur, euse [səmœʀ, -øz] n. Personne qui sème.

semi- préfixe, de l'élément lat. *semi-,* exprimant l'idée de moitié (*semi-circulaire*) ou d'état intermédiaire (*semi-conducteur*).

semi-automatique [səmiotomatik] adj. (pl. *semi-automatiques*). - **1.** Se dit d'un appareil, d'une installation dont le fonctionnement comprend des phases à déroulement automatique séparées par des interventions manuelles : *Circuit téléphonique semi-automatique.* - **2.** Arme semi-automatique, arme à répétition.

semi-auxiliaire [səmiɔksiljɛʀ] adj. et n.m. (pl. *semi-auxiliaires*). Se dit des verbes auxiliaires qui permettent d'exprimer certains aspects ou certaines modalités de l'action verbale : « *Faire* », « *laisser* », « *aller* », « *venir* » *peuvent être utilisés comme semi-auxiliaires.*

semi-conducteur, trice [səmikɔ̃dyktœʀ, -tʀis] adj. et n.m. (pl. *semi-conducteurs, trices*). Se dit d'un corps non métallique qui conduit imparfaitement l'électricité, et dont la résistivité décroît lorsque la température augmente.

semi-consonne n.f. → semi-voyelle.

semi-fini [səmifini] adj.m. (pl. *semi-finis*). Produit semi-fini, produit de l'industrie, intermédiaire entre la matière première et le produit fini.

semi-liberté [səmilibɛʀte] n.f. (pl. *semi-libertés*). DR. PÉN. Régime permettant à un condamné de quitter l'établissement pénitentiaire pour le temps nécessaire à l'exercice d'une activité professionnelle ou à un traitement médical.

sémillant, e [semijɑ̃, -ɑ̃t] adj. (anc. fr. *semilleus* "rusé"). LITT. Qui est d'une vivacité pétillante et gaie : *Jeune fille sémillante.*

séminaire [seminɛʀ] n.m. (lat. *seminarium* "pépinière", de *semen* "graine"). - **1.** Établissement religieux où l'on instruit les jeunes gens qui se destinent à l'état ecclésiastique : *Grand séminaire. Petit séminaire.* - **2.** Série de conférences, de travaux consacrés à une discipline particulière ; petit nombre de personnes réunies pour étudier une ou certaines questions précises sous la direction d'un animateur : *Un séminaire sur la traduction.* - **3.** Groupe d'étudiants et de chercheurs travaillant sous la direction d'un enseignant : *Diriger un séminaire de linguistique appliquée.*

séminal, e, aux [seminal, -o] adj. (lat. *seminalis*, de *semen* "graine"). - **1.** Relatif à la semence des végétaux. - **2.** Relatif au sperme : *Liquide séminal.*

séminariste [seminaʀist] n.m. Élève d'un séminaire.

séminifère [seminifɛʀ] adj. (du lat. *semen* "graine" et de *fère*). ANAT. Qui conduit le sperme : *Canal séminifère.*

semi-nomade [səminɔmad] adj. et n. (pl. *semi-nomades*). Qui pratique le semi-nomadisme.

semi-nomadisme [səminɔmadism] n.m. (pl. *semi-nomadismes*). Genre de vie combinant une agriculture occasionnelle et un élevage nomade, le plus souvent en bordure d'un désert.

1. sémiologie n.f. → séméiologie.

2. sémiologie [semjɔlɔʒi] n.f. Syn. de *sémiotique.*

1. sémiologique adj. → séméiologique.

2. sémiologique [semjɔlɔʒik] adj. De la sémiologie ; de la sémiotique.

sémiotique [semjɔtik] n.f. (gr. *sêmeiôtikê*, de *sêmion* "signe"). - **1.** Science des modes de production, de fonctionnement et de réception des différents systèmes de signes de communication entre individus ou collectivités (syn. sémiologie). - **2.** Cette science appliquée à un domaine particulier de la communication. ◆ adj. De la sémiotique, de la sémiologie.

semi-ouvert, e [səmiuvɛʀ, -ɛʀt] adj. (pl. *semi-ouverts, es*). MATH. Se dit d'un intervalle de nombres qui ne contient pas l'une de ses extrémités.

semi-public, ique [səmipyblik] adj. (pl. *semi-publics, iques*). Se dit d'un organisme relevant du droit privé et du droit public, ou d'un secteur de l'économie régi par le droit privé mais contrôlé par une personne publique.

semi-remorque [səmiʀəmɔʀk] n.f. (pl. *semi-remorques*). Véhicule de transport dont la partie avant, dépourvue d'essieu de roulement, s'articule sur l'arrière d'un tracteur routier. ◆ n.m. Ensemble formé par ce véhicule et son tracteur.

semis [səmi] n.m. (de *semer*). - **1.** Mise en place des semences dans un terrain préparé à cet effet : *Semis à la volée.* - **2.** Plant d'arbrisseau, de fleur, etc., qui a été semé en graine : *Ne marchez pas sur les semis.* - **3.** Ensemble de choses menues, de petits motifs décoratifs parsemant une surface : *Tissu décoré d'un semis d'étoiles.*

sémite [semit] adj. et n. (de *Sem*, n. de l'un des fils de Noé). Qui appartient à un ensemble de peuples du Proche-Orient parlant ou ayant parlé dans l'Antiquité des langues sémitiques (Akkadiens [Assyro-Babyloniens], Amorrites, Araméens, Phéniciens, Arabes, Hébreux, Éthiopiens).

sémitique [semitik] adj. - **1.** Relatif aux Sémites. - **2.** Langues sémitiques, groupe de langues chamito-sémitiques de l'Asie occidentale et du nord de l'Afrique (arabe, hébreu, araméen, amharique, etc.) [on dit aussi *le sémitique*].

semi-voyelle [səmivwajɛl] et **semi-consonne** [səmikɔ̃sɔn] n.f. (pl. *semi-voyelles, semi-consonnes*). Son du langage intermédiaire entre les voyelles et les consonnes, tel que [j], [w], [ɥ] dans *yeux, oui, huit*.

semnopithèque [sɛmnɔpitɛk] n.m. (du gr. *sêmnos* "vénérable" et de *-pithèque*). Grand singe des forêts d'Asie, vivant en bandes. □ Long. 75 cm sans la queue.

semoir [səmwaʀ] n.m. - **1.** Sac ou panier dans lequel le semeur portait les grains qu'il semait à la volée. - **2.** Machine servant à semer les graines.

semonce [səmɔ̃s] n.f. (de l'anc. fr. *semondre*, lat. *submonere* "avertir en secret"). - **1.** Avertissement mêlé de reproches ; remontrance, réprimande. - **2.** MAR. Ordre donné à un navire de montrer ses couleurs, de stopper. - **3.** Coup de semonce, coup de canon à blanc ou réel, appuyant la semonce d'un navire ; au fig., avertissement brutal donné à qqn.

semoncer [səmɔ̃se] v.t. [conj. 16]. - **1.** Donner à un navire un ordre de semonce. - **2.** LITT. Faire une semonce, une réprimande à (qqn) : *Son père l'a vertement semoncé* (syn. réprimander).

semoule [səmul] n.f. (it. *semola*, lat. *simila* "fleur de farine"). Fragments de grains de céréales (blé dur essentiellement, mais aussi maïs, riz), obtenus par mouture des grains humidifiés, suivie de séchage et de tamisage : *Un gâteau de semoule. Préparer la semoule pour un couscous.*

sempiternel, elle [sɑ̃pitɛʀnɛl] adj. (lat. *sempiternus*, d'apr. *éternel*). Qui est répété indéfiniment au point de fatiguer : *Ses sempiternelles jérémiades* (syn. continuel, perpétuel).

sempiternellement [sɑ̃pitɛʀnɛlmɑ̃] adv. D'une manière sempiternelle ; sans arrêt, sans cesse : *Répéter sempiternellement la même chose* (syn. perpétuellement). *Sempiternellement coiffé de son chapeau vert* (syn. invariablement).

sénat [sena] n.m. (lat. *senatus*, de *senex* "vieux"). - **1.** Nom donné à diverses assemblées politiques de l'Antiquité (à Rome, à Carthage, à Byzance). - **2.** (Avec une majuscule). Seconde chambre ou chambre haute dans les régimes à caractère parlementaire : *Le Sénat des États-Unis d'Amérique.* - **3.** (Avec une majuscule). Assemblée qui, avec l'Assemblée nationale, constitue le Parlement français. - **4.** Lieu, bâtiment où se réunissent les sénateurs.

sénateur [senatœʀ] n.m. (lat. *senator*). Membre d'un sénat : *En France, les sénateurs sont élus au suffrage indirect.*

sénatorial, e, aux [senatɔʀjal, -o] adj. Relatif au Sénat, aux sénateurs : *Une commission sénatoriale. Élections sénatoriales.*

sénatus-consulte [senatyskɔ̃sylt] n.m. (lat. *senatus consultum*) [pl. *sénatus-consultes*]. - **1.** ANTIQ. Texte formulant l'avis du sénat romain. - **2.** HIST. Acte voté par le Sénat, pendant le Consulat, le premier et le second Empire, et ayant la valeur d'une loi.

séné [sene] n.m. (lat. médiév. *sene*, ar. *senā*). - **1.** Cassier, arbre ou arbuste dont le fruit en gousse contient un principe purgatif. □ Famille des césalpiniacées. - **2.** Laxatif extrait de la gousse du cassier.

sénéchal [seneʃal] n.m. (frq. **siniskalk*, propr. "serviteur le plus âgé"). - **1.** HIST. Grand officier du palais royal. □ Cette fonction fut supprimée en 1191. - **2.** Dans l'ouest et le midi de la France d'Ancien Régime, officier royal de justice à la tête d'une sénéchaussée.

sénéchaussée [seneʃose] n.f. - **1.** Étendue de la juridiction d'un sénéchal. - **2.** Tribunal du sénéchal.

séneçon [senəsɔ̃] n.m. (lat. *senecio*, de *senex* "vieillard"). Plante dont il existe de nombreuses espèces herbacées et arborescentes. □ Famille des composées.

sénescence [senɛsɑ̃s] n.f. (du lat. *senescere* "vieillir"). - **1.** Vieillissement naturel des tissus et de l'organisme. - **2.** Baisse des activités, des performances propres à la période de vie qui suit la maturité (syn. vieillesse).

sénescent, e [senɛsɑ̃] adj. Atteint par la sénescence.

senestre [sənɛstʀ] ou **sénestre** [senɛstʀ] adj. (lat. *sinister* "gauche"). HÉRALD. Qui est sur le côté gauche de l'écu (par opp. à *dextre*).

sénevé [senve] n.m. (lat. *sinapi*, mot gr.). Moutarde sauvage.

sénile [senil] adj. (lat. *senilis*, de *senex* "vieillard"). - **1.** Qui est caractéristique de la vieillesse, propre à la vieillesse : *Tremblement, démence sénile.* - **2.** Dont les facultés intellectuelles sont dégradées par l'âge : *Il ne vous comprend pas, il est sénile* (syn. gâteux).

sénilité [senilite] n.f. Affaiblissement physique et surtout intellectuel produit par la vieillesse : *Atteint de sénilité précoce* (syn. gâtisme).

senior [senjɔʀ] adj. et n. (mot lat. "plus âgé"). SPORTS, JEUX. Se dit d'un concurrent qui a dépassé l'âge limite des juniors (20 ans, génér.) et qui n'est pas encore vétéran (qui a moins de 45 ans génér.).

senne ou **seine** [sɛn] n.f. (lat. *sagena*, du gr.). Filet de pêche qu'on traîne sur les fonds sableux.

sens [sɑ̃s] n.m. (lat. *sensus*, de *sentire* "percevoir, comprendre"). **- 1.** Fonction psychique et physiologique par laquelle un organisme reçoit des informations sur certains éléments du milieu extérieur de nature physique ou chimique : *La vue, l'ouïe, le toucher, le goût et l'odorat sont les cinq sens. Les organes des sens.* **- 2.** Connaissance immédiate : *Il n'a pas le sens des affaires* (syn. don, instinct). *J'adore son sens de l'humour* (= son esprit). **- 3.** Manière de comprendre, de juger : *Abonder dans le sens de qqn* (syn. opinion, sentiment). *À mon sens, vous ne devriez pas faire ça* (syn. avis). **- 4.** Raison d'être de qqch, ce qui justifie et explique qqch : *Donner un sens à son action* (syn. finalité). *Comment donner un sens à sa vie ?* (syn. signification). **- 5.** Ensemble des représentations que suggère un mot, un énoncé : *Chercher le sens d'un mot dans un dictionnaire* (syn. signification). **- 6.** Direction dans laquelle se fait un mouvement : *Nous nous sommes trompés, changeons de sens* (syn. orientation). **- 7.** Côté d'un corps, d'une chose : *Couper un objet dans le sens de la longueur. La photo est placée dans le mauvais sens* (syn. position). **- 8.** En dépit du bon sens, contrairement à la simple raison. ‖ **Le bon sens, le sens commun,** capacité de distinguer le vrai du faux, d'agir raisonnablement ; ensemble des opinions dominantes dans une société donnée. ‖ **Sens dessus dessous,** de façon que ce qui devait être dessus ou en haut se trouve dessous ou en bas ; dans un grand désordre, un grand trouble. ‖ **Sens devant derrière,** de telle sorte que ce qui devait être devant se trouve derrière. ‖ **Sens unique,** voie sur laquelle la circulation, par décision administrative, ne s'effectue que dans une seule direction. ‖ **Sixième sens,** intuition. ‖ **Tomber sous le sens,** être évident. ◆ n.m. pl. Ensemble des fonctions de la vie organique qui procurent les plaisirs physiques : *Troubler les sens* (syn. sensualité).

sensation [sɑ̃sasjɔ̃] n.f. (lat. *sensatio*, de *sentire* "sentir"). **- 1.** Phénomène qui traduit, de façon interne chez un individu, une stimulation des organes récepteurs : *Sensation visuelle.* **- 2.** État psychologique découlant des impressions reçues et à prédominance affective ou psychologique : *Sensation de bien-être.* **- 3.** À sensation, de nature à causer l'émotion, à attirer l'attention : *Journal à sensation.* ‖ **Avoir la sensation que, de,** avoir l'impression que, de. ‖ **Faire sensation,** produire une vive impression d'intérêt, de surprise, d'admiration, etc.

sensationnel, elle [sɑ̃sasjɔnɛl] adj. (de *sensation*). **- 1.** Qui produit une impression de surprise, d'intérêt, d'admiration : *Ce fut un événement sensationnel* (syn. extraordinaire, stupéfiant). **- 2.** FAM. Qui est remarquable, d'une valeur exceptionnelle : *Une voiture sensationnelle* (syn. fabuleux, merveilleux). ◆ **sensationnel** n.m. Tout ce qui peut produire une forte impression de surprise, d'intérêt ou d'émotion : *Lecteurs avides de sensationnel.*

sensé, e [sɑ̃se] adj. Qui a du bon sens, raisonnable : *Personne sensée* (syn. sage). *Discours sensé* (syn. judicieux).

sensément [sɑ̃semɑ̃] adv. LITT. De façon sensée : *Agir, s'exprimer sensément* (syn. judicieusement, raisonnablement).

sensibilisateur, trice [sɑ̃sibilizatœr, -tris] adj. Qui sensibilise qqn, l'opinion à qqch : *Discours sensibilisateur.*

sensibilisation [sɑ̃sibilizasjɔ̃] n.f. **- 1.** Action de sensibiliser ; fait d'être sensibilisé : *Une campagne de sensibilisation aux problèmes de la drogue.* **- 2.** MÉD. État d'un organisme qui, après avoir été au contact de certaines substances étrangères (surtout protéines) agissant comme antigènes, acquiert à leur égard des propriétés de réaction, utiles (état de défense) ou nocives (état allergique), liées à la production d'anticorps.

sensibiliser [sɑ̃sibilize] v.t. **- 1.** Rendre sensible à une action physique, chimique. **- 2.** MÉD. Provoquer une sensibilisation : *Sensibiliser un organisme à un antigène.* **- 3.** Rendre qqn, un groupe sensible, réceptif à qqch : *Sensibiliser l'opinion à la protection de l'environnement.*

sensibilité [sɑ̃sibilite] n.f. (bas lat. *sensibilitas*). **- 1.** Aptitude à réagir à des excitations externes ou internes : *Sensibilité au froid.* **- 2.** Aptitude à s'émouvoir, à éprouver de la pitié, de la tendresse, un sentiment esthétique : *Un enfant d'une grande sensibilité* (syn. émotivité). *Faire appel à la sensibilité de qqn* (syn. pitié, tendresse). **- 3.** Opinion, courant politique : *Les diverses sensibilités qu'on trouve au sein de ce parti* (syn. tendance). **- 4.** MÉTROL. Aptitude d'un instrument de mesure à déceler de très petites variations : *La sensibilité d'une balance.* **- 5.** PHOT. Réponse d'une émulsion à l'action d'une certaine quantité de lumière, exprimée en valeur numérique : *Sensibilité d'une pellicule.*

1. **sensible** [sɑ̃sibl] adj. (lat. *sensibilis*, de *sentire* "sentir"). **- 1.** Perçu par les sens : *Le monde sensible* (syn. concret, matériel). **- 2.** Susceptible d'éprouver des perceptions, des sensations : *Avoir l'oreille sensible* (syn. fin). **- 3.** Facilement affecté par la moindre action ou agression extérieure : *Avoir la gorge sensible* (syn. délicat, fragile). **- 4.** Qui est facilement ému, touché : *Âme sensible* (= personne émotive). **- 5.** Accessible, réceptif à certains

sentiments, certaines impressions : *Elle est sensible aux misères d'autrui* (syn. compatissant, ouvert). *Sensible aux compliments.* -**6.** Se dit d'un endroit du corps où l'on ressent une douleur plus ou moins vive : *Plaie sensible* (syn. douloureux). -**7.** Que l'on doit traiter avec une attention, une vigilance particulière : *Dossier sensible* (syn. délicat, difficile). -**8.** Qu'on remarque aisément : *Progrès sensibles* (syn. notable). -**9.** Qui indique les plus légères variations : *Balance sensible* (syn. précis). -**10.** PHOT. Se dit de la qualité d'une couche susceptible d'être impressionnée par la lumière. -**11.** Point sensible (de qqn), ce qui le touche particulièrement.

2. sensible [sɑ̃sibl] n.f. (de [*note*] *sensible*). MUS. Septième degré d'une gamme diatonique.

sensiblement [sɑ̃sibləmɑ̃] adv. -**1.** D'une manière très perceptible : *La fièvre a sensiblement baissé* (syn. considérablement). -**2.** À peu de chose près, presque : *Ils sont sensiblement du même âge* (syn. approximativement).

sensiblerie [sɑ̃sibləri] n.f. (de *1. sensible*). Sensibilité affectée et outrée : *Sa défense des animaux vire à la sensiblerie.*

sensitif, ive [sɑ̃sitif, -iv] adj. (lat. médiév. *sensitivus*). Qui conduit l'influx nerveux d'un organe sensoriel à un centre : *Nerf sensitif.* ◆ adj. et n. D'une sensibilité excessive : *Sa sœur est une sensitive* (syn. hypersensible).

sensoriel, elle [sɑ̃sɔrjɛl] adj. (du bas lat. *sensorium*). Relatif aux organes des sens : *Impressions sensorielles.*

sensualisme [sɑ̃sɥalism] n.m. (du lat. ecclés. *sensualis* "qui concerne les sens"). PHILOS. Doctrine selon laquelle nos connaissances proviennent de nos sensations : *Le sensualisme de Condillac.* ◆ **sensualiste** adj. et n. Relatif au sensualisme ; partisan du sensualisme.

sensualité [sɑ̃sɥalite] n.f. (lat. ecclés. *sensualitas*). -**1.** Aptitude à goûter les plaisirs des sens, à être réceptif aux sensations physiques, en partic. sexuelles : *Homme d'une grande sensualité* (syn. concupiscence). -**2.** Caractère de qqn, de qqch de sensuel : *La sensualité qui émane de certains tableaux de Renoir.*

sensuel, elle [sɑ̃sɥɛl] adj. (lat. ecclés. *sensualis*). Qui est porté vers les plaisirs des sens (plaisirs érotiques, notamm.) ou qui les évoque : *Des appétits sensuels* (syn. charnel). *Une bouche sensuelle, des formes sensuelles* (syn. voluptueux). ◆ n. Personne sensuelle.

sente [sɑ̃t] n.f. (lat. *semita*). LITT. Petit sentier.

sentence [sɑ̃tɑ̃s] n.f. (lat. *sententia*). -**1.** Décision rendue par un arbitre, un juge, un tribunal ; en partic., décision des tribunaux d'instance et des conseils de prud'hommes : *Prononcer une sentence* (syn. jugement, verdict). -**2.** Courte phrase de portée générale, précepte de morale : *Parler par sentences* (syn. dicton, maxime).

sentencieusement [sɑ̃tɑ̃sjøzmɑ̃] adv. De façon sentencieuse : *Discourir sentencieusement* (syn. pompeusement).

sentencieux, euse [sɑ̃tɑ̃sjø, -øz] adj. (lat. *sententiosus*). -**1.** Qui parle par sentences : *Personne sentencieuse* (syn. doctoral, dogmatique). -**2.** Qui contient des sentences : *Discours sentencieux* (syn. emphatique, pompeux).

senteur [sɑ̃tœr] n.f. (de *sentir*). LITT. Odeur agréable : *La senteur qu'exhale le lilas* (syn. effluve, parfum).

senti, e [sɑ̃ti] adj. Bien senti, exprimé avec force et sincérité : *Une réplique bien sentie.*

sentier [sɑ̃tje] n.m. (de *sente*). -**1.** Chemin étroit : *Un petit sentier forestier* (= un layon). -**2.** LITT. Voie que l'on suit pour atteindre un but : *Les sentiers de la gloire* (syn. chemin).

sentiment [sɑ̃timɑ̃] n.m. (de *sentir*). -**1.** Connaissance plus ou moins claire donnée d'une manière immédiate : *Elle a le sentiment de sa force* (syn. conscience). *J'ai le sentiment que je me trompe* (syn. impression, intuition). -**2.** État affectif complexe et durable, lié à certaines émotions ou représentations : *Sentiment religieux* (syn. élan). -**3.** Manifestation d'une tendance, d'un penchant : *Être animé de mauvais sentiments* (syn. disposition). -**4.** Disposition à être facilement ému, touché ; émotivité, sensibilité. -**5.** LITT. Manière de penser, d'apprécier : *Exprimer son sentiment* (syn. opinion, point de vue).

sentimental, e, aux [sɑ̃timɑ̃tal, -o] adj. (mot angl., de *sentiment*). Relatif aux sentiments tendres, à l'amour : *Chanson sentimentale* (syn. romanesque, romantique). ◆ adj. et n. Qui a ou qui manifeste une sensibilité un peu romanesque, excessive : *C'est un grand sentimental* (syn. tendre).

sentimentalement [sɑ̃timɑ̃talmɑ̃] adv. De façon sentimentale : *Être sentimentalement attaché à un bijou.*

sentimentalisme [sɑ̃timɑ̃talism] n.m. Attitude de qqn qui se laisse guider par une sensibilité exacerbée.

sentimentalité [sɑ̃timɑ̃talite] n.f. Caractère, inclination, attitude d'une personne sentimentale ; caractère de ce qui est sentimental : *Rengaine d'une sentimentalité mièvre.*

sentinelle [sɑ̃tinɛl] n.f. (it. *sentinella*, de *sentire* "entendre", lat. *sentire* "percevoir"). -**1.** Soldat en armes placé en faction : *Relever une sentinelle* (syn. garde). -**2.** Personne qui fait le guet : *L'un des cambrioleurs faisait la sentinelle au coin de la rue* (syn. guetteur).

sentir [sɑ̃tiʀ] v.t. (lat. *sentire* "percevoir, comprendre") [conj. 37]. - **1.** Percevoir une impression physique : *Sentir le froid, la faim* (syn. ressentir). *Être capable de sentir la différence entre un bon vin et un vin ordinaire* (syn. percevoir). - **2.** Percevoir par l'odorat : *On sent l'odeur des bois* (syn. flairer, humer). - **3.** Avoir conscience de, connaître par intuition : *Je sens que ce livre vous plaira* (syn. deviner, pressentir). *J'ai tout de suite senti où il voulait en venir* (syn. prévoir, soupçonner). - **4.** Faire sentir, faire éprouver ; faire reconnaître : *Faire sentir son autorité.* ‖ **Ne pouvoir sentir qqn,** avoir pour lui de l'antipathie. ‖ **Se faire sentir,** se manifester : *La pénurie de matières premières commence à se faire sentir.* ◆ v.i. (suivi d'un compl. de qualité ou d'un adv.). - **1.** Répandre une odeur : *Ce parfum sent bon, sent le jasmin* (syn. exhaler). - **2.** (Absol.). Exhaler une mauvaise odeur : *Ce poisson sent* (syn. puer). - **3.** Avoir telle saveur : *Ce vin sent la framboise.* - **4.** Avoir l'apparence de ; avoir tel caractère : *Garçon qui sent la province.* ◆ **se sentir** v.pr. - **1.** Connaître, apprécier dans quelle disposition physique ou morale on se trouve : *Je ne me sens pas bien. Elle se sent capable de le faire* (syn. s'estimer, se juger). - **2.** Être perceptible, appréciable : *Ça se sent qu'il fait froid.* - **3.** FAM. **Ne plus se sentir,** ne plus pouvoir se contrôler ; être grisé par le succès.

seoir [swaʀ] v.t. ind. (lat. *sedere* "être assis") [conj. 67 ; seul. 3ᵉ pers. et temps simples]. Aller bien, convenir à : *Cette robe vous sied à ravir* (syn. aller). ◆ v. impers. - **1.** LITT. Être souhaitable : *Il sied de ne plus le voir, que vous ne le voyiez plus* (syn. convenir). - **2.** Il sied (à qqn) de, il (lui) appartient de : *Il vous siéra de prendre la décision finale.*

sep [sep] n.m. (lat. *cippus* "pieu"). Pièce de la charrue glissant sur le fond du sillon pendant le labour.

sépale [sepal] n.m. (lat. scientif. *sepalum*, gr. *skepê* "enveloppe"). BOT. Chacune des pièces du calice d'une fleur.

séparable [sepaʀabl] adj. (lat. *separabilis*). Qui peut se séparer : *Le fil de raccordement est séparable de l'appareil.*

séparateur, trice [sepaʀatœʀ, -tʀis] adj. (lat. *separator*). Qui sépare : *Élever une cloison séparatrice.* - **2.** OPT. **Pouvoir séparateur,** qualité de l'œil, d'un instrument d'optique, qui permet de distinguer deux points rapprochés.

séparation [sepaʀasjɔ̃] n.f. (lat. *separatio*). - **1.** Action de séparer, d'isoler ; fait d'être séparé : *La séparation des globules rouges et du plasma.* - **2.** Fait de distinguer, de mettre à part : *Séparation des pouvoirs.* - **3.** Fait de se séparer, de rompre un lien, de se quitter ; fait d'être séparé, d'être éloigné : *Cette dispute a provoqué leur séparation* (syn. brouille, rupture). *Il redoutait la séparation d'avec sa mère* (syn. éloignement). - **4.** **Séparation de biens,** régime matrimonial qui permet à chaque époux d'administrer tous ses biens présents ou futurs. ‖ **Séparation de corps,** suppression du devoir de cohabitation entre époux et substitution du régime de séparation de biens au régime matrimonial antérieur par jugement. ‖ **Séparation des Églises et de l'État,** système législatif dans lequel les Églises sont considérées par l'État comme des personnes privées. □ En France, elle est instituée depuis le 9 décembre 1905.

séparatisme [sepaʀatism] n.m. Mouvement, tendance des habitants d'un territoire désireux de le séparer de l'État dont il fait partie. ◆ **séparatiste** adj. et n. Relatif au séparatisme ; partisan du séparatisme.

séparé, e [sepaʀe] adj. - **1.** Distinct ; isolé (d'un ensemble) : *Envoi par pli séparé.* - **2.** DR. Qui est sous un régime de séparation : *Époux séparés.*

séparément [sepaʀemɑ̃] adv. À part l'un de l'autre : *Je désire vous entendre séparément* (syn. isolément).

séparer [sepaʀe] v.t. (lat. *separare* "disposer à part"). - **1.** Mettre à part, éloigner l'une de l'autre (les choses, les personnes qui étaient ensemble) : *Séparer des adversaires* (syn. écarter). - **2.** Ranger, classer à part : *Séparer les fruits et les légumes* (syn. trier). - **3.** Partager un espace, un lieu) : *Séparer une pièce par une cloison* (syn. diviser). - **4.** Former une limite, une séparation entre : *La route nous sépare de la mer* (syn. isoler). - **5.** Être source d'éloignement, cause de désunion : *La politique les a séparés* (syn. brouiller, diviser). - **6.** Considérer, examiner (chaque chose pour elle-même, en elle-même) : *Séparer les questions, une question d'une autre* (syn. disjoindre, dissocier). ◆ **se séparer** v.pr. - **1.** Cesser de vivre ensemble ; cesser de vivre avec : *Époux qui se séparent* (syn. rompre, se quitter). *Elle s'est séparée de son mari* (syn. quitter). - **2.** Cesser d'être en relations avec : *Associés qui se séparent.* - **3.** Ne plus conserver avec soi : *Se séparer de ses poupées* (syn. se débarrasser). - **4.** Se diviser en plusieurs éléments : *Le fleuve se sépare en plusieurs bras* (syn. se scinder).

sépia [sepja] n.f. (it. *seppia*, lat. *sepia* "seiche, encre"). - **1.** Liquide sécrété par la seiche. - **2.** Matière colorante brune, autref. faite avec la sépia de seiche, utilisée pour le dessin et le lavis : *Passer un dessin à la sépia.* - **3.** Dessin exécuté à la sépia : *Une belle sépia.* ◆ adj. inv. De la couleur de la sépia : *Des photos sépia.*

seppuku [sepuku] n.m. (mot jap.). Suicide par incision du ventre, propre au Japon [→ hara-kiri].

sept [sɛt] adj. num. card. inv. (lat. *septem*). - **1.** Six plus un : *Ils ont sept enfants.* - **2.** (En fonction d'ordinal). De rang numéro sept, septième : *Tome sept. Charles VII.* ◆ n.m. inv. - **1.** Le nombre qui suit six dans la série des entiers naturels ; le chiffre représentant ce nombre : *Cinq et deux font sept. Le sept arabe.* - **2.** Carte comportant sept figures, marquée par le numéro sept : *Le sept de cœur.*

septante [sɛptɑ̃t] adj. num. card. inv. et n.m. inv. BELG., HELV. Soixante-dix.

septembre [sɛptɑ̃bʀ] n.m. (lat. *september* "septième mois", l'année romaine commençant en mars). Neuvième mois de l'année.

septennal, e, aux [sɛptenal, -o] adj. (bas lat. *septennalis*). Qui arrive tous les sept ans ; qui dure sept ans : *Mandat présidentiel septennal.*

septennat [sɛptena] n.m. (de *septennal*). - **1.** Période de sept ans. - **2.** En France, durée du mandat du président de la République. □ C'est le 20 novembre 1873 que l'Assemblée nationale, face à l'échec de la restauration monarchique, disposa que le pouvoir exécutif serait confié pour sept ans au maréchal de Mac-Mahon, avec le titre de président de la République. La règle du septennat dans la présidence a été conservée dans les Constitutions de 1946 et de 1958.

septentrion [sɛptɑ̃tʀijɔ̃] n.m. (lat. *septemtrio* "les sept étoiles de la Grande ou de la Petite Ourse"). LITT. Nord.

septentrional, e, aux [sɛptɑ̃tʀijɔnal, -o] adj. LITT. Situé au nord ; qui appartient aux régions du nord : *La partie septentrionale du pays* (syn. nordique ; contr. méridional).

septicémie [sɛptisemi] n.f. (de *septique* et *-émie*). Infection générale due à la pullulation dans le sang de bactéries pathogènes.

septième [sɛtjɛm] adj. num. ord. (lat. *septimus*). - **1.** De rang numéro sept : *Le septième jour de la semaine.* - **2.** Être au septième ciel, être dans le ravissement le plus complet, atteindre les sommets du plaisir, du bonheur. ◆ n. Celui, celle qui occupe le septième rang : *C'est la septième de la promotion.* ◆ adj. et n.m. Qui correspond à la division d'un tout en sept parties égales : *La septième partie d'une somme. Réserver le septième des recettes.* ◆ n.f. - **1.** En France, classe constituant la deuxième année du cours moyen de l'enseignement primaire français, classe précédant immédiatement l'entrée en sixième. - **2.** MUS. Intervalle de sept degrés dans l'échelle diatonique.

septièmement [sɛtjɛmmɑ̃] adv. En septième lieu.

septique [sɛptik] adj. (lat. *septicus* "qui putréfie"). - **1.** Dû à une infection microbienne : *Foyer septique.* - **2.** Contaminé par des microorganismes ou résultant de cette contamination : *Plaie septique.* - **3.** Fosse septique, fosse d'aisances où les matières fécales subissent, sous l'action des bactéries, une fermentation rapide, qui les liquéfie.

septuagénaire [sɛptɥaʒenɛʀ] adj. et n. (lat. *septuagenarius*). Qui a atteint soixante-dix ans.

septuor [sɛptɥɔʀ] n.m. (de *sept*, formé sur *quatuor*). MUS. - **1.** Composition musicale à sept parties. - **2.** Ensemble vocal ou instrumental de sept exécutants.

septuple [sɛptypl] adj. et n.m. (bas lat. *septuplum*). Qui vaut sept fois autant.

septupler [sɛptyple] v.t. Multiplier par sept. ◆ v.i. Être multiplié par sept : *Les bénéfices ont septuplé.*

sépulcral, e, aux [sepylkʀal, -o] adj. (lat. *sepulcralis*). LITT. - **1.** Qui se rapporte à un sépulcre : *Pierre sépulcrale* (syn. tombal). - **2.** Qui évoque les sépulcres, les tombeaux : *Clarté sépulcrale.* - **3.** Voix sépulcrale, voix sourde, qui semble sortir d'un tombeau (= voix caverneuse).

sépulcre [sepylkʀ] n.m. (lat. *sepulcrum*). - **1.** LITT. Tombeau (syn. caveau, tombe). - **2.** Le Saint-Sépulcre, la sépulture où fut déposé Jésus après sa mort.

sépulture [sepyltyʀ] n.f. (lat. *sepultura*). - **1.** LITT. Action de mettre un mort en terre ; fait d'être inhumé : *Donner une sépulture aux victimes d'un séisme* (syn. enterrement, inhumation). - **2.** Lieu où l'on inhume un corps : *La basilique de Saint-Denis est la sépulture des rois de France* (syn. caveau, sépulcre, tombeau).

séquelle [sekɛl] n.f. (lat. *sequela*, de *sequi* "suivre"). - **1.** Trouble qui persiste après la guérison d'une maladie ou après une blessure. - **2.** (Surtout au pl.). Conséquence plus ou moins lointaine qui est le contrecoup d'un événement, d'une situation : *Les séquelles de la guerre.*

séquence [sekɑ̃s] n.f. (bas lat. *sequentia*, de *sequi* "suivre"). - **1.** Suite ordonnée d'éléments, d'objets, d'opérations, de mots, etc. : *Le cours s'articule en trois séquences* (syn. phase). - **2.** CIN. Suite de plans formant un tout du point de vue de la construction du film : *La séquence de la cave dans « Psychose » d'Hitchcock.* - **3.** JEUX. Série d'au moins trois cartes de même couleur qui se suivent. - **4.** CYBERN. Succession des phases opératoires d'un programme d'automatisme séquentiel.

séquentiel, elle [sekɑ̃sjɛl] adj. - **1.** Qui appartient, se rapporte à une séquence, à une suite ordonnée d'opérations : *Un fichier informati-*

que séquentiel. - **2.** Se dit d'un brûleur à gaz à fonctionnement intermittent.

séquestration [sekɛstʀasjɔ̃] n.f. Action de séquestrer ; fait d'être séquestré : *Être accusé de séquestration d'enfant.*

séquestre [sekɛstʀ] n.m. (lat. *sequestum* "dépôt"). DR. Dépôt provisoire, entre les mains d'un tiers, d'un bien dont la possession est discutée, en vue de sa conservation ; dépositaire de ce bien : *Mettre un bien sous séquestre.*

séquestrer [sekɛstʀe] v.t. (lat. *sequestrare*, propr. "mettre en dépôt"). - **1.** Maintenir arbitrairement, illégalement qqn enfermé : *Les ravisseurs l'ont séquestré dans une ferme.* - **2.** DR. Mettre sous séquestre : *Séquestrer les biens d'un aliéné.*

séquoia [sekɔja] n.m. (lat. scientif. *sequoia*). Conifère de Californie qui atteint 140 m de haut et peut vivre plus de 2 000 ans.

sérac [seʀak] n.m. (mot savoyard, du lat. *serum* "petit-lait"). Amas chaotique de glaces aux endroits où la pente du lit glaciaire s'accentue.

sérail [seʀaj] n.m. (it. *serraglio*, du turco-perse *serâi*). - **1.** Dans l'Empire ottoman, palais (notamm. celui du sultan d'Istanbul). - **2.** Harem de ce palais. - **3.** Milieu restreint, entouré immédiat d'une personnalité où se nouent de nombreuses intrigues : *Fils de ministre, il a été élevé dans le sérail politique.*

séraphin [seʀafɛ̃] n.m. (lat. ecclés. *seraphim*, mot hébr. au pl., de *saraph* "brûler"). RELIG. CHRÉT. Ange de la première hiérarchie.

séraphique [seʀafik] adj. (lat. ecclés. *seraphicus*). - **1.** Qui appartient aux séraphins. - **2.** LITT. Éthéré, digne des anges : *Une voix séraphique* (syn. céleste, suave).

serbo-croate [sɛʀbokʀɔat] adj. (pl. *serbo-croates*). Qui relève à la fois de Serbie et de Croatie. ◆ n.m. Langue slave parlée en Yougoslavie. □ Le serbo-croate s'écrit grâce à l'alphabet latin en Croatie et grâce à l'alphabet cyrillique en Serbie.

serein, e [sǝʀɛ̃, -ɛn] adj. (lat. *serenus*). - **1.** Qui marque le calme, la tranquillité d'esprit : *Visage serein* (syn. paisible, placide). - **2.** LITT. Clair, pur et calme : *Ciel serein.*

sereinement [sǝʀɛnmɑ̃] adv. De façon sereine : *Elle attendait sereinement nos commentaires* (syn. tranquillement).

sérénade [seʀenad] n.f. (it. *serenata* propr. "ciel serein"). - **1.** Concert donné la nuit sous les fenêtres de qqn, pour lui rendre hommage : *Donner la sérénade à une belle.* - **2.** FAM. Bruit ; cris confus : *Nos voisins ont fait une de ces sérénades hier soir !* (syn. tapage, vacarme).

sérénissime [seʀenisim] adj. (it. *serenissimo*). - **1.** Qualificatif donné à quelques princes ou

hauts personnages : *Altesse sérénissime.* - **2.** La **Sérénissime** République, la République de Venise aux XVe-XVIe s.

sérénité [seʀenite] n.f. (lat. *serenitas*). État de calme, de tranquillité ; état serein : *Il envisage la suite de l'affaire avec sérénité* (syn. calme, quiétude).

séreux, euse [seʀø, -øz] adj. (du lat. *serum* "petit-lait"). MÉD. Qui a les caractères de la sérosité.

serf, serve [sɛʀf, sɛʀv] adj. et n. (lat. *servus* "esclave"). FÉOD. Personne attachée à une terre et dépendant d'un seigneur. ◆ adj. Relatif au servage : *Condition serve.*

serfouette [sɛʀfwɛt] n.f. Outil de jardinage, houe légère dont le fer forme lame d'un côté et fourche de l'autre.

serfouir [sɛʀfwiʀ] v.t. (lat. *circumfodere* "creuser autour") [conj. 32]. Sarcler, biner avec une serfouette.

serge [sɛʀʒ] n.f. (du lat. *serica* "étoffes de soie"). - **1.** Tissu léger de laine dérivant du sergé. - **2.** Étoffe de soie travaillée comme la serge.

sergé [sɛʀʒe] n.m. Armure utilisée pour le tissage d'étoffes présentant des côtes obliques.

sergent [sɛʀʒɑ̃] n.m. (du lat. *serviens, -entis* "qui sert"). - **1.** Sous-officier titulaire du grade le moins élevé de la hiérarchie dans l'infanterie, le génie et l'armée de l'air. - **2.** Sergent de ville, autref., gardien de la paix. - **3.** Sergent-chef (pl. *sergents-chefs*). Sous-officier des armées de terre et de l'air, dont le grade est compris entre ceux de sergent et d'adjudant.

séricicole [seʀisikɔl] adj. (du lat. *sericus* "de soie" et de *-cole*). Relatif à la sériciculture.

sériciculture [seʀisikyltyʀ] n.f. (du lat *sericus* "de soie" et de *culture*). Élevage des vers à soie et récolte des cocons qu'ils produisent. ◆ **sériciculteur, trice** n. Nom de l'éleveur.

série [seʀi] n.f. (lat. *series*). - **1.** Suite, ensemble de choses de même nature ou présentant des caractères communs : *Une série de questions* (syn. succession). *Une série de casseroles* (syn. batterie). - **2.** MUS. Succession, dans un ordre fixé par le compositeur, d'au moins deux sons de l'échelle chromatique tempérée. - **3.** CHIM. Groupe de composés organiques présentant un rapport caractéristique entre le nombre d'atomes de carbone et le nombre d'atomes d'hydrogène. - **4.** MATH. Somme infinie dont les termes sont les éléments d'une suite. □ La série géométrique est la somme des termes $1 + 1/2 + 1/4 + ... + 1/2^n + ...$ - **5.** SPORTS. Classification ; éliminatoire : *Joueur de tennis de première série. Être éliminé en série.* - **6.** Film de série B, film à petit budget tourné rapidement. ❙ Hors série, qui n'est pas de fabrication courante ; fig., inhabituel, remarquable. ❙ Série noire, suite d'accidents, de malheurs. ❙ Série télévisée, ensemble d'épisodes ayant chacun leur unité et diffusés à intervalles réguliers. ❙ Travail, fabrication en série, travail exécuté sur un grand nombre de pièces avec des méthodes permettant d'abaisser le prix de revient. ❙ Voiture de série, voiture d'un type répété à de nombreux exemplaires et fabriquée à la chaîne (par opp. à *prototype*). ❙ ÉLECTR. En série, se dit du couplage de dispositifs parcourus par le même courant (par opp. à *en parallèle*, à *en dérivation*).

sériel, elle [seʁjɛl] adj. -**1.** DIDACT. Relatif à une série ; qui forme une série : *Ordre sériel.* -**2.** Musique sérielle, musique dans laquelle les éléments « mis en série » sont régis selon l'ordre dans lequel ils apparaissent et se succèdent.

sérier [seʁje] v.t. [conj. 9]. Classer par séries, par nature, par importance : *Sérier les questions.*

sérieusement [seʁjøzmɑ̃] adv. -**1.** D'une façon sérieuse : *Réponds sérieusement s'il te plaît.* -**2.** Pour de bon : *Elle songe sérieusement à quitter la France* (syn. réellement, véritablement). -**3.** Dangereusement : *Sérieusement blessé* (syn. grièvement). -**4.** Avec application, ardeur : *S'occuper sérieusement d'une affaire* (syn. consciencieusement).

1. sérieux, euse [seʁjø, -øz] adj. (lat. *serius*). -**1.** Qui agit avec réflexion, avec application ; qui inspire confiance : *Un élève sérieux* (syn. appliqué, soigneux). *Une maison de commerce sérieuse* (syn. sûr). -**2.** Sur quoi on peut se fonder : *Argument sérieux* (syn. solide). -**3.** Qui ne plaisante pas : *Air sérieux* (syn. grave, posé). -**4.** Qui ne fait pas d'écart de conduite : *Fille sérieuse* (syn. sage, vertueux). -**5.** Qui peut avoir des suites fâcheuses : *Sérieux troubles de la vision* (syn. grave). *La situation est sérieuse* (syn. critique).

2. sérieux [seʁjø] n.m. (de *1. sérieux*). -**1.** Air, expression d'une personne posée : *Garder son sérieux* (syn. gravité). -**2.** Qualité de qqn de posé, de réfléchi : *Il fait preuve de beaucoup de sérieux pour un débutant* (syn. application, conscience). -**3.** Caractère de ce qui mérite attention du fait de son importance, de sa gravité : *Le sérieux de la situation.* -**4.** Prendre au sérieux, regarder comme réel, important, digne de considération. ❙ Se prendre au sérieux, attacher à sa personne, à ses actions une considération exagérée.

sérigraphie [seʁigʁafi] n.f. (du lat. *sericus* "de soie" et de *-graphie*). Procédé d'impression à travers un écran de tissu, dérivé du pochoir.

serin, e [səʁɛ̃, -in] n. (gr. *seirēn* "sirène"). -**1.** Petit oiseau des îles Canaries, à plumage ordinairement jaune. ▢ Famille des fringillidés. -**2.** FAM. Niais, étourdi, naïf.

seriner [səʁine] v.t. (de *serin*). FAM. Répéter sans cesse qqch à qqn pour le lui apprendre : *Seriner qqn de conseils.*

seringa ou **seringat** [səʁɛ̃ga] n.m. (lat. scientif. *syringa* "seringue", gr. *syrinx*). Arbuste souvent cultivé pour ses fleurs blanches odorantes. ▢ Famille des saxifragacées.

seringue [səʁɛ̃g] n.f. (bas lat. *syringa*). MÉD. Instrument qui permet d'injecter ou de prélever un liquide dans les tissus ou les cavités naturelles, formé d'un piston et d'un corps de pompe muni d'un embout où l'on adapte une aiguille.

serment [sɛʁmɑ̃] n.m. (lat. *sacramentum*, de *sacrare* "rendre sacré"). -**1.** Affirmation solennelle, en vue d'attester la vérité d'un fait, la sincérité d'une promesse, l'engagement de bien remplir les devoirs de sa profession (officiers ministériels, avocats, médecins) ou de sa fonction (garde-chasse) : *Prêter serment devant un tribunal.* -**2.** Promesse solennelle : *Je fais le serment de venger mon père* (syn. vœu). -**3.** FAM. Serment d'ivrogne, sur lequel il ne faut pas compter, que l'on n'a pas l'intention d'honorer.

sermon [sɛʁmɔ̃] n.m. (lat. *sermo* "discours"). -**1.** Prédication faite au cours de la messe : *Prononcer un sermon* (syn. homélie, prêche). -**2.** Remontrance importune, discours moralisateur et ennuyeux : *Il est ennuyeux avec ses sermons.*

sermonner [sɛʁmɔne] v.t. Faire des remontrances à : *Sermonner un enfant* (syn. admonester, réprimander).

sermonneur, euse [sɛʁmɔnœʁ, -øz] n. Personne qui aime à sermonner. ◆ adj. Ennuyeux et moralisateur comme un sermon : *Ton sermonneur.*

sérodiagnostic [seʁodjagnɔstik] n.m. (de *sérum* et *diagnostic*). Diagnostic des maladies infectieuses fondé sur la recherche d'anticorps spécifiques de l'agent infectieux responsable dans le sérum des malades.

sérologie [seʁɔlɔʒi] n.f. Étude des sérums, de leurs propriétés, de leurs applications.

séronégatif, ive [seʁonegatif, -iv] adj. et n. Qui présente un sérodiagnostic négatif.

séropositif, ive [seʁopozitif, -iv] adj. et n. Qui présente un sérodiagnostic positif, en partic. pour le virus du sida.

séropositivité [seʁopozitivite] n.f. MÉD. Caractère séropositif.

sérosité [seʁozite] n.f. (de *séreux*). Liquide de composition analogue à celle du sérum sanguin, et constituant certains épanchements (œdèmes).

sérothérapie [seʀoteʀapi] n.f. Méthode de traitement de certaines maladies infectieuses par les sérums.

serpe [sɛʀp] n.f. (lat. pop. *sarpa*, du class. *sarpere* "tailler"). - **1.** Outil tranchant à manche court, à fer plat et large servant à couper les branches. - **2.** Visage taillé à coups de serpe, visage anguleux, aux traits accusés.

serpent [sɛʀpɑ̃] n.m. (lat. *serpens*, de *serpere* "ramper"). - **1.** Reptile sans membres, se déplaçant par reptation. □ Le serpent siffle. On connaît plus de 2 000 espèces de serpents, formant l'ordre (ou sous-ordre) des ophidiens et vivant surtout dans les régions chaudes : naja, ou serpent à lunettes, crotale, ou serpent à sonnette, vipère ; parmi les autres se trouvent la couleuvre, le boa, l'anaconda. - **2.** Langue de serpent, personne très médisante. ‖ Serpent de mer, très grand animal marin d'existence hypothétique, qui aurait été observé dans l'océan Indien et le Pacifique ; au fig., FAM., sujet qui revient dans l'actualité aux moments où celle-ci est peu fournie. ‖ ÉCON. Serpent monétaire européen, système monétaire instauré en 1972, dans lequel les fluctuations que pouvaient subir les monnaies étaient limitées, et dont la représentation évoquait la forme d'un serpent. □ Il a été remplacé en 1979 par le *Système monétaire européen (S. M. E.).*

serpentaire [sɛʀpɑ̃tɛʀ] n.m. (lat. scientif. *serpentarius*). Grand oiseau des savanes africaines, à la tête huppée, qui se nourrit surtout de serpents et de petits vertébrés (syn. secrétaire). □ Famille des falconidés.

serpenter [sɛʀpɑ̃te] v.i. Décrire des sinuosités : *Le ruisseau serpente à travers les prés.*

serpentin [sɛʀpɑ̃tɛ̃] n.m. (lat. *serpentinus*). - **1.** Accessoire de cotillon, longue et étroite bande de papier coloré enroulée sur elle-même, et qui se déroule quand on la lance. - **2.** TECHN. Tube d'un appareil thermique enroulé en hélice ou en spirale de manière à être le plus long possible : *Le serpentin d'un chauffe-eau.*

serpette [sɛʀpɛt] n.f. Petite serpe.

serpillière [sɛʀpijɛʀ] n.f. (du lat. *scirpiculus* "de jonc"). Carré de tissage gaufré, utilisé pour laver les sols.

serpolet [sɛʀpɔlɛ] n.m. (du moyen fr. *serpol*, lat. *serpullum*). Plante aromatique du genre du thym, utilisée comme condiment. □ Famille des labiées.

serrage [seʀaʒ] n.m. - **1.** Action de serrer ; fait d'être serré : *Le serrage des freins, d'une vis.* - **2.** Blocage d'un moteur, en partic. à 2 temps, par manque de lubrifiant.

1. serre [sɛʀ] n.f. (de *serrer*). [Surtout au pl.]. Griffe des oiseaux de proie : *L'aigle saisit l'agneau dans ses serres et l'emporta.*

2. serre [sɛʀ] n.f. (de *serrer*). - **1.** Construction à parois translucides permettant de créer pour les plantes des conditions de végétation meilleures que dans la nature : *Faire pousser des fleurs en serre.* - **2.** Effet de serre, phénomène de réchauffement de l'atmosphère induit par des gaz (notamm. le dioxyde de carbone) qui la rendent opaque au rayonnement infrarouge émis par la Terre.

serré, e [seʀe] adj. - **1.** Ajusté, collé au corps : *Jupe serrée* (syn. moulant). - **2.** Constitué d'éléments très rapprochés : *Écriture serrée.* - **3.** Qui présente des arguments bien ordonnés et convaincants : *Argumentation serrée* (syn. méthodique, rigoureux). - **4.** Qui offre peu de latitude, de choix, de possibilités : *Emploi du temps serré.* - **5.** Café serré, café express très fort, tassé. ‖ Être serré, manquer d'argent. ◆ adv. Avec prudence et application : *Jouer serré.*

serre-fils [seʀfil] n.m. inv. ÉLECTR. Pièce reliant, par serrage, deux ou plusieurs conducteurs.

serre-joint [seʀʒwɛ̃] n.m. (pl. *serre-joints*). TECHN. Instrument pour maintenir serrées des pièces de bois l'une contre l'autre.

serre-livres [seʀlivʀ] n.m. inv. Objet, souvent décoratif, servant à maintenir des livres serrés debout, les uns contre les autres.

serrement [seʀmɑ̃] n.m. Serrement de cœur, oppression causée par une émotion douloureuse : *J'eus un serrement de cœur en la voyant s'éloigner.* ‖ Serrement de main, action de serrer la main de qqn (= poignée de main).

serrer [seʀe] v.t. (lat. pop. *serrare*, altér. du bas lat. *serare*, de *sera* "verrou"). - **1.** Exercer une double pression sur qqch pour le tenir, l'empêcher de s'échapper, le maintenir en place : *Serrer une pièce de métal dans un étau* (syn. coincer). - **2.** Maintenir fermement, étreindre : *Serrer un objet dans sa main* (syn. presser). *Serrer un ami dans ses bras* (syn. embrasser, enlacer). - **3.** Comprimer le corps, une partie du corps, en parlant d'un vêtement : *Chaussures qui serrent trop* (syn. comprimer, écraser). *Ce veston me serre* (syn. brider). - **4.** Rapprocher les uns des autres (les éléments d'un tout, les membres d'un groupe) : *Serrer les bagages dans le coffre* (syn. entasser, tasser). *Serrer les convives autour d'une table* (syn. rapprocher). - **5.** Tirer sur les extrémités d'un lien et le tendre : *Serrer une corde autour d'une malle.* - **6.** Agir sur un dispositif de fixation, de commande mécanique, de fermeture, de façon à assujettir plus solidement : *Serrer une vis* (syn. bloquer). - **7.** Approcher au plus près de qqch, qqn : *Ne serrez pas tant le mur, vous allez rayer la carrosserie !* (syn. frôler, raser). - **8.** Pousser qqn contre un obstacle pour l'empêcher de se dégager : *Serrer son adversaire dans une encoignure* (syn. coincer). - **9.** LITT. Mettre en lieu sûr : *Serrer ses économies dans un coffre* (syn. enfermer, ranger). - **10.** Serrer le cœur, la gorge, causer de l'angoisse, de l'émotion. ‖ Serrer les dents, rapprocher fortement ses mâchoires, notamm. pour lutter contre la douleur, l'émotion. ‖ Serrer qqch de près, l'analyser avec attention, l'exprimer avec précision. ‖ Serrer qqn de près, le poursuivre à très peu de distance ; lui faire une cour assidue. ◆ **se serrer** v.pr. Se placer tout près de ; se rapprocher de : *L'enfant se serra contre sa mère* (syn. se blottir). *Serrez-vous un peu pour que je puisse entrer.*

serre-tête [sɛʁtɛt] n.m. inv. Bandeau, demi-cercle qui maintient la chevelure en place.

serrure [seʁyʁ] n.f. (de *serrer* "fermer"). Appareil de fermeture se manœuvrant soit à la main au moyen d'un accessoire génér. amovible (clef, béquille, etc.), soit à distance par un dispositif technique particulier.

serrurerie [seʁyʁʁi] n.f. - **1.** Branche de la construction qui s'occupe de la fabrication de tous les dispositifs de fermeture et des objets en métal ouvré. - **2.** Métier, ouvrage de serrurier.

serrurier [seʁyʁje] n.m. Ouvrier, artisan qui fabrique, vend, pose ou répare les clefs, les serrures, grilles, ouvrages en fer forgé, etc.

sertir [sɛʁtiʁ] v.t. (anc. fr. *sartir,* du lat. *sarcire* "réparer") [conj. 32]. - **1.** En joaillerie, fixer une pierre dans une monture (syn. enchâsser, monter). - **2.** TECHN. Fixer une ou des pièces de métal mince, des tôles en les rabattant par les bords : *Sertir des boîtes de conserve.*

sertissage [sɛʁtisaʒ] n.m. - **1.** Action de sertir. - **2.** En joaillerie, procédé qui consiste à sertir une pierre dans le métal.

sertisseur, euse [sɛʁtisœʁ, -øz] n. et adj. Personne qui sertit.

sertissure [sɛʁtisyʁ] n.f. Manière dont une pierre est sertie ; partie du chaton qui la sertit.

sérum [seʁɔm] n.m. (lat. *serum* "petit-lait"). - **1.** Liquide se séparant du caillot après coagulation du sang, d'une composition proche de celle du plasma. - **2.** Sérum physiologique, solution de chlorure de sodium de composition déterminée et de même concentration moléculaire que le plasma sanguin. ‖ PHARM. Sérum thérapeutique, sérum riche en antitoxines extrait du sang d'un animal, princ. du cheval, vacciné contre une maladie microbienne ou contre une toxine, permettant une lutte rapide contre l'affection correspondante déclarée chez l'homme : *Sérum antitétanique.*

servage [sɛʁvaʒ] n.m. (de *serf*). - **1.** État de serf. - **2.** LITT. État de dépendance : *Peuple qui refuse le servage imposé par l'occupant* (syn. esclavage, servitude).

serval [sɛʁval] n.m. (port. *cerval* "cervier") [pl. *servals*]. Grand chat sauvage d'Afrique, haut sur pattes.

servant [sɛʁvã] n.m. Militaire affecté au service d'une arme : *Servant de canon.* ◆ adj. m. Chevalier servant → chevalier.

servante [sɛʁvãt] n.f. VX. Femme ou fille à gages employée aux travaux domestiques (syn. domestique).

1. **serveur, euse** [sɛʁvœʁ, -øz] n. - **1.** Personne employée dans un café, un restaurant, pour servir la clientèle : *Le serveur apporta les verres* (syn. barman, garçon). *La serveuse essuya la table* (syn. barmaid). - **2.** Aux cartes, joueur qui donne les cartes. - **3.** SPORTS. Joueur qui met la balle en jeu au tennis, au tennis de table, au volley-ball, etc.

2. **serveur** [sɛʁvœʁ] n.m. (de *servir*). - **1.** INFORM. Système informatique permettant, à un demandeur distant, la consultation et l'utilisation directes d'une ou de plusieurs banques de données : *Serveur de données.* - **2.** Dans un réseau, ordinateur abritant la mémoire ou le fichier interrogés, et qui fournit la réponse.

serviabilité [sɛʁvjabilite] n.f. Caractère d'une personne serviable.

serviable [sɛʁvjabl] adj. (de *servir*). Qui rend volontiers service : *Une personne fort serviable* (syn. obligeant, prévenant).

service [sɛʁvis] n.m. (lat. *servitium* "esclavage"). - **1.** Action de servir ; ensemble des obligations qu'ont les citoyens envers l'État, une communauté ; travail déterminé effectué pour leur compte : *Le service de l'État. Service de surveillance.* - **2.** Célébration de l'office divin : *Célébrer un service funèbre.* - **3.** Action ou manière de servir un maître, un client, etc. : *Dans ce restaurant, le service est rapide.* - **4.** Pourcentage de la note d'hôtel, de restaurant affecté au personnel : *Le service de 15% est perçu par le personnel.* - **5.** Ensemble des repas servis à des heures échelonnées dans une cantine, un wagon-restaurant : *Premier service à 12 heures.* - **6.** Assortiment de vaisselle ou de lingerie pour la table : *Service à thé.* - **7.** Dans divers sports (tennis, tennis de table, volley-ball, etc.), mise en jeu de la balle : *Manquer son service.* - **8.** Usage que l'on peut faire de qqch : *Outil qui rend de grands services.* - **9.** Fonctionnement d'une machine, d'un appareil, d'un moyen de transport : *Mettre en service une nouvelle ligne de métro.* - **10.** Ce que l'on fait pour être utile à qqn : *Demander, rendre un service à qqn. Elle aime* *rendre service aux autres* (= les aider). - **11.** Activité professionnelle exercée dans une entreprise, une administration : *Il prend son service à 8 heures* (syn. travail). - **12.** AFR. Lieu de travail, en partic. bureau. - **13.** Organisme qui fait partie d'un ensemble administratif ou économique ; organe d'une entreprise chargé d'une fonction précise ; ensemble des bureaux, des personnes assurant cette fonction : *Le service du personnel.* - **14.** Expédition, distribution d'une publication : *Faire le service d'une revue. Le service des dépêches.* - **15.** Ensemble des places gratuites réservées par un théâtre à certains invités (artistes, journalistes). - **16. Hors service,** hors d'usage : *Cabine téléphonique hors service.* ‖ **Porte, escalier de service,** réservés au personnel de la maison, aux fournisseurs, etc. ‖ **Service de presse,** service qui envoie les ouvrages d'une maison d'édition aux journalistes ; ouvrage envoyé par un tel service ; service d'un organisme, d'une entreprise chargé des relations avec la presse, le public. ‖ **Service national,** ensemble des obligations militaires *(service militaire)* ou civiles imposées à tout citoyen français pour répondre aux besoins de la défense et à divers impératifs de solidarité. ‖ **Service public,** activité d'intérêt général, assurée par un organisme public ou privé ; organisme assurant une activité de ce genre. ◆ **services** n.m. pl. - **1.** Travaux effectués pour qqn : *On ne peut se passer de ses services.* - **2.** Avantages ou satisfactions fournis par les entreprises ou l'État au public à titre gratuit ou onéreux (transport, recherche, travail ménager, consultation médicale ou juridique, etc.) [par opp. à *biens*]. - **3.** Services spéciaux, services nationaux de recherche et d'exploitation des renseignements. ‖ **Société de services,** entreprise fournissant à titre onéreux un travail, des prestations, du personnel, à l'exclusion de biens matériels.

serviette [sɛʀvjɛt] n.f. (de *servir*). - **1.** Pièce de tissu en éponge, en coton ou en lin, utilisée pour s'essuyer la peau : *Serviette de toilette, de bain.* - **2.** Pièce de linge de table servant à s'essuyer la bouche, à protéger les vêtements pendant le repas : *Serviette damassée. Serviette en papier.* - **3.** Sac rectangulaire à compartiments, qui sert à porter des documents, des livres : *Ranger un dossier dans sa serviette* (syn. cartable, porte-documents). - **4.** Serviette hygiénique, bande absorbante de coton ou de cellulose, utilisée comme protection externe au moment des règles.

serviette-éponge [sɛʀvjɛtepɔ̃ʒ] n.f. (pl. *serviettes-éponges*). Serviette de toilette en tissu-éponge.

servile [sɛʀvil] adj. (lat. *servilis*, de *servus* "esclave"). - **1.** Relatif à l'état de serf, au

servage : *Condition servile.* - **2.** Qui fait preuve d'une soumission excessive : *Un homme servile* (syn. obséquieux, plat). *Obéissance servile.* - **3.** Qui suit trop étroitement le modèle : *Traduction servile.*

servilement [sɛʀvilmɑ̃] adv. De façon servile : *Flatter servilement ses supérieurs* (syn. bassement).

servilité [sɛʀvilite] n.f. - **1.** Esprit de servitude, de basse soumission : *Sa servilité est sans limites* (syn. obséquiosité). - **2.** Exactitude trop étroite dans l'imitation (contr. créativité, originalité).

servir [sɛʀviʀ] v.t. (lat. *servire* "être esclave") [conj. 38]. - **1.** S'acquitter de certains devoirs, de certaines fonctions envers qqn, une collectivité : *Servir sa patrie.* - **2.** Présenter les plats à, donner d'un mets, d'une boisson : *Servir les convives. Je vous sers une tranche de rôti ?* - **3.** Vendre des marchandises à : *Ce commerçant me sert depuis longtemps* (syn. fournir). - **4.** Être utile à : *Les circonstances l'ont bien servi* (syn. favoriser). - **5.** Placer sur la table qqch à consommer : *Servir le dîner.* - **6.** Verser (une somme) à date fixe : *Servir une rente, des intérêts* (syn. payer). - **7.** Vendre, fournir une marchandise : *Servir deux kilos de poires.* - **8.** Raconter, débiter : *Il nous sert toujours les mêmes arguments.* - **9.** Donner ses soins à qqch, s'y consacrer : *Servir les intérêts de qqn.* - **10.** Servir Dieu, lui rendre le culte qui lui est dû. ‖ **Servir la messe,** assister le prêtre pendant sa célébration. ‖ **Servir l'État,** exercer un emploi public ; être militaire. ◆ v.t. ind. [à, de]. - **1.** Être utile, profitable à (qqn) : *Sa connaissance des langues lui a servi.* - **2.** Être bon, propre à qqch : *Cet instrument sert à découper le verre.* - **3.** Être utilisé en tant que, tenir lieu de : *Servir de guide. Servir de secrétaire.* ◆ v.i. - **1.** Être militaire : *Servir dans l'infanterie.* - **2.** Dans certains sports, mettre la balle, le ballon en jeu. ◆ **se servir** v.pr. [de]. - **1.** Prendre d'un mets : *Se servir de pain, de viande.* - **2.** Se fournir en marchandises : *Se servir chez tel commerçant.* - **3.** Utiliser, faire usage de : *Se servir du compas. Se servir de ses relations.*

serviteur [sɛʀvitœʀ] n.m. (bas lat. *servitor*). - **1.** Celui qui est au service de qqn, d'une collectivité : *Les serviteurs de l'État.* - **2.** VIEILLI. Domestique.

servitude [sɛʀvityd] n.f. (bas lat. *servitudo,* de *servire* "être esclave"). - **1.** État de qqn, d'un pays privé de son indépendance : *Tenir qqn dans la servitude* (syn. soumission, sujétion). - **2.** Contrainte, assujettissement des occupations habituelles, à des obligations : *Les servitudes d'un métier.* - **3.** DR. Charge qui grève un bien immeuble *(fonds servant)* au profit d'un autre bien immeuble *(fonds dominant)* : *Servitude de passage.*

servocommande [sɛrvɔkɔmɑ̃d] n.f. (du lat. *servus* "esclave", et de *commande*). CYBERN. Mécanisme auxiliaire destiné à suppléer la force musculaire de l'homme en assurant automatiquement, par amplification, la force nécessaire au fonctionnement d'un ensemble.

servofrein [sɛrvɔfrɛ̃] n.m. Servocommande assurant une assistance pour le fonctionnement des freins.

servomécanisme [sɛrvɔmekanism] n.m. (du lat. *servus* "esclave", et de *mécanisme*). CYBERN. Mécanisme conçu pour réaliser seul un certain programme d'action grâce à une comparaison permanente entre les consignes qui lui sont données et le travail qu'il exécute.

servomoteur [sɛrvɔmɔtœr] n.m. (du lat. *servus* "esclave" et de *moteur*). CYBERN. Moteur électrique, hydraulique ou pneumatique qui agit sur un asservissement ou un système à régulation.

ses adj. poss. → **son**.

1. sésame [sezam] n.m. (lat. *sesamum*, du gr.). Plante annuelle à fleurs à pétales soudés, très anc. cultivée en Asie tropicale pour ses graines, qui fournissent jusqu'à 50 % d'huile.

2. sésame [sezam] n.m. (de la formule *Sésame ouvre-toi*, par laquelle Ali Baba obtenait l'ouverture de sa caverne). Moyen infaillible pour accéder à qqch, pour se faire ouvrir toutes les portes, surmonter tous les obstacles.

session [sesjɔ̃] n.f. (mot angl., du lat. *sessio, -onis* "action de s'asseoir"). - **1.** Période de l'année pendant laquelle une assemblée, un tribunal est en droit et a le devoir de siéger : *En France, les sessions parlementaires sont au nombre de deux.* - **2.** Période pendant laquelle des examens ont lieu : *Il a eu son examen à la session de rattrapage.*

sesterce [sɛstɛrs] n.m. (lat. *sestertius*). ANTIQ. Monnaie romaine d'argent, puis de laiton.

set [sɛt] n.m. (mot angl., de *to set* "placer, poser"). - **1.** Pièce de tissu, de matière plastique, etc., sur laquelle on place les couverts d'une personne. (On dit aussi *set de table*.) - **2.** Manche d'un match de tennis, de tennis de table, de volley-ball.

setter [sɛtɛr] n.m. (mot angl., de *to set* "s'arrêter"). Chien d'arrêt d'une race à poil long, doux et ondulé.

seuil [sœj] n.m. (du lat. *solea* "plante du pied" p.-ê. avec infl. de *solum* "sol"). - **1.** Dalle de pierre, pièce de bois en travers et en bas de l'ouverture d'une porte : *Elle m'attendait sur le seuil* (= le pas de la porte). - **2.** Endroit par où l'on pénètre dans une maison, une pièce : *Franchir le seuil d'une maison* (syn. entrée). - **3.** LITT. Limite marquant le passage à un état différent : *Le seuil de la vie* (syn. aube). *Être au seuil de la vieillesse* (syn. commencement). - **4.** Limite au-delà de laquelle des conditions sont changées : *Seuil de rentabilité d'une affaire.* - **5.** PSYCHOL., PHYSIOL. Limite à partir de laquelle est perçue une sensation *(seuil absolu)* ou une variation dans la sensation *(seuil différentiel)* : *Seuil de perception.*

seul, e [sœl] adj. (lat. *solus*). - **1.** Qui est sans compagnie ; isolé : *Un homme seul dans la foule. Vivre seul* (syn. solitaire). *Je me sens un peu seule* (syn. esseulé). *Être seul au monde* (= sans famille). - **2.** (Précédé d'un déterminant). Unique ; excluant toute autre personne ou chose : *Adorer un seul Dieu. Tu l'as vu une seule fois. C'est la seule personne qui puisse t'aider.* - **3.** (En appos., antéposé ou postposé). À l'exclusion des autres : *Moi seul connais la réponse.* - **4.** Seul à seul, en tête à tête : *Partir seul à seul.* ‖ Tout seul, sans aide, sans secours : *Elle a retrouvé son chemin toute seule* (= d'elle-même).

seulement [sœlmɑ̃] adv. (de *seul*). - **1.** Sans rien ou personne de plus : *Il est resté quelques jours seulement. Être deux seulement* (= pas davantage). - **2.** À l'exclusion de toute autre chose : *J'ai fait cela seulement pour lui rendre service* (syn. uniquement). - **3.** Pas plus tôt que : *Il arrive seulement ce soir.* - **4.** (Marquant une articulation logique). Exprime une restriction : *Il est d'accord, seulement il demande des garanties* (syn. mais, toutefois, cependant). - **5.** Non seulement (en corrélation avec *mais* ou *mais encore*), introduit le premier de deux groupes dont le second marque une insistance, une addition, etc. : *Non seulement on respecte cet homme, mais on l'aime.* ‖ Pas seulement, pas même : *Elle était là il n'y a pas seulement cinq minutes.* ‖ Si seulement, si au moins : *Si seulement il profitait des leçons de l'expérience.*

seulet, ette [sœlɛ, -ɛt] adj. LITT. ou FAM. Esseulé.

sève [sɛv] n.f. (lat. *sapa* "vin cuit"). - **1.** Liquide nourricier circulant dans les diverses parties des végétaux : *Sève brute* (= qui monte des racines vers les feuilles). *Sève élaborée* (= produite par les feuilles). - **2.** LITT. Ce qui donne la force, la vigueur : *La sève de la pensée* (syn. puissance).

sévère [sevɛr] adj. (lat. *severus* "grave"). - **1.** Qui est sans indulgence ; qui punit lourdement : *Parents sévères* (syn. autoritaire). *Verdict sévère. La critique est un peu sévère* (syn. dur). - **2.** Strict et rigoureux : *Règlement sévère* (syn. draconien). *Un professeur sévère* (syn. strict). *Être sévère pour soi-même* (contr. indulgent). - **3.** Dépourvu d'ornements, de fantaisie : *Architecture sévère* (syn. austère, dépouillé). - **4.** Grave, lourd à supporter : *Défaite sévère* (syn. sérieux).

sévèrement [severmɑ̃] adv. - **1.** D'une manière dure, rigoureuse : *Élever ses enfants sévèrement* (syn. durement). - **2.** D'une manière sérieuse, inquiétante ; gravement.

sévérité [severite] n.f. (lat. *severitas*). - **1.** Manière d'agir d'une personne sévère : *Élever ses enfants avec sévérité*. - **2.** Caractère de ce qui est sévère, sans ornement : *La sévérité d'une façade* (syn. austérité, froideur).

sévices [sevis] n.m. pl. (du lat. *saevitia* "violence"). Mauvais traitements exercés sur qqn qu'on a sous sa responsabilité ou son autorité : *Exercer des sévices sur un enfant*.

sévir [sevir] v.i. (lat. *saevire* "être furieux") [conj. 32]. - **1.** Agir avec rigueur contre qqn : *Sévir contre un coupable* (= le châtier, le punir). *Si ces pratiques continuent, je serai obligé de sévir*. - **2.** Se faire sentir vivement ; exercer des ravages : *Le froid sévit encore*. - **3.** Être en usage et avoir des effets nuisibles : *Doctrine qui sévit encore dans certains milieux*. - **4.** FAM. OU PAR PLAIS. Exercer une action, une influence néfaste ou exercer une autorité pénible : *Ce chanteur sévissait déjà du temps de mes parents*.

sevrage [səvraʒ] n.m. - **1.** Action de sevrer un enfant, un animal ; fait d'être sevré. - **2.** Privation progressive d'alcool ou de drogue lors d'une cure de désintoxication.

sevrer [səvre] v.t. (lat. pop. **seperare*, class. *separare* "séparer") [conj. 19]. - **1.** Cesser l'allaitement d'un enfant ou d'un petit animal pour lui donner une alimentation plus solide. - **2.** Priver, désaccoutumer qqn de qqch, spécial. d'alcool, d'une drogue. - **3.** Priver qqn d'un plaisir : *Sevrer un enfant de caresses*.

sèvres [sevr] n.m. (nom d'une localité). Porcelaine fabriquée à la manufacture de Sèvres.

sexagénaire [sɛksaʒenɛr] adj. et n. (lat. *sexagenarius*). Qui a atteint soixante ans.

sexagésimal, e, aux [sɛksaʒezimal, -o] adj. (du lat. *sexagesimus*). Qui a pour base le nombre soixante.

sex-appeal [sɛksapil] n.m. (mot anglo-amér. "attrait du sexe") [pl. *sex-appeals*]. Charme sensuel qui émane de qqn : *Avoir du sex-appeal* (= être désirable).

sexe [sɛks] n.m. (lat. *sexus*). - **1.** Ensemble des caractères qui permettent de distinguer chez la plupart des êtres vivants le genre mâle et le genre femelle : *Enfant du sexe féminin* (= fille), *du sexe masculin* (= garçon). - **2.** Organe de la génération et du plaisir ; organes génitaux externes de l'homme et de la femme. - **3.** Ensemble des personnes du même sexe : *L'égalité des sexes*. - **4.** FAM. Sexualité : *L'obsession du sexe*. - **5.** FAM. Le beau sexe, le sexe faible, les femmes (par opp. au *sexe fort*).

sexisme [sɛksism] n.m. Attitude discriminatoire fondée sur le sexe. ◆ **sexiste** adj. et n. Relatif au sexisme ; qui en est partisan.

sexologie [sɛksɔlɔʒi] n.f. Étude de la sexualité, de ses troubles. ◆ **sexologue** n. Nom du spécialiste.

sex-shop [sɛksʃɔp] n.m. (mot angl.) [pl. *sex-shops*]. Magasin spécialisé dans la vente de revues, de livres, de films, d'objets érotiques ou pornographiques.

sex-symbol [sɛkssɛ̃bɔl] n.m. (mot angl.) [pl. *sex-symbols*]. Vedette symbolisant l'idéal masculin ou féminin sur le plan de la sensualité et de la sexualité.

sextant [sɛkstɑ̃] n.m. (lat. *sextans, -antis* "sixième partie", l'instrument étant gradué d'un sixième de circonférence). Instrument qui permet de mesurer la hauteur des astres à partir d'un navire ou d'un aéronef et de déterminer la latitude.

sexto [sɛksto] adv. (de la loc. lat. *sexto [loco]*). Sixièmement, en sixième lieu.

sextuor [sɛkstɥɔr] n.m. (du lat. *sex* "six", d'apr. *quatuor*). MUS. - **1.** Composition musicale à six parties. - **2.** Ensemble vocal ou instrumental de six exécutants.

sextuple [sɛkstypl] adj. et n.m. (bas lat. *sextuplus*). Qui vaut six fois autant : *Trente-six est le sextuple de six*.

sextupler [sɛkstyple] v.t. Multiplier par six. ◆ v.i. Être multiplié par six : *Revenu qui a sextuplé*.

sexualité [sɛksɥalite] n.f. (de *sexuel*). - **1.** BIOL. Ensemble des phénomènes sexuels ou liés au sexe, observables chez les êtres vivants. - **2.** Ensemble des diverses modalités de la satisfaction sexuelle : *Troubles de la sexualité*.

sexué, e [sɛksɥe] adj. Qui possède l'un des deux sexes et ne peut se reproduire sans le concours de l'autre sexe : *Animaux sexués*. *Reproduction sexuée* (par opp. à *reproduction asexuée* et à *reproduction végétative*).

sexuel, elle [sɛksɥɛl] adj. (bas lat. *sexualis*). - **1.** Qui caractérise le sexe des êtres vivants : *Parties sexuelles. Caractères sexuels primaires* (= organes génitaux). *Caractères sexuels secondaires* (= pilosité, mue de la voix, etc.) - **2.** Relatif à la sexualité : *Éducation sexuelle. Pratiques, relations sexuelles*. - **3.** Acte sexuel, copulation, coït. ‖ Chromosome sexuel, syn. de *hétérochromosome*.

sexuellement [sɛksɥɛlmɑ̃] adv. - **1.** En ce qui concerne le sexe ou la sexualité ; du point de vue de la sexualité. - **2.** Maladie sexuellement transmissible (M.S.T.), maladie pouvant être transmise au cours d'un rapport sexuel.

sexy [sɛksi] adj. inv. (mot d'arg. anglo-amér.). FAM. Qui inspire le désir sexuel ; qui a du sex-appeal : *Une jupe sexy. Des filles très sexy* (syn. désirable).

seyant, e [sejã, -ãt] adj. (de *seoir*). Qui sied ; qui va bien : *Une coiffure seyante* (syn. avantageux).

shabbat [ʃabat] n.m. (mot hébr. "repos"). RELIG. Jour de repos hebdomadaire (du vendredi soir au samedi soir) consacré à Dieu, selon la loi mosaïque (syn. sabbat).

shah n.m. → **chah.**

shaker [ʃɛkœʀ] n.m. (mot angl., de *to shake* "secouer"). Double gobelet fermé dans lequel on agite, avec de la glace, les éléments d'un cocktail pour le servir frappé.

shakespearien, enne [ʃɛkspiʀjɛ̃, -ɛn] adj. - **1.** Relatif à William Shakespeare, à son œuvre dramatique : *Un drame shakespearien.* - **2.** Qui évoque le style, l'atmosphère du théâtre de Shakespeare : *Une violence shakespearienne.*

shako ou **schako** [ʃako] n.m. (du hongr. *csákó*). Coiffure militaire tronconique, portée notamm. par les gardes républicains et les élèves de l'école de Saint-Cyr.

shampooing ou **shampoing** [ʃɑ̃pwɛ̃] n.m. (mot angl. "massage", de *to shampoo*, du hindi *châmpo* "masser"). - **1.** Produit servant à traiter ou à laver les cheveux : *Shampooing pour cheveux secs.* - **2.** Lavage des cheveux avec ce produit : *Se faire un shampooing.* - **3.** Nom donné à des produits liquides et moussants destinés au nettoyage, au lavage : *Shampooing pour moquettes.*

shampouiner [ʃɑ̃pwine] v.t. Faire un shampooing.

1. shampouineur, euse [ʃɑ̃pwinœʀ, -øz] n. Personne qui fait les shampooings, dans un salon de coiffure.

2. shampouineur [ʃɑ̃pwinœʀ] n.m. et **shampouineuse** [ʃɑ̃pwinøz] n.f. Appareil servant à nettoyer à l'aide d'un détergent les tapis et moquettes.

shantung ou **shantoung** [ʃɑ̃tuŋ] n.m. (du n. de la prov. chin. de *Shandong*, où est produite cette étoffe). Étoffe de soie présentant un grain très prononcé.

shekel [ʃekɛl] n.m. Unité monétaire principale d'Israël.

shérif [ʃerif] n.m. (angl. *sheriff*, de *shire* "comté"). - **1.** Officier d'administration qui représente la Couronne dans chaque comté d'Angleterre. - **2.** Aux États-Unis, officier d'administration élu, ayant un pouvoir judiciaire limité.

sherpa [ʃɛʀpa] n.m. (du n. d'un peuple du Népal). Guide ou porteur des expéditions d'alpinisme dans l'Himalaya.

shetland [ʃetlɑ̃d] n.m. (de *Shetland,* en Écosse). - **1.** Tissu fabriqué avec la laine des moutons des îles Shetland. - **2.** Pull-over fait avec cette laine. - **3.** Race de poneys.

shilling [ʃiliŋ] n.m. - **1.** Ancienne unité monétaire divisionnaire anglaise qui valait 1/20 de livre. - **2.** Unité monétaire principale du Kenya, de la Somalie et de la Tanzanie.

shingle [ʃiŋɡœl] n.m. (mot angl. "bardeau"). Élément de couverture en matériau imprégné de bitume imitant le bardeau ou l'ardoise.

shintoïsme [ʃintoism] ou **shinto** [ʃinto] n.m. (jap. *shintô* "voie des dieux"). Religion propre au Japon, antérieure au bouddhisme, qui honore des divinités, les ancêtres et l'empereur. ◆ **shintoïste** adj. et n. Relatif au shintoïsme ; adepte du shintoïsme.

shipchandler [ʃipʃɑ̃dlœʀ] n.m. (mot angl., de *ship* "bateau" et *chandler* "droguiste"). Marchand d'articles de marine.

shivaïsme ou **sivaïsme** [ʃivaism] n.m. Courant religieux issu de l'hindouisme, qui fait de *Shiva* un dieu plus important que *Vishnou* et *Brahma,* et qui est à l'origine de plusieurs sectes. ◆ **shivaïte** ou **sivaïte** adj. et n. Relatif au shivaïsme ; adepte du shivaïsme.

shogun ou **shogoun** [ʃɔɡun] n.m. (mot jap. "général"). Chef militaire et civil du Japon, de 1192 à 1867, qui exerçait, parallèlement aux dynasties impériales, le véritable pouvoir.

shogunal, e, aux ou **shogounal, e, aux** [ʃɔɡunal, -o] adj. Relatif aux shoguns.

shoot [ʃut] n.m. (mot angl., de *to shoot* "tirer"). VX. Au football, tir.

shooter [ʃute] v.i. (de *shoot*). Tirer, au football. ◆ **se shooter** [ʃute] v.pr. (de l'arg. anglo-amér. *shoot* "piqûre de drogue"). ARG. Se droguer par injection.

shopping [ʃɔpiŋ] n.m. (mot angl., de *shop* "boutique"). Achats faits dans les magasins. (Au Canada, on dit *magasinage*.)

short [ʃɔʀt] n.m. (angl. *shorts*, de *short* "court"). Culotte courte portée pour le sport, comme tenue de vacances, etc.

show [ʃo] n.m. (mot angl., de *to show* "montrer"). Spectacle de variétés centré sur une vedette : *Show télévisé.*

show-business [ʃobiznɛs] et, FAM., **show-biz** [ʃobiz] n.m. inv. (mot angl.). Industrie, métier du spectacle.

showroom [ʃoʀum] n.m. (mot angl.). Local où un industriel, un commerçant, etc., expose ses nouveaux produits. (On dit aussi *magasin d'exposition*.)

shrapnell ou **shrapnel** [ʃʀapnɛl] n.m. (mot angl. du n. de l'inventeur, le *général Shrapnel*). Ancien type d'obus chargé de balles.

shunt [ʃœt] n.m. (mot angl., de *to shunt* "dériver"). - **1.** ÉLECTR. Dispositif conducteur connecté en parallèle avec une partie d'un circuit électrique pour dériver une fraction du courant qui la traverse. - **2.** ANAT., MÉD. Communication anormale ou raccordement artificiel entre deux réseaux circulatoires indépendants : *Shunt artério-veineux pratiqué lors d'une dialyse rénale.*

shunter [ʃœte] v.t. ÉLECTR. Munir d'un shunt.

1. si [si] conj. sub. (lat. *si*). [*Si* s'élide en *s'* devant *il(s)*]. - **1.** Introduit une hypothèse, une condition réalisable ou non : *Si elle vient, je t'appellerai. S'il venait, serais-tu contente ? Si j'avais de l'argent, je vous en prêterais.* - **2.** Dans une phrase exclamative, exprime le souhait ou le regret : *Si nous allions nous promener ! Si j'avais su !* - **3.** Si (+ **ne**), à moins que : *Les voilà, si je ne me trompe.* ‖ Si ce n'est, excepté, sinon, sauf, excepté : *Vous aviez tout prévu si ce n'est un détail, si ce n'est que rien ne s'est produit comme vous le désiriez.* ‖ Si tant est que (+ **subj.**), s'il est vrai que ; pour autant que : *Avouez-lui la vérité si tant est que vous en soyez capable.* ◆ n.m. inv. Hypothèse ; condition restrictive : *Avec lui, il y a toujours des si et des mais.*

2. si [si] adv. interr. (lat. *si*). [*Si* s'élide en *s'* devant *il(s)*]. Introduit une proposition interrogative indirecte : *Je me demande s'il viendra.*

3. si [si] adv. (lat. *sic* "ainsi"). - **1.** (Souvent en corrélation avec *que* consécutif). Marque une intensité : *Le vent est si fort qu'il est préférable de tout fermer* (syn. tellement). *Ne courez pas si vite* (syn. aussi). - **2.** Si... que (+ **subj.**), introduit une concession, une restriction : *Si petit qu'il soit, il parvient à ouvrir la porte.*

4. si adv. (de *1. si*). Oui, en réponse à une phrase interro-négative : *Vous ne l'avez pas vue ? - Si.*

5. si [si] n.m. inv. (initiales de *Sanctus Iohannes*, dans l'hymne de saint Jean-Baptiste). Note de musique, septième degré de la gamme de do.

SI, sigle de *Système* International* (d'unités).

siamois, e [sjamwa, -az] adj. et n. - **1.** Du Siam. - **2.** Chat siamois, chat d'une race d'Extrême-Orient, à la face brun foncé, à la robe crème, aux yeux bleus. ‖ Frères, sœurs siamois(es), jumeaux rattachés l'un à l'autre par deux parties homologues de leurs corps.

sibérien, enne [siberjɛ̃, -ɛn] adj. et n. De Sibérie.

sibilant, e [sibilɑ̃, -ɑ̃t] adj. (du lat. *sibilare* "siffler"). MÉD. Qui a le caractère d'un sifflement : *Râle sibilant.*

sibylle [sibil] n.f. (lat. *sibylla*, du gr.). ANTIQ. Femme inspirée, qui transmettait les oracles des dieux.

sibyllin, e [sibilɛ̃, -in] adj. (lat. *sibyllinus*). - **1.** Relatif aux sibylles : *Oracles sibyllins.* - **2.** LITT. Obscur ; dont le sens est difficile à saisir : *Un langage sibyllin* (syn. énigmatique).

sic [sik] adv. (mot lat. "ainsi"). Se met entre parenthèses après un mot, une expression, pour indiquer que l'on cite textuellement, si bizarre ou incorrect que cela paraisse.

sicaire [sikɛʀ] n.m. (lat. *sicarius*, de *sica* "poignard"). LITT. Tueur à gages.

sicav [sikav] n.f. inv. (sigle de *société d'investissement à capital variable*). Société dont le capital fluctue librement au gré des entrées et des sorties des souscripteurs et dont le rôle est de gérer un portefeuille de valeurs dont chaque porteur de titre détient une fraction ; part d'une telle société qu'acquièrent les souscripteurs.

siccatif, ive [sikatif, -iv] adj. et n.m. (bas lat. *siccativus*, de *siccare* "sécher"). Se dit d'une matière qui accélère le séchage des peintures, des vernis, des encres.

sicilienne [sisiljɛn] n.f. (de *sicilien*). MUS. Composition vocale ou instrumentale, à caractère expressif et au rythme balancé.

sida [sida] n.m. (sigle de *syndrome immunodéficitaire acquis*). MÉD. Affection grave, transmissible par voie sexuelle ou sanguine, et caractérisée par l'effondrement de la disparition des réactions immunitaires de l'organisme : *L'agent du sida est le rétrovirus V.I.H.*

side-car [sidkaʀ] n.m. (mot angl., de *side* "côté" et *car* "voiture") [pl. *side-cars*]. Véhicule à une seule roue, accouplé latéralement à une motocyclette.

sidéen, enne [sideɛ̃, -ɛn] adj. et n. Atteint du sida.

sidéral, e, aux [sideʀal, -o] adj. (lat. *sideralis*, de *sidus, -eris* "astre"). Relatif aux astres : *Observations sidérales. Jour sidéral* (= durée de la rotation de la Terre sur elle-même).

sidérant, e [sideʀɑ̃, -ɑ̃t] adj. Qui sidère : *Une nouvelle sidérante* (syn. époustouflant, stupéfiant).

sidération [sideʀasjɔ̃] n.f. (lat. *sideratio*). PATHOL. Anéantissement subit des forces vitales, marqué par l'arrêt de la respiration et un état de mort apparente.

sidéré, e [sideʀe] adj. Stupéfait, abasourdi : *Ne prends pas cet air sidéré !* (syn. éberlué, interloqué).

sidérer [sideʁe] v.t. (lat. *siderari* "subir l'influence néfaste des astres") [conj. 18]. - **1.** Frapper de stupeur : *Sa réponse m'a sidéré* (syn. abasourdir, stupéfier). - **2.** PATHOL. Provoquer la sidération, l'anéantissement des forces vitales.

sidérose [sideʁoz] et **sidérite** [sideʁit] n.f. (du gr. *sídêros* "fer"). Carbonate naturel de fer.

sidérurgie [sideʁyʁʒi] n.f. (du gr. *sidêrourgos* "forgeron"). Ensemble des techniques permettant d'élaborer et de mettre en forme le fer, la fonte et l'acier.

sidérurgique [sideʁyʁʒik] adj. Relatif à la sidérurgie : *Usine sidérurgique.*

sidérurgiste [sideʁyʁʒist] n. Ouvrier, industriel de la sidérurgie.

sidologue [sidɔlɔg] n. Médecin, biologiste, spécialiste du sida.

siècle [sjɛkl] n.m. (lat. *saeculum*). - **1.** Durée de cent années : *Le séquoia vit plusieurs siècles.* - **2.** Période de cent années comptée à partir d'une origine chronologique appelée ère : *Le vingt et unième siècle* (= de 2001 à 2100). - **3.** Temps, époque où l'on vit : *Être de son siècle.* - **4.** Époque marquée par un grand homme, une découverte, etc. : *Le siècle de Périclès. Le siècle de l'atome.* - **5.** Grand espace de temps indéterminé : *Il y a un siècle qu'on ne vous a vu* (syn. éternité). - **6.** RELIG. Société humaine, vie profane, par opp. à la vie religieuse : *Renoncer au siècle.* - **7.** Le Grand Siècle. L'époque de Louis XIV, en France.

il sied → seoir.

siège [sjɛʒ] n.m. (lat. pop. *sedicum*, de *sedicare*, class. *sedere* "être assis"). - **1.** Meuble ou tout objet fait pour s'asseoir ; partie horizontale de ce meuble, de cet objet, sur laquelle on s'assied : *Un siège pliant. Les sièges d'une voiture. Le dossier et le siège d'un fauteuil.* - **2.** Postérieur ; fesses : *Bain de siège. Enfant qui se présente par le siège lors d'un accouchement.* - **3.** Place occupée par un membre d'une assemblée délibérante : *Perdre des sièges aux élections législatives.* - **4.** Endroit où réside une autorité, où se réunit une assemblée, où est installée la direction d'une entreprise, etc. : *Le siège d'un tribunal. Le Palais-Bourbon est le siège de l'Assemblée nationale. Siège épiscopal* (= ville où réside un évêque). - **5.** Point où naît, se développe un phénomène : *Le siège d'une douleur. Le cerveau est le siège du langage* (syn. centre). - **6.** MIL. Opération menée contre un ouvrage, une place forte, en vue de l'affaiblir et de s'en emparer : *Faire le siège d'une ville* (= l'assiéger). - **7.** DR. Magistrature du siège → magistrature assise. ▌Siège social, lieu où siège la direction d'une société, domicile d'une société. - **8.** État de siège → état.

siéger [sjeʒe] v.i. [conj. 22]. - **1.** Faire partie d'une assemblée, d'un tribunal : *Siéger au Sénat.* - **2.** Résider ; tenir ses séances : *La Cour de cassation siège à Paris.* - **3.** Avoir son origine, son centre de rayonnement en un certain point : *L'endroit où siège le mal.*

sien, enne [sjɛ̃, -ɛn] pron. poss. (lat. *suus*, refait d'apr. *mien*). [Précédé de l'art. déf.]. - **1.** Désigne ce qui appartient ou se rapporte à un possesseur de la 3ᵉ pers. du sing. : *Ce n'est pas ma veste, mais la sienne.* - **2.** Faire des siennes, faire des bêtises, des folies. ▌Les siens, ses parents, ses proches. ◆ adj. poss. SOUT. (VX ou LITT. en fonction d'épithète). Qui est à lui, à elle : *Faire sienne une idée. Un sien cousin.*

sierra [sjeʁa] n.f. (mot esp. "scie", du lat. *serra*). Chaîne de montagnes, dans les pays de langue espagnole.

sieste [sjɛst] n.f. (esp. *siesta*, du lat. *sexta* [*hora*] "sixième [heure], midi"). Repos, temps de sommeil pris après le repas de midi : *Faire la sieste.*

sieur [sjœʁ] n.m. (de l'anc. fr. *sire* ; v. seigneur). Qualification dont on fait précéder un nom propre d'homme, en style juridique : *Le sieur X s'est fait représenter au tribunal par son avocat.*

sievert [sivœʁt] n.m. (de *Sievert*, n. d'un physicien suédois). Unité de mesure d'équivalent de dose* de rayonnement ionisant. □ Symb. Sv.

sifflant, e [siflɑ̃, -ɑ̃t] adj. - **1.** Qui produit un sifflement : *Prononciation sifflante.* - **2.** Consonne sifflante, consonne fricative caractérisée par un sifflement : [s] *et* [z] *sont des sifflantes.* (On dit aussi *une sifflante.*)

sifflement [sifləmɑ̃] n.m. Bruit, son fait en sifflant ou produit par le vent, un projectile, etc. : *Le sifflement d'un merle.*

siffler [sifle] v.i. (bas lat. *sifilare*, du class. *sibilare*). - **1.** Produire un son aigu soit avec la bouche, soit avec un instrument : *Siffler pour appeler un animal.* - **2.** Produire un son aigu, en parlant de l'air, d'un corps en mouvement, etc. : *Entendre siffler les balles.* ◆ v.t. - **1.** Reproduire en sifflant : *Siffler un air.* - **2.** Appeler en sifflant : *Siffler un chien.* - **3.** Signaler en soufflant dans un sifflet : *L'arbitre siffle la fin de la partie.* - **4.** Huer en sifflant : *Siffler un mauvais acteur.* - **5.** FAM. Boire rapidement : *Siffler un verre de rhum* (syn. vider).

sifflet [sifle] n.m. - **1.** Petit instrument avec lequel on siffle ▌*Sifflet à roulette* (= dans lequel est placée une petite bille qui modifie le son). - **2.** Appareil de signalisation sonore actionné par la vapeur ou l'air comprimé : *Sifflet à vapeur d'une locomotive.* - **3.** FAM. Couper le sifflet à qqn, le mettre hors d'état de répondre. ▌TECHN. En sifflet, en biseau :

Branche taillée en sifflet. ◆ **sifflets** n.m. pl.
Sifflements marquant la désapprobation :
Les sifflets du public (syn. **huées**).

siffleur, euse [siflœʀ, -øz] adj. et n. Qui
siffle : *Le merle est un oiseau siffleur.*

sifflotement [siflɔtmã] n.m. Action de siffloter ; son produit par qqn qui sifflote.

siffloter [siflɔte] v.i. et v.t. Siffler doucement,
négligemment : *Siffloter en marchant. Siffloter
une chanson.*

sigillé, e [siʒile] adj. (du lat. *sigillum* "sceau").
Marqué d'un sceau ou d'une empreinte
semblable à celle d'un sceau : *Vases gallo-
romains sigillés.*

sigillographie [siʒilɔgʀafi] n.f. (du lat. *sigillum* "sceau"). Science auxiliaire de l'histoire
qui a pour objet l'étude des sceaux.

sigle [sigl] n.m. (lat. juridique *sigla* "signes
abréviatifs"). Lettre initiale ou groupe de
lettres initiales constituant l'abréviation de
mots fréquemment employés (par ex.
O. N. U. ; P. A. O. ; C. A. P. E. S.).

sigma [sigma] n.m. inv. Dix-huitième lettre de
l'alphabet grec (Σ, σ, ς).

signal [siɲal] n.m. (réfection, d'apr. *signe,* de
l'anc. fr. *seignal,* lat. pop. **signale,* du bas lat.
signalis "qui sert de signe"). - **1.** Signe
convenu pour avertir, donner un ordre, etc. :
*Attendre le signal pour agir. Lancer un signal de
détresse.* - **2.** Appareil qui produit ce signe :
Tirer le signal d'alarme. - **3.** Appareil, panneau
disposé sur le bord d'une voie pour régler la
marche des véhicules : *Signal d'arrêt* (= stop).
Signaux lumineux. - **4.** Fait, événement qui
annonce ou marque le début de qqch : *La
prise de la Bastille a été le signal de la Révolution.*
- **5.** INFORM., TÉLÉCOMM. Variation d'une grandeur physique de nature quelconque porteuse d'information. - **6.** Donner le signal de
qqch, être le premier à faire une action qui
sert d'exemple ; provoquer : *Donner le signal
du départ en se levant.*

signalé, e [siɲale] adj. (it. *segnalato,* p. passé
de *segnalare* "rendre illustre"). LITT. Qui
attire l'attention, l'estime : *Rendre un signalé
service* (syn. **important**, **remarquable**).

signalement [siɲalmã] n.m. (de *signaler un
soldat* "l'inscrire"). Description physique de
qqn destinée à la faire reconnaître : *Donner
le signalement d'un criminel.*

signaler [siɲale] v.t. - **1.** Annoncer, indiquer
par un signal : *Balises qui signalent l'emplacement d'une piste.* - **2.** Appeler l'attention sur
qqn, qqch, la faire connaître : *Signaler qqn à
la police* (syn. **dénoncer**). *Je vous signale que la
réunion est reportée* (= je vous fais remarquer,
observer que ; syn. **annoncer**). ◆ **se signaler**
v.pr. Acquérir une certaine réputation par
ses agissements, son travail, etc. : *Se signaler
par sa bravoure* (syn. **s'illustrer**, **se distinguer**).

signalétique [siɲaletik] adj. (de *signaler*). Qui
donne le signalement de qqn, la description
de qqch : *Fiche signalétique.* ◆ n.f. - **1.** Ensemble des moyens de signalisation d'un lieu,
d'un réseau de transport. - **2.** Ensemble des
éléments signalant l'articulation d'un texte,
d'un ouvrage.

signalisation [siɲalizasjɔ̃] n.f. (de *signaliser*).
- **1.** Installation, disposition de signaux pour
donner des renseignements à distance :
Appareils de signalisation (= phares, sirènes,
drapeaux, etc.). - **2.** Installation de signaux
sur une route, une voie ferrée, etc. ; ensemble de ces signaux : *Accident de chemin de fer
dû à une erreur de signalisation.*

signaliser [siɲalize] v.t. (de *signaler*). Munir
d'une signalisation : *Signaliser une autoroute.*

signataire [siɲatɛʀ] adj. et n. Qui a signé un
acte, une pièce quelconque : *Les signataires
d'un traité, d'une pétition.*

signature [siɲatyʀ] n.f. (lat. médiév. *signa-
tura,* du class. *signator* "signataire"). - **1.** Action de signer un texte, un document, etc. :
La signature d'un contrat. - **2.** Nom ou marque
personnelle qu'on met en bas d'une œuvre,
d'un texte, d'un document, etc., pour attester qu'on en est l'auteur ou qu'on en
approuve le contenu : *Apposer sa signature*
(syn. **paraphe**). - **3.** IMPR. Lettre ou chiffre
imprimés au bas de la première page de
chaque cahier d'un livre, et indiquant
l'emplacement de ce cahier dans le livre.
- **4.** Avoir la signature, posséder une délégation de pouvoir, en partic. pour recevoir ou
allouer des fonds. - **5.** PHYS. Signature spectrale
d'un corps, figure montrant la longueur
d'onde et l'intensité respectives des diverses
radiations électromagnétiques émises par ce
corps.

signe [siɲ] n.m. (lat. *signum*). - **1.** Ce qui permet de connaître, de deviner, de prévoir :
Ces nuages sont un signe de pluie (syn. **indice**).
Il n'a aucun signe particulier (= aucune caractéristique physique distinctive). - **2.** Mot,
geste, mimique permettant de faire connaître, de communiquer : *Se parler par signes.
Tendre la main à qqn en signe de réconciliation.*
- **3.** Marque matérielle distinctive : *Marquer
ses livres d'un signe.* - **4.** Représentation matérielle de qqch, ayant un caractère conventionnel : *Signes de ponctuation. Signe d'égalité
mathématique.* - **5.** Unité linguistique constituée de l'association d'une forme concrète
(le signifiant) et d'un contenu sémantique
(le signifié). - **6.** MATH. Symbole **+** ou **−** servant à noter respectivement les nombres
positifs ou négatifs. - **7.** MÉD. Manifestation
élémentaire d'une maladie : *Le cœur de ce
malade donne des signes de défaillance* (syn.
symptôme). - **8.** C'est bon signe, c'est mauvais

signe, c'est de bon, de mauvais augure. | **Donner, ne pas donner signe de vie,** donner, ne pas donner de ses nouvelles. | **Faire signe à qqn,** entrer en contact avec lui : *Quand vous l'aurez vu, faites-moi signe.* | **Faire signe à qqn de** (+ inf.), une (+ ind.), lui indiquer par un geste ce qu'il doit ou peut faire : *Il m'a fait signe d'entrer, que je pouvais entrer.* | **Signe de (la) croix,** geste de piété chrétienne consistant à tracer sur soi une croix avec la main. | **Signe du zodiaque,** chacune des douze divisions du zodiaque. | **Sous le signe de,** sous l'influence de. ◆ **signes** n.m. pl. Signes extérieurs de richesse, manifestations extérieures de la richesse d'un contribuable qui entrent dans le cadre des éléments du train de vie.

signer [siɲe] v.t. (lat. *signare*). - **1.** Marquer, revêtir de sa signature : *Signer une pétition.* - **2.** Attester par sa marque ou sa signature qu'on est l'auteur de qqch : *Signer un tableau, un meuble.* - **3.** C'est signé, se dit d'une action dont on devine facilement l'auteur : *Ne cherchez pas le responsable : c'est signé !* | **Signer (de) son nom,** apposer sa signature. ◆ **se signer** v.pr. Faire le signe de la croix.

signet [siɲɛ] n.m. (de *signe*). Ruban fixé en haut du dos d'un volume relié et s'insérant entre les pages.

signifiant, e [siɲifjɑ̃, -ɑ̃t] adj. Qui signifie ; qui est porteur de sens : *Le symbole est signifiant.* ◆ **signifiant** n.m. LING. Forme concrète, acoustique du signe linguistique.

significatif, ive [siɲifikatif, -iv] adj. (bas lat. *significativus*). Qui exprime de manière manifeste une pensée, une intention : *Geste significatif* (syn. éloquent, révélateur).

signification [siɲifikasjɔ̃] n.f. (lat. *significatio*). - **1.** Ce que signifie, représente un signe, un geste, un fait, etc. : *Quelle est la signification de son discours ?* (syn. sens). - **2.** Sens et valeur d'un mot : *Les dictionnaires de langue donnent les différentes significations des mots* (syn. acception). - **3.** Notification d'un acte, d'un jugement, faite par un huissier de justice.

significativement [siɲifikativmɑ̃] adv. De façon significative.

signifié [siɲifje] n.m. LING. Contenu sémantique du signe linguistique ; concept.

signifier [siɲifje] v.t. (lat. *significare*) [conj. 9]. - **1.** Avoir un sens déterminé : *Le mot latin « murus » signifie « mur »* (= veut dire). *Je ne comprends pas ce que signifie ce geste* (syn. indiquer). - **2.** SOUT. Faire connaître d'une manière expresse : *Signifier ses intentions.* - **3.** DR. Notifier par huissier : *Signifier son congé à un locataire* (syn. intimer).

sikh [sik] adj. et n. (sanskrit *çishya* "disciple"). Qui appartient à une religion de l'Inde (le

sikhisme) qui rejette le système hindou des castes ; adepte de cette religion.

sil [sil] n.m. (mot lat.). Argile rouge ou jaune.

silence [silɑ̃s] n.m. (lat. *silentium*). - **1.** Absence de bruit : *Le silence de la nuit* (syn. paix, tranquillité). - **2.** Action, fait de se taire : *Garder, observer le silence. Un silence éloquent* (syn. mutisme). *On vous demande le silence le plus absolu sur cette affaire* (syn. secret). *Réduire l'opposition au silence* (= la bâillonner, la museler). - **3.** Fait de cesser de donner de ses nouvelles, notamm. par lettre : *S'inquiéter du silence d'un ami.* - **4.** Absence de mention de qqch dans un écrit : *Le silence de la loi sur ce délit* (syn. omission). - **5.** MUS. Interruption plus ou moins longue du son ; signe qui sert à l'indiquer. - **6.** Passer qqch sous silence, ne pas en parler, l'omettre volontairement.

silencieusement [silɑ̃sjøzmɑ̃] adv. En silence : *L'assistance écoutait silencieusement.*

1. silencieux, euse [silɑ̃sjø, -øz] adj. (lat. *silentiosus*). - **1.** Qui garde le silence, s'abstient de parler ; qui est peu communicatif : *Demeurer silencieux* (syn. muet). *Personne calme et silencieuse* (syn. taciturne). - **2.** Qui se fait, qui fonctionne sans bruit ou avec peu de bruit : *Moteur silencieux* (contr. bruyant). - **3.** Se dit d'un endroit où l'on n'entend aucun bruit : *Bois silencieux* (syn. paisible).

2. silencieux [silɑ̃sjø] n.m. (de *1. silencieux*). - **1.** Appareil fixé sur la bouche du canon d'une arme à feu pour amortir le bruit de la détonation. - **2.** Dispositif servant à amortir, dans un moteur, les bruits dus à l'expulsion des gaz.

silène [silɛn] n.m. (de *Silène*, lat. *Silenus*, n. du père nourricier de Bacchus). - **1.** Herbe des bois de l'Europe occidentale, au calice en forme d'outre. - **2.** MYTH. GR. Syn. de *satyre*.

silex [silɛks] n.m. (mot lat.). Roche siliceuse très dure, constituée de calcédoine, de quartz et d'opale, se présentant en rognons dans certaines roches calcaires.

silhouette [silwɛt] n.f. (de *É. de Silhouette*, contrôleur des finances impopulaire du XVIIIᵉ s.). - **1.** Contour, lignes générales du corps humain ou d'un objet : *Avoir une silhouette élégante* (syn. allure). *La silhouette d'une voiture* (syn. ligne, profil). - **2.** Forme générale, dessin d'un être, d'un objet, dont les contours se profilent sur un fond : *Dessiner la silhouette d'un visage.* - **3.** Forme générale aux contours vagues : *Distinguer au loin des silhouettes.*

silhouetter [silwɛte] v.t. LITT. Dessiner en silhouette. ◆ **se silhouetter** v.pr. LITT. Apparaître en silhouette : *Le clocher se silhouette sur le ciel bleu* (syn. se profiler).

silicate [silikat] n.m. (de *silice*). Minéral formé d'éléments tétraédriques comportant un atome de silicium au centre et des atomes d'oxygène aux quatre sommets, constituant essentiel des roches magmatiques et métamorphiques, et utilisé notamm. dans les industries du bâtiment, de la verrerie. □ Formule SiO_4.

silice [silis] n.f. (du lat. *silex, -icis*). Substance minérale très dure formée d'oxyde de silicium. □ Formule SiO_2. Il existe plusieurs variétés naturelles : le quartz cristallisé, la calcédoine, l'opale amorphe.

siliceux, euse [silisø, -øz] adj. (lat. *siliceus*). Qui contient de la silice : *Roches siliceuses*.

silicium [silisjɔm] n.m. (de *silice*). Non-métal d'une couleur brune à l'état amorphe, d'un gris de plomb à l'état cristallisé, fusible vers 2 000 °C et se volatilisant au four électrique. □ Symb. Si ; densité 2,35. Ses propriétés semi-conductrices le font employer dans les circuits intégrés.

silicone [silikon] n.f. (de *silicium*). Substance analogue aux composés organiques, dans laquelle le silicium remplace le carbone.

silicose [silikoz] n.f. (de *silice*). Maladie, en génér. professionnelle, due à l'inhalation de poussière de silice et qui se marque par une transformation fibreuse du poumon.

sillage [sijaʒ] n.m. (de *sillon*). -1. Zone de perturbations que laisse derrière lui un corps en mouvement dans un fluide. -2. Marcher, être dans le sillage de qqn, suivre sa trace, son exemple.

sillet [sijɛ] n.m. (it. *ciglietto*, dimin. de *ciglio*, du lat. *cilium* "cils"). -1. Fine baguette de bois, d'ivoire ou d'os fixée sur le manche des instruments de musique à cordes. -2. Jonc métallique placé sur le cadre des instruments à cordes munis d'un clavier.

sillon [sijɔ̃] n.m. (d'un rad. gaul. *selj-*). -1. Trace laissée à la surface du champ par un instrument de labour : *Ouvrir un sillon.* -2. Piste gravée à la surface d'un disque phonographique et contenant l'enregistrement. -3. Trace longitudinale : *Sillon de feu tracé par une fusée* (syn. traînée).

sillonner [sijone] v.t. Parcourir un lieu, le traverser en tous sens : *Des avions ont sillonné le ciel toute la nuit.*

silo [silo] n.m. (esp. *silo*, et anc. prov. *sil*, du lat. *sirus* "vase pour conserver le blé"). -1. Fosse pratiquée dans la terre pour y conserver les végétaux. -2. Réservoir de grande capacité qu'on emplit par le haut et dans lequel on stocke les récoltes ou les fourrages verts : *Silo à betteraves, à céréales.* -3. ARM. Silo lance-missile, cavité bétonnée creusée dans le sol pour stocker et lancer un missile stratégique.

silure [silyʀ] n.m. (lat. *silurus*, du gr.). -1. Syn. de *poisson-chat.* -2. ZOOL. Poisson à barbillons, à peau sans écailles, dont la plupart des espèces vivent en eau douce.

silurien [silyʀjɛ̃] n.m. (de *Silures*, n. d'un peuple anc. d'Angleterre). GÉOL. Troisième période de l'ère primaire, située entre l'ordovicien et le dévonien.

simagrée [simagʀe] n.f. (orig. obsc.). [Surtout au pl.]. Façons maniérées destinées à donner le change : *Faire des simagrées* (syn. manières, minauderies).

simien, enne [simjɛ̃, -ɛn] adj. (du lat. *simius* "singe"). Relatif au singe. ◆ **simien** n.m. Simiens, sous-ordre de primates comprenant tous les singes.

simiesque [simjɛsk] adj. (du lat. *simius* "singe"). Qui rappelle le singe : *Visage simiesque.*

similaire [similɛʀ] adj. (du lat. *similis* "semblable"). Se dit de choses qui peuvent, d'une certaine façon, être assimilées les unes aux autres : *Savons, détersifs et produits similaires* (syn. analogue, semblable).

similarité [similaʀite] n.f. SOUT. Caractère de ce qui est similaire : *Similarité de comportements* (syn. ressemblance).

simili [simili] n.m. (du lat. *similis* "semblable"). -1. Cliché de photogravure obtenu par une trame et permettant de reproduire, en typographie, un document original en demi-teintes. -2. FAM. Toute matière qui est une imitation d'une autre : *Bijoux en simili* (syn. imitation).

similigravure [similigʀavyʀ] n.f. IMPR. Procédé de photogravure permettant d'obtenir des clichés typographiques tramés à partir d'originaux en demi-teintes. (Abrév. *simili.*)

similitude [similityd] n.f. (lat. *similitudo*). -1. Grande ressemblance entre deux ou plusieurs choses : *Similitude de caractère* (syn. analogie). -2. MATH. Propriété que possèdent deux figures semblables. -3. Transformation ponctuelle d'un plan, conservant les angles, composée d'une rotation et d'une homothétie de même centre.

simonie [simɔni] n.f. (lat. ecclés. *simonia*, du n. de *Simon le Magicien*). RELIG. CHRÉT. Trafic d'objets sacrés, de biens spirituels ou de charges ecclésiastiques.

simoun [simun] n.m. (angl. *simoon*, de l'ar. *samūm*). Vent chaud et violent du désert.

1. simple [sɛ̃pl] adj. (lat. *simplex*). -1. Qui n'est formé que d'un seul élément : *Feuille de copie simple* (contr. double). *L'or, l'oxygène sont des corps simples* (contr. composé). *En partant, donnez un simple tour de clé* (syn. seul). *Phrase simple* (= à une seule proposition). -2. (Avant le n.). Qui suffit à soi seul ; qui n'a besoin de rien d'autre pour produire l'effet attendu : *Croire qqn sur sa simple parole* (syn. seul). **- 3.** Qui est facile à comprendre, à suivre, à exécuter, à appliquer (par opp. à *compliqué*) : *Fournir des explications simples* (syn. limpide). *Un travail simple* (syn. facile). **- 4.** Qui est constitué d'un petit nombre d'éléments qui s'organisent de manière claire (par opp. à *complexe*) : *Arme de maniement simple* (syn. aisé). *L'intrigue de cette pièce est très simple* (syn. élémentaire). **- 5.** Qui est sans recherche ni apprêt : *Un repas simple* (= sans façon ; contr. fastueux). *Un style simple et touchant* (syn. dépouillé ; contr. recherché, emphatique). *Avoir des goûts simples* (syn. modeste). **- 6.** (Avant le n.). Se dit de qqn qui est seulement ce que son nom indique : *Un simple soldat* (= sans grade). **- 7.** Qui se comporte avec franchise et naturel : *Des gens simples* (= sans prétention). **- 8.** Qui manque de finesse ; qui est par trop naïf : *Il est gentil mais un peu simple* (syn. crédule, innocent). **- 9.** FAM. *C'est simple comme bonjour*, c'est extrêmement simple. ‖ *Un simple particulier*, personne qui n'exerce aucune fonction officielle. **- 10.** CHIM. *Simple liaison*, liaison entre deux atomes assurée par une paire d'électrons : *La liaison C–H est une simple liaison.* ‖ DR. *Adoption simple* → adoption. ‖ GRAMM. *Temps simple*, forme verbale formée sans auxiliaire de conjugaison. ‖ MUS. *Mesure simple*, mesure binaire (par opp. à *mesure composée* ou *ternaire*).

2. **simple** [sɛ̃pl] n.m. (de 1. *simple*). **- 1.** Partie de tennis ou de tennis de table entre deux joueurs (par opp. à *double*) : *Disputer un simple.* **- 2.** (Surtout au pl.). Plante à usage médicinal. **- 3.** *Passer, varier du simple au double*, être multiplié par deux. **- 4.** *Simple d'esprit*. Arriéré mental.

simplement [sɛ̃pləmɑ̃] adv. De façon simple : *Être vêtu simplement* (syn. sobrement). *Dire simplement les choses* (syn. directement, franchement). *Il a simplement voulu te faire peur* (syn. seulement).

simplet, ette [sɛ̃plɛ, -ɛt] adj. Un peu simple d'esprit, niais.

simplicité [sɛ̃plisite] n.f. (lat. *simplicitas*). Qualité de celui ou de ce qui est simple : *Parler avec simplicité* (contr. emphase). *La simplicité d'un raisonnement.*

simplifiable [sɛ̃plifjabl] adj. Qui peut être simplifié : *Problème simplifiable. Fraction simplifiable* (syn. réductible).

simplificateur, trice [sɛ̃plifikatœr, -tris] adj. et n. Qui simplifie : *Un esprit simplificateur.*

simplification [sɛ̃plifikasjɔ̃] n.f. Action de simplifier : *La simplification de l'orthographe.*

simplifier [sɛ̃plifje] v.t. (lat. médiév. *simplificare*) [conj. 9]. **- 1.** Rendre plus simple, moins compliqué : *Simplifier un problème, un mécanisme.* **- 2.** MATH. *Simplifier une fraction*, trouver, si elle existe, la fraction irréductible équivalente en réduisant également les deux termes.

simplisme [sɛ̃plism] n.m. Tendance à simplifier d'une manière excessive.

simpliste [sɛ̃plist] adj. et n. D'une simplicité exagérée ; qui ne considère qu'un aspect des choses : *Un argument simpliste.*

simulacre [simylakr] n.m. (lat. *simulacrum* "représentation figurée"). Fausse apparence : *Un simulacre de réconciliation* (syn. simulation).

1. **simulateur, trice** [simylatœr, -tris] n. (lat. *simulator*). Personne qui simule un trouble, un symptôme, une maladie : *Un simulateur qui se fait passer pour fou.*

2. **simulateur** [simylatœr] n.m. Dispositif capable de reproduire le comportement d'un appareil dont on désire soit étudier le fonctionnement, soit enseigner l'utilisation, ou d'un corps dont on veut suivre l'évolution : *Simulateur de vol.*

simulation [simylasjɔ̃] n.f. (lat. *simulatio*). **- 1.** Action de simuler et, spécial., de faire croire que l'on est atteint d'une maladie pour en tirer un avantage. **- 2.** TECHN. Méthode de mesure et d'étude consistant à remplacer un phénomène, un système à étudier par un modèle plus simple mais ayant un comportement analogue : *Simulation de vol spatial.*

simulé, e [simyle] adj. Feint, qui n'est pas réel : *Fuite simulée.*

simuler [simyle] v.t. (lat. *simulare* "feindre"). **- 1.** Faire paraître comme réelle une chose qui ne l'est pas : *Simuler une maladie* (syn. feindre). *Simuler la fatigue* (= faire semblant d'être fatigué). **- 2.** Offrir l'apparence de : *Décor de théâtre qui simule un paysage* (syn. imiter).

simultané, e [simyltane] adj. (lat. médiév. *simultaneus*, du class. *simul* "en même temps"). Qui se produit, existe en même temps : *Des événements simultanés* (syn. concomitant). ◆ **simultanée** n.f. Épreuve au cours de laquelle un joueur d'échecs affronte plusieurs adversaires en même temps.

simultanéité [simyltaneite] n.f. Existence de plusieurs actions dans le même instant : *La simultanéité de deux actions* (syn. coïncidence, coexistence).

simultanément [simyltanemɑ̃] adv. En même temps : *Deux coups de fusil sont partis simultanément.*

sinanthrope [sinɑ̃trɔp] n.m. (du lat. *Sina* "Chine", et du gr. *anthrôpos* "homme"). Anthropien fossile d'un type reconnu près de Pékin. □ Le sinanthrope remonterait à 500 000 ans env. ; on le classe dans le genre *Homo erectus*.

sinapisme [sinapism] n.m. (lat. scientif. *sinapismus*, gr. *sinapismos*, de *sinapi* "moutarde"). Cataplasme à base de farine de moutarde noire.

sincère [sɛsɛʀ] adj. (lat. *sincerus* "pur"). **- 1.** Qui s'exprime sans déguiser sa pensée : *Homme sincère* (syn. franc ; contr. faux, hypocrite). **- 2.** Qui est éprouvé, dit ou fait d'une manière franche : *Regrets sincères* (syn. authentique, vrai).

sincèrement [sɛsɛʀmɑ̃] adv. De façon sincère : *Il regrette sincèrement son geste* (= du fond du cœur).

sincérité [sɛseʀite] n.f. (lat. *sinceritas*). Qualité de ce qui est sincère : *Je doute de sa sincérité, de la sincérité de sa réponse* (syn. franchise, loyauté).

sinécure [sinekyʀ] n.f. (du lat. *sine cura* "sans souci"). **- 1.** Situation de tout repos. **- 2.** FAM. Ce n'est pas une sinécure, c'est un travail pénible ; cela donne beaucoup de soucis.

sine die [sinedje] loc. adv. (mots lat. "sans jour fixé"). DR. Sans fixer de jour : *Réunion ajournée sine die.*

sine qua non [sinekwanɔn] loc. adj. inv. (loc. du lat. scol. [*condition*] "sans laquelle il n'y a rien à faire"). Condition, clause sine qua non, condition, clause indispensable pour que qqch existe, se fasse.

singe [sɛ̃ʒ] n.m. (lat. *simius*). **- 1.** Mammifère primate arboricole à face nue, à mains et pieds préhensiles et terminés par des ongles. □ Les singes forment le sous-ordre des simiens. **- 2.** Personne qui contrefait, imite les autres, leurs actions. **- 3.** Être adroit, agile, malin comme un singe, être très adroit, très agile, très malin. ‖ FAM. **Payer en monnaie de singe**, se répandre en belles paroles, en promesses vaines au lieu de s'acquitter.

singer [sɛ̃ʒe] v.t. [conj. 17]. Imiter qqn de façon grotesque pour le tourner en dérision : *Singer un camarade.*

singerie [sɛ̃ʒʀi] n.f. **- 1.** Imitation, grimace, geste comique (syn. pitrerie). **- 2.** Ménagerie de singes. ◆ **singeries** n.f. pl. FAM. Manières affectées, hypocrites (syn. mines, simagrées).

single [singəl] n.m. (mot angl. "seul", de l'anc. fr. *sengle* ou du lat. *singulus*). **- 1.** Compartiment de voiture-lits à une seule place. **- 2.** Chambre individuelle dans un hôtel. **- 3.** Disque de variétés ne comportant qu'un ou deux morceaux (par opp. à *album*).

singleton [sɛ̃glətɔ̃] n.m. (mot angl., de *single* "seul"). MATH. Ensemble constitué d'un seul élément.

singulariser [sɛ̃gylaʀize] v.t. (de *1. singulier*). Distinguer des autres par qqch d'inusité : *Votre conduite vous singularise.* ◆ **se singulariser** v.pr. Se faire remarquer par qqch d'étrange : *Se singulariser pas ses manières affectées* (syn. se distinguer, se signaler).

singularité [sɛ̃gylaʀite] n.f. (bas lat. *singularitas* "unicité"). **- 1.** Caractère original ou étrange, insolite de qqch : *La singularité d'une tenue* (syn. bizarrerie, étrangeté). **- 2.** Manière extraordinaire, bizarre de parler, d'agir : *Ses singularités n'étonnent plus personne* (syn. excentricité).

1. singulier, ère [sɛ̃gylje, -ɛʀ] adj. (lat. *singularis*). **- 1.** Qui se distingue par qqch d'inusité, d'extraordinaire : *Une vie singulière* (syn. particulier, unique). *Vous avez une singulière façon de raconter les choses* (syn. étrange). **- 2.** Combat singulier, combat qu'organisent deux adversaires qui décident de s'affronter seuls ; duel.

2. singulier [sɛ̃gylje] n.m. et adj.m. (de *1. singulier*). GRAMM. Forme d'un mot exprimant un nombre égal à l'unité (par opp. à *pluriel*) ou l'absence d'opposition de nombre dans les noms non comptables *(du beurre).*

singulièrement [sɛ̃gyljɛʀmɑ̃] adv. **- 1.** Beaucoup ; fortement : *Être singulièrement affecté par un événement* (syn. considérablement). **- 2.** Principalement ; notamment : *Tout le monde a souffert de la crise et singulièrement les salariés* (syn. particulièrement). **- 3.** D'une manière bizarre : *S'habiller singulièrement* (syn. bizarrement, étrangement).

1. sinistre [sinistʀ] adj. (lat. *sinister* "qui est à gauche"). **- 1.** De mauvais augure ; qui présage le malheur : *Bruit sinistre* (syn. effrayant). **- 2.** Qui fait naître l'effroi : *Regard sinistre* (syn. inquiétant). **- 3.** Triste ; lugubre : *Réunion sinistre. Appartement sinistre* (syn. funèbre).

2. sinistre [sinistʀ] n.m. (it. *sinistro*, du lat. *sinister*). **- 1.** Événement catastrophique qui entraîne de grandes pertes matérielles et humaines : *Le sinistre a fait de nombreuses victimes* (syn. catastrophe). *Les pompiers ont maîtrisé le sinistre* (syn. incendie). **- 2.** DR. Fait dommageable pour soi-même ou pour autrui, de nature à mettre en jeu la garantie d'un assureur.

sinistré, e [sinistʀe] adj. et n. Victime d'un sinistre : *Région sinistrée. Recueillir des dons pour les sinistrés.*

sinologie [sinɔlɔʒi] n.f. (du lat. *Sina* "Chine", et de *-logie*). Étude de l'histoire, de la langue et de la civilisation chinoises. ◆ **sinologue** n. Nom du spécialiste. (On dit parfois *sinisant, e* en partic. pour un spécialiste de la langue.)

sinon [sinɔ̃] adv. (de *si* et *non*). Marque : **- 1.** Une articulation logique exprimant une hypothèse négative : *Mettez-vous au travail tout de suite, sinon vous n'aurez pas terminé à temps* (= faute de quoi, sans quoi ; syn. autrement). **-2.** Un renchérissement : *Il est un des rares, sinon le seul à connaître la nouvelle* (= peut-être même le seul). **-3.** Une concession (souvent en corrélation avec *du moins*) : *J'espérais, sinon un mieux, du moins une accalmie.* **-4.** (En fonction prép.). Une exception, une restriction dans une phrase interrogative ou négative : *Que choisir sinon la fuite ?* (syn. excepté). *Je ne sais rien, sinon qu'il est venu* (= si ce n'est que).

sinople [sinɔpl] n.m. (lat. *sinopis* "terre rouge de Sinope"). HÉRALD. La couleur verte.

sinueux, euse [sinɥø, -øz] adj. (lat. *sinuosus*). **-1.** Qui fait des replis, des détours : *Le cours sinueux de la Seine.* **-2.** Qui ne va pas droit au but : *Pensée sinueuse* (syn. tortueux).

sinuosité [sinɥozite] n.f. Détour que fait qqch de sinueux.

sinus [sinys] n.m. (mot lat. "pli"). **-1.** ANAT. Cavité de certains os de la tête : *Sinus frontal.* **-2.** MATH. Fonction associant à un arc de cercle $\overset{\frown}{AOM}$ ou à l'angle au centre $\widehat{AM}$ correspondant le quotient des mesures algébriques de OQ et de OB, où Q est la projection orthogonale de M sur le diamètre OB perpendiculaire à OA. □ Symb. sin.

sinusite [sinyzit] n.f. Inflammation des sinus osseux de la face.

sinusoïdal, e, aux [sinyzɔidal, -o] ou [-sɔidal, -o] adj. **-1.** MATH. Se dit d'un mouvement ou d'une courbe décrivant une sinusoïde. **-2.** MATH. Se dit d'une fonction ayant pour graphe une sinusoïde. **-3.** PHYS. Se dit d'un phénomène périodique dont la grandeur caractéristique est représentée par une fonction sinusoïdale du temps.

sinusoïde [sinyzɔid] ou [-sɔid] n.f. (de *sinus* et *-oïde*). MATH. Courbe plane représentant graphiquement les variations du sinus ou du cosinus d'un angle. □ Une sinusoïde présente une alternance régulière de sommets positifs et de sommets négatifs.

sionisme [sjɔnism] n.m. (de *Sion*). Mouvement dont l'objet fut la constitution, en Palestine, en 1948, de l'État d'Israël. ◆ **sioniste** adj. et n. Qui relève du sionisme ; qui en est partisan.

siphon [sifɔ̃] n.m. (lat. *sipho*, du gr.). **-1.** Tube recourbé à deux branches inégales pour transvaser les liquides. **-2.** Tube recourbé deux fois et servant à évacuer les eaux usées tout en empêchant le dégagement des mauvaises odeurs. **-3.** En spéléologie, conduit naturel envahi par l'eau. **-4.** Carafe en verre épais, fermée par une soupape commandée par un levier, pour obtenir l'écoulement d'un liquide sous pression.

siphonner [sifɔne] v.t. Transvaser un liquide ou vider un récipient à l'aide d'un siphon.

sire [siR] n.m. (du lat. *senior*, propr. "plus vieux"). **-1.** Titre porté par les seigneurs à partir du XIIIe s. puis donné aux souverains. **-2.** FAM. Un triste sire, un individu peu recommandable.

1. sirène [siREn] n.f. (bas lat. *sirena*, class. *siren*, du gr.). MYTH. Démon marin femelle représenté sous forme d'oiseau ou de poisson avec une tête et une poitrine de femme : *Les sirènes attiraient les voyageurs par la douceur de leurs chants.*

2. sirène [siREn] n.f. (de *1. sirène*). Appareil qui produit un son puissant servant de signal ou d'alerte.

sirénien [siRenjɛ̃] n.m. (de *1. sirène*). Sirénien, ordre de mammifères herbivores marins et fluviaux à nageoires tels que le dugong.

sirocco [siRɔko] n.m. (it. *scirocco*, de l'ar. *chargī* "vent oriental"). Vent très sec et très chaud qui souffle du Sahara vers le littoral lorsque des basses pressions règnent sur la Méditerranée.

sirop [siRo] n.m. (lat. médiév. *sirupus*, de l'ar. *charāb* "boisson"). Liquide formé de sucre en solution concentrée et de substances aromatiques ou médicamenteuses : *Sirop de groseille. Sirop contre la toux.*

siroter [siRɔte] v.t. et v.i. FAM. Boire à petits coups, en dégustant : *Siroter son café.*

sirtaki [siRtaki] n.m. (mot gr.). Danse d'origine grecque.

sirupeux, euse [siRypø, -øz] adj. Qui est de la nature, de la consistance du sirop : *Un liquide sirupeux* (syn. épais, visqueux).

sis, e [si, siz] adj. (p. passé de *seoir*). DR. Situé : *Maison sise à Paris.*

sisal [sizal] n.m. (de *Sisal*, n. d'un port du Yucatán) [pl. *sisals*]. Agave du Mexique dont les feuilles fournissent une fibre textile ; cette fibre : *Corde, sac en sisal.*

sismicité [sismisite] et **séismicité** [seismisite] n.f. Localisation et fréquence des tremblements de terre, qui sont en rapport avec les grandes lignes de fracture de l'écorce terrestre.

sismique [sismik] et **séismique** [seismik] adj. (du gr. *seismos* "tremblement de terre"). **-1.** Relatif aux tremblements de terre : *Mouvements sismiques.* **-2.** Prospection sismique, méthode de prospection géophysique fondée sur la réfraction ou la réflexion d'ondes sonores provoquées par une explosion voisine du sol (on dit aussi *la sismique*).

sismogramme [sismɔgRam] n.m. Tracé d'un sismographe.

sismographe [sismɔgʀaf] et **séismographe** [seismɔgʀaf] n.m. Appareil destiné à enregistrer l'heure, la durée et l'amplitude des tremblements de terre.

sismologie [sismɔlɔʒi] et **séismologie** [seismɔlɔʒi] n.f. Science des tremblements de terre. **◆ sismologue** n. Nom du spécialiste.

sismologique [sismɔlɔʒik] adj. De la sismologie.

sistre [sistʀ] n.m. (lat. *sistrum*, gr. *seîstron*, de *seiein* "agiter"). ANTIQ. Instrument de musique à percussion en usage chez les Égyptiens.

sitar [sitaʀ] n.m. (mot hindi). Instrument de musique de l'Inde, à cordes pincées.

site [sit] n.m. (lat. *situs* "situation"). - **1.** Paysage considéré du point de vue de son aspect pittoresque : *Château qui domine un site grandiose* (syn. panorama, point de vue). - **2.** Lieu géographique considéré du point de vue de ses activités : *Site industriel.* - **3.** GÉOGR. Configuration propre d'un lieu d'implantation humaine, d'une ville, etc. : *Le site de Paris. Un site néolithique.*

sit-in [sitin] n.m. inv. (mot angl., de *to sit* "s'asseoir"). Manifestation non violente consistant, pour les participants, à s'asseoir sur la voie publique.

sitôt [sito] adv. (de *si* et *tôt*). - **1.** Marque la postériorité immédiate de l'action principale : *Sitôt averti de l'accident, il s'est rendu à l'hôpital.* - **2.** De sitôt, s'emploie dans des phrases négatives. avec un verbe au futur pour nier une postériorité immédiate : *Il ne reviendra pas de sitôt.* ‖ Sitôt dit, sitôt fait, se dit lorsque qqch a été fait immédiatement après que l'idée en a été lancée. **◆ sitôt que** loc. conj. Aussitôt que : *Nous partirons sitôt qu'il aura terminé* (syn. dès que).

situation [situasjɔ̃] n.f. (de *situer*). - **1.** Position géographique d'une localité, d'un emplacement, d'un édifice, etc. : *La situation d'un parc au centre d'une ville* (syn. emplacement, localisation). - **2.** GÉOGR. Localisation d'une ville, d'un territoire, etc., par rapport à un ensemble géographique plus large : *La situation de la Ruhr en Allemagne.* - **3.** État, fonction de qqn, de qqch dans un groupe : *Situation de la France au sein de la C.E.E.* (syn. place, rang). - **4.** Place, emploi rémunéré et stable : *Avoir une belle situation* (syn. place, poste). *Perdre sa situation* (syn. travail). - **5.** État de qqch, d'un groupe, d'une nation par rapport à une conjoncture donnée, dans un domaine déterminé : *La situation économique d'un pays. Se trouver dans une situation critique* (syn. position). *Améliorer sa situation matérielle* (syn. condition). - **6.** État d'une entreprise du point

de vue financier : *La situation de cette société est saine.* - **7.** LITTÉR. État caractéristique issu d'une action ou d'un événement et que traduisent un ou plusieurs personnages d'un récit, d'une pièce : *Situation comique.* - **8.** En situation, dans des conditions aussi proches que possible de la réalité : *Mettre des stagiaires en situation.*

situationnisme [situasjɔnism] n.m. Mouvement contestataire des années 60, surtout développé dans le milieu universitaire. **◆ situationniste** adj. et n. Qui relève du situationnisme ; adepte du situationnisme.

situé, e [situe] adj. Se dit d'une ville, d'un édifice, etc., par rapport aux environs, à l'exposition : *Pavillon situé dans une banlieue agréable. Maison bien située* (syn. orienté).

situer [situe] v.t. (lat. médiév. *situare*, du class. *situs* "situation") [conj. 7]. - **1.** Déterminer la place, la situation de qqch dans l'espace ou le temps : *Situer une ville sur une carte. On situe la naissance de Mahomet vers 570.* - **2.** Considérer qqch, qqn comme un élément d'un groupe ; classer : *J'ai du mal à situer cet ouvrage dans la production contemporaine.* - **3.** Déterminer le milieu de qqn, ses opinions et ce qui permet de le connaître : *Je ne le situe pas bien politiquement.*

sivaïsme n.m., **sivaïte** adj. et n. → shivaïsme, shivaïte.

six [sis] (sinon [si] ou [siz]) adj. num. card. inv. (lat. *sex*). - **1.** Cinq plus un : *Les six premiers de la classe.* - **2.** (En fonction d'ordinal). De rang numéro six, sixième : *Le tome six. Le six mars* (= le sixième jour de mars). *Charles six.* **◆ n.m.** - **1.** Le nombre qui suit cinq dans la série des entiers naturels ; le chiffre représentant ce nombre : *Quatre et deux font six. Vos six sont illisibles.* - **2.** JEUX. Face d'un dé marquée de six points ; carte comportant six figures, marquée par le numéro six : *Si tu lances un six, tu rejoues. Le six de carreau.*

sixain n.m. → sizain.

sixième [sizjɛm] adj. num. ord. De rang numéro six : *Le sixième étage.* **◆ n.** Celui qui occupe le sixième rang : *C'est le sixième de la liste.* **◆ adj. et n.m.** Qui correspond à la division d'un tout en six parties égales : *La sixième partie d'une somme. Vous en aurez chacun le sixième.* **◆ n.f.** En France, classe constituant la première année du premier cycle de l'enseignement secondaire : *Entrer en sixième.*

sixièmement [sizjɛmmɑ̃] adv. En sixième lieu.

sixte [sikst] n.f. (du lat. *sextus*). MUS. Intervalle de six degrés dans l'échelle diatonique.

sizain ou **sixain** [sizɛ̃] n.m. Strophe ou poème de six vers.

Skaï [skaj] n.m. (nom déposé). Matériau synthétique imitant le cuir.

skateboard [skɛtbɔʀd] et **skate** [skɛt] n.m. (de l'angl. *to skate* "patiner" et *board* "planche"). Planche• à roulettes.

sketch [skɛtʃ] n.m. (mot angl. "esquisse") [pl. *sketchs* ou *sketches*]. Œuvre dialoguée de courte durée, génér. comique, représentée au théâtre, au music-hall, à la télévision ou au cinéma.

ski [ski] n.m. (mot norvég.). - **1.** Chacun des deux longs patins utilisés pour glisser sur la neige ou sur l'eau : *Chausser ses skis.* - **2.** Sport pratiqué sur la neige sur ces patins : *Faire du ski.* - **3.** FAM. Sports d'hiver : *Aller au ski.* - **4.** Ski alpin ou ski de piste, ski pratiqué sur des pentes génér. accentuées auxquelles on accède par des remontées mécaniques. ‖ Ski artistique, ski juxtaposant figures et acrobaties sautées sur un champ de neige bosselé ou à partir d'un tremplin. ‖ Ski de fond, ski pratiqué sur des parcours de faible dénivellation. ‖ Ski de randonnée, ski pratiqué hors des pistes balisées. ‖ Ski nautique, sport dans lequel l'exécutant, tracté par un bateau à moteur, glisse sur l'eau en se maintenant sur un ou deux skis. ‖ Ski nordique, discipline sportive englobant les courses de ski de fond, le saut à partir d'un tremplin et le biathlon.

skiable [skjabl] adj. Où l'on peut skier : *Domaine skiable.*

skier [skje] v.i. [conj. 10]. Pratiquer le ski : *Skier hors pistes.*

skieur, euse [skjœʀ, -øz] n. Personne qui pratique le ski.

skiff ou **skif** [skif] n.m. (mot angl., du fr. *esquif*). Bateau de sport très étroit et très long, à un seul rameur.

skinhead [skinɛd] et **skin** [skin] n. (mot angl. "tondu", de *skin* "peau" et *head* "tête"). Jeune marginal adoptant un comportement de groupe agressif, volontiers xénophobe et raciste, et manifestant son adhésion aux idéologies guerrières par un crâne rasé de près (cherchant à évoquer la coupe réglementaire des corps d'élite).

skipper [skipœʀ] n.m. (mot angl.). - **1.** Commandant de bord d'un yacht. - **2.** Barreur d'un bateau à voile de régate.

skunks n.m. → **sconse**.

slalom [slalɔm] n.m. (mot norvég.). - **1.** Descente à skis sur un parcours sinueux jalonné de portes à franchir : *Slalom spécial. Slalom géant.* - **2.** Parcours très sinueux, comprenant de nombreux virages : *Faire du slalom en moto entre les voitures.*

slalomer [slalɔme] v.i. Effectuer un parcours en slalom.

slalomeur, euse [slalɔmœʀ, -øz] n. Spécialiste du slalom.

slave [slav] adj. et n. (lat. médiév. *sclavus* "esclave"). Du groupe qui comprend les Russes, les Biélorusses, les Ukrainiens, les Polonais, les Serbes, les Croates, les Tchèques, les Slovaques, etc. : *Les langues slaves. Les Slaves de l'Ouest* (= les Polonais, les Tchèques, les Slovaques, les Moraves). ◆ n.m. Groupe de langues indo-européennes parlées par les Slaves.

slavisant, e [slavizã, -ãt] et **slaviste** [slavist] n. Spécialiste des langues slaves.

slavon [slavɔ̃] n.m. Langue liturgique des Slaves orthodoxes, issue de la traduction des Évangiles par les apôtres slaves saint Cyrille et saint Méthode. (On dit aussi *vieux slave.*)

sleeping [slipiŋ] n.m. (de l'angl. *sleeping car,* de *to sleep* "dormir" et *car* "voiture"). VIEILLI. Wagon-lit. (On disait aussi *un sleeping-car.*)

slip [slip] n.m. (mot angl. "petit morceau d'étoffe"). Culotte moulante à taille basse servant de sous-vêtement ou de culotte de bain.

slogan [slɔgã] n.m. (gaélique *sluagh-ghairm,* cri de guerre d'un clan des Highlands d'Écosse). - **1.** Formule brève et frappante lancée pour propager une opinion, soutenir une action : *Slogan politique.* - **2.** Phrase publicitaire concise et originale, conçue en vue de bien inscrire dans l'esprit du public le nom d'un produit, d'une firme.

sloop [slup] n.m. (néerl. *sloep,* du moyen fr. *chaloppe*). Navire à voiles à un mât, n'ayant qu'un seul foc à l'avant.

slovaque [slɔvak] adj. et n. De Slovaquie. ◆ n.m. Langue slave parlée en Slovaquie.

slovène [slɔvɛn] adj. et n. De Slovénie. ◆ n.m. Langue slave parlée en Slovénie.

slow [slo] n.m. (mot angl. "lent"). - **1.** Fox-trot lent, dansé dans les années 1920. - **2.** Danse lente sur des musiques de blues, de chansons sentimentales, etc., où les partenaires se tiennent étroitement enlacés ; cette musique.

smala ou **smalah** [smala] n.f. (ar. *zamala*). - **1.** Ensemble de la maison d'un chef arabe, avec ses tentes, ses serviteurs, ses troupeaux et ses équipages. - **2.** FAM. Famille ou suite nombreuse et encombrante : *Il arrive avec toute sa smala.*

smart [smaʀt] adj. inv. (mot angl.). FAM., VIEILLI. Élégant : *Un quartier très smart* (syn. chic).

smash [smaʃ] ou [smatʃ] n.m. (mot angl., de *to smash* "écraser") [pl. *smashs* ou *smashes*]. SPORTS. Au tennis, au tennis de table, au volley-ball, coup consistant à rabattre violemment une balle haute sur la surface de jeu.

smasher [smaʃe] ou [smatʃe] v.i. Faire un smash.

S. M. I. C. [smik] n.m. (sigle). Salaire* minimum interprofessionnel de croissance.

smicard, e [smikaʀ, -aʀd] n. FAM. Salarié rémunéré au taux du S.M.I.C.

smocks [smɔk] n.m. pl. (de l'angl. *smock-frock* "blouse de paysan"). COUT. Fronces rebrodées sur l'endroit, servant de garniture à certains vêtements.

smog [smɔg] n.m. (mot angl., de *smoke* "fumée" et *fog* "brouillard"). Mélange de fumée et de brouillard, sévissant parfois au-dessus des concentrations urbaines et surtout industrielles.

smoking [smɔkiŋ] n.m. (de l'angl. *smoking-jacket* "veste d'intérieur [pour fumer]"). Costume habillé d'homme, à revers de soie.

snack-bar [snakbaʀ] et **snack** [snak] n.m. (mot anglo-amér., de *snack* "repas léger et hâtif") [pl. *snack-bars, snacks*]. Restaurant servant des plats standardisés à toute heure.

sniffer [snife] v.t. (de l'angl. *to sniff* "renifler"). ARG. Absorber une drogue en la prisant.

snob [snɔb] adj. et n. (mot angl. "cordonnier", en arg. de l'université de Cambridge, "celui qui n'était pas de l'université"). Qui fait preuve de snobisme : *Il a des manières snobs. Une snob qui suit la mode sans discernement.*

snober [snɔbe] v.t. Traiter qqn, qqch avec mépris, en le rejetant d'un air supérieur : *Snober ses anciens amis.*

snobinard, e [snɔbinaʀ, -aʀd] adj. et n. FAM. Un peu snob.

snobisme [snɔbism] n.m. Admiration pour tout ce qui est en vogue dans les milieux tenus pour distingués : *Suivre la mode par snobisme.*

snow-boot [snobut] n.m. (mot angl., de *snow* "neige" et *boot* "bottine") [pl. *snow-boots*]. VIEILLI. Chaussure de caoutchouc qu'on porte par-dessus les chaussures ordinaires.

sobre [sɔbʀ] adj. (lat. *sobrius*). - **1.** Qui mange ou boit avec modération et, en partic., qui boit peu de boissons alcoolisées : *Il est habituellement sobre* (syn. tempérant). - **2.** Se dit d'un animal qui mange peu et qui peut rester longtemps sans boire : *Le chameau, l'âne sont sobres.* - **3.** Qui montre de la mesure, de la réserve : *Être sobre dans ses déclarations* (syn. modéré, réservé). - **4.** Qui n'a pas recours aux surcharges, aux ornements inutiles : *Architecture, style sobre* (syn. dépouillé).

sobrement [sɔbʀəmɑ̃] adv. D'une manière sobre : *Vivre sobrement.*

sobriété [sɔbʀijete] n.f. (lat. *sobrietas*). - **1.** Comportement d'une personne, d'un animal sobre : *La sobriété est une condition de bonne santé* (syn. frugalité, tempérance). - **2.** LITT. Qualité de qqn qui se comporte avec retenue : *Sobriété des gestes* (syn. modération, pondération). - **3.** Qualité de ce qui se caractérise par une absence d'ornements superflus : *La sobriété d'un décor* (syn. simplicité).

sobriquet [sɔbʀikɛ] n.m. (orig. obsc.). Surnom familier, donné par dérision, moquerie ou affectueusement : *« La pucelle d'Orléans » est le sobriquet de Jeanne d'Arc.*

soc [sɔk] n.m. (lat. pop. *soccus*, d'orig. gaul.). Partie de la charrue qui s'enfonce dans la terre et y creuse les sillons.

sociabiliser [sɔsjabilize] v.t. Rendre sociable, intégrer dans la vie sociale : *L'école sociabilise les enfants.*

sociabilité [sɔsjabilite] n.f. Qualité d'une personne sociable : *Sa sociabilité est très appréciée* (syn. amabilité).

sociable [sɔsjabl] adj. (lat. *sociabilis*, de *sociare* "associer"). - **1.** Qui recherche la compagnie de ses semblables : *L'être humain est naturellement sociable* (syn. social ; contr. solitaire). - **2.** Avec qui il est facile de vivre : *Caractère sociable et généreux* (syn. avenant ; contr. acariâtre, bourru).

social, e, aux [sɔsjal, -o] adj. (lat. *socialis*, de *socius* "compagnon"). - **1.** Relatif à une société, à une collectivité humaine : *Organisation sociale. Corps social* (= société). - **2.** Qui concerne les rapports entre un individu et les autres membres de la collectivité : *Vie sociale. Rapports sociaux.* - **3.** Qui vit en société : *Être, animal social.* - **4.** Qui concerne les rapports entre les divers groupes ou classes qui constituent la société : *Inégalités sociales. Climat social.* - **5.** Qui vise à l'amélioration des conditions de vie et, en partic., des conditions matérielles des membres de la société : *Promouvoir une politique sociale. Logements sociaux.* - **6.** Relatif aux sociétés civiles et commerciales : *Raison sociale. Capital social.* - **7.** Droit social, ensemble des textes législatifs et réglementaires concernant le droit du travail ou de la Sécurité sociale. ‖ **Psychologie sociale**, qui étudie les interactions entre l'individu et les groupes auxquels il appartient. ‖ **Risque social**, événement dont le système de sécurité sociale vise à réparer les conséquences ou à rembourser les frais engagés (maladie, maternité, invalidité, chômage, etc.). ‖ **Sciences sociales**, ensemble des sciences (sociologie, économie, etc.) qui étudient les groupes humains, leur comportement, leur évolution. ‖ **Sécurité sociale** → sécurité.

❘ Travailleur social, personne dont la fonction consiste à venir en aide aux membres d'une collectivité, d'un établissement : *Les aides maternelles, les travailleuses familiales, les assistants sociaux sont des travailleurs sociaux.*

social-démocrate, sociale-démocrate [sɔsjaldemɔkʀat] adj. et n. (de l'all. *Sozialdemokrat*) [pl. *sociaux-démocrates, sociales-démocrates*]. Se dit d'un partisan de la social-démocratie.

social-démocratie [sɔsjaldemɔkʀasi] n.f. (pl. *social-démocraties*). - **1.** Courant d'idées issues du marxisme et auquel se référaient les partis politiques de langue allemande et les pays scandinaves au sein de la IIe Internationale. - **2.** Ensemble des organisations et des hommes politiques qui se rattachent au socialisme parlementaire et réformiste.

socialement [sɔsjalmɑ̃] adv. Dans l'ordre social ; relativement à la société : *Pays socialement en retard.*

socialisation [sɔsjalizasjɔ̃] n.f. - **1.** Collectivisation des moyens de production et d'échange, des sources d'énergie, du crédit, etc. - **2.** Processus par lequel l'enfant intériorise les divers éléments de la culture environnante et s'intègre dans la vie sociale.

socialiser [sɔsjalize] v.t. - **1.** Déposséder par rachat, expropriation ou réquisition les personnes propriétaires de certains moyens de production ou d'échange, au bénéfice d'une collectivité. - **2.** Adapter un individu aux exigences de la vie sociale.

socialisme [sɔsjalism] n.m. Dénomination de diverses doctrines économiques, sociales et politiques, liées par une commune condamnation de la propriété privée des moyens de production et d'échange : *Socialisme utopique de Charles Fourier. Socialisme scientifique* (= marxisme).

socialiste [sɔsjalist] adj. et n. Relatif au socialisme ; qui en est partisan : *Parti socialiste français, espagnol. Député socialiste.* ◆ n. Membre d'un parti socialiste.

sociétaire [sɔsjetɛʀ] adj. et n. - **1.** Qui fait partie de certaines sociétés, d'une mutuelle, etc. : *Les sociétaires d'une coopérative.* - **2.** Sociétaire de la Comédie-Française, acteur qui possède un certain nombre de parts dans la distribution des bénéfices du théâtre (par opp. à *pensionnaire,* qui touche un traitement fixe). ◆ adj. Relatif à une société, à son régime juridique : *Entreprise sociétaire.*

sociétariat [sɔsjetaʀja] n.m. Qualité de sociétaire.

société [sɔsjete] n.f. (lat. *societas* "association", de *socius* "compagnon"). - **1.** Mode de vie propre à l'homme et à certains animaux, caractérisé par une association organisée d'individus en vue de l'intérêt général : *Les abeilles, les fourmis, les guêpes vivent en société.* - **2.** Ensemble d'individus vivant en groupe organisé ; milieu humain caractérisé par ses institutions, ses lois, ses règles : *Les conflits entre l'individu et la société* (syn. collectivité, communauté). *Sociétés primitives, féodales.* - **3.** Groupe social formé de personnes qui se fréquentent, se réunissent, entretiennent des relations mondaines : *Une société choisie* (syn. cercle, compagnie). *La haute société* (= les personnes en vue par leur position sociale ou leur fortune). - **4.** FAM. Ensemble des personnes réunies dans un même lieu : *Saluer la société* (syn. assistance). - **5.** LITT. Fait d'avoir des relations suivies, des contacts avec d'autres individus : *Rechercher la société des femmes* (syn. compagnie, fréquentation). - **6.** Association de personnes réunies pour une activité ou des intérêts communs et soumises à des règlements : *Société littéraire. Société de bienfaisance.* - **7.** DR. Contrat par lequel deux ou plusieurs personnes mettent en commun soit des biens, soit leur activité en vue de réaliser des bénéfices, qui seront ensuite partagés entre elles : *Conseil d'administration d'une société. Société anonyme,* ou *S.A.* (= dont le capital est divisé en actions négociables). *Société à responsabilité limitée,* ou *S.A.R.L.* (= dont les parts ne peuvent être cédées librement à des personnes étrangères à la société). - **8.** Jeu de société, jeu propre à divertir dans les réunions familiales, amicales.

socioculturel, elle [sɔsjɔkyltyʀɛl] adj. Relatif aux structures sociales et à la culture qui contribue à les caractériser : *L'héritage socioculturel d'un peuple.*

socio-économique [sɔsjɔekɔnɔmik] adj. (pl. *socio-économiques*). Relatif aux problèmes sociaux dans leur relation avec les problèmes économiques.

socio-éducatif, ive [sɔsjɔedykatif, -iv] adj. (pl. *socio-éducatifs, ives*). Relatif aux phénomènes sociaux dans leurs relations avec l'éducation, l'enseignement.

sociolinguistique [sɔsjɔlɛ̃gɥistik] n.f. Discipline qui étudie les relations entre la langue et les facteurs sociaux.

sociologie [sɔsjɔlɔʒi] n.f. Étude scientifique des sociétés humaines et des faits sociaux. ◆ **sociologue** n. Nom du spécialiste.

sociologique [sɔsjɔlɔʒik] adj. Relatif à la sociologie, aux faits qu'elle étudie.

socioprofessionnel, elle [sɔsjɔpʀɔfesjɔnɛl] adj. Qui concerne un groupe social délimité par la profession de ses membres : *Catégories socioprofessionnelles.*

socle [sɔkl] n.m. (it. *zoccolo* "sabot", du lat. *socculus*). - **1.** Soubassement sur lequel s'élève une colonne, un motif d'architecture, une pendule, etc. **-2.** GÉOL. Ensemble de terrains anciens aplanis par l'érosion, recouverts ou non par des sédiments plus récents.

socque [sɔk] n.m. (lat. *soccus* "sandale"). **-1.** ANTIQ. Chaussure basse des acteurs comiques. **-2.** Chaussure à semelle de bois.

socquette [sɔkɛt] n.f. Chaussette basse s'arrêtant à la cheville.

socratique [sɔkratik] adj. Relatif à Socrate et à sa philosophie : *L'ironie socratique.*

soda [sɔda] n.m. (de l'angl. *soda water* "eau gazeuse", propr. "eau de soude"). Boisson gazeuse faite d'eau chargée de gaz carbonique, additionnée de sirop de fruit.

sodé, e [sɔde] adj. Qui contient du sodium ou de la soude.

sodique [sɔdik] adj. Relatif au sodium ou qui en contient.

sodium [sɔdjɔm] n.m. (angl. *soda*, du fr. *soude*). Métal alcalin blanc et mou très répandu dans la nature à l'état de chlorure (sel marin et sel gemme) et de nitrate, fondant à 98 °C. □ Symb. Na ; densité 0,97. Le sodium s'altère rapidement à l'air humide en donnant naissance à de la soude caustique.

sodomie [sɔdɔmi] n.f. (de *Sodome*). Pratique du coït anal.

sodomiser [sɔdɔmize] v.t. Pratiquer la sodomie sur qqn.

sœur [sœR] n.f. (lat. *soror*). **-1.** Fille née du même père et de la même mère qu'une autre personne (se dit aussi parfois des animaux) : *Sœur aînée.* **-2.** LITT. Celle avec qui on partage le même sort : *Elle était ma sœur d'infortune.* **-3.** Femme appartenant à une congrégation religieuse ; titre qu'on lui donne : *Les Sœurs de la Charité. Ma sœur.* **-4.** Nom que se donnent les membres de certaines associations (par ex. les franc-maçonnes). **-5.** FAM. Bonne sœur. Religieuse. ◆ adj. et n.f. **-1.** Se dit de choses apparentées : *L'envie est la sœur de la calomnie.* **-2.** Âme sœur → âme.

sœurette [sœRɛt] n.f. FAM. Petite sœur.

sofa [sɔfa] n.m. (ar. *suffa* "coussin"). Canapé rembourré, muni de dossiers sur trois côtés.

software [sɔftwɛR] n.m. (mot anglo-amér., de *soft* "mou" et *ware* "marchandise", d'apr. *hardware*). INFORM. Logiciel (par opp. à *hardware*). [Abrév. *soft*.]

soi [swa] pron. pers. (lat. *se*, en position accentuée). **-1.** Après une prép., désigne, en qualité de pron. réfléchi, la 3e pers. du sing., aux deux genres, en partic. pour renvoyer à un sujet indéterminé : *Que chacun travaille pour soi ! Avoir de l'argent sur soi.* **-2.** Cela va de soi, c'est évident, naturel. ‖ En soi, par lui-même, de nature.

soi-disant [swadizɑ̃] adj. inv. **-1.** Qui prétend être tel : *De soi-disant philosophes.* **-2.** (Emploi critiqué). Qu'on prétend tel : *Cette soi-disant liberté d'expression* (syn. prétendu). ◆ adv. À ce qu'on prétend : *Il est venu soi-disant pour te parler.*

soie [swa] n.f. (du lat. *saeta* "poil rude"). **-1.** Substance filamenteuse sécrétée par divers arthropodes (certaines chenilles, diverses araignées). **-2.** Étoffe faite avec la soie produite par la chenille du bombyx du mûrier, ou *ver à soie* : *Une robe de soie.* **-3.** Ce qui est fin, brillant, doux comme les fils de soie : *La soie de ses cheveux.* **-4.** Poil dur et raide du porc, du sanglier et de certains invertébrés comme le lombric : *Une brosse en soies de sanglier.* **-5.** Papier de soie, papier très fin et translucide.

soierie [swaRi] n.f. **-1.** Étoffe de soie : *Les soieries de Lyon.* **-2.** Fabrication, commerce de la soie.

soif [swaf] n.f. (lat. *sitis*). **-1.** Besoin de boire et sensation que produit ce besoin : *Étancher sa soif. Avoir soif.* **-2.** Désir ardent, impatient, passionné de qqch : *La soif de l'argent, du pouvoir* (syn. appétit). *La soif de connaître* (syn. faim). **-3.** FAM. Jusqu'à plus soif, sans fin, à satiété, d'une façon excessive : *Danser jusqu'à plus soif.*

soiffard, e [swafaR, -aRd] n. FAM. Personne qui aime à boire, qui boit trop de boissons alcoolisées.

soignant, e [swaɲɑ̃, -ɑ̃t] adj. Qui donne des soins : *Le personnel soignant d'un hôpital.*

soigné, e [swaɲe] adj. **-1.** Qui prend soin de sa personne, de sa mise : *Une personne très soignée* (contr. négligé). **-2.** Exécuté avec soin : *Travail soigné* (contr. bâclé).

soigner [swaɲe] v.t. (bas lat. *soniare*, du frq. *°sunnjôn* "s'occuper de"). **-1.** Procurer les soins nécessaires à la guérison de qqn : *Le médecin l'a bien soigné* (syn. traiter). **-2.** Avoir soin de qqn, de qqch, s'en occuper avec sollicitude : *Soigner ses invités* (syn. choyer, gâter). *Soigner son jardin* (syn. entretenir). **-3.** Apporter de l'application à qqch : *Soigner son style* (syn. peaufiner, parfaire).

soigneur [swaɲœR] n.m. (de *soigner*). Celui qui prend soin de l'état physique d'un athlète, d'un boxeur.

soigneusement [swaɲøzmɑ̃] adv. Avec soin : *Un texte soigneusement préparé* (syn. minutieusement). *Examiner soigneusement une proposition* (syn. attentivement).

soigneux, euse [swaɲø, -øz] adj. (de *soin*). **-1.** Qui apporte du soin, de l'application à ce qu'il fait : *Un artisan soigneux dans son travail* (syn. minutieux). **-2.** Qui prend soin des objets, veille à leur état, ne les abîme pas : *Un* *enfant soigneux qui ne casse jamais rien.* -**3.** LITT. Qui est fait, exécuté de façon sérieuse, méthodique : *De soigneuses recherches ont conduit à cette conclusion* (syn. minutieux). -**4.** **Soigneux de,** qui prend soin de, veille à préserver telle chose : *Être soigneux de sa réputation.*

soin [swɛ̃] n.m. (frq. *°suni* "souci"). -**1.** Attention, application à qqch : *Objet travaillé avec soin* (syn. minutie). -**2.** Charge, devoir de veiller à qqch : *Confier à qqn le soin de ses livres* (syn. responsabilité). -**3.** **Avoir, prendre soin de,** être attentif à qqn, à qqch, veiller sur : *Avoir soin d'un animal. Prendre soin de ses affaires.* ‖ **Avoir, prendre soin de** (+ inf.), faire en sorte de, penser à : *Avant de partir, prenez soin de fermer la fenêtre* (= veillez à). ◆ **soins** n.m. pl. -**1.** Moyens par lesquels on s'efforce de rendre la santé à un malade : *Les blessés ont reçu les premiers soins* (syn. traitement). -**2.** **Aux bons soins de,** formule inscrite sur une lettre pour demander au destinataire de la faire parvenir à une seconde personne. ‖ FAM. **Être aux petits soins pour qqn,** avoir pour lui des attentions délicates.

soir [swar] n.m. (lat. *sero* "tard", de *serus* "tardif"). Moment du déclin, de la fin du jour : *Le soir tombe. Je finirai ce travail ce soir* (= dans la soirée). ◆ adv. Dans la soirée : *Dimanche soir, nous irons au théâtre.*

soirée [sware] n.f. -**1.** Espace de temps depuis le déclin du jour jusqu'au moment où l'on se couche : *Passer la soirée au restaurant* (syn. soir, veillée). -**2.** Fête, réunion dans la soirée, pour causer, jouer, etc. : *Une soirée dansante.* -**3.** Spectacle donné dans la soirée (par opp. à matinée) : *Aller au théâtre en soirée.*

1. soit [swa] conj. coord. (subj. prés. du v. *être*). -**1.** Introduit une explication, une précision : *Il a perdu une forte somme, soit un million* (syn. c'est-à-dire). -**2.** **Soit** (+ n. sing.), **soient** ou **soit** (+ n. pl.), introduit les données d'un problème : *Soit* (ou *soient*) *deux parallèles* (syn. étant donné). ‖ **Soit..., soit...,** marque une alternative : *Soit l'un, soit l'autre.* ‖ **Soit que..., soit que...** (+ subj.), indique une alternative : *Soit que vous restiez, soit que vous partiez.*

2. soit [swat] adv. (subj. prés. du v. *être*). Marque l'approbation : *Soit, j'accepte* (syn. d'accord). *Il est un peu maladroit, soit* (= admettons).

soixantaine [swasɑ̃tɛn] n.f. -**1.** Nombre de soixante ou d'environ soixante : *Une soixantaine de francs.* -**2.** Âge d'à peu près soixante ans : *Approcher de la soixantaine.*

soixante [swasɑ̃t] adj. num. card. inv. (lat. *sexaginta*). -**1.** Six fois dix : *Inviter soixante personnes.* -**2.** (En fonction d'ordinal). De rang numéro soixante ; soixantième : *Page*

soixante. ◆ n.m. inv. Le nombre qui suit cinquante-neuf dans la série des entiers naturels : *Quarante plus vingt égale soixante.*

soixante-dix [swasɑ̃tdis] adj. num. card. inv. -**1.** Soixante plus dix : *Avoir soixante-dix francs.* -**2.** (En fonction d'ordinal). De rang numéro soixante-dix ; soixante-dixième : *Les années soixante-dix. Chambre soixante-dix.* ◆ n.m. inv. Le nombre qui suit soixante-neuf dans la série des entiers naturels.

soixante-dixième [swasɑ̃tdizjɛm] adj. num. ord. et n. De rang numéro soixante-dix : *Le soixante-dixième étage d'une tour.* ◆ adj. et n.m. Qui correspond à la division d'un tout en soixante-dix parties égales : *La soixante-dixième partie d'une somme. Prélever un soixante-dixième de la recette.*

soixante-huitard, e [swasɑ̃tɥitar, -ard] adj. et n. (pl. *soixante-huitards, es*). Se dit des personnes qui ont participé aux événements de mai 1968 (ou qui ont adhéré à certaines idées contestataires de cette époque), de ce qui les concerne.

soixantième [swasɑ̃tjɛm] adj. num. ord. et n. De rang numéro soixante : *Il est mort dans sa soixantième année.* ◆ adj. et n.m. Qui correspond à la division d'un tout en soixante parties égales : *La soixantième partie d'une somme. Elle a deux soixantièmes dans le capital de la société.*

soja [sɔʒa] n.m. (mot mandchou, du jap. *soy*). -**1.** Plante oléagineuse grimpante, voisine du haricot, cultivée pour ses graines, qui fournissent une huile alimentaire et un tourteau très utilisé dans l'alimentation animale. -**2.** **Germe de soja,** germe d'une plante voisine, originaire d'Asie tropicale et que l'on consomme fraîche ou germée.

1. sol [sɔl] n.m. (lat. *solum*). -**1.** Terre considérée quant à sa nature ou à ses qualités productives : *Sol calcaire. Sol fertile, aride.* -**2.** PÉDOL. Partie superficielle, meuble, de l'écorce terrestre, résultant de la transformation, au contact de l'atmosphère, de la couche *(roche mère)* sous-jacente et soumise à l'érosion et à l'action de l'homme ; partie superficielle qui recouvre les autres planètes du système solaire. -**3.** Surface de la terre, aménagée ou non : *L'avion s'est écrasé au sol. Le sol natal* (= la patrie ; syn. pays). -**4.** Surface formant le plancher d'un local, d'une habitation : *Sol d'une cave. Sol carrelé.* -**5.** Coefficient d'occupation des sols (C. O. S.), coefficient déterminant la densité de construction autorisée. ‖ **Mécanique des sols,** qui étudie les problèmes de fondations. ‖ **Plan d'occupation des sols (P. O. S.),** document fixant les conditions d'utilisation des sols.

2. sol [sɔl] n.m. inv. (première syllabe de *solve*, dans l'Hymne de saint Jean-Baptiste).

- **1.** MUS. Note de musique, cinquième degré de la gamme de *do*. - **2.** Clé de sol, clé indiquant l'emplacement de cette note (sur la deuxième ligne de la portée).

solaire [sɔlɛʀ] adj. (lat. *solaris*). - **1.** Relatif au Soleil : *Année solaire*. - **2.** Relatif à l'énergie fournie par le Soleil : *Capteur solaire. Four solaire. Centrale solaire* (= qui produit de l'électricité à partir de l'énergie solaire). - **3.** Qui protège du soleil : *Crème, huile solaire*. - **4.** ANAT. Plexus solaire → plexus. ‖ ASTRON. Système solaire, ensemble du Soleil et des astres qui gravitent autour de lui. ‖ ASTRON. Vent solaire, flux de particules chargées émis en permanence par le Soleil. ‖ PHYS. Constante solaire, flux d'énergie solaire reçu par unité de surface, à l'entrée de l'atmosphère.

solanacée [sɔlanase] n.f. (du lat. *solanum* "morelle"). Solanacées, famille de plantes à fleurs à pétales soudés, telles que la pomme de terre, la tomate, la belladone, le tabac.

solarisation [sɔlaʀizasjɔ̃] n.f. (du lat. *solaris* "solaire"). PHOT. Effet spécial obtenu par insolation de la surface sensible pendant le développement.

solarium [sɔlaʀjɔm] n.m. (mot lat. "lieu exposé au soleil") [pl. *solariums*]. - **1.** Établissement où l'on traite certaines affections par la lumière solaire. - **2.** Emplacement aménagé pour les bains de soleil.

soldat [sɔlda] n.m. (it. *soldato*, de *soldare* "payer une solde"). - **1.** Homme équipé et instruit par l'État pour la défense du pays ; homme de troupe. - **2.** Premier grade de la hiérarchie des militaires du rang dans les armées de terre et de l'air. (On dit aussi *simple soldat*.) - **3.** ZOOL. Dans les sociétés de fourmis et de termites, individu adulte, à tête très développée, qui paraît préposé à la défense de la communauté. - **4.** Soldat de 1ʳᵉ classe, soldat titulaire d'une distinction en raison de sa conduite.

soldatesque [sɔldatɛsk] adj. (it. *soldatesco*). Qui a la rudesse du soldat : *Manières soldatesques*. ◆ n.f. Troupe de soldats indisciplinés (péjor.).

1. solde [sɔld] n.f. (it. *soldo* "pièce de monnaie"). - **1.** Traitement des militaires et de certains fonctionnaires assimilés : *Toucher sa solde*. - **2.** Être à la solde de qqn, être payé pour défendre ses intérêts : *Être à la solde d'une puissance étrangère* (= au service de).

2. solde [sɔld] n.m. (de *solder*). - **1.** Différence entre le débit et le crédit d'un compte. - **2.** Reliquat d'une somme à payer : *Le solde d'une facture*. - **3.** (Souvent au pl.). Marchandise vendue au rabais : *Magasin qui fait des soldes*. - **4.** En solde, se dit d'un article vendu

au rabais, soldé. ‖ Pour solde de tout compte, formule marquant qu'un paiement solde un compte, et destinée à prévenir toute contestation ultérieure.

solder [sɔlde] v.t. (it. *saldare*). - **1.** Vendre des marchandises au rabais : *Solder les vêtements d'été*. - **2.** Solder un compte, achever de le régler. ◆ se solder v.pr. [par]. Avoir pour résultat : *Les discussions se sont soldées par un échec*.

soldeur, euse [sɔldœʀ, -øz] n. Personne dont le métier consiste à acheter des articles en fin de stock pour les revendre : *Soldeur de vêtements, de livres*.

1. sole [sɔl] n.f. (anc. prov. *sola*, du lat. pop. **sola*, du class. *solea* "semelle", en raison de sa forme). Poisson marin plat, qui vit couché sur le flanc gauche sur les fonds sableux peu profonds.

2. sole [sɔl] n.f. (lat. *solea* "semelle", avec influence de *solum* "sol"). - **1.** Plaque cornée formant le dessous du sabot d'un animal. - **2.** Pièce horizontale de la charpente soutenant le bâti d'une machine. - **3.** Fond d'un bateau plat. - **4.** Partie d'un four sur laquelle on place les produits à traiter. - **5.** MIN. Partie inférieure d'une galerie ; terrain qui est sous la galerie.

3. sole [sɔl] n.f. (de *2. sole*). Partie des terres labourables d'une exploitation, affectée à l'une des cultures de l'assolement.

solécisme [sɔlesism] n.m. (lat. *solaecismus*, du gr. *soloikismos*, de *Soles*, v. de Cilicie où les Athéniens parlaient un grec très incorrect). Construction syntaxique s'écartant de la forme grammaticale admise. (Ex. : *quoiqu'il est tard* pour *quoiqu'il soit tard*.)

soleil [sɔlɛj] n.m. (lat. pop. **soliculus*, du class. *sol, solis*). - **1.** (Avec une majuscule). Étoile autour de laquelle gravite la Terre. - **2.** Étoile quelconque : *Il y a des milliards de soleils dans chaque galaxie* (syn. astre). - **3.** Lumière, chaleur, rayonnement du Soleil ; temps ensoleillé : *Il fait (du) soleil. Se mettre au soleil*. - **4.** LITT. Symbole de ce qui brille, de la bienfaisance ou de l'influence rayonnante de qqn, de qqch : *Elle est mon soleil*. - **5.** Nom usuel de l'*hélianthe* (syn. tournesol). - **6.** Tour complet exécuté en arrière autour d'une barre fixe, en gymnastique. - **7.** Pièce d'artifice tournante, qui jette des feux évoquant les rayons du Soleil. - **8.** L'empire du Soleil-Levant, le Japon. ‖ Sous le soleil, sur la terre, dans notre monde : *Rien de nouveau sous le soleil*. ‖ HIST. Le Roi-Soleil, Louis XIV.

solennel, elle [sɔlanɛl] adj. (lat. *sollemnis*, propr. "qui revient tous les ans"). - **1.** Qui est célébré avec éclat, revêt un caractère majestueux, public : *Des obsèques solennelles*.

- **2.** Qui présente une gravité, une importance particulières par sa nature ou du fait des circonstances : *Une déclaration solennelle* (syn. officiel). - **3.** Qui est empreint d'une gravité souvent affectée, qui prend des airs d'importance : *Ton solennel* (syn. pompeux, sentencieux). - **4.** DR. *Acte solennel*, acte dont la validité est subordonnée à l'accomplissement de formalités légales déterminées.

solennellement [sɔlanɛlmɑ̃] adv. De façon solennelle : *Un mariage célébré solennellement.*

solennité [sɔlanite] n.f. (lat. *solemnitas*). - **1.** Caractère de ce qui est solennel : *La solennité d'une réception* (syn. apparat, cérémonial). - **2.** Fête solennelle ; cérémonie de caractère officiel : *La solennité de Pâques.* - **3.** LITT. Caractère de ce qui est empreint d'une gravité majestueuse : *Parler avec solennité* (syn. emphase). - **4.** DR. Formalité qui accompagne les actes solennels.

solénoïde [sɔlenɔid] n.m. (du gr. *sôlên* "canal"). ÉLECTR. Fil métallique enroulé en hélice sur un cylindre et qui, parcouru par un courant, crée un champ magnétique comparable à celui d'un aimant droit.

solfatare [sɔlfatar] n.f. (it. *solfatara* ou *zolfatara*, propr. n. d'un volcan, de *solfo* "soufre"). Lieu de dégagement d'une fumerolle avec dépôt de soufre.

solfège [sɔlfɛʒ] n.m. (it. *solfeggio*, de *solfeggiare* ; v. *solfier*). - **1.** Discipline qui permet d'apprendre les signes de la notation musicale et de reconnaître les sons qu'ils représentent : *Professeur, classe de solfège.* - **2.** Recueil d'exercices musicaux : *Acheter un solfège.*

solfier [sɔlfje] v.t. (it. *solfeggiare*, de *solfa* "gamme", de *sol* et *fa*) [conj. 9]. Chanter un morceau de musique en nommant les notes.

solidaire [sɔlidɛr] adj. (lat. juridique *in solidum* "pour le tout", de *solidus* "entier"). - **1.** Qui est ou s'estime lié à qqn d'autre ou à un groupe par une responsabilité commune, des intérêts communs : *Des sinistrés solidaires dans le malheur.* - **2.** Se dit de choses qui dépendent l'une de l'autre : *La bielle est solidaire du vilebrequin.* - **3.** DR. Se dit des personnes qui répondent juridiquement les unes des autres.

solidairement [sɔlidɛrmɑ̃] adv. D'une façon solidaire : *Associés solidairement responsables.*

solidariser [sɔlidarize] v.t. Constituer la réunion, la jonction entre des pièces, des parties de mécanisme. ◆ **se solidariser** v.pr. [avec]. Se déclarer solidaire de : *Plusieurs employés se sont solidarisés avec les grévistes* (syn. s'unir).

solidarité [sɔlidarite] n.f. (de *solidaire*). - **1.** Dépendance mutuelle entre les hommes : *Solidarité professionnelle.* - **2.** Sentiment qui pousse les hommes à s'accorder une aide mutuelle : *Par solidarité, nous devons secourir les plus défavorisés* (syn. fraternité).

1. solide [sɔlid] adj. (lat. *solidus* "massif"). - **1.** Qui présente une consistance relativement ferme (par opp. à *fluide, à liquide*) : *La lave devient solide en se refroidissant* (syn. dur, ferme). *Nourriture solide* (syn. consistant). - **2.** Capable de durer, de résister : *Un tissu solide* (syn. résistant). - **3.** Indestructible ; stable : *Une amitié solide* (syn. indéfectible, durable). - **4.** Qui est bien établi ; sur lequel on peut se fonder : *De solides raisons* (syn. sérieux). - **5.** Qui est vigoureux ; qui a de la résistance : *C'est un solide gaillard* (syn. robuste). *Avoir l'esprit solide, les nerfs solides.* - **6.** MATH. *Angle solide*, volume délimité par toutes les demi-droites de même origine (sommet de l'angle) s'appuyant sur un contour donné. ‖ PHYS. *État solide*, état de la matière présenté par les corps ayant une forme et un volume propres. □ Dans cet état, les atomes oscillent autour de positions fixes ayant une distribution soit arbitraire (*solides amorphes*), soit ordonnée (*cristaux*).

2. solide [sɔlid] n.m. (de *1. solide*). - **1.** PHYS. Corps qui se trouve à l'état solide, en partic. à la température et à la pression ordinaires (par opp. aux *liquides* et aux *gaz*) : *À l'exception du mercure, les métaux sont des solides.* - **2.** *Du solide*, ce qui est solide : *Acheter du solide. Manger du solide ;* fam. au fig., ce qui est sérieux, fondé : *Cette preuve, c'est du solide.*

solidement [sɔlidmɑ̃] adv. De façon solide : *Nouer solidement une corde. Un raisonnement solidement argumenté.*

solidification [sɔlidifikasjɔ̃] n.f. Passage d'un corps de l'état liquide ou gazeux à l'état solide : *En général, la solidification d'un liquide entraîne une diminution de volume.*

solidifier [sɔlidifje] v.t. [conj. 9]. Faire passer à l'état solide : *Solidifier de l'eau en la congelant.* ◆ **se solidifier** v.pr. Devenir solide : *Le ciment se solidifie en séchant* (syn. durcir ; contr. se liquéfier).

solidité [sɔlidite] n.f. (lat. *soliditas*). Qualité de ce qui est solide : *La solidité d'un vêtement* (syn. résistance, robustesse). *La solidité d'une argumentation* (syn. sérieux).

soliflore [sɔliflɔr] n.m. (du lat. *solus* "seul" et *flos, floris* "fleur"). Vase destiné à ne contenir qu'une seule fleur.

soliloque [sɔlilɔk] n.m. (bas lat. *soliloquium*, du class. *solus* "seul" et *loqui* "parler"). - **1.** Discours de qqn qui se parle à lui-même : *Soucieux, il poursuivait son soliloque* (syn. monologue). - **2.** Discours de qqn qui, en compagnie, est seul à parler : *Avec lui, la conversation tourne souvent au soliloque.*

soliloquer [sɔlilɔke] v.i. (de *soliloque*). Se parler à soi-même : *Soliloquer en marchant* (syn. monologuer).

solipsisme [sɔlipsism] n.m. (du lat. *solus* "seul" et *ipse* "soi-même"). PHILOS. Doctrine, conception selon laquelle le moi, avec ses sensations et ses sentiments, constitue la seule réalité existante.

soliste [sɔlist] n. (it. *solista*). - **1.** Artiste qui exécute un solo. - **2.** Étoile, dans une troupe de danse moderne.

1. solitaire [sɔlitɛʀ] adj. et n. (lat. *solitarius*, de *solus* "seul"). Qui est seul ; qui vit, agit seul : *Vivre en solitaire* (syn. reclus, sauvage). *Navigateur solitaire.* ◆ adj. - **1.** Qui est placé dans un lieu écarté : *Hameau solitaire* (syn. écarté, isolé). - **2.** Qui se fait, qui se passe dans la solitude : *Aimer les promenades solitaires.*

2. solitaire [sɔlitɛʀ] n.m. (de *1. solitaire*). - **1.** Diamant taillé en brillant monté seul, le plus souvent sur une bague : *Offrir un solitaire à sa fiancée.* - **2.** Jeu de combinaisons, à un seul joueur, composé d'une tablette percée de 37 trous dans lesquels se logent des fiches. - **3.** VÉN. Vieux sanglier qui s'est séparé des compagnies et vit solitaire.

solitairement [sɔlitɛʀmɑ̃] adv. De façon solitaire : *Dîner solitairement* (= seul).

solitude [sɔlityd] n.f. (lat. *solitudo*, de *solus* "seul"). État d'une personne seule ; isolement psychologique ou moral : *Profiter d'un instant de solitude pour réfléchir. La solitude de certains adolescents.*

solive [sɔliv] n.f. (de *2. sole*). Pièce de charpente horizontale supportant un plancher et reposant sur des poutres ou appuyée sur des saillies dans le mur.

soliveau [sɔlivo] n.m. Petite solive.

sollicitation [sɔlisitasjɔ̃] n.f. (lat. *sollicitatio*). [Surtout au pl.]. Prière, démarche instante en faveur de qqn : *Céder aux sollicitations de ses amis* (syn. requête).

solliciter [sɔlisite] v.t. (lat. *sollicitare* "remuer totalement", de *sollus* "tout" et *ciere* "mouvoir"). - **1.** Demander avec déférence : *Solliciter une audience* (syn. requérir, réclamer). - **2.** Faire appel à qqn : *Il est sollicité de toutes parts.* - **3.** Attirer ; provoquer : *Solliciter l'attention des spectateurs.* - **4.** Exercer une action physique sur qqch, une action physiologique sur un organisme : *La pesanteur sollicite les corps vers le bas. Médicament qui sollicite le foie* (= qui le fait fonctionner).

solliciteur, euse [sɔlisitœʀ, -øz] n. Personne qui sollicite une place, une grâce, une faveur : *Ses nouvelles fonctions lui attirent une foule de solliciteurs* (syn. quémandeur).

sollicitude [sɔlisityd] n.f. (lat. *sollicitudo*). Soins attentifs, affectueux : *Être plein de*

sollicitude à l'égard de qqn (syn. attention, prévenance).

solo [sɔlo] n.m. (mot it. "seul") [pl. *solos* ou *soli*]. - **1.** MUS. Morceau joué ou chanté par un seul artiste, que les autres accompagnent. - **2.** CHORÉGR. Partie d'un ballet dansée par un seul artiste. - **3.** En solo, exécuté par une personne seule : *Escalade en solo* (= en solitaire). ◆ adj. Qui joue seul : *Violon solo.*

solognot, e [sɔlɔɲo, -ɔt] adj. et n. De la Sologne.

solstice [sɔlstis] n.m. (lat. *solstitium*, de *sol* "soleil" et *stare* "s'arrêter"). Époque de l'année où le Soleil, dans son mouvement apparent sur l'écliptique, atteint sa plus forte déclinaison boréale ou australe et qui correspond à une durée du jour maximale ou minimale : *Solstice d'été, d'hiver.* □ Le 21 ou le 22 juin, début de l'été ; et le 21 ou le 22 décembre, début de l'hiver (dans l'hémisphère Nord).

solubilisé, e [sɔlybilize] adj. Qu'on a rendu soluble : *Café solubilisé.*

solubilité [sɔlybilite] n.f. Qualité de ce qui est soluble.

soluble [sɔlybl] adj. (bas lat. *solubilis*, du class. *solvere* "dissoudre"). - **1.** Qui peut se dissoudre dans un solvant : *Le sucre est soluble dans l'eau.* - **2.** Qui peut être résolu : *Problème soluble* (syn. résoluble).

soluté [sɔlyte] n.m. (lat. *solutus* "dissous"). - **1.** Solution d'une substance médicamenteuse : *Soluté buvable, injectable.* - **2.** CHIM. Corps dissous.

solution [sɔlysjɔ̃] n.f. (lat. *solutio*, de *solvere* "résoudre"). - **1.** Dénouement d'une difficulté, réponse à une question, à un problème : *Trouver la solution d'une énigme* (syn. clef, résolution). - **2.** Décision, manière d'agir qui peuvent résoudre une difficulté : *Choisir la meilleure solution* (syn. moyen). - **3.** Manière dont une situation, une affaire complexe se termine : *Crise qui demande une prompte solution* (syn. conclusion, issue). - **4.** Mélange homogène, présentant une seule phase, de deux ou plusieurs corps et, partic., liquide contenant un corps dissous : *Une solution sucrée* (syn. soluté). - **5.** Solution de continuité, interruption qui se présente dans l'étendue d'un corps, d'un ouvrage, dans le déroulement d'un phénomène : *La solution de continuité d'une autoroute* (= interruption). ‖ Solution solide, mélange homogène de plusieurs solides, partic. de métaux. ‖ HIST. Solution finale, plan d'extermination des Juifs et des Tsiganes, dans la terminologie nazie. ‖ MATH. Solution d'une équation, élément qui, substitué à l'inconnue, rend vraie l'égalité proposée.

solutionner [sɔlysjɔne] v.t. (Néologisme critiqué). Donner une solution à : *Solutionner un problème* (syn. résoudre).

solvabilité [sɔlvabilite] n.f. Fait d'être solvable : *S'assurer de la solvabilité d'un client.*

solvable [sɔlvabl] adj. (du lat. *solvere* "payer"). Qui a les moyens de payer ses créanciers : *Débiteur solvable.*

solvant [sɔlvã] n.m. (du lat. *solvere* "dissoudre"). Substance capable de dissoudre un corps et qui sert génér. de diluant ou de dégraissant : *L'essence de térébenthine est un solvant très efficace* (syn. dissolvant).

somali, e [sɔmali] **et somalien, enne** [sɔmaljɛ̃, -ɛn] adj. et n. De Somalie.
◆ **somali** n.m. Langue couchitique parlée en Somalie, où elle est langue officielle.

somatique [sɔmatik] adj. (du gr. *sôma, sômatos* "corps"). Qui concerne le corps (par opp. à *psychique*) : *Affection somatique* (syn. organique, physiologique).

somatisation [sɔmatizasjɔ̃] n.f. PSYCHOL. Traduction d'un conflit psychique en affection somatique.

somatiser [sɔmatize] v.t. (de *soma[tique]*). PSYCHOL. Opérer la somatisation de : *Somatiser son angoisse, un conflit.*

sombre [sɔ̃bʀ] adj. (d'un anc. v. *°sombrer* "faire de l'ombre", du lat. *subumbrare*, de *umbra* "ombre"). - **1.** Peu éclairé : *Maison sombre* (syn. obscur). - **2.** Se dit d'une couleur mêlée de noir ou de brun : *Une robe sombre* (syn. foncé ; contr. clair). - **3.** Mélancolique ; taciturne ; morne : *Humeur sombre* (syn. morose, chagrin ; contr. gai, joyeux). - **4.** Qui ne laisse place à aucun espoir : *L'avenir est sombre* (syn. menaçant, angoissant).

sombrer [sɔ̃bʀe] v.i. (de *sombre*, parce que le bateau disparaît comme une ombre dans les eaux). - **1.** Être englouti dans l'eau : *Navire qui sombre* (= faire naufrage ; syn. couler). - **2.** S'anéantir ; se perdre : *Sombrer dans le désespoir* (syn. s'abîmer, plonger).

sombrero [sɔ̃bʀeʀo] n.m. (mot esp., de *sombra* "ombre"). Chapeau à larges bords, dans les pays hispaniques.

sommable [sɔmabl] adj. (de *1. somme*). MATH. Se dit d'une famille d'éléments dont on peut effectuer la somme ou montrer qu'elle tend vers une limite lorsque le nombre de termes s'accroît indéfiniment.

1. sommaire [sɔmɛʀ] adj. (lat. *summarium* "abrégé", de *summa* "somme"). - **1.** Exposé en peu de mots : *Un compte rendu sommaire* (syn. succinct). - **2.** Qui est réduit à la forme la plus simple : *Installation sommaire* (syn. rudimentaire). *Examen sommaire* (syn. rapide, superficiel). - **3.** Exécution sommaire, exécution sans jugement préalable.

2. sommaire [sɔmɛʀ] n.m. (de *1. sommaire*). - **1.** Analyse abrégée d'un ouvrage (syn. résumé). - **2.** Liste des chapitres d'un ouvrage ; table des matières.

sommairement [sɔmɛʀmɑ̃] adv. De façon sommaire : *Examiner sommairement une question* (syn. brièvement). *Appartement sommairement meublé* (syn. simplement).

1. sommation [sɔmasjɔ̃] n.f. (de *1. sommer*). - **1.** DR. Acte d'huissier mettant qqn en demeure de payer ou de faire qqch ; assignation. - **2.** MIL. Appel lancé par une sentinelle, un représentant qualifié de la force publique, enjoignant à une ou plusieurs personnes de s'arrêter : *Faire les sommations réglementaires* (syn. semonce).

2. sommation [sɔmasjɔ̃] n.f. (de *2. sommer*). MATH. Sommation d'une série, opération produisant la somme d'une série et dont le symbole est la majuscule grecque Σ.

1. somme [sɔm] n.f. (lat. *summa*, de *summus* "qui est au point le plus haut"). - **1.** Résultat d'une addition : *Somme de deux nombres* (syn. total). - **2.** Ensemble de choses qui s'ajoutent : *Fournir une énorme somme de travail* (syn. quantité). - **3.** Quantité déterminée d'argent : *Il me doit une somme considérable.* - **4.** Œuvre, ouvrage important qui fait la synthèse des connaissances dans un domaine : *Somme philosophique.* - **5.** Somme toute, en somme, enfin, en résumé : *C'est en somme assez simple* (= au fond). *Somme toute, elle avait raison* (= finalement). ‖ LOG. Somme logique, ensemble de l'extension de deux ou plusieurs concepts. ‖ MATH. Somme de deux éléments, résultat d'une opération notée additivement : *Somme de deux vecteurs.* ‖ MATH. Somme d'une série, limite de la somme des *n* premiers termes de la suite associée, quand *n* tend vers l'infini.

2. somme [sɔm] n.f. (bas lat. *sagma* "bât, charge"). Bête de somme, animal employé à porter des fardeaux.

3. somme [sɔm] n.m. (lat. *somnus*, d'apr. *sommeil*). Action de dormir pour un temps assez court : *Faire un somme.*

sommeil [sɔmɛj] n.m. (bas lat. *somniculus*, du class. *somnus*). - **1.** État d'une personne dont la vigilance se trouve suspendue de façon immédiatement réversible : *Être plongé dans un sommeil profond.* - **2.** Envie, besoin de dormir : *Avoir sommeil.* - **3.** État momentané d'inertie, d'inactivité : *Mettre qqch en sommeil* (= l'interrompre provisoirement). - **4.** LITT. Le sommeil éternel, la mort. - **5.** Maladie du sommeil, maladie contagieuse transmise par un insecte piqueur, la mouche tsé-tsé. □ La maladie sévit en Afrique tropicale et équatoriale.

sommeiller [sɔmeje] v.i. - **1.** Dormir d'un sommeil léger : *Elle ne dort pas tout à fait, elle* *sommeille* (syn. somnoler). **- 2.** Exister à l'état latent : *Passions qui sommeillent.*

sommelier, ère [sɔməlje, -ɛʁ] n. (anc. prov. *saumalier,* de *saumada* "charge d'une bête de somme"). Personne chargée du service des vins et liqueurs dans un restaurant.

1. sommer [sɔme] v.t. (lat. médiév. *summare,* du class. *summa* "résumé, conclusion"). **- 1.** DR. Faire une sommation : *Sommer un débiteur de payer.* **- 2.** Signifier à qqn, dans les formes requises, qu'il a à faire qqch ; demander impérativement : *Sommer les rebelles de se rendre* (= mettre en demeure de). *Je vous somme de partir* (syn. ordonner, enjoindre).

2. sommer [sɔme] v.t. (de *1. somme*). MATH. Faire la somme de ; effectuer une sommation : *Sommer les termes d'une série* (syn. additionner, totaliser).

sommet [sɔmɛ] n.m. (anc. fr. *som,* du lat. *summum,* de *summus* "le plus élevé"). **- 1.** Le haut, la partie la plus élevée : *Le sommet d'une montagne* (syn. cime). **- 2.** Degré suprême d'une hiérarchie, point culminant : *Parvenir au sommet de l'échelle sociale* (syn. faîte). **- 3.** Conférence au sommet, conférence internationale réunissant les dirigeants de pays concernés par un problème particulier (on dit aussi *un sommet*). **- 4.** MATH. Sommet d'un angle, point commun aux deux côtés de l'angle. ‖ MATH. Sommet d'un angle solide, d'un cône, point commun à toutes les génératrices de l'angle, du cône. ‖ MATH. Sommet d'un polyèdre, point commun à trois faces au moins. ‖ MATH. Sommet d'un triangle, d'un polygone, point commun à deux côtés consécutifs.

sommier [sɔmje] n.m. (du bas lat. *sagmarium*). **- 1.** Châssis plus ou moins souple qui, dans un lit, supporte le matelas : *Sommier à ressorts, à lattes de bois.* **- 2.** Traverse métallique maintenant les barreaux d'une grille. **- 3.** Caisse en bois contenant l'air sous pression, dans un orgue ; pièce destinée à recevoir les chevilles auxquelles sont fixées les cordes, dans un piano et un clavecin. **- 4.** Registre utilisé par certains comptables ou économes.

sommité [sɔmite] n.f. (bas lat. *summitas,* du class. *summus* "sommet"). Personne éminente dans un domaine quelconque : *Un congrès qui réunit les sommités de la médecine.*

somnambule [sɔmnɑ̃byl] adj. et n. (du lat. *somnus* "sommeil" et *ambulare* "marcher"). Qui est en proie au somnambulisme.

somnambulique [sɔmnɑ̃bylik] adj. Relatif au somnambulisme : *Crise somnambulique.*

somnambulisme [sɔmnɑ̃bylism] n.m. (de *somnambule*). Activité motrice qui se produit pendant un sommeil, naturel ou provoqué, et dont aucun souvenir ne reste au réveil.

somnifère [sɔmnifɛʁ] adj. et n.m. (du lat. *somnus* "sommeil", et de -*fère*). Se dit d'une substance qui provoque le sommeil : *Elle ne peut dormir sans prendre de somnifère* (syn. narcotique, soporifique).

somnolence [sɔmnɔlɑ̃s] n.f. (bas lat. *somnolentia*). **- 1.** État de sommeil léger. **- 2.** Manque d'activité ; mollesse : *Le pays est plongé dans une inquiétante somnolence* (syn. inertie, torpeur).

somnolent, e [sɔmnɔlɑ̃, -ɑ̃t] adj. (bas lat. *somnolentus,* "assoupi"). **- 1.** Relatif à la somnolence : *État somnolent.* **- 2.** Qui semble plongé dans un état de torpeur : *Une bourgade somnolente* (syn. endormi, engourdi).

somnoler [sɔmnɔle] v.i. Être en état de somnolence : *Après les repas, elle somnole un peu* (syn. s'assoupir, sommeiller).

somptuaire [sɔ̃ptɥɛʁ] adj. (lat. *sumptuarius,* dans la loc. *lex sumptuaria* "loi somptuaire [qui règle les dépenses]"). Se dit de dépenses excessives faites pour le superflu, le luxe, considérées partic. du point de vue de la fiscalité ou de la gestion des entreprises.

somptueusement [sɔ̃ptɥøzmɑ̃] adv. De façon somptueuse : *Être somptueusement vêtu* (syn. richement).

somptueux, euse [sɔ̃ptɥø, -øz] adj. (lat. *sumptuosus,* de *sumptus* "dépense", de *sumere* "prendre, employer"). Dont la magnificence suppose une grande dépense : *Cadeau somptueux* (syn. fastueux, princier, luxueux).

somptuosité [sɔ̃ptɥozite] n.f. Caractère de ce qui est somptueux : *La somptuosité d'un palais* (syn. magnificence, splendeur).

1. son [sɔ̃], **sa** [sa], **ses** [se] adj. poss. (forme atone du lat. *suus*). Correspondent à un possesseur de la 3ᵉ pers. du sing., pour indiquer : **- 1.** Un rapport de possession : *Voici son chapeau, sa tunique et ses bottes.* **- 2.** Un rapport d'ordre, de hiérarchie, de filiation : *Son frère et sa sœur. Ses supérieurs hiérarchiques.* **Rem.** S'accorde en genre et en nombre avec le nom qu'il introduit mais on emploie *son* au lieu de *sa* devant un nom ou un adj. fém. commençant par une voyelle ou un *h* muet : *Son amie.*

2. son [sɔ̃] n.m. (lat. *sonum*). **- 1.** Sensation auditive engendrée par une onde acoustique : *La vitesse de propagation du son.* **- 2.** Toute vibration acoustique considérée du point de vue des sensations auditives ainsi créées : *Son strident.* **- 3.** Intensité sonore d'un appareil : *Baisser le son* (syn. volume). **- 4.** Ensemble des techniques d'enregistrement et de reproduction des sons, partic. au cinéma, à la radio, à la télévision : *Ingénieur du son.* **- 5.** Au(x) son(s) de qqch, en suivant la musique, les rythmes de : *Danser au son des violons.*

| Spectacle son et lumière, spectacle nocturne, ayant pour cadre un site ancien, et qui se propose de retracer son histoire à l'aide d'illuminations et d'évocations sonores, musicales.

3. son [sɔ̃] n.m. (p.-ê. anglo-saxon *seon,* du lat. *secundus* "qui suit"). **- 1.** Fragments d'enveloppes de grains de céréales qui résultent de la mouture : *Pain au son.* **- 2.** Tache de son, tache de rousseur.

sonar [sɔnaʀ] n.m. (sigle de l'angl. *so[und] na[vigation] r[anging]*). Appareil de détection sous-marine, utilisant les ondes sonores et permettant le repérage, la localisation et l'identification des objets immergés.

sonate [sɔnat] n.f. (it. *sonata,* de *sonare* "jouer sur un instrument"). **- 1.** Composition musicale en un ou en plusieurs mouvements, pour soliste ou ensemble instrumental : *Sonates de Mozart.* **- 2.** MUS. Forme sonate, plan du premier mouvement de la sonate, constitué par l'exposition, le développement et la réexposition de deux thèmes.

sonatine [sɔnatin] n.f. (it. *sonatina*). Œuvre instrumentale de même forme que la sonate, mais plus courte et d'exécution plus facile.

sondage [sɔ̃daʒ] n.m. **- 1.** Action de sonder un milieu quelconque, une cavité, une étendue d'eau, un sol ; spécial., creusement d'un trou pour prélever un échantillon de roche ou effectuer une mesure : *Le sondage d'un terrain.* **- 2.** MÉTÉOR. Exploration verticale de l'atmosphère, soit in situ (radiosondes, ballons, fusées), soit à distance (radar, radiomètre, etc.). **- 3.** MÉD. Introduction dans un conduit naturel d'une sonde destinée à évacuer le contenu d'une cavité, à étudier le calibre, la profondeur d'un organe, ou à y introduire un médicament. **- 4.** Interrogation rapide de quelques personnes pour se faire une opinion : *Faire un sondage auprès de ses amis.* **- 5.** Sondage (d'opinion), procédure d'enquête sur certaines caractéristiques d'une population, à partir d'observations sur un échantillon limité, considéré comme représentatif de cette population ; rapide contrôle à partir duquel on extrapole une conclusion valable pour un ensemble. □ L'enquête par sondage sert notamm. à étudier un marché potentiel pour le lancement d'un produit, à prévoir le comportement politique avant une élection, etc.

sonde [sɔ̃d] n.f. (de l'anglo-saxon *sund* "mer", dans *sundgyrd* "perche à sonder"). **- 1.** MAR. Appareil servant à déterminer la profondeur de l'eau et la nature du fond. **- 2.** MÉD. Instrument cylindrique plein ou creux, que l'on introduit dans un trajet ou un conduit afin de pratiquer un sondage. **- 3.** PÉTR., MIN. Appa-

reil de forage. **- 4.** ASTRON. Sonde spatiale, engin non habité lancé hors de l'atmosphère terrestre et destiné à étudier un astre du système solaire ou l'espace interplanétaire.

sonder [sɔ̃de] v.t. **- 1.** MAR. Mesurer, au moyen d'une sonde ou d'un sondeur, la profondeur de la mer, d'une cavité, etc. : *Sonder le lit d'un fleuve.* **- 2.** Explorer en profondeur un sol pour en déterminer la nature ou pour y déceler un minerai, de l'eau, etc. : *Sonder un terrain pour découvrir un gisement* (syn. prospecter, forer). **- 3.** MÉD. Procéder au sondage d'une plaie, d'un conduit, etc. **- 4.** Interroger qqn de manière insidieuse pour connaître sa pensée : *Tâchez de le sonder pour savoir où il veut en venir* (syn. tâter). **- 5.** Soumettre un ensemble de personnes à un sondage d'opinion : *Établir un questionnaire pour sonder la clientèle d'un magasin.*

1. sondeur, euse [sɔ̃dœʀ, -øz] n. Personne qui sonde, fait des sondages.

2. sondeur [sɔ̃dœʀ] n.m. TECHN. Appareil de sondage : *Sondeur à ultrasons.*

sondeuse [sɔ̃døz] n.f. Machine automotrice ou remorquée utilisée pour le forage des puits à faible profondeur.

songe [sɔ̃ʒ] n.m. (lat. *somnium* "rêve", de *somnus* "sommeil"). LITT. Rêve : *Faire un songe. Voir qqn en songe.*

songe-creux [sɔ̃ʒkʀø] n.m. inv. Homme qui nourrit sans cesse son esprit de chimères.

songer [sɔ̃ʒe] v.t. ind. **[à]** (lat. *somniare*) [conj. 17]. **- 1.** Avoir présent à l'esprit ; avoir l'intention de : *Songer à se marier* (syn. envisager de, projeter de). **- 2.** Penser à qqn, à qqch qui mérite attention : *Songez à ce que vous faites* (syn. réfléchir). *Avant de songer à soi, il faut songer aux autres* (syn. s'occuper de, s'intéresser). **- 3.** Sans songer à mal, sans avoir de mauvaises intentions : *Il a dit ça sans songer à mal.* ◆ v.i. LITT. S'abandonner à des rêveries : *Elle passe ses journées à songer* (syn. rêvasser).

songerie [sɔ̃ʒʀi] n.f. Pensée vague ; rêverie.

songeur, euse [sɔ̃ʒœʀ, -øz] adj. Qui est perdu dans une rêverie, absorbé dans une réflexion, une préoccupation ; qui reflète cet état : *Il est tout songeur* (syn. pensif). *Air songeur* (syn. méditatif).

sonique [sɔnik] adj. **- 1.** Qui concerne la vitesse du son : *Barrière sonique* (= mur du son). **- 2.** Qui possède une vitesse égale à celle du son : *Avion sonique* (par opp. à *subsonique, à supersonique*).

sonnaille [sɔnaj] n.f. (de *sonner*). **- 1.** Clochette attachée au cou des bestiaux. **- 2.** Son produit par des clochettes.

sonnant, e [sɔnɑ̃, -ɑ̃t] adj. **- 1.** Qui sonne ; qui peut sonner : *Horloge sonnante.* **- 2.** Précis, en parlant de l'heure : *À midi sonnant. À 8 heures sonnantes.*

sonné, e [sɔne] adj. - **1.** Annoncé par une cloche, une sonnerie : *Il est midi sonné.* - **2.** FAM. Révolu ; accompli : *Il a cinquante ans sonnés* (= il a dépassé cinquante ans). - **3.** FAM. Qui vient de recevoir un coup violent : *Boxeur sonné* (syn. assommé, groggy).

sonner [sɔne] v.i. (lat. *sonare,* de *sonus* "son"). - **1.** Produire un son : *Cloche qui sonne* (syn. tinter, retentir). - **2.** Faire fonctionner une sonnerie, une sonnette : *Sonner à la porte* (syn. carillonner). - **3.** Être annoncé par une sonnerie : *Midi vient de sonner.* - **4.** Tirer des sons de : *Sonner du cor.* - **5.** FAM. Se faire sonner les cloches, se faire réprimander vivement. ‖ Sonner bien (mal), être agréable (désagréable) à entendre, en parlant d'un mot, d'une expression : *Voilà un titre qui sonne bien.* ‖ Sonner faux, juste, donner une impression de fausseté, de vérité : *Rire qui sonne faux.* ◆ v.t. - **1.** Faire résonner : *Sonner les cloches.* - **2.** Annoncer par une sonnerie : *Sonner la retraite.* - **3.** Appeler par le son d'une sonnette : *Sonner l'infirmière.* - **4.** FAM. Assommer, étourdir ; causer un violent ébranlement moral à qqn : *Boxeur qui a sonné son adversaire. Cet échec sentimental l'a sonnée* (syn. abattre).

sonnerie [sɔnʀi] n.f. (de *sonner*). - **1.** Son de cloches, d'un réveil, d'un téléphone, etc. : *Une sonnerie stridente. Une sonnerie électrique.* - **2.** Ensemble des cloches d'une église : *La grosse, la petite sonnerie.* - **3.** Mécanisme servant à faire sonner une pendule, un appareil d'alarme ou de contrôle, etc. : *Remonter la sonnerie d'un réveil.* - **4.** Air sonné par un clairon, ou une trompette, par un ou par plusieurs cors de chasse : *La sonnerie de l'hallali.* ‖ Sonnerie militaire, air réglementaire servant à marquer un emploi du temps (réveil), un commandement (cessez-le-feu) ou à rendre les honneurs (au drapeau).

sonnet [sɔnɛ] n.m. (it. *sonetto,* du fr. *sonet* "chansonnette", de *son* "poème"). Pièce de poésie de quatorze vers, composée de deux quatrains et de deux tercets, et soumise à des règles fixes pour la disposition des rimes.

sonnette [sɔnɛt] n.f. (de *sonner*). - **1.** Clochette ou timbre pour appeler ou pour avertir : *La sonnette d'une bicyclette.* - **2.** Appareil avertisseur actionné par le courant électrique : *Appuyer sur le bouton de la sonnette.* - **3.** Serpent à sonnette, crotale.

sonneur [sɔnœʀ] n.m. Celui qui sonne les cloches, qui joue du cor, etc.

sono [sɔno] n.f. (abrév. de *sonorisation*). Sonorisation, ensemble d'équipements permettant l'amplification du son.

sonomètre [sɔnɔmɛtʀ] n.m. (du lat. *sonus* "son"). Instrument destiné à mesurer les niveaux d'intensité sonore.

sonore [sɔnɔʀ] adj. (lat. *sonorus*). - **1.** Propre à rendre des sons : *Corps sonore.* - **2.** Qui a un son éclatant : *Voix, rire sonores* (syn. retentissant). - **3.** Qui renvoie bien le son : *Amphithéâtre sonore.* - **4.** Qui concerne les sons : *Ondes sonores.* - **5.** PHON. Consonne sonore, consonne voisée, par opp. à *consonne sourde :* [b], [d], [g] *sont des consonnes sonores.* (On dit aussi *une sonore*).

sonorisation [sɔnɔʀizasjɔ̃] n.f. - **1.** Action de sonoriser ; son résultat : *La sonorisation d'un documentaire, d'une salle de cinéma.* - **2.** Ensemble des équipements permettant une amplification électrique des sons émis en un lieu donné (syn. sono). - **3.** PHON. Passage d'une consonne sourde à la voisée correspondante.

sonoriser [sɔnɔʀize] v.t. - **1.** Adjoindre le son, une bande sonore à un film cinématographique. - **2.** Équiper d'une installation de sonorisation : *Sonoriser une salle.* - **3.** PHON. Rendre sonore une consonne voisée.

sonorité [sɔnɔʀite] n.f. - **1.** Qualité de ce qui est sonore : *La sonorité d'une voix. La sonorité d'une salle* (syn. acoustique). - **2.** Qualité de ce qui rend un son agréable : *Sonorité d'un violon.* - **3.** PHON. Caractère sonore, voisé d'un phonème.

sophisme [sɔfism] n.m. (lat. *sophisma,* mot gr.). Raisonnement qui n'est logiquement correct qu'en apparence et qui est conçu avec l'intention d'induire en erreur : *Réfuter un sophisme.*

sophiste [sɔfist] n.m. (lat. *sophistes,* mot gr.). Chez les anciens Grecs, philosophe rhéteur : *Socrate combattit les sophistes.* ◆ n. Personne qui use de sophismes.

sophistication [sɔfistikasjɔ̃] n.f. - **1.** Action de sophistiquer, de raffiner à l'extrême. - **2.** Caractère sophistiqué, artificiel : *La sophistication d'une mise en scène.* - **3.** Complexité technique : *Un appareil d'une grande sophistication.*

sophistique [sɔfistik] adj. (du lat. *sophisticus,* du gr. *sophistikos*). De la nature du sophisme.

sophistiqué, e [sɔfistike] adj. - **1.** Très raffiné ; étudié : *Une tenue sophistiquée.* - **2.** D'une complication, d'une subtilité extrêmes : *Une argumentation sophistiquée.* - **3.** Très perfectionné : *Matériel sophistiqué.*

sophistiquer [sɔfistike] v.t. (bas lat. *sophisticari*). Perfectionner à l'extrême un appareil, une étude, etc.

sophrologie [sɔfʀɔlɔʒi] n.f. (du gr. *sôs* "harmonieux" et *phrên* "esprit"). Méthode visant à dominer les sensations douloureuses et de malaise psychique par des techniques de relaxation proches de l'hypnose.

soporifique [sɔpɔʀifik] adj. et n.m. (du lat. *sopor* "sommeil profond"). Se dit d'une substance qui provoque le sommeil : *Prendre un soporifique pour dormir* (syn. somnifère, narcotique). ◆ adj. Très ennuyeux : *Livre soporifique* (syn. endormant).

soprano [sɔpʀano] n.m. (mot it., propr. "qui est au-dessus", du lat. *supra*). Voix de femme ou de jeune garçon, la plus élevée des voix. ◆ n. Personne qui a cette voix. **Rem.** Pour une femme n.f. ou n.m. Pluriel savant : *soprani*.

sorbe [sɔʀb] n.f. (lat. *sorbum*). Fruit comestible du sorbier.

sorbet [sɔʀbɛ] n.m. (it. *sorbetto*, du turc *chorbet*, ar. pop. *chourba*, class. *charbat* "boissons"). Glace sans crème, à base de jus de fruits : *Sorbet à la framboise*.

sorbetière [sɔʀbətjɛʀ] n.f. Appareil pour préparer les glaces et les sorbets.

sorbier [sɔʀbje] n.m. (de *sorbe*). Arbre de la famille des rosacées, dont certaines espèces (alisier, cormier) produisent des fruits comestibles. □ Haut. jusqu'à 15 ou 20 m.

sorcellerie [sɔʀsɛlʀi] n.f. (d'une forme non attestée *sorcererie*, de *sorcier*). **- 1.** Opérations magiques du sorcier : *La sorcellerie était considérée au Moyen Âge comme un crime* (syn. magie). **- 2.** FAM. Ce qui paraît incroyable, extraordinaire : *C'est de la sorcellerie* (syn. magie). **- 3.** ANTHROP. Capacité de guérir ou de nuire, propre à un individu au sein d'une société ou d'un groupe donnés, par des procédés et des rituels magiques.

sorcier, ère [sɔʀsje, -ɛʀ] n. (p.-ê. lat. pop. *sortiarius* "diseur de sorts"). **- 1.** Personne qu'on croit en liaison avec le diable et qui peut opérer des maléfices. **- 2.** ANTHROP. Personne qui pratique la sorcellerie : *Chez certaines peuplades, les sorciers jouent un rôle social important*. **- 3.** Chasse aux sorcières, poursuite et élimination systématique, par le pouvoir en place, des opposants politiques. ‖ FAM. Il ne faut pas être (grand) sorcier pour, il n'est pas nécessaire d'avoir des dons spéciaux pour comprendre, deviner, etc. ◆ adj. FAM. Ce n'est pas sorcier, ce n'est pas difficile à comprendre, à résoudre, à exécuter, etc.

sordide [sɔʀdid] adj. (lat. *sordidus*, de *sordes* "saleté"). **- 1.** Misérable, d'une saleté repoussante : *Zone sordide de bidonvilles* (syn. dégoûtant, malpropre). **- 2.** Qui fait preuve de bassesse morale, de mesquinerie : *Égoïsme sordide* (syn. ignoble). *Avarice sordide* (syn. répugnant).

sordidement [sɔʀdidmã] adv. De façon sordide : *Ils économisent sordidement*.

sorgho [sɔʀgo] n.m. (it. *sorgo*, d'orig. obsc.). Graminée tropicale et méditerranéenne, alimentaire et fourragère, appelée aussi *gros mil*.

sornette [sɔʀnɛt] n.f. (de l'anc. fr. *sorne* "raillerie", probabl. de l'anc. prov. *sorn* "obscur"). [Surtout au pl.]. Propos frivole, extravagant : *Conter, débiter des sornettes* (syn. fadaise, baliverne).

sororal, e, aux [sɔʀɔʀal, -o] adj. LITT. Qui concerne la sœur, les sœurs : *Héritage sororal*.

sort [sɔʀ] n.m. (lat. *sors, sortis*). **- 1.** Décision par le hasard : *Tirer au sort*. **- 2.** Effet malfaisant, attribué à des pratiques de sorcellerie : *Jeter un sort* (syn. maléfice, sortilège). **- 3.** LITT. Puissance surnaturelle qui semble gouverner la vie humaine : *Le sort en a décidé ainsi* (syn. destin, hasard). **- 4.** Condition, situation matérielle de qqn : *Se plaindre de son sort* (syn. lot). **- 5.** FAM. Faire un sort à, en finir radicalement avec ; spécial., consommer entièrement : *Faire un sort à de vieux papiers* (= les jeter). *On a fait un sort au gigot*. ‖ Le sort en est jeté, le parti en est pris ; advienne que pourra.

sortable [sɔʀtabl] adj. (de *sortir*). [Surtout en tournure nég.]. FAM. Qu'on peut montrer en public ; correct : *Tu ris trop fort, tu n'es pas sortable !* (syn. convenable).

sortant, e [sɔʀtã, -ãt] adj. Qui sort : *Numéro sortant* (syn. gagnant). ◆ adj. et n. **- 1.** Personne qui sort : *Les entrants et les sortants*. **- 2.** Qui cesse, par extinction de son mandat, de faire partie d'une assemblée : *Députés sortants*.

sorte [sɔʀt] n.f. (probabl. empr. tardif du lat. *sors, sortis*, en bas lat. "manière, façon"). **- 1.** Espèce, catégorie d'êtres ou de choses : *Toutes sortes de bêtes, de plantes* (syn. variété, type). *Des difficultés de toute(s) sorte(s)* [syn. genre]. **- 2.** De la sorte, de cette façon : *Qui vous a autorisé à parler de la sorte ?* (= ainsi). ‖ En quelque sorte, pour ainsi dire : *Ne pas protester, c'est en quelque sorte accepter* (= presque). ‖ Faire en sorte de ou que, tâcher d'arriver à ce que ; agir de manière à : *Faites en sorte que tout soit prêt en temps voulu*. ‖ Une sorte de (+ n.), une chose ou une personne qui ressemble à : *Elle portait sur la tête une sorte de chapeau* (= un genre de). ◆ **de sorte que, de telle sorte que** loc. conj. **- 1.** Suivi de l'ind., indique la conséquence réalisée : *Il s'est réveillé trop tard, de sorte qu'il a raté son train* (syn. si bien que). **- 2.** Suivi du subj., indique le but : *J'ai travaillé de telle sorte que tout soit fini avant les vacances* (syn. de façon, de manière que). [On dit aussi, litt., *en sorte que*.]

sortie [sɔʀti] n.f. **- 1.** Action de sortir, d'aller se promener : *C'est sa première sortie depuis son opération* (syn. promenade, tour). **- 2.** Spectacle, dîner, réception, etc. pour lesquels on sort de chez soi : *Être de sortie. Avoir plusieurs sorties dans la semaine.* - **3.** Au théâtre, action de quitter la scène ; au fig. action de quitter une pièce, une assemblée : *Acteur qui fait une fausse sortie. Rater sa sortie.* - **4.** Manière d'échapper à une difficulté : *Se ménager une sortie* (syn. échappatoire). - **5.** Action de s'échapper, de s'écouler : *La sortie des gaz* (syn. échappement). *La sortie des eaux* (syn. évacuation, écoulement). - **6.** Endroit par où l'on sort : *Cette maison a deux sorties* (syn. issue, porte). - **7.** Mise en vente, présentation au public d'un produit nouveau : *Sortie d'un livre* (syn. publication, parution). *La sortie d'un film.* - **8.** COMPTAB. Somme dépensée : *Faire le bilan des entrées et des sorties* (syn. dépense). - **9.** INFORM. Transfert d'une information traitée dans un ordinateur, de l'unité centrale vers l'extérieur. - **10.** MIL. Opération menée par une troupe assiégée, ou par une force navale, pour rompre un blocus ; mission de combat accomplie par un aéronef militaire : *Le 6 juin 1944, l'aviation alliée effectua plus de douze mille sorties.* - **11.** FAM. Emportement soudain contre qqn : *Je ne m'attendais pas à cette sortie* (syn. invective, algarade). - **12.** À la **sortie de**, au moment où l'on sort de : *À la sortie du spectacle, nous sommes allés au restaurant* (= au sortir de). *Tomber malade à la sortie de l'hiver* (= à la fin de).

sortie-de-bain [sɔʀtidbɛ̃] n.f. (pl. *sorties-de-bain*). Peignoir que l'on porte après le bain.

sortilège [sɔʀtilɛʒ] n.m. (du lat. *sortilegus* "qui dit le sort"). - **1.** Enchantement, procédé magique : *Les sortilèges d'un sorcier* (syn. charme, ensorcellement). - **2.** Effets comparables à ceux de la magie : *Les sortilèges du théâtre* (syn. enchantement, magie).

1. sortir [sɔʀtiʀ] v.i. (du lat. *sortiri* "tirer au sort", ou du lat. pop. *°surctus*, class. *surrectus*, de *surgere* "surgir") [conj. 43 ; auxil. *être*]. - **1.** Quitter un lieu pour aller dehors ou pour aller dans un autre lieu : *Sortir se dégourdir les jambes.* - **2.** Aller hors de chez soi pour une distraction, un spectacle, un dîner, etc. : *Couple qui sort beaucoup.* - **3.** Commencer à paraître ; pousser au-dehors : *Les blés sortent de terre* (syn. percer). - **4.** Être visible, saillant : *Clou qui sort d'une planche* (syn. dépasser, saillir). - **5.** Se répandre au-dehors : *Une odeur délicieuse sort de la cuisine* (syn. s'échapper). - **6.** Quitter une période, un état, une situation, etc. ; ne plus s'y trouver : *Sortir de l'hiver. Sortir de maladie, de l'enfance.* - **7.** S'éloigner de ; franchir une limite : *Sortir du sujet* (syn. s'écarter de). *Le ballon sort du terrain.* - **8.** Être mis en vente ; être distribué : *Ce livre vient de sortir* (syn. paraître). *Ce film sort prochainement.* - **9.** Être tiré au sort : *Sujet qui sort à un examen.* - **10.** Être tel après un évé-

nement, une modification, etc. : *Sortir indemne d'un accident, grandi d'une épreuve.* - **11.** Avoir comme résultat : *Que sortira-t-il de tout cela ?* (syn. résulter). - **12.** Être issu, venir de : *Sortir du peuple* (syn. provenir). - **13.** Les yeux lui sortent de la tête, ils est animé par un sentiment violent. ‖ FAM. **Sortir avec qqn**, fréquenter qqn ; avoir une relation amoureuse avec qqn. ‖ **Sortir de la mémoire**, de l'esprit, de la tête, être oublié. ‖ **Sortir d'une école**, y avoir été élève. ◆ v.t. (auxil. *avoir*). - **1.** Mener dehors, faire sortir : *Sortir un cheval de l'écurie. Sortir ses mains de ses poches* (syn. enlever, ôter). - **2.** Aider qqn à se dégager d'un état, d'une situation : *Sortir qqn d'embarras* (syn. tirer). - **3.** Emmener pour la promenade, pour une visite, etc. : *Sortir un bébé* (syn. promener). - **4.** Mettre en vente un produit : *Sortir un roman* (syn. commercialiser, éditer). - **5.** FAM. Tirer un numéro, une carte dans un jeu de hasard : *J'ai encore sorti un 7.* - **6.** FAM. Éliminer un concurrent, un adversaire : *Il s'est fait sortir.* - **7.** FAM. Dire : *Sortir des âneries* (syn. débiter). ◆ **se sortir** v.pr. **Se sortir de qqch**, s'acquitter d'une tâche difficile ; parvenir à sortir sans dommage d'une situation périlleuse, d'une maladie : *Ne t'inquiète pas, il s'en sortira très bien* (= il y arrivera). *Se sortir d'affaire.*

2. sortir [sɔʀtiʀ] n.m. (de *1. sortir*). **Au sortir de**, au moment où l'on sort de : *Au sortir du printemps, on songe aux vacances* (= à la fin de).

S. O. S. [ɛsoɛs] n.m. (suite de trois lettres de l'alphabet Morse [trois points, trois traits, trois points], de l'angl. *Save Our Souls* "sauvez nos âmes"). Signal de détresse radiotélégraphique, émis par les navires ou les avions en danger : *Lancer un S. O. S.*

sosie [sɔzi] n.m. (de *Sosie*, n. du valet d'Amphitryon, dans l'*Amphitryon* de Molière). Personne qui ressemble parfaitement à une autre : *Elle est le sosie d'une actrice connue.*

sot, sotte [so, sɔt] adj. et n. (mot pop. d'orig. obsc.). Dénué d'esprit, de jugement : *Je ne suis pas assez sotte pour le croire* (syn. stupide, bête). ◆ adj. Qui dénote un manque d'intelligence : *Une remarque sotte* (syn. absurde, inepte).

sotie → sottie.

sot-l'y-laisse [solilɛs] n.m. inv. Morceau délicat qui se trouve au-dessus du croupion d'une volaille.

sottement [sɔtmã] adv. De façon sotte : *Parler, agir sottement* (syn. stupidement).

sottie ou **sotie** [sɔti] n.f. (de *sot*). LITTÉR. Genre dramatique médiéval (XIVe-XVIe s.) qui relève de la satire sociale ou politique.

sottise [sɔtiz] n.f. (de *sot*). - **1.** Manque de jugement, d'intelligence : *Individu d'une sot-*

tise incroyable (syn. **stupidité, bêtise**). - **2.** Propos ou acte irréfléchi : *Faire, commettre une sottise* (syn. **maladresse, bévue**). *Dire une sottise* (syn. **ânerie, absurdité**). - **3.** SOUT. Dire des sottises à qqn, l'injurier.

sottisier [sɔtizje] n.m. (de *sottise*). Recueil d'erreurs comiques, de phrases ridicules relevées dans la presse, les livres, etc. (syn. **bêtisier**).

sou [su] n.m. (bas lat. *soldus* "pièce d'or", de *solidus* "massif"). - **1.** Dans les anciens systèmes monétaires, pièce de cuivre ou de bronze qui valait en France 1/20 de livre. - **2.** Pièce de 5 centimes, à partir de 1793. - **3.** FAM. N'avoir pas le sou, être sans le sou, être dépourvu d'argent : *La guerre l'a laissé sans le sou.* ‖ FAM. N'avoir pas un sou de, pas pour un sou de, n'avoir pas de : *N'avoir pas pour un sou de bon sens.* ‖ FAM. Un sou est un sou neuf, très propre. ‖ Sou à sou, par petites sommes : *Amasser une fortune sou à sou.* ◆ **sous** n.m. pl. - **1.** Argent : *Compter ses sous.* - **2.** De quatre sous, sans importance, sans valeur : *Une robe de quatre sous.* ‖ FAM. Question de gros sous, question d'argent, d'intérêt. ‖ FAM. S'ennuyer à cent sous de l'heure, s'ennuyer énormément.

soubassement [subasmɑ̃] n.m. (de *sous* et *bas*). - **1.** Partie inférieure, massive, d'une construction, qui surélève celle-ci au-dessus du sol : *Un rez-de-chaussée surélevé reposant sur un soubassement.* - **2.** Base, fondements de qqch : *Les soubassements d'une affaire.* - **3.** GÉOL. Socle sur lequel reposent des couches de terrain.

soubresaut [subʁəso] n.m. (prov. *sobresaut*, esp. *sobresalto*). - **1.** Saut brusque et imprévu : *Le cheval fit un soubresaut.* - **2.** Mouvement brusque et involontaire du corps : *Avoir un soubresaut* (syn. **haut-le-corps, tressaillement**).

soubrette [subʁɛt] n.f. (prov. *soubreto*, fém. de *soubret* "affecté", de *soubra* "être de reste, laisser de côté", lat. *superare*). Suivante, femme de chambre de comédie.

souche [suʃ] n.f. (gaul. *tsukka*, correspondant à l'all. *Stock*). - **1.** Partie du tronc de l'arbre qui reste dans la terre après que l'arbre a été coupé : *Arracher une souche.* - **2.** Personne, animal à l'origine d'une suite de descendants : *La souche d'une dynastie.* - **3.** BIOL. Ensemble des individus issus de repiquages successifs d'une colonie microbienne. - **4.** Origine ; source ; principe : *Mot de souche indo-européenne.* - **5.** Partie reliée des feuilles d'un registre, dont l'autre partie se détache : *Carnet à souches* (syn. **talon**). - **6.** FAM. Dormir comme une souche, profondément. ‖ Faire souche, donner naissance à une lignée de descendants. ‖ Souche de cheminée, ouvrage de maçonnerie renfermant un ou plusieurs conduits de fumée et s'élevant au-dessus d'un toit.

1. souci [susi] n.m. (bas lat. *solsequia* "tournesol", du class. *sol* "soleil" et *sequi* "suivre", d'apr. *2. souci*). Plante dont une espèce est cultivée pour ses fleurs jaunes ornementales. □ Famille des composées.

2. souci [susi] n.m. (de *se soucier*). - **1.** Préoccupation qui trouble la tranquillité d'esprit : *Cette affaire lui donne bien du souci* (syn. **tracas**). *Se faire du souci* (= s'inquiéter). - **2.** Personne ou chose à l'origine de cette préoccupation : *Son fils est son seul souci* (syn. **inquiétude**). *Des soucis familiaux, financiers* (syn. **ennui, problème**). - **3.** Avoir le souci de (+ n. ou + inf.), y attacher de l'importance : *Avoir le souci de plaire* (syn. **obsession**). *Avoir le souci de la vérité.*

se soucier [susje] v.pr. **[de]** (lat. *sollicitare* "inquiéter") [conj. 9]. - **1.** S'inquiéter, se préoccuper de : *Se soucier de son avenir.* - **2.** FAM. Se soucier de (qqch, qqn) comme de l'an quarante, comme de sa première chemise, etc., s'en désintéresser, n'y attacher aucune importance.

soucieux, euse [susjø, -øz] adj. - **1.** Qui a du souci ; qui manifeste cet état : *Mère soucieuse* (syn. **inquiet, préoccupé**). *Air soucieux*. - **2.** Qui se préoccupe de qqch : *Soucieux de rendre service* (syn. **attentif à**).

soucoupe [sukup] n.f. (de l'anc. n. *soutecoupe*, de l'it. *sottocoppa*). - **1.** Petite assiette qui se place sous une tasse. - **2.** Soucoupe volante, objet mystérieux de forme souvent lenticulaire que certaines personnes prétendent avoir aperçu dans le ciel ou au sol, et supposé habité par des êtres extraterrestres. (Auj., on dit plutôt *ovni*.)

soudage [sudaʒ] n.m. Action de souder.

soudain, e [sudɛ̃, -ɛn] adj. (lat. pop. *subitanus*, class. *subitaneus*, de *subitus* "subit"). Qui se produit, arrive tout à coup : *Un soudain accès de gaieté* (syn. **brusque**). *Une mort soudaine* (syn. **subit**). ◆ **soudain** adv. Dans le même instant ; tout à coup : *Soudain, un orage éclata.*

soudainement [sudɛnmɑ̃] adv. Subitement : *Un mal qui apparaît soudainement* (syn. **brusquement**).

soudaineté [sudɛnte] n.f. Caractère de ce qui est soudain : *La soudaineté de cet événement a surpris tout le monde* (syn. **brusquerie, rapidité**).

soudard [sudaʁ] n.m. (de *sold, soud*, forme anc. de *sou*). - **1.** VX. Soldat, mercenaire. - **2.** LITT. Individu grossier et brutal (syn. **reître**).

soude [sud] n.f. (lat. médiév. *soda*, de l'ar. *suwwād*). - **1.** Carbonate de sodium qu'on prépare auj. à partir du chlorure de sodium. □ Formule Na_2CO_3. - **2.** Plante des terrains salés du littoral, dont on tirait autrefois la

soude. □ Famille des chénopodiacées.
- **3.** Soude caustique, hydroxyde de sodium, solide blanc fondant à 320 °C, fortement basique. □ Symb. NaOH.

souder [sude] v.t. (lat. *solidare* "affermir", de *solidus* "solide"). - **1.** Effectuer une soudure : *Souder deux tuyaux.* - **2.** Unir, lier étroitement : *Ils étaient soudés autour de leur chef.* ◆ **se souder** v.pr. En parlant de deux parties distinctes, se réunir pour former un tout : *Deux vertèbres qui se soudent.*

soudeur, euse [sudœʀ, -øz] n. Personne qui soude.

soudoyer [sudwaje] v.t. (de *sold, soud,* forme anc. de *sou*) [conj. 13]. S'assurer le concours de qqn à prix d'argent (péjor.) : *Soudoyer des témoins* (syn. acheter, payer).

soudure [sudyʀ] n.f. (de *souder*). - **1.** Assemblage permanent de deux pièces métalliques ou de certains produits synthétiques, exécuté par voie thermique : *Soudure des métaux.* - **2.** Endroit où deux pièces ont été soudées ; manière dont elles ont été soudées : *Le tuyau s'est cassé à la soudure.* - **3.** Alliage fusible à basse température, avec lequel on soude. - **4.** MÉD. Jonction de certains tissus, de certains os effectuée par adhésion. - **5.** Faire la soudure, satisfaire aux besoins des consommateurs à la fin d'une période comprise entre deux récoltes, deux livraisons ; assurer la transition.

soue [su] n.f. (bas lat. *sutis,* d'orig. obsc.). Étable à porcs.

soufflage [sufla3] n.m. (de *souffler*). Procédé traditionnel de fabrication de la verrerie creuse.

soufflant, e [suflã, -ãt] adj. - **1.** Qui envoie de l'air chaud : *Brosse à cheveux soufflante.* - **2.** FAM. Qui stupéfie : *Une nouvelle soufflante* (syn. époustouflant).

souffle [sufl] n.m. (de *souffler*). - **1.** Agitation de l'air ; courant d'air : *Il n'y a pas un souffle de vent* (syn. bouffée). - **2.** Air exhalé par la bouche ou par les narines en respirant ; bruit ainsi produit : *Retenir son souffle* (syn. respiration). *Un souffle bruyant* (syn. litt. soufflement). *Le souffle de la baleine.* - **3.** MÉD. Bruit anormal perçu à l'auscultation de certaines parties du corps. - **4.** Capacité à emmagasiner de l'air dans ses poumons. - **5.** Déplacement d'air extrêmement brutal, provoqué par une explosion. - **6.** Bruit de fond continu émis par un haut-parleur. - **7.** Avoir du souffle, avoir une respiration telle qu'elle permette un effort physique. ‖ FAM. Couper le souffle, étonner vivement : *Cette nouvelle m'a coupé le souffle* (= m'a stupéfié). ‖ Être à bout de souffle, être épuisé ; ne pas pouvoir poursuivre, conti-

nuer un effort, une entreprise. ‖ FAM. **Manquer de souffle,** s'essouffler rapidement ; manquer d'inspiration, de force : *Ce poète manque de souffle.* ‖ FAM. **Ne pas manquer de souffle,** avoir de l'aplomb, du culot. ‖ SPORTS. **Second souffle,** regain de vitalité après une défaillance momentanée ; au fig., nouvelle période d'activité : *Un parti politique à la recherche d'un second souffle.*

soufflé [sufle] n.m. Préparation culinaire salée ou sucrée, servie chaude, comprenant des blancs d'œufs battus en neige qui provoquent, à la cuisson, une augmentation de volume : *Soufflé au fromage, à la framboise.*

soufflement [sufləmã] n.m. LITT. Bruit fait en soufflant (syn. souffle).

souffler [sufle] v.i. (lat. *sufflare* "souffler sur" de *flare* "souffler"). - **1.** Agiter, déplacer l'air : *Le mistral s'est mis à souffler.* - **2.** Chasser de l'air par la bouche ou, parfois, par le nez : *Souffler sur ses doigts.* - **3.** Respirer avec difficulté, en expirant l'air bruyamment : *Elle ne peut monter les escaliers sans souffler* (syn. haleter). *Souffler comme un bœuf, un cachalot* (= très fort). - **4.** S'arrêter pour reprendre haleine, après un effort physique : *Laisser souffler son cheval.* - **5.** Observer un temps d'arrêt au cours d'une action : *Laisser ses auditeurs souffler* (syn. se reposer). ◆ v.t. - **1.** Diriger son souffle ou un courant d'air sur : *Le vent a soufflé le feu* (= il l'a attisé). *Souffler des bougies* (= les éteindre). - **2.** Déplacer qqch, le projeter au moyen du souffle, de l'air : *Souffler la fumée de cigarette au visage de qqn.* - **3.** Détruire par un souffle violent : *La maison a été soufflée par une bombe.* - **4.** Dire discrètement à qqn, rappeler tout bas : *Souffler son texte à un acteur.* - **5.** Suggérer qqch à qqn : *Il m'a soufflé une bonne idée* (syn. inspirer, conseiller). - **6.** FAM. Causer à qqn une vive stupéfaction : *Il a été soufflé en apprenant leur divorce* (syn. ahurir, époustoufler). - **7.** FAM. Enlever (qqch, qqn) à qqn par ruse, de façon plus ou moins déloyale : *Souffler un emploi à qqn* (syn. prendre). - **8.** Ne pas souffler mot, ne rien dire, se taire sur qqch. ‖ **Souffler n'est pas jouer,** au jeu de dames, se dit pour signifier que l'on peut jouer un coup après avoir soufflé un pion. ‖ **Souffler une dame, un pion,** au jeu de dames, l'enlever à son adversaire qui a omis de s'en servir pour prendre. - **9.** TECHN. **Souffler le verre, l'émail,** en faire des ouvrages par soufflage à l'aide d'un tube.

soufflerie [sufləʀi] n.f. (de *souffler*). - **1.** Machine destinée à produire le vent nécessaire à la marche d'une installation métallurgique, à l'aération d'une mine, à un essai aérodynamique, etc. - **2.** Ensemble des soufflets d'un orgue, d'une forge, etc.

soufflet [suflɛ] n.m. (de *souffler*). - **1.** Instrument qui sert à souffler de l'air, à produire du vent pour ranimer le feu : *Un soufflet de forge*. - **2.** Partie pliante d'une chambre photographique, d'un accordéon. - **3.** LITT. Coup du plat ou du revers de la main ; au fig., affront, outrage : *Recevoir un soufflet* (syn. claque, gifle). - **4.** CH. DE F. Couloir flexible de communication entre deux voitures de voyageurs.

souffleter [sufləte] v.t. (de *souffler*) [conj. 27]. LITT. Donner un soufflet, une claque à qqn : *Souffleter un insolent* (syn. gifler).

1. souffleur, euse [suflœr, -øz] n. Personne qui, au théâtre, est chargée de souffler leur texte aux acteurs en cas de défaillance.

2. souffleur [suflœr] n.m. TECHN. Ouvrier soufflant le verre à chaud pour lui donner sa forme définitive.

3. souffleur [suflœr] n.m. Cétacé du genre dauphin.

souffleuse [sufløz] n.f. CAN. Chasse-neige muni d'un dispositif qui projette la neige à distance.

souffrance [sufrɑ̃s] n.f. - **1.** Fait de souffrir ; douleur morale ou physique : *J'ai eu ma part de souffrance* (syn. peine). *Être dur à la souffrance* (syn. douleur). - **2.** *Affaires en souffrance*, affaires en suspens. ‖ *Colis en souffrance*, colis qui n'a pas été délivré ou réclamé.

souffrant, e [sufrɑ̃, -ɑ̃t] adj. Qui est légèrement malade : *Se sentir souffrant* (syn. indisposé).

souffre-douleur [sufrədulœr] n.m. inv. Personne, animal sur qui convergent les mauvais traitements, les railleries, les tracasseries : *Être le souffre-douleur de ses camarades*.

souffreteux, euse [sufrətø, -øz] adj. (de l'anc. fr. *sofraite*, *souffraite* "privation", lat. pop. *suffracta*, de *suffrangere*, class. *suffringere* "rompre", d'apr. *souffrir*). De santé débile : *Un enfant souffreteux* (syn. chétif, malingre).

souffrir [sufrir] v.t. (lat. pop. *sufferire*, class. *sufferre* "supporter") [conj. 34]. - **1.** Supporter qqch de pénible : *Souffrir la torture, la faim* (syn. endurer, subir). - **2.** LITT. Permettre : *Je ne souffre pas que l'on me parle ainsi* (syn. tolérer). - **3.** LITT. Admettre ; être susceptible de : *Cela ne souffre aucun retard* (syn. supporter). - **4.** Ne pas pouvoir souffrir qqn, qqch, éprouver de l'antipathie, de l'aversion pour qqn, qqch : *Il ne peut pas la souffrir* (= il la déteste). - **5.** *Souffrir le martyre*, mille morts, éprouver de grandes douleurs. ◆ v.i. et v.t. ind. [de]. - **1.** Éprouver de la souffrance ; avoir mal à : *J'ai souffert toute la nuit. Souffrir des*

dents. - **2.** Être tourmenté par : *Souffrir de la faim*. - **3.** Être endommagé par : *Les vignes ont beaucoup souffert de la grêle. Le mécanisme n'a pas trop souffert* (syn. s'abîmer). ◆ **se souffrir** v.pr. Se supporter mutuellement (surtout en tournure nég.) : *Ces deux collègues ne peuvent se souffrir*.

soufi, e [sufi] adj. et n. (mot ar. "vêtu de laine"). Relatif au soufisme ; adepte du soufisme.

soufisme [sufism] n.m. Courant mystique de l'islam, né au VIIIe s.

soufrage [sufraʒ] n.m. Action de soufrer ; son résultat : *Le soufrage des allumettes*.

soufre [sufr] n.m. (lat. *sulfur, sulphur* ou *sulpur*). - **1.** Corps non métallique inodore, insipide, d'une couleur jaune clair, qui fond vers 115 °C et bout à 444,6 °C, très répandu dans la nature. □ Symb. S. - **2.** *Sentir le soufre*, présenter un caractère d'hérésie. ◆ adj. inv. De la couleur du soufre : *Jaune soufre*.

soufrer [sufre] v.t. - **1.** Enduire de soufre. - **2.** Répandre du soufre en poudre sur les végétaux pour lutter contre certaines maladies : *Soufrer la vigne*.

soufreuse [sufrøz] n.f. Appareil pour répandre du soufre en poudre sur les végétaux.

soufrière [sufrijer] n.f. Lieu d'où l'on extrait le soufre.

souhait [swɛ] n.m. (de *souhaiter*). - **1.** Désir que qqch s'accomplisse : *Formuler des souhaits de bonheur* (syn. vœu). *Accomplir, réaliser un souhait* (syn. aspiration, rêve). - **2.** LITT. À souhait, selon ses désirs : *Tout lui réussit à souhait*. ‖ À vos souhaits !, formule de politesse adressée à une personne qui éternue.

souhaitable [swetabl] adj. Que l'on peut souhaiter : *Elle a toutes les qualités souhaitables* (syn. désirable).

souhaiter [swete] v.t. (gallo-romain *subtushaitare* "promettre de façon à ne pas trop s'engager", d'un frq. *hait* "vœu"). - **1.** Désirer pour soi ou pour autrui l'accomplissement de qqch : *Je souhaite qu'il vienne* (syn. espérer). *Souhaiter plus de justice* (syn. aspirer à, rêver de). - **2.** Exprimer sous forme de vœu, de compliment : *Souhaiter la bonne année, la bienvenue*.

souille [suj] n.f. (anc. fr. *soil* "bourbier"). - **1.** CHASSE. Lieu bourbeux où se vautre le sanglier. - **2.** MAR. Enfoncement formé dans la vase ou le sable par un navire échoué.

souiller [suje] v.t. (de l'anc. fr. *soil* ; v. souille). LITT. - **1.** Tacher, couvrir de boue, d'ordure : *Souiller ses draps de vomissures* (syn. maculer, salir). - **2.** Déshonorer ; avilir : *Souiller sa réputation* (syn. entacher, flétrir).

souillon [sujɔ̃] n. (de *souiller*). FAM. Personne malpropre.

souillure [sujyʀ] n.f. LITT. - **1.** Ce qui souille, tache : *Un vêtement couvert de souillures* (syn. saleté, tache). - **2.** Tache morale : *La souillure du péché* (syn. flétrissure).

souk [suk] n.m. (mot ar.). - **1.** Marché couvert, dans les pays arabes. - **2.** FAM. Désordre : *Quel souk !* (syn. capharnaüm).

soul n.f. → **music**.

soûl, e ou **saoul, e** [su, sul] adj. (lat. *satullus* "rassasié", dimin. de *satur*, de *satis* "assez"). - **1.** Qui est ivre : *Rentrer soûl d'un cocktail.* - **2.** Être soûl de qqch., en être rassasié jusqu'au dégoût ; en être grisé : *Être soûl de télévision.* ◆ **soûl** n.m. FAM. Tout son soûl, autant qu'on peut en désirer : *Manger, dormir tout son soûl* (= à satiété).

soulagement [sulaʒmɑ̃] n.m. Diminution d'une charge, d'une douleur physique ou morale : *Une parole de soulagement* (syn. consolation, aide). *La piqûre lui a procuré un soulagement immédiat* (syn. apaisement).

soulager [sulaʒe] v.t. (lat. pop. *subleviare*, d'apr. *alleviare* "alléger" ; du class. *sublevare* "soulever") [conj. 17]. - **1.** Débarrasser qqn d'une partie d'un fardeau : *Soulager un porteur trop chargé* (syn. décharger). - **2.** Diminuer, adoucir la souffrance physique ou morale : *Soulager la douleur* (syn. apaiser, calmer). - **3.** Aider, diminuer la peine : *La machine a-t-elle soulagé l'ouvrier ?* - **4.** TECHN. Diminuer l'effort subi par qqch. : *Soulager une poutre en l'étayant* (syn. décharger). ◆ **se soulager** v.pr. - **1.** Se procurer du soulagement : *Se soulager par l'aveu d'une faute.* - **2.** FAM. Satisfaire un besoin naturel.

soûlant, e [sulɑ̃, -ɑ̃t] adj. FAM. Se dit de qqn ou de propos de qqn qui fatigue, ennuie à force de paroles : *Il est soûlant avec ses dissertations morales.*

soûlard, e [sular, -ard] et **soûlaud, e** [sulo, -od] ou **soûlot, e** [sulo, -ɔt] n. FAM. Ivrogne ; ivrognesse.

soûler ou **saouler** [sule] v.t. - **1.** FAM. Faire trop boire qqn : *Ils l'ont soûlé pour son anniversaire* (syn. enivrer). - **2.** Provoquer une sorte d'euphorie chez qqn ; monter à la tête de qqn (syn. étourdir, griser) : *Les succès rapides l'ont soûlé.* ◆ **se soûler** ou **se saouler** v.pr. FAM. S'enivrer.

soûlerie [sulʀi] n.f. Ivresse ; beuverie.

soulèvement [sulɛvmɑ̃] n.m. - **1.** Fait de soulever, d'être soulevé : *Le soulèvement des flots.* - **2.** Mouvement de révolte collective : *Apaiser, réprimer un soulèvement* (syn. insurrection).

soulever [sulve] v.t. (de *lever*, d'apr. le lat. *sublevare*) [conj. 19]. - **1.** Lever à une faible hauteur : *Soulever un fardeau. Soulever un malade dans son lit* (syn. redresser). - **2.** Susciter des sentiments : *Soulever l'enthousiasme, l'indignation* (syn. provoquer). *Soulever des applaudissements, des protestations* (syn. déclencher). - **3.** Pousser à la révolte : *Soulever le peuple* (syn. ameuter). - **4.** Provoquer la colère, l'hostilité : *Il a soulevé tout le monde contre lui.* - **5.** Soulever le voile, un coin du voile, découvrir en partie, faire connaître ce qui était jusqu'alors tenu secret. ‖ Soulever une question, un problème, les faire naître, en provoquer la discussion. ◆ **se soulever** v.pr. - **1.** Se lever légèrement : *Il est si faible qu'il ne peut se soulever de sa chaise.* - **2.** Se révolter : *L'armée s'est soulevée et a pris le pouvoir* (syn. s'insurger, se rebeller).

soulier [sulje] n.m. (bas lat. *subtelaris [calceus]* "[chaussure] pour la plante du pied", du bas lat. *subtel* "creux sous la plante du pied"). - **1.** Chaussure à semelle rigide, qui couvre le pied partiellement ou entièrement. - **2.** FAM. Être dans ses petits souliers, être embarrassé.

soulignage [suliɲaʒ] et **soulignement** [suliɲmɑ̃] n.m. Action de souligner : *Le soulignage d'un texte au crayon rouge.*

souligner [suliɲe] v.t. (de *sous* et *ligne*). - **1.** Tirer un trait, une ligne sous : *Souligner un mot.* - **2.** Attirer l'attention sur qqch : *Souligner l'importance d'un fait* (syn. signaler, insister sur).

soûlot, e n. → **soûlard**.

soumettre [sumɛtʀ] v.t. (lat. *submittere*) [conj. 84]. - **1.** Ranger sous sa puissance, sous son autorité ; astreindre à une loi, un règlement : *Soumettre des rebelles* (syn. mater). *Soumettre un pays* (syn. conquérir). *Revenu soumis à l'impôt* (syn. assujettir). - **2.** Proposer au jugement, au contrôle, à l'approbation, à l'examen de qqn : *Je vous soumets ce projet* (syn. présenter). - **3.** Faire subir une opération à : *Soumettre un produit à une analyse.* ◆ **se soumettre** v.pr. - **1.** [à] Accepter de subir, de passer : *Se soumettre à un traitement, à un examen.* - **2.** Accepter une décision, un règlement, obéir à une injonction : *Je me soumets à sa décision* (syn. obtempérer, se conformer à).

soumis, e [sumi, -iz] adj. - **1.** Disposé à l'obéissance : *Un fils soumis* (syn. docile ; contr. indiscipliné, récalcitrant). - **2.** Qui annonce la soumission : *Air soumis* (syn. humble ; contr. dominateur).

soumission [sumisjɔ̃] n.f. (lat. *submissio*). - **1.** Fait de se soumettre ; disposition à obéir : *La soumission de la Grèce à l'Empire ottoman. Un enfant d'une parfaite soumission* (syn. docilité, obéissance). - **2.** DR. Déclaration écrite par laquelle une entreprise s'engage à respecter le cahier des charges d'une adjudication au prix fixé par elle-même.

soupape [supap] n.f. (de *sous*, et de l'anc. fr. *paper* "manger"). - **1.** Obturateur dont le soulèvement et l'abaissement alternatifs permettent de régler le mouvement d'un fluide : *Soupape d'admission* (= entre collecteur et cylindre). *Soupape d'échappement* (= entre cylindre et échappement). - **2.** Soupape de sécurité, de sûreté, appareil de robinetterie destiné à limiter la pression d'un fluide à une valeur prédéterminée ; au fig., ce qui permet d'empêcher, d'éviter un bouleversement, ce qui sert d'exutoire : *Les larmes sont une soupape de sécurité.*

soupçon [supsɔ̃] n.m. (bas lat. *suspectionem*, accusatif de *suspectio*, class. *suspicio*, de *suspicere* "regarder de bas en haut"). - **1.** Opinion défavorable à l'égard de qqn, de son comportement, fondée sur des indices, des impressions, des intuitions, mais sans preuves précises : *De graves soupçons pèsent sur lui* (= il est suspect). *Un homme au-dessus de tout soupçon* (syn. suspicion). - **2.** Simple conjecture ; idée vague : *Je crois qu'il viendra mais ce n'est qu'un soupçon.* - **3.** Un soupçon de, une très faible quantité de : *Du thé avec un soupçon de lait* (= un nuage de lait).

soupçonner [supsɔne] v.t. - **1.** Avoir des soupçons sur qqn : *Soupçonner qqn de fraude* (syn. suspecter). - **2.** Conjecturer l'existence ou la présence de : *Je soupçonne une ruse de sa part* (syn. présumer, pressentir).

soupçonneux, euse [supsɔnø, -øz] adj. Enclin à soupçonner : *Un mari jaloux et soupçonneux* (syn. défiant, méfiant).

soupe [sup] n.f. (frq. *suppa*, de même famille que le gotique *supôn* "assaisonner"). - **1.** Potage ou bouillon épaissi avec des tranches de pain, des légumes. - **2.** FAM. Repas des soldats : *Aller à la soupe.* - **3.** FAM. Neige fondante : *Impossible de skier, c'est de la soupe.* - **4.** FAM. Gros plein de soupe, homme très gros (péjor.). ‖ FAM. Soupe au lait, se dit de qqn qui se met facilement en colère. ‖ Soupe populaire, institution de bienfaisance qui distribue des repas aux indigents. ‖ FAM. Trempé comme une soupe, très mouillé. - **5.** BIOL. Soupe primitive, milieu liquide complexe au sein duquel la vie serait apparue sur la Terre il y a environ 3,5 milliards d'années.

soupente [supɑ̃t] n.f. (de l'anc. v. *souspendre*, lat. *suspendere* "suspendre"). Réduit pratiqué dans la partie haute d'une pièce coupée en deux par un plancher.

1. **souper** [supe] n.m. (de 2. *souper*). - **1.** VX ou RÉGION. Repas du soir : *L'heure du souper* (syn. dîner). - **2.** Repas qu'on fait dans la nuit à la sortie d'un spectacle, au cours d'une soirée.

2. **souper** [supe] v.i. (de *soupe*). - **1.** Prendre le souper : *Souper en ville* (syn. dîner). - **2.** FAM. En avoir soupé, en avoir assez : *On en a soupé de vos reproches.*

soupeser [supəze] v.t. (de *sous* et *peser*) [conj. 19]. - **1.** Soulever qqch avec la main pour en estimer le poids : *Soupeser un colis.* - **2.** Évaluer : *Soupeser les inconvénients d'une affaire.*

soupière [supjɛʀ] n.f. Récipient creux et large avec couvercle pour servir la soupe, le potage.

soupir [supiʀ] n.m. (de *soupirer*). - **1.** Respiration forte et profonde occasionnée par la douleur, une émotion, etc. : *Un soupir de soulagement.* - **2.** MUS. Silence dont la durée correspond à celle d'une noire ; signe qui note ce silence. - **3.** LITT. Rendre le dernier soupir, mourir.

soupirail [supiʀaj] n.m. (de *soupirer* "exhaler", d'apr. le lat. *spiraculum*, de *spirare* "respirer") [pl. *soupiraux*]. Ouverture donnant un peu d'air et de lumière à un sous-sol.

soupirant [supiʀɑ̃] n.m. VIEILLI OU PAR PLAIS. Celui qui fait la cour à une femme.

soupirer [supiʀe] v.i. (lat. *suspirare*, de *spirare* "souffler"). - **1.** Pousser des soupirs exprimant la satisfaction ou le déplaisir, un état agréable ou pénible : *Soupirer de plaisir, d'ennui.* - **2.** LITT. Être amoureux : *Soupirer pour une jeune beauté.* ◆ v.t. Dire qqch avec des soupirs, dans un soupir : *C'est impossible, soupira-t-il.* ◆ v.t. ind. [**après**]. LITT. Désirer vivement, attendre avec impatience : *Soupirer après les honneurs* (syn. aspirer à).

souple [supl] adj. (lat. *supplex, supplicis* "suppliant"). - **1.** Qui se plie facilement : *Tige souple* (syn. flexible). - **2.** Qui donne une impression de légèreté, d'élasticité : *Démarche souple d'un félin.* - **3.** Qui a le corps flexible : *La gymnastique l'aide à rester souple* (syn. agile). - **4.** Accommodant ; complaisant ; capable de s'adapter : *Négociateur qui reste souple dans les pourparlers* (syn. conciliant).

souplement [suplǝmɑ̃] adv. De manière souple ; avec souplesse : *Se faufiler souplement* (syn. agilement).

souplesse [suples] n.f. Qualité de celui ou de ce qui est souple : *La souplesse d'un acrobate* (syn. agilité). *Manœuvrer avec souplesse* (syn. adresse, diplomatie).

souquer [suke] v.t. (prov. *souca* "serrer un nœud"). MAR. Raidir, serrer fortement : *Souquer un nœud, une amarre.* ◆ v.i. Tirer sur les avirons.

sourate [suʀat] n.f. (ar. *sūrat* "chapitre"). Chacun des chapitres du Coran.

source [suʀs] n.f. (l'anc. p. passé *sors, sours,* de *sourdre*). - **1.** Point d'émergence à la surface du sol de l'eau emmagasinée à l'intérieur : *Capter, exploiter une source. Source d'un cours d'eau.* □ L'eau d'infiltration revient au jour sous forme de source lorsque la couche imperméable sur laquelle elle coule affleure à l'air libre, à flanc de coteau par ex. -**2.** Principe, cause, origine de qqch : *La jalousie est une source de discordes. Trouver la source du mal pour pouvoir le combattre* (= son point de départ ; syn. racine). -**3.** Origine d'une information, d'un renseignement : *Ne pas révéler ses sources.* -**4.** Ce qui produit qqch : *Une source importante de revenus.* -**5.** Système qui peut fournir de façon permanente une énergie des particules : *Source de chaleur, de lumière. Source sonore.* -**6.** ÉLECTRON. Une des électrodes d'un transistor à effet de champ, souvent reliée à une masse. -**7.** Langue source, langue du texte que l'on traduit dans une autre langue (par opp. à *langue cible*). ‖ **Remonter à la source,** retrouver l'origine d'une affaire. ‖ **Retour aux sources,** action de revenir aux débuts, jugés plus purs, d'une doctrine. ‖ DR. FISC. **Retenue à la source,** système dans lequel l'impôt est prélevé sur le revenu avant le paiement de celui-ci.

sourcier, ère [suʀsje] n.m. Personne qui possède le don de découvrir les sources souterraines à l'aide d'une baguette, d'un pendule, etc.

sourcil [suʀsi] n.m. (lat. *supercilium*). -**1.** Saillie arquée, revêtue de poils, qui s'étend au-dessus de l'orbite de l'œil : *S'épiler les sourcils.* -**2.** Froncer les sourcils, témoigner du mécontentement, de la mauvaise humeur.

sourcilier, ère [suʀsilje, -ɛʀ] adj. Qui concerne les sourcils : *L'arcade sourcilière.*

sourciller [suʀsije] v.i. (de *sourcil*). Manifester par un mouvement des sourcils, du regard, sa perplexité ou son mécontentement : *Il a écouté sans sourciller.*

sourcilleux, euse [suʀsijø, -øz] adj. (lat. *superciliosus*). LITT. Qui fait preuve d'une exactitude, d'une minutie extrêmes, d'une exigence pointilleuse : *Un magistrat sourcilleux* (syn. vétilleux).

sourd, e [suʀ, suʀd] adj. et n. (lat. *surdus*). -**1.** Qui est privé du sens de l'ouïe ou chez qui la perception des sons est perturbée : *Avec l'âge, il devient sourd. Il est sourd comme un pot* (= extrêmement sourd). -**2.** Crier, frapper comme un sourd, crier, frapper de toutes ses forces. ‖ Faire la sourde oreille, faire semblant de ne pas entendre : *Il fait la sourde oreille pour ne pas être ennuyé.* ◆ adj. -**1.** Qui ne se laisse pas fléchir : *Sourd à la pitié* (syn. fermé, inaccessible). -**2.** Dont le son est étouffé, peu sonore : *Bruit sourd* (syn. amorti, assourdi). *Voix sourde* (syn. voilé ; contr. éclatant, retentissant). -**3.** Qui ne se manifeste pas nettement : *Douleur sourde* (contr. aigu). *Inquiétude sourde* (syn. vague). -**4.** Qui se fait secrètement : *De sourdes machinations* (syn.

clandestin). -**5.** Teinte sourde, teinte terne, peu éclatante. ‖ PHON. Consonne sourde, consonne non voisée (par opp. à *consonne sonore*) : [k], [t], [p] *sont des consonnes sourdes.* (On dit aussi *une sourde.*)

sourdement [suʀdəmã] adv. LITT. -**1.** Avec un bruit ou un son étouffé : *Le tonnerre grondait sourdement.* -**2.** D'une manière secrète et insidieuse : *Le doute s'insinuait sourdement dans les esprits* (syn. insidieusement).

sourdine [suʀdin] n.f. (it. *sordina*, de *sordo* "sourd"). -**1.** Dispositif permettant d'assourdir le son de certains instruments de musique : *La sourdine d'une trompette, d'un violon.* -**2.** En sourdine, sans bruit ; secrètement, à la dérobée : *Protester en sourdine. Négocier une affaire en sourdine.* ‖ FAM. Mettre une sourdine à, atténuer, modérer : *Mettre une sourdine à ses prétentions* (= les rabattre).

sourd-muet [suʀmɥɛ], **sourde-muette** [suʀdmɥɛt] n. (pl. *sourds-muets, sourdes-muettes*). Personne privée de l'ouïe et de la parole.

sourdre [suʀdʀ] v.i. (lat. *surgere*) [conj. 73 ; seul. à l'inf. et à la 3e pers. de l'ind. présent et imp.]. LITT. -**1.** Sortir de terre, en parlant de l'eau ; jaillir, en parlant d'un liquide, d'une lumière, d'un son : *L'eau sourd de tous côtés dans cette région.* -**2.** Se manifester peu à peu ; s'élever : *Le mécontentement commence à sourdre* (syn. surgir, poindre).

souriant, e [suʀjã, -ãt] adj. Qui sourit ; qui témoigne d'un caractère aimable : *Un visage souriant* (syn. gai).

souriceau [suʀiso] n.m. Petit d'une souris.

souricière [suʀisjɛʀ] n.f. -**1.** Piège pour prendre les souris. -**2.** Piège tendu par la police en un lieu précis où des malfaiteurs ou des suspects doivent se rendre : *Tendre, dresser une souricière.*

1. sourire [suʀiʀ] v.i. (lat. *subridere*, de *ridere* "rire") [conj. 95]. Avoir un sourire, le sourire : *Sourire malicieusement. Répondre en souriant.* ◆ v.t. ind. [à]. -**1.** Adresser un sourire : *Sourire à son interlocuteur.* -**2.** Être agréable à qqn, lui convenir : *Cette perspective ne me sourit guère* (syn. enchanter, plaire). -**3.** Être favorable à qqn : *La fortune sourit aux audacieux* (syn. favoriser).

2. sourire [suʀiʀ] n.m. (de *1. sourire*). -**1.** Expression rieuse, marquée par de légers mouvements du visage et, en partic., des lèvres, qui indique le plaisir, la sympathie, l'affection, etc. : *Un sourire aimable, spirituel, moqueur.* -**2.** Avoir le sourire, laisser paraître sa satisfaction, être content de qqch : *Maintenant qu'il a réussi, il a le sourire.* ‖ Garder le sourire, rester de bonne humeur en dépit d'une situation malheureuse.

souris [suʀi] n.f. (lat. pop. *sorix, -icis,* class. *sorex, -icis*). - **1.** Petit mammifère rongeur dont l'espèce la plus commune, à un pelage gris. □ La souris peut avoir 4 à 6 portées annuelles, de 4 à 8 souriceaux chacune. - **2.** FAM. Jeune femme. - **3.** BOUCH. Muscle charnu qui tient à l'os du gigot, près de la jointure. - **4.** INFORM. Dispositif dont le déplacement manuel permet de désigner une zone sur un écran de visualisation. - **5.** Gris souris, se dit d'une couleur d'un gris proche de celui du pelage d'une souris.

sournois, e [suʀnwa, -waz] adj. et n. (probabl. de l'anc. prov. *sorn* "sombre"). Qui cache ce qu'il pense ; qui agit en dessous : *Un individu sournois* (syn. dissimulé, fourbe).
◆ adj. Qui dénote de la dissimulation : *Un air sournois* (syn. chafouin, doucereux, patelin).

sournoisement [suʀnwazmɑ̃] adv. De façon sournoise : *Attaquer qqn sournoisement* (syn. insidieusement).

sournoiserie [suʀnwazʀi] n.f. LITT. Caractère ou action d'une personne sournoise : *Enfant d'une sournoiserie inquiétante* (syn. dissimulation ; contr. franchise). *Attendons-nous à toutes les sournoiseries de sa part* (syn. fourberie).

sous [su] prép. (lat. *subtus* "dessous"). - **I.** Marque : - **1.** La position par rapport à ce qui est plus haut, qu'il y ait contact ou non : *Mettre un oreiller sous sa tête. S'asseoir sous un arbre.* - **2.** Une situation d'ordre géographique : *Sous telle latitude* (= à telle latitude). *Sous les tropiques* (= dans la zone tropicale). *Sous un climat pareil.* - **3.** L'inclusion dans un contenant : *Mettre une lettre sous enveloppe* (= dans une enveloppe). - **4.** La situation par rapport à une période historique donnée : *Sous Louis XIV.* - **5.** Une relation de subordination : *Avoir des hommes sous ses ordres.* - **6.** Une relation de dépendance : *Parler sous hypnose, sous la torture. On l'a mise sous cortisone. Agir sous l'emprise de la colère.* - **7.** La soumission à un contrôle extérieur : *Être conduit chez le juge sous bonne garde. Être sous observation, sous monitoring.* - **8.** Une manière, une condition : *Écrire sous un faux nom. Être libéré sous caution.* - **9.** Le point de vue : *Regarder un objet sous toutes ses faces.* - **10.** Un délai proche : *Sous peu. Sous huitaine.* - **II.** S'emploie en composition pour indiquer : - **1.** Une position inférieure : *Un sous-bois. Sous-cutané. Un sous-directeur.* - **2.** Un rapport de deuxième degré : *Sous-traiter. Sous-entendre.*

sous-alimentation [suzalimɑ̃tasjɔ̃] n.f. (pl. *sous-alimentations*). Insuffisance quantitative de l'apport alimentaire assez prolongée pour provoquer des troubles organiques ou fonctionnels : *Souffrir de sous-alimentation* (syn. malnutrition ; contr. suralimentation).

sous-alimenté, e [suzalimɑ̃te] adj. Qui souffre de sous-alimentation : *Des populations sous-alimentées.*

sous-alimenter [suzalimɑ̃te] v.t. Alimenter insuffisamment : *Sous-alimenter des prisonniers* (contr. suralimenter).

sous-bois [subwa] n.m. - **1.** Végétation qui pousse sous les arbres d'une forêt : *Arracher le sous-bois.* - **2.** Espace recouvert par les arbres d'une forêt : *Chemin qui s'enfonce dans le sous-bois.* - **3.** Dessin, peinture représentant l'intérieur d'une forêt : *Les sous-bois de l'école de Barbizon.*

sous-chef [suʃɛf] n.m. (pl. *sous-chefs*). Celui qui seconde le chef, qui dirige en son absence.

sous-continent [sukɔ̃tinɑ̃] n.m. (pl. *sous-continents*). Sous-continent indien, partie de l'Asie continentale située au sud de l'Himalaya.

sous-couche [sukuʃ] n.f. (pl. *sous-couches*). Première couche de peinture, de vernis, etc. sur une surface.

souscripteur [suskʀiptœʀ] n.m. - **1.** Celui qui souscrit un effet de commerce. - **2.** Celui qui prend part à une souscription.

souscription [suskʀipsjɔ̃] n.f. (lat. *subscriptio*). - **1.** Engagement pris de s'associer à une entreprise, d'acheter un ouvrage en cours de publication, etc. ; somme qui doit être versée par le souscripteur : *Dictionnaire vendu uniquement par souscription. Les souscriptions sont reçues par le trésorier.* - **2.** DR. Signature mise au bas d'un acte pour l'approuver : *Il ne manque que la souscription au bas du contrat.* - **3.** BOURSE. Participation à une augmentation de capital par appel au public, à une émission publique d'obligations. - **4.** Droit de souscription, privilège accordé à un actionnaire de participer par priorité à une augmentation de capital.

souscrire [suskʀiʀ] v.t. (lat. *subscribere,* propr. "écrire dessous") [conj. 99]. - **1.** DR. Revêtir un écrit de sa signature pour l'approuver : *Souscrire un pacte.* - **2.** S'engager à verser une certaine somme en contrepartie de qqch : *Souscrire un abonnement à une revue.* ◆ v.t. ind. [à]. - **1.** Donner son adhésion, son approbation à qqch : *Souscrire à une proposition* (syn. approuver). *Souscrire à un arrangement* (syn. accepter, consentir). - **2.** S'engager à contribuer financièrement à qqch, à prendre sa part d'une dépense commune : *Souscrire à la construction d'un monument. Souscrire pour 3 000 F.* - **3.** Prendre l'engagement d'acheter, moyennant un prix convenu, un ouvrage qui doit être publié : *Souscrire à une encyclopédie.*

sous-cutané, e [sukytane] adj. (pl. *sous-cutanés, es*). - **1.** Situé sous la peau : *Tumeur* *sous-cutanée.* - **2.** Qui se fait sous la peau ; hypodermique : *Une injection sous-cutanée* (on dit aussi *une sous-cutanée*).

sous-développé, e [sudevlɔpe] adj. et n. (pl. *sous-développés, es*). - **1.** Qui se trouve en deçà d'un niveau normal de développement : *L'infrastructure routière est sous-développée dans cette région.* - **2.** Se dit d'un pays dont les habitants ont un faible niveau de vie moyen en raison, notamm., de l'insuffisance de la production agricole, du faible développement de l'industrie et, fréquemment, d'une croissance démographique plus rapide que la progression du revenu national : *L'aide aux pays sous-développés.* (On dit aussi *pays en développement*).

sous-développement [sudevlɔpmã] n.m. (pl. *sous-développements*). Ensemble des caractères d'un pays sous-développé.

sous-directeur, trice [sudiʀɛktœʀ, -tʀis] n. (pl. *sous-directeurs, trices*). Personne qui dirige en second.

sous-dominante [sudɔminãt] n.f. (pl. *sous-dominantes*). mus. Quatrième degré d'une gamme diatonique, au-dessous de la dominante.

sous-effectif [suzefɛktif] n.m. (pl. *sous-effectifs*). Effectif inférieur à la normale.

sous-emploi [suzãplwa] n.m. (pl. *sous-emplois*). Emploi d'une partie seulement de la main-d'œuvre disponible : *Le sous-emploi est une des conséquences de la crise économique.*

sous-employer [suzãplwaje] v.t. (conj. 13). Employer de manière insuffisante : *Sous-employer le personnel, les équipements d'une entreprise* (syn. sous-utiliser).

sous-ensemble [suzãsãbl] n.m. (pl. *sous-ensembles*). math. Sous-ensemble (d'un ensemble), partie de cet ensemble.

sous-entendre [suzãtãdʀ] v.t. [conj. 73]. - **1.** Faire comprendre qqch sans le dire ; ne pas exprimer franchement et explicitement sa pensée : *Expliquez-moi ce que vous sous-entendez par ces paroles* (syn. insinuer). - **2.** Être sous-entendu, être implicite, ne pas être exprimé mais pouvoir être facilement supposé, rétabli : *Phrase où le verbe est sous-entendu.*

sous-entendu [suzãtãdy] n.m. (pl. *sous-entendus*). Ce qu'on fait comprendre sans le dire ; allusion souvent perfide : *Une lettre pleine de sous-entendus* (syn. insinuation).

sous-équipé, e [suzekipe] adj. (pl. *sous-équipés, es*). écon. Dont l'équipement est insuffisant : *Région sous-équipée.*

sous-équipement [suzekipmã] n.m. (pl. *sous-équipements*). écon. État d'une nation, d'une région sous-équipées : *Déplorer le sous-équipement hôtelier d'une région.*

sous-estimation [suzɛstimasjɔ̃] n.f. (pl. *sous-estimations*). Action de sous-estimer ; fait d'être sous-estimé : *La sous-estimation d'un titre de Bourse* (syn. sous-évalution).

sous-estimer [suzɛstime] v.t. Apprécier au-dessous de sa valeur réelle : *Sous-estimer la capacité de résistance d'un adversaire* (syn. minimiser). *Sous-estimer un bien* (syn. sous-évaluer).

sous-évaluation [suzevalɥasjɔ̃] n.f. (pl. *sous-évaluations*). Action de sous-évaluer ; fait d'être sous-évalué : *La sous-évaluation d'une fortune* (syn. sous-estimation).

sous-évaluer [suzevalɥe] v.t. Évaluer qqch au-dessous de sa valeur : *Sous-évaluer un stock* (syn. sous-estimer.)

sous-exploitation [suzɛksplwatasjɔ̃] n.f. (pl. *sous-exploitations*). écon. Exploitation insuffisante : *La sous-exploitation d'un gisement, d'une région.*

sous-exploiter [suzɛksplwate] v.t. écon. Exploiter insuffisamment : *Mine sous-exploitée.*

sous-exposer [suzɛkspoze] v.t. phot. Exposer insuffisamment une émulsion photographique (par opp. à *surexposer*) : *Photo sous-exposée.*

sous-exposition [suzɛkspozisjɔ̃] n.f. (pl. *sous-expositions*). phot. Exposition insuffisante.

sous-famille [sufamij] n.f. (pl. *sous-familles*). biol. Niveau de la classification venant immédiatement après la famille.

sous-fifre [sufifʀ] n.m. (du fr. pop. *fifre* "maladroit", de *fifrelin* "chose sans valeur") [pl. *sous-fifres*]. fam. Personne qui occupe un emploi secondaire (péjor.) : *J'avais rendez-vous avec le directeur mais c'est un sous-fifre qui m'a reçu* (syn. subalterne).

sous-jacent, e [suʒasã, -ãt] adj. (de *sous* et du lat. *jacens, -entis*, de *jacere* "être étendu", d'apr. *adjacent*) [pl. *sous-jacents, es*]. - **1.** Qui est placé dessous : *Muscles sous-jacents.* - **2.** Caché : *Idées, sentiments sous-jacents* (syn. latent).

sous-lieutenant [suljøtnã] n.m. (pl. *sous-lieutenants*). Officier titulaire du premier grade de la hiérarchie dans les armées de terre et de l'air : *Le sous-lieutenant porte un seul galon à la couleur de son arme.*

sous-locataire [sulɔkatɛʀ] n. (pl. *sous-locataires*). Personne qui occupe un local en sous-location : *Le preneur est responsable des dégradations et pertes occasionnées par son sous-locataire.*

sous-location [sulɔkasjɔ̃] n.f. (pl. *sous-locations*). Action de sous-louer : *Prendre un appartement en sous-location.*

sous-louer [sulwe] v.t. - **1.** Donner à loyer la totalité ou une partie d'une maison ou d'un appartement dont on est le locataire principal. -**2.** Prendre à loyer du locataire principal une portion de maison ou d'appartement.

sous-main [sumɛ̃] n.m. inv. - **1.** Accessoire de bureau sur lequel on place la feuille de papier où l'on écrit. -**2.** En sous-main, en cachette, secrètement : *Négocier un avantage en sous-main.*

1. **sous-marin, e** [sumaʀɛ̃, -in] adj. (pl. *sous-marins, es*). - **1.** Qui est sous la mer : *Volcan sous-marin.* -**2.** Qui s'effectue sous la mer : *Navigation sous-marine.* -**3.** Chasse, pêche sous-marine, sport qui consiste à s'approcher sous l'eau, à la nage, du poisson et à le tirer avec un fusil à harpon.

2. **sous-marin** [sumaʀɛ̃] n.m. (pl. *sous-marins*). - **1.** Bâtiment de guerre conçu pour naviguer sous l'eau, de façon prolongée et autonome et pour combattre en plongée. -**2.** Tout bâtiment capable d'être immergé pour accomplir une mission de recherche ou de sauvetage. - **3.** FAM. Personne qui s'introduit dans une organisation pour espionner (syn. espion). -**4.** CAN. Morceau de pain long garni de charcuterie, de fromage, etc.

sous-marque [sumaʀk] n.f. (pl. *sous-marques*). Marque utilisée par un fabricant qui exploite par ailleurs une marque plus connue.

sous-médicalisé, e [sumedikalize] adj. (pl. *sous-médicalisés, es*). Se dit d'un pays ou d'une région où la densité médicale trop faible ne permet pas de répondre correctement aux besoins de la population sur le plan de la santé.

sous-ministre [suministʀ] n.m. (pl. *sous-ministres*). CAN. Haut fonctionnaire qui seconde un ministre.

sous-multiple [sumyltipl] adj. et n.m. (pl. *sous-multiples*). - **1.** MATH. Se dit d'un nombre contenu un nombre entier de fois dans un autre nombre : *3 est le sous-multiple de 9.* -**2.** MÉTROL. Quotient d'une unité de mesure par une puissance entière, positive de 10 : *Le centimètre est un sous-multiple du mètre.*

sous-officier [suzɔfisje] n.m. (pl. *sous-officiers*). Militaire d'un corps intermédiaire entre celui des officiers et de la troupe (abrév. fam. *sous-off*).

sous-ordre [suzɔʀdʀ] n.m. (pl. *sous-ordres*). - **1.** Personne soumise aux ordres d'une autre : *Avoir affaire à un quelconque sous-ordre* (syn. subalterne). -**2.** BIOL. Niveau de la classification venant immédiatement après l'ordre.

sous-payer [supeje] v.t. [conj. 11]. Payer au-dessous du taux légal ou insuffisamment : *Être sous-payé.*

sous-peuplement [supœpləmɑ̃] n.m. (pl. *sous-peuplements*). Peuplement insuffisant eu égard aux ressources exploitées ou potentielles d'un pays (par opp. à *surpeuplement*).

sous-préfecture [supʀefɛktyʀ] n.f. (pl. *sous-préfectures*). - **1.** Subdivision de département administrée par un sous-préfet. -**2.** Ville où réside le sous-préfet. - **3.** Ensemble des services de l'administration sous-préfectorale.

sous-préfet [supʀefɛ] n.m. (pl. *sous-préfets*). Fonctionnaire, représentant de l'État dans l'arrondissement. □ Le grade de sous-préfet donne vocation à occuper des fonctions de secrétaire général de la préfecture ou de directeur du cabinet du préfet.

sous-préfète [supʀefɛt] n.f. (pl. *sous-préfètes*). - **1.** Femme d'un sous-préfet. -**2.** Femme sous-préfet.

sous-produit [supʀɔdɥi] n.m. (pl. *sous-produits*). - **1.** Produit dérivé d'un autre. -**2.** Mauvaise imitation ; produit de qualité médiocre : *Certains musiciens considèrent le rock comme un sous-produit du jazz.* -**3.** Corps obtenu accessoirement dans une préparation chimique industrielle ou comme résidu d'une extraction : *La paraffine est un des nombreux sous-produits du pétrole.*

sous-programme [supʀɔgʀam] n.m. (pl. *sous-programmes*). INFORM. Séquence d'instructions réalisant une fonction particulière, conçue pour être utilisée dans différents programmes (syn. procédure, routine).

sous-prolétariat [supʀɔletaʀja] n.m. (pl. *sous-prolétariats*). Couche sociale de travailleurs surexploités, disposant génér. de conditions de vie et de logement très insuffisantes, et souvent constituée d'immigrés.

soussigné, e [susiɲe] adj. et n. (du lat. *subsignare* "inscrire au bas, à la suite"). Qui a mis son nom au bas d'un acte : *Le soussigné. Les témoins soussignés. Je soussignée X déclare...*

sous-sol [susɔl] n.m. (pl. *sous-sols*). - **1.** Couche immédiatement au-dessous de la terre végétale : *Un sous-sol sablonneux.* -**2.** Partie ou ensemble des couches géologiques d'une région : *Les richesses du sous-sol.* -**3.** Étage souterrain ou partiellement souterrain d'un bâtiment : *La voiture est garée au troisième sous-sol.*

sous-tasse [sutas] n.f. (pl. *sous-tasses*). Soucoupe. (On écrit parfois *soutasse*.)

sous-tendre [sutɑ̃dʀ] v.t. (lat. *subtendere*) [conj. 73]. - **1.** GÉOM. Être la corde d'un arc de courbe. -**2.** Être à l'origine, à la base de qqch : *Les principes qui sous-tendent une théorie.*

sous-titrage [sutitʀaʒ] n.m. (pl. *sous-titrages*). CIN. Action de sous-titrer ; ensemble des sous-titres d'un film.

sous-titre [sutitʀ] n.m. (pl. *sous-titres*). - **1.** Titre placé après le titre principal d'un livre, d'une publication, etc. : « *La Nouvelle Héloïse* » *est le sous-titre de « Julie » de J.-J. Rousseau.* - **2.** CIN. Traduction des dialogues d'un film en version originale, qui paraît au bas de l'image sur l'écran : *Je n'arrive pas à lire les sous-titres.*

sous-titrer [sutitʀe] v.t. Mettre un sous-titre, des sous-titres à : *Sous-titrer un article de revue, un film.*

soustractif, ive [sustʀaktif, -iv] adj. MATH. Relatif à la soustraction : *Signe soustractif. Méthode soustractive.*

soustraction [sustʀaksjɔ̃] n.f. (lat. *substractio*). - **1.** DR. Prise de possession d'une chose contre le gré et à l'insu de son détenteur légitime. - **2.** MATH. Opération notée – (moins), inverse de l'addition, qui, deux nombres *a* et *b* étant donnés, consiste à trouver un nombre *c*, nommé différence, tel que $a = b + c$.

soustraire [sustʀɛʀ] v.t. (lat. *subtrahere*) [conj. 112]. - **1.** Retrancher une quantité d'une autre, en faire la soustraction : *Si l'on soustrait 50 de 120, on obtient 70* (syn. retirer, déduire). - **2.** Prendre qqch, l'enlever de qqch, génér. au moyen de moyens irréguliers : *Soustraire une pièce d'un dossier* (syn. dérober, détourner). - **3.** LITT. Dérober qqch à qqn : *Le faux inspecteur lui a soustrait une somme considérable* (syn. voler). - **4.** LITT. Faire échapper qqn à qqch, lui permettre d'y échapper : *Rien ne peut vous soustraire à cette obligation* (syn. dispenser de). - **5.** LITT. Soustraire qqn, qqch aux regards, à la vue, les cacher, les placer pour qu'ils ne soient pas vus : *Enfermer une lettre pour la soustraire aux regards indiscrets.* ◆ **se soustraire** v. pr. [à] Refuser de se soumettre à, de comparaître : *Se soustraire à la justice, à la loi.*

sous-traitance [sutʀɛtɑ̃s] n.f. [pl. *sous-traitances*]. Exécution, par un artisan ou un industriel, d'une fabrication ou d'un traitement de pièces pour le compte d'un autre industriel : *Travailler en sous-traitance.*

sous-traitant [sutʀɛtɑ̃] n.m. [pl. *sous-traitants*]. Entrepreneur qui fait de la sous-traitance : *Faire appel à un sous-traitant.*

sous-traiter [sutʀɛte] v.t. Confier à un sous-traitant tout ou partie d'un marché primitivement conclu par un autre : *Sous-traiter la construction d'une école.*

sous-utiliser [suzytilize] v.t. Utiliser de façon insuffisante : *Sous-utiliser un local* (syn. sous-employer). *Ses compétences sont sous-utilisées.*

sous-ventrière [suvɑ̃tʀijɛʀ] n.f. [pl. *sous-ventrières*]. Courroie attachée aux deux limons d'une voiture ou d'une charrette, et qui passe sous le ventre du cheval.

sous-verre [suvɛʀ] n.m. inv. Ensemble constitué d'une image (gravure, dessin, photographie) placée entre une plaque de verre et un carton.

sous-vêtement [suvɛtmɑ̃] n.m. (pl. *sous-vêtements*). Pièce de lingerie ou de bonneterie que l'on porte sous les vêtements (slip, maillot de corps, soutien-gorge).

soutane [sutan] n.f. (it. *sottana* "vêtement de dessous", de *sotto* "sous"). Vêtement long en forme de robe, porté par les ecclésiastiques.

soute [sut] n.f. (anc. prov. *sota*, du lat. pop. *sobta*, class. *subtus* "sous"). - **1.** Compartiment fermé de l'entrepont et des cales d'un navire, servant à contenir du matériel, du combustible, des munitions ou des vivres : *Soute à voiles.* - **2.** Compartiment réservé au fret ou aux bagages, aménagé dans le fuselage d'un avion : *Soute à bagages.* ◆ **soutes** n.f. pl. Combustibles liquides pour les navires.

soutenable [sutnabl] adj. - **1.** Qui peut être supporté, enduré : *Des scènes de violence difficilement soutenables* (syn. supportable). - **2.** Qui peut se soutenir par de bonnes raisons : *Opinion soutenable* (syn. défendable).

soutenance [sutnɑ̃s] n.f. Action de soutenir une thèse, un mémoire : *Assister à une soutenance.*

soutènement [sutɛnmɑ̃] n.m. (de *soutenir*). - **1.** Action de soutenir les parois d'une excavation ; dispositif de soutien : *Pilier qui sert de soutènement* (syn. contrefort). - **2.** Mur de soutènement, ouvrage résistant à la poussée des terres ou des eaux : *Mur de soutènement séparant la plage de la promenade* (= épaulement).

souteneur [sutnœʀ] n.m. (de *soutenir*). Individu qui vit de la prostitution de filles qu'il prétend protéger (syn. proxénète).

soutenir [sutniʀ] v.t. (lat. pop. *sustenire*, class. *sustinere*) [conj. 40]. - **1.** Maintenir dans une position grâce à un support, servir de support, d'appui à : *Piliers qui soutiennent une voûte* (syn. supporter). - **2.** Maintenir qqn debout, l'empêcher de tomber, de s'affaisser : *Deux personnes le soutenaient pour marcher* (syn. porter, tenir). - **3.** Empêcher qqn, un organe de s'affaiblir, de défaillir : *Ce médicament est destiné à soutenir le cœur* (syn. stimuler, remonter). - **4.** Procurer une aide, un réconfort, etc., à qqn : *Soutenir le moral de qqn* (= l'encourager). *Soutenir qqn dans les épreuves* (syn. épauler, assister). - **5.** Agir pour maintenir qqch à un certain niveau, empêcher de faiblir : *Soutenir le franc, l'économie* (syn. stimuler). *Soutenir l'intérêt de ses lecteurs* (syn. attiser, exciter). *Soutenir son effort.* - **6.** Appuyer, défendre : *Parti qui soutient le gouver-*

nement. - **7.** Renforcer une enchère du partenaire, aux cartes. - **8.** Affirmer une opinion : *Je soutiens qu'il se trompe* (syn. prétendre). - **9.** Résister sans faiblir à : *Soutenir les assauts de l'ennemi.* - **10.** Soutenir la comparaison avec qqn, qqch, ne pas leur être inférieur : *Pension de famille qui soutient la comparaison avec les meilleurs hôtels.* ‖ Soutenir le regard de qqn, le regarder dans les yeux sans se laisser intimider. ‖ Soutenir une thèse, un mémoire, les exposer devant un jury. ◆ **se soutenir** v.pr. - **1.** Se maintenir en position d'équilibre dans l'air, dans l'eau : *Se soutenir dans l'eau grâce à une bouée.* - **2.** Se maintenir au même degré, conserver son niveau : *Un film dont l'intérêt se soutient du début à la fin.* - **3.** Être affirmé valablement : *Un point de vue qui peut se soutenir* (syn. se défendre). - **4.** Se prêter une mutuelle assistance : *Se soutenir dans l'adversité* (syn. s'entraider).

soutenu, e [sutny] adj. (p. passé de *soutenir*). - **1.** Qui ne se relâche pas : *Intérêt soutenu* (syn. constant). *Travail soutenu* (syn. assidu). *Efforts soutenus.* - **2.** Qui présente une certaine intensité, en parlant d'une couleur : *Un bleu soutenu* (syn. vif). - **3.** Langue soutenue, niveau de langue caractérisé par une certaine recherche dans le choix des mots et la syntaxe. ‖ Style soutenu, constamment noble, élevé, élégant (contr. familier).

1. souterrain, e [suteRɛ̃, -ɛn] adj. (de *terre*, d'apr. le lat. *subterraneus*). - **1.** Sous terre : *Abri souterrain.* - **2.** Qui se trame secrètement : *Menées souterraines* (syn. caché).

2. souterrain [suteRɛ̃] n.m. (de *1. souterrain*). Couloir, galerie qui s'enfonce sous terre ; ouvrage construit au-dessous du niveau du sol pour livrer passage à une voie de communication ou à une galerie d'amenée ou d'évacuation des eaux. (On dit aussi *un tunnel.*)

soutien [sutjɛ̃] n.m. (de *soutenir*). - **1.** Action de soutenir qqn, qqch : *Nous vous apporterons notre soutien* (syn. appui, protection). *Mesures de soutien à l'économie* (syn. aide). - **2.** Personne, groupe qui soutient qqn, un groupe : *C'est un des plus sûrs soutiens du gouvernement* (syn. pilier, défenseur). - **3.** Ce qui soutient qqch : *Cette colonne est le soutien de la voûte* (syn. support). - **4.** DR. Soutien de famille, personne qui assure la subsistance matérielle de sa famille.

soutien-gorge [sutjɛ̃gɔRʒ] n.m. (pl. *soutiens-gorge*). Pièce de lingerie féminine servant à maintenir la poitrine.

soutier [sutje] n.m. (de *soute*). Matelot qui était chargé d'alimenter en charbon les chaufferies d'un navire.

soutirage [sutiRaʒ] n.m. Action de soutirer.

soutirer [sutiRe] v.t. (de *sous* et *tirer*). - **1.** Transvaser doucement du vin, un liquide ou un gaz d'un récipient dans un autre : *Soutirer du vin, du cidre pour le clarifier. Soutirer du gas-oil.* - **2.** Obtenir par ruse ou par adresse : *Soutirer de l'argent à qqn* (syn. extorquer).

soutra n.m. → **sutra.**

souvenance [suvnɑ̃s] n.f. (de *se souvenir*). LITT. Avoir souvenance de qqch, en avoir le souvenir : *Je n'ai pas vu ce film, du moins je n'en ai pas souvenance.*

souvenir [suvniR] n.m. (de *se souvenir*). - **1.** Survivance dans la mémoire d'une sensation, d'une impression, d'une idée, d'un événement passés : *Un souvenir vague, confus* (syn. réminiscence). - **2.** Ce qui rappelle la mémoire de qqn ou d'un événement : *Acceptez ce bijou comme souvenir ou en souvenir.* - **3.** Petit objet vendu aux touristes sur les lieux particulièrement visités : *Boutique de souvenirs.* - **4.** Veuillez me rappeler au bon souvenir de (qqn), formule de politesse par laquelle on prie son interlocuteur de transmettre à qqn l'expression de sa sympathie.

se souvenir [suvniR] v.pr. [**de**] (lat. *subvenire* "se présenter à l'esprit") [conj. 40]. - **1.** Avoir présent à l'esprit une image liée au passé : *Souvenez-vous de vos promesses* (syn. se rappeler). *Se souvenir d'une histoire* (syn. se remémorer). - **2.** Je m'en souviendrai, je me vengerai, on me le paiera. ◆ v. impers. LITT. Revenir à la mémoire : *Vous souvient-il de nos jeux d'autrefois ?*

souvent [suvɑ̃] adv. (lat. *subinde* "aussitôt"). - **1.** Plusieurs fois en peu de temps ; de manière répétée : *Elle vient souvent* (syn. fréquemment ; contr. rarement). - **2.** D'ordinaire, dans de nombreux cas : *C'est souvent ce qui arrive quand on roule trop vite* (syn. généralement).

1. souverain, e [suvRɛ̃, -ɛn] adj. (lat. médiév. *superanus*, du class. *super* "dessus"). - **1.** LITT. Qui atteint le plus haut degré : *Un bonheur souverain* (syn. suprême). *Un souverain mépris* (syn. extrême). - **2.** Qui exerce un pouvoir suprême : *Le peuple est souverain dans une démocratie.* - **3.** Qui n'est susceptible d'aucun recours : *Jugement souverain.* - **4.** Remède souverain, dont l'efficacité est certaine, infaillible.

2. souverain, e [suvRɛ̃, -ɛn] n. (de *1. souverain*). Personne qui exerce le pouvoir suprême : *Le souverain d'une nation* (syn. monarque, roi, empereur).

souverainement [suvRɛnmɑ̃] adv. - **1.** Au plus haut point : *Livre souverainement ennuyeux* (syn. suprêmement, extrêmement). - **2.** Sans appel ; avec un pouvoir souverain : *Décider, juger souverainement.*

souveraineté [suvʀɛnte] n.f. (de *souverain*).
- **1.** Autorité suprême : *Souveraineté du peuple.*
- **2.** Pouvoir suprême reconnu à l'État, qui implique l'exclusivité de sa compétence sur le territoire national et son indépendance dans l'ordre international où il n'est limité que par ses propres engagements : *État qui défend sa souveraineté* (syn. autonomie).
- **3.** Souveraineté nationale, principe du droit public français selon lequel la souveraineté, jadis exercée par le roi, l'est aujourd'hui par l'ensemble des citoyens.

soviet [sɔvjɛt] n.m. (mot russe "conseil").
- **1.** HIST. Assemblée des délégués élus, en Russie, puis en U. R. S. S. - **2.** Soviet suprême, organe supérieur du pouvoir d'État en U. R. S. S., ainsi que dans chacune des Républiques qui la constituaient, et auj. dans certains États issus de son démembrement.

soviétique [sɔvjetik] adj. et n. HIST. Relatif aux soviets, à l'U. R. S. S. : *L'économie soviétique.*

soviétologue [sɔvjetɔlɔg] n. Spécialiste de l'Union soviétique.

sovkhoze ou **sovkhoz** [sɔvkoz] n.m. (abrév. des mots russes *sov[ietskoïé]* "soviétique" *khoz[iaïstvo]* "économie"). HIST. Grande exploitation agricole d'État, en U. R. S. S.

soyeux, euse [swajø, -øz] adj. Fin et doux au toucher comme de la soie : *Cheveux soyeux.*
◆ **soyeux** n.m. Industriel travaillant la soie ou négociant en soieries, à Lyon.

spacieusement [spasjøzmɑ̃] adv. De façon spacieuse : *Être logé spacieusement* (contr. petitement).

spacieux, euse [spasjø, -øz] adj. (lat. *spatiosus*, de *spatium* "espace"). Vaste ; où l'on dispose de beaucoup d'espace : *Maison spacieuse* (syn. grande).

spadassin [spadasɛ̃] n.m. (it. *spadaccino*, de *spada* "épée"). - **1.** VX. Amateur de duels. - **2.** LITT. Tueur à gages.

spaghetti [spageti] n.m. (mot it., dimin. de *spago*, bas lat. *spacus* "petite ficelle") [pl. *spaghettis* ou inv.]. Pâte alimentaire de semoule de blé dur, déshydratée et présentée sous forme de longs bâtonnets pleins.

spahi [spai] n.m. (turc *sipahi* "cavalier"). Cavalier de l'armée française appartenant à un corps créé en 1834 en Algérie, avec un recrutement en principe autochtone. □ Ce corps fut dissous en 1962.

sparadrap [spaʀadʀa] n.m. (lat. médiév. *sparadrapum*, d'orig. obsc.). Bande de tissu ou de matière plastique, dont une face est enduite de substance adhésive, et qui est destinée à maintenir en place de petits pansements.

spart ou **sparte** [spaʀt] n.m. (lat. *spartum*, du gr.). Graminée telle que l'alfa, dont les feuilles sont utilisées, après rouissage, en sparterie.

spartakisme [spaʀtakism] n.m. (all. *Spartakusbund* "groupe Spartacus", du n. du chef des esclaves romains.). Mouvement socialiste, puis communiste, allemand dirigé par Karl Liebknecht et Rosa Luxemburg de 1914-1916 à 1919, qui réunit des éléments minoritaires de la social-démocratie, et qui fut finalement vaincu en janvier 1919 par les forces conservatrices. ◆ **spartakiste** adj. et n. Relatif au spartakisme ; partisan de ce mouvement.

sparterie [spaʀtəʀi] n.f. (de *spart[e]*). Ouvrage, tel que corde, natte, tapis, panier, etc., tressé en spart ; fabrication de ces objets.

spartiate [spaʀsjat] adj. et n. (lat. *spartiates*, de *Sparta* "Sparte"). - **1.** De Sparte. - **2.** Qui rappelle la rigueur, l'austérité des coutumes de Sparte : *Une éducation spartiate* (syn. ascétique). ◆ n.f. Sandale à lanières.

spasme [spasm] n.m. (lat. *spasmus*, gr. *spasmos*, de *span* "contracter"). Contraction pathologique des muscles et, spécial., des muscles lisses : *Avoir des spasmes de l'estomac.*

spasmodique [spasmɔdik] adj. (angl. *spasmodic*, gr. *spasmôdês*). Relatif au spasme ; qui a les caractères du spasme : *Agité d'un rire spasmodique* (syn. convulsif).

spasmophilie [spasmɔfili] n.f. Affection caractérisée par un état d'extrême excitabilité nerveuse et musculaire se manifestant par des crampes, des fourmillements, des crises d'agitation et des malaises. ◆ **spasmophile** adj. et n. Atteint de spasmophilie.

spath [spat] n.m. (mot all.). Nom de divers minerais pierreux à structure lamellaire et cristalline.

spatial, e, aux [spasjal, -o] adj. (du lat. *spatium*). - **1.** Qui se rapporte à l'espace, à l'étendue : *La perception spatiale.* - **2.** Qui se rapporte à l'espace interplanétaire ou intersidéral : *Recherche spatiale. Vaisseau spatial.*

spationaute [spasjonot] n. Astronaute.

spatio-temporel, elle [spasjotɔpɔʀɛl] adj. (pl. *spatio-temporels, elles*). Relatif à la fois à l'espace et au temps.

spatule [spatyl] n.f. (lat. *spatula*). - **1.** Instrument de métal, de bois, etc., en forme de petite pelle : *Faire un raccord de plâtre avec une spatule.* - **2.** Partie antérieure et recourbée du ski. - **3.** Oiseau échassier à bec élargi, qui niche sur les côtes ou dans les roseaux. □ Long. 80 cm.

speaker, speakerine [spikœʀ, spikʀin] n. (mot angl.). Personne qui annonce les programmes, les nouvelles à la radio, à la télévision (syn. annonceur, présentateur).

spécial, e, aux [spesjal, -o] adj. (lat. *specialis*, propr. "relatif à l'espèce", de *species* "espèce"). **- 1.** Particulier à une espèce de personnes ou de choses, approprié à un but : *Formation spéciale. Train spécial.* **- 2.** Qui constitue une exception : *Faveur spéciale* (syn. extraordinaire). **- 3.** Qui n'est pas commun, bizarre : *Une mentalité un peu spéciale* (syn. singulier). ◆ **spéciale** n.f. **- 1.** Huître plus grasse qu'une fine de claire, en raison d'un plus long séjour en claire (plusieurs mois). **- 2.** Dans un rallye automobile, épreuve sur parcours imposé.

spécialement [spesjalmɑ̃] adv. De façon spéciale : *Elle est venue spécialement pour te voir* (syn. exprès). *Il s'intéresse spécialement à la peinture* (syn. particulièrement).

spécialisation [spesjalizasjɔ̃] n.f. Action de spécialiser ; fait de se spécialiser : *La recherche scientifique exige une grande spécialisation.*

spécialisé, e [spesjalize] adj. **- 1.** Limité à une spécialité ; affecté à un travail déterminé : *Entreprise spécialisée dans le nettoyage de bureaux.* **- 2.** Centre hospitalier spécialisé (C. H. S.), en France, désignation officielle de l'hôpital psychiatrique.

spécialiser [spesjalize] v.t. (de *spécial*). **- 1.** Rendre compétent dans un domaine déterminé, rendre apte à un métier, à un travail particulier : *Spécialiser des médecins dans une certaine branche.* **- 2.** Restreindre le domaine d'action d'une activité, d'une entreprise tout en les rendant plus performantes : *Spécialiser les usines d'une région.* ◆ **se spécialiser** v.pr. Se consacrer à une branche déterminée, à un domaine particulier : *Se spécialiser en pédiatrie.*

spécialiste [spesjalist] n. et adj. **- 1.** Personne qui a des connaissances théoriques ou pratiques dans un domaine précis : *Il faut demander à un spécialiste d'informatique* (syn. technicien). **- 2.** Médecin qui se consacre à une discipline médicale ou aux maladies d'un système, d'un organe en particulier (par opp. à *généraliste*).

spécialité [spesjalite] n.f. (bas lat. *specialitas*, du class. *specialis* "particulier"). **- 1.** Activité à laquelle on se consacre particulièrement ; ensemble des connaissances approfondies acquises dans une branche déterminée : *Se cantonner dans sa spécialité* (syn. branche, domaine, partie). *Spécialité médicale* (= celle exercée par un spécialiste). **- 2.** Produit caractéristique d'une région, d'un restaurant, etc. : *Le cassoulet est une spécialité toulousaine.* **- 3.** PHARM. Médicament préparé à l'avance, présenté sous une dénomination particulier, caractérisé par une dénomination spéciale et enregistré au ministère de la Santé. **- 4.** FAM. Manie particulière de qqn : *Il a la*

spécialité de ne jamais arriver à l'heure (syn. caractéristique, particularité).

spécieusement [spesjøzmɑ̃] adv. De façon spécieuse : *Argumenter spécieusement* (syn. fallacieusement).

spécieux, euse [spesjø, -øz] adj. (lat. *speciosus*, de *species* "aspect"). Qui n'a qu'une apparence de vérité, sans valeur : *Raisonnement spécieux* (syn. captieux, fallacieux).

spécification [spesifikasjɔ̃] n.f. (lat. scientif. *specificatio*). **- 1.** Action de déterminer spécifiquement qqch : *Sans spécification d'heure ni de date* (syn. détermination, précision). **- 2.** Définition des caractéristiques essentielles (qualité, dimensions, etc.) que doit avoir une marchandise, une construction, un matériel, etc.

spécificité [spesifisite] n.f. Caractère spécifique : *La notice précise la spécificité du médicament.*

spécifier [spesifje] v.t. (bas lat. *specificare*, du class. *species* "espèce" [conj. 9]). Exprimer, déterminer de manière précise : *J'avais bien spécifié que je voulais le modèle vert* (syn. indiquer, mentionner, préciser).

spécifique [spesifik] adj. (bas lat. *specificus*, du class. *species* "espèce"). **- 1.** Qui appartient en propre à une espèce, à une chose : *Les qualités spécifiques de la laine* (syn. particulier, propre). *Une odeur spécifique* (syn. caractéristique). **- 2.** BIOL. Nom spécifique, nom latin propre à une seule espèce à l'intérieur du genre.

spécifiquement [spesifikmɑ̃] adv. De façon spécifique : *Un comportement spécifiquement anarchiste* (syn. typiquement).

spécimen [spesimɛn] n.m. (lat. *specimen*). **- 1.** Être ou objet qui donne une idée de l'espèce, de la catégorie dont il fait partie : *Ce cheval est un beau spécimen de la race percheronne* (syn. échantillon). *Maison qui est un spécimen de l'architecture de la Renaissance* (syn. modèle, type). **- 2.** Exemplaire d'un livre, d'une revue offert gratuitement : *Envoi d'un spécimen sur simple demande.*

spectacle [spɛktakl] n.m. (lat. *spectaculum*, de *spectare* "regarder"). **- 1.** Ce qui se présente au regard, à l'attention, et qui est capable d'éveiller un sentiment : *Le quartier bombardé offrait un spectacle de désolation.* **- 2.** Représentation théâtrale, projection cinématographique, etc. : *La rubrique des spectacles dans un journal.* **- 3.** Ensemble des activités du théâtre, du cinéma, du music-hall, etc. : *L'industrie du spectacle.* **- 4.** À grand spectacle, se dit d'un film, d'une pièce, d'une revue qui mettent en œuvre d'importants moyens et dont la mise en scène est luxueuse. ‖ Se donner, s'offrir en spectacle, s'afficher en public, attirer l'attention sur soi.

spectaculaire [spɛktakylɛʀ] adj. Qui frappe l'imagination, qui fait sensation : *Accident spectaculaire* (syn. impressionnant). *Résultats spectaculaires* (syn. remarquable).

spectateur, trice [spɛktatœʀ, -tʀis] n. (lat. *spectator* "qui regarde"). - **1.** Témoin oculaire d'un événement, d'une action quelconque : *Être le spectateur d'un drame de la rue* (syn. témoin). - **2.** Personne qui assiste à un spectacle artistique, à une manifestation sportive, etc. : *Les spectateurs lui ont fait une ovation* (syn. auditoire, public).

spectral, e, aux [spɛktʀal, -o] adj. - **1.** Qui a le caractère d'un spectre, d'un fantôme : *Pâleur spectrale* (syn. fantomatique). - **2.** MATH. Qui se rapporte au spectre d'une matrice. - **3.** PHYS. Qui concerne un spectre lumineux.

spectre [spɛktʀ] n.m. (lat. *spectrum*, de *spectare* "regarder"). - **1.** Apparition fantastique et effrayante d'un mort : *Elle prétend avoir vu un spectre* (syn. fantôme, revenant). - **2.** FAM. Personne hâve et maigre : *Il a l'air d'un spectre depuis sa maladie* (syn. squelette). - **3.** Représentation effrayante d'une idée, d'un événement menaçant : *Le spectre de la guerre, du scandale* (syn. épouvantail). - **4.** PHYS. Ensemble des radiations résultant de la décomposition d'une lumière complexe et, plus génér., répartition de l'intensité d'une onde (acoustique, électromagnétique), d'un faisceau de particules, en fonction de la fréquence, de l'énergie. - **5.** MÉD. Ensemble des bactéries sensibles à un antibiotique. - **6.** MATH. Spectre d'une matrice, ensemble des valeurs propres de cette matrice.

spectrogramme [spɛktʀogʀam] n.m. Photographie d'un spectre lumineux.

spectrographe [spɛktʀogʀaf] n.m. Appareil servant à enregistrer les spectres lumineux sur une plaque photographique.

spectrographie [spɛktʀogʀafi] n.f. Étude des spectres lumineux à l'aide de spectrographes.

spectrographique [spɛktʀogʀafik] adj. Relatif à la spectrographie.

spectromètre [spɛktʀomɛtʀ] n.m. Appareil enregistrant et mesurant les spectres élément par élément à l'aide d'un détecteur photoélectrique et d'un système de mesure.

spectroscope [spɛktʀoskɔp] n.m. Appareil destiné à observer les spectres lumineux.

spectroscopie [spɛktʀoskɔpi] n.f. Étude des spectres lumineux.

spectroscopique [spɛktʀoskɔpik] adj. Relatif à la spectroscopie.

spéculaire [spekylɛʀ] adj. (lat. *specularis*, de *speculum* "miroir"). Relatif au miroir : *Image spéculaire.*

spéculateur, trice [spekylatœʀ, -tʀis] n. (lat. *speculator* "observateur"). Personne qui fait des spéculations commerciales ou financières.

spéculatif, ive [spekylatif, -iv] adj. (bas lat. *speculativus*). - **1.** Relatif à une spéculation commerciale ou financière : *Des manœuvres spéculatives.* - **2.** PHILOS. Qui a pour objet la connaissance pure, sans égard à l'action ou à la pratique : *Recherches spéculatives* (syn. abstrait, théorique).

spéculation [spekylasjɔ̃] n.f. (bas lat. *speculatio*). - **1.** Opération aléatoire fondée sur la prévision de l'évolution des cours boursiers ou commerciaux : *Se livrer à des spéculations hasardeuses.* - **2.** PHILOS. Recherche abstraite, construction abstraite ; théorie (par opp. à *pratique*).

spéculer [spekyle] v.i. (lat. *speculari* "observer"). - **1.** Faire des opérations financières ou commerciales sur des choses négociables, afin de tirer profit des variations de leurs cours : *Spéculer sur le sucre* (syn. boursicoter). - **2.** Compter sur qqch pour en tirer un avantage, pour parvenir à ses fins : *Spéculer sur la cupidité des hommes* (syn. tabler sur). - **3.** LITT. Réfléchir sur une question, en faire un objet de réflexion, d'étude : *Spéculer sur la destinée humaine* (syn. méditer, réfléchir).

spéculum [spekylɔm] n.m. (lat. *speculum* "miroir"). MÉD. Instrument servant à élargir certaines cavités du corps (vagin, conduit auditif) et à en faciliter l'examen.

speech [spitʃ] n.m. (mot angl.) [pl. *speechs* ou *speeches*]. FAM. Petit discours de circonstance : *Il a tenu à nous faire un speech* (syn. allocution).

spéléologie [speleolɔʒi] n.f. (de *spélé[o]-* et *-logie*). Science et sport qui ont pour objet l'étude et l'exploration des cavités naturelles du sous-sol, telles que les grottes, cavernes ou gouffres. ◆ **spéléologue** n. Nom du spécialiste.

spéléologique [speleolɔʒik] adj. Relatif à la spéléologie : *Expédition spéléologique.*

spencer [spɛsɛʀ] ou [spɛnsəʀ] n.m. (mot angl., du n. de *lord John Charles Spencer*, qui mit ce vêtement à la mode). Habit sans basques ou veste tailleur courte.

spermaceti [spɛʀmaseti] n.m. (lat. médiév. *spermaceti*, propr. "sperme de cétacé"). SC. Blanc de baleine.

spermatique [spɛʀmatik] adj. (lat. *spermaticus*, du gr.). - **1.** Relatif au sperme. - **2.** Cordon spermatique, ensemble du canal déférent et des veines et artères du testicule.

spermatozoïde [spɛʀmatozoid] n.m. (du gr. *sperma* "semence" et *zooeides* "semblable à un animal"). - **1.** BIOL. Gamète mâle de l'homme, des animaux et de certaines plantes, habituellement formé d'une tête, occupée par le noyau haploïde, et d'un flagelle, qui assure son déplacement. -**2.** Syn. de *anthérozoïde.*

sperme [spɛʀm] n.m. (bas lat. *sperma* "semence", mot gr.). Liquide émis par les glandes reproductrices mâles, et contenant les spermatozoïdes.

spermicide [spɛʀmisid] adj. et n.m. Se dit d'une substance qui, placée dans les voies génitales féminines, agit comme anticonceptionnel en détruisant les spermatozoïdes.

sphénoïde [sfenɔid] adj. et n.m. (du gr. *sphên* "coin" et de *-oïde*). Os sphénoïde ou sphénoïde, un des os de la tête, à la base du crâne.

sphère [sfɛʀ] n.f. (lat. *sphaera*, du gr.). -**1.** Surface fermée dont tous les points sont à la même distance d'un point intérieur appelé *centre* ; solide limité par la surface précédente : *La Terre a la forme d'une sphère* (syn. boule, globe). *Les sections planes d'une sphère sont des cercles.* -**2.** Domaine, milieu dans lequel s'exerce une activité, ou l'action, l'influence de qqn, de qqch : *Étendre la sphère des connaissances humaines* (syn. champ). *Les hautes sphères de la finance* (syn. cercle). -**3.** Sphère céleste, en astronomie, sphère imaginaire de rayon indéterminé, ayant pour centre l'œil de l'observateur et servant à définir la direction des astres indépendamment de leur distance. ‖ Sphère d'influence, région du globe sur laquelle une grande puissance s'est vu reconnaître par les autres, explicitement ou tacitement, des droits d'intervention particuliers.

sphéricité [sferisite] n.f. État de ce qui est sphérique.

sphérique [sferik] adj. -**1.** Qui a la forme d'une sphère : *Figure sphérique* (syn. rond). -**2.** MATH. Relatif à la sphère. -**3.** Calotte sphérique → *calotte.* ‖ Secteur sphérique, solide engendré par un secteur circulaire tournant autour d'un diamètre du cercle qui ne traverse pas le secteur. ‖ Segment sphérique, portion du volume de la sphère (solide) comprise entre deux parallèles. ‖ Triangle sphérique, triangle tracé sur la sphère, et dont les côtés sont des arcs de grands cercles.

sphincter [sfɛktɛʀ] n.m. (mot lat., du gr. *sphigtêr* "lien"). Muscle annulaire qui ferme ou resserre un orifice ou un canal naturel : *Le sphincter de l'anus.*

sphinx [sfɛks] n.m. (mot lat., du gr.). -**1.** Monstre mythique à corps de lion et à tête humaine, parfois pourvu d'ailes et préposé, dans l'Égypte pharaonique, à la garde des sanctuaires funéraires, sous forme de statue. □ Le mythe du sphinx passa ensuite en Grèce, où il était surtout rattaché à la légende d'Œdipe. -**2.** Personne énigmatique : *Garder une impassibilité de sphinx.* -**3.** Papillon nocturne dont les nombreuses espèces se nourrissent de plantes différentes (troène, liseron, etc.).

spi n.m. → *spinnaker.*

spider [spidɛʀ] n.m. (mot angl. "araignée"). Partie arrière d'une automobile à une seule banquette, se terminant génér. par un volume fermé de forme arrondie.

spin [spin] n.m. (mot angl.). PHYS. Grandeur physique caractéristique d'une particule élémentaire en rotation.

spinal, e, aux [spinal, -o] adj. (lat. *spinalis*, de *spina* "épine"). -**1.** ANAT. Relatif à la moelle épinière. -**2.** Nerf spinal, nerf crânien pair, moteur des muscles du cou, du larynx et du pharynx.

spinnaker [spinekœʀ] et **spi** [spi] n.m. (mot angl.). Grande voile triangulaire, légère et creuse, envoyée dans la marche au vent arrière et aux allures portantes.

spiral, e, aux [spiʀal, -o] adj. (lat. médiév. *spiralis*). DIDACT. Qui a la forme d'une spirale : *Un coquillage spiral.* ◆ **spiral** n.m. Petit ressort en spirale qui fait osciller à une fréquence constante le balancier d'une montre.

spirale [spiʀal] n.f. (de *spiral*). -**1.** Suite de circonvolutions : *Des spirales de fumée s'échappent de la cheminée* (syn. volute). -**2.** Montée rapide et irrésistible de phénomènes interactifs : *La spirale des prix et des salaires.* -**3.** MATH. Courbe plane décrivant des révolutions autour d'un point fixe en s'en éloignant. -**4.** Fil métallique hélicoïdal reliant les feuillets d'un cahier : *Cahier à spirale.*

spire [spiʀ] n.f. (lat. *spira*, du gr.). -**1.** Tour complet d'une spirale, d'une hélice : *Les spires d'un ressort.* -**2.** Partie élémentaire d'un enroulement électrique dont les extrémités sont, génér., très rapprochées l'une de l'autre. -**3.** Ensemble des tours d'une coquille enroulée, comme celle des gastropodes ; chacun de ces tours.

spirille [spiʀij] n.m. (lat. scientif. *spirillum*, du class. *spira* "spire"). BIOL. Nom générique d'une bactérie en forme de filaments allongés et contournés en spirale.

spirite [spiʀit] adj. et n. (de l'angl. *spirit[- rapper]* "esprit [frappeur]"). Relatif au spiritisme ; qui le pratique.

spiritisme [spiʀitism] n.m. (de *spirite*). Doctrine fondée sur l'existence et les manifestations des esprits, en partic. des esprits humains désincarnés ; pratique consistant à tenter d'entrer en communication avec ces esprits par le moyen de supports matériels inanimés (tables tournantes) ou de sujets en état de transe hypnotique (médiums).

spiritualisme [spiʀitɥalism] n.m. Philosophie qui considère l'esprit comme une réalité irréductible et première (par opp. à *matérialisme*). ◆ **spiritualiste** adj. et n. Qui relève du spiritualisme ; adepte de cette philosophie.

spiritualité [spiʀitɥalite] n.f. (lat. ecclés. *spiritualitas*). - **1.** Qualité de ce qui est esprit, de ce qui est dégagé de toute matérialité : *Spiritualité de l'âme* (syn. immatérialité). - **2.** Ce qui concerne la vie spirituelle (syn. mysticisme, piété).

spirituel, elle [spiʀitɥɛl] adj. (lat. ecclés. *spiritualis*, du class. *spiritus* "esprit"). - **1.** Qui est de l'ordre de l'esprit, de l'âme : *Vie spirituelle*. - **2.** Relatif au domaine de l'intelligence, de l'esprit, de la morale : *Valeurs spirituelles* (syn. intellectuel). - **3.** Relatif à la religion, à l'Église : *Pouvoir spirituel* (syn. religieux ; contr. temporel). - **4.** Qui a de la vivacité d'esprit, de la finesse, de l'intelligence : *Réponse spirituelle* (syn. fin, plaisant). *Elle est très spirituelle.* ◆ **spirituel** n.m. Le pouvoir spirituel (par opp. à *temporel*).

spirituellement [spiʀitɥɛlmɑ̃] adv. - **1.** Par l'esprit : *Communier spirituellement avec le prêtre* (syn. mentalement). - **2.** Avec esprit, humour : *Répondre spirituellement* (syn. finement).

spiritueux, euse [spiʀitɥø, -øz] adj. (du lat. *spiritus* "esprit"). Se dit d'une boisson qui contient un fort pourcentage d'alcool : *Le cognac et le whisky sont des boissons spiritueuses*. ◆ **spiritueux** n.m. Boisson spiritueuse : *Commerçant en vins et spiritueux.*

spirographe [spiʀɔgʀaf] n.m. (lat. scientif. *spirographis*). Ver marin construisant dans le sable vaseux un tube souple, d'où sort son panache branchial en hélice. □ Embranchement des annélides ; long. 30 cm.

spiroïdal, e, aux [spiʀɔidal, -o] adj. En forme de spirale : *Mouvement spiroïdal.*

spiromètre [spiʀɔmɛtʀ] n.m. (du lat. *spirare* "respirer"). Appareil servant à mesurer la capacité respiratoire des poumons.

spirorbe [spiʀɔʀb] n.m. (lat. scientif. *spirorbis*). Petit ver marin très abondant sur les côtes, où il construit un tube calcaire blanc, spiralé, de 2 mm de diamètre. □ Embranchement des annélides.

spleen [splin] n.m. (mot angl. "rate, humeur noire"). LITT. Vague à l'âme, état passager de dégoût de tout : *Les romantiques avaient le spleen* (syn. ennui, mélancolie).

splendeur [splɑ̃dœʀ] n.f. (lat. *splendor*, de *splendere* "resplendir"). - **1.** Magnificence,

éclat, luxe : *Splendeur d'un spectacle* (syn. féerie, somptuosité). - **2.** Chose splendide : *Les splendeurs de l'art antique* (syn. merveille). - **3.** LITT. Grand éclat de lumière : *La splendeur du Soleil* (syn. clarté, luminosité).

splendide [splɑ̃did] adj. (lat. *splendidus*). - **1.** Qui provoque l'admiration par son éclat, sa beauté : *Paysage splendide* (syn. magnifique, superbe). - **2.** D'un éclat lumineux : *Temps splendide* (syn. éblouissant, resplendissant).

splendidement [splɑ̃didmɑ̃] adv. Avec splendeur : *Palais splendidement décoré* (syn. magnifiquement, superbement).

splénique [splenik] adj. (lat. *splenicus*, de *splen* "rate"). ANAT. Qui concerne la rate.

splénomégalie [splenomegali] n.f. (v. *splénique*). PATHOL. Augmentation de volume de la rate.

spoiler [spɔjlœʀ] n.m. (mot angl. "aérofrein"). - **1.** AUTOM. Élément de carrosserie fixé sous le pare-chocs avant d'une automobile pour améliorer l'aérodynamisme du véhicule. - **2.** AVIAT. Volet escamotable placé sur l'extrados d'une aile, pour diminuer la portance.

spoliateur, trice [spɔljatœʀ, -tʀis] adj. et n. Qui spolie : *Des troupes spoliatrices* (syn. pillard).

spoliation [spɔljasjɔ̃] n.f. Action de spolier : *La spoliation d'un héritier* (syn. dépouillement, privation).

spolier [spɔlje] v.t. (lat. *spoliare*, de *spolia* "dépouilles") [conj. 9]. Dépouiller qqn de qqch par force ou par ruse : *Spolier un orphelin de son héritage* (syn. déposséder, frustrer).

spondée [spɔ̃de] n.m. (lat. *spondeus*, du gr.). MÉTR. ANC. Pied composé de deux syllabes longues.

spongiaire [spɔ̃ʒjɛʀ] n.m. (lat. *spongia* "éponge", du gr.). Spongiaires, embranchement du règne animal, appelé aussi *éponges*, constitué d'animaux aquatiques, presque toujours marins, très primitifs, vivant fixés et possédant des cellules à collerette qui créent un courant d'eau à travers leurs nombreux orifices.

spongieux, euse [spɔ̃ʒjø, -øz] adj. (lat. *spongiosus*). - **1.** Qui s'imbibe de liquide comme une éponge : *Sol spongieux*. - **2.** De la nature de l'éponge ; poreux : *Tissu anatomique spongieux.*

sponsor [spɔ̃sɔʀ] n.m. (mot angl.). [Anglic. déconseillé]. Commanditaire qui sponsorise la préparation d'un sportif, le déroulement d'une compétition, etc. (Recomm. off. *commanditaire.*)

sponsoring [spɔ̃sɔʀiŋ] ou **sponsorat** [spɔ̃sɔʀa] n.m. Activité d'un sponsor. (Recomm. off. *parrainage.*)

sponsoriser [spɔ̃sɔʀize] v.t. Financer, au moins partiellement (la préparation d'un sportif, une compétition, etc.), dans un but publicitaire. (Recomm. off. *commanditer* ou *parrainer*.)

spontané, e [spɔ̃tane] adj. (lat. *spontaneus*, de *spons, spontis* "volonté"). - **1.** Qui agit, qui se produit de soi-même, sans intervention extérieure : *Inflammation spontanée d'un combustible. Aveux spontanés* (syn. volontaire ; contr. dicté). - **2.** Qui agit, qui se produit sans calcul, sans détour : *Enfant spontané* (syn. direct, primesautier). *Geste spontané* (syn. instinctif, irréfléchi). - **3.** Génération spontanée → génération.

spontanéisme [spɔ̃taneism] n.m. Attitude ou doctrine qui privilégie la spontanéité dans l'action politique ou sociale. ◆ **spontanéiste** adj. et n. Relatif au spontanéisme ; qui en est partisan.

spontanéité [spɔ̃taneite] n.f. Caractère de qqn, qqch qui est spontané : *La spontanéité d'un enfant* (syn. franchise, naturel). *Il n'y a aucune spontanéité dans sa réponse* (syn. sincérité).

spontanément [spɔ̃tanemɑ̃] adv. De façon spontanée : *Spontanément, j'ai dit oui* (syn. instinctivement). *Il nous a aidés spontanément* (syn. librement, volontairement).

sporadique [spɔʀadik] adj. (gr. *sporadikos* "dispersé"). Qui existe çà et là, de temps à autre : *Grèves sporadiques* (syn. isolé). *Combats sporadiques* (syn. irrégulier). *Maladie sporadique* (par opp. *épidémique, endémique*).

sporadiquement [spɔʀadikmɑ̃] adv. De façon sporadique : *Maladie qui sévit sporadiquement.*

sporange [spɔʀɑ̃ʒ] n.m. (de *spore*, et du gr. *aggos* "vase"). BOT. Sac ou urne contenant les spores chez les fougères, les mousses, les moisissures, les algues, etc.

spore [spɔʀ] n.f. (gr. *spora* "semence"). Élément unicellulaire produit et disséminé par les végétaux, et dont la germination donne soit un nouvel individu (bactéries), soit une forme préparatoire à la reproduction sexuée (mousse, prothalle de fougère, mycélium de champignon, etc.). □ La spore mâle des plantes à fleurs est le *grain de pollen.*

sport [spɔʀ] n.m. (mot angl., de l'anc. fr. *desport* "amusement"). - **1.** Ensemble des exercices physiques se présentant sous forme de jeux individuels ou collectifs, pouvant donner lieu à compétition et pratiqués en observant certaines règles ; chacune des formes particulières de ces exercices : *Faire du sport. Il pratique plusieurs sports.* - **2.** FAM. C'est du sport, c'est un exercice difficile : *Mener une chose à bien avec lui,*

c'est du sport. ‖ FAM. **Il va y avoir du sport,** les choses vont mal tourner ; on risque d'en venir aux mains. - **3.** Sports de combat, où l'élimination de l'adversaire est recherchée par des coups ou des prises (boxe, judo, karaté, lutte, etc.). ‖ Sports d'hiver, sports de neige (ski, luge) ou de glace (patinage, hockey) ; vacances d'hiver en montagne, n'impliquant pas obligatoirement la pratique active de ces sports. ◆ adj. inv. - **1.** Se dit de chaussures, de vêtements d'un style confortable (par opp. à *habillé* ou *de ville*) : *Costume sport.* - **2.** Se dit d'une personne qui se comporte avec loyauté : *Se montrer très sport* (syn. fair-play, loyal).

sportif, ive [spɔʀtif, -iv] adj. - **1.** Qui concerne un sport, le sport : *Épreuve sportive.* - **2.** Qui manifeste de la sportivité : *Il a été très sportif* (syn. fair-play, loyal). ◆ n. Personne qui pratique un ou plusieurs sports.

sportivement [spɔʀtivmɑ̃] adv. Avec les qualités morales d'un sportif : *Les deux adversaires se serrèrent sportivement la main* (syn. loyalement).

sportivité [spɔʀtivite] n.f. Caractère sportif (syn. fair-play, loyauté).

sportswear [spɔʀtswɛʀ] n.m. (mot angl.). Ensemble des vêtements, des chaussures de style sport.

sporulation [spɔʀylasjɔ̃] n.f. BIOL. Reproduction par spores ; émission de spores.

spot [spɔt] n.m. (mot angl. "tache"). - **1.** Petit projecteur orientable assurant un éclairage localisé, en partic. d'un comédien, d'une partie de décor. - **2.** Tache lumineuse formée par le pinceau d'électrons sur l'écran d'un tube cathodique. - **3.** (Anglic. déconseillé). Message publicitaire : *Film interrompu par des spots.*

sprat [spʀat] n.m. (mot angl.). Poisson abondant dans la Manche et dans la mer du Nord, voisin du hareng, mais plus petit, et que l'on pêche pendant l'été. □ Famille des clupéidés ; long. 15 cm env.

spray [spʀɛ] n.m. (mot angl. "brouillard"). Aérosol obtenu avec une bombe de liquide sous pression (médicament, laque, produit ménager, lubrifiant, etc.).

springbok [spʀiŋbɔk] n.m. (mot néerl. "bouc sauteur"). Antilope commune en Afrique du Sud.

sprint [spʀint] n.m. (mot angl.). - **1.** Accélération d'un coureur à l'approche du but : *Se faire battre au sprint.* - **2.** Épreuve de vitesse sur une courte distance.

1. sprinter [spʀintœʀ] n.m. (de *sprint*). Coureur de vitesse sur petites distances ou capable de pointes de vitesse en fin d'une longue course.

2. **sprinter** [spʀinte] v.i. (de *sprint*). Augmenter sa vitesse en arrivant près du but.

spumeux, euse [spymø, -øz] adj. (lat. *spumosus*). Couvert, rempli d'écume : *Liquide spumeux* (syn. écumant).

squale [skwal] n.m. (lat. *squalus*). Requin, roussette.

squame [skwam] n.f. (lat. *squama* "écaille"). MÉD. Lamelle épidermique qui se détache de la peau.

squameux, euse [skwamø, -øz] adj. (lat. *squamosus*). MÉD. Couvert de squames ; caractérisé par des squames : *Éruption squameuse*.

square [skwaʀ] n.m. (mot angl. "carré", anc. fr. *esquarre, esquerre* "équerre"). Jardin public, génér. clôturé.

squash [skwaʃ] n.m. (mot angl., de *to squash* "écraser"). Sport, pratiqué en salle, opposant deux joueurs qui, placés côte à côte, se renvoient la balle avec une raquette, en la faisant rebondir sur les quatre murs.

squat [skwat] n.m. (mot angl.). Action de squatter un logement ; logement ainsi occupé.

1. **squatter** [skwatœʀ] n.m. (mot angl.). Personne sans abri qui occupe illégalement un logement vacant ou destiné à la destruction.

2. **squatter** [skwate] et **squattériser** [skwateʀize] v.t. Occuper un logement vide sans droit ni titre.

squaw [skwo] n.f. (mot angl.). Chez les Indiens de l'Amérique du Nord, femme mariée.

squeezer [skwize] v.t. (angl. *to squeeze* "presser"). Au bridge, obliger un adversaire à se défausser.

squelette [skəlɛt] n.m. (gr. *skeleton*, de *skeletos* "desséché"). - **1.** Charpente du corps, qui forme partie du corps de l'homme et des animaux : *Le squelette humain* (syn. ossature). *Squelette de la main*. - **2.** Ossature d'un bâtiment : *Squelette d'un hangar* (syn. carcasse, charpente). - **3.** FAM. Personne très maigre. - **4.** Charpente d'une œuvre, d'un discours réduits à l'essentiel : *Présenter le squelette de son exposé* (syn. canevas, plan, schéma).

squelettique [skəlɛtik] adj. - **1.** Relatif au squelette : *Pièces squelettiques*. - **2.** D'une extrême maigreur : *Jambes squelettiques* (syn. décharné, étique). - **3.** Très réduit, peu important : *Un exposé squelettique*.

stabat mater [stabatmatɛʀ] n.m. inv. (mots lat. "la Mère était debout"). Chant de la liturgie catholique composé au XIVᵉ s. sur les douleurs de la Vierge durant la Passion de Jésus, dont le texte a inspiré de nombreuses compositions musicales.

stabilisant, e [stabilizɑ̃, -ɑ̃t] adj. et n.m. Se dit d'une substance incorporée à une matière pour en améliorer la stabilité chimique.

stabilisateur, trice [stabilizatœʀ, -tʀis] adj. Qui stabilise : *L'élément stabilisateur d'une équipe* (syn. équilibrant). ◆ **stabilisateur** n.m. - **1.** Mécanisme, dispositif destiné à éviter ou à amortir des oscillations, notamm. sur un véhicule. - **2.** Chacun des plans fixes formant l'empennage d'un avion, l'un horizontal, l'autre vertical.

stabilisation [stabilizasjɔ̃] n.f. Action de stabiliser ; son résultat : *Un plan de stabilisation de la monnaie d'un pays* (syn. affermissement, consolidation).

stabiliser [stabilize] v.t. Rendre stable : *Stabiliser les prix* (syn. bloquer).

stabilité [stabilite] n.f. - **1.** Caractère de ce qui est stable, de ce qui tend à conserver son équilibre : *Vérifier la stabilité d'un pont* (syn. aplomb, solidité). - **2.** Caractère de ce qui se maintient durablement sans profondes variations : *Stabilité de la monnaie* (syn. fermeté). *La stabilité du pouvoir* (syn. continuité, permanence). - **3.** Caractère d'une personne stable : *Manquer de stabilité* (syn. équilibre). - **4.** MÉCAN. Propriété qu'a un système dynamique de revenir à son régime établi après en avoir été écarté par une perturbation.

stable [stabl] adj. (lat. *stabilis*, de *stare* "être debout"). - **1.** Qui est dans un état, une situation ferme, solide, qui ne risque pas de tomber : *Un échafaudage stable* (syn. d'aplomb, solide ; contr. branlant). - **2.** Qui se maintient, reste dans le même état : *Situation stable* (syn. durable ; contr. précaire). - **3.** Dont la conduite est marquée par la constance, la permanence : *Garçon stable* (syn. équilibré). *Humeur stable* (syn. constant). - **4.** Qui a une bonne position d'équilibre : *Bateau stable*. - **5.** CHIM. Composé stable, qui résiste à la décomposition. ‖ MÉCAN. Équilibre stable, qui n'est pas détruit par une faible variation des conditions.

staccato [stakato] adv. (mot it. "détaché"). MUS. En détachant nettement les notes.

stade [stad] n.m. (lat. *stadium*, du gr.). - **1.** Terrain aménagé pour la pratique du sport, pouvant accueillir des spectateurs : *Stade d'athlétisme, de football. Les gradins du stade se remplissent*. - **2.** Période, degré d'un développement : *En psychanalyse, on distingue le stade oral, le stade anal et le stade génital* (syn. phase).

1. **staff** [staf] n.m. (mot angl. "état-major"). - **1.** Groupe formé par les dirigeants d'une entreprise, d'une organisation : *Réunion du staff directorial* (syn. équipe). - **2.** Groupe de personnes travaillant ensemble ; équipe.

2. **staff** [staf] n.m. (de l'all. *staffieren* "orner"). Matériau constitué de plâtre à mouler armé de fibres végétales.

stage [staʒ] n.m. (de l'anc. fr. *estage* "séjour"). - **1.** Période d'études pratiques exigée des candidats à l'exercice de certaines professions : *A leur sortie de l'école, les futurs ingénieurs font un stage en usine. Stage pédagogique.* - **2.** Période pendant laquelle une personne exerce une activité temporaire dans une entreprise, en vue de sa formation : *Un stage de recyclage en informatique.*

stagflation [stagflasjɔ̃] n.f. (de *stag*[*nation*] et [*in*]*flation*). ÉCON. Situation d'un pays qui souffre de l'inflation sans connaître un développement économique notable ni le plein-emploi.

stagiaire [staʒjɛʀ] adj. et n. Qui fait un stage : *Une avocate stagiaire. Une séance d'information pour les stagiaires.*

stagnant, e [stagnɑ̃, -ɑ̃t] adj. - **1.** Qui ne coule pas : *Eaux stagnantes* (syn. immobile ; contr. courant). - **2.** Qui ne fait aucun progrès : *L'état stagnant des affaires.*

stagnation [stagnasjɔ̃] n.f. - **1.** État d'un fluide stagnant : *La stagnation de la fumée dans une pièce mal aérée* (syn. immobilité). - **2.** Absence de progrès, d'activité : *Stagnation économique* (syn. immobilisme, inertie).

stagner [stagne] v.i. (lat. *stagnare*, de *stagnum* "étang"). - **1.** Être stagnant, en parlant d'un fluide : *À la suite de l'inondation, de l'eau stagnait dans les caves* (syn. croupir). - **2.** Fonctionner au ralenti, en parlant d'une activité : *Les affaires stagnent depuis plusieurs mois* (syn. languir).

stakhanovisme [stakanɔvism] n.m. (de *Stakhanov*, n. d'un mineur russe, qui établit des records de production). Dans les pays socialistes, méthode de rendement fondée sur les innovations techniques et l'émulation des travailleurs, qui fut appliquée de 1930 à 1950. ◆ **stakhanoviste** adj. et n. Qui concerne ou qui pratique le stakhanovisme.

stalactite [stalaktit] n.f. (du gr. *stalaktos* "qui coule goutte à goutte"). Colonne, formée par des concrétions calcaires, qui descend de la voûte d'une grotte.

stalag [stalag] n.m. (abrév. de l'all. *Stammlager* "camp de base"). Camp de sous-officiers et de soldats prisonniers en Allemagne pendant la Seconde Guerre mondiale.

stalagmite [stalagmit] n.f. (du gr. *stalagmos* "écoulement goutte à goutte"). Colonne formée par des concrétions calcaires à partir du sol d'une grotte.

stalinien, enne [stalinjɛ̃, -ɛn] adj. et n. Relatif à Staline, au stalinisme ; qui en est partisan.

stalinisme [stalinism] n.m. Doctrine, pratique de Staline et de ceux qui se rattachent à ses conceptions idéologiques et politiques, et à ses méthodes.

stalle [stal] n.f. (it. *stallo* "stalle d'église", frq. *stal*). - **1.** Dans une écurie, une étable, emplacement occupé par un animal et délimité par des cloisons : *Chaque cheval connaît l'emplacement de sa stalle* (syn. box). - **2.** Chacun des sièges de bois, à dossier haut, garnissant les deux côtés du chœur de certaines églises, réservés au clergé.

staminé, e [stamine] adj. (du lat. *stamen, -inis* "fil"). BOT. Fleur staminée, fleur qui a des étamines mais pas de pistil.

stance [stɑ̃s] n.f. (it. *stanza* "repos" puis "strophe" [chaque strophe étant suivie d'un repos]). Groupe de vers offrant un sens complet et suivi d'un repos. ◆ n.f. pl. Poème lyrique, religieux ou élégiaque, formé de strophes de même structure : *Les stances du « Cid », de Corneille.*

stand [stɑ̃d] n.m. (mot angl., de *to stand* "se dresser"). - **1.** Endroit où l'on s'entraîne au tir de précision à la cible avec des armes à feu. - **2.** Espace réservé aux participants d'une exposition : *Vous pouvez examiner nos produits sur notre stand dans l'allée principale.* - **3.** Poste de ravitaillement d'un véhicule sur piste (auto, moto) : *La voiture s'arrêta au stand pour changer de roues.*

1. standard [stɑ̃daʀ] adj. (mot angl.). - **1.** Conforme à une norme de fabrication, à un modèle, à un type : *Pneus standards* (syn. normalisé). **Rem.** On peut trouver cet adjectif invariable : *Des serrures standard.* - **2.** Qui correspond à un type courant, habituel, sans originalité : *Équipement standard d'une cuisine* (syn. ordinaire). - **3.** Se dit de la langue la plus couramment employée dans une communauté linguistique : *Le français standard* (syn. courant, usuel). - **4.** Échange standard → échange.

2. standard [stɑ̃daʀ] n.m. (de *1. standard*). - **1.** Règle fixée à l'intérieur d'une entreprise pour caractériser un produit, une méthode de travail, une quantité à produire, etc. : *Le culot des ampoules électriques est toujours du même standard en France.* - **2.** Appareil permettant la desserte de nombreux postes téléphoniques connectés à un groupe très restreint de lignes : *Ici le standard, quel poste demandez-vous ?* - **3.** MUS. Thème classique de jazz, sur lequel on peut improviser.

standardisation [stɑ̃daʀdizasjɔ̃] n.f. Action de standardiser : *La standardisation des lave-vaisselle* (syn. normalisation).

standardiser [stɑ̃daʀdize] v.t. Ramener à une norme commune, à un standard : *Standardiser les modèles de robinets* (syn. normaliser, uniformiser).

standardiste [stɑ̃daʀdist] n. Personne affectée au service d'un standard téléphonique.

standing [stādiŋ] n.m. (mot angl. "situation"). - **1.** Position sociale, niveau de vie d'une personne : *Avoir un haut standing.* - **2.** Niveau de confort d'un immeuble : *Appartement de grand standing* (syn. classe).

stannifère [stanifɛʀ] adj. (du lat. *stannum* "étain", et de *-fère*). Qui contient de l'étain.

staphylocoque [stafilɔkɔk] n.m. (du gr. *staphulê* "grain de raisin" et de *-coque*). Bactérie de forme sphérique dont les individus sont groupés par grappes. □ Il produit le furoncle, l'anthrax, l'ostéomyélite, la septicémie, etc.

star [staʀ] n.f. (mot angl. "étoile"). - **1.** Vedette de cinéma : *Les stars hollywoodiennes.* - **2.** Vedette du monde politique, financier, etc. : *Une star du football.* - **3.** Chose supérieure aux autres dans un domaine quelconque : *Cette voiture est la star des grandes routières.*

starlette [staʀlɛt] n.f. Jeune actrice de cinéma cherchant à devenir une star.

starter [staʀtɛʀ] n.m. (mot angl., de *to start* "faire partir"). - **1.** Personne qui, dans certaines courses, donne le signal du départ. - **2.** Dispositif auxiliaire du carburateur qui facilite le départ à froid d'un moteur à explosion en augmentant la richesse en carburant du mélange gazeux.

starting-block [staʀtiŋblɔk] n.m. (mot angl.) [pl. *starting-blocks*]. Butoir facilitant le départ des coureurs dans une course à pied.

stase [staz] n.f. (gr. *stasis* "arrêt"). PATHOL. Arrêt ou ralentissement de la circulation d'un liquide organique : *Stase sanguine.*

station [stasjɔ̃] n.f. (lat. *statio*, de *stare* "se tenir debout"). - **1.** Façon de se tenir : *Station verticale* (syn. posture). *Station debout* (syn. position). - **2.** Arrêt, de durée variable, au cours d'un déplacement : *Faire une longue station à l'ombre d'un arbre* (syn. halte, pause). - **3.** Lieu où s'arrêtent les véhicules de transport en commun pour prendre ou laisser des voyageurs : *Station d'autobus* (syn. arrêt). - **4.** Établissement de recherches scientifiques : *Station météorologique.* - **5.** Installation remplissant une ou plusieurs missions déterminées : *Station d'épuration des eaux. Station de pompage.* - **6.** Lieu de séjour temporaire permettant certains traitements ou certaines activités : *Station thermale. Station de sports d'hiver.* - **7.** RELIG. Chacune des quatorze pauses du chemin de croix ; leur représentation en tableaux, sculptures, etc. - **8.** Station de radiodiffusion (ou de radio), de télévision, poste émetteur de radio, de télévision. ‖ Station orbitale ou spatiale, véhicule spatial non récupérable satellisé autour de la Terre, disposant d'équipements de recherche et capable d'abriter des astronautes pour des séjours de longue durée, auquel peuvent venir s'amarrer des vaisseaux spatiaux. ‖ INFORM. Station de travail, système qui peut être connecté ou non, mis à la disposition d'un individu pour une tâche déterminée.

stationnaire [stasjɔnɛʀ] adj. (lat. *stationarius* "qui est de garde"). - **1.** Qui ne subit aucune évolution, reste dans le même état : *L'état du malade est stationnaire.* - **2.** PHYS. Ondes stationnaires, ondes dans lesquelles les phénomènes d'oscillation sont, en tout point, soit en concordance, soit en opposition de phase.

stationnement [stasjɔnmã] n.m. Fait de stationner, de s'arrêter en un lieu : *Le stationnement est interdit de ce côté-ci de la rue. Parc de stationnement* (= parking).

stationner [stasjɔne] v.i. (de *station*). - **1.** S'arrêter momentanément en un lieu : *Il est interdit de stationner dans un couloir d'autobus* (syn. se garer). - **2.** En parlant de troupes, rester dans un pays, une région.

station-service [stasjɔ̃sɛʀvis] n.f. (pl. *stations-service*). Poste d'essence offrant aux automobilistes et aux motocyclistes toutes les ressources nécessaires à la bonne marche de leur véhicule, y compris les dépannages d'urgence.

1. statique [statik] adj. (gr. scientif. *statikos* "relatif à l'équilibre", de *istanai* "placer"). - **1.** Qui n'évolue pas ; qui n'envisage pas les phénomènes dans leur évolution (par opp. à *dynamique*) : *Situation statique* (syn. figé ; contr. évolutif). *Une politique statique.* - **2.** Qui est sans mouvement, sans action : *Film statique.* - **3.** PHYS. Électricité statique, électricité dans les conducteurs en équilibre.

2. statique [statik] n.f. (même étym. que *1. statique*). - **1.** PHYS. Branche de la mécanique qui a pour objet l'équilibre des systèmes de forces : *Statique des fluides* [→ mécanique]. - **2.** PHYSIOL. Posture naturelle du squelette en position debout ou assise : *Avoir une bonne, une mauvaise statique.*

statisticien, enne [statistisjɛ̃, -ɛn] n. Personne s'occupant de travaux statistiques.

1. statistique [statistik] n.f. (all. *Statistik*, du lat. *status* "état"). - **1.** Ensemble de méthodes mathématiques qui, à partir du recueil et de l'analyse de données réelles, permettent l'élaboration de modèles autorisant les prévisions : *La statistique s'applique aujourd'hui à de nombreux domaines.* - **2.** Tableau numérique d'un phénomène se prêtant à l'analyse statistique : *Statistique de la natalité.*

2. statistique [statistik] adj. (de *1. statistique*). Relatif à la statistique : *Méthode statistique.*

statistiquement [statistikmã] adv. D'une manière statistique : *Phénomène statistiquement établi.*

stator [statɔʀ] n.m. (du lat. *status* "fixé"). TECHN. Partie fixe d'une machine tournante (par opp. à *rotor*).

statuaire [statɥɛʀ] adj. Relatif aux statues : *L'art statuaire de l'Antiquité.* ◆ n. Sculpteur qui fait des statues : *Rodin fut un grand statuaire.* ◆ n.f. Art de faire des statues : *La statuaire grecque.*

statue [staty] n.f. (lat. *statua*, de *statuere* "placer"). Ouvrage de sculpture en ronde bosse, représentant un être animé entier et isolé : *Statue de marbre, de bronze. Une statue de Napoléon.* □ L'usage réserve la dénomination de *statue* aux figurations d'une dimension égale à la moitié au moins de la taille naturelle.

statuer [statɥe] v.i. (lat. *statuere* "placer, établir") [conj. 7]. Régler avec l'autorité que confère la loi : *Statuer sur un litige.*

statuette [statɥɛt] n.f. Petite statue. □ Entre 25 et 80 cm env. pour une figure humaine ; au-dessous, on parle de *figurine*.

statufier [statyfje] v.t. [conj. 9]. - **1.** Élever une statue à qqn, le représenter en statue : *Les anciens Grecs statufiaient leurs dieux.* - **2.** Rendre semblable à une statue : *Son arrivée statufia l'auditoire* (syn. figer, pétrifier).

statu quo [statykwo] n.m. inv. (du lat. *[in] statu quo [ante]* "[dans] l'état où [se trouvaient les choses]"). État des choses à un moment donné : *Maintenir, rétablir le statu quo.*

stature [statyʀ] n.f. (lat. *statura*, de *stare* "se tenir debout"). - **1.** Hauteur d'une personne : *Une personne d'une stature moyenne* (syn. taille). - **2.** Importance de qqn sur le plan humain : *Ce fut un chef d'État d'une stature exceptionnelle* (syn. envergure).

statut [staty] n.m. (bas lat. *statutum*, de *statuere* "fixer, établir"). - **1.** Texte ou ensemble de textes fixant les garanties fondamentales accordées à une collectivité, à un corps : *Le statut des fonctionnaires.* - **2.** Situation de fait, position, par rapport à la société : *Le statut de la femme* (syn. condition). ◆ **statuts** n.m. pl. Acte constitutif d'une société ou d'une association, qui en fixe légalement les règles de fonctionnement : *Rédiger et voter les statuts d'une association caritative.*

statutaire [statytɛʀ] adj. Conforme aux statuts ; désigné par les statuts : *Cette procédure n'est pas statutaire. Le gérant statutaire de la société.*

statutairement [statytɛʀmɑ̃] adv. Conformément aux statuts : *Secrétaire statutairement désigné.*

steak [stɛk] n.m. (mot angl.). Bifteck : *Un steak frites.*

steamer [stimœʀ] n.m. (mot angl., de *steam* "vapeur"). VX. Navire à vapeur.

stéarine [steaʀin] n.f. (du gr. *stear* "graisse"). Corps gras, principal constituant des graisses animales.

stéarique [steaʀik] adj. (du gr. *stear* "graisse"). Se dit d'un acide contenu dans les graisses animales et servant surtout à fabriquer des bougies.

steeple-chase [stipœltʃɛz] et **steeple** [stipl] n.m. (mot angl. "course au clocher", de *steeple* "clocher" et *chase* "chasse") [pl. *steeple-chases ; steeples*]. - **1.** Course de chevaux qui comporte des haies ainsi que des obstacles de différentes natures. - **2.** SPORTS. 3 000 m steeple, course à pied de 3 000 m, sur piste, avec une série d'obstacles artificiels.

stégomyie [stegomii] et **stegomya** [stegomija] n.f. (du gr. *stegos* "abri" et *muia* "mouche"). Moustique des pays chauds, qui propage la fièvre jaune par ses piqûres.

stèle [stɛl] n.f. (lat. *stela*, du gr.). Monument monolithe vertical, le plus souvent funéraire, orné d'une inscription.

stellaire [stelɛʀ] adj. (bas lat. *stellaris*, de *stella* "étoile"). - **1.** Relatif aux étoiles : *Clarté stellaire.* - **2.** Rayonné en étoile : *Disposition stellaire d'un rond-point.* - **3.** ANAT. Ganglion stellaire, ganglion cervical du système sympathique, aux ramifications étoilées.

stem ou **stemm** [stɛm] n.m. (mot norvég.). En ski, virage qui utilise le transfert du poids du corps d'un ski sur l'autre.

stencil [stɛnsil] ou [stɛ̃sil] n.m. (mot angl., de *to stencil* "orner de couleurs", de l'anc. fr. *estenceler*). Matrice d'impression constituée par un papier spécial imprégné de paraffine rendu perméable à l'encre fluide par frappe dactylographique sans ruban et se comportant comme un pochoir.

sténo n., n.f. → **sténographe, sténographie.**

sténodactylo [stenodaktilo] n. Dactylo pratiquant la sténographie.

sténodactylographie [stenodaktilografi] n.f. Emploi de la sténographie et de la dactylographie combinées.

sténographe [stenograf] et **sténo** [steno] n. Personne capable de prendre en dictée, à la vitesse de conversation, un texte en sténographie.

sténographie [stenografi] et **sténo** [steno] n.f. (du gr. *stenos* "serré" et *-graphie*). Procédé d'écriture formé de signes abréviatifs et conventionnels, qui sert à transcrire la parole aussi rapidement qu'elle est prononcée.

sténographier [stenografje] v.t. [conj. 9]. Prendre en dictée à l'aide de la sténographie : *Sténographier un discours.*

sténose [stenoz] n.f. (gr. *stenosis*, de *stenos* "serré"). MÉD. Rétrécissement d'un conduit ou d'un orifice.

sténotype [stenotip] n.f. (de *sténo[graphie]* et *-type*). Machine pour transcrire, à la vitesse de la parole la plus rapide, des textes sous une forme phonétique simplifiée.

sténotypie [stenotipi] n.f. Technique d'écriture de la parole à l'aide d'une sténotype.

sténotypiste [stenotipist] n. Personne pratiquant la sténotypie.

stentor [stɑ̃tɔʀ] n.m. (n. d'un héros troyen à la voix puissante). Voix de stentor, voix extrêmement puissante et sonore.

steppe [stɛp] n.f. (russe *step*). Formation discontinue de végétaux adaptés aux climats secs, souvent herbacés, des régions tropicales et des régions de climat continental semi-arides.

steppique [stepik] adj. Formé de steppes : *Les plaines steppiques de l'Asie centrale.*

stéradian [steʀadjɑ̃] n.m. (de *stéréo-* et *radian*). Unité de mesure d'angle équivalant à l'angle qui, ayant son sommet au centre d'une sphère, découpe, sur la surface de cette sphère, une aire équivalant à celle d'un carré dont le côté est égal au rayon de la sphère. □ Symb. sr.

stercoraire [stɛʀkɔʀɛʀ] n.m. (lat. *stercorarius*, de *stercus*, *-coris* "excrément"). Oiseau palmipède à plumage brun et blanc, des mers arctiques, qui se nourrit de poissons dérobés à d'autres oiseaux. □ Ordre des lariformes ; ils peuvent atteindre 60 cm de long.

stère [stɛʀ] n.m. (du gr. *stereos* "solide"). Quantité de bois (rondins ou quartiers) correspondant à un volume extérieur de 1 m³. □ Symb. st.

stéréo n.f., adj. inv. → **stéréophonie, stéréophonique.**

stéréochimie [steʀeɔʃimi] n.f. Partie de la chimie qui étudie l'arrangement tridimensionnel des atomes dans les molécules.

stéréométrie [steʀeɔmetʀi] n.f. (gr. *stereometria*, de *stereometrês* "qui mesure les corps solides"). Ensemble des méthodes géométriques utilisées dans la mesure des volumes.

stéréométrique [steʀeɔmetʀik] adj. De la stéréométrie.

stéréophonie [steʀeɔfɔni] et **stéréo** [steʀeo] n.f. (de *stéréo-* et *-phonie*). Technique de la reproduction des sons enregistrés ou transmis par radio, caractérisée par la reconstitution spatiale des sources sonores.

stéréophonique [steʀeɔfɔnik] adj. et **stéréo** [steʀeo] adj. inv. Relatif à la stéréophonie.

stéréoscope [steʀeɔskɔp] n.m. (de *stéréo-* et *-scope*). Instrument d'optique dans lequel deux images planes donnent l'impression d'une seule image en relief.

stéréoscopie [steʀeɔskɔpi] n.f. Procédé donnant l'impression du relief par examen de deux images d'un sujet prises avec un écartement comparable à celui des yeux.

stéréoscopique [steʀeɔskɔpik] adj. Relatif à la stéréoscopie.

stéréotomie [steʀeɔtɔmi] n.f. (de *stéréo-* et *-tomie*). - **1.** Art traditionnel de la coupe des matériaux employés dans la construction (taille des pierres ; art du trait en charpenterie). - **2.** Agencement résultant de l'application de cette technique.

stéréotype [steʀeɔtip] n.m. (de *stéréo-* et *-type*). Formule banale, opinion dépourvue d'originalité : *Discours plein de stéréotypes* (syn. cliché, poncif).

stéréotypé, e [steʀeɔtipe] adj. Qui se présente toujours sous la même forme ; banal, sans originalité : *Sourire stéréotypé* (syn. figé). *Formules stéréotypées* (= toutes faites).

stérile [steʀil] adj. (lat. *sterilis*). - **1.** Qui ne porte pas de fruits, qui ne produit pas : *Arbre stérile* (syn. improductif). *Terre stérile* (syn. pauvre ; contr. fertile). - **2.** Qui est inapte à la génération : *Femelle stérile* (syn. infécond). - **3.** MÉD. Qui est exempt de tout germe microbien : *Chambre stérile* (syn. aseptique). - **4.** Qui ne produit rien de fructueux : *Esprit stérile* (syn. desséché). *Discussions stériles* (syn. oiseux, vain).

stérilement [steʀilmɑ̃] adv. De façon stérile : *Ils ont discuté stérilement pendant des heures* (syn. inutilement).

stérilet [steʀilɛ] n.m. Dispositif contraceptif en matière plastique ou en cuivre, placé dans la cavité utérine.

stérilisant, e [steʀilizɑ̃, -ɑ̃t] adj. Qui stérilise.

stérilisateur [steʀilizatœʀ] n.m. Appareil de stérilisation.

stérilisation [steʀilizasjɔ̃] n.f. - **1.** Action de détruire les toxines et les microbes dans un local, dans une substance, sur un instrument chirurgical, etc., par des procédés physiques (chaleur, radiations ultraviolettes) ou chimiques (antiseptiques) : *La stérilisation d'un bloc opératoire* (syn. aseptisation, désinfection). - **2.** LITT. Action de stériliser les esprits, la créativité.

stérilisé, e [steʀilize] adj. - **1.** Soumis à la stérilisation : *Pansements stérilisés* (syn. aseptisé). - **2.** Lait stérilisé, lait qui a été porté à haute température, et qui peut être conservé plusieurs mois.

stériliser [steʀilize] v.t. - **1.** Rendre stérile, rendre inapte à la génération, à la production, à l'invention : *Une grande sécheresse* *stérilise la terre* (syn. appauvrir, épuiser). *Stériliser un chat* (syn. châtrer, couper). - **2.** Opérer la stérilisation de : *Stériliser des compresses* (syn. aseptiser).

stérilité [steʁilite] n.f. (lat. *sterilitas*). État de ce qui est stérile, de qqn de stérile : *La stérilité d'un sol* (syn. improductivité, infertilité). *Traitement contre la stérilité d'une femme* (syn. infécondité).

sterling [steʁliŋ] n.m. inv. (mot angl.). Livre* sterling. ◆ adj. inv. Zone sterling, zone monétaire liée à la livre sterling (jusqu'en 1979).

sternal, e, aux [steʁnal, -o] adj. Relatif au sternum.

sterne [steʁn] n.f. (lat. scientif. *sterna*, de l'anc. angl. *stern*). Oiseau palmipède à tête noire et à dos gris, vivant sur les côtes (nom usuel : *hirondelle de mer*). □ Long. 40 cm env.

sternum [steʁnɔm] n.m. (mot lat., du gr. *sternon*). - **1.** Os plat, situé en avant de la cage thoracique et auquel sont reliées les sept premières côtes chez l'homme. - **2.** Pièce ventrale médiane de la cage thoracique des vertébrés supérieurs.

sternutatoire [steʁnytatwaʁ] adj. et n.m. (du lat. *sternutare* "éternuer"). MÉD. Qui provoque l'éternuement : *Médicament sternutatoire*.

stéroïde [steʁɔid] adj. Hormone stéroïde, hormone dérivée des stérols et sécrétée par les glandes endocrines (corticosurrénales, glandes génitales, placenta).

stérol [steʁɔl] n.m. (de [*chole*]*stérol*). CHIM. Alcool polycyclique dans le groupe duquel se trouvent le cholestérol, les vitamines D et les stéroïdes.

stéthoscope [stetɔskɔp] n.m. (du gr. *stêthos* "poitrine", et de *-scope*). Instrument dont se sert le médecin pour l'auscultation du thorax : *Le stéthoscope fut inventé par Laennec.*

steward [stjuwaʁd] ou [stiwaʁt] n.m. (mot angl.). Maître d'hôtel, serveur à bord des paquebots, des avions.

stick [stik] n.m. (mot angl.). - **1.** Canne flexible utilisée par les cavaliers (syn. cravache). - **2.** Conditionnement d'un produit (rouge à lèvres, déodorant, colle, etc.) solidifié sous forme de bâtonnet : *Un stick de fard à paupières.*

stigmate [stigmat] n.m. (du lat. *stigma, -atis*). - **1.** Marque durable que laisse une plaie, une maladie : *Les stigmates de la varicelle* (syn. cicatrice). - **2.** LITT. Trace, marque qui révèle une dégradation : *Les stigmates du vice* (syn. marque). - **3.** BOT. Partie supérieure du pistil (organe femelle), qui reçoit le pollen. - **4.** ZOOL. Orifice respiratoire des trachées chez les insectes, les arachnides. ◆ **stigmates** n.m. pl. Marques semblables à celles des cinq plaies de Jésus crucifié, que certains saints ou mystiques chrétiens ont présentées sur leur corps durant leur vie.

stigmatisation [stigmatizasjɔ̃] n.f. Action de stigmatiser : *La stigmatisation des crimes contre l'humanité* (syn. anathème, blâme, condamnation).

stigmatiser [stigmatize] v.t. (de *stigmate*). Condamner avec dureté et publiquement : *Stigmatiser les violations des droits de l'homme* (syn. blâmer, flétrir).

stigmatisme [stigmatism] n.m. (de *stigmate*). OPT. Qualité d'un système optique qui donne une image nette d'un point objet.

stimulant, e [stimylɑ̃, -ɑ̃t] adj. - **1.** Propre à stimuler, à accroître l'activité physique, intellectuelle : *Climat stimulant* (syn. vivifiant ; contr. lénifiant). - **2.** Qui augmente l'ardeur : *Succès stimulant* (syn. encourageant). ◆ **stimulant** n.m. - **1.** Substance, médicament qui active les fonctions psychiques : *Le thé est un stimulant* (syn. excitant ; contr. tranquillisant). - **2.** Ce qui est de nature à redonner du courage à qqn : *Votre approbation est un stimulant pour moi* (syn. aiguillon, encouragement).

stimulateur [stimylatœʁ] n.m. Stimulateur cardiaque, appareil électrique provoquant la contraction cardiaque quand celle-ci ne s'effectue plus normalement (syn. pacemaker).

stimulation [stimylasjɔ̃] n.f. - **1.** Action de stimuler les fonctions organiques : *La stimulation de l'appétit.* - **2.** Action de stimuler l'ardeur, l'énergie de qqn : *Avoir besoin de stimulation pour achever un travail* (syn. encouragement).

stimuler [stimyle] v.t. (lat. *stimulare*, de *stimulus*, propr. "aiguillon"). - **1.** Inciter, pousser à agir : *Les premiers succès l'ont stimulé* (syn. aiguillonner, encourager). - **2.** Accroître l'activité de (un sentiment, une activité, une fonction organique, etc.) : *Stimuler l'industrie* (syn. éperonner, réveiller). *Médicament qui stimule l'appétit* (syn. aiguiser).

stimuline [stimylin] n.f. Nom générique d'une hormone sécrétée par l'hypophyse et stimulant l'activité d'une glande endocrine pour la sécrétion d'une autre hormone.

stimulus [stimylys] n.m. (mot lat., propr. "aiguillon") [pl. inv. ou *stimuli*]. PHYSIOL. Élément de l'environnement susceptible d'activer certains récepteurs sensoriels d'un individu et d'avoir un effet sur son comportement.

stipendié, e [stipɑ̃dje] adj. (du lat. *stipendiari* "toucher une solde"). LITT. Qui est payé pour accomplir une action (péjor.) : *Des calomniateurs stipendiés* (syn. soudoyé).

stipulation [stipylasjɔ̃] n.f. (lat. *stipulatio*). Clause, mention dans un contrat ; action de faire savoir expressément : *Les livres vous sont prêtés avec la stipulation qu'ils doivent être rendus sous huitaine* (syn. condition).

stipule [stipyl] n.f. (lat. *stipula* "paille"). BOT. Petit appendice membraneux ou foliacé, qui se rencontre au point d'insertion des feuilles.

stipuler [stipyle] v.t. (lat. *stipulari*, propr. "exiger un engagement formel"). **-1.** DR. Énoncer une clause, une condition dans un contrat : *Le formulaire stipule qu'il y a une garantie de deux ans* (syn. spécifier). **-2.** Faire savoir expressément : *Il est stipulé que l'augmentation partira du mois d'août* (syn. énoncer, préciser).

1. stochastique [stɔkastik] adj. (gr. *stokhastikos*, de *stokhazein* "viser"). DIDACT. Qui dépend du hasard : *Processus stochastique* (syn. aléatoire).

2. stochastique [stɔkastik] n.f. (de *1. stochastique*). Calcul des probabilités appliqué à l'analyse des données statistiques.

stock [stɔk] n.m. (mot angl.). **-1.** Ensemble des marchandises disponibles sur un marché, dans un magasin, etc. : *Avoir une marchandise en stock* (syn. réserve). *Renouveler son stock* (syn. assortiment). **-2.** Ensemble des marchandises, des matières premières, des produits semi-ouvrés, des produits finis, etc., qui sont la propriété d'une entreprise : *Entreprise qui informatise la gestion de son stock*. **-3.** Ensemble de choses possédées et gardées en réserve : *Avoir un stock de romans policiers* (syn. provision).

stockage [stɔkaʒ] n.m. Action de stocker ; fait d'être stocké : *Le stockage du blé en silos* (syn. conservation).

stock-car [stɔkkar] n.m. (mot angl. "voiture de série") [pl. *stock-cars*]. Voiture automobile engagée dans une course où les obstructions et les carambolages sont de règle ; la course elle-même.

stocker [stɔke] v.t. **-1.** Mettre en stock ; faire des réserves de qqch : *Stocker des denrées alimentaires* (syn. emmagasiner). **-2.** Conserver un produit, une énergie en attente pour une utilisation ultérieure : *Stocker des matières premières pour assurer le suivi de la production*.

stockfisch [stɔkfiʃ] n.m. (moyen néerl. *stocvisch* "poisson séché sur un bâton"). **-1.** Morue séchée à l'air libre. **-2.** Tout poisson séché.

stoïcien, enne [stɔisjɛ̃, -ɛn] adj. et n. (lat. *stoicus*, du gr. *stoa* "portique", parce que les philosophes stoïciens se rassemblaient sous un portique, à Athènes). **-1.** Qui appartient au stoïcisme ; qui en est adepte. **-2.** Qui

témoigne d'une impassibilité courageuse devant le malheur, la douleur, etc. : *Elle a montré une fermeté stoïcienne dans cette épreuve.*

stoïcisme [stɔisism] n.m. **-1.** Doctrine philosophique de Zénon de Kition, puis de Chrysippe, Sénèque, Épictète et Marc Aurèle. □ On l'a fréquemment opposée à l'*épicurisme*. **-2.** Attitude d'impassibilité pouvant aller jusqu'au mépris vis-à-vis de la douleur physique ou morale : *Supporter ses malheurs avec stoïcisme* (syn. courage, fermeté).

stoïque [stɔik] adj. (lat. *stoicus*, du gr. *stoa* "portique" ; v. *stoïcien*). Se dit de qqn qui supporte la douleur, le malheur avec courage : *Se montrer stoïque dans l'adversité* (syn. impassible, imperturbable).

stoïquement [stɔikmã] adv. De façon stoïque : *Elle endure stoïquement son calvaire* (syn. courageusement, héroïquement).

stolon [stɔlɔ̃] n.m. (lat. *stolo, -onis* "rejeton"). BOT. Tige aérienne rampante, terminée par un bourgeon qui, de place en place, produit des racines adventives, point de départ de nouveaux pieds : *Le fraisier produit des stolons.*

stomacal, e, aux [stɔmakal, -o] adj. (du lat. *stomachus* "estomac"). Qui appartient à l'estomac ; gastrique.

stomachique [stɔmaʃik] adj. Relatif à l'estomac : *Artère stomachique.* ◆ adj. et n.m. Se dit de médicaments propres à améliorer le fonctionnement de l'estomac : *Comprimés stomachiques* (syn. gastrique).

stomate [stɔmat] n.m. (du gr. *stoma, -atos* "bouche"). BOT. Appareil microscopique de l'épiderme des végétaux, percé d'un *ostiole*, orifice par lequel s'effectuent les échanges gazeux.

stomatite [stɔmatit] n.f. Inflammation de la muqueuse buccale.

stomatologie [stɔmatɔlɔʒi] n.f. (de *stomato-* et *-logie*). Spécialité médicale dont l'objet est l'étude et le traitement des affections de la bouche et du système dentaire. ◆ **stomatologiste** et **stomatologue** n. Noms du spécialiste.

1. stop [stɔp] interj. (mot angl.). Exprimant l'ordre d'arrêter, de cesser toute manœuvre : *Stop ! n'avancez plus.*

2. stop [stɔp] n.m. (de *1. stop*). **-1.** Panneau de signalisation routière exigeant impérativement un arrêt : *Respecter, brûler un stop.* **-2.** Signal lumineux placé à l'arrière d'un véhicule, et qui s'allume quand on freine. **-3.** FAM. Auto-stop : *Voyager en stop.* **-4.** Mot quelquefois employé dans les messages télégraphiés pour assurer la séparation des phrases.

stoppage [stɔpaʒ] n.m. (de *1. stopper*). Réfection de la trame et de la chaîne d'un tissu pour réparer une déchirure.

1. **stopper** [stɔpe] v.t. (du néerl. *stoppen* "étouper"). Faire un stoppage à : *Stopper un collant, un chandail.*

2. **stopper** [stɔpe] v.t. (de *1. stop*). - **1.** Arrêter la marche de (un navire, une machine, etc.) : *Le machiniste a stoppé le train avant la collision* (syn. arrêter, bloquer). - **2.** Empêcher d'avancer, de progresser, arrêter définitivement : *Les chutes de neige ont stoppé les sauveteurs* (syn. immobiliser). ◆ v.i. S'arrêter : *Les voitures stoppent au feu rouge.*

1. **stoppeur, euse** [stɔpœʀ, -øz] n. et adj. (de *1. stopper*). Personne qui fait le stoppage : *Une stoppeuse sur soie.*

2. **stoppeur, euse** [stɔpœʀ, -øz] n. (de *2. stopper*). - **1.** Syn. Fam. de *auto-stoppeur.* - **2.** Au football, joueur, joueuse placé(e) au centre de la défense.

store [stɔʀ] n.m. (it. dialect. *stora*, lat. *storea* "natte"). Rideau de tissu ou panneau en lattes de bois, de plastique, etc., qui se lève et se baisse devant une fenêtre, une devanture : *Baisser un store pour se protéger du soleil.*

stoupa n.m. → **stupa.**

strabisme [stʀabism] n.m. (du gr. *strabos* "qui louche"). Défaut de parallélisme des axes optiques des yeux, entraînant un trouble de la vision binoculaire.

stradivarius [stʀadivaʀjys] n.m. (du lat. *Stradivarius*, n. de l'inventeur). Violon, violoncelle ou alto fabriqué par Antonio Stradivari.

strangulation [stʀɑ̃gylasjɔ̃] n.f. (du lat. *strangulare* "étrangler"). Action d'étrangler : *Mort par strangulation* (syn. étranglement).

strapontin [stʀapɔ̃tɛ̃] n.m. (it. *strapuntino*, de *strapunto* "matelas"). - **1.** Siège d'appoint fixe à abattant, dans une salle de spectacle, un véhicule, etc. - **2.** Fonction, place de peu d'importance dans une assemblée, une organisation : *On lui a donné un strapontin au conseil d'administration.*

strass ou **stras** [stʀas] n.m. (de *Strass*, n. de l'inventeur). Verre coloré à l'aide d'oxydes métalliques, qui imite diverses gemmes : *Des bijoux en strass.*

stratagème [stʀataʒɛm] n.m. (lat. *strategema* "ruse de guerre"). Moyen habile : *Recourir à un stratagème pour triompher de son adversaire* (syn. ruse, subterfuge).

strate [stʀat] n.f. (lat. *stratum* "couche"). - **1.** Chacune des couches géologiques qui constituent un terrain, partic. un terrain sédimentaire. - **2.** Chacun des niveaux, des plans qui, accumulés, superposés, sont constitutifs de qqch : *Les strates de la personnalité d'un individu.* - **3.** Chacun des sous-ensembles en lesquels on divise une population à échantillonner (syn. catégorie, classe).

stratège [stʀateʒ] n.m. (lat. *strategus*, gr. *stratêgos*, de *stratos* "armée" et *agein* "conduire"). - **1.** Spécialiste ou praticien de la stratégie ; chef militaire : *Un grand stratège de notre époque.* - **2.** HIST. Principal magistrat, à Athènes ; commandant d'armée. - **3.** Personne qui dirige avec compétence un certain nombre d'opérations : *Un stratège du syndicalisme* (syn. tacticien).

stratégie [stʀateʒi] n.f. (lat. *strategia*, du gr.). - **1.** Art de coordonner l'action de forces militaires, politiques, économiques et morales impliquées dans la conduite d'une guerre ou la préparation de la défense d'une nation ou d'une coalition. - **2.** Art de coordonner des actions, de manœuvrer habilement pour atteindre un but : *La stratégie électorale* (syn. tactique). - **3.** MATH. Ensemble de décisions prises en fonction d'hypothèses de comportement des personnes intéressées dans une conjoncture déterminée, dans la théorie des jeux. - **4.** Jeu de stratégie, jeu de simulation historique, dont les règles suivent les principes de la stratégie ou de la tactique.

stratégique [stʀateʒik] adj. Qui relève de la stratégie : *Point stratégique. Voies stratégiques.*

stratification [stʀatifikasjɔ̃] n.f. (lat. *stratificatio*). - **1.** GÉOL. Disposition des sédiments ou des roches sédimentaires en strates superposées. - **2.** Disposition en couches superposées de ce qui s'accumule : *La stratification des souvenirs.* - **3.** Technique particulière d'enquête par sondage, dans laquelle la population à étudier est préalablement partagée en strates.

stratifié, e [stʀatifje] adj. Qui se présente en couches superposées : *Dépôts marins stratifiés.* ◆ adj. et n.m. Se dit d'un matériau fabriqué par agglomération de supports divers (papier, toile, etc.) et d'un vernis qui se durcit en refroidissant.

stratigraphie [stʀatigʀafi] n.f. (de *strate* et *-graphie*). Partie de la géologie qui étudie les couches de l'écorce terrestre en vue d'en établir l'ordre normal de superposition et l'âge relatif.

stratigraphique [stʀatigʀafik] adj. - **1.** Relatif à la stratigraphie : *Méthodes stratigraphiques.* - **2.** Échelle stratigraphique, chronologie des événements qui se sont succédé à la surface de la Terre, au cours des temps géologiques.

strato-cumulus [stʀatɔkymylys] n.m. inv. (de *stratus* et *cumulus*). Couche continue ou ensemble de bancs nuageux, génér. mince et d'épaisseur régulière.

stratosphère [stʀatɔsfɛʀ] n.f. (du lat. *stratus* "étendu", d'apr. *atmosphère*). Partie de l'atmosphère entre la troposphère et la mésosphère, qui est épaisse d'une trentaine de kilomètres et où la température s'accroît faiblement.

stratus [stRatys] n.m. (mot lat. "étendu"). Nuage bas qui se présente en couche uniforme grise.

streptocoque [stRɛptɔkɔk] n.m. (du gr. *streptos* "arrondi", et de *-coque*). Bactérie de forme sphérique dont les individus sont disposés en chaînettes et dont plusieurs espèces produisent des infections graves (érysipèle, impétigo, scarlatine, septicémies, méningites).

streptomycine [stRɛptɔmisin] n.f. (du gr. *streptos* "arrondi" et *mukês* "champignon"). Antibiotique tiré d'une moisissure du sol, actif contre de nombreux bacilles (tuberculose, diphtérie, etc.) et bactéries (pneumocoque, etc.).

stress [stRɛs] n.m. (mot angl.). Ensemble de perturbations biologiques et psychiques provoquées par une agression quelconque sur un organisme : *Le stress la rend nerveuse* (syn. surmenage). *Les stress de la vie moderne.*

stressant, e [stRɛsã, -ãt] adj. Qui stresse : *Un rythme de travail stressant* (syn. traumatisant).

stresser [stRɛse] v.t. Provoquer un stress : *Ces nouvelles responsabilités le stressent* (syn. perturber, traumatiser).

Stretch [stRɛtʃ] n.m. et adj. inv. (nom déposé). Procédé de traitement des tissus les rendant élastiques dans le sens de la largeur ; tissu ainsi traité : *Velours Stretch.*

stretching [stRɛtʃiŋ] n.m. (mot angl., de *to stretch* "étendre"). SPORTS. Mise en condition physique fondée sur le principe de la contraction (tension) puis du relâchement (détente) du muscle, précédant son étirement.

strette [stRɛt] n.f. (it. *stretta* "étreinte, resserrement", du lat. *strictus* "étroit"). MUS. Partie d'une fugue, précédant la conclusion, où les entrées du thème se multiplient et se chevauchent.

strict, e [stRikt] adj. (lat. *strictus* "serré, étroit, rigoureux"). - **1.** Qui ne laisse aucune liberté : *Stricte exécution de la consigne* (syn. rigoureux). - **2.** Qui ne tolère aucune négligence : *Professeur strict* (syn. sévère). - **3.** Sobre, dépourvu d'ornements : *Costume strict* (syn. classique). - **4.** Qui constitue un minimum, réduit à la plus petite valeur : *Le strict nécessaire* (syn. juste). - **5.** MATH. **Inégalité stricte** (ou **au sens strict**), inégalité du type $a < b$ avec $a \neq b$.

strictement [stRiktəmã] adv. De façon stricte : *Fumer est strictement interdit* (syn. formellement, rigoureusement).

striction [stRiksjɔ̃] n.f. (bas lat. *strictio, -onis*, de *stringere* "serrer"). Constriction, resserre-

ment pathologique d'un organe : *La striction d'un vaisseau.*

stricto sensu [stRiktosɛ̃sy] loc. adv. (mots lat.). Au sens étroit, strict (syn. littéralement, proprement).

strident, e [stRidã, -ãt] adj. (du lat. *stridere* "grincer"). Se dit d'un son aigu, perçant : *Le bruit strident d'une sirène.*

stridulation [stRidylasjɔ̃] n.f. (du lat. *stridulus* "strident"). Crissement aigu que produisent certains insectes (criquets, grillons, cigales).

striduler [stRidyle] v.i. Produire une stridulation.

strie [stRi] n.f. (lat. *stria* "sillon"). Chacun des sillons peu profonds, parallèles entre eux, qui marquent une surface : *Les stries d'un coquillage* (syn. raie, striure).

strié, e [stRije] adj. (lat. *striatus*). - **1.** Dont la surface présente des stries : *Une coquille striée.* - **2.** **Muscle strié**, muscle à contraction rapide et volontaire, dont les fibres montrent, au microscope, un ensemble de stries transversales, due à l'alternance de disques clairs et sombres dans les fibrilles (par opp. à *muscle lisse*).

strier [stRije] v.t. [conj. 10]. Marquer de stries ou de raies plus ou moins parallèles : *Éclairs qui strient le ciel.*

string [stRiŋ] n.m. (mot angl. "corde"). Cache-sexe qui laisse les fesses nues.

stripping [stRipiŋ] n.m. (mot angl., de *to strip* "dépouiller"). MÉD. Éveinage.

strip-tease [stRiptiz] n.m. (mot angl., de *to strip* "déshabiller" et *to tease* "agacer") [pl. *strip-teases*]. Spectacle de cabaret consistant en un numéro de déshabillage lent et suggestif exécuté sur une musique de fond.

strip-teaseur, euse [stRiptizœR, -øz] n. (pl. *strip-teaseurs, euses*). Personne exécutant un numéro de strip-tease.

striure [stRijyR] n.f. État de ce qui est strié ; manière dont qqch est strié : *La striure d'une colonne* (syn. cannelure).

stroboscope [stRɔbɔskɔp] n.m. (du gr. *strobos* "tourbillon", et de *-scope*). Appareil permettant d'observer des objets animés d'un mouvement périodique très rapide, comme s'ils étaient au repos ou animés d'un mouvement très lent, en les illuminant d'éclairs brefs et réguliers.

stroboscopie [stRɔbɔskɔpi] n.f. Observation d'un mouvement périodique rapide à l'aide d'un stroboscope.

strontium [stRɔ̃sjɔm] n.m. (de *Strontian*, n. d'un village d'Écosse où ce métal fut découvert). Métal jaune analogue au calcium. □ Symb. Sr. On utilise le *nitrate de strontium* en pyrotechnie, pour colorer les flammes en rouge.

strophe [stʀɔf] n.f. (lat. *stropha*, gr. *strophê* "évolution du chœur", de *strephein* "tourner"). Division d'un poème formant une unité, qui se caractérise par un nombre déterminé de vers (génér. de quatre à quatorze) et par une disposition fixe des mètres et des rimes.

structural, e, aux [stʀyktyʀal, -o] adj. - **1.** Relatif à la structure : *Analyse structurale. Changement structural.* - **2.** Relatif au structuralisme : *Anthropologie structurale.* - **3.** Géologie structurale, partie de la géologie qui étudie la structure de l'écorce terrestre.

structuralisme [stʀyktyʀalism] n.m. - **1.** Tendance commune à plusieurs sciences humaines visant à définir l'objet de leur étude (catégorie de faits humains), en fonction de l'ensemble organisé auquel il appartient, et à rendre compte de ce dernier à l'aide de modèles. ◻ Le structuralisme, qui a dominé la vie intellectuelle des années 1960, a été illustré notamment en linguistique par Jakobson et en anthropologie par Lévi-Strauss. - **2.** LING. Démarche théorique qui consiste à envisager la langue comme une structure, c'est-à-dire un ensemble d'éléments entretenant des relations formelles (on dit aussi *la linguistique structurale*).
◆ **structuraliste** adj. et n. Relatif au structuralisme ; partisan du structuralisme.

structuration [stʀyktyʀasjɔ̃] n.f. Action de structurer ; fait d'être structuré : *Structuration de la personnalité.*

structure [stʀyktyʀ] n.f. (lat. *structura*, de *struere* "construire"). - **1.** Manière dont les parties d'un ensemble concret ou abstrait sont arrangées entre elles : *Structure d'une plante, d'une roche* (syn. constitution). *Structure d'un réseau routier* (syn. organisation). *Structure d'un discours* (syn. canevas, composition). - **2.** Organisation des parties d'un système, qui lui donne sa cohérence et en est la caractéristique permanente : *Structure d'un État, d'une entreprise* (syn. constitution). - **3.** Organisation, système complexe considéré dans ses éléments fondamentaux : *Les structures administratives.* - **4.** TECHN. Constitution, disposition et assemblage des éléments qui forment l'ossature d'un bâtiment, d'une carrosserie, d'un fuselage, etc. (syn. armature, charpente). - **5.** Disposition des couches géologiques les unes par rapport aux autres ; agencement des différentes parties constituant une roche : *Une structure plissée. La structure schisteuse d'une masse rocheuse.* - **6.** Ensemble des caractères relativement stables d'un système économique à une période donnée : *La structure et la conjoncture.* - **7.** MATH. Ensemble muni d'une ou plusieurs lois de composition et d'une ou plusieurs relations : *Structures algébriques, topologiques.*

structuré, e [stʀyktyʀe] adj. Se dit de ce qui a telle ou telle structure : *Parti politique très structuré* (syn. organisé).

structurel, elle [stʀyktyʀɛl] adj. - **1.** Relatif aux structures, à une structure : *Modifications structurelles d'un système* (par opp. à *conjoncturel*). - **2.** Chômage structurel, chômage des pays où les conditions économiques fondamentales ne permettent pas à une fraction importante de la population de trouver du travail.

structurer [stʀyktyʀe] v.t. Doter d'une structure : *Structurer une entreprise, une administration* (syn. organiser).

strychnine [stʀiknin] n.f. (lat. scientif. *strychnos*). Alcaloïde très toxique extrait de la noix vomique utilisé comme stimulant à très faibles doses.

stuc [styk] n.m. (it. *stucco*, germ. *stukki*). Enduit imitant le marbre, composé ordinairement de plâtre fin, d'une colle et de poussière de marbre ou de craie : *Moulures de stuc.*

stud-book [stœdbuk] n.m. (mot angl. "livre de haras") [pl. *stud-books*]. Registre où sont inscrites la généalogie et les performances des chevaux de race.

studette [stydɛt] n.f. Petit studio d'habitation.

studieusement [stydjøzmɑ̃] adv. Avec application ; de façon studieuse : *Occuper studieusement ses soirées*

studieux, euse [stydjø, -øz] adj. (lat. *studiosus*, de *studium* "étude, zèle"). - **1.** Qui se consacre avec application à l'étude : *Écolier studieux* (syn. appliqué, travailleur ; contr. paresseux). - **2.** Consacré à l'étude : *Vacances studieuses.*

studio [stydjo] n.m. (mot it. "atelier d'artiste", du lat. *studium* "étude"). - **1.** Petit appartement comprenant une seule pièce principale. - **2.** Local où opère un photographe (syn. atelier). - **3.** Local où se font les prises de vues ou de son pour le cinéma, la télévision, la radio, etc. : *Scène tournée en studio.* - **4.** Bâtiment ou groupe de bâtiments aménagés pour le tournage des films : *Les studios d'Hollywood.* - **5.** Salle de cours, d'entraînement et de répétition de danse.

stupa ou **stoupa** [stupa] n.m. (sanskrit *stūpa*). Monument funéraire ou commémoratif en forme de dôme plein, élevé sur les reliques du Bouddha ou de religieux éminents.

stupéfaction [stypefaksjɔ̃] n.f. (bas lat. *stupefactio*, de *stupefacere*). Étonnement profond qui empêche toute réaction : *À la stupéfaction générale, il n'a pas relevé l'allusion* (syn. surprise).

stupéfaire [stypefɛʀ] v.t. (lat. *stupefacere* "paralyser") [conj. 109 ; seul. 3ᵉ pers. sing. ind.

présent et aux temps composés]. Frapper de stupeur : *Il a stupéfait tout le monde en réussissant* (syn. stupéfier).

stupéfait, e [stypefɛ, -ɛt] adj. (lat. *stupefactus*, de *stupefieri* "être étonné"). Frappé de stupéfaction : *Je suis stupéfait qu'elle ait réussi à le convaincre* (syn. sidéré, éberlué, interloqué).

1. stupéfiant, e [stypefjɑ̃, -ɑ̃t] adj. (de *stupéfier*). Qui stupéfie, qui frappe de stupeur : *Nouvelle stupéfiante* (syn. ahurissant, renversant).

2. stupéfiant [stypefjɑ̃] n.m. (de *1. stupéfiant*). Substance psychotrope qui provoque l'accoutumance et un état de besoin pouvant conduire à une toxicomanie.

stupéfier [stypefje] v.t. (lat. *stupefieri* "être étonné", de *stupefacere* "paralyser") [conj. 9]. Causer une grande surprise à : *Cette nouvelle nous a stupéfiés* (syn. méduser, stupéfaire).

stupeur [stypœʀ] n.f. (lat. *stupor* "paralysie"). - **1.** Étonnement profond qui prive momentanément qqn de ses moyens physiques et intellectuels : *Personne frappée de stupeur à la vue d'un atroce spectacle* (syn. effarement, saisissement). - **2.** PSYCHIATRIE. État d'inhibition motrice d'origine psychique (syn. hébétude).

stupide [stypid] adj. (lat. *stupidus* "frappé de stupeur"). - **1.** D'un esprit lourd et pesant ; qui manque d'intelligence : *Elle n'est pas assez stupide pour croire cette histoire* (syn. bête, imbécile, sot). - **2.** Dépourvu de sens : *Votre remarque est stupide* (syn. idiot, inepte).

stupidement [stypidmɑ̃] adv. De façon stupide : *Agir stupidement* (syn. idiotement, sottement).

stupidité [stypidite] n.f. (lat. *stupiditas*). - **1.** Caractère d'une personne stupide : *Personne d'une stupidité incroyable* (syn. bêtise, imbécillité). - **2.** Parole, action stupide : *Arrête de dire des stupidités* (syn. ânerie, idiotie).

stupre [stypʀ] n.m. (lat. *stuprum*). LITT. Débauche honteuse, luxure.

style [stil] n.m. (lat. *stilus* "poinçon servant à écrire"). - **1.** Manière particulière d'exprimer sa pensée, ses émotions, ses sentiments par le langage : *Avoir un style simple. Exercice de style* (syn. écriture). - **2.** Forme de langue propre à une activité, à un milieu ou à un groupe social : *Style administratif. Style populaire*. - **3.** Manière personnelle de pratiquer un art, un sport, etc., définie par un ensemble de caractères : *Le style de Watteau* (syn. patte, touche). - **4.** Manière particulière d'un genre, à une époque, notamm. en matière d'art, définie par un ensemble de caractères formels : *Style épique. Style gothique.* - **5.** Ensemble des goûts, des manières d'être de qqn ; façon personnelle de s'habiller, de se comporter, etc. : *Adopter un style sportif* (syn.

allure). *Style de vie* (syn. mode). - **6.** Qualité de qqch ou de qqn qui présente des caractéristiques esthétiques originales : *Maison qui a du style* (syn. cachet). *Manquer de style*. - **7.** ANTIQ. Poinçon de métal servant à écrire sur des tablettes enduites de cire. - **8.** TECHN. Aiguille servant à l'inscription sur un appareil enregistreur. - **9.** Tige dont l'ombre marque l'heure sur un cadran solaire. - **10.** BOT. Colonne surmontant l'ovaire et portant les stigmates à son sommet. - **11.** De style, se dit de meubles, d'objets fabriqués conformément à un style de décoration ancien.

stylé, e [stile] adj. Qui exécute son service dans les règles, en parlant d'un employé de maison ou d'hôtel : *Un personnel stylé*.

stylet [stilɛ] n.m. (it. *stiletto*, de *stilo* "poignard", lat. *stilus*). - **1.** Petit poignard à lame très effilée. - **2.** Petite tige métallique fine à pointe mousse utilisée en chirurgie pour explorer une fistule, une plaie, etc. - **3.** Organe fin et pointu, servant à perforer, propre à certains invertébrés.

stylisation [stilizasjɔ̃] n.f. Action de styliser ; fait d'être stylisé : *Stylisation d'une œuvre architecturale*.

styliser [stilize] v.t. Représenter sous une forme simplifiée, synthétique, donnant un aspect décoratif ou un caractère particuliers : *Un cep de vigne stylisé*.

styliste [stilist] n. - **1.** Professionnel qui conçoit des formes nouvelles dans le domaine de l'habillement, de l'ameublement, de la carrosserie automobile, etc. - **2.** Écrivain qui brille surtout par le style.

stylistique [stilistik] n.f. LING. Étude scientifique des procédés de style que permet une langue : *Stylistique comparée de l'italien et du français*. ◆ adj. Relatif à la stylistique, au style : *Emploi stylistique d'un mot*.

stylo [stilo] n.m. (de *stylo[graphe]*, angl. *stylograph*, du lat. *stilus* "poinçon servant à écrire"). - **1.** Instrument pour écrire ou dessiner, muni d'une plume et dont le manche contient un réservoir ou une cartouche d'encre (on dit aussi *un stylo à encre, un stylo-plume* ; on disait autref. *un stylographe*). - **2.** Instrument analogue utilisant une encre grasse et dans lequel la plume est remplacée par une petite bille métallique (on dit aussi *un stylo à bille, un stylo-bille*).

stylobate [stilɔbat] n.m. (lat. *stylobata*). ARCHIT. Soubassement portant une colonnade.

stylo-feutre [stilɔføtʀ] n.m. (pl. *stylos-feutres*). Feutre qui a la forme d'un stylo (on dit aussi *un feutre*).

Stylomine [stilɔmin] n.m. (nom déposé). Porte-mine.

styrax [stiʀaks] n.m. (mot lat., gr. *sturax* "résine"). Arbrisseau exotique fournissant le benjoin et un baume (nom usuel : *aliboufier*) ; ce baume. □ Famille des styracacées.

styrène [stiʀɛn] n.m. (de *styrax*). Hydrocarbure benzénique, servant de matière première pour de nombreuses matières plastiques. □ Symb. C₈H₈.

su [sy] n.m. Au vu et au su de qqn → 1. vu.

suaire [sɥɛʀ] n.m. (lat. *sudarium* "linge pour essuyer la sueur"). - **1.** ANTIQ. Voile dont on couvrait la tête et le visage des morts. - **2.** LITT. Linceul. - **3.** Le saint suaire, le linceul qui servit à ensevelir Jésus-Christ.

suave [sɥav] adj. (lat. *suavis*, a remplacé l'anc. fr. *souef*). D'une douceur agréable à la vue, à l'odorat, à l'ouïe : *Parfum, musique suave* (syn. enchanteur, exquis).

suavement [sɥavmɑ̃] adv. De façon suave.

suavité [sɥavite] n.f. (lat. *suavitas*). Qualité de ce qui est suave : *La suavité d'une mélodie* (syn. grâce, harmonie).

sub- préfixe, du lat. *sub* "sous", exprimant la position inférieure dans l'espace *(subaérien)*, la dépendance *(subalterne)*, un degré moindre dans la qualité ou la quantité *(subsonique)*.

subaigu, ë [sybegy] adj. MÉD. Se dit d'un état pathologique moins accusé que l'état aigu.

subalpin, e [sybalpɛ̃, -in] adj. Se dit des régions situées en bordure des Alpes.

subalterne [sybaltɛʀn] adj. et n. (lat. *subalternus*, de *alter* "autre"). - **1.** Qui est subordonné à qqn ; qui dépend d'un autre : *Officier subalterne. Nous avons eu affaire à des subalternes* (syn. subordonné). - **2.** Qui est hiérarchiquement inférieur : *Emploi subalterne* (syn. inférieur, mineur).

subconscient, e [sybkɔ̃sjɑ̃, -ɑ̃t] adj. Se dit d'un état psychique dont le sujet n'a pas conscience, mais qui influe sur son comportement. ◆ **subconscient** n.m. Ensemble des états psychiques subconscients.

subdésertique [sybdezɛʀtik] adj. Relatif à une région dont les conditions climatiques et biologiques sont proches de celles des déserts.

subdiviser [sybdivize] v.t. Diviser une partie d'un tout déjà divisé : *Subdiviser un chapitre en plusieurs paragraphes.*

subdivision [sybdivizjɔ̃] n.f. Division d'une des parties d'un tout déjà divisé : *Divisions et subdivisions d'un discours.*

subéquatorial, e, aux [sybekwatɔʀjal, -o] adj. Proche de l'équateur, du climat équatorial.

subéreux, euse [sybeʀø, -øz] adj. (du lat. *suber* "liège"). Constitué de liège.

subir [sybiʀ] v.t. (lat. *subire*, propr. "aller sous") [conj. 32]. - **1.** Être soumis malgré soi à (ce qui est prescrit, ordonné, imposé) : *Subir une intervention. Plusieurs prisonniers ont subi des tortures* (syn. endurer, souffrir). - **2.** Supporter à contrecœur la présence de (qqn qui déplaît) : *Nous devons le subir tous les dimanches.* - **3.** Être soumis à ; être l'objet de : *Les prix ont subi une hausse* (syn. connaître).

subit, e [sybi, -it] adj. (lat. *subitus*, de *subire* "se présenter"). Qui arrive tout à coup : *Mort subite* (syn. brutal). *Une inspiration subite* (syn. soudain). *Subite aggravation du froid* (syn. brusque).

subitement [sybitmɑ̃] adv. Soudainement : *Mourir subitement d'une crise cardiaque* (syn. brusquement, brutalement). *La pluie s'est mise à tomber subitement.*

subito [sybito] adv. (mot lat.). FAM. Subitement ; immédiatement : *Il a répondu subito* (syn. sur-le-champ).

subjectif, ive [sybʒɛktif, -iv] adj. (lat. *subjectivus* "qui se rapporte au sujet ; placé dessous"). - **1.** DIDACT. Qui relève du sujet défini comme être pensant, comme conscience individuelle (par opp. à *objectif*). - **2.** Se dit de ce qui est individuel et susceptible de varier en fonction de la personnalité de chacun : *Une interprétation subjective d'un texte* (syn. personnel).

subjectivement [sybʒɛktivmɑ̃] adv. De façon subjective : *Réagir subjectivement* (contr. objectivement).

subjectivité [sybʒɛktivite] n.f. - **1.** Caractère de ce qui est subjectif (par opp. à *objectivité*). - **2.** Manière propre à un individu de considérer la réalité à travers ses seuls états de conscience : *S'efforcer de faire abstraction de sa subjectivité.*

subjonctif [sybʒɔ̃ktif] n.m. (bas lat. *subjunctivus* [modus], de *subjungere* "subordonner"). GRAMM. Mode personnel du verbe employé soit dans des propositions subordonnées, soit pour exprimer le doute, l'incertitude, la volonté, le souhait, etc. : *Dans la phrase « pourvu qu'il veuille », le verbe « vouloir » est au subjonctif présent.*

subjuguer [sybʒyge] v.t. (bas lat. *subjugare* "placer sous le joug", de *jugum* "joug"). Exercer un puissant ascendant, une vive séduction sur : *Chanteur qui subjugue les jeunes* (syn. ensorceler, envoûter, fasciner).

sublimation [syblimasjɔ̃] n.f. (lat. *sublimatio*). - **1.** Passage d'un corps de l'état solide à l'état gazeux : *La sublimation du camphre.* - **2.** PSYCHAN. Processus par lequel l'énergie d'une pulsion sexuelle ou agressive est orientée vers une valeur, un but social, plus élevés.

sublime [syblim] adj. (lat. *sublimis* "haut"). - **1.** Qui est le plus élevé, en parlant de choses morales, intellectuelles ou artistiques : *Sublime abnégation* (syn. noble). - **2.** Dont les sentiments et la conduite atteignent une grande élévation : *Il a été sublime dans cette circonstance* (syn. admirable, héroïque). ◆ n.m. Ce qu'il y a de plus élevé dans le style, les sentiments, etc. : *Éloquence qui atteint au sublime.*

sublimé [syblime] n.m. CHIM. Produit obtenu en sublimant une substance.

sublimer [syblime] v.t. (lat. *sublimare* "élever", de *sublimis* "haut"). - **1.** CHIM. Faire passer directement de l'état solide à l'état gazeux. - **2.** LITT. Orienter (une tendance, une passion) vers une valeur sociale positive ou vers un intérêt moral : *Sublimer ses pulsions. Sublimer l'amour que l'on porte à qqn* (syn. magnifier, purifier).

sublimité [syblimite] n.f. (lat. *sublimitas*). LITT. Caractère de ce qui est sublime : *La sublimité du dévouement.*

sublingual, e, aux [syblɛ̃gwal, -o] adj. (de *lingual*). Qui se trouve sous la langue.

submerger [sybmɛrʒe] v.t. (lat. *submergere*, de *mergere* "plonger") [conj. 17]. - **1.** Recouvrir complètement d'eau : *L'eau a submergé les rives du fleuve* (syn. inonder, noyer). - **2.** Imposer sa domination par sa supériorité numérique ou sa puissance : *Les manifestants ont submergé le service d'ordre* (syn. déborder). - **3.** Envahir d'une façon irrésistible : *Être submergé de travail* (syn. accabler).

1. submersible [sybmɛrsibl] adj. (du lat. *submersus*, de *submergere*). Qui peut être submergé : *Terres submersibles* (syn. inondable).

2. submersible [sybmɛrsibl] n.m. (de *1. submersible*). - **1.** Sous-marin à propulsion classique et à taux de flottabilité élevé. - **2.** Véhicule autonome et habité, destiné à l'observation des fonds marins. □ Il s'oppose, par sa maniabilité, sa légèreté, sa mobilité, au bathyscaphe.

submersion [sybmɛrsjɔ̃] n.f. LITT. Action de submerger : *Mort par submersion* (syn. noyade). *La submersion d'une vallée par une crue* (syn. inondation).

subodorer [sybɔdɔre] v.t. (du lat. *odorari* "sentir"). FAM. Pressentir, se douter de : *Je subodore une machination* (syn. deviner, flairer, soupçonner).

subordination [sybɔrdinasjɔ̃] n.f. (lat. médiév. *subordinatio*). - **1.** Ordre établi entre les personnes, et qui rend les unes dépendantes des autres : *La subordination des employés au chef de service* (syn. sujétion). - **2.** Dépendance d'une chose par rapport à une autre : *La subordination des intérêts privés à l'intérêt public* (syn. assujettissement). - **3.** GRAMM. Mode de rattachement d'une proposition à une autre (par opp. à *coordination, juxtaposition*).

subordonnant [sybɔrdɔnɑ̃] n.m. GRAMM. Mot ou locution qui institue un rapport de subordination : *Les conjonctions de subordination, les pronoms relatifs et interrogatifs sont des subordonnants.*

subordonné, e [sybɔrdɔne] adj. et n. Qui est soumis à un supérieur (syn. subalterne). ◆ adj. - **1.** Qui dépend de qqn, de qqch : *Ses vacances sont subordonnées à la date de l'examen.* - **2.** GRAMM. Proposition subordonnée, proposition qui complète le sens d'une autre, à laquelle elle est rattachée par un subordonnant (on dit aussi *une subordonnée*).

subordonner [sybɔrdɔne] v.t. (réfection d'apr. *ordonner*, de l'anc. fr. *surordiner*). - **1.** Mettre sous l'autorité de qqn d'autre : *L'organisation militaire subordonne le lieutenant au capitaine* (syn. soumettre). - **2.** Faire dépendre de : *Subordonner une commande à l'obtention de facilités de paiement.*

subornation [sybɔrnasjɔ̃] n.f. (lat. médiév. *subornatio*). DR. Subornation de témoins, délit consistant à faire pression sur un témoin pour le déterminer à déposer en justice contrairement à la vérité.

suborner [sybɔrne] v.t. (lat. *subornare* "dresser en vue d'une mauvaise action"). DR. Inciter un témoin à faire de faux témoignages : *L'avocat a prouvé que le témoin avait été suborné.*

suborneur, euse [sybɔrnœr, -øz] n. Personne qui suborne un témoin.

subreptice [sybrɛptis] adj. (lat. *subrepticius* "clandestin"). Qui se fait furtivement, d'une façon déloyale : *Des manœuvres subreptices* (syn. illégal, illicite). *D'un geste subreptice, il avertit son complice* (syn. furtif).

subrepticement [sybrɛptismɑ̃] adv. D'une façon subreptice, furtive et discrète : *Partir subrepticement* (syn. discrètement, furtivement).

subrogation [sybrɔgasjɔ̃] n.f. (bas lat. *subrogatio*). DR. Substitution, dans un rapport juridique, d'une personne ou d'une chose à une autre.

subrogatoire [sybrɔgatwar] adj. DR. Qui subroge : *Acte subrogatoire* (= fondé sur une subrogation).

subroger [sybrɔʒe] v.t. (lat. *subrogare* "faire venir à la place de") [conj. 17]. DR. Substituer par subrogation.

subsaharien, enne [sybsaarjɛ̃, -ɛn] adj. Proche du Sahara, de ses conditions climatiques.

subséquent, e [sypsekɑ̃, -ɑ̃t] adj. (lat. *subsequens* "qui suit immédiatement"). **- 1.** LITT. Qui vient à la suite dans l'ordre du temps, du rang : *Tous les explorateurs subséquents ont décrit la beauté sauvage de ce pays* (syn. suivant). **- 2.** GÉOGR. Se dit des affluents de rivières responsables du déblaiement des dépressions au pied des fronts de cuesta.

subside [sybzid] n.m. (lat. *subsidium* "réserve, soutien"). Somme d'argent versée à titre de secours : *La municipalité a accordé des subsides aux sinistrés* (syn. don, subvention).

subsidiaire [sybzidjɛʀ] adj. (lat. *subsidiarius* "de réserve"). **- 1.** Donné accessoirement pour venir à l'appui de qqch de principal : *Arguments subsidiaires* (syn. complémentaire). **- 2.** Question subsidiaire, question supplémentaire, qui sert à départager les concurrents ex aequo.

subsistance [sybzistɑ̃s] n.f. Nourriture et entretien de qqn, satisfaction de ses besoins élémentaires : *Assurer la subsistance de sa famille.*

subsister [sybziste] v.i. (lat. *subsistere* "s'arrêter"). **- 1.** Exister encore, continuer d'être : *Une erreur subsiste dans ce programme* (syn. persister). *Il ne subsiste que des ruines de ce vieux château* (syn. rester). **- 2.** Pourvoir à ses besoins, à son entretien : *Travailler pour subsister* (syn. vivre).

subsonique [sypsɔnik] adj. Dont la vitesse est inférieure à celle du son (par opp. à *sonique, supersonique*).

substance [sypstɑ̃s] n.f. (lat. *substantia*, de *substare* "être dessous"). **- 1.** Matière dont qqch est formé : *Substance solide, liquide.* **- 2.** Ce qu'il y a d'essentiel dans un ouvrage, dans un acte, etc. : *La substance d'un entretien* (syn. essence, fond). **- 3.** PHILOS. Ce qui est en soi et par soi ; ce qu'il y a de permanent dans les choses qui changent (par opp. à *accident*). **- 4.** En substance, en ne retenant que l'essentiel, en résumé : *Voici en substance ce qu'on nous a dit.*

substantiel, elle [sypstɑ̃sjɛl] adj. (lat. *substantialis*). **- 1.** Rempli de substance nutritive : *Repas substantiel* (syn. copieux, nourrissant). **- 2.** Important : *Obtenir une augmentation substantielle* (syn. considérable). **- 3.** Essentiel, capital : *Extraire d'un livre ce qu'il y a de plus substantiel* (syn. fondamental, primordial). **- 4.** PHILOS. Relatif à la substance (par opp. à *accidentel*).

substantif [sypstɑ̃tif] n.m. (lat. *substantivum*). GRAMM. Nom : *Les substantifs et les adjectifs.*

substantivation [sypstɑ̃tivasjɔ̃] n.f. GRAMM. Action de substantiver : *La substantivation de « pourquoi » dans « expliquer le pourquoi de ses actes ».*

substantiver [sypstɑ̃tive] v.t. GRAMM. Donner à un mot la valeur, la fonction de substantif.

substituable [sypstitɥabl] adj. Qui peut être substitué à autre chose : *Synonymes substituables* (syn. commutable).

substituer [sypstitɥe] v.t. (lat. *substituere*, propr. "placer sous") [conj. 7]. **- 1.** Mettre en lieu et place de qqn, de qqch d'autre : *Substituer un enfant à un autre* (syn. remplacer). **- 2.** CHIM. Remplacer (un atome, une molécule d'un composé) par un autre atome, une autre molécule, sans en modifier la structure globale. ◆ **se substituer** v.pr. [à]. Prendre la place d'un autre : *Hebdomadaire qui se substitue à un quotidien du même nom.*

substitut [sypstity] n.m. (lat. *substitutus*). **- 1.** Ce qui peut remplacer qqch en jouant le même rôle : *Un substitut d'alcool* (syn. ersatz, succédané). **- 2.** DR. Magistrat du parquet chargé d'assister le procureur général de la cour d'appel *(substitut général)* et le procureur de la République.

substitutif, ive [sypstitytif, -iv] adj. (lat. *substitutivus*). Se dit de qqch qui sert de substitut à autre chose : *Médicament substitutif* (= de remplacement).

substitution [sypstitysjɔ̃] n.f. (lat. *substitutio*). **- 1.** Action de substituer ; fait de se substituer : *Il y a eu substitution de documents* (syn. échange, remplacement). **- 2.** CHIM. Réaction chimique dans laquelle un atome d'un composé est remplacé par un autre atome ou groupe d'atomes. **- 3.** MATH. Permutation sur un ensemble fini. **- 4.** Peine de substitution, peine que le tribunal peut prononcer à la place d'une peine d'emprisonnement (confiscation, travail d'intérêt général).

substrat [sypstʀa] n.m. (lat. *substratum*, de *substernere* "étendre sous"). **- 1.** Ce qui sert de base, d'infrastructure à qqch : *Le substrat industriel de l'économie.* **- 2.** TECHN. Matériau sur lequel sont réalisés les éléments d'un circuit intégré. **- 3.** LING. Première langue connue ayant existé dans un territoire donné, repérable par les traces qu'elle a laissées dans la langue parlée actuellement dans ce territoire.

subterfuge [syptɛʀfyʒ] n.m. (bas lat. *subterfugium*, de *subterfugere* "fuir en cachette"). Moyen détourné pour se tirer d'embarras ; échappatoire, ruse : *User de subterfuges.*

subtil, e [syptil] adj. (réfection de l'anc. fr. *soutil*, du lat. *subtilis* "fin, délié"). **- 1.** Qui a beaucoup de finesse, qui est capable de percevoir des nuances délicates : *Un esprit subtil* (syn. délié, fin). *Il fut un subtil diplomate* (syn. ingénieux, perspicace). **- 2.** Qui exige beaucoup de finesse, de sagacité : *Question subtile* (syn. sophistiqué).

subtilement [syptilmɑ̃] adv. De façon subtile : *Se tirer subtilement d'affaire* (syn. adroitement).

subtilisation [syptilizasjɔ̃] n.f. Action de subtiliser : *La subtilisation des papiers de qqn* (syn. vol).

subtiliser [syptilize] v.t. (de *subtil*). Dérober adroitement, sans se faire remarquer : *Pickpocket qui subtilise les portefeuilles des passants* (syn. escamoter, voler).

subtilité [syptilite] n.f. (lat. *subtilitas*). - **1.** Caractère d'une personne, d'une chose subtile : *La subtilité de sa réponse les a fait taire* (syn. finesse, perspicacité, sagacité). - **2.** Raffinement excessif de la pensée, de l'expression, etc. : *Des subtilités de style* (syn. maniérisme, préciosité).

subtropical, e, aux [sybtʁɔpikal, -o] adj. Qui est proche des tropiques : *Climat subtropical* (= climat chaud, à longue saison sèche).

suburbain, e [sybyʁbɛ̃, -ɛn] adj. (lat. *suburbanus*). Qui est à la périphérie immédiate d'une ville : *Les communes suburbaines* (= de banlieue).

subvenir [sybvəniʁ] v.t. ind. [à] (lat. *subvenire* "venir au secours de") [conj. 40 ; auxil. *avoir*]. Procurer à qqn ce qui lui est nécessaire : *Subvenir aux besoins de ses parents âgés* (syn. pourvoir).

subvention [sybvɑ̃sjɔ̃] n.f. (bas lat. *subventio* "secours, aide"). Aide financière versée par l'État ou une personne publique à une personne privée, dans le but de favoriser l'activité d'intérêt général à laquelle elle se livre : *Accorder une subvention à une école* (syn. don, subside).

subventionner [sybvɑ̃sjɔne] v.t. Accorder une subvention à (un organisme, une personne, etc.) : *Subventionner un théâtre, une industrie* (syn. doter).

subversif, ive [sybvɛʁsif, -iv] adj. (du lat. *subvertere* "renverser"). Qui est de nature à troubler ou à renverser l'ordre social ou politique : *Théories subversives* (syn. séditieux).

subversion [sybvɛʁsjɔ̃] n.f. (lat. *subversio*). Action visant à saper les valeurs et les institutions établies : *Déjouer une tentative de subversion.*

subvertir [sybvɛʁtiʁ] v.t. (lat. *subvertere* "renverser") [conj. 32]. LITT. Renverser un état de choses : *Subvertir l'État, les valeurs morales* (syn. bouleverser, renverser).

suc [syk] n.m. (lat. *sucus* "sève"). - **1.** Liquide organique susceptible d'être extrait des tissus animaux et végétaux (syn. jus). - **2.** LITT. Le meilleur de la substance de qqch : *Tirer le suc d'une lecture* (syn. quintessence). - **3.** Sécrétion organique contenant des enzymes : *Suc gastrique.*

succédané [syksedane] n.m. (lat. *succedaneus* "qui remplace"). Produit de remplacement : *Un succédané de café* (syn. ersatz).

succéder [syksede] v.t. ind. [à] (lat. *succedere* "venir sous, à la place de") [conj. 18]. - **1.** Venir après, prendre la place de : *La nuit succède au jour* (syn. suivre). - **2.** Parvenir après un autre à un emploi, à une dignité, à une charge : *On dit qu'il succédera à son père* (syn. relever, remplacer). ◆ **se succéder** v.pr. Succéder l'un à l'autre, venir l'un après l'autre, former une série : *Les voitures se sont succédé toute la soirée sur l'autoroute* (syn. se suivre).

succès [syksɛ] n.m. (lat. *successus*, de *succedere* "succéder"). - **1.** Résultat heureux obtenu dans une tentative, un travail : *Son succès n'a étonné personne* (syn. réussite, victoire ; contr. échec). - **2.** Approbation du public : *La pièce a eu du succès. Le succès d'une mode* (syn. triomphe). - **3.** À succès, qui plaît au plus grand nombre : *Auteur à succès.*

successeur [syksɛsœʁ] n.m. (lat. *successor*). - **1.** Personne qui prend la suite d'une autre dans un état, une profession, ou dans ses droits ou obligations : *Il a désigné son successeur* (syn. continuateur, remplaçant). - **2.** MATH. Successeur d'un entier naturel n, l'entier $n + 1$.

successif, ive [syksesif, -iv] adj. (lat. *successivus*). Qui se succède : *Les générations successives.*

succession [syksesjɔ̃] n.f. (lat. *successio*). - **1.** Suite, série de personnes ou de choses qui se succèdent sans interruption ou à peu d'intervalle : *La succession des jours et des nuits* (syn. alternance). *Une succession d'incidents* (syn. cascade, série, suite). - **2.** Transmission légale à des personnes vivantes des biens et obligations d'une personne décédée. - **3.** Biens qu'une personne laisse en mourant : *Se partager une succession* (syn. héritage). - **4.** Droits de succession, impôts que les bénéficiaires d'une succession doivent verser à l'enregistrement.

successivement [syksesivmɑ̃] adv. L'un après l'autre ; par degrés successifs ; tour à tour : *S'entretenir successivement avec tous les candidats à un poste.*

successoral, e, aux [syksesɔʁal, -o] adj. (de *successeur*). DR. Relatif aux successions.

succinct, e [syksɛ̃, -ɛ̃t] adj. (lat. *succinctus* "court vêtu"). - **1.** Qui est dit en peu de mots : *Récit succinct* (syn. bref, concis). *Être succinct dans ses réponses* (syn. laconique). - **2.** Peu abondant : *Repas succinct* (syn. léger, maigre).

succinctement [syksɛ̃tmɑ̃] adv. Brièvement : *Exposer succinctement l'ordre du jour* (syn. sommairement).

succion [sysjɔ̃] ou [syksjɔ̃] n.f. (lat. médiév. *suctio*). Action de sucer, d'aspirer un liquide en prenant entre ses lèvres : *Un bruit de succion.*

succomber [sykɔ̃be] v.i. (lat. *succumbere*, propr. "tomber sous"). **-1.** Mourir : *Le malade a succombé* (syn. décéder, disparaître). **-2.** Perdre un combat, être vaincu : *Nos troupes ont succombé sous le nombre* (syn. céder). ◆ v.t. ind. [à]. Ne pas résister à : *Succomber à la tentation* (syn. s'abandonner à, céder à).

succube [sykyb] n.m. (lat. *succuba* "concubine", de *cubare* "coucher"). Démon femelle qui, dans la tradition médiévale, séduit les hommes pendant leur sommeil (par opp. à *incube*, à *démon mâle*). **Rem.** On trouve aussi le mot au féminin : *une succube.*

succulence [sykylɑ̃s] n.f. LITT. Qualité de ce qui est succulent : *La succulence d'un mets* (syn. délicatesse, saveur).

succulent, e [sykylɑ̃, -ɑ̃t] adj. (lat. *succulentus*, de *sucus* "sève"). Qui a une saveur délicieuse : *Viande succulente* (syn. délicieux, savoureux).

succursale [sykyrsal] n.f. (du lat. *succurrere* "aider"). Établissement commercial ou financier dépendant d'un autre, bien que jouissant d'une certaine autonomie.

sucement [sysmɑ̃] n.m. Action de sucer.

sucer [syse] v.t. (lat. pop. *suctiare*, du class. *sugere*, de *sucus* "suc") [conj. 16]. **-1.** Aspirer en prenant entre ses lèvres un liquide, une substance : *Sucer le jus d'un fruit.* **-2.** En parlant de certains animaux, aspirer avec un organe spécial (le suc d'une plante, un liquide, etc.) : *Les sangsues sucent le sang.* **-3.** Porter, garder un objet à la bouche et y exercer une succion : *Sucer son crayon* (syn. suçoter). *Il suce encore son pouce.* **-4.** Faire fondre dans sa bouche : *Sucer un bonbon.*

sucette [syset] n.f. **-1.** Bonbon en sucre cuit aromatisé, fixé à l'extrémité d'un bâtonnet. **-2.** Petite tétine de caoutchouc que l'on donne à sucer aux jeunes enfants.

suceur, euse [sysœr, -øz] adj. **-1.** ZOOL. Se dit des organes propres à exercer une succion, des animaux possédant de tels organes. **-2.** TECHN. Qui fonctionne en aspirant un fluide : *Drague suceuse* (syn. aspirant).

suçoir [syswar] n.m. **-1.** BOT. Organe fixant une plante parasite à son hôte et y prélevant la sève. **-2.** ZOOL. Organe buccal de certains insectes, qui sert à sucer.

suçon [sysɔ̃] n.m. FAM. Marque qu'on fait à la peau en la suçant fortement.

suçoter [sysɔte] v.t. Sucer négligemment, du bout des lèvres : *Suçoter sa pipe* (syn. sucer).

sucrage [sykraʒ] n.m. Action de sucrer : *Le sucrage des fruits se fait en fin de cuisson.*

sucrant, e [sykrɑ̃, -ɑ̃t] adj. Qui sucre : *Le pouvoir sucrant du miel.*

sucre [sykr] n.m. (it. *zucchero*, ar. *sukkar*). **-1.** Aliment de saveur douce, cristallisé, extrait de la canne à sucre ou de la betterave à sucre : *Sucre en poudre. Sucre en morceaux.* **-2.** Morceau de cet aliment : *Manger un sucre.* **-3.** CHIM. Glucide. **-4.** Sucre glace, sucre en poudre extrêmement fin obtenu par un broyage très poussé, employé surtout en pâtisserie.

sucré, e [sykre] adj. Qui contient du sucre, qui a le goût du sucre : *Aimer le café bien sucré. Poire sucrée.* ◆ adj. et n. Se dit d'une personne qui affecte des manières doucereuses : *Un ton sucré* (syn. mielleux, patelin). *Elle fait sa sucrée.*

sucrer [sykre] v.t. **-1.** Ajouter du sucre à (un liquide, un aliment) ; adoucir avec du sucre : *Sucrer son café* (syn. édulcorer). **-2.** FAM. Supprimer : *On lui a sucré ses vacances.* ◆ **se sucrer** v.pr. FAM. S'attribuer la plus grosse part dans une affaire, un partage : *Les intermédiaires se sont sucrés.*

sucrerie [sykrəri] n.f. **-1.** Usine où l'on fabrique le sucre. **-2.** (Souvent au pl.). Friandise préparée avec du sucre : *Ces enfants mangent trop de sucreries* (syn. confiserie, douceurs). **-3.** CAN. Lieu où l'on fabrique le sirop d'érable et ses dérivés. **-4.** AFR. Boisson sucrée non alcoolisée.

1. sucrier, ère [sykrije, -ɛr] adj. Relatif à la production du sucre. ◆ n. **-1.** Fabricant de sucre. **-2.** Ouvrier, ouvrière qui travaille à la fabrication du sucre.

2. sucrier [sykrije] n.m. Récipient où l'on met du sucre.

sud [syd] n.m. inv. (anc. angl. *suth*). **-1.** L'un des quatre points cardinaux, situé à l'opposé du nord : *Nantes est au sud de Rennes. Marcher en direction du sud* (syn. midi). **-2.** (Avec une majuscule). Partie d'un territoire ou du globe terrestre située vers ce point : *Le Sud marocain.* **-3.** (Avec une majuscule). Ensemble des pays en voie de développement (par opp. à *pays industrialisés*). ◆ adj. inv. Situé au sud : *Le versant sud d'un puy.*

sud-africain, e [sydafrikɛ̃, -ɛn] adj. et n. De l'Afrique du Sud.

sud-américain, e [sydamerikɛ̃, -ɛn] adj. et n. (pl. *sud-américains, es*). De l'Amérique du Sud.

sudation [sydasjɔ̃] n.f. (lat. *sudatio*). Production de sueur physiologique ou artificielle : *Sudation provoquée par une forte fièvre* (syn. transpiration).

sud-est [sydɛst] n.m. inv. et adj. inv. **-1.** Point de l'horizon situé entre le sud et l'est. **-2.** Partie d'un territoire située vers ce point : *Le sud-est de l'Espagne. L'Afrique du Sud-Est.*

sudiste [sydist] n. et adj. Partisan des États du Sud, dans la guerre de Sécession des États-Unis (1861-1865).

sudorifique [sydɔʀifik] adj. et n.m. (du lat. *sudor* "sueur", et de *-fique*). Qui provoque ou augmente la sécrétion de la sueur : *Substance sudorifique.*

sudoripare [sydɔʀipaʀ] adj. (du lat. *sudor* "sueur", et de *-pare*). ANAT. Qui produit la sueur : *Glandes sudoripares.*

sud-ouest [sydwɛst] n.m. inv. et adj. inv. - **1.** Point de l'horizon situé entre le sud et l'ouest. - **2.** Partie d'un territoire située vers ce point : *Le sud-ouest de l'Angleterre. L'Afrique du Sud-Ouest.*

suède [sɥɛd] n.m. (de *Suède*). Peausserie ou cuir utilisés avec le côté chair à l'extérieur : *Des gants en suède.*

suédine [sɥedin] n.f. Tissu de coton qui rappelle le suède.

suédois, e [sɥedwa, -az] adj. et n. De Suède. ◆ **suédois** n.m. Langue nordique parlée princ. en Suède.

suée [sɥe] n.f. (p. passé de *suer*). FAM. Transpiration abondante à la suite d'un travail pénible, d'une émotion : *Cette ascension nous a donné une bonne suée.*

suer [sɥe] v.i. (lat. *sudare*) [conj. 7]. - **1.** Sécréter la sueur par les pores de la peau : *Il suait à grosses gouttes* (syn. transpirer). - **2.** Se couvrir d'humidité qui dégoutte : *Les murs de la cave suent* (syn. suinter). - **3.** FAM. Se donner beaucoup de peine, de fatigue : *Il a sué pour rédiger cet ouvrage* (syn. s'échiner, peiner). - **4.** FAM. **Faire suer qqn**, le fatiguer, l'exaspérer. ‖ FAM. **Se faire suer**, s'ennuyer. ◆ v.t. - **1.** Exprimer, laisser transparaître par des signes extérieurs : *Petit village qui sue l'ennui* (syn. dégager, exhaler). *Visage qui sue la vanité* (syn. respirer, sentir). - **2.** **Suer sang et eau**, se donner une peine extrême, faire des efforts considérables.

sueur [sɥœʀ] n.f. (lat. *sudor*). - **1.** Liquide incolore, salé et d'une odeur particulière, sécrété par les glandes sudoripares, qui suinte par les pores de la peau : *Visage ruisselant de sueur* (syn. transpiration). □ La sueur contient des sels minéraux (chlorure de sodium) et des matières organiques (urée). - **2.** Symbole d'un travail intense, pénible : *Vivre de la sueur du peuple* (syn. labeur). - **3.** **À la sueur de son front**, par un travail pénible et persévérant : *Gagner sa vie à la sueur de son front.* ‖ **Sueurs froides**, vive inquiétude : *Quand je l'ai vu plonger de si haut, j'ai eu des sueurs froides.*

suffire [syfiʀ] v.t. ind. **[à]** (réfection de l'anc. fr. *soufire*, d'apr. le lat. *sufficere* "supporter, résister") [conj. 100]. - **1.** Être capable de fournir le nécessaire, pouvoir satisfaire à : *Sa*

famille lui suffit, il n'a pas d'amis. Un logement de trois pièces nous suffit. - **2.** Être en assez grande quantité pour : *Cette somme lui suffira pour deux semaines.* - **3.** Être l'élément essentiel pour obtenir tel résultat ; être la personne capable de fournir ce qui est nécessaire : *Une serrure suffit pour verrouiller la porte. Une secrétaire suffit pour effectuer ce travail, pour ce travail.* - **4.** **Cela ou ça suffit !**, il **suffit !**, **suffit !**, c'est assez ! ‖ **Il suffit de, que,** il faut seulement, il est seulement nécessaire que : *Il suffit de me prévenir une semaine à l'avance.* ◆ **se suffire** v.pr. **[à]**. N'avoir pas besoin du secours des autres : *Leurs enfants commencent à se suffire à eux-mêmes* (= subvenir eux-mêmes à leurs besoins).

suffisamment [syfizamɑ̃] adv. De manière suffisante : *Nous n'aurons pas suffisamment de pain* (syn. assez).

suffisance [syfizɑ̃s] n.f. - **1.** Présomption dans les manières, dans le ton ; satisfaction de soi : *Un homme plein de suffisance* (syn. fatuité, présomption). - **2.** **En suffisance**, en quantité assez grande : *Cette année, ils ont du blé en suffisance* (= suffisamment).

suffisant, e [syfizɑ̃, -ɑ̃t] adj. Qui est en quantité assez grande : *Des retraites qui n'ont pas des ressources suffisantes.* ◆ adj. et n. Qui est excessivement satisfait de soi-même (péjor.) : *Écrivain suffisant lorsqu'il évoque son œuvre* (syn. fat, prétentieux, vaniteux).

suffixal, e, aux [syfiksal, -o] adj. Relatif aux suffixes, à la suffixation : *Élément suffixal.*

suffixation [syfiksasjɔ̃] n.f. Dérivation à l'aide d'un suffixe : *De « arroser », on obtient « arrosage » par suffixation.*

suffixe [syfiks] n.m. (du lat. *suffixus*, de *suffigere*, propr. "fixé par-dessous"). Élément qui s'adjoint à la fin d'un mot ou d'un radical pour constituer un mot nouveau (le dérivé) : *« Calmement » est formé de l'adjectif « calme » et du suffixe « -ment ».*

suffixé, e [syfikse] adj. Pourvu d'un suffixe.

suffocant, e [syfɔkɑ̃, -ɑ̃t] adj. Qui produit une suffocation : *La fumée qui s'échappait de la grange en feu était suffocante* (syn. asphyxiant, oppressant).

suffocation [syfɔkasjɔ̃] n.f. (lat. *suffocatio*). Fait de suffoquer : *Crises de suffocation* (syn. asphyxie, étouffement).

suffoquer [syfɔke] v.t. (lat. *suffocare* "étouffer"). - **1.** Rendre la respiration très difficile à : *Les émanations de caoutchouc brûlé nous suffoquaient* (syn. asphyxier, étouffer). - **2.** Causer à qqn une émotion ou une surprise très vive : *Son insolence m'a suffoqué* (syn. sidérer, stupéfier). ◆ v.i. - **1.** Avoir du mal à respirer : *Ouvrez les fenêtres, on suffoque ici* (syn. étouffer). - **2.** Avoir le souffle coupé sous l'effet d'une violente émotion : *Suffoquer de colère, d'indignation.*

suffrage [syfraʒ] n.m. (lat. *suffragium*, de *suffragari* "voter pour"). - **1.** Vote, voix données en matière d'élection : *Exercer son droit de suffrage (= voter).* - **2.** Opinion favorable à l'égard d'une œuvre, d'une cause : *Sa pièce a enlevé tous les suffrages du public* (syn. adhésion, approbation). - **3. Suffrage direct,** système dans lequel l'électeur vote lui-même pour le candidat à élire (par opp. à *suffrage indirect*). ‖ **Suffrage exprimé,** qui exprime un choix, conformément aux prescriptions de la loi électorale (par opp. à *suffrage blanc, suffrage nul*). ‖ **Suffrage universel,** système dans lequel le corps électoral est constitué par tous les citoyens qui ont la capacité électorale : *Élection du président de la République au suffrage universel.*

suffragette [syfraʒɛt] n.f. (mot angl.). HIST. Militante qui réclamait pour les femmes le droit de voter, en Grande-Bretagne. □ Le mouvement des suffragettes, né en 1865, prit une forme militante entre 1903 et 1917.

suggérer [sygʒere] v.t. (lat. *suggerere*, propr. "mettre sous") [conj. 18]. - **1.** Proposer une idée à qqn : *Je te suggère de prendre l'autoroute* (syn. conseiller). - **2.** Amener qqn à imaginer : *Sa remarque me suggère une autre interprétation. Une musique qui suggère la tempête* (syn. évoquer).

suggestif, ive [sygʒestif, -iv] adj. (angl. *suggestive*). - **1.** Qui suggère des idées, des sentiments, des images : *Senteur suggestive* (syn. évocatrice). - **2.** Qui inspire des idées érotiques : *Un décolleté suggestif* (syn. aguichant, provocant).

suggestion [sygʒestjɔ̃] n.f. (lat. *suggestio*). - **1.** Action de suggérer : *Ce que j'ai dit n'est qu'une suggestion* (syn. conseil). - **2.** PSYCHOL. Phénomène subconscient dans lequel un sujet devient le siège d'un état mental ou affectif, ou l'auteur d'un acte en vertu d'une influence extérieure.

suicidaire [sɥisidɛr] adj. et n. Qui tend vers le suicide, l'échec ; qui semble prédisposé au suicide : *Comportement suicidaire.*

suicide [sɥisid] n.m. (du lat. *sui* "de soi", et de *-cide*, d'apr. *homicide*). - **1.** Action de se donner soi-même la mort : *Tentative de suicide.* - **2.** Action de se détruire ou de se nuire gravement : *Partir en mer par ce temps, c'est du suicide !* ◆ adj. Qui comporte des risques mortels : *Opération suicide.*

suicidé, e [sɥiside] adj. et n. Qui s'est donné la mort.

se suicider [sɥiside] v.pr. - **1.** Se donner la mort : *De désespoir, il s'est suicidé* (syn. se

supprimer, se tuer). - **2.** Détruire soi-même son influence, son autorité : *Parti politique qui se suicide* (syn. se détruire).

suidé [sɥide] n.m. (du lat. *sus, suis* "porc"). Suidés, famille de mammifères ongulés non ruminants, au museau tronqué en groin, à fortes canines allongées en défenses, tels que le sanglier, le phacochère, le porc, le pécari.

suie [sɥi] n.f. (orig. incert., p.-ê. du gaul. *suidia*). Matière noire et épaisse résultant d'une combustion incomplète, que la fumée dépose à la surface d'un corps mis en contact avec elle : *Un conduit de cheminée couvert de suie.*

suif [sɥif] n.m. (de l'anc. fr. *sue*, du lat. *sebum* "graisse"). Graisse de ruminants, autref. utilisée dans la fabrication des chandelles et pour la préparation des cuirs.

sui generis [sɥiʒeneris] loc. adj. inv. (mots lat. "de son espèce"). Qui appartient en propre à l'être ou à la chose dont il est question : *Odeur sui generis* (syn. caractéristique).

suint [sɥɛ̃] n.m. (de *suer*). Graisse qui imprègne la toison des moutons.

suintant, e [sɥɛ̃tɑ̃, -ɑ̃t] adj. Qui suinte : *Des murs suintants.*

suintement [sɥɛ̃tmɑ̃] n.m. Fait de suinter : *Le suintement de la vapeur d'eau sur la fenêtre. Le suintement d'une plaie.*

suinter [sɥɛ̃te] v.i. (de *suint*). - **1.** S'écouler, sortir presque insensiblement (en parlant des liquides) : *La résine suinte le long du tronc des pins* (syn. couler, dégoutter). - **2.** Laisser s'écouler un liquide : *Ce mur suinte.* - **3.** Transparaître, se dégager : *L'ennui suinte dans ce bureau* (syn. s'exhaler).

suisse [sɥis] adj. et n. (de l'all. *Schweiz*). - **1.** De la Suisse. **Rem.** Le fém. du n. est parfois *Suissesse.* - **2.** HIST. Troupes suisses, unités de l'armée française composées de Suisses. ◆ n.m. - **1.** Employé d'église en uniforme qui, autref., veillait au bon ordre des offices. - **2.** FAM. Manger, boire en suisse, tout seul, sans inviter personne.

suite [sɥit] n.f. (du lat. pop. *sequita* "poursuite", de *sequitus*, var. du class. *secutus*, p. passé de *sequi* "suivre"). - **1.** Enchaînement de faits qui se suivent : *Sa vie a été une suite d'aventures* (syn. série, succession). - **2.** Ordre, liaison logique entre des choses, des actes : *Il y a de la suite dans son argumentation* (syn. cohérence). - **3.** Ce qui vient après une chose déjà connue : *Pour comprendre ce passage, il faut lire la suite.* - **4.** Ce qui résulte de qqch : *Cette affaire aura des suites graves* (syn. conséquence, répercussion). - **5.** Continuation d'une œuvre écrite : *Les lecteurs attendent la* *suite de cette saga.* - **6.** Ensemble de personnes qui accompagnent un haut personnage : *Le président et sa suite* (syn. escorte). - **7.** Appartement dans un hôtel de luxe. - **8.** MUS. Série de pièces instrumentales écrites dans le même ton et relevant de la danse : *Suites de Couperin.* - **9.** Série de choses placées les unes à côté des autres : *Suite de mots.* - **10.** Ensemble d'objets de même nature : *Suite d'estampes* (syn. collection). - **11.** MATH. Famille d'éléments indexée par l'ensemble des entiers naturels. - **12.** À la suite (de), après ; derrière : *À la suite de cet accident, elle a dû cesser toute activité. L'aïeul ouvrait le cortège, les enfants venaient à la suite.* ‖ **Avoir de la suite dans les idées,** être persévérant, opiniâtre. ‖ **De suite,** sans interruption : *Faire dix kilomètres de suite.* ‖ **Donner suite à qqch,** le prendre en considération : *Je ne puis donner suite à votre demande.* ‖ **Esprit de suite,** disposition d'esprit qui pousse à persévérer dans ses entreprises. ‖ **Et ainsi de suite,** et de même en continuant. ‖ **Faire suite à,** venir après, dans le temps ou dans l'espace : *L'appartement fait suite à l'arrière-boutique.* ‖ **Sans suite,** incohérent : *Tenir des propos sans suite ;* se dit d'un article de magasin dont l'approvisionnement n'est plus renouvelé : *Solder les modèles sans suite.* ‖ DR. **Droit de suite,** pour un créancier, droit de saisir ce qui n'appartient plus au débiteur en cas d'hypothèque ; pour un auteur, droit de toucher un pourcentage sur la vente de ses œuvres. - **13.** Par la suite. Plus tard : *Ce n'est que par la suite que j'ai compris pourquoi elle avait dit ça.* ‖ **Tout de suite.** Immédiatement, sans délai.

1. **suivant, e** [sɥivɑ̃, -ɑ̃t] adj. (de *suivre*). Qui est après : *Au chapitre suivant. Faites entrer la personne suivante.* ◆ n. - **1.** Personne qui en suit une autre dans une file, une énumération, etc. : *Au suivant, s'il vous plaît !* - **2.** Celui ou celle qui accompagne, escorte, notamm. dans les pièces de théâtre : *La suivante de Phèdre.*

2. **suivant** [sɥivɑ̃] prép. (de *suivre*). Indique : - **1.** La conformité à une direction : *Marcher suivant un axe. Découper suivant les pointillés.* - **2.** Le rapport, la proportion, la correspondance : *Chacun suivant sa force. Suivant les cas. Suivant son habitude.* - **3.** L'origine d'un propos, d'une information : *Suivant les journalistes, la crise va s'aggraver* (syn. selon). ◆ **suivant que** loc. conj. (En corrélation avec *ou*). Indique une alternative : *Suivant qu'on a ajouté ou non un élément...* (syn. selon que).

suiveur, euse [sɥivœr, -øz] adj. Voiture suiveuse, qui accompagne une course cycliste sur route. ◆ **suiveur** n.m. - **1.** Celui qui suit

une course cycliste. - **2.** Celui qui suit au lieu de diriger, d'innover.

suivi, e [sɥivi] adj. - **1.** Qui a lieu de manière continue : *Relations suivies* (syn. assidu). - **2.** Où on trouve un enchaînement rigoureux : *Raisonnement bien suivi* (syn. cohérent). - **3.** Fréquenté : *Ses cours sont très suivis.* - **4.** Se dit d'un article commercial dont la production et la vente doivent se poursuivre sans interruption ni modification. ◆ **suivi** n.m. - **1.** Contrôle permanent sur une période prolongée : *Suivi médical.* - **2.** Ensemble d'opérations consistant à suivre et à surveiller un processus : *Avocat stagiaire chargé du suivi d'une affaire.*

suivisme [sɥivism] n.m. - **1.** Tendance à suivre les événements sans les critiquer. - **2.** Attitude de qqn qui adopte globalement les idées d'un parti politique, d'un syndicat, etc., sans les examiner, sans esprit critique.

suivre [sɥivr] v.t. (refait sur *il suit*, du lat. pop. *sequit, sequere,* class. *sequi*) [conj. 89]. - **1.** Aller, venir, être après qqn, qqch en mouvement : *Suivre qqn pas à pas* (= lui emboîter le pas). *Nous avons suivi sa voiture pendant tout le trajet.* - **2.** Marcher derrière pour surveiller : *Suivre un malfaiteur* (syn. épier). - **3.** Venir après (dans le temps) : *Les bagages suivront. Dans les jours qui ont suivi...* - **4.** Aller dans une direction déterminée : *Suivre la lisière du bois* (syn. côtoyer, longer). - **5.** Être attentif, s'intéresser à : *Suivre un match à la télévision. Suivre un élève, un malade.* - **6.** Se conformer à des principes, des normes : *Suivre la mode* (syn. adopter). *Un exemple à suivre* (syn. imiter). - **7.** Comprendre : *Essayez de suivre mon raisonnement.* - **8.** Approuver qqn ; agir dans le même sens : *Tous vous suivront* (syn. soutenir). - **9.** Conformer sa pensée, son comportement à qqch : *Suivre son idée, un conseil.* - **10.** À suivre, formule indiquant que le récit n'est pas terminé et que sa publication continuera dans les numéros suivants d'un périodique. ‖ **Faire suivre,** formule mise sur les lettres pour indiquer qu'elles doivent être réexpédiées à la nouvelle adresse du destinataire. ‖ **Suivre ses goûts,** s'y abandonner. ‖ **Suivre un cours,** y assister assidûment. ‖ **Suivre une affaire,** en prendre connaissance au fur et à mesure de son déroulement. ‖ **Suivre (un cours, un exposé),** assimiler un enseignement, se montrer apte à le comprendre : *Élève qui ne suit pas.* ‖ **Suivre un traitement,** s'y soumettre avec régularité, assiduité. ◆ v. impers. LITT. Résulter : *Il suit de votre exposé que nos craintes étaient justifiées.* ◆ v.i. Au poker, miser afin de pouvoir rester dans le jeu. ◆ **se suivre** v.pr. - **1.** Être placé l'un après l'autre dans un ordre régulier : *Numéros qui se suivent.* - **2.** Se succéder

Les jours se suivent. - **3.** S'enchaîner : *Ses raisonnements se suivent.*

1. **sujet** [syʒɛ] n.m. (lat. *subjectus*, p. passé de *subjicere*, propr. "mettre sous"). - **1.** Matière sur laquelle on parle, on écrit, on compose : *Le sujet d'une conversation* (syn. objet). *Trouver un sujet de film* (syn. matière). *Sujet d'examen* (syn. question). - **2.** Cause, fondement d'une action, d'un sentiment : *Quel est le sujet de votre dispute ?* (syn. motif, raison). - **3.** GRAMM. Fonction grammaticale exercée par un groupe nominal, un pronom, un verbe à l'infinitif, etc., et qui confère au verbe ses catégories de personne et de nombre. - **4.** Être vivant qu'on soumet à des observations : *Les souris sont souvent des sujets d'expérience dans les laboratoires.* - **5.** CHORÉGR. Danseur, danseuse de ballet, selon la hiérarchie du corps de ballet de l'Opéra de Paris. - **6.** PHILOS. Être pour lequel le monde extérieur, le contenu de sa pensée constituent un objet. - **7.** Au sujet de, à propos de, relativement à. ‖ **Avoir sujet de**, avoir un motif légitime de : *Avoir sujet de se plaindre.* ‖ **Brillant sujet**, personne digne d'éloges. ‖ **Mauvais sujet**, personne dont on désapprouve la conduite. ‖ LING. **Sujet parlant**, locuteur d'une langue possédant une compétence linguistique qui est la grammaire de sa langue.

2. **sujet, ette** [syʒɛ, -ɛt] adj. (de *1. sujet*). - **1.** Exposé à éprouver certaines maladies, certains inconvénients : *Elle est sujette à la migraine.* (syn. objet). - **2.** Porté à, enclin à, susceptible de : *Il est sujet à de violentes colères.*

3. **sujet, ette** [syʒɛt, -ɛt] n. (de *1. sujet*). - **1.** Membre d'un État soumis à l'autorité d'un souverain : *Les sujets de Sa Gracieuse Majesté* (= les citoyens britanniques). - **2.** Ressortissant d'un pays : *Un sujet américain.*

sujétion [syʒesjɔ̃] n.f. (du lat. *subjectio* "soumission", d'apr. *1. sujet*). - **1.** État de celui qui est soumis à un pouvoir, à une domination : *Vivre dans la sujétion* (syn. dépendance, joug). - **2.** Contrainte, assujettissement à une nécessité : *Certaines habitudes deviennent des sujétions.*

sulfamide [sylfamid] n.m. (de *sulfate d'ammoniaque anhydre*). Nom générique de composés organiques azotés et soufrés, bases de plusieurs groupes de médicaments anti-infectieux, antidiabétiques et diurétiques.

sulfatage [sylfataʒ] n.m. AGRIC. Épandage sur les végétaux d'une solution de sulfate de cuivre ou de sulfate de fer pour combattre les maladies causées aux végétaux par des champignons microscopiques.

sulfate [sylfat] n.m. (du lat. *sulfur* "soufre"). Sel de l'acide sulfurique.

sulfaté, e [sylfate] adj. Qui renferme un sulfate ; qui a subi le sulfatage.

sulfater [sylfate] v.t. (de *sulfate*). Opérer le sulfatage de : *Sulfater des vignes, des tomates.*

sulfhydrique [sylfidrik] adj.m. (du lat. *sulfur* "soufre", et du gr. *hudôr* "eau"). Acide sulfhydrique, acide formé de soufre et d'hydrogène, gaz incolore, très toxique, à odeur d'œuf pourri, produit par la décomposition des matières organiques (on dit aussi *hydrogène sulfuré*). □ Symb. H_2S.

sulfite [sylfit] n.m. (du lat. *sulfur* "soufre"). CHIM. Sel de l'acide sulfureux.

sulfurage [sylfyraʒ] n.m. Action de sulfurer.

sulfure [sylfyr] n.m. (lat. *sulfur* "soufre"). - **1.** CHIM. Combinaison du soufre et d'un élément. - **2.** CHIM. Sel de l'acide sulfhydrique.

sulfuré, e [sylfyre] adj. - **1.** À l'état de sulfure. - **2.** Hydrogène sulfuré, acide sulfhydrique.

sulfurer [sylfyre] v.t. - **1.** CHIM. Combiner avec le soufre. - **2.** AGRIC. Introduire dans le sol du sulfure de carbone pour détruire les insectes.

sulfureux, euse [sylfyrø, -øz] adj. (lat. *sulfurosus*). - **1.** CHIM. Qui a la nature du soufre, qui contient une combinaison du soufre : *Vapeurs sulfureuses.* - **2.** Qui évoque l'enfer, l'hérésie : *Discours sulfureux* (syn. démoniaque, diabolique). - **3.** Anhydride sulfureux, composé oxygéné dérivé du soufre (on dit parfois *gaz sulfureux*). □ Symb. SO_2. C'est un gaz incolore, suffocant, employé comme décolorant et désinfectant.

sulfurique [sylfyrik] adj. Acide sulfurique, acide oxygéné dérivé du soufre, corrosif violent. □ Symb. H_2SO_4. Il sert à la fabrication de nombreux acides, des sulfates et aluns, des superphosphates, du glucose, d'explosifs et de colorants, etc.

sulfurisé, e [sylfyrize] adj. Se dit d'un papier rendu imperméable par traitement à l'acide sulfurique.

sulky [sylki] n.m. (mot angl. "boudeur", parce que cette voiture n'a qu'une place). Voiture très légère, sans caisse, à deux roues, utilisée dans les courses de trot attelé.

sultan [syltɑ̃] n.m. (arabo-turc *soltân*). HIST. Titre des souverains de divers États musulmans.

sultanat [syltana] n.m. Dignité, règne d'un sultan ; État placé sous l'autorité d'un sultan : *Le sultanat d'Oman.*

sultane [syltan] n.f. Épouse, favorite d'un sultan ottoman.

sumac [symak] n.m. (ar. *soummâq*). Arbre des régions chaudes, fournissant des vernis, des laques, des tanins et dont certaines espèces sont cultivées comme plantes ornementales. □ Famille des anacardiacées.

sumérien, enne [symeʀjɛ̃, -ɛn] adj. Relatif à Sumer, aux Sumériens. ◆ **sumérien** n.m. La plus ancienne langue écrite (en caractères cunéiformes), qui fut parlée dans le sud de la Mésopotamie pendant le IIIe millénaire av. J.-C.

summum [sɔmmɔm] n.m. (mot lat.). Plus haut degré : *Être au summum de la célébrité* (syn. apogée, zénith).

sumo [sumo] n.m. (jap. *sumō*). Lutte traditionnelle, liée au culte shinto, pratiquée au Japon.

sunlight [sœnlajt] n.m. (mot angl. "lumière du soleil"). Puissant projecteur pour prises de vues cinématographiques.

sunna [suna] n.f. (mot ar. *sunna* "coutume, précepte"). Ensemble des paroles et actions de Mahomet et de la tradition *(hadith)* qui les rapporte.

sunnisme [synism] n.m. Courant majoritaire de l'islam, qui s'appuie sur la sunna et le consensus communautaire qu'elle suscite.

sunnite [synit] adj. et n. Relatif au sunnisme ; adepte du sunnisme.

1. super [sypɛʀ] adj. inv. (du préf. *super-*). FAM. Qui est au-dessus de l'ordinaire : *Ce film est super* (syn. extraordinaire, formidable).

2. super [sypɛʀ] n.m. (abrév.). Supercarburant : *Moteur qui ne marche qu'au super.*

super-, préfixe du lat. *super* "au-dessus de", exprimant une supériorité dans la qualité ou le degré *(supercarburant, superordre, superstructure),* une supériorité hiérarchique *(supermarché).*

superamas [sypɛʀama] n.m. ASTRON. Amas d'amas de galaxies.

1. superbe [sypɛʀb] adj. (lat. *superbus* "orgueilleux"). - **1.** D'une beauté éclatante : *Une femme superbe* (syn. belle, splendide). - **2.** Très agréable : *Il fait un temps superbe* (syn. magnifique, radieux).

2. superbe [sypɛʀb] n.f. (lat. *superbia* "orgueil"). LITT. Orgueil visant à intimider : *Elle n'a rien perdu de sa superbe* (syn. hauteur, fierté).

superbement [sypɛʀbəmɑ̃] adv. (de *1. superbe*). Magnifiquement : *Notre équipe a superbement joué.*

supercarburant [sypɛʀkaʀbyʀɑ̃] n.m. Essence de qualité supérieure, dont l'indice d'octane avoisine et parfois dépasse 100 (abrév. super).

supercherie [sypɛʀʃəʀi] n.f. (it. *soperchieria* "excès, affront", de *soperchio* "surabondant"). Tromperie calculée et exécutée avec

subtilité : *Il s'est aperçu que c'était une supercherie* (syn. mystification).

superfétatoire [sypɛʀfetatwaʀ] adj. (du lat. *superfetare* "concevoir de nouveau"). LITT. Qui s'ajoute inutilement : *Des détails superfétatoires* (syn. superflu).

superficie [sypɛʀfisi] n.f. (lat. *superficies*, propr. "partie supérieure"). - **1.** Mesure de l'étendue, de la surface d'un corps, d'un terrain déterminé : *La superficie d'une forêt* (syn. aire). - **2.** LITT. Aspect superficiel, apparent : *Ne voir que la superficie des choses* (syn. dehors, extérieur).

superficiel, elle [sypɛʀfisjɛl] adj. (lat. *superficialis*). - **1.** Qui est limité à la surface, à la partie extérieure (qqch) : *Humidité superficielle. Plaie superficielle* (syn. léger). - **2.** Qui ne va pas au fond des choses ; incomplet, non approfondi : *Esprit superficiel* (syn. frivole, futile). *Connaissances superficielles* (syn. rudimentaire, sommaire). - **3.** PHYS. Relatif à la surface d'un solide ou d'un liquide : *Tension superficielle.*

superficiellement [sypɛʀfisjɛlmɑ̃] adv. De façon superficielle : *Il est blessé superficiellement* (syn. légèrement).

superflu, e [sypɛʀfly] adj. (bas lat. *superfluus*, du class. *superfluere* "déborder"). Qui est de trop : *C'est une dépense superflue* (syn. inutile ; contr. indispensable). *Tout ce que tu as dit ensuite était superflu* (syn. oiseux, vain). ◆ **superflu** n.m. Ce qui est au-delà du nécessaire : *Se passer du superflu.*

super-huit [sypɛʀɥit] adj. inv. et n.m. inv. CIN. Format de film amateur, supérieur au modèle courant de huit millimètres. *Rem.* On écrit aussi *super-8.*

supérieur, e [sypeʀjœʀ] adj. (lat. *superior*, comparatif de *superus* "qui est au-dessus"). - **1.** Situé en haut, plus haut, au-dessus (par opp. à *inférieur*) : *Étage supérieur.* - **2.** Plus grand que ; qui atteint un degré plus élevé : *Température supérieure à la normale.* - **3.** Qui surpasse les autres en mérite, en force, en rang, en qualité, etc. : *Son travail est supérieur au vôtre* (syn. meilleur). - **4.** Qui témoigne d'un sentiment de supériorité : *Air supérieur* (syn. fier, hautain). - **5.** Se dit de la partie d'un fleuve la plus rapprochée de la source (par opp. à *inférieur*) : *Cours supérieur du Nil.* - **6.** BIOL. Plus avancé dans l'évolution : *Les animaux supérieurs.* - **7.** MATH. Élément *x* d'un ensemble ordonné, supérieur à un élément *y*, élément *x* vérifiant la relation d'inégalité $x > y$. ◆ n. - **1.** Personne qui commande à d'autres en vertu d'une hiérarchie : *Obéir à ses supérieurs* (syn. chef). - **2.** Personne qui dirige une communauté religieuse.

supérieurement [sypeʀjœʀmɑ̃] adv. De façon supérieure : *Être supérieurement doué* (syn. éminemment).

supériorité [sypeʀjɔʀite] n.f. (lat. médiév. *superioritas*). - **1.** Caractère de ce qui est supérieur (en qualité, en valeur) : *La supériorité d'une voiture sur une autre*. - **2.** Situation avantageuse, dominante : *Supériorité militaire* (syn. suprématie). - **3.** Attitude de qqn qui se croit supérieur aux autres : *Air de supériorité* (syn. arrogance, hauteur, suffisance).

superlatif, ive [sypeʀlatif, -iv] adj. (bas lat. *superlativus*, de *superlatum*, supin de *superferre* "porter au-dessus"). - **1.** VIEILLI. Porté au plus haut point, exagéré : *Éloges superlatifs*. - **2.** GRAMM. Qui exprime le superlatif : *Adverbe superlatif*. ◆ **superlatif** n.m. GRAMM. Degré de signification ou de comparaison des adjectifs ou des adverbes qui exprime une qualité portée à un point très élevé *(superlatif absolu)*, au point le plus ou le moins élevé *(superlatif relatif)* ; terme comportant ce degré : « *Très grand* », « *le plus grand* », « *le moins grand* » *sont les trois formes de* « *grand* » *au superlatif.* « *Le mieux* » *est le superlatif de l'adverbe* « *bien* ».

supermarché [sypeʀmaʀʃe] n.m. Magasin de grande surface (400 à 2 500 m²) offrant des produits vendus en libre-service.

supernova [sypeʀnɔva] n.f. (pl. *supernovae*). ASTRON. Étoile de forte masse qui se manifeste lors de son explosion en devenant momentanément très lumineuse.

superordre [sypeʀɔʀdʀ] n.m. BIOL. Niveau de classification des êtres vivants, qui se situe entre la classe et l'ordre.

superphosphate [sypeʀfɔsfat] n.m. Produit obtenu par traitement de certains phosphates par l'acide sulfurique, et utilisé comme engrais.

superposable [sypeʀpozabl] adj. Qui peut être superposé à un autre : *Deux triangles égaux et semblables sont superposables*.

superposer [sypeʀpoze] v.t. (du lat. *superponere*, d'apr. *poser*). Poser l'un sur l'autre : *Superposer des livres sur une étagère* (syn. empiler). ◆ **se superposer** v.pr. [à]. S'ajouter : *Des ennuis financiers se sont superposés à son divorce*.

superposition [sypeʀpozisjɔ̃] n.f. (lat. médiév. *superpositio*). Action de superposer, de se superposer ; ensemble de choses superposées : *La superposition des strates géologiques* (syn. étagement).

superproduction [sypeʀpʀɔdyksjɔ̃] n.f. Film réalisé avec des moyens financiers et matériels partic. importants.

superpuissance [sypeʀpɥisɑ̃s] n.f. État dont le pouvoir et la zone d'influence, sur le plan mondial, dépassent ceux des autres puissances (on dit aussi *une puissance mondiale*).

supersonique [sypeʀsɔnik] adj. Dont la vitesse est supérieure à celle du son (par opp. à *sonique, subsonique*). ◆ n.m. VIEILLI. Avion supersonique.

superstitieusement [sypeʀstisjøzmɑ̃] adv. De façon superstitieuse : *Croiser superstitieusement les doigts*.

superstitieux, euse [sypeʀstisjø, -øz] adj. et n. (lat. *superstitiosus*). Qui croit à des influences occultes, surnaturelles et en redoute les effets : *Elle se défend d'être superstitieuse*. ◆ adj. Entaché de superstition : *Craintes superstitieuses*.

superstition [sypeʀstisjɔ̃] n.f. (lat. *superstitio*, de *superstare*, propr. "se tenir dessus"). - **1.** Croyance à divers présages tirés d'événements fortuits (comme d'une salière renversée, du nombre treize, etc.). - **2.** Attachement excessif et irraisonné à : *Avoir la superstition de l'ordre*.

superstructure [sypeʀstʀyktyʀ] n.f. - **1.** CONSTR. Partie d'une construction située au-dessus du sol. - **2.** MAR. Partie d'un navire placée sur le pont supérieur, faisant corps avec la coque et s'étendant sur toute la largeur d'un navire. - **3.** Dans l'analyse marxiste, ensemble formé par le système politique (appareil d'État) et le système idéologique (juridique, scolaire, culturel, religieux), qui repose sur une base économique donnée (par opp. à *infrastructure*).

superviser [sypeʀvize] v.t. (angl. *to supervise*, du bas lat. *supervidere* "inspecter"). Contrôler et réviser un travail fait, sans entrer dans le détail : *Superviser la rédaction d'un ouvrage collectif*.

superviseur [sypeʀvizœʀ] n.m. Personne qui supervise.

supervision [sypeʀvizjɔ̃] n.f. Contrôle exercé par la personne qui supervise : *Assurer la supervision d'un film*.

supin [sypɛ̃] n.m. (lat. scolast. *supinum*, de *supinus* "inerte"). GRAMM. Forme nominale du verbe latin.

supination [sypinasjɔ̃] n.f. (lat. *supinatio*, de *supinare* "renverser sur le dos"). Mouvement de rotation de l'avant-bras plaçant la paume de la main en avant et le pouce à l'extérieur ; position de la main résultant de ce mouvement (par opp. à *pronation*).

supplanter [syplɑ̃te] v.t. (lat. *supplantare* "faire un croc-en-jambe"). - **1.** Écarter qqn de la place qu'il occupe pour se substituer à lui : *Supplanter un rival* (syn. détrôner, évincer). - **2.** Prendre la place de qqch dans l'usage qui en est fait : *L'automobile n'a pas supplanté le train* (syn. remplacer).

suppléance [sypleɑ̃s] n.f. Fait d'être suppléant : *Assurer la suppléance d'un professeur malade* (syn. remplacement).

suppléant, e [sypleɑ̃, -ɑ̃t] adj. et n. Qui supplée qqn dans ses fonctions sans être titulaire : *Député suppléant. Elle n'est pas titulaire, elle est suppléante* (syn. remplaçant).

suppléer [syplee] v.t. (réfection de l'anc. fr. *souploier,* du lat. *supplere* "remplir, compléter") [conj. 15]. - **1.** LITT. Ajouter ce qui manque : *Si vous ne pouvez réunir toute la somme due, nous suppléerons le reste* (syn. compléter). - **2.** Remplacer dans ses fonctions : *Suppléer un professeur* (syn. remplacer). ◆ v.t. ind. **[à].** Remédier au manque de qqch : *Essayer de suppléer à l'épuisement des ressources pétrolières par l'énergie nucléaire* (syn. remplacer, substituer).

supplément [syplemã] n.m. (lat. *supplementum,* de *supplere* "compléter"). - **1.** Ce qui s'ajoute à qqch pour le compléter, l'améliorer, etc. : *Recevoir un supplément de crédits* (syn. surplus). *Attendre un supplément d'information* (syn. surcroît). *Le supplément littéraire d'un journal* (syn. complément). - **2.** Somme payée en plus pour obtenir qqch qui n'était pas compris dans le prix initial : *Pour avoir une couchette j'ai payé un supplément* (syn. appoint, complément). - **3. En supplément,** en plus, en sus de ce qui est normal, prescrit, indiqué : *Faire une commande de livres et recevoir un fascicule en supplément.* - **4.** MATH. **Supplément d'un angle,** angle ayant pour mesure celle d'un angle plat diminuée de celle de l'angle donné.

supplémentaire [syplemãtɛʀ] adj. - **1.** Qui sert de supplément, qui constitue un supplément, qui est fait en supplément : *Heures supplémentaires. Demander des crédits supplémentaires.* - **2.** Se dit d'un moyen de transport qui en double un autre en période de trafic intense : *Avion, train supplémentaire.* - **3.** MATH. **Angles supplémentaires,** angles dont la somme des mesures est celle d'un angle plat.

supplétif, ive [sypletif, -iv] adj. et n.m. (lat. médiév. *suppletivus*). Se dit de militaires autochtones engagés temporairement en complément de troupes régulières. ◆ adj. Qui complète, supplée : *Articles supplétifs d'un contrat.*

suppliant, e [syplijã, -ãt] adj. et n. Qui supplie, implore : *Une voix suppliante. Un regard suppliant* (syn. implorant).

supplication [syplikasjõ] n.f. (lat. *supplicatio*). Prière faite avec instance et soumission : *Rester insensible aux supplications de qqn* (syn. adjuration, imploration).

supplice [syplis] n.m. (lat. *supplicium* "supplication", au sens de « sacrifice religieux célébré à l'occasion d'une exécution pour laver le sang versé »). - **1.** DR. ANC. Peine corporelle ordonnée par arrêt de justice : *Le supplice de la roue.* - **2.** Sévices corporels graves : *Même les supplices n'ont pu le faire*

dénoncer ses camarades (syn. torture). - **3.** Douleur physique violente et insupportable : *Ce mal de dents est un vrai supplice* (syn. torture, tourment). - **4.** Ce qui est extrêmement pénible à supporter : *Ce discours est un supplice* (syn. calvaire). - **5.** Être un supplice, souffrir terriblement ; au fig., se trouver dans une situation fort désagréable : *Tout le monde s'est retourné quand je suis entrée, j'étais au supplice.* ‖ LITT. **Le dernier supplice,** la peine de mort. ‖ **Supplice de Tantale,** souffrance qu'éprouve qqn qui ne peut satisfaire un désir dont l'objet reste cependant à sa portée.

supplicié, e [syplisje] n. Personne qui subit ou qui a subi un supplice : *Les suppliciés de la Résistance.*

supplicier [syplisje] v.t. [conj. 9]. LITT. Livrer qqn au supplice ou l'exécuter : *Supplicier un condamné.*

supplier [syplije] v.t. (réfection de l'anc. fr. *souploier,* lat. *supplicare* 'se plier [sur les genoux]') [conj. 10]. Demander avec insistance et humilité, de manière pressante : *Je vous supplie de me croire* (syn. implorer). *Laissez-moi partir, je vous en supplie* (syn. adjurer, conjurer).

supplique [syplik] n.f. (it. *supplica,* du lat. *supplicare* "supplier"). Requête écrite pour demander une grâce, une faveur : *Supplique au président de la République.*

support [sypɔʀ] n.m. - **1.** Ce qui supporte ; appui ou soutien de qqch : *Le support d'une statue* (syn. piédestal, socle). - **2.** Document écrit, audiovisuel, etc. servant d'appui à une conférence, à un enseignement. - **3.** INFORM. Tout milieu matériel susceptible de recevoir une information, de la véhiculer ou de la conserver, puis de la restituer à la demande (carte perforée, disque, bande magnétique, disque optique, etc.). - **4.** PEINT. Surface que le peintre doit enduire avant d'y poser la couche de peinture (syn. fond). - **5. Support publicitaire,** média quel qu'il soit (presse, télévision, affichage, etc.) considéré dans son utilisation pour la publicité.

supportable [sypɔʀtabl] adj. Qu'on peut endurer, tolérer, excuser : *Une douleur supportable* (syn. tolérable). *Sa conduite n'est plus supportable* (syn. acceptable, admissible).

1. supporter [sypɔʀtœʀ] ou [sypɔʀtɛʀ] n.m. et **supporteur, trice** [sypɔʀtœʀ, -tʀis] n. (angl. *supporter,* de *to support* "soutenir"). Partisan d'un concurrent ou d'une équipe qu'il encourage exclusivement.

2. supporter [sypɔʀte] v.t. (lat. *supportare* "porter"). - **1.** Maintenir par-dessous pour empêcher de tomber : *Piliers qui supportent une voûte* (syn. soutenir). - **2.** Subir avec patience, courage (ce qui est pénible) : *Supporter un malheur* (syn. endurer). - **3.** Tolérer la présence, l'attitude de qqn : *Il est odieux : personne ne peut plus le supporter* (syn. accepter, s'accommoder de). - **4.** Prendre en charge : *Supporter les frais d'un procès.* - **5.** Résister à (une épreuve, une action physique) : *Ce livre ne supporte pas l'examen . Supporter la chaleur* (syn. tolérer). - **6.** SPORTS. (Emploi critiqué). Soutenir, encourager (un concurrent, une équipe). - **7.** AFR. Subvenir aux besoins de qqn, l'avoir à sa charge. ◆ **se supporter** v.pr. Se tolérer mutuellement : *Ils ne se supportent pas et se disputent sans arrêt.*

supposé, e [sypoze] adj. - **1.** Qui est donné pour authentique, avec ou sans idée de tromperie : *Testament supposé* (syn. faux). *Écrire un roman sous un nom supposé* (= un pseudonyme). - **2.** Admis, posé comme hypothèse : *Cette circonstance supposée...* - **3.** Présumé : *Le responsable supposé de l'attentat.* - **4.** Supposé que, dans la supposition que, en admettant que.

supposer [sypoze] v.t. (du lat. *supponere*, propr. "mettre sous"). - **1.** Poser par hypothèse une chose comme établie : *Supposons que cela soit vrai* (syn. imaginer, présumer). *Son attitude laisse supposer qu'elle est excédée* (= dénote, indique). - **2.** Exiger logiquement, nécessairement l'existence de : *Les droits supposent les devoirs* (syn. impliquer). - **3.** Juger probable, vraisemblable que : *Je suppose que tout va bien* (syn. conjecturer, croire).

supposition [sypozisjɔ̃] n.f. (lat. *suppositio*). Action d'admettre par hypothèse ; ce qui est ainsi supposé : *Ce qu'il dit est une pure supposition* (syn. conjecture, hypothèse).

suppositoire [sypozitwar] n.m. (bas lat. *suppositorium,* de *suppositorius* "qui est en dessous"). Médicament solide, génér. de forme conique ou ovoïde, qui s'utilise par voie rectale.

suppôt [sypo] n.m. (lat. *suppositus* "placé dessous"). LITT. - **1.** Complice des mauvais desseins de qqn : *Les suppôts d'un tyran* (syn. agent, partisan, séide). - **2.** Suppôt de Satan, personne malfaisante.

suppression [sypresjɔ̃] n.f. (lat. *suppressio*). Action de supprimer ; partie supprimée : *Lutter contre les suppressions d'emploi. Faire des suppressions dans un texte* (syn. coupure, retranchement).

supprimer [syprime] v.t. (lat. *supprimere* "enfoncer, étouffer", de *premere* "presser"). - **1.** Mettre un terme à l'existence de : *Supprimer des emplois.* - **2.** Enlever qqch à qqn : *Supprimer à un chauffard son permis de conduire* (syn. ôter, retirer). - **3.** Se débarrasser de qqn en le tuant : *Ils ont supprimé un témoin gênant* (syn. abattre). ◆ **se supprimer** v.pr. Se donner la mort (syn. se suicider).

suppurant, e [sypyrɑ̃, -ɑ̃t] adj. Qui suppure : *Plaie suppurante.*

suppuration [sypyrasjɔ̃] n.f. (lat. *suppuratio*). Production de pus : *Pommade qui arrête la suppuration.*

suppurer [sypyre] v.i. (lat. *suppurare,* de *pus, puris* "pus"). Produire du pus : *L'abcès s'est mis à suppurer.*

supputation [sypytasjɔ̃] n.f. (lat. *supputatio*). Action de supputer, de calculer qqch ; évaluation plus ou moins exacte : *Supputation de la date de naissance d'un écrivain de l'Antiquité* (syn. calcul, reconstitution). *Faire des supputations à propos de qqch* (syn. hypothèse, supposition).

supputer [sypyte] v.t. (lat. *supputare*). LITT. Évaluer indirectement une quantité par le calcul de certaines données : *Supputer le montant d'une dépense* (syn. calculer, estimer). *Supputer les chances de réussite d'un candidat* (syn. jauger, mesurer, peser).

supra [sypra] adv. (mot lat.). Plus haut, ci-dessus (par opp. à *infra*).

supraconducteur, trice [syprakɔ̃dyktœr, -tris] adj. et n.m. Qui présente le phénomène de supraconduction.

supraconduction [syprakɔ̃dyksjɔ̃] et **supraconductivité** [syprakɔ̃dyktivite] n.f. PHYS. Phénomène présenté par certains métaux, alliages ou céramiques dont la résistivité devient pratiquement nulle au-dessous d'une certaine température.

supranational, e, aux [sypranasjɔnal, -o] adj. Placé au-dessus des institutions de chaque nation : *Les instances supranationales de l'Europe.*

suprématie [sypremasi] n.f. (angl. *supremacy,* du fr. *suprême*). - **1.** Situation dominante conférant une autorité incontestée : *Avoir la suprématie militaire* (syn. domination, hégémonie). - **2.** Supériorité de qqn, de qqch sur les autres : *Exercer une suprématie intellectuelle sur ses confrères* (syn. prédominance, prééminence).

1. suprême [syprem] adj. (lat. *supremus,* superlatif de *superus* "supérieur"). - **1.** Qui est au-dessus de tout, qui ne saurait être dépassé : *Dignité suprême.* - **2.** Qui vient en dernier : *Un suprême effort* (syn. ultime). - **3.** Cour suprême, juridiction qui tranche en dernier ressort. ‖ LITT. Heure suprême, le moment, l'heure de la mort. ‖ Pouvoir suprême, la souveraineté. ‖ Volontés suprêmes, dernières dispositions d'un mourant.

2. suprême [syprem] n.m. (de *1. suprême*). Filets de poisson ou de volaille, servis avec un velouté à la crème (dit *sauce suprême*).

suprêmement [sypremmɑ̃] adv. Extrêmement : *Un enfant suprêmement intelligent* (syn. prodigieusement).

1. **sur** [syʀ] prép. (du lat. *super* ou *supra*, par croisement avec *sus*). - **I**. Indique : - **1**. La position par rapport à ce qui est plus bas, qu'il y ait contact ou non : *Mettre sa tête sur un oreiller. Monter sur un bateau.* - **2**. Le point d'application ou de destination : *La foudre est tombée sur le clocher. Instituer un impôt sur le capital.* - **3**. La direction : *Les troupes marchaient sur la capitale. Revenir sur Paris.* - **4**. La proximité ; l'approximation temporelle : *Être sur le départ. Cela a dû se produire sur les onze heures* (syn. vers). - **5**. La supériorité : *L'emporter sur tous les concurrents. Avoir de l'autorité sur qqn.* - **6**. Un des deux nombres dans une proportion, une dimension, une évaluation : *Sur cent candidats sept ont réussi. Une pièce de deux mètres sur six. Il a eu douze sur vingt à sa dissertation.* - **7**. Le thème considéré : *Se prononcer sur un projet. S'expliquer sur qqch.* - **8**. Le critère : *Juger les gens sur la mine, sur les apparences, sur le mérite.* - **II**. S'emploie en composition pour indiquer une intensité excessive ou une situation supérieure : *Surproduction, surintendant.*

2. **sur, e** [syʀ] adj. (frq. **sur*). D'un goût acide et aigre : *L'oseille est sure* (syn. acide, aigrelet).

sûr, e [syʀ] adj. (lat. *securus* "libre de souci"). - **1**. En qui l'on peut avoir confiance : *Ami sûr* (syn. dévoué, fidèle). - **2**. Qui n'offre aucun danger : *Ce quartier n'est pas sûr la nuit* (syn. tranquille). - **3**. Dont on ne peut douter, qui est vrai, exact : *Le fait est sûr* (syn. avéré, incontestable). - **4**. Qui sait d'une manière certaine : *J'en suis sûr* (syn. assuré, certain). - **5**. Qui n'est marqué par aucune hésitation : *Le geste sûr du chirurgien.* - **6**. **Bien sûr**, c'est évident ; certainement. ‖ **En lieu sûr**, dans un lieu où il n'y a rien à craindre, ou bien d'où l'on ne peut s'échapper : *La police a placé le malfaiteur en lieu sûr.* ‖ **Le temps n'est pas sûr**, il peut changer, se gâter. ‖ FAM., VIEILLI. **Pour sûr**, assurément.

surabondance [syʀabɔ̃dɑ̃s] n.f. Grande abondance : *Il y a eu surabondance de fruits* (syn. pléthore, surproduction).

surabondant, e [syʀabɔ̃dɑ̃, -ɑ̃t] adj. Abondant jusqu'à l'excès : *Récolte surabondante* (syn. extraordinaire, pléthorique). *Détails surabondants* (syn. redondant, superflu).

surabonder [syʀabɔ̃de] v.i. Exister en quantité très ou trop abondante : *Le gibier surabonde dans cette région* (syn. foisonner, grouiller, pulluler).

suractivité [syʀaktivite] n.f. Activité intense au-delà de la normale : *Nous avons connu une période de suractivité.*

suraigu, ë [syʀegy] adj. Très aigu : *Le sifflement suraigu d'une locomotive.*

surajouter [syʀaʒute] v.t. Ajouter par surcroît : *Quelques mots ont été surajoutés à la note.*

◆ **se surajouter** v.pr. Venir s'ajouter, en excès, à qqch : *Ce travail est venu se surajouter à mes tâches quotidiennes.*

suralimentation [syʀalimɑ̃tasjɔ̃] n.f. - **1**. Ingestion régulière d'une quantité de nourriture supérieure à la ration d'entretien : *De nombreux médecins condamnent la suralimentation qui règne dans les pays riches.* - **2**. Alimentation d'un moteur à combustion interne avec de l'air à une pression supérieure à la pression atmosphérique.

suralimenté, e [syʀalimɑ̃te] adj. Qui se nourrit trop : *Les maladies cardio-vasculaires menacent les personnes suralimentées* (contr. sous-alimenté).

suralimenter [syʀalimɑ̃te] v.t. Soumettre à une suralimentation : *Suralimenter un convalescent* (contr. sous-alimenter). *Le moteur est suralimenté par un compresseur.*

suranné, e [syʀane] adj. (de *sur* et *an*). Qui n'est plus en usage : *Des vêtements surannés* (syn. démodé). *Des méthodes surannées* (syn. archaïque, désuet, périmé).

surarmement [syʀaʀməmɑ̃] n.m. Armement excédant les besoins de la défense d'un État.

surbaissé, e [syʀbese] adj. - **1**. Se dit d'une automobile dont on a notablement abaissé le centre de gravité afin d'améliorer sa tenue de route. - **2**. ARCHIT. Se dit d'un arc ou d'une voûte dont la flèche est inférieure à la moitié de la portée (contr. surhaussé).

surcharge [syʀʃaʀʒ] n.f. - **1**. Excès de charge, poids supplémentaire excessif : *Accident de la route dû à la surcharge du véhicule.* - **2**. Poids de bagages excédant celui qui est alloué à chaque voyageur : *En avion la surcharge coûte très cher* (= l'excédent de bagages). - **3**. Surcroît de peine, de dépense : *S'imposer une surcharge de travail.* - **4**. Mot écrit sur un autre mot : *En comptabilité, les surcharges sont interdites* (syn. correction, rajout). - **5**. Impression typographique faite sur un timbre-poste, génér. pour en modifier la valeur.

surcharger [syʀʃaʀʒe] v.t. [conj. 17]. - **1**. Imposer une charge excessive à : *Surcharger un cheval. Surcharger d'impôts* (syn. accabler, écraser, grever). - **2**. Faire une surcharge sur un texte, un timbre, etc.

surchauffe [syʀʃof] n.f. - **1**. Chauffage exagéré d'un métal ou d'un alliage, mais sans fusion, même partielle. - **2**. État d'une économie en expansion menacée d'inflation.

surchauffer [syʀʃofe] v.t. - **1**. Chauffer de manière excessive : *Surchauffer un appartement.* - **2**. Provoquer un phénomène de surchauffe.

surchoix [syʀʃwa] n.m. Premier choix, première qualité d'une marchandise : *Chocolat de surchoix.*

surclasser [syʀklase] v.t. Montrer une indiscutable supériorité sur (qqn, qqch d'autre) : *Elle a surclassé tous ses concurrents* (syn. dépasser, surpasser).

surcomposé, e [syʀkɔ̃poze] adj. GRAMM. Se dit d'un temps composé où l'auxiliaire est lui-même à un temps composé : *Dans « je suis parti quand j'ai eu fini »*, le verbe de la subordonnée est à un temps surcomposé.

surcompression [syʀkɔ̃pʀesjɔ̃] n.f. - **1.** Augmentation de la compression d'un corps soit par réduction de volume, soit par élévation de la pression à laquelle on le soumet. - **2.** Méthode consistant à réaliser, sur un moteur d'avion, une compression variable avec l'altitude.

surconsommation [syʀkɔ̃sɔmasjɔ̃] n.f. ÉCON. Consommation supérieure aux besoins : *Tenter de freiner la surconsommation de médicaments.*

surcontrer [syʀkɔ̃tʀe] v.t. JEUX. À certains jeux de cartes, confirmer une annonce contrée par un adversaire.

surcouper [syʀkupe] v.t. JEUX. Aux cartes, couper avec un atout supérieur à celui qui vient d'être posé.

surcoût [syʀku] n.m. Somme qui vient en excédent du coût normal de qqch.

surcroît [syʀkʀwa] n.m. (de l'anc. v. *surcroître* "croître au-delà de la mesure ordinaire"). - **1.** Ce qui s'ajoute à ce que l'on a : *Surcroît de travail* (syn. supplément, surplus). - **2.** Par surcroît, de surcroît, en plus : *Son livre est utile et intéressant de surcroît.*

surdi-mutité [syʀdimytite] n.f. (pl. *surdimutités*). État d'une personne sourdemuette.

surdité [syʀdite] n.f. (du lat. *surdus* "sourd"). Perte ou grande diminution du sens de l'ouïe.

surdosage [syʀdozaʒ] n.m. Dosage excessif ; administration d'un médicament à une dose excessive : *En cas de surdosage, avertir immédiatement le médecin.*

surdose [syʀdoz] n.f. Dose excessive d'un stupéfiant ou d'un médicament psychotrope, susceptible d'entraîner la mort (syn. overdose).

surdoué, e [syʀdwe] adj. et n. Se dit d'un enfant dont l'efficience intellectuelle évaluée par les tests est supérieure à celle qui est obtenue par la majorité des enfants du même âge.

sureau [syʀo] n.m. (anc. fr. *seür*, altér. de *seü*, lat. *sabucus*). Arbuste à fleurs blanches et à fruits acides rouges ou noirs. □ Famille des caprifoliacées ; haut. env. 10 m ; longévité jusqu'à 100 ans.

sureffectif [syʀefɛktif] n.m. Effectif considéré comme trop important : *Un sureffectif de fonctionnaires.*

surélévation [syʀelevasjɔ̃] n.f. Action de surélever ; augmentation de la hauteur de qqch : *La surélévation d'une maison. Une surélévation de trois mètres.*

surélever [syʀelve] v.t. [conj. 19]. Donner un surcroît de hauteur à : *Surélever un mur* (syn. hausser).

sûrement [syʀmɑ̃] adv. - **1.** De façon certaine, évidente : *Il est déjà sûrement arrivé* (syn. assurément, certainement). - **2.** Sert à renforcer une affirmation ou une négation : *Viendras-tu à la réunion ? - Sûrement ! Sûrement pas !* - **3.** D'une manière infaillible, inéluctable : *Ce témoignage le condamne sûrement* (syn. immanquablement, inévitablement).

surenchère [syʀɑ̃ʃɛʀ] n.f. - **1.** DR. Acte par lequel une personne forme une nouvelle enchère dans les dix jours suivant la première adjudication. - **2.** Action d'aller encore plus loin que ce que l'on a fait auparavant : *Une surenchère de violences* (syn. escalade).

surenchérir [syʀɑ̃ʃeʀiʀ] v.i. [conj. 32]. - **1.** Effectuer une surenchère : *L'immeuble avait été adjugé à cette personne, mais une autre est venue surenchérir.* - **2.** Promettre, faire plus qu'un rival : *Il surenchérit toujours sur moi.*

surendettement [syʀɑ̃dɛtmɑ̃] n.m. État de qqn, d'un pays qui est endetté à l'excès.

surentraînement [syʀɑ̃tʀɛnmɑ̃] n.m. SPORTS. Entraînement excessif qui fait perdre la forme.

suréquipement [syʀekipmɑ̃] n.m. Équipement supérieur aux possibilités de consommation, de production.

surestimation [syʀɛstimasjɔ̃] n.f. Estimation exagérée : *L'expert a fait une surestimation des dégâts* (syn. surévaluation).

surestimer [syʀɛstime] v.t. Estimer au-delà de sa valeur, de son importance réelle : *Nous avions surestimé sa capacité à prendre des initiatives* (syn. surévaluer).

suret, ette [syʀɛ, -ɛt] adj. (de 2. *sur*). Un peu acide : *Un vin suret* (syn. aigrelet).

sûreté [syʀte] n.f. (de *sûr*, d'apr. le lat. *securitas* "sécurité"). - **1.** Qualité d'un endroit ou d'un objet qui offre des garanties, une protection : *La sûreté des routes dépend de leur bon entretien. Faire vérifier la sûreté des freins de sa voiture.* - **2.** Situation d'un individu, d'une collectivité garantis contre les risques de tout genre qui pourraient les menacer : *La loi assure la sûreté publique* (syn. sécurité). - **3.** Caractère précis, efficace de qqn ou de qqch, sur lequel on peut compter d'une façon certaine : *La sûreté de son coup d'œil, de sa main* (syn. précision). ‖ De sûreté, se dit d'objets, de dispositifs conçus pour assurer le moins de danger possible : *Une allumette, une épingle de sûreté.* ‖ **En sûreté**, à l'abri de toute atteinte, de tout péril ; dans un endroit d'où l'on ne peut s'échapper. ‖ (Avec une majuscule). **Sûreté nationale**, ou **la Sûreté**, direction générale du ministère de l'Intérieur chargée de la police, devenue, en 1966, *Police nationale.*

surévaluation [syʀevalɥasjɔ̃] n.f. Action de surévaluer ; fait d'être surévalué : *La surévaluation des biens d'un héritage* (syn. surestimation).

surévaluer [syʀevalɥe] v.t. [conj. 7]. Attribuer à une chose une valeur supérieure à celle qu'elle a réellement : *Surévaluer un patrimoine* (syn. surestimer).

surexcitation [syʀɛksitasjɔ̃] n.f. - **1.** Très vive excitation : *La surexcitation des enfants à la veille de Noël* (syn. énervement, frénésie). - **2.** Animation passionnée : *La surexcitation qui le saisit dès qu'on aborde ce sujet* (syn. exaltation).

surexcité, e [syʀɛksite] adj. Qui est dans un état de surexcitation : *Des esprits surexcités* (syn. exalté, survolté).

surexposer [syʀɛkspoze] v.t. PHOT. Soumettre (une émulsion) à une exposition trop longue à la lumière.

surexposition [syʀɛkspozisjɔ̃] n.f. PHOT. Exposition trop prolongée d'une surface sensible à la lumière.

surf [sœʀf] n.m. (mot anglo-amér., de l'angl. *surf* "ressac"). - **1.** Sport consistant à se maintenir en équilibre sur une planche portée par une vague déferlante. - **2.** Planche permettant de pratiquer ce sport.

surface [syʀfas] n.f. (de *sur* et *face*, d'apr. le lat. *superficies* "surface"). - **1.** Partie, face extérieure d'un corps, d'un liquide : *La surface du lac est agitée par le vent.* - **2.** Toute étendue, plane ou non, d'une certaine importance : *Calculer la surface d'un appartement* (syn. aire, superficie). - **3.** MATH. Ensemble des points de l'espace dont les coordonnées varient continûment en fonction de deux paramètres. - **4.** Extérieur, apparence des choses : *Ne considérer que la surface des choses* (syn. dehors, façade). - **5.** **En surface**, au niveau de l'eau ou juste en dessous ; au fig., sans aller au fond des choses : *Sous-marin qui navigue en surface.* *Traiter un problème en surface* (= superficiellement). ‖ **Faire surface**, émerger, en parlant d'un sous-marin ; remonter à l'air libre pour respirer. ‖ **Refaire surface**, connaître de nouveau la renommée après une période d'effacement, d'obscurité ; recouvrer ses forces, sa santé ou sa fortune après une période de faiblesse, de maladie ou de gêne. - **6.** **Grande**

surface. Magasin exploité en libre-service, et présentant une superficie consacrée à la vente supérieure à 400 m². ‖ DR. **Surface corrigée.** Élément de calcul des loyers de certains locaux d'habitation, tenant compte de la situation et du confort d'un logement (par rapport à sa surface réelle).

surfacer [syʀfase] v.t. [conj. 16]. TECHN. Assurer la réalisation de surfaces régulières par l'emploi de machines ou d'appareils spéciaux : *Surfacer un bloc de marbre.*

surfait, e [syʀfɛ, -ɛt] adj. (de l'ancien v. *surfaire* "surestimer"). - **1.** Qui n'a pas toutes les qualités qu'on lui prête : *Réputation surfaite.* - **2.** Estimé au-dessus de sa valeur : *Un auteur surfait.*

surfaix [syʀfɛ] n.m. (de *faix* "charge"). Bande servant à attacher une couverture sur le dos d'un cheval ou utilisée dans le travail à la longe.

surfer [sœʀfe] v.i. Pratiquer le surf.

surfeur, euse [sœʀfœʀ, -øz] n. Personne qui pratique le surf.

surfil [syʀfil] n.m. (de *surfiler*). COUT. Surjet lâche, exécuté sur le bord d'un tissu pour éviter qu'il ne s'effiloche.

surfiler [syʀfile] v.t. (de *filer*). - **1.** COUT. Exécuter un surfil. - **2.** TEXT. Filer plus fin que la grosseur des fibres ne le permet normalement.

surfin, e [syʀfɛ̃, -in] adj. De qualité supérieure : *Des chocolats surfins.*

surgélation [syʀʒelasjɔ̃] n.f. Opération consistant à congeler rapidement à très basse température un produit alimentaire.

surgelé, e [syʀʒəle] adj. Se dit d'une substance alimentaire conservée par surgélation : *Des légumes surgelés.* ◆ **surgelé** n.m. Produit surgelé : *Le rayon des surgelés.*

surgeler [syʀʒəle] v.t. [conj. 25]. Pratiquer la surgélation de : *Surgeler des framboises.*

surgénérateur, trice [syʀʒeneʀatœʀ, -tʀis] et **surrégénérateur, trice** [syʀʀeʒeneʀatœʀ, -tʀis] adj. Se dit d'un réacteur nucléaire dans lequel se produit la surgénération. ◆ **surgénérateur** et **surrégénérateur** n.m. Réacteur nucléaire dans lequel se produit une surgénération.

surgénération [syʀʒeneʀasjɔ̃] et **surrégénération** [syʀʀeʒeneʀasjɔ̃] n.f. PHYS. Production, à partir de matière nucléaire fertile, d'une quantité de matière fissile supérieure à celle qui est consommée.

surgeon [syʀʒɔ̃] n.m. (altér., d'apr. le lat. *surgere*, de l'anc. fr. *sorjon*, de *sourdre*). Rejeton qui sort au pied d'un arbre (syn. pousse).

surgir [syʀʒiʀ] v.i. (lat. *surgere*, propr. "se lever") [conj. 32]. - **1.** Apparaître brusquement, en s'élançant, en sortant, en s'élevant : *Une voiture surgit du brouillard.* -**2.** Se manifester brusquement : *De nouvelles difficultés surgissent* (syn. naître, se présenter).

surgissement [syrʒismɑ̃] n.m. LITT. Fait de surgir : *Le surgissement d'un bateau dans la brume.*

surhaussé, e [syʀose] adj. ARCHIT. Se dit d'un arc ou d'une voûte dont la flèche est supérieure à la moitié de la portée (contr. surbaissé).

surhomme [syʀɔm] n.m. -**1.** Être humain pourvu de dons intellectuels ou physiques exceptionnels : *Pour soulever ce fardeau, il faudrait être un surhomme.* -**2.** Selon Nietzsche, type humain supérieur dont l'avènement est inscrit dans les possibilités de l'humanité.

surhumain, e [syʀymɛ̃, -ɛn] adj. Qui est au-dessus des forces ou des qualités de l'homme : *Un effort surhumain.*

surimposer [syʀɛ̃poze] v.t. Frapper d'un surcroît d'impôt ou d'un impôt trop lourd : *Surimposer certaines catégories de salariés* (syn. surtaxer).

surimposition [syʀɛ̃pozisjɔ̃] n.f. Surcroît d'impôt ; imposition excessive.

surimpression [syʀɛ̃pʀesjɔ̃] n.f. -**1.** Impression de deux ou plusieurs images sur la même surface sensible. -**2.** Passage d'une nouvelle impression sur une feuille imprimée, par ex. pour y déposer un vernis.

surin [syʀɛ̃] n.m. (du tsigane *chouri* "couteau"). ARG. Couteau.

suriner [syʀine] v.t. ARG. Donner un coup de couteau (syn. poignarder).

surinfection [syʀɛ̃fɛksjɔ̃] n.f. Infection survenant chez un sujet déjà atteint d'une maladie.

surinformé, e [syʀɛ̃fɔʀme] adj. Qui reçoit trop d'informations : *Des téléspectateurs surinformés.*

surintendance [syʀɛ̃tɑ̃dɑ̃s] n.f. HIST. Charge de surintendant.

surintendant [syʀɛ̃tɑ̃dɑ̃] n.m. -**1.** Autref., celui qui dirigeait en chef un service, un secteur. -**2.** HIST. En France, chef de certaines administrations sous l'Ancien Régime : *Nicolas Fouquet, surintendant général des Finances.*

surintensité [syʀɛ̃tɑ̃site] n.f. ÉLECTR. Courant supérieur au courant assigné.

surir [syʀiʀ] v.i. (conj. 32). Devenir sur, aigre.

surjectif, ive [syʀʒɛktif, -iv] adj. MATH. Application surjective, application de E dans F telle que tout élément de F a au moins un antécédent dans E.

surjection [syʀʒɛksjɔ̃] n.f. (de [*in*] jection). MATH. Application surjective.

surjet [syʀʒɛ] n.m. -**1.** COUT. Point exécuté à cheval en lisière de deux tissus à assembler bord à bord. -**2.** CHIR. Suture par fil unique.

surjeter [syʀʒəte] v.t. (de l'anc. fr. *sourgeter* "jeter par-dessus") [conj. 27]. Coudre en surjet.

sur-le-champ [syʀləʃɑ̃] adv. Sans délai, aussitôt : *Ils m'ont demandé de me décider sur-le-champ* (syn. immédiatement).

surlendemain [syʀlɑ̃dmɛ̃] n.m. Jour qui suit le lendemain : *Nous sommes vendredi, le surlendemain de mercredi.*

surligner [syʀliɲe] v.t. Recouvrir une partie d'un texte à l'aide d'un surligneur.

surligneur [syʀliɲœʀ] n.m. Feutre servant à mettre en valeur une partie d'un texte à l'aide d'une encre très lumineuse.

surmenage [syʀmənaʒ] n.m. Fait de se surmener ; état de fatigue excessive en résultant : *Souffrir de surmenage* (syn. épuisement).

surmener [syʀməne] v.t. (de *mener*) [conj. 19]. Imposer (à qqn, à son organisme) un effort physique ou intellectuel excessif : *Cet employeur surmène ses ouvriers.* ◆ **se surmener** v.pr. Se fatiguer à l'excès : *Elle se surmène sans prendre garde à sa santé* (syn. s'épuiser).

surmoi [syʀmwa] n.m. inv. PSYCHAN. Dans le second modèle freudien, l'une des trois instances psychiques, distinguée du ça et du moi, caractérisée par l'identification de l'enfant au parent représentant de l'autorité.

surmontable [syʀmɔ̃tabl] adj. Que l'on peut surmonter : *Ces difficultés sont surmontables.*

surmonter [syʀmɔ̃te] v.t. -**1.** Être placé au-dessus de qqch : *Statue qui surmonte une colonne.* -**2.** Venir à bout de, avoir le dessus sur : *Surmonter les obstacles* (syn. dominer, vaincre). *Surmonter sa colère* (syn. dompter, maîtriser).

surmulot [syʀmylo] n.m. (de *mulot*). Rat commun, appelé aussi *rat d'égout*. □ Long. env. 25 cm sans la queue.

surmultiplié, e [syʀmyltiplije] adj. -**1.** AUTOM. Se dit du rapport d'une boîte de vitesses tel que la vitesse de rotation de l'arbre de transmission est supérieure à celle de l'arbre moteur. -**2.** Vitesse surmultipliée, obtenue avec ce rapport (on dit aussi *une surmultipliée*).

surnager [syʀnaʒe] v.i. (conj. 17). -**1.** Se maintenir à la surface d'un liquide : *Quand on verse de l'huile dans de l'eau, l'huile surnage* (syn. flotter). -**2.** Subsister au milieu de choses qui tombent dans l'oubli : *De toute son œuvre, un seul livre surnage* (syn. se maintenir, survivre).

surnatalité [syʀnatalite] n.f. Taux de natalité excessif, dépassant l'accroissement de la production des biens de consommation.

surnaturel, elle [syʀnatyʀɛl] adj. - **1.** Qu'on juge ne pas appartenir au monde naturel ; qui semble en dehors du domaine de l'expérience et échapper aux lois de la nature : *Croire aux phénomènes surnaturels* (syn. magique, paranormal). - **2.** Qui est révélé, produit, accordé par la grâce de Dieu : *La vie surnaturelle.* - **3.** LITT. Qui est trop extraordinaire pour être simplement naturel : *Une beauté surnaturelle* (syn. féerique, prodigieux). ◆ **surnaturel** n.m. Domaine de ce qui est surnaturel, de ce qui ne relève pas de l'ordre naturel des choses : *Croire au surnaturel.*

surnom [syʀnɔ̃] n.m. Nom ajouté ou substitué au nom de qqn et souvent tiré d'un trait caractéristique de sa personne ou de sa vie : *Comme il est petit et gros, ses camarades lui ont donné le surnom de « Bouboule »* (syn. sobriquet).

surnombre [syʀnɔ̃bʀ] n.m. - **1.** Nombre supérieur au nombre prévu et permis : *Surnombre de réservations pour ce voyage* (syn. excédent). - **2.** En surnombre, en excédent, en trop : *Il n'y a que quatre places, nous sommes en surnombre.*

surnommer [syʀnɔme] v.t. Donner un surnom à : *Louis XV était surnommé « le Bien-Aimé ».*

surnuméraire [syʀnymeʀɛʀ] adj. et n. (du moyen fr. *supernuméraire*). Qui est en surnombre : *Employé surnuméraire.*

suroît [syʀwa] n.m. (forme normande de *sud-ouest*). - **1.** Vent soufflant du sud-ouest. - **2.** Chapeau de marin imperméable, dont le bord se prolonge derrière la tête pour protéger le cou.

surpassement [syʀpasmɑ̃] n.m. Action de surpasser, de se surpasser : *Le surpassement de soi-même* (syn. dépassement).

surpasser [syʀpase] v.t. - **1.** Faire mieux que qqn : *Surpasser ses concurrents* (syn. devancer, distancer, surclasser). - **2.** LITT. Excéder les forces, les ressources de : *Cela surpasse ses moyens* (syn. dépasser, excéder). ◆ **se surpasser** v.pr. Faire encore mieux qu'à l'ordinaire : *Dans son dernier film, il s'est surpassé* (syn. se dépasser).

surpayer [syʀpeje] v.t. [conj. 11]. Payer au-delà de ce qui est habituel, en plus ; acheter trop cher : *Surpayer un appartement.*

surpeuplé, e [syʀpœple] adj. Peuplé à l'excès : *Région surpeuplée.*

surpeuplement [syʀpœpləmɑ̃] n.m. Peuplement excessif par rapport au niveau de développement ou d'équipement d'un pays ou d'une ville : *Le surpeuplement est un facteur de misère* (syn. surpopulation).

surpiqûre [syʀpikyʀ] n.f. Piqûre apparente faite sur un vêtement dans un but décoratif.

surplace [syʀplas] n.m. (de la loc. adv. *sur place*). Faire du surplace, dans une épreuve de vitesse cycliste, rester en équilibre, immobile, pour démarrer dans la meilleure position ; ne pas avancer : *Faire du surplace sur l'autoroute. Les négociations font du surplace.*

surplis [syʀpli] n.m. (lat. médiév. *superpellicium* "qui est sur la pelisse"). CATH. Vêtement liturgique de toile fine, blanche, qui se porte par-dessus la soutane.

surplomb [syʀplɔ̃] n.m. - **1.** État d'une partie qui est en saillie par rapport aux parties qui sont au-dessous : *Escalade difficile en raison des surplombs.* - **2.** En surplomb, en avant de l'aplomb : *Balcons en surplomb sur une façade.*

surplomber [syʀplɔ̃be] v.t. (anc. prov. *sobreplombar*, de *sur* et *plomb*). Faire saillie au-dessus de qqch : *Les rochers surplombent le ravin* (syn. déborder, dépasser, saillir).

surplus [syʀply] n.m. - **1.** Ce qui est en plus : *Vendre le surplus de sa récolte* (syn. excédent). - **2.** ÉCON. Concept employé par les économistes d'entreprise, destiné à mesurer les performances de celle-ci (*comptes de surplus*). - **3.** Au surplus, au reste, en outre : *Cette décision est impopulaire, au surplus, elle est inefficace.* ◆ n.m. pl. Matériel militaire, de toute nature (équipements, vêtements, etc.), en excédent après une guerre.

surpopulation [syʀpɔpylasjɔ̃] n.f. Population en excès dans un pays par rapport aux moyens de subsistance et à l'espace disponible ; surpeuplement.

surprenant, e [syʀpʀənɑ̃, -ɑ̃t] adj. (de *surprendre*). Qui cause de la surprise, étonnant : *Faire une rencontre surprenante* (syn. déconcertant, imprévu). *Quel homme surprenant !* (syn. curieux, singulier). *Faire des progrès surprenants* (syn. prodigieux, remarquable, stupéfiant).

surprendre [syʀpʀɑ̃dʀ] v.t. (de *prendre*) [conj. 79]. - **1.** Prendre sur le fait : *Surprendre un voleur.* - **2.** Prendre à l'improviste, au dépourvu, par surprise : *La pluie nous a surpris.* - **3.** Frapper l'esprit par qqch d'inattendu : *Cette nouvelle m'a surpris* (syn. déconcerter, étonner, stupéfier). - **4.** Être le témoin involontaire de : *Surprendre un secret, une conversation.*

surpression [syʀpʀesjɔ̃] n.f. Pression excessive.

surprise [syʀpʀiz] n.f. (du p. passé de *surprendre*). - **1.** État de qqn qui est frappé par qqch d'inattendu : *Leur mariage a causé une grande surprise* (syn. étonnement, stupéfaction). - **2.** Événement inattendu : *Tout s'est déroulé sans surprise* (= comme prévu). - **3.** Cadeau ou plaisir inattendu fait à qqn : *J'ai*

préparé une surprise pour son anniversaire.
- **4.** (En appos., avec ou sans trait d'union). Se dit d'une chose inattendue et soudaine : *Grève surprise. Visite-surprise du ministre dans une usine.* - **5.** Par surprise, à l'improviste, en prenant au dépourvu : *Attaquer l'ennemi par surprise.*

surprise-partie [syʀpʀizpaʀti] n.f. (angl. *surprise party*) [pl. *surprises-parties*]. VIEILLI. Réunion où l'on danse, surtout chez les adolescents. (Abrév. fam. *surboum*.)

surproduction [syʀpʀɔdyksjɔ̃] n.f. Production excessive d'un produit ou d'une série de produits par rapport aux besoins.

surprotéger [syʀpʀɔteʒe] v.t. [conj. 22]. Protéger qqn à l'excès (sur le plan psychologique) : *Surprotéger ses enfants.*

surréalisme [syʀʀealism] n.m. Mouvement littéraire et artistique né en France au lendemain de la Première Guerre mondiale, qui se dresse contre toutes les formes d'ordre et de conventions logiques, morales, sociales et qui leur oppose les valeurs du rêve, de l'instinct, du désir et de la révolte, dans l'expression du « fonctionnement réel de la pensée ».

surréaliste [syʀʀealist] adj. et n. Qui appartient au surréalisme : *Un poète surréaliste.*
◆ adj. Qui, par son étrangeté, évoque les œuvres surréalistes : *Une situation surréaliste.*

surrégénérateur, trice adj. et n.m., **surrégénération** n.f. → surgénérateur, surgénération.

surrénal, e, aux [syʀʀenal, -o] adj. et n.f. Glande ou capsule surrénale, chacune des deux glandes endocrines situées au-dessus des reins (on dit aussi *une surrénale*).

sursaturer [syʀsatyʀe] v.t. - **1.** Rassasier jusqu'au dégoût : *Nous sommes sursaturés de récits de crimes.* - **2.** Donner à une solution une concentration plus forte que celle de la solution saturée.

sursaut [syʀso] n.m. (de *saut*). - **1.** Mouvement brusque, occasionné par quelque sensation subite ou violente : *Il eut un sursaut en entendant la sonnerie du téléphone* (syn. soubresaut, tressaillement). - **2.** Action de se ressaisir, de reprendre brusquement courage : *Sursaut d'énergie* (syn. regain). - **3.** En sursaut, brusquement : *Se réveiller en sursaut.*

sursauter [syʀsote] v.i. Avoir un sursaut : *Il sursauta en entendant son nom* (syn. tressaillir).

surseoir [syʀswaʀ] v.t. ind. [à] (de *seoir*, d'apr. le lat. *supersedere* "être assis sur") [conj. 66]. LITT. OU DR. Remettre à plus tard : *Surseoir à des poursuites* (syn. interrompre). *Surseoir à prononcer un jugement.*

sursis [syʀsi] n.m. (du p.passé de *surseoir*). - **1.** Remise de qqch à une date ultérieure,

délai pendant lequel l'exécution d'une décision est suspendue : *Avoir un sursis pour payer ses dettes.* - **2.** DR. Dispense d'exécution de tout ou partie d'une peine. - **3.** MIL. Report de la date d'incorporation d'un appelé. - **4.** En sursis, qui bénéficie d'un répit avant un événement fâcheux.

sursitaire [syʀsiteʀ] n. Personne qui bénéficie d'un sursis, partic. d'un sursis d'incorporation.

surtaxe [syʀtaks] n.f. Taxe supplémentaire : *Surtaxe postale.*

surtaxer [syʀtakse] v.t. Frapper d'une surtaxe : *Surtaxer une lettre insuffisamment affranchie.*

surtension [syʀtɑ̃sjɔ̃] n.f. Tension électrique supérieure à la tension assignée (on dit aussi, à tort, *survoltage*).

surtout [syʀtu] adv. (de *sur* et *tout*). - **1.** Principalement, par-dessus tout : *Elle aime surtout l'histoire ancienne.* - **2.** Sert à renforcer un conseil, un ordre : *N'y allez surtout pas.* - **3.** FAM. Surtout que, d'autant plus que : *Prêtez-moi votre livre, surtout que ce ne sera pas pour longtemps.*

surveillance [syʀvejɑ̃s] n.f. - **1.** Action de surveiller : *Exercer une surveillance active* (syn. contrôle). *Tromper la surveillance de ses gardiens* (syn. vigilance). - **2.** Sous la surveillance de, surveillé par : *Être sous la surveillance de la police.*

surveillant, e [syʀvejɑ̃, -ɑ̃t] n. - **1.** Personne chargée de la surveillance d'un lieu, d'un service, d'un groupe de personnes : *Un surveillant de prison* (syn. gardien). *La surveillante d'une salle d'hôpital* (syn. garde). - **2.** Personne chargée de la discipline dans un établissement d'enseignement : *Surveillant d'externat, d'internat.*

surveiller [syʀveje] v.t. (de *veiller*). - **1.** Observer attentivement pour contrôler : *Peux-tu surveiller mes affaires un instant, s'il te plaît ?* (syn. garder). - **2.** Être attentif à, prendre soin de : *Surveiller sa santé.*

survenir [syʀvəniʀ] v.i. [conj. 40 ; auxil. *être*]. Arriver inopinément ou accidentellement. *Un incident est survenu* (syn. advenir, se produire).

survenue [syʀvəny] n.f. Fait pour un événement de survenir.

survêtement [syʀvɛtmɑ̃] n.m. Vêtement chaud et souple que les sportifs mettent par-dessus leur tenue entre les épreuves ou au cours de séances d'entraînement. (Abrév. fam. *survêt*.)

survie [syʀvi] n.f. (de *vie*). - **1.** Prolongation de l'existence au-delà d'un certain terme : *Accorder quelques mois de survie à un malade* (syn. rémission). - 2. SOUT. Prolongement de l'existence au-delà de la mort ; vie future.

survitrage [syʀvitʀaʒ] n.m. Vitrage supplémentaire qui se pose sur le châssis d'une fenêtre à des fins d'isolation.

survivance [syʀvivãs] n.f. (de *survivre*). Ce qui subsiste d'un ancien état, d'une chose disparue : *Survivance d'une coutume.*

survivant, e [syʀvivã, -ãt] adj. et n. - 1. Qui survit à qqn : *L'héritage va au conjoint survivant.* - 2. Qui est resté en vie après un événement ayant fait des victimes : *Les survivants d'un naufrage* (syn. rescapé). - 3. Qui survit à une époque révolue : *Les derniers survivants de la Grande Guerre.*

survivre [syʀvivʀ] v.i. et v.t. ind. [à] [conj. 90]. - 1. Demeurer en vie après une autre personne : *Elle a survécu quatre ans à son mari.* - 2. Échapper à qqn : *L'héritage va au conjoint survi-* dans des conditions difficiles, pénibles : *Ils ont survécu à la catastrophe aérienne* (syn. réchapper). *Comment ont-il pu survivre dans ce désert ?* - 3. Continuer à exister : *Usage qui survit encore de nos jours.*

survol [syʀvɔl] n.m. (de *survoler*). - 1. Action de survoler : *Le survol d'un territoire.* - 2. Examen rapide et superficiel : *Le survol d'une question.*

survoler [syʀvɔle] v.t. - 1. Voler au-dessus de : *Survoler l'Atlantique.* - 2. Lire, examiner très rapidement, de manière superficielle : *Survoler un dossier, un article de revue.*

survoltage [syʀvɔltaʒ] n.m. (de *voltage*). ÉLECTR. (Abusif). Surtension.

survolté, e [syʀvɔlte] adj. - 1. Très excité ; marqué par une très grande excitation : *Personne survoltée.* - 2. ÉLECTR. Soumis à une tension supérieure à la valeur assignée.

sus [sys] ou [sy] adv. (lat. pop. *susum*, class. *sursum* "en haut"). LITT. Courir sus à qqn, le poursuivre avec des intentions hostiles. ‖ Sus à..., appel pour une poursuite, une attaque : *Sus à l'ennemi !* ‖ **En sus de**, en plus de.

susceptibilité [syseptibilite] n.f. Disposition à se vexer trop facilement : *Ménager la susceptibilité d'un ami.*

susceptible [syseptibl] adj. (bas lat. *susceptibilis*, de *suscipere* "prendre par-dessous"). - 1. Capable de recevoir certaines qualités, de subir certaines modifications, de produire un effet, d'accomplir un acte : *Un texte susceptible de plusieurs interprétations* (syn. propre à). *Un projet susceptible d'être amélioré. Ce cheval est susceptible de gagner* (syn. apte à). - 2. Qui se vexe, s'offense facilement : *C'est une personne très susceptible, évite de la critiquer* (syn. ombrageux).

susciter [sysite] v.t. (lat. *suscitare*, de *citare*, de *ciere* "mouvoir"). Faire naître ; provoquer l'apparition de : *Susciter des ennuis* (syn.

attirer, occasionner). *Susciter l'intérêt* (syn. éveiller, exciter, soulever).

suscription [syskʀipsjɔ̃] n.f. (bas lat. *superscriptio* "inscription sur"). Inscription de l'adresse sur l'enveloppe qui contient une lettre.

susdit, e [sysdi, -it] adj. et n. Nommé ci-dessus.

susnommé, e [sysnɔme] adj. et n. Nommé précédemment ou plus haut : *Le délinquant susnommé.*

suspect, e [syspɛ, -ɛkt] adj. (lat. *suspectus*, de *suspicere* "regarder de bas en haut"). - 1. Qui inspire de la défiance : *Un témoignage suspect* (syn. louche). - 2. Dont la qualité est douteuse : *Un vin suspect.* - 3. **Suspect de**, qui est soupçonné, qui mérite d'être soupçonné de : *Suspect de partialité, d'hérésie.* ◆ adj. et n. Que la police considère comme l'auteur possible d'une infraction : *Interroger un suspect.*

suspecter [syspɛkte] v.t. Tenir pour suspect : *Suspecter qqn à tort* (syn. soupçonner). *Suspecter l'honnêteté de qqn.*

suspendre [syspɑ̃dʀ] v.t. (anc. fr. *soupendre*, lat. *suspendere*) [conj. 73]. - 1. Fixer en haut et laisser pendre : *Suspendre un lustre, un vêtement* (syn. accrocher, pendre). - 2. Interrompre pour quelque temps ; remettre à plus tard : *Suspendre sa marche* (syn. cesser, stopper). *Suspendre une exécution* (syn. différer, repousser). - 3. Interdire pour un temps : *Suspendre un journal. Suspendre une permission.* - 4. Retirer temporairement ses fonctions à qqn : *Suspendre un fonctionnaire* (syn. démettre, destituer).

suspendu, e [syspɑ̃dy] adj. - 1. Maintenu par le haut, la partie basse restant libre : *Lustre suspendu au plafond* (syn. pendu). *Pont suspendu* (= dont le tablier est soutenu par des câbles ou des chaînes). - 2. Se dit de ce qui surplombe ou domine d'une certaine hauteur : *Des chalets suspendus au-dessus d'un torrent. Les jardins suspendus de Babylone* (= en terrasse). - 3. Qui est en suspens : *Permission suspendue jusqu'à nouvel ordre* (syn. différé). - 4. Rattaché à ; dépendant de : *Le succès de l'entreprise est suspendu à sa décision* (syn. tributaire de). - 5. Se dit d'une voiture dont le corps ne porte pas directement sur les essieux, mais sur un système élastique (ressorts ou autre) interposé : *Voiture bien, mal suspendue.* - 6. Être suspendu aux lèvres de qqn, écouter qqn avec une extrême attention.

en suspens [syspɑ̃] loc. adv. et loc. adj. inv. (lat. *suspensus*). Non résolu ; non terminé : *Laisser une affaire en suspens.*

suspense [syspɛns] ou [sœspɛns] n.m. (mot angl., du fr. *suspens*). Moment d'un film, d'une œuvre littéraire, où l'action tient le spectateur, l'auditeur ou le lecteur dans l'attente angoissée de ce qui va se produire.

suspensif, ive [syspɑ̃sif, -iv] adj. (lat. scolast. *suspensivus*). DR. Qui suspend l'exécution d'un jugement, d'un contrat : *Arrêt suspensif.*

suspension [syspɑ̃sjɔ̃] n.f. (lat. *suspensio*). - **1.** Action de suspendre ; état de ce qui est suspendu : *Vérifier la suspension d'une balançoire.* - **2.** Cessation momentanée ; arrêt : *Suspension de séance* (syn. interruption). *Suspension du travail. Suspension d'armes* (= trêve). - **3.** Interdiction temporaire, par mesure disciplinaire, d'exercer une activité ou une profession. - **4.** Luminaire suspendu au plafond (syn. lustre). - **5.** Ensemble des organes qui assurent la liaison entre un véhicule et ses roues, transmettent aux essieux le poids du véhicule et servent à amortir les chocs dus aux inégalités de la surface de roulement. - **6.** PHYS. État d'un solide très divisé, mêlé à la masse d'un fluide : *Grains de poussière en suspension dans l'air.* - **7.** Points de suspension, signe de ponctuation (...) indiquant que l'énoncé est interrompu pour une raison quelconque (convenance, émotion, réticence, etc.).

suspente [syspɑ̃t] n.f. (var. de *soupente*, de l'anc. v. *sous-pendre*). - **1.** MAR. Chaîne, cordage amarrés à un mât, et suspendant une vergue en son milieu. - **2.** Chacun des câbles qui relient le harnais d'un parachute à la voilure. - **3.** Chacune des cordes rattachant la nacelle au filet d'un ballon.

suspicieux, euse [syspisjø, -øz] adj. LITT. Qui manifeste de la suspicion : *Regards suspicieux* (syn. soupçonneux).

suspicion [syspisjɔ̃] n.f. (lat. *suspicio*, de *suspicere* ; v. *soupçon*). Fait de tenir pour suspect : *Avoir de la suspicion pour qqn* (syn. défiance, méfiance). *Une politique frappée de suspicion* (syn. soupçon).

sustentation [systɑ̃tasjɔ̃] n.f. (lat. *sustentatio*, de *sustentare* "soutenir, nourrir"). - **1.** État d'équilibre d'un aéronef. - **2.** Plan de sustentation, aile d'un avion. ‖ Polygone de sustentation, courbe fermée, convexe, contenant tous les points par lesquels un corps solide repose sur un plan horizontal. ‖ Sustentation magnétique, état d'un corps maintenu à faible distance au-dessus d'une surface et sans contact avec elle, grâce à un champ magnétique.

se sustenter [systɑ̃te] v.pr. (lat. *sustentare* "alimenter", de *sustinere* "soutenir"). VIEILLI OU PAR PLAIS. Se nourrir.

susurrement [sysyʀmɑ̃] n.m. Action de susurrer ; murmure.

susurrer [sysyʀe] v.i. et v.t. (lat. *susurrare*, d'orig. onomat.). Murmurer doucement : *Susurrer une confidence à qqn* (syn. chuchoter).

sutra ou **soutra** [sutʀa] n.m. (mot sanskrit "fil conducteur"). Chacun des textes qui, dans le brahmanisme et le bouddhisme, réunissent les règles du rituel, de la morale, de la vie quotidienne.

suture [sytyʀ] n.f. (lat. *sutura*, de *suere* "coudre"). - **1.** CHIR. Opération consistant à coudre les lèvres d'une plaie. - **2.** ANAT. Articulation dentelée de deux os. - **3.** BOT. Ligne de soudure entre les carpelles d'un pistil.

suturer [sytyʀe] v.t. CHIR. Faire une suture.

suzerain, e [syzʀɛ̃, -ɛn] n. et adj. (de l'adv. *sus*, d'apr. *souverain*). FÉOD. Seigneur qui avait concédé un fief à un vassal. ◆ adj. Qui appartenait au suzerain.

suzeraineté [syzʀɛnte] n.f. - **1.** FÉOD. Qualité de suzerain. - **2.** Droit d'un État sur un État qui possède un gouvernement distinct, mais qui ne jouit pas de toute son autonomie.

svastika [svastika] n.m. (mot sanskrit "de bon augure", de *svasti* "salut"). Symbole religieux hindou en forme de croix gammée aux branches coudées orientées vers la gauche ou vers la droite (on écrit aussi *swastika*).

svelte [svelt] adj. (it. *svelto*, de *svellere* "arracher"). D'une forme légère et élancée : *Jeune femme svelte* (syn. mince). *Taille svelte* (syn. fin ; contr. épais).

sveltesse [sveltɛs] n.f. Caractère svelte : *Conserver sa sveltesse* (syn. minceur).

swahili, e [swaili] n.m. et adj. Langue bantoue parlée dans l'est de l'Afrique, et qui est la langue officielle du Kenya et de la Tanzanie (on écrit aussi *souahéli*).

sweater [switœʀ] n.m. (mot angl., de *to sweat* "suer"). VIEILLI. Gilet en maille, à manches longues, boutonné devant.

sweat-shirt [switʃœʀt] ou [swɛtʃœʀt] n.m. (de l'angl. *to sweat* "suer") [pl. *sweat-shirts*]. Pull-over ou polo en coton molletonné ou en tissu-éponge.

swing [swiŋ] n.m. (mot angl., de *to swing* "balancer"). - **1.** En boxe, coup porté latéralement en balançant le bras. - **2.** Manière d'exécuter le jazz, consistant en une distribution typique des accents, donnant un balancement rythmique vivant et souple.

swinguer [swiŋge] v.i. Chanter ou jouer avec swing.

sybarite [sibaʀit] n. et adj. (lat. *sybarita*, mot gr. "habitant de Sybaris"). SOUT. Personne qui mène une vie facile et voluptueuse.

sycomore [sikɔmɔʀ] n.m. (lat. *sycomorus*, gr. *sukomoros*, de *sukon* "figue" et *moron* "mûre"). Érable d'une variété appelée aussi *faux platane*.

syllabaire [silabɛʀ] n.m. - **1.** Livre élémentaire pour apprendre à lire aux enfants. - **2.** LING.

Système d'écriture dans lequel chaque signe représente une syllabe.

syllabe [silab] n.f. (lat. *syllaba,* gr. *sullabê,* de *sullambanein* "prendre ensemble"). Unité phonétique groupant des consonnes et des voyelles qui se prononcent d'une seule émission de voix : *« Paris » a deux syllabes.*

syllabique [silabik] adj. **-1.** Relatif aux syllabes. **-2.** Écriture syllabique, écriture où chaque syllabe est représentée par un caractère. ‖ Vers syllabique, vers où la mesure est déterminée par le nombre et non par la valeur des syllabes.

syllogisme [silɔʒism] n.m. (lat. *syllogismus,* gr. *sullogismos* "calcul"). LOG. Raisonnement qui contient trois propositions (la majeure, la mineure et la conclusion), et tel que la conclusion est déduite de la majeure par l'intermédiaire de la mineure (ex. : *Si tous les hommes sont mortels* [majeure] ; *si tous les Grecs sont des hommes* [mineure] ; *donc tous les Grecs sont mortels* [conclusion]).

sylphe [silf] n.m. (lat. *sylphus* "génie"). Génie de l'air des mythologies celte et germanique.

sylphide [silfid] n.f. (de *sylphe*). **-1.** Sylphe femelle. **-2.** LITT. Femme gracieuse et légère.

sylvestre [silvɛstʀ] adj. (lat. *sylvester* ou *silvester,* de *sylva* ou *silva* "forêt"). LITT. Relatif aux forêts.

sylvicole [silvikɔl] adj. Relatif à la sylviculture.

sylviculture [silvikyltyʀ] n.f. (du lat. *sylva* "forêt"). Entretien et exploitation des forêts. ◆ **sylviculteur, trice** n. Personne pratiquant la sylviculture.

symbiose [sɛ̃bjoz] n.f. (gr. *sumbiôsis,* de *sumbioun* "vivre ensemble"). **-1.** BIOL. Association de deux ou de plusieurs organismes différents, qui leur permet de vivre avec des avantages pour chacun. **-2.** Union étroite de des personnes, des choses : *Vivre en symbiose avec son milieu.*

symbole [sɛ̃bɔl] n.m. (lat. ecclés. *symbolum* "symbole de foi", class. *symbolus* "signe, marque", du gr. *sumbolon*). **-1.** Signe figuratif, être animé ou chose, qui représente un concept, qui en est l'image, l'attribut : *La balance, symbole de la justice* (syn. emblème). **-2.** Tout signe conventionnel abréviatif : *Les panneaux du Code de la route utilisent des symboles.* **-3.** CHIM. Lettre ou groupe de lettres servant à désigner les éléments. **-4.** MATH. Signe graphique figurant un objet mathématique ou une opération logique. **-5.** THÉOL. (Avec une majuscule). Formulaire abrégé de la foi chrétienne : *Le Symbole des Apôtres.*

symbolique [sɛ̃bɔlik] adj. **-1.** Qui a le caractère d'un symbole ; qui recourt à des sym-

boles : *Figure symbolique* (syn. emblématique). *Langage symbolique.* **-2.** Qui n'a pas de valeur en soi, mais qui est significatif d'une intention : *Un geste symbolique qui ne coûte rien.* **-3.** INFORM. Relatif aux langages évolués de programmation, utilisant des mots et des caractères alphanumériques. ◆ n.m. Ce qui est symbolique : *Le symbolique et le sacré.* ◆ n.f. **-1.** Ensemble systématique de symboles relatif à un domaine, à une période : *La symbolique médiévale.* **-2.** Interprétation, explication des symboles.

symboliquement [sɛ̃bɔlikmɑ̃] adv. De façon symbolique.

symbolisation [sɛ̃bɔlizasjɔ̃] n.f. Action de symboliser ; son résultat.

symboliser [sɛ̃bɔlize] v.t. Exprimer par un symbole ; être le symbole de : *On symbolise la victoire par la palme et le laurier* (syn. représenter). *L'olivier symbolise la paix* (syn. figurer).

symbolisme [sɛ̃bɔlism] n.m. **-1.** Système de symboles destinés à interpréter des faits ou à exprimer des croyances : *Symbolisme scientifique, religieux.* **-2.** Système de signes écrits dont l'agencement répond à des règles, et qui traduit visuellement la formalisation d'un raisonnement. **-3.** Mouvement littéraire et artistique né à la fin du XIXᵉ s., qui réagit contre le réalisme naturaliste et le formalisme parnassien, et qui, s'attachant au mystère et à l'essence spirituelle des choses et des êtres, cherche à donner des « équivalents plastiques » de la nature et de la pensée littéraire.

symboliste [sɛ̃bɔlist] adj. et n. Relatif au symbolisme littéraire et artistique ; qui s'en réclame.

symétrie [simetʀi] n.f. (lat. *symmetria,* gr. *summetria,* de *metron* "mesure"). **-1.** Correspondance de position de deux ou de plusieurs éléments par rapport à un point, à un plan médian : *Vérifier la parfaite symétrie des fenêtres sur une façade.* **-2.** Aspect harmonieux résultant de la disposition régulière, équilibrée des éléments d'un ensemble : *Un visage qui manque de symétrie* (syn. harmonie). **-3.** MATH. Transformation ponctuelle qui, à un point M, associe un point M' tel que le segment MM' a ou bien un point fixe comme milieu *(symétrie par rapport à un point),* ou bien une droite fixe comme médiatrice *(symétrie par rapport à une droite),* ou bien un plan fixe comme plan médiateur *(symétrie par rapport à un plan).* **-4.** PHYS. Propriété des équations décrivant un système physique de rester invariantes par un groupe de transformations.

symétrique [simetʀik] adj. **-1.** Qui a de la symétrie : *Un arrangement symétrique* (syn.

harmonieux). Des phrases symétriques (syn. équilibré, régulier). - **2.** Se dit de deux choses semblables et opposées ; se dit de l'une de ces choses par rapport à l'autre : *Les deux parties du visage ne sont pas absolument symétriques.* - **3.** MATH. **Élément symétrique** (d'un élément *a*), élément d'un ensemble muni d'une opération possédant un élément neutre dont le composé avec *a* est l'élément neutre. ‖ MATH. **Figure symétrique,** figure globalement invariante dans une symétrie. ‖ MATH. **Relation symétrique,** relation binaire sur un ensemble telle que l'énoncé « *a* est en relation avec *b* » équivaut à « *b* est en relation avec *a* » pour tout couple (*a*, *b*) d'éléments de l'ensemble : *L'égalité est une relation symétrique.* ◆ n.m. MATH. Élément, point, figure symétrique d'un autre.

symétriquement [simetʀikmɑ̃] adv. Avec symétrie.

sympathie [sɛ̃pati] n.f. (lat. *sympathia*, gr. *sumpatheia*, de *pathos* "souffrance"). - **1.** Penchant naturel, spontané qui porte deux personnes l'une vers l'autre : *Avoir de la sympathie pour qqn* (syn. inclination, attirance). - **2.** Participation à la joie ou à la douleur : *Témoigner sa sympathie à qqn* (syn. compassion, compréhension).

1. **sympathique** [sɛ̃patik] adj. Qui inspire de la sympathie, agréable : *Un garçon sympathique* (syn. avenant). *Un accueil sympathique* (syn. amical). [Abrév. fam. *sympa.*]

2. **sympathique** [sɛ̃patik] n.m. et adj. (de *sympathique,* au sens anc. "qui est en relation avec autre chose"). ANAT. L'un des deux systèmes nerveux régulateurs de la vie végétative (l'autre étant le système *parasympathique*).

sympathiquement [sɛ̃patikmɑ̃] adv. Avec sympathie.

sympathisant, e [sɛ̃patizɑ̃, -ɑ̃t] adj. et n. Qui approuve les idées d'un parti ou d'une organisation mais sans en être membre.

sympathiser [sɛ̃patize] v.i. ou v.t. ind. [**avec**]. Avoir de la sympathie, de l'amitié pour qqn, s'entendre avec lui : *Ils ont tout de suite sympathisé. Sympathiser avec un voisin.*

symphonie [sɛ̃fɔni] n.f. (lat. *symphonia*, gr. *sumphōnia*, de *phōnê* "son"). - **1.** Sonate pour orchestre caractérisée par la multiplicité des exécutants pour chaque partie instrumentale et par la diversité des timbres. - **2.** SOUT. Ensemble harmonieux de choses qui vont parfaitement ensemble : *Une symphonie de couleurs* (syn. harmonie).

symphonique [sɛ̃fɔnik] adj. Relatif à la symphonie : *Orchestre symphonique.*

symphoniste [sɛ̃fɔnist] n. Personne qui compose ou exécute des symphonies.

symphyse [sɛ̃fiz] n.f. (gr. *sumphusis* "union naturelle"). ANAT. Articulation peu mobile, formée par du cartilage fibreux et du tissu conjonctif élastique : *Symphyse pubienne.*

symposium [sɛ̃pozjɔm] n.m. (gr. *sumposion* "festin"). Réunion ou congrès de spécialistes, sur un thème scientifique particulier (syn. colloque, séminaire).

symptomatique [sɛ̃ptɔmatik] adj. - **1.** MÉD. Qui est le symptôme d'une maladie : *Anémie symptomatique.* - **2.** Qui révèle un certain état de choses, un état d'esprit particulier : *Un événement symptomatique* (syn. caractéristique, révélateur).

symptôme [sɛ̃ptom] n.m. (lat. médiév. *symptoma*, gr. *sumptōma* "coïncidence"). - **1.** MÉD. Phénomène qui révèle un trouble fonctionnel ou une lésion : *Le diagnostic se fonde sur la connaissance des symptômes.* - **2.** Indice, présage : *Des symptômes de crise économique* (syn. prodrome).

synagogue [sinagɔg] n.f. (lat. ecclés. *sunagoga*, du gr. *sunagōgê* "réunion"). Édifice où est célébré le culte israélite, sous la présidence du rabbin.

synapse [sinaps] n.f. (gr. *sunapsis* "point de jonction"). NEUROL. Région de contact entre deux neurones.

synchrone [sɛ̃kron] adj. (bas lat. *synchronus*, gr. *sugkhronos*, de *khronos* "temps"). - **1.** Se dit des mouvements qui se font dans un même temps : *Les oscillations de ces deux pendules sont synchrones* (syn. synchronique). - **2.** Se dit d'une machine électrique dans laquelle la fréquence des forces électromotrices et la vitesse sont dans un rapport constant.

synchronie [sɛ̃kroni] n.f. LING. État de langue à un moment déterminé, indépendamment de son évolution (par opp. à *diachronie*).

synchronique [sɛ̃kronik] adj. - **1.** Qui se passe dans le même temps (syn. synchrone). - **2.** Qui représente ou étudie des faits arrivés en même temps en différents lieux : *Tableau synchronique.*

synchroniquement [sɛ̃kronikmɑ̃] adv. De façon synchronique.

synchronisation [sɛ̃kronizasjɔ̃] n.f. - **1.** Action de synchroniser. - **2.** CIN. Mise en concordance des images et des sons dans un film.

synchroniser [sɛ̃kronize] v.t. - **1.** Assurer le synchronisme de : *Danseurs qui synchronisent leurs mouvements.* - **2.** Synchroniser un film, rendre simultanées la projection de l'image et l'émission du son.

synchronisme [sɛ̃kronism] n.m. - **1.** État de ce qui est synchrone : *Le synchronisme des pulsations cardiaques et artérielles.* - **2.** Coïncidence de date, identité d'époques, simultanéité de plusieurs événements : *Le synchronisme de plusieurs attentats* (syn. concomitance).

synclinal, e, aux [sɛ̃klinal, -o] adj. et n.m. (du gr. *sum* "avec" et *klinein* "incliner"). GÉOL. Se dit d'un pli dont la convexité est tournée vers le bas (par opp. à *anticlinal*).

syncope [sɛ̃kɔp] n.f. (lat. *syncopa,* gr. *sugkopê,* de *sugkoptein* "briser"). - **1.** Perte de connaissance brutale et de brève durée, due à la diminution du débit sanguin cérébral : *Tomber en syncope* (syn. évanouissement, malaise). - **2.** MUS. Procédé rythmique qui consiste à déplacer, en le prolongeant, un temps faible sur un temps fort ou sur la partie forte d'un temps. - **3.** PHON. Chute d'un ou de plusieurs phonèmes à l'intérieur d'un mot (ex. : *Les v'là pour les voilà*).

syncopé, e [sɛ̃kɔpe] adj. MUS. Rythme syncopé, mesure syncopée, rythme, mesure qui comportent des syncopes.

syncrétique [sɛ̃kretik] adj. Relatif au syncrétisme.

syncrétisme [sɛ̃kretism] n.m. (gr. *sugkrêtismos* "union des Crétois"). Système philosophique ou religieux qui tend à faire fusionner plusieurs doctrines différentes.

syndic [sɛ̃dik] n.m. (lat. eccls. *syndicus,* gr. *sundikos* "celui qui assiste qqn en justice"). - **1.** Mandataire du syndicat des copropriétaires d'un immeuble chargé de représenter ce syndicat, d'exécuter ses décisions et d'administrer l'immeuble. - **2.** HELV. Titre porté par le président d'une commune dans les cantons de Vaud et de Fribourg.

syndical, e, aux [sɛ̃dikal, -o] adj. - **1.** Relatif à un syndicat : *Conseil syndical.* - **2.** Relatif au syndicalisme : *Revendications syndicales.*

syndicalisation [sɛ̃dikalizasjɔ̃] n.f. Action de syndicaliser ; fait d'être syndicalisé, d'entrer dans une organisation syndicale.

syndicalisme [sɛ̃dikalism] n.m. - **1.** Mouvement ayant pour objet de grouper les personnes exerçant une même profession, en vue de la défense de leurs intérêts. - **2.** Activité exercée dans un syndicat.

syndicaliste [sɛ̃dikalist] adj. Relatif au syndicalisme, aux syndicats. ◆ n. Personne qui milite dans un syndicat.

syndicat [sɛ̃dika] n.m. (de *syndic*). - **1.** Groupement constitué pour la défense d'intérêts professionnels communs : *Syndicat ouvrier. Syndicat patronal.* - **2.** Organisme gérant des intérêts communs : *Les parties communes d'un immeuble sont administrées par un syndicat de copropriétaires.* - **3.** Syndicat d'initiative. Organisme dont le but est de favoriser le tourisme dans une localité ou une région.

syndiqué, e [sɛ̃dike] n. et adj. Membre d'un syndicat.

syndiquer [sɛ̃dike] v.t. Organiser en syndicat : *Syndiquer une profession.* ◆ **se syndiquer** v.pr. S'affilier, adhérer à un syndicat.

syndrome [sɛ̃dʀom] n.m. (gr. *sundromê* "concours, réunion"). MÉD. Ensemble des signes et des symptômes qui caractérisent une maladie, une affection.

synecdoque [sinɛkdɔk] n.f. (lat. *synecdoche,* gr. *sunekdokhê* "compréhension simultanée"). Procédé de style qui consiste à prendre la partie pour le tout *(payer tant par tête),* le tout pour la partie *(acheter un vison),* le genre pour l'espèce, l'espèce pour le genre, etc.

synérèse [sinerɛz] n.f. (lat. *synoeresis,* gr. *sunairesis* "rapprochement"). PHON. Fusion de deux voyelles contiguës en une seule syllabe, par opp. à *diérèse* (ex : *souhait* [suɛ] prononcé [swɛ]).

synergie [sinɛʀʒi] n.f. (gr. *sunergia* "coopération"). - **1.** PHYSIOL. Association de plusieurs organes pour l'accomplissement d'une fonction. - **2.** Mise en commun de plusieurs actions concourant à un effet unique avec une économie de moyens : *Utiliser les synergies entre deux entreprises.*

syngnathe [sɛ̃gnat] n.m. (du gr. *gnathos* "mâchoire"). Poisson marin, à corps et museau très allongés. □ Famille des syngnathidés.

synodal, e, aux [sinɔdal, -o] adj. (lat. tardif *synodalis*). Relatif à un synode.

synode [sinɔd] n.m. (lat. *synodus,* gr. *sunodos* "réunion"). - **1.** Dans l'Église catholique, assemblée d'ecclésiastiques ou d'évêques, convoquée par un évêque ou par le pape, pour délibérer des affaires d'un diocèse ou des problèmes généraux de l'Église : *Synode diocésain, épiscopal.* - **2.** Dans l'Église réformée, assemblée des délégués (pasteurs et laïcs) des conseils paroissiaux ou régionaux.

synonyme [sinɔnim] adj. et n.m. (bas lat. *synonymus,* du gr.). Se dit de deux ou de plusieurs mots de même fonction grammaticale, qui ont un sens analogue ou très voisin : *Les verbes « briser », « casser » et « rompre » sont synonymes* (contr. antonyme).

synonymie [sinɔnimi] n.f. (lat. *synonymia,* gr. *sunônumia*). Relation entre des termes synonymes.

synopsis [sinɔpsis] n.m. (gr. *sunopsis* "vue d'ensemble"). Bref exposé écrit d'un sujet de film, constituant l'ébauche d'un scénario.

synoptique [sinɔptik] adj. (gr. *sunoptikos*). - **1.** Qui offre une vue générale d'un ensemble : *Tableau synoptique d'histoire.* - **2.** Évangiles **synoptiques**, les trois premiers Évangiles, de saint Matthieu, saint Marc et saint Luc, qui présentent de grandes ressemblances (on dit aussi *les synoptiques*).

synovial, e, aux [sinɔvjal, -o] adj. - **1.** Qui renferme la synovie : *Gaine, membrane synoviale.* - **2.** Membrane synoviale, tissu mince, transparent, qui tapisse toute la cavité articulaire, et sécrète la synovie (on dit aussi *la synoviale*).

synovie [sinɔvi] n.f. (lat. médiév. *synovia*). Liquide incolore, visqueux, d'aspect filant, qui lubrifie les articulations : *Épanchement de synovie.*

synovite [sinɔvit] n.f. Inflammation d'une membrane synoviale.

syntagmatique [sɛ̃tagmatik] adj. LING. - **1.** Relatif à un syntagme. - **2.** Se dit des relations existant entre les unités qui apparaissent effectivement dans la chaîne parlée (par opp. à *paradigmatique*).

syntagme [sɛ̃tagm] n.m. (gr. *suntagma*). LING. Groupe de mots formant une unité fonctionnelle repérable lors de la décomposition syntaxique d'une phrase : *Syntagme nominal, verbal, adjectival.*

syntaxe [sɛ̃taks] n.f. (lat. grammatical *syntaxis* "mise en ordre"). - **1.** LING. Partie de la grammaire qui décrit les règles par lesquelles les unités linguistiques se combinent en phrases ; ensemble de ces règles, caractéristique de telle ou telle langue [→ linguistique]. - **2.** Ensemble de règles qui régissent un moyen d'expression donné (musique, cinéma, etc.) : *La syntaxe dramaturgique.* - **3.** LOG. Étude des relations entre les expressions d'un langage formel.

syntaxique [sɛ̃taksik] adj. - **1.** Relatif à la syntaxe d'un langage naturel, d'un langage artificiel, d'un moyen d'expression quelconque. - **2.** LOG. Qui se rapporte à l'aspect formel d'un langage, d'un système (par opp. à *sémantique*).

synthèse [sɛ̃tɛz] n.f. (lat. *synthesis*, gr. *sunthesis* "composition"). - **1.** Opération intellectuelle par laquelle on réunit en un tout cohérent, structuré et homogène divers éléments de connaissance concernant un domaine particulier : *La synthèse est l'opération inverse de l'analyse.* - **2.** Exposé d'ensemble ; aperçu global : *Synthèse historique.* - **3.** CHIM. Préparation d'un corps composé à partir des éléments constitutifs : *Médicaments de synthèse.* - **4.** Images, sons de synthèse, images, sons artificiels produits par des moyens optiques, électroniques ou informatiques. ‖ Synthèse additive, synthèse soustractive, procédés de trichromie qui permettent de tirer des photographies en couleurs soit par addition des trois couleurs fondamentales, soit par soustraction du blanc des trois couleurs complémentaires.

synthétique [sɛ̃tetik] adj. - **1.** Qui se rapporte à la synthèse ; qui en résulte : *Raisonnement synthétique.* - **2.** Qui présente une synthèse, considère les choses dans leur ensemble, leur totalité : *Une vue synthétique de la situation.* - **3.** CHIM. Obtenu par synthèse : *Caoutchouc synthétique* (syn. artificiel). *Textile synthétique* (contr. naturel).

synthétisable [sɛ̃tetizabl] adj. Qui peut être synthétisé.

synthétiser [sɛ̃tetize] v.t. - **1.** Réunir par synthèse ; présenter sous forme synthétique. - **2.** CHIM. Préparer par synthèse.

synthétiseur [sɛ̃tetizœr] n.m. - **1.** Appareil électronique actionné par un clavier ou des potentiomètres, et capable de produire un son à partir de signaux électriques numériques (abrév. fam. *synthé*). - **2.** Synthétiseur d'images, générateur électronique d'images de télévision, muni d'une mémoire et d'un programme de traitement.

synthétisme [sɛ̃tetism] n.m. Technique et esthétique picturale française de la fin des années 1880, fondée sur l'usage de grands aplats de couleur aux contours vigoureusement cernés (on dit aussi *le cloisonnisme*).

syntonisation [sɛ̃tɔnizasjɔ̃] n.f. (du gr. *suntonos* "qui résonne en accord"). PHYS. Méthode de réglage des récepteurs de radiodiffusion, utilisant l'accord en résonance de plusieurs circuits électriques oscillant sur une même fréquence *(syntonie).*

syntoniseur [sɛ̃tɔnizœr] n.m. Recomm. off. pour *tuner.*

syphilis [sifilis] n.f. (mot lat., du n. du berger *Syphilus*, dans les *Métamorphoses* d'Ovide). Maladie infectieuse et contagieuse, vénérienne, due à une bactérie *(le tréponème pâle),* et se manifestant par un chancre initial et par des atteintes viscérales et nerveuses tardives.

syphilitique [sifilitik] adj. et n. Relatif à la syphilis ; atteint de syphilis.

syriaque [siRjak] n.m. Langue sémitique dérivée de l'araméen, restée comme langue littéraire et liturgique de nombreuses communautés chrétiennes du Moyen-Orient.

syringe [siRɛ̃ʒ] n.f. (du gr. *surigx* "tuyau"). ARCHÉOL. Sépulture souterraine de l'Égypte pharaonique.

systématique [sistematik] adj. - **1.** Relatif à un système ; combiné d'après un système : *Raisonnement systématique* (syn. méthodique, rationnel). - **2.** Qui est fait avec méthode, selon un ordre déterminé à l'avance : *Classement systématique* (syn. méthodique, logique). - **3.** Qui pense et agit d'une manière rigide, péremptoire, sans tenir compte des circonstances ; qui manifeste ce comportement : *Opposition, refus systématique* (syn. automatique).

systématiquement [sistematikmã] adv. De façon systématique : *Elle refuse systématiquement toutes les invitations* (= par principe ; syn. automatiquement).

systématisation [sistematizasjɔ̃] n.f. Action de systématiser ; fait d'être systématisé.

systématiser [sistematize] v.t. - **1.** Réduire en système ; organiser en un système défini : *Systématiser des recherches.* - **2.** (Absol.). Juger à partir d'idées préconçues, de partis pris.

système [sistɛm] n.m. (gr. *sustêma* "assemblage"). - **1.** Ensemble ordonné d'idées scientifiques ou philosophiques : *Système newtonien. Système philosophique* (syn. doctrine, théorie). - **2.** Combinaison d'éléments réunis de façon à former un ensemble autour d'un centre : *Système solaire, moléculaire.* - **3.** Ensemble d'organes ou de tissus de même nature, et destinés à des fonctions analogues : *Système nerveux. Système pileux.* - **4.** Ensemble de termes définis par les relations qu'ils entretiennent entre eux : *Système linguistique, phonologique.* - **5.** Mode d'organisation ; méthode de classification : *Système alphabétique. Système de signalisation. Système de parenté. Le système de Linné en histoire naturelle.* - **6.** Ensemble de méthodes, de procédés destinés à assurer une fonction définie ou à produire un résultat : *Système d'éducation. Système de défense.* - **7.** Moyen habile pour obtenir, réussir qqch : *Trouver un système pour faire fortune* (syn. recette, combinaison, astuce). - **8.** Mode de gouvernement, d'administration, d'organisation sociale : *Système capitaliste. Système électoral. Système pénitentiaire.* - **9.** Appareil ou dispositif formé d'éléments agencés, et assurant une fonction déterminée : *Système d'éclairage, de fer-*meture. - **10.** SPORTS. Pièce métallique montée sur pivot dans laquelle se pose l'aviron. - **11.** FAM. Courir, taper sur le système, exaspérer, énerver. ‖ Esprit de système, tendance à tout réduire en système, à agir, penser en partant d'idées préconçues. ‖ Système d'équations, ensemble de plusieurs équations liant simultanément plusieurs variables. ‖ Système international d'unités (SI), système de mesures métrique décimal à sept unités de base (mètre, kilogramme, seconde, ampère, kelvin, mole, candela). ‖ Système nuageux, ensemble des différents types de nuages qui accompagnent une perturbation complète. ‖ Théorie des systèmes, théorie générale et interdisciplinaire qui étudie les systèmes en tant qu'ensembles d'éléments, matériels ou non, en relation les uns avec les autres et formant un tout. ‖ ÉCON. Système monétaire européen (S. M. E.), système d'harmonisation des changes des différentes monnaies européennes. ‖ INFORM. Système d'exploitation, logiciel gérant un ordinateur, indépendant des programmes d'application mais indispensable à leur mise en œuvre. ‖ INFORM. Système expert, programme élaboré pour résoudre des problèmes spécifiques en exploitant les connaissances accumulées dans un domaine spécialisé et en canalisant la recherche des solutions. ‖ LOG. Systèmes déductifs équipollents, systèmes dans lesquels tout théorème de l'un est théorème ou axiome de l'autre. ‖ PHYS. Système de référence, ensemble de corps, considérés eux-mêmes comme fixes, par rapport auxquels on définit le mouvement d'un autre corps.

systole [sistɔl] n.f. (gr. *sustolê* "contraction"). Période de contraction du cœur et des artères (par opp. à *diastole*).

T

t [te] n.m. inv. - **1.** Vingtième lettre (consonne) de l'alphabet. - **2.** En T, en forme de T : *Tables disposées en T.*

ta adj. poss. → **ton.**

1. tabac [taba] n.m. (esp. *tabaco*, du haïtien *tzibalt*). - **1.** Plante annuelle ou vivace, dont l'espèce principale est cultivée pour ses feuilles riches en nicotine : *Plantation de tabac.* □ Famille des solanacées. - **2.** Feuilles de tabac séchées et préparées qui se fument, se prisent ou se mâchent : *Tabac à priser. Tabac brun, blond.* - **3.** Débit de tabac : *Aller au tabac.* - **4.** FAM. Le même tabac, la même chose : *Quelque chose du même tabac* (= du même genre). ◆ adj. inv. De couleur brun-roux rappelant celle du tabac séché.

2. tabac [taba] n.m. (rad. onomat. *tabb-* évoquant des coups violents, avec infl. de *1. tabac*). Coup de tabac, tempête violente mais brève. ‖ FAM. Faire un tabac, avoir un grand succès. ‖ FAM. Passer qqn à tabac, le rouer de coups.

tabagie [tabaʒi] n.f. (mot algonquin "festin"). - **1.** Endroit où l'on a beaucoup fumé, qui est rempli de fumée ou qui conserve l'odeur du tabac. - **2.** CAN. Bureau de tabac.

tabagisme [tabaʒism] n.m. Intoxication chronique par le tabac.

tabasser [tabase] v.t. (de *2. tabac*). FAM. Rouer de coups ; passer à tabac.

tabatière [tabatjɛʀ] n.f. - **1.** Petite boîte pour le tabac à priser. - **2.** Fenêtre à tabatière, petite fenêtre à charnière sur un toit (on dit aussi *une tabatière*).

tabernacle [tabɛʀnakl] n.m. (lat. *tabernaculum* "tente"). - **1.** RELIG. HÉBRAÏQUE. Sanctuaire itinérant contenant l'arche d'alliance où étaient déposées les Tables de la Loi jusqu'à la construction du Temple de Salomon (Xᵉ s. av. J.-C.). - **2.** CATH. Petite armoire placée sur l'autel ou encastrée dans le mur du chœur d'une église, destinée à conserver l'eucharistie.

tablature [tablatyʀ] n.f. (lat. médiév. *tabulatura*, de *tabula*, refait d'apr. *table*). Notation musicale dont le principe repose sur l'utilisation de chiffres et de lettres indiquant l'emplacement des doigts sur l'instrument.

table [tabl] n.f. (lat. *tabula* "planche, tablette"). - **1.** Meuble composé d'un plateau horizontal posé sur un ou plusieurs pieds, et servant à divers usages : *Table basse. Table à repasser.* - **2.** Meuble sur pieds sur lequel on dépose les mets et les objets nécessaires au repas ; table dressée pour le repas : *Retenir une table de 8 couverts.* - **3.** Le fait d'être assis autour d'une table pour y prendre son repas ; le repas lui-même : *Être, passer à table.* - **4.** Repas, nourriture servis à une table : *Une table abondante.* - **5.** Ensemble de personnes assises autour d'une table : *Sa plaisanterie a fait rire toute la table* (syn. **tablée**). - **6.** Plateau, plaque en matière quelconque et de forme plane : *Table de cuisson* (= plaque chauffante, au gaz ou à l'électricité). *Table de lecture d'un électrophone* (= platine). - **7.** Ensemble de données numériques présentées de façon à pouvoir être facilement consultées : *Table de logarithmes, de multiplication.* - **8.** Inventaire présenté sous forme de liste ou de tableau et récapitulant un ensemble de renseignements : *Table des matières.* - **9.** En athlétisme, mode de cotation des performances, utilisé notamm. dans le décathlon. - **10.** Se mettre à table, s'asseoir autour d'une table pour prendre un repas ; ARG. avouer, dénoncer. - **11.** Sainte table, clôture basse séparant le chœur de la nef et devant laquelle les fidèles se présentaient pour communier ; l'autel lui-même. ‖ **Table de lancement,** dispositif assurant le support d'un véhicule spatial en position verticale jusqu'à son décollage. ‖ **Table de nuit, de chevet,** petit meuble qui se place à côté du lit. ‖ **Table d'harmonie,** surface en bois ou en peau, sur laquelle passent les cordes des instruments. ‖ **Table d'hôte,** table où l'on sert à heure et prix fixes des repas pris en commun. ‖ **Table d'opération,** table articulée sur laquelle on place le patient pour les interventions chirurgicales. ‖ **Table d'orientation,** table circulaire sur laquelle sont indiqués les détails d'un panorama, d'un point de vue. ‖ **Table roulante,** petite table à plusieurs plateaux, montée sur roulettes. ‖ **Tables de la Loi,** tables de pierre que Dieu, selon la Bible, remit à Moïse et sur lesquelles était gravé le Décalogue. ‖ **Table traçante,** périphérique d'ordinateur donnant directement le tracé graphique que calcule celui-ci (= traceur de courbes). - **12. Table ronde.** Réunion tenue par plusieurs personnes pour discuter, sur un pied d'égalité, des questions d'intérêt commun.

tableau [tablo] n.m. (de *table*). - **1.** Œuvre picturale exécutée sur un panneau de bois, une toile tendue sur un châssis, génér. présentée dans un cadre : *Galerie, exposition de tableaux* (syn. toile, peinture). *Tableau de chevalet* (= de petites dimensions). - **2.** Ce qui s'offre à la vue et provoque une certaine impression : *Un tableau émouvant* (syn. spectacle, scène). - **3.** Description orale ou écrite évoquant une situation : *Brosser un tableau fidèle des événements.* - **4.** THÉÂTRE. Subdivision d'un acte, marquée par un changement de décor : *Pièce en un acte et cinq tableaux.* - **5.** Support d'écriture mural : *Écrire à la craie sur un tableau noir ou au marqueur sur un tableau blanc.* - **6.** Panneau plan destiné à recevoir des renseignements, des annonces, etc. : *Tableau d'affichage.* - **7.** Support plan destiné à recevoir des objets : *Mettre ses clés au tableau.* - **8.** Ensemble comprenant l'appareillage de commande des dispositifs électriques : *Tableau de commandes.* - **9.** Liste contenant des informations, des données, des renseignements disposés de façon claire, systématique ou méthodique ; disposition graphique en colonnes : *Tableau chronologique, synoptique. Récapitulatif sous forme de tableau.* - **10.** Liste des membres d'un ordre professionnel : *Tableau des avocats.* - **11.** MAR. Partie plane et quasi verticale de l'arrière d'un voilier ou d'un canot. - **12.** Jouer, miser **sur les deux tableaux,** se ménager des avantages de deux parties adverses, quel que soit le vainqueur. - **13. Tableau d'autel,** peinture encadrée placée au-dessus et en arrière d'un autel, dans une église. ‖ **Tableau d'avance-**

ment, liste, dressée périodiquement, du personnel civil ou militaire d'une administration ou d'un corps, jugé digne d'avancement. ‖ **Tableau de bord,** ensemble des appareils de contrôle placés devant le pilote ou le conducteur, lui permettant de surveiller la marche de son véhicule ; ensemble des renseignements permettant dans une entreprise de vérifier la bonne marche des différents services. ‖ **Tableau de chasse,** exposition des animaux abattus groupés par espèces ; ensemble des avions ennemis abattus. ‖ **Tableau de contrôle,** ensemble des appareils de commande, de mesure, de réglage et de sécurité d'une machine ou d'une installation complète. ‖ **Tableau d'honneur,** liste des meilleurs élèves d'une classe. ‖ **Tableau économique d'ensemble,** tableau synthétique des comptes de la nation, qui figure l'ensemble des opérations effectuées par les différents agents. ‖ **Tableau vivant,** groupe de personnes immobiles représentant une scène évoquant une peinture ou une sculpture.

tableautin [tablotɛ̃] n.m. Petit tableau (peinture).

tablée [table] n.f. Ensemble des personnes prenant un repas à la même table.

tabler [table] v.t. ind. **[sur]** (de *table*). Fonder ses calculs sur : *Elle table sur la chance pour réussir* (syn. compter sur).

tablette [tablɛt] n.f. (de *table*). - **1.** Planche, plateau fait de diverses matières, disposés pour recevoir divers objets : *Les tablettes d'une bibliothèque* (syn. étagère). - **2.** Pierre plate qui surmonte les murs d'appui ou d'autres parties de construction : *Tablette de cheminée.* - **3.** Préparation moulée, de forme plate : *Tablette de chocolat* (syn. plaque, plaquette). ◆ **tablettes** n.f. pl. - **1.** ANTIQ. Plaquettes d'argile, ou plaquettes de bois ou d'ivoire enduites de cire, sur lesquelles on écrivait avec un poinçon. - **2.** Rayer de ses tablettes, ne plus compter sur.

tabletterie [tablɛtʀi] n.f. - **1.** Fabrication de petits objets soignés, en bois, ivoire, os, nacre, plastique, par assemblage, marqueterie, incrustation, sculpture, etc. - **2.** Objets ainsi fabriqués (échiquiers, jeux, coffrets, etc.).

tableur [tablœʀ] n.m. INFORM. Programme de création et de manipulation interactives de tableaux numériques.

tablier [tablije] n.m. (de *table*). - **1.** Vêtement de protection que l'on attache devant soi pour préserver ses vêtements ; blouse : *Un tablier d'écolier.* - **2.** Dans un pont, plate-forme horizontale supportant la chaussée ou la voie ferrée. - **3.** Cloison pare-feu. - **4.** AFR. Petit commerçant, vendant de menus objets à l'éventaire. - **5.** FAM. **Rendre son tablier,** se démettre de ses fonctions.

tabloïd ou **tabloïde** [tablɔid] adj. et n.m. (anglo-amér. *tabloid*). Se dit d'une publication dont le format est la moitié du format habituel des journaux.

1. **tabou** [tabu] n.m. (angl. *taboo*, du polynésien *tapu* "interdit, sacré"). - **1.** ANTHROP. Interdit religieux qui frappe un être, un objet ou un acte en raison du caractère sacré ou impur qu'on leur attribue. - **2.** Interdit de caractère social et moral : *Le tabou de l'inceste.*

2. **tabou, e** [tabu] adj. - **1.** Qui est l'objet d'un tabou, d'une interdiction religieuse : *Lieu tabou.* - **2.** Qu'il serait malséant d'évoquer, en vertu des convenances sociales ou morales : *Des pensées taboues.* - **3.** Que l'on ne peut critiquer, mettre en cause : *Une institution taboue.*

tabouret [taburɛ] n.m. (de l'anc. fr. *tabour* "tambour", d'apr. sa forme). Siège à piétement, sans dossier ni bras.

tabulaire [tabylɛʀ] adj. (lat. *tabularius*). En forme de table, plat : *Relief tabulaire.*

tabulateur [tabylatœʀ] n.m. (de *tabulaire*). Dispositif d'une machine à écrire, permettant de retrouver automatiquement les mêmes zones d'arrêt à chaque ligne.

tabulatrice [tabylatʀis] n.f. Machine servant à exploiter les cartes perforées.

tac [tak] n.m. (onomat.). **Répondre, riposter du tac au tac,** répondre vivement, rendre coup pour coup.

tache [taʃ] n.f. (probabl. du frq. **tēkan*, gotique *taikns* "signe"). - **1.** Marque naturelle sur la peau de l'homme ou le poil des animaux : *Taches de rousseur.* - **2.** Marque de couleur, de lumière, d'ombre : *L'oasis forme une tache verte au milieu du désert.* - **3.** Marque qui salit : *Tache de graisse, d'encre, d'huile* (syn. éclaboussure). - **4.** SOUT. Tout ce qui atteint l'honneur, la réputation : *Une vie sans tache* (syn. litt. souillure, flétrissure). - **5.** ASTRON. Structure temporaire sombre sur le disque du Soleil. - **6.** **Faire tache,** causer un contraste choquant, une impression fâcheuse. - **7.** **Tache de vin,** angiome. | ANAT. **Tache auditive,** zone de l'oreille interne sensible à la pesanteur et aux accélérations.

tâche [taʃ] n.f. (lat. médiév. *taxa* "prestation rurale"). - **1.** Travail à faire dans un temps fixé et sous certaines conditions : *Assigner une tâche à chacun* (syn. besogne). *Faciliter la tâche à qqn* (syn. travail). - **2.** Ce qu'on a à faire par devoir ou par nécessité : *La tâche des éducateurs est de former l'intelligence et le caractère* (syn. fonction, rôle). - **3.** **À la tâche,** payé selon l'ouvrage exécuté : *Travail à la tâche.*

tacher [taʃe] v.t. - **1.** Salir en faisant une tache : *Tacher un vêtement avec de l'encre. Les fruits tachent* (= font des taches). - **2.** LITT. Ternir, souiller : *Une réputation tachée.*

tâcher [taʃe] v.t.i. (de *tâche*). **Tâcher de** (+ inf.), faire en sorte de : *Tâchez de terminer ce travail avant ce soir* (syn. s'efforcer de, essayer de).

tâcheron [taʃʀɔ̃] n.m. - **1.** Petit entrepreneur, ouvrier qui travaille à la tâche. - **2.** Personne qui exécute une tâche ingrate et sans éclat (péjor.).

tacheté, e [taʃte] adj. Qui est marqué de nombreuses petites taches : *Fourrure tachetée de noir.*

tachycardie [takikaʀdi] n.f. (de *tachy-*, et du gr. *kardia* "cœur"). Accélération du rythme cardiaque.

tacite [tasit] adj. (lat. *tacitus*, de *tacere* "se taire"). Qui n'est pas formellement exprimé, mais qui est sous-entendu : *Consentement, aveu tacite* (syn. implicite).

tacitement [tasitmã] adv. De façon tacite.

taciturne [tasityʀn] adj. (lat. *taciturnus*). Qui parle peu ; silencieux : *Ses préoccupations le rendent taciturne* (contr. bavard, loquace, volubile).

tacot [tako] n.m. (d'un rad. onomat. *takk-*, évoquant un bruit sec). FAM. Vieille voiture défectueuse.

tact [takt] n.m. (lat. *tactus*, de *tangere* "toucher"). - **1.** PHYSIOL. Sensation produite par le contact mécanique d'un objet avec la peau. □ Le tact n'est qu'une partie du toucher, qui comprend aussi les sensations thermiques et douloureuses. - **2.** Sentiment délicat de la mesure, des nuances, des convenances dans les relations avec autrui : *Agir avec tact* (syn. délicatesse, doigté).

tacticien, enne [taktisjɛ̃, -ɛn] n. - **1.** Spécialiste ou théoricien de la tactique militaire. - **2.** Personne qui a l'art d'employer des moyens pour réussir : *Elle a négocié en habile tacticienne.*

tactile [taktil] adj. (lat. *tactilis*). - **1.** Du toucher : *Corpuscules tactiles.* - **2.** Se dit d'un écran de visualisation qui réagit au simple contact du doigt.

1. **tactique** [taktik] n.f. (gr. *taktikē* [*tekhnē*] "[art] de disposer des troupes"). - **1.** Art de diriger une bataille, en combinant par la manœuvre l'action des différents moyens de combat et les effets des armes ; cette manière de combattre elle-même pendant la bataille (syn. stratégie). - **2.** Ensemble de moyens habiles employés pour obtenir le résultat voulu : *Changer de tactique* (syn. méthode, système). *La tactique parlementaire* (syn. stratégie).

2. **tactique** [taktik] adj. Relatif à la tactique : *Un plan tactique.*

taffetas [tafta] n.m. (it. *taffeta,* du turco-persan *tâfta* "tressé"). Toile légère de soie ou de fibres synthétiques.

tafia [tafja] n.m. (mot créole antillais). Autref., toute eau-de-vie de canne à sucre produite dans les Antilles françaises, puis eau-de-vie obtenue des seules mélasses ; auj., eau-de-vie fraîchement distillée à partir du jus ou des mélasses de canne.

tag [tag] n.m. (mot anglo-amér. « label »). Graffiti tracé ou peint, caractérisé par un graphisme proche de l'écriture et constituant un signe de reconnaissance.

tagalog [tagalɔg] n.m. (du malais *taga* "indigène"). Langue du groupe indonésien parlée aux Philippines, où elle est langue officielle (syn. pilipino).

tagine ou **tajine** [taʒin] n.m. (de l'ar.). - **1.** Ragoût de mouton, de volaille ou de légumes cuits à l'étouffée (cuisine marocaine, tunisienne). - **2.** Récipient en terre, formé d'un plat épais muni d'un couvercle conique, pour cuire ce ragoût.

tagliatelle [taljatɛl] n.f. (it. *tagliatelli* "petites branches") [pl. *tagliatelles* ou inv.]. Pâte alimentaire d'origine italienne, en forme de lanière.

taguer [tage] v.t. Tracer des tags sur : *Taguer un mur.*

tagueur, euse [tagœʀ, -øz] n. Personne qui trace des tags.

tahitien, enne [taisjɛ̃, -ɛn] adj. et n. De Tahiti.
◆ **tahitien** n.m. Langue polynésienne parlée dans toute la Polynésie française.

taïaut ou **tayaut** [tajo] interj. (onomat.). Dans la chasse à courre, cri du veneur pour signaler un animal.

taie [tɛ] n.f. (lat. *theca,* gr. *thếkê* "boîte, coffre"). - **1.** Enveloppe de tissu dans laquelle on glisse un oreiller ou un traversin. - **2.** Tache permanente de la cornée due à des traumatismes ou à des ulcérations.

taïga [taiga] n.f. (mot russe). Forêt de conifères qui longe en une ceinture presque ininterrompue le nord de l'Eurasie et de l'Amérique, au sud de la toundra.

taillable [tajabl] adj. - **1.** HIST. Assujetti à l'impôt de la taille. - **2.** Taillable et corvéable à merci, se dit d'un subordonné soumis à toutes sortes d'obligations.

taillade [tajad] n.f. (it. *tagliata,* même orig. que *tailler*). - **1.** Entaille dans les chairs provoquée par un instrument tranchant : *Se faire une taillade en se rasant* (syn. estafilade, balafre). - **2.** Incision en long : *Creuser des taillades dans un arbre.*

taillader [tajade] v.t. Faire des entailles dans.
◆ **se taillader** v.pr. Se taillader qqch (une

partie du corps), l'entailler : *Se taillader les veines* (syn. couper, entailler).

taillanderie [tajɑ̃dʀi] n.f. (de *taillandier*). Fabrication, commerce des outils propres à tailler, couper, etc. ; ces outils eux-mêmes (cisailles, sécateurs, etc.).

taillandier [tajɑ̃dje] n.m. (de *tailler*). Fabricant d'articles de taillanderie.

1. taille [taj] n.f. (de *tailler*). - **1.** Action de tailler, de couper : *La taille de la vigne. La taille des pierres.* - **2.** Manière de tailler ; façon donnée à l'objet taillé : *La taille en rose d'un diamant.* - **3.** GRAV. Incision de la planche qui servira à tirer une estampe (→ taille d'épargne* et taille-douce). - **4.** Tranchant d'une épée : *Frapper de taille et d'estoc.* - **5.** MIN. Chantier allongé qui progresse simultanément sur toute sa longueur.

2. taille [taj] n.f. (de *1. taille*). HIST. Impôt direct levé sur les roturiers, en France, sous l'Ancien Régime.

3. taille [taj] n.f. (de *1. taille*). - **1.** Hauteur du corps humain : *Un homme de grande taille* (syn. stature). - **2.** Hauteur et grosseur des animaux : *Un bœuf de belle taille.* - **3.** Dimension, grandeur de qqch : *Une pomme rabougrie de la taille d'une prune* (syn. grosseur). *Un plat de grande taille* (syn. gabarit). - **4.** Ensemble des dimensions du corps servant de modèle pour les vêtements ; dimension standard : *Cette robe n'est pas à ma taille. Ces chaussures sont trop étroites, donnez-moi la taille au-dessus* (syn. pointure). - **5.** Partie du corps située à la jonction du thorax et de l'abdomen ; partie ajustée du vêtement qui la marque : *Avoir la taille fine. Tour de taille* (syn. ceinture). - **6.** De taille, d'importance : *Un argument de taille.* ‖ **Être de taille à,** être capable de : *Elle est de taille à se défendre.*

taillé, e [taje] adj. - **1.** Qui a telle taille ; qui est bâti de telle façon : *Être taillé en hercule.* - **2.** HÉRALD. Se dit d'un écu partagé par une ligne oblique allant de l'angle senestre du chef à l'angle dextre de la pointe. - **3.** Être taillé pour, être fait pour, apte à : *Être taillé pour la course.*

taille-crayon [tajkʀɛjɔ̃] n.m. (pl. *taille-crayons* ou inv.). Petit outil servant à tailler les crayons.

taille-douce [tajdus] n.f. (pl. *tailles-douces*). - **1.** Ensemble des procédés de gravure en creux sur métal (burin, eau-forte, pointe-sèche, etc., par opp. à *taille d'épargne*). - **2.** Estampe obtenue par un de ces procédés.

tailler [taje] v.t. (lat. pop. **taliare,* de *talea* "bouture"). - **1.** Couper, retrancher ce qu'il y a de superflu pour donner une forme, pour rendre propre à tel usage : *Tailler des pierres. Tailler des arbres fruitiers* (syn. élaguer, émonder). - **2.** Couper dans un tissu les pièces nécessaires à la confection d'un vêtement : *Tailler une robe dans un coupon de soie.* - **3.** Façonner la surface du verre au moyen de la meule : *Cristal taillé.* - **4.** Tailler en pièces une armée, la défaire entièrement. ◆ v.i. (Suivi d'un compl. de qualité ou d'un adv.). S'ajuster au corps de telle manière, en parlant de vêtements : *Veste qui taille grand.* ◆ **se tailler** v.pr. - **1.** S'attribuer, remporter : *Se tailler un empire. Se tailler un succès.* - **2.** T. FAM. S'en aller ; s'enfuir.

taillerie [tajʀi] n.f. - **1.** Art de tailler les cristaux et les pierres fines. - **2.** Atelier où s'exécute ce travail.

1. tailleur [tajœʀ] n.m. (de *tailler*). - **1.** Artisan qui fait des vêtements sur mesure. - **2.** Ouvrier spécialisé dans la taille de certains matériaux : *Tailleur de pierre(s).* - **3.** En tailleur, assis les jambes repliées et les genoux écartés.

2. tailleur [tajœʀ] n.m. (de *1. tailleur*). Tenue féminine composée d'une jupe et d'une veste assortie.

taillis [taji] n.m. (de *tailler*). Bois qu'on coupe à des intervalles rapprochés, constitué d'arbres de petite dimension, obtenus par rejets de souches.

tailloir [tajwaʀ] n.m. ARCHIT. Couronnement mouluré du corps de certains chapiteaux (syn. abaque).

tain [tɛ̃] n.m. (altér. de *étain*). Amalgame d'étain, qui sert à l'étamage des glaces.

taire [tɛʀ] v.t. (réfection de l'anc. v. *taisir*, du lat. *tacere*) [conj. 111]. - **1.** Ne pas dire ; passer sous silence : *Taire la vérité* (syn. cacher). - **2.** Faire taire, imposer silence à, empêcher de se manifester : *Faites taire ce bavard ! Faire taire son imagination.* ◆ **se taire** v.pr. - **1.** Garder le silence ; s'abstenir de parler. - **2.** Ne pas divulguer un secret : *Confiez-vous à moi, je saurai me taire.* - **3.** Ne pas faire de bruit : *Les vents et la mer se sont tus.*

tajine n.m. → **tagine.**

talc [talk] n.m. (ar. *talq*). - **1.** Silicate naturel de magnésium, onctueux et tendre, constitué de lamelles, qu'on rencontre dans les schistes cristallins. - **2.** Poudre de cette substance.

talé, e [tale] adj. (du germ. *talôn* "arracher"). Meurtri, en parlant d'un fruit.

1. talent [talɑ̃] n.m. (lat. *talentum*, du gr. *talanton* "plateau de balance"). ANTIQ. Unité de poids et de monnaie : *Talent d'or, d'argent.*

2. talent [talɑ̃] n.m. (de *1. talent*). - **1.** Aptitude, habileté naturelle ou acquise à faire qqch, en partic. dans le domaine intellectuel ou artistique : *Avoir du talent pour la musique, la peinture* (syn. don, disposition). *Un artiste de*

talent. - **2.** Personne qui a une aptitude, un don particuliers : *Encourager les jeunes talents.*

talentueux, euse [talɑ̃tɥø, -øz] adj. FAM. Qui a du talent : *Un artiste talentueux* (syn. doué).

talion [taljɔ̃] n.m. (lat. *talio*). - **1.** Punition identique à l'offense, qui inspira la législation hébraïque. - **2.** Loi du talion, loi qui exige de punir l'offense par une peine du même ordre que celle-ci ; au fig., façon de se venger en rendant la pareille : *La loi du talion est résumée par la formule « œil pour œil, dent pour dent ».*

talisman [talismɑ̃] n.m. (ar. pop. *tilasamân*, pl. de *tilsam*, du bas gr. *telesma* "rite religieux"). Objet, image préparés rituellement pour leur conférer une action magique ou protectrice (syn. amulette, fétiche, porte-bonheur).

talith [talit] et **taleth** [talɛt] n.m. (mot hébr.). Châle rituel dont se couvrent les juifs pour la prière. (On trouve aussi d'autres graphies, dont *talleth*.)

talkie-walkie [tokiwoki] n.m. (mot anglo-amér., de *to talk* "parler" et *to walk* "marcher") [pl. *talkies-walkies*]. Petit appareil de radio émetteur et récepteur, de faible portée.

talmudique [talmydik] adj. Du Talmud.

talmudiste [talmydist] n.m. Savant juif versé dans l'étude du Talmud.

taloche [talɔʃ] n.f. (de *taler* "meurtrir", avec suff. arg.). FAM. Coup donné sur la tête ou la figure avec le plat de la main (syn. claque, gifle).

talon [talɔ̃] n.m. (lat. pop. *talo, -onis*, class. *talus*). - **1.** Partie postérieure du pied de l'homme. - **2.** Partie postérieure du pied du cheval. - **3.** Partie d'une chaussure, d'un bas, sur laquelle repose la partie postérieure de la plante du pied : *Chaussures à talons hauts.* - **4.** Extrémité arrière du ski. - **5.** Croûton d'un pain ; extrémité d'un jambon. - **6.** Partie non détachable d'une feuille de carnet à souches, d'un chéquier (syn. souche). - **7.** Ce qui reste des cartes après distribution à chaque joueur. - **8.** MAR. Partie inférieure de l'étambot, qui se raccorde à la quille. - **9.** AR-CHIT., ARTS DÉC. Moulure convexe en haut, concave en bas. - **10.** Marcher sur les talons de qqn, marcher immédiatement derrière lui. | Montrer, tourner les talons, s'enfuir. - **11.** Talon d'Achille. Point faible, côté vulnérable de qqn.

talonnade [talɔnad] n.f. SPORTS. Au football, coup de pied en arrière dans le ballon, donné avec le talon.

talonnage [talɔnaʒ] n.m. Action de talonner le ballon.

talonner [talɔne] v.t. - **1.** Presser du talon ou de l'éperon : *Talonner son cheval* (syn. éperonner). - **2.** Poursuivre de près ; presser vivement : *Être talonné par ses créanciers* (syn. poursuivre, pourchasser). - **3.** Au rugby, faire sortir le ballon de la mêlée, en le poussant vers son camp du talon ou de la face interne du pied. ◆ v.i. - **1.** En parlant d'un navire, toucher le fond, de l'extrémité arrière de la quille. - **2.** MÉCAN. En parlant de deux organes mécaniques, entrer en contact en des zones qui normalement ne devraient pas se toucher.

talonnette [talɔnɛt] n.f. - **1.** Partie de l'arrière de la tige de la chaussure entourant le talon du pied. - **2.** Garniture placée à l'intérieur de la chaussure, sous le talon du pied. - **3.** Morceau d'extrafort cousu intérieurement au bas d'un pantalon pour en éviter l'usure.

talonneur [talɔnœʀ] n.m. Au rugby, joueur placé en mêlée entre les deux piliers et chargé de talonner le ballon.

talquer [talke] v.t. Saupoudrer, enduire de talc : *Talquer les fesses d'un bébé.*

talus [taly] n.m. (lat. *talutium*, du gaul. *talo* "front"). - **1.** Terrain en pente. - **2.** Face d'un mur ou d'une partie de mur ayant une forte inclinaison. - **3.** Tailler, couper en talus, tailler, couper obliquement. ‖ GÉOMORPH. Talus continental, pente limitant vers l'océan le plateau continental.

talweg [talvɛg] n.m. (mot all., de *Thal* "vallée" et *Weg* "chemin"). - **1.** GÉOGR. Ligne joignant les points les plus bas du fond d'une vallée. - **2.** MÉTÉOR. Creux barométrique entre deux zones de hautes pressions.

tamanoir [tamanwaʀ] n.m. (caraïbe de la Guyane *tamanoa*, du tupi *tamandoa*). Mammifère de l'Amérique du Sud, qui se nourrit d'insectes capturés avec sa longue langue visqueuse, et appelé aussi *grand fourmilier*. □ Ordre des xénarthres ; long. 2,50 m env. avec la queue.

1. **tamarin** [tamaʀɛ̃] n.m. (lat. médiév. *tamarindus*, de l'ar. *tamār hindi* "datte de l'Inde"). - **1.** Tamarinier. - **2.** Fruit laxatif de cet arbre.

2. **tamarin** [tamaʀɛ̃] n.m. (d'une langue indienne de l'Amazonie). Singe de l'Amérique du Sud, voisin du ouistiti.

tamarinier [tamaʀinje] n.m. (de *1. tamarin*). Arbre cultivé dans les régions tropicales pour son fruit. □ Famille des césalpiniacées.

tamaris [tamaʀis] n.m. (lat. *tamariscus*, de l'ar. *tamār* "datte"). Arbrisseau à très petites feuilles et à grappes de fleurs roses, souvent planté dans le Midi et près des littoraux.

tambouille [tɑ̃buj] n.f. (p.-ê. abrév. de *pot-en-bouille*, var. de *pot-bouille* "ordinaire du ménage"). FAM. - **1.** Ragoût, cuisine médiocre. - **2.** Faire la tambouille, faire la cuisine.

tambour [tɑ̃buʀ] n.m. (p.-ê. du persan *tabir*, nasalisé sous l'infl. de l'ar. *at-tambour*, sorte

de lyre). - **1.** Caisse cylindrique dont les fonds sont formés de peaux tendues, dont l'une est frappée avec deux baguettes pour en tirer des sons : *Roulement de tambour.* - **2.** Personne qui bat du tambour. - **3.** Nom donné à diverses pièces en forme de cylindre : *Tambour d'une machine à laver. Tambour d'un treuil.* - **4.** Petit métier à broder circulaire. - **5.** Cylindre portant à sa périphérie une graduation permettant de mesurer une grandeur, par lecture en face d'un index. - **6.** Ouvrage de menuiserie formant enceinte, avec une ou plusieurs portes, placé à l'entrée principale de certains édifices pour empêcher le vent ou le froid d'y pénétrer. - **7.** ARCHIT. Chacune des assises de pierre cylindriques composant le fût d'une colonne. - **8.** ARCHIT. Construction de plan circulaire, elliptique, polygonal, etc., exhaussant une coupole. - **9.** Sans tambour ni trompette, sans bruit, en secret. ‖ FAM. Tambour battant, vivement, avec énergie : *Mener une affaire tambour battant.* ‖ TECHN. Tambour de frein, pièce circulaire solidaire de la pièce à freiner, et sur laquelle s'exerce le frottement du segment de frein.

tambourin [tɑ̃buʀɛ̃] n.m. - **1.** Tambour provençal à deux peaux, à fût long et étroit, que l'on bat avec une seule baguette. - **2.** Petit cercle de bois tendu d'une peau pour jouer à certains jeux de balle. - **3.** Air de danse de rythme vif à deux temps dont on marque la mesure sur le tambourin ; cette danse.

tambourinaire [tɑ̃buʀinɛʀ] n.m. - **1.** Joueur de tambourin, en Provence. - **2.** Tambour de ville. - **3.** Joueur de tambour, en Afrique noire.

tambourinement [tɑ̃buʀinmɑ̃] et **tambourinage** [tɑ̃buʀinaʒ] n.m. Action de tambouriner ; bruit fait en tambourinant.

tambouriner [tɑ̃buʀine] v.i. - **1.** VX. Battre du tambour ; jouer du tambourin. - **2.** Frapper à coups répétés sur qqch : *Tambouriner à, sur la porte* (syn. marteler). *Tambouriner nerveusement sur une table* (syn. pianoter). ◆ v.t. - **1.** Jouer au tambour ou en imitant le bruit du tambour : *Tambouriner un air.* - **2.** Annoncer au son du tambour. - **3.** Publier, répandre partout : *Tambouriner une nouvelle* (syn. claironner).

tambourineur, euse [tɑ̃buʀinœʀ, -øz] n. Personne qui joue du tambourin ou du tambour.

tambour-major [tɑ̃buʀmaʒɔʀ] n.m. (pl. *tambours-majors*). Sous-officier, chef des tambours ou de la clique dans une musique militaire.

tamis [tami] n.m. (lat. pop. *tamisium*, probabl. du gaul.). - **1.** Cadre sur lequel est tendu un réseau plus ou moins serré de métal, textile, crin ou vannerie, pour passer des matières en grain, liquides ou pulvérulentes. - **2.** Surface de cordage d'une raquette de tennis. - **3.** SOUT. **Passer au tamis,** examiner attentivement, sévèrement : *Passer au tamis la conduite de qqn.*

tamisage [tamizaʒ] n.m. Action de tamiser.

tamiser [tamize] v.t. - **1.** Passer une substance au tamis pour en séparer certains éléments : *Tamiser de la farine* (syn. bluter). - **2.** Laisser passer la lumière en en diminuant l'intensité : *Lumière tamisée* (syn. voiler).

tamoul, e [tamul] adj. Des Tamouls.
◆ **tamoul** n.m. Langue dravidienne parlée principalement en Inde (État du Tamil Nadu) et au Sri Lanka.

tampico [tãpiko] n.m. (de *Tampico,* n. d'un port mexicain). Fibre végétale tirée des feuilles d'un agave du Mexique, employée pour la fabrication des matelas et des brosses.

tampon [tãpɔ̃] n.m. (var. nasalisée de *tapon,* frq. *tappo* "linge chiffonné en bouchon"). - **1.** Gros bouchon de matière dure servant à obturer un orifice. - **2.** Petite masse faite de tissu ou d'une autre matière, utilisée pour frotter une surface, absorber, faire pénétrer ou étaler un liquide, etc. : *Tampon à récurer. Tampon imbibé d'éther.* - **3.** Petite plaque de métal ou d'élastomère gravée que l'on encre en l'appliquant sur un *tampon encreur* pour imprimer le timbre d'une administration, d'une société, etc. ; timbre ainsi imprimé (syn. cachet). - **4.** Ce qui sert à atténuer les heurts, les chocs : *État tampon. Servir de tampon entre deux adversaires.* - **5.** CONSTR. Plaque, génér. en fonte, servant à obturer un regard. - **6.** Cheville de bois ou de métal, pour la fixation de vis ou de clous dans un mur. - **7.** Calibre cylindrique lisse ou fileté, utilisé pour la vérification des dimensions d'un trou à paroi lisse (*alésage*) ou filetée (*taraudage*). - **8.** CHIM. Substance, solution qui maintient la constance du pH (ex. le mélange acide carbonique-carbonate dans le sang). - **9.** CH. DE F. **Tampon de choc,** dispositif constitué d'un plateau vertical muni de ressorts, placé à l'extrémité des voitures ou des wagons pour amortir les chocs.

tamponné, e [tãpɔne] adj. PHARM. **Comprimé tamponné,** comprimé dont la dissolution produit une solution à pH constant.

tamponnement [tãpɔnmã] n.m. - **1.** Action de tamponner. - **2.** Rencontre brutale de deux véhicules, de deux convois (syn. collision). - **3.** MÉD. Introduction d'une compresse, d'une mèche dans une cavité naturelle.

tamponner [tãpɔne] v.t. - **1.** Essuyer, étancher avec un tampon, une matière roulée en tampon : *Tamponner une plaie, ses yeux.* - **2.** Marquer d'un tampon, d'un cachet : *Faire tamponner un passeport.* - **3.** Heurter, rencontrer avec violence : *Train qui en tamponne un autre* (syn. emboutir, télescoper). - **4.** Préparer un mur en le perçant et en y plaçant un tampon, une cheville. - **5.** CHIM. Dissoudre dans un liquide les corps nécessaires pour en faire une solution tampon. ◆ **se tamponner** v.pr. - **1.** Se heurter. - **2.** FAM. S'en tamponner, s'en moquer complètement (on dit aussi *s'en tamponner l'œil*).

tamponneur, euse [tãpɔnœr, -øz] adj. **Autos tamponneuses,** petites voitures électriques à deux places qui s'entrechoquent sur une piste, dans les fêtes foraines.

tamponnoir [tãpɔnwar] n.m. Pointe d'acier servant à faire, dans la maçonnerie, des trous destinés à recevoir les tampons, des chevilles.

tam-tam [tamtam] n.m. (onomat. créole) [pl. *tam-tams*]. - **1.** Tambour de bois africain servant à la transmission des messages ou à l'accompagnement des danses. - **2.** Gong chinois en bronze martelé, aux bords légèrement relevés. - **3.** FAM. Publicité tapageuse ; vacarme.

tan [tã] n.m. (p.-ê. du gaul. *tann-* "chêne"). Écorce de chêne moulue servant au tannage des peaux.

tanagra [tanagra] n.m. ou n.f. (de *Tanagra,* village de Grèce). - **1.** ARCHÉOL. Figurine polychrome de terre cuite, simple et gracieuse, produite à Tanagra. - **2.** Jeune fille, jeune femme aux formes fines et gracieuses.

tancer [tãse] v.t. (lat. pop. *tentiare,* de *tentus,* p. passé de *tendere* "combattre") [conj. 16]. SOUT. Réprimander, admonester : *Tancer vertement un enfant* (syn. morigéner, sermonner).

tanche [tãʃ] n.f. (bas lat. *tinca,* mot gaul.). Poisson cyprinidé, trapu et ovale, qui se plaît dans les fonds vaseux des étangs et dont la chair est estimée.

tandem [tãdɛm] n.m. (mot angl., du lat. *tandem* "enfin", pris dans le sens de "à la longue"). - **1.** Bicyclette conçue pour être actionnée par deux personnes placées l'une derrière l'autre. - **2.** Association de deux personnes, de deux groupes travaillant à une œuvre commune : *Travailler en tandem.*

tandis que [tãdikə] ou [tãdiskə] conj. sub. (du lat. *tamdiu* "aussi longtemps", et *de que*). Marque - **1.** La simultanéité de deux actions : *Il est arrivé tandis qu'elle déjeunait* (syn. pendant que). - **2.** Le contraste, l'opposition : *Elle aime l'opéra, tandis que lui préfère le jazz* (syn. alors que).

tangage [tãgaʒ] n.m. (de *tanguer*). - **1.** Mouvement d'oscillation d'un navire dans le sens de sa longueur (par opp. à *roulis*). -**2.** Mouvement d'oscillation d'un aéronef autour d'un axe parallèle à l'envergure des ailes.

tangent, e [tãʒã, -ãt] adj. (lat. *tangens, -entis*, de *tangere* "toucher"). -**1.** GÉOM. Qui a un point commun avec une courbe ou une surface, sans la couper : *Droite tangente à un cercle.* -**2.** FAM. Qui est à la limite, très près du niveau nécessaire pour obtenir un résultat : *Il a réussi, mais c'était tangent* (syn. juste). -**3.** Plan tangent à une surface en un point, plan contenant les tangentes à toutes les courbes tracées sur la surface et passant par ce point.

tangente [tãʒãt] n.f. -**1.** MATH. Position limite d'une droite passant par deux points d'une courbe, lorsqu'un des points d'intersection se rapproche indéfiniment de l'autre en restant sur cette courbe. -**2.** FAM. Prendre la tangente, s'esquiver ; dégager habilement sa responsabilité. -**3.** MATH. Tangente à une surface, tangente à une courbe quelconque tracée sur cette surface. ‖ Tangente d'un angle ou d'un arc, quotient du sinus par le cosinus de cet angle ou de cet arc (symb. tg).

tangentiel, elle [tãʒãsjɛl] adj. MATH. Relatifs à la tangente ; tangent.

tangible [tãʒibl] adj. (bas lat. *tangibilis*, de *tangere* "toucher"). -**1.** Que l'on peut percevoir par le toucher : *Une réalité tangible* (syn. palpable, sensible). -**2.** Sensible, réel : *Signe, preuve tangible* (syn. concret, matériel).

tango [tãgo] n.m. (mot hispano-amér.). Danse originaire d'Argentine, de rythme lent, qui se danse en couple.

tanguer [tãge] v.i. (p.-ê. du frison *tangeln* "vaciller"). -**1.** Être soumis au tangage, en parlant d'un navire, d'un aéronef. -**2.** FAM. Osciller dans sa marche : *Ivrogne qui tangue* (syn. tituber, zigzaguer).

tanière [tanjɛʀ] n.f. (lat. pop. *taxonaria*, du gaul. *taxo* "blaireau"). -**1.** Cavité souterraine servant de repaire aux bêtes sauvages (syn. antre). -**2.** Habitation, lieu très retiré : *Rentrer dans sa tanière.*

tanin ou **tannin** [tanɛ̃] n.m. (de *tan*). Substance amorphe contenue dans de nombreux végétaux (écorce de chêne, de châtaignier, noix de galle, etc.), qui rend les peaux imputrescibles : *Les tanins fournissent aussi des encres.*

tank [tãk] n.m. (mot angl. "citerne"). -**1.** Réservoir de stockage : *Tank à lait* (syn. citerne). -**2.** MIL. Char de combat. -**3.** FAM. Très grosse automobile.

tanker [tãkœʀ] n.m. (mot angl.). Navire-citerne.

tankiste [tãkist] n.m. (de *tank*). Servant d'un char de combat.

tannage [tanaʒ] n.m. Action de tanner les peaux.

tannant, e [tanã, -ãt] adj. -**1.** Propre au tannage : *Écorces tannantes.* -**2.** FAM. Qui épuise, fatigue, importune (syn. ennuyeux, lassant).

tanné, e [tane] adj. -**1.** Préparé par tannage. -**2.** Qui a pris l'aspect, la couleur du cuir : *Peau tannée par le soleil* (syn. basané).

tannée [tane] n.f. -**1.** Vieux tan dépouvu de son tanin, qui a servi à la préparation des cuirs. -**2.** FAM. Correction ; volée de coups. -**3.** FAM. Défaite humiliante.

tanner [tane] v.t. (de *tan*). -**1.** Transformer en cuir la peau naturelle brute des animaux sous l'action chimique de tanins ou d'autres produits. -**2.** FAM. Harceler de demandes importunes : *Il me tanne pour avoir des bonbons.* -**3.** FAM. Tanner le cuir à qqn, battre, rosser qqn.

tannerie [tanʀi] n.f. -**1.** Établissement où l'on tanne les peaux. -**2.** Industrie du tannage.

tanneur, euse [tanœʀ, -øz] n. et adj. -**1.** Ouvrier qui tanne les peaux. -**2.** Artisan, industriel qui possède une tannerie et vend des cuirs.

tannin n.m. → tanin.

tant [tã] adv. (lat. *tantum*). -**1.** Marque l'intensité : *Il l'aime tant* (syn. tellement). -**2.** (En corrélation avec *que*). Dans une phrase nég., comparatif d'égalité : *Elle ne lit pas tant que moi* (syn. autant). -**3.** Indique une quantité indéterminée, à titre d'exemple : *Gagner tant par mois.* -**4.** Si tant est que, à supposer que : *Si tant est qu'on puisse lui faire confiance.* ‖ Tant bien que mal, péniblement : *Il a réussi tant bien que mal* (= avec difficulté). ‖ Tant de, un si grand nombre, une si grande quantité de : *Tant d'erreurs pour un petit texte ;* autant de (dans une phrase nég.) : *Il n'a pas eu tant de chance qu'elle.* ‖ Tant et plus, beaucoup, énormément : *Des livres, j'en ai consulté tant et plus.* ‖ Tant et si bien que, indique l'intensité : *Il a fait tant et si bien qu'elle a fini par le renvoyer* (= il a agi de telle manière que). ‖ Tant mieux, c'est très bien ainsi. ‖ Tant pis, c'est dommage. ‖ Tant s'en faut, loin de là, bien au contraire : *Est-il d'un abord facile ? - Non, tant s'en faut.* ‖ Tant soit peu, un tant soit peu, si peu que ce soit : *Si vous vous concentrez tant soit peu, vous comprendrez.* ◆ **tant que** loc. conj. -**1.** Indique une concomitance : *Tant que je vivrai* (= aussi longtemps que je vivrai). *Baignons-nous tant qu'il fait beau* (= pendant qu'il fait encore beau). -**2.** En tant que, en qualité de : *Je viens vous voir non pas en tant que chef mais en tant que voisin.* ‖ Tant qu'à (+ inf.), introduit une circonstance qui suggère d'agir d'une certaine manière : *Tant qu'à prendre la voiture, je peux* *te raccompagner. Tant qu'à faire, on pourrait finir le travail ce soir* (= au point où l'on en est).

tante [tɑ̃t] n.f. (altér. de l'anc. fr. *ante*, lat. *amita* "tante paternelle"). - **1.** Sœur du père ou de la mère ; femme de l'oncle. - **2.** T. FAM. Homosexuel. - **3.** FAM. **Ma tante**, le Crédit municipal : *Mettre ses bijoux chez ma tante* (= au mont-de-piété).

tantième [tɑ̃tjɛm] n.m. (de *tant*). Part proportionnelle d'une quantité déterminée.

un tantinet [tɑ̃tinɛ] loc. adv. (de *tant*). FAM. Un peu : *Il est un tantinet roublard*.

tantôt [tɑ̃to] adv. (de *tant* et *tôt*). - **1.** VIEILLI OU RÉGION. Cet après-midi : *Il est venu, il viendra tantôt*. - **2.** **Tantôt..., tantôt...**, exprime l'alternance, la succession : *Des yeux tantôt bleus, tantôt verts. Tantôt il pleure, tantôt il rit*.

tantrisme [tɑ̃tʀism] n.m. (de *tantra*, mot sanskrit, propr. "trame d'un tissu" puis "doctrine"). Courant religieux syncrétique relevant de l'hindouisme et du bouddhisme tardif, dont il utilise des textes et des pratiques connus sous le nom de *tantra*.

taoïsme [taɔism] n.m. (du chin. *tao*, anc. transcription de *dao* "voie, principe régulateur de l'Univers"). Expression religieuse la plus proche des divers rites et croyances populaires qui constituent le fonds de la culture chinoise.

taoïste [taɔist] adj. et n. Relatif au taoïsme ; adepte du taoïsme.

taon [tɑ̃] n.m. (bas lat. *tabo, -onis*, class. *tabanus*). Grosse mouche dont la femelle pique l'homme et le bétail, et leur suce le sang. ◻ Long. 10 à 25 mm.

tapage [tapaʒ] n.m. (de *taper*). - **1.** Bruit confus génér. accompagné de cris, de querelles : *Voisins qui font du tapage* (syn. tintamarre, vacarme). - **2.** Publicité énorme, grand bruit fait autour de qqch : *Faire du tapage autour d'une affaire*.

tapageur, euse [tapaʒœʀ, -øz] adj. - **1.** Qui fait du tapage : *Enfant tapageur* (syn. bruyant). - **2.** Qui cherche à attirer l'attention ; outrancier : *Luxe tapageur* (syn. criard). - **3.** Qui fait scandale : *Une liaison tapageuse*.

tapant, e [tapɑ̃, -ɑ̃t] adj. FAM. À une, deux... heures tapantes ou tapant, au moment où sonnent une, deux... heures.

tape [tap] n.f. (de *taper*). Coup donné avec la main : *Elle lui a donné une petite tape dans le dos* (syn. claque).

tape-à-l'œil [tapalœj] adj. inv. et n.m. inv. FAM. Se dit de ce qui est très voyant, destiné à éblouir : *Un mobilier tape-à-l'œil* (syn. clinquant). *Ce texte grandiloquent n'est que du tape-à-l'œil !*

tapement [tapmɑ̃] n.m. Action de taper ; bruit fait en tapant.

taper [tape] v.t. (onomat., ou du moyen néerl. *tappe* "patte", ou du germ. **tappon*). - **1.** Donner une tape à : *Taper un chien* (syn. battre). - **2.** Donner des coups sur qqch : *Taper le sol avec ses pieds* (syn. piétiner). - **3.** Écrire à la machine : *Taper un texte*. - **4.** FAM. Chercher à obtenir, à emprunter qqch, spécial. de l'argent, auprès de qqn : *Taper qqn de cent francs*. ◆ v.t. ind. **[à, dans, sur, contre]**. - **1.** Donner des coups à, frapper : *Taper sur un clou pour l'enfoncer. Taper à la porte* (syn. cogner). *Taper dans un ballon. Taper du pied sur le sol. Taper dans ses mains*. - **2.** FAM. Taper à côté, se tromper, échouer. ‖ FAM. Taper dans le mille, deviner juste, réussir. ‖ FAM. **Taper dans l'œil de qqn**, plaire à qqn. ‖ FAM. Taper dans qqch, puiser, prendre dans qqch : *Taper dans ses réserves*. ‖ FAM. Taper sur qqn, dire du mal de qqn, critiquer. ◆ v.i. - **1.** AFR. Aller à pied. - **2.** FAM. Le soleil tape (dur), ça tape, le soleil est très chaud. ◆ **se taper** v.pr. FAM. - **1.** S'offrir qqch d'agréable : *Se taper un bon repas*. - **2.** Faire malgré soi une corvée ; devoir supporter qqn : *C'est toujours moi qui me tape la vaisselle*. - **3.** S'en taper, se moquer complètement de qqch.

tapette [tapɛt] n.f. - **1.** Petite tape : *Le premier de nous deux qui rira aura une tapette*. - **2.** Petit objet servant à taper : *Tapette pour battre les tapis. Tapette à mouches*. - **3.** Piège à souris, qui assomme l'animal par la détente d'un ressort. - **4.** T. FAM. Homosexuel. - **5.** FAM. Avoir une bonne, une sacrée tapette, être très bavard.

tapeur, euse [tapœʀ, -øz] n. FAM. Personne qui emprunte souvent de l'argent.

tapin [tapɛ̃] n.m. (de *taper*). T. FAM. Faire le tapin, se prostituer en racolant sur la voie publique.

en tapinois [tapinwa] loc. adv. (de l'anc. loc. *en tapin*, même racine que *se tapir*). SOUT. Sournoisement, en cachette : *Agir en tapinois*.

tapioca [tapjɔka] n.m. (mot port., du tupiguarani *typioca*). Fécule tirée de la racine de manioc, dont on fait des potages, des bouillies, etc.

tapir [tapiʀ] n.m. (mot tupi). - **1.** Mammifère d'Asie du Sud-Est et d'Amérique tropicale portant une courte trompe. ◻ Ordre des ongulés ; sous-ordre des périssodactyles ; long. 2 m env. - **2.** ARG. SCOL. Jeune élève à qui un normalien donne des leçons particulières.

se tapir [tapiʀ] v.pr. (frq. **tappjan* "fermer") [conj. 32]. - **1.** Se cacher en se blottissant : *Le fauve se tapit pour épier sa proie*. - **2.** Se retirer, s'enfermer : *Se tapir dans sa maison* (syn. cacher).

tapis [tapi] n.m. (gr. byzantin *tapêtion*, dimin. de *tapês, tapêtos*). - **1.** Ouvrage textile constituant un élément d'ameublement et de décoration, dont on recouvre le sol : *Tapis persan*. - **2.** Pièce de tissu ou d'un autre matériau, posée sur le sol et amovible : *Tapis de bains*. - **3.** Pièce d'étoffe ou d'un autre matériau dont on recouvre un meuble : *Tapis de table, de jeu*. - **4.** Ce qui recouvre une surface : *Tapis de gazon*. - **5.** Aller, envoyer au tapis, en boxe, être envoyé, envoyer au sol. ‖ Être, revenir sur le tapis, être de nouveau le sujet de conversation. ‖ FAM. Marchand de tapis, personne qui marchande mesquinement (péjor.). ‖ Tapis de sol, toile qui isole l'intérieur d'une tente de l'humidité du sol. ‖ Tapis vert, tapis qui recouvre une table de jeu ; table de jeu. - **6.** Tapis roulant. Dispositif à mouvement continu qui transporte des personnes, des marchandises.

tapis-brosse [tapibʀɔs] n.m. (pl. *tapis-brosses*). Tapis à poils durs et serrés destiné à s'essuyer les pieds lorsqu'on vient de l'extérieur (syn. paillasson).

tapisser [tapise] v.t. (de *tapis* "tenture, étoffe"). - **1.** Recouvrir de tenture, de papier peint : *Tapisser un mur, une chambre*. - **2.** Recouvrir presque totalement : *Allée tapissée de feuilles mortes* (syn. couvrir, joncher).

tapisserie [tapisʀi] n.f. (de *tapis*). - **1.** Ouvrage textile décoratif, tendant un mur ou couvrant un meuble, tissé manuellement sur un métier de basse ou de haute lisse, dont le décor est produit par les fils teintés de trame ; ouvrage d'aspect similaire, mais fabriqué selon une technique quelconque. - **2.** Ouvrage textile exécuté à l'aiguille sur un canevas et suivant le tracé d'un dessin. - **3.** Papier peint, tissu tendu sur les murs. - **4.** Art, métier du tapissier. - **5.** Faire tapisserie, en parlant d'une femme, ne pas être invitée à danser dans un bal.

tapissier, ère [tapisje, -ɛʀ] n. - **1.** Personne qui vend ou pose les tapis et tissus d'ameublement. - **2.** Personne qui exécute manuellement des tapisseries ou des tapis.

tapotement [tapɔtmɑ̃] n.m. Action de tapoter ; bruit fait en tapotant.

tapoter [tapɔte] v.t. - **1.** Donner de petites tapes légères. - **2.** Frapper à petits coups répétés avec les doigts ou avec quelque objet.

tapuscrit [tapyskʀi] n.m. (de *taper* et [*man*]*uscrit*). Texte dactylographié ; spécial., document dactylographié remis au composeur (par opp. à *manuscrit*).

taquet [takɛ] n.m. (de l'anc. normand [*es*]taque, frq. *stakka* "poteau"). - **1.** Petit morceau de bois taillé servant à tenir

provisoirement en place un objet qu'on veut fixer dans la maçonnerie. - **2.** MAR. Pièce de bois ou de métal pour amarrer les cordages. - **3.** TECHN. Pièce servant d'arrêt, de butée ou de renvoi.

taquin, e [takɛ̃, -in] adj. et n. (anc. fr. *taquehain* "émeute", du moyen néerl. *takehan*). Qui aime à taquiner : *Un enfant taquin*.

taquiner [takine] v.t. S'amuser, sans méchanceté, à faire enrager, à contrarier.

taquinerie [takinʀi] n.f. - **1.** Caractère d'une personne taquine. - **2.** Action de taquiner ; agacerie.

tarabiscoté, e [taʀabiskɔte] adj. (de *tarabiscot* "rainure", d'orig. obsc.). - **1.** Chargé d'ornements excessifs, compliqués : *Sculptures tarabiscotées*. - **2.** Embrouillé, compliqué : *Un style tarabiscoté* (syn. maniéré).

tarabuster [taʀabyste] v.t. (prov. *tarabustar*, croisement de l'anc. prov. *tabustar* "faire du bruit" avec *rabasta* "querelle"). FAM. - **1.** Traiter rudement : *Une mère qui tarabuste ses enfants* (syn. malmener). - **2.** Préoccuper vivement : *Cette idée m'a tarabustée toute la journée* (syn. poursuivre).

tarama [taʀama] n.m. (mot gr., du turc). Hors-d'œuvre constitué d'une pâte onctueuse à base d'œufs de poisson salés, pilés avec de l'huile d'olive, de la mie de pain et du citron.

taraud [taʀo] n.m. (altér. de l'anc. fr. *tareau*, var. de *tarel*, de *tarere* ; v. *tarière*). Outil à main ou à machine servant à effectuer des filetages à l'intérieur des trous de faible diamètre destinés à recevoir des vis.

taraudage [taʀodaʒ] n.m. - **1.** Action d'exécuter un filetage à l'aide d'un taraud. - **2.** Trou taraudé.

tarauder [taʀode] v.t. - **1.** Exécuter le filetage d'un trou à l'aide d'un taraud (syn. vriller). - **2.** SOUT. Tourmenter moralement : *Les soucis le taraudent* (syn. ronger).

taraudeuse [taʀodøz] n.f. Machine-outil servant à tarauder.

tarbouch ou **tarbouche** [taʀbuʃ] n.m. (mot turc). Bonnet rond tronconique orné d'un gland, porté dans les anciens pays ottomans.

tard [taʀ] adv. (lat. *tarde* "lentement", d'où "tardivement"). - **1.** Relativement longtemps après le temps normal, habituel, attendu : *Tu viens un peu tard*. - **2.** À une heure très avancée du journée, de la nuit : *Se coucher tard* (contr. tôt). - **3.** Au plus tard, dans l'hypothèse de temps la plus éloignée : *Nous rentrerons au plus tard dans deux heures*. ◆ n.m. Sur le tard, à une heure avancée de la soirée ; à un âge relativement avancé : *Se marier sur le tard*.

tarder [taʀde] v.i. (lat. *tardare*). - **1.** Être lent à faire qqch : *Dans cette affaire, l'avocat a trop tardé* (syn. traîner). - **2.** Sans tarder, immédiatement. ◆ v.t. ind. [à]. - **1.** Être lent à faire qqch, à se produire : *Elle a trop tardé à donner son accord. La réponse tardait à venir.* - **2.** Ne pas tarder à, être sur le point de faire qqch ; être sur le point de se produire : *Je ne vais pas tarder à partir.* ◆ v. impers. Il me tarde de, le temps me tarde de, je suis impatient de.

tardif, ive [taʀdif, -iv] adj. (bas lat. *tardivus*). - **1.** Qui vient tard, trop tard : *Regrets tardifs.* - **2.** Qui a lieu tard dans la journée : *Heure tardive.* - **3.** Se dit des variétés de végétaux qui fleurissent ou mûrissent plus tard, se développent plus lentement que les autres végétaux de la même espèce : *Roses, fraises tardives* (contr. hâtif, précoce).

tardivement [taʀdivmɑ̃] adv. De façon tardive : *S'apercevoir tardivement de son erreur.*

tare [taʀ] n.f. (it. *tara*, de l'ar. *tarhatah* "déduction, décompte"). - **1.** Masse non marquée mise sur un plateau d'une balance pour équilibrer un objet pesant mis sur l'autre plateau, et dont la valeur est déduite dans le calcul de la masse de l'objet. - **2.** Masse de l'emballage à vide d'une marchandise. - **3.** Défectuosité physique ou psychique, génér. héréditaire, chez l'être humain ou l'animal (syn. malformation). - **4.** Vice inhérent à un organisme, un système : *Les tares de la société moderne.*

taré, e [taʀe] adj. et n. (de *tare*). - **1.** Atteint d'une tare physique ou psychique : *Les nombreux mariages consanguins ont produit une génération de tarés* (syn. débile, dégénéré). - **2.** FAM. Imbécile : *Quel taré ce type !*

tarentelle [taʀɑ̃tɛl] n.f. (it. *tarantella*, de la v. de *Tarente*). Danse rapide ; air à danser de l'Italie méridionale.

tarentule [taʀɑ̃tyl] n.f. (it. *tarantola*, de *Tarente*, où abondent les tarentules). Grosse araignée répandue dans l'Europe méridionale.

tarer [taʀe] v.t. (de *tare*). Peser l'emballage d'une marchandise, dont le poids est à déduire de la masse brute pour obtenir la masse nette.

targette [taʀʒɛt] n.f. (de *targe* "bouclier", frq. *targa*). Petit verrou plat, commandé par un bouton pour fermer de l'intérieur une porte ou une fenêtre.

se targuer [taʀge] v.pr. [de] (anc. fr. *se targer*, anc. it. *si targar* "se couvrir d'une targe", de *targe* "bouclier"). SOUT. Se vanter, se glorifier de : *Se targuer de qqch, de ses relations* (syn. s'enorgueillir, se prévaloir de).

targui, e adj. et n. → **touareg.**

tarière [taʀjɛʀ] n.f. (anc. fr. *tarere*, du lat. *taratrum*, d'orig. gaul., sous l'infl. de l'anc v.

tarier "forer"). - **1.** Grande vrille manuelle ou mécanique, pour faire des trous dans le bois. - **2.** Organe allongé, situé à l'extrémité de l'abdomen des femelles de certains insectes et permettant le dépôt des œufs dans le sol, dans les végétaux, etc.

tarif [taʀif] n.m. (it. *tariffa*, de l'ar. *ta'rîf* "notification"). - **1.** Tableau indiquant le coût des marchandises, le montant des droits de douane, etc. : *Afficher le tarif des consommations dans un café* (syn. barème). - **2.** Montant du prix d'un service, d'un travail : *Être payé au tarif syndical.*

tarifaire [taʀifɛʀ] adj. Relatif au tarif : *Réforme tarifaire.*

tarifer [taʀife] v.t. Établir le tarif de : *Tarifer des marchandises.*

tarification [taʀifikasjɔ̃] n.f. Action de tarifer ; fait d'être tarifé : *Nouvelle tarification des droits de douane.*

tarin [taʀɛ̃] n.m. (p.-ê. onomat. d'apr. le chant de l'oiseau). Oiseau passereau vivant l'hiver dans les bois de l'Europe occidentale, à plumage jaune verdâtre rayé de noir. □ Famille des fringillidés ; long. 12 cm.

tarir [taʀiʀ] v.t. (frq. *°tharrjan* "sécher") [conj. 32]. Mettre à sec : *La sécheresse tarit les puits* (syn. assécher). ◆ v.t. ind. [de]. Ne pas tarir (de qqch) sur, ne pas cesser de dire, de parler sur : *Ne pas tarir d'éloges sur qqn. Il ne tarit pas sur ce sujet* (= il en parle sans cesse). ◆ v.i. ou se **tarir** v.pr. Être mis à sec ; cesser de couler : *Une source qui ne tarit jamais* (syn. s'épuiser). *Elle ne peut plus nourrir son bébé car son lait s'est tari.*

tarissable [taʀisabl] adj. Qui peut se tarir.

tarissement [taʀismɑ̃] n.m. Fait de tarir ; état de ce qui s'est tari : *Le tarissement d'un cours d'eau, des ressources pétrolières* (syn. épuisement).

tarlatane [taʀlatan] n.f. (port. *tarlatana*, altér. de *tiritana*, du fr. *tiretaine*, sorte d'étoffe). Mousseline de coton très apprêtée, servant surtout à faire des patrons.

tarot n.m. et **tarots** [taʀo] n.m. pl. (it. *tarocco*, d'orig. obsc.). Ensemble de soixante-dix-huit cartes, plus longues et comportant plus de figures que les cartes ordinaires, servant au jeu et à la divination ; jeu qu'on joue avec ces cartes.

tarpon [taʀpɔ̃] n.m. (mot angl., d'orig. obsc.). Poisson des régions chaudes de l'Atlantique (Floride), objet d'une pêche sportive. □ Long. 2 m.

tarse [taʀs] n.m. (gr. *tarsos*). - **1.** Région postérieure du squelette du pied, formée, chez l'homme, de sept os, dits *os tarsiens*. - **2.** Dernière partie de la patte des insectes, formée de deux à cinq petits articles. - **3.** Lame fibreuse maintenant la paupière tendue.

tarsien, enne [taʀsjɛ̃, -ɛn] adj. Du tarse : *Os tarsiens.*

tarsier [taʀsje] n.m. (de *tarse*). Mammifère de Malaisie, nocturne, à grands yeux. □ Sous-ordre des tarsiens ; long. 15 cm sans la queue.

1. tartan [taʀtɑ̃] n.m. (mot angl., d'orig. obsc., p.-ê. de l'anc. fr. *tartarin* "[drap] de Tartarie"). - **1.** Étoffe de laine, à larges carreaux de diverses couleurs, fabriquée en Écosse ; motif, couleurs caractéristiques de cette étoffe : *Chaque clan écossais a son propre tartan.* - **2.** Vêtement, châle de cette étoffe.

2. Tartan [taʀtɑ̃] n.m. (nom déposé). Agglomérat d'amiante, de matières plastiques et de caoutchouc utilisé comme revêtement des pistes d'athlétisme.

tartane [taʀtan] n.f. (anc. prov. *tartana* "buse" [oiseau de proie]). MAR. Petit bâtiment de la Méditerranée portant un grand mât avec voile sur antenne et un beaupré.

tartare [taʀtaʀ] adj. (déformation de l'ar. *tatar*). - **1.** VX. Relatif à certains peuples d'Asie centrale, en partic. aux Mongols qui se lancèrent à la conquête de l'Europe au XIIIᵉ siècle. - **2.** Steak tartare, viande hachée que l'on mange crue, mélangée avec un jaune d'œuf, des câpres et fortement assaisonnée (on dit aussi *un tartare*).

tarte [taʀt] n.f. (var. de *tourte*). - **1.** Préparation faite d'une pâte amincie au rouleau et garnie de crème, de fruits, de légumes, etc. - **2.** T. FAM. Gifle : *Flanquer une tarte à qqn* (syn. claque). - **3.** FAM. C'est de la tarte, ce n'est pas de la tarte, c'est facile, c'est difficile. ‖ FAM. Tarte à la crème, idée toute faite, point de vue d'une grande banalité. ◆ adj. FAM. Se dit d'une personne sotte et ridicule, peu avantagée physiquement, d'une chose sans intérêt, sans valeur.

tartelette [taʀtəlɛt] n.f. Petite tarte.

tartine [taʀtin] n.f. (de *tarte*). - **1.** Tranche de pain recouverte d'une substance alimentaire. - **2.** FAM. Long développement oral ou écrit : *Elle m'en a écrit toute une tartine.*

tartiner [taʀtine] v.t. - **1.** Étaler une substance alimentaire sur une tranche de pain. - **2.** FAM. Faire de longs développements.

tartre [taʀtʀ] n.m. (lat. médiév. *tartarum*). - **1.** Dépôt salin que laisse le vin sur les parois des tonneaux, des cuves. - **2.** Sédiment jaunâtre qui se dépose autour des dents. - **3.** Croûte calcaire, dure et insoluble, qui se dépose sur les parois des chaudières, des canalisations d'eau ou de vapeur, etc.

tartreux, euse [taʀtʀø, -øz] adj. De la nature du tartre.

tartrique [taʀtʀik] adj. (de *tartre*). CHIM. Acide tartrique, présent dans la lie du vin.
□ Formule $CO_2H-CHOH-CHOH-CO_2H.$

tartufe ou **tartuffe** [taʀtyf] n.m. (du n. du personnage de Molière). - **1.** VX. Faux dévot. - **2.** Personne fourbe, hypocrite.

tartuferie ou **tartufferie** [taʀtyfʀi] n.f. Caractère, manière d'agir du tartufe ; hypocrisie.

tas [ta] n.m. (frq. *°tass*). - **1.** Accumulation, amoncellement de choses en hauteur : *Tas de sable. Des tas de papiers sur un bureau* (syn. entassement, monceau). - **2.** ARCHIT. Ouvrage en cours d'exécution ; chantier. - **3.** TECHN. Petite masse métallique, génér. parallélépipédique, servant d'enclume aux bijoutiers, aux orfèvres, etc. - **4.** FAM. Sur le tas, sur le lieu même du travail : *Apprendre sur le tas.* ‖ FAM. Un tas, des tas de, une grande quantité, beaucoup de : *Un tas de gens* (syn. foule).

tasse [tas] n.f. (ar. *tāssa*). - **1.** Petit récipient à anse dont on se sert pour boire ; son contenu : *Tasse à café. Boire une tasse de thé.* - **2.** Boire la tasse, avaler involontairement de l'eau en se baignant. ‖ FAM. Ce n'est pas ma tasse de thé, ce n'est pas à mon goût ; ça n'est pas mon genre.

tasseau [taso] n.m. (lat. pop. *°tasselus*, croisement de *taxillus* "dé à jouer" puis "morceau de bois" et de *tessella* "cube"). - **1.** Pièce de bois de petite section, servant à soutenir, à fixer, à caler une autre pièce. - **2.** MENUIS. Liteau.

tassement [tasmɑ̃] n.m. - **1.** Action de tasser, de se tasser : *Tassement de vertèbres. Tassement d'une construction* (syn. affaissement). - **2.** Baisse lente, perte de vitesse : *Tassement des cours de la Bourse* (syn. récession).

tasser [tase] v.t. (de *tas*). - **1.** Réduire de volume par pression : *Tasser du foin.* - **2.** Resserrer dans un petit espace : *Tasser les bagages dans le coffre.* ◆ se tasser v.pr. - **1.** S'affaisser sur soi-même par son propre poids : *Le mur se tasse.* - **2.** Se voûter : *Se tasser avec l'âge* (syn. se ratatiner). - **3.** Diminuer de puissance, d'intensité, en parlant d'une progression, d'une crise : *Nous irons visiter ce pays quand les troubles se seront tassés* (syn. calmer).

taste-vin [tastəvɛ̃] n.m. inv. (de *tâter*). Petite tasse plate de métal dans laquelle on examine le vin qu'on va goûter. (On dit aussi *tâte-vin.*)

tata [tata] n.f. Tante (surtout dans le langage enfantin).

tatami [tatami] n.m. (mot jap.). Tapis en paille de riz servant, en partic., à la pratique des arts martiaux.

tâter [tate] v.t. (lat. pop. *°tastare*, contraction de *°taxitare*, du class. *taxare* "toucher", d'apr.

gustare "goûter"). - **1.** Toucher, explorer de la main : *Tâter une étoffe* (syn. palper). - **2.** Sonder qqn pour connaître ses intentions. - **3.** FAM. Tâter le terrain, s'informer par avance de l'état des choses, des esprits. ◆ v.t. ind. [**de,** à]. FAM. Essayer, faire l'épreuve de : *Tâter de tous les métiers* (syn. goûter). ◆ **se tâter** v.pr. FAM. S'interroger sur ses propres sentiments ; être indécis : *Tu te baignes ? - Je ne sais pas, je me tâte* (syn. hésiter).

tatillon, onne [tatijɔ̃, -ɔn] adj. et n. (de *tâter*). FAM. Trop minutieux, attaché aux petits détails (syn. vétilleux).

tâtonnant, e [tɑtɔnɑ̃, -ɑ̃t] adj. Qui tâtonne, hésite.

tâtonnement [tɑtɔnmɑ̃] n.m. - **1.** Fait de tâtonner : *Les tâtonnements d'un aveugle.* - **2.** Mode de recherche empirique, par essais renouvelés ; ces essais : *Trouver la solution par tâtonnements.*

tâtonner [tɑtɔne] v.i. (de *tâter*). - **1.** Avancer, chercher à trouver qqch, sans voir et en tâtant pour reconnaître l'environnement : *Tâtonner dans le noir.* - **2.** Chercher en procédant par tâtonnement.

à tâtons [tatɔ̃] loc. adv. - **1.** En tâtonnant : *Avancer à tâtons.* - **2.** Sans vraie méthode ; de manière empirique.

tatou [tatu] n.m. (tupi *tatu*). Mammifère d'Amérique tropicale, couvert de plaques cornées et pouvant se rouler en boule. □ Long. 30 cm sans la queue ; ordre des édentés xénarthres.

tatouage [tatwaʒ] n.m. Dessin, marque, signe indélébile pratiqué sur la peau à l'aide de piqûres qui introduisent des colorants sous la peau.

tatouer [tatwe] v.t. (de l'angl. *to tattoo,* du tahitien *tatou*) [conj. 6]. Imprimer un tatouage sur le corps.

tau [to] n.m. inv. (mot gr.). Dix-neuvième lettre de l'alphabet grec (T, τ) correspondant à notre *t.*

taudis [todi] n.m. (anc. fr. *se tauder* "se mettre à l'abri", du frq. *°tëldan* "couvrir"). Logement misérable et malpropre.

taulard, e n., **taule** n.f., **taulier, ère** n. → **tôlard, tôle, tôlière.**

taupe [top] n.f. (lat. *talpa*). - **1.** Mammifère presque aveugle, aux pattes antérieures larges et robustes avec lesquelles il creuse des galeries dans le sol, où il chasse insectes et vers. □ Long. 15 cm ; ordre des insectivores. - **2.** Peau, fourrure de cet animal. - **3.** Engin de génie civil servant à creuser des tunnels, travaillant de manière continue et à pleine section. - **4.** FAM. Agent secret, espion placé dans un organisme. - **5.** Myope comme une taupe, très myope.

taupinière [topinjɛʀ] n.f. Monticule de terre qu'une taupe élève en fouillant.

taure [tɔʀ] n.f. (lat. *taura,* fém. de *taurus* "taureau"). RÉGION. Génisse.

taureau [tɔʀo] n.m. (lat. *taurus*). - **1.** Mâle reproducteur de l'espèce bovine. □ Le taureau mugit. - **2.** De taureau, très gros, très fort : *Un cou de taureau. Une force de taureau.* ‖ Prendre le taureau par les cornes, affronter résolument une difficulté. ◆ n. inv. et adj. inv. Personne née sous le signe du Taureau : *Elle est taureau.*

taurillon [tɔʀijɔ̃] n.m. Jeune taureau.

taurin, e [tɔʀɛ̃, -in] adj. (lat. *taurinus,* de *taurus* "taureau"). Relatif aux taureaux ou aux courses de taureaux.

tauromachie [tɔʀɔmaʃi] n.f. (du gr. *tauros* "taureau" et *makhê* "combat"). Art de combattre les taureaux dans l'arène.

tauromachique [tɔʀɔmaʃik] adj. Relatif à la tauromachie.

tautologie [totɔlɔʒi] n.f. (bas lat. *tautologia,* mot gr., de *tautos* "le même" et *logos* "discours"). - **1.** Répétition d'une même idée en termes différents dans certaines formules. - **2.** LOG. Proposition vraie quelle que soit la valeur de vérité de ses composants.

tautologique [totɔlɔʒik] adj. De la tautologie.

tautomère [totɔmɛʀ] adj. (de *tauto-,* et du gr. *meros* "portion"). CHIM. Substance tautomère, qui existe sous plusieurs formes en équilibre.

taux [to] n.m. (de l'anc. fr. *tauxer,* var. de *taxer*). - **1.** Prix fixé par une convention, par la loi ou l'usage : *Taux de change* (syn. barème). *Taux des loyers* (syn. montant). - **2.** Grandeur exprimée en pourcentage : *Taux d'urée dans le sang* (syn. proportion). - **3.** Taux de base bancaire, déterminant les conditions appliquées aux emprunteurs par les banques. ‖ Taux de compression, dans les moteurs à combustion interne, rapport entre les volumes maximal et minimal de la chambre de combustion. ‖ Taux d'escompte, taux auquel une banque accepte d'escompter les effets qui lui sont présentés. ‖ Taux d'intérêt, pourcentage du capital d'une somme prêtée, qui en détermine le revenu annuel.

tauzin [tozɛ̃] n.m. (orig. obsc.). Chêne à feuilles cotonneuses, de l'ouest et du sud-ouest de la France.

taveler [tavle] v.t. (de l'anc. fr. *tavel* "carreau", de *tavelle* "ruban", du lat. *tabella* "tablette") [conj. 24]. Marquer une surface de taches, de crevasses.

tavelure [tavlyʀ] n.f. - **1.** État d'un objet tavelé : *Mur couvert de tavelures dues à l'humi-*

dité. - **2.** Maladie des arbres fruitiers, dont les fruits se crevassent.

taverne [tavɛʁn] n.f. (lat. *taberna*). - **1.** Autref., lieu où l'on servait à boire ; cabaret. - **2.** Petit restaurant, café, dans certains pays d'Europe. - **3.** Restaurant de style rustique.

tavernier, ère [tavɛʁnje, -ɛʁ] n. (lat. *tabernarius*). Autref., personne qui tenait une taverne.

taxation [taksasjɔ̃] n.f. (lat. *taxatio*). Action de taxer ; fait d'être taxé.

taxe [taks] n.f. (lat. médiév. *taxa*). - **1.** Prélèvement fiscal, impôt perçu par l'État : *Taxe sur le tabac, sur le chiffre d'affaires.* - **2.** *Prix hors taxes,* sans les taxes (abrév. H.T. par opp. à T.T.C. « toutes taxes comprises »). ‖ *Taxes parafiscales,* perçues par des services administratifs, des établissements publics, etc. ‖ *Taxe professionnelle,* impôt local dû par les commerçants, les industriels et les personnes exerçant certaines professions libérales. ‖ *Taxe sur la valeur ajoutée →* T.V.A.

taxer [takse] v.t. (lat. *taxare* "évaluer"). - **1.** Soumettre à une taxe, un impôt : *Taxer les produits de luxe* (syn. imposer). - **2.** Qualifier qqn de qqch : *Taxer qqn d'incompétence* (syn. accuser). - **3.** DR. Évaluer les frais d'un procès.

taxi [taksi] n.m. (abrév. de *taximètre*). - **1.** Automobile de location, munie d'un taximètre et conduite par un chauffeur professionnel, qu'on utilise génér. pour de courts trajets. - **2.** FAM. Chauffeur de taxi.

taxidermie [taksidɛʁmi] n.f. (de *taxi-* et du gr. *derma* "peau"). Art de préparer, d'empailler et de monter les animaux vertébrés, en leur conservant l'apparence de la vie (syn. empaillage).

taxidermiste [taksidɛʁmist] n. Personne qui pratique la taxidermie (syn. empailleur, naturaliste).

taximètre [taksimɛtʁ] n.m. (du gr. *taxis* "taxe"). Compteur qui établit le prix d'une course en voiture, en fonction du temps et de la distance parcourue.

taxinomie [taksinɔmi] n.f. (de *taxi-* et *-nomie*). Science des lois de la classification ; classification d'éléments concernant un domaine, une science.

Taxiphone [taksifɔn] n.m. (nom déposé). Téléphone public dans lequel il faut introduire des pièces ou des jetons pour obtenir la communication.

tayaut interj. → **taïaut.**

taylorisation [tɛlɔʁizasjɔ̃] n.f. Application du taylorisme.

taylorisme [tɛlɔʁism] n.m. (du n. de *F. W. Taylor,* ingénieur amér.). Système d'organisation du travail, de contrôle des temps d'exécution et de rémunération de l'ouvrier.

tchadien, enne [tʃadjɛ̃, -ɛn] adj. et n. - **1.** Du Tchad. - **2.** *Langues tchadiennes,* groupe de langues de la famille chamito-sémitique parlées au Nigeria, au Tchad, au Cameroun (on dit aussi *le tchadien*). ◻ La principale est le haoussa.

tchador [tʃadɔʁ] n.m. (mot persan). Grand voile noir des femmes iraniennes.

tchao interj. → **ciao.**

tchèque [tʃɛk] adj. et n. De Bohême, de Moravie ou d'une partie de la Silésie ; par ext., de Tchécoslovaquie. ◆ n.m. Langue slave parlée dans l'ouest de la Tchécoslovaquie (Bohême, Moravie), où elle a statut de langue officielle.

tchin-tchin [tʃintʃin] et **tchin** [tʃin] interj. (du pidgin de Canton *tsing-tsing* "salut"). FAM. Formule utilisée pour trinquer : *Tchin-tchin !* (= à votre santé).

te [tə] pron. pers. (lat. *te*) [*te* s'élide en *t'* devant un mot commençant par une voyelle ou un *h* muet]. Désigne la 2e pers. du sing., aux deux genres, dans les fonctions de. - **1.** Compl. d'objet direct ou indirect, ou compl. d'attribution : *Il t'appelle. Cela te convient ? Je te le donne.* - **2.** Reprise du sujet *tu* dans les formes verbales pronominales : *Comment t'appelles-tu ?*

té [te] n.m. (de la lettre *T*). - **1.** Règle de dessinateur, composée de deux branches dont l'extrémité de la plus grande s'assemble au milieu de l'autre à angle droit. - **2.** Ferrure en forme de T, employée pour consolider les assemblages de menuiserie dans les croisées.

technicien, enne [tɛknisjɛ̃, -ɛn] n. - **1.** Professionnel qualifié d'une technique : *Une technicienne en urbanisme* (syn. spécialiste). - **2.** Personne qui connaît et pratique une technique : *Ce pianiste est un bon technicien.*

technicité [tɛknisite] n.f. Caractère de ce qui est technique.

technico-commercial, e, aux [tɛknikɔkɔmɛʁsjal, -o] adj. et n. Se dit d'un agent d'un service de vente qui possède des connaissances techniques sur ce qu'il vend.

Technicolor [tɛknikɔlɔʁ] n.m. (nom déposé). Procédé de films en couleurs.

1. technique [tɛknik] adj. (gr. *tekhnikos*). - **1.** Qui a trait à la pratique, au savoir-faire dans une activité, une discipline : *Ouvrage technique* (syn. scientifique). - **2.** Relatif au fonctionnement d'une machine : *Incident technique* (syn. mécanique). - **3.** Qui concerne les applications de la connaissance scientifique : *Les progrès techniques.* - **4.** *Enseignement technique →* enseignement.

2. technique [tɛknik] n.f. (de *1. technique*).
- **1.** Ensemble des procédés et des méthodes d'un art, d'une activité, d'un métier, d'une industrie : *La technique de l'aquarelle* (syn. art). *Encourager le développement des techniques de pointe.* - **2.** (Au sing.). Ensemble des applications de la science dans le domaine de la production : *L'évolution de la technique.*

techniquement [tɛknikmɑ̃] adv. D'un point de vue technique.

technocrate [tɛknɔkrat] n. Personne qui fait prévaloir les considérations techniques ou économiques sur les facteurs humains (souvent péjor.).

technocratie [tɛknɔkrasi] n.f. (de *techn[o]* et *-cratie*). Système de gouvernement dans lequel les responsables politiques sont supplantés par les techniciens et fonctionnaires dans la prise des décisions (souvent péjor.).

technocratique [tɛknɔkratik] adj. Relatif à la technocratie ; qui relève de la technocratie.

technologie [tɛknɔlɔʒi] n.f. (gr. *tekhnología*).
- **1.** Étude des outils, des machines et des techniques utilisés dans l'industrie. - **2.** Ensemble de savoirs et de pratiques, fondé sur des principes scientifiques, dans un domaine technique. - **3.** Théorie générale des techniques.

technologique [tɛknɔlɔʒik] adj. Relatif à la technologie.

teck ou **tek** [tɛk] n.m. (port. *teca*, de *têkku*, mot de la côte de Malabar). Arbre de l'Asie tropicale, fournissant un bois dur, de densité moyenne, imputrescible. □ Famille des verbénacées.

teckel [tekɛl] n.m. (mot all.). Basset musclé, à poil ras, dur, ou à poil long.

tectonique [tɛktɔnik] n.f. (all. *Tektonik*, du gr. *tektôn* "artisan"). Partie de la géologie qui étudie les déformations des terrains, sous l'effet des forces internes, postérieurement à leur mise en place ; ensemble de ces déformations. - **2.** Tectonique des plaques, théorie des mouvements de la lithosphère.
◆ adj. Relatif à la tectonique : *Les mouvements tectoniques de l'ère tertiaire.*

tectrice [tɛktris] adj.f. et n.f. (du lat. *tectus* "couvert"). zool. Se dit de la plume de contour qui couvre les ailes des oiseaux.

Te Deum [tedeɔm] n.m. inv. (mots lat. "toi Dieu"). Hymne de louange et d'action de grâces de l'Église catholique, commençant par les mots *Te Deum laudamus* ; musique composée sur cette hymne : *Le Te Deum de Charpentier.*

tee [ti] n.m. (mot angl., d'orig. obsc.). Au golf, cheville fixée en terre et servant à surélever la balle.

teen-ager [tinedʒœr] n. (mot angl., de *teen*, suffixe des nombres de *thirteen* à *nineteen*, treize à dix-neuf, et *age* "âge") [pl. *teen-agers*]. FAM. Adolescent.

tee-shirt et **T-shirt** [tiʃœrt] n.m. (mot angl., de *tee* "t" et *shirt* "chemise") [pl. *tee-shirts*, *t-shirts*]. Maillot en coton, à manches courtes, en forme de T.

Téflon [teflɔ̃] n.m. (nom déposé). Matière plastique fluorée, résistant à la chaleur et à la corrosion.

tégénaire [teʒenɛr] n.f. (lat. scientif. *tegeneria*, du lat. médiév. *tegetarius* "fabricant de couvertures"). Araignée des maisons, qui tisse une toile irrégulière dans les angles des murs, derrière les meubles.

tégument [tegymɑ̃] n.m. (lat. *tegumentum*, de *tegere* "couvrir"). - **1.** Ensemble des tissus qui couvrent le corps des animaux. - **2.** (Surtout pl.). Peau de l'homme. - **3.** BOT. Enveloppe de la graine.

teigne [tɛɲ] n.f. (lat. *tinea*). - **1.** Petit papillon, appelé aussi *mite*, dont les chenilles vivent sur des plantes cultivées (pomme de terre, betterave, lilas), sur des denrées (farine, grains) ou sur des vêtements, des fourrures, des tapis. - **2.** PATHOL. Infestation du cuir chevelu et des poils par des champignons microscopiques. - **3.** FAM. Personne méchante.

teigneux, euse [tɛɲø, -øz] adj. et n. - **1.** PATHOL. Atteint de la teigne. - **2.** FAM. Hargneux et tenace.

teindre [tɛ̃dr] v.t. (lat. *tingere*) [conj. 81]. Imprégner, imbiber d'une substance colorante ; colorer : *Teindre des étoffes.* ◆ **se teindre** v.pr. Se teindre les cheveux, leur donner une couleur artificielle.

1. teint [tɛ̃] n.m. (lat. *tinctus* "teinture", de *tingere* "teindre"). - **1.** Coloris du visage : *Teint bronzé* (syn. carnation). - **2.** Couleur donnée à une étoffe par la teinture. - **3.** Bon teint, se dit d'une personne dont les convictions sont bien établies, et de ces convictions elles-mêmes : *Républicain bon teint. Socialiste bon teint.* ‖ Bon teint, grand teint, teinte garantie au lavage et à la lumière.

2. teint, e [tɛ̃, tɛ̃t] adj. (lat. *tinctus* "qui est teint", p. passé de *tingere*). Qui a reçu une teinture : *Une belle étoffe teinte.*

teintant, e [tɛ̃tɑ̃, -ɑ̃t] adj. Qui teinte : *Une crème teintante.*

teinte [tɛ̃t] n.f. (fém. de *2. teint*). - **1.** Couleur nuancée obtenue par mélange (syn. coloris, nuance). - **2.** Apparence légère ; petite dose : *Il y a dans sa réponse une légère teinte d'ironie* (syn. soupçon).

teinter [tɛ̃te] v.t. (lat. médiév. *tinctare*, class. *tingere*). - **1.** Donner une teinte artificielle à :

Teinter du bois blanc (syn. colorer). - **2.** Ajouter une teinte, un soupçon de : *Colère teintée d'un vague amusement.*

teinture [tɛ̃tyʀ] n.f. (lat. *tinctura*). - **1.** Procédé consistant à fixer un colorant sur un support à structure fibreuse (textile, bois, cuir, etc.) : *La teinture d'une étoffe.* - **2.** Liquide contenant une matière colorante en dissolution, dont on imprègne les tissus, les cheveux, etc. (syn. colorant). - **3.** PHARM. Alcool ou éther chargé des principes actifs d'une substance : *De la teinture d'iode.* - **4.** Connaissance superficielle : *Avoir une teinture d'histoire* (syn. vernis).

teinturerie [tɛ̃tyʀəʀi] n.f. - **1.** Industrie de la teinture. - **2.** Établissement ou boutique qui reçoit les vêtements, les tissus à nettoyer ou à teindre.

teinturier, ère [tɛ̃tyʀje, -ɛʀ] n. - **1.** Personne qui tient une teinturerie. - **2.** Industriel de la teinturerie.

tek n.m. → teck.

tel, telle [tɛl] adj. (lat. *talis*). - **1.** Précédé de l'art. indéf., reprend une caractéristique sous-entendue ou préalablement évoquée : *Il faut beaucoup de patience pour mener une telle enquête. Avec de tels hommes, tout est possible* (syn. pareil, semblable). - **2.** Suivi d'un nom, indique une comparaison : *Elle a filé tel l'éclair* (syn. comme). **Rem.** L'accord se fait en principe avec le 2e terme de la comparaison, mais on rencontre aussi des accords réalisés avec le 1er : *Il fuit la compagnie tel une bête sauvage.* - **3.** En fonction d'attribut, reprend ce qui précède ou annonce ce qui suit (le plus souvent en tête de proposition) : *Telle est mon opinion. Tel fut le résultat de ses efforts.* - **4.** Devant un nom sans déterminant, désigne une chose, une personne sans la définir précisément : *Telle page est griffonnée, telle autre tachée d'encre* (= une certaine). - **5.** Marque l'intensité : *Rien ne justifiait une telle peur* (= une si grande peur). - **6.** En corrélation avec *que*, indique la conséquence : *Ils font un vacarme tel qu'on ne s'entend plus.* - **7.** Tel que, indique une comparaison : *Voir les hommes tels qu'ils sont* (syn. comme) ; introduit une énumération : *Des langues telles que l'anglais, l'allemand* (syn. comme). ‖ Tel quel, sans changement : *Je vous rends votre texte tel quel.* ‖ Tel..., tel..., exprime la similitude : *Tel père, tel fils.* ◆ pron. indéf. - **1.** Quelqu'un, quelque chose : *Tel est pris qui croyait prendre.* - **2.** Un tel, une telle, remplace un nom propre d'une façon vague.

télé [tele] n.f. (abrév. de *télévision*). FAM. Télévision.

télécabine [telekabin] et **télébenne** [telebɛn] n.f. Téléphérique à un seul câble aménagé pour le transport de personnes par petites cabines.

téléchargement [teleʃaʀʒəmɑ̃] n.m. INFORM. Transfert de programmes ou de données au moyen d'un réseau de télécommunication.

télécommande [telekɔmɑ̃d] n.f. (de *télé*- et *commande*). Transmission de signaux permettant de réaliser à distance une manœuvre quelconque ; mécanisme assurant cette transmission.

télécommander [telekɔmɑ̃de] v.t. - **1.** Commander ou conduire à distance à l'aide d'une télécommande. - **2.** Ordonner et diriger de loin, sans se manifester : *Cette intervention avait été télécommandée de l'étranger.*

télécommunication [telekɔmynikasjɔ̃] n.f. (de *télé*- et *communication*). Transfert d'informations (signaux, textes, images, sons, etc.) par fil, radioélectricité, système optique ou tout autre système électromagnétique. ◆ **télécommunications** n.f. pl. Ensemble des moyens de communication à distance.

téléconférence [telekɔ̃feʀɑ̃s] n.f. Conférence dans laquelle plus de deux des interlocuteurs sont répartis dans deux lieux ou plus reliés entre eux par des moyens de télécommunication.

télécopie [telekɔpi] n.f. Procédé de télécommunication, associant la téléphonie et la numérisation d'image, qui permet de transmettre un document graphique en facsimilé (syn. [anglic. déconseillé] fax).

télécopieur [telekɔpjœʀ] n.m. Appareil de télécopie (syn. [anglic. déconseillé] fax).

télédétection [teledetɛksjɔ̃] n.f. (de *télé*- et *détection*). Technique d'étude de la surface terrestre par analyse d'images provenant d'avions ou de satellites.

télédiffuser [teledifyze] v.t. Diffuser par télévision.

télédiffusion [teledifyzjɔ̃] n.f. Diffusion par télévision.

télédistribution [teledistʀibysjɔ̃] n.f. Diffusion de programmes de télévision à des abonnés dont l'appareil est relié par câble à la tête de réseau (on dit aussi *télévision par câble*). [→ télécommunication.]

télé-enseignement [teleɑ̃sɛɲmɑ̃] n.m. (de *télé*- et *enseignement*). pl. *télé-enseignements*]. Enseignement à distance (par correspondance, radio, télévision, Minitel, etc.).

téléfilm [telefilm] n.m. Film réalisé spécialement pour la télévision.

télégénique [teleʒenik] adj. (d'apr. *photogénique*). Qui passe bien, qui produit un effet agréable à la télévision.

télégramme [telegʀam] n.m. (de *télé*- et *-gramme*). Communication, message transmis par télégraphie.

télégraphe [telegʀaf] n.m. (de *télé*- et *-graphe*). Appareil ou organisme de télégraphie.

télégraphie [telegʀafi] n.f. (de *télégraphe*). - **1.** Système de télécommunication dans lequel les informations transmises sont destinées à être enregistrées à la réception sous forme de document graphique. - **2.** Télégraphie sans fil (T. S. F.), anc. nom de la radio.

télégraphier [telegʀafje] v.t. et v.i. [conj. 9]. Transmettre au moyen du télégraphe.

télégraphique [telegʀafik] adj. - **1.** Relatif au télégraphe ; envoyé par le télégraphe. - **2.** Style télégraphique, se dit d'un texte réduit à l'essentiel, sans termes grammaticaux : *Ses notes ont été prises en style télégraphique.*

télégraphiste [telegʀafist] n. et adj. - **1.** Technicien de la télégraphie. - **2.** Porteur de dépêches télégraphiques.

téléguidage [telegidaʒ] n.m. Commande à distance des mouvements d'un engin doté d'autonomie cinétique.

téléguider [telegide] v.t. (de *télé-* et *guider*). - **1.** Conduire ou piloter un engin à distance. - **2.** Inspirer, conduire qqn, son action par une influence occulte, lointaine : *Téléguider une campagne de dénigrement, un acte de terrorisme.*

téléimprimeur [teleɛ̃pʀimœʀ] n.m. Appareil émetteur et récepteur de télégraphie, comportant un clavier alphanumérique pour l'émission et assurant à la réception l'impression de caractères.

téléinformatique [teleɛ̃fɔʀmatik] n.f. Informatique faisant appel aux moyens des télécommunications.

télématique [telematik] n.f. (de *télé-* et [*infor*]*matique*). Ensemble des services informatiques fournis à travers un réseau de télécommunication. [→ télécommunication.] ◆ adj. De la télématique.

télématiser [telematize] v.t. Doter de moyens télématiques.

télémètre [telemɛtʀ] n.m. Appareil de télémétrie.

télémétrie [telemetʀi] n.f. (de *télé-* et *-métrie*). Mesure des distances par des procédés acoustiques, optiques, radioélectriques, ou par réflexion d'un faisceau laser.

téléobjectif [teleɔbʒɛktif] n.m. (de *télé-* et *objectif*). Objectif photographique de distance focale longue, ayant un tirage court qui le rend compact, utilisé pour la photo éloignée ou pour le portrait.

téléostéen [teleɔsteɛ̃] n.m. (du gr. *teleos* "achèvement" et *osteon* "os"). Téléostéens, superordre de poissons osseux à bouche terminale, aux branchies recouvertes par des opercules, à écailles plates, à nageoire caudale à deux lobes égaux ou sans lobes,

comme le sont presque tous les poissons actuels (carpe, brochet, truite, sardine, etc.).

télépathe [telepat] adj. et n. Qui pratique la télépathie.

télépathie [telepati] n.f. (du gr. *pathos* "émotion", repris à l'angl. *telepathy*). Transmission de pensées d'une personne à une autre sans communication par les voies sensorielles connues.

télépathique [telepatik] adj. Relatif à la télépathie.

téléphérique [telefeʀik] n.m. (de *téléphérage* "transport à distance par benne"). Moyen de transport de personnes ou de marchandises, constitué par un ou plusieurs câbles porteurs sur lesquels se déplace le chariot supportant la cabine des voyageurs ou la benne de matériaux.

téléphone [telefɔn] n.m. (de *télé-* et *-phone*). - **1.** Installation de téléphonie ; réseau téléphonique. - **2.** Téléphonie. - **3.** Appareillage téléphonique. - **4.** FAM. Téléphone arabe, transmission rapide d'une information de bouche à oreille.

téléphoner [telefɔne] v.i. et v.t. Communiquer, transmettre par le téléphone : *Elle téléphone une fois par semaine à sa fille. Téléphoner un message.*

téléphonie [telefɔni] n.f. Système de télécommunication établi en vue de la transmission de la parole.

téléphonique [telefɔnik] adj. Qui appartient, se rapporte au téléphone ; qui se fait par téléphone : *Réseau, appel téléphonique.*

téléphoniste [telefɔnist] n. - **1.** Personne chargée d'assurer des liaisons téléphoniques. - **2.** Industriel fabriquant du matériel téléphonique.

télescopage [teleskɔpaʒ] n.m. Action de télescoper ; fait de se télescoper.

télescope [teleskɔp] n.m. (lat. scientif. *telescopium* ; v. les éléments *télé-* et *-scope*). Instrument d'observation astronomique dont l'objectif est un miroir concave.

télescoper [teleskɔpe] v.t. (de l'angl. *to telescope*, de *telescope* "lunette d'approche à tubes emboîtés"). Heurter avec violence en défonçant : *Train qui en télescope un autre* (syn. percuter, tamponner). ◆ **se télescoper** v.pr. - **1.** Entrer en collision : *Une dizaine de voitures se sont télescopées.* - **2.** S'interpénétrer : *Ces deux événements se sont télescopés dans ma mémoire.*

télescopique [teleskɔpik] adj. - **1.** Fait à l'aide du télescope. - **2.** Se dit d'un objet dont les éléments s'emboîtent et coulissent les uns dans les autres : *Antenne télescopique.*

téléscripteur [teleskʀiptœʀ] n.m. (de *télé-* et du lat. *scriptor* "secrétaire", de *scribere* "écrire"). Appareil permettant d'écrire à distance par un procédé quelconque.

télésiège [telesjɛʒ] n.m. Téléphérique à câble unique sans fin, le long duquel sont répartis des sièges accrochés par des suspentes.

téléski [teleski] n.m. (de *télé*[*phérique*] et *ski*). Appareil à câble permettant de tracter des skieurs glissant sur leurs propres skis, pour remonter une pente (on dit aussi *un remonte-pente*).

téléspectateur, trice [telespɛktatœʀ, -tʀis] n. Personne qui regarde la télévision.

télésurveillance [telesyʀvejɑ̃s] n.f. (de *télé-* et *surveillance*). Surveillance à distance par un procédé de télécommunication.

Télétel [teletɛl] n.m. (nom déposé). Système français de vidéotex.

Télétex [teletɛks] n.m. (nom déposé). En France, service de l'Administration des P. T. T. faisant communiquer des machines de traitement de textes.

télétexte [teletɛkst] n.m. Procédé de télécommunication qui permet l'affichage de textes ou de graphismes sur l'écran d'un téléviseur à partir d'un signal de télévision ou d'une ligne téléphonique.

Télétype [teletip] n.m. (nom déposé). Téléimprimeur de la marque de ce nom.

téléviser [televize] v.t. Transmettre par télévision : *Téléviser un match de football.*

téléviseur [televizœʀ] n.m. Récepteur de télévision.

télévision [televizjɔ̃] n.f. (mot angl., du gr. *télé-* "au loin" et de *vision*). - **1.** Transmission, par câble ou par ondes radioélectriques, d'images pouvant être reproduites sur un écran au fur et à mesure de leur réception, ou éventuellement enregistrées en vue d'une reproduction ultérieure. - **2.** Ensemble des services assurant la transmission d'émissions, de reportages par télévision. - **3.** FAM. Téléviseur. - **4.** Télévision par câble, télédistribution.

télévisuel, elle [televizɥɛl] adj. Relatif à la télévision comme moyen d'expression.

télex [telɛks] n.m. (mot anglo-amér., de *tel*[*egraph*] *ex*[*change*]). Service télégraphique, permettant à ses abonnés d'échanger des messages écrits au moyen de téléimprimeurs.

télexer [telekse] v.t. Transmettre par télex.

tell [tɛl] n.m. (ar. *tall* "colline"). ARCHÉOL. Colline artificielle formée par les ruines superposées d'une ville ancienne, au Proche-Orient.

tellement [tɛlmɑ̃] adv. (de *tel*). - **1.** (Souvent en corrélation avec *que* consécutif). Marque une intensité : *Il est tellement gentil* (syn. si). *Il*

a tellement mangé qu'il s'est rendu malade. - **2.** Pas tellement, assez peu, modérément : *Je n'aime pas tellement cela.*

tellure [telyʀ] n.m. (lat. scientif. *tellurium*, du class. *tellus, -uris* "terre"). Non-métal d'un blanc bleuâtre, lamelleux et fragile, fusible à 452 °C. □ Symb. Te ; densité 6,2.

tellurique [telyʀik] et **tellurien, enne** [telyʀjɛ̃, -ɛn] adj. (du lat. *tellus, -uris* "terre"). - **1.** Qui concerne la Terre : *Secousse tellurique.* - **2.** Planète tellurique, planète dense, de taille moyenne et dotée d'un sol, dont la Terre est le prototype (Mercure, Vénus, Mars).

telugu [telugu] n.m. Langue dravidienne parlée dans l'État d'Andhra Pradesh (Inde).

téméraire [temeʀɛʀ] adj. et n. (lat. *temerarius* "accidentel", de *temere* "par hasard"). - **1.** Qui est hardi au point d'accomplir des actions dangereuses : *Un garçon téméraire* (syn. audacieux). - **2.** Inspiré par une audace extrême : *Un projet, une entreprise téméraire* (syn. aventureux, hasardeux). - **3.** Jugement téméraire, appréciation portée à la légère et sans preuves suffisantes.

témérité [temeʀite] n.f. (lat. *temeritas*, propr. "hasard aveugle"). Hardiesse imprudente et présomptueuse.

témoignage [temwaɲaʒ] n.m. - **1.** Action de témoigner ; récit fait par une personne de ce qu'elle a vu ou entendu : *Recueillir des témoignages.* - **2.** DR. Déclaration d'un témoin en justice (syn. déposition). - **3.** Marque extérieure ; preuve de : *Témoignage d'amitié, de satisfaction* (syn. indice, signe). - **4.** Porter témoignage, témoigner. ‖ Rendre témoignage à qqch, le reconnaître : *Rendre témoignage au courage de qqn.* ‖ Rendre témoignage à qqn, témoigner publiquement en sa faveur.

témoigner [temwaɲe] v.t. (de *témoin*). - **1.** Faire paraître par ses paroles ou ses actions : *La joie qu'elle témoigne est révélatrice* (syn. manifester). - **2.** Être le signe, la preuve de : *Gestes qui témoignent une vive surprise* (syn. prouver, révéler). ◆ v.i. Révéler, rapporter ce qu'on sait ; faire une déposition en justice : *Témoigner lors d'un procès. Témoigner contre qqn, en faveur de qqn.* ◆ v.t. ind. [**de**]. Témoigner de qqch, servir de preuve à qqch : *Son attitude témoigne d'une grande générosité* (syn. attester, indiquer).

témoin [temwɛ̃] n.m. (du lat. *testimonium* "témoignage"). - **1.** Personne qui a vu ou entendu qqch, et peut éventuellement le certifier, le rapporter : *Être le témoin d'un accident.* - **2.** Personne appelée à témoigner sous serment en justice pour rapporter ce qu'elle a entendu, vu, ou ce qu'elle sait :

Témoin à charge, à décharge. - **3.** Personne qui assiste à l'accomplissement d'un acte officiel pour attester son exactitude : *Les deux témoins d'un mariage.* - **4.** Personne chargée de régler les conditions d'un duel. - **5.** SPORTS. Petit bâton que se passent les coureurs d'une même équipe dans une course de relais. - **6.** CONSTR. Petite tablette, génér. en plâtre, que l'on place en travers d'une fissure pour en surveiller l'évolution. - **7.** Œuvre ou artiste exprimant tel ou tel trait caractéristique de son époque : *Les cathédrales, témoins de l'art médiéval* (syn. témoignage). - **8.** Prendre qqn à témoin, lui demander l'appui de son témoignage. - **9.** Témoin de Jéhovah. Membre d'un mouvement religieux d'origine adventiste fondé aux États-Unis en 1872. ◆ adj. Se dit de qqch qui sert de repère, de référence : *Appartements témoins.*

tempe [tɑ̃p] n.f. (lat. pop. *tempula,* du class. *tempora*). Partie latérale de la tête, comprise entre l'œil, le front, l'oreille et la joue.

a tempera [atɑ̃peʀa] loc. adv. (mots it. "à la détrempe"). BX-A. Détrempe dont le liant est une émulsion, spécial. à base d'œuf : *Peindre a tempera.*

tempérament [tɑ̃peʀamɑ̃] n.m. (lat. *temperamentum,* de *temperare* "disposer convenablement"). - **1.** Ensemble des dispositions physiques innées d'un individu et qui détermineraient son caractère : *Tempérament violent* (syn. constitution, nature). - **2.** FAM. Avoir du tempérament, avoir une forte personnalité ; être porté aux plaisirs sexuels. - **3.** Vente à tempérament, vente où l'acheteur s'acquitte par versements échelonnés.

tempérance [tɑ̃peʀɑ̃s] n.f. (lat. *temperantia*). - **1.** Une des quatre vertus morales, dites *vertus cardinales,* qui discipline les désirs et les passions humaines. - **2.** Sobriété dans l'usage des aliments, des boissons alcoolisées.

tempérant, e [tɑ̃peʀɑ̃, -ɑ̃t] adj. et n. Qui fait preuve de tempérance ; sobre.

température [tɑ̃peʀatyʀ] n.f. (lat. *temperatura,* de *temperare* "disposer convenablement"). - **1.** Ensemble des conditions atmosphériques variables, traduites subjectivement en sensations relatives de chaud et de froid, et dont l'appréciation exacte est fournie par l'observation du thermomètre. - **2.** Degré de chaleur d'un lieu, d'une substance, d'un corps : *La température du four.* - **3.** Degré de chaleur interne du corps humain ou animal : *Prendre la température d'un malade.* - **4.** Avoir de la température, avoir de la fièvre. ‖ Température absolue, grandeur définie par des considérations théoriques de thermodynamique ou de

mécanique statistique, pratiquement égale à la température centésimale majorée de 273,15 degrés.

tempéré, e [tɑ̃peʀe] adj. (de *tempérer*). - **1.** Ni trop chaud ni trop froid : *Climat tempéré.* - **2.** MUS. Gamme tempérée, gamme dans laquelle tous les demi-tons sont d'égale grandeur.

tempérer [tɑ̃peʀe] v.t. (lat. *temperare* "équilibrer") [conj. 18]. Diminuer, atténuer l'excès de qqch : *Tempérer son enthousiasme* (syn. modérer).

tempête [tɑ̃pɛt] n.f. (lat. pop. *tempesta* "temps, bon ou mauvais", du class. *tempus* "temps"). - **1.** Violente perturbation atmosphérique, sur terre ou sur mer (syn. ouragan, tornade). - **2.** Explosion subite et violente de qqch : *Une tempête d'injures* (syn. déferlement). - **3.** Violente agitation dans un groupe, un pays : *Tempête politique.*

tempêter [tɑ̃pɛte] v.i. (de *tempête*). Manifester bruyamment son mécontentement : *Dès qu'il est furieux, il se met à tempêter* (syn. fulminer, rager).

tempétueux, euse [tɑ̃petɥø, -øz] adj. (lat. *tempestuosus*). LITT. Agité par la tempête : *Mer tempétueuse.*

temple [tɑ̃pl] n.m. (lat. *templum*). - **1.** Édifice consacré au culte d'une divinité : *Les temples grecs.* - **2.** Édifice dans lequel les protestants célèbrent leur culte. - **3.** Le Temple, édifice cultuel élevé à Jérusalem et consacré à Yahvé, dieu d'Israël. □ Le Temple construit par Salomon fut détruit en 587 av. J.-C., reconstruit au début du VIᵉ s. av. J.-C. et démoli en 70 apr. J.-C.

templier [tɑ̃plije] n.m. Chevalier de l'ordre du Temple.

tempo [tɛmpo] ou [tepo] n.m. (mot it. "temps"). - **1.** MUS. Notation des différents mouvements dans lesquels est écrit ou exécuté un morceau. - **2.** MUS. Vitesse d'exécution d'une œuvre. - **3.** LITT. Rythme de déroulement d'une action : *L'intrigue de ce film commence avec un tempo lent.* - **4.** A tempo, indication musicale qui invite à reprendre le mouvement initial après un ralenti ou une accélération.

temporaire [tɑ̃pɔʀɛʀ] adj. (lat. *temporarius*). - **1.** Momentané, qui ne dure que peu de temps : *Lieu d'habitation temporaire* (syn. provisoire). - **2.** Intérimaire : *Entreprise de travail temporaire.*

temporairement [tɑ̃pɔʀɛʀmɑ̃] adv. Pour un temps limité.

temporal, e, aux [tɑ̃pɔʀal, -o] adj. (bas lat. *temporalis*). - **1.** Relatif aux tempes. - **2.** ANAT. Lobe temporal du cerveau, partie moyenne et inférieure de chacun des deux hémisphères cérébraux, qui joue un rôle important dans l'intégration des sensations auditives et dans le langage. ◆ **temporal** n.m. Os du crâne situé dans la région de la tempe.

temporalité [tɑ̃pɔralite] n.f. Caractère de ce qui existe dans le temps.

temporel, elle [tɑ̃pɔrɛl] adj. (lat. eccles. *temporalis* "du monde", de *tempus, -oris* "temps"). - **1.** Qui a lieu dans le temps (par opp. à *éternel*). - **2.** Qui concerne les choses matérielles (par opp. à *spirituel*) : *Les biens temporels* (syn. matériel, terrestre). - **3.** Qui concerne ou indique le temps : *La représentation des événements dans leur ordre temporel. Subordonnée temporelle.* - **4.** Pouvoir temporel, pouvoir des papes en tant que souverains de leur territoire. ◆ **temporel** n.m. DR. CAN. Ensemble des biens appartenant à une église ou à une communauté religieuse.

temporisateur, trice [tɑ̃pɔrizatœr, -tris] adj. et n. Qui temporise : *Une politique temporisatrice.*

temporisation [tɑ̃pɔrizasjɔ̃] n.f. Fait de temporiser ; retard volontairement apporté à une décision, une action.

temporiser [tɑ̃pɔrize] v.i. (lat. médiév. *temporizare* "passer le temps"). Différer, remettre à plus tard une décision, une action, génér. dans l'attente d'un moment plus favorable : *Il est quelquefois bon de temporiser* (syn. attendre, atermoyer, surseoir).

1. temps [tɑ̃] n.m. (lat. *tempus*). - **1.** Notion fondamentale conçue comme un milieu infini dans lequel se succèdent les événements et considérée souvent comme une force agissant sur le monde, les êtres : *Le temps et l'espace. La fuite du temps.* - **2.** PHYS. Ce milieu, conçu comme une dimension de l'Univers susceptible de repérages et de mesures : *Dans l'espace-temps de la relativité, le temps représente la quatrième dimension.* - **3.** Durée considérée comme une quantité mesurable : *De combien de temps disposons-nous encore ?* (syn. délai, marge). - **4.** Chacune des phases successives d'une action, d'une opération ou du cycle de fonctionnement d'un moteur : *La préparation de ce plat se fait en deux temps* (syn. étape, stade). *Moteur à deux, à quatre temps.* - **5.** Moment, époque occupant une place déterminée dans la suite des événements ou caractérisée par qqch : *Le temps de la monarchie. Le temps des crinolines* (syn. époque). - **6.** Moment favorable à telle ou telle action : *Laisser passer le temps de faire qqch* (syn. jour, date). - **7.** GRAMM. Catégorie grammaticale indiquant la localisation dans le temps, relative ou absolue, de l'action, de l'état exprimés par les formes verbales : *En français, les temps du mode indicatif sont le*

présent, l'imparfait, le futur, le passé simple, le passé composé, le plus-que-parfait, le futur antérieur et le passé antérieur. - **8.** MUS. Division de la mesure : *Mesure à 3, 4 ou 5 temps.* - **9.** CHORÉGR. Une des phases de la décomposition d'un pas. - **10.** SPORTS. Durée chronométrée d'une course, d'un match, etc. : *Il a réalisé le meilleur temps.* - **11.** À temps, au moment approprié, pas trop tard. ‖ Avoir fait son temps, être dépassé, périmé : *Cette robe a fait son temps* (= elle est usée, démodée). ‖ Avoir le temps de, disposer du délai nécessaire pour faire qqch : *Ce jour-là, il n'était pas pressé, il a eu le temps de bavarder avec moi.* ‖ Dans le temps, autrefois : *Dans le temps, on cuisinait plus.* ‖ De temps en temps, de temps à autre, par intervalles, quelquefois. ‖ De tout temps, toujours : *De tout temps, il y a eu des guerres.* ‖ En même temps, dans le même instant, simultanément ; à la fois. ‖ Être de son temps, penser, vivre, agir en conformité avec les idées couramment admises de son époque : *Avec ses idées étriquées, elle n'est vraiment plus de son temps.* ‖ Il est temps, bien temps, grand temps, le moment est venu de faire telle chose, cela devient urgent. ‖ N'avoir qu'un temps, être de courte durée : *L'engouement pour cette danse n'a eu qu'un temps.* ‖ Passer le temps à, son temps à, l'employer : *Il passe son temps à rêver.* ‖ Perdre du temps, son temps, le gaspiller inutilement, en partic. à ne rien faire : *Il perd du temps à vérifier des détails.* - **12.** Temps légal, échelle de temps prescrite par la loi dans un pays ou dans une région et correspondant au temps civil d'un méridien donné (= heure légale). ‖ Temps universel, temps du méridien de Greenwich, considéré comme une référence universelle (abrév. française *T. U.,* abrév. internationale *UT*). ‖ INFORM. Temps d'accès, temps qui s'écoule entre le lancement d'une opération de recherche et l'obtention de la première information cherchée. ‖ INFORM. Temps partagé, technique d'utilisation simultanée d'un ordinateur à partir de nombreux terminaux, une tranche de temps étant génér. accordée à chaque utilisateur. ‖ INFORM. Temps réel, mode de traitement qui permet l'admission des données à un instant quelconque et l'élaboration immédiate des résultats. ‖ TÉLÉCOMM. Temps d'antenne, durée déterminée d'émissions de radio ou de télévision diffusées dans le cadre de la programmation : *Respecter le même temps d'antenne pour chaque candidat aux élections.* ‖ SOCIOL. Temps choisi, travail à horaire variable (temps partiel, horaires à la carte, etc.). ‖ SOCIOL. Temps partiel, temps de travail inférieur à la durée légale hebdomadaire.

2. temps [tã] n.m. (de *1. temps*). -**1.** État de l'atmosphère, en un lieu et un moment donnés : *Beau temps, mauvais temps.* -**2.** Gros temps, tempête.

tenable [tənabl] adj. (de *tenir*). (Surtout en tournure nég. ou restrictive). Ce à quoi on peut résister : *Cette situation n'est plus tenable !* (syn. supportable).

tenace [tənas] adj. (lat. *tenax*, de *tenere* "tenir"). -**1.** Qui adhère fortement ; qui est difficile à enlever : *La poix est tenace* (syn. adhérent). *Les taches de goudron sont tenaces* (syn. indélébile, ineffaçable). -**2.** TECHN. Qui résiste à la rupture : *Métal tenace* (syn. résistant, solide). -**3.** Se dit de qqn attaché à ses idées, à ses décisions : *Personne tenace* (syn. déterminé). -**4.** Difficile à extirper, à détruire : *Les préjugés sont tenaces* (syn. indéracinable, inextirpable). *Une haine tenace* (syn. durable).

ténacité [tenasite] n.f. (lat. *tenacitas*). Caractère tenace : *Faire preuve de ténacité* (syn. opiniâtreté, persévérance).

tenaille n.f. et **tenailles** [tənaj] n.f. pl. (lat. pop. *tenacula*, du class. *tenere* "tenir"). Outil composé de deux pièces croisées, mobiles autour d'un axe et terminées par des mors qu'on peut rapprocher pour saisir ou serrer certains objets : *Arracher un clou avec une tenaille, des tenailles, une paire de tenailles.* -**2.** Prendre qqn, un groupe, en tenaille, l'attaquer sur deux fronts, le prendre entre deux forces qui l'étreignent.

tenailler [tənaje] v.t. (de *tenaille*). -**1.** Faire souffrir, torturer : *La faim le tenaillait* (syn. tourmenter). -**2.** LITT. Tourmenter moralement : *Être tenaillé par le remords* (syn. ronger).

tenancier, ère [tənãsje, -ɛʀ] n. (de *tenir*). -**1.** Personne qui dirige une maison de jeu, un hôtel, etc. -**2.** FÉOD. Personne qui tenait une terre en roture dépendant d'un fief.

1. tenant, e [tənã, -ãt] adj. (de *tenir*). Séance tenante, sur-le-champ, immédiatement : *Régler une affaire séance tenante* (= sans délai).

2. tenant [tənã] n.m. (de *tenir*). -**1.** Celui qui se fait le défenseur d'une opinion : *C'est un tenant du libéralisme* (syn. partisan). -**2.** Chevalier qui, dans un tournoi, appelait en lice quiconque voulait se mesurer avec lui. -**3.** D'un seul tenant, d'un seul morceau : *Une propriété de vingt hectares d'un seul tenant.* ‖ Le tenant du titre, sportif, joueur ou équipe qui détient un titre. ◆ **tenants** n.m. pl. Les tenants et les aboutissants d'une affaire, son origine et ses conséquences, tout ce qui s'y rattache.

tendance [tãdãs] n.f. (de *2. tendre*). -**1.** Disposition particulière qui incline qqn à avoir tel type de comportement ; penchant : *Sa tendance à exagérer est bien connue* (syn. propension). -**2.** Orientation particulière de qqch, d'un mouvement politique, artistique, d'un phénomène économique, etc. : *Les grandes tendances de l'art contemporain* (syn. orientation). -**3.** Fraction organisée d'un mouvement syndical ou politique : *Tendance réformiste du parti.* -**4.** Avoir tendance à, être enclin à, être porté vers.

tendanciel, elle [tãdãsjɛl] adj. Qui indique une tendance : *Baisse tendancielle du taux de profit.*

tendancieusement [tãdãsjøzmã] adv. De façon tendancieuse.

tendancieux, euse [tãdãsjø, -øz] adj. (de *tendance*). Qui marque une intention secrète, un parti pris d'imposer une opinion (péjor.) : *Propos tendancieux* (syn. spécieux).

tender [tãdɛʀ] n.m. (mot angl. "serviteur", de *to tend* "servir"). -**1.** Véhicule placé immédiatement après une locomotive à vapeur, et contenant l'eau et le combustible nécessaires à la machine. -**2.** Navire annexe d'une plate-forme de forage en mer.

tendeur [tãdœʀ] n.m. (de *2. tendre*). -**1.** Courroie élastique servant à maintenir qqch en place. -**2.** Appareil servant à tendre une courroie, une corde, un fil métallique, un fil textile, etc.

tendineux, euse [tãdinø, -øz] adj. -**1.** De la nature des tendons. -**2.** Viande tendineuse, qui contient des fibres dures, coriaces (aponévroses et tendons).

tendinite [tãdinit] n.f. MÉD. Inflammation d'un tendon.

tendon [tãdɔ̃] n.m. (de *2. tendre*). -**1.** Partie amincie, constituée de fibres conjonctives, par laquelle un muscle s'insère sur un os. -**2.** Tendon d'Achille, gros tendon du talon permettant l'extension de la jambe.

1. tendre [tãdʀ] adj. (lat. *tener, -eri*). -**1.** Qui peut être facilement coupé, divisé, entamé, mâché : *Pierre tendre* (syn. mou). *Viande tendre.* -**2.** Affectueux ; qui manifeste de l'amour, de l'amitié : *Une mère tendre* (syn. caressant). *De tendres paroles.* -**3.** Âge tendre, tendre enfance, première jeunesse, petite enfance. ‖ Couleur tendre, coloris clair et délicat. ‖ Ne pas être tendre pour qqn, être sévère. ◆ n. Personne affectueuse, facile à émouvoir : *Malgré ses airs sévères, c'est un tendre* (syn. sensible). ◆ n.m. LITTÉR. Carte du Tendre. Carte d'un pays allégorique, où les divers chemins de l'amour avaient été imaginés par Mᴵᴵᵉ de Scudéry et les écrivains de son entourage.

2. tendre [tãdʀ] v.t. (lat. *tendere*) [conj. 73]. -**1.** Tirer et tenir dans un état d'allongement : *Tendre une corde* (syn. raidir). -**2.** Avancer, porter en avant : *Tendre la main* (syn. donner). - **3.** Élever, dresser : *Tendre une tente.* - **4.** Couvrir d'une tapisserie, d'une étoffe : *Tendre une chambre de papier japonais* (syn. tapisser). - **5.** Tendre son esprit, l'appliquer avec effort. ‖ **Tendre un piège,** le disposer pour prendre du gibier ; chercher à tromper qqn. ◆ v.t. ind. **[à, vers]. - 1.** Avoir pour but ; évoluer, se diriger vers : *À quoi tendent vos démarches ?* (syn. viser à). *Tendre à la perfection* (syn. approcher). - **2.** MATH. Avoir pour limite.

tendrement [tɑ̃drəmɑ̃] adv. Avec tendresse.

tendresse [tɑ̃drɛs] n.f. Sentiment tendre, d'amitié, d'amour qui se manifeste par des paroles, des gestes doux et des attentions délicates : *Un enfant a besoin de tendresse* (syn. affection). ◆ **tendresses** n.f. pl. Témoignages d'affection.

tendreté [tɑ̃drəte] n.f. Qualité d'une viande tendre.

tendron [tɑ̃drɔ̃] n.m. (de *1. tendre*). - **1.** BOUCH. Partie du bœuf et du veau comprenant les cartilages qui prolongent les côtes flottantes. - **2.** FAM. Très jeune fille.

tendu, e [tɑ̃dy] adj. - **1.** Fortement appliqué : *Esprit tendu.* - **2.** Rendu difficile par suite d'un état de tension : *Rapports tendus. Situation tendue.*

ténèbres [tenɛbr] n.f. pl. (lat. *tenebrae*). LITT. - **1.** Obscurité profonde : *Marcher dans les ténèbres* (syn. nuit, noir). - **2.** Domaine de ce qui est obscur, inconnu, difficile à comprendre : *Les ténèbres de la personnalité humaine* (syn. mystère, opacité). - **3.** L'ange, le prince, l'esprit des ténèbres, le démon. ‖ L'empire des ténèbres, l'enfer.

ténébreux, euse [tenebrø, -øz] adj. LITT. - **1.** Plongé dans les ténèbres : *Forêt ténébreuse* (syn. obscur, sombre). - **2.** Obscur, malaisé à comprendre : *Une ténébreuse affaire* (syn. mystérieux). ◆ adj. et n. Beau ténébreux, bel homme, à l'expression sombre et romantique.

1. teneur [tənœr] n.f. (lat. juridique *tenor*, de *tenere* "tenir"). - **1.** Contenu exact d'un acte, d'un arrêt, d'un écrit quelconque : *La teneur d'un traité.* - **2.** Ce qu'un mélange contient d'un corps particulier : *Teneur en alcool.* - **3.** Teneur d'un minerai, proportion de substance utile contenue dans un minerai. ‖ Teneur isotopique, pourcentage du nombre des atomes d'un isotope donné d'un élément par rapport au nombre total des atomes de cet élément contenus dans une matière.

2. teneur, euse [tənœr, -øz] n. (de *tenir*). Teneur de livres, personne qui tient la comptabilité.

ténia [tenja] n.m. (lat. *taenia* "ruban", du gr.). MÉD. Ver plat et segmenté, parasite de l'intes-

tin grêle des mammifères, appartenant à la classe des cestodes (syn. ver solitaire). [On écrit aussi *tænia.*]

tenir [tənir] v.t. (lat. pop. **tenire,* class. *tenere*) [conj. 40]. - **1.** Avoir qqch dans les mains : *Tenir un livre. Tenir des outils.* - **2.** Maintenir près de soi ; maîtriser qqn, un animal : *Tenir un enfant dans ses bras. Tenir un chien en laisse, un cheval par la bride.* - **3.** Avoir prise sur ; avoir qqn, qqch sous sa domination, sous son autorité : *Quand la colère le tient, il peut être dangereux. Tenir un territoire* (syn. dominer). *La police tient les coupables* (= elle les a attrapés). *Avec ce témoignage-là, tu le tiens* (= tu as barre sur lui). - **4.** Détenir, posséder : *Je tiens là les preuves de sa culpabilité. Tenir le pouvoir.* - **5.** Exercer un emploi, une profession, certaines fonctions ; avoir la charge de : *Tenir un hôtel, un restaurant. Tenir la comptabilité. Tenir un second rôle dans une pièce. Tenir l'orgue à l'église. Tenir la rubrique des sports dans un hebdomadaire.* - **6.** S'occuper, prendre soin de : *Bien tenir son jardin, sa maison.* - **7.** Conserver pendant un certain temps : *Tenir une note* (= en prolonger le son). *Tenir un plat au chaud. Tenir une lettre en lieu sûr* (syn. conserver). - **8.** Retenir : *L'amarre qui tenait le bateau s'est rompue.* - **9.** Observer fidèlement : *Tenir ses promesses, ses engagements. Tenir sa parole* (= n'y pas faillir). *Tenir son rang.* - **10.** Avoir une certaine capacité : *Cette carafe tient un litre* (syn. contenir). - **11.** Tenir conseil, se réunir afin de délibérer. ‖ Tenir des propos, des discours, parler, discourir. ‖ Tenir la mer, montrer des qualités de navigabilité par gros temps, en parlant d'un navire. ‖ Tenir la route, bien adhérer au sol, ne pas se déporter dans les virages ou à grande vitesse, en parlant d'un véhicule automobile ; au fig., FAM., être à la hauteur. ‖ Tenir pour, regarder, considérer qqch comme (suivi d'un attribut) : *Il tient l'incident pour clos.* ‖ Tenir qqch de qqn, l'avoir reçu ou obtenu de lui. ◆ v.i. - **1.** Être fixé solidement, difficile à déplacer : *N'accrochez rien à ce clou, il ne tient pas.* - **2.** Se maintenir, rester dans une position donnée : *Tenir debout. Son chapeau ne tient pas sur sa tête.* - **3.** Pouvoir être contenu dans un certain espace : *Le texte tient en une page* (syn. occuper). *On tient à huit à cette table.* - **4.** Demeurer sans aucune altération ; ne pas céder : *Le ministère a tenu six mois* (syn. durer). *Tenir jusqu'à l'arrivée des renforts* (syn. résister). - **5.** FAM. ET VIEILLI. En tenir pour, être amoureux de. ‖ Tenir bon, ferme, résister à une situation difficile, la supporter sans faiblir. ‖ Tiens ! Tenez !, expression marquant l'étonnement ou l'ironie : *Tiens ! il travaille.* ◆ v.t. ind. - **1.** [à]. Adhérer à ; être attaché à : *Tenir à ses amis. Tenir à sa réputation.* - **2.** [à].

Provenir de qqch, en être le résultat, l'avoir pour cause : *Son départ tient à plusieurs facteurs* (syn. découler de, résulter de). - **3.** [à]. Avoir la ferme volonté de faire qqch, que qqch soit fait : *Elle tient à revoir son frère* (syn. souhaiter, vouloir). - **4.** [de]. Avoir des points communs avec qqn, qqch : *Il tient de son oncle* (syn. ressembler à). *Un tel résultat tient du miracle* (syn. procéder de, relever de). - **5.** Être tenu de, obligé de : *Vous êtes tenu de passer par la voie hiérarchique.* ‖ Il ne tient qu'à qqn de, il dépend uniquement de lui de. ‖ Qu'à cela ne tienne, cela n'a pas d'importance, que cela ne soit pas un empêchement. ◆ **se tenir** v.pr. - **1.** Être, se trouver à telle place : avoir lieu à tel endroit, à tel moment : *Tenez-vous près de la porte* (syn. rester). *La réunion se tiendra à 8 heures.* - **2.** Prendre et garder telle position, telle attitude du corps : *Se tenir droit.* - **3.** Être lié, dépendre l'un de l'autre ; présenter une certaine cohérence : *La défense de l'accusé se tient.* - **4.** Se tenir à, saisir qqch avec la ou les mains, pour garder son équilibre : *Se tenir à la rampe* (syn. s'accrocher, s'agripper). - **5.** S'en tenir à qqch, ne rien faire de plus, ne pas aller au-delà.

tennis [tenis] n.m. (de l'angl. *lawn-tennis*, de *lawn* "pelouse" et *tennis*, issu de l'anc. fr. *tenez*, exclamation du joueur lançant la balle au jeu de paume). - **1.** Sport qui consiste, pour deux ou quatre joueurs munis de raquettes, à envoyer une balle par-dessus un filet dans les limites du court ; le court lui-même. - **2.** Tennis de table, sport dont les principes s'inspirent de ceux du tennis (raquettes, balle, filet), mais où le court est remplacé par une table de dimensions standardisées (on dit aussi *ping-pong*). ◆ n.m. pl. Chaussures de sport, en toile et à semelles de caoutchouc.

tennis-elbow [tenisɛlbo] n.m. (mot angl., de *tennis* et *elbow* "coude") [pl. *tennis-elbows*]. Inflammation de l'épicondyle, fréquente chez les joueurs de tennis.

tennisman [tenisman] n.m. (faux anglic., sur le modèle de *sportsman*) [pl. *tennismans* ou *tennismen*]. Joueur de tennis.

tennistique [tenistik] adj. Relatif au tennis.

tenon [tənɔ̃] n.m. (de *tenir*). Extrémité d'une pièce qu'on a façonnée pour la faire entrer dans un trou, la *mortaise*, pratiqué dans une pièce destinée à être assemblée à la première.

ténor [tenɔR] n.m. (it. *tenore*, lat. *tenor* "accent de la voix"). - **1.** MUS. Voix d'homme élevée ; chanteur qui possède ce genre de voix. - **2.** FAM. Celui qui tient un rôle de vedette dans l'activité qu'il exerce : *Les ténors de la politique.*

tenseur [tɑ̃sœR] adj. m. et n.m. (de *2. tendre*). Se dit de chacun des muscles destinés à produire une tension.

tensioactif, ive [tɑ̃sjoaktif, -iv] adj. CHIM. Se dit d'une substance qui modifie la tension superficielle du liquide dans lequel elle est dissoute.

tensiomètre [tɑ̃sjɔmɛtR] n.m. - **1.** Appareil servant à mesurer la tension des fils, des câbles, la tension superficielle. - **2.** MÉD. Appareil permettant la mesure de la pression artérielle (on dit aussi un *sphygmomanomètre*).

tension [tɑ̃sjɔ̃] n.f. (bas lat. *tensio*, de *tendere* "tendre"). - **1.** Traction exercée sur une substance souple ou élastique ; état qui en résulte : *Régler la tension d'une courroie.* - **2.** TECHN. État des contraintes dans un corps sollicité et, plus partic., composante normale de celles-ci. - **3.** État musculaire de préparation à une action, dans lequel un certain nombre de muscles spécifiques sont légèrement contractés. - **4.** État de qqn qui est tendu, contracté, nerveux. - **5.** Situation tendue entre deux groupes, deux personnes, deux États. - **6.** ÉLECTR. Différence de potentiel : *Une ligne à haute tension.* - **7.** MÉD. Tension, tension artérielle, ensemble des forces de contraintes internes auxquelles sont soumises les parois des artères et des vaisseaux sous l'influence de la pression des liquides qu'ils contiennent. - **8.** FAM. Avoir, faire de la tension, être hypertendu. ‖ Tension d'esprit, effort intense et soutenu de l'esprit.

tentaculaire [tɑ̃takylɛR] adj. - **1.** Relatif aux tentacules : *Appendice tentaculaire.* - **2.** Qui tend à se développer dans tous les sens : *Ville tentaculaire.*

tentacule [tɑ̃takyl] n.m. (lat. scientif. *tentaculum*, du class. *tentare* "tâter, palper"). Appendice mobile dont beaucoup d'animaux (mollusques, actinies) sont pourvus, et qui leur sert d'organe du tact ou de la préhension.☐ S'il n'y a qu'un seul tentacule, celui-ci est plutôt appelé *trompe.*

tentant, e [tɑ̃tɑ̃, -ɑ̃t] adj. (de *tenter*). Qui fait naître un désir, une envie : *Une proposition tentante* (syn. alléchant, attirant).

tentateur, trice [tɑ̃tatœR, -tRis] adj. et n. Qui tente, cherche à séduire : *Des propos tentateurs. Le tentateur* (= le démon).

tentation [tɑ̃tasjɔ̃] n.f. (lat. ecclés. *temptatio*). - **1.** Attrait vers qqch de défendu par une loi morale ou religieuse ; incitation au péché ou à la révolte contre les lois divines. - **2.** Tout ce qui tente, attire, incite à qqch : *Résister à la tentation de fumer* (syn. désir, envie).

tentative [tɑ̃tativ] n.f. (lat. scolast. *tentativa* "épreuve universitaire"). - **1.** Action par laquelle on s'efforce d'obtenir un certain résultat ; essai : *Faire une dernière tentative* (syn. effort, essai). - **2.** DR. Commencement d'exécution d'une infraction : *Une tentative de meurtre.*

tente [tɑ̃t] n.f. (lat. pop. **tendita*, du class. *tenta*, fém. de *tentus*, p. passé). - **1.** Abri portatif démontable, en toile serrée, que l'on dresse en plein air. - **2.** Se retirer sous sa tente, abandonner par dépit un parti, une cause (par allusion à la colère d'Achille contre Agamemnon dans *l'Iliade*). - **3.** CHIR. Tente à oxygène, dispositif destiné à isoler le sujet de l'atmosphère pour le soumettre à l'action de l'oxygène pur.

tenter [tɑ̃te] v.t. (lat. *temptare* "essayer, circonvenir", confondu avec *tentare* "agiter"). - **1.** Entreprendre, avec l'intention de la mener à bien, une action dont l'issue est incertaine : *Tenter une expérience. Tenter de résister* (syn. essayer). - **2.** Se proposer de faire qqch de hardi ou de difficile : *Tenter une expédition de secours.* - **3.** Exciter le désir de qqn, son intérêt, lui plaire extrêmement : *Ce fruit vous tente-t-il ?* (syn. attirer). *Il l'a tentée en lui faisant miroiter une bonne affaire* (syn. allécher).

tenture [tɑ̃tyʀ] n.f. (réfection, d'apr. *tente*, de l'anc. fr. *tandeüre*, de *2. tendre*). - **1.** Ensemble de pièces de tissu décorant un appartement (murs, fenêtres, etc.) : *Une tenture de velours.* - **2.** Ensemble de tapisseries murales illustrant différents aspects d'un même thème, différents épisodes d'un cycle, et tissées par le même atelier. - **3.** Étoffe noire dont on tend une maison, une église, pour une cérémonie funèbre.

tenu, e [təny] adj. (de *tenir*). - **1.** Soigné ; maintenu dans un certain état : *Maison bien tenue.* - **2.** BOURSE. Ferme dans les prix : *Valeurs tenues.* ◆ **tenu** n.m. Action d'un joueur qui tient trop longtemps le ballon dans certains sports d'équipe.

ténu, e [teny] adj. (lat. *tenuis*). Très fin ; très mince : *Le fil ténu d'un ver à soie. Une distinction très ténue* (syn. subtil).

tenue [təny] n.f. (de *tenir*). - **1.** Action de tenir une assemblée ; fait de se réunir, de siéger : *Interdire la tenue d'une réunion* (syn. session). - **2.** Action, manière de diriger, d'administrer une maison, une collectivité : *Tenue d'une maison de retraite.* - **3.** Manière dont on se tient physiquement, dont qqn se présente, est habillé : *Cet élève a une mauvaise tenue quand il écrit* (syn. posture). - **4.** Ensemble de vêtements propres à une profession, à une activité, à une circonstance : *Tenue de soirée* (syn. habit, toilette). - **5.** Qualité de ce qui obéit à un souci de rigueur dans le domaine intellectuel, esthétique, moral : *Roman d'une*

haute tenue. - **6.** BOURSE. Fermeté dans la valeur des titres. - **7.** MUS. Prolongation, d'une durée variable, de la valeur de notes ou d'accords semblables. - **8.** En petite tenue, en tenue légère, peu vêtu. ‖ En tenue, en uniforme. - **9.** Tenue de livres, action de tenir la comptabilité d'une entreprise. ‖ Tenue de route, aptitude d'un véhicule à se maintenir dans la ligne imposée par le conducteur et qui possède une stabilité de trajectoire dans toutes les conditions de circulation.

tequila [tekila] n.f. (n. d'une localité du Mexique où cette boisson est fabriquée). Eau-de-vie obtenue par distillation du fruit de l'agave, fabriquée au Mexique.

ter [tɛʀ] adv. (mot lat.). - **1.** Désigne, après *bis*, dans une numérotation, le troisième élément d'une suite portant le même numéro. - **2.** Indique qu'on doit dire, jouer, chanter un passage, un refrain, un vers trois fois.

tératogène [teʀatɔʒɛn] adj. (du gr. *teras, -atos* "monstre", et de *-gène*). MÉD. Qui produit des malformations congénitales : *Médicament tératogène.*

tératologie [teʀatɔlɔʒi] n.f. (du gr. *teras, -atos* "monstre", et de *-logie*). Science qui traite des malformations congénitales.

tercet [tɛʀsɛ] n.m. (it. *terzetto*, de *terzo* "tiers"). LITTÉR. Groupe de trois vers unis par le sens et par certaines combinaisons de rimes.

térébenthine [teʀebɑ̃tin] n.f. (du lat. *terebinthina* [*resina*], de *terebinthus* "térébinthe"). - **1.** Résine semi-liquide, tirée du térébinthe, du mélèze, du sapin, du pin maritime. - **2.** Essence de térébenthine, essence fournie par la distillation des térébenthines, qu'on utilise pour dissoudre les corps gras, pour fabriquer les vernis, délayer les couleurs, etc. (on dit aussi *la térébenthine*).

térébinthe [teʀebɛ̃t] n.m. (lat. *terebinthus*, du gr.). Arbre des régions méditerranéennes, dont l'écorce fournit la térébenthine de Chio. □ Famille des térébinthacées ; genre pistachier.

Tergal [tɛʀgal] n.m. (nom déposé). Fil ou fibre synthétique de polyester, de fabrication française.

tergiversation [tɛʀʒivɛʀsasjɔ̃] n.f. (lat. *tergiversatio*). Action de tergiverser (surtout au pl.) : *Les tergiversations d'un ministre* (syn. hésitation, dérobade).

tergiverser [tɛʀʒivɛʀse] v.i. (lat. *tergiversari* "tourner le dos", de *tergum* "dos" et *versare* "tourner"). Recourir à des détours, des faux-fuyants, pour éviter d'agir ou de conclure ; hésiter.

1. terme [tɛʀm] n.m. (lat. *terminus* "borne"). - **1.** Lieu, point où se termine un déplacement dans l'espace ; moment où prend fin

dans le temps une action, un état : *Le terme
de notre voyage sera une île du Pacifique. Arriver
au terme de sa vie* (syn. bout, fin). - **2.** Limite
fixée dans le temps ; délai limité : *Passé ce
terme, vous devrez payer des intérêts* (syn.
échéance). - **3.** Date à laquelle doit être
acquitté un loyer ; période à laquelle il
correspond ; montant de ce loyer : *Payer à
terme échu. Payer son terme.* - **4.** BOURSE. Date
fixée pour la livraison des titres et le paiement du prix ; ensemble des opérations de
Bourse qui doivent se dénouer à chacune
des dates fixées, pour les liquidations, par
les règlements de la place : *Vente à terme.*
- **5.** Accoucher à terme, avant terme, accoucher à la date, avant la date présumée de la
fin de la grossesse. ∥ À court, à long, à moyen
terme, dans la perspective d'une échéance
rapprochée, éloignée, intermédiaire. ∥ À
terme, dans un délai plus ou moins long,
mais à coup sûr : *Jusqu'à présent, il s'est laissé
abuser, mais à terme il découvrira bien la vérité.*
∥ Conduire, mener à son terme, achever.
∥ Mettre un terme à, faire cesser. ∥ Toucher à
son terme, venir à expiration, finir.

2. **terme** [tɛʀm] n.m. (lat. scolast. *terminus*
"définition"). - **1.** Mot considéré dans sa
valeur de désignation, en partic. dans un
vocabulaire spécialisé : *Connaître le sens d'un
terme* (syn. vocable). *Terme technique* (syn.
mot). - **2.** Élément entrant en relation : *Analyser les termes d'une proposition.* - **3.** LOG. Sujet
ou prédicat dans une prémisse d'un syllogisme. - **4.** MATH. Chacun des éléments d'une
suite, d'une série, d'une somme, d'un polynôme, d'un couple. ◆ **termes** n.m. pl.
- **1.** Ensemble des mots employés pour exprimer sa pensée ; manière de s'exprimer :
Parler en termes choisis. - **2.** Sens exact, littéral
d'un texte écrit : *Les termes de la loi sont
indiscutables.* - **3.** Aux termes de, en se confor-
mant strictement à. ∥ En d'autres termes,
autrement dit. ∥ Être en bons, en mauvais
termes avec qqn, entretenir de bons, de
mauvais rapports avec lui.

3. **terme** [tɛʀm] n.m. (de *Terme,* dieu romain
protecteur des bornes). SCULPT. Statue sans
bras ni jambes dont le corps se termine en
gaine (on dit aussi un *hermès*).

terminaison [tɛʀminɛzɔ̃] n.f. (de *terminer*).
- **1.** État d'une chose qui finit : *La terminaison
de négociations difficiles* (syn. conclusion).
- **2.** GRAMM. Partie finale d'un mot ; spécial.,
désinence : *La terminaison en -ir du verbe
« finir ».*

1. **terminal, e, aux** [tɛʀminal, -o] adj. (bas lat.
terminalis). - **1.** Qui constitue l'extrémité, le
dernier élément de qqch : *Bourgeon terminal*
(syn. dernier). - **2.** MÉD. Qui précède de peu la
mort : *Ce patient est en phase terminale* (syn.

final). - **3.** Qui marque la fin ; final : *Point
terminal* (contr. initial). - **4.** Classe terminale,
en France, classe terminant l'enseignement
secondaire, où l'on prépare le baccalauréat
(on dit aussi *la terminale*).

2. **terminal** n.m. (mot angl. "terminus").
- **1.** Gare, aérogare urbaine servant de point
de départ et d'arrivée des passagers. - **2.** Équipement portuaire servant au chargement ou
au débarquement des vraquiers, des pétroliers et des minéraliers. - **3.** INFORM. Appareil
permettant l'accès à distance à un système
informatique.

terminer [tɛʀmine] v.t. (lat. *terminare,* de
terminus "borne", limite"). - **1.** Mener à son
terme : *Terminer ses études* (syn. achever).
- **2.** Passer la fin de : *Terminer la soirée avec des
amis* (syn. finir). - **3.** Faire qqch pour finir ;
placer à la fin : *Terminer le repas par des
fromages* (syn. clore, clôturer). - **4.** En terminer
avec qqch, l'achever : *J'en ai enfin terminé avec
ce lavage.* ◆ **se terminer** v.pr. Arriver à sa
fin ; finir de telle ou telle façon : *La route se
termine ici* (syn. s'arrêter). *Leur dispute s'est bien
terminée.*

terminologie [tɛʀminɔlɔʒi] n.f. (de *terme* et
de *-logie* "parole"). Ensemble des termes
particuliers à une science, à un art, à un
domaine.

terminologique [tɛʀminɔlɔʒik] adj. Relatif à
la terminologie ou à une terminologie particulière.

terminus [tɛʀminys] n.m. (mot angl., du lat.
"fin"). Dernière station d'une ligne de transports en commun.

termite [tɛʀmit] n.m. (bas lat. *termes, -itis* "ver
rongeur"). Insecte xylophage, aux pièces
buccales broyeuses, à deux paires d'ailes
égales. □ Ordre des isoptères. Ces insectes
vivent dans une société composée d'une
femelle à énorme abdomen, d'un mâle, de
nombreux ouvriers, qui assurent la construction et apportent la nourriture, et de
nombreux soldats, chargés de la défense.

termitière [tɛʀmitjɛʀ] n.f. Construction en
terre ou en carton de bois, que les termites
fabriquent dans les pays tropicaux. □ Elle
peut atteindre plusieurs mètres de haut et se
poursuit dans le sol par de nombreuses
galeries.

ternaire [tɛʀnɛʀ] adj. (lat. *ternarius,* de *terni*
"trois par trois"). - **1.** Composé de trois éléments : *Nombre ternaire. La structure ternaire de
la banane.* - **2.** CHIM. Se dit de substances
organiques, comme les glucides et les lipides, constituées de carbone, d'hydrogène et
d'oxygène. - **3.** MUS. Mesure ternaire, mesure
dont chaque temps, contrairement à ceux
d'une mesure *binaire,* est divisible par trois

(on dit aussi *mesure composée*) : *La mesure à 6/8, qui comporte deux temps dont chacun correspond à trois croches, est ternaire.*

terne [tɛʀn] adj. (de *ternir*). **- 1.** Qui a peu ou pas d'éclat : *Couleur terne* (syn. fade). **- 2.** Qui manque de brillant, monotone, sans intérêt : *Style terne* (syn. plat).

ternir [tɛʀniʀ] v.t. (orig. incert., p.-ê. du germ.) [conj. 32]. **- 1.** Ôter la fraîcheur, l'éclat, la couleur de : *Le soleil a terni l'étoffe* (syn. décolorer). **- 2.** Rendre moins pur, moins honorable, salir : *Ternir la réputation de qqn* (syn. compromettre, souiller).

terpène [tɛʀpɛn] n.m. (all. *Terpene*, de *Terpentin* "térébenthine"). Hydrocarbure d'origine végétale, de formule brute. □ Formule (C_5H_8)$_n$.

terpénique [tɛʀpenik] adj. Se dit des terpènes et de leurs dérivés.

terrain [tɛʀɛ̃] n.m. (lat. *terrenum*, de *terrenus* "formé de terre"). **- 1.** Espace de terre considéré du point de vue de sa nature, de sa structure, de son relief : *Terrain argileux, fertile* (syn. sol). *Terrain accidenté.* **- 2.** Étendue de terre, considérée du point de vue de sa surface, de sa propriété et de son affectation : *Prix du terrain à bâtir. Acheter un terrain* (syn. parcelle). **- 3.** Espace, emplacement aménagé en vue de certaines activités : *Terrain de sport. Terrain d'aviation.* **- 4.** Lieu où se déroulent un duel, des opérations militaires : *Le terrain des opérations s'est déplacé au centre du pays.* **- 5.** Domaine de la réalité en tant qu'objet d'étude : *Enquête sur le terrain.* **- 6.** Situation, état des choses et des esprits, ensemble des conditions, des circonstances pouvant présider à un comportement, à une action : *Sonder le terrain avant d'agir. Trouver un terrain d'entente.* **- 7.** MÉD. Ensemble des facteurs génétiques, physiologiques, etc., qui favorisent l'apparition de certaines maladies : *Terrain allergique.* **- 8.** Céder du terrain, reculer ; faire des concessions. ‖ **Connaître le terrain,** connaître les gens auxquels on a affaire. ‖ **Homme de terrain,** dans un domaine particulier, personne en contact direct avec les gens, les situations concrètes. ‖ **Se placer sur un bon, un mauvais terrain,** soutenir une bonne, une mauvaise cause ; être dans une situation avantageuse, désavantageuse. ‖ **Tout terrain, tous terrains,** se dit d'un véhicule capable de rouler sur toutes sortes de terrains hors routes et pistes.

terrasse [tɛʀas] n.f. (anc. prov. *terrassa*, du lat. *terra* "terre"). **- 1.** Plate-forme à l'air libre aménagée au rez-de-chaussée ou à un étage ou sur le toit d'une habitation. **- 2.** Terre-plein horizontal sur un terrain en pente, génér. maintenu par un mur de soutènement :

Cultures en terrasse. **- 3.** Partie du trottoir longeant un café, un restaurant, où sont disposées des tables pour les consommateurs. **- 4.** Socle plat de certaines pièces d'orfèvrerie ; partie supérieure de la base d'une statue. **- 5.** GÉOGR. Sur les versants d'une vallée, replat, souvent recouvert de dépôts fluviaux, qui correspond à un ancien fond de vallée.

terrassement [tɛʀasmɑ̃] n.m. (de *terrasse*). Action de creuser et de transporter des terres ; ensemble des travaux destinés à modifier la forme d'un terrain.

terrasser [tɛʀase] v.t. (de *terrasse*). **- 1.** Jeter à terre avec violence au cours d'une lutte : *Terrasser un adversaire* (syn. renverser). **- 2.** Vaincre complètement : *Terrasser l'ennemi* (syn. anéantir, écraser). **- 3.** Abattre physiquement ou moralement : *La fièvre l'a terrassé. Être terrassé par une attaque* (syn. foudroyer).

terrassier [tɛʀasje] n.m. (de *terrasse*). Ouvrier employé aux travaux de terrassement.

terre [tɛʀ] n.f. (lat. *terra*). **- 1.** (Avec une majuscule). Planète du système solaire habitée par l'homme : *La Terre tourne autour du Soleil.* **- 2.** Surface de cette planète ; ensemble des hommes qui la peuplent : *Parcourir la terre* (syn. globe, monde). *Être connu de la terre entière* (syn. univers). **- 3.** Séjour des vivants (par opp. à l'*au-delà*) : *N'espérez pas le bonheur sur la terre* (syn. ici-bas). **- 4.** Surface solide où l'homme marche, se déplace, vit, construit, etc. : *Tomber la face contre terre. S'asseoir par terre* (= sur le sol). **- 5.** Partie solide et émergée du globe (par opp. aux étendues d'*eau*, à l'*air*) : *Être en vue de la terre. Armée de terre.* **- 6.** Étendue de terrain appartenant à qqn, à une commune, etc. ; (souvent au pl.), propriété, domaine rural souvent considérable : *Acheter une terre* (syn. terrain). *Remembrement des terres. Vivre sur ses terres* (syn. domaine). **- 7.** Étendue de pays considérée d'un point de vue géographique, national, régional, etc. ; pays : *Les terres arctiques. Mourir en terre étrangère* (syn. sol). **- 8.** Matière constituant la couche supérieure du globe où croissent les végétaux : *Terre argileuse.* **- 9.** Sol considéré comme l'élément de base de la vie et des activités rurales ; ces activités : *Terre à blé. Produits de la terre.* **- 10.** FAM. Avoir les (deux) pieds sur terre, avoir le sens des réalités. ‖ Être sur terre, exister. ‖ Quitter cette terre, mourir. ‖ Revenir sur terre, sortir d'une rêverie, revenir à la réalité. **- 11.** Sciences de la Terre, sciences qui ont pour objet l'origine, la nature et l'évolution du globe terrestre (géochimie, géophysique, géologie, etc.). ‖ Terre cuite, argile façonnée et mise au four ; objet obtenu de cette façon.

‖ **Terre de Sienne** (naturelle ou brûlée), ocre brune utilisée en peinture. ‖ **Terre sainte**, les lieux où vécut le Christ. ‖ **Terre végétale**, partie du sol mêlée d'humus et propre à la végétation. ‖ **Terre vierge**, non encore cultivée. ‖ CHIM. **Terres rares**, oxydes métalliques et métaux composant un groupe d'éléments chimiques appelés les *lanthanides*. - **12.** Terre à terre. Qui est très proche des préoccupations de la vie courante : *Un esprit terre à terre* (syn. prosaïque).

terreau [teʀo] n.m. (de *terre*). - **1.** Terre mélangée à des matières animales ou végétales décomposées, utilisée en horticulture. - **2.** Milieu favorable : *Le terreau de la délinquance.*

terre-neuvas [tɛʀnœva] n.m. inv. ou **terre-neuvier** [tɛʀnœvje] n.m. (pl. *terre-neuviers*). Bateau équipé pour la pêche sur les bancs de Terre-Neuve ; marin pêcheur sur ce bateau.

terre-neuve [tɛʀnœv] n.m. inv. (de *Terre-Neuve*, n. de l'île d'où ce chien est originaire). Chien de sauvetage de forte taille, au poil long, de couleur noir de jais.

terre-plein [tɛʀplɛ̃] n.m. (it. *terrapieno* "terrassement") [pl. *terre-pleins*]. - **1.** Terrain rapporté soutenu par des murs. - **2.** Terre-plein central, bande de terrain séparant les deux chaussées sur une voie à deux sens de circulation séparés.

terrer [teʀe] v.t. AGRIC. Mettre de la nouvelle terre au pied d'une plante ; couvrir de terre. ◆ **se terrer** v.pr. - **1.** Se loger, se cacher sous terre, en parlant d'un animal (syn. gîter). - **2.** Éviter de se montrer en s'isolant : *Il s'est terré dans sa campagne* (syn. se claquemurer).

terrestre [teʀɛstʀ] adj. (lat. *terrestris*). - **1.** Relatif à la Terre : *Le globe terrestre.* - **2.** Qui vit sur la partie solide du globe (par opp. à *aérien*, à *marin*) : *Les animaux, les plantes terrestres.* - **3.** Qui est, se déplace sur le sol (par opp. à *aérien*, *maritime*) : *Transport terrestre.* - **4.** Qui concerne la vie matérielle : *Les joies terrestres.*

terreur [teʀœʀ] n.f. (lat. *terror, -oris*). - **1.** Peur violente qui paralyse : *Un mal qui répand la terreur* (syn. effroi, épouvante). - **2.** Pratique systématique de violences, de répressions, en vue d'imposer un pouvoir : *Dictateur qui se maintient par la terreur.* - **3.** Personne ou chose qui inspire une grande peur, que l'on redoute : *Cette enseignante est une vraie terreur pour ses élèves.*

terreux, euse [teʀø, -øz] adj. (bas lat. *terrosus*). - **1.** Propre à la terre : *Goût terreux.* - **2.** Mêlé, sali de terre : *Avoir les mains terreuses.* - **3.** Qui a la couleur de la terre, pâle, grisâtre : *Visage terreux* (syn. blafard, livide).

terri n.m. → terril.

terrible [teʀibl] adj. (lat. *terribilis*, de *terrere* "épouvanter"). - **1.** Qui cause, inspire de la terreur ; qui a des effets funestes, tragiques : *Une terrible catastrophe* (syn. effroyable). - **2.** Très désagréable : *Il a un caractère terrible* (syn. affreux). - **3.** Qui atteint une violence, une force considérables : *Un vent terrible* (syn. violent). - **4.** FAM. Indique un haut degré, une grande quantité : *J'ai un travail terrible à faire. Cette fille est terrible* (syn. fantastique, formidable). *Un disque terrible* (syn. remarquable). - **5.** Enfant terrible, enfant turbulent, insupportable, mal élevé ; au fig., personne qui, au sein d'un groupe, se fait remarquer par ses incartades : *Un enfant terrible de la politique.*

terriblement [teʀibləmɑ̃] adv. De façon terrible : *Il est terriblement ennuyeux* (syn. extrêmement).

terrien, enne [teʀjɛ̃, -ɛn] adj. et n. - **1.** Qui possède des terres : *Propriétaire terrien.* - **2.** Qui habite la Terre (par opp. à *extraterrestre*). - **3.** Qui habite la terre (par opp. à *aérien*, à *marin*). - **4.** Qui concerne la campagne (par opp. à *citadin*) : *Des origines terriennes.*

terrier [teʀje] n.m. Trou creusé dans la terre par certains animaux comme le lapin, le renard, etc.

terrifiant, e [teʀifjɑ̃, -ɑ̃t] adj. Qui terrifie (syn. effrayant, horrifiant).

terrifier [teʀifje] v.t. Frapper de terreur : *Le film nous a terrifiés* (syn. épouvanter, terroriser).

terril [teʀil] ou **terri** [teʀi] n.m. (de *terre*). Entassement de déblais stériles au voisinage d'une mine.

terrine [teʀin] n.f. (fém. de l'anc. fr. *terrin* "pot, marmite de terre"). - **1.** Récipient de cuisine en terre vernissée, servant à cuire et à conserver les viandes. - **2.** Apprêt de viande, de poisson, de légumes moulé et consommé froid.

territoire [teʀitwaʀ] n.m. (lat. *territorium*). - **1.** Étendue de terre dépendant d'un État, d'une ville, d'une juridiction, etc. : *Le territoire d'une commune* (syn. district, circonscription). - **2.** ÉTHOL. Zone occupée par un animal, ou une famille d'animaux, délimitée d'une certaine manière et défendue contre l'accès des congénères. - **3.** MÉD. Ensemble des parties anatomiques desservies par un vaisseau, un nerf. - **4.** Territoire d'outre-mer (T. O. M.), collectivité territoriale de la République française, créée en 1946. □ Les quatre T. O. M. sont : Wallis-et-Futuna, la Polynésie française, la Nouvelle-Calédonie, les Terres australes et antarctiques françaises.

territorial, e, aux [teʀitɔʀjal, -o] adj. - **1.** Propre au territoire ; qui relève du territoire : *Intégrité territoriale.* - **2.** Eaux territoriales → eau.

territorialité [teritɔrjalite] n.f. (de *territorial*). Caractère de ce qui fait proprement partie du territoire d'un État.

terroir [teRwaR] n.m. (lat. pop. *terratorium*, du class. *territorium*). - **1.** Terre considérée sous l'angle de la production ou d'une production agricole caractéristique : *Terroir fertile.* - **2.** Ensemble des terres d'une région, considérées du point de vue de leurs aptitudes agricoles. - **3.** Province, campagne, considérées sous le rapport de certaines habitudes spécifiques : *Mots du terroir.* - **4.** Goût de terroir, goût particulier à certains vins de petits crus, tenant à la nature du sol.

terroriser [teRɔRize] v.t. - **1.** Frapper de terreur, d'épouvante : *Le fracas du tonnerre le terrorise* (syn. épouvanter, terrifier). - **2.** Tenir sous un régime de terreur.

terrorisme [teRɔRism] n.m. (de *terreur*). Ensemble d'actes de violence commis par une organisation pour créer un climat d'insécurité ou renverser le gouvernement établi.

terroriste [teRɔRist] adj. et n. Qui relève du terrorisme ; qui participe à un acte de terrorisme.

tertiaire [teRsjeR] adj. (du lat. *tertius* "troisième", d'apr. *primaire*). - **1.** CHIM. Se dit d'un atome de carbone lié à trois atomes de carbone. - **2.** Ère tertiaire, ère géologique précédant l'ère quaternaire et constituant la première partie du cénozoïque, d'une durée de 65 millions d'années et marquée par le plissement alpin et la diversification des mammifères (on dit aussi *le tertiaire*). - **3.** Secteur tertiaire, secteur des activités économiques comprenant notamm. le commerce, les services (on dit aussi *le tertiaire*).

tertio [teRsjo] adv. (mot lat., de *tertius* "troisième"). Troisièmement ; en troisième lieu.

tertre [teRtR] n.m. (lat. pop. *termitem*, de *termes* "tertre", du class. *termen, -inis* "borne"). - **1.** Élévation peu considérable de terre : *Élever une statue au sommet d'un tertre* (syn. butte, hauteur, monticule). - **2.** Tertre funéraire, éminence de terre recouvrant une sépulture (syn. tumulus).

tes adj. poss. → **ton.**

tesla [tɛsla] n.m. (de *N. Tesla,* n. d'un physicien yougoslave). Unité de mesure d'induction magnétique, équivalant à l'induction magnétique uniforme qui, répartie normalement sur une surface de 1 m², produit à travers cette surface un flux d'induction magnétique total de 1 weber. □ Symb. T.

tessère [teseR] n.f. (lat. *tessera*). ANTIQ. ROM. Plaquette ou jeton d'ivoire, de métal, de terre cuite, etc., aux usages multiples dans l'Antiquité (entrée au spectacle, vote, marque de fabrique, etc.).

tessiture [tesityR] n.f. (it. *tessitura* "texture, trame", de *tessere* "tisser"). MUS. - **1.** Ensemble des sons qu'une voix peut produire sans difficulté : *Tessiture grave* (syn. registre). - **2.** Ensemble des notes qui reviennent le plus souvent dans un morceau, constituant pour ainsi dire la texture, l'étendue moyenne dans laquelle il est écrit.

tesson [tesɔ̃] n.m. (de *têt*). Débris d'un objet en verre, en céramique : *Tessons de bouteilles.*

1. test [tɛst] n.m. (du lat. *testum* "vase d'argile"). Enveloppe dure qui protège divers êtres vivants (plaques dermiques de l'oursin, coquille des mollusques, carapace des crustacés).

2. test [tɛst] n.m. (mot angl. "épreuve"). - **1.** Épreuve permettant d'évaluer les aptitudes de qqn, ou d'explorer sa personnalité : *Test de niveau.* - **2.** Épreuve d'examen présentée sous forme d'un questionnaire à compléter. - **3.** Épreuve en général qui permet de juger qqch ou qqn : *Ce sera un test de sa bonne volonté.* - **4.** MÉD. Essai, épreuve pouvant mettre en œuvre des techniques médicales variées (réaction chimique ou biologique, prélèvement, etc.) et fournissant une indication déterminante pour le diagnostic ; matériel utilisé pour cet essai, cette épreuve : *Test de grossesse.*

testament [tɛstamɑ̃] n.m. (lat. *testamentum,* de *testari* "attester, témoigner"). - **1.** Acte juridique par lequel une personne déclare ses dernières volontés et dispose de ses biens pour le temps qui suivra sa mort. - **2.** Message ultime qu'un écrivain, un homme politique, un savant, un artiste, dans une œuvre, tient à transmettre à la postérité. - **3.** Ancien Testament, ensemble des livres de la Bible qui se rapportent à l'histoire de l'Alliance de Dieu avec le peuple juif. ‖ Nouveau Testament, recueil des écrits bibliques qui concernent la Nouvelle Alliance établie par Jésus-Christ.

testamentaire [tɛstamɑ̃teR] adj. (lat. *testamentarius*). - **1.** Qui concerne le testament. - **2.** Exécuteur testamentaire → exécuteur.

testateur, trice [tɛstatœR, -tRis] n. (lat. *testator*). Personne qui fait ou qui a fait son testament.

1. tester [tɛste] v.i. (lat. *testari* "prendre à témoin, témoigner"). Faire son testament.

2. tester [tɛste] v.t. (mot angl.). Soumettre à un test.

testicule [tɛstikyl] n.m. (lat. *testiculus,* dimin. de *testis*). ANAT. Glande génitale mâle, élaborant les spermatozoïdes et sécrétant l'hormone mâle.

testimonial, e, aux [tɛstimɔnjal, -o] adj. (lat. *testimonialis*, de *testimonium* "témoignage"). - **1.** Qui résulte d'un témoignage : *Preuve testimoniale*. - **2.** Qui sert de témoignage, d'attestation : *Lettres testimoniales*.

testostérone [tɛstɔsteʀɔn] n.f. (contraction de *test[icule]*, de *stér[ol]* et de *[horm]one*). Hormone produite par les testicules, et agissant sur le développement des organes génitaux et des caractères sexuels secondaires mâles.

têt [tɛ] n.m. (lat. *testum*, de *testus* "couvercle d'argile"). CHIM. Récipient en terre réfractaire, utilisé dans les laboratoires pour l'oxydation des métaux et la calcination des matières infusibles.

tétanie [tetani] n.f. (de *tétanos*). État pathologique caractérisé par des crises de contractions musculaires spasmodiques. □ Les crises de tétanie surviennent chez les sujets atteints de spasmophilie.

tétanique [tetanik] adj. et n. (gr. *tetanikos*). Relatif au tétanos ou à la tétanie ; qui en est atteint.

tétaniser [tetanize] v.t. (de *tétanos*). - **1.** Provoquer des contractures tétaniques. - **2.** Rendre qqn, un groupe abasourdi, figé, sous l'effet de l'étonnement, de l'indignation, etc. : *La peur l'a tétanisé* (syn. paralyser, pétrifier).

tétanos [tetanos] n.m. (mot gr. "tension, rigidité", de *teinein* "tendre"). Maladie infectieuse grave, caractérisée par des contractures douloureuses se généralisant à tous les muscles du corps. □ Son agent est un bacille anaérobie se développant dans les plaies souillées (terre, débris végétaux, etc.) et agissant par une toxine qui atteint les centres nerveux. La prévention du tétanos repose sur un vaccin et un sérum.

têtard [tɛtaʀ] n.m. (de *tête*). - **1.** Larve des amphibiens, aquatique, à tête fusionnée au tronc en une masse globuleuse, à respiration branchiale. - **2.** ARBOR. Arbre taillé de manière à former une touffe au sommet du tronc.

tête [tɛt] n.f. (lat. *testa* "vase en terre, coquille", puis "tête" en bas lat., a éliminé l'anc. fr. *chef*). - **1.** Extrémité supérieure du corps de l'homme et extrémité antérieure du corps de nombreux animaux contenant la bouche, le cerveau et les principaux organes sensoriels : *Avoir une grosse tête. Couper la tête.* - **2.** Boîte crânienne de l'homme, en partic. le cerveau ; le crâne : *Avoir mal à la tête.* - **3.** Partie supérieure du crâne où poussent les cheveux : *Sortir tête nue.* - **4.** Visage dont les traits traduisent les sentiments, les tendances, l'état ; expression : *Avoir une bonne tête* (= inspirer la confiance). - **5.** Ensemble des facultés mentales : *Avoir des rêves plein la tête. N'avoir rien dans la tête* (= être stupide). - **6.** Jugement, perspicacité, présence d'esprit, sang-froid : *Garder la tête froide. Perdre la tête* (syn. raison). - **7.** Comportement volontaire ; tempérament obstiné : *Une femme de tête. Avoir la tête dure* (= être buté). - **8.** Personne ; individu : *Ça coûte tant par tête.* - **9.** Animal appartenant à un troupeau : *Cinquante têtes de bétail.* - **10.** Vie de qqn : *Réclamer la tête d'un condamné.* - **11.** Partie supérieure de qqch : *Tête d'un clou.* - **12.** Partie antérieure ou initiale de qqch, notamm. dans une chose orientée ou en mouvement ; commencement : *Tête du train* (syn. devant). *La tête du convoi. L'incident s'est produit en tête de ligne* (contr. terminus). *Mot placé en tête de phrase* (syn. début). - **13.** Hauteur de la tête : *Elle a une tête de plus que lui.* - **14.** Longueur de la tête : *Ce cheval a gagné d'une tête.* - **15.** SPORTS. Au football, action de frapper une balle aérienne avec le front pour dévier sa trajectoire. - **16.** PÉTR. Fraction la plus légère, ou la plus volatile, d'un mélange d'hydrocarbures. - **17.** À la tête de, au premier rang de ; à la direction de ; à la première place, comme leader, directeur, etc. : *À la tête d'une entreprise.* ‖ FAM. Avoir ses têtes, montrer du parti pris dans ses sympathies ou ses antipathies à l'égard des autres. ‖ De tête, mentalement, sans avoir recours à l'écriture : *Calculer de tête.* ‖ FAM. En avoir par-dessus la tête, être excédé par qqch, qqn. ‖ FAM. Être tombé sur la tête, avoir perdu la raison, avoir l'esprit dérangé. ‖ Faire la tête, bouder, être de mauvaise humeur. ‖ Monter à la tête, étourdir, griser ; troubler la raison : *Ce parfum me monte à la tête.* ‖ Sa tête est mise à prix, on le recherche activement, en parlant d'un criminel. ‖ Se mettre dans la tête, en tête de, prendre la résolution de faire qqch ; se persuader, se convaincre que : *Il s'est mis en tête de faire le tour du monde* (= il l'a décidé). *Elle s'est mis en tête que je ne lui disais pas toute la vérité.* ‖ Se monter la tête, se faire des illusions. ‖ Tenir tête, résister : *Elle tient tête à son père* (= elle ne lui obéit pas). ‖ Tête baissée, sans réfléchir, sans regarder le danger : *Il a foncé, tête baissée, au-devant des problèmes.* - **18.** Tête de lecture → lecture. ‖ Tête de mort, squelette d'une tête humaine ; emblème symbolisant un danger mortel. ‖ Tête de pont → pont. - **19.** Tête en l'air, personne étourdie. ‖ Tête nucléaire, ogive nucléaire. ‖ FAM. Têtes blondes, enfants : *Ils ont peur que je choque leurs chères petites têtes blondes.* ‖ Voix de tête, voix aiguë (= voix de fausset). ‖ SPORTS. Tête de série, concurrent ou équipe que ses performances antérieures désignent pour rencontrer un

adversaire présumé plus faible lors des premières rencontres d'une épreuve éliminatoire.

tête-à-queue [tɛtakø] n.m. inv. Demi-tour complet que fait un véhicule à la suite d'un dérapage.

tête-à-tête [tɛtatɛt] n.m. inv. - **1.** Situation ou entretien de deux personnes qui se trouvent seule à seule. - **2.** Service à café, à petit déjeuner ou à thé pour deux personnes seulement.

tête-bêche [tɛtbɛʃ] adv. (altér. de *tête béchevet*, renforcement de *béchevet* "double tête", de *bis* et *chevet*). Se dit de la position de deux personnes ou de deux objets placés à côté l'un de l'autre en sens inverse : *Dormir tête-bêche.*

tête-de-nègre [tɛtdənɛgʀ] n.m. inv. et adj. inv. (par analogie de couleur). Couleur brun foncé.

têtée [tete] n.f. - **1.** Action de téter. - **2.** Quantité de lait qu'un nouveau-né tète en une fois.

téter [tete] v.t. et v.i. (de *tette* "bout de la mamelle", chez les animaux) [conj. 18]. Sucer le lait de la mamelle de la femme ou de la femelle d'un animal.

têtière [tɛtjɛʀ] n.f. (de *tête*). Pièce du filet ou de la bride qui passe sur la nuque du cheval et supporte les montants.

tétine [tetin] n.f. (de *téter*). - **1.** Mamelle d'un mammifère. - **2.** Embouchure en caoutchouc, percée de trous, que l'on adapte sur un biberon pour faire téter un nourrisson.

téton [tetɔ̃] n.m. (de *téter*). - **1.** FAM. Mamelle ; sein. - **2.** MÉCAN. Petite pièce en saillie maintenant une autre pièce.

tétrachlorure [tetʀaklɔʀyʀ] n.m. (de *tétra-* et de *chlorure*). - **1.** Composé contenant quatre atomes de chlore. - **2.** Tétrachlorure de carbone, liquide incolore, employé comme solvant ininflammable. □ Formule : CCl_4.

tétraèdre [tetʀaɛdʀ] n.m. (de *tétra-*, et de *-èdre*). - **1.** MATH. Polyèdre à quatre faces ; pyramide à base triangulaire. - **2.** Tétraèdre régulier, qui a pour faces 4 triangles équilatéraux égaux.

tétraédrique [tetʀaedʀik] adj. Relatif au tétraèdre ; qui a la forme d'un tétraèdre.

tétralogie [tetʀalɔʒi] n.f. (gr. *tetralogia*). - **1.** LITTÉR. GR. Ensemble de quatre pièces que les poètes tragiques présentaient aux concours dramatiques. - **2.** Ensemble de quatre œuvres, littéraires ou musicales, liées par une même inspiration : *La « Tétralogie » de Richard Wagner.*

tétraplégie [tetʀapleʒi] n.f. (de *tétra-*, et du gr. *plêgê* "coup"). MÉD. Paralysie des quatre membres (syn. quadriplégie).

tétraplégique [tetʀapleʒik] adj. et n. Atteint de tétraplégie (syn. quadriplégique).

tétrapode [tetʀapɔd] n.m. et adj. (du gr. *tetrapous, -odos* "à quatre pieds"). Tétrapodes, groupe d'animaux vertébrés dont le squelette comporte deux paires de membres, apparents ou atrophiés, témoignant dans l'évolution d'une adaptation primitive à la marche, tels les amphibiens, les reptiles, les oiseaux et les mammifères terrestres ou marins.

tétrarque [tetʀaʀk] n.m. (gr. *tetrarkhês*). Souverain vassal, à l'époque gréco-romaine, dont le territoire était trop restreint pour mériter le titre de roi.

tétras [tetʀa] n.m. (bas lat. *tetrax*, du gr.). Syn. de *coq de bruyère.*

tétrasyllabe [tetʀasillab] adj. et n.m. (lat. *tetrasyllabus*, du gr.). Se dit d'un vers de quatre syllabes.

têtu, e [tety] adj. et n. (de *tête*). Très attaché à ses idées ; insensible aux arguments : *Il est trop têtu pour changer d'avis* (syn. entêté, obstiné). *Être têtu comme une mule* (= très têtu).

texte [tɛkst] n.m. (lat. *textus* "tissu", de *texere* "tisser"). - **1.** Ensemble des termes, des phrases constituant un écrit, une œuvre : *Respecter scrupuleusement le texte d'un auteur.* - **2.** Œuvre ou partie d'œuvre littéraire : *Choix de textes du XVIIᵉ s.* (syn. morceau, page). - **3.** Page ; partie de la page composée de caractères imprimés : *Il y a trop de textes, il faut plus de dessins.* - **4.** Sujet d'un devoir : *Le texte d'une dissertation* (syn. énoncé). *Cahier de textes.* - **5.** Teneur exacte d'une loi ; la loi elle-même : *Le texte d'un acte.* - **6.** Dans le texte, dans la langue d'origine : *Lire Goethe dans le texte.*

1. textile [tɛkstil] adj. (lat. *textilis*, de *texere* "tisser"). - **1.** Qui peut être divisé en fibres propres à faire un tissu, comme le chanvre, le lin, la laine, l'amiante, etc. : *Matières textiles.* - **2.** Qui se rapporte à la fabrication des tissus : *Industrie textile.*

2. textile [tɛkstil] n.m. (de *1. textile*). - **1.** Matière propre à être tissée après avoir été filée. - **2.** Ensemble des industries textiles : *Travailler dans le textile.*

textuel, elle [tɛkstɥɛl] adj. - **1.** Qui concerne le texte écrit : *Analyse textuelle.* - **2.** Qui est exactement conforme au texte : *Traduction textuelle* (= mot à mot ; syn. littéral). - **3.** Qui est exactement conforme à ce qui a été dit : *Voici la réponse textuelle qui m'a été faite* (= mot pour mot).

textuellement [tɛkstɥɛlmɑ̃] adv. De façon textuelle : *Répéter textuellement les propos de qqn.*

texture [tɛkstyʀ] n.f. (lat. *textura*). - **1.** TEXT. Mode d'entrecroisement des fils de tissage ;

état d'une étoffe ou d'un matériau qui est tissé (syn. tissage). - **2.** Constitution générale d'un matériau solide : *Texture du bois* (syn. structure). - **3.** GÉOL. Ensemble des caractères définissant l'agencement et les relations volumiques et spatiales des minéraux d'une roche. - **4.** LITTÉR. Arrangement, disposition des parties d'un ouvrage : *La texture d'une pièce de théâtre* (syn. trame, structure).

T. G. V. n.m. (sigle). Train* à grande vitesse.

thaï, e [taj] adj. (mot indigène). Relatif aux Thaïs : *Culture thaïe.* ◆ **thaï** n.m. - **1.** Famille de langues parlées en Asie du Sud-Est. - **2.** La plus importante de ces langues, parlée en Thaïlande, où elle est langue officielle.

thalamus [talamys] n.m. (du lat. scientif. *thalami* [*nervorum*] *opticorum* "couches, lits [des nerfs optiques]", du gr. *thalamos* "lit"). ANAT. Partie de l'encéphale située à la base du cerveau, jouant un rôle essentiel dans la sensation. (On disait autref. *couches optiques*.)

thalassothérapie [talasɔterapi] n.f. (de *thalasso-* et *-thérapie*). Traitement par les bains d'eau de mer froide ou réchauffée et par les climats maritimes : *Faire une cure de thalassothérapie.*

thaler [talɛʁ] n.m. (mot all., de *Joachimsthal,* n. de la ville où fut frappée cette monnaie). Monnaie d'argent au poids de 29 g env., frappée d'abord en Bohême en 1525, unité monétaire des pays germaniques du XVIᵉ au XIXᵉ s.

thalle [tal] n.m. (gr. *thallos* "rameau, pousse"). BOT. Appareil végétatif des végétaux inférieurs, où l'on ne peut distinguer ni racine, ni tige, ni feuilles : *Le thalle des champignons.*

thallophyte [talɔfit] n.f. (de *thalle* et de *-phyte*). Végétal pluricellulaire dont l'appareil végétatif est constitué par un thalle, comme c'est le cas chez les algues, les champignons, les lichens.

thanatologie [tanatɔlɔʒi] n.f. (du gr. *thanatos* "mort", et de *-logie*). Étude des signes, des conditions, des causes et de la nature de la mort.

thaumaturge [tomatyʁʒ] n. (gr. *thaumatourgos,* de *thauma, -atos* "merveille, prodige" et *ergein* "faire"). LITTÉR. Personne qui fait ou prétend faire des miracles.

thaumaturgie [tomatyʁʒi] n.f. Pouvoir du thaumaturge.

thé [te] n.m. (du malais *teh*). - **1.** Feuilles de théier torréfiées après la cueillette *(thé vert)* ou après avoir subi une légère fermentation *(thé noir).* - **2.** Infusion que l'on en fait : *Faire, boire du thé.* - **3.** Collation où l'on sert du thé et des pâtisseries, l'après-midi : *Être invité à un thé.*

théâtral, e, aux [teatʁal, -o] adj. (lat. *theatralis*). - **1.** Qui concerne le théâtre : *Une rubrique théâtrale* (syn. dramatique). - **2.** Artificiel, forcé : *Un air, un ton théâtral* (syn. affecté ; contr. naturel).

théâtralement [teatʁalmɑ̃] adv. LITTÉR. De façon théâtrale, affectée : *Gesticuler théâtralement.*

théâtraliser [teatʁalize] v.t. Donner un caractère théâtral à : *Elle théâtralise tous ses gestes.*

théâtralité [teatʁalite] n.f. LITTÉR. Conformité d'une œuvre aux exigences scéniques du théâtre : *La théâtralité d'un opéra.*

théâtre [teatʁ] n.m. (lat. *theatrum,* du gr.). - **1.** Édifice destiné à la représentation de pièces, de spectacles dramatiques ; le spectacle lui-même : *Le Théâtre-Français, à Paris. Aller au théâtre.* - **2.** Art dramatique, considéré comme un genre artistique et littéraire : *Faire du théâtre.* - **3.** La littérature dramatique ; ensemble des pièces d'un auteur, d'un pays ou d'une époque : *Le théâtre grec. Le théâtre de Corneille.* - **4.** Attitude artificielle, outrée : *Tout ça, c'est du théâtre* (= des simagrées). - **5.** Lieu où se passent certains faits, le plus souvent dramatiques : *Notre village a été le théâtre d'un crime atroce.* - **6.** Coup de théâtre, événement inattendu qui modifie radicalement la situation, dans une pièce dramatique ou dans la vie ordinaire : *Son départ en pleine réunion a été un véritable coup de théâtre.* ‖ MIL. Théâtre d'opérations, zone géographique nécessaire à l'accomplissement d'une mission stratégique donnée ; échelon correspondant dans l'organisation des forces (abrév. *T. O.*).

thébaïde [tebaid] n.f. (de *Thébaïde,* partie de l'ancienne Égypte, où vécurent nombre d'ascètes chrétiens). LITTÉR. Lieu isolé, propre à la méditation : *Cet endroit est une véritable thébaïde.*

théier [teje] n.m. Arbrisseau originaire de la Chine méridionale et cultivé dans toute l'Asie du Sud-Est pour ses feuilles, qui donnent le thé. □ Il peut atteindre 10 m, mais, en culture, on ne le laisse pas dépasser 3 m.

théière [tejɛʁ] n.f. Récipient pour l'infusion du thé.

théine [tein] n.f. Principal alcaloïde de la feuille de thé, identique à la caféine.

théisme [teism] n.m. (angl. *theism,* du gr. *theos* "dieu"). Doctrine qui affirme l'existence personnelle et unique d'un Dieu, cause du monde.

théiste [teist] adj. et n. (angl. *theist*). Du théisme : *Système théiste.*

thématique [tematik] adj. (gr. *thematikos,* de *thema* "thème"). Relatif à un thème ; qui s'organise autour de thèmes : *Encyclopédie thématique.* ◆ n.f. Ensemble des thèmes développés par un écrivain, une école, etc.

thème [tɛm] n.m. (lat. *thema,* du gr. "ce qui est posé"). - **1.** Sujet, idée sur lesquels portent une réflexion, un discours, une œuvre, autour desquels s'organise une action : *Le thème d'un débat.* - **2.** LING. Ensemble des éléments d'une proposition désignant l'être ou la chose dont on parle (ce qu'on en dit constituant le *prédicat*). - **3.** MUS. Fragment mélodique ou rythmique sur lequel est construite une œuvre musicale. - **4.** Exercice scolaire consistant à traduire un texte dans la langue qu'on étudie ; le texte ainsi traduit (par opp. à *version*) : *Thème latin.* - **5.** LING. Partie du mot qui reste invariable et à laquelle s'ajoutent les désinences. - **6.** Fort en thème, élève brillant ; au fig., élève à la culture livresque. ‖ ASTROL. Thème astral, représentation symbolique de l'état du ciel *(aspect)* au moment de la naissance de qqn.

théocratie [teɔkʀasi] n.f. (gr. *theocratia*). Régime politique dans lequel le pouvoir est considéré comme venant directement de Dieu, et exercé par ceux qui sont investis de l'autorité religieuse.

théocratique [teɔkʀatik] adj. Relatif à la théocratie.

théodolite [teɔdɔlit] n.m. (lat. scientif. *theodelitus*). Instrument de géodésie et de topographie servant à mesurer les angles réduits à l'horizon, les distances zénithales et les azimuts.

théogonie [teɔɡɔni] n.f. (gr. *theogonia,* de *theos* "dieu" et *gonos* "génération"). RELIG. Doctrine relative à l'origine et à la généalogie des dieux ; ensemble des divinités d'une mythologie donnée : *La théogonie grecque.*

théologal, e, aux [teɔlɔɡal, -o] adj. (de *théologie*). CATH. - **1.** Qui a Dieu pour objet. - **2.** Vertus théologales, la foi, l'espérance et la charité (par opp. à *vertus cardinales*).

théologie [teɔlɔʒi] n.f. (lat. ecclés. *theologia*). - **1.** Étude concernant la divinité et, plus génér., la religion : *La théologie musulmane.* - **2.** RELIG. CHRÉT. Étude portant sur Dieu et les choses divines à la lumière de la Révélation. - **3.** Doctrine religieuse d'un auteur ou d'une école : *La théologie de saint Augustin.*

théologien, enne [teɔlɔʒjɛ̃, -ɛn] n. Spécialiste de théologie.

théologique [teɔlɔʒik] adj. (lat. *theologicus*). Relatif à la théologie : *Études théologiques.*

théorème [teɔʀɛm] n.m. (du gr. *theôrêma* "objet d'étude"). - **1.** Proposition scientifique qui peut être démontrée : *Théorème de géométrie.* - **2.** MATH., LOG. Expression d'un système formel, démontrable à l'intérieur de ce système.

théoricien, enne [teɔʀisjɛ̃, -ɛn] n. - **1.** Personne qui étudie la théorie, les idées, les concepts d'un domaine scientifique (par opp. à *praticien*). - **2.** Personne qui étudie, élabore et défend la théorie, les principes d'une doctrine : *Théoricien du libéralisme.*

1. théorie [teɔʀi] n.f. (lat. ecclés. *theoria,* mot gr. "observation"). - **1.** Connaissance spéculative, idéale, indépendante des applications : *C'est de la théorie, il faut voir ce que cela donnera dans la pratique* (syn. spéculation). - **2.** Ensemble de théorèmes et de lois systématiquement organisés, soumis à une vérification expérimentale, et qui vise à établir la vérité d'un système scientifique : *La théorie des ensembles.* - **3.** En théorie, en spéculant, de manière abstraite (par opp. à *en pratique*) : *En théorie, cela pourrait arriver, mais en fait cela ne se produit jamais.*

2. théorie [teɔʀi] n.f. (gr. *theôria* "procession"). - **1.** ANTIQ. GR. Ambassade solennelle envoyée dans une ville. - **2.** LITT. Long défilé de personnes, de véhicules : *Théorie de fidèles, de voitures* (syn. cortège, file).

théorique [teɔʀik] adj. (lat. *theoricus*). - **1.** Qui appartient à la théorie : *Recherche théorique* (syn. spéculatif ; contr. appliqué). *Connaissances théoriques* (contr. expérimental, pratique). - **2.** Du domaine de la spéculation, sans rapport avec la réalité ou la pratique : *D'un point de vue théorique, il a raison* (syn. abstrait, spéculatif).

théoriquement [teɔʀikmã] adv. De façon théorique : *Théoriquement, tout devrait bien se passer.*

théoriser [teɔʀize] v.t. Formuler sous forme de théorie : *Théoriser les résultats d'une recherche.* ◆ v.i. Élaborer, énoncer des théories : *Il ne peut pas s'empêcher de théoriser sur tout.*

théosophie [teɔzɔfi] n.f. (gr. *theosophia* "connaissance des choses divines"). Doctrine fondée sur la théorie de la sagesse divine, selon laquelle celle-ci est omniprésente dans l'univers et dans l'homme.

thérapeute [teʀapøt] n. (du gr. *therapeuein* "soigner"). - **1.** Médecin spécialiste de thérapeutique. - **2.** SOUT. Médecin. - **3.** Psychothérapeute.

thérapeutique [teʀapøtik] adj. (gr. *therapeutikos* "qui prend soin de"). Relatif au traitement des maladies : *Indications thérapeutiques.* ◆ n.f. MÉD. - **1.** Partie de la médecine qui se rapporte à la manière de traiter les maladies : *L'emploi des antibiotiques a transformé la thérapeutique moderne.* - **2.** Traitement médical : *À chaque maladie correspond une thérapeutique particulière.*

thérapie [teʀapi] n.f. (gr. *therapeia* "soin"). - **1.** Thérapeutique ; traitement médical.

- **2.** Psychothérapie. - **3.** Thérapie familiale, dans laquelle est impliqué l'ensemble de la cellule familiale.

thermal, e, aux [tɛʀmal, -o] adj. (de *thermes*). - **1.** Se dit des eaux de source chaudes et de toute eau de source utilisée comme moyen de traitement, ainsi que des installations permettant leur emploi. - **2.** Station **thermale**, localité dotée d'un ou de plusieurs établissements spécialisés dans le traitement d'affections diverses par l'utilisation d'eaux de source aux caractéristiques minéralogiques déterminées et constantes.

thermalisme [tɛʀmalism] n.m. (de *thermal*). Ensemble de moyens médicaux, hospitaliers, sociaux, etc., mis en œuvre pour l'utilisation thérapeutique des eaux de source.

thermes [tɛʀm] n.m. pl. (lat. *thermae*, du gr. *thermos* "chaud"). - **1.** Établissement où l'on prend des bains d'eaux médicinales. - **2.** Bains publics dans l'Antiquité romaine : *Les thermes de Lutèce.*

thermidor [tɛʀmidɔʀ] n.m. (du gr. *thermos* "chaud" et *dôron* "don"). HIST. Onzième mois de l'année républicaine, du 19 ou 20 juillet au 17 ou 18 août.

thermidorien, enne [tɛʀmidɔʀjɛ̃, -ɛn] adj. et n. HIST. Se dit des Conventionnels tels que Barras, Fouché, Tallien, qui renversèrent Robespierre le 9 thermidor an II. ◆ adj. Relatif aux journées révolutionnaires de thermidor.

thermie [tɛʀmi] n.f. (du gr. *thermos* "chaud", d'apr. *calorie*). Unité de mesure de quantité de chaleur valant 10⁶ calories. □ Symb. th. Cette unité n'est plus légale en France.

thermique [tɛʀmik] adj. (du gr. *thermos* "chaud"). - **1.** Relatif à la chaleur. - **2.** Centrale **thermique**, centrale dans laquelle l'énergie électrique est produite à partir d'énergie thermique de combustion. ‖ Papier **thermique**, papier couché, utilisé notamm. pour la télécopie, et portant sur une face un réactif qui devient bleu ou noir sous l'effet de la chaleur (entre 90 et 110 °C). ◆ n.f. Partie de la physique qui traite de la production, de la transmission ainsi que de l'utilisation de la chaleur.

thermocautère [tɛʀmokotɛʀ] n.m. MÉD. Cautère de platine, maintenu incandescent par un courant d'air carburé.

thermochimie [tɛʀmoʃimi] n.f. Partie de la chimie qui s'occupe des quantités de chaleur mises en jeu par les réactions chimiques.

thermochimique [tɛʀmoʃimik] adj. Relatif à la thermochimie.

thermodurcissable [tɛʀmodyʀsisabl] adj. Qui possède la propriété de durcir au-dessus

d'une température donnée et de ne pouvoir reprendre sa forme primitive de manière réversible.

thermodynamique [tɛʀmodinamik] n.f. Partie de la physique qui traite des relations entre les phénomènes mécaniques et calorifiques. ◆ adj. Relatif à la thermodynamique : *Transformation thermodynamique.*

thermoélectricité [tɛʀmoelɛktʀisite] n.f. - **1.** Ensemble des phénomènes réversibles de transformation directe de l'énergie thermique en énergie électrique, et vice versa. - **2.** Électricité produite par la combustion du charbon, du gaz ou du fioul lourd d'une part *(thermoélectricité classique),* ou de l'uranium ou du plutonium d'autre part *(thermoélectricité nucléaire).*

thermoélectrique [tɛʀmoelɛktʀik] adj. Relatif à la thermoélectricité : *Courant thermoélectrique.*

thermogène [tɛʀmoʒɛn] adj. Qui produit de la chaleur.

thermographie [tɛʀmogʀafi] n.f. Technique d'enregistrement graphique des températures de divers points d'un corps par détection du rayonnement infrarouge qu'il émet. □ Cette technique est utilisée notamm. en médecine pour le dépistage des tumeurs du sein.

thermomètre [tɛʀmomɛtʀ] n.m. - **1.** Instrument destiné à mesurer la température : *Le thermomètre monte, descend.* - **2.** Thermomètre centésimal, thermomètre qui comprend 100 divisions entre la division 0, qui correspond à la température de la glace fondante, et la division 100, qui correspond à la température de l'eau en ébullition : *Le thermomètre indique, marque 37 °C.* □ Chacune de ces divisions est appelée degré Celsius.

thermométrie [tɛʀmometʀi] n.f. PHYS. Mesure de la température.

thermométrique [tɛʀmometʀik] adj. Relatif au thermomètre, à la thermométrie : *Échelle thermométrique.*

thermonucléaire [tɛʀmonykleɛʀ] adj. - **1.** Se dit d'une réaction de fusion nucléaire entre éléments légers et de l'énergie qu'elle produit, rendue possible par l'emploi de températures très élevées. - **2.** Arme **(bombe) thermonucléaire,** arme mettant en jeu, grâce à l'obtention de très hautes températures, la fusion de noyaux d'atomes légers avec un dégagement considérable d'énergie (= arme [bombe] hydrogène ou H). □ La puissance des armes thermonucléaires s'exprime en mégatonnes.

thermoplastique [tɛʀmoplastik] adj. (de *thermo-* et de *plastique*). Qui se ramollit sous l'action de la chaleur et se durcit en se refroidissant de manière réversible : *Les résines thermoplastiques.*

thermopompe [tɛRmɔpɔ̃p] n.f. Appareil prélevant de la chaleur à un milieu à basse température pour en fournir à un milieu à température plus élevée. (On dit aussi *pompe à chaleur.*)

thermorégulation [tɛRmɔRegylasjɔ̃] n.f. - **1.** BIOL. Fonction de l'organisme assurant la constance de la température interne du corps. - **2.** Réglage automatique de la température d'une ambiance, d'un milieu.

thermorésistant, e [tɛRmɔRezistɑ̃, -ɑ̃t] adj. Se dit d'une substance qui résiste à la chaleur.

Thermos [tɛRmos] n.f. (nom déposé). Bouteille isolante permettant à un liquide de conserver sa température pendant plusieurs heures.

thermosphère [tɛRmɔsfɛR] n.f. (de *thermo-* et *-sphère*). Couche de l'atmosphère située au-dessus de la mésosphère, au sein de laquelle la température croît régulièrement avec l'altitude.

thermostat [tɛRmɔsta] n.m. (de *thermo-* et du gr. *statos* "stationnaire"). Appareil servant à maintenir la température constante.

thermostatique [tɛRmɔstatik] adj. (de *thermostat*). Se dit d'un dispositif capable de maintenir la température constante.

thésaurisation [tezɔRizasjɔ̃] n.f. - **1.** Action de thésauriser, d'amasser des richesses. - **2.** ÉCON. Mise en réserve d'un stock de monnaie conservé tel quel, sans faire l'objet d'un placement productif.

thésauriser [tezɔRize] v.i. et v.t. (bas lat. *thesaurizare*, du class. *thesaurus* "trésor"). Mettre de l'argent de côté sans le dépenser ni le faire fructifier : *L'avare thésaurise* (syn. économiser, épargner). *Thésauriser des pièces en argent* (syn. entasser, accumuler).

thésauriseur, euse [tezɔRizœR, -øz] adj. et n. Personne qui thésaurise.

thesaurus ou **thésaurus** [tezɔRys] n.m. (lat. *thesaurus* "trésor", du gr.). DIDACT. - **1.** Lexique de philologie, d'archéologie. - **2.** Répertoire alphabétique de termes normalisés utilisés pour le classement documentaire. - **3.** Répertoire raisonné du vocabulaire d'une langue.

thèse [tɛz] n.f. (lat. *thesis*, mot gr. "action de poser"). - **1.** Proposition théorique, opinion, position sur qqch dont on s'attache à démontrer la véracité : *Soutenir, réfuter une thèse* (syn. théorie). *Quelle est la thèse de la police sur cette affaire ?* (syn. théorie). - **2.** Ensemble de travaux présentés, sous forme d'ouvrage, en vue de l'obtention du grade de docteur ; exposé public de cet ouvrage : *Préparer une thèse de lettres.* - **3.** PHILOS. Idée, proposition qui forme le premier terme d'une antinomie (dans les philosophies rationalistes de type kantien) ou d'une contradiction de type dialectique (dans les philosophies hégélienne et marxiste). - **4.** Pièce, roman, film à thèse, qui illustre une thèse politique, morale ou philosophique.

thêta [teta] n.m. inv. (mot gr.). Huitième lettre de l'alphabet grec (θ).

tholos [tɔlɔs] n.f. (mot gr. "voûte, coupole"). ARCHIT. Temple à naos circulaire, ayant généralement une toiture conique et un péristyle concentrique.

thomisme [tɔmism] n.m. Ensemble de doctrines théologiques et philosophiques de saint Thomas d'Aquin et de ses épigones.
  ◆ **thomiste** adj. et n. Relatif au thomisme ; qui en est partisan.

thon [tɔ̃] n.m. (anc. prov. *ton*, du lat. *thunnus, thynnus,* du gr.). Poisson marin comestible, excellent nageur, effectuant des migrations en Méditerranée et dans l'Atlantique. □ Long. de 1 à 3 m.

thonier [tɔnje] n.m. Bateau pour la pêche du thon.

thoracique [tɔRasik] adj. (gr. *thôrakikos*). ANAT. - **1.** Relatif à la poitrine : *Région thoracique.* - **2.** Canal thoracique, principal tronc collecteur de la lymphe, longeant la colonne vertébrale.

thorax [tɔRaks] n.m. (mot lat., du gr.). - **1.** Partie du corps des vertébrés limitée par les vertèbres, les côtes, le sternum et le diaphragme et contenant les poumons, le cœur. - **2.** ZOOL. Seconde partie du corps des insectes, formée de trois anneaux et sur laquelle sont fixées les pattes et les ailes.

thorium [tɔRjɔm] n.m. (de *Thor*, n. d'un dieu scandinave). Métal radioactif blanc, cristallin, extrait d'un silicate *(la thorite)*, fondant vers 1 700 °C. □ Symb. Th ; densité 12,1.

thriller [sRilœR] ou [tRilœR] n.m. (mot angl., de *to thrill* "faire tressaillir"). Film ou roman (policier ou d'épouvante) à suspense, qui procure des sensations fortes.

thrombose [tRɔ̃boz] n.f. (gr. *thrombôsis* "coagulation", de *thrombos* "caillot"). MÉD. Formation de caillots dans un vaisseau sanguin chez un être vivant.

thune ou **tune** [tyn] n.f. (orig. obsc.). - **1.** ARG. Autref., pièce d'argent de cinq francs. - **2.** FAM. De la thune, de l'argent : *File-moi de la thune.* ‖ FAM. N'avoir pas une thune, être démuni d'argent, être sans le sou.

thuriféraire [tyRifeRɛR] n.m. (lat. *thurifer* "qui produit de l'encens", de *thus, thuris* "encens"). - **1.** LITT. Flatteur : *Les thuriféraires du pouvoir* (syn. flagorneur, louangeur). - **2.** CATH. Clerc chargé de porter l'encensoir.

thuya [tyja] n.m. (lat. *thya,* du gr.). Arbre originaire d'Asie ou d'Amérique, souvent cultivé dans les parcs. □ Famille des cupressacées.

thym [tɛ̃] n.m. (lat. *thymum,* du gr.). Plante vivace ligneuse, rampante, à très petites feuilles odoriférantes et utilisée comme aromate. □ Famille des labiées.

thymus [timys] n.m. (mot lat., du gr. *thumos* "excroissance charnue"). - **1.** Glande située devant la trachée, développée seulement chez l'enfant et les jeunes animaux, et qui joue un grand rôle dans la résistance aux infections. - **2.** Cette glande, comestible chez le veau (nom usuel : *ris de veau*).

thyroïde [tiRɔid] adj. (gr. *thuroeidês* "en forme de porte"). ANAT. **Cartilage thyroïde,** le plus développé des cartilages du larynx, formant chez l'homme la saillie appelée *pomme d'Adam.* ‖ **Corps** ou **glande thyroïde,** glande endocrine située devant la trachée, sécrétant plusieurs hormones et intervenant dans la croissance et le métabolisme général. (On dit aussi *la thyroïde*.)

thyroïdien, enne [tiRɔidjɛ̃, -ɛn] adj. Relatif à la thyroïde : *Insuffisance thyroïdienne.*

tiare [tjaR] n.f. (lat. *tiara,* d'un mot gr. d'orig. persane). - **1.** HIST. Coiffure d'apparat symbole de la souveraineté dans l'ancien Orient. - **2.** Coiffure d'apparat à trois couronnes du pape, utilisée autref. pour les cérémonies non liturgiques ; dignité papale.

tibétain, e [tibetɛ̃, -ɛn] adj. et n. Du Tibet.
◆ **tibétain** n.m. Langue parlée au Tibet, s'écrivant avec un alphabet d'origine indienne.

tibia [tibja] n.m. (mot lat., propr. "flûte"). - **1.** ANAT. Os long qui forme la partie interne de la jambe. □ *Le péroné* en constitue la partie externe ; le tibia est le plus gros de ces deux OS. - **2.** ZOOL. L'un des articles de la patte des insectes, avant le tarse.

tic [tik] n.m. (orig. onomat., de l'all. *ticken* "toucher légèrement", ou de l'it. *ticchio* "caprice"). - **1.** Contraction brusque et rapide de certains muscles, surtout de ceux du visage, involontaire et stéréotypée : *Un garçon bourré de tics.* - **2.** Habitude inconsciente, manie dans le langage, les gestes : *Il a le tic de finir ses phrases par « n'est-ce pas ? ».*

ticket [tikɛ] n.m. (mot angl., de l'anc. fr. *estiquet,* forme anc. de *étiquette*). Billet donnant droit à l'admission dans un véhicule de transport public, dans un établissement, attestant un paiement, etc. : *Ticket de métro. Ticket de caisse.*

tic-tac [tiktak] n.m. inv. (onomat.). Bruit sec et régulier d'un mouvement d'horlogerie : *Le tic-tac d'une pendule.*

tie-break [tajbRɛk] n.m. (mots angl. "rupture d'égalité") [pl. *tie-breaks*]. Au tennis, jeu supplémentaire servant à départager deux joueurs à égalité à six jeux partout à la fin d'un set. (Recomm. off. *jeu décisif*.)

tiédasse [tjedas] adj. (de *tiède*). D'une tiédeur désagréable : *Un potage tiédasse.*

tiède [tjɛd] adj. (du lat. *tepidus*). D'une chaleur très atténuée : *Un vent tiède* (syn. doux). *Le café est tiède* (= insuffisamment chaud). ◆ adj. et n. Qui manque d'ardeur, de zèle, de ferveur : *Un accueil un peu tiède* (syn. indifférent). *Des militants tièdes et peu actifs* (syn. mou). ◆ adv. Boire tiède, prendre des boissons tièdes.

tièdement [tjɛdmɑ̃] adv. Avec indifférence ; sans conviction : *Approuver tièdement une proposition.*

tiédeur [tjedœR] n.f. - **1.** Température tiède : *La tiédeur d'un soir d'été* (syn. douceur). - **2.** Manque de ferveur, d'ardeur : *La tiédeur des sentiments.*

tiédir [tjediR] v.i. [conj. 32]. Devenir tiède : *Mettre du lait à tiédir.* ◆ v.t. Rendre tiède : *Mur tiédi par le soleil.*

tien, tienne [tjɛ̃, tjɛn] pron. poss. (du lat. *tuus,* refait d'après *mien*). [Précédé de l'art. déf.]. - **1.** Désigne ce qui appartient ou se rapporte à un possesseur de la 2ᵉ pers. du sing. : *J'ai mes soucis et tu as les tiens.* - **2.** FAM. À la tienne !, à la santé ! ‖ Les tiens, tes parents, tes proches. ◆ adj. poss. SOUT. (VX ou LITT.) en fonction d'épithète). Qui est à toi : *Ferais-tu tienne une telle affirmation ? Un tien compagnon.*

tierce [tjɛRs] n.f. (de 2. *tiers*). - **1.** MUS. Intervalle de trois degrés dans l'échelle diatonique. - **2.** JEUX. Série de trois cartes qui se suivent dans la même couleur.

tiercé [tjɛRse] n.m. (de 2. *tiers*). TURF. Pari pour lequel il faut déterminer les trois premiers arrivants d'une course : *Jouer au tiercé. Tiercé dans l'ordre, dans le désordre.*

tiercelet [tjɛRsəlɛ] n.m. (dimin. de l'anc. fr. *terçuel,* du lat. pop. *°tertiolus,* class. *tertius* "tiers"). Mâle de plusieurs oiseaux de proie. □ Il est génér. d'un tiers plus petit que la femelle.

1. tiers [tjɛR] n.m. (de 2. *tiers*). - **1.** Chaque partie d'un tout divisé en trois parties égales : *Elle a fait les deux tiers du travail.* - **2.** Troisième personne : *Un couple et un tiers. Être en ce tiers* (= en plus de deux personnes). - **3.** Personne étrangère à un groupe : *Ne pas se disputer devant des tiers.* - **4.** DR. Personne étrangère à une affaire, à un acte juridique, à un jugement, etc. : *L'assurance ne couvre pas les tiers.* - **5.** Assurance au tiers, assurance tierce* collision. ‖ FAM. **Se moquer du tiers comme du quart,** être indifférent à tout et à tous. ‖ **Tiers payant,** système qui permet à l'assuré social de ne pas faire l'avance des honoraires médicaux et des frais pharmaceutiques, de prothèse ou d'hospitalisation et de ne payer, le cas échéant, que le ticket modérateur. ‖ **Tiers provisionnel,** acompte versé en février et en mai par le contribuable, en France, et qui est en principe égal au tiers de l'imposition de l'année précédente. ‖ LOG. **Principe du tiers exclu,** principe selon lequel, d'une proposition et de sa négation, l'une au moins est vraie.

2. tiers [tjɛʀ], **tierce** [tjɛʀs] adj. (lat. *tertius* "troisième"). - **1.** Qui vient au troisième rang ; qui s'ajoute à deux autres : *Une tierce personne.* - **2.** Assurance tierce collision, assurance qui engage la responsabilité de l'assuré dont le véhicule cause un dommage à un autre véhicule (= assurance au tiers). ‖ Fièvre tierce, fièvre paludéenne se manifestant tous les deux jours. ‖ CATH. **Tiers ordre,** association de religieux *(tiers ordres réguliers)* ou de laïcs *(tiers ordres séculiers)* qui sont affiliés à un ordre religieux (franciscains, dominicains, carmes, bénédictins...). ‖ HIST. **Tiers état,** ensemble des personnes qui, sous l'Ancien Régime, n'appartenaient ni à la noblesse ni au clergé et formaient le troisième ordre du royaume.

tiers-monde [tjɛʀmɔ̃d] n.m. (pl. *tiers-mondes*). Ensemble des pays peu développés économiquement ou en développement.

tiers-mondiste [tjɛʀmɔ̃dist] adj. et n. (pl. *tiers-mondistes*). Relatif au tiers-monde ; qui est ou qui se proclame solidaire du tiers-monde : *Politique tiers-mondiste.*

tif [tif] n.m. (orig. incert., p.-ê. de l'anc. fr. *tifer,* germ. **tipfon* "orner, parer, coiffer"). FAM. Cheveu.

tige [tiʒ] n.f. (du lat. *tibia* "flûte"). - **1.** Axe d'une plante, qui porte des feuilles et se termine par un bourgeon ; en partic., cet axe chez les plantes herbacées, les fleurs : *Couper la tige d'une rose* (syn. hampe). ▫ Le chaume des graminées, le tronc des arbres sont des *tiges aériennes,* les rhizomes (iris), les tubercules (pomme de terre), des *tiges souterraines.* - **2.** Objet ou partie d'objet mince, droit et allongé : *Une tige de métal* (syn. barre, tringle). *La tige d'un piston.* - **3.** Tube cylindrique de faible diamètre, permettant l'entraînement du trépan au fond d'un puits en forage. - **4.** Partie supérieure de la chaussure, qui habille le dessus du pied et la cheville, éventuellement la jambe.

tignasse [tiɲas] n.f. (de *teigne*). FAM. Chevelure abondante et mal peignée.

tigre [tigʀ] n.m. (lat. *tigris,* mot gr. d'orig. iranienne). - **1.** Grand mammifère carnivore des forêts d'Asie, de la famille des félidés, de mœurs nocturnes, au pelage d'un beau jaune orangé, blanchâtre au ventre et marqué de zébrures noires. ▫ Long. 2 m ; poids 200 kg ; longévité 25 ans. Le tigre feule, rauque ou râle. - **2.** LITT. Homme très cruel, sanguinaire. - **3.** Jaloux comme un tigre, extrêmement jaloux.

tigré, e [tigʀe] adj. Rayé de bandes foncées, comme le pelage du tigre : *Chat tigré.*

tigresse [tigʀɛs] n.f. - **1.** Tigre femelle. - **2.** Femme agressive, d'une extrême jalousie.

tigron [tigʀɔ̃] et **tiglon** [tiglɔ̃] n.m. (de *tigre* et *lion*). Hybride stérile du tigre et de la lionne, ou du lion et de la tigresse.

tilbury [tilbyʀi] n.m. (de *Tilbury,* n. de l'inventeur). Cabriolet hippomobile léger et découvert, à deux places.

tilde [tild] n.m. (mot esp., lat. *titulus* "titre"). - **1.** Accent qui se trouve sur la lettre *n* de l'alphabet espagnol (ñ), notant un son équivalant à *n* mouillé [ɲ] en français. - **2.** PHON. Signe placé au-dessus d'un symbole phonétique pour indiquer la nasalisation (ex. : *an* est représenté en phonétique par un [ɑ] surmonté d'un tilde [ɑ̃]).

tilleul [tijœl] n.m. (lat. pop. **tiliolus,* du class. *tilia*). - **1.** Arbre souvent planté dans les parcs et dans les avenues, fournissant un bois blanc, facile à travailler, et dont les fleurs odorantes donnent une infusion sudorifique et calmante. ▫ Famille des tiliacées ; haut. 25 à 30 m. - **2.** Infusion de fleurs de tilleul : *Boire du tilleul.*

tilt [tilt] n.m. (mot angl. "action de basculer"). - **1.** Au billard électrique, déclic qui marque l'interruption d'une partie lorsqu'un joueur a manœuvré trop violemment l'appareil. - **2.** FAM. **Faire tilt,** déclencher soudainement dans l'esprit les mécanismes de compréhension, de mémoire, d'inspiration : *Ça a fait tilt dans mon esprit.*

timbale [tɛ̃bal] n.f. (altér., d'apr. *cymbale,* de *tamballe,* de l'esp. *atabal,* d'apr. *tambour*). - **1.** Gobelet en métal : *Une timbale en argent.* - **2.** Instrument de musique à percussion formé d'un bassin demi-sphérique en cuivre, recouvert d'une peau tendue que l'on frappe avec des mailloches. ▫ On l'utilise généralement par paire. - **3.** CUIS. Moule rond et haut ; préparation cuite dans ce moule : *Une timbale de macaroni.* - **4.** FAM. **Décrocher la timbale,** remporter le prix, réussir.

timbrage [tɛ̃bʀaʒ] n.m. Impression d'une marque sur un envoi postal : *Le timbrage d'une lettre.*

1. **timbre** [tɛ̃bʀ] n.m. (gr. byzantin *tumbanon*, class. *tumpanon* "tambour, tambourin"). - **1.** MUS. Petite cloche métallique demi-sphérique frappée par un marteau : *Le timbre d'une pendule* (syn. sonnerie). *Le timbre d'une bicyclette* (syn. sonnette). - **2.** Qualité particulière du son, indépendante de sa hauteur et de son intensité mais spécifique de l'instrument, de la voix qui l'émet : *Voix au timbre chaud* (syn. sonorité).

2. **timbre** [tɛ̃bʀ] n.m. (de *1. timbre*). - **1.** Timbre-poste : *Acheter un carnet de timbres.* - **2.** Vignette vendue au profit d'une œuvre ou attestant le paiement d'une cotisation : *Timbre à coller sur votre carte d'adhérent.* - **3.** Instrument qui sert à imprimer une marque, un cachet sur un document : *Timbre de caoutchouc* (syn. tampon). - **4.** Marque qui garantit l'authenticité d'un document : *Apposer un timbre sur un document* (syn. cachet). - **5.** DR. FISC. Marque imprimée ou vignette apposée sur certains actes, et qui représente le paiement de la taxe perçue au profit du Trésor. - **6.** MÉD. Petit disque adhésif portant un produit actif destiné à diffuser dans l'organisme : *Timbre tuberculinique* (syn. [anglic. déconseillé] patch).

1. **timbré, e** [tɛ̃bʀe] adj. (de *timbre* "cerveau"). FAM. Un peu fou : *Un garçon un peu timbré* (syn. cinglé, toqué).

2. **timbré, e** [tɛ̃bʀe] adj. (de *timbrer*). Papier timbré, papier marqué d'un timbre officiel et obligatoire pour la rédaction de certains actes (v. aussi *timbrer*).

timbre-amende [tɛ̃bʀamɑ̃d] n.m. (pl. *timbres-amendes*). DR. Timbre destiné au paiement d'une amende forfaitaire pour contravention à la réglementation de la circulation.

timbre-poste [tɛ̃bʀəpɔst] n.m. (pl. *timbres-poste*). Vignette adhésive, de valeur conventionnelle, émise par une administration postale et destinée à affranchir les envois confiés à la poste (syn. timbre).

timbrer [tɛ̃bʀe] v.t. Marquer, affranchir avec un timbre ou un cachet : *Timbrer un passeport à la frontière. Joindre une enveloppe timbrée pour la réponse.*

timide [timid] adj. et n. (lat. *timidus*, de *timere* "craindre"). Qui manque de hardiesse, d'assurance : *C'est une grande timide* (syn. pusillanime). *Se montrer timide en société* (syn. timoré).

timidement [timidmɑ̃] adv. Avec timidité : *Répondre timidement* (syn. craintivement).

timidité [timidite] n.f. (lat. *timiditas*). - **1.** Manque d'assurance, de hardiesse dans les rapports avec autrui : *Surmonter sa timidité* (syn. gaucherie ; contr. aplomb). - **2.** Manque d'audace dans une action : *La timidité d'une architecture* (contr. hardiesse).

timing [tajmiŋ] n.m. (mot angl., de *time* "temps"). Chronologie détaillée d'un processus quelconque.

timon [timɔ̃] n.m. (lat. pop. *timo, -onis*, du class. *temo* "perche, traverse"). Longue pièce de bois de la partie avant d'une voiture, d'une machine agricole, de chaque côté de laquelle on attelle une bête de trait.

timonerie [timɔnʀi] n.f. - **1.** Abri qui protège l'appareil à gouverner et l'homme de barre sur les bateaux de petit tonnage. □ Sur les grands navires, on dit *une passerelle*. - **2.** Ensemble des éléments entrant dans la commande des freins ou dans la direction d'un véhicule.

timonier [timɔnje] n.m. - **1.** À bord des navires de guerre, matelot chargé des signaux et du service de veille sur la passerelle ; dans la marine marchande, marin chargé de la barre. - **2.** Chacun des chevaux attelés de chaque côté d'un timon. - **3.** Le grand timonier, surnom donné à Mao Zedong.

timoré, e [timɔʀe] adj. et n. (bas lat. ecclés. *timoratus* "qui craint Dieu", de *timor* "crainte"). Qui n'ose pas agir par crainte du risque ou des responsabilités : *Être timoré* (syn. craintif, pusillanime).

tin [tɛ̃] n.m. (orig. obsc.) MAR. Chacune des pièces de bois qui soutiennent la quille d'un navire en construction ou en radoub.

tinctorial, e, aux [tɛ̃ktɔʀjal, -o] adj. (lat. *tinctorius*, de *tinctus* "teint", de *tingere* "teindre"). - **1.** Qui sert à teindre : *Plante tinctoriale.* - **2.** Relatif à la teinture : *Procédés tinctoriaux.*

tinette [tinɛt] n.f. (de *tine*, lat. *tina* "vase pour contenir le vin"). Récipient servant de fosse d'aisances mobile.

tintamarre [tɛ̃tamaʀ] n.m. (de *tinter*, et d'un suffixe obsc.). Bruit assourdissant fait de sons discordants : *Faire du tintamarre* (syn. tapage, vacarme).

tintement [tɛ̃tmɑ̃] n.m. - **1.** Bruit que fait une cloche, une clochette qui tinte. - **2.** Succession de sons légers et clairs : *Le tintement des verres qui s'entrechoquent.*

tinter [tɛ̃te] v.t. (bas lat. *tinnitare*, fréquentatif du class. *tinnire* "sonner"). Faire sonner lentement une cloche, de manière que le battant frappe d'un seul côté. ◆ v.i. - **1.** Résonner lentement par coups espacés : *La cloche tinte.* - **2.** Produire des sons aigus : *Les clefs tintent à sa ceinture* (syn. cliqueter). - **3.** Les oreilles me tintent, j'ai un bourdonnement d'oreilles.

tintinnabuler [tɛ̃tinabyle] v.i. (du lat. *tintinnabulum* "grelot, clochette"). LITT. Produire une série de sons aigus et légers : *Les clochettes tintinnabulent.*

tintouin [tɛ̃twɛ̃] n.m. (orig. incert., p.-ê. de *tinter*). FAM. - **1.** Embarras, souci : *Cinq enfants* à élever, quel tintouin ! (syn. tracas). - **2.** Grand bruit : *Quel tintouin sur le boulevard !* (syn. vacarme).

tipi [tipi] n.m. (anglo-amér. *tepee*, d'un mot sioux). Habitation des Indiens des plaines d'Amérique du Nord.

tique [tik] n.f. (angl. *tick*). Acarien vivant sur la peau des animaux, parfois de l'homme, dont il puise le sang.

tiquer [tike] v.i. (de *tic*). FAM. Avoir l'attention arrêtée par un détail qui choque, déplaît, étonne : *Il a tiqué quand on lui a annoncé le prix. Tiquer sur un détail.*

tir [tiʀ] n.m. - **1.** Action, manière de lancer, à l'aide d'une arme, un projectile sur un but appelé objectif : *Tir au pistolet. Tir à l'arc.* - **2.** Ensemble de projectiles envoyés par une ou plusieurs armes : *Un tir intense, sporadique.* - **3.** Local ou lieu spécialement aménagé pour l'exercice du tir : *Aller au tir.* - **4.** SPORTS. Action de lancer une balle, une flèche (vers le but) ou une boule : *Tirs au but, au football.* - **5.** Ligne de tir, prolongement de l'axe de la bouche à feu ou de la rampe de lancement. ‖ Rectifier le tir, corriger une erreur d'appréciation d'une situation donnée en changeant sa manière d'agir.

tirade [tiʀad] n.f. (de *tirer*). - **1.** Suite continue, ininterrompue de paroles, de phrases : *Une longue tirade d'injures* (syn. cascade, chapelet). - **2.** Ce qu'un personnage dit d'un trait sans être interrompu, au théâtre : *La tirade des nez dans « Cyrano de Bergerac ».*

tirage [tiʀaʒ] n.m. - **1.** Action de tirer, de mouvoir dans tel ou tel sens : *Le tirage d'une voiture en panne.* - **2.** Différence de pression entre l'entrée et la sortie du circuit des gaz, dans un appareil à combustion. - **3.** Action de prélever au hasard un élément dans un ensemble : *Tirage d'une loterie. Tirage au sort.* - **4.** BANQUE. Action d'émettre une traite, un chèque. - **5.** IMPR. Passage des feuilles de papier sur les formes d'une presse pour les imprimer : *L'ouvrage est en cours de tirage* (syn. impression). - **6.** Ensemble des exemplaires d'un ouvrage, d'un journal imprimés en une seule fois : *Tirage de cinq mille exemplaires.* - **7.** PHOT. Opération permettant de réaliser une épreuve photographique ou une copie sur film ; l'épreuve photographique elle-même : *Développement et tirage d'une photo.* - **8.** FAM. Il y a du tirage, il y a des difficultés, des résistances à vaincre : *Il y a du tirage entre eux* (= ils ne s'entendent pas très bien).

tiraillement [tiʀajmɑ̃] n.m. - **1.** Action de tirailler : *Corde soumise à des tiraillements répétés.* - **2.** Sensation de contraction douloureuse de certaines parties intérieures du corps : *Tiraillements d'estomac* (syn. crampe, spasme). - **3.** Désaccord ; tension ; opposition : *Tiraillements dans un parti* (syn. conflit).

tirailler [tiʀaje] v.t. (de *tirer*). - **1.** Tirer fréquemment et par petits coups, dans diverses directions : *Tirailler qqn par la manche.* - **2.** Solliciter de divers côtés d'une manière contradictoire : *Cet enfant est tiraillé entre son père et sa mère* (syn. ballotter, déchirer). ◆ v.i. Tirer peu à la fois et souvent, avec une arme à feu : *Troupe qui tiraille en se repliant.*

tirailleur [tiʀajœʀ] n.m. - **1.** Soldat détaché en avant comme éclaireur. - **2.** Fantassin recruté parmi les autochtones des anciens territoires français d'outre-mer : *Tirailleurs sénégalais.* - **3.** Marcher en tirailleur, progresser en ordre dispersé pour reconnaître un terrain.

tirant [tiʀɑ̃] n.m. (de *tirer*). - **1.** Cordon qui sert à fermer une bourse, un sac. - **2.** MAR. Tirant d'air, hauteur totale des superstructures d'un navire utile à connaître pour le passage sous les ponts. ‖ MAR. Tirant d'eau, distance verticale entre la flottaison d'un navire et le dessous de la quille : *Paquebot d'un fort tirant d'eau.*

1. tire [tiʀ] n.f. (de *tirer*). Vol à la tire, vol qui consiste à tirer des poches les objets qu'on dérobe.

2. tire [tiʀ] n.f. (de *tirer*). CAN. Sirop d'érable ou mélasse épaissis ; friandise obtenue par évaporation de la sève d'érable : *Tire d'érable.*

3. tire [tiʀ] n.f. (de *tirer* "aller"). ARG. Automobile.

1. tiré, e [tiʀe] adj. Se dit des traits du visage marqués par la fatigue ou la maladie : *Enfant aux traits tirés.*

2. tiré [tiʀe] n.m. - **1.** Personne sur laquelle une lettre de change ou un chèque ont été tirés et à qui un ordre est donné de payer (par opp. à *tireur*). - **2.** Tiré à part, reproduction séparée d'un article de revue : *Auteur qui demande dix tirés à part de son article.*

tire-au-flanc [tiʀoflɑ̃] n.m. inv. FAM. Personne qui s'arrange pour échapper aux corvées (syn. paresseux).

tire-botte [tiʀbɔt] n.m. (pl. *tire-bottes*). Planchette entre les bords de laquelle on coince une botte pour l'enlever.

tire-bouchon [tiʀbuʃɔ̃] n.m. (pl. *tire-bouchons*). - **1.** Instrument formé d'une vis en métal pourvue d'un manche, pour retirer le bouchon d'une bouteille. - **2.** En tire-bouchon, en forme de spirale : *Queue en tire-bouchon des cochons.*

tire-bouchonner [tiʀbuʃɔne] v.t. Tortiller, rouler en tire-bouchon : *Tire-bouchonner une mèche de cheveux.*

tire-clou [tiʀklu] n.m. (pl. *tire-clous*). Tige métallique, plate et dentée, qui sert à l'extraction des clous.

à tire-d'aile [tiʀdɛl] loc. adv. (de l'anc. fr. *voler à tire* "voler sans s'arrêter"). En battant vigoureusement des ailes, en parlant d'un oiseau qui vole : *S'enfuir à tire-d'aile.*

tire-fesses [tiʀfɛs] n.m. inv. FAM. Téléski.

tire-fond [tiʀfɔ̃] n.m. inv. - **1.** Longue vis à tête en forme d'anneau, pour suspendre les lustres. - **2.** Grosse vis à bois à tête carrée, utilisée pour fixer le rail sur la traverse, directement ou par l'intermédiaire d'un coussinet.

tire-lait [tiʀlɛ] n.m. inv. Appareil pour recueillir par aspiration le lait du sein de la mère.

à tire-larigot [tiʀlaʀigo] loc. adv. (de *tirer* "aspirer" et *larigot*, mot d'un anc. refrain de chanson). FAM. En grande quantité : *Elle achète des livres à tire-larigot*.

tire-ligne [tiʀliɲ] n.m. (pl. *tire-lignes*). Instrument de dessinateur servant à tracer des lignes d'épaisseur variable.

tirelire [tiʀliʀ] n.f. (onomat. désignant le chant des alouettes, p.-ê. à cause du bruit que font les pièces en tombant). Boîte, objet creux muni d'une fente par laquelle on glisse l'argent qu'on veut économiser.

tirer [tiʀe] v.t. (orig. obscur.). - **1.** Exercer une force, un effort sur qqch de manière à l'allonger, à augmenter sa surface : *Tirer une courroie* (syn. distendre). - **2.** Ramener, attirer vers soi ; déplacer en entraînant derrière soi : *Tirer la porte. Voiture qui tire une caravane* (syn. traîner). - **3.** MAR. Déplacer, en s'enfonçant, une certaine quantité d'eau : *Navire qui tire six mètres d'eau*. - **4.** FAM. Passer un temps qui paraît long : *Plus que deux jours à tirer avant les vacances*. - **5.** Lancer un projectile au moyen d'une arme ; faire partir le coup d'une arme à feu : *Tirer un coup de feu*. - **6.** Retirer qqch, qqn de quelque part : *Tirer un mouchoir de sa poche. Tirer les blessés des décombres* (syn. dégager). - **7.** Faire sortir qqn, qqch d'un état, d'une situation : *Tirer qqn du sommeil*. - **8.** Obtenir ; recueillir : *Tirer de l'argent de qqn* (syn. soutirer). *Tirer avantage d'une situation* (syn. retirer). - **9.** Déduire logiquement qqch de qqch : *Tirer la leçon d'une expérience*. - **10.** Prendre au hasard dans un ensemble un billet, un numéro, etc. : *Tirer le numéro gagnant à une tombola. Tirer au sort*. - **11.** Exécuter l'impression de : *Tirer un roman à cinq mille exemplaires* (syn. imprimer). - **12.** Réaliser une épreuve photographique. - **13.** Tirer des sons d'un instrument, les produire, les rendre à l'aide de cet instrument. ‖ *Tirer un chèque*, l'émettre. ◆ v.t. ind. [**sur**]. - **1.** Exercer une traction : *Tirer sur une corde*. - **2.** Aspirer : *Tirer sur sa pipe*. - **3.** Tirer sur, vers (+ n. de couleur), se rapprocher de cette couleur, en parlant de la teinte de qqch : *Tirer sur le bleu*. ◆ v.i. - **1.** Avoir du tirage, en parlant d'un conduit de fumée : *Cheminée qui tire bien*. - **2.** Faire usage d'une arme de trait ou d'une arme à feu : *Tirer à l'arc. La

police a tiré*. - **3.** Aux boules, lancer directement sa boule sur une autre pour la déplacer (par opp. à *pointer*). - **4.** FAM. Tirer au flanc, se soustraire à une corvée, un travail. ‖ SPORTS. Tirer (au but), effectuer un tir au football, au basket-ball, etc. ◆ **se tirer** v.pr. - **1.** T. FAM. S'en aller : *Il est temps que je me tire*. - **2.** FAM. Ça se tire, c'est sur le point de prendre fin, en parlant d'une période. ‖ Se tirer de qqch, s'en tirer, se sortir d'une situation délicate ou dangereuse : *Il est gravement blessé mais il s'en tirera* (= il en réchappera).

tiret [tiʀɛ] n.m. (de *tirer*). Petit trait horizontal (-) qui, dans un dialogue, indique le changement d'interlocuteur, ou qui sert de parenthèse dans un texte.

tirette [tiʀɛt] n.f. - **1.** Petite tablette à glissière pouvant sortir d'un meuble et y rentrer : *Poser les livres sur la tirette du bureau*. - **2.** Dispositif de commande par traction d'un appareil mécanique ou électrique : *Tirette d'aération*.

tireur, euse [tiʀœʀ, -øz] n. - **1.** Personne qui tire avec une arme à feu : *Tireur d'élite*. - **2.** SPORTS. Sportif qui expédie le ballon vers le but adverse ; aux boules, à la pétanque, celui qui tire ; en escrime, celui qui dispute un assaut. - **3.** Personne qui, dans une lettre de change ou un chèque, donne ordre de payer une somme à qqn (par opp. à *tiré*). - **4.** Tireuse de cartes, personne qui prétend prédire l'avenir d'après certaines combinaisons de cartes à jouer (= cartomancienne).

tiroir [tiʀwaʀ] n.m. (de *tirer*). - **1.** Compartiment sans couvercle emboîté dans un meuble, et qu'on peut tirer à volonté : *Ouvrir, fermer un tiroir*. - **2.** À tiroirs, se dit d'une histoire donnant lieu à des épisodes multiples ayant chacun une certaine autonomie à l'intérieur d'une intrigue lâche : *Pièce, roman à tiroirs*. ◆ FAM. Fond de tiroir, chose de peu de valeur qui n'a pas été utilisée ; (surtout au pl.) dernières ressources disponibles.

tiroir-caisse [tiʀwaʀkɛs] n.m. (pl. *tiroirs-caisses*). Tiroir contenant la caisse d'un commerçant.

tisane [tizan] n.f. (bas lat. *tisana*, class. *ptisana*, du gr. *ptisanê* "orge mondé"). Boisson obtenue par macération, infusion ou décoction de plantes médicinales dans de l'eau (syn. infusion).

tisanière [tizanjɛʀ] n.f. Récipient servant à faire infuser une tisane.

tison [tizɔ̃] n.m. (du lat. *titio, -onis*). Morceau de bois brûlé en partie et encore en ignition : *Souffler sur les tisons*.

tisonnier [tizɔnje] n.m. (de *tison*). Tige métallique, droite ou recourbée, pour attiser le feu (syn. pique-feu).

tissage [tisaʒ] n.m. - **1.** Action de tisser. - **2.** Établissement industriel où l'on tisse. - **3.** Manière de tisser : *Un tissage souple, serré.*

tisser [tise] v.t. (réfection de l'anc. fr. *tistre,* du lat. *texere*). - **1.** Entrelacer, suivant une armure donnée, les fils de chaîne (en longueur) et les fils de trame (en largeur), pour faire un tissu : *Tisser de la laine, du coton.* - **2.** Construire, disposer en réseau : *L'araignée tisse sa toile.*

tisserand, e [tisʀɑ̃, -ɑ̃d] n. (de *tisser*). Personne qui fabrique des tissus à la main ou sur machine.

tisserin [tisʀɛ̃] n.m. (de *tisser*). Oiseau passereau des régions chaudes, ainsi nommé pour son habileté à tisser un nid suspendu. □ Famille des plocéidés.

tisseur, euse [tisœʀ, -øz] n. Personne qui fait du tissage.

tissu [tisy] n.m. (p. passé de l'anc. fr. *tistre* "tisser"). - **1.** Matériau obtenu par l'assemblage de fils entrelacés : *Un tissu de coton* (syn. étoffe). - **2.** Suite enchevêtrée de choses : *Tissu de mensonges.* - **3.** Ensemble d'éléments constituant un tout homogène : *Tissu social.* - **4.** HISTOL. Ensemble de cellules ayant même structure et même fonction : *Tissu osseux, nerveux.* - **5.** Tissu urbain, disposition de l'habitat et des activités dans une ville ; répartition des villes sur un territoire donné.

tissu-éponge [tisyepɔ̃ʒ] n.m. (pl. *tissus-éponges*). Tissu bouclé sur ses deux faces et spongieux.

tissulaire [tisylɛʀ] adj. (de *tissu,* d'apr. *cellulaire*). HISTOL. Relatif à un tissu : *Immunité tissulaire.*

titan [titɑ̃] n.m. (de *Titan*). - **1.** LITT. Personne d'une puissance extraordinaire. - **2.** De titan, démesuré : *Travail de titan.*

titane [titan] n.m. (lat. scientif. *titanium,* de *Titan,* d'apr. *uranium*). Métal blanc, dur, fondant à 1 800 °C, qui, par ses propriétés, se rapproche du silicium et de l'étain. □ Symb. Ti ; densité 4,5.

titanesque [titanɛsk] adj. (de *titan*). LITT. Gigantesque : *Effort titanesque* (syn. surhumain).

titi [titi] n.m. (mot de formation enfantine). FAM. Gamin de Paris, effronté et gouailleur (syn. gavroche).

titillation [titijasjɔ̃] n.f. et **titillement** [titijmɑ̃] n.m. (lat. *titillatio*). Chatouillement léger, agréable.

titiller [titije] v.t. (lat. *titillare*). - **1.** Chatouiller légèrement et agréablement : *Vin qui titille le palais.* - **2.** Exciter agréablement ou énerver : *Flatteries qui titillent sa vanité.*

titisme [titism] n.m. (titism). Forme de socialisme pratiquée dans la Yougoslavie dirigée par

Tito. ◆ **titiste** adj. et n. Du titisme ; qui en est partisan.

titrage [titʀaʒ] n.m. - **1.** Action de donner un titre à un film, un article, un ouvrage. - **2.** CHIM. Détermination du titre d'une solution, d'un alliage.

titre [titʀ] n.m. (lat. *titulus* "inscription, titre d'honneur"). - **1.** Mot, expression, phrase, etc., servant à désigner un écrit, une de ses parties, une œuvre littéraire ou artistique, une émission, etc. : *Le titre d'un roman, d'un film.* - **2.** Dans la presse, texte en gros caractères qui coiffe un article et en annonce le sujet : *Je n'ai pas vraiment lu le journal, je n'ai fait que parcourir les titres.* - **3.** Dénomination d'une dignité, d'une charge ou d'une fonction souvent élevée : *Le titre de comte, de maréchal. Le titre d'ambassadeur* (syn. qualité). - **4.** Qualification exprimant une relation sociale : *Le titre de père.* - **5.** SPORTS. Qualité de vainqueur, de champion dans une compétition sportive : *Mettre son titre en jeu.* - **6.** DR. Écrit constatant un acte juridique ou établissant un droit : *Titre de propriété.* - **7.** Subdivision employée dans les recueils de lois, les ouvrages juridiques : *Le titre des successions dans le Code civil.* - **8.** Division du budget : *Titres budgétaires.* - **9.** Valeur mobilière : *Acheter, vendre des titres.* - **10.** Proportion de métal précieux contenu dans un alliage : *La loi fixe le titre des monnaies d'or et d'argent.* - **11.** Qualité qui donne un droit moral, un motif légitime : *À quel titre intervenez-vous dans cette affaire ? Je t'informe à titre amical.* - **12.** Raison qu'on peut invoquer : *Protester à juste titre* (= avec raison). - **13.** À titre de, en guise de : *À titre d'exemple.* ‖ En titre, en tant que titulaire de la fonction exercée : *Professeur en titre.* - **14.** Titre de transport, toute pièce donnant droit à utiliser un moyen de transport régulier de voyageurs (= ticket, billet). ‖ CHIM. Titre d'une solution, rapport de la masse du corps dissous à la masse totale de la solution.

titré, e [titʀe] adj. - **1.** Qui possède un titre nobiliaire ou honorifique : *Jeunes gens titrés.* - **2.** CHIM. Se dit d'une solution dont le titre est connu : *Liqueur titrée.*

titrer [titʀe] v.t. - **1.** Mettre pour titre dans un journal : *Ce matin, le journal titre :* « *Le crime était presque parfait.* » - **2.** CHIM. Opérer le titrage d'une solution, d'un alliage.

tituber [titybe] v.i. (lat. *titubare*). Chanceler sur ses jambes : *Un ivrogne qui titube* (syn. vaciller).

titulaire [titylɛʀ] adj. et n. (du lat. *titulus* "titre"). - **1.** Qui occupe un poste pour lequel il a été choisi ou nommé : *Professeur titulaire.* - **2.** Qui possède juridiquement qqch : *Les titulaires du baccalauréat, du permis de conduire.*

titularisation [titylaʀizasjɔ̃] n.f. Action de titulariser ; fait d'être titularisé : *Demande de titularisation.*

titulariser [titylaʀize] v.t. Rendre titulaire d'un emploi, d'un poste, etc. : *Titulariser un fonctionnaire.*

T. N. T. [teɛnte], sigle de *trinitrotoluène.*

toast [tost] n.m. (mot angl. "pain grillé", de l'anc. fr. *toster* "griller"). **- 1.** Brève allocution invitant à boire à la santé de qqn, au succès d'une entreprise : *Porter un toast.* **- 2.** Tranche de pain grillée : *Manger des toasts beurrés* (syn. rôtie).

toasteur ou **toaster** [tostœʀ] n.m. Grille-pain.

1. **toboggan** [tɔbɔgɑ̃] n.m. (mot can., de l'algonquin). **- 1.** Piste glissante à pente plus ou moins forte, utilisée comme jeu : *Enfants qui font du toboggan.* **- 2.** Glissière en bois, rectiligne ou hélicoïdale, pour les marchandises.

2. **Toboggan** [tɔbɔgɑ̃] n.m. (nom déposé). Viaduc routier, souvent provisoire, destiné à établir une circulation à deux niveaux, et génér. situé à un carrefour.

toc [tɔk] n.m. (onomat.). FAM. Imitation de métaux ou d'objets précieux : *Son bracelet, c'est du toc* (syn. pacotille).

tocade n.f., **tocante** n.f. → **toquade, toquante.**

1. **tocard, e** [tɔkaʀ, -aʀd] adj. (orig. incert., p.-ê. de *toc*). FAM. Laid ; sans valeur : *Des tableaux tocards* (syn. mauvais).

2. **tocard** [tɔkaʀ] n.m. (normand *toquart* "têtu"). **- 1.** FAM. Cheval de course médiocre. **- 2.** FAM. Personne sans capacités, sans valeur : *Ne compte pas sur lui, c'est un tocard* (syn. incapable). [On écrit aussi *toquard.*]

toccata [tɔkata] n.f. (mot it., de *toccare* "toucher"). Pièce de musique instrumentale, composée génér. pour instruments à clavier (piano, orgue, clavecin).

tocsin [tɔksɛ̃] n.m. (anc. prov. *tocasenh*). Bruit d'une cloche qu'on sonne à coups répétés pour donner l'alarme.

toge [tɔʒ] n.f. (lat. *toga*). **- 1.** Vêtement d'apparat des Romains, constitué d'une longue pièce de laine drapée, symbole de la citoyenneté. **- 2.** Robe de magistrat, d'avocat, de professeur.

tohu-bohu [tɔybɔy] n.m. inv. (loc. hébr. *tohu oubohou* désignant le chaos antérieur à la création du monde). Confusion ; grand désordre : *Dans le tohu-bohu du départ, nous avons oublié les passeports* (syn. remue-ménage, tumulte).

toi [twa] pron. pers. (lat. *te* en position accentuée). Désigne la 2ᵉ pers. du sing., aux deux genres, dans les fonctions de : **- 1.** Compl. prépositif : *J'ai une surprise pour toi.* **- 2.** Apposition au pron. sujet ou compl. dans des formules d'insistance : *Toi, tu mens. Toi, ça t'ennuie peut-être.*

toilage [twalaʒ] n.m. (de *toile*). Fond sur lequel se détache le dessin d'une dentelle.

toile [twal] n.f. (lat. *tela*, de *texere* "tisser"). **- 1.** Tissu à armure croisée la plus simple : *Toile de coton.* **- 2.** Tissu sec et serré, valant par sa résistance, quels que soient son armure et son usage : *Toile cirée.* **- 3.** Toile tendue et préparée sur laquelle on peint ; tableau sur toile : *Préparer la toile. Une toile de Turner.* **- 4.** FAM. Film (au cinéma) : *Se payer une toile.* **- 5.** Voilure portée par un navire : *Augmenter la toile.* **- 6.** Toile d'araignée, ensemble des fils constitués par la soie que sécrètent les araignées, souvent disposés avec régularité, et qui constituent des pièges pour les petits insectes. ‖ Toile de fond, toile sur laquelle sont représentés les derniers plans d'un décor de théâtre ; au fig., contexte, cadre dans lequel se situent des événements : *Film qui a pour toile de fond l'Indochine des années trente.*

toilettage [twaletaʒ] n.m. Action de toiletter.

toilette [twalɛt] n.f. (de *toile*). **- 1.** Ensemble des soins de propreté du corps : *Faire sa toilette.* **- 2.** Meuble garni de divers objets destinés aux soins de propreté et de parure : *Une toilette à dessus de marbre.* **- 3.** Ensemble des vêtements et des accessoires utilisés par une femme pour s'habiller, pour se parer : *Changer de toilette* (syn. mise, tenue). **- 4.** Faire la toilette de qqch, le nettoyer : *Faire la toilette d'un monument.* ◆ **toilettes** n.f. pl. Cabinet d'aisances : *Aller aux toilettes.*

toiletter [twalete] v.t. **- 1.** Apporter les soins nécessaires à l'entretien du pelage d'un animal (chien, chat). **- 2.** FAM. Modifier légèrement qqch : *Toiletter un texte de loi.*

toilier, ère [twalje, -ɛʀ] adj. Qui se rapporte à la toile, à sa fabrication : *Industrie toilière.*

toise [twaz] n.f. (lat. pop. *tensa* "étendue [de chemin]", du class. *tendere* "tendre"). **- 1.** Anc. mesure française de longueur, valant 1,949 m. **- 2.** Règle verticale graduée, le long de laquelle glisse un curseur, pour mesurer la taille des personnes.

toiser [twaze] v.t. (de *toise*). Regarder avec dédain ou avec défi : *Elle m'a toisé quand je suis entré* (syn. dévisager).

toison [twazɔ̃] n.f. (bas lat. *tonsio*, de *tondere* "tondre"). **- 1.** Laine d'un mouton ; pelage abondant d'autres animaux. **- 2.** Chevelure abondante.

toit [twa] n.m. (lat. *tectum*). **- 1.** Couverture d'un bâtiment, présentant des versants et reposant sur une charpente : *Toit de tuiles, de chaume* (syn. couverture, toiture). - **2.** Surface en tôle emboutie constituant la partie supérieure de la carrosserie d'un véhicule. - **3.** Maison, habitation : *Être sans toit* (syn. domicile, logis). - **4.** MIN. Terrain au-dessus de l'exploitation. - **5.** Crier sur les toits, annoncer partout : *Crier une nouvelle sur les toits.* ‖ Le toit du monde, l'Everest, l'Himalaya ou le Tibet. ‖ Toit ouvrant, partie mobile de la paroi supérieure d'une voiture, réalisant une ouverture partielle.

toiture [twatyʀ] n.f. Ensemble des toits d'un édifice : *Refaire la toiture* (syn. couverture).

tôlard, e ou **taulard, e** [tolaʀ, -aʀd] n. (de 2. *tôle*). ARG. Détenu.

1. tôle [tol] n.f. (forme dialect. de *table*). Produit sidérurgique plat, laminé soit à chaud, soit à froid : *Plaque de tôle. Tôle ondulée.*

2. tôle ou **taule** [tol] n.f. (de 1. *tôle*). ARG. Prison : *Faire de la tôle.*

tolérable [tɔleʀabl] adj. Qu'on peut tolérer : *Douleur à peine tolérable* (syn. supportable).

tolérance [tɔleʀɑ̃s] n.f. (lat. *tolerantia*). - **1.** Respect de la liberté d'autrui, de ses manières de penser, d'agir, de ses opinions politiques et religieuses : *Faire preuve de tolérance à l'égard de qqn* (syn. libéralisme). - **2.** Liberté limitée accordée à qqn en certaines circonstances : *Tolérance orthographique.* - **3.** MÉD. Propriété que possède l'organisme de supporter, sans manifester de signes d'intoxication, des doses d'une substance donnée : *La tolérance à un médicament.* - **4.** MÉD. Absence de réaction immunitaire d'un organisme recevant une greffe. - **5.** TECHN. Écart acceptable dans l'exécution d'une pièce usinée, d'un composant électronique, etc. - **6.** Maison de tolérance, établissement de prostitution, autref. toléré par la loi.

tolérant, e [tɔleʀɑ̃, -ɑ̃t] adj. Indulgent dans les relations sociales : *Une personne tolérante* (syn. compréhensif).

tolérer [tɔleʀe] v.t. (lat. *tolerare* "supporter") [conj. 18]. - **1.** Admettre à contrecœur la présence de qqn ; supporter qqch de désagréable : *Comment peux-tu tolérer cet individu ?* (syn. supporter). *Elle tolère son insolence* (syn. excuser). - **2.** Laisser subsister, ne pas empêcher : *Tolérer un abus* (syn. permettre). - **3.** MÉD. Supporter qqch sans réaction pathologique : *Tolérer un médicament.*

tôlerie [tolʀi] n.f. (de 1. *tôle*). Fabrication de la tôle ; atelier où l'on travaille la tôle ; objets faits en tôle.

1. tôlier [tolje] n.m. et adj.m. (de 1. *tôle*). Ouvrier qui exécute tous travaux de tôlerie.

2. tôlier, ère ou **taulier, ère** [tolje, -ɛʀ] n. (de 2. *tôle* "tout lieu où l'on dort, où l'on vit").

ARG. - **1.** Propriétaire ou gérant d'un hôtel, d'un restaurant. - **2.** Patron d'une entreprise.

tollé [tɔle] n.m. (de l'anc. fr. *tolez,* impér. de *toldre* "ôter"). Clameur d'indignation : *Cette proposition a soulevé un tollé général.*

toluène [tɔlyɛn] n.m. (de *tolu,* baume produit par un arbre d'Amérique du Sud avec lequel on fabriquait cet hydrocarbure). Hydrocarbure aromatique liquide employé comme solvant et détachant, ainsi que dans la préparation de colorants, de médicaments et du T. N. T. □ Formule : C_7H_8.

tomahawk [tɔmaok] n.m. (mot algonquin). Hache de guerre des Indiens d'Amérique du Nord.

tomaison [tɔmezɔ̃] n.f. (de *tome*). IMPR. Indication du numéro du tome d'un ouvrage qui en compte plusieurs.

tomate [tɔmat] n.f. (esp. *tomata,* nahuatl *tomatl*). - **1.** Plante herbacée annuelle dont la culture est très répandue et dont le fruit charnu est consommé sous des formes très variées. ⬦ Famille des solanacées. - **2.** Fruit de cette plante : *Une salade de tomates.*

tombac [tɔ̃bak] n.m. (siamois *tambac* "alliage d'or et de cuivre"). Laiton contenant de 80 à 83 % de cuivre et de 17 à 20 % de zinc, cour. utilisé en bijouterie.

tombal, e, als ou **aux** [tɔ̃bal, -o] adj. Relatif à la tombe : *Pierre tombale.*

tombant, e [tɔ̃bɑ̃, -ɑ̃t] adj. - **1.** Qui pend : *Cheveux tombants.* - **2.** À la nuit tombante, au crépuscule.

tombe [tɔ̃b] n.f. (lat. ecclés. *tumba,* gr. *tumbos* "tumulus"). - **1.** Endroit où un mort est enterré ; fosse recouverte d'une dalle de pierre, de marbre, etc. : *Aller se recueillir sur la tombe de qqn* (syn. sépulture). - **2.** Avoir un pied dans la tombe, être près de mourir. ‖ Se retourner dans sa tombe, en parlant d'un mort, être bouleversé par ce qui vient d'être dit ou fait : *Si elle t'entend, ta mère doit se retourner dans sa tombe.*

tombeau [tɔ̃bo] n.m. (de *tombe*). - **1.** Monument élevé sur la tombe d'un mort : *Le tombeau des rois à Saint-Denis* (syn. mausolée). - **2.** LITT. Lieu ou circonstance où qqn, qqch a péri, disparu : *Cette émeute fut le tombeau de la dictature.* - **3.** À tombeau ouvert, à toute allure, en risquant un accident : *Rouler à tombeau ouvert.* ‖ Tirer du tombeau, tirer de l'oubli ; rendre la vie : *Tirer du tombeau une œuvre dont personne ne parlait plus.*

tombée [tɔ̃be] n.f. À la tombée de la nuit, à la tombée du jour, au moment où la nuit arrive (= au crépuscule).

tomber [tɔ̃be] v.i. (anc. fr. *tumer* "danser, culbuter", frq. **tumon*) [auxil. *être*]. - **1.** Perdre l'équilibre et faire une chute : *Tomber par terre* (syn. litt. choir). *Faire tomber une cloison* (= l'abattre). *Vieille maison prête à tomber* (syn. s'écrouler, s'effondrer). - **2.** Être entraîné par son propre poids, d'un lieu haut vers un lieu bas : *Tomber d'une échelle* (syn. dévaler). *Il a laissé tomber sa montre.* - **3.** Se détacher de l'organe qui les porte, en parlant de feuilles, de cheveux, etc. : *Toutes ses dents de lait sont tombées.* - **4.** Descendre vers le sol, en parlant des précipitations atmosphériques : *Il est tombé des grêlons énormes.* - **5.** Être attaché, fixé par une extrémité et pendre librement : *Une abondante chevelure tombe sur ses épaules.* - **6.** Ne plus avoir la force de se tenir debout : *Tomber de fatigue, de sommeil.* - **7.** Être tué, dans un combat, une guerre : *Tomber au champ d'honneur* (syn. mourir, périr). - **8.** Perdre le pouvoir ; être renversé : *Le dictateur est enfin tombé.* - **9.** Perdre de sa force, de son intensité : *Le vent est tombé* (syn. faiblir). *Son exaltation est tombée* (syn. se calmer). - **10.** Être sur le point de finir : *La conversation tombe* (syn. décliner). - **11.** Passer d'un état neutre ou valorisant à un état dévalorisant, affligeant, etc. : *Une œuvre qui tombe dans l'oubli* (syn. sombrer). - **12.** Ne pas avoir de succès : *Cette pièce tombera rapidement.* - **13.** Passer brusquement d'un état physique normal à un état déficient : *Tomber en syncope* (= s'évanouir). - **14.** S'abaisser ou être très déprimé : *Il est tombé bien bas.* - **15.** Arriver à l'improviste ; survenir à telle date : *Vous risquez de tomber au milieu du repas. Cette année, le 1ᵉʳ novembre tombe un lundi.* - **16.** FAM. Laisser tomber qqn, qqch, ne plus s'en occuper, ne plus s'y intéresser. ‖ Le sort est tombé sur lui, le sort l'a désigné. ‖ Tomber (+ attribut), devenir subitement : ‖ *Tomber malade. Tomber amoureux.* ‖ Tomber bien, mal, arriver à propos, mal à propos ; pour un vêtement, s'adapter harmonieusement, ou non, aux lignes du corps : *Robe qui tombe bien.* ‖ Tomber sous la main, le trouver par hasard à portée de qqn : *Cette photo m'est tombée sous les yeux.* ‖ Tomber sur qqn, qqch, le rencontrer, le trouver à l'improviste : *Je suis tombée sur lui au théâtre. Il est enfin tombé sur le livre qu'il cherchait.* ‖ Tomber sur qqn, l'attaquer soudainement ; le critiquer violemment. ◆ v.t. (auxil. *avoir*). FAM.- **1.** Jeter à terre et, au fig., vaincre : *Tomber un adversaire* (syn. renverser). - **2.** Tomber la veste, la retirer. ‖ Tomber une femme, faire sa conquête, avoir avec elle des relations sexuelles.

tombereau [tɔ̃bʀo] n.m. (de *tomber*). - **1.** Caisse montée sur deux roues, servant à transporter des matériaux, et qu'on décharge en la faisant basculer ; son contenu : *Un tombereau de sable.* - **2.** CH. DE F. Wagon à bords hauts, pour le transport des marchandises en vrac.

tombeur, euse [tɔ̃bœʀ, øz] n. (de *tomber*). FAM. - **1.** Séducteur, séductrice. - **2.** Sortif qui remporte une victoire sur un champion, un tenant du titre

tombola [tɔ̃bɔla] n.f. (mot it. "culbute", puis "loto", de *tombolare* "tomber"). Loterie où chaque gagnant reçoit un lot en nature.

tome [tom] n.m. (lat. *tomus*, gr. *tomos*, de *temnein* "couper"). Division d'un ouvrage, qui correspond le plus souvent à un volume complet.

tomme [tɔm] n.f. (anc. dauphinois *toma*). Tomme de Savoie, fromage brassé et pressé, à croûte moisie, qui est fabriqué en Savoie avec du lait de vache.

tommette ou **tomette** [tɔmɛt] n.f. (de l'anc. dauphinois *toma*, par analogie de forme). Petit carreau de terre cuite, de forme souvent hexagonale, pour le dallage des sols.

tomodensitomètre [tɔmɔdɑ̃sitɔmɛtʀ] n.m. (du gr. *tôme* "section", de *densité* et *-mètre*). MÉD. Scanner.

tomodensitométrie [tɔmɔdɑ̃sitɔmetʀi] n.f. MÉD. Procédé de radiographie utilisant le scanner.

1. **ton** [tɔ̃], **ta** [ta], **tes** [te] adj. poss. (forme atone du lat. *tuum*, de *tuus*). Correspondant à un possesseur de la 2ᵉ pers. du sing., pour indiquer : - **1.** Un rapport de possession : *Range ton crayon, tes stylos et ta trousse.* - **2.** Un rapport d'ordre, de hiérarchie, de filiation : *Tes enfants. Ton ami.* **Rem.** On emploie *ton* au lieu de *ta* devant un nom ou un adj. fém. commençant par une voyelle ou un *h* muet : *Ton image.*

2. **ton** [tɔ̃] n.m. (lat. *tonus*, du gr.). - **1.** Qualité sonore d'une voix liée à sa hauteur, à son timbre, à son intensité : *Dire un texte sur un ton monocorde* (syn. intonation). - **2.** PHON. Niveau de hauteur ou variation mélodique propre à une syllabe, assumant dans certaines langues (chinois, vietnamien, etc.) une fonction distinctive analogue à celle du phonème. - **3.** Manière de parler significative d'un état d'esprit, d'un sentiment ou adaptée à une situation : *Prendre un ton tendre* (syn. inflexion). - **4.** Manière particulière de s'exprimer par écrit : *Le ton badin d'une lettre* (syn. style). - **5.** Manière de s'exprimer, de se tenir, de se comporter propre à un milieu, à un groupe social : *Un ton provincial* (syn. tonalité). - **6.** Couleur considérée du point de vue de son intensité lumineuse (valeur) : *Différents tons de bleu* (syn. nuance). - **7.** MUS. Tonalité : *Dans quel ton ce morceau est-il composé ?* - **8.** Rapport des hauteurs entre deux notes conjointes correspondant à l'intervalle de seconde majeure (intervalle de la quarte à la quinte) : *Il y a deux tons d'écart entre « do » et « re »*

« mi ». - **9.** Donner le ton, servir de modèle pour les manières, le langage, la façon de voir et de penser d'un groupe social. ‖ Être dans le ton, se comporter, s'habiller comme il faut selon le milieu où l'on est.

tonal, e, als [tɔnal] adj. - **1.** Relatif à un ton, à une tonalité : *Système tonal.* - **2.** Se dit d'une musique composée suivant les principes de la tonalité (par opp. à *modal*).

tonalité [tɔnalite] n.f. - **1.** MUS. Ensemble des relations entre les degrés hiérarchisés d'une échelle de sons ou d'une gamme, par rapport à la tonique : *La tonalité principale du morceau est en « ré » majeur* (syn. ton). - **2.** Impression d'ensemble qui se dégage de qqch, considérée sur le plan subjectif, affectif : *Le film a une tonalité tragique.* - **3.** Couleur dominante, ambiance colorée d'une peinture, d'un tableau : *La tonalité vive d'un tableau* (syn. coloris, couleur). - **4.** Zone de fréquence, qui peut être renforcée ou diminuée par des réglages appropriés, sur les appareils qui reçoivent un signal électrique représentant un signal sonore : *Régler la tonalité d'un transistor.* - **5.** Signal audible transmis par un réseau téléphonique pour indiquer l'état des opérations en cours au moment d'un appel : *Décrochez pour obtenir la tonalité.*

tondeur, euse [tɔ̃dœʀ, -øz] n. Personne qui tond un animal.

tondeuse [tɔ̃døz] n.f. - **1.** Appareil servant à la coupe mécanique du gazon. - **2.** Appareil pour tondre les animaux. - **3.** Instrument à main permettant de couper ras les cheveux. - **4.** Machine pour tondre les étoffes de laine et, parfois, les tissus de coton.

tondre [tɔ̃dʀ] v.t. (lat. pop. *°tondere*) [conj. 75]. - **1.** Couper à ras la laine ou le poil d'un animal, les poils d'une étoffe : *Tondre un mouton, un caniche* (syn. raser). - **2.** Couper les cheveux de qqn à ras avec une tondeuse. - **3.** FAM. Dépouiller de son argent : *Se faire tondre au poker.* - **4.** Couper l'herbe très près du sol : *Tondre le gazon.*

tondu, e [tɔ̃dy] adj. - **1.** Dont on a coupé le poil, les cheveux : *Crâne tondu.* - **2.** Coupé à ras, en parlant de l'herbe. ◆ n. Personne qui a les cheveux coupés ras.

tonicardiaque [tɔnikaʀdjak] adj. et n.m. (de *toni [que]* et *cardiaque*). Syn. de *cardiotonique*.

tonicité [tɔnisite] n.f. (de *2. tonique*). Propriété qu'ont les muscles vivants de posséder un tonus.

tonifiant, e [tɔnifjɑ̃, -ɑ̃t] adj. Qui tonifie : *Un air tonifiant* (syn. vivifiant). *Un discours tonifiant* (syn. stimulant).

tonifier [tɔnifje] v.t. (de *ton* "énergie") [conj. 9]. Donner de la vigueur physique ou morale à : *Les bains de mer tonifient l'organisme* (syn. fortifier). *Tonifier l'esprit* (syn. stimuler).

1. tonique [tɔnik] adj. (de *2. ton*). - **1.** Qui reçoit le ton ou l'accent : *Syllabe tonique.* - **2.** Accent tonique, accent d'intensité qui tombe sur l'une des syllabes d'un mot.

2. tonique [tɔnik] adj. (de *tonus*). - **1.** PHYSIOL. Relatif au tonus : *Contraction tonique.* - **2.** Qui a du tonus, de l'énergie : *Enfant très tonique.* - **3.** Qui a un effet stimulant sur le moral : *Une lecture tonique* (syn. tonifiant). ◆ adj. et n.m. - **1.** Se dit d'un remède qui fortifie ou stimule l'activité de l'organisme : *Prendre un tonique* (syn. fortifiant). - **2.** Se dit d'une lotion légèrement astringente destinée à raffermir les muscles du visage.

3. tonique [tɔnik] n.f. MUS. Premier degré d'une gamme diatonique, à laquelle elle donne son nom : « *Sol » est la tonique des gammes de « sol » majeur et « sol » mineur.*

tonitruant, e [tɔnitʀɥɑ̃, -ɑ̃t] adj. (bas lat. *tonitruans,* du class. *tonitrus* "tonnerre"). Retentissant comme le tonnerre : *Une voix tonitruante* (syn. tonnant).

tonnage [tɔnaʒ] n.m. (mot angl., de l'anc. fr. "droit payé pour le vin en tonneaux"). - **1.** Quantité de marchandises exprimée en tonnes. - **2.** MAR. Jauge.

tonnant, e [tɔnɑ̃, -ɑ̃t] adj. Voix tonnante, voix tonitruante.

tonne [tɔn] n.f. (bas lat. *tunna*). - **1.** Unité de mesure de masse valant 1 000 kilogrammes : *Évaluer une production en tonnes.* □ Symb. t. - **2.** Tonneau de grandes dimensions. - **3.** FAM. Énorme quantité : *Manger une tonne de cerises.* - **4.** Tonne d'équivalent charbon (tec), d'équivalent pétrole (tep), grandeurs utilisées pour exprimer et comparer des énergies de sources différentes et égales à l'énergie moyenne dégagée par la combustion d'une tonne de charbon ou de pétrole. □ 1 tep = 1,5 tec. ‖ Tonne kilométrique, unité de calcul du prix des transports par voie ferrée, équivalant au prix du transport d'une tonne de marchandises sur un kilomètre.

tonneau [tɔno] n.m. (de *tonne*). - **1.** Récipient en bois formé de douves assemblées retenues par des cercles, et ayant deux fonds plats ; son contenu : *Mettre du vin en tonneau.* - **2.** Accident d'une voiture qui fait un tour complet sur elle-même dans l'axe longitudinal : *La voiture a fait deux tonneaux.* - **3.** AÉRON. Figure de voltige aérienne, au cours de laquelle l'avion tourne autour de son axe longitudinal. - **4.** Unité internationale de volume employée autref. pour le jaugeage des navires, équivalant à 2,83 m³. - **5.** FAM. Du même tonneau, de même valeur, de même acabit (péjor.). ‖ Tonneau des Danaïdes, dépense sans fin, personne très dépensière ; travail dont on ne voit jamais la fin.

tonnelet [tɔnlɛ] n.m. Petit tonneau : *Un tonnelet d'huile* (syn. baril).

tonnelier [tɔnəlje] n.m. Ouvrier qui fabrique ou répare les tonneaux.

tonnelle [tɔnɛl] n.f. (de *tonne*). Petite construction de treillage, berceau couvert de végétation et formant abri.

tonnellerie [tɔnɛlRi] n.f. Métier, commerce, atelier du tonnelier ; ensemble des objets qu'il fabrique.

tonner [tɔne] v. impers. (lat. *tonare*). Faire du bruit, en parlant du tonnerre. ◆ v.i. -1. Produire un bruit semblable à celui du tonnerre : *Le canon tonne* (syn. gronder). -2. Protester vivement contre qqn, qqch : *Tonner contre le désordre* (syn. tempêter).

tonnerre [tɔnɛR] n.m. (lat. *tonitrus*). -1. Bruit que produit la décharge électrique, appelée *foudre*, et dont l'éclair est la manifestation lumineuse : *Le tonnerre gronde*. □ Le temps séparant la vision de l'éclair de la perception du tonnerre indique la distance à laquelle s'est produite la décharge, le son se propageant à la vitesse de 340 m/s. -2. LITT. La foudre elle-même : *Protéger une maison du tonnerre*. -3. Manifestation bruyante ; grand bruit : *Un tonnerre d'applaudissements, d'acclamations* (syn. tempête). -4. Coup de tonnerre, bruit causé par la foudre ; événement imprévu et brutal. ‖ FAM. Du tonnerre, formidable, extraordinaire : *Un film du tonnerre*. ◆ interj. Tonnerre !, Tonnerre de Dieu !, jurons exprimant la fureur, la menace.

tonsure [tɔ̃syR] n.f. (lat. *tonsura* "tonte"). -1. Espace rasé circulaire au sommet du crâne des clercs, avant Vatican II. -2. Cérémonie liturgique, qui marquait l'entrée d'un laïque dans l'état clérical : *Recevoir la tonsure*. -3. FAM. Calvitie circulaire au sommet de la tête.

tonsuré [tɔ̃syRe] adj.m. et n.m. Qui a reçu la tonsure.

tonte [tɔ̃t] n.f. (de l'anc. p. passé de *tondre*). -1. Action de tondre les moutons ; époque où on le fait. -2. Laine qu'on retire en tondant : *Ramasser en tas la tonte des moutons*.

tontine [tɔ̃tin] n.f. (de L. *Tonti*, n. d'un banquier it.). Association d'épargnants, à l'expiration de laquelle l'avoir est distribué entre les survivants ou entre les ayants droit des membres décédés.

tonton [tɔ̃tɔ̃] n.m. Oncle (surtout dans le langage enfantin).

tonus [tɔnys] n.m. (mot lat., du gr. *tonos* "tension"). -1. PHYSIOL. Contraction partielle et permanente de certains muscles, qui règle les attitudes du corps dans les différentes positions (debout, assis, couché, etc.). -2. Dynamisme ; énergie : *Manquer de tonus* (syn. ressort).

1. top [tɔp] n.m. (altér. de *stop*). -1. Signal bref destiné à indiquer un instant précis à un auditeur : *Au quatrième top, il sera exactement dix heures*. -2. TÉLÉV. Courte impulsion électrique servant à la synchronisation.

2. top [tɔp] n.m. (mot angl. « sommet »). FAM. Niveau le plus élevé : *Être au top de sa carrière*.

topaze [tɔpaz] n.f. (lat. *topazus*, gr. *Topazos*, n. d'une île de la mer Rouge). Silicate fluoré d'aluminium, cristallisé, qui est une pierre fine, jaune ou mordorée, transparente.

toper [tɔpe] v.i. (du rad. onomat. *topp-*, qui évoque qqch de brusque). -1. Se taper mutuellement dans la main, en signe d'accord. -2. Tope ! ou tope là !, assentiment donné à une personne avec qui on conclut une affaire, un marché.

topinambour [tɔpinãbuR] n.m. (de *Topinambous*, n. d'une peuplade du Brésil). Plante originaire d'Amérique, cultivée sur sols pauvres pour ses tubercules alimentaires, qui rappellent les pommes de terre. □ Famille des composées.

top model [tɔpmɔdɛl] n.m. (mot angl.) [pl. *top models*]. Mannequin de haute couture ayant acquis une grande notoriété. (On écrit parfois *top-modèle*.)

top niveau [tɔpnivo] n.m. (de l'angl. *top* "sommet", et de *niveau*) [pl. *top niveaux*]. FAM. Niveau le plus élevé : *Artiste qui est au top niveau dans sa carrière* (syn. sommet).

topo [tɔpo] n.m. (abrév. de *topographie*). FAM. Discours ; exposé : *Faire un topo*.

topographe [tɔpɔgRaf] n. (gr. *topographos*). Spécialiste de topographie.

topographie [tɔpɔgRafi] n.f. (bas lat. *topographia*, mot gr.). -1. Technique de représentation sur un plan des formes du terrain avec les détails naturels ou artificiels qu'il porte. -2. Disposition, relief d'un lieu ; configuration.

topographique [tɔpɔgRafik] adj. Relatif à la topographie : *Relevé, carte topographiques*.

topologie [tɔpɔlɔʒi] n.f. (de *topo-* et *-logie*). Branche des mathématiques née de l'étude des propriétés géométriques se conservant par déformation continue puis généralisée pour englober les notions de limite et de voisinage.

topologique [tɔpɔlɔʒik] adj. Relatif à la topologie : *Structure topologique d'un sous-ensemble*.

toponyme [tɔpɔnim] n.m. LING. Nom de lieu.

toponymie [tɔpɔnimi] n.f. (de *topo-* et du gr. *onuma* "nom"). -1. Étude linguistique de l'origine des noms de lieux. -2. Ensemble des noms de lieux d'une région, d'une langue : *La toponymie de la Normandie a fasciné Proust*.

top secret [tɔpsəkʀɛ] adj. inv. (mot angl., de *top* "sommet" et *secret*). Absolument confidentiel : *Informations top secret.*

toquade ou **tocade** [tɔkad] n.f. (de *se toquer*). FAM. Caprice, manie : *C'est sa nouvelle toquade* (syn. lubie).

toquante ou **tocante** [tɔkɑ̃t] n.f. (orig. incert., p.-ê. de *toc* ou de *toquer* "heurter"). FAM. Montre.

toque [tɔk] n.f. (orig. obsc.). Coiffure sans bords, de forme cylindrique : *Toque de cuisinier, de magistrat.*

toqué, e [tɔke] adj. et n. (p. passé de *toquer* "heurter"). FAM. Un peu fou : *Il est toqué.*

se toquer [tɔke] v.pr. **[de]** (de *toquer* "heurter"). FAM. Avoir un engouement très vif et soudain pour : *Elle s'est toquée de son voisin* (syn. s'amouracher, s'enticher).

torche [tɔʀʃ] n.f. (lat. pop. *torca*, class. *torques* "torsade"). - **1.** Flambeau formé d'une corde tordue enduite de cire ou de résine, ou d'un bâton résineux enduit de cire. - **2.** PÉTR. Installation de brûlage, à l'atmosphère, de sous-produits gazeux. - **3.** Parachute en torche, parachute dont la voilure ne s'est pas déployée complètement et ne peut, de ce fait, ralentir la chute. ‖ *Torche électrique*, lampe de poche cylindrique, de forte puissance.

torcher [tɔʀʃe] v.t. (de *torche* "linge"). - **1.** Essuyer pour nettoyer : *Torcher un enfant.* - **2.** FAM. Exécuter à la hâte et mal : *Torcher un travail* (syn. bâcler).

torchère [tɔʀʃɛʀ] n.f. (de *torche*). - **1.** Vase métallique à jour, placé sur un pied et dans lequel on mettait des matières combustibles pour éclairer. - **2.** PÉTR. Torche.

torchis [tɔʀʃi] n.m. (de *torche*, de même sens). Matériau de construction composé de terre grasse et de paille hachée, utilisé comme remplissage : *Mur de torchis.*

torchon [tɔʀʃɔ̃] n.m. (de *torche* "linge"). - **1.** Rectangle de toile qu'on utilise pour essuyer la vaisselle. - **2.** FAM. Écrit, texte sans soin, mal présenté. - **3.** FAM. Journal méprisable : *Tu lis ce torchon ?* - **4.** FAM. **Coup de torchon**, bagarre ; épuration radicale. ‖ *Le torchon brûle*, la discorde s'est introduite dans un couple, entre des amis.

tordant, e [tɔʀdɑ̃, -ɑ̃t] adj. FAM. Drôle, amusant.

tord-boyaux [tɔʀbwajo] n.m. inv. (de *tordre* et *boyau*). FAM. Eau-de-vie très forte ou de mauvaise qualité.

tordre [tɔʀdʀ] v.t. (lat. pop. *torcere*, class. *torquere*) [conj. 76]. - **1.** Déformer en pliant, en courbant, en tournant sur soi-même : *Tordre une barre de fer* (syn. courber). *Tordre du linge*

pour l'égoutter. - **2.** Tourner plus ou moins violemment un membre, une partie du corps : *Tordre le bras à son agresseur.* - **3.** Donner à qqn la sensation d'une crispation au niveau d'un organe : *Des brûlures qui tordent l'estomac.* - **4.** FAM. **Tordre le cou, tuer.** ‖ *Tordre le cou à*, réduire à néant. ◆ **se tordre** v.pr. - **1.** Imprimer à son corps des mouvements de contorsion sous l'effet de la douleur : *Un malade qui se tord sur son lit.* - **2.** Faire un faux mouvement qui plie violemment une articulation : *Se tordre la cheville.* - **3.** FAM. **Se tordre (de rire)**, être en proie à un rire irrépressible.

tordu, e [tɔʀdy] adj. et n. FAM. - **1.** Un peu fou : *Avoir l'esprit tordu. C'est un tordu.* - **2.** **Coup tordu**, acte malveillant.

tore [tɔʀ] n.m. (lat. *torus* "renflement"). - **1.** ARCHIT. Grosse moulure pleine de profil arrondi : *Tores à la base d'une colonne.* - **2.** MATH. Surface de révolution engendrée par un cercle tournant autour d'une droite située dans son plan et ne passant pas par son centre ; solide limité par cette surface.

toréador [tɔʀeadɔʀ] n.m. (mot esp.). VIEILLI. Torero.

toréer [tɔʀee] v.i. (esp. *torear*) [conj. 15]. Pratiquer la tauromachie ; exercer le métier de torero.

torero [tɔʀero] n.m. (mot esp., de *toro* "taureau"). - **1.** Celui qui combat les taureaux dans l'arène. - **2.** (Abusif). Matador.

toril [tɔʀil] n.m. (de l'esp. *toro* "taureau"). Local attenant à l'arène, où l'on tient les taureaux enfermés avant la course.

tornade [tɔʀnad] n.f. (esp. *tornado*, de *tornar* "tourner"). Coup de vent localisé, très violent et tourbillonnant : *La tornade a dévasté les bungalows* (syn. ouragan, bourrasque).

toron [tɔʀɔ̃] n.m. (de *tore*). Assemblage de plusieurs gros fils tordus ensemble.

torpédo [tɔʀpedo] n.f. (angl. *torpedo*, du lat. "torpille"). AUTOM. VIEILLI. Automobile découverte, munie d'une capote en toile repliable et de rideaux de côté.

torpeur [tɔʀpœʀ] n.f. (lat. *torpor*, de *torpere* "être engourdi"). - **1.** État de qqn chez qui l'activité psychique et physique, la sensibilité sont réduites : *La torpeur provoquée par la digestion, un narcotique* (syn. engourdissement, léthargie). - **2.** Ralentissement général des activités : *La torpeur d'une ville un jour de grande chaleur* (syn. somnolence).

torpide [tɔʀpid] adj. (lat. *torpidus* "engourdi"). - **1.** LITT. Qui provoque la torpeur : *Chaleur torpide* (syn. accablant). - **2.** MÉD. Se dit d'une lésion ou d'une affection n'ayant aucune tendance spontanée soit à s'aggraver, soit à s'améliorer.

torpillage [tɔʀpijaʒ] n.m. Action de torpiller ; fait d'être torpillé.

torpille [tɔʀpij] n.f. (prov. *torpio*, du lat. *torpedo*). - **1.** Poisson marin voisin de la raie, qui possède de chaque côté de la tête un organe pouvant produire des décharges électriques. □ Long. 1 m env. - **2.** Engin automoteur sous-marin chargé d'explosif, utilisé contre les objectifs maritimes par des navires, des sous-marins ou des avions. - **3.** Bombe aérienne utilisée pendant la Première Guerre mondiale.

torpiller [tɔʀpije] v.t. - **1.** Attaquer, détruire à l'aide de torpilles : *Torpiller un navire.* - **2.** Faire échouer par des manœuvres secrètes : *Torpiller un projet* (syn. couler, saper).

torpilleur [tɔʀpijœʀ] n.m. - **1.** Bâtiment de guerre rapide, de petit tonnage, dont l'arme principale était la torpille. - **2.** Marin spécialisé dans le service des torpilles.

torque [tɔʀk] n.m. (lat. *torques* "collier"). ARCHÉOL. Collier celtique métallique et rigide.

torréfacteur [tɔʀefaktœʀ] n.m. - **1.** Appareil de torréfaction. - **2.** Personne qui vend du café qu'elle torréfie.

torréfaction [tɔʀefaksjɔ̃] n.f. Action de torréfier.

torréfier [tɔʀefje] v.t. (lat. *torrefacere*, de *torrere* "dessécher, brûler") [conj. 9]. Griller des grains, partic. le café.

torrent [tɔʀɑ̃] n.m. (lat. *torrens, -entis*, de *torrere* "brûler"). - **1.** Cours d'eau de montagne, rapide et irrégulier, de faible longueur, plus ou moins à sec entre des crues violentes et brusques. - **2.** Écoulement abondant : *Verser des torrents de larmes* (syn. flot). - **3.** Il pleut à torrents, très fort (= il pleut à verse).

torrentiel, elle [tɔʀɑ̃sjɛl] adj. - **1.** Qui appartient aux torrents : *Des eaux torrentielles.* - **2.** Abondant et violent comme un torrent : *Pluie torrentielle* (syn. diluvien).

torrentueux, euse [tɔʀɑ̃tɥø, -øz] adj. LITT. Qui a l'impétuosité d'un torrent.

torride [tɔʀid] adj. (lat. *torridus*, de *torrere* "brûler"). Excessivement chaud : *Journée torride* (syn. caniculaire).

tors, e [tɔʀ, tɔʀs] adj. (anc. p. passé de *tordre*). - **1.** Qui a été soumis à une torsion : *Fils tors.* - **2.** Courbé, déformé : *Des jambes torses* (syn. arqué).

torsade [tɔʀsad] n.f. (de *tors*). - **1.** Frange tordue en spirale, dont on orne des tentures. - **2.** Forme obtenue en tournant sur eux-mêmes, l'un autour de l'autre, deux ou plusieurs éléments : *Torsade de cheveux.* - **3.** Motif ornemental imitant un câble tordu : *Pull à torsades.*

torsader [tɔʀsade] v.t. Mettre en torsade : *Torsader des cheveux.*

torse [tɔʀs] n.m. (it. *torso*, du lat. *tursus*, forme parlée de *thyrsus*). - **1.** Partie du corps comprenant les épaules et la poitrine : *Être torse nu* (syn. poitrine, buste). - **2.** SCULPT. Tronc d'un corps humain sans tête ni membres.

torsion [tɔʀsjɔ̃] n.f. (bas lat. *tortio*). - **1.** Action de tordre qqch ; déformation produite en tordant : *La torsion d'un cordage.* - **2.** MÉCAN. Déformation subie par un corps sous l'action de deux couples opposés agissant dans des plans parallèles.

tort [tɔʀ] n.m. (lat. pop. *tortum*, de *tortus* "contraire au droit", de *torquere* "tordre"). - **1.** Action ou état contraire au droit, à la vérité, à la raison : *C'est un tort d'avoir agi ainsi* (syn. faute). *Reconnaître ses torts* (syn. défaut, travers). - **2.** Préjudice matériel ou moral causé à qqn : *Demander réparation d'un tort* (syn. dommage, mal). *Faire du tort à qqn* (= le léser, lui nuire). - **3.** À tort, injustement, faussement : *Être accusé à tort.* ‖ À tort et à travers, sans discernement : *Parler à tort et à travers.* ‖ À tort ou à raison, avec ou sans motif valable : *Il se plaint toujours, à tort ou à raison.* ‖ Avoir tort, ne pas avoir pour soi le droit, la raison, la vérité : *Vous avez tort, ce travail est utile.* ‖ Avoir tort de (+ inf.), ne pas agir conformément au droit, à la raison : *Il a tort de vous traiter ainsi.* ‖ Donner tort à qqn, déclarer qu'il se trompe, qu'il a mal agi. ‖ Être en tort, dans son tort, dans la situation de qqn qui a commis une infraction, une faute, une erreur : *C'est le chauffeur du camion qui est dans son tort.*

torticolis [tɔʀtikɔli] n.m. (lat. *tortum collum* "qui a le cou de travers"). Affection du cou caractérisée par une douleur, la limitation des mouvements et, par suite, une inclinaison vicieuse de la tête.

tortil [tɔʀtil] n.m. (altér. de l'anc. fr. *tortis* "tordu"). HÉRALD. Couronne de baron formée d'un cercle d'or autour duquel est passé en spirale un collier de perles.

tortillard [tɔʀtijaʀ] n.m. FAM. Petit train lent, au trajet tortueux.

tortillement [tɔʀtijmɑ̃] n.m. Action de tortiller ; fait de se tortiller : *Le tortillement d'un ver de terre.*

tortiller [tɔʀtije] v.t. (de *tordre*, par le p. passé *tort*). Tordre plusieurs fois : *Tortiller son mouchoir, ses cheveux.* ◆ v.i. - **1.** Remuer en ondulant : *Tortiller des hanches* (syn. balancer). - **2.** FAM. Il n'y a pas à tortiller, il n'y a pas à chercher des détours, à hésiter (syn. tergiverser). ◆ **se tortiller** v.pr. Se tourner sur soi-même de différentes façons : *Se tortiller comme un ver.*

tortillon [tɔʀtijɔ̃] n.m. - **1.** Chose tortillée. - **2.** Bourrelet de linge enroulé et posé sur la tête pour porter un fardeau.

tortionnaire [tɔʀsjɔnɛʀ] n. (lat. médiév. *tortionarius*, du bas lat. *tortionare* "tourmenter"). Personne qui torture pour arracher des aveux ou par sadisme : *Les tortionnaires nazis* (syn. bourreau).

tortue [tɔʀty] n.f. (prov. *tortuga*, du lat. pop. *tartaruca* [*bestia*], de *tartarucus*, class. *tartareus* "du Tartare, infernal"). - **1.** Reptile à pattes courtes, amphibie ou terrestre, au corps enfermé dans une carapace osseuse et écailleuse. □ Ordre des chéloniens. L'espèce aquatique (marine ou d'eau douce) porte une paire de nageoires. - **2.** Abri que formaient les soldats romains en joignant leurs boucliers au-dessus de leurs têtes pour se garantir des projectiles. - **3.** À pas de tortue, très lentement.

tortueusement [tɔʀtɥøzmɑ̃] adv. D'une manière tortueuse.

tortueux, euse [tɔʀtɥø, -øz] adj. (lat. *tortuosus*, de *tortus*, p. passé de *torquere* "tordre"). - **1.** Qui fait plusieurs tours et détours : *Rivière tortueuse* (syn. sinueux). - **2.** Qui manque de loyauté, de franchise : *Esprit tortueux* (syn. retors).

torturant, e [tɔʀtyʀɑ̃, -ɑ̃t] adj. Qui torture, tourmente : *Remords torturant* (syn. déchirant).

torture [tɔʀtyʀ] n.f. (bas lat. *tortura*). - **1.** Supplice physique que l'on fait subir à qqn : *Des aveux arrachés sous la torture* (syn. supplice). - **2.** Souffrance physique ou morale très vive : *Les tortures du remords* (syn. supplice).

torturer [tɔʀtyʀe] v.t. - **1.** Soumettre à des tortures : *Torturer des résistants* (syn. supplicier). - **2.** Faire souffrir moralement ou physiquement : *Torturer les animaux* (syn. martyriser). *Cette pensée me torture* (syn. tourmenter). - **3.** Causer une vive douleur physique, en parlant de qqch : *La faim la torture* (syn. tenailler). ◆ **se torturer** v.pr. Se creuser l'esprit pour trouver une solution à qqch.

torve [tɔʀv] adj. (lat. *torvus*). Œil, regard torve, oblique et menaçant.

tory [tɔʀi] n.m. (mot angl.) [pl. *torys* ou *tories*]. Membre du parti conservateur en Grande-Bretagne qui s'opposait au parti whig et qui apparut vers 1680. □ Après la réforme électorale de 1832, le terme « conservateur » se substitua à « tory », qui reste cependant en usage. ◆ adj. Relatif à ce parti.

tôt [to] adv. (lat. pop. *tostum* "chaudement", neutre adv. de *tostus* "brûlé, grillé", p. passé de *torrere*). - **1.** Avant le moment normal, habituel, attendu : *Se coucher tôt* (= de bonne heure). *Tu as consulté un médecin, ce n'est pas trop tôt* (= tu t'es enfin décidé). - **2.** Au plus tôt, le plus rapidement possible : *Partez au plus tôt* ; dans l'hypothèse de temps la moins éloignée : *J'arriverai au plus tôt à huit heures. Il y aura des élections au plus tôt en 1995.* ‖ Tôt ou tard, à un moment qu'on ne peut fixer mais qui arrivera : *Tôt ou tard, il faudra vous décider.*

1. total, e, aux [tɔtal, -o] adj. (lat. médiév. *totalis*, class. *totus* "tout"). - **1.** À quoi il ne manque rien : *C'est un échec total* (syn. complet). *J'ai une totale confiance en lui* (syn. absolu, entier). - **2.** Considéré dans son entier : *Le prix total* (= tout compris ; syn. global). - **3.** MATH. Ordre total sur un ensemble, relation d'ordre sur E telle qu'il est toujours possible de comparer deux éléments quelconques de E.

2. total [tɔtal] n.m. (de *1. total*). - **1.** Somme de tous les éléments de qqch : *Un total de vingt participants.* - **2.** Somme obtenue par l'addition : *Faire le total* (syn. addition). - **3.** FAM. (En tête de phrase). Pour finir, en fin de compte : *Total, on n'a rien gagné* (syn. résultat). - **4.** Au total, tout bien pesé, considéré : *Au total, c'est une bonne affaire* (= somme toute).

totalement [tɔtalmɑ̃] adv. Entièrement ; tout à fait : *Il est totalement guéri* (syn. complètement).

totalisation [tɔtalizasjɔ̃] n.f. Action de totaliser.

totaliser [tɔtalize] v.t. - **1.** Faire le total de qqch : *Totaliser les recettes du jour* (syn. additionner). - **2.** Atteindre le total de : *Totaliser cinquante points.*

totalitaire [tɔtalitɛʀ] adj. (de *totalité*). Se dit d'un régime politique, d'un État dans lequel tous les pouvoirs sont concentrés entre les mains d'un nombre restreint de dirigeants ou d'un parti unique, et qui exerce une mainmise sur la totalité des activités individuelles.

totalitarisme [tɔtalitaʀism] n.m. Système politique des régimes totalitaires.

totalité [tɔtalite] n.f. (de *1. total*). - **1.** Réunion de tous les éléments de qqch : *Dépenser la totalité de son salaire* (syn. intégralité). - **2.** En totalité, intégralement : *Le bâtiment a brûlé en totalité.*

totem [tɔtɛm] n.m. (mot angl., par l'algonquin *ototeman*). - **1.** ANTHROP. Animal ou végétal considéré comme l'ancêtre mythique et le protecteur d'un groupe social ou d'un individu. - **2.** Représentation particulière de cet animal, de ce végétal.

touareg [twaʀɛg] et **targui, e** [taʀgi] adj. et n. (mots ar.). Se dit d'un peuple nomade du Sahara, de ce qui lui est propre : *Mœurs* touaregs. **Rem.** On réserve parfois la forme *touareg* pour le pl., la forme au singulier étant alors *targui*. On trouve parfois le fém. *touarègue*. ◆ **touareg** n.m. Langue berbère parlée par les Touareg.

toubab [tubab] n.m. - **1.** En Afrique, Européen, Blanc. - **2.** Africain ayant adopté le mode de vie européen.

toubib [tubib] n.m. (mot algérien *tbib* "sorcier", de l'ar. *tabib* "savant"). FAM. Médecin.

toucan [tukɑ̃] n.m. (mot tupi du Brésil). Oiseau grimpeur de l'Amérique tropicale, à bec gros et très long, vivement coloré. □ Famille des ramphastidés.

1. touchant [tuʃɑ̃] prép. (de *toucher*). LITT. Au sujet de : *On ne connaît pas la vérité touchant le Masque de fer.*

2. touchant, e [tuʃɑ̃, -ɑ̃t] adj. Qui attendrit, émeut : *Un chagrin touchant* (syn. émouvant).

touche [tuʃ] n.f. (de *1. toucher*). - **1.** Manière personnelle de peindre ; couleur appliquée à chaque coup de pinceau : *Ce peintre a une touche légère.* - **2.** LITT. Manière personnelle d'un écrivain, d'un créateur, d'un artiste : *Reconnaître la touche d'un auteur* (syn. patte, style, ton). - **3.** Élément qui contraste dans un ensemble et donne une valeur particulière : *Une touche de fantaisie dans sa tenue stricte* (syn. note). - **4.** FAM. Allure, genre de qqn : *Avoir une drôle de touche* (syn. apparence). - **5.** En escrime, fait d'atteindre son adversaire suivant les règles ; point ainsi marqué. - **6.** PÊCHE. Secousse exercée par le poisson dont la bouche entre en contact avec un appât : *Avoir une touche.* - **7.** MUS. Levier basculant sous la pression des doigts et actionnant la mécanique d'un instrument à clavier. - **8.** Partie du manche des instruments à cordes où l'instrumentiste pose les doigts. - **9.** Organe d'une machine sur lequel on agit par pression ou par contact d'un seul doigt pour commander une action : *Téléphone à touches.* - **10.** SPORTS. Dans divers sports d'équipe, chacune des deux lignes qui délimitent la largeur du terrain (on dit aussi *une ligne de touche*) ; sortie du ballon au-delà de cette ligne, et sa remise en jeu. - **11.** FAM. Avoir une touche, faire une touche, plaire à qqn. ‖ FAM. Être (mis) sur la touche, rester sur la touche, être tenu à l'écart d'une activité, d'une affaire. - **12.** Pierre de touche, Variété de jaspe noir qui sert à éprouver (*toucher*) l'or et l'argent ; au fig., ce qui sert à connaître la valeur de qqn ou de qqch.

touche-à-tout [tuʃatu] n. inv. FAM. Personne qui touche à tout, qui se disperse en toutes sortes d'activités.

1. toucher [tuʃe] v.t. (lat. pop. *toccare*, rad. onomat. *tokk-*). - **1.** Mettre la main au contact de qqch, de qqn : *Toucher des fruits* (syn. palper, tâter). *Toucher qqn au bras pour attirer son attention* (syn. effleurer). - **2.** Entrer, être en contact physique avec qqch, qqn : *Son visage touchait le mien* (syn. frôler). - **3.** Être contigu à qqch : *Ma maison touche la sienne.* - **4.** Atteindre, blesser par un coup porté ou un projectile : *Toucher son adversaire au bras.* - **5.** Percevoir de l'argent : *Toucher son salaire* (syn. encaisser). *Toucher dix mille francs par mois.* - **6.** Entrer en relation, communiquer avec qqn : *Où peut-on vous toucher ?* (syn. joindre, contacter). - **7.** Émouvoir, faire impression sur qqn : *Votre geste m'a beaucoup touché* (syn. bouleverser). - **8.** Concerner : *Le chômage touche de nombreux jeunes* (syn. affecter). - **9.** Toucher le point sensible, atteindre chez qqn ce qui est le plus vulnérable. ‖ Toucher un mot de qqch à qqn, lui en parler brièvement. ◆ v.t. ind. [à]. - **1.** Porter la main sur qqch, sur qqn : *Ne touchez pas au plat, il est brûlant. Ne touche pas à mon frère* (= ne lui fais pas de mal). - **2.** Consommer une petite quantité d'un aliment, d'une boisson : *Il a à peine touché à son repas.* - **3.** Être en contact avec qqch : *Leur propriété touche à la forêt* (syn. avoisiner, jouxter). - **4.** Aborder un sujet : *Vous touchez là à un point crucial.* - **5.** Concerner ; être relatif à : *Des secrets qui touchent à la défense nationale.* - **6.** Apporter des modifications à qqch : *Ton dessin est parfait, n'y touche pas.* - **7.** FAM. N'avoir pas l'air d'y toucher, dissimuler par un air innocent des intentions malveillantes ; cacher son jeu. ‖ Toucher au but, au port, à sa fin, être près d'arriver, de se terminer. ◆ se toucher v.pr. Être en contact ou très près l'un de l'autre : *Leurs immeubles se touchent.*

2. toucher [tuʃe] n.m. (de *1. toucher*). - **1.** Celui des cinq sens à l'aide duquel on reconnaît, par le contact direct de certains organes, la forme et l'état extérieur des corps : *Un endroit sensible au toucher.* - **2.** Impression produite par un corps que l'on touche : *Un toucher doux, rugueux* (syn. contact). - **3.** MÉD. Examen d'une cavité naturelle par l'introduction d'un ou de plusieurs doigts revêtus d'un doigtier : *Toucher anal, vaginal.* - **4.** MUS. Caractère du jeu d'un musicien ; manière de frapper le clavier.

touer [twe] v.t. (anc. scand. *toga* "tirer", frq. *togon*) [conj. 6]. Remorquer un bâtiment de navigation à l'aide d'un toueur.

toueur [twœʀ] n.m. Remorqueur se déplaçant par traction sur une chaîne ou un câble qui repose sur le fond du chenal et s'enroule sur le tambour d'un treuil porté par le remorqueur.

touffe [tuf] n.f. (anc. alémanique *topf*). Ensemble de petits végétaux, de poils, etc., naturellement disposés très près les uns des autres : *Touffe d'herbe, de cheveux.*

touffu, e [tufy] adj. (de *touffe*). **- 1.** Épais, dense, formé de nombreux éléments emmêlés : *Bois touffu. Barbe touffue* (syn. fourni). **- 2.** Qui est chargé à l'excès de détails : *Récit touffu* (syn. embrouillé).

touiller [tuje] v.t. (lat. *tudiculare* "broyer"). FAM. Agiter, remuer : *Touiller la salade* (syn. mélanger, tourner).

toujours [tuʒuʀ] adv. (de *tous* et *jours*). **- 1.** Exprime la permanence dans la totalité du temps ou d'une période déterminée : *Ces abus ont toujours existé* (= de tout temps). *Elle a toujours voulu jouer la comédie* (contr. ne... jamais). **- 2.** Exprime la répétition : *Il est toujours prêt à rendre service* (= en toute occasion). *Il est toujours en retard* (syn. régulièrement). **- 3.** Exprime la persistance d'un état, d'une attitude : *Il l'aime toujours* (syn. encore ; contr. ne... plus). **- 4.** Marque une nuance logique de concession : *Tu peux toujours parler, personne ne te croit* (= quoi que tu dises...). **- 5.** Depuis toujours, depuis un temps très éloigné. ‖ Pour toujours, sans retour, d'une façon définitive : *Il est parti pour toujours.* ‖ **Toujours est-il que,** marque une opposition : *J'accepte vos excuses, toujours est-il que l'erreur est faite.*

toundra [tundʀa] n.f. (mot russe, du lapon). GÉOGR. Formation végétale des régions de climat froid, qui comprend des graminées, des lichens et quelques arbres nains.

toupet [tupɛ] n.m. (anc. fr. *top,* du frq. *°top,* all. *Zopf* "tresse de cheveux"). **- 1.** Touffe de cheveux sur le sommet du front (syn. houppe). **- 2.** FAM. Hardiesse irrespectueuse : *Il a eu le toupet de me dire ça* (syn. effronterie).

toupie [tupi] n.f. (anglo-normand *topet,* de l'angl. *top* "pointe, sommet"). **- 1.** Jouet en forme de poire, qu'on fait tourner sur la pointe. **- 2.** Machine pour le travail du bois, avec laquelle on exécute les moulures et les entailles.

1. tour [tuʀ] n.f. (lat. *turris*). **- 1.** Bâtiment ou corps de bâtiment nettement plus haut que large : *La tour d'un château.* **- 2.** Toute construction en hauteur : *La tour Eiffel. Les tours d'un grand ensemble.* **- 3.** Pièce du jeu d'échecs. **- 4.** S'enfermer dans sa tour d'ivoire, s'isoler et refuser de s'engager, de se compromettre. **- 5.** Tour de contrôle, bâtiment dominant l'aire d'un aérodrome, dans lequel est situé le service chargé du contrôle local de la circulation aérienne. ‖ **Tour de forage,** Recomm. off. pour *derrick.*

2. tour [tuʀ] n.m. (de *tourner*). **- 1.** Action de parcourir un lieu ; parcours ainsi accompli : *Faire le tour du lac, de la ville.* **- 2.** Trajet sur un circuit fermé qui ramène au point de départ : *Il est tombé en panne au cinquième tour.* **- 3.** Voyage ou déplacement rapide : *Faire le tour de l'Europe.* **- 4.** Promenade : *Faire un tour en ville.* **- 5.** Dimension de la ligne fermée qui constitue la limite extérieure de qqch, notamm. de certaines parties du corps : *Prendre le tour de taille d'une cliente.* **- 6.** Pourtour, bord de qqch, d'un lieu : *Le tour du lac est planté d'arbres* (syn. circonférence). **- 7.** Mouvement de rotation d'un corps autour de son axe, qui le ramène à sa position première : *Tour de roue.* **- 8.** Action de tourner un objet sur lui-même : *Donner deux tours de clé.* **- 9.** Exercice qui exige de la force, de l'adresse : *Tour de cartes, de prestidigitation.* **- 10.** Action habile, plaisante ou perfide destinée à mystifier qqn : *Jouer un bon tour à qqn* (= lui faire une farce). **- 11.** Manière dont qqch évolue : *Cette affaire prend un mauvais tour* (syn. tournure). **- 12.** Moment où qqn fait qqch, après ou avant d'autres : *Attendre, passer son tour.* **- 13.** Chaque phase d'une opération qui en comporte plusieurs : *Scrutin majoritaire à deux tours.* **- 14.** MÉTROL. Unité d'angle équivalant à 2 π radians. □ Symb. tr. **- 15.** Cela vous jouera un tour, des tours, cela vous fera du tort. ‖ **En un tour de main,** en un tournemain. ‖ **Faire le tour d'un lieu, d'un groupe,** en parlant d'une nouvelle, d'un fait, être répandu, divulgué : *Sa nomination n'a pas tardé à faire le tour du service.* ‖ **Faire le tour d'une question,** en examiner tous les points. ‖ **Faire un tour d'horizon,** soumettre successivement à la discussion tous les aspects d'un sujet. ‖ **Faire un tour de table,** donner la parole successivement à tous ceux qui sont assis autour d'une table pour connaître leur avis. ‖ **Tour à tour,** l'un après l'autre : *Rire et pleurer tour à tour* (= alternativement). *Il a été tour à tour député, sénateur et ministre* (= successivement). ‖ **Tour de chant,** interprétation sur scène, par un artiste, d'une suite de chansons. ‖ **Tour de force,** action difficile, remarquablement réussie ; exploit. ‖ **Tour de phrase,** construction propre à un écrivain, un orateur (on dit aussi *un tour*) : *C'est un tour qu'il affectionne* (syn. expression). ‖ **Tour d'esprit,** manière propre à qqn de comprendre, d'exprimer les choses : *Tour d'esprit enjoué* (syn. tournure, disposition). **- 16.** Tour de reins. Syn. cour. de *lumbago.*

3. tour [tuʀ] n.m. (lat. *tornus,* gr. *tornos*). **- 1.** Dispositif actionné au pied, comportant un plateau rotatif horizontal sur lequel le potier dispose la motte d'argile à tourner (on dit aussi *un tour de potier*). **- 2.** MÉCAN. Machine-outil utilisée pour usiner, par enlèvement de matière, une pièce génér. en rotation autour d'un axe. **- 3.** Appareil utilisé par les chirurgiens-dentistes, qui communique aux fraises un mouvement de rotation rapide.

tourangeau, elle [tuʀɑ̃ʒo, -ɛl] adj. et n. De la Touraine ou de Tours.

1. tourbe [tuʀb] n.f. (frq. *turba* "terre combustible"). Combustible médiocre qui se forme dans les tourbières par décomposition partielle des végétaux.

2. tourbe [tuʀb] n.f. (lat. *turba* "foule"). LITT. Foule confuse de gens de basse extraction (syn. multitude).

tourbeux, euse [tuʀbø, -øz] adj. Qui contient de la tourbe : *Un marais tourbeux.*

tourbière [tuʀbjɛʀ] n.f. Marécage acide où se forme la tourbe.

tourbillon [tuʀbijɔ̃] n.m. (lat. pop. *turbiculus,* du lat. *turbo, -inis*). **- 1.** Vent très fort qui souffle en tournoyant. **- 2.** Masse d'air, de gaz qui se déplace en tournoyant : *Tourbillon de fumée, de poussière.* **- 3.** Masse d'eau qui tournoie rapidement en formant une sorte d'entonnoir (syn. remous). **- 4.** Mouvement rapide et circulaire : *Les tourbillons des valseurs.* **- 5.** LITT. Ce qui entraîne dans un mouvement rapide, irrésistible : *Le tourbillon de la vie.*

tourbillonnant, e [tuʀbijɔnɑ̃, -ɑ̃t] adj. Qui tourbillonne.

tourbillonnement [tuʀbijɔnmɑ̃] n.m. Mouvement en tourbillon : *Le tourbillonnement des feuilles mortes dans le vent* (syn. tournoiement).

tourbillonner [tuʀbijɔne] v.i. **- 1.** Former un tourbillon, des tourbillons : *Le fleuve tourbillonne.* **- 2.** Tournoyer rapidement : *Les feuilles d'automne tourbillonnent.*

tourelle [tuʀɛl] n.f. (de *1. tour*). **- 1.** Petite tour placée à l'angle d'un édifice ou contre la face extérieure d'un rempart. **- 2.** Abri orientable, génér. blindé, dans lequel sont disposées certaines armes d'un avion, d'un engin blindé, etc. **- 3.** CIN. Dispositif d'une caméra permettant de changer d'objectif par rotation d'un plateau unique.

tourillon [tuʀijɔ̃] n.m. (de *3. tour*). **- 1.** Organe mécanique de révolution, utilisé comme guide de mouvement circulaire. **- 2.** Cheville cylindrique servant à assembler des pièces de bois, des panneaux.

tourisme [tuʀism] n.m. (angl. *tourism,* du fr. *tour* "excursion, voyage"). **- 1.** Action de voyager, de visiter un site pour son plaisir : *Faire du tourisme en Alsace.* **- 2.** Ensemble des activités, des techniques mises en œuvre pour les voyages et les séjours d'agrément : *Office de tourisme.* **- 3.** Avion, voiture de tourisme, à usage privé.

touriste [tuʀist] n.(angl. *tourist*). **- 1.** Personne qui pratique le tourisme : *Un groupe de touristes visite le musée* (syn. vacancier, estivant). **- 2.** Classe touriste, classe à tarif réduit sur certains services de transports aériens.

touristique [tuʀistik] adj. **- 1.** Relatif au tourisme : *Guide touristique.* **- 2.** Qui attire les touristes, en parlant d'un lieu : *Monument, ville touristiques* (syn. pittoresque).

tourmaline [tuʀmalin] n.f. (cinghalais *toromalli*). Pierre fine, de coloration variée, silicate complexe de sodium, de bore et d'aluminium.

tourment [tuʀmɑ̃] n.m. (lat. *tormentum* "instrument de torture", de *torquere* "tordre"). LITT. Vive douleur physique ou morale : *Les tourments de la jalousie* (syn. affres).

tourmente [tuʀmɑ̃t] n.f. (lat. pop. *tormenta,* pl. neutre du class. *tormentum,* pris comme fém. sing.). LITT. **- 1.** Violente tempête (syn. bourrasque, tornade). **- 2.** Troubles sociaux ou politiques : *La tourmente révolutionnaire* (syn. agitation, tumulte).

tourmenté, e [tuʀmɑ̃te] adj. **- 1.** Qui est en proie aux tourments, à l'angoisse : *Un homme tourmenté* (syn. anxieux, angoissé). **- 2.** Se dit d'une période marquée par des troubles, des événements graves : *L'époque tourmentée d'une guerre* (syn. mouvementé). **- 3.** Qui a des irrégularités nombreuses et brusques : *Sol tourmenté* (syn. accidenté). *Mer tourmentée* (= très agitée). **- 4.** LITTÉR. BX-A. Qui dénote une recherche excessive ; qui manque de simplicité : *Style tourmenté.*

tourmenter [tuʀmɑ̃te] v.t. (de *tourment*). LITT. Faire endurer à qqn des tourments physiques ou moraux : *Ne tourmentez plus cette pauvre femme* (syn. harceler, martyriser, persécuter). *Le remords le tourmente* (syn. ronger, tenailler). ◆ **se tourmenter** v.pr. LITT. Se faire beaucoup de souci : *Elle se tourmente pour l'avenir de sa fille* (syn. s'alarmer, s'inquiéter).

tournage [tuʀnaʒ] n.m. **- 1.** Action d'usiner au tour. **- 2.** CIN. Action de tourner un film.

1. tournant, e [tuʀnɑ̃, -ɑ̃t] adj. **- 1.** Conçu pour tourner, pivoter : *Fauteuil tournant.* **- 2.** Qui prend à revers : *Mouvement tournant.* **- 3.** Grève tournante, grève qui paralyse successivement les divers secteurs d'une activité économique, les divers services d'une entreprise.

2. tournant [tuʀnɑ̃] n.m. **- 1.** Endroit où une voie tourne, prend une autre direction : *Route pleine de tournants* (syn. virage). **- 2.** Moment ou événement qui marque une orientation nouvelle, un changement important : *Être à un tournant de sa vie.* **- 3.** FAM. Attendre, avoir, rattraper qqn au tournant, prendre sur lui sa revanche dès que l'occasion se présente.

tourné, e [tuʀne] adj. - **1.** Aigri, altéré, fermenté : *Lait, vin tourné.* - **2.** (Précédé d'un adv.). Rédigé, dit d'une certaine façon : *Son compliment était bien tourné.* - **3. Bien tourné,** se dit de qqn, d'un corps bien fait. ‖ **Esprit mal tourné,** disposé à interpréter les choses d'une manière désagréable ou scabreuse.

tournebouler [tuʀnəbule] v.t. (de l'anc. fr. *torneboele* "culbute", de *boele* "boyau", avec infl. de *boule*). FAM. Affoler, bouleverser qqn : *Toutes ces nouvelles m'ont tourneboulé* (syn. perturber, retourner).

tournebroche [tuʀnəbʀɔʃ] n.m. (de *tourner* et *broche*). Appareil servant à faire tourner une broche à rôtir.

tourne-disque [tuʀnədisk] n.m. (pl. *tourne-disques*). Appareil permettant la lecture d'un disque microsillon (syn. électrophone).

tournedos [tuʀnədo] n.m. Tranche ronde de filet de bœuf, assez épaisse.

tournée [tuʀne] n.f. (de *tourner*). - **1.** Voyage, déplacement à caractère professionnel effectué par un fonctionnaire, un représentant, etc., selon un itinéraire déterminé : *La tournée du facteur. Tournée électorale.* - **2.** Voyage d'un chanteur, d'une troupe d'artistes, d'une équipe sportive qui se produisent dans diverses localités : *Tournée d'été d'un chanteur.* - **3.** FAM. Ensemble de consommations offertes et payées à un groupe par qqn : *C'est la tournée du patron.* - **4. Faire la tournée des** (+ n.), visiter tour à tour des endroits de même nature : *Faire la tournée des musées.*

tournemain [tuʀnəmɛ̃] n.m. (de *tourner* et *main*). LITT. **En un tournemain,** rapidement et avec aisance : *Il m'a convaincu en un tournemain* (= en un tour de main).

tourner [tuʀne] v.t. (lat. *tornare* "façonner au tour"). - **1.** Changer d'orientation par un mouvement de rotation partielle : *Tourner son fauteuil vers la cheminée. Quand elle l'a vu, elle a tourné la tête* (syn. détourner). - **2.** Retourner ; mettre à l'envers : *Tourner une page.* - **3.** Imprimer à qqch un mouvement de rotation autour de son axe : *Tourner la clef dans la serrure.* - **4.** Façonner une poterie sur un tour. - **5.** TECHN. Usiner au tour : *Tourner des pièces mécaniques.* - **6.** Remuer un aliment, un liquide par un mouvement circulaire pour les mélanger : *Tourner la salade, une sauce* (syn. mélanger). - **7.** CIN. Procéder aux prises de vues d'un film ; interpréter un rôle dans un film : *Réalisateur, acteur qui tournent un film policier.* - **8.** Éviter un obstacle par un mouvement qui permet de le prendre à revers : *Tourner les positions adverses* (syn. contourner). - **9.** Éluder une difficulté, une loi : *Tourner un règlement.* - **10.** Examiner une question, une idée sous tous les angles :

Tourner et retourner un problème. - **11.** Faire apparaître qqch, qqn sous un aspect qui en modifie la nature, le caractère : *Leur voyage a tourné au tragique. Tourner qqn en ridicule* (= le ridiculiser). - **12.** Formuler un énoncé de telle façon : *Bien tourner ses phrases.* - **13.** Tourner la tête à qqn, l'enivrer ou lui inspirer une passion violente. ‖ FAM. **Tourner les sangs à qqn,** lui causer une vive émotion, une grande peine. ◆ v.i. - **1.** Se déplacer circulairement autour de qqch, de qqn pris pour centre : *La Terre tourne autour du Soleil. Les mouches tournent autour des bêtes* (syn. tourbillonner). - **2.** Être animé d'un mouvement de rotation ou exécuter un mouvement en rond sur soi-même : *Disque qui tourne sur une platine. Le danseur tournait sur lui-même* (syn. pirouetter, virevolter). - **3.** Changer de direction ; prendre une nouvelle orientation : *La route tourne. Tournez à gauche au prochain carrefour* (syn. obliquer, virer). *Le vent tourne.* - **4.** Faire une tournée, des déplacements successifs : *Représentant qui tourne dans le Midi.* - **5.** Se succéder à tour de rôle dans une fonction pour assurer un service : *Médecins qui tournent pour assurer la garde du dimanche* (syn. alterner). - **6.** Marcher, être en fonctionnement, en activité : *Ce moteur tourne régulièrement. L'usine tourne au ralenti* (syn. fonctionner). - **7.** Évoluer vers tel état, de telle façon : *Le temps tourne à la pluie. Leur mariage a mal tourné* (= a eu une issue malheureuse). - **8.** Cailler spontanément, en parlant du lait ; se décomposer, fermenter, en parlant d'un liquide, d'une sauce. - **9.** Faire partie de la distribution d'un film : *Elle a tourné avec les plus grands réalisateurs* (syn. jouer). - **10. La chance tourne,** la chance en favorise d'autres. ‖ **La tête lui tourne,** il (elle) a le vertige. ‖ **Tourner autour de qqch,** avoir telle chose pour centre : *Dans cette affaire, tout tourne autour de l'argent.* ‖ **Tourner autour de qqn,** avoir des intentions à son égard, lui manifester de l'intérêt, chercher à le séduire. ‖ FAM. **Tourner de l'œil,** s'évanouir. ◆ **se tourner** v.pr. - **1.** Changer de position pour se présenter face à qqn ou à qqch : *Se tourner vers la fenêtre.* - **2.** S'orienter vers telle position : *Tous les regards se tournèrent vers le retardataire.* - **3.** Se tourner vers une profession, des études, s'y engager.

tournesol [tuʀnəsɔl] n.m. (it. *tornasole*). Nom usuel de l'*hélianthe* (syn. soleil).

tourneur, euse [tuʀnœʀ, -øz] n. Ouvrier, ouvrière qui travaille sur un tour : *Tourneur sur bois, sur métaux.* ◆ adj. **Derviche tourneur,** derviche qui tourne sur lui-même en dansant.

tournevis [tuʀnəvis] n.m. Outil en acier, dont l'une des extrémités est enfoncée dans un manche et dont l'autre est aplatie afin de pouvoir s'engager dans une tête de vis, et qui sert à visser ou à dévisser des vis : *Tournevis cruciforme.*

tournicoter [tuʀnikɔte] v.i. (de *tourner,* d'apr. *tourniquet*). FAM. Tourner dans tous les sens autour de qqn.

tourniquet [tuʀnikɛ] n.m. (altér. d'apr. *tourner,* de *turniquet* "vêtement de dessus"). - **1.** Dispositif pivotant placé à l'entrée ou à la sortie d'un lieu public, et qui ne laisse passer qu'une personne à la fois. - **2.** Dispositif d'arrosage pivotant en son centre. - **3.** Lame métallique tournant autour d'un pivot scellé dans un mur, qui sert à maintenir ouvert un volet, une persienne. - **4.** Petit présentoir rotatif à plusieurs faces, dans un magasin.

tournis [tuʀni] n.m. (de *tourner*). - **1.** Maladie des ruminants, notamm. des agneaux, se manifestant en partic. par le tournoiement. - **2.** FAM. Avoir, donner le tournis, avoir, donner le vertige.

tournoi [tuʀnwa] n.m. (de *tournoyer*). - **1.** Compétition comprenant plusieurs séries de manches : *Tournoi de tennis.* - **2.** Compétition amicale et sans attribution d'un titre : *Tournoi de bridge.* - **3.** HIST. Fête où les chevaliers s'affrontaient à cheval, un contre un ou par groupes (XIIᵉ-XVIᵉ s.).

tournoiement [tuʀnwamã] n.m. Action de tournoyer ; mouvement de ce qui tournoie : *Le tournoiement des feuilles* (syn. tourbillonnement).

tournois [tuʀnwa] adj. inv. (lat. *turonensis* "de Tours"). - **1.** Se dit de la monnaie frappée à Tours du IXᵉ au XIᵉ s. - **2.** Se dit d'une anc. monnaie de compte : *Livre tournois.*

tournoyer [tuʀnwaje] v.i. (de *tourner*) [conj. 13]. Tourner irrégulièrement plusieurs fois sur soi-même ou en spirale : *Oiseaux qui tournoient dans le ciel.*

tournure [tuʀnyʀ] n.f. (lat. médiév. *tornatura,* du class. *tornare ;* v. *tourner*). - **1.** Aspect que présente qqch, qqch : *Avoir une drôle de tournure* (syn. air, allure). *Tournure dramatique d'un récit* (syn. aspect, côté). - **2.** Orientation que prend une situation : *L'affaire prend une bonne tournure* (syn. évolution, tendance). - **3.** Manière dont les mots sont agencés dans une phrase : *Une tournure vieillie* (syn. expression, tour). - **4.** Tournure d'esprit, manière propre à qqn d'envisager les choses, de les juger, d'y réagir. ‖ Prendre tournure, laisser entrevoir l'état définitif de qqch : *Notre affaire avance, elle prend tournure.*

tour-opérateur [tuʀɔpeʀatœʀ] n.m. (angl. *tour operator*) [pl. *tour-opérateurs*]. Syn. de *voyagiste.*

tourte [tuʀt] n.f. (bas lat. *torta*). Tarte garnie de viande, de poissons, de légumes.

1. tourteau [tuʀto] n.m. (de *tourte*). - **1.** Résidu solide des grains et des fruits oléagineux princ. utilisé pour l'alimentation des bestiaux. - **2.** Gros pain de forme ronde.

2. tourteau [tuʀto] n.m. (de l'anc. fr. *tort, tourt* "tordu"). Gros crabe à large carapace, et dont les pinces ont l'extrémité noire ; on dit aussi *crabe dormeur* ou *un dormeur*).

tourtereau [tuʀtəʀo] n.m. (de *tourterelle*). Jeune tourterelle encore au nid. ◆ **tourtereaux** n.m.pl. FAM. Jeunes gens qui s'aiment tendrement.

tourterelle [tuʀtəʀɛl] n.f. (lat. pop. *turturella,* dimin. du class. *turtur*). Petit pigeon dont on élève une variété d'une couleur brun clair, originaire d'Égypte, la *tourterelle à collier.* ▢ Famille des columbidés. La tourterelle roucoule.

tourtière [tuʀtjɛʀ] n.f. - **1.** Ustensile pour faire cuire des tourtes ou des tartes. - **2.** CAN. Tourte à la viande.

tous pron. indéf. → **3. tout.**

Toussaint [tusɛ̃] n.f. (de *tous* [les] *saints*). RELIG. CHRÉT. Fête en l'honneur de tous les saints. ▢ Elle est célébrée le 1ᵉʳ novembre par les catholiques, le premier dimanche suivant la Pentecôte par les chrétiens orientaux.

tousser [tuse] v.i. (lat. *tussire*). Avoir un accès de toux ; se racler la gorge : *Le malade tousse beaucoup. Tousser pour avertir qqn.*

toussotement [tusɔtmã] n.m. Action de toussoter ; bruit produit en toussotant.

toussoter [tusɔte] v.i. Tousser souvent et faiblement.

1. tout [tu], **toute** [tut], **tous** [tus], **toutes** [tut] adj. indéf. (bas lat. *tottus,* forme expressive du class. *totus*). - **I.** (Au sing.). - **1.** Indique chacun des éléments d'un ensemble (sans autre déterminant) : *Toute vérité n'est pas bonne à dire* (syn. n'importe quel). *Tout homme a éprouvé un jour ce sentiment* (syn. chaque). - **2.** De toute façon, en tout cas, quoi qu'il en soit, quelle que soit la situation : *Je ne sais pas qui a dit cela, en tout cas ce n'est pas moi. Je suis sûre de toute façon qu'il viendra.* - **II.** (Au pl.). - **1.** Indique l'ensemble des choses, des personnes : *Tous les côtés d'un carré sont égaux. Elles viendront toutes les deux.* - **2.** LITT. Sans autre déterminant, souligne une apposition récapitulative : *Il fait preuve de patience, de ténacité, de courtoisie, toutes qualités nécessaires à un diplomate.* - **3.** Forme des loc. adj. : *Une émission tous publics. Un véhicule tout terrain.*

2. tout [tu], **toute** [tut], **tous** [tu], **toutes** [tut] adj. qualificatif (même étym. que *1. tout*). - **I.** Au sing., indique : - **1.** (Devant un déterminant). L'intégralité, la totalité de qqch : *Toute la nuit. Toute sa vie. Tout le monde.*

- **2.** (Devant *un, une*). Une intensité : *C'est toute une affaire. Il en a fait tout un plat.* - **3.** (Sans autre déterminant). Un degré absolu : *En toute liberté. Un tableau de toute beauté. À toute vitesse.* - **4.** (Sans autre déterminant). La restriction : *Pour toute réponse* (syn. seul). – **II.** Au sing. ou au pl., indique : - **1.** La restriction : *C'est tout l'effet que ça te fait ? Voilà toutes les informations que j'ai pu recueillir* (= les seules informations). - **2.** Une intensité : *C'est tout le portrait de son père* (syn. exact). - **3.** (En fonction adv.). Un degré absolu : *Elle était toute à ses pensées.*

3. **tout** [tu], **tous** [tus], **toutes** [tut] (même étym. que *1. tout*). pron. indéf. - **I.** Au sing : - **1.** Désigne l'ensemble des choses en général ou n'importe quelle chose : *Tout est prêt. Elle s'intéresse à tout. Tout peut arriver* (syn. n'importe quoi). - **2.** En tout et pour tout, uniquement : *Il avait en tout et pour tout dix francs.* - **II.** Au pl. Désigne la totalité des personnes, des choses : *Tous sont venus. Une fois pour toutes, voici mes recommandations* (= je ne me répéterai pas).

4. **tout** [tu] adv. (même étym. que *1. tout*). - **1.** Devant un adj., un p. passé ou un adv., marque l'intensité, le degré absolu : *Elle était tout étonnée. Ils sont tout petits.* **Rem.** Cet adverbe est variable en genre et en nombre devant un nom féminin commençant par une consonne ou un *h* : *Elles sont toutes surprises.* - **2.** Tout autre, très différent : *C'est une tout autre affaire.* **Rem.** Ne pas confondre avec *tout,* adj. (ex. : *toute autre interprétation est erronée* [n'importe quelle autre...]). ‖ LITT. Tout... que (+ ind. ou subj.), indique une concession, une opposition : *Tout subtil qu'il était, il commit une erreur* (syn. si... que [+ subj.]).

5. **tout** [tu] n. m. (même étym. que *1. tout*). - **1.** La totalité : *Le tout et la partie.* - **2.** L'essentiel : *Le tout est de réussir.* - **3.** Ce n'est pas le tout, il y a, outre cela, autre chose à faire ou à dire : *Ce n'est pas le tout de se morfondre, il faut réparer les dégâts.* ‖ Du tout au tout, complètement, entièrement : *Il a changé du tout au tout.* ‖ Le tout électrique, se dit d'un système dans lequel tous les besoins énergétiques sont satisfaits grâce à l'énergie électrique. ‖ Pas du tout, plus du tout, nullement : *Je ne suis pas du tout sûr qu'il vienne. Il n'y a plus du tout d'essence dans le réservoir.* ‖ Rien du tout, absolument rien. ‖ Risquer, jouer le tout pour le tout, hasarder de tout perdre pour tout gagner.

tout à fait [tutafɛ] adv. Complètement, entièrement ; exactement : *Je me sens tout à fait bien* (syn. absolument). *C'est tout à fait ça.*

tout-à-l'égout [tutalegu] n.m. inv. Système de canalisations envoyant directement dans les égouts les eaux usées des habitations.

tout de go [tudgo] adv. (de [*avaler*] *tout de gob* "d'un trait", de *gober*). FAM. Sans préparation, sans préliminaire : *Il a abordé le sujet tout de go* (= directement).

toutefois [tutfwa] adv. (de *toutes* et *fois*). (Marquant une articulation logique). Exprime la concession, l'opposition, la restriction : *Son opinion semble arrêtée, il a toutefois promis d'y repenser* (syn. néanmoins, cependant).

toute-puissance [tutpɥisãs] n.f. inv. - **1.** Puissance sans bornes : *La toute-puissance des dictateurs.* - **2.** THÉOL. Puissance infinie de Dieu (syn. omnipotence).

toutes pron. indéf. → **3. tout**.

toutou [tutu] n.m. (onomat.) [pl. *toutous*]. FAM. (Langage enfantin). Chien.

Tout-Paris [tupaʀi] n.m. sing. (Précédé de l'art. déf.). Ensemble des personnalités qui figurent dans les manifestations mondaines de Paris.

tout-puissant, toute-puissante [tupɥisã, -ãt] adj. et n.m. (pl. *tout-puissants, toutes-puissantes*). - **1.** Qui a un pouvoir sans bornes ou très grand : *Un roi tout-puissant* (syn. omnipotent). - **2.** Le Tout-Puissant, Dieu.

tout-venant [tuvnã] n.m. inv. (de *venir*). - **1.** TECHN. Matériau extrait d'une mine ou d'une carrière, avant tout traitement. - **2.** Ensemble de choses, de personnes banales, courantes : *Ces articles n'ont pas été sélectionnés, c'est du tout-venant.*

toux [tu] n.f. (lat. *tussis*). Expiration brusque et sonore de l'air contenu dans les poumons, provoquée par l'irritation des voies respiratoires : *Toux grasse, sèche.*

toxicité [tɔksisite] n.f. Caractère toxique ; nocivité : *La toxicité de certaines colles.*

toxicologie [tɔksikɔlɔʒi] n.f. Science traitant des poisons, de leurs effets sur l'organisme et de leur identification. ◆ **toxicologue** n. Nom du spécialiste.

toxicomaniaque [tɔksikɔmanjak] adj. Qui relève de la toxicomanie.

toxicomanie [tɔksikɔmani] n.f. Habitude de consommer une ou plusieurs substances susceptibles d'engendrer un état de dépendance psychique ou physique. ◆ **toxicomane** n. et adj. Personne qui souffre de toxicomanie.

toxi-infection [tɔksiɛ̃fɛksjɔ̃] n.f. (pl. *toxi-infections*). Infection due à des germes pathogènes agissant surtout par les toxines qu'ils sécrètent.

toxine [tɔksin] n.f. (all. *Toxin,* du rad. de *toxique*). Substance toxique élaborée par un organisme vivant (bactérie, champignon vénéneux, etc.).

toxique [tɔksik] adj. et n.m. (lat. *toxicum*, du gr. *toxikon*, de *toxon* "arc [à cause des poisons employés avec les flèches]"). Se dit d'une substance nocive pour les organismes vivants : *Toxiques animaux, végétaux* (syn. poison).

toxoplasmose [tɔksɔplasmoz] n.f. Maladie provoquée par un parasite intracellulaire des animaux, dangereuse pour le fœtus d'une femme enceinte.

traboule [tʀabul] n.f. (du lat. pop. *trabulare*, class. *transambulare* "aller à travers"). RÉGION. À Lyon, passage étroit qui fait communiquer deux rues à travers un pâté de maisons.

1. trac [tʀak] n.m. (orig. incert., p.-ê. en rapport avec *traquer*). FAM. Peur, angoisse irraisonnée éprouvée au moment de paraître en public, de subir une épreuve : *Chanteur qui a le trac.*

2. trac [tʀak] n.m. LITT. OU VIEILLI. Tout à trac, soudainement ; sans réfléchir : *Il se mit tout à trac à proférer des injures* (= soudain, brutalement).

traçage [tʀasaʒ] n.m. - **1.** Action de tracer. - **2.** TECHN. Opération consistant à dessiner sur une pièce brute les axes, les contours permettant de l'usiner.

traçant, e [tʀasɑ̃, -ɑ̃t] adj. - **1.** Se dit d'un projectile (balle, obus) muni d'une composition combustible, et qui laisse un sillage derrière lui. - **2.** Table traçante → table. ‖ BOT. Racine traçante, qui s'étend horizontalement et très près du sol.

tracas [tʀaka] n.m. (de *tracasser*). [Surtout au pl.]. Souci, inquiétude momentanés, dus surtout à des ennuis matériels : *Les tracas du ménage* (syn. préoccupation).

tracasser [tʀakase] v.t. (du rad. de *traquer*). Causer du tracas à qqn : *Sa santé le tracasse* (syn. inquiéter).

tracasserie [tʀakasʀi] n.f. Ennui causé à qqn pour des motifs futiles : *Tracasseries administratives* (syn. chicane).

tracassier, ère [tʀakasje, -ɛʀ] adj. Qui suscite des difficultés pour des riens : *Un chef tracassier* (syn. chicaneur).

trace [tʀas] n.f. (de *tracer*). - **1.** Empreinte ou suite d'empreintes sur le sol marquant le passage d'un homme, d'un animal, d'un véhicule : *Traces de pas sur un carrelage* (syn. traînée). - **2.** Marque laissée par un coup, une maladie, un phénomène sur qqn, qqch : *Avoir des traces de brûlure* (syn. cicatrice). *Cette aventure a laissé des traces profondes en lui* (syn. impression, marque). *On a trouvé des traces d'effraction sur la porte* (syn. indice). - **3.** Quantité très faible d'une substance : *Déceler des traces d'albumine dans les urines.* - **4.** MATH.

Intersection d'une droite ou d'un plan avec un des plans de projection, en géométrie descriptive. - **5.** Être sur la trace de qqn, de qqch, être près de le découvrir : *Être sur la trace d'un criminel* (= être sur la piste de). ‖ Suivre qqn, un animal à la trace, se guider sur les traces qu'il a laissées.

tracé [tʀase] n.m. (de *tracer*). - **1.** Représentation par des lignes : *Faire le tracé d'une nouvelle autoroute.* - **2.** Ligne continue formant un contour : *Tracé d'une côte.*

tracer [tʀase] v.t. (lat.pop. *tractiare*, class. *trahere* "tirer, traîner") [conj. 16]. - **1.** Représenter par des lignes et des points : *Tracer une circonférence* (syn. dessiner). *Tracer une inscription sur un mur.* - **2.** TECHN. Marquer par des lignes les coupes à faire sur un matériau. - **3.** Marquer un emplacement par des lignes, des jalons : *Tracer une route.* - **4.** Dépeindre, décrire : *Tracer un tableau sinistre de la situation* (syn. brosser). - **5.** Indiquer une voie, une direction : *Tracer le chemin à son fils* (= lui donner l'exemple). ◆ v.i. - **1.** BOT. S'étaler horizontalement, en parlant d'une plante, de ses racines, de sa tige. - **2.** FAM. Aller très vite.

traceur [tʀasœʀ] n.m. - **1.** Substance radioactive dont le cheminement peut être suivi par des détecteurs, à des fins médicales ou scientifiques. - **2.** Traceur de courbes, table* traçante.

trachée [tʀaʃe] n.f. (de *trachée-artère*). - **1.** ANAT. Chez l'homme et certains vertébrés, canal, maintenu béant par des anneaux de cartilage, qui fait communiquer le larynx avec les bronches et sert au passage de l'air (syn. trachée-artère). - **2.** ZOOL. Chez les insectes et les arachnides, tube ramifié conduisant l'air des stigmates aux organes.

trachée-artère [tʀaʃeaʀtɛʀ] n.f. (gr. *artêria trakheia* "artère raboteuse") [pl. *trachées-artères*]. ANAT. Syn. de *trachée.*

trachéite [tʀakeit] n.f. MÉD. Inflammation de la trachée.

trachéotomie [tʀakeɔtɔmi] n.f. CHIR. Ouverture de la trachée au niveau du cou pour la mettre en communication avec l'extérieur au moyen d'une canule lorsqu'il y a risque d'asphyxie.

trachome [tʀakom] n.m. (gr. *trakhôma* "rudesse, aspérité"). Conjonctivite contagieuse due à un germe du genre *chlamydia*, endémique dans certains pays chauds.

tract [tʀakt] n.m. (mot angl., de *tractate* "traité"). Feuille ou brochure distribuée à des fins de propagande.

tractation [tʀaktasjɔ̃] n.f. (lat. *tractatio*, de *tractare* "traiter"). [Surtout au pl.]. Négociation plus ou moins secrète, souvent laborieuse : *D'interminables tractations ont eu lieu entre les adversaires* (syn. marchandage).

tracter [tʀakte] v.t. (de *tract[eur]*). Tirer au moyen d'un véhicule ou d'un procédé mécanique : *Tracter une remorque.*

1. **tracteur, trice** [tʀaktœʀ, -tʀis] adj. (du lat. *tractum,* de *trahere* "tirer"). Qui tracte ; qui est capable de tracter : *La force tractrice d'un treuil.*

2. **tracteur** [tʀaktœʀ] n.m. Véhicule motorisé destiné à tracter des remorques sans moteur ; spécial. engin automoteur tout terrain, à roues ou à chenilles, entraînant les machines agricoles.

traction [tʀaksjɔ̃] n.f. (bas lat. *tractio,* de *trahere* "tirer"). - **1.** Action de tirer quand la force motrice est placée en avant de la force résistante : *La traction d'un wagon.* - **2.** Action de tirer en tendant, en allongeant un corps : *La résistance d'un matériau à la traction.* - **3.** CH. DE F. Service chargé des locomotives et du personnel de conduite. - **4.** Mouvement de gymnastique consistant à soulever avec les bras le corps suspendu à une barre, à des anneaux ou allongé sur le sol en poussant sur les bras : *Faire une série de vingt tractions au sol.* - **5.** Traction avant, automobile dont les roues avant sont motrices.

trade-union [tʀɛdjunjɔn] ou [tʀɛdynjɔn] n.f. (mot angl., de *trade* "métier" et *union* "union") [pl. *trade-unions*]. Syndicat ouvrier, dans un pays anglo-saxon.

tradition [tʀadisjɔ̃] n.f. (lat. *traditio,* de *tradere* "remettre, transmettre"). - **1.** Transmission de doctrines religieuses ou morales, de coutumes par la parole ou par l'exemple sur une longue suite de générations ; ensemble de ces doctrines et récits. - **2.** Manière d'agir ou de penser transmise de génération en génération : *Tradition familiale, régionale* (syn. coutume, usage). - **3.** Habitude, usage propres à qqn, en telle circonstance : *Ce voyage à Noël est une tradition chez elle.* - **4.** RELIG. La Tradition, l'ensemble des vérités de foi qui ne sont pas contenues directement dans la révélation écrite.

traditionalisme [tʀadisjɔnalism] n.m. Système de croyances fondé sur la tradition ; attachement aux traditions. ◆ **traditionaliste** adj. et n. Relatif au traditionalisme ; qui en est partisan.

traditionnel, elle [tʀadisjɔnɛl] adj. - **1.** Fondé sur la tradition, un long usage : *Le défilé traditionnel du 14-Juillet* (syn. habituel, rituel). - **2.** Passé dans les habitudes, dans l'usage : *Les congés traditionnels de février.*

traditionnellement [tʀadisjɔnɛlmɑ̃] adv. Conformément à la tradition : *Fête qui se célèbre traditionnellement le jour de l'été.*

traducteur, trice [tʀadyktœʀ, -tʀis] n. Personne qui traduit ; auteur d'une traduction.

traduction [tʀadyksjɔ̃] n.f. (lat. *traductio*). - **1.** Action de traduire : *Une traduction littérale, fidèle.* - **2.** Ouvrage, texte traduit : *Une traduction d'un roman de Goethe.* - **3.** Manière d'exprimer, de manifester qqch par une transposition : *Est-ce la traduction exacte de votre pensée ?* (syn. expression). - **4.** Traduction automatique, traduction assistée par ordinateur, traduction de textes par des moyens informatiques.

traduire [tʀadɥiʀ] v.t. (lat. *traducere* "faire passer") [conj. 98]. - **1.** Faire passer un texte, un discours d'une langue dans une autre : *Traduire un texte anglais en français. Traduire un auteur allemand.* - **2.** Exprimer, reproduire de façon transposée : *La musique seule peut traduire ce sentiment* (syn. exprimer). *Sa voix traduit son inquiétude* (syn. trahir). - **3.** DR. Traduire qqn en justice, le citer, l'appeler devant un tribunal. ◆ **se traduire** v.pr. Être exprimé : *Sa douleur se traduisit par des cris* (syn. se manifester).

traduisible [tʀadɥizibl] adj. Qui peut être traduit.

1. **trafic** [tʀafik] n.m. (it. *traffico,* d'orig. obsc.). - **1.** Commerce illégal et clandestin : *Trafic d'armes.* - **2.** FAM. Activité mystérieuse et compliquée : *Ils font tout un trafic dans leur coin.* - **3.** Trafic d'influence, infraction pénale commise par celui qui se fait rémunérer pour obtenir ou faire obtenir un avantage de l'autorité publique.

2. **trafic** [tʀafik] n.m. (angl. *traffic*). Circulation et fréquence des trains, des voitures, des avions : *Trafic ferroviaire, routier.*

traficoter [tʀafikɔte] v.i. FAM. Se livrer à de petits trafics : *Traficoter avec un revendeur.* ◆ v.t. FAM. Trafiquer qqch, le faire en se cachant ; manigancer.

trafiquant, e [tʀafikɑ̃, -ɑ̃t] n. Personne qui trafique.

trafiquer [tʀafike] v.i. (it. *trafficare*). Effectuer des opérations commerciales illégales et clandestines : *Il a acquis sa fortune en trafiquant à l'étranger.* ◆ v.t. - **1.** FAM. Falsifier un produit, une marchandise : *Trafiquer du vin* (syn. frelater). - **2.** FAM. Faire qqch de mystérieux : *Qu'est-ce qu'ils trafiquent dans leur chambre depuis une heure ?* (syn. manigancer). ◆ v.t. ind. [de]. LITT. Tirer profit d'une chose qui est normalement sans valeur marchande : *Trafiquer de son influence, de son crédit.*

tragédie [tʀaʒedi] n.f. (lat. *tragoedia,* du gr.). - **1.** LITTÉR. Pièce de théâtre, dont le sujet est génér. emprunté à la légende ou à l'histoire, qui met en scène des personnages illustres et représente une action destinée à susciter la terreur ou la pitié par le spectacle des passions et des catastrophes qu'elles provoquent ; genre littéraire que constitue l'ensemble de ces pièces : *Les tragédies grecques.* - **2.** Événement funeste : *Une émeute qui tourne à la tragédie* (syn. catastrophe, drame).

tragédien, enne [tRaʒedjɛ̃, -ɛn] n. Acteur, actrice spécialisés dans les rôles de tragédie.

tragi-comédie [tRaʒikɔmedi] n.f. (d'apr. le lat. *tragi-comoedia*) [pl. *tragi-comédies*]. - **1.** LITTÉR. Œuvre dramatique où le tragique se mêle au comique : *« Le Cid » de Corneille est une tragi-comédie.* - **2.** Situation à la fois grave et comique : *La vie de ce couple est une tragi-comédie.*

tragi-comique [tRaʒikɔmik] adj. (pl. *tragi-comiques*). - **1.** Qui tient de la tragi-comédie. - **2.** À la fois tragique et comique : *Un incident tragi-comique.*

tragique [tRaʒik] adj. (lat. *tragicus*, du gr.). - **1.** Relatif à la tragédie : *Répertoire, genre tragique.* - **2.** Qui éveille la terreur ou la pitié par son caractère effrayant, funeste : *Situation tragique* (syn. dramatique, angoissant). *Un tragique accident* (syn. effroyable, terrible). ◆ n.m. - **1.** Auteur de tragédies : *Les tragiques grecs.* - **2.** Caractère de ce qui est tragique, terrible : *Le tragique de la situation.* - **3.** Le tragique, le genre tragique, la tragédie.

tragiquement [tRaʒikmɑ̃] adv. De façon tragique ; dans des circonstances tragiques : *Il est mort tragiquement.*

trahir [tRaiR] v.t. (lat. *tradere* "livrer") [conj. 32]. - **1.** Abandonner qqn ; ne pas respecter un engagement pris : *Trahir un ami. Trahir une cause. Trahir sa patrie* (= passer à l'ennemi). - **2.** Révéler, volontairement ou non, ce qui devait rester caché : *Trahir un secret* (syn. divulguer). *Son attitude trahissait son désarroi* (syn. manifester, traduire). - **3.** Dénaturer ; altérer : *Trahir la pensée de qqn* (syn. fausser). - **4.** Abandonner brusquement : *Ses forces l'ont trahi* (syn. lâcher). ◆ **se trahir** v.pr. Laisser voir ce qu'on voulait cacher de soi, de ses sentiments : *Elle s'est trahie par ce geste.*

trahison [tRaizɔ̃] n.f. (de *trahir*). - **1.** Action de trahir ; manquement à un engagement : *Commettre une trahison* (syn. traîtrise, tromperie). - **2.** Acte criminel contre la sécurité de l'État. - **3.** DR. Haute trahison, crime commis par un président de la République manquant gravement aux devoirs de sa charge, jugé par la Haute Cour de justice.

train [tRɛ̃] n.m. (de *traîner*). - **1.** Convoi ferroviaire constitué d'un ou de plusieurs véhicules remorqués par un engin moteur, et utilisé comme moyen de transport : *Train de voyageurs, de marchandises. Voyager par le*

train. - **2.** File de véhicules remorqués ou motorisés formant une unité de transport : *Train de péniches.* - **3.** Ensemble organisé de choses identiques en mouvement ou assurant un mouvement : *Train d'atterrissage* (= dispositif d'atterrissage d'un avion). *Train de pneus.* - **4.** Ensemble de dispositions législatives ou administratives sur un même objet : *Train de mesures fiscales* (syn. série). - **5.** MIL. Arme des transports et de la circulation par route dans l'armée de terre, appelée autref. *train des équipages.* - **6.** Manière de progresser, allure plus ou moins rapide d'une personne, d'un animal, d'un véhicule : *Train soutenu* (syn. allure). *Au train où vont les choses, ce travail ne sera pas terminé à temps.* - **7.** FAM. Derrière ; fesses : *Botter le train à qqn.* - **8.** À fond de train, à toute vitesse. ∥ Être en train, mettre en train, être en forme ; commencer l'exécution de qqch : *Sportif qui n'a pas l'air en train. Mettre un travail en train.* ∥ Être en train de, être occupé à ; être en voie de : *Être en train de travailler. Du linge en train de sécher.* ∥ Mener le train, dans une course, être en tête du peloton. ∥ Mise en train, début d'exécution : *La mise en train d'un nouveau travail.* ∥ Prendre le train en marche, se joindre à une action déjà en cours. - **9.** Train à grande vitesse (T. G. V.), en France, train pouvant atteindre en service commercial des vitesses de 270 à 300 km/h. ∥ Train de bois, assemblage de troncs d'arbres flottant sur un cours d'eau (syn. radeau). ∥ Train de devant, de derrière, partie antérieure, partie postérieure du corps d'un quadrupède. ∥ Train de vie, manière de vivre d'une personne par rapport aux revenus, aux ressources dont elle dispose. ∥ AUTOM. Train avant, arrière, ensemble des éléments remplaçant l'essieu classique à l'avant, à l'arrière d'une voiture.

traînage [tRɛnaʒ] n.m. - **1.** Action de traîner. - **2.** Transport au moyen de traîneaux.

traînant, e [tRɛnɑ̃, -ɑ̃t] adj. - **1.** Qui traîne à terre : *Robe traînante.* - **2.** Monotone : *Voix traînante* (syn. lent).

traînard, e [tRɛnaR, -aRd] n. FAM. - **1.** Personne qui reste en arrière d'un groupe en marche : *Faire avancer les traînards.* - **2.** Personne lente dans son travail ; lambin.

traînasser [tRɛnase] et **traînailler** [tRɛnaje] v.i. FAM. - **1.** Se promener, errer paresseusement : *Traînasser dans les rues* (syn. flâner, traîner). - **2.** Être à la traîne dans son travail.

traîne [tRɛn] n.f. (de *traîner*). - **1.** Partie d'un vêtement long qui se prolonge par-derrière et traîne à terre : *Relever la traîne de la mariée.* - **2.** FAM. À la traîne, en arrière d'un groupe de personnes, en retard : *Avancez ! Ne restez pas à la traîne.*

traîneau [tʀɛno] n.m. (de *traîner*). Véhicule muni de patins, et que l'on fait glisser sur la glace et la neige.

traînée [tʀɛne] n.f. (de *traîner*). - **1.** Trace laissée sur une surface ou dans l'espace par un corps en mouvement, par une substance répandue : *Traînée de sang. La traînée lumineuse d'une comète* (syn. trace). - **2.** MÉCAN. Force aérodynamique qui s'oppose à l'avancement d'un mobile dans l'air. - **3.** PÊCHE. Ligne de fond. - **4.** FAM. Femme de mauvaise vie.

traîner [tʀɛne] v.t. (lat. pop. *traginare*, du class. *tragere* "tirer"). - **1.** Faire avancer, faire rouler qqch en le tirant : *Cheval qui traîne une charrette.* - **2.** Déplacer qqch, qqn en le tirant par-derrière et sans le soulever : *Traîner un meuble dans une pièce.* - **3.** Emporter, emmener partout avec soi : *Traîner son parapluie. Il traîne avec lui toute sa famille.* - **4.** Emmener qqn de force : *Traîner sa mère dans les musées.* - **5.** Avoir à supporter une chose pénible qui dure : *Traîner une maladie, une mauvaise grippe.* - **6.** **Traîner la jambe,** marcher avec difficulté. ‖ **Traîner les pieds,** marcher sans soulever suffisamment les pieds. ◆ v.i. - **1.** Pendre à terre : *Sa robe traîne.* - **2.** Pendre en désordre : *Des cheveux qui traînent dans le dos* (syn. retomber). - **3.** N'être pas à sa place : *Laisser traîner un dossier.* - **4.** En parlant d'un sujet, être rebattu : *Une histoire qui traîne dans tous les livres.* - **5.** Durer trop longtemps : *Procès qui traîne* (syn. s'éterniser). - **6.** Flâner ; aller sans but : *Traîner dans les rues* (syn. errer). - **7.** S'attarder inutilement : *Traîner en chemin* (syn. musarder). ◆ **se traîner** v.pr. - **1.** Se déplacer en rampant, avec lenteur ou avec difficulté : *Des enfants qui se traînent par terre.* - **2.** Se passer, avancer lentement dans le temps : *Les jours se traînent.*

traîne-savates [tʀɛnsavat] n. inv. FAM. Personne qui passe son temps à traîner ; oisif, fainéant.

training [tʀeniŋ] n.m. (mot angl. "entraînement", de *to train* "dresser, entraîner"). - **1.** Entraînement sportif. - **2.** Training autogène, méthode de relaxation fondée sur la suggestion.

train-train ou **traintrain** [tʀɛtʀɛ] n.m. inv. (altér. de *trantran,* d'orig. onomat.). FAM. Répétition monotone des actes de la vie quotidienne : *Reprendre le train-train habituel* (syn. routine).

traire [tʀɛʀ] v.t. (lat. pop. *tragere*, du class. *trahere* "tirer") [conj. 112]. Tirer le lait des mamelles de la vache, de la chèvre etc. : *Machine à traire* (= trayeuse).

trait [tʀɛ] n.m. (lat. *tractus,* de *trahere* "tirer"). - **1.** Ligne tracée sur une surface quelconque : *Trait de crayon* (syn. barre, ligne). - **2.** Marque distinctive : *C'est un trait de notre époque* (syn.

signe, caractéristique). - **3.** Indice, signe d'un caractère, d'un sentiment, etc. : *Trait de générosité.* - **4.** VX. Projectile lancé à la main, avec un arc, une arme de jet : *Décocher un trait.* - **5.** Quantité d'un liquide absorbée d'un coup : *Boire à longs traits* (syn. gorgée). - **6.** LING. Propriété pertinente minimale qui permet de distinguer deux unités sur le plan phonologique, syntaxique et sémantique. - **7.** IMPR. Cliché ne comportant que des noirs et des blancs purs, sans les demi-teintes qui caractérisent la similigravure. - **8.** LITT. Propos blessant : *Un trait mordant, piquant* (syn. pointe). - **9.** À grands traits, rapidement, sommairement : *Brosser un récit à grands traits.* ‖ **Avoir trait à qqch,** s'y rapporter : *Relever ce qui a trait à l'événement* (= ce qui concerne). ‖ **Tirer un trait sur qqch,** y renoncer définitivement : *Tirer un trait sur un projet, sur des vacances.* ‖ **Trait d'esprit,** expression, remarque spirituelle. ‖ **Trait pour trait,** avec une exactitude, une fidélité parfaite : *C'est trait pour trait le portrait de son père.* - BX-A. Dessin au trait, qui n'indique que le contour des formes, sans ombres ni modelés. - **11.** Animal de trait, animal attelé pour tirer des charges. - **12.** Trait d'union. Trait que l'on met entre les éléments d'un mot composé (*avant-coureur*) ou entre le verbe et un pronom postposé (*dit-il*) ; personne ou chose qui sert de lien, d'intermédiaire : *Il a été le trait d'union entre les deux partis opposés.* ◆ **traits** n.m.pl. Lignes caractéristiques du visage humain : *Avoir les traits fins.*

traitant, e [tʀɛtɑ̃, -ɑ̃t] adj. - **1.** Qui traite, soigne : *Shampooing traitant.* - **2.** Médecin traitant, médecin qui suit régulièrement un malade (= médecin de famille).

1. traite [tʀɛt] n.f. (de *traire*). - **1.** Action de traire : *Traite mécanique des vaches.*

2. traite [tʀɛt] n.f. (de *traire,* aux sens anc. de "tirer" et "transporter"). - **1.** LITT. Distance qu'on parcourt sans s'arrêter : *Une longue traite* (syn. trajet). - **2.** DR. Effet de commerce transmissible par lequel un créancier donne l'ordre à son débiteur de payer à une date déterminée la somme qu'il lui doit, à son ordre ou à celui d'un tiers (= lettre de change) : *Payer, accepter une traite.* - **3.** HIST. Forme élémentaire de commerce colonial qui consistait à échanger des marchandises manufacturées de faible valeur contre des produits locaux. - **4.** D'une (seule) traite, tout d'une traite, sans s'arrêter en chemin ; sans interruption : *Réciter un long poème tout d'une traite.* ‖ DR. Traite des êtres humains, délit consistant à entraîner ou à détourner des femmes, des enfants pour les prostituer : *La traite des Blanches.* ‖ HIST. Traite des Noirs, trafic des esclaves sur les côtes de l'Afrique, pratiqué par les Européens du XVIᵉ au XIXᵉ s. et condamné par le congrès de Vienne, en 1815.

traité [tʀete] n.m. -**1.** Ouvrage qui traite d'une matière particulière : *Traité de mathématiques* (syn. manuel). -**2.** DR. INTERN. Convention écrite entre deux ou plusieurs États : *Ratifier un traité* (syn. pacte). *Signer un traité de paix.*

traitement [tʀetmã] n.m. -**1.** Manière d'agir envers qqn : *Infliger de mauvais traitements à un enfant* (= exercer des sévices sur lui). -**2.** Action et manière de soigner une maladie ; ensemble de mesures thérapeutiques : *Prescrire un traitement* (syn. thérapeutique). -**3.** Action d'examiner et de régler une question, un problème : *Le traitement social du chômage.* -**4.** IND. Ensemble des opérations qu'on fait subir à des substances, des matières premières, pour les transformer : *Traitement thermique d'un métal.* -**5.** Rémunération d'un fonctionnaire ; émoluments. -**6.** INFORM. Traitement de l'information, des données, ensemble des opérations relatives à la collecte, à l'enregistrement, à l'élaboration, à la modification et à l'édition de données. ‖ INFORM. Traitement de texte(s), ensemble des techniques informatiques qui permettent la saisie, la mémorisation, la correction, l'actualisation, la mise en pages et la diffusion de textes.

traiter [tʀete] v.t. (lat. *tractare*). -**1.** Agir de telle manière envers qqn : *Traiter qqn en frère.* -**2.** Soigner, par une médication appropriée : *Traiter un malade, une maladie par les antibiotiques.* -**3.** Appliquer, donner un qualificatif péjoratif à qqn : *Traiter son voisin de voleur.* -**4.** Exposer qqch oralement ou par écrit : *Le candidat n'a pas traité le sujet* (syn. étudier). -**5.** Régler les conditions d'un marché, d'une affaire : *Traiter une affaire au nom de son partenaire* (syn. négocier). -**6.** (Absol.). Négocier, conclure un accord : *Traiter avec les concurrents. Il a refusé de traiter.* -**7.** Soumettre une matière première, une substance, à diverses opérations susceptibles de la transformer : *Traiter un minerai.* -**8.** LITT. Recevoir à sa table : *Traiter ses invités magnifiquement.* ◆ v.t. ind. **[de].** Prendre pour objet d'étude : *Ouvrage qui traite d'économie. La conférencière a traité d'une récente découverte scientifique* (syn. parler de).

traiteur [tʀetœʀ] n.m. (de *traiter*). Professionnel qui prépare des plats à emporter ou les livre à domicile.

traître, traîtresse [tʀetʀ, tʀetʀɛs] adj. et n. (lat. *traditor*). -**1.** Qui trahit : *Être traître à sa patrie* (syn. félon). -**2.** En traître, avec traîtrise, d'une manière perfide : *Il m'a attaqué en traître* (syn. traîtreusement). ◆ adj. -**1.** Qui est plus dangereux qu'il ne paraît : *Un vin traître*

(= qui enivre facilement). -**2.** Pas un traître mot, pas un seul mot : *Je n'ai pas compris un traître mot à son discours.*

traîtreusement [tʀetʀøzmã] adv. Avec traîtrise.

traîtrise [tʀetʀiz] n.f. (de *traître*). -**1.** Comportement de traître : *Avoir des preuves de la traîtrise de qqn* (syn. fourberie, perfidie). -**2.** Acte perfide, déloyal : *Il ne lui a pas pardonné sa traîtrise* (syn. trahison, tromperie).

trajectoire [tʀaʒɛktwaʀ] n.f. (lat. scientif. *trajectoria*, du class. *trajectus* "traversée, trajet"). Ligne décrite par un point matériel en mouvement, par un projectile : *Suivre la trajectoire d'une flèche* (syn. cheminement).

trajet [tʀaʒɛ] n.m. (it. *tragetto*, du lat. *trajectus* "traversée"). -**1.** Fait de parcourir l'espace pour aller d'un point à un autre : *Le trajet jusqu'à Paris nous a pris deux heures* (syn. parcours). -**2.** Chemin à parcourir entre deux points : *Vous avez deux trajets possibles pour y aller* (syn. itinéraire).

tralala [tʀalala] n.m. (onomat.). FAM. Luxe voyant, affecté : *Ne faites pas tant de tralalas* (syn. façons).

tram [tʀam] n.m. (abrév.). Tramway.

tramage [tʀamaʒ] n.m. TEXT. Action de tramer ; état de ce qui est tramé.

trame [tʀam] n.f. (lat. *trama* "chaîne d'un tissu"). -**1.** Ensemble des fils passant transversalement entre les fils de la chaîne tendus sur le métier à tisser. -**2.** IMPR. PHOT. Écran constitué d'un support transparent quadrillé ou réticulé, et interposé entre l'original et la couche sensible, dans les procédés de photogravure. -**3.** TÉLÉV. Ensemble des lignes horizontales explorées au cours du balayage vertical de l'image de télévision. -**4.** Ce qui constitue le fond sur lequel se détachent les événements marquants : *La trame d'un récit* (syn. canevas, ossature).

tramé, e [tʀame] adj. Se dit de clichés typographiques obtenus à l'aide d'une trame : *Image tramée.*

tramer [tʀame] v.t. (lat. pop. *tramare*). -**1.** TEXT. Tisser en entrelaçant la trame avec la chaîne. -**2.** LITT. Machiner, préparer secrètement : *Tramer une conspiration* (syn. ourdir). ◆ se tramer v.pr. Être préparé en secret, en parlant d'un complot : *Un mauvais coup se trame ici.*

traminot [tʀamino] n.m. (d'apr. *cheminot*). Employé de tramway.

tramontane [tʀamɔ̃tan] n.f. (it. *tramontana* [stella] "étoile qui est au-delà des monts", du lat. *transmontanus*). Vent du nord-ouest, soufflant dans le Languedoc et le Roussillon.

trampoline [trɑ̃pɔlin] n.m. (it. *trampolino* "tremplin", par l'angl.). Grande toile tendue sur des ressorts d'acier, sur laquelle on effectue des sauts ; sport ainsi pratiqué.

tramway [tramwɛ] n.m. (mot angl., de *tram* "rail plat" et *way* "voie") [pl. *tramways*]. Chemin de fer urbain, établi au moyen de rails posés, sans saillie, sur le profil de la rue ; voiture qui circule sur ces rails. (Abrév. *tram*.)

tranchant, e [trɑ̃ʃɑ̃, -ɑ̃t] adj. - **1.** Se dit d'un instrument qui coupe net : *Lame tranchante* (syn. acéré). - **2.** Qui décide de façon péremptoire : *Les adolescents sont souvent tranchants dans leurs jugements* (syn. catégorique). *Ton tranchant* (syn. cassant, incisif). - **3.** Couleurs tranchantes, contrastées, très vives. ◆ **tranchant** n.m. - **1.** Côté effilé d'un instrument coupant : *Le tranchant d'une paire de ciseaux* (syn. fil). - **2.** À double tranchant, qui peut avoir deux effets opposés : *Cette accusation est à double tranchant.*

tranche [trɑ̃ʃ] n.f. (de *trancher*). - **1.** Morceau d'une matière comestible, coupé assez mince avec un instrument tranchant : *Une tranche de pain, de jambon.* - **2.** Bord mince d'un objet de faible épaisseur : *La tranche d'une pièce de monnaie* (syn. pourtour). - **3.** REL. L'un des trois côtés rognés d'un livre relié ou broché (par opp. à *dos*) : *Livre à tranches dorées.* - **4.** Morceau de boucherie formé par les muscles cruraux antérieurs, débité en grillades ou rôtis. - **5.** Chacune des parties successives d'une opération de longue durée : *Effectuer la première tranche des travaux* (syn. partie, phase). - **6.** Chacune des parties successives d'une émission financière, d'une loterie : *Procéder au tirage de la première tranche.* - **7.** Chacune des plages de temps, des groupes successifs dans un ensemble donné : *Tranche horaire d'une émission de radio. Classer les enfants par tranches d'âges* (syn. classe). - **8.** DR. FISC. Chacune des strates du revenu des personnes physiques, soumises à des taux d'imposition différents : *Passer dans la tranche supérieure.* - **9.** Ensemble de chiffres consécutifs dans l'écriture d'un nombre : *La tranche entière et la tranche décimale.* - **10.** FAM. S'en payer une tranche, s'amuser beaucoup. ‖ **Tranche de vie,** description réaliste de la vie quotidienne, à un moment donné.

tranché, e [trɑ̃ʃe] adj. - **1.** Bien marqué ; sans mélange : *Deux couleurs bien tranchées. Un jugement bien tranché* (syn. net, franc). - **2.** HÉRALD. Se dit d'un écu partagé par une ligne oblique allant de l'angle dextre du chef à l'angle senestre de la pointe.

tranchée [trɑ̃ʃe] n.f. (de *trancher*). - **1.** Excavation longitudinale pratiquée à ciel ouvert dans le sol : *Creuser une tranchée pour placer des canalisations.* - **2.** MIL. Fossé permettant, au combat, la circulation et le tir à couvert. - **3.** Guerre de tranchées, guerre dans laquelle le front tenu par les deux adversaires est jalonné par une série de tranchées continues.

trancher [trɑ̃ʃe] v.t. (lat. pop. *trinicare* "couper en trois"). - **1.** Couper en séparant d'un seul coup : *Trancher la tête d'un poulet* (syn. sectionner). - **2.** Résoudre en prenant une décision rapide : *Trancher un différend* (syn. régler). ◆ v.i. - **1.** Former un contraste : *Ces couleurs ne tranchent pas assez sur le fond* (syn. contraster). *Son calme tranchait avec l'agitation générale.* - **2.** Trancher dans le vif → **2.** vif.

tranchoir [trɑ̃ʃwar] n.m. - **1.** Couteau pour trancher. - **2.** Planche à découper.

tranquille [trɑ̃kil] adj. (lat. *tranquillus*). - **1.** Qui est sans agitation, paisible : *Un enfant tranquille* (syn. calme, sage). *Rue tranquille* (syn. calme). - **2.** Qui ne manifeste pas d'inquiétude, de trouble : *Laisse ton frère tranquille* (= cesse de l'importuner, de le taquiner). *Avoir l'esprit, la conscience tranquilles* (syn. serein ; contr. inquiet, troublé).

tranquillement [trɑ̃kilmɑ̃] adv. De façon tranquille : *Jouer tranquillement* (syn. calmement).

tranquillisant, e [trɑ̃kilizɑ̃, -ɑ̃t] adj. Qui tranquillise : *Nouvelle tranquillisante* (syn. rassurant). ◆ **tranquillisant** n.m. Médicament psychotrope qui apaise l'angoisse, sans véritable action hypnotique (syn. calmant).

tranquilliser [trɑ̃kilize] v.t. Rendre à qqn sa tranquillité : *Cette conversation l'a tranquillisé* (syn. rassurer, rasséréner). ◆ **se tranquilliser** v.pr. Cesser d'être inquiet : *Tranquillisez-vous, le malade est hors de danger* (contr. s'affoler, s'alarmer).

tranquillité [trɑ̃kilite] n.f. (lat. *tranquillitas*). - **1.** État de ce qui est tranquille, sans agitation : *Quelle tranquillité dans ce jardin !* (syn. calme). - **2.** État de qqn qui est sans inquiétude : *Tranquillité d'esprit* (syn. quiétude, sérénité).

trans-, préfixe du lat. *trans* "au-delà de, par-dessus", exprimant l'idée de changement *(transcoder)*, de traversée, de passage au-delà *(transcontinental).*

transaction [trɑ̃zaksjɔ̃] n.f. (lat. *transactio*). - **1.** Opération commerciale ou boursière : *Transaction immobilière, commerciale.* - **2.** Accord conclu sur la base de concessions réciproques : *Les deux parties ont fait une transaction* (syn. compromis).

transactionnel, elle [trɑ̃zaksjɔnɛl] adj. - **1.** Qui a le caractère d'une transaction :

Règlement transactionnel. - **2.** PSYCHOL. Analyse transactionnelle, méthode de psychothérapie qui étudie les mécanismes des comportements et des interactions du sujet avec les autres.

transalpin, e [trɑ̃zalpɛ̃, -in] adj. - **1.** Qui est au-delà des Alpes (par opp. à *cisalpin*). - **2.** Gaule transalpine, Gaule proprement dite, située, pour les Romains, au-delà des Alpes.

transaminase [trɑ̃zaminaz] n.f. (de *amine*). Enzyme qui catalyse le transfert du groupement amine d'un acide aminé sur un acide cétonique.

transat [trɑ̃zat] n.m. (abrév. de *transatlantique*, parce que ces sièges furent d'abord utilisés sur les paquebots). FAM. Chaise longue pliante recouverte de toile.

transatlantique [trɑ̃zatlɑ̃tik] adj. - **1.** Qui traverse l'océan Atlantique : *Lignes aériennes transatlantiques.* - **2.** Course transatlantique, course de voiliers traversant l'océan Atlantique (on dit aussi, par abrév., *une transat*). ◆ n.m. Paquebot affecté à des traversées de l'océan Atlantique.

transbahuter [trɑ̃sbayte] v.t. (de *bahut*). FAM. Transporter qqch, qqn d'un lieu dans un autre : *Transbahuter des livres.*

transbordement [trɑ̃sbɔrdəmɑ̃] n.m. Action de transborder.

transborder [trɑ̃sbɔrde] v.t. (de *bord*). Transférer des marchandises ou des voyageurs d'un bateau, d'un train, d'un véhicule dans un autre.

transbordeur [trɑ̃sbɔrdœr] n.m. et adj.m. Navire transbordeur, recomm. off. pour *car-ferry* et *ferry-boat*. ‖ Pont transbordeur, pont à tablier très élevé auquel est suspendue une plate-forme mobile, pour le franchissement d'un fleuve ou d'une baie.

transcendance [trɑ̃sɑ̃dɑ̃s] n.f. - **1.** Supériorité marquée de qqn, de qqch : *La transcendance d'une pensée* (syn. éminence, perfection). - **2.** PHILOS. Caractère de ce qui est transcendant (par opp. à *immanence*).

transcendant, e [trɑ̃sɑ̃dɑ̃, -ɑ̃t] adj. (lat. *transcendens*, p. présent de *transcendere* "passer au-delà, surpasser", de *ascendere* "monter"). - **1.** Qui excelle en son genre ; supérieur : *Esprit transcendant* (syn. exceptionnel, remarquable). - **2.** PHILOS. Qui est au-delà du monde sensible, hors de portée de l'action ou de la connaissance humaine (par opp. à *immanent*). - **3.** MATH. Nombre transcendant, nombre réel qui n'est pas algébrique : *π est un nombre transcendant.*

transcendantal, e, aux [trɑ̃sɑ̃dɑ̃tal, -o] adj. (lat. scolast. *transcendentalis*, de *transcendens* "transcendant"). PHILOS. Qui se rapporte aux

conditions a priori de la connaissance, hors de toute détermination empirique.

transcender [trɑ̃sɑ̃de] v.t. (lat. *transcendere*). - **1.** Dépasser le domaine de la connaissance rationnelle. - **2.** LITT. Être supérieur à qqn, à qqch : *Il transcende les autres par son intelligence.*

transcodage [trɑ̃skɔdaʒ] n.m. - **1.** Traduction dans un code différent. - **2.** Traduction en code interne des instructions écrites par le programmeur, dans un ordinateur.

transcoder [trɑ̃skɔde] v.t. Opérer un transcodage.

transcontinental, e, aux [trɑ̃skɔ̃tinatal, -o] adj. Qui traverse un continent : *Chemin de fer transcontinental.*

transcription [trɑ̃skripsjɔ̃] n.f. (lat. juridique *transcriptio*). - **1.** Action de transcrire ; état de ce qui est transcrit : *La transcription d'une phrase en alphabet phonétique.* - **2.** BIOL. Transfert de l'information génétique de l'A. D. N. à l'A. R. N. des cellules, et par là même du noyau au cytoplasme.

transcrire [trɑ̃skrir] v.t. (lat. *transcribere*, d'apr. *écrire*) [conj. 99]. - **1.** Copier, reproduire exactement par l'écriture : *Transcrire un rapport dans un registre* (syn. recopier). - **2.** Reproduire un mot, un texte grâce à un système d'écriture différent : *Transcrire des termes grecs en caractères latins.* - **3.** MUS. Adapter une œuvre pour la confier à des voix ou des instruments auxquels elle n'avait pas été primitivement destinée.

transcutané, e [trɑ̃skytane] adj. Se dit d'une substance pouvant pénétrer la barrière cutanée.

transducteur [trɑ̃sdyktœr] n.m. (de *trans-* et [*con*]*ducteur*). Dispositif qui transforme une grandeur physique en une autre grandeur physique, fonction de la précédente.

transduction [trɑ̃sdyksjɔ̃] n.f. (d'apr. [*con*]*duction*). - **1.** PHYS. Transformation d'une énergie en une énergie de nature différente. - **2.** BIOL. Échange génétique d'une cellule à une autre, réalisé par l'intermédiaire d'un virus.

transe [trɑ̃s] n.f. (de *transir*). - **1.** (Souvent au pl.). Inquiétude très vive : *Cette idée le met dans des transes épouvantables* (syn. affres). - **2.** État d'exaltation de qqn qui est transporté hors de lui-même et du monde réel : *Entrer en transe. Être pris de transes au cours d'une cérémonie vaudoue.*

transept [trɑ̃sɛpt] n.m. (mot angl., du lat. *trans* "au-delà de" et *saeptum* "enclos"). Vaisseau transversal qui sépare le chœur de la nef et forme les bras de la croix, dans une église en croix latine.

transférer [trɑ̃sfere] v.t. (lat. *transferre* "porter au-delà") [conj. 18]. - **1.** Faire passer qqn, qqch d'un lieu dans un autre : *Transférer un prisonnier. Transférer un service administratif dans une autre ville.* - **2.** Faire passer des capitaux d'un compte à un autre. - **3.** DR. Transmettre qqch d'une personne à une autre en observant les formalités requises : *Transférer ses pouvoirs à son remplaçant.*

transfert [trɑ̃sfɛr] n.m. (mot lat. "il transfère" ; v. *transférer*). - **1.** Action de transférer, de déplacer qqn ou qqch : *Transfert de prisonnier, de marchandises.* - **2.** MÉCAN. Transport automatique des pièces en cours de fabrication ou de montage d'un poste de travail au suivant. - **3.** INFORM. Déplacement d'une information entre deux emplacements physiques de mémorisation. - **4.** DR. Acte par lequel une personne acquiert un droit d'une autre qui le lui transmet : *Opérer un transfert de propriété.* - **5.** PSYCHOL. Phénomène par lequel un apprentissage en modifie un second en le rendant plus facile *(transfert positif)* ou en le troublant *(transfert négatif).* - **6.** PSYCHAN. Substitution d'une personne à une autre, plus ancienne et plus fondamentale, comme objet des attachements amoureux ou affectifs du sujet. - **7.** DR. INTERN. **Transfert de technologie,** opération consistant, pour les pays industrialisés, à exporter leur technique et leur savoir dans les pays en développement. ‖ ÉCON. **Dépenses de transfert,** dépenses traduisant l'intervention de l'État, dans un but économique ou social (par le biais de subventions, de crédits, etc.).

transfiguration [trɑ̃sfigyrasjɔ̃] n.f. (lat. *transfiguratio*). - **1.** Changement complet de l'expression du visage, de l'apparence de qqn : *Cette bonne nouvelle a provoqué en elle une véritable transfiguration* (syn. transformation). - **2.** RELIG. CHRÉT. (Avec une majuscule). Apparition du Christ dans la gloire de sa divinité à trois de ses apôtres (Pierre, Jacques et Jean) sur le mont Thabor ; fête commémorant cet événement. - **3.** BX-A. Représentation de cette scène.

transfigurer [trɑ̃sfigyre] v.t. (lat. *transfigurare*). - **1.** Donner au visage un éclat inaccoutumé : *La joie l'avait transfiguré* (syn. transformer). - **2.** LITT. Changer l'aspect, la nature de qqch, en lui donnant un caractère éclatant, magnifique : *La lumière de l'aube transfigurait le paysage.*

transformable [trɑ̃sfɔrmabl] adj. Qui peut être transformé : *Un siège transformable.*

1. **transformateur, trice** [trɑ̃sfɔrmatœr, -tris] adj. Qui transforme : *Industrie transformatrice.*

2. **transformateur** [trɑ̃sfɔrmatœr] n.m. Appareil statique à induction électromagnétique, qui transforme un système de tensions et de courants alternatifs en un ou plusieurs autres systèmes de tensions et courants de même fréquence, mais de valeurs différentes. (Abrév. fam. *transfo*).

transformation [trɑ̃sfɔrmasjɔ̃] n.f. - **1.** Action de transformer : *Transformation des matières premières.* - **2.** Passage d'une forme à une autre : *Transformation de la chrysalide en papillon* (syn. métamorphose). - **3.** Modification, changement : *Faire des transformations dans une maison* (syn. aménagement). - **4.** SPORTS. Au rugby, après un essai, envoi du ballon d'un coup de pied au-dessus de la barre transversale et entre les poteaux de but : *Réussir une transformation.* - **5.** GÉOM. Application du plan ou de l'espace sur lui-même. - **6.** LING. En grammaire générative, opération formelle permettant de rendre compte de la structure de la phrase (par ex. la transformation passive : *Pierre aime Marie → Marie est aimée de Pierre*). - **7.** **Transformation thermodynamique,** modification que subit un système du fait de ses échanges d'énergie avec le milieu extérieur.

transformationnel, elle [trɑ̃sfɔrmasjɔnɛl] adj. LING. Qui concerne les transformations, qui repose sur elles.

transformé n.m. ou **transformée** [trɑ̃sfɔrme] n.f. MATH. Image d'une figure, d'une droite dans une transformation : *Transformée de Fourier.*

transformer [trɑ̃sfɔrme] v.t. (lat. *transformare*). - **1.** Rendre qqch différent, modifier ses caractères généraux : *Transformer un appartement* (syn. rénover). *Transformer un terrain vague en jardin public* (syn. convertir). - **2.** Modifier l'état physique, moral, psychologique de qqn : *Circé transforma les compagnons d'Ulysse en pourceaux* (syn. changer, métamorphoser). - **3.** SPORTS. Au rugby, réussir la transformation d'un essai. - **4.** GÉOM. Opérer une transformation. - **5.** MATH. Transformer une équation, la changer en une autre équivalente, de forme différente. ◆ **se transformer** v.pr. - **1.** Changer de forme, d'aspect, de caractère : *Ce vieux quartier s'est bien transformé* (syn. se modifier, se moderniser). - **2.** Changer de nature, passer à un nouvel état : *Le sucre chauffé se transforme en caramel* (syn. devenir).

transformisme [trɑ̃sfɔrmism] n.m. Théorie explicative de la succession des faunes et des flores au cours des temps géologiques, fondée sur l'idée de transformation progressive des populations et des espèces, soit sous l'influence du milieu (Lamarck), soit par mutation suivie de sélection naturelle (Darwin, De Vries). [Dans ce dernier sens, on emploie aussi *évolutionnisme*.] ◆ **transformiste** adj. et n. Relatif au transformisme ; qui en est partisan.

transfuge [tʀɑ̃sfyʒ] n. (lat. *transfuga*, de *transfugere* "fuir, passer à l'ennemi"). - **1.** Soldat qui déserte et passe à l'ennemi. - **2.** Personne qui abandonne un parti, une doctrine, un groupe pour se rallier à un autre.

transfuser [tʀɑ̃sfyze] v.t.(du lat. *transfusus*, de *transfundere* "transvaser"). Opérer la transfusion du sang : *Transfuser du sang à un blessé. Transfuser un malade.*

transfusion [tʀɑ̃sfyzjɔ̃] n.f. (lat. *transfusio*). Injection, dans une veine d'un malade, de sang préalablement prélevé sur un ou plusieurs donneurs.

transgénique [tʀɑ̃sʒenik] adj. BIOL. Se dit d'un être vivant chez lequel on a introduit du matériel génétique d'une autre espèce pour provoquer l'apparition de caractères nouveaux. □ Le premier animal transgénique est une souris géante née en 1982 dans un laboratoire américain.

transgresser [tʀɑ̃sgʀese] v.t. (du lat. *transgressus*, de *transgredi* "franchir"). Ne pas obéir à qqch ; ne pas respecter qqch : *Transgresser la loi* (syn. enfreindre).

transgression [tʀɑ̃sgʀesjɔ̃] n.f. (lat. *transgressio*). Action de transgresser : *La transgression d'un ordre* (syn. violation).

transhumance [tʀɑ̃zymɑ̃s] n.f. - **1.** Mouvement d'un troupeau qui, l'été, se déplace vers les montagnes et redescend à l'automne. - **2.** Déplacement des ruches d'un lieu à l'autre pour suivre la floraison.

transhumer [tʀɑ̃zyme] v.i. et v.t. (esp. *trashumar*, du lat. *trans* "au-delà" et *humus* "terre"). Effectuer la transhumance.

transi, e [tʀɑ̃zi] adj. - **1.** Pénétré, rendu transpercé par une sensation de froid : *Rentrer transi d'une promenade* (syn. glacé). - **2.** LITT. Paralysé par un sentiment violent : *Être transi d'horreur.* - **3.** FAM. Amoureux transi, amoureux tremblant, timide.

transiger [tʀɑ̃ziʒe] v.i. (lat. juridique *transigere* "mener à bonne fin") [conj. 17]. - **1.** Conclure un arrangement par des concessions réciproques : *Transiger avec un adversaire* (syn. composer avec). - **2.** Abandonner une partie des exigences relativement à qqch : *Ne pas transiger sur l'exactitude, avec la probité.*

transir [tʀɑ̃ziʀ] v.t. (lat. *transire*, propr. "aller au-delà") [conj. 32]. LITT. Pénétrer et engourdir de froid : *Un vent glacial qui vous transit* (syn. geler, glacer).

transistor [tʀɑ̃zistɔʀ] n.m. (mot angl., de *trans[fer] [res]istor* "résistance de transfert"). - **1.** Dispositif à semi-conducteur, qui peut amplifier des courants électriques, engendrer des oscillations électriques et assumer les fonctions de modulation et de détection.

- **2.** Récepteur radiophonique portatif, équipé de transistors.

transistorisé, e [tʀɑ̃zistɔʀize] adj. Équipé de transistors, en parlant d'un appareil.

transit [tʀɑ̃zit] n.m. (it. *transito*, du lat. *transitus* "passage"). - **1.** Régime de franchise des droits de douane pour les marchandises qui traversent le territoire national à destination d'un pays étranger sans s'y arrêter. - **2.** Situation d'un voyageur qui, lors d'une escale aérienne, demeure dans l'enceinte de l'aéroport : *Voyageurs en transit à l'aéroport de San Francisco.* - **3.** MÉD. Transit intestinal, déplacement du contenu du tube digestif depuis le pylore jusqu'au rectum, sous l'influence des contractions péristaltiques de l'intestin.

transitaire [tʀɑ̃zitɛʀ] adj. Relatif au transit : *Commerce transitaire.* ◆ n.m. Commissionnaire en marchandises qui s'occupe de leur importation ou de leur exportation.

transiter [tʀɑ̃zite] v.t. Faire passer en transit : *Transiter des marchandises.* ◆ v.i. Être en transit dans un lieu : *Voyageurs qui transitent par la Suisse.*

transitif, ive [tʀɑ̃zitif, -iv] adj. (lat. *verbum transitium*, de *transire* "passer au-delà"). - **1.** GRAMM. Se dit d'une construction présentant un complément d'objet direct, d'un verbe admettant cette construction : « *Aimer* » *est un verbe transitif direct,* « *obéir à* » *est un verbe transitif indirect.* - **2.** MATH. Relation transitive, relation binaire dans un ensemble telle que la proposition « *a* est en relation avec *b* et *b* est en relation avec *c* » implique la proposition « *a* est en relation avec *c* », pour tout triplet (a, b, c) d'éléments de cet ensemble : *L'égalité est une relation transitive.*

transition [tʀɑ̃zisjɔ̃] n.f. (lat. *transitio*, de *transire*). - **1.** Passage d'un état de choses à un autre : *Une brusque transition du chaud au froid.* - **2.** Degré, stade intermédiaire : *Passer sans transition du rire aux larmes.* - **3.** Manière de passer d'un raisonnement à un autre, de lier les parties d'un discours : *Une habile transition* (syn. enchaînement, liaison). - **4.** PHYS. Passage d'un atome, d'un noyau, d'une molécule, d'un niveau d'énergie à un autre. - **5.** CHIM. Éléments de transition, éléments métalliques, au nombre de 56, caractérisés par un atome dont la couche interne d'électrons est incomplète.

transitivité [tʀɑ̃zitivite] n.f. - **1.** GRAMM. Caractère des verbes transitifs. - **2.** MATH. Propriété d'une relation transitive : *La transitivité est une propriété des relations d'équivalence et des relations d'ordre.*

transitoire [tʀɑ̃zitwaʀ] adj. - **1.** Qui dure peu de temps : *Situation transitoire* (syn. temporaire, passager). - **2.** Qui sert de transition : *Solution transitoire* (syn. provisoire).

translatif, ive [trɑslatif, -iv] adj. DR. Qui opère un transfert.

translation [trɑslasjɔ̃] n.f. (lat. *translatio,* de *transferre* "transporter"). - **1.** LITT. Action de transférer qqch d'un lieu dans un autre selon certaines règles : *La translation des reliques d'un saint* (syn. transfert). - **2.** MATH. Transformation ponctuelle associant à tout point M un point M' tel que le vecteur $\overrightarrow{MM'}$ soit constant.

translittération [trɑsliterasjɔ̃] n.f. (du lat. *littera* "lettre", d'apr. *transcription*). LING. Transcription lettre pour lettre des mots d'une langue étrangère dans un alphabet préalablement choisi.

translucide [trɑslysid] adj. (lat. *translucidus* "brillant à travers"). Qui laisse passer la lumière, sans permettre toutefois de distinguer nettement les contours des objets : *Une porcelaine translucide* (syn. diaphane).

transmettre [trɑsmɛtr] v.t. (lat. *transmittere* "envoyer au-delà", d'apr. *mettre*) [conj. 84]. - **1.** Faire parvenir, communiquer ce qu'on a reçu : *Transmettre une maladie contagieuse* (syn. propager). - **2.** Faire connaître ; diffuser : *Transmettre une information* (syn. communiquer). - **3.** Permettre le passage ; agir comme intermédiaire : *L'arbre moteur transmet le mouvement aux roues* (syn. communiquer). - **4.** DR. Faire passer légalement un droit, un bien d'une personne à une autre par mutation : *Transmettre une propriété en héritage* (syn. léguer). ◆ **se transmettre** v.pr. Être transmis : *Les traditions se transmettent de génération en génération.*

transmigration [trɑsmigrasjɔ̃] n.f. Métempsycose et réincarnation : *Transmigration des âmes.*

transmigrer [trɑsmigre] v.i. (lat. *transmigrare*). Passer d'un corps dans un autre, en parlant d'une âme.

transmissibilité [trɑsmisibilite] n.f. Qualité, caractère de ce qui est transmissible.

transmissible [trɑsmisibl] adj. (du lat. *transmissus*). Qui peut être transmis : *Titres transmissibles aux descendants. Caractères biologiques transmissibles.*

transmission [trɑsmisjɔ̃] n.f. (lat. *transmissio*). - **1.** Action de transmettre qqch à qqn, à qqch : *La transmission d'un droit* (syn. cession). *La transmission des vibrations en milieu liquide* (syn. propagation). - **2.** Communication du mouvement d'un organe à un autre ; organe servant à transmettre le mouvement : *Courroie de transmission.* - **3.** Agent de transmission, soldat porteur d'un ordre ou d'un renseignement. ‖ **Transmission de pensée,** syn. de *télépathie.* ‖ **Transmission des pouvoirs,** passation* des pouvoirs. ◆ **trans-**

missions n.f.pl. Service chargé de la mise en œuvre des moyens de liaison (téléphone, radio, faisceaux hertziens, etc.) à l'intérieur des forces armées.

transmuer [trɑsmɥe] et **transmuter** [trɑsmyte] v.t. (lat. *transmutare,* de *mutare* "changer"). Effectuer une transmutation.

transmutation [trɑsmytasjɔ̃] n.f. (lat. *transmutatio*). - **1.** Changement des métaux vulgaires en métaux nobles par les procédés de l'alchimie. - **2.** Transformation d'un noyau atomique en un autre.

transparaître [trɑsparɛtr] v.i. (de *paraître*) [conj. 91 ; auxil. *avoir*]. SOUT. Paraître, se montrer à travers qqch : *Laisser transparaître un sentiment* (syn. se manifester).

transparence [trɑsparɑ̃s] n.f. - **1.** Propriété de ce qui est transparent : *La transparence du verre.* - **2.** Qualité de ce qui peut être vu et connu de tous : *Réclamer la transparence du financement des partis politiques.*

transparent, e [trɑsparɑ̃, -ɑ̃t] adj. (lat. médiév. *transparens,* du class. *trans* "à travers" et *parens* "apparaissant"). - **1.** Qui, se laissant aisément traverser par la lumière, permet de distinguer nettement les objets à travers son épaisseur : *Paroi de verre transparente* (contr. opaque). - **2.** Dont le sens se laisse deviner, saisir aisément : *Une allusion transparente* (syn. clair, évident). - **3.** Que l'on ne cherche pas à dissimuler à l'opinion : *Des affaires publiques transparentes.* ◆ **transparent** n.m. - **1.** Document sur support transparent, destiné à la projection. - **2.** Papier réglé permettant d'écrire droit, par transparence.

transpercer [trɑspɛrse] v.t. (de *percer*) [conj. 16]. - **1.** Percer de part en part : *Une balle lui a transpercé l'intestin* (syn. perforer). - **2.** Passer au travers : *La pluie ne peut transpercer un vêtement imperméable* (syn. traverser).

transpiration [trɑspirasjɔ̃] n.f. - **1.** Élimination de la sueur par les pores de la peau : *Transpiration abondante due à la fièvre.* - **2.** BOT. Émission de vapeur d'eau, réalisée surtout au niveau des feuilles et assurant le renouvellement de l'eau de la plante et son alimentation minérale.

transpirer [trɑspire] v.i. (lat. médiév. *transpirare* "exhaler", du class. *spirare* "souffler"). - **1.** Éliminer de la sueur par les pores de la peau : *Transpirer à cause de la chaleur* (syn. suer). - **2.** Être divulgué, commencer à être connu : *Rien ne transpire de ce qu'ils préparent* (syn. filtrer, fuir).

transplant [trɑsplɑ̃] n.m. (de *transplanter*). MÉD. Organe qui doit être transplanté.

transplantation [trɑsplɑ̃tasjɔ̃] n.f. - **1.** Action de transplanter : *Transplantation d'arbustes.*

- **2.** MÉD. Greffe d'un organe : *Transplantation cardiaque, rénale.*

transplanter [tʀɑ̃splɑ̃te] v.t. (bas lat. *transplantare*). - **1.** Planter en un autre endroit en enlevant de sa place : *Transplanter de jeunes arbres.* - **2.** Faire passer d'un lieu à un autre : *Transplanter des populations* (syn. déplacer). - **3.** MÉD. Greffer un organe dans un corps vivant : *Transplanter un rein.*

transport [tʀɑ̃spɔʀ] n.m. (de *transporter*). - **1.** Action de transporter : *Le transport des grosses cargaisons se fait par bateau.* - **2.** LITT. (Souvent au pl.). Émotion vive : *La foule accueillit la nouvelle avec des transports d'enthousiasme, de joie* (syn. élan). ◆ **transports** n.m. pl. Ensemble des divers modes d'acheminement des marchandises ou des personnes : *Transports en commun.*

transportable [tʀɑ̃spɔʀtabl] adj. Qui peut être transporté : *Deux blessés qui ne sont pas transportables.*

transporter [tʀɑ̃spɔʀte] v.t. (lat. *transportare*, de *portare* "porter"). - **1.** Porter d'un lieu dans un autre : *Transporter des marchandises* (syn. acheminer, véhiculer). - **2.** Faire passer d'un milieu à un autre : *Transporter sur la scène un fait divers* (syn. adapter, transposer). - **3.** LITT. Mettre hors de soi : *La fureur le transporte.* - **4.** Conduire, porter qqn en imagination dans un autre lieu, une autre époque : *Ce film m'a transporté vingt ans en arrière* (syn. reporter). ◆ **se transporter** v.pr. - **1.** Se rendre en un lieu : *Le juge d'instruction s'est transporté sur les lieux du crime* (syn. se déplacer, se rendre). - **2.** LITT. Se porter par l'imagination : *Transportez-vous à l'époque des croisades.*

transporteur, euse [tʀɑ̃spɔʀtœʀ, -øz] adj. Qui transporte : *Benne transporteuse.* ◆ **transporteur** n.m. Personne qui s'engage à assurer le déplacement de qqn, de qqch en vertu d'un contrat de transport terrestre, maritime ou aérien : *Transporteur routier.*

transposable [tʀɑ̃spozabl] adj. Qui peut être transposé : *Histoire transposable dans un autre cadre* (syn. adaptable).

transposée [tʀɑ̃spoze] adj.f. et n.f. MATH. Matrice transposée (d'une matrice A), matrice obtenue en permutant les lignes et les colonnes de la matrice A.

transposer [tʀɑ̃spoze] v.t. (lat. *transponere*, d'apr. *poser*). - **1.** Placer des choses en en intervertissant l'ordre : *Transposer les mots d'une phrase* (syn. intervertir, permuter). - **2.** MUS. Écrire ou exécuter un morceau dans un ton différent de celui dans lequel il est composé. - **3.** Placer qqch dans un autre décor, une autre époque : *Transposer une tragédie antique à notre époque* (syn. adapter).

transposition [tʀɑ̃spozisjɔ̃] n.f. - **1.** Action de transposer : *Transposition des compléments dans une phrase* (syn. interversion, permutation). - **2.** Action de transformer qqch en effectuant des modifications qui ne touchent pas au fond : *Cette pièce est une transposition d'un drame classique* (syn. adaptation). - **3.** MUS. Transport des notes d'un morceau ou d'un fragment musical d'une hauteur à une autre, sans changer les intervalles entre les notes ni la valeur des notes.

transsexualisme [tʀɑ̃sseksɥalism] n.m. Conviction qu'a un sujet d'appartenir à l'autre sexe, qui le conduit à tout mettre en œuvre pour que son anatomie et son mode de vie soient le plus possible conformes à sa conviction.

transsexuel, elle [tʀɑ̃sseksɥɛl] adj. et n. Qui présente un transsexualisme.

transsonique [tʀɑ̃ssɔnik] adj. - **1.** Se dit des vitesses voisines de celle du son dans l'air (de Mach 0,8 à Mach 1,2). - **2.** Se dit des appareils et des installations servant à l'étude expérimentale de ces vitesses.

transsubstantiation [tʀɑ̃ssypstɑ̃sjasjɔ̃] n.f. (lat. *transsubstantiatio*, de *trans* "au-delà" et *substantia* "substance"). CATH. Transformation de la substance du pain et du vin en celle du corps et du sang du Christ dans l'eucharistie (par opp. à la *consubstantiation*). □ La transsubstantiation est un dogme qui a été défini en 1551 au concile de Trente.

transsudation [tʀɑ̃ssydasjɔ̃] n.f. Fait de transsuder.

transsuder [tʀɑ̃ssyde] v.i. (du lat. *sudare* "suer"). Passer à travers la paroi du récipient qui le contient, en parlant d'un liquide ; suinter.

transuranien [tʀɑ̃zyʀanjɛ̃] adj. m. (de *uranium*). Se dit des éléments chimiques de numéro atomique supérieur à celui de l'uranium (92). □ Les éléments transuraniens sont instables et n'existent pas sur la Terre à l'état naturel.

transvasement [tʀɑ̃svazmɑ̃] n.m. Action de transvaser.

transvaser [tʀɑ̃svaze] v.t. (de *vase*). Verser un liquide d'un récipient dans un autre : *Transvaser du vin.*

transversal, e, aux [tʀɑ̃svɛʀsal] adj. (du lat. *transversus*, de *transvertere* "tourner à travers"). - **1.** Disposé en travers ; qui coupe en travers : *Route transversale.* - **2.** Qui recoupe plusieurs disciplines ou secteurs : *L'éducation civique est une matière transversale.*

transversale [tʀɑ̃svɛʀsal] n.f. - **1.** Itinéraire routier ou voie ferrée qui joignent directement deux villes, deux régions, sans passer par le centre du réseau. - **2.** MATH. Droite coupant un polygone ou une courbe.

transversalement [trɑ̃svɛrsalmɑ̃] adv. Selon une direction transversale.

transverse [trɑ̃svɛrs] adj. (lat. *transversus* "en travers"). ANAT. Placé dans une direction transversale par rapport à l'axe du corps : *Muscle transverse.*

trapèze [trapɛz] n.m. (lat. scientif. *trapezium*, gr. *trapezion*, de *trapeza* "table à quatre pieds"). - **1.** Quadrilatère plan ayant deux côtés non consécutifs parallèles, appelés *bases.* □ L'aire du trapèze est égale au produit de la demi-somme des bases par leur distance, appelée *hauteur.* - **2.** Appareil de gymnastique formé de deux cordes verticales, réunies à leur base par une barre cylindrique : *Faire du trapèze.* - **3.** MAR. Système de sangles permettant à un équipier de voilier de porter son poids à l'extérieur dans la position de rappel. - **4.** ANAT. Muscle du dos, qui rapproche l'omoplate de la colonne vertébrale ; premier os de la deuxième rangée du carpe.

trapéziste [trapezist] n. Acrobate qui fait du trapèze.

trapézoïdal, e, aux [trapezɔidal, -o] adj. En forme de trapèze : *Prisme dont les bases sont trapézoïdales.*

trappe [trap] n.f. (frq. **trappa*). - **1.** Panneau qui ferme une ouverture pratiquée au niveau du sol ou d'un plancher, et qui se lève ou se baisse à volonté ; l'ouverture elle-même : *La trappe d'une cave, d'un grenier.* - **2.** Piège formé d'une fosse creusée dans le sol et recouverte de branchages, qui fonctionne quand l'animal met le pied dessus.

trappeur [trapœr] n.m. (anglo-amér. *trapper* "qui chasse à la trappe"). Chasseur d'animaux à fourrure, en Amérique du Nord.

trappiste [trapist] n.m., **trappistine** [trapistin] n.f. Religieux, religieuse de l'ordre des Cisterciens réformés de la stricte observance, ou ordre de la Trappe.

trapu, e [trapy] adj. (anc. fr. *trape,* d'orig. obsc.). - **1.** Qui est court et large et qui donne une impression de force : *Un petit homme trapu* (syn. râblé). - **2.** FAM. Qui a de solides connaissances : *Être trapu en latin* (syn. fam. calé). - **3.** FAM. Très difficile : *Un problème de maths trapu* (syn. ardu).

traque [trak] n.f. (de *traquer*). FAM. Action de traquer : *La traque du gibier* (syn. battue). *La traque d'un criminel* (syn. poursuite).

traquenard [traknar] n.m. (gascon *tracanart* "trot défectueux d'un cheval", et au fig. "trébuchet"). - **1.** Piège pour prendre les animaux nuisibles : *Préparer un traquenard pour un tigre.* - **2.** Piège tendu à qqn pour le faire échouer : *Tomber dans un traquenard* (syn. guet-apens, souricière).

traquer [trake] v.t. (de l'anc. fr. *trac* "piste des bêtes"). - **1.** Rabattre le gibier vers la ligne de tir. - **2.** Poursuivre, serrer de près : *Traquer des voleurs. Journalistes qui traquent une vedette* (syn. harceler).

trauma [troma] n.m. (mot gr. "blessure"). DIDACT. Traumatisme : *Traumas occasionnés par un accident de la route.*

traumatique [tromatik] adj. (du gr. *trauma* "blessure"). - **1.** Relatif à un traumatisme : *Lésions traumatiques.* - **2.** Choc traumatique, syndrome général d'abattement consécutif à un traumatisme.

traumatisant, e [tromatizɑ̃, -ɑ̃t] adj. Qui provoque un choc moral : *Un spectacle traumatisant.*

traumatiser [tromatize] v.t. - **1.** Provoquer un traumatisme : *Son accident l'a traumatisé* (syn. choquer). - **2.** Frapper qqn d'un choc émotionnel violent : *Mère traumatisée par la mort de son enfant.*

traumatisme [tromatism] n.m. (du gr. *trauma* "blessure"). - **1.** Ensemble des lésions locales intéressant les tissus et les organes, provoquées par un agent extérieur ; troubles généraux qui en résultent : *Un traumatisme crânien.* - **2.** Événement qui, pour un sujet, a une forte portée émotionnelle et qui entraîne chez lui des troubles psychiques ou somatiques par suite de son incapacité à y répondre adéquatement sur-le-champ.

traumatologie [tromatɔlɔʒi] n.f. Partie de la chirurgie et de la médecine consacrée au traitement des traumatismes. ◆ **traumatologiste** n. Nom du spécialiste.

1. **travail** [travaj] n.m. (de *travailler*) [pl. *travaux*]. - **1.** Activité de l'homme appliquée à la production, à la création, à l'entretien de qqch : *Travail manuel, intellectuel.* - **2.** Activité déployée pour accomplir une tâche, parvenir à un résultat : *Cette réparation demandera deux jours de travail.* - **3.** Toute occupation, toute activité considérée comme une charge : *Être surchargé de travail* (syn. besogne). - **4.** Ouvrage réalisé ou qui est à faire : *Distribuer le travail aux ouvriers* (syn. tâche). *Un travail de longue haleine* (syn. ouvrage). - **5.** Manière dont un ouvrage est exécuté : *Le fin travail d'une miniature* (syn. façon, facture). - **6.** Technique permettant de travailler une matière, d'utiliser un outil ou un instrument : *Apprendre le travail du bois.* - **7.** Activité professionnelle, régulière et rémunérée : *Trouver un travail* (syn. emploi, métier). - **8.** Exercice d'une activité professionnelle ; lieu où elle s'exerce : *Le travail en usine. Se rendre à son travail.* - **9.** Activité laborieuse de l'homme considérée comme un facteur essentiel de la production et de l'activité économique : *Le capital et le travail.* - **10.** En-

semble des travailleurs qui participent à la vie économique d'un pays : *Le monde du travail* (= la population active). - **11.** Action progressive, continue, produite par un élément, un phénomène naturel : *Le travail de l'érosion. Le travail de la fermentation.* - **12.** Effet, résultat produit par le fonctionnement, l'activité de qqch : *Le travail du cœur, des reins.* - **13.** MÉCAN. Quantité d'énergie reçue par un système se déplaçant sous l'effet d'une force, égale au produit scalaire de la force par le vecteur déplacement. □ L'unité légale de travail est le joule. - **14.** MÉD. Ensemble des phénomènes dynamiques et mécaniques qui conduisent à l'accouchement : *Le travail est commencé.* - **15.** Camp de travail, lieu de détention où les condamnés sont astreints à des travaux forcés. □ En U. R. S. S., les camps de travail furent administrés par le Goulag à l'époque stalinienne. ‖ Droit du travail, ensemble des règles juridiques applicables aux relations individuelles et collectives entre les travailleurs salariés et leurs employeurs. ‖ Inspection du travail, corps de fonctionnaires qui a pour mission de veiller au respect et à l'application des dispositions législatives et réglementaires concernant le travail et l'emploi. ‖ Travail d'intérêt général (T. I. G.), temps de travail non rémunéré imposé à un délinquant à titre de peine de substitution ou complémentaire, ou d'obligation assortissant un sursis. ◆ **travaux** n.m. pl. - **1.** Ensemble d'opérations, de tâches propres à un domaine déterminé : *Les travaux agricoles.* - **2.** Ensemble des opérations de construction, d'aménagement ou de remise en état d'édifices, de voies, de terrains, etc. : *Des travaux d'assainissement dans les vieux quartiers d'une ville.* - **3.** Ensemble des recherches entreprises dans un domaine de la connaissance : *Publier ses travaux.* - **4.** Ensemble de discussions, de débats d'une assemblée ou d'un groupe de personnes organisé : *L'Assemblée nationale a repris ses travaux.* - **5.** FAM. Inspecteur des travaux finis, se dit de qqn qui arrive quand le travail est fini. ‖ Travaux d'utilité collective, activités ouvertes aux jeunes de 16 à 25 ans sans emploi, susceptibles de contribuer à l'amélioration de la vie sociale, organisées par une collectivité territoriale, une association, un établissement public, etc., et rémunérées par l'État (abrév. *T. U. C*). ‖ Travaux forcés, ancienne peine infamante, temporaire ou perpétuelle, qui était subie dans les bagnes de Guyane ou de Nouvelle-Calédonie jusqu'en 1938. ‖ Travaux publics, œuvres de construction, de réparation, d'entretien d'utilité générale, faites pour le compte d'une personne morale administrative.

2. **travail** [tʁavaj] n.m. (bas lat. *trepalium* var. de *tripalium* "instrument de torture", propr. "machine faite de trois pieux") [pl. *travails*]. Appareil servant à maintenir les grands animaux domestiques pendant qu'on les ferre ou qu'on les soigne.

travaillé, e [tʁavaje] adj. Où l'on remarque le soin, le travail : *Style travaillé* (syn. étudié, soigné).

travailler [tʁavaje] v.i. (lat. pop. *tripaliare* "torturer avec le *tripalium*" ; v. 2. *travail*). - **1.** Effectuer un travail ; soutenir un effort en vue d'obtenir un résultat : *Travailler sur un projet. Pour parvenir à ce niveau, il a beaucoup travaillé.* - **2.** Exercer un métier, une activité professionnelle : *Travailler dans l'imprimerie.* - **3.** Fonctionner activement : *Dans ce sport, tous les muscles travaillent.* - **4.** Agir de manière à produire un effet, un résultat : *Travailler à perdre qqn.* - **5.** Produire un revenu : *Faire travailler son argent* (syn. rapporter). - **6.** Subir un effet qui entraîne certaines modifications : *Le vin nouveau travaille* (syn. fermenter). - **7.** Se déformer : *Poutre qui travaille* (syn. gauchir). ◆ v.t. - **1.** Soumettre (qqch) à une action : *Travailler le bois, le fer.* - **2.** Chercher à perfectionner : *Travailler son style, son anglais* (syn. soigner). - **3.** S'efforcer d'influencer qqn : *Travailler des délégués pour les convaincre.* - **4.** Préoccuper vivement : *Ce problème me travaille depuis longtemps* (syn. hanter, poursuivre). - **5.** Travailler une pâte, la pétrir, la rouler.

travailleur, euse [tʁavajœʁ, -øz] n. et adj. - **1.** Personne salariée, spécial. dans l'industrie : *Les travailleuses du textile. Travailleur agricole.* - **2.** Personne qui aime le travail : *Être très travailleur* (syn. actif ; contr. paresseux). - **3.** Jeune travailleur, travailleur âgé de 16 à 25 ans, dont le travail est soumis à une réglementation particulière. ‖ Travailleur social → social. ‖ Travailleuse familiale, aide familiale.

travailliste [tʁavajist] adj. et n. (de *travail*, traduction de l'angl. *labour*). Relatif au parti travailliste, l'un des grands partis politiques britanniques, d'inspiration socialiste ; membre ou sympathisant de ce parti.

travée [tʁave] n.f. (anc. fr. *trev* "poutre", lat. *trabs, trabis*). - **1.** Rangée de bancs : *Les travées d'un amphithéâtre.* - **2.** Espace compris entre deux points d'appui principaux d'un ouvrage de construction : *La travée d'un pont.*

traveller's cheque [tʁavlœʁʃɛk] n.m. (mot angl.) [pl. *traveller's cheques*]. Chèque de voyage.

travelling [tʁavliŋ] n.m. (mot angl., propr. "fait de voyager"). CIN. Déplacement de la caméra sur un chariot roulant sur des rails ; dispositif permettant ce mouvement.

travers [tRaveR] n.m. (du lat. *transversus* "oblique"). - **1.** Bizarrerie de l'esprit ou du caractère ; petit défaut : *Supporter les travers de qqn* (syn. manie). - **2.** MAR. Côté, flanc d'un navire : *Le vent frappait le bateau par le travers.* - **3.** À travers qqch, au travers de (qqch), en traversant qqch dans son étendue ou son épaisseur ; par l'intermédiaire de : *Marcher à travers la campagne. Au travers de cette comparaison, l'idée apparaît mieux.* ∥ **De travers,** obliquement ; de manière fausse, inexacte : *Clou planté de travers. Raisonner de travers.* ∥ **En travers (de qqch),** suivant la largeur ; dans une position transversale : *Scier une planche en travers* (syn. transversalement). ∥ **Passer à travers qqch, au travers de qqch,** se frayer un passage entre les obstacles : *Poissons qui passent à travers les mailles d'un filet* ; éviter de subir qqch de fâcheux, de pénible : *Passer au travers de graves dangers.* ∥ **Prendre qqch de travers,** s'en irriter, s'en choquer. ∥ **Regarder de travers,** regarder avec antipathie, hostilité. ∥ **Se mettre en travers de qqch, de la route de qqn,** s'y opposer, y faire obstacle.

traverse [tRavɛRs] n.f. (lat. pop. *traversa*, du class. *traversus* "oblique"). - **1.** TECHN. Pièce perpendiculaire aux éléments principaux d'une construction, et destinée à maintenir l'écartement de ces éléments ; élément horizontal, croisillon d'une armature de fenêtre à vitraux. - **2.** Pièce d'appui posée sur le ballast perpendiculairement aux rails d'une voie ferrée, qu'elle supporte et dont elle maintient l'écartement. - **3.** CAN. Lieu de passage d'un cours d'eau, d'un lac, desservi par un traversier. - **4.** Chemin de traverse, chemin étroit, plus direct que la route ; en ville, passage étroit reliant deux rues (on dit aussi *une traverse*) : *Prenons la traverse, nous arriverons plus vite* (syn. raccourci).

traversée [tRavɛRse] n.f. (de *traverser*). - **1.** Action de traverser un espace, un lieu de bout en bout : *Éviter la traversée de l'agglomération.* - **2.** Action de traverser la mer, un cours d'eau : *La mer était agitée, la traversée a été pénible.* - **3.** Traversée du désert, période de difficultés, de revers, d'éclipse de la renommée.

traverser [tRavɛRse] v.t. (lat. pop. *traversare*, class. *transversare*, de *transversus* ; v. *travers*). - **1.** Passer d'un côté à l'autre : *Traverser un fleuve à la nage* (syn. franchir). - **2.** Pénétrer de part en part : *La pluie a traversé mes vêtements* (syn. transpercer). - **3.** Passer par : vivre dans : *Traverser une crise de désespoir.* - **4.** Traverser l'esprit, se présenter rapidement à la pensée.

traversier, ère [tRavɛRsje, -ɛR] adj. (lat. pop. *traversarius*, de *transversarius* "transversal"). - **1.** Qui constitue une traverse : *Rue traversière.* - **2.** Se dit d'une barque qui fait le va-et-vient entre deux points éloignés. - **3.** Flûte traversière → flûte. ◆ **traversier** n.m. CAN. Bac, ferry-boat.

traversin [tRavɛRsɛ̃] n.m. (de l'anc. fr. *traversain* "qui est en travers"). Coussin long et cylindrique qui occupe toute la largeur à la tête du lit.

travertin [tRavɛRtɛ̃] n.m. (it. *travertino*, du lat. *tiburtinus*, de *Tibur* "Tivoli"). Roche calcaire présentant des cavités garnies de cristaux, employée en construction.

travesti [tRavɛsti] n.m. (du p. passé de *travestir*). - **1.** Vêtement qui permet de se déguiser : *Un travesti de pirate* (syn. déguisement). - **2.** Homosexuel travesti en femme. - **3.** Rôle d'un personnage du sexe opposé à celui de l'interprète.

travestir [tRavɛstiR] v.t. (it. *travestire*, de *vestire* "vêtir") [conj. 32]. - **1.** Déguiser avec les vêtements d'un autre sexe, d'une autre condition : *Travestir un homme en femme.* - **2.** Transformer, rendre méconnaissable : *Travestir la pensée de qqn* (syn. déformer, trahir). ◆ **se travestir** v.pr. Revêtir un déguisement (syn. se déguiser).

travestissement [tRavɛstismɑ̃] n.m. Action ou manière de travestir qqn, qqch ; action ou manière de se travestir : *Un rôle à travestissement* (syn. déguisement).

trayeuse [tRɛjøz] n.f. Machine à traire les vaches.

trayon [tRɛjɔ̃] n.m. (de *traire*). Extrémité du pis d'une vache, d'une chèvre, etc.

trébuchant, e [tRebyʃɑ̃, -ɑ̃t] adj. - **1.** Qui hésite, est irrégulier : *Une démarche trébuchante* (syn. chancelant). - **2.** Espèces sonnantes et trébuchantes, argent liquide.

trébucher [tRebyʃe] v.i. (de l'anc. préf. *tré*[s]- "au-delà" [lat. *trans*], et de l'anc. fr. *buc* "tronc du corps", frq. **buk* "ventre"). - **1.** Perdre l'équilibre en butant sur un objet ou en posant mal son pied : *Trébucher sur une pierre* (syn. buter). - **2.** Être arrêté par une difficulté : *Trébucher sur un mot* (syn. achopper). ◆ v.t. TECHN. Peser au trébuchet.

trébuchet [tRebyʃɛ] n.m. (de *trébucher*). - **1.** Piège pour les petits oiseaux. - **2.** Petite balance de précision pour peser de très faibles quantités de matière.

tréfilage [tRefilaʒ] n.m. MÉTALL. Opération destinée à diminuer le diamètre d'un fil métallique par traction à travers une filière.

tréfiler [tRefile] v.t. (de l'anc. préf. *tré*[s]- "au-delà" [lat. *trans*], et de *fil*). MÉTALL. Opérer le tréfilage de.

tréfilerie [tRefilRi] n.f. Établissement industriel, atelier dans lequel s'effectue le tréfilage.

tréfileur, euse [tʀefilœʀ, -øz] n. Ouvrier, ouvrière qui tréfile ; industriel qui exploite une tréfilerie.

trèfle [tʀɛfl] n.m. (lat. pop. *trifolum, du class. trifolium, gr. triphullon). - **1.** Plante herbacée, à feuilles composées de trois folioles et à fleurs blanches, roses ou pourpres, dont plusieurs espèces cultivées constituent d'excellents fourrages, comme le trèfle incarnat, ou *farouch*. □ Famille des papilionacées. - **2.** Objet, motif ayant la forme de la feuille de cette plante : *Un trèfle en or.* - **3.** JEUX. Une des quatre couleurs du jeu de cartes français, dont la marque est un trèfle noir stylisé : *Le dix de trèfle. Jouer un trèfle.* - **4.** Carrefour en trèfle, croisement de routes à des niveaux différents, affectant la forme d'un trèfle à quatre feuilles.

tréfonds [tʀefɔ̃] n.m. (de l'anc. préf. tré[s]- "au-delà" [lat. trans], et de *fonds*). - **1.** LITT. Ce qu'il y a de plus secret, de plus intime : *Ces mots retentirent jusqu'au tréfonds de son être.* - **2.** DR. Ce qui est au-dessous du sol, d'un terrain.

treillage [tʀejaʒ] n.m. (de *treille*). Assemblage de lattes en treillis ; clôture à claire-voie : *Un treillage clôture le jardin.*

treille [tʀɛj] n.f. (lat. *trichila* "tonnelle"). - **1.** Ceps de vigne qui s'élèvent contre un mur, un treillage, un arbre : *Une treille de muscat.* - **2.** Berceaux de treillage soutenant des plantes grimpantes, décorant des jardins : *Manger sous la treille de son jardin en été.* - **3.** Le jus de la treille, le vin.

1. treillis [tʀeji] n.m. (de l'anc. adj. *tresliz*, lat. pop. *trilicius*, class. *trilix* "à trois fils", avec infl. de *treillage*). Ouvrage de métal, de bois, etc., imitant les mailles d'un filet, et qui sert de clôture : *Un treillis fermait le garde-manger.*

2. treillis [tʀeji] n.m. (de *1. treillis*). - **1.** Toile écrue, autref. en chanvre, très grosse et très forte : *Pantalon de treillis.* - **2.** Vêtement de travail ou d'exercice fait dans cette toile ; tenue de combat des militaires.

treillisser [tʀejise] v.t. Garnir de treillis.

treize [tʀɛz] adj. num. card. inv. (lat. *tredecim*). - **1.** Douze plus un. - **2.** (En fonction d'ordinal). De rang numéro treize, treizième : *Louis treize.* - **3.** Treize à la douzaine, treize objets donnés pour douze payés. ◆ n.m. inv. Le nombre qui suit douze dans la série des entiers naturels ; le chiffre représentant ce nombre : *Treize et deux font quinze.*

treizième [tʀɛzjɛm] adj. num. ord. et n. De rang numéro treize : *Le treizième client de la journée. Habiter le, dans le treizième* (= le treizième arrondissement). ◆ adj. et n.m. Qui correspond à la division d'un tout en treize parties égales : *La treizième partie d'une somme. Se réserver le treizième des recettes.*

treizièmement [tʀɛzjɛmmɑ̃] adv. En treizième lieu.

trekking [tʀekiŋ] n.m. (mot angl., de *to trek* "cheminer"). Randonnée pédestre en haute montagne.

tréma [tʀema] n.m. (gr. *trêma* "point"). Signe constitué de deux points juxtaposés, que l'on met sur les voyelles *e, i, u* pour indiquer que la voyelle qui précède doit être prononcée séparément : « *Ciguë* » *et* « *naïf* » *s'écrivent avec un tréma.*

tremblant, e [tʀɑ̃blɑ̃, -ɑ̃t] adj. Qui tremble : *Voix tremblante* (syn. chevrotant).

tremble [tʀɑ̃bl] n.m. (du lat. *tremulus*, de *tremere* "trembler"). Peuplier de l'Europe occidentale, aux feuilles agitées par le moindre vent, dont le bois, blanc et tendre, est utilisé en menuiserie et peut fournir de la pâte à papier.

tremblé, e [tʀɑ̃ble] adj. Écriture tremblée, écriture tracée par une main tremblante. ‖ Sons tremblés, sons qui varient rapidement d'intensité.

tremblement [tʀɑ̃bləmɑ̃] n.m. - **1.** Agitation de ce qui tremble : *Le tremblement de ses mains trahissait son émotion* (syn. frémissement). - **2.** FAM. Et tout le tremblement, tout le reste. ‖ Tremblement de terre, séisme.

trembler [tʀɑ̃ble] v.i. (lat. pop. *tremulare*, de *tremere* "trembler"). - **1.** Bouger, être agité de mouvements répétés de faible amplitude : *Les feuilles des arbres tremblent* (syn. osciller, vibrer). - **2.** Avoir le corps agité de petits mouvements musculaires vifs et involontaires : *Trembler de froid, de peur* (syn. frissonner). - **3.** Être l'objet d'un séisme : *La terre a tremblé en Italie.* - **4.** Éprouver une grande crainte, une vive émotion : *Il tremble d'apprendre la vérité* (syn. appréhender, redouter).

trembleur [tʀɑ̃blœʀ] n.m. Appareil à lame flexible qui interrompt et rétablit le passage d'un courant électrique à de très courts intervalles.

tremblotant, e [tʀɑ̃blɔtɑ̃, -ɑ̃t] adj. Qui tremblote : *La flamme tremblotante d'une bougie* (syn. vacillant).

tremblote [tʀɑ̃blɔt] n.f. FAM. Avoir la tremblote, trembler de froid ou de peur.

tremblotement [tʀɑ̃blɔtmɑ̃] n.m. FAM. Léger tremblement : *Le tremblotement des mains d'un vieillard.*

trembloter [tʀɑ̃blɔte] v.i. Trembler un peu : *La flamme de la bougie tremblote dans le courant d'air* (syn. vaciller).

trémie [tʀemi] n.f. (du lat. *trimodia* "vase contenant trois muids"). - **1.** Sorte de grand entonnoir en forme de pyramide renversée, où l'on déverse des substances devant subir un traitement : *Une trémie à blé.* **-2.** Espace réservé dans un plancher pour l'âtre d'une cheminée ou pour une circulation verticale (gaine, cage d'escalier, etc.).

trémière [tʀemjɛʀ] adj. f. (altér. de *rose d'outre-mer*). Rose trémière → **rose**.

trémolo [tʀemɔlo] n.m. (it. *tremolo* "tremblement de la voix"). **-1.** Répétition très rapide d'un même son avec un instrument à cordes frottées : *Les trémolos d'un violon.* **-2.** Tremblement de la voix indiquant une forte émotion : *Elle relata l'incident avec des trémolos dans la voix.*

trémoussement [tʀemusmɑ̃] n.m. Action de se trémousser : *Le trémoussement des danseurs sur la piste.*

se trémousser [tʀemuse] v.pr. (de l'anc. préf. *tré[s]-* [lat. *trans*], et de *mousse*). Bouger son corps en tous sens : *Cet enfant n'arrête pas de se trémousser sur sa chaise* (syn. **gigoter**, **remuer**).

trempage [tʀɑ̃paʒ] n.m. Action de tremper qqch dans un liquide ; fait de tremper : *Le trempage des haricots avant cuisson. Trempage du linge sale.*

trempe [tʀɑ̃p] n.f. (de *tremper*). **-1.** Traitement thermique qui permet d'obtenir à température ambiante, grâce à un refroidissement rapide, un produit métallurgique d'une grande dureté : *La trempe de l'acier.* **-2.** Fermeté morale, intellectuelle : *Une personne de sa trempe ne se laisse pas facilement abattre.* **-3.** FAM. Volée de coups ; vigoureuse correction.

trempé, e [tʀɑ̃pe] adj. **-1.** Abondamment mouillé : *Enlève ton manteau, il est trempé* (syn. **mouillé**). **-2.** Se dit d'un métal, d'un alliage qui a subi l'opération de la trempe : *Acier trempé.* **-3.** Bien trempé, se dit de qqn qui a de la trempe, de l'énergie.

tremper [tʀɑ̃pe] v.t. (altér. de *temprer* "mélanger", lat. *temperare* "modérer"). **-1.** Plonger dans un liquide, imbiber de ce liquide : *Tremper sa plume dans l'encre.* **-2.** Soumettre à la trempe (un métal, un alliage) : *Tremper du fer.* **-3.** Donner de la force d'âme, du caractère à : *Des épreuves qui trempent ceux qui les subissent* (syn. **aguerrir**). **-4.** Tremper la soupe, verser le bouillon sur le pain. ◆ v.i. **-1.** Demeurer quelque temps dans un liquide : *Mettre du linge à tremper.* **-2.** Participer à une action condamnable : *Tremper dans un crime.*

trempette [tʀɑ̃pɛt] n.f. FAM. Faire trempette, prendre un bain très court, ou dans une eau peu profonde.

tremplin [tʀɑ̃plɛ̃] n.m. (it. *trampolino*, de *trampolo* "échasse", d'orig. germ.). **-1.** Planche élastique sur laquelle un sauteur ou un plongeur prend son appel. **-2.** Plan incliné couvert de neige sur lequel un skieur prend son élan pour un saut ; plan incliné flottant destiné au même usage pour le ski nautique. **-3.** Ce dont on se sert pour arriver à un résultat : *Son élection à la mairie lui a servi de tremplin pour arriver au pouvoir.*

trench-coat [tʀɛnʃkot] et **trench** [tʀɛnʃ] n.m. (mot angl., propr. "manteau de tranchée") [pl. *trench-coats*, *trenchs*]. Imperméable croisé, ceinturé, avec col à revers et rabats extérieurs de dos et de poitrine.

trentaine [tʀɑ̃tɛn] n.f. **-1.** Nombre de trente ou d'environ trente : *La traversée dure une trentaine de minutes.* **-2.** Âge d'à peu près trente ans : *Avoir la trentaine.*

trente [tʀɑ̃t] adj. num. card. inv. (lat. pop. **trinta*, class. *triginta*). **-1.** Trois fois dix : *Nous avons invité trente personnes.* **-2.** (En fonction d'ord.). De rang numéro trente, trentième : *La page trente.* **-3.** FAM. Se mettre sur son trente et un, revêtir ses plus beaux vêtements. ◆ n.m. inv. Le nombre qui suit vingt-neuf dans la série des entiers naturels : *Trente plus dix égale quarante.*

trentenaire [tʀɑ̃tnɛʀ] adj. Qui dure trente ans : *Concession trentenaire.* ◆ adj. et n. Qui a atteint trente ans.

trentième [tʀɑ̃tjɛm] adj. num. ord. et n. De rang numéro trente : *Le trentième étage d'un gratte-ciel. C'est la trentième de la liste.* ◆ adj. et n.m. Qui correspond à la division d'un tout en trente parties égales : *La trentième partie d'une somme. Le trentième des recettes.*

trépan [tʀepɑ̃] n.m. (lat. médiév. *trepanum*, gr. *trupanon* "tarière"). **-1.** TECHN. Outil de forage utilisé pour percer les roches dures. **-2.** CHIR. Instrument avec lequel on perce les os, en partic. la boîte crânienne.

trépanation [tʀepanasjɔ̃] n.f. Opération chirurgicale consistant à pratiquer une ouverture dans un os, en partic. dans la boîte crânienne, à l'aide du trépan.

trépaner [tʀepane] v.t. Pratiquer la trépanation sur.

trépas [tʀepa] n.m. (de *trépasser*). LITT. **-1.** Mort, en parlant de l'homme (syn. **décès**). **-2.** Passer de vie à trépas, mourir.

trépassé, e [tʀepase] n. LITT. Personne décédée : *La fête des Trépassés* (= le jour des Morts, le 2 novembre).

trépasser [tʀepase] v.i. (de l'anc. préf. *tré[s]-* "au-delà" [lat. *trans*], et de *passer*). LITT. Mourir, en parlant d'une personne (syn. **décéder**, **s'éteindre**).

trépidant, e [tʀepidɑ̃, -ɑ̃t] adj. **-1.** Se dit d'un mouvement vif et saccadé : *Danse trépidante.* **-2.** Vie trépidante, pleine d'agitation, d'occupations (syn. **tumultueux**).

trépidation [tʀepidasjɔ̃] n.f. (lat. *trepidatio*). - **1.** Tremblement continu et saccadé : *Les trépidations d'un train.* - **2.** Vive agitation ; forte animation : *La trépidation de la vie parisienne* (syn. agitation, tumulte).

trépider [tʀepide] v.i. (lat. *trepidare* "s'agiter"). Être agité de petites secousses rapides : *Immeuble qui trépide au passage du métro* (syn. vibrer).

trépied [tʀepje] n.m. (bas lat. *tripes, -edis,* de l'adj. class. *tripes* "à trois pieds"). Support à trois pieds : *Placer un trépied sur les braises de la cheminée pour y poser une marmite.*

trépignement [tʀepiɲmɑ̃] n.m. Action de trépigner.

trépigner [tʀepiɲe] v.i. (de l'anc. fr. *treper,* du germ. **trippôn* "sauter"). Frapper vivement et nerveusement des pieds contre terre : *Trépigner de colère. Le public trépignait pour qu'elle chante une dernière chanson.*

tréponème [tʀepɔnɛm] n.m. (du gr. *trepein* "tourner" et *nêma* "fil"). Bactérie en forme de spirale, comprenant les agents de la syphilis et du pian. □ Classe des spirochètes.

très [tʀɛ] adv. (lat. *trans* "au-delà"). Devant un adj., un adv., une loc. verbale, indique une intensité non relative (superlatif absolu) : *Il est très riche* (syn. extrêmement). *Être très en avance. Avoir très froid* (syn. bien).

trésor [tʀezɔʀ] n.m. (lat. *thesaurus,* gr. *thêsauros*). - **1.** Amas d'or, d'argent, de choses précieuses mis en réserve : *Les trésors découverts par Ali Baba dans la caverne des voleurs* (syn. richesse). - **2.** Lieu d'une église où l'on garde les reliques, les ornements et les objets précieux : *Le trésor de la cathédrale Saint-Marc à Venise.* - **3.** Objet précieux, caché ou enfoui, découvert par hasard : *Ils ont trouvé un trésor en creusant les fondations de la maison.* □ Le trésor découvert sur le fonds d'autrui appartient par moitié à l'inventeur et par moitié au propriétaire du fonds. - **4.** Tout ce qui est précieux, excellent : *Un enfant est un trésor pour sa mère. Ce manuscrit est un véritable trésor pour l'étude de cette période.* - **5.** Un trésor de, une abondance précieuse de : *Avoir des trésors de patience en réserve.* - **6.** Le Trésor public. L'État dans l'exercice de ses compétences financières ; la direction du ministère des Finances qui fait des avances au budget ou conserve la charge de certaines dépenses des services et qui a pour mission d'assurer l'exécution du budget.

trésorerie [tʀezɔʀʀi] n.f. - **1.** Administration du Trésor public. - **2.** Bureau, fonction d'un trésorier-payeur général. - **3.** COMPTAB. Ensemble des actifs liquides d'une entreprise, d'une association. - **4.** Argent dont qqn dispose : *Des difficultés de trésorerie* (= des ennuis financiers).

trésorier, ère [tʀezɔʀje, -ɛʀ] n. (bas lat. *thesaurarius*). Personne qui détient, comptabilise et gère les fonds d'une collectivité, d'une entreprise : *Le trésorier d'un club.*
◆ **trésorier-payeur** n.m. Trésorier-payeur général (pl. *trésoriers-payeurs généraux*), en France, comptable supérieur chargé d'assurer, dans le ressort d'une Région ou d'un département, les services extérieurs du Trésor.

tressage [tʀesaʒ] n.m. Action de tresser ; manière de tresser : *Un tressage serré.*

tressaillement [tʀesajmɑ̃] n.m. Brusque secousse de tout le corps à la suite d'une émotion vive : *Un tressaillement de surprise* (syn. haut-le-corps, sursaut).

tressaillir [tʀesajiʀ] v.i. (de l'anc. préf. *tres-* "au-delà", [lat. *trans*], et de *saillir* "sauter") [conj. 47]. Avoir un brusque mouvement involontaire du corps sous le coup d'une émotion : *Elle tressaillit en entendant la porte grincer* (syn. sursauter).

tressauter [tʀesote] v.i. (de l'anc. préf. *tres-* "au-delà" [lat. *trans*], et de *sauter*). LITT. - **1.** Avoir le corps secoué d'un mouvement violent sous l'effet d'une vive émotion : *L'entrée brusque de son père fit tressauter l'enfant* (syn. sursauter, tressaillir). - **2.** Être agité de secousses : *Ses coups de poing sur la table faisaient tressauter les verres* (syn. trembler).

tresse [tʀɛs] n.f. (probabl. lat. pop. **trichia,* gr. *thrikhia* "filasse pour cordage"). - **1.** Forme obtenue par entrelacement de brins, de fils, de rubans, etc. : *Faire une tresse avec du fil plastique.* - **2.** Longue mèche de cheveux divisée en trois et entrelacée : *Ses deux tresses dans le dos* (syn. natte).

tresser [tʀese] v.t. - **1.** Arranger en tresse : *Tresser de l'osier.* - **2.** Fabriquer en entrelaçant : *Tresser un panier.*

tréteau [tʀeto] n.m. (lat. pop. **trastellum,* class. *transtillum,* de *transtum* "traverse"). - **1.** Support formé d'une barre horizontale portée à chaque extrémité par deux pieds obliques, et servant, par paire ou davantage, à soutenir une table, un plancher, une estrade, etc. : *Une table à tréteaux.* - **2.** VX. Monter sur les tréteaux, se faire comédien (= monter sur les planches).

treuil [tʀœj] n.m. (lat. *torculum* "pressoir", de *torquere* "tordre"). Appareil dont l'élément essentiel est un cylindre horizontal, mobile autour de son axe, sur lequel s'enroule une corde ou un câble, et qui sert à élever des fardeaux : *Utiliser un treuil pour déménager des meubles lourds.*

treuillage [tʀœjaʒ] n.m. Utilisation d'un treuil pour soulever des charges, pour lancer un planeur.

treuiller [tʀœje] v.t. Lever ou déplacer au moyen d'un treuil : *Treuiller des sacs de blé.*

trêve [tʀɛv] n.f. (frq. *treuwa* "pacte, traité"). - **1.** Cessation temporaire de tout acte d'hostilité : *Les belligérants ont conclu une trêve.* - **2.** Suspension d'attaques quelconques : *Mettez une trêve à vos disputes.* - **3.** Temps d'arrêt dans qqch de difficile, de pénible : *Ses affaires ne lui laissent aucune trêve* (syn. répit). - **4.** Sans trêve, sans s'arrêter ; sans relâche : *Il discourt sans trêve* (= sans arrêt). ‖ Trêve de, assez de, cessons cela : *Trêve de plaisanteries, il est temps d'agir.* ‖ Trêve des confiseurs, période de calme social et politique correspondant aux fêtes de fin d'année.

tri [tʀi] n.m. (de *trier*). - **1.** Action de trier : *Le tri des lettres.* - **2.** INFORM. Mise en ordre des informations en vue de leur traitement.

triacide [tʀiasid] n.m. CHIM. Corps possédant trois fonctions acide.

triade [tʀijad] n.f. (bas lat. *trias, -adis,* du gr.). - **1.** Groupe de trois personnes ou choses étroitement associées. - **2.** Groupe de trois divinités associées dans un même culte.

triage [tʀijaʒ] n.m. - **1.** Action de trier, de répartir en choisissant : *Le triage des semences* (syn. tri). - **2.** Gare de triage, gare dont le rôle est de recevoir les trains de marchandises de diverses provenances, d'en trier les wagons par destinations pour former de nouveaux trains et de les expédier.

trial [tʀijal] n.m. (mot angl.) [pl. *trials*]. Sport motocycliste sur tous terrains, faisant surtout appel à la maniabilité de la machine, aux qualités d'adresse du pilote.

trialcool [tʀialkɔl] n.m. CHIM. Composé renfermant trois fonctions alcool.

triangle [tʀijɑ̃gl] n.m. (lat. *triangulum,* de *tres* "trois" et *angulum* "angle"). - **1.** Polygone à trois côtés : *Un triangle équilatéral.* □ L'aire d'un triangle est égale au demi-produit de la longueur d'un côté par celle de la hauteur correspondante. - **2.** MUS. Instrument à percussion formé d'une tige d'acier recourbée en triangle.

triangulaire [tʀijɑ̃gylɛʀ] adj. - **1.** En forme de triangle : *Une voile triangulaire.* - **2.** Dont la base ou la section a la forme d'un triangle : *Pyramide, prisme triangulaires.* - **3.** Qui se fait entre trois personnes, trois groupes : *Élection triangulaire.* - **4.** ANAT. Se dit de divers muscles qui ont la forme d'un triangle : *Le muscle triangulaire du sternum.* - **5.** HIST. Commerce, trafic triangulaire, aux XVIIᵉ et XVIIIᵉ s., forme particulière de la traite des Noirs, qui consistait à aller échanger sur les côtes africaines des produits européens (pacotille, notamm.) contre des esclaves, à transporter ceux-ci aux Antilles et à les y vendre, pour rapporter en Europe les produits antillais (sucre, cacao). □ En France, Bordeaux et Nantes ont tiré une partie de leur richesse du trafic triangulaire.

triangulation [tʀijɑ̃gylasjɔ̃] n.f. Partage d'une surface terrestre en un réseau de triangles, pour mesurer une ligne géodésique ou pour dresser la carte d'une région.

trias [tʀijas] n.m. (mot gr. "groupe de trois"). Première période de l'ère secondaire, d'une durée approximative de 35 millions d'années, marquée en Europe occidentale par le dépôt de trois faciès caractéristiques (grès bigarrés, calcaires contenant des coquilles, marnes irisées), correspondant à trois phases sédimentaires.

triathlon [tʀijatlɔ̃] n.m. (d'apr. *[déca]thlon* et *[penta]thlon*). Compétition sportive regroupant les résultats de trois épreuves (natation, course à pied, course cycliste sur route).

triatomique [tʀiatɔmik] adj. Se dit des corps dont la molécule est formée de trois atomes.

tribal, e, aux ou **als** [tʀibal, -o] adj. Relatif à la tribu : *La vie tribale. Mœurs tribales.*

tribalisme [tʀibalism] n.m. Organisation de type tribal : *Le tribalisme demeure vivant dans certaines parties du globe.*

triboélectricité [tʀibɔelɛktʀisite] n.f. (du gr. *tribein* "frotter"). Électricité statique produite par frottement.

triboélectrique [tʀibɔelɛktʀik] adj. Relatif à la triboélectricité : *Phénomènes triboélectriques.*

tribord [tʀibɔʀ] n.m. (néerl. *stierboord* "bord du gouvernail"). MAR. Côté droit d'un navire, quand on regarde vers l'avant (par opp. à *bâbord*) : *Le feu de tribord est vert.*

triboulet [tʀibulɛ] n.m. (de l'anc. fr. *tribouler* "agiter", lat. *tribulare*). Tige de forme tronconique et calibrée qui sert au bijoutier pour mesurer le diamètre des bagues.

tribu [tʀiby] n.f. (lat. *tribus*). - **1.** Groupement de familles de même origine, vivant dans la même région ou se déplaçant ensemble, et ayant une même organisation politique, les mêmes croyances religieuses et, le plus souvent, une même langue : *Les tribus de la forêt amazonienne* (syn. clan, ethnie, peuplade). - **2.** ANTIQ. À Rome, ensemble de dix curies ; en Grèce, groupe de plusieurs phratries. - **3.** (Souvent iron.). Grande famille unie par des règles : *Il ne se déplace jamais sans sa tribu.* - **4.** Les douze tribus d'Israël, issues, selon la tradition, des douze fils de Jacob.

tribulations [tʀibylasjɔ̃] n.f. pl. (lat. ecclés. *tribulatio,* de *tribulare* "écraser avec le *tribulum* [herse]", puis "persécuter"). Suite d'aventures plus ou moins désagréables : *Un voyage* *plein de tribulations* (syn. difficulté, mésaventure).

tribun [tʀibœ̃] n.m. (lat. *tribunus*). - **1.** ANTIQ. ROM. Magistrat romain chargé, à l'origine, de l'administration d'une tribu. - **2.** Orateur populaire, à l'éloquence puissante et directe : *Jean Jaurès fut un grand tribun.* - **3.** Tribun de la plèbe, magistrat romain chargé de défendre les intérêts de la plèbe.

tribunal [tʀibynal] n.m. (mot lat. "tribune") [pl. *tribunaux*]. - **1.** Juridiction formée d'un ou de plusieurs magistrats qui jugent ensemble : *Comparaître devant le tribunal.* - **2.** Ensemble des magistrats qui composent une telle juridiction : *Le tribunal a demandé un complément d'information* (syn. cour, parquet). - **3.** Lieu où siègent les magistrats : *Le tribunal était plein de curieux.* - **4.** LITT. Ce que l'on considère comme jouant le rôle d'un juge : *Le tribunal de l'histoire.*

tribunat [tʀibyna] n.m. ANTIQ. ROM. Charge de tribun ; exercice de cette charge.

tribune [tʀibyn] n.f. (lat. médiév. *tribuna*, du class. *tribunal*). - **1.** Emplacement surélevé d'où un orateur s'adresse à une assemblée : *Le conférencier monta à la tribune* (syn. estrade). - **2.** (Souvent au pl.). Espace muni de gradins, le plus souvent couvert, d'où l'on regarde une course de chevaux, une manifestation sportive, etc. : *Les tribunes sont pleines.* - **3.** Galerie surélevée réservée à certaines personnes dans une grande salle, un édifice cultuel : *Le public s'entassait dans les tribunes du Parlement.* - **4.** Émission, page de journal, etc., offerts par un média à qqn, à un groupe pour qu'il exprime publiquement ses idées : *Ce journal lui a offert une tribune.* - **5.** Tribune libre, rubrique de journal, émission régulière de radio ou de télévision où des représentants de diverses tendances politiques sont invités à exposer leurs opinions sous leur propre responsabilité.

tribut [tʀiby] n.m. (lat. *tributum* "impôt", de *tribuere* "répartir entre les tribus"). - **1.** Ce qu'un peuple, un État était obligé de fournir à un autre dont il était dépendant : *Payer un tribut au roi du pays voisin.* - **2.** LITT. Dommage, sacrifice, perte subie du fait de qqch ou pour qqch : *Ces vies anéanties ont été un lourd tribut payé à la guerre.*

tributaire [tʀibytɛʀ] adj. (lat. *tributarius*). - **1.** Dépendant de : *Être tributaire de l'étranger pour l'énergie.* - **2.** GÉOGR. Se dit d'un cours d'eau qui se jette dans un autre, dans un lac ou dans la mer.

tricentenaire [tʀisɑ̃tnɛʀ] adj. Qui a atteint trois cents ans. ◆ n.m. Anniversaire d'un événement qui a eu lieu trois cents ans auparavant.

tricéphale [tʀisefal] adj. (du gr. *kephalê* "tête"). Qui a trois têtes : *Monstre tricéphale.*

triceps [tʀisɛps] n.m. et adj. (mot lat. "qui a trois têtes"). Muscle dont une extrémité est fixée par trois tendons d'insertion : *Triceps brachial.*

tricératops [tʀiseʀatɔps] n.m. (du gr. *keras*, *-atos* "corne" et *ôps* "vue"). Reptile fossile du crétacé des États-Unis, dont la tête était pourvue de trois cornes. □ Long. 8 m.

triche [tʀiʃ] n.f. (de *tricher*). FAM. Fait de tricher : *Dès que tu perds, tu dis qu'il y a eu triche* (syn. tricherie).

tricher [tʀiʃe] v.i. (lat. pop. *triccare*, bas lat. *tricare* "soulever des difficultés"). - **1.** Enfreindre les règles d'un jeu, d'un sport, pour gagner : *Tricher aux cartes.* - **2.** Enfreindre certaines règles, certaines conventions explicites ou d'usage en affectant de les respecter : *Il a fallu tricher un peu pour que le dernier chapitre fasse cent pages aussi.* ◆ v.t. ind. [sur]. - **1.** Tromper, mentir sur qqch : *Tricher sur le poids, sur son âge.* - **2.** Dissimuler un défaut par un artifice : *Tricher un peu sur les raccords.*

tricherie [tʀiʃʀi] n.f. - **1.** Action de tricher : *Gagner par tricherie.* - **2.** Tromperie, abus de confiance : *On nous avait dissimulé les difficultés du travail, c'est de la tricherie.*

tricheur, euse [tʀiʃœʀ, -øz] adj. et n. Qui triche au jeu : *Un tricheur professionnel.*

trichine [tʀikin] n.f. (lat. scientif., *trichina*, du gr. *trikhinos* "de poils"). Ver parasite, vivant à l'état adulte dans l'intestin de l'homme et du porc, et à l'état larvaire dans leurs muscles, responsable d'une maladie grave, la trichinose. □ Classe des nématodes ; long. 2 à 4 mm.

trichloréthylène [tʀiklɔʀetilɛn] n.m. (de *tri-*, *chlore* et *éthylène*). Liquide ininflammable employé comme solvant (abrév. fam. *trichlo*). □ Symb. CHClCCl₂.

tricholome [tʀikɔlɔm] n.m. (du gr. *thrix*, *thrikhos* "poil, cheveu" et *lôma* "frange"). Champignon à lames, qui pousse dans les bois ou les prés. □ Le tricholome de la Saint-Georges est aussi appelé *mousseron.*

trichomonas [tʀikɔmɔnas] n.m. (du gr. *thrix*, *thrikhos* "cheveu" et *monas* "seul"). Protozoaire flagellé, parasite vaginal et intestinal de l'espèce humaine et de divers animaux, agent de maladies sexuellement transmissibles.

trichrome [tʀikʀom] adj. Se dit d'une image obtenue par trichromie.

trichromie [tʀikʀomi] n.f. (du gr. *khrôma* "couleur"). Ensemble des procédés de reproduction en couleurs, dans lesquels toutes les teintes sont obtenues à l'aide des trois couleurs primaires (le bleu, le jaune, le rouge).

triclinium [tʀiklinjɔm] n.m. (mot lat., du gr. *klinê* "lit"). ANTIQ. ROM. - **1.** Lit à trois places sur lequel les Romains s'étendaient pour manger. - 2. Salle à manger, génér. à trois lits, de la maison romaine.

tricolore [tʀikɔlɔʀ] adj. - 1. Qui a trois couleurs : *Un drapeau tricolore*. - 2. Se dit des trois couleurs bleu, blanc et rouge, emblème de la nation française, d'une fonction officielle : *Écharpe tricolore* (= l'insigne de certains élus : maire, conseiller général, etc.). □ L'origine du drapeau tricolore remonte à juillet 1789, où l'on réunit d'abord sur une cocarde le blanc, couleur du roi, avec le bleu et le rouge, couleurs de Paris, symbole de l'union de la royauté et du peuple. ◆ adj. et n. Qui porte les couleurs de la France : *Les tricolores ont gagné le match. Le onze tricolore* (= l'équipe de France de football).

tricorne [tʀikɔʀn] n.m. Chapeau à bords repliés en trois cornes.

tricot [tʀiko] n.m. (de *tricoter*). - 1. Étoffe à mailles tricotées : *Une robe en tricot*. - 2. Article vestimentaire fait avec cette étoffe : *Il porte un tricot rouge* (syn. chandail, gilet). - 3. Action de tricoter ; ouvrage ainsi réalisé : *Faire du tricot*.

tricotage [tʀikɔtaʒ] n.m. Action de tricoter ; travail de qqn qui tricote : *Commencer le tricotage d'une écharpe*.

tricoter [tʀikɔte] v.t. (frq. *strikan* "caresser, frotter"). - 1. Former et entrelacer des mailles de fil textile avec des aiguilles spéciales pour en faire un tissu, un ouvrage de couture : *Tricoter des chaussettes, un pull-over.* - 2. Travailler un fil textile de cette façon : *Tricoter le coton.* ◆ v.i. - 1. Réaliser des ouvrages au tricot : *Tricoter à la main, à la machine.* - 2. FAM. Remuer vivement les jambes pour courir, danser, pédaler, etc. - 3. Machine à tricoter, machine permettant d'exécuter un tricot.

tricoteur, euse [tʀikɔtœʀ, -øz] n. Personne qui tricote. ◆ **tricoteuses** n.f. pl. HIST. Les tricoteuses, femmes du peuple qui, pendant la Révolution, assistaient en tricotant aux séances des assemblées populaires.

trictrac [tʀiktʀak] n.m. (onomat.). Jeu qui se joue avec des dames et des dés sur un tableau à deux compartiments, ancêtre du jacquet.

tricycle [tʀisikl] n.m. - 1. Vélo d'enfant à trois roues, dont deux à l'arrière. - 2. Petit véhicule à moteur à trois roues.

tridactyle [tʀidaktil] adj. (gr. *tridaktulos*). Se dit d'un membre de vertébré terminé par trois doigts.

trident [tʀidã] n.m. (du lat. *tridens, -entis* "à trois dents"). - 1. Fourche à trois pointes servant à harponner les poissons : *Dans la mythologie romaine, le trident était l'attribut de Neptune.* - 2. Bêche ou fourche à trois dents.

tridimensionnel, elle [tʀidimãsjɔnɛl] adj. Qui s'étend dans les trois dimensions de l'espace.

trièdre [tʀiɛdʀ] adj. (de *tri-* et *-èdre*). MATH. Qui présente trois faces : *Prisme trièdre.* ◆ n.m. Figure géométrique formée de trois demi-droites non coplanaires (*arêtes*) de même origine (*sommet*). □ Chacun des trois angles définis par les arêtes est une face du trièdre.

triennal, e, aux [tʀijenal, -o] adj. (bas lat. *triennalis*). Qui dure trois ans ; qui revient tous les trois ans : *Plan d'équipement triennal. Festival triennal.*

trier [tʀije] v.t. (probabl. bas lat. *tritare* "broyer", du class. *terere*) [conj. 10]. - 1. Choisir parmi plusieurs certains éléments, en les séparant du reste : *J'ai trié les meilleures photos pour les faire agrandir* (syn. sélectionner). - 2. Répartir des objets suivant certains critères : *Trier des lettres, des fiches* (syn. classer).

trière [tʀijɛʀ] n.f. (gr. *triêrês*) et **trirème** [tʀiʀɛm] n.f. (lat. *triremis*). ANTIQ. GR. Navire de guerre à trois rangs de rameurs superposés.

trieur, euse [tʀijœʀ, -øz] n. Personne affectée à des opérations de tri, de triage.

trieuse [tʀijøz] n.f. Machine de bureau permettant de classer à grande vitesse des cartes perforées.

trifolié, e [tʀifɔlje] adj. Se dit d'une feuille composée de trois folioles : *La feuille du trèfle est trifoliée.*

triforium [tʀifɔʀjɔm] n.m. (mot angl., latinisation de l'anc. fr. *trifoire* "ouvrage ciselé", du lat. *transforare* "percer à travers"). ARCHIT. Dans une église, étroite galerie au-dessus des grandes arcades ou de la tribune, ouverte par une suite de baies sur la nef ou le chœur.

trifouiller [tʀifuje] v.i. (croisement de *fouiller* et *tripoter*). FAM. Fouiller sans méthode, en bouleversant, en abîmant : *Je vous interdis de trifouiller dans mes papiers.*

triglycéride [tʀiɡliseʀid] n.m. Lipide formé par la réaction de formation d'un ester du glycérol par trois acides gras. □ Les triglycérides se trouvent dans le sang au taux de 0,50 à 1,80 par litre à l'état normal.

triglyphe [tʀiɡlif] n.m. (lat. *triglyphus*, du gr.). ARCHIT. Ornement de la frise dorique, composé de canaux creusés dans la pierre : *Les triglyphes alternent avec les métopes.*

trigone [tʀiɡon] adj. et n.m. (gr. *trigônos* "à trois angles"). DIDACT. Qui présente trois angles.

trigonométrie [tʀiɡonɔmetʀi] n.f. (lat. scientif. *trigonometria*). MATH. Étude des propriétés des fonctions circulaires des angles et des arcs (sinus, cosinus, tangente). □ Elle permet de calculer les mesures des côtés d'un triangle ou de ses angles à partir de certaines d'entre elles, notamm. en astronomie.

trigonométrique [tʁigɔnɔmetʁik] adj. - **1.** Relatif à la trigonométrie, aux fonctions circulaires : *Tables trigonométriques.* - **2.** Sens trigonométrique, sens de rotation appelé aussi *sens direct,* et fixé conventionnellement comme étant le sens contraire de celui des aiguilles d'une montre, ou *sens indirect.*

trijumeau [tʁiʒymo] adj.m. et n.m. ANAT. Se dit du nerf crânien de la cinquième paire, qui se divise en trois branches, qui sont le nerf ophtalmique et les nerfs maxillaires supérieur et inférieur.

trilatéral, e, aux [tʁilateʁal, -o] adj. Qui a trois côtés.

trilingue [tʁilɛ̃g] adj. et n. (lat. *trilinguis*). Qui parle trois langues : *Secrétaire trilingue.* ◆ adj. Écrit en trois langues : *Traité trilingue.*

trille [tʁij] n.m. (it. *trillo,* d'orig. onomat.). MUS. Battement rapide et plus ou moins prolongé d'une note avec la note conjointe supérieure : *Faire des trilles à la flûte.*

trillion [tʁiljɔ̃] n.m. (de *tri-* et *[mi]llion*). Un million de billions, soit 10^{18}.

trilobé, e [tʁilɔbe] adj. DIDACT. À trois lobes ou en forme de trèfle : *Feuille trilobée.*

trilobite [tʁilɔbit] n.m. (lat. scientif. *trilobites,* du class. *lobus* "lobe"). Trilobites, classe d'arthropodes marins fossiles de l'ère primaire, dont le corps était divisé en trois parties.

trilogie [tʁilɔʒi] n.f. (gr. *trilogia*). Série de trois œuvres dont les sujets sont liés : « *L'Orestie* » *d'Eschyle est une trilogie.*

trimaran [tʁimaʁɑ̃] n.m. (de *tri-* et *[cata]maran*). Voilier comportant trois coques parallèles.

trimardeur [tʁimaʁdœʁ] n.m. (de *trimard* "route", probabl. du rad. de *trimer*). FAM. et vx. Vagabond, et partic. ouvrier allant de ville en ville pour chercher du travail.

trimbaler ou **trimballer** [tʁɛ̃bale] v.t. (altér. de *tribaler* et de *trinqueballer,* employés au XVIᵉ s., du lat. *tribulare* "tourmenter"). FAM. Traîner partout avec soi : *J'ai dû trimbaler ses valises toute la journée* (syn. porter, transporter). ◆ **se trimbaler** v.pr. FAM. Se déplacer, aller et venir : *Elle se trimbale au volant de sa nouvelle voiture.*

trimer [tʁime] v.i. (orig. incert., p.-ê. var. de *tramer* "faire la navette", ou de l'anc. fr. *trumel* "jambe, mollet"). FAM. Travailler dur ; se donner beaucoup de peine : *Trimer toute la journée* (syn. peiner).

trimestre [tʁimɛstʁ] n.m. (lat. *trimestris*). - **1.** Espace de trois mois : *Être payé au trimes-*

tre. - **2.** Somme payée ou reçue à la fin de cette période : *Toucher son trimestre de pension.* - **3.** Chacune des trois divisions de l'année scolaire française, de septembre à juillet, équivalant approximativement à trois mois et séparée par des vacances : *Le premier trimestre va jusqu'aux vacances de Noël.*

trimestriel, elle [tʁimɛstʁijɛl] adj. Qui revient, se produit tous les trois mois : *Une publication trimestrielle.*

trimestriellement [tʁimɛstʁijɛlmɑ̃] adv. Par trimestre ; tous les trois mois : *Être payé trimestriellement.*

trimètre [tʁimɛtʁ] n.m. (lat. *trimetrus,* du gr.). MÉTR. - **1.** Vers grec ou latin composé de trois mètres. - **2.** Vers français marqué de trois accents principaux (ex. : *Comme un infâme ! comme un lâche ! comme un chien !* [Hugo].

trimoteur [tʁimɔtœʁ] adj.m. et n.m. Se dit d'un avion qui possède trois moteurs.

tringle [tʁɛ̃gl] n.f. (altér. de *tingle,* moyen néerl. *tingel* "cale"). Barre métallique servant à suspendre un rideau, une draperie, etc.

trinitaire [tʁinitɛʁ] adj. CATH. Relatif à la Trinité : *Dogme trinitaire.*

trinité [tʁinite] n.f. (lat. ecclés. *trinitas,* de *trinus* "triple"). - **1.** RELIG. CHRÉT. (Avec une majuscule). Désignation de Dieu en trois personnes (Père, Fils et Saint-Esprit), qui sont distinctes, égales et consubstantielles en une seule et indivisible nature ; fête commémorant ce mystère, le premier dimanche après la Pentecôte. - **2.** LITT. Réunion de trois éléments formant un tout : *La finance, l'Administration et l'armée, cette puissante trinité.*

trinitrotoluène [tʁinitʁɔtɔlɥɛn] n.m. (de *tri-, nitré* et *toluène*). Solide cristallisé produit par traitement du toluène à l'acide nitrique, constituant un explosif particulièrement puissant, appelé *tolite* (abrév. *T. N. T.*).

trinôme [tʁinom] n.m. (d'apr. *binôme*). Polynôme formé de trois termes.

trinquer [tʁɛ̃ke] v.i. (all. *trinken* "boire"). - **1.** Choquer légèrement son verre contre celui de qqn avant de boire : *Trinquons à sa santé !* - **2.** FAM. Subir un dommage, un désagrément : *Dans l'accident, c'est ma voiture qui a trinqué !*

trinquet [tʁɛ̃kɛ] n.m. (it. *trinchetto*). MAR. Mât de misaine, incliné un peu sur l'avant des bâtiments gréés en voiles latines.

trinquette [tʁɛ̃kɛt] n.f. (it. *trinchetto*). MAR. Voile d'avant triangulaire qui se grée en arrière du foc.

trio [tʁijo] n.m. (mot it., de *tre* "trois", d'apr. *duo*). - **1.** MUS. Composition musicale à trois parties : *Trio pour piano, violon et violoncelle.*

-**2.** MUS. Ensemble vocal ou instrumental de trois exécutants. -**3.** Groupe de trois personnes : *Ses associés et lui forment un drôle de trio.*

triode [tʀijɔd] n.f. (d'apr. *diode*). ÉLECTRON. Tube électronique à trois électrodes (anode, grille qui règle l'intensité du flux électronique, cathode).

triolet [tʀijɔlɛ] n.m. (emploi métaphorique de *triolet* "trèfle"). -**1.** Poème à forme fixe de huit vers, composé sur deux rimes et dont trois vers (le premier, le quatrième et le septième) sont identiques. -**2.** MUS. Groupe de trois notes d'égale valeur, surmonté du chiffre 3, à exécuter dans le même temps que deux notes de même figure.

triomphal, e, aux [tʀijɔ̃fal, -o] adj. (lat. *triumphalis*). -**1.** Qui constitue une réussite éclatante : *Succès triomphal.* -**2.** Qui se fait avec éclat : *Accueil triomphal* (syn. chaleureux, enthousiaste). -**3.** ANTIQ. ROM. Relatif au triomphe : *Le char triomphal des vainqueurs.*

triomphalement [tʀijɔ̃falmɑ̃] adv. -**1.** Avec les honneurs, les acclamations qui marquent un triomphe : *Être accueilli triomphalement.* -**2.** Sur un air triomphant : *Annoncer triomphalement qu'on a gagné.*

triomphalisme [tʀijɔ̃falism] n.m. Attitude de confiance absolue ou excessive en sa propre réussite.

triomphaliste [tʀijɔ̃falist] adj. et n. Qui fait preuve de triomphalisme.

triomphant, e [tʀijɔ̃fɑ̃, -ɑ̃t] adj. -**1.** Qui triomphe : *L'équipe triomphante* (syn. victorieux). -**2.** Qui marque la joie et la fierté : *Air triomphant* (syn. radieux, rayonnant).

triomphateur, trice [tʀijɔ̃fatœʀ, -tʀis] n. et adj. (lat. *triomphator*). Personne qui triomphe, a triomphé : *L'armée triomphatrice* (syn. victorieux).

triomphe [tʀijɔ̃f] n.m. (lat. *triumphus*). -**1.** Grand succès, victoire éclatante : *Remporter un triomphe sur ses adversaires.* -**2.** ANTIQ. ROM. Honneurs exceptionnels attribués à un général victorieux. -**3.** *Porter qqn en triomphe,* le porter à bras d'hommes pour lui faire honneur.

triompher [tʀijɔ̃fe] v.i. (lat. *triumphare*). -**1.** Remporter une victoire, un succès : *La liste qui a triomphé aux municipales* (syn. gagner, vaincre). -**2.** Manifester sa joie, sa fierté d'avoir obtenu un succès : *Le vainqueur triomphait* (syn. exulter, jubiler). -**3.** ANTIQ. Recevoir les honneurs du triomphe. ◆ v.t. ind. [**de**]. Remporter un avantage, l'emporter sur : *Triompher d'un adversaire* (syn. battre, défaire). *Triompher de toutes les difficultés* (= en venir à bout).

trip [tʀip] n.m. (mot anglo-amér. "voyage"). Dans le langage des toxicomanes, état hal-

lucinatoire dû à la prise d'une drogue, en partic. de L. S. D.

triparti, e [tʀipaʀti] et **tripartite** [tʀipaʀtit] adj. (lat. *tripartitus*). -**1.** Divisé en trois parties : *Feuille tripartite.* -**2.** Constitué par l'association de trois partis : *Gouvernement tripartite.* -**3.** Réalisé entre trois partenaires : *Accord tripartite.*

tripartition [tʀipaʀtisjɔ̃] n.f. (lat. *tripartitio*). Action de diviser une quantité en trois parties égales.

tripatouillage [tʀipatujaʒ] n.m. FAM. (Souvent au pl.). Action de tripatouiller : *Tripatouillages électoraux* (syn. manipulation, manœuvre).

tripatouiller [tʀipatuje] v.t. (de *tripoter* et *patouiller* "patauger"). FAM. -**1.** Tripoter avec insistance ou maladresse : *Cesse de tripatouiller cet appareil photo, tu vas le casser* (syn. manipuler). -**2.** Modifier sans scrupule et dans une intention malhonnête, frauduleuse : *Tripatouiller une comptabilité* (syn. falsifier, trafiquer).

tripe [tʀip] n.f. (p.-ê. de l'ar. *therb* "pli de la panne"). -**1.** Boyau d'un animal de boucherie. -**2.** FAM. (Souvent au pl.). Le plus profond, le plus intime de soi, dans le domaine du sentiment : *Chanter avec ses tripes.* ◆ **tripes** n.f. pl. Mets constitué par l'estomac et les entrailles d'animaux de boucherie, diversement accommodés.

triperie [tʀipʀi] n.f. -**1.** Lieu où l'on vend des tripes, des abats. -**2.** Commerce du marchand de tripes et d'abats. -**3.** Abats, tripes.

triphasé, e [tʀifaze] adj. (de *tri-* et *phase*). ÉLECTR. Se dit d'un système de trois courants alternatifs monophasés décalés l'un par rapport à l'autre de 1/3 de période.

triphtongue [tʀiftɔ̃g] n.f. (de *tri-* et *[di]phtongue*). Voyelle complexe dont le timbre se modifie deux fois au cours de son émission : *L'anglais « fire » contient une triphtongue.*

tripier, ère [tʀipje, -ɛʀ] n. Personne qui vend des tripes, des abats.

triple [tʀipl] adj. (lat. *triplus*). -**1.** Qui comporte trois éléments identiques ou analogues : *Triple saut.* -**2.** Qui vaut trois fois autant : *Son âge est triple du mien.* -**3.** FAM. Indique un degré élevé : *Au triple galop. Triple idiot !* ◆ n.m. -**1.** Valeur, quantité triple : *Neuf est le triple de trois.* -**2.** *En triple,* en trois exemplaires.

triplé [tʀiple] n.m. Triple succès (notamm. dans le domaine sportif) : *Réussir le triplé.*

triple-croche [tʀiplkʀɔʃ] n.f. Note de musique valant le tiers d'une croche.

1. **triplement** [tʀipləmɑ̃] adv. De trois manières ; à un triple titre : *Être triplement satisfait.*

2. **triplement** [triplǝmã] n.m. Action, fait de tripler ; augmentation jusqu'au triple : *Procéder au triplement des effectifs.*

tripler [triple] v.t. Multiplier par trois : *Tripler sa fortune.* ◆ v.i. Être multiplié par trois : *La population de la ville a triplé en dix ans.*

triplés, ées [triple] n. pl. Groupe de trois enfants nés d'une même grossesse.

triplet [triple] n.m. MATH. Ensemble ordonné ayant trois éléments.

triplex [tripleks] n.m. (mot lat. "triple"). Appartement sur trois niveaux.

tripode [tripɔd] adj. (gr. *tripous, -podos* "à trois pieds"). MAR. Mât tripode, mâture métallique, en forme de trépied, de certains bâtiments modernes.

triporteur [tripɔrtœr] n.m. (de *tri[cycle]* et *porteur*). Cycle à trois roues, dont deux à l'avant, muni d'une caisse pour porter des marchandises.

tripot [tripo] n.m. (probabl. de l'anc. fr. *triper* "sauter"). Maison de jeu (péjor.).

tripotage [tripɔtaʒ] n.m. FAM. - 1. Action de tripoter, de toucher sans cesse. - 2. Opération plus ou moins louche ou malhonnête : *Des tripotages politiques* (syn. manigance, manœuvre).

tripotée [tripɔte] n.f. (de *tripoter*). FAM. - 1. Volée de coups (syn. correction). - 2. Grande quantité : *Une tripotée d'enfants.*

tripoter [tripɔte] v.t. (de *tripot*, au sens anc. "manège, intrigue"). FAM. - 1. Toucher sans cesse, manipuler avec plus ou moins de soin, de précaution : *Tripoter sa bague, la radio* (syn. manipuler). - 2. Caresser qqn indiscrètement, avec insistance. ◆ v.i. FAM. Faire des opérations malhonnêtes : *Il a tripoté avec la Mafia.*

triptyque [triptik] n.m. (du gr. *triptukhos* "plié en trois"). - 1. Œuvre peinte ou sculptée en trois panneaux, dont les deux extérieurs se replient sur celui du milieu. - 2. Œuvre littéraire, musicale, plastique composée de trois parties, de trois scènes.

trique [trik] n.f. (du moyen néerl. *striken*, frq. *strikan* "frotter"). FAM. Gros bâton utilisé pour frapper (syn. gourdin, matraque).

trirème n.f. → **trière.**

trisaïeul, e [trizajœl] n. (de *tri-* et *aïeul*, d'apr. *bisaïeul*) [pl. *trisaïeuls, trisaïeules*]. Le père, la mère d'un des arrière-grands-parents.

trisannuel, elle [trizanɥɛl] adj. Qui a lieu tous les trois ans ; qui dure trois ans : *Fêtes trisannuelles.*

trisection [triseksjɔ̃] n.f. MATH. Division en trois parties égales.

trismus [trismys] ou **trisme** [trism] n.m. (gr. *trismos*, de *trizein* "grincer"). MÉD. Constric-

tion des mâchoires due à la contracture des muscles masticateurs. □ C'est le premier signe du tétanos.

trisomie [trizɔmi] n.f. (du gr. *sôma* "corps"). - 1. BIOL. Anomalie caractérisée par la présence d'un chromosome en surnombre dans une paire. - 2. Trisomie 21, mongolisme.

trisomique [trizɔmik] adj. et n. Atteint de trisomie.

triste [trist] adj. (lat. *tristis*). - 1. Qui éprouve du chagrin : *Il est triste à cause de la mort de son ami* (syn. affligé, malheureux). - 2. (Avant le nom). Qui, par sa médiocrité ou sa bassesse, suscite le mépris : *C'est un triste personnage.* - 3. Qui marque, évoque le chagrin : *Un air triste* (syn. morne, morose). - 4. Qui afflige, chagrine : *Une triste nouvelle* (syn. affligeant, attristant). - 5. Obscur, sombre, sans éclat : *Chambre, couleurs tristes* (syn. terne). - 6. Dont la mauvaise qualité ou qqch d'affligeant, qui inspire un jugement sévère : *Une triste réputation* (syn. lamentable, navrant). - 7. Avoir triste mine, triste figure, avoir mauvaise mine. ‖ Faire triste mine, triste figure, avoir l'air mécontent.

tristement [tristǝmã] adv. - 1. En éprouvant de la tristesse : *Elle regardait tristement la voiture s'éloigner.* - 2. D'une manière déshonorante : *Personnage tristement célèbre* (= connu pour ses méfaits).

tristesse [tristɛs] n.f. État naturel ou accidentel de chagrin, de mélancolie ; caractère d'une chose triste : *Être enclin à la tristesse* (syn. morosité). *La tristesse d'une maison abandonnée.*

tristounet, ette [tristunɛ, -ɛt] adj. FAM. Un peu triste.

trisyllabe [trisilab] adj. et n.m. Se dit d'un mot, d'un vers de trois syllabes.

trisyllabique [trisilabik] adj. Qui compte trois syllabes : *Mot trisyllabique* (syn. trisyllabe).

tritium [tritjɔm] n.m. (du gr. *tritos* "troisième", d'apr. *deutérium*). Isotope radioactif de l'hydrogène.

triton [tritɔ̃] n.m. (de *Triton*, n. du dieu marin, fils de Neptune et d'Amphitrite). - 1. Amphibien à queue aplatie latéralement, vivant dans les mares et étangs, et mesurant de 10 à 20 cm suivant les espèces. □ Sous-classe des urodèles. - 2. Mollusque gastropode marin, dont la coquille, ou conque, peut atteindre 30 cm de long.

trituration [trityrasjɔ̃] n.f. Action de triturer : *La trituration des aliments au cours de la mastication.*

triturer [trityre] v.t. (bas lat. *triturare* "broyer"). - 1. Réduire qqch en parties très menues : *Les dents triturent les aliments* (syn. broyer). - **2.** Manier en tordant dans tous les sens : *Triturer son mouchoir* (syn. manipuler, tortiller). ◆ **se triturer** v.pr. FAM. Se triturer la cervelle, les méninges, faire de gros efforts intellectuels pour trouver la solution à une difficulté.

triumvir [tʀijɔmviʀ] n.m. (mot lat., de *tres* "trois" et *vir* "homme"). ANTIQ. ROM. Membre d'un collège de trois magistrats.

triumvirat [tʀijɔmviʀa] n.m. - **1.** Fonction de triumvir ; durée de cette fonction. - **2.** Association de trois hommes qui exercent un pouvoir, une influence : *Un triumvirat d'ambitieux a pris le contrôle de notre association* (syn. triade, troïka).

trivalent, e [tʀivalā, -āt] adj. (de *tri*- et *valence*, d'apr. *équivalent*). - **1.** LOG. Se dit d'une logique qui utilise trois valeurs de vérité. □ Outre le vrai et le faux, la troisième valeur de vérité peut être le probable, l'indéterminé, etc. - **2.** CHIM. Qui possède la valence 3.

trivial, e, aux [tʀivjal, -o] adj. (lat. *trivialis*, de *trivium* "carrefour"). - **1.** D'une basse vulgarité, d'un caractère grossier et malséant : *Expression triviale* (syn. obscène, ordurier). - **2.** VIEILLI OU LITT. Qui est devenu commun, banal ; sans originalité : *Une formule triviale* (syn. rebattu, usé). - **3.** MATH. Évident : *Solutions triviales.*

trivialement [tʀivjalmā] adv. De façon triviale : *Plaisanter trivialement* (syn. grossièrement, vulgairement).

trivialité [tʀivjalite] n.f. - **1.** Caractère de ce qui est bas, grossier, malséant : *Un livre d'une trivialité écœurante* (syn. obscénité, vulgarité). - **2.** Caractère de ce qui est trop connu, sans intérêt ; expression banale : *Votre devoir comporte des longueurs et trop de trivialités* (= lieux communs ; syn. banalité, platitude).

troc [tʀɔk] n.m. (de *troquer*). - **1.** Échange direct d'un objet contre un autre : *Proposer un troc à qqn* (syn. échange). - **2.** Système économique n'employant pas la monnaie : *Économie de troc* (= où on échange une marchandise contre une autre).

trocart [tʀɔkaʀ] n.m. (altér. de *trois-quarts*). CHIR. Instrument en forme de poinçon monté sur un manche et contenu dans une canule servant à faire des ponctions.

trochée [tʀɔke] n.m. (lat. *trochaeus*, gr. *trokhaios*, de *trekhein* "courir", parce qu'il communique au vers une allure rapide). MÉTR. ANC. Pied d'une syllabe longue et d'une syllabe brève.

troène [tʀɔɛn] n.m. (du frq. *trugil*). Arbuste à fleurs blanches en grappe, odorantes, souvent cultivé dans les parcs et jardins pour former des haies. □ Famille des oléacées ; haut. 2 à 3 m.

troglodyte [tʀɔglɔdit] n.m. (lat. *troglodyta*, gr. *trôglodutês* "qui entre dans les trous"). - **1.** Personne qui habite une grotte ou une demeure creusée dans la roche. - **2.** Passereau insectivore, nichant dans les trous des murs et des arbres, dans les buissons. □ Famille des paridés ; long. 10 cm.

troglodytique [tʀɔglɔditik] adj. Relatif aux troglodytes : *Habitation troglodytique.*

trogne [tʀɔɲ] n.f. (gaul. *trugna* "nez"). FAM. Visage rougeaud et épanoui de qqn qui a l'habitude de faire bonne chère, de boire.

trognon [tʀɔɲɔ̃] n.m. (de l'anc. v. *estrongner*, var. de *estronchier* "élaguer", du lat. *truncare* ; v. *tronquer*). - **1.** Cœur d'un fruit ou d'un légume, dépouillé de la partie comestible : *Jeter un trognon de pomme.* - **2.** FAM. Jusqu'au trognon, totalement ; jusqu'au bout : *On l'a eu jusqu'au trognon* (= on l'a complètement abusé). ◆ adj. inv. en genre. FAM. Petit et charmant : *Ce qu'elles sont trognons avec leurs nattes !* (syn. joli, mignon).

troïka [tʀɔika] n.f. (mot russe). - **1.** En Russie, groupe de trois chevaux attelés de front ; ensemble des trois chevaux et du véhicule (landau, traîneau, etc.). - **2.** Groupe de trois personnalités : *Une troïka dirigeait ce pays* (syn. triade, triumvirat).

trois [tʀwa] adj. num. card. inv. (lat. *tres*). - **1.** Deux plus un : *Les trois fenêtres du salon sont ouvertes.* - **2.** (En fonction d'ordinal). De rang numéro trois, troisième : *Henri III. Chapitre trois.* ◆ n.m. inv. - **1.** Le nombre qui suit deux dans la série des entiers naturels ; le chiffre représentant ce nombre : *Trois et trois font six. Le trois arabe.* - **2.** JEUX. Face d'un dé marquée de trois points ; carte comportant trois figures, marquée par le numéro trois : *Il faut que je tire un trois. Le trois de trèfle.*

trois-huit [tʀwaɥit] n.m. inv. Faire les trois-huit, travailler par rotation pendant chacune des trois périodes de huit heures qui constituent la journée.

troisième [tʀwazjɛm] adj. num. ord. De rang numéro trois : *La troisième République. Habiter le, dans le troisième* (= le troisième arrondissement). ◆ n. Celui, ce qui occupe le troisième rang : *C'est la troisième de la classe. Nous avons déjà deux équipiers, il nous en faut un troisième.* ◆ n.f. - **1.** En France, classe qui termine le premier cycle secondaire : *Redoubler sa troisième.* - **2.** Troisième vitesse d'un véhicule : *Passer en troisième.*

troisièmement [tʀwazjɛmmā] adv. En troisième lieu.

trois-mâts [tʀwama] n.m. Navire à voiles à trois mâts.

trois-quarts [tʀwakaʀ] n.m. - **1.** Petit violon d'enfant. - **2.** Manteau court arrivant à mi-cuisse. - **3.** Au rugby, joueur de la ligne d'attaque.

troll [tʀɔl] n.m. (mot suéd.). Lutin du folklore scandinave, habitant les montagnes ou les forêts.

trolley [tʀɔlɛ] n.m. (mot angl., de *to troll* "rouler"). - **1.** ÉLECTR. Dispositif qui assure, par un contact roulant ou glissant, la liaison électrique entre un conducteur aérien et un récepteur mobile : *Certains réseaux de chemins de fer utilisent des trolleys.* - **2.** Abrév. fam. de *trolleybus.*

trolleybus [tʀɔlɛbys] n.m. (de *trolley,* d'apr. [*omni*]*bus,* [*auto*]*bus*). Véhicule de transport en commun, à traction électrique, monté sur pneus, avec prise de courant par trolley et caténaires aériens. (Abrév. *trolley.*)

trombe [tʀɔb] n.f. (it. *tromba* "trompe"). - **1.** Colonne d'eau ou de nuages, mue en tourbillon par un vent violent. - **En trombe,** de façon brusque ou brutale ; très rapidement : *Elle est partie en trombe* (= inopinément). *La voiture est passée en trombe devant la maison* (= à toute vitesse). ‖ **Trombe d'eau,** pluie très violente et abondante (= cataracte, déluge).

trombidion [tʀɔbidjɔ] n.m. (lat. scientif. *trombidium*). Petit acarien rouge, dont la larve, appelée *aoûtat,* pique l'homme et les vertébrés à sang chaud. □ Long. 1 mm.

trombine [tʀɔbin] n.f. (it. *trombina* "petite trompe"). FAM. Visage.

trombinoscope [tʀɔbinɔskɔp] n.m. FAM. Document contenant le portrait des membres d'une assemblée, d'un comité : *Le trombinoscope du nouveau gouvernement.*

tromblon [tʀɔblɔ] n.m. (altér. de l'it. *trombone ;* v. *trombone*). - **1.** Fusil court à canon évasé, utilisé surtout au XVIIIᵉ s. - **2.** Cylindre creux qui s'adapte au bout du canon d'un fusil pour lancer des grenades ou des fusées.

trombone [tʀɔbɔn] n.m. (mot it., augment. de *tromba* "trompette", frq. *°trumba ;* v. *trompe*). - **1.** Instrument à vent à embouchure, de la catégorie des cuivres, dont on obtient les sons en allongeant le corps grâce à la coulisse. - **2.** Petite agrafe servant à réunir des papiers. - **3. Trombone à pistons,** trombone dans lequel des pistons remplacent le jeu de la coulisse.

tromboniste [tʀɔbɔnist] n. Personne qui joue du trombone (on dit aussi *un trombone.*)

trompe [tʀɔp] n.f. (frq. *°trumpa,* formation onomat.). - **1.** VX. Instrument de musique à vent, en cuivre, à l'origine de la trompette et du cor de chasse. - **2.** Toute partie buccale ou nasale allongée en tube, comme chez l'éléphant, les moustiques, les papillons, les punaises, etc. : *La trompe d'un tapir.*

- **3. Trompe de Fallope,** conduit pair faisant communiquer les ovaires avec l'utérus chez la femme et les mammifères femelles. ‖ **Trompe d'Eustache,** canal de communication pour l'air extérieur, entre le pharynx et l'oreille moyenne.

trompe-l'œil [tʀɔplœj] n.m. inv. - **1.** Peinture qui donne à distance l'illusion de la réalité (et notamm. du relief). - **2.** Apparence trompeuse : *Sa bonhomie n'est qu'un trompe-l'œil* (syn. façade, faux-semblant).

tromper [tʀɔpe] v.t. (probabl. de *se tromper de qqn* "se jouer de qqn", emploi fig. de *tromper* "jouer de la trompe"). - **1.** Abuser de la confiance de qqn en usant de mensonge, de dissimulation : *Tromper l'acheteur sur la qualité du produit* (syn. abuser, berner, mystifier). - **2.** Échapper à qqn, à sa vigilance, à son attention : *Tromper la surveillance de ses gardiens* (syn. déjouer). - **3.** Ne pas répondre à un sentiment, à un espoir : *Tromper les espérances de sa famille* (syn. décevoir). - **4.** Détourner un besoin, un état pénible par une diversion : *Tromper la faim* (syn. apaiser). *Feuilleter une revue pour tromper son ennui.* - **5.** Être infidèle à qqn, avoir une aventure amoureuse, sexuelle avec un(e) autre : *Tromper sa femme, son mari.* ◆ **se tromper** v.pr. - **1.** Commettre une erreur : *Se tromper dans ses calculs.* - **2.** **se tromper de,** prendre une chose, une personne pour une autre : *Se tromper de rue.*

tromperie [tʀɔpʀi] n.f. Action faite pour tromper : *On nous avait dit qu'il y avait une garantie de deux ans, mais c'était une tromperie* (syn. fraude, imposture, supercherie).

trompeter [tʀɔpete] v.i. [conj. 27]. Pousser son cri, en parlant de l'aigle, du cygne. ◆ v.t. LITT. Faire connaître partout, répandre à grand bruit : *Trompeter une nouvelle* (syn. claironner, clamer). **Rem.** La prononciation [e] et non [ə], malgré l'absence d'accent sur le *e* du radical, est étendue à l'ensemble des formes à un seul *t* de la conjugaison (ex. : *trompetions* [tʀɔpetjɔ], etc.).

trompette [tʀɔpet] n.f. - **1.** Instrument de musique à air et à embouchure constitué par un tube cylindrique replié sur lui-même, terminé par un pavillon et muni de pistons : *Trompette en « ré », en « si » d'harmonie.* - **2.** Nez en trompette, nez retroussé. ‖ Queue en trompette, queue relevée.

trompette-de-la-mort [tʀɔpetdəlamɔʀ] ou **trompette-des-morts** [tʀɔpetdemɔʀ] n.f. (pl. *trompettes-de-la-mort, trompettes-des-morts*). Nom usuel de la *craterelle,* champignon comestible en forme d'entonnoir, noir violacé, très apprécié.

trompettiste [tʀɔpetist] n. Musicien qui joue de la trompette (on dit aussi *un trompette*).

trompeur, euse [tʀɔpœʀ, -øz] adj. et n. Qui trompe, qui induit en erreur : *Discours* *trompeur* (syn. fallacieux, mensonger). *Un calme trompeur* (syn. illusoire).

trompeusement [tʀɔ̃pøzmɑ̃] adv. De façon trompeuse : *On nous avait présenté trompeusement la situation* (syn. fallacieusement, mensongèrement).

tronc [tʀɔ̃] n.m. (lat. *truncus*). **- 1.** Partie d'un arbre depuis la naissance des racines jusqu'à celle des branches : *Un tronc couvert de mousse.* **- 2.** Le corps humain ou animal considéré sans la tête ni les membres : *Le tronc malingre d'un adolescent* (syn. buste, torse). **- 3.** Boîte fermée servant à recevoir des offrandes et des aumônes : *Le tronc des pauvres dans une église.* **- 4.** ANAT. Partie principale d'un nerf, d'un vaisseau. **- 5.** **Tronc commun,** première année d'un cycle d'enseignement, où le programme est le même pour tous. ‖ **Tronc de cône, tronc de pyramide,** solide compris entre la base du cône, de la pyramide et une section plane parallèle à la base. ‖ **Tronc de prisme,** solide délimité par une surface prismatique et deux plans non parallèles coupant toutes les génératrices.

troncation [tʀɔ̃kasjɔ̃] n.f. (bas lat. *truncatio* "amputation"). LING. Abrègement d'un mot par suppression d'une ou de plusieurs syllabes à l'initiale ou, plus souvent, à la finale : *« Pitaine » est la troncation de « capitaine » et « ciné » la troncation de « cinéma ».*

tronche [tʀɔ̃ʃ] n.f. (de *tronc*). T. FAM. Tête, visage.

tronçon [tʀɔ̃sɔ̃] n.m. (du lat. pop. *trunceus*, de *truncus* "tronqué, coupé"). **- 1.** Morceau coupé ou rompu d'un objet plus long que large : *Couper une anguille en tronçons.* **- 2.** Portion d'une ligne, d'une voie : *Il n'existe encore que quelques tronçons d'autoroute* (syn. fraction, segment).

tronconique [tʀɔ̃kɔnik] adj. (de *tronc* et *cône*). En forme de tronc de cône : *Un abat-jour tronconique.*

tronçonnage [tʀɔ̃sɔnaʒ] et **tronçonnement** [tʀɔ̃sɔnmɑ̃] n.m. Action de tronçonner ; son résultat : *Le tronçonnage des bûches.*

tronçonner [tʀɔ̃sɔne] v.t. Couper par tronçons : *Tronçonner un arbre.*

tronçonneuse [tʀɔ̃sɔnøz] n.f. Scie circulaire servant à tronçonner ; scie à chaîne coupante, utilisée pour couper ou élaguer les arbres.

trône [tʀon] n.m. (lat. *thronus*, gr. *thronos* "siège"). **- 1.** Siège de cérémonie des souverains et des dignitaires ecclésiastiques : *Trône royal, pontifical.* **- 2.** LITT. Pouvoir suprême : *Aspirer au trône.* **- 3.** FAM. Siège des W.-C.

trôner [tʀone] v.i. (de *trône*). **- 1.** Occuper la place d'honneur avec une certaine solennité : *Le maître de maison trônait au bout de la*

table (syn. présider). **- 2.** Être particulièrement mis en valeur, attirer les regards : *Statuette qui trône sur une cheminée.*

tronquer [tʀɔ̃ke] v.t. (lat. *truncare*). **- 1.** Retrancher une partie importante de : *Tronquer la déclaration de qqn* (syn. amputer). **- 2.** Pyramide tronquée, tronc de pyramide.

trop [tʀo] adv. (frq. *thorp* "entassement" puis "troupeau"). **- 1.** Indique un excès, un degré élevé : *Trop manger. Venir trop rarement.* **- 2.** C'en est trop, marque l'impatience : *À présent c'en est trop, je ne veux plus le voir.* ‖ De trop, excessif, superflu ; importun, déplacé : *Vous avez dit là une phrase de trop.* ‖ FAM. En trop, en excès. ‖ LITT. Par trop, réellement trop : *Elle est par trop bavarde.* ‖ Trop de, un nombre, une quantité excessifs de : *Il a trop de retard.* ‖ Trop peu de, un nombre, une quantité insuffisants de : *J'ai trop peu de temps pour finir* (= je n'en ai pas assez).

trope [tʀɔp] n.m. (lat. *tropus*, gr. *tropos* "tour, manière"). RHÉT. Toute figure de style dans laquelle on emploie les mots avec un sens différent de leur sens habituel (métonymie, métaphore) : *Quand on dit « le sceptre » pour « la royauté », on emploie un trope.*

trophée [tʀɔfe] n.m. (bas lat. *trophaeum*, class. *tropaeum*, gr. *tropaion*, de *tropè* "fuite, déroute"). **- 1.** Objet, marque qui témoignent d'une victoire au cours d'une épreuve, surtout sportive : *Les trophées d'un champion olympique.* **- 2.** Partie d'un animal tué à la chasse ou, parfois, à la pêche (corne, défense, tête entière naturalisée, rostre, etc.).

tropical, e, aux [tʀɔpikal, -o] adj. **- 1.** Relatif aux régions avoisinant les tropiques : *Plante tropicale. L'Afrique tropicale.* **- 2.** Régions tropicales ou intertropicales, régions situées entre les tropiques. □ Ce sont des pays constamment chauds, où la différenciation saisonnière s'effectue en fonction des variations pluviométriques, opposant une période sèche (correspondant à notre hiver) et une période humide.

tropique [tʀɔpik] n.m. (bas lat. *tropicus*, gr. *tropikos*, de *tropos* "tour"). **- 1.** Chacun des deux parallèles du globe terrestre, de latitude 23° 26′ N. et S., le long desquels le Soleil passe au zénith à chacun des solstices. □ Celui de l'hémisphère Nord est le *tropique du Cancer,* celui de l'hémisphère Sud, le *tropique du Capricorne* ; ils délimitent les régions du globe pour lesquelles le Soleil peut passer au zénith. **- 2.** Les tropiques, la zone intertropicale. ◆ adj. **Année tropique,** temps qui sépare deux passages du Soleil au point vernal.

tropisme [tʀɔpism] n.m. (du gr. *tropos* "tour"). BIOL. Croissance orientée dans l'espace, chez les végétaux et les animaux fixés, sous l'influence d'une excitation extérieure (phototropisme, géotropisme, etc.).

troposphère [tʀɔpɔsfɛʀ] n.f. (du gr. *tropos* "tour", et de [*atmo*]*sphère*). Couche de l'atmosphère la plus voisine de la Terre, dont l'épaisseur augmente du pôle (6 km) à l'équateur (17 km).

trop-perçu [tʀɔpɛʀsy] n.m. (pl. *trop-perçus*). Somme perçue en trop : *Rembourser le trop-perçu.*

trop-plein [tʀɔplɛ̃] n.m. (pl. *trop-pleins*). - **1.** Ce qui excède la capacité d'un récipient : *Le trop-plein du réservoir s'écoule par ce tuyau.* - **2.** Système de déversement du liquide d'un réservoir, pour l'empêcher de dépasser un certain niveau : *Si le trop-plein est bouché, la cuve déborde.* - **3.** Ce qui est en excès, en surabondance : *Des activités pour que les enfants dépensent leur trop-plein d'énergie.*

troquer [tʀɔke] v.t. (lat. médiév. *trocare*, d'orig. obsc.). - **1.** Donner un bien en échange, en paiement d'un ou de plusieurs autres : *Troquer des machines contre des produits alimentaires.* - **2.** Abandonner une chose pour en prendre une autre : *Troquer sa tenue de travail contre une tenue de ville* (syn. remplacer, échanger).

troquet [tʀɔkɛ] n.m. (abrév. de *mastroquet* "marchand de vin, débit de boissons", mot d'orig. obsc.). FAM. Café, bar.

trot [tʀo] n.m. (de *trotter*). - **1.** Allure du cheval et de certains quadrupèdes, intermédiaire entre le pas et le galop : *Prendre le trot.* - **2.** FAM. **Au trot**, vivement : *Va me poster cette lettre, et au trot !* ‖ Course de trot, dans laquelle les chevaux doivent donner leur plus grande vitesse sans galoper.

trotskisme [tʀɔtskism] n.m. Doctrine des partisans de Trotski. ◆ **trotskiste** adj. et n. Relatif au trotskisme ; qui en est partisan.

trotte [tʀɔt] n.f. (de *trotter*). FAM. Distance assez longue à parcourir ou parcourue à pied : *De chez moi à chez toi, ça fait une trotte !* (= c'est loin).

trotter [tʀɔte] v.i. (frq. *trotôn* "courir"). - **1.** FAM. Marcher vite et beaucoup : *Nous avons trotté toute la journée dans les magasins.* - **2.** ÉQUIT. Aller au trot : *Cheval dressé à trotter.* - **3.** Trotter dans la tête de qqn, le préoccuper, l'obséder : *Ce qu'elle a dit me trotte dans la tête.*

trotteur, euse [tʀɔtœʀ, -øz] adj. et n.m. Se dit d'une race de chevaux de selle spécialisés dans la course au trot.

trotteuse [tʀɔtøz] n.f. (de *trotter*). Aiguille des secondes dans une montre, dans une pendule.

trottiner [tʀɔtine] v.i. (dimin. de *trotter*). Marcher vite et à petits pas : *Enfant qui trottine près de sa mère.*

trottinette [tʀɔtinɛt] n.f. (de *trotter*). Jouet d'enfant, consistant en une planchette allongée montée sur deux roues placées l'une derrière l'autre, la roue avant étant orientable à l'aide d'un guidon (syn. patinette).

trottoir [tʀɔtwaʀ] n.m. (de *trotter*). - **1.** Partie latérale d'une rue, surélevée par rapport à la chaussée, réservée à la circulation des piétons. - **2.** FAM. **Faire le trottoir**, racoler sur la voie publique, se livrer à la prostitution.

trou [tʀu] n.m. (lat. pop. *traucum*, d'orig. prélatine). - **1.** Enfoncement, dépression dans une surface : *Tomber dans un trou* (syn. cavité). *La route est pleine de trous* (syn. creux, crevasse). - **2.** FAM. Localité isolée des centres animés : *Il n'est jamais sorti de son trou* (= il n'a jamais voyagé). - **3.** FAM. Prison : *Mettre qqn au trou.* - **4.** Au golf, petite cavité située sur le green et dans laquelle le joueur doit envoyer sa balle ; parcours entre deux trous : *Terrain de golf de 18 trous.* - **5.** Vide, perforation qui traverse qqch de part en part : *Le trou d'une aiguille* (syn. chas). *Avoir un trou dans son pantalon* (syn. accroc). - **6.** Ouverture ou creux ; cavité anatomique : *Trou de l'oreille.* - **7.** Élément qui manque dans un ensemble, une continuité : *Votre culture aurait-elle des trous ?* (syn. lacune). - **8.** Somme en moins ou qui manque : *Il y a un trou de 50 000 francs dans la caisse.* - **9.** PHYS. Emplacement laissé vacant dans un réseau cristallin par un électron se déplaçant à l'intérieur du réseau. - **10.** **Avoir un trou dans son emploi du temps**, avoir un moment libre. ‖ **Avoir un trou de mémoire**, avoir une brusque défaillance de la mémoire, portant sur un point relativement précis. ‖ FAM. **Faire son trou**, se créer une situation sociale, réussir dans la vie. ‖ **Trou d'homme**, petite ouverture fermée par un tampon étanche, ménagée dans le pont d'un navire, un réservoir, une chaudière, etc., pour permettre le passage d'un homme. ‖ **Trou normand**, verre de calvados ou d'un autre alcool qu'on boit au milieu d'un repas copieux pour activer la digestion. ‖ AÉRON. (Express. impropre). **Trou d'air**, courant atmosphérique descendant, entraînant la perte d'altitude subite d'un aéronef. ‖ ASTRON. **Trou noir**, région de l'espace dotée d'un champ de gravitation si intense qu'aucun rayonnement n'en peut sortir. □ Les trous noirs représenteraient l'ultime stade d'évolution des étoiles massives et pourraient être à l'origine de la fantastique énergie rayonnée par les quasars.

troubadour [tʀubaduʀ] n.m. (anc. prov. *trobador* "trouveur", forme méridionale de *trouvère*, de *trobar* "trouver, composer"). Poète lyrique des XIIᵉ et XIIIᵉ s., qui composait ses œuvres dans une des langues d'oc. ◆ adj. Se dit d'une mode qui s'est manifestée dans les lettres et les arts en France, sous la Restauration, et qui se caractérise par une libre évocation du Moyen Âge et du style gothique : *Fragonard fut un peintre de style troubadour.*

troublant, e [tʀublɑ̃, -ɑ̃t] adj. **- 1.** Qui cause du trouble ; qui rend perplexe : *Des faits troublants* (syn. déroutant). *Une question troublante* (syn. déconcertant, embarrassant). **- 2.** Qui suscite le désir : *Une femme troublante.*

1. **trouble** [tʀubl] adj. (du lat. pop. *turbulus*, croisement de *turbidus* "agité" et de *turbulentus* "troublé"). **- 1.** Qui n'est pas limpide, transparent : *Eau trouble.* **- 2.** Qui n'est pas net : *Vue trouble.* **- 3.** Qui contient des éléments cachés ou inquiétants : *Une affaire trouble* (syn. suspect, louche). **- 4.** Qui n'est pas pur : *Joie trouble devant l'échec d'autrui* (syn. équivoque). ◆ adv. Voir trouble, d'une manière indistincte.

2. **trouble** [tʀubl] n.m. (de *troubler*). **- 1.** Agitation confuse, tumultueuse : *Son arrivée causa du trouble dans l'assistance* (syn. effervescence). **- 2.** Altération des rapports entre les personnes : *Semer le trouble dans une famille* (syn. discorde, zizanie). **- 3.** État d'agitation ou d'émotion dans lequel se trouve qqn : *Quand on l'accusa, il ne put cacher son trouble* (syn. désarroi, embarras). **- 4.** Anomalie de fonctionnement d'un organe, d'un système : *Troubles respiratoires, intestinaux* (syn. dérèglement). **- 5.** État de non-limpidité, de non-transparence : *Le trouble de l'atmosphère.* **- 6.** DR. Action d'inquiéter un possesseur dans la jouissance d'un bien, par un acte matériel *(trouble de fait)* ou par la revendication juridique d'un droit *(trouble de droit).* ◆ **troubles** n.m. pl. Agitation sociale grave : *Réprimer les troubles* (syn. révolte, désordre).

trouble-fête [tʀubləfɛt] n. (pl. *trouble-fêtes* ou inv.). Personne qui vient troubler la joie d'une réunion (syn. importun).

troubler [tʀuble] v.t. (du lat. pop. *turbulare*, de *turbulus* ; v. 1. *trouble*). **- 1.** Altérer la limpidité, la transparence de : *Troubler l'eau en remuant la vase.* **- 2.** Altérer l'acuité d'une fonction : *Troubler la vue* (syn. brouiller). **- 3.** Inquiéter ; causer du désordre dans : *Cette histoire me trouble un peu* (syn. embarrasser). *Troubler l'ordre public* (syn. déranger). **- 4.** Faire perdre sa lucidité, son sang-froid à : *Professeur qui trouble un élève avec ses questions* (syn. déconcerter). *Ce spectacle l'a profondément troublée* (syn. ébranler, remuer). **- 5.** Interrompre le cours de : *Troubler un bal, une réunion.* ◆ **se troubler** v.pr. **- 1.** Devenir trouble : *Sa vue se troubla.* **- 2.** Perdre son assurance, ses moyens : *L'orateur se troubla.*

trouée [tʀue] n.f. (de *trouer*). **- 1.** Large ouverture naturelle ou artificielle dans une haie, dans un bois, etc. **- 2.** MIL. Percée : *Les troupes ennemies essaient d'opérer une trouée vers l'est.*

trouer [tʀue] v.t. (de *trou*). Faire un trou dans : *Trouer son pantalon* (syn. déchirer). *Le projectile a troué la tôle* (syn. transpercer).

troufion [tʀufjɔ̃] n.m. (altér. plaisante de *troupier*). FAM. Simple soldat.

trouillard, e [tʀujaʀ, -aʀd] adj. et n. FAM. Peureux : *C'est un garçon trouillard* (syn. poltron).

trouille [tʀuj] n.f. (orig. obsc.). FAM. Peur : *Avoir la trouille.*

troupe [tʀup] n.f. (bas lat. *troppus*, du frq. *throp* "troupeau"). **- 1.** Groupement de militaires ; ensemble de tous les militaires qui ne sont ni officiers ni sous-officiers : *Rejoindre le gros de la troupe. Homme de troupe.* **- 2.** Groupe de personnes se déplaçant ensemble : *Une troupe de touristes débarque du car* (syn. bande). **- 3.** Groupe de comédiens, d'artistes qui jouent ensemble : *Une troupe composée en grande partie d'amateurs.* **- 4.** Ensemble de plusieurs patrouilles de scouts.

troupeau [tʀupo] n.m. (du frq. *throp*). **- 1.** Ensemble d'animaux d'une même espèce domestique ou de ruminants sauvages vivant ensemble : *Un troupeau de buffles, d'éléphants.* **- 2.** Ensemble d'animaux d'une espèce domestique dont la garde est confiée à une ou à plusieurs personnes : *Mener paître le troupeau. Un troupeau de 100 têtes.* **- 3.** Multitude, foule rassemblée sans ordre (péjor.) : *Un troupeau de touristes descendit du car.*

troupier [tʀupje] n.m. (de *troupe*). FAM., VIEILLI. Militaire ; soldat. ◆ adj.m. Comique troupier, chanteur en costume de militaire, dont le répertoire était fondé sur la vie de caserne ; genre comique, souvent semé de sous-entendus grivois, de ce répertoire.

trousse [tʀus] n.f. (de *trousser*). Étui à compartiments, dans lequel on range les instruments ou les outils dont on se sert fréquemment : *Trousse d'écolier. Trousse de médecin. Trousse de toilette.* ◆ **trousses** n.f. pl. Aux trousses de qqn, à sa poursuite : *Avoir la police à ses trousses.*

trousseau [tʀuso] n.m. (de *trousse*). **- 1.** Linge, lingerie, vêtements qu'on donne à une fille qui se marie ou qui entre en religion. **- 2.** Ensemble des affaires qu'un enfant emporte en internat, en colonie de vacances, etc. **- 3.** Trousseau de clefs, ensemble de clefs réunies par un anneau.

trousser [tʀuse] v.t. (var. de l'anc. fr. *torser* "mettre en paquet", du bas lat. *torsare*, class. *torquere* "tordre"). **- 1.** Relever un vêtement pour l'empêcher de traîner : *Trousser sa* *jupe* (syn. retrousser). **-2.** Expédier rapidement, avec aisance : *Trousser une affaire, un compliment.* **-3.** FAM., VX. Trousser une femme, la posséder. ‖ Trousser une volaille, la préparer en ficelant au corps les membres et le cou.

trouvaille [tʀuvaj] n.f. (de *trouver*). Découverte heureuse : *Faire une excellente trouvaille.*

trouvé, e [tʀuve] adj. Bien trouvé, qui est neuf, original, heureusement imaginé : *Voilà un mot bien trouvé.* ‖ **Enfant trouvé,** enfant abandonné, né de parents inconnus. ‖ **Objet trouvé,** objet qui a été perdu et rapporté à un service de dépôt. ‖ **Tout trouvé,** qui s'offre naturellement à l'esprit : *Le moyen est tout trouvé.*

trouver [tʀuve] v.t. (lat. pop. *tropare* "composer, inventer", du class. *tropus* "figure de rhétorique"). **-1.** Rencontrer, découvrir par hasard : *Trouver un trésor en démolissant un mur* (syn. tomber sur). *Trouver qqn sur son passage* (syn. rencontrer). *Trouver un chien perdu.* **-2.** Découvrir l'être ou la chose que l'on cherchait : *Je vous trouve enfin. Trouver un emploi. Trouver un appartement* (syn. dénicher). **-3.** Éprouver : *Trouver du plaisir à faire qqch.* **-4.** Voir qqn, qqch dans tel état en arrivant quelque part : *Trouver qqn en train de pleurer.* **-5.** Penser, juger que qqch, qqn a telle caractéristique : *Je lui trouve mauvaise mine. J'ai trouvé l'orateur très ennuyeux.* **-6.** Penser, croire : *Je trouve que tu exagères* (syn. estimer). **-7.** Inventer, créer qqch : *Trouver une musique pour un film* (syn. concevoir, imaginer). **-8.** Aller trouver qqn, se rendre auprès de lui pour lui parler. ‖ Trouver à redire, découvrir ou inventer des raisons de critiquer, de blâmer : *Il trouve à redire à tout ce qu'on fait.* ‖ Trouver bon, mauvais, approuver, désapprouver : *Trouvez-vous bon qu'elle sorte ?* ‖ Trouver le temps long, s'ennuyer ; s'impatienter ; s'inquiéter. ◆ **se trouver** v.pr. **-1.** Exister, être disponible quelque part : *Un studio, cela se trouve.* **-2.** Être à tel endroit : *L'Etna se trouve en Sicile.* **-3.** Être en tel lieu, en tel état, en telle situation : *Se trouver fort embarrassé.* **-4.** Se trouver mal, s'évanouir. ◆ v. impers. **-1.** Il se trouve que, il s'avère que, il se fait que : *Il se trouve que j'avais lu ce livre.* **-2.** FAM. Si ça se trouve, il est bien possible que : *Si ça se trouve, il est déjà parti.*

trouvère [tʀuvɛʀ] n.m. (de l'anc. fr. *troveor,* de *trover* "trouver, composer" ; v. *trouver*). Poète lyrique de langue d'oïl aux XIIᵉ et XIIIᵉ s.

truand [tʀyɑ̃] n.m. (gaul. *trugant* "mendiant, vagabond"). Malfaiteur qui fait partie du milieu.

truander [tʀyɑ̃de] v.i. FAM. Tricher ; ne pas respecter les conventions établies, les règles : *Élève qui truande pendant un contrôle*

(syn. frauder). ◆ v.t. FAM. Voler, escroquer qqn : *Se faire truander par un homme d'affaires véreux.*

trublion [tʀyblijɔ̃] n.m. (mot créé par A. France d'apr. *troubler,* et le lat. *trublium* "écuelle, gamelle", pour évoquer les partisans du prétendant au trône de France, surnommé *Gamelle*). Individu qui sème le trouble, le désordre : *Le service d'ordre a dû évacuer quelques trublions* (syn. agitateur).

truc [tʀyk] n.m. (de l'anc. prov. *trucar* "cogner, battre", du lat. pop. *trudicare,* class. *trudere* "pousser"). FAM. **-1.** Savoir-faire, procédé, astuce, recette : *Les trucs du métier* (syn. ficelle). *Trouver un truc pour le faire venir.* **-2.** Désigne qqch ou qqn dont on ne sait pas le nom ou dont le nom ne vient pas tout de suite à l'esprit : *Un truc pour ouvrir les boîtes* (syn. machin). *C'est Truc qui me l'a dit* (syn. Untel).

trucage n.m. → **truquage.**

truchement [tʀyʃmɑ̃] n.m. (ar. *tourdjoumân*). Par le truchement de, par l'intermédiaire de : *Obtenir un renseignement confidentiel par le truchement d'un ami* (= par l'entremise).

trucider [tʀyside] v.t. (lat. *trucidare* "massacrer"). FAM. Faire périr de mort violente ; assassiner.

truck [tʀœk] n.m. (mot angl. "chariot"). Wagon en plate-forme pour le transport des objets encombrants.

truculence [tʀykylɑ̃s] n.f. Caractère de ce qui est truculent : *La truculence d'un récit* (syn. verdeur).

truculent, e [tʀykylɑ̃, -ɑ̃t] adj. (lat. *truculentus* "farouche, cruel"). Qui exprime les choses avec crudité et réalisme : *Un personnage truculent* (= haut en couleur ; syn. pittoresque). *Un langage truculent* (syn. cru, vert).

truelle [tʀyɛl] n.f. (bas lat. *truella,* class. *trulla*). **-1.** Outil de maçon pour étendre le mortier sur les joints ou pour faire les enduits de plâtre, constitué génér. d'une lame d'acier large reliée à un manche par une partie coudée. **-2.** Spatule de métal pour servir le poisson.

truffe [tʀyf] n.f. (anc. prov. *trufa,* bas lat. *tufera,* du class. *tuber* "excroissance"). **-1.** Champignon souterrain, comestible très recherché, dont les fructifications, brun sombre, mûrissent en hiver à la base des chênes. □ Classe des ascomycètes. **-2.** Nez du chien et du chat. **-3.** Friandise à base de chocolat saupoudrée de cacao.

truffer [tʀyfe] v.t. **-1.** Garnir de truffes : *Truffer une volaille.* **-2.** FAM. Remplir ; bourrer : *Truffer un discours de citations* (syn. farcir).

truffier, ère [tʀyfje, -ɛʀ] adj. Relatif aux truffes : *Chêne truffier.* ◆ **truffière** n.f. Terrain où poussent des truffes.

truie [tʀɥi] n.f. (bas lat. *troia*, de [*porcus*] *troianus* "[porc] farci", par allusion plaisante au cheval de Troie rempli de soldats). Femelle reproductrice de l'espèce porcine.

truisme [tʀɥism] n.m. (angl. *truism*, de *true* "vrai"). Vérité d'évidence, banale, sans portée (syn. lapalissade).

truite [tʀɥit] n.f. (bas lat. *tructa*). Poisson voisin du saumon, carnassier, à chair fine et estimée. □ Famille des salmonidés ; long. de 50 cm à 1 m selon les espèces.

trumeau [tʀymo] n.m. (frq. **thrum* "morceau"). - **1.** Pan de mur entre deux baies rapprochées. - **2.** Panneau de glace ou de peinture occupant le dessus d'une cheminée, l'espace entre deux fenêtres, etc. - **3.** ARCHIT. Pilier central divisant en deux le portail d'une église.

truquage ou **trucage** [tʀykaʒ] n.m. - **1.** THÉÂTRE. Mécanisme ou procédé pour mouvoir certains décors, exécuter des changements à vue et, génér., produire des effets insolites de mise en scène. - **2.** CIN. Effet spécial : *Un film d'espionnage plein de truquages*. - **3.** Emploi de moyens adroits et peu délicats ou illicites pour arriver à ses fins, en trompant : *Le truquage d'un vote* (syn. falsification).

truquer [tʀyke] v.t. (de *truc*). - **1.** Modifier qqch habilement pour tricher à un jeu ou faire un tour d'illusionniste : *Truquer des dés* (syn. piper). - **2.** Modifier de manière occulte et frauduleuse certains éléments d'une opération : *Truquer des élections* (syn. falsifier).

truqueur, euse [tʀykœʀ, -øz] n. Personne qui use de procédés indélicats pour tromper (syn. tricheur).

trust [tʀœst] n.m. (mot angl., de *to trust* "confier, avoir confiance"). - **1.** Groupement d'entreprises qui, quoique conservant leur autonomie juridique, sont contrôlées par une société mère. - **2.** Entreprise très puissante exerçant son influence sur tout un secteur de l'économie.

truster [tʀœste] v.t. - **1.** Contrôler à la manière d'un trust : *Truster le marché des ordinateurs* (syn. monopoliser). - **2.** FAM. S'approprier un certain nombre d'avantages : *Truster les meilleures places* (syn. accaparer).

trypanosomiase [tʀipanɔzɔmjaz] n.f. (du gr. *trupanê* "tarière"). Affection parasitaire due à un protozoaire flagellé (le *trypanosome*), génér. transmise aux vertébrés par des insectes et dont une des formes est communément appelée *maladie du sommeil*.

tsar [tsaʀ] ou **tzar** [dzaʀ] n.m. (mot russe, du lat. *Caesar*). Titre porté par les souverains de Russie (1547-1917) et de Bulgarie (919-1018 ; 1187-1393 ; 908-1946). [On trouve aussi la graphie *czar*.]

tsarévitch [tsaʀevitʃ] ou **tzarévitch** [dzaʀevitʃ] n.m. Fils du tsar.

tsarine [tsaʀin] ou **tzarine** [dzaʀin] n.f. - **1.** Femme d'un tsar. - **2.** Impératrice de Russie.

tsarisme [tsaʀism] n.m. Régime politique de la Russie et de l'Empire russe jusqu'en 1917.

tsariste [tsaʀist] adj. et n. Propre au tsarisme : *Le régime tsariste*.

tsé-tsé [tsetse] n.f. inv. (mot d'un dialecte bantou). **Mouche tsé-tsé,** mouche africaine dont certaines espèces propagent la maladie du sommeil.

T. S. F. [teesɛf] n.f. (Sigle de *télégraphie* ou *téléphonie sans fil*). VIEILLI. Radiodiffusion, radio ; poste de radio.

t-shirt n.m. → tee-shirt.

tsigane [tsigan] ou **tzigane** [dzigan] adj. (all. *Zigeuner*, hongr. *czigany*). - **1.** Qui appartient aux Tsiganes : *Mode de vie tsigane*. - **2.** Musique tsigane, musique populaire de Bohême et de Hongrie, adaptée par les musiciens tsiganes. ◆ n.m. Langue indo-aryenne parlée par les Tsiganes.

tu [ty] pron. pers. (lat. *tu*). - **1.** Désigne la 2ᵉ pers. du sing., aux deux genres, dans la fonction de sujet : *Tu t'amuses. Dors-tu ?* - **2.** FAM. **Être à tu et à toi avec qqn,** être avec lui dans les termes d'une grande familiarité.

tuant, e [tɥɑ̃, -ɑ̃t] adj. FAM. Pénible, fatigant : *Un travail tuant* (syn. épuisant, harassant). *Il est tuant avec ses plaisanteries stupides* (syn. assommant, lassant).

tub [tœb] n.m. (mot angl. "baquet, cuve"). Large cuvette où peuvent se faire des ablutions à grande eau.

tuba [tyba] n.m. (mot it. ; du lat. "trompette"). - **1.** Instrument de musique à vent, en métal et à pistons. - **2.** Tube respiratoire permettant de nager en conservant la tête sous l'eau : *Exploration sous-marine avec un masque et un tuba*.

tubage [tybaʒ] n.m. - **1.** MÉD. Introduction d'un tube dans le larynx pour empêcher l'asphyxie (dans les cas de *croup*) ou par l'œsophage dans l'estomac pour faire des analyses biologiques et bactériologiques. - **2.** MIN., PÉTR. Mise en place de tubes à l'intérieur d'un sondage, d'un puits de pétrole, pour en maintenir les parois.

tubard, e [tybaʀ, -aʀd] adj. et n. FAM. Tuberculeux.

tube [tyb] n.m. (lat. *tubus*). - **1.** Tuyau ou appareil cylindrique : *Tube de verre, de plomb*. - **2.** Cylindre creux en verre, rempli d'un gaz sous basse pression, pour l'éclairage par fluorescence : *Tube au néon*. - **3.** Bouche à feu d'un canon. - **4.** Emballage allongé, malléable, pour contenir une substance pâteuse qu'on fait sortir par pression des doigts : *Tube de colle, de peinture, de dentifrice.* - **5.** Conditionnement cylindrique, rigide, pour contenir des poudres ou des substances solides : *Tube de cachets d'aspirine.* - **6.** ANAT. Canal ou conduit naturel : *Tube digestif.* - **7.** FAM. Chanson, musique qui connaît un grand succès : *Le tube de l'été.* - **8.** FAM. À **plein(s) tube(s)**, au plus fort de sa puissance sonore ; à toute vitesse : *Mettre la radio à pleins tubes. Rouler à pleins tubes.* - **9.** Tube à essai, tube en verre pour faire des expériences de chimie. ‖ Tube cathodique → cathodique. ‖ Tube criblé, vaisseau où circule la sève élaborée. ‖ Tube électronique, composant électronique formé d'une ampoule contenant un vide suffisant *(tube à vide)* ou un gaz ionisé *(tube à gaz)* et deux ou plusieurs électrodes qui émettent, captent des faisceaux électroniques ou en modifient le mouvement.

tubeless [tyblɛs] adj. inv. (mot angl. "sans chambre à air"). Pneu tubeless, pneu dans lequel la chambre à air est remplacée par une couche synthétique étendue à l'intérieur de l'enveloppe.

tubercule [tybɛʀkyl] n.m. (lat. *tuberculum* "petite saillie", de *tuber* "excroissance, tumeur"). - **1.** Renflement des axes végétaux, surtout souterrains (racine, rhizome), riche en substances de réserve : *La pomme de terre est un tubercule.* - **2.** ANAT. Surface arrondie des molaires broyeuses. - **3.** PATHOL. Lésion élémentaire de la tuberculose.

tuberculeux, euse [tybɛʀkylø, -øz] adj. - **1.** BOT. Qui est de la nature du tubercule : *Racine tuberculeuse.* - **2.** Relatif à la tuberculose : *Bacille tuberculeux.* ◆ adj. et n. Atteint de tuberculose : *Envoyer un tuberculeux dans un sanatorium.*

tuberculine [tybɛʀkylin] n.f. Liquide préparé à partir de cultures de bacilles de Koch et destiné au diagnostic de la tuberculose. □ On l'emploie dans la cuti-réaction et l'intradermo-réaction.

tuberculinique [tybɛʀkylinik] adj. Relatif à la tuberculine : *Réaction tuberculinique.*

tuberculose [tybɛʀkyloz] n.f. (de *tubercule*). Maladie infectieuse et contagieuse, commune à l'homme et aux animaux, due au bacille de Koch.

tubéreux, euse [tyberø, -øz] adj. (lat. *tuberosus* "plein de bosses"). BOT. Qui forme ou constitue un ou plusieurs tubercules : *Racine tubéreuse.* ◆ **tubéreuse** n.f. Plante originaire du Mexique, cultivée pour ses belles grappes de fleurs blanches à odeur suave et pénétrante. □ Famille des liliacées.

tubulaire [tybylɛʀ] adj. (lat. *tubulus*, dimin. de *tubus* "tube"). - **1.** Qui a la forme d'un tube : *Canalisation tubulaire.* - **2.** Constitué de tubes : *Échafaudage tubulaire.* - **3.** Se dit d'une chaudière ou d'un échangeur de chaleur dans lesquels la circulation du fluide chaud ou de l'eau s'effectue dans des tubes qui offrent une grande surface aux échanges de chaleur.

tubulure [tybylyʀ] n.f. (lat. *tubulus* "petit tube"). - **1.** Ouverture, sur une enceinte ou un récipient, en forme de court cylindre sur laquelle on peut raccorder un conduit. - **2.** Ensemble des tubes d'une installation ; chacun de ces tubes : *Tubulure d'une chaudière.*

tué, e [tɥe] n. Personne tuée, décédée de mort violente : *Il y a eu trois tués dans l'accident* (syn. victime).

tue-mouches [tymuʃ] adj. inv. Papier tue-mouches, papier imprégné d'une substance vénéneuse et de colle, dont on se sert pour attraper les mouches.

tuer [tɥe] v.t. (lat. pop. *tutare* "éteindre", du class. *tutari* "protéger"). - **1.** Causer la mort de qqn de manière violente : *Il l'a tué d'un coup de revolver* (syn. assassiner). - **2.** Faire mourir un animal volontairement, notamm. à la chasse : *Tuer un lièvre* (syn. abattre). - **3.** Causer la destruction de : *La gelée tue les plantes* (syn. détruire). - **4.** FAM. Épuiser physiquement ou moralement : *Ce travail trop dur le tue* (syn. éreinter, exténuer). *Cette situation intolérable me tue* (syn. user). - **5.** Faire cesser, faire disparaître qqch : *L'égoïsme finit par tuer l'amour.* - **6.** FAM. Être à tuer, être assommant, insupportable. ‖ Tuer le temps, faire n'importe quoi pour éviter de s'ennuyer en attendant que le temps passe. ◆ **se tuer** v.pr. - **1.** Mourir accidentellement : *Il s'est tué en voiture, en mer.* - **2.** Se donner la mort : *Elle s'est tuée en se tirant une balle dans la tête* (syn. se suicider). - **3.** S'épuiser de fatigue : *Se tuer au travail* (syn. s'user). - **4.** Se tuer à (+ inf.), s'évertuer à : *Je me tue à vous le répéter* (syn. s'escrimer).

tuerie [tyʀi] n.f. Massacre atroce et sans pitié : *Cette guerre a été une vraie tuerie* (syn. boucherie, carnage).

à tue-tête [tytɛt] loc. adv. De toute la puissance de la voix : *Crier à tue-tête* (= hurler).

tueur, euse [tɥœʀ, -øz] n. - **1.** Personne qui tue, qui commet un meurtre (syn. assassin, criminel, meurtrier). - **2.** Homme de main chargé d'exécuter un crime pour le compte d'autrui : *Payer un tueur pour abattre qqn* (on dit aussi *tueur à gages*). - **3.** Personne qui tue les animaux de boucherie.

tuf [tyf] n.m. (it. *tufo*, du lat. *tofus*). Roche poreuse légère, formée de cendres volcaniques cimentées *(cinérite)* ou de concrétions calcaires déposées dans les sources ou dans les lacs.

tuffeau ou **tufeau** [tyfo] n.m. (de *tuf*). Roche calcaire renfermant des grains de quartz et de mica, utilisée en construction malgré sa friabilité.

tuile [tɥil] n.f. (lat. *tegula*, de *tegere* "couvrir"). - **1.** Plaquette de terre cuite, de forme variable, pour couvrir les maisons, les bâtiments : *Toit en tuiles.* - **2.** FAM. Événement imprévu et fâcheux : *Il m'arrive une tuile monumentale* (syn. ennui, incident). - **3.** Petit-four sec et arrondi sur un rouleau à pâtisserie.

tuilerie [tɥilʀi] n.f. - **1.** Industrie de la fabrication des tuiles. - **2.** Établissement industriel où se fait cette fabrication.

tuilier, ère [tɥilje, -ɛʀ] adj. Relatif à la fabrication des tuiles : *Industrie tuilière.* ◆ **tuilier** n.m. Ouvrier travaillant dans une tuilerie ; dirigeant d'une tuilerie.

tulipe [tylip] n.f. (lat. scientif. *tulipa*, du turc *tülbend* "[plante] turban"). - **1.** Liliacée bulbeuse à grande et belle fleur solitaire en forme de vase, cultivée industriellement : *La culture des tulipes est très développée aux Pays-Bas.* - **2.** Objet ou ornement en forme de tulipe ; spécial., abat-jour en pâte de verre qui a la forme d'une tulipe.

tulipier [tylipje] n.m. (de *tulipe*, par ressemblance avec la fleur). Arbre originaire d'Amérique, cultivé dans les parcs et jardins. □ Famille des magnoliacées ; haut. 20 à 30 m.

tulle [tyl] n.m. (du n. de la ville de Corrèze où l'on fabriquait ce tissu). Tissu léger et très transparent à mailles rondes ou polygonales : *Un voile de tulle.*

tuméfaction [tymefaksjɔ̃] n.f. (lat. scientif. *tumefactio*, du class. *tumefacere* "gonfler"). MÉD. Augmentation de volume d'une partie du corps, quelle qu'en soit la nature : *La tuméfaction des chairs* (syn. gonflement, boursouflure).

tuméfié, e [tymefje] adj. Qui porte des tuméfactions : *Avoir le visage tuméfié après une bagarre.*

tumescence [tymesɑ̃s] n.f. (de *tumescent*). PHYSIOL. - **1.** Gonflement d'un organe. - **2.** Turgescence des organes érectiles et, spécial., de la verge.

tumescent, e [tymesɑ̃, -ɑ̃t] adj. (lat. *tumescens, -entis,* de *tumescere* "gonfler"). Se dit d'un organe en état de tumescence.

tumeur [tymœʀ] n.f. (lat. *tumor*, de *tumere* "être gonflé"). PATHOL. Augmentation de volume d'une partie d'un tissu ou d'un organe, due à une prolifération cellulaire formant un nouveau tissu (néoplasie) : *Tumeur bénigne, maligne.*

tumoral, e, aux [tymɔʀal, -o] adj. Relatif à une tumeur : *Lésion tumorale.*

tumulte [tymylt] n.m. (lat. *tumultus,* de *tumere* "être gonflé"). - **1.** Grand désordre accompagné de bruit : *Le tumulte d'une fête foraine* (syn. brouhaha, vacarme). - **2.** Grande agitation désordonnée : *Le tumulte des affaires* (syn. effervescence, bouillonnement).

tumultueux, euse [tymyltɥø, -øz] adj. (lat. *tumultuosus*). Plein de tumulte : *Une discussion tumultueuse* (syn. orageux). *Une jeunesse, une vie tumultueuse* (syn. agité).

tumulus [tymylys] n.m. (mot lat. "tertre, tombeau") [pl. inv. ou *tumuli*]. ARCHÉOL. Grand amas artificiel de terre ou de pierres qu'on élevait au-dessus d'une sépulture.

tune n.f. → **thune.**

tuner [tynɛʀ] n.m. (mot angl., de *to tune* "accorder"). Récepteur radio, génér. prévu pour les émissions à modulation de fréquence, ne comprenant ni amplificateur basse fréquence ni haut-parleur. (Recomm. off. *syntoniseur*.)

tungstène [tœ̃kstɛn] n.m. (suéd. *tungsten,* propr. "pierre lourde"). Métal de couleur gris-noir, utilisé pour fabriquer des filaments pour lampes à incandescence, des résistances chauffantes et, en alliage avec l'acier, des outils (syn. wolfram). □ Symb. W.

tunicier [tynisje] n.m. (du lat. *tunica* "tunique"). Tuniciers, groupe d'animaux marins au corps en forme de sac enveloppé d'une tunique tels que les ascidies.

tunique [tynik] n.f. (lat. *tunica*). - **1.** Vêtement droit plus ou moins long, porté sur une jupe ou un pantalon. - **2.** ANTIQ. Vêtement de dessous, cousu, court ou mi-long, avec ou sans manches, génér. resserré à la taille. - **3.** Longue vareuse d'uniforme. - **4.** ANAT. Membrane fibreuse qui enveloppe certains organes. - **5.** BOT. Enveloppe des bulbes et des oignons.

tunnel [tynɛl] n.m. (mot angl. "galerie, tuyau", du fr. *tonnelle*). - **1.** TR. PUBL. Galerie souterraine de grande section, donnant passage à une voie de communication : *Tunnel ferroviaire. Le tunnel sous la Manche.* - **2.** Abri en matière plastique ayant la forme d'un demi-cylindre, utilisé dans l'horticulture intensive. - **3.** Voir le bout du tunnel, entrevoir la fin d'une période difficile.

tupi-guarani [typigwaʀani] n.m. inv. Famille de langues indiennes d'Amérique du Sud.

turban [tyʀbã] n.m. (it. *turbante,* turc *tülbend*). - **1.** Coiffure orientale portée par les hommes, faite d'une longue pièce d'étoffe enroulée autour de la tête. - **2.** Coiffure de femme rappelant le turban oriental.

turbin [tyʀbɛ̃] n.m. (de *turbiner*). ARG. Travail : *Aller au turbin. Se mettre au turbin.*

turbine [tyʀbin] n.f. (lat. *turbo, -inis* "tourbillon, toupie"). TECHN. - **1.** Moteur composé d'une roue mobile sur laquelle est appliquée l'énergie d'un fluide moteur (eau, vapeur, gaz, etc.). - **2.** Essoreuse industrielle, dont le fonctionnement est fondé sur l'action de la force centrifuge.

turbiner [tyʀbine] v.i. (de *turbine*). ARG. Travailler dur.

turbo [tyʀbo] adj. inv. (du lat. *turbo, -inis* "tourbillon, toupie"). Se dit d'un moteur suralimenté par un turbocompresseur et d'un véhicule équipé d'un tel moteur. ◆ n.m. Turbocompresseur. ◆ n.f. Voiture munie d'un moteur turbo.

turboalternateur [tyʀboaltɛʀnatœʀ] n.m. ÉLECTR. Alternateur entraîné par une turbine à vapeur ou à gaz.

turbocompresseur [tyʀbokɔ̃pʀesœʀ] n.m. Turbomachine formée par l'accouplement sur le même axe d'une turbine et d'un compresseur.

turbomachine [tyʀbomaʃin] n.f. Tout appareil générateur ou récepteur agissant dynamiquement sur un fluide à l'aide d'un rotor tournant autour d'un axe fixe.

turbopropulseur [tyʀbopʀɔpylsœʀ] n.m. AÉRON. Propulseur composé d'une turbine à gaz entraînant une ou plusieurs hélices par l'intermédiaire d'un réducteur.

turboréacteur [tyʀboʀeaktœʀ] n.m. AÉRON. Turbine à gaz fonctionnant par réaction directe dans l'atmosphère.

turbot [tyʀbo] n.m. (anc. scand. *thornbutr*, de *thorn* "épine"). Poisson plat répandu dans l'Atlantique et la Méditerranée, et très estimé pour sa chair. □ Long. jusqu'à 80 cm.

turbotrain [tyʀbotʀɛ̃] n.m. CH. DE F. Train dont l'énergie est fournie par une ou plusieurs turbines à gaz.

turbulence [tyʀbylɑ̃s] n.f. (lat. *turbulentia*; v. *turbulent*). - **1.** Caractère, défaut d'une personne turbulente; agitation bruyante: *La turbulence de jeunes enfants* (syn. pétulance). *Être pris dans la turbulence d'une fête* (syn. frénésie, effervescence). - **2.** SC. Agitation désordonnée d'un fluide: *Zone de turbulence atmosphérique.*

turbulent, e [tyʀbylɑ̃, -ɑ̃t] adj. (lat. *turbulentus*, de *turba* "trouble, confusion"). Qui parle et s'agite beaucoup: *Enfant turbulent* (syn. remuant, chahuteur; contr. calme).

turc, turque [tyʀk] adj. et n. (turco-persan *türk*, du persan *tourk*, propr. "qui a la peau blanche et l'œil noir"). - **1.** De Turquie. - **2.** À la turque, se dit de cabinets d'aisances sans siège. ‖ *Café turc*, café très fort, préparé par décoction du marc. ‖ *Fort comme un Turc*, très fort. ‖ FAM. *Tête de Turc*, personne qui est sans cesse en butte aux critiques, aux railleries de qqn. - **3.** HIST. *Grand Turc*, sultan ottoman. ‖ HIST. *Jeunes-Turcs*, v. à son ordre alphabétique. ‖ LING. *Langues turques*, groupe de langues de la famille altaïque parlées en Asie centrale, dans le Caucase et en Turquie. ◆ **turc** n.m. La principale des langues turques, parlée en Turquie où elle est la langue officielle.

turf [tœʀf] ou [tyʀf] n.m. (mot angl. "pelouse", du frq. *turba* "tourbe"). - **1.** VX. Terrain sur lequel ont lieu les courses de chevaux. - **2.** Ensemble des activités qui se rattachent aux courses de chevaux. - **3.** ARG. Travail: *Se mettre au turf.*

turfiste [tœʀfist] ou [tyʀfist] n. (de *turf*). Personne qui aime les courses de chevaux, qui y assiste souvent et qui parie.

turgescence [tyʀʒesɑ̃s] n.f. (lat. scientif. *turgescentia*, de *turgescere* "se gonfler"). - **1.** BOT. État normal de rigidité des tissus végétaux vivants, dû à la pression de leur contenu liquide. - **2.** MÉD. Tumescence: *Turgescence des veines.*

turgescent, e [tyʀʒesɑ̃, -ɑ̃t] adj. (lat. *turgescens, -entis*, de *turgescere* "se gonfler"). En état de turgescence: *La crête du coq est fréquemment turgescente* (syn. tumescent).

turlupiner [tyʀlypine] v.t. (de *Turlupin*, surnom d'un auteur de farces). FAM. Tracasser, tourmenter: *Cette idée me turlupine* (syn. obséder).

turne [tyʀn] n.f. (alsacien *türn* "prison", all. *Turm* "tour"). ARG. SCOL. Chambre d'étudiant.

turpitude [tyʀpityd] n.f. (lat. *turpitudo*, de *turpis* "honteux"). LITT. Conduite ignominieuse d'une personne; action, parole honteuse: *Commettre des turpitudes* (syn. ignominie, infamie).

turque adj. et n. → **turc**.

turquerie [tyʀkəʀi] n.f. Œuvre artistique ou littéraire représentant des scènes turques, ou d'inspiration orientale.

turquoise [tyʀkwaz] n.f. (de l'anc. fr. *turcois* "turc", parce que cette pierre, provenant de Perse, transitait par la Turquie). Phosphate d'aluminium et de cuivre naturel, donnant des pierres fines opaques, de couleur bleu ciel à bleu-vert. ◆ adj. inv. et n.m. D'une couleur de turquoise: *Bleu turquoise.*

tussilage [tysilaʒ] n.m. (lat. *tussilago*, de *tussis* "toux"). Plante composée dont une espèce, appelée aussi *pas-d'âne*, possède des propriétés pectorales.

tutélaire [tytelɛʀ] adj. (bas lat. *tutelaris*). - **1.** LITT. Qui tient sous sa protection: *Puissance tutélaire* (syn. protecteur). - **2.** DR. Qui concerne la tutelle: *Gestion tutélaire.*

tutelle [tytɛl] n.f. (lat. *tutela*, de *tueri* "regarder, surveiller"). - **1.** Surveillance, dépendance gênante : *Tenir qqn sous sa tutelle. Une tutelle pesante* (syn. contrainte). - **2.** DR. Ensemble des mesures légales destinées à protéger les biens des enfants mineurs et des incapables majeurs. - **3.** LITT. Protection, sauvegarde exercée en faveur de qqn : *La tutelle des lois.* - **4.** Autorité de tutelle, administration qui exerce un contrôle. ‖ **Tutelle administrative,** contrôle exercé par l'autorité administrative sur les collectivités publiques décentralisées. ‖ DR. INTERN. **Territoire sous tutelle,** pays dont l'administration est assurée par un autre État, sous le contrôle de l'O. N. U.

1. **tuteur, trice** [tytœʀ, -tʀis] n. (lat. *tutor,* de *tueri* "protéger"). Personne chargée de surveiller les intérêts d'un mineur non émancipé ou d'un incapable majeur placé sous le régime de la tutelle.

2. **tuteur** [tytœʀ] n.m. (de *1. tuteur*). Perche, armature qui soutient une jeune plante ; soutien, support.

tutoiement [tytwamã] n.m. Action, habitude de tutoyer (par opp. à *vouvoiement*) : *Le tutoiement est habituel entre amis.*

tutoyer [tytwaje] v.t. (de *tu* et *toi*) [conj. 13]. - **1.** User de la deuxième pers. du sing. en parlant à qqn (par opp. à *vouvoyer*) : *Tutoyer un ami, un parent.* - **2.** Tutoyer l'obstacle, en équitation, le frôler sans le faire tomber.

tutti quanti [tutikwãti] loc. adv. (mots it. "tous tant qu'ils sont"). Et tutti quanti, et tous les gens, toutes les choses de même espèce, à la fin d'une énumération : *Il a emporté les disques, les livres, les revues et tutti quanti.*

tutu [tyty] n.m. (altér. enfantine de *cucu,* redoublement de *cul*). Costume de scène de la danseuse académique, composé de plusieurs jupettes de tulle superposées.

tuyau [tɥijo] n.m. (frq. **thūta*). - **1.** Élément à section constante d'un conduit, utilisé pour la circulation d'un fluide ou d'un produit pulvérulent : *Tuyau d'arrosage.* - **2.** FAM. Renseignement confidentiel : *Avoir un bon tuyau pour le tiercé* (syn. information). - **3.** ZOOL. Bout creux d'une plume d'oiseau. - **4.** BOT. Tige creuse du blé et de certaines autres plantes. - **5.** FAM. Dire qqch dans le tuyau de l'oreille, dire qqch à voix basse et en secret. - **6.** Tuyau sonore, tube rendant un son lorsque la colonne d'air qu'il renferme entre en vibration.

tuyauter [tɥijote] v.t. - **1.** Placer des tuyaux afin d'assurer la circulation d'un fluide ou d'un produit pulvérulent. - **2.** FAM. Renseigner secrètement : *Tuyauter un ami.*

tuyauterie [tɥijotʀi] n.f. Ensemble de tuyaux, assurant la circulation d'un fluide

ou d'un produit pulvérulent dans une installation : *Vidanger la tuyauterie d'un chauffage central* (syn. canalisation).

tuyère [tyjɛʀ] ou [tɥijɛʀ] n.f. (de *tuyau*). - **1.** Élément de canalisation profilé, destiné à imposer à un fluide en écoulement une augmentation de vitesse. - **2.** Conduit terminal d'une turbine à gaz, dans lequel se produit la détente fournissant l'énergie. - **3.** Ouverture pratiquée à la partie inférieure d'un four métallurgique pour le passage de l'air soufflé ; buse qui passe par cette ouverture.

T. V. A. [tevea] n.f. (sigle de *taxe sur la valeur ajoutée*). En France et dans de nombreux pays européens, impôt général de consommation, payé par chaque intermédiaire et portant sur l'accroissement de valeur conféré à chaque stade de la production d'un bien ou d'un service.

tweed [twid] n.m. (mot angl.). Tissu de laine cardée, d'armure toile ou sergé, génér. établi en deux couleurs et utilisé pour la confection des vêtements genre sport.

twist [twist] n.m. (mot angl., de *to twist* "tordre"). Danse d'origine américaine apparue en 1961, sur une musique très rythmée, caractérisée par une rotation des jambes et du bassin.

twister [twiste] v.i. Danser le twist.

tympan [tɛ̃pɑ̃] n.m. (lat. *tympanum* "tambourin", du gr.). - **1.** ANAT. Membrane qui sépare l'oreille moyenne du conduit auditif externe et qui transmet aux osselets les vibrations de l'air. - **2.** Nom parfois donné à la cavité de l'os temporal où est logée l'oreille moyenne. - **3.** ARCHIT. Surface comprise entre le linteau et l'arc d'un fronton ; paroi qui clôt l'arc des portails romans et gothiques.

type [tip] n.m. (lat. *typus,* du gr. *tupos* "empreinte"). - **1.** Modèle abstrait réunissant à un haut degré les traits essentiels de tous les êtres ou de tous les objets de même nature : *Harpagon est le type de l'avare* (syn. archétype). *Être conforme au type de la beauté grecque* (syn. canon). - **2.** Ensemble de traits caractéristiques d'un groupe, d'une famille de choses : *Avoir le type allemand, slave. Les types d'architecture* (syn. genre, catégorie). - **3.** (En appos.). Indique qu'il s'agit d'un modèle : *Un contrat type.* - **4.** FAM. Individu quelconque : *Un grand type.* **Rem.** On rencontre parfois le fém. *typesse,* bas de sens. - **5.** BIOL. Individu à partir duquel une espèce végétale ou animale a été décrite pour la première fois, et qui sert de référence. - **6.** IMPR. Caractère d'imprimerie.

typé, e [tipe] adj. Qui présente à un haut degré les caractères du type dans lequel on le range : *Personnage typé.*

typer [tipe] v.t. Donner les traits caractéristiques d'un type à : *Typer un personnage.*

typhoïde [tifɔid] adj. et n.f. (du gr. *tuphos* "stupeur", et de *-oïde*). Fièvre typhoïde, maladie infectieuse et contagieuse provoquée par des aliments contenant des bacilles d'Eberth, qui se multiplient dans l'intestin et agissent par des toxines (on dit aussi *la typhoïde*).

typhon [tifɔ̃] n.m. (mot lat., du gr. *tuphôn* "tourbillon"). En Extrême-Orient, cyclone tropical très violent.

typhus [tifys] n.m. (mot lat., du gr. *tuphos* "torpeur"). - **1.** Gastro-entérite attaquant certains animaux, dont le chien et le chat. - **2.** Maladie infectieuse transmise par le pou ou la puce, caractérisée par une fièvre et des taches rouges sur la peau. □ Endémique dans certaines régions du monde, le typhus a disparu en France.

typique [tipik] adj. (bas lat. *typicus,* du gr.). - **1.** Qui caractérise précisément ; qui est un modèle, un exemple : *Un cas typique de frustration* (syn. caractéristique). - **2.** BIOL. Qui est propre à un seul groupe animal ou végétal ; qui s'identifie à un type, qui en présente les caractères spécifiques : *Caractère, organe typique. Tumeur typique.*

typiquement [tipikmɑ̃] adv. De façon typique : *Un comportement typiquement anglais* (syn. spécifiquement).

typographe [tipɔgraf] n. IMPR. Ouvrier qui compose, à l'aide de caractères mobiles, les textes destinés à l'impression typographique (abrév. *typo*).

typographie [tipɔgrafi] n.f. (gr. *typo-* et *-graphie*). IMPR. - **1.** Procédé de composition et d'impression sur des caractères et des clichés en relief. - **2.** Présentation graphique d'un texte imprimé : *Une belle typographie.* (Abrév. *typo* pour les deux acceptions.)

typographique [tipɔgrafik] adj. Relatif à la typographie : *Signes, corrections typographiques.*

typologie [tipɔlɔʒi] n.f. (gr. *typo-* et *-logie*). - **1.** Étude des traits caractéristiques dans un ensemble de données, en vue d'y déterminer des types, des systèmes : *Typologie des discours politiques.* - **2.** Étude des caractères morphologiques de l'homme, communs aux différentes populations. - **3.** PSYCHOL. Étude systématique des traits de caractère en rapport avec certaines caractéristiques morphologiques de l'individu.

typologique [tipɔlɔʒik] adj. Relatif à une typologie : *Classification typologique des langues.*

tyran [tirɑ̃] n.m. (lat. *tyrannus,* du gr. *turannos,* propr. "maître"). - **1.** Souverain despotique, injuste, cruel : *Néron fut un tyran* (syn. despote, dictateur). - **2.** Personne qui abuse de son autorité : *Leur père est un tyran.* - **3.** ANTIQ. GR. Chef populaire exerçant un pouvoir personnel obtenu par un coup de force et sans fondement légal.

tyrannie [tirani] n.f. - **1.** Gouvernement autoritaire qui ne respecte pas les libertés individuelles et sur lequel les gouvernés n'ont aucun contrôle : *Lutter contre la tyrannie* (syn. dictature, despotisme). - **2.** ANTIQ. GR. Gouvernement d'un tyran. - **3.** LITT. Pouvoir de certaines choses sur les hommes : *La tyrannie de la mode* (syn. carcan, joug).

tyrannique [tiranik] adj. (lat. *tyrannicus*). Qui a le caractère de la tyrannie : *Pouvoir tyrannique* (syn. despotique, arbitraire). *Passion tyrannique.*

tyranniser [tiranize] v.t. Exercer une autorité excessive sur : *Tyranniser son personnel* (syn. opprimer, persécuter).

tyrannosaure [tiranozɔr] n.m. (lat. scientif. *tyrannosaurus,* du gr. *turannos* "maître" et *sauros* "lézard"). Très grand reptile dinosaurien fossile, carnivore et bipède. □ Long. 15 m.

tyrolienne [tirɔljɛn] n.f. - **1.** MUS. Air qui s'exécute en franchissant, à l'aide de certaines notes de poitrine et de tête qui se succèdent rapidement, d'assez grands intervalles mélodiques. - **2.** Danse du Tyrol.

tzar n.m., **tzarévitch** n.m., **tzarine** n.f. → tsar, tsarévitch, tsarine.

tzigane adj. → tsigane.

u [y] n.m. inv. Vingt et unième lettre (voyelle) de l'alphabet.

ubac [ybak] n.m. (mot de l'anc. prov., lat. *opacus* "sombre"). GÉOGR. Dans la montagne, versant à l'ombre (par opp. à *adret* ; syn. envers).

ubiquité [ybikɥite] n.f. (du lat. *ubique* "partout"). Faculté d'être présent en plusieurs lieux à la fois : *Avoir le don d'ubiquité.*

ubuesque [ybyɛsk] adj. Digne du personnage de tyran grotesque, le *père Ubu*, créé par A. Jarry.

U.H.T., sigle de *ultra-haute température.* Lait U.H.T., lait stérilisé par upérisation.

ukase n.m. → **oukase.**

ukrainien, enne [ykrɛnjɛ̃, -ɛn] adj. et n. De l'Ukraine. ◆ **ukrainien** n.m. Langue slave parlée en Ukraine.

ukulélé [ukulele] n.m. (mot polynésien). Guitare hawaiienne.

ulcération [ylseRasjɔ̃] n.f. Formation d'ulcère ; l'ulcère lui-même : *Ulcération de la peau.*

ulcère [ylsɛʀ] n.m. (lat. *ulcus, -eris*). **- 1.** MÉD. Perte de substance d'un revêtement épithélial, cutané ou d'une muqueuse, s'accompagnant de lésions plus ou moins profondes des tissus sous-jacents, qui en rendent la cicatrisation difficile : *Ulcère de la jambe, de l'estomac.* **-2.** AGRIC. Plaie sur un arbre.

ulcérer [ylseRe] v.t. (lat. *ulcerare* "blesser") [conj. 18]. **-1.** MÉD. Produire un ulcère. **-2.** Causer un profond et durable ressentiment : *Vos critiques l'ont ulcéré* (= l'ont vivement blessé).

ulcéreux, euse [ylseRø, -øz] adj. De la nature de l'ulcère ; couvert d'ulcères : *Plaie ulcéreuse.* ◆ adj. et n. Atteint d'un ulcère.

uléma [ylema] ou **ouléma** [ulema] n.m. (ar. *ulamā,* plur. de *ālim* "savant"). Docteur de la loi musulmane, juriste et théologien.

U. L. M. [yɛlɛm] n.m. (sigle de *ultraléger motorisé*). Petit avion de conception simplifiée, monoplace ou biplace, pesant à vide moins de 150 kg et doté d'un moteur de quelques dizaines de chevaux.

ultérieur, e [ylteRjœR] adj. (lat. *ulterior*). Qui arrive après, qui succède à une autre chose (par opp. à *antérieur*) : *Nous nous verrons à une date ultérieure* (syn. postérieur).

ultérieurement [ylteRjœRmɑ̃] adv. Plus tard : *Nous en reparlerons ultérieurement.*

ultimatum [yltimatɔm] n.m. (du lat. *ultimus* "le plus audelà"). **-1.** Conditions définitives imposées à un État par un autre, et dont la non-acceptation entraîne la guerre : *L'ultimatum expire à minuit.* **-2.** Proposition précise qui n'admet aucune contestation : *Se trouver placé devant un ultimatum* (= mise en demeure).

ultime [yltim] adj. (lat. *ultimus,* propr. "le plus éloigné"). Dernier, final : *Ultimes propositions.*

ultra [yltRa] n. et adj. (mot lat. "au-delà"). **-1.** Celui qui professe des opinions extrêmes. **-2.** Ultraroyaliste.

ultra-, préfixe (du lat. *ultra* "au-delà"). Indique un degré excessif, extrême *(ultraroyaliste, ultraléger),* ou le dépassement d'un seuil *(ultraviolet, ultrason).*

ultracourt, e [yltRakuR, -kuRt] adj. PHYS. Se dit des ondes électromagnétiques dont la longueur est de l'ordre de quelques centimètres.

ultraléger, ère [yltRaleʒe, -ɛR] adj. Extrêmement léger : *Cigarette ultralégère.*

ultramoderne [yltramɔdɛrn] adj. Très moderne : *Un mobilier ultramoderne.*

ultramontain, e [yltramɔ̃tɛ̃, -ɛn] adj. et n. **-1. vx.** Qui est au-delà des monts, au-delà des Alpes, par rapport à la France. **-2.** Qui concerne l'ultramontanisme ; qui en est partisan (par opp. à *gallican*).

ultramontanisme [yltramɔ̃tanism] n.m. Ensemble des doctrines défendant le pouvoir absolu du pape (par opp. à *gallicanisme*).

ultraroyaliste [yltrarwajalist] n. et adj. Sous la Restauration, partisan intransigeant de l'Ancien Régime, adversaire de la Charte constitutionnelle de 1814 (abrév. *ultra*).

ultrasensible [yltrasɑ̃sibl] adj. Extrêmement sensible : *Pellicule ultrasensible.*

ultrason [yltrasɔ̃] n.m. **PHYS.** Vibration de même nature que le son, mais de fréquence trop élevée (de 20 kHz à plusieurs centaines de mégahertz) pour qu'une oreille humaine puisse la percevoir. □ Les ultrasons ont de nombreuses applications : sonar, écholocation, échographie médicale, métallurgie.

ultrasonore [yltrasɔnɔr] et **ultrasonique** [yltrasɔnik] adj. Relatif aux ultrasons.

ultraviolet, ette [yltravjɔlɛ, -ɛt] adj. et n.m. **PHYS.** Se dit des radiations invisibles à l'œil humain placées dans le spectre au-delà du violet, et dont la longueur d'onde est plus petite que celle du violet et plus grande que celle des rayons X mous. (Abrév. *U. V.*) □ Ces radiations sont utilisées en thérapeutique mais ne sont pas exemptes de dangers.

ululement, hululement [ylylmɑ̃] n.m. et **ululation** [ylylasjɔ̃] n.f. Cri des oiseaux rapaces nocturnes : *Le hululement du hibou.*

ululer ou **hululer** [ylyle] v.i. (lat. *ululare* "hurler"). Émettre un ululement, en parlant des oiseaux rapaces nocturnes.

1. un, une [œ̃, yn] adj. num. card. inv. (lat. *unus*). **-1.** Le premier des nombres entiers, pris comme base de tout calcul : *Un mètre de haut. Les travaux ont duré une semaine.* **-2.** (En fonction d'ordinal). De rang numéro un ; premier : *Chapitre un* (= premier chapitre). *Page un* (ou *une*). **-3. Pas un,** aucun, nul : *Pas un étudiant n'a protesté.* **Un(e) à un(e), un(e) par un(e),** pas plus d'un à la fois ; une personne, une chose succédant à une autre : *Veuillez passer un par un.* ◆ adj. **LITT.** Qui ne peut être divisé : *La vérité est une.* ◆ **un** n.m. inv. **-1.** Chiffre 1 (désigne aussi le numéro attribué à une chose : immeuble, chambre, etc.) : *Le un est sorti au Loto.* **-2. PHILOS.** L'Un, l'être comme principe d'unité en tant qu'il existe en soi et par soi. **L'Un** c'est tout un, c'est la même chose. **Ne faire qu'un avec,** être tout à fait semblable ou parfaitement uni à : *Il ne fait qu'un avec son*

épouse. ◆ **une** n.f. inv. Ne faire ni une ni deux, ne pas hésiter (v. aussi à son ordre alphabétique).

2. un, une [œ̃, yn] art. indéf. (lat. *unus*) [pl. *des*]. Déterminant indéfini d'un groupe nominal dont il indique le genre et le nombre : *Donne-moi un livre. Ils ont un petite fille. Des passants s'étaient attroupés.* ◆ pron. indéf. (pl. *uns, unes*). **-1.** (Invariable). **FAM.** C'est tout l'un ou tout l'autre, on va d'un excès à l'excès opposé, il n'y a pas de milieu : *Avec elle, c'est tout l'un ou tout l'autre.* **FAM. L'un dans l'autre,** en moyenne, ceci compensant cela : *Cela rapporte, l'un dans l'autre, 10 % par an.* **-2.** (Variable). (L')un de, une personne, une chose parmi d'autres : *L'un des directeurs est actuellement absent.* **L'un... l'autre,** exprime la diversité : *Ils habitent les uns à la ville, les autres à la campagne.* **L'un l'autre, l'un à l'autre, l'un de l'autre,** exprime la réciprocité ou la succession : *Se souviennent-ils l'un de l'autre ? Elles se sont succédé les unes aux autres. Aimez-vous les uns les autres.* **L'un et l'autre,** tous deux : *Ils sont l'un et l'autre fautifs.* **L'un ou l'autre,** indique un choix entre deux choses, deux personnes : *C'est l'un ou l'autre.* **Ni l'un ni l'autre,** aucun des deux : *Je n'ai connu ni l'un ni l'autre.*

unanime [ynanim] adj. (lat. *unanimus* "qui a les mêmes sentiments"). **-1.** Se dit de personnes qui sont du même avis : *Ils ont été unanimes à protester. L'assistance a été unanime.* **-2.** Qui exprime un avis commun à tous : *Vote unanime* (syn. général).

unanimement [ynanimmɑ̃] adv. À l'unanimité : *Elle a été unanimement approuvée.*

unanimité [ynanimite] n.f. (lat. *unanimitas*). Accord complet des opinions, des suffrages : *Ce projet fait l'unanimité contre lui. Texte voté à l'unanimité.*

underground [œndœrgrawnd] adj. inv. et n.m. inv. (mot anglo-amér. "souterrain"). Se dit d'un spectacle, d'une œuvre littéraire, d'une revue d'avant-garde réalisés en dehors des circuits commerciaux ordinaires : *Cinéma, presse underground.*

une [yn] n.f. (de *1. un*). La une, la première page d'un journal : *Catastrophe qui fait la une des journaux* (= qui est en première page).

unguéal, e, aux [ɔ̃geal, -o] ou [ɔ̃gɥeal, -o] adj. (lat. *unguis* "ongle"). De l'ongle.

uni, e [yni] adj. **-1.** Sans inégalités ; sans aspérités : *Chemin uni* (syn. lisse, plat). **-2.** D'une seule couleur : *Linge uni* (syn. unicolore). **-3. LITT.** Sans variété, sans diversité : *Vie unie* (syn. monotone, morne). ◆ **uni** n.m. Étoffe, papier, peinture d'une seule couleur.

unicellulaire [yniselylɛʀ] adj. BIOL. Qui est constitué durant tout ou presque tout son cycle reproductif par une seule cellule, en parlant d'un organisme vivant (bactérie, protozoaire, diatomée, etc.).

unicité [ynisite] n.f. Caractère de ce qui est unique : *L'unicité d'un cas.*

unicolore [ynikɔlɔʀ] adj. Qui est d'une seule couleur : *Drapeau unicolore* (syn. uni ; contr. multicolore).

unidirectionnel, elle [ynidiʀɛksjɔnɛl] adj. Qui a une seule direction ; qui s'exerce dans une seule direction.

unième [ynjɛm] adj. num. ord. (de *un*). Indique, après un numéral, le rang correspondant à un nombre composé dont le chiffre des unités est un : *Le trente et unième jour.*

unièmement [ynjɛmmɑ̃] adv. Après un numéral, correspond à *unième* dans une énumération ponctuée par des adverbes indiquant le rang : *Vingt et unièmement.*

unificateur, trice [ynifikatœʀ, -tʀis] adj. et n. Qui unifie : *Politique unificatrice.*

unification [ynifikasjɔ̃] n.f. Action d'unifier ; fait d'être unifié.

unifier [ynifje] v.t. (bas lat. *unificare*, de *unus* "un seul") [conj. 9]. Amener ou ramener à l'unité : *Unifier un pays. Unifier les tarifs des transports urbains* (syn. uniformiser, standardiser). ◆ **s'unifier** v.pr. Être amené à l'unité ; se fondre en un tout : *Les deux partis se sont unifiés.*

1. **uniforme** [ynifɔʀm] adj. (lat. *uniformis*). - **1.** Qui a la même forme, le même aspect : *Des maisons uniformes* (syn. identique, pareil). - **2.** Qui ne présente aucune variété : *Vie uniforme* (syn. monotone). *Couleur uniforme.* - **3.** Mouvement uniforme, mouvement à vitesse constante.

2. **uniforme** [ynifɔʀm] n.m. (abrév. de *habit uniforme*, de 1. *uniforme*). - **1.** Vêtement de coupe et de couleur réglementaires porté par divers corps de l'État et diverses catégories de personnel (pilotes de ligne, portiers, etc.). - **2.** Habit militaire : *Quitter l'uniforme* (= rentrer dans la vie civile).

uniformément [ynifɔʀmemɑ̃] adv. De façon uniforme : *Ciel uniformément gris.*

uniformisation [ynifɔʀmizasjɔ̃] n.f. Action d'uniformiser ; fait d'être uniformisé : *L'uniformisation des programmes d'enseignement.*

uniformiser [ynifɔʀmize] v.t. Rendre uniforme : *Uniformiser la production* (syn. standardiser ; contr. diversifier).

uniformité [ynifɔʀmite] n.f. (bas lat. *uniformitas*). État de ce qui est uniforme : *Parfaite uniformité de points de vue* (syn. identité).

L'uniformité d'une architecture (syn. monotonie).

unijambiste [yniʒɑ̃bist] adj. et n. Qui a subi l'amputation d'une jambe.

unilatéral, e, aux [ynilateʀal, -o] adj. - **1.** Qui ne concerne qu'un seul côté (par opp. à *bilatéral*) : *Stationnement unilatéral.* - **2.** Qui est pris par une seule des parties en présence : *Décision unilatérale.* - **3.** Qui ne porte que sur un côté des choses : *Jugement unilatéral* (syn. partial).

unilatéralement [ynilateʀalmɑ̃] adv. De façon unilatérale : *Rompre unilatéralement un traité.*

unilingue [ynilɛ̃g] adj. Syn. de *monolingue*.

uniment [unimɑ̃] adv. (de *uni*). - **1.** De façon égale, uniforme : *Cheval qui galope uniment.* - **2.** LITT. Tout uniment, simplement, sans façon : *Je lui ai demandé tout uniment si elle voulait venir dîner.*

uninominal, e, aux [yninɔminal, -o] adj. - **1.** Qui ne contient qu'un nom. - **2.** Scrutin uninominal, scrutin dans lequel on ne peut indiquer qu'un seul nom. ‖ **Vote uninominal**, vote qui ne porte que sur un nom.

union [ynjɔ̃] n.f. (bas lat. *unio*). - **1.** Association ou combinaison de différentes choses, de personnes : *L'union de nos efforts* (syn. conjugaison). *L'union de la science et du progrès social* (syn. alliance). - **2.** MATH. Symbole, noté ∪, de la réunion de deux ensembles. - **3.** Mariage, lien conjugal : *Une union réussie.* - **4.** Conformité des sentiments, des pensées : *Vivre en parfaite union avec qqn* (syn. entente, harmonie). - **5.** Association de personnes, de sociétés ou de collectivités en vue d'un résultat commun : *Union de consommateurs* (syn. ligue, groupement). - **6.** (Avec une majuscule). Ensemble d'États qui se groupent sous un même gouvernement ou pour défendre des intérêts communs. - **7.** Union libre, concubinage. ‖ HIST. **Union sacrée**, rassemblement de tous les Français lors de la déclaration de guerre, le 4 août 1914 (l'expression est due à R. Poincaré).

unioniste [ynjɔnist] n. et adj. Partisan du maintien de l'union dans un État confédéré (par opp. à *séparatiste*).

unique [ynik] adj. (lat. *unicus*, de *unus* "un") - **1.** Seul en son genre : *Fils unique.* - **2.** Infiniment au-dessus des autres : *Un talent unique* (syn. incomparable, exceptionnel). - **3.** FAM. Singulier, extravagant : *Ah ! vous êtes unique* (syn. stupéfiant). - **4.** Qui est le même pour plusieurs choses : *C'est l'unique solution à tous ces problèmes* (syn. seul).

uniquement [ynikmɑ̃] adv. Seulement : *Penser uniquement au travail* (syn. exclusivement).

unir [yniʀ] v.t. (lat. *unire*, de *unus* "un") [conj. 32]. - **1.** Joindre l'un à l'autre, de manière à former un tout ou pour établir une communication : *Unir à une grande courtoisie une fermeté inébranlable* (syn. associer, allier). *Unir les deux rives d'un fleuve par un pont* (syn. relier, raccorder). **- 2.** Établir un lien d'amitié, d'intérêt, de parenté entre : *Un même idéal les unit* (syn. lier, rassembler). *Unir deux familles par un mariage* (syn. rapprocher). ◆ **s'unir** v.pr. **- 1.** S'associer, faire cause commune avec : *Producteurs qui s'unissent pour défendre leurs intérêts* (syn. s'allier). **- 2.** Se lier par les liens de l'amour, du mariage : *Les époux s'unissent pour le meilleur et pour le pire* (syn. se marier).

unisexe [yniseks] adj. Qui convient aussi bien aux hommes qu'aux femmes : *Coiffure, mode unisexe.*

unisexué, e [yniseksɥe] adj. Se dit, par opp. à *bisexué*, d'un animal, d'un végétal, en partic. d'une fleur, qui ne possède qu'un seul sexe.

unisson [ynisɔ̃] n.m. (lat. *unisonus* "qui a le même son"). **- 1.** MUS. Ensemble de voix ou d'instruments chantant ou jouant des sons de même hauteur ou à l'octave. **- 2.** À l'unisson, d'une manière unanime : *L'assemblée a approuvé la proposition à l'unisson.*

unitaire [yniteʀ] adj. (de *unité*). **- 1.** De l'unité : *Prix unitaire d'un article.* **- 2.** Qui recherche ou manifeste l'unité sur le plan politique ou syndical : *Mener une politique unitaire.* **- 3.** MATH. Vecteur unitaire, vecteur dont la norme est égale à l'unité.

unité [ynite] n.f. (lat. *unitas*, de *unus* "un"). **- 1.** Caractère de ce qui est un, unique (par opp. à *pluralité*) : *Unité divine dans le monothéisme* (syn. unicité). **- 2.** Caractère de ce qui forme un tout, dont les diverses parties constituent un ensemble indivisible : *L'unité du moi.* **- 3.** Harmonie d'ensemble d'une œuvre artistique ou littéraire : *Ce roman manque d'unité* (syn. cohérence, cohésion). **- 4.** Accord, harmonie : *Il n'y a pas d'unité de vue entre eux* (syn. communauté). **- 5.** Grandeur finie prise comme terme de comparaison avec des grandeurs de même espèce : *Unité de longueur, de poids.* □ Les nombres qui résultent des comparaisons donnent les mesures de ces grandeurs. **- 6.** Élément arithmétique dont la répétition engendre les nombres entiers : *Collection d'unités* (= nombre). **- 7.** Quantité correspondant au nombre un : *Ces assiettes ne sont pas vendues à l'unité* (syn. pièce). **- 8.** MIL. Formation constituée de façon permanente dans les armées de terre et de l'air : *Unité blindée.* **- 9.** MIL. Bâtiment de la marine de guerre : *Une flotte de trente unités.* **- 10.** Structure organisée au sein d'un ensemble plus vaste : *Unité de production, de recherche.* **- 11.** Groupe d'appareils, dans une usine,

capable de réaliser une opération industrielle indépendamment des autres installations de cette usine : *Une unité de raffinage.* **- 12.** INFORM. Partie d'un ordinateur effectuant une tâche donnée : *Unité centrale. Unité périphérique* (= écran, imprimante, etc.). **- 13.** Grandeur unité, étalon de grandeur. ‖ Système d'unités, ensemble d'unités choisies de façon à simplifier certaines formules physiques reliant plusieurs grandeurs. ‖ Unité astronomique, unité de longueur valant 149 597 870 km. □ Symb. ua. C'est l'une des constantes utilisées en astronomie, égale à très peu près au rayon moyen de l'orbite terrestre. ‖ Unité de formation et de recherche, structure de base de l'enseignement universitaire en France (abrév. U. F. R.). □ Les U. F. R. ont remplacé les *unités d'enseignement et de recherche (U. E. R.)* créées par la réforme de 1968. ‖ Unité d'enseignement, dans une université française, enseignement annuel ou semestriel correspondant à une discipline et sanctionné par un contrôle des connaissances (abrév. *U. E.*). □ Les U. E. ont remplacé les *unités de valeur (U. V.).* ‖ ÉCON. Unité de compte, étalon de valeur servant à établir la valeur des dettes ou des créances, en les soustrayant aux fluctuations des monnaies nationales. ‖ LITTÉR. Les trois unités, dans le théâtre classique français, règle selon laquelle la pièce entière doit se développer en une seule action principale *(unité d'action),* en un lieu unique *(unité de lieu)* et dans l'espace d'une journée *(unité de temps).*

univalent, e [ynivalɑ̃] adj. CHIM. Syn. de *monovalent.*

univers [yniveʀ] n.m. (lat. *universus,* propr. "tourné de manière à former un tout"). **- 1.** Le monde entier, l'ensemble de ce qui existe. **Rem.** Dans le sens astronomique, prend une majuscule. **- 2.** Le monde habité ; l'ensemble des hommes : *Voyager aux quatre coins de l'univers* (syn. globe, monde). **- 3.** Milieu dans lequel on vit ; champ d'activité : *Sa famille est tout son univers. Se limiter à l'univers de ses études* (syn. sphère). **- 4.** Domaine psychologique de qqn : *L'univers de son imagination.*

universaliser [yniveʀsalize] v.t. Rendre universel, commun à tous les hommes. ◆ **s'universaliser** v.pr. Devenir universel : *Mode qui s'universalise* (syn. se généraliser).

universalité [yniveʀsalite] n.f. (bas lat. *universalitas*). **- 1.** Caractère de ce qui est universel : *L'universalité d'une langue.* **- 2.** DR. Ensemble de biens, ou de droits et d'obligations, considéré comme formant un tout : *Inventorier l'universalité de ses biens.* **- 3.** LITT. Caractère d'un esprit universel : *L'universalité des philosophes du XVIIIe s.*

universaux [yniνɛʀso] n.m. pl. (pl. de l'anc. adj. *universal* "universel"). **- 1.** PHILOS. Idées ou termes généraux permettant de classer les êtres et les idées, dans la terminologie scolastique. **- 2.** LING. Concepts ou éléments qui sont communs, hypothétiquement, à toutes les langues naturelles existantes.

universel, elle [yniνɛʀsɛl] adj. (lat. *universalis*). **- 1.** Qui concerne l'Univers, le cosmos : *Gravitation universelle*. **- 2.** Qui s'étend sur toute la surface de la terre : *Domination universelle d'une superpuissance* (syn. mondial, planétaire). **- 3.** Qui embrasse la totalité des êtres et des choses : *Cette histoire a une portée universelle*. **- 4.** Qui s'applique à tous les cas : *Remède universel*. **- 5.** Qui a des connaissances en tout : *Un homme universel* (syn. omniscient). **- 6.** Se dit d'un instrument, d'un appareil à usages multiples : *Robot universel*. **- 7.** DR. Légataire universel, personne désignée dans un testament pour recueillir la totalité d'une succession. ‖ LOG. **Quantificateur universel** → quantificateur. ‖ MÉD. **Donneur, receveur universel** → donneur, receveur.

universellement [yniνɛʀsɛlmɑ̃] adv. De façon universelle : *Talent universellement reconnu* (syn. mondialement).

universitaire [yniνɛʀsitɛʀ] adj. De l'université ; de l'enseignement supérieur : *Titre universitaire*. ◆ n. **- 1.** Enseignant dans une université : *Colloque réunissant des universitaires de plusieurs disciplines*. **- 2.** BELG. Personne pourvue d'un diplôme de fin d'études à l'université.

université [yniνɛʀsite] n.f. (bas lat. *universitas* "communauté, corporation"). **- 1.** Au Moyen Âge, institution ecclésiastique jouissant de privilèges royaux et pontificaux et chargée de l'enseignement. **- 2.** Ensemble d'établissements scolaires relevant de l'enseignement supérieur regroupés dans une circonscription administrative : *L'université de Paris-IV. L'université de Lille*. **- 3.** Ensemble des bâtiments d'une université : *Bibliothèque de l'université*. **- 4.** Université d'été, ensemble de réunions et de conférences qu'organisent certains partis politiques pendant les vacances d'été à l'intention de leurs militants, en partic. des plus jeunes d'entre eux.

univitellin, e [yniνitɛlɛ̃, -in] adj. BIOL. Monozygote.

univoque [yniνɔk] adj. (bas lat. *univocus* "qui n'a qu'un son"). **- 1.** Qui conserve le même sens dans des emplois différents (par opp. à *équivoque*) : *Signe, mot, proposition univoques*. **- 2.** MATH. Se dit d'une correspondance entre deux ensembles qui, d'un élément du premier, conduit à un élément, et à un seul, du second.

untel, unetelle [œ̃tɛl, yntɛl] n. (de *un* et *tel*). Désigne anonymement un individu : *M. Untel, Mme Unetelle* (= quelqu'un, quiconque). **Rem.** S'écrit souvent avec une majuscule.

upérisation [yperizasjɔ̃] n.f. (de *Uper*, n. de l'inventeur suisse du procédé). Procédé de stérilisation du lait qui consiste à le porter pendant quelques secondes à une très haute température (140 °C).

uppercut [ypɛʀkyt] n.m. (mot angl., de *upper* "supérieur" et *cut* "coup"). En boxe, coup de poing porté bras fléchi et de bas en haut : *Uppercut du droit, du gauche*.

upsilon [ypsilɔn] n.m. inv. (mot gr.). Vingtième lettre de l'alphabet grec (Υ, ν).

uranium [yʀanjɔm] n.m. (de *urane* "oxyde d'uranium", all. *Uran*, du n. de la planète *Uranus*). Métal faiblement radioactif, mélange de trois isotopes, dont l'uranium 235, fissile, et l'uranium 238, fertile. □ Symb. U ; densité 18,7.

urbain, e [yʀbɛ̃, -ɛn] adj. (lat. *urbanus*, de *urbs, urbis* "ville"). **- 1.** De la ville (par opp. à *rural*) : *Les populations urbaines* (syn. citadin). *Transports urbains* (= assurés par la municipalité). **- 2.** SOUT. Qui fait preuve d'urbanité : *Homme extrêmement urbain* (syn. courtois, poli).

urbanisation [yʀbanizasjɔ̃] n.f. **- 1.** Action d'urbaniser ; son résultat : *L'urbanisation d'une zone agricole*. **- 2.** Concentration croissante de la population dans des agglomérations de type urbain : *L'urbanisation a pour corollaire le dépeuplement des campagnes*.

urbaniser [yʀbanize] v.t. (de *urbain*). En parlant d'un site, l'aménager en vue de développer ou de créer une agglomération urbaine : *Région peu urbanisée*.

urbanisme [yʀbanism] n.m. (de *urbain*). Science et technique de la construction et de l'aménagement des agglomérations, villes et villages.

1. urbaniste [yʀbanist] n. Spécialiste de la conception, de l'établissement et de l'application des plans d'urbanisme et d'aménagement des territoires.

2. urbaniste [yʀbanist] et **urbanistique** [yʀbanistik] adj. Relatif à l'urbanisme : *Conceptions urbanistes*.

urbanité [yʀbanite] n.f. (lat. *urbanitas*). LITT. Politesse raffinée : *Homme d'une urbanité exquise* (syn. civilité, courtoisie).

urbi et orbi [yʀbietɔʀbi] loc. adv. (mots lat. "à la ville [Rome] et à l'univers"). **- 1.** Se dit des bénédictions solennelles adressées par le souverain pontife à Rome et au monde entier. **- 2.** SOUT. **Clamer urbi et orbi,** clamer partout, à tout le monde.

urdu n.m. → **ourdou.**

urée [yRe] n.f. (de *urine*). - **1.** Déchet des matières azotées de l'organisme, fabriqué à partir d'acides aminés et de sels ammoniacaux, et que le rein extrait du sang et concentre dans l'urine. □ Formule $H_2N-CO-NH_2$. Le plasma humain contient environ 0,30 g d'urée par litre, l'urine 20 g par litre, la sueur 1 g par litre. - **2.** AGRIC. Engrais azoté d'origine industrielle.

urémie [yRemi] n.f. MÉD. - **1.** Augmentation pathologique du taux d'urée dans le sang. - **2.** Ensemble des manifestations liées à une insuffisance rénale sévère.

uretère [yRteR] n.m. (gr. *ourêtêr*). Chacun des deux canaux qui conduisent l'urine du rein à la vessie.

urétral, e, aux [yRetRal, -o] adj. Relatif à l'urètre : *Rétrécissement urétral.*

urètre [yRetR] n.m. (lat. scientif. *urethra*, gr. *ourêthra*, de *oûron* "uriner"). Canal allant de la vessie au méat urinaire, servant à l'écoulement de l'urine et, chez l'homme, au passage du sperme.

urgence [yRʒɑ̃s] n.f. - **1.** Caractère de ce qui est urgent : *L'urgence d'une décision.* - **2.** Nécessité d'agir vite : *Prendre des mesures d'urgence.* - **3.** Situation nécessitant une intervention médicale ou chirurgicale rapide ; cas urgent : *L'interne de garde a été appelé pour une urgence.* - **4.** D'urgence, de toute urgence, immédiatement, sans délai : *Prévenez-la de toute urgence.* ‖ État d'urgence, régime exceptionnel qui, en cas de troubles graves ou de calamité publique, renforce les pouvoirs de police des autorités civiles. ‖ Service des urgences, service d'un hôpital où sont dirigés les blessés et les malades dont l'état nécessite un traitement immédiat (on dit aussi *les urgences*).

urgent, e [yRʒɑ̃, -ɑ̃t] adj. (lat. *urgens, -entis*, de *urgere* "presser"). Qui ne peut être différé ; qui doit être fait, décidé, etc., sans délai : *Un besoin urgent* (syn. impératif, pressant). *Une affaire urgente* (syn. pressé).

urinaire [yRineR] adj. - **1.** Relatif à l'urine, aux organes qui la produisent, l'éliminent : *Infection urinaire. Voies urinaires.* - **2.** Appareil urinaire, les reins et les voies urinaires (uretères, vessie, urètre).

urinal [yRinal] n.m. Vase à col incliné, permettant de faire uriner les hommes alités.

urine [yRin] n.f. (lat. pop. *aurina*, croisement du class. *urina*, "urine" et *aurum* "or"). Liquide extrait du sang par les reins et collecté dans la vessie avant son évacuation au-dehors par la miction.

uriner [yRine] v.i. Évacuer son urine. ◆ v.t. Évacuer dans son urine : *Uriner du sang.*

urinoir [yRinwaR] n.m. Édicule ou installation sanitaire aménagés pour permettre aux hommes d'uriner.

urique [yRik] adj. (de *urin*). Acide urique, acide organique azoté, présent à faible dose dans le sang, à dose moins faible dans l'urine (0,5 g/l).

urne [yRn] n.f. (lat. *urna* "vase"). - **1.** Vase servant à conserver les cendres des morts. - **2.** Vase d'inspiration antique à flancs arrondis. - **3.** Boîte servant à recueillir les bulletins de vote : *Mettre son bulletin dans l'urne.* - **4.** BOT. Sporange des mousses, recouvert d'un opercule et d'une coiffe. - **5.** Aller aux urnes, voter.

urodèle [yRɔdɛl] n.m. (du gr. *oura* "queue" et *dêlos* "évident"). Urodèles, ordre d'amphibiens conservant leur queue à la métamorphose, tels que le triton, la salamandre.

urographie [yRɔgRafi] n.f. Exploration radiographique des voies urinaires après injection intraveineuse d'une substance opaque aux rayons X.

urologie [yRɔlɔʒi] n.f. Étude des maladies des voies urinaires des deux sexes, et de l'appareil génito-urinaire mâle. ◆ **urologue** n. Nom du spécialiste.

urticaire [yRtikeR] n.f. (du lat. *urtica* "ortie"). Éruption cutanée passagère, ressemblant à des piqûres d'ortie, souvent due à une réaction allergique.

urticant, e [yRtikɑ̃, -ɑ̃t] adj. Se dit des animaux ou des végétaux dont le contact produit une réaction analogue à celle de la piqûre d'ortie.

urubu [yRyby] n.m. (mot tupi). Petit vautour de l'Amérique tropicale, au plumage noir : *L'urubu dévore charognes et ordures.*

us [ys] n.m. pl. (lat. *usus* "usage", de *uti* "se servir de"). Les us et coutumes, les usages, les traditions d'un pays, d'un peuple, d'un milieu.

usage [yzaʒ] n.m. (de *us*). - **1.** Action, fait de se servir de qqch : *L'usage des stupéfiants est prohibé* (syn. utilisation, emploi). *Perdre l'usage de la parole* (syn. faculté). - **2.** Fonction, destination de qqch, emploi que l'on peut en faire : *Un couteau à plusieurs usages. Locaux à usage commercial.* - **3.** Pratique habituellement observée dans un groupe, une société : *Aller contre l'usage établi* (syn. coutume). - **4.** Ensemble des règles et des interdits qui caractérisent la langue utilisée par le plus grand nombre à un moment donné et dans un milieu social donné : *Usage populaire, littéraire.* - **5.** À l'usage, par l'expérience que l'on a de l'emploi de qqch : *Cet appareil s'est révélé peu efficace à l'usage.* ‖ À l'usage de, destiné à servir à : *Informations à l'usage des abonnés.*

‖ Faire de l'usage, durer longtemps, être solide : *Ces chaussures vous feront de l'usage.* ‖ Faire usage de, employer, utiliser : *Faire bon, mauvais usage de son argent.* ‖ **Orthographe d'usage**, orthographe des mots eux-mêmes, indépendamment des règles d'accord et de la fonction. ‖ Valeur d'usage, propriété, pour les biens et les services, de satisfaire les besoins (par opp. à *valeur d'échange*). ‖ DR. **Droit d'usage**, droit qui permet à son titulaire de se servir d'une chose appartenant à autrui. ‖ DR. **Usage de faux**, infraction constituée par l'utilisation, avec intention de nuire, d'une pièce fausse ou falsifiée, pouvant éventuellement causer un préjudice.

usagé, e [yzaʒe] adj. (de *usage*). Qui a déjà servi et a perdu l'aspect du neuf : *Des chaussures usagées* (syn. usé, vieux).

usager [yzaʒe] n.m. (de *usage*). - **1.** Personne qui utilise un service public : *Les usagers du métro* (syn. utilisateur). - **2.** Personne utilisant une langue : *Les usagers du français* (syn. locuteur). - **3.** DR. Titulaire d'un droit d'usage.

usant, e [yzɑ̃, -ɑ̃t] adj. Qui use la santé, les forces : *Travail usant* (syn. exténuant). *Cet enfant est usant* (syn. tuant).

usé, e [yze] adj. - **1.** Qui a subi une certaine détérioration due à l'usure, à un usage prolongé : *Vêtement usé* (syn. vieux, usagé). - **2.** Affaibli par l'âge, les fatigues, les excès, etc. : *Un homme usé.* - **3.** Qui est devenu banal, commun pour avoir été trop employé ou répété : *Plaisanterie usée* (syn. éculé). *Un sujet usé* (syn. rebattu). - **4.** Eaux usées → eau.

user [yze] v.t. ind. [**de**] (lat. pop. **usare*, du class. *usus*, p. passé de *uti* "se servir de"). LITT. Faire usage de qqch : *User de somnifères* (syn. prendre). *User d'un passe-partout pour ouvrir la porte* (syn. utiliser). *User de son charme* (syn. se servir de, employer). ◆ v.t. - **1.** Détériorer par l'usage : *User ses vêtements.* - **2.** Dépenser une matière, un produit en l'utilisant : *Voiture qui use peu d'essence* (syn. consommer). - **3.** Affaiblir, épuiser : *User sa santé.* ◆ **s'user** v.pr. - **1.** Se détériorer par l'usage, par l'effet du temps : *Ces chaussures se sont usées très vite* (syn. s'abîmer). - **2.** Perdre ses forces : *S'user au travail* (syn. s'épuiser).

usinage [yzinaʒ] n.m. Action d'usiner.

usine [yzin] n.f. (mot des parlers du Nord, altér., d'apr. *cuisine*, d'un anc. picard *ouchine*, lat. *officina* "atelier"). Établissement industriel où, à l'aide de machines, on transforme des matières premières ou semi-ouvrées en produits finis : *Usine de produits chimiques, de chaussures.*

usiner [yzine] v.t. - **1.** Soumettre une pièce brute ou dégrossie à l'action d'une machine-outil. - **2.** Fabriquer dans une usine : *Usiner des emballages métalliques.*

usité, e [yzite] adj. (lat. *usitatus*, de *usus* ; v. *us*). Se dit d'une forme de la langue qui est en usage : *Mot très usité* (syn. courant, usuel).

ustensile [ystɑ̃sil] n.m. (lat. *utensilia* "objets usuels", de *uti* "utiliser"). Objet servant aux usages de la vie courante, en partic. à la cuisine.

usuel, elle [yzɥɛl] adj. (bas lat. *usualis*, du class. *usus* "usage"). - **1.** Dont on se sert fréquemment : *Mots usuels* (syn. usité, courant). - **2.** BIOL. **Nom usuel**, nom vernaculaire d'une espèce animale ou végétale (par opp. à *nom scientifique*). ◆ **usuel** n.m. Ouvrage d'un usage courant qui, dans les bibliothèques, est à la libre disposition du public (dictionnaire, encyclopédie, guide bibliographique, etc.) : *Consulter un usuel.*

usuellement [yzɥɛlmɑ̃] adv. De façon usuelle : *Une abréviation usuellement employée* (syn. couramment).

usufruit [yzyfrɥi] n.m. (du lat. *usus fructus* "droit d'usage et jouissance d'un bien"). DR. Droit d'utiliser et de jouir des fruits d'un bien dont la nue-propriété appartient à un autre : *Avoir l'usufruit d'une maison.*

usufruitier, ère [yzyfrɥitje, -ɛʀ] adj. Relatif à l'usufruit : *Jouissance usufruitière.* ◆ n. Personne qui a l'usufruit d'un bien.

usuraire [yzyʀɛʀ] adj. (lat. *usurarius*). Entaché d'usure : *Taux, bénéfices usuraires.*

1. usure [yzyʀ] n.f. (lat. *usura* "intérêt de l'argent", de *usus* "usage"). - **1.** Intérêt perçu au-delà du taux licite. - **2.** Délit commis par celui qui prête de l'argent à un taux d'intérêt excessif.

2. usure [yzyʀ] n.f. (de *user*). - **1.** Détérioration que produit l'usage, le frottement, etc. : *L'usure des chaussures. L'usure des roches* (syn. érosion). - **2.** Affaiblissement, amoindrissement des forces, de la santé : *Usure nerveuse.* - **3.** FAM. **Avoir qqn à l'usure**, persévérer jusqu'à ce qu'il cède.

usurier, ère [yzyʀje, -ɛʀ] n. (de *1. usure*). Personne qui prête à usure.

usurpateur, trice [yzyʀpatœʀ, -tʀis] n. (bas lat. *usurpator*). Personne qui s'empare, par des moyens illégitimes, d'une souveraineté, d'un pouvoir, d'un bien, etc. ◆ adj. Qui usurpe : *Pouvoir usurpateur.*

usurpation [yzyʀpasjɔ̃] n.f. (lat. juridique *usurpatio*). - **1.** Action d'usurper ; fait d'être usurpé : *L'usurpation du trône.* - **2.** DR. Fait d'exercer des fonctions, de porter des décorations, des titres honorifiques ou professionnels auxquels on n'a pas droit : *L'usurpation d'un titre nobiliaire.*

usurpatoire [yzyʀpatwaʀ] adj. Qui a le caractère d'une usurpation : *Mesures usurpatoires* (syn. abusif, illégal).

usurper [yzyʀpe] v.t. (lat. *usurpare*, de *usus* "usage" et *rapere* "ravir"). S'approprier indûment, par violence ou par ruse, un droit, un pouvoir, un bien qui appartient à autrui : *Usurper le titre d'ingénieur* (syn. s'attribuer, s'arroger).

ut [yt] n.m. inv. (de *Ut* [*queant laxis*], premiers vers de l'hymne latin de saint Jean-Baptiste). MUS. - **1.** Autre nom du *do*. - **2.** Clef d'ut, clef indiquant l'emplacement de cette note sur la portée.

utérin, e [yteʀɛ̃, -in] adj. (bas lat. juridique *uterinus*). Relatif à l'utérus : *Douleurs utérines*. ◆ adj. et n. Se dit des frères et sœurs nés de la même mère, mais non du même père (par opp. à *consanguin*).

utérus [yteʀys] n.m. (lat. *uterus*). Organe de l'appareil génital de la femme et des mammifères femelles, compris entre les trompes de Fallope et le vagin, destiné à contenir l'œuf fécondé pendant son évolution et à l'expulser au terme de la grossesse (syn. vieilli matrice).

utile [ytil] adj. (lat. *utilis*, de *uti* "se servir de"). - **1.** Qui rend service ; qui est profitable : *Un appareil utile* (contr. inutile). *Se rendre utile. Il serait utile de consulter les horaires de train* (syn. bon, nécessaire ; contr. superflu). - **2.** Utilisable : *Le tranchant est la partie utile d'une lame de couteau. Puissance utile d'un moteur.* - **3.** En temps utile, en temps opportun : *Avertissez-moi en temps utile.*

utilement [ytilmɑ̃] adv. De façon utile, profitable : *Intervenir utilement en faveur de qqn* (syn. efficacement).

utilisable [ytilizabl] adj. Qui peut être utilisé : *Ces documents ne sont pas utilisables tels quels* (syn. exploitable).

utilisateur, trice [ytilizatœʀ, -tʀis] n. Personne, groupe qui fait usage de qqch, qui utilise un appareil, un service (pour un service ont dit aussi *usager*).

utilisation [ytilizasjɔ̃] n.f. Action, manière d'utiliser : *Lire la notice d'utilisation* (= le mode d'emploi).

utiliser [ytilize] v.t. (de *utile*). - **1.** Recourir pour un usage précis à : *Utiliser un dictionnaire* (syn. se servir de). - **2.** Tirer profit ou parti de : *Savoir utiliser les compétences* (syn. exploiter).

utilitaire [ytilitɛʀ] adj. - **1.** Qui a pour but, pour principe essentiel l'utilité : *Un objet purement utilitaire* (syn. pratique). - **2.** Qui se propose un but intéressé : *Politique utilitaire* (syn. pragmatique). - **3.** Véhicule utilitaire, voiture commerciale, camionnette ou camion destinés au transport des marchandises ou des personnes (on dit aussi *un utilitaire*).

utilitarisme [ytilitaʀism] n.m. (angl. *utilitarism*). Morale qui fait de l'utilité le principe et la norme de toute action. ◆ **utilitariste** adj. et n. Relatif à l'utilitarisme ; partisan de l'utilitarisme : *Théories utilitaristes*.

utilité [ytilite] n.f. (lat. *utilitas*). - **1.** Caractère, qualité de qqch ou de qqn qui sert à qqch : *Les nouvelles mesures ont été d'une grande utilité* (syn. efficacité). *Il peut partir, il ne m'est plus d'aucune utilité* (syn. secours). - **2.** ÉCON. Aptitude, réelle ou supposée, d'un bien à satisfaire un besoin ou à créer les conditions favorables à cette satisfaction. - **3.** Utilité publique, intérêt général au nom duquel l'Administration confère un avantage ou impose une sujétion : *Association reconnue d'utilité publique. Expropriation pour cause d'utilité publique.* ◆ **utilités** n.f. pl. Jouer les utilités, n'avoir qu'un rôle accessoire et subalterne, en partic. au théâtre.

utopie [ytɔpi] n.f. (de *Utopia*, n. d'un pays imaginaire, mot créé par Th. More, du gr. *ou* "non" et *topos* "lieu"). - **1.** PHILOS. Construction imaginaire et rigoureuse d'une société, qui constitue, par rapport à celui qui la réalise, un idéal total. □ Les grands auteurs d'utopies sont Platon, Th. More, Saint-Simon, Fourier, Huxley, Orwell. - **2.** Projet dont la réalisation est impossible : *Une société sans conflits est une utopie* (syn. illusion, rêve, chimère).

utopique [ytɔpik] adj. - **1.** Qui tient de l'utopie : *Projet utopique* (syn. irréalisable, chimérique). - **2.** Socialisme utopique, doctrine socialiste de Saint-Simon, Fourier, etc., fondée sur un idéal sentimental et réformateur (par opp. à *socialisme scientifique*, dénomination que K. Marx et F. Engels donnèrent à leur propre doctrine).

utopiste [ytɔpist] n. Auteur d'un système utopique. ◆ adj. et n. Attaché à des vues utopiques : *C'est un utopiste qui ignore les contraintes de la réalité* (syn. rêveur).

U. V. [yve] n.m. pl. (abrév. de *ultraviolets*). Rayons ultraviolets : *Traitement aux U. V.*

uval, e, aux [yval, -o] adj. (du lat. *uva* "raisin"). Relatif au raisin : *Cure uvale.*

uvée [yve] n.f. (lat. médiév. *uvea*, propr. "en forme de grappe", du class. *uva* "raisin"). ANAT. Tunique moyenne de l'œil, constituée en avant par l'iris et en arrière par la choroïde.

uvulaire [yvylɛʀ] adj. (du lat. médiév. *uvula* "petite grappe"). - **1.** ANAT. Qui a rapport à la luette. - **2.** PHON. Consonne uvulaire, consonne dont le lieu d'articulation se situe à l'extrémité postérieure du palais mou, au niveau de la luette : *Le* [ʀ] *est une consonne uvulaire.* (On dit aussi *une uvulaire.*)

v [ve] n.m. inv. - **1.** Vingt-deuxième lettre (consonne) de l'alphabet. - **2.** V, chiffre romain valant cinq.

va [va] interj. (impér. du v. *aller*). - **1.** Sert à exprimer l'affection, l'encouragement, la menace, le dédain, etc. : *Courage, va ! Nous y arriverons.* - **2.** FAM. **Va donc !**, précède une injure : *Va donc ! eh ! pauvre type !* | FAM. **Va pour**, c'est d'accord pour : *Va pour le cinéma* (= je suis d'accord pour aller au cinéma).

vacance [vakɑ̃s] n.f. (de *vacant*). - **1.** Situation d'une place, d'une charge, d'un poste momentanément dépourvus de titulaire : *La vacance d'un fauteuil d'académicien.* - **2.** Temps pendant lequel un poste, une fonction est sans titulaire. - **3.** **Vacance du pouvoir**, temps pendant lequel une autorité, publique ou privée, ne s'exerce plus. ◆ **vacances** n.f. pl. - **1.** Période légale d'arrêt de travail des salariés ; période de congé dans les écoles, les universités : *Prendre ses vacances en juillet* (syn. congé). - **2.** **Vacances parlementaires, judiciaires**, suspension légale annuelle des séances, des audiences.

vacancier, ère [vakɑ̃sje, -ɛʀ] n. Personne qui est en vacances dans un lieu de villégiature : *L'arrivée des vacanciers* (syn. estivant, touriste). ◆ adj. Qui rappelle les vacances : *Atmosphère vacancière.*

vacant, e [vakɑ̃, -ɑ̃t] adj. (lat. *vacans*, p. présent de *vacare* "être vide"). - **1.** Non occupé : *Appartement vacant* (syn. inoccupé). *Places vacantes* (syn. libre, disponible). - **2.** Se dit d'une charge, d'un poste momentanément sans titulaire : *Cet emploi est vacant.* - **3.** **Succession vacante**, succession ouverte et non réclamée.

vacarme [vakaʀm] n.m. (moyen néerl. *wach arme !* "hélas !"). Bruit assourdissant : *Faire du vacarme* (syn. tapage).

vacataire [vakatɛʀ] n. et adj. (de *vacation*). Personne employée pour un temps déterminé à une fonction précise.

vacation [vakasjɔ̃] n.f. (lat. *vacatio, de vacare* "être vide"). - **1.** Temps consacré à l'examen d'une affaire ou à l'accomplissement d'une fonction déterminée par la personne qui en a été chargée : *Vacation d'un expert, d'un avocat.* - **2.** Rémunération de ce temps.

vaccin [vaksɛ̃] n.m. (de *vaccine*). - **1.** Substance d'origine microbienne (micro-organismes vivants atténués ou tués, substances solubles), que l'on inocule à une personne ou à un animal pour l'immuniser contre une maladie : *Faire un vaccin à un enfant* (syn. vaccination). *Vaccin antivariolique.* [→ immunité.] - **2.** Ce qui immunise contre un mal, un danger : *Y a-t-il un vaccin contre la passion ?*

vaccination [vaksinasjɔ̃] n.f. Action de vacciner : *La première vaccination a été réalisée en 1796 par Jenner contre la variole.*

vaccine [vaksin] n.f. (lat. scientif. [*variola*] *vaccina* "[variole] de la vache"). Maladie de la vache (*cow-pox*) ou du cheval (*horse-pox*), qui peut se transmettre à l'homme et lui assure l'immunité antivariolique.

vacciner [vaksine] v.t. - **1.** Administrer un vaccin à : *Vacciner qqn contre le tétanos.* - **2.** FAM. Mettre à l'abri d'un désagrément ; prémunir contre un mal quelconque : *Cette douloureuse expérience l'a vaccinée* (syn. immuniser).

1. vache [vaʃ] n.f. (lat. *vacca*). - **1.** Femelle reproductrice de l'espèce bovine : *Traire les vaches. Vache laitière* ou *vache à lait* (= élevée pour le lait qu'elle produit). *Vache à viande* (= élevée pour la viande qu'on tire de sa descendance). - **2.** Cuir de bovin en général : *Un sac en vache.* - **3.** Personne méchante, très sévère, sans pitié : *Quelle vache !* (On dit aussi *peau de vache*.) - **4.** Coup (de pied) en vache, ruade de côté ; coup donné par traîtrise. ‖ FAM. La vache !, expression de dépit ou d'admiration. ‖ Manger de la vache enragée, mener une vie de misère, de privation. ‖ Montagne à vaches → montagne. ‖ Vache à eau, récipient en toile ou en plastique utilisé par les campeurs pour mettre de l'eau. ‖ FAM. Vache à lait, personne que l'on exploite, considérée sous le seul point de vue de l'argent qu'elle donne ou prête. ‖ Vaches grasses, vaches maigres, périodes de prospérité, de pénurie.

2. vache [vaʃ] adj. (de *1. vache*). FAM. - **1.** Très strict ; méchant : *Tu es vache avec lui* (syn. dur, sévère). - **2.** Dur, pénible : *C'est vache, ce qui lui arrive* (syn. fâcheux).

vachement [vaʃmɑ̃] adv. (de *2. vache*). FAM. Beaucoup ; très : *Un bouquin vachement intéressant* (syn. extrêmement).

vacher, ère [vaʃe, -ɛʀ] n. (lat. pop. *vaccarius*). Personne qui garde, qui soigne les vaches, les bovins.

vacherie [vaʃʀi] n.f. - **1.** Ensemble des vaches d'une exploitation. - **2.** VIEILLI. Étable à vaches. - **3.** FAM. Méchanceté ; sévérité : *La vacherie des examinateurs*. - **4.** FAM. Parole, action méchante : *Dire, faire des vacheries*.

vachette [vaʃɛt] n.f. - **1.** Petite vache ; jeune vache. - **2.** Cuir léger provenant d'un jeune bovin : *Un sac en vachette*.

vacillant, e [vasijɑ̃, -ɑ̃t] adj. - **1.** Qui tremble, qui n'est pas stable : *Démarche vacillante* (syn. chancelant). *Lumière vacillante* (syn. tremblotant). - **2.** Qui est incertain : *Santé, mémoire vacillante* (syn. défaillant).

vacillement [vasijmɑ̃] n.m. et **vacillation** [vasijasjɔ̃] n.f. Fait de vaciller ; état, mouvement de ce qui vacille : *Le vacillement de la flamme d'une bougie. Vacillation dans les opinions* (syn. fluctuation).

vaciller [vasije] v.i. (lat. *vacillare*). - **1.** Chanceler ; n'être pas bien ferme : *Vaciller sur ses jambes* (syn. tituber). - **2.** Scintiller faiblement ; trembler : *Flamme qui vacille* (syn. trembloter). - **3.** LITT. Être incertain ; manquer d'assurance : *Sa raison vacille* (syn. s'affaiblir).

vacuité [vakɥite] n.f. (lat. *vacuitas*, de *vacuus* "vide"). - **1.** DIDACT. État de ce qui est vide. - **2.** LITT. Vide intellectuel ; absence de valeur : *La vacuité d'une œuvre littéraire, d'une existence*.

vacuole [vakɥɔl] n.f. (du lat. *vacuus* "vide"). - **1.** BIOL. Cavité du cytoplasme des cellules, renfermant diverses substances en solution dans l'eau. - **2.** GÉOL. Cavité à l'intérieur d'une roche.

vade-mecum [vademekɔm] n.m. inv. (mots lat. "viens avec moi"). LITT. Guide, manuel, répertoire que l'on garde avec soi pour le consulter.

vadrouille [vadʀuj] n.f. (de *vadrouiller*). FAM. - **1.** Promenade sans but défini ; balade. - **2.** Voyage, déplacement quelconque : *Être sans cesse en vadrouille*.

vadrouiller [vadʀuje] v.i. (de *vadrouille*, mot lyonnais de *drouilles* "hardes"). FAM. Se promener sans but précis : *Vadrouiller dans les rues* (syn. traîner, baguenauder).

va-et-vient [vaevjɛ̃] n.m. inv. (de *aller* et *venir*). - **1.** Mouvement alternatif d'un point à un autre : *Va-et-vient d'un balancier*. - **2.** Mouvement confus de personnes, de véhicules qui entrent et sortent : *Il y a un va-et-vient incessant dans le hall de l'hôtel* (= des allées et venues incessantes ; syn. passage). - **3.** Charnière à ressort permettant l'ouverture d'une porte dans les deux sens. - **4.** ÉLECTR. Montage qui permet d'allumer ou d'éteindre une lampe, de deux ou plusieurs endroits différents.

vagabond, e [vagabɔ̃, -ɔ̃d] adj. (bas lat. *vagabundus*, du class. *vagari* "errer"). - **1.** Qui erre çà et là : *Chien vagabond* (syn. errant). - **2.** Qui va à l'aventure : *Imagination vagabonde* (syn. débridé). ◆ n. Personne qui n'a ni domicile ni profession.

vagabondage [vagabɔ̃daʒ] n.m. - **1.** Fait de vagabonder. - **2.** État de celui qui n'a ni domicile ni moyens de subsistance licites : *Délit de vagabondage*. - **3.** LITT. État de l'esprit entraîné d'un sujet à l'autre au gré de sa rêverie.

vagabonder [vagabɔ̃de] v.i. - **1.** Errer çà et là : *Vagabonder sur les routes de France* (syn. déambuler, traîner). - **2.** Passer librement, sans fil conducteur, d'une idée à une autre : *Laisser son esprit vagabonder*.

vagin [vaʒɛ̃] n.m. (lat. *vagina* "gaine"). Organe génital interne de la femme, qui a la forme d'un conduit et va de l'utérus à la vulve.

vaginal, e, aux [vaʒinal, -o] adj. Relatif au vagin : *Muqueuse vaginale*.

vaginite [vaʒinit] n.f. MÉD. Inflammation de la muqueuse du vagin.

vagir [vaʒiʀ] v.i. (lat. *vagire*) [conj. 32]. - **1.** Pousser des cris, en parlant du nouveau-né : *Un bébé vagissait dans la chambre voisine* (syn. crier, pleurer). - **2.** Émettre un vagissement, en parlant du lièvre ou du crocodile.

vagissement [vaʒismɑ̃] n.m. - **1.** Cri de l'enfant nouveau-né. - **2.** Cri du lièvre et du crocodile.

1. vague [vag] adj. (lat. *vagus* "errant"). - **1.** Dont la localisation est imprécise ; mal déterminé : *Des douleurs vagues* (syn.

indéfinissable). - **2.** Dont la signification est difficile à saisir ; qui laisse place au doute : *Il a fait une réponse vague* (syn. évasif, flou ; contr. précis). *Vague promesse* (syn. ambigu ; contr. explicite, formel). - **3.** Se dit d'un vêtement qui a une certaine ampleur : *Un manteau vague* (contr. ajusté). - **4.** ANAT. **Nerf vague,** nerf pneumogastrique. ◆ n.m. - **1.** Ce qui est imprécis, mal défini : *Elle a préféré rester dans le vague* (syn. flou, imprécision). - **2.** **Vague à l'âme,** sentiment de tristesse sans cause apparente : *Le vague à l'âme des poètes romantiques* (syn. spleen).

2. **vague** [vag] adj. (lat. *vacuus* "vide"). **Terrain vague,** terrain situé dans une agglomération ou à proximité de celle-ci et qui n'a aucun usage précis, n'est ni cultivé ni entretenu.

3. **vague** [vag] n.f. (anc. scand. *vâgr,* moyen bas all. *wâge,* all. *Woge*). - **1.** Ondulation produite à la surface de l'eau par l'effet du vent, d'un courant, etc. ; mouvement ascendant et descendant de l'eau qui en résulte : *De grosses vagues se brisaient sur la jetée* (syn. lame). - **2.** Phénomène subit qui apparaît en masse et se propage : *Vague de chaleur, de froid. Vague d'applaudissements* (syn. salve). - **3.** Masse importante de personnes, de choses qui se déplacent ensemble : *Vague de touristes* (syn. afflux, flot). *Une première vague de départs a eu lieu samedi* (syn. série). - **4.** **La nouvelle vague.** La nouvelle génération d'avant-garde ; spécial., groupe de jeunes cinéastes français qui imposèrent un nouveau style, plus libre et plus naturel, à la fin des années 50 et au début des années 60.

vaguelette [vaglɛt] n.f. Petite vague : *Quelques vaguelettes se formèrent à la surface du lac* (syn. ondulation, ride).

vaguement [vagmɑ̃] adv. - **1.** De façon imprécise : *Je distinguais vaguement la maison dans la brume* (syn. indistinctement). - **2.** D'une manière faible : *Une pièce vaguement éclairée par une lucarne* (syn. faiblement, peu). - **3.** Sans fournir les précisions escomptées : *Parler vaguement d'un projet* (syn. évasivement).

vaguemestre [vagmɛstʀ] n.m. (all. *Wagenmeister* "maître des équipages"). - **1.** HIST. Sous l'Ancien Régime, officier chargé de la conduite des convois militaires. - **2.** Sous-officier chargé du service postal d'une unité. - **3.** AFR. Garçon de bureau ; planton.

vaguer [vage] v.i. (lat. *vagari* "errer"). LITT. Se porter sans cesse d'un objet sur un autre sans pouvoir se fixer : *Laisser vaguer son imagination* (syn. errer, vagabonder).

vahiné [vaine] n.f. (mot tahitien). Femme de Tahiti.

vaillamment [vajamɑ̃] adv. Avec vaillance : *Supporter vaillamment l'adversité* (syn. bravement).

vaillance [vajɑ̃s] n.f. (de *vaillant*). Qualité d'une personne brave dans la lutte : *La vaillance d'un héros* (syn. bravoure).

vaillant, e [vajɑ̃, -ɑ̃t] adj. (anc. p. présent de *valoir*). - **1.** Qui fait preuve de courage devant le danger : *De vaillants soldats* (syn. brave, valeureux ; contr. couard). *Une vaillante jeunesse* (syn. courageux). - **2.** Qui manifeste de l'énergie au travail ; qui fait preuve de force d'âme : *Un jeune employé très vaillant* (syn. actif, dynamique). - **3.** N'avoir plus un sou vaillant, n'avoir plus du tout d'argent.

vain, e [vɛ̃, vɛn] adj. (lat. *vanus* "vide"). - **1.** Qui est sans fondement, sans valeur, sans effet : *De vains espoirs* (syn. chimérique, illusoire). *Mes efforts sont restés vains* (syn. inefficace, infructueux). - **2.** **En vain,** sans résultat : *Elle a tenté en vain de le dissuader de partir* (= vainement). ‖ **Vaine pâture** → pâture.

vaincre [vɛ̃kʀ] v.t. (lat. *vincere*) [conj. 114]. - **1.** Remporter une victoire à la guerre, dans une compétition : *Vaincre l'armée adverse* (syn. défaire, écraser). *Je l'ai vaincu au ping-pong* (syn. battre). - **2.** Venir à bout de, triompher de : *Vaincre sa peur* (syn. dominer, maîtriser).

vaincu, e [vɛ̃ky] n. (du p. passé de *vaincre*). - **1.** Personne qui a subi une défaite : *Les vaincus songent à la revanche* (syn. perdant). - **2.** Personne qui se résigne, qui renonce à la lutte : *Avoir une attitude de vaincu* (syn. défaitiste).

vainement [vɛnmɑ̃] adv. En vain ; sans succès : *Je lui ai vainement téléphoné hier.*

vainqueur [vɛ̃kœʀ] adj.m. et n.m. (de *vaincre*). - **1.** Qui a remporté la victoire dans un conflit, une compétition, etc. : *Le vainqueur du tournoi* (syn. champion, gagnant). *Sortir vainqueur d'une compétition* (syn. victorieux). - **2.** Qui marque la victoire : *Air vainqueur* (syn. triomphant).

vair [vɛʀ] n.m. (lat. *varius* "varié, nuancé"). - **1.** VX. Fourrure du petit-gris. - **2.** HÉRALD. L'une des fourrures de l'écu, faite de cloches d'azur et d'argent alternées, disposées en lignes horizontales.

1. **vairon** [vɛʀɔ̃] adj.m. (de *vair*). Yeux vairons, yeux d'une personne qui sont de couleurs différentes.

2. **vairon** [vɛʀɔ̃] n.m. (de *vair*). Petit poisson très commun dans les ruisseaux, et dont la chair est peu estimée. □ Famille des cyprinidés.

vaisseau [veso] n.m. (bas lat. *vascellum,* class. *vasculum,* dimin. de *vas* "vase"). - **1.** LITT. Bateau d'assez grandes dimensions : *Dix vaisseaux attendaient au large* (syn. bâtiment, navire). - **2.** ARCHIT. Espace intérieur, génér. allongé, occupant la plus grande partie de la hauteur d'un bâtiment ou, au moins, plusieurs étages : *Hauteur du vaisseau d'une cathédrale* (syn. nef). - **3.** ANAT. Canal servant à la circulation du sang ou de la lymphe. □ On distingue quatre sortes de vaisseaux : les artères, les veines, les capillaires et les vaisseaux lymphatiques. - **4.** BOT. Tube servant à la conduction de la sève brute. - **5.** LITT. Brûler ses vaisseaux, se couper la retraite, accomplir un acte qui ne permet plus de reculer. ‖ ASTRONAUT. Vaisseau spatial, astronef de grandes dimensions destiné aux vols humains dans l'espace.

vaisselier [vesəlje] n.m. Buffet dont la partie haute comporte des étagères sur lesquelles on dispose de la vaisselle.

vaisselle [vesɛl] n.f. (lat. pop. *vascella*, pl. neutre du bas lat. *vascellum*, pris pour un fém. sing.). - **1.** Ensemble des pièces et accessoires pour le service de la table : *De la vaisselle de porcelaine*. - **2.** Action de laver les plats et ustensiles qui ont servi au repas : *C'est à ton tour de faire la vaisselle.*

val [val] n.m. (lat. *vallis* "vallée") [pl. *vals* ou, anc., *vaux*]. - **1.** Vallée très large : *Le val de Loire*. - **2.** Par monts et par vaux, de tous côtés, à travers tout le pays : *Il est toujours par monts et par vaux* (= en voyage). *Rechercher un évadé par monts et par vaux.*

valable [valabl] adj. (de *valoir*). - **1.** Qui a les conditions requises pour produire son effet : *Ces pièces de monnaie ne sont plus valables* (syn. bon). - **2.** Qui peut être accepté, admis : *Votre excuse n'est pas valable* (syn. acceptable, admissible). - **3.** Qui a une certaine valeur, une certaine importance : *Un dirigeant valable* (syn. capable, compétent).

valablement [valabləmɑ̃] adv. De façon valable.

valdinguer [valdɛ̃ge] v.i. (croisement de *valser* et *dinguer* "être projeté avec violence"). FAM. - **1.** Tomber, s'étaler violemment : *J'ai valdingué jusqu'en bas de l'escalier* (syn. dégringoler, rouler). - **2.** Envoyer valdinguer qqn, le faire tomber brutalement ; au fig., l'éconduire.

valence [valɑ̃s] n.f. (francisation, d'apr. *équivalence*, de l'angl. *valency*, bas lat. *valentia*, du class. *valere* "valoir"). CHIM. Valence d'un élément, nombre maximal d'atomes d'hydrogène avec lesquels un atome peut se substituer. □ Ce nombre est lié à celui des électrons de la couche extérieure de l'atome.

valériane [valerjan] n.f. (lat. médiév. *valeriana*, de *Valeria*, province romaine d'où venait la plante). Plante des lieux humides à fleurs roses, blanches ou jaunâtres. □ La valériane officinale, utilisée comme antispasmodique et sédatif, est aussi appelée

herbe-aux-chats, parce que son odeur attire ces animaux.

valet [valɛ] n.m. (lat. pop. *vassellitus*, double dimin. du lat. mérovingien *vassus* "serviteur", du gaul.). - **1.** Domestique masculin : *Valet de chambre*. - **2.** Homme d'une complaisance servile et intéressée (péjor.) : *Les valets du pouvoir*. - **3.** Carte à jouer qui porte la figure d'un valet. - **4.** Valet de nuit, cintre monté sur pieds, où l'on dispose les différentes pièces d'un costume d'homme.

valetaille [valtaj] n.f. LITT. Ensemble des valets, de la domesticité (péjor.) : *La valetaille s'affairait dans la cuisine* (syn. domesticité, personnel).

valétudinaire [valetydinɛr] adj. et n. (du lat. *valetudo, -dinis* "mauvaise santé"). LITT. Qui a une santé chancelante : *Un vieillard valétudinaire* (syn. maladif).

valeur [valœr] n.f. (lat. *valor*). - **1.** Somme d'argent en échange de laquelle un objet peut changer de propriétaire sans que ce dernier soit lésé : *La valeur de ce terrain a doublé* (syn. prix). - **2.** Quantité approximative d'une matière, d'un produit : *Boire la valeur d'un verre de vin* (syn. équivalent). - **3.** Aspect économique d'une chose lié à son utilité, au travail qu'elle demande, au rapport de l'offre et de la demande la concernant, etc. : *La valeur d'une monnaie étrangère* (syn. cours). *La valeur d'une action en Bourse* (syn. cotation, cote). - **4.** MATH. L'une des déterminations possibles d'un élément variable. - **5.** MUS. Durée d'une note : *Le point prolonge une note de la moitié de sa valeur*. - **6.** Ce par quoi on est digne d'estime sur le plan moral, intellectuel, physique, etc. : *Garçon de grande valeur* (syn. mérite, qualité). - **7.** Importance, prix attachés à qqch : *Donner à une chose une valeur sentimentale*. - **8.** Caractère de ce qui est valable, de ce qui produit l'effet voulu : *Sans votre signature, ce document n'a aucune valeur* (syn. validité). - **9.** LING. Sens que prend un mot dans un contexte déterminé. - **10.** Ce qui est posé comme vrai, beau, bien, selon des critères personnels ou sociaux, et sert de référence, de principe moral : *La valeur d'une civilisation* (= son rôle formateur, créateur). *Juger la valeur des actes de qqn* (= leur contenu moral). - **11.** Jugement de valeur, qui énonce une appréciation (par opp. à *jugement de réalité*, qui constate les faits). ‖ Mettre en valeur, donner de l'importance à, faire ressortir ; faire fructifier : *Le maquillage met ses yeux bleus en valeur*. *Il a su mettre ses terres en valeur*. ‖ Valeur ajoutée, différence entre la valeur des produits à traiter et leur valeur après transformation. ‖ Valeur numérique d'une grandeur, mesure de cette grandeur.
◆ **valeurs** n.f. pl. - **1.** Ensemble des règles de

conduite, des lois jugées conformes à un idéal par une personne, une collectivité et auxquelles elle se réfère : *La crise économique a engendré une remise en cause des valeurs.* -**2.** Échelle des valeurs, hiérarchie établie entre les principes moraux.

valeureusement [valørøzmã] adv. Avec courage : *Ils ont lutté valeureusement pour leur indépendance* (syn. bravement, héroïquement).

valeureux, euse [valørø, -øz] adj. (de *valeur*). LITT. Qui a de la vaillance, du courage : *Nos valeureuses troupes* (syn. brave, héroïque).

validation [validasjõ] n.f. Action de valider : *Procéder à la validation d'un acte notarié.*

valide [valid] adj. (lat. *validus* "bien portant"). -**1.** En bonne santé : *Les personnes valides ont participé à l'évacuation des blessés* (syn. sain). -**2.** DR. Qui n'est entaché d'aucune cause de nullité : *Mon billet n'est valide que jusqu'au 29* (syn. bon, valable ; contr. périmé).

valider [valide] v.t. Rendre ou déclarer valide : *Valider une élection* (syn. entériner, ratifier). *Valider la copie d'un document* (syn. homologuer).

validité [validite] n.f. Caractère, durée de ce qui est valide, valable : *Passeport en cours de validité.*

valise [valiz] n.f. (it. *valigia*). -**1.** Bagage à main de forme rectangulaire : *Défaire sa valise* (= la vider des vêtements et objets qu'elle contient). -**2.** Faire ses valises, les remplir d'affaires qu'on veut emporter en voyage ; au fig., se tenir prêt dans l'éventualité d'un départ forcé : *Le gouvernement fait ses valises à la veille des élections.* -**3.** CAN. Coffre d'une voiture. -**4.** Valise diplomatique. Privilège international dont bénéficie le transport du courrier par voie diplomatique ; le courrier lui-même. □ La valise diplomatique est inviolable et dispensée de tout contrôle douanier.

vallée [vale] n.f. (de *val*). Dépression allongée, plus ou moins évasée, façonnée par un cours d'eau ou un glacier : *La vallée du Rhône.*

vallon [valõ] n.m. (it. *vallone*). Petite vallée ; petite dépression entre deux coteaux.

vallonné, e [valɔne] adj. Qui présente l'aspect de vallons : *Région vallonnée* (contr. plat).

vallonnement [valɔnmã] n.m. État de ce qui est vallonné : *Le vallonnement de la Toscane.*

valoir [valwaʀ] v.i. (lat. *valere*) [conj. 60]. (Suivi d'un compl. de qualité ou d'adv.). -**1.** Avoir tel prix : *Montre qui vaut cinq cents francs* (syn. coûter). -**2.** Avoir telle valeur, telle qualité, tel intérêt : *Cet argument ne vaut rien. Que vaut cet acteur ?* -**3.** (Absol.). Être valable : *Ma remarque vaut pour tout le monde* (syn. intéresser). -**4.** À valoir, se dit d'une somme

d'argent dont on tiendra compte ultérieurement : *Verser un acompte à valoir sur l'achat d'une voiture.* ‖ Ça ne vous vaut rien, c'est nuisible à votre santé. ‖ Faire valoir, faire fructifier ; souligner les mérites de : *Faire valoir un capital, une exploitation agricole.* Elle s'arrange toujours pour faire valoir son fils. ‖ Faire valoir un droit, l'exercer. ‖ Se faire valoir, vanter ses mérites avec exagération. ‖ Vaille que vaille, tant bien que mal. ‖ Valoir bien, être digne de : *Cet effort vaut bien une récompense.* ◆ v.t. -**1.** Équivaloir à : *En musique, une blanche vaut deux noires* (syn. égaler). -**2.** Justifier la peine qu'on se donne : *Ce restaurant vaut le détour* (syn. mériter). -**3.** Être la cause de : *Cette erreur lui a valu des reproches* (syn. attirer, causer). ◆ v. impers. Autant vaudrait, il serait aussi ou plus avantageux de : *Autant vaudrait recommencer à zéro.* ‖ Il vaut mieux, il est préférable, plus avantageux de : *Il vaut mieux se taire que de dire des sottises.* ◆ se valoir v.pr. Avoir la même valeur : *Ces deux solutions se valent.*

valorisant, e [valɔʀizã, -ãt] adj. Qui valorise : *Promotion valorisante.*

valorisation [valɔʀizasjõ] n.f. -**1.** Action de donner de la valeur, plus de valeur à, à qqch : *La valorisation d'une région déshéritée* (= mise en valeur). -**2.** IND. Utilisation des déchets comme matière première.

valoriser [valɔʀize] v.t. (du lat. *valor*). -**1.** Donner une plus grande valeur à : *La piscine valorise la propriété.* -**2.** Augmenter la valeur, le mérite de : *Son succès l'a valorisé aux yeux de ses proches* (contr. déprécier).

valse [vals] n.f. (all. *Walzer*). -**1.** Danse tournante à trois temps, dont le premier est accentué ; morceau musical composé sur ce rythme : *Une valse de Chopin.* -**2.** FAM. Changement fréquent des membres d'un bureau, d'un service, etc. : *La valse des ministres.* -**3.** FAM. Modification, remplacement continuels de choses : *La valse des étiquettes, des prix.*

valser [valse] v.i. -**1.** Danser la valse. -**2.** FAM. Être projeté, lancé violemment : *Les assiettes valsaient dans la pièce. Sur le coup, il alla valser contre le mur.* -**3.** FAM. Être soumis à des modifications, des déplacements, des remplacements continuels : *Les prix, les étiquettes valsent. Les ministres valsent.* -**4.** FAM. Envoyer qqn, qqch valser, renvoyer sans égards qqn ; se débarrasser brutalement de qqch : *Il a envoyé valser sa nouvelle secrétaire. Il a eu envie de tout envoyer valser* (= envoyer promener, balader). ‖ Faire valser l'argent, le dépenser sans compter (= jongler avec).

valseur, euse [valsœʀ, -øz] n. Personne qui valse.

valve [valv] n.f. (lat. *valva* "battant de porte"). -**1.** Appareil destiné à régler le mouvement d'un fluide dans une canalisation suivant les nécessités des organes d'utilisation : *Dévisser la valve pour regonfler un pneu de bicyclette.* **- 2.** Chacune des deux parties d'une coquille bivalve : *Les valves d'une coquille Saint-Jacques.*

valvule [valvyl] n.f. (lat. *valvula,* dimin. de *valva ;* v. *valve*). **- 1.** ANAT. Repli membraneux fixé sur la paroi interne du cœur ou d'un vaisseau, qui dirige les liquides (sang, lymphe) en les empêchant de refluer. **- 2.** BOT. Petite valve.

vamp [vãp] n.f. (mot anglo-amér., abrév. de *vampire*). **- 1.** Actrice de cinéma qui interprétait des rôles de femme fatale : *Les vamps d'Hollywood.* **- 2.** FAM. Femme fatale.

vampire [vãpiʀ] n.m. (all. *Vampir,* d'orig. scand.). **- 1.** Mort qui, selon une superstition populaire, sortirait du tombeau pour sucer le sang des vivants : *Les Carpates auraient vu la naissance des vampires.* **- 2.** Personne qui s'enrichit du travail d'autrui : *Ce promoteur immobilier est un vampire.* **- 3.** Chauve-souris d'Amérique tropicale, génér. insectivore mais pouvant mordre des mammifères endormis et absorber leur sang. □ Envergure env. 20 cm.

vampirisme [vãpiʀism] n.m. **- 1.** Croyance aux vampires ; comportement supposé de ceux-ci. **- 2.** Avidité de ceux qui s'enrichissent du travail d'autrui : *Le vampirisme d'un usurier.*

1. van [vã] n.m. (lat. *vannus*). Grand panier plat en osier, muni de deux anses, pour le vannage du grain.

2. van [vã] n.m. (abrév. de l'angl. *caravan*). Véhicule fermé pour le transport des chevaux de course.

vanadium [vanadjɔm] n.m. (mot lat., de *Vanadis,* n. d'une divinité scand.). Métal blanc, fondant vers 1 750 °C. □ Symb. V ; densité 5,7.

vandale [vãdal] n.m. (de *Vandales,* n. d'un peuple). Personne qui commet des actes de vandalisme : *Des vandales ont dévasté les cabines téléphoniques* (syn. casseur).

vandalisme [vãdalism] n.m. Attitude de celui qui détruit ou mutile gratuitement des œuvres d'art, des édifices publics, etc. : *Des actes de vandalisme* (syn. déprédation).

vanille [vanij] n.f. (esp. *vainilla* "petite gaine", du lat. *vagina* "gaine"). **- 1.** Fruit du vanillier. **- 2.** Gousse ou extrait de ce fruit utilisés comme parfum en confiserie et en pâtisserie : *Crème, glace à la vanille.*

vanillé, e [vanije] adj. Parfumé à la vanille : *Sucre vanillé.*

vanillier [vanije] n.m. Orchidacée grimpante des régions tropicales, qui produit la vanille. □ Le vanillier est une liane d'Amérique et

d'Afrique ; son fruit, qui est une capsule, ou gousse, atteint 0,25 m de long et a la grosseur du petit doigt.

vanité [vanite] n.f. (lat. *vanitas,* de *vanus* "vain"). **- 1.** Satisfaction de soi-même ; défaut de celui qui étale ce sentiment : *Il est d'une vanité incroyable* (syn. fatuité, prétention, suffisance). **- 2.** LITT. Caractère de ce qui est sans utilité, sans valeur : *Être convaincu de la vanité des honneurs* (syn. futilité, inanité). **- 3.** Caractère inefficace de qqch : *La vanité d'une tentative* (syn. inefficacité, inutilité). **- 4.** BX-A. Composition (nature morte le plus souvent) évoquant la destinée mortelle de l'homme. **- 5.** *Tirer vanité de,* se glorifier, s'enorgueillir de.

vaniteusement [vanitøzmã] adv. Avec vanité : *Il montrait vaniteusement ses trophées sportifs.*

vaniteux, euse [vanitø, -øz] adj. et n. Qui fait preuve de vanité : *Une jeune fille vaniteuse* (syn. prétentieux, suffisant).

vanity-case [vanitikez] n.m. (mot angl., de *vanity* "chose futile" et *case* "mallette") [pl. *vanity-cases*]. Mallette de voyage rigide destinée à contenir divers produits et accessoires de toilette.

vannage [vanaʒ] n.m. (de *vanner*). Séparation des grains battus de leur balle et de leurs impuretés : *Le vannage du blé.*

1. vanne [van] n.f. (bas lat. *venna* "treillage", d'orig. celt.). Panneau mobile permettant de régler la circulation et le débit d'un fluide : *Ouvrir les vannes d'une écluse.*

2. vanne [van] n.f. (de *vanner* au sens anc. "railler, tourmenter"). FAM. Remarque, plaisanterie désobligeante : *Arrête de lui lancer des vannes.*

vanné, e [vane] adj. FAM. Extrêmement fatigué : *Je suis vanné après cette marche au soleil* (syn. exténué, fourbu).

vanneau [vano] n.m. (de *1. van,* à cause du bruit des ailes). Oiseau échassier, commun en Europe. □ Famille des charadriidés ; long. 30 cm.

vanner [vane] v.t. **- 1.** Trier, nettoyer les grains en les secouant dans un van : *Vanner le blé.* **- 2.** FAM. Fatiguer excessivement : *L'ascension l'a vanné* (syn. épuiser, exténuer).

vannerie [vanʀi] n.f. **- 1.** Art, industrie du vannier. **- 2.** Objets en osier, rotin, jonc, etc.

vanneur, euse [vanœʀ, -øz] n. et adj. Personne qui vanne le grain.

vannier [vanje] n.m. (de *1. van*). Ouvrier qui confectionne divers objets (paniers, corbeilles, sièges, etc.) au moyen de tiges ou de fibres végétales entrelacées.

vantail [vãtaj] n.m. (de *vent*) [pl. *vantaux*]. Panneau plein pivotant sur un de ses bords ; battant.

vantard, e [vãtaʀ, -aʀd] adj. et n. Qui a l'habitude de se vanter : *Son frère est très vantard* (syn. fanfaron, hâbleur). *Faire le vantard* (syn. matamore).

vantardise [vãtaʀdiz] n.f. - **1.** Caractère d'une personne qui se vante : *Une insupportable vantardise* (syn. forfanterie). - **2.** Acte, propos du vantard : *Encore une de ses vantardises* (syn. fanfaronnade).

vanter [vãte] v.t. (bas lat. *vanitare*, du class. *vanus* "vain, vide"). Présenter de façon élogieuse : *Vanter les mérites de qqn* (syn. célébrer, exalter). *Vanter une méthode de travail* (syn. préconiser, prôner). ◆ **se vanter** v.pr. - **1.** S'attribuer des qualités, des mérites qu'on n'a pas : *Sans me vanter, je peux dire que j'y serais arrivé du premier coup.* - **2.** Se vanter de, tirer vanité de ; se déclarer capable de : *Se vanter de sa force* (syn. s'enorgueillir). *Il se vante de réussir* (syn. se targuer, se flatter).

va-nu-pieds [vanypje] n. inv. FAM. Personne qui vit très misérablement (syn. gueux, miséreux).

1. vapeur [vapœʀ] n.f. (lat. *vapor*). - **1.** Gaz résultant de la vaporisation d'un liquide ou de la sublimation d'un solide : *Des vapeurs d'essence* (syn. émanation). - **2.** Masse gazeuse qui se dégage de l'eau en ébullition : *Légumes cuits à la vapeur. Repassage à la vapeur.* - **3.** Vapeur d'eau employée comme force motrice : *Train à vapeur. Marine à vapeur.* - **4.** À toute vapeur, à toute vitesse. ◆ **vapeurs** n.f. pl. - **1.** Troubles et malaises divers : *Avoir des vapeurs* (= des bouffées de chaleur). - **2.** LITT. Ce qui monte à la tête et étourdit : *Les vapeurs du vin.*

2. vapeur [vapœʀ] n.m. (de *[bateau à] vapeur*). MAR. ANC. Navire propulsé par une machine à vapeur.

vaporeux, euse [vapɔʀø, -øz] adj. (lat. *vaporosus*). - **1.** Qui est léger et transparent : *Tissu vaporeux.* - **2.** Dont l'éclat est comme voilé par la brume : *Ciel vaporeux* (syn. nébuleux).

vaporisateur [vapɔʀizatœʀ] n.m. - **1.** Récipient dans lequel on opère la transformation d'un liquide en vapeur. - **2.** Instrument rechargeable employé pour projeter un liquide, un parfum, etc., sous forme de fines gouttelettes : *Un vaporisateur de parfum* (syn. atomiseur).

vaporisation [vapɔʀizasjɔ̃] n.f. - **1.** Transformation d'un liquide ou d'un solide en gaz ou en vapeur (syn. sublimation, volatilisation). - **2.** Opération consistant à diffuser un liquide sous la forme de fines gouttelettes : *Faire deux vaporisations dans le nez* (syn. pulvérisation).

vaporiser [vapɔʀize] v.t. (du lat. *vapor* "vapeur"). - **1.** Faire passer un liquide ou un solide à l'état gazeux : *La chaleur vaporise l'eau* (syn. volatiliser). - **2.** Disperser, projeter en gouttelettes fines : *Vaporiser un insecticide sur des rosiers* (syn. pulvériser). *Vaporiser de la laque sur ses cheveux.*

vaquer [vake] v.i. (lat. *vacare* "être vide"). Cesser pour un temps ses fonctions : *Les tribunaux vaquent.* ◆ v.t. ind. **[à]**. S'appliquer à ; s'occuper de : *Vaquer à ses occupations habituelles* (syn. se livrer à).

varan [vaʀã] n.m. (lat. scientif. *varanus*, de l'ar. *waran*). Reptile lacertilien, carnivore, habitant l'Afrique, l'Asie et l'Australie. □ Long. de 2 à 3 m.

varangue [vaʀãg] n.f. (de l'anc. scand. *vrong* "couple, cloison"). Sur un navire, pièce à deux branches formant la partie inférieure d'un couple.

varappe [vaʀap] n.f. (de *Varappe,* n. d'un couloir rocheux près de Genève). Escalade de parois rocheuses : *Faire de la varappe en forêt de Fontainebleau.*

varappeur, euse [vaʀapœʀ, -øz] n. Qui pratique la varappe.

varech [vaʀɛk] n.m. (anc. scand. *vágrek* "épave"). Ensemble des algues laissées par le retrait de la marée ou récoltées à marée basse sur les rivages. □ Le varech, appelé *goémon* en Normandie et en Bretagne, sert à amender les terres sablonneuses, est utilisé comme litière et fournit de l'iode et de la soude.

vareuse [vaʀøz] n.f. (de *varer,* forme dialect. de *garer* "protéger"). - **1.** Veste assez ample. - **2.** Blouse d'uniforme des quartiers-maîtres et matelots de la Marine nationale.

variabilité [vaʀjabilite] n.f. - **1.** Caractère d'une chose variable, d'une personne changeante : *La variabilité de certains hommes* (syn. inconstance, versatilité). *La variabilité du temps* (syn. fluctuation). - **2.** Propriété que présentent certains mots de changer de terminaison selon leur emploi : *La variabilité d'un adjectif.*

variable [vaʀjabl] adj. - **1.** Qui varie, peut varier : *Humeur variable* (syn. changeant, instable). *Temps variable* (syn. capricieux, incertain). - **2.** Divers : *Les succès que nous remportons sont variables* (syn. inégal ; contr. constant). - **3.** GRAMM. Se dit d'un mot dont la forme varie selon le genre, le nombre, la fonction. - **4.** ASTRON. Étoile variable, étoile soumise à des variations sensibles d'éclat (on dit aussi *une variable*). ◆ n.f. - **1.** Élément qui peut prendre des valeurs différentes à l'intérieur d'un système, d'une relation ; facteur. - **2.** MATH. Terme indéterminé dont l'ensemble des valeurs possibles est déterminé : *Variable réelle, complexe.*

variante [varjɑ̃t] n.f. (du p. présent de *varier*).
- **1.** Chose qui diffère légèrement d'une autre de la même espèce : *Le nouveau modèle n'est qu'une variante de l'ancien.* - **2.** Texte ou fragment de texte qui diffère de celui qui est communément admis du fait de corrections volontaires de son auteur ou d'altérations dues à la copie ou à l'édition : *Comparer les variantes du « Cid »* (syn. version).

variateur [varjatœr] n.m. Dispositif permettant de faire varier une intensité électrique, utilisé notamm. avec certains appareils d'éclairage : *Une lampe à halogène avec variateur.*

variation [varjasjɔ̃] n.f. (lat. *variatio*). - **1.** État de ce qui varie ; changement d'aspect de qqch : *Variations brusques de température* (syn. changement, écart). *Elle est sujette à des variations d'humeur* (syn. fluctuation, saute). *Cette doctrine a subi de nombreuses variations* (syn. évolution, mutation, transformation). - **2.** BIOL. Modification d'un animal ou d'une plante par rapport au type habituel de son espèce. □ On distingue les *somations,* purement individuelles, acquises au cours de la vie, intransmissibles, et les *mutations,* transmissibles. - **3.** CHORÉGR. Enchaînement figurant dans un grand pas de deux. - **4.** MUS. Procédé de composition qui consiste à employer un même thème en le transformant, en l'ornant, tout en le laissant reconnaissable ; forme musicale qui use de ce procédé. - **5.** MATH. Calcul des variations, détermination des maximums et des minimums d'une fonction définie dans un espace fonctionnel.

varice [varis] n.f. (lat. *varix, -icis*). PATHOL. Dilatation permanente d'une veine, particulièrement fréquente aux membres inférieurs.

varicelle [varisɛl] n.f. (de *variole*). Maladie infectieuse, contagieuse et épidémique, sans gravité, due au virus herpès, atteignant surtout les enfants et caractérisée par une éruption de vésicules, qui disparaissent en une dizaine de jours.

varié, e [varje] adj. (lat. *varius*). - **1.** Qui présente de la diversité : *Travail varié* (contr. routinier). *Chanteur qui a un répertoire très varié* (syn. étendu, vaste ; contr. limité). *Paysage varié* (contr. monotone). - **2.** (Au pl.). Se dit de choses très différentes entre elles : *Hors-d'œuvre variés. Il y eut des réactions variées dans l'auditoire* (syn. divers).

varier [varje] v.t. (lat. *variare*, de *varius* "varié") [conj. 9]. Présenter de diverses manières ; faire changer de nature : *Varier le style, la décoration* (syn. modifier, transformer). *Varier l'alimentation* (syn. diversifier). ◆ v.i. - **1.** Présenter des différences, des aspects

divers : *Les opinions varient sur ce point* (syn. différer). *Les prix varient* (syn. fluctuer, osciller). *Son humeur varie d'un jour à l'autre* (syn. changer). - **2.** MATH. Changer de valeur : *Grandeur qui varie de zéro à l'infini.* - **3.** Varier en genre, en nombre, en personne, s'accorder au point de vue du genre, du nombre, de la personne, en parlant d'un terme grammatical.

variété [varjete] n.f. (lat. *varietas*). - **1.** Caractère de ce qui est varié : *La variété de la végétation, du paysage* (syn. diversité). *Il y a une grande variété d'opinions dans la population* (syn. disparité). - **2.** Genre musical de large audience destiné spécial. au divertissement (chanson, musique de danse, etc.) : *Un disque de variété.* - **3.** BIOL. Type, sorte, à l'intérieur d'une même ensemble ; unité plus petite que l'espèce, dont les individus présentent un trait commun qui les différencie des autres variétés de la même espèce : *Une variété d'huître, de rose.* ◆ **variétés** n.f. pl. Spectacle, émission présentant diverses attractions (chansons, danses, etc.) : *Il y a trop de variétés à la télévision.*

variole [varjɔl] n.f. (bas lat. *variola* "[maladie] tachetée", du class. *varius* "varié, tacheté"). Maladie infectieuse, immunisante, très contagieuse et épidémique, due à un virus, caractérisée par une éruption de taches rouges devenant des vésicules, puis des pustules (on disait autref. *petite vérole*). □ Le pronostic de la variole est grave, mortel dans 15 % des cas environ ; en cas de guérison, les pustules se dessèchent en laissant des cicatrices indélébiles. En 1978, l'O. M. S. a déclaré que la variole était éradiquée dans le monde entier. Depuis 1979, la vaccination antivariolique n'est plus obligatoire en France.

variolique [varjɔlik] adj. Relatif à la variole.

variqueux, euse [varikø, -øz] adj. (lat. *varicosus*). Relatif aux varices ; accompagné de varices : *Ulcère variqueux.*

varlope [varlɔp] n.f. (néerl. *voorloper*). Grand rabot muni d'une poignée et qu'on manie à deux mains pour aplanir une pièce de bois.

vasculaire [vaskylɛr] adj. (du lat. *vasculum* "vaisseau"). ANAT. Relatif aux vaisseaux, en partic. aux vaisseaux sanguins : *Troubles vasculaires.*

vascularisation [vaskylarizasjɔ̃] n.f. - **1.** Disposition des vaisseaux dans une région, un organe. - **2.** Densité du réseau vasculaire : *Une forte vascularisation.*

vascularisé, e [vaskylarize] adj. (de *vascularie*). Se dit d'un organe irrigué par des vaisseaux : *Le foie est richement vascularisé.*

1. vase [vaz] n.f. (moyen néerl. *wase*). Boue qui se dépose au fond des eaux : *Étang plein de vase* (syn. limon).

2. vase [vaz] n.m. (lat. *vas*). - **1.** Récipient de matière, de grandeur et de forme variables : *Disposer des fleurs en bouquet dans un vase.* - **2.** En vase clos, à l'abri de tout contact ; au fig., à l'abri de toute influence extérieure. ‖ Vase de nuit, pot de chambre. ◆ **vases** n.m. pl. **Vases communicants**, récipients qui communiquent entre eux par des tubes ou des ouvertures, et qui servent à l'étude de l'équilibre des liquides. ‖ CATH. **Vases sacrés**, ceux qui sont destinés à la célébration de la messe (calice et patène) ou à la conservation de l'eucharistie (ciboire).

vasectomie [vazɛktɔmi] n.f. (du lat. *vas* "canal", et de *-ectomie*). MÉD. Résection des canaux déférents pratiquée soit après l'ablation de la prostate pour éviter les infections ascendantes du testicule, soit comme moyen de stérilisation de l'homme. □ Cette méthode de stérilisation n'est pas licite en France.

vaseline [vazlin] n.f. (mot anglo-amér., de l'all. *Wasser* "eau", et du gr. *elaion* "huile"). Graisse minérale, translucide, extraite du résidu de la distillation des pétroles, utilisée en pharmacie et en parfumerie.

vaseux, euse [vazø, -øz] adj. - **1.** Qui contient de la vase : *Le fond vaseux d'une mare* (syn. envasé). - **2.** FAM. Se dit de qqn qui se sent faible, sans énergie : *Je me sens vaseuse aujourd'hui* (syn. engourdi, fatigué). - **3.** FAM. Qui manque de clarté, de précision : *Un exposé vaseux* (syn. confus, obscur). - **4.** FAM. Très médiocre : *Il ne sort que des astuces vaseuses* (syn. lamentable, pitoyable).

vasistas [vazistas] n.m. (altér. de l'all. *was ist das ?* "qu'est-ce que c'est ?"). Petit vantail vitré pivotant sur un de ses côtés et faisant partie d'une paroi, d'une porte ou d'une fenêtre.

vasoconstricteur, trice [vazɔkɔ̃striktœr, -tris] adj. et n.m. Qui diminue le calibre des vaisseaux sanguins : *Nerf vasoconstricteur. Médicament vasoconstricteur.*

vasoconstriction [vazɔkɔ̃striksjɔ̃] n.f. Diminution naturelle ou provoquée du calibre des vaisseaux sanguins.

vasodilatateur, trice [vazɔdilatatœr, -tris] adj. et n.m. Qui augmente le calibre des vaisseaux sanguins : *Une substance vasodilatatrice. Un médicament vasodilatateur.*

vasodilatation [vazɔdilatasjɔ̃] n.f. Augmentation naturelle ou provoquée du calibre des vaisseaux sanguins.

vasomoteur, trice [vazɔmɔtœr, -tris] adj. - **1.** MÉD. Se dit de ce qui a rapport aux variations du calibre des vaisseaux sanguins : *Nerfs vasomoteurs. Troubles vasomoteurs.*

vasouiller [vazuje] v.i. (de *vaseux*). FAM. - **1.** S'empêtrer dans ses actes ou ses propos : *Vasouiller dans une longue explication* (syn. s'embrouiller). - **2.** En parlant de choses, évoluer vers la confusion, la médiocrité : *Son affaire commence à vasouiller* (syn. péricliter).

vasque [vask] n.f. (it. *vasca*, du lat. *vasculum* "petit vase"). - **1.** Bassin large et peu profond où se déverse l'eau d'une fontaine. - **2.** Coupe large et peu profonde servant à la décoration d'une table.

vassal, e, aux [vasal, -o] n. (lat. médiév. *vasculus*, du gaul. **vasso-* ; v. *valet*). Au temps de la féodalité, personne liée à un suzerain par l'obligation de foi et hommage et lui devant des services personnels. ◆ adj. et n. Qui est en situation de dépendance par rapport à un autre : *État vassal.*

vassaliser [vasalize] v.t. Asservir, réduire à la condition de vassal : *Groupe financier qui vassalise la production industrielle d'un pays* (syn. inféoder).

vassalité [vasalite] n.f. - **1.** Système social fondé sur l'existence de liens entre suzerains et vassaux, qui constitue la base de la féodalité. - **2.** Condition de vassal.

vaste [vast] adj. (lat. *vastus*). - **1.** D'une grande étendue ; qui s'étend au loin : *Une vaste plaine* (syn. immense). - **2.** Qui présente de grandes dimensions, un grand volume : *De vastes placards* (syn. large, spacieux). - **3.** De grande envergure : *De vastes projets* (syn. ample). *Une vaste érudition* (syn. étendu).

va-t-en-guerre [vatɑ̃gɛr] adj. inv. et n. inv. FAM. Belliciste (péjor.).

vaticane [vatikan] adj.f. - **1.** Relative au Vatican : *La presse vaticane.* - **2.** La Bibliothèque vaticane, bibliothèque du Vatican, qui contient de nombreux incunables.

vaticinateur, trice [vatisinatœr, -tris] n. (du lat. *vaticinari* "prophétiser"). Personne qui prétend prédire l'avenir sous l'effet d'une inspiration surnaturelle (syn. devin).

vaticination [vatisinasjɔ̃] n.f. LITT. - **1.** Action de prophétiser : *Elle dit qu'elle a le don de vaticination* (syn. divination, prédiction). - **2.** Prophétie rabâchée et pompeuse : *Les vaticinations d'un politicien démagogue* (syn. élucubration).

vaticiner [vatisine] v.i. (lat. *vaticinari*, de *vates* "devin"). LITT. - **1.** Faire des révélations sur l'avenir avec emphase ou prétention. - **2.** Tenir des discours pompeux et confus, comme dans un délire prophétique : *Vieux poète qui vaticine* (syn. déraisonner).

va-tout [vatu] n.m. inv. (de *va*, forme de *aller*, et *tout*). - **1.** Mise sur un seul coup de tout l'argent qu'on a devant soi, aux jeux de cartes ou aux dés. - **2.** Jouer son va-tout, risquer sa dernière chance.

vaudeville [vodvil] n.m. (de *Vau-de-Vire*, n. d'une région du Calvados). LITTÉR. Comédie légère, fondée sur l'intrigue et le quiproquo : *Un vaudeville de Labiche.*

vaudevillesque [vodvilɛsk] adj. Qui rappelle le comique du vaudeville : *Une situation vaudevillesque.*

vaudois, e [vodwa, -az] adj. et n. (du n. de *Pierre Valdo*). **- 1.** Canton de Vaud. **- 2.** Qui appartient à la secte hérétique fondée à Lyon par P. Valdo au XIIᵉ s. □ Les membres de cette secte chrétienne furent excommuniés en 1184.

1. vaudou [vodu] n.m. (mot du Bénin). À Haïti, culte animiste greffé sur une croyance monothéiste et selon lequel il vaut mieux s'adresser aux dieux qu'à Dieu (trop lointain et trop respectable). □ C'est un syncrétisme de rites animistes africains et du rituel catholique.

2. vaudou, e [vodu] adj. Relatif au vaudou : *Les cérémonies vaudoues.*

à vau-l'eau [volo] loc. adv. (de *vau*, var. de *val*, et *eau*). **- 1.** Au fil de l'eau : *Amarres rompues, la barque partit à vau-l'eau.* **- 2.** Aller, s'en aller à vau-l'eau, se détériorer peu à peu : *Son commerce s'en va à vau-l'eau* (syn. péricliter).

1. vaurien, enne [vorjɛ̃, -ɛn] n. (de *vaut*, forme de *valoir*, et *rien*). **- 1.** Personne dénuée de scrupules et de principes moraux : *Tous les vauriens du quartier* (syn. crapule, fripouille, gredin). **- 2.** Enfant malicieux et indiscipliné : *Tu es une petite vaurienne* (syn. coquin, fripon, polisson).

2. Vaurien [vorjɛ̃] n.m. (nom déposé). Voilier monotype dériveur, gréé en sloop et destiné à la régate et à la promenade.

vautour [votur] n.m. (lat. *vultur*). **- 1.** Oiseau rapace diurne, à tête et cou nus et colorés, au bec puissant et aux ailes longues et larges, se nourrissant de charognes. □ Le vautour fauve, ou griffon, et le vautour moine peuvent se rencontrer dans les Pyrénées ; ils atteignent 1,25 m de long. **- 2.** Homme dur, avide et rusé (syn. rapace).

se vautrer [votʀe] v.pr. (du lat. pop. *volutare*, de *volutus*, du class. *volvere* "tourner, retourner"). **- 1.** S'étendre, se rouler sur le sol, dans la boue, sur un siège, etc. : *Se vautrer dans un fauteuil.* **- 2.** Se laisser aller avec complaisance à de mauvais penchants : *Se vautrer dans le vice, dans la paresse* (syn. s'adonner à, se complaire dans).

vaux n.m. pl. → val.

à la va-vite [vavit] loc. adv. Avec une grande hâte : *Ce devoir a été rédigé à la va-vite* (syn. hâtivement).

veau [vo] n.m. (lat. *vitellus*). **- 1.** Petit de la vache, jusqu'à un an. **- 2.** Viande de cet animal : *Des côtelettes de veau.* **- 3.** Peau tannée de cet animal : *Reliure en veau.* **- 4.** FAM. Véhicule lent et sans reprises : *Sa voiture est un veau.* **- 5.** Le veau d'or, symbole de la richesse (par allusion à l'idole que les Hébreux adorèrent au pied du Sinaï). ‖ Tuer le veau gras, faire de grandes réjouissances de table (par allusion à la parabole de l'Enfant prodigue).

vecteur [vɛktœʀ] n.m. (lat. *vector*, de *vehere* "transporter"). **- 1.** MATH. Bipoint orienté sur lequel on distingue une origine et une extrémité. **- 2.** Tout véhicule aéronautique capable de transporter une arme nucléaire en vue de la lancer sur un objectif. **- 3.** MÉD. Animal, plante, etc., qui sert de support à la transmission de maladies épidémiques : *Le rat est le principal vecteur de la peste.* **- 4.** Ce qui véhicule qqch : *Journaux qui sont les grands vecteurs de l'information.*

vectoriel, elle [vɛktɔʀjɛl] adj. MATH. Relatif aux vecteurs ; qui s'effectue sur des vecteurs : *Géométrie vectorielle.*

vécu, e [veky] adj. (p. passé de *1. vivre*). Qui s'est passé ou qui semble s'être passé réellement : *Une histoire vécue.* ◆ **vécu** n.m. Expérience réellement vécue ; faits, événements de la vie réelle : *Ce roman, c'est du vécu.*

vedettariat [vədetaʀja] n.m. **- 1.** Fait d'être une vedette, de le devenir : *Cette chanson lui a permis d'accéder au vedettariat.* **- 2.** Système fondé sur la promotion des vedettes : *Le vedettariat joue un rôle important dans la vie politique.*

vedette [vədɛt] n.f. (it. *vedetta* "lieu élevé où l'on place une sentinelle", altér., d'apr. *vedere* "voir", de *veletta* "petite voile"). **- 1.** Artiste connu à qui on a l'habitude de donner de grands rôles au cinéma, au théâtre ; artiste qui a une grande notoriété au music-hall, dans les variétés, etc. : *Une vedette de la chanson* (syn. étoile). *Les vedettes de Hollywood* (syn. star). **- 2.** Personne de premier plan : *La vedette du moment* (syn. héros). *Les vedettes de la politique* (syn. célébrité). **- 3.** Petite embarcation à moteur : *Une vedette de la douane.* **- 4.** Avoir, tenir la vedette, être en vedette, occuper une position prééminente dans l'actualité. ‖ Mettre en vedette, mettre en évidence, en valeur : *Son exploit l'a mis en vedette pour une saison.* **- 5.** Vedette lance-missiles, vedette de combat, petit bâtiment de guerre très rapide et puissamment armé.

védique [vedik] n.m. Langue des Veda, qui est une forme archaïque du sanskrit.

1. végétal [veʒetal] n.m. (lat. médiév. *vegetalis*, du bas lat. *vegetare* "croître"). Être vivant génér. chlorophyllien et fixé au sol, doué d'une sensibilité et d'une mobilité extrêmement faibles, capable de se nourrir principalement ou exclusivement de sels minéraux et de gaz carbonique, dont les cellules sont habituellement limitées par des membranes squelettiques de nature cellulosique.

2. **végétal, e, aux** [veʒetal, -o] adj. (même étym. que *1. végétal*). - **1.** Propre aux végétaux, aux plantes : *Le règne végétal.* - **2.** Composé de plantes ; extrait de plantes : *Huile végétale.*

végétalien, enne [veʒetaljɛ̃, -ɛn] et **végétaliste** [veʒetalist] adj. et n. Relatif au végétalisme ; qui le pratique.

végétalisme [veʒetalism] n.m. Alimentation exclusive par les végétaux. (v. aussi *végétarisme.*)

végétarien, enne [veʒetarjɛ̃, -ɛn] adj. et n. (angl. *vegetarian*). Relatif au végétarisme ; qui le pratique.

végétarisme [veʒetarism] n.m. Système d'alimentation supprimant les viandes mais autorisant certains produits d'origine animale (lait, beurre, etc.), à la différence du *végétalisme*, qui exclut aussi ces derniers.

végétatif, ive [veʒetatif, -iv] adj. (lat. médiév. *vegetativus* "qui croît"). - **1.** Qui assure l'entretien de la vie et de la croissance des animaux et des plantes : *La circulation, la respiration, la digestion et l'excrétion sont les fonctions végétatives.* - **2.** Qui se limite à l'entretien des fonctions vitales sans faire intervenir les facultés intellectuelles : *Vie végétative.* - **3.** Appareil végétatif, racines, tige et feuilles des plantes supérieures, thalle des végétaux inférieurs, qui assurent la nutrition. ‖ Multiplication végétative, mode de reproduction des plantes à partir d'un élément de l'appareil végétatif : *Le marcottage, le bouturage, le greffage sont des modes de multiplication végétative.* ‖ ANAT. Système nerveux végétatif → neurovégétatif.

végétation [veʒetasjɔ̃] n.f. (lat. médiév. *vegetatio*, de *vegetare* ; v. *végéter*). Ensemble des végétaux d'un lieu ou d'une région : *La végétation des tropiques* (syn. flore). *Région où il y a peu de végétation* (syn. verdure). ◆ **végétations** n.f. pl. Excroissances qui apparaissent sur la muqueuse du rhino-pharynx et obstruent les fosses nasales, spécial. chez les enfants (on dit aussi *végétations adénoïdes*) : *Être opéré des végétations.*

végéter [veʒete] v.i. (bas lat. *vegetare* "croître", du class. *vegetus* "vivant") [conj. 18]. - **1.** En parlant des plantes, mal pousser : *Plantes qui végètent par manque de lumière* (syn. dépérir, s'étioler). - **2.** Vivre médiocrement ; se développer difficilement : *Végéter dans un emploi subalterne* (syn. vivoter). *Ses affaires végètent* (syn. stagner).

véhémence [veemɑ̃s] n.f. (lat. *vehementia*). Force impétueuse et passionnée avec laquelle se manifeste un sentiment : *Défendre son point de vue avec véhémence* (syn. fougue, passion).

véhément, e [veemɑ̃, -ɑ̃t] adj. (lat. *vehemens* "passionné"). Qui manifeste de l'emportement, de la fougue : *Discours véhément* (syn. enflammé, passionné). *Une personne véhémente* (syn. emporté, impétueux).

véhiculaire [veikylɛr] adj. (de *véhicule*). Langue véhiculaire, langue de communication entre des communautés d'une même région ayant des langues maternelles différentes (on dit aussi *un véhiculaire*).

véhicule [veikyl] n.m. (lat. *vehiculum*, de *vehere* "porter"). - **1.** Moyen de transport terrestre ou aérien : *Voie réservée aux véhicules lents. Véhicule spatial.* - **2.** Ce qui sert à transmettre qqch : *La langue, véhicule de la pensée* (syn. support). *Le sang est le véhicule de l'oxygène* (syn. vecteur).

véhiculer [veikyle] v.t. - **1.** Faire passer d'un endroit à un autre au moyen d'un véhicule : *Véhiculer des marchandises, du matériel* (syn. acheminer, transporter). - **2.** Constituer un moyen de diffusion, de transmission : *Le langage permet de véhiculer les idées* (syn. communiquer, transmettre).

veille [vɛj] n.f. (lat. *vigilia*). - **1.** État de qqn qui est éveillé ; fait de ne pas dormir aux heures génér. consacrées au sommeil : *De longues heures de veille consacrées à l'étude.* - **2.** Action de monter la garde, en partic. de nuit : *Chaque tour de veille dure deux heures.* - **3.** Journée qui précède celle dont on parle ou un événement particulier : *Il faut réserver les places la veille. Nous partirons la veille de Pâques.* - **4.** À la veille de, juste avant ; sur le point de : *Nous sommes à la veille de grands bouleversements.* ‖ FAM. Ce n'est pas demain la veille, cela ne se produira pas de sitôt.

veillée [veje] n.f. (de *veille*). - **1.** Temps qui s'écoule depuis le repas du soir jusqu'au coucher : *Passer la veillée en famille* (syn. soirée). - **2.** Action de veiller un malade, un mort : *Veillée funèbre.* - **3.** Veillée d'armes, soirée qui précède un jour important : *La veillée d'armes avant un examen.*

veiller [veje] v.i. (lat. *vigilare*). - **1.** Rester éveillé pendant le temps destiné au sommeil : *J'ai veillé jusqu'à deux heures du matin.* - **2.** Exercer une garde, une surveillance : *Ne craignez rien, la police veille* (syn. surveiller). ◆ v.t. ind. [à, sur]. - **1.** Exercer une surveillance vigilante : *Veiller sur des enfants* (syn. garder, surveiller). *Veiller sur le bon déroulement d'une procédure* (syn. assurer). - **2.** Prendre soin de ; s'occuper de : *Veiller à l'approvisionnement des réfugiés. Veillez à arriver à l'heure* (= faites en sorte de).

◆ v.t. Veiller un malade, rester à son chevet pendant la nuit. ‖ Veiller un mort, rester à son chevet jusqu'à la mise en bière.

veilleur [vεjœʀ] n.m. Veilleur de nuit, garde de nuit d'un établissement public ou privé, d'un magasin, etc.

veilleuse [vεjøz] n.f. (de *veilleur*). - **1.** Petite lampe donnant une lumière qui ne gêne pas le sommeil : *La veilleuse d'une couchette de chemin de fer.* - **2.** Petite flamme d'un appareil à gaz ou à mazout qu'on peut laisser brûler pour permettre l'allumage automatique de l'appareil : *La veilleuse d'un chauffe-eau.* - **3.** En veilleuse, au ralenti ; en attente : *Le problème restera en veilleuse jusqu'à nouvel ordre.*
◆ **veilleuses** n.f. pl. Feux de position d'un véhicule automobile.

veinard, e [venaʀ, -aʀd] adj. et n. (de *veine* "chance"). FAM. Qui a de la chance : *Tu es vraiment veinarde !* (syn. fortuné, heureux, chanceux).

veine [vεn] n.f. (lat. *vena*). - **1.** Vaisseau ramenant le sang des organes vers le cœur : *Le sang des veines aboutit aux oreillettes.* - **2.** MIN. Filon d'un minéral qui peut être exploité : *Une veine de quartz.* - **3.** Trace plus ou moins sinueuse visible sur une pièce de bois, un bloc de pierre ou de marbre (syn. veinure). - **4.** BOT. Nervure saillante de certaines feuilles. - **5.** Inspiration d'un artiste : *La veine poétique, satirique* (syn. souffle). *Sa veine est tarie* (syn. verve). - **6.** FAM. Chance : *Avoir de la veine au jeu.* - **7.** Être en veine de, être disposé à : *Elle était en veine de confidences.*

veiné, e [vene] adj. - **1.** Qui a des veines apparentes : *Main veinée. Marbre veiné de rouge.* - **2.** Qui porte des dessins imitant les veines du bois ou des pierres : *Papier veiné.*

veiner [vene] v.t. Orner en imitant par des couleurs les veines du marbre ou du bois : *Veiner du contreplaqué* (syn. jasper, marbrer).

veineux, euse [venø, -øz] adj. - **1.** Relatif aux veines : *Système veineux.* - **2.** Sang veineux, sang appauvri en oxygène et riche en gaz carbonique, qui circule dans les veines de la grande circulation et dans l'artère pulmonaire.

veinule [venyl] n.f. (lat. *venula*). Petite veine.

veinure [venyʀ] n.f. Ensemble de veines visibles dans la pierre, le marbre, le bois : *Les veinures d'une pièce de bois.*

vêlage [velaʒ] et **vêlement** [vεlmã] n.m. Action de mettre bas, de vêler, en parlant des vaches.

vélaire [velεʀ] adj. (du lat. *velum* "voile [du palais]"). PHON. Se dit des voyelles ou des consonnes articulées près du voile du palais : *Le* [k] *est une consonne vélaire.* (On dit aussi *une vélaire.*)

Velcro [vεlkʀo] n.m. (nom déposé). COUT. Système de fermeture constitué par deux rubans s'accrochant l'un à l'autre par l'intermédiaire de leurs fibres textiles.

vêler [vele] v.i. (de l'anc. fr. *veel* "veau"). Mettre bas, en parlant d'une vache.

vélin [velε̃] n.m. (de l'anc. fr. *veel* "veau"). - **1.** Peau de veau ou de mouton préparée pour l'écriture, la peinture, etc., plus lisse et plus fine que le parchemin ordinaire : *Édition originale sur vélin.* - **2.** Papier vélin, papier de luxe qui imite la blancheur et l'uni du vélin.

véliplanchiste [veliplãʃist] n. (du lat. *velum* "voile", et de *planche*). Sportif qui fait de la planche à voile (syn. planchiste).

velléitaire [veleiteʀ] adj. et n. Qui n'a que des intentions fugitives, non une volonté déterminée : *Un directeur velléitaire* (syn. hésitant, instable). *C'est un velléitaire* (syn. faible, versatile).

velléité [veleite] n.f. (lat. scolast. *velleitas*, de *velle* "vouloir"). Intention fugitive non suivie d'acte : *Il a eu des velléités de se mettre sérieusement au travail* (syn. désir, intention).

vélo [velo] n.m. (abrév. de *vélocipède*). - **1.** Bicyclette. - **2.** Sport, pratique de la bicyclette : *Faire du vélo* (syn. cyclisme).

véloce [velɔs] adj. (lat. *velox*). LITT. Qui se déplace avec rapidité : *Un lévrier véloce* (syn. rapide, vif).

vélocipède [velɔsiped] n.m. (du lat. *velox* "rapide" et *pes, pedis* "pied"). Cycle mû grâce à des pédales fixées sur le moyeu de la roue avant, ancêtre de la bicyclette.

vélocité [velɔsite] n.f. LITT. Grande vitesse : *Vélocité d'élocution. Faire des gammes pour acquérir de la vélocité* (syn. rapidité).

vélocross [velɔkʀɔs] n.m. (de *vélo* et *cross*). Vélo tout terrain analogue au bicross.

vélodrome [velɔdʀom] n.m. (de *vélo* et *-drome*). Ensemble formé par une piste (couverte ou non) réservée à la compétition cycliste et les installations attenantes (tribunes, vestiaires, etc.).

vélomoteur [velɔmɔtœʀ] n.m. Motocyclette légère, d'une cylindrée comprise entre 50 et 125 cm³.

velours [vəluʀ] n.m. (altér. de l'anc. fr. *velos, velous*, du lat. *villosus* "velu"). - **1.** Étoffe rase d'un côté et couverte de l'autre de poils dressés, très serrés, maintenus par les fils du tissu : *Un pantalon en velours côtelé.* - **2.** LITT. Ce qui est doux au toucher ; ce qui produit un effet de douceur : *Faire des yeux de velours. Ce vin est un velours.* - **3.** Faire patte de velours, présenter sa patte en rentrant ses griffes, en parlant d'un chat ; au fig., cacher de mauvais desseins sous des dehors caressants.

‖ FAM. Jouer sur le velours, faire qqch sans risque, sans difficulté.

1. **velouté, e** [vəlute] adj. (de *velours*). - **1.** Qui est de la nature du velours : *Satin velouté.* - **2.** Qui a l'aspect du velours : *Papier velouté.* - **3.** Doux au toucher, au goût : *Peau veloutée* (syn. satiné). *Vin velouté* (syn. moelleux).

2. **velouté** [vəlute] n.m. (de *1. velouté*). - **1.** Qualité de ce qui est agréable au toucher, au goût : *Le velouté d'un fruit, d'une crème* (syn. douceur, onctuosité). - **2.** Potage onctueux, lié aux jaunes d'œufs : *Velouté d'asperges.*

velouteux, euse [vəlutø, -øz] adj. Qui a le toucher du velours : *Une pêche velouteuse* (syn. duveteux, velouté).

velu, e [vəly] adj. (bas lat. *villutus* "velu", class. *villosus*, de *villus* "poil"). Couvert de poils : *Bras velus* (syn. poilu).

vélum ou **velum** [velɔm] n.m. (lat. *velum* "voile"). Grand voile tendu ou froncé, simulant un plafond ou servant de toiture.

venaison [vənɛzɔ̃] n.f. (lat. *venatio, -onis* "chasse"). Chair comestible de gros gibier (sanglier, cerf, etc.).

vénal, e, aux [venal, -o] adj. (lat. *venalis*, de *venum* "vente"). - **1.** Qui s'acquiert à prix d'argent : *Sous l'Ancien Régime, les charges de notaire étaient vénales* (= il fallait les acheter pour les exercer). - **2.** Relatif à une transaction commerciale : *Valeur vénale d'un produit.* - **3.** Qui s'obtient à prix d'argent : *Amour vénal.* - **4.** Prêt à se vendre pour de l'argent : *Un expert vénal* (syn. corruptible).

vénalité [venalite] n.f. - **1.** Caractère de ce qui peut s'obtenir à prix d'argent : *La vénalité des charges.* - **2.** Caractère d'une personne vénale : *La vénalité d'un politicien.*

venant [vənɑ̃] n.m. (du p. présent de *venir*). À tout venant, au premier venu ; à toute occasion ; à tout le monde : *Il prête de l'argent à tout venant.*

vendable [vɑ̃dabl] adj. Qui peut être vendu.

vendange [vɑ̃dɑ̃ʒ] n.f. (lat. *vindemia*, de *vinum* "vin" et *demere* "récolter"). - **1.** Récolte du raisin destiné à produire du vin ; le raisin récolté : *Verser la vendange dans des cuves.* - **2.** (Surtout au pl.). Temps de la récolte du raisin.

vendanger [vɑ̃dɑ̃ʒe] v.t. (lat. *vindemiare* ; v. *vendange*) [conj. 17]. Récolter le raisin de : *Vendanger une vigne.* ◆ v.i. Faire la vendange : *Vendanger en septembre.*

vendangeur, euse [vɑ̃dɑ̃ʒœʀ, -øz] n. Personne qui fait la vendange.

vendéen, enne [vɑ̃deɛ̃, -ɛn] adj. et n. De Vendée. ◆ n. HIST. Insurgé royaliste des provinces de l'Ouest, pendant la Révolution française.

vendémiaire [vɑ̃demjɛʀ] n.m. (du lat. *vindemia* "vendange"). HIST. Premier mois de

l'année républicaine, du 22, 23 ou 24 septembre au 21, 22 ou 23 octobre.

vendetta [vɑ̃dɛta] n.f. (mot it. "vengeance"). Dans certaines régions méditerranéennes (Corse, Sardaigne, Sicile), poursuite de la vengeance d'une offense ou d'un meurtre, qui se transmet à tous les parents de la victime.

vendeur, euse [vɑ̃dœʀ, -øz] n. - **1.** Personne dont la profession est de vendre dans un magasin, dans une entreprise : *Vendeuse dans un grand magasin.* - **2.** DR. Personne qui fait un acte de vente : *Les acheteurs et les vendeurs discutaient.* **Rem.** En ce sens, le fém. est *venderesse.* ◆ adj. Qui fait vendre : *Un argument vendeur.*

vendre [vɑ̃dʀ] v.t. (lat. *vendere*) [conj. 73]. - **1.** Céder moyennant un prix convenu : *Vendre sa maison.* - **2.** Faire le commerce de : *Vendre du tissu.* - **3.** Sacrifier à prix d'argent (ce qui ne doit pas être vénal) : *Vendre son silence* (syn. monnayer). - **4.** FAM. Dénoncer pour de l'argent : *Vendre ses complices* (syn. livrer). - **5.** Vendre la peau de l'ours (avant de l'avoir tué), disposer d'une chose avant de la posséder ; se flatter trop tôt du succès. ◆ se **vendre** v.pr. - **1.** Être l'objet d'un commerce : *Cet article se vend à l'unité, à la douzaine, au poids.* - **2.** Trouver un acquéreur : *Les appartements se vendent mal en ce moment. Auteur qui se vend bien* (= qui a du succès). - **3.** Accepter de prêter son concours à qqch en échange d'avantages matériels : *Se vendre au parti au pouvoir.*

vendredi [vɑ̃dʀədi] n.m. (du lat. *Veneris dies* "jour de Vénus"). - **1.** Cinquième jour de la semaine. - **2.** CATH. Vendredi saint, vendredi de la semaine sainte, jour anniversaire de la mort de Jésus-Christ.

vendu, e [vɑ̃dy] adj. et n. Qui s'est laissé acheter, corrompre (terme d'injure) : *Un juge vendu.*

venelle [vənɛl] n.f. (dimin. de *veine*). Petite rue étroite : *Leur maison est au bout de la venelle* (syn. ruelle).

vénéneux, euse [venenø, -øz] adj. (bas lat. *venenosus*, du class. *venenum* "poison"). Se dit d'un aliment qui renferme du poison et est dangereux pour l'organisme : *Champignons vénéneux* (contr. comestible).

vénérable [veneʀabl] adj. Digne de vénération : *Une personne vénérable* (syn. respectable). ◆ n. - **1.** CATH. Personne qui a mené une vie exemplaire et dont la cause de béatification est à l'étude. - **2.** Président(e) d'une loge de francs-maçons.

vénération [veneʀasjɔ̃] n.f. (lat. *veneratio*). - **1.** Respect et admiration que l'on a pour qqn : *Il a beaucoup de vénération pour son père* (syn. considération, déférence). - **2.** Sentiment de piété, d'adoration, de respect pour les choses saintes : *Des reliques qui sont l'objet d'une grande vénération.*

vénérer [venere] v.t. (lat. *venerari*) [conj. 18]. - **1.** Éprouver un attachement profond pour : *Je la vénère comme ma mère* (syn. respecter, révérer). - **2.** Rendre à Dieu, à un saint le culte qui lui est dû : *Vénérer saint François* (syn. adorer).

vénerie [venʀi] n.f. (du lat. *venari* "chasser"). Art de chasser avec des chiens courants des animaux sauvages, tels que le chevreuil, le sanglier, le lièvre, le renard.

vénérien, enne [veneʀjɛ̃, -ɛn] adj. (du lat. *venerius* "de Vénus"). Maladie vénérienne, affection contractée au cours de rapports sexuels. □ L'expression tend à être remplacée par celle de *maladie sexuellement transmissible,* ou *M. S. T.*

veneur [vənœʀ] n.m. (lat. *venator* "chasseur"). - **1.** Celui qui, à la chasse, dirige les chiens courants. - **2.** Grand veneur, chef de l'équipage de chasse d'un souverain.

vengeance [vɑ̃ʒɑ̃s] n.f. Action de se venger d'une injure, d'un dommage : *Tirer vengeance d'un affront* (syn. réparation). *C'est une vengeance méritée* (syn. représailles).

venger [vɑ̃ʒe] v.t. (lat. *vindicare* "revendiquer") [conj. 17]. - **1.** Constituer le dédommagement, la compensation d'un préjudice subi : *Cela me venge de tous les affronts que j'ai subis* (syn. laver de). - **2.** Réparer le tort, le préjudice causé à : *Pour venger son père. Venger un ami de l'offense qui lui a été faite.* ◆ **se venger** v.pr. [de]. - **1.** Obtenir pour soi réparation d'un acte jugé offensant : *Se venger d'une humiliation.* - **2.** Agir de façon à punir l'auteur d'une offense reçue : *Se venger d'un collègue malveillant.*

vengeur, eresse [vɑ̃ʒœʀ, vɑ̃ʒʀɛs] adj. et n. (lat. *vindicator*). Qui venge, est animé par l'esprit de vengeance : *Écrire une lettre vengeresse. S'ériger en vengeur des humiliés.*

véniel, elle [venjɛl] adj. (lat. *venialis,* de *venia* "pardon"). - **1.** Sans gravité : *Faute vénielle* (syn. anodin, excusable). - **2.** Péché véniel, péché qui ne condamne pas à la damnation éternelle (par opp. à *péché mortel* ; syn. léger, pardonnable).

venimeux, euse [vənimø, -øz] adj. (de l'anc. fr. *venim* "venin"). - **1.** Se dit d'un animal qui a du venin et qui peut l'inoculer : *Serpent venimeux.* - **2.** Qui contient du venin : *Une glande, une morsure venimeuse.* - **3.** Plein de malveillance et de méchanceté : *Critique venimeuse* (syn. fielleux, haineux).

venin [vənɛ̃] n.m. (lat. pop. *venimen,* du class. *venenum* "poison"). - **1.** Liquide toxique sécrété par un organe chez certains animaux

et qui est injecté par une piqûre ou à une morsure à l'homme ou à d'autres animaux : *Le venin de la vipère, de l'abeille.* - **2.** Attitude malveillante : *Répandre son venin contre qqn* (syn. fiel). *Paroles pleines de venin* (syn. perfidie, haine).

venir [vəniʀ] v.i. (lat. *venire*) [conj. 40 ; auxil. *être*]. - **1.** Se rendre jusqu'où se trouve celui qui parle ou à qui l'on parle, se diriger vers : *Venez cet été à Paris. Sont-ils venus vous voir ?* (syn. passer). *Elle n'est pas venue à la réunion* (syn. assister à). - **2.** S'étendre jusqu'à tel endroit, s'élever jusqu'à tel niveau : *La mer vient jusqu'à cette dune* (syn. monter). - **3.** Avoir tel lieu comme point de départ du mouvement : *Il vient de Londres, de chez sa mère. Le train venant de Lyon entre en gare* (= en provenance de). - **4.** Avoir pour origine, pour source : *Ce thé vient de Ceylan* (syn. provenir). *Ce mot vient du grec. Une bague qui lui vient de sa grand-mère.* - **5.** Croître, pousser, se développer : *Les céréales viennent bien, mal dans cette terre. Des rougeurs lui sont venues sur la figure* (syn. apparaître, survenir). - **6.** Avoir pour cause : *Ton échec vient d'un manque de travail* (syn. découler, résulter). - **7.** Avoir lieu, se produire : *Cet incident vient bien mal à propos* (syn. survenir). *Le moment est venu de partir* (syn. arriver). - **8.** À venir, qui apparaîtra plus tard : *Les générations à venir* (= futures). ‖ En venir à (+ n.), aborder un point dans un examen, une analyse, un discours : *Venons-en aux faits* (syn. en arriver à). ‖ En venir à (+ inf.), tirer la conclusion d'expériences précédentes pour adopter le comportement, tel point de vue : *J'en viens à penser qu'il me faut* (syn. en arriver à). ‖ En venir aux mains, en arriver à se battre. ‖ Faire venir qqch, le faire apporter, le commander : *Faire venir un repas de chez le traiteur.* ‖ Faire venir qqn, l'appeler, le mander : *Faites venir le comptable.* ‖ Ne faire qu'aller et venir, se déplacer sans cesse, être toujours en mouvement ; ne pas s'attarder, ne rester que peu de temps. ‖ Savoir où qqn veut en venir, deviner son but, ses objectifs. ‖ Venir après, succéder à : *Le rire vient après les larmes.* ‖ Venir de (+ inf.), semi-auxiliaire servant à exprimer le passé proche : *Il vient de partir.* ‖ Voir venir, attendre, ne pas se presser d'agir, laisser les choses se préciser. ‖ FAM. Y venir, en arriver à admettre qqch, à se rallier à qqch ; se résigner à accepter qqch.

vent [vɑ̃] n.m. (lat. *ventus*). - **1.** Mouvement de l'air se déplaçant d'une zone de hautes pressions vers une zone de basses pressions : *Le vent souffle depuis plusieurs jours. Vent du nord.* - **2.** Souffle, mouvement de l'air produit par un moyen quelconque : *Faire du vent avec un éventail* (syn. air). - **3.** Gaz intestinal : *Lâcher un vent* (syn. fam. pet). - **4.** Tendance générale des influences qui se manifestent à un moment donné : *Un vent de lassitude soufflait chez les employés. Le vent est à l'optimisme.* - **5.** Avoir **vent de qqch,** en entendre parler, en être plus ou moins informé. ‖ **Bon vent !,** bonne chance ! ; bon débarras ! ‖ **C'est du vent,** c'est une chose sans existence réelle, une promesse sans fondement : *Ce programme, c'est du vent !* ‖ **Contre vents et marées** → **marée.** ‖ **Dans le vent,** à la mode. ‖ **En plein vent,** à découvert ; en plein air. ‖ **Instrument à vent,** instrument de musique dont le son est produit par le souffle, à l'aide soit d'une anche, soit d'une embouchure. ‖ **Prendre le vent,** voir la tournure que prennent les événements pour régler sa conduite. ‖ MAR. **Au vent,** se dit de qqch qui se trouve par rapport à un navire du côté d'où souffle le vent. ‖ MAR. **Sous le vent,** dans la direction opposée à celle d'où le vent souffle. ‖ MAR. **Venir dans le vent,** amener l'avant d'un navire dans la direction du vent.

vente [vãt] n.f. (lat. pop. *vendita,* du class. *venditus* "vendu"). - **1.** Action de céder qqch moyennant un prix convenu : *La vente d'une maison, d'un bijou* (syn. cession). - **2.** Écoulement des marchandises : *Battre tous les records de vente. Avoir un pourcentage sur les ventes* (syn. débit). *Service d'une entreprise qui s'occupe de la vente. Vente en gros, au détail.* - **3.** Réunion, occasionnelle ou non, où se rencontrent vendeurs et acheteurs : *Une vente aux enchères. Elle court les ventes à la recherche de bibelots rococo.* - **4.** État, disponible dans le commerce : *Son nouveau disque sera en vente la semaine prochaine. Mettre un nouveau modèle de voiture en vente.* ‖ **Point de vente,** endroit où se vend un produit : *Usine qui a de nombreux points de vente.* ‖ **Vente par correspondance,** vente réalisée au moyen de l'envoi au client éventuel d'un catalogue et réglementée afin de respecter le consentement de l'acheteur (abrév. *V. P. C.*).

venté, e [vãte] adj. Où le vent n'est pas freiné ou atténué par des obstacles naturels : *Lande ventée* (syn. venteux).

venter [vãte] v. impers. Faire du vent : *Il vente très fort sur cette colline.*

venteux, euse [vãtø, -øz] adj. (lat. *ventosus*). Où il fait du vent : *Pays venteux.*

ventilateur [vãtilatœʀ] n.m. (angl. *ventilator,* mot lat. "vanneur"). - **1.** Appareil servant à mettre l'air en mouvement lorsqu'il fait chaud ou à renouveler l'air dans un local clos. - **2.** Mécanisme qui sert à refroidir le moteur d'une automobile : *Changer la courroie du ventilateur.*

1. ventilation [vãtilasjɔ̃] n.f. (lat. *ventilatio ; v. 1. ventiler*). - **1.** Action de ventiler, d'aérer :

Assurer une bonne ventilation des bureaux (syn. aération). - **2.** MÉD. **Ventilation assistée,** ensemble des techniques permettant de pallier l'incapacité, pour l'organisme, d'assurer une ventilation pulmonaire suffisante. ‖ PHYSIOL. **Ventilation pulmonaire,** renouvellement de l'air dans les poumons, sous l'effet des mouvements respiratoires.

2. ventilation [vãtilasjɔ̃] n.f. (lat. *ventilatio ; v. 2. ventiler*). Action de ventiler, de répartir : *Je vous charge de la ventilation des dossiers* (syn. distribution, répartition).

1. ventiler [vãtile] v.t. (lat. *ventilare* "aérer", de *ventus* "vent"). - **1.** Renouveler l'air de : *Ventiler un tunnel* (syn. aérer). - **2.** MÉD. Pallier l'insuffisance de la ventilation pulmonaire d'un malade.

2. ventiler [vãtile] v.t. (lat. *ventilare,* au sens juridique "débattre"). - **1.** Répartir certaines dépenses ou certains frais entre différents comptes : *Ventiler les frais généraux.* - **2.** Répartir des choses ou des personnes par groupes, par ensembles : *Ventiler le personnel d'une entreprise.*

ventileuse [vãtiløz] n.f. (de *1. ventiler*). Abeille qui bat des ailes à l'entrée de la ruche pour abaisser la température intérieure.

ventôse [vãtoz] n.m. (du lat. *ventosus* "venteux"). HIST. Sixième mois de l'année républicaine, du 19, 20 ou 21 février au 20 ou 21 mars.

ventouse [vãtuz] n.f. (du lat. *ventosa [cucurbita]* "[courge] pleine de vent"). - **1.** Ampoule de verre appliquée sur la peau pour y produire un afflux de sang propre à faire cesser une inflammation ou une congestion : *Poser des ventouses.* - **2.** Petite calotte de caoutchouc qui peut s'appliquer par la pression de l'air sur une surface plane : *Un crochet à ventouse pour suspendre un torchon.* - **3.** ZOOL. BOT. Organe de fixation de la sangsue, de la pieuvre et de quelques plantes : *Le poulpe adhère aux rochers par ses ventouses.*

ventral, e, aux [vãtʀal, -o] adj. (lat. *ventralis*). Relatif au ventre ; situé dans la région du ventre : *Nageoire ventrale. Parachute ventral* (par opp. à *dorsal*).

ventre [vãtʀ] n.m. (lat. *venter, -tris* "estomac"). - **1.** Grande cavité qui contient le tube digestif ; région du corps où est située cette cavité : *Se coucher sur le ventre* (syn. abdomen). - **2.** Partie renflée d'un objet creux : *Le ventre d'une bouteille* (syn. panse). - **3.** Partie centrale d'un navire. - **4.** À plat ventre, complètement allongé sur le ventre. ‖ FAM. **Avoir les yeux plus gros que le ventre,** prendre plus qu'on ne peut manger ; entreprendre plus qu'on ne peut mener à bien. ‖ **Avoir, prendre du ventre,** avoir, prendre de l'embonpoint.

▌ Avoir quelque chose, n'avoir rien dans le ventre, avoir, ne pas avoir de courage, une forte personnalité. ▌FAM. Taper sur le ventre à qqn, le traiter trop familièrement. ▌Ventre à terre, avec une extrême vitesse.

ventrée [vãtʀe] n.f. FAM. Nourriture dont on s'emplit l'estomac : *Une ventrée de soupe.*

ventriculaire [vãtʀikylɛʀ] adj. Relatif aux ventricules : *Parois ventriculaires.*

ventricule [vãtʀikyl] n.m. (lat. *ventriculus* [*cordis*] "petit ventre [du cœur]"). - **1.** Chacune des deux cavités du cœur dont les contractions envoient le sang dans les artères. - **2.** Chacune des quatre cavités de l'encéphale, contenant du liquide céphalorachidien.

ventrière [vãtʀijɛʀ] n.f. Sangle que l'on passe sous le ventre d'un animal pour le soulever (dans un embarquement, un transbordement, etc.).

ventriloque [vãtʀilɔk] n. et adj. (lat. *ventriloquus*, de *venter, -tris* "ventre" et *loqui* "parler"). Artiste de music-hall qui réussit à parler sans remuer les lèvres et en faisant en sorte que sa voix paraisse sortir de la bouche du pantin qui lui sert génér. de partenaire.

ventripotent, e [vãtʀipɔtã, -ãt] adj. (de *ventre*, d'après *omnipotent*). FAM. Qui a un ventre imposant (syn. bedonnant).

ventru, e [vãtʀy] adj. - **1.** Qui a un gros ventre : *Un petit homme ventru* (syn. bedonnant). - **2.** Qui présente un renflement : *Une potiche ventrue* (syn. pansu, renflé).

venu, e [vəny] adj. (p. passé de *venir*). Être bien, mal venu, être bien, mal développé ; être bien, mal reçu. ▌Être mal venu à, de, être peu qualifié pour : *Tu es mal venu de le critiquer.* ▌Le premier (+ n.) venu, la première chose, la première personne qui se présente : *Il entra dans la première brasserie venue.* ◆ n. Le dernier venu, la personne arrivée la dernière. ▌Le premier venu, une personne quelconque ; n'importe qui. ▌Nouveau venu, personne récemment arrivée : *Saluer la nouvelle venue.*

venue [vəny] n.f. (du p. passé de *venir*). - **1.** Action, fait de venir, d'arriver en un lieu : *Annoncer la venue d'un visiteur* (syn. arrivée). - **2.** Fait d'apparaître, de se produire : *La venue du printemps est proche* (syn. apparition). - **3.** Manière de pousser, en parlant d'un végétal ; manière dont une action, une œuvre a été conçue et élaborée : *Arbre d'une belle, d'une bonne venue. J'ai écrit dix pages d'une seule venue.*

vénus [venys] n.f. (de [*conque de*] *Vénus*). Nom générique d'un mollusque bivalve marin dont une espèce est la praire.

vêpres [vɛpʀ] n.f. pl. (du lat. *vespera* "soir"). CATH. Heure de l'office qu'on célèbre le soir, au coucher du soleil.

ver [vɛʀ] n.m. (lat. *vermis*). - **1.** Animal pluricellulaire de forme allongée n'ayant aucune partie dure, complètement ou presque dépourvu de pattes. - **2.** Parasite intestinal de l'homme et de certains animaux, agent des helminthiases : *Enfant qui a des vers.* - **3.** Larve d'insecte qui a l'aspect d'un ver : *Des fruits pleins de vers.* - **4.** FAM. Tirer les vers du nez à qqn, le faire parler en le questionnant habilement. - **5.** Ver à soie, chenille du bombyx du mûrier. ▌Ver blanc, larve du hanneton. ▌Ver de terre, lombric. ▌Ver luisant, femelle du lampyre (syn. luciole). ▌Ver solitaire, ténia.

véracité [veʀasite] n.f. (du lat. *verax, veracis* "véridique"). - **1.** Qualité de ce qui est conforme à la vérité : *La véracité d'un témoignage* (syn. authenticité, exactitude, vérité). - **2.** Effort pour rechercher la vérité ou ne pas s'en éloigner : *La véracité d'un historien.*

véranda [veʀãda] n.f. (angl. *veranda*, hindi *varanda*, mot port. "balustrade", de *vara* "perche", mot lat. "traverse, bâton"). - **1.** Galerie légère protégeant du soleil, établie sur le pourtour de certaines maisons, en Inde, en Extrême-Orient, etc. - **2.** Pièce ou espace entièrement vitré attenant à une maison, à la manière d'un appentis. - **3.** AFR. Toit en pente sur le côté ou la façade d'une maison.

verbal, e, aux [vɛʀbal, -o] adj. (lat. *verbalis*, de *verbum* ; v. *verbe*). - **1.** Qui est fait de vive voix (par opp. à *écrit*) : *Promesse verbale* (syn. oral). - **2.** Qui a rapport aux mots, à la parole : *Délire verbal.* - **3.** GRAMM. Propre au verbe : *Forme verbale.* - **4.** Locution verbale, groupe de mots qui se comporte comme un verbe.

verbalement [vɛʀbalmã] adv. De vive voix : *Il a donné son accord verbalement* (syn. oralement).

verbalisation [vɛʀbalizasjɔ̃] n.f. Action de verbaliser.

verbaliser [vɛʀbalize] v.i. Dresser un procès-verbal : *Verbaliser contre un chasseur sans permis, contre un automobiliste.* ◆ v.t. Formuler de vive voix ce qui était intériorisé : *Enfant qui a du mal à verbaliser son angoisse* (syn. exprimer).

verbe [vɛʀb] n.m. (lat. *verbum* "parole"). - **1.** GRAMM. Mot qui, dans une proposition, exprime l'action ou l'état du sujet, et porte les désinences de temps et de mode : *Apprendre à conjuguer les verbes.* - **2.** LITT. Expression de la pensée par les mots : *La magie du verbe* (syn. parole). - **3.** THÉOL. (Avec une majuscule). La deuxième personne de la Sainte-Trinité, incarnée en Jésus-Christ. - **4.** Avoir le verbe haut, parler fort.

verbeux, euse [vɛʀbø, -øz] adj. (lat. *verbosus*, de *verbum* "parole"). Qui expose les choses en trop de paroles, de mots ; qui contient trop de mots : *Commentaire verbeux* (syn. redondant). *Orateur verbeux* (syn. prolixe).

verbiage [vɛʀbjaʒ] n.m. (du moyen fr. *verbier* "gazouiller", du frq. *verbilôn* "tourbillonner", rattaché plus tard à *verbe*). Abondance de paroles inutiles : *Votre dissertation n'est que du verbiage* (syn. remplissage).

verdâtre [vɛʀdɑtʀ] adj. D'une couleur qui tire sur le vert : *Des eaux verdâtres. Visage verdâtre* (syn. terreux, olivâtre).

verdeur [vɛʀdœʀ] n.f. (de *verd,* forme anc. de *vert*). - **1.** Défaut de maturité des fruits, du vin : *La verdeur de ces prunes les rend immangeables* (contr. maturité). - **2.** Vigueur physique : *La verdeur d'un vieillard* (syn. énergie, jeunesse). - **3.** Caractère osé ; crudité : *La verdeur de ses propos* (syn. gaillardise, truculence).

verdict [vɛʀdikt] n.m. (mot angl., anglo-normand *verdit,* de lat. *vere dictum* "véritablement dit"). - **1.** Déclaration solennelle par laquelle la cour et le jury d'assises répondent aux questions qui sont posées à l'issue des débats et se prononcent sur la culpabilité de l'accusé : *Rendre son verdict. Prononcer un verdict d'acquittement* (syn. sentence). - **2.** Appréciation qui constitue un jugement sur un sujet quelconque : *Le verdict de l'opinion publique* (syn. avis, opinion).

verdir [vɛʀdiʀ] v.t. (de *verd,* forme anc. de *vert*) [conj. 32]. Rendre vert : *La lumière verdit les feuilles.* ◆ v.i. - **1.** Devenir vert : *La campagne verdit au printemps. Le cuivre verdit rapidement.* - **2.** Pâlir extrêmement sous l'effet d'une émotion : *Verdir de peur* (syn. blêmir).

verdissement [vɛʀdismɑ̃] n.m. Fait de devenir vert.

verdoiement [vɛʀdwamɑ̃] n.m. Fait de verdoyer : *Le verdoiement des prairies.*

verdoyant, e [vɛʀdwajɑ̃, -ɑ̃t] adj. Qui verdoie : *Une campagne verdoyante.*

verdoyer [vɛʀdwaje] v.i. (de *verd,* forme anc. de *vert*) [conj. 13]. Devenir vert, en parlant de la végétation.

verdure [vɛʀdyʀ] n.f. (de *verd,* forme anc. de *vert*). - **1.** Couleur verte de la végétation : *La verdure des prés.* - **2.** Herbe, feuillage verts, qui forment la végétation d'un lieu : *Maison cachée derrière un écran de verdure.* - **3.** FAM. Légumes verts, en partic. salade, qu'on mange crus.

verdurier, ère [vɛʀdyʀje, -ɛʀ] n. (de *verdure*). BELG. Marchand de quatre-saisons.

véreux, euse [veʀø, -øz] adj. - **1.** Qui est gâté par des vers : *Poire véreuse.* - **2.** Qui est malhonnête, louche : *Affaire véreuse* (syn. douteux). *Avocat véreux* (syn. corrompu).

verge [vɛʀʒ] n.f. (lat. *virga*). - **1.** (Souvent au pl.). Poignée de baguettes flexibles avec laquelle on infligeait autref. des punitions. - **2.** Anc. unité de mesure agraire, équivalant à un quart d'arpent ou 0,127 6 ha. - **3.** Organe érectile de la copulation chez l'homme et les animaux supérieurs (syn. pénis). - **4.** MAR. Tige d'une ancre, qui relie les pattes à l'organeau. - **5.** Donner des verges pour se faire battre, fournir à autrui des arguments, des armes contre soi-même.

vergé, e [vɛʀʒe] adj. (lat. *virgatus* "rayé"). Étoffe vergée, étoffe renfermant des fils plus gros ou plus teintés que le reste. ‖ Papier vergé, papier dont le filigrane garde des raies, dues aux procédés de fabrication à la main.

vergence [vɛʀʒɑ̃s] n.f. (de [*con*]*vergence,* [*di*]*vergence*). Inverse de la distance focale d'un système optique centré.

verger [vɛʀʒe] n.m. (du lat. *viridiarium,* de *viridis* "vert"). Terrain planté d'arbres fruitiers.

vergeté, e [vɛʀʒəte] adj. (de *verge*). Parsemé de raies : *Peau vergetée.*

vergeture [vɛʀʒətyʀ] n.f. Fine raie cutanée, d'aspect cicatriciel, due à la distension ou à la rupture des fibres élastiques du derme pendant la grossesse ou après une perte de poids important.

verglacé, e [vɛʀglase] adj. Couvert de verglas : *Route verglacée.*

verglas [vɛʀgla] n.m. (de *verre* et *glas,* autre forme de *glace*). Couche de glace mince sur le sol, due à la congélation de l'eau, du brouillard : *Déraper sur une plaque de verglas.*

vergogne [vɛʀgɔɲ] n.f. (lat. *verecundia* "discrétion"). Sans vergogne, sans pudeur, sans scrupule : *Mentir sans vergogne* (= effrontément).

vergue [vɛʀg] n.f. (forme dialect. de *verge*). MAR. Espar cylindrique, effilé à ses extrémités et placé en travers d'un mât pour soutenir et orienter la voile.

véridique [veʀidik] adj. (lat. *veredicus* "qui dit la vérité", de *verus* "vrai" et *dicere* "dire"). - **1.** LITT. Qui dit la vérité, qui rapporte exactement les faits : *Historien véridique* (contr. tendancieux). - **2.** Qui est conforme à la vérité : *Une relation véridique des faits* (syn. fidèle ; contr. mensonger).

véridiquement [veʀidikmɑ̃] adv. De façon véridique ; avec le souci de dire la vérité : *Propos véridiquement rapportés.*

vérifiable [veʀifjabl] adj. Qui peut être vérifié : *Dans l'état actuel de la science, cette hypothèse n'est pas vérifiable.*

vérificateur, trice [veʀifikatœʀ, -tʀis] adj. Qui a pour objet de vérifier, de contrôler :

Mesures vérificatrices. ◆ n. Personne chargée de vérifier, de contrôler : *Un vérificateur des poids et mesures* (syn. contrôleur). ◆ **vérificateur** n.m. Vérificateur orthographique, logiciel d'aide à la vérification et à la correction d'un texte établi sur traitement de texte (on dit aussi *correcteur orthographique*).

vérificatif, ive [verifikatif, -iv] adj. Qui sert de vérification : *Une enquête vérificative.*

vérification [verifikasjɔ̃] n.f. - **1.** Action de vérifier, de s'assurer de l'exactitude de qqch en le confrontant avec ce qui peut servir de preuve : *Une vérification de ce témoignage s'impose* (syn. contrôle). *Vérification des comptes d'une entreprise* (syn. examen, expertise). - **2.** Action de contrôler qqch pour s'assurer de sa conformité, de sa légalité, etc. : *Vérification des travaux.* - **3.** Expérience ou observation qui, dans les sciences, confirme une loi énoncée par induction : *Vérification d'une hypothèse* (syn. confirmation).

vérifier [verifje] v.t. (bas lat. *verificare,* de *verus* "vrai") [conj. 9]. - **1.** S'assurer que qqch est exact : *Vérifier un compte* (syn. contrôler). - **2.** Faire voir la vérité, l'exactitude d'une chose : *L'événement a vérifié sa prédiction* (syn. confirmer ; contr. infirmer). - **3.** S'assurer par un examen minutieux qu'un appareil ou un mécanisme est en bon état de marche : *Vérifier un moteur* (syn. essayer, tester).

vérin [verɛ̃] n.m. (lat. *veruina,* dimin. de *veru* "broche, pique"). Appareil que l'on place sous des charges très lourdes pour les soulever sur une faible course ou les soutenir : *Vérin hydraulique.*

vérisme [verism] n.m. (it. *verismo,* de *vero* "vrai"). École littéraire et artistique italienne (fin du XIXᵉ s.), axée sur la représentation de la réalité quotidienne et des problèmes sociaux. ◆ **vériste** adj. et n. Relatif au vérisme ; adepte du vérisme.

véritable [veritabl] adj. (de *vérité*). - **1.** Qui est authentique, conforme à la réalité : *Son véritable nom est inconnu* (syn. vrai). - **2.** Qui est réellement ce qu'on dit qu'il est, qui n'est ni mélangé ni imité : *Cuir véritable.* - **3.** Qui possède toutes les propriétés conformes à sa nature, à l'idée qu'on s'en fait : *C'est une véritable amie. Un amour véritable.*

véritablement [veritabləmɑ̃] adv. D'une manière effective, réelle : *Être véritablement affligé* (syn. réellement).

vérité [verite] n.f. (lat. *veritas,* de *verus* "vrai"). - **1.** Caractère de ce qui est vrai : *La vérité de ses paroles nous est rapidement apparue* (syn. exactitude, justesse, véracité). - **2.** Idée, proposition qui emporte l'assentiment général ou s'accorde avec le sentiment que qqn a de la

réalité : *Vérités mathématiques* (syn. axiome). *Les vérités scientifiques établies par la méthode expérimentale* (syn. loi, principe). - **3.** Connaissance ou expression d'une connaissance conforme à la réalité, aux faits tels qu'ils se sont déroulés : *Jurer de dire la vérité.* - **4.** Expression artistique fidèle de la nature : *Portrait d'une grande vérité* (syn. authenticité, naturel). - **5.** Sincérité, bonne foi : *Un accent de vérité* (syn. franchise). - **6.** À la vérité, j'en conviens, il est vrai : *À la vérité, il n'inspire pas confiance.* ‖ FAM. **Dire à qqn ses (quatre) vérités,** lui dire avec franchise ce qu'on pense de lui, ce qu'on lui reproche. ‖ **En vérité,** certainement, assurément. ‖ **Sérum de vérité,** substance qui aurait pour effet de faire avouer malgré lui un coupable.

verjus [verʒy] n.m. (de *vert* et *jus*). Suc acide que l'on extrait du raisin cueilli vert : *Verser du verjus sur des aubergines grillées.*

verlan [verlɑ̃] n.m. (inversion de [à] *l'envers*). Argot codé dans lequel on inverse les syllabes des mots : *En verlan, « zarbi » signifie « bizarre » et « ripou » signifie « pourri ».*

1. vermeil, eille [vermɛj] adj. (du lat. *vermiculus* "vermisseau" et en bas lat. "cochenille"). D'un rouge vif un peu plus foncé que l'incarnat : *Des lèvres vermeilles.*

2. vermeil [vermɛj] n.m. (de *1. vermeil*). Argent recouvert d'or : *Couverts en vermeil.*

vermicelle [vermisɛl] n.m. (it. *vermicelli* "vermisseau", lat. pop. *vermicellus* ; v. *vermisseau*). Pâte à potage en forme de filament très fin.

vermicide [vermisid] adj. et n.m. Se dit d'un remède propre à détruire les vers parasites.

vermiculaire [vermikyler] adj. (du lat. *vermiculus* "vermisseau"). - **1.** Qui ressemble à un ver. - **2.** Appendice vermiculaire, diverticule creux qui correspond à la partie terminale du cæcum.

vermifuge [vermifyʒ] adj. et n.m. (du lat. *vermis* "ver" et *fugare* "chasser"). Se dit d'un remède propre à faire évacuer les vers intestinaux.

vermillon [vermijɔ̃] n.m. (de *vermeil*). Sulfure de mercure pulvérisé, ou cinabre, d'un beau rouge vif. ◆ adj. inv. et n.m. D'une couleur rouge vif tirant sur l'orangé, semblable à la couleur du cinabre : *Des jupes vermillon.*

vermine [vermin] n.f. (lat. *vermina,* pl. de *vermen* "ver"). - **1.** Ensemble des parasites externes de l'homme et des vertébrés (ex. puces, poux, punaises). - **2.** LITT. Individus vils, nuisibles, néfastes (péjor.) : *Toute cette vermine a collaboré avec les nazis* (syn. canaille, crapule, racaille).

vermisseau [vermiso] n.m. (lat. pop. *vermicellus,* class. *vermiculus,* dimin. de *vermis* "ver"). Petit ver ou larve vermiforme du sol.

vermoulu, e [vɛʀmuly] adj. (de *ver* et *moulu*). - **1.** Qui est miné par les larves d'insectes xylophages : *Planche vermoulue*. - **2.** Vieux et proche de la ruine : *Des institutions vermoulues.*

vermoulure [vɛʀmulyʀ] n.f. (de *vermoulu*). - **1.** Trace que laissent les vers dans ce qu'ils ont rongé. - **2.** Poudre de bois qui sort des trous faits par les larves d'insectes xylophages.

vermouth [vɛʀmut] n.m. (all. *Wermut* "absinthe"). Apéritif à base de vin, aromatisé avec des plantes amères et toniques.

vernaculaire [vɛʀnakylɛʀ] adj. (du lat. *vernaculus* "indigène", de *verna* "esclave né dans la maison"). **Langue vernaculaire,** langue parlée seulement à l'intérieur d'une communauté (par opp. à *langue véhiculaire*) [on dit aussi *un vernaculaire*]. ‖ **Nom vernaculaire,** nom usuel d'une espèce animale ou végétale dans son pays d'origine.

vernal, e, aux [vɛʀnal, -o] adj. (lat. *vernalis*, de *ver* "printemps"). **Point vernal,** point d'intersection de l'écliptique et de l'équateur céleste, que le Soleil franchit à l'équinoxe de printemps.

verni, e [vɛʀni] adj. et n. FAM. Qui a de la chance : *Ils sont vernis, ils ont gagné le gros lot !* (syn. chanceux, fortuné).

vernir [vɛʀniʀ] v.t. (de *vernis*) [conj. 32]. Recouvrir de vernis : *Vernir un parquet, un meuble* (syn. vitrifier).

vernis [vɛʀni] n.m. (lat. médiév. *veronice*, bas gr. *veronikê*, de *Berenikê*, v. de Cyrénaïque, par l'intermédiaire de l'it. *vernice*). - **1.** Préparation non pigmentée, composée de liants, de solvants et, éventuellement, de diluants et d'adjuvants, susceptible de donner, par application en couches minces sur des objets convenablement préparés, des films adhérents et durs, translucides et brillants : *Vernis à ongles. Vernis à bateaux.* - **2.** Enduit mince, transparent, souvent fusible et contenant beaucoup de plomb, employé pour les articles en terre cuite ou la faïence commune. - **3.** Apparence brillante mais superficielle : *Un vernis de culture* (syn. semblant).

vernissage [vɛʀnisaʒ] n.m. - **1.** Action de vernir, de vernisser : *Le vernissage d'un tableau, d'une faïence.* - **2.** Réception qui marque l'ouverture d'une exposition d'art et où ne sont admis que les invités.

vernissé, e [vɛʀnise] adj. - **1.** Verni : *Poterie vernissée.* - **2.** Luisant comme une chose vernie : *Feuilles vernissées.*

vernisser [vɛʀnise] v.t. (de *vernis*). Recouvrir (des poteries) d'une glaçure transparente ou opaque : *Vernisser de la porcelaine.*

vernisseur, euse [vɛʀnisœʀ, -øz] n. Personne qui applique des vernis, notamm. dans les métiers du meuble.

vérole [veʀɔl] n.f. (lat. scientif. *variola*, de *varius* "varié"). - **1.** FAM. Syphilis. - **2.** VX. **Petite vérole,** variole.

1. véronique [veʀɔnik] n.f. (lat. scientif. *veronica*, du n. de sainte Véronique). Plante herbacée commune dans les bois et les prés, dont une variété, la véronique officinale, est aussi appelée *thé d'Europe*. □ Famille des scrofulariacées.

2. véronique [veʀɔnik] n.f. (p.-ê. même étym. que *1. véronique*, par comparaison avec le geste que fit la sainte pour essuyer la face du Christ). Passe au cours de laquelle le matador fait venir le taureau le long de son corps.

verrat [veʀa] n.m. (de l'anc. fr. *ver*, lat. *verres* "porc"). Mâle reproducteur de l'espèce porcine.

verre [vɛʀ] n.m. (lat. *vitrum*). - **1.** Substance solide, transparente et fragile, obtenue par la fusion d'un sable siliceux avec du carbonate de sodium ou du potassium : *Pâte de verre. Verre dépoli. Souffleur de verre.* - **2.** Récipient en verre, en cristal, en plastique, pour boire : *Tu as oublié de me mettre un verre. Verre à pied.* - **3.** Son contenu : *Boire un verre d'eau.* - **4.** Consommation, boisson génér. alcoolisée : *Prendre un verre.* - **5.** Lentille appliquée directement sur le globe oculaire pour corriger la vue : *Verres de contact.* - **6.** Plaque, lame de verre : *Le verre d'une montre, d'un réveil.* - **7.** **Maison de verre,** maison, entreprise où il n'y a rien de secret, où tout se sait. - **8.** **Verre armé,** obtenu en incorporant dans la masse un treillis en fil de fer, emprisonné entre deux feuilles laminées simultanément. ‖ **Verre blanc,** verre de qualité courante non teinté. ‖ **Verre de lampe,** manchon de verre qui entoure la mèche des lampes à pétrole. ‖ **Verre feuilleté,** verre de sécurité constitué de plusieurs feuilles de verre séparées par une feuille de plastique : *Pare-brise en verre feuilleté.* ‖ **Verre trempé,** soumis à un refroidissement rapide pour accroître sa résistance aux variations brusques de température.

verrerie [vɛʀʀi] n.f. - **1.** Technique de la fabrication du verre et des objets en verre. - **2.** Industrie du verre. - **3.** Objets en verre : *Verrerie de table. Verrerie d'art.*

verrier [veʀje] n.m. - **1.** Industriel de la verrerie. - **2.** Artisan qui fait du verre, des ouvrages de verre et, en partic., des vitraux.

verrière [veʀjɛʀ] n.f. - **1.** Toit formé d'une charpente de fer vitrée ou de dalles de verre : *La verrière d'une gare.* - **2.** Grande surface vitrée ménagée dans le mur d'un édifice : *La verrière du transept d'une église.*

verroterie [vɛʀɔtʀi] n.f. (de *verrot,* dimin. de *verre,* p.-ê. avec infl. de *bimbeloterie*). Menus objets en verre travaillé, génér. colorié, constituant une bijouterie de faible valeur : *Des colliers de verroterie.*

verrou [vɛʀu] n.m. (lat. *veruculum,* dimin. de *veru* "broche", avec infl. de *ferrum* "fer"). - **1.** Serrure possédant un pêne que l'on fait coulisser pour l'engager dans une gâche : *Verrou de sûreté.* - **2.** Pièce servant à fermer la chambre de la culasse d'une arme à feu. - **3.** Être, mettre sous les verrous, en prison.

verrouillage [vɛʀujaʒ] n.m. - **1.** Action de verrouiller ; fait d'être verrouillé : *Vérifier le verrouillage des portes.* - **2.** Dispositif destiné à empêcher le fonctionnement d'un appareil dans certaines conditions : *Ordinateur à verrouillage.*

verrouillé, e [vɛʀuje] adj. - **1.** Fermé au verrou : *Portes et fenêtres verrouillées.* - **2.** Où tout passage est interdit : *Quartier verrouillé.*

verrouiller [vɛʀuje] v.t. - **1.** Fermer avec un verrou : *Chaque soir, ils verrouillent toutes leurs portes* (syn. barricader, cadenasser). - **2.** Bloquer l'accès à, rendre inaccessible : *La police a verrouillé le quartier* (syn. boucler, encercler).

verrue [vɛʀy] n.f. (lat. *verruca*). Tumeur bénigne de l'épiderme due à un virus : *Verrue plantaire.*

1. vers [vɛʀ] n.m. (lat. *versus*). - **1.** En poésie, unité métrique formée par un ou plusieurs mots, dont la composition est soumise à des règles phoniques et rythmiques, et dont la mesure est déterminée soit d'après la quantité des syllabes, comme en latin et en grec *(vers métriques),* soit d'après leur accentuation, comme en allemand ou en anglais *(vers rythmiques),* soit d'après leur nombre, comme en français *(vers syllabiques)* : *Écrire des vers.* - **2.** Vers blancs, vers qui ne riment pas entre eux. ‖ Vers libres, vers de mètres et de rimes réguliers, disposés librement (poésie classique) ; vers dégagés de toute règle préconçue de prosodie (poésie moderne).

2. vers [vɛʀ] prép. (lat. *versus,* de *vertere* "tourner"). Indique : - **1.** La direction : *Aller vers la fenêtre.* - **2.** Le terme d'une tendance, d'une évolution : *Marcher vers la liberté. Aller vers sa fin.* - **3.** L'approximation temporelle : *Vers la fin de l'Empire. Vers midi.*

versaillais, e [vɛʀsaje, -ɛz] adj. et n. De Versailles. ◆ **versaillais** adj.m. et n.m. HIST. Se dit des soldats appartenant à l'armée organisée par Thiers pour combattre la Commune, ainsi que des partisans du gouvernement de Versailles en 1871.

versant [vɛʀsɑ̃] n.m. (de *verser*). - **1.** Chacune des deux pentes qui encadrent le fond d'une

vallée : *Versant abrupt. Le versant espagnol des Pyrénées.* - **2.** Aspect de qqch qui présente deux volets opposés ou simplement différents : *Les deux versants d'une même politique.*

versatile [vɛʀsatil] adj. (lat. *versatilis,* de *versare* "tourner"). Qui change facilement d'opinion : *Elle est versatile* (syn. changeant, inconstant, lunatique).

versatilité [vɛʀsatilite] n.f. Caractère versatile : *La versatilité de certains politiciens* (syn. inconstance, instabilité).

à verse [vɛʀs] loc. adv. (de *verser*). Abondamment, en parlant de la pluie : *Il pleut à verse.*

versé, e [vɛʀse] adj. (lat. *versatus,* de *versari* "s'occuper de"). Exercé, expérimenté dans une matière, une science : *Il est très versé dans l'histoire* (syn. expert).

verseau [vɛʀso] n. inv. et adj. inv. (de *verseau,* traduction du gr. *hudrokhoeus* "qui verse de l'eau"). Personne née sous le signe du Verseau : *Elle est verseau.*

versement [vɛʀsəmɑ̃] n.m. - **1.** Action de verser de l'argent à qqn, à un organisme, sur son compte, etc. : *Le versement d'une rançon* (syn. paiement, remise). *Les versements sont effectués automatiquement à la fin du mois.* - **2.** Somme versée : *Le total de vos versements se monte à mille francs.*

verser [vɛʀse] v.t. (lat. *versare* "faire tourner", fréquentatif de *vertere* "tourner"). - **1.** Répandre, faire couler un liquide : *Verser un peu d'eau dans la bouche d'un blessé. Verser du métal en fusion dans un moule.* - **2.** Faire passer d'un récipient dans un autre ; transvaser : *Verser du vin dans un verre.* - **3.** Faire tomber, basculer (un véhicule ou ses occupants) : *Le chauffeur nous a versés dans le fossé* (syn. renverser). - **4.** Remettre de l'argent à un organisme ou à une personne : *Verser une pension alimentaire à un ascendant* (syn. payer). *Verser des arrhes* (syn. régler). - **5.** Déposer, joindre un document à qqch : *Verser une pièce au dossier* (syn. adjoindre, ajouter). - **6.** Affecter qqn à une arme, à un corps : *Son fils a été versé dans l'infanterie* (syn. incorporer). - **7.** Verser des larmes, pleurer. ‖ LITT. Verser son sang, donner sa vie. ◆ v.i. - **1.** Tomber sur le côté : *La remorque a versé dans le fossé* (syn. basculer, se renverser). - **2.** Verser dans, évoluer vers : *En vieillissant, il verse dans le mysticisme* (syn. tomber).

verset [vɛʀse] n.m. (de *vers*). - **1.** Chacune des divisions numérotées d'un chapitre de la Bible, du Coran, d'un livre sacré : *Le premier verset d'un psaume.* - **2.** Brève phrase récitée ou chantée, suivie d'une réponse du chœur *(répons),* à l'office et à la messe.

verseur, euse [vɛʀsœʀ, -øz] adj. Qui sert à verser : *Bec verseur. Casserole verseuse.*

versicolore [vɛʀsikɔlɔʀ] adj. (lat. *versicolor,* de *versus* "changé" et *color* "couleur"). Dont la couleur est changeante ou qui a plusieurs couleurs : *Coussins versicolores* (syn. bariolé, bigarré, multicolore).

versificateur, trice [vɛʀsifikatœʀ, -tʀis] n. (lat. *versificator*). Personne, auteur qui pratique l'art des vers (syn. poète).

versification [vɛʀsifikasjɔ̃] n.f. (lat. *versificatio*). Art de composer des vers : *Règles de la versification* (syn. prosodie).

versifier [vɛʀsifje] v.i. (lat. *versificare*) [conj. 9]. Faire des vers. ◆ v.t. Mettre en vers : *Versifier un conte.*

version [vɛʀsjɔ̃] n.f. (lat. médiév. *versio,* du class. *vertere* "tourner"). **- 1.** Chacun des états successifs d'un texte, d'une œuvre littéraire ou artistique : *Étudier les différentes versions d'une tragédie classique* (syn. variante). **- 2.** Manière de raconter, d'interpréter un fait : *La version des faits donnée par le chauffeur de taxi* (syn. compte rendu, récit). **- 3.** Exercice consistant à traduire un texte d'une langue étrangère dans la langue maternelle (par opp. à *thème*). **- 4.** CIN. Film en version originale, film présenté dans sa langue d'origine (abrév. *v.o.*), par opp. à *version doublée* (en France, *version française* ou *v. f.*).

verso [vɛʀso] n.m. (du lat. [*folio*] *verso* "[sur le feuillet tourné]"). Revers d'un feuillet et qui en constitue la seconde page (par opp. à *recto*) : *Ne rien écrire au verso.*

verste [vɛʀst] n.f. (russe *versta*). Mesure itinéraire usitée autref. en Russie et valant 1 067 m.

versus [vɛʀsys] prép. (mot lat. "du côté de"). Par opposition à. **Rem.** S'emploie en ling., surtout sous la forme *vs*, pour les oppositions de type binaire (ex. : masculin *vs* féminin).

1. vert, e [vɛʀ, vɛʀt] adj. (anc. fr. *verd,* du lat. *viridis*). **- 1.** Se dit de la couleur située entre le bleu et le jaune dans le spectre de la lumière blanche : *De l'encre verte.* **- 2.** Se dit de la couleur des plantes à chlorophylle ; se dit d'un végétal qui a encore de la sève, qui n'est pas encore sec : *Une herbe verte et drue. Légumes verts et légumes secs. Café vert* (= non torréfié). **- 3.** Qui n'est pas mûr : *Fruits verts. Vin vert* (= vin jeune qui n'est pas encore fait). **- 4.** Qui a trait à l'agriculture, au monde rural, agricole : *L'Europe verte.* **- 5.** Qui a trait au mouvement écologiste, qui en fait partie : *Candidats verts.* **- 6.** Qui est resté vigoureux malgré l'âge avancé : *Un homme encore vert* (syn. gaillard, vif). **- 7.** Se dit d'un langage énergique et dur : *Une verte réprimande* (syn. acerbe, cinglant). **- 8.** La langue verte, l'argot. **- 9.** Numéro vert. En France, numéro téléphonique qui permet d'appeler gratuitement une entreprise. ◆ **vertes** n.f. pl. FAM.

Des vertes et des pas mûres, des choses osées, choquantes ; des choses pénibles, des avanies : *Il nous en a raconté des vertes et des pas mûres. Son fils lui en a fait voir des vertes et des pas mûres.*

2. vert [vɛʀ] n.m. (de *1. vert*). **- 1.** Couleur verte : *Teindre une étoffe en vert. Vert bouteille. Vert pomme.* **- 2.** Couleur des signaux de voie libre, dans la signalisation ferroviaire ou routière : *Attendre que le feu passe au vert.* **- 3.** FAM. Se mettre au vert, prendre des vacances ; aller se reposer à la campagne. ◆ **verts** n.m. pl. Militants écologistes constitués en mouvement ou en parti politique.

vert-de-gris [vɛʀdəgʀi] n.m. inv. (altér. de *vert-de-Grèce*). Couche verdâtre dont le cuivre se couvre au contact de l'air.

vert-de-grisé, e [vɛʀdəgʀize] adj. (pl. *vert-de-grisés, es*). Couvert de vert-de-gris.

vertébral, e, aux [vɛʀtebʀal, -o] adj. Relatif aux vertèbres ; formé de vertèbres : *Douleurs vertébrales. La colonne vertébrale.*

vertèbre [vɛʀtɛbʀ] n.f. (lat. *vertebra,* de *vertere* "tourner"). Chacun des os courts constituant la colonne vertébrale : *Tassement de vertèbres* (= diminution de l'espace articulaire normal entre les vertèbres). □ Il existe chez l'homme 24 vertèbres : 7 cervicales, 12 dorsales, 5 lombaires. Chaque vertèbre est formée d'un corps, de pédicules et de lames limitant le trou vertébral, où passe la moelle épinière.

vertébré, e [vɛʀtebʀe] adj. Se dit des animaux qui ont des vertèbres (par opp. à *invertébré*). ◆ **vertébré** n.m. Vertébrés, embranchement d'animaux pourvus d'une colonne vertébrale. □ Les cinq classes principales de vertébrés sont : les poissons, les amphibiens, ou batraciens, les reptiles, les oiseaux, les mammifères.

vertement [vɛʀtəmɑ̃] adv. (de *1. vert*). Avec vivacité, rudesse : *Réprimander vertement qqn* (syn. rudement, vivement).

vertical, e, aux [vɛʀtikal, -o] adj. (bas lat. *verticalis,* du class. *vertex* "sommet"). **- 1.** Qui suit la direction du fil à plomb : *Le mur n'est pas très vertical ici.* **- 2.** Qui est organisé selon un schéma hiérarchique : *Structures verticales d'un organisme.* ◆ **vertical** n.m. ASTRON. Grand cercle de la sphère céleste, dont le plan contient la verticale du point d'observation. ◆ **verticale** n.f. **- 1.** Direction verticale : *Hélicoptère qui décolle à la verticale.* **- 2.** Droite verticale : *Les corps tombent suivant la verticale.*

verticalement [vɛʀtikalmɑ̃] adv. Selon la verticale.

verticalité [vɛʀtikalite] n.f. État de ce qui est vertical : *Vérifier la verticalité d'un mur* (syn. aplomb).

vertige [vɛʀtiʒ] n.m. (lat. *vertigo* "tournoiement", de *vertere* "tourner"). - **1.** Peur, malaise ressentis au-dessus du vide, se traduisant par des pertes d'équilibre : *Avoir le vertige en montagne*. - **2.** Malaise donnant l'illusion que les objets tournent autour de soi : *Elle a souvent des vertiges* (syn. éblouissement, étourdissement). - **3.** Trouble, égarement dû à qqch d'intense : *Le vertige de la gloire* (syn. exaltation, griserie).

vertigineux, euse [vɛʀtiʒinø, -øz] adj. (lat. *vertiginosus*). - **1.** Qui donne le vertige : *Grimper à une altitude vertigineuse* (syn. élevé). - **2.** Très fort ; très rapide : *Hausse des prix vertigineuse. L'ascension vertigineuse d'une comédienne* (syn. fulgurant).

vertu [vɛʀty] n.f. (du lat. *virtus* "mérite, courage", de *vir* "homme"). - **1.** LITT. Disposition constante qui porte à faire le bien et à éviter le mal : *Personne de grande vertu* (syn. moralité). - **2.** Qualité morale particulière : *Considérer la loyauté comme la plus grande des vertus.* - **3.** LITT. Chasteté féminine : *Il craint pour la vertu de sa fille.* - **4.** Qualité qui rend propre à produire certains effets : *Les vertus d'une plante* (syn. effet, propriété). - **5.** En vertu de, en conséquence de, au nom de : *En vertu d'une loi.*

vertueusement [vɛʀtyøzmɑ̃] adv. De façon vertueuse : *Vivre vertueusement* (syn. moralement, pudiquement).

vertueux, euse [vɛʀtyø, -øz] adj. - **1.** Qui manifeste de la vertu, des qualités morales : *Conduite vertueuse* (syn. sage ; contr. dissolu). - **2.** Chaste, pudique ou fidèle, en partic. pour une femme : *Jeune fille vertueuse* (syn. honnête, pur).

vertugadin [vɛʀtygadɛ̃] n.m. (de l'esp. *verdugado*, de *verdugo* "baguette" et *verde* "vert" avec infl. de *vertu*). Bourrelet que les femmes portaient par-dessous leur jupe pour la faire bouffer ; robe rendue bouffante par un de ces bourrelets.

verve [vɛʀv] n.f. (lat. pop. *verva*, class. *verba*, pl. de *verbum* "parole"). Qualité de qqn qui parle avec enthousiasme et brio : *Son père est plein de verve* (syn. éloquence, faconde).

verveine [vɛʀvɛn] n.f. (lat. pop. *vervena*, class. *verbena*). - **1.** Plante dont on cultive des formes ornementales originaires d'Amérique et une variété médicinale. □ Famille des verbénacées. - **2.** Infusion obtenue à partir de la variété médicinale de cette plante.

vésical, e, aux [vezikal, -o] adj. (bas lat. *vesicalis*). ANAT. Relatif à la vessie : *Diverticule vésical.*

vésicule [vezikyl] n.f. (lat. *vesicula* "petite ampoule", dimin. de *vesica* "vessie"). - **1.** ANAT. Organe creux ayant la forme d'un sac : *Vésicule biliaire.* - **2.** BOT. Flotteur de certaines plantes aquatiques : *Les vésicules du fucus.* - **3.** PATHOL. Soulèvement de l'épiderme, de petite taille, rempli de sérosité : *Le zona provoque des vésicules.*

vesou [vəzu] n.m. (mot créole). Jus obtenu par broyage de la canne à sucre, dont on tire le sucre.

Vespa [vɛspa] n.f. (nom déposé). Scooter de la marque de ce nom.

vespasienne [vɛspazjɛn] n.f. (de *Vespasien*, n. de l'empereur romain qui fit installer des urinoirs à Rome). Urinoir public à l'usage des hommes.

vespéral, e, aux [vɛsperal, -o] adj. (bas lat. *vesperalis*). LITT. Du soir : *Clarté vespérale.*

vesse-de-loup [vɛsdəlu] n.f. (pl. *vesses-de-loup*). Nom usuel d'un champignon appelé *lycoperdon*.

vessie [vesi] n.f. (lat. pop. *vessica*, class. *vesica*). - **1.** Poche abdominale où s'accumule l'urine amenée par les uretères, et communiquant avec l'extérieur par le canal de l'urètre. - **2.** FAM. Prendre des vessies pour des lanternes, se tromper grossièrement.

vestale [vɛstal] n.f. (lat. *vestalis*, de *Vesta*, déesse du Feu). ANTIQ. ROM. Prêtresse de Vesta, qui entretenait le feu sacré et était astreinte à la chasteté.

veste [vɛst] n.f. (mot lat. *vestis* "habit"). - **1.** Vêtement à manches, boutonné devant, qui couvre le buste jusqu'aux hanches : *Veste de laine.* - **2.** FAM. Échec, insuccès : *Se prendre une veste.* - **3.** FAM. Retourner sa veste, changer de parti, d'opinion.

vestiaire [vɛstjɛʀ] n.m. (lat. *vestiarium* "armoire à vêtements"). - **1.** Lieu où on dépose les manteaux, chapeaux, parapluies, etc., dans certains établissements : *Le vestiaire d'un théâtre.* - **2.** (Surtout au pl.). Local dépendant d'un stade, d'une salle de sports, d'une piscine, etc., où on peut se mettre en tenue et laisser ses vêtements : *Les joueurs sont encore dans les vestiaires.* - **3.** Objets, vêtements déposés au vestiaire : *Présenter son ticket pour retirer son vestiaire.*

vestibule [vɛstibyl] n.m. (it. *vestibulo*, lat. *vestibulum*). - **1.** Pièce ou couloir d'entrée d'une maison, d'un édifice, donnant accès aux autres pièces, à l'escalier : *Vestibule d'un hôtel* (syn. hall). *Vestibule d'un appartement* (syn. antichambre, entrée). - **2.** ANAT. Cavité, dépression : *Vestibule auriculaire.*

vestige [vɛstiʒ] n.m. (lat. *vestigium* "trace"). Marque, reste du passé : *Les vestiges d'une antique civilisation* (syn. reste, trace). *Les vestiges d'une abbaye romane* (syn. ruines).

vestimentaire [vɛstimɑ̃tɛʀ] adj. (lat. *vestimentarius*). Relatif aux vêtements : *Élégance ves* *timentaire. Dépenses vestimentaires* (= pour acheter des vêtements).

veston [vɛstɔ̃] n.m. Veste croisée ou droite faisant partie du complet masculin.

vêtement [vɛtmɑ̃] n.m. (lat. *vestimentum*). - **1.** Tout ce qui sert à couvrir le corps humain pour le protéger, le parer : *Range tes vêtements* (syn. habits). - **2.** Pièce de l'habillement : *Le veston est un vêtement d'homme. Un vêtement d'hiver.*

vétéran [veterɑ̃] n.m. (du lat. *veteranus*, de *vetus, -eris* "vieux"). - **1.** Vieux soldat : *Les vétérans de la Grande Guerre.* - **2.** Personne qui a une longue pratique dans une profession, une activité, etc. : *Un vétéran du syndicalisme* (syn. ancien). - **3.** Sportif ayant dépassé l'âge senior.

vétérinaire [veteʀinɛʀ] adj. (lat. *veterinarius*, de *veterina*, pl. neutre "bêtes de somme"). Relatif à la médecine des animaux : *Soins vétérinaires.* ◆ n. Personne diplômée d'une école nationale vétérinaire, qui exerce la médecine des animaux.

vétille [vetij] n.f. (de *vétiller* "s'occuper à des choses insignifiantes"). Chose insignifiante, qui ne mérite pas qu'on s'y arrête : *Perdre son temps à des vétilles* (syn. bagatelle, broutille, rien).

vétilleux, euse [vetijø, -øz] adj. LITT. Qui s'attache avec minutie à des choses sans importance : *Un esprit vétilleux* (syn. tatillon).

vêtir [vetiʀ] v.t. (lat. *vestire*) [conj. 44]. LITT. Couvrir de vêtements ; mettre sur soi : *Vêtir un enfant* (syn. habiller). *Vêtir une robe* (syn. enfiler, revêtir). ◆ **se vêtir** v.pr. Passer des vêtements : *Se vêtir chaudement* (syn. s'habiller).

vétiver [vetivɛʀ] n.m. (du tamoul *vettiveru*). Plante cultivée dans l'Inde et aux Antilles pour ses racines, dont on retire un parfum. □ Famille des graminées.

veto [veto] n.m. inv. (mot lat. "j'interdis"). - **1.** ANTIQ. ROM. Formule employée par les tribuns du peuple pour s'opposer à un décret du sénat. - **2.** Institution par laquelle une autorité peut s'opposer à l'entrée en vigueur d'une loi : *En France, le président ne dispose pas du droit de veto.* - **3.** Prérogative conférée aux cinq États membres permanents du Conseil de sécurité des Nations unies, qui leur permet de s'opposer à toute question autre que de procédure : *La Chine a mis son veto à cette résolution.* - **4.** Opposition ; refus formel : *Mettre son veto à une proposition.*

vêtu, e [vety] adj. Qui porte un vêtement : *Bien, mal vêtu* (syn. habillé).

vétuste [vetyst] adj. (lat. *vetustus*, de *vetus* "vieux"). Vieux ; détérioré par le temps : *Maison vétuste* (syn. délabré).

vétusté [vetyste] n.f. (lat. *vetustas*). État de ce qui est vétuste : *La commission d'enquête a noté la vétusté du matériel* (syn. délabrement, ancienneté).

veuf, veuve [vœf, vœv] adj. et n. (lat. *vidua* "veuve", de *viduus*, propr. "privé de"). - **1.** Dont le conjoint est décédé : *Il est veuf depuis un an. Épouser une veuve.* - **2.** Défendre la veuve et l'orphelin, protéger les malheureux, les opprimés.

veule [vøl] adj. (lat. pop. *volus*, du class. *volare* "voler"). LITT. Qui manque d'énergie, de volonté, de courage : *Un être veule* (syn. faible, mou ; contr. décidé).

veulerie [vølʀi] n.f. Manque d'énergie, de volonté, de courage : *Cette épreuve a révélé sa veulerie* (syn. apathie ; contr. hardiesse).

veuvage [vœvaʒ] n.m. (de *veuve*). - **1.** État d'un veuf, d'une veuve : *Après plusieurs années de veuvage, elle s'est remariée.* - **2.** Assurance veuvage, système du régime général de la Sécurité sociale qui verse une allocation aux veuves ou veufs d'un assuré social, temporairement et sous certaines conditions.

veuve [vœv] n.f. (du fém. de *veuf*). - **1.** Oiseau passereau d'Afrique, à plumage en grande partie noir, recherché comme oiseau de cage et de volière. □ Famille des plocéidés. - **2.** → veuf.

vexant, e [vɛksɑ̃, -ɑ̃t] adj. Qui vexe : *Un refus vexant* (syn. blessant, désobligeant).

vexation [vɛksasjɔ̃] n.f. (lat. *vexatio*). Action, parole ou situation qui vexe : *Enfant grassouillet exposé aux vexations de ses camarades* (syn. brimade, sarcasme).

vexatoire [vɛksatwaʀ] adj. Qui a le caractère de la vexation : *Mesures vexatoires à l'égard des étrangers* (syn. humiliant).

vexer [vɛkse] v.t. (lat. *vexare* "tourmenter"). Contrarier ; blesser qqn dans son amour-propre : *Vexer qqn par une critique acerbe* (syn. blesser, froisser, offenser). *Elle est vexée d'avoir échoué.* ◆ **se vexer** v.pr. Être contrarié, blessé : *Cet enfant se vexe pour un rien* (syn. se fâcher, se froisser).

via [vja] prép. (mot lat. "voie"). En passant par : *Aller de Paris à Ajaccio via Nice.*

viabiliser [vjabilize] v.t. Réaliser les travaux de viabilité sur un terrain à bâtir : *Viabiliser un lotissement.*

1. **viabilité** [vjabilite] n.f. (de *viable*). - **1.** Aptitude à vivre d'un organisme : *La viabilité d'un fœtus n'est pas assurée avant le septième mois.* - **2.** Caractère d'un projet, d'une entreprise viable.

2. **viabilité** [vjabilite] n.f. (du bas lat. *viabilis* "où l'on peut passer", du class. *via* "chemin"). - **1.** Bon état d'une route, permettant

d'y circuler. - **2.** Ensemble des travaux d'aménagement (voirie, trottoir, réseau d'eau potable, d'assainissement, etc.) à réaliser sur un terrain avant toute construction.

viable [vjabl] adj. (de *vie*). - **1.** Qui peut vivre : *Nouveau-né viable.* - **2.** Organisé pour aboutir, pour durer : *Entreprise viable.*

viaduc [vjadyk] n.m. (de l'angl. *viaduct,* du lat. *via* "voie" et *ducere* "conduire"). Pont de grande longueur, génér. à plusieurs arches, permettant le franchissement d'une vallée par une route ou une voie ferrée : *Le viaduc de Garabit fut construit par Gustave Eiffel.*

viager, ère [vjaʒe, -ɛʀ] adj. (de l'anc. fr. *viage* "durée de la vie"). Rente viagère, revenu qui dure toute la vie d'une personne et ne se prolonge pas au-delà. ◆ **viager** n.m. - **1.** Rente viagère : *Son viager lui permet tout juste de vivre.* - **2.** En viager, en échange d'une rente viagère : *Vendre sa maison en viager.*

viande [vjɑ̃d] n.f. (lat. pop *°vivanda,* du class. *vivenda* "ce qui sert à la vie"). - **1.** Aliment tiré des muscles des animaux, princ. des mammifères et des oiseaux : *Manger de la viande grillée, rôtie.* - **2.** Viande blanche, viande de veau, de porc, de lapin, de volaille. ‖ Viande rouge, viande de bœuf, de mouton, de cheval.

viatique [vjatik] n.m. (lat. *viaticum,* de *via* "route"). - **1.** VX. Argent, provisions que l'on donne pour faire un voyage. - **2.** LITT. Ce qui apporte une aide, un soutien : *Elle a ses diplômes comme seul viatique* (syn. atout, bagage). - **3.** CATH. Sacrement de l'eucharistie administré à une personne en danger de mort.

vibrant, e [vibʀɑ̃, -ɑ̃t] adj. - **1.** Qui vibre : *La membrane vibrante d'un haut-parleur.* - **2.** Dont le ton ou le comportement marquent l'émotion : *Discours vibrant* (syn. ardent, poignant). - **3.** PHON. Consonne vibrante, consonne que l'on articule en faisant vibrer la langue ou la luette : *Le* [r] *roulé est une consonne vibrante.* (On dit aussi *une vibrante.*)

vibraphone [vibʀafɔn] n.m. Instrument de musique composé d'une série de lames d'acier que l'exécutant frappe à l'aide de baguettes.

vibratile [vibʀatil] adj. (de *vibrer*). Cils vibratiles, filaments ou flagelles de certaines cellules vivantes, animés de mouvements constants et qui assurent le déplacement de certains protozoaires (paramécie), le courant d'eau nutritif des mollusques lamellibranches, l'expulsion de particules solides dans la trachée-artère de l'homme, etc.

vibration [vibʀasjɔ̃] n.f. (lat. *vibratio*). - **1.** Mouvement d'oscillation rapide : *Les vibrations d'une corde de violon sous l'archet.* - **2.** PHYS. Mouvement périodique d'un système matériel autour de sa position d'équilibre : *Vibrations sonores, lumineuses* (syn. oscillation). - **3.** Saccade répétée à un rythme rapide : *Les vibrations des vitres au passage des camions* (syn. trépidation). - **4.** Modulation d'un timbre sonore traduisant une émotion : *Vibration de la voix* (syn. tremblement).

vibrato [vibʀato] n.m. (mot it.). Légère ondulation du son produite sur les instruments de musique (cordes ou vents) ou avec la voix.

vibratoire [vibʀatwaʀ] adj. Relatif aux vibrations ; qui se compose de vibrations : *Mouvement vibratoire.*

vibrer [vibʀe] v.i. (lat. *vibrare,* propr. "agiter, secouer"). - **1.** Être soumis à une série d'oscillations, à des vibrations : *Cordes vocales qui vibrent.* *Les vitres vibrent au passage du train* (syn. trépider). - **2.** Être touché, ému : *Vibrer à l'écoute d'un discours.* - **3.** Traduire une certaine intensité d'émotion : *Sa voix vibrait de colère* (syn. frémir, trembler).

vibreur [vibʀœʀ] n.m. Dispositif électromécanique vibrant sous l'effet d'un courant, le plus souvent destiné à servir d'avertisseur acoustique.

vibrion [vibʀijɔ̃] n.m. (de *vibrer*). Bactérie en forme de bâtonnet recourbé en virgule et muni à son extrémité de un ou de plusieurs cils qui lui confèrent sa mobilité.

vibrisse [vibʀis] n.f. (lat. *vibrissae*). - **1.** Poil situé à l'intérieur des narines de l'homme. - **2.** Poil tactile de certains mammifères : *Les vibrisses forment la « moustache » des carnivores, des pinnipèdes et des rongeurs.*

vibromasseur [vibʀɔmasœʀ] n.m. Appareil de massage dans lequel des pièces en caoutchouc sont mises en vibration par un moteur électrique.

vicaire [vikɛʀ] n.m. (lat. *vicarius* "remplaçant"). - **1.** Prêtre qui exerce son ministère dans une paroisse sous la dépendance d'un curé. - **2.** Vicaire de Jésus-Christ, le pape. ‖ Vicaire général, prêtre assistant de l'évêque pour l'administration du diocèse.

vicariat [vikaʀja] n.m. Fonctions d'un vicaire.

vice [vis] n.m. (lat. *vitium,* propr. "défaut, imperfection"). - **1.** LITT. Disposition naturelle à faire le mal, à agir contre la morale : *Personne qui a tous les vices* (syn. dépravation, perversion). - **2.** Penchant particulier pour qqch, défaut dont on ne peut se débarrasser (jeu, boisson, drogue, etc.) : *L'ivrognerie est un vice* (syn. tare). - **3.** Imperfection, défaut dans l'état de qqn ou de qqch : *Vice de construction* (syn. défectuosité, malfaçon). - **4.** DR. Vice de forme, défaut qui rend nul un acte juridique lorsqu'une des formalités légales a été omise.

vice- [vis] (lat. *vice* "à la place de"), particule inv. qui, préfixée à un nom auquel elle est reliée par un trait d'union, indique des fonctions de suppléant, d'adjoint du titulaire ou bien une position de second dans une hiérarchie : *Vice-chancelier. Le vice-champion d'Europe.*

vice-amiral [visamiʀal] n.m. (pl. *vice-amiraux*). Officier général de la marine.

vice-consul [viskɔ̃syl] n.m. (pl. *vice-consuls*). Personne qui aide un consul ou qui en tient lieu dans un pays où il n'y a pas de consul.

vice-présidence [vispʀezidɑ̃s] n.f. (pl. *vice-présidences*). Fonction, dignité de vice-président.

vice-président, e [vispʀezidɑ̃, -ɑ̃t] n. (pl. *vice-présidents, es*). Personne chargée de seconder et, éventuellement, de remplacer le président ou la présidente.

vice-roi [visʀwa] n.m. (pl. *vice-rois*). Gouverneur d'un royaume ou d'une grande province dépendant d'un État monarchique.

vicésimal, e, aux [visezimal, -o] adj. (lat. *vicesimus* "vingtième"). Qui a pour base le nombre vingt.

vice versa [visvɛʀsa] ou [visevɛʀsa] loc. adv. (loc. lat.). Réciproquement ; inversement : *Il prend toujours la droite pour la gauche et vice versa.*

vichy [viʃi] n.m. (du n. de la ville de l'Allier). - **1.** Étoffe de coton tissée avec des fils de deux couleurs formant des carreaux. - **2.** Eau minérale de Vichy.

vichyste [viʃist] adj. et n. HIST. Relatif au gouvernement de Vichy ; partisan du gouvernement de Vichy. (Ce terme a remplacé celui de *vichyssois.*)

vicié, e [visje] adj. Qui est altéré dans sa composition : *Air vicié* (syn. impur, pollué).

vicier [visje] v.t. (lat. *vitiare*) [conj. 9]. - **1.** LITT. Corrompre ; gâter la pureté de : *Certaines industries vicient l'air* (syn. polluer, souiller). - **2.** DR. Entacher d'un défaut qui rend nul : *L'absence de date vicie le contrat* (syn. annuler).

vicieux, euse [visjø, -øz] adj. et n. (lat. *vitiosus* "gâté, corrompu"). - **1.** Qui a des goûts dépravés, pervers (en partic. sur le plan sexuel) : *Il est vicieux* (syn. dépravé, dévergondé). - **2.** FAM. Qui a des goûts bizarres, étranges : *Il faut vraiment être vicieux pour aimer cette musique* (syn. extravagant, insensé). ◆ adj. - **1.** Marqué par le vice (en partic. sur le plan sexuel) : *Un regard vicieux* (syn. libidineux, lubrique). - **2.** Exécuté avec ruse, pour tromper : *Envoyer une balle vicieuse.* - **3.** Qui comporte une défectuosité, une imperfection : *Contrat vicieux* (syn. fautif, incorrect).

vicinal, e, aux [visinal, -o] adj. (lat. *vicinalis*, de *vicinus* "voisin"). Se dit d'un chemin qui relie des villages, des hameaux entre eux.

vicissitude [visisityd] n.f. (lat. *vicissitudo*). LITT. (Surtout au pl.). Événements heureux ou malheureux qui affectent la vie humaine : *Les vicissitudes de l'existence* (syn. aléa).

vicomte [vikɔ̃t] n.m. (lat. médiév. *vicecomes, itis*). - **1.** Autref., suppléant du comte, puis seigneur possédant la terre sur laquelle s'exerçait cette charge de suppléant. - **2.** En France, titre de noblesse situé entre ceux de baron et de comte, sous l'Ancien Régime.

vicomtesse [vikɔ̃tɛs] n.f. Femme d'un vicomte ; femme possédant une terre sur laquelle s'exerçait la charge de vicomte.

victime [viktim] n.f. (lat. *victima*). - **1.** Personne qui a péri dans une guerre, une catastrophe, un accident, etc. : *L'explosion n'a pas fait de victime.* - **2.** Personne qui souffre de l'hostilité de qqn, de ses propres agissements : *Elle est très autoritaire et cherche toujours une victime* (syn. proie, souffre-douleur). *Il a été victime de sa naïveté.* - **3.** Créature vivante offerte en sacrifice à une divinité : *Victime expiatoire.*

victoire [viktwaʀ] n.f. (lat. *victoria*). - **1.** Issue favorable d'une bataille, d'une guerre : *Général qui mène ses troupes à la victoire* (syn. succès, triomphe). - **2.** Succès remporté dans une lutte, une compétition : *La victoire ne peut plus échapper à notre équipe.* - **3.** Chanter, crier victoire, annoncer triomphalement un succès, s'en glorifier. ‖ **Victoire à la Pyrrhus,** si chèrement acquise que le bilan en paraît négatif.

victorien, enne [viktɔʀjɛ̃, -ɛn] adj. Relatif à la reine Victoria de Grande-Bretagne, à son époque : *Style victorien.*

victorieusement [viktɔʀjøzmɑ̃] adv. De façon victorieuse : *Résister victorieusement à une attaque.*

victorieux, euse [viktɔʀjø, -øz] adj. (bas lat. *victoriosus*). - **1.** Qui a remporté la victoire : *Armée victorieuse* (syn. triomphateur, vainqueur). *L'équipe victorieuse* (syn. gagnant). - **2.** Qui manifeste l'orgueil du succès obtenu : *Avoir un air victorieux* (syn. triomphant).

victuailles [viktɥaj] n.f. pl. (bas lat. *victualia*, du class. *victualis*, de *victus* "vivres"). Provisions alimentaires : *Garde-manger plein de victuailles* (syn. aliment, vivres).

vidange [vidɑ̃ʒ] n.f. (de *vider*). - **1.** Action de vider pour nettoyer ou rendre de nouveau utilisable : *Faire faire la vidange du moteur de sa voiture.* - **2.** Dispositif servant à vidanger, à l'écoulement d'un liquide : *Déboucher la* *vidange d'un lavabo.* ◆ **vidanges** n.f. pl. Matières retirées d'une fosse d'aisances : *Traitement chimique des vidanges.*

vidanger [vidɑ̃ʒe] v.t. [conj. 17]. Effectuer la vidange d'une fosse d'aisances, d'un carter d'automobile, etc. : *Vidanger une citerne* (syn. assécher). *Vidanger l'huile d'un moteur.*

1. **vide** [vid] adj. (de l'anc. fr. *vuide*, fém. de *vuit*, du lat. pop. *vocitus*, de *vocuus*, forme archaïque du sens. *vacuus*). - **1.** Qui ne contient rien : *Boîte vide.* - **2.** Qui n'a pas ou a très peu d'occupants : *Jouer devant une salle vide* (syn. désert). *Notre appartement est vide tout l'été* (syn. inhabité, inoccupé). - **3.** Qui manque d'intérêt, de vie : *Sa vie est vide* (syn. inintéressant, insignifiant). - **4.** Où l'on ressent l'absence de qqn : *Sans enfants, la maison est vide.* - **5.** Vide de, privé, dépourvu de : *Remarque vide de sens.* ‖ MATH. Ensemble vide, ensemble ne comportant aucun élément (noté ø).

2. **vide** [vid] n.m. (de *1. vide*). - **1.** Espace assez vaste qui ne contient rien : *Tomber dans le vide.* - **2.** Solution de continuité ; espace où il manque qqch : *Il y a un vide dans cette collection* (syn. manque). - **3.** Laps de temps inoccupé : *Il y a des vides dans mon emploi du temps* (syn. creux, trou). - **4.** Sentiment pénible d'absence, de privation : *Son départ a laissé un vide.* - **5.** Caractère de ce qui manque d'intérêt, de valeur : *Le vide de son existence* (syn. futilité, vanité). - **6.** PHYS. État correspondant à l'absence totale de toute particule réelle ; espace où les particules matérielles sont fortement raréfiées (pression inférieure à celle de l'atmosphère) : *Faire le vide dans une ampoule. Emballage sous vide.* - **7.** À vide, sans rien contenir ; sans effet ; sans objet : *Le bus part à vide. Raisonner à vide.* ‖ Faire le vide autour de soi, de qqn, éloigner de soi, de qqn amis et relations, créer l'isolement. ‖ Vide juridique, absence de dispositions légales concernant un sujet donné.

vidéo [video] adj. inv. (lat. *video* "je vois"). - **1.** Se dit de l'ensemble des techniques concernant la formation, l'enregistrement, le traitement ou la transmission d'images ou de signaux de type télévision : *Signaux vidéo.* - **2.** Bande vidéo promotionnelle, recomm. off. pour *clip.* ‖ Jeu vidéo, jeu utilisant un écran de visualisation et une commande électronique. ◆ n.f. - **1.** Ensemble des techniques vidéo. - **2.** Film, émission tournés en vidéo.

vidéocassette [videokasɛt] n.f. Cassette contenant une bande magnétique qui permet l'enregistrement et la reproduction à volonté d'un programme de télévision ou d'un film vidéo.

vidéodisque [videodisk] n.m. Disque sur lequel sont enregistrés des programmes

audiovisuels restituables sur un téléviseur : *La lecture d'un vidéodisque se fait à l'aide d'un laser de faible puissance.*

vidéographie [videɔɡrafi] n.f. - **1.** Procédé de télécommunication qui permet la visualisation d'images alphanumériques et graphiques sur un écran de type télévision. - **2.** Édition de programmes audiovisuels.

vide-ordures [vidɔrdyr] n.m. inv. Conduit vertical par lequel sont évacuées les ordures ménagères dans certains immeubles ; orifice de ce conduit, installé à chaque étage ou dans chaque appartement.

vidéotex [videotɛks] n.m. (de *vidéo* et *télex*). Vidéographie dans laquelle la transmission des demandes d'informations des usagers et des réponses fournies est assurée par un réseau de télécommunications, en partic. le réseau téléphonique. ◆ adj. Relatif au vidéotex : *Terminal vidéotex.*

vidéothèque [videotɛk] n.f. - **1.** Collection de vidéocassettes. - **2.** Meuble ou lieu où on les entrepose.

vide-poche ou **vide-poches** [vidpɔʃ] n.m. (pl. *vide-poches*). Dans une automobile, petit compartiment, génér. ouvert, pour déposer divers objets.

vider [vide] v.t. (lat. pop. *vocitare*, de *vocitus* ; v. *1. vide*). - **1.** Retirer tout le contenu de : *Vider un tiroir. N'oublie pas de vider la baignoire* (contr. remplir). - **2.** Boire, manger tout le contenu de : *Il a vidé son verre. Vider le réfrigérateur.* - **3.** Retirer les entrailles d'un animal pour le préparer à la cuisson : *Vider une carpe, un lapin.* - **4.** Faire évacuer : *Les pompiers ont vidé l'immeuble.* - **5.** Enlever qqch d'un contenant ; faire s'écouler complètement le contenu de qqch : *Vider l'eau d'un réservoir.* - **6.** FAM. Chasser qqn d'un lieu, d'un groupe ; faire sortir de force : *Vider les perturbateurs dans une réunion* (syn. congédier). *Il s'est fait vider du lycée* (syn. expulser, renvoyer). - **7.** FAM. Surmener physiquement ou intellectuellement : *Ce boulot m'a vidé !* (syn. épuiser, harasser). - **8.** LITT. Terminer, régler : *Vider un différend, une querelle* (syn. liquider, trancher). - **9.** Vider les lieux, s'en aller, partir sous la contrainte.

videur [vidœr] n.m. Homme chargé d'expulser les personnes jugées indésirables dans un bal, un dancing, un cabaret, etc.

viduité [vidɥite] n.f. (lat. *viduitas*, de *vidua* "veuve"). - **1.** VX. État de veuve. - **2.** DR. Délai de viduité, période, en principe de 300 jours, pendant laquelle une femme veuve ou divorcée ne peut contracter un nouveau mariage.

vie [vi] n.f. (lat. *vita*). - **1.** Ensemble des phénomènes (nutrition, croissance, reproduction, etc.) communs aux êtres organisés et qui constituent leur mode d'activité propre, de la naissance à la mort : *Vie cellulaire. Vie animale, végétale. Les origines de la vie.* -**2.** Fait de vivre ; existence humaine (par opp. à mort) : *Être en vie. Risquer sa vie* (syn. existence). -**3.** Grande activité manifestée dans tous les comportements : *Déborder de vie* (syn. dynamisme, énergie, vitalité). -**4.** Existence humaine considérée dans sa durée ; ensemble des événements qui se succèdent dans cette existence : *Une longue vie. Réussir sa vie.* -**5.** Manière de vivre propre à qqn ou à un groupe : *Mener une vie simple.* -**6.** Ensemble des activités de qqn dans un domaine spécifique : *Avoir une vie culturelle et sociale très remplie.* -**7.** Ensemble des moyens matériels (aliments, argent, etc.) nécessaires pour assurer l'existence de qqn : *La vie est chère. Gagner bien, mal sa vie.* -**8.** Condition humaine, monde des humains : *Connaître, affronter la vie.* -**9.** Ouvrage relatant l'histoire de qqn, les événements qui ont marqué son existence : *Écrire une vie de Van Gogh* (syn. biographie). -**10.** Mouvement, dynamisme, vitalité qui caractérisent une œuvre, qui animent un lieu : *Style plein de vie* (syn. allant, entrain). *Rendre la vie à un quartier* (syn. animation). -**11.** Ensemble des activités, de la production d'un pays, d'un groupe dans un domaine donné : *La vie politique en France.* -**12.** Existence, dans le temps, des choses soumises à une évolution : *La vie des mots. La vie des étoiles.* -**13.** Fait pour un appareil, un dispositif, un organisme, etc., de fonctionner : *Durée de vie d'un matériel.* -**14.** À la vie, à la mort, pour toujours, jusqu'à la mort. ‖ À vie, pour tout le temps qui reste à vivre. ‖ Ce n'est pas une vie, c'est intenable, c'est une situation, une existence insupportable. ‖ De la vie, de ma vie, jamais : *De ma vie, je n'ai vu une telle mauvaise foi.* ‖ Devoir la vie à, avoir été sauvé par (qqn, qqch). ‖ Donner la vie, mettre au monde. ‖ FAM. Faire la vie, s'adonner, souvent avec excès, à tous les plaisirs ; être insupportable. ‖ Redonner, rendre la vie à qqn, le ranimer ; le rassurer, lui rendre l'espoir. ‖ Refaire sa vie, se remarier. ‖ RELIG. Vie éternelle, bonheur éternel des élus après la mort.

vieil, vieille adj. → **vieux.**

vieillard [vjɛjaʀ] n.m. (de *vieil*). Homme très âgé (syn. vieux). **Rem.** Le fém. *vieillarde* est litt. et péjor. ; on dit plutôt *vieille*. ◆ **vieillards** n.m. pl. Ensemble des personnes âgées : *Évacuer les vieillards et les enfants.*

vieillerie [vjɛjʀi] n.f. (de *vieil*). -**1.** Objet ancien, usé et démodé : *Grenier plein de vieilleries.* -**2.** Idée rebattue ; œuvre démodée, qui n'a plus d'intérêt : *Cette idée est une*

vieillerie qui traîne dans les manuels scolaires depuis cinquante ans.

vieillesse [vjɛjɛs] n.f. (de *vieil*). -**1.** Dernière période de la vie normale, caractérisée par un ralentissement des fonctions ; fait d'être vieux : *Les maladies de la vieillesse* (syn. sénescence). *Mourir de vieillesse* (= du seul fait de son grand âge). -**2.** LITT. Grand âge de qqch : *Vieillesse d'un vin. Vieillesse d'une machine* (syn. vétusté). -**3.** Ensemble des personnes âgées : *Aide économique à la vieillesse.* -**4.** Assurance vieillesse, branche de la Sécurité sociale qui assure le versement des prestations en espèces aux personnes retirées de la vie active du fait de leur âge ; cette prestation.

vieilli, e [vjɛji] adj. -**1.** Qui porte les marques de la vieillesse ; qui a perdu sa force, sa jeunesse : *Il a trouvé son père très vieilli.* -**2.** Qui a perdu son caractère d'actualité ; qui n'est plus en usage : *Une mode vieillie* (syn. périmé, suranné). -**3.** LING. Qui tend à sortir de l'usage courant mais qui est encore compris de la plupart des locuteurs d'une langue (à la différence de *vieux*) : *Mot vieilli* (syn. obsolète).

vieillir [vjɛjiʀ] v.i. (de *vieil*) [conj. 32]. -**1.** Avancer en âge : *Nous vieillissons tous.* -**2.** Perdre sa force, sa vitalité, l'apparence de la jeunesse en prenant de l'âge : *Son visage a beaucoup vieilli* (syn. se faner, se flétrir). *En un an, il a beaucoup vieilli.* -**3.** Perdre son actualité, de sa modernité : *La mode vieillit vite.* -**4.** Acquérir des qualités particulières par la conservation : *Laisser vieillir un vin. Fromage en train de vieillir* (syn. s'affiner, mûrir). ◆ v.t. -**1.** Faire paraître plus vieux : *Cette robe te vieillit.* -**2.** Fatiguer, affaiblir comme le fait la vieillesse : *Les soucis l'ont vieilli.* ◆ **se vieillir** v.pr. Se faire paraître ou se dire plus vieux qu'on ne l'est réellement : *Enfant qui se vieillit pour entrer dans une salle de spectacle.*

vieillissant, e [vjɛjisɑ̃, -ɑ̃t] adj. Qui vieillit : *Homme politique vieillissant.*

vieillissement [vjɛjismɑ̃] n.m. -**1.** Fait de devenir vieux ; ensemble des phénomènes qui marquent l'évolution d'un organisme vivant vers la mort : *Vieillissement des tissus, des facultés intellectuelles.* -**2.** Fait pour un groupe de voir sa moyenne d'âge s'élever progressivement : *Vieillissement de la population.* -**3.** Action de vieillir qqch : *Le vieillissement d'un vin, d'un meuble en ébénisterie.* -**4.** Fait de se démoder, de ne plus correspondre aux besoins d'une époque : *Vieillissement d'une doctrine.*

vieillot, otte [vjɛjo, -ɔt] adj. (dimin. de *vieil*). Se dit de choses dépassées et qui, avec le recul, prennent parfois un caractère ridicule ; démodé : *Des idées vieillottes* (syn. désuet, suranné).

vièle [vjɛl] n.f. (anc. fr. *viele,* var. de *viole*). Type d'instrument de musique aux cordes frottées par un archet ou par une roue, indépendamment de la forme et du nombre des cordes.

vielle [vjɛl] n.f. (anc. prov. *viola*). Vièle à clavier dont les cordes sont frottées par une roue mise en rotation par une manivelle. (On dit aussi *vielle à roue*.)

vielleur, euse [vjɛlœʀ, -øz] et **vielleux, euse** [vjɛlø, -øz] n. Personne qui joue de la vielle.

viennoiserie [vjɛnwazʀi] n.f. (de *viennois* "pain fait avec une pâte pouvant contenir du sucre, du lait, des graisses, des œufs") Ensemble des produits de boulangerie fabriqués avec une pâte fermentée enrichie de sucre, de lait, de matières grasses et d'œufs (pains au lait, brioches, croissants, etc.) ; pâtisserie ainsi fabriquée.

1. **vierge** [vjɛʀ ʒ] adj. (lat. *virgo, -inis*). - **1.** Se dit d'une personne qui n'a jamais eu de relations sexuelles : *Rester vierge* (syn. intact, pur). - **2.** Se dit d'un lieu où l'on n'a pas pénétré, de qqch qui est intact, qui n'a pas encore servi : *Territoire vierge* (syn. inexploré). *Page vierge* (syn. blanc). *Casier judiciaire vierge* (syn. vide ; contr. chargé). - **3.** LITT. *Vierge de,* sans trace de ; qui n'a subi aucune atteinte : *Réputation vierge de toute tache.* - **4.** *Huile vierge,* huile obtenue par pression à froid de graines ou de fruits oléagineux et directement consommable.

2. **vierge** [vjɛʀ ʒ] n.f. (de *1. vierge*). - **1.** Jeune fille vierge. - **2.** *La Sainte Vierge, la Vierge* ou *la Vierge Marie,* la mère de Jésus. ◆ n. inv. et adj. inv. Personne née sous le signe de la Vierge.

vietnamien, enne [vjɛtnamjɛ̃, -ɛn] adj. et n. Du Viêt Nam. ◆ **vietnamien** n.m. Langue parlée principalement au Viêt Nam, qui s'écrit avec un alphabet latin.

vieux ou **vieil, vieille** [vjø, vjɛj] adj. et n. (du lat. *vetus*) [devant un n.masc. commençant par une voyelle ou un *h* muet, on utilise l'adj. *vieil* (et non *vieux*)]. - **1.** Avancé en âge : *Un vieil homme* (syn. âgé). *Une pauvre vieille.* - **2.** FAM. *Mon vieux, ma vieille,* termes d'amitié : *Tiens, mon vieux, prends un verre, ça te remontera.* ‖ *Se faire vieux,* prendre de l'âge et n'être plus très agile (= vieillir). ‖ FAM. *Un vieux de la vieille,* un vétéran, ancien dans le métier. ◆ adj. - **1.** Qui a les caractères de la vieillesse : *Se sentir vieux.* - **2.** (Surtout au comparatif). Âgé ; plus âgé de : *Il est plus vieux que son frère, plus vieux de deux ans.* - **3.** Qui a une certaine ancienneté, qui date d'autrefois : *Une vieille maison* (syn. ancestral). *La vieille ville. Un vieux meuble* (syn. antique). *Une vieille habitude* (syn. ancien). *Une amitié vieille de dix ans* (= qui dure depuis dix ans).

- **4.** Qui est depuis longtemps dans tel état, tel métier, etc. : *Un vieil ami. Un vieux soldat. De vieux habitués.* - **5.** Usé ; qui a beaucoup servi : *Une vieille pèlerine* (syn. défraîchi, usagé). ◆ **vieux** n.m. Ce qui est ancien : *Acheter un appartement dans du vieux* (= dans un immeuble construit depuis longtemps ; contr. neuf).

1. **vif, vive** [vif, viv] adj. (lat. *vivus*). - **1.** Qui a de la vitalité, de la vigueur : *Des yeux vifs. Un pas vif* (syn. alerte, rapide). *Un enfant très vif* (syn. pétulant, remuant). - **2.** Vivant : *Brûler vif.* - **3.** Qui réagit, conçoit promptement : *Intelligence vive* (syn. aigu, pénétrant ; contr. lent). - **4.** Prononcé ; très net : *Vive surprise. Un penchant très vif pour la musique* (syn. fort, marqué). - **5.** Prompt à s'emporter : *Tempérament un peu vif* (syn. coléreux, irascible). - **6.** Exprimé avec violence ou mordant : *Vifs reproches* (syn. acerbe, caustique). - **7.** Éclatant, intense : *Couleur vive* (contr. passé). *La lumière est vive* (syn. cru ; contr. doux, tamisé). - **8.** Qui saisit : *Froid vif* (syn. piquant). - **9.** *Arête vive,* angle saillant et non émoussé d'une pierre, d'un matériau. *De vive voix,* directement et oralement. ‖ *Haie vive,* formée d'arbustes en pleine végétation.

2. **vif** [vif] n.m. (de *1. vif*). - **1.** Chair vive : *Le chirurgien a tranché dans le vif.* - **2.** Ce qu'il y a de plus important, de plus intéressant : *Entrer dans le vif d'une question* (syn. cœur). - **3.** DR. Personne vivante : *Donation entre vifs.* - **4.** Petit poisson vivant qui sert d'appât : *Pêcher au vif.* - **5.** *À vif,* avec la chair à nu : *Une plaie à vif* ; au fig., poussé à un haut degré d'irritation, au paroxysme : *Avoir les nerfs, la sensibilité à vif.* ‖ *Piquer au vif* → piquer. ‖ *Sur le vif,* d'après nature avec beaucoup de vie. ‖ *Trancher dans le vif,* trancher jusque dans les parties essentielles, les inclinations les plus chères ; prendre les mesures énergiques.

vif-argent [vifaʀʒɑ̃] n.m. (du lat. *argentum vivum* "mercure") [pl. *vifs-argents*]. Anc. nom du mercure.

vigie [viʒi] n.f. (port. *vigia,* de *vigiar* "veiller", lat. *vigilare* "veiller"). MAR. - **1.** Homme de veille placé en observation à bord d'un navire : *La vigie signale un bateau à bâbord.* - **2.** Surveillance ainsi exercée : *Le matelot de vigie.*

vigilance [viʒilɑ̃s] n.f. (lat. *vigilantia*). Surveillance attentive et soutenue : *Redoubler de vigilance.*

vigilant, e [viʒilɑ̃, -ɑ̃t] adj. (lat. *vigilans*). Plein de vigilance : *Un surveillant vigilant* (syn. attentif). *Être l'objet de soins vigilants* (syn. assidu, empressé).

1. **vigile** [viʒil] n.f. (lat. *vigilia* "veille, veillée"). CATH. Jour qui précède et prépare une fête religieuse importante.

2. **vigile** [viʒil] n.m. (lat. *vigil* "veilleur"). - **1.** HIST. Dans la Rome antique, membre des

cohortes chargées de combattre les incendies et de veiller, la nuit, à la sécurité de la ville. - **2.** Personne chargée de la surveillance de locaux administratifs, industriels, universitaires, etc. : *Vigile qui fait sa ronde* (syn. veilleur).

vigne [viɲ] n.f. (lat. *vinea,* de *vinum* "vin"). - **1.** Arbrisseau grimpant, cultivé pour ses baies sucrées, ou raisin, dont le suc fermenté fournit le vin : *Pied de vigne. Cep de vigne.* □ Famille des ampélidacées. - **2.** Terrain planté de vigne cultivée : *Les vignes du coteau* (syn. vignoble). - **3.** **Être dans les vignes du Seigneur,** être ivre. ‖ **Vigne vierge,** nom usuel de l'*ampélopsis.*

vigneron, onne [viɲərɔ̃, -ɔn] n. Personne qui cultive la vigne, fait du vin. ◆ adj. Relatif à la vigne, au vigneron : *Une charrue vigneronne.*

vignette [viɲɛt] n.f. (dimin. de *vigne*). - **1.** Petit motif ornemental, petite illustration d'un texte, d'un livre : *Livre dont la première page s'orne d'une vignette* (syn. frontispice). - **2.** Petite étiquette, portant l'estampille de l'État, servant à attester le paiement de certains droits, notamm. de la taxe sur les automobiles. - **3.** Timbre attaché à certaines spécialités pharmaceutiques, que l'assuré social doit coller sur sa feuille de maladie pour être remboursé.

vignoble [viɲɔbl] n.m. (anc. prov. *vinhobre,* lat. pop. *°vineoporus,* croisement du lat. *vinea* "vigne" et du gr. *ampelophoros* "qui porte des vignes"). - **1.** Territoire planté de vignes ; ces vignes elles-mêmes : *Pays de vignobles.* - **2.** Ensemble des vignes d'une région, d'un pays : *Le vignoble bordelais.*

vigogne [viɡɔɲ] n.f. (esp. *vicuña,* du quechua). - **1.** Petit lama des Andes, au pelage laineux. - **2.** Tissu léger et chaud fait avec la laine tirée du poil de cet animal.

vigoureusement [viɡurøzmɑ̃] adv. Avec vigueur : *Un coup vigoureusement appliqué* (syn. fort, fortement). *Protester vigoureusement contre une décision* (syn. énergiquement, vivement).

vigoureux, euse [viɡurø, -øz] adj. - **1.** Qui a, qui manifeste de la force physique ou morale : *Un enfant vigoureux* (syn. robuste). *Des bras vigoureux* (syn. puissant). - **2.** Qui dénote de l'énergie, de la netteté, de la fermeté : *Des mesures vigoureuses. Tracé vigoureux* (contr. hésitant). *Esprit vigoureux* (syn. hardi).

vigueur [viɡœr] n.f. (lat. *vigor,* de *vigere* "être plein de force"). - **1.** Force physique : *La vigueur de la jeunesse* (syn. énergie, vitalité). - **2.** Énergie physique ou morale dans l'action, la pensée : *Exprimer ses idées avec vigueur* (syn. force, véhémence). - **3.** Fermeté,

netteté du dessin, du style : *Vigueur du coloris, de la touche* (contr. légèreté). *Vigueur de l'expression* (syn. crudité ; contr. délicatesse). - **4.** **En vigueur,** en usage, en application : *Les lois en vigueur.*

V. I. H. [veiaʃ] n.m. (sigle de *virus d'immunodéficience humaine*). Dénomination française officielle du virus responsable du sida.

vil, e [vil] adj. (lat. *vilis* "à bas prix"). LITT. - **1.** Qui inspire le plus profond mépris : *Un être vil* (syn. abject, ignoble, méprisable). *Se livrer à de vils marchandages* (syn. infâme, sordide). - **2.** **À vil prix,** très bon marché.

1. **vilain** [vilɛ̃] n.m. (bas lat. *villanus* "habitant de la campagne", de *villa* "domaine rural"). FÉOD. - **1.** Paysan libre (par opp. à *serf*). - **2.** Villageois (par opp. à *bourgeois*). - **3.** Roturier (par opp. à *noble*).

2. **vilain, e** [vilɛ̃, -ɛn] adj. (de *1. vilain*). - **1.** Qui est laid, désagréable à voir : *De vilaines dents* (syn. affreux). - **2.** Qui est moralement laid, méprisable : *De vilaines pensées* (syn. coupable, malsain). *Un vilain mot* (syn. grossier, indécent). - **3.** Qui laisse présager un danger, qqch de grave : *Une vilaine toux* (syn. inquiétant). - **4.** Se dit d'un temps désagréable : *Quel vilain temps !* (syn. mauvais). ◆ adj. et n. Se dit d'un enfant désagréable et désobéissant : *Il a été vilain toute la matinée* (syn. insupportable). *Tu es une vilaine !* ◆ **vilain** adv. FAM. Il fait vilain, il fait mauvais temps. ◆ **vilain** n.m. FAM. Du vilain, des choses fâcheuses ; dispute, scandale : *Ne t'en mêle pas, ça va faire du vilain.*

vilainement [vilɛnmɑ̃] adv. (de *2. vilain*). Contrairement aux règles de la beauté, de la morale, etc. : *Il est vilainement bâti* (syn. laidement). *Parler vilainement* (syn. grossièrement).

vilebrequin [vilbrəkɛ̃] n.m. (du moyen fr. *wimbelkin,* avec infl. de *virer, vibrer* et *libre*). - **1.** Outil au moyen duquel on imprime un mouvement de rotation à une mèche de perçage ou à une clef de serrage. - **2.** MÉCAN. Arbre d'un moteur à explosion qui transforme le mouvement alternatif des bielles en un mouvement circulaire.

vilement [vilmɑ̃] adv. LITT. De façon vile : *Attaquer vilement un concurrent* (syn. bassement, lâchement).

vilenie [vilni] ou [vileni] n.f. (de *1 vilain*). LITT. Action ou parole basse et vile : *Être capable de toutes les vilenies* (syn. bassesse, infamie, scélératesse).

vilipender [vilipɑ̃de] v.t. (bas lat. *vilipendere,* propr. "estimer comme vil"). LITT. Traiter avec beaucoup de mépris : *Vilipender ses adversaires politiques* (syn. dénigrer).

villa [vila] n.f. (mot it., du lat. "domaine rural"). - **1.** Maison d'habitation ou de villégiature, génér. vaste et avec jardin : *Faire construire une villa au bord de la mer.* **-2.** Voie privée bordée de maisons individuelles. **-3.** ANTIQ. Domaine rural ou riche demeure de villégiature à Rome et en Gaule romaine.

village [vilaʒ] n.m. (lat. médiév. *villagium,* de *villa* "domaine rural"). **-1.** Groupement d'habitations permanentes dont la majorité des habitants est engagée dans le secteur agricole : *Un village de cinq cents habitants* (syn. bourg, bourgade). **-2.** Ensemble des habitants d'une telle localité : *Tout le village est au courant* (syn. population).

villageois, e [vilaʒwa, -az] n. Habitant d'un village. ◆ adj. Relatif, propre au village, aux villageois : *Danses villageoises* (syn. folklorique, paysan, campagnard).

ville [vil] n.f. (bas lat. *villa* "domaine rural"). **-1.** Agglomération relativement importante et dont les habitants ont des activités professionnelles diversifiées, notamm. dans le domaine tertiaire : *Une ville fondée au Moyen Âge* (syn. cité). **-2.** Habitants d'une ville : *Toute la ville en parle* (syn. population). **-3.** Vie que l'on mène en ville : *Préférer la ville à la campagne.* **-4.** À la ville, dans une ville (par opp. à *à la campagne*) ; dans la vie quotidienne, dans la vie privée (par opp. à *à l'écran, à la scène*) : *Ils vont à la ville pour essayer de trouver un emploi. Actrice qui, à la ville, est la femme d'un industriel.* ‖ **En ville,** dans une ville ; dans la partie commerçante de l'agglomération ; hors de chez soi : *Vivre en ville. Aller en ville. Souper en ville.* ‖ **Ville nouvelle,** ville créée à proximité d'une agglomération urbaine importante et où est prévu le développement simultané des fonctions économiques et de résidence. ‖ **Ville ouverte,** ville qui n'est pas défendue en temps de guerre.

villégiature [vileʒjatyʀ] n.f. (it. *villeggiatura,* de *villeggiare* "aller à la campagne"). **-1.** Séjour à la campagne, à la mer, etc., pour prendre du repos, des vacances : *Partir en villégiature à Deauville.* **-2.** Lieu de vacances : *Chercher une villégiature pour le mois d'août.*

vin [vɛ̃] n.m. (lat. *vinum*). **-1.** Boisson fermentée préparée à partir de raisin frais : *Vin blanc. Vin rouge.* **-2.** Jus d'origine végétale dont une partie ou la totalité du sucre est transformée par fermentation : *Vin de riz. Vin de palme.* **-3.** Entre deux vins, un peu ivre. ‖ **Vin cuit,** vin provenant d'un moût concentré à chaud. ‖ **Vin de table,** vin de consommation courante. ‖ **Vin d'honneur,** petite cérémonie offerte par les municipalités, les sociétés, etc., au cours de laquelle on boit du vin en l'honneur de qqn ou pour fêter qqch. ‖ **Vin nouveau,** vin de l'année, commercialisé rapidement après la vinification (en décembre ou, pour les vins dits *de primeur,* à partir

du troisième jeudi de novembre). **-4.** MÉD. Tache de vin. Angiome plan.

vinaigre [vinɛgʀ] n.m. (de *vin* et *aigre*). **-1.** Produit résultant d'une fermentation du vin ou d'un autre liquide alcoolisé, utilisé en partic. comme condiment pour l'assaisonnement : *Vinaigre de cidre. Conserver des cornichons dans du vinaigre.* **-2.** FAM. Faire vinaigre, se dépêcher. ‖ FAM. Tourner au vinaigre, prendre une tournure fâcheuse.

vinaigrer [vinegʀe] v.t. Assaisonner avec du vinaigre : *Une salade trop vinaigrée.*

vinaigrette [vinegʀɛt] n.f. Sauce froide préparée avec du vinaigre, de l'huile et des condiments, servant à accompagner les salades, les crudités : *Des artichauts à la vinaigrette.*

vinaigrier [vinegʀije] n.m. **-1.** Celui qui fabrique ou qui vend du vinaigre. **-2.** Récipient servant à la fabrication domestique du vinaigre. **-3.** Burette à vinaigre.

vinasse [vinas] n.f. (prov. *vinassa* "marc"). FAM. Vin médiocre et fade.

vindicatif, ive [vɛ̃dikatif, -iv] adj. et n. (du lat. *vindicare* "venger"). Qui aime à se venger : *Caractère vindicatif* (syn. rancunier). ◆ adj. Qui est inspiré par le désir de vengeance : *Un ton vindicatif.*

vindicte [vɛ̃dikt] n.f. (lat. *vindicta* "vengeance, punition"). Vindicte publique, poursuite et punition d'un crime au nom de la société : *Désigner qqn à la vindicte publique* (= le déclarer coupable et méritant un châtiment).

vineux, euse [vinø, -øz] adj. (lat. *vinosus*). **-1.** Se dit d'un vin riche en alcool. **-2.** Qui a le goût ou l'odeur du vin : *Une haleine vineuse* (syn. aviné). **-3.** Qui rappelle la couleur du vin rouge : *Teint vineux* (syn. rougeaud).

vingt [vɛ̃], [vɛ̃t] devant une voyelle ou un *h* muet, ou devant un autre nombre] adj. num. card. (bas lat. *vinti,* du class.). **-1.** Deux fois dix : *Vingt francs.* **-2.** (En fonction d'ord.). De rang numéro vingt, vingtième : *Page vingt* (= vingtième page). ◆ n.m. inv. Le nombre qui suit dix-neuf dans la série des entiers naturels : *Vingt plus dix égale trente.* **Rem.** *Vingt* prend un s quand il est précédé d'un adjectif de nombre qui le multiplie : *quatre-vingts, les Quinze-Vingts.*

vingtaine [vɛ̃tɛn] n.f. Groupe d'environ vingt unités : *Une vingtaine de blessés.*

vingtième [vɛ̃tjɛm] adj. num. ord. et n. De rang numéro vingt : *Les bureaux de la compagnie sont au vingtième étage. Le vingtième gagne un petit lot.* ◆ adj. et n.m. Qui correspond à la division d'un tout en vingt parties égales : *La vingtième partie d'une somme. Un vingtième des recettes.*

vingtièmement [vɛ̃tjɛmmɑ̃] adv. En vingtième lieu.

vinicole [vinikɔl] adj. Relatif à la production du vin.

vinification [vinifikasjɔ̃] n.f. Transformation du raisin ou du jus de raisin en vin ; ensemble des techniques mises en œuvre pour cette transformation.

vinifier [vinifje] v.t. [conj. 9]. Soumettre à la vinification : *Vinifier des moûts.*

vinyle [vinil] n.m. (de *vin,* d'apr. *éthyle*). **- 1.** Radical monovalent de formule $H_2C = CH -$. **- 2.** Nom donné improprement aux matières plastiques obtenues par polymérisation des monomères vinyliques.

vinylique [vinilik] adj. Se dit des composés renfermant le radical vinyle et des résines obtenues par leur condensation.

viol [vjɔl] n.m. **- 1.** Acte de pénétration sexuelle commis sur autrui par violence, contrainte ou surprise, qui constitue un crime dans la législation française. **- 2.** Action de transgresser une loi, une règle, etc. : *Le viol du secret professionnel.* **- 3.** Action de pénétrer dans un lieu interdit : *Viol de sépulture* (syn. profanation, violation).

violacé, e [vjɔlase] adj. (lat. *violaceus,* de *viola* "violette"). D'une couleur tirant sur le violet : *Des lèvres violacées de froid.*

se violacer [vjɔlase] v.pr. [conj. 16]. Devenir violet ou violacé : *Son visage se violaçait sous l'effort.*

violateur, trice [vjɔlatœʀ, -tris] n. (lat. *violator*). **- 1.** Personne qui viole un lieu : *Violateur de tombe* (syn. profanateur). **- 2.** Personne qui viole les lois, ses engagements : *Violateur du règlement* (syn. contrevenant).

violation [vjɔlasjɔ̃] n.f. (lat. *violatio* "profanation"). **- 1.** Action de transgresser une loi, un engagement : *Violation d'un serment* (syn. manquement, trahison). **- 2.** Action de pénétrer de force dans un lieu : *Violation de territoire. Violation de domicile.* **- 3.** Profanation d'un lieu sacré : *Violation de sépulture.*

viole [vjɔl] n.f. (anc. prov. *viola,* de *violar* "jouer de la vielle", d'orig. onomat.). **- 1.** Instrument de musique comportant 4 à 7 cordes, utilisé en Europe du XVᵉ au XVIIIᵉ s. : *Viole d'amour* (= viole de six à sept cordes). **- 2.** Viole de gambe, viole de tessiture grave qui se tient entre les jambes.

violemment [vjɔlamɑ̃] adv. Avec violence : *Boxeur qui frappe violemment son adversaire* (syn. brutalement, puissamment).

violence [vjɔlɑ̃s] n.f. (lat. *violentia*). **- 1.** Force brutale : *Tempête d'une rare violence* (syn. déchaînement, fureur). *Scènes de violence dans un film* (syn. brutalité). **- 2.** Fait de contraindre qqn par la force ou l'intimidation : *Céder à la violence* (syn. force). **- 3.** Outrance dans les propos, le comportement : *Discours d'une rare violence* (syn. véhémence). **- 4.** Faire violence à, contraindre qqn par la force ; interpréter un texte d'une manière forcée, le dénaturer. ‖ FAM. Se faire une douce violence, n'avoir pas à se forcer beaucoup pour faire qqch qu'en fait on aime particulièrement faire. ◆ **violences** n.f. pl. Actes violents : *Vol accompagné de violences* (syn. brutalité).

violent, e [vjɔlɑ̃, -ɑ̃t] adj. et n. (lat. *violentus*). Qui use avec brutalité de sa force physique ; qui est très emporté : *C'est un violent* (syn. brutal). ◆ adj. **- 1.** Qui a une force brutale, une grande intensité : *Un orage violent* (syn. effroyable, terrible). *Une passion violente* (syn. ardent, frénétique). **- 2.** Qui exige de la force, de l'énergie : *Sport violent.* **- 3.** Mort violente, mort causée par un accident, un suicide, etc. (par opp. à *mort naturelle*).

violenter [vjɔlɑ̃te] v.t. (de *violent*). Commettre sur qqn un viol ou une tentative de viol : *Violenter une femme* (syn. violer).

violer [vjɔle] v.t. (lat. *violare* "faire violence"). **- 1.** Commettre un viol sur qqn (syn. violenter). **- 2.** Agir en opposition à une loi, à une règle : *Violer la loi, un règlement* (syn. enfreindre, transgresser). **- 3.** Pénétrer dans un lieu, malgré une interdiction : *Violer un sanctuaire* (syn. profaner). *Violer un domicile* (= y entrer par effraction).

1. violet, ette [vjɔlɛ, -ɛt] adj. (de *violette*). De la couleur de la violette, mélange de bleu et de rouge.

2. violet [vjɔlɛ] n.m. (de *1. violet*). **- 1.** Couleur violette : *Le violet te va bien.* **- 2.** ZOOL. Ascidie violette des côtes de la Méditerranée.

violette [vjɔlɛt] n.f. (de l'anc. fr. *viole,* même sens, lat. *viola*). **- 1.** Plante des bois et des haies, à fleurs violettes ou blanches souvent très odorantes. □ Famille des violacées. **- 2.** Parfum de cette plante.

violeur, euse [vjɔlœʀ, -øz] n. (lat. *violator*). Personne qui a commis un viol sur qqn.

violine [vjɔlin] adj. et n.m. (de *violette*). D'une couleur violet pourpre.

violiste [vjɔlist] n. Musicien, musicienne qui joue de la viole.

violon [vjɔlɔ̃] n.m. (dimin. de *viole*). **- 1.** Instrument de musique à quatre cordes accordées par quintes (*sol, ré, la, mi*), que l'on frotte avec un archet. **- 2.** Musicien qui joue du violon dans un orchestre : *Premier violon.* **- 3.** FAM. Prison d'un poste de police, d'un corps de garde : *Passer la nuit au violon.* **- 4.** Accorder ses violons, se mettre d'accord. **- 5.** Violon d'Ingres. Talent qu'une personne cultive pour son plaisir en marge de son activité principale : *La broderie est son violon d'Ingres* (syn. hobby).

violoncelle [vjɔlɔ̃sɛl] n.m. (it. *violoncello*, dimin. de *violone* "contrebasse"). Instrument de musique à quatre cordes accordées par quintes (*do, sol, ré, la*), que l'on frotte avec un archet : *Un violoncelle est plus gros et plus grave qu'un violon.*

violoncelliste [vjɔlɔ̃selist] n. Personne qui joue du violoncelle.

violoneux [vjɔlɔnø] n.m. - **1.** Ménétrier de village. - **2.** FAM. Violoniste médiocre.

violoniste [vjɔlɔnist] n. Personne qui joue du violon.

viorne [vjɔrn] n.f. (du lat. *viburnum*). Arbuste à fleurs velues et blanches, aux baies rouges, dont les espèces principales sont l'obier et le laurier-tin. □ Famille des caprifoliacées.

V. I. P. [viajpi] ou [veipe] n. (sigle de l'angl. *very important person*). FAM. Personnalité de marque.

vipère [vipɛr] n.f. (lat. *vipera*). - **1.** Serpent venimeux, vivipare, de la famille des vipéridés long de 50 à 60 cm, à tête triangulaire, préférant les endroits pierreux et ensoleillés : *La morsure de la vipère inocule un venin qui peut être morte.* - **2.** Personne médisante ou malfaisante : *Cette vipère a réussi à nous brouiller.* - **3.** Langue de vipère, personne qui se plaît à médire, à calomnier. ‖ Nid de vipères, rencontre dans un même lieu, une même famille de personnes cruelles et méchantes.

vipéreau [vipero] n.m. Jeune vipère. (On dit aussi *vipereau, vipériau.*)

vipérin, e [viperɛ̃, -in] adj. (lat. *viperinus*). Relatif à la vipère, ou qui lui ressemble : *Couleuvre vipérine.*

vipérine [viperin] n.f. (lat. *viperina* "serpentaire"). Plante velue des endroits incultes. □ Famille des borraginacées.

virage [viraʒ] n.m. - **1.** Changement de direction d'un véhicule, de qqn à skis, etc. : *Avion, navire qui exécute un virage.* - **2.** Partie courbe d'une route, d'une piste : *Un virage relevé* (syn. tournant). - **3.** Changement d'orientation, de conduite d'un parti, d'une pensée, d'une politique : *Opportuniste qui a opéré un virage complet* (syn. retournement). - **4.** CHIM. Changement de couleur d'un réactif coloré. - **5.** Fait pour la cuti-réaction, de devenir positive.

virago [virago] n.f. (mot lat. *virago* "femme robuste", de *vir* "homme"). Femme d'allure masculine, autoritaire et criarde (syn. dragon, harpie, mégère).

viral, e, aux [viral, -o] adj. - **1.** Relatif aux virus. - **2.** Provoqué par un virus : *Hépatite virale.*

virée [vire] n.f. FAM. Promenade ou voyage rapides, faits pour se distraire : *Faire une virée en voiture* (syn. excursion, promenade, tour).

virelai [virlɛ] n.m. (anc. fr. *vireli,* de *virer* sous l'infl. de *lai*). Poème médiéval sur deux rimes et comptant quatre strophes, dont la première est reprise intégralement ou partiellement après chacune des trois autres.

virement [virmɑ̃] n.m. - **1.** Opération consistant à créditer un compte bancaire ou postal par le débit d'un autre compte : *Faire un virement de son compte courant à son compte épargne* (syn. transfert). - **2.** MAR. Virement de bord, action de changer d'amures.

virer [vire] v.i. (bas lat. *virare,* class. *vibrare* "faire tournoyer"). - **1.** Tourner sur soi ; changer complètement de direction : *Danseurs qui virent en valsant* (syn. pivoter). - **2.** Prendre un virage, tourner (pour se diriger dans telle direction) : *Virer à gauche.* ◆ v.t. ind. [à]. - **1.** Changer de couleur, d'aspect, de caractère, de goût : *Violet qui vire au bleu. Vin qui vire à l'aigre.* - **2.** Changer d'opinion, de comportement : *Gauchiste qui vire au conformisme.* ◆ v.t. - **1.** Transférer d'un compte à un autre ; faire un virement : *Nous avons viré deux mille francs sur votre compte* (syn. verser). - **2.** FAM. Enlever qqch d'un lieu ; chasser, mettre à la porte : *Virer un meuble de son bureau. On l'a viré du parti* (syn. expulser). *Virer un employé* (syn. congédier, licencier). - **3.** Virer sa cuti, avoir une cuti-réaction positive ; FAM. changer radicalement d'opinion, de comportement.

virevolte [virvɔlt] n.f. (de l'anc. fr. *virevoute,* de *virer,* et de l'anc. fr. *vouter* "tourner"). - **1.** Tour rapide que fait un être animé sur lui-même : *Les virevoltes d'un oiseau.* - **2.** Changement complet de direction, d'opinion : *Homme politique qui a opéré une brusque virevolte* (syn. revirement, volte-face).

virevolter [virvɔlte] v.i. (anc. fr. *virevouster* "tourner en rond"). Faire une virevolte : *Danseurs qui virevoltent sur la piste* (syn. tourner).

1. virginal, e, aux [virʒinal, -o] adj. (lat. *virginalis*). - **1.** Qui appartient ou convient à une vierge : *Candeur virginale* (syn. chaste, pur). - **2.** LITT. D'une pureté, d'une blancheur éclatante ; qui n'a jamais été souillé : *Neige virginale* (syn. immaculé).

2. virginal [virʒinal] n.m. (de *1. virginal*) [pl. *virginals*]. Épinette en usage en Angleterre aux XVIᵉ et XVIIᵉ s.

virginité [virʒinite] n.f. (lat. *virginitas,* de *virgo* "vierge"). - **1.** État d'une personne vierge : *Garder, perdre sa virginité.* - **2.** Refaire une virginité à qqn, lui rendre l'innocence, la réputation, l'honneur qu'il avait perdus.

virgule [viʀgyl] n.f. (lat. *virgula*). - **1.** Signe de ponctuation (,) servant à séparer les membres d'une phrase. - **2.** Signe qui sépare la partie entière et la partie décimale d'un nombre. - **3.** INFORM. **Virgule flottante,** mode de représentation d'un nombre à l'aide d'une virgule à position variable ; méthode de calcul utilisant cette représentation (par opp. à *virgule fixe,* mode de représentation où la virgule est suivie d'un nombre constant de décimales).

viril, e [viʀil] adj. (lat. *virilis,* de *vir* "homme"). - **1.** Propre à l'homme, au sexe masculin : *Traits virils* (syn. mâle, masculin). - **2.** Qui témoigne de l'énergie, de la fermeté, de la résolution que la tradition prête au sexe masculin : *Action virile. Langage viril* (syn. décidé, résolu).

virilisation [viʀilizasjɔ̃] n.f. MÉD. Processus, pathologique ou artificiellement provoqué, se caractérisant par l'apparition de caractères sexuels secondaires masculins chez une femme.

viriliser [viʀilize] v.t. - **1.** Donner un caractère viril à. - **2.** MÉD. Provoquer la virilisation.

virilité [viʀilite] n.f. (lat. *virilitas*). - **1.** Ensemble des caractères physiques de l'homme adulte : *Visage d'une grande virilité* (syn. masculinité). - **2.** Capacité d'engendrer ; vigueur sexuelle. - **3.** LITT. Mâle énergie : *Attitude dépourvue de virilité* (syn. courage).

virole [viʀɔl] n.f. (lat. *viriola* "bracelet", de *viria,* mot d'orig. gaul.). - **1.** Bague de métal qu'on met au bout de certains objets (manche d'outil, de couteau) pour les empêcher de se fendre, de s'user, etc. : *La virole d'un couteau assujettit la lame au manche.* - **2.** Bague de tôle entrant dans la construction des chaudières et des réservoirs métalliques.

virologie [viʀɔlɔʒi] n.f. Partie de la microbiologie qui étudie les virus.

virtualité [viʀtɥalite] n.f. Caractère de ce qui est virtuel ; chose virtuelle : *Toutes les virtualités de l'être peuvent-elles s'exprimer au cours d'une vie ?* (syn. possibilité, potentialité).

virtuel, elle [viʀtɥɛl] adj. (lat. scolast. *virtualis,* du class. *virtus* "force"). - **1.** Qui n'est pas effectif, réalisé, mais porte en soi la possibilité de se produire, de se manifester (par opp. à *actuel* dans un contexte philosophique) : *Vous avez la faculté virtuelle de réussir* (syn. potentiel, théorique). - **2.** PHYS. **Objet virtuel, image virtuelle,** dont les points se trouvent sur le prolongement des rayons lumineux. ‖ PHYS. **Particule virtuelle,** particule élémentaire de durée de vie trop courte pour être détectable.

virtuellement [viʀtɥɛlmã] adv. En théorie ; en principe : *Être virtuellement libre* (syn. théoriquement).

virtuose [viʀtɥoz] n. (it. *virtuoso,* du lat. *virtus* "force, courage"). - **1.** MUS. Instrumentiste capable de résoudre, avec aisance, les plus grandes difficultés techniques : *Liszt fut un grand virtuose.* - **2.** Personne extrêmement habile dans un art, une technique, une activité : *Un virtuose du golf* (syn. maître).

virtuosité [viʀtɥozite] n.f. - **1.** Talent et habileté du virtuose en musique : *Un violoniste d'une grande virtuosité* (syn. brio). - **2.** Grande habileté artistique ou technique en général : *Une trapéziste d'une virtuosité stupéfiante* (syn. maestria).

virulence [viʀylɑ̃s] n.f. (lat. *virulentia*). Caractère de ce qui est virulent : *Protester avec virulence* (syn. âpreté, violence).

virulent, e [viʀylɑ̃, -ɑ̃t] adj. (bas lat. *virulentus* "venimeux", du class. *virus* "poison"). - **1.** Doué d'un grand pouvoir de multiplication : *Microbes virulents* (syn. prolifique). - **2.** Qui produit un effet nocif et violent : *Poison virulent.* - **3.** D'un caractère agressif très violent et mordant : *Un discours virulent* (syn. caustique).

virus [viʀys] n.m. (mot lat. "poison"). - **1.** BIOL. Micro-organisme invisible au microscope optique, traversant les filtres qui arrêtent habituellement les bactéries, possédant un seul type d'acide nucléique A. R. N. ou A. D. N. et se comportant en parasite absolu de la cellule qu'il infecte : *Le virus de la poliomyélite.* - **2.** Principe de contagion morale : *Le virus de la contestation gagne les universités.* - **3.** INFORM. Instruction ou suite d'instructions parasites, introduites dans un programme et susceptibles d'entraîner diverses perturbations dans le fonctionnement de l'ordinateur.

vis [vis] n.f. (du lat. *vitis* "vrille de la vigne"). - **1.** Tige cylindrique, génér. métallique, à tête le plus souvent aplatie, et dont la surface porte une saillie hélicoïdale destinée à s'enfoncer en tournant : *Serrer une vis. Vis à bois.* - **2.** **Donner un tour de vis,** serrer la vis, adopter une attitude plus sévère. ‖ **Escalier à vis,** escalier tournant autour d'un noyau ou d'un vide central selon une courbe hélicoïdale (= escalier en colimaçon). ‖ **Vis sans fin,** vis dont le filet agit sur une roue dentée, lui imprimant un mouvement de rotation perpendiculaire au sien.

visa [viza] n.m. (mot lat., propr. "choses vues"). - **1.** Sceau, signature ou paraphe apposés sur un document pour le valider ou pour attester le paiement d'un droit : *La préfecture doit apposer son visa sur ce document.* - **2.** Cachet authentique, valant autorisation de séjour, apposé sur un passeport par les services diplomatiques (ambassade, consulat) des pays dans lesquels désire se rendre le demandeur : *Demander un visa pour la Tunisie.*

visage [vizaʒ] n.m. (de l'anc. fr. *vis* "visage", du lat. *visus* "aspect"). **- 1.** Face humaine, partie antérieure de la tête : *Un joli visage* (syn. figure, minois). **- 2.** Personne identifiée par sa figure : *Aimer voir de nouveaux visages* (syn. tête). **- 3.** Expression des traits de la face : *Un visage souriant* (syn. air, mine). **- 4.** LITT. Aspect d'une chose : *La ville offrait un visage de fête* (syn. image, physionomie). **- 5.** Changer de visage, changer de couleur (rougir, pâlir), d'expression. ‖ Faire bon, mauvais visage à qqn, l'accueillir aimablement, hostilement.

visagiste [vizaʒist] n. Coiffeur, esthéticien dont la technique a pour but de mettre en valeur la spécificité d'un visage.

1. vis-à-vis [vizavi] adv. (de l'anc. fr. *vis* "visage", du lat. *visus* "aspect"). LITT. Face à face, en face : *Nous étions placés vis-à-vis.* ◆ loc. prép. Vis-à-vis de, en face de ; à l'égard de : *J'étais placé vis-à-vis du président. Elle est très réservée vis-à-vis de ses collègues.*

2. vis-à-vis [vizavi] n.m. (de *1. vis-à-vis*). **- 1.** Personne, chose qui se trouve en face d'une autre : *À table, j'avais pour vis-à-vis le trésorier.* **- 2.** Bâtiment, immeuble voisins que l'on voit d'une fenêtre : *Immeuble sans vis-à-vis.*

viscéral, e, aux [viseral, -o] adj. (lat. ecclés. *visceralis*, du class. *viscus* "entrailles"). **- 1.** Relatif aux viscères ; qui les contient : *Cavité viscérale.* **- 2.** Qui vient des profondeurs de l'être : *Une haine viscérale.*

viscéralement [viseralmã] adv. De façon viscérale, profonde : *Être viscéralement opposé à la violence.*

viscère [viser] n.m. (lat. *viscera*, pl. de *viscus* "entrailles"). Tout organe contenu dans les grandes cavités du corps : *Le cœur, le foie, l'estomac, l'utérus sont des viscères.*

viscose [viskoz] n.f. (de *visqu[eux]* et [*cellul*]*ose*). Cellulose sodique employée pour la fabrication de la rayonne, de la Fibranne et de pellicules transparentes (Cellophane, par ex.).

viscosité [viskozite] n.f. (lat. *viscositas*). **- 1.** Caractère de ce qui est visqueux : *La viscosité d'un sol boueux.* **- 2.** Résistance d'un fluide à l'écoulement uniforme et sans turbulence : *Mesurer la viscosité d'un produit pétrolier.*

visée [vize] n.f. Action de diriger le regard, une arme, un appareil photo vers qqch, un objectif : *Ligne, point de visée. Lunette de visée.* ◆ **visées** n.f. pl. But assigné à une action ; ce que l'on cherche à atteindre : *Des visées politiques* (syn. dessein, objectif).

1. viser [vize] v.i. (lat. pop. *°visare*, class. *visere*, de *videre* "voir"). **- 1.** Diriger une arme, un

objet vers l'objectif à atteindre : *Apprendre à viser juste.* **- 2.** Viser haut, avoir des projets ambitieux. ◆ v.t. **- 1.** Pointer une arme en direction de : *Viser une cible.* **- 2.** Avoir un objectif en vue ; chercher à obtenir : *Viser la présidence, les honneurs* (syn. briguer, convoiter). **- 3.** Concerner qqn, qqch : *Vous n'êtes pas visés par cette décision* (syn. intéresser, toucher). ◆ v.t. ind. [à]. Chercher à obtenir : *Viser au succès* (syn. rechercher).

2. viser [vize] v.t. (de *visa*). Marquer d'un visa : *Viser un document, un passeport.*

viseur [vizœr] n.m. **- 1.** Dispositif optique servant à viser : *Le viseur d'une carabine.* **- 2.** PHOT., CIN. Dispositif d'un appareil de prise de vues permettant de cadrer et parfois de mettre au point l'image à enregistrer.

vishnouisme [viʃnuism] n.m. Ensemble des doctrines et des pratiques religieuses relatives à Vishnou ; l'une des principales formes de l'hindouisme.

visibilité [vizibilite] n.f. (bas lat. *visibilitas*). **- 1.** Qualité de ce qui est visible, perceptible facilement : *Couleur qui augmente la visibilité d'un panneau.* **- 2.** Possibilité de voir à une certaine distance : *Visibilité réduite par un épais brouillard.*

visible [vizibl] adj. (lat. *visibilis*, de *videre* "voir"). **- 1.** Qui peut être vu : *Une étoile visible à l'œil nu* (syn. observable). **- 2.** Qui peut être constaté : *Sa joie était visible* (syn. évident, manifeste). **- 3.** FAM. Disposé à recevoir des visites, en état de les recevoir : *Dites-leur que je ne suis pas visible.* ◆ n.m. Ensemble du monde, des choses, tels qu'ils se présentent à l'œil : *Le visible et l'invisible.*

visiblement [viziblǝmã] adv. De façon visible : *Visiblement, elle était déçue* (syn. manifestement).

visière [vizjer] n.f. (de l'anc. fr. *vis* "visage"). **- 1.** Pièce de casque qui se haussait et se baissait à volonté devant le visage. **- 2.** Partie d'une casquette, d'un képi qui abrite le front et les yeux.

vision [vizjɔ̃] n.f. (lat. *visio*). **- 1.** Perception par l'organe de la vue : *Troubles de la vision* (syn. vue). [→ œil.] **- 2.** Fait, action de voir, de regarder qqch : *La vision de ce film l'a choqué.* **- 3.** Manière de voir, de concevoir, de comprendre qqch : *J'ai une autre vision que vous de ce problème* (syn. conception, point de vue). **- 4.** Perception imaginaire : *Avoir des visions* (syn. hallucination). **- 5.** Apparition surnaturelle : *Les visions d'un mystique.*

visionnaire [vizjɔner] adj. et n. **- 1.** Qui a ou croit avoir des visions surnaturelles : *Les fantasmes des visionnaires* (syn. mage, prophète). **- 2.** Qui est capable d'anticipation, qui a l'intuition de l'avenir : *Jules Verne était un grand visionnaire.*

visionner [vizjɔne] v.t. - **1.** Examiner (un film, des diapositives) à la visionneuse. - **2.** Regarder un film, une émission, etc., à titre professionnel avant leur passage en public ou leur mise en forme définitive : *Journalistes conviés à visionner un film.*

visionneuse [vizjɔnøz] n.f. (de *visionner*). Appareil assurant la vision, directe ou par projection, de diapositives ou de films de cinéma.

visitation [vizitasjɔ̃] n.f. - **1.** RELIG. CHRÉT. (Avec une majuscule). Visite de la Vierge Marie à sainte Élisabeth, mère de saint Jean-Baptiste ; fête commémorant cet événement. - **2.** BX-A. Représentation de cette scène.

visite [vizit] n.f. (de *visiter*). - **1.** Fait de se rendre auprès de qqn pour lui tenir compagnie, s'entretenir avec lui, etc. : *Je lui ferai une petite visite en passant.* - **2.** FAM. Personne qui rend visite : *Avoir de la visite* (= un, des visiteurs). - **3.** Dans certaines professions (médicales, paramédicales, sociales), action de se rendre auprès du patient, du client : *Médecin qui fait ses visites le matin.* - **4.** Action de visiter un lieu, un édifice : *Visite guidée de Rome.* - **5.** Action de visiter pour examiner, vérifier, expertiser, etc. : *Visite d'un appartement* (syn. inspection). - **6.** Droit de visite, autorisation accordée par décision judiciaire de recevoir périodiquement un enfant dont on n'a pas la garde. ‖ **Rendre visite à qqn,** aller le voir chez lui. ‖ **Visite médicale,** examen médical assuré dans le cadre d'une institution (médecine du travail, médecine scolaire, etc.).

visiter [vizite] v.t. (lat. *visitare,* de *visere* ; v. 1. *viser*). - **1.** Parcourir un lieu pour en examiner les caractéristiques, les curiosités, etc. : *Visiter l'Italie en autocar. Visiter un musée.* - **2.** Se rendre dans un lieu, une administration, un service, etc., pour l'inspecter : *Commission d'urbanisme qui visite un vieux quartier.* - **3.** Examiner soigneusement le contenu de : *Les douaniers ont visité tous les bagages* (syn. fouiller, inspecter). - **4.** AFR. Rendre visite à qqn.

visiteur, euse [vizitœr, -øz] n. et adj. - **1.** Personne qui rend visite à qqn : *Recevoir, éconduire un visiteur.* - **2.** Touriste, personne qui visite un site, un musée, etc. : *Musée qui a de nombreux visiteurs.* - **3.** DR. Visiteur de prison, personne qui rencontre bénévolement des personnes incarcérées pour les soutenir, les préparer à leur reclassement social.

vison [vizɔ̃] n.m. (d'un mot de la Saintonge "belette", du lat. pop. *vissio* "puanteur"). - **1.** Mammifère carnassier de la taille d'un putois, très recherché pour sa fourrure.

□ On le trouve en Europe, en Asie, en Amérique. - **2.** Fourrure de cet animal. - **3.** Manteau ou veste de vison.

visqueux, euse [viskø, -øz] adj. (bas lat. *viscosus,* du class. *viscum* "glu de gui"). - **1.** De consistance pâteuse, ni liquide ni solide : *Gelée visqueuse* (syn. sirupeux). *La glaise est une terre visqueuse* (syn. gluant). - **2.** Qui possède une viscosité élevée : *Les huiles pour moteur sont visqueuses* (syn. gras). - **3.** Qui est recouvert d'un enduit gluant : *La peau visqueuse du crapaud* (syn. poisseux). - **4.** Se dit de qqn qui suscite la répulsion par ses manières obséquieuses, sa complaisance servile : *Personnage visqueux* (syn. doucereux, mielleux).

vissage [visaʒ] n.m. - **1.** Action de visser : *Machine qui effectue le vissage des couvercles de bocaux.* - **2.** MATH. Déplacement hélicoïdal.

visser [vise] v.t. - **1.** Fixer avec des vis : *Visser une plaque sur une porte.* - **2.** Fermer en faisant tourner une vis : *Visser un robinet. Visser le bouchon d'une bouteille.* - **3.** FAM. Soumettre qqn, un groupe à une discipline et à une surveillance très sévères : *Un internat où les élèves sont vissés.*

visualisation [vizɥalizasjɔ̃] n.f. - **1.** Mise en évidence, d'une façon matérielle, de l'action et des effets d'un phénomène : *Expérience qui permet de réaliser la visualisation des déplacements d'un électron.* - **2.** INFORM. Présentation temporaire sur un écran, sous forme graphique ou alphanumérique, des résultats d'un traitement d'informations.

visualiser [vizɥalize] v.t. - **1.** Rendre visible : *Visualiser le déplacement d'un mobile au moyen d'une courbe.* - **2.** INFORM. Présenter (des données, des résultats) sur un écran. - **3.** Se représenter mentalement qqch, qqn.

visuel, elle [vizɥɛl] adj. (bas lat. *visualis,* du class. *videre* "voir"). - **1.** Qui a rapport à la vue : *Acuité visuelle. Organes visuels.* - **2.** Champ visuel → champ. ‖ **Mémoire visuelle,** mémoire des images perçues par la vue. ‖ **Rayon visuel** → rayon. ◆ **visuel** n.m. L'image, l'aspect graphique par opp. au texte, au rédactionnel : *Soigner le visuel d'une publicité.*

visuellement [vizɥɛlmɑ̃] adv. De façon visuelle : *Constater visuellement des dégâts* (syn. de visu).

vital, e, aux [vital, -o] adj. (lat. *vitalis,* de *vita* "vie"). - **1.** Qui est relatif à la vie ; qui concerne la vie : *Fonctions vitales. Force vitale.* - **2.** Essentiel à la vie : *Se nourrir est vital pour l'homme.* - **3.** Indispensable à qqn, à son existence : *Région surpeuplée où l'espace vital commence à manquer. La lecture est vitale pour lui* (syn. essentiel, primordial). *Il est vital pour elle de réussir cet examen* (syn. capital, indispensable). - **4.** Minimum vital, revenu minimal nécessaire à la subsistance et à l'entretien d'une personne, d'une famille.

vitalité [vitalite] n.f. (lat. *vitalitas*). - **1.** Intensité de la vie, de l'énergie de qqn, de qqch. : *Enfant doué d'une grande vitalité* (syn. entrain). *Vitalité d'une entreprise* (syn. dynamisme). - **2.** Aptitude à vivre, à durer longtemps : *La vitalité d'un régime politique.*

vitamine [vitamin] n.f. (mot angl., du lat. *vita* "vie", et de *amine*). Substance organique indispensable en infime quantité à la croissance et au bon fonctionnement de l'organisme, qui ne peut en effectuer lui-même la synthèse : *Alimentation trop pauvre en vitamines.*

vitaminé, e [vitamine] adj. Qui contient des vitamines naturellement ou après incorporation : *Biscuits vitaminés.*

vitaminique [vitaminik] adj. Relatif aux vitamines : *Carence vitaminique. Apport vitaminique.*

vite [vit] adv. (orig. obsc.). - **1.** À vive allure : *Courir vite* (syn. rapidement). - **2.** En peu de temps ; sous peu : *Elle a vite découvert la supercherie. Je reviens le plus vite possible* (syn. tôt). - **3.** Sans délai, tout de suite : *Lève-toi vite.* - **4.** Faire vite, se hâter. ◆ adj. Qui se meut avec rapidité : *Les coureurs les plus vites du monde* (syn. rapide).

vitesse [vites] n.f. - **1.** Qualité d'une personne ou d'une chose qui se déplace, qui agit en peu de temps (syn. rapidité, promptitude). - **2.** Rapport de la distance parcourue au temps mis à la parcourir : *Voiture qui atteint une vitesse de 160 km/h. Vitesse moyenne, maximale* (syn. allure). - **3.** Chacune des combinaisons d'engrenages d'une boîte de vitesses d'un moteur à explosion ; régime : *Levier de changement de vitesses. Voiture à cinq vitesses.* - **4.** À deux vitesses, où coexistent deux systèmes, deux procédés, deux types de fonctionnement, etc., dont la rapidité, l'efficacité ou la qualité sont inégales : *Courrier à deux vitesses. Couverture sociale à deux vitesses.* ‖ À toute vitesse, très vite. ‖ Course de vitesse, en athlétisme et en cyclisme, notamm., course disputée sur une courte distance. ‖ Prendre qqn de vitesse, le devancer. ‖ PHYS. Vecteur vitesse, vecteur qui, dans le mouvement d'un point mobile, définit à un instant donné la rapidité du déplacement et sa direction. ‖ PHYS. Vitesse angulaire, rapport de l'angle balayé par un axe, une droite autour d'un point, au temps mis à le balayer. ‖ PHYS. Vitesse limite, valeur vers laquelle tend la vitesse d'un corps qui se déplace dans un milieu résistant sous l'action d'une force constante.

viticole [vitikɔl] adj. Relatif à la viticulture : *Région viticole.*

viticulture [vitikyltyʀ] n.f. (du lat. *vitis* "vigne"). Culture de la vigne, génér. pour produire du vin. ◆ **viticulteur, trice** n. Nom du spécialiste.

vitrage [vitʀaʒ] n.m. - **1.** Action de vitrer, de poser des vitres : *Le vitrage d'un immeuble neuf.* - **2.** Baie vitrée, châssis ou ensemble de châssis garnis de vitres : *Remplacer un vitrage.* - **3.** Petit rideau transparent qui se fixe directement au vantail de la fenêtre.

vitrail [vitʀaj] n.m. (de *vitre*) [pl. *vitraux*]. Composition décorative translucide, formée de pièces de verre colorées maintenues par un réseau de plomb ou par un ciment : *Les vitraux d'une cathédrale.*

vitre [vitʀ] n.f. (lat. *vitrum* "verre"). - **1.** Chacune des plaques de verre dont on garnit les châssis d'une baie : *Nettoyer les vitres* (syn. carreau). - **2.** Glace d'une voiture : *Baisser les vitres avant.*

vitré, e [vitʀe] adj. - **1.** Garni de vitres : *Baie vitrée.* - **2.** Corps vitré, substance transparente et visqueuse qui remplit le globe de l'œil, en arrière du cristallin.

vitrer [vitʀe] v.t. Garnir de vitres ou de vitrages.

vitrerie [vitʀəʀi] n.f. Fabrication, pose ou commerce des vitres.

vitreux, euse [vitʀø, -øz] adj. (de *vitre* "verre"). - **1.** GÉOL. Qui contient du verre : *Roche vitreuse.* - **2.** MINÉR. Se dit de la texture de certaines roches éruptives constituées par du verre : *Structure vitreuse.* - **3.** Se dit de l'œil, du regard qui ne brille plus : *Le regard vitreux d'un agonisant* (syn. terne).

vitrier [vitʀije] n.m. Personne qui fabrique, vend ou pose les vitres.

vitrification [vitʀifikasjɔ̃] n.f. - **1.** Transformation en verre : *La vitrification du sable.* - **2.** Action de revêtir une surface d'un enduit protecteur et transparent : *La vitrification d'un parquet.*

vitrifier [vitʀifje] v.t. (du lat. *vitrum* "verre") [conj. 9]. - **1.** Transformer en verre : *Vitrifier du sable.* - **2.** Revêtir une surface d'une matière plastique protectrice et transparente : *Vitrifier un parquet.*

vitrine [vitʀin] n.f. (du lat. pop. *vitrinus* "de verre"). - **1.** Partie de magasin séparée de la rue par un vitrage et où l'on expose des objets à vendre : *Mettre les nouveaux modèles en vitrine* (syn. devanture, étalage). - **2.** Le vitrage lui-même : *Le souffle de l'explosion a brisé les vitrines du quartier.* - **3.** Ensemble des objets mis en vitrine : *Décorateur qui refait une vitrine.* - **4.** Armoire, table munie d'un châssis vitré, où l'on expose des objets de collection, des bibelots : *Une vitrine remplie de statuettes.* - **5.** Ce qui représente favorablement un ensemble plus vaste : *Cette ville est la vitrine de la région.*

vitriol [vitRijɔl] n.m. (bas lat. *vitriolum,* de *vitrum* "verre"). - **1.** Anc. nom de l'acide sulfurique concentré. - **2.** LITT. Au vitriol, d'un ton très caustique, très violent : *Un éditorial au vitriol.*

vitrocéramique [vitRɔseRamik] n.f. Matériau combinant les propriétés du verre et des produits céramiques, obtenu par cristallisation d'une masse vitreuse.

vitupération [vitypeRasjɔ̃] n.f. (Surtout au pl.). Récriminations proférées avec violence à l'adresse de qqn ou de qqch : *Ne tenir aucun compte des vitupérations de ses adversaires* (syn. blâme, critique).

vitupérer [vitypeRe] v.t. ou v.t. ind. [contre] (lat. *vituperare*) [conj. 18]. Proférer des injures, des récriminations contre ; blâmer avec force : *Vitupérer le gouvernement* (syn. fustiger, stigmatiser). *Vitupérer contre la hausse des prix* (syn. pester, fulminer). **Rem.** *Vitupérer contre* est critiqué par certains puristes.

vivable [vivabl] adj. - **1.** Où l'on peut vivre commodément : *Appartement petit mais vivable* (syn. agréable, confortable). - **2.** Qui est facile à vivre ; qui a bon caractère : *Quand elle prépare un examen, elle n'est pas vivable.* - **3.** Supportable, en parlant d'une situation : *Cette incertitude n'est plus vivable* (syn. soutenable).

1. **vivace** [vivas] adj. (lat. *vivax,* de *vivere* "vivre"). - **1.** Qui peut vivre longtemps : *Arbre vivace.* - **2.** Qui dure ; dont il est difficile de se défaire : *Des préjugés vivaces* (syn. enraciné, tenace). - **3.** Plante vivace, plante qui vit plusieurs années et qui fructifie plusieurs fois dans son existence.

2. **vivace** [vivatʃe] adv. (mot it., du lat. *vivax* "vivace"). MUS. Dans un mouvement vif, rapide, animé : *Allegro vivace.*

vivacité [vivasite] n.f. (lat. *vivacitas,* de *vivax* "vivace"). - **1.** Qualité d'une personne qui a de la vie, de l'entrain : *Un enfant d'une grande vivacité* (syn. allant, pétulance). - **2.** Promptitude : *Esprit d'une grande vivacité* (syn. acuité). *Vivacité de mouvements* (syn. rapidité). - **3.** Disposition à se mettre en colère : *Sa vivacité finira par compromettre sa carrière* (syn. emportement). - **4.** Qualité de ce qui est vif, intense : *La vivacité d'une couleur* (syn. éclat, intensité).

vivandier, ère [vivãdje, -ɛR] n. (de l'anc. fr. *vivendier* "généreux", de *viandier,* de *viande*). HIST. Personne qui vendait aux soldats des vivres, des boissons (XVIIᵉ-XIXᵉ s.).

vivant, e [vivã, -ãt] adj. - **1.** Qui est en vie : *Son cœur bat, il est toujours vivant* (contr. mort). - **2.** Qui est ou qui a été organisé pour vivre : *Les êtres vivants* (syn. animé). - **3.** Animé d'une

sorte de vie : *Témoignage, portrait vivant.* - **4.** Qui est plein de vie, de dynamisme. *Un enfant très vivant.* - **5.** Où il y a de l'animation, du mouvement : *Quartier vivant* (syn. animé, fréquenté). - **6.** Qui existe, fait preuve de dynamisme, agit ou est en usage, en parlant de qqch : *Une entreprise bien vivante. L'influence encore vivante de qqn. Mot vivant.* - **7.** Langue vivante, qui est actuellement parlée (par oppos. à *langue morte*). ◆ **vivant** n.m. - **1.** Personne qui vit : *Des vivants ont été dégagés des décombres.* - **2.** Ce qui vit : *Les biologistes travaillent sur le vivant.* - **3.** Bon vivant, homme d'humeur gaie et facile, qui aime les plaisirs, partic. ceux de la table. ‖ Du vivant de qqn, pendant sa vie : *Il n'aurait jamais accepté cela de son vivant.*

vivarium [vivaRjɔm] n.m. (mot lat.). Établissement aménagé en vue de la conservation de petits animaux vivant dans un milieu artificiel proche de leur habitat particulier : *Serpents présentés dans un vivarium.*

vivat [viva] ou [vivat] n.m. (mot lat. "qu'il vive"). (Surtout au pl.). Acclamation, ovation en l'honneur de qqn, de qqch : *Il s'avançait au milieu des vivats de la foule.*

1. **vive** [viv] n.f. (du lat. *vipera* "vipère"). Poisson vivant dans la mer ou enfoncé dans le sable des plages, comestible, mais redouté pour ses épines venimeuses. □ Long. 20 à 50 cm.

2. **vive** [viv] interj. (de *vivre*). Marque l'enthousiasme, le souhait, l'approbation : *Vive la France !* **Rem.** Devant un nom pluriel, l'accord peut se faire ou non : *vive les vacances !* ou *vivent les vacances !*

vivement [vivmã] adv. (de *1. vif*). - **1.** Avec promptitude : *Il sortit vivement de la pièce* (syn. prestement, rapidement). - **2.** D'une façon très forte ; beaucoup : *Vivement ému* (syn. intensément, profondément). ◆ interj. Marque un vif désir de voir un événement arriver, se produire au plus tôt : *Vivement le départ !*

viveur, euse [vivœR, -øz] n. et adj. Personne qui mène une vie dissipée et ne songe qu'aux plaisirs. **Rem.** Le fém. *viveuse* est rare.

vivier [vivje] n.m. (lat. *vivarium,* de *vivere* "vivre"). - **1.** Réservoir où les poissons et crustacés capturés sont mis en attente. - **2.** Lieu où est formée en grand nombre une catégorie particulière de personnes : *École qui est un vivier d'ingénieurs* (syn. pépinière).

vivifiant, e [vivifjã, -ãt] adj. Qui vivifie : *Air vivifiant* (syn. stimulant, tonique).

vivifier [vivifje] v.t. (bas lat. *vivificare,* de *vivus* "vivant" et *facere* "faire") [conj. 9]. Donner de la vie, de la santé, de la vigueur à : *Ce climat vivifie les convalescents* (syn. fortifier, stimuler, tonifier).

vivipare [vivipaʀ] adj. et n. (du lat. *vivus* "vivant" et *parere* "mettre au monde"). ZOOL. Se dit d'un animal dont les petits naissent sans enveloppe et déjà développés (par opp. à *ovipare*) : *Les mammifères sont vivipares.*

viviparité [viviparite] n.f. ZOOL. Mode de reproduction des animaux vivipares.

vivisection [viviseksjɔ̃] n.f. (du lat. *vivus* "vivant", et de *section*). Dissection anatomique ou expérimentation physiologique opérée sur un animal vivant.

vivoter [vivɔte] v.i. (dimin. de *vivre*). FAM. - **1.** Vivre difficilement faute de moyens : *Sa retraite lui permet de vivoter* (syn. subsister). - **2.** Fonctionner au ralenti : *Entreprise qui vivote* (syn. somnoler, stagner).

1. vivre [vivʀ] v.i. (lat. *vivere*) [conj. 90]. - **1.** Être vivant, en vie : *Vivre vieux. Le blessé vit encore* (syn. respirer). *La joie de vivre* (syn. exister). - **2.** Passer sa vie d'une certaine façon : *Vivre seul, en communauté.* - **3.** Habiter : *Vivre au Canada* (syn. résider). - **4.** Avoir, se procurer les moyens de se nourrir, de subsister : *Vivre de son travail. Avoir de quoi vivre.* - **5.** Profiter, jouir de la vie : *Aimer vivre.* - **6.** Avoir telles conditions d'existence, entretenir telles relations avec autrui : *On vit bien à la campagne. Apprendre à vivre avec les autres.* - **7.** Exister en parlant de qqch : *Coutume qui continue de vivre. Son souvenir vit en elle* (syn. demeurer, subsister). *Entreprise qui vit grâce à l'aide de l'État.* - **8.** Être animé : *Un quartier qui vit.* - **9.** *Apprendre à vivre à qqn*, le mener rudement pour lui donner une leçon. ‖ *Avoir vécu*, avoir eu une vie riche en expériences ; être dépassé, désuet : *Cette théorie a vécu.* ‖ *Facile*, *difficile à vivre*, d'un caractère accommodant ou non. ‖ *Ne pas vivre*, ne plus vivre, être dévoré par une inquiétude permanente. ‖ *Se laisser vivre*, ne pas faire d'effort ; être insouciant, indolent. ‖ *Vivre au jour le jour*, sans s'inquiéter de l'avenir. ‖ *Vivre pour*, faire de qqn, qqch le but de sa vie : *Elle vit pour ses enfants.* ◆ v.t. - **1.** Mener telle vie ; traverser tels événements : *Vivre de bons moments* (syn. connaître). *Elle a mal vécu ce déménagement* (= supporter). - **2.** Vivre sa vie, jouir de l'existence à sa guise.

2. vivre [vivʀ] n.m. (de *1. vivre*). Le vivre et le couvert, la nourriture et le logement. ◆ **vivres** n.m. pl. LITT. Aliments : *S'approvisionner en vivres.*

vivrier, ère [vivʀije, -ɛʀ] adj. (de *2. vivre*). Cultures vivrières, cultures qui fournissent des produits alimentaires destinés princ. à la population locale.

vizir [viziʀ] n.m. (mot turc, empr. au persan). HIST. - **1.** Ministre d'un souverain musulman. - **2.** Grand vizir, Premier ministre dans l'Empire ottoman.

vlan [vlɑ̃] interj. (onomat.). Exprime un coup, un bruit violent.

vocable [vɔkabl] n.m. (lat. *vocabulum* "appellation"). - **1.** Mot, terme en tant qu'il a une signification particulière : *« Petit », « petite » et « petits » sont les trois formes du même vocable.* - **2.** CATH. Nom du saint sous le patronage duquel une église est placée.

vocabulaire [vɔkabylɛʀ] n.m. (lat. médiév. *vocabularium*). - **1.** Ensemble des mots d'une langue : *Le vocabulaire français.* - **2.** Ensemble des termes propres à une science, une technique, un groupe, un auteur, etc. ; ensemble des mots que qqn utilise effectivement : *Le vocabulaire de la médecine, de l'aéronautique. Avoir un vocabulaire riche, pauvre* (syn. langue). - **3.** Ouvrage comportant les termes spécifiques d'une discipline : *Un vocabulaire français-latin* (syn. lexique, glossaire).

vocal, e, aux [vɔkal, -o] adj. (lat. *vocalis*, de *vox, vocis* "voix"). - **1.** Relatif à la voix : *Techniques vocales. Les cordes vocales.* - **2.** Musique vocale, destinée à être chantée (par opp. à *musique instrumentale*).

vocalique [vɔkalik] adj. PHON. Relatif aux voyelles : *Le système vocalique d'une langue.*

vocalisation [vɔkalizasjɔ̃] n.f. - **1.** Action de vocaliser. - **2.** PHON. Transformation d'une consonne en voyelle : *La forme moderne des mots français « aube », « chevaux » est due à une vocalisation de la consonne « l » présente dans les formes anciennes « albe », « chevals ».*

vocalise [vɔkaliz] n.f. (de *vocaliser*). Formule mélodique, écrite ou non, chantée sur des voyelles, utilisée dans l'enseignement du chant : *Faire des vocalises.*

vocaliser [vɔkalize] v.i. (de *vocal*). Faire des vocalises ; chanter de la musique sans prononcer les paroles ni nommer les notes. ◆ **se vocaliser** v.pr. PHON. Se transformer en voyelle : *Consonne qui s'est vocalisée.*

vocalisme [vɔkalism] n.m. (du lat. *vocalis* "voyelle"). PHON. Ensemble des voyelles d'une langue, de leurs caractéristiques (par opp. à *consonantisme*).

vocatif [vɔkatif] n.m. (lat. *vocativus* [*casus*] "[cas] qui sert à appeler"). GRAMM. Cas exprimant l'apostrophe, l'interpellation, dans les langues à déclinaison.

vocation [vɔkasjɔ̃] n.f. (lat. *vocatio* "action d'appeler"). - **1.** Destination naturelle de qqn, d'un groupe : *Quelle est la vocation de l'homme sur la terre ?* (syn. mission, rôle). - **2.** Penchant ou aptitude spéciale pour un genre de vie, une activité : *Suivre sa vocation* (syn. inclination). *Vocation artistique.* - **3.** Mouvement intérieur par lequel une personne se sent appelée au sacerdoce ou à la vie reli-

gieuse : *Avoir la vocation.* - **4.** DR. **Avoir vocation à, pour,** être qualifié pour :
*L'administration préfectorale a vocation à contrô-
ler le budget des collectivités locales.*

vocifération [vɔsiferasjɔ̃] n.f. (lat. *vociferatio*).
[Surtout au pl.]. Parole dite en criant et avec
colère : *Pousser des vociférations* (syn. clameur,
hurlement).

vociférer [vɔsifere] v.i. ou v.t. ind. **[contre]**
(lat. *vociferari*, de *vox* "voix" et *ferre* "porter")
[conj. 18]. Parler en criant et avec colère :
Vociférer contre qqn (syn. pester). ◆ v.t. Proférer en criant et avec colère : *Vociférer des
injures* (syn. hurler).

vodka [vɔdka] n.f. (mot russe, de *voda* "eau").
Eau-de-vie de grain (blé, seigle) très répandue en Russie, en Pologne, etc.

vœu [vø] n.m. (lat. *votum*). - **1.** Promesse faite
à la divinité ; engagement religieux : *Les
vœux du baptême. Vœux monastiques* (= engagement dans l'état religieux). - **2.** Souhait,
désir ardent de voir se réaliser qqch : *Satisfaire au vœu de sa famille.* - **3.** Formulation
d'un souhait particulier ; le souhait lui-
même : *Faire un vœu quand on voit une étoile
filante. Présenter, envoyer ses vœux pour la
nouvelle année.* - **4.** Demande, requête d'une
assemblée consultative (par opp. à *décision*) :
L'assemblée a émis des vœux. - **5.** Faire vœu de
(+ n.), s'engager solennellement à qqch :
Faire vœu de chasteté, de pauvreté.

vogue [vɔg] n.f. (it. *voga*). - **1.** Célébrité, faveur
dont bénéficie qqn, qqch : *La vogue des juges
courtes* (syn. mode). *Le scooter connunne vogue
extraordinaire* (syn. succès). - **2.** En vogue, à la
mode : *Chanteur très en vogue.*

voguer [vɔge] v.i. (anc. bas all. *wogon*, var. de
wagon "se balancer"). - **1.** LITT. Être poussé
sur l'eau par un moyen quelconque ; voyager
sur l'eau : *Une barque voguait au fil de l'eau.
Nous voguons vers l'Amérique* (syn. naviguer).
- **2.** Vogue la galère !, advienne que pourra !

voici [vwasi] prép. et adv. (de *vois* et *ci*).
- **1.** Désigne une chose, une personne présente : *Ne restez pas debout, voici une chaise.
Avez-vous mon dossier ? — Le voici. Voici Pierre.*
- **2.** Annonce ce qu'on va dire : *Voici mes
intentions.*

voie [vwa] n.f. (lat. *via* "chemin"). - **1.** Parcours suivi pour aller d'un point à un autre :
Se frayer une voie dans la brousse (syn. passage,
chemin). *Prendre une mauvaise voie* (syn. itinéraire, trajet). - **2.** Toute installation permettant la circulation des personnes et des
objets sur terre, sur l'eau et dans les airs :
Voie de communication. Voie navigable. - **3.** Subdivision longitudinale de la chaussée permettant la circulation d'une file de voitures :
Route à trois voies (syn. file). - **4.** Direction

suivie pour atteindre un but ; ligne de
conduite : *S'engager dans une voie difficile* (syn.
route, chemin). *Trouver sa voie.* - **5.** Moyen
employé pour atteindre un but : *Agir, obtenir
qqch par des voies détournées.* - **6.** Ensemble des
niveaux, des étapes d'une structure : *La voie
hiérarchique.* - **7.** ANAT. Canal, organe, etc., permettant la circulation d'un liquide, d'un
gaz, d'un influx nerveux ; trajet suivi par ce
liquide, ce gaz, etc. : *Voies digestives, respiratoires.* - **8.** MÉD. Mode d'administration d'un
médicament : *Traitement par voie buccale.*
- **9.** VÉN. Chemin parcouru par le gibier ;
odeurs qui trahissent son passage : *Les chiens
sont sur la voie* (syn. piste). - **10.** DR. Procédure,
action judiciaire : *Voie de recours.* - **11.** Être en
bonne voie, être en passe de réussir. ‖ Être en
voie de, sur le point de : *Plaie en voie de
cicatrisation.* ‖ Mettre qqn sur la voie, le
diriger, lui donner des indications pour
atteindre ce qu'il cherche. ‖ Par voie de
conséquence, en conséquence. - **12.** Voie
d'eau, déchirure par laquelle l'eau envahit
un navire : *Aveugler une voie d'eau* (= la
boucher rapidement). ‖ Voie de desserte,
permettant l'accès direct à un bâtiment.
‖ Voie publique, route, chemin, rue appartenant au domaine public et ouverts à la
circulation générale (par opp. à *voie privée*).
‖ CH. DE F. Voie (ferrée), double ligne de rails
parallèles fixés sur des traverses reposant
sur le ballast ; écartement de ces rails :
Défense de traverser la voie. ‖ CHIM. Voie
humide, opération employant des solvants
liquides (par opp. à *voie sèche*). ‖ DR. Voie de
fait, acte produisant un dommage corporel ;
acte de violence ; agissement de l'Administration portant atteinte aux droits individuels (liberté, propriété). ◆ **voies** n.f. pl.
LITT. Desseins selon lesquels Dieu guide la
conduite des hommes : *Les voies du Seigneur
sont impénétrables.*

voïévodie [vɔjevɔdi] ou **voïvodie** [vɔjvɔdi]
n.f. (de *voïévode*, du serbo-croate *voï* "armée"
et *voda* "qui conduit"). Division administrative, en Pologne.

voilà [vwala] prép. et adv. (de *vois* et *là*).
- **1.** Désigne une chose, une personne présente : *Voilà l'argent que je te dois.* - **2.** Reprend
ce qu'on vient de dire : *Voilà ce que je lui ai
déclaré.* - **3.** (Parfois en corrélation avec *que*).
Indique une durée écoulée : *Voilà huit jours
qu'il est parti* (syn. il y a). - **4.** En veux-tu, en
voilà, en grande quantité : *Il y avait des
célébrités en veux-tu, en voilà.* ‖ En voilà assez !,
cela suffit ! ‖ Me (te, etc.) voilà bien !, je suis
(tu es, etc.) dans une mauvaise posture !

voilage [vwalaʒ] n.m. (de *1. voile*). Grand
rideau de fenêtre, en tissu léger : *Poser des
voilages aux fenêtres.*

1. voile [vwal] n.m. (lat. *velum*). - **1.** Étoffe qui sert à couvrir, à protéger, à cacher : *Statue couverte d'un voile.* - **2.** Pièce d'étoffe servant à cacher le visage, à couvrir la tête des femmes, dans certaines circonstances : *Les femmes musulmanes portent le voile. Voile de mariée.* - **3.** Tissu léger et fin : *Un voile de coton, de soie.* - **4.** Élément qui cache ou fait paraître plus flou : *Voile de nuages. Agir sous le voile de l'anonymat.* - **5.** Obscurcissement : *Voile accidentel d'un cliché.* - **6.** BOT. Enveloppe du jeune champignon. - **7.** CONSTR. Coque mince en béton armé. - **8.** TECHN. Pellicule, due à la fermentation, qui se dépose sur le vin, les boissons alcooliques. - **9.** **Mettre, jeter un voile sur**, cacher : *Jeter un voile sur une question délicate.* ‖ **Prendre le voile**, entrer en religion, pour une femme. - **10.** ANAT. **Voile du palais**, cloison musculaire et membraneuse qui sépare les fosses nasales de la bouche (on dit aussi *le palais mou*). ‖ MÉD. **Voile au poumon**, diminution homogène de la transparence d'une partie du poumon, visible à la radioscopie.

2. voile [vwal] n.f. (lat. pop. *vela, de velum*). - **1.** Assemblage de pièces de toile ou d'autres tissus, cousues ensemble pour former une surface capable de recevoir l'action du vent et de servir à la propulsion d'un navire : *Bateau à voiles* (= voilier). - **2.** Le bateau lui-même : *Signaler une voile à l'horizon.* - **3.** Pratique et sport du bateau à voile : *Faire de la voile.* - **4.** FAM. **Avoir du vent dans les voiles**, être ivre. ‖ **Faire voile vers**, naviguer : *Faire voile vers la Chine.* ‖ **Mettre à la voile**, appareiller. ‖ FAM. **Mettre les voiles**, s'en aller.

1. voilé, e [vwale] adj. - **1.** Recouvert d'un voile ; qui porte un voile : *Femme musulmane voilée.* - **2.** Obscur ; dissimulé ; peu net : *Parler en termes voilés* (= à mots couverts). *Faire une allusion voilée à qqch* (syn. discret ; contr. direct). - **3.** **Voix voilée**, voix dont le timbre n'est pas pur.

2. voilé, e [vwale] adj. Gauchi ; courbé ; déformé : *Planche, roue voilée.*

1. voiler [vwale] v.t. (de *1. voile*). - **1.** Couvrir d'un voile : *Voiler les miroirs dans une maison mortuaire.* - **2.** LITT. Cacher ; dissimuler : *Voiler son émotion. Larmes qui voilent le regard* (syn. embruner). - **3.** PHOT. Provoquer un voile sur une surface sensible : *Épreuve voilée.* ◆ **se voiler** v.pr. Se voiler la face, se cacher le visage par honte ou pour ne rien voir.

2. voiler [vwale] v.t. (de *voiler* "garnir [un navire] de voiles", par analogie de forme). Faire perdre son caractère plan à une pièce, une roue ; les déformer : *L'humidité voile le bois* (syn. gauchir). ◆ **se voiler** v.pr. Se déformer ; ne plus être plan.

voilette [vwalɛt] n.f. (de *1. voile*). Petit voile transparent, posé en garniture au bord d'un chapeau et recouvrant en partie ou totalement le visage.

voilier [vwalje] n.m. (de *2. voile*). - **1.** Bateau à voiles. - **2.** Ouvrier qui fait ou répare des voiles de navire.

voilure [vwalyʀ] n.f. (de *2. voile*). - **1.** Ensemble des voiles d'un bateau, d'un de ses mâts. - **2.** Ensemble de la surface portante d'un avion, d'un parachute. - **3.** MÉCAN. Courbure d'une planche, d'une feuille de métal qui se voile (syn. gauchissement).

voir [vwaʀ] v.t. (lat. *videre*) [conj. 62]. - **1.** Percevoir par les yeux : *Ne rien voir dans l'obscurité* (syn. distinguer, apercevoir). *Voir qqch à l'œil nu.* - **2.** Être témoin, spectateur de : *Il a vu toute la scène* (syn. assister à). *La génération qui a vu la guerre* (syn. connaître, subir). - **3.** Regarder avec attention : *Voyez ce schéma* (syn. observer, examiner). - **4.** Se trouver en présence de qqn : *Je l'ai vu hier par hasard* (syn. croiser, tomber sur). *Nous sommes fâchés avec lui et nous ne le voyons plus* (syn. fréquenter). *Aller voir un ami malade* (= lui rendre visite). *Aller voir son médecin, son avocat* (syn. consulter). - **5.** Se rendre dans un lieu : *Voir du pays. Voir une exposition* (syn. visiter). - **6.** Se représenter mentalement : *Je l'ai vu en rêve. Je vous vois bien professeur* (syn. imaginer). - **7.** Percevoir par l'esprit ; constater ; considérer : *Tu vois que tu as tort* (syn. s'apercevoir, se rendre compte). - **8.** Saisir par l'intelligence, concevoir : *Je ne vois pas ce que vous voulez dire* (syn. comprendre). - **9.** Se faire une opinion de ; juger : *Je connais votre façon de voir* (= votre opinion). *Nous verrons* (= nous y réfléchirons). - **10.** T. FAM. **Allez vous faire voir** (ailleurs), formule pour laquelle on renvoie brutalement un importun. ‖ **Faire voir**, montrer : *Faire voir ses papiers d'identité. Faire voir à qqn comment on s'y prend.* ‖ **Laisser voir**, permettre de regarder ; ne pas dissimuler : *Laisser voir sa désapprobation.* ‖ **N'avoir rien à voir avec**, n'avoir aucun rapport avec : *Cet ouvrage n'a rien à voir avec un roman.* ‖ **Ne pas pouvoir voir qqn, qqch**, ne pas supporter qqn, qqch. ‖ **Pour voir**, pour essayer : *Elle a fait du yoga quelques semaines, pour voir.* ‖ **Se faire voir**, se montrer en public : *Se faire voir dans les endroits les plus branchés de la capitale.* ‖ **Voir d'un bon, d'un mauvais œil**, apprécier, ne pas apprécier : *Son intervention n'a pas été vue d'un bon œil.* ‖ **Voir venir qqn**, deviner ses intentions : *Il voulait me gruger, mais je l'ai vu venir.* ‖ **Voyons**, formule servant à exhorter, à rappeler à l'ordre : *Un peu de silence voyons !* ◆ v.t. ind. **[à]**. Veiller à ; faire en sorte de : *Voyez à ce qu'elle ne manque de rien.* ◆ **se voir** v.pr. - **1.** S'apercevoir ; s'imaginer soi-même : *Se voir dans un miroir. Je ne me vois pas faire cela.* - **2.** Se fréquenter : *Des amis qui voient beaucoup.* - **3.** Être apparent, visible :

Cela se voit immédiatement (= cela saute aux yeux). - **4.** Se produire ; survenir : *Cela se voit tous les jours* (syn. arriver). - **5.** Être dans tel état, telle situation : *Il s'est vu abandonné de tous* (syn. se trouver). - **6.** LITT. Se voir (+ inf.), semi-auxiliaire exprimant que le sujet subit une action (le p. passé *vu* restant invariable aux temps composés) : *Elle s'est vu préférer l'autre candidate* (= on lui a préféré l'autre candidate).

voire [vwaʀ] adv. (lat. *vera*, de *verus* "vrai"). Introduit un renforcement éventuel : *Un stage de quelques semaines, voire quelques mois. Mazarin était habile, voire retors.*

voirie [vwaʀi] n.f. (de *voyer* "officier de justice", avec infl. de *voie*). - **1.** Ensemble du réseau des voies de communication terrestres, fluviales, maritimes et aériennes appartenant au domaine public : *L'entretien de la voirie.* - **2.** Administration chargée de ce réseau : *Être employé à la voirie.* - **3.** Autref., lieu où l'on déposait les ordures, les épaves, etc., trouvées dans la rue.

voisé, e [vwase] adj. (de *voix*). PHON. Consonne voisée, consonne sonore*.

voisin, e [vwazɛ̃, -in] adj. et n. (lat. pop. *vicinus*, class. *vicinus*, de *vicus* "village, quartier"). Qui demeure auprès ; qui occupe la place la plus proche : *Mes voisins de palier. Élève qui copie sur son voisin.* ◆ adj. - **1.** Situé à faible distance : *La pièce voisine* (syn. contigu). *La chambre est voisine de la salle de bains* (syn. attenant). *Rues voisines* (syn. avoisinant, adjacent). - **2.** Rapproché dans le temps : *Les années voisines de la guerre.* - **3.** Qui présente une analogie, une ressemblance avec qqch : *Nos deux projets sont voisins* (syn. analogue, semblable).

voisinage [vwazinaʒ] n.m. - **1.** Proximité dans le temps ou l'espace : *Le voisinage de ces gens est insupportable. Le voisinage de l'hiver* (syn. approche). - **2.** Lieux qui se trouvent à proximité : *Il demeure dans le voisinage* (syn. alentours, environs). - **3.** Ensemble des voisins : *Inutile d'ameuter tout le voisinage* (= tout le quartier).

voisiner [vwazine] v.t. ind. [**avec**]. Se trouver près de ; être à côté de : *Livres qui voisinent avec des restes de repas.*

voiture [vwatyʀ] n.f. (lat. *vectura* "transport", de *vehere* "transporter"). - **1.** Véhicule de transport des personnes et des charges : *Voiture hippomobile. Voiture d'enfant* (= landau). - **2.** Automobile : *Voiture de course. Voiture décapotable.* - **3.** CH. DE F. Véhicule pour le transport des voyageurs (par opp. à *wagon*, réservé aux marchandises) : *Voiture de tête, de queue. Voiture de première, de seconde classe.*

voiture-balai [vwatyʀbalɛ] n.f. (pl. *voitures-balais*). Voiture qui prend en charge les

coureurs contraints à l'abandon, dans les courses cyclistes.

voiture-lit [vwatyʀli] n.f. (pl. *voitures-lits*). Wagon-lit. **Rem.** La S. N. C. F. écrit *voiture-lits.*

voiture-restaurant [vwatyʀʀɛstɔʀɑ̃] n.f. (pl. *voitures-restaurants*). Wagon-restaurant.

voix [vwa] n.f. (lat. *vox, vocis* "voix, parole"). - **1.** Ensemble des sons émis par l'être humain ; organe de la parole, du chant : *Voix rauque. Voix qui mue. Voix de ténor, de soprano.* - **2.** Personne qui parle ou chante : *Une des grandes voix de la radio. L'une des plus belles voix du monde donnera ce soir un récital.* - **3.** Possibilité d'exprimer son opinion : *Avoir voix au chapitre.* - **4.** Expression d'une opinion, spécial. par un vote : *Aucune voix ne s'est élevée pour protester. Perdre des voix aux élections* (syn. suffrage). - **5.** Conseil, avertissement, appel venu de qqn ou du plus intime de soi-même : *Écouter la voix du cœur.* - **6.** GRAMM. Catégorie grammaticale indiquant le type de relation qui existe entre le verbe, le sujet (ou l'agent) et l'objet : *Voix active, passive, pronominale du français.* - **7.** MUS. Partie vocale ou instrumentale d'une composition polyphonique : *Fugue à trois voix.* - **8.** Donner de la voix, aboyer, en parlant des chiens de chasse ; au fig., parler très fort : *Il a fallu que je donne de la voix pour me faire entendre.* ‖ Être, rester sans voix, muet d'émotion, d'étonnement. ‖ Voix de tête ou de fausset → fausset.

1. vol [vɔl] n.m. (de *1. voler*). - **1.** Déplacement actif dans l'air des oiseaux, des insectes, etc., au moyen des ailes. - **2.** Espace qu'un oiseau peut parcourir sans se reposer : *Le vol de la perdrix n'est pas long.* - **3.** Groupe d'oiseaux qui volent ensemble : *Un vol d'oies sauvages, de cigognes* (syn. volée). - **4.** Déplacement, dans l'air, d'un aéronef ou, dans l'espace, d'un engin spatial ; l'engin lui-même : *Il y a six heures de vol entre Paris et Montréal* (syn. traversée). *Prendre le prochain vol pour Amsterdam* (syn. avion). - **5.** Mouvement rapide d'un lieu dans un autre : *Le vol des flèches.* - **6.** Au vol, en l'air ; en allant vite : *Arrêter une balle au vol. Prendre l'autobus au vol.* ‖ De haut vol, de grande envergure : *Un escroc de haut vol.* - **7.** Descendre en vol plané, descendre moteur arrêté. ‖ Vol à voile, qui utilise la puissance du vent et ses courants ascendants ; mode de déplacement d'un planeur utilisant les courants aériens : *Faire du vol à voile.* ‖ Vol bourdonnant, à battements très rapides, permettant le maintien en un point fixe (insectes, colibri). ‖ Vol plané, dans lequel les ailes glissent sur l'air. ‖ SPORTS. Vol libre, pratiqué avec une aile libre.

2. vol [vɔl] n.m. (de *2. voler*). - **1.** Action de voler, de dérober ce qui appartient à autrui.

-2. Produit du vol (syn. butin). -3. Fait de prendre plus que ce qui est dû, de vendre à un prix excessif : *À ce prix-là, c'est du vol* (syn. escroquerie).

volage [vɔlaʒ] adj. (lat. *volaticus* "qui vole, qui a des ailes"). Dont les sentiments changent souvent ; peu fidèle en amour : *Un mari, une femme volages* (syn. inconstant).

volaille [vɔlaj] n.f. (bas lat. *volatilia*, de *volatilis* "qui vole"). -1. Oiseau élevé en basse-cour : *Tuer une volaille pour la rôtir.* -2. Ensemble des oiseaux d'une basse-cour : *Engraisser de la volaille.* -3. Chair de tels oiseaux : *Manger de la volaille.*

volailler [vɔlaje] et **volailleur** [vɔlajœR] n.m. Marchand ou éleveur de volaille.

1. volant, e [vɔlɑ̃, -ɑ̃t] adj. (de *1. voler*). -1. Qui peut voler, se déplacer dans l'air : *Insecte volant.* -2. Qui exerce sa fonction en divers endroits : *Secrétariat volant.* -3. Feuille volante, qui n'est reliée à aucune autre : *Prendre des notes sur des feuilles volantes.* ‖ Pont volant, qui se monte et se déplace à volonté.

2. volant [vɔlɑ̃] n.m. (de *1. volant*). -1. Morceau de liège, de plastique, etc., garni de plumes et qu'on lance avec une raquette ; jeu auquel on se livre avec cet objet : *Faire une partie de volant.* -2. Organe de manœuvre d'un mécanisme : *On ferme cette vanne en tournant un volant.* -3. Organe circulaire servant à orienter les roues directrices d'une automobile ; conduite des automobiles : *Prendre, tenir le volant* (= conduire). *Un as du volant.* -4. COUT. Bande de tissu froncée sur un côté et servant de garniture dans l'habillement et l'ameublement : *Jupon, rideau à volants.* -5. Volant de sécurité, ce qui sert à régulariser un processus ; somme ou stock en réserve, assurant la bonne marche d'une opération industrielle ou commerciale. ‖ Volant magnétique, qui sert à produire le courant d'allumage dans certains moteurs à explosion légers.

volapük [vɔlapyk] n.m. (de l'angl. *world* "univers" et *puk*, altér. de [to] *speak* "parler"). Langue artificielle, créée en 1879 par l'Allemand Johann Martin Schleyer et qui fut supplantée par l'espéranto.

volatil, e [vɔlatil] adj. (lat. *volatilis* "qui vole, ailé"). -1. Qui s'évapore facilement : *Essence volatile.* -2. INFORM. Mémoire volatile, mémoire dont le contenu s'efface lorsque l'alimentation électrique est coupée.

volatile [vɔlatil] n.m. (réfection d'après le lat. *volatilis* "qui vole, ailé", de l'anc. fr. *volatilie* "ensemble des oiseaux"). Oiseau, en partic. oiseau de basse-cour.

volatilisation [vɔlatilizasjɔ̃] n.f. Action de volatiliser ; fait de se volatiliser : *La volatilisation du soufre* (syn. vaporisation).

volatiliser [vɔlatilize] v.t. -1. DIDACT. Rendre volatil ; transformer en vapeur : *Volatiliser du soufre.* -2. Faire disparaître et, en partic., voler : *Volatiliser un portefeuille* (syn. subtiliser).
◆ **se volatiliser** v.pr. -1. Se transformer en vapeur : *L'éther se volatilise.* -2. Disparaître d'un coup, quand on s'en aperçoive : *Mes lunettes ne se sont tout de même pas volatilisées* (syn. s'envoler).

volatilité [vɔlatilite] n.f. Caractère de ce qui est volatil : *La volatilité du mercure.*

vol-au-vent [vɔlovɑ̃] n.m. inv. (de *1. voler*, à cause de la légèreté de la pâte). Croûte ronde en pâte feuilletée garnie de compositions diverses (viande, poissons, champignons, quenelles, etc.).

volcan [vɔlkɑ̃] n.m. (it. *volcano*, lat. *Vulcanus* "Vulcain", dieu du Feu). -1. Relief résultant de l'émission en surface de produits à haute température issus de l'intérieur de la Terre, qui montent par une fissure de l'écorce (*cheminée*) et sortent par une ouverture génér. circulaire (*cratère*) : *Volcan éteint. Volcan en activité.* -2. Être sur un volcan, être dans une situation dangereuse.

volcanique [vɔlkanik] adj. -1. Relatif aux volcans : *Éruption volcanique.* -2. Qui est plein de fougue, de violence, d'ardeur : *Tempérament volcanique* (syn. bouillant, impétueux). -3. GÉOL. Roche volcanique, roche éruptive qui se forme en surface par refroidissement brutal, au contact de l'air ou de l'eau, du magma qui s'échappe d'un volcan.

volcanisme [vɔlkanism] n.m. GÉOL. Ensemble des manifestations volcaniques.

volcanologie [vɔlkanɔlɔʒi] et, vx, **vulcanologie** [vylkanɔlɔʒi] n.f. Étude des volcans et des phénomènes volcaniques. ◆ **volcanologue** et, vx, **vulcanologue** n. Nom du spécialiste.

volcanologique [vɔlkanɔlɔʒik] et, vx, **vulcanologique** [vylkanɔlɔʒik] adj. Relatif à la volcanologie : *Études volcanologiques.*

volée [vɔle] n.f. (de *1. voler*). -1. Action de voler : *Prendre sa volée* (syn. envol, essor). -2. VIEILLI. Distance qu'un oiseau parcourt sans se poser : *Une hirondelle traverse la Méditerranée d'une seule volée* (syn. vol). -3. Groupe d'oiseaux qui volent ensemble : *Volée de moineaux.* -4. Tir simultané de plusieurs projectiles : *Volée d'obus* (syn. rafale, salve). -5. SPORTS. Frappe de la balle, du ballon avant qu'ils n'aient touché terre. -6. Son d'une cloche mise en branle ; la mise en branle elle-même : *Sonner à toute volée.* -7. Série de coups rapprochés et nombreux : *Recevoir une volée* (syn. correction). -8. CONSTR. Partie d'un escalier comprise entre deux paliers successifs : *Volée de marches.* -9. À volée, au vol, en l'air : *Attraper une balle à la volée* ; au fig., au passage : *Saisir une allusion à la volée.* ‖ **Arrêt de volée**, au rugby, réception du ballon provenant de l'adversaire par un joueur à l'intérieur de ses 22 m. ‖ **De haute volée**, de grande envergure : *Un menteur de haute volée.* ‖ **Volée de bois vert**, critiques violentes et acerbes.

1. **voler** [vɔle] v.i. (lat. *volare*). - **1.** Se mouvoir, se maintenir dans l'air ou dans l'espace : *Rêver qu'on peut voler.* - **2.** En parlant d'un objet, être projeté dans l'air à grande vitesse : *Balle qui vole à travers la pièce.* - **3.** Piloter un avion ou s'y trouver comme passager : *Voler vers le sud.* - **4.** Se déplacer très rapidement : *Voler au secours de qqn* (syn. s'élancer, se précipiter). ‖ **Voler en éclats**, être détruit, pulvérisé : *Vitre qui vole en éclats.* ◆ v.t. Se livrer à la chasse au vol, en parlant d'un oiseau de proie : *Faucon qui vole la perdrix.*

2. **voler** [vɔle] v.t. (de *1. voler*, d'apr. le sens, en fauc., "voler en chassant"). - **1.** S'approprier par un vol ; léser, dépouiller qqn par un vol : *Voler des livres dans un magasin* (syn. dérober). *Elle s'est fait voler pendant son voyage* (syn. dévaliser, LITT. détrousser). *Voler un client* (syn. escroquer). - **3.** S'approprier indûment, qqch, prendre pour soi : *On lui a volé son idée.* - **4.** Faire payer trop cher : *À ce prix-là tu t'es fait voler !* - **5.** FAM. **Ne pas l'avoir volé**, l'avoir bien mérité : *Cette fessée, tu ne l'a pas volée !* ◆ v.i. Commettre des vols : *Elle est cleptomane et ne peut s'empêcher de voler.*

volet [vɔle] n.m. (de *1. voler*). - **1.** Panneau de bois ou de tôle pour clore une baie de fenêtre ou de porte : *Fermer, ouvrir les volets* (syn. contrevent, persienne). - **2.** Partie plane d'un objet pouvant se rabattre sur celle à laquelle il tient ; spécial. feuillet d'un dépliant : *Volet d'un permis de conduire. Facture en trois volets.* - **3.** Vantail d'un polyptyque. - **4.** Partie d'un ensemble : *Les volets d'un plan gouvernemental.* - **5.** AÉRON. Partie d'une aile ou d'une gouverne pouvant être braquée par rotation pour en modifier les caractéristiques aérodynamiques : *Manœuvrer les volets de freinage.* - **6.** Trier sur le volet, choisir, sélectionner avec soin : *Les invités ont été triés sur le volet.*

voleter [vɔlte] v.i. [conj. 27]. Voler çà et là, légèrement ; être animé de petits mouvements : *Le moineau volette d'une branche à l'autre. Flammèches qui volettent dans la cheminée* (syn. tournoyer).

voleur, euse [vɔlœʀ, -øz] adj. et n. (de *2. voler*). - **1.** Qui a commis un vol ; qui vit du vol : *Prendre un voleur en flagrant délit. Un commerçant voleur* (syn. malhonnête). - **2.** Qui s'approprie indûment qqch : *Un voleur*

d'idées. - **3.** Comme un voleur, en essayant de passer inaperçu : *Partir comme un voleur.*

volière [vɔljɛʀ] n.f. (de *1. voler*). Grande cage, endroit grillagé où l'on élève et nourrit des oiseaux.

volition [vɔlisjɔ̃] n.f. (lat. *volo* "je veux"). PHILOS. Acte par lequel la volonté se détermine à qqch.

volley-ball [vɔlebol] et **volley** [vɔlε] n.m. (mot angl., de *volley* "volée" et *ball* "ballon") [pl. *volley-balls*]. Sport opposant deux équipes de six joueurs qui s'affrontent en se renvoyant un ballon avec les mains au-dessus d'un filet.

volleyeur, euse [vɔlεjœʀ, -øz] n. - **1.** Joueur, joueuse de volley-ball. - **2.** Spécialiste de la volée, au tennis.

volontaire [vɔlɔ̃tɛʀ] adj. (lat. *voluntarius*). - **1.** Qui se fait sans contrainte et de pure volonté : *Acte volontaire* (syn. intentionnel). - **2.** Qui manifeste une volonté ferme : *Regard volontaire* (syn. résolu). - **3.** Se dit d'un acte qui résulte d'un choix : *Omission volontaire* (syn. délibéré). ◆ adj. et n. - **1.** Qui fait preuve de volonté ferme : *Une fillette volontaire* (syn. obstiné). - **2.** Qui accepte de son plein gré une mission, une tâche : *Des volontaires aidaient les pompiers à combattre l'incendie.*

volontairement [vɔlɔ̃tɛʀmã] adv. - **1.** De sa propre volonté : *Il s'est dénoncé volontairement* (syn. spontanément). - **2.** Avec intention, exprès : *J'ai volontairement omis d'en parler* (syn. délibérément).

volontariat [vɔlɔ̃taʀja] n.m. - **1.** Participation volontaire à une action, une mission. - **2.** MIL. Service accompli par un engagé volontaire.

volontarisme [vɔlɔ̃taʀism] n.m. - **1.** Attitude de qqn qui pense modifier le cours des événements par la seule volonté. - **2.** PHILOS. Doctrine ou thèse qui accorde la primauté à la volonté sur l'intelligence et à l'action sur la pensée intellectuelle.

volontariste [vɔlɔ̃taʀist] adj. et n. PHILOS. Relatif au volontarisme ; qui en est partisan. ◆ adj. Qui fait preuve de volontarisme : *Une politique volontariste.*

volonté [vɔlɔ̃te] n.f. (lat. *voluntas, -atis*). - **1.** Faculté de se déterminer à certains actes et de les accomplir. - **2.** Énergie, fermeté avec laquelle on exerce cette faculté : *Avoir de la volonté* (syn. détermination). - **3.** Ce que veut qqn, un groupe : *Aller contre la volonté de qqn* (syn. désir, intention). - **4.** À volonté, autant qu'on veut ; comme on veut : *Vin à volonté.* ‖ **Bonne, mauvaise volonté**, intention réelle de bien, de mal faire. ◆ **volontés** n.f. pl. - **1.** Fantaisies opiniâtres : *Enfant qui fait toutes ses volontés* (syn. caprice). - **2.** Dernières volontés, intentions, désirs formels manifestés avant de mourir. ‖ FAM. Faire les quatre volontés de qqn, céder à tous ses caprices.

volontiers [vɔlɔ̃tje] adv. (lat. *voluntarie*, de *voluntarius* "volontaire"). - **1.** De bon gré ; avec plaisir : *Vous viendrez bien avec nous ? - Volontiers.* - **2.** LITT. Par une tendance naturelle ou par habitude : *Il est volontiers satisfait de lui-même.*

volt [vɔlt] n.m. (du n. du physicien *Volta*). - **1.** ÉLECTR. Unité de mesure de force électromotrice et de différence de potentiel, ou tension, équivalant à la différence de potentiel qui existe entre deux points d'un conducteur parcouru par un courant constant de 1 ampère lorsque la puissance dissipée entre ces points est égale à 1 watt. □ Symb. V. - **2.** *Volt par mètre*, unité de mesure d'intensité de champ électrique équivalant à l'intensité d'un champ électrique exerçant une force de 1 newton sur un corps chargé d'une quantité d'électricité de 1 coulomb. □ Symb. V/m

voltage [vɔltaʒ] n.m. (de *volt*). Tension électrique (impropre dans la langue technique).

voltaïque [vɔltaik] adj. ÉLECTR. Se dit de la pile de Volta et de l'électricité développée par les piles.

voltaire [vɔltɛʀ] n.m. (de *Voltaire*, n. pr.). Fauteuil rembourré et à bois apparent, à dossier haut et légèrement incliné. (On dit aussi *un fauteuil Voltaire*.)

voltairien, enne [vɔltɛʀjɛ̃, -ɛn] adj. Relatif à Voltaire, à son œuvre : *Le conte voltairien.*

voltamètre [vɔltamɛtʀ] n.m. (de *Volta* et *-mètre*). ÉLECTR. Tout appareil où se produit une électrolyse.

volte [vɔlt] n.f. (it. *volta* "tour", du lat. pop. *volvita*, class. *volvere* "tourner"). ÉQUIT. Mouvement en rond que l'on fait faire à un cheval.

volte-face [vɔltəfas] n.f. inv. (it. *volta faccia* "tourne face" ; v. *volte*). - **1.** Action de se tourner du côté opposé à celui qu'on regardait : *Faire volte-face* (syn. demi-tour). - **2.** Changement subit d'opinion, de manière d'agir : *Une volte-face imprévue* (syn. revirement).

voltige [vɔltiʒ] n.f. (de *voltiger*). - **1.** Exercice de manège, acrobatie de cirque consistant à sauter de diverses manières sur un cheval arrêté ou au galop. - **2.** Exercice d'acrobatie exécuté sur une corde ou au trapèze volant ; la corde elle-même. - **3.** Ensemble des manœuvres inhabituelles dans le pilotage ordinaire d'un avion et non l'objet d'un apprentissage particulier : *Faire de la voltige* (= acrobatie aérienne). - **4.** Raisonnements subtils, manœuvres ingénieuses, parfois malhonnêtes : *La plaidoirie de l'avocat fut un exercice de voltige.* (On dit aussi *haute voltige*.)

voltiger [vɔltiʒe] v.i. (it. *volteggiare* "faire de la voltige", intensif de *voltare* "tourner") [conj. 17]. - **1.** Voler çà et là : *Les feuilles qui voltigent en automne* (syn. tournoyer). - **2.** Flotter au gré du vent : *Le vent fait voltiger les flocons de neige* (syn. tourbillonner).

voltigeur, euse [vɔltiʒœʀ, -øz] n. Acrobate qui fait des voltiges.

voltmètre [vɔltmɛtʀ] n.m. (de *volt* et *-mètre*). ÉLECTR. Appareil qui sert à mesurer une différence de potentiel en volts.

volubile [vɔlybil] adj. (lat. *volubilis*). - **1.** Qui parle avec abondance et rapidité : *Une femme très volubile* (syn. loquace, bavarde). - **2.** BOT. Tiges volubiles, qui s'enroulent en spirale autour des corps voisins.

volubilis [vɔlybilis] n.m. (mot lat. "qui s'enroule"). Liseron d'une espèce ornementale à grandes fleurs colorées.

volubilité [vɔlybilite] n.f. (lat. *volubilitas*). Caractère d'une personne volubile (syn. loquacité).

volume [vɔlym] n.m. (lat. *volumen* "rouleau", de *volvere* "rouler"). - **1.** Espace à trois dimensions occupé par un corps ou limité par des surfaces ; mesure de cet espace : *Mesurer le volume d'un cube.* - **2.** Masse, quantité de qqch : *Volume d'eau débité par un fleuve.* - **3.** Force, intensité d'un son : *Augmenter le volume d'un appareil de radio* (syn. intensité). - **4.** HIST. Chez les Anciens, manuscrit enroulé autour d'un bâton. - **5.** Livre relié ou broché : *Une bibliothèque de 5 000 volumes.*

volumétrie [vɔlymetʀi] n.f. Mesure des volumes.

volumétrique [vɔlymetʀik] adj. Relatif à la volumétrie.

volumineux, euse [vɔlyminø, -øz] adj. De grand volume.

volumique [vɔlymik] adj. Se dit du quotient d'une grandeur par le volume correspondant.

volupté [vɔlypte] n.f. (lat. *voluptas*). - **1.** Plaisir des sens et, spécial., plaisir sexuel : *Elle se baignait avec volupté* (syn. joie, délectation). - **2.** Plaisir, satisfaction intense d'ordre moral ou intellectuel : *La volupté du devoir accompli.*

voluptueusement [vɔlyptɥøzmɑ̃] adv. Avec volupté.

voluptueux, euse [vɔlyptɥø, -øz] adj. et n. - **1.** Qui aime, recherche la volupté. - **2.** Qui inspire ou exprime le plaisir : *Des lèvres voluptueuses* (syn. sensuel).

volute [vɔlyt] n.f. (it. *voluta*, du lat. *volvere* "enrouler"). - **1.** Ce qui est en forme de spirale : *Volute de fumée* (syn. spirale). - **2.** ARCHIT. Enroulement en spirale formant les angles du chapiteau ionique.

volvaire [vɔlvɛʀ] n.f. (de *volve*). Champignon à lames et à volve, sans anneau, comestible mais pouvant être confondu avec certaines amanites.

volve [vɔlv] n.f. (lat. *volva,* var. de *vulva* "vulve"). BOT. Membrane épaisse qui entoure complètement le chapeau et le pied de certains champignons à l'état jeune.

vomi [vɔmi] n.m. Matières vomies : *Sentir le vomi* (syn. vomissure).

vomique [vɔmik] adj. (lat. médiév. *vomica* [*nux*] "[noix] qui fait vomir"). **Noix vomique,** graine provenant d'un arbre de l'Asie tropicale (le *vomiquier*) et contenant de la strychnine.

vomir [vɔmiʀ] v.t. (lat. pop. *vomire,* class. *vomere*) [conj. 32]. - **1.** Rejeter par la bouche ce qui était dans l'estomac : *Vomir son déjeuner* (syn. rendre). - **2.** LITT. Lancer violemment au-dehors : *Les canons vomissent le feu et la mort* (syn. cracher). - **3.** LITT. Proférer avec violence : *Vomir des injures.* - **4.** Être à vomir, être répugnant.

vomissement [vɔmismɑ̃] n.m. Action de vomir ; matières vomies.

vomissure [vɔmisyʀ] n.f. Matières vomies (syn. vomi).

vomitif, ive [vɔmitif, -iv] adj. et n.m. Se dit d'un médicament qui fait vomir.

vorace [vɔʀas] adj. (lat. *vorax, -acis,* de *vorare* "dévorer"). - **1.** Qui dévore ; qui mange avec avidité ; avide : *Un enfant vorace* (syn. glouton, goulu). - **2.** Qui exige une grande quantité de nourriture : *Un appétit vorace* (syn. insatiable).

voracement [vɔʀasmɑ̃] adv. De façon vorace : *Se jeter voracement sur la nourriture* (syn. goulûment).

voracité [vɔʀasite] n.f. (lat. *voracitas*). - **1.** Avidité à manger, à satisfaire un besoin : *La voracité des loups* (syn. gloutonnerie). - **2.** Avidité à satisfaire un besoin, à gagner de l'argent : *La voracité d'un usurier* (syn. cupidité).

vos adj. poss. → **votre.**

vosgien, enne [voʒjɛ̃, -ɛn] adj. et n. Des Vosges.

votant, e [vɔtɑ̃, -ɑ̃t] n. Qui vote ; qui a le droit de voter (syn. électeur).

vote [vɔt] n.m. (mot angl., du lat. *votum* "vœu"). - **1.** Acte par lequel les citoyens d'un pays ou les membres d'une assemblée expriment leur opinion lors d'une élection, d'une prise de décision : *Bureau de vote. Prendre part à un vote* (syn. élection, scrutin). - **2.** Opinion exprimée par chacune des personnes appelées à émettre un avis : *Compter les votes* (syn. voix, suffrage).

voter [vɔte] v.i. (angl. *to vote*). Donner sa voix dans une élection : *Voter est un devoir civique*

◆ v.t. Décider ou demander par un vote : *Voter une loi.*

votif, ive [vɔtif, -iv] adj. (lat. *votivus,* de *votum* "vœu"). - **1.** Fait ou offert en vertu d'un vœu : *Autel votif.* - **2.** Fête votive, fête religieuse célébrée en l'honneur d'un patron.

votre [vɔtʀ], **vos** [vo] adj. poss. (lat. pop. *voster,* class. *vester*). Correspond à un possesseur de la 2e pers. du pl. (ou désigné par le *vous* de politesse) pour indiquer : - **1.** Un rapport de possession : *Votre adresse. Vos intérêts.* - **2.** Un rapport d'ordre social : *Votre employeur. Vos amis.*

vôtre [votʀ] pron. poss. (de *votre*). [Précédé de l'art. déf.]. Désigne ce qui appartient ou se rapporte à un possesseur de la 2e pers. du pl. (ou représenté par le *vous* de politesse) : *J'aimerais avoir un père comme le vôtre.* ◆ adj. poss. SOUT. (En fonction d'attribut). Qui est à vous : *Considérez ma maison comme vôtre.* ◆ **vôtres** n.m. pl. Être des vôtres, faire partie de votre groupe, partager votre activité. ‖ Les vôtres, vos parents, vos proches ; vos alliés, vos partisans.

vouer [vwe] v.t. (du lat. *votum* "vœu", d'apr. les formes anc. de *vœu, vuer, voer*). - **1.** RELIG. Consacrer, par un vœu, qqn, qqch à Dieu, à un saint ; mettre sous la protection de : *Vouer un enfant à la Vierge.* - **2.** Promettre, engager d'une manière particulière : *L'amitié que je lui ai vouée.* - **3.** Destiner : *Ce projet est voué à l'échec* (= est condamné). ◆ **se vouer** v.pr. [à]. - **1.** Se consacrer à : *Se vouer à la défense des droits de l'homme.* - **2.** Ne (plus) savoir à quel saint se vouer, ne (plus) savoir à qui recourir.

1. **vouloir** [vulwaʀ] v.t. (lat. pop. *volere,* class. *velle*) [conj. 57]. - **1.** Appliquer sa volonté, son énergie à obtenir qqch : *Il veut le pouvoir* (syn. désirer). *Quand on veut on peut.* - **2.** Demander avec autorité : *Je veux une réponse tout de suite* (syn. exiger). - **3.** Avoir telle intention, tel projet : *Nous voudrions partir au ski* (syn. aimer, désirer, souhaiter). *Il veut se faire remarquer* (syn. chercher à). - **4.** Attendre qqch de : *Que veut-il de moi ? Les agriculteurs veulent de la pluie* (syn. espérer). - **5.** Demander comme prix : *Combien voulez-vous de votre voiture ?* - **6.** Pouvoir, se prêter à : *Ce bois ne veut pas brûler.* - **7.** S'emploie dans des formules de politesse ; dans l'expression d'ordres, de demandes, etc. : *Voulez-vous vous taire ! Veuillez accepter mes excuses.* - **8.** Que veux-tu ! Que voulez-vous !, exprime la résignation : *C'est comme ça, que veux-tu !* ‖ Sans le vouloir, involontairement, par mégarde. ‖ Savoir ce que parler veut dire, comprendre le sens caché de certaines paroles. ‖ Vouloir bien, accepter qqch, y consentir : *Je veux bien vous aider.* ‖ Vouloir dire, avoir l'intention de

dire ; signifier, exprimer. ‖ **Vouloir du bien, du mal à qqn**, avoir de bonnes, de mauvaises intentions à son égard. ◆ v.t. ind. **[de].** - **1.** Accepter de prendre qqn en tant que tel : *Je ne voudrais pas de lui comme ami.* - **2.** Accepter de recevoir qqch (surtout nég.) : *Il ne veut pas de tes excuses.* - **3.** FAM. **En vouloir**, être ambitieux, avoir un tempérament de gagneur : *Il n'est pas très doué, mais c'est un bûcheur et il en veut.* ‖ **En vouloir à qqch**, avoir des visées sur qqch, avoir l'intention de le détourner à son profit : *Il en veut à son héritage.* ‖ **En vouloir à qqn**, lui garder de la rancune, lui reprocher qqch. ◆ **se vouloir** v.pr. - **1.** Se présenter comme : *Le ministre se voulait rassurant.* - **2.** S'en vouloir (de), se reprocher qqch, regretter son propre comportement : *Je m'en veux de ne pas l'avoir prévenu à temps.*

2. vouloir [vulwar] n.m. (de *1. vouloir*). VIEILLI Bon, mauvais vouloir, intentions favorables, défavorables : *La réussite de notre projet dépend de son bon vouloir.*

voulu, e [vuly] adj. - **1.** Qui est fait volontairement : *Une méchanceté voulue* (syn. intentionnelle). - **2.** Exigé par les circonstances : *Au moment voulu* (syn. opportun).

vous [vu] pron. pers. (lat. *vos*). - **I.** Désigne la /px^e pers. du pl., aux deux genres, dans les fonctions de : - **1.** Sujet : *Vous êtes mes amis.* - **2.** Compl. d'objet direct ou indirect, compl. d'attribution, compl. prépositif : *Il vous a vues. Vous l'a-t-elle donné ? Ces cadeaux sont pour vous.* - **3.** Reprise du sujet *vous* dans les formes verbales pronominales : *Vous vous taisez à présent.* - **4.** Apposition au pron. sujet ou compl. dans certaines formules d'insistance : *Vous, vous irez chercher votre camarade. Et vous, cela vous plaît-il ?* - **II.** Forme de politesse désignant la personne à qui l'on s'adresse : *Êtes-vous satisfait de votre travail ?*

voussoir [vuswar] n.m. (lat. pop. *volsorium*, du class. *volvere* "tourner"). ARCHIT. Claveau.

voussure [vusyr] n.f. (lat. pop. *volsura*). - **1.** Montée ou portion de montée d'une voûte. - **2.** Petite voûte au-dessus de l'embrasure d'une baie.

voûtain [vutɛ̃] n.m. (de *voûte*). ARCHIT. Quartier ou portion de voûte que délimitent des arêtes ou des nervures occupant la place d'arêtes.

voûte [vut] n.f. (lat. pop. *volvita*, du class. *volvere* "tourner"). - **1.** ARCHIT., CONSTR. Ouvrage de maçonnerie cintré couvrant un espace entre des appuis et formé, en génér., d'un assemblage de claveaux qui s'appuient les uns sur les autres ; ouvrage de même forme en béton, en bois, etc. : *La voûte d'une cathédrale, d'un pont.* - **2.** GÉOGR. Bombement correspondant au sommet d'un anticlinal,

dans le relief jurassien. - **3.** POÉT. **La voûte azurée, étoilée**, le ciel. - **4.** ANAT. **Voûte du crâne**, partie supérieure de la boîte osseuse du crâne. ‖ ANAT. **Voûte du palais**, cloison qui forme la paroi supérieure de la bouche et la paroi inférieure des cavités nasales. ‖ ANAT. **Voûte plantaire**, portion cintrée, concave, de la plante du pied, qui ne repose pas sur le sol.

voûté, e [vute] adj. Courbé : *Avoir le dos voûté.*

voûter [vute] v.t. (de *voûte*). Couvrir d'une voûte : *Voûter un souterrain.* ◆ **se voûter** v.pr. Se courber : *Vieillard qui se voûte.*

vouvoiement [vuvwamɑ̃] n.m. Action de vouvoyer. **Rem.** On trouve parfois *voussoiement* et *vousoiement.*

vouvoyer [vuvwaje] v.t. (de *vous*) [conj. **13**]. S'adresser à qqn en utilisant, par politesse, le pronom *vous* à la place du pronom *tu*. **Rem.** On trouve parfois *voussoyer* et *vousoyer.*

vox populi [vɔkspɔpyli] n.f. inv. (mots lat. "voix du peuple"). LITT. L'opinion du plus grand nombre.

voyage [vwajaʒ] n.m. (lat. *viaticum* "provisions pour la route", de *via* "chemin, route"). - **1.** Action de voyager, de se rendre ou d'être transporté en un autre lieu ; trajet ainsi fait : *Voyage en bateau* (syn. périple). - **2.** Action de se rendre dans un lieu lointain ou étranger ; séjour ou périple ainsi fait : *Aimer les voyages.* - **3.** Déplacement, allées et venues en partic. pour transporter qqch : *Déménager en plusieurs voyages.* - **4.** **Les gens du voyage**, les artistes du cirque.

voyager [vwajaʒe] v.i. [conj. **17**]. - **1.** Faire un ou des voyages ; partir ailleurs : *Voyager à l'étranger* (syn. se déplacer). - **2.** Faire un parcours, un trajet de telle façon : *Voyager en seconde classe.* - **3.** Être transporté, en parlant de choses, d'animaux : *Denrées qui voyagent par camions* (syn. circuler).

voyageur, euse [vwajaʒœr, -øz] n. - **1.** Personne qui voyage. - **2.** Voyageur de commerce, employé d'une maison de commerce chargé de prospecter les clients et d'enregistrer les commandes.

voyagiste [vwajaʒist] n.m. Personne ou entreprise proposant des voyages à forfait, soit directement, soit par l'intermédiaire de revendeurs détaillants (syn. tour-opérateur).

voyance [vwajɑ̃s] n.f. (de *2. voyant*). Don de ceux qui prétendent lire dans le passé et prédire l'avenir.

1. voyant, e [vwajɑ̃, -ɑ̃t] adj. et n. (de *voir*). Qui jouit de la vue (par opp. à *non-voyant*). ◆ adj. Qui attire l'œil : *Couleur voyante.*

2. voyant, e [vwajɑ̃, -ɑ̃t] n. (de *voir*). Personne qui fait métier du don de voyance.

3. **voyant** [vwajɑ̃] n.m. (de 2. *voyant*). - **1.** Appareil, dispositif matérialisant qqch pour le rendre perceptible par la vue. - **2.** Disque ou ampoule électrique d'avertissement de divers appareils de contrôle, de tableaux de sonnerie, etc.

voyelle [vwajɛl] n.f. (lat. *vocalis*, de *vox* "voix"). - **1.** Son du langage dont l'articulation est caractérisée par le libre écoulement de l'air expiré à travers le conduit vocal. - **2.** Lettre représentant ce son. *Rem.* L'alphabet français a six voyelles, qui sont : *a, e, i, o, u, y.*

voyeur, euse [vwajœr, -øz] n. (anc. fr. *veor, veeur* "guetteur, témoin" ; v. *voir*). - **1.** Personne qui aime à regarder, à observer, en se tenant à l'écart (souvent péjor.). - **2.** PATHOL. Personne atteinte de voyeurisme.

voyeurisme [vwajœrism] n.m. PSYCHIATRIE. Déviation sexuelle dans laquelle le plaisir est obtenu par la vision dérobée de scènes érotiques.

voyou [vwaju] n.m. (de *voie*, avec suff. région. "celui qui court les rues"). - **1.** Individu de mœurs crapuleuses faisant partie du milieu (syn. crapule, truand). - **2.** Garçon qui traîne dans les rues, plus ou moins délinquant (syn. vaurien). - **3.** Enfant terrible : *Petit voyou !* (syn. garnement).

vrac [vrak] n.m. (néerl. *wrac* "mal salé, mauvais"). - **1.** Marchandise, telle que le charbon, les minerais, etc., qui ne demande pas d'arrimage et qui n'est pas emballée. - **2.** En vrac, pêle-mêle ou sans emballage ; en désordre : *Poser ses affaires en vrac sur le tapis.*

vrai, e [vrɛ] adj. (lat. pop. *veracus*, class. *verax, -acis*). - **1.** Conforme à la vérité, à la réalité : *Rien n'est vrai dans ce qu'il dit* (syn. exact, réel). - **2.** Qui est réellement ce qu'il paraît être : *Un vrai diamant* (syn. véritable ; contr. faux). - **3.** Convenable, conforme à ce qu'il doit être : *Voilà sa vraie place* (syn. approprié, bon). ◆ **vrai** n.m. Ce qui est vrai ; la vérité : *Distinguer le vrai du faux.* ◆ **vrai** adv. Conformément à la vérité ; de façon franche, sincère : *Parler vrai. À dire vrai, à vrai dire, je ne sais pas* (= en fait).

vraiment [vrɛmɑ̃] adv. - **1.** D'une manière réelle, effective, et qui ne peut être mise en doute : *Je vous assure que ça m'est vraiment arrivé* (syn. véritablement). - **2.** Marque un renchérissement : *Vraiment, il exagère* (syn. franchement). *Ce n'est vraiment pas malin.*

vraisemblable [vrɛsɑ̃blabl] adj. et n.m. (de *vrai* et *semblable*, d'apr. le lat. *verisimilis*). Qui a l'aspect de la vérité, qu'on est en droit d'estimer vrai.

vraisemblablement [vrɛsɑ̃blabləmɑ̃] adv. Sans doute, selon toute vraisemblance : *Il sera vraisemblablement absent* (syn. probablement).

vraisemblance [vrɛsɑ̃blɑ̃s] n.f. Caractère de ce qui est vraisemblable, qui a l'apparence de la vérité : *La vraisemblance d'une déclaration* (syn. crédibilité). *Selon toute vraisemblance* (syn. probabilité).

vraquier [vrakje] n.m. Navire transportant des produits en vrac.

vrille [vrij] n.f. (lat. *viticula* "vrille de la vigne", de *vitis* "vigne", avec insertion du *r* d'apr. *virer*). - **1.** Organe porté par certaines plantes (vigne, pois) et qui s'enroule autour des supports. - **2.** AÉRON. Figure de voltige aérienne dans laquelle le nez de l'avion suit sensiblement une verticale, tandis que l'extrémité des ailes décrit une hélice en descente assez rapide. - **3.** Outil à percer le bois, constitué par une tige métallique usinée à son extrémité en forme de vis à bois à pas variable et se terminant par une pointe aiguë.

vriller [vrije] v.t. Percer avec une vrille : *Vriller une planche.* ◆ v.i. - **1.** S'élever, se mouvoir en décrivant une hélice. - **2.** Être tordu plusieurs fois sur soi-même, en parlant d'objets filiformes : *Corde qui vrille.*

vrombir [vrɔ̃bir] v.i. (orig. onomat.) [conj. 32]. Produire un ronflement vibrant, caractéristique de certains objets en rotation rapide : *Le moteur d'une voiture vrombissait dans la montée* (syn. ronfler). *Insectes qui vrombissent autour d'une lampe* (syn. bourdonner).

vrombissement [vrɔ̃bismɑ̃] n.m. Bruit de ce qui vrombit (syn. bourdonnement, ronflement).

V. R. P. [veerpe] n.m. (sigle de *voyageur représentant placier*). Intermédiaire du commerce qui prospecte la clientèle et reçoit les commandes pour le compte d'une ou plusieurs entreprises.

vs prép. → **versus.**

V. T. T. [vetete] n.m. (sigle de *vélo tout terrain*). Vélo à roues épaisses et crantées, sans suspension ni garde-boue, utilisé sur des parcours accidentés (syn. bicross).

1. **vu, e** [vy] adj. (p. passé de *voir*). Bien, mal vu, bien, mal considéré. ‖ *C'est tout vu,* inutile d'examiner plus longtemps. ◆ **vu** n. m. Au vu et au su de qqn, sans se cacher de lui ; ouvertement.

2. **vu** [vy] prép. (du p. passé de *voir*). - **1.** Introduit une explication : *Vu les circonstances, nous renonçons* (= étant donné). - **2.** DR. Sert à exposer les références d'un texte légal ou réglementaire, d'un jugement : *Vu l'article 365 du Code pénal.* ◆ **vu que** loc. conj. Introduit une explication : *Il abandonnera vite vu qu'il n'a ni persévérance ni courage* (syn. attendu que, étant donné que).

vue [vy] n.f. (du p. passé de *voir*). - **1.** Sens permettant de voir, de percevoir la lumière, les couleurs, la forme, le relief des objets : *Avoir une bonne, une mauvaise vue* (syn. vision). *Sa vue baisse.* [→ œil.] - **2.** Fait de regarder : *Il ne supporte pas la vue du sang* (= de voir du sang). - **3.** Ce qui se présente au regard du lieu où l'on est : *Cette maison a une belle vue* (syn. panorama, point de vue). - **4.** Image, représentation d'un lieu, d'un édifice, d'un paysage : *Une vue caractéristique de Rome.* - **5.** Manière de voir, d'interpréter, de concevoir qqch : *Avoir une vue optimiste de la situation* (syn. conception). *Procéder à un échange de vues* (syn. point de vue). - **6.** À première vue, au premier regard, sans examen approfondi. ‖ Avoir des vues sur qqn, qqch, les convoiter. ‖ Dessin à vue, réalisé sans prendre de mesures et sans instruments. ‖ De vue, seulement par la vue, sans autre connaissance : *Connaître qqn de vue.* ‖ En vue, bien en vue, visible, manifeste ; à portée du regard. ‖ En vue de, dans l'intention de. ‖ Être en vue, avoir une position de premier plan. ‖ Payable à vue, se dit d'un effet de commerce payable au moment de sa présentation. ‖ Seconde vue, double vue, prétendue faculté de voir des choses qui existent ou se passent dans des lieux éloignés ; grande perspicacité. ‖ Vue de l'esprit, conception théorique qui ne tient pas compte de la réalité, des faits.

vulcanisation [vylkanizasjɔ̃] n.f. Opération qui consiste à améliorer le caoutchouc en le traitant par le soufre.

vulcaniser [vylkanize] v.t. (angl. *to vulcanize*, du lat. *Vulcanus*, dieu du Feu). Faire subir au caoutchouc la vulcanisation.

vulcanologie, n. f. **vulcanologique** adj., **vulcanologue** n. → volcanologie, volcanologique, volcanologue.

vulgaire [vylgɛʀ] adj. (lat. *vulgaris*, de *vulgus* "le commun des hommes"). - **1.** Qui est sans aucune élévation, qui est ordinaire, commun : *Des préoccupations vulgaires* (syn. bas, prosaïque). - **2.** Qui est quelconque, moyen : *Ce n'est que de la vulgaire matière plastique* (syn. courant, ordinaire). *Je ne suis qu'un vulgaire lecteur* (syn. simple). - **3.** Qui manque d'éducation, de délicatesse, qui fait preuve de grossièreté : *Un homme vulgaire* (syn. fruste).

- **4.** Se dit d'un mot, d'une expression qui choque par son caractère ordurier ou obscène. - **5.** Qui appartient à la langue courante (par opp. à *scientifique*) : *Nom vulgaire d'une plante, d'un animal.* - **6.** Latin vulgaire, latin parlé dans l'ensemble des pays qui constituaient l'Empire romain et qui a donné naissance aux différentes langues romanes.

vulgairement [vylgɛʀmɑ̃] adv. - **1.** Communément : *Actinie se nomme vulgairement* anémone de mer (syn. couramment). - **2.** De façon grossière : *S'exprimer vulgairement* (syn. trivialement).

vulgarisateur, trice [vylgaʀizatœʀ, -tʀis] n. et adj. Personne qui fait de la vulgarisation.

vulgarisation [vylgaʀizasjɔ̃] n.f. Action de mettre des connaissances techniques et scientifiques à la portée des non-spécialistes, du plus grand nombre.

vulgariser [vylgaʀize] v.t. (du lat. *vulgaris* ; v. *vulgaire*). Rendre accessible une connaissance, des idées, au grand public ; faire connaître ; propager.

vulgarité [vylgaʀite] n.f. (bas lat. *vulgaritas*). Défaut de celui ou de ce qui est vulgaire, grossier : *La vulgarité des manières de qqn* (syn. grossièreté). ◆ **vulgarités** n.f. pl. Paroles grossières : *Dire des vulgarités* (syn. obscénité, trivialité).

vulgum pecus [vylgɔmpekys] n.m. inv. (lat. *vulgus* "foule" et *pecus* "troupeau"). FAM. La multitude ignorante ; le commun des mortels.

vulnérabilité [vylneʀabilite] n.f. Caractère vulnérable : *La vulnérabilité d'une théorie* (syn. fragilité).

vulnérable [vylneʀabl] adj. (lat. *vulnerabilis*, de *vulnus, -eris* "blessure"). - **1.** Susceptible d'être blessé, d'être attaqué : *Position vulnérable* (syn. précaire). - **2.** Faible, défectueux, qui donne prise à une attaque : *Argumentation vulnérable* (syn. fragile).

vulnéraire [vylneʀɛʀ] n.f. (lat. *vulnerarius*, de *vulnus, -eris* "blessure"). Plante herbacée à fleurs jaunes, qui fut utilisée contre les blessures. □ Famille des papilionacées ; genre anthyllis.

vulve [vylv] n.f. (lat. *vulva*). Ensemble des parties génitales externes, chez la femme et chez les femelles des animaux supérieurs.

w [dubləve] n.m. inv. Vingt-troisième lettre (consonne) de l'alphabet.

wagnérien, enne [vagnerjɛ̃, ɛn] adj. Relatif aux œuvres, au style de R. Wagner : *L'opéra wagnérien.* ◆ n. Partisan, admirateur de l'œuvre de Wagner.

wagon [vagɔ̃] n.m. (mot angl.). Véhicule ferroviaire remorqué, destiné au transport des marchandises et des animaux ; son contenu. **Rem.** Ce terme est souvent employé pour désigner les *voitures* destinées au transport des voyageurs.

wagon-citerne [vagɔ̃sitɛrn] n.m. (pl. *wagons-citernes*). Wagon destiné au transport des liquides.

wagon-lit [vagɔ̃li] n.m. (pl. *wagons-lits*). Voiture de chemin de fer aménagée pour permettre aux voyageurs de dormir dans une couchette. □ Le terme officiel est *voiture-lit.*

wagonnet [vagɔnɛ] n.m. Petit wagon génér. à benne basculante, utilisé sur les chemins de fer industriels ou miniers et sur les chantiers de travaux publics.

wagon-restaurant [vagɔ̃rɛstɔrɑ̃] n.m. (pl. *wagons-restaurants*). Voiture de chemin de fer aménagée pour le service des repas. □ Le terme officiel est *voiture-restaurant.*

Walkman [wokman] n.m. (nom déposé). Anglic. déconseillé pour *baladeur,* lecteur de cassettes portatif.

wallaby [walabi] n.m. (mot australien) [pl. *wallabys* ou *wallabies*]. Petit marsupial herbivore australien.

wallingant, e [walɛ̃gɑ̃] n. et adj. (d'apr. [*flam*]*ingant*). BELG. Wallon partisan de l'autonomie de la Wallonie.

wallon, onne [walɔ̃, -ɔn] adj. et n. (lat. médiév. *wallo,* frq. **walha* "les Romains, les peuples romanisés"). De Wallonie. ◆ **wallon** n.m. Dialecte de langue d'oïl, parlé surtout dans le sud de la Belgique.

wapiti [wapiti] n.m. (mot amér., de *wapitik,* mot d'une langue indienne "daim blanc"). Grand cerf de l'Amérique du Nord et d'Asie. □ Haut. au garrot 1,70 m.

warning [warniŋ] n.m. (mot angl. "avertissement"). AUTOM. (Anglic.). Feux de détresse.

warrant [warɑ̃] n.m. (mot angl. "garant"). - **1.** DR. Billet à ordre qui permet de constituer un gage sur les marchandises, qu'il représente. - **2.** BOURSE. Droit de souscription attaché à un titre d'emprunt, donnant la possibilité de souscrire à un titre du même type ou d'un type différent, pendant une période donnée.

wassingue [wasɛ̃g] ou [vasɛ̃g] n.f. (mot flamand, d'orig. germ.). RÉGION. (Est et Nord). Toile à laver, serpillière.

water-closet [watɛrklɔzɛt] n.m. et **waters** [watɛr] n.m. pl. (mot angl., de *water* "eau" et *closet* "cabinet") [pl. *water-closets*]. Lieux d'aisances, toilettes. (Abrév. *W.-C.*)

water-polo [watɛrpolo] n.m. (mot angl., de *water* "eau" et *polo*) [pl. *water-polos*]. Jeu de ballon qui se joue dans l'eau entre deux équipes de sept joueurs, et qui consiste à faire pénétrer un ballon dans les buts adverses.

watt [wat] n.m. (de *Watt,* n.pr.). Unité de mesure de puissance, de flux énergétique et de flux thermique, équivalant à la puissance d'un système énergétique dans lequel est transférée uniformément une énergie de 1 joule pendant 1 seconde. □ Symb. W.

wattheure [watœr] n.m. (pl. *wattheures*). Unité de mesure de travail, d'énergie et de quantité de chaleur, équivalant à l'énergie fournie en 1 heure par une puissance de 1 watt et valant 3 600 joules. ◻ Symb. Wh.

wattmètre [watmɛtʁ] n.m. ÉLECTR. Instrument de mesure de la puissance mise en jeu dans un circuit électrique.

W.-C. [vese] ou VIEILLI [dublǝvese] n. m. sing. ou pl. Water-closet : *Où sont les W.-C. ? Un W.-C. chimique.*

weber [vebɛʁ] n.m. (de *W. E. Weber*). ÉLECTR. Unité de mesure de flux d'induction magnétique, équivalant au flux d'induction magnétique qui, traversant un circuit d'une seule spire, y produit une force électromotrice de 1 volt si on l'annule en 1 seconde par décroissance uniforme. ◻ Symb. Wb.

week-end [wikɛnd] n.m. (mot angl. "fin de semaine") [pl. *week-ends*]. Congé de fin de semaine, génér. du samedi au lundi matin. *Rem.* Au Canada, on dit *fin de semaine.*

welter [wɛltɛʁ] n.m. (de l'angl. *welter* [*weight*]). En boxe, catégorie de poids immédiatement inférieure à celle des poids moyens ; boxeur appartenant à cette catégorie (on dit aussi *un mi-moyen*). ◻ La catégorie immédiatement supérieure s'appelle *le super-welter.*

western [wɛstɛʁn] n.m. (mot angl. "de l'Ouest"). Film dont l'action se situe dans l'Ouest américain à l'époque des pionniers et de la conquête des terres sur les Indiens ; ce genre cinématographique.

whig [wig] n.m. (mot angl.). HIST. Membre d'un parti apparu en Angleterre vers 1680, qui s'opposait au parti tory et qui prit le nom de parti libéral en 1832. ◆ adj. Relatif à ce parti.

whisky [wiski] n.m. (mot angl., de l'irlandais) [pl. *whiskys* ou *whiskies*]. Eau-de-vie de grain que l'on fabrique surtout en Écosse et aux États-Unis.

whist [wist] n.m. (mot angl.). Jeu de cartes d'origine britannique dont est issu le bridge, consistant à réaliser le contrat annoncé.

white-spirit [wajtspiʁit] n.m. (mot angl. "essence blanche") [pl. *white-spirits* ou inv.). Solvant minéral intermédiaire entre l'essence et le kérosène, qui a remplacé l'essence de térébenthine comme diluant des peintures.

wigwam [wigwam] n.m. (mot anglo-amér., de l'algonquin *wikiwam* "cabane"). Hutte ou tente des Indiens de l'Amérique du Nord.

winchester [winʃɛstɛʁ] n.m. (mot anglo-amér., de *F. Winchester,* fabricant d'armes). Fusil américain à répétition, employé au cours de la guerre de Sécession et de la guerre de 1870.

wolfram [wɔlfʁam] n.m. (mot all.). Autre nom du tungstène.

x [iks] n.m. inv. - **1.** Vingt-quatrième lettre (consonne) de l'alphabet. - **2.** Sert à désigner une personne ou une chose qu'on ne veut ou ne peut désigner plus clairement : *Monsieur X. En un temps x.* - **3.** MATH. Symbole littéral désignant souvent une inconnue : *Trouver la valeur de x.* - **4.** Objet en forme d'X. - **5.** Tabouret à pieds croisés. - **6.** (Précédé de l'art. déf. et avec une majuscule). ARG. SCOL. École polytechnique ; élève de cette école : *Sortir major de l'X.* - **7.** Film classé X, film pornographique. ‖ Rayons X, radiations électromagnétiques de faible longueur d'onde (entre l'ultraviolet et les rayons γ), traversant plus ou moins facilement les corps matériels. [→ onde.] ‖ X, chiffre romain valant dix. ‖ BIOL. X, chromosome sexuel présent en un exemplaire chez l'homme et en deux exemplaires chez la femme.

xénon [ksenɔ̃] n.m. (gr. *xenon* "chose étrange", par l'angl.). Gaz inerte existant en quantité infime dans l'air. □ Symb. Xe.

xénophobie [ksenɔfɔbi] n.f. Aversion pour les étrangers. [→ racisme.] ◆ **xénophobe** adj. et n. Qui manifeste ce sentiment.

xérès [kserɛs] ou [kerɛs] ou **jerez** [xerɛs] n.m. Vin blanc sec et alcoolisé produit dans la région de Jerez de la Frontera (province de Cadix).

xérophyte [kserɔfit] n.f. (de *xéro-* et *-phyte*). Plante adaptée à la sécheresse, soit par ses surfaces réduites, soit par ses formes charnues, ou bien par une vie princ. souterraine, ou enfin par une vie végétative très courte.

xi [ksi] n.m. inv. ⟶ **ksi.**

xylographie [ksilɔgrafi] n.f. (de *xylo-* et *-graphie*). Impression, estampe obtenues à l'aide d'une planche de bois gravée par la méthode de la taille d'épargne (gravure en relief) [v. *estampe*].

xylographique [ksilɔgrafik] adj. Relatif à ou obtenu par la xylographie : *Impression, procédé xylographique.*

xylophage [ksilɔfaʒ] adj. et n. Se dit des insectes et des champignons qui peuvent s'attaquer au bois et le consommer.

xylophone [ksilɔfɔn] n.m. Instrument de musique composé de lames de bois d'inégale longueur, portées sur deux appuis, sur lesquelles on frappe avec deux baguettes de bois ou des mailloches.

1. y [igʀɛk] n.m. inv. - **1.** Vingt-cinquième lettre (voyelle ou consonne) de l'alphabet. **Rem.** À l'initiale, l'y suivi de voyelle a la valeur d'une consonne et ne provoque ni élision ni liaison, sauf dans quelques mots : *yeuse, yeux.* - **2.** Y, chromosome sexuel présent seulement chez l'homme, qui en possède un par cellule.

2. y [i] adv. (lat. *ibi* "là"). Indique le lieu où l'on se trouve, où l'on va : *J'y étais la première. Allez-y.* ◆ pron. pers. Remplace un pronom (représentant le plus souvent une chose) qui serait précédé de la prép. *à* : *Ne vous y fiez pas* (= ne vous fiez pas à cela).

yacht [jɔt] n.m. (néerl. *jacht*). MAR. Navire de plaisance, à voiles ou à moteur.

yacht-club [jɔtklœb] n.m. (pl. *yacht-clubs*). Association ayant pour objet la pratique des sports nautiques, et, partic., du yachting.

yachting [jɔtiŋ] n.m. (mot angl.). Pratique de la navigation de plaisance sous toutes ses formes.

yachtman [jɔtman] n.m. (mot angl.) [pl. *yachtmans* ou *yachtmen*]. Sportif pratiquant le yachting. **Rem.** On écrit aussi *yachtsman.*

yack ou **yak** [jak] n.m. (angl. *yak*, du tibétain *gyak*). Ruminant à long pelage, vivant au Tibet à 5 000 m d'altitude, et utilisé comme bête de somme. □ Famille des bovidés.

Yankee [jɑ̃ki] n. (mot anglo-amér., p.-ê. du hollandais *jankê*, dimin. de *Jean*, surnom des Hollandais et des Anglais de la Nouvelle-Angleterre). Sobriquet donné par les Anglais aux colons révoltés de la Nouvelle-Angleterre, puis par les sudistes aux nordistes, enfin aux habitants anglo-saxons des États-Unis.

yaourt [jauʀt] et **yoghourt** [jɔguʀt] n.m. (bulgare *jaurt*). Lait caillé préparé à l'aide de ferments lactiques acidifiants.

yaourtière [jauʀtjɛʀ] n.f. Récipient clos servant à la fabrication domestique des yaourts.

yard [jaʀd] n.m. (mot angl.). Unité de mesure de longueur anglo-saxonne, valant 0,914 m.

yatagan [jatagɑ̃] n.m. (turc *yâtâghân*). Sabre incurvé en deux sens opposés, qui était en usage chez les Turcs et les Arabes.

yawl [jol] n.m. (mot angl.). Voilier à deux mâts ayant l'artimon en arrière de la barre, à la différence du ketch.

yearling [jœʀliŋ] n.m. (mot angl. "d'un an"). Pur-sang âgé d'un an.

yen [jɛn] n.m. Unité monétaire principale du Japon.

yeuse [jøz] n.f. (prov. *euse*, du lat. *ilex*). Chêne vert.

yeux n.m. → œil.

yé-yé [jeje] adj. inv. et n. inv. (d'un refrain de chanson *yeah*, altér. de l'angl. *yes*). FAM., VIEILLI. Se dit d'un style de musique, de chansons, de danse venu des États-Unis, en vogue parmi les jeunes dans les années 1960, ainsi que des comportements qu'il a suscités : *Chanteur yé-yé. Mode yé-yé.*

yiddish [jidiʃ] n.m. inv. (mot angl., transcription de l'all. *jüdisch* "juif"). Langue germanique parlée par les Juifs ashkénazes. ◆ adj. inv. Relatif au yiddish.

ylang-ylang n.m. → ilang-ilang.

yod [jɔd] n.m. (mot hébr.). PHON. Semi-consonne constrictive sonore [j] (par ex. dans *maillot* [majo], *soleil* [sɔlɛj], etc.).

yodler [jɔdle] v.i. (all. *jodeln*). Chanter à la manière des Tyroliens en vocalisant sans paroles, avec de fréquents changements de registre. (On écrit aussi *iodler* ou *jodler* ; on dit aussi *iouler.*)

yoga [jɔga] n.m. (mot sanskrit "jonction"). Discipline spirituelle et corporelle, issue d'un système philosophique brahmanique, et qui vise à libérer l'esprit des contraintes du corps par la maîtrise de son mouvement, de son rythme et du souffle.

yoghourt n.m. → **yaourt.**

yogi [jɔgi] n.m. (sanskrit *yogin*). Personne qui pratique le yoga.

yole [jɔl] n.f. (dan. *jolle,* néerl. *jol*). MAR. Embarcation légère et allongée, d'un faible tirant d'eau, propulsée à l'aviron.

Yom Kippour [jɔmkipuʀ] et **Kippour** [kipuʀ] n.m. inv. (mots hébr. "jour de l'expiation"). Fête juive de pénitence célébrée dix jours après le nouvel an, dite aussi *Grand Pardon.*

yorkshire-terrier [jɔʀkʃœʀteʀje] et **yorkshire** [jɔʀkʃœʀ] n.m. (pl. *yorkshire-terriers* ou *yorkshires*). Petit chien de compagnie, d'origine anglaise.

yoruba [jɔʀyba] n.m. Langue nigéro-congolaise parlée par les Yoruba.

youpi [jupi] interj. (orig. onomat.). Sert à marquer la joie, l'enthousiasme : *Youpi, nous avons gagné !*

youyou [juju] n.m. (orig. incert., p.-ê. d'un dialecte chin.). Petite embarcation courte et large, employée à divers services du bord d'un bateau plus important.

Yo-Yo [jojo] n.m. inv. (nom déposé). Jouet consistant en un disque évidé que l'on fait monter et descendre le long d'un fil enroulé sur son axe.

ypérite [ipeʀit] n.f. (de *Ypres,* où elle fut employée en 1917). Liquide huileux utilisé comme gaz de combat, suffocant et qui provoque des vésicules.

yuan [jyan] n.m. Unité monétaire principale de la Chine.

yucca [juka] n.m. (esp. *yuca,* mot d'Haïti). Liliacée américaine, acclimatée dans les pays tempérés et ressemblant à l'aloès.

yuppie [jupi] n. (mot anglo-amér., de *young* "jeune", *urban* "de la ville", *professional* "professionnel"). Dans les pays anglo-saxons, jeune cadre dynamique et ambitieux.

z [zɛd] n.m. inv. - **1.** Vingt-sixième lettre (consonne) de l'alphabet. - **2.** MATH. **Z**, ensemble des nombres entiers relatifs, c'est-à-dire des entiers positifs, négatifs et du zéro.

Z. A. C. [zak] n.f. (sigle de *zone d'aménagement concerté*). Zone à l'intérieur de laquelle une collectivité publique réalise ou fait réaliser une opération d'aménagement et d'équipement de terrains qui sont ensuite cédés à des utilisateurs privés ou publics.

zakouski [zakuski] n.m. pl. (mot russe). Petits mets variés, chauds ou froids, servis en assortiment avant le repas. □ Spécialité russe.

zapper [zape] v.i. Pratiquer le zapping.

zapping [zapiŋ] n.m. (mot angl., de *zap*, onomat.). Pratique du téléspectateur qui change fréquemment de chaîne à l'aide d'un boîtier de télécommande.

zazou [zazu] n. et adj. (orig. onomat.). Jeune qui, en France, au sortir de la Seconde Guerre mondiale, se distinguait par son amour du jazz et sa tenue excentrique. **Rem.** On trouve le fém. *zazoue*.

zèbre [zɛbʀ] n.m. (port. *zebro*). - **1.** Mammifère ongulé d'Afrique, voisin du cheval, à pelage blanchâtre rayé de noir ou de brun. □ Long. 1,90 m env. ; longévité 30 ans. - **2.** FAM. Individu bizarre : *Quel drôle de zèbre !*

zébrer [zebʀe] v.t. (de *zèbre*) [conj. 18]. Marquer de raies, de lignes sinueuses : *Les éclairs zèbrent le ciel.*

zébrure [zebʀyʀ] n.f. - **1.** (Surtout au pl.). Rayure du pelage d'un animal : *Les zébrures d'un tigre.* - **2.** Raie, marque d'aspect comparable : *Le coup de fouet avait laissé une zébrure sur son dos* (syn. sillon).

zébu [zeby] n.m. (p.-ê. du tibétain *zeu, zeba* "bosse du chameau"). Grand bovidé domestique, dit *bœuf à bosse,* propre à l'Asie et l'Afrique tropicales et à Madagascar, caractérisé par une bosse adipeuse sur le garrot.

zélateur, trice [zelatœʀ, -tʀis] n. (lat. ecclés. *zelator, -trix*). LITT. Personne qui montre un zèle ardent, le plus souvent intempestif, pour une idée, pour qqn : *Les zélateurs d'un écrivain célèbre* (syn. panégyriste, thuriféraire).

zèle [zɛl] n.m. (bas lat. *zelus*, gr. *zêlos*). - **1.** Ardeur au service d'une personne ou d'une chose, inspirée par la foi, le dévouement, etc. : *Encourager, tempérer le zèle d'un collaborateur* (syn. application, empressement). - **2.** FAM. **Faire du zèle,** montrer un empressement excessif.

zélé, e [zele] adj. et n. Qui a, qui montre du zèle : *Une secrétaire zélée* (syn. dévouée). *Un zélé défenseur des libertés* (syn. actif, infatigable).

zen [zɛn] n.m. (mot jap., du chin. *chan*, du sanskrit *dhyâna* "méditation"). Importante école bouddhiste, originaire de Chine, introduite au Japon au XIIe s., et où la méditation, conduisant à l'état d'illumination, tient la place principale. ◆ adj. inv. Relatif au zen : *Bouddhisme zen.*

zénith [zenit] n.m. (fausse lecture de l'ar. *samt* "chemin", dans l'express. *samt-ar-âs* "chemin au-dessus de la tête"). - **1.** Point de la sphère céleste situé à la verticale au-dessus d'un observateur (par opp. à *nadir*). - **2.** Degré le plus élevé de l'évolution d'un personne : *Sa gloire est au zénith* (syn. apogée, summum).

zénithal, e, aux [zenital, -o] adj. ASTRON. Relatif au zénith : *Distance zénithale* (= distance angulaire d'un point au zénith).

zéphyr [zefiʀ] n.m. (lat. *zephyrus*, du gr.). LITT. Vent doux et agréable (syn. brise).

zeppelin [zɛplɛ̃] n.m. (du n. de l'inventeur). Ballon dirigeable rigide, fabriqué par les Allemands de 1900 à 1930.

zéro [zero] n.m. (it. *zero*, contraction de *zefiro*, empr. à l'ar. *sifr* ; a remplacé l'anc. fr. *cifre* "zéro" puis "chiffre"). **-1.** Le plus petit élément de l'ensemble des naturels et le seul à ne pas avoir de prédécesseur ; le chiffre, noté 0, qui représente ce nombre. **-2.** Valeur, quantité, grandeur numérique nulle : *Cinq plus zéro égale cinq. Sa fortune est réduite à zéro* (syn. néant). **-3.** FAM. Personne dont les capacités sont nulles : *C'est un zéro en mathématiques* (syn. nullité). **-4.** FAM. *Avoir le moral à zéro*, être déprimé. ‖ *Numéro zéro*, exemplaire d'un journal précédant le lancement du premier numéro. ‖ *Partir de zéro*, commencer qqch avec ses seuls moyens, sans acquit ni fortune. ‖ *Point zéro*, température de la glace fondante qui correspond à une température Celsius de 0 ºC et à une température thermodynamique de 273,15 K. ‖ *Réduire à zéro*, anéantir : *Espérances réduites à zéro.* ‖ *Repartir de zéro*, recommencer après un échec complet ; reprendre à la base l'examen de qqch. ‖ FAM. *Zéro !*, indique un rejet total : *Une plage du Midi au mois d'août ? Zéro pour moi !* ‖ *Zéro absolu*, état inaccessible (mais dont on sait se rapprocher), qui correspond à une température de −273,15 ºC. ◆ adj. num. **-1.** Aucun : *Zéro faute. Zéro centime.* **-2.** Nul en valeur : *À zéro heure* (= minuit).

zest [zɛst] n.m. (orig. onomat.). VIEILLI. *Être entre le zist et le zest*, n'être ni bon ni mauvais ; être incertain, hésiter.

zeste [zɛst] n.m. (altér. d'après l'anc. interj. *zest*, de *sec* ou *zec*). **-1.** Écorce extérieure des agrumes ; petit morceau que l'on y découpe pour aromatiser une pâte, un entremets, un cocktail ou pour fabriquer certaines confiseries : *Un zeste de citron.* **-2.** FAM. Très petite quantité (d'une chose abstraite) : *Un zeste d'insolence* (syn. pointe, soupçon).

zêta et **dzêta** [dzɛta] n.m. inv. Sixième lettre de l'alphabet grec (Z, ζ).

zézaiement [zezɛmɑ̃] n.m. Défaut de prononciation de qqn qui zézaie.

zézayer [zezeje] v.i. (orig. onomat. de *z* redoublé) [conj. 11]. Prononcer *z* [z] les articulations *j* [ʒ] et *g* [ʒ], et prononcer *s* [s] le *ch* [ʃ] : *Une personne qui zézaie dit « zuzube », « pizon », et « sien », pour « jujube », « pigeon » et « chien ».*

zibeline [ziblin] n.f. (it. *zibellino*, d'orig. slave). **-1.** Martre de Sibérie et du Japon à poil très fin. **-2.** Fourrure brun foncé de cet animal (l'une des plus coûteuses).

zieuter [zjøte] v.t. (de *yeux*, avec préfixation du phonème de liaison). T. FAM. Regarder : *Zieute un peu sa nouvelle moto !* (syn. admirer).

zig ou **zigue** [zig] n.m. T. FAM. Type, individu : *C'est un bon zig !* (= un brave homme).

zigoto [zigoto] n.m. (de *zig*). FAM. **-1.** Homme bizarre ou qui cherche à épater : *Qui c'est, ce zigoto là-bas ?* (syn. individu, personnage). **-2.** *Faire le zigoto*, faire l'intéressant.

zigouiller [ziguje] v.t. (var. du région. *zigailler* "déchiqueter", du méridional *segalha* "couper avec une scie"). T. FAM. Égorger ; tuer ; assassiner.

zigzag [zigzag] n.m. (mot all., d'orig. onomat.). **-1.** Ligne brisée formant des angles alternativement saillants et rentrants : *Les zigzags d'une route de montagne* (syn. lacet, sinuosité). **-2.** Déplacement d'un objet ou d'une personne qui change fréquemment de direction : *Voiture qui fait des zigzags sur le verglas.* **-3.** Évolution sinueuse de qqn, de sa vie : *Une carrière politique pleine de zigzags* (syn. retournement, volte-face).

zigzaguer [zigzage] v.i. **-1.** Avancer en faisant des zigzags : *Un ivrogne zigzaguait sur le trottoir.* **-2.** Former des zigzags : *Le ruisseau zigzague entre les roseaux* (syn. serpenter).

zinc [zɛ̃g] n.m. (all. *Zink*). **-1.** Métal d'un blanc bleuâtre, peu altérable, susceptible d'un beau poli. □ Symb. Zn. **-2.** FAM. Comptoir d'un bar, d'un café. **-3.** FAM. Avion.

zingage [zɛ̃gaʒ] et **zincage** [zɛ̃gaʒ] ou [zɛ̃kaʒ] n.m. **-1.** Action de couvrir de zinc, par différents procédés. **-2.** Dépôt électrolytique de zinc sur une pièce métallique pour la protéger de la corrosion.

zinguer [zɛ̃ge] v.t. **-1.** Recouvrir de zinc : *Zinguer un toit.* **-2.** Procéder au zingage de : *Zinguer du fer.*

zingueur [zɛ̃gœʀ] n.m. Ouvrier (et spécial. couvreur) qui travaille le zinc.

zinnia [zinja] n.m. (de *Zinn*, n. d'un botaniste all.). Plante originaire du Mexique, cultivée pour ses fleurs ornementales et dont il existe de nombreuses variétés. □ Famille des composées.

zinzin [zɛ̃zɛ̃] adj. (onomat.). FAM. Bizarre ; un peu fou ; dérangé : *Elle a l'air un peu zinzin.*

zircon [ziʀkɔ̃] n.m. (probabl. altér. de l'esp. *girgonça* "jacinthe" [pierre précieuse]). Silicate de zirconium donnant des gemmes naturelles transparentes de toutes les couleurs ou incolores. □ Son indice de réfraction élevé l'approche du diamant par l'éclat, mais sa dureté assez faible l'en éloigne.

zirconium [ziʀkɔnjɔm] n.m. (de *zircon*). Métal blanc-gris qui se rapproche du titane et du silicium. □ Symb. Zr ; densité 6,51.

zist [zist] n.m. *Entre le zist et le zest* v. zest.

zizanie [zizani] n.f. (gr. *zizania* "ivraie", d'orig. sémitique). Mésentente, discorde :

Mettre, semer la zizanie dans un ménage (syn. brouille, désunion).

zizi [zizi] n.m. (formation enfantine). FAM. Sexe, en particulier celui des garçons, dans le langage enfantin.

zloty [zlɔti] n.m. (mot polon.). Unité monétaire principale de la Pologne.

Zodiac [zɔdjak] n.m. (nom déposé). Canot en caoutchouc, pouvant être équipé d'un moteur hors-bord.

zodiacal, e, aux [zɔdjakal, -o] adj. - **1.** Relatif au zodiaque : *Les signes zodiacaux.* - **2.** Lumière zodiacale, lueur blanchâtre qu'on aperçoit après le coucher du Soleil, ou avant son lever, dans le plan de l'écliptique.

zodiaque [zɔdjak] n.m. (lat. *zodiacus*, gr. *zôdiakos*, de *zôon* "être vivant"). Zone de la sphère céleste qui s'étend sur 8,5° de part et d'autre de l'écliptique et dans laquelle on voit se déplacer le Soleil, la Lune et les planètes principales du système solaire, sauf Pluton. □ Les signes du zodiaque sont le Bélier, le Taureau, les Gémeaux, le Cancer, le Lion, la Vierge, la Balance, le Scorpion, le Sagittaire, le Capricorne, le Verseau et les Poissons.

zombie ou **zombi** [zɔ̃bi] n.m. (mot créole). - **1.** Dans le vaudou, mort sorti du tombeau et qu'un sorcier met à son service. - **2.** FAM. Personne qui a un air absent, qui est dépourvue de volonté.

zona [zona] n.m. (mot lat. "ceinture", du gr.). Maladie infectieuse due à un virus du groupe herpès, caractérisée par une éruption de vésicules ayant une disposition strictement unilatérale et accompagnée de douleurs intenses à type de brûlures.

zonage [zonaʒ] n.m. En urbanisme, répartition d'un territoire en zones affectées chacune à un genre déterminé d'occupation ou d'utilisation du sol : *Le zonage d'une ville.*

zonard, e [zonar, -ard] n. et adj. (de *zone*). FAM. Jeune, en partic. originaire des banlieues pauvres, vivant plus ou moins en marge de la société (syn. marginal).

zone [zon] n.f. (lat. *zona* "ceinture", gr. *zônê*). - **1.** Étendue de terrain, espace d'une région, d'une ville, etc., définis par certaines caractéristiques : *Zone désertique. Zone résidentielle.* - **2.** Territoire ou ensemble de territoires soumis à un statut, à un régime particulier : *Zone de libre-échange. Zone libre et zone occupée sous l'occupation allemande.* - **3.** (Précédé de l'art. déf.). Espace, à la limite d'une ville, caractérisé par la misère de son habitat. - **4.** Espace, région délimitée sur une surface, sur un corps : *Installer sa chaise longue dans la zone ensoleillée du jardin.* - **5.** Domaine limité, à

l'intérieur duquel s'exerce l'action de qqn ou d'une collectivité : *Faire de la recherche dans une zone précise* (syn. domaine). - **6.** MATH. Portion de la surface d'une sphère limitée par deux plans parallèles qui la coupent. - **7.** GÉOGR. Espace délimité approximativement par des parallèles et auquel correspond un grand type de climat : *Zone tropicale, tempérée, polaire.* - **8.** Zone à urbaniser par priorité → Z. U. P. ‖ Zone contiguë, bande maritime comprise entre la limite des eaux territoriales (12 milles nautiques) et une distance de 200 milles à partir des côtes, et qui est placée sous la souveraineté partielle de l'État côtier. ‖ Zone d'aménagement concerté → Z. A. C. ‖ Zone d'influence, ensemble d'États ou de territoires réservés à l'influence politique exclusive d'un État. ‖ Zone industrielle, zone spécialement localisée et équipée en vue d'accueillir des établissements industriels (abrév. Z. I.). ‖ Zone monétaire, ensemble de pays dont les monnaies respectives sont rattachées à celle d'un pays centre qui exerce un rôle dominant (zone franc) ou entre les monnaies desquels existent des liens particuliers.

zoné, e [zone] adj. Qui présente des bandes concentriques : *Coquille zonée. Roche zonée.*

zoo [zoo] ou [zo] n.m. (abrév.). Jardin zoologique.

zoologie [zɔɔlɔʒi] n.f. (lat. scientif. *zoologia*, du gr. *zôon* "tout être vivant"). Branche des sciences naturelles qui étudie les animaux.
  ◆ **zoologiste** n. Nom du spécialiste.

zoologique [zɔɔlɔʒik] adj. - **1.** Relatif à la zoologie, aux animaux : *Familles zoologiques.* - **2.** Jardin zoologique, lieu public où sont présentés aux visiteurs des animaux en captivité ou en semi-liberté et appartenant à des espèces exotiques ou rares.

zoom [zum] n.m. (mot angl., de *to zoom*, propr. "bourdonner, se déplacer en bourdonnant"). - **1.** Objectif à focale variable. - **2.** Effet obtenu avec cet objectif en faisant varier la focale pendant la prise de vue : *Faire un zoom sur le héros.*

zoomer [zume] v.i. Exécuter un zoom en filmant.

zoomorphe [zɔɔmɔrf] et **zoomorphique** [zɔɔmɔrfik] adj. (gr. *zôomorphos*). Qui revêt la forme d'un animal : *Symbolisme zoomorphe de certains signes du zodiaque.*

zoomorphisme [zɔɔmɔrfism] n.m. Représentation des formes animales ; prédominance des formes animales dans les représentations plastiques, artistiques, etc.

zoophilie [zɔɔfili] n.f. Déviation sexuelle dans laquelle les animaux sont l'objet du désir. ◆ **zoophile** adj. et n. Relatif à la zoophilie ; qui en est atteint.

zootechnie [zɔɔtɛkni] n.f. Science qui étudie les conditions et les méthodes d'élevage et de reproduction des animaux domestiques.

zootechnique [zɔɔtɛknik] adj. Relatif à la zootechnie : *Méthodes zootechniques.*

zoreille [zɔʀɛj] n. CRÉOL., FAM. Dans les D.O.M.-T.O.M., habitant né en France métropolitaine.

zoroastrisme [zɔʀɔastʀism] n.m. Mazdéisme.

zouave [zwav] n.m. (arabo-berbère *zwâva,* n. d'une tribu kabyle où furent recrutés les premiers zouaves). - **1.** Soldat d'un corps d'infanterie français créé en Algérie en 1830 et dissous en 1962. - **2.** FAM. **Faire le zouave,** faire le clown, le pitre.

zozotement [zɔzɔtmã] n.m. FAM. Zézaiement.

zozoter [zɔzɔte] v.i. (orig. onomat.). FAM. Zézayer.

Z. U. P. [zyp] n.f. (sigle de *zone à urbaniser par priorité*). Zone conçue pour y développer des constructions, pour être urbanisée tout en prévenant la spéculation par l'usage du droit de préemption. □ Instituées en 1958, les Z. U. P. ont été supprimées en 1975 et remplacées en partic. par les Z. A. C.

zut [zyt] interj. (onomat.). FAM. Exprime le dépit, le mépris, le refus : *Zut ! tu commences à m'agacer.*

zygomatique [zigɔmatik] adj. (de *zigoma* "os de la pommette", gr. *zugoma* "jonction"). **Muscle zygomatique,** chacun des trois muscles de la pommette qui entrent en jeu lors du sourire (on dit aussi *un zygomatique*).

zygote [zigɔt] n.m. (du gr. *zugôtos* "joint, attelé"). BIOL. Œuf fécondé diploïde non encore divisé, chez l'homme et les animaux.

Imprimerie MAURY-EUROLIVRES S.A.
Dépôt légal Mai 1995 - N° de série éditeur 18527
Imprimé en France (Printed in France) - 320153 - Mai 1995